D0908947

DICTIONNAIRE
FRANÇAIS▶ANGLAIS
ANGLAIS▶FRANÇAIS
FRENCH▶ENGLISH
ENGLISH▶FRENCH
DICTIONARY

COLLINS·ROBERT
FRENCH ▶ENGLISH
ENGLISH ▶ FRENCH
DICTIONARY

by
Beryl T. Atkins   Alain Duval
Hélène M. A. Lewis   Rosemary C. Milne

SECOND EDITION

contributors
Edwin Carpenter   Françoise Morcellet

based on the

COLLINS–ROBERT
FRENCH–ENGLISH
ENGLISH–FRENCH
DICTIONARY

HarperCollins*Publishers*

Dictionnaires Le Robert
Paris

First published in this format 1993

©Copyright 1993 HarperCollins Publishers and
Dictionnaires Le Robert

First reprint 1994

Dictionnaires Le Robert
12, Avenue d'Italie, 75627 PARIS

ISBN 2 85036 116 X

HarperCollins Publishers
P.O. Box, Glasgow G4 ONB, Great Britain

ISBN 0 00 470311-1 (standard)
ISBN 0 00 470312-X (thumb-indexed)

---

10 East 53rd Street, New York, NY 10022

ISBN 0-06-275513-7

First HarperCollins edition published 1993

Library of Congress Cataloguing-in-Publication Data

Collins-Robert French-English, English-French dictionary / Beryl T.
Atkins ... [et al.]. – 2nd ed. / contributors, Edwin Carpenter,
Françoise Morcellet.
   p.   cm.
   Title on added t.p. : Dictionnaire français-anglais, anglais-
français
   ISBN 0-06-275513-7
   1. French language–Dictionaries–English.   2. English language–
Dictionaries–French.   I. Atkins, Beryl T.   II. Title:
Dictionnaire français-anglais, anglais-français.
PC2640.C688 1993
443'. 21–dc20   92-40825
                               CIP

---

94 95 96 97 98 HCM   10 9 8 7 6 5 4 3 2

Printed in Great Britain by HarperCollins Manufacturing, Glasgow

TABLE DES MATIÈRES   CONTENTS

PRÉFACE
DE LA
NOUVELLE ÉDITION

Cette édition du ROBERT & COLLINS JUNIOR a été établie à partir du texte abrégé et remanié de la nouvelle édition du dictionnaire français/anglais et anglais/français ROBERT & COLLINS.

Plus de 10 000 unités de traductions ont été ajoutées à l'ouvrage. Elles rendent compte du profond renouvellement lexical intervenu au cours des dernières années, ainsi que du développement des sciences et des techniques modernes telles que l'informatique.

La part de l'anglais américain a été considérablement augmentée, d'abord en tant que langue source dans la partie anglais/français, mais également au niveau des différentes possibilités de traduction proposées dans la partie français/anglais.

Une attention toute particulière a été accordée au traitement des noms propres, essentiellement d'ordre géographique, qui se trouvent placés dans le corps du dictionnaire. Plusieurs centaines d'éléments (noms de pays et d'habitants, grandes villes, régions, montagnes, fleuves, phénomènes naturels), ont été ajoutés dans chaque partie, afin d'y présenter un vaste panorama. Les abréviations, sigles et acronymes, indispensables à la compréhension de la presse contemporaine, ont été eux aussi revus en détail, et la liste a été considérablement enrichie.

Outre l'ajout de mots nouveaux, cette nouvelle édition s'est attachée à remanier en profondeur de nombreux articles existants pour y apporter les éléments de phraséologie (locutions nouvelles, expressions de langue orale) nécessaires aux besoins de communication actuelle.

Le but du ROBERT & COLLINS JUNIOR est non seulement de donner à l'anglophone et au francophone la possibilité de comprendre la langue étrangère, mais aussi de lui donner les moyens de s'y exprimer avec assurance et précision.

PREFACE
TO THE
SECOND EDITION

This edition of the COLLINS ROBERT CONCISE dictionary has been compiled from the new edition of the authoritative Collins Robert French-English dictionary.

In excess of 10,000 new references have been added, to take account of the rapidly changing vocabulary of the two languages, and of the continuing advances in science and technology.

The importance of American English has been acknowledged in the increased coverage of this variety of English in both halves of the dictionary.

Particular attention has been paid to the treatment of proper names, especially those denoting geographical areas, which appear in the body of the dictionary text. Several hundred items (names of countries and their inhabitants, towns and cities, regions, mountains, rivers and natural phenomena) have been added to each side of the dictionary. The list of abbreviations and acronyms, indispensable for understanding newspaper articles and contemporary writings, has been carefully revised, and considerably enlarged.

Besides the addition of new entries, many existing entries have been revised and augmented with more examples of usage, both from the written and spoken language, to provide even greater help for the user wishing to express himself in the foreign language.

Thus the COLLINS ROBERT CONCISE dictionary remains, in this edition as in the first, an aid both to comprehension of the foreign language and to self-expression in it.

INTRODUCTION

« Il a été débordé par un diable qui a sauté le mou ! »

Que penseriez-vous du malheureux anglophone vous annonçant cette nouvelle ? Pourtant il voudrait seulement vous dire qu'un camion, en passant au feu rouge, a écrasé quelqu'un ('he was run over by a truck which jumped the lights').

Ne riez pas, vous pourriez affirmer des choses bien plus ridicules en essayant de parler anglais. Tout cela parce que vous utilisez des mots que vous ne connaissez pas. Des mots que vous avez trouvés dans un dictionnaire.

Justement, prenez le verbe **sauter**. Tout le monde vous dira que l'anglais est **to jump**. Mais est-ce toujours vrai ? Ouvrez un dictionnaire et vous aurez le plus souvent une série de mots anglais inconnus, comme **to pop out ; to blow up ; to fuse ; to be cancelled**. Comment choisir celui qui convient ? Il s'agit d'un bouchon de champagne qui saute, il faut utiliser **to pop out** (= partir), pour un pont, ce sera **to blow up** (= exploser), pour un circuit électrique **to fuse** (= fondre), enfin, si c'est un cours qui a sauté, vous devez prendre **to be cancelled** (= être supprimé).

Ce qu'il faut éviter, c'est de dire que le bouchon a fondu, que le cours a explosé ou que le pont est parti.

Vous comprenez donc que vous pouvez dire toutes sortes d'absurdités en anglais en choisissant la première traduction venue du mot français que vous cherchez. Pour trouver le mot juste, vous devez vous laisser guider par des 'panneaux de signalisation', et dans ce dictionnaire ils sont toujours en italique.

Sur la page ci-contre, vous verrez comment cette signalisation fonctionne.

INTRODUCTION

"Attention not to make yourself squash, you've got to walk inside the nails."

You'd probably back away from the poor French-man who said that, leaving him quite mystified, for he'd only been trying to warn you to cross at the pedestrian crossing if you didn't want to get run over. ('Attention de ne pas te faire écraser, tu dois marcher dans les clous.') Don't laugh - if you try to speak French you could find yourself saying even odder things. All because you're not using words that you know, but words that you've found in a dictionary.

Take the word **cut**: most people would say this is **couper** in French - but is it? If you look it up in the dictionary, you're often faced with a row of unknown French words, like **tondre, graver, réduire** or **sécher**. How are you going to decide which is the word you want? Of course it depends what you're going to cut. Cut the grass and you would use **tondre** (= to mow); cut a disc and it would be **graver** (= to engrave) ; if you're cutting expenses you'd need **réduire** (= to reduce), and if you're going to cut classes you'd be looking for **sécher** (= to miss).

What you don't want to say is that you're going to mow the disc, or engrave the lawn and so on.

You'll understand from this that if you look up an English word in the dictionary and take the first French word you come across, you could find yourself talking or writing nonsense. If you want to reach the right French word, you have to read the signposts, and in this dictionary these signposts are in italics.

On the page opposite, you'll see what kind of signposts we've given you...

Comment dire en anglais : 'le coucou pousse dans les bois' ? L'article *coucou* vous donne plusieurs mots : cuckoo ; cuckoo clock ; (old) crate ; cowslip. Sans autre indication, vous choisirez au hasard, vous prendrez sans doute la première solution en produisant un effet comique involontaire.

Aussi l'article contient-il autre chose, des mots français en italique placés entre parenthèses devant chaque traduction : *(oiseau)* ; *(pendule)* ; *(péj : avion)* ; *(fleur)*. Voilà vos panneaux de signalisation. Ils correspondent chacun à un sens différent du mot **coucou**. Vous pouvez choisir avec certitude ce que vous voulez, dans notre exemple, bien sûr : *(fleur)* cowslip.

L'exemple est simple, mais prenez le mot **coucher**. Il peut être verbe transitif (coucher quelqu'un ou quelque chose) ou verbe intransitif (coucher dans un lit) ou verbe pronominal (se coucher tard) ; il peut aussi être un nom (l'heure du coucher). Des chiffres vous indiquent ces différentes fonctions pour vous aider dans vos recherches : **1** *vt* (transitif) - **2** *vi* (intransitif) - **3** se ~ *vpr* (pronominal) - **4** *nm* (nom masculin).

couche [kuʃ] *nf* **(a)** *(gén)* layer; *[peinture]* coat. ~ **sociale** social stratum; *(fig)* **en tenir une** ~ * to be really thick * *ou* dumb *. **(b)** *(Horticulture)* hotbed. **(c)** *[bébé]* nappy, diaper *(US)*. **(d)** *(Méd: accouchement)* ~s confinement; **mourir en** ~s to die in childbirth. **(e)** *(littér: lit)* bed.

coucher [kuʃe] **(1) 1** *vt* **(a)** *(mettre au lit)* to put to bed; *(donner un lit)* to put up. **être/rester couché** to be/stay in bed. **(b)** *blessé* to lay out; *échelle etc* to lay down; *blés* to flatten. **être couché** to be lying. **(c)** *(inscrire)* to inscribe. **(d)** ~ **en joue** *fusil* to aim; *personne* to aim at. **2** *vi* *(dormir)* to sleep *(avec* with). **cela nous a fait** ~ **très tard** that meant we went to bed very late. **3** se ~ *vpr* to go to bed; *(s'étendre)* to lie down; *[soleil, lune]* to set, go down; *[bateau]* to keel over. **4** *nm*: **le (moment du)** ~ bedtime; **le** ~ **des enfants** the children's bedtime; **(au)** ~ **du soleil** (at) sunset *ou* sundown *(US)*. ◆ **couchette** *nf* *[voyageur]* couchette, berth; *[marin]* bunk.

couci-couça * [kusikusa] *adv* so-so *.

coucou [kuku] *nm* *(oiseau)* cuckoo; *(pendule)* cuckoo clock; *(péj: avion)* (old) crate; *(fleur)* cowslip. ~ **(me voici)**! peek-a-boo!

Vous savez aussi qu'on peut coucher des choses très différentes : un bébé dans son berceau, une échelle sur le sol, des mots sur le papier ; on peut aussi coucher quelqu'un en joue. Pour les mettre plus rapidement sur le voie, des lettres **(a)** - **(b)** - **(c)** - **(d)** séparent ces grandes zones d'emplois.

Si vous connaissez la traduction dans le premier cas : 'to put to bed', vous devinez qu'elle ne peut s'appliquer ni à l'échelle, ni au blé couché par le vent ; c'est pourquoi ces deux mots en italique (ils sont compléments d'objet du verbe) vous renseignent : *échelle* to lay down ; *blés* to flatten. Mais comment direz-vous, par exemple, 'coucher un meuble sur le côté' ? Comme il n'est pas possible de citer tous les objets que l'on peut coucher, c'est le mot échelle qui est chargé de les représenter, tout comme blés veut dire herbe, avoine, etc. Donc, 'coucher un meuble' se dit 'to lay a piece of furniture down'.

Lorsqu'il s'agit de pourvoir quelqu'un d'un lit, vous pourriez logiquement croire que 'coucher un bébé' et 'coucher un ami pour la nuit' se disent de la même manière, mais de nouveaux panneaux (des synonymes entre parenthèses) vous avertissent que *(mettre au lit)* un bébé se dit 'to put to bed' et que *(donner un lit)* à un ami se dit 'to put up'.

Dans le verbe **se coucher**, de nouveaux panneaux vous aident à trouver votre chemin : *[soleil, lune]* to set, go down ; *[bateau]* to keel over. Ce sont des sujets du verbe et ils sont placés entre crochets pour les distinguer des autres indications dont nous venons de parler.

Regardez maintenant l'article ◆ **couchette**. Comme il ne forme pas un article principal, il est précédé d'un triangle pour le faire ressortir. Il y a d'autres mots entre crochets : *[voyageur]* et *[marin]*. Ce sont des compléments du nom **couchette**. Ils vous indiquent qu'une couchette de *[voyageur]* se dit 'berth' ou 'couchette' alors qu'une couchette de *[marin]* se dit 'bunk'.

Dans l'article **couche**, vous retrouvez un certain nombre d'indications du même type. Il y en a aussi de nouvelles. En voici quelques-unes :

... *(gén)* qui précède le mot anglais 'layer' signifie que cette traduction est la plus générale de **couche**, celle qui est valable dans le plus grand nombre de cas.

... *(US)* qui suit le mot 'diaper' indique que c'est la manière dont on dit 'couche de bébé' en américain.

Il y a aussi un astérisque : * à la fin de l'expression 'en tenir une ~ *', ainsi qu'à la fin de la traduction 'to be really thick *'. Cet astérisque indique que l'une et l'autre sont familières. Si une expression est très familière, elle sera suivie de deux astérisques : ⁂. Si par contre elle est démodée, elle sera suivie d'une croix : †.

Vous remarquerez enfin que le mot **couche** n'est pas repris dans l'article. Il est remplacé par le signe ~ qui évite la répétition.

Dans la partie Anglais-Français du dictionnaire, vous remarquerez que les mots en italique sont en anglais, pour aider le lecteur anglophone. En tant que Français, vous-même n'avez pas besoin de précisions sur le sens des traductions françaises !

aid [eɪd] **1** *n* (**a**) *(help)* aide *f*. **with the ~ of** *sb* avec l'aide de; *sth* à l'aide de; **in ~ of the blind** au profit des aveugles; *(fig)* **what is the meeting in ~ of?** * c'est dans quel but, cette réunion? (**b**) *(helper)* aide *mf*, assistant(e) *m(f)*; *(apparatus)* aide *f*, moyen *m*. **audio-visual ~s** support audio-visuel, moyens audio-visuels; **teaching ~s** outils *mpl* pédagogiques. **2** *vt person* aider *(to do* à faire); *progress, recovery* contribuer à. *(Jur)* **to ~ and abet sb** être complice de qn.

aim [eɪm] **1** *n* (**a**) **to miss one's ~** manquer son coup; **to take ~** viser *(at sb/sth* qn/qch); **his ~ is bad** il vise mal. (**b**) *(purpose)* but *m*. **with the ~ of doing** dans le but de faire; **her ~ is to do** elle a pour but de faire. **2** *vt gun* braquer *(at* sur); *missile* pointer *(at* sur); *stone* lancer *(at* sur); *blow* décocher *(at* à); *remark* diriger *(at* contre). **3** *vi* viser. **to ~ at sth** viser qch; **to ~ at doing** *or* **to do** viser à faire; *(less formally)* avoir l'intention de faire. ◆ **aimless** *adj* sans but. ◆ **aimlessly** *adv wander* sans but; *stand around* sans trop savoir que faire; *chat, kick ball about* pour passer le temps.

alight¹ [ə'laɪt] *vi [person]* descendre *(from* de); *[bird]* se poser *(on* sur).

alight² [ə'laɪt] *adj, adv fire* allumé; *building* en feu. **to set sth ~** mettre le feu à qch.

Suppose you want to say in French 'with the aid of a dictionary': you look up **aid** in the dictionary. If you know that in your sentence the word 'aid' is a noun *(n)*, and not a transitive verb *(vt)*, then you will go straight to the section marked **1** *n*. This is in two parts, (**a**) and (**b**). the 'aid' that you're looking for is obviously the one marked (**a**) *(help)*, and not (**b**) *(helper)* or *(apparatus)*. You find the French word 'aide *f*'. Read on and you have the phrase you're looking for; 'a dictionary' is obviously a thing *(sth* means 'something') and not a person *(sb* means 'somebody'), so you can now translate your phrase 'with the aid of a dictionary' - 'à l'aide d'un dictionnaire' ('with the aid of his brother' would be 'avec l'aide de son frère'). You'll see in this particular dictionary the sign ~, which we use to avoid having to keep repeating the headword, in this case **aid**.

You will have noticed that the gender of a French noun is always given, i.e. 'aide *f*'; normally this is done by using *f* for 'feminine' and *m* for 'masculine'. Sometimes the gender is already clear from the adjective which goes with the noun, and there is no need for *m* or *f*; thus, a few lines further on in the **aid** entry, **audio-visual ~s** is translated by 'support audio-visuel, moyens audio-visuels' - the masculine ending of 'audio-visuel' in both cases tells you that it is 'le support' and 'le moyen'.

Suppose however you'd been trying to put into French 'they aimed the searchlights at the plane'. From the entry **aim 2** *vt* (= verb transitive) you have to use the English in italics to help you choose the right French word to translate 'aim' in your sentence. Is 'aiming a *searchlight*' closer to 'aiming a *gun*' or to 'aiming a *stone*' at something? You obviously point a searchlight in the same way as you point a gun, you don't throw it, and so you would choose 'braquer': 'ils ont braqué les projecteurs sur l'avion'.

Further down the page you'll find **aimlessly** (the ◆ sign before it is just to help you find it more easily, since it's not a main headword like **aim**). If you want to talk about someone 'hanging about aimlessly on street corners' you'd pick *stand around* as nearest to 'hang about', and say 'il traînait au coin de la rue sans trop savoir que faire'.

Similarly under **alight**, for passengers who 'alight' from a coach, you would follow the signpost *[person]* and choose 'descendre', rather than 'se poser', which you'd use for a blackbird 'alighting' on a branch.

Lastly, the asterisk (in **aid 1** *n*: **what is the meeting in ~ of?** *) shows that this is something you'd happily say to someone, but not perhaps write in a formal piece of writing like an essay, or an application for a job. If an English or French phrase has two asterisks, this means that it is definitely slangy. The † symbol means that a word or expression is old-fashioned.

In the French-English side of the dictionary you'll notice that the words in italics are in French, to help the French user. As an English speaker you don't need any help with your English!

églantier [eglɑ̃tje] nm wild rose(-bush). ◆ **églan-tine** nf wild rose, eglantine.

égout [egu] nm sewer. **les ~s** the sewerage system. ◆ **égoutier** nm sewer worker.

égoutter [egute] (1) **1** vt (avec passoire) to strain; (en tordant) to wring out. **2** vi [vaisselle] to drain, drip; [linge, eau] to drip; **faire ~ eau** to drain off; linge to hang up to drip; 'laisser ~ ' 'drip dry'. **3 s' ~** vpr to drip; to drain. ◆ **égouttoir** nm (évier) draining board; (mobile) draining rack; (passoire) strainer, colander.

égratigner [egratiɲe] (1) vt peau to scratch, graze; genou to graze, scrape; (fig) to have a dig at. **le film/l'auteur s'est fait ~ par la critique** the film/the author was given a bit of a rough ride by the critics. ◆ **égratignure** nf scratch, graze, scrape; (fig) dig. **sans une ~** without a scratch, unscathed.

égrener [egrəne] (5) vt pois, blé, épi to shell; coton to gin; grappe to pick grapes off. (fig) ~ **son chapelet** to tell one's beads; ~ **les heures** to mark the hours; **les maisons s'égrenaient le long de la route** the houses were dotted along the road.

égrillard, e [egrijar, ard(ə)] adj bawdy.

Égypte [eʒipt] nf Egypt. ◆ **égyptien, -ienne** adj, **É~(ne)** nm (f) Egyptian.

eh [e] excl: ~ **bien** well.

éhonté, e [eɔ̃te] adj shameless.

éjecter [eʒɛkte] (1) vt (Tech) to eject; (*) to kick out *. **se faire ~** * to get o.s. kicked out *. ◆ **éjection** nf (Tech) ejection; (*) kicking-out *.

élaborer [elabɔre] (1) vt (gén) to elaborate. ◆ **élaboration** nf elaboration.

élaguer [elage] (1) vt (lit, fig) to prune. ◆ **élagage** nm pruning. ◆ **élagueur** nm pruner.

élan¹ [elɑ̃] nm (Zool) elk, moose.

élan² [elɑ̃] nm (a) (début de course) run up. **saut avec/sans ~** running/standing jump. (b) (vitesse acquise) momentum. **prendre de l' ~** to gather speed; **emporté par son ~** carried along by his own momentum. (c) [enthousiasme, colère] surge, burst (de of). **~s [d'affection]** rushes of affection; **~s lyriques** lyrical outbursts; **dire qch avec ~** to say sth with fervour ou passion. (d) [troupes] vigour, spirit. ~ **patriotique** patriotic fervour. (e) (Écon: dynamisme) boost. **l' ~ donné à nos exportations** the boost given to our exports.

élancer [elɑ̃se] (3) **1** vi [blessure] to give shooting pains. **2 s' ~** vpr (a) (se précipiter) to rush, dash (vers towards). **s' ~ d'un bond sur** to leap onto. (b) (se dresser) to soar (upwards). ◆ **élancé, e** adj clocher etc slender. ◆ **élancement** nm shooting pain.

élargir [elarʒir] (2) **1** vt (a) (gén) to widen; débat to broaden. (Pol) **majorité élargie** increased majority; **ça lui élargit la taille** that makes his waist look fatter; ~ **son horizon** to enlarge ou widen one's horizons. (b) (Jur: libérer) to release, free. **2 s' ~** vpr [route] to widen, get wider; [idées] to broaden. ◆ **élargissement** nm widening; broadening; release.

électeur, -trice [elɛktœr, tris] nm, f (a) (Pol) voter. (circonscription) ~**s** constituents. (b) (Hist) **É~** Elector; **É~trice** Electress. ◆ **électif, -ive** adj (Pol) elective.

= Britannique; (US =
Américain)

admiral ['ædm(ə)rəl] n amiral m (d'escadre). **A~
of the Fleet** ≃ Amiral m de France. ◆ **Admiralty
Board** n (Brit) ≃ ministère m de la Marine.

= British; (US =
American)

équivalent culturel
signalé par le signe ≃

admire [əd'maɪəʳ] vt admirer. ◆ **admirable**
['ædm(ə)rəbl] adj admirable. ◆ **admirably** adv
admirablement. ◆ **admiration** n admiration f
(of, for pour); **to be the admiration of** faire l'admiration de. ◆ **admirer** n admirateur m, -trice f;
(†: suitor) soupirant † m. ◆ **admiring** adj admiratif. ◆ **admiringly** adv avec admiration.

= 'is approximately
equivalent to'

indication du genre: m =
masculin; f = féminin

gender: m = masculine;
f = feminine

emploi vieilli ou
archaïque signalé par
une croix †

admissible [əd'mɪsəbl] adj plan acceptable; evidence
recevable.

dagger means old-
fashioned or obsolete

admission [əd'mɪʃ(ə)n] n (**a**) (entry) admission f,
entrée f (to à). ~ **free** entrée gratuite; **to gain ~
to** person trouver accès auprès de; place être admis
dans. (**b**) (confession) aveu m. **by one's own ~** de
son propre aveu.

genre indiqué une seule
fois dans la catégorie

gender shown once only
per category

prononciation (notation
de l'Association
Phonétique Inter-
nationale voir p.xviii

admit [əd'mɪt] vt (**a**) (let in) laisser entrer. **children
not ~ted** entrée interdite aux enfants; **this ticket
~s 2** ce billet est valable pour 2 personnes. (**b**)
(acknowledge) reconnaître, admettre (that que);
[criminal] avouer (that que); crime reconnaître
avoir commis; one's guilt reconnaître. **I must ~
that...** je dois avouer or admettre que...; **I was
wrong I ~** j'ai eu tort, j'en conviens.
◆ **admit of** vt fus admettre, permettre. ◆ **admit
to** vt fus crime reconnaître avoir commis. **to ~ to
having done** reconnaître avoir fait; **to ~ to a feeling of** avouer avoir un sentiment de.
◆ **admittance** n droit m d'entrée, admission f
(to sth à qch); accès m (to sth à qch; to sb auprès
de qn); **I gained ~tance** on m'a laissé entrer; **no
~tance except on business** accès interdit à toute
personne étrangère au service. ◆ **admittedly**
adv: ~**tedly this is true** je reconnais or il faut
reconnaître que c'est vrai.

pronunciation in IPA,
see p.xviii

mot souche de l'article
repris par ~ (= 'admit')

the sign ~ replaces main
headword 'admit'

verbes à particule et sous-
articles signalés par un
losange ◆

the sign ◆ highlights
phrasal verbs and
secondary headwords

même dans les sous-
articles ('admittance') le
signe ~ remplace le mot
souche ('admit')

even in secondary
entries ('admittance') ~
replaces main headword
('admit')

admonish [əd'mɒnɪʃ] vt (reprove) réprimander (for
doing pour avoir fait; about, for pour, à propos
de); (warn) avertir (against doing de ne pas faire);
(exhort) exhorter (to do à faire). ◆ **admonition**
n réprimande f; avertissement m.

éléments
interchangeables de
traduction à partir d'un
tronc commun séparés
par or

separates alternative
translations of part of a
phrase

ad nauseam [ˌæd'nɔːsɪæm] adv à satiété.

ado [ə'duː] n: **much ~ about nothing** beaucoup de
bruit pour rien; **without more ~** sans plus de cérémonies.

précisions
grammaticales à la suite
de la traduction

grammatical points
given after French
translations

adolescent [ˌædə(ʊ)lesnt] adj, n adolescent(e) m(f).
◆ **adolescence** n adolescence f.

classes grammaticales:
vt = verbe transitif
adj = adjectif
n = nom
adv = adverbe

adopt [ə'dɒpt] vt child, method, (Pol) motion adopter;
candidate, career choisir. ◆ **adopted** adj child
adopté; country d'adoption; son, family adoptif.
◆ **adoption** n adoption f; choix m. ◆ **adoptive**
adj parent, child adoptif; country d'adoption.

parts of speech:
vt = verb transitive
adj = adjective
n = noun
adv = adverb

le genre du nom n'est pas
indiqué lorsqu'un
adjectif le rend évident

adore [ə'dɔːʳ] vt adorer. ◆ **adorable** adj adorable.
◆ **adoration** n adoration f. ◆ **adoringly** adv avec
adoration.

gender of nouns not
specified when clear
from accompanying
adjective

parenthèses isolant les
mots que l'on peut
omettre

adorn [ə'dɔːn] vt room orner; dress parer (with de).
to ~ o.s. se parer. ◆ **adornment** n ornement m;
parure f.

brackets round words
which may be left out

= nautique; liste
complète des abrévia-
tions voir p.xiv

adrenalin(e) [ə'drenəlɪn] n adrénaline f. (fig) **he
felt the ~ rising** il a senti son pouls s'emballer.

Adriatic (Sea) [ˌeɪdrɪ'ætɪk('siː)] n (mer f) Adriatique f.

= nautical; for full list of
such abbreviations see
p.xiv

emploi familier indiqué
par un astérisque *
voir p.xvii

adrift [ə'drɪft] adv, adj (Naut) à la dérive. **to turn
~** boat abandonner à la dérive; (fig) person laisser
se débrouiller tout seul; **to come ~*** [wire etc] se
détacher; [plans] tomber à l'eau.

informal language; see
note p.xvii

XIII

ABRÉVIATIONS - ABBREVIATIONS

abréviation	*abbr, abrév*	abbreviated, abbreviation
adjectif	*adj*	adjective
administration	*Admin*	administration
adverbe	*adv*	adverb
agriculture	*Agr*	agriculture
anatomie	*Anat*	anatomy
antiquité	*Antiq*	ancient history
approximativement	*approx*	approximately
archéologie	*Archeol, Archéol*	archaeology
architecture	*Archit*	architecture
argot	*arg*	slang
article	*art*	article
astrologie	*Astrol*	astrology
astronomie	*Astron*	astronomy
automobile	*Aut*	automobiles
auxiliaire	*aux*	auxiliary
aviation	*Aviat*	aviation
biologie	*Bio*	biology
botanique	*Bot*	botany
britannique, Grande-Bretagne	*Brit*	British, Great Britain
canadien, Canada	*Can*	Canadian, Canada
chimie	*Chem, Chim*	chemistry
cinéma	*Cine, Ciné*	cinema
commerce	*Comm*	commerce
comparatif	*comp*	comparative
informatique	*Comput*	computing
conditionnel	*cond*	conditional
conjonction	*conj*	conjunction
construction	*Constr*	building trade
mots composés	*cpd*	compound, in compounds
cuisine	*Culin*	cookery
défini	*def, déf*	definite
démonstratif	*dem, dém*	demonstrative
dialectal, régional	*dial*	dialect
diminutif	*dim*	diminutive
direct	*dir*	direct
écologie	*Ecol*	ecology
économique	*Econ, Écon*	economics
par exemple	*eg*	for example
électricité, électronique	*Elec, Élec*	electricity, electronics
et cetera	*etc*	etcetera
euphémisme	*euph*	euphemism
par exemple	*ex*	for example

ABRÉVIATIONS - ABBREVIATIONS

exclamation	*excl*	exclamation
féminin	*f*	feminine
figuré	*fig*	figuratively
finance	*Fin*	finance
football	*Ftbl*	football
fusionné	*fus*	fused
futur	*fut*	future
en général, généralement	*gen, gén*	in general, generally
géographie	*Geog, Géog*	geography
géologie	*Geol, Géol*	geology
géométrie	*Gem, Géom*	geometry
grammaire	*Gram*	grammar
gymnastique	*Gym*	gymnastics
héraldique	*Her, Hér*	heraldry
histoire	*Hist*	history
humoristique	*hum*	humorous
impératif	*imper, impér*	imperative
impersonnel	*impers*	impersonal
industrie	*Ind*	industry
indéfini	*indef, indéf*	indefinite
indicatif	*indic*	indicative
indirect	*indir*	indirect
infinitif	*infin*	infinitive
inséparable	*insep*	inseparable
interrogatif	*interrog*	interrogative
invariable	*inv*	invariable
irlandais, Irlande	*Ir*	Irish, Ireland
ironique	*iro*	ironic
irrégulier	*irrég*	irregular
droit, juridique	*Jur*	law, legal
linguistique	*Ling*	linguistics
littéral, au sens propre	*lit*	literally
littéraire	*liter*	literary
littérature	*Literat*	literature
littéraire	*littér*	literary
littérature	*Littérat*	literature
masculin	*m*	masculine
mathématiques	*Math*	mathematics
médecine	*Med, Méd*	medicine
météorologie	*Met, Mét*	meteorology
métallurgie	*Metal, Métal*	metallurgy
militaire	*Mil*	military
mines	*Min*	mining
minéralogie	*Miner, Minér*	mineralogy
musique	*Mus*	music
mythologie	*Myth*	mythology

XV

ABRÉVIATIONS - ABBREVIATIONS

nom	*n*	noun
nautique	*Naut*	nautical, naval
négatif	*neg, nég*	negative
numéral	*num*	numerical
objet	*obj*	object
opposé	*opp*	opposite
optique	*Opt*	optics
informatique	*Ordin*	computing
ornithologie	*Orn*	ornithology
	o.s.	oneself
parlement	*Parl*	parliament
passif	*pass*	passive
péjoratif	*pej, péj*	pejorative
personnel	*pers*	personal
pharmacie	*Pharm*	pharmacy
philatélie	*Philat*	philately
philosophie	*Philos*	philosophy
photographie	*Phot*	photography
	phr vb elem	phrasal verb element
physique	*Phys*	physics
physiologie	*Physiol*	physiology
pluriel	*pl*	plural
politique	*Pol*	politics
possessif	*poss*	possessive
préfixe	*pref, préf*	prefix
préposition	*prep, prép*	preposition
prétérit	*pret, prét*	preterite
pronom	*pron*	pronoun
participe présent	*prp*	present participle
psychiatrie, psychologie	*Psych*	psychiatry, psychology
participe passé	*ptp*	past participle
quelque chose	*qch*	
quelqu'un	*qn*	
radio	*Rad*	radio
relatif	*rel*	relative
religion	*Rel*	religion
	sb	somebody, someone
sciences	*Sci*	science
école	*Scol*	school
écossais, Écosse	*Scot*	Scottish, Scotland
sculpture	*Sculp*	sculpture
séparable	*sep*	separable
singulier	*sg*	singular
argot	*sl*	slang

ABRÉVIATIONS - ABBREVIATIONS

sociologie	*Soc, Sociol*	sociology, social work
Bourse	*St Ex*	Stock Exchange
	sth	something
subjonctif	*subj*	subjunctive
suffixe	*suf*	suffix
superlatif	*superl*	superlative
chirurgie	*Surg*	surgery
arpentage	*Surv*	surveying
technique	*Tech*	technical
télécommunications	*Telec, Téléc*	telecommunications
industrie textile	*Tex*	textiles
théâtre	*Theat, Théât*	theatre
télévision	*TV*	television
typographie	*Typ*	typography
université	*Univ*	university
américain, États-Unis	*US*	American, United States
voir	*V*	see
verbe	*vb*	verb
médecine vétérinaire	*Vet, Vét*	veterinary medicine
verbe intransitif	*vi*	intransitive verb
verbe pronominal	*vpr*	pronominal verb
verbe transitif	*vt*	transitive verb
verbe transitif et intransitif	*vti*	transitive and intransitive verb
verbe transitif indirect	*vt indir*	
zoologie	*Zool*	zoology

SIGNES CONVENTIONNELS

emploi familier	*	informal language
emploi très familier	⁎	very informal language
emploi vieilli	†	old-fashioned
marque déposée	®	registered trademark

TRANSCRIPTION PHONÉTIQUE DE L'ANGLAIS

	Voyelles et diphtongues
iː	bead, see
ɑː	bard, calm
ɔː	born, cork
uː	boon, fool
ɜː	burn, fern, work
ɪ	sit, pity
e	set, less
æ	sat, apple
ʌ	fun, come
ɒ	fond, wash
ʊ	full, soot
ə	composer, above
eɪ	bay, fate
aɪ	buy, lie
ɔɪ	boy, voice
əʊ	no, ago
aʊ	now, plough
ɪə	tier, beer
ɛə	tare, fair
ʊə	tour

	Consonnes
p	pat, pope
b	bat, baby
t	tab, strut
d	dab, mended
k	cot, kiss, chord
g	got, agog

f	fine, raffle
v	vine, river
s	pots, sit, rice
z	pods, buzz
θ	thin, maths
ð	this, other
ʃ	ship, sugar
ʒ	measure
tʃ	chance
dʒ	just, edge
l	little, place
r	ran, stirring
m	ram, mummy
n	ran, nut
ŋ	rang, bank
h	hat, reheat
j	yet, million
w	wet, bewail
x	loch

NB : Un caractère entre parenthèses représente un son qui peut ne pas être prononcé ;
ʳ représente un [r] entendu s'il forme une liaison avec la voyelle du mot suivant ;
ˈ accent tonique ; ˌ accent secondaire.

PHONETIC TRANSCRIPTION OF FRENCH

	Vowels
i	il, vie, lyre
e	blé, jouer
ɛ	lait, jouet, merci
a	plat, patte
ɑ	bas, pâte
ɔ	mort, donner
o	mot, dôme, eau, gauche
u	genou, roue
y	rue, vêtu
ø	peu, deux
œ	peur, meuble
ə	le, premier
ɛ̃	matin, plein
ɑ̃	sans, vent
ɔ̃	bon, ombre
œ̃	lundi, brun

	Semi-consonants
j	yeux, paille, pied
w	oui, nouer
ɥ	huile, lui

	Consonants
p	père, soupe
t	terre, vite
k	cou, qui, sac, képi
b	bon, robe
d	dans, aide
g	gare, bague
f	feu, neuf, photo
s	sale, celui, ça, dessous, tasse, nation
ʃ	chat, tache
v	vous, rêve
z	zéro, maison, rose
ʒ	je, gilet, geôle
l	lent, sol
ʀ	rue, venir
m	main, femme
n	nous, tonne, animal
ɲ	agneau, vigne
h	hop ! (exclamative)
'	haricot (no liaison)
ŋ	words borrowed from English: camping
x	words borrowed from Spanish or Arabic: jota

VERBES ANGLAIS À PARTICULE
ENGLISH PHRASAL VERBS

vi	verbe intransitif. ex : ◆**blow off** dans 'his hat blew off'.	verb intransitive, e.g. ◆**blow off** in 'his hat blew off'.
vt sep	verbe transitif séparable. ex : ◆**blow off** dans 'the wind blew off his hat' ou 'the wind blew his hat off'. Le complément d'objet du verbe peut se mettre soit après la particule, soit entre les deux éléments du verbe en les séparant. Cette dernière structure est d'ailleurs obligatoire lorsque le complément d'objet est un pronom : 'the wind blew it off'.	verb transitive separable, e.g. ◆**blow off** in 'the wind blew off his hat'. The object of the verb may either come after the second part of the phrasal verb, as in this example, or between the two parts ('the wind blew it off').
vt fus	verbe transitif fusionné. ex : ◆**admit to** dans 'he admitted to the theft'. Le complément d'objet ne peut jamais s'intercaler entre les deux éléments du verbe, même lorsqu'il s'agit d'un pronom : 'he admitted to it'.	verb transitive fused, e.g. ◆**admit to** in 'he admitted to the theft', where the object of the phrasal verb never comes between the two parts (always 'he admitted to it', never 'he admitted it to').

REMARQUE : Pour beaucoup de verbes qui indiquent un mouvement ou une direction, les verbes à particule correspondants n'ont pas été dissociés de l'article principal, car ils peuvent être déduits des illustrations fournies. Ainsi, à partir de **crawl** 2 *vi (gén)* ramper; ... **to ~ in/out** *etc* entrer/sortir *etc* en rampant... vous pouvez construire : 'to crawl across' (traverser en rampant), 'to crawl down' (descendre en rampant) etc.

NOTE : For many verbs which involve movement and direction e.g. 'crawl', the related phrasal verbs have not been dealt with separately from the main verb entry, as they may be constructed on the basis of the samples shown. Thus at **crawl** 2 *vi (gén)* ramper; ... **to ~ in/out** *etc* entrer/sortir *etc* en rampant...: you can form from that 'to crawl across' (traverser en rampant), 'to crawl down' (descendre en rampant) and so on.

A, a [ɑ] *nm (lettre)* A, a. **de A (jusqu') à Z** from A to Z; **prouver par ~ plus b** to prove conclusively.

à [a] *prép (avec le, les:* **au, aux**) **(a)** *(déplacement) (vers)* to; *(dans)* into. **aller ~ Paris/au marché** to go to Paris/to (the) market; **aller ~ la pêche** to go fishing; **son voyage ~ Londres** his trip to London; **entrez au salon** go into the lounge; **au lit/au travail les enfants!** time for bed/work children!
(b) *(position)* at; *(dans)* in; *(sur)* on. **habiter ~ Paris/ au 4e étage** to live in Paris/on the 4th floor; **être ~ l'école/ ~ la maison** to be at school/at home; **c'est ~ 3 km** it's 3 km away; **~ la télévision/radio** on television/the radio; **rester au chaud** to stay in the warm.
(c) *(temps)* at; *(date)* on; *(époque)* in; *(jusqu'à)* to, till, until. **~ 6 heures/Noël** at 6 o'clock/Christmas; **le 3 au soir** on the evening of the 3rd; **~ samedi!** see you on Saturday!; **au matin/XIXᵉ siècle** in the morning/the 19th century; **à l'automne** in autumn; **de 2 ~ 4 heures** from 2 to *ou* till 4 (o'clock).
(d) *(rapport)* by, per; *(approximation)* to. **faire du 50 ~ l'heure** to do 50 km an *ou* per hour; **faire du 9 litres aux 100** to use 9 litres per 100 km; **être payé au poids/mois** to be paid by weight/the month; **entrer 2 ~ 2** to come in 2 by 2; **4 ~ 5 mètres** 4 to 5 metres; **gagner (par) 2 ~ 1** to win by 2 to 1.
(e) *(appartenance)* of, to. **ce sac est ~ moi/Peter** this bag is mine/Peter's, this bag belongs to me/ Peter; **un ami ~ elle** a friend of hers, one of her friends; **ce n'est pas ~ moi de le faire** it's not for me *ou* up to me to do it.
(f) *(moyen)* on, by, with. **faire qch ~ la main** to do sth by hand; **aller ~ vélo/~ pied** to go by bike/ on foot; **écrire qch au crayon** to write sth with a pencil *ou* in pencil; **jouer qch au piano** to play sth on the piano; **cuisiné au beurre** cooked in butter; **ils l'ont fait ~ 3** they did it between the 3 of them.
(g) *(caractérisation)* with. **robe ~ manches** dress with sleeves; **pompe ~ eau** water pump; **tasse ~ thé** tea cup; **elle est femme ~ le faire** she's the sort of woman to do it.
(h) *(destination)* for, to. **maison ~ vendre** house for sale; *(dédicace)* **~ ma sœur** to *ou* for my sister.
(i) *(conséquence)* to; *(hypothèse)* from. **~ leur grande surprise** much to their surprise; **~ ce que j'ai compris** from what I understood; **~ le voir si maigre** when I saw he was so thin; **~ bien réfléchir** if you think about it.

abaisser [abese] (1) **1** *vt* **(a)** *(gén) niveau* to lower; *store* to pull down; *température, taux* to bring down; *perpendiculaire* to drop. **(b)** to humiliate; *(Rel)* to humble. **2 s' ~** *vpr* **(a)** *[température, taux]* to fall, drop; *[terrain]* to slope down; *(Théât) [rideau]* to fall *(sur* on). **(b)** *(s'humilier)* to humble o.s. **s' ~ à faire** to stoop to doing. ◆ **abaissant, e** *adj* degrading. ◆ **abaissement** *nm* **(a)** *(action)* lowering; pulling down; dropping; humiliation; humbling. **(b)** *(chute)* fall, drop *(de* in); *[terrain]* downward slope; *[moralité]* decline. **(c)** *(abjection)* degradation.

abandon [abɑ̃dɔ̃] *nm* **(a)** *(délaissement)* desertion, abandonment; *(manque de soin)* neglected state, neglect. **~ de poste** desertion of one's post; **lais-**ser à l' ~ to neglect. **(b)** *[idée, technique etc]* giving up; *[droit]* relinquishment; *[course]* withdrawal *(de* from). **faire ~ de ses biens à qn** to make over one's property to sb; *(fig)* **~ de soi-même** self-abnegation. **(c)** *(relâchement)* lack of constraint. **parler avec ~** to talk freely *ou* without constraint; **moments d' ~** moments of abandon; **l' ~ de son attitude** his relaxed attitude.

abandonner [abɑ̃dɔne] (1) **1** *vt* **(a)** *(délaisser) lieu, personne* to desert, abandon; *technique* to abandon, give up; *(Ordin)* to abort. **son courage l'abandonna** his courage deserted him. **(b)** *(se retirer de) (gén)* to give up; *études, projet* to abandon; *droit* to relinquish; *course* to withdraw from. *(lit, fig)* **~ la lutte** to give up the fight. **(c)** *(donner)* **~ à** *(gén)* to leave to; **~ ses biens à une bonne œuvre** to leave *ou* donate one's wealth to a good cause; **elle lui abandonna sa main** she let him take her hand; **~ à qn le soin de faire qch** to leave it to sb to do sth; **~ au pillage** to leave to be pillaged. **2 s' ~** *vpr* to let o.s. go. **s' ~ à** *(gén)* to give o.s. up to; *désespoir* to give way to; **il s'abandonna au sommeil** he let sleep overcome him. ◆ **abandonné, e** *adj attitude* relaxed; *(avec volupté)* abandoned; *usine* disused.

abasourdir [abazuRdiR] (2) *vt (gén)* to stun.

abat-jour [abaʒuR] *nm inv* lampshade.

abats [aba] *nmpl [volaille]* giblets; *[bœuf]* offal.

abattage [abataʒ] *nm [animal]* slaughter; *[arbre]* felling; *(Min)* extracting.

abattant [abatɑ̃] *nm* flap *(of table, desk)*.

abattement [abatmɑ̃] *nm* **(a)** *(dépression)* despondency; *(fatigue)* exhaustion. **(b)** *(rabais)* reduction; *(fiscal)* (tax) allowance.

abattis [abati] *nmpl [volaille]* giblets; *(*: membres)* limbs.

abattoir [abatwaR] *nm* slaughterhouse.

abattre [abatR(ə)] (41) **1** *vt* **(a)** *arbre* to cut down, fell; *adversaire, quilles, mur* to knock down; *roche* to hew; *avion* to shoot down. **la pluie abat la poussière** the rain settles the dust; **il abattit son bâton sur ma tête** he brought his stick down on my head. **(b)** *(tuer) personne, fauve* to shoot; *chien* to destroy, put down; *bœuf* to slaughter. **(c)** *(physiquement)* to weaken, exhaust; *(moralement)* to demoralize. **abattu par la chaleur** overcome by the heat; **ne te laisse pas ~** don't let things get you down; *(lit, fig)* **~ ses cartes** to lay *ou* put one's cards on the table; **~ du travail** to get through a lot of work. **2 s' ~** *vpr* **(a)** *[personne]* to fall (down); *[cheminée]* to fall *ou* crash down. **(b)** **s' ~ sur** *[pluie]* to beat down on; *[ennemi]* to swoop down on; *[coups, injures]* to rain on. ◆ **abattu, e** *adj (fatigué)* exhausted; *(déprimé)* demoralized, despondent.

abbaye [abei] *nf* abbey. ◆ **abbé** *nm [abbaye]* abbot; *(prêtre)* priest. ◆ **abbesse** *nf* abbess.

abc [abese] *nm (livre)* ABC *ou* alphabet book; *(rudiments)* ABC, fundamentals *(pl)*, rudiments *(pl)*. **l' ~ du métier** the first requirement of the job.

abcès [apsɛ] *nm* abscess. *(fig)* **vider l' ~** to root out the evil.

abdication [abdikɑsjɔ̃] *nf (lit, fig)* abdication. ◆ **abdiquer** *vti [roi]* to abdicate; *(fig)* to give up.

abdomen [abdɔmɛn] *nm* abdomen. ◆ **abdominal, e**, *mpl* **-aux 1** *adj* abdominal. **2** *nmpl*: ~aux stomach muscles.

abeille [abɛj] *nf* bee.

aberrant, e [abɛRɑ̃, ɑ̃t] *adj conduite, (Bio)* aberrant; *histoire* absurd. ◆ **aberration** *nf (gén)* aberration.

abêtir *vt*, **s' ~** *vpr* [abetiR] (2) to turn into a halfwit. ◆ **abêtissant, e** *adj travail* stupefying. ◆ **abêtissement** *nm (état)* stupidity. *(action)* l' ~ **des masses par la télévision** the stupefying effect of television on the masses.

abhorrer [abɔRe] (1) *vt (littér)* to abhor, loathe.

abîme [abim] *nm (lit, fig)* gulf, chasm. **au bord de l' ~** *pays* on the brink *ou* verge of ruin; **au fond de l' ~** *personne* in the depths of despair; **les ~s de l'enfer** the depths of hell; **dans un ~ de perplexité** utterly perplexed; **c'est un ~ de bêtise** he's abysmally *ou* incredibly stupid.

abîmer [abime] (1) **1** *vt* to damage, spoil. **2 s' ~** *vpr* **(a)** *[objet]* to get spoilt *ou* damaged; *[fruits]* to go bad. **(b)** *(littér) [navire]* to founder. **s' ~ dans la réflexion** to be deep *ou* plunged in thought.

abject, e [abʒɛkt] *adj* despicable, abject. ◆ **abjection** *nf* abjectness.

abjuration [abʒyRɑsjɔ̃] *nf* abjuration, renunciation *(de* of). **faire ~ de** to abjure. ◆ **abjurer** (1) *vt* to abjure, renounce.

ablation [ablɑsjɔ̃] *nf (Méd)* removal.

ablutions [ablysjɔ̃] *nfpl (gén)* ablutions.

abnégation [abnegɑsjɔ̃] *nf* (self-)abnegation, self-denial. **avec ~** selflessly.

aboiement [abwamɑ̃] *nm [chien]* bark; *(péj: cri)* cry. ~**s** barking.

abois [abwa] *nmpl*: **aux ~** at bay.

abolir [abɔliR] (2) *vt* to abolish. ◆ **abolition** *nf* abolition. ◆ **abolitionnisme** *nm* abolitionism. ◆ **abolitionniste** *adj, nmf* abolitionist.

abominable [abɔminabl(ə)] *adj* abominable; *(sens affaibli)* frightful, terrible. ◆ **abominablement** *adv* abominably; frightfully, terribly. ◆ **abomination** *nf (crime)* abomination; *(parole etc)* abominable remark *etc*. **avoir en ~** to loathe, abominate; **c'est une ~!** it's abominable! ◆ **abominer** (1) *vt* to loathe.

abondant, e [abɔ̃dɑ̃, ɑ̃t] *adj récolte* good; *réserves* plentiful; *végétation* lush; *chevelure* thick; *larmes, conseils, repas* copious. **avec d' ~es photographies** with numerous photographs; **les pêches sont ~es sur le marché** peaches are in plentiful *ou* good supply (on the market); **il lui faut une nourriture ~e** he must have plenty of food. ◆ **abondamment** *adv* abundantly; plentifully; *couler* profusely; *boire* copiously. ◆ **abondance** *nf (profusion)* abundance; *(opulence)* affluence. **des fruits en ~** fruit in plenty; **il y a (une) ~ de** there is an abundance of; **~ d'idées** wealth of ideas. ◆ **abonder** (1) *vi* **(a)** to abound, be plentiful. **~ en** to be full of, abound in. **(b) il abonda dans notre sens** he was in complete agreement with us.

abonné, e [abɔne] **1** *adj*: **être ~ à** *journal* to subscribe to; *téléphone, gaz* to have; *(fig)* **il y est ~!** * he's making (quite) a habit of it! **2** *nm, f (Presse, Téléc)* subscriber; *(Élec, Gaz)* consumer; *(Rail, Théât)* season-ticket holder. ◆ **abonnement** *nm (Presse)* subscription; *(Téléc)* rental; *(Rail, Théât)* season ticket. ◆ **abonner** (1) **1** *vt*: **~ qn (à qch)** to take out a subscription to sth for sb; to buy sb a season ticket (for sth). **2 s' ~** *vpr* to subscribe *(à* to); to buy a season ticket *(à* for).

abord [abɔR] *nm* **(a)** *(environs)* ~**s** surroundings; **aux ~s de** the area around. **(b)** *(accès)* access, approach; *(accueil)* manner. **d'un ~ difficile** *livre* which is difficult to get into; *personne* unapproachable. **(c) allons d' ~ chez le boucher** let's go to the butcher's first; **il fut (tout) d' ~ poli,**

puis... he was polite at first *ou* initially, and then... ; **d' ~, il n'a même pas 18 ans** for a start *ou* in the first place, he's not even 18; **dès l' ~** from the outset; **au premier ~** at first sight. ◆ **abordable** *adj prix* reasonable; *personne* approachable; *lieu* accessible.

aborder [abɔRde] (1) **1** *vt (a) lieu* to reach; *personne* to approach, come up to; *sujet* to tackle. **(b)** *(Naut) (attaquer)* to board; *(heurter)* to collide with. **2** *vi (Naut)* to land *(dans, sur* on). ◆ **abordage** *nm (assaut)* attacking; *(accident)* collision. **à l' ~!** away boarders!

aborigène [abɔRiʒɛn] **1** *adj (gén)* aboriginal; *(australien)* Aboriginal. **2** *nmf* aborigine. **~ d'Australie** Aboriginal, Australian Aborigine.

aboucher (s') [abuʃe] (1) *vpr*: **s' ~ avec qn** to get in touch with sb.

aboutir [abutiR] (2) *vi (a) (réussir)* to succeed. **faire ~** to bring to a successful conclusion. **(b)** ~ **à** *ou* **dans** *lieu* to end (up) in; *désordre* to result in, lead to; **j'aboutis à 12 F** I get (it to come to) 12 francs; **il n'aboutira jamais à rien** he'll never get anywhere; **ça n'a abouti à rien** it has come to nothing. ◆ **aboutissement** *nm (résultat)* outcome; *(succès)* success.

aboyer [abwaje] (8) *vi* to bark; *(péj: crier)* to shout, yell *(après* at).

abracadabrant, e [abRakadabRɑ̃, ɑ̃t] *adj* incredible, preposterous.

abrasif, -ive [abRazif, iv] *adj, nm* abrasive.

abréger [abReʒe] (3) *et* (6) *vt (gén)* to shorten; *souffrances, visite* to cut short; *texte* to abridge; *mot* to abbreviate. **abrège!** * come *ou* get to the point! ◆ **abrégé** *nm* summary. **faire un ~ de** to summarize; **en ~** *(en miniature)* in miniature; *(en bref)* in brief.

abreuver [abRœve] (1) **1** *vt animal* to water. *(fig)* ~ **qn de** to overwhelm *ou* shower sb with; **terre abreuvée d'eau** waterlogged ground. **2 s' ~** *vpr* to drink. ◆ **abreuvoir** *nm (mare)* watering place; *(récipient)* drinking trough.

abréviation [abRevjɑsjɔ̃] *nf* abbreviation.

abri [abRi] *nm (cabane)* shelter; *(fig)* refuge *(contre* from). ~ **à vélos** bicycle shed; *(hum)* **tous aux ~s!** take cover!; **mettre à l' ~** *(des intempéries)* to put under cover; *(du vol, de la curiosité)* to put in a safe place; **se mettre à l' ~** to shelter *(de* from); *(de regards)* to hide *(de* from); *(de soupçons)* to shield o.s. *(de* from); **c'est à l' ~** *(de la pluie)* it's under shelter; *(du vol)* it's in a safe place; **à l' ~ du mur** sheltered by the wall; **à l' ~ du besoin** free from financial worries; **je ne suis pas à l' ~ d'une erreur** I'm not beyond making a mistake.

abribus [abRibys] *nm* bus shelter.

abricot [abRiko] *nm, adj inv* apricot. ◆ **abricotier** *nm* apricot tree.

abriter [abRite] (1) **1** *vt (pluie, vent)* to shelter *(de* from); *(radiations)* to screen *(de* from). **le bâtiment peut ~ 20 personnes** the building can accommodate 20 people. **2 s' ~** *vpr* to (take) shelter *(de* from). **s' ~ derrière le règlement** to take cover behind the rules.

abrogation [abRɔgɑsjɔ̃] *nf* repeal, abrogation. ◆ **abroger** (3) *vt* to repeal, abrogate.

abrupt, e [abRypt, pt(ə)] **1** *adj pente* abrupt, steep; *falaise* sheer; *personne* abrupt. **2** *nm* steep slope. ◆ **abruptement** *adv* steeply; abruptly.

abrutir [abRytiR] (2) *vt*: **~ qn** to make sb stupid; **~ qn de** to drive sb stupid with; *(fatigue)* to daze; **abruti par l'alcool** stupefied with drink; **abruti de travail** dazed with work. ◆ **abruti, e** * *nm, f* idiot *, moron *. ◆ **abrutissant, e** *adj bruit* stunning; *travail* mind-destroying. ◆ **abrutissement** *nm (fatigue)* exhaustion; *(abêtissement)* moronic state. l' ~ **des**

masses par la télévision the stupefying effect of television on the masses.

absence [apsɑ̃s] *nf [personne, objet]* absence; *[sentiment]* lack *(de* of). **il constata l' ~ de sa valise** he noticed that his case was missing; **~ (de mémoire)** mental blank; **en l' ~ de** in the absence of.

absent, e [apsɑ̃, ɑ̃t] **1** *adj* **(a)** *(gén)* away *(de* from); *(malade)* absent *(de* from). **conférence dont la France était ~e** conference from which France was absent. **(b)** *sentiment* lacking; *objet* missing. **toute émotion était ~e** there was no trace of emotion. **(c)** *(distrait)* air vacant. **2** *nm, f (gén)* absent person; *(Scol, Admin)* absentee; *(disparu)* missing person. **le grand ~ de la réunion** the most notable absentee at the meeting. ◆ **absentéisme** *nm* absenteeism. ◆ **absentéiste** *nmf* absentee. *(gén)* **c'est un ~** he is always absent. ◆ **absenter (s')** **(1)** *vpr (gén)* to go out. **s' ~ de** *pièce* to go out of; *ville* to leave; **elle s'absente souvent de son travail** she is frequently away from work.

abside [apsid] *nf* apse.

absinthe [apsɛ̃t] *nf* absinth(e).

absolu, e [apsɔly] **1** *adj* **(a)** *(gén, Ling, Pol)* absolute. **en cas d' ~e nécessité** if absolutely essential; **règle ~e** hard-and-fast rule. **(b)** *ton* peremptory; *jugement* rigid. **2** *nm*: **l' ~** the absolute. ◆ **absolument** *adv* absolutely. **avoir ~ tort** to be quite *ou* absolutely wrong; **~ pas!** certainly not!

absolution [apsɔlysjɔ̃] *nf (Rel)* absolution *(de* from). **donner l' ~ à qn** to give sb absolution.

absolutisme [apsɔlytism(ə)] *nm* absolutism.

absorber [apsɔrbe] **(1)** *vt* **(a)** *aliment* to take; *parti, bruit, dette* to absorb; *firme* to take over; *liquide* to absorb, soak up; *tache* to remove. **(b)** *attention, temps* to occupy, take up. **s' ~/être absorbé dans une lecture** to become/be absorbed in reading. ◆ **absorbant, e** **1** *adj matière* absorbent; *tâche* absorbing; *(Bio)* absorptive. **2** *nm* absorbent. ◆ **absorption** *nf* **(a)** taking; absorption; takeover; removal. **(b)** *(méditation)* absorption.

absoudre [apsudr(ə)] **(51)** *vt* to absolve *(de* from).

abstenir (s') [apstənir] **(22)** *vpr* **(a)** **s' ~ de qch/de faire** to refrain *ou* abstain from sth/doing; **je préfère m' ~** I'd rather not. **(b)** *(Pol)* to abstain *(de voter* from voting). ◆ **abstention** *nf* abstention. ◆ **abstentionnisme** *nm* abstaining, nonvoting. ◆ **abstentionniste** *adj, nmf* abstainer, non-voter.

abstinence [apstinɑ̃s] *nf* abstinence. **faire ~** to refrain from eating meat. ◆ **abstinent, e** *adj* abstinent.

abstraction [apstraksjɔ̃] *nf* abstraction. **faire ~ de** to leave aside, disregard.

abstraire [apstrɛr] **(50)** **1** *vt* to abstract *(de* from). **2** **s' ~** *vpr* to cut o.s. off *(de* from). ◆ **abstrait, e** *adj* abstract. **dans l' ~** in the abstract; **l'(art) ~** abstract art. ◆ **abstraitement** *adv* abstractly, in the abstract.

absurde [apsyrd(ə)] *adj* absurd. ◆ **absurdité** *nf* absurdity.

abus [aby] *nm (gén)* abuse. **faire ~ de** *force* to abuse; **l' ~ qu'il fait d'aspirine** his excessive use *ou* overuse of aspirin; **nous avons fait des *ou* quelques ~ hier soir** we overdid it last night; **il y a de l' ~!** * that's going a bit too far! *; **~ de pouvoir** abuse *ou* misuse of power.

abuser [abyze] **(1)** **1 ~ de** *vt indir* **(a)** *situation, victime* to take advantage of; *autorité, hospitalité* to abuse. **je ne veux pas ~ de votre temps/gentillesse** I don't want to waste your time/to impose on your kindness; **tu abuses!** you're going too far! **(b)** *(user avec excès)* *médicaments* to overuse; *ses forces* to overtax; *plaisirs* to overindulge in. **~ de l'alcool** to drink to excess. **2** *vt [escroc]* to deceive; *[res-*

semblance] to mislead. **3 s' ~** *vpr (erreur)* to be mistaken; *(illusions)* to delude o.s.

abusif, -ive [abyzif, iv] *adj pratique* improper; *mère* over-possessive; *prix, punition* excessive. **usage ~ de** improper use *ou* misuse of; **c'est ~ de dire** it's putting it a bit strongly to say. ◆ **abusivement** *adv* improperly; excessively.

acabit [akabi] *nm (péj)* sort, type. **être du même ~** to be cast in the same mould.

acacia [akasja] *nm* acacia.

académie [akademi] *nf* **(a)** *(société savante)* learned society; *(officielle)* A~ Academy; *(école)* ~ **de dessin** art school, academy of art. **(b)** *(Univ)* ≃ regional education authority, school district *(US)*. ◆ **académicien, -ienne** *nm, f (gén)* academician; *(Antiq)* academic. ◆ **académique** *adj (gén, péj)* academic; *[Académie française]* of the French Academy; *(Univ)* ≃ of the regional education authority. *(Belgique, Can, Suisse)* **année ~** academic year.

Acadie [akadi] *nf:* **l' ~** the Maritime Provinces.

acajou [akaʒu] *nm, adj inv* mahogany.

acariâtre [akarjɑtr(ə)] *adj caractère* sour, cantankerous; *femme* shrewish. **d'humeur ~** sour-tempered.

accabler [akɑble] **(1)** *vt* **(a)** *(gén)* to overwhelm. **accablé sous le nombre** overwhelmed *ou* over-powered by numbers; **sa déposition m'accable** his evidence is overwhelmingly against me. **(b)** **~ qn de** *critiques* to heap on sb; *impôts, travail* to over-burden sb with; *questions, conseils* to overwhelm sb with. ◆ **accablant, e** *adj chaleur, travail* exhausting; *témoignage, responsabilité* overwhelming; *douleur* excruciating. ◆ **accablement** *nm (abattement)* despondency; *(fatigue)* exhaustion.

accalmie [akalmi] *nf (gén)* lull *(de* in); *[fièvre]* respite *(dans* in); *[affaires]* slack period.

accaparer [akapare] **(1)** *vt pouvoir, conversation, hôte* to monopolize; *temps, attention* to take up. **les enfants l'accaparent** the children take up all her time (and energy). ◆ **accaparant, e** *adj* all-absorbing, demanding. ◆ **accaparement** *nm [pouvoir, production]* monopolizing; *[médecin etc]* involvement *(par* in). ◆ **accapareur, -euse** **1** *adj* monopolistic. **2** *nm, f* monopolizer.

accéder [aksede] **(6)** **~ à** *vt indir* **(a)** *lieu* to reach, get to; *honneur, indépendance, pouvoir* to attain; *grade* to rise to; *responsabilité* to accede to. **(b)** *prière* to grant; *demande* to accommodate, comply with.

accélérer [akselere] **(6)** **1** *vt* to speed up. **2** *vi (Aut, fig)* to accelerate, speed up. **accélère! *** get a move on! ** **3 s' ~** *vpr [pouls]* to quicken. ◆ **accélérateur** *nm* accelerator. ◆ **accélération** *nf* acceleration, speeding up; quickening.

accent [aksɑ̃] *nm* **(a)** *(prononciation)* accent. **(b)** *(Orthographe)* accent. **e ~ grave/aigu** e grave/acute; **~ circonflexe** circumflex (accent). **(c)** *(Phonétique)* accent, stress; *(fig)* stress, emphasis. **mettre l' ~ sur** to stress. **(d)** *(inflexion)* tone (of voice). **~ plaintif** plaintive tone; **~ de sincérité** of sincerity; **~s de rage/d'amour** accents of rage/of love; **les ~s de cette musique** the strains of this music.

accentuer [aksɑ̃tɥe] **(1)** **1** *vt* **(a)** *lettre* to accent; *syllabe* to stress. **(b)** *contraste* to emphasize, accentuate; *goût* to bring out; *effort* to intensify. **2 s' ~** *vpr [tendance, traits]* to become more marked *ou* pronounced; *[inflation]* to become more pronounced *ou* acute. ◆ **accentuation** *nf* accentuation; stressing; emphasizing; intensification. *(Phonétique)* **les règles de l' ~** the rules of stress.

accepter [aksɛpte] **(1)** *vt (gén, Comm)* to accept; *condition* to agree to, accept. **~ de faire** to agree to do; **elle accepte tout de sa fille** she puts up with anything from her daughter. ◆ **acceptable** *adj* *travail* satisfactory, fair; *repas* reasonable; *condition* acceptable. ◆ **acceptation** *nf (gén)* acceptance.

acception [aksɛpsjɔ̃] *nf* meaning, sense.

accès [aksɛ] *nm* (**a**) *(action d'entrer)* access; *(porte)* entrance. **interdire l'** ~ **de qch** to bar entry *ou* prevent access to sth; ~ **interdit** no entry, no admittance; **d'** ~ **facile** *lieu* (easily) accessible; *personne* approachable; *manuel* easily understood; **tous les** ~ **de la ville** all approaches to the town; **donner/avoir** ~ **à** to give/have access to. (**b**) *[colère, toux, folie]* fit; *[fièvre]* attack, bout; *[enthousiasme]* burst.

accessible [aksesibl(ə)] *adj lieu* accessible (*à* to); *personne* approachable; *but* attainable. ~ **à tous** *(financièrement)* within everyone's pocket; *(intellectuellement)* within the reach of everyone.

accession [aksɛsjɔ̃] *nf*: ~ **à** *pouvoir* accession to; *indépendance* attainment of; *rang* rise to; *requête, désir* granting of, compliance with. **mouvement d'** ~ **à la propriété** trend towards home ownership.

accessit [aksesit] *nm (Scol)* ≃ certificate of merit.

accessoire [akseswaʀ] **1** *adj (gén)* secondary, incidental. **2** *nm* (**a**) *(Théât)* prop; *(Aut)* accessory. ~**s de toilette** toilet requisites. (**b**) *(Philos)* **l'** ~ the unessential. ◆ **accessoirement** *adv* secondarily, incidentally; *(si besoin est)* if need be, if necessary. ◆ **accessoiriste** *nm f* property man (*ou* girl).

accident [aksidɑ̃] *nm (gén, Philos)* accident; *(Aut, Aviat)* crash; *(Méd)* illness, trouble; *(fig: revers)* setback. *(Admin)* **il n'y a pas eu d'** ~ **de personnes** there were no casualties, no one was injured; **les** ~**s de la vie** life's ups and downs, life's trials; *(hasard)* **par** ~ by chance, by accident. (**b**) ~ **de parcours** chance mishap; ~ **de terrain** undulation; ~ **de travail** industrial injury. ◆ **accidenté, e 1** *adj* (**a**) *région* undulating; *terrain* uneven; *vie, carrière* eventful. (**b**) *véhicule* damaged. **2** *nm, f* casualty, injured person. ◆ **accidentel, -elle** *adj (gén)* accidental. ◆ **accidentellement** *adv* (**a**) *(par hasard)* accidentally, by accident *ou* chance. (**b**) *mourir* in an accident. ◆ **accidenter** (1) *vt personne* to injure, hurt; *véhicule* to damage.

acclamer [aklame] (1) *vt* to cheer, acclaim. ◆ **acclamation** *nf*: ~**s** cheers; **par** ~ by acclamation.

acclimater [aklimate] (1) **1** *vt (Bot, Zool)* to acclimatize. **2 s'** ~ *vpr* to become acclimatized (*à* to). ◆ **acclimatation** *nf* acclimatization.

accointances [akwɛ̃tɑ̃s] *nfpl* contacts, links.

accolade [akɔlad] *nf* (**a**) *(protocolaire)* embrace; *(Hist)* accolade. **donner l'** ~ to embrace. (**b**) *(Typ)* brace. **mots (mis) en** ~ words bracketed together. ◆ **accoler** (1) *vt (gén)* to place side by side; *(Typ)* to bracket together.

accommoder [akɔmɔde] (1) **1** *vt* (**a**) *plat* to prepare (*à* in, with). (**b**) *(combiner)* to combine; *(adapter)* to adapt; (†: *arranger*) to arrange. **2** *vi (Opt)* to focus (*sur* on). **3 s'** ~ *vpr*: **s'** ~ **de** to put up with; **elle s'accommode de tout** she can make do with anything; *(littér)* **s'** ~ **à qch** to adapt to sth; **s'** ~ **avec qn** to come to an arrangement with sb *(sur* about). ◆ **accommodant, e** *adj* accommodating. ◆ **accommodation** *nf (Opt)* accommodation; *(adaptation)* adaptation. ◆ **accommodement** *nm* arrangement.

accompagner [akɔ̃paɲe] (1) *vt (gén)* to accompany. ~ **un enfant à l'école** to take a child to school; ~ **qn chez lui** to see sb home; **il s'était fait** ~ **de sa mère** he had got his mother to go with him *ou* to accompany him; **tous nos vœux vous accompagnent** all our good wishes go with you; **il s'accompagna à la guitare** he accompanied himself on the guitar; **du chou accompagnait le rôti** cabbage was served with the roast. ◆ **accompagnateur, -trice** *nm, f (Mus)* accom-

panist; *(guide)* guide; *(Scol)* accompanying adult; *(Tourisme)* courier. ◆ **accompagnement** *nm* (**a**) *(Mus)* accompaniment. **sans** ~ unaccompanied. (**b**) *(Culin)* accompanying vegetables.

accomplir [akɔ̃pliʀ] (2) *vt promesse* to fulfil, carry out; *mission, tâche* to perform, carry out, accomplish; *exploit* to perform, achieve; *apprentissage (faire)* to do; *(terminer)* to complete. **la volonté de Dieu s'est accomplie** God's will was done. ◆ **accompli, e** *adj (expérimenté)* accomplished. ◆ **accomplissement** *nm* fulfilment; accomplishment; completion.

accord [akɔʀ] *nm* (**a**) *(gén, Gram)* agreement; *(harmonie)* harmony. **le bon** ~ **règne** harmony reigns; ~ **à l'amiable** informal *ou* amicable agreement; ~ **de principe** agreement in principle ; ~ **salarial** wage settlement; **en** ~ **avec le paysage** in harmony *ou* in keeping with the landscape. (**b**) *(Mus) (notes)* chord. ~ **parfait** triad; ~ **de tierce** third. (**c**) **être d'** ~ to agree, be in agreement; **se mettre d'** ~ **avec qn** to agree *ou* come to an agreement with sb; **mettre 2 personnes d'** ~ to make 2 people come to an agreement with each other; **c'est d'** ~ **(pour demain)** it's agreed *ou* all right *ou* O.K. * (for tomorrow).

accordéon [akɔʀdeɔ̃] *nm* accordion. **en** ~ * *voiture* crumpled; *pantalon* wrinkled. ◆ **accordéoniste** *nmf* accordionist.

accorder [akɔʀde] (1) **1** *vt* (**a**) *(gén)* to give, grant; *pension* to award (*à* to). ~ **à qn que** to admit (to sb) that; **je vous l'accorde** I'll grant you that; ~ **de la valeur à qch** to attach value to sth, value sth. (**b**) *(harmoniser)* couleurs to match; *(Mus)* to tune. *(fig)* **ils ont accordé leurs violons** they agreed on the line to take; *(Gram)* **(faire)** ~ **un verbe/un adjectif** to make a verb/an adjective agree (*avec* with). **2 s'** ~ *vpr* (**a**) *(être d'accord)* to agree. **ils s'accordent pour dire que le film est mauvais** they agree that it's a poor film; **(bien/mal) s'** ~ **avec qn** to get on (well/badly) with sb. (**b**) *[couleurs]* to match; *[opinions]* to agree; *[caractères]* to be in harmony. **ses actions s'accordent avec ses opinions** his actions are in keeping with his opinions. (**c**) *(Ling)* to agree (*avec* with). ◆ **accordeur** *nm (Mus)* tuner.

accorte [akɔʀt(ə)] *adj f (hum)* winsome.

accoster [akɔste] (1) *vt personne* to accost; *(Naut)* to come alongside; *(emploi absolu)* to berth.

accotement [akɔtmɑ̃] *nm (Aut)* shoulder, verge, berm *(US)*; *(Rail)* shoulder. ~ **non stabilisé** soft verge *ou* shoulder *(US)*.

accoter [akɔte] (1) *vt* to lean, rest *(contre* against, *sur* on). **s'** ~ **à** *ou* **contre** to lean against.

accoucher [akuʃe] (1) **1** *vt*: ~ **qn** to deliver sb's baby. **2** *vi* (**a**) *(être en travail)* to be in labour; *(donner naissance)* to give birth. ~ **d'un garçon** to give birth to a boy, have a (baby) boy. (**b**) *(fig hum)* ~ **de** *roman* to bring forth; **accouche! ‡** spit it out! * ◆ **accouchée** *nf* (new) mother. ◆ **accouchement** *nm* delivery. ~ **prématuré** premature birth; ~ **sans douleur** painless childbirth. ◆ **accoucheur, -euse 1** *nm, f*: *(médecin)* ~ obstetrician. **2** *nf (sage-femme)* midwife.

accouder (s') [akude] (1) *vpr* to lean (on one's elbows) *(sur* on). ◆ **accoudoir** *nm* armrest.

accoupler [akuple] (1) **1** *vt* (**a**) *bœufs* to yoke; *(Tech)* to couple, connect (up) (*à* to); *(fig) mots* to link. (**b**) *(faire copuler)* to mate (*à, avec, et* with). **2 s'** ~ *vpr* to mate. ◆ **accouplement** *nm* yoking; coupling; connecting (up); linking; mating.

accourir [akuʀiʀ] (11) *vi (lit)* to rush up, hurry (*à, vers* to).

accoutrement [akutʀəmɑ̃] *nm (péj)* getup *. ◆ **accoutrer** (1) **1** *vt (péj)* to get up * (*de* in). **2 s'** ~ *vpr* to get o.s. up * (*de* in).

accoutumer [akutyme] (1) *vt:* ~ qn à qch/à faire to accustom sb *ou* get sb used to sth/to doing; **s' ~ à faire** to get used *ou* accustomed to doing. ◆ **accoutumance** *nf (habitude)* habituation *(à* to); *(besoin)* addiction *(à* to). ◆ **accoutumé, e** *adj* usual. **comme à l'** ~**e** as usual.

accréditer [akʀedite] (1) **1** *vt rumeur* to substantiate; *personne* to accredit *(auprès de* to). **2 s' ~** *vpr [rumeur]* to gain ground.

accroc [akʀo] *nm* **(a)** *[tissu]* tear; *[réputation]* blot *(à* on); *[règle]* breach *(à* of). **faire un ~ à** *règle* to twist; *tissu* to tear. **(b)** *(anicroche)* hitch. **sans ~s** without a hitch, smoothly.

accrochage [akʀɔʃaʒ] *nm (Aut)* collision; *(Mil)* engagement; *(Boxe)* clinch; *(dispute)* clash.

accrocher [akʀɔʃe] (1) **1** *vt* **(a)** *tableau* to hang (up) *(à* on); *wagons* to couple *(à* to). ~ **un ver à l'hameçon** to put a worm on the hook. **(b)** *(accident)* jupe to catch *(à* on); *voiture* to bump into; *piéton* to hit; *assiette* to knock. **(c)** *(*: fig) occasion* to get; *personne* to get hold of; *mots* to catch; *client* to attract. ~ **le regard** to catch the eye. **(d)** *(Mil)* to engage; *(Boxe)* to clinch. **2** *vi* **(a)** *[fermeture éclair]* to jam; *[pourparlers]* to come up against a hitch. **cette planche accroche** this board catches on the cloth. **(b)** *(plaire) [slogan]* to catch on. **3 s' ~** *vpr* **(a)** *(se cramponner)* to hang on. **s' ~ à** *branche, espoir* to cling to. **(b)** (*) *[malade]* to cling on; *[étudiant]* to stick at it; *[importun]* to cling. **(c)** *[voitures]* to bump (each other); *(Boxe)* to get into a clinch; *(Mil)* to engage; *(se disputer)* to have a clash *(avec* with). ◆ **accrocheur, -euse** *adj concurrent* tenacious; *affiche* eye-catching; *slogan* catchy.

accroire [akʀwaʀ] (44) *vt:* **faire ~ à qn qch/que** to delude sb into believing sth/that.

accroître *vt,* **s'~** *vpr* [akʀwatʀ(ə)] (55) to increase. ◆ **accroissement** *nm (gén)* increase *(de* in); *[production]* growth *(de* in).

accroupir (s') [akʀupiʀ] (2) *vpr* to squat *ou* crouch (down). ◆ **accroupi, e** *adj* squatting *ou* crouching (down).

accu * [aky] *nm (Aut etc)* battery. *(fig)* **recharger ses ~s** to recharge one's batteries.

accueil [akœj] *nm (gén)* welcome, reception; *[sinistrés, idée]* reception; *[logement]* accommodation. **faire bon ~ à** to welcome; **faire mauvais ~ à** to receive badly. ◆ **accueillant, e** *adj* welcoming, friendly. ◆ **accueillir** (12) *vt* **(a)** *(aller chercher)* to collect; *(recevoir)* to welcome; *(pouvoir héberger)* to accommodate. **bien/mal ~ qn** to give sb a warm/bad reception; ~ **par des huées** to greet with jeers. **(b)** *nouvelle* to receive.

acculer [akyle] (1) *vt:* ~ **qn à** *mur* to drive sb back against; *ruine* to drive sb to the brink of; *choix* to force sb into; ~ **qn dans** *pièce* to corner sb in; *(lit, fig)* **nous sommes acculés** we're cornered.

accumuler [akymyle] (1) **1** *vt (gén)* to accumulate; *marchandises* to stockpile; *énergie* to store. *(Fin)* **les intérêts accumulés pendant un an** the interest accrued over a year. **2 s' ~** *vpr* to accumulate; *(Fin)* to accrue. ◆ **accumulateur** *nm* accumulator, battery. ◆ **accumulation** *nf* accumulation; stockpiling; storage; *(tas)* accumulation.

accusateur, -trice [akyzatœʀ, tʀis] **1** *adj regard* accusing; *preuves* incriminating. **2** *nm, f* accuser.

accusatif [akyzatif] *nm (Ling)* accusative case.

accusation [akyzɑsjɔ̃] *nf (gén)* accusation; *(Jur)* charge. *(le procureur etc)* **l'** ~ the prosecution; **mettre en** ~ to indict; **mise en** ~ indictment.

accuser [akyze] (1) **1** *vt* **(a)** *(gén)* to accuse *(de* of); *(blâmer)* to blame *(de* for). *(Jur)* ~ **de** to accuse of, charge with; **tout l'accuse** everything points to his guilt; ~ **qn d'incompétence** to blame sb for his incompetence. **(b)** *forme, contraste* to emphasize; *âge, fatigue* to show. *(lit, fig)* ~ **le coup** to stag-

ger under the blow; ~ **réception** to acknowledge receipt *(de* of). **2 s' ~** *vpr* **(a)** **s' ~ de qch/d'avoir fait** *[coupable]* to admit to sth/to having done; *[responsable]* to blame o.s. for sth/for having done. **(b)** *[tendance]* to become more marked. ◆ **accusé, e 1** *adj (marqué)* marked. **2** *nm, f* accused; *[procès]* defendant. ~ **levez-vous!** ≃ the defendant will rise. **3** : ~ **de réception** acknowledgement of receipt.

ace [ɛs] *nm (Tennis)* ace.

acerbe [asɛʀb(ə)] *adj* caustic, acid.

acéré, e [aseʀe] *adj pointe* sharp; *raillerie* scathing, cutting.

acétate [asetat] *nm* acetate.

acétique [asetik] *adj* acetic.

acétone [asetɔn] *nf* acetone.

acétylène [asetilɛn] *nm* acetylene.

achalandé, e [aʃalɑ̃de] *adj:* **bien ~** *[denrées]* well-stocked; *[clients]* well-patronized.

acharné, e [aʃaʀne] *adj combat, adversaire* fierce; *efforts, poursuivant, travailleur* relentless. ~ **à faire** bent on sth/on doing; ~ **contre** set against. ◆ **acharnement** *nm [combattant]* fierceness; *[poursuivant]* relentlessness; *[travailleur]* determination. **avec ~** *poursuivre, travailler* relentlessly; *combattre, résister* fiercely. ◆ **acharner (s')** (1) *vpr:* **s' ~ sur** *ou* **contre qn** *[malchance]* to dog sb; *[adversaire]* to set o.s. against sb; **je m'acharne à le leur faire comprendre** I'm desperately trying to explain it to them; **il s'acharne inutilement** he's wasting his efforts.

achat [aʃa] *nm* **(a)** purchase. **faire l' ~ de qch** to purchase *ou* buy sth; **faire des ~s** to shop, go shopping; **c'est cher à l' ~** it's expensive to buy; ~ **judicieux** wise buy. **(b)** *(Bourse, Comm)* buying. **la livre vaut 11 F à l' ~** the buying rate for sterling is 11 francs.

acheminer [aʃmine] (1) **1** *vt colis* to dispatch *(vers* to); *troupes* to convey, transport *(vers* to); *trains* to route *(vers* to). *(fig)* ~ **le pays vers la ruine** to lead the country to ruin. **2 s' ~** *vpr:* **s' ~ vers** *lieu, ruine* to head for; *solution* to move towards. ◆ **acheminement** *nm* dispatch; conveying, transporting; routing. *(Comm)* ~ **de marchandises** carriage of goods.

acheter [aʃte] (5) *vt* **(a)** to buy, purchase *(au vendeur* from the seller; *pour qn* for sb). **je lui ai acheté une robe** I bought her a dress; ~ **qch d'occasion** to buy sth second-hand; ~ **en grosses quantités** to bulk-buy; **(s') ~ une conduite** to mend one's ways. **(b)** *(péj) vote* to buy; *juge* to bribe. ◆ **acheteur, -euse** *nm, f* buyer; *(Jur)* vendee; *(profession)* buyer. **il est ~** he wants to buy it; **la foule des ~s** the crowd of shoppers.

achever [aʃve] (5) **1** *vt* **(a)** *discours, repas* to finish, end; *tâche* to complete, finish. ~ **(de parler)** to finish (speaking); **cette remarque acheva de l'exaspérer** this remark really brought his irritation to a head. **(b)** *blessé* to finish off; *cheval* to destroy. **ça m'a achevé!** it was the end of me! **2 s' ~** *vpr (se terminer)* to end *(par, sur* with); *[jour, vie]* to come to an end, draw to a close. ◆ **achevé, e** *adj canaille* downright, thorough; *artiste* accomplished; *art* perfect. **d'un ridicule ~** perfectly ridiculous. ◆ **achèvement** *nm [travaux]* completion.

achopper [aʃɔpe] (1) *vi:* ~ **sur** to stumble over.

acide [asid] **1** *adj (lit, fig)* acid, sharp, tart; *(Chim)* acid. **2** *nm* **(a)** acid. **(b)** (*: *LSD)* acid *. ◆ **acidité** *nf (lit, fig)* acidity. ◆ **acidulé, e** *adj goût* slightly acid.

acier [asje] *nm* steel. **d' ~** *poutre* steel, of steel; *regard* steely. ◆ **aciérie** *nf* steelworks.

acné [akne] *nf* acne. ~ **juvénile** teenage acne.

acolyte [akɔlit] *nm (péj)* confederate, associate.

acompte [akɔ̃t] *nm (arrhes)* deposit; *(sur somme due)* down payment; *(régulier)* instalment; *(sur salaire)* advance.

acoquiner (s') [akɔkine] (1) *vpr (péj)* to team up *(avec* with).

à-côté [akote] *nm [problème]* side issue; *[situation]* side aspect; *(argent)* extra.

à-coup [aku] *nm [moteur]* hiccough; *[machine, économie]* jolt. **par ~s** in fits and starts; **sans ~s** smoothly.

acoustique [akustik] **1** *adj* acoustic. **2** *nf (science)* acoustics *(sg); (sonorité)* acoustics *(pl).*

acquérir [akeʀiʀ] (21) *vt objet* to acquire, purchase, buy; *célébrité* to win; *habileté, valeur, expérience* to acquire, gain. ~ **la certitude de** to become certain of; **ça s'acquiert facilement** it's easy to pick up; ~ **la preuve de** to gain proof of. ◆ **acquéreur** *nm* buyer, purchaser. **se rendre ~ de qch** to purchase *ou* buy sth.

acquiescer [akjese] (3) *vi (approuver)* to approve, agree; *(de la tête)* to nod (one's approval *ou* agreement); *(consentir)* to acquiesce, assent *(à* to). ◆ **acquiescement** *nm* approval, agreement; acquiescence, assent.

acquis, e [aki, iz] **1** *adj droit, caractères* acquired; *fait* established. **tenir pour ~** *(normal)* to take for granted; *(décidé)* to take as settled; **être ~ à un projet** to be in complete support of a plan. **2** *nm (savoir)* experience. **la connaissance de l'anglais représente un ~ précieux** knowledge of English is a valuable asset. ◆ **acquisition** *nf* acquisition; *(par achat)* purchase.

acquit |aki| *nm (Comm)* receipt. **par ~ de conscience** to set one's mind at rest.

acquitter [akite] (1) **1** *vt* **(a)** *accusé* to acquit. **(b)** *impôt, facture* to pay; *(Comm)* to receipt. ~ **qn de** to release sb from. **2 s' ~** *vpr:* **s' ~ de** *dette, obligation, devoir* to discharge; *promesse, fonction* to fulfil, carry out; **comment m' ~ (envers vous)?** how can I ever repay you? *(de* for). ◆ **acquittement** *nm* acquittal; payment; discharge; fulfilment.

acre |akʀ(ə)| *nf (Hist)* ≃ acre.

âcre [ɑkʀ(ə)] *adj* acrid, pungent. ◆ **âcreté** *nf* acridity, pungency.

acrimonie [akʀimɔni] *nf* acrimony.

acrobate [akʀɔbat] *nmf (lit, fig)* acrobat. ◆ **acrobatie** *nf (tour)* acrobatic feat; *(art, fig)* acrobatics *(sg).* ~ **aérienne** aerobatics; *(lit, fig)* **faire des ~s** to perform acrobatics. ◆ **acrobatique** *adj (lit, fig)* acrobatic.

Acropole [akʀɔpɔl] *nf:* **l' ~** the Acropolis.

acte [akt(ə)] **1** *nm* **(a)** *(action)* act. ~ **réflexe** reflex action; **des ~s!** let's have some action!; **il faut passer aux ~s** we must act *ou* take action; ~ **de bravoure** act of bravery, brave act *ou* action. **(b)** *(Jur) [notaire]* deed; *[état civil]* certificate; *(Théât, fig)* act. *[congrès etc]* **~s** proceedings. **(c) donner** ~ **de qch** to acknowledge sth formally; **faire ~ de citoyen** to act *ou* behave as a citizen; **faire ~ de clémence** to show mercy; **faire ~ de candidature** to apply; **faire ~ de présence** to put in a token appearance; **prendre ~ de** to note, take note of. **2 :** ~ **d'accusation** bill of indictment; **les A~s des Apôtres** the Acts of the Apostles; ~ **de foi** act of faith; ~ **gratuit** gratuitous act; ~ **médical** (medical) consultation; ~ **de naissance** birth certificate; ~ **de vente** bill of sale.

acteur [aktœʀ] *nm (Théât, fig)* actor; *V* **actrice.**

actif, -ive [aktif, iv] **1** *adj (gén, Ling)* active; *population* working; *(Bourse) marché* buoyant; *armée* regular. **prendre une part active à qch** to take an active part in sth. **2** *nm* **(a)** *(Ling)* active (voice). **(b)** *(Fin)* assets; *[succession]* credits. **c'est à mettre à son ~** it is a point in his favour; **plusieurs crimes à son ~** several crimes to his name. **(c)** *(qui tra-*

vaille) person in active *ou* working life. **3** *nf* regular army.

action [aksjɔ̃] *nf* **(a)** *(acte)* action, act. **bonne ~** good deed; ~ **d'éclat** brilliant feat *ou* deed; **commettre une mauvaise ~** to behave badly. **(b)** *(activité)* action. **passer à l' ~** to take action; *(Mil)* to go into action; **entrer en ~** *[troupes, canon]* to go into action; **mettre en ~** *plan* to put into action; *dispositif* to put into operation. **(c)** *(effet)* action. **sans ~** ineffective; **sous l' ~ de** under the action of. **(d)** *(Théât) (mouvement)* action; *(intrigue)* plot. **film d' ~** action film; **roman d' ~** action-packed novel. **(e)** *(Jur)* action (at law). **(f)** *(Fin)* share. ~ **s** shares, stocks; **société par ~s** (joint) stock company; ~ **de chasse** hunting rights; *(fig)* **ses ~s sont en baisse** things are not looking so good for him. **(g)** *(Rel)* ~ **de grâce(s)** thanksgiving.

actionnaire [aksjɔnɛʀ] *nmf* shareholder.

actionner [aksjɔne] (1) *vt mécanisme* to activate; *machine* to drive, work. **actionné par la vapeur** steam-powered. ◆ **actionnement** *nm* activation.

activation [aktivasjɔ̃] *nf (Chim, Phys)* activation; *(Bio)* initiation of development.

activement [aktivmɑ̃] *adv* actively.

activer [aktive] (1) **1** *vt travaux* to speed up; *feu* to stoke; *(Chim)* to activate. **2 s' ~** *vpr (s'affairer)* to bustle about; *(*: *se hâter)* to get a move on. **s' ~ à faire** to be busy doing.

activisme [aktivism(ə)] *nm* activism. ◆ **activiste** *adj, nmf* activist.

activité [aktivite] *nf (gén)* activity; *(emploi)* occupation; *[rue]* bustle. **être en ~** *[usine]* to be in operation; *[volcan]* to be active; *[fonctionnaire]* to be in active life; *(Scol)* **~s d'éveil** discovery; *(Scol)* **~s dirigées** class project work.

actrice [aktʀis] *nf (Théât, fig)* actress.

actualiser [aktɥalize] (1) *vt (mettre à jour)* to update, bring up to date. ◆ **actualisation** *nf* updating.

actualité [aktɥalite] *nf [sujet]* topicality. **d' ~** topical; *(événements)* **l' ~** current events; *(nouvelles)* **les ~s** the news *(sg).* ◆ **actuel, -elle** *adj* **(a)** *(présent)* present. **à l'heure ~le** at the present time; **à l'époque ~le** nowadays; **le monde ~** the world today, the present-day world. **(b)** *(d'actualité)* topical. ◆ **actuellement** *adv* at present.

acuité [akɥite] *nf [son]* shrillness; *[sens, crise]* acuteness.

acupuncteur [akypɔ̃ktœʀ] *nm* acupuncturist. ◆ **acupuncture** *nf* acupuncture.

adage [adaʒ] *nm* adage.

adapter [adapte] (1) **1** *vt (gén)* to adapt *(à* to). *(Tech)* ~ **qch à** to fit sth to; **adapté à la situation** suited to the situation. **2 s' ~** *vpr (gén)* to adapt (o.s.). *(à* to). *(Tech)* **s' ~ à** to fit. ◆ **adaptable** *adj* adaptable. ◆ **adaptateur, -trice** *nm, f* adapter. ◆ **adaptation** *nf* adaptation. **faire un effort d' ~** to try to adapt.

additionner [adisjɔne] (1) **1** *vt* to add up. ~ **qch à** to add sth to. **2 s' ~** *vpr* to add up. ◆ **additif** *nm (clause)* rider; *(substance)* additive. **sans ~** additive-free. ◆ **addition** *nf (gén)* addition; *(facture)* bill, check *(US).* **par ~ de** by adding, by the addition of.

adepte [adɛpt(ə)] *nmf* follower.

adéquat, e [adekwa, at] *adj* appropriate, suitable.

adhérence [adeʀɑ̃s] *nf (gén)* adhesion *(à* to); *[pneus]* grip *(à* on). *[voiture]* ~ **(à la route)** road-holding. ◆ **adhérent, e** **1** *adj:* ~ **à** which sticks *ou* adheres to. **2** *nm, f* member, adherent.

adhérer [adeʀe] (6) ~ **à** *vt indir* **(a)** *(coller)* to stick to, adhere to. ~ **à la route** to grip the road. **(b)** *idée* to support. **(c)** *(s'inscrire)* to join; *(être inscrit)* to be a member of.

adhésif, -ive [adezif, iv] *adj, nm* adhesive.

adhésion [adezjɔ̃] *nf* (**a**) *(accord)* support (*à* for) adherence (*à* to). (**b**) *(inscription)* joining; *(fait d'être membre)* membership (*à* of).

adieu, *pl* ~**x** [adjø] **1** *nm* farewell, goodbye. (*lit, fig*) **dire** ~ **à** to say goodbye to; **faire ses** ~**x** (**à qn**) to say one's farewells (to sb). **2** *excl* goodbye, cheerio *, farewell (†).

adipeux, -euse [adipø, øz] *adj (Anat)* adipose; *visage* fleshy.

adjacent, e [adʒasɑ̃, ɑ̃t] *adj* adjacent, adjoining. ~ **à** adjacent to.

adjectif, -ive [adʒɛktif, iv] **1** *adj* adjectival. **2** *nm* adjective.

adjoindre [adʒwɛ̃dʀ(ə)] (49) *vt (gén)* to add; *mécanisme* to attach, affix (*à* to); *personne* to appoint (as an assistant) (*à* to). ◆ **adjoint, e** *adj, nm, f* assistant. ~ **au maire** deputy mayor. ◆ **adjonction** *nf* addition; attaching; affixing; appointment.

adjudant [adʒydɑ̃] *nm* warrant officer.

adjudication [adʒydikɑsjɔ̃] *nf* (**a**) *(vente aux enchères)* sale by auction; *(marché administratif)* invitation to tender. **par (voie d')** ~ by auction; by tender. (**b**) *(attribution)* [contrat] awarding (*à* to); [meuble] auctioning (*à* to).

adjuger [adʒyʒe] (3) *vt* (**a**) *(enchères)* to auction (*à* to). **adjugé, (vendu)!** going, going, gone!; **ceci fut adjugé pour 30 F** this went for 30 francs. (**b**) *récompense* to award; *(*: donner)* to give. **2 s'** ~ *vpr (obtenir)* to win; *(s'approprier)* to take for o.s.

adjurer [adʒyʀe] (1) *vt*: ~ **qn de faire** to implore *ou* beg sb to do. ◆ **adjuration** *nf* entreaty, plea.

admettre [admɛtʀ(ə)] (56) *vt* (**a**) *visiteur (faire entrer)* to admit, let in; *(autoriser)* to allow in; *(recevoir)* to receive. **il fut admis dans le salon** he was ushered *ou* shown into the drawing room. (**b**) *(accepter)* *excuses, attitude* to accept; *nouveau membre* to admit. **je n'admets pas cette conduite** I won't accept *ou* permit such behaviour; **c'est chose admise** it's an accepted *ou* acknowledged fact; **règle qui n'admet pas d'exception** rule which admits of *ou* allows of no exception; **se faire** ~ **dans un club** to gain admittance to a club. (**c**) *(reconnaître)* *erreur* to admit, acknowledge. **j'admets que vous avez raison** I admit *ou* acknowledge that you are right. (**d**) *(supposer)* to suppose, assume. **en admettant que** supposing *ou* assuming that. (**e**) *(Scol, Univ)* *(à un examen)* to pass; *(dans une classe)* to admit, accept. **il a été admis au concours** he passed *ou* got through the exam.

administrateur, -trice [administʀatœʀ, tʀis] *nm, f* *(gén)* administrator; [entreprise] director; [fondation] trustee.

administratif, -ive [administʀatif, iv] *adj* administrative. ◆ **administrativement** *adv* administratively.

administré, e [administʀe] *nm, f* ≈ citizen.

administrer [administʀe] (1) *vt* (**a**) *entreprise* to manage, run; *fondation, fortune* to administer; *pays* to run, govern. (**b**) *justice, remède* to administer; *coup* to deal; *preuve* to produce. ◆ **administration** *nf* (**a**) management; running; administration; government. (**b**) *(service public)* (sector of the) public services. **l'A**~ ≈ the Civil Service; **l'**~ **locale** local government; **être** *ou* **travailler dans l'**~ to work in the public services; **l'**~ **des Impôts** the tax department.

admirable [admiʀabl(ə)] *adj* admirable. **être** ~ **de courage** to show admirable courage. ◆ **admirablement** *adv* admirably. ◆ **admirateur, -trice** *nm, f* admirer. ◆ **admiratif, -ive** *adj* admiring. ◆ **admiration** *nf* admiration. **faire l'**~ **de qn** to fill sb with admiration; **en** ~ **devant qch** filled with

admiration for sth. ◆ **admirativement** *adv* admiringly. ◆ **admirer** (1) *vt* to admire.

admis, e [admi, iz] *nm, f (Scol)* successful candidate. ◆ **admissibilité** *nf* eligibility (*à* for). ◆ **admissible** **1** *adj conduite* acceptable; *postulant* eligible (*à* for). **2** *nmf* eligible candidate.

admission [admisjɔ̃] *nf* (**a**) *[club]* admission, entry (*à* to); [école] acceptance, entrance (*à* to). **demande d'** ~ application (*à* to join); **le nombre des** ~**s au concours** the number of successful candidates in this exam. (**b**) *(Tech: introduction)* intake; *(Aut)* induction.

admonestation [admɔnɛstɑsjɔ̃] *nf* admonition. ◆ **admonester** (1) *vt* to admonish.

adolescence [adɔlesɑ̃s] *nf* adolescence. ◆ **adolescent, e** *nm, f* adolescent, teenager.

adonner (s') [adɔne] (1) *vpr*: **s'** ~ **à** *études* to devote o.s. to; *vice* to take to; **adonné au jeu** addicted to gambling.

adopter [adɔpte] (1) *vt (gén)* to adopt; *loi* to pass. ◆ **adoptif, -ive** *adj enfant* adopted; *parent* adoptive. ◆ **adoption** *nf* adoption; passing.

adorable [adɔʀabl(ə)] *adj personne* adorable, delightful; *chose* delightful. ◆ **adorablement** *adv* delightfully, adorably. ◆ **adorer** (1) *vt (gén)* to adore; *(Rel)* to worship. ◆ **adorateur, -trice** *nm, f (Rel, fig)* worshipper. ◆ **adoration** *nf* adoration; worship. **être en** ~ **devant** to worship.

adosser [adose] (1) **1** *vt*: ~ **à** *qch meuble* to stand against sth; *bâtiment* to build against sth. **2 s'** ~ *vpr*: **s'** ~ **à** *ou* **contre qch** [personne] to lean with one's back against sth.

adoucir [adusiʀ] (2) **1** *vt (gén, Tech)* to soften; *goût* to make milder; *(avec sucre)* to sweeten; *aspérités* to smooth out; *caractère* to mellow; *conditions pénibles* to ease. **pour** ~ **ses vieux jours** to comfort (him in) his old age; **pour** ~ **sa solitude** to ease his loneliness; ~ **la température** to raise the temperature. **2 s'** ~ *vpr* [voix, couleur, peau] to soften; [caractère] to mellow; [température] to get milder; [pente] to become gentler. ◆ **adoucissement** *nm* softening; sweetening; smoothing-out; mellowing; easing. **un** ~ **de la température** a spell of milder weather. ◆ **adoucisseur** *nm*: ~ **(d'eau)** water softener.

adresse¹ [adʀɛs] *nf* (**a**) *(domicile)* address. (**b**) *(message)* address. **à l'** ~ **de** for the benefit of. (**c**) *(Lexicographie)* headword; *(Ordin)* address.

adresse² [adʀɛs] *nf (habileté)* deftness, skill; *(finesse)* shrewdness, skill; *(tact)* adroitness. **jeu d'** ~ game of skill.

adresser [adʀese] (1) **1** *vt lettre (envoyer)* to send; *(écrire l'adresse)* to address (*à* to); *remarque, requête* to address; *reproche, coup* to level, aim (*à* at); *compliment* to pay (*à* to); *sourire* to give. ~ **la parole à qn** to speak to *ou* address sb; **il m'adressa un signe de tête** he nodded at me; ~ **qn à un spécialiste** to refer sb to a specialist. **2 s'** ~ *vpr*: **s'** ~ **à** *interlocuteur* to speak to, address; *responsable* to go and see; *bureau* to apply to, enquire at; *générosité* to appeal to. **livre qui s'adresse aux femmes** book intended *ou* written for women.

adroit, e [adʀwa, wat] *adj (habile)* skilful, deft; *(subtil)* shrewd; *(plein de tact)* adroit. ~ **de ses mains** clever with one's hands. ◆ **adroitement** *adv* skilfully; deftly; shrewdly; adroitly; cleverly.

aduler [adyle] (1) *vt* to adulate. ◆ **adulateur, -trice** *nm, f* adulator. ◆ **adulation** *nf* adulation.

adulte [adylt(ə)] **1** *adj personne* adult; *animal, plante* fully-grown. **2** *nmf* adult, grown-up.

adultère [adyltɛʀ] **1** *adj désir* adulterous. **femme/ homme** ~ adulteress/adulterer. **2** *nm* adultery.

advenir [advəniʀ] (22) **1** *vb impers* (**a**) *(survenir)* ~ **que** to happen that; ~ **à** to happen to; **il m'advint de** I happened to; **advienne que pourra** come what may; **quoi qu'il advienne** whatever happens *ou* may happen. **(b)** *(devenir)* ~ **de** to become of; **qu'en adviendra-t-il?** what will come of it? **2** *vi (arriver)* to happen.

adverbe [advɛʀb(ə)] *nm* adverb. ◆ **adverbial, e,** *mpl* **-aux** *adj* adverbial.

adversaire [advɛʀsɛʀ] *nmf (gén)* opponent, adversary. ◆ **adverse** *adj forces* opposing; *sort* adverse. ◆ **adversité** *nf* adversity.

ad vitam æternam * [advitametɛʀnam] *loc adv* till kingdom come.

aérer [aeʀe] **(6) 1** *vt pièce* to air; *terre* to aerate; *présentation* to lighten. **2 s'** ~ *vpr [personne]* to get some fresh air. **s'** ~ **les idées** to clear one's mind. ◆ **aérateur** *nm* ventilator. ◆ **aération** *nf* airing; aeration; ventilation. ◆ **aéré, e** *adj pièce* airy; *page* well spaced out.

aérien, -ienne [aeʀjɛ̃, jɛn] *adj* **(a)** *(Aviat, gén)* air; *navigation, photographie* aerial. **base** ~**ne** air base. **(b)** *silhouette* sylphlike; *démarche* floating; *musique* ethereal. **(c)** *racine* aerial; *câble* overhead; *(Géog) courant* air.

aérium [aeʀjɔm] *nm* sanatorium.

aérobic [aeʀobik] *nf* aerobics *(sg)*.

aéro-club [aeʀoklœb] *nm* flying club.

aérodrome [aeʀodʀom] *nm* aerodrome, airfield.

aérodynamique [aeʀodinamik] **1** *adj ligne* streamlined, aerodynamic. **2** *nf* aerodynamics *(sg)*.

aérofrein [aeʀofʀɛ̃] *nm* air brake.

aérogare [aeʀogaʀ] *nf [aéroport]* airport (buildings); *(en ville)* air terminal.

aéroglisseur [aeʀoglisœʀ] *nm* hovercraft.

aérogramme [aeʀogʀam] *nm* airmail letter, aerogramme.

aéronautique [aeʀonotik] **1** *adj* aeronautical. **2** *nf* aeronautics *(sg)*.

aéronaval, e, *pl* ~**s** [aeʀonaval] *adj forces* air and sea. **l'A~e** ≃ the Fleet Air Arm.

aéroplane † [aeʀoplan] *nm* aeroplane, airplane *(US)*.

aéroport [aeʀopɔʀ] *nm* airport.

aéroporté, e [aeʀopɔʀte] *adj troupes* airborne; *matériel* air-lifted.

aérosol [aeʀosɔl] *nm* aerosol.

aérospatial, e, *mpl* **-aux** [aeʀospasjal, o] **1** *adj* aerospace. **2** *nf* aerospace science.

affabilité [afabilite] *nf* affability. ◆ **affable** *adj* affable. ◆ **affablement** *adv* affably.

affabuler [afabyle] **(1)** *vi* to make up stories.

affaiblir [afebliʀ] **(2) 1** *vt (gén)* to weaken. **2 s'** ~ *vpr (gén)* to grow weaker; *[son]* to fade, grow fainter; *[tempête]* to abate, die down. ◆ **affaiblissement** *nm (gén)* weakening.

affaire [afɛʀ] **1** *nf* **(a)** *(gén: histoire)* matter, business; *(Jur)* case. **ce n'est pas une mince** ~ it's no small matter; **il m'a tiré d'** ~ he helped me out; **ce n'est pas ton** ~ it's none of your business; **j'en fais mon** ~ I'll deal with that; **ça fait mon** ~ that's (just) what I want *ou* need; **une grave** ~ **de corruption** a serious corruption case. **(b)** *(transaction)* deal, bargain. **une (bonne)** ~ a good deal, a (good) bargain; **faire** ~ **avec qn** to make a bargain *ou* deal with sb. **(c)** *(firme)* business, concern. **(d)** ~**s** *(gén, Pol)* affairs; *(commerce)* business; *(habits)* clothes; *(objets)* things, belongings; **les** ~**s culturelles** cultural affairs; **venir pour** ~**s** to come on business; **il est dur en** ~**s** he's a tough businessman; **mettre de l'ordre dans ses** ~**s** *(finances)* to put one's affairs in order; *(objets)* to tidy up one's things. **(e) avoir** ~ **à** *cas* to be faced with, have to deal with; *personne* to be dealing with; **tu auras** ~ **à moi!** you'll be hearing from me!; **être à son** ~ to be in one's element; **cela ne fait rien à l'** ~ that's got nothing to do with it; **ce n'est**

pas une ~! it's nothing to get worked up about!; **c'est toute une** ~ it's quite a business; **(se) faire une** ~ **de qch** to make a fuss about sth; **c'est (une)** ~ **de goût** it's a matter of taste; **c'est l'** ~ **de quelques minutes** it's a matter of a few minutes. **2** : ~ **de cœur** love affair; *(Pol)* ~ **d'État** affair of state; **il en a fait une** ~ **d'état** * he made a great issue of it.

affairer (s') [afeʀe] **(1)** *vpr* to bustle about *(à faire* doing). **s'** ~ **autour de qn** to fuss around sb. ◆ **affairé, e** *adj* busy. ◆ **affairement** *nm* bustling activity.

affaisser (s') [afese] **(1)** *vpr* **(a)** *[sol]* to subside; *[corps, poutre]* to sag; *[plancher]* to cave in. **(b)** *(s'écrouler)* to collapse. **affaissé sur le sol** slumped on the ground. ◆ **affaissement** *nm* subsidence; sagging. ~**(s) de terrain** subsidence.

affaler (s') [afale] **(1)** *vpr (tomber)* to collapse; *(se laisser tomber)* to slump.

affamer [afame] **(1)** *vt* to starve. ◆ **affamé, e** *adj* starving, famished. ~ **de gloire** greedy for fame.

affectation [afɛktɑsjɔ̃] *nf* **(a)** *[immeuble, somme]* allocation, allotment *(à* to, for). **(b)** *(nomination) (à un poste)* appointment; *(à une région)* posting. **(c)** *(simulation)* affectation.

affecter [afɛkte] **(1)** *vt* **(a)** *(feindre)* to affect. ~ **de faire** to pretend to do; ~ **une forme** to take on *ou* assume a shape. **(b)** *(destiner)* to allocate, allot *(à* to, for). **(c)** *(nommer) (à une fonction)* to appoint; *(à une région)* to post *(à* to). **(d)** *(émouvoir)* to affect, move; *(concerner)* to affect. **(e)** *(Math)* to modify. **affecté du signe** + bearing a plus sign. ◆ **affecté, e** *adj* affected.

affectif, -ive [afɛktif, iv] *adj (gén) vie* emotional; *terme* affective; *(Psych)* affective.

affection [afɛksjɔ̃] *nf* **(a)** *(tendresse)* affection. **avoir de l'** ~ **pour** to be fond of. **(b)** *(Méd)* ailment; *(Psych)* affection.

affectionner [afɛksjone] **(1)** *vt* to be fond of. **votre fils affectionné** your loving *ou* devoted son.

affectivité [afɛktivite] *nf* affectivity.

affectueux, -euse [afɛktɥø, øz] *adj* affectionate. ◆ **affectueusement** *adv* affectionately.

afférent, e [afeʀɑ̃, ɑ̃t] *adj (Admin)* ~ **à** pertaining to; **questions** ~**es** related questions.

affermir [afɛʀmiʀ] **(2)** *vt pouvoir, position* to strengthen; *chairs* to tone up; *prise* to make firm *ou* firmer. ~ **sa voix** to steady one's voice. ◆ **affermissement** *nm* strengthening.

affiche [afiʃ] *nf (gén)* poster; *(Théât)* (play)bill. *(officielle)* **par voie d'** ~ by (means of) public notices; *(Théât)* **mettre à l'** ~ to bill; **quitter l'** ~ to come off; **tenir longtemps l'** ~ to have a long run.

afficher [afiʃe] **(1)** *vt* **(a)** *affiche, résultat* to stick up; *(Théât)* to bill; *(Ordin)* to display. **défense d'** ~ (stick) no bills. **(b)** *(péj) émotion, vice* to display. **s'** ~ **avec sa maîtresse** to show o.s. off with one's mistress. ◆ **affichage** *nm* sticking up; billing; display. **l'** ~ billsticking.

affilée¹ [afile] *nf*: **d'** ~ at a stretch, running; **8 heures d'** ~ 8 hours at a stretch *ou* on end *ou* running; **boire plusieurs verres d'** ~ to drink several glasses in a row *ou* one after the other.

affiler [afile] **(1)** *vt* to sharpen. ◆ **affilé, e²** *adj* sharp.

affiliation [afiljɑsjɔ̃] *nf* affiliation. ◆ **affilié, e** *nm, f* affiliated member. ◆ **affilier (7) 1** *vt* to affiliate *(à* to). **2 s'** ~ *vpr* to become affiliated *(à* to).

affiner [afine] **(1)** *vt* **(a)** *métal* to refine; *fromage* to complete the maturing of. **(b)** *esprit, style* to refine; *sens* to sharpen. **son goût s'est affiné** his taste has become more refined. ◆ **affinage** *nm* refining; maturing. ◆ **affinement** *nm* refinement.

affinité [afinite] *nf (gén)* affinity.

affirmatif, -ive [afiʀmatif,iv] **1** *adj réponse, ton* affirmative. **il a été** ~ he was quite positive. **2** *nm* *(Ling)* affirmative, positive. **à l'** ~ in the affirmative *ou* positive. **3** *nf*: **répondre par l'** ~**ive** to answer yes *ou* in the affirmative; **dans l'** ~**ive** in the event of an affirmative (reply). ◆ **affirmation** *nf (gén, Gram)* assertion. ◆ **affirmativement** *adv* in the affirmative, affirmatively.

affirmer [afiʀme] **(1)** *vt* **(a)** *(soutenir)* to maintain, assert. **pouvez-vous l'** ~? can you swear to it *ou* be positive about it?; ~ **qch sur l'honneur** to maintain sth on one's word of honour; ~ **sa volonté de** to affirm *ou* assert one's wish to. **(b)** *originalité, autorité* to assert. **talent qui s'affirme** talent which is asserting itself.

affleurer [aflœʀe] **(1)** **1** *vi [récifs, filon]* to show on the surface; *[sentiment]* to come to the surface. **2** *vt (Tech)* to make flush. ◆ **affleurement** *nm (Géol)* outcrop; *(fig)* emergence; *(Tech)* flushing.

affliction [afliksjɔ̃] *nf* affliction.

affliger [afliʒe] **(3)** *vt* to distress, grieve. **s'** ~ **de qch** to be grieved *ou* distressed about sth; **être affligé de** *(gén)* to be afflicted with; *(hum)* to be cursed with. ◆ **affligeant, e** *adj* distressing; *(iro)* pathetic.

affluence [aflyɑ̃s] *nf [gens]* crowds *(pl)*. **heure d'** ~ peak *ou* rush hour.

affluent [aflyɑ̃] *nm* tributary.

affluer [aflye] **(1)** *vi [sang]* to rush, flow; *[foule]* to flock *(à, vers* to); *[lettres, argent]* to flood *ou* pour in. ◆ **afflux** *nm [fluide]* inrush, inflow; *[argent, foule]* influx.

affoler [afɔle] **(1)** **1** *vt (effrayer)* to throw into a panic; *(troubler)* to drive wild. **2 s'** ~ *vpr* to panic, lose one's head. ◆ **affolant, e** *adj* alarming. ◆ **affolé, e** *adj* panic-stricken; driven wild. **je suis** ~ **de voir ça** * I'm appalled at that. ◆ **affolement** *nm* panic, (wild) turmoil. **pas d'** ~! * don't panic!

affranchir [afʀɑ̃ʃiʀ] **(2)** *vt* **(a)** *lettre* to stamp; *(à la machine)* to frank. **non affranchi** unstamped; unfranked. **(b)** *esclave, esprit* to emancipate, free *(de* from); *(Cartes)* to clear. **s'** ~ **des convenances** to free o.s. from convention; *(⁂: prévenir)* ~ **qn** to give sb the low-down ⁂. ◆ **affranchissement** *nm* stamping; franking; emancipation, freeing; *(Poste: prix payé)* postage.

affres [afʀ(ə)] *nfpl*: **les** ~ **de** the pangs *ou* torments of; **les** ~ **de la mort** the throes of death.

affréter [afʀete] **(6)** *vt* to charter. ◆ **affrètement** *nm* chartering.

affreux, -euse [afʀø, øz] *adj (laid)* hideous, horrible, ghastly; *(abominable)* dreadful, awful. ◆ **affreusement** *adv souffrir* horribly. ~ **laid** hideously ugly; ~ **mauvais** really horrible; ~ **en retard** * dreadfully *ou* awfully late.

affrioler [afʀijɔle] **(1)** *vt* to tempt, excite.

affront [afʀɔ̃] *nm* affront. **faire (un)** ~ **à** to affront.

affronter [afʀɔ̃te] **(1)** **1** *vt adversaire, danger* to confront, face; *mort, froid* to brave. **2 s'** ~ *vpr [adversaires]* to confront each other; *[théories]* to clash. ◆ **affrontement** *nm* confrontation.

affubler [afyble] **(1)** *vt*: ~ **qn de** *vêtement* to rig * sb out in; *nom* to give sb.

affût [afy] *nm* **(a)** ~ **(de canon)** (gun) carriage. **(b)** *(Chasse)* hide. **chasser à l'** ~ to lie in wait for game; **être à l'** ~ **de qch** to be on the look-out for sth.

affûter [afyte] **(1)** *vt* to sharpen. ◆ **affûtage** *nm* sharpening.

Afghanistan [afganistɑ̃] *nm* Afghanistan. ◆ **afghan, e** *adj*, **A**~**(e)** *nm(f)* Afghan.

afin [afɛ̃] *prép*: ~ **de** to, in order to, so as to; ~ **que** + *subj* so that, in order that.

afrikaans [afʀikɑ̃] *nm, adj inv* Afrikaans.

Afrikaner [afʀikanɛʀ], **Afrikander** [afʀikɑ̃dɛʀ] *nmf* Afrikaner.

Afrique [afʀik] *nf* Africa. **l'** ~ **australe/du Nord/du Sud** Southern/North/South Africa. ◆ **africain, e** *adj*, **A**~**(e)** *nm(f)* African.

afro-asiatique *adj*, **A**~ *nmf* [afʀɔazjatik] Afro-Asian.

agacer [agase] **(3)** *vt*: ~ **qn** *(énerver)* to get on sb's nerves, irritate sb; *(taquiner)* to pester *ou* tease sb; **agacé par/de** irritated by/at. ◆ **agaçant, e** *adj* irritating. ◆ **agacement** *nm* irritation.

âge [ɑʒ] **1** *nm (gén)* age. **quel** ~ **avez-vous?** how old *ou* what age are you?; **d'un** ~ **avancé** elderly; **d'** ~ **moyen** middle-aged; **sans** ~ ageless; **vieillir avant l'** ~ to get old before one's time; **il a pris de l'** ~ he has aged; **j'ai passé l'** ~ **de le faire** I'm too old to do it; **être en** ~ **de** to be old enough to; **l'** ~ **du bronze** the Bronze Age. **2** : **l'** ~ **adulte** *(gén)* adulthood; *(homme)* manhood; *(femme)* womanhood; **l'** ~ **ingrat** the awkward age; **avoir l'** ~ **(légal)** to be of age; **l'** ~ **mûr** maturity, middle age; **l'** ~ **d'or** the golden age; **l'** ~ **de raison** the age of reason. ◆ **âgé, e** *adj*: **être** ~ to be old; **être** ~ **de 9 ans** to be 9 (years old); **enfant** ~ **de 4 ans** 4 year-old child; **dame** ~**e** elderly lady; **les personnes** ~**es** the elderly, old people.

agence [aʒɑ̃s] *nf (succursale)* branch (office); *(bureaux)* offices; *(organisme)* agency. ~ **immobilière** estate agent's (office); ~ **matrimoniale** marriage bureau; ~ **de placement** employment agency ; ~ **de presse** news *ou* press agency; ~ **de publicité** advertising *ou* publicity agency; ~ **de voyages** travel agency.

agencer [aʒɑ̃se] **(3)** *vt (disposer)* to arrange; *(équiper)* to equip. ◆ **agencement** *nm* arrangement; equipment.

agenda [aʒɛ̃da] *nm* diary.

agenouiller (s') [aʒnuje] **(1)** *vpr* to kneel (down); *(fig)* to bow. **être agenouillé** to be kneeling.

agent [aʒɑ̃] **1** *nm* **(a)** ~ **(de police)** policeman; **pardon monsieur l'** ~ excuse me, officer. **(b)** *(Chim, Gram, Sci)* agent. **(c)** *(Comm, Pol)* agent; *(Admin)* officer, official. **les** ~**s du lycée** the ancillary staff of the school. **2** : ~ **d'assurances** insurance agent; ~ **de change** stockbroker; ~ **commercial** (sales) representative; ~ **double** double agent; ~ **du gouvernement** government official; ~ **immobilier** estate agent; *(Mil)* ~ **de liaison** liaison officer; ~ **de maîtrise** supervisor; ~ **de renseignements** intelligence agent; ~ **secret** secret agent.

agglomération [aglɔmeʀasjɔ̃] *nf* **(a)** *(ville)* town; *(Aut)* built-up area. **l'** ~ **parisienne** Paris and its suburbs. **(b)** *(Tech)* agglomeration, conglomeration; *(gén)* conglomeration. ◆ **aggloméré** *nm (charbon)* briquette; *(bois)* chipboard; *(pierre)* conglomerate. ◆ **agglomérer** **(6)** **1** *vt (amonceler)* to pile up; *(Tech) charbon* to briquette; *bois, pierre* to compress. **2 s'** ~ *vpr (Tech)* to agglomerate; *(s'amonceler)* to pile up; *(se rassembler)* to conglomerate.

agglutiner [aglytine] **(1)** *vt* to stick together; *(Bio)* to agglutinate. *(fig)* **s'** ~ **devant la vitrine** to congregate in front of the shop window. ◆ **agglutination** *nf (Bio, Ling)* agglutination.

aggraver [agʀave] **(1)** **1** *vt (faire empirer)* to make worse, aggravate; *(renforcer)* to increase. **2 s'** ~ *vpr* to get worse; to increase. ◆ **aggravation** *nf [mal, situation]* worsening, aggravation; *[impôt, chômage]* increase.

agile [aʒil] *adj* agile, nimble. ◆ **agilement** *adv* nimbly, agilely. ◆ **agilité** *nf* agility, nimbleness.

agir [aʒiʀ] **(2)** **1** *vi (gén)* to act; *(se comporter)* to behave. **il faut** ~ **tout de suite** we must act *ou* take action at once; **il a bien/mal agi envers moi** he behaved well/badly towards me; ~ **au nom de** to act on behalf of; ~ **sur qch** to act on sth; ~ **auprès de qn** to use one's influence with sb; **il a fait ~ ses amis** he got his friends to act *ou* take action; **le remède agit lentement** the medicine is slow to take effect *ou* acts slowly.

2 s' ~ *vb impers* (**a**) *(il est question de)* **dans ce film il s'agit de 3 bandits** this film is about 3 gangsters; **les livres dont il s'agit** the books in question; **il s'agit de ta santé** your health is at stake; **il s'agi- rait/il s'agit d'un temple grec** it would appear to be/it is a Greek temple; **de quoi s'agit-il?** what's it (all) about?, what's the matter?; **il ne s'agit pas d'argent** it's not a question of money; **il ne s'agit pas de ça!** that's not it! *ou* the point! (**b**) *(il est nécessaire de faire)* **il s'agit pour lui de réussir** what he has to do is succeed; **il ne s'agit pas de plaisanter** this is no joking matter; **il s'agit de savoir ce qu'il va faire** it's a question of knowing what he's going to do; **s'agissant de telles sommes** when such large amounts are involved.

agissant, e [aʒisɑ̃, ɑ̃t] *adj (actif)* active; *(efficace)* effective. **minorité** ~**e** active *ou* influential minor- ity.

agissements [aʒismɑ̃] *nmpl (péj)* schemes.

agitateur, -trice [aʒitatœʀ, tʀis] *nm, f (Pol)* agi- tator.

agitation [aʒitɑsjɔ̃] *nf [personne] (remuant)* rest- lessness, fidgetiness; *(affairé)* bustle; *(troublé)* agi- tation; *[rue]* bustle; *(Pol)* unrest.

agité, e [aʒite] *adj* (**a**) *personne (remuant)* restless, fidgety; *(troublé)* agitated. (**b**) *mer* rough, choppy; *vie hectic; époque* troubled; *nuit* restless. **avoir le sommeil** ~ to toss about in one's sleep.

agiter [aʒite] (1) **1** *vt* (**a**) *bras* to wave; *ailes* to flap; *liquide* to shake; *branches* to sway; *(fig) menace* to brandish. **agité par les vagues** tossed by the waves. (**b**) *(inquiéter)* to trouble, agitate. (**c**) *pro- blème* to discuss, debate. **2 s'** ~ *vpr [serveur]* to bustle about; *[malade]* to toss restlessly; *[élève]* to fidget; *[foule, pensées, mer]* to stir.

agneau, *pl* ~**x** [aɲo] *nm* lamb; *(fourrure)* lambskin.

agonie [agoni] *nf (Méd)* death pangs; *(fig)* death throes. **être à l'** ~ to be at death's door; **longue** ~ slow death. ◆ **agonisant, e** *adj* dying. ◆ **ago- niser** (1) *vi* to be dying.

agrafe [agʀaf] *nf [vêtement]* hook; *[papiers]* staple; *(Méd)* clip. ◆ **agrafer** (1) *vt* to hook (up); to staple. ◆ **agrafeuse** *nf* stapler.

agraire [agʀɛʀ] *adj lois* agrarian; *surface* land.

agrandir [agʀɑ̃diʀ] (2) **1** *vt passage* to widen; *écart* to increase; *trou, domaine, photographie* to enlarge; *activités* to expand. **ce miroir agrandit la pièce** this mirror makes the room look bigger; **(faire)** ~ **sa maison** to extend one's house. **2 s'** ~ *vpr [ville, famille, entreprise]* to grow, expand; *[écart]* to widen; *[passage]* to get wider; *[trou]* to get bigger. ◆ **agrandissement** *nm [local]* extension; *[puis- sance, ville]* expansion; *(Phot)* enlargement. ◆ **agrandisseur** *nm* enlarger.

agréable [agʀeabl(ə)] *adj* pleasant, agreeable, nice. **pour lui être** ~ in order to please him; **il me serait** ~ **de** it would be a pleasure for me to. ◆ **agréablement** *adv* pleasantly, agreeably.

agréer [agʀee] (1) **1** *vt demande* to accept. **veuillez** ~ **mes sincères salutations** yours sincerely; **four- nisseur agréé** authorized *ou* registered dealer. **2** ~ **à** *vt indir* to please, suit.

agrégat [agʀega] *nm (gén)* aggregate; *(péj)* medley.

agrégation [agʀegɑsjɔ̃] *nf (Univ)* agrégation *(highest competitive examination for teachers in France)*; *[par- ticules]* aggregation. ◆ **agrégé, e** *nm, f* agrégé.

agréger [agʀeʒe] (3) *et* (6) *vt particules* to aggre- gate. *(fig)* ~ **qn à un groupe** to incorporate sb into a group.

agrément [agʀemɑ̃] *nm* (**a**) *[personne]* attractive- ness, charm; *[conversation, lieu]* pleasantness. **plein d'** ~ very enjoyable *ou* pleasant; **sans** ~ unat- tractive; **les** ~**s de la vie** the pleasant things in life; **voyage d'** ~ pleasure trip. (**b**) *(accord)* assent.

agrémenter [agʀemɑ̃te] (1) *vt habit* to embellish; *récit* to accompany *(de* with). **agrémenté de** accom- panied by.

agrès [agʀɛ] *nmpl (Naut)* tackle; *(Sport)* (gymnas- tics) apparatus.

agresser [agʀese] (1) *vt* to attack. ◆ **agresseur** *nm* attacker; *(Pol)* aggressor. ◆ **agressif, -ive** *adj* aggressive. ◆ **agression** *nf* attack; *(Pol)* aggres- sion; *(dans la rue)* mugging. ◆ **agressivement** *adv* aggressively. ◆ **agressivité** *nf* aggressiveness.

agricole [agʀikɔl] *adj (gén)* agricultural; *ouvrier, pro- duits* farm; *population* farming. ◆ **agriculteur** *nm* farmer. ◆ **agriculture** *nf* agriculture, farming.

agripper [agʀipe] (1) *vt* to grab *ou* clutch hold of. **s'** ~ **à qch** to clutch *ou* grip sth.

agro-alimentaire [agʀoalimɑ̃tɛʀ] **1** *adj industrie* farm-produce. **2** *nm:* **l'** ~ the farm-produce indus- try.

agronome [agʀɔnɔm] *nm* agronomist. **ingénieur** ~ agricultural engineer. ◆ **agronomie** *nf* agro- nomy. ◆ **agronomique** *adj* agronomical.

agrumes [agʀym] *nmpl* citrus fruits.

aguerrir [ageʀiʀ] (2) *vt* to harden *(contre* to *ou* against). **troupes aguerries** *(au combat)* seasoned troops; *(à l'effort)* trained troops; **s'** ~ to become hardened.

aguets [agɛ] *nmpl:* **aux** ~ on the look-out.

aguicher [agiʃe] (1) *vt* to entice, tantalize.

ah [ɑ] **1** *excl* ah!, oh! ~ **bon?** *(question)* really?; *(résignation)* oh well. **2** *nm:* **pousser un** ~ **de sou- lagement** to sigh with relief; **des** ~ **d'allégresse** oohs and ahs of joy.

ahuri, e [ayʀi] **1** *adj (stupéfait)* stunned, dumb- founded; *(stupide)* stupefied. **2** *nm, f (péj)* block- head *. ◆ **ahurir** (2) *vt* to dumbfound, stun. ◆ **ahurissant, e** *adj* stupefying, staggering. ◆ **ahurissement** *nm* stupefaction.

aide [ɛd] **1** *nf (assistance)* help, assistance; *(secours financier)* aid. ~ **sociale** ≃ social security, welfare; **crier à l'** ~ to shout for help; **venir en** ~ **à qn** to help sb, come to sb's assistance *ou* aid; **à l'** ~**!** help!; **sans l'** ~ **de personne** without (any) help, completely unaided; **à l'** ~ **de** with the help *ou* aid of. **2** *nm, f* assistant. ~**-chimiste** assistant chem- ist; ~ **de camp** *nm* aide-de-camp; ~ **familiale** home help; ~**-maçon** builder's mate; ~ **soignante** state enrolled nurse, nurse's aide *(US)*. ◆ **aide- mémoire** *nm inv* crib *(Scol)*, memorandum.

aider [ede] (1) **1** *vt* to help. ~ **qn (à faire qch)** to help sb (to do sth); ~ **qn de ses conseils** to help *ou* assist sb with one's advice; **je me suis fait ~ par** *ou* **de mon frère** I got my brother to help *ou* assist me; ~ **à la clarté de qch** to help *ou* contribute towards the understanding of sth; **aidée de sa canne** with the help *ou* aid of her walking stick; **l'alcool aidant** helped on by the alcohol, with the help of alcohol. **2 s'** ~ *vpr:* **s'** ~ **de** to use, make use of; **en s'aidant d'un escabeau** with the aid of a stool; **aide-toi, le Ciel t'aidera** God helps those who help themselves.

aïe [aj] *excl (douleur)* ouch! **aïe aïe aïe!** dear oh dear!

aïeul [ajœl] *nm* grandfather. **les** ~**s** the grandpa- rents. ◆ **aïeule** *nf* grandmother. ◆ **aïeux** *nmpl* forefathers.

aigle [ɛgl(ə)] *nm, f* eagle. ~ **royal** golden eagle; **regard d'** ~ eagle look; **ce n'est pas un** ~ * he's no genius.

aigre [ɛgʀ(ə)] **1** *adj goût, lait* sour; *son* sharp; *vent* bitter, keen; *critique* harsh. **2 :** ~**-doux,** ~**-douce,**

mpl ~**s-doux** *adj sauce* sweet and sour; *fruit, propos* bitter-sweet. ♦ **aigrement** *adv dire* sourly.

aigrefin [ɛgʀəfɛ̃] *nm* swindler, crook.

aigrelet, -ette [ɛgʀəlɛ, ɛt] *adj goût* sourish; *voix* shrillish.

aigrette [ɛgʀɛt] *nf (plume)* feather; *(oiseau)* egret.

aigreur [ɛgʀœʀ] *nf [goût]* sourness; *[ton]* harshness, sharpness. ~**s d'estomac** heartburn.

aigrir [egʀiʀ] (2) **1** *vt personne* to embitter; *caractère* to sour. **2 s'** ~ *vpr [aliment]* to turn sour. **il s'est aigri** he has become embittered.

aigu, -uë [egy] **1** *adj* **(a)** *son* high-pitched, shrill; *(Mus)* high. **(b)** *douleur, intelligence* acute, sharp. **(c)** *(pointu)* sharp, pointed. **2** *nm (Mus)* **les** ~**s** the high notes; **l'** ~ high pitch.

aiguillage [egɥijaʒ] *nm (Rail) (instrument)* points, switch *(US)*.

aiguille [egɥij] *nf (gén)* needle; *[horloge]* hand; *[balance, cadran solaire]* pointer; *[clocher]* spire. **travail à l'** ~ needlework; ~ **de glace** icicle ; ~ **de pin** pine needle.

aiguiller [egɥije] (1) *vt* to direct, steer *(vers towards)*; *(Rail)* to shunt, switch *(US)*. ♦ **aiguilleur** *nm* pointsman, switchman *(US)*. *(Aviat)* ~ **du ciel** air-traffic controller.

aiguillon [egɥijɔ̃] *nm [insecte]* sting; *[bouvier]* goad; *(fig)* spur. ♦ **aiguillonner** (1) *vt bœuf* to goad; *(fig)* to spur on.

aiguiser [egize] (1) *vt outil, esprit* to sharpen; *appétit* to whet.

ail, *pl* ~**s, aulx** [aj, o] *nm* garlic.

aile [ɛl] *nf (gén)* wing; *[moulin]* sail; *[hélice]* blade; *[nez, voiture]* wing. **l'oiseau disparut d'un coup d'** ~ the bird disappeared with a flap of its wings; **avoir/donner des** ~**s** to have/lend wings; **prendre sous son** ~ to take under one's wing. ♦ **aileron** *nm [poisson]* fin; *[oiseau]* pinion; *(Aviat)* aileron. ♦ **ailette** *nf* fin; blade. ♦ **ailier** *nm (gén)* winger; *(Rugby)* flanker.

ailleurs [ajœʀ] *adv* **(a)** somewhere else, elsewhere. **nulle part/partout** ~ nowhere/everywhere else. **(b) par** ~ *(autrement)* otherwise; *(en outre)* moreover, furthermore; **d'** ~ *(de plus)* besides, moreover; *(entre parenthèses)* by the way.

aimable [ɛmabl(ə)] *adj* kind, nice. **c'est très** ~ **à vous** it's most kind of you; **soyez assez** ~ **pour** be so kind as to; ~ **comme une porte de prison** like a bear with a sore head. ♦ **aimablement** *adv* kindly, nicely.

aimant¹ [ɛmɑ̃] *nm* magnet.

aimant², e [ɛmɑ̃, ɑ̃t] *adj* loving, affectionate.

aimanter [ɛmɑ̃te] (1) *vt* to magnetize. **champ aimanté** magnetic field.

aimer [eme] (1) **1** *vt* **(a)** *(amour)* to love, to be in love with; *(amitié, goût)* to like, be fond of. **j'aime une bonne tasse de café** I like *ou* enjoy *ou* love a good cup of coffee; **je n'aime pas beaucoup cet acteur** I don't like that actor very much, I'm not very keen on that actor; **j'aime assez ce livre** I rather *ou* quite like this book; **elle aimerait bien venir** she would like *ou* love to come; **elle n'aime pas qu'il sorte le soir** she doesn't like him going out *ou* him to go out at night; ~ **faire**, ~ **à faire** to like doing *ou* to do. **(b)** *(avec autant, mieux)* **j'aime autant vous dire que** I may as well tell you that; **il aimerait autant ne pas sortir aujourd'hui** he'd just as soon not go out today, he'd be just as happy not going out today; **j'aime autant ça!** * *(menace)* that sounds more like it! *; *(soulagement)* what a relief!; **elle aimerait mieux des livres** she would rather *ou* sooner have books.

2 s' ~ *vpr* to be in love, love each other. **se faire** ~ **de qn** to get sb to fall in love with one, win the love of sb.

aine [ɛn] *nf* groin *(Anat)*.

aîné, e [ene] **1** *adj (entre 2)* elder, older; *(plus de 2)* eldest, oldest. **2** *nm, f* eldest child *(ou* boy *ou* girl). **il est mon** ~ **de 2 ans** he's 2 years older than me, he's 2 years my senior; **respectez vos** ~**s** respect your elders.

ainsi [ɛ̃si] *adv* **(a)** *(de cette façon)* in this way, thus; *(donc, de même)* so. **c'est** ~ **que ça s'est passé** that's the way *ou* how it happened; **s'il en était** ~ if this were the case; ~ **tu vas partir!** so, you're going to leave!; ~ **que je le disais** just as I said; **sa beauté** ~ **que sa candeur** her beauty as well as her innocence. **(b) pour** ~ **dire** so to speak, as it were; **et** ~ **de suite** and so on (and so forth); ~ **soit-il** *(gén)* so be it; *(Rel)* amen; ~ **va le monde** that's the way of the world.

air¹ [ɛʀ] **1** *nm* **(a)** *(gaz)* air; *(vent)* (light) breeze; *(courant d'air)* draught, draft *(US)*. **sans** ~ stuffy; **sortir à l'** ~ to come out into the open air; **mettre la literie à l'** ~ to air the bedclothes; **sortir prendre l'** ~ to go out for a breath of fresh air; **vivre de l'** ~ **du temps** to live on air alone. **(b)** *(espace)* air. **regarde en l'** ~ look up; **jeter qch en l'** ~ to throw sth (up) into the air; **l'avion a pris l'** ~ the plane has taken off. **(c)** *(ambiance)* atmosphere. **(d) être dans l'** ~ *[idée]* to be in the air; *[grippe]* to be about; *[orage, dispute]* to be brewing; **flanquer en l'** ~ * *(jeter)* to chuck away *; *(abandonner)* to chuck up ⁂; *(gâcher)* to mess up *; **en l'** ~ *paroles* idle, empty; *parler* rashly; *(en désordre)* upside down.

2 : ~ **comprimé** compressed air; ~ **conditionné** air conditioning; *(Mil)* ~**-sol** *adj inv* air-to-ground.

air² [ɛʀ] *nm* **(a)** *(expression)* look, air; *(manière)* manner, air; *(apparence)* appearance, air. **ils ont un** ~ **de famille** there's a family likeness between them; **prendre un** ~ **entendu** to put on a knowing look. **(b) ça m'a l'** ~ **d'un mensonge** it looks to me *ou* sounds to me like a lie; **elle a l'** ~ **intelligente** she looks *ou* seems intelligent; **il a eu l'** ~ **de ne pas comprendre** he looked as if he didn't understand, he didn't seem to understand; **il a l'** ~ **de vouloir neiger** it looks like snow; **cette plante n'a l'** ~ **de rien, pourtant...** this plant doesn't look up to much...

air³ [ɛʀ] *nm [opéra]* aria; *(mélodie)* tune, air. *(lit, fig)* ~ **connu** familiar tune.

airain [ɛʀɛ̃] *nm (littér)* bronze.

aire [ɛʀ] *nf (gén, Math)* area; *[aigle]* eyrie. ~ **de battage** threshing floor; ~ **de lancement** launching site.

airelle [ɛʀɛl] *nf* bilberry.

aisance [ɛzɑ̃s] *nf (facilité)* ease; *[style]* fluency; *(richesse)* affluence. **vivre dans l'** ~ to be comfortably off; *(Couture)* **redonner de l'** ~ **à qch** to give more fullness to sth.

aise [ɛz] **1** *nf* **(a)** joy, pleasure. **combler d'** ~ to overjoy. **(b) être à l'** ~ *ou* **à son** ~ *(situation)* to feel at ease; *(confort)* to feel *ou* be comfortable; *(richesse)* to be comfortably off; **mal à l'** ~ ill at ease; uncomfortable; **mettez-vous à l'** ~ make yourself at home *ou* comfortable; **vous en prenez à votre** ~! you're taking things nice and easy!; **à votre** ~! please yourself!; **aimer ses** ~**s** to be fond of (one's) creature comforts. **2** *adj (littér)* **être bien** ~ **d'avoir fini** to be delighted *ou* most pleased to have finished.

aisé, e [eze] *adj* **(a)** *(facile)* easy. **(b)** *démarche* easy; *style* flowing. **(c)** *(riche)* well-to-do, well-off. ♦ **aisément** *adv* easily.

aisselle [ɛsɛl] *nf (Anat)* armpit.

ajonc [aʒɔ̃] *nm:* ~**(s)** gorse.

ajouré, e [aʒuʀe] *adj mouchoir* hemstitched; *sculpture* which has an openwork design.

ajourner [aʒuʀne] (1) **1** *vt assemblée* to adjourn; *élection, décision* to defer, adjourn; *candidat* to refer. **ajourné d'une semaine/au lundi suivant** adjourned for a week/until the following Monday. **2 s' ~** *vpr (Pol)* to adjourn. ♦ **ajournement** *nm* adjournment; deferment; referring.

ajouter [aʒute] (1) **1** *vt* to add. **ajoutez à cela qu'il pleuvait** on top of that *ou* in addition to that it was raining; **~ foi aux dires de qn** to believe sb's statements. **2 ~ à** *vt indir* to add to, increase. **3 s' ~** *vpr*: **s' ~ à** to add to; **ceci venant s' ~ à ses difficultés** this adding further to his difficulties. ♦ **ajout** *nm* addition.

ajuster [aʒyste] (1) **1** *vt* (**a**) *(gén, Tech)* to adjust; *vêtement* to alter; *points de vue* to reconcile. **robe ajustée** close-fitting dress; **~ qch à** to fit sth to. (**b**) *tir* to aim; *cible* to aim at. (**c**) (†) *tenue* to arrange; *coiffure* to tidy, arrange. **2 s' ~** *vpr (s'emboîter)* to fit (together). ♦ **ajustage** *nm (Tech)* fitting. ♦ **ajustement** *nm [prix]* adjustment; *(Tech)* fit. ♦ **ajusteur** *nm* metal worker.

alambic [alɑ̃bik] *nm* still *(Chim)*.

alanguir [alɑ̃giʀ] (2) **1** *vt* to make languid *ou* listless. **2 s' ~** *vpr* to grow languid *ou* weak. ♦ **alangui, e** *adj* languid, listless. ♦ **alanguissement** *nm* languor.

alarme [alaʀm(ə)] *nf (gén)* alarm. **donner l' ~** to give *ou* sound the alarm; **jeter l' ~** to cause alarm; **à la première ~** at the first sign of danger. ♦ **alarmant** *adj* alarming. ♦ **alarmer** (1) **1** *vt* to alarm. **2 s' ~** *vpr* to become alarmed (*de, pour* about, at). ♦ **alarmiste** *adj, nmf* alarmist.

Alaska [alaska] *nm*: **l' ~** Alaska.

Albanie [albani] *nf* Albania. ♦ **albanais, e** *adj*, **A~(e)** *nm(f)* Albanian.

albâtre [albɑtʀ(ə)] *nm* alabaster.

albatros [albatʀos] *nm* albatross.

albinos [albinos] *nmf, adj inv* albino.

album [albɔm] *nm* album. **~ à colorier** colouring book.

albumine [albymin] *nf* albumin.

alcali [alkali] *nm* alkali.

alcalin, e [alkalɛ̃, in] *adj* alkaline.

alchimie [alʃimi] *nf* alchemy. ♦ **alchimiste** *nm* alchemist.

alcool [alkɔl] *nm (gén, Chim)* alcohol; *(type particulier)* spirit. **~ à brûler/à 90°** methylated/surgical spirit; **boire de l' ~** *(gén)* to drink alcohol; *(eau de vie)* to drink spirits; **~ de prune** plum brandy. ♦ **alcoolémie** *nf:* **taux d' ~** alcohol level (in the blood). ♦ **alcoolique** *adj, nmf* alcoholic. ♦ **alcoolisé, e** *adj* alcoholic. ♦ **alcoolisme** *nm* alcoholism. ♦ **alcoo(l)test** *nm (objet)* Breathalyser ®; *(épreuve)* breath test.

alcôve [alkov] *nf* alcove.

aléa [alea] *nm* hazard, risk. **après bien des ~s** after many ups and downs.

aléatoire [aleatwaʀ] *adj (incertain)* uncertain; *(risqué)* chancy, risky; *(Ordin) nombre* random.

alentour [alɑ̃tuʀ] *adv* around, round about. ♦ **alentours** *nmpl [ville]* surroundings, neighbourhood. **aux ~ de Dijon** in the vicinity *ou* neighbourhood of Dijon; **aux ~ de 8 heures/10 F** round about 8 o'clock/10 francs.

alerte [alɛʀt(ə)] **1** *adj personne* agile; *esprit* alert, agile; *style* brisk. **2** *nf* (**a**) *(signal, durée)* alert, alarm. **donner l' ~** to give the alert *ou* alarm; **donner l' ~ à qn** to alert sb; **~ aérienne** air raid warning; **~ à la bombe** bomb scare. (**b**) *(fig) (avertissement)* warning sign; *(inquiétude)* alarm. **3** *excl*: **~l** watch out! ♦ **alertement** *adv* agilely; alertly; briskly. ♦ **alerter** (1) *vt (donner l'alarme)* to alert; *(informer)* to inform, notify; *(prévenir)* to warn.

alexandrin [alɛksɑ̃dʀɛ̃] *nm* alexandrine.

alezan, e [alzɑ̃, an] *adj, nm, f* chestnut *(horse)*.

algarade [algaʀad] *nf (gronderie)* angry outburst; *(dispute)* row.

algèbre [alʒɛbʀ(ə)] *nf (Math)* algebra. **par l' ~** algebraically; **c'est de l' ~ *** it's (all) Greek to me *. ♦ **algébrique** *adj* algebraic.

Alger [alʒe] *n* Algiers.

Algérie [alʒeʀi] *nf* Algeria. ♦ **algérien, -ienne** *adj*, **A~(ne)** *nm(f)* Algerian.

algue [alg(ə)] *nf*: **~(s)** seaweed.

alias [aljɑs] *adv* alias.

alibi [alibi] *nm* alibi.

aliénation [aljenasjɔ̃] *nf (gén)* alienation. *(Méd)* **~ (mentale)** (mental) derangement.

aliéné, e [aljene] *nm, f* insane person, lunatic.

aliéner [aljene] (6) *vt* (**a**) *(céder) (gén)* to give up; *(Jur)* to alienate. (**b**) *partisans, opinion* to alienate (*à qn* from sb). **s' ~ un ami** to alienate a friend.

alignement [aliɲmɑ̃] *nm (action)* aligning, lining up, bringing into alignment; *(rangée)* alignment, line; *(Fin, Pol)* alignment. *(Mil)* **être à l' ~** to be in line; **~ monétaire** monetary alignment *ou* adjustment.

aligner [aliɲe] (1) **1** *vt objets* to line up, make lines of; *chiffres* to string together; *arguments* to reel off; *(Mil)* to form into lines. **des peupliers étaient alignés le long de la route** poplars stood in a straight line along the roadside; **~ sur qch** *[objets, conduite, politique]* to bring into line with sth. **2 s' ~** *vpr [soldats]* to fall into line, line up. *(Pol)* **s' ~ sur** *politique* to conform to the line of; *pays* to align o.s. with.

aliment [alimɑ̃] *nm (nourriture)* food. **~(s)** food; **comment conserver vos ~s** how to keep (your) food *ou* foodstuffs fresh; **ça a fourni un ~ à la conversation** it gave us something to talk about. ♦ **alimentaire** *adj besoins* food. **denrées ~s** foodstuffs.

alimentation [alimɑ̃tasjɔ̃] *nf* (**a**) *(gén)* feeding; *[moteur]* supplying. **l' ~ en eau des villes** supplying water to *ou* the supply of water to towns. (**b**) *(régime)* diet. (**c**) *(Comm)* food trade; *(enseigne) [magasin]* grocery (store), groceries; *[rayon]* groceries.

alimenter [alimɑ̃te] (1) *vt (gén)* to feed; *conversation* to sustain; *moteur* to supply. **~ une ville en gaz** to supply a town with gas; **le malade recommence à s' ~** the patient is starting to eat again.

alinéa [alinea] *nm* paragraph.

aliter (s') [alite] (1) *vpr* to take to one's bed. **rester alité** to remain confined to bed.

alizé [alize] *adj m, nm*: **(vent) ~** trade wind.

allaiter [alete] (1) *vt [femme]* to (breast-)feed; *[animal]* to suckle. **~ au biberon** to bottle-feed. ♦ **allaitement** *nm* (breast-)feeding; suckling; bottle-feeding.

allant, e [alɑ̃, ɑ̃t] **1** *adj (alerte)* active; *(entraînant)* lively. **2** *nm (dynamisme)* drive, energy. **avec ~** energetically.

allécher [aleʃe] (6) *vt [odeur]* to make one's mouth water, tempt; *[proposition]* to entice, tempt. ♦ **alléchant, e** *adj* mouth-watering; enticing; tempting.

allée [ale] *nf* (**a**) *(gén)* path; *[parc]* walk; *(large)* avenue; *(menant à une maison)* drive; *[cinéma, bus]* aisle. *(fig)* **les ~s du pouvoir** the corridors of power. (**b**) **leurs ~s et venues** their comings and goings; **j'ai perdu mon temps en ~s et venues** I've wasted my time going back and forth.

allégation [alegasjɔ̃] *nf* allegation.

allégeance [aleʒɑ̃s] *nf* allegiance.

alléger [aleʒe] (6) *et* (3) *vt poids, impôts* to lighten; *bagages* to make lighter; *douleur* to alleviate, soothe; *châtiment* to mitigate. ◆ **allégement** *nm* lightening; alleviation; mitigation.

allégorie [alegɔʀi] *nf* allegory. ◆ **allégorique** *adj* allegorical.

allègre [alɛgʀ(ə)] *adj personne* cheerful, light-hearted; *démarche* lively, jaunty; *musique* lively, merry. ◆ **allégrement** *adv* cheerfully, light-heartedly; jauntily; merrily. ◆ **allégresse** *nf* elation, exhilaration.

alléguer [alege] (6) *vt prétexte* to put forward. **Il allégua que...** he argued that...

Allemagne [almaɲ] *nf* Germany. **~ de l'Ouest/de l'Est** West/East Germany; **l' ~ fédérale (RFA)** the Federal Republic of Germany (FRG). ◆ **allemand, e** *adj, nm*, **A~(e)** *nm(f)* German.

aller [ale] (9) **1** *vi* (**a**) *(gén)* to go (*à, vers* to, towards). **~ et venir** to come and go; **~ à Paris/au lit/à la pêche** to go to Paris/to bed/fishing; **~ à la ville à pied/à vélo/en voiture** to go to town on foot/by bike/by car, walk/cycle/drive to town; *(lit, fig)* **~ loin** to go far; **~ jusqu'au ministre** to take a matter to the minister; **~ à la catastrophe** to be heading for disaster; **~ sur ses 8 ans** to be getting on for 8. (**b**) *(santé, situation)* **comment allez-vous?** — **ça va** * how are you? — fine *ou* not so bad *; **ça va bien/mal/mieux** I'm well/unwell/feeling better; **ça va (les affaires)?** * how are you getting on?, how's business? *; **ça va mal à la maison** things aren't going too well at home; **ça va mal ~!** there's going to be trouble!; **ta pendule va bien?** is your clock right?; **~ en empirant** to get worse and worse, go from bad to worse; **~ en augmentant** to keep increasing, increase more and more. (**c**) *(convenir)* **~ à qn** *[mesure]* to fit sb; *[plan, genre]* to suit sb; *[climat]* to agree with sb; **~ (bien) avec qch** to go (well) with; **la clef ne va pas dans la serrure** the key won't go in *ou* doesn't fit the lock; **ces ciseaux ne vont pas** these scissors won't do *ou* are no good. (**d**) *(excl)* **allons!, allez!** *(stimulation)* go on!; *(incrédulité, consolation)* come on now!; *(résignation)* all right!, O.K.! *; **allez, au revoir!** 'bye then!; **comme tu y vas!** you're going a bit far! (**e**) *(de soi)* **de soi** to be self-evident *ou* obvious; **cela va sans dire** it goes without saying; **il en va de même pour les autres** the same applies to the others; **il y va de votre vie** your life is at stake; **il y est allé de sa chanson** he gave us a song.

2 *vb aux* (+ *infin*) (**a**) *(futur immédiat)* to be going to. **ils allaient commencer** they were going *ou* were about to start. (**b**) **~ faire qch** to go and do sth; **il est allé me chercher mes lunettes** he went to fetch *ou* get my glasses; **allez donc voir si c'est vrai!** you'll never know if it's true!; **n'allez pas vous imaginer que** don't you go imagining that.

3 **s'en ~** *vpr* (**a**) *(partir)* to go (away); *(déménager)* to move, leave; *(mourir)* to die; *(prendre sa retraite)* to retire. **ils s'en vont à Paris** they are going *ou* off to Paris; **je m'en vais leur montrer** I'll show them. (**b**) *[tache]* to come off; *[temps]* to pass, go by. **tout son argent s'en va en disques** all his money goes on records.

4 *nm (trajet)* outward journey; *(billet)* single (ticket), one-way ticket *(US)*. **j'irai vous voir à l' ~** I'll come and see you on the *ou* my way there; **je ne fais que l' ~-retour** I'm just going there and back; **prendre un ~-retour** to buy a return (ticket), buy a round-trip ticket *(US)*.

allergie [alɛʀʒi] *nf* allergy. ◆ **allergique** *adj* allergic (*à* to). ◆ **allergologie** *nf* study of allergies. ◆ **allergologiste** *nmf*, **allergologue** *nmf* allergist.

alliage [aljaʒ] *nm* alloy.

alliance [aljɑ̃s] *nf* (**a**) *(Pol)* alliance; *(Bible)* covenant. (**b**) *(mariage)* union, marriage. **oncle par ~** uncle by marriage. (**c**) *(bague)* (wedding) ring. (**d**) *(fig: mélange)* combination.

allier [alje] (7) **1** *vt efforts* to combine, unite; *couleurs* to match (*à* with). **2** **s' ~** *vpr* [*efforts*] to combine, unite; *[couleurs]* to match; *(Pol)* to become allies *ou* allied. **s' ~ à** to become allied to *ou* with, ally o.s. with. ◆ **allié, e 1** *adj pays* allied. **2** *nm, f* *(Pol, fig)* ally; *(parent)* relative by marriage.

alligator [aligatɔʀ] *nm* alligator.

allô [alo] *excl (Téléc)* hello!, hullo!

allocation [alɔkɑsjɔ̃] *nf* (**a**) **(V allouer)** allocation; granting; allotment. (**b**) *(somme)* allowance. **~ de chômage** unemployment benefit; **~s familiales** *(argent)* family allowance(s), child benefits; *(bureau)* social security office; **~ de maternité** ≃ maternity allowance *ou* benefit.

allocution [alɔkysjɔ̃] *nf* short speech. ◆ **allocutaire** *nmf* addressee.

allonger [alɔ̃ʒe] (3) **1** *vt* (**a**) *(rendre plus long)* to lengthen, extend (*de* by); *(étendre)* to stretch out. **~ le pas** to quicken one's step. (**b**) (‡) *somme* to hand out; *coup* to deal. **~ qn** to knock sb flat. (**c**) *sauce* to thin (down). **2** *vi*: **les jours allongent** the days are growing longer. **3** **s' ~** *vpr* (**a**) *[ombres, jours]* to lengthen; *[enfant]* to grow taller; *[discours]* to drag on. *(fig)* **son visage s'allongea** his face fell; **la route s'allongeait devant eux** the road stretched away before them. (**b**) *(s'étendre)* to lie down, stretch out. ◆ **allongé, e** *adj* (**a**) *(étendu)* **être ~** to be stretched out, be lying; **~ sur son lit/sur le dos** lying on one's bed/on one's back. (**b**) *(long)* long; *(étiré)* elongated; *(oblong)* oblong. ◆ **allongement** *nm (gén)* lengthening; *(Métal)* elongation.

allouer [alwe] (1) *vt argent* to allocate; *indemnité* to grant; *(Fin) actions* to allot; *temps* to allot, allow, allocate.

allumage [alymaʒ] *nm [poêle]* lighting; *[électricité]* putting *ou* switching on; *(Aut)* ignition. *(Aut)* **régler l' ~** to adjust the timing.

allume-cigare [alymsigaʀ] *nm inv* cigar lighter.

allume-gaz [alymgaz] *nm inv* gas lighter *(for cooker)*.

allumer [alyme] (1) **1** *vt* (**a**) *feu* to light. **le feu était allumé** the fire was lit. (**b**) *électricité* to put *ou* switch *ou* turn on; *gaz* to light, turn on. **laisse la lumière allumée** leave the light on; **ça n'allume pas** the light doesn't come on *ou* work; **où est-ce qu'on allume?** where is the switch?; **~ une pièce** to put the light on in a room; **sa fenêtre était allumée** there was a light on at his window. (**c**) *sentiment* to arouse, stir up; *guerre* to stir up. **2** **s' ~** *vpr [incendie]* to blaze, flare up; *[sentiment]* to be aroused; *[guerre]* to break out. **son regard s'alluma** his face lit up; **sa fenêtre s'alluma** a light came *ou* went on at his window; **où est-ce que ça s'allume?** where do you switch it on?

allumette [alymɛt] *nf* (**a**) match. **~ de sûreté** safety match. (**b**) *(Culin)* flaky pastry finger.

allumeur [alymœʀ] *nm (Aut)* distributor; *(Tech)* igniter. *(Hist)* **~ de réverbères** lamplighter.

allure [alyʀ] *nf* (**a**) *(vitesse) [véhicule]* speed; *[piéton]* pace. **à toute ~** at top *ou* full speed. (**b**) *(démarche)* walk; *(attitude)* air, look, appearance. **avoir fière/piètre ~** to cut a fine/shabby figure; **d' ~ bizarre** odd-looking; **liberté d' ~s** free *ou* unconventional behaviour.

allusion [alyzjɔ̃] *nf* allusion (*à* to), hint (*à* at). **~ malveillante** innuendo; **faire ~ à** to allude to, hint at; **par ~** allusively. ◆ **allusif, -ive** *adj* allusive.

alluvions [alyvjɔ̃] *nfpl* alluvial deposits.

almanach [almana] *nm* almanac.

aloès [alɔɛs] *nm* aloe.

aloi [alwa] *nm*: **de bon ~** *gaieté* wholesome; *individu* worthy; *produit* of genuine quality; **de mauvais ~** unwholesome; of little worth; of doubtful quality.

alors [alɔʀ] *adv* (*à cette époque*) then, in those days, at that time; (*en conséquence*) then, in that case, so. **~ que** (*simultanéité*) while, when; (*opposition*) whereas; **~ même que** (*même si*) even if, though; (*au moment où*) while, just when; **elle est sortie ~ que le médecin le lui avait interdit** she went out although *ou* even though the doctor had told her not to; **~ tu viens?** well (then), are you coming?; **~ là d'accord** well then all right; **il pleut — et ~?** it's raining — so (what)?

alouette [alwɛt] *nf* lark. **~ des champs** skylark.

alourdir [aluʀdiʀ] (2) **1** *vt* (*gén*) to make heavy; *impôts* to increase; *véhicule* to weigh down. **le gaz alourdissait l'air** the smell of gas hung heavy on the air, the air was heavy with the smell of gas. **2 s' ~** *vpr* to become *ou* grow heavy. ◆ **alourdissement** *nm* [*véhicule, objet*] increased weight, heaviness; [*impôts*] increase (*de* in).

aloyau [alwajo] *nm* sirloin.

alpaga [alpaga] *nm* (*Tex, Zool*) alpaca.

alpaguer ‡ [alpage] (1) *vt* to nab *. **se faire ~** to get nabbed *.

Alpes [alp(ə)] *nfpl*: **les ~** the Alps. ◆ **alpage** *nm* high mountain pasture. ◆ **alpestre** *adj* alpine.

alphabet [alfabɛ] *nm* (*système*) alphabet; (*livre*) alphabet book. **~ morse** Morse code; **~ phonétique international** International Phonetic Alphabet. ◆ **alphabétique** *adj* alphabetical. ◆ **alphabétiquement** *adv* alphabetically. ◆ **alphabétiser** (1) *vt*: **~ qn** to teach sb how to read and write.

alpin, e [alpɛ̃, in] *adj* alpine.

alpinisme [alpinism(ə)] *nm* mountaineering, climbing. ◆ **alpiniste** *nmf* mountaineer, climber.

Alsace [alzas] *nf*: **l' ~** Alsace.

altérant, e [alteʀɑ̃, ɑ̃t] *adj* thirst-making.

altercation [altɛʀkasjɔ̃] *nf* altercation.

altérer [alteʀe] (6) **1** *vt* (**a**) (*assoiffer*) to make thirsty. (**b**) *texte, vérité* to distort, falsify; *aliments* to adulterate. (**c**) *denrées* to spoil; *matière, sentiments* to alter; *visage, voix* to distort; *santé* to impair. (**d**) (*modifier*) to alter, change. **2 s' ~** *vpr* [*nourriture*] to go off; [*santé, relations*] to deteriorate; [*voix*] to break; [*vin*] to spoil. ◆ **altération** *nf* (**a**) distortion, falsification; alteration; adulteration; impairment; change. **l' ~ de sa santé** the deterioration in his health; **l' ~ de son visage/de sa voix** his distorted features/broken voice. (**b**) (*Mus*) accidental.

alternance [altɛʀnɑ̃s] *nf* (*gén*) alternation; (*Pol*) changeover of political power between parties. **être en ~** [*émissions*] to alternate; **travailler en ~** to work alternately (*avec* with).

alternateur [altɛʀnatœʀ] *nm* alternator.

alternatif, -ive [altɛʀnatif, iv] **1** *adj* alternate; (*Élec*) alternating. **2** *nf* (*dilemme*) alternative. **être dans une ~ive** to have to choose between two alternatives. ◆ **alternativement** *adv* alternately, in turn.

alterner [altɛʀne] (1) *vt* to alternate (*avec* with). **ils alternèrent à la présidence** they took turns to be chairman *ou* to chair. ◆ **alterne, alterné, e** *adj* alternate.

altesse [altɛs] *nf* (*titre*) highness.

altier, -ière [altje, jɛʀ] *adj* haughty.

altitude [altityd] *nf* altitude, height (above sea level). **à 500 mètres d' ~** at a height *ou* an altitude of 500 metres; **en ~** at high altitude, high up; **prendre de l' ~** to gain altitude.

alto [alto] **1** *nm* (*instrument*) viola. **2** *adj*: **saxo(phone)/flûte ~** alto sax(ophone)/flute.

altruisme [altʀɥism(ə)] *nm* altruism. ◆ **altruiste** **1** *adj* altruistic. **2** *nmf* altruist.

alumine [alymin] *nf* alumina.

aluminium [alyminjɔm] *nm* aluminium.

alun [alœ̃] *nm* alum.

alunir [alyniʀ] (2) *vi* to land on the moon. ◆ **alunissage** *nm* (moon) landing.

alvéole [alveɔl] *nf ou m* [*ruche, poumon*] cell. **~ dentaire** tooth socket; **~s dentaires** alveolar *ou* teeth ridge.

amabilité [amabilite] *nf* kindness. **ayez l' ~ de** be so kind as to; **faire des ~s à qn** to be polite to sb.

amadou [amadu] *nm* touchwood, tinder.

amadouer [amadwe] (1) *vt* (*enjôler*) to coax, cajole; (*adoucir*) to mollify.

amaigrir [amegʀiʀ] (2) *vt* to make thin *ou* thinner. ◆ **amaigrissant, e** *adj régime* slimming, reducing (*US*). ◆ **amaigrissement** *nm* (*pathologique*) [*corps*] loss of weight; [*visage, membres*] thinness; (*volontaire*) slimming. **un ~ de 3 kg** a loss in weight of 3 kg.

amalgame [amalgam] *nm* (*péj*) (strange) combination; (*Métal*) amalgam. ◆ **amalgamer** (1) **1** *vt* to combine; to amalgamate. **2 s' ~** *vpr* to combine.

amande [amɑ̃d] *nf* (**a**) (*fruit*) almond. **en ~** almond-shaped. (**b**) [*noyau*] kernel. ◆ **amandier** *nm* almond (tree).

amant [amɑ̃] *nm* lover. ◆ **amante** † *nf* mistress †.

amarrer [amaʀe] (1) *vt navire* to moor; *paquet* to make fast. ◆ **amarrage** *nm* mooring. ◆ **amarre** *nf* (mooring) rope. **les ~ s** moorings.

amas [amɑ] *nm* (*lit*) heap, pile; [*idées*] mass; (*Astron*) star cluster; (*Min*) mass.

amasser [amɑse] (1) **1** *vt choses* to pile up, amass; *fortune* to amass; *preuves* to amass, gather (together). **2 s' ~** *vpr* [*choses, preuves*] to pile up, accumulate; [*foule*] to gather.

amateur [amatœʀ] *nm* (*non-professionnel*) amateur; (*péj*) dilettante, mere amateur. **équipe ~** amateur team; **faire de la peinture en ~** to do a bit of painting (as a hobby); **photographe ~** amateur photographer, photo hobbyist (*US*); **~ d'art** art lover; **être ~ de films** to be a keen *ou* avid film-goer; **faire qch en ~** to do sth as a mere amateur; **y a-t-il des ~s?** (*volontaires*) are there any volunteers?; (*acheteurs*) are there any takers? ◆ **amateurisme** *nm* (*Sport*) amateurism; (*péj*) amateurishness.

Amazone [amazon] *nf* (**a**) (*Géog*) Amazon; (*Myth*) Amazon. (**b**) (*écuyère*) **a~** horsewoman; **monter en a~** to ride sidesaddle.

Amazonie [amazoni] *nf* Amazonia. ◆ **amazonien, -ienne** *adj* Amazonian.

ambages [ɑ̃baʒ] *nfpl*: **sans ~** without beating about the bush, in plain language.

ambassade [ɑ̃basad] *nf* (*Pol*) embassy; (*mission*) mission. ◆ **ambassadeur** *nm* (*Pol, fig*) ambassador. **~ extraordinaire** ambassador extraordinary (*auprès de* to). ◆ **ambassadrice** *nf* ambassador; (*épouse*) ambassadress.

ambiance [ɑ̃bjɑ̃s] *nf* atmosphere (*de* in, of).

ambiant, e [ɑ̃bjɑ̃, ɑ̃t] *adj* surrounding; *température* ambient.

ambidextre [ɑ̃bidɛkstʀ(ə)] *adj* ambidextrous.

ambigu, -uë [ɑ̃bigy] *adj* ambiguous. ◆ **ambiguïté** *nf* ambiguity. **sans ~** (*adj*) unambiguous; (*adv*) unambiguously.

ambitieux, -euse [ɑ̃bisjø, øz] *adj* ambitious. **~ de plaire** anxious to please. ◆ **ambitieusement** *adv* ambitiously. ◆ **ambition** *nf* ambition.

◆ **ambitionner** (1) *vt*: **il ambitionne de faire** his ambition is to do.

ambivalence [ɑ̃bivalɑ̃s] *nf* ambivalence. ◆ **ambivalent, e** *adj* ambivalent.

amble [ɑ̃bl(ə)] *nm [cheval]* amble.

amblyope [ɑ̃blijɔp] **1** *adj*: **il est** ~ he has a lazy eye, he is amblyopic. **2** *nmf* person with a lazy eye *ou* amblyopia.

ambre [ɑ̃bʀ(ə)] *nm*: ~ **(jaune)** amber; ~ **gris** ambergris. ◆ **ambré, e** *adj couleur* amber.

ambulance [ɑ̃bylɑ̃s] *nf* ambulance. ◆ **ambulancier, -ière** *nm, f (conducteur)* ambulance driver; *(infirmier)* ambulance man *(ou* woman).

ambulant, e [ɑ̃bylɑ̃, ɑ̃t] *adj musicien* strolling, travelling. **c'est un dictionnaire** ~ * he's a walking dictionary.

âme [ɑm] *nf* **(a)** *(gén)* soul. *(fig)* **avoir l'** ~ **chevillée au corps** to have nine lives; **avoir une** ~ **généreuse** to have great generosity of spirit; **avoir une** ~ **basse** to have an evil heart; **grandeur d'** ~ noblemindedness; **en mon** ~ **et conscience** in all conscience; **ému jusqu'au fond de l'** ~ profoundly moved; **il est musicien dans l'** ~ he's a musician to the core. **(b)** *(personne)* soul. **on ne voyait** ~ **qui vive** you couldn't see a (living) soul; **bonne** ~ * kind soul; **il erre comme une** ~ **en peine** he is wandering about like a lost soul; **son** ~ **damnée** his henchman; **trouver l'** ~ **sœur** to find a soul mate; **l'** ~ **d'un complot** the moving spirit in a plot. **(c)** *(Tech) [canon]* bore; *[violon]* soundpost.

améliorer *vt*, **s'** ~ *vpr* [ameljɔʀe] (1) *(gén)* to improve. ◆ **amélioration** *nf* improvement. *(Écon)* **une** ~ **de la conjoncture** an economic upturn, an improvement in the state of the economy.

amen [amɛn] *adv (Rel, fig)* amen.

aménager [amenaʒe] (3) *vt* **(a)** *(équiper)* local to fit out; *parc* to lay out; *territoire* to develop. **(b)** *(créer)* route to make, build; *gradins* to fix up; *horaire* to work out. ~ **un bureau dans une chambre** to fit up a study in a bedroom; ~ **une chambre en bureau** to convert a bedroom into a study. ◆ **aménagement** *nm (gén)* development. *[local]* fittings; *[quartier]* developments; *[horaire]* adjustments. ◆ **aménageable** *adj horaire* flexible; *grenier* which can be converted (*en* into).

amende [amɑ̃d] *nf* fine. **mettre à l'** ~ to penalize; **donner une** ~ **à** to fine; **faire** ~ **honorable** to make amends.

amender [amɑ̃de] (1) **1** *vt (Pol)* to amend; *(Agr)* to enrich; *conduite* to improve, amend. **2 s'** ~ *vpr* to mend one's ways. ◆ **amendement** *nm (Pol)* amendment; *(Agr) (opération)* enrichment; *(substance)* enriching agent.

amène [amɛn] *adj* affable. **peu** ~ unkind.

amener [amne] (5) **1** *vt (a) personne, objet* to bring; *catastrophe* to cause, bring about. **qu'est-ce qui vous amène ici?** what brings you here? **(b)** *(inciter)* ~ **qn à faire qch** *[circonstances]* to lead *ou* bring sb to do sth; *[personne]* to get sb to do sth; **je suis amené à croire que** I am led to think that; ~ **qn à ses propres idées** to bring sb round to one's own ideas; ~ **la conversation sur un sujet** to lead the conversation on to a subject; **amené à un haut degré de complexité** brought to a high degree of complexity. **(c)** *(présenter)* transition, conclusion to present, introduce. **bien amené** well-introduced. **(d)** *poisson* to draw in; *voile, drapeau* to strike. **2 s'** ~ * *vpr (venir)* to come along.

aménité [amenite] *nf* affability. **sans** ~ unkindly.

amenuiser (s') [amənɥize] (1) *vpr [valeur, espoir]* to dwindle; *[chances]* to lessen; *[provisions]* to run low, dwindle. ◆ **amenuisement** *nm* dwindling, lessening.

amer, -ère [amɛʀ] *adj* bitter. ◆ **amèrement** *adv* bitterly.

américain, e [ameʀikɛ̃, ɛn] **1** *adj* American. **2** *nm (Ling)* American (English). **3** *nm(f)*: **A~(e)** American. ◆ **américaniser** (1) *vt* to americanize. ◆ **américanisme** *nm* americanism. ◆ **américaniste** *nmf* Americanist. ◆ **Amérique** *nf* America. ~ **centrale/latine/du Nord/du Sud** Central/Latin/North/South America.

amérindien, -ienne [ameʀɛ̃djɛ̃, jɛn] *adj*, **A~(ne)** *nm(f)* Amerindian, American Indian.

amerrir [ameʀiʀ] (2) *vi (Aviat)* to make a sealanding; *(Espace)* to splash down. ◆ **amerrissage** *nm* (sea) landing; splashdown.

amertume [amɛʀtym] *nf (lit, fig)* bitterness.

améthyste [ametist(ə)] *nf, adj inv* amethyst.

ameublement [amœbləmɑ̃] *nm (meubles)* furniture. **articles d'** ~ furnishings.

ameublir [amœbliʀ] (2) *vt (Agr)* to loosen.

ameuter [amøte] (1) *vt (attrouper)* curieux to draw a crowd of; *voisins* to bring out; *(soulever)* to rouse, stir up *(contre* against). **des passants s'ameutèrent** a crowd of passers-by gathered (angrily).

ami, e [ami] **1** *nm, f* **(a)** friend. ~ **d'enfance** childhood friend; **elle est avec ses** ~**es** she's with her (girl)friends; **se faire un** ~ **de qn** to make friends with sb; ~**s des bêtes** animal lovers; **club des** ~**s de Balzac** Balzac society; **un professeur de mes** ~**s** a teacher friend of mine; **sans** ~**s** friendless. **(b)** *(amant)* boyfriend; *(maîtresse)* girlfriend, ladyfriend. **(c) mes chers** ~**s** (ladies and) gentlemen; **mon cher** ~ my dear fellow. **2** *adj* friendly. **être très** ~ **avec qn** to be very friendly *ou* be good friends with sb; **être** ~ **de l'ordre** to be a lover of order.

amiable [amjabl(ə)] *adj: (Jur)* **à l'** ~ *vente* private; *accord* amicable; **régler qch à l'** ~ to settle sth out of court.

amiante [amjɑ̃t] *nm* asbestos.

amibe [amib] *nf* amoeba.

amical, e, mpl -aux [amikal, o] **1** *adj* friendly. **peu** ~ unfriendly. **2** *nf* association, club. ◆ **amicalement** *adv* in a friendly way. *[lettre]* **(bien)** ~ best wishes, yours.

amidon [amidɔ̃] *nm* starch. ◆ **amidonner** (1) *vt* to starch.

amincir [amɛ̃siʀ] (2) **1** *vt couche* to thin (down). **cette robe l'amincit** this dress makes her look slim(mer) *ou* thin(ner). **2 s'** ~ *vpr* to get thinner. ◆ **amincissement** *nm* thinning (down). **cure d'** ~ slimming *ou* reducing *(US)* treatment.

amiral, e, mpl -aux [amiʀal, o] **1** *adj*: **vaisseau** ~ flagship. **2** *nm* admiral. **3** *nf* admiral's wife. ◆ **amirauté** *nf* admiralty.

amitié [amitje] *nf* **(a)** *(sentiment)* friendship. **prendre qn en** ~ to take a liking to sb; **se lier d'** ~ **avec qn** to make friends with sb; **avoir de l'** ~ **pour qn** to be fond of sb; **faites-moi l'** ~ **de venir** do me the favour of coming. **(b)** *[lettre]* ~**s, Paul** yours, Paul; **elle vous fait toutes ses** ~**s** she sends her regards.

ammoniac [amɔnjak] *nm* ammonia. ◆ **ammoniaque** *nf* liquid ammonia.

amnésie [amnezi] *nf* amnesia. ◆ **amnésique 1** *adj* amnesic. **2** *nmf* amnesiac, amnesic.

amnios [amnjɔs] *nm* amnion. ◆ **amniotique** *adj* amniotic. **cavité/liquide** ~ amniotic cavity/liquid.

amnistie [amnisti] *nf* amnesty. ◆ **amnistier** (7) *vt* to amnesty.

amocher ‡ [amɔʃe] (1) *vt* to mess up *, make a mess of. **se faire** ~ to get messed up *.

amoindrir [amwɛ̃dʀiʀ] (2) **1** *vt forces* to weaken; *quantité* to diminish, reduce. *(humilier)* ~ **qn** to diminish *ou* belittle sb. **2 s'** ~ *vpr* to grow weaker, weaken; to diminish. ◆ **amoindrissement** *nm* weakening; diminishing; reduction.

amollir [amɔliʀ] (2) **1** *vt chose, esprit* to soften; *forces* to weaken. **2 s'** ~ *vpr [chose]* to go soft; *(fig)* to weaken. ◆ **amollissement** *nm* softening; weakening.

amonceler [amɔ̃sle] (4) **1** *vt choses* to pile *ou* heap up; *difficultés* to accumulate. **2 s'** ~ *vpr* to pile *ou* heap up; *[nuages, neige]* to bank up. ◆ **amoncellement** *nm* **(a)** piling *ou* heaping up; accumulation. **(b)** *(tas)* pile, heap.

amont [amɔ̃] *nm [cours d'eau]* upstream water; *[pente]* uphill slope. **en** ~ upstream; uphill *(de* from); **l'écluse d'** ~ the upstream lock.

amoral, e, *mpl* **-aux** [amɔʀal, o] *adj* amoral.

amorce [amɔʀs(ə)] *nf* **(a)** *(Pêche)* bait; *(de fond)* ground bait. **(b)** *(explosif)* cap. **(c)** *(début)* start, beginning; *[pellicule, film]* trailer. **l'** ~ **d'une réforme** the beginnings of a reform. **(d)** *(Ordin)* **programme d'** ~ bootstrap.

amorcer [amɔʀse] (3) *vt* **(a)** *hameçon* to bait; *(fig) client* to entice. **(b)** *pompe, siphon* to prime. **(c)** *négociations, travaux* to start, begin. **la construction est amorcée depuis 2 mois** work has been in progress *ou* been under way for 2 months; **une descente s'amorce après le virage** after the bend the road starts to go down; **une détente s'amorce** there are signs of a détente. ◆ **amorçage** *nm* baiting; ground baiting; priming.

amorphe [amɔʀf(ə)] *adj* passive.

amortir [amɔʀtiʀ] (2) *vt* **(a)** *coup* to cushion, soften; *bruit* to deaden, muffle; *douleur* to dull. *(Tennis)* **un amorti** a drop shot; *(Ftbl)* **faire un amorti** to trap the ball. **(b)** *(Fin) dette* to pay off; *titre* to redeem; *matériel* to write off. **pour** ~ **la dépense** to recoup the cost. ◆ **amortissable** *adj (Fin)* redeemable. ◆ **amortissement** *nm* cushioning; softening; deadening; muffling; dulling; paying off; redemption. **l'** ~ **de ce matériel se fait en 3 ans** it takes 3 years to recoup *ou* write off the cost of this equipment. ◆ **amortisseur** *nm* shock absorber.

amour [amuʀ] **1** *nm* **(a)** *(sentiment)* love. **roman d'** ~ love story; **faire l'** ~ to make love *(avec* to, with). **(b)** *(personne)* love; *(aventure)* love affair. **mon** ~ my love; **cet enfant est un** ~ that child's a real darling; **tu seras un** ~ there's a darling *ou* a dear; **un** ~ **de bébé/de petite robe** a lovely *ou* sweet little baby/dress. **(c)** **pour l'** ~ **de Dieu/de votre mère** for God's/your mother's sake; **faire qch pour l'** ~ **de l'art** * to do sth for the love of it; **faire qch avec** ~ to do sth with loving care. **2** *nfpl (littér)* ~**s** *(personnes)* loves; *(aventures)* love affairs. **3** : ~**-propre** *nm* self-esteem, pride.

amoureux, -euse [amuʀø, øz] **1** *adj* **(a)** *(épris)* in love *(de* with). **être** ~ **de la nature** to be a nature-lover. **(b)** *aventures* amorous, love; *tempérament* amorous; *regard* loving. **2** *nm, f (gén)* lover; *(†: soupirant)* love, sweetheart. ~ **transi** bashful lover; **partir en vacances en** ~ to go off on holiday like a pair of lovers. ◆ **amoureusement** *adv* lovingly, amorously.

amovible [amɔvibl(ə)] *adj* removable, detachable; *(Jur)* removable.

ampère [ɑ̃pɛʀ] *nm* ampere, amp. ◆ **ampèremètre** *nm* ammeter.

amphibie [ɑ̃fibi] **1** *adj* amphibious. **2** *nm* amphibian.

amphithéâtre [ɑ̃fiteatʀ(ə)] *nm (Archit, Géol)* amphitheatre; *(Univ)* lecture hall *ou* theatre; *(Théât)* upper gallery.

amphore [ɑ̃fɔʀ] *nf* amphora.

ample [ɑ̃pl(ə)] *adj jupe* full, ample, roomy; *geste* sweeping, wide; *voix* sonorous; *style* grand; *projet* vast; *sujet* wide-ranging. **faire** ~**(s) provision(s) de** to gather a liberal *ou* plentiful supply of; **donner d'** ~**s détails** to give a wealth of detail *ou* full details; **jusqu'à plus** ~ **informé** until further information is available. ◆ **amplement** *adv mériter* fully, amply. **il a fait** ~ **ce qu'on lui demandait** he has fully accomplished what was asked of him; **ça suffit** ~ that's more than enough, that's ample.

ampleur [ɑ̃plœʀ] *nf [vêtement]* fullness; *[style, geste]* grandeur; *[sujet]* scope, range; *[crise]* scale, extent. **sans grande** ~ of limited scope, small-scale; **prendre de l'** ~ to grow in scale *ou* extent.

amplifier [ɑ̃plifje] (7) **1** *vt (gén)* to expand, develop, increase; *(péj) incident* to magnify; *son* to amplify. **2 s'** ~ *vpr* to grow, increase. ◆ **amplificateur** *nm* amplifier. ◆ **amplification** *nf* expansion, development, increase; magnification; amplification.

amplitude [ɑ̃plityd] *nf (Astron, Phys)* amplitude; *[températures]* range; *[catastrophe]* magnitude.

ampoule [ɑ̃pul] *nf (Élec)* bulb; *(Pharm)* phial, vial; *[main]* blister, ampulla.

amputer [ɑ̃pyte] (1) *vt* **(a)** *(Anat)* to amputate. **il est amputé (d'une jambe)** he has had a leg amputated, he has lost a leg. **(b)** *texte, budget* to cut drastically *(de* by). ◆ **amputation** *nf* amputation; drastic cut *(de* in).

Amsterdam [amstɛʀdam] *n* Amsterdam.

amulette [amylɛt] *nf* amulet.

amusant, e [amyzɑ̃, ɑ̃t] *adj (distrayant)* amusing, entertaining; *(drôle)* amusing, funny.

amuse-gueule [amyzgœl] *nm inv* appetizer.

amusement [amyzmɑ̃] *nm (jeu)* game; *(passe-temps)* diversion, pastime; *(fait de (se) divertir)* amusement.

amuser [amyze] (1) *vt* **(a)** *(divertir)* to amuse, entertain; *(faire rire)* to amuse. **ces remarques ne m'amusent pas** I'm not amused by such remarks; **si vous croyez que ces réunions m'amusent** if you think I enjoy these meetings. **(b)** *(détourner l'attention de)* to distract (the attention of); *(tromper)* to delude. **2 s'** ~ *vpr* **(a)** *(jouer) [enfants]* to play. **s'** ~ **avec** *jouet* to play with; *stylo, ficelle* to play *ou* fiddle with; **s'** ~ **à un jeu** to play a game; **s'** ~ **à faire** to amuse o.s. doing; *(fig)* **ne t'amuse pas à recommencer, sinon!** don't do *ou* start that again, or else! **(b)** *(se divertir)* to have fun *ou* a good time, enjoy o.s.; *(rire)* to have a good laugh. **s'** ~ **à faire** to have fun doing, enjoy o.s. doing; **nous nous sommes bien amusés** we had great fun *ou* a great time *; **c'était juste pour s'** ~ it was just for fun *ou* for a laugh; **il ne faut pas qu'on s'amuse** *(se dépêcher)* we mustn't dawdle; *(travailler)* we mustn't idle. **(c)** *(se jouer de)* **s'** ~ **de qn** to make a fool of sb. ◆ **amuseur, -euse** *nm, f* entertainer; *(péj)* clown.

amygdale [amidal] *nf* tonsil.

amylase [amilɑz] *nf* amylase.

an [ɑ̃] *nm* year. **dans 3** ~**s** in 3 years, in 3 years' time; **enfant de six** ~**s** six-year-old (child); **il a 22** ~**s** he is 22 (years old); **il reçoit tant par** ~ he gets so much a year *ou* per annum; **en l'** ~ **de grâce...** in the year of grace...; **je m'en moque comme de l'** ~ **quarante** I couldn't care less; **courbé sous le poids des** ~**s** bowed with age.

anachorète [anakɔʀɛt] *nm* anchorite.

anachronique [anakʀɔnik] *adj* anachronistic. ◆ **anachronisme** *nm* anachronism.

anagramme [anagʀam] *nf* anagram.

analogie [analɔʒi] *nf* analogy. **par** ~ **avec** by analogy with. ◆ **analogique** *adj* analogical. ◆ **analogue 1** *adj* analogous, similar *(à* to). **2** *nm* analogue.

analphabète [analfabɛt] *adj, nmf* illiterate.
♦ **analphabétisme** *nm* illiteracy.

analyse [analiz] *nf (gén)* analysis; *[sang, urine]* test. **ça ne résiste pas à l'** ~ it doesn't stand up to analysis; **avoir l'esprit d'** ~ to have an analytical mind; **se faire faire des** ~**s** to have some tests done; ~ **grammaticale** parsing; **faire l'** ~ **grammaticale de** to parse; ~ **logique** sentence analysis, diagramming *(US)*; ~ **de marché** market analysis *ou* survey. ♦ **analyser** (1) *vt* to analyse; to test; to parse. ♦ **analyste** *nmf* analyst. ♦ **analytique** *adj* analytical.

anamorphose [anamɔrfoz] *nf* anamorphosis.

ananas [anana(s)] *nm (fruit, plante)* pineapple.

anarchie [anarʃi] *nf (Pol, fig)* anarchy. ♦ **anarchique** *adj* anarchic. ♦ **anarchiquement** *adv* anarchically. ♦ **anarchisme** *nm* anarchism. ♦ **anarchiste 1** *adj* anarchistic. **2** *nmf* anarchist.

anathème [anatɛm] *nm* anathema. *(fig)* **jeter l'** ~ **sur** to anathematize.

anatomie [anatɔmi] *nf (gén)* anatomy; *(analyse)* analysis. ♦ **anatomique** *adj* anatomical.

ancestral, e, *mpl* **-aux** [ãsɛstral, o] *adj* ancestral.

ancêtre [ãsɛtr(ə)] *nmf (aïeul)* ancestor; *(*: vieillard)* old man *(ou* woman); *(fig: précurseur)* ancestor, forerunner.

anchois [ãʃwa] *nm* anchovy.

ancien, -ienne [ãsjɛ̃, jɛn] **1** *adj* **(a)** *(gén)* old; *(ancestral, antique)* ancient; *objet d'art* antique. **dans l'** ~ **temps** in (the) olden days. **(b)** *(précédent)* former, old. **son** ~**ne femme** his former *ou* previous wife; **mon** ~**ne école** my old school. **2** *nm (mobilier)* **l'** ~ antiques. **3** *nm, f (par l'âge)* elder, old man *(ou* woman); *(par l'expérience)* senior person. *(Hist)* **les** ~**s** the Ancients; ~ **combattant** war veteran, ex-serviceman; ~ **élève** former pupil; **l'A~ Régime** the Ancient Régime.

anciennement [ãsjɛnmã] *adv* formerly.

ancienneté [ãsjɛnte] *nf* **(a)** *(durée de service)* (length of) service; *(privilèges obtenus)* seniority. **à l'** ~ by seniority. **(b)** *[maison, famille]* oldness, age; *[objet d'art]* age, antiquity; *[loi, tradition]* ancientness.

ancre [ãkr(ə)] *nf (Naut, Tech)* anchor. **être à l'** ~ to be *ou* lie at anchor; **jeter/lever l'** ~ to cast *ou* drop/weigh anchor. ♦ **ancrage** *nm [grand bateau]* anchorage; *[petit bateau]* moorage.

ancrer [ãkre] (1) **1** *vt (Naut, Tech)* to anchor. **idée bien ancrée** firmly rooted idea. **2 s'** ~ *vpr (Naut)* to anchor. **il s'est ancré dans la tête que...** he got it rooted *ou* fixed in his head that...

Andalousie [ãdaluzi] *nf* Andalusia.

Andes [ãd] *nfpl* **les** ~ the Andes.

Andorre [ãdɔr] *nf* Andorra.

andouille [ãduj] *nf* **(a)** *(Culin)* andouille. **(b)** *(*:* imbécile)* clot *, dummy *, fool. **faire l'** ~ to act the fool.

âne [ɑn] *nm (Zool)* donkey, ass; *(fig)* ass, fool.

anéantir [aneãtir] (2) *vt* **(a)** *(détruire)* to destroy, wipe out. **(b)** *[chaleur, chagrin]* to overwhelm; *[fatigue]* to exhaust. ♦ **anéantissement** *nm (destruction)* destruction, wiping out; *(fatigue)* exhaustion; *(abattement)* dejection.

anecdote [anɛkdɔt] *nf* anecdote. ♦ **anecdotique** *adj* anecdotal.

anémier [anemje] (7) **1** *vt* to make anaemic. **2 s'** ~ *vpr* to become anaemic. ♦ **anémie** *nf* anaemia. ♦ **anémique** *adj* anaemic.

anémone [anemɔn] *nf* anemone. ~ **de mer** sea anemone.

ânerie [ɑnri] *nf (caractère)* stupidity; *(parole)* stupid remark; *(gaffe)* blunder. **dire des** ~**s** to talk rubbish *ou* nonsense.

ânesse [ɑnɛs] *nf* she-ass.

anesthésie [anɛstezi] *nf (technique)* anaesthesia; *(opération)* anaesthetic. **sous** ~ under the anaesthetic, under anaesthesia; **faire une** ~ to give an anaesthetic. ♦ **anesthésier** (7) *vt* to anaesthetize. ♦ **anesthésique** *adj, nm* anaesthetic. ♦ **anesthésiste** *nmf* anaesthetist.

ange [ãʒ] *nm (Rel, fig)* angel; *(Zool)* angel fish. **oui mon** ~ yes, darling; **tu seras un** ~ there's an angel *ou* a dear; **avoir une patience d'** ~ to have the patience of a saint; **c'est un** ~ **de bonté** he's the soul of goodness; **un** ~ **passa** there was an awkward pause; **être aux** ~**s** to be in (the) seventh heaven; ~ **déchu** fallen angel; ~ **gardien** *(Rel, fig)* guardian angel; *(garde du corps)* bodyguard.

angélique [ãʒelik] **1** *adj* angelic. **2** *nf* angelica. ♦ **angéliquement** *adv* angelically.

angelot [ãʒlo] *nm (Art)* cherub.

angélus [ãʒelys] *nm* angelus.

angine [ãʒin] *nf* tonsillitis. **avoir une** ~ to have a sore throat; ~ **de poitrine** angina (pectoris).

anglais, e [ãglɛ, ɛz] **1** *adj* English. **2** *nm* **(a)** **A~** Englishman; **les A~** *(en général)* English people, the English; *(Britanniques)* British people, the British; *(hommes)* Englishmen. **(b)** *(Ling)* English. ~ **canadien** Canadian English. **3** *nf* **(a)** **A~e** Englishwoman. **(b)** *(Coiffure)* ~**es** ringlets. **(c)** *(Écriture)* ≃ modern English handwriting. **(d)** **à l'** ~**e** *légumes* boiled. **4** *adv*: **parler** ~ to speak English.

angle [ãgl(ə)] *nm [meuble, rue]* corner; *(Math)* angle; *(aspect)* angle, point of view; *(fig) [caractère]* rough edge. **le magasin qui fait l'** ~ the shop on the corner; **faire un** ~ **droit** to be at right angles *(avec* to); **vu sous cet** ~ seen from that angle; ~ **de braquage** lock.

Angleterre [ãglətɛr] *nf* England; *(Grande-Bretagne)* Britain.

anglican, e [ãglikã, an] *adj, nm, f* Anglican. ♦ **anglicanisme** *nm* Anglicanism.

angliciste [ãglisist(ə)] *nmf (étudiant)* student of English; *(spécialiste)* anglicist. ♦ **angliciser** (1) *vt* to anglicize. ♦ **anglicisme** *nm* anglicism.

anglo- [ãglo] *préf* anglo-. ♦ **anglo-américain** *nm (Ling)* American English. ♦ **anglo-canadien** *nm (Ling)* Canadian English. ♦ **anglo-normand, e** *adj, nm* Anglo-Norman. **les îles** ~-~**es** the Channel Islands. ♦ **anglo-saxon, -onne** *adj, nm, f* Anglo-Saxon.

anglophile [ãglofil] **1** *adj* anglophilic. **2** *nmf* anglophile. ♦ **anglophilie** *nf* anglophilia.

anglophobe [ãglofɔb] **1** *adj* anglophobic. **2** *nmf* anglophobe. ♦ **anglophobie** *nf* anglophobia.

anglophone [ãglofɔn] **1** *adj* English-speaking. **2** *nmf* English speaker.

angoisse [ãgwas] *nf (gén, Psych)* anguish; *(peur)* fear. **une étrange** ~ **le saisit** a strange feeling of anguish gripped him; **il vivait dans l'** ~ **d'un accident** he lived in fear and dread of an accident. ♦ **angoissant, e** *adj* harrowing, agonizing. **vivre des jours** ~**s** to suffer days of anguish *ou* agony. ♦ **angoissé, e** *adj voix* anguished; *question* agonized. **cri** ~ cry of anguish; **être** ~ *(inquiet)* to be in anguish; *(oppressé)* to feel suffocated. ♦ **angoisser** (1) *vt* to cause anguish to.

Angola [ãgola] *nm* Angola. ♦ **angolais, e** *adj,* **A~(e)** *nm(f)* Angolan.

anguille [ãgij] *nf* eel. **filer entre les doigts de qn comme une** ~ to slip right through sb's fingers; **il y a** ~ **sous roche** there's something in the wind.

angulaire [ãgylɛr] *adj* angular.

anguleux, -euse [ãgylø, øz] *adj* angular, bony.

anicroche * [anikrɔʃ] *nf* hitch, snag. **sans** ~**s** smoothly, without a hitch.

ânier, -ière [ɑnje, jɛr] *nm, f* donkey-driver.

animal, e, *mpl* **-aux** [animal, o] *adj, nm (Bio, fig)* animal. **quel** ~! * what a lout!

animateur, -trice [animatœʀ, tʀis] *nm, f [spectacle]* compère; *[club]* leader, sponsor *(US)*; *(camp de vacances)* ≃ redcoat *, camp counselor *(US)*; *(Ciné: technicien)* animator. **l' ~ de cette entreprise** the driving force behind this undertaking; **c'est un ~ né** he's a born organizer.

animation [animɑsjɔ̃] *nf* **(a)** *(vie)* life, liveliness; *(affairement)* (hustle and) bustle; *[discussion]* animation, liveliness. **parler avec ~** to speak with great animation; **mettre de l' ~ dans une réunion** to liven up a meeting; **chargé de l' ~ culturelle** in charge of cultural activities. **(b)** *(Ciné)* animation.

animé, e [anime] *adj* **(a)** *(affairé)* busy; *(plein de vie)* lively; *discussion* animated, lively; *(Comm)* enchères, marché brisk. **(b)** *(Ling, Philos)* animate.

animer [anime] (1) **1** *vt* **(a)** *entreprise, groupe* to lead; *réunion* to conduct; *spectacle* to compère; *soirée, conversation* to liven up. **~ une course** to set the pace in a race. **(b)** *[sentiment]* to drive, impel; *[désir, motif]* to prompt. **la joie qui anime son visage** the joy that shines in his face. **(c)** *(mouvoir)* to drive. **animé d'un mouvement régulier** moving in a steady rhythm *ou* swinging steadily. **(d)** *(Philos)* to animate. **2 s' ~** *vpr [personne, rue, objet]* to come to life; *[conversation]* to become animated, liven up; *[yeux]* to light up.

animosité [animozite] *nf* animosity (*contre* towards, against).

anis [ani(s)] *nm (plante)* anise; *(Culin)* aniseed.

ankyloser [ɑ̃kiloze] (1) **1** *vt* to stiffen. **être ankylosé** to be stiff. **2 s' ~** *vpr* to stiffen up.

annales [anal] *nfpl* annals. **ça restera dans les ~** * that'll go down in history.

anneau, *pl* **-x** [ano] *nm (gén)* ring; *[chaîne]* link; *[serpent]* coil. *(Sport)* **les ~x** the rings.

année [ane] *nf year.* **tout au long de l' ~** the whole year round, throughout the whole year; **payé à l' ~** paid annually; **étudiant de deuxième ~** second-year student; *(Fin, Jur)* **de référence** relevant year; *(Statistiques)* **l' ~ de référence 1988** the 1988 benchmark; **les ~s 20/30** the 20s/30s ; **d' ~ en ~** from year to year; **~ bissextile/civile** leap/calendar year; **~-lumière** *nf, pl* **~s-~s** light year.

annexe [anɛks(ə)] **1** *adj document* appended; *travail, dépenses* subsidiary; *considérations* related. **les bâtiments ~s** the annexes. **2** *nf (Constr)* annexe; *[document]* annex; *[contrat]* schedule (*à* to). **♦ annexer** (1) *vt territoire* to annex; *document* to append (*à* to). **♦ annexion** *nf (Pol)* annexation.

annihiler [aniile] (1) *vt efforts* to ruin, destroy; *résistance* to wipe out; *personnalité* to crush. **♦ annihilation** *nf* ruin; destruction; crushing.

anniversaire [anivɛʀsɛʀ] *nm [naissance]* birthday; *[événement]* anniversary.

annonce [anɔ̃s] *nf* announcement; *(publicité)* (newspaper) advertisement; *(fig: indice)* sign, indication; *(Bridge)* declaration. **petites ~s** small ads, want ads * *(US)*.

annoncer [anɔ̃se] (3) **1** *vt* **(a)** *fait* to announce (*à* to); *(Comm)* *réclame* to advertise. **je lui ai annoncé la nouvelle** I announced the news to her; *(mauvaise nouvelle)* I broke the news to her; **on annonce un grave incendie** a serious fire is reported to have broken out. **(b)** *(prédire)* pluie, chômage to forecast; *[présage]* to foretell; *[signe avant-coureur]* to herald. **ça n'annonce rien de bon** it bodes no good; **ce radoucissement annonce la pluie** this warmer weather is a sign that rain is on the way *ou* is a sign of rain. **(c)** *(dénoter)* to indicate, point to. **(d)** *personne* to announce. **sans se faire ~** without being

announced. **(e)** *(Cartes)* to declare. *(fig)* **~ la couleur** to lay one's cards on the table. **2 s' ~** *vpr [personne]* to announce o.s., say who one is; *[événement]* to approach. **s' ~ bien/mal** to look good/bad; **ça s'annonce difficile** it looks like being difficult.

annonceur [anɔ̃sœʀ] *nm (publicité)* advertiser; *(speaker)* announcer.

annonciateur, -trice [anɔ̃sjatœʀ, tʀis] *adj:* **signe ~ de** portent of.

Annonciation [anɔ̃sjasjɔ̃] *nf:* **l' ~** *(événement)* the Annunciation; *(jour)* Annunciation Day, Lady Day.

annoter [anɔte] (1) *vt* to annotate. **♦ annotation** *nf* annotation.

annuaire [anɥɛʀ] *nm* yearbook, annual; *[téléphone]* (telephone) directory, phone book *.

annuel, -elle [anɥɛl] *adj* annual, yearly. **♦ annuellement** *adv* annually, yearly. **♦ annuité** *nf* annual payment.

annulaire [anylɛʀ] *nm* ring *ou* third finger.

annuler [anyle] (1) **1** *vt contrat, élection* to nullify; *mariage* to annul; *commande* to cancel. **2 s' ~** *vpr [poussées]* to nullify each other, cancel each other out. **♦ annulation** *nf* nullification; cancellation; annulment.

anoblir [anɔbliʀ] (2) *vt* to ennoble. **♦ anoblissement** *nm* ennoblement.

anode [anɔd] *nf* anode.

anodin, e [anɔdɛ̃, in] *adj personne, détail* insignificant; *blessure* harmless.

anomalie [anɔmali] *nf (gén)* anomaly; *(Bio)* abnormality; *(Tech)* (technical) fault.

ânon [ɑnɔ̃] *nm* ass's foal.

ânonner [ɑnɔne] (1) *vti:* **~ (sa leçon)** to mumble (one's way) through one's lesson.

anonymat [anɔnima] *nm* anonymity. **garder l' ~** to remain anonymous. **♦ anonyme** *adj (sans nom)* anonymous; *(impersonnel)* impersonal. **♦ anonymement** *adv* anonymously.

anorak [anɔʀak] *nm* anorak.

anorexie [anɔʀɛksi] *nf* anorexia. **♦ anorexique** *adj, nmf* anorexic.

anormal, e, *mpl* **-aux** [anɔʀmal, o] *adj (gén)* abnormal. **il est ~ qu'il n'ait pas les mêmes droits** it's abnormal for him not to have the same rights. **♦ anormalement** *adv* abnormally.

anse [ɑ̃s] *nf [tasse]* handle; *(Géog)* cove.

antagonisme [ɑ̃tagɔnism(ə)] *nm* antagonism. **♦ antagoniste 1** *adj* antagonistic. **2** *nmf* antagonist.

antan [ɑ̃tɑ̃] *nm:* **d' ~** of yesteryear, of long ago.

antarctique [ɑ̃taʀktik] **1** *adj* antarctic. **2** *nm:* **l'A~** the Antarctic, Antarctica.

antécédent, e [ɑ̃tesedɑ̃, ɑ̃t] **1** *adj* antecedent. **2** *nm (Gram, Philos)* antecedent. **~s** previous history.

antéchrist [ɑ̃tekʀist] *nm* Antichrist.

antédiluvien, -ienne [ɑ̃tedilyvjɛ̃, jɛn] *adj (lit, fig)* antediluvian.

antenne [ɑ̃tɛn] *nf* **(a)** *(Zool)* antenna, feeler; *(Rad)* aerial; *(fig: contact)* contact. *(fig)* **avoir des ~s** to have a sixth sense. **(b)** *(Rad, TV: écoute)* **sur** *ou* **à l' ~** on the air; **gardez l' ~** stay tuned in; **je donne l' ~ à Paris** over to Paris; **hors ~** off the air; **sur notre ~** on our station. **(c)** *(succursale)* sub-branch; *(de renseignements)* information service; *(Mil)* outpost; *(Méd)* (emergency) unit.

antérieur, e [ɑ̃teʀjœʀ] *adj* **(a)** *époque, situation* previous, earlier, former. **c'est ~ à la guerre** it was prior to the war. **(b)** *partie* front. **membre ~** forelimb. **♦ antérieurement** *adv* earlier. **~ à** prior *ou* previous to. ◆ **antériorité** *nf [événement]* precedence; *(Gram)* anteriority.

anthologie [ɑ̃tɔlɔʒi] *nf* anthology.

anthracite [ɑ̃tʀasit] **1** *nm* anthracite. **2** *adj inv* charcoal grey.

anthropoïde [ɑ̃tʀɔpɔid] *adj, nm* anthropoid.

anthropologie [ɑ̃tʀɔpɔlɔʒi] *nf* anthropology. ◆ **anthropologique** *adj* anthropological. ◆ **anthropologiste** *nmf* anthropologist.

anthropophage [ɑ̃tʀɔpɔfaʒ] *adj, nm* cannibal. ◆ **anthropophagie** *nf* cannibalism.

anti [ɑ̃ti] *préf (gén)* anti-; *(contraire à)* un-. **anticonformisme** nonconformism; **antimatière** antimatter; **antimilitariste** antimilitarist; **antipoétique** unpoetic; **antisémitisme** antisemitism; **sérum antitétanique/antidiphtérique** tetanus/diphtheria serum; **campagne antialcoolique** campaign against alcohol.

antiaérien, -ienne [ɑ̃tiaeʀjɛ̃, jɛn] *adj* canon antiaircraft; *abri* air-raid.

antiatomique [ɑ̃tiatɔmik] *adj:* **abri** ~ fallout shelter.

antibiotique [ɑ̃tibjɔtik] *adj, nm* antibiotic.

antibrouillard [ɑ̃tibʀujaʀ] *adj, nm (Aut)* **(phare)** ~ fog lamp.

antibuée [ɑ̃tibɥe] *adj inv:* **dispositif** ~ demister; **bombe** ~ anti-mist spray.

antichambre [ɑ̃tiʃɑ̃bʀ(ə)] *nf* antechamber, anteroom. **faire** ~ † to wait (for an audience with sb).

antichoc [ɑ̃tiʃɔk] *adj* montre shockproof.

anticipation [ɑ̃tisipɑsjɔ̃] *nf:* **paiement par** ~ payment in advance; **roman d'** ~ science fiction novel.

anticiper [ɑ̃tisipe] (1) **1** *vi (gén)* to anticipate; *(en imaginant)* to look *ou* think ahead; *(en racontant)* to jump ahead. ~ **sur qch** to anticipate sth; **sans vouloir** ~ **sur ce que je dirai** without wishing to go into what I shall say later. **2** *vt (gén, Fin)* to anticipate. ◆ **anticipé, e** *adj retour* early; *paiement* advance. **avec mes remerciements** ~**s** thanking you in advance.

anticorps [ɑ̃tikɔʀ] *nm* antibody.

anticyclone [ɑ̃tisiklon] *nm* anticyclone.

antidater [ɑ̃tidate] (1) *vt* to backdate.

antidépresseur [ɑ̃tidepʀesœʀ] *adj m, nm* antidepressant.

antidérapant, e [ɑ̃tideʀapɑ̃, ɑ̃t] *adj (Aut)* non-skid; *(Ski)* non-slip.

antidoping [ɑ̃tidɔpiŋ] *adj,* **antidopage** [ɑ̃tidɔpaʒ] *adj loi, test* antidoping; *contrôle* dope.

antidote [ɑ̃tidɔt] *nm (lit, fig)* antidote *(contre, de* for, against).

antiesclavagisme [ɑ̃tiɛsklavaʒism(ə)] *nm* abolitionism.

antigang [ɑ̃tigɑ̃g] *adj inv:* **brigade** ~ police commando squad.

antigel [ɑ̃tiʒɛl] *nm* antifreeze.

antigène [ɑ̃tiʒɛn] *nm* antigen.

antihausse [ɑ̃tios] *adj mesures* aimed at curbing price rises, anti-inflation.

Antilles [ɑ̃tij] *nfpl:* **les** ~ the West Indies. **les Grandes/Petites** ~ the Greater/Lesser Antilles. ◆ **antillais, e** *adj,* **A~(e)** *nm(f)* West Indian.

antilope [ɑ̃tilɔp] *nf* antelope.

antimite [ɑ̃timit] *nm* mothballs.

antimoine [ɑ̃timwan] *nm* antimony.

antinomie [ɑ̃tinɔmi] *nf* antinomy. ◆ **antinomique** *adj* antinomic(al).

antiparasite [ɑ̃tipaʀazit] *adj:* **dispositif** ~ suppressor.

antipathie [ɑ̃tipati] *nf* antipathy. **avoir de l'** ~ **pour qn** to dislike sb. ◆ **antipathique** *adj* unpleasant.

antipelliculaire [ɑ̃tipelikylɛʀ] *adj* anti-dandruff.

antipode [ɑ̃tipɔd] *nm (Géog)* **les** ~**s** the antipodes; *(Géog)* **être à l'** ~ *ou* **aux** ~**s** to be on the other side of the world *(de* from, to); *(fig)* **votre théorie est aux** ~**s de la mienne** our theories are poles apart.

antique [ɑ̃tik] *adj (de l'antiquité)* antique, ancient; *(très ancien)* ancient; *(péj)* antiquated, ancient. ◆ **antiquaire** *nmf* antique dealer. ◆ **antiquité** *nf (gén)* antiquity; *(meuble)* antique.

antisèche [ɑ̃tisɛʃ] *nf (Arg Scol)* crib.

antisepsie [ɑ̃tisɛpsi] *nf* antisepsis. ◆ **antiseptique** *adj, nm* antiseptic.

antiterroriste [ɑ̃titeʀɔʀist(ə)] *adj* antiterrorist.

antithèse [ɑ̃titɛz] *nf (gén)* antithesis. *(fig: le contraire)* **c'est l'** ~ **de** it is the opposite of. ◆ **antithétique** *adj* antithetical.

antivénéneux, -euse [ɑ̃tivenenø, øz] *adj* antidotal.

antivenimeux, -euse [ɑ̃tivənimø, øz] *adj:* **sérum** ~ antivenom.

antivol [ɑ̃tivɔl] *nm, adj inv:* **(dispositif)** ~ anti-theft device.

antonyme [ɑ̃tɔnim] *nm* antonym.

antre [ɑ̃tʀ(ə)] *nm (caverne)* cave; *[animal] (fig)* den, lair.

anus [anys] *nm* anus.

anxieux, -euse [ɑ̃ksjø, øz] **1** *adj personne, regard* anxious, worried; *attente* anxious. ~ **de** anxious to. **2** *nm, f* worrier. ◆ **anxiété** *nf* anxiety. ◆ **anxieusement** *adv* anxiously.

aorte [aɔʀt(ə)] *nf* aorta.

août [u(t)] *nm* August; *pour loc V* **septembre** *et* **quinze**.

apache [apaʃ] *nm* **(a)** *(indien)* **A**~ Apache. **(b)** *(†: voyou)* tough.

apaisant, e [apɛzɑ̃, ɑ̃t] *adj* soothing.

apaisement [apɛzmɑ̃] *nm (calme)* calm, quiet; *(soulagement)* relief; *(pour rassurer)* reassurance. **donner des** ~**s à qn** to reassure sb; **cela lui procura un certain** ~ this brought him some relief.

apaiser [apeze] (1) **1** *vt personne* to calm down, pacify; *(adoucir) (gén)* to assuage; *désir, faim* to appease; *douleur, excitation* to soothe; *conscience* to salve, soothe; *scrupules* to allay. **2** **s'** ~ *vpr [personne]* to calm down; *[vacarme, vagues, douleur]* to die down.

apanage [apanaʒ] *nm (privilège)* privilege. **avoir l'** ~ **de qch** to have the sole *ou* exclusive right to sth.

aparté [apaʀte] *nm (entretien)* private conversation; *(Théât)* aside. **en** ~ in an aside.

apartheid [apaʀtɛd] *nm* apartheid.

apathie [apati] *nf* apathy. ◆ **apathique** *adj* apathetic.

apatride [apatʀid] *nmf* stateless person.

apercevoir [apeʀsəvwaʀ] (28) **1** *vt* **(a)** *(voir)* to see; *(brièvement)* to catch sight of *ou* a glimpse of; *(remarquer)* to notice. **(b)** *(se rendre compte de)* to see, perceive; *difficultés* to see, foresee. **2** **s'** ~ *vpr:* **s'** ~ **de** *erreur* to notice; *présence* to become aware of; **s'** ~ **que** to notice *ou* realize that.

aperçu [apeʀsy] *nm (idée générale)* general idea *ou* picture; *(compte-rendu)* general survey. **avoir des** ~**s sur qch** to have some insight into sth.

apéritif [apeʀitif] *nm* aperitif, *(pre-dinner etc)* drink. **venez prendre l'** ~ come for drinks.

apesanteur [apəzɑ̃tœʀ] *nf* weightlessness.

à-peu-près [apøpʀɛ] *nm inv* vague approximation.

apeuré, e [apœʀe] *adj* frightened, scared.

aphone [afɔn] *adj* voiceless.

aphorisme [afɔʀism(ə)] *nm* aphorism.

aphrodisiaque [afʀodizjak] *adj, nm* aphrodisiac.

aphte [aft(ə)] *nm* mouth ulcer.

à-pic [apik] *nm* cliff.

apiculteur, -trice [apikyltœʀ, tʀis] *nm, f* beekeeper. ◆ **apiculture** *nf* beekeeping.

apitoyer [apitwaje] (8) **1** *vt* to move to pity. **n'essaie pas de m'** ~ don't try and make me feel sorry for you. **2 s'** ~ *vpr:* **s'** ~ **sur** to feel pity for. ◆ **apitoiement** *nm (pitié)* pity.

aplanir [aplaniʀ] (2) *vt terrain* to level; *difficultés* to smooth away. **les difficultés se sont aplanies** the difficulties smoothed themselves out *ou* were ironed out. ◆ **aplanissement** *nm* levelling ; smoothing away.

aplatir [aplatiʀ] (2) **1** *vt (gén)* to flatten; *couture* to press flat; *pli* to smooth (out). **2 s'** ~ *vpr* **(a)** *[personne]* to flatten o.s. *(contre* against); *(s'étendre)* to lie flat on the ground; *(*: *tomber)* to fall flat on one's face; *(s'humilier)* to grovel *(devant* before, to). **(b)** *[choses] (devenir plus plat)* to become flatter; *(s'écraser)* to smash *(contre* against). ◆ **aplati, e** *adj* flat. ◆ **aplatissement** *nm (gén)* flattening; *(humiliation)* grovelling.

aplomb [aplɔ̃] *nm* **(a)** *(assurance)* composure, (self-)assurance; *(péj)* nerve, cheek *. **garder son** ~ to keep one's composure, remain composed; **perdre son** ~ to lose one's composure, get flustered. **(b)** *(équilibre)* balance; *(verticalité)* plumb. **d'** ~ *corps* steady, balanced; *mur* plumb; **se tenir d'** ~ *(sur ses jambes)* to be steady on one's feet; **tu n'as pas l'air d'** ~ * you look out of sorts; *(lit, fig)* **se remettre d'** ~ to get back on one's feet again; **le soleil tombait d'** ~ the sun was beating straight down.

apocalypse [apɔkalips(ə)] *nf (Rel) (livre)* **l'A~** (the book of) Revelation, the Apocalypse; **vision d'** ~ vision of doom. ◆ **apocalyptique** *adj (Rel)* apocalyptic; *vision* apocalyptic, of doom.

apogée [apɔʒe] *nm (Astron, fig)* apogee.

apolitique [apɔlitik] *adj (indifférent)* apolitical; *(neutre)* non-political.

apologie [apɔlɔʒi] *nf* apology. **faire l'** ~ **de** to praise.

apoplexie [apɔplɛksi] *nf* apoplexy.

a posteriori [aposteʀjɔʀi] *loc adv, adj (gén)* after the event.

apostolat [apɔstɔla] *nm (Bible)* apostolate; *(prosélytisme)* proselytism; *(fig)* vocation. ◆ **apostolique** *adj* apostolic.

apostrophe [apɔstʀɔf] *nf (Gram)* apostrophe; *(interpellation)* rude remark. ◆ **apostropher** (1) *vt* to shout at.

apothéose [apɔteoz] *nf* apotheosis; *(Théât, gén: bouquet)* grand finale. **finir dans une** ~ to end in a blaze of glory.

apothicaire † [apɔtikɛʀ] *nm* apothecary †.

apôtre [apotʀ(ə)] *nm* apostle. **faire le bon** ~ to play the saint; **se faire l'** ~ **de** to make o.s. the spokesman *ou* advocate for.

apparaître [apaʀɛtʀ(ə)] (57) *vi (se montrer)* to appear *(à* to); *(sembler)* to seem, appear *(à* to); *[fièvre, boutons]* to break out. **la vérité lui apparut soudain** the truth suddenly dawned on him; **il apparaît que** it appears *ou* turns out that.

apparat [apaʀa] *nm (pompe)* pomp. **d'** ~ ceremonial.

appareil [apaʀɛj] *nm (instrument)* piece of apparatus, device; *(électrique, ménager)* appliance; *(poste)* set; *(Phot)* camera; *(téléphone)* (tele)phone; *(Aviat)* aircraft *(inv)*, craft *(inv) (US)*; *(Méd)* appliance; *(dentier)* brace; *(pour fracture)* splint. ~ **digestif** digestive system; **l'** ~ **policier/du parti** the police/party machinery; **qui est à l'** ~? who's speak-

ing?; ~ **de mesure** measuring device ; ~~**-photo** *nm, pl* ~**s**–~**s** camera; ~ **à sous** *(distributeur)* slot machine; *(jeu)* fruit machine.

appareiller [apaʀeje] (1) **1** *vi (Naut)* to cast off. **2** *vt (assortir)* to match up. ◆ **appareillage** *nm* casting off.

apparemment [apaʀamɑ̃] *adv* apparently.

apparence [apaʀɑ̃s] *nf* **(a)** *(gén)* appearance. ~ **négligée** shabby *ou* uncared-for look *ou* appearance; ~ **souriante** smiling exterior; **fausse** ~ mere façade; **il n'a plus une** ~ **de respect pour** he no longer has the least semblance of respect for. **(b)** **malgré les** ~**s** in spite of appearances; **contre toute** ~ against all expectations; **selon toute** ~ in all probability; **en** ~ *(apparemment)* apparently; *(hypocritement)* outwardly.

apparent, e [apaʀɑ̃, ɑ̃t] *adj* **(a)** *(visible)* poutre visible; *gêne, raison* apparent, obvious. **de façon** ~**e** visibly. **(b)** *(superficiel)* solidité, causes apparent. **ces contradictions ne sont qu'** ~**es** these are only outward *ou* surface discrepancies.

apparenter (s') [apaʀɑ̃te] (1) *vpr:* **s'** ~ **à** *(Pol)* to ally o.s. with; *(par mariage)* to marry into; *(ressembler à)* to be similar to.

appariteur [apaʀitœʀ] *nm (Univ)* ≃ porter, ≃ campus policeman *(US)*.

apparition [apaʀisjɔ̃] *nf* **(a)** *(arrivée) (gén)* appearance; *[boutons, fièvre]* outbreak. **faire son** ~ to appear; to break out. **(b)** *(vision, fantôme)* apparition.

appartement [apaʀtəmɑ̃] *nm* flat, apartment *(US)*; *[hôtel]* suite.

appartenance [apaʀtənɑ̃s] *nf* belonging *(à* to); membership *(à* of).

appartenir [apaʀtəniʀ] (22) **1** ~ **à** *vt indir (possession)* to belong to; *(participation)* to belong to, be a member of; **pour des raisons qui m'appartiennent** for reasons of my own; **un médecin ne s'appartient pas** a doctor's time is not his own. **2** *vb impers:* **il m'appartient de le faire** it is for me *ou* up to me to do it.

appât [apɑ] *nm (gén)* bait. **mordre à l'** ~ to rise to the bait, bite; **l'** ~ **du gain** the lure of gain. ◆ **appâter** (1) *vt gibier, client* to lure, entice; *piège* to bait.

appauvrir [apovʀiʀ] (2) **1** *vt (gén)* to impoverish; *sang* to make thin, weaken. **2 s'** ~ *vpr (gén)* to grow poorer; *[race]* to degenerate. ◆ **appauvrissement** *nm* impoverishment; degeneration.

appel [apɛl] **1** *nm* **(a)** *(cri)* call; *(demande pressante)* appeal. ~ **à l'aide/aux armes** call for help/to arms; **elle a entendu des** ~**s** she heard cries; **à son** ~, **elle se retourna** she turned round when he called; **manifestation à l'** ~ **d'une organisation** demonstration called by an organization; **l'** ~ **du devoir** the call of duty. **(b)** **faire** ~ **à** *générosité* to appeal to; *pompiers* to call on; *souvenirs* to call up; *courage* to summon up; *armée* to call out; **ça fait** ~ **à des connaissances spéciales** it calls for *ou* requires specialist knowledge. **(c)** *(présence)* **faire l'** ~ *(Scol)* to call the register; *(Mil)* to call the roll; **l'** ~ **d'une classe** the call-up of a class. **(d)** *(Jur)* appeal *(contre* against). **faire** ~ **(d'un jugement)** to appeal (against a judgment); **sans** ~ *(Jur)* without appeal; *(fig)* final. **(e)** *(Cartes)* signal *(à* for). **(f)** *(élan)* take-off. **(g)** *(Ordin)* call.

2 : ~ **d'air** draught; ~ **de fonds** call for capital; *(Comm)* ~ **d'offres** invitation to tender; ~ **téléphonique** phone call; **faire un** ~ **de phares** to flash one's headlights, flash the high beams *(US)*.

appelé [aple] *nm (Mil)* conscript, draftee *(US)*, selectee *(US)*. *(Rel, fig)* **il y a beaucoup d'** ~**s et peu d'élus** many are called but few are chosen.

appeler [aple] (4) **1** *vt* **(a)** *personne, chien* to call; *nom* to call out; *(téléphoner à)* to call, phone. ~

qn par son prénom to call *ou* address sb by his first name; ~ **un chat un chat** to call a spade a spade; ~ **(qn) à l'aide** to call (to sb) for help; ~ **qn (d'un geste) de la main** to beckon to sb. **(b)** *(faire venir: gén)* to summon; *pompiers* to call out; *conscrits* to call up; *médecin* to send for; *(Jur)* to summon. **le patron l'a fait** ~ the boss sent for him. **(c)** *(désigner)* ~ **qn à** *poste* to appoint *ou* assign sb to; **être appelé à un brillant avenir** to be destined for a brilliant future; **la méthode est appelée à se généraliser** the method looks likely *ou* set to become general. **(d)** *(réclamer)* *[situation, conduite]* to call for. **une lâcheté en appelle une autre** one act of cowardice leads to another; **en** ~ **à** to appeal to; **en** ~ **de** to appeal against.
2 s' ~ *vpr*: **il s'appelle Paul** his name is Paul, he's called Paul; **voilà ce qui s'appelle une gaffe** that's what's called a blunder!

appellation [apelɑsjɔ̃] *nf* designation, appellation; *(mot)* term, name. *(Jur)* ~ **d'origine** label of origin.

appendice [apɛ̃dis] *nm (Anat, gén)* appendix; *(hum: nez)* ~ **nasal** proboscis *(hum).* ◆ **appendicite** *nf* appendicitis.

appentis [apɑ̃ti] *nm* lean-to.

appesantir [apəzɑ̃tiʀ] **(2)** **1** *vt membre, objet* to make heavy; *esprit* to dull; *autorité* to strengthen *(sur* over). **2 s'** ~ *vpr [tête, pas]* to grow heavier; *[esprit]* to grow duller; *[autorité]* to grow stronger. **s'** ~ **sur un sujet** to dwell on a subject. ◆ **appesantissement** *nm [démarche]* heaviness; *[esprit]* dullness; *[autorité]* strengthening.

appétit [apeti] *nm (gén, fig)* appetite *(de* for). **avoir de l'** ~ to have a good *ou* hearty appetite; *(lit, fig)* **mettre qn en** ~ to give sb an appetite; **avoir un** ~ **d'oiseau** to eat like a bird; **manger avec** ~ to eat heartily; **l'** ~ **vient en mangeant** *(lit)* eating whets the appetite; *(fig)* the more you have the more you want. ◆ **appétissant, e** *adj* appetizing. **peu** ~ unappetizing.

applaudir [aplodiʀ] **(2)** **1** *vt (lit)* to applaud, clap; *(fig)* to applaud. **2** *vi* to applaud, clap. ~ **à tout rompre** to bring the house down. **3** ~ **à** *vt indir initiative* to applaud. **4 s'** ~ *vpr* to congratulate o.s., pat o.s. on the back *(d'avoir fait* for having done). ◆ **applaudissement** *nm*: ~**s** applause.

applicable [aplikabl(ə)] *adj* applicable *(à* to).

applicateur [aplikatœʀ] *adj m, nm* applicator.

application [aplikɑsjɔ̃] *nf* **(a)** **(V appliquer)** application; use; implementation; use. **mettre en** ~ *décision* to implement; *loi* to enforce. **(b)** ~**s** *[théorie, méthode]* applications. **(c)** *(attention)* application *(à qch* to sth). **travailler avec** ~ to work hard, apply o.s. well.

applique [aplik] *nf* wall lamp.

appliqué, e [aplike] *adj personne* industrious, painstaking; *écriture* careful. **bien** ~ *baiser* firm; *coup* well-aimed; **linguistique** *etc* ~**e** applied linguistics *etc.*

appliquer [aplike] **(1)** **1** *vt (gén)* to apply *(sur* to); *décision* to implement; *loi* to enforce; *recette* to use; *gifle* to give. ~ **un traitement/son esprit à qch** to apply a treatment/one's mind to sth; ~ **une échelle contre un mur** to put *ou* lean a ladder against a wall; ~ **sa main sur qch** to put one's hand on sth; **faire** ~ **la loi** to enforce the law. **2 s'** ~ *vpr [élève]* to apply o.s. *(à qch* to sth, *à faire qch* to doing sth); **s'** ~ **à qch** *[remarque]* to apply to sth; **s'** ~ **sur qch** *[calque]* to fit over sth.

appoint [apwɛ̃] *nm* (extra) contribution; *(monnaie)* right *ou* exact change. **faire l'** ~ to give the right *ou* exact money *ou* change; **salaire d'** ~ extra income.

appointer [apwɛ̃te] **(1)** *vt salarié* to pay. ◆ **appointements** *nmpl* salary.

appontement [apɔ̃tmɑ̃] *nm* landing stage.

apport [apɔʀ] *nm [capitaux, culture]* contribution; *[chaleur, eau]* supply. **le tourisme grâce à son** ~ **de devises** tourism, thanks to the currency it brings in; **l'** ~ **en vitamines d'un aliment** the vitamins provided by a food; *(Fin)* ~ **personnel** personal capital contribution.

apporter [apɔʀte] **(1)** *vt (gén)* to bring *(à* to); *modification* to introduce; *solution* to supply, provide; *soin* to exercise *(à faire* in doing). **apporte-le-lui** take it to him; **apporte-le en montant/en venant/ en entrant** bring it up/along/in; **elle y a apporté toute son énergie** she put all her energy into it; **son livre n'apporte rien de nouveau** his book contributes nothing new.

apposer [apoze] **(1)** *vt (gén)* to affix; *signature* to append.

apposition [apozisjɔ̃] *nf (Gram)* apposition.

apprécier [apʀesje] **(7)** *vt* **(a)** *distance, importance* to estimate, assess, appraise; *(expertiser) objet* to value. **(b)** *nuance, qualité, repas* to appreciate. **mets très apprécié** much appreciated dish. ◆ **appréciable** *adj* appreciable. ◆ **appréciatif, -ive** *adj (estimatif)* appraising, evaluative; *(admiratif)* appreciative. ◆ **appréciation** *nf* assessment; appraisal; estimation; valuation. **je le laisse à votre** ~ I leave it to you to judge for yourself; ~**s du professeur sur un élève** teacher's assessment of a pupil; *(sur un livret)* ~ **du professeur** teacher's comments *ou* remarks.

appréhender [apʀeɑ̃de] **(1)** *vt* **(a)** *(arrêter)* to apprehend. **(b)** *(redouter)* to dread *(de faire* doing). ~ **que** to fear that. ◆ **appréhensif, -ive** *adj* apprehensive, fearful *(de* of). ◆ **appréhension** *nf* apprehension, anxiety. **voir qch avec** ~ to dread sth; **avoir de l'** ~ to be apprehensive.

apprendre [apʀɑ̃dʀ(ə)] **(58)** *vt* **(a)** *leçon, métier* to learn; *fait* to hear of, learn of. ~ **à connaître** to get to know; **ça s'apprend facilement** it's easy to learn; **apprenez que je ne me laisserai pas faire!** be warned that I won't be trifled with! **(b)** ~ **qch à qn** *nouvelle* to tell sb (of) sth; *science* to teach sb sth; *(iro)* **ça lui apprendra!** that'll teach him!

apprenti, e [apʀɑ̃ti] *nm, f [métier]* apprentice; *(débutant)* novice, beginner. ◆ **apprentissage** *nm (lit)* apprenticeship. **l'** ~ **de la langue** language learning; **l'** ~ **de l'anglais** learning English; **mettre qn en** ~ to apprentice sb *(chez* to); **école d'** ~ training school; **faire l'** ~ **de** *métier* to serve one's apprenticeship in; *douleur* to be initiated into.

apprêter [apʀete] **(1)** **1** *vt* **(a)** *(préparer)* to get ready. **(b)** *peau* to dress; *(Peinture)* to size. **2 s'** ~ *vpr* **(a)** **s'** ~ **à qch/à faire qch** to get ready for sth/ to do sth. **(b)** *(toilette)* to prepare o.s. ◆ **apprêt** *nm (opération)* dressing; sizing; *(substance)* dressing; size. ◆ **apprêté, e** *adj (affecté)* affected.

apprivoiser [apʀivwaze] **(1)** *vt* to tame. **s'** ~ to become tame. ◆ **apprivoisable** *adj* tameable. ◆ **apprivoisé, e** *adj* tame. ◆ **apprivoisement** *nm (action)* taming; *(état)* taming.

approbation [apʀɔbɑsjɔ̃] *nf* approval, approbation. **digne d'** ~ commendable. ◆ **approbateur, -trice** *adj* approving.

approchable [apʀɔʃabl(ə)] *adj (gén)* accessible.

approchant, e [apʀɔʃɑ̃, ɑ̃t] *adj style, genre* similar *(de* to); *résultat* close *(de* to). **rien d'** ~ nothing like that.

approche [apʀɔʃ] *nf (gén)* approach. **à l'** ~ **de l'hiver** at the approach of winter, as winter draws near *ou* approaches; **d'** ~ **difficile** *lieu* inaccessible; *auteur* difficult to understand; **travaux d'** ~ *(Mil)* approaches; *(fig)* manœuvres; **les** ~**s de** *ville, côte* the surrounding area of.

approché, e [apʀɔʃe] *adj* approximate.

approcher [apʀɔʃe] **(1)** **1** *vt* **(a)** *objet* to move near *(de* to); *(l'un de l'autre)* to bring *ou* move closer together. **approche ta chaise** draw *ou* bring your chair nearer; **il approcha le verre de ses lèvres** he lifted *ou* raised the glass to his lips. **(b)** *personne (lit)* to go near, approach; *(fig)* to approach. **2** *vi [date]* to approach, draw near; *[personne, orage]* to approach, come nearer. **le jour approche où** the day is near when; **approche!** come here!; ~ **de** to approach, near. **3** *s' ~ vpr (venir)* to come near, approach; *(aller)* to go near, approach. **il s'approcha de moi** he came up to me; **s' ~ du micro** *(venir)* to go up to the mike; *(se rapprocher)* to get closer *ou* nearer to the mike; **approche-toi!** come here!

approfondir [apʀofɔ̃diʀ] (2) **1** *vt* puits to deepen, make deeper; *étude* to go (deeper) into; *connaissances* to deepen, increase. **2** *s' ~ vpr [rivière]* to become deeper. ♦ **approfondi, e** *adj* thorough, detailed. ♦ **approfondissement** *nm* deepening.

approprier [apʀopʀije] (7) **1** *vt* to suit, adapt (*à* to). **2** *s' ~ vpr bien, droit* to appropriate. **s' ~ à** to suit. ♦ **appropriation** *nf (usurpation)* appropriation; *(adaptation)* suitability, appropriateness. ♦ **approprié, e** *adj* appropriate, suitable.

approuver [apʀuve] (1) *vt (être d'accord avec)* to approve of; *(ratifier)* to approve.

approvisionner [apʀovizjɔne] (1) **1** *vt magasin* to supply (*en, de* with); *compte* to pay money into; *fusil* to load. **bien approvisionné en fruits** well stocked with fruit. **2** *s' ~ vpr* to stock up (*en* with). **s' ~ au marché** to shop at the market. ♦ **approvisionnement** *nm (action)* supplying (*en, de* of). *(réserves)* ~**s** supplies, provisions; *(Econ)* ~**s sauvages** panic buying.

approximation [apʀɔksimasjɔ̃] *nf* approximation, (rough) estimate. ♦ **approximatif, -ive** *adj calcul, évaluation* rough; *nombre* approximate; *termes* vague. ♦ **approximativement** *adv* roughly; approximately; vaguely.

appui [apɥi] **1** *nm (lit, fig)* support; *(Alpinisme)* press hold. **prendre ~ sur** *[personne]* to lean on; *[objet]* to rest on; **il a des ~s au ministère** he has connections in the ministry; **avoir l' ~ de qn** to have sb's support *ou* backing; **à l' ~ de son témoignage** in support of his evidence, to back up his evidence. **2** : **appui(e)-bras** *nm inv* armrest; ~ **de fenêtre** window-sill; **appui(e)-tête** *nm inv* headrest, head restraint.

appuyé, e [apɥije] *adj regard* fixed, intent; *geste* emphatic.

appuyer [apɥije] (8) **1** *vt (presser)* to press (*sur* on); *(soutenir)* personne, thèse to support, back (up); *attaque* to back up. *(poser)* ~ **qch contre qch** to lean *ou* rest sth against sth. **2** *vi:* ~ *sur sonnette* to press; *frein* to press on, press down; *levier* to press (down etc); *mot, argument* to stress, emphasize; *(Mus)* note to accentuate. *(Aut)* ~ **sur le champignon *** to step on it * , put one's foot down ; ~ **sur des colonnes** to rest on pillars; ~ **sur la droite** to bear to the right. **3** *s' ~ vpr* **(a)** **s' ~ sur** *mur* to lean on; *preuve* to rely on; *parti* to rely on the support of. **(b)** (‡) *importun, corvée* to put up with.

âpre [ɑpʀ(ə)] *adj* **(a)** *goût, hiver, vent* bitter; *temps* raw; *son* harsh. **(b)** *vie* harsh; *combat, discussion, résolution* bitter, grim; *concurrence, critique* fierce. ~ **au gain** grasping, greedy. ♦ **âprement** *adv* bitterly, grimly; fiercely. ♦ **âpreté** *nf* bitterness; rawness; harshness; grimness; fierceness.

après [apʀɛ] **1** *prép* **(a)** *(gén)* after. ~ **coup** after the event, afterwards; ~ **quoi** after which, and afterwards; **page ~ page** page after page; ~ **tout** after all; **j'étais ~ elle dans la queue** I was behind *ou* after her in the queue; **sa maison est (juste)** ~ **la mairie** his house is (just) past *ou* beyond the town hall; **collé ~ le mur** stuck on the wall; **crier** ~ **qn** to shout at sb; **en colère ~ qn** angry with sb; ~ **manger** after meals *ou* food; ~ **s'être reposé** after resting, after he had rested; ~ **que vous lui aurez parlé** after you have spoken to him. **(b)** *d'* ~ **lui** according to him, in his opinion; *d'* ~ **ce qu'il a dit** from *ou* according to what he said; **ne jugez pas d'** ~ **les apparences** don't go by appearances; *d'* ~ **les journaux** according to the papers; *d'* ~ **Balzac** adapted from Balzac.

2 *adv (ensuite)* afterwards, after; *(plus tard)* later. **longtemps ~** long after(wards); **2 jours ~** 2 days later; ~ **nous avons des articles moins chers** otherwise we have cheaper things; **et (puis)** ~? *(lit)* and then what?; *(fig)* what of it?; ~ **tu iras dire que...** next you'll be saying that...; **le mois d'** ~ the following month, the month after; **il courut** ~ he ran after it.

3 : ~**-demain** *adv* the day after tomorrow ; ~**-guerre** *nm* post-war years; ~**-midi** *nm ou nf inv* afternoon; ~**-rasage** *nm inv* after-shave; ~**-ski** *nm inv* snow boot.

a priori [apʀijɔʀi] *loc adv, adj* a priori.

à-propos [apʀopo] *nm [remarque]* aptness. **avoir beaucoup d' ~** to show great presence of mind.

apte [apt(ə)] *adj:* ~ **à qch** capable of sth; ~ **à faire** capable of doing, able to do; *(Mil)* ~ **(au service)** fit for service; *(Jur)* ~ **à** fit to *ou* for.

aptitude [aptityd] *nf* aptitude (*à faire* for doing); ability (*à faire* to do). **test d' ~** aptitude test.

aquaculture [akwakyltyʀ] *nf* sea fish farming, aquafarming.

aquaplane [akwaplan] *nm* aquaplane.

aquarelle [akwaʀɛl] *nf (technique)* watercolours; *(tableau)* watercolour.

aquarium [akwaʀjɔm] *nm* aquarium.

aquatique [akwatik] *adj* aquatic.

aqueduc [akdyk] *nm* aqueduct.

aqueux, -euse [akø, øz] *adj* aqueous.

aquilin, e [akilɛ̃, in] *adj* aquiline.

aquilon [akilɔ̃] *nm (Poésie)* north wind.

ara [aʀa] *nm* macaw.

arabe [aʀab] **1** *adj désert* Arabian; *nation* Arab; *art, langue* Arabic, Arab. **(cheval)** ~ Arab (horse). **2** *nm (Ling)* Arabic. **l' ~ littéral** written Arabic. **3** *nm:* **A~** Arab. **un jeune A~** an Arab boy. **4** *nf:* **A~** Arab woman (*ou* girl).

arabesque [aʀabɛsk(ə)] *nf* arabesque.

Arabie [aʀabi] *nf* Arabia. ~ **Saoudite**, ~ **Séoudite** Saudi Arabia; **le désert d' ~** the Arabian desert.

arable [aʀabl(ə)] *adj* arable.

arachide [aʀaʃid] *nf* peanut, groundnut.

araignée [aʀeɲe] *nf* **(a)** *(animal)* spider. ~ **de mer** spider crab. **(b)** *(crochet)* spider.

aratoire [aʀatwaʀ] *adj* ploughing.

arbalète [aʀbalɛt] *nf* crossbow.

arbitraire [aʀbitʀɛʀ] **1** *adj* arbitrary. **2** *nm:* **l' ~** the arbitrary; **l' ~ de qch** the arbitrary nature of sth. ♦ **arbitrairement** *adv* arbitrarily.

arbitre [aʀbitʀ(ə)] *nm* **(a)** *(Boxe, Ftbl, Rugby)* referee; *(Cricket, Hockey, Tennis)* umpire. **(b)** *(conciliateur)* arbiter; *(Jur)* arbitrator. ♦ **arbitrage** *nm* arbitration; refereeing; umpiring. **recourir à l' ~** to go to arbitration. ♦ **arbitrer** (1) *vt* to arbitrate; to referee; to umpire.

arborer [aʀbɔʀe] (1) *vt (gén)* to display; *vêtement, médaille* to sport; *sourire* to wear; *drapeau* to bear; *gros titre* to carry.

arborétum [aʀbɔʀetɔm] *nm* arboretum.

arboriculture [aʀbɔʀikyltyʀ] *nf* tree cultivation, arboriculture. ♦ **arboriculteur, -trice** *nm, f* tree grower, arboriculturist.

arbre [aʀbʀ(ə)] *nm (Bot, Ling)* tree; *(Tech)* shaft. **les ~s vous cachent la forêt** you can't see the wood *ou* forest *(US)* for the trees; ~ **à cames** camshaft; ~ **fruitier** fruit tree; ~ **généalogique** family tree;

~ **de Noël** Christmas tree. ◆ **arbrisseau,** *pl* ~**x** *nm* shrub. ◆ **arbuste** *nm* small shrub, bush.

arc [aʀk] *nm (arme)* bow; *(Géom, Élec)* arc; *(Anat, Archit)* arch. **en** ~ **de cercle** in a semi-circle.

arcade [aʀkad] *nf (Archit, Anat)* arch. ~**s** arcade, arches.

arcanes [aʀkan] *nmpl* mysteries.

arc-boutant, *pl* **arcs-boutants** [aʀkbutɑ̃] *nm* flying buttress.

arc-bouter [aʀkbute] (1) **1** *vt* to buttress. **2 s'** ~ *vpr* to lean *(contre* against, *sur* on). **il était arc-bouté contre le mur** he was pressing up against the wall.

arceau, *pl* ~**x** [aʀso] *nm (Archit)* arch; *(Croquet)* hoop. *(Aut)* ~ **de sécurité** roll-over bar; ~ **de protection** roll bar.

arc-en-ciel, *pl* **arcs-en-ciel** [aʀkɑ̃sjɛl] *nm* rainbow.

archaïque [aʀkaik] *adj* archaic. ◆ **archaïsme** *nm* archaism.

archange [aʀkɑ̃ʒ] *nm* archangel.

arche [aʀʃ(ə)] *nf (Archit)* arch; *(Rel)* ark. **l'** ~ **de Noé** Noah's Ark.

archéologie [aʀkeɔlɔʒi] *nf* archaeology. ◆ **archéologique** *adj* archaeological. ◆ **archéologue** *nmf* archaeologist.

archer [aʀʃe] *nm* archer.

archet [aʀʃɛ] *nm (Mus, gén)* bow.

archétype [aʀketip] *nm* archetype.

archevêque [aʀʃəvɛk] *nm* archbishop. ◆ **archevêché** *nm (territoire)* archbishopric; *(palais)* archbishop's palace.

archi... [aʀʃi] *préf* **(a)** *(*: *extrêmement)* tremendously, enormously. ~**plein** chock-a-block *, full to the gunwales; ~**millionnaire** millionaire several times over. **(b)** *(titre)* arch... ~**diacre/duc** archdeacon/archduke.

archipel [aʀʃipɛl] *nm* archipelago.

architecte [aʀʃitɛkt(ə)] *nm (lit, fig)* architect. ~ **d'intérieur** interior designer. ◆ **architectural, e,** *mpl* **-aux** *adj* architectural. ◆ **architecture** *nf (lit, Ordin)* architecture; *(fig)* structure.

archives [aʀʃiv] *nfpl* records, archives. **ça restera dans les** ~**!** * that will go down in history!; **je vais chercher dans mes** ~ I'll look through my files *ou* records. ◆ **archiviste** *nmf* archivist.

arçon [aʀsɔ̃] *nm (Equitation)* tree.

arctique [aʀktik] **1** *adj (Géog)* Arctic. **2** *nm*: **l'** ~ the Arctic.

ardent, e [aʀdɑ̃, ɑ̃t] *adj* **(a)** *flambeau, chaleur* burning; *feu, soleil* blazing; *yeux* fiery *(de* with). **(b)** *foi, partisan* fervent; *lutte, haine, amant* ardent; *discours* impassioned; *caractère* fiery. ◆ **ardemment** *adv* ardently, fervently. ◆ **ardeur** *nf* fervour; passion; ardour; fieriness. **son** ~ **au travail** his zeal *ou* enthusiasm for work; **l'** ~ **du soleil** the heat of the sun.

ardoise [aʀdwaz] **1** *nf (roche)* slate; *(†: dette)* unpaid bill. **2** *adj inv (couleur)* slate-grey.

ardu, e [aʀdy] *adj travail* arduous; *problème* difficult; *pente* steep.

are [aʀ] *nm* are, one hundred square metres.

arène [aʀɛn] *nf (lit, fig) (piste)* arena; *(Géol)* sand.

arête [aʀɛt] *nf* **(a)** *(Zool)* fishbone. ~ **centrale** backbone, spine. **(b)** *[cube]* edge; *[montagne]* ridge, crest; *[nez]* bridge.

argent [aʀʒɑ̃] **1** *nm* **(a)** *(métal, couleur)* silver. **en** ~ silver. **(b)** *(Fin)* money. **se faire de l'** ~ to make money; ~ **liquide** ready money, cash; ~ **de poche** pocket money; **payer** ~ **comptant** to pay cash; *(fig)* **prendre qch pour** ~ **comptant** to take sth at face value; **on en a pour son** ~ we get good value for money. **2** *adj inv* silver. ◆ **argenté, e** *adj couleur* silver, silvery; *couverts* silver-plated; **ils ne**

sont pas très ~**s** * they're not very well-off. ◆ **argenter** (1) *vt miroir* to silver; *couverts* to silverplate. ◆ **argenterie** *nf* silverware; *(de métal argenté)* silver plate. ◆ **argentin, e¹** *adj son* silvery.

Argentine [aʀʒɑ̃tin] *nf*: **l'** ~ Argentina, the Argentine. ◆ **argentin, e²** *adj,* **A**~**(e)** *nm(f)* Argentinian.

argile [aʀʒil] *nf* clay. ◆ **argileux, -euse** *adj* clayey.

argot [aʀgo] *nm* slang. ◆ **argotique** *adj* slangy.

arguer [aʀgɥe] (1) *vt* to deduce. ~ **que** to claim that.

argument [aʀgymɑ̃] *nm* argument. **tirer** ~ **de qch** to use sth as an argument. ◆ **argumentation** *nf* argumentation. ◆ **argumenter** (1) *vi* to argue *(sur* about).

argus [aʀgys] *nm*: guide to secondhand car prices.

aride [aʀid] *adj (lit, fig)* arid; *vent* dry. **un travail** ~ a thankless task; **cœur** ~ heart of stone. ◆ **aridité** *nf* aridity; dryness; thanklessness. ~ **du cœur** stony-heartedness.

aristocrate [aʀistɔkʀat] *nmf* aristocrat. ◆ **aristocratie** *nf* aristocracy. ◆ **aristocratique** *adj* aristocratic.

arithmétique [aʀitmetik] **1** *nf* arithmetic. **2** *adj* arithmetical. ◆ **arithmétiquement** *adv* arithmetically.

arlequin [aʀləkɛ̃] *nm (Théât)* Harlequin.

armateur [aʀmatœʀ] *nm* shipowner.

armature [aʀmatyʀ] *nf (gén)* frame; *(Constr, fig)* framework.

arme [aʀm(ə)] *nf* **(a)** *(gén)* weapon, arm; *(à feu)* gun; *(fig)* weapon. **sans** ~**(s)** *(lit)* unarmed; *(fig)* defenceless; **se battre à l'** ~ **blanche** to fight with knives; ~ **atomique** atomic weapon; ~ **à feu** firearm; ~ **à double tranchant** double-edged weapon. **(b)** *(Mil) (section)* arm. *(littér)* **les** ~**s** the army. **(c)** *(emblème)* ~**s** (coat of) arms; **aux** ~**s de** bearing the arms of. **(d)** **à** ~**s égales** on equal terms; **déposer les** ~**s** to lay down (one's) arms; **faire ses premières** ~**s** to make one's début *(dans* in); **passer qn par les** ~**s** to shoot sb by firing squad; **partir avec** ~**s et bagages** to pack up and go; **passer l'** ~ **à gauche** to kick the bucket ‡; **prendre le pouvoir par les** ~**s** to take power by force; **prendre les** ~**s** to take up arms; *(Escrime)* **faire des** ~**s** to fence; **en** ~**s** *soldats, peuple* at arms; **aux** ~**s!** to arms!

armé, e¹ [aʀme] *adj* armed *(de* with). ~ **jusqu'aux dents** armed to the teeth; **bien** ~ **contre le froid** well-equipped *ou* well-equipped against the cold.

armée² [aʀme] **1** *nf army.* **quelle** ~ **d'incapables** * what a useless bunch *. **2** : ~ **active** regular army; **l'** ~ **de l'air** the Air Force; **l'** ~ **de mer** the Navy; **l'** ~ **de réserve** the reserve; **l'** ~ **du Salut** the Salvation Army; **l'** ~ **de terre** the Army.

armement [aʀməmɑ̃] *nm* **(a)** *(action) [pays]* armament; *[personne]* arming; *[fusil]* cocking; *[appareil-photo]* winding-on; *[navire]* fitting-out, equipping. **(b)** *(armes) [soldat]* arms, weapons; *[pays, navire]* arms, armament.

Arménie [aʀmeni] *nf*: **l'** ~ Armenia. ◆ **arménien, -ienne** *adj, nm,* **A**~**(ne)** *nm(f)* Armenian.

armer [aʀme] (1) **1** *vt* **(a)** *personne* to arm *(de* with); *(fig)* to arm, equip *(contre* against). *(Hist)* ~ **qn chevalier** to dub sb knight. **(b)** *navire* to fit out, equip; *fusil* to cock; *appareil-photo* to wind on. **(c)** *béton, poutre* to reinforce *(de* with). **2 s'** ~ *vpr* to arm o.s. *(de* with, *contre* against).

armistice [aʀmistis] *nm* armistice.

armoire [aʀmwaʀ] *nf (gén)* cupboard; *(penderie)* wardrobe. ~ **à pharmacie** medicine cabinet; ~ **à glace** *(lit)* wardrobe with a mirror; (* *fig: costaud)* great hulking brute *.

armoiries [aʀmwaʀi] *nfpl* coat of arms.

armure [aʀmyʀ] *nf (Mil, Zool)* armour; *(fig)* defence.

armurier [aʀmyʀje] *nm [fusils]* gunsmith; *[couteaux]* armourer. ◆ **armurerie** *nf* gunsmith's; armourer's.

arnaquer ✻ [aʀnake] (1) *vt* to swindle. ◆ **arnaqueur, -euse** ✻ *nm, f* swindler, hustler *. ◆ **arnaque** ✻ *nm* swindling. **c'est de l'** ~ it's a rip-off *, it's daylight robbery.

arnica [aʀnika] *nf* arnica.

aromate [aʀɔmat] *nm (thym etc)* herb; *(poivre etc)* spice. ~**s** seasoning. ◆ **aromatique** *adj* aromatic. ◆ **aromatiser** (1) *vt* to flavour.

arôme [aʀom] *nm [plat, café]* aroma; *[fleur]* fragrance; *(goût)* flavour.

arpège [aʀpɛʒ] *nm* arpeggio.

arpenter [aʀpɑ̃te] (1) *vt* to pace up and down; *(Tech) terrain* to survey. ◆ **arpentage** *nm* surveying. ◆ **arpenteur** *nm* (land) surveyor.

arqué, e [aʀke] *adj forme, sourcils* arched, curved. **avoir le dos** ~ to be hunchbacked; **il a les jambes** ~**es** he's bow-legged.

arquebuse [aʀkəbyz] *nf* (h)arquebus. ◆ **arquebusier** *nm* (h)arquebusier.

arquer [aʀke] (1) **1** *vt tige* to curve; *dos* to arch. **2** *vi*: **il ne peut plus~** ✻ he can't walk any more. **3** **s'** ~ *vpr* to curve.

arrachage [aʀaʃaʒ] *nm* **(V arracher)** lifting; pulling up; extraction; pulling out.

arraché [aʀaʃe] *nm (Sport)* snatch. *(fig)* **obtenir qch à l'** ~ to snatch sth.

arrachement [aʀaʃmɑ̃] *nm (chagrin)* wrench.

arrache-pied (d') [daʀaʃpje] *adv* relentlessly.

arracher [aʀaʃe] (1) **1** *vt* **(a)** *légume* to lift; *plante* to pull up; *dent* to take out, extract, pull *(US)*; *poil, clou* to pull out; *chemise, affiche* to tear off. **se faire** ~ **une dent** to have a tooth out; *(fig)* **je vais lui** ~ **les yeux** I'll scratch his eyes out; **ça lui arracha le cœur** it broke his heart. **(b)** *(enlever)* ~ **à qn** *arme* to snatch *ou* grab from sb; *larmes, promesse* to wring from sb; *victoire* to wrest from sb. **(c)** *(soustraire)* ~ **qn à** *famille, mort, sort, pays* to snatch sb away from; *vice, soucis* to rescue sb from; *rêve* to snatch sb out of. **2 s'** ~ *vpr*: **s'** ~ **(les vêtements)** to tear one's clothes; **s'** ~ **les cheveux** to tear one's hair; **s'** ~ **qn/qch** to fight over sb/sth; **s'** ~ **de** *famille* to tear o.s. away from; *habitude, lit* to force o.s. out of.

arraisonner [aʀɛzɔne] (1) *vt (Naut)* to inspect. ◆ **arraisonnement** *nm* inspection.

arrangeant, e [aʀɑ̃ʒɑ̃, ɑ̃t] *adj* obliging.

arrangement [aʀɑ̃ʒmɑ̃] *nm* **(a)** *(gén, Mil)* arrangement; *[mobilier]* layout; *[mots]* order. **l'** ~ **de sa toilette** the way she is dressed. **(b)** *(accord)* settlement, arrangement.

arranger [aʀɑ̃ʒe] (3) **1** *vt* **(a)** *(disposer) (gén)* to arrange; *coiffure* to tidy up; *tenue* to straighten (up). **(b)** *voyage, rencontre* to arrange, organize. **c'était arrangé à l'avance** it was fixed (in advance). **(c)** *différend* to settle, sort out. **ça n'arrange rien** it doesn't help matters. **(d)** *(contenter)* to suit. **si ça vous arrange** if that suits you, if that's convenient for you. **(e)** *voiture, montre* to fix, put right; *robe (recoudre)* to mend; *(modifier)* to alter; *(Mus)* to arrange. ~ **ses notes** to sort out one's notes. **(f)** *(✻: malmener)* to sort out *. **2 s'** ~ *vpr* **(a)** *(se mettre d'accord)* to come to an arrangement. **arrangez-vous avec le patron** sort it out with the boss. **(b)** *[querelle]* to be settled; *[situation]* to sort itself out; *[santé, temps, rapports]* to get better. **ça ne s'arrange pas** * things are no better. **(c)** *(se débrouiller)* to manage. **arrangez-vous comme vous voudrez mais...** I don't mind how you do it but...; **je ne sais pas comment tu t'arranges, mais...** I don't know how you manage

arrangez-vous pour venir arrange it so that you can come. **(d)** **s'** ~ **de qch** to make do with sth, put up with sth. ~ **(e)** *(se rajuster)* to tidy o.s. up. **tu t'es bien arrangé!** * you look a mess!

arrérages [aʀeʀaʒ] *nmpl* arrears.

arrestation [aʀɛstɑsjɔ̃] *nf* arrest. **mettre en état d'** ~ to place *ou* put under arrest.

arrêt [aʀɛ] **1** *nm* **(a)** *(action)* stopping, checking, arrest; *(lieu, pause)* stop. **attendez l'** ~ **complet (du train)** wait until the train has come to a complete stop *ou* standstill; **5 minutes d'** ~ 5 minutes' stop, a 5-minute stop; **véhicule à l'** ~ stationary vehicle; **faire un** ~ *[train]* to make a stop; *(Ftbl)* to make a save; **tomber en** ~ to stop short; **sans** ~ *(sans interruption)* without stopping, non-stop; *(très fréquemment)* continually, constantly; ~ **d'autobus** bus stop. **(b)** *(Mil)* ~**s** arrest; **mettre qn aux** ~**s** to put sb under arrest. **(c)** *(Jur: décision)* ruling, decision. **(d)** *(Tech) [machine]* stop mechanism; *[bouton]* stop button.

2 : ~ **du cœur** cardiac arrest; **l'** ~ **des hostilités** the cessation of hostilities; *(Sport)* ~ **de jeu** stoppage; **jouer les** ~**s de jeu** to play injury time ; ~ **de mort** death sentence; ~ **de travail** *(grève)* stoppage (of work); *(congé)* sick leave; *(certificat)* doctor's certificate.

arrêté, e [aʀete] **1** *adj volonté* firm; *idée* fixed, firm. **c'est une chose** ~**e** the matter is settled. **2** *nm (loi)* order. ~ **municipal** ≃ bye-law; ~ **de compte** *(fermeture)* settlement of account; *(relevé)* statement of account.

arrêter [aʀete] (1) **1** *vt* **(a)** *(gén)* to stop; *moteur* to switch off; *ennemi, progression* to check, halt; *hémorragie, criminel* to arrest. **arrêtez-moi près de la poste** drop me by the post office; **ici, je vous arrête!** I must stop you there!; **on n'arrête pas le progrès** there's no stopping progress; **nous avons été arrêtés par un embouteillage** we were held up by a traffic jam; **seul le prix l'arrête** it's only the price that stops him; *(Police)* **se faire** ~ to get o.s. arrested. **(b)** *études, compétition* to give up; *envois, trafic aérien, représentations* to cancel. ~ **la fabrication d'un produit** to discontinue a product; **on a dû** ~ **les travaux** we had to stop work *ou* call a halt to the work. **(c)** *compte (fermer)* to settle; *(relever)* to make up; *jour, lieu, plan* to decide on; *derniers détails* to finalize; *choix, décision* to make. ~ **ses regards sur** to fix one's gaze on; ~ **un marché** to make a deal; *(Admin)* ~ **que** to rule that; *(Jur)* ~ **les dispositions d'applications** to adopt provisions to implement.

2 *vi* to stop. **arrête de parler!** stop talking!; ~ **de fumer** to give up *ou* stop smoking.

3 s' ~ *vpr* **(a)** *(gén)* to stop; *[train]* to stop, come to a stop *ou* a halt. **nous nous arrêtâmes sur le bas-côté** we pulled up *ou* stopped by the roadside ; **s'** ~ **net** *[personne, bruit]* to stop dead; **s'** ~ **pour manger** to break off *ou* stop to eat; **sans s'** ~ without stopping, without a break. **(b)** **s'** ~ **sur** *[choix, regard]* to fall on; **s'** ~ **à** *détails* to pay too much attention to; *projet* to settle on *ou* fix on.

arrhes [aʀ] *nfpl* deposit.

arrière [aʀjɛʀ] **1** *nm* **(a)** *[voiture]* back; *[bateau]* stern; *[train]* rear; *(Sport)* fullback. *(Naut)* **à l'** ~ aft, at the stern; **à l'** ~ at the stern of, abaft; **se balancer d'avant en** ~ to rock backwards and forwards; *(Mil)* **les** ~**s** the rear; **l'** ~ **(du pays)** the homefront; **assurer** *ou* **protéger ses** ~**s** *(lit)* to protect the rear; *(fig)* to leave o.s. a way out. **(b)** **en** ~ *(derrière)* behind; *(vers l'arrière)* backwards); **rester en** ~ to drop behind; **faire un pas en** ~ to step back(wards); *(Naut)* **en** ~ **toute!** full astern!; **100 ans en** ~ 100 years ago; **revenir en** ~ to go back; *[civilisation]* to regress; *(avec magnétophone)* to rewind; **le chapeau en** ~ his hat tilted back(wards); **en ~! vous gênez** stand *ou* get back! you're in the way; *(lit, fig)* **en ~ de** behind. **2** *adj inv*: **roue/feu ~** rear wheel/light; **siège ~** back seat.

3 *préf inv (le second élément prend la marque du pluriel et donne le genre)* **(a)** *(famille)* **~-grand-mère** great-grandmother; **~-petit-fils** great-grandson ; **~-petit-cousin** cousin three times removed, distant cousin. **(b)** **~-bouche** back of the mouth ; **~-boutique** back shop; **~-cour** backyard ; **~-cuisine** scullery; **~-garde** rearguard; **~-gorge** back of the throat; *(lit, fig)* **~-goût** aftertaste ; **~-pays** hinterland; **~-pensée** *(raison intéressée)* ulterior motive; *(réserves)* mental reservation ; **~-plan** background; **~-saison** autumn; **~-salle** back room; **~-train** hindquarters.

arriéré, e [aRjeRe] **1** *adj* **(a)** *(Comm)* overdue. **(b)** *(Psych)* backward, retarded; *(Scol)* educationally subnormal; *pays* backward; *méthodes, personne* out-of-date. **2** *nm (travail)* backlog; *(paiement)* arrears.

arrimer [aRime] **(1)** *vt (Naut) cargaison* to stow; *(gén) colis* to secure. ◆ **arrimage** *nm* stowage.

arrivage [aRiva3] *nm [marchandises]* consignment, delivery, load; *[touristes]* fresh load *ou* influx.

arrivant, e [aRivã, ãt] *nm, f (personne)* newcomer. *(arrivée)* **compter les ~s** to count the new arrivals.

arrivée [aRive] *nf* **(a)** *[personne, train]* arrival; *[neige]* arrival, coming; *[course]* finish. **à son ~** when he arrived *ou* came in, on his arrival. **(b)** *(Tech)* **~ d'air/de gaz** *(robinet)* air/gas inlet; *(processus)* inflow of air/gas.

arriver [aRive] **(1)** **1** *vi* **(a)** *(être au bout)* to arrive; *(approcher)* to come. *(atteindre)* **~ à** *lieu, résultat* to arrive at, get to, reach; *sujet, pouvoir* to come to; **~ chez soi** to arrive *ou* get *ou* reach home; **c'est arrivé jusqu'à lui** *[bruit, nouvelle]* it reached him; **~ le premier** *(course)* to come in first; *(soirée)* to be the first to arrive; **j'arrive!** (I'm) coming!, just coming!; **arrive!** come on!; **pour faire ~ l'eau jusqu'à la maison...** to bring water up to the house...; **je n'ai pas pu ~ jusqu'au chef** I wasn't able to get right to the boss; **l'eau lui arrivait aux genoux** the water came up to his knees, he was knee-deep in water; *(fig)* **il ne t'arrive pas à la cheville** he can't hold a candle to you. **(b)** *(réussir)* to succeed *ou* get on in life. **~ à faire qch** to succeed in doing sth, manage to do sth; **je n'arrive pas à comprendre son attitude** I simply cannot understand his attitude; **~ à ses fins** to get one's way, achieve one's ends; **il n'arrivera jamais à rien** he'll never get anywhere, he'll never achieve anything. **(c)** *(se produire)* to happen. **c'est arrivé hier** it happened yesterday; **il croit que c'est arrivé *** he thinks he's made it *; **faire ~ un accident** to bring about an accident; **tu vas nous faire ~ des ennuis** you'll get us into trouble. **(d)** **on en arrive à se demander si...** we're beginning to wonder whether...; **il faudra bien en ~ là!** it'll have to come to that (eventually).

2 *vb impers* **(a)** **il (lui) est arrivé un malheur** something dreadful has happened (to him); **il est arrivé un télégramme** a telegram has come *ou* arrived; **il lui arrivera des ennuis** he'll get (himself) into trouble; **quoi qu'il arrive** whatever happens; **comme il arrive souvent (dans ces cas-là)** as often happens, as is often the case. **(b)** **il m'arrive d'oublier, il arrive que j'oublie** I sometimes forget; **il peut ~ qu'elle se trompe** she may (occasionally) make mistakes; **s'il lui arrivait de faire une erreur** if she should happen to make a mistake.

arrivisme [aRivism(ə)] *nm* pushfulness. ◆ **arriviste** *nmf* go-getter *.

arrogance [aRogãs] *nf* arrogance. ◆ **arrogant, e** *adj* arrogant.

arroger (s') [aRɔ3e] **(3)** *vpr pouvoirs, titre* to assume (without right).

arrondir [aRõdiR] **(2)** **1** *vt* **(a)** *objet* to (make) round; *angle* to round off; *caractère* to smooth the rough edges off. **~ les angles** to smooth things over. **(b)** *fortune* to swell; *domaine* to increase; *salaire* to supplement. **(c)** *(simplifier) somme, nombre* to round off *(à to)*. **2 s' ~** *vpr [relief]* to become round(ed); *[taille]* to fill out; *[fortune]* to swell. ◆ **arrondi, e 1** *adj forme* round, rounded; *visage* round. **2** *nm (gén: contour)* roundness; *(Couture)* hemline.

arrondissement [aRõdismã] *nm* ≃ district.

arroser [aRoze] **(1)** *vt* **(a)** *(gén)* to water; *rôti* to baste. **~ qch d'essence** to pour petrol over sth; **~ qn de balles** to spray sb with bullets; **se faire ~** to get drenched *ou* soaked; **ville très arrosée** very wet city; **mouchoir arrosé de sang/larmes** blood/tear-soaked handkerchief. **(b)** *(*) succès* to drink to; *repas* to wash down (with wine) *. ◆ **arrosage** *nm* watering. ◆ **arroseuse** *nf* water cart. ◆ **arrosoir** *nm* watering can.

arsenal, pl -aux [aRsənal, o] *nm (Mil)* arsenal; *(*: attirail)* gear; *(*: collection)* collection.

arsenic [aRsənik] *nm* arsenic.

arsouille † [aRsuj] *nm ou nf (voyou)* ruffian.

art [aR] *nm (gén)* art; *(adresse)* skill. **l' ~ de vivre** the art of living; **avec un ~ consommé** with consummate skill; **les ~s et métiers** industrial arts and crafts; **homme de l' ~** expert; **avoir l' ~ de faire qch** to have the art *ou* knack of doing sth.

artère [aRtɛR] *nf (Anat)* artery; *(Aut)* main road. ◆ **artériel, -ielle** *adj* arterial. ◆ **artériole** *nf* arteriole.

arthrite [aRtRit] *nf* arthritis. ◆ **arthritique** *adj, nmf* arthritic. ◆ **arthrose** *nf* osteoarthritis.

artichaut [aRtiʃo] *nm* artichoke.

article [aRtikl(ə)] **1** *nm* **(a)** *(Comm)* item, article. **~ d'importation** imported product; **faire l' ~ à qn** to give sb the sales patter. **(b)** *[loi, journal]* article; *[dictionnaire]* entry. **sur cet ~** on this point. **(c)** *(Gram)* article. **(d)** *(Ordin)* record, item. **(e)** **à l' ~ de la mort** at the point of death. **2** :**~s de bureau** office accessories; **~ de foi** article of faith; **~ réclame** special offer; **~s de voyage** travel goods.

articuler [aRtikyle] **(1)** *vt* **(a)** *(prononcer clairement)* to articulate; *(dire)* to pronounce, utter. **articule!** speak clearly! **(b)** *mécanismes, os* to articulate, joint; *idées* to link. **~ un discours sur deux thèmes principaux** to structure a speech round *ou* on two main themes; **toute sa défense s'articule autour de cet élément** his entire defence hinges *ou* turns on this factor; **ses phrases s'articulent bien** his sentences link *ou* hang * together well. ◆ **articulation** *nf (Anat)* joint; *(Tech, Ling)* articulation; *[doigts]* knuckles; *[discours, raisonnement]* link. ◆ **articulé, e** *adj langage* articulate; *membre, objet* jointed, articulated; *poupée* with moveable joints.

artifice [aRtifis] *nm* ingenious device, trick; *(péj)* trick. *(Art)* **l' ~** artifice.

artificiel, -ielle [aRtifisjɛl] *adj (gén)* artificial; *gaieté* forced, unnatural. ◆ **artificiellement** *adv* artificially.

artificier [aRtifisje] *nm (fabricant)* pyrotechnist; *(désamorçage)* bomb disposal expert.

artificieux, -ieuse [aRtifisj∅, jøz] *adj* guileful.

artillerie [aRtijRi] *nf* artillery. **~ de marine** naval guns; **tir d' ~** artillery fire. ◆ **artilleur** *nm* artilleryman, gunner.

artimon [aRtimõ] *nm* mizzen.

artisan [aRtizã] *nm (lit)* craftsman, artisan; *(fig)* architect, author. **~ de la paix** peace maker. ◆ **artisanal, e, mpl -aux** *adj*: **profession ~e** craft, craft industry; **retraite ~e** pension for self-employed craftsmen; **fabrication ~e** production by craftsmen; **bombe de fabrication ~e** homemade bomb. ◆ **artisanalement** *adv* by craftsmen.

♦ **artisanat** *nm (métier)* craft industry; *(classe sociale)* artisans.

artiste [aʀtist(ə)] **1** *nmf* (**a**) *(Art)* artist; *(Spectacle)* artiste; *(chanteur)* singer; *(fantaisiste)* entertainer. ~ **peintre** artist, painter; ~ **dramatique** actor *(ou* actress*)*; **les ~s saluèrent** the performers took a bow. (**b**) *(péj: bohème)* bohemian. **2** *adj personne, style* artistic. ♦ **artistique** *adj* artistic. ♦ **artistiquement** *adv* artistically.

aryen, -yenne [aʀjɛ̃, jɛn] *adj,* **A~(ne)** *nm(f)* Aryan.

as [ɑs] *nm* (**a**) *(carte, dé)* ace. *(Hippisme)* l' ~ **number** one. (**b**) *(champion)* ace *. **un ~ de la route** a crack driver; **l' ~ de l'école** the school's star pupil. (**c**) *(Tennis)* ace. **réussir** *ou* **servir un ~** to serve an ace. (**d**) **être ficelé comme l' ~ de pique** * to be dressed all anyhow *; **être (plein) aux ~** ⚡ to be loaded *; **c'est passé à l' ~** ⚡ *(perdu)* it's gone down the drain *; *(inaperçu)* it went unnoticed.

ascendance [asɑ̃dɑ̃s] *nf (généalogique)* ancestry.

ascendant, e [asɑ̃dɑ̃, ɑ̃t] **1** *adj astre, trait* rising; *mouvement* upward; *progression* ascending. **2** *nm* (**a**) *(influence)* ascendancy *(sur* over*)*. (**b**) *(Admin)* ~s ascendants. (**c**) *(Astron)* rising star; *(Astrol)* ascendant.

ascenseur [asɑ̃sœʀ] *nm* lift, elevator *(US)*.

ascension [asɑ̃sjɔ̃] *nf* (**a**) *[ballon, fusée]* ascent; *[homme politique]* rise; *(sociale)* rise. *(Rel)* l'A~ the Ascension; *(jour)* Ascension Day. (**b**) *[montagne]* ascent, climb. **faire l' ~ d'une montagne** to climb a mountain. ♦ **ascensionnel, -elle** *adj force* upward. **vitesse ~le** climbing speed. ♦ **ascensionniste** *nmf* ascensionist.

ascète [asɛt] *nmf* ascetic. ♦ **ascétique** *adj* ascetic. ♦ **ascétisme** *nm* asceticism.

asepsie [asɛpsi] *nf* asepsis. ♦ **aseptique** *adj* aseptic. ♦ **aseptiser** (**1**) *vt pièce* to fumigate; *pansement* to sterilize; *plaie* to disinfect.

Asie [azi] *nf* Asia. ~ **Mineure** Asia Minor; ~ **centrale** Central Asia. ♦ **asiatique** *adj,* **A~** *nmf* Asian.

asile [azil] *nm (lit, fig)* refuge; *(Pol)* asylum; *(Hist)* sanctuary. ~ **de vieillards** old people's home, retirement home; ~ **de fous** lunatic asylum; ~ **de paix** haven of peace.

asocial, e, *mpl* **-aux** [asɔsjal, o] **1** *adj* antisocial. **2** *nm, f* social misfit, socially maladjusted person.

aspect [aspɛ] *nm (allure)* look, appearance; *(angle)* aspect, side; *(Astrol, Ling)* aspect. **d' ~ sinistre** sinister-looking; **avoir l' ~ de** to look like.

asperge [aspɛʀʒ(ə)] *nf* asparagus. (*: personne*) (**grande**) ~ beanpole *, string bean * *(US)*.

asperger [aspɛʀʒe] (**3**) *vt surface* to spray; *personne* to splash *(de* with*)*.

aspérité [aspeʀite] *nf* bump. ~s *[surface]* bumps, rough patches; *[caractère]* harshness.

asphalte [asfalt(ə)] *nm* asphalt. ♦ **asphalter** (**1**) *vt* to asphalt.

asphyxier [asfiksje] (**7**) **1** *vt (lit)* to suffocate, asphyxiate; *(fig)* to stifle. **mourir asphyxié** to die of suffocation *ou* asphyxiation. **2** s' ~ *vpr (accident)* to suffocate, asphyxiate; *(suicide)* to suffocate o.s.; *(au gaz)* to gas o.s. ♦ **asphyxie** *nf* suffocation, asphyxiation.

aspic [aspik] *nm (Zool)* asp; *(Culin)* meat *(ou* fish *etc)* in aspic.

aspirant, e [aspiʀɑ̃, ɑ̃t] **1** *adj* suction. **2** *nm, f* *(candidat)* candidate *(à* for*)*. **3** *nm (Mil)* officer cadet; *(Naut)* midshipman, middie * *(US)*.

aspirateur [aspiʀatœʀ] *nm* vacuum cleaner, hoover ®. **passer à l' ~** to vacuum, hoover.

aspirer [aspiʀe] (**1**) **1** *vt air* to inhale, breathe in; *liquide* to suck up; *(Ling)* to aspirate. **2** ~ **à** *vt indir* to aspire to. ♦ **aspiration** *nf* (**a**) *[air]* inha-

lation; *(Ling)* aspiration; *[liquide]* sucking up. (**b**) *(ambition)* aspiration, longing *(vers, à* for*)*.

aspirine [aspiʀin] *nf* aspirin. (**comprimé** *ou* **cachet d'**) ~ aspirin; **prenez 2 ~s** take 2 aspirins.

assagir *vt,* **s' ~** *vpr* [asaʒiʀ] (**2**) to quieten down.

assaillir [asajiʀ] (**13**) *vt (lit)* to assail, attack; *(fig)* to assail *(de* with*)*. ♦ **assaillant, e** *nm, f* assailant.

assainir [aseniʀ] (**2**) *vt quartier, logement* to clean up; *marécage* to drain; *air (lit)* to purify; *finances, monnaie* to stabilize. **la situation s'est assainie** the situation has become healthier; *(fig)* ~ **l'atmosphère** to clear the air. ♦ **assainissement** *nm* cleaning up; stabilization.

assaisonner [asɛzɔne] (**1**) *vt (gén)* to season; *salade* to dress. ~ **qn** ⚡ *(physiquement)* to knock sb about; *(verbalement)* to tell sb off; *(financièrement)* to clobber sb ⚡. ♦ **assaisonnement** *nm* dressing; seasoning.

assassin, e [asasɛ̃, in] **1** *adj* provocative. **2** *nm (gén)* murderer; *(Pol)* assassin; *(Presse etc)* killer. **à l' ~!** murder! ♦ **assassinat** *nm* murder; assassination. ♦ **assassiner** (**1**) *vt* to murder; to assassinate.

assaut [aso] *nm (Mil)* assault, attack *(de* on*)*; *(Sport)* bout; *(Alpinisme)* assault. **donner l' ~ à** to attack, launch an attack on; **les ~s de l'ennemi** the enemy's attacks *ou* onslaughts; *(lit, fig)* **prendre d' ~** to storm, take by storm; **faire ~ de politesse** to vie with each other in politeness.

assécher [aseʃe] (**6**) *vt* to drain; *[évaporation]* to dry. ♦ **assèchement** *nm* drainage; drying.

assembler [asɑ̃ble] (**1**) **1** *vt (gén)* to assemble; *meuble etc* to put together; *comité* to convene. **2** s' ~ *vpr* to assemble, gather. ♦ **assemblage** *nm* (**a**) *(action)* assembling, putting together; *(Ordin)* assembly. (**b**) *(jointure)* joint; *(structure)* assembly; *(collection)* collection. ♦ **assemblée** *nf (foule)* gathering; *(convoquée)* meeting; *(Pol)* assembly. *(Rel)* l' ~ **des fidèles** the congregation; **à la grande joie de l' ~** to the great joy of those present.

asséner [asene] (**5**) *vt coup* to strike; *argument* to thrust forward. ~ **un coup à qn** to deal sb a blow.

assentiment [asɑ̃timɑ̃] *nm (consentement)* assent, consent; *(approbation)* approval *(à* to*)*.

asseoir [aswaʀ] (**26**) **1** *vt* (**a**) ~ **qn** *(personne debout)* to sit sb down; *(personne couchée)* to sit sb up; **faire ~ qn** to ask sb to sit down. (**b**) **être assis** to be sitting *ou* seated; **rester assis** to remain seated; **assis en tailleur** sitting cross-legged; *(fig)* **assis entre deux chaises** in an awkward position. (**c**) *réputation, autorité* to establish. ~ **sa réputation sur qch** to build one's reputation on sth; ~ **une théorie sur des faits** to base a theory on facts. (**d**) *(*: *stupéfier)* to stagger, stun. **2** s' ~ *vpr* to sit down; *[personne couchée]* to sit up. **asseyez-vous donc** do sit down *ou* take a seat; **le règlement, je m'assieds dessus!** ⚡ you know what you can do with the rules! ⚡

assermenté, e [asɛʀmɑ̃te] *adj témoin, expert* on oath.

assertion [asɛʀsjɔ̃] *nf* assertion. ♦ **assertif, -ive** *adj phrase etc* declarative.

asservir [asɛʀviʀ] (**2**) *vt personne* to enslave; *pays* to subjugate; *nature* to master. ♦ **asservissement** *nm (action)* enslavement; *(lit, fig: état)* slavery, subservience *(à* to*)*.

assesseur [asesœʀ] *nm* assessor.

assez [ase] *adv* (**a**) enough. **bien ~ grand** quite big enough; **pas ~ souvent** not often enough; **est-ce que 5 F c'est ~?** — **c'est bien ~** is 5 francs enough? *ou* will 5 francs do? — that will be plenty *ou* quite enough; **avez-vous acheté ~ de pain?** have you bought enough *ou* sufficient bread?; **as-tu trouvé une boîte ~ grande?** have you found a big enough box?; **je n'ai pas ~ d'argent pour m'offrir cette voi-**

ture I can't afford (to buy myself) this car, I haven't enough money to buy myself this car; **il n'est pas ~ sot pour le croire** he is not so stupid as to believe him. **(b)** *(intensif)* **ce serait ~ agréable** it would be rather *ou* quite nice; **il était ~ tard** it was quite *ou* fairly late; **est-ce ~ bête!** how stupid (of me)!; **j'en ai ~ (de toi)!** I've had enough (of you)!, I'm fed up (with you)!; **~ de discours!** enough talk!, enough said!

assidu, e [asidy] *adj (ponctuel)* regular; *(appliqué)* assiduous, painstaking; *(empressé)* assiduous in one's attention *(auprès de* to). ◆ **assiduité** *nf* regularity; assiduity *(à* to). **son ~ aux cours** his regular attendance at classes; *(hum)* **~s** assiduous attentions. ◆ **assidûment** *adv* assiduously.

assiéger [asjeʒe] (3) *et* (6) *vt (Mil)* to besiege; *[tentations]* to beset. **la garnison assiégée** the beleaguered *ou* besieged garrison; **assiégé par l'eau** hemmed in by water. ◆ **assiégeant, e** *nm, f* besieger.

assiette [asjɛt] *nf* **(a)** *(vaisselle)* plate. **~ anglaise** assorted cold roast meats; **~ creuse/plate** soup/dinner plate. **(b)** *(équilibre) [cavalier]* seat; *[navire]* trim. *(fig)* **il n'est pas dans son ~** he's feeling out of sorts. **(c)** *(Fin)* **~ de l'impôt** tax base; **~ de la TVA** basis upon which VAT is assessed. ◆ **assiettée** *nf (gén)* plateful.

assigner [asiɲe] (1) *vt* **(a)** *place, rôle* to assign, allocate; *valeur* to attach; *cause* to ascribe, attribute; *somme* to allot, allocate; *limite* to set, fix *(à* to). **~ un objectif à qn** to set sb a goal. **(b)** *(Jur)* **~** *(à comparaître) prévenu* to summons; *témoin* to subpoena, summon; **~ qn à résidence** to put sb under house arrest. ◆ **assignable** *adj* ascribable *(à* to). ◆ **assignation** *nf* allocation; summons.

assimiler [asimile] (1) **1** *vt* **(a)** *(absorber) (gén)* to assimilate; *connaissances* to take in. **notions mal assimilées** ill-digested notions. **(b)** **~ qn/qch à** *(comparer à)* to liken *ou* compare sb/sth to; *(classer comme)* to class sb/sth as; *(faire ressembler à)* to make sb/sth similar to. **2 s' ~** *vpr* to be assimilated. **s' ~ à qn** to liken o.s. to sb. ◆ **assimilable** *adj* easily assimilable. **~ à** comparable to. ◆ **assimilation** *nf* assimilation; comparison *(à* to); classification *(à* as). ◆ **assimilé, e** *adj* comparable. *(Écon)* **produits ~** allied products.

assis, e¹ [asi, iz] *adj* **(a)** *personne* sitting (down), seated; **V asseoir. (b)** *situation* stable; *autorité* well-established.

assise² [asiz] *nf (Constr)* course; *(Bio, Géol)* stratum; *(fig)* basis.

assises [asiz] *nfpl (Jur)* assizes; *(fig)* meeting.

assistance [asistɑ̃s] *nf* **(a)** *(société)* audience; *[messe]* congregation. **(b)** *(aide)* assistance; *(légale, technique)* aid. **donner ~ à qn** to give sb assistance; **~ aux anciens détenus** prisoner after-care; **~ médicale** medical aid; **l'A~ publique** ≃ the Health Service; **enfant de l'A~** child in care; **les hôpitaux de l'A~ publique** state- *ou* publicly-owned hospitals; **~ sociale** *(aide)* social aid; *(métier)* social work. **(c)** *(présence)* attendance. ◆ **assistant, e** *nm, f (gén, Scol)* assistant; *(Univ)* assistant lecturer, teaching assistant *(US)*. **~e sociale** social worker; *(spectateurs)* **les ~s** those present.

assister [asiste] (1) **1 ~ à** *vt indir cérémonie, cours* to be (present) at, attend; *spectacle* to be at; *événement* to witness. **2** *vt pauvres* to assist; *mourant* to comfort.

association [asɔsjasjɔ̃] *nf* **(a)** *(société)* association; *(Comm, Écon)* partnership. **(b)** *[idées, images]* association; *[couleurs]* combination. **(c)** *(collaboration)* partnership. **son ~ à nos travaux** his joining us in our undertaking. ◆ **associatif, -ive** *adj* associative. **la vie ~ive** community life. ◆ **associé, e** *nm, f (gén)* associate; *(Comm, Fin)* partner.

associer [asɔsje] (7) **1** *vt* **(a)** **~ qn à** *profits* to give sb a share of; *affaire* to make sb a partner in; *triomphe* to include sb in. **(b)** *idées, mots* to associate; *couleurs, intérêts* to combine *(à* with). **~ qch à** *(relier)* to associate *ou* link sth with; *(mêler)* to combine sth with. **2 s' ~** *vpr* **(a)** *(s'unir)* to join together; *(Comm)* to form a partnership; *[couleurs, qualités]* to be combined *(à* with). **s' ~ à** to take sb on as a partner; **s' ~ à** to join with; *(Comm)* to go into partnership with. **(b)** **s' ~ à** *projet* to join in; *opinion* associate o.s. with; *douleur* to share in; **je m'associe aux compliments que l'on vous a faits** I should like to join with those who have complimented you.

assoiffer [aswafe] (1) *vt* to make thirsty. **assoiffé de** thirsting for. ◆ **assoiffant, e** *adj* thirst-giving.

assoler [asɔle] (1) *vt champ* to rotate crops on. ◆ **assolement** *nm* rotation of crops.

assombrir [asɔ̃bʀiʀ] (2) **1** *vt (lit)* to darken; *personne* to fill with gloom; *assistance, voyage* to cast a gloom *ou* shadow over. **2 s' ~** *vpr [ciel, pièce]* to darken; *[personne, situation]* to become gloomy; *[visage, regard]* to cloud. ◆ **assombri, e** *adj ciel* darkened; *couleur* sombre; *visage, regard* gloomy, sombre. ◆ **assombrissement** *nm* darkening; gloominess.

assommer [asɔme] (1) *vt (tuer)* to batter sb's skull in; *(étourdir)* to knock out, stun; *(**: *ennuyer)* to bore stiff *. **assommé par** *bruit* stunned by; *chaleur* overwhelmed by. ◆ **assommant, e** * *adj* deadly dull *.

Assomption [asɔ̃psjɔ̃] *nf* Assumption; *(jour)* Assumption Day.

assonance [asɔnɑ̃s] *nf* assonance.

assorti, e [asɔʀti] *adj bonbons* assorted. **'fromages ~s'** 'assortment of cheeses'; **bien/mal ~** *magasin* well/poorly-stocked; *couple* well/badly matched; **avec écharpe ~e** with matching scarf; **être ~ de** *conseils* to be accompanied by *ou* with.

assortiment [asɔʀtimɑ̃] *nm* **(a)** *[bonbons]* assortment; *(Comm: lot)* stock. **(b)** *(harmonie)* arrangement, ensemble.

assortir [asɔʀtiʀ] (2) **1** *vt* **(a)** *(accorder)* to match *(à, avec* to, with). **(b)** *(accompagner de)* **~ qch de** to accompany sth by *ou* with. **(c)** *commerçant* to supply; *magasin* to stock *(de* with). **2 s' ~** *vpr* to match *(à* with). **s' ~ de** to be accompanied by.

assoupir [asupiʀ] (2) **1** *vt personne* to make drowsy; *sens, douleur, intérêt* to dull; *passion* to lull. **2 s' ~** *vpr [personne]* to doze off; *(fig)* to be dulled *ou* lulled. **il est assoupi** he is dozing. ◆ **assoupissement** *nm (sommeil)* doze; *(fig)* dulling; lulling.

assouplir [asupliʀ] (2) **1** *vt cuir, membres* to make supple; *règlements* to relax. **~ le caractère de qn** to make sb more amenable. **2 s' ~** *vpr* to become supple; to relax. ◆ **assouplissant, e 1** *adj produit, formule* softening. **2** *nm:* **~ (textile)** (fabric) softener. ◆ **assouplissement** *nm* suppling up; relaxing. **exercices d' ~** limbering up exercises; *(Écon)* **mesures d' ~ du crédit** easing of credit restrictions; **mesures d' ~ des formalités administratives** measures to relax administrative regulations. ◆ **assouplisseur** *nm* (fabric) softener.

assourdir [asuʀdiʀ] (2) *vt personne* to deafen; *bruit* to deaden, muffle. ◆ **assourdissant, e** *adj* deafening.

assouvir [asuviʀ] (2) *vt* to assuage, satisfy, appease. ◆ **assouvissement** *nm* assuaging, satisfaction, appeasement.

assujettir [asyʒetiʀ] (2) **1** *vt peuple* to subjugate. **~ qn à une règle** to subject sb to a rule. **2 s' ~** *vpr:* **s' ~ à qch** to submit to sth. ◆ **assujetti, e** *adj peuple* subjugated. **~ à** *règle, taxe* subject to.

♦ **assujettissant, e** *adj* demanding, exacting.
♦ **assujettissement** *nm (contrainte)* constraint; *(dépendance)* subjection. ~ **à l'impôt** tax liability.

assumer [asyme] (1) *vt* (**a**) *(prendre) (gén)* to assume; *responsabilité, tâche, rôle* to take on; *commandement* to take over; *poste* to take up. ~ **les frais de qch** to meet the cost *ou* expense of sth. (**b**) *(remplir) poste* to hold; *rôle* to fulfil. (**c**) *(accepter) conséquence* to accept.

assurance [asyʀɑ̃s] *nf* (**a**) *(confiance)* self-confidence, (self-)assurance. **avoir de l' ~** to be self-confident *ou* (self-)assured. (**b**) *(garantie)* assurance. **veuillez agréer l' ~ de ma considération distinguée** ≃ yours faithfully. (**c**) *(contrat)* insurance (policy); *(firme)* insurance company. *(métier)* **les ~s** insurance; ~ **au tiers/tous risques** third party/comprehensive insurance; ~ **multirisque** general insurance; ~ **sur la vie** life insurance; **être aux ~s sociales** ≃ to be in the National Insurance scheme.

assuré, e [asyʀe] **1** *adj réussite, situation* certain, assured; *air, voix* assured, confident; *main, pas* steady. **mal ~** unsteady; **tenir pour ~ que** to be confident that; ~ **du succès** sure *ou* assured of success. **2** *nm, f* policyholder. ~ **social** ≃ contributor to the National Insurance scheme.

assurément [asyʀemɑ̃] *adv* assuredly, most certainly.

assurer [asyʀe] (1) **1** *vt* (**a**) ~ **à qn que** to assure sb that; ~ **que** to affirm *ou* contend that; **je vous assure!** I assure you!; ~ **qn de** *amitié etc* to assure sb of. (**b**) *(Fin) maison, personne* to insure *(contre* against*).* ~ **qn sur la vie** to insure sb's life. (**c**) *surveillance* to ensure, maintain; *service, ravitaillement, soins* to provide; *travaux* to carry out. ~ **la protection de** to protect; ~ **la liaison entre Genève et Aberdeen**; *(Jur)* ~ **sa propre défense** to conduct one's own defence; ~ **la direction d'un service** to head up *ou* be in charge of a department; ~ **le remplacement de pièces défectueuses** to guarantee the replacement of faulty parts. (**d**) *bonheur, succès, paix* to ensure; *fortune, situation* to secure. (**e**) *pas, prise* to steady; *(Alpinisme)* to belay. **2 s' ~** *vpr* (**a**) **s' ~ que/de qch** to make sure that/of sth, check that/sth. (**b**) *(Fin, fig)* to insure o.s. *(contre* against*).* **s' ~ sur la vie** to insure one's life. (**c**) *aide, victoire* to secure, ensure; *revenu* to ensure o.s. (**d**) *(s'affermir)* to steady o.s. *(sur* on*); (Alpinisme)* to belay o.s.

assureur [asyʀœʀ] *nm (agent)* insurance agent; *(société)* insurance company.

astérisque [asteʀisk(ə)] *nm* asterisk.

astéroïde [asteʀɔid] *nm* asteroid.

asthmatique [asmatik] *adj, nmf* asthmatic.
♦ **asthme** *nm* asthma.

asticot [astiko] *nm (gén)* maggot; *(pour la pêche)* gentle; *(**: *type)* guy *.*

asticoter * [astikɔte] (1) *vt* to needle *.*

astiquer [astike] (1) *vt* to polish.

astre [astʀ(ə)] *nm* star. ♦ **astral, e,** *mpl* **-aux** *adj* astral.

astreindre [astʀɛ̃dʀ(ə)] (49) **1** *vt*: ~ **qn à faire** to compel *ou* force sb to do; ~ **qn à un travail** to force a task upon sb. **2 s' ~** *vpr*: **s' ~ à (faire) qch** to force *ou* compel o.s. to do sth. ♦ **astreignant, e** [astʀɛɲɑ̃, ɑ̃t] *adj* exacting, demanding. ♦ **astreinte** *nf* constraint.

astringent, e [astʀɛ̃ʒɑ̃, ɑ̃t] *adj, nm* astringent.

astrologie [astʀɔlɔʒi] *nf* astrology. ♦ **astrologique** *adj* astrological. ♦ **astrologue** *nm* astrologer.

astronaute [astʀɔnot] *nmf* astronaut. ♦ **astronautique** *nf* astronautics *(sg).*

astronome [astʀɔnɔm] *nm* astronomer. ♦ **astronomie** *nf* astronomy. ♦ **astronomique** *adj (lit, fig)* astronomical.

astuce [astys] *nf (adresse)* shrewdness, astuteness, cleverness; *(truc)* trick; (*) *(jeu de mot)* pun; *(plaisanterie)* wisecrack *.* **il a beaucoup d' ~** he is very shrewd *ou* astute. ♦ **astucieusement** *adv* shrewdly, cleverly, astutely. ♦ **astucieux, -leuse** *adj* shrewd, astute, clever.

asymétrique [asimetʀik] *adj* asymmetrical.

atavique [atavik] *adj* atavistic. ♦ **atavisme** *nm* atavism.

atelier [atəlje] *nm [artisan]* workshop; *[artiste]* studio; *[couturières]* workroom; *[usine]* workshop. *(Scol)* **les enfants travaillent en ~s** the children work in small groups.

atemporel, -elle [atɑ̃pɔʀɛl] *adj vérité* timeless.

atermoyer [atɛʀmwaje] (8) *vi* to procrastinate. ♦ **atermoiement** *nm*: ~**(s)** procrastination.

athée [ate] **1** *adj* atheistic. **2** *nmf* atheist. ♦ **athéisme** *nm* atheism.

Athènes [atɛn] *n* Athens. ♦ **athénien, -ienne** *adj*, **A~(ne)** *nm(f)* Athenian.

athlète [atlɛt] *nmf* athlete. ♦ **athlétique** *adj* athletic. ♦ **athlétisme** *nm* athletics.

atlantique [atlɑ̃tik] **1** *adj* Atlantic. **2** *nm*: **l'A~** the Atlantic.

atlas [atlɑs] *nm (livre, Anat)* atlas.

atmosphère [atmɔsfɛʀ] *nf (lit, fig)* atmosphere. ♦ **atmosphérique** *adj* atmospheric.

atoll [atɔl] *nm* atoll.

atome [atom] *nm* atom. *(fig)* **avoir des ~ crochus avec qn** to have things in common with sb, hit it off with sb *.* ♦ **atomique** *adj* atomic. ♦ **atomiste** *nmf* atomic scientist.

atomiseur [atɔmizœʀ] *nm (gén)* spray; *[parfum]* atomizer.

atone [atɔn] *adj être* lifeless; *regard* expressionless; *(Ling)* unstressed.

atours [atuʀ] *nmpl* (†, *hum)* attire, finery.

atout [atu] *nm* (**a**) *(Cartes)* trump. **on jouait ~ cœur** hearts were trumps. (**b**) *(fig) (avantage)* asset; *(carte maîtresse)* trump card. **avoir plus d'un ~ dans sa manche** to have more than one ace up one's sleeve.

âtre [ɑtʀ(ə)] *nm* hearth.

atroce [atʀɔs] *adj crime* atrocious, heinous; *douleur* excruciating; *mort, sort* dreadful, terrible; *spectacle, goût, temps* ghastly, atrocious, dreadful. ♦ **atrocement** *adv souffrir* atrociously, horribly; *chanter* dreadfully, terribly. ♦ **atrocité** *nf (caractère)* atrocity, atrociousness; *(acte)* atrocity. **dire des ~s sur qn** to say atrocious things about sb.

atrophie [atʀɔfi] *nf* atrophy. ♦ **atrophier** (7) *vt*, **s' ~** *vpr* to atrophy.

attabler (s') [atable] (1) *vpr* to sit down at (the) table. **les clients attablés** the seated customers.

attachant, e [ataʃɑ̃, ɑ̃t] *adj* engaging.

attache [ataʃ] *nf [ficelle]* (piece of) string; *[métal]* clip, fastener; *[cuir]* strap. *(Anat)* ~**s** wrists and ankles; *(connaissances)* ~**s** ties, connections; **être à l' ~** *[animal]* to be tethered; *(fig) [personne]* to be tied; *[bateau]* to be moored.

attacher [ataʃe] (1) **1** *vt* (**a**) *animal, plante, paquet* to tie up; *(ensemble)* to tie together; *volets* to fasten; *papiers* to attach. ~ **qch/qn à** to tie sth/sb to; **attachés avec une épingle** pinned together; ~ **son nom à une découverte** to put one's name to a discovery; **la ficelle qui attachait le paquet** the string that was round the parcel. (**b**) *robe, ceinture* to do up, fasten; *lacets* to do up, tie; *bouton* to do up. *(Aviat)* **attachez votre ceinture** fasten your seatbelt. (**c**) *(fig) importance, valeur* to attach *(à* to*).* ~ **son regard sur** to fix one's eyes on; ~ **qn à son**

service to take sb on, engage sb; **ce qui l'attache à elle** what makes him feel attached to her, what keeps him with her; **être attaché à qn/qch** to be attached to sb/sth. **2 s'** ~ *vpr [robe]* to do up, fasten (up) *(avec, par* with). **s'** ~ **à son siège** to fasten o.s. in one's seat; **s'** ~ **à qn** to become attached to sb. ◆ **attaché** *nm (Pol, Presse)* attaché; *(Admin)* assistant. ◆ **attachement** *nm* attachment *(à* to).

attaquant, e [atakã, ãt] *nm, f (Mil, Sport)* attacker; *(Ftbl)* striker, forward.

attaque [atak] *nf* **(a)** *(Mil, fig)* attack; *(Alpinisme)* start. **passer à l'** ~ to move into the attack; **une** ~ **virulente contre le gouvernement** a virulent attack *ou* onslaught on the government; ~ **à la bombe** bomb attack, bombing; ~ **à main armée** hold-up, armed attack. **(b)** *(Méd) (gén)* attack; *[épilepsie]* fit *(de* of). **avoir une** ~ *(cardiaque)* to have a heart attack, have a stroke. **(c)** (*) **d'** ~ on form; **il n'est pas d'** ~ he's a bit off form; **être assez d'** ~ **pour faire** to feel up to doing.

attaquer [atake] (1) **1** *vt* **(a)** *pays, abus, métal* to attack; *passant* to attack, assault; *jugement, testament* to contest. ~ **(qn) par surprise** to make a surprise attack (on sb); ~ **qn en justice** to bring an action against sb. **(b)** *difficulté, chapitre* to tackle; *discours* to launch upon; *(Mus) morceau* to strike up; *note* to attack; *(Alpinisme)* to start. **il attaqua les hors-d'œuvre** * he tucked into * the hors d'œuvres. **2 s'** ~ *vpr*: **s'** ~ **à** *personne, mal* to attack; *problème* to tackle.

attarder [atarde] (1) **1** *vt* to make late. **2 s'** ~ *vpr (gén)* to linger. **s'** ~ **chez des amis** to stay on at friends'; **s'** ~ **derrière les autres** to lag behind the others; **s'** ~ **à des détails** to linger over *ou* dwell on details. ◆ **attardé, e 1** *(Psych)* backward; *(en retard)* late; *(démodé)* old-fashioned. **2** *nm, f:* ~ **(mental)** backward *ou* mentally retarded child.

atteindre [atɛ̃dʀ(ə)] (49) **1** *vt* **(a)** *lieu, objectif, objet haut placé* to reach. ~ **son but** *[personne]* to reach one's goal, achieve one's aim; *[mesure]* to be effective; *[missile]* to hit its target, reach its objective; **cette tour atteint 30 mètres** this tower is 30 metres high. **(b)** *(contacter)* to get in touch with, contact. **(c)** *[pierre, tireur]* to hit *(à* in); *[maladie, reproches]* to affect; *[malheur]* to strike. **il a été atteint dans son orgueil** his pride has been hurt. **2** ~ **à** *vt indir perfection* to attain, achieve. ◆ **atteint, e**[1] *adj* **(a)** *(malade)* **être** ~ **de** *(maladie)* to suffer from; **il a été atteint de surdité** he became *ou* went deaf; **gravement** ~ *poumon* badly affected; *malade* seriously ill. **(b)** *(*: fou)* touched *. ◆ **atteinte**[2] *nf* **(a)** *(préjudice)* attack *(à* on). **porter** ~ **à** to undermine. **(b)** *(Méd)* attack *(de* of). **les premières** ~**s du mal** the first effects of the illness.

atteler [atle] (4) *vt cheval, charrette* to hitch up *(à* to); *wagons* to couple. **s'** ~ **à** *tâche* to get down to. ◆ **attelage** *nm [chevaux, bœufs]* team.

attenant, e [atnã, ãt] *adj:* ~ **(à)** adjoining.

attendre [atɑ̃dʀ(ə)] (41) **1** *vt* **(a)** *[personne]* to wait for. **nous attendons qu'il vienne** we are waiting for him to come; ~ **la fin/un autre moment** to wait until the end/until another time; ~ **qn au train** to meet sb off the train; ~ **qch/de faire qch avec impatience** to look forward eagerly to sth/to doing sth. **(b)** *[voiture]* to be waiting for; *[maison, dîner]* to be ready for; *[surprise, gloire]* to be in store for, await. **(c)** *(sans objet)* to wait. **attendez voir** * let's see *ou* think; **attendez un peu** wait a second; *(iro)* **tu peux toujours** ~**!** you've got a hope!; **ces fruits ne peuvent pas** ~ this fruit won't keep. **(d)** *faire* ~ **qn** to keep sb waiting; **se faire** ~ *[personne]* to keep people waiting; *[événement]* to be a long time coming. **(e)** *(escompter)* to expect. ~ **qch de qn** to expect sth from sb; **j'at-**

tendais mieux de lui I expected him to do better *ou* better of him. **(f)** ~ **son tour** to wait one's turn; ~ **un enfant** to be expecting a baby; **il attend son heure!** he's biding his time; **il m'attendait au tournant** * he waited for the chance to catch me out; **en attendant** *(pendant ce temps)* in the meantime; *(en dépit de cela)* all the same; **il a pris froid en attendant** he caught cold while (he was) waiting. **2** ~ **après** * *vt indir* to be waiting for; *(avoir besoin)* to be in a hurry for. **je n'attends pas après lui!** I can get along without him! **3 s'** ~ *vpr:* **s'** ~ **à qch** to expect sth *(de* from); **est-ce que tu t'attends à ce qu'il écrive?** do you expect him to write?; **comme il fallait s'y** ~**...** as one would expect..., predictably enough...

attendrir [atɑ̃dʀiʀ] (2) **1** *vt viande* to tenderize; *personne* to move (to pity); *cœur* to soften. **se laisser** ~ **par** to be moved by. **2 s'** ~ *vpr* to be moved *(sur* by). **s'** ~ **sur qn** to feel sorry for sb. ◆ **attendri, e** *adj* tender. ◆ **attendrissant, e** *adj* moving, touching. ◆ **attendrissement** *nm (tendre)* emotion; *(apitoyé)* pity.

attendu, e [atɑ̃dy] **1** *adj (espéré)* long-awaited; *(prévu)* expected. **2** *prép* given, considering *(que* that).

attentat [atɑ̃ta] *nm* murder attempt; *(Pol)* assassination attempt; *(contre un bâtiment)* attack *(contre* on). ~ **à la bombe** bomb attack, (terrorist) bombing; ~ **aux droits** violation of rights; ~ **aux mœurs** offence against public decency; *(Jur)* ~ **à la pudeur** indecent assault *ou* exposure.

attente [atɑ̃t] *nf* **(a)** wait. **dans l'** ~ **des résultats** while waiting for the results; **dans l'** ~ **de vos nouvelles** looking forward to hearing from you; **le projet est en** ~ the plan is in abeyance *ou* is hanging fire; **laisser un dossier en** ~ to leave a file pending. **(b)** *(espoir)* expectation.

attenter [atɑ̃te] (1) *vi:* ~ **à** *vie* to make an attempt on; *droits* to violate; *sûreté nationale* to conspire against.

attentif, -ive [atɑ̃tif, iv] *adj personne, air* attentive; *travail* careful; *examen* careful, close. **être** ~ **à tout ce qui se passe** to pay attention to all that goes on; ~ **à ses devoirs** heedful of one's duty. ◆ **attentivement** *adv lire* attentively, carefully; *examiner* carefully, closely.

attention [atɑ̃sjɔ̃] *nf* **(a)** *(gén)* attention; *(soin)* care. **avec** ~ *écouter* carefully, attentively; *examiner* carefully, closely; ~**!** watch!, mind!, careful!!; ~ **à la marche** mind the step; ~ **à la peinture** (caution) wet paint; *(sur colis)* ~ **fragile** attention *ou* caution, handle with care; **fais** ~ *(prends garde)* be careful; *(écoute)* listen carefully; *(regarde)* watch carefully; **prêter** ~ **à qch/qn** to pay attention to sth/sb, take notice of sth/sb; **fais** ~ **(à ce) que la porte soit fermée** be sure *ou* make sure *ou* mind the door's shut. **(b)** *(prévenance)* attention. ~**s** attentions, thoughtfulness. ◆ **attentionné, e** *adj* thoughtful, considerate *(pour* towards).

atténuer [atenɥe] (1) **1** *vt douleur* to ease; *propos* to tone down; *faute, punition* to mitigate; *faits* to water down; *(Fin) pertes* to cushion; *couleur, son, coup* to soften; *lumière* to subdue, dim. **2 s'** ~ *vpr [douleur, bruit]* to die down; *[violence]* to subside. ◆ **atténuation** *nf* easing; toning down; watering down; softening; subduing; dimming; *(Jur) [peine]* mitigation; dying down.

atterrer [ateʀe] (1) *vt* to dismay, appal. **son air atterré** his look of utter dismay.

atterrir [ateʀiʀ] (2) *vi* to land, touch down. ~ **sur le ventre** to make a belly landing; ~ **en prison** * to land up * *ou* land * *(US)* in prison. ◆ **atterrissage** *nm* landing. **à l'** ~ at touchdown; ~ **forcé** emergency *ou* forced landing.

attester [atɛste] (1) *vt fait* to testify to. ~ **(de) l'innocence de qn** to testify to *ou* vouch for sb's innocence; *(littér)* **j'atteste les dieux que...** I call the gods to witness that.... ◆ **attestation** *nf* (a) *[fait]* attestation. (b) *(document)* certificate; *[diplôme]* certificate of accreditation *ou* of attestation.

attiédir [atjediʀ] (2) **1** *vt eau* to make lukewarm; *climat* to make more temperate; *désir* to cool. **2** **s' ~** *vpr* to become lukewarm; to become more temperate; to cool down.

attifer * [atife] (1) **1** *vt (habiller)* to get up *. **2** **s' ~** *vpr* to get o.s. up * *(de* in).

attiger ⁑ [atiʒe] (3) *vi* to go a bit far *.

attirail * [atiʀaj] *nm* gear, paraphernalia. **~ de** *pêche* fishing tackle; **~ de bricoleur/de cambrioleur** handyman's/burglar's tools *ou* toolkit.

attirer [atiʀe] (1) *vt* (a) *(gén, Phys)* to attract; *(en appâtant)* to lure, entice; *foule* to draw, attract. **il m'attira dans un coin** he drew me into a corner; **être attiré par** to be attracted *ou* drawn to; **~ l'attention de qn sur qch** to draw sb's attention to sth; **ça attire le regard** it catches the eye; **elle attire les hommes** she appeals to *ou* attracts men. (b) *colère* to bring down *(sur* on); *sympathie* to win, gain. **s' ~ des ennemis** to make enemies for o.s.; **tu vas t' ~ des ennuis** you're going to cause trouble for yourself *ou* bring trouble upon yourself. ◆ **attirance** *nf* attraction *(pour* for). ◆ **attirant, e** *adj* attractive, appealing.

attiser [atize] (1) *vt feu* to poke (up); *(fig)* to stir up.

attitré, e [atitʀe] *adj (habituel)* regular, usual; *(agréé)* accredited.

attitude [atityd] *nf (maintien)* bearing; *(comportement)* attitude; *(affectation)* attitude, façade.

attraction [atʀaksjɔ̃] *nf (gén)* attraction. *(cirque etc)* **~s** programme of attractions *ou* entertainments.

attrait [atʀɛ] *nm* appeal, attraction. **~s** attractions; **ses romans ont pour moi beaucoup d' ~** his novels appeal to me very much; **éprouver de l' ~ pour** *qch* to find sth attractive *ou* appealing.

attraper [atʀape] (1) *vt* (a) *(gén)* to catch ; *(* fig)* to get; *(fig: saisir) crayon, mots, accent* to pick up. **~ qn à faire qch** to catch sb doing sth; **tu vas ~ froid** you'll catch cold; **la grippe s'attrape facilement** flu is very catching. (b) *(gronder)* to tell off *. **se faire ~ (par qn)** to get a telling off (from sb) *. (c) *(tromper)* to take in. **tu as été bien attrapé** *(trompé)* you were had all right *; *(surpris)* that startled you! ◆ **attrapade** * *nf* telling off *. ◆ **attrape** *nf (farce)* trick. ◆ **attrape-nigaud** *, *pl* **attrape-nigaud(s)** *nm* con *, con game * *(US)*.

attrayant, e [atʀɛjɑ̃, ɑ̃t] *adj (gén)* attractive, appealing; *lecture* pleasant. **peu ~** unattractive, unappealing.

attribuer [atʀibɥe] (1) *vt* (a) *prix* to award; *avantages* to grant; *rôle, part* to allocate *(à* to). **s' ~ le meilleur rôle** to give o.s. the best role. (b) *pensée, échec* to attribute, ascribe *(à* to). (c) *invention, mérite* to attribute *(à* to); *intérêt* to find *(à* in); *importance* to attach *(à* to). **s' ~ tout le mérite** to claim all the merit for o.s. ◆ **attribuable** *adj* attributable *(à* to). ◆ **attribut** *nm* attribute. **adjectif ~** predicative adjective; **nom ~** noun complement. ◆ **attribution** *nf* awarding, allocation; attribution.

attrister [atʀiste] (1) **1** *vt* to sadden. **2 s' ~** *vpr* to be saddened *(de* by) *ou* be grieved *(de* at, *de voir que* at seeing that).

attrouper (s') [atʀupe] (1) *vpr* to gather (together), form a crowd. ◆ **attroupement** *nm* crowd, mob *(péj)*.

au [o] *V* à.

aubade [obad] *nf* dawn serenade.

aubaine [obɛn] *nf* godsend; *(financière)* windfall. **profiter de l' ~** to make the most of the opportunity.

aube [ob] *nf* (a) *(lit)* dawn, daybreak; *(fig)* dawn. (b) *(Rel)* alb. (c) *[bateau]* paddle; *[moulin, turbine]* vane. **roue à ~s** paddle wheel.

aubépine [obepin] *nf* hawthorn.

auberge [obɛʀʒ(ə)] *nf* inn. **~ de (la) jeunesse** youth hostel. ◆ **aubergiste** *nmf* innkeeper, landlord *(ou* lady).

aubergine [obɛʀʒin] **1** *nf (légume)* aubergine, eggplant. **2** *adj inv* aubergine(-coloured).

aucun, e [okœ̃, yn] **1** *adj (nég)* no, not any; *(positif)* any. **il n'a ~e preuve** he has no proof, he hasn't any proof; **sans faire ~ bruit** without making a noise *ou* any noise; **il lit plus qu' ~ autre enfant** he reads more than any other child. **2** *pron (nég)* none; *(positif)* any (one). **il n'aime ~ de ces films** he doesn't like any of these films; **~ de ses enfants** none of his children; **pensez-vous qu' ~ ait compris?** do you think anyone *ou* anybody understood?; **d' ~s** some. ◆ **aucunement** *adv* in no way, not in the least.

audace [odas] *nf (témérité)* boldness, audacity; *(originalité)* daring; *(effronterie)* audacity; *(geste osé)* daring gesture; *(innovation)* daring idea. **avoir l' ~ de** to have the audacity to, dare to. ◆ **audacieusement** *adv* daringly; boldly; audaciously. ◆ **audacieux, -ieuse** *adj* daring; bold; audacious.

au-deçà, au-dedans *etc V* **deçà, dedans** *etc*.

audible [odibl(ə)] *adj* audible. ◆ **audibilité** *nf* audibility.

audience [odjɑ̃s] *nf (entretien)* audience; *(Jur)* hearing. *(fig)* **ce projet eut beaucoup d' ~** this project aroused much interest.

audio [odjo] *préf* audio.

audio-visuel, -elle [odjovizɥɛl] **1** *adj* audio-visual. **2** *nm* audio-visual methods.

audit [odit] *nm* audit.

auditeur, -trice [oditœʀ, tʀis] *nm, f (gén, Rad)* listener; *(Fin)* auditor. **les ~s** the audience. ◆ **auditif, -ive** *adj* auditory.

audition [odisjɔ̃] *nf* (a) *(Mus) (essai)* audition; *(récital)* recital; *[disque]* hearing. (b) *(ouïe)* hearing. *(Jur)* **procéder à l' ~ d'un témoin** to examine a witness. ◆ **auditionner** (1) *vti* to audition. ◆ **auditoire** *nm* audience. ◆ **auditorium** *nm (Rad)* public studio.

auge [oʒ] *nf* trough.

augmenter [ɔgmɑ̃te] (1) **1** *vt (gén)* to increase, raise; *collection* to enlarge, extend; *revenus* to supplement *(en faisant* by doing). **~ les prix de 10%** to increase *ou* raise *ou* put up *ou* hike prices by 10% ; **~ qn (de 50 F)** to increase sb's salary (by 50 francs), give sb a (50-franc) rise *ou* raise *(US)*. **2** *vi (gén)* to increase; *[prix]* to rise, go up; *[production, inquiétude]* to grow. **~ de poids** to increase in weight. ◆ **augmentation** *nf (action)* increasing, raising *(de* of); *(résultat)* increase, rise *(de* in).

augure [ɔgyʀ] *nm* (a) *(devin) (Hist)* augur; *(fig hum)* oracle. (b) *(présage)* omen; *(Hist)* augury. **de bon/mauvais ~** of good/ill omen. ◆ **augurer** (1) *vt* to foresee *(de* from). **cela augure bien/mal de la suite** that augurs well/ill for what is to follow.

auguste [ɔgyst(ə)] *adj personnage* august; *geste* noble, majestic.

aujourd'hui [oʒuʀdɥi] *adv* today; *(de nos jours)* nowadays, today. **~ en huit** a week (from) today; **à dater** *ou* **à partir d' ~** from today onwards; **je le ferai dès ~** I'll do it this very day.

au(l)ne [on] *nm* alder.

aumône [omon] *nf* alms. **vivre d' ~(s)** to live on charity; **faire l' ~** to give alms *(à* to); *(fig)* **faire**

l' ~ d'un sourire à qn to favour sb with a smile.
♦ **aumônerie** *nf* chaplaincy. ♦ **aumônier** *nm* chaplain.

auparavant [opaʀavɑ̃] *adv (d'abord)* before, first. *(avant)* **2 mois** ~ 2 months before *ou* previously.

auprès [opʀɛ] **1** *prép*: ~ **de** *(près de)* next to, close to, by; *(avec) malade, ami* with; *(comparé à)* compared with, in comparison with; *(dans l'opinion de)* in the view *ou* opinion of. **avoir de l'influence** ~ **de qn** to have a lot of influence on sb; **faire une demande** ~ **de qn** to apply to sb; **ambassadeur** ~ **de** ambassador to. **2** *adv* nearby.

auquel [okɛl] *V* **lequel.**

auréole [ɔʀeɔl] *nf (Art, Astron)* halo; *(tache)* ring. l' ~ **du martyre** the crown of martyrdom. ♦ **auréoler** (1) *vt (glorifier)* to glorify. **être auréolé de prestige** to have an aura of prestige.

auriculaire [ɔʀikylɛʀ] **1** *nm* little finger. **2** *adj* auricular.

aurore [ɔʀɔʀ] *nf* dawn, daybreak; *(fig)* dawn. **à l'** ~ at dawn; ~ **boréale** northern lights.

ausculter [ɔskylte] (1) *vt* to auscultate. ♦ **auscultation** *nf* auscultation.

auspices [ɔspis] *nmpl (Antiq, fig)* auspices. **sous de mauvais** ~ under unfavourable auspices.

aussi [osi] **1** *adv* **(a)** *(également)* too, also. **je suis fatigué et eux** ~ I'm tired and so are they *ou* and they are too; **il parle l'italien et** ~ **l'anglais** he speaks Italian and English too *ou* as well; **faites bon voyage — vous** ~ have a good journey — you too *ou* the same to you. **(b)** *(comparaison)* ~ **grand** *etc* **que** as tall *etc* as; **pas** ~ **souvent** *etc* **que** not so *ou* as often *etc* as; ~ **vite que possible** as quickly as possible. **(c)** *(si)* so. **je ne te savais pas** ~ **bête** I didn't think you were so stupid; **comment peut-on laisser passer une** ~ **bonne occasion?** how can one let slip such a good opportunity?; ~ **léger qu'il fût** light though he was. **(d)** *(tout autant)* **ça m'a fait** ~ **mal** it hurt me just as much; **tu peux** ~ **bien dire non** you can just as easily *ou* well say no; ~ **sec** * on the spot *. **2** *conj (en conséquence)* therefore, consequently.

aussitôt [osito] **1** *adv* straight away, immediately. ~ **arrivé** as soon as he arrived; ~ **dit,** ~ **fait** no sooner said than done; ~ **après** straight *ou* immediately after; ~ **que je le vis** as soon as I saw him. **2** *prép*: ~ **mon arrivée** immediately on my arrival, as soon as I arrived.

austère [ɔstɛʀ] *adj personne, vie* austere; *livre* dry; *manteau* severely cut. ♦ **austèrement** *adv* austerely. ♦ **austérité** *nf* austerity; dryness. *(Pol)* **mesures d'** ~ austerity measures.

austral, e, *mpl* ~**s** [ɔstʀal] *adj* southern.

Australie [ɔstʀali] *nf* Australia. *(Pol)* l' ~ **the commonwealth of Australia;** ~**-Méridionale/-Occidentale** South/Western Australia. ♦ **australien, -ienne** *adj,* **A**~**(ne)** *nm(f)* Australian.

autant [otɑ̃] *adv* **(a)** ~ **de** *(quantité)* as much *(que* as); *(nombre)* as many *(que* as); **nous sommes** ~ **qu'eux** there are as many of us as of them; **elle mange deux fois** ~ **que lui** she eats twice as much as him *ou* as he does; **ils ont** ~ **de mérite l'un que l'autre** they have equal merit; **ils ont** ~ **de talents l'un que l'autre** they are both equally talented. **(b)** *(intensité)* as much *(que* as). **il peut crier** ~ **qu'il veut** he can scream as much as he likes; **courageux** ~ **que compétent** as courageous as he is competent. **(c)** *(tant)* ~ **de** *succès, eau* so much; *personnes, bijoux* so many, such a lot of; **pourquoi travaille-t-il** ~? why does he work so much *ou* so hard? **(d)** *(avec en)* **je ne peux pas en dire/faire** ~ I can't say/do as much *ou* the same. **(e)** *(avec de)* **ce sera augmenté d'** ~ it will be increased accordingly *ou* in proportion; **c'est d'** ~ **plus dangereux qu'il n'y a pas de parapet** it's all the

more dangerous since *ou* because there is no parapet; **nous le voyons d'** ~ **moins qu'il habite très loin** we see him even less since *ou* because he lives a long way away. **(f)** ~ **il est généreux,** ~ **elle est avare** he is as generous as she is miserly; ~ **que possible** as much *ou* as far as possible; **(pour)** ~ **que je sache** as far as I know, to the best of my knowledge; **c'est** ~ **de gagné** at least that's something; ~ **dire qu'il est fou** you might as well say that he's mad; **il ne vous remerciera pas pour** ~ for all that you won't get any thanks from him; **tous** ~ **que vous êtes** the whole lot of you; ~ **prévenir la police** it would be as well to inform the police.

autarcie [otaʀsi] *nf* autarky.

autel [otɛl] *nm (Rel, lit, fig)* altar. **conduire sa fille à l'** ~ to give one's daughter away in marriage; **dresser un** ~ **à qn** to worship sb.

auteur [otœʀ] *nm (gén)* author; *[opéra]* composer; *[tableau]* painter. **l'** ~ **de l'accident** the person who caused the accident; **qui est l'** ~ **de cette affiche?** who designed this poster?; *(Mus)* ~**-compositeur** composer-songwriter; *(femme de lettres)* **c'est un** ~ **connu** she is a well-known author *ou* authoress.

authenticité [otɑ̃tisite] *nf* authenticity. ♦ **authentifier** (7) *vt* to authenticate. ♦ **authentique** *adj* authentic. ♦ **authentiquement** *adv* authentically.

autisme [otism(ə)] *nm* autism. ♦ **autistique** *adj* autistic.

auto [oto] **1** *nf (voiture)* car, automobile *(US).* ~**s tamponneuses** dodgems. **2** *adj inv* car. **3** *préf* **(a)** self-. ~**discipline/défense/portrait** self-discipline/defence/portrait; **s'** ~**gérer** to be self-managing; ~**-intoxication/suggestion** auto-intoxication/suggestion; ~**-allumage** pre-ignition. **(b)** *(automobile)* car. ~**(-)radio** car radio.

auberge [otɔbɛʀʒ(ə)] *nm* riverside *ou* embankment expressway.

autobiographie [otobjoɡʀafi] *nf* autobiography. ♦ **autobiographique** *adj* autobiographic(al).

autobus [otobys] *nm* bus.

autocar [otokaʀ] *nm* coach, bus *(US).*

autocaravane [otokaʀavan] *nf* camping car, motorhome *(US),* camper *(US).*

autochtone [otɔktɔn] *adj nmf* native.

autoclave [otoklav] *nm* autoclave.

autocollant, e [otokɔlɑ̃, ɑ̃t] **1** *adj* self-adhesive. **2** *nm* sticker.

autocrate [otokʀat] *nm* autocrat. ♦ **autocratie** *nf* autocracy. ♦ **autocratique** *adj* autocratic.

autocritique [otokʀitik] *nf* self-criticism. **faire son** ~ to criticize o.s.

autocuiseur [otokɥizœʀ] *nm* pressure cooker.

autodafé [otodafe] *nm* auto-da-fé.

autodidacte [otodidakt(ə)] *adj* self-taught.

autodrome [otodʀom] *nm* motor-racing track, autodrome.

auto-école [otoekɔl] *nf* driving school.

autofinancer (s') [otofinɑ̃se] (1) *vpr [entreprise]* to be *ou* become self-financing. **programme de recherches autofinancé** self-supporting *ou* self-financed research programme.

autogestion [otoʒɛstjɔ̃] *nf* joint worker-management control.

autographe [otoɡʀaf] *adj, nm* autograph.

automate [otomat] *nm (lit, fig)* automaton.

automation [otomasjɔ̃] *nf* automation.

automatique [otomatik] **1** *adj* automatic. **2** *nm (Téléc)* ~ subscriber trunk dialling, direct dialing *(US); (revolver)* automatic. ♦ **automatiquement** *adv* automatically. ♦ **automatisation** *nf* auto-

mation. ◆ **automatiser** (1) *vt* to automate.
◆ **automatisme** *nm* automatism.

automitrailleuse [ɔtɔmitrɑjøz] *nf* armoured car.

automne [ɔtɔn] *nm* autumn, fall *(US)*. ◆ **automnal, e**, *mpl* **-aux** *adj* autumnal.

automobile [ɔtɔmɔbil] **1** *adj* *véhicule, sport* motor; *assurance, industrie* motor, car, automobile *(US)*. **2** *nf* motor car, automobile *(US)*. **l'** ~ the car industry; *(Sport)* **l'** ~ motoring; **termes d'** ~ motoring terms. ◆ **automobiliste** *nmf* motorist.

autonome [ɔtɔnɔm] *adj* autonomous; *territoire* self-governing; *(Ordin)* off-line. **groupuscule** ~ group of political extremists. ◆ **autonomie** *nf* autonomy; self-government; *(Aut, Aviat)* range. ◆ **autonomiste**, *adj*, *nmf* (Pol) separatist.

autopsie [ɔtɔpsi] *nf* autopsy, post-mortem (examination). ◆ **autopsier** (7) *vt* to carry out an autopsy on.

autorail [ɔtɔrɑj] *nm* railcar.

autoriser [ɔtɔrize] (1) **1** *vt* *manifestation* to give permission for, authorize; *craintes* to justify. ~ **qn** to give sb permission *ou* allow sb *(à faire* to do); **ça autorise à croire que...** that leads one to think that...; **se croire autorisé à dire que...** to feel one is entitled to say that...; **loi qui autorise les abus** law which admits of abuses. **2** **s'** ~ *vpr*: **s'** ~ **de qch pour faire** to use sth as an excuse to do. ◆ **autorisation** *nf* permission *(de qch* for sth, *de faire* to do); *(permis)* permit. ◆ **autorisé, e** *adj* *agent, version* authorized; *opinion* authoritative. **milieux** ~**s** official circles.

autorité [ɔtɔrite] *nf* *(pouvoir)* authority *(sur* over); *(expert)* authority. **avoir** ~ **pour faire** to have authority to do; *(Admin)* **l'** ~ , **les** ~**s** the authorities; **agent de l'** ~ representative of authority; **d'** ~ *ton* authoritative; *prendre* unhesitatingly; **de sa propre** ~ on one's own authority; **faire** ~ to be authoritative. ◆ **autoritaire** *adj*, *nmf* authoritarian. ◆ **autoritairement** *adv* in an authoritarian way. ◆ **autoritarisme** *nm* authoritarianism.

autoroute [ɔtɔrut] *nf* motorway, highway *(US)*, freeway *(US)*. ~ **à péage** toll motorway, turnpike *(US)*. ◆ **autoroutier, -ière** *adj* motorway.

autosatisfaction [ɔtɔsatisfaksjɔ̃] *nf* self-satisfaction.

auto-stop [ɔtɔstɔp] *nm* hitch-hiking. **faire de l'** ~ to hitch-hike; **prendre qn en** ~ to pick up sb, give a lift to sb. ◆ **auto-stoppeur, -euse** *nm, f* hitch-hiker.

autour [otur] **1** *adv* around, round. **tout** ~ all around; **maison avec un jardin** ~ house with a garden round it.
2 *prép*: ~ **de** around, (round) about; **regarde** ~ **de toi** look around *ou* about you.

autre [otr(ə)] **1** *adj indéf* **(a)** *(différent)* other, different. **chercher un** ~ **mode de vie** to try to find an alternative life style; **c'est une** ~ **question** that's another *ou* a different question; **parlons d'** ~ **chose** let's talk about something else *ou* different; **revenez une** ~ **fois** come back some other *ou* another time. **(b)** *(supplémentaire)* other. **elle a 2** ~**s enfants** she has 2 other *ou* 2 more children; **donnez-moi un** ~ **kilo** give me another kilo. **(c)** *(opposé)* other. **de l'** ~ **côté de la rue** on the other *ou* opposite side of the street. **(d) et vous** ~**s qu'en pensez-vous?** what do you people think?; **nous** ~ **Français** we Frenchmen; **j'ai d'** ~**s chats à fouetter** I've other fish to fry; ~ **chose, Madame?** anything *ou* something else, madam?; **ce n'est pas** ~ **chose que de la jalousie** that's nothing but jealousy; ~ **part** somewhere else; **d'** ~ **part** *(par contre)* on the other hand; *(de plus)* moreover; **c'est une** ~ **paire de manches** * that's another story; *(Rel)* **l'** ~ **monde** the next world.

2 *pron indéf* **(a)** *(qui est différent)* **un** ~ another (one); **d'** ~**s** others; **personne d'** ~ no one else, nobody else; **prendre une chose pour une** ~ to take sth for sth else; **je n'en veux pas d'** ~ I don't want any other; **à d'** ~**s!** * tell that to the marines! *; **il n'en fait jamais d'** ~**s!** that's just typical of him; **un** ~ **que moi** anyone else but me; **il en a vu d'** ~**s!** he's seen worse!; **les deux** ~**s** the other two, the two others; **XYZ, et** ~**s** XYZ etc. **(b)** *(supplémentaire)* **donnez m'en un** ~ give me another (one) *ou* one more; **qui/rien d'** ~ who/nothing else. **(c)** *(opposition)* **l'** ~ the other (one); **les** ~**s** the others; **d'une minute à l'** ~ *(bientôt)* any minute; *(n'importe quand)* any moment *ou* minute *ou* time; *(soudain)* from one minute *ou* moment to the next.

autrefois [otrəfwa] *adv* in the past. **d'** ~ of the past, of old, past; ~ **je préférais le vin** in the past I used to prefer wine.

autrement [otrəmɑ̃] *adv* **(a)** *(différemment)* differently. **il ne peut en être** ~ it can't be any other way; **agir** ~ **que d'habitude** to act differently from usual; **comment aller à Londres** ~ **que par le train?** how can we get to London other than by train?; ~ **appelé** otherwise known as; **faire qch** ~ to do sth another way *ou* differently; **on ne peut pas faire** ~ it's impossible to do otherwise *ou* to do anything else; **il n'a pas pu faire** ~ **que de me voir** he couldn't help seeing me; ~ **dit** *(en d'autres mots)* in other words; *(c'est-à-dire)* that is. **(b)** *(sinon)* otherwise, or else; *(à part cela)* otherwise, apart *ou* aside from that. **cela ne m'a pas** ~ **surpris** didn't particularly surprise me. **(c)** *(comparatif)* ~ **bon/intelligent** far better/more intelligent *(que* than).

Autriche [otriʃ] *nf* Austria. ◆ **autrichien, -ienne** *adj*, **A-(ne)** *nm(f)* Austrian.

autruche [otryʃ] *nf* ostrich. *(fig)* **faire l'** ~ to bury one's head in the sand.

autrui [otrɥi] *pron* others.

auvent [ovɑ̃] *nm* canopy.

aux [o] *V* **à**.

auxiliaire [ɔksiljɛr] **1** *adj* *(Ling, Mil, gén)* auxiliary; *cause* secondary, subsidiary; *(Scol)* assistant. **bureau** ~ sub-office. **2** *nmf* *(assistant)* assistant. ~ **médical** medical auxiliary. **3** *nm* *(Gram, Mil)* auxiliary.

auxquels [okɛl] *V* **lequel**.

avachir (s') [avaʃir] (2) *vpr* *[cuir]* to become limp; *[vêtement]* to become shapeless; *[personne]* *(physiquement)* to become limp; *(moralement)* to get slack. **avachi sur son pupitre** slumped on his desk. ◆ **avachissement** *nm* loss of shape; limpness; slackness.

aval¹ [aval] *nm* *[cours d'eau]* downstream water; *[pente]* downhill slope. **en** ~ downstream; downhill *(de* from).

aval², *pl* ~**s** [aval] *nm* *(fig: soutien)* backing, support; *(Comm, Jur)* guarantee *(de* for).

avalanche [avalɑ̃ʃ] *nf* *[neige, documents]* avalanche; *[compliments]* flood.

avaler [avale] (1) *vt* *repas, mensonge, affront* to swallow; *roman* to devour; *(Alpinisme)* *mou, corde* to take in. *[fumeur]* ~ **la fumée** to inhale; ~ **à petites gorgées** to sip; **il a avalé de travers** sth went down the wrong way; **il n'a rien avalé depuis 2 jours** * he hasn't eaten a thing for 2 days; **ambitieux qui veut tout** ~ ambitious man who thinks he can take on anything; ~ **ses mots** to mumble; **tu as avalé ta langue?** have you lost your tongue?; **on dirait qu'il a avalé son parapluie** he's so stiff and starchy.

avaliser [avalize] (1) *vt* *plan* to back, support; *(Comm, Jur)* to guarantee.

avance [avɑ̃s] *nf* (**a**) *(marche)* advance. **accélérer/ ralentir son** ~ to speed up/slow down one's advance. (**b**) *(sur concurrent etc)* lead. **avoir de l' ~ sur qn** to have a lead over sb; **10 minutes d' ~** a 10 minute lead. (**c**) **avoir de l' ~ ou (sur l'horaire)/ dans son travail** to be ahead of of schedule/ahead in one's work; **avoir 10 minutes d' ~** *[train]* to be 10 minutes early *ou* ahead of schedule; *[montre]* to be 10 minutes fast; **le train a perdu son** ~ the train has lost the time it had gained; **ma montre prend de l' ~** my watch is gaining *ou* gains; **en** ~ *(sur l'heure fixée)* early; *(sur l'horaire etc)* ahead of schedule; *(dans les études)* ahead *(sur qn* of sb*)*; **dépêche-toi, tu n'es pas en** ~! hurry up you're running out of time!; **en** ~ **pour son âge** advanced for his age; **en** ~ **sur son temps** ahead of *ou* in advance of one's time; **à l' ~ , d' ~** in advance, beforehand. (**d**) ~ **(de fonds)** advance; ~ **à l'allumage** ignition advance; **~s** *(ouvertures)* overtures; *(galantes)* advances.

avancé, e[1] [avɑ̃se] *adj* (**a**) *élève, technique, idée, (Mil) poste* advanced. **la saison était** ~**e** it was late in the season; **à une heure** ~**e de la nuit** late at night; **son roman est déjà assez** ~ he's already quite far ahead with his novel; **les pays les moins** ~**s** the least developed countries; **d'un âge** ~ well on in years; **dans un état** ~ **de...** in an advanced state of...; **il n'en est pas plus** ~ he's no further on than he was; *(iro)* **nous voilà bien** ~**s!** * a long way that's got us! (**b**) *fruit, fromage* overripe. **ce poisson est** ~ this fish is going off *ou* is bad.

avancée[2] [avɑ̃se] *nf* overhang.

avancement [avɑ̃smɑ̃] *nm (promotion)* promotion; *(progrès)* *[travaux]* progress; *[sciences]* advancement. **possibilités d'** ~ career prospects, prospects *ou* chances of promotion.

avancer [avɑ̃se] (3) **1** *vt* (**a**) *objet* to move *ou* bring forward; *tête* to move forward; *main* to hold out, put out *(vers* to*)*; *pendule* to put forward; *hypothèse* to put forward, advance; *date, départ* to bring forward. (**b**) *(faire progresser)* *travail* to speed up. **si cela peut vous** ~ if it speeds things up (for you) *ou* helps you; **ça n'avance pas nos affaires** that doesn't improve matters for us; **cela t'avancera à quoi de courir?** what good will it do you to run?; **cela ne t'avancera à rien de crier** * you won't get anywhere by shouting. (**c**) *argent* to advance; *(*: prêter)* to lend.
2 *vi* (**a**) to move forward; *[armée, procession]* to advance *(sur* on*)*. ~ **d'un pas** to move *ou* take a step forward; **faire** ~ **qn** to make sb move on. (**b**) *(fig)* *[travail]* to make progress; *[nuit]* to be wearing on. **faire** ~ *travail* to speed up; *élève* to bring on; *science* to further; ~ **lentement dans son travail** to make slow progress in one's work; ~ **en grade** to be promoted, get promotion; **tout cela n'avance à rien** that doesn't get us any further *ou* anywhere. (**c**) *[montre]* ~ **de 10 minutes par jour** to gain 10 minutes a day; **j'avance de 10 minutes** I'm 10 minutes fast. (**d**) *[cap, promontoire]* to project, jut out *(dans* into*)*; *[lèvre, menton]* to protrude.
3 **s'** ~ *vpr* to move forward; *[procession]* to advance; *(fig: s'engager)* to commit o.s. **il s'avança vers nous** he came towards us.

avanie [avani] *nf* snub. **faire des** ~**s à qn** to snub sb.

avant [avɑ̃] **1** *prép* (**a**) *(temps, lieu)* before. ~ **de partir** *ou* **que je (ne) parte** before leaving, before I leave; **pas** ~ **10 heures/une demi-heure** not until *ou* before 10/for another half hour; **j'étais** ~ **lui dans la queue** I was in front of him *ou* before him in the queue; **il me faut** ~ **demain/un mois** I must have it by *ou* before tomorrow/within a month; ~ **peu** shortly; **X, ce féminisme bien** ~ **la lettre** X, a feminist long before the term existed *ou* had been coined. (**b**) *(priorité)* before. ~ **tout**

above all; **le travail passe** ~ **tout** work comes before everything; **en classe, elle est** ~ **sa sœur** at school she is ahead of her sister.
2 *adv* (**a**) *(d'abord)* before, beforehand; *(autrefois)* before. **quelques mois** ~ a few months before *ou* previously *ou* earlier; **la semaine d'** ~ the week before, the previous week; **fort** ~ **dans la nuit** far into the night; **réfléchis** ~ think first; **le train d'** ~ **était de** the previous train was full. (**b**) *(espace)* **aller plus** ~/**trop** ~ *(lit, fig)* to go further (forward)/too far; **être assez** ~ **dans ses recherches** to be quite far ahead in one's research; **en** ~ *(mouvement)* forward; *(position)* in front, ahead *(de* of*)*; **en** ~, **marche!** forward march!; *(Naut)* **en** ~ **toute!** full steam ahead!; *(fig)* **regarder en** ~ to look ahead; *(fig)* **mettre qch en** ~ to put sth forward; *(fig)* **mettre qn en** ~ *(pour se couvrir)* to use sb as a front; *(fig)* **il aime se mettre en** ~ he likes to push himself forward.
3 *nm* *[voiture, train]* front; *[navire]* bow, stem; *(Sport: joueur)* *(gén)* forward; *(Volley-ball)* front-line player; *(Mil)* front. **à l'** ~ **(du train)** in the front of the train; *(fig)* **aller de l'** ~ to forge ahead.
4 *adj inv* *roue* front; *marche* forward. **traction** ~ front-wheel drive; **la partie** ~ the front part.
5 *préf inv* *(le second élément prend la marque du pluriel et donne le genre)* ~**-bras** forearm; ~**-centre** centreforward; ~**-coureur** *(nm)* harbinger; *(adj inv)* precursory, premonitory; **signe** ~**-coureur** forerunner; ~**-dernier** *adj* last but one; ~**-garde** *(Mil)* vanguard; *(Art, Pol)* avant-garde; **d'** ~**-garde** avantgarde; ~**-goût** foretaste; ~**-guerre** pre-war years; **d'** ~**-guerre** pre-war; ~**-hier** the day before yesterday; ~**-port** outer harbour; ~**-poste** outpost; ~**-première** preview; ~**-projet** pilot study; ~**-propos** foreword; ~**-scène** *(scène)* apron; *(loge)* box; ~**-train** *[animal]* forequarters; ~**-veille** two days before *ou* previously; **l'** ~**-veille de** two days before.

avantage [avɑ̃taʒ] *nm* (**a**) *(gén)* advantage. **avoir l'** ~ to have the advantage; **j'ai** ~ **à l'acheter** it's worth my while to buy it; **tirer** ~ **de la situation** to take advantage of the situation, turn the situation *ou* one's advantage; **tu aurais** ~ **à te tenir tranquille** * you'd do well to keep quiet; **ils ont l'** ~ **du nombre** they have the advantage of numbers *(sur* over*)*. (**b**) *(Fin: gain)* benefit. ~**s en nature** fringe benefits, payment in kind; ~**s sociaux** welfare benefits. (**c**) *(plaisir)* pleasure. **que me vaut l'** ~ **de votre visite?** to what do I owe the pleasure of your visit? (**d**) **être à son** ~ *(photo)* to look one's best; *(conversation)* to be at one's best; **se montrer à son** ~ to show o.s. off to advantage; **c'est (tout) à ton** ~ it's (entirely) to your advantage; **changer à son** ~ to change for the better. ◆ **avantager** (3) *vt (donner un avantage à)* to favour, give an advantage to; *(mettre en valeur)* to flatter. *(dans la vie)* **être avantagé au départ** to have a head start *(par rapport à* on*)*. ◆ **avantageusement** *adv vendre* at a good price; *décrire* favourably, flatteringly. ◆ **avantageux, -euse** *adj* (**a**) *affaire* worthwhile, profitable; *prix* attractive. (**b**) *(présomptueux)* conceited. (**c**) *portrait* flattering.

avare [avaʀ] **1** *adj* miserly. ~ **de** *paroles, compliments* sparing of. **2** *nmf* miser. ◆ **avarice** *nf* miserliness, avarice. ◆ **avaricieux, -ieuse** *adj* miserly.

avarie [avaʀi] *nf*: ~**(s)** damage.

avarier (s') [avaʀje] (7) *vpr* to go bad, rot. **viande avariée** rotting meat.

avatar [avataʀ] *nm* *(Rel)* avatar; *(fig)* metamorphosis. *(péripéties)* ~**s** * misadventures.

avec [avɛk] **1** *prép* (**a**) *(gén)* with. **couteau** ~ **(un) manche en bois** knife with a wooden handle, wooden-handled knife; **ragoût fait** ~ **des restes** stew made out of *ou* from (the) left-overs; **c'est fait** ~ **du plomb** it's made of lead; **voyageant** ~ **un passeport qui...** travelling on a passport which...

(b) *(relations)* combattre with; *se comporter* with, towards. **doux/gentil** ~ **qn** gentle with/kind to sb; **se marier** ~ **qn** to marry sb; **son mariage** ~ **X** her marriage to X; **ils ont les syndicats** ~ **eux** they've got the unions on their side *ou* behind them. **(c)** *(cause etc)* with. ~ **le temps** in the course of time, with the passing of time; ~ **l'inflation et le prix de l'essence** what with inflation and the price of petrol; ~ **toute ma bonne volonté** with the best will in the world; **ils sont partis** ~ **la pluie** they left in the rain. **(d) d'** ~ from; **séparer qch d'** ~ **qch d'autre** to separate sth from sth else. **(e)** *(dans un magasin)* **et** ~ **ça?** is there anything else?; **il conduit mal et** ~ **ça il conduit trop vite** he drives badly and what's more he drives too fast; ~ **cela que tu ne le savais pas!** as if you didn't know!; ~ **tout ça j'ai oublié le pain** in the midst of all this I forgot about the bread.
2 *adv* (*) **tiens mes gants, je ne peux pas conduire** ~ hold my gloves, I can't drive with them on.

aven [avɛn] *nm* swallow hole.

avenant, e [avnɑ̃, ɑ̃t] **1** *adj* pleasant. **2** *nm* **(a)** **à l'** ~ in keeping *(de* with). **(b)** *[police d'assurance]* endorsement; *[contrat]* amendment *(à* to). **faire un** ~ **à** to endorse; to amend.

avènement [avɛnmɑ̃] *nm [roi]* accession *(à* to); *[régime, idée]* advent; *[Messie]* Advent, Coming.

avenir [avniʀ] *nm (gén)* future; *(postérité)* future generations. **dans un proche** ~ in the near future; **à l'** ~ from now on, in future; **il a de l'** ~ , **c'est un homme d'** ~ he's a man with a future *ou* with good prospects.

Avent [avɑ̃] *nm:* **l'** ~ Advent.

aventure [avɑ̃tyʀ] *nf (péripétie)* adventure; *(entreprise)* venture; *(amoureuse)* affair; *(malencontreuse)* experience. **film d'** ~**s** adventure film; **l'** ~ adventure; **marcher à l'** ~ to walk aimlessly; **si, par** ~ *ou* **d'** ~ if by any chance. ◆ **aventuré, e** *adj* risky. ◆ **aventurer** (1) **1** *vt somme, vie* to risk; *remarque* to venture. **2 s'** ~ *vpr* to venture *(dans* into, *sur* onto). **s'** ~ **à faire qch** to venture to do sth. ◆ **aventureusement** *adv (gén)* adventurously; *(dangereusement)* riskily. ◆ **aventureux, -euse** *adj personne, vie* adventurous; *projet* risky. ◆ **aventurier, -ière** *nm, f* adventurer, adventuress.

avenue [avny] *nf* avenue.

avérer (s') [aveʀe] (6) *vpr:* **il s'avère que** it turns out that; **cela s'avéra efficace** it proved (to be) *ou* turned out to be effective; **il est avéré que** it is a known *ou* recognised fact that.

averse [avɛʀs(ə)] *nf (lit, fig)* shower. **forte** ~ heavy shower, downpour.

aversion [avɛʀsjɔ̃] *nf* aversion *(pour* to), loathing *(pour* for). **avoir en** ~ to loathe.

avertir [avɛʀtiʀ] (2) *vt (mettre en garde)* to warn; *(renseigner)* to inform *(de qch* of sth). ◆ **averti, e** *adj public* informed, mature; *expert* well-informed *(de* about). ~ **de problèmes etc** aware of. ◆ **avertissement** *nm (gén)* warning. *(Scol)* **recevoir un** ~ to receive a warning, be admonished; *(préface)* ~ **(au lecteur)** foreword. ◆ **avertisseur, -euse 1** *adj* warning. **2** *nm (Aut)* horn. ~ **(d'incendie)** (fire) alarm.

aveu, pl ~**x** [avø] *nm:* ~**x** confession, admission. **passer aux** ~**x** to make a confession; **de l'** ~ **de qn** according to sb; **sans** ~ *homme* disreputable; **sans l'** ~ **de qn** without sb's consent.

aveugle [avœgl(ə)] **1** *adj (gén)* blind. **devenir** ~ to go blind; ~ **d'un œil** blind in one eye; **son amour le rend** ~ he is blinded by love; **une confiance** ~ an implicit trust; **être** ~ **aux défauts de qn** to be blind to sb's faults. **2** *nmf* blind man *(ou* woman). **les** ~**s** the blind; **faire qch en** ~ to do sth blindly. ◆ **aveuglant, e** *adj* blinding, dazzling. ◆ **aveuglement** *nm* blindness. ◆ **aveuglément** *adv (lit,*

fig) blindly. ◆ **aveugler** (1) *vt (lit, fig)* to blind; *(éblouir)* to dazzle, blind. **s'** ~ **sur qn** to be blind to sb's defects. ◆ **aveuglette** *nf:* **à l'** ~ *décider* in the dark, blindly; **avancer à l'** ~ to grope (one's way) along.

aviation [avjɑsjɔ̃] *nf (Mil)* air force. **l'** ~ *(sport, métier)* flying; *(secteur)* aviation; *(transport)* air travel; **d'** ~ *coupe* flying; *usine* aircraft; *base* air; ~ **de chasse** fighter force. ◆ **aviateur, -trice** *nm, f* aviator, pilot.

aviculture [avikyltyʀ] *nf (volailles)* poultry farming. ◆ **avicole** *adj* poultry. ◆ **aviculteur, -trice** *nm, f* poultry farmer.

avide [avid] *adj (cupidité)* greedy; *lecteur* avid, eager *(de qch* for sth). ◆ **avidement** *adv* eagerly; greedily; avidly. ◆ **avidité** *nf* eagerness; greed; avidity *(de* for). **manger avec** ~ to eat greedily.

avilir [aviliʀ] (2) **1** *vt* to degrade. **2 s'** ~ *vpr* to degrade o.s. ◆ **avilissant, e** *adj* degrading. ◆ **avilissement** *nm* degradation.

aviné, e [avine] *adj* inebriated.

avion [avjɔ̃] *nm* aeroplane, plane, airplane *(US)*, aircraft *(pl inv)*. *(sport)* flying; **aller à Paris en** ~ to go to Paris by air *ou* by plane, fly to Paris; **par** ~ by air(mail); ~**-cargo** (air) freighter, cargo aircraft; ~ **de chasse** fighter (plane); ~**-citerne** air tanker; ~ **de ligne** airliner; ~ **en papier** paper aeroplane; ~ **à réaction** jet (plane); ~**-taxi** taxi-plane.

aviron [aviʀɔ̃] *nm (rame)* oar; *(sport)* rowing. **faire de l'** ~ to row.

avis [avi] *nm* **(a)** *(gén, Admin)* opinion. **donner son** ~ to give one's opinion *ou* view *(sur* on, about); **les** ~ **sont partagés** opinion is divided; **être de l'** ~ **de qn** to be of the same opinion as sb; **à mon** ~ in my opinion, to my mind; **il était d'** ~ **de partir** he thought *ou* was of the opinion that we should leave. **(b)** *(conseil)* advice. **un** ~ **amical** a friendly piece of advice, some friendly advice. **(c)** *(notification)* notice; *(Fin)* advice. ~ **de crédit** credit advice; **(~ d')** **appel d'offres** invitation to tender *ou* to bid; **jusqu'à nouvel** ~ until further notice; **sauf** ~ **contraire** unless otherwise informed; *(sur étiquette)* unless otherwise indicated; *(Comm)* ~ **d'expédition** advice of dispatch; ~ **au lecteur** foreword; ~ **au public** notice to the public; ~ **de recherche** *[criminel]* wanted notice; *[disparu]* missing person notice.

aviser [avize] (1) **1** *vt* **(a)** *(avertir)* to advise, inform *(de* of), notify *(de* of, about). **(b)** *(apercevoir)* to catch sight of, notice. **2** *vi* to decide what to do. ~ **au nécessaire** to see to the necessary, do what is necessary. **3 s'** ~ *vpr:* **s'** ~ **de qch** to realize sth suddenly; **s'** ~ **de faire qch** to take it into one's head to do sth. ◆ **avisé, e** *adj* sensible, wise. **bien/mal** ~ well-/ill-advised.

avitaminose [avitaminoz] *nf* vitamin deficiency.

aviver [avive] (1) **1** *vt douleur, appétit* to sharpen; *chagrin* to deepen; *désir* to arouse, excite; *colère* to stir up; *regard, couleur* to brighten; *feu, souvenirs* to revive, stir up. **2 s'** ~ *vpr* to sharpen; to deepen; to be aroused; to be stirred up; to be excited; to brighten; to revive.

avocat, e [avɔka, at] **1** *nm, f (Jur: fonction)* barrister, attorney(-at-law) *(US)*; *(fig)* advocate. **consulter son** ~ to consult one's lawyer; **l'accusé et son** ~ the accused and his counsel; **l'** ~ **de la défense/de la partie civile** the counsel for the defence/the plaintiff; ~ **d'entreprise** company lawyer, corporation lawyer *(US)*; *(Rel, fig)* **l'** ~ **du diable** the devil's advocate; ~ **général** counsel for the prosecution; **se faire l'** ~ **de qch** to advocate sth; **fais toi mon** ~ **auprès de lui** plead with him on my behalf.
2 *nm (fruit)* avocado (pear).

avoine [avwan] *nf* oats.

avoir [avwaʀ] (34) **1** *vt* (**a**) *(gén)* to have; *(recevoir, atteindre)* to get; *(porter) vêtements* to have on, wear. **il n'a pas d'argent** he has no money, he hasn't got any money; **essayez de m' ~ Paris (au téléphone)** could you put me through to Paris; **on les aura!** we'll get them!; **il a les mains qui tremblent** his hands are shaking. (**b**) *âge, formes, couleur* to be. **ils ont le même âge** they are the same age; **~ 3 mètres de haut** to be 3 metres high; **ça a une jolie, forme** it is a nice shape. (**c**) *(éprouver) joie, chagrin* to feel; *intérêt* to show. **~ faim/honte** to be *ou* feel hungry/ashamed; **~ le sentiment que** to have the feeling that; **qu'est-ce qu'il a?** what's the matter with him?; **qu'est-ce qu'il a à pleurer?** what's he crying for? (**d**) *geste, remarque* to make; *rire* to give; *cri* to utter. (**e**) *(*: duper)* to take in, con ⁂. **se faire ~** to be had *, be taken in. (**f**) **en ~ après qn** * to be mad at * *ou* cross with sb; **elle en a toujours après moi** she's always on at me; **qu'est-ce que tu as contre lui?** what have you got against him?; **en ~ pour son argent** to have *ou* get one's money's worth; **j'en ai pour 10 F** it costs me 10 francs; **tu en as pour combien de temps?** how long are you going to be *ou* will it take you?; **en ~ assez** * *ou* **plein le dos** * to be fed up * *(de qch* with sth); **on en a encore pour 2 km/2 heures** it goes on for another 2 km/2 hours. **2** *vb aux* (**a**) *(avec ptp)* **dis-moi si tu l'as/l'avais vu** tell me if you have/had seen him; **je l'ai vu hier** I saw him yesterday; **il a dû trop manger** he must have eaten too much; **nous aurons terminé demain** we shall have finished tomorrow. (**b**) *(+ infin: devoir)* **~ qch à faire** to have sth to do; **j'ai à travailler** I have to work, I must work; **il n'a pas à se plaindre** he can't complain; **vous n'avez pas à vous en soucier** you needn't worry about it; **vous n'avez qu'à lui écrire** just write to him, you need only write to him; **tu n'avais qu'à ne pas y aller** you shouldn't have gone in the first place; **s'il n'est pas content, il n'a qu'à partir** if he doesn't like it, he can just go. (**c**) **ils ont eu leurs carreaux cassés** they had their windows broken; **vous aurez votre robe nettoyée** your dress will be cleaned. **3** *vb impers* (**a**) **il y a** *(avec sg)* there is; *(avec pl)* there are; **il y avait beaucoup d'eau/de gens** there was a lot of water/were a lot of people; **il n'y avait que moi** I was the only one; **il y avait une fois...** once upon a time, there was...; **il y en a, je vous jure!** * some people, honestly! *; **il n'y a pas de quoi** don't mention it; **qu'y a-t-il?** what's the matter?; **il y a que nous sommes mécontents** * we're annoyed, that's what *; **il n'y a que lui pour faire cela!** only he would do that!; **il n'y a pas à dire **, **il est très intelligent** there's no denying he's very intelligent; **il doit y ~ une raison** there must be a reason; **il n'y a qu'à les laisser partir** just let them go; **il n'y en a que pour mon petit frère, à la maison** my little brother gets all the attention at home. (**b**) *(temps écoulé)* **il y a 10 ans que je le connais** I have known him (for) 10 years; **il y a 10 ans, nous**

étions à Paris 10 years ago we were in Paris. (**c**) *(distance)* **il y a 10 km d'ici à Paris** it is 10 km from here to Paris; **combien y a-t-il d'ici à Paris?** how far is it from here to Paris?

4 *nm* (**bien**) resources; *(Comm) (actif)* credit (side); *(billet de crédit)* credit note. *(Fin)* **~ fiscal** tax credit; **~s** holdings, assets; **~s en caisse** *ou* **en numéraire** cash holdings.

avoisiner [avwazine] (1) *vt (lit, fig)* to border on. ♦ **avoisinant, e** *adj pays* neighbouring; *rue* nearby, neighbouring.

avorter [avɔʀte] (1) *vi* (**a**) (**se faire**) **~** to have an abortion; **faire ~ qn** *[personne]* to abort sb; *[remède etc]* to make sb abort. (**b**) *(fig)* to fail, come to nothing. **faire ~** to frustrate, wreck; **projet avorté** abortive plan. ♦ **avortement** *nm (Méd)* abortion; *(fig)* failure. **campagne contre l' ~** antiabortion campaign. ♦ **avorteur, -euse** *nm, f* abortionist. ♦ **avorton** *nm (péj: personne)* little runt *(péj)*; *(arbre, animal)* puny specimen.

avouer [avwe] (1) **1** *vt amour* to confess; *fait* to admit; *faiblesse, crime* to admit to, confess to. **~ que** to admit *ou* confess that; **elle est douée, je l'avoue** she is gifted, I must admit. **2** *vi [coupable]* to confess, own up. *(fig)* **tu avoueras!** you must admit *ou* confess! **3** **s' ~** *vpr*: **s' ~ coupable** to admit *ou* confess one's guilt; **s' ~ vaincu** to admit defeat; **s' ~ déçu** to admit to being disappointed. ♦ **avouable** *adj* respectable. **peu ~** disreputable. ♦ **avoué, e 1** *adj* avowed. **2** *nm* ≃ solicitor, attorney-at-law *(US)*.

avril [avʀil] *nm* April. **en ~ ne te découvre pas d'un fil** ≃ never cast a clout till May is out; *V* **septembre**.

axe [aks(ə)] *nm (Tech)* axle; *(Sci, Math)* axis; *(route)* trunk *ou* main road, main highway *(US)*; *(fig) [politique]* main line. **cette rue est dans l' ~ de l'église** this street is directly in line with the church; **mets-toi dans l' ~ de la cible** get directly in line with the target. ♦ **axer** (1) *vt*: **~ qch sur/ autour de** to centre sth on/round. ♦ **axial, e**, *mpl* **-iaux** *adj* axial.

axiome [aksjom] *nm* axiom. ♦ **axiomatique 1** *adj* axiomatic. **2** *nf* axiomatics *(sg)*.

axis [aksis] *nm* axis (vertebra).

ayant droit, *pl* **ayants droit** [ɛjɑ̃dʀwa] *nm (Jur)* assignee; *[prestation]* eligible party.

ayatollah [ajatɔla] *nm* ayatollah.

azalée [azale] *nf* azalea.

azimut [azimyt] *nm* azimuth. **dans tous les ~s** * all over the place; *(fig)* **offensive tous ~s contre les fraudeurs du fisc** all-out attack on tax-evaders.

azote [azɔt] *nf* nitrogen. ♦ **azoté, e** *adj* nitrogenous.

aztèque [aztɛk] *adj*, **A~** *nmf* Aztec.

azur [azyʀ] *nm (couleur)* azure; *(ciel)* sky. ♦ **azuré, e** *adj* azure. ♦ **azurer** (1) *vt* to tinge with blue.

azyme [azim] *adj* unleavened.

B

B, b [be] *nm (lettre)* B, b.

baba [baba] **1** *nm (Culin)* baba. ~ **au rhum** rum baba. **2** *adj inv:* **en être** ~ * to be flabbergasted * *ou* dumbfounded.

babiller [babije] (1) *vi [personne]* to prattle, chatter; *[bébé]* to babble; *[oiseau]* to twitter. ◆ **babillage** *nm* babble; prattle; twitter; chatter.

babines [babin] *nfpl (lit, fig)* chops.

babiole [babjɔl] *nf (bibelot)* trinket; *(fig: vétille)* triviality; *(petit cadeau)* token gift.

bâbord [babɔʀ] *nm* port side.

babouche [babuʃ] *nf* babouche, Turkish slipper.

babouin [babwɛ̃] *nm* baboon.

baby-foot [babifut] *nm* table football.

bac [bak] *nm* (a) *abrév de* **baccalauréat.** (b) *(bateau)* ferry, ferryboat. ~ **à voitures** car-ferry. (c) *(récipient)* tub; *(abreuvoir)* trough; *(Ind)* tank, vat; *(Peinture, Phot)* tray; *[évier]* sink. ~ **à glace** ice-tray; ~ **à légumes** vegetable compartment *ou* tray.

baccalauréat [bakalɔʀea] *nm secondary school examination giving university entrance qualification,* ≃ G.C.E. A-levels, ≃ high school diploma *(US).* ~ **en droit** ≃ diploma in law.

bacchantes * [bakɑ̃t] *nfpl* moustache, whiskers *.

bâche [baʃ] *nf* canvas cover. ~ **goudronnée** tarpaulin. ◆ **bâcher** (1) *vt* to cover (with a canvas sheet *ou* a tarpaulin). **camion bâché** covered lorry *ou* truck.

bachelier, -ière [baʃəlje, jɛʀ] *nm, f person who has passed the baccalauréat.*

bachot * [baʃo] *nm* = **baccalauréat.**

bachoter [baʃɔte] (1) *vi (Scol)* to cram (for an exam). ◆ **bachotage** *nm* cramming.

bacille [basil] *nm* germ.

bâcler [bɑkle] (1) *vt devoir* to scamp; *ouvrage* to throw together; *cérémonie* to skip through. **c'est du travail bâclé** it's slapdash work.

bacon [bekɔn] *nm (lard)* bacon; *(jambon fumé)* smoked loin of pork.

bactérie [bakteʀi] *nf* bacterium. ◆ **bactérien, -ienne** *adj* bacterial. ◆ **bactériologie** *nf* bacteriology. ◆ **bactériologique** *adj* bacteriological. ◆ **bactériologiste** *nmf* bacteriologist.

badaud, e [bado, od] *nm, f (curieux)* curious onlooker; *(promeneur)* stroller.

baderne [badɛʀn(ə)] *nf (péj)* **(vieille)** ~ old fogey *.

badge [badʒ(ə)] *nm* badge.

badigeonner [badiʒɔne] (1) *vt intérieur* to distemper; *extérieur* to whitewash; *(en couleur)* to colourwash; *(péj)* to smear, cover, daub *(de* with); *gorge, plaie* to paint *(à, avec* with). ◆ **badigeon** *nm* distemper; whitewash; colourwash.

badine [badin] *nf* switch.

badiner [badine] (1) *vi (†: plaisanter)* to jest †. **c'est qn qui ne badine pas** he's a man who really means what he says; **il ne badine pas sur la discipline** he's a stickler for discipline; **et je ne badine pas!** I'm not joking! ◆ **badinage** *nm:* ~**(s)** banter, jesting talk.

baffe * [baf] *nf* slap, clout *.

bafouer [bafwe] (1) *vt* to hold up to ridicule.

bafouiller [bafuje] (1) **1** *vi (bredouiller)* to splutter, stammer. **2** *vt* to splutter (out), stammer (out). **qu'est-ce qu'il bafouille?** what's he babbling on about? * ◆ **bafouilleur, -euse** *nm, f* splutterer, stammerer.

bâfrer ⚇ [bɑfʀe] (1) **1** *vi* to guzzle *, gobble. **2** *vt* to guzzle (down) *, gobble (down).

bagage [bagaʒ] *nm* (a) *(valise)* bag, piece of luggage; *(Mil)* kit. ~**s** luggage, baggage; **faire/défaire ses** ~**s** to pack/unpack (one's luggage); ~**s accompagnés** registered luggage; ~**s à main** hand luggage. (b) *(diplômes)* qualifications. **son** ~ **intellectuel** his stock *ou* store of general knowledge. ◆ **bagagiste** *nm* porter, luggage *ou* baggage handler.

bagarre [bagaʀ] *nf (rixe)* fight, scuffle, brawl; *(dispute)* set-to. **aimer la** ~ to love fighting *ou* a fight; ~ **générale** free-for-all. ◆ **bagarrer** * (1) **1** *vi (lutter)* to fight; *(se disputer)* to argue. **2 se** ~ *vpr (se battre)* to fight; *(se disputer)* to have a set-to. **ça s'est bagarré (dur)** there was (heavy *ou* violent) rioting. ◆ **bagarreur, -euse** * **1** *adj caractère* aggressive. **2** *nm, f* fighter.

bagatelle [bagatɛl] *nf (objet)* trinket; *(petite somme)* small *ou* paltry sum; *(fig: vétille)* trifle. **perdre son temps à des** ~**s** to fritter away one's time.

Bagdad [bagdad] *n* Baghdad.

bagne [baɲ] *nm (Hist) (prison)* penal colony; *(peine)* hard labour. *(fig)* **quel** ~! * it's a hard grind!, it's sheer slavery! ◆ **bagnard** *nm* convict.

bagnole * [baɲɔl] *nf* car, buggy ⚇. **vieille** ~ jalopy *.

bagou(t) * [bagu] *nm* volubility. **avoir du** ~ to have the gift of the gab.

bague [bag] *nf (bijou)* ring; *[cigare]* band; *[oiseau]* ring; *(Tech)* collar.

baguenauder (se) * [bagnode] (1) *vpr (faire un tour)* to go for a stroll, go for a jaunt; *(traîner)* to mooch about *, trail around.

baguette [bagɛt] **1** *nf* (a) *(bâton)* switch, stick. *(pour manger)* ~**s** chopsticks; ~ **de chef d'orchestre** conductor's baton; **sous la** ~ **de X** conducted by X; *(fig)* **mener qn à la** ~ to rule sb with an iron hand. (b) *(pain)* stick of French bread. **2**: ~ **magique** magic wand; ~ **de sourcier** divining rod; ~ **de tambour** drumstick.

bah [ba] *excl (indifférence)* pooh!; *(doute)* really!

Bahamas [baamas] *nfpl:* **les (îles)** ~ the Bahamas.

Bahrein [baʀɛn] *n* Bahrain.

bahut [bay] *nm* (a) *(coffre)* chest; *(buffet)* sideboard. (b) *(arg Scol)* school.

bai, e[1] [bɛ] *adj cheval* bay.

baie[2] [bɛ] *nf* (a) *(Géog)* bay. (b) ~ **(vitrée)** picture window. (c) *(Bot)* berry.

baignade [bɛɲad] *nf (action)* bathing; *(bain)* bathe; *(lieu)* bathing place. ~ **interdite** no bathing *ou* swimming.

baigner [beɲe] (1) **1** *vt* (a) *bébé* to bath; *pieds, visage* to bathe. **visage baigné de larmes** face bathed in tears; **chemise baignée de sueur** shirt soaked with sweat, sweat-soaked shirt. (b) *[mer, rivière]* to wash, bathe; *[lumière]* to bathe. **2** *vi [linge, fruits]* to soak *(dans* in). ~ **dans son sang/la graisse** to lie in a pool of blood/fat; ~ **dans la brume/le mys-**

tère to be shrouded *ou* wrapped in mist/mystery; *(fig)* **tout baigne dans l'huile** * everything's looking great *; **il baigne dans la joie** he is bursting with joy. **3 se ~** *vpr (mer)* to go bathing *ou* swimming; *(piscine)* to go swimming; *(baignoire)* to have a bath. ◆ **baigneur, -euse**, *f* bather, swimmer. **2** *nm (jouet)* baby doll.

baignoire [bɛɲwaʀ] *nf* (**a**) bath(tub). **~ sabot** ≃ hip-bath. (**b**) *(Théât)* ground floor box.

bail [baj], *pl* **baux** [bo] *nm (Jur)* lease. **prendre à ~** to lease; **donner à ~** to lease (out); *(fig)* **ça fait un ~!** * it's ages *(que* since).

bâiller [bɑje] (**1**) *vi [personne]* to yawn *(de* with); *[col, couture, soulier]* to gape; *[porte]* to be half-open. **~ à s'en décrocher la mâchoire** to yawn one's head off. ◆ **bâillement** *nm* yawn.

bailleur, bailleresse [bajœʀ, bajʀɛs] *nm, f* lessor. **~ de fonds** backer, sponsor.

bâillon [bɑjɔ̃] *nm (lit, fig)* gag. ◆ **bâillonner** (**1**) *vt* to gag.

bain [bɛ̃] **1** *nm* (**a**) *[baignoire]* bath; *[piscine]* swim; *[mer]* bathe. **~ de boue/sang** mud/blood bath; **prendre un ~** to have a bath; to have a swim. (**b**) *(liquide)* bath(water); *(Chim, Phot)* bath. (**c**) *(récipient) (baignoire)* bath(tub); *[teinturier]* vat. (**d**) *(piscine)* **petit/grand ~** shallow/deep end; *(lieu)* **~s publics** public baths. (**e**) (*) **en avouant, il nous a tous mis dans le ~** by owning up he has involved us all (in it); **nous sommes tous dans le même ~** we're all in the same boat; **tu seras vite dans le ~** you'll soon get the hang of it *. **2** : **prendre un ~ de foule** to mingle with the crowd, go on a walkabout; **j'ai pris un ~ de jouvence** it made me feel years younger; **faire chauffer au ~-marie** *sauce* to heat in a double boiler; *boîte de conserve* to immerse in boiling water; **~s de mer** sea bathing; **~ moussant** *ou* **de mousse** bubble bath; **~ de pieds** *(récipient)* foot-bath; *(baignade)* paddle; **~ de siège** hipbath; **prendre un ~ de soleil** to sunbathe; **~s de soleil** sunbathing ; **~ turc** Turkish bath; **~ de vapeur** steam bath.

baïonnette [bajɔnɛt] *nf (Élec, Mil)* bayonet. **~ au canon** with fixed bayonets.

baisemain [bɛzmɛ̃] *nm*: **il lui fit le ~** he kissed her hand.

baiser [beze] **1** *nm* kiss. *(fin de lettre)* **bons ~s** love (and kisses). **2** (**1**) *vt* (**a**) *main, visage* to kiss. (**b**) (*: *avoir, l'emporter sur)* to outdo.

baisse [bɛs] *nf (gén)* fall, drop *(de* in). **être en ~** to be falling *ou* dropping; **~ de l'activité économique** downturn *ou* downswing in the economy; **~ sur le beurre** butter down in price *ou* reduced.

baisser [bese] (**1**) **1** *vt* (**a**) *main, bras, objet* to lower; *tête* to lower, bend; *(de chagrin, culpabilité)* to hang (de in). **baisse la branche pour que je puisse l'attraper** pull the branch down so that I can reach it; **~ les yeux** to look down, lower one's eyes; **~ le nez dans son assiette** * to bend over one's plate; *(fig)* **~ les bras** to give up; **~ pavillon** *(Naut)* to lower the flag; *(fig)* to show the white flag. (**b**) *chauffage, lampe, radio* to turn down; *voix* to lower. *(Aut)* **~ ses phares** to dip one's headlights; **baisse un peu le ton!** * pipe down! * (**c**) *prix* to bring down, reduce.
2 *vi* (**a**) *(gén)* to fall, drop; *[marée]* to go out, ebb; *[eaux]* to subside, go down; *[réserves, provisions]* to run *ou* get low; *[soleil]* to go down, sink. **il a baissé dans mon estime** he has sunk *ou* gone down in my estimation. (**b**) *[vue, mémoire, forces]* to fail; *[talent]* to decline. **le jour baisse** the light is failing; **il a beaucoup baissé ces derniers temps** *(physiquement)* he has got a lot weaker recently; *(mentalement)* his mind has got a lot weaker recently.

3 se ~ *vpr (pour ramasser)* to bend down, stoop; *(pour éviter)* to duck. **il n'y a qu'à se ~ pour les ramasser** * they are lying thick on the ground.

bajoues [baʒu] *nfpl [animal]* chops; *[personne]* heavy cheeks, jowls.

bal, *pl* **~s** [bal] *nm (réunion)* dance; *(habillé)* ball; *(lieu)* dance hall. **aller au ~** to go dancing; **~ costumé/masqué** fancy dress/masked ball; **~ musette** popular dance *(to the accordion)*.

balader * [balade] (**1**) **1** *vt (traîner)* to trail round; *(promener)* to take for a walk. **2 se ~** *vpr (à pied)* to go for a walk *ou* stroll; *(en auto)* to go for a drive *ou* run; *(traîner)* to traipse round. **aller se ~ en Afrique** to go touring round Africa. ◆ **balade** * *nf* walk, stroll; run. **être en ~** to be out for a stroll *(ou* a run).

baladin † [baladɛ̃] *nm* wandering entertainer.

balafre [balafʀ(ə)] *nf (blessure)* gash; *(cicatrice)* scar. ◆ **balafrer** (**1**) *vt* to gash; to scar.

balai [balɛ] *nm (gén)* broom, brush; *(Élec)* brush; *(Aut) [essuie-glace]* blade. **passer le ~** to give the floor a sweep; **donner un coup de ~** *(lit)* to give the floor a (quick) sweep; *(fig)* to make a clean sweep; **~-brosse** (long-handled) scrubbing brush; **~ mécanique** carpet sweeper.

balance [balɑ̃s] *nf* (**a**) *(gén)* pair of scales, scales; *(à bascule)* weighing machine; *(Chim, Phys)* balance. (**b**) **tenir la ~ égale entre** to hold the scales even between; **être en ~** *[proposition]* to hang in the balance; *[candidat]* to be under consideration; **mettre dans la ~ le pour et le contre** to weigh up the pros and cons; **il a mis toute son autorité dans la ~** he used his authority to tip the scales; **si on met dans la ~ son ancienneté** if you take his seniority into account. (**c**) *(Écon, Pol)* balance. **~ commerciale/des comptes/des forces** balance of trade/of payments/of power. (**d**) *(Astron)* **la B~** Libra. (**e**) *(Pêche)* drop-net.

balancer [balɑ̃se] (**3**) **1** *vt* (**a**) *chose, jambe* to swing; *branches, bateau, bébé* to rock; *(sur balançoire)* to swing. (**b**) (*: *lancer)* to fling, chuck *. (**c**) (*: *se débarrasser de)* *objet, employé* to chuck out *; *métier* to chuck up *. (**d**) *(équilibrer)* *compte, phrases, paquets* to balance. **tout bien balancé** everything considered. (**e**) *(arg crime: dénoncer)* to finger *(arg)*.
2 *vi* (**a**) *(†: hésiter)* to waver. (**b**) *(osciller)* to swing. **3 se ~** *vpr [bras, jambes]* to swing; *[bateau]* to rock; *[branches]* to sway; *(sur balançoire)* to swing; *(sur bascule)* to seesaw. **se ~ sur ses jambes** to sway from side to side; **ne te balance pas sur ta chaise!** don't tip back on your chair!; **je m'en balance** * I couldn't give a darn * (about it), I couldn't care less (about it). ◆ **balancé, e** *adj*: **bien ~** *phrase* nicely balanced; (*) *personne* well-built. ◆ **balancement** *nm [corps]* sway; *[bras]* swinging; *[bateau]* rocking; *[hanches, branches]* swaying; *(Littérat, Mus)* balance. ◆ **balancier** *nm [pendule]* pendulum; *[montre]* balance wheel; *[équilibriste]* (balancing) pole. ◆ **balançoire** *nf (suspendue)* swing; *(sur pivot)* seesaw. **faire de la ~** to have a go on a swing *(ou* a seesaw).

balayer [baleje] (**8**) *vt* (**a**) *poussière* to sweep up; *pièce, trottoir* to sweep. **le vent balaie la plaine** the wind sweeps across the plain. (**b**) *(chasser)* *feuilles* to sweep away; *soucis, ennemi, objection* to sweep aside. **le gouvernement a été balayé** the government was swept out of office. (**c**) *[phares, tir]* to sweep (across); *[radar]* to scan. ◆ **balayage** *nm* sweeping; scanning. ◆ **balayette** *nf* small (hand)brush. ◆ **balayeur, -euse** *nm, f* road-sweeper.

balbutiement [balbysimɑ̃] *nm*: **~(s)** *(paroles confuses)* stammering, mumbling; *[bébé]* babbling; *(fig: débuts)* **~s** beginnings. ◆ **balbutier** (**7**) **1** *vi* to stammer, mumble. **2** *vt* to stammer *ou* falter out.

balcon [balkɔ̃] *nm* balcony. *(Théât)* **premier/ deuxième** ~ dress/upper circle.

baldaquin [baldakɛ̃] *nm* canopy.

Baléares [baleaʀ] *nfpl*: **les** ~ the Balearic Islands.

baleine [balɛn] *nf* (**a**) whale. (**b**) *[corset]* stay; *[parapluie]* rib. ◆ **baleinier, -ière 1** *adj* whaling. **2** *nm (pêcheur, bateau)* whaler. **3** *nf* whaling boat.

balèze ‡ [balɛz] *adj (musclé)* hefty *; *(doué)* great * *(en at)*.

balise [baliz] *nf (Naut, Aviat)* beacon; *(Aut)* (road) sign; *[piste de ski]* marker. ◆ **balisage** *nm* (**a**) *(action)* beaconing; marking-out. (**b**) *(signaux)* beacons; (road)signs; markers. ◆ **baliser** (1) *vt* to mark out with beacons; to signpost; to mark out.

balivernes [balivɛʀn] *nfpl* nonsense. **dire des** ~s to talk nonsense; **s'amuser à des** ~s to fool around.

Balkans [balkɑ̃] *nmpl*: **les** ~ the Balkans.

ballade [balad] *nf* ballade.

ballant, e [balɑ̃, ɑ̃t] **1** *adj bras, jambes* dangling. **2** *nm (mou)* *[câble]* slack; *[chargement]* sway, roll. **avoir du** ~ to be slack.

ballast [balast] *nm (Rail)* ballast, roadbed *(US)*; *(Naut)* ballast tank.

balle[1] [bal] *nf* (**a**) *(projectile)* bullet. **criblé de** ~s riddled with bullets; ~ **perdue** stray bullet. (**b**) *(Sport)* ball. **jouer à la** ~ to play (with a) ball; **c'est une belle** ~ that's a good shot; **faire des** ~s to have a knock-up; *(Tennis)* ~ **de set** set point; *(fig)* **saisir la** ~ **au bond** to jump at the opportunity. (**c**) ~s * francs.

balle[2] [bal] *nf (Agr, Bot)* husk, chaff; *[coton, laine]* bale; *(visage)* chubby face.

baller [bale] (1) *vi [bras, jambes]* to dangle, hang loosely; *[tête]* to hang; *[chargement]* to be slack *ou* loose.

ballerine [balʀin] *nf (danseuse)* ballerina, ballet dancer; *(soulier)* ballet shoe.

ballet [balɛ] *nm (danse, spectacle, compagnie)* ballet; *(musique)* ballet music.

ballon [balɔ̃] *nm* (**a**) *(Sport)* ball. ~ **de football** football, soccer ball *(US)*; *(fig)* **le** ~ **rond** soccer; **le** ~ **ovale** rugger; football *(US)*. (**b**) ~ **(en baudruche)** (child's toy) balloon. (**c**) *(Aviat)* balloon. ~ **dirigeable** airship. (**d**) *(verre)* wineglass; *(contenu)* glass (of wine). (**e**) *[eau chaude]* tank; *[oxygène]* bottle. (**f**) *(fig)* ~ **d'essai** feeler; **lancer un** ~ **d'essai** to fly a kite.

ballonner [balɔne] (1) *vt ventre* to distend. **je suis ballonné** I feel bloated. ◆ **ballonnement** *nm*: ~**(s)** flatulence.

ballot [balo] *nm* (**a**) *(paquet)* bundle. (**b**) *(*: *nigaud)* nitwit ‡. **c'est** ~ it's a bit daft *.

ballottage [balɔtaʒ] *nm*: **il y a** ~ there will have to be a second ballot.

ballotter [balɔte] (1) **1** *vi [objet]* to roll around, bang about; *[tête, membres]* to loll; *[poitrine]* to bounce; *[bateau]* to toss. **2** *vt personne* to shake about, jolt; *bateau* to toss. **ballotté entre 2 sentiments** torn between 2 feelings; **cet enfant a été ballotté entre plusieurs écoles** this child has been shifted around from school to school. ◆ **ballottement** *nm* banging about; rolling; lolling ; bouncing; tossing, shaking.

balluchon [balyʃɔ̃] *nm* (†) bundle (of clothes). **faire son** ~ * to pack up one's traps.

balnéaire [balneɛʀ] *adj* bathing, swimming.

balourd, e * [baluʀ, uʀd(ə)] *nm, f* dolt, oaf. ◆ **balourdise** *nf* (**a**) *(manuelle)* clumsiness; *(manque de finesse)* doltishness. (**b**) *(gaffe)* blunder.

balte [balt] *adj pays, peuple* Baltic. **les pays** ~s the Baltic States.

balustrade [balystʀad] *nf (Archit)* balustrade; *(garde-fou)* railing.

bambin [bɑ̃bɛ̃] *nm* small child, little lad * *ou* guy * *(US)*.

bambocher * [bɑ̃bɔʃe] (1) *vi* to live it up *, have a wild time. ◆ **bambocheur, -euse** * **1** *adj* revelling. **2** *nm, f* reveller.

bambou [bɑ̃bu] *nm* bamboo.

bamboula * [bɑ̃bula] *nf*: **faire la** ~ to live it up *, have a wild time.

ban [bɑ̃] *nm* (**a**) *[mariage]* ~s banns. (**b**) *[applaudissements]* round of applause. **un** ~ **pour X!** three cheers for X! (**c**) *(Hist)* proclamation. (**d**) **être au** ~ **de la société** to be outlawed from society; **le** ~ **et l'arrière-**~ **de** every last one of.

banal, e, *mpl* ~s [banal] *adj (gén)* banal; *idée* trite; *vie* humdrum; *personne* ordinary; *incident (courant)* commonplace; *(insignifiant)* trivial. **grippe** ~**e** common or garden case of flu; **peu** ~ unusual. ◆ **banalement** *adv* tritely; in a humdrum way. **tout** ~ simply. ◆ **banalité** *nf* (**a**) *(caractère)* banality; triteness; ordinariness; triviality. (**b**) *(propos)* truism, trite remark.

banaliser [banalize] (1) *vt* (**a**) *expression* to make trite; *vie* to rob of its originality. (**b**) *campus* to open to the police. **voiture banalisée** unmarked police car. ◆ **banalisation** *nf [campus]* opening to the police; **la** ~ **de la violence** the way in which violence has become an everyday fact *ou* feature of life.

banane [banan] *nf* banana. ◆ **bananeraie** *nf* banana plantation. ◆ **bananier** *nm (arbre)* banana tree; *(bateau)* banana boat.

banc [bɑ̃] **1** *nm* (**a**) *(siège)* seat, bench. ~ **(d'école)** (desk) seat. (**b**) *(Géol)* *(couche)* layer; *[coraux]* reef. ~ **de sable/vase** sand/mudbank. (**c**) *[poissons]* shoal, school *(US)*. (**d**) *(Tech)* (work)bench. (**e**) *(Mét)* bank, patch. **2** : ~ **des accusés** dock; ~ **des avocats** bar; ~ **d'église** pew; ~ **d'essai** *(Tech)* test bed; *(fig)* testing ground; *(Parl)* ~ **des ministres** ≈ government front bench.

bancaire [bɑ̃kɛʀ] *adj système etc* banking. **chèque** ~ (bank) cheque *ou* check *(US)*.

bancal, e, *mpl* ~s [bɑ̃kal] *adj* (**a**) *(boiteux)* lame; *(jambes arquées)* bandy-legged. (**b**) *chaise* wobbly, rickety. (**c**) *idée* shaky.

bandage [bɑ̃daʒ] *nm* (**a**) *(objet)* bandage. ~ **herniaire** surgical appliance, truss. (**b**) *(action)* bandaging.

bande[1] [bɑ̃d] **1** *nf* (**a**) *(de tissu, métal)* band, strip; *(de terre, papier)* strip; *(Ciné)* film; *[magnétophone, ordinateur]* tape; *(Presse)* wrapper; *(Méd)* bandage; *(Phys, Rad)* band. *(Mil)* ~ **(de mitrailleuse)** (ammunition) belt. (**b**) *(dessin, motif)* stripe; *[chaussée]* line. (**c**) *(Billard)* cushion. *(fig)* **par la** ~ in a roundabout way. (**d**) *(Naut)* list. **donner de la** ~ to list. **2** : *(Ciné)* ~**-annonce** trailer; ~ **dessinée** comic strip, strip cartoon; ~ **magnétique** magnetic tape; ~ **molletière** puttee; ~ **sonore** sound track; ~ **Velpeau** crêpe bandage, Ace ® bandage *(US)*.

bande[2] [bɑ̃d] *nf [gens]* band, group; *[oiseaux]* flock; *[animaux]* pack. **ils sont partis en** ~ they set off in a group; **toute une** ~ **d'amis** a whole crowd *ou* group of friends; *(Pol)* **la** ~ **des Quatre** the Gang of Four; **faire** ~ **à part** *[groupe]* to make a separate group; *[personne]* to keep o.s. to o.s; *(fig: faire exception)* to be an exception; **venez avec nous, ne faites pas** ~ **à part** come with us, don't stay on your own; ~ **d'imbéciles!** bunch *ou* pack of idiots! *

bandeau, *pl* ~**x** [bɑ̃do] *nm (ruban)* headband; *(pansement)* head bandage; *(pour les yeux)* blindfold. **avoir un** ~ **sur l'œil** to wear an eye patch; *(fig)* **avoir un** ~ **sur les yeux** to be blind *(fig)*.

bandelette [bɑ̃dlɛt] *nf [momie]* wrapping, bandage.

bander [bɑ̃de] (1) vt (a) plaie to bandage. ~ les yeux à qn to blindfold sb; les yeux bandés blindfold(ed). (b) (tendre) to tense; arc to bend.

banderole [bɑ̃dʀɔl] nf (drapeau) banderole. ~ publicitaire advertising streamer.

bandit [bɑ̃di] nm (voleur) gangster; (brigand) bandit; (fig: escroc) crook, shark *; (*: enfant) rascal. ~ armé gunman, armed gangster, hitman * ; ~ de grand chemin highwayman. ◆ **banditisme** nm crime. le grand ~ organized crime.

bandoulière [bɑ̃duljɛʀ] nf shoulder strap. en ~ slung across the shoulder.

bang [bɑ̃g] nm inv, excl bang. le big ~ the Big Bang.

Bangladesh [bɑ̃gladɛʃ] nm: le ~ Bangladesh.

banjo [bɑ̃ʒo] nm banjo.

banlieue [bɑ̃ljø] nf suburbs. proche/grande ~ inner/outer suburbs; de ~ maison suburban; train commuter. ◆ **banlieusard, e** nm, f suburbanite, (suburban) commuter.

bannière [banjɛʀ] nf banner; [chemise] shirt-tail.

bannir [baniʀ] (2) vt to banish (de from); usage to prohibit. ◆ **banni, e** nm, f exile. ◆ **bannissement** nm banishment.

banque [bɑ̃k] nf (a) (établissement) bank. en ~ in the bank; la grande ~ the big banks; ~ d'affaires/ d'organes/du sang/de sperme commercial/organ/ blood/sperm bank. (b) (activité) banking. (c) (Jeux) bank. tenir la ~ to be (the) banker. ◆ **banquier** nm (Fin, Jeux) banker.

banqueroute [bɑ̃kʀut] nf (Fin, Pol) bankruptcy; (fig) failure. faire ~ to go bankrupt.

banquet [bɑ̃kɛ] nm dinner; (d'apparat) banquet. ◆ **banqueter** (4) vi to banquet.

banquette [bɑ̃kɛt] nf [train] seat; [auto, café] (bench) seat.

banquise [bɑ̃kiz] nf ice field; (flottante) ice floe.

baptême [batɛm] 1 nm (a) (sacrement) baptism; (cérémonie) christening, baptism. recevoir le ~ to be baptized ou christened. (b) [cloche] blessing; [navire] christening. 2 : ~ de l'air first flight ; ~ du feu baptism of fire.

baptiser [batize] (1) vt (a) (Rel) to baptize, christen. (b) cloche to bless; navire to christen. (c) (appeler) to call, christen, name; (*: surnommer) to dub. ◆ **baptismal, e, mpl -aux** adj baptismal. ◆ **baptisme** nm baptism. ◆ **baptiste** nmf, adj Baptist.

baquet [bakɛ] nm tub.

bar [baʀ] nm (lieu) bar; (poisson) bass.

baragouiner * [baʀagwine] (1) vt paroles to gabble. il baragouine un peu l'espagnol he can speak a bit of Spanish ou say a few words of Spanish; (péj) qu'est-ce qu'il baragouine? what's he gabbling on about? * ◆ **baragouin** * nm gibberish, double Dutch.

baraque [baʀak] nf (abri) shed; (boutique) stall; (*: maison) place *; (péj: entreprise) dump *.

baraqué, e * [baʀake] adj: bien ~ well-built.

baraquement [baʀakmɑ̃] nm: ~(s) group of huts; (Mil) camp.

baratin * [baʀatɛ̃] nm (boniment) sweet talk; (verbiage) chatter, hot air; (Comm) patter, sales talk, pitch (US). assez de ~! cut the chat! * ◆ **baratiner** * (1) 1 vt ~ qn to sweet-talk sb; ~ le client to give a customer the patter. 2 vi (bavarder) to natter *, chatter. ◆ **baratineur, -euse** * nm, f (beau parleur) smooth talker; (bavard) gasbag ‡.

baratte [baʀat] nf [beurre] churn.

barbant, e * [baʀbɑ̃, ɑ̃t] adj boring, deadly dull.

barbare [baʀbaʀ] 1 adj invasion barbarian; crime barbarous. 2 nm (Hist, fig) barbarian. ◆ **barbarement** adv barbarously. ◆ **barbarie** nf barbarism; (cruauté) barbarity. ◆ **barbarisme** nm (Gram) barbarism.

barbe [baʀb(ə)] 1 nf (a) (Anat) beard. il a une ~ de 3 jours he has 3 days' growth of beard; sans ~ beardless. (b) (aspérités) ~s [papier] ragged edge; [métal] jagged edge. (c) à la ~ de qn under sb's nose; rire dans sa ~ to laugh up one's sleeve; la ~! * damn (it)! ‡; quelle ~! * what a drag! *; oh toi, la ~! * oh shut up, you! * 2 : B~ bleue nm Bluebeard; ~ à papa candy-floss.

barbecue [baʀbəkju] nm (repas, cuisine) barbecue; (matériel) barbecue set.

barbelé, e [baʀbəle] adj, nm: (fil de fer) ~ barbed wire; les ~s the barbed wire (fence).

barber * [baʀbe] (1) vt to bore stiff *. se ~ to be bored stiff * (à faire doing).

barbichette * [baʀbiʃɛt] nf goatee beard.

barbier † [baʀbje] nm barber.

barbiturique [baʀbityʀik] 1 adj barbituric. 2 nm barbiturate.

barbon [baʀbɔ̃] nm († ou péj) (vieux) ~ old fogey *.

barboter [baʀbɔte] (1) 1 vt (*: voler) to pinch *, steal (à from). 2 vi [canard, enfant] to dabble, splash about; [gaz] to bubble.

barbouiller [baʀbuje] (1) vt (a) (salir) to smear (de with); (péj: peindre) to daub ou slap paint on. il barbouille des toiles en amateur he does a bit of painting as a hobby; ~ une feuille de dessins to scribble drawings on a piece of paper. (b) (*) ~ l'estomac to upset the stomach; être barbouillé to feel queasy. ◆ **barbouillage** nm (peint) daub; (écrit) scribble, scrawl. ◆ **barbouille** * nf (péj) painting. (hum) il fait de la ~ he does a bit of painting. ◆ **barbouilleur, -euse** nm, f (péj) dauber; (en bâtiment) slapdash painter.

barbouze * [baʀbuz] nf (a) beard. (b) (policier) secret police agent; (garde du corps) bodyguard.

barbu, e [baʀby] adj bearded. un ~ a man with a beard.

Barcelone [baʀsəlɔn] n Barcelona.

barda * [baʀda] nm gear; (Mil) kit.

barde [baʀd(ə)] 1 nm (poète) bard. 2 nf (Culin) bard.

barder [baʀde] (1) 1 vt (a) (Culin) to bard. (b) bardé de fer cheval armour-clad; soldat armour-clad; porte with iron bars; poitrine bardée de décorations chest covered with medals; être bardé (contre) to be immune (to). 2 vb impers (*) ça va ~ sparks are going to fly!

barème [baʀɛm] nm (table) table, list; (tarif) price list; (Rail) fare schedule; [échelle] scale. (Scol) ~ de correction scale of marking ou grading (US).

baril [baʀi(l)] nm (gén) barrel; [poudre] keg; [lessive] drum.

barillet [baʀijɛ] nm [revolver] cylinder.

bariolé, e [baʀjɔle] adj gaily-coloured. ◆ **bariolure** nf gay colours.

baromètre [baʀɔmɛtʀ(ə)] nm barometer. le ~ est au beau fixe/à la pluie the barometer is set at fair/ is pointing to rain. ◆ **barométrique** adj barometrical.

baron, -onne [baʀɔ̃, ɔn] nm, f baron; baroness.

baroque [baʀɔk] adj idée weird, wild; (Art) baroque.

baroud [baʀud] nm: ~ d'honneur gallant last stand.

barque [baʀk(ə)] nf small boat.

barrage [baʀaʒ] nm (a) [rivière] dam; (à fleur d'eau) weir. (b) (barrière) barrier; (d'artillerie, de questions) barrage. ~ de police (police) roadblock; faire ~ à to stand in the way of.

barre [baʀ] 1 nf (a) (gén) bar; (de fer, bois) rod, bar; (de savon) cake, bar; (Danse) barre. (Ftbl, Rugby) ~ (transversale) crossbar. (b) (Naut) helm; (petite) tiller. (fig, fig) être à la ~ to be at the helm. (c) (Jur) ~ du tribunal bar; (des témoins) witness box; comparaître à la ~ to appear as a witness. (d) (houle) (gén) race; (à l'estuaire) bore; (banc de *sable)* (sand) bar. **(●)** *(trait)* line; *(du t, f)* stroke. **mets une ~ à ton t** cross your t; *(Math)* **~ de fraction** fraction line. **(f)** *(niveau)* mark. **dépasser la ~ des 10%** to pass the 10% mark; *(Scol)* **placer la ~ à 10** to set the pass mark at 10. **2 : ~ d'appui** (window) rail; **~s asymétriques** asymetric bars; **~ fixe** horizontal bar; *(Mus)* **~ de mesure** bar line; *(Tech)* **~ à mine** crowbar; **~s parallèles** parallel bars.

barreau, *pl* **~x** [baʀo] *nm* **(a)** *[échelle]* rung; *[cage]* bar. **(b)** *(Jur)* bar. **entrer au ~** to be called to the bar.

barrer [baʀe] **(1) 1** *vt* **(a)** *porte* to bar; *fenêtre* to bar up; *route (par accident)* to block; *(pour travaux, par la police)* to close (off), shut off; *(par barricades)* to barricade. *(lit, fig)* **~ la route à qn** to bar *ou* block sb's way. **(b)** *mot* to cross *ou* score out; *feuille* to cross. **chèque barré/non barré** crossed/open *ou* uncrossed cheque. **(c)** *(Naut)* to steer. **quatre barré** coxed four. **2 se ~ ‡** *vpr* to clear off *.

barrette [baʀɛt] *nf [cheveux]* (hair) slide, barrette *(US)*; *(Rel)* biretta.

barreur [baʀœʀ] *nm (gén)* helmsman; *(Aviron)* cox. **avec/sans ~** coxed/coxless.

barricader [baʀikade] **(1) 1** *vt* to barricade. **2 se ~** *vpr*: **se ~ dans/derrière** to barricade o.s. in/ behind; *(fig)* **se ~ chez soi** to lock o.s. in. ◆ **barricade** *nf* barricade.

barrière [baʀjɛʀ] *nf (clôture)* fence; *(porte)* gate; *(obstacle)* barrier. **~ douanière** trade *ou* tariff barrier; **~ (de passage à niveau)** level crossing gate.

barrique [baʀik] *nf* barrel, cask.

barrir [baʀiʀ] **(2)** *vi* to trumpet. ◆ **barrissement** *nm*: **~(s)** trumpeting.

baryton [baʀitɔ̃] *adj, nm* baritone. **~-basse** base-baritone.

bas¹, basse [bɑ, bɑs] **1** *adj* **(a)** *(gén)* low; *maison* low-roofed. **pièce basse de plafond** room with a low ceiling; **les basses branches** the lower *ou* bottom branches; **~ sur pattes** short-legged; **la Basse Seine** the lower Seine; **je l'ai eu à ~ prix** I got it cheap; **c'est la basse mer** the tide is out, it's low tide. **(b)** *(humble)* low, lowly; *(subalterne)* menial; *(abject)* base, mean. **(c) être au plus ~** *[personne]* to be very low; *[prix]* to be at their lowest; **au ~ mot** at the very least; **en ce ~ monde** here below; **de ~ étage** *(humble)* lowborn; *(médiocre)* poor, second-rate; **en ~ âge** young. **2** *adv* **(a)** *parler* softly, in a low voice. **très/trop etc ~** very/too *etc* low; **mettez vos livres plus ~** put your books lower down; **voir plus ~** see below; **mettez la radio plus ~** turn the radio down. **(b)** **traiter qn plus ~ que terre** to treat sb like dirt; *(dans l'abjection)* **tomber bien ~** to sink really low; **mettre ~** to give birth; **mettre ~ les armes** *(Mil)* to lay down one's arms; *(fig)* to throw in the sponge; **~ les pattes!** (‡) paws off! ‡; *(à un chien)* **down!; à ~ le fascisme!** down with fascism! **3** *nm [page]* foot, bottom; *[visage]* lower part; *[pantalon]* bottom. **dans le ~** at the bottom; **le tiroir du ~** the bottom drawer; **les appartements du ~** the downstairs flats; **lire de ~ en haut** to read from the bottom up; **il habite en ~** he lives downstairs *ou* down below. **4** *nf (Mus)* bass. **5 : ~-côté** *nm, pl* **~-~s** *[route]* verge; *[église]* side aisle; **basse-cour** *nf, pl* **basses-cours** *(lieu)* farmyard; *(volaille)* poultry; *(Naut)* **~-fond** *nm, pl* **~-~s** shallow, shoal; **les ~-~s de la société** the dregs of society; **les ~-~s de la ville** the seediest parts of the town; *(Boucherie)* **les ~ morceaux** the cheap cuts; **~-relief** *nm, pl* **~-~s** bas relief, low relief; **~-ventre** *nm, pl* **~-~s** stomach, guts.

bas² [bɑ] *nm* stocking; *(de footballeur)* sock; *(de bandit masqué)* stocking mask. **~ à varices** support stockings; *(fig)* **~ de laine** savings.

basalte [bazalt(ə)] *nm* basalt. ◆ **basaltique** *adj* basalt(ic).

basané, e [bazane] *adj* tanned; *indigène* swarthy.

basculer [baskyle] **(1)** *vi [personne, objet]* to fall *ou* topple over; *[benne]* to tip up. **il bascula dans le vide** he toppled over the edge; *(Pol)* **~ dans l'opposition** to swing over to the opposition; **faire ~ benne** to tip up; *contenu* to tip out; *personne* to topple over. ◆ **bascule** *nf (balançoire)* seesaw; *(balance)* weighing machine. *[personne]* **~ (automatique)** scales; **fauteuil à ~** rocking chair.

base [bɑz] **1** *nf* **(a)** *(lit, Chim, Mil)* base; *(Ling: racine)* root. *(Pol)* **la ~** the rank and file, the grass roots. **(b)** *(principe fondamental)* basis. **des ~s solides en anglais** a sound basic knowledge of English. **(c)** **produit à ~ de soude** soda-based product; **être à la ~ de** to be at the root of; **sur la ~ de ces renseignements** on the basis of this information; **de ~ prix, modèle, règles** basic; *(Ling)* **forme de ~** base form; **camp de ~** base camp. **2** *(fig)* **~ de départ** starting point *(fig)*; **~ de données** database; **~ d'imposition** taxable amount; **~ de lancement** launching site; **~ de maquillage** make-up base. ◆ **baser** **(1)** *vt opinion, théorie* to base *(sur* on). *(Mil)* **être basé à** to be based at; **sur quoi vous basez-vous?** what basis *ou* grounds have you? *(pour dire* for saying); **économie basée sur le pétrole** oil-based economy.

base-ball [bɛzbol] *nm* baseball.

Basic [bazik] *nm* BASIC.

basilique [bazilik] *nf* basilica.

basket-ball [baskɛtbol] *nm* basketball. ◆ **basket ** *nm* basketball. **~s** sneakers, trainers, tennis shoes *(US)*. ◆ **basketteur, -euse** *nm, f* basketball player.

basque¹ [bask(ə)] **1** *adj* Basque. **le Pays ~** the Basque Country. **2** *nm* B~ *nmf* Basque.

basque² [bask(ə)] *nf [habit]* skirt(s); *[robe]* basque.

basse [bɑs] *V* **bas¹**.

bassesse [basɛs] *nf* **(a)** *(servilité)* servility; *(mesquinerie)* baseness; *(vulgarité)* vileness. **(b)** *(acte)* servile *ou* base act. **faire des ~s à qn pour obtenir** to grovel to sb in order to get. ◆ **bassement** *adv* basely, meanly.

basset [basɛ] *nm* basset hound.

bassin [basɛ̃] *nm (pièce d'eau)* pond; *[piscine]* pool; *[fontaine]* basin; *(cuvette)* bowl; *(Méd)* bedpan; *(Géol)* basin; *(Anat)* pelvis; *(Naut)* dock. **~ de radoub** dry dock; **~ houiller** coalfield. ◆ **bassine** *nf* bowl; *(contenu)* bowlful.

bassiner [basine] **(1)** *vt* **(a)** *plaie* to bathe; *(Agr)* to spray (water on). **(b)** *lit* to warm (with a warming pan). **(c)** *(*: *ennuyer)* to bore.

bassiste [basist(ə)] *nmf* double bass player.

basson [basɔ̃] *nm (instrument)* bassoon; *(musicien)* bassoonist.

bastingage [bastɛ̃gaʒ] *nm (Naut)* (ship's) rail; *(Hist)* bulwark.

bastion [bastjɔ̃] *nm* bastion.

bât [bɑ] *nm* packsaddle. *(fig)* **c'est là où le ~ blesse** that's where the shoe pinches. ◆ **bâter** **(1)** *vt* to put a packsaddle on.

bataclan ** [bataklɑ̃] *nm* junk *. **et tout le ~ and what have you, the whole caboodle *.

bataille [bataj] *nf* **(a)** *(Mil)* battle; *(rixe, fig)* fight. **~ de rue** street fight *ou* battle; **~ rangée** pitched battle. **(b)** *(Cartes)* beggar-my-neighbour. **(c) il a les cheveux en ~** his hair's all tousled; **le chapeau en ~** with one's hat on askew. ◆ **batailler** **(1)** *vi* to fight, battle. ◆ **batailleur, -euse 1** *adj* aggressive. **2** *nm, f* fighter *(fig)*. ◆ **bataillon** *nm (Mil)* battalion; *(fig)* crowd.

bâtard, e [bɑtɑʀ, ɑʀd(ə)] **1** *adj enfant* illegitimate, bastard † *(péj)*; *(fig) œuvre* hybrid. **2** *nm, f (personne)* illegitimate child, bastard † *(péj)*; *(chien)* mongrel. **3** *nm* ≃ Vienna roll. ◆ **bâtardise** *nf* bastardy † *(péj)*, illegitimacy.

bateau, *pl* ~**x** [bato] **1** *nm* **(a)** *(gén)* boat; *(grand)* ship. **faire du** ~ *(à voiles)* to go sailing; *(à rames etc)* to go boating. **(b)** *[trottoir]* driveway entrance *(depression in kerb)*. **2** *adj inv* (*: banal)* hackneyed. **3** : ~ **amiral** flagship; ~-**citerne** *nm, pl* ~**x**-~**s** tanker; ~ **de commerce** merchant ship; ~ **de guerre** warship, battleship; ~-**lavoir** *nm, pl* ~**x**-~**s** wash-shed; ~ **de sauvetage** lifeboat; ~ **à vapeur** steamer, steamship.

bateleur, -euse † [batlœʀ, øz] *nm, f* tumbler.

batelier [batəlje] *nm* boatman; *[bac]* ferryman.

batellerie [batɛlʀi] *nf* canal transport.

bâti, e [bɑti] **1** *adj* **(a)** **bien/mal** ~ *[personne]* well-built/of clumsy build; *[dissertation]* well/badly constructed. **(b)** **terrain** ~/**non** ~ developed/undeveloped site. **2** *nm* **(a)** *(Couture)* tacking. **(b)** *[porte, machine]* frame.

batifoler [batifole] **(1)** *vi* († *, hum)* **(a)** *(folâtrer)* to lark about. **(b)** *(flirter)* to dally †, flirt *(avec* with).

bâtiment [bɑtimɑ̃] *nm* **(a)** *(édifice)* building. ~**s d'habitation** living quarters. **(b)** *(industrie)* **le** ~ the building industry *ou* trade. **(c)** *(Naut)* ship.

bâtir [bɑtiʀ] **(2)** *vt* **(a)** *(Constr)* to build. **(se) faire** ~ **une maison** to have a house built; **terrain à** ~ building land. **(b)** *fortune, réputation, hypothèse* to build; *phrase* to construct. **(c)** *(Couture)* to tack, baste. ◆ **bâtisse** *nf* building. ◆ **bâtisseur, -euse** *nm, f* builder.

bâton [bɑtɔ̃] *nm* **(a)** *(canne)* stick; *(Rel)* staff; *(trique)* cudgel; *(Mil, Police)* baton. **(b)** *[craie etc]* stick. ~ **de rouge (à lèvres)** lipstick. **(c)** *(trait)* vertical stroke. **(d)** **il m'a mis des** ~**s dans les roues** he put a spoke in my wheel; **parler à** ~**s rompus** to talk casually about this and that.

batracien [batʀasjɛ̃] *nm* batrachian.

battage [bataʒ] *nm* **(a)** *[tapis]* beating; *[céréales]* threshing. **(b)** (*: publicité)* publicity campaign. **faire du** ~ **autour de qch/de qn** to give sth/sb a plug *.

battant [batɑ̃] *nm* **(a)** *[cloche]* tongue; *[porte]* flap, door; *[fenêtre]* window. **porte à double** ~ double door. **(b)** *(personne)* fighter *(fig)*.

batte [bat] *nf* bat.

battement [batmɑ̃] *nm* **(a)** ~**(s)** *[porte]* banging; *[pluie]* beating; *[voile, ailes]* flapping; *[paupières]* blinking; *[cœur]* beating. ~**s de jambes** leg movements; **avoir des** ~**s de cœur** to have palpitations. **(b)** *(intervalle)* interval. **2 minutes de** ~ *(pause)* a 2-minute break; *(attente)* 2 minutes' wait; *(temps libre)* 2 minutes to spare.

batterie [batʀi] *nf* **(a)** *(Mil)* battery. **mettre en** ~ to unlimber; *(fig)* **dévoiler ses** ~**s** to unmask one's guns. **(b)** *(Tech: série)* battery; *(Aut, Élec)* battery. *(Jazz)* **la** ~ the drums; ~ **de cuisine** pots and pans.

batteur [batœʀ] *nm* *(Culin)* whisk; *(Mus)* drummer; *(Agr)* thresher; *(Cricket)* batsman; *(Baseball)* batter. ◆ **batteuse** *nf* threshing machine.

battoir [batwaʀ] *nm* *[linge]* beetle; *[tapis]* beater. ~**s** * great paws *.

battre [batʀ(ə)] **(41)** **1** *vt* **(a)** *personne* to beat, strike, hit. ~ **qn à mort** to batter *ou* beat sb to death.
(b) *adversaire* to beat, defeat; *record* to beat. **se faire** ~ to be beaten; ~ **qn à plate(s) couture(s)** to beat sb hollow, beat sb hands down.
(c) *tapis, fer* to beat; *blé* to thresh. ~ **le fer pendant qu'il est chaud** to strike while the iron is hot; **il battit l'air des bras** his arms thrashed the air; **son**

manteau lui bat les talons his coat is flapping round his ankles.
(d) *blanc d'œuf* to beat (up), whisk; *crème* to whip; *cartes* to shuffle. **œufs battus en neige** stiff egg whites.
(e) *(parcourir) région* to scour, comb. *(Chasse)* ~ **les buissons** to beat the bushes; **hors des sentiers battus** off the beaten track; *(fig)* ~ **la campagne** to wander in one's mind.
(f) *(heurter) [pluie]* to beat against. **battu par les tempêtes** storm-lashed.
(g) ~ **la mesure/le tambour** to beat time/the drum; ~ **le rappel** to call to arms; ~ **le rappel de ses amis** to rally one's friends; ~ **la retraite** to sound the retreat.
(h) ~ **en brèche une théorie** to demolish a theory; ~ **froid à qn** to give sb the cold shoulder; ~ **son plein** *[saison, fête]* to be at its height; ~ **pavillon britannique** to fly the British flag; ~ **monnaie** to strike *ou* mint coins.
2 *vi* **(a)** *[cœur]* to beat; *[pluie]* to beat, lash *(contre* against); *[porte]* to bang; *[drapeau]* to flap; *[tambour]* to beat. **(b)** ~ **en retraite** to beat a retreat, fall back.
3 ~ **de** *vt indir*: ~ **des mains** to clap one's hands; *(fig)* to dance for joy; ~ **de l'aile** *(lit)* to flap its wings; *(fig)* to be in a shaky state.
4 se ~ *vpr (combat)* to fight *(avec* with, *contre* against); *(fig)* to fight, battle *(contre* against). **se** ~ **comme des chiffonniers** to fight like cat and dog; **se** ~ **la poitrine** to beat one's breast; *(fig)* **se** ~ **les flancs** to strain every nerve, rack one's brains. ◆ **battue** *nf (Chasse)* beat.

baudet [bodɛ] *nm* *(Zool)* donkey, ass.

baudrier [bodʀije] *nm* *[épée]* baldric; *[drapeau]* shoulder-belt; *(Alpinisme)* harness; *(pour matériel)* gear sling.

baume [bom] *nm* *(lit, fig)* balm.

baux [bo] *nmpl de* **bail.**

bauxite [boksit] *nf* bauxite.

bavarder [bavaʀde] **(1)** *vi (gén: parler)* to chat, talk; *(jacasser)* to chatter; *(commérer)* to gossip; *(divulguer)* to talk. *(Scol)* **arrêtez de** ~ stop talking *ou* chattering. ◆ **bavard, e 1** *adj* talkative. **2** *nm, f* chatterbox *; *(péj)* gossip. ◆ **bavardage** *nm* chatting, talking; chattering; gossiping. **j'entendais leur** ~ *ou* **leurs** ~**s** I could hear their talking *ou* chattering.

baver [bave] **(1)** *vi* **(a)** *[personne]* to dribble; *[animal]* to slaver; *[chien enragé]* to foam at the mouth; *[stylo]* to leak; *[pinceau]* to drip; *[liquide]* to run. **(b)** **en** ~ **d'admiration** * to gasp in admiration; **en** ~ ⚡ to have a rough time of it. ◆ **bave** *nf* dribble; slaver; foam; *[escargot]* slime; *[crapaud]* spittle. ◆ **baveux, -euse** *adj personne* dribbling; *omelette* runny. ◆ **bavoir** *nm* bib. ◆ **bavure** *nf (tache)* smudge; *(Tech)* burr; *(euph)* mistake. **sans** ~ *(adj)* flawless; *(adv)* flawlessly.

Bavière [bavjɛʀ] *nf*: **la** ~ Bavaria.

bayer [baje] **(1)** *vi*: ~ **aux corneilles** to stand gaping.

bazar [bazaʀ] *nm* **(a)** *(magasin)* general store; *(oriental)* bazaar. **(b)** (*)* *(affaires)* gear; *(désordre)* clutter, jumble. **quel** ~! what a shambles! *; **et tout le** ~ the whole caboodle *. ◆ **bazarder** * **(1)** *vt (jeter)* to chuck out *; *(vendre)* to flog ⚡, sell off.

bazooka [bazuka] *nm* bazooka.

béant, e [beɑ̃, ɑ̃t] *adj* gaping.

béat, e [bea, at] *adj (hum) personne* blissfully happy; *(péj)* smug; *sourire* beatific; *admiration* blind, dumb. ◆ **béatement** *adv* smugly; beatifically. ◆ **béatification** *nf* beatification. ◆ **béatifier (7)** *vt* to beatify. ◆ **béatitude** *nf (Rel)* beatitude; *(bonheur)* bliss.

beatnik [bitnik] *nmf* beatnik. **la génération ~** *ou* **des ~s** the beat generation.

beau [bo], **bel** *devant voyelle ou h muet*, **belle** *f, mpl* **beaux 1** *adj* (**a**) *objet, paysage, femme* beautiful, lovely; *homme* handsome, good-looking. **les beaux quartiers** the smart districts; **mettre ses beaux habits** to put on one's best clothes. (**b**) *discours, match, roman* fine. **belle mort** fine death; **~ geste** noble *ou* fine gesture. (**c**) *(agréable) temps* fine, beautiful; *voyage* lovely; *mer* calm. **aux beaux jours** in (the) summertime; *(fig)* **il y a encore de beaux jours pour les escrocs** there are good times ahead *ou* there's a bright future for crooks; **il fait (très) ~ (temps)** the weather's very good, it's very fine; **c'est le bel âge** those are the best years of life; **c'est la belle vie!** this is the (good) life! (**d**) (*: intensif) revenu, profit* handsome, tidy *; *résultat, occasion* excellent, fine. **il en reste un ~ morceau** there's still a good bit (of it) left; **95 ans, c'est un bel âge** it's a good age, 95; **un ~ jour** one (fine) day. (**e**) *(iro: déplaisant) désordre* fine; *gifle* good; *brûlure, peur* nasty; *vacarme* terrible. **c'est un bel escroc** he's a thorough crook; **la belle affaire!** so what? *; **en faire de belles** to get up to mischief; **en dire de belles sur qn** * to say some nice things about sb *(iro)*; **être dans un ~ pétrin** to be in a fine old mess. (**f**) *(locutions)* **ce n'est pas ~ de mentir** it isn't nice to tell lies; **ça me fait une belle jambe!** * a fat lot of good it does me! *; *(iro)* **c'est du ~ travail!** well done! *(iro)*; **de plus belle** more than ever, even more; **crier de plus belle** to shout louder than ever *ou* even louder; **à la belle étoile** out in the open; **il y a belle lurette que** it is ages since; **faire qch pour les beaux yeux de qn** to do sth just to please sb; **le plus ~ de l'histoire, c'est que...** the best part about it is that...; **c'est trop ~ pour être vrai** it's too good to be true; **se faire ~** to get dressed up; **on a ~ faire/~ protester, personne n'écoute** whatever you do/however much you protest no one listens; **on a ~ dire, il n'est pas bête** say what you like, he is not stupid; **bel et bien!** well and truly. (**g**) *(famille)* **~-père**, *pl* **~x-~s** father-in-law; *(remariage)* step-father; **belle-fille**, *pl* **~s-~s** daughter-in-law; *(remariage)* step-daughter; **mes beaux-parents** my husband's *(ou* wife's*)* parents, my in-laws *.
2 *nm* (**a**) **le ~** the beautiful, beauty; **elle n'achète que le ~** she only buys the best quality. (**b**) **faire le ~** *[chien]* to sit up and beg; *[temps]* **être au ~** to be set fair; **être au ~ (fixe)** *[baromètre]* to be set fair, be settled; *(fig) [relations, atmosphère]* to be looking rosy; **c'est du ~!** that's a fine thing to do! **3** *nf* (**a**) beauty, belle; *(compagne)* lady friend. **ma belle!** * my girl!; **la Belle au bois dormant** Sleeping Beauty; **la Belle et la Bête** Beauty and the Beast. (**b**) *(Jeux)* deciding match. **4** : **les beaux-arts** *nmpl (Art)* fine art; *(école)* the Art School; **~ parleur** smooth talker; **le ~ sexe** the fair sex.

beaucoup [boku] *adv* (**a**) a lot, (very) much, a great deal. **elle ne lit pas ~** she doesn't read much *ou* a great deal; **il s'intéresse ~ à la peinture** he is very interested in painting. (**b**) **~ de** *(quantité)* a great deal of, a lot of, much; *(nombre)* a lot of, a good many; **~ de monde** a lot of people, a great *ou* good many people; **avec ~ de soin** with great care; **il ne reste pas ~ de pain** there isn't a lot of *ou* isn't (very) much bread left; **j'ai ~ (de choses) à faire** I have a lot (of things) to do; **il a eu ~ de chance** he's been very lucky. (**c**) *(employé seul: personnes)* many. **~ croient que** many *ou* a lot of people think that.

(**d**) *(avec trop, plus etc)* **~ plus rapide** much *ou* a good deal *ou* a lot quicker; **~ trop lentement** much *ou* far too slowly; **~ moins de gens** a lot *ou* far fewer people. (**e**) **de ~** by far; **il est de ~ ton aîné** he is very much *ou* is a great deal older than you; **de ~ supérieur** greatly *ou* far superior; **il préférerait de ~ s'en aller** he'd much *ou* far rather go. (**f**) *(locutions)* **c'est déjà ~ de l'avoir fait** it was quite something to have done it at all; **à ~ près** far from it; **c'est ~ dire** that's saying a lot; **être pour ~ dans une décision** to be largely responsible for a decision.

beauf ‡ [bof] *nm* brother-in-law.

beaupré [bopʀe] *nm* bowsprit.

beauté [bote] *nf* (**a**) *(gén)* beauty; *[femme]* beauty, loveliness; *[homme]* handsomeness. **de toute ~** very beautiful; **se (re)faire une ~** to powder one's nose; **finir qch en ~** to finish sth with a flourish. (**b**) *(femme)* beauty. (**c**) **les ~s de Rome** the beauties *ou* sights of Rome.

bébé [bebe] **1** *nm (gén)* baby; *(poupée)* dolly. **2** *adj* babyish.

bébête * [bebɛt] **1** *adj* silly. **2** *nf*: **une petite ~** a little insect, a creepy crawly *.

bec [bɛk] **1** *nm* (**a**) *(Orn)* beak, bill. **(nez en) ~ d'aigle** aquiline *ou* hook nose. (**b**) *[plume]* nib; *[carafe]* lip; *[théière]* spout. (**c**) (*: *bouche*) mouth. (**d**) **tomber sur un ~** * to come unstuck *; **rester le ~ dans l'eau** * to be left in the lurch. **2** : **~ Bunsen** Bunsen burner; **~-de-cane** *nm, pl* **~s-~-~** doorhandle; **~ fin** * gourmet ; **~ de gaz** lamp post, gaslamp; *(Méd)* **~-de-lièvre** *nm, pl* **~s-~-~** harelip; **~ verseur** pouring lip.

bécane * [bekan] *nf (vélo)* bike; *(machine)* machine.

bécarre [bekaʀ] *nm (Mus)* natural.

bécasse [bekas] *nf (Zool)* woodcock; (*: *sotte*) (silly) goose *.

bêche [bɛʃ] *nf* spade. ♦ **bêcher** (1) *vt* to dig.

bécoter * [bekɔte] (1) **1** *vt* to kiss. **2 se ~** * *vpr* to smooch *. ♦ **bécot** * *nm* kiss.

becquée [beke] *nf* beakful. **donner la ~ à** to feed. ♦ **becqueter** (4) *vt (Orn)* to peck (at); (‡) to eat.

bedaine * [bədɛn] *nf* paunch, potbelly *.

bedeau, *pl* **~x** [bədo] *nm* verger, beadle †.

bedonnant, e * [bədɔnɑ̃, ɑ̃t] *adj* potbellied *, portly.

bédouin, e [bedwɛ̃, in] *adj*, **B~(e)** *nm(f)* Bedouin.

bée [be] *adj*: **être bouche ~** *(lit)* to stand open-mouthed *ou* gaping; *(d'admiration)* to be lost in wonder; *(de surprise)* to be flabbergasted * *(devant* at).

beffroi [befʀwa] *nm* belfry.

bégayer [begeje] (8) **1** *vi* to stammer, stutter. **2** *vt* to stammer (out), falter (out). ♦ **bégaiement** *nm* stammering, stuttering. ♦ **bègue** *nmf* stammerer, stutterer.

bégonia [begɔnja] *nm* begonia.

béguin * [begɛ̃] *nm*: **avoir le ~ pour qn/qch** to fancy sb/sth.

beige [bɛʒ] *adj, nm* beige.

beignet [bɛɲɛ] *nm [fruits]* fritter; *(pâte frite)* doughnut. **~ aux pommes** apple doughnut *ou* fritter.

bel [bɛl] *adj* V **beau.**

bêler [bele] (1) *vi (Zool, fig)* to bleat. ♦ **bêlement** *nm* bleating.

belette [bəlɛt] *nf* weasel.

belge [bɛlʒ(ə)] *adj*, **B~** *nmf* Belgian. ♦ **Belgique** *nf* Belgium.

Belgrade [bɛlgʀad] *n* Belgrade.

bélier [belje] *nm (Zool, Tech)* ram. *(Astron)* **le B~** Aries, the Ram.

belladone [beladɔn] *nf (Bot)* deadly nightshade; *(Méd)* belladonna.

belle [bɛl] *V* **beau.**

belligérance [beliʒeʀɑ̃s] *nf* belligerence. ◆ **belligérant, e** *adj, nm, f* belligerent.

belliqueux, -euse [belikø, øz] *adj humeur* quarrelsome; *politique, peuple* warlike.

belvédère [bɛlvedeʀ] *nm (édifice)* belvedere; *(vue)* (panoramic) viewpoint.

bémol [bemɔl] *nm (Mus)* flat.

bénédicité [benedisite] *nm* grace, blessing. **dire le** ~ to say grace *ou* the blessing.

bénédiction [benediksjɔ̃] *nf (gén)* blessing ; *(*: aubaine)* blessing, godsend.

bénéfice [benefis] *nm* **(a)** *(Comm)* profit. **faire du** ~ to make *ou* turn a profit. **(b)** *(avantage)* advantage, benefit. **concert donné au** ~ **de** concert given to raise funds for *ou* in aid of; **le** ~ **du doute** the benefit of the doubt; **au** ~ **de l'âge** by prerogative of age. **(c)** *(Rel)* benefice, living. ◆ **bénéficiaire** *nmf (gén)* beneficiary. **être le** ~ **de** to benefit by. ◆ **bénéficier de** (7) *vt indir (jouir de)* to have, enjoy; *(obtenir)* to get, have; *(tirer profit de)* to benefit by *ou* from. ~ **de circonstances atténuantes** to be granted extenuating circumstances; **faire** ~ **qn d'une remise** to give *ou* allow sb a discount. ◆ **bénéfique** *adj* beneficial.

Bénélux [benelyks] *nm*: **le** ~ the Benelux countries.

benêt [bənɛ] **1** *nm* simpleton. **2** *adj m* silly.

bénévole [benevɔl] **1** *adj* voluntary, unpaid. **2** *nmf* volunteer, voluntary helper *ou* worker. ◆ **bénévolement** *adv* voluntarily. ◆ **bénévolat** *nm* voluntary help.

Bengale [bɛ̃gal] *nm*: **le** ~ Bengal.

Bénin [benɛ̃] *nm*: **le** ~ Benin.

bénin, -igne [benɛ̃, iɲ] *adj accident* slight, minor; *maladie, remède* mild; *tumeur* benign.

bénir [beniʀ] (2) *vt* **(a)** *(Rel)* to bless. **(b)** *occasion* to thank God for. *personne* **soyez béni!** bless you!; *(iro)* **ah, toi, je te bénis!** oh curse you! ◆ **bénit, e** *adj* consecrated; *eau* holy. ◆ **bénitier** *nm (Rel)* stoup.

benjamin, ine [bɛ̃ʒamɛ̃, in] *nm, f* youngest child *(ou* son, *ou* daughter*)*.

benjoin [bɛ̃ʒwɛ̃] *nm* benzoin.

benne [bɛn] *nf* **(a)** *(Min)* skip, truck. **(b)** *[camion] (basculante)* tipper; *(amovible)* skip; *[grue]* scoop; *[téléphérique]* (cable-)car.

benzène [bɛ̃zɛn] *nm* benzene.

béquille [bekij] *nf [infirme]* crutch; *[moto]* stand.

berbère [bɛʀbɛʀ] *adj,* **B**~ *nmf* Berber.

berceau, pl ~**x** [bɛʀso] *nm (lit)* cradle, crib; *(lieu d'origine)* birthplace; *(charmille)* arbour.

bercer [bɛʀse] (3) *vt (gén)* to rock; *douleur* to lull, soothe. *(tromper)* ~ **de** to delude with; **se** ~ **d'illusions** to delude o.s. ◆ **bercement** *nm* rocking movement. ◆ **berceur, -euse 1** *adj rythme* soothing. **2** *nf (chanson)* lullaby.

béret [beʀɛ] *nm* beret.

berge [bɛʀʒ(ə)] *nf [rivière]* bank. **il a 50** ~**s** ‡ he's 50 (years old).

berger [bɛʀʒe] *nm (lit, Rel)* shepherd. **(chien de)** ~ sheepdog; ~ **allemand** alsatian, German sheepdog *ou* shepherd. ◆ **bergère** *nf* **(a)** shepherdess. **(b)** *(fauteuil)* wing chair. ◆ **bergerie** *nf* sheepfold.

bergeronnette [bɛʀʒəʀɔnɛt] *nf* wagtail.

berk * [bɛʀk] *excl* yuk ‡.

Berlin [bɛʀlɛ̃] *n* Berlin. ~**-Est/-Ouest** East/West Berlin.

berline [bɛʀlin] *nf (Aut)* saloon (car), sedan *(US)*; *(†: à chevaux)* berlin; *(Min)* truck.

berlingot [bɛʀlɛ̃go] *nm (bonbon)* boiled sweet; *(emballage)* (pyramid-shaped) carton; *(pour shampooing)* sachet.

berlue [bɛʀly] *nf*: **j'ai la** ~ I must be seeing things.

bermuda(s) [bɛʀmyda] *nm* bermuda shorts.

Bermudes [bɛʀmyd] *nfpl* Bermuda.

bernard-l'(h)ermite [bɛʀnaʀlɛʀmit] *nm inv* hermit crab.

berne [bɛʀn(ə)] *nf*: **en** ~ ≃ at half-mast; **mettre en** ~ ≃ to half-mast.

Berne [bɛʀn] *n* Bern.

berner [bɛʀne] (1) *vt (tromper)* to fool, hoax.

bernique [bɛʀnik] **1** *nf* limpet. **2** *excl* (*) nothing doing! *

besace [bəzas] *nf* beggar's bag.

besicles [bezikl(ə)] *nfpl (Hist)* spectacles.

besogne [bəzɔɲ] *nf (travail)* work, job.

besoin [bəzwɛ̃] *nm* **(a)** *(exigence)* need *(de* for, *de* faire to do). ~**s essentiels** basic needs; **il a des grands/petits** ~**s** his needs are great/small. **(b)** *(pauvreté)* **le** ~ need, want; **famille dans le** ~ needy family; **ceux qui sont dans le** ~ the needy. **(c)** *(euph)* ~**s naturels** nature's needs; **faire ses** ~**s** *[personne]* to relieve o.s.; *[animal domestique]* to do its business. **(d)** **avoir** ~ **de qch/de faire qch** to need sth/to do sth; **il n'a pas** ~ **de venir** he doesn't need *ou* have to come, there's no need for him to come; **il a** ~ **que vous l'aidiez** he needs your help *ou* you to help him; **pas** ~ **de dire que** it goes without saying that; *(iro)* **il avait bien** ~ **de ça!** that's just what he needed! *(iro)*; **est-ce que tu avais** ~ **d'y aller?** * did you really have to go? **(e)** **au** ~ **, si** ~ **est** if necessary, if need be; **pour les** ~**s de la cause** for the purpose in hand.

bestial, e, mpl -aux [bɛstjal, o] *adj* bestial, brutish. ◆ **bestialement** *adv* bestially, brutishly. ◆ **bestialité** *nf* bestiality, brutishness.

bestiaux [bɛstjo] *nmpl (gén)* livestock; *(bovins)* cattle.

bestiole [bɛstjɔl] *nf* (tiny) creature, creepy crawly *.

bêta, -asse * [bɛta, ɑs] *adj, nm, f* silly.

bétail [betaj] *nm (gén)* livestock; *(bovins, fig)* cattle. ◆ **bétaillère** *nf* livestock truck.

bête [bɛt] **1** *nf* **(a)** *(animal)* animal; *(insecte)* bug, creature. ~ **sauvage** wild beast *ou* creature; **pauvre petite** ~ poor little thing *ou* creature; **ces sales** ~**s** those wretched creatures. **(b)** *(personne) (bestial)* beast; *(†: stupide)* fool. *(hum)* **c'est une bonne** ~! he is a good-natured sort; *(terme d'affection)* **grosse** ~! * you big silly! *
2 *adj (stupide)* stupid, silly, foolish. **ce qu'il peut être** ~! what a fool he is!; **être** ~ **comme ses pieds** ‡ to be as thick as a brick; **je ne suis pas si** ~ I'm not that silly; **c'est** ~ **j'ai oublié** it's silly *ou* stupid, I forgot; **ce n'est pas** ~ that's not a bad idea. **(b)** *(*: très simple)* **c'est tout** ~ it's quite *ou* dead * simple.
3 : **à bon dieu** ladybird; ~ **à cornes** horned animal; *(iro)* ~ **curieuse** strange animal; ~ **fauve** big cat; **c'est ma** ~ **noire** *[chose]* that's my pet hate; *[personne]* I just can't stand him; ~ **de somme** beast of burden.
◆ **bêtement** *adv* stupidly, foolishly. **tout** ~ quite simply.

bêtise [betiz] *nf* **(a)** *(stupidité)* stupidity, folly. **j'ai eu la** ~ **de** I was foolish enough to. **(b)** *(action stupide)* silly *ou* stupid action; *(erreur)* blunder. **dire des** ~**s** to talk nonsense; **ne faites pas de** ~**s** don't do anything silly *ou* stupid. **(c)** *(bagatelle)* trifle. **dépenser son argent en** ~**s** to spend one's money on rubbish *ou* trash *(US)*. **(d)** ~ **de Cambrai** ≃ mint humbug, hard mint candy *(US)*.

béton [betɔ̃] *nm* concrete. ~ **armé** reinforced concrete; *(fig)* **accord en** ~ **armé** ironclad agreement. ◆ **bétonner** (1) *vt (Constr)* to concrete. ◆ **bétonnière** *nf* cement mixer.

betterave [bɛtRav] *nf*: ~ **fourragère** mangel-wurzel, beet; ~ **(rouge)** beetroot; ~ **sucrière** sugar beet.

beugler [bøgle] (1) **1** *vi* **(a)** *[vache]* to moo; *[taureau]* to bellow. **(b)** (*) *[personne]* to bellow; *[radio]* to blare. **faire** ~ **sa télé** to have one's TV on full blast *. **2** *vt* (*) to bellow out. ◆ **beuglement** *nm* mooing; bellowing; blaring.

beurre [bœR] **1** *nm* **(a)** butter. ~ **fondu** melted butter, drawn butter *(US)*; ~ **noir** brown (butter) sauce; ~ **d'anchois** anchovy paste; ~ **de cacahuètes** peanut butter. **(b)** (*) **entrer comme dans du** ~ to go *ou* get in with the greatest (of) ease; **ça va mettre du** ~ **dans les épinards** that will add a little to the kitty; **faire son** ~ to make a packet *. **2** : ~-**frais** *adj inv* buttercup yellow. ◆ **beurrer** (1) *vt* to butter. ◆ **beurrier** *nm* butter dish.

beuverie [bœvRi] *nf* drinking bout.

bévue [bevy] *nf* blunder.

Beyrouth [beRut] *n* Beirut.

Bhoutan [butɑ̃] *nm*: **le** ~ Bhutan.

bi... [bi] *préf* bi... **bilatéral/bivalent** bilateral/bivalent; **bicolore** two-coloured; **biréacteur** twin-engined jet; **biquotidien** twice-daily.

Biafra [bjafRa] *nm* Biafra. ◆ **biafrais, e** *adj*, **B~(e)** *nm, f* Biafran.

biais [bjɛ] *nm* **(a)** *(artifice)* device, means. **par le** ~ **de** by means of; *(aspect)* **abordons le problème par ce** ~ let's tackle the problem from this angle. **(b)** *(Tex)* bias; *(ligne oblique)* slant. **en** ~ *poser* slantwise; *couper* diagonally; **regarder qn de** ~ to give sb a sidelong glance; **prendre une question de** ~ to tackle a question in a roundabout way. ◆ **biaiser** (1) *vi (louvoyer)* to sidestep the issue, prevaricate; *(obliquer)* to change direction.

bibelot [biblo] *nm (sans valeur)* trinket; *(de valeur)* curio.

biberon [bibRɔ̃] *nm* baby's bottle. **l'heure du** ~ (baby's) feeding time; **nourrir au** ~ to bottle-feed.

bibine * [bibin] *nf* weak beer.

bible [bibl(ə)] *nf (livre, fig)* bible. ◆ **biblique** *adj* biblical.

bibliographie [biblijɔgRafi] *nf* bibliography. ◆ **bibliographique** *adj* bibliographic(al).

bibliophile [biblijɔfil] *nmf* booklover.

bibliothèque [biblijɔtɛk] *nf (édifice, collection)* library; *(meuble)* bookcase. ~ **de gare** station bookstall. ◆ **bibliothécaire** *nmf* librarian.

bicarbonate [bikaRbɔnat] *nm* bicarbonate. ~ **de soude** sodium bicarbonate.

bicentenaire [bisɑ̃tnɛR] *nm* bicentenary, bicentennial.

bicéphale [bisefal] *adj* two headed.

biceps [bisɛps] *nm* biceps. **avoir des** ~ * to have a strong pair of arms.

biche [biʃ] *nf* doe. *(fig)* **ma** ~ darling.

bicher * [biʃe] (1) *vi* to be pleased with o.s. **ça biche?** how's things? *

bichonner [biʃɔne] (1) **1** *vt (pomponner)* to titivate; *(prendre soin de)* to fuss over. **2 se** ~ *vpr* to titivate.

bicoque [bikɔk] *nf (péj)* shack *.

bicorne [bikɔRn(ə)] *nm* cocked hat.

bicyclette [bisiklɛt] *nf* bicycle, bike; *(sport)* cycling. **faire de la** ~ *(promenade)* to go for a cycle ride; *(transport)* to go by bike.

bide [bid] *nm* (*: *ventre*) belly *; *(arg Théât)* flop.

bidet [bidɛ] *nm* **(a)** bidet. **(b)** *(cheval)* nag.

bidirectionnel, -elle [bidiRɛksjɔnɛl] *adj* bi-directional.

bidon [bidɔ̃] **1** *nm* **(a)** *(gén)* can, tin; *[lait]* churn; *[campeur, soldat]* flask. **(b)** (*) *(ventre)* belly *; *(bluff)* hot air. **2** *adj inv* (*) *attentat* mock. **société** ~ ghost company. ◆ **bidonville** *nm* shanty town.

bidule * [bidyl] *nm* thingumabob *.

bielle [bjɛl] *nf (locomotive)* connecting rod; *(voiture)* track rod.

bien [bjɛ̃] **1** *adv* **(a)** *(gén)* well; *fonctionner* properly, well. **être** ~ **portant** to be well, be in good health; **il parle** ~ **l'anglais** he speaks good English, he speaks English well; **il a** ~ **pris ce que je lui ai dit** he took what I had to say in good part; **il s'y est** ~ **pris (pour le faire)** he went about it the right way; **si je me rappelle** ~ if I remember right *ou* correctly; **vous avez** ~ **fait** you did the right thing; **faire** ~ **les choses** to do things properly *ou* in style; **vous feriez** ~ **de** you'd do well *ou* you'd be well advised to; **on comprend** ~ **pourquoi** you can quite easily see why; **il peut très** ~ **le faire** he can quite easily do it.

(b) *(très)* very; *(beaucoup)* very much; *(trop)* rather. ~ **mieux** much better; ~ **souvent** quite often; ~ **content** very glad; ~ **plus heureux/cher** far *ou* much happier/more expensive; **nous avons** ~ **ri** we had a good laugh; **tout cela est** ~ **joli mais** that's all very well but; **c'est** ~ **long** it's rather long *ou* a bit on the long side.

(c) *(effectivement)* indeed, definitely. **j'avais** ~ **dit que** I DID say *ou* I certainly did say that; **c'est** ~ **une erreur** it's definitely *ou* certainly a mistake; **c'est** ~ **à ton frère que je pensais** it was indeed your brother I was thinking of; **est-ce** ~ **mon manteau?** is it really my coat?; **il s'agit** ~ **de cela!** as if that's the point!; **voilà** ~ **les femmes!** that's just like women!, that's women all over!; **c'est** ~ **ma veine!** * it's just my luck!; **c'était** ~ **la peine!** after all that trouble!; **où peut-il** ~ **être?** where on earth can he be?

(d) *(complètement)* **ferme** ~ **la porte** shut the door properly; **écoute-moi** ~ listen to me carefully; **mets-toi** ~ **en face** stand right *ou* straight opposite; **ça m'est** ~ **égal** it's all the same to me; **c'est** ~ **compris?** is that clearly *ou* quite understood?

(e) *(hypothèse, fatalité)* **j'espère** ~! I should hope so!; **on verra** ~ we'll see, time will tell; **il se pourrait** ~ **qu'il pleuve** it could well rain; **il fallait** ~ **que ça arrive** it was bound to happen; **il faut** ~ **le supporter** one just has to put up with it; **j'irais** ~ **mais...** I'd willingly *ou* gladly go but...; **je voudrais** ~ **t'y voir!** I'd like to see you try!

(f) *(au moins)* at least. **il y a** ~ **3 jours que je ne l'ai vu** I haven't seen him for at least 3 days.

(g) ~ **de**: ~ **des gens** a good many *ou* quite a few (people); **ils ont eu** ~ **de la chance** they were really very lucky; **elle a eu** ~ **du mal à faire** she had a great deal of difficulty in doing.

(h) ~ **que** although, though.

(i) ah ~ **(ça) alors!** well really!; ~ **sûr** of course; **ni** ~ **ni mal** so-so *; **c'est** ~ **fait (pour lui)** it serves him right.

2 *adj inv* **(a)** *(de qualité)* good; *(en bonne santé)* well; *(beau) personne* good-looking; *chose* nice. **donnez-lui quelque chose de** ~ give him something really good; *(approbation)* ~! good!, fine!; *(exaspération)* **c'est** ~! all right!, all right! **(b)** *(à l'aise)* **il est** ~ **partout** he feels at home anywhere; **on est** ~ **à l'ombre** it's pleasant *ou* nice in the shade; **je suis** ~ **dans ce fauteuil** I'm very comfortable in this chair; **elle se trouve** ~ **dans son nouveau poste** she's very happy in her new job; **il est** ~ **où il est!** he's quite all right where he is; *(iro)* **vous voilà** ~! now you've done it!; **être/se mettre** ~ **avec qn** to be/get on good terms with sb. **(c)** *(moralement)* nice. **ce n'est pas** ~ **de** it's not nice to;

c'est ~ à vous de les aider it's good *ou* nice of you to help them.
3 *nm* (**a**) good. **faire le** ~ to do good; **ça m'a fait du** ~ it did me good; **c'est pour ton** ~! it's for your own good!; **ça a été un** ~ it was a good thing; **changer en** ~ to change for the better; **dire du** ~ **de** to speak highly of; **vouloir du** ~ **à qn** to wish sb well; **grand** ~ **vous fasse!** much good may it do you! (**b**) (*gén: possession*) possession; (*argent*) fortune; (*terres*) estate. ~ **mal acquis ne profite jamais** ill-gotten gains seldom prosper.
4 : ~ **-aimé(e)** *adj*, *nm(f)* beloved; **~s de consommation** consumer goods; **~s durables** consumer durables; **~-être** *nm* (*physique*) well-being; (*matériel*) comfort; **~-fondé** *nm* [*opinion*] validity; [*plainte*] cogency; ~ **pensant** *adj* (*Rel*) God-fearing; (*Pol, gén*) right-thinking.

bienfaisance [bjɛ̃fəzɑ̃s] *nf* charity. **œuvres de** ~ charities, charitable organisations. ◆ **bienfaisant, e** *adj* (*remède*) beneficial; *personne* beneficent, kind.

bienfait [bjɛ̃fɛ] *nm* kindness. **c'est un** ~ **du ciel!** it's a godsend! *ou* blessing!; **les ~s de** *science* the benefits of; *cure* the beneficial effects of. ◆ **bienfaiteur, -trice** *nm, f* benefactor, benefactress.

bienheureux, -euse [bjɛ̃nœRø, øz] *adj* (*Rel*) blessed.

biennale [bjenal] *nf* biennial event.

bienséance [bjɛ̃seɑ̃s] *nf* propriety. ◆ **bienséant, e** *adj* proper, becoming.

bientôt [bjɛ̃to] *adv* soon. **à** ~! see you soon!; **on est** ~ **arrivé** we'll soon be there, we'll be there shortly; **c'est pour** ~? is it due soon?; **il est** ~ **minuit** it's nearly midnight; **il eut** ~ **fait de finir son travail** † he lost no time in finishing his work.

bienveillance [bjɛ̃vɛjɑ̃s] *nf* benevolence, kindness (*envers*). **examiner avec** ~ to give favourable consideration to. ◆ **bienveillant, e** *adj* benevolent, kindly.

bienvenu, e [bjɛ̃vny] **1** *adj* *remarque* apposite, well-chosen. **2** *nm, f*: **être le** ~ (*ou* **la ~e**) to be most welcome. **3** *nf* welcome. **souhaiter la ~e à qn** to welcome sb.

bière¹ [bjɛR] *nf* beer. ~ **blonde** lager; ~ **brune** brown ale; ~ **pression** draught beer.

bière² [bjɛR] *nf* coffin, casket (*US*).

biffer [bife] (**1**) *vt* to cross out.

bifteck [biftɛk] *nm* steak. ~ **dans le filet** fillet steak; **deux ~s** two steaks, two pieces of steak.

bifurquer [bifyRke] (**1**) *vi* (*route*) to fork, branch off; [*véhicule*] to turn off (*vers, sur* for, towards). ~ **sur la droite** to bear *ou* turn right. ◆ **bifurcation** *nf* fork.

bigame [bigam] **1** *adj* bigamous. **2** *nmf* bigamist. ◆ **bigamie** *nf* bigamy.

bigarré, e [bigaRe] *adj* *vêtement, groupe* gaily-coloured; (*fig*) *foule* motley; *peuple* mixed. ◆ **bigarrure** *nf* coloured pattern.

bigorneau, *pl* **~x** [bigɔRno] *nm* winkle.

bigot, e [bigo, ɔt] (*péj*) **1** *adj* over-devout. **2** *nm, f* (religious) bigot. ◆ **bigoterie** *nf* (religious) bigotry.

bigoudi [bigudi] *nm* (hair-)curler *ou* roller.

bigre [bigR(ə)] *excl* (*hum*) gosh! * ◆ **bigrement** *adv* *bon* darn *, dead *; *changer* a heck of a lot *.

bijou, *pl* ~**x** [biʒu] *nm* jewel; (*fig*) gem, marvel. **mon** ~ my love. ◆ **bijouterie** *nf* (*boutique*) jeweller's (shop); (*commerce*) jewellery business. ◆ **bijoutier, -ière** *nm, f* jeweller.

bikini [bikini] *nm* bikini.

bilan [bilɑ̃] *nm* (**a**) (*évaluation*) assessment; (*résultats*) results; (*conséquences*) consequences. **faire le** ~ **de** to take stock of, assess; ~ **de santé** (medical) checkup. (**b**) (*Fin*) balance sheet.

bilboquet [bilbɔkɛ] *nm* ≃ cup-and-ball game.

bile [bil] *nf* bile. **se faire de la** ~ (**pour**) * to get worried (about). ◆ **bileux, -euse** * **1** *adj* easily worried. **2** *nm, f* worrier, fretter *.

bilingue [bilɛ̃g] *adj* bilingual. ◆ **bilinguisme** *nm* bilingualism.

billard [bijaR] *nm* (**a**) (*jeu*) billiards (*sg*); (*table*) billiard table. **boule de** ~ billiard ball; **faire un** ~ to play a game of billiards; ~ **électrique** pinball machine. (**b**) (*) **passer sur le** ~ to have an operation; **c'est du** ~ it's quite *ou* dead * easy.

bille [bij] *nf* (**a**) (*enfant*) marble; (*billard*) (billiard) ball. **jouer aux ~s** to play marbles; **déodorant à** ~ roll-on deodorant. (**b**) ~ **de bois** block of wood. (**c**) (*: visage*) face, mug ‡.

billet [bijɛ] **1** *nm* (**a**) ticket. ~ **aller/aller-retour** single *ou* one-way (*US*)/return *ou* round-trip (*US*) ticket. (**b**) (*argent*) note, bill (*US*). (†: *lettre*) note, short letter. **je te fiche** *ou* **flanque mon** ~ **que** * I bet you my bottom dollar that *. **2** : ~ **de banque** banknote; ~ **de commerce** promissory note ; ~ **doux** love letter; ~ **de faveur** complimentary ticket; (*Mil*) ~ **de logement** billet; (*Scol*) ~ **de retard** late slip, tardy slip (*US*). ◆ **billetterie** *nf* (*Banque*) cash dispenser.

billion [biljɔ̃] *nm* billion, trillion (*US*).

billot [bijo] *nm* block.

binaire [binɛR] *adj* binary.

biner [bine] (**1**) *vt* to hoe, harrow. ◆ **binette** *nf* (**a**) (*Agr*) hoe. (**b**) (*: visage*) face.

bing [biŋ] *excl* smack!, thwack!

biniou [binju] *nm* (*Mus*) Breton bagpipes.

binôme [binom] *nm* binomial.

biochimie [bjoʃimi] *nf* biochemistry. ◆ **biochimique** *adj* biochemical. ◆ **biochimiste** *nmf* biochemist.

biodégradable [bjodegRadabl(ə)] *adj* biodegradable.

biographe [bjogRaf] *nmf* biographer. ◆ **biographie** *nf* biography. ◆ **biographique** *adj* biographical.

biologie [bjolɔʒi] *nf* biology. ◆ **biologique** *adj* biological. ◆ **biologiste** *nmf* biologist.

bipartite [bipaRtit] *adj* bipartite.

bipède [biped] *adj*, *nm* biped.

biplan [biplɑ̃] *nm* biplane.

bique [bik] *nf* nanny-goat. (*péj*) **vieille** ~ old hag *. ◆ **biquet, -ette** *nm, f* (*Zool*) kid.

Birmanie [biRmani] *nf* Burma. ◆ **birman, e** *adj*, **B~(e)** *nm(f)* Burmese.

bis¹ [bis] *adv* (*sur partition*) repeat. ~! encore!; (*numéro*) **12** ~ 12a.

bis², e [bi, biz] *adj* greyish-brown.

bisaïeul [bizajœl] *nm* great-grandfather.

bisaïeule [bizajœl] *nf* great-grandmother.

biscornu, e [biskɔRny] *adj forme* crooked; *idée, esprit* tortuous, cranky. *chapeau* ~ shapeless hat.

biscoteaux * [biskoto] *nmpl* biceps.

biscotte [biskɔt] *nf* rusk, melba toast (*US*).

biscuit [biskɥi] *nm* (*mou*) sponge cake; (*sec*) biscuit, cookie (*US*). ~ **à la cuiller** sponge finger, lady finger (*US*); ~ **salé** cheese biscuit, cracker (*US*). ◆ **biscuiterie** *nf* (*usine*) biscuit *ou* cookie (*US*) factory.

bise [biz] *nf* (**a**) North wind. (**b**) kiss.

biseau, *pl* ~**x** [bizo] *nm* [*glace*] bevel; (*Menuiserie*) chamfer; (*outil*) bevel. **en** ~ bevelled; chamfered. ◆ **biseauter** (**1**) *vt* to bevel; to chamfer; *cartes* to mark.

bismuth [bismyt] *nm* bismuth.

bison [bizɔ̃] *nm* bison, American buffalo.

bisquer * [biske] (1) *vi* to be riled *. **faire** ~ to rile *.

bissecteur, -trice [bisɛktœʀ, tʀis] **1** *adj* bisecting. **2** *nf* bisector.

bisser [bise] (1) *vt acteur* to encore.

bistouri [bisturi] *nm* lancet.

bistre [bistʀ(ə)] *adj, nm* bistre. ◆ **bistré, e** *adj teint* swarthy.

bistro(t) [bistʀo] *nm* café, bar.

bit [bit] *nm (Ordin)* bit.

bitume [bitym] *nm (Chim, Min)* bitumen; *(revête-ment)* asphalt, tarmac ®. ◆ **bitum(in)er** (1) *vt* to asphalt, tarmac. ◆ **bitum(in)eux, -euse** *adj* bituminous.

bivouac [bivwak] *nm* bivouac. ◆ **bivouaquer** (1) *vi* to bivouac.

bizarre [bizaʀ] *adj* strange, odd, peculiar. **le ~ dans tout cela...** the strange *ou* odd part about it all... ◆ **bizarrement** *adv* strangely, oddly, peculiarly. ◆ **bizarrerie** *nf* strangeness, oddness. **~s** pecu-liarities, oddities. ◆ **bizarroïde** *adj* odd.

bizut(h) [bizy] *nm (arg Scol)* fresher *(arg)*, freshman, first-year student. ◆ **bizuter** (1) *vt (arg Scol)* to rag, haze *(US)*.

blablabla * [blablabla] *nm* claptrap *.

blackbouler [blakbule] (1) *vt (élection)* to black-ball; *(examen)* to fail.

black-out [blakawt] *nm (Élec, Mil)* blackout.

blafard, e [blafaʀ, aʀd(ə)] *adj* wan, pale.

blague [blag] *nf* **(a)** *(*) (histoire)* joke; *(farce)* hoax. **faire une ~ à qn** to play a trick on sb; **sans ~?** you're kidding! ⚨; ~ **à part** seriously, joking apart, kidding aside * *(US)*; **pas de ~s!** no messing about! * **(b)** *(*: erreur)* blunder. **(c)** ~ **(à tabac)** tobacco pouch. ◆ **blaguer** * (1) **1** *vi* to be joking *ou* kidding ⚨. **2** *vt* to tease, kid ⚨. ◆ **blagueur, -euse** *adj* teasing. **2** *nm, f* joker.

blaireau, *pl* ~**x** [blɛʀo] *nm (Zool)* badger; *(pour barbe)* shaving brush.

blairer ⚨ [blɛʀe] (1) *vt*: **je ne peux pas le** ~ I can't stand him, he gives me the creeps ⚨.

blâme [blɑm] *nm (désapprobation)* blame; *(répri-mande)* reprimand, rebuke; *(punition)* reprimand. **donner un ~ à qn** to reprimand sb. ◆ **blâmable** *adj* blameful. ◆ **blâmer** (1) *vt* to blame; to repri-mand; to rebuke.

blanc, blanche [blɑ̃, blɑ̃ʃ] **1** *adj* **(a)** *(gén)* white *(de* with); *(pas bronzé)* pale. **il était ~ à 30 ans** he had white hair at 30; ~ **comme un linge** as white as a sheet; *(fig)* ~ **comme neige** as pure as the driven snow. **(b)** *page, copie* blank; *papier non qua-drillé* unlined, plain. **2** *nm* **(a)** *(couleur)* white; *(poudre)* white powder; *(vin)* white wine. *(lavage)* **le ~ et la couleur** white and coloureds; *(tissu)* **vente de ~** white sale, sale of household linen. **(b)** *(espace)* blank. **'laisser en ~'** 'leave (this space) blank'. **(c)** *(Culin)* ~ **(d'œuf)** (egg) white; ~ **(de poulet)** breast (of chicken). **(d)** *(homme)* **B~** White, white man. **(e)** **à ~** *charger* with blanks; **tirer à ~** to fire blanks; **cartouche à ~** blank (cartridge). **3** *nf* **(a)** *(femme)* **Blanche** white woman. **(b)** *(Mus)* minim, half-note *(US)*. **4** : ~ **bec** * greenhorn; ~ **cassé** off-white; ~ **d'Es-pagne** whitening; **Blanche-Neige (et les sept nains)** Snow White (and the Seven Dwarfs). ◆ **blan-châtre** *adj* whitish, off-white. ◆ **blancheur** *nf* whiteness.

blanchir [blɑ̃ʃiʀ] (2) **1** *vt* **(a)** *(gén)* to whiten, light-en; *cheveux* to turn grey *ou* white; *toile* to bleach. ~ **à la chaux** to whitewash. **(b)** *linge*, *(fig)* argent to launder. **il est blanchi** his laundry is done for him. **(c)** *(disculper)* to clear. **(d)** **(faire)** ~ *(Culin, Agr)* to blanch. **2** *vi [cheveux]* to go grey *ou* white;

[couleur] to become lighter. **3 se** ~ *vpr* to clear one's name. ◆ **blanchissage** *nm* laundering. **note de** ~ laundry bill. ◆ **blanchissement** *nm* whitening. ◆ **blanchisserie** *nf* laundry. ◆ **blan-chisseur, euse** *nm, f* launderer, launderess.

blanquette [blɑ̃kɛt] *nf*: ~ **de veau** blanquette of veal.

blaser [blaze] (1) *vt* to make blasé. **être blasé de** to be bored with. ◆ **blasé, e** *adj* blasé.

blason [blazɔ̃] *nm* coat of arms.

blasphémateur, -trice [blasfematœʀ, tʀis] *nm, f* blasphemer. ◆ **blasphématoire** *adj* blasphe-mous. ◆ **blasphème** *nm* blasphemy. ◆ **blas-phémer** (6) *vti* to blaspheme.

blatte [blat] *nf* cockroach.

blé [ble] *nm* wheat; *(⚨: argent)* dough ⚨, lolly ⚨. ~ **dur** hard wheat; ~ **noir** buckwheat.

bled * [blɛd] *nm* village. **un ~ perdu** a hole *, dump ⚨.

blême [blɛm] *adj* pale, wan. ~ **de rage** livid with rage. ◆ **blêmir** (2) *vi* to turn pale *(de* with).

blesser [blese] (1) *vt* **(a)** *(gén)* to hurt, injure; *(Mil)* to wound. **être blessé au bras** to have an arm injury *ou* wound; **il s'est blessé en tombant** he fell and injured himself; **ses souliers lui blessent le talon** his shoes hurt his heel; **couleurs qui blessent la vue** colours which offend *ou* shock the eye. **(b)** *(offenser)* personne to hurt (the feelings of), wound; *convenances* to offend against. **paroles qui blessent** wounding *ou* cutting remarks; **il se blesse pour un rien** he's easily hurt *ou* offended. ◆ **bles-sant, e** *adj* cutting. ◆ **blessé, e** *nm, f* wounded *ou* injured man *(ou* woman). **l'accident a fait 10** ~**s** 10 people were injured *ou* hurt in the acci-dent; ~ **grave** seriously injured person; **les ~s de guerre** the war wounded; ~**s de la route** road casualties. ◆ **blessure** *nf* injury; wound. **c'est une** ~ **d'amour-propre** his pride is hurt.

blet, blette [blɛ, blɛt] *adj* overripe.

bleu, e [blø] **1** *adj couleur* blue; *steak* very rare. **2** *nm* **(a)** *(couleur)* blue. *(fig)* **il n'y a vu que du ~** * he didn't smell a rat; **le ~ de ce ciel** the blueness of that sky; ~ **marine/nuit/roi** navy/midnight/royal blue; ~**-noir** blue-black. **(b)** ~ **(de lessive)** (dolly) blue. **(c)** *(sur la peau)* bruise. **(d)** *(vêtement)* ~**(s)** **(de travail)** dungarees, overalls. **(e)** *(arg Mil: recrue)* rookie *(arg)*, raw recruit; *(gén: débutant)* beginner, greenhorn. **(f)** *(fromage)* blue(-veined) cheese. **(g)** *(Culin)* **truite au** ~ trout au bleu. ◆ **bleuâtre** *adj* bluish. ◆ **bleuet** *nm* cornflower. ◆ **bleuir** (2) *vti* to turn blue. ◆ **bleuté, e** *adj reflet* bluish; *verre* blue-tinted.

blinder [blɛ̃de] (1) *vt* **(a)** *(Mil)* to armour; *porte* to reinforce. **(b)** *(*: endurcir)* to harden, make immune *(contre* to). ◆ **blindage** *nm* armour plat-ing; reinforcing. ◆ **blindé** *nm (Mil)* armoured car, tank. **les ~s** the armour.

blizzard [blizaʀ] *nm* blizzard.

bloc [blɔk] **1** *nm* **(a)** *[marbre, bois]* block. **fait d'un seul** ~ made from a single piece. **(b)** *(papeterie)* pad. **(c)** *(système d'éléments)* unit; *(Ordin)* block; *(groupe)* group; *(Pol)* bloc. **(⚨: prison)* **mettre qn au** ~ to clap sb in clink ⚨; **faire** ~ **avec/contre qn** to unite with/against sb; **visser qch à** ~ to screw sth up tight; **vendre qch en** ~ to sell sth as a whole; **il refuse en** ~ **tous mes arguments** he rejects all my arguments wholesale; **se retourner tout d'un** ~ to swivel round. **2** ~**-calendrier** *nm*, *pl* ~**s**-~ tear-off calendar; ~**-cuisine** *nm*, *pl* ~**s**-~**s** kitchen unit; *(Sport)* ~ **de départ** starting-block; ~**-évier** *nm*, *pl* ~**s**-~**s** sink unit; *(Aut)* ~**-moteur** *nm*, *pl*~**s**-~**s** engine block; ~**-notes** *nm*, *pl* ~**s**-~ *(cahier)* desk-pad, scratch pad; *(avec pince)* clipboard; *(Méd)* ~ **opératoire** operating theatre suite; *(Aut)* ~ **optique** headlamp assembly.

blocage [blɔkaʒ] nm (**a**) [prix] freeze; [compte] freezing. (**b**) (Psych) block. (**c**) [frein, roues] locking; [écrou] overtightening.

blockhaus [blɔkos] nm (Mil) blockhouse.

blocus [blɔkys] nm blockade.

blond, e [blɔ̃, ɔ̃d] **1** adj cheveux fair, blond; personne fair, fair-haired; blé, sable golden. ~ **cendré** ash-blond. **2** nm (couleur) blond, light gold; (homme) fair-haired man. **3** nf (bière) lager, ≃ light ale; (cigarette) Virginia cigarette; (femme) blonde. ◆ **blondinet, -ette** nm, f fair-haired child. ◆ **blondir** (2) vi [cheveux] to go fairer.

bloquer [blɔke] (1) **1** vt (**a**) (grouper) to lump ou group together. (Scol) **des cours bloqués sur six semaines** a six-week modular course. (**b**) porte, machine to jam; écrou to overtighten; roue (accidentellement) to lock; (exprès) to chock; ballon to block. ~ **les freins** to jam on the brakes; ~ **qn contre un mur** to pin sb against a wall; **bloqué par un accident** held up by an accident; **je suis bloqué chez moi** I'm stuck at home. (**c**) (obstruer) to block (up). **route bloquée par la glace/la neige** icebound/snowbound road. (**d**) marchandises to stop, hold up; salaires, compte to freeze; négociations to block, hold up. **être bloqué** [situation] to be at a standstill. **2 se** ~ vpr [porte, frein, machine] to jam; [roue] to lock.

blottir (se) [blɔtiʀ] (2) vpr to curl up, snuggle up. **blotti parmi les arbres** nestling among the trees.

blouse [bluz] nf (tablier) overall; [médecin] white coat; [paysan] smock; (Billard) pocket.

blouson [bluzɔ̃] nm windjammer, blouson-style jacket. ~ **de laine** lumber jacket; ~ **d'aviateur** bomber ou pilot jacket; ~ **noir** ≃ teddy-boy, hell's angel (US).

blue-jean, pl **blue-jeans** [bludʒin] nm jeans, denims.

blues [bluz] nm inv (Mus) blues.

bluff * [blœf] nm bluff. **c'est du** ~! he's just bluffing! ◆ **bluffer** * (1) **1** vi to bluff. **2** vt to fool; (Cartes) to bluff. ◆ **bluffeur, -euse** * nm, f bluffer.

boa [bɔa] nm (Habillement, Zool) boa.

boat-people [botpipɔl] nmpl boat people.

bobard * [bɔbaʀ] nm lie, fib *.

bobine [bɔbin] nf (**a**) [fil] reel, bobbin; (sur machine) spool; (Photo) reel; (Aut, Élec) coil. (Phot) ~ **de pellicule** roll of film. (**b**) (*: visage) face.

bobo * [bɔbo] nm (plaie) sore; (coupure) cut. **avoir** ~ to have a pain; **ça (te) fait** ~? does it hurt?

bob(sleigh) [bɔb(slɛg)] nm bobsleigh.

bocage [bɔkaʒ] nm (Géog) bocage; (bois) grove. ◆ **bocager, -ère** adj (boisé) wooded; (Géog) bocage.

bocal, pl **-aux** [bɔkal, o] nm jar. **mettre en** ~aux to preserve, bottle.

bock [bɔk] nm glass of beer; (verre) beer glass.

bœuf [bœf], pl ~**s** [bø] **1** nm (bête) [labour] ox; [boucherie] bullock; (viande) beef. ~**s de boucherie** beef cattle. **2** adj inv: **effet** ~ * fantastic effect *.

bof! [bɔf] excl so what!

Bogota [bɔgɔta] n Bogota.

bohème [bɔɛm] **1** adj bohemian. **2** nmf bohemian.

bohémien, -ienne [bɔemjɛ̃, jɛn] nm, f (gitan) gipsy.

boire [bwaʀ] (53) **1** vt (**a**) to drink. ~ **un verre** to have a drink; ~ **qch à longs traits** to take great gulps of sth; **donner à** ~ **à qn** to give sb sth to drink ou a drink; ~ **à la santé/au succès de qn** to drink sb's health/to sb's success; **ça se boit bien** it is very drinkable; **faire** ~ personne to give sth to drink to; cheval to water; ~ **comme un trou** * to drink like a fish; **il boit (sec)** he's a (heavy)

drinker. (**b**) [plante, buvard] to soak up. (**c**) ~ **les paroles de qn** to drink in sb's words; ~ **le calice jusqu'à la lie** to drain one's cup to the last bitter drop; ~ **un bouillon** * (fortune) to make a big loss; (bain) to swallow a mouthful; ~ **du (petit) lait** to lap it up *; **il y a à** ~ **et à manger** you have to pick and choose what to believe. **2** nm: **le** ~ **et le manger** food and drink.

bois [bwa] **1** nm (**a**) (gén) wood. **en** ~ made of wood, wooden; **chaise de** ou **en** ~ wooden chair; **rester de** ~ to remain impassive ou unmoved; (fig) **chèque en** ~ cheque that bounces, rubber check * (US). **il va voir de quel** ~ **je me chauffe!** I'll show him (what I'm made of)! (**b**) (Zool) antler. (Mus) **les** ~ the woodwind instruments. **2** ~ **blanc** whitewood, deal; ~ **de charpente** timber; ~ **de chauffage** firewood; ~ **de lit** bedstead. ◆ **boisé, e** adj wooded. ◆ **boiserie** nf: ~(**s**) panelling.

boisson [bwasɔ̃] nf drink. **usé par la** ~ ravaged by drink; **pris de** ~ under the influence of drink.

boîte [bwat] **1** nf (**a**) (gén) box; (en métal) tin; [conserves] can. **mettre en** ~ to can; (fig) **mettre qn en** ~ * to pull sb's leg *. (**b**) (*) (cabaret) night club; (firme) firm; (bureau) office; (école) school. **quelle (sale)** ~! what a dump! ‡ **2** : ~ **d'allumettes** box of matches; ~ **crânienne** cranium; ~ **à gants** glove compartment; ~ **à** ou **aux lettres** letterbox; ~ **à musique** musical box; ~ **à ordures** dustbin, trash can (US); ~ **à outils** toolbox; ~ **à ouvrage** workbox; ~ **de Pandore** Pandora's box; ~ **postale 150** P.O. Box 150 ; ~ **de vitesses** gearbox.

boiter [bwate] (1) vi to limp. ~ **bas** to limp badly. ◆ **boitement** nm limping. ◆ **boiteux, -euse 1** adj personne, explication lame; meuble wobbly; paix, raisonnement shaky; vers, phrase faulty, clumsy. **2** nm, f lame person.

boîtier [bwatje] nm case; (pour appareil photo) body. ~ **électrique** electric torch.

boitiller [bwatije] (1) vi to limp slightly, hobble.

bol [bɔl] nm bowl. ~ **d'air** breath of fresh air; **avoir du** ~ ‡ to be lucky.

boléro [bɔleʀo] nm (gén) bolero.

bolide [bɔlid] nm (Astron) meteor; (voiture) racing car. **comme un** ~ at top speed, like a rocket.

Bolivie [bɔlivi] nf Bolivia. ◆ **bolivien, -ienne** adj, B~(**ne**) nm(f) Bolivian.

Bologne [bɔlɔɲ] n Bologna.

bombance * † [bɔ̃bɑ̃s] nf revel. **faire** ~ to revel.

bombarder [bɔ̃baʀde] (1) vt (gén, Phys) to bombard; (bombes) to bomb; (obus) to shell. (fig) ~ **de** cailloux to pelt with; questions, lettres to bombard with; **on l'a bombardé directeur** * he was suddenly pitchforked into the position of manager. ◆ **bombardement** nm bombardment; bombing; shelling; pelting. ~ **aérien** air raid; ~ **atomique** atom-bomb attack, atomic attack. ◆ **bombardier** nm (avion) bomber.

bombe [bɔ̃b] **1** nf (**a**) (Mil) bomb. **attentat à la** ~ bombing, bomb ou bombing attack; **éclater comme une** ~ to come as a bombshell, be like a bolt out of the blue. (**b**) (atomiseur) ~ (**insecticide**) etc (fly) spray. (**c**) (Équitation) riding hat. (**d**) **faire la** ~ * to go on a binge *. **2** (Aut) **antigel** de-icing spray; ~ **anti-crevaison** instant puncture sealant; ~ **atomique** atom(ic) bomb; **la** ~ **atomique** the Bomb; ~ **au cobalt** telecobalt machine; ~ **glacée** ice pudding.

bombé, e [bɔ̃be] adj (gén) rounded; front domed; mur bulging; dos humped; route steeply cambered.

bomber [bɔ̃be] (1) vt (**a**) ~ **le torse** (lit) to throw out one's chest; (fig) to swagger about. (**b**) (Peinture) to spray(-paint).

bon¹, bonne¹ [bɔ̃, bɔn] **1** adj (**a**) (gén) good; outil, produit good (quality); odeur, ambiance good, nice,

pleasant; *placement, entreprise* sound. **être ~ en anglais** to be good at English; **une personne de ~ conseil** a man of sound judg(e)ment; **tout lui est ~ pour me discréditer** he'll stop at nothing to discredit me; **il a la bonne vie** he's got it easy *; **c'était le ~ temps!** those were the days!; **dans la bonne société** in polite society.
(b) *(charitable) personne, action* good, kind, kindly. **~ mouvement** nice gesture; **elle est bonne fille** she's a good-hearted girl; **mon ~ monsieur** my good man.
(c) *(utilisable) billet, passeport* valid. **médicament ~ jusqu'au 5 mai** medicine to be consumed *ou* used before 5th May; **est-ce que ce vernis est encore ~?** is this varnish still usable?; **est-ce que cette eau est bonne?** is this water safe to drink?
(d) *(recommandé)* **est-ce bien ~ de fumer tant?** is it a good thing *ou* very wise to smoke so much?; **il est ~ de louer de bonne heure** it's as well *ou* it's advisable to book early; **croire ~ de faire** to think *ou* see fit to do; **comme ~ vous semble** as you think best.
(e) *(apte)* **~ pour le service** fit for service; **le voilà ~ pour recommencer** now he'll have to start all over again; **c'est ~ pour ceux qui n'ont rien à faire** it's all right *ou* fine for people who have nothing to do; **cet enfant n'est ~ à rien** this child is no good *ou* use at anything; **c'est ~ à jeter** it's fit for the dustbin; **c'est ~ à nous créer des ennuis** it will only create problems for us; **c'est ~ à savoir** it's useful to know that, that's worth knowing.
(f) *(correct) méthode, calcul* right; *fonctionnement* efficient, proper. **au ~ moment** at the right *ou* proper time; **le ~ usage** correct usage (of language); **il est de ~ ton de** it is good manners to; **si ma mémoire est bonne** if my memory serves me well, if I remember correctly.
(g) *(intensif)* good. **une bonne heure** a good hour; **bonne raclée** * thorough *ou* sound hiding; **une bonne averse** a heavy shower; **après un ~ moment** after quite some time; **faire ~ poids** to give good weight; **je te le dis une bonne fois** I'm telling you once and for all; **(un) ~ nombre de** a good many; **arriver ~ dernier** to come in a long way *ou* well behind the others; **une bonne moitié** fully half.
(h) *(souhaits)* **~ anniversaire!** happy birthday!; **~ appétit!** enjoy your meal!; **~ courage!** good luck!; **~ retour!** safe journey back!, safe return!; **bonne santé!** I hope you keep well!; **bonnes vacances!** have a good holiday! *ou* vacation! *(US)*.
(i) *(locutions)* **c'est ~!** (all) right!, OK! *; **~ sang!** damn it! *; **~s baisers** much love; **~ débarras!** good riddance!; **~ gré mal gré** willy-nilly; **(à) ~ marché** cheap; **de ~ cœur** *manger, rire* heartily; *accepter* willingly, readily; **à ~ compte** *s'en sortir* lightly; *acheter* cheap; **de bonne heure** early; **à la bonne heure!** that's fine!; **être ~ enfant** to be good-natured; **cette fois-ci, on est ~!** * this time we've had it! *; **c'est de bonne guerre** that's fair enough; *(iro)* **elle est bien bonne celle-là!** * that's a good one!; **tenir le ~ bout** * to be past the worst; **garder qch pour la bonne bouche** to save sth till the end; **voilà une bonne chose de faite** that's one good job done.
2 *adv:* **il fait ~ ici** it's nice *ou* pleasant here; **il ne ferait pas ~ le contredire** it would be unwise to contradict him.
3 *nm (personne)* good *ou* upright person. *(morceau)* **mange le ~ et laisse le mauvais** eat what's good and leave what's bad; **cette solution a du ~** this solution has its good points; *V aussi* **bon²**.
4 *nf:* **en voilà une bonne!** that's a good one!; *(iro)* **tu en as de bonnes, toi!** * you must be joking! *; **avoir qn à la bonne** * to like sb, be in (solid) with sb *(US)*; *V aussi* **bonne²**.
5 : bonne amie † sweetheart; **le B~ Dieu** the good Lord; **bonne étoile** lucky star; *(péj)* **bonne femme**

woman; **~ mot** witty, remark; **bonnes œuvres** charity; *(Rel)* **la bonne parole** the word of God; *(Scol)* **~ point** star; *(fig)* **un ~ point pour vous!** that's a point in your favour!; **~ à rien, bonne à rien** *(nm, f)* good-for-nothing; **~ sens** common sense; **bonne sœur** * nun; **~ vivant** *(adj)* jovial; *(nm)* jovial fellow.

bon² [bɔ̃] *nm (formulaire)* slip, form; *(coupon d'échange)* coupon, voucher; *(Fin)* bond. **~ de caisse** cash voucher; **~ de commande** order form; **~ d'épargne** savings bond; **~ de garantie** guarantee slip; **~ du Trésor** (Government) Treasury bond.

bonbon [bɔ̃bɔ̃] *nm* sweet, candy *(US)*. **~ acidulé** acid drop; **~ à la menthe** mint, humbug.

bonbonne [bɔ̃bɔn] *nf* demijohn; *(Ind)* carboy.

bonbonnière [bɔ̃bɔnjɛʀ] *nf (boîte)* sweet *ou* candy *(US)* box; *(fig: appartement)* bijou residence.

bond [bɔ̃] *nm* leap, bound; *[balle]* bounce. **faire des ~s** to leap about; **faire un ~ d'indignation** to leap up indignantly; **faire un ~ de surprise** to start with surprise; **se lever d'un ~** to leap *ou* spring up; **l'économie a fait un ~** there has been a boom *ou* surge in the economy; **les prix ont fait un ~** prices have shot up *ou* soared.

bonde [bɔ̃d] *nf [tonneau]* bung; *[évier]* plug; *[étang]* sluice gate; *(trou)* bung-hole; plughole.

bondé, e [bɔ̃de] *adj* packed, cram-full.

bondir [bɔ̃diʀ] (2) *vi (gén)* to leap *ou* spring up; *[balle]* to bounce; *(gambader)* to leap about; *(sursauter)* to start *(de* with). **~ de joie** to jump for joy; *(fig)* **cela me fait ~** * it makes me hopping mad *; **~ vers** to rush to; **~ sur sa proie** to pounce on one's prey. ◆ **bondissement** *nm* bound, leap.

bonheur [bɔnœʀ] *nm* **(a)** *(félicité)* **le ~** happiness; **avoir le ~ de voir son fils réussir** to have the joy of seeing one's son succeed; **faire le ~ de qn** to make sb happy; **quel ~!** what bliss!, what a delight! **(b)** *(chance)* (good) luck, good fortune. **il ne connaît pas son ~!** he doesn't know how lucky he is!; **par ~** fortunately, luckily; **au petit ~ (la chance)** * haphazardly.

bonhomme [bɔnɔm], *pl* **bonshommes** [bɔ̃zɔm] **1** *nm* (*) *(homme)* man, chap *, fellow; *(mari)* old man ‡; *(enfant)* lad. **aller son petit ~ de chemin** to carry on in one's own sweet way; **~ de neige** snowman. **2** *adj inv* good-natured. ◆ **bonhomie** *nf* good-naturedness.

bonification [bɔnifikasjɔ̃] *nf [terre, vins]* improvement; *(Fin, Sport)* bonus. ◆ **bonifier** *vt,* **se ~** *vpr* (7) to improve.

boniment [bɔnimɑ̃] *nm (baratin)* sales talk, patter; *(* mensonge)* fib *. **faire le ~** to give sb the sales talk; **raconter des ~s** * to spin yarns *ou* tall stories. ◆ **bonimenteur** *nm* smooth talker.

bonjour [bɔ̃ʒuʀ] *nm (gén)* hello; *(matin)* good morning; *(après-midi)* good afternoon. **donnez-lui le ~ de ma part** give him my regards.

bonne² [bɔn] *nf* maid. **~ d'enfants** nanny; **~ à tout faire** general help, skivvy; *(hum)* maid of all work; *V aussi* **bon¹**.

bonnement [bɔnmɑ̃] *adv:* **tout ~** quite simply.

bonnet [bɔnɛ] *nm* bonnet. **prendre qch sous son ~** to make sth one's concern; **c'est ~ blanc et blanc ~** it's six of one and half a dozen of the other, it amounts to the same thing; **~ d'âne/de bain** dunce's/bathing cap; **~ de nuit** nightcap; (* fig)* wet blanket; **~ à poils** bearskin. ◆ **bonneterie** *nf (objets)* hosiery; *(magasin)* hosier's shop; *(commerce)* hosiery trade. ◆ **bonnetier, -ière** *nm, f* hosier.

bonsoir [bɔ̃swaʀ] *nm* good evening; *(en se couchant)* good night. **~!** * *(rien à faire)* nothing doing! *

bonté [bɔ̃te] *nf (vertu)* kindness, goodness; *(acte)* (act of) kindness. **ayez la ~ de faire** would you be so kind *ou* good as to do?; **~ divine!** good heavens!

bonus [bɔnys] *nm (Assurances)* no-claims bonus.

bonze [bɔ̃z] *nm (Rel)* bonze; *(*: chef)* bigwig *. **vieux ~*** old fossil *.

boomerang [bumʀɑ̃g] *nm (lit, fig)* boomerang.

boots [buts] *nmpl* boots.

boqueteau, *pl* **~x** [bɔkto] *nm* copse.

bord [bɔʀ] *nm* **(a)** *(gén)* edge; *[route, lac]* side; *[précipice]* brink; *[verre]* brim, rim. **le ~ de la mer** the seashore; **~ du trottoir** kerb, curb *(US)*; **au ~ de la rivière** *marcher* along the river bank; *s'asseoir* by the river; **passer ses vacances au ~ de la mer** to spend one's holidays at the seaside *ou* by the sea; **rempli à ras ~** full to the brim *ou* to overflowing; **chapeau à large(s) ~(s)** broad-brimmed hat. **(b)** *(Naut)* side. **les hommes du ~** the crew; *(Aviat, Naut)* **à ~** on board, aboard; **jeter par-dessus ~** to throw overboard; **M X, à ~ d'une voiture bleue** Mr X, driving *ou* in a blue car. **(c)** *(bordée)* tack. **tirer des ~s** to tack. **(d) au ~ de la ruine** on the verge *ou* brink of ruin; **au ~ des larmes** on the verge of tears; **nous sommes du même ~** we are on the same side; **un peu fantaisiste sur les ~s *** a bit of an eccentric.

bordeaux [bɔʀdo] **1** *nm (vin)* Bordeaux (wine). **~ rouge** claret. **2** *adj inv* maroon, burgundy.

bordée [bɔʀde] *nf (salve)* broadside; *(quart)* watch; *(parcours)* tack. **tirer des ~s** to tack; *(fig)* **~ d'injures** torrent *ou* volley of abuse.

bordel ‡ [bɔʀdɛl] *nm (hôtel)* brothel; *(chaos)* mess, shambles *(sg)*. **quel ~!** what a shambles! *; **mettre le ~** to create havoc *(dans* in). ◆ **bordélique ‡** *adj* shambolic *.

border [bɔʀde] **(1)** *vt* **(a)** *(Couture)* to edge *(de* with); *(ourler)* to hem. **(b)** *[arbres, maisons]* to line; *[sentier]* to run alongside. **bordé de fleurs** bordered with flowers. **(c)** *personne, couverture* to tuck in.

bordereau, *pl* **~x** [bɔʀdəʀo] *nm* note, slip; *(facture)* invoice.

bordure [bɔʀdyʀ] *nf (gén)* edge; *(cadre)* frame; *(de fleurs)* border; *(d'arbres)* line; *(Couture)* border. **en ~ de** *(le long de)* alongside, along the edge of; *(à côté de)* next to, by.

boréal, e, *mpl* **-aux** [bɔʀeal, o] *adj* boreal.

borgne [bɔʀɲ(ə)] *adj personne* one-eyed, blind in one eye; *(fig) hôtel* shady.

borne [bɔʀn(ə)] *nf* **(a)** *[route]* kilometre-marker, ≃ milestone; *[terrain]* boundary marker; *[monument]* stone post; *(Élec)* terminal. **3 ~s** 3 kilometres. **(b)** *(fig)* **~s** limit(s), bounds; **dépasser les ~s** to go too far; **sans ~s** limitless, boundless; **mettre des ~s à** to limit. ◆ **borné, e** *adj personne* narrowminded; *esprit, vie* narrow; *intelligence* limited. ◆ **borner (1)** *vt besoins, enquête, vue* to limit, restrict *(à faire* to doing, *à qch* to sth); *terrain* to mark out *ou* off. **arbres qui bornent un champ** trees which border a field; **se ~ à faire/à qch** *[personne]* to restrict *ou* limit o.s. to doing/to sth; **je me borne à vous faire remarquer que** I would just *ou* merely like to point out to you that.

Bornéo [bɔʀneo] *n* Borneo.

bosquet [bɔskɛ] *nm* copse, grove.

bosse [bɔs] *nf [chameau, bossu]* hump; *(coup, monticule)* bump. **route pleine de ~s** bumpy road; **avoir la ~ du théâtre** to be a born actor.

bosseler [bɔsle] **(4)** *vt (déformer)* to dent; *(marteler)* to emboss.

bosser * [bɔse] **(1) 1** *vi* to work; *(travailler dur)* to slog away *. **2** *vt examen* to swot for, slog away for *. ◆ **bosseur, -euse *** *nm, f* slogger *.

bossu, e [bɔsy] **1** *adj personne* hunchbacked. **dos ~** hunched back. **2** *nm, f* hunchback.

bot [bo] *adj:* **pied ~** club-foot.

botanique [bɔtanik] **1** *adj* botanical. **2** *nf* botany. ◆ **botaniste** *nmf* botanist.

Botswana [bɔtswana] *nm* Botswana.

botte [bɔt] *nf* **(a)** *(high)* boot; *[cavalier]* riding boot; *[égoutier]* wader. **~ de caoutchouc** wellington (boot), gumboot; **sous la ~ de l'ennemi** under the enemy's heel. **(b)** *[légumes]* bunch; *[foin]* sheaf; *(au carré)* bale. **(c)** *(Escrime)* thrust.

botter [bɔte] **(1)** *vt* **(a)** to put boots on. **se ~** to put one's boots on; **botté de cuir** with leather boots on, wearing leather boots; **ça me botte ‡** I like *ou* dig * that. **(b)** *(Ftbl)* to kick. **~ les fesses de qn ‡** to give sb a kick in the pants ‡. ◆ **bottier** *nm* bootmaker. ◆ **bottillon** *nm* ankle boot. ◆ **bottine** *nf* (ankle) boot.

Bottin [bɔtɛ̃] *nm* ® directory, phonebook.

bouc [buk] *nm (Zool)* (billy) goat; *(barbe)* goatee (beard). **~ émissaire** scapegoat.

boucan * [bukɑ̃] *nm* din, racket. **faire du ~** *(bruit)* to kick up * a din *ou* a racket; *(protestation)* to kick up * a fuss.

bouche [buʃ] **1** *nf* **(a)** *(gén)* mouth. **j'ai la ~ pâteuse** my tongue feels coated. **(b)** *(fig)* **fermer la ~ à qn** to shut sb up; **dans sa ~, ce mot choque** when he says *ou* uses it, that word sounds offensive; **il a toujours l'injure à la ~** he's always ready with an insult; **il n'a que ce mot-là à la ~** that word is never off his lips; **de ~ à oreille** by word of mouth; **~ cousue! *** mum's the word! *; **passer de ~ en ~** to be rumoured about; **il en a plein la ~** he can talk of nothing else; **faire la fine ~** to turn one's nose up; **avoir la ~ en cœur** to simper. **2** : **~ d'aération** air vent; **~ à ~** *(nm inv)* kiss of life, mouth-to-mouth resuscitation *ou* respiration *(US)*; **faire du ~ à ~ à qn** to give sb the kiss of life *ou* mouth-to-mouth resuscitation ; **~ d'égout** manhole; **~ d'incendie** fire hydrant ; **~ de métro** metro entrance.

bouchée¹ [buʃe] *nf* **(a)** mouthful. **pour une ~ de pain** for a song; **mettre les ~s doubles** to put on a spurt; **ne faire qu'une ~ de** to make short work of. **(b)** **une ~ (au chocolat)** a chocolate; **~ à la reine** savoury vol-au-vent.

boucher¹ [buʃe] **(1) 1** *vt* **(a)** *bouteille* to cork, put the *ou* a cork in; *trou* to fill up; *fuite* to plug, stop; *fenêtre, nez, lavabo* to block (up); *vue* to block. **~ le passage** to be in the way. **(b) ça lui en a bouché un coin ‡** it floored * *ou* threw * him. **2 se ~** *vpr [évier]* to get blocked up; *[temps]* to become overcast. **se ~ le nez** to hold one's nose; **se ~ les oreilles** to put one's fingers in one's ears. ◆ **bouché, e²** *adj temps* overcast; *(‡) personne* thick ‡. **les maths sont ~es** there's no future in maths. ◆ **bouche-trou,** *pl* **bouche-trous** *nm* stopgap.

boucher² [buʃe] *nm (lit, fig)* butcher. ◆ **bouchère** *nf* (woman) butcher; *(épouse)* butcher's wife. ◆ **boucherie** *nf (magasin)* butcher's (shop); *(métier)* butchery (trade); *(fig)* slaughter.

bouchon [buʃɔ̃] *nm* **(a)** *(en liège, en verre, plastique)* cork; *(en chiffon)* plug; *[bidon]* cap; *[tube]* top; *[évier]* plug. *(Phot)* **~ d'objectif** lens cap; **~ anti-vol** locking petrol cap. **(b)** *(Pêche)* float. **(c)** *(Aut)* embouteillage* holdup, traffic jam.

boucle [bukl(ə)] *nf [ceinture]* buckle; *[cheveux]* curl, lock; *[lacet]* bow; *[rivière]* loop; *(Sport)* lap; *(Aviat, Écriture, Ordin)* loop. **B~s d'or** Goldilocks; **~ d'oreille** earring.

boucler [bukle] **(1) 1** *vt* **(a)** *ceinture* to buckle, fasten (up); *(*) porte* to shut. *(lit, fig)* **~ sa valise** to pack one's bags; **tu vas la ~! ‡** will you belt up! ‡ **(b)** *(fig) affaire* to finish off; *circuit* to complete; *budget* to balance. **arriver à ~ ses fins de mois** to manage to stay in the black at the end of the month. **(c)** *(*: enfermer)* to lock up. **être bouclé chez soi** to be cooped up *ou* stuck at home. **(d)** *(Mil: encercler)* to seal off, cordon off. **2** *vi* to curl, be curly. ◆ **bouclage** *nm* locking up; sealing off. ◆ **bouclé, e** *adj* curly.

bouclier [buklije] *nm (gén)* shield; *(Police)* riot shield.

Bouddha [buda] *nm* Buddha. ◆ **bouddhique** *nm* Buddhistic. ◆ **bouddhisme** *adj* Buddhism. ◆ **bouddhiste** *adj, nmf* Buddhist.

bouder [bude] (1) **1** *vi* to sulk. **2** *vt* to refuse to have anything to do with. **~ la nourriture** to have no appetite; **spectacle boudé par le public** show that is ignored by the public; **il se boudent** they're not on speaking terms. ◆ **bouderie** *nf (état)* sulkiness; *(action)* sulk. ◆ **boudeur, -euse** *adj* sulky.

boudin [budɛ̃] *nm* **(a)** **~ noir/blanc** ≃ black/white pudding. **(b)** *(bourrelet)* roll.

boudiné, e [budine] *adj* **(a)** *doigt* podgy. **(b)** *(serré)* **~ dans** squeezed into, bulging out of.

boudoir [budwaʀ] *nm (salon)* boudoir; *(biscuit)* sponge finger.

boue [bu] *nf (gén, fig)* mud; *[canal]* sludge.

bouée [bwe] *nf* buoy; *[baigneur]* rubber ring. **~ de sauvetage** lifebuoy.

boueux, -euse [bwø, øz] **1** *adj* muddy. **2** *nm* dustman, garbage collector *(US)*.

bouffée [bufe] *nf [parfum]* whiff; *[pipe]* puff; *[colère]* outburst; *[orgueil]* fit; *[vent]* puff, gust. *(Méd)* **~ de chaleur** hot flush *ou* flash *(US)*.

bouffer[1] [bufe] (1) **1** *vi [manche]* to puff out; *[cheveux]* to be bouffant. ◆ **bouffant, e** *adj* puffed-out; bouffant. **pantalon ~** baggy breeches.

bouffer[2] * [bufe] (1) **1** *vt* to eat, gobble up *. **se ~ le nez** to scratch each other's eyes out; **~ du curé** to be violently anti-church. **2** *vi* to eat, nosh ‡. **on a bien bouffé** the grub was great ‡. ◆ **bouffe** ‡ *nf* grub ‡.

bouffir [bufiʀ] (2) *vt* to puff up. ◆ **bouffi, e** *adj visage, (fig)* puffed up; *yeux* swollen. ◆ **bouffissure** *nf* puffiness.

bouffon, -onne [bufɔ̃, ɔn] **1** *adj* farcical, comical. **2** *nm (pitre)* buffoon, clown; *(Hist)* jester. ◆ **bouffonnerie** *nf* **(a)** *[situation]* drollery. **(b)** **~s** *(comportement)* antics; *(paroles)* jesting; **faire des ~s** to clown about.

bougeoir [buʒwaʀ] *nm (bas)* candle-holder; *(haut)* candlestick.

bouger [buʒe] (3) **1** *vi* **(a)** to move, stir; *(protester)* to stir. **ne bouge pas** keep still, don't move; **il n'a pas bougé (de chez lui)** he stayed in *ou* at home; **ne pas ~** *[idées, prix]* to stay the same; **ce tissu ne bouge pas** this cloth wears well; *(dimension)* this cloth is shrink-resistant; *(couleur)* this cloth will not fade. **2** *vt (*) objet* to move, shift. **il n'a pas bougé le petit doigt** he didn't lift a finger (to help). **3** **se ~** ‡ *vpr* to move. **bouge-toi de là!** shift over! *, shift out of the way! *, scoot over! * *(US)*; **il faut se ~ pour obtenir satisfaction** you have to put yourself out to get satisfaction. ◆ **bougeotte** * *nf*: **avoir la ~** *(remuer)* to have the fidgets; *(voyager)* to be always on the move.

bougie [buʒi] *nf* **(a)** candle; *(Aut)* spark plug; *(Élec)* watt. **(b)** *(*: visage)* face.

bougon, -onne [bugɔ̃, ɔn] **1** *adj* grumpy, grouchy. **2** *nm, f* grumbler. ◆ **bougonnement** *nm* grumbling, grouching. ◆ **bougonner** (1) *vi* to grouch, grumble.

bougre * [bugʀ(ə)] *nm* guy *, chap *, fellow *. **pauvre ~** poor devil *; **~ d'idiot!** stupid idiot! *; **il le savait, le ~!** the so-and-so knew it! ◆ **bougrement** * *adv* damned *.

bouillant, e [bujɑ̃, ɑ̃t] *adj (brûlant)* boiling (hot); *(qui bout)* boiling; *tempérament* fiery.

bouillasse * [bujas] *nf (gadoue)* muck.

bouille * [buj] *nf (visage)* face.

bouillie [buji] *nf [bébé]* baby cereal; *[vieillard]* porridge. **mettre en ~** to reduce to a pulp.

bouillir [bujiʀ] (15) *vi* **(a)** *(lit)* to boil, be boiling. **faire ~ eau** to boil, bring to the boil; *linge* to boil; *biberon* to sterilize. **(b)** *(fig)* to boil. **faire ~ qn** to make sb's blood boil; **~ d'impatience** to seethe with impatience. ◆ **bouilloire** *nf* kettle.

bouillon [bujɔ̃] **1** *nm* **(a)** *(soupe)* stock. **prendre un ~** * *(en nageant)* to swallow a mouthful; *(Fin)* to take a tumble *, come a cropper *. **(b)** *(bouillonnement)* bubble (in boiling liquid). **couler à gros ~s** to gush out. **2** : **~ cube** stock cube; *(Bio)* **~ de culture** (culture) medium.

bouillonner [bujɔne] (1) *vi [liquide chaud]* to bubble; *[torrent]* to foam; *[idées]* to bubble up; *[esprit]* to seethe. **il bouillonne d'idées** his mind is teeming with ideas, he's bubbling with ideas. ◆ **bouillonnement** *nm* bubbling; seething; foaming.

bouillotte [bujɔt] *nf* hot-water bottle.

boulanger [bulɑ̃ʒe] *nm* baker. ◆ **boulangère** *nf* (woman) baker; *(épouse)* baker's wife. ◆ **boulangerie** *nf (magasin)* baker's (shop), bakery; *(commerce)* bakery trade.

boule [bul] **1** *nf* **(a)** *(Billard)* ball; *(Boules)* bowl; *(Casino)* boule. **roulé en ~** rolled up in a ball. **(b)** **avoir une ~ dans la gorge** to have a lump in one's throat; **perdre la ~** * to go nuts *; **être/se mettre en ~** * to be/get mad *. **2** : **~ de cristal** crystal ball; **~ de gomme** fruit pastille, gumdrop; **~ de neige** snowball; *(fig)* **faire ~ de neige** to snowball; ® **~ Quiès** earplug, ear stopper.

bouleau, *pl* **~x** [bulo] *nm* silver birch.

bouledogue [buldɔg] *nm* bulldog.

boulet [bulɛ] *nm* **(a)** *[forçat]* ball and chain. **~ (de canon)** cannonball; *(fig)* **traîner un ~** to have a millstone round one's neck. **(b)** *[charbon]* (coal) nut.

boulette [bulɛt] *nf* **(a)** *[papier]* pellet; *(Culin)* meatball; *(empoisonnée)* poison ball. **(b)** *(* fig)* blunder, bloomer *.

boulevard [bulvaʀ] *nm* boulevard. **pièce de ~** light comedy.

bouleverser [bulvɛʀse] (1) *vt* **(a)** *objets* to turn upside down; *plans* to disrupt. **(b)** *(émouvoir)* to distress deeply, overwhelm, shatter. **bouleversé par la peur** distraught with fear. ◆ **bouleversant, e** *adj récit* deeply moving; *nouvelle* shattering. ◆ **bouleversement** *nm* upheaval, disruption. **le ~ de son visage** the utter distress on his face.

boulier [bulje] *nm (calcul)* abacus.

boulimie [bulimi] *nf* bulimia. **il fait de la ~** * is a compulsive eater.

boulodrome [bulɔdʀom] *nm* bowling pitch.

boulon [bulɔ̃] *nm* bolt. ◆ **boulonner** (1) **1** *vt* to bolt (down *ou* on *etc*). **2** *vi (*)* to work. **~ dur** to slog *ou* slave away *.

boulot[1], **-otte** [bulo, ɔt] *adj* plump, tubby *.

boulot[2] * [bulo] *nm (gén)* work; *(emploi)* job. **quel ~!** what a job!; **allons, au ~!** let's get cracking! *

boulotter * [bulɔte] (1) **1** *vi* to eat, nosh ‡. **on a bien boulotté** we had a good meal *ou* nosh ‡. **2** *vt* to eat.

boum [bum] **1** *excl* bang!, wallop! **~ par terre!** whoops a daisy! **2** *nm (explosion)* bang. **être en plein ~** ‡ to be in full swing. **3** *nf (*: fête)* party.

bouquet [bukɛ] *nm* **(a)** *[fleurs]* bunch of flowers; *(soigneusement composé)* bouquet; *[thym etc]* bunch. **~ d'arbres** clump of trees. **(b)** *[feu d'artifice]* crown-

ing piece. *(fig)* **c'est le ~!** * that takes the cake! *
(c) *[vin]* bouquet. **(d)** *(crevette)* prawn.

bouquin * [bukɛ̃] *nm* book. ◆ **bouquiner** * (1)
vti to read.

bourbier [buʀbje] *nm* quagmire; *(fig)* mess.

bourde * [buʀd(ə)] *nf* blunder, bloomer *.

bourdon [buʀdɔ̃] *nm* (Zool) bumblebee; *(cloche)*
great bell. **avoir le ~** * to have the blues *.

bourdonnement [buʀdɔnmɑ̃] *nm* *[voix, insecte]*
buzz; *[moteur]* drone. **avoir des ~s d'oreilles** to
have a buzzing noise in one's ears. ◆ **bourdonner** (1) *vi* to buzz; to drone.

bourg [buʀ] *nm* market town; *(petit)* village.
◆ **bourgade** *nf* village, (small) town.

bourgeois, e [buʀʒwa, waz] **1** *adj* *(gén)* middle-
class; *(Pol, péj)* bourgeois. **2** *nm, f* **(a)** bourgeois,
middle-class person. **grand ~** upper middle-class
person. **(b)** *(Hist) (citoyen)* burgess; *(riche roturier)*
bourgeois. **3** *nf* (*hum: épouse)* **ma ~e** the wife *.
◆ **bourgeoisement** *adv* penser conventionally;
vivre comfortably. ◆ **bourgeoisie** *nf* middle
classes, bourgeoisie. **petite ~** lower middle class.

bourgeon [buʀʒɔ̃] *nm* bud. ◆ **bourgeonner** (1)
vi to (come into) bud.

bourgmestre [buʀgmɛstʀ(ə)] *nm* burgomaster.

bourgogne [buʀgɔɲ] *nm* (vin) burgundy.

Bourkina [buʀkina] *nm:* le ~ Burkina Faso.

bourlinguer [buʀlɛ̃ge] (1) *vi (naviguer)* to sail; *(*:
voyager)* to knock about a lot *.

bourrade [buʀad] *nf (du poing)* thump; *(du coude)*
poke.

bourrage [buʀaʒ] *nm:* ~ **de crâne** * brainwashing;
(Scol) cramming.

bourrasque [buʀask(ə)] *nf* gust of wind, squall.
~ **de neige** flurry of snow.

bourratif, -ive [buʀatif, iv] *adj* filling, stodgy.

bourre [buʀ] *nf (coussin)* stuffing; *[fusil]* wad. **à la
~** * *(gén)* late; **être à la ~ dans son travail** * to be
behind with one's work.

bourré, e [buʀe] *adj* **(a)** *(plein)* packed, crammed
(de with). **(b)** *(*: ivre)* tight *, plastered *.

bourreau, *pl* ~**x** [buʀo] **1** *nm (tortionnaire)* torturer;
(Hist) executioner; *[pendaison]* hangman. **2** : ~
des cœurs ladykiller; ~ **d'enfants** child *ou* baby
batterer; ~ **de travail** glutton for work *.

bourrelet [buʀlɛ] *nm (gén)* roll; *[porte]* draught
excluder. ~ **(de chair)** roll of flesh, spare tyre *.

bourrer [buʀe] (1) *vt* **(a)** coussin to stuff; pipe to
fill; valise to cram full. ~ **un sac de papiers** to cram
papers into a bag; ~ **qn de nourriture** to stuff sb
with food; **les frites, ça bourre!** chips are very
filling! **(b)** ~ **le crâne à qn** * *(endoctriner)* to brainwash sb; *(tromper)* to feed sb a lot of eyewash *;
(Scol) to cram sb; ~ **qn de coups** to pummel sb.

bourrique [buʀik] *nf* **(a)** *(âne)* donkey, ass; *(ânesse)*
she-ass. **(b)** (* *fig) (imbécile)* ass; *(têtu)* mule. **faire
tourner qn en ~** to drive sb mad *.

bourru, e [buʀy] *adj* surly.

bourse [buʀs(ə)] **1** *nf* **(a)** *(porte-monnaie)* purse. **la
~ ou la vie!** your money or your life!; **sans ~ délier**
without spending a penny; **ils font ~ commune**
they pool their resources; **ils font ~ à part** they
keep their finances separate. **(b)** **la B~** *(activité)*
≃ the Stock Exchange *ou* Market; *(bâtiment)*
[Paris] the Bourse; *[Londres]* the (London) Stock
Exchange; *[New York]* Wall Street; **la B~ monte/
descend** the market is going up/down. **(c)** *(Univ)*
~ **(d'études)** (student) grant; *(obtenue par concours)*
scholarship. **2** : **B~ du commerce** commodity
market; **B~ du travail** ≃ trade union centre.
◆ **boursier, -ière 1** *adj* Stock Market. **2** *nm, f*
(Univ) grant-holder, fellow *(US)* ; scholarship-
holder.

boursoufler [buʀsufle] (1) **1** *vt* to puff up, bloat.
2 se ~ *vpr [peinture]* to blister. ◆ **boursouflé, e**
adj puffy, bloated; blistered; *style* bombastic.
◆ **boursouflure** *nf* puffiness; pomposity; *(cloque)*
blister.

bousculer [buskyle] (1) **1** *vt (pousser)* to jostle;
(heurter) to bump into; *(presser)* to rush. *(fig)* **être
très bousculé** to be rushed off one's feet. **2 se
~** *vpr* to jostle each other. *(bégayer)* **ça se bouscule
au portillon** * he can't get his words out fast
enough; *(s'enthousiasmer)* **les gens ne se bousculent
pas au portillon** * people aren't exactly queuing
up *. ◆ **bousculade** *nf (remous)* jostle, crush;
(hâte) rush, scramble.

bouse [buz] *nf* cow pat. **de la ~** (cattle) dung.

bousiller * [buzije] (1) *vt travail* to botch; *appareil,
voiture* to smash up; *personne* to bump off ⚡.

boussole [busɔl] *nf* compass. *(fig)* **perdre la ~** * to
go off one's head.

bout [bu] *nm* **(a)** *(extrémité) (gén)* end; *[nez, canne,
oreille etc]* tip. **du ~ du pied** with one's toe; **à ~
de bras** at arm's length; *(fig)* **du ~ des lèvres** reluctantly, half-heartedly; **sur le ~ de la langue** on
the tip of one's tongue; **jusqu'au ~ des ongles** to
one's fingertips; **savoir qch sur le ~ du doigt** to
have sth at one's fingertips.
(b) *[espace, durée]* end. **à l'autre ~ de la pièce** at
the far *ou* other end of the room; **au ~ d'un mois**
at the end of a month; **on n'en voit pas le ~** there
doesn't seem to be any end to it; **d'un ~ à l'autre
de ses œuvres/du voyage** throughout his works/
the journey; *(fig)* **ce n'est pas le ~ du monde!** it's
not the end of the world!
(c) *(morceau) [ficelle, pain]* piece, bit. **il m'a fait un
~ de conduite** he went part of the way with me;
cela fait un ~ (de chemin) it's some distance *ou*
quite a long way away; **il est resté un (bon) ~ de
temps** he stayed a while *ou* quite some time; **un
~ de terrain/ciel** a patch of land/sky; **un petit ~
de chou** * a little kid *.
(d) être à ~ *(fatigué)* to be all in *; *(en colère)* to
have had enough; **à ~ de souffle** out of breath;
être à ~ de ressources to have no money left; **être
à ~ de nerfs** to be at the end of one's tether;
pousser qn à ~ to push sb to the limit (of his
patience).
(e) *(locutions)* **au ~ du compte** in the end; **être au
~ de son rouleau** * *(idées)* to have run out of ideas;
(ressources) to be running short of money; *(forces)*
to be at the end of one's tether; **il n'est pas au
~ de ses peines** he's not out of the wood yet;
jusqu'au ~ right to the end; ~ **à ~** end to end;
de ~ en ~ right through, from start to finish; **à
~ portant** at point-blank range.

boutade [butad] *nf* sally.

boute-en-train [butɑ̃tʀɛ̃] *nm inv* live wire *. **le ~
de la soirée** the life and soul of the party.

bouteille [butɛj] *nf (gén)* bottle; *[gaz]* cylinder. ®
~ **Thermos** Thermos ® flask *ou* bottle *(US)*; ~ **de
vin** *(récipient)* wine bottle; *(contenu)* bottle of wine;
mettre en ~s to bottle; **prendre de la ~** * to be
getting on in years; *(dans son métier)* **il a de la ~** *
he's been around a long time; **c'est la ~ à l'encre**
the whole business is about as clear as mud.

boutique [butik] *nf* shop, store. ~ **de gestion** business consultancy; ~ **de droit** law centre; **quelle
sale ~!** what a dump! * ◆ **boutiquier, -ière** *nm, f*
shopkeeper, storekeeper *(US)*.

bouton [butɔ̃] **1** *nm (Couture)* button; *(Élec)* switch;
[porte, radio] knob; *[sonnette]* (push-)button; *(Méd)*
spot, pimple; *(Bot)* bud. **en ~** in bud; ~ **de rose**
rosebud. **2** : ~ **de col** collar stud; ~ **de manchette**
cufflink; ~**-d'or** *nm*, *pl* ~**s-~** buttercup; ~**-pres-
sion** *nm*, *pl* ~**s-~** press-stud. ◆ **boutonner** (1)
1 *vt* to button (up). **2 se ~** *vpr [vêtement]* to button
(up); *[personne]* to button (up) one's coat etc.

◆ **boutonneux, -euse** *adj* pimply, spotty.
◆ **boutonnière** *nf* buttonhole.

bouture [butyʀ] *nf* cutting. **faire des ~s** to take cuttings. ◆ **bouturer** (1) *vt* to take a cutting from.

bouvier [buvje] *nm* (*personne*) herdsman; (*chien*) sheepdog.

bouvreuil [buvʀœj] *nm* bullfinch.

bovin, e [bɔvɛ̃, in] **1** *adj* (*lit, fig*) bovine. **2** *nmpl*: **~s** cattle.

bowling [buliŋ] *nm* (*jeu*) (tenpin) bowling; (*salle*) bowling alley.

box, *pl* **boxes** [bɔks] *nm* [*dortoir*] cubicle; [*écurie*] loose-box; (*garage*) lock-up (garage). **~ des accusés** dock.

boxe [bɔks(ə)] *nf* boxing. ◆ **boxer¹** [bɔkse] (1) **1** *vi* to box, be a boxer. **2** *vt* to box against, fight; (*⁎: frapper*) to thump. ◆ **boxeur** *nm* boxer.

boxer² [bɔksɛʀ] *nm* boxer (dog).

boxer³ [bɔksœʀ] ou **boxer-short** [bɔksœʀʃɔʀt] *nm* boxer shorts.

boyau, *pl* **~x** [bwajo] *nm* (**a**) (*intestins*) **~x** guts; **~ (de chat)** (cat)gut. (**b**) (*passage*) (narrow) passageway. (**c**) [*bicyclette*] racing tyre. (**d**) (*pour saucisse*) casing.

boycotter [bɔjkɔte] (1) *vt* to boycott. ◆ **boycott(age)** *nm* boycott.

bracelet [bʀaslɛ] *nm* [*poignet*] bracelet; [*bras, cheville*] bangle; [*montre*] strap. **~-montre** *nm*, *pl* **~s-~s** wrist watch.

braconnage [bʀakɔnaʒ] *nm* poaching. ◆ **braconner** (1) *vi* to poach. ◆ **braconnier** *nm* poacher.

brader [bʀade] (1) *vt* (*vendre à prix réduit*) to sell cut-price *ou* cut-rate (US); (*vendre en solde*) to have a clearance sale of; (*lit, fig: se débarrasser de*) to sell off. ◆ **braderie** *nf* (*magasin*) discount centre; (*sur un marché*) stall selling cut-price *ou* cut-rate (US) goods.

braguette [bʀagɛt] *nf* fly, flies (*of trousers*).

brailler [bʀaje] (1) **1** *vi* to bawl. **2** *vt* chanson to bawl out. ◆ **braillard, e 1** *adj* bawling. **2** *nm, f* bawler. ◆ **braillement** *nm* bawling.

brain trust [bʀɛntʀœst] *nm* brain(s) trust.

braire [bʀɛʀ] (50) *vi* (*lit, fig*) to bray. **faire ~ qn ⁎** to get on sb's wick ⁎.

braise [bʀɛz] *nf*: **~(s)** embers; **de ~** *yeux* fiery.

braiser [bʀeze] (1) *vt* to braise.

bramer [bʀame] (1) *vi* [*cerf*] to bell; (*⁎ fig*) to wail.

brancard [bʀākaʀ] *nm* [*bras*] shaft; (*civière*) stretcher. ◆ **brancardier, -ière** *nm, f* stretcherbearer.

branche [bʀāʃ] *nf* (**a**) (*Bot*) branch, bough. **asperges en ~s** asparagus spears; **céleri en ~s** sticks of celery. (**b**) [*nerfs, famille, rivière*] branch; [*lunettes*] side-piece; [*compas*] leg; [*ciseaux*] blade. **la ~ maternelle** the maternal branch *ou* the mother's side of the family. (**c**) (*secteur*) branch. **s'orienter vers une ~ technique** to go in for the technical side. ◆ **branchage** *nm* branches, boughs. **~s** fallen branches.

brancher [bʀāʃe] (1) *vt prise* to plug in; *tuyau, téléphone* to connect up. **~ qch sur** to plug sth into; to connect sth up with; (*fig*) **~ qn sur un sujet** to start sb off *ou* launch sb on a subject; **ce qui me branche ⁎** what grabs ⁎ me *ou* gives me a buzz ⁎. ◆ **branché, e ⁎** *adj* (*dans le vent*) switched-on ⁎. **il est ~** he's a swinger ⁎, he's switched-on ⁎. ◆ **branchement** *nm* (*action*) plugging-in; connecting-up; (*conduite*) connection; (*Ordin*) branch; (*Gram*) branching.

branchies [bʀāʃi] *nfpl* gills.

brandir [bʀādiʀ] (2) *vt* to brandish, flourish.

branlant, e [bʀālā, āt] *adj* (*gén*) shaky; *dent* loose.

branle [bʀāl] *nm* [*cloche*] swing. **mettre en ~** *cloche* to swing, set swinging; (*fig*) *forces* to set in motion, set off; **se mettre en ~** to get going *ou* moving.

branle-bas [bʀālba] *nm inv* bustle, commotion. **être en ~** to be in a state of commotion; **~ de combat!** 'action stations!'

branler [bʀāle] (1) **1** *vt*: **~ la tête** to shake one's head. **2** *vi* (*gén, fig*) to be shaky; [*dent*] to be loose. (*fig*) **ça branle dans le manche** the situation is very unsettled.

braquage [bʀakaʒ] *nm* (*Aut*) (steering) lock.

braquer [bʀake] (1) **1** *vt* (**a**) **~ une arme** *etc* **sur** to point *ou* aim a weapon *etc* at; **~ les yeux sur qch** to fix one's eyes on sth; **~ (son arme sur) qn** to pull one's gun on sb ⁎. (**b**) (*Aut*) to swing. (**c**) (*⁎: attaquer*) *banque* to hold up. (**d**) (*fig: buter*) **~ qn** to antagonize sb; **~ qn contre qch** to turn sb against sth. **2** *vi* (*Aut*) to turn the steering wheel. [*voiture*] **~ bien/mal** to have a good/bad lock. **3 se ~** *vpr* to dig one's heels in. **se ~ contre** to set one's face against. ◆ **braqueur ⁎** *nm* (*gangster*) hold-up man ⁎.

braquet [bʀakɛ] *nm* gear ratio.

bras [bʀa] *nm* (**a**) (*lit, fig*) arm. **donner le ~ à qn** to give sb one's arm; **être au ~ de qn** to be on sb's arm; **se donner le ~** to link arms; **~ dessus, ~ dessous** arm in arm; (*lit*) **les ~ croisés** with one's arms folded; (*fig*) **rester les ~ croisés** to sit idly by; (*fig*) **~ droit** right-hand man. (**b**) (*travailleur*) hand, worker. **manquer de ~** to be short-handed. (**c**) [*outil*] handle; [*fauteuil, électrophone*] arm; [*grue*] jib; [*croix*] limb; [*brancard*] shaft. (**d**) [*fleuve*] branch. (**e**) **en ~ de chemise** in one's shirt sleeves; **saisir qn à ~ le corps** to seize sb bodily; **avoir le ~ long** to have a long arm; (*lit, fig*) **à ~ ouverts** with open arms; **tomber sur qn à ~ raccourcis ⁎** to set on sb; **lever les ~ au ciel** to throw up one's arms; **les ~ m'en tombent** I'm stunned; **avoir qch/qn** *ou* **se retrouver avec qch/qn sur les ~ ⁎** to have sth/sb on one's hands, be stuck ⁎ with sth/sb; **dans les ~ de Morphée** in the arms of Morpheus; **faire un ~ d'honneur à qn** ≃ to put two fingers up at sb ⁎, give sb the V-sign; **faire une partie de ~ de fer avec qn** to arm-wrestle with sb; (*fig*) **la partie de ~ de fer entre patronat et syndicats** the wrestling match between the bosses and the unions.

brasier [bʀazje] *nm* inferno.

brassage [bʀasaʒ] *nm* (**a**) [*bière*] brewing. (**b**) (*mélange*) mixing. **~ de races** intermixing of races.

brassard [bʀasaʀ] *nm* armband.

brasse [bʀas] *nf* (**a**) (*Sport*) breast-stroke. **~ papillon** butterfly(-stroke). (**b**) (*Naut*) fathom.

brassée [bʀase] *nf* armful.

brasser [bʀase] (1) *vt* (**a**) (*remuer*) to stir (up); (*mélanger*) to mix; *salade* to toss; *cartes* to shuffle; *argent* to handle a lot of. **~ des affaires** to be in big business; (*fig*) **~ du vent** to blow hot air ⁎. (**b**) *bière* to brew. ◆ **brasserie** *nf* (*café*) ≃ pub, bar, brasserie; (*usine*) brewery. ◆ **brasseur, -euse** *nm, f* [*bière*] brewer. **~ d'affaires** big businessman.

brassière [bʀasjɛʀ] *nf* [*bébé*] vest.

bravade [bʀavad] *nf* act of bravado. **par ~** out of bravado.

brave [bʀav] **1** *adj* (**a**) (*courageux*) brave. **faire le ~** to put on a bold front. (**b**) (*bon*) nice; (*honnête*) decent, honest. **de ~s gens** good *ou* decent people; **mon ~ (homme)** my good man. **2** *nm* (*gén*) brave man; (*indien*) brave. ◆ **bravement** *adv* bravely.

braver [bʀave] (1) *vt autorité* to defy; *danger* to brave. **~ l'opinion** to fly in the face of (public) opinion.

bravo [bʀavo] **1** excl (félicitation) well done!, bravo!; (approbation) hear! hear! **2** nm cheer. **un grand ~ pour...!** a big cheer for...!, let's hear it for...! (US).

bravoure [bʀavuʀ] nf bravery.

break [bʀɛk] nm (Aut) estate (car), station wagon (US).

brebis [bʀəbi] nf (Zool) ewe; (Rel: pl) flock. **~ égarée/galeuse** stray/black sheep.

brèche [bʀɛʃ] nf (gén) breach. **faire une ~ à sa fortune** to make a hole in one's fortune; (fig) **il est toujours sur la ~** he's still beavering away ou hard at it *.

bredouille [bʀəduj] adj (gén) empty-handed.

bredouiller [bʀəduje] (1) **1** vi to stammer, mumble. **2** vt to mumble, stammer (out). ◆ **bredouillement** nm mumbling, stammering.

bref, brève [bʀɛf, ɛv] **1** adj (gén) brief, short; voyelle, syllabe short. **soyez ~** be brief; **à ~ délai** shortly. **2** adv (pour résumer) in short, in brief; (passons) anyway. **en ~** in short, in brief.

brelan [bʀəlɑ̃] nm (Cartes) three of a kind. **~ d'as** three aces.

breloque [bʀəlɔk] nf bracelet charm.

Brésil [bʀezil] nm Brazil. ◆ **brésilien, -ienne** adj, **B~(ne)** nm(f) Brazilian.

Bretagne [bʀətaɲ] nf Brittany.

bretelle [bʀətɛl] nf (a) (gén) strap; [fusil] sling. [pantalon] ~s braces, suspenders (US). (b) (Rail) crossover; (Aut) link road. **~ de raccordement** access road; **~ de contournement** bypass.

breton, -onne [bʀətɔ̃, ɔn] adj, **B~ (ne)** nm(f) Breton.

breuvage [bʀœvaʒ] nm drink, beverage.

brève [bʀɛv] V bref.

brevet [bʀəvɛ] nm (diplôme) diploma, certificate; (Scol) ≃ (G.C.E.) 'O' level; [pilote] licence; (fig: garantie) guarantee. (Naut) **~ de capitaine** master's ticket; **~ (d'invention)** patent; **~ de technicien** vocational training certificate taken at age 16; **~ de technicien supérieur** vocational training certificate taken at age 18. ◆ **brevetable** adj patentable. ◆ **breveté, e** adj invention patented; technicien qualified. ◆ **breveter** (4) vt to patent. **faire ~ qch** to take out a patent for sth.

bréviaire [bʀevjɛʀ] nm (Rel) breviary; (fig) bible.

bribe [bʀib] nf bit. **~s de** conversation snatches of; nourriture scraps of; fortune remnants of; **par ~s** in snatches.

bric-à-brac [bʀikabʀak] nm inv (objets, fig) bric-a-brac; (magasin) junk shop.

bric et de broc [bʀikedbʀok] loc adv: **de ~** any old how *; **meublé** with bits and pieces.

brick [bʀik] nm (Naut) brig.

bricole * [bʀikɔl] nf (babiole) trifle; (cadeau) token; (travail) easy job. **il ne reste que des ~s** there are only a few bits and pieces left; **10 F et des ~s** 10 francs odd *.

bricoler [bʀikɔle] (1) **1** vi to do odd jobs; (passetemps) to tinker about. **2** vt (réparer) to fix up, mend; (fabriquer) to knock up. ◆ **bricolage** nm odd jobs; tinkering about; (réparation) makeshift repair. **rayon ~** do-it-yourself department. ◆ **bricoleur, -euse** nm, f handyman (ou woman).

bride [bʀid] nf (a) (Équitation) bridle. **tenir en ~** cheval, passions to curb; **laisser la ~ sur le cou** ou **col à un cheval** to give a horse his head; **laisser la ~ sur le cou à qn** to leave sb a free hand ; **à ~ abattue** hell for leather. (b) [bonnet] string; (en cuir) strap. ◆ **brider** (1) vt (lit) to bridle; (fig) to keep in check. **il est bridé dans son costume** his suit is too tight for him; **avoir les yeux bridés** to have slit eyes.

bridge [bʀidʒ(ə)] nm (jeu, dents) bridge; (partie) game of bridge. ◆ **bridger** (3) vi to play bridge. ◆ **bridgeur, -euse** nm, f bridge player.

brièvement [bʀijɛvmɑ̃] adv briefly. ◆ **brièveté** nf brevity.

brigade [bʀigad] nf (Mil) brigade; (Police) squad; (équipe) team. ◆ **brigadier** nm (Police) ≃ sergeant; (Mil) corporal.

brigand [bʀigɑ̃] nm (†) brigand; (filou) crook; (hum: enfant) rascal. ◆ **brigandage** nm brigandage. **(actes de) ~** robbery; (fig) **c'est du ~!** it's daylight robbery!

briguer [bʀige] (1) vt emploi, faveur to covet; amitié, suffrages to solicit.

brillant, e [bʀijɑ̃, ɑ̃t] **1** adj (a) (luisant) shiny; (étincelant) sparkling; couleur bright. **yeux ~s de fièvre/colère** eyes bright with fever/glittering with anger. (b) personne, idées etc brilliant. **ce n'est pas ~** it's not outstanding ou up to much. **2** nm (a) (étincelant) sparkle; (luisant) shine; [couleur] brightness; [étoffe] sheen; (par usure) shine; (fig) [esprit] brilliance. **donner du ~ à** to polish up. (b) (diamant) brilliant. ◆ **brillamment** adv brilliantly.

briller [bʀije] (1) vi (a) (gén) to shine; [diamant] to sparkle; [étoile] to twinkle; [éclair] to flash; [surface humide] to glisten. **faire ~ meuble** etc to polish; (fig) avantages to paint a glowing picture of; **ses yeux brillaient de joie** his eyes shone ou sparkled with joy. (b) [personne] to shine. **~ par son talent** to be outstandingly talented; **il ne brille pas par le courage** courage is not his strong point; **~ par son absence** to be conspicuous by one's absence.

brimer [bʀime] (1) vt to bully; (Mil, Scol) to rag, haze (US). **je suis brimé** * I'm being got at *. ◆ **brimade** nf vexation. **~(s)** ragging, hazing (US).

brin [bʀɛ̃] nm (a) [herbe] blade; [muguet] sprig; [osier] twig; [paille] wisp. (fig) **un beau ~ de fille** a fine-looking girl. (b) [corde] strand. (c) **un ~ de** a touch ou grain of; **faire un ~ de causette** to have a bit of a chat *, have a little chat; **faire un ~ de toilette** to have a quick wash; **il n'y a pas un ~ de vent** there isn't a breath of wind; **un ~ embêté */plus grand** a shade worried/bigger. ◆ **brindille** nf twig.

bringue * [bʀɛ̃g] nf (a) binge *. **faire la ~** to go on a binge *. (b) (femme) **grande ~** beanpole *.

bringuebaler * [bʀɛ̃gbale] (1) **1** vi [tête, voiture] to shake about, joggle; (avec bruit) to rattle. **2** vt to cart about. ◆ **bringuebalant, e** * adj auto ramshackle. ◆ **bringuebalement** * nm shaking (about); rattle.

brio [bʀijo] nm brilliance; (Mus) brio. **avec ~** brilliantly.

brioche [bʀijɔʃ] nf brioche, bun; (*: ventre) paunch. **jambon en ~** ham in a pastry case.

brique [bʀik] **1** nf (Constr) brick; (*) a million (old) francs. **2** adj inv brick red.

briquer * [bʀike] (1) vt to polish up.

briquet [bʀikɛ] nm (cigarette) lighter.

bris [bʀi] nm breaking. **~ de clôture** breaking-in; **~ de glaces** broken windows.

brisant [bʀizɑ̃] nm (vague) breaker; (écueil) reef.

brise [bʀiz] nf breeze.

briser [bʀize] (1) **1** vt (a) (gén) to break. **~ en mille morceaux** to smash to smithereens; (lit, fig) **~ la glace** to break the ice. (b) (fig) cœur, traité etc to break; carrière to ruin, wreck; volonté, espoir, rebelle to crush. **d'une voix brisée par l'émotion** in a voice choked with emotion; **ça l'a brisé** it has left him a broken man; **brisé (de fatigue)** worn out, exhausted; **brisé (de chagrin)** broken-hearted. **2** vi to break (avec with, contre against).

3 se ~ *vpr [verre]* to break, smash; *[vagues]* to break (*contre* against); *[résistance]* to break down; *[assaut]* to break up; *[espoir]* to be dashed; *[cœur, voix]* to break. ◆ **brise-** *préf:* ~**fer** *nm inv (enfant)* wrecker ; ~**glace** *nm inv* icebreaker; ~**lames** *nm inv* breakwater; ~**mottes** *nm inv* harrow. ◆ **briseur, -euse** *nm, f:* ~ **de grève** blackleg, strikebreaker. ◆ **brisure** *nf* break.

britannique [bʀitanik] **1** *adj* British. **2** *nmf:* **B~** British citizen *ou* person; **les B~s** the British.

broc [bʀo] *nm* pitcher.

brocante [bʀokɑ̃t] *nf* secondhand goods (trade). ◆ **brocanteur, -euse** *nm, f* secondhand (furniture) dealer.

broche [bʀoʃ] *nf (bijou)* brooch; *(Culin)* spit; *(Tech, Méd)* pin. *(Culin)* **faire cuire à la** ~ to spit-roast.

brocher [bʀoʃe] **(1)** *vt* to bind *(with paper)*. **livre broché** softback, softcover, paperback.

brochet [bʀoʃɛ] *nm (Zool)* pike.

brochette [bʀoʃɛt] *nf (ustensile)* skewer; *(plat)* kebab. *(fig)* ~ **de** *décorations etc* row *ou* string of.

brochure [bʀoʃyʀ] *nf* **(a)** *(magazine)* brochure, pamphlet. **(b)** *(reliure)* (paper) binding.

brodequin [bʀodkɛ̃] *nm* (laced) boot.

broder [bʀode] **(1)** *vti (lit, fig)* to embroider *(de* with). ~ **sur un sujet** to elaborate on a subject. ◆ **broderie** *nf (art)* embroidery; *(objet)* piece of embroidery. ◆ **brodeur, -euse** *nm, f* embroiderer, embroideress.

brome [bʀom] *nm* bromine. ◆ **bromure** *nm* bromide.

bronche [bʀɔ̃ʃ] *nf:* ~**s** bronchial tubes; **il est faible des** ~**s** he has a weak chest.

broncher [bʀɔ̃ʃe] **(1)** *vi [cheval]* to stumble. **personne n'osait** ~ * no one dared move a muscle *ou* make a move; **sans** ~ *(sans peur)* without flinching; *(sans protester)* uncomplainingly; *(sans se tromper)* without faltering.

bronchite [bʀɔ̃ʃit] *nf:* **la** ~ bronchitis; **une** ~ a bout of bronchitis. ◆ **broncho-pneumonie,** *pl* ~**-**~**s** *nf* broncho-pneumonia.

bronze [bʀɔ̃z] *nm (métal, objet)* bronze.

bronzer [bʀɔ̃ze] **(1)** **1** *vt* to tan. **2** *vi* to get a tan. **3 se** ~ *vpr* to sunbathe. ◆ **bronzage** *nm* suntan. ◆ **bronzé, e** *adj* (sun)tanned, sunburnt. ◆ **bronzette** * *nf:* **faire de la** ~ to do a bit of sunbathing.

brosse [bʀos] *nf* **(a)** *(gén)* brush; *(en chiendent)* scrubbing-brush. ~ **à dents/à habits** *etc* tooth/clothes-brush *etc;* ~ **métallique** wire brush; **donne un coup de** ~ **à ta veste** give your jacket a brush. **(b)** *(Coiffure)* **avoir les cheveux en** ~ to have a crew cut. ◆ **brossage** *nm* brushing. ◆ **brosser (1) 1** *vt* **(a)** to brush; to scrub. ~ **qn** to brush sb's clothes. **(b)** *(Art, fig)* to paint. **2 se** ~ *vpr* to brush one's clothes. **se** ~ **les dents** to brush one's teeth; **tu peux te** ~! ⚇ you can whistle for it! *

brouette [bʀuɛt] *nf* wheelbarrow.

brouhaha [bʀuaa] *nm* hubbub.

brouillage [bʀujaʒ] *nm (Rad) (intentionnel)* jamming; *(accidentel)* interference.

brouillard [bʀujaʀ] *nm* fog; *(léger)* mist; *(avec fumée)* smog; *(très dense)* peasouper *. ~ **de chaleur** heat haze; ~ **givrant** freezing fog; **il fait du** ~ it's foggy; *(fig)* **être dans le** ~ to be lost.

brouillasser [bʀujase] **(1)** *vi* to drizzle.

brouiller [bʀuje] **(1) 1** *vt* **(a)** *contour, vue* to blur; *papiers, idées* to muddle up; *message* to scramble. *(fig)* ~ **les pistes** *ou* **cartes** to confuse *ou* cloud the issue. **(b)** *(fâcher)* to set at odds, put on bad terms *(avec* with). **être brouillé avec qn** to have fallen out with sb; **être brouillé avec les dates** to be hopeless at dates. **(c)** *(Rad) (exprès)* to jam; *(par accident)* to cause interference to. **2 se** ~ *vpr* **(a)** to become

blurred; to get muddled up. **tout se brouilla dans sa tête** everything became confused in his mind. **(b)** *(se fâcher)* **se** ~ **avec qn** to fall out with sb. **(c)** *[ciel]* to cloud over. **le temps se brouille** the weather is breaking. ◆ **brouille** *nf* quarrel; *(légère)* tiff.

brouillon, -onne [bʀujɔ̃, ɔn] **1** *adj (soin)* untidy; *(organisation)* muddle-headed. **élève** ~ careless pupil. **2** *nm, f* muddler. **3** *nm [devoir]* rough copy; *(ébauche)* (rough) draft; *(notes etc)* rough work. **(papier)** ~ rough paper; **prendre qch au** ~ to make a rough copy of sth.

broussaille [bʀusaj] *nf:* ~**s** undergrowth, scrub; **en** ~ *cheveux* unkempt, tousled. ◆ **broussailleux, -euse** *adj* bushy, scrubby; *barbe* bushy.

brousse [bʀus] *nf:* **la** ~ the bush; *(fig)* **en pleine** ~ * in the middle of nowhere.

brouter [bʀute] **(1) 1** *vti [ruminant]* to graze; *[lapin]* to nibble. **2** *vi [embrayage]* to judder.

broutille [bʀutij] *nf* trifle. **c'est de la** ~ * *(mauvaise qualité)* it's cheap rubbish; *(sans importance)* it's not worth mentioning, it's nothing of any consequence.

broyer [bʀwaje] **(8)** *vt* to grind; *main* to crush. *(fig)* ~ **du noir** to be down in the dumps *. ◆ **broyage** *nm* grinding. ◆ **broyeur, -euse 1** *adj* grinding. **2** *nm* grinder.

bru [bʀy] *nf* daughter-in-law.

brugnon [bʀyɲɔ̃] *nm* nectarine.

bruine [bʀɥin] *nf* drizzle. ◆ **bruiner (1)** *vi* to drizzle.

bruire [bʀɥiʀ] **(2)** *vi [tissu, vent]* to rustle; *[ruisseau]* to murmur; *[insectes]* to hum. ◆ **bruissement** *nm* rustle; murmur; humming.

bruit [bʀɥi] *nm* **(a)** *(gén)* noise; *(sourd)* thud; *(strident)* screech; *[train]* rumble; *[coup de feu]* crack, bang; *[voix, moteur]* sound; *[vaisselle]* clatter. **des** ~**s de pas** footsteps; ~ **de fond** background noise; **on n'entend aucun** ~ you can't hear a sound; **dans un** ~ **de tonnerre** with a thunderous roar; **faire du** ~ to make a noise; **travailler dans le** ~ to work against noise; **sans** ~ noiselessly. **(b)** *(fig)* **beaucoup de** ~ **pour rien** much ado about nothing; **faire grand** ~ **autour de** to make a great to-do about; **il fait plus de** ~ **que de mal** his bark is worse than his bite. **(c)** *(nouvelle)* rumour. **le** ~ **court que** rumour has it that; **faux** ~**s** false rumours. ◆ **bruitage** *nm* sound effects. ◆ **bruiteur** *nm* sound-effects engineer.

brûler [bʀyle] **(1) 1** *vt* **(a)** *(gén) [acide, flamme]* to burn; *[eau bouillante]* to scald; *[fer à repasser]* to scorch; *[gel]* to nip. **brûlé par le soleil** *(bronzage)* sunburnt, tanned; *(lésion)* burnt by the sun; *herbe* sun-scorched; ~ **ses dernières cartouches** to shoot one's bolt; ~ **ses vaisseaux** to burn one's boats; **brûlé vif** *(accident)* burnt alive *ou* to death; *(supplice)* burnt at the stake; **grand brûlé** badly burnt person. **(b)** *café* to roast. **(c)** *électricité* to burn. **ils ont brûlé tout leur bois** they've burnt up all their wood; ~ **la chandelle par les deux bouts** to burn the candle at both ends. **(d)** *(Aut)* ~ **un stop** to ignore a stop sign; ~ **un feu rouge** to go through a red light, run a red light *(US)*; ~ **une étape** to cut out a stop; *(fig)* ~ **les étapes** *(réussite)* to shoot ahead; *(précipitation)* to take short cuts. **(e)** *(sensation)* to burn. **les yeux me brûlent** my eyes are smarting; **j'ai la figure qui (me) brûle** my face is burning; **l'argent lui brûle les doigts** money burns a hole in his pocket; **le désir de l'aventure le brûlait** he was burning for adventure. **2** *vi* **(a)** *[lumière, feu]* to burn; *[maison]* to be on fire; *(Culin)* to burn. **ça sent le brûlé** *(lit)* there's a smell of burning; *(fig)* trouble's brewing; **goût de brûlé** burnt taste. **(b)** *[front, objet]* to be burning (hot); *[liquide]* to be scalding. **ça brûle** you'll burn yourself, you'll get burnt; *(jeu)* **tu brûles!** you're getting hot! (c) ~ (d'envie) de faire qch to be burning to do sth; ~ d'impatience to seethe with impatience; ~ (d'amour) pour qn to be madly in love with sb. 3 se ~ *vpr* to burn o.s.; *(s'ébouillanter)* to scald o.s. se ~ la cervelle to blow one's brains out. ◆ **brûlant, e** *adj objet* burning (hot); *plat, liquide* piping hot; *soleil* scorching; *regard, pages* fiery; *sujet* ticklish. ~ (de fièvre) burning (with fever); c'est d'une actualité ~e it's the burning question of the hour. ◆ **brûle-parfum** *nm inv* perfume burner. ◆ **brûle-pourpoint** *adv*: à ~ point-blank. ◆ **brûleur** *nm* burner. ◆ **brûlure** *nf (lésion)* burn; *(sensation)* burning sensation. ~ (d'eau bouillante) scald; ~ d'estomac heartburn.

brume [bʀym] *nf (gén)* mist; *(dense)* fog; *(légère)* haze. ◆ **brumeux, -euse** *adj* misty; foggy; *(fig)* obscure, hazy.

brumisateur [bʀymizatœʀ] *nm* spray, atomiser.

brun, e [bʀœ̃, yn] **1** *adj (gén)* brown; *cheveux, tabac* dark; *peau* swarthy; *(bronzé)* tanned, brown. il est ~ he's dark-haired; ~ roux (dark) auburn. **2** *nm (couleur)* brown; *(homme)* dark-haired man. **3** *nf (bière)* brown ale; *(femme)* brunette. ◆ **brunâtre** *adj* brownish. ◆ **brunette** *nf* brunette. ◆ **brunir** (2) **1** *vi [personne]* to get sunburnt; *[cheveux]* to go darker. **2** *vt peau* to tan; *cheveux* to darken.

brushing [bʀœʃiŋ] *nm* blow-dry. faire un ~ à qn to blow-dry sb's hair.

brusque [bʀysk(ə)] *adj (sec)* abrupt, blunt; *(soudain)* abrupt, sudden; *virage* sharp. ◆ **brusquement** *adv* abruptly; bluntly; suddenly; sharply. ◆ **brusquer** (1) *vt (gén)* to rush. attaque brusquée sudden attack. ◆ **brusquerie** *nf* abruptness, bluntness.

brut, e¹ [bʀyt] **1** *adj* **(a)** *diamant* rough; *pétrole* crude; *sucre* unrefined; *soie, métal* raw; *champagne* brut; *fait, idée* crude, raw. à l'état ~ in the rough. **(b)** *(Comm)* gross. ça fait 100 F/kg ~ that makes 100 francs/kg gross. **2** *nm* crude oil. ~ lourd heavy crude.

brutal, e, *mpl* **-aux** [bʀytal, o] *adj* **(a)** *caractère* rough, brutal; *instinct* savage; *jeu* rough. force ~e brute force. **(b)** *réponse, franchise* blunt; *vérité* plain; *réalité* stark. **(c)** *mort* sudden; *coup* brutal. ◆ **brutalement** *adv* roughly; brutally; bluntly; plainly; suddenly. ◆ **brutaliser** (1) *vt personne* to bully, manhandle; *machine* to ill-treat. ◆ **brutalité** *nf* brutality; roughness; suddenness; *(acte)* brutality. ~s *(Sport)* rough play; ~ policières police brutality. ◆ **brute²** *nf (brutal)* brute, animal; *(grossier)* boor, lout. taper sur qch comme une ~ * to bash away at sth *; ~ épaisse * brutish lout; grosse ~! * big bully!

Bruxelles [bʀysɛl] *n* Brussels.

bruyant, e [bʀɥijɑ̃, ɑ̃t] *adj* noisy. ◆ **bruyamment** *adv* noisily.

bruyère [bʀɥijɛʀ] *nf (plante)* heather; *(terrain)* heath(land). pipe en (racine de) ~ briar pipe.

bu, e [by] *ptp de* **boire**.

buanderie [bɥɑ̃dʀi] *nf* wash house, laundry.

Bucarest [bykaʀɛst] *n* Bucharest.

bûche [byʃ] *nf* **(a)** log. ~ de Noël Yule log. **(b)** (*) *(lourdaud)* blockhead *; *(chute)* fall. ramasser une ~ to come a cropper *.

bûcher¹ [byʃe] *nm* **(a)** *(remise)* woodshed. **(b)** *(funéraire)* (funeral) pyre; *(supplice)* stake.

bûcher² *[byʃe] (1) **1** *vt* to swot up *. **2** *vi* to swot *.

bûcheron [byʃʀɔ̃] *nm* woodcutter, lumberjack.

bûcheur, -euse *[byʃœʀ, øz] **1** *adj* hard-working. **2** *nm, f* slogger *, grind * *(US)*.

bucolique [bykɔlik] *adj, nf* bucolic.

Budapest [bydapɛst] *n* Budapest.

budget [bydʒɛ] *nm* budget. vacances pour petits ~s *ou* ~s modestes low-cost *ou* budget holidays. ◆ **budgétaire** *adj (gén)* budgetary. année ~ financial year.

buée [bɥe] *nf* mist, steam, condensation. couvert de ~ misted up, steamed up; faire de la ~ to make steam.

Buenos Aires [bwenɔzɛʀ] *n* Buenos Aires.

buffet [byfɛ] *nm* **(a)** *(meuble)* sideboard. ~ de cuisine kitchen dresser. **(b)** *[réception]* buffet. ~ de gare station buffet. **(c)** (** *ventre)* belly *.

buffle [byfl(ə)] *nm* buffalo.

buggy [bygi] *nm (Aut)* buggy.

buis [bɥi] *nm (arbre)* box tree; *(bois)* box(wood).

buisson [bɥisɔ̃] *nm* bush.

bulbe [bylb(ə)] *nm (Bot)* bulb; *(Archit)* onion-shaped dome. *(Anat)* ~ pileux hair bulb; ~ rachidien medulla. ◆ **bulbeux, -euse** *adj* bulbous.

Bulgarie [bylgaʀi] *nf* Bulgaria. ◆ **bulgare** *adj, nm*, **B~** *nmf* Bulgarian.

bulldozer [buldozœʀ] *nm* bulldozer.

bulle [byl] *nf* **(a)** bubble; *[bande dessinée]* balloon. faire des ~s to blow bubbles. **(b)** *(Rel)* bull.

bulletin [byltɛ̃] **1** *nm (communiqué, magazine)* bulletin; *(formulaire)* form; *(certificat)* certificate; *(billet)* ticket; *(Scol)* report; *(Pol)* ballot paper. **2** : ~ météorologique weather forecast; ~-réponse *nm, pl* ~s-~s *(dans un concours)* entry form; ~ de salaire pay-slip; ~ de vote par correspondance postal vote, absentee ballot *(US)*.

bungalow [bœ̃galo] *nm (Inde)* bungalow; *[motel]* (holiday) chalet.

buraliste [byʀalist(ə)] *nmf [tabac]* tobacconist, tobacco dealer *(US)*; *[poste]* clerk.

bureau, *pl* ~x [byʀo] **1** *nm* **(a)** *(meuble)* desk; *(chambre)* study; *[firme]* office. heures de ~ office hours; nos ~x seront fermés the office will be closed. **(b)** *(section)* department; *(comité)* committee; *(exécutif)* board. **2** : ~ de change bureau de change; ~ d'études research unit; *(indépendant)* research consultancy; ~ de location booking *ou* box office; ~ des objets trouvés lost property *ou* lost and found *(US)* office; ~ de placement employment agency; ~ de poste post office; ~ de renseignements information service; ~ de tabac tobacconist's (shop), tobacco *ou* smoke shop *(US)*; ~ de vote polling station. ◆ **bureautique** *nf* office automation.

bureaucrate [byʀokʀat] *nmf* bureaucrat. ◆ **bureaucratie** *nf (péj) (gén)* bureaucracy; *(employés)* officialdom. toute cette ~ m'agace all this red tape gets on my nerves. ◆ **bureaucratique** *adj* bureaucratic.

burette [byʀɛt] *nf (Culin, Rel)* cruet; *[mécanicien]* oilcan.

burin [byʀɛ̃] *nm (Art)* burin; *(Tech)* (cold) chisel. ◆ **buriné, e** *adj visage* seamed, craggy.

burlesque [byʀlɛsk(ə)] *adj (Théât)* burlesque; *(comique)* comical; *(ridicule)* ludicrous.

Burundi [buʀundi] *nm* Burundi.

bus [bys] *nm (Aut, Ordin)* bus.

buse¹ [byz] *nf (Orn)* buzzard.

buse² [byz] *nf (tuyau)* (gén) pipe; *(Tech)* duct.

busqué, e [byske] *adj*: nez ~ hooked nose.

buste [byst(ə)] *nm (torse)* chest; *(seins, sculpture)* bust.

but [by] *nm* **(a)** *(destination, objectif)* goal. errer sans ~ to wander aimlessly about; il a pour ~ de faire he is aiming to do; aller droit au ~ to go straight to the point; nous touchons au ~ the end *ou* our goal is in sight; nous sommes encore loin du ~ we still have a long way to go; à ~ lucratif profit-making, profit-seeking. **(b)** *(intention)* aim, purpose, object; *(raison)* reason. dans le ~ de faire with the aim of doing; **le ~ de l'opération** the object *ou* point of the operation. **(c)** *(Ftbl)* goal; *(Tir)* target, mark. **(d) de ~ en blanc** *demander* point-blank; *répondre* off the cuff.

butane [bytan] *nm (Chim)* butane; *(en bouteille)* calor gas ®.

buter [byte] **(1)** **1** *vi* **(a)** to stumble, trip. **~ contre** *(trébucher)* to stumble over; *(cogner)* to bump into; *(s'appuyer)* to rest against; *(fig) difficulté* to come up against; **nous butons sur ce problème** we are stuck over this problem. **(b)** *(Ftbl)* to score a goal. **2** *vt (irriter)* to antagonize; *(⁑: tuer)* to bump off ⁑. **3 se ~** *vpr* to dig one's heels in. ◆ **buté, e¹** *adj* stubborn, obstinate. ◆ **butée²** *nf (Archit)* abutment; *(Tech)* stop. ◆ **buteur** *nm (Ftbl)* striker ; *(⁑: tueur)* killer.

butin [bytɛ̃] *nm [armée]* spoils; *[voleur]* loot; *(fig)* booty.

butiner [bytine] **(1)** *vi* to gather nectar.

butoir [bytwaʀ] *nm (Tech)* stop.

butor [bytɔʀ] *nm (péj)* boor, lout.

butte [byt] *nf* mound, hillock. **~ de tir** butts ; **~-témoin** outlier; *(fig)* **être en ~ à** to be exposed to.

buvable [byvabl(ə)] *adj* drinkable; *(Méd)* to be taken orally.

buvard [byvaʀ] *nm (papier)* blotting paper; *(sous-main)* blotter.

buvette [byvɛt] *nf (café)* refreshment room; *(en plein air)* refreshment stall.

buveur, -euse [byvœʀ, øz] *nm, f (ivrogne)* drinker; *[café]* customer. **~ de bière** beer drinker.

Byzance [bizãs] *n* Byzantium.

C

C, c [se] *nm (lettre)* C, c.

c' [s] *abrév de* **ce**.

ça [sa] *pron dém* = **cela** *(dans la langue courante).*

çà [sa] *adv:* ~ **et là** here and there.

cabale [kabal] *nf* cabal. ◆ **cabalistique** *adj* cabalistic.

caban [kabã] *nm* reefer jacket.

cabane [kaban] *nf (hutte)* cabin; *(remise)* shed; *(péj)* shack. *(*: prison)* **en** ~ in (the) clink ✱; ~ **à lapins** *(lit)* rabbit hutch; *(fig)* box. ◆ **cabanon** *nm (maison)* cottage, cabin; *(remise)* shed.

cabaret [kabaʀɛ] *nm* night club, cabaret; *(Hist: café)* inn. ◆ **cabaretier, -ière** *nm, f* innkeeper.

cabas [kaba] *nm* shopping bag.

cabestan [kabɛstã] *nm* capstan.

cabillaud [kabijo] *nm* (fresh) cod *(pl inv).*

cabine [kabin] *nf (Espace, Naut)* cabin; *[avion]* cockpit; *[grue]* cab; *[piscine]* cubicle; *(Audio-visuel)* booth. ~ **d'ascenseur** lift (cage), (elevator) car *(US)*; ~ **de bain** bathing hut; ~ **d'essayage/de projection** fitting/projection room; ~ **de téléphérique** cablecar; ~ **téléphonique** phone box *ou* booth.

cabinet [kabinɛ] **1** *nm* **(a)** *(toilettes)* ~**s** toilet. **(b)** *[médecin]* surgery, consulting-room; *[notaire]* office; *[immobilier]* agency; *(clientèle)* practice. **(c)** *(gouvernement)* cabinet; *[ministre]* advisers. **(d)** *[exposition]* exhibition room. **(e)** *(meuble)* cabinet. **2** : ~ **d'affaires** business consultancy; ~ **d'aisances** † water closet †, lavatory ; ~**-conseil** consulting firm; ~ **particulier** private dining room; ~ **de toilette** bathroom; ~ **de travail** study.

câble [kɑbl(ə)] *nm (gén)* cable. ~ **d'amarrage** mooring line. ◆ **câblage** *nm* cabling. ◆ **câbler** (1) *vt* to cable. *(TV)* ~ **un pays** to put cable television into a country.

caboche ✱ [kabɔʃ] *nf* head, nut ✱. ◆ **cabochard, e** ✱ *adj* pigheaded ✱.

cabosser [kabɔse] (1) *vt* to dent.

cabot [kabo] *nm (péj: chien)* dog, cur *(péj)*, mutt.

cabotage [kabɔtaʒ] *nm* coastal navigation. **faire du** ~ to ply along the coast. ◆ **caboteur** *nm* tramp, coaster.

cabotin, e [kabɔtɛ̃, in] **1** *adj (péj)* theatrical. **2** *nm, f (péj)* show-off; *(acteur)* ham (actor). ◆ **cabotinage** *nm* showing off; ham acting. ◆ **cabotiner** (1) *vi* to show off.

cabrer [kɑbʀe] (1) **1** *vt cheval* to make rear up; *avion* to nose up. ~ **qn contre** to turn sb against. **2 se** ~ *vpr* to rear up; to nose up; *[personne]* to rebel *(contre* against).

cabri [kabʀi] *nm (Zool)* kid.

cabriole [kabʀijɔl] *nf [enfant, chevreau]* caper; *[gymnaste]* somersault. ◆ **cabrioler** (1) *vi* to caper about.

cabriolet [kabʀijɔlɛ] *nm (Hist)* cabriolet; *(décapotable)* convertible.

caca ✱ [kaka] *nm:* **faire** ~ to do a job ✱; **marcher dans du** ~ to step in some muck; *(couleur)* ~ **d'oie** greenish-yellow.

cacah(o)uète [kakawɛt] *nf* peanut.

cacao [kakao] *nm* cocoa.

cacatoès [kakatɔɛs] *nm* cockatoo.

cachalot [kaʃalo] *nm* sperm whale.

cache [kaʃ] **1** *nm (gén)* card; *(Phot)* mask. **2** *nf* hiding place; *(pour butin)* cache.

cachemire [kaʃmiʀ] *nm (laine)* cashmere; *(dessin)* paisley pattern.

cacher [kaʃe] (1) **1** *vt (gén)* to hide, conceal. ~ **son jeu** *(lit)* to keep one's cards up; *(fig)* to hide one's game; **tu me caches la lumière** you're in my light; ~ **son âge** to keep one's age a secret; **il n'a pas caché que** he made no secret (of the fact) that. **2 se** ~ *vpr (gén)* to hide; *[évadé]* to be in hiding; *[maison, défaut]* to be concealed. **va te** ~! get out of my sight!; **faire qch sans se** ~ to do sth openly, do sth without hiding *ou* concealing the fact. ◆ **caché, e** *adj (gén)* hidden; *(à l'écart)* secluded; *(secret)* secret. ◆ **cache-cache** *nm inv (lit, fig)* hide-and-seek. ◆ **cache-col** *nm inv ou* ◆ **cache-nez** *nm inv* scarf, muffler. ◆ **cache-pot** *nm inv* flowerpot holder. ◆ **cache-prise** *nm inv* socket cover. ◆ **cache-radiateur** *nm inv* radiator cover. ◆ **cache-tampon** *nm inv* hunt-the-thimble.

cachet [kaʃɛ] *nm* **(a)** *(Pharm)* tablet. **(b)** *(timbre)* stamp; *(sceau)* seal. ~ **(de la poste)** postmark. **(c)** *(fig: caractère)* style, character. **robe qui a du** ~ stylish dress; **un** ~ **d'originalité** the stamp *ou* mark of originality. **(d)** *(rétribution)* fee. ◆ **cacheter** (4) *vt* to seal.

cachette [kaʃɛt] *nf* hiding-place. **en** ~ secretly; **en** ~ **de qn** unknown to sb.

cachot [kaʃo] *nm (cellule)* dungeon; *(punition)* solitary confinement.

cachotterie [kaʃɔtʀi] *nf* mystery. **faire des** ~**s** to be secretive, make mysteries about things. ◆ **cachottier, -ière** *adj* secretive.

cacophonie [kakɔfɔni] *nf* cacophony.

cactus [kaktys] *nm inv* cactus.

cadastre [kadastʀ(ə)] *nm (registre)* cadastre; *(service)* cadastral survey. ◆ **cadastral, e,** *mpl* **-aux** *adj* cadastral.

cadavre [kadavʀ(ə)] *nm* corpse, (dead) body ; *(*: bouteille)* empty (bottle). ◆ **cadavérique** *adj* deathly pale.

caddie [kadi] *nm (Golf)* caddie; ® *(chariot)* (supermarket) trolley.

cadeau, *pl* ~**x** [kado] *nm* present, gift *(de qn* from sb). ~ **de Noël** Christmas present; ~ **publicitaire** free gift, give away ✱ *(US)*; **faire** ~ **de qch à qn** *(offrir)* to give sb sth as a present; *(laisser)* to let sb keep sth, give sth away (to sb); *(fig)* **ils ne font pas de** ~**x** they don't let you off lightly.

cadenas [kadna] *nm* padlock. ◆ **cadenasser** (1) *vt* to padlock.

cadence [kadãs] *nf [vers, chant]* rhythm; *[tir, production]* rate; *[marche]* pace. **en** ~ *(régulièrement)* rhythmically; *(en mesure)* in time. ◆ **cadencé, e** *adj* rhythmic(al). ◆ **cadencer** (3) *vt* to give rhythm to.

cadet, -ette [kadɛ, ɛt] **1** *adj (entre 2)* younger; *(plus de 2)* youngest. **2** *nm, f* **(a)** youngest child *(ou* boy *ou* girl). **mon (frère/fils)** ~ my younger brother/ son; **il est mon** ~ **de 2 ans** he's 2 years younger than me, he's 2 years my junior; **c'est le** ~ **de**

mes soucis it's the least of my worries. **(b)** *(Sport)* 15-17 year-old players. **3** *nm (Hist Mil)* cadet.

cadrage [kɑdʀaʒ] *nm (Phot)* centring (of image).

cadran [kadʀɑ̃] *nm (gén)* dial; *[baromètre]* face. ~ **solaire** sundial.

cadre [kɑdʀ(ə)] *nm* **(a)** *(chassis)* frame; *(caisse)* crate; *[radio]* frame antenna; *(sur formulaire)* space, box. **(b)** *(décor)* setting; *(entourage)* surroundings. **le** ~ **étroit de** the strait jacket *ou* the narrow confines of; ~ **de vie** (living) environment. **(c)** *(limites)* scope; *(contexte)* framework. **dans le** ~ **de** *fonctions* within the scope *ou* limits of; *festival* within the context *ou* framework of; **respecter le** ~ **de la légalité** to remain within (the bounds of) the law. **(d)** *(chef)* executive, manager; *(Mil)* officer. **les** ~**s** the managerial staff ; ~ **supérieur/moyen** senior/middle manager *ou* executive; **les** ~**s moyens** middle management, middle-grade managers *(US)*. **(e)** *(personnel)* **figurer sur les** ~**s** to be (placed) on the books; **rayé des** ~**s** *(licencié)* dismissed; *(libéré)* discharged.

cadrer [kɑdʀe] **(1)** **1** *vi* to tally *(avec* with), conform *(avec* to, with). **2** *vt (Phot)* to centre.

caduc, caduque [kadyk] *adj (Bot)* deciduous; *(Jur)* null and void; *(périmé)* outmoded, obsolete.

cafard¹ [kafaʀ] *nm* **(a)** *(insecte)* cockroach. **(b)** (*) **accès de** ~ fit of the blues *; **avoir le** ~ to have the blues *, be feeling blue *; **ça lui donne le** ~ that gets him down *. ◆ **cafardeux, -euse** *adj* *personne* feeling blue *; *tempérament* gloomy.

cafard², **e** [kafaʀ, aʀd(ə)] *nm, f (péj)* sneak. ◆ **cafardage** *nm* sneaking. ◆ **cafarder** **(1)** *vi* to sneak.

café [kafe] *nm (produit, moment)* coffee; *(lieu)* café. ~ **au lait** *(nm)* white coffee, coffee with milk ; *(adj inv)* coffee-coloured; ~ **liégeois** coffee ice cream *(with whipped cream topping)*; ~ **soluble** instant coffee. ◆ **caféier** *nm* coffee tree. ◆ **cafetier, -ière** **1** *nm, f* café-owner. **2** *nf (pot)* coffeepot ; *(percolateur)* coffee-maker; (*: *tête*) nut *.

cafouiller * [kafuje] **(1)** *vi [organisation, discussion]* to be in a shambles; *[équipe]* to go to pieces; *[candidat]* to flounder; *[moteur]* to work in fits and starts. ~ **(avec) le ballon** to fumble the ball. ◆ **cafouillage** * *nm* muddle, shambles *(sg)*. ◆ **cafouilleur, -euse** * **1** *adj* shambolic *. **2** *nm, f* muddler.

cage [kaʒ] *nf (gén, Anat, Min)* cage; *(Tech)* casing; *(Sport: buts)* goal. ~ **d'ascenseur** lift *ou* elevator *(US)* shaft; ~ **d'escalier** stairwell; ~ **à lapins** *(lit)* (rabbit) hutch; *(péj)* box.

cageot [kaʒo] *nm [légumes, fruits]* crate.

cagibi [kaʒibi] *nm* box room.

cagneux, -euse [kaɲø, øz] *adj* knock-kneed. **genoux** ~ knock knees.

cagnotte [kaɲɔt] *nf (caisse commune)* kitty; (*: *économies*) nest egg.

cagoule [kagul] *nf [moine]* cowl; *[pénitent, bandit]* hood; *[enfant]* balaclava.

cahier [kaje] *nm (Scol)* notebook, exercise book; *(revue)* journal. ~ **de brouillon** roughbook, notebook (for rough drafts) *(US)*; ~ **de textes** homework notebook; ~ **de travaux pratiques** lab book.

cahin-caha * [kaɛ̃kaa] *adv:* **aller** ~ *[vie, marcheur]* to jog along; *[santé]* to be so-so *.

cahot [kao] *nm* jolt, bump. ◆ **cahotant, e** *adj route* bumpy, rough; *véhicule* bumpy, jolting. ◆ **cahoter** **(1)** **1** *vt* to jolt. **cahoté par la guerre** buffeted about by the war. **2** *vi* to jog *ou* trundle along.

cahute [kayt] *nf* shack.

caïd [kaid] *nm (meneur)* big chief *; (*: *as*) ace *(en* at). **le** ~ **de l'équipe** * the star of the team.

caillasse [kajas] *nf* loose stones.

caille [kɑj] *nf* quail.

caillebotis [kajbɔti] *nm* duckboard.

cailler [kɑje] **(1)** **1** *vt:* **(faire)** ~ to curdle. **2** *vi,* **se** ~ *vpr* **(a)** *[lait]* to curdle; *[sang]* to clot. **(b)** (*: *avoir froid*) to be cold. **ça caille** it's freezing. ◆ **caillot** *nm* (blood) clot.

caillou, *pl* ~**x** [kaju] *nm (gén)* stone; *(petit galet)* pebble; *(grosse pierre)* boulder; (*: *tête*) head, nut *; (*: *diamant*) stone. **il a un** ~ **à la place du cœur** he has a heart of stone; **il n'a pas un poil sur le** ~ * he's as bald as a coot *ou* an egg. ◆ **caillouteux, -euse** *adj* stony; pebbly. ◆ **cailloutis** *nm (gén)* gravel; *[route]* (road) metal.

caïman [kaimɑ̃] *nm* cayman, caiman.

Caire [kɛʀ] *n:* **le** ~ Cairo.

caisse [kɛs] **1** *nf* **(a)** *(boîte)* box; *(cageot)* crate; *[horloge]* casing; *[véhicule]* bodywork. **(b)** *(machine)* cash register, till; *(portable)* cashbox. **avoir de l'argent en** ~ to have ready cash; **faire la** ~ to do the till; **les** ~**s de l'État** the coffers of the state; **voler la** ~ to steal the contents of the till, steal the takings. **(c)** *[boutique]* cashdesk; *[banque]* cashier's desk; *[supermarché]* check-out. **passer à la** ~ *(lit)* to go to the cashdesk; *(payé)* to collect one's money; *(licencié)* to get paid off. **(d)** *(bureau)* office; *(organisme)* fund. **(e)** *(Mus)* drum. **2** : ~ **d'emballage** packing case; ~ **enregistreuse** cash register; ~ **d'épargne** savings bank; ~ **noire** secret funds; ~ **à outils** toolbox; ~ **de résonance** resonance chamber; ~ **de retraite** superannuation *ou* pension fund; *(Scol)* ~ **de solidarité** school fund. ◆ **caissette** *nf* (small) box. ◆ **caissier, -ière** *nm, f (gén)* cashier; *[banque]* teller; *[supermarché]* check-out assistant *ou* clerk *(US)*; *[cinéma]* box-office assistant.

caisson [kɛsɔ̃] *nm (Archit, Mil, Tech)* caisson. **le mal des** ~**s** caisson disease, the bends *.

cajoler [kaʒɔle] **(1)** *vt* to cuddle, make a fuss of. ◆ **cajolerie** *nf* cuddle. **faire des** ~**s à qn** to cuddle sb, make a fuss of sb.

cake [kɛk] *nm* fruit cake.

calage [kalaʒ] *nm [meuble]* wedging; *[roue]* chocking.

calamité [kalamite] *nf (malheur)* calamity. **quelle** ~**!** * what a calamity *ou* disaster! ◆ **calamiteux, -euse** *adj* calamitous.

calandre [kalɑ̃dʀ(ə)] *nf [automobile]* radiator grill; *(machine)* calender.

calcaire [kalkɛʀ] **1** *adj (gén)* chalky; *eau* hard; *(Géol)* limestone. **2** *nm (Géol)* limestone; *[bouilloire]* fur, sediment *(US)*.

calciner [kalsine] **(1)** *vt (Tech)* to calcine; *rôti* to burn to a cinder. ◆ **calciné, e** *adj débris* charred, burned to ashes. ~ **par le soleil** scorched by the sun.

calcium [kalsjɔm] *nm* calcium.

calcul [kalkyl] *nm* **(a)** *(gén, fig)* calculation; *(exercice scolaire)* sum. **erreur de** ~ miscalculation; **d'après mes** ~**s** by my reckoning, according to my calculations; **par** ~ with an ulterior motive, out of (calculated) self-interest. **(b)** *(discipline)* **le** ~ arithmetic; ~ **des probabilités** probability theory; **le** ~ **intégral** integral calculus. **(c)** *(Méd)* stone, calculus. ◆ **calculateur, -trice** **1** *adj (intéressé)* calculating. **2** *nm* computer. ~ **numérique/analogique** digital/analog computer. **3** *nf* calculator. ~ **de poche** hand-held *ou* pocket calculator, minicalculator. **4** *nm, f (personne)* calculator. ◆ **calculer** **(1)** **1** *vt prix, quantité, conséquences* to calculate, work out; *geste, effets* to plan, calculate. ~ **son élan** to judge one's run-up; ~ **son coup** to plan one's move (carefully); **ils avaient calculé leur coup** they had it all figured out *; **avec une gentillesse calculée** with calculated kindness; **tout bien calculé** everything *ou* all things considered. **2** *vi (Math)* to calculate; *(économiser)* to count the pennies. ◆ **calculette** nf hand-held ou pocket calculator, minicalculator.

cale [kal] nf **(a)** (soute) hold; (plan incliné) slipway. ~ **de radoub/sèche** graving/dry dock. **(b)** [meuble] wedge; (Golf) wedge; [roue] chock, wedge.

calé, e * [kale] adj personne bright; problème tough.

calebasse [kalbɑs] nf calabash.

calèche [kalɛʃ] nf barouche.

caleçon [kalsɔ̃] nm underpants, shorts (US). ~**(s) de bain** bathing trunks.

calembour [kalɑ̃buʀ] nm pun.

calendes [kalɑ̃d] nfpl (Antiq) calends.

calendrier [kalɑ̃dʀije] nm (jours et mois) calendar; (programme) timetable.

cale-pied [kalpje] nm inv [vélo] toe clip.

calepin [kalpɛ̃] nm notebook.

caler [kale] (1) **1** vt **(a)** meuble to wedge; roue to chock, wedge; malade, pile de livres to prop up. **ça vous cale l'estomac** * it fills you up; **se** ~ **dans un fauteuil** to settle o.s. comfortably in an armchair. **(b)** moteur to stall. **2** vi **(a)** [véhicule] to stall. **(b)** (*: abandonner) to give up.

calfeutrer [kalføtʀe] (1) **1** vt to (make) draughtproof. **2 se** ~ vpr to make o.s. snug. ◆ **calfeutrage** nm draughtproofing.

calibre [kalibʀ(ə)] nm **(a)** [fusil] calibre, bore; [tuyau, instrument de musique] bore; [obus] calibre; [câble] diameter; [œufs, fruits] grade; [boule] size. **(b)** (instrument) gauge; (fig: envergure) calibre. ◆ **calibrer** (1) vt œufs to grade; (Tech) to gauge.

calice [kalis] nm (Rel) chalice; (Bot) calyx.

calicot [kaliko] nm (tissu) calico; (banderole) banner.

calife [kalif] nm caliph.

califourchon [kalifuʀʃɔ̃] nm: **à** ~ astride.

câlin, e [kɑlɛ̃, in] **1** adj enfant, chat cuddly; mère, ton tender, loving. **2** nm cuddle. ◆ **câliner** (1) vt to fondle, cuddle. ◆ **câlinerie** nf tenderness. ~**s** caresses.

calleux, -euse [kalø, øz] adj peau horny, callous.

calligramme [kaligʀam] nm (poème) calligramme.

calligraphier [kaligʀafje] (7) vt to write artistically.

callosité [kalozite] nf callosity.

calmant, e [kalmɑ̃, ɑ̃t] **1** adj (pour les nerfs) tranquillizing; (contre la douleur) painkilling; paroles soothing. **2** nm tranquillizer; painkiller.

calmar [kalmaʀ] nm squid.

calme [kalm(ə)] **1** adj (gén) quiet, calm; (paisible) peaceful; nuit, air still. **rester** ~ to remain calm ou cool. **2** nm quietness, peacefulness; stillness; calm, calmness; (sang-froid) sangfroid. (tranquillité) **le** ~ quietness, peace (and quiet); **du** ~! (restez tranquille) quieten down!; (pas de panique) keep cool! ou calm!; **ramener le** ~ (entre les choses) to calm things down; (rétablir l'ordre) to restore order; (Naut) ~ **plat** dead calm; (fig) **c'est le** ~ **plat** things are at a standstill. ◆ **calmement** adv agir calmly; se dérouler quietly.

calmer [kalme] (1) **1** vt personne to calm (down); querelle to quieten down; révolte, flots to calm; douleur, nerfs, crainte, fièvre to soothe; impatience, désir to curb; faim to appease; soif to quench. **2 se** ~ vpr [personne, mer] to calm down; [discussion] to quieten down; [douleur, faim, inquiétude] to ease; [fièvre, colère, ardeur] to subside.

calomnier [kalɔmnje] (7) vt to slander; (par écrit) to libel. ◆ **calomniateur, -trice** nm, f slanderer; libeller. ◆ **calomnie** nf slander; libel. **dire des** ~**s** to make slanderous remarks. ◆ **calomnieux, -euse** adj slanderous; libellous.

calorie [kalɔʀi] nf calorie. ◆ **calorifique** adj calorific.

calorifuger [kalɔʀifyʒe] (3) vt to lag, insulate. ◆ **calorifuge 1** adj (heat-)insulating. **2** nm insulating material. ◆ **calorifugeage** nm lagging, insulation.

calot [kalo] nm forage cap, overseas cap (US).

calotte [kalɔt] nf (bonnet) skullcap; (partie supérieure) crown; (*: gifle) slap. **la** ~ **des cieux** the vault of heaven; ~ **glaciaire** icecap.

calque [kalk(ə)] nm (dessin) tracing; (papier) tracing paper; (fig) exact copy; (Ling) calque, loan translation. ◆ **calquer** (1) vt to trace; to copy exactly.

calumet [kalymɛ] nm calumet. **le** ~ **de la paix** the pipe of peace.

calvaire [kalvɛʀ] nm (croix, peinture) Calvary; (épreuve) suffering, martyrdom. (Rel) **Le C**~ Calvary.

calvinisme [kalvinism(ə)] nm Calvinism. ◆ **calviniste** adj, nmf Calvinist.

calvitie [kalvisi] nf baldness.

camaïeu [kamajø] nm monochrome.

camarade [kamaʀad] nmf companion, friend, mate *; (Pol) comrade. ~ **d'atelier/d'école** workmate/schoolmate. ◆ **camaraderie** nf good-companionship.

Camargue [kamaʀg] nf: **la** ~ the Camargue.

Cambodge [kɑ̃bɔdʒ] nm Kampuchea, Cambodia †. ◆ **cambodgien, -ienne** adj, **C**~(ne) nm(f) Kampuchean, Cambodian †.

cambouis [kɑ̃bwi] nm dirty oil ou grease.

cambrer [kɑ̃bʀe] (1) **1** vt pied, dos to arch; bois to bend; métal to curve. **2 se** ~ vpr to arch one's back. ◆ **cambré, e** adj reins arched; pied, chaussures with a high instep.

cambrioler [kɑ̃bʀijɔle] (1) vt to burgle, burglarize (US). ◆ **cambriolage** nm burglary. ◆ **cambrioleur** nm burglar.

cambrousse ‡ [kɑ̃bʀus] nf country. **en pleine** ~ in the middle of nowhere, out in the sticks *.

cambrure [kɑ̃bʀyʀ] nf **(a)** [poutre, reins] curve; [pied] arch; [route] camber. **(b)** (partie) ~ **du pied** instep; ~ **des reins** small of the back.

cambuse [kɑ̃byz] nf **(a)** (‡) (pièce) pad ‡; (maison) shack *, place; (taudis) hovel. **(b)** (Naut) storeroom.

came [kam] nf (Tech) cam; (arg Drogue) (gén) junk (arg); (cocaïne) snow (arg); (‡: marchandise) stuff *; (*: pacotille) junk *. ◆ **camé, e**[1] nm, f (arg) junkie (arg), druggy ‡.

camée[2] [kame] nm cameo.

caméléon [kameleɔ̃] nm chameleon.

camélia [kamelja] nm camellia.

camelot [kamlo] nm street pedlar.

camelote * [kamlɔt] nf **(a)** (pacotille) **c'est de la** ~ it's junk * ou trash * ou rubbish * ou shlock ‡ (US). **(b)** (marchandise) stuff *. **il vend de la belle** ~ he sells nice stuff.

camer (se) [kame] vpr (arg Drogue) to be on drugs.

caméra [kameʀa] nf (Ciné, TV) camera; [amateur] cine-camera, movie camera (US). ◆ **cameraman**, pl **cameramen** nm cameraman.

Cameroun [kamʀun] nm Cameroon. ◆ **camerounais, e** adj, **C**~(e) nm(f) Cameroonian.

caméscope [kameskɔp] nm camcorder.

camion [kamjɔ̃] nm (ouvert) lorry, truck (US); (fermé) van, truck (US). ~**-citerne** nm, pl ~**s**-~**s** tanker (lorry), tank truck (US); ~ **de déménagement** removal ou moving (US) van. ◆ **camionnage** nm haulage. ◆ **camionnette** nf (small) van; (ouverte) pick-up (truck). ◆ **camionneur** nm lorry ou truck (US) driver; (entrepreneur) road haulier.

camisole [kamizɔl] nf: ~ **de force** strait jacket.

camomille [kamɔmij] nf camomile.

camoufler [kamufle] (1) *vt (Mil)* to camouflage; *(cacher)* to conceal; *(déguiser)* to disguise. ◆ **camouflage** *nm (Mil) (action)* camouflaging; *(résultat)* camouflage.

camp [kɑ̃] *nm (gén, Mil: emplacement)* camp; *(parti, Sport)* side; *(Pol)* camp. ~ **de concentration** concentration camp; ~ **d'extermination** death camp; ~ **de toile** campsite.

campagne [kɑ̃paɲ] *nf* **(a)** *(gén)* country; *(paysage)* countryside. **en pleine** ~ right in the middle of the country(side); **auberge de** ~ country inn. **(b)** *(Mil, Pol, Presse)* campaign. **faire** ~ to fight a campaign; **en** ~ on campaign; **canon de** ~ field gun; **mener une** ~ **pour/contre** to campaign for/against; **tout le monde se mit en** ~ everybody set to work *ou* got busy *(pour faire* to do). ◆ **campagnard, e** **1** *adj* country. **2** *nm* countryman. ~**s** countryfolk. **3** *nf* countrywoman.

campanile [kɑ̃panil] *nm* campanile.

campanule [kɑ̃panyl] *nf* bellflower, campanula.

camper [kɑ̃pe] (1) **1** *vi* to camp. **2** *vt* **(a)** *troupes* to camp out. **(b)** *personnage* to portray; *portrait* to fashion, shape. **(c)** *lunettes etc* to plant *(sur* on). **se** ~ **devant** to plant o.s. in front of. ◆ **campement** *nm* camp, encampment. ◆ **campeur, -euse** *nm, f* camper. ◆ **camping** *nm* **(a)** *(activité)* **le** ~ camping; **faire du** ~ to go camping. **(b)** *(lieu)* campsite. **(c)** *(voiture)* ~**-car** camper, camping-van; motorhome *(US)*.

camphre [kɑ̃fʀ(ə)] *nm* camphor.

campus [kɑ̃pys] *nm* campus.

camus, e [kamy, yz] *adj personne* pug-nosed.

Canada [kanada] *nm* Canada. ◆ **canadianisme** *nm* Canadianism. ◆ **canadien, -ienne** **1** *adj* Canadian. **2** *nm(f)*: **C~(ne)** Canadian. **3** *nf (veste)* fur-lined jacket.

canadair [kanadɛʀ] *nm* ℞ fire-fighting aircraft, tanker plane *(US)*.

canaille [kanɑj] **1** *adj* low, coarse. **2** *nf (salaud)* bastard ✿; *(escroc)* crook, shyster *(US)*, chiseler *(US)*; *(hum: enfant)* rascal. *(populace)* **la** ~ the rabble *(péj)*. ◆ **canaillerie** *nf [manières]* lowness, coarseness; *[procédés]* crookedness; *(action malhonnête)* dirty *ou* low trick.

canal, pl -aux [kanal, o] *nm (artificiel)* canal; *(détroit)* channel; *(tuyau, fossé)* conduit, duct; *(Anat)* canal, duct; *(TV, Ordin)* channel. **le C~ de Panama/Suez** the Panama/Suez Canal; **par le** ~ **d'un collègue** through a colleague. ◆ **canalisation** *nf (tuyau)* (main) pipe; *(Élec)* cable. ◆ **canaliser** (1) *vt foule, demandes* to channel, funnel; *fleuve* to canalize; *plaine* to provide with a network of canals.

canapé [kanape] *nm (meuble)* settee, couch; *(Culin)* canapé.

canard [kanaʀ] *nm (gén)* duck; *(mâle)* drake; *(*: *journal)* rag *. *(Mus)* **faire un** ~ to hit a false note; **mon (petit)** ~ * pet *; ~ **de Barbarie** Muscovy *ou* musk duck; ~ **sauvage** wild duck.

canarder * [kanaʀde] (1) *vt (fusil)* to snipe at; *(pierres)* to pelt *(avec* with).

canari [kanaʀi] *nm* canary.

Canaries [kanaʀi] *nfpl*: **les (îles)** ~ the Canary Islands, the Canaries.

cancans [kɑ̃kɑ̃] *nmpl* gossip. ◆ **cancaner** (1) *vi* to gossip, tittle-tattle. ◆ **cancanier, -ière** *adj* gossipy, tittle-tattling.

cancer [kɑ̃sɛʀ] *nm* cancer. **être (du) C~** to be Cancer *ou* a Cancerian. ◆ **cancéreux, -euse** *adj tumeur* cancerous; *personne* with cancer. ◆ **cancérigène** *adj* carcinogenic. ◆ **cancérologie** *nf* cancerology. ◆ **cancérologue** *nmf* cancerologist.

cancre [kɑ̃kʀ(ə)] *nm (péj: élève)* dunce.

cancrelat [kɑ̃kʀəla] *nm* cockroach.

candélabre [kɑ̃delɑbʀ(ə)] *nm* candelabra.

candeur [kɑ̃dœʀ] *nf* naïvety.

candidat, e [kɑ̃dida, at] *nm, f (gén)* candidate *(à* at); *[poste]* applicant *(à* for). ~ **sortant** present *ou* outgoing incumbent; *(Pol)* **être** ~ **à la présidence** to stand *ou* run for president, run for the presidency. ◆ **candidature** *nf* candidature, candidacy *(US)*; application *(à* for). **poser sa** ~ **à** *poste* to apply for.

candide [kɑ̃did] *adj* naïve. ◆ **candidement** *adv* naïvely.

cane [kan] *nf (female)* duck. ◆ **caneton** *nm*, **canette**[1] *nf* duckling.

canette[2] [kanɛt] *nf (bouteille)* bottle (of beer).

canevas [kanva] *nm* **(a)** *[livre]* framework. **(b)** *(toile)* canvas; *(ouvrage)* tapestry (work).

caniche [kaniʃ] *nm* poodle.

canicule [kanikyl] *nf (chaleur)* scorching heat; *(période)* heatwave. *(juillet-août)* **la** ~ the dog days. ◆ **caniculaire** *adj* scorching.

canif [kanif] *nm* penknife, pocket knife.

canin, e [kanɛ̃, in] **1** *adj espèce* canine; *exposition* dog. **2** *nf (dent)* canine (tooth).

canisses [kanis] *nfpl* (type of) wattle fence.

caniveau, pl ~x [kanivo] *nm (roadside)* gutter.

canna [kana] *nm (fleur)* canna.

cannabis [kanabis] *nm* cannabis.

cannage [kanaʒ] *nm (partie cannée)* canework; *(opération)* caning.

canne [kan] *nf* walking stick. ~ **à pêche** fishing rod; ~ **à sucre** sugar cane.

canneler [kanle] (4) *vt* to flute. ◆ **cannelure** *nf [colonne]* flute.

cannelle [kanɛl] *nf* cinnamon.

canner [kane] (1) *vt* to cane. **chaise cannée** cane chair. ◆ **canneur, -euse** *nm, f* cane worker.

cannibale [kanibal] **1** *adj* cannibal. **2** *nmf* cannibal, man-eater. ◆ **cannibalisme** *nm* cannibalism.

canoë [kanɔe] *nm* canoe. **faire du** ~ to canoe. ◆ **canoéiste** *nmf* canoeist.

canon [kanɔ̃] *nm* **(a)** *(arme)* gun; *(Hist)* cannon; *[fusil, clé]* barrel. **fusil à** ~ **scié** sawn-off *ou* sawed-off *(US)* shotgun; ~ **à eau** water cannon; ~ **à neige** snow blower. **(b)** *(Rel, Mus)* canon. *(code)* ~**s** canons.

cañon [kapɔ̃] *nm* canyon.

canonique [kanɔnik] *adj (Rel)* canonical; *âge* venerable. ◆ **canonisation** *nf* canonization. ◆ **canoniser** (1) *vt* to canonize.

canonner [kanɔne] (1) *vt* to bombard, shell. ◆ **canonnade** *nf* cannonade. ◆ **canonnier** *nm* gunner. ◆ **canonnière** *nf* gunboat.

canot [kano] *nm* boat, ding(h)y. ~ **automobile** motorboat; ~ **pneumatique** rubber *ou* inflatable ding(h)y; ~ **de sauvetage** lifeboat. ◆ **canotage** *nm* boating, rowing. **faire du** ~ to go boating *ou* rowing. ◆ **canotier** *nm (chapeau)* boater.

cantate [kɑ̃tat] *nf* cantata.

cantatrice [kɑ̃tatʀis] *nf (opera)* singer.

cantine [kɑ̃tin] *nf* **(a)** *[usine]* canteen; *[école]* dining hall, cafeteria; *(service)* school meals. **(b)** *(malle)* tin trunk. ◆ **cantinière** *nf (Hist Mil)* canteen woman.

cantique [kɑ̃tik] *nm* hymn.

canton [kɑ̃tɔ̃] *nm (gén)* district; *(Admin)* canton. ◆ **cantonal, e, mpl -aux** *adj* district; cantonal.

cantonade [kɑ̃tɔnad] *nf*: **dire qch à la** ~ to say sth to no one in particular *ou* to everyone in general; **ce n'est pas la peine de le crier à la** ~ you don't need to tell the whole world *ou* to shout it from the housetops.

cantonner [kɑ̃tɔne] (1) *vt (Mil)* to station; *(chez l'habitant etc)* to quarter, billet *(chez, dans* on). *(fig)* ~ **qn dans un travail** to confine sb to a job; **se**

~ **dans** to confine o.s. to. ◆ **cantonnement** nm (action) stationing; billeting; quartering; (lieu) quarters, billet; (camp) camp.

cantonnier [kɑ̃tɔnje] nm roadman.

canular [kanylaʀ] nm hoax.

caoutchouc [kautʃu] nm (matière) rubber; (élastique) rubber ou elastic band; (plante verte) rubber plant. ® ~ **mousse** foam ou sponge rubber. ◆ **caoutchouter** (1) vt to rubberize. ◆ **caoutchouteux, -euse** adj rubbery.

cap [kap] nm (a) (Géog) cape; (promontoire) point, headland. **le ~ Canaveral** Cape Canaveral; **le ~ Horn** Cape Horn; **le ~ de Bonne Espérance** the Cape of Good Hope; **les îles du C~ Vert** the Cape Verde Islands; **doubler un ~** to round a cape; **passer le ~ de l'examen** to get over the hurdle of the exam; **franchir le ~ des 40 ans** to turn 40; **franchir le ~ des 50 millions** to pass the 50-million mark. (b) (lit, fig) **changer de ~** to change course; (Aut, Naut) **mettre le ~ sur** to head for. (c) (ville) **Le C~** Cape Town.

capable [kapabl(ə)] adj able, capable. ~ **de faire/ de qch** capable of doing/of sth; **te sens-tu ~ de tout manger?** do you feel you can eat it all?, do you feel up to eating it all?; **il est ~ de l'avoir perdu** he's quite likely to have lost it, he may well have lost it.

capacité [kapasite] nf (contenance) capacity; (aptitude) ability (à faire to do); (civile, légale) capacity. ~**s intellectuelles** intellectual abilities ou capacities; (Tourisme) **la ~ d'accueil d'une ville** the total amount of tourist accommodation in a town; **avoir ~ pour** to be (legally) entitled to.

caparaçonner [kaparasɔne] (1) vt cheval to caparison. (fig) **caparaçonné de cuir** all clad in leather.

cape [kap] nf (courte) cape; (longue) cloak.

capharnaüm * [kafarnaɔm] nm clutter, muddle.

capillaire [kapilɛʀ] **1** adj (Sci) capillary; lotion hair. **2** nm (Anat) capillary.

capilotade [kapilɔtad] nf: **mettre en ~** fruits to squash to a pulp; adversaire to beat to a pulp; **il avait les reins en ~** his back was aching like hell ¦.

capitaine [kapitɛn] nm (Mil, Naut, Sport) captain; (armée de l'air) flight lieutenant, captain (US); (littér: chef) (military) leader. ~ **d'industrie** captain of industry; ~ **au long cours** master mariner ; ~ **des pompiers** fire chief, marshall (US).

capital, e, mpl **-aux** [kapital, o] **1** adj (gén) major, main; erreur chief, major; importance cardinal, capital; peine capital. **il est ~ d'y aller** it is vital ou absolutely essential that we go. **2** nm (Fin, Pol) capital. ~**aux** money, capital; ~ **initial** ou **de lancement** seed ou start-up money; ~**-risques** venture capital; (fig) ~ **de connaissances** stock ou fund of knowledge; **cela constitue un ~ appréciable** it is a major asset; **le ~ artistique du pays** the artistic wealth ou resources of the country. **3** nf (a) (lettre) ~**e** capital (letter); **en ~es d'imprimerie** in block capitals. (b) (métropole) capital (city).

capitaliser [kapitalize] (1) **1** vt (a) somme to amass; (fig) expériences to build up, accumulate. **l'intérêt capitalisé pendant un an** the interest accrued ou accumulated in a year. (b) (Fin: ajouter au capital) intérêts to capitalize. **2** vi to save. ◆ **capitalisation** nf capitalization. ◆ **capitalisme** nm capitalism. ◆ **capitaliste** adj, nmf capitalist.

capiteux, -euse [kapitø, øz] adj vin heady; beauté intoxicating.

Capitole [kapitɔl] nm: **le ~** the Capitole.

capitonner [kapitɔne] (1) vt to pad (de with). ◆ **capitonnage** nm padding.

capituler [kapityle] (1) vi to capitulate, surrender. ◆ **capitulation** nf capitulation, surrender. ~ **sans conditions** unconditional surrender.

caporal, pl **-aux** [kapɔral, o] nm corporal.

capot [kapo] nm bonnet, hood (US).

capote [kapɔt] nf [voiture] hood, top (US); (manteau) greatcoat.

capoter [kapɔte] (1) vi to overturn. **faire ~ véhicule** to overturn; négociations to scupper *, put paid to.

câpre [kɑpʀ(ə)] nf (Culin) caper.

caprice [kapʀis] nm whim, caprice. **faire un ~** to throw a tantrum; **cet enfant fait des ~s** this child is being awkward ou temperamental; ~ **de la nature** freak of nature; ~**s** [chemin] windings; [mode] vagaries, whims; [sort] quirks. ◆ **capricieusement** adv capriciously, whimsically. ◆ **capricieux, -ieuse** adj capricious, whimsical; (péj) temperamental; awkward.

Capricorne [kapʀikɔʀn(ə)] nm: **le ~** Capricorn; **être du ~** to be (a) Capricorn.

capsule [kapsyl] nf (Espace, Sci) capsule; [bouteille] capsule, cap; [arme] cap. ◆ **capsuler** (1) vt to put a capsule ou cap on.

capter [kapte] (1) vt suffrages, confiance to win; émission to pick up; source to harness; courant to tap. ◆ **capteur** nm: ~ **solaire** solar panel.

captif, -ive [kaptif, iv] adj, nm, f captive. ◆ **captiver** (1) vt to captivate. ◆ **captivité** nf captivity.

captivant, e [kaptivɑ̃, ɑ̃t] adj film, lecture enthralling, captivating; personne fascinating, captivating.

capturer [kaptyʀe] (1) vt to catch, capture. ◆ **capture** nf (action) capture, catching; (animal) catch; (personne) capture.

capuche [kapyʃ] nf hood. ◆ **capuchon** nm hood; (Rel) cowl; (pèlerine) hooded raincoat; [stylo] top, cap.

capucine [kapysin] nf (Bot) nasturtium.

caquet [kakɛ] nm (*) [personne] prattle; [poule] cackle. **rabattre le ~ à qn** * to bring sb down a peg or two. ◆ **caqueter** (4) vi to prattle; to cackle.

car¹ [kaʀ] nm coach, bus (US). ~ **de police** police van; ~ **(de ramassage) scolaire** school bus.

car² [kaʀ] conj because, for.

carabine [kaʀabin] nf rifle.

carabiné, e * [kaʀabine] adj fièvre raging, violent; facture stiff.

carabinier [kaʀabinje] nm (Espagne) carabinero; (Italie) carabiniere.

Caracas [kaʀakas] n Caracas.

caracoler [kaʀakɔle] (1) vi to caracole.

caractère [kaʀaktɛʀ] nm (a) (gén) character, nature. **avoir bon/mauvais ~** to be good-/ill-natured, be good-/bad-tempered; [personne, maison] **avoir du ~** to have character; **la situation n'a aucun ~ de gravité** the situation shows no sign ou evidence of seriousness. (b) (gén pl: caractéristique) characteristic, feature. (c) (Typ) character, letter. ~**s gras** bold type; ~**s d'imprimerie** block capitals. ◆ **caractériel, -elle** **1** adj (a) enfant emotionally disturbed, maladjusted. (b) **traits ~s** traits of character; **troubles ~s** emotional disturbance ou problems. **2** nmf problem ou maladjusted child. ◆ **caractériser** (1) vt (être typique de) to characterize, be characteristic of; (décrire) to characterize. **se ~ par** to be characterized by; **erreur caractérisée** blatant mistake. ◆ **caractéristique** **1** adj characteristic (de of). **2** nf characteristic, (typical) feature. (Admin) ~**s signalétiques** particulars, personal details; ~**s techniques** design features.

carafe [kaʀaf] nf (gén) carafe; (en cristal) decanter.

caraïbe [kaʀaib] adj Caribbean. **les C~s** the Caribbean.

carambolage [kaʀɑ̃bɔlaʒ] nm pile-up. ◆ **se caramboler** (1) vpr to collide.

caramel [kaʀamɛl] nm (Culin) caramel; (mou) fudge, chewy toffee; (dur) toffee, butterscotch. ◆ **caraméliser** (1) vt sucre to caramelize; moule to coat with caramel; boisson to flavour with caramel.

carapace [kaʀapas] nf (lit, fig) shell.

carat [kaʀa] nm carat.

caravane [kaʀavan] nf (convoi) caravan; (fig) stream; (véhicule) caravan, trailer (US). **une ~ de voitures/de touristes** a stream of cars/of tourists; **la ~ du Tour de France** the whole retinue of the Tour de France. ◆ **caravanier, -ière 1** adj caravan. **2** nm caravanner. ◆ **caravaning** nm caravanning. ◆ **caravansérail** nm (lit, fig) caravanserai.

caravelle [kaʀavɛl] nf caravel.

carbone [kaʀbɔn] nm carbon. **le ~ 14** carbon-14. ◆ **carbonate** nm carbonate. ◆ **carbonique** adj carbonic.

carboniser [kaʀbɔnize] (1) vt bois to carbonize; maison to burn to the ground; rôti to burn to a cinder. ◆ **carbonisé, e** adj restes charred. **mort ~** burned to death.

carburant [kaʀbyʀɑ̃] nm fuel. ◆ **carburateur** nm carburettor. ◆ **carburation** nf [essence] carburation. ◆ **carbure** nm carbide. ◆ **carburer** (1) vi: **~ bien/mal** [moteur] to be well/badly tuned; (‡: fig) to be going well/badly; **~ à plein rendement** to be working at full capacity.

carcan [kaʀkɑ̃] nm (Hist) iron collar; (contrainte) yoke; (fig:col) vice (fig).

carcasse [kaʀkas] nf [corps] carcass; [abat-jour] frame; [bateau] skeleton; [immeuble] shell, skeleton.

carcéral, e, mpl -aux [kaʀseʀal, o] adj prison. **régime ~** prison regime.

cardan [kaʀdɑ̃] nm universal joint.

carder [kaʀde] (1) vt to card.

cardiaque [kaʀdjak] **1** adj cardiac. **être ~** to have a heart condition. **2** nmf heart patient.

cardinal, e, mpl -aux [kaʀdinal, o] **1** adj cardinal. **2** nm (Rel) cardinal; (nombre) cardinal number.

cardiologie [kaʀdjɔlɔʒi] nf cardiology. ◆ **cardiologue** nmf cardiologist, heart specialist. ◆ **cardio-vasculaire** adj cardiovascular.

carême [kaʀɛm] nm (jeûne) fast. (Rel: période) **le C~** Lent.

carence [kaʀɑ̃s] nf (incompétence) incompetence; (manque) shortage (en of); (Méd) deficiency. **les ~s de** the shortcomings of.

carène [kaʀɛn] nf (Naut) hull. ◆ **caréner** (6) vt (Naut) to careen; véhicule to streamline.

caresser [kaʀese] (1) vt (a) to caress, stroke. **~ qn du regard** to give sb a caressing look. (b) projet to entertain, toy with. ◆ **caressant, e** adj enfant affectionate; voix, brise caressing.

cargaison [kaʀgɛzɔ̃] nf cargo, freight; (fig) load, stock. **des ~s de** lettres, demandes heaps ou piles of; touristes busloads ou shiploads of. ◆ **cargo** nm cargo boat, freighter.

carguer [kaʀge] (1) vt voiles to furl.

caricature [kaʀikatyʀ] nf (a) caricature; (politique) (satirical) cartoon. **une ~ de procès** a mockery of a trial; **une ~ de la vérité** a caricature ou gross distortion of the truth. (b) (‡: personne) fright *. ◆ **caricatural, e, mpl -aux** adj (ridicule) ridiculous, grotesque; (exagéré) caricatured. ◆ **caricaturer** (1) vt to caricature. ◆ **caricaturiste** nmf caricaturist; (satirical) cartoonist.

carie [kaʀi] nf: **la ~ dentaire** tooth decay, (dental) caries; **j'ai une ~** I've got a bad tooth ou a hole

in my tooth. ◆ **carier** (7) vt, **se ~** vpr to decay. **dent cariée** bad ou decayed tooth.

carillon [kaʀijɔ̃] nm (cloches) peal of bells; (horloge) chiming clock; (sonnette) (door) chime; (air) chimes. ◆ **carillonner** (1) **1** vi [cloches] to ring, chime; (à la porte) to ring very loudly. **2** vt heure to chime, ring; (fig) nouvelle to broadcast.

cariste [kaʀist(ə)] nm fork-lift truck operator.

carlingue [kaʀlɛ̃g] nf (Aviat) cabin.

carmin [kaʀmɛ̃] nm, adj inv carmine.

carnage [kaʀnaʒ] nm (lit, fig) carnage, slaughter. **quel ~!** what a slaughter ou massacre; (fig) **je vais faire un ~** I'm going to massacre someone.

carnassier, -ière [kaʀnasje, jɛʀ] **1** adj animal carnivorous, flesh-eating. **2** nm carnivore.

carnaval, pl ~s [kaʀnaval] nm carnival. ◆ **carnavalesque** adj carnivalesque.

carne [kaʀn(ə)] nf (péj) tough ou leathery meat.

carnet [kaʀnɛ] nm (calepin) notebook; [timbres etc] book. **~ de chèques** cheque book; **~ de notes** school report, report card; **~ de santé** health record.

carnivore [kaʀnivɔʀ] **1** adj animal carnivorous, flesh-eating. [personne] **il est ~** he's a meat-lover. **2** nm carnivore.

carotide [kaʀɔtid] adj, nf carotid.

carotte [kaʀɔt] **1** nf carrot; (Tech) core; [tabac] plug. **les ~s sont cuites!** * they've (ou we've etc) had it! *. **2** adj inv carroty.

carotter ‡ [kaʀɔte] (1) vt objet to swipe ‡, pinch * (à from); client to do * (de out, of).

carpe [kaʀp(ə)] **1** nf carp. **2** nm (Anat) carpus.

carpette [kaʀpɛt] nf (tapis) rug; (fig, péj) doormat (fig).

carquois [kaʀkwa] nm quiver.

carre [kaʀ] nf [ski] edge.

carré, e [kaʀe] **1** adj (a) (Math, forme) square. **mètre ~** square metre. (b) (franc) personne forthright, straightforward; réponse straight(forward). **2** nm (gén, Math, écharpe) square; (Naut: mess) wardroom. **~ de terre** patch ou plot (of land); **3 au ~** 3 squared; **mettre un nombre au ~** to square a number; (Cartes) **un ~ d'as** four aces. **3** nf (‡: chambre) pad ‡.

carreau, pl ~x [kaʀo] nm (a) (par terre) (floor) tile; (au mur) (wall) tile; (sol) (tiled) floor; [mine] bank. (b) (vitre) (window) pane. (*: lunettes) **~x** specs *. (c) (sur un tissu) check; (sur du papier) square. **à ~x** papier squared; mouchoir checked; **à petits ~x** with a small check. (d) (Cartes) diamond. (e) (flèche) bolt. (f) (‡) **il est resté sur le ~** (bagarre) he was laid out cold *; (examen) he didn't make the grade; **se tenir à ~** to keep one's nose clean *.

carrefour [kaʀfuʀ] nm (gén) crossroads. **au ~ de plusieurs sciences** at the junction ou meeting point of many different sciences; **~ d'idées** forum for ideas.

carreler [kaʀle] (4) vt to tile. ◆ **carrelage** nm (action) tiling; (sol) tiled floor. ◆ **carreleur** nm tiler.

carrelet [kaʀlɛ] nm (poisson) plaice; (filet) square fishing net.

carrément [kaʀemɑ̃] adv (crûment) bluntly, straight out; (directement) straight. **vas-y ~** go right ahead; **il est ~ timbré** * he's definitely cracked *.

carrer (se) [kaʀe] (1) vpr **se ~ dans** to settle (o.s.) comfortably in.

carrière [kaʀjɛʀ] nf (a) [sable] (sand)pit; [roches etc] quarry. (b) (profession) career. **faire ~ dans la banque** (gén) to make banking one's career; (réussir) to make a good career for o.s. in banking. (c) (littér) **le jour achève sa ~** the day has run its course; **donner (libre) ~ à** to give free rein to.

◆ **carriériste** *nmf (péj)* careerist. ◆ **carriérisme** *nm* careerism.

carriole [kaʀjɔl] *nf (péj)* (ramshackle) cart.

carrossable [kaʀɔsabl(ə)] *adj* suitable for (motor) vehicles.

carrosse [kaʀɔs] *nm* (horse-drawn) coach.

carrosserie [kaʀɔsʀi] *nf* body, coachwork; *(métier)* coachbuilding. ◆ **carrossier** *nm* coachbuilder.

carrousel [kaʀuzɛl] *nm (Équitation)* carrousel; *(fig)* whirligig.

carrure [kaʀyʀ] *nf [personne]* build; *[vêtement]* breadth across the shoulders; *(fig)* calibre, stature. **de forte ~** well-built, burly.

cartable [kaʀtabl(ə)] *nm* (school)bag; *(à bretelles)* satchel.

carte [kaʀt(ə)] *nf* **(a)** *(gén)* card; *(Rail)* season ticket. **~ de crédit/de vœux** credit/New Year card; **~ d'électeur** elector's card; *(Banque)* **C~ Bleue** ® Visa Card ®; **~ grise** logbook; **~ d'identité** identity card; **~ de lecteur** library ticket; **~ à mémoire** intelligent credit card, smart card *(US)*; *(pour téléphone)* phone card; **~ postale** postcard; **~ de visite** visiting card; **avoir ~ blanche** to have carte blanche *ou* a free hand. **(b)** *(Jeux)* **~ (à jouer)** (playing) card; **faire les ~s à qn** to read sb's cards; **~ maîtresse** *(lit)* master (card); *(fig)* trump card; *(lit, fig)* **~s sur table** cards on the table; **jouer la ~ de la concurrence** to play the competition card. **(c)** *(Géog)* map; *(Astron, Mét, Naut)* chart. **~ routière** roadmap; **~ d'état-major** ≃ Ordnance Survey map. **(d)** *(au restaurant)* menu. **repas à la ~** à la carte meal; **~ des vins** wine list; *(fig)* **programme à la ~** free-choice curriculum; *(fig)* **avoir un horaire à la ~** to have flexible working hours.

cartel [kaʀtɛl] *nm (Pol, Écon)* cartel; *(pendule)* wall clock.

carter [kaʀtɛʀ] *nm [bicyclette]* chain guard; *[moteur]* crankcase.

cartilage [kaʀtilaʒ] *nm (Anat)* cartilage; *[viande]* gristle. ◆ **cartilagineux, -euse** *adj* cartilaginous; gristly.

cartographe [kaʀtɔgʀaf] *nmf* cartographer. ◆ **cartographie** *nf* cartography. ◆ **cartographique** *adj* cartographic(al).

cartomancie [kaʀtɔmɑ̃si] *nf* fortune-telling *(with cards)*. ◆ **cartomancien, -ienne** *nm, f* fortune-teller.

carton [kaʀtɔ̃] **1** *nm* **(a)** *(matière)* cardboard; *(morceau)* piece of cardboard; *(boîte)* (cardboard) box, carton; *(contenu)* boxful; *(cartable)* (school)bag; *(dossier)* file; *(carte)* card. **~ d'invitation** invitation card. **(b)** *(cible)* target. **faire un ~** *(à la fête)* to have a go at the rifle range; *(*: sur l'ennemi)* to take a potshot * *(sur* at); **faire un bon ~** to make a good score. **(c)** *(Peinture)* sketch. **2** : **~ à chapeau** hatbox; **~ à dessin** portfolio; **~ pâte** pasteboard; **de ~ pâte** cardboard. ◆ **cartonnage** *nm (emballage)* cardboard (packing); *(couverture)* binding.

cartouche [kaʀtuʃ] **1** *nf (gén)* cartridge; *[cigarettes]* carton. **2** *nm (Archéol, Archit)* cartouche. ◆ **cartoucherie** *nf (fabrique)* cartridge factory; *(dépôt)* cartridge depot. ◆ **cartouchière** *nf (ceinture)* cartridge belt; *(sac)* cartridge pouch.

cas [kɑ] *nm (gén)* case; *(situation)* case, situation; *(événement)* occurrence; *(exemple)* case, instance. **comme c'est son ~** as is the case with him; **il s'est mis dans un mauvais ~** he's got himself into a tricky situation *ou* position; *(hum)* **c'est un ~ pendable** he deserves to be shot *(hum)*; **~ social** person with social problems, social misfit; **faire (grand) ~ de/peu de ~ de** to set great/little store by; **il ne fait jamais aucun ~ de nos observations** he never pays any attention to *ou* takes any notice of our comments; **c'est bien le ~ de le dire!** you've said it!; **c'est le ~ ou jamais** it's now or

never; **au ~ où il pleuvrait** in case it rains; **en ce ~** in that case; **le ~ échéant** if such is the case, if need be; **en ~ d'absence** in case of *ou* in the event of absence; **en ~ de besoin** if need be; **en ~ d'urgence** in an emergency; **en aucun ~** on no account, under no circumstances; **en tout ~** anyway, in any case, at any rate; **selon les ~** as the case may be; **il a un ~ de conscience** he's in a moral dilemma.

casanier, -ière [kazanje, jɛʀ] *adj nm, f* stay-at-home.

casaque [kazak] *nf [jockey]* blouse; *[mousquetaire]* tabard.

cascade [kaskad] *nf (lit)* waterfall, cascade; *[mots etc]* stream, torrent; *[rires]* peal. *(fig)* **des démissions en ~** a spate of resignations. ◆ **cascader** **(1)** *vi* to cascade. ◆ **cascadeur, -euse** *nm, f* stuntman; stuntgirl.

case [kɑz] *nf* **(a)** *(carré)* square. *(Jeux)* **la ~ départ** the start; *(fig)* **nous voilà revenus à la ~ départ** we're back to square one. **(b)** *[courrier]* pigeonhole; *[tiroir]* compartment. *(Ordin)* **~ de réception** card stacker; **il a une ~ vide** * he has a screw loose *. **(c)** *(hutte)* hut. **la C~ de l'Oncle Tom** Uncle Tom's Cabin.

casemate [kazmat] *nf* blockhouse.

caser * [kaze] **(1)** **1** *vt (placer) objets* to shove *, stuff; *(loger)* to put up; *(marier)* to find a husband *(ou* wife) for; *(dans un métier)* to find a job for. **il est casé** *(mariage)* he's married; *(emploi)* he's fixed up. **2 se ~** *vpr (mariage)* to settle down; *(emploi)* to find a (steady) job; *(logement)* to find a place (to live).

caserne [kazɛʀn(ə)] *nf (Mil, fig)* barracks *(gén sg)*. **~ de pompiers** fire station. ◆ **casernement** *nm (action)* quartering in barracks; *(bâtiments)* barrack buildings. ◆ **caserner** **(1)** *vt* to barrack.

cash * [kaʃ] *adv* **payer ~** to pay cash down.

casier [kazje] *nm (gén)* compartment; *(tiroir)* drawer; *(fermant à clef)* locker; *[courrier]* pigeonhole; *(meuble)* cabinet; *(Pêche)* (lobster *etc*) pot. **~ à bouteilles** bottle rack; **~ judiciaire** police *ou* criminal record; **~ de consigne automatique** luggage locker.

casino [kazino] *nm* casino.

casque [kask(ə)] *nm (gén)* helmet; *[motocycliste etc]* crash helmet; *(sèche-cheveux)* (hair-)drier. **~ (à écouteurs)** headphones, headset, earphones; **les C~s bleus** the U.N. peace-keeping troops. ◆ **casqué, e** *adj* wearing a helmet. ◆ **casquette** *nf* cap.

casquer * [kaske] **(1)** *vi (payer)* to fork out *.

cassable [kasabl(ə)] *adj* breakable.

cassant, e [kasɑ̃, ɑ̃t] *adj substance* brittle; *bois* easily broken; *ton, manières* brusque, abrupt. **ce n'est pas ~** * it's not exactly back-breaking *ou* tiring work.

cassation [kasasjɔ̃] *nf (Jur)* cassation; *(Mil)* reduction to the ranks.

casse [kɑs] **1** *nf (action)* breaking, breakage; *(objets cassés)* damage, breakages. **il va y avoir de la ~** * there's going to be (some) rough stuff *; **mettre à la ~** to scrap; **bon pour la ~** ready for the scrap heap. **2** *nm (arg Crime)* break-in. **3** *préf V* casser.

cassé, e [kase] *adj voix* broken; *vieillard* bent.

cassement [kasmɑ̃] *nm:* **~ de tête** * headache *(fig)*, worry.

casser [kase] **(1)** **1** *vt* **(a)** *(gén)* to break; *noix* to crack; *branche* to snap; *vin* to spoil the flavour of; *(*) appareil* to bust *. **~ un bras à qn** to break sb's arm; **~ les prix** to slash prices. **(b)** *(dégrader) (Mil)* to reduce to the ranks, break; *(Admin)* to demote. **(c)** *jugement* to quash; *mariage, arrêt* to annul. **(d) ~ la croûte** * to have a bite to eat; **~ la figure à qn** * to smash sb's face in ‡; **~ les pieds à qn** * *(fatiguer)* to bore sb stiff; *(irriter)* to get on

sb's nerves; ~ **sa pipe** * to snuff it ‡, kick the bucket ‡; **ça ne casse rien** * it's nothing special, it's no great shakes *; ~ **du sucre sur le dos de qn** to gossip *ou* talk about sb behind his back; **il nous casse la tête avec sa trompette** he deafens us with his trumpet; **à tout** ~ * *(extraordinaire) film, repas* fantastic *; *succès* runaway; *(tout au plus)* at the outside, at the most.
2 *vi* to break; to snap. *[pantalon]* ~ **sur la chaussure** to rest on the shoe.
3 se ~ *vpr [objet]* to break. *[personne]* **se** ~ **une jambe** to break a leg; **se** ~ **la figure** * *(faire faillite, tomber)* to come a cropper *; *(d'une certaine hauteur)* to crash down; *(se tuer)* to smash o.s. up *; **se** ~ **le nez** to find no one in; **il ne s'est pas cassé (la tête)** * he didn't overtax himself; **se** ~ **la tête sur un problème** to rack one's brains over a problem.
4 : **casse-cou** * *nmf inv* daredevil, reckless person; **casse-croûte** *nm inv* snack, lunch *(US)*; **casse-noisettes** *nm inv*, **casse-noix** *nm inv* (pair of) nutcrackers; **casse-pieds** * *nmf inv (importun)* nuisance, pain in the neck *; *(ennuyeux)* bore; *(Mil)* **aller au casse-pipes** to go to the front; **casse-tête** *nm inv (problème)* headache; *(jeu)* puzzle, brain teaser; *(massue)* club.
casserole [kasʀɔl] *nf (Culin)* saucepan; *(péj: piano)* tinny piano. **passer à la** ~ ‡ *(tuer)* to bump off ‡.
cassette [kasɛt] *nf (coffret)* casket; *[roi]* privy purse; *[magnétophone, ordinateur]* cassette.
casseur [kasœʀ] *nm* (*: bravache)* tough guy ‡; *(ferrailleur)* scrap dealer; *(manifestant)* rioter, demonstrator; *(arg Crime: cambrioleur)* burglar.
cassis [kasis] *nm (fruit)* blackcurrant; *(‡: tête)* nut ‡; *[route]* bump, ridge.
cassure [kasyʀ] *nf (a) (lit, fig)* break; *[col]* fold. **(b)** *(Géol) (gén)* break; *(fissure)* crack; *(faille)* fault.
castagnettes [kastaɲɛt] *nfpl* castanets. **il avait les dents qui jouaient des** ~ * he could feel his teeth chattering *ou* rattling.
caste [kast(ə)] *nf (lit, péj)* caste.
Castille [kastij] *nf* Castile.
castor [kastɔʀ] *nm* beaver.
castrer [kastʀe] **(1)** *vt (gén)* to castrate; *cheval* to geld; *chat, chien* to neuter. ◆ **castration** *nf* castration; gelding; neutering. ◆ **castrateur, -trice** *adj (Psych)* castrating.
cataclysme [kataklism(ə)] *nm* cataclysm.
catacombes [katakɔ̃b(ə)] *nfpl* catacombs.
catafalque [katafalk(ə)] *nm* catafalque.
catalepsie [katalɛpsi] *nf* catalepsy. **tomber en** ~ to have a cataleptic fit. ◆ **cataleptique** *adj, nmf* cataleptic.
Catalogne [katalɔɲ] *nf* Catalonia. ◆ **catalan, e** *adj, nm,* **C~(e)** *nm(f)* Catalan.
catalogue [katalɔg] *nm (gén)* catalogue; *(Ordin)* directory. **prix de** ~ list price. ◆ **cataloguer (1)** *vt objets* to catalogue, list; *(*) personne* to categorize, label *(comme* as).
catalyse [kataliz] *nf* catalysis. ◆ **catalyseur** *nm (Chim, fig)* catalyst. ◆ **catalytique** *adj* catalytic.
catamaran [katamaʀɑ̃] *nm (voilier)* catamaran; *[hydravion]* floats.
cataplasme [kataplasm(ə)] *nm (Méd)* poultice, cataplasm; *(fig)* lead weight.
catapulte [katapylt(ə)] *nf* catapult. ◆ **catapulter (1)** *vt* to catapult. **il a été catapulté à ce poste** he was pitchforked into this job.
cataracte [kataʀakt(ə)] *nf (gén, Méd)* cataract. *(fig)* **des ~s de pluie** torrents of rain.
catarrhe [kataʀ] *nm* catarrh.
catastrophe [katastʀɔf] *nf* disaster, catastrophe. ~ **aérienne** air crash *ou* disaster; **en** ~ *partir* in a

mad rush; *atterrir* **en** ~ to make an emergency landing. ◆ **catastropher** * **(1)** *vt* to shatter *, stun. ◆ **catastrophique** *adj* disastrous, catastrophic.
catch [katʃ] *nm* wrestling. ◆ **catcheur, -euse** *nm, f* (all-in) wrestler. ◆ **catcher (1)** *vi* to wrestle.
catéchisme [kateʃism(ə)] *nm (gén)* catechism. ◆ **catéchiser (1)** *vt* to catechize. ◆ **catéchiste** *nmf* catechist.
catégorie [kategɔʀi] *nf (gén, Philos)* category; *(Boxe, Hôtellerie)* class; *[personnel]* grade. ◆ **catégorique** *adj (gén)* categorical; *refus* flat. ◆ **catégoriquement** *adv* categorically; flatly. ◆ **catégorisation** *nf* categorization. ◆ **catégoriser (1)** *vt* to categorize.
caténaire [katenɛʀ] *adj, nf (Rail)* catenary.
cathédrale [katedʀal] *nf* cathedral.
cathode [katɔd] *nf* cathode. ◆ **cathodique** *adj* cathodic.
catholique [katɔlik] **1** *adj (Rel)* (Roman) Catholic. **pas (très)** ~ * fishy *, shady. **2** *nmf* (Roman) Catholic. ◆ **catholicisme** *nm* (Roman) Catholicism.
catimini [katimini] *adv*: **en** ~ on the sly; **sortir en** ~ to steal *ou* sneak out; **il me l'a dit en** ~ he whispered it in my ear.
catin [katɛ̃] *nf (prostituée)* trollop.
cation [katjɔ̃] *nm* cation.
Caucase [kokaz] *nm*: **le** ~ the Caucasus.
cauchemar [koʃmaʀ] *nm (lit, fig)* nightmare. ◆ **cauchemardesque** *adj* nightmarish.
causalité [kozalite] *nf* causality.
causant, e [kozɑ̃, ɑ̃t] *adj* talkative, chatty.
cause [koz] *nf* **(a)** *(raison)* cause *(de* of). **la chaleur en est la** ~ it is caused by the heat; **la** ~ **en demeure inconnue** the cause remains unknown, the reason for it remains unknown; **les** ~**s qui l'ont poussé à agir** the reasons that caused him to act. **(b)** *(Jur)* case; *(à plaider)* brief. *(fig)* **la** ~ **est entendue** there's no doubt in our minds; **plaider sa** ~ to plead one's case; **avocat sans** ~ briefless barrister. **(c)** *(parti)* cause. **faire** ~ **commune avec qn** to make common cause with sb, take sides with sb. **(d)** **à** ~ **de** *(en raison de)* because of, owing to, on account of; *(par égard pour)* because of, for the sake of; **être en** ~ *[personne, intérêts etc]* to be involved; **son honnêteté n'est pas en** ~ his honesty is not in question; **mettre en** ~ *projet* to call into question; *personne* to implicate; **ça remet tout en** ~ it re-opens the whole question, we're back to square one *; **mettre qn hors de** ~ to clear *ou* exonerate sb; **c'est hors de** ~ it is out of the question; **pour** ~ **de** on account of; **et pour** ~! and for (a very) good reason!; **sans** ~! not without (good) cause *ou* reason!
causer¹ [koze] **(1)** *vt (provoquer)* to cause; *(entraîner)* to bring about. ~ **des ennuis à qn** to get sb into trouble, bring trouble to sb; ~ **de la peine à qn** to hurt sb.
causer² [koze] **(1)** *vti (s'entretenir)* to chat, talk *(de* about); *(*: discourir)* to speak, talk; *(jaser)* to talk, gossip *(sur qn* about sb); *(‡: avouer)* to talk. ~ **politique** to talk politics; ~ **à qn** * to talk *ou* speak to sb. ◆ **causerie** *nf (conférence)* talk; *(conversation)* chat. ◆ **causette** *nf*: **faire la** ~ to have a chat *ou* natter * *(avec* with). ◆ **causeur, -euse 1** *adj* talkative, chatty. **2** *nm, f* talker.
causticité [kostisite] *nf (lit, fig)* causticity. ◆ **caustique** *adj, nmf* caustic.
cautère [kotɛʀ] *nm* cautery. ◆ **cautérisation** *nf* cauterization. ◆ **cautériser (1)** *vt* to cauterize.
caution [kosjɔ̃] *nf (Fin)* guarantee, security; *(Jur)* bail (bond); *(morale)* guarantee; *(appui)* backing, support. **libéré sous** ~ released on bail; **payer la**

~ **de qn** to stand bail for sb, bail sb out. ◆ **cautionnement** *nm (somme)* guaranty, guarantee, security; *[politique]* backing. ◆ **cautionner** (1) *vt (Fin, fig)* to guarantee; *politique* to support, back.

cavalcade [kavalkad] *nf (désordonnée)* stampede; *(défilé)* cavalcade.

cavaler ⁑ [kavale] (1) **1** *vi (courir)* to run. **2** *vt (ennuyer)* to bore, annoy. **3 se** ~ *vpr (se sauver)* to clear off ⁑.

cavalerie [kavalʀi] *nf (Mil)* cavalry; *[cirque]* horses. *(Mil)* ~ **légère** light cavalry *ou* horse ; *(*⁑: *Comm)* **c'est de la grosse** ~ it's uninspiring stuff.

cavalier, -ière [kavalje, jɛʀ] **1** *adj* **(a)** *(impertinent)* casual, cavalier, offhand. **(b)** **allée/piste** ~**ière** riding/bridle path. **2** *nm, f (Équitation)* rider; *(partenaire)* partner. *(fig)* **faire** ~ **seul** to go it alone. **3** *nm* **(a)** *(Mil)* trooper, cavalryman. **troupe de 20** ~**s** troop of 20 horses. **(b)** *(accompagnateur)* escort. **(c)** *(Échecs)* knight. ◆ **cavalièrement** *adv* casually, in cavalier fashion, offhandedly.

cave [kav] **1** *nf (gén)* cellar. **2** *adj* **joues** hollow, sunken. ◆ **caveau**, *pl* ~**x** *nm (sépulture)* vault, tomb; *(cave)* (small) cellar.

caverne [kavɛʀn(ə)] *nf* cave, cavern. ◆ **caverneux, -euse** *adj (gén)* cavernous.

caviar [kavjaʀ] *nm (Culin)* caviar(e). ~ **rouge** salmon roe.

caviste [kavist(ə)] *nm* cellarman.

cavité [kavite] *nf* cavity.

Cayenne [kajɛn] *n* Cayenne.

C.B. [sibi] *nf (abrév de* **citizen's band)** **la** ~ CB radio.

ce [sə], **cet** [sɛt] *devant voyelle ou h muet au masculin,* **cette** [sɛt] *f,* **ces** [se] *pl* **1** *adj dém* **(a)** *(proximité)* this; *(pl)* these; *(non-proximité)* that; *(pl)* those. **ce chapeau(-ci)/(-là)** this/that hat; **et ce rhume?** ⁑ and how's the cold (doing)? ⁑; **cette nuit** *(qui vient)* tonight; *(passée)* last night; **en ces temps troublés** *(de nos jours)* in these troubled days; *(dans le passé)* in those troubled days; **un de ces jours** one of these days; **ces messieurs sont en réunion** the gentlemen are in a meeting; **cet ami chez qui elle habite** the friend she's living with; **c'est un de ces livres que l'on lit en vacances** it's one of those books *ou* the sort of book you read on holiday. **(b)** *(intensif)* **aurait-il vraiment ce courage?** would he really have that sort of *ou* that much courage?; **cette idée!** what an idea!; **cette générosité me semble suspecte** such *ou* this generosity strikes me as suspicious.

2 *pron dém* **(a)** **qui est-ce?** — **c'est un médecin** *(en désignant)* who's he? *ou* who's that? — he is a doctor; *(au téléphone)* who is it? — it's a doctor; **c'était le bon temps!** those were the days!; **qui est-ce qui a crié?** — **c'est lui** who shouted? — HE did *ou* it was him; **c'est eux** ⁑ *ou* **ce sont eux qui mentaient** (are the ones who) *ou* it's they who were lying; **c'est toi qui le dis!** that's what YOU say!; **c'est à se demander si** you really wonder *ou* it makes you wonder if it.

(b) **ce qui, ce que** what; *(reprenant une proposition)* which; **tout ce que je sais** all (that) I know; **elle fait ce qu'on/tout ce qu'on lui dit** she does what *ou* as she is told/all that she is told; **il ne comprenait pas ce à quoi on faisait allusion/ce dont on l'accusait** he didn't understand what they were hinting at/what he was being accused of; **il faut être diplômé, ce qu'il n'est pas** you have to have qualifications, which *ou* and he hasn't; **ce que ce film est lent!** how slow this film is!, what a slow film this is!; **voilà ce que c'est que de conduire trop vite** that's what comes of driving too fast.

(c) **c'est (vous) dire s'il a eu peur** that shows (you) how frightened he was; **à ce qu'on dit** from *ou* according to what they say; **ce faisant** in so doing;

ce disant so saying; **pour ce faire** to this end, with this end in view; **il a refusé, et ce, après toutes nos prières** he refused, (and this) after all our entreaties.

ceci [səsi] *pron dém* this. **ce cas a** ~ **de surprenant que...** this case is surprising in that...; **à** ~ **près que** except that; ~ **compense cela** one thing makes up for another.

cécité [sesite] *nf* blindness.

céder [sede] (6) **1** *vt* **(a)** *part, tour* to give up. ~ **qch à qn** to let sb have sth; **je cède l'antenne à Paris** over to Paris; *(Jur)* ~ **ses biens** to make over one's property. **(b)** **ne pas à qn/qch** to give precedence to sb/sth; ~ **du terrain** *(Mil)* to lose *ou* yield ground; *(fig)* to make concessions; *[épidémie]* to recede; *(fig)* **la livre a cédé du terrain** the pound went into retreat *ou* lost ground *(par rapport à* against); **son courage ne le cède en rien à son intelligence** he's as brave as he is intelligent. **2** *vi [personne]* to give in; *[branche]* to give way; *[colère]* to subside. ~ **à** *(succomber)* to give way to, yield to; *(consentir)* to give in to.

cédille [sedij] *nf* cedilla.

cèdre [sɛdʀ(ə)] *nm* cedar.

ceindre [sɛ̃dʀ(ə)] (52) *vt (littér) écharpe* to put on; *épée* to gird. **la tête ceinte d'un diadème** wearing a diadem; **ville ceinte de murs** town surrounded *ou* encircled by walls.

ceinture [sɛ̃tyʀ] *nf* **(a)** *[pantalon]* belt; *[pyjamas]* cord; *(écharpe)* sash; *(gaine)* girdle. **se mettre la** ~ ⁑ to tighten one's belt *(fig)*; *(Judo)* ~ **noire** *etc* black *etc* belt; ~ **de flanelle** flannel binder; ~ **de natation** swimmer's float belt; ~ **de sauvetage** life belt; ~ **de sécurité (à enrouleur)** (inertia reel) seat *ou* safety belt; *(Boxe, fig)* **au-dessous de la** ~ below the belt. **(b)** *(taille) (Couture)* waistband; *(Anat)* waist. **l'eau lui arrivait à la** ~ he was waist-deep in *ou* up to his waist in water. **(c)** *[murailles]* ring; *[arbres]* belt; *(métro, bus)* circle line. ◆ **ceinturer** (1) *vt personne* to seize round the waist; *ville* to surround, encircle. ◆ **ceinturon** *nm* belt.

cela [s(ə)la] *pron dém* **(a)** that; *(sujet apparent)* it. **qu'est-ce que** ~ **veut dire?** what does that *ou* this mean?; ~ **vaut la peine qu'il essaie** it's worth his trying; **faire des études,** ~ **ne le tentait guère** studying did not really appeal to him. **(b)** *(pour renforcer)* ~ **fait 10 jours qu'il est parti** it is 10 days since he left, he left 10 days ago; **j'ai vu X** — **qui** ~?/**quand** ~?/**où** ~? I've seen X — who do you mean? *ou* who is that?/when was that?/where was that?; **voyez-vous** ~! did you ever hear of such a thing!; **à** ~ **près que** except that; **il y a** ~ **de bien que** the (one) good thing is that.

célébrer [selebʀe] (6) *vt mariage, messe, fête* to celebrate; *cérémonie* to hold. ~ **les louanges de qn** to sing sb's praises. ◆ **célébrant** *nm* celebrant. ◆ **célébration** *nf* celebration. ◆ **célèbre** *adj* famous, celebrated *(par* for). ◆ **célébrité** *nf (renommée)* fame, celebrity; *(personne)* celebrity.

céleri [sɛlʀi] *nm:* ~ **en branche(s)** celery; ~**(-rave)** celeriac.

célérité [seleʀite] *nf* promptness, swiftness.

céleste [selɛst(ə)] *adj (Rel)* celestial, heavenly; *(fig)* heavenly.

célibat [seliba] *nm [homme]* bachelorhood; *[femme]* spinsterhood; *[prêtre]* celibacy. ◆ **célibataire 1** *adj (gén)* single, unmarried; *prêtre* celibate; *(Admin)* single. **père** *(ou* **mère)** ~ single parent. **2** *nm* bachelor; *(Admin)* single man. **la vie de** ~ (the) single life; **club pour** ~**s** singles club. **3** *nf* single *ou* unmarried woman; *(moins jeune)* spinster.

celle [sɛl] *pron dém* V **celui.**

cellier [selje] *nm* storeroom *(for wine and food).*

cellophane [selɔfan] *nf* ® cellophane ®.

cellule [selyl] *nf (gén)* cell; *[électrophone]* cartridge. *(Sociol)* ~ **familiale** family unit; **réunir une ~ de crise** to convene an emergency committee ; ~ **photo-électrique** electric eye. ◆ **cellulaire** *adj (Bio)* cellular. **fourgon** ~ prison van.

cellulite [selylit] *nf (graisse)* cellulite; *(inflammation)* cellulitis.

celluloïd [selyloid] *nm* celluloid.

cellulose [selyloz] *nf* cellulose. ◆ **cellulosique** *adj* cellulose.

celte [sɛlt(ə)] **1** *adj* Celtic. **2** *nmf*: **C~** Celt. ◆ **celtique** *adj, nm* Celtic.

celui [səlɥi], **celle** [sɛl], *mpl* **ceux** [sø], *fpl* **celles** [sɛl] *pron dém* (**a**) celui-ci, celle-ci this one; ceux-ci, celles-ci these (ones); celui-là, celle-là that one; ceux-là, celles-là those (ones).
(**b**) *(avec antécédent)* **j'ai vu mon frère et mon oncle, celui-ci était malade** I saw my brother and my uncle and the latter was ill; **elle écrivit à son frère , celui-ci ne répondit pas** she wrote to her brother, but he did not answer; **ceux-là, ils auront de mes nouvelles** as for them, I'll give them a piece of my mind; **il a vraiment de la chance, celui-là!** that fellow certainly has a lot of luck!; **elle est bien bonne, celle-là!** that's a bit much!
(**c**) *(+ de, que)* **je n'aime pas cette pièce, celle de X est meilleure** I don't like this play, X's is better; **il n'a qu'un désir, celui de devenir ministre** he only wants one thing and that's to become a minister; **s'il cherche un local, celui d'en dessous est libre** if he's looking for a place, the one below is free; **pour ceux d'entre vous qui...** for those of *ou* among you who...; **ses romans sont ceux qui se vendent le mieux** his novels are the ones that sell best; **celui dont je t'ai parlé** the one I told you about; **cette marque est celle recommandée par X** this is the brand recommended by X.

cénacle [senakl(ə)] *nm (literary)* coterie; *(Rel)* cenacle.

cendre [sɑ̃dʀ(ə)] *nf (gén)* ash. ~(**s**) *[charbon]* ash, ashes, cinders; *(braises)* embers; *[mort]* ~s ashes; **couleur de** ~ ashen, ash-coloured; *(Rel)* **les C~s** Ash Wednesday; *(Géol)* ~s **volcaniques** volcanic ash. ◆ **cendré, e** *adj (couleur)* ashen. **gris/blond** ~ ash grey/blond. **2** *nf (piste)* cinder track. ◆ **cendreux, -euse** *adj* ashy; *teint* ashen. ◆ **cendrier** *nm [fumeur]* ashtray; *[poêle]* ash pan.

Cendrillon [sɑ̃dʀijɔ̃] *nf (lit, fig)* Cinderella.

Cène [sɛn] *nf*: **la** ~ the Last Supper.

cénotaphe [senɔtaf] *nm* cenotaph.

cens [sɑ̃s] *nm*: ~ **électoral** ≃ poll tax.

censé, e [sɑ̃se] *adj*: **être** ~ **faire qch** to be supposed to do sth. ◆ **censément** *adv (en principe)* supposedly; *(pratiquement)* virtually.

censeur [sɑ̃sœʀ] *nm (Hist, Presse)* censor; *(fig)* critic; *(Scol)* ≃ deputy *ou* assistant head; ≃ assistant *ou* vice-principal *(US)*. **Madame le** ~ the deputy headmistress, the assistant principal *(US)*.

censurer [sɑ̃syʀe] (**1**) *vt (Ciné, Presse)* to censor; *(fig, Pol, Rel)* to censure. ◆ **censure** *nf (Ciné, Presse) (examen)* censorship; *(censeurs)* (board of) censors; *(Psych)* censor. **les ~s de** the censure of.

cent [sɑ̃] **1** *adj* (**a**) one hundred, a hundred. **quatre** ~ **treize** four hundred and thirteen; ~s **chaises** two hundred chairs; *(ordinal: inv)* **page quatre** ~ page four hundred. (**b**) **il a** ~ **fois raison** he's absolutely right; ~ **fois mieux** a hundred times better; **je préférerais** ~ **fois faire votre travail** I'd far rather do your job; **il est aux** ~ **coups** he is frantic; **faire les** ~ **pas** to pace up and down; **quatre ~s mètres haies** 400 metres hurdles; **tu ne vas pas attendre** ~ **sept ans *** you can't wait for ever; **je vous le donne en** ~ you'll never guess. **2** *nm* (**a**) a hundred. **il y a** ~ **contre un à parier que** it's a hundred to one that; ~ **pour** ~ a hun-

dred per cent; *pour autres locutions V* **six**. (**b**) *(US, Can: monnaie)* cent.

centaine [sɑ̃tɛn] *nf* hundred. *(environ cent)* **une** ~ **de** about a hundred, a hundred or so; **plusieurs ~s (de)** several hundred; **des ~s de** hundreds of; **10 F la** ~ 10 francs a hundred; *V* **soixantaine**.

centaure [sɑ̃tɔʀ] *nm* centaur.

centenaire [sɑ̃tnɛʀ] **1** *adj*: **cet arbre est** ~ this tree is a hundred years old, this is a hundred-year-old tree. **2** *nmf (personne)* centenarian. **3** *nm (anniversaire)* centenary.

centième [sɑ̃tjɛm] **1** *adj, nmf* hundredth; *pour loc V* **sixième**. **2** *nf (Théât)* hundredth performance.

centigrade [sɑ̃tigʀad] *adj* centigrade. ◆ **centigramme** *nm* centigramme. ◆ **centilitre** *nm* centilitre. ◆ **centime** *nm* centime. *(fig)* **je n'ai pas un** ~ I haven't got a penny *ou* a cent *(US)*. ◆ **centimètre** *nm* centimetre; *(ruban)* tape measure.

centrafricain, e [sɑ̃tʀafʀikɛ̃, ɛn] *adj* of the Central African Republic. **République ~e** Central African Republic.

centrage [sɑ̃tʀaʒ] *nm* centring.

central, e, *mpl* **-aux** [sɑ̃tʀal, o] **1** *adj (gén)* central; *partie* centre; *bureau* main. **2** *nm (Téléc)* ~ **(téléphonique)** (telephone) exchange. **3** *nf (prison)* prison; ≃ county jail *(US)*, ≃ (state) penitentiary *(US)*. ~**e (électrique)** power station *ou* plant *(US)*; ~**e syndicale** trade union.

centralien, -ienne [sɑ̃tʀaljɛ̃, jɛn] *nm, f* student *ou* former student of the École centrale.

centraliser [sɑ̃tʀalize] (**1**) *vt* to centralize. ◆ **centralisateur, -trice** *adj* centralizing. ◆ **centralisation** *nf* centralization. ◆ **centralisme** *nm* centralism.

centre [sɑ̃tʀ(ə)] **1** *nm (gén)* centre. **le C~ (de la France)** central France; ~**-ville** town *ou* city centre; **il se croit le** ~ **du monde** he thinks the universe revolves around him; **les grands ~s universitaires** the great academic centres; *(Pol)* ~ **gauche** centre left. **2** : ~ **commercial** shopping centre *ou* arcade, shopping mall *(US)*; ~ **culturel** arts centre; ~ **de détention préventive** remand prison; ~ **de documentation** resource centre, reference library; ~ **d'éducation surveillée** community home with education, reformatory *(US)* ; ~ **hospitalier** hospital complex; *(Poste)* ~ **de tri** sorting office; *(lit, fig)* ~**s vitaux** vital organs.

centrer [sɑ̃tʀe] (**1**) *vt (Sport, Tech)* to centre. ~ **une discussion sur** to centre *ou* focus a discussion on.

centrifuge [sɑ̃tʀifyʒ] *adj* centrifugal. ◆ **centrifuger** (**3**) *vt* to centrifuge. ◆ **centrifugeuse** *nf* centrifuge.

centripète [sɑ̃tʀipɛt] *adj* centripetal.

centuple [sɑ̃typl(ə)] **1** *adj* a hundred times as large *(de* as). **2** *nm*: **le** ~ **de 10** a hundred times 10; **au** ~ a hundredfold. ◆ **centupler** (**1**) *vti* to increase a hundred times *ou* a hundredfold.

centurion [sɑ̃tyʀjɔ̃] *nm* centurion.

cep [sɛp] *nm*: ~ **(de vigne)** vine stock. ◆ **cépage** *nm* (type of) vine.

cèpe [sɛp] *nm (Culin)* cepe; *(Bot)* boletus.

cependant [s(ə)pɑ̃dɑ̃] *conj* (**a**) *(pourtant)* nevertheless, however, yet. **et** ~ **c'est vrai** yet *ou* but nevertheless it is true. (**b**) *(pendant ce temps)* meanwhile. ~ **que** while.

céramique [seʀamik] *nf* ceramic. *(art)* **la** ~ ceramics; **vase en** ~ ceramic vase.

cerceau, *pl* **~x** [sɛʀso] *nm* hoop.

cercle [sɛʀkl(ə)] *nm* (**a**) *(lit)* circle, ring; *(Géom)* circle. **faire** ~ **(autour de qn/qch)** to make a circle *ou* ring (round sb/sth); ~ **vicieux** vicious circle. (**b**) *[famille, amis]* circle; *[connaissances]* scope, range; *(club)* club. ~ **littéraire** literary circle *ou* society. (**c**) *[tonneau]* hoop, band; *[roue]* metal rim. ◆ **cercler** (1) *vt* to ring; to hoop; to rim (*de* with). **lunettes cerclées d'écaille** horn-rimmed spectacles.

cercueil [sɛʀkœj] *nm* coffin, casket (*US*).

céréale [seʀeal] *nf* cereal. **~s vivrières** *ou* **alimentaires** food grains.

cérébral, e, *mpl* **-aux** [seʀebʀal, o] *adj* (*Méd*) cerebral; *travail* mental.

cérémonie [seʀemɔni] *nf* ceremony. **sans ~** *manger* informally; *réception* informal; **faire des ~s** to stand on ceremony; **habit(s) de ~** formal dress. ◆ **cérémonial,** *pl* **~s** *nm* ceremonial. ◆ **cérémonieusement** *adv* ceremoniously, formally. ◆ **cérémonieux, -euse** *adj* ceremonious, formal.

cerf [sɛʀ] *nm* stag. ◆ **cerf-volant,** *pl* **~s-~s** *nm* kite. **jouer au ~** to fly a kite.

cerfeuil [sɛʀfœj] *nm* chervil.

cerise [s(ə)ʀiz] **1** *nf* cherry. **2** *adj inv* cherry(-red). ◆ **cerisier** *nm* cherry tree.

cerner [sɛʀne] *vt ennemi* to encircle, surround; *problème* to delimit, define, zero in on. **avoir les yeux cernés** to have dark rings under one's eyes. ◆ **cerne** *nm* (*gén*) ring.

certain, e [sɛʀtɛ̃, ɛn] **1** *adj* **(a)** (*après n: incontestable*) (*gén*) certain; *preuve* positive, sure, definite; *cause* undoubted, sure. **c'est la raison ~e de son départ** it's undoubtedly the reason for his going; **c'est ~** there's no doubt about it, that's quite certain. **(b)** (*convaincu*) sure, certain (*de qch* of sth, *de faire* of doing). **2** *adj indéf* (*avant n*) **(a)** (*mal défini*) certain. **elle a un ~ charme** she's got a certain charm; **dans un ~ village où** in a certain *ou* some village where; **un ~ M. X** a (certain) *ou* one Mr. X; **dans un ~ sens** in a way, in a certain sense, in some senses; **dans une ~e mesure** to some extent; **dans ~s cas** in some *ou* certain cases. **(b)** (*intensif*) some. **c'est à une ~e distance d'ici** it's quite a *ou* some distance from here; **d'un ~ âge** elderly. **3** *pron indéf pl:* **~s** (*personnes*) some (people); (*choses*) some. ◆ **certainement** *adv* certainly. ◆ **certes** *adv* (*concession*) certainly, admittedly; (*affirmation*) indeed, most certainly; (*bien sûr*) of course.

certificat [sɛʀtifika] *nm* (*attestation*) certificate, attestation; (*diplôme*) certificate, diploma; (*recommandation*) [*domestique*] testimonial; (*fig*) guarantee. **~ médical** doctor's certificate; **~ de scolarité** attestation of attendance at school *ou* university; **~ de travail** attestation of employment.

certifier [sɛʀtifje] (7) *vt document* to certify; *signature* to attest, witness. **~ qch à qn** to assure sb of sth, guarantee sth to sb; **copie certifiée conforme à l'original** certified copy of the original. ◆ **certification** *nf* attestation, witnessing.

certitude [sɛʀtityd] *nf* certainty. **j'ai la ~ d'être le plus fort** I am certain *ou* (quite) sure of being the strongest.

cerveau, *pl* **~x** [sɛʀvo] *nm* brain; (*personne, intelligence*) brain, mind; (*fig: centre de direction*) brain(s). **avoir le ~ dérangé** to be deranged *ou* (a bit) cracked *; **c'est le ~ de la bande** he's the brain(s) of the gang, the masterminds the gang; **la fuite des ~x** the braindrain.

cervelas [sɛʀvəla] *nm* saveloy.

cervelet [sɛʀvəlɛ] *nm* cerebellum.

cervelle [sɛʀvɛl] *nf* (*Anat*) brain; (*Culin*) brains; (*tête*) head. **se brûler la ~** to blow one's brains out; **avoir une ~ d'oiseau** to be feather-brained *ou* bird-brained.

cervical, e, *mpl* **-aux** [sɛʀvikal, o] *adj* cervical.

ces [se] *adj dém V* **ce.**

césarienne [sezaʀjɛn] *nf* Caesarean (section).

cessation [sɛsɑsjɔ̃] *nf* cessation; [*paiements*] suspension.

cesse [sɛs] *nf* **(a) sans ~** (*tout le temps*) continually, incessantly; (*sans interruption*) continuously, without ceasing. **(b) il n'a de ~ que** he will not rest until.

cesser [sese] (1) **1** *vt* (*gén*) to stop; *relations* to (bring to an) end, break off; *fabrication* to discontinue; (*Admin*) *fonctions* to relinquish, give up. (*Comm*) **~ tout commerce** to cease trading; **~ le combat** to stop (the) fighting. **2 ~ de** *vt indir:* **~ de faire qch** (*gén*) to stop doing sth; (*renoncer*) to give up doing sth; **ça a cessé d'exister** it has ceased to exist; **son effet n'a pas cessé de se faire sentir** its effect is still making itself felt; **il ne cesse de dire que** he is constantly *ou* he keeps on saying that. **3** *vi* (*gén*) to stop; [*bruit, activités*] to stop, cease; [*fonctions*] to come to an end; [*fièvre*] to pass, die down. **faire ~** *bruit* to put a stop to, stop; *scandale* to put an end *ou* a stop to. ◆ **cessez-le-feu** *nm inv* ceasefire.

cession [sɛsjɔ̃] *nf* transfer. **faire ~ de** to transfer.

c'est-à-dire [sɛtadiʀ] *conj* that is (to say). **~ que** (*conséquence*) which means that; (*excuse*) the thing is that.

cet [sɛt] *adj dém V* **ce.**

ceux [sø] *adj dém V* **celui.**

Ceylan [selɑ̃] *nm* Ceylon.

chacal, *pl* **~s** [ʃakal] *nm* jackal.

chacun, e [ʃakœ̃, yn] *pron indéf* **(a)** (*isolément*) each (one). **~ de** each (one) *ou* every one of ; **~ à notre/leur tour** each (of us/of them) in turn. **(b)** (*tous*) everyone, everybody. **~ son tour!** everyone in turn!, each in turn!; **~ son goût/pour soi** every man to his (own) taste/for himself.

chagrin, e [ʃagʀɛ̃, in] **1** *adj* (*triste*) woeful, dejected; (*bougon*) ill-humoured, morose. **2** *nm* grief, sorrow. **~ d'amour** unhappy love affair; **faire du ~ à qn** to grieve *ou* distress sb; **avoir du ~** to be sorry *ou* upset. ◆ **chagrinant, e** *adj* distressing. ◆ **chagriner** (1) *vt* (*désoler*) to grieve, distress, upset; (*tracasser*) to worry, bother.

chah [ʃa] *nm* = **shah.**

chahut [ʃay] *nm* uproar. ◆ **chahuter** (1) **1** *vi* (*faire du bruit*) to make an uproar; (*faire les fous*) to scrap, romp. **2** *vt professeur* to play up, rag; (*: cahoter*) *objet* to knock about. ◆ **chahuteur, -euse 1** *adj* rowdy, unruly. **2** *nm, f* rowdy.

chai [ʃɛ] *nm* wine and spirits store(house).

chaîne [ʃɛn] *nf* (*gén*) chain; [*montagnes*] range, chain; [*magasins*] string, chain; (*Tex*) warp; (*TV, Rad*) channel. (*fig: esclavage*) **~s** chains, bonds; **~ d'arpenteur** chain measure; **~ compacte** music centre; **~ hi-fi** hi-fi system; **~ de fabrication/de montage** production/assembly line; (*Aut*) **~ à neige** snow chain; **~ de sûreté** safety chain; **produire à la ~** to massproduce. ◆ **chaînette** *nf* (small) chain. ◆ **chaînon** *nm* (*lit, fig*) link; (*Géog*) secondary range. (*Ordin*) **~ de données** data link.

chair [ʃɛʀ] *nf* flesh. **entrer dans les ~s** to penetrate the flesh; **en ~ et en os** in the flesh; (*couleur*) **~** flesh-coloured; **donner la ~ de poule** to give gooseflesh *ou* goosebumps (*US*); **~ à saucisse** sausage meat; (*fig*) **je vais en faire de la ~ à pâté** I'm going to make mincemeat of him; **bien en ~** well-padded (*hum*), plump; **sa propre ~** his own flesh and blood.

chaire [ʃɛʀ] *nf* [*prédicateur*] pulpit; [*pape*] throne; [*professeur*] (*estrade*) rostrum; (*poste*) chair.

chaise [ʃɛz] *nf* chair. **~ de bébé** highchair ; **~ électrique** electric chair; **~ longue** deckchair ; **~ (à porteurs)** sedan(-chair). ◆ **chaisière** *nf* (*female*) chair attendant.

chaland [ʃalɑ̃] *nm* (*Naut*) barge.

châle [ʃɑl] *nm* shawl.

chalet [ʃalɛ] *nm* chalet.

chaleur [ʃalœʀ] *nf* (**a**) *(gén, Phys)* heat; *(agréable)* warmth. **les grandes ~s (de l'été)** the hot (summer) days *ou* weather; **'craint la ~'** 'to be kept in a cool place'. (**b**) *[discussion]* heat; *[accueil]* warmth; *[convictions]* fervour. **défendre avec ~** to defend hotly *ou* heatedly. (**c**) *(Zool)* **être en ~** to be on *ou* in heat; *(Méd)* **avoir des ~s** to have hot flushes *ou* flashes *(US)*. ◆ **chaleureusement** *adv* warmly. ◆ **chaleureux, -euse** *adj* warm.

challenge [ʃalɑ̃ʒ] *nm* *(épreuve)* contest, tournament; *(trophée)* trophy.

chaloupe [ʃalup] *nf* launch. ~ **de sauvetage** lifeboat.

chaloupé, e [ʃalupe] *adj danse* swaying; *démarche* rolling.

chalumeau, *pl* ~**x** [ʃalymo] *nm (Tech)* blowlamp, blowtorch *(US)*.

chalut [ʃaly] *nm* trawl (net). **pêcher au ~** to trawl. ◆ **chalutier** *nm (bateau)* trawler; *(pêcheur)* trawlerman.

chamailler (se) * [ʃamɑje] (1) *vpr* to squabble, bicker. ◆ **chamaillerie** * *nf* squabble. ◆ **chamailleur, -euse** * **1** *adj* quarrelsome. **2** *nm, f* squabbler.

chaman [ʃaman] *nm* Shaman. ◆ **chamanisme** *nm* shamanism.

chamarré, e [ʃamaʀe] *adj* richly coloured. ~ **d'or** bedecked with gold.

chambard * [ʃɑ̃baʀ] *nm (vacarme)* row, rumpus *; *(bagarre)* scuffle, brawl; *(désordre)* shambles * *(sg)*, mess; *(bouleversement)* upheaval. ◆ **chambardement** * *nm* upheaval. ◆ **chambarder** * (1) *vt (bouleverser)* to turn upside down; *(se débarrasser de)* to chuck out ‡.

chambellan [ʃɑ̃belɑ̃] *nm* chamberlain.

chamboulement * [ʃɑ̃bulmɑ̃] *nm (désordre)* chaos; *(bouleversement)* upheaval. ◆ **chambouler** * (1) *vt objets* to turn upside down; *projets* to mess up *, make a mess of.

chambranle [ʃɑ̃bʀɑ̃l] *nm [porte]* frame; *[cheminée]* mantelpiece.

chambre [ʃɑ̃bʀ(ə)] **1** *nf* (**a**) bedroom; *(littér: pièce)* chamber *(littér)*. ~ **à un lit/à deux lits** single-/twin-bedded room; ~ **pour deux personnes** double room; **faire ~ à part** to sleep in separate rooms; **travailler en ~** to work at home. (**b**) *(Pol)* House, Chamber; *(Jur: section)* division ; *(tribunal)* court; *(Admin, groupement)* chamber. (**c**) *(Anat, Tech)* chamber. **2** : ~ **à air** inner tube; ~ **d'amis** spare *ou* guest room; ~ **de bonne** maid's room; ~ **de commerce** Chamber of Commerce; **la C~ des communes** the House of Commons ; ~ **à coucher** *(pièce)* bedroom; *(mobilier)* bedroom suite; **la C~ des députés** the Chamber of Deputies; ~ **forte** strongroom; ~ **froide** cold room ; ~ **à gaz** gas chamber; **la C~ des lords** the House of Lords; *(Phot)* ~ **noire** dark room. ◆ **chambrée** *nf* room; *[soldats]* barrack-room. ◆ **chambrer** (1) *vt vin* to bring to room temperature.

chameau, *pl* ~**x** [ʃamo] *nm (Zool)* camel; *(* péj)* beast *. ◆ **chamelier** *nm* camel driver. ◆ **chamelle** *nf* she-camel.

chamois [ʃamwa] *nm* chamois.

chamoisine [ʃamwazin] *nf* shammy leather.

champ [ʃɑ̃] **1** *nm* (**a**) *(Agr, Sci)* field; *(fig: domaine)* field, area. *(campagne)* **les ~s** the country(side); **fleurs des ~s** wild flowers; *(Phot)* **être dans le/sortir du ~** to be in/go out of shot; **pas assez de ~** not enough depth of focus. (**b**) **avoir du ~** to have elbowroom, have room to move; **laisser le ~ libre à qn** to leave sb a clear field; **prendre du ~** *(lit, fig)* to draw back. **2** : ~ **d'action** sphere of activity; ~ **d'aviation** airfield; ~ **de bataille** battlefield; ~ **de courses** racecourse; ~ **de foire** fairground;

mort au ~ d'honneur killed in action; ~ **de tir** *(terrain)* rifle range; *(visée)* field of fire. ◆ **champêtre** *adj (gén)* rural; *vie* country.

champagne [ʃɑ̃paɲ] **1** *nm* champagne. **2** *nf:* **la C~** Champagne, the Champagne region.

champignon [ʃɑ̃piɲɔ̃] *nm (gén)* mushroom; *(vénéneux)* toadstool; *(Méd, terme de botanique)* fungus; *(Aut *)* accelerator. ~ **atomique** mushroom cloud.

champion, -onne [ʃɑ̃pjɔ̃, ɔn] **1** *adj* (*) first-rate. **2** *nm, f (gén)* champion. **se faire le ~ d'une cause** to champion a cause. ◆ **championnat** *nm* championship.

chance [ʃɑ̃s] *nf* (**a**) *(bonne fortune)* (good) luck. **il a la ~ d'y aller** he's lucky *ou* fortunate enough to be going, he has the good luck *ou* good fortune to be going; **par ~** luckily, fortunately; **pas de ~!** hard *ou* bad luck!; *(iro)* **c'est bien ma ~** (that's) just my luck! (**b**) *(hasard)* luck, chance. **tenter sa ~** to try one's luck; **mettre toutes les ~s de son côté** to take no chances; **mauvaise ~** ill-luck. (**c**) *(possibilité)* chance. **quelles sont ses ~s?** what are his chances *ou* what chance has he got?; **les ~s d'un accord...** the chances of a settlement...; **il y a toutes les ~s que** the chances are that.

chanceler [ʃɑ̃sle] (4) *vi [personne]* to totter, stagger; *[objet]* to wobble, totter; *[autorité]* to totter, falter; *[résolution]* to waver, falter. ◆ **chancelant, e** *adj pas* unsteady, faltering; *objet* wobbly; *mémoire, santé, autorité* shaky.

chancelier [ʃɑ̃səlje] *nm (Pol)* chancellor; *[ambassade]* secretary. **le C~ de l'Échiquier** the Chancellor of the Exchequer. ◆ **chancellerie** *nf* chancellery.

chanceux, -euse [ʃɑ̃sø, øz] *adj* lucky, fortunate.

chancre [ʃɑ̃kʀ(ə)] *nm* canker.

chandail [ʃɑ̃daj] *nm* (thick) jersey *ou* sweater.

Chandeleur [ʃɑ̃dlœʀ] *nf:* **la ~** Candlemas.

chandelier [ʃɑ̃dəlje] *nm* candlestick; *(à plusieurs branches)* candelabra.

chandelle [ʃɑ̃dɛl] *nf (bougie)* (tallow) candle; *(Aviat)* chandelle; *(Rugby, Ftbl)* up-and-under; *(Tennis)* lob; *(Gym)* shoulder stand. **dîner aux ~s** dinner by candlelight; *(loc) (hum)* **tenir la ~** to play gooseberry; *(Golf)* **lancer en ~** to loft; ~ **romaine** roman candle.

change [ʃɑ̃ʒ] *nm (Fin) [devises]* exchange; *(taux)* exchange rate. *(Banque)* **faire le ~** to exchange money; **au cours actuel du ~** at the current rate of exchange; *(fig)* **gagner/perdre au ~** to gain/lose on the exchange *ou* deal; **donner le ~ à qn** to put sb off the scent *ou* off the track.

changeant, e [ʃɑ̃ʒɑ̃, ɑ̃t] *adj personne, fortune* changeable, fickle, changing; *paysage* changing; *temps* changeable, unsettled.

changement [ʃɑ̃ʒmɑ̃] *nm (gén)* change *(de* in); *(transformation)* alteration; *(Admin: mutation)* transfer. **le ~ de la roue** changing the wheel, the wheel change; **la situation reste sans ~** the situation remains unchanged *ou* unaltered; ~ **en bien** change for the better; ~ **de programme** *(projet)* change of plan; *(spectacle etc)* change in the programme; ~ **de direction** *(sens)* change of direction; *(dirigeants)* change of management; ~ **de vitesse** *(dispositif)* gears, gear stick *ou* lever; *(action)* change of gears; *[bicyclette]* gear(s).

changer [ʃɑ̃ʒe] (3) **1** *vt* (**a**) *(modifier)* to change, alter. **ce chapeau la change** this hat makes her look different!; **cela change tout!** that makes all the difference!, that changes everything!; **une promenade lui changera les idées** a walk will take his mind off things; **cela ne change rien au fait que** it doesn't change *ou* alter the fact that; ~ **qch/qn en** to change *ou* turn sth/sb into; **cela les changera de leur routine** it will be *ou* make a change for them from their routine. (**b**) *(rem-*

placer) (gén) to change; *décor* to change, shift; *marchandise, argent* to exchange *(contre* for). **j'ai changé ma place contre la sienne** I changed *ou* swapped * places with him, I exchanged my place for his; ~ **un malade** to change a patient. **(c)** *(déplacer)* to move. ~ **qn/qch de place** to move sb/sth to a different place, shift sb/sth; *(fig)* ~ **son fusil d'épaule** to change *ou* alter one's stand. **2** ~ **de** *vt indir (gén)* to change; *(modifier)* to alter; *(échanger)* to exchange. ~ **de nom** to change one's name; ~ **de domicile** to move house; ~ **d'avis** to change one's mind; **elle a changé de visage** *(d'émotion)* her expression changed *ou* altered; **change de disque!** ‡ put another record on! * ; ~ **de train** to change trains; ~ **de camp** to change sides; ~ **de position** to alter *ou* change one's position; ~ **de côté** *(dans la rue)* to cross over (to the other side); ~ **de propriétaire** *ou* **de mains** to change hands; **changeons de sujet** let's change the subject; *(Naut)* ~ **de cap** to change *ou* alter course; ~ **de place avec qn** to change *ou* swap * places with sb. **3** *vi (se transformer)* to change, alter; *(Rail)* to change. ~ **en bien/en mal** to change for the better/the worse; **pour (ne pas)** ~ ! (just) for *ou* by way of a change!; **ça change (de la routine)** it makes a change (from the routine). **4 se** ~ *vpr* to change (one's clothes). **se** ~ **en** to change *ou* turn into.

changeur [ʃɑ̃ʒœʀ] *nm* moneychanger. ~ **(de disques)** record changer; ~ **de monnaie** change machine.

chanoine [ʃanwan] *nm (personne)* canon.

chanson [ʃɑ̃sɔ̃] *nf* song. **c'est toujours la même** ~ it's always the same old story; ~ **folklorique** folksong; ~ **de geste** chanson de geste. ♦ **chansonnette** *nf* ditty.

chant [ʃɑ̃] *nm (action, art)* singing; *(chanson)* song; *(Poésie: chapitre)* canto. **le** ~ **de l'oiseau** *(musique)* the warbling *ou* singing of the bird; *(mélodie)* the song of the bird; **au** ~ **du coq** at cockcrow; *(lit, fig)* ~ **du cygne** swan song; ~ **de Noël** (Christmas) carol; ~ **religieux** hymn; **cours de** ~ singing lessons; ~ **grégorien** Gregorian chant.

chantage [ʃɑ̃taʒ] *nm* blackmail. **faire du** ~ **à qn** to blackmail sb.

chanter [ʃɑ̃te] (1) **1** *vt (gén)* to sing; *exploits* to sing (of). **qu'est-ce qu'il nous chante là?** * what's this he's telling us?; ~ **qch sur tous les tons** to harp on *ou* go on about sth. **2** *vi (gén)* to sing; *[oiseau]* to sing, warble; *[coq]* to crow; *[poule]* to cackle; *[insecte]* to chirp; *[ruisseau]* to babble. **c'est comme si on chantait** * it's like talking to a deaf man, it's a waste of breath; *(par chantage)* **faire** ~ **qn** to blackmail sb; **vas-y si le programme te chante** * go if the programme appeals to you *ou* if you fancy the programme. ♦ **chantant, e** *adj voix* singsong, lilting; *musique* tuneful. ♦ **chanteur, -euse** *nm, f* singer.

chantier [ʃɑ̃tje] *nm (Constr)* (building) site; *(entrepôt)* depot, yard. *(sur une route) (écriteau)* **'fin de** ~**'** 'road clear', 'end of roadworks'; **quel** ~ **dans ta chambre!** * what a shambles * *ou* mess in your room!; **avoir/mettre un ouvrage en** ~ to have/put a piece of work in hand *ou* on the go; **nous sommes en** ~ **depuis 2 mois** we've had workmen in *ou* alterations going on for 2 months; ~ **de démolition** demolition site; ~ **naval** shipyard.

chantonner [ʃɑ̃tɔne] (1) *vti* to sing softly, hum, croon.

chantre [ʃɑ̃tʀ(ə)] *nm (Rel)* cantor; *(poète)* bard; *(laudateur)* exalter.

chanvre [ʃɑ̃vʀ(ə)] *nm (Bot, Tex)* hemp.

chaos [kao] *nm (lit, fig)* chaos. ♦ **chaotique** *adj* chaotic.

chaparder * [ʃapaʀde] (1) *vti* to pinch *, pilfer *(à* from). ♦ **chapardage** * *nm* petty theft. ♦ **chapardeur, -euse** * **1** *adj* light-fingered. **2** *nm, f* pilferer.

chapeau, *pl* ~**x** [ʃapo] *nm (gén)* hat; *(Bot, Tech)* cap. **tirer son** ~ **à qn** * to take off one's hat to sb; ~**!** * well done, jolly good *; *(Aut)* ~ **de roue** hub cap; **sur les** ~**x de roues** * at top speed; ~ **haut-de-forme** top hat; ~ **melon** bowler (hat); ~ **mou** trilby (hat), fedora (US). ♦ **chapeauter** (1) *vt (Admin etc)* to head (up), oversee.

chapelain [ʃaplɛ̃] *nm* chaplain.

chapelet [ʃaplɛ] *nm (Rel)* rosary. **dévider son** ~ * to recite one's grievances; ~ **de** *oignons, injures* string of; *bombes* stick of.

chapelier, -ière [ʃapəlje, jɛʀ] **1** *adj* hat. **2** *nm, f* hatter.

chapelle [ʃapɛl] *nf* chapel; *(coterie)* coterie, clique. ~ **ardente** *(dans une église)* chapel of rest; **l'école a été transformée en** ~ **ardente** the school was turned into a temporary morgue.

chapelure [ʃaplyʀ] *nf* (dried) bread-crumbs.

chaperon [ʃapʀɔ̃] *nm (personne)* chaperon. **le petit** ~ **rouge** Little Red Riding Hood. ♦ **chaperonner** (1) *vt* to chaperon.

chapiteau, *pl* ~**x** [ʃapito] *nm [colonne]* capital; *[cirque]* big top.

chapitre [ʃapitʀ(ə)] *nm [livre]* chapter; *[budget]* section, item; *(Rel)* chapter. **sur ce** ~ on that subject *ou* score. ♦ **chapitrer** (1) *vt (réprimande)* to admonish, reprimand; *(recommandation)* to lecture *(sur* on, about).

chaque [ʃak] *adj (défini)* every, each; *(indéfini)* every. ~ **élève** every *ou* each pupil; **10 F** ~ 10 francs each *ou* apiece; ~ **homme naît libre** every man is born free; **à** ~ **instant** every other second.

char [ʃaʀ] *nm (Mil)* tank; *[carnaval]* (carnival) float; *(charrette)* waggon, cart; *(Antiq)* chariot. *(fig)* **le** ~ **de l'État** the ship of state; ~ **à voile** sand yacht, land yacht; **faire du** ~ **à voile** to go sand-yachting.

charabia * [ʃaʀabja] *nm* gibberish, gobbledygook *.

charade [ʃaʀad] *nf (parlée)* riddle; *(mimée)* charade.

charbon [ʃaʀbɔ̃] *nm* coal; *(Méd)* anthrax; *(crayon)* piece of charcoal; *[arc électrique]* carbon. ~ **actif** active carbon; ~ **de bois** charcoal; **être sur des** ~**s ardents** to be like a cat on hot bricks *ou* on a hot tin roof (US). ♦ **charbonnages** *nmpl (houillères)* collieries, coalmines; *(ministère)* Coal Board. ♦ **charbonnier** *nm (personne)* coalman; *(navire)* collier.

charcutier, -ière [ʃaʀkytje, jɛʀ] *nm, f* pork butcher; *(traiteur)* delicatessen dealer; *(* fig)* butcher *(fig)*. ♦ **charcuter** (1) *vt* to butcher *. ♦ **charcuterie** *nf (magasin)* pork butcher's shop and delicatessen; *(produits)* cooked pork meats; *(commerce)* pork meat trade; delicatessen trade.

chardon [ʃaʀdɔ̃] *nm* thistle.

chardonneret [ʃaʀdɔnʀɛ] *nm* goldfinch.

charge [ʃaʀʒ(ə)] *nf* **(a)** *(lit, fig: fardeau)* burden; *[véhicule, voûte]* load; *[navire]* freight, cargo. *[camion]* ~ **maximale** maximum load. **(b)** *(responsabilité)* responsibility; *(poste)* office. **(c)** *(dépenses)* ~**s** expenses, costs, outgoings; *[locataire]* maintenance charges; ~**s sociales** social security contributions; **les** ~**s de l'État** government expenditure. **(d)** *(Mil, Jur)* charge; *(caricature)* caricature. *(Sport)* ~ **irrégulière** illegal tackle. **(e)** *[fusil]* *(action)* loading, charging; *(explosifs)* charge; *(Élec)* *(action)* charging; *(quantité)* charge. **mettre une batterie en** ~ to put a battery on charge. **(f)** **être à la** ~ **de qn** *[frais]* to be chargeable to sb, be payable by sb; *[personne]* to be dependent upon sb, be supported by sb; ~**s de famille** dependents; **enfants à** ~ dependent children; **les enfants confiés à sa**

~ the children in his care; **avoir la ~ de qn/de faire qch** to be responsible for sb/for doing sth; **à ~ pour lui de payer** on condition that he meets the costs; **prendre en ~** *personne* to take charge of; *frais* to take care of; *passager* to pick up, take on; **prendre un enfant en ~** *[Assistance publique]* to take a child into care; *(fig)* **l'adolescent doit se prendre en ~** the adolescent must look after himself *ou* take charge of himself; **prise en ~** *[taxi]* minimum (standard) charge; *[Sécurité sociale]* acceptance (of financial liability).

chargé, e [ʃaʀʒe] **1** *adj (gén)* loaded; *estomac* overloaded; *programme* full, busy; *conscience* troubled. **~ de** *honneurs* laden with; *sens, menaces* full of; *nuages, parfums* heavy with; *tâche, enfant* in charge of; **homme au passé ~** man with a past; **avoir la langue ~e** to have a coated *ou* furred tongue. **2** : **~ d'affaires** *nm* chargé d'affaires; **~ de famille** *adj* with family responsibilities; **~ de mission** *nm* official representative.

chargement [ʃaʀʒəmã] *nm (action)* loading; *(marchandises)* load; *[navire]* freight, cargo.

charger [ʃaʀʒe] (3) **1** *vt* **(a)** *(gén)* to load; *(à l'excès)* to overload. **table chargée de mets** table laden *ou* loaded with dishes; **~ qn de** *paquets* to load sb up *ou* weigh sb down with; *impôts* to burden sb with, weigh sb down with; *[taxi]* **~ un client** to pick up a passenger. **(b)** *fusil, caméra* to load; *(Élec)* to charge; *chaudière* to stoke. **(c)** *(responsabilité)* **~ qn de qch** to put sb in charge of sth; **~ qn de faire** to give sb the responsibility *ou* job of doing, ask sb to do; **être chargé de faire** to be put in charge of doing, be made responsible for doing; **on l'a chargé d'une mission importante** he was given *ou* assigned an important mission; **on m'a chargé d'appliquer le règlement** I've been instructed to apply the rule; **il m'a chargé de ses amitiés pour vous** he asked me to give you his regards. **(d)** *(accuser)* to bring all possible evidence against. **~ qn de** *crime* to charge sb with. **(e)** *(attaquer) (Mil)* to charge (at); *(Sport)* to charge, tackle. **(f)** *(caricaturer)* *portrait* to make a caricature of; *description* to overdo, exaggerate; *rôle* to overact. **2 se ~** *vpr:* **se ~ de** to see to, take care of, attend to; **se ~ de faire** to undertake to do; **je me charge de lui** leave it to me to look after him; **je me charge de le faire venir** I'll make sure *ou* I'll see to it that he comes.

chargeur [ʃaʀʒœʀ] *nm* **(a)** *(personne)* *(gén, Mil)* loader; *(Naut: négociant)* shipper. **(b)** *(Phot)* cartridge; *[arme]* magazine; *[balles]* clip. **~ de batterie** (battery) charger.

chariot [ʃaʀjo] *nm (charrette)* waggon; *(petit)* cart; *(à roulettes)* trolley; *(de manutention)* truck; *[machine à écrire]* carriage.

charitable [ʃaʀitabl(ə)] *adj (gén)* charitable; *(gentil)* kind *(envers* towards); *(iro) conseil* friendly, kindly. **♦ charitablement** *adv* charitably; kindly.

charité [ʃaʀite] *nf* **(a)** *(gén, Rel)* charity; *(gentillesse)* kindness. **ayez la ~ de** have the kindness to, be kind enough to. **(b)** *(aumône)* charity. **demander la ~** *(lit)* to beg for charity; *(fig)* to come begging; **faire la ~ à** to give (something) to; **la ~ publique** (public) charity; **~ bien ordonnée commence par soi-même** charity begins at home; **vente de ~** sale of work.

charivari * [ʃaʀivaʀi] *nm* hullabaloo *.

charlatan [ʃaʀlatã] *nm (péj) (gén)* charlatan; *(médecin)* quack; *(vendeur)* mountebank. **♦ charlatanesque** *adj (de guérisseur)* quack; *(d'escroc)* phoney, bogus. **♦ charlatanisme** *nm* charlatanism.

charme [ʃaʀm(ə)] *nm* **(a)** *(attrait)* charm, appeal; *(envoûtement)* spell. **le ~ de la nouveauté** the attraction(s) of novelty; **ça offre peu de ~ pour moi** it does not really appeal to me, it holds few attrac-

tions for me; *(hum)* **~s** charms *(hum)*; **exercer un ~ sur qn** to have sb under one's spell; **tenir sous le ~ (de)** to captivate sb (with), hold sb spellbound (with); **faire du ~ à qn** to make eyes at sb; **se porter comme un ~** to be *ou* feel as fit as a fiddle. **(b)** *(Bot)* hornbeam. **♦ charmant, e** *adj (gén)* charming, delightful; *soirée* delightful, lovely. *(iro)* **c'est ~!** charming! *(iro)*. **♦ charmer (1)** *vt* to charm, delight; *serpents* to charm. **être charmé de faire** to be delighted to do. **♦ charmeur, -euse 1** *adj* winning, engaging. **2** *nm, f* charmer. **~ de serpent** snake charmer.

charnel, -elle [ʃaʀnɛl] *adj instincts* carnal; *créature* earthly. **♦ charnellement** *adv désirer* sexually.

charnier [ʃaʀnje] *nm* mass grave.

charnière [ʃaʀnjɛʀ] *nf (lit)* hinge; *(fig)* turning point; *(Mil)* pivot. **discipline-~** interlinking field of study; **époque-~** transition period.

charnu, e [ʃaʀny] *adj* fleshy.

charogne [ʃaʀɔɲ] *nf (cadavre)* carrion; *(⚊: salaud)* swine ⚊ *(inv)*. **♦ charognard** *nm (lit, fig)* vulture.

charpente [ʃaʀpãt] *nf (gén)* framework; *(carrure)* build, frame. **♦ charpenté, e** *adj:* **bien ~** well built. **♦ charpentier** *nm* carpenter; *(Naut)* shipwright.

charpie [ʃaʀpi] *nf (pansement)* shredded linen. *(lit, fig)* **être/mettre en ~** to be/tear in shreds.

charrette [ʃaʀɛt] *nf* cart. **~ à bras** handcart, barrow. **♦ charretée** *nf* cartload *(de* of). *(* fig) **des ~s de** loads * *ou* stacks * of. **♦ charretier** *nm* carter. **de ~** *langage* coarse.

charrier [ʃaʀje] (7) **1** *vt* **(a)** *(avec brouette)* to cart (along), wheel (along); *(sur le dos)* to heave (along); *[camion]* to carry, cart; *[fleuve]* to carry (along), sweep (along). **(b)** *(⚊: se moquer de)* **~ qn** to take sb for a ride *, kid sb on *. **2** *vi* *(⚊)* *(abuser)* to go too far. *(plaisanter)* **tu charries** you must be kidding * *ou* joking.

charron [ʃaʀɔ̃] *nm* cartwright, wheelwright.

charrue [ʃaʀy] *nf* plough, plow *(US)*. **mettre la ~ avant les bœufs** to put the cart before the horse.

charte [ʃaʀt(ə)] *nf* charter; *(Hist: titre)* title, deed.

charter [ʃaʀtɛʀ] **1** *nm (vol)* charter flight; *(avion)* chartered plane. **2** *adj inv billet* charter; *avion* chartered.

chas [ʃa] *nm* eye *(of needle)*.

chasse [ʃas] **1** *nf* **(a)** *(gén)* hunting; *(au fusil)* shooting. **aller à la ~ aux papillons** to go butterfly-hunting; **habits de ~** hunting clothes. **(b)** *(période)* hunting *ou* shooting season; *(gibier)* game; *(terrain)* hunting ground. **faire (une) bonne ~** to get a good bag; **~ gardée** *(lit)* private hunting (ground); *(fig)* private ground. **(c)** *la ~ (chasseurs)* the hunt; *(Aviat)* the fighters. **(d)** *(poursuite)* chase. **faire la ~ à** *moustiques, abus* to hunt down; **faire la ~ aux appartements** to be *ou* go flat- *ou* apartment- *(US)* hunting; **donner la ~ à** to give chase *(à* to); **se mettre en ~ pour trouver qch** to go hunting for sth. **2** : **~ à l'affût** hunting (from a hide); **~ à courre** hunting; **~ d'eau** toilet flush; **tirer la ~ (d'eau)** to flush the toilet; **~ à l'homme** manhunt; **~ sous-marine** harpoon fishing. **♦ chasse-clou,** *pl* **~-~s** *nm* nail punch. **♦ chassé-croisé** *nm (Danse)* chassé-croisé; *(erreur)* mix-up. **avec tous ces ~s-~s** with all these to-ings and fro-ings *ou* mix-ups. **♦ chasse-neige** *nm inv* snowplough.

châsse [ʃas] *nf (reliquaire)* reliquary, shrine.

chasser [ʃase] (1) **1** *vt* **(a)** *(gén)* to hunt; *(au fusil)* to shoot, hunt. **~ à l'affût** to hunt from a hide; **~ le faisan** to go pheasant-shooting. **(b)** *importun, ennemi* to drive *ou* chase away; *domestique, manifestant* to turn out; *immigrant* to drive out, expel. **chassant de la main les insectes** brushing away *ou* driving off the insects with his hand; **chassez le naturel, il revient au galop** what's bred in the bone comes out in the flesh *(Prov)*. **(c)** *odeur, doute* to dispel, drive away; *idée* to dismiss, chase away. **le vent a chassé le brouillard** the wind dispelled *ou* blew away the fog. **(d)** *clou* to drive in. **2** *vi* **(a)** *(gén)* to go hunting; *(au fusil)* to go shooting. **(b)** *[véhicule]* to skid; *[ancre]* to drag.

chasseur [ʃasœʀ] **1** *nm* **(a)** hunter, huntsman. **c'est un grand ~ de perdrix** he's a great one for partridge-shooting. **(b)** *(Mil) (soldat)* chasseur; *(avion)* fighter. *(régiment)* **le 3ᵉ ~** the 3rd chasseurs. **(c)** *[hôtel]* page (boy), messenger (boy). **2 : ~ alpin** mountain infantryman; **~-bombardier** *nm, pl* **~s-~s** fighter-bomber; **~ d'images** roving photographic enthusiast; *(lit, fig)* **~ de têtes** headhunter.

chassis [ʃasi] *nm [véhicule]* chassis, subframe; *(Agr)* cold frame.

chaste [ʃast(ə)] *adj* chaste; *oreilles* innocent. ◆ **chastement** *adv* chastely. ◆ **chasteté** *nf* chastity.

chasuble [ʃazybl(ə)] *nf* chasuble.

chat [ʃa] **1** *nm (gén)* cat; *(mâle)* tomcat. **petit ~** kitten; **mon petit ~** * pet *, love; **jouer à ~** to play tig *ou* tag; **(c'est toi le) ~**! you're it! *ou* he!; **il n'y avait pas un ~ dehors** there wasn't a soul outside; **avoir un ~ dans la gorge** to have a frog in one's throat; **~ échaudé craint l'eau froide** once bitten, twice shy; **quand le ~ n'est pas là, les souris dansent** when the cat's away, the mice will play. **2 : le C~ Botté** Puss in Boots; **~ de gouttière** alley cat; *(jeu)* **~ perché** 'off-ground' tag *ou* tig; **~ sauvage** wild cat.

châtaigne [ʃatɛɲ] *nf (fruit)* (sweet) chestnut; (*: *coup)* clout, biff *; (*: décharge électrique)* (electric) shock. ◆ **châtaignier** *nm* (sweet) chestnut tree.

châtain [ʃatɛ̃] *adj inv cheveux* chestnut (brown); *personne* brown-haired.

château, *pl* **~x** [ʃato] *nm (forteresse)* castle; *(palais)* palace, castle; *(manoir)* mansion; *(en France)* château. **bâtir des ~x en Espagne** to build castles in the air *ou* in Spain; **~ de cartes** house of cards; **~ d'eau** water tower; **~ fort** stronghold, fortified castle.

châtelain [ʃatlɛ̃] *nm (Hist)* (feudal) lord; *(propriétaire)* squire; *(nouveau riche)* manor-owner. ◆ **châtelaine** *nf* manor-owner; *(épouse)* lady of the manor.

châtier [ʃatje] **(7)** *vt coupable, faute* to punish; *style, langage* to refine. ◆ **châtiment** *nm* punishment.

chatoiement [ʃatwamɑ̃] *nm* glistening, shimmer(ing), sparkle.

chaton [ʃatɔ̃] *nm* **(a)** *(Zool)* kitten; *(Bot)* catkin. **~s** *[saule]* pussy willows; *[peuplier]* balls of fluff. **(b)** *(monture)* setting; *(pierre)* stone.

chatouiller [ʃatuje] **(1)** *vt (lit)* to tickle; *(fig)* to titillate. ◆ **chatouille** * *nf* tickle. **craindre les ~s** to be ticklish. ◆ **chatouillement** *nm:* **~(s)** *(gén)* tickling; *[nez, gorge]* tickle. ◆ **chatouilleux, -euse** *adj (lit)* ticklish; *(susceptible)* touchy, (over-)sensitive *(sur* on, about).

chatoyer [ʃatwaje] **(8)** *vi* to glisten, shimmer, sparkle.

châtrer [ʃatʀe] **(1)** *vt (gén)* to castrate; *cheval* to geld; *chat* to neuter.

chatte [ʃat] *nf (Zool)* (she-)cat. **ma (petite) ~** * (my) pet *, love.

chattemite [ʃatmit] *nf:* **faire la ~** to be a bit of a coaxer.

chatterie [ʃatʀi] *nf* **(a)** **~s** *(caresses)* playful caresses; *(minauderies)* kittenish ways. **(b)** *(friandise)* titbit.

chatterton [ʃatɛʀtɔn] *nm* insulating tape.

chaud, e [ʃo, od] **1** *adj* **(a)** *(agréable)* warm; *(brûlant)* hot. **cela sort tout ~ du four** it's (piping) hot from the oven. **(b)** *félicitations* warm, hearty; *partisan* keen, ardent; *discussion* heated; *nouvelle, tempérament* hot; *voix, couleur* warm; *bataille* fierce. **il n'est pas très ~ pour le faire** * he is not very keen on doing it, he is not enthusiastic about doing it; **l'alerte a été ~e** it was a near *ou* close thing; **points ~s** hot spots.

2 *nm:* **le ~** (the) heat, the warmth; *(Méd)* **~ et froid** chill; **elle souffre du ~** she suffers from the heat; **restez au ~** stay in the warmth; **garder qch au ~** to keep sth warm *ou* hot; **il a été opéré à ~** he had an emergency operation; **reportage à ~** on-the-spot report.

3 *adv:* **avoir ~** to be *ou* feel warm; *(trop)* to be *ou* feel hot; **j'ai eu ~!** * I got a real fright; **ça ne me fait ni ~ ni froid** it makes no odds to me, I couldn't care less, it cuts no ice with me; **'servir ~'** 'serve hot'; **tenir ~ à qn** to keep sb warm; *(tenir trop chaud)* to make sb too hot. ◆ **chaudement** *adv s'habiller* warmly; *féliciter* warmly, heartily; *défendre* heatedly, hotly.

chaudière [ʃodjɛʀ] *nf* boiler.

chaudron [ʃodʀɔ̃] *nm* cauldron. ◆ **chaudronnerie** *nf (métier)* boilermaking; *(boutique)* coppersmith's workshop; *(usine)* boilerworks. ◆ **chaudronnier** *nm (artisan)* coppersmith; *(ouvrier)* boilermaker.

chauffage [ʃofaʒ] *nm (action)* heating; *(appareils)* heating (system). **~ central** central heating; **mets le ~** *(maison)* put on the heating; *(voiture)* put on the heater.

chauffagiste [ʃofaʒist(ə)] *nm* heating engineer *ou* specialist.

chauffard [ʃofaʀ] *nm (péj)* reckless driver. **~!** * roadhog!

chauffer [ʃofe] **(1) 1** *vt* **(a)** *(faire) ~ soupe* to warm up, heat up; *assiette* to warm, heat. **(b)** *(gén, Tech)* to heat; *[soleil]* to warm; *[soleil brûlant]* to heat. **~ qch à blanc** to make sth white-hot; *(fig)* **~ qn à blanc** to galvanize sb into action. **(c)** *(*)* *candidat* to cram; *commando* to train up. **2** *vi [aliment, eau, assiette]* to be heating (up), be warming (up); *[moteur]* to warm up; *[four]* to heat up; *(trop chaud)* to overheat; *(donner de la chaleur)* *[soleil]* to be hot; *[poêle]* to give out a good heat. **le mazout chauffe bien** oil gives out a good heat; **ça va ~!** * sparks will fly!; **le but chauffe** they're on the brink of a goal; *(cache-tampon)* **tu chauffes!** you're getting warm(er)! **3 se ~** *vpr* to warm o.s. **se ~ au bois/gaz** to use wood/gas for heating. ◆ **chauffe-eau** *nm inv* immersion heater. ◆ **chauffe-plats** *nm inv* plate-warmer, hotplate.

chaufferie [ʃofʀi] *nf [usine]* boiler room; *[navire]* stokehold.

chauffeur [ʃofœʀ] *nm* **(a)** driver; *(privé)* chauffeur. **voiture sans ~** self-drive car. **(b)** *[chaudière]* fireman, stoker.

chaume [ʃom] *nm [champ]* stubble; *[toit]* thatch. ◆ **chaumière** *nf* (little) cottage; *(de chaume)* thatched cottage.

chaussée [ʃose] *nf (route)* road, roadway; *(surélevée)* causeway. **~ bombée** cambered road ; **' ~ déformée'** 'uneven road surface'.

chausser [ʃose] **(1)** *vt souliers, lunettes* to put on. **~ du 40** to take size 40 in shoes; **chausse les enfants** put the children's shoes on (for them), help the children on with their shoes; **se ~** to put one's shoes on; **chaussé de bottes** wearing boots; **se (faire) ~ chez** to buy *ou* get one's shoes at; **ces chaussures chaussent large/bien** these are wide-fitting/well-fitting shoes. ◆ **chausse-pied,** *pl* **~s** *nm* shoehorn. ◆ **chaussetrappe,** *pl* **~-~s** *nf* trap. ◆ **chaussette** *nf* sock. ◆ **chausseur** *nm* shoemaker.

chausson [ʃosɔ̃] *nm* slipper; *[bébé]* bootee; *[danseur]* ballet shoe; *(Culin)* turnover.

chaussure [ʃosyʀ] *nf (basse)* shoe; *(montante)* boot. **la ~** *(industrie)* the shoe industry; *(commerce)* the shoe trade; **rayon ~s** shoe *ou* footwear department.

chauve [ʃov] *adj personne* bald(-headed); *crâne* bald; *colline* bare. **~ comme un œuf** * as bald as a coot. ◆ **chauve-souris,** *pl* **~s-~** *nf* bat.

chauvin, e [ʃovɛ̃, in] **1** *adj* chauvinistic, jingoistic. **2** *nm, f* chauvinist, jingoist. ◆ **chauvinisme** *nm* chauvinism, jingoism.

chaux [ʃo] *nf* lime. **blanchi à la ~** whitewashed.

chavirer [ʃaviʀe] (1) **1** *vi (lit)* to capsize, keel over, overturn; *[paysage, esprit]* to reel. **2** *vt* **(a) (faire) ~ bateau** to capsize, overturn. **(b)** *(bouleverser)* to bowl over.

chef [ʃɛf] **1** *nm [usine]* head, boss *; *[tribu]* chief(tain), headman; *[mouvement]* leader; *(Culin)* chef; *(littér: tête)* head. **tu es un ~** * you're the greatest *; **commandant en ~** commander-in-chief; **rédacteur en ~** chief editor; **de son propre ~** on his own initiative; **au premier ~** greatly; **de ce ~** accordingly.
2 *adj inv:* **gardien ~** chief warden.
3 : **~ d'accusation** charge; **~ d'atelier** (shop) foreman; **~ de bataillon** major; **~ de bureau** head clerk; **~ de chantier** (works *ou* site) foreman ; **~ de classe** class prefect *ou* monitor, class president *(US)*; **~ comptable** chief accountant; **~ d'entreprise** company manager; **~ d'État** head of state ; **~ d'état-major** chief of staff; **~ de famille** head of the family *ou* household; **~ de file** leader; **~ de gare** station master; **~-lieu** *nm, pl* **~~-x** ≈ county town; **~ d'œuvre** *nm, pl* **~s-~** masterpiece, chef d'œuvre; **~ d'orchestre** conductor, leader *(US)*; *(Admin)* **~ de projet** project manager; **~ de service** section *ou* departmental head ; *(Méd)* ≈ consultant; **~ de train** guard.

cheftaine [ʃɛftɛn] *nf [louveteaux]* cubmistress; *[éclaireuses]* (guide) captain.

cheik [ʃɛk] *nm* sheik.

chelem [ʃlɛm] *nm:* **petit/grand ~** small/grand slam.

chemin [ʃ(ə)mɛ̃] **1** *nm* **(a)** *(gén)* path; *(route)* lane; *[piste]* track. **le ~ de la ruine** the road *ou* path to ruin. **(b)** *(trajet, direction)* way *(de, pour* to). **il y a une heure de ~** it takes an hour to get there; **quel ~ a-t-elle pris?** which way did she go?; **ils ont fait tout le ~ à pied** they walked all the way; **se mettre en ~** to set out *ou* off; **poursuivre son ~** to carry on one's way; **nous avons pris le ~ des écoliers** we came the long way round. **(c)** *(fig)* **il a encore du ~ à faire** he's still got a long way to go; **se mettre en travers du ~** to stand in the way *ou* path; **faire du ~** *[véhicule, chercheur]* to come a long way; *[idée]* to gain ground; *[ambitieux]* to make one's way; *(concession)* **faire la moitié du ~** to go halfway (to meet sb); **cela n'en prend pas le ~** it doesn't look likely; **il ne doit pas s'arrêter en si beau ~** he mustn't stop (now) when he's doing so well; **être sur le bon ~** to be on the right track *ou* lines; *(Rel)* **le ~ de Damas** the road to Damascus; *(fig)* **trouver son ~ de Damas** to see the light *(fig)*.
2 : **~ charretier** cart track; **~ creux** sunken lane; *(Ordin)* **~ critique** critical path; **le ~ de croix** the Way of the Cross; **~ de fer** railway, railroad *(US)*; **par ~ de fer** by rail; **~ de halage** tow-path.

cheminée [ʃ(ə)mine] *nf (extérieur)* chimney (stack); *(Naut, Rail)* funnel; *(intérieur)* fireplace; *(encadrement)* mantelpiece; *[volcan, lampe]* chimney. **~ d'aération** ventilation shaft.

cheminement [ʃ(ə)minmɑ̃] *nm [marcheurs]* progress, advance; *[sentier]* course, way; *[pensée]* development, progression. ◆ **cheminer** (1) *vi*

[personne] to walk (along); *[ruisseau etc]* to follow its course *(dans* along).

cheminot [ʃ(ə)mino] *nm* railwayman, railroad man *(US)*.

chemise [ʃ(ə)miz] *nf [homme]* shirt; *[femme, bébé]* vest; *[dossier]* folder. **être en bras de ~** to be in one's shirt sleeves; **il s'en moque comme de sa première ~** he doesn't care a fig *; **~ de nuit** *[femme]* nightdress; *[homme]* nightshirt. ◆ **chemiserie** *nf (magasin)* man's shop; *(commerce)* shirt(-making) trade. ◆ **chemisette** *nf* short-sleeved shirt. ◆ **chemisier** *nm (marchand)* shirtmaker; *(vêtement)* blouse.

chenal, *pl* **-aux** [ʃənal, o] *nm (canal)* channel, fairway; *(rigole)* channel; *[moulin]* millrace; *[usine]* flume.

chenapan [ʃ(ə)napɑ̃] *nm* rascal.

chêne [ʃɛn] *nm* oak. **~-liège** *nm, pl* **~s-~s** cork-oak; **~ vert** holm oak.

chenet [ʃ(ə)nɛ] *nm* fire-dog, andiron.

chènevis [ʃɛnvi] *nm* hempseed.

chenil [ʃ(ə)ni(l)] *nm* kennels. **mettre son chien dans un ~** to put one's dog in kennels.

chenille [ʃ(ə)nij] *nf (Aut, Zool)* caterpillar. ◆ **chenillette** *nf* tracked vehicle.

cheptel [ʃɛptɛl] *nm* livestock.

chèque [ʃɛk] *nm* cheque, check *(US)*; *(bon)* voucher. **~ de 100 F** cheque for 100 francs *ou* in the amount of 100 francs *(US)*; **~-repas** *ou* **-restaurant** luncheon voucher; **~-cadeau** gift token; *(lit, fig)* **~ en blanc** blank cheque; **~ en bois** * dud * cheque; **~ postal** ≈ (Post Office) Girocheque ; **~ sans provision** bad *ou* dud * cheque; **~ de voyage** traveller's cheque . ◆ **chéquier** *nm* cheque *ou* check *(US)* book.

cher, chère¹ [ʃɛʀ] **1** *adj* **(a)** *(aimé)* dear *(à* to). **les êtres ~s** the loved ones; **c'est mon vœu le plus ~** it's my fondest *ou* dearest wish; **son bien le plus ~** his most precious possession; **ce ~ (vieux) Louis!** * dear old Louis!; **ses ~s parents** his beloved parents; *(sur lettre)* **~ tous** dear all. **(b)** *(coûteux)* expensive, dear. **pas ~** cheap, inexpensive; **la vie est chère** the cost of living is high; **c'est trop ~ pour ce que c'est** it's overpriced. **2** *nm, f:* **mon ~, ma chère** my dear. **3** *adv* **coûter, payer** a lot *ou* a great deal (of money). **vendre ~** to charge high prices; **je ne l'ai pas acheté ~** I bought it very cheaply, I didn't pay much for it; **ça vaut ~** it's expensive, it costs a lot; *(fig)* **il ne vaut pas ~** he's a bad lot; *(fig)* **ça lui a coûté ~** it cost him dear *ou* a great deal, he paid dearly *ou* heavily for it.

chercher [ʃɛʀʃe] (1) *vt* **(a)** *(gén)* to look for, search for, try to find; *ombre, moyen* to look for, seek; *gloire, alliance* to seek; *disgrace* to court; *(sur un livre)* to look up; *(dans sa mémoire)* to try to think of. **~ qn des yeux** to look (around) for sb; **il n'a pas bien cherché** he didn't look *ou* search very hard; **~ ses mots** to search for words; *(à un chien)* **cherche! cherche!** find it, boy!; **il ne cherche que son intérêt** he is concerned only with his own interest; **~ la difficulté** to look for difficulties ; **~ la bagarre** to be looking for a fight; **tu l'auras cherché!** you've been asking for it!; **~ à faire** to try *ou* attempt to do.
(b) aller ~ qch/qn to go for sth/sb, go and fetch *ou* get sth/sb; **va me ~ mon sac** go and fetch *ou* get me my bag; **aller ~ qch dans un tiroir** to go and get sth out of a drawer; **il est venu le ~ à la gare** he came to meet *ou* collect him at the station; **envoyer (qn) ~ le médecin** to send (sb) for the doctor; **où va-t-il ~ tout cela!** where does he get all that from!; **ça va ~ dans les 30 F** it'll add up to something like 30 francs; **ça va ~ dans les 5 ans de prison** it will mean something like

5 years in prison; *(amende)* **ça peut aller ~ loin** it could mean a heavy fine.
(c) *(fig)* **~ fortune** to seek one's fortune; **~ des histoires à qn** to try to make trouble for sb ; **~ midi à quatorze heures** to look for complications; **~ noise à qn** to pick a quarrel with sb; **~ la petite bête** to split hairs; **~ une aiguille dans une meule de foin** to look for a needle in a haystack; **~ son salut dans la fuite** to seek *ou* take refuge in flight; **artiste qui se cherche** artist who is searching for an identity.

chercheur, -euse [ʃɛʀʃœʀ, øz] **1** *adj esprit* inquiring. **2** *nm, f* researcher, research worker. **~ de** *(gén)* seeker of; **~ d'or** gold digger; **~ de trésors** treasure hunter.

chère² [ʃɛʀ] *nf (littér)* food, fare. **faire bonne ~** to eat well.

chèrement [ʃɛʀmɑ̃] *adv aimer* dearly, fondly; *conserver* lovingly; *vendre* at a high price. **~ payé** *victoire* dearly bought *ou* won; **vendre ~ sa vie** to sell one's life dearly.

chérir [ʃeʀiʀ] **(2)** *vt* to cherish. ◆ **chéri, e 1** *adj* beloved. **maman ~e** mother dear *ou* darling. **2** *nm, f* darling.

cherté [ʃɛʀte] *nf* high price, dearness. **la ~ de la vie** the high cost of living.

chérubin [ʃeʀybɛ̃] *nm (lit, fig)* cherub.

chétif, -ive [ʃetif, iv] *adj enfant* puny; *plante* puny, weedy, stunted; *récolte* meagre; *repas* meagre, scanty; *raisonnement* paltry. ◆ **chétivement** *adv* punily.

cheval, *pl* **-aux** [ʃ(ə)val, o] **1** *nm (animal)* horse; *(Drogue, arg)* horse *(arg)*, big H *(arg)*. *(Aut)* **~** *ou* **~aux (vapeur)** horsepower; **ce n'est pas le mauvais ~ *** he's not a bad sort; **au travail, c'est un vrai ~** he works like a Trojan; **à ~** on horseback; **à ~ sur une chaise** (sitting) astride a chair; **à ~ sur deux mois** overlapping two (different) months; **être (très) à ~ sur le règlement** to be a (real) stickler for the rules; **de ~ *** *remède* drastic; *fièvre* raging. **2** : **~ d'arçons** pommel horse; **~ à bascule** rocking horse; *(fig)* **~ de bataille** hobby horse; **~aux de bois** roundabout, merry-go-round, carousel *(US)*; **~ de course** racehorse; **~aux de frise** chevaux-de-frise; **~ de labour** carthorse, plough horse; **(vieux) ~ de retour** old lag; **~ de trait** draught horse, draft horse *(US)*; *(lit, fig)* **le ~ de Troie** the Trojan horse, the Wooden Horse of Troy.

chevalet [ʃ(ə)valɛ] *nm [peintre]* easel; *(Menuiserie)* trestle; *[violon etc]* bridge.

chevalier [ʃ(ə)valje] *nm (Hist)* knight; *[légion d'honneur]* chevalier. **faire qn ~** to knight sb, dub sb knight; **~ errant** knight-errant; **~ servant** (attentive) escort; **~ de la Table Ronde** Knight of the Round Table. ◆ **chevaleresque** *adj* chivalrous, gentlemanly; *honneur* knightly. ◆ **chevalerie** *nf (institution)* chivalry; *(chevaliers)* knighthood.

chevalière [ʃ(ə)valjɛʀ] *nf* signet ring.

chevalin, e [ʃ(ə)valɛ̃, in] *adj race* equine; *visage* horsy.

chevaucher [ʃ(ə)voʃe] **(1) 1** *vt* to be *ou* sit astride; *[pont]* to span; *[tuiles]* to overlap. **2 se ~** *vpr* to overlap. **3** *vi* to ride (on horseback). ◆ **chevauchée** *nf (course)* ride; *(cavaliers)* cavalcade. ◆ **chevauchement** *nm (gén)* overlapping.

chevet [ʃ(ə)vɛ] *nm (a) [lit]* bed(head). **au ~ de qn** at sb's bedside. **(b)** *(Archit)* chevet.

cheveu, *pl* **~x** [ʃ(ə)vø] *nm* **(a)** *(poil)* hair. *(chevelure)* **~x** hair; **aux ~x blonds** fair-haired; **2 ~x blancs** 2 white hairs; **épingle à ~x** hairpin. **(b)** **leur vie n'a tenu qu'à un ~** their life hung by a thread; **il s'en est fallu d'un ~ qu'ils ne se tuent** they escaped death by a hair's breadth, they were within an ace of being killed; **avoir un ~ *** *(sur la lan-*

gue) to have a lisp; **se faire des ~x * (blancs)** to worry o.s. grey *ou* stiff *, worry o.s. to death; **arriver comme un ~ sur la soupe *** *[visiteur]* to come at the most awkward moment; *[remarque]* to be completely irrelevant; **tiré par les ~x** far-fetched; **il y a un ~ *** there's a hitch *ou* snag. ◆ **chevelu, e** *adj* long-haired. ◆ **chevelure** *nf (cheveux)* hair; *[comète]* tail. **elle avait une ~ abondante** she had thick hair *ou* a thick head of hair.

cheville [ʃ(ə)vij] *nf (Anat)* ankle; *(pour joindre)* peg, pin; *(pour clou)* rawlplug; *[poème]* cheville. *(Aut, fig)* **~ ouvrière** kingpin; **il n'arrive pas à la ~ de son frère** he can't hold a candle to his brother; **être en ~ avec qn pour faire qch** to have an arrangement with sb to do sth. ◆ **cheviller** **(1)** *vt (Menuiserie)* to peg.

chèvre [ʃɛvʀ(ə)] **1** *nf* (she-)goat, (nanny-)goat. **rendre qn ~ *** to drive sb up the wall *. **2** *nm* goat('s milk) cheese. ◆ **chevreau**, *pl* **~x** *nm* kid.

chèvrefeuille [ʃɛvʀəfœj] *nm* honeysuckle.

chevreuil [ʃəvʀœj] *nm (Zool)* roe deer; *(mâle)* roebuck; *(Culin)* venison.

chevron [ʃəvʀɔ̃] *nm (poutre)* rafter; *(galon)* stripe, chevron. *(motif)* **~s** herring bone (pattern); *(grands)* chevron pattern.

chevronné, e [ʃəvʀɔne] *adj* practised, seasoned.

chevroter [ʃəvʀɔte] **(1)** *vi* to quaver. ◆ **chevrotement** *nm* quavering.

chevrotine [ʃəvʀɔtin] *nf:* **~(s)** buckshot.

chez [ʃe] *prép:* **rentrer ~ soi** to go (back) home; **faites comme ~ vous** make yourself at home; **~ nous** *(gén)* at home; *(maison)* at our place *ou* house; *(famille)* in our family; *(pays)* in our country; **il est ~ sa tante** he's at his aunt's (place *ou* house); **c'est petit ~ lui** his place *ou* house is small; **être/aller ~ le boucher** to be at/go to the butcher's; *(adresse)* **~ M X** c/o Mr. X; **c'est une coutume bien de ~ nous** it's one of our typical local customs; **~ les Romains** among the Romans; **on trouve cela ~ les animaux/Balzac** you find this in animals/Balzac; **c'est une habitude ~ lui** it's a habit with him.

chiader ‡ [ʃjade] **(1) 1** *vt examen* to swot for *. **2** *vi* to swot *. ◆ **chiadé, e** ‡ *adj (difficile)* tough *, stiff *; *(approfondi)* brainy *; *(perfectionné)* clever. ◆ **chiadeur, -euse *** *nm, f* swot *.

chialer ‡ [ʃjale] **(1)** *vi* to blubber *.

chiard ‡ [ʃjaʀ] *nm* brat.

chiasse ‡ [ʃjas] *nf:* **avoir la ~** *(colique)* to have the runs *; *(peur)* to be in a funk ‡.

chic [ʃik] **1** *nm [toilette]* stylishness; *[personne]* style. **avoir du ~** to have style; **habillé avec ~** stylishly dressed; **avoir le ~ pour faire qch** to have the knack of doing sth; **de ~** *peindre* without a model, from memory; *écrire* off the cuff. **2** *adj inv (élégant)* stylish, smart; *(riche)* smart, posh *; *(*: gentil)* decent, nice *(avec* to). **3** *excl:* **~ terrific! *, great! *

chicane [ʃikan] *nf* **(a)** *[route]* in and out. **(b)** *(querelle)* squabble. ◆ **chicaner** **(1) 1** *vt:* **~ qn** to quibble *ou* squabble with sb *(sur qch* over sth). **2** *vi* to quibble *(sur* about). ◆ **chicanier, -ière 1** *adj* quibbling. **2** *nm, f* quibbler.

Chicano [ʃikano] *nm, f* Chicano.

chiche¹ [ʃiʃ] *adj:* **pois ~** chick pea.

chiche² [ʃiʃ] *adj* **(a)** *personne, rétribution* niggardly, mean; *repas* scanty, meagre. **être ~ de paroles** to be sparing with one's words. **(b)** *(*)* **es-tu ~ de le faire?** are you game to do it?; **~ que je le fais!** I bet you I do it! * ◆ **chichement** *adv* meanly, meagrely.

chichis * [ʃiʃi] *nmpl* fuss. **faire des ~** to make a fuss; **sans ~** informally.

chicorée [ʃikɔʀe] *nf (salade)* endive; *(à café)* chicory. **~ frisée** curly endive (lettuce).

chicot [ʃiko] *nm (dent)* stump.

chien [ʃjɛ̃] **1** *nm* *(animal)* dog; *[fusil]* hammer. **petit ~** *(jeune)* puppy; **en ~ de fusil** curled up; **vie de ~** dog's life; **de ~** *temps, métier* rotten *; **comme un ~** like a dog; **elle a du ~** * she has a certain something *; **entre ~ et loup** in the twilight *ou* dusk; **être comme ~ et chat** to fight like cat and dog; **recevoir qn comme un ~ dans un jeu de quilles** to give sb a cold reception; *(Prov)* **les ~s aboient, la caravane passe** let the world say what it will. **2** *adj inv* *(avare)* mean, stingy *; *(méchant)* rotten *. **3** : **~ d'arrêt** pointer; **~ d'aveugle** guide dog; **~ de berger** sheepdog; **~ de chasse** retriever; **~ couchant** setter; **faire le ~ couchant** to toady *(auprès de* to); **~ courant** hound; **~ de garde** watchdog; **~-loup** *nm, pl* **~s-~s** wolfhound; **~ policier** police dog; **~ savant** *(lit)* performing dog; **~ de traîneau** husky.

chiendent [ʃjɛ̃dɑ̃] *nm* couch grass.

chienne [ʃjɛn] *nf* bitch.

chier ⁂ [ʃje] (7) *vi* to shit ⁂. **faire ~ qn** *(ennuyer)* to bore the pants off sb ⁂; *(tracasser)* to bug sb ⁂.

chiffe [ʃif] *nf* *(péj)* spineless individual, wet *. **je suis comme une ~** *(fatigué)* I feel like a wet rag.

chiffon [ʃifɔ̃] *nm* *(morceau)* rag. **mettre en ~** to crumple; **parler ~s** * to talk (about) clothes ; **~ à chaussures** shoe cloth; **~ de papier** scrap of paper; **~ à poussière** duster, dustcloth *(US).* ◆ **chiffonner** (1) **1** *vt* (a) *papier* to crumple; *habits* to crease, crumple. (b) (*: contrarier)* **ça me chiffonne** it bothers me. **2 se ~** *vpr* to crease *ou* crumple easily. ◆ **chiffonnier** *nm* *(personne)* ragman; *(meuble)* chiffonier. **se battre comme des ~s** to fight like cat and dog.

chiffre [ʃifʀ(ə)] *nm* (a) *(caractère)* figure, numeral. **~ arabe** Arab numeral; **nombre de 7 ~s** 7-figure number; **inflation à deux/trois ~s** two/three figure *ou* double/triple digit inflation; **science des ~s** science of numbers. (b) *(somme)* sum; *(total)* total. **ça atteint des ~s astronomiques** it reaches an astronomical figure *ou* sum; **le ~ des chômeurs** the unemployment figures *ou* total; **~ d'affaires** turnover. (c) *[message]* code; *[coffre-fort]* combination. **écrire une lettre en ~s** to write a letter in code. (d) *(initiales)* initials, monogram; *(Mus: indice)* figure.

chiffrer [ʃifʀe] (1) **1** *vt* *(coder)* to encode; *(évaluer)* to put a figure on, assess (the amount of); *(numéroter)* to number; *linge* to mark (with one's initials); *(Mus)* to figure. **2** *vi*, **se ~** *vpr*: **(se) ~ à** to add up to, amount to; **ça finit par ~** * it adds up to *ou* amounts to quite a lot in the end. ◆ **chiffrage** *nm* encoding; assessing; numbering; marking; figuring.

chignole [ʃiɲɔl] *nf* drill.

chignon [ʃiɲɔ̃] *nm* bun, chignon.

Chi'ite [ʃiit] *adj, nm, f* Shiite.

Chili [ʃili] *nm* Chile. ◆ **chilien, -ienne** *adj*, **C~(ne)** *nm(f)* Chilean.

chimère [ʃimɛʀ] *nf* *(utopie)* chimera; *(irréalisable)* pipe dream, (idle) fancy; *(Myth)* Chim(a)era. ◆ **chimérique** *adj* (a) *esprit, projet* fanciful; *rêve* idle. (b) *(imaginaire)* imaginary, chimerical.

chimie [ʃimi] *nf* chemistry. ◆ **chimique** *adj* chemical. ◆ **chimiquement** *adv* chemically. ◆ **chimiste** *nmf* chemist *(scientist)*.

chimiothérapie [ʃimjoteʀapi] *nf* chemotherapy.

chimpanzé [ʃɛ̃pɑ̃ze] *nm* chimpanzee.

Chine [ʃin] *nf* China. **~ populaire** communist China.

chiné, e [ʃine] *adj* *(Tex)* chiné.

chiner * [ʃine] (1) *vt* to tease, rag.

chinois, e [ʃinwa, waz] **1** *adj* (a) *(de Chine)* Chinese. (b) *(péj)* personne fussy; *règlement* hair-splitting. **2** *nm* (a) *(Ling)* Chinese. *(péj)* **c'est du ~** * it's all

Greek to me *. (b) **C~** Chinese(man); **les C~** the Chinese. (c) (* *péj: maniaque)* hair-splitter. **3** *nf*: **C~e** Chinese woman. ◆ **chinoiseries** *nfpl* unnecessary fuss. **les ~ de l'administration** red tape. ◆ **chinoiser** (1) *vi* to split hairs. **~ sur** to quibble over.

chiot [ʃjo] *nm* pup(py).

chiper * [ʃipe] (1) *vt* *objet* to pinch *, filch *, make off with; *rhume* to catch.

chipie [ʃipi] *nf* minx.

chipoter * [ʃipɔte] (1) *vi* *(manger)* to be a fussy eater; *(ergoter)* to quibble *(sur* over); *(marchander)* to haggle *(sur* over). ◆ **chipoteur, -euse** * **1** *adj* haggling; quibbling; *(en mangeant)* fussy. **2** *nm, f* haggler; quibbler; fussy eater.

chips [ʃip(s)] *nfpl* *(Culin)* crisps.

chique [ʃik] *nf* *(tabac)* quid; *(*: enflure)* lump (on the cheek).

chiqué * [ʃike] *nm*: **le ~** *(pour impressionner)* bluffing; *(factice)* sham; *(maniéré)* airs and graces; **il a fait ça au ~** he bluffed it out; **c'est du ~** it's all put on *; **c'est pas du ~**, that's for real *; **faire du ~** to put on airs (and graces).

chiquement * [ʃikmɑ̃] *adv* *s'habiller* smartly, stylishly; *traiter* kindly, decently.

chiquenaude [ʃiknod] *nf* flick.

chiquer [ʃike] (1) **1** *vt* to chew. **2** *vi* to chew tobacco.

chiromancie [kiʀɔmɑ̃si] *nf* palmistry. ◆ **chiromancien, -ienne** *nm, f* palmist.

chiropracteur [kiʀɔpʀaktœʀ] *nm* chiropractor. ◆ **chiropraxie** *nf* chiropractic.

chirurgie [ʃiʀyʀʒi] *nf* surgery *(science)*. ◆ **chirurgical, e**, *pl* **-aux** *adj* surgical. ◆ **chirurgien** *nm* surgeon. **~-dentiste** dental surgeon.

chlore [klɔʀ] *nm* chlorine. ◆ **chlorer** (1) *vt* to chlorinate. ◆ **chlorhydrique** *adj* hydrochloric. ◆ **chlorure** *nm* chloride.

chloroforme [klɔʀɔfɔʀm(ə)] *nm* chloroform. ◆ **chloroformer** (1) *vt* to chloroform.

chlorophylle [klɔʀɔfil] *nf* chlorophyll. ◆ **chlorophyllien, -ienne** *adj* chlorophyllous.

choc [ʃɔk] *nm* (a) *(heurt)* *[objets]* impact, shock; *[vagues, véhicules]* crash; *[troupes, intérêts]* clash; *(sur la tête etc)* blow, bump. **cela se brise au moindre ~** it breaks at the slightest bump; **ça s'est déformé sous le ~** it twisted under the impact; **résister au ~** *[instrument]* to be shock resistant; *[armée]* to stand up to the onslaught; **~ opératoire** post-operative shock. (b) *(bruit)* *(violent)* crash; *(sourd)* thud; *(métallique)* clang; *(cristallin)* clink. (c) *(émotion)* shock. **ça m'a fait un drôle de ~** it gave me a nasty shock. (d) **de ~** *troupe, traitement* shock; *patron* dynamic, high-powered; *argument/photo(-)* **~** shock argument/photo; **prix-~** special price. (e) : **~ culturel** cultural shock; *(Écon)* **~ pétrolier** oil crisis; **~ en retour** *(Élec)* return shock; *(fig)* backlash.

chocolat [ʃɔkɔla] **1** *nm* *(gén)* chocolate. **mousse au ~** chocolate mousse; **~ en poudre/à croquer** drinking/plain chocolate. **2** *adj inv* chocolate(-coloured). ◆ **chocolaté, e** *adj* chocolate-flavoured. ◆ **chocolaterie** *nf* chocolate factory. ◆ **chocolatier, -ière** **1** *adj* chocolate. **2** *nm, f* chocolate maker.

chocottes ⁂ [ʃɔkɔt] *nfpl*: **avoir les ~** to have the jitters * *ou* the willies *.

chœur [kœʀ] *nm* *(gén, fig)* chorus; *(Rel: chanteurs)* choir; *(nef)* choir, chancel. **en ~** in chorus; **tous en ~!** all together now!

choir [ʃwaʀ] *vi* *(littér)* to fall. **faire ~** to cause to fall; **laisser ~** *objet* to drop; *amis* to let down; **se laisser ~ dans un fauteuil** to sink into an armchair.

choisir [ʃwaziʀ] (2) *vt* (*gén*) to choose; *candidat, produit* to select. **il faut savoir ~ ses amis** you must know how to pick *ou* choose your friends; **se ~ un mari** to choose a husband; **~ de faire qch** to choose to do sth. ◆ **choisi, e** *adj passages* selected; *langage* carefully chosen; *clientèle* select.

choix [ʃwa] *nm* (**a**) (*décision*) choice; (*échantillonnage*) choice, selection. **je n'avais pas d'autre ~** I had no choice, I had no other option; **un aménagement de son ~** alterations of one's (own) choosing; **le ~ d'un cadeau** choosing a gift, the choice of a gift; **il y a du ~** there is a choice *ou* a wide selection; **vous avez, au ~, fruits ou fromages** you have a choice between *ou* of fruit or cheese; **faire son ~** to make one's choice; **je n'avais pas le ~** I had no option *ou* choice; **laisser le ~ à qn (de faire)** to leave sb (free) to choose (to do), give sb the choice (of doing); **porter son ~ sur qch** to settle on sth. (**b**) (*qualité*) **de ~** choice, selected; **de premier ~** *fruits, viande* top grade, highest quality; **de ~ courant** standard quality; **de second ~** grade two, market grade (*US*); **articles de second ~** seconds.

choléra [kɔleʀa] *nm* cholera. ◆ **cholérique 1** *adj* choleraic. **2** *nmf* cholera patient.

cholestérol [kɔlɛsteʀɔl] *nm* cholesterol.

chômage [ʃomaʒ] *nm* unemployment. **(être) au ~** (to be) unemployed *ou* out of work; **s'inscrire au ~** to apply for unemployment benefit; **mettre qn au ~** to make sb redundant, put sb out of work; **~ partiel** short-time working; **mettre en ~ technique** to lay off. ◆ **chômer** (1) *vi* (**a**) (*gén*) to be idle; [*travailleur*] to be unemployed; [*usine*] to be at a standstill. (**b**) (*en congé*) to have a holiday. **jour chômé** public holiday. ◆ **chômeur, -euse** *nm, f* (*gén*) unemployed person; (*mis au chômage*) redundant worker. **les ~s** the unemployed, people out of work.

chope [ʃɔp] *nf* tankard; (*contenu*) pint.

choper ‡ [ʃɔpe] (1) *vt* (*voler*) to pinch *; (*attraper*) to catch; **se faire ~ par la police** to get nabbed * by the police. *.

chopine * [ʃɔpin] *nf* bottle (of wine).

choquer * [ʃɔke] (1) **1** *vt* (**a**) (*scandaliser*) to shock, appal. **ce roman risque de ~** people may find this novel offensive *ou* shocking; **j'ai été choqué par son indifférence** I was shocked *ou* appalled by his indifference. (**b**) *délicatesse, raison* to offend (against); *vue, oreilles* to offend. (**c**) [*chute*] to shake (up); [*accident*] to shake (up), shock; [*deuil*] to shake. (*Méd*) **être choqué** to be in shock. (**d**) *objet* to knock (against); *verres* to clink. **2 se ~** *vpr* (*s'offusquer*) to be shocked. ◆ **choquant, e** *adj* shocking; appalling; offensive.

choral, e, *mpl* **~s** [kɔʀal] **1** *adj* choral. **2** *nm* choral(e). **3** *nf* choral society, choir.

chorégraphe [kɔʀegʀaf] *nmf* choreographer. ◆ **chorégraphie** *nf* choreography. ◆ **chorégraphique** *adj* choreographic.

choriste [kɔʀist(ə)] *nmf* (*Rel*) choir member, chorister; (*Théât*) member of the chorus. **les ~s** the choir; the chorus.

chorus [kɔʀys] *nm:* **faire ~ (avec qn)** to voice one's agreement (with sb).

chose [ʃoz] **1** *nf* (**a**) (*gén*) thing. **~ étrange, il a accepté** the strange thing is that he accepted, strangely enough he accepted; **c'est une ~ admise que** it's an accepted fact that; **c'est ~ faite** it's done; **peu de ~** nothing much; **avant toute ~** above all else; **de 2 ~s l'une** it's got to be one thing or the other; **faire bien les ~s** to do things in style; **dites-lui bien des ~s de ma part** give him my regards; **nous avons parlé de ~s et d'autres** we talked about this and that *ou* about one thing and another.

(**b**) (*question*) matter. **la ~ en question** the matter in hand; **la ~ dont je parle** the thing I'm talking about; **c'est tout autre ~** it's another matter; **dans l'état actuel des ~s** as things *ou* matters stand at present.

(**c**) (*situation*) it, things. **il va vous expliquer la ~** he'll tell you about it; **il a bien pris la ~** he took it very well; **les ~s se sont passées ainsi** it *ou* things happened like this; **en mettant les ~s au mieux/pire** at best/worst.

2 *nm* (*) (*truc*) thing, contraption; (*personne*) what's-his-name *, thingumajig *. **eh! C~** hey you.

3 *adj inv:* **être tout ~** (*bizarre*) to feel a bit peculiar; (*malade*) to be out of sorts; **ça l'a rendu tout ~** it made him go all funny *.

chou¹, *pl* **~x** [ʃu] *nm* (*Bot*) cabbage; (*ruban*) rosette; (*gâteau*) puff. **notre projet est/il est dans les ~x** * our plan has/he has had it *; **faire ~ blanc** * to draw a blank; **~ de Bruxelles** Brussels sprout; **~-fleur** *nm, pl* **~x-~s** cauliflower; **~ rouge** red cabbage. ◆ **chou², -te** *, *mpl* **~x 1** *nm, f* (*amour*) darling. **2** *adj inv* (*ravissant*) delightful. ◆ **chouchou, -te** * *nm, f* pet. ◆ **chouchouter** * (1) *vt* to pamper, pet. ◆ **choucroute** *nf* sauerkraut.

choucas [ʃuka] *nm* jackdaw.

chouette¹ * [ʃwɛt] *adj* (*beau*) smashing *, great *; (*gentil*) nice. **sois ~** be a dear *ou* sport *; **~ (alors)!** smashing! *, great! * ◆ **chouettement** * *adv* nicely.

chouette² [ʃwɛt] *nf* owl. **~-effraie** barn owl; **~ hulotte** tawny owl; (*péj*) **vieille ~** old harpy.

choyer [ʃwaje] (8) *vt* to pamper, spoil.

chrétien, -ienne [kʀetjɛ̃, jɛn] *adj*, **C~(ne)** *nm(f)* Christian. ◆ **chrétiennement** *adv* as a Christian; **être enseveli ~** to have a Christian burial. ◆ **chrétienté** *nf* Christendom.

christ [kʀist] *nm* (**a**) **le C~** Christ. (**b**) (*objet*) figure of Christ. ◆ **christique** *adj* Christlike. ◆ **christianisation** *nf* conversion to Christianity. ◆ **christianiser** (1) *vt* to convert to Christianity. ◆ **christianisme** *nm* Christianity.

chromatique [kʀɔmatik] *adj* (*Mus, Peinture*) chromatic; (*Bio*) chromosomal.

chrome [kʀom] *nm* (*Chim*) chromium. (*Aut*) **faire les ~s** * to polish the chrome. ◆ **chromer** (1) *vt* to chromium-plate.

chromo [kʀɔmo] *nm* chromo.

chromosome [kʀɔmozom] *nm* chromosome. ◆ **chromosomique** *adj* chromosomal.

chronique [kʀɔnik] **1** *adj* chronic. **2** *nf* (*Littérat*) chronicle; (*Presse*) column, page. (*Bible*) **le livre des C~s** the Book of Chronicles. ◆ **chroniquement** *adv* chronically. ◆ **chroniqueur** *nm* (*Littérat*) chronicler; (*Presse, gén*) columnist. **~ sportif** sports editor; **~ dramatique** drama critic.

chrono * [kʀɔno] *nm* stopwatch. (*Aut*) **faire du 80 (km/h) (au) ~** to be timed at 80; **faire un bon ~** to do a good time.

chronologie [kʀɔnɔlɔʒi] *nf* chronology. ◆ **chronologique** *adj* chronological. ◆ **chronologiquement** *adv* chronologically.

chronomètre [kʀɔnɔmɛtʀ(ə)] *nm* chronometer; (*Sport*) stopwatch. ◆ **chronométrage** *nm* timing. ◆ **chronométrer** (6) *vt* to time. ◆ **chronométreur** *nm* (*Sport*) timekeeper. ◆ **chronométrique** *adj* chronometric.

chrysalide [kʀizalid] *nf* chrysalis.

chrysanthème [kʀizɑ̃tɛm] *nm* chrysanthemum.

chuchoter [ʃyʃɔte] (1) *vti* (*gén, fig*) to whisper; [*ruisseau*] to murmur. ◆ **chuchotement** *nm* whisper; murmur.

chuinter [ʃɥɛ̃te] (1) *vi* to hiss softly. ◆ **chuintement** *nm* soft hiss.

chut [ʃyt] *excl* sh!

chute [ʃyt] *nf* (a) *(gén)* fall; *[cheveux]* loss; *[empire, commerce]* collapse; *[régime]* downfall (*de* of); *[monnaie, température]* drop (*de* in); *(Théât) [pièce]* failure (*de* of). **faire une ~ de 3 mètres** to fall 3 metres; **faire une ~ de cheval** to fall off a horse; **loi de la ~ des corps** law of gravity; **~ libre** free fall; **faire du parachutisme en ~ libre** to skydive, do skydiving; **économie en ~ libre** plummeting economy; *[ventes]* **être en ~ libre** to take a nose dive; **attention, ~ de pierres** danger, falling rocks. (b) *(Géog)* waterfall; **les ~s du Niagara/Zambèze** the Niagara/Victoria Falls; **fortes ~s de pluie/neige** heavy rainfalls/snowfalls. (c) *(déchet) [tissu]* clipping, scrap; *[bois]* off-cut. (d) **la ~ des reins** the small of the back; **du jour** nightfall.

chuter [ʃyte] (1) *vi* to fall; *(échouer)* to come a cropper *, fall on one's face; *(Théât)* to flop. *(lit, fig)* **faire ~ qn** to bring sb down.

Chypre [ʃipʀ(ə)] *n* Cyprus; **à ~** in Cyprus. ◆ **chypriote** *adj*, **C~** *nmf* = **cypriote**.

ci [si] **1** *adv*: **celui-~**, **celle-~** this one; **ceux-~** these (ones); **ce livre-~** this book; **à cette heure-~** *(indue)* at this hour of the day; *(actuelle)* by now; **ces jours-~** *(avenir)* in the next few days; *(passé)* these past few days; *(présent)* these days; **de-~ de-là** here and there. **2** : **~-après** *(gén)* below; **~-contre** opposite; **~-dessous** below; **~-dessus** above; **~-gît** here lies; **~-inclus une enveloppe** envelope enclosed; **les papiers ~-joints** the enclosed papers.

cibiste [sibist(ə)] *nm, f* CB enthusiast.

cible [sibl(ə)] *nf (lit, fig)* target. **~ mouvante** moving target. ◆ **cibler** (1) *vt* to target (*sur* at).

ciboire [sibwaʀ] *nm (Rel)* ciborium *(vessel)*.

ciboule [sibul] *nf*, **ciboulette** [sibulɛt] *nf* chives.

cicatrice [sikatʀis] *nf (lit, fig)* scar. ◆ **cicatrisation** *nf* healing. ◆ **cicatriser** *vt*, **se ~ ** *vpr* (1) to heal (over).

cidre [sidʀ(ə)] *nm* cider.

ciel [sjɛl] **1** *nm* (a) *(espace: pl littér* **cieux**) sky, heavens (*pl, littér*). **sous des cieux plus cléments** *(climat)* beneath more clement skies; *(hum: moins dangereux)* in healthier climes. (b) *(Peinture: pl* **ciels**) sky. (c) *(Rel)* **le ~, les cieux** heaven; **juste ~!** good heavens!; **c'est le ~ qui vous envoie!** you're heaven-sent! (d) **à ~ ouvert** *égout* open; *piscine* open-air; *mine* opencast, open cut *(US)*. **2** : **~ de lit** canopy.

cierge [sjɛʀʒ(ə)] *nm (Rel)* candle.

cigale [sigal] *nf* cicada.

cigare [sigaʀ] *nm* cigar; *(*: tête*)* head, nut *. ◆ **cigarette** *nf* cigarette. **~ (à) bout filtre** (filter-)tipped cigarette.

cigogne [sigɔɲ] *nf (Orn)* stork.

ciguë [sigy] *nf* hemlock.

cil [sil] *nm (Anat)* eyelash. **~s vibratiles** cilia. ◆ **ciller** [sije] (1) *vi*: **~ (des yeux)** to blink (one's eyes).

cime [sim] *nf [montagne]* summit; *[arbre]* top; *[gloire]* peak, height.

ciment [simã] *nm* cement. **~ armé** reinforced concrete; **~ (à prise) rapide** quick-setting cement. ◆ **cimenter** (1) *vt* to cement. ◆ **cimenterie** *nf* cement works.

cimetière [simtjɛʀ] *nm [ville]* cemetery; *[église]* graveyard, churchyard. **~ de voitures** scrapyard.

cinéma [sinema] *nm (gén)* cinema; *(salle)* cinema, movie theater *(US)*. **~ muet/parlant** silent/talking films; **faire du ~** to be a film actor *(ou* actress); **de ~** *producteur, studio* film; *écran* cinema; **être dans le ~** to be in the film *ou* movie business; **aller au ~** to go to the pictures *ou* movies; **quel ~!** *(frime)* what a performance, what an act; *(complication)* what a to-do *ou* fuss. ◆ **ciné** * *nm abrév de* **cinéma**. ◆ **cinéaste** *nmf* filmmaker, movie-

maker *(US)*. ◆ **ciné-club**, *pl* **~-~s** *nm* film society. ◆ **cinémascope** *nm* ® Cinemascope ®. ◆ **cinémathèque** *nf* film library; *(salle)* film theatre, movie theatre *(US)*. ◆ **cinématographique** *adj* film, cinema. ◆ **cinéphile** *nmf* film enthusiast. ◆ **cinoche** * *nm* flicks * *pl*, movies * *pl (US)*.

cingler [sɛ̃gle] (1) **1** *vt (gén, fig)* to lash. **le visage cinglé par le vent** with his face stung *ou* whipped by the wind. **2** *vi (Naut)* **~ vers** to make for. ◆ **cinglant, e** *adj vent* biting, bitter; *pluie* lashing; *propos* scathing, cutting. ◆ **cinglé, e** * **1** *adj* nutty *, cracked *, loony *. **2** *nm, f* crackpot *, nut *.

cinq [sɛ̃k] *adj, nm* five. **en ~ sec** * in a flash, in two ticks *; *V* **six**.

cinquante [sɛ̃kɑ̃t] *adj, nm* fifty. ◆ **cinquantaine** *nf* about fifty. ◆ **cinquantenaire** *nm* fiftieth anniversary, golden jubilee. ◆ **cinquantième** *adj, nmf* fiftieth; *V* **six, soixantaine, sixième**.

cinquième [sɛ̃kjɛm] **1** *adj, nmf* fifth. **être la ~ roue du carrosse** * to count for nothing; *V* **sixième**. **2** *nf (Scol)* second year, seventh grade *(US)*. ◆ **cinquièmement** *adv* in the fifth place.

cintre [sɛ̃tʀ(ə)] *nm (Archit)* arch; *[manteau]* coat hanger. *(Théât)* **les ~s** the flies. ◆ **cintré, e** *adj porte* arched; *veste* waisted; *chemise* slim-fitting.

cirage [siʀaʒ] *nm (produit)* (shoe) polish; *(action)* polishing. **être dans le ~** * *(malaise)* to be dazed; *(ignorance)* to be all at sea *; **quand il est sorti du ~** * when he came to *ou* round.

circoncire [siʀkɔ̃siʀ] (37) *vt* to circumcize. ◆ **circoncision** *nf* circumcision.

circonférence [siʀkɔ̃feʀɑ̃s] *nf* circumference.

circonflexe [siʀkɔ̃flɛks(ə)] *adj*: **accent ~** circumflex.

circonlocution [siʀkɔ̃lɔkysjɔ̃] *nf* circumlocution.

circonscription [siʀkɔ̃skʀipsjɔ̃] *nf* district, area. **~ (électorale)** constituency, district *(US)*.

circonscrire [siʀkɔ̃skʀiʀ] (39) *vt feu, épidémie* to contain, confine; *territoire* to mark out; *sujet* to define. **se ~ ** *ou* **être circonscrit à qch** to be limited *ou* confined *ou* restricted to sth.

circonspection [siʀkɔ̃spɛksjɔ̃] *nf* caution, wariness, circumspection. ◆ **circonspect, e** *adj* circumspect, cautious, wary.

circonstance [siʀkɔ̃stɑ̃s] *nf (occasion)* occasion; *[accident]* circumstance. *(situation)* **~s** circumstances; **en la ~** on this occasion; **dans ces ~s** in these circumstances; **~s atténuantes** mitigating circumstances; **~ aggravante** aggravating circumstance; **de ~** *mine* appropriate; *poésie* occasional. ◆ **circonstancié, e** *adj* detailed. ◆ **circonstanciel, -ielle** *adj* adverbial.

circonvenir [siʀkɔ̃vniʀ] (22) *vt* to circumvent.

circonvolution [siʀkɔ̃vɔlysjɔ̃] *nf (Anat)* convolution; *[itinéraire]* twist.

circuit [siʀkɥi] *nm (touristique)* tour, (round) trip; *(compliqué)* roundabout *ou* circuitous route; *(Sport, Élec)* circuit; *(Écon)* circulation. **mettre qch en ~** to connect sth up; *[machine]* **tous les ~s ont grillé** all the fuses have blown, there's been a burnout; **être dans le ~** * to be around; **~ de distribution** distribution network; **~ fermé** *(Élec, fig)* closed circuit; *(Aut)* **~ hydraulique** hydraulic circuit; **~ intégré/imprimé** integrated/printed circuit; **~ de refroidissement** cooling system.

circulaire [siʀkylɛʀ] *adj, nf (gén)* circular.

circulation [siʀkylɑsjɔ̃] *nf [air, sang, argent]* circulation; *[marchandises, travailleurs]* movement; *[trains]* running; *(Aut, Aviat)* traffic. **mettre en ~** *argent* to put into circulation; *livre, voiture* to put on the market, bring out; **mise en ~** circulation; marketing; *(fig)* **disparaître de la ~** to drop out of sight, disappear from the scene. ◆ **circulatoire** *adj* circulatory.

circuler [siʀkyle] (1) *vi* (a) *(Anat, Écon)* to circulate; *[rumeur]* to circulate, go round. **faire** ~ *(lit)* to circulate; *bruits* to spread, circulate *(sur* about). (b) *[voiture]* to go; *[passant]* to walk; *[foule]*, to move (along); *[plat]* to be handed round. **circulez!** move along!; **faire** ~ *voitures* to move on; *plat* to hand round.

cire [siʀ] *nf (gén)* wax; *[meubles]* polish; *[oreille]* (ear)wax. ~ **d'abeille** beeswax; ~ **à cacheter** sealing wax. ◆ **ciré** *nm* oilskin. ◆ **cirer** (1) *vt* to polish. ◆ **cireur, -euse 1** *nm, f [souliers]* shoe-shiner, bootblack (†). **2** *nf* floor polisher. ◆ **cireux, -euse** *adj matière* waxy; *teint* waxen.

cirque [siʀk(ə)] *nm (spectacle)* circus; *(Antiq: arène)* amphitheatre; *(Géog)* cirque. **quel** ~! * *(tracas)* what a carry-on *!; *(désordre)* what absolute chaos!

cirrhose [siʀoz] *nf* cirrhosis.

cisailles [sizaj] *nfpl [métal, arbre]* shears; *[fil de fer]* wire cutters. ◆ **cisailler** (1) *vt métal* to cut; *arbuste* to clip; *(par l'usure)* to shear off; *(*: maladroitement)* to hack; *(*) personne* to cripple the career of.

ciseau, *pl* ~**x** [sizo] *nm* (a) **(paire de)** ~**x** *(gén)* (pair of) scissors; *[métal, laine]* shears. (b) *(Sculp, Tech)* chisel. ~ **à froid** cold chisel. (c) *(Sport: prise)* scissors (hold); *(Ski)* **montée en** ~**x** herringbone climb; *(Catch)* ~ **de jambes** leg scissors.

ciseler [sizle] (5) *vt pierre* to chisel, engrave; *métal* to chase, engrave. ◆ **ciselure** *nf* chased pattern, engraving.

Cisjordanie [sisʒɔʀdani] *nf:* **la** ~ the West Bank (of Jordan).

citadelle [sitadɛl] *nf (lit, fig)* citadel.

citadin, e [sitadɛ̃, in] **1** *adj* urban, town, city. **2** *nm, f* city dweller, urbanite *(US).*

citation [sitasjɔ̃] *nf [auteur]* quotation. ~ **à comparaître** *(à accusé)* summons to appear; *(à témoin)* subpoena; ~ **à l'ordre de l'armée** mention in dispatches.

cité [site] *nf* city; *(petite)* town; **la C**~ **du Vatican** the Vatican City; ~**-dortoir** *nf, pl* ~**s-**~**s** dormitory town; ~**-jardin** *nf, pl* ~**s-**~**s** garden city; ~ **ouvrière** ≃ (workers') housing estate; ~ **universitaire** (student) halls of residence.

citer [site] (1) *vt* to quote, cite. ~ **qn (en exemple)** to cite sb *ou* hold sb up as an example; ~ **un soldat à l'ordre du jour** to mention a soldier in dispatches; ~ **(à comparaître)** *accusé* to summon to appear; *témoin* to subpoena.

citerne [sitɛʀn(ə)] *nf* tank.

citoyen, -enne [sitwajɛ̃, ɛn] **1** *nm, f* citizen. **2** *nm (*: type)* fellow, guy *. ◆ **citoyenneté** *nf* citizenship.

citron [sitʀɔ̃] **1** *nm (fruit)* lemon; *(*: tête)* head, nut *. **2** *adj inv* lemon (-coloured). ◆ **citronnade** *nf* lemon squash, lemonade *(US).* ◆ **citronnier** *nm* lemon tree.

citrouille [sitʀuj] *nf* pumpkin; *(*: tête)* head, nut *.

civet [sivɛ] *nm* stew; **un** ~ **de lièvre** ≃ jugged hare.

civière [sivjɛʀ] *nf* stretcher.

civil, e [sivil] **1** *adj guerre, mariage* civil; *(non militaire)* civilian; *(poli)* civil, courteous. **2** *nm* civilian. **en** ~ *soldat* in civilian clothes; *policier* in plain clothes; **dans le** ~ in civilian life. ◆ **civilement** *adv* (a) **être** ~ **responsable** to be legally responsible; **se marier** ~ to have a civil wedding. (b) *(poliment)* civilly.

civilisation [sivilizasjɔ̃] *nf* civilization. ◆ **civiliser** (1) **1** *vt* to civilize. **2 se** ~ *vpr* to become civilized.

civilité [sivilite] *nf* civility. ~**s** civilities, compliments.

civique [sivik] *adj* civic. ◆ **civisme** *nm* public-spiritedness.

clac [klak] *excl [porte]* slam!; *[élastique]* snap!; *[fouet]* crack!

clair, e [klɛʀ] **1** *adj* (a) *pièce* bright, light; *couleur (vive)* bright; *(pâle)* light; *robe* light-coloured. **bleu** ~ light blue. (b) *soupe, tissu usé* thin. (c) *(lit, fig: limpide)* clear. **par temps** ~ on a clear day; **avoir un esprit** ~ to be a clear thinker; **il est** ~ **qu'il se trompe** it is clear *ou* plain that he's mistaken; ~ **comme le jour** as clear as daylight, crystal-clear. **2** *adv parler, voir* clearly. **il fait** ~ it is daylight; **il ne fait guère** ~ it's not very light. **3** *nm:* **tirer qch au** ~ to clear sth up; **en** ~ *(c'est-à-dire)* to put it plainly; *(non codé)* in clear; **gaspiller le plus** ~ **de son temps/argent** to waste most of one's time/money; **au** ~ **de lune** the better part of one's money; **au** ~ **de lune** in the moonlight. ◆ **clairement** *adv* clearly. ◆ **claire-voie**, *pl* ~**s-**~**s** *nf* openwork fence. **à** ~**-** ~ openwork.

clairière [klɛʀjɛʀ] *nf* clearing, glade.

clairon [klɛʀɔ̃] *nm* bugle; *(joueur)* bugler. ◆ **claironnant, e** *adj voix* resonant. ◆ **claironner** (1) *vt nouvelle* to trumpet.

clairsemé, e [klɛʀsəme] *adj maisons, auditoire* scattered; *gazon, cheveux* thin, sparse.

clairvoyance [klɛʀvwajɑ̃s] *nf* clear-sightedness, perceptiveness. ◆ **clairvoyant, e** *adj* clear-sighted, perceptive.

clamecer * [klamse] (3) *vi* to kick the bucket *.

clamer [klame] (1) *vt (gén)* to shout out; *innocence* to proclaim. ◆ **clameur** *nf (cris)* clamour. ~**s** protests.

clamser * [klamse] = **clamecer.**

clan [klɑ̃] *nm (lit, fig)* clan.

clandestin, e [klɑ̃dɛstɛ̃, in] *adj réunion* secret, clandestine; *mouvement* underground; *commerce* clandestine, illicit. **(passager)** ~ stowaway. ◆ **clandestinement** *adv* secretly; clandestinely; illicitly. ◆ **clandestinité** *nf [activité]* secret nature. **dans la** ~ *travailler* in secret, clandestinely; *vivre* underground.

clapet [klapɛ] *nm (Tech)* valve. **ferme ton** ~ * hold your tongue *, shut up *.

clapier [klapje] *nm (lit)* hutch; *(péj)* dump *, hole *.

clapoter [klapɔte] (1) *vi* to lap. ◆ **clapotement** *nm ou* ◆ **clapotis** *nm* lap(ping).

clapper [klape] (1) *vi:* ~ **de la langue** to click one's tongue.

claquage [klakaʒ] *nm (blessure)* strained muscle.

claquant, e * [klakɑ̃, ɑ̃t] *adj (fatigant)* killing *, exhausting.

claque [klak] **1** *nf (gifle)* slap; *(Théât)* claque. **2** *adj, nm:* **(chapeau)** ~ opera hat.

claquemurer [klakmyʀe] (1) **1** *vt* to coop up. **2 se** ~ *vpr* to shut o.s. away *ou* up.

claquer [klake] (1) **1** *vi* (a) *[volet]* to bang; *[drapeau]* to flap; *[fouet]* to crack; *[coup de feu]* to ring out. **faire** ~ *porte* to bang, slam; *fouet* to crack; *doigts* to snap; *langue* to click; ~ **dans ses mains** to clap (one's hands); ~ **des talons** to click one's heels; **il claquait des dents** his teeth were chattering. (b) *(*: mourir) [personne]* to kick the bucket *; *[lampe]* to conk out *, pack in *; *[élastique]* to snap. ~ **dans les mains de qn** *[malade]* to die on sb *; *[affaire]* to go bust on sb *. **2** *vt (gifler)* to slap; *(fermer)* to snap shut; *(*: fatiguer)* to exhaust, tire out; *(*: casser)* to bust; *(*: dépenser)* to blow *, blue *. *(lit, fig)* ~ **la porte** to slam the door *(de* on); **se** ~ **un muscle** to strain a muscle. ◆ **claquement** *nm* bang; slam; crack; click; snap. *(répété)* **le** ~ *ou* **les** ~**s** of the banging *(ou* flapping *ou* cracking *etc)* of.

claquette [klakɛt] *nf (Danse)* ~**s** tap-dancing.

clarifier *vt*, **se** ~ *vpr* [klaʀifje] (7) *(lit, fig)* to clarify.
♦ **clarification** *nf* clarification.

clarinette [klaʀinɛt] *nf* clarinet. ♦ **clarinettiste**
nmf clarinettist.

clarté [klaʀte] *nf (gén: lumière)* light; *[flamme, pièce,
ciel]* brightness; *[eau, son]* clearness; *[explication,
pensée]* clarity. *(fig: précisions)* ~**s** knowledge *(sur
about)*; **à la ~ de la lampe/lune** in the lamplight/
moonlight; ~ **d'esprit** clear thinking.

classe [klɑs] *nf* **(a)** *(catégorie) (gén)* class; *(grade)*
grade; *[utilisateurs]* category. **les ~s moyennes** the
middle classes; **la ~ ouvrière** the working class;
la ~ politique the political community; **société
sans ~s** classless society; **de première** ~ *employé*
top *ou* first grade; *hôtel, billet* 1st class; **établissement de ~** high-class establishment; **de ~ internationale** of international standing; *(Aviat)* ~ **touriste** economy class; ~ **d'âge** age group. **(b)** *(gén,
Sport: valeur)* class. **de (grande) ~** of great distinction; **de ~ internationale** of international
class; **elle a de la ~** she's got class. **(c)** *(Scol) (élèves,
cours)* class; *(année)* year, grade *(US)*; *(salle)* classroom. **la ~** *(l'école)* school; **il est (le) premier/(le)
dernier de la ~** he is top/bottom of the class; **aller
en ~** to go to school; **après la ~** after school
(hours); **c'est M. X qui leur fait la ~** Mr X is their
teacher; **turbulent en ~** disruptive in class *ou* in
the classroom; **partir en ~ de neige/de mer** ≃ to
go skiing/to the seaside with the school. **(d)** *(Mil)*
soldat de 1ʳᵉ *(ou 2ᵉ)* ~ ≃ private; **la ~ 1972** the class
of '72; **faire ses ~s** to do one's training.

classer [klɑse] (1) **1** *vt* **(a)** *papiers* to file; *livres,
plantes* to classify. **(b)** *(hiérarchiser)* to grade. **X, que
l'on classe parmi X**, who ranks among. **(c)** *(clore)*
affaire to close. **(d)** *(péj: cataloguer) personne* to size
up, categorize. **2 se** ~ *vpr*: **se ~ parmi les premiers**
to be *ou* come *ou* come in *(US)* among the first;
se ~ parmi les meilleurs to rank among the best;
être bien classé to be well placed. ♦ **classé, e**
adj monument listed; *vins* classified; *joueur* graded.
♦ **classement** *nm* **(a)** *(action)* filing; classification;
grading; closing. **j'ai fait du ~ toute la journée** I've
spent all day filing. **(b)** *(rang) [élève]* place *ou* rank
(US); *[coureur]* placing; *(liste) [élèves]* class list;
[coureurs] finishing list; *[équipes]* league table.
avoir un bon/mauvais ~ *[élève]* to get a high/low
place in class, be ranked high/low in class *(US)*;
[coureur] to be well/poorly placed; **je vais vous
lire le ~** I'm going to read you your placings; ~
général overall placings. ♦ **classeur** *nm (meuble)*
filing cabinet; *(dossier)* (loose-leaf) file.

classifier [klasifje] (7) *vt* to classify. ♦ **classification** *nf* classification.

classique [klasik] **1** *adj auteur, musique, études* classical; *vêtement, ameublement* classic(al); *argument*
standard, classic; *conséquence* usual. **c'est ~!** it's
the usual *ou* classic situation!; **grâce à une opération maintenant ~** thanks to an operation which
is now quite usual *ou* standard; *(Scol)* **il est en
section ~** he's in the classics stream. **2** *nm (auteur)
(Antiq)* classical author; *(XVIIᵉ siècle)* classic, clas-
sicist; *(écrivain, œuvre célèbre)* classic. **le ~** *(musique)*
classical music; *(mobilier)* the classic(al) style.
♦ **classicisme** *nm (Art)* classicism; *(conformisme)*
conventionality. ♦ **classiquement** *adv* classical-
ly.

claudiquer [klodike] (1) *vi* to limp. ♦ **claudication** *nf* limp.

clause [kloz] *nf (gén)* clause.

claustrophobie [klostʀofobi] *nf* claustrophobia.
♦ **claustrophobe** *adj, nmf* claustrophobic.

clavecin [klavsɛ̃] *nm* harpsichord.

clavicule [klavikyl] *nf* collarbone.

clavier [klavje] *nm (lit)* keyboard; *[orgue]* manual;
(fig) range.

claviste [klavist(ə)] *nmf* keyboard operator.

clé *ou* **clef** [kle] **1** *nf (gén, fig)* key *(de* to*)*; *(Tech)*
spanner, wrench; *[violon]* peg; *[gamme]* clef. **altération à la ~** change in the key signature; **avec
une récompense à la ~** with a reward for the
bargain; **prix ~s en main** *[voiture]* price on the
road, on-the-road price, sticker price *(US)*;
[appartement] price with immediate entry *ou* possession *ou* occupation; **mettre sous ~** to put under
lock and key; **mettre la ~ sous la porte** *(faire faillite)*
to shut up shop; *(s'enfuir)* to clear out; **prendre
la ~ des champs** to run away. **2** *adj inv* key. **posi-
tion-/ poste-~** key position/job. **3** : ~ **anglaise**,
~ **à molette** adjustable wrench *ou* spanner, monkey wrench; ~ **en croix** wheel brace; ~ **dyna-
mométrique** torque wrench; *(lit, fig)* ~ **de voûte**
keystone.

clématite [klematit] *nf* clematis.

clémence [klemɑ̃s] *nf [temps]* mildness; *[juge]*
clemency, leniency. ♦ **clément, e** *adj* mild; lenient.

clémentine [klemɑ̃tin] *nf* clementine.

clenche [klɑ̃ʃ] *nf* latch.

cleptomane [klɛptɔman] *nmf* = **kleptomane**.

clerc [klɛʀ] *nm [notaire etc]* clerk; *(Rel)* cleric; *(Hist)*
(learned) scholar. **être (grand) ~ en la matière** to
be an expert on the subject.

clergé [klɛʀʒe] *nm* clergy. ♦ **clérical, e**, *mpl* **-aux**
adj, nmf (Rel) clerical.

clic [klik] *nm* click. **le ~-clac** the clickety-clack
of.

cliché [kliʃe] *nm (banal)* cliché; *(Phot)* negative;
(Typ) plate.

client, e [klijɑ̃, ɑ̃t] *nm, f (gén)* customer; *[avocat]*
client; *[hôtel]* guest, patron; *[médecin]* patient;
[taxi] fare; *(* péj: individu*)* fellow, guy *; *(Antiq:
protégé)* client. **être ~ d'un magasin** to patronize
a shop, be a regular customer at a shop. ♦ **clientèle** *nf [magasin]* customers, clientèle; *[avocat,
médecin]* practice; *[parti]* supporters. **accorder sa
~ à qn** to give sb one's custom *ou* business, patronize sb.

cligner [kliɲe] (1) *vt, vt indir*: ~ **les** *ou* **des yeux**
to blink; *(à moitié)* to screw up one's eyes; ~ **de
l'œil** to wink *(en direction de* at*)*. ♦ **clignement**
nm: ~**(s)** blinking; **un** ~ **d'œil** a wink.

clignoter [kliɲɔte] (1) *vi [yeux]* to blink; *[étoile]*
to twinkle; *[lampe]* to flicker; *(pour signal)* to flash,
wink. ♦ **clignotant** *nm (Aut)* indicator. ♦ **clignotement** *nm*: ~**(s)** blinking; twinkling;
flickering, flashing, winking.

climat [klima] *nm (lit, fig)* climate; *(littér: contrée)*
clime *(littér)*. ♦ **climatique** *adj* climatic. ♦ **climatisation** *nf* air conditioning. ♦ **climatiser** (1)
vt to air-condition. ♦ **climatiseur** *nm* air conditioner.

clin [klɛ̃] *nm*: ~ **d'œil** wink; **faire un ~ d'œil** to wink
(à at*)*; **en un ~ d'œil** in the twinkling of an eye.

clinicien, -ienne [klinisjɛ̃, jɛn] *nmf* clinician.

clinique [klinik] **1** *adj* clinical. **2** *nf (établissement)*
nursing home; *(section)* clinic. ~ **d'accouchement**
maternity home.

clinquant, e [klɛ̃kɑ̃, ɑ̃t] **1** *adj* flashy. **2** *nm (lit)*
tinsel; *(bijoux)* tawdry jewellery; *[style]* flashiness.

clip [klip] *nm* brooch.

clique [klik] *nf (Mus)* band; *(péj)* clique, set. **prendre
ses ~s et ses claques** * to pack up (and go).

cliqueter [klikte] (4) *vi (gén)* to clink; *[vaisselle]*
to clatter; *[chaînes, ferraille]* to jangle; *[armes]* to
clash. ♦ **cliquetis** *nm* clink; clatter; jangle; clash.

clivage [klivaʒ] *nm (action)* cleaving; *(résultat)*
cleavage; *(fig)* split *(de* in*)*.

cloaque [klɔak] *nm* cesspool, cesspit.

clochard, e * [klɔʃaʀ, aʀd(ə)] *nm, f* down-and-out,
tramp.

cloche [klɔʃ] **1** nf (gén) bell; [plat] lid; [plantes] cloche; (*: imbécile) idiot *. ~ **à fromage** cheese cover; ~ **à plongeur** diving bell. **2** adj **(a)** jupe bell-shaped. **chapeau** ~ cloche hat. **(b)** (*: idiot) idiotic. ◆ **cloche-pied** adv: **à** ~ **sauter** to hop. ◆ **clochette** nf small bell; (fleur) bellflower.

clocher¹ [klɔʃe] nm (en pointe) steeple; (quadrangulaire) church tower; (fig: village) village. **de** ~ **mentalité** parochial. ◆ **clocheton** nm (Archit) pinnacle.

clocher *² [klɔʃe] (1) vi: **il y a qch qui cloche** there's sth up * ou wrong (dans with).

cloison [klwazɔ̃] nf (gén) partition; (Naut) bulkhead; (fig) barrier. ◆ **cloisonnement** nm compartmentalization. ◆ **cloisonner** (1) vt activités etc to compartmentalize.

cloître [klwatʀ(ə)] nm cloister. ◆ **cloîtrer** (1) **1** vt to shut away (dans in); (Rel) to cloister. **religieux cloîtré** enclosed monk. **2 se** ~ vpr to shut o.s. up ou away (dans in). **vivre cloîtré** to live a cloistered life.

clone [klɔn] nm clone. ◆ **cloner** (1) vt to clone. ◆ **clonage** nm cloning.

clopiner [klɔpine] (1) vi to hobble ou limp along. ◆ **clopin-clopant** adv: **aller** ~ [marcheur] to hobble along; (affaires) to be so-so *.

clopinettes *[klɔpinɛt] nfpl: **gagner des** ~ to earn peanuts *, earn next to nothing; (rien à faire) **des** ~! nothing doing!

cloporte [klɔpɔʀt(ə)] nm (Zool) woodlouse; (fig péj) creep *.

cloque [klɔk] nf blister. ◆ **cloquer** (1) vi to blister.

clore [klɔʀ] (45) vt (terminer) to close, end, conclude; (entourer) to enclose (de with); (fermer) porte to close, shut; lettre to seal. ~ **le bec à qn** * to shut sb up *. ◆ **clos, e 1** adj système, yeux closed; espace enclosed. **2** nm (pré) (enclosed) field; (vignoble) vineyard.

clôture [klotyʀ] nf **(a)** (planches) fence; (fil de fer) (wire) fence; (haies) hedge; (ciment) wall. **mur de** ~ outer wall. **(b)** [débat, liste, compte] closing, closure; [bureaux] closing. (Théât) ~ **annuelle** annual closure; **avant la** ~ before it closes; **date** etc **de** ~ closing date etc; **combien valait le dollar en** ~? what did the dollar close at?; **débat de** ~ adjournment debate. ◆ **clôturer** (1) vt champ to enclose; liste to close.

clou [klu] nm **(a)** (gén) nail; (décoratif, pour chaussée) stud; [tapissier] tack. **traverser dans les** ~s to cross at the pedestrian crossing ou at the crosswalk (US). **(b)** (Méd) boil. **(c)** (fig) [spectacle] star attraction ou turn. **mettre sa montre au** ~ * to pawn one's watch, put one's watch in hock *; (vieux) ~ * (gén) ancient machine; (voiture) old banger; **des** ~s! ‡ nothing doing! *; ~ **de girofle** clove. ◆ **clouer** (1) vt (lit) to nail down; ennemi to pin down. ~ **qn sur place** to nail ou root sb to the spot; ~ **qn au lit** to keep sb confined to bed; ~ **le bec à qn** * to shut sb up *. ◆ **clouté, e** adj ceinture studded; souliers hob-nailed.

clown [klun] nm clown. **faire le** ~ to clown (about), play the fool. ◆ **clownerie** nf silly trick. ~s clowning.

club [klœb] nm (gén) club.

co [ko] préf co-, joint. **coaccusé** codefendant, co-accused; **coacquéreur** joint purchaser; **codétenu** fellow prisoner; **coéquipier** team mate.

coaguler vti, **se** ~ vpr [kɔagyle] (1) to coagulate; [sang] to clot, congeal; [lait] to curdle. ◆ **coagulant, e 1** adj coagulative. **2** nm coagulant. ◆ **coagulation** nf coagulation.

coaliser vt, **se** ~ vpr [kɔalize] (1) to unite (in a coalition). ◆ **coalition** nf coalition.

coaltar [kɔltaʀ] nm (lit) coal tar. (fig) **être dans le** ~ ‡ to be in a daze ou stupor.

coasser [kɔase] (1) vi to croak. ◆ **coassement** nm: ~(s) croaking.

cobalt [kɔbalt] nm cobalt.

cobaye [kɔbaj] nm (lit, fig) guinea-pig.

cobra [kɔbʀa] nm cobra.

cocaïne [kɔkain] nf cocaine.

cocarde [kɔkaʀd(ə)] nf rosette; (Hist) cockade; [avion] roundel; (sur voiture) sticker.

cocasse [kɔkas] adj comical, funny. ◆ **cocasserie** nf comicalness, funniness.

coccinelle [kɔksinɛl] nf ladybird.

coccyx [kɔksis] nm coccyx.

cocher¹ [kɔʃe] (1) vt (crayon) to tick (off), check off; (entaille) to notch.

cocher² [kɔʃe] nm coachman; [fiacre] cabman.

cochon¹ [kɔʃɔ̃] nm (animal) pig; (*: viande) pork. ~ **d'Inde** guinea-pig; ~ **de lait** sucking-pig; **un** ~ **n'y retrouverait pas ses petits** it's like a pigsty in there. ◆ **cochon², -onne 1** adj (‡: obscène) dirty, smutty. **2** nm, f (‡ péj: personne) (sale, vicieux) dirty pig ‡ ou beast ‡; (méchant) swine ‡. **quel temps de** ~! what lousy weather! * ◆ **cochonner** * (1) vt to mess up *. ◆ **cochonnerie** * nf (histoire) dirty joke; (tour) dirty trick. **de la** ~ (nourriture) disgusting food; (marchandise) rubbish; (saleté) filth; **faire des** ~s to make a mess. ◆ **cochonnet** nm (Zool) piglet; (Boules) jack.

cocker [kɔkɛʀ] nm cocker spaniel.

cocktail [kɔktɛl] nm (réunion) cocktail party; (boisson) cocktail; (fig) mixture. ~ **Molotov** Molotov cocktail, petrol bomb.

coco [koko] nm (*: œuf) eggie *; (réglisse) liquorice powder. **oui mon** ~ yes, darling *; (*: péj) **drôle de** ~ odd guy *, oddbod * , oddball * (US).

cocon [kɔkɔ̃] nm cocoon; (fig) shell.

cocorico [kɔkɔʀiko] nm, excl cock-a-doodle-do.

cocotier [kɔkɔtje] nm coconut palm.

cocotte [kɔkɔt] nf (*: poule) hen; (marmite) casserole; (* péj: femme) tart *. **hue** ~! gee up!; **oui ma** ~ yes darling; ~ **minute** ® pressure cooker.

cocu, e ‡ [kɔky] adj, nm, f cuckold. **faire qn** ~ to be unfaithful to sb.

code [kɔd] nm (gén) code. **C~ de la route** highway code; **écrire qch en** ~ to write sth in code, (en)code sth; (phares) ~ dipped headlights, low beams (US); **se mettre en** ~ to dip one's headlights. ◆ **codage** nm (en)coding. ◆ **coder** (1) vt to code.

codifier [kɔdifje] (7) vt to codify. ◆ **codification** nf codification.

coefficient [kɔefisjɑ̃] nm (Math, Phys) coefficient. ~ **d'erreur** margin of error; (Scol) **cette matière est affectée d'un** ~ **trois** marks in this subject are weighted by a factor of three.

cœlioscopie [seljɔskɔpi] nf coelioscopy.

coercition [kɔɛʀsisjɔ̃] nf coercion.

cœur [kœʀ] nm **(a)** (Anat, Cartes, forme) heart. **en (forme de)** ~ heart-shaped; **on l'a opéré à** ~ **ouvert** he had an open-heart operation. **(b)** (fig: estomac) **avoir mal au** ~ to feel sick; **il faut avoir le** ~ **bien accroché** you need guts * ou a strong stomach; **odeur qui soulève le** ~ nauseating ou sickening smell. **(c)** (âme) heart. **c'est un** ~ **pur** he is a candid soul; **avoir le** ~ **sensible** to be tender-hearted; **elle lui a donné son** ~ she has lost her heart to him; **spectacle à vous fendre le** ~ heartrending ou heart-breaking sight; **avoir le** ~ **gros** to have a heavy heart; **il avait la rage au** ~ he was inwardly seething with anger; **ce geste lui est allé (droit) au** ~ this gesture went straight to his heart; **connaître le fond du** ~ **de qn** to know sb's innermost feelings; **des paroles venues (du fond) du ~** heartfelt words; **au fond de son ~** in his heart of hearts; **il m'a parlé à ~ ouvert** he had a heart-to-heart talk with me.

(d) (bonté, générosité) **avoir bon ~** to be kind-hearted; **avoir le ~ sur la main** to be open-handed; **sans ~** heartless; **c'est un ~ de pierre/ d'or** he has a heart of stone/gold; **femme de ~** noble-hearted woman.

(e) (humeur) **avoir le ~ gai** to feel happy; **je n'ai pas le ~ à rire** I do not feel like laughing, I am not in the mood for laughing; **si le ~ vous en dit** if you feel like it.

(f) (courage) heart, courage. **le ~ lui manqua** his heart ou courage failed him; **mettre tout son ~ dans qch/à faire qch** to put all one's heart into sth/into doing sth; **comment peut-on avoir le ~ de refuser?** how can one have the heart to refuse?; **donner du ~ au ventre à qn** * to buck sb up *; **avoir du ~ au ventre** * to have no guts *.

(g) [chou] heart; [arbre] heart, core; [fruit] core; [problème, ville] heart. **au ~ de** in the heart of; **~ de palmier** heart of palm; **~ d'artichaut** artichoke heart.

(h) **par ~** by heart; **ça m'est resté sur le ~** I still feel sore about it; **je vais lui dire ce que j'ai sur le ~** I'm going to tell him what's on my mind; **à ~ joie** to one's heart's content; **je suis de tout ~ avec vous** I DO sympathize with you; **ne pas porter qn dans son ~** to have no great liking for sb; **je veux en avoir le ~ net** I want to be clear in my own mind (about it); **avoir à ~ de faire** to make a point of doing; **prendre les choses à ~** to take things to heart; **ce voyage me tient à ~** I have set my heart on this journey; **ce sujet me tient à ~** this subject is close to my heart.

coexister [kɔɛgziste] (1) vi to coexist. ♦ **coexistence** nf coexistence.

coffre [kɔfʀ(ə)] nm (meuble) chest; (Aut) boot, trunk (US); (coffrage) case; (Banque, hôtel) safe; (Hist, fig: cassette) coffer; (*: poitrine) chest. **~-fort** nm, pl **~s-~s** safe; (Banque) **la salle des ~s** the strong room; **~ à jouets** toybox. ♦ **coffrage** nm [bois] case; [béton] form. ♦ **coffrer** * (1) vt to throw ou put inside *. **se faire ~** * to get put inside *. ♦ **coffret** nm casket. **~ à bijoux** jewel box; **~ de luxe, ~-cadeau** presentation box.

cogiter [kɔʒite] (1) **1** vi (hum) to cogitate. **2** vt: **qu'est-ce qu'il cogite?** what's he thinking up? ♦ **cogitation** nf (hum) cogitation.

cognac [kɔɲak] nm cognac, French brandy.

cogner [kɔɲe] (1) **1** vt objet to knock; (*: battre) to beat up. **2** vt indir: **~ sur** clou to hammer; mur to knock on; (fort) to bang on; **~ du poing sur la table** to thump one's fist on the table; **~ à** porte to knock at; (fort) to bang at; **~ contre** to hit, strike. **3** vi [volet] to bang (contre against); (*) [boxeur] to hit out (hard); [soleil] to beat down; [moteur] to knock. **ça va ~** * there's going to be some rough stuff *. **4 se ~** vpr: **se ~/se ~ le genou contre** to bang o.s/one's knee against; (fig) **c'est à se ~ la tête contre les murs** it's enough to drive you up the wall. ♦ **cognée** nf felling axe. ♦ **cognement** nm: **~(s)** banging; knocking. ♦ **cogneur** * nm bruiser *.

cohabiter [kɔabite] (1) vi to live together, co-habit. **~ avec** to live with. ♦ **cohabitation** nf living together, cohabitation.

cohérent, e [kɔeʀɑ̃, ɑ̃t] adj coherent, consistent. ♦ **cohérence** nf coherence, consistency.

cohésion [kɔezjɔ̃] nf cohesion.

cohorte [kɔɔʀt(ə)] nf (groupe) troop; (Hist Mil) cohort.

cohue [kɔy] nf (foule) crowd; (bousculade) crush.

coi, coite [kwa, kwat] adj silent.

coiffe [kwaf] nf headdress.

coiffer [kwafe] (1) vt **(a)** **~ qn** to do sb's hair; **se faire ~** to have one's hair done; **se ~** to do one's hair. **(b)** (mettre) chapeau to put on. **se ~ d'une casquette** to put on a cap; **~ qn** to put a hat on sb's head; **ça te coiffe bien** it suits you; **coiffé d'un chapeau** wearing a hat; **pic coiffé de neige** snow-capped peak. **(c)** (fig) organismes to head up, have overall responsibility for; (*) concurrent to get the better of, beat. ♦ **coiffé, e** adj: **il est toujours mal/bien ~** his hair always looks untidy/nice; **être ~ en brosse** to have a crew cut; **il était ~ en arrière** he had his hair brushed back. ♦ **coiffeur, euse** **1** nm, f hairdresser. **2** nf (meuble) dressing table. ♦ **coiffure** nf hair style, hairdo *; (chapeau) hat. (métier) **la ~** hairdressing.

coin [kwɛ̃] nm **(a)** (angle) corner. **au ~ du feu** by the fireside; **le magasin qui fait le ~** the corner shop, the shop at the corner; **à tous les ~s de rue** on every street corner; **sourire en ~** half smile; **regard en ~** side glance; **surveiller qn du ~ de l'œil** to watch sb out of the corner of one's eye. **(b)** (région) area; (village) place; (endroit) [plage, mémoire] corner. **le ~ du bricoleur** the handyman's corner; **un ~ de terre/ciel** a patch of land/sky; **je l'ai mis dans un ~** I put it somewhere; **dans tous les ~s (et recoins)** in every nook and cranny; **~-repas** dining area; **l'épicier du ~** the local grocer; **un ~ perdu** a place miles from anywhere; **un petit ~ pas cher** somewhere nice and cheap, a nice inexpensive spot. **(c)** (cale) wedge; (poinçon) hallmark; (pour graver) die; (pour sous-main) corner-piece.

coincer [kwɛ̃se] (3) **1** vt **(a)** (intentionnellement) to wedge; (accidentellement) to jam. **le tiroir est coincé** the drawer is stuck ou jammed; **il se trouva coincé contre un mur** he was pinned against a wall; **il m'a coincé pour me dire** he cornered me to tell me. **(b)** (*) voleur to nab *; fraudeur to catch up with; candidat to catch out. **coincé entre son désir et la peur** caught between his desire and fear; **nous sommes coincés** we are stuck ou cornered. **2** vi [porte] to stick. (fig) **ça coince au niveau de la direction** there are problems at management level. **3 se ~** vpr to jam, stick, get jammed ou stuck.

coïncidence [kɔɛ̃sidɑ̃s] nf (gén) coincidence. ♦ **coïncident, e** adj coincident. ♦ **coïncider** (1) vi to coincide (avec with). **faire ~ les dates** to get the dates to coincide.

coing [kwɛ̃] nm quince.

coke [kɔk] nm coke.

col [kɔl] nm **(a)** [chemise] collar. **~ roulé** polo-neck sweater; **~ bleu** (ouvrier) blue-collar worker; (marin) blue jacket. **(b)** (Géog) pass; (Anat, fig) neck.

colchique [kɔlʃik] nm autumn crocus.

coléoptère [kɔleɔptɛʀ] nm beetle.

colère [kɔlɛʀ] **1** nf (gén) anger; (littér) wrath; (accès) (fit of) rage. **être/se mettre/mettre qn en ~** to be/get/make sb angry (contre with); **faire une ~** to throw a tantrum. **2** adj inv: **être ~** * to be cross ou angry. ♦ **coléreux, -euse** ou ♦ **colérique** adj quick-tempered.

colibacille [kɔlibasil] nm colon bacillus.

colibri [kɔlibʀi] nm hummingbird.

colifichet [kɔlifiʃɛ] nm trinket.

colimaçon [kɔlimasɔ̃] nm snail. **escalier en ~** spiral staircase.

colin [kɔlɛ̃] nm (merlu) hake; (lieu noir) saithe, coal-fish, coley.

colin-maillard [kɔlɛ̃majaʀ] nm blind man's buff.

colique [kɔlik] nf (diarrhée) diarrhoea. (douleurs) **~s** stomach pains, colic; **~s néphrétiques** renal colic.

colis [kɔli] nm parcel. **par ~ postal** by parcel post; **~ piégé** parcel bomb, mailbomb.

collaborateur, -trice [kɔlabɔRatœR, tRis] *nm, f* *(gén)* colleague; *[journal]* contributor; *[livre]* collaborator; *(Pol)* collaborationist. ◆ **collaboration** *nf* collaboration (*à* on); contribution (*à* to). **en ~ avec** in collaboration with. ◆ **collaborer** (1) *vi* to collaborate (*à* on); to contribute (*à* to).

collage [kɔlaʒ] *nm* (**a**) *(à la colle forte)* sticking, gluing; *(à la colle blanche)* pasting. **~ de papiers peints** paperhanging; **~ d'affiches** billposting. (**b**) *(Art)* collage.

collant, e [kɔlɑ̃, ɑ̃t] **1** *adj (ajusté)* tight-fitting, clinging; *(poisseux)* sticky. *(importun)* **être ~ *** to cling. **2** *nm* (**a**) *(maillot) [femme]* body stocking; *[danseur]* leotard. (**b**) *(bas) (gén)* tights, *pl* pantyhose *(US)*; *[danseuse]* tights *pl*.

collation [kɔlɑsjɔ̃] *nf* snack.

colle [kɔl] *nf* (**a**) *(gén)* glue; *(à papier)* paste. (**b**) *(*: question)* poser *. (**c**) *(examen blanc)* mock oral exam; *(retenue)* detention.

collecteur, -trice [kɔlɛktœR, tRis] **1** *nm, f* collector. **2** *nm*: **(égout) ~** main sewer. ◆ **collecte** *nf* collection. ◆ **collecter** (1) *vt* to collect.

collectif, -ive [kɔlɛktif, iv] **1** *adj (gén)* collective; *billet* group; *hystérie, licenciements* mass; *installations* public. **immeuble ~** block of flats. **2** *nm (Gram)* collective noun. *(Fin)* **~ budgétaire** minibudget. ◆ **collectivement** *adv (gén)* collectively. ◆ **collectiviser** (1) *vt* to collectivize.

collection [kɔlɛksjɔ̃] *nf (gén)* collection; *(Comm) [échantillons]* line. ◆ **collectionner** (1) *vt* to collect. ◆ **collectionneur, -euse** *nm, f* collector.

collectivité [kɔlɛktivite] *nf* (**a**) *(groupe)* group; *(organisation)* body, organisation. **la ~** the community; **vivre en ~** to live in the community. (**b**) *(possession commune)* collective ownership.

collège [kɔlɛʒ] *nm* (**a**) *(école)* school; *(privé)* private school. **~ (d'enseignement secondaire)** middle school, secondary school, junior high school *(US)*; **~ expérimental/technique** experimental/ technical school. (**b**) *(Pol, Rel)* college. **~ électoral** electoral college. ◆ **collégial, e**, *mpl* **-iaux** *adj* collegiate. ◆ **collégien, -ienne** *nm, f* schoolboy; schoolgirl; *(fig)* novice.

collègue [kɔlɛg] *nmf* colleague.

coller [kɔle] (1) **1** *vt* (**a**) *(à la colle forte)* to stick, glue; *(à la colle blanche)* to paste; *timbre* to stick; *affiche* to stick up (*à, sur* on); *enveloppe* to stick down; *papier peint* to hang; *film* to splice. **~ 2 morceaux (ensemble)** to stick *ou* glue 2 pieces together; **~ son oreille à la porte** to press one's ear to the door; **il colla l'armoire contre le mur** he stood the wardrobe right against the wall; **il m'a collé (après) toute la journée** * he clung to me all day. (**b**) *(*) (mettre)* to stick, shove *; *(donner)* to give; *(écrire)* to write. **colle tes valises dans un coin** stick *ou* shove * *ou* dump * your bags in a corner; **il se colla devant moi** he plonked * *ou* planted himself in front of me; **ils l'ont collé ministre** they've gone and made him a minister *; **on lui a collé la responsabilité** he's got stuck * *ou* landed * with the responsibility. (**c**) *(arg Scol) (consigner)* to give a detention to, keep in; *(poser une question)* to catch out; *(recaler)* to fail. **se faire ~** to be given a detention; to be failed.
2 *vi* (**a**) *(être poisseux)* to be sticky; *(adhérer)* to stick (*à* to). **~ au peloton** to stick to the pack; **robe qui colle au corps** tight-fitting *ou* clinging dress; **~ au sujet** to stick to the subject. (**b**) *(*: bien marcher)* **ça colle?** O.K.? *; **ça ne colle pas** it doesn't work, there's something wrong.
3 se ~ *vpr* (**a**) *(*) tâche, personne* to get stuck *ou* landed with *. **se ~ à (faire) qch** to get down to (doing) sth. **se ~ à qn** *[danseur, importun]* to cling to sb; **se ~ devant la télé** * to be glued to the telly *; **ils sont toujours collés ensemble** ‡ they are always together.

collet [kɔlɛ] *nm (piège)* noose; *[dent]* neck; *(Tech)* collar, flange. **prendre qn au ~** to seize sb by the collar; **elle est très ~ monté** she's very strait-laced *ou* stuffy. ◆ **colleter** (4) *vt* to collar. *(lit, fig)* **se ~ avec** to wrestle *ou* grapple with.

colleur, -euse [kɔlœR, øz] **1** *nm, f*: **~ d'affiches** billsticker; **~ de papiers peints** wallpaperer. **2** *nf (Ciné)* splicer; *(Phot)* mounting press.

collier [kɔlje] *nm [femme]* necklace; *[maire]* chain; *[animal]* collar; *(Tech)* collar. **~ de fleurs** garland of flowers; **reprendre le ~** * to get back into harness; **~ (de barbe)** beard (along the line of the jaw).

collimateur [kɔlimatœR] *nm* collimator. *(lit, fig)* **avoir qn dans son ~** to have sb in one's sights.

colline [kɔlin] *nf* hill.

collision [kɔlizjɔ̃] *nf [véhicules]* collision; *(fig)* clash. **entrer en ~** to collide (*avec* with); *(Aut)* **~ en chaîne** pileup.

colloque [kɔlɔk] *nm* colloquium.

collusion [kɔlyzjɔ̃] *nf* collusion.

collyre [kɔliR] *nm* eye lotion.

colmater [kɔlmate] (1) *vt fuite* to seal (off); *fissure* to fill in, plug. *(fig, Mil)* **~ une brèche** to seal a gap.

Cologne [kɔlɔɲ] *n* Cologne; *V* eau.

colombage [kɔlɔ̃baʒ] *nm* half-timbering. **maison à ~** half-timbered house.

colombe [kɔlɔ̃b] *nf* dove. ◆ **colombier** *nm* dovecote.

Colombie [kɔlɔ̃bi] *nf* Colombia. **~ britannique** British Columbia. ◆ **colombien, -ienne** *adj*, **C~(ne)** *nm(f)* Colombian.

colon [kɔlɔ̃] *nm (pionnier)* settler, colonist; *(enfant)* child, boarder; *(arg Mil)* colonel.

côlon [kolɔ̃] *nm (Anat)* colon.

colonel [kɔlɔnɛl] *nm (armée de terre)* colonel; *(armée de l'air)* group captain, colonel *(US)*.

colonie [kɔlɔni] *nf (gén)* colony. **~ de vacances** (children's) holiday camp, summer camp *(US)*. ◆ **colonial, e**, *mpl* **-aux 1** *adj* colonial. **2** *nm (habitant)* colonial. ◆ **colonialisme** *nm* colonialism. ◆ **colonialiste** *adj, nmf* colonialist.

coloniser [kɔlɔnize] (1) *vt* to colonize. **les colonisés** the colonized peoples. ◆ **colonisateur, -trice 1** *adj* colonizing. **2** *nm, f* colonizer. ◆ **colonisation** *nf* colonization.

colonne [kɔlɔn] *nf (gén)* column. **~ d'air** airstream; **~ blindée** armoured column; **~ montante** rising main; **~ de secours** rescue party; **~ vertébrale** spine, spinal column. ◆ **colonnade** *nf* colonnade. ◆ **colonnette** *nf* small column.

colorer [kɔlɔRe] (1) **1** *vt substance* to colour; *tissu* to dye; *bois* to stain; *récit* to colour (*de* with). **~ qch en bleu** to colour sth blue. **2 se ~** *vpr [tomate, visage]* to turn red. **le ciel se colore de rose** the sky takes on a rosy tinge; *(fig)* **se ~ de** to be coloured *ou* tinged with. ◆ **colorant, e** *adj, nm* colouring. ◆ **coloration** *nf* (**a**) *(action)* colouring; dyeing; staining. (**b**) *(couleur)* colouring, colour; *[peau]* colouring; *[voix]* coloration. ◆ **coloré, e** *adj teint* ruddy; *objet* coloured; *foule, récit* colourful.

colorier [kɔlɔRje] (7) *vt* to colour (in). ◆ **coloriage** *nm (action)* colouring; *(dessin)* coloured drawing. ◆ **coloris** *nm (gén)* colour, shade; *[peau]* colouring.

colosse [kɔlɔs] *nm (personne)* giant; *(institution)* colossus, giant. ◆ **colossal, e**, *mpl* **-aux** *adj* colossal, huge.

colporter [kɔlpɔRte] (1) *vt* to hawk, peddle. ◆ **colportage** *nm* hawking, peddling. ◆ **colporteur, -euse** *nm, f* hawker, pedlar. **~ de fausses nouvelles** newsmonger.

colt [kɔlt] *nm (revolver)* gun, Colt.

coltiner [kɔltine] (1) **1** vt colis to carry ou lug *
around. **2 se ~ *** vpr colis to lug around *, carry;
(✱) travail, personne to get stuck ou landed with *.

columbarium [kɔlɔ̃baʀjɔm] nm (cimetière) columbarium.

colza [kɔlza] nm rape(seed).

coma [kɔma] nm (Méd) coma. **dans le ~** in a coma;
dans un ~ dépassé brain-dead. ◆ **comateux,
-euse** adj: état ~ comatose state.

combat [kɔ̃ba] nm (gén) fight; (Mil) battle; (fig)
fight, struggle; (Sport) match. **tué au ~** killed in
action; **aller au ~** to go into battle; **les ~s conti-
nuent** the fighting goes on; **~ de rues** street
fighting, street battle; **~ singulier** single combat.
◆ **combatif, -ive** adj ready to fight; personne of a fighting spirit; humeur fighting.
◆ **combativité** nf [troupe] readiness to fight; [per-
sonne] fighting spirit. ◆ **combattant, e 1** adj
fighting, combatant. **2** nm, f [guerre] combatant;
[bagarre] brawler. ◆ **combattre** (41) **1** vt to fight;
(fig) théorie, vice to combat, fight (against). **2** vi
to fight.

combien [kɔ̃bjɛ̃] **1** adv: **~ de** (quantité) how much;
(nombre) how many; **~ y en a-t-il (en moins)?** (quantité) how much (less) is there (of it)?; (nombre)
how many (fewer) of them)?; (depuis)
~ de temps? how long?; **~ vous avez raison!** how
right you are!; **~ d'ennui je vous cause** what a
lot of trouble I'm causing you ; **~ mesure-t-il?**
how big is it?; **ça va faire une différence de ~?** what
will the difference be? ; **~ y a-t-il d'ici à la ville?**
how far is it from here to the town? **2** nm (*)
(rang) **~ êtes-vous?** where were you placed?;
(date) **le ~ sommes-nous?** what date is it?; (fréquence) [trains] **il y en a tous les ~?** how often do
they come?

combinaison [kɔ̃binɛzɔ̃] nf (a) (gén, Math) combination. **~ (ministérielle)** government. (b) (vêtement) [femme] slip; [aviateur] flying suit; [mécanicien]
boiler suit; (Ski) ski-suit. (c) (astuce) device; (manigance) scheme. ◆ **combinard, e *** adj, nm, f (péj)
il est ~ he's a schemer. ◆ **combine *** nf (astuce)
trick (pour faire to do) (péj) scheme. **il est dans
la ~** he's in on it *; **ça sent la ~** I smell a rat,
it's a fix; **toutes leurs ~s** all their little schemes,
all their fiddles *. ◆ **combiné** nm (Chim)
compound; [téléphone] receiver; (Sport) combination. ◆ **combiner** (1) **1** vt (grouper) to combine
(avec with); (élaborer) to devise, work out. **2 se
~** vpr to combine (avec with).

comble [kɔ̃bl(ə)] **1** adj packed. **2** nm (a) **le ~ de**
the height of; **au ~ du désespoir** in the depths
of despair; **pour ~ (de malheur) il...** to cap ou
crown it all he...; **c'est le ou un ~!** that's the last
straw! (b) (charpente) roof timbers. (pièce) **les ~s**
the attic.

comblement [kɔ̃bləmɑ̃] nm [cavité] filling(-in).

combler [kɔ̃ble] (1) vt (a) trou to fill in; déficit to
make good; lacune to fill. **~ son retard** to make
up lost time. (b) désir, besoin to fulfil; personne to
gratify. **c'est une femme comblée** she has all that
she could wish for; **~ qn de** cadeaux to shower
sb with; joie to fill sb with; **comblé d'honneurs**
laden with honours; **vraiment, vous nous comblez!**
really, you're too good to us!

combustible [kɔ̃bystibl(ə)] **1** adj combustible. **2**
nm fuel. ◆ **combustion** nf combustion.

comédie [kɔmedi] nf (Théât) comedy. **~ musicale**
musical; **de ~** (Théât) comedy; (fig) comic; (fig)
jouer la ~ to put on an act; **faire la ~** to make
a fuss ou a scene. ◆ **comédien, -ienne** nm, f
(comedy) actor ou actress; (hypocrite) sham; (pitre)
show-off.

comestible [kɔmɛstibl(ə)] **1** adj edible. **2** nmpl:
~s (fine) foods, delicatessen.

comète [kɔmɛt] nf comet.

comique [kɔmik] **1** adj (Théât) comic; (fig) comical.
2 nm (a) [situation] comic aspect; [habillement]
comic look ou appearance. **d'un ~ irrésistible** hila-
riously funny; **le ~ de la chose, c'est que...** the
funny thing about it is that... (b) (Littérat) **le ~**
comedy; **~ de caractère** character comedy; **avoir
le sens du ~** to have a sense of the comic. (c)
(artiste) comic, comedian; (dramaturge) comedy
writer. ◆ **comiquement** adv comically.

comité [kɔmite] nm (gén) committee. (fig) **se réunir
en petit ~** (petite réception) to have a small get-
together; **~ consultatif/exécutif** advisory/execu-
tive committee; **~ directeur** board of management.

commandant [kɔmɑ̃dɑ̃] nm (a) (gén) commander,
commandant; (armée de terre) major; (armée de l'air)
squadron leader, major (US). (b) (Aviat, Naut)
captain. **~ en second** second in command.

commande [kɔmɑ̃d] nf (a) (Comm) order. **passer
une ~** to put in an order (de for); **en ~** on order;
fait sur ~ made to order. (b) (Tech) (action)
control, controlling. (dispositif) **~(s)** controls; **~
à distance** remote control; **être/se mettre aux ~s**
to be in/take control. (c) **de ~** sourire forced, artificial; (Art) œuvre commissioned; **agir sur ~** to act
on orders; **s'amuser sur ~** to enjoy o.s. to order;
ouvrage écrit/composé sur ~ commissioned work/
composition.

commandement [kɔmɑ̃dmɑ̃] nm (direction, ordre,
état-major) command; (Rel) commandment. **prendre le ~ de** to take command of; **ton de ~**
commanding tone; **à mon ~** on my command.

commander [kɔmɑ̃de] (1) **1** vt (a) obéissance to
order, command. **il me commanda le silence** he
ordered ou commanded me to keep quiet; **~ l'admiration** to compel admiration; **la prudence
commande que...** prudence demands that... (b)
marchandise, repas to order; (Art) œuvre to commission. (c) armée to command; (emploi absolu) to be
in command ou in charge. **je n'aime pas qu'on me
commande** I don't like to be ordered about; **ce
bouton commande la sirène** this switch controls
the siren. **2 ~ à** indir passions, muscles to have
command ou control over. **3 se ~** vpr [pièces] to
lead into one another; [personne] to control o.s.
ces choses-là ne se commandent pas you can't help
these things. ◆ **commandeur** nm commander (of
an Order). ◆ **commanditaire** nm sleeping partner. **les ~s d'un meurtre** the people behind a murder. ◆ **commanditer** (1) vt (Comm: financer) to
finance.

commando [kɔmɑ̃do] nm (groupe, homme)
commando.

comme [kɔm] **1** conj (a) (temps) as; (cause) as, since.
(juste) **~ le rideau se levait** (just) as the curtain
was rising; **~ il pleut** seeing that it's raining, since
it's raining. (b) (comparaison) as, like (devant n et
pron). **il pense ~ nous** he thinks as we do ou like
us; **c'est un homme ~ lui qu'il nous faut** we need
a man like him ou such as him; **en ville ~ à la
campagne** in town and ou as well as in the country; **il écrit ~ il parle** he writes as ou the way he
speaks; **dur ~ du fer** (as) hard as iron; **il y eut
~ une lueur** there was a sort ou kind of light. (c)
(en tant que) as. **~ étudiant** as a student. (d) **~ si**
as if, as though; **~ pour faire** as if to do; **~ si
nous ne savions pas!** as if we didn't know!; **~ quoi
il ne fallait pas l'écouter** which goes to show that
you shouldn't have listened to him; **il était ~
fasciné** it was as though ou as if he were fascinated. (e) **~ cela** like that; **~ ci ~ ça** so-so, (fair
to) middling; **alors, ~ ça, vous nous quittez?** so
you're leaving us?; **~ il vous plaira** as you wish;
~ de juste naturally; **~ par hasard, il était absent**
he just HAPPENED to be away; **~ il faut** manger

properly; *personne* decent; **c'était amusant ~ tout** it was terribly funny. **2** *adv*: **~ ces enfants sont bruyants!** how noisy these children are!; **~ il fait beau!** what a lovely day!, what lovely weather!

commémorer [kɔmemɔʀe] (1) *vt* to commemorate. ◆ **commémoratif, -ive** *adj* commemorative, memorial. ◆ **commémoration** *nf* commemoration. **en ~ de** in commemoration of.

commencer [kɔmɑ̃se] (3) **1** *vt* to begin, start, commence. **~ un élève (en maths)** to start a pupil (off) (in maths). **2** *vi* to begin, start, commence. **le concert va ~** the concert is about to begin *ou* start; **ça commence bien!** that's a good start!; **pour ~** to begin *ou* start with; **~ à (ou de) faire** to begin *ou* start to do *ou* doing; **ça commence à bien faire *** it's getting a bit much *; **~ par qch/par faire qch** to start *ou* begin with sth/by doing sth. ◆ **commençant, e 1** *adj* beginning. **2** *nm, f* beginner. ◆ **commencement** *nm (début)* beginning; *(départ)* start. **au/dès le ~** in/from the beginning, at/from the outset *ou* start; **du ~ à la fin** from beginning to end, from start to finish; **~s** *[science, métier]* beginnings.

comment [kɔmɑ̃] **1** *adv* (**a**) how. **~ appelles-tu cela?** what do you call that?; **~ allez-vous?** how are you?; **~ faire?** how shall we do it?; **~ se fait-il que...?** how is it that...? (**b**) *(excl)* **~?** pardon?, sorry?, what? *; **~ cela?** what do you mean?; **~, il est mort?** what! is he dead?; **et ~! *** not half! *, and how! *; **~ donc!** by all means!, of course! **2** *nm*: **le ~** the how.

commentaire [kɔmɑ̃tɛʀ] *nm (remarque)* comment; *(gén, Littérat: exposé)* commentary *(sur, de* on); *(Radio, TV)* commentary. **~s de presse** press comments; **et pas de ~s!** no arguments *ou* and that's final!; **ça se passe de ~s** it speaks for itself. ◆ **commentateur, -trice** *nm, f (gén)* commentator. ◆ **commenter** (1) *vt poème, match* to give a commentary on; *conduite, événement* to comment on.

commérage [kɔmeʀaʒ] *nm*: **~(s)** gossip.

commerçant, e [kɔmɛʀsɑ̃, ɑ̃t] **1** *adj nation* trading; *ville* commercial; *rue* shopping. **il est très ~** he's got good business sense. **2** *nm* shopkeeper, tradesman, merchant *(US)* , storekeeper *(US)*. **3** *nf* shopkeeper, storekeeper *(US)*.

commerce [kɔmɛʀs(ə)] *nm* (**a**) **le ~** trade, commerce; *(affaires)* business. *(commerçants)* **le petit ~** small shopkeepers; **opération de ~** commercial operation; **~ de gros/détail** wholesale/retail trade; **faire du ~ avec** to trade with; **dans le ~** *objet* in the shops *ou* stores *(US)*; **vendu hors-~** sold direct to the public. (**b**) *(boutique)* business. (**c**) *(littér) (compagnie)* company; *(rapport)* dealings. ◆ **commercer** (3) *vi* to trade *(avec* with). ◆ **commercial, e,** *mpl* **-iaux 1** *adj* commercial. **accord ~** trade *ou* trading agreement. **2** *nm* marketing man. **l'un de nos ~iaux** one of our marketing people. **3** *nf (véhicule)* (light) van. ◆ **commercialisable** *adj* marketable, tradable. ◆ **commercialisation** *nf* marketing. ◆ **commercialiser** (1) *vt* to market.

commère [kɔmɛʀ] *nf (péj: bavarde)* gossip.

commettre [kɔmɛtʀ(ə)] (56) *vt* (**a**) *crime* to commit; *erreur* to make. (**b**) *(†: confier)* **~ qch à qn** to commit *ou* entrust sth to sb. (**c**) *(nommer)* to appoint, nominate *(à* to). **2 se ~** *vpr (péj)* to lower o.s. **se ~ avec** to associate with.

commis [kɔmi] *nm (shop)* assistant. **~ de bureau** office clerk; **~ voyageur** commercial traveller.

commisération [kɔmizeʀasjɔ̃] *nf* commiseration.

commissaire [kɔmisɛʀ] *nm (police)* ≃ *(police)* superintendent, *(police)* captain *(US)*; *(Sport etc)* steward; *(envoyé)* representative; *[commission]* commissioner. *(Naut)* **~ du bord** purser; **~-priseur**

nm, pl **~s-~s** auctioneer. ◆ **commissariat** *nm* (**a**) *(poste)* **~ (de police)** police station. (**b**) *(organisme officiel)* board.

commission [kɔmisjɔ̃] *nf* (**a**) *(nommée)* commission; *(comité)* committee. **travail en ~** work in committee. (**b**) *(message)* message. (**c**) *(course)* errand; *(Comm, Jur: mandat)* commission. *(emplettes)* **~s** shopping; **faire les ~s** to do the *ou* go shopping. (**d**) *(pourcentage)* commission *(sur* on). ◆ **commissionnaire** *nm (livreur)* delivery man; *(messager)* messenger; *(Comm: intermédiaire)* agent, broker. ◆ **commissionner** (1) *vt* to commission.

commissure [kɔmisyʀ] *nf [bouche]* corner.

commode [kɔmɔd] **1** *adj* (**a**) *(gén)* convenient; *outil* handy *(pour faire* for doing). (**b**) *(facile)* easy. **~ à vivre** easy to get on with; **il n'est pas ~** he's an awkward customer. **2** *nf (meuble)* chest of drawers. ◆ **commodément** *adv porter* conveniently; *s'asseoir* comfortably; *transporter* easily. ◆ **commodité** *nf* convenience.

commotion [kɔmɔsjɔ̃] *nf (secousse)* shock; *(révolution)* upheaval. **~ cérébrale** concussion. ◆ **commotionner** (1) *vt*: **~ qn** to give sb a shock, shake sb.

commuer [kɔmɥe] (1) *vt peine* to commute *(en* to).

commun, e¹ [kɔmœ̃, yn] **1** *adj* (**a**) *(gén, Math)* common; *effort, démarche* joint; *ami* mutual; *pièce* shared. **d'un ~ accord** of one accord; **il y a une cuisine ~e** there is a communal *ou* shared kitchen; **être ~ à** to be shared by; **la vie ~e** *[couple]* conjugal life; *[communauté]* communal life; **ils n'ont rien de ~** they have nothing in common *(avec* with); **il n'y a pas de ~e mesure entre eux** there's no possible comparison between them. (**b**) **avoir qch en ~** to have sth in common; **faire la cuisine en ~** to share (in) the cooking; **vivre en ~** to live communally; **mettre ses ressources en ~** to share *ou* pool one's resources. (**c**) *accident, métal, (péj)* *manières* common; *opinion* commonly held, widespread. **peu ~** uncommon, unusual. **2** *nm* (**a**) **le ~ des mortels** the common run of people. (**b**) *(bâtiments)* **les ~s** the outbuildings. ◆ **communément** *adv* commonly.

communauté [kɔmynote] *nf* (**a**) *[idées]* identity; *[culture]* community. (**b**) *(Pol, Rel etc)* community. **~ urbaine** urban community; **vivre en ~** to live communally; **mettre qch en ~** to pool sth; **la C~ Économique Européenne** the European Economic Community. (**c**) *(entre époux)* shared estate. ◆ **communautaire** *adj* community; *(Pol)* Community.

commune² [kɔmyn] *nf* (**a**) *(ville)* town; *(village)* village; *(territoire)* district; *(autorités)* town *(ou* district) council. (**b**) *(Brit Pol)* **les C~s** the (House of) Commons. ◆ **communal, e,** *mpl* **-aux** *adj (Admin)* district; *(local)* local.

communicatif, -ive [kɔmynikatif, iv] *adj rire* infectious; *personne* communicative.

communication [kɔmynikɑsjɔ̃] *nf* (**a**) *(gén, fig: liaison)* communication. **les ~s sont coupées** communications are cut (off); **porte de ~** communicating door; **être en ~ avec** to be in communication *ou* contact with; **mettre qn en ~ avec qn** to put sb in touch *ou* contact with sb. (**b**) *[fait]* communication; *[dossier]* transmission. **avoir ~ d'un fait** to be informed of a fact; **demander ~ d'un dossier** to ask for a file. (**c**) *(message)* message, communication; *(Univ: exposé)* paper. (**d**) *(téléphonique)* (phone) call; **mettre qn en ~ (avec)** to put sb through (to), connect sb (with); **~ en PCV** reverse charge call, collect call *(US)*; **je n'ai pas pu avoir la ~** I couldn't get through.

communier [kɔmynje] (7) *vi (Rel)* to receive communion. **~ dans** *sentiment* to be united in.

♦ communiant, e *nm, f* communicant. **premier ~** child making his first communion. **♦ communion** *nf* (Rel, fig) communion. **faire sa (première) ~** to make one's first communion; (fig) **être en ~ avec** personne to be in communion with; sentiments to be in sympathy with.

communiquer [kɔmynike] (1) **1** *vt* nouvelle, mouvement, peur to communicate; dossier (donner) to give; (envoyer) to send; maladie to pass on, give; lumière, chaleur to transmit (à to). **2** *vi* [personnes, pièces] to communicate (avec with). **3 se ~** *vpr* [feu etc] **se ~ à** to spread to. **♦ communiqué** *nm* communiqué. **~ de presse** press release.

communisme [kɔmynism(ə)] *nm* communism. **♦ communisant, e 1** *adj* communistic. **2** *nm, f* communist sympathizer, fellow traveller. **♦ communiste** *adj, nmf* communist.

commuter [kɔmyte] (1) *vt* to commute. **♦ commutateur** *nm* (Élec) switch. **♦ commutation** *nf* commutation. (Ordin) **~ des messages** message switching.

Comores [kɔmɔʀ] *nfpl:* **les (îles) ~** the Comoro Islands, the Comoros.

compact, e [kɔpakt, akt(ə)] *adj* dense; véhicule, appareil compact; majorité solid.

compagnie [kɔpaɲi] *nf* (a) (présence) company. **en ~ de** in company with; **en bonne/mauvaise ~** in good/bad company; **tenir ~ à qn** to keep sb company; **bonsoir la ~!** goodnight all! (b) (Comm, Mil, Théât) company; [perdreaux] covey. **la banque X et ~** the bank of X and company; **tout ça, c'est voleurs et ~** * they're all a bunch * ou lot of thieves. **♦ compagne** *nf* companion; (maîtresse) ladyfriend; [animal] mate. **~ de classe** classmate. **♦ compagnon** *nm* (a) (gén) companion. **~ de travail** fellow worker, workmate; **~ d'armes** companion- ou comrade-in-arms; **~ de bord** shipmate; **~ de voyage** travelling companion; **~ de misère** companion in suffering. (b) (ouvrier) craftsman, journeyman †.

comparaison [kɔpaʀɛzɔ] *nf* (a) (gén) comparison (à to, avec with). **mettre qch en ~ avec** to compare sth with; **il n'y a pas de ~ (entre)** there is no comparison (between); **en ~ (de)** in comparison (with); **il est sans ~ le meilleur** he is far and away the best. (b) (Gram) comparison; (Littérat) simile, comparison. **♦ comparable** *adj* comparable (à to, avec with).

comparaître [kɔpaʀɛtʀ(ə)] (57) *vi* (Jur) to appear.

comparer [kɔpaʀe] (1) *vt* (confronter) to compare (à, avec with); (identifier) to compare, liken (à to). **il ose se comparer à Picasso** he dares to compare himself to Picasso; **ça ne se compare pas** there's no comparison. **♦ comparatif, -ive** *adj, nm* comparative. **♦ comparativement** *adv* comparatively. **~ à** by comparison with. **♦ comparé, e** *adj* comparative.

comparse [kɔpaʀs(ə)] *nmf* (Théât) walker-on; (péj) stooge. (péj, fig) **rôle de ~** minor part.

compartiment [kɔpaʀtimã] *nm* compartment. **♦ compartimentage** *nm* [armoire] partitioning; [administration] compartmentalization. **♦ compartimenter** (1) *vt* to partition; to compartmentalize.

comparution [kɔpaʀysjɔ] *nf* (Jur) appearance.

compas [kɔpa] *nm* (Géom) (pair of) compasses; (Naut) compass. (fig) **avoir le ~ dans l'œil** to have an accurate eye.

compassion [kɔpasjɔ] *nf* compassion.

compatible [kɔpatibl(ə)] *adj* compatible. **♦ compatibilité** *nf* compatibility.

compatir [kɔpatiʀ] (2) *vi* to sympathize. **~ à la douleur de qn** to sympathize ou commiserate with sb in his grief. **♦ compatissant, e** *adj* compassionate, sympathetic.

compatriote [kɔpatʀijɔt] *nmf* compatriot, fellow countryman (ou woman).

compenser [kɔpãse] (1) **1** *vt* perte to make good, compensate for, offset; infirmité to compensate (for). **~ qch par** to make up for sth with; **pour ~** to compensate, to make up for it. **2 se ~** *vpr* [forces] to compensate each other; [gains et pertes] to cancel each other out. **♦ compensation** *nf* (gén, Phys, Psych) compensation; (équilibrage) balancing. **en ~ (des dégâts)** in compensation (for the damage). **♦ compensatoire** *adj* compensatory. (Fin) **droits ~s** countervailing duties. **♦ compensé, e** *adj:* **chaussures à semelles ~es** platform shoes, shoes with platform soles.

compère [kɔpɛʀ] *nm* (a) (complice) accomplice; (aux enchères) puffer. (b) († : ami) comrade.

compétence [kɔpetãs] *nf* (gén, Jur) competence. **~s** abilities; **ce n'est pas de ma ~** that's not (in) my sphere. **♦ compétent, e** *adj* competent, capable; (Jur) competent. **~ en** competent in; **l'autorité ~e** the authority concerned.

compétition [kɔpetisjɔ] *nf* (a) (épreuve) event. (activité) **faire de la ~** to go in for competitive sport; **la ~ automobile** motor racing. (b) (concurrence) competition. **être en ~** to be competing ou in competition (avec with). **♦ compétitif, -ive** *adj* competitive. **♦ compétitivité** *nf* competitiveness.

compiler [kɔpile] (1) *vt* to compile. **♦ compilateur, -trice** *nm, f* compiler. **♦ compilation** *nf* compilation.

complainte [kɔplɛt] *nf* lament.

complaire [kɔplɛʀ] (54) **1 ~ à** *vt indir* (to try to) please. **2 se ~** *vpr:* **se ~ dans qch/à faire qch** to delight ou revel in sth/in doing sth.

complaisance [kɔplɛzãs] *nf* (obligeance) kindness (envers to, towards); (indulgence) indulgence; (connivence) connivance; (fatuité) smugness, complacency. **♦ complaisamment** *adv* obligingly, kindly; smugly, complacently. **♦ complaisant, e** *adj* kind; indulgent; conniving; smug; complacent. **prêter une oreille ~e à qn/qch** to lend a willing ear to sb/sth.

complément [kɔplemã] *nm* (a) (gén, Bio, Math) complement; (reste) rest, remainder. **~ d'information** further ou additional information. (b) (Gram) (gén) complement. **~ circonstanciel de lieu** adverbial phrase of place; **~ d'objet direct/indirect** direct/indirect object; **~ d'agent** agent; **~ de nom** possessive phrase. **♦ complémentaire** *adj* (gén, Math) complementary; (additionnel) supplementary; renseignement further, additional.

complet, -ète [kɔplɛ, ɛt] **1** *adj* (a) (exhaustif) (gén) complete, full; rapport comprehensive; examen thorough. **le dossier est-il ~?** is the file complete? **pain ~** ≃ granary ou wholemeal bread. (b) échec, obscurité complete, utter. (c) (après n) acteur complete. **athlète ~** all-round ou complete athlete. (d) train full. (écriteau) **' ~ '** [hôtel] 'no vacancies'; [parking] 'full (up)'; **eh bien! c'est ~!** * well, that's the limit! **2** *nm* (a) **nous sommes au ~** we are all here; **la famille au grand ~** the whole ou entire family. (b) **~(-veston)** suit. **♦ complètement** *adv* démonter completely; lire right through; étudier fully, thoroughly; citer in full; faux completely, utterly. **~ nu** stark naked.

compléter [kɔplete] (6) **1** *vt* (a) (terminer) somme, effectifs to make up; collection, dossier to complete; études, repas to round off. **et pour ~ le tableau** to crown it all ou as a finishing touch. (b) (augmenter) formation to complement, supplement; garde-robe to add to. **2 se ~** *vpr* [caractères, fonctions] to complement one another.

complexe [kɔplɛks(ə)] *adj, nm* complex. **~ d'Œdipe** Oedipus complex; **être bourré de ~s** * to have loads of hang-ups *. **♦ complexer** (1) *vt:* **ça le**

complexe it gives him a complex; **être très complexé** to be full of complexes *ou* hang-ups *, be very hung-up * (*par* about). ◆ **complexité** *nf* complexity.

complication [kɔ̃plikɑsjɔ̃] *nf* (*complexité*) complexity; (*ennui*) complication. (*Méd*) ~**s** complications; **faire des** ~**s** to make life difficult *ou* complicated.

complice [kɔ̃plis] **1** *adj* regard knowing; *attitude* conniving. **être** ~ **de qch** to be (a) party to sth. **2** *nmf* (*criminel*) accomplice; (*amant*) lover; (*maîtresse*) mistress. ◆ **complicité** *nf* (*Jur, fig*) complicity.

compliment [kɔ̃plimɑ̃] *nm* (*louange*) compliment. ~**s** (*félicitations*) congratulations; (*hommages*) compliments; **faire des** ~**s à qn** (**pour**) to compliment *ou* congratulate sb (on); **avec les** ~**s de la direction** with the compliments of the management. ◆ **complimenter** (1) *vt* to congratulate, compliment (*pour, sur, de* on).

compliquer [kɔ̃plike] (1) **1** *vt* to complicate. **2 se** ~ *vpr* to become *ou* get complicated. **se** ~ **l'existence** to make life difficult *ou* complicated for o.s. ◆ **compliqué, e** *adj* (*gén*) complicated; *esprit* tortuous; (*Méd*) *fracture* compound. **ce n'est pas** ~**, moi je pars** that simplifies the problem — I'm leaving.

complot [kɔ̃plo] *nm* plot. ◆ **comploter** (1) *vti* to plot (*de faire* to do, *contre* against). ◆ **comploteur, -euse** *nm, f* plotter.

comporter [kɔ̃pɔrte] (1) **1** *vt* (*consister en*) to be composed of, consist of, comprise; (*être muni de*) *dispositif* to have, be equipped with; *exceptions* to have, include; (*impliquer*) *risques* to entail, involve. **2 se** ~ *vpr* [*personne*] to behave (*en* like); [*voiture*] to perform. **notre équipe s'est très bien comportée** our team played very well *ou* acquitted itself *ou* put up a good performance. ◆ **comportement** *nm* (*gén*) behaviour (*envers* towards); [*pneus*] performance. ◆ **comportementalisme** *nm* behaviourism. ◆ **comportementaliste** *adj, nmf* behaviourist.

composer [kɔ̃poze] (1) **1** *vt* (**a**) (*confectionner*) *plat* to concoct, make (up); *équipe* to select; *assemblée* to form, set up; *lettre* to write, compose; *symphonie* to compose; *tableau* to paint; *numéro de téléphone* to dial; *programme* to work out, draw up; *bouquet* to arrange, make up; *étalage* to lay out, set up; (*Typ*) to set. (**b**) (*constituer*) *ensemble, produit* to make up, form. (**c**) (*littér*) **son visage** to assume an affected expression. **2** *vi* (**a**) (*Scol*) to do a test. ~ **en anglais** to take an English test. (**b**) (*traiter*) to compromise (*avec* with). **3 se** ~ *vpr*: **se** ~ **de** *ou* **être composé de** to be composed of, consist of, comprise. ◆ **composant, e** *adj, nm, f* component. (*Pol*) **les diverses** ~**es du parti** the various elements in the party. ◆ **composé, e 1** *adj* compound; (*guindé*) studied. **2** *nm* (*Chim, Gram*) compound; (*fig*) combination, mixture.

composite [kɔ̃pozit] *adj* éléments heterogeneous; *foule* motley; (*Archit*) composite.

compositeur, -trice [kɔ̃pozitœʀ, tʀis] *nm, f* (*Mus*) composer; (*Typ*) typesetter.

composition [kɔ̃pozisjɔ̃] *nf* (**a**) (*action: V* **composer**) concocting, making(-up); formation, setting-up; selection; writing; composition; painting; drawing up; arranging; laying out; (type)setting. **une œuvre de ma** ~ a work of my own composition. (**b**) (*résultat, œuvre*) composition; (*structure*) structure. **quelle est la** ~ **du gâteau?** what is the cake made of?; **la nouvelle** ~ **du parlement européen** the new line-up in the European Parliament. (**c**) (*Scol: examen*) test, exam. ~ **de français** (*en classe*) French test *ou* exam; (*à l'examen*) French paper; (*rédaction*) ~ **française** French essay. (**d**) **venir à** ~ to come to terms; **amener qn à** ~ to

get sb to come to terms; **être de bonne** ~ to have a nice nature.

compost [kɔ̃pɔst] *nm* compost.

composter [kɔ̃pɔste] (1) *vt* (*dater*) to (date) stamp; (*poinçonner*) to punch.

compote [kɔ̃pɔt] *nf* (*Culin*) stewed fruit, compote. ~ **de pommes** stewed apples, compote of apples; **en** ~ * *jambes* like jelly * *ou* cotton wool; *visage* black and blue. ◆ **compotier** *nm* fruit dish.

comprendre [kɔ̃pʀɑ̃dʀ(ə)] (58) *vt* (**a**) (*être composé de*) to be composed of, consist of, comprise. **le loyer ne comprend pas le chauffage** the rent doesn't include *ou* cover (the) heating. (**b**) *problème, langue, personne* to understand. **vous m'avez mal compris** you've misunderstood me; **il ne comprend pas la plaisanterie** he can't take a joke; **c'est à n'y rien** ~ it's completely baffling *ou* puzzling; it's beyond me, I can't understand it; **se faire** ~ to make o.s. understood; **il est difficile de bien se faire** ~ it's difficult to get one's ideas across (*de qn* to sb); **j'espère que je me suis bien fait** ~ I hope I've made myself quite clear; **tu comprends, ce que je veux c'est...** you see, what I want is...; **dois-je** ~ **que...?** am I to take it *ou* understand that...?

(**c**) (*concevoir*) (*gén*) to understand; *point de vue* to see; *difficultés* to appreciate; *gravité* to realize. **c'est comme ça que je le comprends** that's how I see *ou* understand it; **ça se comprend** it's quite understandable; **il m'a fait** ~ **que je devais faire attention** he made me realize that I should be careful.

◆ **compréhensible** *adj* (*clair*) comprehensible; (*concevable*) understandable. ◆ **compréhensif, -ive** *adj* (*tolérant*) understanding; (*Logique*) comprehensive. ◆ **compréhension** *nf* understanding; (*Logique*) comprehension.

compression [kɔ̃pʀesjɔ̃] *nf* (*gén, Aut, Phys*) compression; (*Écon*) reduction, cutback (*de* in). ~**s budgétaires** cutbacks in spending, budget restrictions *ou* cuts; ~ **des coûts** cost-cutting. ◆ **compresse** *nf* compress. ◆ **compresseur** *nm* compressor. ◆ **compressible** *adj* (*Phys*) compressible; *dépenses* reducible.

comprimer [kɔ̃pʀime] (1) *vt* (**a**) *air, artère* to compress; (*pour emballer*) to press *ou* pack tightly together. **ça lui comprimait l'estomac** it was pressing into his stomach; **comprimés dans la voiture** packed tightly together in the car. (**b**) *dépenses, personnel* to cut down, reduce; *larmes, colère* to hold back. ◆ **comprimé** *nm* (*Pharm*) tablet.

compris, e [kɔ̃pʀi, iz] *adj* (**a**) (*inclus*) **emballage (y)/ non** ~ including/excluding packaging, packaging included/not included. (**b**) (*situé*) **être** ~ **entre** to be contained between *ou* by; **les chapitres** ~ **entre les pages 12 et 145** the chapters contained *ou* included in pages 12 to 145. (**c**) (*d'accord*) (**c'est**) ~ ! (it's) agreed!; **pars tout de suite,** ~! go immediately, understand? *ou* is that understood?

compromettre [kɔ̃pʀɔmɛtʀ(ə)] (56) **1** *vt* réputation, chances to compromise, jeopardize. **2 se** ~ *vpr* to compromise o.s. ◆ **compromettant, e** *adj* lettres compromising. **ce n'est pas très** ~ you won't commit yourself to much, there's no great commitment involved. ◆ **compromis** *nm* compromise. ◆ **compromission** *nf* shady deal.

comptabiliser [kɔ̃tabilize] (1) *vt* (*Fin*) to post. ◆ **comptabilité** *nf* (*science*) accountancy, bookkeeping; (*comptes*) accounts, books; (*service*) accounts department; (*profession*) accountancy. **s'occuper de la** ~ to keep the books. ◆ **comptable 1** *adj* (*Fin*) règles, etc accounting, book, book-keeping. **il manque une pièce** ~ one of the accounts is missing; (*Ling*) **nom** ~ countable *ou* count noun. **2** *nmf* accountant. ~

du Trésor *local official of the Treasury;* **chèque adressé au ~ du Trésor** cheque addressed to the Treasury.

comptant [kɔ̃tɑ̃] **1** *adv* payer (in) cash; acheter for cash. **verser 10 F ~** to pay 10 francs down. **2** *nm* (argent) cash. **vente au ~** cash sale.

compte [kɔ̃t] **1** *nm* (a) (calcul) count. **faire le ~ de** prisonniers to count (up), make a count of; dépenses to calculate, work out. (b) (nombre) number. **le ~ y est** (paiement) that's the right amount; (inventaire) that's the right number; **~ rond** round number *ou* figure; **nous sommes loin du ~** we are a long way short of the target. (c) (Banque, comptabilité) account; (facture) account, bill. **~ (en banque** *ou* **bancaire)** (bank) account; **faire/tenir ses ~s** to do/keep one's accounts *ou* books; **être en ~ avec qn** to have an *ou* be in account with sb; **donner son ~ à un employé** (payer) to settle up with an employee; (renvoyer) to give an employee his cards *;* **il avait son ~ *** (mort) he'd had it *;* (soûl) he'd had more than he could hold; **son ~ est bon** his number's up *,* he's had it *;* **devoir/rendre des ~s à qn** to owe/give sb an explanation; **cela fait mon ~** that suits me. (d) (responsabilité) **prendre qch à son ~** dépense to pay for sth; maxime to make sth one's motto; **s'installer à son ~** to set up one's own business; **mettre qch sur le ~ de** to put sth down to, attribute sth to; **dire qch sur le ~ de qn** to say sth about sb; **pour le ~ de** on behalf of; **pour mon ~** (opinion) personally; (usage) for my own use; (au restaurant) **mettez-le sur mon ~** put it on *ou* charge it to my account. (e) (locutions) (Boxe) **aller au tapis pour le ~** to go down for the count; **tenir ~ de qch/qn** to take sth/sb into account; **ne pas tenir ~ de qch** to disregard *ou* ignore sth; **~ tenu de** considering, in view of; **à ce ~-là** (dans ce cas) in this case; (à ce train-là) at this rate; **tout ~ fait** all things considered, when all is said and done.

2 : ~ chèque postal ≃ Giro account; **~ à rebours** countdown; **~ rendu** (gén) account, report; [film] review; (sur travaux en cours) progress report; **~ rendu d'audience** court record.

compte- [kɔ̃t] *préf:* **~-gouttes** *nm inv* (pipette) dropper; **au ~-gouttes** (fig) sparingly; **~-tours** *nm inv* revolution counter.

compter [kɔ̃te] (1) **1** *vt* (a) (calculer) to count. **combien en avez-vous compté?** how many did you count?, how many did you make it?; **il a 50 ans bien comptés** he's a good 50 (years old); **ses gaffes ne se comptent plus** we can't keep count of his blunders. (b) (prévoir) to allow, reckon. **j'ai compté qu'il nous en fallait 10** I reckoned we'd need 10; **il faut (bien) ~ 10 jours** you must allow (a good) 10 days, you must reckon on it taking (a good) 10 days. (c) (tenir compte de) to take into account; (inclure) to include. **t'es-tu compté?** did you count *ou* include yourself?; **sans ~** (sans inclure) not counting; (sans parler de) not to mention, to say nothing of. (d) (facturer) to charge for; (payer) to pay. **combien vous ont-ils compté le café?** how much did they charge you for the coffee? (e) (avoir) to have. **il ne compte pas d'ennemis** he has no enemies. (f) (classer, ranger) to consider. **il le compte au nombre de ses amis** he considers him one of his friends, he numbers him among his friends. (g) (parcimonie) argent to count; permissions to ration. **il ne compte pas sa peine** he spares no trouble; **ses jours sont comptés** his days are numbered. (h) (avoir l'intention de) to intend, plan, mean (faire to do); (s'attendre à) to expect. **je ne compte pas qu'il vienne aujourd'hui** I am not expecting him to come today.

2 *vi* (a) (calculer) to count. **comment est-ce que tu as compté?** how did you work it out?; **tu as mal**

compté you counted wrong, you miscounted; **à ~ de** (starting *ou* as) from. (b) (être économe) to economize. **sans ~** (lit) regardless of expense; **se dépenser sans ~** to spare no effort. (c) (avoir de l'importance) to count, matter. **35 ans de mariage, ça compte!** 35 years of marriage, that's quite something!; **~ double** to count double; **ça compte pour beaucoup dans sa décision** it has a lot to do with his decision, it is a big factor in his decision. (d) (tenir compte de) **~ avec qch** to reckon with sth, take account of sth, allow for sth. (e) (figurer) **~ parmi** to be *ou* rank among. (f) (se fier à) **~ sur** to count on, rely on; **nous comptons sur vous (pour) demain** we're relying on you for tomorrow; **j'y compte bien!** I should hope so!; **vous pouvez ~ là-dessus** you can depend upon it; **ne comptez pas sur moi** (you can) count me out.

compteur [kɔ̃tœʀ] *nm* meter. **~ Geiger** Geiger counter; **~ (kilométrique)** milometer; **~ (de vitesse)** speedometer.

comptine [kɔ̃tin] *nf* (gén: chanson) nursery rhyme.

comptoir [kɔ̃twaʀ] *nm* (a) [magasin] counter; [bar] bar. (b) (colonial) trading post. (c) (agence) branch.

compulser [kɔ̃pylse] (1) *vt* to consult.

comte [kɔ̃t] *nm* count; (Brit) earl. ◆ **comté** *nm* (Hist) earldom; (Admin) county. ◆ **comtesse** *nf* countess.

con % [kɔ̃] **1** *adj* damned % stupid. **2** *nm* damned % fool, stupid idiot %. **faire le ~** to ass about %; **idée à la ~** lousy % *ou* crummy % idea.

concasser [kɔ̃kase] (1) *vt* to crush; poivre to grind. ◆ **concassage** *nm* crushing; grinding. ◆ **concasseur** *nm* crusher.

concave [kɔ̃kav] *adj* concave. ◆ **concavité** *nf* (Opt) concavity; (cavité) cavity.

concéder [kɔ̃sede] (6) *vt* droit, point to grant, concede; but to concede, give away. **je vous concède que** I'll grant you that.

concentrer *vt*, **se ~** *vpr* [kɔ̃sɑ̃tʀe] (1) (gén) to concentrate; attention, regards to fix, focus (sur on). ◆ **concentration** *nf* (gén) concentration. **~ urbaine** conurbation; (Écon) **~ horizontale** horizontal integration; **~ d'esprit** concentration. ◆ **concentré, e 1** *adj* acide concentrated; lait condensed; candidat in a state of concentration. **2** *nm* (chimique) concentrated solution; (bouillon) concentrate, extract. **~ de tomates** tomato purée.

concentrique [kɔ̃sɑ̃tʀik] *adj* cercle concentric.

conception [kɔ̃sɛpsjɔ̃] *nf* (a) (Bio) conception. (b) (action) [idée] conception. **d'une ~ géniale** brilliantly conceived; **voilà quelle est ma ~ de la chose** this is how I see it; **~ assistée par ordinateur** computer-aided design. (c) (idée) notion, idea; (réalisation) creation. ◆ **concept** *nm* concept. ◆ **concepteur** *nm* ideas man. ◆ **conceptualiser** (1) *vt* to conceptualize.

concerner [kɔ̃sɛʀne] (1) *vt* to affect, concern. **des mesures concernant ce problème** steps concerning *ou* regarding this matter; **en ce qui concerne cette question** with regard to this question, as far as this question is concerned; **en ce qui me concerne** as far as I'm concerned; **il ne se sent pas concerné** (directement impliqué) he is not affected (par by); (moralement) he is not concerned (par about).

concert [kɔ̃sɛʀ] *nm* (Mus) concert; (accord) entente, agreement. (fig) **~ de louanges/ d'avertisseurs** chorus of praise/horns; **de ~** (ensemble) together, in unison; (d'accord) in concert; **de ~ avec** (accord) in conjunction with; (ensemble) together with. ◆ **concertiste** *nmf* concert artiste. ◆ **concerto** *nm* concerto.

concertation [kɔ̃sɛʀtasjɔ̃] *nf* (dialogue) dialogue; (rencontre) meeting. **sans ~ préalable** without preliminary consultations. ◆ **concerté, e** *adj* concerted. ◆ **concerter** (1) **1** *vt* to devise. **2 se** ~ *vpr* to consult (each other).

concession [kɔ̃sesjɔ̃] *nf* (*gén*) concession (*à* to); [*cimetière*] plot. ◆ **concessionnaire** *nmf* (*Comm*) agent, dealer.

concevoir [kɔ̃s(ə)vwaR] (28) *vt* (**a**) *idée* to conceive of; *solution, projet* to conceive, devise, think up; *déception* to understand. ~ **que** to conceive *ou* imagine that; **leur maison est bien/mal conçue** their house is well/badly designed; **voilà comment je conçois la chose** that's how I see it *ou* view it; **cela se conçoit facilement** it's quite understandable; **lettre ainsi conçue** letter expressed *ou* couched in these terms. (**b**) (*littér: éprouver*) *doutes* have, feel; *jalousie* to feel. (**c**) (*engendrer*) to conceive. ◆ **concevable** *adj* conceivable.

concierge [kɔ̃sjɛRʒ(ə)] *nmf* [*immeuble*] caretaker; manager (of an apartment building) (*US*); [*hôtel*] porter.

concile [kɔ̃sil] *nm* (*Rel*) council.

conciliabule [kɔ̃siljabyl] *nm* consultation.

concilier [kɔ̃silje] (7) *vt* (**a**) *exigences* to reconcile (*avec* with). (**b**) *partisans, amitié* to win, gain. **se** ~ **(les bonnes grâces de)** qn to win *ou* gain sb's favour. ◆ **conciliable** *adj* reconcilable. ◆ **conciliant, e** *adj* conciliatory. ◆ **conciliateur, -trice** *nm, f* conciliator. ◆ **conciliation** *nf* (*apaisement*) conciliation; (*compatibilité*) reconciliation.

concis, e [kɔ̃si, iz] *adj* concise. ◆ **concision** *nf* concision, conciseness.

concitoyen, -yenne [kɔ̃sitwajɛ̃, jɛn] *nm, f* fellow citizen.

conclave [kɔ̃klav] *nm* (*Rel*) conclave.

conclure [kɔ̃klyR] (35) **1** *vt* (**a**) *accord* to conclude; *marché* to conclude, clinch. **marché conclu!** it's a deal! (**b**) (*gén*), *texte* to conclude, end (*par* with); *discours* to wind up, bring to a close. **et pour** ~ and to conclude; (*Jur*) ~ **sa plaidoirie** to rest one's case. (**c**) (*déduire*) to conclude (*qch de qch* sth from sth). **2** *vi* ~ **à: ils ont conclu au suicide** they concluded that it was suicide. ◆ **concluant, e** *adj* conclusive. ◆ **conclusion** *nf* (*gén*) conclusion; [*discours*] close. ~**s** (*Jur*) [*demandeur*] submissions; [*avocat*] summing-up; [*jury*] findings; **déposer des** ~**s auprès d'un tribunal** to file submissions with a court; **en** ~ in conclusion.

concocter * [kɔ̃kɔkte] (1) *vt breuvage* to concoct; *discours* to elaborate.

concombre [kɔ̃kɔ̃bR(ə)] *nm* cucumber.

concorder [kɔ̃kɔRde] (1) *vi* [*faits, dates, résultats*] to agree, tally; [*idées, caractères*] to match. **ses actes concordent-ils avec ses idées?** is his behaviour in accordance with his ideas? ◆ **concordance** *nf* [*témoignages*] agreement (*de* of); [*résultats*] similarity (*de* of *ou* between). (*Gram*) **~ des temps** sequence of tenses. ◆ **concordant, e** *adj résultats* similar; **témoignages** ~**s** testimonies which agree *ou* tally. ◆ **concordat** *nm* (*Rel*) concordat. ◆ **concorde** *nf* concord.

concourir [kɔ̃kuRiR] (11) **1** *vi* (**a**) [*concurrent*] to compete (*pour* for). (**b**) (*converger*) to converge (*vers* towards, on). **2** ~ **à** *vt indir* ~ **à qch/à faire qch** to work towards sth/towards doing sth. ◆ **concours** *nm* (**a**) (*gén: jeu*) competition; (*examen*) competitive examination. ~ **agricole** agricultural show; ~ **hippique** (*Sport*) show-jumping; (*épreuve*) horse show; ~ **de beauté** beauty contest; ~ **de recrutement** competitive entry examination. (**b**) (*participation*) aid, help. **prêter son** ~ **à qch** to lend one's support to sth; ~ **de circonstances** combination of circumstances.

concret, -ète [kɔ̃kRɛ, ɛt] *adj* (*gén*) concrete; *avantages* positive. ◆ **concrètement** *adv* in concrete terms. ◆ **concrétiser** (1) **1** *vt* to give concrete

expression to. **2 se** ~ *vpr* to materialize. ◆ **concrétisation** *nf* [*promesses, etc*] realization.

concubinage [kɔ̃kybinaʒ] *nm* cohabitation.

concupiscence [kɔ̃kypisɑ̃s] *nf* concupiscence. ◆ **concupiscent, e** *adj* concupiscent.

concurremment [kɔ̃kyRamɑ̃] *adv* (*conjointement*) conjointly.

concurrence [kɔ̃kyRɑ̃s] *nf* (*gén, Comm*) competition. **prix défiant toute** ~ absolutely unbeatable price; **faire** ~ **à** qn to compete with sb; **jusqu'à** ~ **de...** up to..., to a limit of... ◆ **concurrencer** (3) *vt* to compete with. ◆ **concurrent, e** *nm, f* (*Comm, Sport*) competitor; [*concours*] candidate. ◆ **concurrentiel, -elle** *adj* (*Écon*) competitive.

condamner [kɔ̃dane] (1) *vt* (**a**) *coupable* to sentence (*à* to, *pour* for); *livre, délit, expression* to condemn. ~ **à mort** to sentence to death; ~ qn **à une amende** to fine sb, impose a fine on sb; **X, plusieurs fois condamné pour vol...** X, several times convicted of theft...; **il ne faut pas le** ~ **d'avoir fait cela** you mustn't condemn *ou* blame him for doing that; **sa rougeur le condamne** his blushes condemn him; **je suis condamné à me lever tôt** I'm doomed to get up early. (**b**) (*Méd*) *malade* to give up hope for. **il était condamné** [*malade, projet*] he (*ou* it) was doomed *ou* done for; **c'est condamné à sombrer dans l'oubli** it's doomed to sink into oblivion. (**c**) *porte* to fill in, block up; *pièce* to lock up; *portière de voiture* to lock. (*fig*) ~ **sa porte à** qn to bar one's door to sb. ◆ **condamnable** *adj* reprehensible, blameworthy. ◆ **condamnation** *nf* (**a**) [*coupable*] (*action*) sentencing (*à* to, *pour* for); (*peine*) sentence. **il a 3** ~**s à son actif** he (already) has 3 convictions; ~ **à mort** death sentence, capital sentence; ~ **à une amende** imposition of a fine. (**b**) [*livre, délit, conduite*] condemnation. (**c**) (*fig: échec*) end. (**d**) (*Aut*) (*action*) locking; (*système*) locking device. ◆ **condamné, e** *nm, f* sentenced person, convict. ~ **(à mort)** condemned man; **les malades** ~**s** the terminally ill.

condé [kɔ̃de] *nm* (*arg Police: policier*) cop ‡.

condenser *vt*, **se** ~ *vpr* [kɔ̃dɑ̃se] (1) to condense. ◆ **condensateur** *nm* condenser. ◆ **condensation** *nf* condensation. ◆ **condensé** *nm* (*Presse*) digest.

condescendance [kɔ̃desɑ̃dɑ̃s] *nf* condescension. ◆ **condescendant, e** *adj* condescending. ◆ **condescendre** (41) *vi*: ~ **à (faire)** to condescend to (do).

condiment [kɔ̃dimɑ̃] *nm* condiment.

condisciple [kɔ̃disipl(ə)] *nm* (*Scol*) schoolfellow; (*Univ*) fellow student.

condition [kɔ̃disjɔ̃] *nf* (**a**) (*circonstances*) ~**s** conditions; **dans ces** ~**s** under these conditions; **améliorer la** ~ **des travailleurs immigrés** to improve the lot of foreign workers. (**b**) (*stipulation*) condition; (*exigence*) condition, requirement. ~ **préalable** prerequisite; **poser ses** ~**s** to lay down one's conditions; **remplir les** ~**s requises** to fulfil the requirements; **sans** ~**(s)** (*adj*) unconditional; (*adv*) unconditionally; **à une** ~ on one condition; **à** ~ **d'être** *ou* **que tu sois sage** provided *ou* on condition that you're good; **sous** ~ *libérer* conditionally. (**c**) (*Comm*) ~**s** terms; **faire ses** ~**s** to make one's terms. (**d**) (*état*) **en bonne** ~ *envoi* in good condition; *athlète* in condition, fit; **(se) mettre en** ~ to get into condition, get fit; **la mise en** ~ **des téléspectateurs** the conditioning of viewers. (**e**) (*sociolement*) (*métier*) profession, trade; (*rang*) station, condition. **étudiant de** ~ **modeste** student from a modest home *ou* background; **la** ~ **ouvrière** the position of the workers; **la** ~ **d'artisan/d'intellectuel** the situation of the craftsman/intellectual. ◆ **conditionnel, -elle** *adj, nm* conditional. ◆ **conditionnellement** *adv* conditionally.

◆ **conditionner** (1) *vt (emballer)* to package, pre-pack; *(influencer)* to condition. ◆ **conditionnement** *nm* packaging; conditioning.

condoléances [kɔ̃dɔleɑ̃s] *nfpl* condolences. **faire ses ~ à qn** to offer sb one's sympathy *ou* condolences.

conducteur, -trice [kɔ̃dyktœʀ, tʀis] **1** *adj (Élec)* conductive, conducting. **2** *nm, f (Aut, Rail)* driver; *[machine]* operator. ~ **d'engins** heavy plant driver; ~ **d'hommes** leader. **3** *nm (Élec)* conductor. ◆ **conductibilité** *nf* conductivity. ◆ **conductible** *adj* conductive. ◆ **conduction** *nf (Méd, Phys)* conduction.

conduire [kɔ̃dɥiʀ] (38) **1** *vt* **(a)** ~ **qn quelque part** *[personne, véhicule]* to take sb somewhere; *[guide, route, études]* to lead sb somewhere; ~ **qn à la gare** *(en voiture)* to take *ou* drive sb to the station; *(à pied)* to walk sb to the station; ~ **les hommes à l'assaut** to lead the men into the attack; **cela nous conduit à penser que** that leads us to think that; **ça l'a conduit en prison** it landed him in prison. **(b)** *véhicule* to drive; *embarcation* to steer; *avion* to pilot; *cheval [cavalier]* to ride; *[cocher]* to drive. **il conduit bien** he is a good driver, he drives well. **(c)** *affaires, pays* to run; *travaux* to supervise; *négociations, enquête* to conduct; *orchestre [chef]* to conduct; *[violon]* to lead. **(d)** *électricité* to conduct; *eau* to carry. **2 se** ~ *vpr* to behave *(comme* as). **il s'est mal conduit** he behaved badly. ◆ **conduit** *nm (Tech)* conduit, pipe; *(Anat)* duct, canal; *[fumée]* flue. ~ **de ventilation** ventilation shaft; ~ **d'aération** air duct. ◆ **conduite** *nf* **(a)** *(V* **conduire b)** driving; steering ; piloting. **voiture avec ~ à gauche** left-hand drive car; **faire un brin de ~ à qn** * to walk along with sb for a bit. **(b)** *(V* **conduire c)** running; supervision; conducting. **sous la ~ de** *guide* under the leadership of. **(c)** *(comportement)* behaviour; *(Scol)* conduct. **(d)** *(tuyau)* pipe; *[eau, gaz]* main.

cône [kon] *nm (gén)* cone.

confectionner [kɔ̃fɛksjɔne] (1) *vt mets* to prepare, make; *vêtement* to make. ◆ **confection** *nf* making; preparation. **être dans la ~** to be in the ready-made clothes business.

confédéral, e, *mpl* **-aux** [kɔ̃fedeʀal, o] *adj* confederal. ◆ **confédération** *nf* confederation, confederacy. ◆ **confédéré, e** *adj, nm, f* confederate.

conférence [kɔ̃feʀɑ̃s] *nf (exposé)* lecture; *(réunion)* conference, meeting; *(poire)* conference pear. **faire une ~ sur qch** to lecture on sth, give a lecture on sth; **être en ~** to be in *ou* at a meeting; ~ **de presse** press conference. ◆ **conférencier, -ière** *nm, f* speaker, lecturer.

conférer [kɔ̃feʀe] (6) **1** *vt (gén)* to give *(à* to); *prestige, dignité* to confer *(à* on); *autorité* to impart *(à* to). **2** *vi* to confer *(sur* on, about).

confesser [kɔ̃fese] (1) **1** *vt péchés* to confess. ~ **qn** to hear sb's confession, confess sb. **2 se** ~ *vpr (Rel)* to go to confession. **se** ~ **à** to confess to; **se** ~ **de** *(littér)* to confess. ◆ **confesse** *nf*: **aller à** ~ to go to confession. ◆ **confesseur** *nm* confessor. ◆ **confession** *nf (aveu)* confession; *(religion)* denomination. ◆ **confessional,** *pl* **-aux** *nm* confessional. ◆ **confessionnel, -elle** *adj* denominational. **école** ~**le** denominational *ou* sectarian school; **non** ~ nondenominational, nonsectarian.

confetti [kɔ̃feti] *nm*: ~**(s)** confetti.

confiance [kɔ̃fjɑ̃s] *nf (en l'honnêteté)* confidence, trust; *(en la valeur)* confidence, faith *(en* in). **avoir** ~ **en, faire** ~ **à** to have confidence in; **c'est quelqu'un en qui on peut avoir** ~ he's *(ou* she's) a person you can rely on; *(Pol)* **voter la** ~ to pass a vote of confidence; **mettre qn en** ~ to win sb's trust; **avec** ~ *se confier* trustingly; *espérer* confidently; **de** ~ *acheter* with confidence; *homme, mai-*

---

son trustworthy, reliable; **un poste de** ~ a position of trust; ~ **en soi** self-confidence. ◆ **confiant, e** *adj (assuré)* confident; *(sans défiance)* confiding.

confidence [kɔ̃fidɑ̃s] *nf* confidence. **faire une** ~ **à qn** to confide sth to sb; **en** ~ in confidence; **mettre qn dans la** ~ to let sb into the secret. ◆ **confident, e** *nm, f* confidant; confidante. ◆ **confidentiel, -ielle** *adj* confidential; *(sur enveloppe)* private. ◆ **confidentiellement** *adv* confidentially. ◆ **confidentialité** *nf* confidentiality.

confier [kɔ̃fje] (7) **1** *vt secret, projet, espoir* to confide *(à* to). **je vous confie le soin de la tâche** I entrust you with the task of doing it. **2 se** ~ *vpr*: **se** ~ **à qn** *(secret)* to confide in sb; *(protection)* to place o.s. in sb's hands.

configuration [kɔ̃figyʀasjɔ̃] *nf* (general) shape, configuration; *[lieux]* layout.

confiner [kɔ̃fine] (1) **1** *vt*: ~ **qn dans** to confine sb in. **2** ~ **à** *vt indir* to border on. **3 se** ~ *vpr* to confine o.s. *(à* to). **se** ~ **chez soi** to shut o.s. up at home. ◆ **confiné, e** *adj* close, stuffy. ◆ **confinement** *nm* confining.

confins [kɔ̃fɛ̃] *nmpl* borders; *(limite extrême)* furthermost bounds.

confire [kɔ̃fiʀ] (37) *vt* to preserve; *(vinaigre)* to pickle. ◆ **confit, e 1** *adj fruit* crystallized, candied; *cornichon etc* pickled. **2** *nm*: ~ **d'oie** conserve of goose. ◆ **confiture** *nf* jam. ~ **d'oranges/de citrons** (orange)/lemon marmalade; *(fig)* **donner de la** ~ **aux cochons** to cast pearls before swine.

confirmer [kɔ̃fiʀme] (1) *vt (gén, Rel)* to confirm. **la nouvelle se confirme** the news has been confirmed, there is some confirmation of the news. ◆ **confirmation** *nf* confirmation. **en** ~ **de** in confirmation of; **c'est la** ~ **de** it is confirmation of.

confiserie [kɔ̃fizʀi] *nf (magasin)* confectioner's (shop); *(métier, marchandise)* confectionery. **manger une** ~ to eat a sweet. ◆ **confiseur, -euse** *nm, f* confectioner.

confisquer [kɔ̃fiske] (1) *vt (gén, Jur)* to confiscate, seize. ◆ **confiscation** *nf* confiscation, seizure.

conflictuel, -elle [kɔ̃fliktɥɛl] *adj pulsions, intérêts* conflicting. **situation** ~**le** situation of conflict; **avoir des rapports** ~**s avec qn** to have a relationship of conflict with sb.

conflit [kɔ̃fli] *nm (gén, Mil)* conflict, clash; *(Ind: grève)* dispute. **entrer en** ~ **avec qn** to clash with sb; ~ **social** industrial dispute; ~**s internes** infighting; **le** ~ **israélo-arabe** the Arab-Israeli wars.

confluent [kɔ̃flyɑ̃] *nm (endroit)* confluence.

confondre [kɔ̃fɔ̃dʀ(ə)] (41) **1** *vt* **(a)** *choses, dates* to mix up, confuse. ~ **qch avec qch d'autre** to mistake sth for sth else; **j'ai dû** ~ I must have made a mistake. **(b)** *(déconcerter)* to astound *(par* with). **confondu de reconnaissance** overcome with gratitude. **(c)** *menteur* to confound. **(d)** *(fusionner)* to join. **2 se** ~ *vpr* **(a)** *[couleurs, silhouettes]* to merge; *[souvenirs]* to become confused; *[fleuves]* to join. **nos intérêts se confondent** our interests are one and the same. **(b) se** ~ **en excuses/remerciements** to apologize (to sb)/thank sb profusely.

conforme [kɔ̃fɔʀm(ə)] *adj* true. ~ **à** *modèle* true to; *plan, règle* in accordance *ou* conformity with; *moyens, opinions* in keeping with; **c'est peu** ~ **à ce que j'ai dit** it bears little resemblance to what I said; **ce n'est pas** ~ *accord, commande, normes* it does not comply with; **ce n'est pas** ~ **à l'original** it does not match the original.

conformer [kɔ̃fɔʀme] (1) **1** *vt*: ~ **qch à** to model sth on. **2 se** ~ *vpr*: **se** ~ **à** to conform to. ◆ **conformation** *nf* conformation. ◆ **conformé, e** *adj*: **bien/mal** ~ well/ill-formed. ◆ **conformément** *adv*: ~ **à** in accordance with.

conformisme [kɔ̃fɔʀmism(ə)] *nm (gén)* conformity.
♦ **conformiste** *adj, nmf (gén)* conformist.

conformité [kɔ̃fɔʀmite] *nf (identité)* similarity; *(fidé-lité)* faithfulness *(à* to). **en ~ avec** *plan, ordres* in accordance with; *idées* in keeping *ou* in conformity with.

confort [kɔ̃fɔʀ] *nm* comfort. **appartement tout ~** flat with all mod cons *ou* modern conveniences.
♦ **confortable** *adj (gén, fig)* comfortable. **peu ~** rather uncomfortable. ♦ **confortablement** *adv* comfortably. **vivre ~** *(confort)* to live in comfort; *(richesse)* to live very comfortably.

conforter [kɔ̃fɔʀte] (1) *vt* to reinforce, confirm.

confrère [kɔ̃fʀɛʀ] *nm [profession]* colleague; *[association]* fellow member; *(journal)* (fellow) newspaper. ♦ **confrérie** *nf* brotherhood.

confronter [kɔ̃fʀɔ̃te] (1) *vt opinions* to confront; *textes* to compare. ♦ **confrontation** *nf* confrontation; comparison.

confus, e [kɔ̃fy, yz] *adj* **(a)** *(gén)* confused; *esprit, style* muddled; *idée* hazy. **(b)** *(honteux)* ashamed, embarrassed *(de qch* of sth, *d'avoir fait* at having done). ♦ **confusément** *adv distinguer, ressentir* vaguely; *parler* confusedly. ♦ **confusion** *nf (honte)* embarrassment; *(trouble, désordre)* confusion; *(erreur)* confusion *(de* in). **vous avez fait une ~** you've made a mistake; **mettre la ~ dans les esprits** to throw people into disarray *ou* confusion.

congé [kɔ̃ʒe] *nm* **(a)** *(vacances)* holiday, vacation *(US)*; *(Mil)* leave. **3 jours de ~ pour** *ou* **à Noël** 3 days' holiday *ou* 3 days off at Christmas; **en ~** on holiday; **quand avez-vous ~?** when are you off?, when do you get a holiday?; **avoir ~ le mercredi** to have Wednesdays off; **~s payés/scolaires** paid/school holidays. **(b)** *(arrêt)* **prendre/donner du ~** to take/give time off *ou* some leave; **~ sans solde/de maladie** unpaid/sick leave; **~ de longue maladie** prolonged *ou* extended sick leave; **~ de conversion** retraining period. **(c)** *(départ)* notice. **donner son ~** *[employé]* to give in one's notice; *[employeur, locataire]* to give notice *(à* to); **il a demandé son ~** he's asked to leave. **(d)** *(adieu)* **prendre ~ (de qn)** to take one's leave (of sb). **(e)** *(Admin: autorisation)* clearance certificate; *[alcool]* release. ♦ **congédier** (7) *vt* to dismiss.

congeler [kɔ̃ʒle] (5) **1** *vt* to freeze. **produits congelés** (deep-)frozen *ou* deep-freeze foods. **2 se ~** *vpr* to freeze. ♦ **congélateur** *nm (meuble)* freezer, deep-freeze; *(compartiment)* freezer compartment. ♦ **congélation** *nf* freezing. **sac de ~** freezer bag.

congénère [kɔ̃ʒenɛʀ] *nmf* fellow creature.
♦ **congénital, e,** *mpl* **-aux** *adj* congenital.

congère [kɔ̃ʒɛʀ] *nf* snowdrift.

congestionner [kɔ̃ʒɛstjɔne] (1) *vt rue* to congest; *personne* to flush, make flushed. **être congestionné** to be flushed. ♦ **congestion** *nf* congestion. **~ (cérébrale)** stroke.

conglomérat [kɔ̃ɡlɔmeʀa] *nm (gén)* conglomeration; *(Écon, Géol)* conglomerate.

Congo [kɔ̃ɡo] *nm:* **le ~** the Congo. ♦ **congolais, e 1** *adj,* **C~(e)** *nm(f)* Congolese. **2** *nm (gâteau)* coconut cake.

congratuler [kɔ̃ɡʀatyle] (1) *vt* to congratulate.
♦ **congratulations** *nfpl* congratulations.

congre [kɔ̃ɡʀ(ə)] *nm* conger eel.

congrégation [kɔ̃ɡʀeɡasjɔ̃] *nf (Rel)* congregation.

congrès [kɔ̃ɡʀɛ] *nm* congress. ♦ **congressiste** *nmf* participant at a congress.

conifère [kɔnifɛʀ] *nm* conifer.

conique [kɔnik] *adj* cone-shaped.

conjecture [kɔ̃ʒɛktyʀ] *nf* conjecture. ♦ **conjecturer** (1) *vt* to conjecture.

---

conjoint, e [kɔ̃ʒwɛ̃, wɛ̃t] **1** *adj action* joint. **2** *nm, f (époux)* spouse. **les ~s** the couple, the husband and wife. ♦ **conjointement** *adv* jointly. **~ avec** together with; *(Jur)* **~ et solidairement** jointly and severally.

conjonction [kɔ̃ʒɔ̃ksjɔ̃] *nf* conjunction.
♦ **conjonctif, -ive** *adj (Gram)* conjunctive.

conjoncture [kɔ̃ʒɔ̃ktyʀ] *nf* situation, circumstances. **crise de ~** economic crisis.

conjugaison [kɔ̃ʒyɡɛzɔ̃] *nf (Bio, Gram)* conjugation; *(union)* union.

conjugal, e, *mpl* **-aux** [kɔ̃ʒyɡal, o] *adj amour* conjugal; *vie* married, conjugal. ♦ **conjugalement** *adv vivre* as a married couple.

conjuguer [kɔ̃ʒyɡe] (1) **1** *vt (Gram)* to conjugate; *(combiner)* to combine. **action conjuguée** joint *ou* combined action. **2 se ~** *vpr [efforts]* to combine. *[verbe]* **se ~ (avec)** to be conjugated (with).

conjurer [kɔ̃ʒyʀe] (1) **1** *vt* **(a)** *échec* to avert; *diable, sort* to ward off. **(b)** **~ qn de faire qch** to beseech *ou* entreat sb to do sth. **2 se ~** *vpr* to conspire *(contre* against). ♦ **conjuration** *nf* conspiracy.
♦ **conjuré, e** *nm, f* conspirator.

connaissance [kɔnɛsɑ̃s] *nf* **(a)** *(savoir)* knowledge. **une profonde ~ du cœur humain** a deep understanding of *ou* insight into the human heart; **faire étalage de ses ~s** to display one's knowledge *ou* learning; **c'est un garçon qui a des ~s** he's a knowledgeable fellow; **il a de bonnes ~s en anglais** he has a good command of English. **(b)** *(personne)* acquaintance. **(c)** *(conscience)* consciousness. **sans ~** unconscious; **reprendre ~** to regain consciousness, come round, come to. **(d) (pas) à ma ~** (not) to my knowledge, (not) as far as I know; **venir à la ~ de qn** to come to sb's knowledge; **donner ~ de qch à qn** to inform sb of sth; **en ~ de cause** with full knowledge of the facts; **en pays de ~** *(gens)* among familiar faces; *(sujet)* on familiar ground; **qn de sa ~** someone they knew; **faire ~ avec qn** to meet sb; **prendre ~ de qch** to read sth; **je leur ai fait faire ~** I introduced them (to each other). ♦ **connaisseur, -euse 1** *adj* expert. **2** *nm, f* connoisseur.

connaître [kɔnɛtʀ(ə)] (57) **1** *vt* **(a)** *(gén)* to know; *fait, personne* to be acquainted with; *texte, coutume* to be familiar with; *restaurant* to know of. **connaît-il la nouvelle?** has he heard the news?; **~ qn de vue** to know sb by sight; **apprendre à ~ qn** to get to know sb; **il l'a connu à l'université** he met *ou* knew him at university; **tu connais les oiseaux/la mécanique?** do you know anything about birds/ engineering?; **~ la vie** to know about life; **il connaît son affaire** he knows what he's talking about; **elle n'y connaît rien** she doesn't know a thing about it, she hasn't a clue about it *; (fig)* **je connais la chanson** I've heard it all before. **(b)** *succès* to enjoy, have; *privations* to know, experience. **nous connaissons de tristes heures** we are going through sad times. **(c)** **faire ~ (qn/qch)** to make (sb/sth) known; **faire ~ décision** to announce, make public; **il m'a fait ~ son frère/la pêche** he introduced me to his brother/fishing; **se faire ~** *(gén)* to make o.s. known; *[artiste]* to make a name for o.s.

2 se ~ *vpr* **(a)** **se ~ (soi-même)** to know o.s.; *(rage)* **il ne se connaît plus** he's beside himself with anger. **(b)** *(se rencontrer)* to meet; **ils s'y ~ en qch** to know a lot about sth, be an expert on sth.
♦ **connu, e** *adj terre, animal* known; *idée, auteur* well-known. **mal ~** little known; **il est ~ comme le loup blanc** everybody knows him; *(Statistiques etc)* **chiffres non encore ~s** figures not yet available.

conne ‡ [kɔn] **1** *adj* damned ‡ stupid. **2** *nf* damned ‡ fool, stupid idiot ‡.

connecter [kɔnɛkte] (1) *vt* to connect.
♦ **connexion** *nf* connection.

connétable [kɔnetabl(ə)] *nm (Hist)* constable.

connivence [kɔnivɑ̃s] *nf* connivance. **de** ~ **avec** in connivance with; **sourire de** ~ smile of complicity; **ils sont de** ~ they're in league with each other.

conquérir [kɔ̃keRiR] (21) *vt (gén)* to conquer; *galons* to win; *estime* to win, gain; *personnage influent* to win over. **conquis à une doctrine** won over *ou* converted to a doctrine; **ils ont conquis une grande partie de ce marché** they have captured a large part of that market. ♦ **conquérant, e** **1** *adj peuple* conquering; *ardeur* masterful; *regard* swaggering. **2** *nm, f* conqueror. ♦ **conquête** *nf* conquest. **faire la** ~ **de** to conquer; to win over.

consacrer [kɔ̃sakRe] (1) *vt* (a) ~ **à** *(dédier à)* to devote to, dedicate to, consecrate to; *(affecter à)* to devote to, give to; **pouvez-vous me** ~ **un instant?** can you spare me a moment?; **se** ~ **à Dieu** to dedicate *ou* give o.s. to God. (b) *(Rel)* to consecrate; *coutume, droit* to establish; *abus* to sanction. ♦ **consacré, e** *adj (habituel, accepté)* accepted; *itinéraire* traditional; *écrivain* established, recognized. **c'est l'expression consacrée** it's the accepted way of saying it.

conscience [kɔ̃sjɑ̃s] *nf* (a) *(psychologique)* **la** ~ **de qch** the awareness *ou* consciousness of sth; *(Philos, Psych)* **la** ~ consciousness; **avoir** ~ **que** to be aware *ou* conscious that; **prendre** ~ **de qch** to become aware of sth, realize sth; **perdre/reprendre** ~ to lose/regain consciousness. (b) *(morale)* conscience. **avoir qch sur la** ~ to have sth on one's conscience; **avoir bonne/mauvaise** ~ to have a good *ou* clear/bad *ou* guilty conscience; **en (toute)** ~ in all conscience *ou* honesty. (c) ~ **(professionnelle)** conscientiousness. ♦ **consciemment** *adv* consciously. ♦ **consciencieusement** *adv* conscientiously. ♦ **consciencieux, -ieuse** *adj* conscientious. ♦ **conscient, e** *adj (non évanoui)* conscious; *(lucide)* lucid; *décision* conscious. ~ **de** conscious *ou* aware of.

conscrit [kɔ̃skRi] *nm* conscript, draftee *(US)*. ♦ **conscription** *nf* conscription, draft *(US)*.

consécration [kɔ̃sekRɑsjɔ̃] *nf (Rel)* consecration; *[coutume, droit]* establishment; *[abus]* sanctioning; *[artiste]* consecration.

consécutif, -ive [kɔ̃sekytif, iv] *adj* consecutive. **sa blessure est** ~**ive à un accident** his *(ou* her) injury is the result of an accident. ♦ **consécutivement** *adv* consecutively. ~ **à** following upon.

conseil [kɔ̃sɛj] **1** *nm* (a) ~**(s)** advice; **un** ~ some advice, a piece of advice; **prendre** ~ **de qn** to take advice from sb; **un petit** ~ a word of advice; ~ **d'ami** friendly piece of advice; ~**s à la ménagère** hints *ou* tips for the housewife. (b) *(personne)* consultant, adviser *(en* in). **ingénieur-**~ consulting engineer; **avocat-**~ legal consultant. (c) *(groupe)* *[entreprise]* board; *[organisme]* council, committee; *(séance)* meeting. **tenir** ~ *(se réunir)* to hold a meeting; *(délibérer)* to deliberate.
2 : ~ **d'administration** *[société]* board of directors; *[hôpital]* board of governors; ~ **de classe** staff meeting; ~ **de discipline** disciplinary committee; *(Scol)* ~ **d'établissement** ≃ governing board, ≃ board of education *(US)*; ~ **de guerre** *(réunion)* council of war; *(tribunal)* court-martial; **le C**~ **des ministres** the Cabinet; ~ **municipal** town council; ~ **de révision** recruiting board; **C**~ **de Sécurité** Security Council.

conseiller¹ [kɔ̃seje] (1) *vt* (a) *prudence, méthode* to recommend *(à qn* to sb). ~ **à qn de faire qch** to advise sb to do sth; **la peur lui conseilla de...** fear prompted him to...; **il est conseillé de** it is advisable to; **il est conseillé aux parents de...** parents are advised to... (b) *(guider)* to advise, give advice to. **bien/mal conseillé** well/badly advised.

conseiller², -ère [kɔ̃seje, jɛR] *nm, f (expert)* adviser; *(Admin, Pol)* council member, councillor. ~ **municipal** town councillor, city council man *(US)*; ~ **d'orientation** careers adviser, (school) counselor *(US)*; ~ **pédagogique** educational adviser; ~ **d'éducation** year head, dean *(US)*.

consentir [kɔ̃sɑ̃tiR] (16) **1** *vi* to agree, consent *(à* to). ~ **(à ce) que qn fasse qch** to consent *ou* agree to sb's doing sth. **2** *vt délai, prêt* to grant *(à* to). ~ **une dérogation** to grant *ou* accord exemption *(à* to). ♦ **consentant, e** *adj* willing; *(Jur)* consenting. **êtes-vous** ~**?** do you consent to it?, does it have your consent? ♦ **consentement** *nm* consent.

conséquence [kɔ̃sekɑ̃s] *nf* (a) *(gén)* consequence; *(conclusion)* conclusion. **cela a eu pour** ~ **de** the result *ou* consequence of this was that; **avoir d'heureuses** ~**s** to have a happy outcome *ou* happy results; **tirer les** ~**s** to draw conclusions *ou* inferences *(de* from). (b) **de** ~ of (some) consequence; **en** ~ *(donc)* consequently; *agir* accordingly; **en** ~ **de** *(par suite de)* in consequence of; **sans** ~ *(fâcheuse)* without repercussions; *(sans importance)* of no consequence; **cela ne tire pas à** ~ it's of no consequence. ♦ **conséquent, e** *adj (logique)* consistent; *(*: *important)* sizeable; *(Géol)* consequent. **par** ~ consequently.

conservateur, -trice [kɔ̃sɛRvatœR, tRis] **1** *adj (gén)* conservative. **2** *nm, f [musée]* curator; *[bibliothèque]* librarian; *(Pol)* conservative. **3** *nm (produit chimique)* preservative. ♦ **conservatisme** *nm* conservatism.

conservatoire [kɔ̃sɛRvatwaR] *nm* school, academy (of music, drama). **le C**~ the (Paris) Conservatoire.

conserver [kɔ̃sɛRve] (1) **1** *vt* (a) *(gén)* to keep; *denrée* to store; *vitesse* to maintain; *habitude* to keep up; *espoir, sens* to retain; *qualité, droits, vie* to conserve. **il a conservé sa tête** *(lucidité)* he still has his wits about him. (b) *(en bon état)* to preserve. **bien conservé** *personne* well-preserved. (c) *(Culin)* to preserve, can; *(au vinaigre)* to pickle; *(en bocal)* to bottle. **2 se** ~ *vpr [aliments]* to keep. ♦ **conservation** *nf [archives]* keeping; *[aliments, monuments]* preservation. **en bon état de** ~ well-preserved. ♦ **conserve 1** *nf* : **les** ~**s** tinned *(ou* canned *ou* bottled) food(s); ~**s en bocaux** bottled preserves; **l'industrie de la** ~ the canning industry; **mettre en** ~ *(boîte)* to can; *(bocal)* to bottle; *(fig)* **tu ne vas pas en faire des** ~**s!** * you're not going to hoard it away for ever! **2** *adv* : **de** ~ *naviguer* in convoy; *agir* in concert. ♦ **conserverie** *nf (usine)* canning factory.

considérable [kɔ̃sideRabl(ə)] *adj (gén)* considerable; *rôle* significant; *dégâts* extensive; *(littér) personnage* eminent. ♦ **considérablement** *adv* considerably; significantly; extensively.

considération [kɔ̃sideRɑsjɔ̃] *nf* (a) *(examen)* consideration. **ceci mérite** ~ this is worth considering *ou* consideration. **prendre qch en** ~ to take sth into consideration *ou* account, make allowances for sth; **en** ~ **de** *(en raison de)* because of; *(par rapport à)* considering; **sans** ~ **de** *dangers* regardless of; *personne* without taking into consideration. (b) *(motif)* consideration. (c) *(remarques)* ~**s** reflections. (d) *(respect)* esteem, respect. **'veuillez agréer l'assurance de ma** ~ **distinguée'** 'yours faithfully', 'yours truly' *(US)*. ♦ **considérer** (6) *vt* (a) *(gén)* to consider. ~ **qch avec inquiétude** to view sth with anxiety; **tout bien considéré** all things considered; **je le considère comme mon fils** I look upon him as my son; **il se considère comme un génie** he considers himself a genius; **considérant que** *(gén)* considering that; *(Jur)* whereas. (b) *(respecter)* to respect, have a high regard for.

consigner [kɔ̃siɲe] (1) vt (**a**) fait to record. ~ qch **par écrit** to put sth down in writing ou on paper. (**b**) soldat to confine to barracks; élève to keep in (after school); salle to bar entrance to. (**c**) bagages to put in the left-luggage office. (**d**) bouteille to put a deposit on. ◆ **consigne** nf (instructions) orders; (punition) (Mil) confinement to barracks; (Scol) detention; [bagages] left-luggage (office); [bouteille] deposit. ~ **automatique** (left-luggage) lockers. ◆ **consigné, e** adj emballage returnable. **non** ~ non-returnable.

consistance [kɔ̃sistɑ̃s] nf consistency. **donner de la** ~ **à** pâte to give body to; rumeur to give strength to; **prendre** ~ [liquide] to thicken; **sans** ~ substance lacking in consistency; caractère spineless; rumeur ill-founded, groundless. ◆ **consistant, e** adj repas substantial; nourriture, argument solid; sirop thick.

consister [kɔ̃siste] (1) vi (se composer de) ~ **en** to consist of, be made up of; (résider dans) ~ **dans** to consist in; ~ **à faire** to consist in doing.

consoler [kɔ̃sɔle] (1) **1** vt personne to console; chagrin to soothe. **si ça peut te** ~... if it is of any consolation ou comfort to you... **2 se** ~ vpr to console o.s., find consolation. **se** ~ **d'une perte** to be consoled for ou get over a loss. ◆ **consolant, e** adj consoling, comforting. ◆ **consolation** nf (action) consolation. (réconfort) ~(**s**) consolation, comfort; **c'est une** ~ that's one consolation.

consolider [kɔ̃sɔlide] (1) **1** vt (gén) to strengthen; accord, fortune to consolidate. **2 se** ~ vpr [régime] to strengthen ou consolidate its position. ◆ **consolidation** nf strengthening; consolidation.

consommer [kɔ̃sɔme] (1) vt (**a**) (gén) to consume; nourriture to eat; boissons to drink; carburant to use. **il se consomme beaucoup de vin** a lot of wine is consumed ou drunk; **je désirerais** ~ I would like a drink; (Aut) **elle consomme beaucoup d'essence** it's heavy on petrol, it uses a lot of petrol. (**b**) acte sexuel to consummate; crime to perpetrate, commit; ruine to confirm. **ce qui a consommé la rupture...** what put the seal on the break-up... ◆ **consommateur, -trice** nm, f (acheteur) consumer; [café] customer. ◆ **consommation** nf (**a**) consumption; consummation; perpetration; confirmation. **il fait une grande** ~ **de papier** he goes through * ou uses a lot of paper; **de** ~ biens, société consumer; **produit de** ~ consumable. (**b**) (boisson) drink. **prendre les** ~**s** to take the orders. ◆ **consommé, e 1** adj habileté consummate; écrivain accomplished. **2** nm consommé.

consonne [kɔ̃sɔn] nf consonant.

consortium [kɔ̃sɔRsjɔm] nm consortium.

conspirer [kɔ̃spiRe] (1) vi to conspire, plot (contre against). ~ **à faire** to conspire to do. ◆ **conspirateur, -trice 1** adj conspiratorial. **2** nm, f conspirer, plotter. ◆ **conspiration** nf conspiracy.

conspuer [kɔ̃spɥe] (1) vt to boo.

constant, e [kɔ̃stɑ̃, ɑ̃t] **1** adj (gén) constant; effort steadfast. **2** nf (Math) constant; (fig) permanent feature. ◆ **constamment** adv constantly. ◆ **constance** nf constancy, steadfastness.

Constantinople [kɔ̃stɑ̃tinɔpl(ə)] n Constantinople.

constater [kɔ̃state] (1) vt (**a**) (remarquer) to note, notice, see. **je constatai sa disparition** I noticed ou saw that it had disappeared; **je ne fais que** ~ I'm merely stating a fact, I'm merely making an observation; **constatez par vous-même** see for yourself. (**b**) (consigner) effraction to record; décès to certify. ◆ **constat** nm: ~ (**d'huissier**) certified report ; ~ (**d'accident**) (accident) report. ◆ **constatation** nf (**a**) (action) noting; noticing; seeing; recording; certifying. (**b**) (remarque) observation. ~**s** [enquête] findings.

constellation [kɔ̃stelasjɔ̃] nf (gén) constellation. ◆ **constellé, e** adj: ~ **de** astres, lumières spangled ou studded with; taches spotted ou dotted with.

consternation [kɔ̃stɛRnasjɔ̃] nf consternation, dismay. ◆ **consterner** (1) vt to dismay, fill with consternation. **air consterné** air of consternation ou dismay.

constiper [kɔ̃stipe] (1) vt to constipate. ◆ **constipation** nf constipation. ◆ **constipé, e** adj (péj: guindé) stiff; (Méd) constipated.

constituer [kɔ̃stitɥe] (1) **1** vt (**a**) (fonder) comité, gouvernement to set up, form; bibliothèque to build up; dossier to make up, put together. (**b**) (composer) [éléments] to make up, constitute. **constitué de plusieurs morceaux** made up ou composed of several pieces. (**c**) délit, motif to constitute. (**d**) (Jur) rente to settle (à on); avocat to retain. ~ **qn son héritier** to appoint sb one's heir. **2 se** ~ vpr: **se** ~ **prisonnier** to give o.s. up. ◆ **constituant, e** adj (gén, Pol) constituent. ◆ **constitué, e** adj: **bien/mal** ~ of sound/unsound constitution. ◆ **constitutif, -ive** adj constituent, component. ◆ **constitution** nf (**a**) setting-up, formation; building-up; putting together; making-up; settlement; retaining. (**b**) (composition) composition, make-up. (**c**) (Méd, Pol) constitution. ◆ **constitutionnel, -elle** adj constitutional.

construire [kɔ̃stRɥiR] (38) vt (gén) to build, construct; (Géom) to construct; théorie, phrase to construct, put together, build up. **ça s'est beaucoup construit ici** there's a lot of building here; **ça se construit avec le subjonctif** it takes the subjunctive. ◆ **constructeur, -trice** nm, f (fabricant) maker, manufacturer; (bâtisseur) builder, constructor. ~ **de navires** shipbuilder. ◆ **constructif, -ive** adj constructive. ◆ **construction** nf (**a**) (action) building; construction. **de** ~ **française/robuste** French/ solidly built; **matériaux de** ~ building materials; **en** ~ under construction. (**b**) (industrie) **la** ~ the building trade; **les** ~**s navales** shipbuilding; **les** ~**s aéronautiques** the aircraft industry. (**c**) (édifice) building.

consul [kɔ̃syl] nm consul. ~ **général** consul general. ◆ **consulaire** adj consular. ◆ **consulat** nm (**a**) (bureaux, charge) consulate. (**b**) (Hist française) **le C**~ the Consulate.

consulter [kɔ̃sylte] (1) **1** vt (gén) to consult. **ne** ~ **que sa raison** to be guided only by one's reason. **2** vi [médecin] to hold surgery, be in (the office) (US). **3 se** ~ vpr to confer, consult each other. **se** ~ **du regard** to look questioningly at one another. ◆ **consultatif, -ive** adj consultative, advisory. ◆ **consultation** nf (**a**) (action) consultation. **après** ~ **de son agenda** (after) having consulted his diary; **d'une** ~ **difficile** difficult to consult. (**b**) [médecin, expert] consultation. **aller à la** ~ to go to the surgery, pay a visit to the doctor; **les heures de** ~ surgery ou consulting hours; **service (hospitalier) de** ~ **externe** outpatients' clinic. (**c**) (échange de vues) consultation. **en** ~ **avec** in consultation with.

consumer [kɔ̃syme] (1) **1** vt [incendie] to consume, burn; [fièvre, ambition] to consume, devour; forces to expend; fortune to squander, fritter away. **débris consumés** charred debris. **2 se** ~ vpr [bois] to burn; (littér: dépérir) to waste away.

contact [kɔ̃takt] nm (gén) contact; (toucher) touch. (Aut) **mettre le** ~ to switch on the ignition; **prendre** ~ (Rad) to make contact; (affaires) to get in touch ou contact (avec with); **mettre en** ~ objets to bring into contact; (affaires) to put in touch; (Rad) to put in contact; **prise de** ~ (entrevue) first meeting; **au** ~ **de l'air** in contact with (the) air. ◆ **contacter** (1) vt to contact, get in touch with.

contagion [kɔ̃taʒjɔ̃] *nf (Méd)* contagion; *(fig: épidémie)* epidemic. **la ~ de la violence** the infectiousness of violence. ◆ **contagieux, -euse** *adj maladie (gén)* infectious; *(par le contact)* contagious; *peur, rire* infectious, contagious.

contaminer [kɔ̃tamine] (1) *vt personne* to infect, contaminate; *cours d'eau* to contaminate. ◆ **contamination** *nf* infection; contamination.

conte [kɔ̃t] *nm* tale, story. *(lit, fig)* ~ **de fée** fairy tale *ou* story.

contempler [kɔ̃tɑ̃ple] (1) *vt* to contemplate, gaze at. ◆ **contemplatif, -ive** *adj (gén)* contemplative. ◆ **contemplation** *nf* contemplation.

contemporain, e [kɔ̃tɑ̃pɔʀɛ̃, ɛn] **1** *adj* contemporary *(de* with). **2** *nm* contemporary.

contenir [kɔ̃tniʀ] (22) **1** *vt* **(a)** *(en capacité) [récipient]* to hold, take; *[cinéma, avion]* to seat, hold. **(b)** *(en contenu) [récipient, livre, minerai]* to contain. **(c)** *(maîtriser) (gén)* to contain; *larmes* to hold back; *foule, ennemi* to hold in check. **2 se ~** *vpr* to contain o.s. ◆ **contenance** *nf* **(a)** *(capacité)* capacity. **(b)** *(attitude)* attitude. **pour se donner une ~** to give oneself an impression of composure; **faire bonne ~ (devant)** to put on a bold front (in the face of); **perdre ~** to lose one's composure. ◆ **contenant** *nm*: **le ~** the container. ◆ **conteneur** *nm* container.

content, e [kɔ̃tɑ̃, ɑ̃t] **1** *adj* pleased, glad, happy. **~ de** *élève, voiture* pleased *ou* happy with; *changement* pleased *ou* glad at *ou* about; **être ~ de soi** to be pleased with o.s.; **non ~ d'être/d'avoir fait...** not content with being/with having done... **2** *nm*: **avoir (tout) son ~ de qch** to have had one's fill of sth. ◆ **contentement** *nm* contentment, satisfaction. **~ de soi** self-satisfaction. ◆ **contenter** (1) **1** *vt besoin, curiosité* to satisfy; *personne* to satisfy, please. **cette explication l'a contenté** he was satisfied *ou* happy with this explanation. **2 se ~** *vpr*: **se ~ de qch/de faire qch** to content o.s. *ou* make do with sth/with doing sth.

contentieux, -euse [kɔ̃tɑ̃sjø, øz] **1** *adj (Jur)* contentious. **2** *nm (litige)* dispute, disagreement; *(Comm)* litigation; *(service)* legal department.

contenu, e [kɔ̃tny] **1** *adj colère* restrained, suppressed. **2** *nm [récipient]* contents; *[texte]* content; *(Ling)* content.

conter [kɔ̃te] (1) *vt (littér) histoire* to recount, relate. **~ qch à qn** to tell sth to sb; **il lui en a conté de belles!** he told him some incredible stories!; **elle ne s'en laisse pas ~** she's not easily taken in; **~ fleurette à qn** to murmur sweet nothings to sb.

contester [kɔ̃tɛste] (1) **1** *vt* to contest, dispute, contest. **roman/écrivain très contesté** very controversial novel/author. **2** *vi* to protest. **il ne conteste jamais** he never takes issue over anything. ◆ **contestable** *adj* questionable, disputable. ◆ **contestataire 1** *adj* anti-establishment, antiauthority. **2** *nmf* protester. ◆ **contestation** *nf* **(a)** *(action)* contesting; questioning; disputing. **(b)** *(discussion)* dispute; *(objection)* objection. **(c)** *(Pol)* **la ~** anti-establishment *ou* antiauthority activity; **faire de la ~** to protest (against the establishment). ◆ **conteste** *nf*: **sans ~** unquestionably, indisputably.

conteur, -euse [kɔ̃tœʀ, øz] *nm, f (écrivain)* storywriter; *(narrateur)* storyteller.

contexte [kɔ̃tɛkst(ə)] *nm* context.

contigu, -uë [kɔ̃tigy] *adj choses* adjoining, adjacent; *sujets* closely related. **être ~ à qch** to be adjacent *ou* next to sth. ◆ **contiguïté** *nf [choses]* proximity; *[sujets]* relatedness.

continence [kɔ̃tinɑ̃s] *nf* continence. ◆ **continent¹, e** *adj* continent.

continent² [kɔ̃tinɑ̃] *nm* continent. *(terre ferme)* **le ~** the mainland. ◆ **continental, e, mpl -aux** *adj* continental.

contingence [kɔ̃tɛ̃ʒɑ̃s] *nf (gén)* contingency. ◆ **contingent, e 1** *adj* contingent. **2** *nm* **(a)** *(Mil: groupe)* contingent. *(en France)* **le ~** soldiers on national service, the draft *(US)*. **(b)** *(quota)* quota; *(part)* share. ◆ **contingenter** (1) *vt (Comm)* to place *ou* fix a quota on.

continu, e [kɔ̃tiny] *adj (gén)* continuous; *ligne, silence* unbroken. ◆ **continuateur, -trice** *nm, f* continuator. ◆ **continuation** *nf* continuation. ◆ **continuel, -elle** *adj (continu)* continuous; *(qui se répète)* continual. ◆ **continuellement** *adv* continuously; continually.

continuer [kɔ̃tinɥe] (1) **1** *vt* effort to continue (with), carry on with; *droite, route* to continue. **~ son chemin** to go on, continue on one's way. **2** *vi [bruit, spectacle]* to continue, go on. **~ de** *ou* **à manger** *etc* to go on *ou* keep on *ou* continue eating *etc*; **s'il continue...** if he goes on *ou* keeps on *ou* continues... **3 se ~** *vpr* to go on, continue *(jusqu'à* as far as). ◆ **continuité** *nf [politique]* continuation; *[action]* continuity. ◆ **continûment** *adv* continuously. ◆ **continuum** *nm* continuum.

contondant, e [kɔ̃tɔ̃dɑ̃, ɑ̃t] *adj* blunt.

contorsion [kɔ̃tɔʀsjɔ̃] *nf* contortion. ◆ **contorsionner (se)** (1) *vpr* to contort o.s. ◆ **contorsionniste** *nmf* contortionist.

contour [kɔ̃tuʀ] *nm* outline, contour. ◆ **contourner** (1) *vt (gén)* to go *(ou* walk *ou* drive *etc)* round; *ville* to bypass; *difficulté* to get round.

contraception [kɔ̃tʀasɛpsjɔ̃] *nf* contraception. ◆ **contraceptif, -ive** *adj, nm* contraceptive.

contracter [kɔ̃tʀakte] (1) **1** *vt* **(a)** *(raidir) muscle, visage* to tense; *(fig) personne* to make tense. **la peur lui contracta la gorge** fear gripped his throat. **(b)** *(Phys: réduire)* **~ un corps** to make a body contract. **(c)** *dette, alliance, maladie* to contract; *assurance* to take out. **2 se ~** *vpr [muscle, visage]* to tense; *[gorge]* to tighten; *(fig) [personne]* to become tense; *(Phys) [corps]* to contract. ◆ **contracté, e** *adj (Ling)* contracted; *personne* tense. ◆ **contraction** *nf (action)* tensing, contraction; *(état)* tenseness; *(spasme)* contraction. *(Scol)* **~ de texte** summary, précis.

contractuel, -elle [kɔ̃tʀaktɥɛl] **1** *adj* contractual. **2** *nm (Police)* ≃ traffic warden; *(Admin)* contract employee. **3** *nf [parking]* ≃ traffic warden, ≃ meter maid *(US)*.

contradiction [kɔ̃tʀadiksjɔ̃] *nf* contradiction. **être en ~ avec** to contradict. ◆ **contradictoire** *adj* contradictory, conflicting; *débat* ≃ debate; **~ à** in contradiction to, in conflict with.

contraindre [kɔ̃tʀɛ̃dʀ(ə)] (52) *vt*: **~ qn à faire qch** to force *ou* compel *ou* constrain sb to do sth; **se ~ avec peine** to restrain o.s. with difficulty. ◆ **contraignant, e** *adj* restricting, constraining. ◆ **contraint, e¹** *adj air* constrained, forced. **être ~ et forcé de faire** to be forced to do. ◆ **contrainte²** *nf* **(a)** *(violence)* constraint. **sous la ~** under constraint *ou* duress. **(b)** *(gêne)* constraint, restraint. **sans ~** unrestrainedly, unconstrainedly, without restraint *ou* constraint.

contraire [kɔ̃tʀɛʀ] **1** *adj (gén)* opposite; *vent, action* contrary; *intérêts* conflicting; *destin* adverse. **l'alcool m'est ~** alcohol doesn't agree with me; **le sort lui fut ~** fate was against him; **~ à la santé** bad for the health. **2** *nm [mot, concept]* opposite. **c'est tout le ~** it's just the reverse *ou* opposite; **je ne vous dis pas le ~** I'm not saying anything to the contrary, I'm not disputing it; **tout au ~** on the contrary; **au ~ des autres** unlike the others. ◆ **contrairement** *adv*: **~ à** contrary to; **~ aux autres...** unlike the others...

contralto [kɔ̃tralto] *nm* contralto.

contrarier [kɔ̃traʀje] (7) *vt (irriter)* to annoy; *(gêner) projets* to frustrate, thwart; *mouvement* to impede. **forces qui se contrarient** forces which act against each other. ◆ **contrariant, e** *adj* annoying. ◆ **contrariété** *nf* annoyance.

contraste [kɔ̃trast(ə)] *nm (gén)* contrast. **par ~** by contrast; **en ~ avec** in contrast to; **mettre en ~** to contrast. ◆ **contrasté, e** *adj couleurs* contrasting. *(Phot) trop ~* with too much contrast. ◆ **contraster** (1) **1** *vt éléments* to contrast; *photo* to give contrast to. **2** *vi* to contrast *(avec* with).

contrat [kɔ̃tra] *nm (gén)* contract; *(fig: accord)* agreement. *[équipe]* **remplir son ~** to fulfil one's pledges.

contravention [kɔ̃travɑ̃sjɔ̃] *nf* **(a)** *(Aut) (gén)* fine; *(papillon)* parking ticket. **dresser ~ (à qn)** to book * *ou* fine sb. **(b)** *(Jur: infraction)* **~ à** in contravention of.

contre [kɔ̃tʀ(ə)] **1** *prép et adv* **(a)** *(contact)* against. **appuyez-vous ~** lean against *ou* on it; **son bateau est amarré ~ le mien** his boat is moored alongside mine; **serrer qn ~ son cœur** to clasp sb to one's breast; **son garage est juste ~ notre maison** his garage is built onto our house; **joue ~ joue** cheek to cheek. **(b)** *(hostilité)* against. *(Sport)* **Poitiers ~ Lyon** Poitiers versus *ou* against Lyons; **en colère ~ qn** angry with sb; **je n'ai rien ~ (cela)** I have nothing against it. **(c)** *(protection)* **s'abriter ~ le vent** to take shelter from the wind; **des comprimés ~ la grippe** flu tablets, tablets for flu; **s'assurer ~ les accidents** to insure (o.s.) against *ou* for accidents. **(d)** *(échange) argent* (in exchange) for; *promesse* in return for. **envoi ~ remboursement** cash on delivery. **(e)** *(rapport)* **1 bon ~ 3 mauvais** 1 good one for 3 bad ones; **9 voix ~ 4** 9 votes to 4. **(f)** *(locutions)* **~ toute attente** contrary to (all) expectations; **~ toute apparence** despite (all) appearances to the contrary; **par ~** on the other hand.

2 *nm (riposte)* retort; *(Cartes)* double. *(Rugby)* **faire un ~** to charge down a kick.

3 *préf (le second élément donne le genre et prend seul la marque du pl)* **~-attaque/-révolution/-espionnage** counter-attack/revolution/espionage; **~-expertise/-visite** *etc* second assessment/(medical) opinion *etc*; **~-allée** *(ville)* service road; *(parc)* side path; **~-amiral** rear admiral; **~-braquer** to steer into the skid; **~-courant** counter-current; **à ~-courant** against the current; **~-exemple** counter-example; **en ~-haut (de)** above; **~-indication** contra-indication; **~-indiqué, e** *(Méd)* contra-indicated; *(déconseillé)* unadvisable; **~-interrogatoire** cross-examination; **faire subir un ~-interrogatoire à qn** to cross-examine sb; **~-jour** *(éclairage)* backlighting; *(photographie)* backlit shot; **à ~-jour** *se profiler* against the sunlight; *photographier* into the light; *lire* with one's back to the light; **~ la montre** against the clock; **épreuve ~ la montre** time-trial; **~-offensive** counter-offensive; **~-performance** substandard performance; **prendre le ~-pied de ce que dit qn** to say exactly the opposite of sb else; *(Sport)* **à ~-pied** on the wrong foot; **~-plaqué** plywood; **~-publicité** adverse publicity; **~-ut** top *ou* high C; **~-valeur** exchange value; **~-vérité** untruth, falsehood.

contrebalancer [kɔ̃trəbalɑ̃se] (3) *vt [poids]* to counterbalance; *[influence]* to offset.

contrebande [kɔ̃trəbɑ̃d] *nf (activité)* contraband, smuggling. **faire de la ~** to do some smuggling; **produits de ~** contraband, smuggled goods. ◆ **contrebandier, -ière** *nm, f* smuggler.

contrebas [kɔ̃trəba] *nm:* **en ~** (down) below; **en ~ de** below.

contrebasse [kɔ̃trəbas] *nf (instrument)* (double) bass; *(musicien)* (double) bass player.

contrebasson [kɔ̃trəbasɔ̃] *nm* contrabassoon.

contrecarrer [kɔ̃trəkare] (1) *vt* to thwart.

contrecœur [kɔ̃trəkœr] *adv:* **à ~** reluctantly.

contrecoup [kɔ̃trəku] *nm* repercussions.

contredire [kɔ̃trədir] (37) **1** *vt [personne]* to contradict; *[faits]* to be at variance with. **2 se ~** *vpr [personne]* to contradict o.s.; *[témoins, témoignages]* to contradict each other. ◆ **contredit** *nm:* **sans ~** unquestionably.

contrée [kɔ̃tre] *nf (littér) (pays)* land; *(région)* region.

contrefaire [kɔ̃trəfɛr] (60) *vt (imiter)* to imitate; *(déguiser)* to disguise; *(falsifier)* to counterfeit, forge; *brevet* to infringe; *(†: feindre)* to feign. ◆ **contrefaçon** *nf (action)* counterfeiting; forgery, forging; infringement; *(produit)* imitation; *(billets, signature)* forgery, counterfeit.

contrefort [kɔ̃trəfɔr] *nm* **(a)** *(Archit)* buttress. **(b)** *[soulier]* stiffener. **(c)** *(Géog) [arête]* spur. *[chaîne]* **~s** foothills.

contremaître, -maîtresse [kɔ̃trəmɛtr(ə), mɛtrɛs] *nm, f* foreman; forewoman.

contrepartie [kɔ̃trəparti] *nf* compensation. **en ~** *(en échange)* in return; *(en revanche)* in compensation *(de* for); **obtenir de l'argent en ~** to get money in compensation; **en ~ je vous donne ce livre** to make up for it I'll give you this book.

contrepoids [kɔ̃trəpwa] *nm (lit)* counterweight, counterbalance; *[acrobate]* balancing-pole. **faire ~** to act as a counterbalance.

contrepoint [kɔ̃trəpwɛ̃] *nm* counterpoint. *(Mus, fig)* **en ~** *(adj)* contrapuntal; *(adv)* contrapuntally.

contrepoison [kɔ̃trəpwazɔ̃] *nm* antidote.

contrer [kɔ̃tre] (1) **1** *vt (gén)* to counter; *(Cartes)* to double. *(Rugby)* **~ un coup de pied** to charge down a kick. **2** *vi (Cartes)* to double.

contresens [kɔ̃trəsɑ̃s] *nm* misinterpretation; *(traduction)* mistranslation. **à ~** *(Aut)* the wrong way; *(Couture)* against the grain; **à ~ de** against.

contresigner [kɔ̃trəsiɲe] (1) *vt* to countersign.

contretemps [kɔ̃trətɑ̃] *nm (retard)* hitch. **à ~** *(Mus)* off the beat; *(fig)* at an inopportune moment.

contrevenir [kɔ̃trəvnir] (22) **~ à** *vt indir* to contravene. ◆ **contrevenant, e** *nm, f* offender.

contrevent [kɔ̃trəvɑ̃] *nm (volet)* shutter.

contribuer [kɔ̃tribɥe] (1) **~ à** *vt indir* to contribute to(wards). ◆ **contribuable** *nmf* taxpayer. ◆ **contribution** *nf* **(a)** *(participation)* contribution. **mettre qn à ~** to make use of sb. **(b)** *(impôts)* **~s** *[commune]* rates, (local) taxes *(US)*; *[État]* taxes; *(administration)* tax office; **~s directes** direct taxation.

contrit, e [kɔ̃tri, it] *adj* contrite. ◆ **contrition** *nf* contrition.

contrôler [kɔ̃trole] (1) **1** *vt* **(a)** *(vérifier) (gén)* to check; *billets* to inspect; *qualité* to control. **(b)** *(surveiller) opérations, employés* to supervise; *prix* to control. **(c)** *(maîtriser) colère, (Écon, Sport)* to control; *(Mil)* to be in control of. **2 se ~** *vpr* to control o.s. ◆ **contrôle** *nm* **(a)** *(action)* checking; inspecting; controlling; supervising. **(b)** *(opération)* check; inspection; control; supervision. **exercer un ~ sur** to maintain control over; *firme etc* **sous ~ étranger** foreign-owned; **~ d'identité** identity check; *(Scol)* **~ continu** continuous assessment; **(exercice de) ~** (written) test; **~ de soi-même** self-control; **garder le ~ de sa voiture** to remain in control of one's vehicle. **(c)** *(Théât: bureau)* (advance) booking office. *(Mil: registres)* **~s** lists. ◆ **contrôleur, -euse** *nm, f (gén)* inspector.

contrordre [kɔ̃trɔrdr(ə)] *nm* counter-order.

controverse [kɔ̃trɔvɛrs(ə)] *nf* controversy. ◆ **controversé, e** *adj* much debated.

contumace [kɔ̃tymas] *nf (Jur)* **par** ~ in his (*ou* her *etc*) absence.

contusion [kɔ̃tyzjɔ̃] *nf* bruise. ◆ **contusionner** (1) *vt* to bruise.

conurbation [kɔnyʀbasjɔ̃] *nf* conurbation.

convaincre [kɔ̃vɛ̃kʀ(ə)] (42) *vt* to convince (*de qch* of sth). ~ **qn de faire qch** to persuade sb to do sth, talk sb into doing sth; ~ **qn de meurtre** to prove sb guilty of *ou* convict sb of murder. ◆ **convaincant, e** *adj* convincing. ◆ **convaincu, e** *adj* convinced. **d'un ton** ~ with conviction.

convalescence [kɔ̃valesɑ̃s] *nf* convalescence. **être en** ~ to be convalescing; **maison de** ~ convalescent home. ◆ **convalescent, e** *adj, nm, f* convalescent.

convection [kɔ̃vɛksjɔ̃] *nf* convection.

convenable [kɔ̃vnabl(ə)] *adj* (**a**) (*approprié*) fitting, suitable. (**b**) (*décent*) decent, respectable. **peu** ~ improper. (**c**) (*acceptable*) *devoir, salaire* acceptable, adequate. **à peine** ~ scarcely acceptable *ou* adequate. ◆ **convenablement** *adv placé* suitably; *payé, logé* adequately; *manger, se tenir, s'exprimer* properly. **s'habiller** ~ (*décemment*) to dress respectably *ou* properly; (*en fonction du temps*) to dress appropriately.

convenance [kɔ̃vnɑ̃s] *nf* (*préférence*) convenience; [*caractères*] affinity; [*équipement*] suitability. **est-ce à votre** ~? is it to your liking?; **les** ~**s** (*préférences*) preferences; (*sociales*) the proprieties.

convenir [kɔ̃vniʀ] (22) **1** ~ **à** *vt indir*: ~ **à qn** [*offre*] to suit sb; [*lecture*] to be suitable for sb; [*climat*] to agree with sb; [*date*] to be convenient for sb. **2** ~ **de** *vt indir* (**a**) *erreur* to admit, recognize. ~ **d'avoir fait** to admit (to) having done. (**b**) *date, lieu* to agree upon. **comme convenu** as agreed. **3** *vt*: ~ **que** (*avouer*) to admit that; (*s'accorder sur*) to agree that. **4** *vb impers*: **il convient de faire** (*il vaut mieux*) it's advisable to do; (*il est bienséant de*) it is polite *ou* proper to do; **il convient de faire remarquer** we should point out.

convention [kɔ̃vɑ̃sjɔ̃] *nf* (*gén*) agreement; (*tacite*) understanding; (*Art, Pol, bienséance*) convention. ◆ **conventionnel, -elle** *adj* (*gén*) conventional. ◆ **conventionné, e** *adj établissement, médecin* ≃ National Health, linked to the State health scheme. **prix** ~ government-regulated price.

converger [kɔ̃vɛʀʒe] (3) *vi* (*gén*) to converge; [*regards*] to focus (*sur* on). ◆ **convergence** *nf* convergence. ◆ **convergent, e** *adj* convergent.

conversation [kɔ̃vɛʀsɑsjɔ̃] *nf* (*gén*) conversation; (*Pol*) talk. **en (grande)** ~ **avec** (deep) in conversation with; **faire la** ~ **à** to make conversation with, speak to; **avoir de la** ~ to be a good conversationalist; **dans la** ~ **courante** in informal *ou* conversational speech. ◆ **converser** (1) *vi* to converse (*avec* with).

convertir [kɔ̃vɛʀtiʀ] (2) **1** *vt* to convert (*à* to, *en* into). **2 se** ~ *vpr* to be converted (*à* to). ◆ **conversion** *nf* conversion (*à* to, *en* into). ◆ **converti, e 1** *adj* converted. **2** *nm, f* convert. ◆ **convertible 1** *adj* convertible (*en* into). **2** *nm* (*canapé*) bed-settee, sofa bed. ◆ **convertisseur** *nm* converter. (*Ordin*) ~ **numérique** digitizer.

convexe [kɔ̃vɛks(ə)] *adj* convex. ◆ **convexité** *nf* convexity.

conviction [kɔ̃viksjɔ̃] *nf* (*gén*) conviction.

convier [kɔ̃vje] (7) *vt*: ~ **à** *soirée etc* to invite to. ◆ **convive** *nmf* guest.

convivialité [kɔ̃vivjalite] *nf* (*rapports*) social interaction; (*jovialité*) conviviality; (*Ordin*) user-friendliness. ◆ **convivial, e**, *mpl* **-aux** *adj* convivial ; user-friendly.

convoiter [kɔ̃vwate] (1) *vt* to covet. ◆ **convoitise** *nf*: **la** ~ covetousness; **la** ~ **de qch** the lust for

sth; **l'objet de sa** ~ *ou* **de ses** ~**s** the object of his desire; **regard de** ~ covetous look.

convoler [kɔ̃vɔle] (1) *vi* († *ou hum*) ~ **(en justes noces)** to be wed.

convoquer [kɔ̃vɔke] (1) *vt assemblée* to convene; *membre de club etc* to invite (*à* to); *candidat* to ask to attend; *prévenu, subordonné* to summon. ~ **qn (pour une entrevue)** to call *ou* invite sb for an interview; **le chef m'a convoqué** I was summoned by *ou* called before the boss. ◆ **convocation** *nf* (**a**) (*action*) convening; inviting; summoning. (**b**) (*gén, Jur: avis*) summons; (*lettre*) (written) notification to attend.

convoyer [kɔ̃vwaje] (8) *vt* (*gén*) to escort; (*Mil, Naut*) to escort, convoy. ◆ **convoi** *nm* (*funèbre*) funeral procession; (*train*) train; (*véhicules*) convoy. ◆ **convoyeur** *nm* (*navire*) convoy, escort ship; (*personne*) escort. ~ **de fonds** (mobile) security guard.

convulser [kɔ̃vylse] (1) *vt* to convulse, distort. ◆ **convulsif, -ive** *adj* convulsive. ◆ **convulsion** *nf* (*gén*) convulsion. ◆ **convulsionner** (1) *vt* to convulse. ◆ **convulsivement** *adv* convulsively.

cool * [kul] *adj* cool *.

coopérer [kɔɔpeʀe] (6) *vi* to cooperate (*à* in). ◆ **coopérant** *nm* person serving in the coopération. ◆ **coopératif, -ive** *adj, nf* cooperative. ~ **scolaire** school fund. ◆ **coopération** *nf* (*gén*) co-operation; (*Pol*) scheme of aid to developing countries ≃ Voluntary Service Overseas (*Brit*), Peace Corps (*US*).

coopter [kɔɔpte] (1) *vt* to coopt. ◆ **cooptation** *nf* coopting.

coordonner [kɔɔʀdɔne] (1) *vt* to coordinate. ◆ **coordination** *nf* coordination. ◆ **coordonnant** *nm* (*Ling*) coordinating conjunction. ◆ **coordonnateur, -trice 1** *adj* coordinating. **2** *nm, f* coordinator. ◆ **coordonné, e 1** *adj* (*gén*) coordinated; *proposition* coordinate. **papiers peints** ~**s** matching *ou* coordinated wallpapers. **2** ~**es** *nfpl* (*Math*) coordinates ; (*adresse*) whereabouts.

copain *, **copine** * [kɔpɛ̃, in] **1** *nm, f* pal *, chum *, buddy * (*US*). **2** *adj*: **très** ~ **avec** (very) pally ⚇ with.

copeau, *pl* ~**x** [kɔpo] *nm* [*bois*] shaving; [*métal*] turning.

Copenhague [kɔpənag] *n* Copenhagen.

copier [kɔpje] (7) **1** *vt* (*gén*) to copy; (*Scol*) to crib (*sur* from). ~ **qch au propre** to make a fair copy of sth; **vous me la copierez** * well, I won't forget that in a hurry! * **2** *vi* (*Scol*) to crib (*sur* from). ◆ **copie** *nf* (**a**) (*action*) copying; (*exemplaire, Presse, Typ*) copy. (*Admin*) ~ **certifiée conforme** certified copy; (*Ciné*) ~ **étalon** master print; (*Ciné*) ~ **d'exploitation** release print; (*Ordin*) ~ **papier** hard copy; **prendre** ~ **de** to make a copy of; **pâle** ~ pale imitation; **c'est la** ~ **de sa mère** she's the (spitting) image of her mother. (**b**) (*Scol*) (*feuille*) sheet (of paper); (*devoir*) exercise; (*examen*) paper. ◆ **copieur, -euse 1** *nm, f* (*Scol*) cribber. **2** *nm* (*machine*) copier.

copieux, -euse [kɔpjø, øz] *adj* (*gén*) copious; *repas* hearty; *portion* generous. ◆ **copieusement** *adv* copiously, heartily; generously. **on s'est fait** ~ **arroser** we got thoroughly soaked.

copilote [kɔpilɔt] *nmf* co-pilot; (*Aut*) navigator.

copiner * [kɔpine] (1) *vi* to be pally ⚇ (*avec* with). ◆ **copine** *nf* V **copain**.

copiste [kɔpist(ə)] *nmf* copyist.

coprésidence [kɔpʀezidɑ̃s] *nf* co-presidency, co-chairmanship. ◆ **coprésident** *nm* co-president, co-chairman.

coproduction [kɔpʀɔdyksjɔ̃] *nf* (*Ciné, TV*) co-production, joint production.

copuler [kɔpyle] (1) *vi* to copulate. ◆ **copulation** *nf* copulation.

coq¹ [kɔk] *nm* cock. *(Boxe)* **poids ~** bantam-weight; **être comme un ~ en pâte** to be in clover, live the life of Riley; **mollets de ~** wiry legs; **sauter du ~ à l'âne** to jump from one subject to another; **le ~ gaulois** the French cockerel; *(fig)* **~ du village** the local swell * *ou* lady killer; *(Culin)* **~ au vin** coq au vin. ◆ **coquelet** *nm (Culin)* cockerel.

coq² [kɔk] *nm (Naut)* (ship's) cook.

coque [kɔk] *nf* (a) *[bateau]* hull; *[avion]* fuselage; *[auto]* body; *[œuf]* shell. *(embarcation légère)* **~ de noix** skiff; *(Culin)* **à la ~** (soft-)boiled. (b) *(mollusque)* cockle. ◆ **coquetier** *nm* egg cup.

coquelicot [kɔkliko] *nm* poppy.

coqueluche [kɔklyʃ] *nf (Méd)* whooping cough. *(fig)* **être la ~ de** to be the idol of.

coquerie [kɔkʀi] *nf (Naut)* (ship's) galley.

coquet, -ette [kɔkɛ, ɛt] **1** *adj* (a) *ville* pretty, charming; *logement, vêtement* smart, stylish; *personne (dans sa tenue)* smart; *(par tempérament)* clothes-conscious. (b) (*) *revenu* tidy *. (c) (†) flirtatious, coquettish. **2** *nf* (†) coquette, flirt. ◆ **coquettement** *adv* smartly, stylishly; prettily; coquettishly. ◆ **coquetterie** *nf* (a) *(élégance)* smartness, stylishness; *(caractère)* consciousness of one's appearance. (b) *(amoureuse)* coquetry, flirtatiousness. **~s** coquetries; *(amour propre)* **il mettait sa ~ à marcher sans canne** he prided himself on walking without a stick.

coquillage [kɔkijaʒ] *nm (coquille)* shell. *(mollusque)* **~(s)** shellfish.

coquille [kɔkij] **1** *nf (gén)* shell; *(récipient)* scallop; *(Typ)* misprint; *(Méd: plâtre)* spinal bed. **2** : **~ de beurre** whorl of butter; *(Naut)* **~ de noix *** cockleshell; **~ Saint-Jacques** *(animal)* scallop; *(carapace)* scallop shell. ◆ **coquillettes** *nfpl* pasta shells.

coquin, e [kɔkɛ̃, in] **1** *adj (malicieux)* mischievous; *(grivois)* naughty. **~ de sort!** * the devil! * **2** *nm, f (enfant)* rascal, mischief. **tu es un petit ~!** you're a little monkey! *ou* rascal! **3** *nm* (†: *gredin)* rogue. **4** *nf* (†) strumpet †. ◆ **coquinerie** *nf* (a) *(caractère)* mischievousness, roguishness; *[gredin]* roguery. (b) *(acte)* mischievous trick; rascally trick.

cor [kɔʀ] *nm* (a) *(Mus)* horn. **~ anglais** cor anglais; **~ de chasse** hunting horn; **~ d'harmonie** French horn; **demander qch à ~ et à cri** to clamour for sth. (b) **~ (au pied)** corn.

corail, *pl* **-aux** [kɔʀaj, o] *nm, adj inv* coral.

coran [kɔʀɑ̃] *nm* Koran.

corbeau, *pl* **~x** [kɔʀbo] *nm (gén)* crow. **(grand) ~** raven.

corbeille [kɔʀbɛj] *nf* (a) *(panier)* basket. **~ de mariage** wedding presents; **~ à papiers** waste paper basket. (b) *(Théât)* (dress) circle.

corbillard [kɔʀbijaʀ] *nm* hearse.

corde [kɔʀd(ə)] **1** *nf* (a) *(câble)* rope. *(Boxe)* **~s** ropes; *(fig)* **mériter la ~** to deserve to be hanged; **de ~** *tapis* whipcord; **sandales à semelle de ~** rope-soled sandals; **monter à la ~** to shin up *ou* climb a rope. (b) *[violon, arc, raquette]* string. **les (instruments à) ~s** the stringed instruments, the strings; **quatuor à ~s** string quartet. (c) *[tissu]* thread; *(Math)* chord. (d) **se mettre la ~ au cou** to put one's head in the noose; **avoir plusieurs ~s à son arc** to have more than one string to one's bow; **c'est dans ses ~s** it's in his line; *(Courses)* **tenir la ~** to be on the inside (lane); **prendre un virage à la ~** to hug the bend; **tirer sur la ~** to go too far; **il pleut des ~s *** it's bucketing (down) *.
2 : **~ à linge** clothes line; **~ à nœuds** knotted climbing rope; **~ à piano** pianowire; **~ raide** tightrope; **~ à sauter** skipping rope; **~s vocales** vocal cords. ◆ **cordage** *nm* rope. *[voilure]* **~s** rigging. ◆ **cordeau**, *pl* **~x** *nm* (a) *[jardinier]* line. *(fig)*

tiré au ~ as straight as a die. (b) *(mèche)* fuse. ◆ **cordée** *nf* roped party. ◆ **cordelette** *nf* cord.

cordial, e, *mpl* **-iaux** [kɔʀdjal, jo] **1** *adj* warm, cordial. **2** *nm* cordial. ◆ **cordialement** *adv* warmly, cordially. **~ (vôtre)** kind regards. ◆ **cordialité** *nf* warmth, cordiality.

cordillère [kɔʀdijɛʀ] *nf*: **la ~ des Andes** the Andes cordillera; **la ~ australienne** the Great Dividing Range.

cordon [kɔʀdɔ̃] **1** *nm [rideau]* cord; *[tablier]* tie; *[sac]* string; *[souliers]* lace; *[soldats]* cordon; *(décoration)* ribbon. **~ de sonnette** bell-pull; *(fig)* **tenir les ~s de la bourse** to hold the purse strings. **2** : **~-bleu *** *nm, pl* **~s-~s** cordon-bleu cook; **~ littoral** offshore bar; **~ ombilical** umbilical cord; *(Méd, Pol)* **~ sanitaire** quarantine line.

cordonnerie [kɔʀdɔnʀi] *nf (boutique)* shoemender's (shop); *(métier)* shoemending. ◆ **cordonnier, -ière** *nm, f (réparateur)* shoemender, cobbler.

Corée [kɔʀe] *nf* Korea. **la ~ du Sud/du Nord** South/North Korea. ◆ **coréen, -enne** *adj*, **C~(ne)** *nm(f)* Korean.

Corfou [kɔʀfu] *n* Corfu.

coriace [kɔʀjas] *adj (lit, fig)* tough.

Corinthe [kɔʀɛ̃t] *n* Corinth.

cormoran [kɔʀmɔʀɑ̃] *nm* cormorant.

corne [kɔʀn(ə)] **1** *nf (gén, instrument)* horn; *[cerf]* antler; *[page]* dog-ear. **à ~s** horned; **donner un coup de ~ à qn** to butt sb; **blesser qn d'un coup de ~** to gore sb; *(fig)* **faire les ~s à qn** to make a face at sb; *(peau)* **avoir de la ~** to have patches of hard skin, have calluses. **2** : **~ d'abondance** horn of plenty; **~ de brume** foghorn; **~ à chaussures** shoehorn.

cornée [kɔʀne] *nf* cornea.

corneille [kɔʀnɛj] *nf* crow.

cornemuse [kɔʀnəmyz] *nf* bagpipes. **joueur de ~** bagpiper.

corner¹ [kɔʀne] (1) **1** *vt* (a) *livre* to make dog-eared; *page* to turn down the corner of. (b) *nouvelle* to shout out. **2** *vi (Aut)* to sound one's horn.

corner² [kɔʀnɛʀ] *nm (Ftbl)* corner (kick).

cornet [kɔʀnɛ] *nm (récipient)* cornet; *[orgue]* cornet stop. **~ acoustique** ear trumpet; **~ à dés** dice cup; *(Mus)* **~ (à pistons)** cornet.

corniaud [kɔʀnjo] *nm (chien)* mongrel; (*: *imbécile)* nitwit *.

corniche [kɔʀniʃ] *nf (Archit)* cornice; *(Géog)* ledge. **(route en) ~** cliff road.

cornichon [kɔʀniʃɔ̃] *nm (lit)* gherkin; (*: *fig)* nitwit *.

Cornouailles [kɔʀnwaj] *nf* Cornwall.

cornue [kɔʀny] *nf (Tech)* retort.

corollaire [kɔʀɔlɛʀ] *nm* corollary.

corolle [kɔʀɔl] *nf* corolla.

coronaire [kɔʀɔnɛʀ] *adj* coronary.

corossol [kɔʀɔsɔl] *nm* soursop.

corporatif, -ive [kɔʀpɔʀatif, iv] *adj système* corporative; *esprit* corporate. ◆ **corporation** *nf* professional body; *(Hist)* guild. **dans notre ~** in our profession. ◆ **corporatiste** *adj* corporatist.

corporel, -elle [kɔʀpɔʀɛl] *adj châtiment* corporal; *besoin* bodily.

corps [kɔʀ] **1** *nm (gén, Chim, fig)* body; *(cadavre)* corpse, (dead) body. **trembler de tout son ~** to tremble all over; **je n'ai rien dans le ~** I have eaten nothing; **se donner ~ et âme à qch** to give o.s. heart and soul to sth; **perdu ~ et biens** lost with all hands; *(fig)* **à ~ perdu** headlong; **donner ~ à qch** to give substance to sth; **faire ~** *[idées]* to form one body *(avec* with); *[choses concrètes]* to be joined *(avec* to); **prendre ~** to take shape; **à son ~**

défendant against one's will; **mais qu'est-ce qu'il a dans le ~?** whatever's got into him?
2 : ~ **d'armée** army corps; ~ **de ballet** corps de ballet; ~ **de bâtiment** building; ~ **à** ~ *(adv)* hand-to-hand; *(nm)* hand-to-hand fight; ~ **diplomatique** diplomatic corps; ~ **électoral** electorate; **le ~ enseignant** *(gén)* the teaching profession, teachers; *[lycée, collège]* the teaching staff; ~ **expéditionnaire** task force; ~ **franc** irregular force; ~ **de garde** *(local)* guardroom; ~ **gras** greasy substance; **le ~ médical** the medical profession; ~ **de métier** trade association; ~ **de sapeurs-pompiers** fire-brigade; ~ **de troupe** unit (of troops).

corpulence [kɔʀpylɑ̃s] *nf* stoutness, corpulence. **de moyenne** ~ of medium build. ◆ **corpulent, e** *adj* stout, corpulent.

corpus [kɔʀpys] *nm* corpus. ◆ **corpuscule** *nm (Anat, Phys)* corpuscle.

correct, e [kɔʀɛkt, ɛkt(ə)] *adj (gén)* correct; *réponse* right; *fonctionnement, tenue* proper; *(*: acceptable) repas, hôtel, salaire* reasonable, decent. ~ **en affaires** correct in business matters. ◆ **correctement** *adv* correctly; properly; reasonably, decently. ◆ **correcteur, -trice 1** *adj* corrective. **2** *nm, f [examen]* marker; *(Typ)* proofreader. **3** *nm (Tech)* corrector. ◆ **correctif, -ive 1** *adj* corrective. **2** *nm (mise au point)* qualifying statement.

correction [kɔʀɛksjɔ̃] *nf* **(a)** *(action) (gén)* correction; *(Typ)* proofreading; *[examen]* marking, grading *(US)*; *(Ordin) [programme]* patching; *[mise au point]* debugging. **(b)** *(résultat)* correction; *(châtiment)* thrashing. **(c)** *(exactitude)* correctness; propriety. ◆ **correctionnel, -elle** *adj, nf*: **le tribunal** ~, **la ~le** * the criminal court.

corrélation [kɔʀelasjɔ̃] *nf* correlation. **mettre en** ~ to correlate.

correspondance [kɔʀɛspɔ̃dɑ̃s] *nf* **(a)** *(conformité)* correspondence. **(b)** *(Math)* relation; *(fig: rapport)* relation, connection. **(c)** *(échange de lettres)* correspondence; *(courrier)* mail. **être en** ~ to be in correspondence; **apprendre qch par** ~ to learn sth by a correspondence course. **(d)** *(transports)* connection. **assurer la** ~ **avec** to connect with. ◆ **correspondant, e 1** *adj* corresponding. **2** *nm, f (gén, Presse)* correspondent; *(Scol)* penfriend.

correspondre [kɔʀɛspɔ̃dʀ(ə)] (41) **1** ~ **à** *vt indir goûts* to suit; *capacités, description* to fit; *dimension, système* to correspond to. **ça ne correspond pas à la réalité** it doesn't tally with *ou* fit the facts. **2** *vi (écrire)* to correspond; *[chambres]* to communicate *(avec* with). *(Transport)* ~ **avec** to connect with. **3 se** ~ *vpr* to communicate.

corrida [kɔʀida] *nf* bullfight; *(*fig)* to-do *.

corridor [kɔʀidɔʀ] *nm* corridor.

corriger [kɔʀiʒe] (3) **1** *vt* **(a)** *(gén)* to correct; *(Typ)* to proofread; *examen* to mark; *abus* to remedy. ~ **le tir** *(Mil)* to adjust the firing; *(fig)* to straighten things up; **corrigé des variations saisonnières** seasonally adjusted. **(b)** ~ **qn de** *défaut* to cure sb of. **(c)** *(punir)* to thrash. **2 se** ~ *vpr (devenir raisonnable)* to mend one's ways. **se** ~ **de** *défaut* to cure *ou* rid o.s. of. ◆ **corrigé** *nm [exercice]* correct version; *[traduction]* fair copy. **recueil de** ~**s** key to exercises.

corroborer [kɔʀɔbɔʀe] (1) *vt* to corroborate.

corroder [kɔʀɔde] (1) *vt* to corrode.

corrompre [kɔʀɔ̃pʀ(ə)] (41) *vt témoin* to bribe, corrupt; *mœurs, texte* to corrupt; *langage* to debase; *aliments* to taint. ◆ **corrompu, e** *adj* corrupt.

corrosion [kɔʀozjɔ̃] *nf* corrosion. ◆ **corrosif, -ive** *adj* corrosive; *(fig)* caustic, scathing.

corruption [kɔʀypsjɔ̃] *nf* corruption. ◆ **corrupteur, -trice 1** *adj* corrupting. **2** *nm, f* briber; *(littér: dépravateur)* corrupter. ◆ **corruptible** *adj* corruptible.

corsage [kɔʀsaʒ] *nm (chemisier)* blouse; *[robe]* bodice.

corsaire [kɔʀsɛʀ] *nm (Hist)* privateer.

Corse [kɔʀs(ə)] *nf* Corsica. ◆ **corse** *adj,* **C~** *nmf* Corsican.

corser [kɔʀse] (1) *vt repas* to make spicier; *boisson* to spike; *difficulté* to intensify, aggravate; *récit* to liven up. **ça se corse** things are hotting up. ◆ **corsé, e** *adj vin* full-bodied; *café* strong (and flavourful); *mets, histoire* spicy; *problème* stiff.

corset [kɔʀsɛ] *nm* corset.

corso [kɔʀso] *nm*: ~ **(fleuri)** procession of floral floats.

cortège [kɔʀtɛʒ] *nm [prince]* retinue. *(littér)* ~ **de** *malheurs* trail of; *souvenirs* succession of.

corvée [kɔʀve] *nf (Mil)* fatigue duty; *(gén)* chore. **être de** ~ to be on fatigue duty; ~ **de ravitaillement** supply duty; **quelle** ~! what a chore!

corvette [kɔʀvɛt] *nf* corvette.

cosaque [kɔzak] *nm* cossack.

cosmétique [kɔsmetik] *nm* hair oil.

cosmos [kɔsmos] *nm (univers)* cosmos; *(Espace)* outer space. ◆ **cosmique** *adj* cosmic. ◆ **cosmonaute** *nmf* cosmonaut. ◆ **cosmopolite** *adj* cosmopolitan.

cosse [kɔs] *nf [pois]* pod; *(Élec)* terminal spade tag. *(Aut)* ~ **de batterie** battery lead connection; **avoir la** ~ * to be in a lazy mood.

cossu, e [kɔsy] *adj personne* well-off; *maison* grand.

Costa Rica [kɔstaʀika] *nm* Costa Rica. ◆ **costaricien, -ienne** *adj,* **C~(ne)** *nm, f:* Costa Rican.

costaud, e * [kɔsto, od] **1** *adj* strong, sturdy. **2** *nm:* **c'est du** ~ *[alcool, tissu]* it's strong stuff; *[maison]* it's strongly built.

costume [kɔstym] *nm (régional)* costume, dress; *(Théât)* costume; *(complet)* suit. ~ **de bain** bathing costume. ◆ **costumer** (1) **1** *vt:* ~ **qn en** to dress sb up as. **2 se** ~ *vpr [acteur]* to get into costume; **se** ~ **en** to dress up as; **être costumé** to wear fancy dress.

cotation [kɔtasjɔ̃] *nf (Bourse)* quotation; *[voiture]* valuation; *[devoir]* marking, grading *(US)*.

cote [kɔt] *nf* **(a)** *(Bourse) (cours)* quotation; *(liste)* share index; *[timbre]* quoted value; *[devoir]* mark; *[cheval]* odds *(de* on); *[film]* rating; *[Impôts]* assessment. **(b)** *(popularité)* rating. **avoir la** ~ * to be very popular *(auprès de* with) *ou* highly rated *(auprès de* by); **sa** ~ **est en baisse** his popularity is on the decline. **(c)** *[carte]* spot height; *[croquis]* dimensions; *[bibliothèque]* classification mark. *(Mil)* **la** ~ **215** hill 215; ~ **d'alerte** *[rivière, prix]* danger mark; *[situation]* crisis point; ~ **mal taillée** rough-and-ready settlement.

côte [kot] *nf* **(a)** *(Anat, Bot)* rib. **se tenir les** ~**s (de rire)** to split one's sides (with laughter); ~ **à** ~ side by side. **(b)** *[bœuf]* rib; *[veau, agneau]* cutlet; *[mouton, porc]* chop. ~ **première** loin chop. **(c)** *[colline]* slope; *(Aut) [route]* hill. **(d)** *(littoral)* coast. **les** ~**s de France** the coasts of France; **la** ~ **d'Azur** the Riviera; **la** ~ **d'Émeraude** the northern coast of Brittany; **la C~-d'Ivoire** the Ivory Coast.

côté [kote] **1** *nm* **(a)** side. **l'épée au** ~ (with) his sword by his side; **à son** ~ at *ou* by his side, beside him; **salon** ~ **rue** room overlooking the street; **se mettre du** ~ **du plus fort** to side *ou* take sides with the strongest. **(b)** *(aspect)* side. **les bons** ~**s de qch** the good sides *ou* points of sth; **prendre qch du bon/mauvais** ~ to take sth well/badly; **prendre qn par son** ~ **faible** to attack sb's weak spot; **par certains** ~**s** in some respects *ou* ways; **d'un** ~ ... **d'un autre** ~ ... *(alternative)* on (the) one hand... on the other hand...; *(hésitation)* in one respect... in another respect...; **(du)** ~ **santé** * healthwise *, as far as his *etc* health is concerned.

(c) *(précédé de 'de': direction)* way, direction. **de ce ~-ci** this way; **de l'autre ~** the other way, in the other direction; **aller/venir du ~ de la mer** to go towards/come from the sea; **de tous ~s** everywhere; *(fig)* **je l'ai entendu dire de divers ~s** I've heard it from several quarters *ou* sources ; *(fig)* **de mon ~** for my part.
2 à ~ *adv* **(a)** *(proximité)* nearby. **les gens (d')à ~** the people next door, our next-door neighbours; **à ~ de** next to, beside; **(tout) à ~** close by. **(b)** **viser à ~ (du but)** to miss (the goal); **à ~ de la cible** wide of the target; **à ~ de la question** off the point; **on passe à ~ de beaucoup de choses en ne voyageant pas** you miss a lot by not travelling; **mettre à ~ de la plaque ‡** to misjudge things, be wide of the mark. **(c)** *(comparaison)* by comparison. **à ~ de** compared to; *(par contre)* **à ~ de ça** but on the other hand.
3 de ~ *adv se tourner* sideways; *sauter, laisser* aside, to one side. **mettre qch de ~** to put sth aside; **regard de ~** sidelong look.

coteau, *pl* **~x** [kɔto] *nm (colline)* hill; *(versant)* hillside.

côtelette [kotlɛt] *nf [mouton, porc]* chop; *[veau, agneau]* cutlet.

coter [kɔte] (1) *vt* **(a)** to quote; *timbre* to quote the market price of; *devoir* to mark; *film* to rate. **bien/mal coté** highly/not highly thought of; **coté à l'Argus** listed in the secondhand car book *ou* in the Blue Book *(US)*. **(b)** *carte* to put spot heights on; *croquis* to mark in the dimensions on; *(en bibliothèque)* to put a classification mark on.

coterie [kɔtʀi] *nf (gén péj)* set. **~ littéraire** literary coterie *ou* clique *ou* set.

côtier, -ière [kotje, jɛʀ] *adj pêche* inshore; *navigation, région* coastal.

cotisation [kɔtizɑsjɔ̃] *nf [club]* subscription; *[sécurité sociale, syndicat]* contributions. ♦ **cotisant, e** *nm, f* subscriber; contributor. ♦ **cotiser** (1) **1** *vi* to subscribe, pay one's subscription; to pay one's contributions (*à* to). **2 se ~** *vpr* to club together.

côtoiement [kotwamɑ̃] *nm (fréquentation)* association; *(coudoiement)* mixing *(de* with).

coton [kɔtɔ̃] **1** *nm (gén)* cotton; *(tampon)* (cotton-wool *ou (US)* cotton) swab. **~ à repriser** darning thread; **~ hydrophile** cotton wool; **avoir du ~ dans les oreilles *** to be deaf, have cloth ears *; **j'ai les jambes en ~** my legs feel like cotton wool. **2** *adj (*: ardu)* stiff *. ♦ **cotonnade** *nf* cotton fabric. ♦ **cotonneux, -euse** *adj brouillard* wispy; *nuage* fluffy. ♦ **cotonnier, -ière 1** *adj* cotton. **2** *nm (Bot)* cotton plant.

côtoyer [kotwaje] (8) **1** *vt* **(a)** *(longer)* to drive *(ou* walk *etc)* alongside; *[rivière, route]* to run alongside. **(b)** *(être à côté de)* to be next to; *(fréquenter)* to rub shoulders with. **~ la malhonnêteté** to be bordering *ou* verging on dishonesty. **2 se ~** *vpr [individus]* to rub shoulders; *[genres]* to meet.

cotte [kɔt] *nf* **(a)** *(Hist)* **~ de mailles** coat of mail; **~ d'armes** coat of arms *(surcoat)*. **(b)** *(salopette)* dungarees, overalls.

cou [ku] **1** *nm* neck. **jusqu'au ~** *enlisé, endetté* up to one's neck; **sauter au ~ de qn** to throw one's arms around sb's neck. **2 : ~-de-pied** *nm, pl* **~s-~-~** instep.

couac [kwak] *nm* false note.

couard, e [kwaʀ, aʀd(ə)] **1** *adj* cowardly. **2** *nm, f* coward.

couchage [kuʃaʒ] *nm (installation)* sleeping arrangements. **matériel de ~** sleeping equipment, bedding.

couchant [kuʃɑ̃] **1** *adj*: **soleil ~** setting sun. **2** *nm (ouest)* west; *(ciel du soir)* sunset.

couche [kuʃ] *nf* **(a)** *(gén)* layer; *[peinture]* coat. **~ sociale** social stratum; *(fig)* **en tenir une ~ *** to be really thick * *ou* dumb *. **(b)** *(Horticulture)* hotbed. **(c)** *[bébé]* nappy, diaper *(US)*. **(d)** *(Méd: accouchement)* **~s** confinement; **mourir en ~s** to die in childbirth. **(e)** *(littér: lit)* bed.

coucher [kuʃe] (1) **1** *vt* **(a)** *(mettre au lit)* to put to bed; *(donner un lit)* to put up. **être/rester couché** to be/stay in bed. **(b)** *blessé* to lay out; *échelle etc* to lay down; *blés* to flatten. **être couché** to be lying. **(c)** *(inscrire)* to inscribe. **(d)** **~ en joue** *fusil* to aim; *personne* to aim at. **2** *vi (dormir)* to sleep *(avec* with). **cela nous a fait ~ très tard** that meant we went to bed very late. **3 se ~** *vpr* to go to bed; *(s'étendre)* to lie down; *[soleil, lune]* to set, go down; *[bateau]* to keel over. **4** *nm*: **le (moment du) ~** bedtime; **le ~ des enfants** the children's bedtime; **(au) ~ du soleil** (at) sunset *ou* sundown *(US)*. ♦ **couchette** *nf [voyageur]* couchette, berth; *[marin]* bunk.

couci-couça * [kusikusa] *adv* so-so *.

coucou [kuku] *nm (oiseau)* cuckoo; *(pendule)* cuckoo clock; *(péj: avion)* (old) crate; *(fleur)* cowslip. **~ (me voici)!** peek-a-boo!

coude [kud] *nm (Anat)* elbow; *[route, tuyau]* bend. *(fig)* **se serrer les ~s** to stick together; **~ à ~** shoulder to shoulder. ♦ **coudée** *nf*: **avoir les ~s franches** to have elbow room; *(fig)* **dépasser qn de cent ~s †** to stand head and shoulders above sb.

coudoyer [kudwaje] (8) *vt (fréquenter)* to rub shoulders with; *(être à côté de)* to be next to. ♦ **coudoiement** *nm* mixing.

coudre [kudʀ(ə)] (48) *vt* to sew; *bouton* to sew on; *vêtement, plaie* to sew up; *(Reliure)* to stitch.

coudrier [kudʀije] *nm* hazel tree.

couenne [kwan] *nf [lard]* rind; *(*: peau)* hide *.

couiner [kwine] (1) *vi* to squeal.

couler [kule] (1) **1** *vi* **(a)** *[liquide, paroles]* to flow; *[larmes, sueur]* to run down; *[fromage, bougie]* to run. *[vin]* **~ à flots** to flow freely; **le sang a coulé** blood has been shed; **faire ~** *eau, bain* to run; **faire ~ le sang** to shed blood; *(fig)* **ça a fait ~ beaucoup d'encre** it caused much ink to flow; **~ de source** *(être clair)* to be obvious; *(s'enchaîner)* to follow naturally. **(b)** *[robinet, nez]* to run; *(fuir)* to leak. **(c)** *[vie, temps]* to slip by. **(d)** *[bateau, personne]* to sink; *[firme]* to go bankrupt. **~ à pic** to sink straight to the bottom. **2** *vt* **(a)** *ciment* to pour; *métal, statue* to cast. **(b)** *bateau* to sink; *(*)* *personne* to discredit; *candidat* to bring down; *entrepreneur, firme* to wreck, ruin. **(c)** *regard* to steal. **~ des jours heureux** to enjoy happy days. **3 se ~** *vpr*: **se ~ dans/à travers** to slip into/through; **se la ~ douce *** to have an easy time of it. ♦ **coulant, e 1** *adj pâte* runny; *style* flowing; *(*: indulgent)* easy-going. **2** *nm [ceinture]* sliding loop. ♦ **coulée** *nf [métal]* casting. **~ de lave** lava flow; **~ de boue** mud slide.

couleur [kulœʀ] *nf* **(a)** *(gén, fig)* colour; *(nuance)* shade, tint; *(peinture)* paint; *(Cartes)* suit. **de ~ claire** light-coloured; **(de) ~ chair/paille** flesh/straw-coloured; **film en ~s** colour film; **de ~** *personne* coloured; *vêtements* colourful; **les ~s** *(linge)* coloureds; *(emblème)* the colours; **boîte de ~s** paintbox; **reprendre des ~s** to get back one's colour; **sans ~** colourless; **~ locale** local colour. **(b)** *(locutions)* **sous ~ de qch** under the guise of sth; **sous ~ de faire** while pretending to do; **sous de fausses ~s** in a false light; **peindre qch sous les plus sombres ~s** to paint sth in the darkest colours; **elle n'a jamais vu la ~ de son argent *** she's never seen the colour of his money *.

couleuvre [kulœvʀ(ə)] *nf* grass snake.

coulisse [kulis] *nf* **(a)** *(Théât: gén pl)* wings. **en ~** *(Théât)* in the wings; *(fig)* behind the scenes. **(b)**

[porte] runner. **porte à** ~ sliding door; *(fig)* **regard en** ~ sidelong look. ◆ **coulisser** (1) *vi [porte]* to slide.

couloir [kulwaʀ] *nm* corridor, passage; *[wagon]* corridor; *(bande de circulation)* lane; *(ravin)* gully. ~ **d'avalanches** avalanche corridor; *(Pol)* **bruits de** ~**(s)** rumours; *(Pol)* **intrigues de** ~**(s)** backstage manœuvring.

coup [ku] **1** *nm* **(a)** *(choc)* knock; *(affectif)* blow. **se donner un** ~ **à la tête** to hit *ou* bang one's head; **donner des** ~**s dans la porte** to bang at the door. **(b)** *(hostile)* blow. ~ **de pied** kick; ~ **de poing** punch; **donner un** ~ to hit; **recevoir un** ~ **de bâton** to be struck with a stick; **il a reçu un** ~ **de griffe/de couteau** he was clawed/knifed; **tuer qn à** ~**s de pierres** to stone sb to death; **donner un** ~ **de dents/de bec** to take a bite, peck *(dans* at); ~ **de feu** shot; **tuer qn d'un** ~ **de fusil** to shoot sb dead (with a rifle). **(c)** *(avec le corps)* **d'œil** *(regard)* glance; *(spectacle)* view; **jeter un** ~ **d'œil à** to glance at; **ça vaut le** ~ **d'œil** it's worth seeing; ~ **de coude** nudge; ~ **d'ongle** scratch; **l'oiseau donna un** ~ **d'aile** the bird flapped its wings *ou* gave a flap of its wings; **d'un** ~ **de tête/de genou** with a nudge *ou* thrust of his head/knee; **donner un** ~ **de tête contre qch** to bang one's head against sth. **(d)** *(habileté)* **avoir le** ~ * to have the knack; **avoir le** ~ **d'œil** to have a good eye. **(e)** *(avec instrument)* ~ **de crayon** stroke of a pencil; ~ **de marteau** blow of a hammer; **passer un** ~ **de chiffon/balai à qch** to give sth a wipe/sweep sth; **donner un** ~ **de peinture à un mur** to give a wall a coat of paint; ~ **de téléphone** phone call; **donner un** ~ **de frein** to brake. **(f)** *(Golf, Tennis)* stroke; *(Boxe)* punch; *(Échecs)* move. *(Boxe, fig)* ~ **bas** punch below the belt; *(Tennis)* ~ **droit** drive; *(Ftbl, Rugby)* ~ **d'envoi** kick-off; ~ **franc** *(Ftbl, Rugby)* free kick; *(Basketball)* free throw shot. **(g)** *(bruit)* ~ **de tonnerre** *(lit)* thunderclap; *(fig)* bombshell; ~ **de sonnette** ring; **arrêtez au** ~ **de sifflet** stop when the whistle blows; **les douze** ~**s de midi** the twelve strokes of noon. **(h)** *(produit par les éléments)* ~ **de vent** gust of wind; **passer en** ~ **de vent** to rush past like a whirlwind; *(visite)* to pay a flying visit; ~**(s) de soleil** sunburn; **prendre un** ~ **de soleil** to get sunburnt *ou* sunburned *(US)*; **prendre un** ~ **de froid** to catch a chill. **(i)** *(événement fortuit)* ~ **du sort** blow dealt by fate; ~ **de chance** stroke of luck; ~ **dur** hard blow; **c'est un sale** ~ * it's a dreadful blow. **(j)** *(entreprise) [cambrioleurs]* job. **tenter le** ~ * to have a go *; **réussir un beau** ~ to pull it off; **être dans le** ~**/hors du** ~ to be/not to be in on it. **(k)** (*:* coup de qn) trick. **faire un sale** ~ **à qn** to play a dirty trick on sb; **il nous fait le** ~ **chaque fois** he never fails to do that; **tu ne vas pas nous faire le** ~ **d'être malade** you're not going to go and be ill on us *; **un** ~ **en traître** a stab in the back. **(l)** *(*: verre)* **boire un** ~ to have a drink; **il a bu un** ~ **de trop** he's had one too many *. **(m)** *(*: fois)* time. **à tous (les)** ~**s** every time; **du premier** ~ first time, right off the bat * *(US)*; **pour un** ~ for once; **rire un bon** ~ to have a good laugh. **(n)** *(effet)* **sous le** ~ **de** *surprise* in the grip of, affected by; *(Admin)* **tomber sous le** ~ **de la loi** to be a statutory offence. **(o)** *(locutions)* **à** ~ **sûr** definitely; **après** ~ after the event; ~ **sur** ~ in quick succession; **du** ~ as a result; **c'est pour le** ~ **qu'il se fâcherait** then he'd really get angry; **sur le** ~ *(gén)* outright; *tué* instantly; **sur le** ~ **je n'ai pas compris** at the time I didn't understand; **d'un seul** ~ at one go; **tout à** ~ all of a sudden; **tenir le** ~ to hold out.
2 : *(fig)* ~ **d'arrêt** sharp check; *(Jur)* ~**s et blessures** assault and grievous bodily harm; ~ **de boutoir**

thrust; *(lit, fig)* ~ **de dés** toss of the dice; ~ **d'éclat** glorious feat; ~ **d'essai** first attempt; ~ **d'État** coup (d'état); *(fig)* ~ **de filet** haul; ~ **de force** armed takeover; *(fig)* ~ **de foudre** love at first sight; *(lit, fig)* ~ **de grâce** finishing blow; ~ **de grisou** firedamp explosion; ~ **de Jarnac** stab in the back; ~ **de main** *(aide)* helping hand; *(raid)* raid; **donne-moi un** ~ **de main** give me a hand; ~ **de maître** master stroke; ~ **monté** set-up *; ~ **de pouce** *(pour aider qn)* push in the right direction; ~ **de sang** stroke; ~ **de tête** sudden impulse; ~ **de théâtre** *(Théât)* coup de théâtre; *(gén)* dramatic turn of events; ~ **de Trafalgar** underhand trick.

coupable [kupabl(ə)] **1** *adj personne* guilty *(de* of); *désirs* guilty; *négligence* culpable. **2** *nmf* culprit.

coupage [kupaʒ] *nm (action)* blending; *(avec de l'eau)* dilution; *(résultat)* blend. ~**s** blended wines.

coupant, e [kupã, ãt] *adj* lame, ton sharp.

coupe¹ [kup] *nf* **(a)** *(à fruits)* dish; *(contenu)* dishful; *(à boire)* goblet. **(b)** *(Sport)* cup. **la** ~ **de France de football** the French football cup.

coupe² [kup] *nf* **(a)** *(action) (gén)* cutting; *[tissu]* cutting-out; *[arbre]* cutting-down. **(b)** *(résultat)* cut. ~ **de cheveux** haircut. **(c)** *(section)* section. **(d)** **être sous la** ~ **de qn** to be under sb's control; **faire des** ~**s sombres dans** to make drastic cuts in; **mettre en** ~ **réglée** to bleed systematically *(fig)*; *V aussi* **coupe 5.**

coupé [kupe] *nm (Aut, Danse)* coupé.

couper [kupe] (1) **1** *vt* **(a)** *(gén)* to cut; *bois* to chop; *arbre* to cut down; *rôti* to carve; *(Couture) vêtement* to cut out; *gâteau* to slice; *(fig) [vent]* to sting. ~ **la gorge à qn** to slit sb's throat; ~ **la tête à qn** to chop sb's head off; **se faire** ~ **les cheveux** to get one's hair cut. **(b)** *(raccourcir, retrancher)* to cut; *(séparer)* to cut off; *(entailler)* to slit. **(c)** *route, relations, vivres* to cut off; *fièvre* to bring down; *appétit* to take away; *eau, gaz* to cut off; *(au compteur)* to turn off. *(Aut)* ~ **le contact** to switch off the ignition; ~ **le vent** to cut out the wind; ~ **la route à qn** to cut in front of sb; ~ **qn de** to cut sb off from; ~ **les ponts avec qn** to break off communications with sb. **(d)** *voyage* to break; *journée* to break up. **(e)** *[ligne]* to cut; *[route]* to cut across. *(fig)* **l'électorat était coupé en deux** the voters were split down the middle. **(f)** *(Cartes) jeu* to cut; *(avec l'atout)* to trump. **(g)** *[vin]* to blend; *(avec de l'eau)* to dilute. **(h)** *(locutions)* ~ **les bras à qn** *[travail]* to wear sb out; *[nouvelle]* to knock sb for six; **j'en ai les jambes coupées** I'm stunned by it; ~ **la poire en deux** to meet halfway; ~ **les cheveux en quatre** to split hairs; ~ **ses effets à qn** to steal sb's thunder; ~ **l'herbe sous le pied à qn** to cut the ground from under sb's feet; ~ **la parole à qn** *[personne]* to cut sb short; *[émotion]* to leave *ou* render sb speechless; ~ **le sifflet * à qn** to shut sb up *; ~ **le souffle à qn** *(lit)* to wind sb; *(fig)* to take sb's breath away; **c'est à vous** ~ **le souffle** it's breathtaking; **brouillard/accent à** ~ **au couteau** fog/accent you could cut with a knife.
2 ~ **à** *vt indir* **(a)** *corvée* to get out of. **tu n'y couperas pas** you won't get out of it. **(b)** ~ **court à** to cut short.
3 *vi (gén)* to cut; *(jouer atout)* to trump. ~ **à travers champs** to cut across country; ~ **au plus court** to take the quickest way.
4 se ~ *vpr* **(a)** to cut o.s. **se** ~ **à la jambe/les ongles** to cut one's leg/one's nails. **(b)** *(*)* to give o.s. away.
5 : **coupe-circuit** *nm inv* cutout; **coupe-coupe** *nm inv* machete; **coupe-faim** *nm inv* appetite suppressant; **coupe-feu** *nm inv* firebreak; **coupe-gorge** *nm inv* death-trap; **coupe-papier** *nm inv* paper knife; **coupe-vent** *nm inv (haie)* windbreak; *(vêtement)* windcheater, windbreaker *(US)*.

couperet [kupʀɛ] *nm [boucher]* cleaver, chopper; *[guillotine]* blade.

couple [kupl(ə)] *nm (gén)* couple; *(patineurs, animaux)* pair; *(moteur, de torsion)* torque. ◆ **coupler** (1) *vt* to couple together; *(Ordin)* to interface *(avec* with).

couplet [kuplɛ] *nm [chanson]* verse.

coupole [kupɔl] *nf* dome; *(petite)* cupola.

coupon [kupɔ̃] *nm* (a) *(Couture) (reste)* remnant; *(rouleau)* roll. (b) *(Fin: ticket)* coupon. **~-réponse** reply coupon.

coupure [kupyʀ] *nf (gén)* cut; *(fig: fossé)* break; *(billet de banque)* note. **~ (de presse)** (newspaper) cutting; **~ (de courant)** power cut.

cour [kuʀ] *nf* (a) *(gén)* (court)yard; *[gare]* forecourt; *[caserne]* square. **être sur (la)** ~ to look onto the (court)yard; **~ d'école** schoolyard, playground; **~ de ferme** farmyard; **~ de récréation** playground. (b) *(Jur)* court. **~ d'appel/de cassation** Court of Appeal/of Cassation; *(Mil)* **~ martiale** court martial. (c) *[roi]* court; *[écrivain, femme]* following. **faire sa** ~ **à** *roi* to pay court to; *supérieur* to pay one's respects to; **être bien/mal en** ~ to be in/out of favour *(auprès de qn* with sb); **faire la** ~ **à une femme** to court a woman.

courage [kuʀaʒ] *nm (bravoure)* courage, bravery; *(ardeur)* will, spirit. **vous n'aurez pas le** ~ **de** you won't have the heart to; **entreprendre qch avec** ~ to undertake sth with a will; **je ne m'en sens pas le** ~ I don't feel up to it; **ça vous donnera du** ~ it'll buck you up *; **~!** cheer up!, take heart!; **perdre** ~ to lose heart; **reprendre** ~ to take fresh heart. ◆ **courageusement** *adv* bravely, courageously; *entreprendre* with a will. ◆ **courageux, -euse** *adj* brave, courageous. **il n'est pas très** ~ **pour l'étude** he hasn't got much will for studying.

couramment [kuʀamɑ̃] *adv* (a) *(aisément)* fluently. (b) *(souvent)* commonly. **ce mot s'emploie** ~ this word is in current usage; **cela se fait** ~ it's quite common practice.

courant, e [kuʀɑ̃, ɑ̃t] **1** *adj* (a) *dépenses, usage* everyday, standard; *(Comm) modèle* standard; *incident* common. **il n'est pas** ~ **de voir** it is quite uncommon to see. (b) *(en cours) année* current. *(Comm)* **votre lettre du 5** ~ your letter of the 5th inst. *ou* instant *ou* of the 5th of this month. **2** *nm* (a) *[cours d'eau]* current; *[populations, commerce]* movement; *[opinions]* trend. ~ **(atmosphérique)** airstream, current; **un** ~ **de sympathie** a wave of sympathy; *(Littérat)* **le** ~ **surréaliste** the surrealist movement. (b) *(Élec)* current. **couper le** ~ to cut off the power. (c) **dans le** ~ **du mois** in the course of the month; **dans le** ~ **de la conversation** in the course of the conversation *ou* as the conversation was (*ou* is) going on; **être au** ~ **de** *nouvelle* to know about; *science* to be well-informed about; *méthodes* to be up to date on; **mettre qn au** ~ **de** *faits* to tell sb (about); *théories* to bring sb up to date on; **tenez-moi au** ~ keep me informed ; **il se tient au** ~ he keeps himself up to date *ou* informed.

courbature [kuʀbatyʀ] *nf* ache. ◆ **courbaturé, e** *adj* aching (all over).

courber [kuʀbe] (1) **1** *vt* to bend. **l'âge l'avait courbé** he was bowed *ou* bent with age; ~ **la tête** *(lit)* to bow *ou* bend one's head; *(fig)* to submit. **2** *vi* to bend. **3 se** ~ *vpr [branche]* to bend; *(lit, fig) [personne]* to bend down. ◆ **courbe 1** *adj* curved. **2** *nf* curve. ~ **de niveau** contour line; ~ **de température** temperature curve. ◆ **courbette** *nf* low bow. *(fig)* **faire des ~s à** *ou* **devant qn** to kowtow to sb, bow and scrape to sb. ◆ **courbure** *nf* curve.

courette [kuʀɛt] *nf* small courtyard.

coureur, -euse [kuʀœʀ, øz] **1** *nm, f (Athlétisme)* runner. ~ **de fond** long-distance runner; ~ **automobile** racing(-car) driver; ~ **cycliste** racing cyclist; ~ **de dot** fortune hunter. **2** *nm:* **c'est un** ~ **de cafés** he hangs round *ou* around cafés ; ~ **(de filles)** womanizer. **3** *nf (péj)* manhunter.

courge [kuʀʒ(ə)] *nf (plante)* gourd; *(Culin)* marrow, squash *(US)*. ◆ **courgette** *nf* courgette.

courir [kuʀiʀ] (11) **1** *vi* (a) *(gén)* to run; *(Aut, Cyclisme)* to race. **entrer/sortir en courant** to run in/out; ~ **à toutes jambes** to run like the wind; ~ **ventre à terre** to run flat out; **faire** ~ **un cheval** to race a horse. (b) *(se précipiter)* to rush. ~ **chercher le docteur** to rush *ou* run for the doctor; **je cours l'appeler** I'll run and call him; **faire qch en courant** to do sth in a rush; **tu peux toujours ~!** * you can whistle for it! * (c) *(avec à, après, sur)* ~ **à l'échec** to be heading *ou* headed for failure; ~ **à sa perte** *ou* **ruine** to be on the road to ruin; ~ **après qch** to chase after sth; *(lit, fig)* ~ **après qn** to run after sb; ~ **sur ses 20 ans** to be approaching 20. (d) *[nuages, ombres, reflets]* to speed, race; *[eau]* to rush; *[chemin]* to run. **un frisson lui courut par tout le corps** a shiver ran through his body. (e) **faire** ~ **un bruit** to spread a rumour; **le bruit court que...** there is a rumour going round that... (f) *(se passer)* **le mois qui court** the current month; **par les temps qui courent** nowadays; **laisser** ~ * to let things alone. (g) *(Fin) [intérêt]* to accrue. **2** *vt* (a) *(Sport) épreuve* to compete in. ~ **un 100 mètres** to run (in) *ou* compete in a 100 metres race; ~ **le Grand Prix** to race in the Grand Prix. (b) *(Chasse)* ~ **le cerf** to go staghunting; *(fig)* ~ **deux lièvres à la fois** to have one's finger in more than one pie. (c) *(rechercher) honneurs, aventure* to seek; *risque* to run. **il court de graves dangers** he's running a great risk; ~ **sa chance** to try one's luck. (d) **le monde, les bois** to roam; **les magasins** to go round. ~ **les rues** *(lit)* to roam the streets; *(fig)* to be run-of-the-mill; **ça ne court pas les rues** it is hard to find; ~ **les théâtres** to do the rounds of the theatres; ~ **les filles** to chase the girls.

couronne [kuʀɔn] *nf* (a) *[fleurs]* wreath. ~ **mortuaire/de lauriers** funeral/laurel wreath; ~ **d'épines** crown of thorns. (b) *[roi, pape]* crown; *[noble]* coronet. (c) *(objet) [dent]* crown; *(Astron)* corona. **la grande** ~ the outer suburbs (of Paris). ◆ **couronnement** *nm [roi]* coronation, crowning; *[édifice]* top, crown; *[carrière]* crowning achievement. ◆ **couronner** (1) **1** *vt (gén, Méd, fig)* to crown; *ouvrage, auteur* to award a prize to. **front couronné de fleurs** head crowned with flowers; *(iro)* **et pour** ~ **le tout** and to crown it all; **couronné de succès** crowned with success. **2 se** ~ *vpr:* **se** ~ **le genou** to graze its (*ou* one's) knee.

courrier [kuʀje] *nm* (a) *(reçu)* mail, letters; *(à écrire)* letters. *(Ordin)* ~ **électronique** electronic mail. (b) (†) *(avion, bateau)* mail; *(Mil: estafette)* courier. (c) *(Presse) (rubrique)* column, page. ~ **du cœur** broken hearts' column; ~ **des lecteurs** letters to the Editor.

courroie [kuʀwa] *nf* strap; *(Tech)* belt.

courroucer [kuʀuse] (3) *vt (littér)* to incense. ◆ **courroux** *nm* wrath.

cours [kuʀ] *nm* (a) *(déroulement, Astron, gén)* course; *[guerre, maladie]* progress; *[rivière] (cheminement)* course; *(écoulement)* flow. **descendre le** ~ **de la Seine** to go down the Seine; ~ **d'eau** river, stream. (b) *(Fin) [monnaie]* currency; *[titre, objet]* price; *[devises]* rate. ~ **légal** legal tender. (c) *(leçon) (Scol) (Univ)* class; *[série de leçons]* course; *(manuel)* coursebook, textbook. **faire un** ~ **sur** to give a class on; ~ **du soir** *(pl)* evening classes; ~ **par correspondance** correspondence course; ~ **de vacances** holiday course, summer

school (US); ~ **intensif** crash course (de, en in).
(**d**) (Scol) (établissement) school. (année) ~ **élémentaire** etc primary etc class ou year; ~ **privé** private
school. (**e**) (avenue) walk. (**f**) (locutions) **avoir** ~
[monnaie] to be legal tender; (fig) to be current;
en ~ **année** current; affaires in hand; essais in progress; **en** ~ **de réparation** in the process of being
repaired; (Jur) **brevet en** ~ **d'agrément** patent
pending; **en** ~ **de route** on the way; **au** ~ **de** in the
course of; **donner libre** ~ **à** to give free expression
to.

course [kuʀs(ə)] nf (**a**) (action) running. **prendre sa**
~ to start running. (**b**) (épreuve) race; (discipline)
(Athlétisme) running; (Aut, Courses, Cyclisme)
racing. **faire de la** ~ to go running; **faire de la** ~
de haies to hurdle; ~ **de haies** hurdling; ~ **de fond**
(spécialité) long-distance running; (épreuve) long-
distance race; (fig) **la** ~ **aux armements** the arms
race; **faire la** ~ **avec qn** to race with sb; (Courses)
parier aux ~**s** to bet on the races; ~ **de taureaux**
bullfight; ~ **de trot** trotting race; ~ **de trot attelé**
harness race; ~ **de vitesse** sprint. (**c**) (fig) [pro-
jectile] flight; [navire] course; [nuages, temps] swift
passage. (**d**) (excursion) (à pied) hike; (ascension)
climb; (voyage) journey. (taxi) **payer la** ~ to pay
the fare. (**e**) (commission) errand. **faire une** ou **des**
~**s** [ménagère] to do some shopping; [coursier] to
run an errand ou errands. (**f**) (Tech) movement;
[piston] stroke. (**g**) **être à bout de** ~ to be worn
out; **il n'est plus dans la** ~ * he's out of things
now.

courser * [kuʀse] (1) vt to chase ou hare * after.

coursier, -ière [kuʀsje, jɛʀ] **1** nm, f messenger.
2 nm (littér, cheval) steed, horse.

court¹, e [kuʀ, kuʀt(ə)] **1** adj (**a**) (gén) short. **il a
été très** ~ he was very brief; **de** ~**e durée** joie
short-lived; **c'est plus** ~ **par le bois** it's quicker
ou shorter through the wood; **avoir le souffle** ~
to be short-winded. (**b**) (insuffisant) **c'est un peu**
~ it's a bit on the short side. (**c**) **tirer à la** ~**e
paille** to draw straws; **à sa** ~**e honte** to his great
shame; **être à** ~ **d'argent** to be short of money;
prendre au plus ~ to go the shortest way; **prendre
qn de** ~ to catch sb unawares ou unprepared.
2 adv short. **s'arrêter** ~ to stop short. **3** : ~**-bouil-
lon** nm, pl ~**s**-~**s** court-bouillon; (Élec) ~**-circuit**
nm, pl ~**s**-~**s** short(-circuit); ~**-circuiter** (1) vt (lit,
fig) to short-circuit; **faire la** ~**e échelle à qn** to give
sb a leg up ou a boost (US); ~ **métrage** short film.

court² [kuʀ] nm tennis court. ~ **central** centre
court.

courtaud, e [kuʀto, od] adj dumpy, squat.

courtier, -ière [kuʀtje, jɛʀ] nm, f broker.

courtiser [kuʀtize] (1) vt to pay court to. ◆ **courtisan** nm (Hist) courtier; (fig) sycophant. ◆ **cour-
tisane** nf (Hist) courtesan.

courtoisie [kuʀtwazi] nf courtesy. ◆ **courtois, e**
adj courteous; (Littérat) courtly. ◆ **courtoisement** adv courteously.

couru, e [kuʀy] adj restaurant popular. **c'est** ~ *
(**d'avance**) it's a sure thing, it's a foregone conclusion.

cousin, e [kuzɛ̃, in] **1** nm, f cousin. ~ **germain** first
cousin. **2** nm mosquito.

coussin [kusɛ̃] nm cushion.

cousu, e [kuzy] adj sewn, stitched. (fig) **c'est** ~ **de
fil blanc** it doesn't hold ou hang together; ~ **main**
(lit) handsewn; (*fig) **c'est du** ~ **main** it's top
quality stuff.

coût [ku] nm (lit, fig) cost. **le** ~ **de la vie** the cost
of living; **à des** ~**s majorés** on a cost-plus basis;
~**s de base** baseline costs; ~ **du crédit** credit
charges; ~ **d'utilisation** cost-in-use. ◆ **coûtant** adj
m: **prix** ~ cost price.

couteau, pl ~**x** [kuto] nm (**a**) (pour couper) knife;
[balance] knife edge; (coquillage) razor-shell, razor
clam (US). ~ **à poisson** fish knife; ~ **à cran d'arrêt**
flick-knife; ~ **à découper** carving knife. (**b**) **vous
me mettez le** ~ **sous la gorge** you're holding a gun
at my head; **être à** ~**x tirés** to be at daggers drawn
(avec with); **remuer le** ~ **dans la plaie** to twist the
knife in the wound.

coutellerie [kutɛlʀi] nf (industrie) cutlery industry;
(magasin) cutler's (shop); (produits) cutlery.

coûter [kute] (1) vti to cost. **les vacances, ça coûte!**
holidays are expensive ou cost a lot!; **ça coûte
une fortune** it costs a fortune ou an arm and a
leg; (fig) **ça va lui** ~ **cher** he'll pay for that, it will
cost him dear; **ça ne coûte rien d'essayer** it costs
nothing to try; **cet aveu m'a coûté** this confession
cost me; **cette démarche me coûte** it costs me a
great effort to take this step; **ça lui a coûté la vie**
it cost him his life; **coûte que coûte** at all costs.
◆ **coûteusement** adv expensively. ◆ **coûteux,
-euse** adj costly, expensive.

coutume [kutym] nf (gén, Jur) custom. **avoir** ~ **de**
to be in the habit of; **plus que de** ~ more than
usual; **comme de** ~ as usual; **selon sa** ~ following
his usual custom. ◆ **coutumier, -ière** adj customary, usual. (gén péj) **il est** ~ **du fait** that is what
he usually does.

couture [kutyʀ] nf (**a**) (action, ouvrage) sewing. **la**
~ (métier) dressmaking; (industrie) the fashion
industry; **faire de la** ~ to sew. (**b**) (suite de points)
seam; (cicatrice) scar; (suture) stitches. **sans** ~(**s**)
seamless; **sous toutes les** ~**s** from every angle.
◆ **couturier** nm couturier, fashion designer.
◆ **couturière** nf dressmaker.

couvent [kuvã] nm [sœurs] convent; [moines]
monastery; (internat) convent school.

couver [kuve] (1) **1** vi (**a**) [feu, incendie, haine] to
smoulder; [émeute] to be brewing; [complot] to be
hatching. (**b**) [poule] to sit on its eggs. **2** vt (**a**)
œufs [poule] to sit on; [appareil] to hatch. (**b**) (fig)
enfant to be overcareful with, cocoon; maladie to
be sickening for; vengeance to brew, plot. ~ **qch
des yeux** (tendresse) to look lovingly at sth; (convoitise) to look covetously ou longingly at sth.
◆ **couvée** nf [poussins, enfants] brood, clutch;
[œufs] clutch.

couvercle [kuvɛʀkl(ə)] nm (gén) lid; [aérosol] cap,
top.

couvert, e [kuvɛʀ, ɛʀt(ə)] **1** adj (**a**) (habillé) covered
(up). **trop** ~ too wrapped up; (chapeau) **il est resté**
~ he kept his hat on. (**b**) ~ **de** covered in ou with;
~ **de chaume** thatched. (**c**) ciel overcast. (**d**) rue
covered. (**e**) (fig: protégé) covered. **2** nm (**a**) (ustensiles) place setting. ~**s en argent** the silver
cutlery; **mettre 4** ~**s** to lay ou set 4 places, lay
ou set the table for 4; **le gîte et le** ~ board and
lodging, bed ou room and board. (**b**) (au restaurant)
cover charge. (**c**) (abri) shelter. **à** ~ be sheltered
from; (Mil) **être/se mettre à** ~ to be/get under ou
take cover; **se mettre à** ~ (contre des réclamations)
to cover o.s. (against claims); **sous (le)** ~ **de** prétexte under cover of; **sous (le)** ~ **de la plaisanterie**
while trying to appear to be joking, under the
guise of a joke; **Monsieur le Ministre sous** ~ **de
Monsieur le Recteur** the Minister through the person of the Director of Education.

couverture [kuvɛʀtyʀ] nf (**a**) (literie) blanket. ~ **de
voyage** travelling rug; (fig) **tirer la** ~ **à soi** to take
all the credit. (**b**) (toiture) roofing; [cahier] cover;
(jaquette) dust cover; (Mil, Fin, fig) cover. ~ **sociale**
Social Security cover.

couveuse [kuvøz] nf (poule) broody hen. ~ (**artificielle**) incubator.

couvre- [kuvʀ(ə)] préf V **couvrir**.

couvreur [kuvʀœʀ] nm roofer.

couvrir [kuvRiR] (18) **1** vt (**a**) (gén) to cover (de, avec with). ~ **un toit de chaume/de tuiles** to thatch/ tile a roof; **couvre bien les enfants** wrap the children up well; **un châle lui couvrait les épaules** her shoulders were covered with ou by a shawl; **couvert de bleus** bruised all over, covered in bruises; ~ **qn d'injures/de cadeaux** to shower insults/gifts on sb; **ça l'a couvert de ridicule** it covered him with ridicule. (**b**) voix to drown; énigme, sentiments to conceal; (lit, fig) personne to cover, shield. ~ **qch du nom de charité** to pass sth off as charity. (**c**) distance, frais to cover.
2 se ~ vpr [personne] to wrap (o.s.) up; (chapeau) to put one's hat on; [ciel] to become overcast; (Boxe, Escrime) to cover. **se** ~ **de** taches to get o.s. covered in; boutons to become covered in ou with; gloire, honte to cover o.s. with.
3 : (hum) **couvre-chef** nm, pl ~-~s hat; **couvre-feu** nm, pl ~-~x curfew; **couvre-lit** nm, pl ~-~s bedspread; **couvre-pied(s)** nm, pl~-~s quilt; **couvre-plat** nm, pl ~-~s dish cover.

coyote [kɔjɔt] nm coyote, prairie wolf.

crabe [kRab] nm (Zool) crab. **marcher en** ~ to walk crab-wise.

crac [kRak] excl [bois, glace etc] crack; [étoffe] rip; (fig) bang.

cracher [kRaʃe] (1) **1** vi (**a**) to spit (sur at). **il ne crache pas sur le caviar** * he doesn't turn his nose up at caviar; **il ne faut pas** ~ **sur cette offre** * this offer is not to be sneezed at; **il ne faut pas** ~ **dans la soupe** * you shouldn't turn your nose up at it; **c'est comme si je crachais en l'air** * it's like banging my head against a brick wall. (**b**) [stylo, plume] to sputter; [micro] to crackle. **2** vt (**a**) sang etc to spit; bouchée, injures to spit out; (‡) argent to cough up *, stump up *. (**b**) [canon] to spit out; [cheminée] to belch out. ◆ **crachat** nm: ~(**s**) spit, spittle. ◆ **craché, e** * adj: **c'est son père tout** ~ he's the spitting image of his father; **c'est lui tout** ~ that's just like him. ◆ **crachement** nm [vapeur] burst; [étincelles] shower. ~(**s**) [salive etc] spitting; [radio] crackle.

crachin [kRaʃɛ̃] nm drizzle.

crack [kRak] nm (poulain) star horse; (*: as) ace. **un** ~ **en informatique** an ace ou a wizard * at computing.

Cracovie [kRakɔvi] n Cracow.

craie [kRɛ] nf chalk.

craindre [kRɛ̃dR(ə)] (52) vt (**a**) [personne] to fear, be afraid ou scared of. **craignant de manquer le train** afraid of missing ou afraid he might miss the train; **elle craignait qu'il ne se blesse** she was afraid that he would ou might hurt himself. (**b**) ~ **pour** vie, réputation, personne to fear for. (**c**) [aliment] ~ **le froid** to be easily damaged by the cold; **'craint l'humidité'** 'keep ou store in a dry place'; **c'est un vêtement qui ne craint pas** it's a hard-wearing garment; **il craint la chaleur** he can't stand the heat.

crainte [kRɛ̃t] nf fear. **avoir la** ~ **de qch** to fear ou be afraid of sth; **soyez sans** ~ have no fear; **j'ai des ~s à son sujet** I'm worried about him; **sans** ~ (adj) fearless; (adv) fearlessly; **avec** ~ fearfully; **par** ~ **de** for fear of; **de** ~ **que** for fear that, fearing that. ◆ **craintif, -ive** adj personne timorous, timid; ton timid. ◆ **craintivement** adv timorously, timidly.

cramoisi, e [kRamwazi] adj crimson.

crampe [kRɑ̃p] nf: ~(**s**) cramp.

crampon [kRɑ̃pɔ̃] nm (Tech) cramp, clamp; [chaussure] stud; [chaussures de course] spike; (*: personne) clinging bore. ~ **(à glace)** crampon. ◆ **cramponner** (1) **1** vt (* fig) to cling to. **2 se** ~ vpr to hold on. **se** ~ **à** branche to cling to. ◆ **cram-**

ponnage nm (Alp) crampon technique, cramponing.

cran [kRɑ̃] nm (**a**) [crémaillère] notch; [arme] catch; [ceinture] hole; (Couture, Typ) nick; [cheveux] wave. (**b**) **avoir du** ~ * to have guts *; **monter/descendre d'un** ~ to go up/down a notch ou peg (dans in); **être à** ~ to be very edgy; **ne le mets pas à** ~ don't make him mad *. ◆ **cranté, e** adj notched.

crâne [kRɑn] **1** nm (Anat) skull; (fig) head. **2** adj (†) gallant. ◆ **crânien, -ienne** adj cranial.

crâner * [kRɑne] (1) vi to show off. ◆ **crâneur, -euse** * nm, f show-off.

crapahuter [kRapayte] (1) vi (arg Mil) to trudge over difficult ground.

crapaud [kRapo] nm (Zool) toad; [diamant] flaw.

crapule [kRapyl] nf scoundrel. ◆ **crapulerie** nf villainy. ◆ **crapuleux, -euse** adj action villainous.

craqueler vt, **se** ~ vpr [kRakle] (4) to crack. ◆ **craquelure** nf crack.

craquer [kRake] (1) **1** vi (**a**) (bruit) [parquet] to creak; [feuilles] to crackle; [neige, biscuit] to crunch; [chaussures] to squeak. (**b**) (céder) [bas] to rip; [glace etc] to crack; [branche] to snap; [entreprise, athlète] to collapse; [accusé, malade] to break down, collapse. (**c**) (‡: être enthousiasmé) to go wild *, flip *, freak out ‡. **2** vt pantalon, bas to rip; allumette to strike. ◆ **craquement** nm: ~(**s**) creak; squeak; crackle; crunch; **casser avec un** ~ to break with a crack ou a snap.

crasse [kRas] **1** nf (saleté) grime, filth; (*: sale tour) dirty trick *. **2** adj bêtise crass. **être d'une ignorance** ~ to be abysmally ignorant ou pig ignorant *. ◆ **crasseux, -euse** adj grimy, filthy.

cratère [kRatɛR] nm crater.

cravache [kRavaʃ] nf riding crop. (fig) **mener qn à la** ~ to drive sb ruthlessly. ◆ **cravacher** (1) **1** vt cheval to use the crop on. **2** vi (*) (foncer) to belt along *; (travailler) to work like mad *.

cravate [kRavat] nf tie; (décoration) ribbon; (Lutte) headlock. ◆ **cravater** (1) vt (**a**) to put a tie on. **cravaté** wearing a tie; **se** ~ to put one's tie on. (**b**) (prendre au collet) (gén) to grab round the neck; (Lutte) to put in a headlock; (*: arrêter) to collar. **se faire** ~ **par un journaliste** to be collared ou buttonholed by a journalist.

crayeux, -euse [kRɛjø, øz] adj chalky.

crayon [kRɛjɔ̃] nm (gén) pencil; (dessin) pencil drawing. **notes au** ~ pencilled notes; ~ **à bille** ballpoint pen; ~ **de couleur** crayon, coloured pencil; ~**-feutre** felt-tip pen; ~ **noir** ou **à papier** lead pencil; ~ **optique** light pen; ~ **pour les yeux** eyeliner pencil. ◆ **crayonner** (1) vt notes to scribble; dessin to sketch.

créance [kReɑ̃s] nf (**a**) [créancier] financial claim; (titre) letter of credit. (Fin) ~**s** accounts receivable. (**b**) (†: foi) credence. **donner** ~ **à qch** (rendre croyable) to lend credibility to sth; (ajouter foi à) to give credence to sth. ◆ **créancier, -ière** nm, f creditor.

créateur, -trice [kReatœR, tRis] **1** adj creative. **2** nm, f (gén, Rel) creator. ◆ **créatif, -ive 1** adj creative, inventive. **2** nm designer. ◆ **création** nf (gén) creation; (Théât: représentation) first production; (Comm: produit) product. (Scol, Ind etc) **il y a deux ~s de poste** two new posts have been created. ◆ **créativité** nf creativity.

créature [kReatyR] nf (gén) creature.

crécelle [kResɛl] nf rattle.

crèche [kRɛʃ] nf (**a**) (Rel: de Noël) crib. (**b**) (établissement) crèche, day nursery.

crédibilité [kRedibilite] nf credibility. ◆ **crédible** adj credible.

crédit [kRedi] nm (**a**) (Fin) credit. **faire** ~ **à qn** to give sb credit; **acheter/vendre qch à** ~ to buy/sell sth on credit; **porter une somme au ~ de qn** to credit a sum to sb; **~ hypothécaire** mortgage; **~ d'appoint** standby credit; **~ bail** leasing; **~s budgétaires** budget allocation; **~ à la consommation** consumer credit; *(Scol, Admin)* **~s d'enseignement** government grant (to each school); **~s extraordinaires** extraordinary funds. **(b)** *(prestige, confiance)* credit. **donner du ~ à qch** to give credit to sth; **avoir du ~** *[firme]* to be creditworthy; *[théorie]* to be widely accepted *(auprès de* by); **faire ~ à** to trust *ou* have faith in; **trouver/perdre ~ auprès de qn** to win/lose sb's confidence. ◆ **créditer** (1) *vt (Fin, Sport)* **~ qn de** to credit sb with. ◆ **créditeur, -trice 1** *adj* in credit. **solde ~** credit balance. **2** *nm, f* customer in credit.

credo [kʀedo] *nm (Rel, fig)* creed.

crédule [kʀedyl] *adj* credulous, gullible. ◆ **crédulité** *nf* credulity, gullibility.

créer [kʀee] (1) *vt* **(a)** *(gén)* to create. **la joie de ~** the joy of creation; **se ~ une clientèle** to build up a clientèle; **~ des ennuis à qn** to create problems for sb. **(b)** *(Théât)* *rôle* to create; *pièce* to produce for the first time.

crémaillère [kʀemajɛʀ] *nf* **(a)** *[cheminée]* trammel. *(fig)* **pendre la ~** to have a house-warming party. **(b)** *(Rail, Tech)* rack.

crémation [kʀemɑsjɔ̃] *nf* cremation. ◆ **crématoire 1** *adj* crematory. **2** *nm* crematorium.

crème [kʀɛm] **1** *nf (gén)* cream; *(peau du lait)* skin; *(entremets)* cream dessert. *(liqueur)* **~ de bananes** crème de bananes; **gâteau à la ~** cream cake; *(fig: les meilleurs)* **la ~** the cream; **la ~ des pères** the best of fathers. **2** *adj inv* cream-coloured. **3** *nm (café)* white coffee. **un grand/petit ~** a large/small cup of white coffee. **4** : **~ anglaise** egg custard; **~ de beauté** beauty cream; **~ Chantilly** *ou* **fouettée** whipped cream; **~ fraîche** ≃ fresh cream; **~ fraîche épaisse** ≃ double cream; **~ glacée** ice cream; **~ pâtissière** confectioner's custard; **~ à raser** shaving cream. ◆ **crémerie** *nf (magasin)* dairy. ◆ **crémeux, -euse** *adj* creamy. ◆ **crémier, -ière** *nm, f* dairyman *(ou* woman).

crémone [kʀemɔn] *nf* espagnolette bolt.

créneau, *pl* **~x** [kʀeno] *nm* **(a)** *[rempart]* crenel. **les ~x** the battlements. **(b)** *(Aut)* **faire un ~** to park *(between two cars).* **(c)** *[horaire etc]* gap; *(Rad)* slot. **~ porteur** promising gap in the market. ◆ **crénelé, e** *adj mur* crenellated.

créole [kʀeɔl] **1** *adj* creole. **2** *nmf* Creole.

crêpe [kʀɛp] **1** *nf (Culin)* pancake. **2** *nm (matière)* crepe; *(ruban de deuil)* black ribbon; *(au bras)* black armband.

crêper [kʀepe] (1) *vt cheveux* to backcomb. **se ~ le chignon** * to have a set-to *.

crêperie [kʀɛpʀi] *nf* pancake shop.

crépir [kʀepiʀ] (2) *vt* to roughcast. ◆ **crépi, e** *adj, nm* roughcast. ◆ **crépissage** *nm* roughcasting.

crépiter [kʀepite] (1) *vi [feu]* to crackle; *[friture]* to splutter; *[mitrailleuse]* to rattle out; *[grésil]* to rattle, patter; *[applaudissements]* to break out. ◆ **crépitement** *nm*: **~(s)** crackling; spluttering; rattle, patter.

crépu, e [kʀepy] *adj cheveux* frizzy.

crépuscule [kʀepyskyl] *nm (lit, fig)* twilight. ◆ **crépusculaire** *adj*: **lumière ~** twilight glow.

crescendo [kʀeʃɛndo] *adv, nm (Mus)* crescendo. *(fig)* **aller ~** to rise in a crescendo, grow louder and louder.

cresson [kʀesɔ̃] *nm*: **~ (de fontaine)** watercress.

crête [kʀɛt] *nf* **(a)** *[oiseau]* crest. **~ de coq** cockscomb. **(b)** *[mur]* top; *[toit, montagne]* ridge; *[vague]* crest; *[graphique]* peak.

Crète [kʀɛt] *nf* Crete. ◆ **crétois, e** *adj, nm*, **C~(e)** *nm(f)* Cretan.

crétin, e [kʀetɛ̃, in] **1** *adj (péj)* cretinous *. **2** *nm, f (péj)* cretin *; *(Méd)* cretin. ◆ **crétinerie** *nf* idiocy.

creuser [kʀøze] (1) **1** *vt* **(a)** *(gén)* to dig; *puits* to sink, bore; *sillon* to plough, plow *(US)*; *(fig)* *abîme* to create; *problème, idée* to go into deeply, look into closely. **(b)** *(évider)* *bois* to hollow out; *sol* to dig out, dig a hole in. **(c)** *(locutions)* **la fatigue lui creusait les joues** his face looked gaunt with tiredness; **visage creusé de rides** face furrowed with wrinkles; **~ les reins** to draw o.s. up; **ça creuse (l'estomac)** * it gives you a real appetite; **se ~ (la cervelle)** * to rack one's brains; **il ne s'est pas beaucoup creusé!** * he didn't overtax himself!; *(lit, fig)* **~ l'écart** to establish a convincing lead *(par rapport à* over). **2** *vi* to dig *(dans* into). ◆ **creusement** *nm* digging.

creuset [kʀøzɛ] *nm* crucible; *(fig: lieu de brassage)* melting pot.

creux, -euse [kʀø, øz] **1** *adj objet, son* hollow; *estomac* empty; *paroles* empty, hollow; *idées* barren, futile; *raisonnement* weak, flimsy. **les heures ~euses** *(gén)* slack periods; *(pour électricité etc)* off-peak periods. **2** *nm* **(a)** *(gén)* hollow; *(trou)* hole. **le ~ des reins** the small of the back; **le ~ de la main** the hollow of one's hand; **manger dans le ~ de la main** to eat out of one's hand; **le ~ de l'estomac** the pit of the stomach; **avoir un ~ (dans l'estomac)** to feel empty. **(b)** *(Écon: période)* slack period. **(c)** *(Naut)* *[voile]* belly; *[vague]* trough. **des ~ de 2 mètres** 2-metre high waves; *(fig)* **il est dans le ~ de la vague** his fortunes are at their lowest ebb.

crevaison [kʀəvɛzɔ̃] *nf (Aut)* puncture, flat.

crevant, e ‡ [kʀəvɑ̃, ɑ̃t] *adj (gén)* killing *.

crevasse [kʀəvas] *nf (gén)* crack; *[mur]* crevice; *[glacier]* crevasse. ◆ **crevasser** *vt,* **se ~** *vpr* (1) to crack.

crever [kʀəve] (5) **1** *vt* **(a)** *(gén)* to burst; *pneu* to puncture. **~ les yeux à qn** to blind sb; **j'ai un pneu (de) crevé** I've got a flat *ou* a puncture; *(fig)* **~ le cœur à qn** to break sb's heart; *(fig)* **cela crève les yeux** it stares you in the face!; **cet acteur crève l'écran** this actor has tremendous presence on the screen. **(b)** (*: exténuer)* **~ qn** *[personne]* to work sb to death; *[tâche]* to kill sb *; **se ~ (au travail)** to work o.s. to death. **(c)** (‡) **~ la faim** to be starving * *ou* famished *.
2 *vi* **(a)** *[pneu]* to puncture. **~ de jalousie** to be bursting with jealousy. **(b)** *(mourir) [animal, plante]* to die (off); (‡) *[personne]* to die, snuff it ‡. **chien crevé** dead dog; **~ de faim/froid** ‡ to starve/freeze to death; **~ de soif** ‡ to die of thirst; **on crève de chaud ici** * it's boiling in here *; **faire ~ qn** ‡ to kill sb. **(c)** *(Aut)* to have a puncture, have a flat tyre. ◆ **crevé, e** ‡ *adj (mort)* dead; *(las)* dead-beat *. ◆ **crève-cœur** *nm inv* heartbreak. ◆ **crève-la-faim** *nmf inv* down-and-out.

crevette [kʀəvɛt] *nf*: **~ (rose)** prawn; **~ grise** shrimp.

cri [kʀi] *nm* **(a)** *(gén)* shout, cry; *(hurlement)* yell, howl; *(aigu)* squeal; *[peur]* scream, shriek; *(appel)* call; *(exclamation)* cry. **~ du cœur** cry from the heart; **~ de guerre** war cry; **~ primal** primal scream; **elle jeta un ~ de douleur** she cried out in pain, she gave a cry of pain. **(b)** *[animal] (appel)* call; *(douleur)* squeal. *(générique)* **quel est le ~ du chien?** what noise does a dog make? **(c)** *(littér: crissement)* screech.

criailler [kʀiɑje] (1) *vi (rouspéter)* to grouse *, grumble. **~ après qn** to nag at sb. ◆ **criailleries** *nfpl* grousing *, grumbling; nagging.

criant, e [kʀijɑ̃, ɑ̃t] *adj (gén)* glaring; *vérité* striking. **portrait ~ de vérité** portrait strikingly true to life.

criard, e [kʀijaʀ, aʀd(ə)] *adj (péj) enfant* squalling; *femme* scolding; *oiseau* squawking; *son* piercing; *couleurs, vêtement* loud, garish.

cribler [kʀible] (1) *vt graines* to sift; *charbon* to riddle, screen. ~ **qn de** *balles* to riddle sb with; *questions* to bombard sb with. ◆ **criblage** *nm* sifting; riddling; screening. ◆ **crible** *nm (à main)* riddle; *(Ind)* screen. **passer au** ~ *(lit)* to riddle; *(fig)* to examine closely. ◆ **criblé, e** *adj:* ~ **de** *taches* covered in; *dettes* crippled with.

cric [kʀik] *nm* (car) jack.

cricket [kʀikɛt] *nm (Sport)* cricket.

criée [kʀije] *nf (salle)* auction room. **(vente à la)** ~ (sale by) auction.

crier [kʀije] (7) **1** *vi* **(a)** *(gén)* to shout, cry out; *(hurler)* to yell, howl; *(aigu)* to squeal; *(de peur)* to scream, shriek *(de* with); *[appel]* to call out. ~ **de douleur** to cry *ou* scream out in pain; ~ **contre qn** to nag at *ou* go on at sb; **tes parents vont** ~ your parents are going to make a fuss; ~ **contre qch** to shout about sth; ~ **au scandale** to call it a scandal; ~ **au loup** to cry wolf. **(b)** *[animal] (appel)* to call; *(douleur)* to squeal; *[plancher]* to creak; *[frein]* to screech.
2 *vt ordre, injures* to shout out, yell out; *mépris, innocence* to proclaim; *marchandise* to shout, cry. ~ **à qn de se taire** to shout at sb to be quiet; ~ **qch sur les toits** to cry sth from the rooftops; ~ **casse-cou** to warn of a danger; **sans** ~ **gare** without a warning; ~ **grâce** to beg for mercy; ~ **famine** to cry famine; ~ **vengeance** to cry out for vengeance. ◆ **crieur, -euse** *nm, f:* ~ **de journaux** newspaper seller; *(Hist)* ~ **public** town crier.

crime [kʀim] *nm (gén)* crime; *(meurtre)* murder. ~**s de guerre** war crimes; **le** ~ **ne paie pas** crime doesn't pay; **ce n'est pas un** ~! it's not a crime! ◆ **criminalité** *nf* criminality. **grande/petite** ~ serious/petty crime. ◆ **criminalisation** *nf* criminalization. ◆ **criminel, -elle 1** *adj (gén, Jur)* criminal. **2** *nm, f* murderer *(ou* murderess); criminal. *(hum)* **voilà le** ~ there's the culprit *ou* the guilty party. ◆ **criminellement** *adv agir* criminally. ◆ **criminologie** *nf* criminology.

Crimée [kʀime] *nf:* **la** ~ the Crimea, the Crimean peninsula; **la guerre de** ~ the Crimean War.

crin [kʀɛ̃] *nm* horsehair. *(fig)* **à tout** ~ diehard. ◆ **crinière** *nf [animal]* mane; *[personne]* mop of hair.

crique [kʀik] *nf* creek, inlet.

criquet [kʀikɛ] *nm* locust.

crise [kʀiz] *nf* **(a)** *(Méd)* attack; *[épilepsie]* fit; *(fig: accès)* outburst, fit; *(lubie)* mood. ~ **cardiaque/de foie** heart/liverish attack; ~ **de nerfs** fit of hysterics; ~ **de toux** fit *ou* bout of coughing; **piquer une** ~ * to throw a tantrum. **(b)** *(moral, Pol, Écon)* crisis. **en état de** ~ in a state of crisis. ~ **de la quarantaine** midlife crisis. **(c)** *(pénurie)* shortage. ~ **du logement** housing shortage.

crisper [kʀispe] (1) **1** *vt* **(a)** *(contracter) muscles* to tense; *poings* to clench. **(b)** *(*: *agacer)* ~ **qn** to get on sb's nerves *. **2 se** ~ *vpr [visage]* to tense; *[sourire]* to become strained; *[poing]* to clench; *[personne]* to get tense. **ses mains se crispèrent sur le volant** his hands tightened *ou* tensed on the wheel. ◆ **crispant, e** *adj (énervant)* irritating. ◆ **crispation** *nf* **(a)** *[traits, visage]* tensing; *[muscles]* contraction. **(b)** *(spasme)* twitch. **des** ~**s nerveuses** nervous twitches. **(c)** *(nervosité)* state of tension. ◆ **crispé, e** *adj* tense.

crisser [kʀise] (1) *vi [gravier]* to crunch; *[pneus]* to screech; *[soie]* to rustle. ◆ **crissement** *nm:* ~**(s)** crunch; screech; rustle.

cristal, *pl* **-aux** [kʀistal, o] *nm* crystal; *(objet)* piece of crystal. ~ **de roche** rock crystal; ~**aux de soude** washing soda; ~**aux de givre** ice crystals; **affichage à** ~**aux liquides** liquid crystal display. ◆ **cristallerie** *nf* crystal glassworks. ◆ **cristallin, e 1** *adj (Min)* crystalline; *son* crystal-clear. **2** *nm (Anat)*

crystalline lens. ◆ **cristallisation** *nf (gén)* crystallization. ◆ **cristalliser** *vti,* **se** ~ *vpr* (1) to crystallize.

critère [kʀitɛʀ] *nm* criterion.

critérium [kʀiteʀjɔm] *nm (Cyclisme)* rally; *(Natation)* gala.

critique [kʀitik] **1** *adj (gén, Sci)* critical. **avoir l'esprit** ~ to have a critical mind; **il s'est montré très** ~ **(au sujet de...)** he was very critical (of...). **2** *nf* **(a)** *(blâme)* criticism. **la** ~ **est aisée** it's easy to criticize. **(b)** *[œuvre]* appreciation, critique; *[livre, spectacle]* review. **la** ~ *(métier)* criticism; *(personnes)* the critics; **faire la** ~ **de** *film* to review; *poème* to write an appreciation *ou* a critique of. **3** *nmf* critic. ~ **d'art** art critic. ◆ **critiquable** *adj* open to criticism. ◆ **critiquer** (1) *vt (blâmer)* to criticize, find fault with; *(juger) œuvre* to write a critique of.

croasser [kʀɔase] (1) *vi* to caw. ◆ **croassement** *nm* caw.

croc [kʀo] *nm (dent)* fang; *(crochet)* hook. *(lit, fig)* **montrer les** ~**s** to bare its *(ou* one's) teeth. ◆ **croc-en-jambe**, *pl* **crocs-en-jambe** *nm (lit, fig)* **faire un** ~ **à qn** to trip sb up.

croche [kʀɔʃ] *nf (Mus)* quaver.

croche-pied, *pl* **croche-pieds** [kʀɔʃpje] *nm* = **croc-en-jambe**.

crochet [kʀɔʃɛ] **1** *nm* **(a)** *(gén, Boxe)* hook; *[vêtement]* fastener; *[serpent]* fang; *[cambrioleur]* picklock. *(Typ)* **entre** ~**s** in square brackets; **vivre aux** ~**s de qn** to live off sb. **(b)** *(aiguille)* crochet hook; *(technique)* crochet. **faire qch au** ~ to crochet sth. **(c)** *[véhicule]* sudden swerve; *[route]* sudden turn; *[voyage]* detour. **faire un** ~ *(pour éviter)* to swerve; *(par une ville)* to make a detour *(par* through). **2** : ~ **radiophonique** talent show. ◆ **crocheter** (5) *vt serrure* to pick; *porte* to pick the lock on. ◆ **crochu, e** *adj nez* hooked; *doigts* claw-like.

crocodile [kʀɔkɔdil] *nm* crocodile.

crocus [kʀɔkys] *nm* crocus.

croire [kʀwaʀ] (44) **1** *vt* **(a)** to believe. **auriez-vous cru cela de lui?** would you have believed it of him?; **je te crois sur parole** I'll take your word for it; **le croira qui voudra, mais...** believe it or not (but)... **(b)** *(penser)* to believe, think. **elle croyait avoir perdu son sac** she thought she had lost her bag; **il a cru bien faire** he meant well; **je crois que oui** I think so; **on les croyait morts/en France** they were believed dead/to be in France; **il n'a pas cru utile de me prévenir** he didn't think it necessary to warn me. **(c)** *(penser)* en ~: **à ta place, si j'en croyais** ~ if you were to listen to what he says; **s'il faut en** ~ **les journaux** if we are to believe the papers; **vous pouvez m'en** ~ you can take it from me; **si vous m'en croyez** if you want my opinion; **il n'en croyait pas ses yeux** he couldn't believe his eyes. **(d)** *(locutions)* **c'est à** ~ **qu'il est sourd** you'd think he was deaf; **c'est à n'y pas** ~! it's unbelievable!; **il est à** ~ **que**, **il faut** ~ **que** it would seem that; **il ne croyait pas si bien dire!** he didn't know how right he was!; **on croirait une hirondelle** it looks like a swallow; **on croirait une clarinette** it sounds like a clarinet; **on croirait qu'elle ne comprend pas** she doesn't seem to understand; **tu ne peux pas** ~ **combien il nous manque** you cannot imagine how much we miss him; **je vous crois!** * you bet! *, rather!; **on croit rêver!** * the mind boggles! * **2** *vi (Rel)* to be a believer. **3** ~ **à**, ~ **en** *vt indir* to believe in; *(avec confiance)* to have faith *ou* confidence in. **on a cru d'abord à un accident** at first they took it for an accident; **veuillez** ~ **à mes sentiments dévoués** yours sincerely; **il croit trop en lui-même** he is too self-confident. **4 se** ~ *vpr* to have an inflated opinion of o.s. **il se croit malin** he thinks he's clever.

croisade [kʀwazad] *nf (Hist, fig)* crusade.

croisé, e [kʀwaze] **1** adj veste double-breasted; rimes alternate. **2** nm (Hist) crusader. **3** nf (littér: fenêtre) casement (littér). (lit, fig) **à la ~ des chemins** at the crossroads, at the parting of the ways.

croisement [kʀwazmɑ̃] nm (**a**) [fils] crossing; [véhicules] passing. (**b**) (Bio, Zool) (action) crossing (avec with); (résultat) cross. (**c**) (carrefour) crossroads, junction. **au ~ des deux routes** where the two roads cross.

croiser [kʀwaze] (1) **1** vt (**a**) (gén) to cross; bras to fold; [route, ligne] to cut across. **elle croisa son châle sur sa poitrine** she folded her shawl across her chest; **les jambes croisées** cross-legged; (lit, fig) **~ le fer** to cross swords (avec with). (**b**) véhicule, passant to pass. **son regard croisa le mien** his eyes met mine. (**c**) animaux, plantes to cross (avec with). **2** vi (Habillement) to overlap; (Naut) to cruise. **3** **se ~** vpr [chemins, lignes, lettres] to cross; [regards] to meet; [personnes, véhicules] to pass each other. (fig) **se ~ les bras** to sit around idly.

croiseur [kʀwazœʀ] nm cruiser (warship).

croisière [kʀwazjɛʀ] nf cruise. **faire une ~** to go on a cruise.

croissance [kʀwasɑ̃s] nf growth, development.

croissant [kʀwasɑ̃] nm (forme) crescent; (Culin) croissant. **en ~** crescent-shaped.

croître [kʀwatʀ(ə)] (55) vi [enfant, plante] to grow; [sentiment, bruit, quantité] to grow, increase; [jours] to get longer; [chaleur] to get more and more intense, keep on rising; [lune] to wax.

croix [kʀwa] nf (gén) cross. **C~-Rouge/de guerre** etc Red/Military etc Cross; **~ gammée** swastika; **disposé en ~** arranged crosswise; **mettre en ~** to crucify; **mise en ~** crucifixion; **les bras en ~** with one's arms out-spread; **pour le faire sortir, c'est la ~ et la bannière** * it's the devil's own job to get him to go out *; **les noms marqués d'une ~** the names with a cross against ou by (US) them; **tu peux faire une ~ dessus** * you might as well forget it! *, you can kiss that goodbye *.

croquant, e [kʀɔkɑ̃, ɑ̃t] adj crisp, crunchy.

croquer [kʀɔke] (1) **1** vt (**a**) bonbons to crunch; fruits to munch. **~ l'argent** to squander money. (**b**) (dessiner) to sketch. **joli à ~** as pretty as a picture; **tu es à ~ avec ce chapeau** you look good enough to eat in this hat. **2** vi [fruit] to be crunchy, be crisp; [salade] to be crisp. **~ dans une pomme** to bite into an apple. ◆ **croque-mitaine**, pl **croque-mitaines** nm bog(e)y man, ogre. ◆ **croque-monsieur** nm inv toasted cheese sandwich with ham. ◆ **croque-mort**, pl **croque-morts** nm undertaker's ou mortician's (US) assistant.

croquet [kʀɔkɛ] nm croquet.

croquette [kʀɔkɛt] nf croquette.

croquis [kʀɔki] nm sketch.

cross(-country) [kʀɔs(kuntʀi)] nm (course) cross-country race ou run; (Sport) cross-country racing ou running. **faire du ~** to do cross-country running.

crosse [kʀɔs] nf (**a**) [fusil] butt; [revolver] grip; [violon] head. (**b**) (bâton) (Rel) crook, crosier. (Sport) **~ de golf** golf club; **~ de hockey** hockey stick. (**c**) **chercher des ~s à qn** * to pick a quarrel with sb.

crotale [kʀɔtal] nm rattlesnake, rattler * (US).

crotte [kʀɔt] nf: **de la ~** (excrément) manure, dung; (boue) mud; **~s** [lapin] droppings; **des ~s ou une ~ de chien** some dog's dirt; **~ de chocolat** chocolate. ◆ **crotter** (1) vt to muddy. **souliers tout crottés** muddy shoes. ◆ **crottin** nm (**a**) dung, manure. (**b**) (fromage) (small) cheese (usually made of goat's milk).

crouler [kʀule] (1) vi (lit, fig: s'écrouler) to collapse; [toit] to cave in; [civilisation] to totter; [empire, mur] to crumble. **la salle croulait sous les applaudis-**

sements the room shook with the applause. ◆ **croulant, e** adj mur crumbling, tumbledown; autorité, empire crumbling.

croup [kʀup] nm (Méd) croup.

croupe [kʀup] nf [cheval] rump, hindquarters; (*) [personne] rump; [colline] top. **monter en ~** to ride pillion.

croupier [kʀupje] nm croupier.

croupir [kʀupiʀ] (2) vi [eau] to stagnate. **feuilles qui croupissent dans la mare** leaves which rot in the pond; (fig) **~ dans le vice** to wallow in vice; **~ dans un bled isolé** * to stay in a godforsaken hole *. ◆ **croupi, e** adj eau stagnant. ◆ **croupissant, e** adj eau stagnant. (fig) **une vie ~e** a dead-end life.

croustiller [kʀustije] (1) vi [pâte] to be crusty; [chips] to be crisp.

croûte [kʀut] nf (**a**) [pain] crust; [fromage] rind; [vol-au-vent] case; [terre, glace] layer; [plaie] scab. **la ~ terrestre** the earth's crust; **à la ~!** * (allons manger) let's go and eat! (**b**) (cuir) hide. (**c**) (péj: tableau) daub.

croûton [kʀutɔ̃] nm (bout du pain) crust; (Culin) crouton; (péj: personne) old fossil *.

croyance [kʀwajɑ̃s] nf belief (à, en in). **la ~ populaire** folk ou conventional wisdom. ◆ **croyable** adj credible, believable. **pas ~** unbelievable, incredible. ◆ **croyant, e** nm, f believer.

cru¹, e¹ [kʀy] adj (**a**) (Culin, Tech) raw; fruits uncooked, raw. **lait ~** milk straight from the cow. (**b**) lumière, couleur harsh; (réaliste) mot forthright, blunt; description raw, blunt; (grossier) crude, coarse.

cru² [kʀy] nm (vignoble) vineyard; (vin) wine. (lit, fig) **du ~** local; **grand ~** great wine ou vintage; **de son (propre) ~** of his own invention.

cruauté [kʀyote] nf cruelty (envers to); [animal] ferocity.

cruche [kʀyʃ] nf (**a**) (récipient) pitcher, jug. (**b**) (*: imbécile) ass *, twit *.

crucial, e, mpl **-aux** [kʀysjal, o] adj crucial.

crucifier [kʀysifje] (7) vt (lit, fig) to crucify. ◆ **crucifix** nm crucifix. ◆ **crucifixion** nf crucifixion.

cruciforme [kʀysifɔʀm(ə)] adj cruciform. **tournevis ~** Phillips screwdriver; **vis ~** Phillips screw.

crudité [kʀydite] nf (**a**) [langage] crudeness, coarseness; [description] bluntness; [couleur, lumière] harshness. (**b**) (Culin) **~s** ≃ mixed salad.

crue² [kʀy] nf (montée des eaux) rise in the water level; (inondation) flood. **en ~** in spate.

cruel, -elle [kʀyɛl] adj (gén) cruel; animal ferocious; sort harsh; froid, nécessité bitter. ◆ **cruellement** adv cruelly; ferociously; harshly; bitterly. **~ éprouvé** sorely distressed; **c'est ~ vrai** it's sadly true.

cruiser [kʀyzœʀ] nm (bateau de plaisance) cruiser.

crûment [kʀymɑ̃] adv (nettement) bluntly, forthrightly; (grossièrement) crudely, coarsely. **éclairer ~** to cast a harsh ou garish light over.

crustacé [kʀystase] nm (Zool) shellfish. (Culin) **~s** seafood, shellfish.

cryobiologie [kʀijɔbjɔlɔʒi] nf cryobiology.

cryochirurgie [kʀijɔʃiʀyʀʒi] nf cryosurgery.

crypte [kʀipt(ə)] nf crypt.

Cuba [kyba] nf Cuba. **à ~** in Cuba. ◆ **cubain, e** adj, **C~(e)** nm(f) Cuban.

cube [kyb] **1** nm (gén) cube; [jeu] wooden brick. **élever au ~** to cube. **2** adj: **mètre ~** cubic metre. ◆ **cubage** nm cubage. **~ d'air** air space. ◆ **cuber** (1) **1** vt to cube. **2** vi (*: augmenter) to mount up. ◆ **cubique** adj cubic. ◆ **cubisme** nm cubism. ◆ **cubiste** adj, nmf cubist.

cubitus [kybitys] nm ulna.

cucul *[kyky] adj: ~ **(la praline)** silly, goofy *.

cueillir [kœjiʀ] (12) vt fleurs, fruits to pick, gather; (isolément) to pick, pluck; ballon to catch; baiser to snatch; (*) voleur to catch, nab *. (fig) **il m'a cueilli à froid** he caught me off guard.
♦ **cueillette** nf (action) picking; gathering; (récolte) harvest ou crop of fruit.

cui-cui [kɥikɥi] excl, nm tweet-tweet. **faire** ~ to go tweet-tweet.

cuiller, cuillère [kɥijɛʀ] nf spoon; (contenu) spoonful; (Pêche) spoon, spoon-bait. **serrer la** ~ **à qn** ‡ to shake sb's paw *; (gén, Rugby) ~ **de bois** wooden spoon; ~ **à café** coffee spoon, ≃ teaspoon; ~ **à soupe** soupspoon, ≃ tablespoon.
♦ **cuillerée** nf spoonful.

cuir [kɥiʀ] nm leather; (avant tannage) hide. ~ **brut** rawhide; ~ **chevelu** scalp.

cuirasse [kɥiʀas] nf [chevalier] breastplate; (Zool) cuirass; (Naut) armour(-plate ou -plating); (fig) armour. ♦ **cuirassé** nm battleship. ♦ **cuirasser** (1) vt chevalier to put a breastplate on; navire to armour-plate; (fig: endurcir) to harden (contre against). **se** ~ **contre** to harden o.s. against. ♦ **cuirassier** nm (Hist) cuirassier. (régiment) **le 3ᵉ** ~ the 3rd armoured cavalry.

cuire [kɥiʀ] (38) **1** vt (a) (aussi **faire** ~) to cook. ~ **à petit feu** to simmer ou cook gently; ~ **au bain-marie** ≃ to heat in a double boiler; ~ **à la broche** to roast on the spit; ~ **au four** gâteau to bake; viande to roast; ~ **à la vapeur/au gril/à la poêle/à l'eau** to steam/grill/fry/boil; **faire trop** ~ **qch** to overcook sth; **ne pas faire assez** ~ **qch** to undercook sth. (b) pain to bake; briques to fire. (c) **à** ~ chocolat, pommes cooking; poires stewing. **2** vi (a) [aliment] to cook. ~ **à gros bouillon(s)** to boil hard. (b) [personne] ~ **au soleil** to roast in the sun; **on cuit ici!** * it's boiling in here! * (c) **les mains/yeux me cuisaient** my hands/eyes were smarting; **mon dos me cuit** my back is burning. (d) **il vous en cuira** you'll rue the day you did it.

cuisant, e [kɥizɑ̃, ɑ̃t] adj douleur smarting, burning; froid, échec, regret bitter; remarque stinging.

cuisine [kɥizin] nf (a) (pièce) kitchen; (art) cookery, cooking; (nourriture) cooking, food. **elle fait la** ~ (en général) she does the cooking ou is the cook; (en ce moment) she's cooking the meal. (b) (péj) shady schemings. ♦ **cuisiner** (1) vt plat to cook; (‡ fig) personne to grill *. ♦ **cuisinier, -ière 1** nm, f (personne) cook. **2** nf cooker, stove; (vieux modèle) kitchen range.

cuissardes [kɥisaʀd(ə)] nfpl [pêcheur] waders; (mode féminine) thigh boots.

cuisse [kɥis] nf (Anat) thigh. ~ **de poulet** chicken leg; (fig) **se croire sorti de la** ~ **de Jupiter** * to think a lot of o.s.

cuisson [kɥisɔ̃] nf [aliments] cooking; [pain] baking; [gigot] roasting; [briques] firing. (Culin) **temps de** ~ cooking time.

cuistance ‡ [kɥistɑ̃s] nf (nourriture) grub ‡.

cuistot ‡ [kɥisto] nm cook.

cuit, e [kɥi, kɥit] **1** adj (a) plat cooked; pain, viande ready, done. **bien** ~ well cooked ou done; **trop** ~ overdone; **pas assez** ~ underdone; ~ **à point** (parfaitement) done to a turn; (peu saignant) medium-cooked. (b) **c'est du tout** ~ * it's a cinch * ou a walkover *; **il est** ~ * he's had it *. **2** nf: **prendre une** ~ ‡ to get plastered ‡.

cuivre [kɥivʀ(ə)] nm: ~ **(rouge)** copper; ~ **jaune** brass; **faire les** ~**s** to do the brass (ou the copper); (Mus) **les** ~**s** the brass. ♦ **cuivré, e** adj reflets coppery; teint bronzed; voix resonant, sonorous.

cul [ky] **1** nm (Anat: ‡) backside *; [bouteille] bottom. **faire** ~ **sec** to down one's drink in one go *; **en tomber** ou **en rester sur le** ~ * to be taken aback, be flabbergasted; **être comme** ~ **et che-**

mise * to be as thick as thieves (avec with). **2** : ~**-de-jatte** nm, pl ~**s**-~-~ legless cripple; ~**-de-sac** nm, pl ~**s**-~-~ (rue) cul-de-sac, dead end; (fig) blind alley. **3** adj inv (‡: stupide) silly, clottish *.

culasse [kylas] nf [moteur] cylinder head; [fusil] breech.

culbute [kylbyt] nf (cabriole) somersault; (chute) tumble, fall; (*: ruine) collapse. **faire la** ~ (ruine) to collapse; (profit) to double one's money.

culbuter [kylbyte] (1) **1** vi [personne] to tumble; [chose] to topple over; [voiture] to overturn. **2** vt chaise etc to knock over; ennemi to overwhelm; ministère etc to bring down, topple.

culinaire [kylinɛʀ] adj culinary.

culminer [kylmine] (1) vi [sommet] to tower (au-dessus de above). ~ **à** to reach its highest point at. (b) (fig) [colère] to reach a peak.

culot [kylo] nm (a) (*: effronterie) cheek *. (b) [ampoule] cap; [obus] base.

culotte [kylɔt] nf (a) (pantalon) trousers; (Hist) breeches; (short) shorts; (slip) [femme] panties, knickers; [homme] underpants. ~**(s) courte(s)/longue(s)** short/long trousers; ~ **de cheval** riding breeches; ~ **de golf** plus-fours; (fig) **c'est elle qui porte la** ~ she wears the trousers. (b) (Boucherie) rump.

culotté, e [kylɔte] adj (a) (*) cheeky *. (b) pipe seasoned.

culpabilité [kylpabilite] nf guilt, culpability. ♦ **culpabiliser** (1) vt: ~ **qn** to make sb feel guilty.

culte [kylt(ə)] nm (vénération) cult, worship; (pratiques) cult; (religion) religion; (office) church service. **le** ~ **de Dieu** the worship of God; **avoir le** ~ **de** to worship; **les objets du** ~ liturgical objects.

cultiver [kyltive] (1) **1** vt champ, art, personne, don, to cultivate; légumes to grow, cultivate. ~ **la terre** to cultivate the soil, farm the land. **2 se** ~ vpr to cultivate one's mind. ♦ **cultivable** adj terrain cultivable. ♦ **cultivateur, -trice** nm, f farmer. ♦ **cultivé, e** adj (instruit) cultured.

culture [kyltyʀ] nf (a) [champ] cultivation; [légumes] growing, cultivation. **méthodes de** ~ farming methods; ~ **intensive/fruitière** intensive/fruit farming; ~ **de rapport** cash crop; ~ **vivrière** food crop; (terres) ~**s** land under cultivation. (b) [esprit] cultivation. **la** ~ **culture**; ~ **générale** general knowledge ou education; **faire de la** ~ **physique** to do physical training. (c) (Bio) culture. ♦ **culturel, -elle** adj cultural. ♦ **culturisme** nm body-building. ♦ **culturiste** nmf body-builder.

cumin [kymɛ̃] nm (Culin) caraway, cumin.

cumuler [kymyle] (1) vt fonctions to hold concurrently ou simultaneously. ~ **2 traitements** to draw 2 separate salaries; (Fin) **calcul des intérêts cumulés** calculation of the interests accrued. ♦ **cumul** nm [fonctions] plurality; [avantages] amassing; [traitements] concurrent drawing.

cupide [kypid] adj greedy. ♦ **cupidement** adv greedily. ♦ **cupidité** nf greed.

curare [kyʀaʀ] nm curare.

cure [kyʀ] nf (a) (traitement) course of treatment. ~ **d'amaigrissement** slimming course, reducing treatment (US); ~ **de sommeil** sleep therapy; ~ **de fruits/de repos** fruit/rest cure. (b) (Rel) (fonction, paroisse) cure; (maison) presbytery. (c) (littér) **je n'en ai** ~! I care not a whit! ♦ **curable** adj curable. ♦ **curatif, -ive** adj curative.

curé [kyʀe] nm parish priest. (péj) **les** ~**s** clerics.

curée [kyʀe] nf (Chasse) quarry; (fig: ruée) scramble.

curer [kyʀe] (1) **1** vt to clean out. **se** ~ **les dents** to pick one's teeth; **se** ~ **les ongles** to clean one's nails. **2** : **cure-dent** nm, pl ~-~**s** toothpick; **cure-**

pipe *nm, pl* ~-~s pipe cleaner. ◆ **curage** *nm* cleaning-out.

curieux, -euse [kyʀj∅, ∅z] **1** *adj* (**a**) *(intéressé) esprit* inquiring. ~ **de qch** interested in *ou* keen on sth; ~ **de savoir** interested *ou* curious to know. (**b**) *(indiscret)* curious, inquisitive. (**c**) *(bizarre)* curious, funny. **2** *nm*: **le** ~ **dans cette affaire** the funny *ou* curious thing about this business. **3** *nm, f (indiscret)* busybody, nosey-parker *; *(badaud)* onlooker, bystander. **venir en** ~ to come just for a look. ◆ **curieusement** *adv* strangely, curiously. ◆ **curiosité** *nf* (**a**) *(intérêt)* curiosity; *(indiscrétion)* curiosity, inquisitiveness. ~**s mal-saines** unhealthy curiosity. (**b**) *(site)* curious *ou* unusual sight *ou* feature; *(bibelot)* curio.

curiste [kyʀist(ə)] *nmf* person taking the waters at a spa.

curriculum vitæ [kyʀikylɔmvite] *nm inv* curriculum vitae.

cursus [kyʀsys] *nm* degree course.

cutané, e [kytane] *adj* skin.

cuti(-réaction) [kyti(ʀeaksjɔ̃)] *nf* skin test.

cuve [kyv] *nf [vin, teinture] [mazout, eau, photo]* tank. ◆ **cuvée** *nf (contenu)* vatful; *(produit, année)* vintage. ◆ **cuver** (1) **1** *vt*: ~ **son vin** to sleep it off *. **2** *vi [vin]* to ferment.

cuvette [kyvɛt] *nf (gén)* bowl; *[évier]* basin ; *[W.-C.]* pan; *(Géog)* basin.

cyanose [sjanoz] *nf (Méd)* cyanosis. ◆ **cyanosé, e** *adj* cyanotic. **avoir le visage** ~ to be blue in the face.

cyanure [sjanyʀ] *nm* cyanide.

cybernétique [sibɛʀnetik] *nf* cybernetics *(sg)*.

cyclamen [siklamɛn] *nm* cyclamen.

cycle [sikl(ə)] *nm (gén)* cycle; *(vélo)* bicycle, cycle. ~ **élémentaire** ≃ first five years of primary school, ≃ grades one through five *(US)*; **premier/ deuxième** ~ *(Scol)* middle/upper school; *(Univ)* first and second/final year. ◆ **cyclique** *adj* cyclical. ◆ **cyclisme** *nm* cycling. ◆ **cycliste** **1** *adj* **course** cycle; **coureur** racing. **2** *nmf* cyclist. ◆ **cyclomoteur** *nm* moped, motorized bike *ou* bicycle. ◆ **cyclomotoriste** *nmf* moped rider. ◆ **cyclo-tourisme** *nm* bicycle touring. **pour les vacances nous allons faire du** ~ we're going on a cycling holiday.

cyclone [siklon] *nm (Mét)* cyclone; *(fig)* whirlwind.

Cyclope [siklɔp] *nm (Myth)* Cyclops.

cyclothymie [siklɔtimi] *nf* manic-depression, cyclothymia. ◆ **cyclothymique** *adj, nm, f* manic-depressive, cyclothymic.

cygne [siɲ] *nm* swan; *(jeune)* cygnet; *(mâle)* cob.

cylindre [silɛ̃dʀ(ə)] *nm (Aut, Typ, Géom)* cylinder; *(rouleau)* roller. ◆ **cylindrée** *nf* capacity. **les petites** ~**s** small-engined cars. ◆ **cylindrique** *adj* cylindrical.

cymbale [sɛ̃bal] *nf* cymbal.

cynique [sinik] **1** *adj* cynical. **2** *nm* cynic. ◆ **cyniquement** *adv* cynically. ◆ **cynisme** *nm* cynicism.

cyprès [sipʀɛ] *nm* cypress.

cypriote [sipʀijɔt] *adj*, **C**~ *nmf* Cypriot.

cytise [sitiz] *nm* laburnum.

cytologie [sitɔlɔʒi] *nf* cytology.

cytoplasme [sitɔplasm(ə)] *nm* cytoplasm.

D

D, d [de] *nm (lettre)* D, d. ◆ **d'** V **de.**

dactylo [daktilo] *nf* typist. ◆ **dactylo(graphie)** *nf* typing, typewriting. ◆ **dactylographier** (7) *vt* to type (out).

dada [dada] *nm (*: cheval)* horsy *; *(fig: marotte)* hobby-horse, pet subject.

dadais [dadɛ] *nm:* **grand** ~ awkward lump.

dague [dag] *nf* dagger.

dahlia [dalja] *nm* dahlia.

Dahomey [daɔme] *nm* Dahomey.

daigner [dɛɲe] (1) *vt* to deign, condescend. **daignez nous excuser** be so good as to excuse us.

daim [dɛ̃] *nm* fallow deer; *(mâle)* buck; *(peau)* buckskin, doeskin; *(cuir)* suede. ◆ **daine** *nf* doe.

dais [dɛ] *nm* canopy.

dalaï-lama [dalajlama] *nm* Dalaï-Lama.

dalle [dal] *nf* paving stone, flag(stone). ~ **funéraire** tombstone, gravestone; **je n'y vois que** ~ ‡ I can't see a damn ‡ thing. ◆ **dallage** *nm (gén)* paving. ◆ **daller** (1) *vt* to pave.

daltonien, -ienne [daltɔnjɛ̃, jɛn] *adj* colour-blind.

dam [dɑ̃] *nm:* **au (grand)** ~ **de** *(détriment)* to the detriment of; *(déplaisir)* to the displeasure of.

Damas [dama] *n* Damascus.

dame [dam] **1** *nf* (a) *(gén)* lady; *(*: épouse)* wife. **pour** ~s *coiffeur* ladies'; **de** ~ *sac* lady's. (b) *(Cartes, Échecs)* queen; *(Dames)* crown. **le jeu de** ~**s** draughts, checkers *(US)*; **aller à** ~ *(Dames)* to make a crown; *(Échecs)* to make a queen. **2** *excl* (†) ~ **oui/non!** why yes/no! **3** : ~ **de charité** benefactress; ~ **de compagnie** lady's companion; ~ **d'honneur** lady-in-waiting; ~ **patronnesse** patroness.

damer [dame] (1) *vt terre, neige* to pack down. *(fig)* ~ **le pion à qn** to get the better of sb.

damier [damje] *nm (Dames)* draughtboard, checkerboard *(US)*. *(dessin)* **à** ~ chequered.

damnation [danɑsjɔ̃] *nf* damnation. ◆ **damné, e** **1** *adj (*: maudit)* cursed *. **2** *nm, f* damned person. **les** ~**s** the damned. ◆ **damner** (1) *vt* to damn. **faire** ~ **qn** * to drive sb mad *.

dancing [dɑ̃siŋ] *nm* dance hall.

dandiner (se) [dɑ̃dine] (1) *vpr* to waddle. ◆ **dandinement** *nm* waddle.

Danemark [danmaʀk] *nm* Denmark.

danger [dɑ̃ʒe] *nm* danger. **hors de/en** ~ out of/in danger; **mettre en** ~ to endanger; **il est en** ~ **de mort** he is in danger *ou* peril of his life; **courir un** ~ to run a risk; **en cas de** ~ in case of emergency; ~ **public** public menace; **les** ~**s de la route** road hazards; **sans** ~ *(adj)* safe; *(adv)* safely; **pas de** ~ **qu'il vienne!** * there's no fear *ou* danger that he'll come. ◆ **dangereusement** *adv* dangerously. ◆ **dangereux, -euse** *adj (gén)* dangerous *(pour* to); *entreprise* hazardous, risky. **zone** ~**euse** danger zone.

danois, e [danwa, waz] **1** *adj* Danish. **2** *nm (Ling)* Danish; *(chien)* Great Dane. **3** D~**(e)** *nm(f)* Dane.

dans [dɑ̃] *prép* (a) *(lieu)* in; *(mouvement)* into; *(but)* to; *(parcours)* through; *(intérieur)* inside; *(limites)* within. **être/pénétrer** ~ **la forêt** to be in/go into the forest; **il a plu** ~ **toute la France** it rained throughout France *ou* in all parts of France; **ils** sont partis ~ **la montagne** they have gone off to the mountains; **elle erra** ~ **la ville** she wandered round *ou* about *ou* through the town; ~ **un rayon restreint** within a restricted radius; **ils ont voyagé** ~ **le même train** they travelled on the same train; **cherche** ~ **la boîte** look inside *ou* in the box; **jeter l'eau sale** ~ **l'évier** to pour the dirty water down the sink; ~ **le fond de l'armoire** at the back of the wardrobe; **boire** ~ **une tasse** to drink out of *ou* from a cup. (b) *(temps)* in; *(limites)* within, inside. **il est** ~ **sa 6e année** he's in his 6th year; ~ **le temps** in the past, at one time; **cela pourrait se faire** ~ **le mois** it could be done within the month; **je l'attends** ~ **la nuit** I'm expecting him some time tonight. (c) *(état etc)* in. **être** ~ **les affaires** to be in business; ~ **la plus grande confusion** in a state of great confusion; **il est** ~ **le secret** he's in on the secret; **il l'a fait** ~ **ce but** he did it with this aim in view. (d) *(approximation)* about. **cela coûte** ~ **les 50 F** it costs in the region of 50 francs *ou* about 50 francs; **il vous faut** ~ **les 3 mètres de tissu** you'll need about *ou* something like 3 metres of fabric; **la pièce fait** ~ **les 8 m²** the room is about 8 m².

dansant, e [dɑ̃sɑ̃, ɑ̃t] *adj mouvement* dancing; *musique* lively. **soirée** ~**e** dance.

danse [dɑ̃s] *nf (valse etc)* dance. **la** ~ *(Art)* dancing; ~ **de guerre** war dance; **la** ~ **classique** ballet dancing; **avoir la** ~ **de Saint Guy** *(Méd)* to have St Vitus's dance; *(fig)* to have the fidgets; **de** ~ *professeur* dancing; *musique* dance; **si le gouvernement entre dans la** ~... if the government decides to get involved *ou* to join in... ◆ **danser** (1) *vti (gén)* to dance. **faire** ~ **qn** to dance with sb; ~ **de joie** to dance for joy. ◆ **danseur, -euse** *nm, f (gén)* dancer; *(partenaire)* partner; *[ballet]* ballet dancer.

Danube [danyb] *nm:* **le** ~ the Danube.

dard [daʀ] *nm [animal]* sting.

darder [daʀde] (1) *vt* (a) *(lancer)* flèche, regard to shoot *(sur* at). **le soleil dardait ses rayons** the sun's rays beat down *(sur* on). (b) *(dresser)* piquants to point.

dare-dare * [daʀdaʀ] *loc adv* double-quick.

datation [datɑsjɔ̃] *nf* dating. ~ **au carbone 14** carbon dating.

date [dat] *nf* date. ~ **de naissance** date of birth; ~ **de clôture** closing date; ~ **limite de vente** sell-by date; ~ **limite de fraîcheur** best-before date; **à quelle** ~**?** on what date?; **à cette** ~ by that time, by then; **lettre en** ~ **du 23 mai** letter dated May 23rd; ~ **limite** deadline; **à cette** ~ **il ne le savait pas encore** at that time he did not yet know about it; **prendre** ~ **avec qn** to set *ou* fix a date with sb; **faire** ~ *[événement]* to stand out *(dans* in); **le premier/dernier en** ~ the first/latest *ou* most recent; **sans** ~ undated; **de longue** ~ *(adj)* longstanding; **de fraîche** ~ *(adj)* recent; **connaître qn de longue/fraîche** ~ to have known sb for a long/short time.

dater [date] (1) **1** *vt* to date. **daté du 6/de Paris** dated from the 6th/from Paris; **non daté** undated. **2** *vi* (a) ~ **de** to date back to, date from; **ça ne date pas d'hier** *[maladie]* it has been going on a long time; *[amitié, situation]* it goes back a long way, it has a long history; *[objet]* it's as old as the hills; **à ~ de demain** as from tomorrow, from tomorrow onwards; **de quand date votre dernière rencontre?** when did you last meet? (**b**) *(faire date)* *[événement]* to stand out *(dans* in*)*; *(être démodé)* to be dated.

datif, -ive [datif, iv] *adj, nm* dative.

datte [dat] *nf* date. ◆ **dattier** *nm* date palm.

daube [dob] *nf* stew, casserole. **bœuf en ~ cas-serole** of beef, beef stew.

dauphin [dofɛ̃] *nm* (**a**) *(Zool)* dolphin. (**b**) *(Hist)* **le D~** the Dauphin. (**c**) *(fig: successeur)* heir apparent.

Dauphine [dofin] *nf* Dauphine.

daurade [dɔʀad] *nf* sea bream.

davantage [davɑ̃taʒ] *adv* (**a**) *(plus)* more; *(négatif)* any more; *(interrogatif)* (any) more *(que* than*)*. **bien/encore ~** much/still more. (**b**) *(plus longtemps)* longer; *(négatif, interrogatif)* any longer *(que* than*)*. (**c**) *(de plus en plus)* more and more. **chaque jour ~** more and more every day. (**d**) **~ de** *(some)* more; *(négatif)* any more.

de [d(ə)] *(devant voyelle et h muet:* **d'**; *contraction avec* **le, les: du, des)* **1** *prép* (**a**) *(provenance)* out of, from; *(localisation)* in, on. **sortir ~ la maison** to come out of the house; **arriver du Japon** to arrive from Japan; **l'avion ~ Londres** *(provenance)* the plane from London; *(destination)* the plane for London, the London plane; **les magasins ~ Paris** the Paris shops, the shops in Paris; **les voisins du 2ᵉ** the neighbours on the 2nd floor; **le meilleur ~ la classe/du monde** the best in the class/in the world; **né ~ parents pauvres** born of poor parents; **~ 6 qu'ils étaient au départ** (out) of the original 6. (**b**) *(appartenance)* of. **la maison ~ mon ami** the house of my friend, my friend's house; **un roman ~ Wells** a novel by Wells, a novel of Wells'; **le pied ~ la table** the leg of the table, the table leg; **ses collègues ~ bureau** his colleagues at work. (**c**) *(caractérisation)* of. **regard ~ haine** look of hatred; **le professeur d'anglais** the English teacher, the teacher of English; **objet ~ cristal/métal** crystal/metal object; **il est d'une bêtise!** he's so stupid!; **c'est bien ~ lui!** it's just like him *ou* typical of him!; **2 verres ~ cassés** 2 broken glasses, 2 glasses broken. (**d**) *(contenu)* of. **une tasse ~ thé** a cup of tea. (**e**) *(temps)* **une heure d'attente** an hour's wait, a wait of one hour; **~ nos jours** nowadays; **~ jour** by day, during the day; **travailler ~ nuit** to work at night; **~ 6 à 8** from 6 to 8; **3 heures du matin** 3 (o'clock) in the morning; **il n'a rien fait ~ l'année** he hasn't done a thing all year; **d'une minute à l'autre** *(incessamment)* any minute now; *(progressivement)* from one minute to the next; **3 jours ~ libre** 3 days free. (**f**) *(mesure)* **pièce ~ 6 m²** room measuring 6 m²; **enfant ~ 5 ans** 5-year-old child; **promenade ~ 3 heures/km** 3-hour/3-km walk; **ce poteau a 5 mètres ~ haut** this post is 5 metres high; **plus grand ~ 5 cm** 5 cm taller; **il gagne 90 F ~ l'heure** he earns 90 francs an hour *ou* per hour; **un chèque ~ 100 dollars** a cheque to the value of $100, a check in the amount of $100 *(US)*. (**g**) *(moyen, manière, cause)* **frapper ~ la main** to strike with one's hand; **se nourrir ~ racines** to live on roots; **il vit ~ sa peinture** he lives by his painting; **faire qch ~ rien** to make sth out of nothing; **parler d'une voix ferme** to speak in a firm voice; **mourir ~ vieillesse** to die of old age; **rougir ~ honte** to blush with shame; **~ colère, il la gifla** he slapped her in anger; **étonné ~ voir** astonished at seeing *ou* to see. (**h**) *(copule)* **décider ~ faire** to decide to do; **empêcher qn ~ faire** to prevent sb from doing; **content ~ qch** pleased with sth; **le mois ~ juin** the month

of June; **le prénom ~ Paul** the name Paul; **ton idiot ~ fils** that stupid son of yours; **ce cochon ~ temps** this rotten weather; **et elle ~ se moquer ~ nous!** and she poked fun at us!

2 *art partitif (affirmation)* some *(souvent omis)*; *(interrogation)* any, some; *(négation)* any, no. **boire ~ l'eau au robinet** to drink (some) water from the tap; **voulez-vous du pain?** do you want any bread?; **il n'y a plus d'espoir** there is no hope left; **c'est du vol!** that's robbery!; **faire du bruit** to make a noise; **avoir ~ l'humour** to have a sense of humour; **il y a ~ la lumière** there's a light on.

3 **des, de** *art indéf pl* some *(souvent omis)*; *(négation)* any, no. **des enfants ont cassé les carreaux** some children have broken the window panes; **je n'ai pas ~ voisins** I haven't any neighbours, I have no neighbours; **j'ai attendu des heures (et des heures)** I waited for hours (and hours).

dé [de] *nm* (**a**) **~ (à coudre)** thimble; *(petit verre)* tiny glass. (**b**) *(Jeux)* die, dice. **~s** dice; **les ~s sont jetés** the die is cast; *(Culin)* **couper en ~s** to dice.

déambuler [deɑ̃byle] (**1**) *vi* to stroll (about).

débâcle [debɑkl(ə)] *nf [armée]* rout; *[régime, économie, monnaie]* collapse; *[glaces]* breaking up. **c'est une vraie ~!** it's a complete disaster!

déballer [debale] (**1**) *vt affaires* to unpack; *marchandises* to display; (*) *sentiments* to pour out. ◆ **déballage** *nm (action)* unpacking; *(marchandises)* display *(of loose goods)*.

débandade [debɑ̃dad] *nf (déroute)* headlong flight; *(dispersion)* scattering. *(fig: fuite)* **c'est la ~ générale** it's a general exodus; **en ~** in disorder.

débander [debɑ̃de] (**1**) **1** *vt (Méd)* to unbandage. **~ les yeux de qn** to remove the blindfold from sb's eyes. **2 se ~** *vpr [armée]* to scatter.

débaptiser [debatize] (**1**) *vt* to rename.

débarbouiller *vt, se* **~** *vpr* [debaʀbuje] (**1**) to wash.

débarcadère [debaʀkadɛʀ] *nm* landing stage.

débardeur [debaʀdœʀ] *nm (ouvrier)* docker; *(vêtement)* slipover.

débarquer [debaʀke] (**1**) **1** *vt (gén, Mil)* to land; *marchandises* to unload. **2** *vi* to disembark, land. **il a débarqué chez moi** * he turned up at my place; **tu débarques!** * where have you been?; **je n'en sais rien, je débarque** * I don't know, that's the first I've heard of it. ◆ **débarquement** *nm* landing; unloading. **l'anniversaire du ~** the anniversary of the Normandy landing.

débarras [debaʀa] *nm (pièce)* lumber room; *(placard)* cupboard. **bon ~!** good riddance!

débarrasser [debaʀase] (**1**) **1** *vt* (**a**) *local* to clear *(de* of*)*. **~ (la table)** to clear the table; **débarrasse le plancher!** * clear off! *, **make yourself scarce!** *. (**b**) **~ qn de** *fardeau* to relieve sb of; *ennemi, mal* to rid sb of; *liens* to release sb from. **2 se ~** *vpr:* **se ~ de** *(gén)* to get rid of, rid o.s. of; *vêtement* to take off, remove.

débat [deba] *nm* discussion, debate. *(Jur, Pol)* **~s** debates; *(Parl)* **~ de clôture** ≈ adjournment debate.

débattre [debatʀ(ə)] (**41**) **1** *vt* to discuss, debate. **2 se ~** *vpr* to struggle, wrestle *(contre* with*)*.

débauchage [debo∫aʒ] *nm (Écon)* laying off.

débauche [debo∫] *nf* (**a**) *(vice)* debauchery. **partie de ~** orgy. (**b**) *(abondance)* **~ de** profusion of; **~ de couleurs** riot of colour.

débaucher [debo∫e] (**1**) **1** *vt* (†: *corrompre)* to debauch; *(licencier)* to lay off. **2** *vi (pointer à la sortie)* to clock out. **3 se ~** *vpr* to become debauched. ◆ **débauché, e 1** *adj* debauched. **2** *nm, f* debauched person. **une vie de ~** a debauched life.

débile [debil] *adj corps, esprit* feeble; *(péj)* moronic, stupid. **c'est un ~ mental** *(lit)* he is mentally deficient; *(péj)* he's a moron. ◆ **débilité** *nf (péj)* [pro-

pos, attitude] stupidity. ~ **(mentale)** mental deficiency.

débiliter [debilite] (1) *vt [climat]* to debilitate, enervate; *[propos]* to demoralize.

débiner * [debine] (1) **1** *vt* to run down. **2 se** ~ *vpr* to clear off *.

débit [debi] **1** *nm* **(a)** *(Fin)* debit. **mettre 10 F au** ~ **de qn** to debit sb with 10 francs. **(b)** *(Comm: vente)* turnover. **cette boutique a du** ~ this shop has a quick turnover. **(c)** *[fleuve, pompe]* flow; *[tuyau]* discharge; *[machine, gaz]* output. **(d)** *(élocution)* delivery. **elle a un sacré** ~ * she has a long tongue, she's a great talker. **2** : ~ **de boissons** *(Admin)* drinking establishment; ~ **de tabac** tobacconist's (shop), tobacco *ou* smoke shop *(US)*.

débitant, e [debitɑ̃, ɑ̃t] *nm, f*: ~ **(de boissons)** ≃ licensed grocer; ~ **(de tabac)** tobacconist, tobacco dealer *(US)*.

débiter [debite] (1) *vt compte* to debit; *marchandises* to retail, sell; *[usine]* to produce; *(péj: dire)* to pour out; *(tailler)* to cut up.

débiteur, -trice [debitœʀ, tʀis] **1** *adj solde* debit. **mon compte est** ~ **de 50 F** my account has a debit balance of 50 francs. **2** *nm, f (Fin, fig)* debtor.

déblayer [debleje] (8) *vt décombres* to clear away; *chemin* to clear; *pièce* to clear up; *travail* to prepare. ◆ **déblaiement** *nm* clearing. ◆ **déblais** *nmpl (gravats)* rubble; *(terre)* earth.

débloquer [debloke] (1) **1** *vt* **(a)** *compte, prix* to free; *stocks, crédits* to release. **pour** ~ **la situation** in order to get things moving again. **(b)** *machine* to unjam; *écrou, freins* to release; *route* to unblock. **2** *vi* (*) *(dire des bêtises)* to talk twaddle *; *(être fou)* to be off one's rocker *. ◆ **déblocage** *nm* freeing; releasing; unjamming; unblocking.

déboires [debwaʀ] *nmpl (déceptions)* disappointments; *(échecs)* setbacks; *(ennuis)* difficulties.

déboiser [debwaze] (1) *vt montagne* to deforest; *forêt* to clear of trees. ◆ **déboisement** *nm* deforestation; clearing.

déboîter [debwate] (1) **1** *vt membre* to dislocate; *tuyaux* to disconnect; *objet* to dislodge. **se** ~ **l'épaule** to dislocate one's shoulder. **2** *vi (Aut)* to pull out. ◆ **déboîtement** *nm* dislocation; pulling out.

débonnaire [debonɛʀ] *adj personne* good-natured; *air* kindly.

débordant, e [debɔʀdɑ̃, ɑ̃t] *adj activité* exuberant; *joie* overflowing. *(Mil)* **mouvement** ~ outflanking manoeuvre.

débordement [debɔʀdəmɑ̃] *nm* **(a)** ~**(s)** *[liquide]* overflowing; *(par ébullition)* boiling over; *(Mil, Sport)* outflanking; *(manifestation)* **afin d'éviter les** ~**s** to prevent demonstrators from getting out of hand. **(b)** *[joie]* outburst; *[paroles]* torrent; *[activité]* explosion. *(débauches)* ~**s** excesses.

déborder [debɔʀde] (1) **1** *vi* **(a)** *[liquide] (gén)* to overflow; *(en bouillant)* to boil over. **plein à** ~ **full** to the brim *ou* to overflowing *(de* with*)* ; ~ **de la casserole** to overflow *(ou* boil over*)* the saucepan; *(fig)* **cela a fait** ~ **le vase, c'est la goutte qui a fait** ~ **le vase** that was the last straw (that broke the camel's back); ~ **de santé** *etc* to be bursting with health *etc*. **(b)** *(d'un alignement)* to stick out; *(en dessinant)* to go over the edge. **2** *vt* **(a)** *(dépasser) (gén)* to extend beyond; *(Mil, Sport)* to outflank; *(d'un alignement)* to stick *ou* jut out beyond. **être débordé de travail** to be snowed under with work *. **(b)** *lit* to untuck.

déboucher [debuʃe] (1) **1** *vt tuyau* to unblock; *bouteille* to uncork; *tube* to uncap. **2** *vi*: ~ **de** to emerge from, come out of; ~ **sur qch** *[rue]* to run *ou* open into sth; *[voiture]* to come out *ou* emerge into sth; *[discussion]* to lead up to sth; *[études]* to lead on to sth; **ça n'a débouché sur rien** it ended

inconclusively. **3 se** ~ *vpr [tuyau]* to come unblocked. ◆ **débouchage** *nm* unblocking; uncorking. ◆ **débouché** *nm [pays, économie]* outlet; *[vallée, carrière]* opening.

déboucler [debukle] (1) *vt ceinture* to unbuckle, undo.

débouler [debule] (1) **1** *vi [lapin]* to bolt; *(dégringoler)* to tumble down. *(arriver)* ~ **chez qn** * to land on sb. **2** *vt* (*: dévaler)* to belt down *.

débourser [debuʀse] (1) *vt* to pay out, lay out. ◆ **débours** *nm* outlay.

déboussoler * [debusole] (1) *vt* to disorientate. **il est complètement déboussolé** he is completely at sea, he is completely lost *ou* disorientated.

debout [dəbu] *adv, adj inv* **(a)** *personne* standing; *(levé)* up. **être** ~ to stand; *(levé)* to be up; *(guéri)* to be up and about; **se mettre** ~ to stand up, get up; **rester** ~ to remain standing; *(veiller)* to stay up; **il l'aida à se remettre** ~ he helped him back up *ou* back to his feet; ~**!** get up!, on your feet! **(b)** *objet* standing upright. **mettre qch** ~ to stand sth upright; **tenir** ~ *[objet]* to stand up; *[édifice]* to be standing; *[théorie]* to stand, hold; **ça ne tient pas** ~ **ce que tu dis** what you say doesn't stand up *ou* doesn't hold water.

déboutonner [debutone] (1) **1** *vt* to unbutton, undo. **2 se** ~ *vpr [personne]* to unbutton *ou* undo o.s.; *[habit]* to come unbuttoned *ou* undone.

débraillé, e [debʀaje] **1** *adj tenue* untidy; *manières* slovenly; *style* sloppy. **2** *nm* slovenliness; sloppiness.

débrancher [debʀɑ̃ʃe] (1) *vt (gén)* to disconnect.

débrayer [debʀeje] (8) *vi (Aut)* to disengage the clutch; *(faire grève)* to stop work. ◆ **débrayage** *nm* clutch; stoppage.

débridé, e [debʀide] *adj* unbridled.

débris [debʀi] *nm (gén)* fragment. **les** ~ *(décombres)* the debris *(sg)*; *(détritus)* the rubbish; *[repas]* the leftovers *ou* scraps; *[armée, fortune]* the remains.

débrouiller [debʀuje] (1) **1** *vt fils* to disentangle; *papiers, problème* to sort out; *mystère* to unravel. ~ **qn** * to teach sb the basics *(en* in*)*. **2 se** ~ *vpr* to manage. **il m'a laissé me** ~ **tout seul** he left me to cope alone *ou* sort things out myself; **elle se débrouille en allemand** she has a working knowledge of German, she can get by in German. ◆ **débrouillard, e** * *adj* smart *, resourceful. ◆ **débrouillardise** * *nf* smartness *, resourcefulness.

débroussailler [debʀusaje] (1) *vt terrain* to clear; *problème* to do the spadework on.

débusquer [debyske] (1) *vt* to drive out.

début [deby] *nm* **(a)** *(gén)* beginning, start. **du** ~ **à la fin** from beginning to end, from start to finish; **salaire de** ~ starting salary; **dès le** ~ from the outset *ou* start *ou* beginning; **au** ~ at first, in *ou* at the beginning; ~ **février** in early February; **au** ~ **du mois prochain** early next month. **(b)** ~**s** start; **à ses** ~**s** *projet* in its early stages; **faire ses** ~**s** *(gén)* to start; *(Théât)* to make one's début.

débutant, e [debytɑ̃, ɑ̃t] **1** *adj* novice. **2** *nm, f (gén)* beginner, novice; *(Théât)* debutant actor *(ou* actress). **grand/faux** ~ **en anglais** absolute/virtual beginner in English.

débuter [debyte] (1) **1** *vi* to start, begin *(par, sur* with*)*; *[acteur]* to make one's début *(dans* in*)*. **2** *vt* (*) to start, begin.

déca [deka] *préf* deca.

deçà [dəsa] *adv* **(a)** **en** ~ **de** *fleuve* on this side of; **en** ~ **ses moyens** within his means; **c'est très en** ~ **de la vérité** it is far short of the truth. **(b)** *(littér)* ~, **delà** here and there.

décacheter [dekaʃte] (4) *vt lettre* to unseal, open. ◆ **décachetage** *nm* unsealing, opening.

décade [dekad] *nf (décennie)* decade; *(dix jours)* period of ten days.

décadence [dekadɑ̃s] *nf (processus)* decline; *(état)* decadence. **tomber en** ~ to fall into decline. ◆ **décadent, e 1** *adj* decadent, declining. **2** *nm, f* decadent.

décaféiner [dekafeine] (1) *vt* to decaffeinate.

décalage [dekalaʒ] *nm (entre concepts)* gap; *(entre cause et effet)* interval, time-lag *(entre* between). ~ **horaire** time difference; *(en avion)* **mal supporter le** ~ **horaire** to suffer from jet lag.

décalaminer [dekalamine] (1) *vt* to decarbonize.

décalcifier *vt*, **se décalcifier** *vpr* [dekalsifje] (7) to decalcify. ◆ **décalcification** *nf* decalcification.

décalcomanie [dekalkɔmani] *nf (image)* transfer. **faire de la** ~ to do transfers.

décaler [dekale] (1) *vt* (**a**) *(avancer)* to move forward; *(reculer)* to move back. **se** ~ **d'un rang** to move forward *(ou* back) a row; **décalé par rapport aux autres** out of line with *ou* sticking out beyond the others; **décalé d'une heure** *(avancé)* brought forward an hour; *(retardé)* put back an hour. (**b**) *(déséquilibrer)* to unwedge.

décalquer [dekalke] (1) *vt* to trace; *(par pression)* to transfer. ◆ **décalque** *nm* tracing; transfer.

décamper * [dekɑ̃pe] (1) *vi* to clear off *. **faire** ~ **qn** to chase sb out *(de* from).

décanter [dekɑ̃te] (1) **1** *vt* to allow to settle. **2 se** ~ *vpr [vin]* to settle; *[idées]* to become clear. **laisser les choses se** ~ to let things clarify themselves, allow the dust to settle; **attendre que la situation se décante** to wait until the situation becomes clearer. ◆ **décantation** *nf* settling; clarification.

décaper [dekape] (1) *vt (gén)* to clean; *(à l'abrasif)* to scour; *(à l'acide)* to pickle; *(à la brosse)* to scrub; *(au papier de verre)* to sand.

décapiter [dekapite] (1) *vt personne* to behead; *(accidentellement)* to decapitate. **le parti s'est trouvé décapité** the party was left without a leader *ou* leaderless. ◆ **décapitation** *nf* beheading.

décapotable [dekapɔtabl(ə)] *adj, nf:* **(voiture)** ~ convertible.

décapsuler [dekapsyle] (1) *vt* to take the cap *ou* top off. ◆ **décapsuleur** *nm* bottle-opener.

décarcasser (se) * [dekaʀkase] (1) *vpr* to go to a lot of trouble *(pour faire* to do; *pour qn* for sb).

décati, e [dekati] *adj (péj) vieillard* decrepit; *visage* aged; *beauté* faded; *immeuble* shabby-looking.

décéder [desede] (6) *vi* to die. **les biens des personnes décédées** the property of deceased persons *ou* of those who have died.

déceler [desle] (5) *vt (trouver)* to detect; *(montrer)* to indicate. ◆ **décelable** *adj* detectable.

décélération [deseleʀɑsjɔ̃] *nf* deceleration.

décembre [desɑ̃bʀ(ə)] *nm* December; *V* septembre.

décence [desɑ̃s] *nf (bienséance)* decency. ◆ **décemment** *adv* decently. ◆ **décent, e** *adj* decent.

décennie [deseni] *nf* decade.

décentraliser [desɑ̃tralize] (1) **1** *vt* to decentralize. **2 se** ~ *vpr [usine]* to be decentralized. ◆ **décentralisation** *nf* decentralization.

déception [desɛpsjɔ̃] *nf* disappointment.

décerner [desɛʀne] (1) *vt* to award.

décès [desɛ] *nm* death.

décevoir [desvwaʀ] (28) *vt* to disappoint. ◆ **décevant, e** *adj* disappointing.

déchaîner [deʃene] (1) **1** *vt* violence to unleash; *enthousiasme* to arouse; *opinion publique* to rouse; *campagne (organiser)* to set up; *(avoir comme résultat)* to trigger off. ~ **les huées/les rires** to raise a storm of booing/laughter. **2 se** ~ *vpr [fureur]* to burst out; *[rires, tempête]* to break out; *[personne]* to loose one's anger *(contre* upon). ◆ **déchaîné, e** *adj passions, flots* raging; *enthousiasme, personne* wild; *opinion publique* furious. **il est** ~ **contre moi** he is furious with me. ◆ **déchaînement** *nm* bursting out; breaking out; *[passions etc]* fury. **un** ~ **d'injures** a torrent of abuse.

déchanter [deʃɑ̃te] (1) *vi* to become disillusioned.

décharge [deʃaʀʒ(ə)] *nf* (**a**) *(salve)* volley of shots. ~ **(électrique)** electrical discharge. (**b**) *(Jur)* discharge; *(Comm: reçu)* receipt. *(Scol)* ~ **(de service)** reduction in teaching load; *(fig)* **il faut dire à sa** ~ **que...** it must be said in his defence that... (**c**) *(dépôt)* ~ **(publique)** rubbish *ou* garbage *(US)* dump.

décharger [deʃaʀʒe] (3) *vt véhicule, bagages* to unload *(de* from); *conscience* to unburden *(auprès de* to); *accusé, arme* to discharge. ~ **sa colère** to vent one's anger *(sur qn* on sb); ~ **qn de tâche** to relieve sb of; **se** ~ **de ses responsabilités** to pass off *ou* off-load one's responsibilities *(sur qn* onto sb); *(Élec)* **se** ~ to go flat, lose its charge. ◆ **déchargement** *nm* unloading.

décharné, e [deʃaʀne] *adj corps* emaciated; *doigts* bony; *visage* gaunt; *paysage* bare.

déchausser [deʃose] (1) **1** *vt* ~ **un enfant** to take a child's shoes off. **2 se** ~ *vpr [personne]* to take one's shoes off; *[dents]* to come loose. ◆ **déchaussé, e** *adj personne* barefooted.

déchéance [deʃeɑ̃s] *nf (morale)* decay; *(physique)* degeneration; *(Rel)* fall; *(Pol) [souverain]* deposition.

déchet [deʃɛ] *nm [viande, tissu]* scrap; *(perte)* waste. ~**s domestiques/industriels** kitchen/industrial waste *ou* wastes *(US)*; ~**s nucléaires/ radio-actifs** nuclear/radioactive waste; **jeter les** ~**s à la poubelle** to throw the rubbish out; **il y a du** ~ there is some wastage; *(péj)* ~ **(humain)** human wreck.

déchiffrer [deʃifʀe] (1) *vt message* to decipher; *code* to decode; *(Mus)* to sight-read; *énigme* to unravel. ◆ **déchiffrable** *adj* decipherable; decodable. ◆ **déchiffrage** *nm* deciphering; decoding; sight-reading; unravelling.

déchiqueter [deʃikte] (4) *vt (lit, fig)* to tear to pieces. **déchiqueté par l'explosion** blown to pieces by the explosion; **déchiqueté par un lion** mauled *ou* savaged by a lion. ◆ **déchiqueté, e** *adj relief* jagged; *corps* mutilated.

déchirer [deʃiʀe] (1) **1** *vt* (**a**) *(lacérer)* to tear up; *(faire un accroc)* to tear, rip; *(arracher)* to tear out *(de* from); *(ouvrir)* to tear open. ~ **en deux** to tear in two. (**b**) *[querelle, remords]* to tear apart. **cris qui déchirent l'air/les oreilles** cries which rend the air/split one's ears; **spectacle qui déchire le cœur** heartrending *ou* harrowing sight. **2 se** ~ *vpr [vêtement]* to tear, rip; *[sac]* to burst; *[cœur]* to break; *[couple]* to tear each other apart. **attention, tu vas te** ~ be careful, you'll tear your coat (*ou* dress *etc)*; **se** ~ **un muscle** to tear a muscle; **se** ~ **les mains** to graze one's hands. ◆ **déchirant, e** *adj* heartbreaking. ◆ **déchirement** *nm (douleur)* wrench, heartbreak. *(Pol: divisions)* ~**s** rifts. ◆ **déchirure** *nf [tissu]* tear, rip; *[ciel]* break in the clouds. **se faire une** ~ **musculaire** to tear a muscle.

déchoir [deʃwaʀ] (25) *vi [personne]* to demean o.s.; *[réputation, influence]* to wane. ◆ **déchu, e** *adj roi* deposed; *(Rel)* fallen. *(Jur)* **être** ~ **de ses droits** to be deprived of one's rights.

déci [desi] *préf* deci.

décidé, e [deside] *adj air, ton* determined, decided; *personne* determined *(à faire* to do); *question* settled, decided. **bon, c'est** ~ right, that's settled then.

décidément [desidemɑ̃] *adv (certainement)* certainly, undoubtedly, indeed; *(vraiment)* really. ~, **il est fou** he's really mad.

décider [deside] (1) **1** *vt (a) (établir)* ~ **qch** to decide on sth; ~ **que** to decide that; ~ **de faire qch/de ne pas faire qch** to decide to do sth/against doing sth; **c'est à lui de** ~ it's up to him to decide. **(b)** *(persuader) [personne]* to persuade; *[conseil, événement]* to decide. ~ **qn à faire** to persuade sb to do. **(c)** *[chose] (provoquer)* to cause, bring about. **2** ~ **de** *vt indir*: ~ **de qch** *[personne]* to decide on sth; *[événements]* to decide *ou* determine sth; **le sort en a décidé autrement** fate has decided *ou* ordained otherwise. **3 se** ~ *vpr* **(a)** *[personne]* to come to *ou* make a decision, make up one's mind. **se** ~ **à** *ou* **pour qch** to decide on sth; **je ne peux pas me** ~ **à lui mentir** I cannot bring myself *ou* I cannot make up my mind to lie to him. **(b)** *[problème]* to be decided *ou* settled. **est-ce qu'il va se** ~ **à faire beau?** * do you think it'll turn out fine after all? ◆ **décideur** *nm* decision-maker. **avoir un rôle de** ~ to have a decision-making role.

décimal, e, *mpl* **-aux** [desimal, o] *adj, nf* decimal.

décimer [desime] (1) *vt* to decimate. ◆ **décimation** *nf* decimation.

décisif, -ive [desizif, iv] *adj (gén)* decisive; *argument* conclusive; *coup, facteur* deciding. *(fig)* **tournant** ~ watershed *(fig)*; **porter un coup** ~ **au terrorisme** to deal terrorism a decisive blow.

décision [desizjɔ̃] *nf (choix, verdict)* decision; *(fermeté)* decisiveness. **soumettre qch à la** ~ **de qn** to submit sth to sb for his decision; **nommé à un poste de** ~ appointed to a decision-making job. ◆ **décisionnel, -elle** *adj rôle, responsabilité* decision-making.

déclamer [deklame] (1) **1** *vt* to declaim; *(péj)* to spout. **2** *vi (péj)* to rant. *(littér)* ~ **contre** to inveigh against. ◆ **déclamation** *nf (Art)* declamation. *(péj)* ~**(s)** ranting. ◆ **déclamatoire** *adj (gén)* declamatory; *(péj) ton* ranting.

déclarable [deklaʀabl(ə)] *adj* declarable.

déclaration [deklaʀasjɔ̃] *nf (proclamation)* declaration; *(discours, commentaire)* statement; *(aveu)* admission; *(révélation)* revelation; *[décès]* registration; *[vol]* notification. **faire une** ~ **d'accident** *(à l'assurance)* to file an accident claim; *(à la police)* to report an accident. **2** : ~ **(d'amour)** declaration of love; ~ **de guerre** declaration of war; ~ **d'impôts** statement of income; *(formulaire)* tax return; ~ **sous serment** statement under oath.

déclaré, e [deklaʀe] *adj opinion* professed; *athée, ennemi* avowed; *intention* avowed, declared. **revenus non** ~**s** undeclared income.

déclarer [deklaʀe] (1) **1** *vt (gén)* to declare; *(annoncer)* to announce; *(avouer)* to admit; *décès* to register; *vol* to notify. ~ **la guerre** to declare war *(à* on); ~ **qn coupable** to find sb guilty ; ~ **que...** to declare that...; **je vous déclare que** I tell you that. **2 se** ~ *vpr* **(a) se** ~ **en faveur de** to declare o.s. *ou* come out in favour of; **se** ~ **satisfait** to declare o.s. satisfied; **il s'est déclaré offensé** he said he was offended. **(b)** *[incendie, épidémie]* to break out. **(c)** *[amoureux]* to declare one's love.

déclasser [deklɑse] (1) *vt coureur* to relegate; *fiches* to get out of order. ◆ **déclassement** *nm* relegation.

déclencher [deklɑ̃ʃe] (1) **1** *vt mécanisme* to release; *sonnerie* to set off; *ouverture* to activate; *attaque, grève* to launch; *catastrophe, commentaires* to trigger off; *violence* to loose; *(Mil) tir* to open. **2 se** ~ *vpr [mécanisme]* to release itself; *[sonnerie]* to go off; *[attaque]* to start; *[crise]* to be triggered off. ◆ **déclenchement** *nm* release; setting off; triggering off; activating; launching; starting; opening. ◆ **déclencheur** *nm (Tech)* release mechanism. *(Phot)* ~ **souple** cable release.

déclic [deklik] *nm (bruit)* click; *(mécanisme)* trigger mechanism. *(mentalement)* **ça a été le** ~ it triggered something in my *(ou* her *etc)* mind.

décliner [dekline] (1) **1** *vt* **(a)** *nom, identité* to state, give; *offre* to decline, turn down, refuse. ~ **toute responsabilité** to decline *ou* refuse to accept any responsibility. **(b)** *(Ling)* to decline. **2** *vi* **(a)** *(s'affaiblir) (gén)* to decline; *[santé]* to deteriorate; *[forces, beauté]* to wane, fade. **(b)** *(baisser) [jour]* to draw to a close; *[soleil]* to go down; *[lune]* to wane; *[astre]* to set. ◆ **déclin** *nm* decline; deterioration; waning; fading *(de* in). **le** ~ **du jour/de la vie** the close of day/of life; **être à son** ~ *[soleil]* to be setting; *[lune]* to be waning; **être en** ~ to be on the decline. ◆ **déclinable** *adj* declinable. ◆ **déclinaison** *nf (Ling)* declension; *(Astron, Phys)* declination.

déclivité [deklivite] *nf* incline.

décloisonner [deklwazɔne] (1) *vt* to decompartmentalize. ◆ **décloisonnement** *nm* decompartmentalization.

décocher [dekɔʃe] (1) *vt flèche, regard* to shoot; *coup* to throw; *ruade, remarque* to let fly.

décoder [dekɔde] (1) *vt code* to decode; *(TV, Ordin)* to decode; *message* to decipher. ◆ **décodage** *nm* decoding; deciphering.

décoiffer [dekwafe] (1) *vt*: ~ **qn** *(cheveux)* to disarrange sb's hair; *(chapeau)* to take sb's hat off; **je suis toute décoiffée** my hair is in a mess; **se** ~ to take one's hat off.

décoincer [dekwɛ̃se] (3) *vt (gén)* to unjam.

décolérer [dekɔleʀe] (6) *vi*: **il ne décolère pas depuis hier** he hasn't calmed down *ou* cooled off * since yesterday.

décoller [dekɔle] (1) **1** *vt (gén)* to unstick; *(*)* poursuivants to shake off. **2** *vi (Aviat, fig)* to take off; *[fusée]* to lift off *(de* from); *(*) [gêneur]* to budge. **3 se** ~ *vpr [timbre]* to come unstuck. ◆ **décollage** *nm* **(a)** *[avion]* takeoff; *[fusée]* lift-off. **au** ~ at takeoff; at lift-off. **(b)** *[timbre]* unsticking.

décolleté, e [dekɔlte] **1** *adj robe* low-cut. ~ **dans le dos** cut low at the back. **2** *nm* low neckline.

décoloniser [dekɔlɔnize] (1) *vt* to decolonize. ◆ **décolonisateur, -trice 1** *adj* decolonizing. **2** *nm, f* decolonizer. ◆ **décolonisation** *nf* decolonization.

décolorer [dekɔlɔʀe] (1) **1** *vt liquide* to decolour; *cheveux* to bleach; *tissu* to fade. **lèvres décolorées** colourless lips. **2 se** ~ *vpr (gén)* to lose its colour; *[tissu]* to fade. ◆ **décoloration** *nf (gén)* decoloration. **se faire faire une** ~ to have one's hair bleached.

décombres [dekɔ̃bʀ(ə)] *nmpl* rubble, debris *(sg)*.

décommander [dekɔmɑ̃de] (1) **1** *vt marchandise, invitation* to cancel; *invités* to put off. **2 se** ~ *vpr* to cancel an appointment.

décomplexer [dekɔ̃plɛkse] (1) *vt* to rid of complexes.

décomposer [dekɔ̃poze] (1) **1** *vt* **(a)** *mouvement* to break up; *problème, phrase* to break down; *(Chim)* to decompose. **(b)** *(altérer) visage* to contort; *viande* to cause to decompose. **2 se** ~ *vpr [viande]* to decompose; *[visage]* to change dramatically. ◆ **décomposition** *nf* decomposition; breaking up; breaking down; contortion. **en** ~ *cadavre* in a state of decomposition; *société* in decay.

décompte [dekɔ̃t] *nm (compte)* detailed account; *(déduction)* deduction. **faire le** ~ **des points** to count up the points. ◆ **décompter** (1) *vt* to deduct *(de* from).

déconcentrer [dekɔ̃sɑ̃tʀe] (1) **1** *vt (Admin)* to devolve, decentralize; *(Ind)* to disperse. **2 se** ~ *vpr [athlète]* to lose concentration.

déconcerter [dekɔ̃sɛʀte] (1) *vt* to disconcert.

déconfit, e [dekɔ̃fi, it] adj crestfallen, downcast.

déconfiture * [dekɔ̃fityʀ] nf defeat; (financière) (financial) collapse.

décongeler [dekɔ̃ʒle] (5) vt to defrost, unfreeze.

décongestionner [dekɔ̃ʒɛstjɔne] (1) vt (Méd), rue to relieve congestion in; administration to relieve the pressure on.

déconnecter [dekɔnɛkte] (1) vt to disconnect.

déconseiller [dekɔ̃seje] (1) vt: ~ qch à qn to advise sb against sth; c'est déconseillé it's inadvisable.

déconsidérer [dekɔ̃sideʀe] (6) vt to discredit.

décontaminer [dekɔ̃tamine] (1) vt to decontaminate. ◆ **décontamination** nf decontamination.

décontenancer [dekɔ̃tnɑ̃se] (3) vt to disconcert.

décontracter vt, **se** ~ vpr [dekɔ̃tʀakte] (1) to relax. ◆ **décontraction** nf relaxation.

déconvenue [dekɔ̃vny] nf disappointment.

décor [dekɔʀ] nm (a) (Théât) le ~, les ~s the scenery, the décor; ~ de cinéma/théâtre film/ stage set; quel beau ~! what a lovely set!; [véhicule] entrer dans le ~ * to run off the road; envoyer qn dans le ~ * to force sb off the road. (b) (paysage) scenery; (milieu) setting. ◆ **décorateur, -trice** nm, f (a) (d'intérieurs) (interior) decorator. (b) (Théât) set designer. ◆ **décoratif, -ive** adj decorative. ◆ **décoration** nf decoration. ◆ **décorer** (1) vt (gén) to decorate; robe to trim.

décortiquer [dekɔʀtike] (1) vt crevettes to shell; riz to hull; texte to dissect.

décorum [dekɔʀɔm] nm: le ~ decorum.

découcher [dekuʃe] (1) vi to stay out all night.

découdre [dekudʀ(ə)] (48) 1 vt (a) vêtement to unpick; bouton to take off. (b) (littér) en ~ to fight. 2 se ~ vpr [robe] to come unstitched; [bouton] to come off.

découler [dekule] (1) vi to ensue, follow (de from).

découpage [dekupaʒ] nm (a) [papier, gâteau] cutting up; [viande] carving; [image, métal] cutting out; (Ciné) cutting. ~ électoral division into constituencies, ≃ apportionment (US). (b) (image) cut-out (figure).

découpé, e [dekupe] adj relief, côte jagged, indented; feuille jagged.

découper [dekupe] (1) 1 vt viande to carve; gâteau, papier, tissu to cut up; images, métal to cut out. indentations qui découpent la côte indentations which cut into the coastline. 2 se ~ vpr [silhouette] to stand out (sur against).

découpure [dekupyʀ] nf (a) (contour) jagged ou indented outline. ~s [côte] indentations. (b) (morceau) piece cut out.

décourager [dekuʀaʒe] (3) 1 vt (démoraliser) to discourage, dishearten; (dissuader) to discourage, put off. ~ qn d'une entreprise to discourage sb from an undertaking, put sb off an undertaking. 2 se ~ vpr to lose heart, become discouraged. ◆ **décourageant, e** adj disheartening, discouraging. ◆ **découragement** nm discouragement, despondency.

décousu, e [dekuzy] adj (Couture) unstitched; (fig) disjointed.

découvert, e [dekuvɛʀ, ɛʀt(ə)] 1 adj tête bare, uncovered; lieu open, exposed. être à ~ to be exposed; agir à ~ to act openly. 2 nm [compte] overdraft; [caisse] deficit. ~ bancaire bank overdraft; ~ budgétaire budget deficit; ~ de trésorerie cash deficit; tirer de l'argent à ~ to overdraw one's account. 3 nf discovery. aller à la ~e de to go in search of.

découvrir [dekuvʀiʀ] (18) 1 vt (a) (trouver) to discover; cause, vérité to discover, find out, unearth. ~ que/comment to find out ou discover that/how;

elle s'est découvert un cousin en Amérique she found out ou discovered she had a cousin in America; quand ils découvriront le pot aux roses * when they find out what's been going on. (b) casserole to take the lid off; statue to unveil; corps, ruines to uncover; membres to bare, uncover. Il resta découvert devant elle he kept his hat off in her presence; robe qui découvre le dos dress which reveals the back. (c) panorama to see, have a view of. (d) (révéler, dévoiler) projets to reveal, disclose (à qn to sb). se ~ à qn to confide in sb.
2 se ~ vpr (a) [personne] (chapeau) to take off one's hat; (habits) to take off one's clothes; (couvertures) to uncover o.s. Il ne faut pas se ~ you must keep covered up. (b) (Boxe, Escrime) to leave o.s. open to attack. (c) [ciel, temps] to clear.

décrasser [dekʀase] (1) vt (gén) to clean; chaudière to clean out. se ~ to give o.s. a good clean-up. ◆ **décrassage** nm cleaning; cleaning-out; clean-up.

décrêper [dekʀepe] (1) vt cheveux to straighten.

décrépitude [dekʀepityd] nf [personne] decrepitude; [nation] decay. **tomber en** ~ to become decrepit; to decay. ◆ **décrépit, e** adj decrepit.

décréter [dekʀete] (6) vt mobilisation, nomination to order; état d'urgence to declare; mesure (hum: décider) to decree. ◆ **décret** nm (gén) decree.

décrier [dekʀije] (7) vt (gén) to disparage.

décrire [dekʀiʀ] (39) vt (dépeindre) to describe; (parcourir) to follow, describe. l'avion décrivait des cercles the plane flew in circles.

décrisper [dekʀispe] (1) vt situation to defuse, de-escalate. pour ~ les relations to make relations less strained, to take the heat out of relations.

décrocher [dekʀoʃe] (1) 1 vt (a) rideau to take down, unhook; fermoir to undo; wagon to uncouple; (Sport) concurrents to leave behind; téléphone (pour répondre) to pick up, lift; (pour l'empêcher de sonner) to take off the hook; objet coincé to free. le rideau s'est décroché the curtain came unhooked. (b) (*: obtenir) to get, land *. (lit, fig) ~ le gros lot to hit the jackpot. 2 vi (a) (Téléc) to pick up ou lift the receiver. (b) (Mil) to break off the action; [coureur] to fall behind. (c) (*) (ne pas comprendre) to fail to keep up; (se désintéresser) to drop out; (cesser d'écouter) to switch off *. ◆ **décroché** nm (Constr) recess.

décroiser [dekʀwaze] (1) vt to uncross.

décroître [dekʀwatʀ(ə)] (55) vi (gén) to decrease; [fièvre, crue] to go down; [lune] to wane; [jours] to get shorter; [lumière] to fade. ◆ **décroissance** nf (gén) decrease, decline (de in). ◆ **décrue** nf [rivière] fall in the level (de of).

décrotter [dekʀote] (1) vt chaussures to get the mud off.

déçu, e [desy] adj disappointed.

décupler [dekyple] (1) vti to increase tenfold; (fig) to double.

dédaigner [dedeɲe] (1) vt (mépriser) to scorn, disdain; (négliger) offre, adversaire to spurn; menaces to disregard. ce n'est pas à ~ (offre) it's not to be sniffed at ou despised; (danger) it can't just be shrugged off; (littér) il dédaigna d'y aller he did not deign to go; il ne dédaigne pas la plaisanterie ou de plaisanter he's not averse to a good joke. ◆ **dédaigneusement** adv disdainfully. ◆ **dédaigneux, -euse** adj disdainful (de of). ◆ **dédain** nm disdain (de for).

dédale [dedal] nm [rues, idées] maze.

dedans [d(ə)dɑ̃] 1 adv inside. nous sommes restés (au-)~ toute la journée we stayed indoors all day; elle cherche son sac, tout son argent est ~ she is looking for her bag — all her money is in it; du ~ from inside; en ou au ~ (de lui) deep down; au ~ (de) inside; il est rentré ~ * (accident) he ran *ou* crashed straight into it; *(bagarre)* he laid into him *; **il s'est fichu** ~ * he got it all wrong. **2** *nm* inside.

dédicacer [dedikase] (3) *vt* to autograph *(à qn* for sb), inscribe *(à qn* to sb). ◆ **dédicace** *nf* dedication; *(manuscrite)* inscription *(à* to).

dédier [dedje] (7) *vt*: ~ **à** *(gén, Rel)* to dedicate to; *efforts* to devote to.

dédire (se) [dediR] (37) *vpr (engagements)* to go back on one's word; *(affirmation)* to withdraw. ◆ **dédit** *nm (caution)* forfeit, penalty; *(non-paiement)* default. **en cas de** ~ if you fail to keep your word; in case of default.

dédommager [dedɔmaʒe] (3) *vt*: ~ **qn** to compensate sb *(de* for); **comment vous** ~ **du dérangement?** how can I ever make up for the trouble? ◆ **dédommagement** *nm* compensation. **en** ~ in compensation *(de* for).

dédouaner [dedwane] (1) *vt (Comm)* to clear through customs; (*) *personne* to clear. **marchandises dédouanées** duty-paid goods. ◆ **dédouanement** *nm* customs clearance.

dédoubler [deduble] (1) *vt classe* to divide in two. ~ **un train** to put on a relief train; **je ne peux pas me** ~ * I can't be in two places at once. ◆ **dédoublement** *nm (Psych)* **souffrir d'un** ~ **de la personnalité** to suffer from a split *ou* dual personality.

dédramatiser [dedRamatize] (1) *vt examen, opération* to make less alarming *ou* awesome. ~ **la mort** to take the drama out of dying.

déduction [dedyksjɔ̃] *nf* (**a**) *(Comm)* deduction. ~ **faite de** after deduction of. (**b**) *(raisonnement)* deduction, inference; *(conclusion)* conclusion. ◆ **déductible** *adj* deductible *(de* from). ◆ **déductif, -ive** *adj* deductive.

déduire [dedɥiR] (38) *vt (Comm)* to deduct *(de* from); *(conclure)* to deduce, infer *(de* from).

déesse [deɛs] *nf* goddess.

défaillance [defajɑ̃s] *nf (évanouissement)* blackout; *(lit, fig: faiblesse)* weakness; *(panne)* fault, failure, breakdown *(de* in); *(Jur)* default. **avoir une** ~ *(évanouissement)* to faint, have a blackout; *(faiblesse)* to feel faint; **élève qui a des** ~**s** pupil who has certain shortcomings *ou* weak points *(en* in); **mémoire sans** ~ faultless memory; ~ **cardiaque** heart failure; ~ **de mémoire** lapse of memory. ◆ **défaillant, e** *adj forces, mémoire* failing; *courage* weakening; *voix, pas* unsteady; *personne* weak, faint *(de* with). **candidat** ~ candidate who fails to appear. ◆ **défaillir** (13) *vi [personne]* to faint; *[forces, courage]* to weaken. **sans** ~ without flinching.

défaire [defɛR] (60) **1** *vt* (**a**) *installation* to take down, dismantle; *nœud, fermeture, robe* to undo; *valise* to unpack. ~ **le lit** *(changer les draps)* to strip the bed; *(se coucher)* to pull back the sheets; *(désordre)* to unmake the bed. (**b**) *contrat* to break. **elle se plaît à** ~ **tout ce que je fais** she takes pleasure in undoing everything I do. (**c**) *(littér) ennemi, armée* to defeat. (**d**) ~ **qn de** *liens, gêneur* to rid sb of; *habitude* to break sb of. **2 se** ~ *vpr* (**a**) *[ficelle]* to come undone. (**b**) **se** ~ **de** *gêneur* to get rid of; *idée* to put out of one's mind; *habitude* to break o.s. of; *souvenir* to part with. ◆ **défait, e**¹ *adj visage* haggard; *cheveux* tousled; *lit* rumpled; *armée* defeated. ◆ **défaite**² *nf (Mil, fig)* defeat. ~ **électorale** defeat at the polls *ou* at the election. ◆ **défaitisme** *nm* defeatism. ◆ **défaitiste** *adj, nmf* defeatist.

défalquer [defalke] (1) *vt* to deduct. ◆ **défalcation** *nf* deduction.

défaut [defo] *nm* (**a**) *[diamant, verre]* flaw; *[étoffe, machine]* fault; *[roman, système]* flaw, defect; *(Ordin)* bug; *[personne]* fault, failing. ~ **de prononciation** speech defect; **c'est un vilain** ~ it's a

bad fault; **sans** ~ flawless, faultless. (**b**) *(désavantage)* drawback. **le** ~ **avec cette voiture, c'est que...** the snag *ou* drawback with this car is that... (**c**) *(manque)* ~ **de** *raisonnement* lack of; *main-d'œuvre* shortage of. (**d**) **faire** ~ *[argent]* to be lacking; **le temps lui fait** ~ he lacks time; **mes amis m'ont fait** ~ my friends let me down; **à** ~ **de** for lack *ou* want of; **à** ~ **prenez du vinaigre** failing that use some vinegar; **être en** ~ to be at fault; **prendre qn en** ~ to catch sb out; **si ma mémoire ne me fait pas** ~ if my memory serves me right; **juger qn par** ~ to judge sb in his absence; **calculer qch par** ~ to calculate sth to the nearest decimal point; *(lit, fig)* **le** ~ **de la cuirasse** the chink in the armour.

défaveur [defavœR] *nf* disfavour *(auprès de* with). ◆ **défavorable** *adj* unfavourable *(à* to). ◆ **défavorablement** *adv* unfavourably.

défavoriser [defavɔRize] (1) *vt [décision]* to penalize; *[timidité]* to put at a disadvantage. **j'ai été défavorisé par rapport aux autres** I was put at an unfair disadvantage compared with the others; **les couches défavorisées de la population** the underprivileged *ou* disadvantaged sections of the population.

défectif, -ive [defɛktif, iv] *adj verbe* defective.

défection [defɛksjɔ̃] *nf [amis]* desertion; *[troupes]* failure to assist; *[candidats, invités]* failure to appear. **faire** ~ *[partisans]* to fail to lend support.

défectueux, -euse [defɛktɥø, øz] *adj* defective. ◆ **défectuosité** *nf (état)* defectiveness; *(défaut)* defect, fault *(de* in).

défendable [defɑ̃dabl(ə)] *adj* defensible.

défendeur, -deresse [defɑ̃dœR, dRɛs] *nm, f (Jur)* defendant.

défendre [defɑ̃dR(ə)] (41) **1** *vt* (**a**) *(protéger)* *(gén)* to defend; *opinion* to stand up for; *cause* to champion *(contre* against); *(du froid)* to protect *(de* from). (**b**) *(interdire)* ~ **qch à qn** to forbid sb sth; ~ **à qn de faire** to forbid sb to do; **il est défendu de fumer** smoking is prohibited *ou* not allowed. **2 se** ~ *vpr* (**a**) *(se protéger)* to defend o.s. *(contre* against). **se** ~ **de la pluie** to protect o.s. from the rain; **il se défend bien/mal en affaires** he does quite well/he doesn't do very well in business. (**b**) *(se justifier)* **se** ~ **d'avoir fait qch** to deny doing sth; **sa position se défend** his position is quite defensible; **ce qu'il dit se défend** he has a point. (**c**) *(s'empêcher de)* **se** ~ **de faire** to refrain from doing.

défense [defɑ̃s] *nf* (**a**) *(gén, Jur, Mil, sport)* defence. *(fortifications etc)* ~**s** defences; **une entreprise travaillant pour la** ~ **nationale** a firm working for the Ministry of Defence; **un contrat concernant la** ~ **nationale** a defence contract; **prendre la** ~ **de qn** to stand up for sb, defend sb; **sans** ~ defenceless; **la parole est à la** ~ the defence may speak. (**b**) *(interdiction)* ~ **d'entrer** no admittance; **danger:** ~ **d'entrer** danger — keep out; ~ **de fumer** no smoking, smoking prohibited; **j'ai oublié la** ~ **qu'il m'a faite** I forgot that he forbade me to do that ; ~ **d'en parler à quiconque** it is forbidden to speak of it to anyone. (**c**) *[éléphant]* tusk.

défenseur [defɑ̃sœR] *nm (gén, Mil)* defender; *[cause]* champion; *[doctrine]* advocate; *(Jur)* counsel for the defence.

défensif, -ive [defɑ̃sif, iv] **1** *adj* defensive. **2** *nf*: **sur la** ~**ive** on the defensive.

déférence [deferɑ̃s] *nf* deference. **par** ~ **pour** in deference to. ◆ **déférent, e** *adj* deferential.

déférer [defeRe] (6) *vt* (**a**) *(Jur)* *affaire* to refer to the court. ~ **qn à la justice** to hand sb over to the law. (**b**) *(céder)* to defer *(à* to).

déferler [defɛRle] (1) *vi [vagues]* to break. ~ **sur le pays** *[violence]* to sweep through the country; *[touristes]* to pour into the country. ◆ **déferle-**

ment *nm [vagues]* breaking; *[violence]* spread; *[véhicules, touristes]* flood; *[enthousiasme]* wave.

défi [defi] *nm* challenge. **lancer un ~ à qn** to challenge sb; **mettre qn au ~** to defy sb (*de faire* to do); **c'est un ~ au bon sens** it defies common sense; **d'un air de ~** defiantly.

défiance [defjɑ̃s] *nf* mistrust. **sans ~** *(adj)* unsuspecting; *(adv)* unsuspectingly. ◆ **défiant, e** *adj* mistrustful.

déficience [defisjɑ̃s] *nf (Méd, fig)* deficiency. **~ immunologique** immunodeficiency; **~ mentale** *ou* **intellectuelle** mental deficiency *ou* retardation ; **~ de mémoire** lapse of memory. ◆ **déficient, e** *adj (gén)* deficient; *raisonnement* weak.

déficit [defisit] *nm* deficit. **~ budgétaire/de la balance des paiements** budget/balance of payments deficit. ◆ **déficitaire** *adj (Fin)* in deficit; *année* poor (*en* in), bad (*en* for). **être ~** to be in deficit ; **~ en main-d'œuvre** deficient in *ou* short of manpower.

défier [defje] (7) **1** *vt adversaire* to challenge (*à* to); *adversité* to defy. **à des prix qui défient toute concurrence** at absolutely unbeatable prices; **~ qn de faire qch** to defy sb to do sth. **2 se ~** *vpr:* **se ~ de** to mistrust; **(†) défie-toi de lui!** beware of him!

défigurer [defigyʀe] (1) *vt visage [blessure]* to disfigure; *[bouton]* to spoil; *pensée, réalité* to distort; *texte, tableau* to mutilate, deface; *paysage* to disfigure, mar.

défilé [defile] *nm* **(a)** *(cortège)* procession; *(manifestation)* march; *(Mil)* march-past, parade. **~ de mode** fashion parade. **(b)** *[voitures, impressions]* stream. **(c)** *(Géog)* narrow pass.

défiler [defile] (1) **1** *vi (Mil)* to march past, parade; *[manifestants]* to march (*devant* past); *[paysage, souvenirs]* to pass (*dans* through, *devant* before). *(Ordin)* **faire ~ un programme** to scroll a program. **2 se ~** *vpr (s'éclipser)* to slip away. *(refuser)* **il s'est défilé** he wriggled out of it. ◆ **défilement** *nm (Ordin)* scrolling.

définir [definiʀ] (2) *vt* to define. **notre politique se définit comme...** our policies can be defined as... ◆ **défini, e** *adj (gén, Gram)* definite. ◆ **définissable** *adj* definable.

définitif, -ive [definitif, iv] **1** *adj (gén)* final; *victoire, fermeture, édition* definitive; *refus* definite. **2** *nf:* **en ~ive** *(à la fin)* eventually; *(somme toute)* when all is said and done. ◆ **définitivement** *adv partir* for good; *résoudre* conclusively, definitively; *refuser* definitely; *nommer* permanently.

définition [definisjɔ̃] *nf* definition; *[mots croisés]* clue.

déflagration [deflagʀasjɔ̃] *nf (gén)* explosion.

déflation [deflɑsjɔ̃] *nf* deflation.

défolier [defɔlje] (7) *vti* to defoliate. ◆ **défoliant** *nm* defoliant. ◆ **défoliation** *nf* defoliation.

défoncer [defɔ̃se] (3) **1** *vt caisse, porte* to stave in; *sommier* to break the springs of; *route* to break up. **fauteuil défoncé** sunken armchair. **2 se ~** *vpr* (*: travailler dur*) to work like a dog * (*pour qn* for sb; *pour faire qch* to do sth); (‡: *s'amuser*) to have a wild time; *(arg Drogue)* to get high *(arg)*.

déformer [defɔʀme] (1) **1** *vt objet* to put out of shape; *corps* to deform; *visage, image, vision, vérité* to distort; *esprit, goût* to warp. **déformé par son métier** conditioned by one's job; **chaussée déformée** uneven road surface; **mes propos ont été déformés** *(involontairement)* I've been misquoted; *(volontairement)* my words have been twisted. **2 se ~** *vpr* to lose its shape. ◆ **déformant, e** *adj miroir* distorting. ◆ **déformation** *nf (action)* putting out of shape; deformation; distortion; warping; *(résultat)* loss of shape; *(Méd)* defor-

mation. **c'est de la ~ professionnelle** it's force of habit (because of his job).

défouler (se) [defule] (1) *vpr* to release one's pent-up feelings, unwind (*en faisant* by doing). ◆ **défoulement** *nm* release.

défraîchir (se) [defʀeʃiʀ] (2) *vpr (passer)* to fade; *(s'user)* to become worn. **articles défraîchis** shop-soiled items.

défrayer [defʀeje] (8) *vt:* **~ qn** to pay sb's expenses; **~ la chronique** to be widely talked about.

défricher [defʀiʃe] (1) *vt terrain* to clear (*for cultivation*); *sujet* to do the spadework on. *(fig)* **~ le terrain** to clear the way. ◆ **défrichage** *nm* clearing (*for cultivation*). *(fig)* **~ d'un sujet** spadework done on a subject.

défriper [defʀipe] (1) *vt* to smooth out.

défriser [defʀize] (1) *vt cheveux* to uncurl; (*: contrarier*) to annoy. **ce qui me défrise *** what gets me *.

défroisser [defʀwase] (1) *vt* to smooth out.

défunt, e [defœ̃, œ̃t] **1** *adj personne* late; *espoir, année* which is dead and gone; *projet* defunct. **son ~ père** his late father. **2** *nm, f* deceased.

dégagé, e [degaʒe] *adj route, ciel* clear; *vue* wide, open; *front* bare; *ton, manières* casual.

dégagement [degaʒmɑ̃] *nm* **(a)** *(action: V dégager)* freeing; relief; clearing; release; redemption. *(Aut)* **voie de ~** slip road; *(Aut)* **itinéraire de ~** alternative route. **(b)** *(émanation)* emission. **(c)** *(Ftbl)* clearance. **(d)** *(espace libre) [forêt]* clearing; *[appartement]* passage.

dégager [degaʒe] (3) **1** *vt* **(a)** *personne, objet* to free; *(Mil)* to relieve; *ballon* to clear; *crédits* to release; *objet en gage* to redeem. **cela devrait se ~ facilement** it should come free easily; **~ qn de sa promesse** to free sb from his promise; **~ sa responsabilité d'une affaire** to disclaim responsibility in a matter; **être dégagé de ses obligations militaires** to have been discharged from the army, have done one's military service; **robe qui dégage le cou** dress which leaves the neck bare. **(b)** *passage, nez* to clear (*de* of). **allons, dégagez! *** move along! **(c)** *odeur, chaleur* to give off, emit. **(d)** *conclusion* to draw; *sens* to bring out; *impressions* to single out. **~ la vérité de l'erreur** to separate truth from untruth.

2 se ~ *vpr* **(a)** *[personne]* to free *ou* extricate o.s.; *[armée]* to extricate itself (*de* from). **se ~ de** *obligation* to free o.s. from; *affaire* to back out of; *promesse* to go back on. **(b)** *[ciel, rue, nez]* to clear. **(c)** *[odeur, chaleur]* to be given off; *[enthousiasme]* to radiate; *[rumeur]* to rise (*de* from). **(d)** *[conclusion]* to be drawn; *[impression]* to emerge (*de* from).

dégainer [degene] (1) *vt épée, pistolet* to draw.

dégarnir [degaʀniʀ] (2) **1** *vt maison* to empty, clear; *compte* to drain; *(Mil)* to withdraw troops from. **2 se ~** *vpr [salle]* to empty; *[tête]* to go bald; *[arbre]* to lose its leaves; *[rayons, stock]* to be cleaned out. ◆ **dégarni, e** *adj front, salle, rayon* bare; *compte* low; *portefeuille* empty; *magasin* low in stock; *tête* balding.

dégât [degɑ] *nm:* **du ~, des ~s** damage.

dégeler [deʒle] (5) **1** *vt lac, invité, réunion* to thaw; *atmosphère, crédits* to unfreeze. **2** *vi* to thaw. *(Culin)* **faire ~** to thaw, leave to thaw. **3** *vb impers:* **ça dégèle** it's thawing. **4 se ~** *vpr [personne] (lit)* to warm up; *(fig)* to thaw. ◆ **dégel** *nm (lit, fig)* thaw.

dégénérer [deʒeneʀe] (6) *vi (gén)* to degenerate (*en* into). *[manifestation]* **ça a rapidement dégénéré** it soon got out of hand. ◆ **dégénéré, e** *adj, nm, f* degenerate. ◆ **dégénérescence** *nf* degeneracy.

dégingandé, e * [deʒɛ̃gɑ̃de] *adj* gangling, gawky.

dégivrer [deʒivʀe] (1) *vt* to defrost; *(Aviat)* to de-ice. ◆ **dégivrage** *nm* defrosting; de-icing.

déglinguer * [deglɛ̃ge] (1) **1** *vt objet, appareil* to bust *. **2 se** ~ *vpr* to fall apart. **fauteuil déglingué** armchair which is falling apart.

dégobiller * [degɔbije] (1) *vt* to vomit, throw up ‡, puke ‡.

dégonfler [degɔ̃fle] (1) **1** *vt pneu, ballon* to deflate; *enflure* to reduce. **2 se** ~ *vpr (lit)* to go down; *(*: avoir peur)* to chicken out *, back out. ◆ **dégonflé, e** *adj* (a) *pneu* flat. (b) *(‡: lâche)* yellow ‡, cowardly. **c'est un** ~ he's a yellow-belly ‡. ◆ **dégonflement** *nm* deflation; reduction.

dégorger [degɔʀʒe] (3) **1** *vt (déboucher)* to clear out; *(lit, fig: déverser)* to pour out *(dans* into). **2** *vi [étoffe, viande]* to soak; *[concombres]* to sweat. **faire** ~ to soak; ~ to (leave to) sweat.

dégot(t)er * [degɔte] (1) *vt* to dig up *, unearth.

dégouliner [deguline] (1) *vi [filet]* to trickle; *[goutte]* to drip. ◆ **dégoulinade** *nf*, **dégoulinure** *nf* trickle.

dégourdir [deguʀdiʀ] (2) **1** *vt membres* to bring the circulation back to. **le service militaire le dégourdira** military service will teach him a thing or two. **2 se** ~ *vpr [provincial]* to get a bit livelier. **se** ~ **(les jambes)** to stretch one's legs a bit. ◆ **dégourdi, e** * *adj (malin)* smart, bright.

dégoût [degu] *nm*: **le** ~ disgust, distaste *(pour, de* for); ~ **de la vie** world-weariness. ◆ **dégoûtant, e** *adj* disgusting. ◆ **dégoûté, e** *adj*: **je suis** ~! I am fed up! *; **être** ~ **de** to be sick of. ◆ **dégoûter** (1) *vt* to disgust. **ce plat me dégoûte** I find this dish disgusting; ~ **qn de qch** to put sb off sth; **se** ~ **de qn/qch** to get sick of sb/sth.

dégoutter [degute] (1) *vi* to drip.

dégrader [degʀade] (1) **1** *vt* (a) *personne* to degrade; *qualité* to debase. (b) *[pluie]* to erode; *[vandales]* to deface, damage. (c) *(Art) couleurs* to shade off. **2 se** ~ *vpr (moralement)* to degrade o.s.; *[situation, santé, bâtiment]* to deteriorate; *[temps]* to break. ◆ **dégradant, e** *adj* degrading. ◆ **dégradation** *nf* degradation; debasement; erosion; damaging, defacing; deterioration. **subir des** ~**s** to suffer damage; *(Ordin)* **la** ~ **des données** the corruption of the data. ◆ **dégradé** *nm [couleurs]* gradation.

dégrafer [degʀafe] (1) **1** *vt* to unfasten, undo. **2 se** ~ *vpr (par accident)* to come undone *ou* unfastened.

dégraisser [degʀese] (1) *vt vêtement* to take the grease marks out of; *bouillon* to skim; *viande* to remove the fat from; *(Econ) personnel* to cut back, slim down. ◆ **dégraissage** *nm [personnel]* cutback *(de* in).

degré [dəgʀe] *nm* (a) *(gén: niveau)* degree. **à un** ~ **avancé de** at an advanced stage of; **au plus haut** ~ in the extreme, to a degree; **jusqu'à un certain** ~ to some extent *ou* degree; **par** ~**(s)** by degrees. (b) *(Gram, Mus, Sci)* degree. **équation du 1ᵉʳ/2ᵉ** ~ equation of the 1st/2nd degree; ~ **en alcool d'un liquide** percentage of alcohol in a liquid; **alcool à 90** ~**s** 90% proof alcohol; **vin de 11** ~**s** 11° ~ wine; ~ **centigrade/Fahrenheit** degree centigrade/Fahrenheit. (c) *(Méd)* **brûlure du premier/deuxième** ~ first/second degree burn; *(Scol)* **enseignement du premier/second** ~ primary/secondary education; ~ **de parenté** degree of family relationship; **cousins au premier/au second** ~ first/second cousins; **parents au premier/deuxième** ~ relatives of the first/second degree. (d) *(littér: marche)* step.

dégressif, -ive [degʀesif, iv] *adj* : **appliquer un tarif** ~ to use a sliding scale of charges. ◆ **dégressivité** *nf [impôts]* degression.

dégrever [degʀəve] (5) *vt produit* to reduce the tax(es) on; *contribuable* to grant tax relief to. ◆ **dégrèvement** *nm [produit]* reduction of tax *(de* on). **bénéficier de** ~**s fiscaux** to be granted tax relief *ou* tax exemption.

dégriffé, e [degʀife] *adj*: **robe** ~**e** unlabelled designer dress; **ils vendent du** ~ they sell designer seconds.

dégringoler [degʀɛ̃gɔle] (1) **1** *vi (lit)* to tumble down; *[monnaie]* to collapse. **elle a fait** ~ **toute la pile** she toppled the whole pile over. **2** *vt pente* to rush *ou* leap down. ◆ **dégringolade** *nf* tumble; collapse.

dégriser *vt*, **se** ~ *vpr* [degʀize] (1) *(lit, fig)* to sober up.

dégrossir [degʀosiʀ] (2) *vt bois* to trim; *marbre* to rough-hew; *travail* to rough out, do the spade-work on; *(*) personne* to knock the rough edges off. **il est mal dégrossi** he is unrefined.

dégrouiller (se) * [degʀuje] (1) *vpr* to hurry up, get a move on *. **se** ~ **de** *ou* **pour faire qch** to hurry to do sth.

déguenillé, e [degnije] *adj* ragged, tattered.

déguerpir * [degɛʀpiʀ] (2) *vi* to clear off *. **faire** ~ to drive off.

dégueulasse ‡ [degœlas] *adj (mauvais, injuste)* lousy ‡ , rotten ‡; *(sale)* filthy.

dégueuler ‡ [degœle] (1) *vt* to throw up ‡, puke ‡.

déguiser [degize] (1) **1** *vt voix, pensée* to disguise; *étonnement* to conceal; *enfant* to dress up *(en* as). **non déguisé** undisguised. **2 se** ~ *vpr (pour tromper)* to disguise o.s.; *(pour s'amuser)* to dress up. **se** ~ **en courant d'air** * to make o.s. scarce *. ◆ **déguisement** *nm (pour tromper)* disguise; *(pour s'amuser)* fancy dress.

déguster [degyste] (1) **1** *vt vins* to taste; *fromages* to sample; *repas, spectacle* to enjoy, savour. **2** *vi (*: souffrir)* to have a rough time of it *, be in agony *. ◆ **dégustateur** *nm* wine taster. ◆ **dégustation** *nf* sampling. ~ **de vin(s)** wine-tasting session.

dehors [dəɔʀ] **1** *adv* (a) outside. **passer la journée (au)** ~ to spend the day out of doors *ou* outside; **de** ~ from (the) outside; **passez par** ~ go round the outside; **dîner** ~ to eat *ou* dine out; **mettre qn** ~ * *(gén)* to throw *ou* kick * sb out; *[patron]* to sack * *ou* fire * sb. (b) *(locutions)* **en** ~ **de maison, fenêtre** outside; *sujet* outside, irrelevant to; **en** ~ **de cela** apart from that; **il a voulu rester en** ~ he wanted to stay uninvolved; **au** ~, **elle paraît calme** outwardly she looks relaxed. **2** *nm* (a) *(extérieur)* outside. **les bruits du** ~ the noise from outside. (b) *(apparences: pl)* appearances. **sous des** ~ **aimables** under a friendly exterior.

déifier [deifje] (7) *vt* to deify. ◆ **déification** *nf* deification.

déisme [deism(ə)] *nm* deism. ◆ **déiste** *adj, nmf* deist.

déjà [deʒa] *adv* (a) already. **est-il** ~ **rentré?** has he come home yet?; **j'aurais** ~ **fini si** I would have finished by now *ou* already if; **je suis sûr de l'avoir** ~ **rencontré** I'm sure I've met him before *ou* I've already met him; **c'est du** ~**-vu** we've seen it all before, it's old hat *. (b) *(intensif)* **c'est** ~ **pas mal** * that's not bad at all; **c'est** ~ **un gros camion** that's quite a big truck, that's a fair-sized truck; **il est** ~ **assez paresseux** he's lazy enough as it is; **c'est** ~ **quelque chose!** it's better than nothing! (c) *(*: interrogatif)* **c'est combien, ~?** how much is it again?

déjeuner [deʒœne] (1) **1** *vi* to have lunch; *(le matin)* to have breakfast. **inviter qn à** ~ to invite sb to lunch; **nous avons déjeuné sur l'herbe** we had a picnic lunch. **2** *nm* lunch, luncheon; *(du matin)* breakfast; *(tasse et soucoupe)* breakfast cup and saucer. ~ **d'affaires/sur l'herbe** business/picnic lunch; **prendre son** ~ to have lunch; **à** ~ for lunch; **ça a été un vrai** ~ **de soleil** it didn't last long.

déjouer [deʒwe] (1) *vt complot* to foil, thwart; *ruse* to outsmart; *surveillance* to elude.

déjuger (se) [deʒyʒe] (3) *vpr* to go back on one's decision.

delà [dəla] **1** *adv*: **au-~**, **par-~** beyond (that); **ça coûte bien au-~** it costs much more (than that). **2** *prép*: **au** ~ **de** beyond; *somme* over, above; *(littér)* **au** ~ **des mers, par** ~ **les mers** overseas, beyond *ou* over the seas; **par** ~ **les apparences** beneath appearances; **par** ~ **les siècles** across the centuries. **3** *nm*: **l'au-~** the beyond.

délabrer [delabʀe] (1) **1** *vt* to ruin. **2 se** ~ *vpr* [*mur*] to become dilapidated, fall into decay; [*santé*] to break down. ◆ **délabré, e** *adj maison* dilapidated; *santé* broken; *affaires* in a poor state ; *fortune* depleted. ◆ **délabrement** *nm* [*maison*] dilapidation; [*santé, affaires*] poor state; [*fortune*] depletion. **état de** ~ dilapidated state.

délacer [delase] (3) **1** *vt chaussures* to undo; *corset* to unlace. **2 se** ~ *vpr (par accident)* to come unlaced *ou* undone.

délai [delɛ] **1** *nm* **(a)** *(limite)* time limit. **c'est un** ~ **trop court pour...** it's too short a time for...; ~ **impératif** *ou* **de rigueur, dernier** ~ absolute deadline; **dans un** ~ **de 6 jours** within a period of 6 days. **(b)** *(période d'attente)* waiting period. **il faut compter un** ~ **de huit jours** you'll have to allow a week. **(c)** *(sursis)* extension (of time). **il va demander un** ~ he's going to ask for more time. **(d) dans le(s) plus bref(s) ~(s)** as soon *ou* as quickly as possible; **dans les** ~**s** within the time limit; **à bref** ~ *(vite)* at short notice; *(bientôt)* shortly, very soon; **sans** ~ without delay. **2** *(pour un travail)* ~ **d'exécution** turnaround time; *(Jur, Fin)* ~ **de grâce** grace period; **avant le 30 juin** ~ **de rigueur** before the final deadline of June 30th; ~ **de livraison** delivery time; ~ **de paiement** term of payment, time for payment.

délaisser [delese] (1) *vt travail, enfant (abandonner)* to abandon; *(négliger)* to neglect. **épouse délaissée** deserted wife. ◆ **délaissement** *nm (action)* abandonment, desertion; *(état)* state of neglect.

délasser [delase] (1) **1** *vt (reposer)* to refresh, relax; *(divertir)* to entertain. **2 se** ~ *vpr* to relax *(en faisant qch* by doing sth). ◆ **délassement** *nm* relaxation.

délation [delasjɔ̃] *nf* informing. ◆ **délateur, -trice** *nm, f* informer.

délavé, e [delave] *adj tissu* faded; *inscription* washedout; *terre* waterlogged.

délayer [deleje] (8) *vt farine, poudre* to mix *(dans* with); *(péj) idée* to spin out; *texte* to pad out. ◆ **délayage** *nm (Culin)* mixing. *(péj)* **du** ~ padding.

delco [dɛlko] *nm* ® distributor.

délecter (se) [delɛkte] (1) *vpr*: **se** ~ **de qch/à faire** to delight *ou* revel in sth/in doing. ◆ **délectable** *adj* delectable. ◆ **délectation** *nf* delight.

délégation [delegasjɔ̃] *nf (groupe, mandat)* delegation. **venir en** ~ to come as a delegation; **agir par** ~ to act on sb's authority; ~ **de pouvoirs** delegation of powers. ◆ **délégué, e** **1** *adj*: **membre** ~ delegate. **2** *nm, f* delegate. ~ **de classe** class representative. ◆ **déléguer** (6) *vt* to delegate *(à* to).

délester [delɛste] (1) **1** *vt ballon* to unballast; *(Élec)* to cut off power from. ~ **qn de qch** to relieve sb of sth. **2 se** ~ *vpr*: **se** ~ **de lest** to jettison; *colis* to unload. ◆ **délestage** *nm (Élec)* power cut. *(Aut)* **établir un itinéraire de** ~ to set up a relief route.

délétère [deletɛʀ] *adj* deleterious.

Delhi [dɛli] *n* Delhi.

déliasser [deljase] (1) *vt (Ordin)* to decollate. ◆ **déliassage** *nm* decollation.

délibération [deliberasjɔ̃] *nf* deliberation. ~**s** *(discussion)* deliberations; *(décision)* resolutions; **après** ~ **du jury** after the jury's deliberation.

délibéré, e [delibere] *adj (intentionnel)* deliberate; *(assuré)* resolute. ◆ **délibérément** *adv* deliberately; resolutely.

délibérer [delibere] (6) *vi (gén)* to deliberate. **après avoir mûrement délibéré** after duly considering the matter; ~ **sur qch** to deliberate upon sth; ~ **de qch** to deliberate sth; ~ **de faire qch** to resolve to do sth.

délicat, e [delika, at] *adj* **(a)** *(gén)* delicate; *voile, travail* fine; *mets* dainty; *nuance* subtle; *oreille* sensitive; *toucher, mouvement* gentle; *prévenance* thoughtful. **avoir le palais** ~ to have a discerning palate. **(b)** *(difficile) problème* delicate, tricky *(épineux) sujet* sensitive. **(c)** *(scrupuleux)* scrupulous; *(plein de tact)* tactful *(envers* to, towards). **peu** ~ unscrupulous, dishonest. **(d)** *(exigeant)* particular. **faire le** ~ *(nourriture)* to be particular; *(spectacle)* to be squeamish; *(propos)* to be easily shocked. ◆ **délicatement** *adv* delicately; finely; daintily; subtly; gently; thoughtfully; tactfully. ◆ **délicatesse** *nf* delicacy; daintiness; fineness; subtlety; sensitivity; gentleness; thoughtfulness; scrupulousness; tact.

délice [delis] *nm* delight. **c'est un vrai** ~ it is quite delightful *ou* delicious; **les** ~**s de l'étude** the delights of study; **faire ses** ~**s de qch** to take delight in sth; **ça ferait les** ~**s de mon père** it would delight my father. ◆ **délicieusement** *adv (gén)* delightfully; *beau* exquisitely; *parfumé* deliciously; *(avec délice)* with delight. ◆ **délicieux, -ieuse** *adj fruit* delicious; *lieu, sensation* delightful.

délié, e [delje] **1** *adj* **(a)** *doigts* nimble; *esprit* astute. **avoir la langue** ~**e** to have a ready tongue. **(b)** *taille* slender; *fil, écriture* fine. **2** *nm* [*lettre*] upstroke.

délier [delje] (7) *vt* to untie. ~ **la langue de qn** to loosen sb's tongue; ~ **qn de** to free sb from.

délimiter [delimite] (1) *vt (gén)* to delimit. ◆ **délimitation** *nf* delimitation.

délinquance [delɛ̃kɑ̃s] *nf* delinquency. ~ **juvénile** juvenile delinquency. ◆ **délinquant, e** **1** *adj* delinquent. **2** *nm, f* delinquent, offender.

déliquescence [delikesɑ̃s] *nf (Chim)* deliquescence; *(fig)* decay. ◆ **déliquescent, e** *adj* deliquescent; decaying.

délire [deliʀ] *nm (Méd)* delirium; *(frénésie)* frenzy. **avoir le** ~ to be delirious; **c'est du** ~! * it's sheer madness!; **foule en** ~ frenzied crowd; **quand l'acteur parut, ce fut le** ~ * when the actor appeared there was a frenzy of excitement; ~ **de persécution** persecution mania. ◆ **délirant, e** *adj idée, architecture* extraordinary, wild. ◆ **délirer** (1) *vi* to be delirious *(de* with). **il délire!** * he's raving! *

délit [deli] *nm* offence. **être poursuivi pour** ~ **d'opinion** to be prosecuted for one's beliefs *ou* convictions.

délivrer [delivʀe] (1) **1** *vt* **(a)** *prisonnier* to set free. ~ **qn de** to relieve sb of. **(b)** *reçu* to issue, give. **2 se** ~ *vpr* to free o.s. *(de* from); *(fig)* to get relief *(de* from). ◆ **délivrance** *nf* **(a)** *[prisonniers]* release; *[pays]* deliverance. **(b)** *(fig: soulagement)* relief. **(c)** *[reçu]* issue. *(Jur)* ~ **d'un brevet** issue of a patent.

déloger [deloʒe] (3) **1** *vt locataire* to turn out; *fugitif* to flush out; *ennemi* to dislodge *(de* from). **2** *vi* to move out.

déloyal, e, *mpl* **-aux** [delwajal, o] *adj ami* unfaithful, disloyal *(envers* towards); *adversaire* un-

derhand; *procédé* unfair. ◆ **déloyalement** *adv*
disloyally. ◆ **déloyauté** *nf* disloyalty; unfairness;
(acte) disloyal act.

Delphes [dɛlf] *n* Delphi.

delta [dɛlta] *nm (Géog, Ling)* delta.

deltaplane [dɛltaplan] *nm (appareil)* hang-glider;
(sport) hang gliding. **faire du** ~ to hang glide, go
hang gliding.

déluge [delyʒ] *nm (pluie)* downpour; *[larmes,
paroles]* flood; *[coups]* shower. *(Bible)* **le** ~ the
Flood; **ça remonte au** ~ it's ancient history.

déluré, e [delyʀe] *adj (débrouillard)* smart; *(impertinent)* forward, pert.

démagogie [demagɔʒi] *nf* demagogy. ◆ **déma-
gogique** *adj* demagogic. ◆ **démagogue** *nm*
demagogue.

démailler (se) [demɑje] (1) *vpr [bas]* to ladder,
run.

demain [d(ə)mɛ̃] *adv* tomorrow. ~ **matin** tomorrow morning; ~ **il fera jour** tomorrow is another
day; **ce n'est pas** ~ **la veille** * it's not just around
the corner; **à** ~! see you tomorrow!; **le monde
de** ~ tomorrow's world.

demande [d(ə)mɑ̃d] *nf (requête)* request *(de qch* for
sth); *(revendication)* claim, demand *(de* for); *(question)* question; *[emploi, naturalisation]* application
(de for); *[remboursement]* claim *(de* for); *[rensei-
gnement]* enquiry; *(Écon: opposé à offre)* demand.
(formulaire) **remplir une** ~ to fill in a claim form
(de for); **adressez votre** ~ **au ministère** apply to
the ministry; *(Écon)* **pour répondre à la** ~ to meet
the demand; ~ **(en mariage)** proposal (of marriage); **faire sa** ~ **(en mariage)** to propose; ~ **de
divorce** divorce petition; ~ **de rançon** ransom
demand; **à** *ou* **sur la** ~ **de qn** at sb's request; **sur**
~ on request; *(Admin)* on application.

demandé, e [d(ə)mɑ̃de] *adj (Comm etc)* in demand.
il est très ~ he is (very) much in demand *ou*
sought after.

demander [d(ə)mɑ̃de] (1) **1** *vt* **(a)** *conseil, entrevue*
to ask for, request; *emploi, divorce* to apply for;
indemnité to claim; *réunion, volontaire* to call for.
~ **qch à qn** to ask sb for sth; ~ **un service à qn**
to ask sb a favour; ~ **la permission de faire** to
ask permission to do; ~ **à qn de faire** *ou* **qu'il fasse qch** to ask sb to
do sth; **vous n'avez qu'à** ~ you only have to ask.
(b) *médecin, plombier* to send for; *personne, numéro*
to ask for. *(au téléphone)* **demandez-moi M. X** get
me Mr X; **le patron vous demande** the boss wants
to see you.
(c) *(désirer)* to be asking for, want. **il demande
qu'on le laisse partir** he wants us *ou* is asking us
to let him go; **il ne demandera pas mieux que de
vous aider** he'll be only too pleased to help you;
'on demande une vendeuse' 'shop assistant required *ou* wanted'.
(d) *heure, nom, chemin* to ask. ~ **qch à qn** to ask
sb sth; ~ **l'heure à qn** to ask sb the time; ~ **un
renseignement à qn** to ask sb for some information; ~ **des nouvelles de qn**, ~ **après qn** * to
enquire *ou* ask after sb; **je ne te demande rien** I'm
not asking you.
(e) *(nécessiter) [travail, décision etc]* to require, need.
ce travail va (lui) ~ **6 heures** this job will require
6 hours, he'll need 6 hours to do this job; **ça
demande toute votre attention** it calls for *ou*
requires your full attention.
(f) *(exiger)* ~ **qch de qn** to ask sth of sb; **il ne faut
pas trop lui en** ~! you mustn't ask too much of
him!
(g) *(locutions)* ~ **la paix** to sue for peace; ~ **l'impossible** to ask the impossible; ~ **la lune** to ask
for the moon; ~ **pardon à qn** to apologize to sb
(de qch for sth); ~ **la parole** to ask to be allowed
to speak; **il l'a demandée en mariage** he asked if

he could marry her; ~ **la main de qn** to ask for
sb's hand in marriage; **il est parti sans** ~ **son reste**
he left wihout a murmur.
2 se ~ *vpr* to wonder. **il se demanda: suis-je vraiment aussi bête?** he asked himself *ou* wondered:
am I really so stupid?

demandeur¹, -deresse [d(ə)mɑ̃dœʀ, dʀɛs] *nm, f*
(Jur) plaintiff, complainant.

demandeur², -euse [d(ə)mɑ̃dœʀ, øz] *nm, f:* ~
d'emploi person looking for work, job-seeker;
ils sont très ~**s (de nos produits)** they are eager
buyers (of our goods).

démanger [demɑ̃ʒe] (3) *vt:* **ça (me etc) démange**
it itches, it's itching; *(fig)* **ça me démange de faire...**
I'm dying *ou* itching * to do... ◆ **démangeaison**
nf itching sensation. **avoir des** ~**s** to be itching;
j'ai une ~ I've got an itch; *(fig)* ~ **de faire** itch *ou*
urge to do.

démanteler [demɑ̃tle] (5) *vt (Mil)* to demolish;
gang to break up; *empire* to bring down; *réseau
d'espionnage* to crack; *compagnie, service* to dismantle. ◆ **démantèlement** *nm* demolition;
breaking up; bringing down; cracking; dismantling.

démantibuler * [demɑ̃tibyle] (1) **1** *vt* to demolish.
2 se ~ *vpr* to fall apart. **se** ~ **le bras** to dislocate
one's arm.

démaquiller [demakije] (1) **1** *vt* to remove the
make-up from. **2 se** ~ *vpr* to remove one's make-
up. ◆ **démaquillage** *nm* removal of make-up.
◆ **démaquillant, e 1** *adj* make-up removing.
2 *nm* make-up remover.

démarcation [demaʀkɑsjɔ̃] *nf* demarcation *(de,
entre* between).

démarche [demaʀʃ(ə)] *nf* **(a)** *[personne]* gait, walk;
[pensée] processes. **(b)** *(intervention)* step. **faire des**
~**s** to take steps; **faire une** ~ **auprès de qn (pour
obtenir qch)** to approach sb (to obtain sth).

démarcheur, -euse [demaʀʃœʀ, øz] *nm, f* door-
to-door *ou* doorstep salesman *(ou* woman).

démarquer [demaʀke] (1) **1** *vt (Comm)* article to
mark down; *œuvre, auteur* to plagiarize. **2 se** ~
vpr: **se** ~ **de** to distinguish *ou* differentiate o.s.
from. ◆ **démarqué, e** *adj* joueur unmarked. **robe**
~**e** unlabelled designer dress.

démarrage [demaʀaʒ] *nm* **(a)** *[véhicule] (départ)*
moving off; *(mise en marche)* starting. **à chaque** ~
du bus every time the bus moved off; ~ **en côte**
hill start. **(b)** *[affaire, élève] (action)* starting; *(résultat)* start. **le** ~ **d'une campagne** getting a campaign
going. **(c)** *(Sport)* **placer plusieurs** ~**s** to pull ahead
several times.

démarrer [demaʀe] (1) **1** *vi [moteur, conducteur]* to
start up; *[véhicule]* to move off; *[coureur]* to pull
away; *[campagne]* to get moving; *[débutant]* to start
off. **l'affaire a bien démarré** the affair got off to
a good *ou* fast start *ou* started off well; ~ **en
trombe** to shoot off; **il ne veut pas** ~ **de son idée**
he just won't let go of his idea. **2** *vt (plus courant:
faire* ~ *) véhicule* to get started; *affaire, travail*
to get going on. ~ **qn en anglais** to get sb started
at English. ◆ **démarreur** *nm (Aut)* starter.

démasquer [demaske] (1) **1** *vt (gén)* to unmask;
plan to unveil. **2 se** ~ *vpr [imposteur]* to drop one's
mask.

démêlé [demele] *nm* dispute, quarrel. ~**s**
problems.

démêler [demele] (1) **1** *vt* ficelle to disentangle;
cheveux to untangle; *problème, situation* to sort out.
~ **qch d'avec** *ou* **de** to distinguish *ou* tell sth from;
~ **le vrai du faux** to sort the truth out from the
lies *ou* falsehood. **2 se** ~ *vpr:* **se** ~ **de** *embarras*
to extricate o.s. from.

démembrer [demɑ̃bʀe] (1) *vt* domaine to carve
up.

déménager [demenaʒe] (3) **1** *vt affaires* to move, remove; *maison* to move the furniture out of. **2** *vi* (**a**) to move (house). ~ **à la cloche de bois** to shoot the moon. (**b**) (✽) *(partir)* to clear off ✽; *(être fou)* to be off one's rocker ✽. ♦ **déménagement** *nm [meubles]* removal; *(changement de domicile)* move. **le ~ du bureau** moving the furniture out of the office. ♦ **déménageur** *nm (entrepreneur)* furniture remover; *(ouvrier)* removal man.

démence [demɑ̃s] *nf* madness, insanity. ♦ **dément, e 1** *adj (fou)* mad, insane; (✽: *fantastique)* terrific ✽, fantastic ✽. **c'est** ~! *(incroyable)* it's incredible! **2** *nm, f (Méd)* lunatic. ♦ **démentiel, -ielle** *adj* insane.

démener (se) [demne] (5) *vpr (se débattre)* to thrash about, struggle; *(se dépenser)* to exert o.s.

démentir [demɑ̃tiʀ] (16) **1** *vt* (**a**) *[personne] nouvelle* to deny; *personne* to contradict. (**b**) *[faits] témoignage* to refute; *apparences* to belie; *espoirs* to disappoint. **ses actes démentent ses paroles** his actions belie his words. **2 se** ~ *vpr:* **ça ne s'est jamais démenti** it has never failed. ♦ **démenti** *nm* denial; refutation.

démériter [demeʀite] (1) **1** ~ **de** *vt indir* to show o.s. unworthy of. **2** *vi* to do badly. ♦ **démérite** *nm (littér)* demerit.

démesure [deməzyʀ] *nf [personnage]* immoderation; *[propos]* outrageousness. ♦ **démesuré, e** *adj orgueil* immoderate; *taille* disproportionate; *territoire, membres* enormous. ♦ **démesurément** *adv* immoderately; disproportionately; enormously.

démettre [demɛtʀ(ə)] (56) *vt* (**a**) *articulation* to dislocate. **se ~ le poignet** to dislocate one's wrist. (**b**) *fonctionnaire* to dismiss *(de from)*. **se ~ de ses fonctions** to resign (from) one's duties, hand in one's resignation.

demeure [dəmœʀ] *nf* residence. **à ~** *installations* permanent; *domestique* live-in, resident; *s'installer* permanently; **mettre qn en ~ de faire qch** to order sb to do sth; *(Jur)* **mettre qn en ~ de payer** to give sb notice to pay.

demeurer [dəmœʀe] (1) *vi* (**a**) *(avec avoir) (habiter)* to live. **il demeure au 12 rue d'Ulm** he lives at number 12 in the rue d'Ulm. (**b**) *(avec être) (rester)* to remain, stay. ~ **fidèle** to remain faithful; **l'odeur demeurait dans la pièce** the smell lingered in the room; **la conversation en est demeurée là** the conversation was taken no further *ou* was left at that; **la maison leur est demeurée** the house was left to them; **au demeurant** for all that. ♦ **demeuré, e 1** *adj* half-witted. **2** *nm, f* half-wit.

demi, e [d(ə)mi] **1** *adv:* (**à**) ~ **plein** *etc* half-full *etc*; **il ne te croit qu'à** ~ he only half believes you; **il a fait le travail à** ~ he has only done half the work; **je ne fais pas les choses à** ~ I don't do things by halves. **2** *adj (après n)* **une livre et** ~**e** one and a half pounds, a pound and a half; **à six heures et** ~**e** at half past six; **2 fois et** ~**e plus grand** 2 and a half times greater. **3** *nm, f* (**a**) half. **une bouteille?** — **non une** ~**e** one bottle? — no, a half *ou* half a bottle *ou* a half-bottle; **deux** ~**s** two halves. **4** *nf (à l'horloge)* **la** ~**e a sonné** the half-hour has struck; **c'est déjà la** ~**e** it's already half past. **5** *nm* (**a**) *(bière)* glass of beer, ≃ half-pint, half ✽. (**b**) *(Sport)* half-back. ~ **de mêlée/ d'ouverture** scrum/stand-off half. **6** *préf inv (le 2ᵉ élément donne le genre et porte la marque du pluriel)* half. *(Ordin)* ~**-additionneur** half-adder; **une** ~**-douzaine d'œufs** half a dozen *ou* a half-dozen eggs; **dans une** ~**-heure** in half an hour; **la première** ~**-heure** the first half-hour; ~**-litre/-journée/-sommeil/ -teinte** *etc* half-litre/-day/-sleep/-tone *etc*; ~**-cercle** semicircle; **en** ~**-cercle** semicircular ; ~**-dieu** demigod; ~**-finale** semifinal; ~**-fond** *(discipline)*

medium-distance *ou* middle-distance running; ~**-frère** half-brother; *(Comm)* ~**-gros** wholesale trade; ~**-mal: ce n'est que** ~**-mal** it could have been worse; ~**-mot: se faire comprendre à** ~**-mot** to make o.s. understood without having to spell it out; ~**-pension** half-board; ~**-pensionnaire** pupil who takes school lunches; ~**-saison: manteau de** ~**-saison** light coat; ~**-sel** *(adj inv)* **beurre** slightly salted; ~**-sœur** half-sister; ~**-tarif: billet** *etc* (**à**) ~**-tarif** half-price ticket *etc*; **voyager à** ~**-tarif** to travel at half-fare; ~**-tour** *(sur soi-même)* about-turn; *(Aut)* U-turn; *(de clé)* half-turn; *(repartir)* **faire** ~**-tour** to make an about-turn, do a U-turn; *[radiation]* ~**-vie** half-life.

démilitarisation [demilitaʀizɑsjɔ̃] *nf* demilitarization. ♦ **démilitariser** (1) *vt* to demilitarize.

déminéraliser [demineʀalize] (1) **1** *vt (Tech)* to demineralize; *(Méd)* to make deficient in essential minerals. **eau déminéralisée** distilled *ou* demineralized water. **2 se** ~ *vpr (Méd)* to become deficient in essential minerals. ♦ **déminéralisation** *nf* demineralization.

démission [demisjɔ̃] *nf (lit)* resignation; *(fig)* abdication. **donner sa** ~ to hand in *ou* tender one's resignation. ♦ **démissionner** (1) *vi* to resign; *(fig) [parents]* to give up.

démobilisation [demɔbilizɑsjɔ̃] *nf* demobilization. ♦ **démobilisateur, trice** *adj* demobilizing. ♦ **démobiliser** (1) *vt* to demobilize. **se** ~ to become demobilized *ou* apathetic.

démocrate [demɔkʀat] **1** *adj* democratic. **2** *nmf* democrat. ♦ **démocratie** *nf* democracy. ~ **populaire** people's democracy. ♦ **démocratique** *adj* democratic. **la République** ~ **de...** the Democratic Republic of... ♦ **démocratiquement** *adv* democratically. ♦ **démocratisation** *nf* democratization. ♦ **démocratiser** *vt*, **se** ~ *vpr* (1) to democratize.

démodé, e [demɔde] *adj* old-fashioned, out-of-date. ♦ **démoder (se)** (1) *vpr* to become old-fashioned, go out of fashion.

démographie [demɔgʀafi] *nf* demography. ♦ **démographique** *adj* demographic. **poussée** ~ population increase.

demoiselle [d(ə)mwazɛl] *nf (jeune)* young lady; *(âgée)* single lady. **la** ~ **du téléphone** the telephone lady; ~ **d'honneur** *[mariage]* bridesmaid; *[reine]* maid of honour.

démolir [demɔliʀ] (2) *vt maison, objet, doctrine* to demolish; *santé* to ruin; *autorité* to overthrow, shatter; *personne* (✽: *épuiser)* to do for ✽; (✽: *battre)* to beat up; (✽: *critiquer)* to tear to pieces. ♦ **démolisseur** *nm* demolition worker; *(entrepreneur)* demolition contractor. ♦ **démolition** *nf* demolition. **en** ~ in the course of being demolished.

démon [demɔ̃] *nm (Rel)* demon, fiend; *(Myth)* genius; *(fig) (harpie)* harpy; *(enfant)* demon. **le** ~ the Devil; **le** ~ **du jeu** a passion for gambling; **le** ~ **de la curiosité** the demon curiosity; **mauvais** ~ evil spirit. ♦ **démoniaque** *adj* diabolical, fiendish.

démonstration [demɔ̃stʀɑsjɔ̃] *nf [vérité]* demonstration; *[théorème]* proof; *(Comm)* demonstration. **faire une** ~ to give a demonstration; **appareil de** ~ demonstration model; ~**s de joie, force** show of. ♦ **démonstrateur, -trice** *nm, f (gén)* demonstrator *(of commercial products)*. ♦ **démonstratif, -ive** *adj* demonstrative. **peu** ~ undemonstrative.

démonter [demɔ̃te] (1) **1** *vt* (**a**) *(gén)* to dismantle; *étagères* to take down; *appareil* to take to pieces, take apart; *pneu, porte* to take off. (**b**) *(déconcerter)* to disconcert. **il ne se laisse jamais** ~ he never gets flustered. (**c**) *cavalier* to throw. **2 se** ~ *vpr [assemblage] (accidentellement)* to come apart; *[personne]* to become flustered. ♦ **démontable** *adj* *(gén)* that can be dismantled. ◆ **démontage** *nm* dismantling; taking down; taking to pieces; taking apart; taking off. ~ **difficile** difficult dismantling operation. ◆ **démonté, e** *adj mer* raging. ◆ **démonte-pneu**, *pl* **démonte-pneus** *nm* tyre lever.

démontrer [demɔ̃tʀe] (1) *vt vérité, fonctionnement* to demonstrate; *théorème* to prove; *nécessité* to show, demonstrate. ~ **qch (à qn) par A plus B** to prove sth conclusively (to sb); **ça démontrait son inquiétude** that clearly indicated his anxiety. ◆ **démontrable** *adj* demonstrable.

démoraliser [demɔʀalize] (1) **1** *vt* to demoralize. **2 se** ~ *vpr* to become demoralized. ◆ **démoralisant, e** *adj* demoralizing. ◆ **démoralisation** *nf* demoralization.

démordre [demɔʀdʀ(ə)] (41) *vi*: **il ne démord pas de sa décision** he is sticking to his decision; **il ne veut pas en** ~ he won't budge an inch, he is sticking to his guns.

démouler [demule] (1) *vt statue* to remove from the mould; *gâteau* to turn out. ◆ **démoulage** *nm* removal from the mould; turning out.

démultiplier [demyltiplije] (7) *vt* to reduce, gear down. ◆ **démultiplication** *nf (procédé)* reduction; *(rapport)* reduction ratio.

démunir [demyniʀ] (2) **1** *vt*: ~ **qn de** to deprive sb of; ~ **qch de** to divest sth of. **2 se** ~ *vpr (financièrement)* to part with one's money. **se** ~ **de** to part with. ◆ **démuni, e** *adj (sans ressources)* destitute. **nous sommes** ~**s** *(sans argent)* we are destitute; *(sans défense)* we are powerless *(devant* in the face of*)*; ~ **de** without; ~ **de protection** unprotected; ~ **d'intérêt** devoid of *ou* without interest; ~ **de tout** destitute.

démystifier [demistifje] (7) *vt* to enlighten, demystify. ◆ **démystification** *nf* enlightenment, demystification.

dénatalité [denatalite] *nf* fall in the birth rate.

dénaturer [denatyʀe] (1) *vt faits* to distort, misrepresent; *(Tech)* to denature; *goût* to alter completely. ◆ **dénaturé, e** *adj mœurs, parents* unnatural.

dénégation [denegasjɔ̃] *nf (gén, Jur)* denial.

déni [deni] *nm* denial. *(Jur)* ~ **de justice** denial of justice.

déniaiser [denjeze] (1) *vt*: ~ **qn** to teach sb a thing or two.

dénicher [deniʃe] (1) *vt* **(a)** (*) *objet* to unearth; *bistro* to discover; *personne* to track down. **(b)** *(débusquer) fugitif, animal* to drive out of hiding.

denier [dənje] *nm (à Rome)* denarius; *(en France, Tex)* denier. **pas un** ~ † not a farthing *ou* a cent *(US)*; **de mes propres** ~**s** out of my own pocket; **le** ~ **du culte** the contribution to parish costs; **les** ~**s publics** public monies.

dénier [denje] (7) *vt responsabilité* to deny, disclaim; *faute* to deny. ~ **qch à qn** to deny sb sth.

dénigrer [denigʀe] (1) *vt* to denigrate. ◆ **dénigrement** *nm* denigration.

dénivellation [denivɛlɑsjɔ̃] *nf (pente)* slope. ~ **entre deux points** difference in height *ou* level between two points.

dénombrer [denɔ̃bʀe] (1) *vt (compter)* to count; *(énumérer)* to enumerate. ◆ **dénombrable** *adj* countable. ◆ **dénombrement** *nm* counting.

dénominateur [denɔminatœʀ] *nm* denominator.

dénommer [denɔme] (1) *vt* to name. **le dénommé X** the man called X. ◆ **dénomination** *nf* designation.

dénoncer [denɔ̃se] (3) **1** *vt* **(a)** *(révéler) coupable, injustice, traité* to denounce; *forfait* to expose. **sa hâte le dénonça** his haste betrayed him; ~ **qn à**

la police to inform against sb. **(b)** *(littér: dénoter)* to indicate. **2 se** ~ *vpr (gén)* to come forward; *[criminel]* to give o.s. up. **se** ~ **à la police** to give o.s. up to the police. ◆ **dénonciateur, -trice 1** *adj* denunciatory. **2** *nm, f* denouncer, informer; exposer. ◆ **dénonciation** *nf* denunciation; exposure.

dénoter [denɔte] (1) *vt* to denote.

dénouement [denumɑ̃] *nm (Théât)* dénouement; *[aventure]* outcome.

dénouer [denwe] (1) **1** *vt lien* to untie, undo; *situation* to untangle, resolve. **2 se** ~ *vpr* to come untied *ou* undone; to be resolved.

dénoyauter [denwajote] (1) *vt fruit* to stone, pit. ◆ **dénoyauteur** *nm* stoner, pitter.

denrée [dɑ̃ʀe] *nf (aliment)* foodstuff; *(fig)* commodity. ~**s coloniales** colonial produce.

densité [dɑ̃site] *nf (Phys)* density; *[brouillard]* denseness, thickness; *[foule]* denseness. **à forte/ faible** ~ **de population** densely/sparsely populated; *(Ordin)* ~ **d'implantation** packing density. ◆ **dense** *adj* dense, thick; *style* condensed.

dent [dɑ̃] *nf* **(a)** *[homme, scie, peigne]* tooth; *[fourche]* prong; *[engrenage]* cog. ~ **de lait/de sagesse** milk *ou* baby/wisdom tooth; **en** ~**s de scie** *couteau* serrated; *montagne* jagged; **carrière en** ~**s de scie** switchback career. **(b)** *(locutions)* **avoir la** ~ * to be hungry; **avoir la** ~ **dure** to be scathing in one's comments *(envers* about*)*; **avoir/garder une** ~ **contre qn** to have/hold a grudge against sb; **avoir les** ~**s longues** *(ambitieux)* to have one's sights fixed high; **être sur les** ~**s** *(épuisé)* to be worn out; *(très occupé)* to be working flat out *; **faire** *ou* **percer ses** ~**s** to teethe; **croquer qch à belles** ~**s** to bite into sth with gusto; **manger du bout des** ~**s** to eat half-heartedly; **ils n'ont rien à se mettre sous la** ~ they have nothing to eat. ◆ **dentaire** *adj* dental. ◆ **denté, e** *adj (Tech)* toothed; *(Bot)* dentate.

dentelé, e [dɑ̃tle] *adj arête, côte* jagged; *timbre* perforated; *bord* serrated.

dentelle [dɑ̃tɛl] *nf* lace. ◆ **dentellière** *nf* lacemaker; *(machine)* lacemaking machine.

denture [dɑ̃tyʀ] *nf [timbre]* perforations; *[feuille]* serration; *[côte, arête]* jagged outline.

dentiste [dɑ̃tist(ə)] *nmf* dentist. ◆ **dentier** *nm* denture. ◆ **dentifrice** *nm* toothpaste, dentifrice. ◆ **dentition** *nf* dentition. ◆ **denture** *nf* teeth *(pl)*.

dénuder [denyde] (1) **1** *vt* to bare, strip. **2 se** ~ *vpr [personne]* to strip; *[colline]* to become bare. ◆ **dénudé, e** *adj (gén)* bare; *crâne* bald.

dénué, e [denye] *adj*: ~ **de bon sens** devoid of; *talent* lacking in, without; ~ **de tout** destitute; ~ **de tout fondement** completely unfounded *ou* groundless. ◆ **dénuement** *nm* destitution.

déodorant [deɔdɔʀɑ̃] *adj m, nm*: **(produit)** ~ deodorant.

dépanner [depane] (1) *vt véhicule* to fix, repair; *automobiliste* to fix the car of; *(*: tirer d'embarras)* to help out. ◆ **dépannage** *nm* fixing; repairing; helping out. **service de** ~ breakdown service; **ils ont fait 3** ~**s** they've fixed 3 breakdowns; **partir pour un** ~ to go out on a repair *ou* breakdown job. ◆ **dépanneur** *nm (Aut)* breakdown mechanic; *(TV)* television repairman. ◆ **dépanneuse** *nf* breakdown lorry, tow truck *(US)*.

déparasiter [depaʀazite] (1) *vt poste de radio* to fit a suppressor to.

dépareillé, e [depaʀeje] *adj collection* incomplete; *objet* odd. *(Comm)* **articles** ~**s** oddments.

déparer [depaʀe] (1) *vt* to spoil, mar.

départ [depaʀ] *nm* **(a)** *[voyageur, train]* departure. **observer le** ~ **du train** to watch the train leave *ou* depart; **mon** ~ **de l'hôtel** my departure from *ou* my leaving the hotel; **le** ~ **du courrier se fait**

à **9 heures** the mail leaves town at 9 o'clock. **(b)** *(Sport)* start. *(lit, fig)* **faux** ~ false start; **donner le** ~ **aux coureurs** to give the runners the starting signal; ~ **décalé** staggered start. **(c)** *[employé]* departure. **le** ~ **du ministre a fait l'effet d'une bombe** the minister's leaving *ou* departure was something of a bombshell. **(d)** *[processus]* start. **la substance de** ~ the original substance. **(e) être sur le** ~ to be about to leave *ou* go; **excursions au** ~ **de Chamonix** excursions (leaving *ou* departing) from Chamonix; *(fig)* **au** ~ at the start *ou* outset. **(f)** *(littér: distinction)* distinction.

départager [depaʀtaʒe] (3) *vt* to decide between. ~ **l'assemblée** to settle the voting in the assembly.

département [depaʀtəmɑ̃] *nm (gén)* department. ~ **ministériel** ministry department; *(aux USA)* **le** ~ **d'État** the State Department. ♦ **départemental, e,** *mpl* **-aux** *adj* departmental, ministerial. **route** ~**e** secondary road.

départir (se) [depaʀtiʀ] (16) *vpr (gén nég)* **se** ~ **de** to abandon.

dépassé, e [depase] *adj (périmé)* out-moded, old-fashioned, out of date.

dépassement [depasmɑ̃] *nm* **(a)** *(Aut)* overtaking, passing. **après plusieurs** ~**s...** after overtaking several vehicles... **(b)** *[limite, prix] (action)* exceeding; *(excès)* excess. **(c)** ~ **(de soi-même)** surpassing of oneself.

dépasser [depase] (1) **1** *vt* **(a)** *endroit* to pass, go past; *véhicule, piéton* to overtake, pass. **(b)** *alignement (horizontalement)* to jut *ou* stick out beyond; *(verticalement)* to jut out above. **son succès a dépassé les frontières** his success has reached beyond national boundaries. **(c)** *limite, quantité* to exceed. ~ **qch en hauteur/largeur** to be higher/wider than sth, exceed sth in height/width; ~ **en nombre** to outnumber; **tout colis qui dépasse 20 kg** all parcels exceeding *ou* over 20 kg; ~ **le nombre prévu** to be more than expected; **la réunion ne devrait pas** ~ **3 heures** the meeting shouldn't last longer than 3 hours; **il ne veut pas** ~ **100 F** he won't go above 100 francs; **elle a dépassé la quarantaine** she is over forty. **(d)** *valeur, prévisions* to exceed; *rival* to outstrip. ~ **qn (en intelligence** *etc)* to surpass sb (in intelligence *etc*); **pour la paresse il dépasse tout le monde** he beats everybody for laziness; **il dépasse tous ses camarades** he surpasses all his friends; **sa bêtise dépasse tout ce qu'on peut imaginer** his stupidity goes beyond all imagining; **l'homme doit se** ~ man must try to surpass himself. **(e)** *instructions, attributions* to go beyond, overstep; *crédits* to exceed. **cela dépasse les bornes** that's going too far; **cela a dépassé le stade de la plaisanterie** it has gone beyond a joke; **cela dépasse mes forces/ma compétence** it's beyond my strength/capabilities; **il a dépassé ses forces** he has overtaxed himself. **(f)** *(*: dérouter)* **cela me dépasse!** it is beyond me!; **être dépassé par les événements** to be overtaken by events; **il est complètement dépassé!** he is completely out of his depth!
2 *vi* **(a)** *(Aut)* to overtake, pass. **(b)** *[tour, balcon, clou]* to stick out *(de* of); *[jupon]* to show *(de* below).

dépassionner [depasjɔne] (1) *vt débat* to take the heat out of.

dépaysement [depeizmɑ̃] *nm (désorientation)* disorientation; *(agréable)* change of surroundings. ♦ **dépaysé, e** *adj:* **être** ~ to be completely disoriented. ♦ **dépayser** (1) *vt* to disorientate; to give a change of surroundings to.

dépecer [depəse] (5) *vt [boucher]* to joint, cut up; *[lion]* to dismember; *territoire* to carve up. ♦ **dépeçage** *nm* jointing, cutting up; dismembering ; carving up.

dépêche [depɛʃ] *nf* dispatch. ~ **télégraphique** telegram, wire.

dépêcher [depeʃe] (1) **1** *vt* to dispatch, send *(auprès de* to). **2 se** ~ *vpr* to hurry. **dépêche-toi!** hurry up!; **se** ~ **de faire qch** to hurry to do sth.

dépeigner [depeɲe] (1) *vt:* ~ **qn** to make sb's hair untidy; **dépeigné** with dishevelled hair.

dépeindre [depɛ̃dʀ(ə)] (52) *vt* to depict.

dépenaillé, e [depənaje] *adj (en haillons)* tattered.

dépendance [depɑ̃dɑ̃s] *nf* **(a)** *(interdépendance)* dependence, dependency. ~**s** dependencies. **(b)** *(asservissement)* subordination. **sous la** ~ **de qn** subordinate to sb. **(c)** *(bâtiment)* outbuilding; *(territoire)* dependency. **(d)** *(Drogue)* dependence, dependency.

dépendre [depɑ̃dʀ(ə)] (41) **1** ~ **de** *vt indir (gén)* to depend on, be dependent on; *[employé]* to be answerable to. **ce terrain dépend de leur domaine** this piece of land is part of their property; **ne** ~ **que de soi-même** to be answerable only to oneself; — **ça dépend** — it (all) depends; **il ne dépend que de vous que...** it depends entirely on you whether..., it's entirely up to you whether... **2** *vt lustre* to take down.

dépens [depɑ̃] *nmpl* **(a)** *(Jur)* costs. **condamné aux** ~ ordered to pay costs. **(b) aux** ~ **de** at the expense of; **je l'ai appris à mes** ~ I learnt this to my cost.

dépense [depɑ̃s] *nf* **(a)** *(argent dépensé)* expense; *(sortie)* outlay, expenditure. **contrôler les** ~**s de qn** to control sb's expenditure *ou* spending; **c'est une grosse** ~ it's a large outlay, it's a lot to lay out; ~**s publiques** public *ou* government expenditure *ou* spending; ~ **d'investissement** *ou* **d'équipement** capital expenditure; **pousser qn à la** ~ to make sb spend money; **faire la** ~ **de qch** to spend money on sth; **regarder à la** ~ to watch one's spending. **(b)** *[électricité, essence]* consumption; *[imagination]* expenditure. ~ **physique** (physical) exercise; ~ **de temps** spending of time.

dépenser [depɑ̃se] (1) **1** *vt argent, temps* to spend; *électricité* to use; *énergie, jeunesse* to use up. ~ **inutilement qch** to waste sth. **2 se** ~ *vpr* to exert o.s. **il faut que les enfants se dépensent** children have to let off steam. ♦ **dépensier, -ière 1** *adj* extravagant. **2** *nm, f* spendthrift.

déperdition [depɛʀdisjɔ̃] *nf (Sci, gén)* loss.

dépérir [depeʀiʀ] (2) *vi [personne]* to waste away; *[forces]* to fail; *[plante]* to wither; *[affaire]* to go downhill. ♦ **dépérissement** *nm* wasting away ; failing; withering.

dépêtrer [depetʀe] (1) **1** *vt:* ~ **qn de** to extricate sb from. **2 se** ~ *vpr* to extricate o.s. *(de* from).

dépeupler [depœple] (1) **1** *vt ville* to depopulate; *rivière* to empty of fish; *région* to empty of wildlife; *forêt* to clear (of trees *etc*). **2 se** ~ *vpr* to be depopulated; to be emptied of fish *(ou* wildlife); to be cleared (of trees *etc*). ♦ **dépeuplement** *nm* depopulation; emptying of fish *(ou* wildlife); clearing (of trees *etc*); *(résultat)* disappearance of fish *(ou* wildlife *ou* trees *etc*).

déphasé, e [defaze] *adj (lit, fig)* out of phase.

dépilatoire [depilatwaʀ] **1** *adj* depilatory. **2** *nm* depilatory *ou* hair-removing cream.

dépister [depiste] (1) *vt gibier, criminel* to track down; *maladie* to detect; *cause* to unearth, detect. ♦ **dépistage** *nm* tracking down; detection; unearthing.

dépit [depi] *nm* pique, vexation. **causer du** ~ **à qn** to vex sb greatly; **il l'a fait par** ~ he did it out of pique *ou* in a fit of pique; **en** ~ **de** in spite of, despite; **faire qch en** ~ **du bon sens** to do sth any old how. ♦ **dépité, e** *adj* piqued. ♦ **dépiter** (1) *vt (littér)* to vex greatly.

déplacer [deplase] (3) **1** vt meuble, élève to move, shift; usine, fonctionnaire to transfer, move; (fig) problème to shift the emphasis of; (Naut) to displace. **se ~ une articulation** to displace a joint. **2 se** ~ vpr (gén) to move; (voyager) to travel; [air] to move, be displaced. ◆ **déplacé, e** adj propos uncalled-for, out of place. ◆ **déplacement** nm (action) moving; shifting; transfer; displacement; (mouvement) movement; displacement; (voyage) trip; (Naut) displacement. **ça vaut le** ~ it's worth the journey; **frais de** ~ travelling expenses.

déplafonner [deplafɔne] (1) vt crédit to derestrict; cotisations to remove the ceiling on. ◆ **déplafonnement** nm derestriction; removal of the ceiling (de from).

déplaire [deplɛʀ] (54) vt: ~ **à qn** (être antipathique) to be disliked by sb; (irriter) to displease sb; **ça me déplaît** I dislike ou don't like it; **il cherche à** ~ he is trying to be disagreeable; **n'en déplaise à son mari** whether her husband likes it or not ou agrees or not; **elle se déplaît ici** she dislikes it ou doesn't like it here. ◆ **déplaisant, e** adj disagreeable, unpleasant. ◆ **déplaisir** nm displeasure.

déplâtrer [deplɑtʀe] (1) vt (Méd) to take out of plaster.

déplier [deplije] (7) vt serviette, carte to unfold; jambes to stretch out. ◆ **dépliant, e 1** adj extendible. **2** nm leaflet, folder.

déplorer [deplɔʀe] (1) vt incident to deplore; (littér) mort to lament. ◆ **déplorable** adj deplorable. ◆ **déplorablement** adv deplorably.

déployer [deplwaje] (8) **1** vt carte to spread out; voile to unfurl; ailes to spread; troupes to deploy; échantillons to spread out, lay out; richesses, talents, forces to display; efforts to expend. ~ **en éventail** troupes to fan out; ~ **beaucoup d'efforts** to expend a lot of effort. **2 se** ~ vpr [drapeau] to unfurl; [ailes] to spread; [troupes] to deploy; [cortège] to spread out. ◆ **déploiement** nm unfurling ; spreading; deployment; display. ~ **de force** deployment of troops (ou police).

déplumer (se) [deplyme] (1) vpr [oiseau] to moult; (*) [personne] to go bald.

dépoétiser [depɔetize] (1) vt to make prosaic.

dépolitiser [depɔlitize] (1) vt to depoliticize.

dépolluer [depɔlye] (1) vt to clean up, rid ou clear of pollution. ◆ **dépollution** nf: **la** ~ **des plages souillées par le mazout** the cleaning (up) of oil-polluted beaches.

dépopulation [depɔpylasjɔ̃] nf depopulation.

déporter [depɔʀte] (1) vt (**a**) (exiler) to deport; (interner) to send to a concentration camp. (**b**) [vent] to carry off course. **se** ~ **vers la gauche** to swerve to the left. ◆ **déportation** nf deportation; imprisonment (in a concentration camp). ◆ **déporté, e** nm, f deportee; prisoner (in a concentration camp).

déposer [depoze] (1) **1** vt (**a**) gerbe, armes to lay down; ordures to dump; colis to leave; passager to drop; (Fin) to deposit (sur un compte in an account). **est-ce que je peux vous** ~ **quelque part?** can I give you a lift anywhere?, can I drop you anywhere? (**b**) plainte to lodge; réclamation to file; marque de fabrique to register; projet de loi to bring in; rapport to send in. ~ **son bilan** to go into voluntary liquidation. (**c**) (destituer) souverain to depose. (**d**) tenture to take down; tapis to take up; moteur to take out. **2** vi (**a**) [liquide] to leave some sediment. **laisser** ~ to leave to settle. (**b**) (Jur) to give evidence, testify. **3 se** ~ vpr [poussière, lie] to settle. ◆ **déposant, e** nm, f (Fin) depositor; (Jur) deponent. ◆ **dépositaire** nmf [objet confié] de-pository; [secret, vérité] possessor; (Comm) agent

(de for). ◆ **déposition** nf (gén) deposition; (à un procès) evidence; (écrite) (sworn) statement.

déposséder [depɔsede] (6) vt: ~ **qn de** terres to dispossess sb of; place, charge to deprive sb of. ◆ **dépossession** nf dispossession; deprivation.

dépôt [depo] nm (**a**) (action) procéder au ~ **d'une gerbe** to lay a wreath; **le** ~ **des manteaux au ves-tiaire est obligatoire** coats must be left ou depos-ited in the cloakroom; ~ **(volontaire)** liquidation. (**b**) (garde) **avoir qch en** ~ to hold sth in trust; **confier qch en** ~ **à qn** to entrust sth to sb; ~ **sacré** sacred trust. (**c**) (Comm) [marque] registration. (**d**) (garantie) deposit. (**e**) **du** ~, **un** ~ [liquide] sediment, deposit; [tartre] fur. (**f**) (entre-pôt) warehouse; [autobus, trains], (Mil) depot. **il y a un** ~ **de pain à l'épicerie** the grocer supplies ou sells bread; ~ **de munitions** ammunition dump; ~ **d'ordures** rubbish dump. (**g**) (prison) jail, pris-on.

dépotoir [depɔtwaʀ] nm (lit, fig) dumping ground.

dépouille [depuj] nf (peau) skin, hide. (cadavre) ~ **(mortelle)** (mortal) remains; (butin) ~**s** plunder, spoils.

dépouillé, e [depuje] adj décor bare; style bald. ~ **de** poésie lacking in; ornements stripped of.

dépouiller [depuje] (1) **1** vt (**a**) comptes, courrier to go through, peruse; scrutin to count. (**b**) animal to skin; arbre to strip; voyageur to strip of his pos-sessions; héritier to deprive of his inheritance. ~ **de qch** (gén) to strip of sth; droits to divest ou deprive of sth; (fig) ~ **Pierre pour habiller Paul** to rob Peter to pay Paul; ~ **le pays** to plunder the country, lay the country bare. (**c**) (se défaire de) to shed.

2 se ~ vpr: **se** ~ **de** vêtements to shed; possessions to divest o.s. of; arrogance to cast aside; **les arbres se dépouillent** the trees are shedding their leaves; **la campagne se dépouille** the countryside is begin-ning to look bare. ◆ **dépouillement** nm (**a**) pe-rusal; counting. (Pol) **après le** ~ after the count. (**b**) (sobriété) lack of ornamentation. (**c**) (de biens, droits) deprivation, stripping.

dépourvu, e [depuʀvy] **1** adj: ~ **de** (gén) lacking in, without; bons sens devoid of; ~ **d'ornements** unornamented, bare of ornaments; ~ **d'argent** penniless; **des gens** ~**s (de tout)** destitute people. **2** nm: **prendre qn au** ~ to catch sb unprepared ou unawares.

dépravation [depʀavasjɔ̃] nf (état) depravity. ◆ **dépravé, e 1** adj depraved. **2** nm, f degen-erate. ◆ **dépraver** (1) vt to deprave.

déprécier vt, **se** ~ vpr [depʀesje] (7) to depre-ciate. ◆ **dépréciatif, -ive** adj disparaging, de-rogatory. ◆ **dépréciation** nf depreciation.

déprédations [depʀedasjɔ̃] nfpl (dégâts) damage. **commettre des** ~ to cause damage.

dépression [depʀesjɔ̃] nf: ~ **(de terrain)** depres-sion; ~ **atmosphérique** atmospheric depression, trough of low pressure; **une** ~ **(nerveuse)** a (nerv-ous) breakdown; **elle fait de la** ~ she is having a bad fit of depression; ~ **(économique)** (eco-nomic) depression ou slump. ◆ **dépressif, -ive** adj depressive.

dépressuriser [depʀesyʀize] (1) vt (Aviat, Astron) to depressurize. ◆ **dépressurisation** nf depres-surization. **en cas de** ~ **de la cabine** should the pressure drop in the cabin.

déprimer [depʀime] (1) vt (moralement) to depress; (physiquement) to debilitate. ◆ **déprimant, e** adj (moralement) depressing; (physiquement) debilita-ting. ◆ **déprimé, e** adj (moralement) depressed; (physiquement) low; terrain low-lying.

depuis [dəpɥi] **1** prép (**a**) (point de départ dans le temps) since, ever since (intensif). **il attend/attendait** ~ **hier** he has/had been waiting since yesterday;

~ **son plus jeune âge** since *ou* from early childhood; ~ **cette affaire il est très méfiant** (ever) since that affair he has been very suspicious; ~ **quand le connaissez-vous?** how long have you known him?; ~ **quelle date êtes-vous ici?** since when have you been here?; ~ **cela**, ~ **lors** since then *ou* that time, ever since; ~ **le matin jusqu'au soir** from morning till night.
(b) *(durée)* for. **il est malade** ~ **une semaine** he has been ill for a week (now); ~ **ces derniers mois il a bien changé** he has changed a great deal in *ou* over the last *ou* past few months; **tu le connais** ~ **longtemps?** — ~ **toujours** have you known him long? *ou* for a long time? — I've known him all my life; **je la connaissais** ~ **peu quand elle est partie** I had known her only a short time when she left; ~ **peu elle a recommencé à sortir** lately *ou* recently she has started going out again.
(c) *(lieu)* since, from. ~ **Nice il a fait le plein 3 fois** he's filled up 3 times since Nice; **le concert est retransmis** ~ **Paris** the concert is broadcast from Paris.
(d) *(rang, quantité)* from. ~ **le premier jusqu'au dernier** from the first to the last; **toutes les tailles** ~ **le 36** all sizes from 36 upwards.
(e) ~ **que**, ~ **le temps que:** ~ **qu'il est ministre** since he became a minister; ~ **le temps qu'il apprend le français** considering how long he's been learning French; ~ **le temps que je voulais voir ce film!** I had been waiting to see that film for ages!
2 *adv* ever since, since (then). **je ne l'ai pas revu** ~ I haven't seen him since (then).

député [depyte] *nm (gén, Pol)* deputy; *(en Grande-Bretagne)* member of Parliament; *(aux USA)* representative. ~ **au parlement européen** member of the European Parliament; **le** ~**-maire** the deputy and mayor. ♦ **députation** *nf (groupe)* deputation, delegation. **candidat à la** ~ parliamentary candidate. ♦ **députer** (1) *vt:* ~ **qn pour faire** to delegate sb to do; ~ **qn auprès de** to send sb as representative to.

déqualifier [dekalifje] (7) *vt personnel, emploi* to deskill. ♦ **déqualification** *nf* deskilling.

déraciner [derasine] (1) *vt arbre, personne* to uproot; *erreur* to eradicate. ♦ **déracinement** *nm* uprooting, eradication.

dérailler [deraje] (1) *vi [train]* to be derailed; *(*: divaguer)* to rave, be off one's head *; *(*: mal fonctionner)* to be on the blink *. **faire** ~ **un train** to derail a train; **tu dérailles!** * *(être fou)* you're nuts *; *(se tromper)* you're talking through your hat *. ♦ **déraillement** *nm* derailment. ♦ **dérailleur** *nm [bicyclette]* dérailleur gears.

déraisonner [derezone] (1) *vi* to rave. ♦ **déraisonnable** *adj* unreasonable.

déranger [deraʒe] (3) **1** *vt papiers, personne* to disturb; *coiffure* to ruffle; *projets, routine* to disrupt, upset; *machine* to put out of order; *temps* to unsettle. ~ **qn inutilement** to bother *ou* trouble sb unnecessarily; **ça vous dérange si je fume?** do you mind if I smoke?; **il a le cerveau dérangé** his mind is deranged *ou* unhinged; **il a l'estomac dérangé** his stomach is upset. **2 se** ~ *vpr* **(a)** *[médecin]* to come out; *(pour une démarche)* to go along, come along. **sans vous** ~ without leaving your home; **surtout, ne vous dérangez pas pour moi** please don't put yourself out on my account. **(b)** *(changer de place)* to move. ♦ **dérangement** *nm (gêne)* trouble, inconvenience; *(déplacement)* trip; *(bouleversement)* disorder *(de* in). **en** ~ *machine* out of order.

déraper [derape] (1) *vi [véhicule]* to skid; *[personne, échelle]* to slip; *[prix, salaires]* to get out of hand, soar. ♦ **dérapage** *nm* skid; *(Ski)* side-slipping. ~ **de l'indice des prix** unexpected increase in the price index.

dérégler [deregle] (6) **1** *vt (gén)* to upset; *temps* to unsettle; *mécanisme* to disturb. **2 se** ~ *vpr [appareil]* to go wrong; *[pouls, estomac, temps]* to be upset. ♦ **déréglé, e** *adj* out of order; upset; unsettled; *mœurs* dissolute. ♦ **dérèglement** *nm* upset; disturbance. *[mœurs]* ~**(s)** dissoluteness.

dérider *vt*, **se** ~ *vpr* [deride] (1) *personne* to brighten up; *front* to uncrease.

dérision [derizjɔ̃] *nf* derision, mockery. **par** ~ derisively, mockingly; **tourner en** ~ to mock, ridicule. ♦ **dérisoire** *adj* derisory, pathetic. **pour une somme** ~ for a nominal *ou* derisory sum. ♦ **dérisoirement** *adv* pathetically.

dérivatif, -ive [derivatif, iv] **1** *adj* derivative. **2** *nm* distraction.

dérivation [derivasjɔ̃] *nf [rivière]* diversion; *(Ling, Math)* derivation; *(Élec)* shunt; *(Aviat, Naut)* deviation.

dérive [deriv] *nf* **(a)** *(déviation)* drift. ~ **des continents** continental drift; *(lit)* **à la** ~ adrift; *(fig)* **tout va à la** ~ everything is going to the dogs *ou* is going downhill. **(b)** *(dispositif) (Aviat)* fin; *(Naut)* centre-board.

dériver [derive] (1) **1** *vt rivière* to divert; *(Chim, Ling, Math)* to derive; *(Élec)* to shunt. **2** ~ **de** *vt indir* to derive from. **3** *vi (Aviat, Naut)* to drift; *[orateur]* to drift off the subject. ♦ **dérivé, e 1** *adj* derived. **2** *nm (Chim, Ling, Math)* derivative; *(produit)* by-product. **3** *nf (Math)* derivative.

dermatologie [dermatɔlɔʒi] *nf* dermatology. ♦ **dermatologue** *nmf* dermatologist.

dernier, -ière [dernje, jer] **1** *adj* **(a)** *(espace) (gén)* last; *étage* top; *rang* back; *branche* highest. **arriver** ~ to come in last; **la** ~**ière marche** *(en bas)* the bottom step; *(en haut)* the top step; *(Presse)* **en** ~**ière page** on the back page; **les 100** ~**ières pages** the last 100 pages.
(b) *(temps) (gén)* last; *(plus récent)* latest; *(final)* final; *(précédent)* previous. **durant les** ~**s jours du mois** in the last few days of the month; **voici les** ~**ières nouvelles** here is the latest news; **l'artiste dans ses** ~**ières œuvres** the artist in his final *ou* last works; **les** ~**s propriétaires étaient belges** the previous *ou* last owners were Belgians; **il faut payer avant le 15,** ~ **délai** it must be paid by the 15th at the latest, the 15th is the final date for payment; **le mois** ~ last month; **ces** ~**s temps** lately, of late; **c'est le** ~ **cri** it's the very latest thing *ou* fashion; **un ordinateur** ~ **cri** a state-of-the-art computer.
(c) *(en mérite)* élève bottom, last; *qualité* lowest, poorest. **de** ~ **ordre** very inferior; **il est toujours** ~ **(en classe)** he's always bottom (of the class), he's always last (in the class).
(d) *(extrême)* grossier **au** ~ **point** *ou* **degré** extremely rude, rude in the extreme; **il a protesté avec la** ~**ière énergie** he protested most vigorously *ou* with the utmost vigour; **c'est du** ~ **chic** it's the last word in elegance; **c'est de la** ~**ière importance** it is of the utmost importance.
(e) *(ultime)* grade top, highest; *regard, effort* last, final. **quel est votre** ~ **prix?** *(pour vendre)* what's the lowest you'll go?; *(pour acheter)* what's your final offer?; **en** ~**ière analyse** in the final *ou* last analysis; **en** ~ **lieu** finally; **mettre la** ~**ière main à qch** to put the finishing touches to sth; **avoir le** ~ **mot** to have the last word; **en** ~ **ressort** *ou* **recours** as a last resort; **rendre le** ~ **soupir** to breathe one's last; **accompagner qn à sa** ~**ière demeure** to accompany sb to his final resting place.
2 *nm, f* last (one); *(enfant)* youngest (child). **sortir le** ~ to leave last; **les** ~**s arrivés** the last ones to arrive; **il est le** ~ **de sa classe** he's at the bottom of the class; **il est le** ~ **à pouvoir faire cela** he's the last person to be able to do that; **c'est le** ~

de mes soucis it's the least of my worries; *(péj)* le ~ des imbéciles a complete and utter fool; *(péj)* c'est le ~ des ~s! he's the lowest of the low; ce ~, cette ~ière *(de deux)* the latter; *(de plusieurs)* this last, the last-mentioned; ~-né youngest (child). **3** *nm (étage)* top floor. acheter qch en ~ to buy sth last. **4** *nf (Théât)* last performance. vous connaissez la ~ière? * have you heard the latest?

dernièrement [dɛʀnjɛʀmɑ̃] *adv* recently.

dérober [deʀɔbe] **(1) 1** *vt* **(a)** *(voler)* to steal *(à qn* from, sb). **(b)** *(cacher)* to hide, conceal *(à qn* from sb). ~ qn à la justice to shield sb from justice. **2 se** ~ *vpr* **(a)** *(refuser d'assumer)* to shy away. je lui ai posé la question mais il s'est dérobé I put the question to him but he evaded it. **(b)** *(se cacher de)* to hide, conceal o.s. *(à* from). **(c)** *(se libérer)* to slip away. **se** ~ à l'étreinte de qn to slip out of sb's arms. **(d)** *(sol, genoux)* to give way. **(e)** *(Équitation)* to refuse. ♦ **dérobade** *nf* evasion; *(Équitation)* refusal. ♦ **dérobé, e 1** *adj porte* secret, hidden. **2** *nf:* **à la** ~e secretly, surreptitiously; regarder qn à la ~e to give sb a surreptitious *ou* stealthy glance.

dérogation [deʀɔgɑsjɔ̃] *nf* (special) dispensation. ♦ **dérogatoire** *adj* dispensatory. à titre ~ by special dispensation.

déroger [deʀɔʒe] **(3)** *vi* **(a)** *(déchoir)* *(gén)* to lower o.s.; *(Hist)* to lose rank and title. **(b)** *(enfreindre)* ~ à qch to go against sth; ~ aux règles to depart from the rules.

dérouler [deʀule] **(1) 1** *vt fil* to unwind; *cordage* to uncoil; *nappe* to unroll. ~ qch dans son esprit to go over sth in one's mind. **2 se** ~ *vpr* **(a)** *[fil]* to unwind; *[cordage]* to uncoil; *[carte]* to unroll; *[paysage]* to unfold. **(b)** *(se produire, se situer)* to take place; *(accidentellement)* to happen, occur. c'est là que toute ma vie s'est déroulée it was there that my whole life was spent. **(c)** *(se développer)* *[histoire]* to develop, unfold. la manifestation s'est déroulée dans le calme the demonstration went off peacefully; à mesure que l'histoire se déroulait as the story unfolded *ou* developed. ♦ **déroulement** *nm* **(a)** *[cérémonie]* progress; *[action]* development. pendant le ~ des opérations during the course of the operations, while the operations were in progress. **(b)** unwinding; uncoiling; unrolling. ♦ **dérouleur** *nm (Ordin)* ~ de bande magnétique magnetic tape drive.

déroute [deʀut] *nf* rout. en ~ routed; mettre en ~ to rout.

dérouter [deʀute] **(1)** *vt avion* to reroute; *candidat* to disconcert; *poursuivants* to throw off the scent. ♦ **déroutant, e** *adj* disconcerting.

derrick [dɛʀik] *nm* derrick.

derrière [dɛʀjɛʀ] **1** *prép* **(a)** *(gén, fig)* behind. passe (par) ~ la maison go round the back of *ou* round behind the house; faire qch ~ (le dos de) qn to do sth behind sb's back; *(fig)* je suis ~ vous I'll back you up, I'm on your side; il faut toujours être ~ son dos you've always got to keep an eye on him; vin de ~ les fagots extra-special wine. **(b)** *(Naut)* *(dans le bateau)* abaft; *(sur la mer)* astern of. **2** *adv* **(a)** behind. assis 3 rangs ~ sitting 3 rows back *ou* behind; *(Aut)* monter ~ to sit in the back; regarde ~ *(tourne-toi)* look behind *ou* back; *(au fond de la voiture)* look in the back; *(derrière un objet)* look behind it; par-~ entrer by the back; attaquer from behind, from the rear; s'attacher at the back; médire behind sb's back. **(b)** *(Naut)* *(dans le bateau)* abaft; *(sur la mer)* astern. **3** *nm [personne]* bottom, behind *; *[animal]* hindquarters, rump; *[objet]* back; *[maison]* back, rear. habiter sur le ~ to live at the back (of the house); porte de ~ back *ou* rear door.

derviche [dɛʀviʃ] *nm* dervish. ~ tourneur dancing dervish.

des [de] *V* **de.**

dès [dɛ] *prép* **(a)** *(temps)* from. il a commencé à pleuvoir ~ le matin it rained from the morning onwards; ~ le début from the start; ~ qu'il aura fini il viendra as soon as he's finished he'll come; ~ son retour il fera le nécessaire as soon as he's back he'll do what's necessary; ~ l'époque romaine as early as *ou* as far back as Roman times; ~ son enfance from (his) childhood, ever since he was a child; on peut dire ~ maintenant one can say (right) here and now. **(b)** *(espace etc)* ~ Lyon il a plu sans arrêt it never stopped raining from Lyons onwards *ou* after Lyons; ~ l'entrée je sentis qu'il se passait qch as soon as I walked in at the door I sensed that sth was going on; ~ le premier verre il roula sous la table after the first glass he collapsed under the table. **(c)** ~ lors from that moment; ~ lors que *(puisque)* since, as.

désabusé, e [dezabyze] *adj* disenchanted, disillusioned.

désaccord [dezakɔʀ] *nm* **(a)** *(mésentente)* discord. être en ~ avec sa famille to be at odds with one's family. **(b)** *(divergence)* *(entre points de vue)* disagreement; *(entre intérêts)* conflict. leurs intérêts sont en ~ avec les nôtres their interests conflict with ours. **(c)** *(contradiction)* discrepancy. ce qu'il dit est en ~ avec ce qu'il fait there is a discrepancy between what he says and what he does.

désaccordé, e [dezakɔʀde] *adj piano* out of tune.

désaccoutumer [dezakutyme] **(1)** *vt:* ~ qn de qch/de faire to get sb out of the habit of sth/of doing; se ~ de qch/de faire to lose the habit of sth/of doing.

désaffecter [dezafɛkte] **(1)** *vt* to close down. ♦ **désaffectation** *nf* closing down. ♦ **désaffecté, e** *adj* disused.

désaffection [dezafɛksjɔ̃] *nf* loss of affection *(pour* for).

désagréable [dezagʀeabl(ə)] *adj* disagreeable. ♦ **désagréablement** *adv* disagreeably.

désagréger *vt,* **se** ~ *vpr* [dezagʀeʒe] **(3)** *et* **(6)** to disintegrate, break up. ♦ **désagrégation** *nf* disintegration, breaking up.

désagrément [dezagʀemɑ̃] *nm (déboire)* annoyance; *(déplaisir)* displeasure. malgré tous les ~s que cela entraîne despite all the annoyances *ou* trouble it involves.

désaltérer [dezalteʀe] **(6) 1** *vt* to quench the thirst of. **2 se** ~ *vpr* to quench one's thirst. ♦ **désaltérant, e** *adj* thirst-quenching.

désamorcer [dezamɔʀse] **(3)** *vt fusée* to remove the primer from; *pompe* to drain; *(fig) situation, crise* to defuse.

désappointer [dezapwɛ̃te] **(1)** *vt* to disappoint. ♦ **désappointement** *nm* disappointment.

désapprouver [dezapʀuve] **(1)** *vt* to disapprove of. elle désapprouve qu'il vienne she disapproves of his coming. ♦ **désapprobateur, -trice** *adj* disapproving. ♦ **désapprobation** *nf* disapproval.

désarçonner [dezaʀsɔne] **(1)** *vt (lit)* to unseat; *(fig) [réponse]* to nonplus.

désargenté, e * [dezaʀʒɑ̃te] *adj (sans un sou)* broke *, penniless. je suis ~ en ce moment I'm a bit short of cash *ou* a bit tight for cash * at the moment.

désarmer [dezaʀme] **(1) 1** *vt (Mil, fig)* to disarm; *(Naut)* to lay up. **2** *vi [pays]* to disarm; *(fig) [haine]* to abate. il ne désarme pas contre son fils he is unrelenting in his attitude towards his son. ♦ **désarmant, e** *adj* disarming. ♦ **désarmé, e** *adj (lit)* unarmed; *(fig)* helpless. ♦ **désarmement**

nm [forteresse] disarming; *[pays]* disarmament; *[navire]* laying up.

désarroi [dezaʀwa] *nm [personne]* helplessness; *[armée, équipe]* confusion. **être en plein ~** to feel quite helpless; to be in utter confusion.

désarticuler (se) [dezaʀtikyle] (1) *vpr [acrobate]* to contort o.s. **se ~ l'épaule** to dislocate one's shoulder.

désastre [dezastʀ(ə)] *nm (lit, fig)* disaster. **les ~s causés par la tempête** the damage caused by the storm. ◆ **désastreux, -euse** *adj (gén)* disastrous; *conditions, temps* terrible, appalling.

désavantage [dezavɑ̃taʒ] *nm (gén)* disadvantage; *(handicap)* handicap; *(inconvénient)* drawback. **avoir un ~ sur qn** to be at a disadvantage *ou* be handicapped in comparison with sb; **se montrer à son ~** to show o.s. to one's disadvantage *ou* in an unfavourable light.

désavantager [dezavɑ̃taʒe] (3) *vt* to disadvantage, put at a disadvantage *(par rapport à* by comparison with). **cela désavantage surtout les plus pauvres** this puts the very poor at the greatest disadvantage, this penalizes the very poor in particular; **les couches sociales les plus désavantagées** the most under-privileged *ou* disadvantaged sectors of society. ◆ **désavantageusement** *adv* unfavourably, disadvantageously. ◆ **désavantageux, -euse** *adj* unfavourable, disadvantageous.

désavouer [dezavwe] (1) **1** *vt (renier)* to disclaim, disavow; *(blâmer)* to disown. **2 se ~** *vpr* to retract. ◆ **désaveu** *nm* disavowal; disowning.

désaxer [dezakse] (1) *vt esprit* to unhinge. ◆ **désaxé, e** *nmf* lunatic, maniac.

desceller [desele] (1) **1** *vt pierre* to pull free. **2 se ~** *vpr [objet]* to come loose.

descendance [desɑ̃dɑ̃s] *nf (enfants)* descendants; *(origine)* descent.

descendant, e [desɑ̃dɑ̃, ɑ̃t] **1** *adj direction* downward, descending; *gamme* falling, descending; *(Rail) voie, train* down. **marée ~e** ebb tide; **à marée ~e** when the tide is going out *ou* on the ebb. **2** *nm, f* descendant *(de* of).

descendre [desɑ̃dʀ(ə)] (41) **1** *vi (avec aux être)* **(a)** *(aller)* to go down; *(venir)* to come down *(à, vers* to, *dans* into); *[avion]* to come down, descend. **descends me voir** come down and see me; **~ à pied/en parachute** to walk/parachute down; **~ en train** to go down by train; **nous sommes descendus en 10 minutes** we got down in 10 minutes; **~ à Marseille** to go down to Marseilles; **~ en ville** to go into town; **la rue descend en pente douce** the street slopes gently down; **cheveux qui descendent sur les épaules** shoulder-length hair. **(b)** **~ de** *arbre* to climb *ou* come down from; *voiture* to get out of; **fais ~ le chien du fauteuil** get the dog (down) off the armchair; **~ à terre** to go ashore; **~ de cheval** to dismount; **~ de bicyclette** to get off one's bicycle. **(c)** *[obscurité, neige]* to fall; *[soleil]* to go down *(sur* on); *[brouillard]* to come down *(sur* over); *[prix, température]* to fall, drop; *[marée]* to go out. **(d)** *(s'abaisser)* **~ dans l'estime de qn** to go down in sb's estimation; **il est descendu jusqu'à mendier** he has stooped to begging. **(e)** *(lieu)* **~ à l'hôtel** to put up *ou* stay at a hotel; **la police est descendue dans cette boîte de nuit** the police have raided the night club. **2 ~ de** *vt indir (avec aux être) ancêtre* to be descended from. **3** *vt (avec aux avoir)* **(a)** *escalier, rivière, gamme* to go down. **~ la rue en courant** to run down the street. **(b)** *(apporter) valise* to take *ou* bring down. **faire ~ ses bagages** to have one's luggage brought *ou* taken down; **descends-moi mes lunettes** bring *ou* fetch me my glasses down; **je te descends en ville**

I'll take you into town, I'll give you a lift into town. **(c)** *(baisser) store, étagère, rayon* to lower. **(d)** *(*: abattre) avion* to shoot down; *personne* to bump off *⁂*; *bouteille* to down. **se faire ~** to get o.s. bumped off *⁂*; **~ qn en flammes** to shoot sb down in flames.

descente [desɑ̃t] **1** *nf* **(a)** *(gén, Aviat, alpinisme)* descent. **la ~ dans le puits est dangereuse** going down the well is dangerous; **la ~ des bagages prend du temps** it takes time to bring down the luggage; **le téléphérique est tombé en panne dans la ~** the cable car broke down on the way down; **~ en parachute** parachute drop; *(Ski)* **(épreuve de) ~** downhill race; **~ en slalom** slalom descent; **accueillir qn à la ~ du train** to meet sb off the train; **à ma ~ de voiture** as I got out of the car. **(b)** *(raid)* raid. **faire une ~ sur** to raid, make a raid on. **(c)** *(partie descendante)* downward slope, incline. **freiner dans les ~s** to brake going downhill; **la ~ de la cave** the stairs *ou* steps down to the cellar; **la ~ du garage** the slope down to the garage. **2** : **~ de croix** Deposition; **~ aux enfers** descent into Hell; **~ de lit** bedside rug.

description [dɛskʀipsjɔ̃] *nf* description. **faire la ~ de** to describe. ◆ **descriptif, -ive** *adj* descriptive.

désembuer [dezɑ̃bɥe] (1) *vt vitre* to demist.

désemparé, e [dezɑ̃paʀe] *adj* helpless, distraught; *navire* crippled.

désemparer [dezɑ̃paʀe] (1) *vi*: **sans ~** without stopping.

désemplir [dezɑ̃pliʀ] (2) *vi*: **le magasin ne désemplit jamais** the shop is never empty *ou* is always full.

désenchantement [dezɑ̃ʃɑ̃tmɑ̃] *nm* disenchantment, disillusion. ◆ **désenchanté, e** *adj* disenchanted, disillusioned.

désenclaver [dezɑ̃klave] (1) *vt* to open up. ◆ **désenclavement** *nm* opening up.

désenfler [dezɑ̃fle] (1) *vi* to go down, become less swollen.

désennuyer [dezɑ̃nɥije] (8) *vt*: **~ qn** to relieve sb's boredom.

désensibiliser [desɑ̃sibilize] (1) *vt* to desensitize. ◆ **désensibilisation** *nf* desensitization.

désépaissir [dezepesiʀ] (2) *vt cheveux* to thin (out).

déséquilibre [dezekilibʀ(ə)] *nm (entre quantités)* imbalance *(entre* between); *(mental)* unbalance; *[objet]* unsteadiness. **en ~** *armoire* unsteady; *budget* unbalanced. ◆ **déséquilibré, e 1** *adj budget* unbalanced; *esprit* disordered, unhinged. **2** *nm, f* unbalanced person. ◆ **déséquilibrer** (1) *vt (lit)* to throw off balance; *esprit* to unbalance; *budget* to create an imbalance in.

désert, e [dezɛʀ, ɛʀt(ə)] **1** *adj* deserted. **2** *nm* desert. ◆ **désertique** *adj* desert.

déserter [dezɛʀte] (1) *vti* to desert. ◆ **déserteur** *nm* deserter. ◆ **désertion** *nf* desertion.

désespérer [dezɛspeʀe] (6) **1** *vt* to drive to despair. **2** *vi* to despair. **3 ~ de** *vt indir*: **~ de qn/de faire** to despair of sb/of doing; **je ne désespère pas de réussir** I haven't lost hope *ou* given up hope of succeeding. **4 se ~** *vpr* to despair. ◆ **désespérant, e** *adj lenteur, nouvelle* appalling; *enfant* hopeless; *temps* maddening, sickening. **d'une naïveté ~e** hopelessly naïve. ◆ **désespéré, e 1** *adj (gén) cas* hopeless. **appel ~** cry of despair. **2** *nm, f (suicidé)* suicide *(person).* ◆ **désespérément** *adv tenter* desperately. **~ vide** hopelessly empty.

désespoir [dezɛspwaʀ] *nm* despair. **faire le ~ de qn** to be the despair of sb, drive sb to despair; **être au ~** to be in despair; **je suis au ~ de ne**

pouvoir venir I'm desperately sorry not to be able to come; **en ~ de cause** in desperation.

déshabiller [dezabije] (1) **1** vt to undress. **2 se ~** vpr to undress; (manteau etc) to take off one's coat ou things. ◆ **déshabillé** nm négligée.

déshabituer [dezabitɥe] (1) **1** vt: **~ qn de (faire) qch** to break sb of the habit of (doing) sth. **2 se ~** vpr: **se ~ de qch/de faire qch** to get out of the habit of sth/of doing sth.

désherber [dezɛʀbe] (1) vt to weed. ◆ **désherbage** nm weeding. ◆ **désherbant** nm weed-killer.

déshériter [dezeʀite] (1) vt héritier to disinherit; (désavantager) to deprive. **déshérité par la nature** ill-favoured by nature; **les déshérités** the deprived.

déshonorer [dezɔnɔʀe] (1) **1** vt profession to disgrace, dishonour; personne to dishonour, bring disgrace ou dishonour upon. **2 se ~** vpr to bring disgrace ou dishonour on o.s. ◆ **déshonneur** nm disgrace, dishonour. ◆ **déshonorant, e** adj dishonourable, degrading.

déshumaniser [dezymanize] (1) vt to dehumanize.

déshydrater vt, **se ~** vpr [dezidʀate] (1) to dehydrate. ◆ **déshydratation** nf dehydration.

désigner [deziɲe] (1) vt **(a)** (du doigt) to point out; (d'un mot) to refer to. **tout le désigne comme coupable** everything points to his guilt. **(b)** (nommer) to appoint, designate (à un poste to a post). **que des volontaires se désignent!** volunteers step forward!; **successeur désigné** successor elect ou designate. **(c)** (qualifier) to mark out. **sa hardiesse le désigne pour cette tentative** his boldness marks him out for this attempt; **c'était la victime désignée** he was the classic victim; **être tout désigné pour faire qch** to be cut out to do sth. ◆ **désignation** nf designation.

désillusionner [dezilyzjɔne] (1) vt to disillusion. ◆ **désillusion** nf disillusion. ◆ **désillusionnement** nm disillusionment.

désinence [dezinãs] nf (Ling) ending, inflexion.

désinfecter [dezɛ̃fɛkte] (1) vt to disinfect. ◆ **désinfectant, e** adj, nm disinfectant. ◆ **désinfection** nf disinfection.

désinformation [dezɛ̃fɔʀmasjɔ̃] nf disinformation.

désintégrer [dezɛ̃tegʀe] (6) **1** vt (Phys) to split; (fig) to split up, break up. **2 se ~** vpr (gén) to disintegrate; (Phys) to split; [fusée] to selfdestruct. ◆ **désintégration** nf splitting; splitting-up ; breaking-up; disintegration.

désintéresser [dezɛ̃teʀese] (1) **1** vt créancier to pay off. **2 se ~** vpr: **se ~ de** to lose interest in. ◆ **désintéressé, e** adj disinterested. ◆ **désintéressement** nm (gén) disinterestedness; [créancier] paying off. ◆ **désintérêt** nm disinterest.

désintoxiquer [dezɛ̃tɔksike] (1) vt to treat for alcoholism (ou drug addiction), detoxify. **se faire ~** [alcoolique] to dry out; [drogué] to come off drugs. ◆ **désintoxication** nf treatment for alcoholism (ou drug addiction), detoxification.

désinvolte [dezɛ̃vɔlt(ə)] adj casual, offhand, airy. ◆ **désinvolture** nf casualness.

désir [deziʀ] nm (souhait) wish, desire; (convoitise) desire (de qch for sth, de faire to do). **vos ~s sont des ordres** your wish is my command; **prendre ses ~s pour des réalités** to indulge in wishful thinking. ◆ **désirable** adj desirable. **peu ~** undesirable.

désirer [deziʀe] (1) vt (vouloir) to want; (convoiter) to desire. **~ faire qch** to want ou wish to do sth; **que désirez-vous?** (au café) what would you like?; (dans un bureau) what can I do for you?; **il désire que tu viennes tout de suite** he wants you to come at once; **ça laisse beaucoup à ~** it leaves a lot to

be desired. ◆ **désireux, -euse** adj: **~ de qch** avid for sth, desirous of sth; **~ de faire** anxious to do, desirous of doing.

désister (se) [deziste] (1) vpr to withdraw. ◆ **désistement** nm withdrawal.

désobéir [dezɔbeiʀ] (2) vi to be disobedient. **~ à qn/à un ordre** to disobey sb/an order. ◆ **désobéissance** nf disobedience (à to). ◆ **désobéissant, e** adj disobedient.

désobliger [dezɔbliʒe] (3) vt to offend. ◆ **désobligeant, e** adj disagreeable.

désodoriser [dezɔdɔʀize] (1) vt to deodorize. ◆ **désodorisant, e** adj, nm deodorant.

désœuvré, e [dezœvʀe] adj idle. **rester ~ pendant des heures** to do nothing ou remain idle for hours on end. ◆ **désœuvrement** nm idleness. **par ~** for want of anything better to do.

désoler [dezɔle] (1) **1** vt to distress, upset; (dévaster) to desolate. **2 se ~** vpr to be upset. ◆ **désolant, e** adj nouvelle, situation distressing; enfant, temps disappointing. **il est ~ que** it's a terrible shame ou such a pity that. ◆ **désolation** nf (consternation) distress, grief; (dévastation) desolation. ◆ **désolé, e** adj **(a)** endroit desolate. **(b)** (affligé) distressed; (contrit) sorry. **(je suis) ~ de vous avoir dérangé** (I'm) sorry to have disturbed you.

désolidariser (se) [desɔlidaʀize] (1) vpr: **se ~ de** to dissociate o.s. from.

désopilant, e [dezɔpilɑ̃, ɑ̃t] adj hilarious, killing *.

désordre [dezɔʀdʀ(ə)] nm **(a)** [pièce, vêtements] untidiness, disorderliness; [service public] disorder; [esprits] confusion; (Méd) disorder; [vie] dissoluteness. **mettre/être en ~** to make/be untidy; **quel ~!** what a muddle! ou mess! **(b)** (agitation) disorder. **faire du ~** [élève] to cause a commotion ou a disturbance; [agitateur] to spread unrest; (émeute) **de graves ~s** serious disturbances, serious outbreaks of violence. ◆ **désordonné, e** adj personne untidy, disorderly; mouvements uncoordinated; fuite, vie disorderly; esprit muddled. **~ dans son travail** disorganized in one's work.

désorganiser [dezɔʀganize] (1) vt (gén) to disorganize. ◆ **désorganisation** nf disorganization.

désorienter [dezɔʀjɑ̃te] (1) vt (lit) to disorientate; (fig) to bewilder, confuse.

désormais [dezɔʀmɛ] adv in future, henceforth.

désosser [dezose] (1) vt viande to bone.

desperado [dɛspeʀado] nm desperado.

despote [dɛspɔt] **1** adj despotic. **2** nm (lit, fig) despot, tyrant. ◆ **despotique** adj despotic, tyrannical. ◆ **despotisme** nm (lit, fig) despotism, tyranny.

desquels, desquelles [dekɛl] V lequel.

dessaisir [deseziʀ] (2) **1** vt: **~ un tribunal d'une affaire** to remove a case from a court. **2 se ~** vpr: **se ~ de** to part with.

dessaler [desale] (1) vt **(a)** (aussi faire ~ ou mettre à ~) viande to soak. **(b)** (*: délurer) **~ qn** to teach sb a thing or two *.

dessécher [deseʃe] (6) **1** vt terre to dry out; plante to wither; (fig) cœur to harden. **2 se ~** vpr (gén) to dry out; [terre, bouche] to become parched; [plante] to wither; [aliments] to go dry. ◆ **dessèchement** nm dryness.

dessein [desɛ̃] nm (gén) design; (intention) intention; (projet) plan. **il a le ~ de faire** he intends ou means to do; **avoir des ~s sur qn** to have designs on sb; **dans le ~ de faire** with the intention of doing; **faire qch à ~** to do sth intentionally ou on purpose.

desseller [desele] (1) vt to unsaddle.

desserrer [desɛʀe] (1) **1** vt (gén) to loosen; nœud to slacken; étreinte to relax; poing, dents to unclench; écrou to unscrew; frein, étau to release; mots to space out. ~ **sa ceinture de 2 crans** to loosen ou slacken one's belt 2 notches; (fig) **il n'a pas desserré les dents** he hasn't opened his mouth ou lips. **2 se** ~ vpr [nœud, écrou] to come loose ou undone; [frein] to release itself; [étreinte] to relax, loosen. ◆ **desserré, e** adj loose; nœud slack.

dessert [desɛʀ] nm dessert.

desserte [desɛʀt(ə)] nf (a) (meuble) sideboard. (b) (transport) service. **la ~ de la ville est assurée par un car** there is a bus service to the town.

desservir¹ [desɛʀviʀ] (14) vt (a) plat, table to clear away. (b) (nuire à) personne to go against; intérêts to harm. **il m'a desservi auprès de mes amis** he did me a disservice with my friends.

desservir² [desɛʀviʀ] (14) vt (a) (Transport) to serve. **le village est desservi par 3 lignes d'autobus** the village is served by ou has 3 bus services. (b) [couloir] to lead into.

dessin [desɛ̃] nm (a) (gén) drawing. ~ **animé** cartoon film; ~ **humoristique** cartoon; **il faut lui faire un ~!** * you'll have to spell it out for him. (b) (art) **le ~** drawing; **école de ~** (d'art) art school; (industriel) technical college (for draughtsmen); **professeur de ~** art teacher; ~ **de mode** fashion design; ~ **industriel** draughtsmanship; **planche à** ~ drawing board; ~ **assisté par ordinateur** computer-aided design. (c) (motif) pattern, design. **tissu avec des ~s jaunes** material with a yellow pattern on it. (d) (contour) outline, line. ◆ **dessinateur, -trice** nm, f (artiste) drawer. ~ **industriel** draughtsman; ~ **humoristique** cartoonist ; ~ **de mode** fashion designer.

dessiner [desine] (1) **1** vt (a) (gén) to draw; véhicule to design; jardin to lay out, landscape. ~ **au crayon** to draw in pencil; **bouche bien dessinée** finely delineated mouth. (b) [chose] **les champs dessinent un damier** the fields from ou are laid out like a checkerboard; **vêtement qui dessine bien la taille** garment that shows off the waist well. **2 se** ~ vpr [contour] to stand out; [tendance] to become apparent; [projet] to take shape. **un sourire se dessina sur ses lèvres** a smile formed on his lips.

dessoûler * [desule] (1) vti to sober up. **il n'a pas dessoûlé de la semaine** he's been drunk non-stop all week.

dessous [d(ə)su] **1** adv (a) (sous) under, underneath, beneath; (plus bas) below. **mettez votre valise** ~ put your suitcase underneath (it) ou under it; **retirer qch de** ~ **le lit** to get sth from under ou from beneath the bed. (b) **en** ~ , **au-** ~ (sous) under, underneath; (plus bas) below; **en** ~ **de, au-** ~ **de** below; **les enfants au-** ~ **de 7 ans** children under 7; **20° au-** ~ **de zéro** 20° below zero; **être au-** ~ **de tout** to be quite hopeless; **les locataires d'en** ~ the people who rent the flat below, the tenants downstairs ou underneath; **regarder qn en** ~ to give sb a shifty look; **faire qch en** ~ to do sth in an underhand manner. **2** nm (a) [objet] bottom, underside; [pied] sole; [voiture, animal] underside. **drap du** ~ bottom sheet; **les gens du** ~ the people downstairs; **le** ~ **de la table est poussiéreux** the table is dusty underneath; **les fruits du** ~ the fruit at the bottom, the fruit underneath; **avoir le** ~ to get the worst of it, come off worst. (b) (côté secret) **les** ~ **de la politique** the hidden side of politics; **connaître le** ~ **des cartes** to have inside information. (c) (Habillement) **les** ~ underwear. **3** : ~ **de bouteille** bottle mat; ~ **de plat** table mat; ~ **de robe** slip, petticoat; ~ **de table** under the counter payment; ~ **de verre** coaster.

dessus [d(ə)sy] **1** adv (a) placé on top (of it); collé, écrit on it; lancer over (it); (plus haut) above. **montez** ~ (échelle) get up on it; **passez (par)** ~ go over it; **ôter qch de** ~ **la table** to take sth off the table; **il lui a tapé/tiré** ~ he hit him/shot at him. (b) **au-** ~ above; (étage) upstairs; (posé sur) on top; (plus cher etc) over, above; **au-** ~ **de** (plus haut que) above; (sur) on top of; prix, limite over, above; possibilités beyond; **les enfants au-** ~ **de 7 ans** children over 7; **20° au-** ~ **de zéro** 20° above zero; (prix) **c'est au-** ~ **de ce que je peux mettre** it's beyond my means, it's more than I can afford; **c'est au-** ~ **de mes forces** it's too much for me; **être au-** ~ **de tout soupçon/reproche** to be above suspicion/ beyond reproach. **2** nm top. **drap du** ~ top sheet; **les gens du** ~ the people upstairs; (fig) **le** ~ **du panier** the pick of the bunch; (élite sociale) the upper crust; **avoir/ prendre le** ~ to have/get the upper hand; **reprendre le** ~ to get over it. **3** : ~ **de cheminée** mantelpiece; ~ **de lit** bedspread; ~ **de table** table runner.

destabiliser [destabilize] (1) vt (Pol) régime to destabilize.

destin [dɛstɛ̃] nm (sort) fate; (avenir, vocation) destiny.

destinataire [dɛstinatɛʀ] nmf [lettre] addressee; [marchandise] consignee; [mandat] payee.

destination [dɛstinɑsjɔ̃] nf (direction) destination; (usage) purpose. **à** ~ **de** avion, train to; bateau bound for; voyageur travelling to; **arriver à** ~ to reach one's destination.

destiner [dɛstine] (1) vt (a) (attribuer) ~ **qch à qn** (gén) to intend ou mean sth for sb; ballon to aim sth at sb; **livre destiné aux enfants** book (intended ou meant) for children; **il vous destine ce poste** he intends ou means you to have this post; **le sort qui lui était destiné** the fate that was in store for him. (b) (affecter) ~ **une somme à l'achat de qch** to intend to use a sum ou earmark a sum to buy sth; **les fonds seront destinés à la recherche** the money will be devoted to ou used for research. (c) (vouer) ~ **qn à une fonction/à être médecin** to destine sb for a post/to be a doctor; **destiné à mourir jeune** destined ou fated to die young; **il se destine à l'enseignement** he intends to go into teaching. ◆ **destinée** nf (sort) fate; (avenir, vocation) destiny.

destituer [dɛstitɥe] (1) vt ministre to dismiss; roi to depose; officier to discharge; fonctionnaire to dismiss from office. ◆ **destitution** nf dismissal; deposition; discharge.

destruction [dɛstʀyksjɔ̃] nf: ~**(s)** (gén) destruction; [rats] extermination. ◆ **destructeur, -trice 1** adj destructive. **2** nm, f destroyer. ◆ **destructible** adj destructible. ◆ **destructif, -ive** adj destructive.

désuet, -ète [desɥɛ, ɛt] adj (gén) outdated; charme old-fashioned. ◆ **désuétude** nf disuse. **tomber en** ~ [loi] to fall into abeyance; [coutume] to become obsolete, fall into disuse.

désunir [dezyniʀ] (2) vt famille to divide, disunite. ◆ **désunion** nf disunity.

détacher [detaʃe] (1) **1** vt (a) prisonnier, paquet to untie; wagon to take off, detach (de from). (b) (dénouer) (gén) to undo; nœud to untie; soulier, ceinture to unfasten. (c) (ôter) (gén) to remove, take off; papier collé to unstick; rideau to take down (de from); reçu to tear out (de of), detach (de from). **il ne pouvait** ~ **son regard du spectacle** he could not take his eyes off the sight; ' ~ **suivant le pointillé'** 'tear off along the dotted line'. (d) (envoyer) personne to send, dispatch; (Admin: affecter) to second. **être détaché** to be on secondment. (e) (mettre en relief) mots to separate; contour to bring out; (Mus) notes to detach. (f) (éloigner) ~

qn de qch/qn to turn sb away from sth/sb. **(g)** *(nettoyer)* to clean.

2 se ~ *vpr* **(a)** *[prisonnier]* to free o.s., get loose *(de* from); *[paquet, nœud]* to come undone *ou* untied. **(b)** *[écorce, papier collé]* to come off; *[page, épingle]* to come out; *[rideau]* to come down. **(c)** *[coureur etc]* to pull *ou* break away *(de* from). **(d)** *(ressortir)* to stand out *(sur* against). **(e) se ~ de** *(renoncer à)* to renounce; *(se désintéresser de)* to grow away from.

♦ **détachable** *adj* detachable. ♦ **détachage** *nm* *(nettoyage)* stain removal. ♦ **détachant** *nm* stain remover. ♦ **détaché, e** *adj* air detached. ♦ **détachement** *nm* *(indifférence)* detachment; *(Mil)* detachment; *(fonctionnaire)* secondment.

détail [detaj] *nm* **(a)** *(particularité)* detail. **entrer dans les ~s** to go into details *ou* particulars. **(b)** *[facture, compte]* breakdown. **faire le ~ de qch** to give a breakdown of sth; **il nous a fait le ~ de ses aventures** he gave us a detailed account of his adventures; **en** *ou* **dans le ~** in detail. **(c)** *(Comm)* retail. **vendre au ~** *vin* to (sell) retail; *articles* to sell separately; **marchand de ~** retailer, retail dealer. ♦ **détaillant, e** *nm, f* retailer, retail dealer. ♦ **détaillé, e** *adj* detailed. ♦ **détailler** (1) *vt* **(a)** *(Comm)* articles to sell separately; *marchandise* to sell retail. **(b)** *plan, raison* to detail, explain in detail. **il m'a détaillé de la tête aux pieds** he examined me from head to foot.

détaler [detale] (1) *vi [lapin]* to bolt; *(*)* *[personne]* to scarper *. **il a détalé comme un lapin** he made a bolt for it *, he skedaddled *.

détartrer [detartre] (1) *vt* dents to scale; *chaudière etc* to descale. ♦ **détartrage** *nm* scaling; descaling. **se faire faire un ~** to have one's teeth scaled.

détaxer [detakse] (1) *vt* *(réduire)* to reduce the tax on; *(supprimer)* to remove the tax on. **produits détaxés** tax-free goods. ♦ **détaxe** *nf* reduction in tax; removal of tax *(de* from); *(remboursement)* tax refund.

détecter [detɛkte] (1) *vt* to detect. ♦ **détecteur, -trice 1** *adj* detecting, detector. **2** *nm* detector. **~ de mensonges** polygraph, lie detector. ♦ **détection** *nf* detection.

détective [detɛktiv] *nm*: **~ (privé)** private detective *ou* investigator, private eye *.

déteindre [detɛ̃dʀ(ə)] (52) **1** *vt* to take the colour out of. **2** *vi (gén)* to lose its colour; *(au lavage)* to run; *(au soleil)* to fade. **~ sur** *[couleur]* to run into; *[caractère]* to rub off on; **elle a déteint sur sa fille** she had an influence on her daughter.

dételer [detle] (4) **1** *vt* chevaux etc to unharness; *voiture* to unhitch. **2** *vi (*)* to leave off working *. **sans ~** without a break.

détendre [detɑ̃dʀ(ə)] (41) **1** *vt* ressort to release; *corde* to slacken, loosen; *corps, esprit* to relax; *atmosphère* to relieve, ease; *nerfs* to calm, soothe. **2 se ~** *vpr [ressort]* to lose its tension; *[corde]* to become slack, slacken; *[atmosphère, esprit, corps]* to relax; *[nerfs]* to calm down. **détends-vous!** relax!, let yourself unwind! *; **se ~ les jambes** to unbend one's legs. ♦ **détendu, e** *adj* personne, atmosphère relaxed; *câble* slack; *ressort* unextended.

détenir [detniʀ] (22) *vt* titre to hold; *secret, objets volés* to hold, be in possession of; *moyen* to have (in one's possession); *prisonnier* to detain. **~ le pouvoir** to be in power; **il détient la clef de l'énigme** he holds the key to the enigma; **il a été détenu dans un camp** he was held prisoner in a camp.

détente [detɑ̃t] *nf* **(a)** *(délassement)* relaxation; *(dans les relations)* easing *(dans* of). *(Pol)* **la ~** détente. **(b)** *(élan) [sauteur]* spring; *[lanceur]* thrust. **d'une ~ rapide** with a swift bound. **(c)** *(lit, fig: gâchette)* trigger.

détention [detɑ̃sjɔ̃] *nf* **(a)** *[armes]* possession; *[titres]* holding. **(b)** *(captivité)* detention. **~ préventive**

custody; **mettre en ~ préventive** to remand in custody, put on remand. ♦ **détenteur, -trice** *nm, f* possessor; holder. ♦ **détenu, e** *nm, f* prisoner. **~ de droit commun** ordinary prisoner.

détergent, e [detɛʀʒɑ̃, ɑ̃t] *adj, nm* detergent.

détériorer [deteʀjɔʀe] (1) **1** *vt* to damage, spoil. **2 se ~** *vpr* to deteriorate. ♦ **détérioration** *nf* damaging *(de* of), damage *(de* to); deterioration *(de* in). **~s** damage.

déterminer [detɛʀmine] (1) *vt (gén)* to determine; *(par calcul)* to calculate, work out; *(motiver)* retard to cause, bring about. ♦ **déterminant, e** *adj* determining. **ça a été ~** that was the deciding *ou* determining factor *(dans* in). ♦ **détermination** *nf* *(précision)* determining; *(résolution)* decision, resolution; *(fermeté)* determination. ♦ **déterminé, e** *adj* air determined; *but* definite, well-defined. **quantité ~e** given quantity.

déterrer [detɛʀe] (1) *vt (gén)* to dig up; *(lit, fig)* objet to unearth; *mort* to disinter. *(péj)* **avoir une tête de déterré** to look deathly pale.

détersif, -ive [detɛʀsif, iv] *adj, nm* detergent.

détester [detɛste] (1) *vt* to hate, detest. **elle déteste attendre** she hates *ou* can't bear having to wait; **il ne déteste pas le chocolat** he is rather fond of *ou* is not averse to chocolate. ♦ **détestable** *adj* foul, dreadful, appalling. ♦ **détestablement** *adv* appallingly, dreadfully.

détoner [detone] (1) *vi: (faire)* **~** to detonate, explode. ♦ **détonant, e** *adj:* mélange **~** explosive mixture. ♦ **détonateur** *nm* detonator. ♦ **détonation** *nf [obus]* detonation, explosion; *[fusil]* bang.

détonner [detone] (1) *vi [couleurs]* to clash; *[conduite]* to be out of place.

détour [detuʀ] *nm* **(a)** *(sinuosité)* bend, curve. **faire des ~s** to wind about; **au ~ du chemin** at the bend of the path. **(b)** *(déviation)* detour. **(c)** *(subterfuge)* roundabout means; *(circonlocution)* circumlocution. **sans ~s** plainly, without beating about the bush.

détourner [detuʀne] (1) **1** *vt* **(a)** *route, convoi* to divert; *avion [pirate de l'air]* to hijack, skyjack *; *soupçon, conversation* to divert *(sur* on to); *coup, colère* to ward off. **~ les yeux** to look away; **la tête** to turn one's head away; **~ qn de** *chemin, devoir, soucis* to divert sb from; *projet* to dissuade sb from; *sa famille* to turn sb away from; **~ qn du droit chemin** to lead sb astray. **(b)** *(voler)* to misappropriate. **2 se ~** *vpr* to turn away. **se ~ de sa route** *(pour aller ailleurs)* to make a detour; *(par erreur)* to go off the right road. **~ la tête** to turn one's head away; *projet* to dissuade sb from; *sa famille* to turn sb away from. ♦ **détourné, e** *adj* chemin, moyen roundabout. **de façon ~e** in a roundabout way. ♦ **détournement** *nm [rivière]* diversion. **~ d'avion** hijacking, skyjacking *; **~ de fonds** misappropriation of funds; **~ de mineur** *(perversion)* corruption of a minor.

détraquer [detʀake] (1) **1** *vt* machine to put out of order; *personne (physiquement)* to put out of sorts; *(nerveusement)* to upset; *(mentalement)* to unhinge. **ces orages ont détraqué le temps** these storms have unsettled the weather; **c'est un détraqué *** he's a headcase ⚥, he's cracked *. **2 se ~** *vpr [machine]* to go wrong; *[estomac]* to be upset; *[temps]* to break. ♦ **détraquement** *nm [machine]* breakdown; *[santé, nerfs]* upset, breakdown.

détremper [detʀɑ̃pe] (1) *vt* to soak. **chemins détrempés** sodden paths; **chemise détrempée** soaking (wet) shirt.

détresse [detʀɛs] *nf* distress. **en ~** *personne, bateau* in distress; *entreprise* in difficulties; *cœur* anguished; **appel de ~** distress call.

détriment [detʀimɑ̃] *nm:* **au ~ de** to the detriment of.

détritus [detʀitys] *nmpl* rubbish, refuse, garbage.

détroit [detʀwa] *nm (Géog)* strait. **le ~ de Bering** *ou* **Behring** the Bering Strait; **le ~ du Bosphore** the strait of the Bosphorus; **le ~ de Gibraltar** the Strait of Gibraltar; **le ~ de Magellan** the Magellan Strait, the Strait of Magellan.

détromper [detʀɔ̃pe] (1) **1** *vt personne* to disabuse (*de* of). **2 se ~** *vpr*: **détrompez-vous, il n'est pas venu** you're quite mistaken, he didn't come.

détrôner [detʀone] (1) *vt (lit, fig)* to dethrone.

détrousser [detʀuse] *vt († ou hum)* to rob.

détruire [detʀɥiʀ] (38) *vt (gén)* to destroy; *population* to wipe out; *insectes* to exterminate; *santé, espoir, projet* to ruin, wreck. **les effets se détruisent** the effects cancel each other out.

dette [dɛt] *nf (Fin, fig)* debt. **faire des ~s** to get into debt; **~ de jeu** gambling *ou* gaming debt; **avoir 1000 F de ~s** to be 1,000 francs in debt; **la ~ publique** the national debt; *(fig)* **je suis en ~ envers vous** I am indebted to you.

deuil [dœj] *nm* **(a)** *(perte)* bereavement. **plusieurs ~s dans sa famille** several deaths in his family. **(b)** *(affliction)* grief. **plonger qn dans le ~** to plunge sb into mourning *ou* grief. **(c)** *(vêtements)* mourning (clothes). **en grand ~** in deep mourning; **être/se mettre en ~** to be in/go into mourning. **(d)** *(durée)* mourning. **jour de ~** day of mourning; **~ national** national mourning. **(e)** **faire son ~ de qch** * to say goodbye to sth *.

deux [dø] **1** *adj* **(a)** two. **~ fois** twice; **je les ai vus tous (les) ~** I saw them both, I saw both of them, I saw the two of them; *(lit, fig)* **à ~ tranchants** double-edged; **inflation à ~ chiffres** double-figure *ou* two-figure inflation; **des ~ côtés de la rue** on both sides *ou* on either side of the street; **tous les ~ jours** every other day, every second day, every two days; *(en épelant)* **~ t/l** double t/l. **(b)** *(quelques)* a couple, a few. **c'est à ~ minutes d'ici** it's just a few minutes *ou* only a couple of minutes from here; **vous y serez en ~ secondes** you'll be there in no time (at all); **j'ai ~ mots à vous dire** I want to have a word with you. **(c)** *(deuxième)* second. **(d)** *(locutions)* **essayer et réussir, cela fait ~** to try and to succeed are two entirely different things; **pris entre ~ feux** caught in the crossfire; **il ne faut plus qu'il y ait ~ poids (et) ~ mesures** we must no longer have two different standards *ou* two sets of rules; *(fig)* **être assis entre ~ chaises** to be in a difficult predicament; **~ précautions valent mieux qu'une** better safe than sorry; **en ~ temps, trois mouvements** in two ticks *.

2 *nm* two. **couper en ~ /en ~ morceaux** to cut in two *ou* in half/into two pieces; **marcher ~ par ~** to walk two by two *ou* in pairs; **à nous ~** *(à un interlocuteur)* I'm with you now; *(à un ennemi)* now let's fight it out!; *V* **six.**

3 : **~-pièces** *nm inv (ensemble)* two-piece suit; *(maillot)* two-piece (swimsuit); *(appartement)* two-room flat; **~-points** *nm inv* colon; **~-roues** *nm inv* two-wheeled vehicle.

◆ **deuxième** *adj, nmf* second. *(Mil)* **~ classe** private; *V* **sixième.** ◆ **deuxièmement** *adv* second(ly).

dévaler [devale] (1) **1** *vt* to tear down, hurtle down. **2** *vi [rochers]* to hurtle down; *[lave]* to rush down; *[terrain]* to fall away sharply. *[personne]* **~ dans les escaliers** to tumble down the stairs.

dévaliser [devalize] (1) *vt maison* to burgle, burglarize *(US)*. *banque, personne* to rob. *(fig) [clients]* **~ un magasin** to buy up a shop; **~ le réfrigérateur** to raid the fridge.

dévaloriser *vt,* **se ~** *vpr* [devalɔʀize] (1) to depreciate. ◆ **dévalorisation** *nf* depreciation.

dévaluer *vt,* **se ~** *vpr* [devalɥe] (1) to devalue. ◆ **dévaluation** *nf* devaluation.

devancer [dəvɑ̃se] (3) *vt (distancer)* to get ahead of; *(précéder)* to arrive ahead of; *objection, désir* to anticipate. *(Mil)* **~ l'appel** to enlist before call-up; **il m'a devancé de 3 minutes/3 points** he beat me by 3 minutes/3 points, he was 3 minutes/3 points ahead of me. ◆ **devancier, -ière** *nm, f* precursor.

devant [d(ə)vɑ̃] **1** *prép* **(a)** *(position)* in front of; *(distance)* ahead of; *(dépassement)* past. **il est passé ~ moi sans me voir** he walked past me without seeing me; **assis ~ la fenêtre** sitting at *ou* by the window; **va-t-en de ~ la vitrine** move away from (in front of) the window; **il marchait ~ moi** he was walking in front of *ou* ahead of me; **il est ~ moi en classe** *(banc)* he sits in front of me at school; *(résultats)* he is ahead of me at school; **fuir ~ qn** to flee before *ou* from sb; **avoir du temps/de l'argent ~ soi** to have time/money to spare; *(lit, fig)* **aller droit ~ soi** to go straight on. **(b)** *(en présence de)* before. **s'incliner ~ qn** to bow before sb; **imperturbable ~ le malheur d'autrui** unmoved by other people's misfortune; *(fig)* **reculer ~ ses responsabilités** to shrink from one's responsibilities; **par-~ notaire** in the presence of a notary; **~ la situation** *(étant donné)* in view of *ou* considering the situation; *(face à)* faced *ou* confronted with the situation; **rester ferme ~ le danger** to stand fast in the face of danger.

2 *adv*: **vous êtes juste ~** you are right in front of it; **corsage qui se boutonne (par-)~** blouse which buttons up at the front; **il est loin ~** he's a long way ahead; **je suis passé ~** *boutique* I went past *ou* by it; *coureur* I went ahead of *ou* in front of him; **fais passer le plateau ~** pass the tray forward; **il a pris des places ~** he has got seats at the front; *(Aut)* **monter ~** to sit in the front; **marchez ~, les enfants** walk in front, children.

3 *nm* **(a)** *(gén)* front; *[bateau]* fore, bows. **habiter sur le ~** to live at the front; **roue de ~** front wheel. **(b)** **prendre les ~s** to make the first move, take the initiative; **je suis allé au-~ (de lui)** I went to meet him; **aller au-~ des désirs de qn** to anticipate sb's wishes; **courir au-~ du danger** to court danger; **aller au-~ des ennuis** to be asking for trouble.

devanture [d(ə)vɑ̃tyʀ] *nf (étalage)* display; *(vitrine)* (shop) window; *(façade)* (shop) front.

dévaster [devaste] (1) *vt* to devastate. ◆ **dévastateur, -trice** *adj orage* devastating; *passion* destructive. ◆ **dévastation** *nf*: **~(s)** devastation.

déveine * [devɛn] *nf* rotten luck *.

développer [devlɔpe] (1) **1** *vt (gén, Phot)* to develop; *commerce* to expand; *argument* to enlarge (up)on; *paquet* to unwrap; *parchemin* to unroll; *coupon de tissu* to unfold; *troupes* to deploy. **poitrine bien/peu développée** well-developed/ underdeveloped bust. **2 se ~** *vpr [personne, plante]* to develop; *[affaire]* to expand, develop; *[armée]* to spread out; *[habitude]* to spread. ◆ **développement** *nm* development; expansion. **en plein ~** fast-expanding, fast-developing; **pays en voie de ~** developing country; **appareil/photographie à ~ instantané** instant camera/photograph.

devenir [dəvniʀ] (22) **1** *vi* **(a)** to become. **~ médecin** to become a doctor; **que veux-tu ~ dans la vie?** what do you want to do *ou* be in life?; **cet enfant est devenu un homme solide** that child has turned into *ou* has become a strong man; **il est devenu tout rouge** he turned *ou* went quite red; **~ vieux** to grow *ou* get old; **c'est à ~ fou!** it's enough to drive you mad! **(b)** *(advenir de)* **bonjour, que devenez-vous?** * hullo, how are you getting on? *ou* doing? *; **que sont devenues mes lunettes?** where have my glasses got to?; **qu'allons-nous ~?** what will become of us? **2** *nm* evolution.

dévergonder (se) [devɛʀgɔ̃de] (1) *vpr* to run wild. ♦ **dévergondé, e** *adj* shameless.

déverser [devɛʀse] (1) **1** *vt ordures* to tip (out), dump; *bombes* to unload; *voyageurs* to disgorge; *colère* to pour out. **2 se** ~ *vpr* to pour out (*dans* into).

dévêtir *vt*, **se** ~ *vpr* [devetiʀ] (20) to undress.

déviance [devjɑ̃s] *nf (Psych)* deviancy, deviance. ♦ **déviant, e** *adj, nm, f* deviant.

déviation [devjɑsjɔ̃] *nf (lit, fig: écart)* deviation; *(Aut)* diversion; *[colonne vertébrale]* curvature.

dévider [devide] (1) *vt bobine* to unwind; *reproches* to reel off. ♦ **dévidoir** *nm* reel.

dévier [devje] (7) **1** *vi* **(a)** *[aiguille]* to deviate; *[bateau, projectile]* to veer off course. **le poteau a fait** ~ **le ballon** the post deflected the ball. **(b)** *[doctrine]* to alter. **la conversation déviait dangereusement** the conversation was taking a dangerous turn; ~ **par rapport au projet initial** to move away *ou* diverge from the original plan; ~ **de sa ligne politique** to deviate *ou* depart from one's political line; **il fit** ~ **la conversation** he turned *ou* diverted the conversation (*sur* onto). **2** *vt circulation* to divert; *coup* to deflect.

deviner [d(ə)vine] (1) *vt (gén)* to guess; *énigme* to solve. ~ **l'avenir** to foretell the future; **devine pourquoi** guess why. ♦ **devin, devineresse** *nm, f* soothsayer. **je ne suis pas** ~ * I haven't got second sight. ♦ **devinette** *nf* riddle.

devis [d(ə)vi] *nm* estimate, quotation.

dévisager [devizaʒe] (3) *vt* to stare at, look hard at.

devise [d(ə)viz] *nf* motto; *(Comm)* slogan; *(Fin)* currency. ~ **forte** hard *ou* strong currency; ~ **faible** soft *ou* weak currency; ~**s** (foreign) currency.

dévisser [devise] (1) *vt* to unscrew.

dévoiler [devwale] (1) *vt statue, secret* to unveil; *nom, date* to reveal, disclose.

devoir [d(ə)vwaʀ] (28) **1** *vt argent, respect etc* to owe. **il réclame ce qui lui est dû** he is asking for what is owing *ou* due to him; **il ne veut rien** ~ **à personne** he doesn't want to be indebted to anyone *ou* to owe anyone anything; **je dois à mes parents d'avoir réussi** I have my parents to thank for my success, I owe my success to my parents; **il lui doit bien cela!** it's the least he can do for him!; **avec les honneurs dûs à son rang** with honours due to *ou* befitting his rank.

2 *vb aux* **(a)** *(obligation)* to have to. **il aurait dû la prévenir** he should have *ou* ought to have warned her; **dois-je lui écrire tout de suite?** must I *ou* do I have to *ou* have I got to write to him immediately?; **vous ne devez pas entrer sans frapper** you are not to *ou* you must not come in without knocking; **non, tu ne dois pas le rembourser** no, you need not *ou* don't have to pay it back. **(b)** *(fatalité)* **cela devait arriver** it was bound to happen; **elle ne devait pas apprendre la nouvelle avant le lendemain** she was not to hear the news until the next day; **même s'il devait être condamné, il refuserait** even if he were (to be) found guilty he would refuse; **les choses semblent** ~ **s'arranger** things seem to be sorting themselves out. **(c)** *(prévision)* **il doit arriver ce soir** he is due to arrive tonight, he is to arrive tonight; **vous deviez le lui cacher** you were (supposed) to hide it from him. **(d)** *(probabilité)* **vous devez vous tromper** you must be mistaken; **elle ne doit pas être bête** she can't be stupid; **cela devrait pouvoir s'arranger** it should be *ou* ought to be possible to put that right.

3 se ~ *vpr:* **se** ~ **à qn/qch** to have to devote o.s. to sb/sth; **nous nous devons de le lui dire** it is our duty to tell him; **comme il se doit** *(comme il faut)* as is proper *ou* right; *(comme prévu)* as expected. **4** *nm* **(a)** *(obligation)* duty. **agir par** ~ to act from a sense of duty; **se faire un** ~ **de faire** to make it one's duty to do; ~**s religieux** religious duties; **se mettre en** ~ **de faire** to set about doing; **présenter ses** ~**s à qn** to pay one's respects to sb. **(b)** *(Scol) (à la maison)* homework; *(en classe)* exercise. **faire se** ~**s** to do one's homework; ~ **sur table** written) test.

dévolu, e [devɔly] *adj:* **être** ~ **à qn** *[droits]* to be devolved upon sb; *[charge]* to be handed down to sb; **budget** ~ **à la recherche** funds allotted to research; **le sort qui lui sera** ~ the fate that is in store for him.

dévorer [devɔʀe] (1) *vt* **(a)** *aliment, livre* to devour; *fortune* to consume; *larmes* to choke back. **cet enfant dévore!** this child has a huge appetite!; **dévoré par les moustiques** eaten alive by mosquitoes; ~ **qch à belles dents** to wolf sth down; ~ **qn du regard** to eye sb greedily. **(b)** *[jalousie, feu]* to consume, devour. **la soif le dévore** he has a burning thirst; **voiture qui dévore les kilomètres** car which eats up the miles; **c'est une tâche qui dévore tous mes loisirs** it's a task which swallows up all my free time. ♦ **dévorant, e** *adj faim* raging; *curiosité, soif* burning; *passion* devouring, consuming.

dévot, e [devo, ɔt] **1** *adj (gén)* devout, pious; *(péj)* churchy *, over-pious. **2** *nm, f* deeply religious person; *(péj)* excessively pious person. ♦ **dévotement** *adv* devoutly, piously. ♦ **dévotion** *nf (piété)* devoutness; *(culte)* devotion. **avoir une** ~ **pour qn** to worship sb.

dévouer (se) [devwe] (1) *vpr (se sacrifier)* to sacrifice o.s. (*pour* for). *(se consacrer à)* **se** ~ **à qn/qch** to devote *ou* dedicate o.s. to sb/sth. ♦ **dévoué, e** *adj* devoted, dedicated (*à* to). ♦ **dévouement** *nm* devotion, dedication. **avec** ~ devotedly.

dévoyer (se) [devwaje] (8) **1** *vt* to lead astray. **2 se** ~ *vpr* to go astray. ♦ **dévoyé, e** *adj, nm, f* delinquent.

dextérité [dɛksteʀite] *nf* skill, dexterity.

diabète [djabɛt] *nm* diabetes *(sg)*. ♦ **diabétique** *adj, nmf* diabetic.

diable [djɑbl(ə)] *nm* **(a)** devil. **il a le** ~ **au corps** he is the very devil; **il est très** ~ he is a real little devil; **tirer le** ~ **par la queue** to live from hand to mouth; **habiter au** ~ **vauvert** to live miles from anywhere; **il faisait un vent du** ~ there was the devil of a wind; **il est menteur en** ~ he is the devil of a liar; **ce** ~ **de temps** this wretched weather. **(b)** *(excl)* **D~!** well!; **qu'il aille au** ~**!** the devil take him!; **du courage que** ~**!** cheer up, dash it!; **pourquoi/quand** ~ **l'as-tu jeté?** why/when the devil did you throw it out?; **c'est bien le** ~ **si** it would be most unusual *ou* surprising if; **ce n'est pas le** ~**!** it's not that bad! **(c)** *(enfant)* devil, rogue. *(personne)* **pauvre** ~ poor devil; **grand** ~ tall fellow; **ce n'est pas un mauvais** ~ he's not a bad fellow. **(d)** *(chariot)* hand truck. *(jouet)* ~ **(à ressort)** jack-in-the-box. ♦ **diablement** * *adv* dashed *. ♦ **diabolique** *adj* diabolical, devilish. ♦ **diaboliquement** *adv* diabolically.

diabolo [djabɔlo] *nm (jouet)* diabolo. *(boisson)* ~ **menthe** mint and lemonade.

diacre [djakʀ(ə)] *nm* deacon.

diadème [djadɛm] *nm (lit, fig)* diadem; *(bijou)* tiara.

diagnostiquer [djagnɔstike] (1) *vt (lit, fig)* to diagnose. ♦ **diagnostic** *nm* diagnosis.

diagonal, e, *mpl* **-aux** [djagɔnal, o] *adj, nf* diagonal. **en** ~**e** diagonally; **lire en** ~**e** to skim through.

diagramme [djagʀam] *nm (schéma)* diagram; *(graphique)* chart, graph.

dialecte [djalɛkt(ə)] *nm* dialect. ◆ **dialectal, e,** *mpl* **-aux** *adj* dialectal.

dialectique [djalɛktik] *adj, nf* dialectic.

dialogue [djalɔg] *nm (gén)* dialogue; *(conversation)* conversation. **c'est un ~ de sourds** it's a dialogue of the deaf. ◆ **dialoguer** (1) *vi [amis]* to have a conversation; *[syndicats]* to have a dialogue. **~ avec un ordinateur** to interact with a computer.

diamant [djamɑ̃] *nm (gén)* diamond. ◆ **diamantaire** *nm (tailleur)* diamond-cutter; *(vendeur)* diamond merchant.

diamètre [djamɛtʀ(ə)] *nm* diameter. ◆ **diamétralement** *adv* diametrically.

diantre [djɑ̃tʀ(ə)] *excl* (†, *hum)* by Jove! (†, *hum).* **qui ~...?** who the devil...? †. ◆ **diantrement** *adv* (†, *hum)* devilish †.

diapason [djapazɔ̃] *nm (gén)* diapason. **se mettre au ~ de qn** to get in tune with sb.

diaphane [djafan] *adj* diaphanous.

diaphragme [djafʀagm(ə)] *nm (gén)* diaphragm; *(Phot)* aperture. *(Phot)* **ouvrir de 2 ~s** to open 2 stops.

diapositive [djapozitiv] *nf (Phot)* slide.

diarrhée [djaʀe] *nf* diarrhœa.

diaspora [djaspɔʀa] *nf (gén)* diaspora. **la ~ (juive)** the (Jewish) Diaspora.

diatribe [djatʀib] *nf* diatribe.

dichotomie [dikɔtɔmi] *nf* dichotomy.

dictateur [diktatœʀ] *nm* dictator. ◆ **dictatorial, e,** *mpl* **-aux** *adj* dictatorial. ◆ **dictature** *nf* dictatorship. *(fig)* **c'est de la ~!** this is tyranny!

dicter [dikte] (1) *vt lettre, condition* to dictate *(à* to); *volonté* to impose *(à* upon). **je n'aime pas qu'on me dicte ce que je dois faire!** I won't be dictated to! ◆ **dictée** *nf* dictation. **écrire sous la ~ de qn** to take down sb's dictation.

diction [diksjɔ̃] *nf (débit)* diction, delivery; *(art)* speech production.

dictionnaire [diksjɔnɛʀ] *nm* dictionary. *(Ordin)* **~ de données** data directory *ou* dictionary; **c'est un vrai ~** he's a walking encyclopaedia.

dicton [diktɔ̃] *nm* saying, dictum.

didacticiel [didaktisjɛl] *nm (Ordin)* educational software program. **il fait des ~s** he writes educational software.

dièse [djɛz] *adj, nm (Mus)* sharp. **fa ~** F sharp.

diesel [djezɛl] *nm* diesel.

diète [djɛt] *nf* (a) *(Méd) (jeûne)* starvation diet; *(régime)* diet. **mettre qn à la ~** to put sb on a starvation diet. (b) *(Hist)* diet. ◆ **diététicien, -ienne** *nm, f* dietician. ◆ **diététique 1** *adj* dietary. **restaurant ~** health-food *ou* organic *(US)* restaurant; **magasin** *ou* **centre ~** health-food shop. **2** *nf* dietetics *(sg).*

dieu, *pl* **~x** [djø] *nm* (a) *(Myth, fig)* god. (b) **D~** God; **D~ le père** God the Father; **société sans D~** godless society; **le bon D~** the good Lord; **on lui donnerait le bon D~ sans confession** he looks as if butter wouldn't melt in his mouth. (c) *(locutions)* **mon D~!** my goodness!, goodness me!; **mon D~ oui** well yes; **D~ vous bénisse!** God bless you!; **à D~ ne plaise!, D~ m'en garde!** God forbid!; **D~ vous entende!** may God hear you!; **D~ seul le sait** God only *ou* alone knows; **D~ sait s'il est généreux!** God knows he is generous!; **D~ soit loué!** praise God! *ou* the Lord!; **D~ merci, il n'a pas plu** it didn't rain, thank goodness; **à-D~-vat!** *(entreprise risquée)* well, it's in God's hands; *(départ)* God be with you; **tu vas te taire bon D~!** ✱ for Christ's sake ✱ *ou* sakes ✱ *(US)* will you be quiet!

diffamer [difame] (1) *vt (en paroles)* to slander; *(par écrit)* to libel. ◆ **diffamateur, -trice** *nm, f* slanderer. ◆ **diffamation** *nf:* ~**(s)** slander; libel ;

campagne de ~ smear campaign. ◆ **diffamatoire** *adj* slanderous; libellous.

différé, e [difeʀe] *adj (TV)* (pre-)recorded.

différemment [difeʀamɑ̃] *adv* differently.

différence [difeʀɑ̃s] *nf (gén)* difference. **~ d'âge** difference in age, age difference; **quelle ~ avec les autres!** what a difference from the others!; **ne pas faire de ~** to make no distinction *(entre* between); **à la ~ de** unlike; **à cette ~ que** with this difference that.

différencier [difeʀɑ̃sje] (7) **1** *vt* to differentiate. **2 se ~** *vpr (être différent de)* to differ *(de* from); *(devenir différent)* to become differentiated *(de* from); *(se rendre différent)* to differentiate o.s. *(de* from). ◆ **différenciation** *nf* differentiation.

différend [difeʀɑ̃] *nm* difference of opinion, disagreement; *(Jur, Fin)* controversy.

différent, e [difeʀɑ̃, ɑ̃t] *adj* (a) *(dissemblable)* different *(de* from). (b) *(pl: divers)* different, various. **à ~es heures de la journée** at different times of day; **pour ~es raisons** for various reasons.

différentiel, -elle [difeʀɑ̃sjɛl] *adj, nm, nf (gén)* differential.

différer [difeʀe] (6) **1** *vi* (a) *(être dissemblable)* to differ, be different *(de* from, *en, par* in). (b) *(diverger)* to differ. **2** *vt (gén)* to postpone, put off; *jugement* to defer.

difficile [difisil] *adj* (a) *travail, problème* difficult; *situation* difficult, awkward, tricky ✱. **il a eu un moment ~** he went through a difficult *ou* trying time; **il a trouvé l'expédition ~** he found the expedition hard going *ou* heavy going; **~ à faire** difficult *ou* hard to do; **ils ont des fins de mois ~s** they have a hard time making ends meet. (b) *personne (contrariant)* difficult, trying; *(exigeant)* fussy. **être ~ sur la nourriture** to be difficult *ou* fussy about one's food; **faire le ~** to be hard to please. ◆ **difficilement** *adv marcher, s'exprimer* with difficulty. **c'est ~ visible** it's difficult *ou* hard to see; **il gagne ~ sa vie** he finds it difficult *ou* hard to earn a living. ◆ **difficulté** *nf (gén)* difficulty. **avoir de la ~ à faire qch** to have difficulty (in) doing sth, find it difficult *ou* hard to do sth; **avoir des ~s financières** to be in financial difficulties; **faire des ~s pour accepter** to make *ou* raise difficulties about accepting; **être en ~** to be in difficulties *ou* in trouble; **avion/navire en ~** aircraft/ship in distress; **mettre qn en ~** to put sb in a difficult position; *(Scol, Psych)* **enfant en ~** problem child; **~s d'apprentissage** learning disabilities *ou* difficulties.

difforme [difɔʀm(ə)] *adj corps* deformed, misshapen; *visage, arbre* twisted. ◆ **difformité** *nf* deformity, misshapenness; twistedness. *(Méd)* **~s** deformities.

diffus, e [dify, yz] *adj (gén)* diffuse.

diffuser [difyze] (1) *vt lumière, chaleur* to diffuse; *livres* to distribute; *(Jur)* *document* to circulate; *émission* to broadcast. **programme diffusé en direct** live broadcast *ou* programme. ◆ **diffuseur** *nm (Presse: distributeur)* distributor. ◆ **diffusion** *nf* diffusion; distribution; circulation; broadcasting.

digérer [diʒeʀe] (6) *vt aliment, connaissance* to digest; *insulte* to stomach ✱, put up with. **~ bien/mal** to have a good/bad digestion. ◆ **digeste** *adj aliment* easily digested, digestible. ◆ **digestif, -ive 1** *adj* digestive. **2** *nm (liqueur)* liqueur. ◆ **digestion** *nf* digestion.

digital, e, *mpl* **-aux** [diʒital, o] **1** *adj (gén)* digital. **2** *nf* digitalis.

digne [diɲ] *adj (auguste)* dignified; *(à la hauteur)* worthy. **son ~ fils** his worthy son; **~ de** worthy of; **~ d'éloges** praiseworthy, deserving of praise; **~ de foi** trustworthy; **~ de pitié** pitiable; **~ d'envie** enviable; **il n'est pas ~ de vivre** he's not fit to live;

(lit, péj) **tu es le ~ fils de ton père!** you're fit to be your father's son!; **avec une attitude peu ~ d'un juge** with an attitude ill-befitting a judge. ◆ **dignement** *adv se conduire* with dignity; *récompenser fittingly, justly.* ◆ **dignitaire** *nm* dignitary. ◆ **dignité** *nf (gén)* dignity. **la ~ de la personne humaine** human dignity.

digression [digʀɛsjɔ̃] *nf* digression.

digue [dig] *nf (gén)* dyke; *(pour protéger la côte)* sea wall; *(fig)* barrier.

dilapider [dilapide] (1) *vt* to squander, waste. ◆ **dilapidation** *nf* squandering, wasting.

dilater [dilate] (1) **1** *vt (gén)* to dilate; *métal, gaz* to cause to expand. **2 se ~** *vpr* to dilate; to expand. **se ~ la rate** * to split one's sides (laughing) *.* ◆ **dilatation** *nf* dilation; expansion.

dilemme [dilɛm] *nm* dilemma. **sortir du ~** to resolve the dilemma.

dilettante [diletɑ̃t] *nmf (en art)* dilettante; *(péj: amateur)* amateur. ◆ **dilettantisme** *nm* amateurishness.

diligence [diliʒɑ̃s] *nf* (a) *(empressement)* haste. **faire ~** to make haste. (b) *(soin)* diligence. (c) *(Hist: voiture)* stagecoach. ◆ **diligent, e** *adj (rapide)* speedy, prompt; *(assidu)* diligent.

diluer [dilɥe] (1) *vt liquide* to dilute; *peinture* to thin down; *(fig) discours* to pad out. ◆ **dilution** *nf* dilution; thinning down; padding out.

diluvienne [dilyvjɛn] *adj f pluie* torrential.

dimanche [dimɑ̃ʃ] *nm* Sunday. **le ~ de Pâques** Easter Sunday; **ses habits du ~** one's Sunday clothes, one's Sunday best; **peintre du ~** spare-time painter; **chauffeur du ~** Sunday driver; *V* **samedi.**

dime [dim] *nf (Hist)* tithe.

dimension [dimɑ̃sjɔ̃] *nf* (a) *(taille)* size. **avoir la même ~** to be the same size; **de grande/petite ~** large/small-sized; **une tâche à la ~ de son talent** a task equal to *ou* commensurate with one's talent. (b) *(mesures)* **~s** dimensions; **quelles sont les ~s de la pièce?** what are the dimensions *ou* measurements of the room?; **dans la plus grande ~** at the widest *(ou* longest) point; **à 2/3 ~s** 2/3 dimensional. (c) *(Philos)* dimension.

diminuer [diminɥe] (1) **1** *vt* (a) *(gén)* to reduce, decrease; *prix* to bring down; *son* to lower, turn down; *plaisir, intérêt* to lessen, diminish. **~ les effectifs** to cut back on numbers, reduce *ou* cut back the numbers; **ça l'a beaucoup diminué** this has greatly undermined his health; **c'est un homme très diminué** he has really gone downhill, he is not at all the man he was; **très ~ physiquement** physically very run-down; **très ~ mentalement** mentally much less alert; **~ un employé** to cut *ou* reduce the salary of an employee. (b) *(dénigrer)* to belittle.
2 *vi* (a) *[violence, intensité]* to diminish; *[circulation]* to die down; *[pluie]* to let up; *[orage, bruit]* to die down *ou* away. **~ d'intensité** to die down, decrease in intensity, subside. (b) *[nombre, valeur, pression]* to decrease, diminish, go down, fall; *[jours]* to grow shorter. **ça a diminué de volume** it has been reduced in volume. ◆ **diminutif, -ive** *adj, nm* diminutive. ◆ **diminution** *nf* (a) *(réduction)* reduction. **consentir une ~ à** to allow a reduction to. (b) *(décroissance)* diminishing; decrease. **une ~ du nombre des accidents** a decrease in the number of accidents.

dinde [dɛ̃d] *nf* turkey(hen). ◆ **dindon** *nm* turkey(cock). **être le ~ (de la farce)** to be cheated. ◆ **dindonneau,** *pl* **~x** *nm* turkey poult.

dîner [dine] (1) **1** *vi* to have dinner. **~ d'une tranche de pain** to have a slice of bread for dinner; **avoir qn à ~** to have sb for *ou* to dinner. **2** *nm* dinner; *(réception)* dinner party. ◆ **dînette**

nf (jeu) doll's tea party. *(repas)* **on fera la ~** * we'll have a snack. ◆ **dîneur, -euse** *nm, f* diner.

ding [diŋ] *excl* ding. **~ dong!** ding dong!

dingue * [dɛ̃g] **1** *adj personne* nuts *, crazy * *(de* about); *bruit, prix* fantastic, incredible, stupendous. **tu verrais les prix, c'est ~!** you should see the prices, they're crazy *ou* incredible!; **un film ~** a really way out * film; **un vent ~** a hell of * a wind. **2** *nmf* nutcase *, loony *. **c'est un ~ de la voiture** he's crazy * *ou* nuts * about cars.

dinosaure [dinozɔʀ] *nm* dinosaur.

diocèse [djɔsɛz] *nm* diocese.

diphtérie [difteʀi] *nf* diphtheria. ◆ **diphtérique** *adj* diphtherial.

diphtongue [diftɔ̃g] *nf* diphthong.

diplomate [diplɔmat] **1** *adj* diplomatic. **2** *nmf (Pol)* diplomat; *(fig)* diplomatist. **3** *nm (Culin)* ≃ trifle. ◆ **diplomatie** *nf (Pol, fig)* diplomacy. ◆ **diplomatique** *adj* diplomatic. **c'est une maladie ~** it's a sort of 'diplomatic' *ou* face-saving illness.

diplôme [diplom] *nm (titre) (gén)* diploma; *(licence)* degree. **avoir des ~s** to have qualifications. ◆ **diplômé, e 1** *adj* qualified. **2** *nm, f* holder of a diploma.

dire [diʀ] (37) **1** *vt* (a) *paroles* to say. **'j'ai froid' dit-il** 'I'm cold' he said; **~ bonjour à qn** to say hullo to sb; **comme disent les Anglais** as the English put it *ou* say; **~ ce qu'on pense** to speak one's mind; **il n'a pas dit un mot** he hasn't said *ou* spoken *ou* uttered a single word; **qu'est-ce que les gens vont ~!** whatever will people say!; **il ne croyait pas si bien ~** he didn't know how right he was, he never spoke a truer word; **ce n'est pas une chose à ~** it is better left unsaid; **que dis-je!** what am I saying?
(b) **~ que** to say that; **doit-il venir? — elle dit que oui** is he coming? — she says he is *ou* she says so; **la loi dit clairement que** the law says clearly that *ou* clearly states that; **l'espoir fait vivre, dit-on** you can live on hope, as the saying goes; **on le dit malade** he's rumoured to be ill; **il sait ce qu'il dit** he knows what he's talking about.
(c) **~ à qn que** to tell sb that, say to sb that; **~ qch à qn** to tell sb sth; **j'ai qch à vous ~** there's sth I want to tell you *ou* say to you; **~ la bonne aventure à qn** to tell sb's fortune; **il nous a dit sa joie** he told us of his joy, he told us how happy he was; **ce nom me dit qch** this name rings a bell; **dites-lui de partir/qu'il parte ce soir** tell him to go/ that he must leave tonight; **fais ce qu'on te dit!** do as you are told!; **'méfie-toi' me dit-il** he told me *ou* he said to me, 'be cautious'.
(d) *(objecter)* to say (à, contre against). **tu n'as rien à ~**, **tu es bien servi** you can't complain, you've done all right.
(e) *poèmes, messe, prière* to say; *rôle* to speak; *mensonge, renseignement* to tell. **~ des bêtises** to talk nonsense.
(f) *(plaire)* **cela vous dit de sortir?** do you feel like going out?; **rien ne me dit en ce moment** I am not in the mood for anything just now; **cela ne me dit rien qui vaille** I don't like the look of that.
(g) *[chose] (indiquer)* to say, show. **son silence en dit long** his silence speaks for itself.
(h) *(penser)* to think. **qu'est-ce que tu dis de ma robe?** what do you think of *ou* how do you like my dress?; **qu'est-ce que vous dites de la question?** what do you think about the matter?; **qu'est-ce que vous diriez d'une promenade?** what would you say to a walk?, how about a walk?; **on dirait qu'il n'aime pas cette ville** he doesn't seem to like this town; **on dirait qu'il le fait exprès!** you'd almost think he does it on purpose!; **on dirait qu'il va pleuvoir** it looks like rain; **on dirait du poulet** it tastes like chicken; **on dirait du Brahms** it sounds like Brahms; **on dirait du parfum** it smells like

perfume; **on dirait de la soie** it feels like silk; **qui l'eût dit!** who would have thought it!

(**i**) *(décider)* **venez bientôt, disons demain** come soon, let's make it tomorrow *ou* let's say tomorrow; **il est dit que je ne gagnerai jamais** I'm destined *ou* fated never to win; **bon, voilà qui est dit** right, it's settled; **à l'heure dite** at the appointed time.

(**j**) *(admettre)* to say, admit. **il faut bien ~ que** I must say *ou* admit that; **disons-le, il nous ennuie** let's be frank, he bores us.

(**k**) *(locutions)* **X, dit le Chacal** X, known as the Jackal; **qui dit argent dit problèmes** money means problems; **tu l'as dit!** quite true!, you've said it!; **ceci dit** having said this; **pour ainsi ~** so to speak, as it were; **comme qui dirait** as you might say; **ou pour mieux ~...** or, to put it another way...; **dis donc!** *(à propos)* by the way; *(holà)* hey!; **comme de l'autre** * as they say, so to speak; **pour tout ~** in fact; **je vous l'avais bien dit!** I told you so!; **que tu dis!** ‡ sez you! ‡; **à qui le dites-vous!** you're telling ME! *; **cela va sans ~** it goes without saying; **il va sans dire que c'était faux** needless to say it was wrong; **à vrai ~** actually, to tell (you) the truth; **il n'y a pas à ~** there's no doubt about it; **je ne vous dis que cela!** just let me tell you!; **on a beau ~** say what you like; **comment dirais-je...** how shall I put it?; **c'est ~ s'il est content** that just shows you how pleased he is; **c'est beaucoup ~** that's saying a lot; **c'est peu ~** that's an understatement; **c'est (tout) ~** that (just) shows you; **c'est moi qui vous le dis** you take my word for it; **ce n'est pas pour ~, mais...** *(se vanter)* I don't wish to boast but...; *(se plaindre)* I don't wish to complain but...; **c'est-à-~** that is to say; **c'està-~ que je ne le savais pas** well actually I didn't know; **entre nous soit dit** between the two of us *ou* you and me; **soit dit en passant** by the way, incidentally.

(**l**) *(avec faire, laisser, vouloir)* **faire ~ qch à qn** to send word of sth to sb; **faire ~ à qn de venir** to send for sb; **il ne se l'est pas fait ~ deux fois** he did not need to be told twice; **je ne lui ai pas fait ~** I didn't make him say it; **je ne vous le fais pas ~!** I'm not putting words into your mouth; **laisser ~** to let people talk; **je me suis laissé ~ que** I heard that, I was told that; **vouloir ~** to mean; **cette phrase ne veut rien ~** this sentence does not mean a thing.

2 se ~ *vpr* (**a**) **il se dit qu'il était tard** he said to himself that it was late; **il se dit malade** he claims to be ill; **elles se dirent au revoir** they said goodbye (to each other). (**b**) *(sens passif)* **cela ne se dit pas** it's not the sort of thing one says; **cela ne se dit plus** this expression is no longer used; **comment se dit... en français?** what is the French for...?

3 *nm (déclaration)* statement. **d'après ses ~s** according to him *ou* what he says.

direct, e [diʀɛkt, ɛkt(ə)] **1** *adj (gén)* direct. **il m'a parlé de manière très ~e** he spoke to me in a very direct *ou* straightforward way; **ses chefs ~s** his immediate superiors; **être en rapport ~ avec** to deal directly *ou* be in direct contact with; **il a pris une part très ~e à cette affaire** he was directly involved in this business; **ce train est ~ jusqu'à Lyon** this is a fast *ou* non-stop train to Lyons. **2** *nm (Rail)* express (train), fast train; *(Boxe)* jab. **~ du gauche** straight left; *(Rad, TV)* **c'est du ~** it's live; **en ~ de New York** live from New York; **ce sont les risques du ~** those are the risks of live broadcasting *ou* of broadcasting live.

directement [diʀɛktəmɑ̃] *adv (immédiatement)* straight, directly; *(personnellement)* directly; *(sans intermédiaire)* direct, straight; *(tout à fait)* completely. **il est ~ allé se coucher** he went straight *ou* directly to bed, he went to bed straight *ou* right away; **tout ceci ne me concerne pas ~ mais...** none

of this concerns me directly but...; **adressez-vous ~ au patron** apply to the boss direct *ou* in person; **~ contraire** completely contrary.

directeur, -trice [diʀɛktœʀ, tʀis] **1** *adj (dirigeant)* directing; *idée* leading, main; *principe* guiding. **2** *nm [banque, usine]* *(responsable, gérant)* manager; *(administrateur)* director; *(Admin)* head; *(Police)* ≃ chief constable; *(Ciné, TV)* director. **~ (d'école)** headmaster, principal *(US)*; *(Pol)* **~ de cabinet (d'un ministre)** principal private secretary; **~ général** general manager, chief executive officer *(US)*; **~ général adjoint** assistant general manager; **~ de journal** newspaper editor. **3** *nf [entreprise]* manageress; *(propriétaire)* director; *(Admin)* head. **~trice d'école** headmistress, principal *(US)*.

direction [diʀɛksjɔ̃] *nf* (**a**) *(lit, fig: sens)* direction. **dans quelle ~ est-il parti?** which way did he go?; **prendre la ~ de Paris** to go towards *ou* in the direction of Paris; **train en ~ de...** train for *ou* going to... (**b**) *(gén)* running; *[firme]* management; *[journal]* editorship; *[parti]* leadership; *[opérations]* directing; *[recherches]* supervision. **on lui a confié la ~ des travaux** he has been put in charge of the work; **prendre la ~ de** *entreprise* to take over the running of; *opérations* to take charge *ou* control of. (**c**) *(fonction)* *[entreprise]* post of manager; *[école]* headship, post of head *ou* principal; *[journal]* editorship, post of editor; *(Admin)* post of chief executive. *(personnel dirigeant)* **la ~** the management. (**d**) *(bureau)* director's *ou* manager's *ou* headmaster's *ou* editor's office. (**e**) *(service)* department. **la ~ du personnel** the personnel department; **la D~ de la surveillance du territoire** the counter-espionage services, ≃ MI5, ≃ CIA *(US)*. (**f**) *(Aut: mécanisme)* steering. **~ assistée** power assisted steering. ◆ **directorial, e**, *mpl* **-iaux** *adj (Comm, Ind)* managerial. **bureau ~** manager's *ou* director's *ou* headmaster's *ou* principal's *(US) etc* office.

directive [diʀɛktiv] *nf* directive.

directrice [diʀɛktʀis] *V* **directeur**.

dirigeable [diʀiʒabl(ə)] *adj, nm* airship.

dirigeant, e [diʀiʒɑ̃, ɑ̃t] **1** *adj classe* ruling. **cadre ~** senior manager *ou* executive. **2** *nm, f, [parti, pays]* leader. **~ d'entreprise** company director; *(salarié)* company manager.

diriger [diʀiʒe] (3) **1** *vt* (**a**) *(gén)* to run; *entreprise* to manage; *journal* to edit; *pays, parti* to lead; *opération* to direct; *recherches* to supervise, oversee; *enquête, débat* to lead; *orchestre* to conduct; *(Mil)* **~ le tir** to direct the firing; **cette idée dirige toute notre politique** this idea guides *ou* determines our whole policy. (**b**) *voiture, bateau* to steer; *avion* to pilot, fly. *(fig)* **bien ~ sa barque** to run one's affairs well. (**c**) *(acheminer)* *marchandises* to send; *personnes* to direct, send *(sur, vers* to). (**d**) *arme* to point, aim *(sur* at); *critique* to aim, direct *(contre* at); *lampe* to shine *(sur* on). **~ son attention sur qch** to turn one's attention to sth; **~ son regard sur qch** to look towards sth; **la flèche est dirigée vers la gauche** the arrow is pointing left *ou* to the left; **~ ses pas vers un lieu** to make one's way towards a place; **on devrait ~ ce garçon vers les sciences** we should guide this boy towards the sciences; **cet élève a été mal dirigé** this pupil has been badly advised *ou* guided.

2 se ~ *vpr* (**a**) **se ~ vers** *lieu* to make one's way towards; *carrière* to turn towards; **l'avion se dirigea vers le nord** the plane flew *ou* headed northwards; **se ~ droit sur qch** to make a beeline *ou* make straight for sth; *(fig)* **nous nous dirigeons vers une solution** we seem to be heading towards a solution. (**b**) *(se guider)* to find one's way. **se ~ au radar** to navigate by radar; *(fig, Scol)* **se ~ vers les sciences** to specialise in sciences; **se ~ vers les**

carrières juridiques to opt for *ou* be headed for a career in law.

discerner [disɛʀne] **(1)** *vt* **(a)** *(distinguer)* forme to discern, make out; *bruit* to detect. **(b)** *(différencier)* to distinguish, discriminate *(entre* between). ~ **le vrai du faux** to distinguish *ou* tell truth from falsehood. ◆ **discernable** *adj* discernible. ◆ **discernement** *nm* *(sagesse)* discernment; *(action)* distinguishing, discriminating. **sans** ~ *(réflexion)* without proper judgment; *(distinction)* without distinction.

disciple [disipl(ə)] *nm* disciple.

discipliner [disipline] **(1)** *vt* *élèves* to discipline; *cheveux* to control. **se** ~ to discipline oneself. ◆ **disciplinable** *adj* disciplinable. ◆ **disciplinaire** *adj* disciplinary. ◆ **disciplinairement** *adv* in a disciplinary way. ◆ **discipline** *nf* *(règle)* discipline; *(matière)* discipline, subject. ~ **de base** core *ou* basic subject. ◆ **discipliné, e** *adj* well-disciplined.

disc-jockey [diskʒɔkɛ] *nm* disc jokey, DJ.

disco [disko] **1** *adj musique* disco. **2** *nm:* **le** ~ disco music.

discontinu, e [diskɔ̃tiny] *adj* *(gén)* discontinuous; *bruit* intermittent. *(Aut)* **bande jaune** ~**e** dotted yellow line. ◆ **discontinuer** **(1)** *vi:* **sans** ~ without stopping, without a break. ◆ **discontinuité** *nf* discontinuity.

disconvenir [diskɔ̃vniʀ] **(22)** *vi:* **je n'en disconviens pas** I don't deny it.

discorder [diskɔʀde] **(1)** *vi* *[sons]* to be discordant; *[couleurs]* to clash; *[témoignages]* to conflict. ◆ **discordance** *nf* *[caractères]* conflict; *[sons]* discordance; *[couleurs]* clash. *[témoignages]* **présenter des** ~**s** to show discrepancies, conflict. ◆ **discordant, e** *adj* *(gén)* discordant; *caractères, opinions* conflicting; *bruits* harsh; *couleurs* clashing. ◆ **discorde** *nf* discord, dissension. **mettre la** ~ to cause dissension.

discothèque [diskɔtɛk] *nf* *(collection)* record collection; *(meuble)* record cabinet; *(bâtiment)* record library; *(club)* disco.

discount [diskunt] **1** *nm rabais* **faire du** ~ to give a discount. **2** *adj inv:* **magasin** ~ discount store *ou* shop; **à des prix** ~ at discount prices.

discours [diskuʀ] *nm* **(a)** *(allocution)* speech. *(péj)* **tous ces beaux** ~ all this fine talk; **suis-moi sans faire de** ~! follow me and no arguing; **perdre son temps en** ~ to waste one's time talking. **(b)** *(Ling)* **(au)** ~ **direct/indirect** (in) direct/indirect speech. **(c)** *(Philos: traité)* discourse. ◆ **discourir** **(11)** *vi* *(faire un discours)* to discourse; *(péj)* to hold forth *(sur, de* upon); *(bavarder)* to chat.

discourtois, e [diskuʀtwa, waz] *adj* discourteous.

discréditer [diskʀedite] **(1)** **1** *vt* *(gén)* to discredit. **2 se** ~ *vpr* *[personne]* to discredit o.s. ◆ **discrédit** *nm* discredit, disrepute. **tomber dans le** ~ to fall into disrepute.

discret, -ète [diskʀɛ, ɛt] *adj* **(a)** *(réservé, silencieux)* discreet. **(b)** *(timide, neutre)* personne unassuming; *maquillage, regard* discreet; *vêtement* sober, plain; *couleur, endroit* quiet; *lumière* subdued. **'envoi** ~' 'sent under plain cover'. ◆ **discrètement** *adv* discreetly; soberly; quietly. **il a** ~ **fait allusion à** he made a discreet allusion to. ◆ **discrétion** *nf* discretion; sobriety; plainness; *(discernement)* discretion. **vin** *etc* **à** ~ unlimited wine *etc*.

discrimination [diskʀiminɑsjɔ̃] *nf* discrimination. ◆ **discriminatoire** *adj* *mesures* discriminatory. ◆ **discriminer** **(1)** *vt* to discriminate.

disculper [diskylpe] **(1)** **1** *vt* to exonerate *(de* from). **2 se** ~ *vpr* to exonerate o.s. *(auprès de qn* in sb's eyes). ◆ **disculpation** *nf* exoneration.

discuter [diskyte] **(1)** **1** *vt* **(a)** *(gén)* to discuss; *projet de loi* to debate; *prix* to argue about. **(b)** *(contester)*

ordre to question, dispute. **théorie très discutée** very controversial theory; **ça se discute** that's debatable. **(c)** ~ **le coup** * *(parler)* to have a chat; *(parlementer)* to argue away. **2** *vi* *(conférer)* to confer; *(parler)* to talk; *(parlementer, protester)* to argue *(avec* with). ~ **de qch** to discuss sth; **j'en ai discuté avec lui** I have discussed the matter *ou* talked the matter over with him. ◆ **discussion** *nf* *(gén)* discussion; *(débat)* debate; *(pourparlers)* discussion, talks; *(conversation)* talk; *(querelle)* argument. **sans** ~ **possible** indisputably, undoubtedly; **suis-moi et pas de** ~**s** follow me and no argument. ◆ **discutable** *adj* debatable, questionable.

disette [dizɛt] *nf* *(manque)* scarcity, shortage; *(famine)* food shortage.

diseuse [dizøz] *nf:* ~ **de bonne aventure** fortune-teller.

disgrâce [disgʀɑs] *nf* disgrace. **tomber en** ~ to fall into disgrace. ◆ **disgracier** **(7)** *vt* to disgrace.

disgracieux, -ieuse [disgʀasjø, jøz] *adj* *démarche* awkward, ungainly; *visage* ill-favoured; *forme* unsightly.

disjoindre [disʒwɛ̃dʀ(ə)] **(49)** **1** *vt* *planches* to take apart; *problèmes* to separate. **2 se** ~ *vpr* to come apart *ou* loose.

disjoncteur [disʒɔ̃ktœʀ] *nm* *(Élec)* circuit breaker.

disloquer [dislɔke] **(1)** **1** *vt* **(a)** *bras* to dislocate. **(b)** *machine, cortège, empire* to break up. **2 se** ~ *vpr* **(a)** **se** ~ **le bras** to dislocate one's arm. **(b)** *[meuble]* to come apart; *[cortège]* to disperse, break up. ◆ **dislocation** *nf* dislocation; breaking up; dispersal.

disparaître [dispaʀɛtʀ(ə)] **(57)** *vi* **(a)** *(gén)* to disappear, vanish. **le fuyard disparut dans la foule** the fugitive disappeared *ou* vanished into the crowd; ~ **discrètement** to slip away quietly; ~ **furtivement** to sneak away *ou* out; **il a disparu de son domicile** he has gone missing *ou* has disappeared from home. **(b)** *(mourir)* *[race, coutume]* to die out; *[personne]* to die; *[navire]* to sink, be lost. ~ **en mer** to be lost at sea; *(Naut)* ~ **corps et biens** to go down with all hands. **(c)** **faire** ~ *tache, obstacle* to remove; *personne* to get rid of; *crainte* to dispel; **cela a fait** ~ **la douleur/la rougeur** it made the pain/ red mark go away, it got rid of the pain/all trace of the red mark; **faire** ~ **un objet** *[prestidigitateur]* to make an object vanish; *[voleur]* to conceal an object; *(enlever)* to remove an object; *(jeter)* to dispose of *ou* get rid of an object.

disparate [dispaʀat] *adj* *éléments* disparate; *couple* ill-assorted. ◆ **disparité** *nf* disparity *(de* in); ill-assortedness.

disparition [dispaʀisjɔ̃] *nf* *(gén)* disappearance; *[soleil]* setting; *[tache, obstacle]* removal; *[objet, bateau]* loss; *(mort)* death. **espèce en voie de** ~ endangered species.

disparu, e [dispaʀy] **1** *adj époque* bygone, vanished; *bonheur* lost, departed; *(mort)* personne dead; *coutume* vanished. **il a été porté** ~ he has been reported missing; **marin** ~ **en mer** sailor lost at sea. **2** *nm, f* *(mort)* dead person; *(manquant)* missing person. **le cher** ~ the dear departed.

dispendieux, -ieuse [dispɑ̃djø, jøz] *adj* extravagant.

dispensaire [dispɑ̃sɛʀ] *nm* community *ou* free *(US)* clinic.

dispenser [dispɑ̃se] **(1)** **1** *vt* **(a)** *(exempter)* to exempt *(de faire* from doing, *de qch* from sth). **dispensez-moi de sa vue** spare me the sight of him; **se faire** ~ to get exempted. **(b)** *bienfaits, lumière* to dispense. ~ **à qn son dévouement** to lavish one's devotion on sb; *(Méd)* ~ **des soins à un malade** to give medical care to a patient. **2 se** ~ *vpr:* **se** ~ **de corvée** to avoid, get out of;

remarque to refrain from making; **se ~ de faire qch** to get out of doing sth; **il peut se ~ de travailler** he doesn't need to work. ◆ **dispense** *nf (exemption)* exemption *(de* from); *(permission)* special permission; *(Rel)* dispensation *(de* from).

disperser [dispɛʀse] (1) **1** *vt* papiers to scatter, spread about; *brouillard* to disperse; *collection* to break up; *foule, ennemi* to scatter, disperse; *ses efforts* to dissipate. **tous nos amis sont maintenant dispersés** all our friends are scattered now. **2 se ~** *vpr [foule]* to scatter, disperse; *[élève]* to dissipate one's efforts. ◆ **dispersé, e** *adj habitat* scattered; *esprit* unselective; *travail* disorganized, fragmented. ◆ **dispersion** *nf* scattering; dispersal; breaking up; dissipation; *(Chim, Phys)* dispersion. **évitez la ~ dans votre travail** don't attempt to do too many things at once.

disponible [dispɔnibl(ə)] *adj* (**a**) *livre, place* available. **je ne suis pas ~ ce soir** I'm not free tonight. (**b**) *auditoire* receptive. ◆ **disponibilité** *nf* availability; receptiveness. *(Fin)* ~**s** liquid assets; *(Admin)* **mettre en ~** *fonctionnaire* to grant leave of absence to.

dispos, e [dispo, oz] *adj personne* refreshed. **avoir l'esprit ~** to have a fresh mind.

disposer [dispoze] (1) **1** *vt* (**a**) *(mettre)* to place, set, lay; *(arranger)* to arrange. (**b**) **~ qn à faire/à qch** *(engager à)* to dispose *ou* incline sb to do/ towards sth; *(préparer à)* to prepare sb to do/for sth. **2** *vi (partir)* to leave. **vous pouvez ~** you may leave. **3 ~ de** *vt indir argent, moyens* to have (available *ou* at one's disposal). **il disposait de quelques heures** he had a few hours to spare; **vous pouvez en ~** you can use it; **il dispose de ses amis de manière abusive** he takes advantage of his friends; **droit des peuples à ~ d'eux-mêmes** right of nations to self-determination. **4 se ~** *vpr:* **se ~ à faire** *(se préparer à)* to prepare to do, be about to do. ◆ **disposé, e** *adj* (**a**) **être ~ à faire** to be disposed *ou* prepared to do; **bien/mal ~** in a good/ bad mood; **bien/mal ~ à l'égard de** *ou* **pour** *ou* **envers qn** well-/ill-disposed towards sb. (**b**) *terrain* situated. **bien/mal ~** *pièces, vitrine* well-/badly-laid-out.

dispositif [dispozitif] *nm* (**a**) *(mécanisme)* device. (**b**) *(moyens)* plan of action. **~ de défense** defence system; **un important ~ (policier) a été mis en place** a large police operation was set up *ou* a large contingent of police was brought in. (**c**) *(Jur) [jugement]* pronouncement; *[loi]* purview.

disposition [dispozisjɔ̃] *nf* (**a**) *[meubles]* arrangement; *[invités]* placing; *[terrain]* situation; *[pièces]* layout. (**b**) *(usage)* disposal. **mettre qch/être à la ~ de qn** to put sth/be at sb's disposal; **mis à la ~ de la justice** handed over to the law. (**c**) *(mesures)* ~**s** *(préparatifs)* arrangements; *(précautions)* measures, steps; **prendre des** *ou* **ses ~s** to make arrangements. (**d**) *(humeur)* mood, frame of mind. **être dans de bonnes ~s pour faire qch** to be in the right mood to do sth; **être dans de bonnes ~s à l'égard de qn** to feel well-disposed towards sb; **est-il toujours dans les mêmes ~s à l'égard de ce projet?** does he still feel the same way about this plan? (**e**) *(aptitude)* ~**s** aptitude, natural ability; **avoir des ~s pour les langues** to have a special aptitude for *ou* a gift for languages. (**f**) *(tendance)* tendency *(à* to). (**g**) *(Jur)* clause. ~**s testamentaires** provisions of a will.

disproportion [dispʀɔpɔʀsjɔ̃] *nf* disproportion *(de* in). ◆ **disproportionné, e** *adj objet* disproportionately large. **~ à** disproportionate to, out of all proportion with.

disputer [dispyte] (1) **1** *vt* (**a**) **~ qch/qn à qn** to fight with sb for *ou* over sth/sb; **elle essaya de lui ~ la gloire de son invention** she tried to rob him of the glory of his invention; **le ~ en beauté**

à qn to rival sb in beauty. (**b**) *combat* to fight; *match* to play. (**c**) *(**: *gronder)* to tell off *. **se faire ~** to get a telling-off * *(par* from). **2 se ~** *vpr* (**a**) *(se quereller)* to quarrel, have an argument *(avec* with). (**b**) *objet* to fight over; *poste* to contest. ◆ **dispute** *nf* argument, quarrel. ◆ **disputé, e** *adj match* close, closely fought; *siège de député* hotly contested.

disquaire [diskɛʀ] *nm* record-dealer.

disqualifier [diskalifje] (7) *vt (Sport)* to disqualify; *(fig: discréditer)* to bring discredit on. ◆ **disqualification** *nf* disqualification.

disque [disk(ə)] *nm (gén, Méd)* disc; *(Sport)* discus; *(Mus)* record; *(Ordin)* disc, disk. **~ dur/souple** hard/floppy disc *ou* disk.

disquette [diskɛt] *nf (Ordin)* floppy (disc *ou* disk), diskette *(US)*.

dissection [disɛksjɔ̃] *nf* dissection.

dissemblable [disɑ̃blabl(ə)] *adj* dissimilar *(de* to). ◆ **dissemblance** *nf* dissimilarity *(de* in).

disséminer *vt*, **se ~** *vpr* [disemine] (1) to scatter, spread (out). ◆ **dissémination** *nf (action)* scattering, spreading; *(état) [maisons, points de vente]* scattered lay out *ou* distribution.

dissension [disɑ̃sjɔ̃] *nf* dissension.

dissentiment [disɑ̃timɑ̃] *nm* disagreement.

disséquer [diseke] (6) *vt (lit, fig)* to dissect.

disserter [disɛʀte] (1) *vi:* **~ sur** *(parler)* to speak on; *(écrire)* to write an essay on; *(péj)* to hold forth about. ◆ **dissertation** *nf (Scol, hum)* essay.

dissidence [disidɑ̃s] *nf (Pol)* dissidence; *(Rel)* dissent; *(divergence)* disagreement, dissidence. ◆ **dissident, e 1** *adj (Pol)* dissident; *(Rel)* dissenting. **2** *nm, f (Pol)* dissident; *(Rel)* dissenter.

dissimilitude [disimilityd] *nf* dissimilarity.

dissimuler [disimyle] (1) **1** *vt* to conceal, hide *(à qn* from sb). **je ne vous dissimulerai pas que** I won't disguise *ou* conceal the fact that; **savoir ~** to be good at pretending. **2 se ~** *vpr* to conceal *ou* hide o.s. ◆ **dissimulateur, -trice 1** *adj* dissembling. **2** *nm, f* dissembler. ◆ **dissimulation** *nf (duplicité)* dissimulation; *(action de cacher)* concealment. ◆ **dissimulé, e** *adj caractère, enfant* secretive.

dissiper [disipe] (1) **1** *vt* (**a**) *fumée* to dispel; *nuage* to disperse; *soupçon, crainte* to dispel; *malentendu* to clear up. (**b**) *fortune* to dissipate, squander; *jeunesse* to waste. (**c**) **~ qn** *(corrompre)* to lead sb astray; *(distraire)* to distract sb. **2 se ~** *vpr* (**a**) *[fumée]* to drift away; *[nuages]* to disperse; *[brouillard]* to clear, lift; *[inquiétude]* to vanish; *[malaise]* to disappear, wear off. (**b**) *[élève]* to misbehave. ◆ **dissipé, e** *adj élève* undisciplined; *vie* dissolute, dissipated. ◆ **dissipation** *nf* (**a**) *(indiscipline)* misbehaviour; *(débauche)* dissipation. (**b**) *[fortune]* squandering, dissipation. (**c**) *[fumée, nuage]* dispersal; *[brouillard]* clearing, lifting; *[craintes]* dispelling. **après ~ des brouillards matinaux** after the early morning fog has lifted *ou* cleared.

dissocier [disosje] (7) **1** *vt* to dissociate. **2 se ~** *vpr [éléments]* to break up, split up. *(fig)* **se ~ de qn** to dissociate o.s. from sb. ◆ **dissociable** *adj molécules* dissociable; *problèmes* separable. ◆ **dissociation** *nf* dissociation.

dissolu, e [disɔly] *adj* dissolute.

dissolution [disɔlysjɔ̃] *nf (Jur)* dissolution; *[groupe]* breaking-up; *[empire, unité]* crumbling. **prononcer la ~ de** to dissolve; *[sucre etc]* **tourner jusqu'à ~ complète** stir until it has completely dissolved.

dissolvant, e [disɔlvɑ̃, ɑ̃t] **1** *adj* solvent. **2** *nm* solvent; *(pour ongles)* nail varnish remover.

dissonance [disɔnɑ̃s] *nf:* ~**(s)** dissonance. ◆ **dissonant, e** *adj sons* dissonant; *couleurs* clashing.

dissoudre [disudʀ(ə)] (51) **1** vt (**a**) (aussi **faire** ~) sel to dissolve. (**b**) (Jur, Pol) to dissolve; parti to break up. **2 se** ~ vpr (**a**) [sel] to dissolve. (**b**) [association] to break up.

dissuader [disɥade] (1) vt to dissuade (de qch from sth, de faire from doing). ◆ **dissuasion** nf dissuasion. ◆ **dissuasif, -ive** adj dissuasive. **avoir un effet** ~ **sur** to have a dissuasive ou deterrent effect upon; **à un prix trop** ~ at too high a price.

dissymétrie [disimetʀi] nf dissymmetry. ◆ **dissymétrique** adj dissymmetrical.

distance [distɑ̃s] nf (**a**) (lit) distance. **à quelle** ~ **est la gare?** how far away is the station?, what's the distance to the station?; **habiter à une grande** ~/ **à quelques kilomètres de** ~ to live a long way away/a few kilometres away (de from); **à 2 ans de** ~ **je m'en souviens encore** 2 years later I can still remember it; **nés à quelques années de** ~ born within a few years of one another. (**b**) (fig: écart) gap. (**c**) (locutions) **garder ses** ~s to keep one's distance (vis à vis de from); **les syndicats ont pris leurs** ~s **envers le gouvernement** the unions have distanced themselves from the government; **tenir qn à** ~ to keep sb at a distance ou at arm's length; **se tenir à** ~ to keep one's distance; **faire qch à** ~ to do sth at ou from a distance; **mettre en marche à** ~ appareil to start up by remote control; ~ **focale** focal length. ◆ **distancer** (3) vt voiture to outdistance, leave behind; concurrent to outstrip, leave behind. **se laisser** ou **se faire** ~ to be left behind. ◆ **distant, e** adj lieu, événement distant, far-off; attitude distant, aloof. **une ville** ~**e de 10 km** a town 10 km away.

distancier (se) [distɑ̃sje] (7) vpr to distance o.s. (de from). ◆ **distanciation** nf distance.

distendre [distɑ̃dʀ(ə)] (41) **1** vt peau to distend; muscle, (fig) lien to strain. **2 se** ~ vpr [lien] to slacken; [peau] to distend. ◆ **distendu, e** adj distended ; slack. ◆ **distension** nf distension; slackening.

distiller [distile] (1) vt (lit) to distil; (fig) to exude. ◆ **distillateur** nm distiller. ◆ **distillation** nf distillation, distilling. ◆ **distillerie** nf (usine) distillery; (industrie) distilling.

distinct, e [distɛ̃(kt), distɛ̃kt(ə)] adj (gén) distinct (de from). ◆ **distinctement** adv distinctly. ◆ **distinctif, -ive** adj distinctive. ◆ **distinction** nf (gén) distinction. **faire la** ~ **entre** to make a distinction between.

distinguer [distɛ̃ge] (1) **1** vt (**a**) objet, bruit to make out, distinguish. ~ **qn dans la foule** to pick out ou spot sb in the crowd; **il distingue mal sans lunettes** he can't see very well without his glasses. (**b**) (différencier) to distinguish. ~ **une chose d'avec une autre** to distinguish ou tell one thing from another. (**c**) (rendre différent) to distinguish, set apart (de from). (**d**) (choisir) to single out; (honorer) to honour. **2 se** ~ vpr (**a**) (différer) to be distinguished (de from). **ces objets se distinguent par leur couleur** these objects can be distinguished by their colour; **il se distingue par son accent** his accent makes him stand out. (**b**) (réussir) to distinguish o.s. **il se distingue par son absence** he is conspicuous by his absence. ◆ **distinguable** adj distinguishable. ◆ **distingué, e** adj distinguished. **veuillez agréer l'expression de ma considération** ~**e** yours faithfully. ◆ **distinguo** nm (nuance) distinction.

distordre vt, **se** ~ vpr [distɔʀdʀ(ə)] (41) to twist.

distorsion [distɔʀsjɔ̃] nf (gén) distortion; (déséquilibre) imbalance; (Jur) bias.

distraction [distʀaksjɔ̃] nf (**a**) (inattention) absent-mindedness. **j'ai eu une** ~ my concentration lapsed. (**b**) (passe-temps) entertainment, amusement. (**c**) (Jur: vol) abstraction.

distraire [distʀɛʀ] (50) **1** vt (divertir) to entertain, amuse; (déranger) to distract, divert; (voler) to abstract (de from). ~ **qn de son chagrin** to take sb's mind off his grief. **2 se** ~ vpr to amuse o.s., enjoy o.s. ◆ **distrait, e** adj personne absent-minded; attitude inattentive, abstracted. ◆ **distraitement** adv absent-mindedly, abstractedly. ◆ **distrayant, e** adj entertaining.

distribuer [distʀibɥe] (1) vt (**a**) (donner) (gén) to distribute; gâteau to share out; courrier to deliver; travail, rôle to allocate, assign; cartes to deal (out); ordres to hand out; saluts, enseignement to dispense (à to). (**b**) (disposer) (gén) to distribute; emploi du temps to arrange; plan de maison to lay out. **savoir** ~ **son temps** to know how to divide up one's time. (**c**) (gén, Comm: acheminer) to distribute; eau to supply. ◆ **distributeur, -trice 1** nm, f distributor. **2** nm (appareil) machine; (Aut) distributor. ~ **automatique** slot machine; (Banque) = **automatique de billets** cash dispenser. ◆ **distribution** nf (**a**) distribution; sharing out; delivery; allocation; deal; arrangement; layout; supply. ~ **gratuite** free gifts; ~ **des prix** prize giving; (fig) **ce résultat a conduit à une nouvelle** ~ **des cartes** this result has shifted ou altered the balance of power ou has given a new look to the situation. (**b**) (Ciné, Théât: acteurs) cast. (**c**) (Comm, Aut, Tech) distribution.

district [distʀik(t)] nm district.

dithyrambique [ditiʀɑ̃bik] adj éloges extravagant.

diurétique [djyʀetik] adj, nm diuretic.

diurne [djyʀn(ə)] adj diurnal.

divaguer [divage] (1) vi (délirer) to ramble; (*)to rave. ◆ **divagation** nf rambling; (*) raving.

divan [divɑ̃] nm divan.

diverger [divɛʀʒe] (3) vi to diverge. ◆ **divergence** nf divergence. ◆ **divergent, e** adj divergent.

divers, e [divɛʀ, ɛʀs(ə)] adj (**a**) (pl) (varié) diverse, varied; (différent) different, various; (plusieurs) various, several. **frais** ~ miscellaneous expenses. (**b**) (changeant) varied. ◆ **diversement** adv in various ways.

diversifier [divɛʀsifje] (7) **1** vt exercices to vary; production to diversify. **2 se** ~ vpr to diversify. ◆ **diversification** nf diversification.

diversion [divɛʀsjɔ̃] nf diversion. **faire** ~ to create a diversion.

diversité [divɛʀsite] nf (variété) variety, diversity; (divergence) diversity.

divertir [divɛʀtiʀ] (2) **1** vt (amuser) to amuse, entertain, divert; (voler) to divert; (†: détourner) to distract (de from). **2 se** ~ vpr to amuse o.s., enjoy o.s. **se** ~ **l'esprit** to occupy one's mind; **se** ~ **de qn** to laugh at sb. ◆ **divertissant, e** adj amusing, entertaining. ◆ **divertissement** nm (passe-temps) distraction, entertainment, amusement; (Mus) divertissement; (Jur: vol) misappropriation; (Philos) distraction. **le** ~ recreation.

dividende [dividɑ̃d] nm (Fin, Math) dividend.

divin, e [divɛ̃, in] adj (gén) divine; (*: excellent) divine *, heavenly. **notre** ~ **Sauveur** our Holy Saviour. ◆ **divinement** adv divinely. ◆ **divinité** nf divinity.

diviniser [divinize] (1) vt to deify. ◆ **divinisation** nf deification.

diviser [divize] (1) **1** vt (gén, Math) to divide; tâche, ressources to share out; gâteau to divide up. ~ **en 3/en 3 parties** to divide ou split in 3/into 3 parts; ~ **pour régner** divide and rule; **une famille divisée** a broken family; **les historiens sont divisés à ce sujet** historians are divided on this subject. **2 se** ~ vpr (se scinder) to split up, divide (en into); (se ramifier) to fork, divide. **se** ~ **en 3 chapitres** to be divided into 3 chapters. ◆ **diviseur** nm

(Math) divisor; *(personne)* divisive influence. ◆ **divisibilité** *nf* divisibility. ◆ **divisible** *adj* divisible. ◆ **division** *nf (gén)* division; *(dans un parti)* split, rift. ~ **du travail** division of labour; **semer la** ~ to sow discord *(entre* among); *(Math)* **faire une** ~ to do a division (sum).

divorcer [divɔʀse] (3) *vi* (**a**) *(Jur)* to get divorced. ~ **d'avec sa femme** to divorce one's wife. (**b**) *(fig)* to break *(d'avec* with). ◆ **divorce** *nm (lit, fig)* divorce *(d'avec* from). **obtenir le** ~ to get a divorce; ~ **par consentement mutuel** divorce by consent, no-fault divorce *(US)*. ◆ **divorcé, e 1** *adj (lit, fig)* divorced *(de* from). **2** *nm, f* divorcee.

divulguer [divylge] (1) *vt* to divulge, disclose. ◆ **divulgation** *nf* disclosure.

dix [dis] **1** *adj inv, nm* ten. **elle a eu un** ~ **sur** ~ she got ten out of ten, she got full marks; **avoir** ~ **dixièmes à chaque œil** to have twenty-twenty vision. **2** : ~-**huit** *adj inv, nm* eighteen; ~-**huitième** *adj, nmf* eighteenth; ~-**neuf** *adj inv, nm* nineteen; ~-**neuvième** *adj, nmf* nineteenth; ~-**sept** *adj inv, nm* seventeen; ~-**septième** *adj, nmf* seventeenth. ◆ **dixième** *adj, nmf* tenth; *(de la Loterie)* tenth share in a ticket. ◆ **dixièmement** *adv* tenthly. ◆ **dizaine** *nf (dix)* ten; *(environ dix)* about ten; *V* **soixantaine**.

Djibouti [dʒibuti] *n* Djibouti.

do [do] *nm inv (note)* C; *(chanté)* doh.

doberman [dɔbɛʀman] *nm* Doberman pinscher.

docile [dɔsil] *adj* docile; *cheveux* manageable. ◆ **docilement** *adv* docilely. ◆ **docilité** *nf* docility.

dock [dɔk] *nm (bassin)* dock; *(bâtiment)* warehouse. ◆ **docker** [dɔkɛʀ] *nm* docker.

docteur [dɔktœʀ] *nm (gén, Univ)* doctor *(ès, en* of). **le** ~ **Lebrun** Dr Lebrun. ◆ **doctorat** *nm* doctorate *(ès, en* in). ~ **de 3ᵉ cycle, d'État** doctorate, ≃ Ph.D. ◆ **doctoresse** *nf* lady doctor.

doctrine [dɔktʀin] *nf* doctrine. ◆ **doctrinaire 1** *adj (dogmatique)* doctrinaire; *(sentencieux)* sententious. **2** *nmf* doctrinarian. ◆ **doctrinal, e,** *mpl* **-aux** *adj* doctrinal.

document [dɔkymɑ̃] *nm* document. ~ **de référence** *ou* **d'information** background paper. ◆ **documentaire 1** *adj intérêt* documentary. **2** *nm (film)* documentary (film). ◆ **documentaliste** *nmf (Presse, TV)* researcher; *(Scol)* (assistant) librarian. ◆ **documentation** *nf* documentation, literature. ◆ **documenté, e** *adj personne* well-informed; *livre* well-documented. ◆ **se documenter** (1) *vpr* to gather information *ou* material *(sur* on, about).

dodeliner [dɔdline] (1) *vi*: **il dodelinait de la tête** his head kept nodding gently.

dodo * [dodo] *nm* beddy-bye *, sleep. **aller au** ~ to go to beddy-bye *; **il fait** ~ he's asleep.

dodu, e [dɔdy] *adj (gén)* plump; *enfant, joue* chubby.

doge [dɔʒ] *nm* doge.

dogme [dɔgm(ə)] *nm (lit, fig)* dogma. ◆ **dogmatique** *adj* dogmatic.

dogue [dɔg] *nm (Zool)* mastiff.

doigt [dwa] *nm* (**a**) *[main, gant]* finger; *[animal]* digit. ~ **de pied** toe; **se mettre les** ~**s dans le nez** to pick one's nose. (**b**) *(mesure)* inch. **un** ~ **de vin** a drop of wine; **il a été à deux** ~**s de se tuer** he was within an ace *ou* an inch *ou* a hair's-breadth of being killed. (**c**) *(locutions)* **avoir des** ~**s de fée** *[ménagère]* to have nimble fingers; *[infirmière]* to have gentle hands; **il ne sait rien faire de ses dix** ~**s** he's a good-for-nothing; **faire marcher qn au** ~ **et à l'œil** to have sb at one's beck and call; **se mettre le** ~ **dans l'œil** * to be kidding o.s. *; **il n'a pas levé le petit** ~ **pour nous aider** he didn't lift a finger to help us; **son petit** ~ **le lui a dit** a little bird told him; **mettre le** ~ **sur le problème** to put one's fin-

ger on the problem; **mettre le** ~ **dans l'engrenage** to get involved in something; **je le ferais les** ~**s dans le nez** * I could do it standing on my head. ◆ **doigté** *nm [chirurgien]* touch; *(fig: tact)* tact. ◆ **doigtier** *nm* fingerstall.

doléances [dɔleɑ̃s] *nfpl (plaintes)* grievances; *(réclamations)* grievances.

dolent, e [dɔlɑ̃, ɑ̃t] *adj* doleful.

dollar [dɔlaʀ] *nm* dollar.

domaine [dɔmɛn] *nm (propriété)* estate, domain, property; *(sphère)* domain, sphere. **dans le** ~ **public** in the public domain, in public ownership.

dôme [dom] *nm* dome. *(fig)* ~ **de verdure** canopy of foliage.

domestique [dɔmɛstik] **1** *nmf* servant. **2** *adj travaux* domestic, household; *soucis* domestic, family; *(Zool)* domestic, domesticated. ◆ **domesticité** *nf (personnel)* domestic staff, household. ◆ **domestiquer** (1) *vt animal* to domesticate; *marée* to harness.

domicile [dɔmisil] *nm* home, domicile *(Admin)*; *(adresse)* address. **le** ~ **conjugal** the marital home; **dernier** ~ **connu** last known address; **travailler à** ~ to work at home; **'livraisons à** ~' 'deliveries'. ◆ **domiciliation** *nf* payment by banker's order. ◆ **domicilier** (7) *vt facture* to pay by banker's order. **être domicilié** to be domiciled *(Admin)*, have one's home *(à* in).

dominant, e [dɔminɑ̃, ɑ̃t] **1** *adj (gén)* dominant; *opinion, vent* prevailing; *idée, préoccupation* main, chief; *position* dominating. **2** *nf (caractéristique)* dominant characteristic; *(couleur)* dominant colour; *(Mus)* dominant.

dominateur, -trice [dɔminatœʀ, tʀis] *adj caractère* domineering; *geste* imperious; *pays* dominating; *passion* ruling.

domination [dɔminasjɔ̃] *nf* domination. **les pays sous la** ~ **britannique** countries under British rule *ou* dominion; **exercer sa** ~ **sur qn** to exert one's influence on sb; ~ **de soi-même** self-control, self-possession.

dominer [dɔmine] (1) **1** *vt (gén)* to dominate; *concurrent* to outclass, surpass; *sentiment, situation* to master; *(par la taille)* to tower above. ~ **le monde** to rule the world; ~ **ses élèves** to keep control over one's pupils; **parler fort pour** ~ **le bruit de la rue** to speak loudly to overcome the noise from the street; **ce problème domine tous les autres** this problem overshadows all others; *(Comm)* ~ **un marché** to control a market; **se** ~ to control o.s., keep o.s. under control; **la préoccupation qui domine toute son œuvre** the preoccupation which dominates his whole work; **rocher qui domine la mer** rock which overlooks *ou* dominates the sea. **2** *vi* (**a**) *[orateur, concurrent]* to be in the dominant position; *[équipe]* to be on top. *(fig)* ~ **de la tête et des épaules** to be head and shoulders above the others. (**b**) *(prédominer)* *(gén)* to dominate; *[idée, théorie]* to prevail. **c'est le jaune qui domine** it is yellow which stands out *ou* which is the dominant colour.

dominion [dɔminjɔ̃] *nm (Brit: état)* dominion.

Dominique [dɔminik] *nf*: **la** ~ Dominica.

domino [dɔmino] *nm (gén)* domino. *(jeu)* **les** ~**s** dominoes *(sg)*.

dommage [dɔmaʒ] **1** *nm (préjudice)* harm, injury. *(dégât)* ~**(s)** damage; **causer un** ~ **à qn** to do sb harm; **c'est** ~!, **quel** ~! what a pity! *ou* shame! **2** : ~**(s) corporel(s)** physical injury; ~**s de guerre** war damages; ~**s et intérêts** damages. ◆ **dommageable** *adj* harmful, injurious *(à* to).

dompter [dɔ̃te] (1) *vt fauve, nature* to tame; *cheval* to break in; *rebelles* to subdue; *passions* to master, control. ◆ **domptage** *nm* taming. ◆ **dompteur,**

-euse nm, f (gén) tamer, trainer. ~ **(de lions)** liontamer; ~ **de chevaux** horsebreaker.

don [dɔ̃] nm (**a**) (aptitude) gift, talent (pour for). **elle a le ~ de m'énerver** she has a knack of getting on my nerves; **ça n'a pas eu le ~ de lui plaire** it didn't happen to please him. (**b**) (cadeau) gift; (offrande) donation. (Méd) ~ **d'organes** donation of organs; **faire ~ de** fortune to donate; livre to give (as a present); **le ~ de soi** self-sacrifice; **faire (le) ~ de sa vie pour sauver qn** to give one's life to save sb. ◆ **donataire** nmf donee. ◆ **donateur, -trice** nm, f donor. ◆ **donation** nf (Jur) ≃ settlement. **faire une ~ à qn** to make a settlement on sb.

donc [dɔ̃k] conj (**a**) (par conséquent) therefore, thus, so; (après digression, marquant la surprise) so, then. **c'était ~ un espion?** he was a spy then?, so he was a spy? (**b**) (de renforcement) **allons ~!** come on!; **tais-toi ~!** do be quiet!; **regardez ~ ça** just look at that; **dis ~** (question) tell me, I say; (menace) look here.

donjon [dɔ̃ʒɔ̃] nm keep.

don Juan [dɔ̃ʒɥɑ̃] nm Don Juan.

donnant, e [dɔnɑ̃, ɑ̃t] adj (†) generous. **avec lui, c'est ~, ~** he always wants something in return for a service.

donne [dɔn] nf (Cartes) deal. **mauvaise ~** misdeal.

donné, e [dɔne] **1** adj lieu, date given, fixed. **étant ~ la situation** in view of ou given ou considering the situation. **2** nf (Math, Sci) datum; (gén) fact. **~es** data; facts. (Écon) **en ~es corrigées des variations saisonnières** figures adjusted for seasonal variation(s); **modifier les ~es du problème** to refine the problem.

donner [dɔne] (1) **1** vt (**a**) (gén) to give (à to); lettre to hand; copie d'examen to hand ou give in; parts de gâteau to hand ou give out; vieux habits to give away; cartes to deal (out); sa vie, sa place to give up; permission to grant; décoration to award. **~ à manger à qn** to give sb sth to eat; **~ son corps à la science** to donate one's body to research; **pouvez-vous me ~ l'heure?** could you tell me the time?; **ça lui donne un air triste** it makes him look sad; **donne-toi un coup de peigne** give your hair a quick comb; **~ une gifle à qn** to slap sb's face, box sb's ears; **~ un ordre à qn** to give sb an order, order sb to do sth; **il n'est pas donné à tout le monde d'être riche** it is not given to everybody to be rich; **c'est donné** * it's dirt cheap, it's a giveaway *; (fig) **~ le ton** to set the tone; **je vous le donne en mille** you'll never guess; **on lui donnerait le bon Dieu sans confession** he looks as if butter wouldn't melt in his mouth. (**b**) (causer) plaisir, courage to give (à to); cause, give (à to). **~ de l'appétit à qn** to give sb an appetite; **cela donne soif** this makes you (feel) thirsty. (**c**) (avec à + infin: faire) **il m'a donné à penser que** he made me think that; **ça nous a donné à réfléchir** it has given us food for thought; **~ à rire** to give cause for laughter; **~ ses chaussures à ressemeler** to take one's shoes (in) to be resoled ou to the cobbler's. (**d**) (organiser) réception to give, hold (à for); film to show; pièce to perform, put on. **ça se donne encore?** [film] is it still on ou showing? (**e**) (attribuer) **quel âge lui donnez-vous?** how old do you take him to be ou would you say he was?; **~ un fait pour certain** to present a fact as a certainty; **on le donne pour un homme habile** he is said to be a clever man. (**f**) (produire) récolte to yield; résultat to produce. **les pommiers ont bien donné** the apple trees have produced a good crop ou given a good yield; **elle lui a donné un fils** she bore him a son; **cette méthode ne donne rien** this method is unrewarding ou is producing nothing. (**g**) (*: dénoncer) complice to shop *, give away.

2 vi (**a**) (frapper) **aller ~ sur** to strike; **~ de la tête contre** to knock one's head against; **le soleil donne en plein sur la voiture** the sun is beating down on the car; **ne savoir où ~ de la tête** * not to know which way to turn. (**b**) **~ dans** piège to fall into; défaut to lapse into; **~ dans le snobisme** to be rather snobbish. (**c**) **~ sur** [pièce, porte] to give onto, open onto; **la maison donne sur la mer** the house faces ou looks onto the sea front.

3 se ~ vpr (**a**) **se ~ à** cause to devote o.s. to; **se ~ à fond** to give one's all. (**b**) **se ~ à un maître** to choose a master; **se ~ de la peine** to take (great) trouble; **se ~ du bon temps** to have a good time; **se ~ un air sévère** to put on a strict air; **se ~ pour généreux** to profess ou make o.s. out to be generous.

donneur, -euse [dɔnœʀ, øz] nm, f (gén) giver; (Cartes) dealer; (*: dénonciateur) squealer *, informer; (Méd) donor.

dont [dɔ̃] pron rel (**a**) (reprenant complément de nom) (chose) whose, of which; (personne) whose. **la maison ~ on voit le toit** the house the roof of which ou whose roof you can see. (**b**) (partie d'un tout) **ils ont 3 filles ~ 2 sont mariées** they have 3 daughters, 2 of whom are married; **il a écrit 2 romans ~ un est autobiographique** he has written 2 novels one of which is autobiographical. (**c**) (reprenant de) **la façon ~ elle s'habille** the way (in which) she dresses, her way of dressing; **la maladie ~ elle souffre** the illness she suffers from ou from which she suffers.

doper [dɔpe] (1) **1** vt to dope. **2 se ~** vpr to dope o.s. ◆ **doping** nm (action) doping. (excitant) **~(s)** dope.

dorénavant [dɔʀenavɑ̃] adv from now on.

dorer [dɔʀe] (1) **1** vt objet to gild; rôti to brown; peau to bronze, tan. **faire ~ un cadre** to have a frame gilded; **~ la pilule à qn** * to sugar the pill for sb; **se ~ au soleil** to lie and get brown in the sun, sunbathe. **2** vi [rôti] to brown. **faire ~ au four** to put in the oven to brown. ◆ **doré, e 1** adj objet gilt, gilded; peau bronzed, tanned; blé, cheveux, rêves golden; rôti browned. **2** nm (matière) gilt.

dorique [dɔʀik] adj, nm Doric.

dorloter [dɔʀlɔte] (1) vt to pamper, cosset. **trop dorloté** mollycoddled.

dormir [dɔʀmiʀ] (16) vi (**a**) to sleep; (être endormi) to be asleep, be, sleeping. **avoir envie de ~** to feel sleepy; **ça m'empêche de ~** [café] it keeps me awake; [soucis] I'm losing sleep over it; **parler en dormant** to talk in one's sleep. (**b**) [eau, nature] to be still; [argent] to lie idle. **tout dormait dans la ville** everything was quiet ou still in the town; **ce n'est pas le moment de ~!** this is no time for slacking ou idling! (**c**) (locutions) **je dors debout** I'm asleep on my feet; **histoire à ~ debout** cock-and-bull story; **~ comme un loir** to sleep like a log; **ne ~ que d'un œil** to sleep with one eye open; **il dort à poings fermés** he is sound ou fast asleep, he's dead to the world; (fig) **~ tranquille** (sans soucis) to rest easy. ◆ **dormant, e 1** adj eau still; châssis fixed. (Jur, Fin) **compte ~** dead account. **2** nm [porte] frame. ◆ **dormeur, -euse** nm, f sleeper.

dorsal, e, mpl **-aux** [dɔʀsal, o] adj (gén) dorsal.

dortoir [dɔʀtwaʀ] nm dormitory. **cité-~** dormitory town.

dorure [dɔʀyʀ] nf (couche d'or) gilt, gilding; (action) gilding.

dos [do] nm (**a**) (gén) back; [livre] spine; [langue] back; [lame] blunt edge. **avoir le ~ rond** to be round-shouldered; **au ~ de la lettre** on the back of the letter; **robe décolletée dans le ~** low-backed dress; **'voir au ~'** 'see over ou overleaf'; **aller à ~ d'âne** to ride on a donkey; (vu) **de ~** (seen) from behind *ou* from the back. **(b) être ~ à ~** to be back to back; **le train a bon ~ *** (that's right) blame the train; **il s'est mis tout le monde à ~** he has turned everybody against him; *(fig)* **j'ai toujours mon patron sur le ~** my boss is always breathing down my neck *ou* is always standing over me; **on l'a dans le ~! ‡** we've had it! *; **mettre qch sur le ~ de qn** *(responsabilité)* to saddle sb with sth; *(accusation)* to pin sth on sb; **il s'est mis une sale affaire sur le ~** he has got himself mixed up in a nasty bit of business; **faire des affaires sur le ~ de qn** to do a bit of business at sb's expense; **il n'a rien à se mettre sur le ~** he hasn't got a thing to wear; **tomber sur le ~ de qn** *(arriver)* to drop in on sb; *(attaquer)* to go for sb; **faire qch derrière le ~ de qn** to do sth behind sb's back; *(fig)* **faire un enfant dans le ~ * à qn** to play a dirty trick on sb *; **il n'y va pas avec le ~ de la cuiller ***, he certainly doesn't go in for half-measures; **(pont en) ~ d'âne** humpback bridge.

dose [doz] *nf (Pharm)* dose; *(gén: proportion)* amount, quantity. **en avoir sa ~ *** to have had more than one's share of it; **forcer la ~** to overdo it, overstep the mark; **~ d'ironie** touch of irony; **à petites ~s** in small doses. ◆ **dosage** *nm (action)* measuring out; correct proportioning; *(mélange)* mixture; *(équilibre)* balance. ◆ **doser** **(1)** *vt (Chim, gén)* to measure out; *mélange* to proportion correctly; *(fig: équilibrer)* to strike a balance between; *(mesurer)* exercices, difficultés to grade. **savoir ~ ses efforts** to know how much effort to expend. ◆ **doseur** *nm* measure.

dossier [dosje] *nm [siège]* back; *(documents)* file, dossier; *(Jur: affaire)* case; *(classeur)* file.

doter [dɔte] **(1)** *vt épouse* to provide with a dowry; *institution* to endow; *(Admin)* université, organisme to grant money to, give a grant to. **~ de matériels** to equip with; *qualités* to endow with. ◆ **dot** [dɔt] *nf* dowry. **apporter qch en ~** to bring a dowry of sth. ◆ **dotation** *nf* endowment, grant.

douairière [dwɛʀjɛʀ] *nf* dowager.

douane [dwan] *nf (service)* **les ~s** the Customs; *(poste)* **la ~** the customs; **marchandises en ~** goods in bond; **passer (à) la ~** to go through customs. ◆ **douanier, -ière 1** *adj* customs. **2** *nm, f* customs officer.

doublage [dublaʒ] *nm (gén)* doubling; *[film]* dubbing. **le ~ d'un acteur** dubbing an actor.

double [dubl(ə)] **1** *adj* double; *avantage* double, twofold. **le prix est ~ de ce qu'il était** the price is double *ou* twice what it was; **faire qch en ~ exemplaire** to make two copies of sth; **ustensile à ~ usage** dual-purpose utensil; **faire ~ emploi** to be redundant; **fermer à ~ tour** to double-lock; *(lit, fig)* **à ~ tranchant** double-edged; **valise à ~ fond** case with a false bottom; **jouer un ~ jeu** to play a double game; **phrase à ~ sens** sentence with a double meaning; **avoir le don de ~ vue** to have the gift of second sight; **personnage à personnalité ~** person with a dual personality *ou* a Jekyll-and-Hyde personality. **2** *nm* **(a) manger le ~ (de qn)** to eat twice as much (as sb) *ou* double the amount (that sb does); **4 est le ~ de 2** 4 is two times *ou* twice 2; **c'est le ~ du prix normal** it is twice *ou* double the normal price; **plier qch en ~** to fold sth in half *ou* two. **(b)** *(copie)* copy; *(sosie)* double. **avoir qch en ~** *(document)* to have a copy of sth; *(timbre)* to have two *ou* a duplicate of sth; **se faire faire un ~ de clef** to have a second key cut. **(c)** *(Tennis)* doubles. **faire un ~** to play a doubles match. **3** *adv* double. **4 : ~ commande** *nf* dual controls; **~ croche** *nf* semiquaver, sixteenth note *(US)*; **~-décimètre** *nm* (20-cm) ruler; **~s rideaux** *nmpl* double curtains.

doubler [duble] **(1) 1** *vt (augmenter)* to double; *ficelle* to use double; *(Scol)* classe to repeat; *film*,

acteur to dub; *(Couture)* to line *(de* with*)*; *(dépasser)* véhicule to overtake, pass; *(Naut)* cap to round. **~ le cap des 50 ans** to turn 50; **~ le pas** to quicken one's pace, speed up; *(*: tromper)* **~ qn** to pull a fast one on sb *; **veste non doublée** unlined jacket. **2** *vi (augmenter)* to double, increase twofold; *(Aut)* to overtake, pass. **~ de poids** to double in weight. **3** *se ~ vpr:* **se ~ de** to be coupled with; **c'est un savant doublé d'un pédagogue** he is a teacher as well as a scholar. ◆ **doublé** *nm (victoire)* double. ◆ **doublement 1** *adv (pour deux raisons)* for a double reason; *(à un degré double)* doubly. **2** *nm* doubling; *(Aut)* overtaking, passing. ◆ **doublure** *nf* **(a)** *(étoffe)* lining. **(b)** *(Théât)* understudy; *(Ciné)* stand-in; *(cascadeur)* stuntman *(ou* stuntwoman*)*.

douce [dus] *V* **doux.**

douceur [dusœʀ] *nf* **(a)** *[peau]* softness; *[temps]* mildness; *[personne]* gentleness. **prendre qn par la ~** to deal gently with sb; **les ~s de l'amitié** the pleasures of friendship. **(b)** *(sucrerie)* sweet. **(c) en ~** *démarrage* smooth; *démarrer* smoothly; *commencer* gently. ◆ **douceâtre** *adj saveur* sickly sweet, cloying; *air* mawkish. ◆ **doucement** *adv (sans violence)* gently, softly; *(gentiment)* gently; *(sans bruit)* quietly; *(prudemment)* carefully; *rouler* slowly; *démarrer* smoothly. **comment allez-vous? — (tout) ~** how are you? — so-so *; **allez-y ~!** * easy *ou* gently does it! ◆ **doucereux, -euse** *adj goût* sickly sweet; *ton* sugary; *manières* smooth.

douche [duʃ] *nf (jet, système)* shower; *(*: averse)* soaking, drenching. *(salle)* **~s** shower room; **~ (froide)** *(déception)* let-down; **pratiquer la politique de la ~ écossaise** to blow hot and cold. ◆ **doucher** **(1) 1** *vt:* **~ qn** to give sb a shower; *[orage]* to soak *ou* drench sb. **2 se ~** *vpr* to have *ou* take a shower.

doué, e [dwe] *adj (talentueux)* gifted, talented *(en* in*)*. **être ~ pour** to have a gift for; **~ sur le plan scolaire** academically able; *(pourvu de)* **~ de vie**, *raison* endowed with.

douille [duj] *nf [cartouche]* (cartridge) case; *(Élec)* socket.

douillet, -ette [dujɛ, ɛt] *adj* **(a)** *(péj)* personne soft. **(b)** *atmosphère, lit* cosy. ◆ **douillettement** *adv* cosily. *(péj)* **élever ~** to mollycoddle.

douleur [dulœʀ] *nf (physique)* pain; *(morale)* distress. **'nous avons la ~ d'apprendre que...'** 'it is with great sorrow that we learn that...' ◆ **douloureusement** *adv* painfully; grievously. ◆ **douloureux, -euse** *adj* painful; distressing; *regard* sorrowful.

doute [dut] *nm* doubt. **être dans le ~** to be doubtful *ou* uncertain *(sur* about*)*; **laisser qn dans le ~** to leave sb in (a state of) uncertainty; **le ~ n'est plus permis** there is no more room for doubt; **il a émis des ~s à propos de...** he expressed (his) doubts *ou* misgivings about...; **dans le ~, abstiens-toi** when in doubt, don't!; **sans ~** doubtless, no doubt; **sans aucun ~** without a doubt; **ceci ne fait aucun ~** there is no doubt *ou* question about it; **mettre en ~** to question, challenge, cast doubt on.

douter [dute] **(1) 1 ~ de** *vt indir (gén)* to doubt, have (one's) doubts as to; *réussite* to be doubtful of; *authenticité* to question. **j'en doute** I have my doubts, I doubt it; **n'en doutez pas** there's no doubt about that; **je doute d'avoir jamais fait cela** I doubt that I ever did that; **je doute qu'il vienne** I doubt if *ou* whether he'll come; **à n'en pas ~** undoubtedly; **il ne doute de rien! *** he's got some nerve!; **il doute de lui (-même)** he has doubts about himself. **2 se ~** *vpr:* **se ~ de qch** to suspect sth; **se ~ que** to suspect that, have an idea that; **je m'en doute** I can well imagine that.

douteux, -euse [dutø, øz] *adj* **(a)** *(incertain)* *(gén)* doubtful; *fait* questionable; *résultat* uncertain. **il est ~ que** it is doubtful *ou* questionable that *ou* whether; **il n'est pas ~ que** there is no doubt that. **(b)** *(péj)* qualité, goût dubious, questionable; *aliment, individu* dubious-looking; *mœurs* doubtful.

douve [duv] *nf* [château] moat.

Douvres [duvʀ(ə)] *n* Dover.

doux, douce [du, dus] **1** *adj* *(au toucher)* soft; *temps* mild; *brise, chaleur* gentle; *(sucré, agréable)* sweet; *moutarde* mild; *son* sweet, gentle; *lumière, couleur* soft; *pente* gentle; *démarrage* smooth; *caractère, manières* mild, gentle. **~ comme un agneau** as meek *ou* gentle as a lamb; **cuire à feu ~** to simmer gently (over a low flame); **se faire une douce violence** to inflict a pleasant burden upon o.s.; **cette pensée lui était douce** this thought gave him great pleasure; **en douce** * on the quiet; **préférer le ~ à l'amer** to prefer sweet tastes *ou* things to sour. **2** *adv*: **ça va tout ~** * things are going so-so *; **(†** *ou hum)* **tout ~!** gently (now)!

douze [duz] *adj, nm inv* twelve; *V* **six.** ◆ **douzaine** *nf (douze)* dozen. *(environ douze)* **une ~** about twelve, a dozen or so. ◆ **douzième** *adj, nmf* twelfth; *V* **sixième.** ◆ **douzièmement** *adv* in twelfth place, twelfthly.

doyen, -enne [dwajɛ̃, ɛn] *nm, f (Rel, Univ †)* ≃ dean; *[groupe]* most senior member; *[assemblée]* doyen. **la ~ne des Français** France's oldest citizen.

draconien, -ienne [dʀakɔnjɛ̃, jɛn] *adj* draconian.

dragée [dʀaʒe] *nf* sugared almond. **tenir la ~ haute à qn** to be a fair *ou* good match for sb. ◆ **dragéifié** *adj* sugared.

dragon [dʀagɔ̃] *nm (Myth, fig)* dragon; *(Hist Mil)* dragoon.

draguer [dʀage] (1) *vt* **(a)** *(Pêche)* to fish with a dragnet; *(pour nettoyer, trouver)* to dredge; *mines* to sweep. *[ancre]* **~ (le fond)** to drag, **(** *: baratiner)* to chat up *. ◆ **drague** *nf (Pêche)* dragnet; *(machine)* dredge; *(navire)* dredger. ◆ **dragueur** *nm (bateau)* dredger. **~ de mines** minesweeper.

drainer [dʀene] (1) *vt (gén)* to drain. ◆ **drain** *nm* drain. ◆ **drainage** *nm* drainage.

drame [dʀam] *nm* **(a)** *(Théât)* drama. **(b)** *(événement tragique)* drama, tragedy. **n'en faites pas un ~** don't make such a fuss about it. ◆ **dramatique 1** *adj (Théât)* dramatic; *(tragique)* tragic; *(spectaculaire)* dramatic. **2** *nf (TV)* (television) play *ou* drama. ◆ **dramatiquement** *adv* tragically. ◆ **dramatisation** *nf* dramatization. ◆ **dramatiser** (1) *vt* to dramatize. ◆ **dramaturge** *nmf* dramatist, playwright.

drap [dʀa] *nm* **(a)** *(tissu)* woollen cloth. **(b)** **~ (de lit)** sheet; **~-housse** fitted sheet; **~ de bain** bath sheet; *(fig)* **mettre qn dans de beaux ~s** to land sb in a fine mess.

drapeau, *pl* **~x** [dʀapo] *nm (gén)* flag. **le ~ tricolore** the tricolour; **être sous les ~x** to do one's national service.

draper [dʀape] (1) **1** *vt* to drape. **2 se ~** *vpr:* **se ~ dans** to drape o.s. in; *(fig péj)* **se ~ dans sa dignité** to stand on one's dignity. ◆ **draperie** *nf* drapery. ◆ **drapier** *nm* draper.

dresser [dʀese] (1) **1** *vt* **(a)** *liste, acte* to draw up. **~ (une) contravention à qn** to report sb, book sb *; **~ le bilan de qch** to give a review of sth. **(b)** *(ériger)* *(gén)* to put up, erect; *échelle* to set up; *tente* to pitch; *mât* to raise. **~ un buffet** to set *ou* lay out a buffet; **~ la table** to lay *ou* set the table. **(c)** *(inciter)* **~ qn contre** to set sb against. **(d)** *tête* to raise, lift. *(fig)* **~ l'oreille** to prick up one's ears; **faire ~ les cheveux sur la tête à qn** to make sb's hair stand on end. **(e)** *lion* to tame; *cheval* to break in; *chien* to train. *(Cirque)* **animaux dressés** performing animals; **ça le dressera!** * that'll teach

him a lesson; **~ un enfant** * to teach a child his place. **2 se ~** *vpr (gén)* to stand; *[tour, sommet]* to tower; *[personne] (debout)* to stand up; *[cheveux]* to stand on end. **se ~ de toute sa taille** to draw o.s. up to one's full height; **se ~ contre qn** to rise up against sb; **se ~ en justicier** to set o.s. up as a dispenser of justice. ◆ **dressage** *nm (domptage)* taming; breaking in; training. ◆ **dresseur, -euse** *nm, f* trainer, tamer. **~ de lions** liontamer; **~ de chevaux** horsebreaker.

dressing [dʀesiŋ] *nm* dressing room.

dressoir [dʀeswaʀ] *nm* dresser.

drille [dʀij] *nm (†)* **joyeux ~** cheerful character.

drogue [dʀɔg] *nf* drug. **la ~** drugs. ◆ **drogué, e** *nm, f* drug addict. ◆ **droguer** (1) *vt malade (péj)* to dose up; *victime* to drug. **il se drogue** he's on drugs, he's taking drugs.

droguiste [dʀɔgist(ə)] *nmf* hardware merchant. ◆ **droguerie** *nf (commerce)* hardware trade; *(magasin)* hardware shop.

droit¹, e¹ [dʀwa, dʀwat] **1** *adj bras* right; *poche* right(-hand). **du côté ~** on the right-hand side. **2** *nm (Boxe)* right. **3** *nf* **(a)** **la ~e** *(gén, Aut, Pol)* the right; *(côté)* the right-hand side; **à ~e** *rue, rouler* on the right; *tourner* to the right; **chemin de ~e** right-hand path; **à ~e de la fenêtre** to the right of the window; **de ~e à gauche** from right to left; *(fig)* **de ~e et de gauche** everywhere; **garder sa ~e** to keep to the right; **idées de ~e** right-wing ideas. **(b)** *(Boxe)* right. ◆ **droitier, -ière** *adj* right-handed.

droit², e² [dʀwa, dʀwat] **1** *adj* **(a)** *ligne, route* straight. **4 km en ligne ~e** 4 km as the crow flies; *(fig)* **cela vient en ~e ligne de...** that comes straight *ou* direct from...; *(fig)* **cette décision s'inscrit dans le ~ fil d'une politique** this decision is totally in keeping with *ou* in line with a policy; *(Rel)* **le ~ chemin** the straight and narrow way. **(b)** *arbre, mur* upright, straight. **tiens ta tasse ~e** hold your cup straight *ou* level; **tiens-toi ~** *(debout)* stand up straight; *(assis)* sit up straight. **(c)** *(loyal) personne* upright, straight. **(d)** *(judicieux) jugement* sound, sane. **2** *nf:* **(ligne)** **~e** straight line. **3** *adv couper* straight. **c'est ~ devant vous** it's straight ahead of you *ou* right in front of you; *(fig)* **aller ~ au but** to go straight to the point. ◆ **droiture** *nf* uprightness.

droit³ [dʀwa] **1** *nm* **(a)** *(prérogative)* right. **c'est bien votre ~** you've every right to do so, you're perfectly within your rights; **de quel ~ est-il entré?** what right had he to come in?; **avoir ~ de regard sur** to have the right to examine; **avoir le ~ de faire** *(permission)* to be allowed to do; *(Admin, Jur)* to have the right to do; **avoir ~ à** to be entitled to; *(hum)* **il a eu ~ à une bonne raclée** * he earned himself a good hiding; **être dans son (bon) ~** to be quite within one's rights; **c'est à lui de (plein) ~** it's his by right; **membre de (plein) ~** ex officio member; **le ~ du plus fort** the law of the jungle; **faire ~ à requête** to grant; **monarque de ~ divin** monarch by divine right; **le ~ des peuples à disposer d'eux-mêmes** the right of peoples to self-determination. **(b)** *(Jur)* **le ~** law; *(Univ)* **faire son ~** to study law; **délit de ~ commun** common law crime. **(c)** *(gén pl) (taxe)* duty, tax; *(d'inscription etc)* fee, fees. **~ d'entrée** entrance fee; **~s de douane/de succession** customs/death duties. **2 :** **~ d'aînesse** birthright; **~ d'asile** right of asylum; **~s d'auteur** royalties; **avoir ~ de cité dans** to be established in; **~ de grâce** right of reprieve; **le ~ de grève** the right to strike; **le ~ de vote** the right to vote, the vote, the franchise.

drôle [dʀol] *adj (amusant)* funny, comical, amusing; *(bizarre)* funny, peculiar, strange; *(*: intensif)* fantastic. **ça me fait (tout) ~ (de le voir)** * it gives me a funny *ou* an odd feeling (to see him); **c'est un**

~ **de numéro** he's a bit of a character; **faire une** ~ **de tête** to pull a wry face, look disgruntled; **de** ~**s de progrès** fantastic *ou* terrific progress *. ◆ **drôlement** *adv* funnily; comically; amusingly; peculiarly; strangely. **il fait** ~ **froid** * it's terribly *ou* awfully cold; **il a** ~ **changé** * he really has changed, he's changed an awful lot. ◆ **drôlerie** *nf* funny remark *etc*. **la** ~ funniness.

dromadaire [dʀɔmadɛʀ] *nm* dromedary.

dru, e [dʀy] **1** *adj herbe* thick; *barbe* bushy; *pluie* heavy. **2** *adv* thickly; heavily; *[coups]* thick and fast.

druide [dʀɥid] *nm* druid.

du [dy] *V* **de**.

dû, due [dy] **1** *adj (à restituer)* owing, owed; *(à échéance)* due. **la somme qui lui est due** the sum owing to him; **troubles** ~**s à...** troubles due to...; **en (bonne et) due forme** in due form. **2** *nm* due; *(argent)* dues. ◆ **dûment** *adv* duly.

dualité [dɥalite] *nf* duality.

Dublin [dyblɛ̃] *n* Dublin.

duc [dyk] *nm* duke. ◆ **ducal, e**, *mpl* **-aux** *adj* ducal. ◆ **duché** *nm* dukedom. ◆ **duchesse** *nf* duchess.

duel [dɥɛl] *nm* duel. **se battre en** ~ to fight a duel *(avec* with); ~ **d'artillerie** artillery battle. ◆ **duelliste** *nm* duellist.

dulcinée [dylsine] *nf* († *ou hum*) lady-love.

dune [dyn] *nf* dune. ~ **de sable** sand dune.

Dunkerque [dœ̃kɛʀk] *n* Dunkirk.

duo [dɥo] *nm (Mus)* duet; *(Théât, fig)* duo.

duodénum [dɥɔdenɔm] *nm* duodenum.

dupe [dyp] *nf* dupe. **être (la)** ~ **de qn** to be taken in *ou* fooled by sb; **je ne suis pas** ~ I'm not taken in by it. ◆ **duper** (1) *vt* to dupe, deceive, fool. **se** ~ **(soi-même)** to deceive o.s. ◆ **duperie** *nf* deception. **la** ~ dupery.

duplex [dyplɛks] *nm (appartement)* maisonette, duplex; *(Télec)* link-up.

duplicata [dyplikata] *nm inv* duplicate. ◆ **duplicateur** *nm* duplicator.

duplicité [dyplisite] *nf* duplicity.

dur, e [dyʀ] **1** *adj* **(a)** *(résistant) (gén)* hard; *carton, serrure, brosse* stiff; *viande* tough. **être** ~ **d'oreille** to be hard of hearing. **(b)** *(difficile) (gén)* hard, stiff, tough; *enfant* difficult. ~ **à croire** hard to believe. **(c)** *(pénible, sévère) (gén)* harsh, hard; *vin* bitter. **les temps sont** ~**s** times are hard; **être** ~ **avec qn** to be tough with sb, be hard on sb; **il a le cœur** ~ he's a hard-hearted man. **(d)** *(endurant)* **être** ~ **à la douleur** to be inured to suffering, be stoical about pain; **être** ~ **à l'ouvrage** to be a tireless worker. **2** *adv* (*) *(gén)* hard. **le soleil tape**

~ the sun is beating down; **croire à qch** ~ **comme fer** to have a blind belief in sth. **3** *nm, f* (*: *gén*) tough one *ou* nut *; *(Pol: intransigeant)* hard-liner. **un** ~ **à cuire** * a hard nut to crack *; **jouer les** ~**s** to act the tough guy *, act tough; **construction en** ~ permanent structure; **élevé à la** ~**e** brought up the hard way; **coucher sur la** ~**e** to sleep rough; **en voir de** ~**es** * to have a hard *ou* tough time of it. ◆ **durement** *adv* harshly; fiercely; hardheartedly. ~ **éprouvé** sorely tried; **élever qn** ~ to bring sb up the hard way.

durable [dyʀabl(ə)] *adj (gén)* lasting; *étoffe* durable, long-lasting. ◆ **durablement** *adv s'installer* on a long-term basis. **bâti** ~ built to last.

durant [dyʀɑ̃] *prép (gén: pendant)* for; *(au cours de)* during, in the course of. **il a plu** ~ **la nuit** it rained in (the course of) *ou* during the night; **2 heures** ~ for (a whole) 2 hours; **sa vie** ~ throughout his life; ~ **le spectacle** during the show.

durcir *vt*, **se** ~ *vpr* [dyʀsiʀ] (2) *(lit, fig)* to harden. ◆ **durcissement** *nm* hardening.

durée [dyʀe] *nf (gén)* duration, length; *[bail]* term; *[matériau, ampoule]* life. **pendant une** ~ **d'un mois** for a period of one month; **pendant la** ~ **des réparations** for the duration of repairs, while repairs are being carried out; **de courte** ~ *séjour* short; *bonheur* short-lived; **de longue** ~ long-lasting; **croire en la** ~ **de qch** to believe in the continuance of sth, believe that sth will last.

durer [dyʀe] (1) *vi (gén)* to last. **la fête a duré toute la nuit** the party went on *ou* lasted all night; **sa maladie dure depuis 2 mois** he has been ill for 2 months (now); **ça ne peut plus** ~! this can't go on any longer!; *(iro)* **faire** ~ **le plaisir** to prolong the agony; **le temps me dure** time hangs heavy on my hands; **cette somme doit te** ~ **un mois** this sum will have to last you a month.

dureté [dyʀte] *nf (gén)* hardness; *[brosse]* stiffness; *[viande]* toughness; *[traitement]* harshness. ~ **de cœur** hard-heartedness.

durillon [dyʀijɔ̃] *nm* callus.

duvet [dyvɛ] *nm (gén)* down; *(sac de couchage)* sleeping bag. ◆ **duveteux, -euse** *adj* downy.

dynamique [dinamik] **1** *adj (gén)* dynamic. **2** *nf (Phys)* dynamics *(sg)*. ◆ **dynamiquement** *adv* dynamically. ◆ **dynamisme** *nm* dynamism.

dynamite [dinamit] *nf (lit, fig)* dynamite. ◆ **dynamiter** (1) *vt* to dynamite.

dynamo [dinamo] *nf* dynamo.

dynastie [dinasti] *nf* dynasty. ◆ **dynastique** *adj* dynastic.

dysenterie [disɑ̃tʀi] *nf* dysentery. ◆ **dysentérique** *adj* dysenteric.

E

E, e [ə] *nm (lettre)* E, e. ~ **dans l'o** e and o joined together.

eau, *pl* ~**x** [o] **1** *nf* (**a**) *(gén, Bijouterie)* water; *(pluie)* rain. **sans** ~ *vin* neat; **cuire à l'** ~ to boil. (**b**) *(locutions)* **tout cela apporte de l'** ~ **à son moulin** all that is grist to his mill; *(Méd)* **prendre les** ~**x** to take the waters; **j'en avais l'** ~ **à la bouche** it made my mouth water; **être en** ~ to be bathed in perspiration *ou* sweat; **faire** ~ **(de toutes parts)** to leak (like a sieve); *(Naut)* **mettre à l'** ~ to launch; **mettre de l'** ~ **dans son vin** *(lit)* to water down one's wine; *(fig)* to climb down; *[chaussures]* **prendre l'** ~ to leak, let in water; **il passera beaucoup d'** ~ **sous les ponts** much water will have flowed under the bridge; **il y a de l'** ~ **dans le gaz** * things aren't running too smoothly. **2** : ~ **bénite** holy water; ~ **de Cologne** eau de Cologne; ~ **courante** running water; ~ **douce** fresh water; ~ **forte** *(Art)* etching; *(Chim)* aqua fortis; ~ **gazeuse** soda water; ~ **de javel** bleach; ~ **minérale** mineral water; ~ **oxygénée** hydrogen peroxide; ~ **plate** plain water; **roman à l'** ~ **de rose** sentimental novel; ~ **salée** salt water; ~ **de toilette** toilet water; ~**x usées** liquid waste; ~ **de vie (de prune** *etc)* (plum *etc*) brandy.

ébahir [ebaiʀ] (2) *vt* to astound. ◆ **ébahi, e** *adj* astounded. ◆ **ébahissement** *nm* astonishment.

ébattre (s') [ebatʀ(ə)] (41) *vpr* to frolic, gambol about. ◆ **ébats** *nmpl* frolics.

ébaucher [eboʃe] (1) **1** *vt livre, tableau* to sketch out; *plan* to outline; *amitié, conversation* to start up. ~ **un sourire** to give a faint smile; ~ **un geste** to give a hint of a movement. **2 s'** ~ *vpr [plan, solution, livre]* to take shape; *[amitié]* to form; *[conversation]* to start up. ◆ **ébauche** *nf* (**a**) *(action)* sketching out; outlining; starting up. (**b**) *(résultat) [livre, projet]* rough outline; *[amitié]* beginnings. **une** ~ **de sourire** the ghost of a smile; **l'** ~ **d'un geste** the hint of a gesture; **première** ~ rough draft; **à l'état d'** ~ in the early stages.

ébène [ebɛn] *nf* ebony. **cheveux d'** ~ ebony hair. ◆ **ébéniste** *nm* cabinetmaker. ◆ **ébénisterie** *nf* *(métier)* cabinetmaking; *(façon)* cabinetwork.

éberluer [ebɛʀlɥe] (1) *vt* to astound.

éblouir [ebluiʀ] (2) *vt (lit, fig)* to dazzle. ◆ **éblouissement** *nm* (**a**) *[lampe]* dazzle. (**b**) *(émerveillement)* bedazzlement; *(spectacle)* dazzling sight. (**c**) *(Méd)* **avoir un** ~ to have a dizzy turn.

ébonite [ebɔnit] *nf* ebonite.

éborgner [ebɔʀɲe] (1) *vt*: ~ **qn** to blind sb in one eye, poke sb's eye out.

éboueur [ebwœʀ] *nm* dustman, garbage collector *(US)*.

ébouillanter [ebujɑ̃te] (1) **1** *vt (gén)* to scald. **2 s'** ~ *vpr* to scald o.s.

ébouler [ebule] (1) **1** *vt (aussi* **faire** ~) to cause to collapse *ou* crumble. **2 s'** ~ *vpr (progressivement)* to crumble; *(soudainement)* to collapse; *[sable]* to fall. ◆ **éboulement** *nm* (**a**) *(action)* crumbling; collapse; fall. (**b**) *(amas)* heap of rocks, earth *etc*. ◆ **éboulis** *nm* heap of fallen rocks, earth *etc*. **pente couverte d'** ~ scree-covered slope.

ébouriffer [eburife] (1) *vt* (**a**) *(gén)* to ruffle. ~ **qn** to tousle *ou* ruffle sb's hair. (**b**) *(*: *surprendre)* to astound. ◆ **ébouriffant, e** * *adj vitesse, prix* hair-raising.

ébranler [ebʀɑ̃le] (1) **1** *vt (gén)* to shake; *(affaiblir)* to weaken; *esprit* to disturb. **ébranlé par cette nouvelle** shaken *ou* shattered by the news; **se laisser** ~ **par des prières** to allow o.s. to be swayed by pleas. **2 s'** ~ *vpr [cortège]* to move off. ◆ **ébranlement** *nm (action)* shaking; weakening; disturbance; *(résultat)* shock.

ébrécher [ebʀeʃe] (6) *vt assiette* to chip; *lame* to nick; *fortune* to break into. ◆ **ébréchure** *nf* chip; nick.

ébriété [ebʀijete] *nf* intoxication.

ébrouer (s') [ebʀue] (1) *vpr [cheval]* to snort; *[personne, chien]* to shake o.s.

ébruiter [ebʀɥite] (1) **1** *vt* to spread about. **2 s'** ~ *vpr* to leak out. ◆ **ébruitement** *nm* spreading.

ébullition [ebylisjɔ̃] *nf [eau]* boiling; *(fig: agitation)* turmoil. **porter à (l')** ~ to bring to the boil; **avant l'** ~ before boiling point is reached; **être en** ~ *[liquide]* to be boiling; *[maison]* to be in an uproar; *[pays]* to be seething with unrest.

écaille [ekɑj] *nf [poisson, reptile]* scale; *[huître]* shell; *[peinture]* flake. **lunettes d'** ~ horn-rimmed spectacles; **peigne en** ~ tortoiseshell comb. ◆ **écailler** (1) **1** *vt poisson* to scale; *peinture etc* to chip. **2 s'** ~ *vpr [peinture]* to flake off.

écarlate [ekaʀlat] *adj, nf* scarlet. *(fig)* **devenir** ~ to turn scarlet *ou* crimson.

écarquiller [ekaʀkije] (1) *vt*: ~ **les yeux** to stare wide-eyed *(devant* at).

écart [ekaʀ] **1** *nm* (**a**) *[objets, dates]* gap; *[chiffres, températures, opinions]* difference *(entre* between). ~ **par rapport à la règle** departure from the rule; ~ **important de prix** big difference in price; *(lit, fig)* **réduire l'** ~ **entre** to narrow the gap between. (**b**) **faire un** ~ *[cheval]* to shy; *[voiture]* to swerve; *[piéton]* to leap aside; *(Danse)* **faire le grand** ~ to do the splits. (**c**) **être à l'** ~ *[hameau]* to be isolated; **tirer qn à l'** ~ to take sb aside; **tenir qn à l'** ~ *(fig)* to keep sb in the background; *(lit)* to hold sb back; **rester à l'** ~ *(s'isoler)* to hold o.s. aloof; *(ne pas approcher)* to stay in the background; *(ne pas participer)* to keep out of things; **à l'** ~ **de la route** (well) off the road, off the beaten track; **tenir qn à l'** ~ **d'un lieu** to keep sb well away from a place; **tenir qn à l'** ~ **d'une affaire** to keep sb out of a deal. **2** : ~ **de conduite** misdemeanour; ~ **de langage** bad language; ~ **de régime** lapse in one's diet.

écarteler [ekaʀtəle] (5) *vt (Hist)* to quarter. *(fig)* **écartelé entre 2 choses** torn between 2 things. ◆ **écartèlement** *nm* quartering.

écartement [ekaʀtəmɑ̃] *nm* space, gap *(de, entre* between). *(Rail)* ~ **(des rails)** gauge.

écarter [ekaʀte] (1) **1** *vt* (**a**) *objets* to move apart; *doigts* to spread; *rideaux* to draw (back). **il écarta la foule pour passer** he pushed his way through the crowd; **les jambes écartées** with his legs wide apart; **les bras écartés** with his arms outspread. (**b**) *objection, idée* to dismiss; *candidature* to turn down; *personne* to remove *(de* from). *(éloigner) meuble* to move away; *personne* to push back; *(fig: de l'étude)* to distract *(de* from). **tout danger est**

maintenant écarté there is no further risk of danger; **ça nous écarte de notre propos** this is leading us off the subject. **2 s'** ~ *vpr* (*se séparer*) to draw aside, part; (*s'éloigner*) to withdraw, move away; (*reculer*) to step back (*de* from). **s'** ~ **de** *route, sujet* to stray *ou* wander off; *norme* to deviate *ou* depart from. **les deux routes s'écartent l'une de l'autre** the two roads diverge. ◆ **écarté, e** *adj lieu* remote, isolated. **chemin** ~ lonely road.

ecchymose [ekimoz] *nf* bruise.

ecclésiastique [eklezjastik] **1** *adj* ecclesiastical. **2** *nm* ecclesiastic, clergyman.

écervelé, e [esɛʀvəle] **1** *adj* scatterbrained. **2** *nm, f* scatterbrain.

échafaud [eʃafo] *nm* scaffold. **il risque l'** ~ he's risking his neck.

échafauder [eʃafode] (1) *vt* (**a**) *fortune* to build up; *théorie* to construct. (**b**) (*empiler*) to pile up. ◆ **échafaudage** *nm* (**a**) (*Constr*) ~(**s**) scaffolding; **dresser un** ~ to put up some scaffolding. (**b**) [*objets*] heap, pile. (**c**) building up, construction.

échalote [eʃalɔt] *nf* shallot.

échancré, e [eʃɑ̃kʀe] *adj robe* with a plunging neckline; *côte* indented; *feuille* serrated. ◆ **échancrure** *nf* plunging neckline; indentation; serration.

échange [eʃɑ̃ʒ] *nm* (*gén*) exchange; (*troc*) swap. ~**s commerciaux** trade; ~ **de vues** exchange of views; (*dans un débat*) **vifs** ~**s** heated exchanges; **en** ~ (*par contre*) on the other hand; (*troc*) to make up for it; **faire (l')** ~ **de qch** to swap *ou* exchange sth; (*Comm*) **nous faisons l'** ~ **standard** we give a straight exchange. ◆ **échanger** (3) *vt* (*gén*) to exchange, swap (*contre* for); *injures* to bandy. ◆ **échangeur** *nm* (*Aut*) interchange.

échantillon [eʃɑ̃tijɔ̃] *nm* sample. ◆ **échantillonnage** *nm* (*collection*) sampling; (*collection*) range.

échapper [eʃape] (1) **1** *vi* (**a**) ~ **à** (*gén*) to escape; (*en fuyant*) to escape (from), get away from; (*par ruse*) to evade; ~ **à la règle** to be an exception to the rule; **il échappe à tout contrôle** he is beyond control; **tu ne m'échapperas pas!** I'll get you yet!; **son nom m'échappe** his name escapes me *ou* has slipped my mind; **ce qu'il a dit m'a échappé** (*entendre*) I did not catch what he said; (*comprendre*) I did not grasp what he said; **ce mot malheureux m'a échappé** this unfortunate remark just slipped out; **l'opportunité d'une telle mesure m'échappe** I fail to see the point of such a measure; **rien ne lui échappe** he doesn't miss a thing. (**b**) ~ **des mains de qn** to slip out of sb's hands. (**c**) **laisser** ~ *parole, occasion, objet* to let slip; *détail* to overlook; **laisser** ~ **un prisonnier** to let a prisoner escape; **il l'a échappé belle** he had a narrow escape.
2 s' ~ *vpr* (**a**) [*prisonnier*] to escape (*de* from), break out (*de* of); [*oiseau*] to fly away; [*coureur*] to pull away; [*cri*] to escape, burst (*de* from). **la voiture réussit à s'** ~ the car got away; (*fig*) **je m'échappe un instant** I'll slip away for a moment. (**b**) [*gaz*] to escape, leak; [*odeur, lumière*] to come (*de* from). **des flammes s'échappaient du toit** flames were coming out of the roof. ◆ **échappatoire** *nf* way out. ◆ **échappé, e** **1** *nm, f* (*Sport*) **les** ~**s** the breakaway group. **2** *nf* (**a**) (*Sport*) breakaway. (**b**) (*vue*) vista; (*soleil*) gleam. ◆ **échappement** *nm* (*Aut*) exhaust; (*Tech*) escapement. ~ **libre** cutout.

écharde [cʃaʀd(ə)] *nf* splinter *ou* sliver (of wood).

écharpe [eʃaʀp(ə)] *nf* [*femme*] scarf; [*maire*] sash; (*bandage*) sling. **bras en** ~ arm in a sling.

écharper [eʃaʀpe] (1) *vt* (*lit, fig*) to tear to pieces.

échasse [eʃas] *nf* (*gén*) stilt. ◆ **échassier** *nm* wader (*bird*).

échauder [eʃode] (1) *vt* (**a**) (*ébouillanter*) to scald. (**b**) (*faire réfléchir*) ~ **qn** to teach sb a lesson; **se faire** ~ to get one's fingers burnt.

échauffer [eʃofe] (1) **1** *vt moteur* to overheat; *imagination* to fire. **échauffé par la course** hot after the race; **les esprits étaient très échauffés** people were getting very heated *ou* worked up. **2 s'** ~ *vpr* (*Sport*) to warm up; [*débat*] to become heated. ◆ **échauffement** *nm* (*Sport*) warm-up; [*moteur*] overheating.

échauffourée [eʃofuʀe] *nf* (*Police*) clash; (*Mil*) skirmish.

échéance [eʃeɑ̃s] *nf* (**a**) [*délai*] expiry *ou* expiration (*US*) date; [*bon*] maturity date; [*traite*] redemption date; [*loyer*] date of payment; [*facture, dette*] settlement date. (*Fin*) **venir à** ~ to fall due. (**b**) (*règlements*) **l'** ~ **de fin de mois** the end-of-month payments; **faire face à ses** ~**s** to meet one's financial obligations *ou* commitments. (**c**) (*laps de temps*) term. (*Fin*) **à longue/courte** ~ long-/short-term; (*fig*) **à longue** ~ in the long run; (*fig*) **à courte** ~ before long.

échec [eʃɛk] *nm* (**a**) (*insuccès*) failure; (*défaite*) defeat; (*revers*) setback. **voué à l'** ~ bound to fail, doomed to failure; **tenir qn en** ~ to hold sb in check; **faire** ~ **à qn** to foil sb *ou* sb's plans. (**b**) (*Jeux*) **les** ~**s** chess; **jeu d'** ~**s** (*échiquier*) chessboard; (*pièces*) chessmen; **être/mettre en** ~ to be/put in check; **faire** ~ **au roi** to check the king; **faire** ~ **et mat** to checkmate.

échelle [eʃɛl] *nf* (**a**) (*objet*) ladder. (*fig*) **il n'y a plus qu'à tirer l'** ~ we may as well give it up. (**b**) (*croquis, salaires etc*) scale; [*hiérarchie*] ladder. **à grande** ~ large-scale; **à l'** ~ **mondiale** on a world scale; ~ **sociale** social scale. (**c**) [*bas*] ladder, run. ◆ **échelon** *nm* [*échelle*] rung; [*hiérarchie*] grade; (*Admin: niveau*) level. **grimper rapidement les** ~**s** to get quick promotion; **à l'** ~ **national** at the national level.

échelonner [eʃlɔne] (1) *vt objets, paiements* to space out; *congés* to stagger; *difficultés (en complexité)* to grade; (*dans le temps*) to introduce gradually (*sur* over). **service d'ordre échelonné sur le parcours** police positioned *ou* stationed at intervals along the route; **s'** ~ **sur 3 km** to stretch over *ou* be spaced out over a distance of 3 km. ◆ **échelonnement** *nm* spacing out; staggering; grading; gradual introduction.

écheveau, *pl* ~**x** [eʃvo] *nm* skein, hank; (*fig*) tangle.

échevelé, e [eʃəvle] *adj personne* tousled; *rythme* frenzied.

échevin [ɛʃvɛ̃] *nm* (*Hist*) alderman; (*Belgique*) deputy burgomaster.

échine [eʃin] *nf* backbone, spine; (*Culin*) loin. **courber l'** ~ to submit. ◆ **s'échiner** (1) *vpr* (*fig*) to work o.s. to death (*à faire qch* doing sth).

échiquier [eʃikje] *nm* chessboard. **l'** ~ **mondial** the scene of world affairs.

écho [eko] *nm* (**a**) (*lit*) echo; (*rumeur*) rumour, echo; (*témoignage*) account, report; (*réponse*) response. **se faire l'** ~ **de** to echo, repeat; **sa proposition est restée sans** ~ his suggestion wasn't taken up; **l'** ~ **donné à cette nouvelle** the coverage *ou* publicity given to this news item. (**b**) (*Presse: nouvelle*) item of gossip. (*rubrique*) ~**s** gossip column.

échographie [ekɔgʀafi] *nf* (*technique*) ultrasound. **passer une** ~ to have a scan.

échoir [eʃwaʀ] *vi* (**a**) **il vous échoit de faire** it falls to you to do. (**b**) [*loyer*] to fall due; [*délai*] to expire.

échoppe † [eʃɔp] *nf* workshop.

échouer [eʃwe] (1) **1** *vi* (**a**) [*personne*] to fail; [*plan*] to fail, fall through; [*négociations*] to break down. ~ **à un examen/dans une tentative** to fail an exam/

in an attempt; **faire ~** *complot* to foil; *projet* to wreck; **faire ~ les plans de qn** to foil sb's plans. (**b**) *(aboutir)* to end up *(dans* in). (**c**) *(Naut: aussi* **s' ~)** *[bateau]* to run aground; *[débris]* to be washed up. **le bateau s'est échoué** *ou* **a échoué sur un écueil** the boat ran onto a reef. **2** *vt (Naut) (accidentellement)* to ground; *(volontairement)* to beach.

éclabousser [eklabuse] (1) *vt* to splash, spatter *(de* with). **ils ont été éclaboussés par le scandale** their good name has been smeared by the scandal ; **~ qn de son luxe** *(éblouir)* to show off one's wealth to sb. ◆ **éclaboussure** *nf [boue]* splash; *[sang]* spatter; *[eau]* spot; *(fig)* smear, blot.

éclair [eklɛʀ] **1** *nm* (**a**) *(Mét)* flash of lightning; *(Phot)* flash. **~s de chaleur** summer lightning ; **~ de** *génie etc* flash *ou* spark of; **passer comme un ~** to flash past *ou* by; **en un ~** in a flash ; **un ~ dans sa vie** a ray of sunshine in his life. (**b**) *(Culin)* éclair. **2** *adj inv visite* lightning. **raid ~** hit-and-run raid; **voyage ~** flying visit.

éclairage [eklɛʀaʒ] *nm (intérieur)* lighting; *(luminosité)* light (level). *(lit, fig)* **sous cet ~** in this light. ◆ **éclairagiste** *nm (Théât)* electrician; *(Ciné)* lighting engineer.

éclairant, e [eklɛʀɑ̃, ɑ̃t] *adj (fig)* illuminating, enlightening; *(lit)* propriétés lighting.

éclaircir [eklɛʀsiʀ] (2) **1** *vt* (**a**) *teinte* to lighten. (**b**) *soupe* to make thinner; *plantes, cheveux* to thin. (**c**) *mystère* to clear up; *pensée, situation* to clarify. **pouvez-vous nous ~ sur ce point?** can you enlighten us on this point? **2 s' ~** *vpr* (**a**) *[ciel]* to clear; *[temps]* to clear up. **s' ~ la voix** to clear one's throat. (**b**) *[arbres, foule]* to thin out; *[cheveux]* to get thin *ou* thinner. (**c**) *[idées, situation]* to become clearer; *[mystère]* to be cleared up. ◆ **éclaircie** *nf (de soleil)* bright interval, sunny spell; *(dans nuages)* break; *(fig: dans la vie)* ray of sunshine. ◆ **éclaircissement** *nm [mystère]* clearing up; *[texte obscur]* clarification. **j'exige des ~s** I demand an explanation.

éclairer [eklɛʀe] (1) **1** *vt* (**a**) *[lampe]* to light (up); *[soleil]* to shine (down) on; *[fenêtre]* to give light to. **une seule fenêtre était éclairée** only one window was lit up; **un sourire éclaira son visage** his face lit up in a smile; **bien/mal éclairé** well-/badly-lit. (**b**) *situation, texte* to throw light on. (**c**) **~ qn** *(lit)* to light the way for sb; *(fig: renseigner)* to enlighten sb *(sur* about). (**d**) *(Mil)* **~ le terrain** to scout out the ground. **2** *vi*: **~ bien/mal** to give a good/poor light. **3 s' ~** *vpr [rue]* to be lit; *[visage]* to light up, brighten; *[situation]* to get clearer. **tout s'éclaire!** everything's becoming clear!; **s' ~ à la bougie** to use candlelight. ◆ **éclairé, e** *adj minorité* enlightened.

éclaireur [eklɛʀœʀ] *nm* (**a**) *(Mil)* scout. *(lit, fig)* **partir en ~** to go off and scout around. (**b**) *(Scoutisme)* (boy) scout. ◆ **éclaireuse** *nf* (girl) guide.

éclat [ekla] *nm* (**a**) *[os, bois]* splinter; *[grenade, pierre]* fragment. **~ d'obus** piece of shrapnel. (**b**) *[lumière, diamant, couleur]* brilliance; *[braise]* glow; *[vernis]* shine; *[satin, perle]* sheen; *[phares]* glare; *[yeux]* sparkle; *[teint, jeunesse]* radiance. (**c**) *[nom]* fame; *[cérémonie, époque]* brilliance; *[personnage]* glamour. **réception donnée avec ~** dazzling reception. (**d**) *(scandale)* fuss. **faire un ~** to make a fuss. (**e**) **~s de voix** shouts; **~ de colère** angry outburst; **~ de rire** roar *ou* burst of laughter. ◆ **éclatant, e** *adj* (**a**) *lumière, couleur* bright; *soleil* blazing; *blancheur* dazzling; *teint* radiant. (**b**) *succès* dazzling; *revanche* shattering; *gloire* shining; *vérité* manifest; *exemple* striking; *mensonge* blatant. **il a des dons ~s** he is brilliantly gifted; **~ de santé** radiant with health. *(fig)* *rire, bruit* loud; *voix* ringing.

éclater [eklate] (1) *vi* (**a**) *[bombe]* to explode, blow up; *[bourgeon]* to burst open; *[pneu, chaudière]* to burst; *[verre]* to shatter; *[parti]* to break up. (**b**)

[fléau, applaudissement] to break out; *[scandale, orage]* to break. **la nouvelle a éclaté comme un coup de tonnerre** the news came like a thunderbolt, the news burst like a bombshell; **des cris ont éclaté** shouts were raised; **un coup de tonnerre éclata** there was a peal of thunder. (**c**) *[vérité]* to shine out. **la joie éclate dans ses yeux** joy shines in his eyes, his eyes are shining with joy. (**d**) **~ de rire** to burst out laughing; **~ (de rage)** to explode (with rage); **~ en sanglots** to burst into tears; **~ en applaudissements** to burst into applause. (**e**) **faire ~ mine** to detonate, blow up; *bombe* to explode; *pétard* to let *ou* set off; *ballon, tuyau* to burst; *verre* to shatter; **faire** *ou* **laisser ~ sa joie/colère** to give free rein to one's joy/anger. ◆ **éclatement** *nm* explosion; bursting *(de* of); break-up *(de* in).

éclectique [eklɛktik] *adj* eclectic.

éclipse [eklips(ə)] *nf (Astron, fig)* eclipse. ◆ **éclipser** (1) **1** *vt (Astron)* to eclipse; *[gloire]* to eclipse, overshadow. **2 s' ~** * vpr* to slip away.

éclopé, e [eklope] **1** *adj* lame. **2** *nm, f (hum)* (slightly) injured person.

éclore [eklɔʀ] (45) *vi [œuf]* to hatch, be hatched; *[poussin]* to hatch (out); *[fleur]* to open out; *[amour, jour]* to dawn. **faire ~** *œuf* to hatch; *sentiment* to kindle. ◆ **éclosion** *nf* hatching; opening; dawn.

écluse [eklyz] *nf (Naut)* lock. ◆ **éclusier, -ière** *nm, f* lock keeper.

écœurer [ekœʀe] (1) *vt*: **~ qn** *[gâteau]* to make sb feel sick; *[conduite]* to disgust sb, make sb sick; *[échec]* to sicken sb. ◆ **écœurant, e** *adj (gén)* disgusting; *conduite* sickening; *gâteau* sickly. ◆ **écœurement** *nm (lit)* nausea; *(fig)* disgust; *(lassitude)* discouragement.

école [ekɔl] *nf* school. *(éducation)* **l' ~** education; **navire-~** training ship; **être à bonne ~** to be in good hands; **il a été à dure ~** he learned about life the hard way; **faire l' ~** to teach; **faire l' ~ buissonnière** to play truant *ou* hooky; **faire ~** *[personne]* to collect a following; *[théorie]* to gain widespread acceptance; **~ de conduite** driving school; **~ hôtelière** catering school; **~ maternelle** nursery school; **~ normale** ≃ teachers' training college; **~ de police** police academy; **~ primaire** primary *ou* elementary school, grade school *(US)*; **~ de secrétariat** secretarial college. ◆ **écolier** *nm* schoolboy; *(fig: novice)* novice. ◆ **écolière** *nf* schoolgirl.

écologie [ekɔlɔʒi] *nf* ecology. ◆ **écologique** *adj* ecological. **mouvement ~** ecomovement. ◆ **écologiste** *nmf* ecologist, environmentalist.

éconduire [ekɔ̃dµiʀ] (38) *vt visiteur* to dismiss; *soupirant* to reject; *solliciteur* to put off.

économat [ekɔnɔma] *nm (fonction)* bursarship; *(bureau)* bursar's office; *(magasin)* staff cooperative.

économe [ekɔnɔm] **1** *adj* thrifty. **être ~ de son temps** *etc* to be sparing of one's time *etc*. **2** *nmf (Admin)* bursar.

économie [ekɔnɔmi] *nf* (**a**) *(science)* economics *(sg)*; *(Pol: système)* economy. (**b**) *(épargne)* economy, thrift. (**c**) *(gain)* saving. **faire une ~ de temps** to save time; **~s** savings; **faire des ~s** to save up, save money; **faire des ~s de chauffage** to economize on heating; **les ~s d'énergie sont nécessaires** energy conservation is essential; **réaliser d'importantes ~s d'énergie** to make significant energy savings; **il n'y a pas de petites ~s** every little helps; *(fig péj)* **faire des ~s de bouts de chandelle** to make footling economies. ◆ **économique** *adj (Écon)* economic; *(bon marché)* economical; *(Aut)* fuel-efficient. ◆ **économiquement** *adv* economically. **les ~ faibles** the lower-income groups. ◆ **économiser** (1) *vt électricité*

to economize on, save on; *temps, forces* to save; *argent* to save up. ~ **sur** to economize on, cut down on; ~ **l'énergie** to conserve *ou* save energy.
♦ **économiste** *nmf* economist.

écoper [ekɔpe] (1) *vti* (Naut) to bale (out). ~ **(d')une punition** * to catch it *. ♦ **écope** *nf* (Naut) baler.

écorce [ekɔʀs(ə)] *nf* [arbre] bark; [orange] peel, skin. l'~ **terrestre** the earth's crust.

écorcher [ekɔʀʃe] (1) *vt* (a) (dépecer) *animal* to skin; *criminel* to flay. (b) (égratigner) to graze, scratch; (par frottement) to chafe, rub. (c) (fig) *mot* to mispronounce. **il écorche l'allemand** he speaks broken German. (d) (*) ~ **le client** to fleece one's customers; ~ **les oreilles de qn** [bruit] to grate on sb's ears; [personne] to hurt sb's ears. ♦ **écorché** *nm* (Anat) écorché. (fig) **c'est un ~ vif** he is a tormented soul. ♦ **écorchure** *nf* graze, scratch.

écorner [ekɔʀne] (1) *vt meuble* to chip the corner of; *fortune* to make a hole in. **livre écorné** dog-eared book.

écossais, e [ekɔsɛ, ɛz] **1** *adj temps, caractère* Scottish; *whisky* Scotch; *tissu* tartan. **2** *nm* (a) **É~** Scot, Scotsman; **les É~** the Scots. (b) (Ling) l'~ Scots. **3** *nf*: **É~e** Scot, Scotswoman. ♦ **Écosse** *nf* Scotland.

écosser [ekɔse] (1) *vt* to shell, pod.

écot [eko] *nm* share (of a bill).

écouler [ekule] (1) **1** *vt* (Comm) to sell; *faux billets* to get rid of. **2** **s'~** *vpr* (a) (suinter) to seep out; (fuir) to leak out; (couler) to flow out. (b) [temps] to pass, go by; [argent] to melt away; [foule] to drift away; (Comm) to sell. **sa vie écoulée** his past life. ♦ **écoulement** *nm* [eau, voitures] flow; [pus] discharge; [foule] dispersal; [temps] passage, passing; (Comm) selling.

écourter [ekuʀte] (1) *vt* (gén) to shorten; *visite, attente* to cut short; *texte* to cut down.

écouter [ekute] (1) **1** *vt disque, confidence, conseil* to listen to; *discours, (Jur) témoin* to hear. ~ **qn jusqu'au bout** to hear sb out; ~ **qn parler** to hear sb speak; ~ **aux portes** to eavesdrop; **faire ~ un disque à qn** to play a record to sb; **ses conseils sont très écoutés** his advice is greatly valued *ou* greatly sought after; ~ **ses parents** to listen to one's parents; **faire ~ qn** to get sb to listen *ou* obey; **n'écoutant que son courage** letting courage be his only guide. **2 s'~** *vpr* [malade] **elle s'écoute trop** she coddles herself; **si je m'écoutais je n'irais pas** I've a good mind not to go; **s'~ parler** to savour one's words. ♦ **écoute** *nf* (Rad) listening (de to). **nous restons à l'~** we are staying tuned in; **reprendre l'~** to retune; (TV) **heures de grande ~ peak viewing hours; avoir une grande ~** to have a large audience; **l'indice d'~ d'une émission** the ratings (of a programme); **être aux ~s** to be listening (de to); (Police) **les ~s téléphoniques** phone-tapping; **ils sont sur ~** their phone is tapped. ♦ **écouteur, -euse 1** *nm, f* (attentif) listener; (indiscret) eavesdropper. **2** *nm* [téléphone] receiver. (Rad) ~s earphones, headphones.

écrabouiller * [ekʀabuje] (1) *vt* to crush. **se faire ~ par une voiture** to get crushed by a car.

écran [ekʀɑ̃] *nm* (gén) screen. (Ordin) **à fenêtres** split screen; **porter un roman à l'~** to adapt a novel for the screen; **faire ~ à qn** (abriter) to screen *ou* shelter sb; (gêner) to get in the way of sb; (éclipser) to put sb in the shade.

écraser [ekʀaze] (1) **1** *vt* (a) (gén) to crush; *mouche* to swat; *mégot* to stub out; (en purée) to mash; (en poudre) to grind (en to); (pour le jus) to squeeze; (en aplatissant) to flatten (out); (en piétinant) to trample down. ~ **sous la dent** *biscuit* to crunch; **vous m'écrasez les pieds** you're treading on my feet. (b) (tuer) [voiture] ~ **qn** to run sb over; **il s'est**

fait ~ he was run over. (c) (fig: accabler) to crush. **être écrasé de** *impôts* to be crushed by; *chaleur, sommeil* to be overcome by; *travail* to be snowed under with. (d) (vaincre) *ennemi* to crush. **notre équipe s'est fait ~** our team was beaten hollow *ou* was hammered *; **il écrase tout le monde** he outdoes everyone (en at). **2** *vi*: **en** ~ ‡ to sleep like a log *. **3 s'~** *vpr* (a) [avion] to crash; [objet, corps] to be dashed (contre on, against); (dans le métro) to get crushed (dans in). (b) (‡: se taire) to pipe down *. ♦ **écrasant, e** *adj* (gén) crushing; *travail* back-breaking; *victoire, chaleur, responsabilité, nombre, supériorité* overwhelming. (Pol) **majorité/victoire ~e** landslide *ou* crushing majority/victory. ♦ **écrasé, e** *adj nez* flat; *relief* dwarfed. ♦ **écrasement** *nm* crushing.

écrémer [ekʀeme] (6) *vt lait* to skim.

écrevisse [ekʀəvis] *nf* (freshwater) crayfish.

écrier (s') [ekʀije] (7) *vpr* to exclaim, cry out.

écrin [ekʀɛ̃] *nm* (jewellery) case.

écrire [ekʀiʀ] (39) *vt* (a) to write; (orthographier) to spell; (inscrire) to write down. ~ **gros** to have large handwriting; ~ **à la machine** to type; **comment est-ce que ça s'écrit?** how do you spell it *ou* write it?; **ça s'écrit comme ça se prononce** it's spelt how it sounds, you write it the same way as you pronounce it; **c'est écrit en noir sur blanc** *ou* **en toutes lettres** it's written in black and white; **c'était écrit** it was bound to happen; **il est écrit que je ne pourrai jamais y arriver!** I'm doomed never to succeed! ♦ **écrit** *nm* (ouvrage) piece of writing; (examen) written paper; (Jur) document. **par ~** in writing. ♦ **écriteau**, *pl* ~**x** *nm* notice, sign. ♦ **écriture** *nf* (a) (à la main) (hand)writing; (alphabet) writing, script; (style) style. (b) (Fin, Comm) ~**s** accounts, books; **tenir les ~s** to do the book-keeping. (c) (Rel) l'**É~** (**Sainte**) the Scriptures. ♦ **écrivain** *nm* (homme) writer. (**femme-**)~ woman writer.

écrou [ekʀu] *nm* (Tech) nut.

écrouer [ekʀue] (1) *vt* to imprison.

écrouler (s') [ekʀule] (1) *vpr* (gén) to collapse; [empire, espoir] to crumble; [personne] (tomber) to collapse; (*: s'endormir) to fall fast asleep; [accusé] to break down. **s'~ de fatigue** to be overcome with weariness. ♦ **écroulé, e** *adj*: **à moitié ~** *maison* half-ruined, tumbledown, dilapidated; **être ~** (par le malheur) to be prostrate with grief; (de rire) to be doubled up with laughter. ♦ **écroulement** *nm* collapse.

écru, e [ekʀy] *adj tissu* raw; *couleur* natural-coloured. **toile ~e** unbleached linen.

écu [eky] *nm* (monnaie ancienne) crown; (monnaie de la CEE) Ecu; (arme) shield.

écueil [ekœj] *nm* (lit) reef; (problème) stumbling block; (piège) pitfall.

écuelle [ekɥɛl] *nf* bowl.

éculé, e [ekyle] *adj soulier* down-at-heel; *plaisanterie* hackneyed, worn.

écumer [ekyme] (1) **1** *vt* (a) *bouillon* to skim. (b) (piller) to plunder; (chercher) to scour. ~ **les mers** to scour the seas. **2** *vi* (gén) to foam; [cheval] to lather. (fig) ~ **(de rage)** to foam with rage. ♦ **écume** *nf* (gén) foam; [cheval] lather. **pipe en ~ de mer** meerschaum pipe; (fig) l'~ **de la société** the dregs of society. ♦ **écumeux, -euse** *adj* foamy. ♦ **écumoire** *nf* skimmer.

écureuil [ekyʀœj] *nm* squirrel.

écurie [ekyʀi] *nf* stable; (fig: sale) pigsty. **mettre à l'~** to stable; ~ **de course** racing stable.

écusson [ekysɔ̃] *nm* badge.

écuyer [ekɥije] *nm* (cavalier) rider, horseman; (d'un chevalier) squire; (à la cour) equerry. ♦ **écuyère** *nf* rider, horsewoman.

eczéma [ɛgzema] *nm* eczema.

Éden [edɛn] *nm*: l' ~ (the garden of) Eden.

édicter [edikte] (1) *vt* to decree.

édifier [edifje] (7) *vt maison* to build, erect; *fortune, empire* to build (up); *(moralement)* to edify. ◆ **édification** *nf* erection; *[esprit]* edification. ◆ **édifice** *nm* edifice, building. ~ **public** public building ; l' ~ **social** the social structure *ou* fabric.

Édimbourg [edɛ̃buʀ] *n* Edinburgh.

édit [edi] *nm (Hist)* edict.

éditer [edite] (1) *vt (publier)* to publish; *(annoter)* to edit. ◆ **éditeur, -trice** *nm, f* publisher; editor. *(Ordin)* ~ **de texte** text editor. ◆ **édition** *nf (action)* publishing; editing; *(livre, journal)* edition. l' ~ the publishing business; ~ **spéciale** *(journal)* special edition; *(magazine)* special issue.

éditorial, pl -iaux [editɔʀjal, jo] *nm* leader, editorial. ◆ **éditorialiste** *nmf* leader writer.

édredon [edʀədɔ̃] *nm* eiderdown.

éducation [edykasjɔ̃] *nf (Scol, gén)* education; *(familiale)* upbringing; *[goût]* training. j'ai fait mon ~ **à Paris** I was educated *ou* went to school in Paris; ~ **physique** physical training *ou* education; **sans** ~ *(instruction)* ill-educated; *(bonnes manières)* ill-mannered, ill-bred. ◆ **éducateur, -trice** *nm, f (gén)* teacher; *(prison)* tutor, instructor; *(théoricien)* educationalist. ◆ **éducatif, -ive** *adj* educational.

édulcorer [edylkɔʀe] (1) *vt (Pharm)* to sweeten; *(fig)* to tone down.

éduquer [edyke] (1) *vt (à l'école)* to educate; *(à la maison)* to bring up; *peuple* to educate; *goût* to train. **bien éduqué** well-mannered, well-bred; **mal éduqué** ill-mannered, ill-bred, badly brought up.

effacer [efase] (3) **1** *vt (gén)* to efface, erase; *écran d'ordinateur* to clear; *tableau noir* to clean, wipe; *(à la gomme)* to rub out; *(au chiffon)* to wipe off; *(au grattoir)* to scratch out; *souvenir* to efface; *faute* to erase; *craintes* to dispel; *concurrent* to outshine. ~ **son passé** to blot out one's past; **le temps efface tout** everything fades with time; **on efface tout et on recommence** *(oublier le passé)* we'll let bygones be bygones; *(reprendre à zéro)* let's go back to square one, let's make a fresh start; ~ **le corps** to draw o.s. in. **2 s'** ~ *vpr* **(a)** *(gén)* to fade; *[inscription]* to wear off. **ça s'efface bien** *[crayon]* it rubs out *ou* erases easily; *[tableau]* it's easy to clean. **(b)** *(lit: s'écarter)* to move *ou* step aside; *(fig: se tenir en arrière)* to keep in the background; *(se retirer)* to withdraw. ◆ **effacé, e** *adj teinte (passé)* faded; *(sans éclat)* subdued; *personne, vie* retiring; *rôle* unobtrusive. ◆ **effacement** *nm* **(a)** erasing; effacing; dispelling; fading. **(b)** *(modestie)* retiring *ou* self-effacing manner; *(retrait)* withdrawal; *(éclipse)* eclipse.

effarer [efaʀe] (1) *vt* to alarm. **cette bêtise m'effare** I am aghast at *ou* appalled by such stupidity. ◆ **effarant, e** *adj (gén)* alarming. ◆ **effarement** *nm* alarm.

effaroucher [efaʀuʃe] (1) **1** *vt (gén)* to frighten *ou* scare away; *(choquer)* to shock, upset. **2 s'** ~ *vpr (timidité)* to take fright *(de* at); *(pudeur)* to be shocked *ou* upset *(de* by).

effectif, -ive [efɛktif, iv] **1** *adj aide, travail* effective, actual. **être** ~ **à partir de** to take effect *ou* become effective as from. **2** *nm [lycée]* size; *[parti]* size, strength. *(Mil, Pol)* ~**s** numbers; *(Mil)* l' ~ **est au complet** we are at full strength. ◆ **effectivement** *adv aider* effectively; *se produire* actually, really. **c'est** ~ **plus rapide** it's actually faster; **oui,** ~! yes, indeed!

effectuer [efɛktɥe] (1) **1** *vt (gén)* to make; *opération, expérience* to carry out, perform; *geste* to execute; *paiement* to effect; *trajet* to complete. **le franc/le coureur a effectué une remontée spectaculaire** the franc/the runner made *ou* staged a

spectacular recovery. **2 s'** ~ *vpr* to be made. **le voyage s'est effectué sans incident** the journey went off without a hitch.

efféminé, e [efemine] *adj* effeminate.

effervescence [efɛʀvesɑ̃s] *nf (lit)* effervescence; *(fig)* agitation. **être en** ~ to be in a turmoil. ◆ **effervescent, e** *adj* effervescent.

effet [efɛ] *nm* **(a)** *(résultat)* effect. **c'est l'** ~ **du hasard** it is quite by chance; **être sans** ~ to be ineffective, have no effect; ~ **de surprise** effect of surprise; **avoir pour** ~ **de faire** to have the effect of doing; **ce médicament (me) fait de l'** ~/**a fait son** ~ this medicine is effective *ou* works (on me)/has taken effect *ou* has worked. **(b)** *(impression)* impression *(sur* on). **il a fait son petit** ~ he managed to cause a bit of a stir; **c'est tout l'** ~ **que ça te fait?** is that all it means to you?; **faire bon/mauvais** ~ **sur qn** to make a good/bad impression on sb; **il me fait l'** ~ **d'(être) une belle crapule** he seems like a real crook to me; **cette déclaration a fait l'** ~ **d'une bombe** this statement came as a bombshell. **(c)** *(procédé)* effect. ~ **de style/de perspective** stylistic/visual effect; *(Ciné)* ~**s spéciaux** special effects; **elle lui a coupé ses** ~**s** she stole his thunder; **manquer son** ~ *[personne]* to spoil one's effect; *[plaisanterie]* to fall flat. **(d)** *(Sport) [balle]* spin. **donner de l'** ~ **à** to spin. **(e) avec** ~ **rétroactif au 1ᵉʳ janvier** backdated to January 1st; **prendre** ~ **à la date de** to take effect from. **(f)** *(Comm: valeur)* ~ **(de commerce)** bill (of exchange). **(g)** *(vêtements)* ~**s** things, clothes. **(h) en** ~ *(parce que)* because; **oui, en** ~ yes indeed; **c'est en** ~ **plus rapide** it's actually faster. **(i)** *(locutions)* **mettre à** ~ to put into effect; **à cet** ~ to that effect *ou* end; **sous l'** ~ **de** *alcool* under the effect *ou* influence of; **il était encore sous l'** ~ **de la colère** he was still angry.

efficace [efikas] *adj mesure* effective; *remède* efficacious; *personne, machine* efficient. ◆ **efficacement** *adv* effectively; efficaciously; efficiently. ◆ **efficacité** *nf* effectiveness; efficacy; efficiency.

effigie [efiʒi] *nf* effigy. **à l'** ~ **de** bearing the effigy of.

effiler [efile] (1) **1** *vt étoffe* to fray. **2 s'** ~ *vpr [objet]* to taper; *[étoffe]* to fray. ◆ **effilé, e** *adj* slender, tapering.

effilocher *vt*, **s'** ~ *vpr* [efiloʃe] (1) to fray.

efflanqué, e [eflɑ̃ke] *adj animal* raw-boned.

effleurer [eflœʀe] (1) *vt (frôler)* to touch lightly, brush (against); *(érafler)* to graze; *(fig) sujet* to touch (lightly) upon, skim over. ~ **l'esprit de qn** to cross sb's mind. ◆ **effleurement** *nm* light touch.

effluve [eflyv] *nm*: ~**s** exhalations.

effondrer (s') [efɔ̃dʀe] (1) *vpr (gén)* to collapse; *[empire, espoir]* to crumble; *[accusé]* to break down. ◆ **effondré, e** *adj (abattu)* shattered, crushed *(de* by). ~ **de douleur** prostrate with grief; **les parents** ~**s** the grief-stricken parents. ◆ **effondrement** *nm* **(a)** collapse; break-down. **(b)** *(abattement)* utter dejection.

efforcer (s') [efɔʀse] (3) *vpr*: **s'** ~ **de faire** to try hard to do, do one's best to do, endeavour to do.

effort [efɔʀ] *nm* **(a)** effort. **après bien des** ~**s** after much effort; **nécessiter un** ~ **financier** to require a financial outlay; ~ **de volonté** effort of will; **faire un** ~ **de mémoire** to make an effort to remember; **faire de gros** ~**s pour réussir** to make a great effort *ou* great efforts to succeed, try very hard to succeed; **faire tous ses** ~**s** to do one's utmost, make every effort; **faire l'** ~ **de** to make the effort to do; **encore un** ~ just one more go, just a little more effort; **sans** ~ effortlessly. **(b)** *(Tech)* stress, strain.

effraction [efʀaksjɔ̃] *nf (action)* breaking-in. **plusieurs ~s** several break-ins; **entrer par ~** to break in; **~ informatique** (computer) hacking.

effranger *vt*, **s' ~** *vpr* [efʀɑ̃ʒe] (3) to fray.

effrayer [efʀeje] (8) **1** *vt* to frighten. **2 s' ~** *vpr* to be frightened (*de* by), take fright (*de* at), be afraid (*de* of). ◆ **effrayant, e** *adj* frightening, fearsome; *(sens affaibli)* frightful.

effréné, e [efʀene] *adj course* frantic; *passion, luxe* unbridled.

effriter [efʀite] (1) **1** *vt biscuit* to crumble; *roche* to cause to crumble. **2 s' ~** *vpr (lit, fig)* to crumble (away). ◆ **effritement** *nm* crumbling(-away).

effroi [efʀwa] *nm* terror, dread.

effronté, e [efʀɔ̃te] *adj* insolent, cheeky; *mensonge, menteur* brazen, shameless. ◆ **effrontément** *adv* insolently, cheekily; brazenly, shamelessly. ◆ **effronterie** *nf* insolence, cheek; shamelessness.

effroyable [efʀwajabl(ə)] *adj* horrifying, appalling. ◆ **effroyablement** *adv* appallingly, horrifyingly.

effusion [efyzjɔ̃] *nf* effusion. **avec ~** effusively; **~ de sang** bloodshed.

égal, e, *mpl* **-aux** [egal, o] **1** *adj* **(a)** *(valeur)* equal *(en* in, *à* to). **de poids ~** of equal weight; **à poids ~ weight** for weight; **à ~e distance de** equidistant from. **(b)** *justice, pas* even, unvarying; *climat, caractère* equable; *terrain* even, level; *bruit, vent* steady. **(c) ça m'est ~** I don't mind; *(je m'en fiche)* I don't care; **c'est ~,** **il aurait pu écrire** all the same he might have written; **la partie n'est pas ~e (entre eux)** they are not evenly matched; **ça n'a d' ~ que** it is matched *ou* equalled only by; **rester ~ à soi-même** to remain true to form. **2** *nm, f (personne)* equal. **discuter d' ~ à ~** to talk as equals; **être à l' ~ de** *(égal à)* to be equalled *ou* matched by; *(comme)* to be just like; **sans ~** matchless, unequalled. ◆ **égalable** *adj*: **difficilement ~** difficult to equal *ou* match. ◆ **également** *adv (gén)* equally. *(aussi)* **elle lui a ~ parlé** she spoke to him too *ou* as well. ◆ **égaler** (1) **1** *vt* to equal *(en* in). **2 plus 2 égalent 4** 2 plus 2 equals 4; **~ qn à** to rank sb with; **~ qn en qch** to equal sb in sth, match sb for sth. **2 s' ~** *vpr*: **s' ~ à** to equal, be equal to; *(comparaison)* to liken o.s. to.

égaliser [egalize] (1) **1** *vt chances* to equalize; *sol, revenus* to level (out). **2** *vi (Sport)* to equalize, tie *(US)*. ◆ **égalisateur, -trice** *adj* equalizing. ◆ **égalisation** *nf* equalization; levelling.

égalité [egalite] *nf [chances, hommes]* equality; *(Math)* identity; *[climat]* equableness; *[pouls]* regularity; *[surface]* evenness, levelness; *(Tennis)* deuce. **~ d'humeur** equanimity; **~ des chances** equality of opportunity; **être à ~** *(gén)* to be equal; *(match nul)* to draw, tie *(US)*; *(Tennis: à 40/40)* to be at deuce. ◆ **égalitariste** *adj, nmf* egalitarian.

égard [egaʀ] *nm* **(a)** *(respect)* **~s** consideration; **montrer beaucoup d' ~s pour** to show great consideration for, be very considerate towards. **(b) à l' ~ de** *(envers)* towards; *(contre)* concerning, with regard to; **par ~ pour** out of consideration for; **sans ~ pour** without regard for; **à tous ~s** in all respects; **à cet ~** in this respect.

égarer [egaʀe] (1) **1** *vt voyageur* to lead out of his way; *enquêteurs* to mislead; *objet* to mislay; *(moralement)* to lead astray. **égaré par la douleur** distraught with grief. **2 s' ~** *vpr [voyageur, lettre]* to get lost; *[discussion]* to wander from the point. *(fig, Rel)* **s' ~ hors du droit chemin** to wander from the straight and narrow; **mon esprit s'égare** I feel distraught. ◆ **égaré, e** *adj voyageur* lost; *animal, obus* stray; *village* remote; *air* distraught. ◆ **égarement** *nm (trouble)* distraction. **dans un moment**

d' ~ in a moment of madness; *(inconduite)* **~s** aberrations.

égayer [egeje] (8) **1** *vt (gén)* to brighten up; *(divertir)* to amuse, cheer up. **2 s' ~** *vpr* to amuse o.s. **s' ~ aux dépens de qn** to amuse o.s. at sb's expense.

Égée [eʒe] *adj*: **la mer ~** the Aegean (sea).

égide [eʒid] *nf*: **sous l' ~ de** under the aegis of.

églantier [eglɑ̃tje] *nm* wild rose(-bush). ◆ **églantine** *nf* wild rose, eglantine.

église [egliz] *nf (gén)* church.

ego [ego] *nm (Philo, Psych)* ego.

égoïsme [egoism(ə)] *nm* selfishness, egoism. ◆ **égoïste** **1** *adj* selfish, egoistic. **2** *nmf* egoist. ◆ **égoïstement** *adv* selfishly, egoistically.

égorger [egɔʀʒe] (3) *vt (lit)* to slit *ou* cut the throat of; *(*)* *client* to bleed white.

égout [egu] *nm* sewer. **les ~s** the sewerage system. ◆ **égoutier** *nm* sewer worker.

égoutter [egute] (1) **1** *vt (avec passoire)* to strain; *(en tordant)* to wring out. **2** *vi [vaisselle]* to drain, drip; *[linge, eau]* to drip. **faire ~** *eau* to drain off; *linge* to hang up to drip; **'laisser ~ '** 'drip dry'. **3 s' ~** *vpr* to drip; to drain. ◆ **égouttoir** *nm (évier)* draining board; *(mobile)* draining rack; *(passoire)* strainer, colander.

égratigner [egʀatiɲe] (1) *vt peau* to scratch, graze; *genou* to graze, scrape; *(fig)* to have a dig at. **le film/l'auteur s'est fait ~ par la critique** the film/the author was given a bit of a rough ride by the critics. ◆ **égratignure** *nf* scratch, graze, scrape; *(fig)* dig. **sans une ~** without a scratch, unscathed.

égrener [egʀene] (5) *vt pois, blé, épi* to shell; *coton* to gin; *grappe* to pick grapes off. *(fig)* **~ son chapelet** to tell one's beads; **~ les heures** to mark the hours; **les maisons s'égrenaient le long de la route** the houses were dotted along the road.

égrillard, e [egʀijaʀ, aʀd(ə)] *adj* bawdy.

Égypte [eʒipt] *nf* Egypt. ◆ **égyptien, -ienne** *adj*, **É~(ne)** *nm (f)* Egyptian.

eh [e] *excl*: **~ bien** well.

éhonté, e [eɔ̃te] *adj* shameless.

éjecter [eʒɛkte] (1) *vt (Tech)* to eject; *(*)* to kick out *. **se faire ~** * to get o.s. kicked out *. ◆ **éjection** *nf (Tech)* ejection; *(*)* kicking-out *.

élaborer [elabɔʀe] (1) *vt (gén)* to elaborate. ◆ **élaboration** *nf* elaboration.

élaguer [elage] (1) *vt (lit, fig)* to prune. ◆ **élagage** *nm* pruning. ◆ **élagueur** *nm* pruner.

élan¹ [elɑ̃] *nm (Zool)* elk, moose.

élan² [elɑ̃] *nm* **(a)** *(début de course)* run up. **saut avec/sans ~** running/standing jump. **(b)** *(vitesse acquise)* momentum. **prendre de l' ~** to gather speed; **emporté par son ~** carried along by his own momentum. **(c)** *[enthousiasme, colère]* surge, burst *(de* of). **~s** *(d'affection)* rushes of affection; **~s lyriques** lyrical outbursts; **dire qch avec ~** to say sth with fervour *ou* passion. **(d)** *[troupes]* vigour, spirit. **~ patriotique** patriotic fervour. **(e)** *(Écon: dynamisme)* boost. **l' ~ donné à nos exportations** the boost given to our exports.

élancer [elɑ̃se] (3) **1** *vi [blessure]* to give shooting pains. **2 s' ~** *vpr* **(a)** *(se précipiter)* to rush, dash *(vers* towards). **s' ~ d'un bond sur** to leap onto. **(b)** *(se dresser)* to soar (upwards). ◆ **élancé, e** *adj clocher etc* slender. ◆ **élancement** *nm* shooting pain.

élargir [elaʀʒiʀ] (2) **1** *vt* **(a)** *(gén)* to widen; *débat* to broaden. *(Pol)* **majorité élargie** increased majority; **ça lui élargit la taille** that makes his waist look fatter; **~ son horizon** to enlarge *ou* widen one's horizons. **(b)** *(Jur: libérer)* to release, free. **2 s' ~** *vpr [route]* to widen, get wider; *[idées]* to broaden. ◆ **élargissement** *nm* widening; broadening; release.

élastique [elastik] **1** *adj objet* elastic; *démarche* springy; *sens, esprit* flexible; *(péj) conscience* accommodating; *(Écon)* elastic. **2** *nm (de bureau)* elastic *ou* rubber band; *(Couture)* elastic. **en** ~ elasticated. ◆ **élasticité** *nf* elasticity; spring; flexibility; accommodating nature.

élastomère [elastɔmɛʀ] *nm* elastomer.

Elbe [ɛlb] *nf:* **l'île d'** ~ (the isle of) Elba; *(fleuve):* **l'** ~ the Elbe.

électeur, -trice [elɛktœʀ, tʀis] *nm, f* **(a)** *(Pol)* voter. *(circonscription)* ~**s** constituents. **(b)** *(Hist)* **É**~ Elector; **É**~**trice** Electress. ◆ **électif, -ive** *adj (Pol)* elective. ◆ **élection** *nf* **(a)** *(Pol, gén)* election. **jour des** ~**s** polling *ou* election day; **l'** ~ **présidentielle** the presidential election; ~ **partielle** ≃ by-election; ~**s législatives** ≃ general election. **(b)** *(choix)* **patrie d'** ~ chosen country. ◆ **électoral, e,** *mpl* **-aux** *adj* election. ◆ **électorat** *nm* **(a)** *(électeurs)* electorate; *(dans une circonscription)* constituency; *(d'un parti)* voters. **(b)** *(Hist)* electorate.

électricité [elɛktʀisite] *nf* electricity. *(fig)* **il y a de l'** ~ **dans l'air** * the atmosphere is electric. ◆ **électricien** *nm* electrician. ◆ **électrification** *nf* electrification. ◆ **électrifier** (7) *vt* to electrify. ◆ **électrique** *adj* electrical. ◆ **électriquement** *adv* electrically. ◆ **électriser** (1) *vt (lit, fig)* to electrify.

électro [elɛktʀɔ] *préf* electro. ~**-aimant** electromagnet; ~**cardiogramme** electrocardiogram ; ~**choc(s)** electric shock treatment.

électrocuter [elɛktʀɔkyte] (1) *vt* to electrocute. ◆ **électrocution** *nf* electrocution.

électrode [elɛktʀɔd] *nf* electrode.

électroménager [elɛktʀɔmenaʒe] *adj appareil* (domestic) electrical.

électron [elɛktʀɔ̃] *nm* electron.

électronique [elɛktʀɔnik] **1** *adj (gén)* electronic; *optique* electron. **2** *nf* electronics *(sg).* ◆ **électronicien, -ienne** *nm, f* electronics engineer.

électrophone [elɛktʀɔfɔn] *nm* record player.

élégant, e [elegɑ̃, ɑ̃t] *adj (gén)* elegant, smart, stylish; *conduite* generous. ◆ **élégamment** *adv* elegantly. ◆ **élégance** *nf* elegance, smartness, stylishness; generosity.

élégie [eleʒi] *nf* elegy.

élément [elemɑ̃] *nm (gén, Chim)* element; *[machine]* part, component; *[pile]* cell; *(Mil)* unit; *(fait)* fact. *(rudiments)* ~**s** rudiments, elements; ~**s préfabriqués de cuisine** ready-made kitchen units; ~**s de rangement** storage units; **aucun** ~ **nouveau n'est survenu** there have been no new developments, no new facts have come to light; **nous manquons d'** ~**s** we lack information *ou* facts; **c'est le meilleur** ~ **de ma classe** he's the best pupil in my class; **les** ~**s (naturels)** the elements; **être dans son** ~ * to be in one's element. ◆ **élémentaire** *adj* elementary; rudimentary; *(Chim)* elemental.

éléphant [elefɑ̃] *nm* elephant. **comme un** ~ **dans un magasin de porcelaine** like a bull in a china shop.

élevage [ɛlvaʒ] *nm* **(a)** *(gén)* breeding. **l'** ~ **(du bétail)** cattle breeding *ou* rearing; **l'** ~ **des abeilles** beekeeping; **faire l'** ~ **de** to breed; **pays d'** ~ cattle-breeding area; **truite/saumon d'** ~ farmed trout/salmon. **(b)** *(ferme)* cattle farm. ~ **de poulets/de truites** poultry/trout farm.

élévation [elevasjɔ̃] *nf (action d'élever)* raising; *(action de s'élever)* rise *(de* in); *(tertre)* elevation, rise (in the ground); *(coupe, plan)* elevation; *[pensée, style]* loftiness; *[âme]* elevation. *(Rel)* **l'** ~ the Elevation.

élève [elɛv] *nmf* pupil, student. ~ **infirmière** student nurse.

élevé, e [ɛlve] *adj (gén)* high; *pertes* heavy; *cime* lofty. **peu** ~ low; *pertes* slight; *(Jur)* **dommages-intérêts** ~**s** substantial damages; **bien** ~ well-mannered; **mal** ~ *(rustre)* ill-mannered; *(impoli)* rude; **c'est mal** ~ **de** it's bad manners *ou* it's rude to.

élever [ɛlve] (5) **1** *vt* **(a)** *enfant* to bring up, raise; *bétail* to rear, breed; *abeilles* to keep; *plantes* to grow; *vin* to produce. **(b)** *mur (dresser)* to put up. *(hausser)* ~ **(d'un étage)** to raise (by one storey), make (one storey) higher. **(c)** *objection* to raise; *critique* to make. **(d)** *poids, regard* to lift, raise; *niveau, prix, voix* to raise. **(e)** *(promouvoir)* ~ to raise, elevate *(au rang de* to the rank of). **(f)** *(gén, Math)* to raise. ~ **un nombre au carré** to square a number.
2 s' ~ *vpr* **(a)** *[niveau, prix]* to rise, go up. *[somme]* **s'** ~ **à** to add up to, amount to. **(b)** *[immeuble] (se dresser)* to rise; *(se bâtir)* to go up. **un mur s'élevait entre** a wall stood between. **(c)** *[avion]* to go up; *[oiseau]* to fly up; *(dans la société)* to rise. **s'** ~ **jusqu'au sommet de l'échelle** to climb to the top of the ladder. **(d)** *[discussions]* to arise; *[objections, doutes]* to be raised, arise; *[voix]* to rise. **s'** ~ **contre** to rise up against.

éleveur, -euse [ɛlvœʀ, øz] *nm, f* stockbreeder.

elfe [ɛlf(ə)] *nm* elf.

éligible [eliʒibl(ə)] *adj (Pol)* eligible. ◆ **éligibilité** *nf* eligibility.

élimer *vt,* **s'** ~ *vpr* [elime] (1) to fray.

éliminer [elimine] (1) *vt (gén, Math, Méd)* to eliminate; *données secondaires* to discard. ◆ **élimination** *nf* elimination. ◆ **éliminatoire 1** *adj épreuve* eliminatory; *note* disqualifying. **2** *nf (Sport)* heat.

élire [eliʀ] (43) *vt* to elect. **il a été élu président** he was elected president, he was voted in as president.

élite [elit] *nf* élite. **l'** ~ the cream *ou* élite; **d'** ~ *élève* first-class; *(Mil)* **corps d'** ~ crack corps. ◆ **élitisme** *nm* élitism.

élixir [eliksiʀ] *nm* elixir.

elle [ɛl] *pron pers f* **(a)** *(sujet) (personne, nation)* she; *(chose)* it; *(animal, bébé)* she, it. ~**s** they; ~, ~ **n'aurait jamais fait ça** SHE would never have done that; ~ **renoncer?** HER give up? **(b)** *(objet) (personne, nation)* her; *(animal)* her, it; *(chose)* it. ~**s** them; **c'est** ~ **qui me l'a dit** she told me herself, it's she who told me; *(iro)* **c'est** ~**s qui le disent** that's what THEY say!; **c'est** ~ **que j'avais invitée** it's her I had invited. **(c)** *(avec prép) (personne)* her; *(animal)* her, it; *(chose)* it. **ce livre est à** ~ this book belongs to her *ou* is hers; **ces disques sont à** ~**s** these records belong to them *ou* are theirs; **elle ne pense qu'à** ~ she only thinks of herself; **elle a une maison à** ~ she has a house of her own; **ses enfants à** ~ HER children. **(d)** *(comparaison) (sujet)* she; *(objet)* her. **il est plus grand qu'** ~**s** he is taller than they are *ou* than them. **(e)** *(interrog, emphatique)* **sa lettre est-**~ **arrivée?** has his *(ou* her) letter come?; **ta tante,** ~ **n'est pas très aimable!** your aunt isn't very nice!

ellipse [elips(ə)] *nf (Géom)* ellipse; *(Ling)* ellipsis.

élocution [elɔkysjɔ̃] *nf (débit)* delivery; *(clarté)* diction. **défaut d'** ~ speech impediment.

éloge [elɔʒ] *nm* **(a)** *(louange)* ~**(s)** praise; **faire des** ~**s à qn** to praise sb; **faire l'** ~ **de** to praise; **faire son propre** ~ to sing one's own praises. **(b)** *(panégyrique)* eulogy. ~ **funèbre** funeral oration. ◆ **élogieusement** *adv* **parler** very highly. ◆ **élogieux, -ieuse** *adj* laudatory.

éloigné, e [elwaɲe] *adj (dans l'espace)* distant, remote, far-off; *événement* distant, remote *(de* from); *parent* distant; *ancêtre* remote. **est-ce très**

~ **de la gare?** — **oui, c'est très** ~ is it very far *ou* a long way from the station? — yes, it's a long way; ~ **de 3 km** 3 km away; **dans un avenir peu** ~ in the not-too-distant future; **sentiment pas très** ~ **de la haine** emotion not far removed from hatred; **rien n'est plus** ~ **de mes pensées** nothing is farther from my thoughts; **tenir** ~ **de** to keep away from; **se tenir** ~ **des querelles** to steer clear of quarrels.

éloignement [elwaɲmɑ̃] *nm* (*gén*) removal; (*report*) postponement; (*désaffection*) estrangement; (*banissement*) banishment; (*distance*) distance. **avec l'** ~ (*temps, espace*) from a distance.

éloigner [elwaɲe] (1) **1** *vt* (**a**) *objet* to move *ou* take away; *personne* to take away; (*fig: exiler*) to send away (*de* from). (*fig*) ~ **qn de** *être aimé* to estrange sb from; *tentations* to remove sb from. (**b**) (*fig: dissiper*) (*gén*) to remove; *idée, crainte* to dismiss; *danger* to ward off; *soupçons* to avert (*de* from). (**c**) *visite* (*reporter*) to put off, postpone; (*espacer*) to space out. **2** *s'* ~ *vpr* (*gén*) to go away (*de* from); [*souvenir*] to grow more distant *ou* remote. **s'** ~ **en courant** to run away *ou* off; **éloignez-vous, les enfants** move *ou* stand back, children; **s'** ~ **de** *être aimé* to grow away from; *sujet* to wander from; *position prise* to move away from; *devoir, vérité* to stray from; **s'** ~ **du droit chemin** to stray from the straight and narrow.

élongation [elɔ̃gɑsjɔ̃] *nf*: **se faire une** ~ to strain a muscle.

éloquent, e [elɔkɑ̃, ɑ̃t] *adj* eloquent. **ces chiffres sont** ~**s** these figures speak for themselves; **un silence** ~ a silence that speaks volumes, a meaningful *ou* an eloquent silence. ◆ **éloquemment** *adv* eloquently. ◆ **éloquence** *nf* eloquence.

élu, e [ely] **1** *adj* (*Rel*) chosen; (*Pol*) elected. **2** *nm, f* (*député*) elected member; (*conseiller*) councillor. **les** ~**s locaux** the local *ou* town councillors. (*hum*) **l'heureux** ~ the lucky man; (*Rel*) **les É**~**s** the Chosen ones, the Elect.

élucider [elyside] (1) *vt* to elucidate. ◆ **élucidation** *nf* elucidation.

élucubrations [elykybʀɑsjɔ̃] *nfpl* (*péj*) wild imaginings.

éluder [elyde] (1) *vt* to evade, elude.

Élysée [elize] *nm:* (**le palais de**) **l'** ~ the Élysée palace; **les Champs-**~**s** the Champs-Élysées.

émacié, e [emasje] *adj* emaciated.

émailler [emaje] (1) *vt* (*lit*) to enamel; [*étoiles*] to spangle; [*fautes*] to pepper. **voyage émaillé d'incidents** journey punctuated by incidents. ◆ **émail**, *pl* **-aux** *nm* enamel. **en** ~ enamel(led); (*Art*) ~**aux** pieces of enamel work. ◆ **émaillage** *nm* enamelling.

émanation [emanɑsjɔ̃] *nf* (**a**) (*odeurs*) ~**s** smells, emanations; ~**s toxiques** toxic fumes. (**b**) (*fig*) product.

émanciper [emɑ̃sipe] (1) **1** *vt* (*Jur*) to emancipate; *esprit* to liberate. **2** *s'* ~ *vpr* to become liberated. ◆ **émancipation** *nf* emancipation; liberation.

émaner [emane] (1) ~ **de** *vt indir* [*pouvoir, ordres*] to come from; [*chaleur, odeur*] to emanate *ou* come from; [*charme*] to emanate from.

émarger [emaʀʒe] (3) **1** *vt* to sign. **2** *vi* to be paid. ◆ **émargement** *nm* signing. **feuille d'** ~ (*paye*) paysheet; (*présence*) attendance sheet.

emballer [ɑ̃bale] (1) **1** *vt* (**a**) (*empaqueter*) to pack (up); (*dans du papier*) to wrap up. (**b**) (✻: *emprisonner*) to run in ✻. (**c**) *moteur* to race. (**d**) (✻: *enthousiasmer*) to thrill. **2** *s'* ~ *vpr* (**a**) (✻) (*enthousiasme*) to get carried away; (*colère*) to fly off the handle ✻. (**b**) [*moteur*] to race; [*cheval*] to bolt. **cheval emballé** bolting horse. ◆ **emballage** *nm* packing; wrapping-up; (*boîte etc*) package. ◆ **emballement** *nm* (**a**) (✻) (*enthousiasme*) craze;

(*colère*) angry outburst, flash of anger. (**b**) [*moteur*] racing; [*cheval*] bolting.

embarcadère [ɑ̃baʀkadɛʀ] *nm* landing stage.

embarcation [ɑ̃baʀkɑsjɔ̃] *nf* (small) boat *ou* craft (*inv*).

embardée [ɑ̃baʀde] *nf* (*Aut*) swerve. **faire une** ~ to swerve.

embargo [ɑ̃baʀgo] *nm* embargo. **mettre l'** ~ **sur qch** to put an embargo on sth.

embarquer [ɑ̃baʀke] (1) **1** *vt* *passagers* to embark; *cargaison* to load; (✻) (*emporter, emprisonner*) to cart off ✻; (*voler*) to pinch ✻. **se faire** ~ **par la police** to get picked up by the police ✻; ~ **qn dans une histoire** to get sb mixed up in ✻ *ou* involved in an affair. **2** *vi* (*aussi* **s'** ~) (*en bateau*) to embark, board, go aboard; (*en train, avion*) to board. ~ **pour la France** to sail for France. **3** *s'* ~ *vpr* (**a**) = **2**. (**b**) **s'** ~ **dans** *aventure* to embark on. ◆ **embarquement** *nm* loading; embarkation; boarding.

embarras [ɑ̃baʀa] *nm* (*ennui*) trouble; (*gêne*) confusion, embarrassment; (*situation délicate*) predicament, awkward position. **être dans l'** ~ to be in a predicament *ou* an awkward position; (*dans un dilemme*) to be in a quandary *ou* in a dilemma; (*sans argent*) to be in financial difficulties; ~ **gastrique** stomach upset; ~ **de circulation** (road) congestion; **faire des** ~ (*chichis*) to make a fuss; (*ennuis*) to make trouble (*à qn* for sb); **je ne veux pas être un** ~ **pour vous** I don't want to bother you, I don't want to be a nuisance *ou* trouble to you *ou* to be in your way; **ne vous mettez pas dans l'** ~ **pour moi** don't put yourself out for me; **elle a l'** ~ **du choix** her only problem is that she has too great a choice.

embarrasser [ɑ̃baʀase] (1) **1** *vt* (**a**) [*paquets*] to clutter; [*vêtements*] to hinder, hamper. **ça m'embarrasse** it's in my way; ~ **l'estomac** to lie heavy on the stomach. (**b**) (*désorienter*) ~ **qn** to put sb in a predicament *ou* an awkward position; ~ **qn par des questions indiscrètes** to embarrass sb with indiscreet questions; **ça m'embarrasse de te le dire mais...** I don't like to tell you this but...; **il y a qch qui m'embarrasse là-dedans** there's sth about it that bothers me. **2** *s'* ~ *vpr*: **s'** ~ **de** *paquets, scrupules* to burden o.s. with; *détails* to trouble o.s. *ou* worry about; **s'** ~ **dans** *vêtements* to get tangled up in; *explications* to get in a muddle with, get mixed up in. ◆ **embarrassant, e** *adj* (**a**) *situation* embarrassing; *problème* awkward. (**b**) *paquets* cumbersome. **cet enfant est** ~**!** this child is always in the way! ◆ **embarrassé, e** *adj* (*gêné*) embarrassed; (*peu clair*) muddled, confused; (*encombré*) cluttered. **avoir l'estomac** ~ to have an upset stomach; **j'ai les mains** ~**es** my hands are full.

embaucher [ɑ̃boʃe] (1) *vt* to take on, hire. ◆ **embauche** *nf* hiring. **est-ce qu'il y a de l'** ~**?** are there any vacancies?; **bureau d'** ~ labour *ou* employment office.

embaumer [ɑ̃bome] (1) **1** *vt* *cadavre* to embalm. **l'air embaumait le lilas** the air was fragrant with the scent of lilac. **2** *vi* to be fragrant. ◆ **embaumé, e** *adj* *air* balmy, fragrant. ◆ **embaumement** *nm* embalming.

embellir [ɑ̃beliʀ] (2) **1** *vt* (*gén*) to beautify, make (more) attractive; *récit* to embellish. **2** *vi* to grow more attractive. ◆ **embellissement** *nm* improvement; [*récit*] embellishment.

embêter ✻ [ɑ̃bete] (1) **1** *vt* (*gén*) to bother, worry; (*importuner*) to pester; (*irriter*) to annoy; (*lasser*) to bore. **2** *s'* ~ *vpr* to be bored. ◆ **embêtant, e** ✻ *adj* worrying, annoying; *situation* awkward, tricky. ◆ **embêtement** ✻ *nm* problem, trouble. **causer des** ~**s à qn** to make trouble for sb.

emblée [āble] *adv:* **d'** ~ straightaway, right away. **détester qn d'** ~ to detest sb on sight, take an instant dislike to sb.

emblème [āblɛm] *nm* emblem.

emboîter [ābwate] (1) **1** *vt* to fit together. ~ **qch dans** to fit sth into; ~ **le pas à qn** *(lit)* to follow close on sb's heels; *(fig: imiter)* to follow suit. **2 s'** ~ *vpr* to fit together.

embonpoint [ābɔ̃pwɛ̃] *nm* stoutness. **avoir/prendre de l'** ~ to be/get stout.

embouchure [ābuʃyʀ] *nf [fleuve]* mouth; *(Mus)* mouthpiece.

embourber *vt*, **s'** ~ *vpr* [ābuʀbe] (1) *voiture* to get stuck in the mud.

embourgeoiser (s') [ābuʀʒwaze] (1) *vpr* to become middle-class.

embout [ābu] *nm [canne]* tip; *[tuyau]* nozzle.

embouteiller [ābuteje] (1) *vt (Aut)* to jam, block; *(Téléc) lignes* to block. **les routes sont très embouteillées** the roads are very congested. ◆ **embouteillage** *nm (Aut)* traffic jam, holdup.

emboutir [ābutiʀ] (2) *vt métal* to stamp; *(Aut: percuter)* to crash *ou* run into. **avoir une aile emboutie** to have a dented *ou* damaged wing; **il s'est fait** ~ **par un camion** he was hit by a lorry, his car was dented by a lorry.

embranchement [ābʀāʃmā] *nm (jonction)* junction; *(route)* side road; *(voie)* branch line; *(rivière)* embranchment; *(Bot, Zool: catégorie)* branch. **à l'** ~ **des 2 routes** at the fork in the roads, where the roads fork.

embraser [ābʀaze] (1) **1** *vt forêt etc* to set ablaze; *cœur* to fire. **2 s'** ~ *vpr* to blaze up; to be fired *(de* with); *[pays en révolte]* to rise up in arms. ◆ **embrasement** *nm (action)* blazing-up; *(résultat)* blaze.

embrasser [ābʀase] (1) **1** *vt* to kiss; *(étreindre)* to embrace; *cause, aspects* to embrace; *carrière* to take up. ~ **qch du regard** to take in at a glance. **2 s'** ~ *vpr* to kiss (each other). ◆ **embrassade** *nf* embrace.

embrasure [ābʀazyʀ] *nf* embrasure. **dans l'** ~ **de la porte** in the doorway.

embrayer [ābʀeje] (8) **1** *vt (Aut, Tech)* to put into gear. **2** *vi (Aut)* to let in *ou* engage the clutch. ◆ **embrayage** *nm (mécanisme)* clutch; *(action)* engaging the clutch.

embrigader [ābʀigade] (1) *vt* to dragoon *(dans* into).

embrocher [ābʀɔʃe] (1) *vt (Culin) (broche)* to spit; *(brochette)* to skewer. *(fig)* ~ **qn** to run sb through.

embrouille * [ābʀuj] *nf:* **il y a de l'** ~ **là-dessous** there's some hanky-panky * *ou* something funny at the bottom of this; **toutes ces** ~**s** all this carry-on *.

embrouiller [ābʀuje] (1) **1** *vt (gén)* to muddle up; *ficelle* to tangle (up). **2 s'** ~ *vpr [idées, situation]* to become muddled *ou* confused; *[personne]* to get in a muddle, become confused. **s'** ~ **dans** to get in a muddle with. ◆ **embrouillement** *nm (action)* tangling; muddling up; confusion; *(état)* tangle; muddle; confusion.

embroussaillé, e [ābʀusaje] *adj chemin* overgrown; *barbe* bushy, shaggy.

embrumer [ābʀyme] (1) *vt* to mist over, cloud over *(de* with). **il avait l'esprit embrumé par l'alcool** his mind was fuddled *ou* clouded with drink.

embruns [ābʀœ̃] *nmpl* spindrift, sea spray.

embryon [ābʀijɔ̃] *nm* embryo. ◆ **embryonnaire** *adj* embryonic.

embûche [ābyʃ] *nf* pitfall, trap.

embuer [ābɥe] (1) *vt* to mist up *ou* over.

embuscade [ābyskad] *nf* ambush. **être en** ~ to lie in ambush. ◆ **s'embusquer** (1) *vpr* to lie in ambush.

éméché, e [emeʃe] *adj* tipsy, merry.

émeraude [ɛmʀod] *nf, adj inv* emerald.

émerger [emɛʀʒe] (3) *vi* to emerge; *(faire saillie)* to stand out. ~ **du brouillard** to rise out of the fog. ◆ **émergence** *nf* emergence.

émeri [emʀi] *nm* emery. **toile** ~ emery paper.

émerveiller [emɛʀveje] (1) **1** *vt* to fill with wonder. **2 s'** ~ *vpr* to be filled with wonder. **s'** ~ **de** to marvel at. ◆ **émerveillement** *nm (sentiment)* wonder; *(vision)* marvel.

émettre [emɛtʀ(ə)] (56) *vt (gén)* to emit; *lumière* to give out; *son* to send out; *odeur* to give off; *(Rad, TV)* to transmit; *monnaie, emprunt* to issue; *chèque* to draw; *hypothèse* to put forward; *vœux* to express. ~ **sur ondes courtes** to broadcast *ou* transmit on short wave. ◆ **émetteur, -trice 1** *adj (Rad)* transmitting; *(Fin)* issuing. **2** *nm* transmitter. ~**-récepteur** transmitter-receiver.

émeute [emøt] *nf* riot. ~**s** riots, rioting. ◆ **émeutier, -ière** *nm, f* rioter.

émietter *vt*, **s'** ~ *vpr* [emjete] (1) *pain, terre* to crumble; *pouvoir* to disperse; *énergie* to dissipate. ◆ **émiettement** *nm* crumbling; dispersion; dissipation.

émigrer [emigʀe] (1) *vi* to emigrate. ◆ **émigrant, e** *nm, f* emigrant. ◆ **émigration** *nf* emigration. ◆ **émigré, e** *nm, f (Hist)* émigré; *(Pol)* expatriate. *(Écon)* **(travailleur)** ~ migrant worker.

émincer [emɛ̃se] (3) *vt* to slice thinly.

éminence [eminās] *nf [terrain]* hill, rise; *[qualité]* distinction, eminence; *(cardinal)* Eminence. *(fig)* ~ **grise** éminence grise. ◆ **éminemment** *adv* eminently. ◆ **éminent, e** *adj* distinguished, eminent.

émir [emiʀ] *nm* emir. ◆ **émirat** *nm* emirate. **les É~s arabes unis** the United Arab Emirates.

émissaire [emisɛʀ] *nm (gén)* emissary.

émission [emisjɔ̃] *nf* **(a)** *(V émettre)* emission; transmission; broadcast; issue; *actions* flotation; drawing. **(b)** *(Rad, TV: spectacle)* programme, broadcast. ~ **(de télévision) par câble** cablecast.

emmagasiner [āmagazine] (1) *vt (gén: amasser)* to accumulate; *chaleur* to store; *(Comm)* to store. ◆ **emmagasinage** *nm* accumulation; storage.

emmailloter [āmajɔte] (1) *vt* to wrap up.

emmêler [āmele] (1) **1** *vt fil* to tangle (up); *(fig) affaire* to confuse, muddle. *(fig)* **tu emmêles tout** you're getting everything muddled (up) *ou* confused. **2 s'** ~ *vpr (lit)* to get in a tangle; *(fig)* to get in a muddle *(dans* with). **s'** ~ **les pieds dans le tapis** to catch one's feet in the carpet. ◆ **emmêlement** *nm (action)* tangling; *(état)* tangle; muddle.

emménager [āmenaʒe] (3) *vi* to move in. ~ **dans** to move into. ◆ **emménagement** *nm (action)* moving in. **il y a eu plusieurs** ~**s** there have been several moves.

emmener [āmne] (5) *vt (gén)* to take; *otage* to take away. ~ **qn au cinéma** to take sb to the cinema; ~ **promener qn** to take sb for a walk.

emmitoufler [āmitufle] (1) *vt* to wrap *ou* muffle up. **s'** ~ to wrap *ou* muffle o.s. up.

emmurer [āmyʀe] (1) *vt* to wall up, immure.

émoi [emwa] *nm (trouble)* agitation, emotion; *(de joie)* excitement; *(tumulte)* commotion. **en** ~ *cœur* in a flutter; *sens* agitated, excited; *rue* in turmoil, in a commotion.

émoluments [emɔlymā] *nmpl (Admin)* emolument, fee.

émotion [emosjɔ̃] *nf* emotion; *(peur)* fright. **donner des** ~**s à qn** * to give sb a nasty turn * *ou* fright. ◆ **émotif, -ive** *adj* emotional. ◆ **émotionnel,**

-elle *adj* emotional. ◆ **émotionner** * (1) **1** *vt* to upset. **2 s'** ~ *vpr* to get upset (*de* about). ◆ **émotivité** *nf* emotionalism.

émoulu, e [emuly] *adj*: **frais** ~ **(de l'école)** fresh from school, just out of school.

émoussé, e [emuse] *adj couteau* blunt; *goût* blunted, dulled.

émoustiller * [emustije] (1) *vt* to tantalize.

émouvoir [emuvwaʀ] (27) **1** *vt [beauté]* to rouse, stir; *[misère]* to touch, move; *[menace]* to disturb, worry, upset. ~ **qn jusqu'aux larmes** to move sb to tears; **se laisser** ~ **par des prières** to be moved by entreaties; ~ **la pitié de qn** to move sb to pity, rouse sb's pity. **2 s'** ~ *vpr* to be roused *ou* stirred *ou* touched *ou* moved *ou* disturbed *ou* worried *ou* upset (*de* by). **il ne s'émeut de rien** nothing upsets *ou* disturbs him. ◆ **émouvant, e** *adj* moving, touching.

empailler [ɑ̃paje] (1) *vt animal* to stuff. ◆ **empailleur, -euse** *nm, f* taxidermist.

empaqueter [ɑ̃pakte] (4) *vt marchandises* to pack; *colis* to wrap up.

emparer (s') [ɑ̃paʀe] (1) *vpr* **(a)** *[personne]* **s'** ~ **de** (*gén*) to seize; *objet* to grab (hold of), snatch up; *conversation* to take over; *prétexte* to seize on; *(fig)* **les journaux se sont emparés de l'affaire** the papers picked up the story. **(b)** *[sentiment]* **s'** ~ **de** to take *ou* seize hold of; **le remords s'empara d'elle** she was seized with remorse.

empâter [ɑ̃pate] (1) **1** *vt bouche* to coat, fur (up); *traits* to thicken, coarsen. **2 s'** ~ *vpr [silhouette]* to thicken out.

empêcher [ɑ̃peʃe] (1) **1** *vt* to prevent, stop. ~ **que qch (ne) se produise** to prevent sth from happening, stop sth happening; ~ **qn de faire** to prevent sb from doing, stop sb (from) doing; *(fig)* **ça ne m'empêche pas de dormir** I don't lose any sleep over it; **ça n'empêche rien** * it makes no odds * *ou* no difference; **(il) n'empêche qu'il a tort** nevertheless *ou* all the same he's wrong. **2 s'** ~ *vpr*: **s'** ~ **de faire** to stop o.s. (from) doing, refrain from doing; **il n'a pas pu s'** ~ **de rire** he couldn't help laughing, he couldn't stop himself (from) laughing. ◆ **empêché, e** *adj (retenu)* detained, held up. **il a été** ~ **par ses obligations** his commitments prevented him from coming; **tu es bien** ~ **de me le dire** you seem at a loss to know what to tell me. ◆ **empêchement** *nm* (unexpected) difficulty, hitch. **il a eu un** ~ sth prevented him from coming.

empereur [ɑ̃pʀœʀ] *nm* emperor.

empeser [ɑ̃pəze] (5) *vt* to starch. ◆ **empesé, e** *adj col* starched; *(fig)* stiff, starchy.

empester [ɑ̃pɛste] (1) *vt odeur* to stink of, reek of; *pièce* to stink out (*de* with). **ça empeste ici** it stinks in here, it smells foul in here.

empêtrer (s') [ɑ̃petʀe] (1) *vpr*: **s'** ~ **dans** *habits, explications* to get tangled up in; *affaire* to get (o.s.) mixed up in.

emphase [ɑ̃faz] *nf* pomposity. **sans** ~ simply. ◆ **emphatique** *adj* pompous; *(Ling)* emphatic.

empiéter [ɑ̃pjete] (6) *vi*: ~ **sur** *(lit, fig)* to encroach (up)on; *[terrain]* to overlap into; *attributions* to trespass on. ◆ **empiètement** *nm* encroachment (*sur* upon).

empiffrer (s') ‡ [ɑ̃pifʀe] (1) *vpr* to stuff o.s. * (*de* with), gorge o.s. (*de* on).

empiler [ɑ̃pile] (1) **1** *vt* to pile, stack. **2 s'** ~ *vpr* to be piled up (*sur* on). **s'** ~ **dans** *véhicule* to squeeze into. ◆ **empilement** *nm (action)* piling, stacking; *(pile)* pile, stack.

empire [ɑ̃piʀ] *nm (Pol)* empire. **pas pour un** ~! not for all the world! **(b)** *(emprise)* influence, authority. **sous l'** ~ **de** *colère* in the grip of; *boisson*

under the influence of; ~ **sur soi-même** self-control, self-command.

empirer [ɑ̃piʀe] (1) **1** *vi* to get worse, deteriorate. **2** *vt* to make worse.

empirique [ɑ̃piʀik] *adj* empirical. ◆ **empirisme** *nm* empiricism.

emplacement [ɑ̃plasmɑ̃] *nm (gén: endroit)* place; *(site)* site, location. **sur l'** ~ **de** on the site of.

emplâtre [ɑ̃plɑtʀ(ə)] *nm (Méd)* plaster; *(Aut)* patch.

emplette † [ɑ̃plɛt] *nf* purchase. **faire l'** ~ **de** to purchase; **faire des** ~**s** to do some shopping.

emplir [ɑ̃pliʀ] (2) **1** *vt verre, pièce* to fill (*de* with). **2 s'** ~ *vpr*: **s'** ~ **de** to fill with.

employer [ɑ̃plwaje] (8) *vt (gén)* to use; *moyen, ouvrier* to employ; *temps* to spend (*à qch* on sth, *à faire qch* doing sth). ~ **toute son énergie à faire qch** to apply *ou* devote all one's energies to doing sth; **mal** ~ to misuse; **s'** ~ **à faire qch/à qch** to apply *ou* devote o.s. to doing sth/to sth. ◆ **emploi** *nm* **(a)** *(gén)* use; *[mot]* usage. **je n'en ai pas l'** ~ I have no use for it; ~ **du temps** timetable, schedule. **(b)** *(poste)* job. **l'** ~ employment; **sans** ~ unemployed, jobless. ◆ **employé, e** *nm, f* employee. ~ **de bureau** office worker, clerk; ~ **des postes** postal worker; **l'** ~ **du gaz** the gas man; ~ **de maison** domestic employee; **les** ~**s de cette firme** the staff *ou* employees of this firm. ◆ **employeur, -euse** *nm, f* employer.

empocher * [ɑ̃pɔʃe] (1) *vt* to pocket.

empoigner [ɑ̃pwaɲe] (1) **1** *vt* to grasp, grab hold of. **2 s'** ~ * *vpr* to have a row. ◆ **empoignade** *nf* row.

empoisonner [ɑ̃pwazɔne] (1) **1** *vt* **(a)** ~ **qn** *[assassin]* to poison sb; *[aliments]* to give sb food poisoning; *(fig:*)* *[contretemps]* to annoy sb; *[gêneur, travail]* to drive sb mad *. **(b)** *air* to make foul; *relations* to poison. **2 s'** ~ *vpr (lit)* to poison o.s.; *(intoxication)* to get food poisoning. *(fig:*)* to get bored. **s'** ~ **à faire qch** to go to the trouble of doing sth. ◆ **empoisonnant, e** * *adj* annoying. ◆ **empoisonné, e** *adj flèche* poisoned; *paroles* poisonous. *[personne]* **être bien** ~ to be in a real mess *. ◆ **empoisonnement** *nm* poisoning. (*: ennui*) ~**(s)** bother. ◆ **empoisonneur, -euse** *nm, f (lit)* poisoner; *(fig:*)* bore.

emporté, e [ɑ̃pɔʀte] *adj* quick-tempered.

emportement [ɑ̃pɔʀtəmɑ̃] *nm* fit of anger, rage. **avec** ~ angrily.

emporte-pièce [ɑ̃pɔʀtəpjɛs] *nm inv (Tech)* punch. *(fig)* **à l'** ~ incisive.

emporter [ɑ̃pɔʀte] (1) **1** *vt* **(a)** *(comme bagage)* to take; *(enlever)* to take away. **si vous gagnez, vous pouvez l'** ~ **(avec vous)** if you win, you can take it away (with you); **plats chauds à** ~ take-away hot meals; **il ne l'emportera pas en paradis!** he'll soon be smiling on the other side of his face! **(b)** *[vent, train]* to carry along; *[colère, imagination]* to carry away. **emporté par son élan** carried along by his own momentum. **(c)** *(arracher)* *bras* to take off; *cheminée* to blow off; *pont* to wash away; *(euph: tuer)* *[maladie]* to carry off. **la vague a emporté 3 passagers** the wave swept 3 passengers overboard; *(fig)* **plat qui emporte la bouche** dish that takes the roof off your mouth *. **(d)** *prix* to carry off; *(Mil)* *position* to take, win. ~ **la décision** to carry *ou* win the day; **l'** ~ **(sur)** *[personne]* to get the upper hand (of); *[méthode]* to prevail (over); **l'** ~ **sur son adversaire** to get the better of one's opponent; **l'** ~ **sur qn en adresse** to outmatch sb in skill. **2 s'** ~ *vpr* **(a)** *(de colère)* to lose one's temper (*contre* with). **(b)** *[cheval]* to bolt.

empoté, e * [ɑ̃pɔte] **1** *adj* awkward. **2** *nm, f (péj)* awkward lump *.

empourprer *vt*, **s'** ~ *vpr* [ɑ̃puʀpʀe] (1) to turn crimson.

empreindre [ɑ̃pʀɛ̃dʀ(ə)] (52) *vt (littér)* to imprint. **empreint de** *regret* tinged with; *bonté* stamped with; *menaces* fraught with.

empreinte [ɑ̃pʀɛ̃t] *nf* (**a**) *(gén)* imprint, impression; *[animal]* track. **~ de pas** footprint; **~s digitales** fingerprints. (**b**) *(fig)* stamp.

empresser (s') [ɑ̃pʀese] (1) *vpr* (**a**) *(s'affairer)* to bustle about; *(péj)* to fuss about. **s' ~ auprès** *ou* **autour de qn** to surround sb with attentions, fuss around sb. (**b**) *(se hâter)* **s' ~ de faire** to hasten to do. ◆ **empressé, e** *adj serveur* attentive; *aide* willing; *admirateur* assiduous; *subordonné* overzealous. **faire l' ~ (auprès d'une femme)** to fuss around (a woman). ◆ **empressement** *nm* (**a**) *(zèle)* attentiveness; willingness; assiduity; overzealousness. (**b**) *(hâte)* eagerness. **il montrait peu d' ~ à...** he showed little desire to...

emprise [ɑ̃pʀiz] *nf* hold, ascendancy *(sur* over). **sous l' ~ de la colère** in the grip of anger, gripped by anger.

emprisonner [ɑ̃pʀizɔne] (1) *vt (prison)* to imprison; *(chambre)* to shut up; *[vêtement]* to confine; *[doctrine, routine]* to trap. ◆ **emprisonnement** *nm* imprisonment. **10 ans d' ~** 10 years in prison.

emprunter [ɑ̃pʀœ̃te] (1) *vt argent, idée* to borrow (*à* from); *chaleur* to derive (*à* from); *nom, autorité* to assume, take on; *style* to use, adopt; *route* to take; *itinéraire* to follow. ◆ **emprunt** *nm (action)* borrowing; *(somme)* loan; *(Ling: mot)* borrowing. *(Fin)* **faire un ~** to raise a loan; **faire un ~ pour payer sa voiture** to borrow money *ou* take out a loan to pay for one's car; **d' ~** *nom, autorité* assumed; *matériel* borrowed. ◆ **emprunté, e** *adj air, personne* ill-at-ease, awkward; *gloire, éclat* sham, feigned. ◆ **emprunteur, -euse** *nm, f* borrower.

empuantir [ɑ̃pɥɑ̃tiʀ] (2) *vt* to stink out *(de* with).

ému, e [emy] *adj (compassion, gratitude)* moved, touched; *(joie)* excited; *(timidité, peur)* nervous, agitated; *air* filled with emotion; *voix* emotional; *souvenirs* tender. **encore tout ~, il la remercia** still quite overcome he thanked her.

émulateur [emylatœʀ] *nm (Ordin)* emulator.

émulation [emylasjɔ̃] *nf* emulation. ◆ **émule** *nmf (littér)* emulator; *(égal)* equal.

émulsion [emylsjɔ̃] *nf* emulsion.

en¹ [ɑ̃] *prép* (**a**) *(lieu)* in; *(direction)* to. **vivre ~ France** to live in France; **aller ~ Angleterre** to go to England; **de ville ~ ville** from town to town; **il voyage ~ Grèce** he's travelling around Greece; **être ~ ville** to be in town; **aller ~ ville** to go (in)to town. (**b**) *(date)* in. **~ semaine** in *ou* during the week; **de jour ~ jour** from day to day, daily. (**c**) *(moyen de transport)* by. **~ taxi** by taxi; **aller à Londres ~ avion** to fly to London; **ils y sont allés ~ voiture** they went by car *ou* in a car, they drove there. (**d**) *(état, manière)* in, on. **~ sang** covered in *ou* with blood; **être ~ sueur** to be bathed in sweat; **partir ~ vacances** to go on holiday; **~ flammes** on fire, in flames; **être ~ noir** to be dressed in black, be wearing black; **elle était ~ bigoudis** she was in her rollers; **être ~ guerre** to be at war; **carte ~ couleur** coloured postcard; **~ groupe/cercle** in a group/circle. **~** *(transformation)* **traduire, changer etc** into. **se déguiser ~** to dress up as; **casser ~ deux/en deux morceaux** to cut in two/into two pieces. (**f**) *(variante)* in. **la même valise ~ plus grand** the same suitcase in a bigger size. (**g**) *(conformité)* as. **~ tant qu'ami** as a friend; **agir ~ tyran** to act like a tyrant; **~ bon commerçant (qu'il est)** good tradesman that he is; **donné ~ cadeau** given as a present. (**h**) *(composition)* made of; *(présentation)* in. **c'est ~ or** it is made of gold; **une bague ~ or** gold ring; **c'est ~ quoi?** * what's it made of?; **~ 6 volumes** in 6 volumes; **écrit ~ prose** written in prose. (**i**) *(matière)* in, at, of. **~ musique** in music; **bon ~ géographie** good at geog-

raphy; **docteur ~ droit** doctor of law. (**j**) *(mesure)* in. **compter ~ francs** to count in francs; **~ long** lengthwise; **~ hauteur** in height. (**k**) *(avec gérondif)* **monter/entrer ~ courant** to run up/in; **elle est arrivée ~ chantant** she arrived singing, she was singing when she arrived; **endormir un enfant ~ le berçant** to rock a child to sleep; **faire obéir qn ~ le punissant** to make sb obey by punishing him; **se couper ~ ouvrant qch** to cut o.s. opening sth; **il a fait une folie ~ achetant cette bague** it was very extravagant of him to buy this ring; **aller jusqu'à la poste ~ se promenant** to go for a walk as far as the post office; **~ apprenant la nouvelle** when he heard the news, on hearing the news; **il a buté ~ montant dans l'autobus** he tripped getting into *ou* as he got into the bus; **il s'est endormi ~ lisant le journal** he fell asleep while reading the newspaper; **fermez la porte ~ sortant** shut the door as you go out; **il est sorti ~ haussant les épaules** he left with a shrug of his shoulders.

en² [ɑ̃] *pron* (**a**) *(lieu)* **il ~ revient** he's just come back (from there); **le bénéfice qu'il ~ a tiré** the profit he got out of it *ou* from it; **où ~ sommes-nous?** where are we now? (**b**) *(agent etc)* **il saisit sa canne et l' ~ frappa** he seized his stick and struck him with it; **~ mourir** *(maladie)* to die of it; *(blessure)* to die because of it *ou* as a result of it; **elle ~ est aimée** she is loved by him. (**c**) *(complément de vb, d'adj, de n)* **qu'est-ce que tu ~ feras?** what will you do with it *(ou* them)?; **je t' ~ donne/offre 10 F** I'll give/offer you 10 francs for it. (**d**) *(quantitatif, indéf)* of it, of them *(souvent omis)*. **si vous aimez les pommes, prenez-~ plusieurs** if you like apples, take several; **il n'y ~ a pas beaucoup** there isn't much (of it); **si j' ~ avais** if I had any; **il n'y ~ a plus** *(pain)* there isn't any left, there's none left; *(pommes)* there aren't any left, there are none left; **j' ~ ai assez** I've had enough (of it); **il ~ aime une autre** he loves somebody else. (**e**) *(renforcement)* non traduit. **il s' ~ souviendra de cette réception** he'll certainly remember that party. (**f**) *(locutions verbales)* non traduit. **il ~ est à penser que** he has come to think that; **ne vous ~ faites pas** don't worry, never mind; **il ~ va de même pour** the same goes for.

encadrer [ɑ̃kɑdʀe] (1) *vt tableau* to frame; *visage, plaine* to frame, surround; *étudiants, recrues* to train; *prisonnier* to surround; *(par 2 personnes)* to flank. **je ne peux pas l' ~ ✳** I can't stand him ✳. ◆ **encadrement** *nm* (**a**) *(action)* framing; training. **personnel d' ~** *(Admin)* executive *ou* managerial staff. (**b**) *(embrasure, cadre)* frame. **dans l' ~ de la porte** in the doorway. (**c**) *(Écon)* **~ du crédit** credit squeeze *ou* restriction.

encaisser [ɑ̃kese] (1) *vt* (**a**) *argent* to collect, receive; *chèque* to cash. (**b**) *(✳) coups, défaite* to take. **qu'est-ce qu'il a encaissé!** ✳ what a hammering he got! ✳ (**c**) *(⁎⁎)* **je ne peux pas l' ~** *personne* I can't stand him ✳; *décision* I can't take it ✳. ◆ **encaissé, e** *adj vallée* deep; *route* hemmed in by steep hills. ◆ **encaissement** *nm (Fin)* collection; receipt; cashing; *[vallée]* depth. ◆ **encaisseur** *nm* collector (of debts *etc*).

encart [ɑ̃kaʀ] *nm* insert, inset. **~ publicitaire** publicity *ou* advertising insert.

en-cas [ɑ̃kɑ] *nm (nourriture)* snack.

encastrer [ɑ̃kastʀe] (1) **1** *vt (dans mur)* to embed (*dans* in); *(dans boîtier)* to fit (*dans* into). **four encastré** built-in oven. **2 s' ~** *vpr [pièces]* to fit (*dans* into).

encaustique [ɑ̃kɔstik] *nf* polish. ◆ **encaustiquer** (1) *vt* to polish.

enceindre [ɑ̃sɛ̃dʀ(ə)] (52) *vt* to encircle, surround.

enceinte¹ [ɑ̃sɛ̃t] *adj f* pregnant (*de qn* by sb). **~ de 5 mois** 5 months pregnant.

enceinte² [ɑ̃sɛ̃t] *nf* (a) *(mur)* wall; *(palissade)* enclosure, fence. **mur d'** ~ surrounding wall. (b) *(espace clos)* enclosure; *[couvent]* precinct. **dans l'** ~ **de la ville** inside the town; ~ **militaire** military area *ou* zone. (c) ~ **(acoustique)** loudspeaker.

encens [ɑ̃sɑ̃] *nm* incense. ◆ **encenser** (1) *vt* to incense; *(fig)* to heap praise upon. ◆ **encensoir** *nm* censer.

encercler [ɑ̃sɛrkle] (1) *vt* to surround. ◆ **encerclement** *nm* surrounding.

enchaîner [ɑ̃ʃene] (1) **1** *vt* (a) *prisonnier* to chain up *(à* to); *(fig) peuple* to enslave; *presse* to muzzle; *[secret, sentiment]* to bind. (b) *faits, épisodes* to link together, connect. **2** *vi* to go on, continue; *(Ciné, Théât)* to move on. **3** *s'* ~ *vpr* to be linked (together). ◆ **enchaînement** *nm (liaison)* linking; *(Danse)* enchaînement. *(série)* ~ **de** circonstances series *ou* string *ou* sequence of.

enchanter [ɑ̃ʃɑ̃te] (1) *vt (ensorceler)* to enchant, bewitch; *(ravir)* to enchant, delight. ◆ **enchanté, e** *adj* (a) *(ravi)* enchanted *(de* by), delighted *(de* with). ~ **(de vous connaître)** pleased to meet you. (b) *(magique)* enchanted. ◆ **enchantement** *nm (magie)* enchantment; *(ravissement)* delight, enchantment. **comme par** ~ as if by magic. ◆ **enchanteur, -teresse 1** *adj* enchanting. **2** *nm (sorcier)* enchanter; *(fig)* charmer. **3** *nf* enchantress.

enchère [ɑ̃ʃɛr] *nf* (a) *(Comm, Cartes: offre)* bid. **les** ~**s** the bidding. (b) *(vente)* **mettre aux** ~**s** to put up for auction; **vendu aux** ~**s** sold by auction.

enchérir [ɑ̃ʃerir] (2) *vi (Comm)* to make a higher bid. *(fig)* ~ **sur** to go further than.

enchevêtrer [ɑ̃ʃ(ə)vetre] (1) **1** *vt ficelle* to tangle (up); *idées, intrigue* to confuse, muddle. **2** *s'* ~ *vpr [ficelles]* to become entangled; *[situations]* to become confused *ou* muddled. **s'** ~ **dans** *explications* to get tangled up in. ◆ **enchevêtrement** *nm [ficelles] (action)* entanglement; *(résultat)* tangle; *[idées, situation]* confusion, muddle.

enclave [ɑ̃klav] *nf (lit, fig)* enclave. ◆ **enclavement** *nm (action)* enclosing; *(résultat)* enclosed situation. ◆ **enclaver** (1) *vt* to enclose.

enclencher [ɑ̃klɑ̃ʃe] (1) *vt mécanisme* to engage; *affaire* to set in motion, get under way.

enclin, e [ɑ̃klɛ̃, in] *adj:* ~ **à qch/à faire qch** inclined *ou* prone to sth/to do sth.

enclore [ɑ̃klɔr] (45) *vt* to enclose, shut in. ◆ **enclos** *nm (gén)* enclosure; *[chevaux]* paddock; *[moutons]* fold.

enclume [ɑ̃klym] *nf* anvil. *(fig)* **entre l'** ~ **et le marteau** between the devil and the deep blue sea.

encoche [ɑ̃kɔʃ] *nf* notch *(à* in).

encoder [ɑ̃kɔde] (1) *vt* to encode. ◆ **encodage** *nm* encoding. ◆ **encodeur** *nm* encoder.

encoignure [ɑ̃kɔɲyr] *nf* corner.

encoller [ɑ̃kɔle] (1) *vt papier* to paste; *(colle forte)* to glue.

encolure [ɑ̃kɔlyr] *nf (cou)* neck; *(mesure)* collar size.

encombrer [ɑ̃kɔ̃bre] (1) **1** *vt pièce, mémoire* to clutter (up); *couloir* to obstruct; *profession* to saturate; *(Téléc) lignes* to block; *(Comm) marché* to glut. **ces boîtes m'encombrent** *(je les porte)* I'm loaded down with these boxes; *(elles gênent)* these boxes are in my way. **2** *s'* ~ *vpr:* **s'** ~ **de** *paquets* to load o.s. with; *enfants* to burden o.s. with; **il ne s'encombre pas de scrupules** he's not overburdened with scruples. ◆ **encombrant, e** *adj paquet* cumbersome, bulky; *présence* burdensome. ◆ **encombre** *nm:* **sans** ~ without mishap *ou* incident. ◆ **encombrement** *nm* (a) *(gén)* congestion; *(Aut)* traffic jam. **être pris dans un** ~ to be stuck in a traffic jam. **à cause de l'** ~ **des lignes téléphoniques** because of the telephone lines being

blocked. (b) *(volume)* bulk; *(taille)* size. **objet de faible** ~ small object.

encontre [ɑ̃kɔ̃tr(ə)] *prép:* **à l'** ~ **de** *(contre)* against; *(au contraire de)* contrary to; **aller à l'** ~ **de** *[décision]* to go against; **cela va à l'** ~ **du but recherché** it's counterproductive, it defeats the purpose.

encore [ɑ̃kɔr] *adv* (a) *(toujours)* still. **il n'est** ~ **que caporal** he's only a corporal as yet, he's still only a corporal; **le malfaiteur court** ~ the criminal is still at large. (b) **pas** ~ not yet; **il n'est pas** ~ he's not ready yet; **ça ne s'était** ~ **jamais vu** that had never been seen before. (c) *(pas plus tard que)* only. **ce matin** ~ only this morning. (d) *(de nouveau)* again. ~ **une fois** (once) again, once more, one more time; **ça s'est** ~ **défait** it has come undone (yet) again *ou* once more; ~ **vous!** (not) you again! (e) *(de plus)* more. ~ **un rhume** another cold; ~ **un peu de thé?** a little more tea?, more tea?; **j'en veux** ~ I want some more; **que te faut-il** ~? what else *ou* more do you want?; **pendant** ~ **2 jours** for another 2 days, for 2 more days; **mais** ~? is that all?, what else? (f) *(avec comp)* even, still. **il fait** ~ **plus froid qu'hier** it's even *ou* still colder than yesterday; ~ **pire** even *ou* still worse; ~ **autant** as much again *(que* as). (g) *(aussi)* too, also, as well. (h) *(restriction)* ~ **ne sait-il pas tout** even then he doesn't know everything; ~ **faut-il le faire** you still have to do it; ~ **heureux qu'il ne se soit pas plaint** (still) at least he didn't complain; **c'est passable, et** ~! it'll do, but only just!; **si** ~ if only. (i) *(littér)* ~ **que** even though.

encourager [ɑ̃kuraʒe] (3) *vt (gén)* to encourage; *équipe* to cheer. ~ **qn à l'effort** to encourage sb to make an effort. ◆ **encourageant, e** *adj* encouraging. ◆ **encouragement** *nm* encouragement.

encourir [ɑ̃kurir] (11) *vt frais* to incur; *punition* to bring upon o.s., incur.

encrasser (s') [ɑ̃krase] (1) *vpr [arme]* to foul up; *[cheminée, bougie]* to soot up; *[poêle, piston]* to clog up. ◆ **encrassement** *nm* fouling up; sooting up; clogging up.

encre [ɑ̃kr(ə)] *nf* ink. **écrire à l'** ~ to write in ink; ~ **de Chine** Indian ink. ◆ **encrier** *nm* inkwell.

encroûter (s') * [ɑ̃krute] (1) *vpr [personne]* to stagnate, get into a rut. **s'** ~ **dans** *préjugés* to become entrenched in.

encyclique [ɑ̃siklik] *adj, nf:* **(lettre)** ~ encyclical.

encyclopédie [ɑ̃siklɔpedi] *nf* encyclopaedia. ◆ **encyclopédique** *adj* encyclopaedic.

endémique [ɑ̃demik] *adj (Méd, fig)* endemic.

endetter *vt,* **s'** ~ *vpr* [ɑ̃dete] (1) to get into debt. ◆ **endetté, e** *adj (lit)* in debt. *(fig)* ~ **envers qn** indebted to sb. ◆ **endettement** *nm* debt. **notre** ~ **extérieur** our foreign debt; **causer l'** ~ **de l'entreprise** to put the company in debt.

endeuiller [ɑ̃dœje] (1) *vt* to plunge into mourning; *épreuve sportive* to cast a tragic shadow over.

endiablé, e [ɑ̃djable] *adj* furious, wild.

endiguer [ɑ̃dige] (1) *vt fleuve* to dyke up; *révolte, invasion* to hold back, contain; *progrès* to check, hold back; *inflation, chômage* to curb.

endimanché, e [ɑ̃dimɑ̃ʃe] *adj* in one's Sunday best.

endive [ɑ̃div] *nf:* ~**(s)** chicory.

endoctriner [ɑ̃dɔktrine] (1) *vt* to indoctrinate. ◆ **endoctrinement** *nm* indoctrination.

endolori, e [ɑ̃dɔlɔri] *adj* painful, aching, sore.

endommager [ɑ̃dɔmaʒe] (3) *vt* to damage. ◆ **endommagement** *nm* damaging.

endormir [ɑ̃dɔrmir] (16) **1** *vt* (a) *(lit, fig) personne* to send to sleep. (b) *douleur* to deaden; *soupçons* to allay, lull. (c) *(tromper)* to beguile. **se laisser** ~ **par des promesses** to let o.s. be beguiled by promises. **2** **s'** ~ *vpr* (a) to go to sleep, fall asleep;

(euph: mourir) to pass away. *(fig)* **ce n'est pas le moment de nous** ~ now is not the time to slow up *ou* slacken off; **s' ~ sur ses lauriers** to rest on one's laurels. **(b)** *[ville]* to fall asleep; *[douleur]* to die down; *[facultés]* to go to sleep. ◆ **endormant, e** *adj* deadly boring. ◆ **endormi, e** *adj (lit)* sleeping, asleep; *(*: apathique)* sluggish; *(engourdi)* numb; *passion* dormant; *facultés* dulled; *ville, rue* sleepy, drowsy. **à moitié** ~ half asleep; **quel** ~ * what a sleepyhead.

endosser [ɑ̃dose] (1) *vt vêtement* to put on; *responsabilité* to take, shoulder *(de* for); *(Comm, Fin)* to endorse. ◆ **endossement** *nm* endorsement.

endroit [ɑ̃drwa] *nm* **(a)** *(gén)* place; *[récit]* passage, part. **un** ~ **idéal pour le pique-nique** an ideal spot *ou* place for a picnic; **les gens de l'** ~ the local people; **il arrêta sa lecture à cet** ~ he stopped reading at that point; **à quel** ~? whereabouts?, where exactly?; **par** ~**s** in places; **à l'** ~ **de** *(à l'égard de)* regarding, with regard to. **(b)** *(bon côté)* right side. **à l'** ~ *vêtement* the right way out; *objet posé* the right way round; **remets tes chaussettes à l'** ~ turn your socks right side out; **une maille à l'** ~, **une maille à l'envers** knit one, purl one.

enduire [ɑ̃dɥir] (38) *vt* to coat *(de* with). ◆ **enduit** *nm* coating.

endurance [ɑ̃dyrɑ̃s] *nf* endurance. *[coureur]* **avoir beaucoup d'** ~ to have a lot of staying power *ou* a lot of stamina. ◆ **endurant, e** *adj (fort)* tough, hardy; *(patient)* patient.

endurcir [ɑ̃dyrsir] (2) **1** *vt corps* to toughen; *âme* to harden. **2 s'** ~ *vpr* to become tough; to become hardened. ◆ **endurci, e** *adj criminel* hardened; *célibataire* confirmed. ◆ **endurcissement** *nm (action)* toughening; hardening; *(état)* toughness; hardness. ~ **à la douleur** being hardened to pain.

endurer [ɑ̃dyre] (1) *vt* to endure, bear. ~ **de faire** to bear to do; **il fait froid, on endure un pull** it's cold, one needs a jersey.

énergétique [enɛrʒetik] *adj ressources* energy; *aliment* energy-giving. *(Physiol)* **dépense** ~ energy expenditure; *(Écon)* **nos dépenses** ~**s** the nation's fuel *ou* energy bill.

énergie [enɛrʒi] *nf* **(a)** *(physique)* energy; *(morale)* spirit, vigour. **avec toute son** ~ with all one's energy; **être sans** ~ to feel unenergetic, be lacking in energy. **(b)** *(Phys)* energy; *(Tech)* power. **réaction qui libère de l'** ~ reaction that releases energy; **consommation d'** ~ power consumption. ◆ **énergique** *adj personne* energetic; *résistance, ton, refus* forceful, vigorous; *remède* powerful; *mesures* drastic; *punition* severe. ◆ **énergiquement** *adv* energetically; forcefully; vigorously; powerfully; drastically; severely.

énergumène [enɛrgymɛn] *nmf* rowdy character.

énerver [enɛrve] (1) **1** *vt:* ~ **qn** *(agiter)* to overstimulate *ou* overexcite sb; *(agacer)* to irritate sb, annoy sb, get on sb's nerves. **2 s'** ~ *vpr* to get worked up. **ne t'énerve pas!** take it easy! ◆ **énervant, e** *adj* irritating, annoying. ◆ **énervé, e** *adj (agacé)* irritated, annoyed; *(agité)* nervous. ◆ **énervement** *nm* irritation, annoyance; nervousness.

enfant [ɑ̃fɑ̃] **1** *nmf (gén)* child; *(garçon)* (little) boy; *(fille)* (little) girl. **quand il était** ~ when he was a child; **c'est un grand** ~ he's such a child; **il est resté très** ~ he has remained very childlike; **faire l'** ~ to behave childishly; **sans** ~ childless; *(fig)* **ce livre est son** ~ this book is his baby; **c'est un** ~ **du pays** he's a native of these parts; *(*: personnes)* **les** ~**s!** folks!* **2** : ~ **de chœur** altar boy; *(ingénu)* innocent; **ce n'est pas un** ~ **de chœur!** * he's no angel; ~ **prodige** child prodigy; ~ **prodigue** prodigal son; ~ **trouvé** foundling; **il est** ~ **unique** he is an only child. ◆ **enfance** *nf (jeunesse)*

childhood; *[garçon]* boyhood; *[fille]* girlhood; *(petite enfance)* infancy; *(fig: début)* infancy. **c'est l'** ~ **de l'art** it's child's play; *(enfants)* ~ **déshéritée** deprived children.

enfanter [ɑ̃fɑ̃te] (1) **1** *vt (†, Bible)* to bring forth †. **2** *vi* to give birth. ◆ **enfantement** *nm (†, Bible)* childbirth; *[œuvre]* giving birth *(de* to).

enfantillage [ɑ̃fɑ̃tijaʒ] *nm* childishness. **se livrer à des** ~**s** to behave childishly.

enfantin, e [ɑ̃fɑ̃tɛ̃, in] *adj* childlike; *(puéril)* childish. *(facile)* **c'est** ~ it's simple, it's child's play; **rire/jeu** ~ child's laugh/game.

enfer [ɑ̃fɛr] *nm (lit, fig)* hell. *(Myth)* **les** ~**s** Hell, the Underworld; **l'** ~ **est pavé de bonnes intentions** the road to hell is paved with good intentions; **l'** ~ **de la guerre** the purgatory of war; **vivre un véritable** ~ to live a life of hell; **bruit/vision d'** ~ hellish *ou* infernal noise/vision; **feu d'** ~ raging fire; **rouler à un train d'** ~ to tear along at breakneck speed.

enfermer [ɑ̃fɛrme] (1) **1** *vt (gén)* to shut up; *(à clef)* to lock up *(dans* in); *(dans conventions)* to imprison, confine *(dans* within); *(dans un dilemme)* to trap *(dans* in). **il est bon à** ~ **(à l'asile)** * he ought to be locked up; **ne reste pas enfermé par ce beau temps** don't stay indoors *ou* inside in this lovely weather; *(littér)* **les collines qui enfermaient le vallon** the hills that enclosed the valley. **2 s'** ~ *vpr (lit)* to shut o.s. up *ou* in. **s'** ~ **à clef** to lock o.s. away *ou* in; **s'** ~ **dans** *mutisme* to retreat into; *rôle* to stick to.

enferrer (s') [ɑ̃fere] (1) *vpr* to tie o.s. in knots. **s'** ~ **dans** *contradictions* to get embroiled in, get tangled up in; **il s'enferre de plus en plus** he's getting himself in more and more of a mess *ou* into deeper and deeper water.

enfiévrer [ɑ̃fjevre] (6) *vt imagination* to fire; *esprits* to rouse. ◆ **enfiévré, e** *adj* feverish.

enfilade [ɑ̃filad] *nf:* **une** ~ **de** *maisons* a row *ou* string of; **prendre en** ~ *(Mil)* to rake, enfilade.

enfiler [ɑ̃file] (1) **1** *vt aiguille, perles* to thread; *rue* to take; *(*)* *vêtement* to slip on. ~ **qch sur une tringle** to slip sth onto a rod; *(*: fourrer)* ~ **un objet dans** to stick * an object into. **2 s'** ~ *vpr* **(a)** **s'** ~ **dans** *couloir* to disappear into. **(b)** *(*)* *nourriture* to down; *corvée* to get landed with *.

enfin [ɑ̃fɛ̃] *adv* **(a)** *(à la fin)* at last, finally. **il y est** ~ **arrivé** he has at last *ou* finally succeeded; ~ **seuls!** alone at last! **(b)** *(en dernier lieu)* lastly, finally. ~ **et surtout** last but not least. **(c)** *(en conclusion)* ~ **(bref)** in short, in a word. **(d)** *(restrictif)* well. ~, **dans un sens, oui** well — in a way, yes; **mais** ~ but; **car** ~ because. **(e)** *(somme toute)* after all. **c'est un élève qui,** ~ , **n'est pas bête** this pupil is not stupid, after all. **(f)** *(toutefois)* still. ~, **si ça te plaît, prenez-le** still, if you like it take it; **moi je veux bien,** ~...! I don't mind, but... *ou* still...! **(g)** *(exclamatif)* ~! **que veux-tu y faire!** still, what can you do!; ~ , **tu aurais pu le faire!** all the same *ou* even so, you could have done it!; **(mais)** ~! **je viens de te le dire!** but I've just TOLD you!; ~! **un grand garçon comme toi!** come on, a big boy like you!

enflammer [ɑ̃flame] (1) **1** *vt bois* to set on fire, set fire to; *allumette* to strike; *ciel* to set ablaze; *colère, désir* to inflame; *imagination* to fire. **2 s'** ~ *vpr [bois]* to catch fire; *[visage]* to blaze; *[désir]* to flare up; *[imagination]* to be fired; *[orateur]* to become impassioned. **s'** ~ **(de colère)** to flare up (in anger). ◆ **enflammé, e** *adj allumette, torche, paille* burning, blazing; *ciel* blazing; *caractère, paroles* fiery, passionate; *déclaration* impassioned; *plaie* inflamed.

enfler [ɑ̃fle] (1) **1** *vt membre, fleuve* to cause to swell; *(littér)* *voiles* to swell. **se faire** ~ **de 10 F** * to be done out of 10 francs *. **2** *vi [membre]* to

become swollen, swell (up); *(grossir)* to fill out.
3 s' ~ *vpr [voix]* to rise; *[son, fleuve, voiles]* to swell.
♦ **enflé, e** *nm, f* (**⚹**: *imbécile)* twit *, clot *.
♦ **enflure** *nf (Méd)* swelling; (**⚹**: *imbécile)* twit *,
clot *.

enfoncer [ãfɔ̃se] (3) **1** *vt* (**a**) *pieu* to drive in; *punaise*
to stick in, push in. **~ un couteau dans** to plunge
a knife into; **~ qch à coups de marteau** to hammer
sth in. (**b**) *(mettre)* **~ les mains dans ses poches**
to thrust one's hands into one's pockets; **~ son**
chapeau jusqu'aux yeux to pull one's hat down
over one's eyes; **qui a bien pu lui ~ ça dans le**
crâne? who on earth put that into his head?; **~**
qn dans la misère to plunge sb into poverty. (**c**)
porte to break down; *véhicule* to smash in; *(fig)*
ennemi to break through. *(fig)* **~ une porte ouverte**
to labour an obvious point. (**d**) (*) *(battre)* to beat
hollow *; *(surpasser)* to lick *; *(causer la perte de)*
elle a cherché à ~ son complice she tried to put
all the blame on her accomplice; **l'examinateur**
a voulu ~ le candidat the examiner tried to destroy the candidate. **2** *vi (pénétrer)* to sink in;
(céder) to yield. **3 s' ~** *vpr* (**a**) *(gén)* to sink (*dans*
in, into). **s' ~ dans** *forêt* to disappear into; *vice*
to plunge into; **s' ~ sous les couvertures *** to
snuggle down under the covers; **il s'est enfoncé**
jusqu'au cou dans une sale histoire he's up to his
neck in a nasty bit of business; **à mentir, tu ne**
fais que t' ~ davantage by lying, you're just getting yourself into deeper and deeper water. (**b**)
(céder) to give way. (**c**) **s' ~ une arête dans la gorge**
to get a bone stuck in one's throat; **s' ~ une**
aiguille dans la main to stick a needle into one's
hand; **enfoncez-vous bien ça dans le crâne *** now
get this firmly into your head *. ♦ **enfoncé, e**
adj yeux deep-set; *côtes* broken; *recoin* deep. **la tête**
~e dans les épaules with his head sunk between
his shoulders. ♦ **enfoncement** *nm* (**a**) *(action)*
driving in; breaking down; breaking through;
giving way; sinking. **avoir un ~ de la cage tho-**
racique to have broken ribs. (**b**) *(recoin)* recess,
nook.

enfouir [ãfwiʀ] (2) **1** *vt* to bury *(dans* in*)*. **2 s' ~**
vpr: **s' ~ dans/sous** to bury o.s. in/under.
♦ **enfouissement** *nm* burying.

enfourcher [ãfuʀʃe] (1) *vt* to mount. *(fig)* **~ son**
dada to get on one's hobby-horse.

enfourner [ãfuʀne] (1) *vt* to put in the oven; (*:
avaler) to guzzle down. (*: *enfoncer)* **~ qch dans**
to stuff * sth into.

enfreindre [ãfʀɛ̃dʀ(ə)] (52) *vt* to infringe.

enfuir (s') [ãfɥiʀ] (17) *vpr* to run away *(chez, dans*
to*)*; *(s'échapper)* to run away, escape *(de* from*)*;
(littér) [temps] to fly.

enfumer [ãfyme] (1) *vt pièce* to fill with smoke;
ruche to smoke out. **pièce enfumée** smoky room.

engagé, e [ãgaʒe] **1** *adj écrivain* committed. *(Pol)*
non ~ uncommitted. **2** *nm (soldat)* enlisted man;
(coureur) entrant, competitor; *(cheval)* runner. **~**
volontaire volunteer.

engageant, e [ãgaʒã, ãt] *adj proposition* attractive,
appealing; *air, sourire* engaging, winning; *gâteau*
inviting.

engagement [ãgaʒmã] *nm* (**a**) *(promesse)* agreement, promise. **sans ~ de votre part** without obligation *ou* commitment on your part; **prendre l'**
~ de to undertake to; **manquer à ses ~s** to fail
to keep one's promises; **faire face à ses ~s** to fulfil
one's promises *ou* commitments. (**b**) *(Théât;
contrat)* engagement. (**c**) *(embauche)* taking on,
engaging. (**d**) *[capitaux]* investing; *[dépenses]* incur-
ring. **~s financiers** financial commitments *ou* liabilities. (**e**) *[débat, négociations]* start. (**f**) *(Sport)*
(inscription) entry; *(coup d'envoi)* kick-off; *(Boxe)*
attack; *(Escrime)* engagement. (**g**) *(Mil) [recrues]*
enlistment; *[combat, troupes fraîches]* engaging. **tué**

dans un ~ killed in an engagement. (**h**) *(Littérat,
Pol)* commitment. **politique de non ~** policy of
non-commitment. (**i**) *(mise en gage)* pawning. (**j**)
(encouragement) encouragement.

engager [ãgaʒe] (3) **1** *vt* (**a**) *[promesse]* to bind.
ça n'engage à rien it doesn't commit you to anything; **~ sa parole** to give one's word. (**b**) *ouvrier*
to take on, hire; *artiste* to engage. (**c**) *(entraîner)*
to involve *(dans* in*)*. (**d**) *(encourager)* **~ qn à faire**
qch to urge sb to do sth. (**e**) *(introduire)* to insert
(dans in, into*)*. **~ sa voiture dans une ruelle** to drive
(one's car) into a lane. (**f**) *discussion* to start (up);
négociations to enter into; *(Jur)* *poursuites* to institute *(contre* against*)*. **l'affaire semble bien/mal**
engagée things seem to have got off to a good/
bad start. (**g**) *(mettre en gage)* to pawn; *(investir)*
to invest. (**h**) *(Sport)* *concurrents* to enter; *match* to
begin. **la partie est bien engagée** the match is well
under way. (**i**) *(Mil) recrues* to enlist; *troupes fraîches*
to throw in, engage. **~ le combat contre l'ennemi**
to engage the enemy.
2 s' ~ *vpr* (**a**) *(promettre)* to commit o.s. **s' ~ à faire**
to undertake to do. (**b**) *(s'embaucher)* to take a
job *(chez* with*)*. (**c**) **s' ~ dans** *frais* to incur; *dis-*
cussion to enter into; *affaire* to become involved
in; **le pays s'engage dans une politique dangereuse**
the country is embarking on a dangerous policy
ou is steering a dangerous course. (**d**) **s' ~ dans**
[mécanisme] to fit into; *[véhicule]* to turn into; **s' ~**
sur la chaussée to step (out) onto the road. (**e**)
[pourparlers] to start, get under way. (**f**) *(Sport)*
to enter *(dans* for*)*. (**g**) *(Mil) [recrues]* to enlist.
s' ~ dans l'armée de l'air to join the air force; **le**
combat s'engagea the fight began.

engazonner [ãgazɔne] (1) *vt terrain* to turf.

engelure [ãʒlyʀ] *nf* chilblain.

engendrer [ãʒãdʀe] (1) *vt (littér)* *enfant* to father;
(Ling, Math, Phys) to generate; *malheurs* to breed.

engin [ãʒɛ̃] *nm (machine)* machine; *(outil)* instrument; *(Aut)* heavy vehicle; *(Aviat)* aircraft; (*: *truc)*
contraption, gadget. **~ balistique** ballistic missile;
~ explosif explosive device; **~ de terrassement**
earth-mover.

englober [ãglɔbe] (1) *vt* to include, encompass
(dans in*)*.

engloutir [ãglutiʀ] (2) **1** *vt nourriture* to gobble up,
gulp down; *navire* to engulf; *fortune* to devour.
2 s' ~ *vpr [navire]* to be engulfed. ♦ **engloutis-**
sement *nm* gobbling up; engulfing; devouring.

engoncer [ãgɔ̃se] (3) *vt (gén ptp)* to cramp.

engorger [ãgɔʀʒe] (3) **1** *vt tuyau* to block; *(Comm)*
to glut. **2 s' ~** *vpr [tuyau]* to become blocked.
♦ **engorgement** *nm* blocking *(de* of*)*; glut *(de*
in*)*.

engouer (s') [ãgwe] (1) *vpr*: **s' ~ de qch** to develop
a craze for sth; **s' ~ de qn** to become infatuated
with sb. ♦ **engouement** *nm* infatuation; craze
(pour for*)*. **~ passager** *(pour qn)* passing fancy;
(pour qch) brief craze.

engouffrer [ãgufʀe] (1) *vt charbon* to shovel *(dans*
into*)*; (*) *fortune* to devour; (*) *nourriture* to gobble
up; *navire* to swallow up, engulf. **2 s' ~** *vpr (gén)*
to rush.

engourdir [ãguʀdiʀ] (2) **1** *vt membres* to numb;
esprit, douleur to dull; *[chaleur]* to make sleepy *ou*
drowsy. **2 s' ~** *vpr* to go numb; to grow dull.
♦ **engourdi, e** *adj membre* numb; *esprit* dull,
dulled. ♦ **engourdissement** *nm* (**a**) *(état)* numbness; sleepiness, drowsiness; dullness. (**b**) *(action)*
numbing; dulling.

engrais [ãgʀɛ] *nm (chimique)* fertilizer; *(animal)*
manure. **mettre à l' ~** to fatten up.

engraisser [ãgʀese] (1) **1** *vt volailles* to cram; *bétail*
to fatten (up); *terre* to manure, fertilize; (**⚹**) *per-*

sonne to fatten up. **2** *vi* (*) to put on weight. ◆ **engraissement** *nm* fattening up; cramming.

engrenage [ɑ̃gʀənaʒ] *nm* gearing; *(fig)* chain. **être pris dans l'** ~ to get caught up in the system; **l'** ~ **de la violence** the spiral of violence.

engueuler ‡ [ɑ̃gœle] (1) **1** *vt*: ~ **qn** to bawl sb out *; **se faire** ~ to get bawled out *. **2 s'** ~ *vpr* to have a row (*avec* with). ◆ **engueulade** ‡ *nf* (*dispute*) row; (*réprimande*) bawling out *.

enguirlander * [ɑ̃giʀlɑ̃de] (1) *vt*: ~ **qn** to give sb a telling-off *ou* ticking-off.

enhardir [ɑ̃aʀdiʀ] (2) **1** *vt* to make bolder. **2 s'** ~ *vpr* to get bolder.

énigme [enigm(ə)] *nf* (*mystère*) enigma, riddle; (*jeu*) riddle, puzzle. ◆ **énigmatique** *adj* enigmatic. ◆ **énigmatiquement** *adv* enigmatically.

enivrer [ɑ̃nivʀe] (1) **1** *vt* to intoxicate. **2 s'** ~ *vpr* to get drunk (*de* on), become intoxicated (*de* with). ◆ **enivrant, e** *adj* intoxicating. ◆ **enivrement** *nm* (†: *ivresse*) intoxication; (*fig: exaltation*) elation, exhilaration.

enjamber [ɑ̃ʒɑ̃be] (1) *vt obstacle* to stride *ou* step over; *fossé* to stride across; *[pont]* to span, stretch across. *(s'asseoir)* ~ **qch** to sit down astride sth. ◆ **enjambée** *nf* stride.

enjeu, *pl* ~**x** [ɑ̃ʒø] *nm* [*pari, guerre*] stake, stakes (*de* in). **quel est l'** ~? what is at stake?

enjoindre [ɑ̃ʒwɛ̃dʀ(ə)] (49) *vt*: ~ **à qn de faire** to enjoin sb to do.

enjôler [ɑ̃ʒole] (1) *vt* (*ensorceler*) to bewitch. (*amadouer*) ~ **qn** to get round sb; ~ **qn pour obtenir qch** to coax *ou* wheedle sb into giving sth. ◆ **enjôleur, -euse 1** *adj* coaxing, wheedling. **2** *nm, f* (*charmeur*) coaxer, wheedler.

enjoliver [ɑ̃ʒolive] (1) *vt objet* to embellish; *réalité, récit* to embroider, embellish. ◆ **enjoliveur** *nm* (*Aut*) hub cap.

enjoué, e [ɑ̃ʒwe] *adj* cheerful. ◆ **enjouement** *nm* cheerfulness.

enlacer [ɑ̃lase] (3) **1** *vt* (*étreindre*) to clasp, hug; (*enchevêtrer*) to intertwine; (*s'enrouler autour*) to wind round, entwine. **2 s'** ~ *vpr* to hug *ou* clasp each other; to intertwine. **s'** ~ **autour de** to twine *ou* wind round. ◆ **enlacement** *nm* (*étreinte*) embrace; (*enchevêtrement*) intertwining.

enlaidir [ɑ̃lediʀ] (2) **1** *vt* to make ugly. **2** *vi* to become ugly. ◆ **enlaidissement** *nm*: **l'** ~ **du paysage par les usines** the ruining *ou* defacing of the countryside by factories.

enlever [ɑ̃lve] (5) **1** *vt* **(a)** (*gén*) to remove; *étiquette, vêtement* to take off; *tache* to take out; (*en brossant ou lavant etc*) to brush *ou* wash *etc* off; *lustre* to take down. ~ **le couvert** to clear the table; **enlève tes coudes de la table** take your elbows off the table. **(b)** *craintes, scrupules* to allay; *doutes* to dispel. ~ **à qn** *courage* to rob sb of; *espoir* to deprive sb of, rob sb of; *commandement* to relieve sb of; **on lui a enlevé la garde de l'enfant** the child was taken *ou* removed from his care; **ça lui enlèvera le goût de recommencer** that'll cure him of trying that again, perhaps that'll make him think twice before he does it again; **ça n'enlève rien à son mérite** that doesn't in any way detract from his worth. **(c)** (*emporter*) *objet* to take away, remove; *ordures* to collect. **faire** ~ **qch** to have sth taken away; **enlevé par un mal foudroyant** borne off by a sudden illness; **la mort nous l'a enlevé** death has taken him from us. **(d)** (*kidnapper*) to kidnap, abduct. **se faire** ~ **par son amant** to elope with one's lover. **(e)** *victoire* to win; *(Mil) position* to capture, take. ~ **la décision** to carry the day; ~ **une affaire** (*tractation*) to pull off a deal; (*commande*) to get *ou* secure an order; (*marchandise*) to carry off a bargain; **ça a été vite enlevé** (*marchandise*) it sold quickly; (*: travail*) it was done in no time.

2 s' ~ *vpr* [*tache*] to come off; [*peinture, écorce*] to peel off, come off. **enlève-toi de là** * mind out of the way!; **ça s'enlève comme des petits pains** * it's selling like hot cakes *; **comment est-ce que ça s'enlève?** (*étiquette*) how does one remove it *ou* take it off?; [*vêtement*] how does one get out of it *ou* take it off?

◆ **enlevé, e** *adj récit* spirited; *musique* executed with spirit. ◆ **enlèvement** *nm* [*personne*] kidnapping, abduction; [*objet*] taking away; [*ordures, bagages*] collection; *(Mil) [position]* capture; [*organe*] removal.

enliser [ɑ̃lize] (1) **1** *vt*: ~ **sa voiture** to get one's car stuck in the mud (*ou* sand *etc*). **2 s'** ~ *vpr* to sink (*dans* into); (*dans les détails*) to get bogged down (*dans* in). ◆ **enlisement** *nm*: **causer l'** ~ **d'un bateau** to cause a ship to get stuck in the mud (*ou* sand *etc*).

enneigé, e [ɑ̃neʒe] *adj montagne* snow-covered; *sommet* snow-capped; *route* blocked by snow, snowed up. ◆ **enneigement** *nm* snow coverage. **bulletin d'** ~ snow report; **les conditions d'** ~ the snow conditions.

ennemi, e [ɛnmi] **1** *adj (Mil)* enemy; (*hostile*) hostile. **2** *nm, f* enemy. **se faire un** ~ **de qn** to make an enemy of sb; **être** ~ **de qch** to be opposed to sth, be against sth.

ennui [ɑ̃nɥi] *nm* (*désœuvrement*) boredom; (*monotonie*) tedium, tediousness; (*tracas*) trouble, worry. **avoir des** ~**s** to have problems *ou* troubles; **avoir des** ~**s d'argent** to have money worries; **avoir des** ~**s avec la police** to be in trouble with the police; **faire des** ~**s à qn** to make trouble for sb; **j'ai eu un** ~ **avec ma montre** I had some trouble *ou* bother with my watch; **si ça vous cause le moindre** ~ if it's any bother to you; **l'** ~ **, c'est que...** the trouble *ou* the hitch is that...

ennuyer [ɑ̃nɥije] (8) **1** *vt* (*lasser*) to bore; (*préoccuper*) to worry; (*importuner*) to bother. (*irriter*) ~ **qn** to annoy sb, get on sb's nerves; **il y a qch qui m'ennuie** there's sth that worries *ou* bothers me; **ça m'ennuierait beaucoup de te voir fâché** I'd really hate to see you cross; **ça m'ennuie de te le dire, mais...** I'm sorry to have to tell you but..., I hate to say it but...; **ça m'ennuierait beaucoup d'y aller** it would really annoy me to go; **si cela ne vous ennuie pas trop** if you wouldn't mind, if it isn't too much bother; **je ne voudrais pas vous** ~ I don't want to put you to any trouble, I don't want to bother you. **2 s'** ~ *vpr* to be bored (*de, à* with). **s'** ~ **à mourir** to be bored to tears, be bored stiff; **s'** ~ **de qn** to miss sb. ◆ **ennuyé, e** *adj* (*préoccupé*) worried, bothered (*de* at); (*contrarié*) annoyed (*de* at, about). ◆ **ennuyeux, -euse** *adj* (*lassant*) boring, tedious; (*qui importune*) annoying, tiresome; (*préoccupant*) worrying.

énoncer [enɔ̃se] (3) *vt idée* to express; *conditions* to state. ◆ **énoncé** *nm (Scol) [sujet]* exposition; [*problème*] terms; (*Jur*) [*loi*] wording; (*Ling*) utterance; [*faits, décision*] statement. (*Scol*) **pendant l'** ~ **du sujet** while the subject is being read out.

enorgueillir (s') [ɑ̃nɔʀgœjiʀ] (2) *vpr*: **s'** ~ **de** (*être fier de*) to pride o.s. on, boast about; (*avoir*) to boast.

énorme [enɔʀm(ə)] *adj* enormous, tremendous, huge. **ça lui a fait un bien** ~ it's done him a great deal of good; **il a accepté, c'est déjà** ~ he has accepted and that's quite something. ◆ **énormément** *adv* **(a)** enormously, tremendously, hugely. **ça m'a** ~ **déçu** it greatly disappointed me. **(b)** ~ **d'argent** a tremendous *ou* an enormous *ou* a huge amount of money; ~ **de gens** a tremendous *ou* an enormous *ou* a huge number of people, a great many people. ◆ **énormité** *nf* [*poids, somme*] hugeness; [*demande*] enormity;

(propos inconvenant) outrageous remark; *(erreur)* big blunder, howler *.

enquérir (s') [ɑ̃keʀiʀ] (21) *vpr* to inquire, ask *(de* about).

enquête [ɑ̃kɛt] *nf (gén, Jur)* inquiry; *(après décès)* inquest; *(Police)* investigation; *(sondage)* survey, (opinion) poll. ♦ **enquêter** (1) *vi* to hold an inquiry *(sur* on); to investigate; to conduct a survey *(sur* on). ~ **sur qch** to investigate sth, carry out an investigation into sth. ♦ **enquêteur, -euse** *nm, f (Police)* officer; *[sondage]* pollster. **les** ~**s poursuivent leurs recherches** the police are continuing their investigations.

enquiquiner * [ɑ̃kikine] (1) **1** *vt (importuner)* to bother; *(préoccuper)* to worry; *(lasser)* to bore. **2 s'** ~ *vpr* to be bored. ♦ **enquiquinement** * *nm*: **quel** ~**!** what a flipping *ou* darned * nuisance! *; **avoir des** ~**s** to have trouble *(avec* with). ♦ **enquiquineur, -euse** * *nm, f* pest *.

enraciner [ɑ̃ʀasine] (1) **1** *vt* to root. **solidement enraciné** *préjugé* deep-rooted; *famille* firmly rooted. **2 s'** ~ *vpr [arbre, préjugé]* to take root.

enrager [ɑ̃ʀaʒe] (3) *vi* **(a)** **faire** ~ **qn** * *(taquiner)* to tease sb; *(importuner)* to pester sb. **(b)** to be furious *(de faire* at doing). ♦ **enragé, e** *adj* **(a)** *chasseur, joueur* keen *(de* on). **c'est un** ~ **de la voiture** he's mad about cars *, he's a car fanatic. **(b)** *(en colère)* furious; *(Vét)* rabid.

enrayer [ɑ̃ʀeje] (8) **1** *vt maladie* to check, stop; *chômage, inflation* to check, curb; *arme* to jam. **2 s'** ~ *vpr* to jam.

enrégimenter [ɑ̃ʀeʒimɑ̃te] (1) *vt (péj)* to enrol.

enregistrer [ɑ̃ʀʒistʀe] (1) *vt voix* to record; *(sur bande)* to tape(-record); *(sur magnétoscope)* to video(-tape); *(Jur) acte* to register; *(Comm) commande* to enter; *constatation* to note; *(mentalement)* to retain, register. **d'accord, j'enregistre** * all right, I'll bear it in mind; **(faire)** ~ **ses bagages** to register one's luggage; *(Aviat)* to check in one's luggage; *(Téléc)* **vous écoutez un message enregistré** this is a recorded message; **nous avons enregistré de bonnes ventes** we've rung up good sales; **la plus forte hausse/température enregistrée** the greatest rise/highest temperature recorded. ♦ **enregistrement** *nm* registration; check-in. ~ **magnétique** tape recording. ~ **magnétoscopique** video recording. ♦ **enregistreur, -euse 1** *adj* recording. **2** *nm* recorder, recording machine.

enrhumer [ɑ̃ʀyme] (1) **1** *vt* to give a cold to. **être enrhumé** to have a cold. **2 s'** ~ *vpr* to catch a cold.

enrichir [ɑ̃ʀiʃiʀ] (2) **1** *vt esprit, collection* to enrich; *[argent]* to make rich. **2 s'** ~ *vpr [commerçant]* to grow rich; *[esprit]* to grow richer *(de* in); *[collection]* to be enriched *(de* with). ♦ **enrichi, e** *adj (Tech)* enriched. **shampooing formule** ~**e** enriched formula shampoo. ♦ **enrichissant, e** *adj* enriching. ♦ **enrichissement** *nm* enrichment.

enrober [ɑ̃ʀobe] (1) *vt bonbon* to coat *(de* with); *paroles* to wrap up *(de* in). ♦ **enrobage** *nm* coating.

enrôler *vt,* **s'** ~ *vpr* [ɑ̃ʀole] (1) to enlist. ♦ **enrôlé** *nm* recruit. ♦ **enrôlement** *nm* enlistment.

enrouer [ɑ̃ʀwe] (1) **1** *vt* to make hoarse. **2 s'** ~ *vpr (froid)* to go hoarse; *(cri)* to make o.s. hoarse. ♦ **enroué, e** *adj* hoarse. ♦ **enrouement** *nm* hoarseness.

enrouler [ɑ̃ʀule] (1) **1** *vt (gén)* to roll up; *cheveux* to coil up; *fil* to wind *(autour de* round). **2 s'** ~ *vpr [serpent]* to coil up; *[fil]* to wind. **s'** ~ **dans une couverture** to wrap *ou* roll o.s. up in a blanket.

ensabler *vt,* **s'** ~ *vpr* [ɑ̃sable] (1) *port* to silt up; *voiture* to get stuck in the sand.

ensanglanter [ɑ̃sɑ̃glɑ̃te] (1) *vt visage* to cover with blood; *vêtement* to soak with blood. **un accident**

a ensanglanté la course an accident cast a tragic shadow over the race.

enseignant, e [ɑ̃sɛɲɑ̃, ɑ̃t] **1** *adj* teaching. **2** *nm, f* teacher. ~**-chercheur** teacher-cum-researcher; **poste d'** ~ teaching position *ou* post *ou* job.

enseigne [ɑ̃sɛɲ] **1** *nf (Comm)* (shop) sign; *(drapeau)* ensign. ~ **lumineuse** neon sign; *(littér)* **à telle(s)** ~**(s) que** so much so that. **2** *nm (Hist)* ensign. ~ **de vaisseau** lieutenant.

enseignement [ɑ̃sɛɲmɑ̃] *nm* **(a)** *(Admin)* education. ~ **ménager** home economics *(sg)*; ~ **par correspondance** postal tuition; ~ **secondaire/technique** secondary/technical education; ~ **professionnel** vocational training; ~ **programmé** programmed learning; ~ **spécialisé** special education *ou* schooling; ~ **assisté par ordinateur** computer-aided learning. **(b)** *(art d'enseigner)* teaching. ~ **moderne** modern teaching methods. **(c)** *(carrière)* teaching profession. **être dans l'** ~ to be a teacher. **(d)** *(leçon)* lesson. ♦ **enseigner** (1) *vt* to teach. ~ **qch à qn** to teach sb sth; ~ **à qn à faire qch** to teach sb (how) to do sth.

ensemble [ɑ̃sɑ̃bl(ə)] **1** *adv* together. **tous** ~ all together; **ils ont répondu** ~ *(deux)* they both answered together; *(plusieurs)* they all answered together; **ils vont bien** ~ they go together well; **l'armoire et la table vont mal** ~ the wardrobe and the table don't go (very well) together; *[personnes]* **être bien/mal** ~ to be on good/bad terms. **2** *nm* **(a)** *(unité)* unity. **avec un parfait** ~ simultaneously, with one accord. **(b)** *(totalité)* whole. **l'** ~ **du personnel** the entire *ou* whole staff, all the members of staff; **dans l'** ~ on the whole, by and large; **dans l'** ~ **nous sommes d'accord** basically we agree; **les spectateurs dans leur** ~ the audience as a whole; **d'** ~ *vue etc* overall, general. **(c)** *[personnes]* group; *[objets]* set; *[lois]* body; *(Mus)* ensemble; *[immeubles]* housing scheme *ou* development; housing project *(US)*; *(Math)* set; *(Couture)* outfit, suit.

ensemencer [ɑ̃smɑ̃se] (3) *vt (Agr)* to sow. ♦ **ensemencement** *nm* sowing.

ensevelir [ɑ̃səvliʀ] (2) *vt (gén)* to bury; *(d'un linceul)* to shroud *(de* in). ♦ **ensevelissement** *nm* burying; shrouding.

ensoleiller [ɑ̃sɔleje] (1) *vt (lit)* to fill with sunshine; *(fig)* to brighten, light up. ♦ **ensoleillé, e** *adj* sunny. ♦ **ensoleillement** *nm* hours of sunshine.

ensommeillé, e [ɑ̃sɔmeje] *adj* sleepy, drowsy.

ensorceler [ɑ̃sɔʀsəle] (4) *vt (lit, fig)* to bewitch.

ensuite [ɑ̃sɥit] *adv (puis)* then, next; *(par la suite)* afterwards, later. ~ **de quoi** after which.

ensuivre (s') [ɑ̃sɥivʀ(ə)] (40) *vpr* to follow. **et tout ce qui s'ensuit** and all the rest; **torturé jusqu'à ce que mort s'ensuive** tortured to death.

entaille [ɑ̃taj] *nf (gén)* cut; *(profonde)* gash; *(sur objet)* notch; *(allongée)* groove. ♦ **entailler** (1) *vt* to cut; to gash; to notch.

entamer [ɑ̃tame] (1) *vt* **(a)** *pain* to start (upon); *bouteille* to start, open; *patrimoine* to dip into; *journée, livre* to start; *travail* to start on; *discussion* to start, open; *poursuites* to institute. **la journée est déjà bien entamée** we are already well into the day, the day is already quite far advanced; *(Cartes)* ~ **la partie** to open the game. **(b)** *résistance* to wear down, break down; *conviction* to shake, weaken; *optimisme, moral* to wear down; *réputation* to damage, harm. **(c)** *(inciser)* to cut (into). ♦ **entame** *nf* first slice.

entartrer *vt,* **s'** ~ *vpr* [ɑ̃taʀtʀe] (1) to scale. ♦ **entartrage** *nm* scaling.

entasser *vt,* **s'** ~ *vpr* [ɑ̃tase] (1) to pile up *(sur* onto). **s'** ~ **dans** to cram *ou* pack into. ♦ **entas-**

sement nm (**a**) (action) piling up; cramming in, packing together. (**b**) (tas) pile, heap.

entendre [ɑ̃tɑ̃dʀ(ə)] (41) **1** vt (**a**) voix, témoin, messe to hear; conseil, discours to listen to. **j'entendais quelqu'un parler** I heard ou could hear somebody speaking; (fig) **il ne l'entend pas de cette oreille** he's not prepared to accept that; **à l'** ~ to hear him talk, to listen to him; ~ **raison** to listen to ou see reason. (**b**) (comprendre) to understand; (vouloir) to intend, mean; (vouloir dire) to mean. **entendez-vous par là que...** are you trying to say that..., do you mean that...; **laisser** ~ **à qn que** (faire comprendre) to give sb to understand that; (donner l'impression) to give sb the impression that; **faites comme vous l'entendez** do as you see fit ou think best; **j'entends être obéi** I intend ou mean to be obeyed, I WILL be obeyed. (**c**) (locutions) ~ **parler de** to hear of ou about; (fig) **il ne veut pas en ~ parler** he won't hear of it; **d'après ce que j'ai entendu dire** from what I have heard; **on entend dire que** it is said ou rumoured that; **sa voix se fit** ~ his voice was heard.

2 s' ~ vpr (**a**) (être d'accord) to agree (sur on). **Ils s'entendent bien/ne s'entendent pas** they get on ou along well (together)/don't get on ou along (together). (**b**) (s'y connaître) **il s'y entend pour le faire** he's very good at it, he knows how to do it. (**c**) (se comprendre) **quand je dis énorme je m'entends, disons grand** when I say huge what I really mean is big; (bien sûr) (**cela**) **s'entend** of course; **entendons-nous bien!** let's be quite clear about this; **ça s'entend de 2 manières** that can be taken 2 ways ou to mean 2 different things. (**d**) (être entendu) **on ne s'entend plus ici** you can't hear yourself think in here.

◆ **entendement** nm (Philos) understanding.
◆ **entendeur** nm: **à bon** ~, **salut** a word to the wise is enough. ◆ **entendu, e** adj (**a**) (convenu) agreed. (évidemment) **bien** ~! of course!; (concessif) **c'est** ~ all right. (**b**) sourire, air knowing.
◆ **entente** nf (amitié, compréhension) understanding; (accord) agreement. **vivre en bonne** ~ to live in harmony; **vivre en bonne** ~ **avec les voisins** to be on good terms with the neighbours.

entériner [ɑ̃teʀine] (1) vt to ratify, confirm.

entérite [ɑ̃teʀit] nf enteritis.

enterrer [ɑ̃teʀe] (1) vt (gén) to bury; projet to drop. **tu nous enterreras tous!** you'll outlive us all!; **enterrons cette querelle** (let's) let bygones be bygones; **il a enterré son passé** he put his past behind him. ◆ **enterrement** nm [mort] burial; [espoir] end, death; (cérémonie) funeral; (convoi) funeral procession. **faire une tête d'** ~ * to look gloomy.

en-tête, pl **en-têtes** [ɑ̃tɛt] nm heading; (Ordin) header-block.

entêter [ɑ̃tete] (1) **1** vt [parfum] to go to the head of. **2** s' ~ vpr to persist (dans qch in sth, à faire qch in doing sth). ◆ **entêtant, e** adj vin heady.
◆ **entêté, e 1** adj stubborn. **2** nm, f mule, stubborn individual. **quel** ~ **tu fais!** what a stubborn thing you are! ◆ **entêtement** nm stubbornness.

enthousiasme [ɑ̃tuzjasm(ə)] nm enthusiasm.
◆ **enthousiasmant, e** adj exciting, exhilarating.
◆ **enthousiasmer** (1) **1** vt to fill with enthusiasm. **2** s' ~ vpr to be enthusiastic (pour about, over). ◆ **enthousiaste** adj enthusiastic (de about, over).

enticher (s') [ɑ̃tiʃe] (1) vpr (péj) **s'** ~ **de** femme to become infatuated with; choses to have a passion for.

entier, -ière [ɑ̃tje, jɛʀ] **1** adj (**a**) quantité whole, full; surface whole, entire. **payer place** ~**ière** to pay the full price; **une heure** ~**ière** a whole hour; **dans la France** ~**ière** throughout France, in the whole of France; **tout** ~ entirely, completely. (**b**) (intact)

intact; (absolu) absolute, complete. **la question reste** ~**ière** the matter still remains unresolved. (**c**) personne, caractère unyielding, unbending. (**d**) pain ~ wholemeal ou wholewheat bread; lait ~ full-cream milk, whole milk (US). **2** nm (**a**) (Math) whole; (Ordin) integer. (**b**) **en** ~ entirely; **boire une bouteille en** ~ to drink a whole bottle; **lire qch en** ~ to read the whole of sth, read sth right through; **la nation dans son** ~ the nation as a whole, the entire nation. ◆ **entièrement** adv entirely, completely, wholly, fully.

entité [ɑ̃tite] nf entity.

entonner [ɑ̃tɔne] (1) vt chanson to strike up.

entonnoir [ɑ̃tɔnwaʀ] nm (Culin) funnel. forme, conduit **en** ~ funnel-shaped.

entorse [ɑ̃tɔʀs(ə)] nf (Méd) sprain; [loi] infringement (à of). **se faire une** ~ **au poignet** to sprain one's wrist; **faire une** ~ **à** vérité to twist; habitudes to break; règlement to bend.

entortiller [ɑ̃tɔʀtije] (1) vt (**a**) ficelle to twist, wind; objet to wrap (up). (**b**) (duper) to hoodwink. (enjôler) ~ **qn** to get round sb.

entourer [ɑ̃tuʀe] (1) **1** vt (**a**) (mettre autour) ~ **qch de** (gén) to surround sth with; couverture to wrap sth in; ~ **qn de ses bras** to put one's arms round sb. (**b**) (être autour) (gén) to surround; [écharpe] to be round; (fig) personne souffrante to rally round. **le monde qui nous entoure** the world about us. **2** s' ~ vpr: **s'** ~ **de** to surround o.s. with; **s'** ~ **de précautions** to take elaborate precautions; **s'** ~ **de toutes les garanties** to avail o.s. of all possible guarantees. ◆ **entourage** nm (famille) family circle; (compagnie) set, circle; [président] entourage; [fenêtre etc] surround. **les gens de son** ~ **disent que...** people round about him say that... ◆ **entouré, e** adj (admiré) popular.

entracte [ɑ̃tʀakt(ə)] nm [spectacle], (Ciné) interval; (fig) interlude.

entraide [ɑ̃tʀɛd] nf mutual aid. (Admin) **service d'** ~ support service. ◆ **entraider (s')** (1) vpr to help one another.

entrailles [ɑ̃tʀɑj] nfpl (gén), (littér) entrails; [mère] womb; (fig) [terre] bowels. **sans** ~ heartless; **spectacle qui vous prend aux** ~ sight that shakes your very soul ou shakes you to the core.

entrain [ɑ̃tʀɛ̃] nm spirit, drive, liveliness. **avec** ~ répondre, manger with gusto; travailler spiritedly; **faire qch sans** ~ to do sth half-heartedly; **être sans** ~ to feel dispirited, have no energy. ◆ **entraînant, e** adj paroles stirring, rousing; rythme brisk, lively.

entraîner [ɑ̃tʀene] (1) **1** vt (**a**) objets arrachés to carry ou drag along; (Tech) machine to drive; (tirer) wagons to pull. **il entraîna son camarade dans sa chute** he pulled ou dragged his friend down in his fall; **il m'entraîna vers la sortie** he dragged ou took me off towards the exit. (**b**) (fig: influencer) to lead. ~ **qn à voler qch** to get sb to steal sth; ~ **ses camarades à boire** to encourage one's friends to drink. (**c**) dépenses, chutes (impliquer) to entail, mean; (causer) to bring about, lead to. ~ **qn à une dépense** to lead sb into some expense. (**d**) [rythme] to carry along; [enthousiasme] to carry away. **se laisser** ~ **par ses passions** to (let o.s.) get ou be carried away by one's passions. (**e**) (préparer) athlète to train, coach; cheval to train (à pour for). **2** s' ~ vpr (gén) to train o.s.; (Sport) to train (à, pour for). **s'** ~ **à faire un mouvement** to practise a movement; **il s'entraîne à parler en public** he is training himself to speak in public. ◆ **entraînement** nm [roue] driving; [athlète] training. **se blesser à l'** ~ to hurt o.s. at training ou during a training session. **manquer d'** ~ to be out of training. ◆ **entraîneur** nm [cheval] trainer; [coureur] coach, trainer.

entraver [ɑ̃tʀave] (1) *vt circulation* to hold up; *action* to hinder, hamper; *animal* to fetter; *prisonnier* to chain up. ◆ **entrave** *nf* hindrance (*à* to). [*prisonnier*] ~**s** chains; *liberté, bonheur* **sans** ~ unbridled; (*fig*) **les** ~**s de** the fetters of.

entre [ɑ̃tʀ(ə)] *prép* (**a**) (*gén*) between. **la vérité est** ~ **les deux** the truth is somewhere between the two.
(**b**) (*parmi*) (*gén*) among, amongst; *choisir* between. **lui,** ~ **autres, n'est pas d'accord** he, for one, doesn't agree; ~ **autres (choses)** among other things; **l'un d'** ~ **eux** one of them; **cette heure** ~ **toutes** this (hour) of all hours; **difficile** ~ **tous** exceptionally difficult.
(**c**) (*dans*) in, into. **prendre** ~ **ses bras** to take in one's arms; ~ **parenthèses** in brackets.
(**d**) (*à travers*) through. (*lit, fig*) **passer** ~ **les mailles du filet** to slip through the net.
(**e**) (*relation*) (*deux choses*) between; (*plus de deux*) among. ~ **nous** between you and me, between ourselves; ~ **eux 4** among the 4 of them; **il n'y a rien de commun** ~ **eux** they have nothing in common; **ils préfèrent rester** ~ **eux** they prefer to be on their own; **entendez-vous** ~ **vous** sort it out among yourselves; **ils se sont disputés** ~ **eux** they have quarrelled with each other *ou* with one another; **on ne va pas se battre** ~ **nous** we're not going to fight among ourselves.
(**f**) (*locutions*) ~ **chien et loup** when the shadows are falling, at dusk; ~ **deux âges** middle-aged; (*fig*) ~ **deux portes** briefly; ~ **deux eaux** just below the surface; **pris** ~ **deux feux** caught in the crossfire; **parler** ~ **ses dents** to mumble.

entrebâiller [ɑ̃tʀəbaje] (1) *vt* to half-open. ◆ **entrebâillé, e** *adj*: **être** ~ to be ajar *ou* half-open. ◆ **entrebâillement** *nm*: **dans l'** ~ **de la porte** in the half-open door.

entrechoquer [ɑ̃tʀəʃɔke] (1) **1** *vt* (*gén*) to knock together; *verres* to clink. **2 s'** ~ *vpr* (*gén*) to knock together; [*verres*] to clink; [*dents*] to chatter; [*épées*] to clash together; [*idées, mots*] to jostle together.

entrecôte [ɑ̃tʀəkot] *nf* entrecôte *ou* rib steak.

entrecouper [ɑ̃tʀəkupe] (1) **1** *vt*: ~ **de** (*gén*) to interrupt with; *citations* to intersperse *ou* pepper with; **voix entrecoupée** broken voice. **2 s'** ~ *vpr* [*lignes*] to intersect, cut across each other.

entrecroiser *vt*, **s'** ~ *vpr* [ɑ̃tʀəkʀwaze] (1) *fils* to intertwine; *lignes* to intersect.

entrée [ɑ̃tʀe] *nf* (**a**) (*arrivée*) [*personne*] entry, entrance; [*véhicule, marchandise*] entry. (*Théât*) ~ (**en scène**) entrance; **à son** ~ as he came *ou* walked in *ou* entered; **faire une** ~ **discrète** to make a discreet entry *ou* entrance, enter discreetly; **faire son** ~ **dans le monde** [*bébé*] to come into the world; [*jeune fille*] to make one's début (in society); (*Admin*) **à son** ~ **en fonctions** when he took up office. (**b**) (*accès*) admission (*de, dans* to); (*sur pancarte*) 'way in'. ' ~ **libre**' (*dans boutique*) 'come in and look round'; (*dans musée*) 'admission free'; ' ~ **interdite**' 'no admittance', 'no entry'; **on lui a refusé l'** ~ **de la salle** he was refused admission *ou* entrance to the hall; ~ **à l'université** university entrance; **depuis son** ~ **à l'université/dans le club** since he went to university/joined the club; **avoir ses** ~**s auprès de qn** to have easy access to sb. (**c**) (*Tech*) [*pièce*] insertion. ~ **d'air** air inlet. (**d**) (*billet*) ticket. **billet d'** ~ entrance ticket; **les** ~**s couvriront tous les frais** the takings will cover all expenses; **ils ont fait 10 000** ~**s** they sold 10,000 tickets. (**e**) (*porte*) entrance; [*trou*] mouth. (*Théât*) ~ **des artistes** stage door; ~ **de service** service entrance. (**f**) (*vestibule*) entrance (hall). (**g**) (*début*) **à l'** ~ **de l'hiver** at the onset *ou* beginning of winter; **à l'** ~ **de la vie** at life's outset; **d'** ~ **(de jeu)** from the outset; ~ **en matière** introduction. (**h**)

(*Culin*) entrée. (**i**) (*Comm, Statistique*) entry; (*Fin*) [*capital*] inflow; (*Lexicographie*) headword. (**j**) (*Ordin*) input.

entrefaites [ɑ̃tʀəfɛt] *nfpl*: **sur ces** ~ at that moment.

entre-jambes [ɑ̃tʀəʒɑ̃b] *nm inv* (*Couture*) crotch.

entrelacer *vt*, **s'** ~ *vpr* [ɑ̃tʀəlase] (3) to intertwine, interlace. ◆ **entrelacement** *nm*: **un** ~ **de branches** a network *ou* crisscross of branches.

entremêler [ɑ̃tʀəmele] (1) **1** *vt choses* to intermingle, intermix. ~ **un récit de** to intersperse a tale with. **2 s'** ~ *vpr* to intermingle.

entremets [ɑ̃tʀəmɛ] *nm* (cream) sweet *ou* dessert.

entremettre (s') [ɑ̃tʀəmɛtʀ(ə)] (56) *vpr* to intervene (*dans* in). ◆ **entremetteur, -euse** *nm, f* (*péj*) go-between. ◆ **entremise** *nf* intervention. **par l'** ~ **de** through.

entreposer [ɑ̃tʀəpoze] (1) *vt* to store, put into storage. ◆ **entrepôt** *nm* (*gén*) warehouse; (*port*) entrepot.

entreprendre [ɑ̃tʀəpʀɑ̃dʀ(ə)] (58) *vt* (*gén*) to begin *ou* start on, embark upon. ~ **qn** (*pour bavarder*) to buttonhole sb; (*sur un problème*) to tackle sb; ~ **de faire qch** to undertake to do sth. ◆ **entreprenant, e** *adj* (*gén*) enterprising; (*avec les femmes*) forward.

entrepreneur, -euse [ɑ̃tʀəpʀənœʀ, øz] *nm, f* contractor. ~ **(en bâtiment)** building contractor; ~ **de pompes funèbres** undertaker, funeral director, mortician (*US*).

entreprise [ɑ̃tʀəpʀiz] *nf* (*firme*) firm; (*dessein*) undertaking, venture.

entrer [ɑ̃tʀe] (1) **1** *vi* (**a**) (*aller*) to go in, get in, enter; (*venir*) to come in; (*à pied*) to walk in; (*en voiture*) to drive in. ~ **dans** to go *ou* come into, enter; ~ **en coup de vent** to burst in, come bursting in; **entrez!** come in!; **les gens entraient et sortaient** people were going in and out; ~ **par la fenêtre** to get in by the window; **je suis entré chez eux** I called in *ou* dropped in at their house.
(**b**) [*marchandises, devises*] to enter; [*objet*] to go in; (*s'adapter*) to fit in. **ça n'entre pas** it won't go *ou* fit in; **son coude m'entrait dans les côtes** his elbow was digging into my ribs; **l'eau entre par le toit** water comes in through the roof; **l'air entre dans la pièce** air comes into *ou* enters the room; **la rage est entrée dans son cœur** his heart was filled with rage; **à force d'explications ça finira par** ~ * explain it for long enough and it'll sink in *; **alors ces maths, ça entre?** * are you getting the hang of maths then? *; **c'est entré comme dans du beurre** * it went (in) like a hot knife through butter.
(**c**) **laisser** ~ to let in; **laisser** ~ **qn dans** to let sb into.
(**d**) **faire** ~ *visiteur* to show in; *objet* to fit in; *marchandises* to take *ou* bring in; (*en fraude*) to smuggle in; *accusé, témoin* to bring in, call; **il m'a fait** ~ **dans leur club** (*persuadé*) he got me to join their club; (*aidé*) he got me into their club, he helped me join their club; (*contraint*) he made me join their club; (*comme employé*) he got me a job in their club; **il me fit** ~ **dans la cellule** he showed me into the cell.
(**e**) (*commencer*) ~ **en convalescence** to begin convalescence; ~ **en ébullition** to reach boiling point, begin to boil.
(**f**) ~ **dans** *club, parti* to join; *groupe, métier* to go into; *profession libérale* to enter; ~ **dans les affaires** to go into business; ~ **en religion** to enter the religious life; ~ **dans les ordres** to take orders; ~ **à l'université** to go to *ou* enter university *ou* college; ~ **au service de qn** to enter sb's service; ~ **dans l'histoire** to go down in history; ~ **dans la légende** to become a legend.
(**g**) ~ **dans** *arbre* to hit, go into; (*Aut*) **on lui est entré dedans** * sb banged into him.

(h) ~ **dans** *vues, peines de qn* to share.
(i) ~ **dans** *catégorie* to fall into, come into; *mélange* to go into; **c'est entré pour beaucoup dans sa décision** it counted for a good deal in his decision; **il n'entre pas dans mes intentions de le faire** I don't have any intention of doing so; **faire ~ qch dans une catégorie** to put sth into a category.
(j) ~ **dans** *période, discussion* to enter into; *rêverie, considérations, colère* to go into; ~ **dans la vie active** to enter active life; ~ **dans la cinquantaine** to turn fifty; ~ **dans le vif du sujet** to get to the heart of the matter.
2 *vt*: ~ **les bras dans les manches** to put one's arms into the sleeves; **ne m'entre pas ta canne dans les côtes** don't dig your stick into my ribs; *(Ordin)* ~ **des données** to key data in.

entresol [ãtʀəsɔl] *nm* mezzanine.

entre-temps [ãtʀətã] *adv* meanwhile, (in the) meantime.

entretenir [ãtʀətniʀ] (22) **1** *vt* (a) *propriété* to maintain, look after; *route, machine* to maintain; *famille* to support, keep; *souvenir, espoir* to keep alive; *craintes* to have; *correspondance* to keep up. **ça entretient de l'humidité** *(qualité)* it keeps up *ou* maintains the humidity; *(défaut)* it holds the damp; ~ **le feu** to keep the fire going *ou* burning; **il m'a entretenu dans l'erreur** he didn't disabuse me (of it); ~ **sa forme, s' ~ (en bonne forme)** to keep (o.s.) fit. (b) *(converser)* ~ **qn** to speak to sb *(de* about). **2 s' ~** *vpr* (a) *(converser)* **s' ~ avec qn** to speak to sb *(de* about). (b) *(pourvoir à ses besoins)* to be self-supporting. ◆ **entretenu, e** *adj femme* kept. **jardin bien/mal ~** well-/badly-kept garden. ◆ **entretien** *nm* (a) *[maison]* upkeep; *[route, machine]* maintenance; *[famille]* keep, support. (b) *(conversation)* conversation; *(entrevue)* interview; *(débat)* discussion. *(Pol)* ~**(s)** talks, discussions; ~ **télévisé** televised interview.

entre-tuer (s') [ãtʀətɥe] (1) *vpr* to kill one another.

entrevoir [ãtʀəvwaʀ] (30) *vt* *(indistinctement)* to make out; *(brièvement)* to catch sight of; *(fig: pressentir)* objections to foresee, anticipate; *amélioration* to glimpse.

entrevue [ãtʀəvy] *nf* *(discussion)* meeting; *(audience)* interview; *(Pol)* talks, discussions. **venir se présenter à** *ou* **pour une ~** to come for *ou* to an interview.

entrouvrir *vt*, **s' ~** *vpr* [ãtʀuvʀiʀ] (18) to half-open. ◆ **entrouvert, e** *adj (gén)* half-open; *porte* ajar.

envahir [ãvaiʀ] (2) *vt* *[ennemi, herbes]* to invade, overrun; *[douleur, sommeil]* to overcome. **la foule envahit la place** the crowd swarmed into the square; *(déranger)* ~ **qn** to invade sb's privacy. ◆ **envahissant, e** *adj personne* intrusive; *passion* invading; *odeur, goût* strong, pervasive. ◆ **envahisseur** **1** *adj m* invading. **2** invader.

envaser [ãvaze] (1) **1** *vt port* to silt up. **2 s' ~** *vpr [port]* to silt up; *[bateau]* to stick in the mud. ◆ **envasement** *nm* silting up.

enveloppe [ãvlɔp] *nf* (a) *(pli postal)* envelope. ~ **à fenêtre** window envelope; ~ **auto-collante** self-seal envelope; **sous ~** *envoyer* under cover; **mettre sous ~** to put in an envelope. (b) *(emballage) (gén)* covering; *(en papier, toile)* wrapping; *(en métal)* casing; *[graine]* husk; *[pneu]* cover. (c) *(apparence)* exterior. (d) *(fig: somme d'argent)* sum of money; *(crédits)* budget; *[départ en retraite]* golden handshake. ~ **budgétaire** budget; **l' ~ de la recherche** the research budget.

envelopper [ãvlɔpe] (1) *vt* (a) *objet, enfant* to wrap up. **il s'enveloppa dans une cape** he wrapped himself in a cape; *(fig)* ~ **qn de son affection** to surround sb with one's affection; ~ **sa pensée** to veil one's thoughts. (b) *[brume]* to envelop, shroud.

le silence enveloppe la ville the town is wrapped *ou* shrouded in silence; **enveloppé de mystère** shrouded *ou* veiled in mystery; ~ **qn du regard** to envelop sb with one's gaze; ~ **dans sa réprobation** † to include in one's disapproval.

envenimer [ãvnime] (1) **1** *vt plaie* to make septic; *querelle, situation* to inflame. **2 s' ~** *vpr [plaie]* to go septic; *[querelle, situation]* to grow more bitter.

envergure [ãvɛʀgyʀ] *nf [oiseau, avion]* wingspan; *[voile]* breadth; *[personne]* calibre; *[entreprise]* scale, scope; *[intelligence]* scope, range. **de grande ~** large-scale.

envers¹ [ãvɛʀ] *prép* towards, to. ~ **et contre tous** despite all opposition.

envers² [ãvɛʀ] *nm* (a) *[étoffe]* wrong side; *[papier]* back; *[médaille]* reverse (side). **l' ~ et l'endroit** the wrong (side) and the right side; *(fig)* **l' ~ du décor** *ou* **du tableau** the other side of the picture. (b) **à l' ~** *vêtement* inside out; *objet (vertical)* upside down; *(horizontal)* the wrong way round, back to front; **tout va à l' ~** everything is upside down; **faire qch à l' ~** *(à rebours)* to do sth the wrong way round; *(mal)* to do sth all wrong; **elle avait la tête à l' ~** her mind was in a whirl.

envie [ãvi] *nf* (a) ~ **de qch/de faire** *(désir)* desire for sth/to do; *(grand désir)* longing for sth/to do; *(besoin)* need for sth/to do; **avoir ~ de** to want; **j'ai ~ d'y aller** I feel like going, I would like to go; **elle a ~ de cette voiture, cette voiture lui fait ~** she would like this car; **avoir bien/presque ~ de faire qch** to have a good mind/half a mind to do sth; **j'ai ~ qu'il s'en aille** I would like him to go away, I wish he would go away; **avoir ~ de rire** to feel like laughing; **cela lui a donné (l') ~ de rire** it made him want to laugh; **avoir ~ ＊** *(d'aller aux toilettes)* to need the loo ＊ *ou* the toilet. (b) *(convoitise)* envy. **mon bonheur lui fait ~** he envies my happiness. (c) *(Anat) [peau]* birthmark; *[ongles]* hangnail. ◆ **enviable** *adj* enviable. ◆ **envier** (7) *vt* to envy, be envious of. **je vous envie votre maison** I wish I had your house, I envy you your house; **il n'a rien à m' ~** *(comme avantage)* he has no cause to be jealous of me; *(comme désavantage)* he's just as badly off as I am. ◆ **envieusement** *adv* enviously. ◆ **envieux, -euse** *adj* envious. **faire des ~** to arouse envy.

environ [ãviʀɔ̃] **1** *adv* about. **c'est à 100 km ~ d'ici** it's about 100 km from here, it's 100 km or so from here. **2** *nmpl*: **les ~s** the surroundings; **aux ~s de 10 F** round about 10 francs, 10 francs or thereabouts; **dans les ~s du château** in the vicinity of the castle; **qu'y a-t-il à voir dans les ~s?** what is there to see round about here? ◆ **environnant, e** *adj* surrounding. ◆ **environnement** *nm* environment. **le Ministère de l' ~** ≃ the Department of the Environment, the Environmental Protection Agency *(US)*. ◆ **environner** (1) *vt* to surround, encircle. **s' ~ de** to surround o.s. with.

envisager [ãvizaʒe] (3) *vt* to envisage, contemplate *(de faire* doing). ◆ **envisageable** *adj* conceivable.

envoi [ãvwa] *nm* (a) *(V envoyer)* sending; sending off; dispatching; shipment. ~ **contre remboursement** cash on delivery. (b) *(colis)* parcel. ~ **en nombre** mass mailing.

envoler (s') [ãvɔle] (1) *vpr [oiseau]* to fly away; *[avion]* to take off; *[chapeau]* to blow off; *[feuille, papiers]* to blow away; *[temps]* to fly (past); *[espoirs, objet volé]* to vanish. ◆ **envol** *nm [oiseau]* taking flight; *[avion]* takeoff; *[pensée]* flight. **prendre son ~** *[oiseau]* to take flight. ◆ **envolée** *nf*: ~ **(poétique)** flight of poetry; **l' ~ des prix** the explosion in prices; **l' ~ du dollar** the soaring rise in *ou* of the dollar.

envoûter [ãvute] (1) *vt* to bewitch, cast a spell on. **être envoûté par qn** to be under sb's spell. ◆ **envoûtant, e** *adj* bewitching, spellbinding. ◆ **envoûtement** *nm* bewitchment.

envoyer [ãvwaje] (8) **1** *vt* (**a**) *(gén)* to send; *marchandises* to dispatch, send off; *(par bateau)* to ship; *(en vacances)* to send off; *(en mission)* to send out *(chez* to); *candidature* to send in. **envoie-moi un mot** drop me a line. (**b**) *pierre* to throw; *(avec force)* to hurl; *obus* to fire; *signaux* to send out; *ballon* to send. ~ **des baisers à qn** to blow sb kisses; ~ **des sourires à qn** to smile at sb; ~ **des coups de poing à qn** to punch sb; **ne m'envoie pas ta fumée dans les yeux** don't blow smoke in my eyes; ~ **qn à terre** to knock sb down; *(Naut)* ~ **par le fond** to send down *ou* to the bottom; *(Mil)* ~ **les couleurs** to run up the colours. (**c**) ~ **chercher qn/qch** to send for sb/sth; ~ **promener qn** * to send sb packing *; ~ **valser qch** * to send sth flying; **il a tout envoyé promener** * he has chucked (up) everything ⚹; **il ne le lui a pas envoyé dire** * he told him straight to his face. **2 s'** ~ ⚹ *vpr corvée* to get stuck with; *nourriture* to down. **je m'enverrais des gifles** * I could kick myself *. ◆ **envoyé, e 1** *adj réponse* well-aimed, sharp. **2** *nm, f (gén)* messenger; *(Pol)* envoy; *(Presse)* correspondent. **un** ~ **du Ministère** a government official. ◆ **envoyeur, -euse** *nm, f* sender.

épagneul, e [epaɲœl] *nm, f* spaniel.

épais, -aisse [epɛ, ɛs] **1** *adj* (**a**) *(gén)* thick; *neige, silence* deep; *barbe* bushy; *corps* thickset; *nuit* pitch-black. ~ **de 5 cm** 5 cm thick. (**b**) *(péj) esprit* dull; *personne* dense, thickheaded; *plaisanterie* clumsy. **2** *adv semer* thick, thickly. **il n'y en a pas** ~**!** * there's not much of it! ◆ **épaisseur** *nf* thickness; depth; dullness. **la neige a un mètre d'** ~ the snow is a metre deep; **plusieurs** ~**s de peinture** several layers of paint. ◆ **épaissir** (2) **1** *vt (lit)* to thicken. **l'air était épaissi par les fumées** the air was thick with smoke. **2** *vi (gén)* to get thicker, thicken; *[personne]* to thicken out. **3 s'** ~ *vpr (lit)* to thicken, get thicker; *[ténèbres, mystère]* to deepen. ◆ **épaississement** *nm* thickening.

épancher [epãʃe] (1) **1** *vt sentiments* to pour forth. **2 s'** ~ *vpr [personne]* to pour out one's feelings *(auprès de* to); *[sang]* to pour out. ◆ **épanchement** *nm [sang]* effusion; *[sentiments]* outpouring.

épanouir (s') [epanwiʀ] (2) *vpr [fleur]* to bloom, open out; *[visage]* to light up; *[personne]* to blossom. ◆ **épanoui, e** *adj fleur* in full bloom; *visage, sourire* radiant. ◆ **épanouissement** *nm* opening out; blossoming. **en plein** ~ in full bloom.

épargner [epaʀɲe] (1) *vt* (**a**) *(économiser)* to save. **je n'épargnerai rien pour le faire** I'll spare nothing to get it done. (**b**) *(éviter)* ~ **qch à qn** to spare sb sth; **pour t'** ~ **des explications** to save giving you *ou* to spare you explanations; **pour m'** ~ **la peine de venir** to save *ou* spare myself the bother of coming. (**c**) *(ménager) ennemi etc* to spare. ◆ **épargnant, e** *nm, f* saver. ◆ **épargne** *nf (somme)* savings. *(vertu)* **l'** ~ saving; ~ **forcée** forced savings.

éparpiller [epaʀpije] (1) **1** *vt (gén)* to scatter; *efforts* to dissipate. **2 s'** ~ *vpr* to scatter; to dissipate one's efforts. ◆ **éparpillement** *nm* scattering; dissipation. ◆ **épars, e** *adj* scattered.

épatant, e * [epatã, ãt] *adj* splendid, great *.

épaté, e [epate] *adj nez* flat.

épater * [epate] (1) *vt (étonner)* to amaze, stagger; *(impressionner)* to impress.

épaulard [epolaʀ] *nm* killer whale.

épaule [epol] *nf (Anat, Culin)* shoulder.

épauler [epole] (1) *vt* (**a**) *personne* to back up, support. (**b**) *fusil* to raise. **il épaula** he took aim, he raised his rifle.

épaulette [epolɛt] *nf (Mil)* epaulette.

épave [epav] *nf (lit, fig)* wreck; *(débris)* piece of wreckage.

épée [epe] *nf* sword.

épeler [eple] (4) *ou* (5) *vt mot* to spell; *texte* to spell out.

éperdu, e [epɛʀdy] *adj* (**a**) *personne* distraught, overcome *(de* with). (**b**) *gratitude* boundless; *regard* wild, distraught; *amour* passionate; *fuite* headlong; *désir* frantic. ◆ **éperdument** *adv* frantically; *aimer* passionately. **je m'en moque** ~ I couldn't care less.

éperonner [epʀɔne] (1) *vt cheval* to spur on; *navire* to ram. ◆ **éperon** *nm (gén)* spur.

épervier [epɛʀvje] *nm (Orn)* sparrowhawk; *(filet)* casting net.

éphémère [efemɛʀ] *adj* fleeting, short-lived.

épi [epi] *nm [blé]* ear; *[fleur]* spike; *[cheveux]* tuft. **être garé en** ~ to be parked at an angle to the kerb.

épice [epis] *nf* spice. ◆ **épicé, e** *adj (gén)* spicy. ◆ **épicer** (3) *vt* to spice.

épicerie [episʀi] *nf (magasin)* grocer's (shop); *(nourriture)* groceries; *(métier)* grocery trade. *(supermarché)* **rayon** ~ grocery stand *ou* counter; **aller à l'** ~ to go to the grocer's; ~ **fine** ≃ delicatessen. ◆ **épicier, -ière** *nm, f (gén)* grocer; *(fruits et légumes)* greengrocer.

épidémie [epidemi] *nf* epidemic. ◆ **épidémique** *adj (lit)* epidemic; *(fig)* contagious.

épiderme [epidɛʀm(ə)] *nm* skin. ◆ **épidermique** *adj (Anat)* skin. *(fig)* **réaction** ~ automatic reaction, gut reaction.

épier [epje] (7) *vt personne* to spy on; *geste* to watch closely; *bruit* to listen out for; *occasion* to watch out for.

épilepsie [epilɛpsi] *nf* epilepsy. **crise d'** ~ epileptic fit. ◆ **épileptique** *adj, nmf* epileptic.

épiler [epile] (1) *vt jambes* to remove the hair from; *sourcils* to pluck.

épilogue [epilɔg] *nm (littér)* epilogue; *(fig)* conclusion.

épinard [epinaʀ] *nm:* ~**(s)** spinach.

épine [epin] *nf* (**a**) *[buisson]* thorn; *[hérisson, oursin]* spine, prickle; *[porc-épic]* quill. ~ **dorsale** backbone; **vous m'enlevez une belle** ~ **du pied** you have got me out of a spot *. (**b**) *[arbre]* thorn bush. ~ **blanche** hawthorn. ◆ **épineux, -euse** *adj plante* thorny, prickly; *problème* thorny, tricky.

épingle [epɛ̃gl(ə)] *nf* pin. **virage en** ~ **à cheveux** hairpin bend *ou* turn *(US)*; ~ **à linge** clothes peg *ou* pin *(US)*; ~ **de nourrice** safety pin; **tirer son** ~ **du jeu** *(bien manœuvrer)* to play one's game well; *(s'en sortir à temps)* to manage to extricate o.s. ◆ **épingler** (1) *vt (attacher)* to pin (on) *(à, sur* to); *(⚹: arrêter)* to nick ⚹, nab *.

Épiphanie [epifani] *nf:* **l'** ~ Epiphany, Twelfth Night.

épique [epik] *adj (lit, fig)* epic.

épiscopat [episkɔpa] *nm (siège)* bishopric; *(corps)* episcopacy. ◆ **épiscopal, e,** *mpl* **-aux** *adj* episcopal.

épiscope [episkɔp] *nm* episcope, opaque projector *(US)*.

épisode [epizɔd] *nm* episode. **film à** ~**s** serial. ◆ **épisodique** *adj (occasionnel)* occasional; *(secondaire)* minor, secondary. ◆ **épisodiquement** *adv* occasionally.

épitaphe [epitaf] *nf* epitaph.

épithète [epitɛt] *nf* (**a**) *(Gram)* attribute. **adjectif** ~ attributive adjective. (**b**) *(qualificatif)* epithet.

épître [epitʀ(ə)] *nf* epistle.

éploré, e [eplɔʀe] *adj (littér) visage* bathed in tears; *personne, voix* tearful.

éplucher [eplyʃe] (1) *vt (gén)* to peel; *salade* to clean; *bonbon* to unwrap; *comptes* to dissect. ◆ **épluchage** *nm* cleaning; peeling; unwrapping; dissection. ◆ **épluchure** *nf* piece of peeling.

éponge [epɔ̃ʒ] *nf* sponge. **passons l'** ~**!** let's forget all about it!; ~ **métallique** scouring pad. ◆ **éponger** (3) *vt liquide* to mop *ou* sponge up; *visage* to mop; *dette* to absorb. **s'** ~ **le front** to mop one's brow.

épopée [epɔpe] *nf (lit, fig)* epic.

époque [epɔk] *nf (gén)* time; *(Hist)* age, era, epoch; *(Géol)* period; *(Art: style)* period. **à l'** ~ at the time; **être de son** ~ to be in tune with one's time; **quelle** ~**!** what times these are!; **à l'** ~ **où nous sommes** in this day and age; **meuble d'** ~ genuine antique, piece of period furniture.

époumoner (s') [epumɔne] (1) *vpr* to shout *etc* o.s. hoarse.

épouser [epuze] (1) *vt* **(a)** *personne* to marry; *idée* to embrace, take up. **(b)** *[robe]* to fit; *[route, tracé]* to follow. ◆ **épouse** *nf* wife.

épousseter [epuste] (4) *vt* to dust.

époustoufler * [epustufle] (1) *vt* to stagger, flabbergast.

épouvanter [epuvɑ̃te] (1) *vt (gén)* to appal, frighten. **s'** ~ **de qch** to get frightened at sth. ◆ **épouvantable** *adj* appalling, dreadful. ◆ **épouvantablement** *adv* appallingly, dreadfully. ◆ **épouvantail** *nm (à oiseaux)* scarecrow; *(menace) (personne)* bogey; *(chose)* bugbear. ◆ **épouvante** *nf* terror. **saisi d'** ~ terror-stricken; **avec** ~ with dread; **film d'** ~ horror film.

époux [epu] *nm* husband. **les** ~ the husband and wife.

éprendre (s') [epʀɑ̃dʀ(ə)] (58) *vpr (littér)* **s'** ~ **de** to fall in love with.

épreuve [epʀœv] *nf* **(a)** *(essai)* test. *(fig)* ~ **de force** showdown, confrontation; ~ **de vérité** litmus test; **mettre à l'** ~ to put to the test; **à l'** ~ **des balles/ du feu** bulletproof/fireproof; *(fig)* **à toute** ~ *amitié, foi* staunch; *mur* solid as a rock; **courage à toute** ~ unfailing courage. **(b)** *(initiatique)* ordeal; *(malheur)* ordeal, trial. **subir de rudes** ~**s** to undergo great trials *ou* ordeals. **(c)** *(Scol)* test; *(Sport)* event. ~ **de sélection** heat; ~ **contre la montre** time-trial. **(d)** *(Typ)* proof; *(Phot)* print.

épris, e [epʀi, iz] *adj (littér)* in love *(de* with).

éprouver [epʀuve] (1) *vt* **(a)** *sensation* to feel, experience; *perte* to suffer; *difficultés* to experience. **(b)** *(tester)* to test. **(c)** *[maladie]* to afflict; *[nouvelle]* to distress. ◆ **éprouvant, e** *adj* testing. ◆ **éprouvé, e** *adj remède* well-tried, proven; *spécialiste* well-proven.

éprouvette [epʀuvɛt] *nf* test-tube.

épuiser [epɥize] (1) **1** *vt (gén)* to exhaust; *personne* to tire out, wear out. **2 s'** ~ *vpr [réserves]* to run out; *[source]* to dry up; *[forces]* to fail; *[personne]* to exhaust o.s., wear *ou* tire o.s. out *(à faire qch* doing sth). ◆ **épuisant, e** *adj* exhausting. ◆ **épuisé, e** *adj (gén)* exhausted; *(Comm)* article sold out; *livre* out of print. ~ **de fatigue** tired out, worn out. ◆ **épuisement** *nm (gén)* exhaustion. **devant l'** ~ **de ses finances** seeing that his money was exhausted *ou* had run out.

épuisette [epɥizɛt] *nf* landing net; *(à crevettes)* shrimping net.

épurer [epyʀe] (1) *vt (lit)* to purify; *(Pol)* to purge. ◆ **épuration** *nf* purification; purge.

équateur [ekwatœʀ] *nm* equator. *(pays)* **république de l'É**~ Ecuador. ◆ **équatorial, e,** *mpl* **-aux** *adj* equatorial. ◆ **équatorien, -ienne** *adj,* **É**~**(ne)** *nm(f)* Ecuadorian.

équation [ekwasjɔ̃] *nf* equation.

équerre [ekɛʀ] *nf (pour tracer)* set square; *(de soutien)* brace. **en** ~ at right angles; **être d'** ~ to be straight *ou* level.

équestre [ekɛstʀ(ə)] *adj* equestrian.

équidistant, e [ekɥidistɑ̃, ɑ̃t] *adj* equidistant *(de* between).

équilatéral, e, *mpl* **-aux** [ekɥilateʀal, o] *adj* equilateral.

équilibre [ekilibʀ(ə)] *nm (gén)* balance, equilibrium; *(harmonie)* harmony. **perdre l'** ~ to lose one's balance; **être en** ~ **sur** *[personne]* to balance on; *[objet]* to be balanced on; **mettre qch en** ~ to balance sth *(sur* on); ~ **(mental)** (mental) equilibrium *ou* balance; ~ **budgétaire** balance in the budget; **budget en** ~ balanced budget; **l'** ~ **du monde** the world balance of power. ◆ **équilibrage** *nm (Aut)* balancing. ◆ **équilibré, e** *adj personne* stable, well-balanced; *vie* well-regulated. **mal** ~ unbalanced. ◆ **équilibrer** (1) **1** *vt (gén)* to balance; *(contrebalancer)* to counterbalance. **2 s'** ~ *vpr [forces etc]* to counterbalance each other, cancel each other out. ◆ **équilibriste** *nmf* tightrope walker; *(fig)* juggler.

équinoxe [ekinɔks(ə)] *nm* equinox.

équipage [ekipaʒ] *nm (Aviat)* (air)crew; *(Naut)* crew; *(†) [seigneur, chevaux]* equipage †.

équipe [ekip] *nf (Sport) (gén)* team; *[rameurs]* crew; *[ouvriers]* gang; *(par roulement)* shift; *(*: péj, fig)* bunch *, crew *. ~ **de secours** rescue party; ~ **de nuit** night shift; **faire** ~ **avec** to team up with. ◆ **équipier, -ière** *nm, f (Sport)* team member.

équipée [ekipe] *nf [prisonnier]* escape; *[aventurier]* undertaking, venture; *[promeneur]* jaunt.

équiper [ekipe] (1) *vt (gén)* to equip; *local* to fit out; *sportif* to kit out *(de* with). ~ **une machine de** to fit a machine out with; **s'** ~ *[sportif]* to equip o.s., kit o.s. out. ◆ **équipement** *nm (action)* equipping; fitting out; kitting out *(de* with); *(matériel)* equipment, kit. **l'** ~ **hôtelier d'une région** the hotel resources of a region; ~**s sportifs** sports equipment; *(Jur)* ~**s collectifs** public amenities.

équitable [ekitabl(ə)] *adj jugement* equitable, fair; *personne* fair. ◆ **équitablement** *adv* equitably, fairly.

équitation [ekitasjɔ̃] *nf* (horse-)riding. **faire de l'** ~ to go horse-riding.

équité [ekite] *nf* equity.

équivalence [ekivalɑ̃s] *nf* equivalence. ◆ **équivalent, e 1** *adj* equivalent *(à* to). **à prix** ~ for the same *ou* equivalent price. **2** *nm* equivalent *(de* of). ◆ **équivaloir** (29) *vi* to be equivalent *(à* to). **ça équivaut à dire que...** it amounts to *ou* it is equivalent to saying that...

équivoque [ekivɔk] **1** *adj (ambigu)* equivocal, ambiguous; *(louche)* dubious. **2** *nf (ambiguïté)* ambiguity; *(incertitude)* doubt; *(malentendu)* misunderstanding. **sans** ~ *conduite* unequivocal; **pour lever l'** ~ to remove any doubt.

érable [eʀabl(ə)] *nm* maple.

érafler [eʀafle] (1) *vt* to scratch, graze. ◆ **éraflure** *nf* scratch, graze.

éraillé, e [eʀaje] *adj voix* rasping, hoarse.

ère [ɛʀ] *nf* era. **avant notre** ~ B.C.; **de notre** ~ A.D.

érection [eʀɛksjɔ̃] *nf (lit)* erection; *[société etc]* setting-up.

éreinter [eʀɛ̃te] (1) *vt (épuiser)* to exhaust, wear out; *(critiquer)* to pull to pieces. ◆ **éreintant, e** * *adj* exhausting, backbreaking. ◆ **éreinté, e** * *adj* worn out, shattered *.

ergonomie [ɛʀgɔnɔmi] *nf* ergonomics *(sg)*. ◆ **ergonomique** *adj* ergonomic(al).

ergot [ɛʀgo] *nm [coq]* spur.

ergoter [ɛʀgɔte] (1) *vi* to quibble (*sur* about). ◆ **ergotage** *nm*: ~(**s**) quibbling. ◆ **ergoteur, -euse** *nm, f* quibbler.

ériger [eʀiʒe] (3) *vt bâtiment* to erect; *société etc* to set up. ~ **ses habitudes en doctrine** to give one's habits the status of a doctrine; **il s'érige en maître** he sets himself up as a master.

ermite [ɛʀmit] *nm* hermit. ◆ **ermitage** *nm* hermitage; *(fig)* retreat.

éroder [eʀɔde] (1) *vt* to erode. ◆ **érosion** *nf* erosion.

érotisme [eʀɔtism(ə)] *nm* eroticism. ◆ **érotique** *adj* erotic.

errata [eʀata] *nm inv* errata.

erratum [eʀatɔm] *nm sg* erratum.

errer [ɛʀe] (1) *vi* (*littér*) (**a**) *[voyageur, regard]* to wander, roam (*sur* over); *[sourire]* to hover. (**b**) *(se tromper)* to err. ◆ **errant, e** *adj (gén)* wandering. **chien** ~ stray dog.

erreur [eʀœʀ] *nf* (**a**) *(gén)* mistake, error. ~ **de calcul** miscalculation; ~ **typographique** misprint, typographical error; ~ **de sens** wrong meaning; ~ **de traduction** mistranslation; ~ **judiciaire** miscarriage of justice; **sauf** ~ unless I'm (very much) mistaken; **par** ~ by mistake; **faire une** ~ to make a mistake (*sur* about); **faire** ~ to be wrong *ou* mistaken; **l'** ~ **est humaine** to err is human. (**b**) *(dérèglements)* ~**s** errors; ~**s de jeunesse** mistakes of youth. ◆ **erroné, e** *adj* erroneous.

ersatz [ɛʀzats] *nm (lit, fig)* ersatz.

érudit, e [eʀydi, it] **1** *adj* erudite, scholarly. **2** *nm, f* scholar. ◆ **érudition** *nf* erudition, scholarship.

éruption [eʀypsjɔ̃] *nf* eruption. **entrer en** ~ to erupt.

ès [ɛs] *prép*: **licencié** ~ **lettres** ≃ Bachelor of Arts.

escabeau, *pl* **~x** [ɛskabo] *nm (tabouret)* stool; *(échelle)* stepladder.

escadre [ɛskadʀ(ə)] *nf (Naut)* squadron; *(Aviat)* wing. ◆ **escadrille** *nf (Aviat)* flight. ◆ **escadron** *nm (Mil)* squadron; *(fig: bande)* crowd. ~ **de gendarmerie** platoon of gendarmes.

escalader [ɛskalade] (1) *vt* to climb; *forteresse* to scale. ◆ **escalade** *nf (action)* climbing; scaling; *(Pol etc)* escalation; *(Sport)* **l'** ~ *(rock)* climbing; **une belle** ~ a beautiful climb; **l'** ~ **de la violence** an escalation of violence; **pour éviter l'** ~ to avoid an escalation.

escalator [ɛskalatɔʀ] *nm* escalator.

escale [ɛskal] *nf* (**a**) *(endroit) (Naut)* port of call; *(Aviat)* stop. **faire** ~ **à** *(Naut)* to call at; *(Aviat)* to stop over at. (**b**) *(temps d'arrêt) (Naut)* call; *(Aviat)* stop. **vol sans** ~ non-stop flight; *(Aviat)* ~ **technique** refuelling stop.

escalier [ɛskalje] *nm (marches)* stairs; *(cage)* staircase. **dans l'** ~ on the stairs; ~ **de service** backstairs; ~ **roulant** escalator; ~ **de secours** fire escape; *(Ski)* **montée en** ~ side-stepping.

escalope [ɛskalɔp] *nf* escalope.

escamoter [ɛskamɔte] (1) *vt cartes etc* to conjure away; *difficulté, question* to evade; *mot* to skip; (*: voler*) to pinch *;* *(Aviat)* to retract. ◆ **escamotable** *adj (gén)* retractable; *lit* collapsible, foldaway. ◆ **escamotage** *nm [train d'atterrissage]* retraction. ◆ **escamoteur, -euse** *nm, f* conjurer.

escapade [ɛskapad] *nf (promenade)* jaunt. *[écolier]* **faire une** ~ to run away.

escargot [ɛskaʀgo] *nm* snail. *(manifestation)* **opération** ~ lorry drivers' go-slow.

escarmouche [ɛskaʀmuʃ] *nf (lit, fig)* skirmish.

escarpé, e [ɛskaʀpe] *adj* steep. ◆ **escarpement** *nm (côte)* steep slope.

escarpin [ɛskaʀpɛ̃] *nm* flat shoe.

escarre, eschare [ɛskaʀ] *nf* bedsore.

escient [ɛsjɑ̃] *nm*: **à bon** ~ advisedly; **à mauvais** ~ ill-advisedly.

esclaffer (s') [ɛsklafe] (1) *vpr* to burst out laughing.

esclandre [ɛsklɑ̃dʀ(ə)] *nm (scandale)* scene.

esclave [ɛsklav] *nm* slave *(de qn/qch* to sb/sth). ◆ **esclavage** *nm* slavery. **réduire en** ~ to enslave; **c'est de l'** ~ it's sheer slavery. ◆ **esclavagisme** *nm* proslavery.

escompte [ɛskɔ̃t] *nm (Banque)* discount. ◆ **escompter** (1) *vt (Banque)* to discount; *(fig)* to expect. ~ **faire qch** to expect to do sth, count on doing sth.

escorte [ɛskɔʀt(ə)] *nf (gén)* escort. **sous bonne** ~ under escort. ◆ **escorter** (1) *vt* to escort.

escouade [ɛskwad] *nf (gén, Mil)* squad.

escrime [ɛskʀim] *nf* fencing. **faire de l'** ~ to fence. ◆ **escrimer (s')** * (1) *vpr*: **s'** ~ **à faire qch** to wear o.s. out doing sth. ◆ **escrimeur, -euse** *nm, f* fencer.

escroc [ɛskʀo] *nm* swindler. ◆ **escroquer** (1) *vt* to swindle. ~ **qch à qn** to swindle sb out of sth. ◆ **escroquerie** *nf (gén)* swindle; *(Jur)* fraud. **être victime d'une** ~ to be a victim of (fraud); **c'est de l'** ~ it's a swindle *ou* a rip-off *;*.

ésotérique [ezɔteʀik] *adj* esoteric.

espace [ɛspas] *nm (gén)* space. *(Phys)* ~**-temps** space-time; ~ **de temps** space of time, interval; **manquer d'** ~ to be short of space *ou* room; **laisser un** ~ **entre** to leave a space *ou* gap between; **en l'** ~ **de 3 minutes** within the space of 3 minutes; ~ **parcouru** distance covered; ~**s verts** green spaces; ~ **vital** living space; **dans l'** ~ **intersidéral** in deep space. ◆ **espacement** *nm (action)* spacing out; *(résultat)* spacing. ◆ **espacer** (3) **1** *vt* to space out. **2 s'** ~ *vpr* to become less frequent.

espadon [ɛspadɔ̃] *nm* swordfish.

espadrille [ɛspadʀij] *nf* rope-soled sandal.

Espagne [ɛspaɲ] *nf* Spain. ◆ **espagnol, e 1** *adj* Spanish. **2** *nm (Ling)* Spanish. **3** *nm(f)*: **E~(e)** Spaniard.

espèce [ɛspɛs] *nf* (**a**) *(Bio, Philos, Rel)* species. ~ **humaine** human race. (**b**) *(sorte)* sort, kind, type. **ça n'a aucune** ~ **d'importance** that is of absolutely no importance; **de la pire** ~ of the worst kind *ou* sort; **une** *ou* **un** ~ **d'excentrique** an eccentric sort of person; ~ **de maladroit!** you clumsy clot! * (**c**) *(Fin)* ~**s** cash; **en** ~**s** in cash.

espérance [ɛspeʀɑ̃s] *nf* hope. **dans l'** ~ **de faire** hoping to do, in the hope of doing; **contre toute** ~ against all expectations *ou* hope; **donner de grandes** ~**s** to show great promise; **avoir de grandes** ~**s (d'avenir)** to have great prospects; **garder l'** ~ **de pouvoir...** to remain hopeful of being able to...; ~ **de vie** life expectancy, expectation of life.

espérer [ɛspeʀe] (6) **1** *vt succès etc* to hope for. ~ **réussir** to hope to succeed; — **je l'espère (bien)** — I hope so; **ceci nous laisse** ~ **un succès rapide** this gives us hope *ou* makes us hopeful of quick success; **j'espère bien n'avoir rien oublié** I hope I haven't forgotten anything. **2** *vi (avoir confiance)* to have faith. **il faut** ~ you must have faith; ~ **en Dieu etc** to have faith in, trust in.

espiègle [ɛspjɛgl(ə)] **1** *adj enfant* mischievous; *air* roguish. **2** *nmf* imp. ◆ **espièglerie** *nf* mischievousness; roguishness; *(tour)* prank.

espion, -onne [ɛspjɔ̃, ɔn] *nm, f* spy. ◆ **espionnage** *nm* espionage, spying. **film d'** ~ spy film; ~ **industriel** industrial espionage. ◆ **espio(n)nite** *nf* spy mania. ◆ **espionner** (1) *vt* to spy on.

esplanade [ɛsplanad] *nf* esplanade.

espoir [ɛspwaʀ] *nm (gén)* hope. **dans l'** ~ **de vous voir** hoping to see you soon, in the hope of seeing you; **avoir l' ~ que** to be hopeful that; **avoir bon ~ de faire/que** to be confident of doing/that; **sans ~** *situation* hopeless; *aimer* without hope.

esprit [ɛspʀi] **1** *nm* (**a**) *(gén: pensée)* mind. **avoir l' ~ large/étroit** to be broad-/narrow-minded; **à l' ~ lent** slow-witted; **avoir l' ~ clair** to have a clear head *ou* mind; **où ai-je l' ~?** what am I thinking of?; **je n'ai pas l' ~ à rire** I'm not in the mood for laughing; **il m'est venu à l' ~ que** it crossed my mind that, it occurred to me that. (**b**) *(humour)* wit. **faire de l' ~** to try to be witty *ou* funny. (**c**) *(être humain)* person; *(savant)* mind; *(fantôme)* spirit. **c'est un ~ subtil** he is a shrewd man, he has a shrewd mind. (**d**) *[loi, époque, texte]* spirit. (**e**) *(aptitude)* **avoir l' ~ d'analyse** to have an analytical mind; **avoir l' ~ des affaires** to have a good head for business; **avoir l' ~ critique** to have a critical eye; **avoir l' ~ de critique** to be a fault-finder. (**f**) *(attitude)* spirit. **l' ~ de cette classe** the attitude of this class; **faire preuve de mauvais ~** to be a disruptive influence. **2** : **~ de clan** clannishness; **~ de compétition** competitive spirit; **~ de contradiction** argumentativeness; **~ d'équipe** team spirit; **~ de famille** family feeling; *(péj)* clannishness; **~ frappeur** spirit-rapper; **l' ~ malin** the Evil spirit; *(Rel)* **l'E~ Saint** the Holy Ghost; **~ de suite** consistency of thought.

esquimau, -aude, *mpl* **~x** [ɛskimo, od] **1** *adj* Eskimo. **2** *nm (Ling)* Eskimo; *(glace)* choc-ice, Eskimo *(US)*; *(chien)* husky. **3** *nm(f)*: **E~(de)** Eskimo.

esquinter * [ɛskɛ̃te] (1) **1** *vt objet* to mess up; *santé* to ruin; *adversaire* to bash up *; *voiture* to smash up; *(critiquer)* to pull to pieces. **2 s' ~** *vpr* to tire o.s. out *(à faire* doing).

esquisse [ɛskis] *nf (Peinture)* sketch; *[projet]* outline; *[geste]* suggestion. ◆ **esquisser** (1) *vt* to sketch (out); to outline. **~ un geste** to half-make a gesture; **un progrès commence à s' ~** one can begin to detect some progress.

esquiver [ɛskive] (1) **1** *vt coup, question, personne* to dodge, evade. **2 s' ~** *vpr* to slip *ou* sneak away. ◆ **esquive** *nf* dodge; evasion.

essai [esɛ] *nm* (**a**) *(test) (action)* trying out, testing; *(épreuve)* test. **~s** *(Aut, Aviat: tests techniques)* trials; *(Course automobile)* practice; **prendre qn à l' ~** to take sb on for a trial period; **il a été pris à l' ~** he's been taken on for a trial period; **mettre à l' ~** to test (out), put to the test; *(première utilisation)* **faire l' ~ d'un produit** to try out a product. (**b**) *(tentative)* attempt, try; *(Sport)* attempt. **premier ~** first try *ou* attempt *ou* go. (**c**) *(Rugby)* try. (**d**) *(Littérat)* essay.

essaim [esɛ̃] *nm (lit, fig)* swarm. ◆ **essaimage** *nm* swarming; scattering; spreading. ◆ **essaimer** [eseme] (1) *vi (lit)* to swarm; *[famille]* to scatter; *[firme]* to spread.

essayer [eseje] (8) **1** *vt* (**a**) *(tester)* to test (out), try (out); *(pour la première fois)* to try (out); *vêtement* to try on. (**b**) *(tenter)* to try. **~ de faire** to try *ou* attempt to do; **essaie de le faire** try to do it, try and do it; **je vais ~** I'll try, I'll have a go *ou* a try. **2 s' ~** *vpr*: **s' ~ à qch/à faire** to try one's hand at sth/at doing, have a go at sth/at doing. ◆ **essayage** *nm (Couture)* fitting.

essence [esɑ̃s] *nf* (**a**) *(carburant)* petrol, gas(oline) *(US)*; *(solvant)* spirit. **~ minérale** mineral oil; **~ ordinaire** two-star petrol, regular gas *(US)*; **~ sans plomb** lead-free petrol, unleaded gas *(US)*. (**b**) *(extrait) [plantes etc]* oil, essence. **~ de rose** rose oil. (**c**) *(question, doctrine) (Philos)* essence. **par ~** in essence, essentially. (**d**) *(espèce)* species.

essentiel, -elle [esɑ̃sjɛl] **1** *adj (indispensable)* essential *(à* to, *pour* for); *(de base)* essential, basic. **2** *nm*: **l' ~** *(objets nécessaires)* the basic essentials; *(points principaux)* the essentials, the essential *ou*

basic points; *(l'important)* the main thing; **l' ~ de** the main part of; **l' ~ de ce qu'il dit** most of what he says. ◆ **essentiellement** *adv* essentially; basically.

essieu, *pl* **~x** [esjø] *nm* axle(-tree).

essor [esɔʀ] *nm [oiseau, imagination]* flight; *[pays]* expansion; *[art]* blossoming. **prendre son ~** *[oiseau]* to fly off; *[société]* to expand rapidly.

essorer [esɔʀe] (1) *vt (manuellement)* to wring (out); *(à la machine)* to spin-dry. ◆ **essorage** *nm* wringing; spin-drying. ◆ **essoreuse** *nf* spin-dryer.

essouffler [esufle] (1) **1** *vt* to make breathless. **être essouflé** to be out of breath. **2 s' ~** *vpr [coureur]* to get out of breath; *[travail]* to fall off; *[romancier]* to exhaust o.s. ◆ **essoufflement** *nm* breathlessness.

essuyer [esɥije] (8) **1** *vt* (**a**) *(gén)* to wipe; *tableau noir* to clean, wipe; *poussière* to dust; *eau* to wipe up, mop up. **s' ~ les mains** to wipe one's hands (dry), dry one's hands; **~ la vaisselle** to wipe *ou* dry up; **nous avons essuyé les plâtres ** we had all the initial problems to put up with. (**b**) *pertes, reproches* to suffer; *refus* to meet with; *tempête* to weather. **~ le feu de l'ennemi** to come under enemy fire; **~ un coup de feu** to be shot at. **2 s' ~** *vpr [baigneur]* to dry o.s. **3** : **essuie-glace** *nm inv* windscreen *ou* windshield *(US)* wiper; **essuie-mains** *nm inv* hand towel; **essuie-tout** *nm inv* kitchen paper.

est¹ [ɛ] *V* **être.**

est² [ɛst] **1** *nm* east. **vent d' ~** east wind; **à l' ~** *(situation)* in the east; *(direction)* to the east, east(wards); **à l' ~ de** east of, to the east of; *(Pol)* **les pays de l'E~** the eastern countries; **le bloc de l'E~** the Eastern bloc; **l'Europe de l'E~** Eastern Europe; **l'Allemagne de l'E~** East Germany. **2** *adj inv région* eastern; *côté* east; *direction* eastward, easterly.

estafette [ɛstafɛt] *nf (Mil)* Courier.

estafilade [ɛstafilad] *nf* slash.

estaminet † [ɛstaminɛ] *nm* tavern †.

estampe [ɛstɑ̃p] *nf (image)* engraving, print; *(outil)* stamp.

estamper [ɛstɑ̃pe] (1) *vt (%: voler)* to swindle, diddle * *(de qch* out of sth); *(Tech)* to stamp.

estampille [ɛstɑ̃pij] *nf* stamp.

esthétique [ɛstetik] **1** *adj jugement* aesthetic; *carrosserie* attractive. **2** *nf* attractiveness. *(discipline)* **l' ~** aesthetics *(sg)*; **l' ~ industrielle** industrial design. ◆ **esthète** *nmf* aesthete. ◆ **esthéticien, -ienne** *nm, f (maquillage)* beautician. ◆ **esthétiquement** *adv* aesthetically. ◆ **esthétisme** *nm* aestheticism.

estimer [ɛstime] (1) *vt* (**a**) *objet* to appraise, value; *distance, dégâts, prix* to assess, estimate. (**b**) *(respecter)* *personne* to esteem. **estimé de tous** respected *ou* esteemed by everyone. (**c**) *qualité* to value greatly, prize. **~ qch à sa juste valeur** to recognize the true worth *ou* value of sth; **savoir ~ un service rendu** to know how to appreciate a favour; **c'est un plat très estimé** this dish is considered a great delicacy. (**d**) *(considérer)* **~ que...** to consider that...; **nous estimons nécessaire de dire** we consider it necessary to say; **~ inutile de faire** to see no point in doing, consider it pointless to do; **s' ~ heureux d'un résultat** to consider o.s. fortunate with a result. ◆ **estimable** *adj (respectable)* estimable; *(assez bon)* honest, sound; *(déterminable)* assessable. ◆ **estimation** *nf* appraisal, valuation; assessment, estimation; *(chiffre)* estimate. **~ approximative** guesstimate; **~ des coûts** cost estimate; *(sondage d'opinion, vote)* **~s** projections. ◆ **estime** *nf* (**a**) *(considération)* esteem, respect. **(b)** *(Naut)* à l' ~ by dead reckoning.

estival, e, *mpl* **-aux** [ɛstival, o] *adj* summer. ♦ **estivant, e** *nm, f* holiday-maker, vacationer *(US)*.

estomac [ɛstɔma] *nm* **(a)** stomach. **partir l' ~ creux** to set off on an empty stomach; **avoir l' ~ creux/ bien rempli** to feel empty/full (up). **(b)** (⁂) **avoir de l' ~** *(du culot)* to have a nerve; *(du courage)* to have guts *; **il lui a fait ça à l' ~** he hoodwinked him.

estomaquer * [ɛstɔmake] (1) *vt* to stagger.

estomper [ɛstɔ̃pe] (1) **1** *vt* dessin to shade off; *contours, souvenir* to blur. **2 s' ~** *vpr* to become blurred.

estourbir ⁑ [ɛstuʀbiʀ] (2) *vt (assommer)* to stun; *(tuer)* to do in ⁑.

estrade [ɛstʀad] *nf* platform, rostrum.

estragon [ɛstʀagɔ̃] *nm* tarragon.

estropier [ɛstʀɔpje] (7) *vt personne* to cripple, disable; *citation* to twist, distort; *langue étrangère, musique* to murder. ♦ **estropié, e** *nm, f* cripple.

estuaire [ɛstɥɛʀ] *nm* estuary; *(en Écosse)* firth.

estudiantin, e [ɛstydjɑ̃tɛ̃, in] *adj* student.

esturgeon [ɛstyʀʒɔ̃] *nm* sturgeon.

et [e] *conj* and. ~ **lui** ~ **vous** both he and you; **j'aime beaucoup ça,** ~ **vous?** I'm very fond of that, aren't you? *ou* what about you?; ~ **moi alors?** what about me then?; ~ **puis** and then; *(qu'importe)* so what? *; ~ **moi, je peux venir?** can I come too?; **vingt/trente** *etc* ~ **un** twenty-/thirty- *etc* one; **à midi** ~ **quart** at a quarter past twelve; **le vingt** ~ **unième** the twenty-first.

étable [etabl(ə)] *nf* cowshed.

établi [etabli] *nm* workbench.

établir [etabliʀ] (2) **1** *vt* **(a)** *(gén)* to establish; *usine, record, communications* to set up; *règlement* to lay down, institute. ~ **son camp/Q.G. dans** to pitch one's camp/set up one's H.Q. in; ~ **son fils méde-cin** to set one's son up *ou* establish one's son in medical practice; ~ **son pouvoir sur le pays** to establish control over the country; **il est établi que** it's an established fact that. **(b)** *empire, fortune* to build up; *démonstration* to base *(sur* on). **(c)** *liste* to draw up, make out; *programme* to arrange; *chèque* to make out; *plans* to draw up; *prix* to fix. **2 s' ~** *vpr [commerçant, colon]* to establish o.s; *[usage]* to become customary; *[pouvoir]* to become established; *[amitié, contacts]* to develop. **une nou-velle usine s'est établie** a new factory has been set up; **l'ennemi s'est établi sur la colline** the enemy has taken up position on the hill; **s' ~ boulanger** to set o.s. up as a baker; **un grand silence s'établit** a great silence fell. ♦ **établissement** *nm* **(a)** *(action)* establishing; setting-up; institution; laying-down; building up; basing; drawing-up; making-out; arranging; fixing; development. **(b)** *(bâtiment)* establishment; *(colonie)* settlement. ~ **d'enseignement secondaire** secondary school, high school *(US)*; ~ **privé** independent *ou* private school; ~ **hospitalier** hospital; ~ **religieux** religious institution; ~ **industriel** factory; **avec les compli-ments des** ~**s X** with the compliments of X and Co.

étage [etaʒ] *nm [bâtiment]* floor, storey; *[fusée]* stage; *[mine, jardin]* level; *[gâteau]* tier. **au premier** ~ on the first floor; **maison à deux** ~**s** three-storeyed house; **il grimpa 3** ~**s** he went up *ou* walked up 3 floors *ou* flights. ♦ **étagement** *nm* terracing. ♦ **étager** (3) **1** *vt* to lay out in tiers. **2 s' ~** *vpr* to rise in tiers *ou* terraces. ♦ **étagère** *nf (tablette)* shelf; *(meuble)* shelves.

étai [etɛ] *nm (gén, Naut)* stay.

étain [etɛ̃] *nm (Min)* tin; *(Orfèvrerie) (matière)* pewter; *(objet)* piece of pewterware.

étal, *pl* ~**s** [etal] *nm* stall.

étalage [etalaʒ] *nm* **(a)** *(Comm) (action)* displaying; *(devanture)* shop window; *(tréteaux)* stand; *(articles)* display. **disposer l' ~** to dress the window, do the window display; **chemise qui a fait l' ~** shop-soiled shirt. **(b)** *[luxe, connaissances]* display, show. **faire ~ de** to show off; ~ **de force** show of strength. ♦ **étalagiste** *nmf* window dresser.

étale [etal] *adj* mer, situation slack.

étaler [etale] (1) **1** *vt* **(a)** objets to spread *(sur* over); *journal* to spread out *(sur* on); *marchandise* to dis-play, lay out *(sur* on). ~ **ses cartes** to display one's cards. **(b)** *beurre* to spread *(sur* on); *peinture, crème solaire* to apply. **(c)** *paiements* to spread; *vacances* to stagger *(sur* over). **étalez vos envois** space out your consignments. **(d)** *luxe, savoir* to flaunt; *mal-heurs* to make a show of. **2 s' ~** *vpr [plaine, cultures]* to stretch out; *[vacances]* to be staggered *(sur* over); *[vaniteux]* to flaunt o.s.; *[titre de journal]* **s' ~ sur** to be splashed on *ou* across. **son ignominie s'étale au grand jour** his ignominy is plain for all to see; **s' ~ sur un divan** to sprawl on a divan; **étalé sur le tapis** sprawling on *ou* stretched out on the carpet; **s' ~ (par terre)** * to fall flat on one's face *. ♦ **étalement** *nm* spreading; spreading-out; displaying; laying-out; application; stag-gering.

étalon [etalɔ̃] *nm (mesure)* standard; *(fig)* yardstick; *(cheval)* stallion. ~**-or** gold standard.

étamine [etamin] *nf (Bot)* stamen.

étanche [etɑ̃ʃ] *adj* vêtements, montre waterproof; *compartiment, (fig)* watertight. ~ **à l'air** airtight; **enduit** ~ sealant; **rendre qch** ~ to make sth water-proof. ♦ **étanchéité** *nf* waterproofness; water-tightness; airtightness.

étancher [etɑ̃ʃe] (1) *vt sang* to stem; *soif* to quench, slake.

étang [etɑ̃] *nm* pond.

étape [etap] *nf (gén)* stage; *(but) (gén)* stop; *(Sport)* stopover point. **faire ~ à** to stop off at; **par petites** ~**s** in easy stages; ~ **de ravitaillement** staging post.

état [eta] *nm* **(a)** *[personne]* state. *(de santé)* health; ~ **de veille** waking state; ~ **d'âme** mood; ~ **d'esprit** frame *ou* state of mind; **il n'est pas en** ~ **de le faire** he's in no condition *ou* (fit) state to do it; **être dans un triste** ~ to be in a sad *ou* sorry state; **être en** ~ **de choc** to be in (a state of) shock; **il était dans tous ses** ~**s** he was all worked up * *ou* in a terrible state; **il n'était pas dans son** ~ **normal** he wasn't his normal self. **(b)** *[connaissances, corps chimique]* state. *(situation)* ~ **d'alerte/de guerre/de siège/d'urgence** state of alert/ of war/of siege/of emergency; ~ **de choses** situa-tion; **quel est l' ~ de la question?** where *ou* how do things stand in the matter?, what stage have things reached? **(c)** *(objet)* condition, state. **en bon/mauvais** ~ in good/poor *ou* bad condition; *(Naut)* **en** ~ **de naviguer** sea-worthy; **en** ~ **de marche** in working order; **remettre en** ~ to repair, do up; **sucre à l'** ~ **brut** sugar in its raw *ou* unre-fined state; **à l'** ~ **(de) neuf** as good as new. **(d)** *(nation)* É~ state. **(e)** (†: *métier)* profession, trade; *(statut social)* station. **tailleur de son** ~ tailor by trade; ~ **civil** civil, status. **(f)** *(comptes)* statement, account; *(inventaire)* inventory. ~**s de service** ser-vice record. **(g)** **faire** ~ **de** *ses services etc* to in-stance; **mettre en** ~ **d'arrestation** to put under arrest; **en tout** ~ **de cause** in any case; **(bureau de)** l' ~ **civil** registry office; **c'est un** ~ **de fait** it is an established fact; **en** ~ **d'ivresse** in a drunken state, under the influence (of drink); **mettre qn hors d'** ~ **de nuire** to make sb harmless. ♦ **étatisé, e** *adj* state-controlled. ♦ **étatiser** (1) *vt* to establish state control over. ♦ **état-major,** *pl* ~**s**-~**s** *nm (officiers)* staff; *(bureaux)* staff head-quarters; *[parti politique]* administrative staff; *[entre-*

prise] top management. ◆ **États-Unis** *nmpl*: **les ~ (d'Amérique)** the United States (of America).

étau, *pl* **~x** [eto] *nm (Tech)* vice. *(fig)* l' **~ se resserre** the noose is tightening; **se trouver pris comme dans un ~** to find o.s. caught in a stranglehold.

étayer [eteje] (8) *vt mur* to prop up; *(fig) théorie* to support. ◆ **étayage** *nm* propping-up.

et cetera [ɛtseteʀa] *locution* et cetera, etc, and so on (and so forth).

été [ete] *nm* summer. **~ de la Saint-Martin** Indian summer; **en ~** in (the) summer *ou* summertime.

éteindre [etɛ̃dʀ(ə)] (52) **1** *vt* **(a)** *flamme* to put out, extinguish; *bougie* to blow out; *gaz, lampe, radio* to turn off, switch off; *pièce* to put out *ou* turn off the lights in. **laisse ~ le feu** let the fire go out; **tous feux éteints** without lights. **(b)** *colère* to subdue; *envie* to kill; *soif* to quench. **2** s' **~** *vpr [agonisant]* to pass away, die; *[colère]* to abate; *[amour]* to die; *[feu, gaz etc]* to go out; *[dette]* to be nullified; *[famille]* to die out. ◆ **éteint, e** *adj couleur* faded; *race, volcan* extinct; *regard* dull; *voix* faint. **c'est un homme ~** he's a broken man.

étendard [etɑ̃daʀ] *nm (lit, fig)* standard.

étendre [etɑ̃dʀ(ə)] (41) **1** *vt* **(a)** *journal* to spread out; *beurre, ailes* to spread; *bras, blessé* to stretch out. **~ du linge** *(sur un fil)* to hang out *ou* hang up the washing; **étendu sur le sol** stretched (out) *ou* lying on the ground. **(b)** (*) *adversaire* to floor; *candidat* to fail. **se faire ~** to be flattened *. **(c)** *(agrandir) (gén)* to extend *(sur* over); *domaine* to expand; *fortune* to increase; *vocabulaire* to widen. **(d)** *vin, sauce* to let down *(de* with).
2 s' **~** *vpr* **(a)** *(s'allonger)* to stretch out; *(se reposer)* to lie down; *(fig: en expliquant)* to elaborate *(sur* on). **(b)** *[forêt, travaux]* to stretch, extend *(sur* over). **la plaine s'étendait à perte de vue** the plain stretched away as far as the eye could see. **(c)** *[brouillard, épidémie]* to spread; *[pouvoirs, parti, fortune]* to expand; *[connaissances, vocabulaire]* to widen. **(d)** *(s'appliquer) [loi, avis]* to apply *(à* to). **cette mesure s'étend à tous** this measure applies to everyone. **(e)** *(s'étaler) [substance]* to spread. **cette peinture s'étend facilement** this paint goes on *ou* spreads easily.
◆ **étendu, e¹** *adj (gén)* wide; *vocabulaire, pouvoirs* extensive, wide. ◆ **étendue²** *nf* **(a)** *(surface)* area; *(durée)* duration, length. **sur une ~ de** over an area of; over a period of; **grande ~ de sable** large stretch *ou* expanse of sand; **l' ~ du territoire** the size *ou* extent of the territory. **(b)** *(importance)* extent; *[connaissances]* range, scope. **devant l' ~ du désastre** faced with the scale of the disaster. **(c)** *(Mus) [voix]* range; *(Philos)* extent.

éternel, -elle [etɛʀnɛl] **1** *adj (Philos, Rel)* eternal; *(sans fin)* eternal, everlasting; *(perpétuel)* perpetual. **soucis ~s** never-ending worries; **son ~ chapeau sur la tête** * the inevitable hat on his head. **2** *nm (Rel)* l'**É~** the Eternal, the Everlasting; *(hum)* **grand joueur devant l'É~** inveterate gambler. ◆ **éternellement** *adv* eternally; everlastingly; perpetually.

éterniser [etɛʀnize] (1) **1** *vt débats* to drag *ou* draw out. **2** s' **~** *vpr [attente]* to drag on; *[visiteur]* to linger too long, linger on. **on ne peut pas s' ~ ici** we can't stay here for ever.

éternité [etɛʀnite] *nf* eternity. **il y a des ~s que tu m'as promis cela** you promised me that ages ago; **ça a duré une ~** it lasted for ages; **de toute ~** from time immemorial; **pour l' ~** to all eternity.

éternuer [etɛʀnɥe] (1) *vi* to sneeze. ◆ **éternuement** *nm* sneeze.

éther [etɛʀ] *nm (Chim, Poésie)* ether.

Éthiopie [etjɔpi] *nf* Ethiopia. ◆ **éthiopien, -ienne** *adj*, **É~(ne)** *nm (f)* Ethiopian.

éthique [etik] **1** *adj* ethical. **2** *nf (Philos)* ethics *(sg); (code moral)* moral code.

ethnie [ɛtni] *nf* ethnic group. ◆ **ethnique** *adj* ethnic. **minorité ~** ethnic minority.

ethnologie [ɛtnɔlɔʒi] *nf* ethnology. ◆ **ethnologique** *adj* ethnological. ◆ **ethnologue** *nmf* ethnologist.

étinceler [etɛ̃sle] (4) *vi [lame]* to sparkle, glitter; *[étoile, diamant]* to twinkle; *[esprit, beauté]* to sparkle. *[yeux]* **~ de colère** to glitter *ou* flash with anger; **~ de joie** to sparkle *ou* shine with joy. ◆ **étincelle** *nf* **(a)** *(incandescente)* spark. **jeter des ~s** to throw out sparks; *(fig)* **faire des ~s** * *[élève]* to shine; *[dispute]* to make the sparks fly. **(b)** *[lame, regard]* flash, glitter; *[raison]* gleam, glimmer. **~ de génie** spark *ou* flash of genius. ◆ **étincellement** *nm* sparkle; glitter; twinkling; flash; shining.

étioler [etjɔle] (1) **1** *vt plante* to blanch; *personne* to weaken. **2** s' **~** *vpr [plante]* to wilt; *[personne]* to wither away. ◆ **étiolement** *nm* blanching; weakening; wilting; withering away.

étiquette [etikɛt] *nf* label. *(protocole)* l' **~** etiquette. ◆ **étiquetage** [etiktaʒ] *nm* labelling. ◆ **étiqueter** [etikte] (4) *vt* to label.

étirer [etiʀe] (1) **1** *vt* to stretch; *métal* to draw out. **2** s' **~** *vpr [personne]* to stretch; *[convoi, route]* to stretch out.

étoffe [etɔf] *nf* material, fabric. *(fig)* **avoir l' ~ de** to have the makings of; **avoir de l' ~** to have a strong personality.

étoffer [etɔfe] (1) **1** *vt style* to enrich; *discours* to fill out. **2** s' **~** *vpr [personne]* to fill out.

étoile [etwal] *nf* star. **~ filante** shooting star; **~ polaire** pole *ou* north star; **~ du berger** evening star; **~ de mer** starfish; **sans ~** starless; **à la clarté des ~s** by starlight; **dormir à la belle ~** to sleep out in the open; **(hôtel) trois ~s** three-star hotel; **~ de la danse** dancing star; **avoir foi en son ~** to trust one's lucky star; **né sous une bonne/mauvaise ~** born under a lucky/an unlucky star; **son ~ a pâli** his star has set. ◆ **étoilé, e** *adj nuit* starry, starlit; *ciel* starry; *pare-brise* crazed.

étole [etɔl] *nf (Rel, gén)* stole.

étonner [etɔne] (1) **1** *vt* to surprise, amaze, astonish. **2** s' **~** *vpr* to be amazed, wonder, marvel *(de qch* at sth, *de voir* at seeing, *que + subj* that). ◆ **étonnamment** *adv* surprisingly, amazingly, astonishingly. ◆ **étonnant, e** *adj (surprenant)* surprising, amazing, astonishing; *(remarquable) personne* amazing, incredible. **l' ~ est que** the astonishing *ou* amazing thing is that; **rien d' ~ à cela** no wonder, there's nothing (so) surprising about that; **vous êtes ~** you're incredible *ou* amazing. ◆ **étonnement** *nm* surprise, amazement, astonishment.

étouffer [etufe] (1) , **1** *vt* **(a)** *[assassin]* to smother; *[chaleur]* to suffocate; *[sanglots, aliment]* to choke. **les scrupules ne l'étouffent pas** he isn't hampered *ou* overburdened by scruples. **(b)** *bruit* to muffle; *bâillement, cris* to smother, suppress, stifle. **(c)** *scandale* to hush up; *rumeurs, sentiments* to stifle; *révolte* to put down, quell. **(d)** *flammes* to smother, extinguish; *feu* to put out, smother. **2** *vi (mourir)* to die of suffocation; *(fig)* to choke. **~ de colère** to choke with anger; **~ de chaleur** to be overcome with the heat. **3** s' **~** *vpr (mourir)* to suffocate; *(en mangeant)* to choke. ◆ **étouffant, e** *adj* stifling. ◆ **étouffe-chrétien** * *nm inv:* **c'est de l' ~** it's stodgy (food). ◆ **étouffé, e¹** *adj rire* suppressed; *voix* subdued; *rumeur* muffled. ◆ **étouffée²** *nf:* **cuire à l' ~** *poisson, légumes* to steam; *viande* to braise. ◆ **étouffement** *nm* **(a)** *(mort)* suffocation. *(Méd)* **sensation d' ~** feeling of suffocation. **(b)** *(action)* hushing-up; stifling; suppression.

étoupe [etup] *nf [lin]* tow; *[cordes]* oakum.

étourdir [etuʀdiʀ] (2) *vt [coup]* to stun, daze; *[bruit]* to deafen. ~ **qn** *[altitude, vin]* to make sb dizzy; *[succès]* to go to sb's head; **s' ~ de paroles** to get drunk on words. ◆ **étourderie** *nf (caractère)* absent-mindedness; *(faute)* careless mistake. ◆ **étourdi, e 1** *adj* absent-minded. **2** *nm, f* scatterbrain. ◆ **étourdiment** *adv* carelessly. ◆ **étourdissant, e** *adj bruit* deafening; *succès, beauté* stunning. **à un rythme ~** at a tremendous pace. ◆ **étourdissement** *nm (syncope)* blackout; *(vertige)* dizzy spell; *(littér: griserie)* intoxication. **ça me donne des ~s** it makes me feel dizzy.

étourneau, *pl* **~x** [etuʀno] *nm (Orn)* starling ; *(*: distrait)* scatterbrain, birdbrain *(US)*.

étrange [etʀɑ̃ʒ] *adj* strange, odd, queer, peculiar, weird, funny. **et chose ~** strangely enough. ◆ **étrangement** *adv* strangely, oddly; *(étonnamment)* surprisingly, amazingly.

étranger, -ère [etʀɑ̃ʒe, ɛʀ] **1** *adj* **(a)** *(autre pays)* foreign. **être ~** to be a foreigner, come from abroad. **(b)** *(autre groupe)* strange *(à* to). **être ~ à un groupe** not to belong to a group, be an outsider; **entrée interdite à toute personne ~ère** no entry for unauthorized persons. **(c)** *(inconnu)* strange, unfamiliar *(à* to). **son nom ne m'est pas ~** his name is not unknown *ou* unfamiliar to me. **(d)** *donnée, fait* extraneous *(à* to). **~ au sujet** irrelevant to the subject; **être ~ à un complot** to have nothing to do with a plot. **(e)** *(Méd, fig)* **corps ~** foreign body. **2** *nm, f (autre pays)* foreigner; *(péj, Admin)* alien; *(inconnu)* stranger. **3** *nm (pays)* **l' ~** foreign parts; **vivre à l' ~** to live abroad *ou* in a foreign country.

étrangeté [etʀɑ̃ʒte] *nf* strangeness, oddness, queerness; *(événement)* odd *ou* strange event.

étrangler [etʀɑ̃gle] (1) **1** *vt* **(a)** *(tuer)* to strangle, choke, throttle. **(b)** *[rage etc]* to choke. **voix étranglée par l'émotion** voice choking with emotion. **(c)** *presse* to strangle, stifle. *(financièrement)* **~ qn** to bleed sb white. **(d)** *(resserrer)* to squeeze. **taille étranglée** tightly constricted waist. **2 s' ~** *vpr* **(a)** **s' ~ de rire/en mangeant** to choke with laughter/whilst eating. **(b)** *[voix]* to catch in one's throat. **(c)** *[rue]* to narrow. ◆ **étranglement** *nm [victime]* strangulation; *[presse]* stifling; *[vallée]* neck; *[rue]* bottleneck; *[taille, tuyau]* constriction; *[voix]* strain. ◆ **étrangleur, -euse** *nm, f* strangler.

être [ɛtʀ(ə)] (61) **1** *vb copule* **(a)** *(gén)* to be. **elle veut ~ médecin** she wants to be a doctor; **soyez sages!** be good!; **si j'étais vous** if I were you; **nous sommes 10 à vouloir partir** there are 10 of us wanting *ou* who want to go. **(b)** *(date)* **nous sommes le 12 janvier** it is January 12th. **(c)** *(appartenance)* **à qui est ce livre? — il est à moi** whose book is this? — it's mine *ou* it belongs to me; **je suis à vous** I'll be with you; **c'était à elle de protester** it was up to her to protest; **~ de l'expédition** to take part in the expedition; **je ne pourrai pas ~ des vôtres jeudi** I shan't *ou* won't be able to join you on Thursday. **(d)** *(état, fait etc)* to be. **il n'est pas à son travail** his mind is not on his work; **il est au travail** he is working; **elle n'y est pour rien** it has nothing to do with her; **je suis pour dormir ici** I am for sleeping here *, I am in favour of sleeping here.

2 *vb aux* **(a)** *(temps composés actifs)* **est-il venu?** has he come?; **il est passé hier** he came yesterday. **(b)** *(passif)* **~ fabriqué par...** to be made by...; **il a été blessé** he was injured. **(c)** *(avec à + infin)* **le poisson est à manger tout de suite** the fish is to be eaten *ou* must be eaten at once; **il est à travailler** he is busy working; **elle est toujours à le taquiner** she's forever teasing him.

3 *vi* **(a)** *(exister)* to be. **que la lumière soit** let there be light; **un menteur s'il en est** a liar if ever there

was one. **(b)** *(habiter)* **il est maintenant à Lille** he now lives *ou* he is now in Lille; **elle n'y est pour personne** she is not at home *ou* available to anyone. **(c)** *(*: être allé)* **il n'avait jamais été à Londres** he'd never been to London; **j'ai été en Italie l'an dernier** I went to Italy last year.

4 *vb impers* **(a)** *(avoir atteint)* **en ~ à la page 9** to be at page 9, have reached page 9; **où en est-il dans ses études?** how far has he got with his studies?, what point has he reached in his studies?; **l'affaire en est là** that's how the matter stands. **(b)** *(se voir réduit à)* **j'en suis à me demander si** I'm beginning to wonder if, I've come to wonder if; **il en est à mendier** he has been reduced to begging. **(c)** *(locutions)* **il était une fois** once upon a time; **il n'en est rien** it's nothing of the sort; **tu y es?** * *(tu es prêt)* are you ready?; *(comprends-tu)* do you get it? * **(d)** *(pour mettre en relief gén non traduit)* **c'est lui qui me l'a dit** he (is the one who) told me; **c'est à qui dira son mot** they all want to have their say; **est-ce que vous saviez?** did you know?; **il fait beau, n'est-ce pas?** it's a lovely day, isn't it?; **vous viendrez, n'est-ce pas?** you will come, won't you? **(e)** *(supposition)* **si ce n'était** were it not for; **ne serait-ce que pour nous ennuyer** if only to annoy us; **comme si de rien n'était** as if nothing had happened; *(Math)* **soit une droite XY** let XY be a straight line.

5 *nm (gén, Sci)* being. **~ humain** human being; **un ~ cher** a loved one; **un ~ merveilleux** a wonderful person; **de tout son ~** with all his heart; **au plus profond de notre ~** deep down in our souls.

étreindre [etʀɛ̃dʀ(ə)] (52) *vt ami* to embrace, hug, clasp in one's arms; *ennemi* to seize, grasp; *(avec les mains)* to clutch, grip; *[douleur]* to grip. ◆ **étreinte** *nf* embrace, hug; grip; clutch; grasp.

étrenner [etʀene] (1) **1** *vt* to use for the first time. **2** *vi* (*: écoper)* to catch it *, get it *.

étrennes [etʀɛn] *nfpl [enfant]* New Year's gift; *[facteur etc]* ≃ Christmas box. **que veux-tu pour tes ~s?** what would you like for Christmas?

étrier [etʀije] *nm* stirrup.

étriqué, e [etʀike] *adj habit* skimpy, tight; *esprit, vie* narrow. **il fait tout ~ dans son manteau** he looks cramped in his coat.

étroit, e [etʀwa, wat] *adj* **(a)** *(lit) (gén)* narrow; *espace* cramped, confined; *vêtement, étreinte* tight. **être à l' ~** *(logé)* to live in cramped conditions; *(habillé)* to be cramped in one's clothes. **(b)** *(borné)* narrow, limited. **à l'esprit ~** narrow-minded. **(c)** *amitié, surveillance, liens* close; *subordination* strict. **en collaboration ~e avec** in close collaboration with. **(d)** *(Ling) acception* narrow, strict. ◆ **étroitement** *adv lier* closely; *obéir* strictly; *tenir* tightly. **être ~ logé** to live in cramped conditions. ◆ **étroitesse** *nf* narrowness; crampedness; tightness; closeness. **~ (d'esprit)** narrow-mindedness.

étrusque [etʀysk] *adj, nm,* **É.~** *nmf* Etruscan.

étude [etyd] *nf* **(a)** *(action) (gén)* study. **mettre un projet à l' ~** to investigate *ou* study a project; **avoir le goût de l' ~** to like study *ou* studying; **une ~ gratuite de vos besoins** a free assessment of your needs; **voyage/frais d' ~** study trip/costs; **~(s) de marché** market research; **~ de cas** case study. **(b)** *(Scol, Univ)* **~s** studies; **payer ses ~s** to pay for one's education; **faire des ~s (de droit)** to study (law); **~s secondaires/supérieures** secondary/higher education. **(c)** *(ouvrage)* study. **~s de fleurs** studies of flowers. **(d)** *(Scol) (salle d')* ~ study *ou* prep room; **l' ~ (du soir)** preparation; **~ surveillée** (supervised) study period, study hall *(US)*; **mettre des élèves en ~** to leave pupils to study on their own. **(e)** *(Jur) (bureau)* office; *(clientèle)* practice.

étudiant, e [etydjɑ̃, ɑ̃t] *adj, nm, f* student.

étudier [etydje] (7) *vt* **(a)** *(gén)* to study; *leçon* to learn. **les deux adversaires s'étudiaient de près** the two opponents observed each other closely. (**b**) *(concevoir) procédé* to devise; *machine* to design. (**c**) *gestes, ton* to study. ◆ **étudié, e** *adj geste* studied; *conception* carefully designed; *prix* competitive, keen.

étui [etɥi] *nm (gén)* case; *[revolver]* holster.

étuve [etyv] *nf (bains)* steamroom; *(de désinfection)* sterilizer; *(fig)* oven.

étymologie [etimɔlɔʒi] *nf* etymology. ◆ **étymologique** *adj* etymological.

eucalyptus [økaliptys] *nm* eucalyptus.

Eucharistie [økaristi] *nf*: l' ~ the Eucharist, the Lord's Supper.

euh [ø] *excl* er!...

eunuque [ønyk] *nm* eunuch.

euphémisme [øfemism(ə)] *nm* euphemism. ◆ **euphémique** *adj* euphemistic.

euphorie [øfɔri] *nf* euphoria. ◆ **euphorique** *adj* euphoric.

eurasien, -ienne [øraʒjɛ̃, jɛn] *adj*, **E~(ne)** *nm(f)* Eurasian.

Europe [ørɔp] *nf* Europe. ~ **Centrale** Central Europe; l' ~ **des douze** the Twelve (Common Market countries); l' ~ **politique** Europe as a single political entity; l' ~ **de l'espace** the joint European space venture; l' ~ **verte** European *ou* Community agriculture. ◆ **eurodevises** *nfpl* Eurocurrency. ◆ **euromissile** *nm* European missile. ◆ **euro-obligations** *nfpl* Euro-bonds. ◆ **eurodollar** *nm* Eurodollar. ◆ **européaniser** (1) *vt* to europeanize. ◆ **européen, -éenne** *adj*, **E~(ne)** *nm(f)* European. ◆ **Eurovision** *nf* Eurovision.

euthanasie [øtanazi] *nf* euthanasia.

eux [ø] *pron pers (sujet)* they; *(objet)* them. **nous y allons,** ~ **non** we are going but they aren't *ou* but not them; ~ **mentir?** them tell a lie?; **ce sont** ~ **qui répondront** they are the ones who will reply, they'll reply; **cette maison est-elle à** ~**?** does this house belong to them?, is this house theirs?; **ils ne pensent qu'à** ~ they only think of themselves.

évacuer [evakɥe] (1) *vt (gén)* to evacuate. ◆ **évacuation** *nf* evacuation. ◆ **évacué, e** *nm, f* evacuee.

évader (s') [evade] (1) *vpr (lit, fig)* to escape (*de* from). **faire s'** ~ **qn** to help sb escape. ◆ **évadé, e** *nm, f* escaped prisoner.

évaluer [evalɥe] (1) *vt bijou* to appraise, value; *dégâts, prix* to assess, evaluate; *(approximativement)* to estimate (*à* at). **faire** ~ **qch par un expert** to have sth valued by an expert. ◆ **évaluable** *adj* assessable. ◆ **évaluation** *nf* appraisal; valuation; assessment; estimation.

évangile [evɑ̃ʒil] *nm (Rel, fig)* gospel. **ce n'est pas parole d'** ~ it's not gospel. ◆ **évangélique** *adj* evangelical. ◆ **évangéliser** (1) *vt* to evangelize. ◆ **évangéliste** *nm* evangelist.

évanouir (s') [evanwir] (2) *vpr* to faint (*de* from); *[rêves, craintes]* to vanish, disappear, fade. ◆ **évanoui, e** *adj* unconscious. **tomber** ~ to faint. ◆ **évanouissement** *nm (syncope)* fainting fit; *(fig)* disappearance, fading.

évaporer [evapɔre] (1) **1** *vt (gén faire* ~) to evaporate. **2 s'** ~ *vpr (lit)* to evaporate; (**: disparaître*) to vanish into thin air. ◆ **évaporation** *nf* evaporation. ◆ **évaporé, e 1** *adj (péj) personne* scatterbrained. **2** *nm, f* scatterbrain, birdbrain (*US*).

évaser *vt*, **s'** ~ *vpr* [evɑze] (1) *tuyau* to open out; *jupe* to flare. **à bords évasés** with a curving rim. ◆ **évasement** *nm* opening-out; flare.

évasion [evazjɔ̃] *nf (lit, fig: fuite)* escape. **besoin d'** ~ need to escape; ~ **des capitaux** flight of capital; ~ **fiscale** tax evasion. ◆ **évasif, -ive** *adj* evasive;

réponse noncommittal. ◆ **évasivement** *adv* evasively.

évêché [eveʃe] *nm (région)* bishopric; *(palais)* bishop's palace; *(ville)* cathedral town.

éveiller [eveje] (1) **1** *vt* (**a**) *(littér: réveiller)* to awaken. **tenir éveillé** to keep awake. (**b**) *curiosité, sentiment* to arouse, awaken; *passion* to kindle; *intelligence* to stimulate. **2 s'** ~ *vpr (lit)* to wake up, awaken; *[ville, nature]* to wake (up); *[sentiment, curiosité]* to be aroused; *[intelligence]* to develop. **s'** ~ **à** *amour* to awaken to. ◆ **éveil** *nm* awakening; arousing. **être en** ~ *[personne]* to be on the alert; *[sens]* to be alert *ou* aroused; **donner l'** ~ to raise the alarm *ou* alert; *(Scol)* **activités d'** ~ early-learning games *etc*. ◆ **éveillé, e** *adj (alerte)* alert, sharp, bright; *(réveillé)* (wide-)awake.

événement [evɛnmɑ̃] *nm* event. **semaine chargée en ~s** eventful week; l' ~ **de la semaine** the main story *ou* news of the week.

éventail [evɑ̃taj] *nm (instrument)* fan; *(fig: gamme)* range. **en** ~ fan-shaped; *(Mil)* **se déployer en** ~ to fan out; ~ **des salaires** salary *ou* wage range ; l'~ **politique** the political spectrum.

éventaire [evɑ̃tɛr] *nm (corbeille)* tray; *(étalage)* stand.

éventer [evɑ̃te] (1) **1** *vt* (**a**) *(avec éventail)* to fan. (**b**) *secret* to discover. **2 s'** ~ *vpr [bière]* to go flat; *[parfum]* to go stale.

éventrer [evɑ̃tre] (1) *vt* (**a**) *(couteau)* to disembowel; *(corne)* to gore. (**b**) *sac* to tear open; *coffre* to smash open; *matelas* to rip open. ◆ **éventration** *nf (Méd)* rupture.

éventualité [evɑ̃tɥalite] *nf* possibility. **dans cette** ~ in that case. ◆ **éventuel, -elle** *adj* possible. **les profits ~s seraient réinvestis** any profits which might be made would be reinvested. ◆ **éventuellement** *adv* possibly.

évêque [evɛk] *nm* bishop.

évertuer (s') [evɛrtɥe] (1) *vpr*: **s'** ~ **à faire** to do one's utmost *ou* struggle hard to do; **je m'évertue à t'expliquer** I'm doing my best *ou* my utmost to explain to you.

éviction [eviksjɔ̃] *nf (Jur)* eviction; *[rival]* ousting.

évidence [evidɑ̃s] *nf (caractère)* obviousness, evidence; *(fait)* obvious fact. **se rendre à l'** ~ to yield to the facts *ou* the evidence; **nier l'** ~ to deny the obvious *ou* the facts; **c'est une** ~ **que de dire** it's a statement of the obvious to say; **(être) en** ~ (to be) conspicuous *ou* in evidence; **mettre en** ~ *personne, fait* to bring to the fore; *objet* to put in a conspicuous position; **se mettre en** ~ to make o.s. conspicuous; **de toute** ~ quite obviously *ou* evidently. ◆ **évidemment** *adv (gén)* obviously; *(bien sûr)* of course. ◆ **évident, e** *adj* obvious, evident.

évider [evide] (1) *vt* to hollow out.

évier [evje] *nm* sink. ~ **(à) un bac/deux bacs** single/double sink.

évincer [evɛ̃se] (3) *vt* to oust, supplant. ◆ **évincement** *nm* ousting, supplanting.

éviter [evite] (1) *vt (gén)* to avoid; *coup* to dodge; *regard* to evade. ~ **qu'une situation n'empire** to avoid *ou* prevent the worsening of a situation; ~ **de faire qch** to avoid doing sth; ~ **le sel** to avoid *ou* keep off salt; **ça lui a évité d'avoir à se déplacer** that saved him the bother of going. ◆ **évitable** *adj* avoidable.

évocation [evokasjɔ̃] *nf* evocation. ◆ **évocateur, -trice** *adj* evocative (*de* of).

évoluer [evolɥe] (1) *vi* (**a**) *(changer) (gén)* to evolve; *[maladie]* to develop. **ses parents ont évolué** his parents have moved with the times. (**b**) *[danseur]* to move about; *[avion]* to circle; *[troupes]* to manoeuvre. ◆ **évolué, e** *adj peuple* (highly) developed, advanced; *personne (compréhensif)* broad-minded; *(indépendant)* independent; *procédé* advanced. ◆ **évolution** *nf* evolution; development; advancement; movement.

évoquer [evɔke] (1) *vt (gén)* to evoke; *souvenir* to recall; *scène* to conjure up; *problème* to touch on.

exacerber [ɛgzasɛʀbe] (1) *vt* to exacerbate. **sensibilité exacerbée** exaggerated sensitivity.

exact, e [ɛgza, akt(ə)] *adj* **(a)** *reproduction, compte rendu* exact, accurate; *réponse, calcul* correct, right; *(précis) dimension* exact, precise; *pendule* accurate. **est-il ~ que?** is it right *ou* correct that?; **c'est l' ~e vérité** that's the exact truth; **l'heure ~e** the exact time. **(b)** *(ponctuel)* punctual, on time; *(littér: strict)* strict. ◆ **exactement** *adv* exactly; accurately; correctly; precisely; strictly. ◆ **exactitude** *nf* exactness; accuracy; correctness; precision; punctuality; *(littér: minutie)* exactitude.

exaction [ɛgzaksjɔ̃] *nf* exaction.

ex æquo [ɛgzeko] **1** *adj inv* equally placed, place equal. **2** *adv classer* equal.

exagérer [ɛgzaʒeʀe] (6) **1** *vt (gén)* to exaggerate. **sans ~** without any exaggeration; **il exagère** he goes too far. **2 s' ~** *vpr difficultés* to exaggerate; *avantages* to overrate. ◆ **exagération** *nf (gén)* exaggeration. ◆ **exagéré, e** *adj (amplifié)* exaggerated; *(excessif)* excessive. **c'est un peu ~** it's a bit much *; **il n'est pas ~ de dire** it is not an exaggeration to say. ◆ **exagérément** *adv* excessively, exaggeratedly.

exalter [ɛgzalte] (1) *vt* **(a)** *esprit, courage* to fire, excite. **exalté par** *(excité)* excited by; *(euphorique)* elated by; **il s'exalte facilement** he is easily carried away. **(b)** *(glorifier)* to exalt, praise. ◆ **exaltant, e** *adj* exalting, elating. ◆ **exaltation** *nf* **(a)** *(nerveuse)* intense excitement; *(joyeuse)* elation; *(mystique)* exaltation. **(b)** *(glorification)* praising, exalting. ◆ **exalté, e** **1** *adj sentiments* elated; *imagination* wild; *esprit* excited. **2** *nm, f (impétueux)* hothead; *(fanatique)* fanatic.

examiner [ɛgzamine] (1) *vt* **(a)** *(analyser) (gén)* to examine; *demande* to consider; *comptes* to go through. **~ en détail** to scrutinize. **(b)** *objet, visage* to examine, study; *ciel* to scan; *appartement* to have a look round. **s' ~ devant la glace** to examine o.s. in the mirror. **(c)** *(Méd, Scol)* to examine. **se faire ~** to be examined. ◆ **examen** *nm* **(a)** *(action)* examination; consideration. **~ détaillé** scrutiny; **la question est à l' ~** the matter is under consideration. **(b)** *(Méd)* medical examination. **se faire faire des ~s** to have some tests done. **(c)** *(Scol)* exam, examination. **~ blanc/de passage** mock/end-of-the-year exam. ◆ **examinateur, -trice** *nm, f* examiner.

exaspérer [ɛgzaspeʀe] (6) *vt (irriter)* to exasperate; *(littér: aviver)* to exacerbate, aggravate. ◆ **exaspération** *nf* exasperation.

exaucer [ɛgzose] (3) *vt vœu, prière* to grant. **~ qn** to grant sb's wish. ◆ **exaucement** *nm* fulfilment.

excavation [ɛkskavɑsjɔ̃] *nf* excavation.

excédent [ɛksedɑ̃] *nm* surplus *(sur* over). **un ~ de poids** some excess weight; **~ de la balance des paiements** balance of payments surplus; **budget en ~** surplus budget; **~ budgétaire** budget surplus. ◆ **excédentaire** *adj production* excess, surplus. **budget ~** surplus budget; **la production est ~ production** is over target.

excéder [ɛksede] (6) *vt* **(a)** *longueur, prix* to exceed. **les avantages excèdent les inconvénients** the advantages outweigh the disadvantages. **(b)** *pouvoir* to overstep, exceed; *forces* to overtax. **(c)** *(accabler: gén passif)* to exhaust. **excédé de fatigue** exhausted, tired out; **excédé de travail** overworked. **(d)** *(agacer: gén passif)* to exasperate.

excellence [ɛkselɑ̃s] *nf* **(a)** excellence. **par ~ héros** par excellence; *aimer* above all else. **(b)** **Son E~**

His *(ou* Her) Excellency. ◆ **excellemment** *adv* excellently. ◆ **excellent, e** *adj* excellent. ◆ **exceller** (1) *vi* to excel *(dans ou* en at *ou* in, *à faire* in doing).

excentrique [ɛksɑ̃tʀik] **1** *adj personne, (Math)* eccentric; *quartier* outlying. **2** *nmf* eccentric. ◆ **excentricité** *nf* eccentricity.

excepter [ɛksɛpte] (1) *vt* to except *(de* from). **sans ~ personne** without excluding anyone. ◆ **excepté, e** **1** *adj:* **sa mère ~e** apart from *ou* aside from *(US) ou* except his mother. **2** *prép* except, apart from, aside from *(US)*. **~ quand/que** except when/that. ◆ **exception** *nf* exception. **d' ~ mesure** special, exceptional; **faire une ~ à règle** to make an exception to; **faire ~ (à la règle)** to be an exception (to the rule); **faire ~ de** to make an exception of; **à l' ~ de** except for. ◆ **exceptionnel, -elle** *adj* exceptional. ◆ **exceptionnellement** *adv (à titre d'exception)* in this particular instance; *(très)* exceptionally.

excès [ɛksɛ] *nm* **(a)** *(surplus)* [argent] excess, surplus; [marchandises] glut, surplus. **il y a un ~ d'acide** there is too much acid; **~ de précautions** excessive care; **~ de zèle** overzealousness. **(b)** *(abus)* excess. **des ~ de langage** immoderate language; **tomber dans l' ~ inverse** to go to the opposite extreme; **faire un ~ de vitesse** to exceed the speed limit; **faire des ~ de table** to overindulge; **jusqu'à l' ~, avec ~** to excess, excessively. ◆ **excessif, -ive** *adj* excessive. **elle est ~ive en tout** she's a woman of extremes, she takes everything to extremes; **c'est ~!** that's far too much!, that's excessive! ◆ **excessivement** *adv* excessively.

exciter [ɛksite] (1) **1** *vt* **(a)** *désir* to arouse, excite; *rire* to cause; *pitié* to rouse; *imagination* to fire, stir; *appétit* to whet; *ardeur* to increase. **cela ne fit qu' ~ sa colère** that only made him even more angry. **(b)** *(enthousiasmer)* to thrill, excite. **excitant pour l'esprit** mentally stimulating. **(c)** *(rendre nerveux) personne* to arouse; *chien* to excite. **le café excite** coffee acts as a stimulant. **(d)** *(*: irriter)* to irritate. **il commence à m' ~** he's getting on my nerves. **(e)** *(encourager)* to urge on. **~ qn contre qn** to set sb against sb; **~ qn à faire qch** to urge sb to do sth. **(f)** *(Méd, Élec)* to excite. **2 s' ~** *vpr (enthousiaste)* to get excited *(sur* about, over); *(nerveux)* to get worked up *; *(*: fâché)* to get angry, fly off the handle *. ◆ **excitable** *adj* excitable. ◆ **excitant, e** **1** *adj (gén)* exciting. **2** *nm* stimulant. ◆ **excitation** *nf (gén)* excitement; *(Méd, Élec)* excitation. *(incitation)* **~ à** incitement to. ◆ **excité, e** *nm, f (impétueux)* hothead; *(fanatique)* fanatic.

exclamer (s') [ɛksklame] (1) *vpr* to exclaim. **s' ~ de colère** to exclaim *ou* cry out in anger. ◆ **exclamation** *nf* exclamation.

exclure [ɛksklyʀ] (35) *vt* **(a)** *(d'une salle)* to turn out; *(d'un parti, d'une école)* to expel; *(temporairement)* to suspend, exclude. **se faire ~ de** to get o.s. expelled from. **(b)** *solution, hypothèse* to exclude. **~ qch de son régime** to cut sth out of one's diet; **je tiens à être exclu de cette affaire** count me out of this business; **c'est tout à fait exclu** it's quite out of the question. ◆ **exclusif, -ive** *adj* exclusive. *(Comm)* **droits ~s** sole *ou* exclusive rights. ◆ **exclusion** *nf* exclusion; expulsion *(de* from). **à l' ~ de** *(en écartant)* to the exclusion of; *(sauf)* with the exclusion of. ◆ **exclusivement** *adv (seulement)* exclusively, solely. **~ réservé au personnel** reserved for staff only; *(non inclus)* **du 10 au 15 ~** from the 10th to the 15th exclusive. ◆ **exclusivité** *nf (Comm)* exclusive rights; *[sentiments]* exclusiveness. **ce film passe en ~ à** this film is showing exclusively at; **il n'en a pas l' ~ *** he's not the only one to have it, he hasn't a monopoly on it *; **avoir l' ~ d'un reportage** to have (the) exclusive coverage of an event.

excommunier [ɛkskɔmynje] (7) *vt* to excommunicate. ◆ **excommunication** *nf* excommunication.

excrément [ɛkskRemɑ̃] *nm*: ~(s) excrement.

excrétion [ɛkskResjɔ̃] *nf* excretion.

excroissance [ɛkskRwasɑ̃s] *nf* outgrowth.

excursion [ɛkskyRsjɔ̃] *nf (en car etc)* excursion, trip; *(à pied)* walk, hike. ◆ **excursionniste** *nmf* (day) tripper, traveler *(US)*; hiker, walker.

excuser [ɛkskyze] (1) **1** *vt* (**a**) *(pardonner)* to excuse, forgive. **excusez-moi** excuse me, I'm sorry; **excusez-moi de ne pas venir** excuse my not coming, I'm sorry I can't come. (**b**) *(justifier, dispenser)* to excuse. **se faire ~** to ask to be excused; « **M. Dupont: (absent) excusé** » 'Mr Dupont has sent an apology'. **2 s' ~** *vpr*: **s' ~ de qch** to apologize for sth *(auprès de* to). ◆ **excusable** *adj* excusable, forgivable. ◆ **excuse** *nf* (**a**) *(prétexte)* excuse. **mauvaise ~** poor excuse; **sans ~** inexcusable; **prendre qch pour ~** to use sth as an excuse. (**b**) *(regret)* **~s** apology; **faire des ~s** to apologize; **je vous dois des ~s** I owe you an apology.

exécrer [ɛgzekRe] (6) *vt* to loathe, execrate. ◆ **exécrable** *adj* atrocious, execrable. ◆ **exécrablement** *adv* atrociously, execrably. ◆ **exécration** *nf* execration, loathing.

exécuter [ɛgzekyte] (1) **1** *vt* (**a**) *(accomplir) (gén)* to carry out; *travail, mouvements* to execute; *promesse* to fulfil; *tâche* to perform. **il a fait ~ des travaux** he had some work done. (**b**) *objet* to produce, make; *tableau* to paint; *commande* to fulfil, carry out; *ordonnance* to make up; *(Mus) morceau* to perform, execute. (**c**) *(tuer)* to execute, put to death. (**d**) *décret* to enforce; *contrat* to perform. (**e**) *(Ordin) programme* to run. **2 s' ~** *vpr (obéir)* to comply; *(payer)* to pay up. ◆ **exécutant, e** *nm, f (Mus)* performer; *(fig péj: agent)* underling. ◆ **exécuteur** *nm (Jur)* ~ **(testamentaire)** *(homme)* executor; *(femme)* executrix. ◆ **exécutif, -ive** *adj, nm* executive. ◆ **exécution** *nf* execution; carrying out; fulfilment; performance; production; making; painting; making up; enforcement. **mettre à ~** *projet, idées, menaces* to carry out; **en ~ de la loi** in compliance with the law ; ◆ **capitale** capital execution.

exemplaire [ɛgzɑ̃plɛR] **1** *adj* exemplary. **2** *nm [livre]* copy; *(échantillon)* example.

exemple [ɛgzɑ̃pl(ə)] *nm (modèle)* example; *(spécimen)* example, instance. **citer qn en ~** to quote sb as an example; **donner l' ~** to set an example *(de* of); **prendre ~ sur qn** to take sb as an example; **à l' ~ de son père** just like his father; **faire un ~ de qn** to make an example of sb; **le seul ~ que je connaisse** the only example *ou* instance I know of; **par ~** *(explicatif)* for example *ou* instance; (*: par contre)* on the other hand; **(ça) par ~!** *(surprise)* my word!; *(indignation)* oh really!

exempt, e [ɛgzɑ̃, ɑ̃t] *adj*: **~ de** *corvée* exempt from; *dangers* free from; **~ de taxes** duty-free; **~ de TVA** zero-rated for VAT. ◆ **exempter** (1) *vt* to exempt *(de* from). ◆ **exemption** *nf* exemption.

exercer [ɛgzɛRse] (3) **1** *vt* (**a**) *profession* to practise; *fonction* to fulfil; *talents, droit, charité* to exercise; *contrôle, influence* to exert *(sur* over); *représailles* to take *(sur* on); *poussée* to exert *(sur* on). **quel métier exercez-vous?** what job do you do?; *(Jur)* **~ des poursuites contre qn** to bring an action against sb.(**b**) *(aguerrir) corps, esprit* to train, exercise, *(à* to, for); *facultés* to exercise. (**c**) *(éprouver) patience* to tax. **2 s' ~** *vpr [pianiste, sportif]* to practise. **s' ~ à technique** to practise; **s' ~ à faire qch** to train o.s. to do sth. ◆ **exercé, e** *adj oreille* keen, trained.

exercice [ɛgzɛRsis] *nm* (**a**) *[métier]* practice; *[droit]* exercising; *[facultés]* exercise. **l' ~ du culte ne se fait plus dans ce bâtiment** religious services are no longer conducted in this building; **dans l' ~ de ses fonctions** in the execution of his duties; **être en ~** *[médecin]* to be in practice; *[fonctionnaire]* to hold office; **juge en ~** sitting judge; **président en ~** serving chairman. (**b**) *(entraînement, devoir)* exercise. **faire de l' ~** to take some exercise; *(Gym)* **~s au sol** floor exercises; *(Incendie)* **~ d'évacuation** fire drill; *(Mil)* **l' ~** drill; *(Ling)* **~s structuraux** structure drills. (**c**) *(Fin)* **~ financier** financial year.

exhaler [ɛgzale] (1) **1** *vt (littér) odeur* to exhale; *soupir* to breathe; *plainte* to utter. **s' ~ de** to rise from. ◆ **exhalaison** *nf* exhalation.

exhaustif, -ive [ɛgzostif, iv] *adj* exhaustive. ◆ **exhaustivement** *adv* exhaustively. ◆ **exhaustivité** *nf* exhaustiveness.

exhiber [ɛgzibe] (1) **1** *vt (péj) savoir, richesse* to flaunt; *chiens savants, passeport* to show. **2 s' ~** *vpr (péj)* to show o.s. off; *(indécemment)* to expose o.s. ◆ **exhibition** *nf* flaunting; showing. *(péj)* **~(s)** showing off. ◆ **exhibitionnisme** *nm* exhibitionism. ◆ **exhibitionniste** *nmf* exhibitionist.

exhorter [ɛgzɔRte] (1) *vt* to exhort *(à faire* to do, *à qch* to sth). ◆ **exhortation** *nf* exhortation.

exhumer [ɛgzyme] (1) *vt corps* to exhume; *ruines* to excavate; *faits, vieux livres* to unearth; *souvenirs* to recollect. ◆ **exhumation** *nf* exhumation; excavation; unearthing; recollection.

exiger [ɛgziʒe] (3) *vt* to demand, require *(qch de qn* sth of *ou* from sb). **j'exige que vous le fassiez** I insist on your doing it, I demand that you do it; **des titres universitaires sont exigés** university degrees are required; **trop ~ de ses forces** to overtask o.s.; **cette plante exige beaucoup d'eau** this plant needs *ou* requires a lot of water. ◆ **exigeant, e** *adj client* demanding, hard to please; *travail* demanding, exacting. ◆ **exigence** *nf* (**a**) *[client]* particularity; *[maître]* strictness. (**b**) *(revendication, besoin)* demand, requirement.

exigible [ɛgziʒibl(ə)] *adj dette* payable. ◆ **exigibilité** *nf [dette]* payability.

exigu, -uë [ɛgzigy] *adj lieu* cramped; *ressources* scanty; *délais* short. ◆ **exiguïté** *nf* crampedness; scantiness; shortness.

exil [ɛgzil] *nm* exile. ◆ **exilé, e** *nm, f* exile. ◆ **exiler** (1) **1** *vt (Pol)* to exile; *(fig)* to banish. **2 s' ~** *vpr (Pol)* to go into exile. *(fig)* **s' ~ loin du monde** to cut o.s. off from the world.

exister [ɛgziste] (1) *vi* to exist. **la vie existe-t-elle sur Mars?** is there life on Mars?; *(il y a)* **il existe** there is, there are; **il en existe en plusieurs couleurs** they come *ou* are found in several colours. ◆ **existant, e** *adj* existing. ◆ **existence** *nf (gén)* existence. **dans l' ~** in life.

exocet [ɛgzɔsɛt] *nm (poisson)* flying fish; ® *(missile)* exocet ®.

exode [ɛgzɔd] *nm (lit, fig)* exodus. **~ rural** drift from the land.

exonérer [ɛgzɔneRe] (6) *vt (Fin)* to exempt *(de* from). ◆ **exonération** *nf* exemption.

exorbitant, e [ɛgzɔRbitɑ̃, ɑ̃t] *adj* exorbitant.

exorciser [ɛgzɔRsize] (1) *vt* to exorcise. ◆ **exorcisme** *nm* exorcism. ◆ **exorciste** *nmf* exorcist.

exotique [ɛgzɔtik] *adj* exotic. ◆ **exotisme** *nm* exoticism.

expansion [ɛkspɑ̃sjɔ̃] *nf* (**a**) *(extension)* expansion. **en ~** *économie* booming, fast-expanding; *univers* expanding. (**b**) *(effusion)* expansiveness. **avec de grandes ~s** expansively. ◆ **expansif, -ive** *adj* expansive. **peu ~** not very forthcoming. ◆ **expansivité** *nf* expansiveness.

expatrier [ɛkspatʀije] (7) **1** *vt* to expatriate. **2** **s'** ~ *vpr* to expatriate o.s. ◆ **expatriation** *nf* expatriation. ◆ **expatrié, e** *nm, f* expatriate.

expectative [ɛkspɛktativ] *nf* (*incertitude*) state of uncertainty. **être dans l'** ~ to be still waiting (to see *etc*).

expectorer [ɛkspɛktɔʀe] (1) *vti* to expectorate. ◆ **expectoration** *nf* expectoration.

expédient, e [ɛkspedjã, ãt] *adj, nm* expedient.

expédier [ɛkspedje] (7) *vt* (**a**) *lettre* to send, dispatch. ~ **par la poste** to send through the post *ou* mail; ~ **par le train** to send by rail; ~ **par bateau** *lettres* to send surface mail; *produits* to ship. (**b**) (***) *client, affaire* to dispose of, deal with; *déjeuner* to polish off. ◆ **expéditeur, -trice 1** *adj* dispatching. **2** *nm, f* sender. ◆ **expéditif, -ive** *adj* expeditious. ◆ **expédition** *nf* (*action*) dispatch; shipping; (*paquet*) consignment; (*par bateau*) shipment; (*Mil, Sci*) expedition. ◆ **expéditionnaire 1** *adj* (*Mil*) expeditionary. **2** *nmf* (*Comm*) forwarding clerk. ◆ **expéditivement** *adv* expeditiously.

expérience [ɛkspeʀjãs] *nf* (**a**) (*gén*) experience. **sans** ~ inexperienced; **savoir par** ~ to know by *ou* from experience; **il a une longue** ~ **de l'enseignement** he has a lot of teaching experience; **tente l'** ~ try it; **faire l'** ~ **de qch** to experience sth. (**b**) (*scientifique*) experiment. **vérité d'** ~ experimental truth; **faire une** ~ **sur** to do an experiment on.

expérimenter [ɛkspeʀimãte] (1) *vt appareil* to test; *remède* to experiment with; *méthode* to test out. ◆ **expérimental, e**, *mpl* **-aux** *adj* experimental. ◆ **expérimentalement** *adv* experimentally. ◆ **expérimentateur, -trice** *nm, f* (*gén*) experimenter; (*Sci*) bench scientist. ◆ **expérimentation** *nf* experimentation. ◆ **expérimenté, e** *adj* experienced.

expert, e [ɛkspɛʀ, ɛʀt(ə)] **1** *adj* expert, skilled (*en* in, *à* at). **2** *nm* expert (*en* in, at); (*d'assurances*) valuer. ~-**comptable** independent auditor, ≃ chartered accountant. ◆ **expertement** *adv* expertly.

expertiser [ɛkspɛʀtize] (1) *vt bijou* to value, appraise; *dégâts* to assess, evaluate. **faire** ~ **qch** to have sth valued. ◆ **expertise** *nf* (*évaluation*) valuation; (*rapport*) expert's report.

expier [ɛkspje] (7) *vt* to expiate, atone for. ◆ **expiation** *nf* expiation (*de* of), atonement (*de* for).

expirer [ɛkspiʀe] (1) **1** *vt air* to breathe out. **2** *vi* (*mourir, prendre fin*) to expire. ◆ **expiration** *nf* (*terme*) expiration; (*respiration*) expiration. **venir à** ~ to expire; **à l'** ~ **de** at the expiry of.

explication [ɛksplikasjɔ̃] *nf* explanation (*de* for); (*discussion*) discussion; (*dispute*) argument; (*bagarre*) fight; (*Scol*) analysis (*de* of). **j'exige des** ~**s** I demand an explanation. ◆ **explicable** *adj* explicable.

expliciter [ɛksplisite] (1) *vt* to make explicit. ◆ **explicite** *adj* explicit. ◆ **explicitement** *adv* explicitly.

expliquer [ɛksplike] (1) **1** *vt* (*faire comprendre*) to explain (*à qn* to sb); (*rendre compte de*) to account for, explain; (*Scol*) texte to analyse. **2 s'** ~ *vpr* (**a**) (*préciser*) to explain o.s., make o.s. clear. **s'** ~ **sur ses projets** to explain one's plans. (**b**) (*comprendre*) to understand. (**c**) (*être compréhensible*) **ça s'explique par le mauvais temps** it is explained by the bad weather; **tout s'explique!** it's all clear now! (**d**) (*discuter*) **s'** ~ **avec qn** to explain o.s. to sb; **après s'être longuement expliqués** after having discussed the matter for a long time; **ils sont allés s'** ~ **dehors** * they went off to sort it out outside; **s'** ~ **à coups de fusil** to shoot it out.

exploit [ɛksplwa] *nm* exploit, feat. **quel** ~**!** what a feat! *ou* achievement!

exploiter [ɛksplwate] (1) *vt mine* to work; *entreprise* to run; *ressources, idée, personne* to exploit. **pouvoir** ~ **un avantage** to be able to capitalize on an advantage *ou* exploit an advantage; **nous sommes des exploités** we are exploited. ◆ **exploitable** *adj* (*gén*) exploitable. ◆ **exploitant, e** *nm, f* farmer. ◆ **exploitation** *nf* (**a**) (*action*) working; exploitation; running. **mettre en** ~ to exploit; **frais d'**~ running costs; (*Ciné*) **copie d'** ~ release print. (**b**) (*entreprise*) concern. ~ **agricole** farm; ~ **minière** mining development. ◆ **exploiteur, -euse** *nm, f* exploiter.

explorer [ɛksplɔʀe] (1) *vt* to explore. ◆ **explorateur, -trice** *nm, f* explorer. ◆ **exploration** *nf* exploration.

exploser [ɛksploze] (1) *vi* (*lit, fig*) to explode; *[joie]* to burst out; *[bombe]* to blow up. ~ **(de colère)** to explode with anger; **faire** ~ *bombe* to explode; *bâtiment* to blow up; **cette remarque le fit** ~ he blew up at that remark. ◆ **explosif, -ive** *adj, nm* explosive. ◆ **explosion** *nf* explosion. **faire** ~ to explode; to blow up; ~ **de colère** angry outburst *ou* explosion of anger; ~ **de joie** outburst *ou* explosion of joy.

exporter [ɛkspɔʀte] (1) *vt* to export. ◆ **exportable** *adj* exportable. ◆ **exportateur, -trice 1** *adj* exporting. **2** *nm, f* exporter. ~ **de pétrole** oil exporter. ◆ **exportation** *nf* (*gén*) export. **faire de l'** ~ to export, be in the export business.

exposer [ɛkspoze] (1) **1** *vt* (**a**) *marchandises* to display; *tableaux* to show. **c'est resté exposé pendant 3 mois** it has been on display for 3 months. (**b**) (*expliquer*) (*gén*) to explain; *faits, théorie* to expound, set out. (**c**) (*mettre en danger*) *personne, objet* to expose (*à* to); *vie, réputation* to risk. **sa conduite l'expose à des reproches** his behaviour lays him open to blame; **c'est exposé à être découvert** it is liable to be discovered. (**d**) (*gén, Phot: orienter*) to expose. **exposé au sud** facing (due) south; **maison bien exposée** well-situated house; **endroit très exposé** very exposed place. **2 s'** ~ *vpr* to expose o.s. **s'** ~ **à** to expose o.s. to, lay o.s. open to; **s'** ~ **au soleil** to stay out in the sun. ◆ **exposant, e 1** *nm, f* *[foire]* exhibitor. **2** *nm* (*Math*) exponent. ◆ **exposé** *nm* (*action*) account, statement; (*conférence: gén, Scol*) talk (*sur* on). **faire un** ~ **de la situation** to give an account *ou* overview of the situation. ◆ **exposition** *nf* (**a**) *[marchandises]* display; *[raisons]* exposition; (*au danger*) exposure (*à* to). (**b**) (*foire*) exhibition. **l'E** ~ **Universelle** the World Fair. (**c**) (*Phot*) exposure. (**d**) (*Littérat, Mus*) exposition. **scène d'** ~ introductory scene. (**e**) (*orientation*) *[maison]* aspect.

exprès¹ [ɛksprɛ] *adv* (*spécialement*) specially; (*intentionnellement*) on purpose.

exprès², -esse [ɛksprɛs] *adj* (**a**) *interdiction* formal. (**b**) (*inv*) (*lettre*) ~ express *ou* special delivery (*US*) letter; **envoyer qch en** ~ to send sth express.

express [ɛksprɛs] *adj, nm inv*: (**train**) ~ fast train; (**café**) ~ espresso coffee.

expressément [ɛkspʀesemã] *adv* (*formellement*) expressly; (*spécialement*) specially.

expression [ɛkspʀesjɔ̃] *nf* (*gén*) expression. **au-delà de toute** ~ inexpressible; **visage sans** ~ expressionless face; ~ **corporelle** self-expression through movement; (*locution*) ~ **figée** set expression *ou* phrase. ◆ **expressif, -ive** *adj* expressive. ◆ **expressivement** *adv* expressively. ◆ **expressivité** *nf* expressiveness.

exprimer [ɛkspʀime] (1) **1** *vt* (**a**) (*gén*) to express. **le signe + exprime l'addition** the sign + stands for addition. (**b**) *jus* to press out. **2 s'** ~ *vpr* *[personne]* to express o.s.; *[sentiment]* to be expressed.

si je peux m' ~ ainsi if I may put it like that.
♦ **exprimable** *adj* expressible.

exproprier [ɛksprɔprije] (7) *vt* to expropriate,
place a compulsory purchase order on.

expulser [ɛkspylse] (1) *vt (gén) élève* to expel; *étranger* to deport, expel; *locataire* to evict; *manifestant*
to eject (*de* from); *joueur* to send off; *(Anat)* to
evacuate. ♦ **expulsion** *nf* expulsion; deportation; eviction; ejection; sending off; evacuation.

expurger [ɛkspyrʒe] (3) *vt* to expurgate.

exquis, -ise [ɛkski, iz] *adj (lit)* exquisite; *personne,
temps* delightful.

extase [ɛkstɑz] *nf (Rel, fig)* ecstasy. **être en ~ devant**
to be in ecstasies over. ♦ **extasier (s')** (7) *vpr*
to go into ecstasies (*sur* over). ♦ **extatique** *adj*
ecstatic.

extension [ɛkstɑ̃sjɔ̃] *nf [membre, ressort]* stretching;
[épidémie] extension, spreading; *[commerce,
domaine]* expansion; *[loi, sens]* extension (*à* to).
par ~ (de sens) by extension; **prendre de l' ~** *[épi-
démie]* to spread; *[entreprise]* to expand. ♦ **extensible** *adj matière* extensible; *définition* extendable.
♦ **extensif, -ive** *adj* extensive.

exténuer [ɛkstenɥe] (1) *vt* to exhaust. **2 s' ~**
vpr to exhaust o.s. (*à faire* doing).

extérieur, e [ɛksterjœr] **1** *adj* (**a**) *(gén)* outside;
cour outer; *bruit, réalité* external; *décoration* exté-
rior; *[personne] apparence* outward; *amabilité* superficial. **signes ~s de richesse** outward signs of
wealth; **être ~ à un sujet** to be external to *ou*
outside a subject; **interdit à toute personne ~e au
chantier** site workers only, no entry for unauthorized. (**b**) *commerce, politique* foreign. **2** *nm*
[objet, maison] outside, exterior; *[personne]* exterior, outward appearance. **c'est à l' ~ (de la ville)**
it's outside (the town); *(Ciné)* **~s** location shots;
(pays) **l' ~** foreign countries; **vendre à l' ~** to sell
abroad. ♦ **extérieurement** *adv (du dehors)* on the
outside, externally; *(en apparence)* outwardly.
♦ **extérioriser** (1) *vt joie etc* to show.

exterminer [ɛkstɛrmine] (1) *vt (lit, fig)* to exterminate. ♦ **extermination** *nf* extermination.

externe [ɛkstɛrn(ə)] **1** *adj surface etc* external,
outer; *angle* exterior. **à usage ~** for external use
only. **2** *nmf (Scol)* day pupil. *(Méd)* **~ (des hôpitaux)** non-resident student. ♦ **externat** *nm (Scol)*
day school.

extincteur [ɛkstɛ̃ktœr] *nm* fire extinguisher.

extinction [ɛkstɛ̃ksjɔ̃] *nf [incendie]* extinguishing;
[peuple] extinction; *[droit]* extinguishment. **~ de
voix** loss of voice; **espèce en voie d' ~** endangered
species.

extirper [ɛkstirpe] (1) *vt* to eradicate. **impossible
de lui ~ une parole!** * it's impossible to drag a
word out of him!; **s' ~ de son manteau** to extricate
o.s. from one's coat. ♦ **extirpation** *nf* eradication.

extorquer [ɛkstɔrke] (1) *vt* to extort (*à qn* from
sb). ♦ **extorqueur, -euse** *nm, f* extortioner.
♦ **extorsion** *nf* extortion. **~ de fonds** extortion
of money.

extra [ɛkstra] **1** *nm inv (domestique)* extra servant
ou help; *(gâterie)* special treat. **2** *adj inv fromage,
vin* first-rate; *tissu* top-quality; (*) *film, personne*
terrific *, great *. **de qualité ~** of the finest
quality. **3** *préf* extra. **~-fin** superfine, extra fine;
(voyante) ~-lucide clairvoyant.

extraction [ɛkstraksjɔ̃] *nf (V extraire)* extraction;
mining; quarrying; *(†: origine)* extraction.

extrader [ɛkstrade] (1) *vt* to extradite. ♦ **extradition** *nf* extradition.

extraire [ɛkstrɛr] (50) *vt (gén, Méd, Math)* to extract; *charbon* to mine; *marbre* to quarry. **~ de poche** to take *ou* bring out of; *prison* to get out of;
passage extrait d'un livre extract from a book,
passage taken from a book; **s' ~ de son manteau** * to extricate o.s. from one's coat. ♦ **extrait** *nm (gén)* extract; *[livre]* extract, excerpt. **~
de naissance** *etc* birth *etc* certificate; *(Fin)* **~ de
compte** abstract of accounts.

extraordinaire [ɛkstraɔrdinɛr] *adj (étrange)* extraordinary; *(exceptionnel)* exceptional, extraordinary; *(Pol)* special. **acteur ~** extraordinary *ou*
remarkable actor; **ce n'est pas ~** it isn't up to
much *; **si par ~** if by some unlikely chance;
quand par ~ on those rare occasions when.
♦ **extraordinairement** *adv* extraordinarily;
exceptionally.

extraterrestre [ɛkstratɛrɛstr] *adj, n* extraterrestrial.

extravagance [ɛkstravagɑ̃s] *nf (caractère)* eccentricity, extravagance. *(acte)* **~(s)** eccentric *ou*
extravagant behaviour. ♦ **extravagant, e** *adj
idée, prix* extravagant; *conduite* eccentric.

extrême [ɛkstrɛm] **1** *adj (gén)* extreme; *point* furthest; *mesures* drastic. **à l' ~ opposé (de)** at the
opposite extreme (of). **2** *nm (gén)* extreme. **jusqu'à l' ~** in the extreme, to a degree. **3** : **~ droite/
gauche** extreme right/left (wing); **~-onction**
Extreme Unction; **E~-Orient** Far East; **E~-Orien-
tal, e,** *mpl* **E~-Orientaux** *adj* Far Eastern, Oriental.
♦ **extrêmement** *adv* extremely. ♦ **extrémisme**
nm extremism. ♦ **extrémiste** *adj, nmf* extremist.

extrémité [ɛkstremite] *nf* (**a**) *(bout) (gén)* end;
[aiguille] point; *[objet mince]* tip; *[village, île]* extremity, limit. *(Anat)* **~s** extremities. (**b**) **à la dernière ~** *(misère)* in the most dire plight; *(mort)* on
the point of death; **se porter à des ~s** to go to
extremes.

exubérance [ɛgzyberɑ̃s] *nf (caractère)* exuberance.
(action) **~(s)** exuberant behaviour. ♦ **exubérant,
e** *adj (gén)* exuberant.

exulter [ɛgzylte] (1) *vi* to exult. ♦ **exultation** *nf*
exultation.

exutoire [ɛgzytwar] *nm* outlet, release.

ex-voto [ɛksvɔto] *nm inv* monumental tablet.

F

F, f [ɛf] *nm ou nf (lettre)* F, f. *(abrév de* **franc)** F fr; *(appartement)* **un F2** a 2-roomed flat *ou* apartment *(US)*.

fa [fɑ] *nm inv (Mus)* F; *(en chantant)* fa.

fable [fɑbl(ə)] *nf (gén)* fable; *(mensonge)* tale. **être la ~ de toute la ville** to be the laughing stock of the whole town.

fabriquer [fabʀike] (1) *vt (gén)* to make; *(industriellement)* to manufacture; *histoire* to fabricate, make up; *fausse monnaie* to forge. **~ en série** to mass-produce; **il s'est fabriqué une cabane** he built *ou* made himself a shed; **qu'est-ce qu'il fabrique?** * what on earth is he up to? * ◆ **fabricant, e** *nm, f* manufacturer. ◆ **fabrication** *nf* making; manufacturing; forging; fabricating. **~ en série** mass production; **de ~ française** made in France, of French make; **de bonne ~** well-made; **une robe de sa ~** a dress of her own making. ◆ **fabrique** *nf (établissement)* factory. **~ de papier** paper mill.

fabuler [fabyle] (1) *vi* to fantasize.

fabuleux, -euse [fabylø, øz] *adj (gén)* fabulous. ◆ **fabuleusement** *adv* fabulously.

fac [fak] *nf (arg Univ) abrév de* **faculté**.

façade [fasad] *nf (a) [maison]* façade, front; *(latérale)* side; *[magasin]* front. **la ~ arrière de la maison** the back of the house. **(b)** *(fig) (apparence)* façade, appearance; *(couverture)* cover. **de ~ luxe** sham.

face [fas] *nf (a) (visage)* face. **les blessés de la ~** people with facial injuries; **sauver/perdre la ~** to save/lose face. **(b)** *[objet]* side; *[médaille]* front; *(Alpinisme)* face, wall; *(lit, fig) [monde]* face. **question à double ~** two-sided question; **sous** *ou* **sur toutes ses ~s** from all sides; **la pièce est tombée sur ~** the coin fell face up; *(jeu de pile ou face)* **~!** heads!; **la ~ des choses** the face of things. **(c) faire ~** to face up to things; **faire ~ à** *lieu, difficulté* to face; *épreuve* to face up to, face; *engagement* to meet; **se faire ~** *[maisons]* to be facing each other; *[adversaires]* to be face to face. **(d) en ~** opposite; **la dame d'en ~** the lady from across the street, the lady opposite; **regarder qn en ~** to look sb in the face; **il lui a dit en ~ que** he told him to his face that; **il faut voir les choses en ~** one must face facts. **(e) ~ à, en ~ de** *maison* opposite, facing; *examinateur* in front of; *danger* confronted *ou* faced with; **être ~ à ~** to be facing each other, be face to face; *(TV)* **un ~ à ~** a face to face discussion; **les deux ennemis étaient maintenant l'un en ~ de l'autre** the two enemies now stood facing each other *ou* face to face. **(f) de ~** *portrait* fullface; *attaque* frontal; *(Théât)* **place** facing the stage; **voir qn de ~** to see sb face on; **avoir une vue de ~ sur qch** to have a front view of sth.

facétie [fasesi] *nf (drôlerie)* joke; *(farce)* prank. ◆ **facétieux, -euse** *adj* facetious.

facette [fasɛt] *nf (lit, fig)* facet.

fâcher [fɑʃe] (1) **1** *vt (mettre en colère)* to anger, make angry; *(contrarier)* to distress. **2 se ~** *vpr (se mettre en colère)* to get angry *(contre* with); *(se brouiller)* to quarrel, fall out *(avec* with). ◆ **fâché, e** *adj (en colère)* angry, cross *(contre* with); *(contrarié)* sorry *(de qch* about sth). **je suis ~ de ne pas venir** I am sorry that I cannot come; *(hum)* **il est ~ avec l'orthographe** he can't spell to save himself; *(hum)* **je ne serais pas ~ de m'asseoir** I wouldn't mind a seat. ◆ **fâcherie** *nf (brouille)* quarrel.

fâcheux, -euse [fɑʃø, øz] *adj exemple* unfortunate; *situation* unfortunate, awkward. **il est ~ que** it's unfortunate *ou* a pity that. ◆ **fâcheusement** *adv* unfortunately, awkwardly. **~ surpris** unpleasantly surprised.

facho [faʃo] *nmf (abrév de* **fasciste)** *(péj)* fascist. **il est un peu ~** he's a bit of a fascist.

facile [fasil] **1** *adj (a) (aisé)* easy *(à faire* to do). **plus ~ à dire qu'à faire** easier said than done; **~ comme bonjour** * easy as pie *, dead easy *; **avoir la larme ~** to be easily moved to tears; **il a le couteau ~** he's very ready with his knife. **(b)** *(péj)* **effet/ironie ~** facile effect/irony. **(c)** *caractère* easy-going. **il est ~ à vivre** he's easy to get on with; **c'est un bébé très ~** he's a very easy baby; *(péj)* **fille ~** woman of easy virtue. **2** *adv (*ͯ*)* **elle a 50 ans ~** she's easily 50. ◆ **facilement** *adv (gén)* easily. **~ toléré par l'organisme** easily *ou* readily tolerated by the body.

facilité [fasilite] *nf (a) [problème]* easiness; *[succès]* ease; *[style]* fluency. **il travaille avec ~** he works with ease. **(b)** *(aptitude)* ability, aptitude; *(tendance)* tendency. **il a beaucoup de ~ pour les langues** he has a great aptitude for languages. **(c)** *(gén pl)* **possibilité** *f* facility. **avoir toutes ~s de faire qch** to have every opportunity to do sth; **~s de transport** transport facilities; *(Comm)* **~s de paiement** easy terms. ◆ **faciliter** (1) *vt* to make easier, facilitate. **ça ne va pas ~ les choses** that's not going to make matters any easier.

façon [fasɔ̃] *nf (a) (manière)* way. **de quelle ~ est-ce arrivé?** how did it happen?; **je le ferai à ma ~** I shall do it my own way; **à la ~ d'un enfant** like a child, as a child would do; **(c'est une) ~ de parler** it's a way of putting it; **d'une certaine ~** in a way, in some ways; **d'une ~ générale** generally speaking; **de toute(s) ~(s)** in any case, at any rate; **de cette ~** (in) this way; **d'une ~ ou d'une autre** one way or another; **en aucune ~** in no way; **un plat de ma ~** a dish of my own making; **de ~ à ne pas le déranger** so as not to disturb him; **de ~ à ce qu'il puisse regarder** so that he can see. **(b) sans ~** *accepter* without fuss; *repas* unpretentious; *personne* unaffected; **merci, sans ~** no thanks honestly; **et sans plus de ~s** and without further ado. **(c) ~s** manners, behaviour; **en voilà des ~s!** that's no way to behave!; **faire des ~s** *(minauderies)* to be affected; *(chichis)* to make a fuss. **(d)** *(Couture) [robe]* cut, making-up. **payer la ~** to pay for the tailoring *ou* making-up. **(e)** *(imitation)* **veste ~ daim** jacket in imitation suede. **(f)** *(†: genre)* **une ~ de roman** a novel of sorts.

façonner [fasɔne] (1) *vt (gén)* to make; *(industriellement)* to manufacture; *argile* to shape, fashion; *personne* to mould, form.

fac-similé, *pl* **fac-similés** [faksimile] *nm* facsimile.

facteur [faktœʀ] *nm (Poste)* postman, mailman *(US)*; *(élément, Math)* factor. *(Math)* **mettre en ~s** to factorize; **~ de pianos** piano maker.

factice [faktis] *adj marbre, beauté* artificial; *bijou* imitation; *barbe* false; *bouteille en vitrine* dummy; *enthousiasme* feigned.

factieux, -euse [faksjø, øz] **1** *adj* factious. **2** *nm, f* seditionary.

faction [faksjõ] *nf* (**a**) *(groupe)* faction. (**b**) *[soldat]* guard; *(fig)* long watch. **être de** *ou* **en** ~ to be on *ou* stand guard; *(fig)* to keep watch. ♦ **factionnaire** *nm* guard.

factrice [faktʀis] *nf* postwoman, mailwoman *(US)*.

factuel, -elle [faktyɛl] *adj* factual.

facture [faktyʀ] *nf (gén)* bill; *(Comm)* invoice. *(Écon)* **notre** ~ **pétrolière** the nation's oil bill. ♦ **facturer** (**1**) *vt (établir une facture)* to invoice. *(compter)* ~ **qch 20 F** *(à qn)* to charge (sb) 20 francs for sth.

facultatif, -ive [fakyltatif, iv] *adj* optional. **arrêt** ~ request stop; **matière** ~**ive** optional subject, elective (subject) *(US)*.

faculté [fakylte] *nf* (**a**) *(Univ)* faculty. **quand j'étais en** ~ when I was at university. (**b**) *(don)* faculty; *(pouvoir)* power; *(propriété)* property. **avoir une grande** ~ **de mémoire** to have great powers of memory; **avoir la** ~ **de marcher** to have the ability to walk *ou* the power of walking; *(aptitudes)* ~**s** faculties. (**c**) *(droit)* right; *(possibilité)* freedom. **je te laisse la** ~ **de choisir** I'll give you the freedom to choose.

fadaise [fadɛz] *nf (littér)* **dire des** ~**(s)** to mouth insipid, empty phrases.

fade [fad] *adj plat* tasteless, insipid, bland; *teinte* dull; *plaisanterie* tame; *décor, individu, conversation* dull, insipid. ♦ **fadeur** *nf* tastelessness; insipidness; blandness; dullness. *(platitudes)* ~**s** sweet nothings.

fagot [fago] *nm* bundle of sticks.

fagoter * [fagɔte] (**1**) **1** *vt (péj)* to rig out *. **2 se** ~ *vpr* to rig o.s. out * *(en* as a).

Fahrenheit [faʀɛnajt] *adj, nm* Fahrenheit. **32 degrés** ~ 32 degrees Fahrenheit.

faible [fɛbl(ə)] **1** *adj (gén)* weak. *monnaie* weak, soft; *somme, intensité* low; *quantité, différence* small, slight; *espoir, bruit, odeur* slight, faint; *lumière* dim; *voix, pouls* faint, feeble; *vent* light; *rendement, devoir, raisonnement* poor. **avoir la vue** ~ to have weak *ou* poor eyesight; **il est trop** ~ **avec elle** he is too soft with her; **à une** ~ **profondeur** at a slight depth below the surface; *(Pol)* **une** ~ **majorité** a narrow *ou* slight majority; ~ **en alcool** low in alcohol; ~ **en français** poor at French. **2** *nm* (**a**) *(sans volonté)* weakling. *(sans défense)* **les** ~**s** the weak; **un** ~ **d'esprit** a feeble-minded person. (**b**) *(déficience)* weak point; *(penchant)* weakness, partiality. **il a un** ~ **pour sa fille** he has a soft spot for his daughter.
♦ **faiblement** *adv* weakly; slightly; faintly; dimly; lightly. ♦ **faiblesse** *nf* (**a**) weakness; softness; smallness; slightness; faintness; feebleness; dimness; lightness. **la** ~ **de la demande** the low *ou* poor demand; ~ **d'esprit** feeble-mindedness; **avoir la** ~ **d'accepter** to be weak enough to accept. (**b**) *(syncope)* sudden weakness. (**c**) *(défaut)* weakness. **chacun a ses petites** ~**s** we all have our little foibles *ou* weaknesses. ♦ **faiblir** (**2**) *vi* to get weaker *(ou* slighter *ou* smaller *etc)*; *[résolution, résistance]* to weaken; *[forces, courage, vue]* to fail; *[vent]* to slacken; *[rendement]* to slacken off. **l'écart faiblit entre eux** the gap is narrowing between them.

faïence [fajãs] *nf* (**a**) **la** ~ *(substance)* earthenware; *(objets)* crockery, earthenware. (**b**) *(objet)* piece of earthenware.

faille [faj] *nf (Géol)* fault; *[raisonnement]* flaw; *[amitié]* rift.

faillir [fajiʀ] *vi* (**a**) *(manquer)* **j'ai failli tomber** I almost *ou* very nearly fell. (**b**) ~ **à** *devoir* to fail in; *promesse* to fail to keep; **sans** ~ unfailingly. (**c**) *(†: fauter)* to lapse.

faillite [fajit] *nf (Comm)* bankruptcy; *[espoir, méthode, gouvernement]* collapse. **la** ~ **du gouver-**

nement en matière économique the government's failure on the economic front; **faire** ~ *(Comm)* to go bankrupt; *(fig)* to collapse; **mettre qn en** ~ to make sb bankrupt.

faim [fɛ̃] *nf* hunger. **donner/avoir** ~ to make sb/be hungry; **manger à sa** ~ to eat one's fill; **avoir** ~ **de** *honneur etc* to hunger for; **sa** ~ **de richesses** his yearning for wealth; **j'ai une** ~ **de loup** I'm ravenous *ou* famished.

fainéant, e [feneã, ãt] **1** *adj* lazy, idle. **2** *nm, f* idler. ♦ **fainéanter** (**1**) *vi* to idle about. ♦ **fainéantise** *nf* laziness, idleness.

faire [fɛʀ] (**60**) **1** *vt* (**a**) *(fabrication) (gén)* to make; *maison* to build; *pain* to bake; *repas* to cook; *liste* to draw up; *chèque* to make out; *cours* to give; *livre* to write; *tableau* to paint; *dessin* to draw; *farce* to play; *faute, promesse* to make. ~ **du thé** to make (some) tea; **qu'avez-vous fait de votre sac?** what have you done with your bag?, where have you left *ou* put your bag? (**b**) *(activité) (gén)* to do; *piano, tennis, match* to play; *rêve, chute* to have; *geste, projet* to make. **que faites-vous?** *(dans la vie)* what do you do?, what is your job?; *(en ce moment)* what are you doing?; ~ **du français** to do *ou* study French; **elle fait du tricot/un peu de tricot** she knits/does a bit of knitting. (**c**) *(fonction) (Théât)* **rôle** to play, be. ~ **le malade** to pretend to be ill; ~ **l'innocent** to play *ou* act the innocent; **il fait le jardinier pendant les vacances** he is acting as gardener during the holidays; **quel idiot je fais!** what a fool I am! *ou* I look!; **il en a fait un avocat/son héritier** he's made a lawyer of him/made him his heir; **on le fait plus riche qu'il n'est** people make him out to be richer than he is; **ils ont fait de cette pièce une cuisine** they made *ou* turned the room into a kitchen; **la cuisine fait salle à manger** the kitchen serves as *ou* is used as a dining room; **cet hôtel fait aussi restaurant** this hotel is also run as a restaurant. (**d**) *(parcours)* to do. ~ **un voyage/une promenade** to go on a journey/go for *ou* take a walk; ~ **du 100 km/h** to do 100 km/h; ~ **les magasins** to go round the shops. (**e**) *(Comm)* **l'épicerie** to sell, deal in; *blé* to grow, produce. **nous ne faisons pas cette marque** we don't stock *ou* keep that make. (**f**) *(nettoyage)* **pièce** to clean, do; *lit* to make; *chaussures* to clean. ~ **le ménage** to do the housework, clean the house; ~ **la vaisselle** to do the washing-up *ou* the dishes. (**g**) *(Méd)* *diabète etc* to have, suffer from. ~ **de la fièvre** to have *ou* run a temperature; ~ **ses besoins** to go to the toilet. (**h**) *(mesure)* to be. **2 et 2 font 4** 2 and 2 are *ou* make 4; **ça fait 3 mètres de long** it is 3 metres long; **ça fait 3 kg** it weighs 3 kg; **il fait 23 degrés** it is 23 degrees; **combien fait cette chaise?** how much is this chair? *ou* does this chair cost?; **je vous la fais 100 F** I'll let you have it *ou* I'll give it to you for 100 F. (**i**) *(effet)* *piqûres etc* to give. ~ **du bien/du mal à...** to do good/harm to...; ~ **du chagrin à qn** to cause unhappiness to sb, make sb unhappy; ~ **le bonheur de qn** to make sb happy; **qu'est-ce que cela peut bien te** ~**?** what does it matter to you?; **la mort de son père ne lui a rien fait** his father's death didn't affect him; **cela ne vous ferait rien de sortir?** would you mind going out?; **qu'est-ce qu'on t'a donc fait!** whatever have they done to you!; **ça ne fait rien** it doesn't matter; **l'épidémie a fait 10 victimes** the epidemic has claimed 10 victims *ou* lives. (**j**) *(locutions)* **pour ce qu'on en fait!** for all that we do with it!; **n'en faites rien** do nothing of the sort; **n'avoir que** ~ **de** to have no need of; **ne** ~ **que de protester** to keep on and on protesting, be constantly protesting; **je ne fais que d'arriver** I've only just arrived.

2 *vi* (**a**) *(agir)* to do. ~ **vite** to act quickly, be quick; **il a bien fait** he did the right thing; ~ **de son mieux** to do one's best; **on ferait bien de le prévenir** it would be a good idea to warn him; **je ferais mieux de partir** I'd better go; **faites comme vous voulez** do as you please; **faites comme chez vous** make yourself at home; **il n'y a rien à ~** it's no use. **(b)** *(dire)* to say. **vraiment? fit-il** really? he said; **il fit un 'ah' de surprise** he gave a surprised 'ah'. **(c)** *(durer)* **ce chapeau (me) fera encore un hiver** this hat will last *ou* do me another winter. **(d)** *(paraître)* to look. **ce vase fait bien sur la table** the vase looks nice on the table; **~ vieux/ jeune** to look old/ young (for one's age). **(e)** *(devenir)* to make, be. **cet enfant fera un bon musicien** this child will make a good musician; **il veut ~ médecin** he wants to be a doctor.

3 *vb impers*: **il fait jour** it is daylight; **il fait du soleil** the sun is shining, it is sunny; **il fait lourd** it *ou* the weather is close *ou* thundery; **cela fait 2 ans que je ne l'ai pas vu** it is 2 years since I last saw him, I haven't seen him for 2 years; **ça fait 2 ans qu'il est parti** he left 2 years ago, it's 2 years since he left; **il fait bon se promener** it is nice to go for a walk; **il ne fait pas bon le contredire** it is better not to contradict him; **il fait bon vivre** life is good; **cela fait que nous devons partir** the result is that we must leave.

4 *vb substitut* to do. **il travaille mieux que je ne fais** he works better than I do; **— faites, je vous en prie —** (yes) please do, (yes) by all means.

5 se ~ *vpr* **(a)** *robe, amis* to make o.s. **il se fait sa cuisine** he does his own cooking; **il se fait 8000 F par mois** he earns *ou* makes 8,000 francs a month; **s'en ~** to worry. **(b)** *[fromage, vin]* to mature. *(fig)* **il s'est fait tout seul** he is a self-made man. **(c)** *(devenir)* prêtre *etc* to become. **se ~ vieux** to be getting old; **il se faisait tard** it was getting late; **ça ne se fera pas** it won't happen; **se ~ beau** to make o.s. beautiful. **(d) se ~ à** to get used to; **il ne peut pas se ~ au climat** he can't get used to the climate. **(e) cela ne se fait pas** it's not done; **une chose qui se fait** a done thing; **ça ne se fera pas** it won't take place. **(f)** *(impers)* **il peut/il pourrait se ~ qu'il pleuve** it may/it might rain; **comment se fait-il qu'il soit absent?** how is it that he is absent? **(g) se ~ + infin: se ~ vomir** to make o.s. vomit; **il s'est fait remettre le document** he had the document handed over to him; **il s'est fait ouvrir par le voisin** he got the neighbour to let him in.

6 *vb aux* **+ infin: j'ai fait démarrer la voiture** I made the car start, I got the car started; **~ traverser la rue à un aveugle** to help a blind man across the road; **~ entrer** *visiteur* to show *ou* ask in; *livreur* to let in; **(se) ~ faire une robe** to have a dress made; **~ faire la vaisselle à qn** to get sb to do the dishes; **il lui a fait ouvrir le coffre-fort** he made him open *ou* forced him to open the safe.

7 : **~-part** *nm inv* announcement (of a birth *ou* death *etc*); **~-part de mariage** wedding announcement, ≃ wedding invitation.

faisable [fəzabl(ə)] *adj* feasible. **est-ce ~ en 2 jours?** can it be done in 2 days? ♦ **faisabilité** *nf* feasibility.

faisan [fəzɑ̃] *nm* pheasant. ♦ **faisandé, e** *adj goût* high; *(péj)* corrupt.

faisceau, *pl* **~x** [fɛso] *nm* *(fagot)* bundle; *(Élec, Phys)* beam. **~ de preuves** body of proof.

fait¹ [fɛ] *nm* **(a)** *(événement)* event, occurrence; *(donnée, acte)* fact; *(phénomène)* phenomenon. **~ nouveau** new development; **il me faut des ~s concrets** I must have concrete facts *ou* evidence; *(Jur)* **les ~s qui lui sont reprochés** the charges against him; **il s'est produit un ~ curieux** a strange thing has happened; **le ~ de bouger** the fact of moving; **~ d'armes** feat of arms; **~ divers** (short) news item; *(rubrique)* **~s divers** news in brief; **~s et gestes** actions. **(b)** *(cause)* **c'est le ~ du hasard** it's the work of fate; **c'est le ~ de son inexpérience** it's

because of *ou* owing to his inexperience. **(c) au ~** *(à propos)* by the way; **en venir au ~** to get to the point; **est-il au ~?** does he know?, is he informed?; **mettre qn au ~ (d'une affaire)** to inform sb of *ou* acquaint sb with a matter; **de ~** *(de facto)* de facto; *(en fait)* in fact; **il est de ~ que** it is a fact that; **de ce ~** therefore; **du ~ de qch** on account of sth; **en ~** in fact; **en ~ de** *(en guise de)* by way of a; *(en matière de)* as regards, in the way of; **le ~ est là** it's a fact; **être le ~ de** *(être typique de)* to be typical of; **par ce ~** by this very fact; **dire son ~ à qn** to talk straight to sb; **prendre ~ et cause pour qn** to side with sb; **comme par un ~ exprès** almost as if on purpose; **mettre qn devant le ~ accompli** to present sb with a fait accompli.

fait², **e** [fɛ, fɛt] *adj* **(a) être ~ pour** to be made *ou* meant for; **ceci n'est pas ~ pour lui plaire** this is not likely to please him; **il est ~ pour être médecin** he's cut out to be a doctor. **(b)** *(fini)* **c'en est ~ de notre vie calme** that's the end of our quiet life; **c'est toujours ça de ~** that's one job done. **(c)** *(mûr)* *personne* mature; *fromage* ripe. **fromage ~ à cœur** fully ripened cheese. **(d)** *(maquillé)* made-up. **avoir les ongles ~s** to have painted nails. **(e) tout ~** ready-made; **acheter des vêtements tout ~s** to buy ready-made *ou* ready-to-wear clothes. **(f)** *(constitué)* **une femme bien ~e** a good-looking woman; **avoir la jambe bien ~e** to have nice legs; **comment est-il ~?** what is he like?, what does he look like?; **le monde est ainsi ~** that's the way of the world; **les gens sont ainsi ~s que** people are such that. **(g)** *(locutions)* **il est ~ (comme un rat)** * he's cornered!; **c'est bien ~!** it serves them *(ou* him *etc)* right!

faîte [fɛt] *nm [montagne]* summit; *[arbre]* top. **~ du toit** rooftop; **~ de la gloire** height of glory.

faitout *nm* [fɛtu] stewpot.

fakir [fakiʀ] *nm (Rel)* fakir; *(Music-Hall)* wizard.

falaise [falɛz] *nf* cliff.

fallacieux, -euse [falasjø, øz] *adj* fallacious. ♦ **fallacieusement** *adv* fallaciously.

falloir [falwaʀ] **(29)** **1** *vb impers* **(a)** *(besoin)* **il me le faut à tout prix** I must have it at all costs; **il lui faut qn pour l'aider** he needs sb to help him; **il vous faut tourner à gauche** you have to *ou* need to turn left; *(au magasin)* **qu'est-ce qu'il vous faut?** what are you looking for?; **il n'en faut pas beaucoup pour qu'il se mette à pleurer** it doesn't take much to make him cry; **il faut du courage pour le faire!** it takes some courage to do it; **s'il le faut** if need be. **(b)** *(obligation)* **il va ~ y aller** we'll have to go; **il faut que tu y ailles** you must go; **il faudrait qu'il parte** he ought to *ou* should go; **que faut-il leur dire?** what shall I *(ou* we *etc)* tell them?; **il ne faut pas être en retard** we mustn't be *ou* we can't afford to be late; **il va ~ qu'il parte** he'll have to go. **(c)** *(intensif)* **il fallait me le dire** you should have told me; **il faut voir ce spectacle** this show is a must, you must see this show; **il ne faudrait pas qu'il essaie!** he'd better not try!; **(il) faut dire qu'il est culotté** * you've got to admit he's got a nerve; **il a fallu qu'elle le perde!** she HAD to go and lose it! **(d)** *(probabilité)* **il faut que tu te sois trompé** you must have made a mistake; **faut-il donc être bête!** some people are so stupid; **faut-il qu'il soit bête!** he must be so *ou* really stupid; **il ne faut pas être intelligent pour dire ça** it's not very clever to say sth like that; **il faut toujours que ça tombe sur moi!** it always has to happen to me. **(e)** *(locutions)* **(il) faut le faire!** *(admiratif)* that takes some doing!; **il faut de tout pour faire un monde** it takes all sorts to make a world; **il ne faut jamais remettre au lendemain ce qu'on peut faire le jour même** procrastination is the thief of time; **ce qu'il faut entendre!** the things you hear!

2 s'en ~ *vpr*: **il ne s'en fallait que de 100 F pour qu'il ait la somme** he was only *ou* just 100 francs short of the full amount; **il s'en faut de beaucoup** not by a long way *ou* chalk, far from it; **il s'en faut de beaucoup qu'il soit heureux** he is far from happy; **il s'en est fallu d'un cheveu qu'il ne soit pris** he was within a hair's breadth *ou* an ace of being caught; **peu s'en est fallu (pour) qu'il pleure** he almost *ou* very nearly wept.

falot¹ [falo] *nm* lantern.

falot², e [falo, ɔt] *adj personne* colourless; *lumière* wan, pale.

falsifier [falsifje] (7) *vt* to falsify, alter, tamper with.

famélique [famelik] *adj* scrawny, scraggy, raw-boned.

fameux, -euse [famø, øz] *adj* (**a**) (**: bon*) *mets, voiture* first-rate; *idée* bright, great *. **pas ~ mets,** *roman* not too good, not up to much *; **il n'est pas ~ en maths** he's not too hot at maths *. (**b**) (**: avant n: intensif*) **c'est un ~ problème** it's a real *ou* it's quite a problem; **c'est une ~euse assiettée** that's a huge *ou* great plateful; **c'est un ~ gaillard** (*bien bâti*) he's a strapping fellow. (**c**) (**: référence*) **quel est le nom de cette ~euse rue?** what's the name of that (famous) street? (**d**) (*célèbre*) famous (*pour* for). ◆**fameusement** *adv* remarkably, really.

familial, e, *mpl* **-aux** [familjal, o] **1** *adj* family. **2** *nf* family estate car, station wagon (*US*).

familiariser [familjaʀize] (1) **1** *vt*: **~ qn avec** to familiarize sb with. **2 se ~** *vpr*: **se ~ avec** *lieu, personne, méthode* to familiarize o.s. with, get to know, become acquainted with; *bruit, danger* to get used *ou* accustomed to; **être (peu) familiarisé avec** to be (un)familiar with.

familier, -ière [familje, jɛʀ] **1** *adj* (**a**) (*bien connu*) familiar. **ça m'est ~** I'm familiar with it; **cette attitude lui est ~ière** this is a familiar *ou* customary attitude of his; **le mensonge lui était devenu ~** he had become quite used to lying. (**b**) (*amical*) informal, friendly; (*désinvolte*) *personne, surnom* (over)familiar; *attitude* offhand, casual; (*non recherché*) *expression, style* familiar, colloquial. **expression ~ière** colloquialism. **2** *nm* [club, théâtre] regular visitor (*de* to); [famille] friend (*de* of). ◆**familiarité** *nf* familiarity. (*privautés*) **~s** familiarities; **~ avec** *langue, méthode* familiarity with. ◆**familièrement** *adv* informally; familiarly; colloquially.

famille [famij] *nf* (*gén*) family. **on a prévenu la ~** the relatives *ou* the next of kin have been informed; **dîner de ~** family dinner; **ça tient de ~** it runs in the family; **passer ses vacances en ~** to spend one's holidays with the family; **ils sont de la même ~ politique** they're of the same political persuasion.

famine [famin] *nf* (*épidémie*) famine. **nous allons à la ~** we are heading for starvation.

fan * [fan] *nm* (*admirateur*) fan.

fanal, *pl* **-aux** [fanal, o] *nm* (*gén*) lantern; [train] headlight; (*phare*) beacon.

fanatique [fanatik] **1** *adj* fanatical (*de* about). **2** *nmf* (*gén, Sport*) fanatic. ◆**fanatiquement** *adv* fanatically. ◆**fanatiser** (1) *vt* to rouse to fanaticism. ◆**fanatisme** *nm* fanaticism.

fane [fan] *nf* [radis etc] top.

faner [fane] (1) **1** *vi* to make hay. **2** *vt* (**a**) *herbe* to toss. (**b**) *fleur, beauté* to fade. **3 se ~** *vpr* [plante, teint] to fade; [peau] to wither.

fanfare [fɑ̃faʀ] *nf* (*orchestre*) brass band; (*musique*) fanfare. **en ~** *réveil* clamorous, tumultuous; *partir* noisily, with great commotion; **annoncer en ~** *réforme etc* to blazon *ou* trumpet forth.

fanfaron, -onne [fɑ̃faʀɔ̃, ɔn] **1** *adj* boastful. **2** *nm, f* braggart. **faire le ~** to brag, boast. ◆**fanfaronnade** *nf*: **~(s)** bragging, boasting. **arrête tes ~s** stop boasting. ◆**fanfaronner** (1) *vi* to brag, boast.

fanfreluche [fɑ̃fʀəlyʃ] *nf* trimming.

fange [fɑ̃ʒ] *nf* (*littér*) mire.

fanion [fanjɔ̃] *nm* pennant.

fantaisie [fɑ̃tezi] *nf* (**a**) (*caprice*) whim; (*extravagance*) extravagance. **je me suis payé une petite ~** I bought myself a little present; **il veut vivre à sa ~** he wants to live as he pleases; **il lui a pris la ~ de faire** he took it into his head to do; **à votre ~** as it may please you. (**b**) (*imagination*) fancy, imagination. **manquer de ~** [vie] to be monotonous; [personne] to be lacking in imagination. (**c**) *rideaux/boutons etc* **~** fancy curtains/buttons etc. (**d**) (*œuvre*) (*Littérat*) fantasy; (*Mus*) fantasia. ◆**fantaisiste 1** *adj* (*faux*) fanciful; (*bizarre*) eccentric; (*farceur*) whimsical. **2** *nmf* (*Théât*) variety artist; (*original*) eccentric; (*péj: fumiste*) phoney *.

fantasme [fɑ̃tasm(ə)] *nm* fantasy. **il vit dans ses ~s** he lives in a fantasy world. ◆**fantasmer** (1) *vi* to fantasize (*sur* about).

fantasque [fɑ̃task(ə)] *adj humeur* whimsical; *chose* weird, fantastic.

fantassin [fɑ̃tasɛ̃] *nm* foot soldier, infantryman.

fantastique [fɑ̃tastik] *adj* (**a**) (*étrange*) uncanny, weird, fantastic. **le cinéma ~** the cinema of the fantastic. (**b**) (**: excellent, énorme, incroyable*) fantastic *. ◆**fantastiquement** *adv* fantastically.

fantoche [fɑ̃tɔʃ] *nm, adj* puppet. **gouvernement ~** puppet government.

fantôme [fɑ̃tom] **1** *nm* (*spectre*) ghost. **2** *adj firme* bogus. **bateau ~** ghost *ou* phantom ship. ◆**fantomatique** *adj* ghostly.

faon [fɑ̃] *nm* (*Zool*) fawn.

faramineux, -euse * [faʀaminø, øz] *adj bêtise etc* staggering; *prix* astronomical; *idée* brilliant.

farandole [faʀɑ̃dɔl] *nf* (*danse*) farandole.

farce [faʀs(ə)] *nf* (**a**) (*tour*) practical joke, hoax. **faire une ~ à qn** to play a joke on sb; **magasin de ~s-attrapes** joke shop. (**b**) (*Théât, fig*) farce. **grosse ~** slapstick comedy. (**c**) (*Culin*) stuffing. ◆**farceur, -euse** *nm, f* (*blagueur*) joker; (*péj: fumiste*) phoney *.

farcir [faʀsiʀ] (2) **1** *vt* (*Culin*) to stuff. **farci de fautes** crammed *ou* packed with mistakes. **2 se ~** *vpr* (*) *travail, personne* to get landed with *; *bouteille* to knock back *. **il faut se le ~!** (*bavard*) he's a bit of a pain in the neck *.

fard [faʀ] *nm* make-up; (†: *poudre*) rouge; [acteur] greasepaint. **sans ~** *parler* openly.

fardeau, *pl* **~x** [faʀdo] *nm* (*lit*) load; (*fig*) burden. **sous le ~** de under the weight *ou* burden of.

farder [faʀde] (1) **1** *vt acteur* to make up; *visage* to rouge; *vérité* to disguise. **2 se ~** *vpr* to make o.s. up; to paint one's face.

farfelu, e * [faʀfəly] **1** *adj* cranky, scatty *. **2** *nm, f* eccentric.

farfouiller * [faʀfuje] (1) *vi* to rummage about (*dans* in).

farine [faʀin] *nf* [blé] flour. **~ d'avoine** oatmeal; **~ complète** wholemeal *ou* wholewheat flour; **~ de froment** wheat flour. ◆**fariner** (1) *vt* to flour. ◆**farineux, -euse 1** *adj aspect, goût* floury, chalky. **2** *nm*: (*aliment*) starchy food.

farouche [faʀuʃ] *adj* (**a**) (*timide*) shy, timid; (*peu sociable*) unsociable. (**b**) (*hostile*) fierce. **ennemi ~** bitter enemy. (**c**) (*opiniâtre*) *volonté, résistance* unshakeable; *énergie* irrepressible. (**d**) (*indompté*) savage, wild. ◆**farouchement** *adv* fiercely. **nier ~ qch** to deny sth fiercely *ou* heatedly.

fart [faʀ(t)] *nm* (*ski*) wax. ◆**farter** (1) *vt* to wax.

Far-West [faʀwɛst] *nm:* **le ~** the Wild West.

fascicule [fasikyl] *nm [livre]* instalment.

fasciner [fasine] (1) *vt (gén)* to fascinate; *[charme]* to bewitch. ◆ **fascination** *nf* fascination (*sur* on, over).

fascisme [faʃism(ə)] *nm* fascism. ◆ **fasciste** *adj, nmf* fascist.

faste¹ [fast(ə)] *nm* splendour.

faste² [fast(ə)] *adj (littér)* lucky.

fast food [fastfud] *nm* fastfood restaurant.

fastidieux, -euse [fastidjø, øz] *adj* tedious, boring. ◆ **fastidieusement** *adv* tediously, boringly.

fastueux, -euse [fastɥø, øz] *adj décor* sumptuous; *repas, réception* lavish. ◆ **fastueusement** *adv* sumptuously; lavishly.

fatal, e, *mpl ~***s** [fatal] *adj accident* fatal; *coup* fatal, deadly; *ton, instant* fateful. **erreur ~e!** grievous *ou* fatal error!; **être ~ à qn** to be *ou* prove fatal to *ou* for sb; **c'était ~!** it was inevitable, it was bound to happen. ◆ **fatalement** *adv* inevitably. ◆ **fatalisme** *nm* fatalism. ◆ **fataliste 1** *adj* fatalistic. **2** *nmf* fatalist. ◆ **fatalité** *nf (destin)* fate; *(coïncidence)* fateful coincidence; *(inévitabilité)* inevitability.

fatidique [fatidik] *adj* fateful.

fatigant, e [fatigã, ãt] *adj (épuisant)* tiring; *(agaçant)* tiresome, tedious. **c'est ~ pour le cœur** it's a strain on the heart; **tu es vraiment ~** you really are tiresome *ou* a nuisance.

fatigue [fatig] *nf (gén)* tiredness; *(Méd, Tech)* fatigue. **tomber de ~** to be dead tired; **il a voulu nous épargner cette ~** he wanted to spare us the strain; **les ~s du voyage** the strain *ou* the tiring effects of the journey.

fatiguer [fatige] (1) **1** *vt* **(a)** *personne* to tire; *moteur* to strain; *poutre* to put a strain on; *terre* to exhaust, impoverish. *[patron]* **~ qn/qch** to overwork sb/sth; **ça vous fatigue** it tires *ou* wears you out; **ça fatigue le cœur** it puts a strain on the heart. **(b)** *(fig: agacer)* to annoy; *(lasser)* to wear out. **2** *vi [moteur]* to labour, strain; *[poutre]* to become strained; *[personne]* to tire. **3 se ~** *vpr* to get tired; *(se surmener)* to overwork o.s. **se ~ à faire qch** to tire o.s. out doing sth; **se ~ les yeux** to strain one's eyes; *(se lasser de)* **se ~ de qch/de faire** to get tired of sth/of doing; **pas la peine de te ~ *** there's no need to wear yourself out *ou* no point wearing yourself out. ◆ **fatigué, e** *adj personne, voix, traits* tired, weary; *yeux, cœur* strained; *estomac* upset; *poutre, joint, habit* worn. **~ de** tired of.

fatras [fatʀa] *nm* jumble.

fatuité [fatɥite] *nf* self-complacency.

faubourg [fobuʀ] *nm* (inner) suburb. ◆ **faubourien, -ienne** *adj accent* Paris working-class.

fauchaison [foʃɛzɔ̃] *nf (époque, action)* mowing, reaping.

faucher [foʃe] (1) *vt* **(a)** *blé* to reap; *champs* to mow; *herbe* to mow, cut; *(avec une faux)* to scythe. **(b)** *(fig) [véhicule, tir]* to mow down. **la mort l'a fauché** death cut him down; **avoir une jambe fauchée par le train** to have a leg cut off by the train. **(c)** (⁂: *voler*) to pinch *, swipe *. ◆ **fauche** ⁑ *nf (vol)* pinching *, swiping *. **il y a beaucoup de ~** there's a lot of thieving. ◆ **fauché, e *** *adj (sans argent)* stony-broke *. ◆ **faucheur, -euse** *nm, f* mower, reaper.

faucille [fosij] *nf* sickle.

faucon [fokɔ̃] *nm* falcon, hawk.

faufiler (se) [fofile] (1) *vpr:* **se ~ parmi la foule** to worm *ou* inch one's way through the crowd; **se ~ entre les voitures** to thread one's way

through the traffic; **se ~ à l'intérieur/au dehors** to slip *ou* sneak in/out.

faune¹ [fon] *nm (Myth)* faun.

faune² [fon] *nf (Zool)* wildlife; *(péj)* set.

faussaire [fosɛʀ] *nmf* forger.

faussement [fosmã] *adv accuser* wrongly; *croire* wrongly, falsely. **~ modeste** falsely modest; **d'un ton ~ indifférent** in a tone of feigned indifference.

fausser [fose] (1) *vt calcul, réalité, sens* to distort; *esprit* to disturb; *clef* to bend; *serrure* to break; *charnière* to buckle; *hélice* to warp. **~ compagnie à qn** to give sb the slip.

fausseté [foste] *nf* **(a)** *[accusation, dogme]* falseness, falsity; *[caractère, personne]* duplicity. **(b)** (†: *mensonge*) falsehood.

faute [fot] *nf (erreur)* mistake, error; *(mauvaise action)* misdeed; *(Jur)* offence; *(péché)* sin; *(Ftbl etc)* offence; *(Tennis)* fault; *(responsabilité)* fault. **~ de frappe** typing error; **~ d'impression** misprint; **~ d'inattention** careless mistake; **~ d'orthographe** spelling mistake; **faire une ~** to make a mistake (*de* in); **candidat qui a fait un sans ~ *** candidate who hasn't put a foot wrong; **renvoyé pour faute professionnelle** dismissed for professional misconduct; **c'est de la ~ de Richard** it's Richard's fault, it's because of Richard; **à qui la ~?** whose fault is it?, who's to blame?; **être/se sentir en ~** to be/feel at fault *ou* in the wrong; **prendre qn en ~** to catch sb out; **il ne se fait pas ~ de faire** he doesn't fail to do; **~ d'argent** for want of money; **~ de mieux** failing anything better; **~ de quoi** failing which; **relâché ~ de preuves** released for *ou* through lack of evidence.

fauteuil [fotœj] *nm (gén)* armchair, easy chair; *[président]* chair; *[théâtre, académicien]* seat. *(fig)* **il est arrivé dans un ~ *** he romped home; **~ à bascule** rocking chair; **~ roulant** wheelchair.

fauteur [fotœʀ] *nm:* **~ de troubles** troublemaker; **~ de guerre** warmonger.

fautif, -ive [fotif, iv] **1** *adj* **(a)** *élève* naughty, guilty. **être ~** to be at fault *ou* in the wrong. **(b)** *liste, calcul* faulty. **2** *nm, f:* **c'est moi le ~** I'm the one to blame *ou* the culprit. ◆ **fautivement** *adv* by mistake.

fauve [fov] **1** *adj couleur* tawny, fawn. **2** *nm* big cat.

faux¹ [fo] *nf* scythe.

faux², fausse [fo, fos] **1** *adj* **(a)** *argent, documents* forged, fake; *marbre* imitation; *tableau* fake; *(fig) savant* bogus; *dent, nez* false. **~ papiers** forged identity papers. **(b)** *bonhomie, colère* feigned; *attitude, promesse* false; *situation* awkward. **fausse dévotion** false piety. **(c)** *(inexact) (gén)* wrong; *affirmation* untrue; *balance, raisonnement* inaccurate, faulty; *piano, voix* out of tune; *rumeur, soupçons* false. **c'est ~** that's wrong; **faire fausse route** *(lit)* to go the wrong way; *(fig)* to be on the wrong track; **faire un ~ pas** *(lit)* to stumble; *(fig)* to make a foolish mistake; **avoir de fausses craintes** to have groundless fears.

2 *nm* **(a)** *(mensonge, Philos)* **le ~** falsehood. **(b)** *(contrefaçon)* forgery; *(tableau, document)* fake, forgery. **faire un ~** to commit a forgery.

3 *adv chanter* out of tune. **sonner ~** *[rire]* to have a false ring.

4 : **fausse alerte** false alarm; **~ ami** *(traître)* false friend; *(Ling)* faux ami, deceptive cognate; **faire ~ bond à qn** to let sb down; **fausse clef** skeleton key; **~ col** detachable collar; **fausses côtes** floating ribs; **fausse couche** miscarriage; *(lit, fig)* **~ départ** false start; **fausse fenêtre** blind window; **~-filet** sirloin; **~ frais** *(pl)* incidental expenses; **~ fuyant** evasion, equivocation; **user de ~-fuyants** to equivocate; **~ jeton *** devious character; **fausse joie** vain joy; **~ jour** *(lit)* deceptive light; *(fig)* **sous**

un ~ **jour** in a false light; **fausse manœuvre** wrong move; ~**-monnayeur** forger; ~ **mouvement** awkward movement; ~ **nom** false name; **fausse note** (Mus) wrong note; (fig) sour note; (lit, fig) **fausse piste** wrong track; ~ **pli** crease; **fausse porte** false door; ~ **problème** non-problem; ~ **semblant** sham, pretence; ~ **sens** mistranslation; ~ **témoignage** false evidence; (délit) perjury; ~ **témoin** lying witness.

faveur [favœʀ] nf (a) favour. **faites-moi la** ~ **de...** would you be so kind as to...; **gagner/perdre la** ~ **du public** to win/lose public favour; **être en** ~ to be in favour (auprès de qn with sb); **de** ~ **billet** complimentary; régime preferential; **en** ~ **de** (à cause de) on account of; (au profit de) in favour of; (but charitable) in aid of; **être en** ~ **de qch** to be in favour of sth; **à la** ~ **de** thanks to; **à la** ~ **de la nuit** under cover of darkness. (b) (ruban) favour. ♦ **favorable** adj favourable. **sous un jour** ~ in a favourable light; **prêter une oreille** ~ **à** to lend a sympathetic ear to; **d'un œil** ~ with a favourable eye; **être** ~ **à** to be favourable to. ♦ **favorablement** adv favourably. ♦ **favori, -ite** adj, nm, f favourite. ♦ **favoris** nmpl side whiskers. ♦ **favoriser** (1) vt (gén) to favour. ♦ **favoritisme** nm favouritism.

fébrile [febʀil] adj (lit, fig) feverish. ♦ **fébrilement** adv feverishly. ♦ **fébrilité** nf feverishness.

fécond, e [fekɔ̃, ɔ̃d] adj femelle (non stérile) fertile; (prolifique) prolific; sujet, idée, terre fruitful; esprit fertile. ~ **en** rich in ou abounding in. ♦ **féconder** (1) vt femme to make pregnant; animal, fleur to fertilize. ♦ **fécondation** nf impregnation; fertilization. ♦ **fécondité** nf fertility, fruitfulness.

fécule [fekyl] nf starch. ♦ **féculent, e 1** adj starchy. **2** nm starchy food.

fédéral, e, mpl **-aux** [fedeʀal, o] adj federal. ♦ **fédéraliser** (1) vt to federalize. ♦ **fédéralisme** nm federalism. ♦ **fédéraliste** adj, nmf federalist.

fédération [fedeʀasjɔ̃] nf federation.

fée [fe] nf fairy.

féerie [fe(e)ʀi] nf (Ciné, Théât) extravaganza; (vision) enchantment. ♦ **féerique** adj magical.

feindre [fɛ̃dʀ(ə)] (52) **1** vt enthousiasme, ignorance to feign. ~ **d'être/de faire** to pretend to be/do. **2** vi to dissemble. ♦ **feint, e¹** adj feigned.

feinter [fɛ̃te] (1) **1** vt (Ftbl) to dummy; (Boxe) to feint at; (‡: rouler) to trick, take in. **2** vi (Escrime) to feint. ♦ **feinte²** nf (manœuvre) dummy move; (Boxe) feint; (ruse) ruse. **parler sans** ~ to speak without dissimulation.

fêler vt, **se** ~ vpr [fele] (1) to crack. **voix fêlée** cracked ou hoarse voice.

félicité [felisite] nf (Rel) bliss.

féliciter [felisite] (1) **1** vt to congratulate (qn de ou sur qch sb on sth). **2 se** ~ vpr to congratulate o.s. (de on). **je n'y suis pas allé et je m'en félicite** I didn't go and I'm glad ou very pleased I didn't. ♦ **félicitations** nfpl congratulations (pour on).

félin, e [felɛ̃, in] **1** adj race feline; allure feline, catlike. **2** nm feline.

félon, -onne [felɔ̃, ɔn] **1** adj perfidious. **2** nm traitor. **3** nf traitress. ♦ **félonie** nf perfidy.

fêlure [felyʀ] nf (lit, fig) crack.

femelle [fəmɛl] **1** adj (gén) female; souris etc she-; oiseau hen-; baleine, éléphant cow-. **2** nf (Zool, péj) female.

féminin, e [feminɛ̃, in] **1** adj (gén, Ling) feminine; sexe female; mode, équipe women's. **2** nm (Ling) feminine. **au** ~ in the feminine. ♦ **féminisme** nm feminism. ♦ **féministe** adj, nmf feminist. ♦ **féminité** nf femininity.

femme [fam] **1** nf (individu) woman; (épouse) wife. **la** ~ woman; ~ **médecin/professeur** (lady ou woman) doctor/teacher. **2** adj inv: **être** ~ (nubile) to have reached womanhood; **être très** ~ to be very womanly. **3** : ~ **d'affaires** businesswoman; ~ **auteur** authoress; ~ **de chambre** chambermaid; ~ **au foyer** housewife, woman who stays at home; ~ **d'intérieur** (conscientious) housewife; ~ **de lettres** woman of letters; ~ **de ménage** domestic help, cleaning lady; ~ **du monde** society woman; ~**-objet** woman as a sex object; ~ **de service** (nettoyage) cleaner; (cantine) dinner lady; ~ **soldat** woman soldier.

fémur [femyʀ] nm thighbone, femur.

fenaison [fənɛzɔ̃] nf haymaking.

fendiller vt, **se** ~ vpr [fɑ̃dije] (1) vernis to craze; bois to spring; peau to chap.

fendre [fɑ̃dʀ(ə)] (41) **1** vt (gén) to split; rochers to cleave; plâtre to crack. ~ **du bois** to chop wood; **il lui fendit le crâne** he split his skull open; ~ **la foule** to cut ou push one's way through the crowd; **récit qui fend le cœur** story which breaks one's heart, heartbreaking story. **2 se** ~ vpr (a) (se fissurer) to crack. **se** ~ **la lèvre** to cut one's lip; **se** ~ **la pipe** ‡ to laugh one's head off. (b) (Escrime) to lunge. (c) (‡) **se** ~ **de** somme to shell out *; cadeau to lash out on *. ♦ **fendu, e** adj manche slashed; veste with a vent; jupe slit. **la bouche** ~**e jusqu'aux oreilles** with a grin stretching from ear to ear.

fenêtre [f(ə)nɛtʀ(ə)] nf (gén) window. (train) **coin** ~ window seat; ~ **à guillotine** sash window ; ~ **à battants** casement window.

fente [fɑ̃t] nf (a) (fissure) crack; [rocher] cleft. (b) [volet] slit; [boîte à lettres] slot; [veston] vent.

féodal, e, mpl **-aux** [feɔdal, o] **1** adj feudal. **2** nm feudal lord. ♦ **féodalité** nf feudalism.

fer [fɛʀ] **1** nm (a) (métal) iron. **volonté de** ~ iron will. (b) (poutre) (iron) girder; (épée) sword; [cheval] shoe; [soulier] steel tip; [flèche, lance] head point; [rabot] blade. (c) ~**s** († : chaînes) chains, irons; (Méd †) forceps. **2** : ~**-blanc** tinplate; ~ **à cheval** horseshoe; ~ **forgé** wrought iron; ~ **à friser** curling tongs; (fig) ~ **de lance** spearhead; ~ **à repasser** iron; ~ **à souder** soldering iron; ~ **à vapeur** steam iron.

férié, e [feʀje] adj: **jour** ~ public holiday; **le lundi est** ~ the Monday is a holiday.

ferme¹ [fɛʀm(ə)] **1** adj (gén) firm; viande tough; écriture steady; trait confident; résolution, acheteur definite. ~ **sur ses jambes** steady on one's legs; **d'un pas** ~ with a firm step; **rester** ~ **dans l'adversité** to remain steadfast in adversity; **prix** ~**s et définitifs** firm prices. **2** adv travailler hard; discuter vigorously; (Comm) acheter definitely.

ferme² [fɛʀm(ə)] nf (domaine) farm; (habitation) farmhouse.

fermé, e [fɛʀme] adj (a) porte etc shut, closed; (à clef) locked; espace closed-in; angle narrow; ensemble closed; robinet off. (b) milieu, club exclusive. **cette carrière lui est** ~**e** this career is closed to him; économie ~**e** closed economy. (c) visage impassive; personne uncommunicative. (d) **être** ~ **à** sentiment to be impervious to; art to have no feeling for.

fermement [fɛʀməmɑ̃] adv (lit, fig) firmly.

ferment [fɛʀmɑ̃] nm (lit, fig) ferment. ♦ **fermentation** nf fermentation. **en** ~ (lit) fermenting; (fig) in a ferment. ♦ **fermenter** (1) vi to ferment.

fermer [fɛʀme] (1) **1** vt (a) (lit) to close, shut; lettre, poing, (fig) compte, liste to close; manteau to do up, fasten; gaz to turn ou switch off; robinet to turn off. ~ **à clef** to lock; ~ **au verrou** to bolt; ~ **la porte au nez de qn** to shut ou slam the door in sb's face; (fig) **toutes les portes lui sont fermées** all doors are closed to him; **ferme-la!** ‡ shut ou belt up! ‡; **je n'ai pas fermé l'œil de la nuit** I didn't sleep a wink all night; *(fig)* ~ **les yeux** to turn a blind eye, look the other way; ~ **les yeux sur** *misère* to close one's eyes to; *abus* to turn a blind eye to. **(b)** *chemin* to block, bar; *accès* to shut off; *frontière, col* to close; *aéroport* to close *ou* shut down. **champ fermé par une haie** field enclosed by a hedge; ~ **la marche** to bring up the rear. **(c)** *(cesser d'exploiter) magasin, école* to close *ou* shut down. ~ **boutique** to close down; **obliger qn à** ~ **(boutique)** to put sb out of business. **2** *vi (gén)* to close, shut; *[vêtement]* to do up, fasten. **cette porte ferme mal** this door doesn't close *ou* shut properly; **ce robinet ferme mal** this tap doesn't turn off properly; **ça ferme à 7 heures** closing time is 7 o'clock. **3 se** ~ *vpr* to close, shut; *[fleur, blessure]* to close up; *[vêtement]* to do up, fasten. **pays qui se ferme aux produits étrangers** country which closes its markets to foreign produce; **se** ~ **à la pitié** to close one's heart to pity.

fermeté [fɛʀməte] *nf (V* **ferme**[1]*)* firmness; steadiness; confidence; steadfastness.

fermette [fɛʀmɛt] *nf* country cottage.

fermeture [fɛʀmətyʀ] *nf* **(a)** *(action) (gén)* closing; shutting; *(à clef)* locking; *(au verrou)* bolting; *(Comm: définitive)* closing down. ~ **annuelle** annual closure; **à (l'heure de) la** ~ at closing time. **(b)** *(mécanisme) [coffre-fort]* catch; *[vêtement]* fastener. ~ **éclair** ® zip (fastener), zipper.

fermier, -ière [fɛʀmje, jɛʀ] **1** *adj* farm. **beurre** ~ dairy butter. **2** *nm (cultivateur)* farmer. **3** *nf* farmer's wife; *(indépendante)* (woman) farmer.

fermoir [fɛʀmwaʀ] *nm [collier]* clasp.

féroce [feʀɔs] *adj (lit)* ferocious; *envie, joie* savage; *appétit* ravenous. ◆ **férocement** *adv* ferociously; savagely. ◆ **férocité** *nf* ferocity; savagery.

ferraille [fɛʀɑj] *nf (déchets)* scrap iron; *(*: monnaie)* small change. **bruit de** ~ clanking noise; **mettre à la** ~ to scrap. ◆ **ferrailleur** *nm* scrap merchant.

ferrer [fɛʀe] *(1)* *vt* **(a)** *cheval* to shoe; *soulier* to nail. **(b)** *poisson* to strike. ◆ **ferré, e** *adj* **(a)** *canne* steel-tipped; *soulier* hobnailed; *cheval* shod; *roue* steel-rimmed. **(b)** *(*: calé)* **être** ~ **sur un sujet** to be well up * in a subject.

ferreux [fɛʀø] *adj m* ferrous.

ferronnerie [fɛʀɔnʀi] *nf (atelier)* ironworks; *(métier)* ironwork; *(objets)* ironware. **grille en** ~ wrought iron gate. ◆ **ferronnier** *nm (artisan)* craftsman in wrought iron; *(commerçant)* ironware merchant.

ferroviaire [fɛʀɔvjɛʀ] *adj* railway, railroad *(US)*, rail.

ferry-boat, *pl* **ferry-boats** [fɛʀibot] *nm [voitures]* (car) ferry; *[trains]* (train) ferry.

fertile [fɛʀtil] *adj (gén)* fertile, fruitful. **journée** ~ **en événements** eventful day. ◆ **fertilisation** *nf* fertilization. ◆ **fertiliser** *(1)* *vt* to fertilize. ◆ **fertilité** *nf (lit, fig)* fertility.

fervent, e [fɛʀvɑ̃, ɑ̃t] **1** *adj* fervent. **2** *nm, f* devotee. ~ **de musique** music lover. ◆ **ferveur** *nf* fervour.

fesse [fɛs] *nf (Anat)* buttock. **les** ~**s** the buttocks, the bottom, the backside *; **le bébé a les** ~**s rouges** the baby's got a bit of nappy *ou* diaper *(US)* rash, the baby's got a sore bottom. ◆ **fessée** *nf* spanking. ◆ **fesser** *(1)* *vt* to spank.

festin [fɛstɛ̃] *nm* feast.

festival, *pl* ~**s** [fɛstival] *nm* festival.

festivités [fɛstivite] *nfpl (gén)* festivities.

festoyer [fɛstwaje] *(8)* *vi* to feast.

fêtard, e * [fɛtaʀ, aʀd(ə)] *nm, f (péj)* roisterer.

fête [fɛt] **1** *nf* **(a)** *(religieuse)* feast; *(civile)* holiday. **Noël est la** ~ **des enfants** Christmas is the children's festival. **(b)** *(prénom)* saint's *ou* name day. **la** ~ **de la Saint-Jean** Saint John's day; **souhaiter sa** ~ **à qn** to wish sb a happy saint's day.

(c) *(congé)* holiday. **3 jours de** ~ 3 days off, 3 days' holiday; **les** ~**s (de fin d'année)** the (Christmas and New Year) celebrations *ou* holidays. **(d)** *(foire)* fair; *(kermesse)* fête, fair; *(exposition)* festival, show. ~ **de la bière/de la moisson** beer/harvest festival; **la** ~ **de la ville** the town festival; **la foule en** ~ the festive crowd; **air de** ~ festive air. **(e)** *(réception)* party. **les** ~**s** the celebrations *(en l'honneur de* in honour of). **(f)** *(locutions)* **être à la** ~ to have a great time; **je n'étais pas à la** ~ it was no picnic for me *; **être de la** ~ to be one of the party; **faire sa** ~ **à qn** ‡ to bash sb up ‡; **faire la** ~ * to live it up *; **faire** ~ **à qn** to give sb a warm reception; *[chien]* to fawn on sb; **elle se faisait une** ~ **d'y aller** she was really looking forward to going.

2 : ~ **de charité** charity fair; ~ **de famille** family celebration; ~ **foraine** fun fair; ~ **légale** public holiday; **la** ~ **des Mères** Mother's Day; ~ **nationale** national holiday; **la** ~ **des Pères** Father's Day; **la** ~ **des Rois** Twelfth Night; **la** ~ **du travail** Labour Day, First of May; ~ **de village** village fête. ◆ **fêter** *(1)* *vt anniversaire* to celebrate; *personne* to have a celebration for.

fétiche [fetiʃ] *nm (lit)* fetish; *(mascotte)* mascot. ◆ **fétichisme** *nm* fetishism. ◆ **fétichiste** *adj, nmf* fetishist.

fétide [fetid] *adj* fetid.

fétu [fety] *nm*: ~ **(de paille)** wisp of straw.

feu[1], *pl* ~**x** [fø] **1** *nm* **(a)** *(source de chaleur)* fire. **faire du** ~ to have *ou* make a fire; *(cigarette)* **avez-vous du** ~? do you have a light?; **prendre** ~ to catch fire; **mettre le** ~ **à qch** to set fire to sth; **en** ~ on fire; **il y a le** ~ there's a fire; *(fig)* **il n'y a pas le** ~! * there's no panic! *; *(fig)* **j'ai la gorge en** ~ my throat is burning. **(b)** *(lumineux)* light. **le** ~ **était (au) rouge** the lights were at red; **être sous le** ~ **des projecteurs** *(lit)* to be in the glare of the spotlights; *(fig)* to be in the limelight; **mettre pleins** ~**x sur** to put the spotlight on; **les** ~**x de la rampe** the footlights; **les** ~**x de l'actualité sont dirigés sur eux** the spotlight is on them, the full glare of the media is on them. **(c)** *(Culin) (brûleur)* burner. **mettre qch/être sur le** ~ to put sth/be on the stove; **plat qui va au** ~ fireproof dish; **faire cuire à** ~ **vif** to cook over a brisk heat; **faire cuire à petit** ~ to cook gently. **(d)** *(Mil) (combat)* action; *(tir)* fire. **faire** ~ to fire; *(lit, fig)* ~ **roulant** running fire; **des** ~**x croisés** crossfire. **(e)** *(ardeur)* fire. **dans le** ~ **de la discussion** in the heat of the discussion; **tempérament de** ~ fiery temperament; *(fig) [diamant]* ~**x** fire; **jeter mille** ~**x** to flash *ou* sparkle brilliantly. **(g)** **avoir le** ~ **sacré** to be dedicated; **mettre le** ~ **aux poudres** to touch off a crisis; **mettre une ville à** ~ **et à sang** to put a town to fire and the sword; **mettre à** ~ **une fusée** to fire off a rocket; **au moment de la mise à** ~ at the moment of blast-off; **être tout** ~ **tout flamme** to be wildly enthusiastic.

2 *adj inv*: **rouge** ~ flame red.

3 : ~ **d'artifice** firework display, fireworks; ~ **de Bengale** Bengal light; ~**x anti-brouillard** fog lights; ~**x clignotants** flashing lights; ~**x de détresse** hazard warning lights; ~ **follet** will-o'-the-wisp; ~ **de joie** bonfire; *(fig)* ~ **de paille** flash in the pan; ~ **de position** sidelight; ~ **rouge** set of traffic lights; ~ **de stop** stop *ou* brake light; *(lit, fig)* ~ **vert** green light.

feu[2] [fø] *adj*: ~ **ma tante, ma** ~**e tante** my late aunt.

feuille [fœj] **1** *nf [plante]* leaf; *[papier, acier]* sheet; *(bulletin)* slip; *(formulaire)* form; *(journal)* paper. *(Ordin)* ~ **de programmation** work *ou* coding sheet; *(Scol)* ~ **d'appel** daily register (sheet), attendance sheet *(US)*. **2** : ~ **de chou** *(péj: journal)* rag; ~ **d'impôt** tax form; ~ **de paye** pay slip; ~ **de présence** attendance sheet; ~ **de route** travel warrant; ~ **de température** temperature chart; ~

volante loose sheet. ◆ **feuillage** *nm*: ~(**s**) foliage. ◆ **feuillet** *nm* leaf, page.

feuilleter [fœjte] (4) *vt* (**a**) *livre* to leaf through. (**b**) *(Culin)* **pâte feuilletée** puff pastry. ◆ **feuilleté** *nm* pastry.

feuilleton [fœjtɔ̃] *nm* (*à suivre*) serial; *(histoire complète)* series *(sg)*.

feuillu, e [fœjy] **1** *adj* leafy. **2** *nm* broad-leaved tree.

feutre [føtʀ(ə)] *nm* (*Tex*) felt; *(chapeau)* felt hat; *(stylo)* felt(-tip) pen. ◆ **feutré, e** *adj étoffe* felt-like; *atmosphère, bruit* muffled.

fève [fɛv] *nf* (*Bot*) broad bean; *[gâteau]* charm.

février [fevʀije] *nm* February; *V* **septembre.**

fi [fi] *excl (hum)* pooh! **faire** ~ **de** to snap one's fingers at.

fiable [fjabl(ə)] *adj* reliable, dependable. ◆ **fiabilité** *nf* reliability, dependability.

fiacre [fjakʀ(ə)] *nm* hackney cab.

fiancer [fjãse] (3) **1** *vt* to betroth (*avec, à* to). **2 se** ~ *vpr* to become engaged (*avec, à* to). ◆ **fiançailles** *nfpl* engagement. ◆ **fiancé, e 1** *adj* engaged. **2** *nm* fiancé. *(couple)* **les** ~**s** the engaged couple. **3** *nf* fiancée.

fiasco [fjasko] *nm* fiasco. **faire** ~ to be a fiasco.

fibre [fibʀ(ə)] *nf* (**a**) *(lit: gén)* fibre. ~ **nerveuses** nerve fibres; ~ **de verre** fibre-glass, Fiberglas ® *(US)*; ~ **de carbone** carbon fibre; **la** ~ **optique** fibre optics; **dans le sens des** ~**s** with the grain. (**b**) *(fig: âme)* **elle a la** ~ **maternelle** she has a strong maternal streak in her. ◆ **fibreux, -euse** *adj texture* fibrous; *viande* stringy.

ficelle [fisɛl] *nf (matière)* string; *(morceau)* piece of string; *(pain)* stick of French bread. **tirer les** ~**s** to pull the strings; **connaître les** ~**s du métier** to know the tricks of the trade. ◆ **ficeler** (4) *vt* (*: habiller*) to rig out *.

fichage [fiʃaʒ] *nm:* **le** ~ **de la population** filing *ou* recording information on the population.

fiche [fiʃ] *nf* (**a**) *(carte)* index card; *(feuille)* sheet, slip; *(formulaire)* form. ~ **d'état civil** record of civil status, ≃ birth and marriage certificate; ~ **perforée** perforated card; ~ **de paye** pay slip; **mettre en** ~ to index. (**b**) *(cheville)* pin; *(Élec) (broche)* pin; *(prise)* plug.

ficher¹ [fiʃe] (1) *vt* (**a**) *renseignements* to file; *suspects* to put on file. (**b**) ~ **qch en terre** to drive sth into the ground; **se** ~ **une épine dans le doigt** to get a thorn stuck in one's finger.

ficher² * [fiʃe] (1) **1** *vt* (**a**) *(faire)* to do. **qu'est-ce qu'il fiche?** what on earth is he doing?; **je n'en ai rien à fiche** I couldn't care less (*de* about). (**b**) *(donner)* to give. **ce truc me fiche la migraine** this thing gives me a headache; **fiche-moi la paix!** leave me in peace!; **ça va nous** ~ **la poisse** that'll bring us bad luck; **je vous fiche mon billet que...** I bet you my bottom dollar that *... (**c**) *(mettre)* to put. **fiche-le dans le tiroir** stick it in the drawer *; ~ **qn à la porte** to chuck sb out *; ~ **qch en l'air** *(gâcher)* to mess sth up; *(jeter)* to chuck sth up *; ~ **le camp** to clear off *. **2** *vpr* (**a**) *(se mettre)* **tu vas te** ~ **ce truc dans l'œil** you're going to stick that thing in your eye; **se** ~ **qch dans le crâne** to get sth into one's head; **se** ~ **par terre** to fall flat on one's face. (**b**) *(se gausser)* **se** ~ **de qn** to pull sb's leg; **se** ~ **de qch** to make fun of sth; *(être indifférent)* **il s'en fiche** he couldn't care less about it; **ce garagiste se fiche du monde!** that garage man has got a darned nerve! *; **là, ils ne se sont vraiment pas fichus de nous** they really did us proud!; **va te faire fiche!** ‡ get lost! *, take a running jump! ‡

fichier [fiʃje] *nm* file; *[bibliothèque]* catalogue. ~ **(informatisé)** data file; *(Ordin)* ~ **de travail** scratch *ou* work file.

fichu¹ [fiʃy] *nm* (head)scarf.

fichu², e * [fiʃy] *adj* (**a**) *(avant n) temps, métier* wretched, rotten *, lousy *. **il y a une** ~**e différence** there's one heck of a *ou* a heck of a difference *. (**b**) *(après n:* **perdu**) *malade, vêtement* done for. **le pique-nique est** ~ the picnic has had it *. (**c**) *(habillé)* rigged out *. (**d**) *(conçu)* **ce livre est bien/ mal** ~ this is a clever/hopeless book; **comment c'est** ~ **ce truc?** how does this thing work? (**e**) *[malade]* **être mal** ~ to feel rotten * *ou* out of sorts *. (**f**) *(capable)* **il est** ~ **d'y aller** he's quite likely *ou* liable to go; **il n'est (même) pas** ~ **de réparer ça** he can't even mend the darned thing *.

fictif, -ive [fiktif, iv] *adj (imaginaire)* imaginary; *(faux)* fictitious. ◆ **fiction** *nf (imagination)* fiction; *(fait)* invention. ◆ **fictivement** *adv* in fiction.

fidèle [fidɛl] **1** *adj (gén)* faithful (*à* to); *lecteur, client* regular; *récit, appareil* accurate. **rester** ~ **à une promesse** to remain faithful *ou* true to a promise; **être** ~ **à un produit/une marque** to remain loyal to a product/a brand; ~ **serviteur** trusty *ou* loyal servant; ~ **à lui-même** *ou* **à son habitude** true to form, true to character. **2** *nmf (Rel)* believer; *(client)* regular customer; *(lecteur)* regular reader; *[doctrine]* follower. **les** ~**s** *(croyants)* the faithful; *(assemblée)* the congregation. ◆ **fidèlement** *adv* faithfully, loyally; regularly; accurately. ◆ **fidélité** *nf* faithfulness; loyalty; accuracy; *(à un produit, sa femme)* fidelity. ◆ **fidéliser** (1) *vt:* ~ **sa clientèle** to establish *ou* develop customer loyalty.

Fidji [fidʒi] *nmpl:* **les (îles)** ~ the Fiji Islands.

fief [fjɛf] *nm (Hist)* fief; *[firme]* preserve; *[parti]* stronghold; *(hum: domaine)* kingdom.

fiel [fjɛl] *nm (lit, fig)* gall, venom.

fier¹, fière [fjɛʀ] *adj* (**a**) proud. ~ **comme Artaban** as proud as a peacock; **faire le** ~ *(méprisant)* to be aloof; *(brave)* to be full of o.s.; **c'est qn de pas** ~ * he's not stuck-up *; **avoir fière allure** to cut a fine figure; **il n'y a pas de quoi être** ~ there's nothing to be proud of *ou* to boast about. (**b**) *(avant n) imbécile* first-class, prize; *canaille* downright; *toupet* incredible. **je te dois une fière chandelle** I'm terribly indebted to you. ◆ **fièrement** *adv* proudly. ◆ **fierté** *nf (gén)* pride. **tirer** ~ **de** to get a sense of pride from.

fier² (se) [fje] (7) *vpr:* **se** ~ **à** *(gén)* to trust; *appareil, mémoire* to rely on; **ne vous fiez pas aux apparences** don't go by *ou* trust appearances.

fiesta * [fjɛsta] *nf* rave-up *. **faire la** ~ to have a rave-up *.

fièvre [fjɛvʀ(ə)] *nf* (**a**) *(température)* fever, temperature. **avoir beaucoup de** ~ to have *ou* run a high temperature; **avoir 39 de** ~ to have a temperature of 104(°F) *ou* 39(°C); **une** ~ **de cheval** a raging fever. (**b**) *(maladie)* fever. ~ **jaune** yellow fever; ~ **aphteuse** foot-and-mouth disease. (**c**) *(fig: agitation)* fever, excitement. **avec** ~ excitedly; **la** ~ **des élections** election fever; **pris d'une** ~ **d'écrire** seized with a feverish urge to write. ◆ **fiévreusement** *adv* feverishly, excitedly. ◆ **fiévreux, -euse** *adj* feverish.

fifre [fifʀ(ə)] *nm* fife; *(joueur)* fife player.

figer *vti*, **se** ~ *vpr* [fiʒe] (3) *huile* to congeal; *sang* to clot, coagulate; *attitude* to freeze. **histoire à vous** ~ **le sang** bloodcurdling story; *(fig)* **son sang se figea dans ses veines** his blood froze in his veins. ◆ **figé, e** *adj style, manières* stiff; *mœurs* rigid; *sourire* fixed. **expression** ~**e** set expression; ~ **par la peur** terror-stricken; ~ **par la mort** rigid in death.

fignoler * [fiɲɔle] (1) *vt* to put the finishing touches to. **du travail fignolé** a really neat job *. ◆ **fignoleur, -euse** *nm, f* meticulous worker.

figue [fig] *nf (Bot)* fig. ~ **de Barbarie** prickly pear. ◆ **figuier** *nm* fig tree. ~ **de Barbarie** prickly pear.

figurant, e [figyʀɑ̃, ɑ̃t] *nm, f (Ciné)* extra; *(Théât)* walker-on; *(fig) (pantin)* puppet; *(complice)* stooge.

figuratif, -ive [figyʀatif, iv] *adj (Art)* representational.

figuration [figyʀasjɔ̃] *nf*: **faire de la ~** *(Théât)* to do walk-on parts; *(Ciné)* to work as an extra.

figure [figyʀ] *nf (visage)* face; *(personnage)* figure; *(Cartes)* face card; *(image)* illustration; *(Danse, Math)* figure. **faire ~ de favori** to be looked on as the favourite; **faire bonne ~** to put up a good show; **faire triste ~** to look a sorry sight; **~ de style** stylistic device.

figurer [figyʀe] (1) **1** *vt* to represent. **2** *vi* to appear. **mon frère figure parmi les gagnants** my brother is listed among the winners *ou* is in the list of the winners. **3 se ~** *vpr* to imagine. **figurez-vous que** would you believe that. ◆ **figuré, e** *adj* figurative. **mot employé au ~** word used figuratively *ou* in the figurative sense.

figurine [figyʀin] *nf* figurine.

fil [fil] **1** *nm* **(a)** *(brin) [coton, araignée]* thread; *[laine]* yarn; *[cuivre]* wire; *[haricots, marionnette]* string; *[rasoir électrique]* cord. *(téléphone)* **j'ai ta mère au bout du ~** I have your mother on the line *ou* phone; **téléphone sans fil** cordless phone; **haricots pleins de ~s/sans ~s** stringy/stringless beans. **(b)** *(Tex: matière)* linen. **(c)** *[bois, viande]* grain. **dans le sens du ~** with the grain. **(d)** *(tranchant)* edge. **passer au ~ de l'épée** to put to the sword. **(e)** *[discours, pensée]* thread. **au ~ des jours** with the passing days, as the days go (*ou* went) by; **le ~ de l'eau** the current. **(f)** *(locutions)* **donner du ~ à retordre à qn** to make life difficult for sb; **ne tenir qu'à un ~** to hang by a thread; **de ~ en aiguille** one thing leading to another. **2** : **~ conducteur** *[enquête]* vital lead; *[récit]* main theme; **~ de fer** wire; **~ (à linge)** washing *ou* clothes line; **~ (à pêche)** fishing line; **~ à plomb** plumbline.

filament [filamɑ̃] *nm (Bio, Élec)* filament; *[bave]* thread.

filandreux, -euse [filɑ̃dʀø, øz] *adj viande* stringy; *discours* long-winded.

filasse [filas] **1** *nf* tow. **2** *adj inv* tow-coloured.

filature [filatyʀ] *nf* **(a)** *(Tex) (action)* spinning; *(usine)* mill. **(b)** *(surveillance)* shadowing.

file [fil] *nf* line; *(Aut: couloir)* lane. **~ (d'attente)** queue, line *(US)*; **se garer en double ~** to double-park; **se mettre en ~** to line up; **prendre la ~** to join the queue *ou* the line *(US)*; **marcher en ~** to walk in line; **entrer à la ~** to file in; **en indienne** in single file; **à la ~** *(à la suite)* in succession, one after the other.

filer [file] (1) **1** *vt* **(a)** *(gén)* to spin; *comparaison, note* to draw out. **~ un mauvais coton** * to be in a bad way. **(b)** *(Police etc: suivre)* to shadow. **(c)** *(*: donner)* argent, objet to slip; coup to land, deal. **(d)** *bas* to ladder. **(e)** **navire qui file 20 nœuds** ship which does 20 knots. **2** *vi* **(a)** *[liquide]* to run, trickle; *[lampe]* to smoke. **~ qch entre ses doigts** to run *ou* trickle sth through one's fingers. **(b)** **(*)** *(courir)* to fly by; *(s'en aller)* to slip off *ou* away. **il fila comme une flèche** he darted away; **~ voir qn** to dash to see sb; **il faut que je file** I must dash *ou* fly *; **allez, file!** off with you! ; **~ à l'anglaise** to take French leave; **~ entre les doigts de qn** to slip between sb's fingers; **~ doux** to behave o.s. **(c)** *[maille]* to run; *[collant]* to ladder.

filet [file] *nm* **(a)** *[eau]* trickle; *[fumée]* wisp; *[lumière]* streak; *[vinaigre]* drop, dash; *(trait)* thread. **(b)** *[poisson, viande]* fillet. **(c)** *(Pêche, Sport)* net; *(piège)* snare. **~ (à provisions)** string bag; **~ (à bagages)** luggage rack; **~ à cheveux/de pêche** hair/fishing net; **travailler sans ~** to work without a safety net.

filial, e, *mpl* **-aux** [filjal, o] **1** *adj* filial. **2** *nf (Comm)* subsidiary company.

filière [filjɛʀ] *nf [carrière]* path; *[administration]* channels; *[drogue]* network. *(métier)* **la ~ électronique** careers in electronics; *(Univ)* **les nouvelles ~s** new subjects.

filiforme [filifɔʀm(ə)] *adj antenne* threadlike; **(*)** *corps* spindly.

filigrane [filigʀan] *nm [billet]* watermark; *[objet]* filigree. **mais on devinait, en ~, sa colère** but his anger was showing through.

filin [filɛ̃] *nm* rope.

fille [fij] *nf (opp de fils)* daughter; *(opp de garçon)* girl; *(† péj: prostituée)* whore. **brave ~** nice girl, good sort; **rester ~ †** to remain unmarried; **vieille ~** old maid; **~ de ferme** farm girl; **~ d'auberge** serving maid; **~ d'honneur** maid of honour; *(péj)* **~-mère** unmarried mother. ◆ **fillette** *nf* (little) girl. **rayon ~s** girls' department.

filleul, -eule [fijœl] *nm, f* godchild, godson *(ou* goddaughter).

film [film] *nm* **(a)** *(pellicule)* film; *(œuvre)* film, picture, movie *(US)*. **~ d'animation** cartoon film; **~ muet/parlant** silent/talking film; **~ à succès** blockbuster * , box-office success; *(fig)* **le ~ des événements** the pattern of events. **(b)** *(couche)* film. ◆ **filmer** (1) *vt personne* to film; *scène* to film, shoot.

Filofax [filofaks] *nm* ® Filofax ®.

filon [filɔ̃] *nm (Minér)* vein; *(sujet)* theme, line; **(*: combine)** cushy number *. *(fig)* **trouver le ~** to strike it lucky *ou* rich.

filou * [filu] *nm* rogue. ◆ **filouter** * (1) *vti* to cheat *(de* out of).

fils [fis] *nm* son. **M. Martin ~** young Mr Martin; *(Comm)* Mr Martin junior; **le ~ Martin** the Martin boy; **~ de famille** young man of means; *(péj)* **~ à papa** daddy's boy.

filtre [filtʀ(ə)] *nm (gén)* filter; *[cigarette]* filter tip. **(café-)~** (filter) coffee. ◆ **filtrer** (1) **1** *vt (lit)* to filter; *nouvelles, spectateurs* to screen. **2** *vi* to filter *(à travers* through). ◆ **filtrage** *nm* filtering; screening. ◆ **filtrant, e** *adj substance* filtering; *pouvoir* of filtration; *verre* filter.

fin¹, fine¹ [fɛ̃, fin] **1** *adj* **(a)** *(en épaisseur)* thin; *(en grosseur)* fine; *lame* sharp; *taille, jambe* slender, slim. **(b)** *(de qualité)* fine. **perles fines** real pearls; **fines herbes** (sweet) herbs; **petits pois ~s** (graded) garden peas; **la fine fleur de** the flower of; **le ~ du ~** the last word *(de* in). **(c)** *vue, ouïe* sharp; *goût, odorat* fine. **(d)** *personne, esprit* shrewd; *remarque* subtle. **fine mouche** sharp customer; **~ limier** (keen) sleuth; **il n'est pas très ~** he's not very bright; *(iro)* **c'est ~ ce que tu as fait!** that was clever of you! *(iro)*; **tu as l'air ~!** you look a fool!; **jouer au plus ~ avec qn** to try to outsmart sb. **(e)** *(avant n: connaisseur)* expert. **~ connaisseur** connoisseur; **~ tireur** crack shot. **(f)** *(avant n: intensif)* **au ~ fond de la campagne** right in the heart of the country, in the depths of the country; **au ~ fond du tiroir** right at the back of the drawer; **savoir le ~ mot de l'histoire** to know the real story behind it all. **2** *adv moudre* finely. **écrire ~** to write small; **~ prêt** quite *ou* all ready.

fin² [fɛ̃] *nf* **(a)** *(gén)* end. **~ juin** at the end of June; **jusqu'à la ~ des temps** until the end of time; **à la ~** eventually, in the end, finally; **ça suffit à la ~!** * that's enough now!; **en ~ de compte** in the end; **sans ~** *(adj)* endless; *(adv)* endlessly; **prendre ~** to come to an end; **tirer à sa ~** to be coming to an end, be drawing to a close; **mettre ~ à** to put an end to, end; **mener qch à bonne ~** to bring sth to a successful conclusion; **faire une ~** to settle down; **c'est la ~ des haricots** * it's all up! *; **avoir une ~ tragique** to die a tragic death; *(Comm)* **~**

de série oddment. (**b**) *(but)* end, aim, purpose; *(Philos)* end. **la ~ justifie les moyens** the end justifies the means; **à seule ~ de faire** for the sole purpose of doing; **à toutes ~s utiles** for your information.

final, e, *mpl* **~s** [final] **1** *adj* final. **2** *nm (Mus)* finale. **3** *nf (Sport)* final. **quart de ~e** quarter final. ◆ **finalement** *adv* in the end, finally. ◆ **finaliste** *adj, nmf* finalist. ◆ **finalité** *nf (but)* end, aim; *(fonction)* purpose, function.

finance [finɑ̃s] *nf:* **~s** finances; *(administration)* **les F~s** ≃ the Treasury; **la haute ~** *(activité)* high finance; *(personne)* top financiers. ◆ **financement** *nm* financing. **plan de ~** financial plan. ◆ **financer** (3) *vt* to finance. ◆ **financier, -ière 1** *adj* financial. **2** *nm* financier. ◆ **financièrement** *adv* financially.

fine² [fin] *nf* (**a**) *(alcool)* liqueur brandy. (**b**) *(huître)* **~ de claire** oyster.

finement [finmɑ̃] *adv ciselé* finely, delicately; *faire remarquer* subtly; *agir* cleverly, shrewdly.

finesse [fines] *nf* (**a**) *(V* fin¹*)* thinness; fineness; sharpness; slimness; shrewdness; subtlety. (**b**) **~s** *[langue]* niceties; *[affaire]* ins and outs; **il connaît toutes les ~s** he knows all the tricks.

fini, e [fini] **1** *adj* (**a**) *(gén, Ind)* finished. **tout est ~** it's all over. (**b**) *(péj) menteur, escroc* utter, out-and-out. (**c**) *(Math, Philos)* finite. **2** *nm [ouvrage]* finish.

finir [finiʀ] (2) **1** *vt* (**a**) *travail, parcours* to finish, complete; *discours, affaire* to end. **il a fini ses jours à Paris** he ended his days in Paris; **~ son verre** to finish one's glass, drink up; **finis ton pain!** eat up *ou* finish your bread! (**b**) *(arrêter)* to stop *(de faire* doing). (**c**) *(parachever)* to put the finishing touches to. **2** *vi* (**a**) *(gén)* to finish, end; *[réunion]* to draw to a close. **les vacances finissent demain** the holidays end *ou* are over tomorrow; **il a fini directeur** he ended up as (a) director; **il finira en prison** he will end up in prison; **il a fini dans un accident de voiture** he died in a car accident; **ça finit en pointe** it ends in a point; **il a fini par se décider** he finally *ou* eventually made up his mind, he made up his mind in the end; **tu finis par m'ennuyer** you're beginning to annoy me. (**b**) **en ~ avec une situation** to put an end to a situation; **nous en aurons bientôt fini** we'll soon be finished with it; **quand en auras-tu fini avec tes jérémiades?** when will you ever stop moaning?; **pour vous en ~** to cut the story short; **qui n'en finit pas** never-ending, endless; **elle n'en finit pas de se préparer** she takes an age to get ready; **on n'en aurait jamais fini de raconter ses bêtises** you could go on for ever recounting the stupid things he has done.

finish [finiʃ] *nm (Sport)* finish.

finition [finisjɔ̃] *nf (action)* finishing; *(résultat)* finish.

Finlande [fɛ̃lɑ̃d] *nf* Finland. ◆ **finlandais, e** *ou* ◆ **finnois, e 1** *adj, nm* Finnish. **2** *nm(f):* **F~(e)** Finn.

fiole [fjɔl] *nf* phial; *(*:* tête)* face.

fioriture [fjɔʀityʀ] *nf* flourish.

firmament [fiʀmamɑ̃] *nm* firmament. *(fig)* **au ~ de** at the height of.

firme [fiʀm(ə)] *nf* firm.

fisc [fisk] *nm* tax department, ≃ Inland Revenue *(Brit)*, ≃ Internal Revenue *(US)*. ◆ **fiscal, e,** *mpl* **-aux** *adj* fiscal, tax. **année ~e** tax year. ◆ **fiscalité** *nf (système)* tax system; *(impôts)* taxation.

fission [fisjɔ̃] *nf* fission. **~ de l'atome** atomic fission.

fissurer *vt,* **se ~** *vpr* [fisyʀe] (1) to crack, fissure. ◆ **fissure** *nf* crack, fissure.

fiston * [fistɔ̃] *nm* son, lad.

fixateur [fiksatœʀ] *nm (Art)* fixative spray; *(Phot)* fixer.

fixation [fiksɑsjɔ̃] *nf* (**a**) *(Chim, Psych, Zool)* fixation; *(Phot)* fixing. (**b**) *(attache)* fastening. *(Ski)* **~ (de sécurité)** (safety) binding.

fixe [fiks(ə)] **1** *adj (gén)* fixed; *personnel* permanent; *emploi* permanent, steady. **à heure ~** at a set time. **2** *nm (paye)* fixed salary.

fixer [fikse] (1) **1** *vt* (**a**) *(attacher)* to fix, fasten (*à, sur* to); *regard* to fix, fasten (*sur* on). **il le fixa longuement** he stared at him; **~ qch dans sa mémoire** to fix sth firmly in one's memory. (**b**) *prix, date* to fix, set; *règle* to lay down. *(fig)* **~ son choix sur qch** to decide *ou* settle on sth; *(fig)* **je ne suis pas encore fixé** I haven't made up my mind yet; **à l'heure fixée** at the agreed time; **~ ses idées sur le papier** to set one's ideas down on paper; **mot fixé par l'usage** word fixed by usage. (**c**) *(renseigner)* **~ qn sur qch** * to put sb in the picture about sth *; **être fixé sur le compte de qn** to have sb sized up *; **alors, es-tu fixé maintenant?** * have you got the picture now? * (**d**) *(Phot)* to fix. **2 se ~** *vpr (s'installer)* to settle; *[usage]* to become fixed.

fixité [fiksite] *nf [opinions]* fixedness; *[regard]* fixedness, steadiness.

fjord [fjɔʀ(d)] *nm* fiord, fjord.

flac [flak] *excl* splash!

flacon [flakɔ̃] *nm* bottle; *(Chim)* flask.

flagada * [flagada] *adj inv:* **être ~** to be dog-tired * *ou* washed-out.

flageller [flaʒele] (1) *vt* to flog, scourge.

flageoler [flaʒɔle] (1) *vi:* **sur ses jambes** *(de faiblesse)* to be sagging at the knees; *(de peur)* to quake at the knees.

flagrant, e [flagʀɑ̃, ɑ̃t] *adj erreur, injustice* blatant, glaring. **prendre qn en ~ délit** to catch sb red-handed.

flair [flɛʀ] *nm [chien]* nose; *(fig)* sixth sense, intuition. **avoir du ~** to have a good nose; to have intuition. ◆ **flairer** (1) *vt* to sniff (at); *(Chasse)* to scent; *(fig)* to scent, sense. **~ quelque chose de louche** to smell a rat; **~ le vent** to see which way the wind's blowing, read the wind *(US)*.

flamand, e [flamɑ̃, ɑ̃d] **1** *adj, nm* Flemish. **2** *nm(f):* **F~(e)** Flemish man *(ou* woman).

flamant [flamɑ̃] *nm:* **~ (rose)** (pink) flamingo.

flambant [flɑ̃bɑ̃] *adv:* **~ neuf** brand new.

flambeau, pl ~x [flɑ̃bo] *nm (lit, fig)* torch; *(chandelier)* candlestick.

flamber [flɑ̃be] (1) **1** *vi [bois]* to burn; *[feu]* to blaze. **2** *vt crêpe* to flambé; *volaille, cheveux* to singe; *(Méd) aiguille* to sterilize. ◆ **flambé, e¹** * *adj* finished. ◆ **flambée²** *nf* (**a**) *(feu)* quick blaze. (**b**) *[violence]* outburst. **la ~ des prix** the explosion in prices.

flambeur * [flɑ̃bœʀ] *nm* big-time gambler.

flamboyer [flɑ̃bwaje] (8) *vi [flamme]* to blaze; *[yeux]* to flash; *[ciel]* to blaze; *[épée]* to gleam, flash. ◆ **flamboiement** *nm* blaze; flash; gleam. ◆ **flamboyant, e** *adj (Archit)* flamboyant.

flamme [flam] *nf* (**a**) *(lit)* flame. **en ~s** on fire; *(Aviat, fig)* **descendre en ~s** to shoot down in flames. (**b**) *(fig: ardeur, éclat)* fire; *(littér: amour)* ardour, love. **plein de ~** passionate, fiery. (**c**) *(drapeau)* pennant, pennon.

flan [flɑ̃] *nm (Culin)* custard tart.

flanc [flɑ̃] *nm* side; *[animal, armée]* flank; *[montagne]* slope. **tirer au ~** * to swing the lead *; **être sur le ~** *(malade)* to be laid up; *(fatigué)* to be all in *; *[maladie]* **mettre qn sur le ~** * to knock sb out; **à ~ de coteau** on the hillside; **prendre de ~** *(Naut, fig)* to catch broadside on; *(Mil)* to attack on the flank.

flancher * [flɑ̃ʃe] (1) *vi [cœur]* to give out, pack up *; *[troupes]* to quit; *[accusé]* to lose one's nerve.

sa mémoire a flanché his memory failed him; ~ **en math** to come down in maths.

Flandre [flɑ̃dʀ(ə)] *nf*: **la** ~ , **les** ~**s** Flanders.

flanelle [flanɛl] *nf (Tex)* flannel.

flâner [flɑne] **(1)** *vi* to stroll, saunter; *(péj)* to hang about. ◆ **flânerie** *nf* stroll, saunter. *(péj)* **perdre son temps en** ~**(s)** to waste one's time lounging about. ◆ **flâneur, -euse 1** *adj* idle. **2** *nm, f* stroller; *(péj)* idler, lounger.

flanquer [flɑ̃ke] **(1)** *vt* **(a)** to flank. **flanqué de** flanked by. **(b)** (*: *jeter)* ~ **qch par terre** *(lit)* to fling sth to the ground; *(fig)* to put paid to sth; ~ **qn à la porte** to chuck sb out ‡; *(licencier)* to sack *ou* fire sb; ~ **tout en l'air** to chuck it all up ‡; **se** ~ **par terre** to fall flat on one's face. **(c)** (*: *donner)* to give. ~ **2 ans de prison à qn** to put sb behind bars for 2 years.

flaque [flak] *nf*: ~ **de sang** *etc* pool of blood *etc*; ~ **d'eau** puddle.

flash [flaʃ] *nm* **(a)** *(Phot)* flash. **au** ~ by flash. **(b)** *(Rad, TV)* newsflash. *(Rad)* ~ **publicitaire** commercial.

flash-back [flaʃbak] *nm* flashback.

flasque [flask(ə)] *adj peau* flabby; *(fig)* limp.

flatter [flate] **(1) 1** *vt* **(a)** *personne, goût* to flatter; *vice* to pander to, encourage; *regard* to delight, charm. ~ **servilement qn** to fawn upon sb. **(b)** *(caresser)* to stroke, pat. **2 se** ~ *vpr (se leurrer)* to delude o.s. **il se flatte de le faire** he flatters himself he can do it; **se** ~ **de qch** to pride o.s. on sth; **et je m'en flatte!** and I'm proud of it! ◆ **flatterie** *nf* flattery. ◆ **flatteur, -euse 1** *adj* flattering. **2** *nm, f* flatterer.

fléau, pl ~**x** [fleo] *nm* **(a)** *(calamité)* scourge, curse. **(b)** *[balance]* beam; *(Agr)* flail.

flèche [flɛʃ] *nf* **(a)** *(arme)* arrow; *(de direction)* arrow, pointer; *(critique)* shaft. ~ **en caoutchouc** rubber-tipped dart; **monter en** ~ *(lit)* to rise like an arrow; *(fig)* to soar, rocket; **partir comme une** ~ to set off like a shot; **la** ~ **du Parthe** the Parthian shot; **il fait** ~ **de tout bois** he'll use any means he can. **(b)** *[église]* spire; *[grue]* jib; *[attelage, mât]* pole. ◆ **flécher (1)** *vt* to arrow, mark with arrows. ◆ **fléchette** *nf* dart.

fléchir [fleʃiʀ] **(2) 1** *vt* **(a)** *(plier)* to bend; *articulation* to flex. ~ **le genou devant qn** to bend the knee to sb. **(b)** *(apaiser) personne* to sway; *colère* to soothe. **2** *vi* **(a)** *(gén)* to bend; *[planches, genoux]* to sag; *[armée]* to yield; *[volonté]* to weaken; *[attention]* to flag; *[nombre]* to fall off; *[prix]* to drop. **la courbe de l'inflation fléchit** there is a downturn in inflation. **(b)** *(s'apaiser)* to yield. **se laisser** ~ to allow o.s. to be swayed. ◆ **fléchissement** *nm (gén)* bending; *[prix]* drop.

flegme [flɛgm(ə)] *nm* composure, phlegm. ◆ **flegmatique** *adj* phlegmatic. ◆ **flegmatiquement** *adv* phlegmatically.

flemme * [flɛm] *nf* laziness. **j'ai la** ~ **de le faire** I can't be bothered doing it. ◆ **flemmard, e** * **1** *adj* bone-idle *. **2** *nm, f* lazybones *, slacker.

flétrir [fletʀiʀ] **(2) 1** *vt (faner)* to wither, fade; *(stigmatiser)* to condemn. **2 se** ~ *vpr* to wither.

fleur [flœʀ] *nf* **(a)** *(lit, fig)* flower; *[arbre]* blossom. **en** ~**(s)** in blossom; in flower; ~ **d'oranger** orange blossom; **assiette à** ~**s** flower-patterned *ou* flowery plate; **chapeau à** ~**s** flowery hat; *(fig)* **couvrir qn de** ~**s** to shower praise on sb. **(b)** **dans la** ~ **de l'âge** in the prime of life; **à** ~ **de terre/d'eau** just above the ground/the water; **j'ai les nerfs à** ~ **de peau** my nerves are all on edge; **faire une** ~ **à qn** * to do sb a good turn; **ils s'envoient des** ~**s** they pat each other on the back.

fleurer [flœʀe] **(1)** *vt*: **ça fleure bon la lavande** *etc* there's a lovely smell of lavender *etc*.

fleuret [flœʀɛ] *nm (épée)* foil.

fleurir [flœʀiʀ] **(2) 1** *vi* **(a)** *[arbre]* to blossom, flower; *[fleur]* to flower, bloom; *[sentiment]* to blossom. **(b)** *(imparfait* **florissait,** *ptp* **florissant)** *[commerce, arts]* to flourish. **2** *vt salon* to decorate with flowers. ~ **une tombe** to put flowers on a grave. ◆ **fleuri, e** *adj fleur* in bloom; *branche* in blossom; *jardin* in flower *ou* bloom; *tissu* flowery; *style* flowery, florid. ◆ **fleuriste** *nmf (personne)* florist; *(boutique)* florist's (shop).

fleuron [flœʀɔ̃] *nm [couronne]* floweret; *[bâtiment]* finial; *(fig)* jewel.

fleuve [flœv] **1** *nm* river. **2** *adj inv discours* interminable.

flexible [flɛksibl(ə)] **1** *adj (lit)* flexible, pliable; *caractère (compréhensif)* flexible, adaptable; *(faible)* pliable. **2** *nm (tuyau)* flexible tubing. ◆ **flexibilité** *nf* flexibility. **la** ~ **de l'emploi** flexibility in employment.

flexion [flɛksjɔ̃] *nf (courbure)* flexion, bending; *(Ling)* inflection.

flibustier [flibystje] *nm* freebooter.

flic * [flik] *nm* cop *.

flic flac [flikflak] *excl* splash! **faire** ~ to go splash splash.

flingue ‡ [flɛ̃g] *nm* gun, rifle. ◆ **flinguer** ‡ **(1)** *vt* to gun down.

flipper [flipœʀ] *nm (électrique)* pin-ball machine.

flirt [flœʀt] *nm (amourette)* brief romance; *(amoureux)* boyfriend *(ou* girlfriend). *(action)* **le** ~ flirting. ◆ **flirter (1)** *vi* to flirt. *(fig)* ~ **avec** *idée* to flirt with; *personne* to go about with.

floc [flɔk] *nm, excl* plop.

flocon [flɔkɔ̃] *nm [écume]* fleck; *[laine]* flock. ~ **de neige** snowflake; **purée en** ~ **s** dehydrated potato flakes.

floraison [flɔʀɛzɔ̃] *nf [fleurs, talents]* flowering, blossoming; *[affiches]* rash; *(époque)* flowering time.

floral, e, mpl -aux [flɔʀal, o] *adj* floral; *exposition* flower. **parc** ~ floral garden.

floralies [flɔʀali] *nfpl* flower show.

flore [flɔʀ] *nf* flora.

Florence [flɔʀɑ̃s] *n (ville)* Florence. ◆ **florentin, e** *adj*, **F~(e)** *nm(f)* Florentine.

florilège [flɔʀilɛʒ] *nm* anthology.

florin [flɔʀɛ̃] *nm* florin.

florissant, e [flɔʀisɑ̃, ɑ̃t] *adj pays* flourishing; *santé, teint* blooming.

flot [flo] *nm [véhicules, insultes]* flood, stream. *(marée)* **le** ~ the floodtide; **les** ~**s** the waves; **à (grands)** ~**s** in streams; **la lumière entre à** ~**s** light is streaming in *ou* flooding in; **être à** ~ *[bateau]* to be afloat; *[personne, entreprise]* to be on an even keel; **remettre à** ~ *bateau* to refloat; *entreprise* to bring back onto an even keel; *(lit, fig)* **mettre à** ~ to launch.

flottaison [flɔtɛzɔ̃] *nf*: **ligne de** ~ waterline.

flottant [flɔtɑ̃] *nm (short)* shorts.

flotte [flɔt] *nf* **(a)** *(Aviat, Naut)* fleet. ~ **aérienne/de guerre/de commerce** air/naval/merchant navy fleet. **(b)** (*) *(pluie)* rain; *(eau)* water. **(c)** *(flotteur)* float.

flottement [flɔtmɑ̃] *nm [foule]* wavering, hesitation; *[électeurs]* indecision; *[soldats]* sway; *[copie]* vagueness; *[travail]* unevenness *(dans* in).

flotter [flɔte] **(1) 1** *vi [bateau, monnaie]* to float; *[brume, parfum]* to hang; *[pensée]* to wander; *(en hésitant)* to waver; *[cheveux]* to stream out; *[drapeau]* to flap, flutter *(au vent* in the wind). **il flotte dans ses vêtements** his clothes are too big for him; **faire** ~ to float. **2** *vb impers (*: *pleuvoir)* to rain. **3** *vt bois* to float.

flotteur [flɔtœʀ] *nm (gén)* float; *[chasse d'eau]* ball-cock, floater *(US)*.

flottille [flɔtij] *nf [bateaux]* flotilla; *[avions]* squadron.

flou, e [flu] **1** *adj contour, photo* blurred; *image* hazy; *robe* loose(-fitting); *coiffure* soft; *théorie* woolly, vague. **2** *nm* blurredness; looseness; vagueness, woolliness.

flouse ‡, **flouze** ‡ [fluz] *nm (argent)* bread ‡, dough ‡, lolly ‡.

fluctuer [flyktɥe] (1) *vi* to fluctuate. ◆ **fluctuation** *nf* fluctuation *(de* in).

fluet, -ette [flyɛ, ɛt] *adj corps* slight, slender; *taille* slender, slim; *voix* thin.

fluide [flyid] **1** *adj (lit, fig)* fluid; *main-d'œuvre* flexible. **la circulation est ~** traffic flows freely. **2** *nm* fluid; *(fig: pouvoir)* mysterious power. ◆ **fluidité** *nf* fluidity; flexibility; free flow.

fluor [flyɔr] *nm* fluorine.

fluorescent, e [flyɔresɑ̃, ɑ̃t] *adj* fluorescent.

flûte [flyt] **1** *nf* flute; *(verre)* flute glass; *(pain)* long French loaf. **petite ~** piccolo; **~ à bec** recorder; **~ de Pan** Pan's pipes. **2** *excl* (*) drat it! *, dash it! * ◆ **flûtiste** *nmf* flautist, flutist.

fluvial, e, *mpl* **-aux** [flyvjal, o] *adj eaux* river; *érosion* fluvial.

flux [fly] *nm [argent etc]* flood; *(Phys)* flux. *(marée)* **le ~** the floodtide; **le ~ et le reflux** the ebb and flow; *(Écon)* **~ de capitaux** capital flow.

fluxion [flyksjɔ̃] *nf* swelling; *(dentaire)* gumboil. **~ de poitrine** pneumonia.

foc [fɔk] *nm* jib.

focal, e, *mpl* **-aux** [fɔkal, o] **1** *adj* focal. **2** *nf* focal distance.

fœtus [fetys] *nm* foetus.

foi [fwa] *nf* **(a)** *(croyance)* faith. **avoir la ~** to have faith; **il faut avoir la ~!** * you've got to be really dedicated!; **sans ~ ni loi** fearing neither God nor man. **(b)** *(confiance)* faith, trust. **avoir ~ en** to have faith *ou* trust in; **digne de ~** reliable, trustworthy. **(c)** *(assurance)* word. **~ d'honnête homme!** on my word as a gentleman!; **cette lettre en fait ~** this letter proves it; **sous la ~ du serment** under *ou* on oath; **sur la ~ de** on the strength of; **de bonne/ mauvaise ~** in good/bad faith; **faire qch en toute bonne ~** to do sth in all good faith; **en toute bonne ~ je l'ignore** honestly I don't know; **ma ~...** well…

foie [fwa] *nm* liver. **~ gras** foie gras.

foin [fwɛ̃] *nm* hay. **faire les ~s** to make hay; *(saison)* **les ~s** the haymaking season; **faire du ~** * to kick up a fuss *.

foire [fwar] *nf (marché)* fair; *(fête)* fun fair. **faire la ~** * to go on a spree; **c'est la ~ ici!** * it's bedlam in here!; **c'est une ~ d'empoigne** it's a free-for-all.

foirer [fware] (1) *vi* (*) *[vis]* to slip; *[obus]* to hang fire; (‡) *[projet]* to fall through.

fois [fwa] *nf* **(a)** time. **une ~** once; **deux ~** twice; **trois ~** three times; *(aux enchères)* **une ~, deux ~, trois ~** adjugé going, going, gone!; **quand je l'ai vu pour la première/dernière ~** when I first/ last saw him; **c'est bon pour cette ~** I'll let you off this time; **peu de ~** on few occasions; **y regarder à deux ~ avant d'acheter qch** to think twice before buying sth; **s'y prendre à plusieurs ~ pour faire qch** to take several attempts to do sth; **payer en plusieurs ~** to pay in several instalments. **(b)** *(calcul)* **une ~ tous les deux jours** once every two days, once every other day; **3 ~ par an** 3 times a year; **9 ~ sur 10** 9 times out of 10; **4 ~ plus d'eau/de voitures** 4 times as much water/as many cars; **6 ~ moins d'argent/ de gens** 6 times less money/fewer people; **il avait deux ~ rien** *(argent)* he had absolutely nothing; *(blessure)* he had the merest scratch. **(c)** **une ~;** **il était une ~** once upon a time there was; **une ~ n'est pas coutume** once in a while does no harm; **pour une ~!** for once!; **une (bonne) ~ pour toutes**

once and for all; **une ~ (qu'il sera) parti** once he has left. **(d)** (*) **des ~** *(parfois)* sometimes; **si des ~ vous le rencontrez** if you should happen to meet him; **non mais, des ~!** *(scandalisé)* do you mind!; **non mais des ~ pour qui te prends-tu?** look here, who do you think you are?; **attendons, des ~ qu'il viendrait** let's wait in case he comes. **(e) à la ~** *répondre* at once, at the same time; **il était à la ~ grand et gros** he was both tall and fat.

foison [fwazɔ̃] *nf*: **il y a des légumes à ~** there is an abundance of vegetables, there are vegetables galore. ◆ **foisonnement** *nm* profusion, abundance. ◆ **foisonner** (1) *vi* to abound. **foisonnant d'idées** teeming with ideas.

folâtrer [folatre] (1) *vi* to frolic. **au lieu de ~** instead of fooling around. ◆ **folâtre** *adj* playful.

folichon, -onne * [foliʃɔ̃, ɔn] *adj*: **ce n'est pas très ~** it's not much fun.

folie [foli] *nf* **(a) la ~** madness, lunacy; **~ furieuse** *(Méd)* raving madness; *(fig)* sheer lunacy; **avoir la ~ des grandeurs** to have delusions of grandeur; **il a la ~ des timbres-poste** he is mad about stamps; **aimer qn à la ~** to be madly in love with sb; **il a eu la ~ de refuser** he was mad enough *ou* crazy enough to refuse. **(b)** *(erreur)* extravagance. **~s de jeunesse** youthful follies; **vous avez fait des ~s en achetant ce cadeau** you have been far too extravagant in buying this present; **il ferait des ~s pour elle** he would do anything for her; **il ferait des ~s pour la revoir** he would give anything to see her again.

folklore [fɔlklɔr] *nm* folklore. ◆ **folklorique** *adj costume* folk; *(*: excentrique)* outlandish. ◆ **folk song** *nm* folk music.

folle [fɔl] *V* **fou.**

follement [fɔlmɑ̃] *adv* madly, wildly. **on s'est ~ amusé** we had a fantastic time; **il désire ~ lui parler** he is longing to speak to her.

fomenter [fomɑ̃te] (1) *vt (lit, fig)* to foment, stir up.

foncer[1] * [fɔ̃se] (3) *vi* to tear along *. **~ sur** to charge at, make a rush at; **~ dans la foule** to charge into the crowd; **~ (tête baissée) dans le piège** to walk straight into the trap; *(fig)* **~ dans le brouillard** to forge ahead in the dark. ◆ **fonceur, -euse** * *nm, f* fighter *(fig)*.

foncer[2] [fɔ̃se] (3) **1** *vt couleur* to make darker. **2** *vi* to turn *ou* go darker. ◆ **foncé, e** *adj* dark.

foncier, -ière [fɔ̃sje, jɛr] *adj* **(a)** *impôt* land; *propriété* landed. **(b)** *(fondamental)* fundamental, basic. ◆ **foncièrement** *adv* fundamentally, basically.

fonction [fɔ̃ksjɔ̃] *nf* **(a)** *(métier)* post, office. *(tâches)* **~s** duties; **entrer en ~s** to take up one's post; **ça n'entre pas dans mes ~s** it's not part of my duties; **être en ~** to be in office; **la ~ publique** the public service. **(b)** *(gén, Gram: rôle)* function. **faire ~ de directeur** to act as a manager; **il n'y a pas de porte, ce rideau en fait ~** there is no door but this curtain does instead *ou* does duty for it. **(c)** *(Math)* function. *(fig)* **sa réussite est ~ de son travail** his success depends on how well he works; **en ~ de** according to.

fonctionnaire [fɔ̃ksjɔnɛr] *nmf (gén)* state employee; *[ministère]* gouvernment official, ≃ civil servant; *[municipalité]* local government officer *ou* official. **les ~s de l'enseignement** state-employed teacher; **~ de (la) police** police officer, officer of the law.

fonctionnel, -elle [fɔ̃ksjɔnɛl] *adj* functional.

fonctionner [fɔ̃ksjɔne] (1) *vi (gén)* to work, operate; *[entreprise]* to function, run. **faire ~** *machine* to operate. ◆ **fonctionnement** *nm* working, operating; functioning, running. **en état de bon ~** in good working order; **mauvais ~ du carburateur** fault in the carburettor; **pendant le ~ de l'appareil** while

the machine is in operation; **frais de** ~ running
ou upkeep costs.

fond [fɔ̃] **1** *nm* (**a**) *[récipient, vallée etc]* bottom; *[gorge]*
back; *[pièce]* far end, back; *[chapeau]* crown; *[chaise]*
seat. *(Min)* **le** ~ the coal face; **être/tomber au** ~ **de**
l'eau to be at/fall to the bottom of the water; *(Naut)*
envoyer par le ~ to send to the bottom; **y a-t-il**
beaucoup de ~? is it very deep?; **l'épave repose par**
10 mètres de ~ the wreck is lying 10 metres down;
au ~ **du couloir** at the far end of the corridor; **au**
~ **de la province** in the depths *ou* heart of the country; *(lit, fig)* **sans** ~ bottomless. (**b**) *(fig: tréfonds)*
merci du ~ **du cœur** I thank you from the bottom
of my heart; **au** ~ **de son cœur** deep down, in his
heart of hearts; **je vais vous dire le** ~ **de ma pensée**
I shall tell you what I really think; **regarder qn**
au ~ **des yeux** to look deep into sb's eyes; **il a un**
bon ~ he's a good person at heart; **il y a chez lui**
un ~ **d'honnêteté** he's fundamentally honest; ~ **de**
vérité element of truth; **toucher le** ~ **de la douleur**
to plumb the depths of sorrow. (**c**) *(Littérat, gén:*
contenu) content; *(Jur)* substance; *(arrière-plan)* background; *[question]* heart; *[discours]* basis. **il faut aller**
jusqu'au ~ **de cette histoire** we must get to the root
of this business; **ouvrage de** ~ basic work; **article**
de ~ feature *ou* in-depth article; **avec** ~ **sonore** *ou*
musical with background music. (**d**) *(lie)* sediment.
(petite quantité) **juste un** ~ **(de verre)** just a drop; **ils**
ont vidé les ~**s de bouteilles** they emptied what was
left in the bottles; ~ **de magasin** old stock; **racler**
les ~**s de tiroirs** to scrape around for pennies. (**e**)
(Sport) **de** ~ long-distance. (**f**) *(locutions)* **le** ~ **de l'air**
est frais * it's a bit chilly; **au** ~ , **dans le** ~ in fact;
à ~ **étudier** thoroughly, in depth; *soutenir* to the hilt;
visser right home; **respirer à** ~ to breathe deeply;
à ~ **de train** hell for leather *, full tilt; **de** ~ **en**
comble *fouiller* from top to bottom; *détruire* completely, utterly; *modifier* completely. **2** : ~ **d'artichaut**
artichoke heart; **les** ~**s marins** the sea-bed; ~ **de**
robe (full-length) slip *ou* petticoat; ~ **de tarte** *(pâte)*
pastry base; *(crème)* custard base; ~ **de teint** (make-
up) foundation.

fondamental, e, *mpl* **-aux** [fɔ̃damɑ̃tal, o] *adj* fundamental, basic. *(Scol)* **matière** ~**e** basic subject,
core subject. ♦ **fondamentalement** *adv* fundamentally, basically.

fonder [fɔ̃de] (1) **1** *vt* (**a**) *(créer)* to found; *famille*
to start. *(Comm)* **'maison fondée en 1850'** 'Established 1850'. (**b**) *(baser)* *(gén)* to base, found; *richesse*
to build; *espoirs* to place *(sur* on). **2 se** ~ *vpr*: **se**
~ **sur** *[personne]* to go on; *[théorie]* to be based on;
sur quoi vous fondez-vous pour l'affirmer? what
grounds do you have for saying this? ♦ **fonda-**
teur, -trice *nm, f* founder. ♦ **fondation** *nf (action)*
foundation. *(Constr)* ~**s** foundations. ♦ **fondé, e**
1 *adj* well-founded, justified. **mal** ~ ill-founded; ~
sur des ouï-dire based on hearsay; **être** ~ **à dire** to
have good reason to say. **2** *nm*: ~ **(de pouvoir)**
(Jur) authorized representative; *(Banque)* senior
executive. ♦ **fondement** *nm* foundation. **sans** ~
without foundation, unfounded.

fondre [fɔ̃dʀ(ə)] (41) **1** *vt* (**a**) *(aussi* **faire** ~) *(lit, fig)*
to melt; *minerai* to smelt. (**b**) *statue* to cast, found;
couleurs to blend; *idées* to fuse together *(en* into).
2 *vi* (**a**) *(à la chaleur)* to melt; *(dans l'eau)* to dissolve.
(**b**) *(fig)* *[colère]* to melt away; *[réserves]* to vanish.
j'ai fondu de 5 kg I've lost 5 kg; ~ **en larmes** to
dissolve into tears. **(c)** ~ **sur qn** *[ennemi]* to swoop
down on sb; *[malheurs]* to sweep down on sb. **3**
se ~ *vpr* to merge *(dans* into). ♦ **fonderie** *nf (usine)*
smelting works; *(de moulage)* foundry.

fondrière [fɔ̃dʀijɛʀ] *nf* pothole, rut.

fonds [fɔ̃] *nm* (**a**) ~ **de commerce** business. (**b**) *[musée]*
collection; *[œuvre d'entraide]* fund. **le F**~ **Monétaire**
International the International Mon-
etary Fund; *(fig)* ~ **folklorique** folk heritage. (**c**)

(Fin: pl) *(argent)* money; *(capital)* capital; *(pour un*
achat) funds. ~ **d'État** government securities; ~
publics/secrets public/secret funds; **mise de** ~ **initiale**
initial (capital) outlay; **ne pas être/être en** ~ to be
out of/be in funds; **prêter de l'argent à** ~ **perdus**
to lend money for an indefinite period; ~ **de rou-**
lement working capital.

fondu, e [fɔ̃dy] **1** *adj* *beurre* melted; *métal* molten;
contours blurred, hazy; *couleurs* blending. **neige** ~**e**
slush. **2** *nf (Culin)* (cheese) fondue. ~ **e bourgui-**
gnonne meat fondue. **3** *nm (Ciné)* ~ **(enchaîné)** dissolve, fade-in-fade-out.

fontaine [fɔ̃tɛn] *nf (ornementale)* fountain; *(naturelle)*
spring. *(fig)* ~ **de fountain of.

fonte [fɔ̃t] *nf* (**a**) *(action)* *(gén)* melting; *[minerai]* smelting; *[cloche]* casting, founding. **à la** ~ **des neiges**
when the snow melts. (**b**) *(métal)* cast iron. ~ **brute**
pig-iron; **en** ~ *tuyau* cast-iron.

fonts [fɔ̃] *nmpl*: ~ **baptismaux** font.

football [futbol] *nm* football, soccer. **jouer au** ~ to
play football. ♦ **foot** * *nm abrév de* **football**.
♦ **footballeur, -euse** *nm, f* footballer.

footing [futiŋ] *nm*: **faire du** ~ to go jogging; **faire**
un ~ to go for a jog.

forage [fɔʀaʒ] *nm [roche]* drilling, boring; *[puits]* sinking, boring. **se livrer à des** ~**s d'essai** to test-drill.

forain, e [fɔʀɛ̃, ɛn] **1** *adj* fairground. **2** *nm (acteur)*
fairground entertainer. **(marchand)** ~ stallholder.

forban [fɔʀbɑ̃] *nm (Hist)* pirate; *(fig)* shark, crook.

forçat [fɔʀsa] *nm (bagnard)* convict; *(galérien, fig)* galley slave.

force [fɔʀs(ə)] **1** *nf* (**a**) *[personne]* **la** ~ , **les** ~**s** strength;
avoir de la ~ **dans les bras** to be strong in the arm;
à la ~ **du poignet** *(lit)* by the strength of one's arms;
(fig) by the sweat of one's brow; **c'est une** ~ **de**
la nature he's a mighty figure; **dans la** ~ **de l'âge**
in the prime of life; **de toutes ses** ~**s** *frapper* with
all one's might; *désirer* with all one's heart. (**b**)
[personne] *(violence)* force. **la** ~ **brutale** brute force.
(**c**) *(de la nature)* force; *[argument, alcool etc]* strength.
vent de ~ **4** force 4 wind; **dans toute la** ~ **du terme**
in the strongest sense of the word; **la** ~ **de l'ha-**
bitude force of habit; **par la** ~ **des choses** by force
of circumstances; **avoir** ~ **de loi** to have force of
law. (**d**) *(Mil)* strength. ~**s** forces; **d'importantes** ~**s**
de police large contingents *ou* numbers of police;
dans une position de ~ in a position of strength.
(**e**) *(valeur)* **de la même** ~ *joueurs* evenly matched;
cartes of the same value; **il est de première** ~ **au**
bridge he's a first-class bridge player; **il est de** ~
à le faire he's equal to it; **tu n'es pas de** ~ **à lutter**
avec lui you're no match for him; **à** ~**s égales** on
equal terms. (**f**) *(Phys)* force. *(Élec)* **la** ~ ≃ 30-amp
circuit; ~ **de gravité** force of gravity. (**g**) **en** ~ *atta-*
quer in force; *venir* in strength; **de** ~ , **par** ~ by force;
faire entrer qn de ~ *ou* **par la** ~ to force sb to enter;
entrer de ~ **chez qn** to force one's way into sb's
house; **avec** ~ firmly; **vouloir à toute** ~ to want at
all costs; **à** ~ **d'essayer/de gentillesse** by dint of
trying/kindness; **à** ~ , **tu vas le casser** * you'll end
up breaking it; ~ **lui est d'accepter** he has no choice
but to accept, he is forced to accept. **2** *adv (hum)*
many. **3** : ~ **d'âme** fortitude; **la** ~ **armée** the army;
les ~**s armées** the armed forces; ~ **de caractère**
strength of character; ~ **de dissuasion** deterrent
power; ~ **de frappe** strike force; ~**s de maintien**
de la paix peace-keeping force(s); **les** ~**s de l'ordre**
the police; **faire intervenir la** ~ **publique** to call in
the police.

forcé, e [fɔʀse] *adj (gén)* forced; *bain* unintended;
conséquence inevitable; *amabilité* affected. **atterris-**
sage ~ forced *ou* emergency landing; **c'est** ~! it's
inevitable!

forcément [fɔʀsemɑ̃] *adv (inévitablement)* inevitably; *(évidemment)* of course. **ça devait ~ arriver** it was bound to happen; **pas ~** not necessarily.

forcené, e [fɔʀsəne] **1** *adj (fou)* deranged; *ardeur, travailleur* frenzied; *partisan* fanatical. **2** *nm, f (fou)* maniac; *(fanatique)* fanatic. **travailler comme un ~** to work like a maniac *.

forceps [fɔʀsɛps] *nm* forceps.

forcer [fɔʀse] (3) **1** *vt* (**a**) *(contraindre)* to force, compel *(à faire* to do). **ils m'ont forcé la main** they forced my hand; **~ qn au silence** to force sb to keep silent. (**b**) *serrure, porte* to force open; *blocus* to run; *barrage* to force; *ville* to take by force. **~ le passage** to force one's way through; **sa conduite force le respect** his behaviour commands respect; *(Sport)* **~ la décision** to settle the outcome. (**c**) *cerf* to hunt down; *ennemi* to track down. (**d**) *(pousser) cheval* to override; *plantes* to force; *talent, voix* to strain; *allure* to increase; *destin* to tempt. **~ le sens d'un texte** to stretch the meaning of a text; *(fig)* **~ la dose *** *ou* **la note *** to overdo it. **2** *vi (exagérer)* to overdo it; *(en tirant)* to force it; *(être coincé)* to jam. **sans ~ *** easily; **il force sur l'alcool *** he overdoes the drink a bit *. **3 se ~** *vpr* to force o.s. *(pour faire* to do).

forcing [fɔʀsiŋ] *nm* pressure. **faire du ~** to pile on the pressure.

forcir [fɔʀsiʀ] (2) *vi* to fill out.

forer [fɔʀe] (1) *vt roche* to drill, bore; *puits* to drill, sink, bore. ◆ **foret** *nm* drill.

forêt [fɔʀɛ] *nf (lit, fig)* forest. **~ vierge** virgin forest; **~ tropicale** rainforest; **~ domaniale** national *ou* state-owned forest; **la Forêt-Noire** the Black Forest. ◆ **forestier, -ière 1** *adj région* forest. **exploitation ~ière** *(activité)* forestry; *(lieu)* forestry site. **2** *nm* forester.

forfait [fɔʀfɛ] *nm* (**a**) *(à payer)* fixed *ou* set price; *(à percevoir)* lump sum. **~-vacances** package holiday; **~-skieur(s)** ski-pass; *[impôts]* **être au (régime du) ~** to be taxed on estimated income. (**b**) *(abandon)* withdrawal. **gagner par ~** to win by default; **déclarer ~** to withdraw. (**c**) *(crime)* infamy. ◆ **forfaitaire** *adj* standard, uniform. ◆ **forfaitairement** *adv* uniformly.

forger [fɔʀʒe] (3) *vt métal* to forge; *(fig) caractère* to form, mould; *mot* to coin; *prétexte* to make up. **c'est forgé de toutes pièces** it's a complete fabrication; **se ~ illusions** to build up; *réputation* to earn o.s.; *idéal* to create for o.s. ◆ **forge** *nf (atelier)* forge, smithy; *(fourneau)* forge. *(fonderie)* **~s** ironworks. ◆ **forgeron** *nm* blacksmith.

formaliser [fɔʀmalize] (1) **1** *vt* to formalize. **2 se ~** *vpr* to take offence *(de* at). ◆ **formalisation** *nf* formalization.

formalisme [fɔʀmalism(ə)] *nm (péj)* formality; *(Art, Philos)* formalism. ◆ **formaliste 1** *adj (péj)* formalistic; *(Art, Philos)* formalist. **2** *nmf* formalist.

formalité [fɔʀmalite] *nf* formality. *(fig)* **sans autre ~** without any further ado.

format [fɔʀma] *nm* format.

formater [fɔʀmate] (1) *vt* to format. ◆ **formatage** *nm* formatting.

formation [fɔʀmasjɔ̃] *nf* (**a**) *(développement)* formation, forming. **en cours de ~** in the process of formation. (**b**) *(apprentissage)* training; *(éducation)* education. **~ professionnelle** professional *ou* vocational training; **~ permanente** continuing education; **~ continue au sein de l'entreprise** (staff) in-service training. (**c**) *(groupement) (gén)* formation. **~ musicale** music group; **~ politique** political grouping *ou* formation. ◆ **formateur, -trice** *adj* formative.

forme [fɔʀm(ə)] *nf* (**a**) *(contour)* form, shape; *(silhouette)* figure. **en ~ de cloche** bell-shaped; **sans ~** *chapeau* shapeless; *pensée* formless; **prendre la ~ d'un entretien** to take the form of a talk; **prendre ~** *[statue, projet]* to take shape; **sous ~ de comprimés** in tablet form; **sous toutes ses ~s** in all its forms. (**b**) *(genre)* **~ de vie** form of life; *(coutumes)* way of life; **~ de pensée** way of thinking. (**c**) *(Art, Jur)* form. **de pure ~** purely formal; **pour la ~** as a matter of form, for form's sake; **en bonne (et due) ~** in due form; *(fig)* **sans autre ~ de procès** without further ado. (**d**) *(convenances)* **~s** proprieties; **refuser en y mettant des ~s** to decline as tactfully as possible. (**e**) *(Ling)* form. **mettre à la ~ passive** to put in the passive. (**f**) *(moule)* mould; *(Typ)* form; *[cordonnier]* last; *[modiste]* (dress) form. (**g**) *(physique)* form. **être en ~** to be on form; **hors de ~** off form.

formel, -elle [fɔʀmɛl] *adj (catégorique)* definite, positive; *(Art, Philos)* formal; *politesse* formal. ◆ **formellement** *adv* positively, formally.

former [fɔʀme] (1) **1** *vt* (**a**) *(gén)* to form; *train, phrase* to make up. **formé de 3 éléments** made up of 3 elements; **~ l'idée de faire** to form *ou* have the idea of doing; **ça forme un rond** it makes *ou* forms a circle. (**b**) *ingénieurs* to train; *intelligence, caractère* to form, develop. **2 se ~** *vpr (gén)* to form; *[autodidacte]* to teach *ou* train o.s.

formidable [fɔʀmidabl(ə)] *adj (très important)* tremendous; *(*: très bien)* fantastic *, great *, tremendous *; *(*: incroyable)* incredible; *(effrayant)* fearsome. ◆ **formidablement** *adv* tremendously *; fantastically *.

formol [fɔʀmɔl] *nm* formalin.

Formose [fɔʀmoz] *n* Formosa.

formulaire [fɔʀmylɛʀ] *nm* form.

formule [fɔʀmyl] *nf* (**a**) *(Chim, Math)* formula. (**b**) *(expression)* phrase, expression; *(magique, consacrée)* formula. **~ de politesse** *(en fin de lettre)* letter ending; **~ publicitaire** advertising slogan. (**c**) *(méthode)* system, way. **~ de paiement** method of payment; **~ de vacances** holiday schedule. (**d**) *(formulaire)* form. (**e**) *(Aut)* **la ~ un** Formula One; **voiture de ~ un** Formula-One car.

formuler [fɔʀmyle] (1) *vt plainte* to formulate, set out, word; *sentiment* to formulate, express. ◆ **formulation** *nf* formulation; expression.

fornication [fɔʀnikasjɔ̃] *nf* fornication.

fort, e [fɔʀ, fɔʀt(ə)] **1** *adj* (**a**) *(gén)* strong; *(euph: gros)* large; *bruit* loud; *pluie, rhume* heavy; *fièvre, augmentation* high; *chaleur, sentiment* great; *différence, somme* great, large, big; *secousse* hard; *pente* steep. **~ comme un bœuf** as strong as an ox; **armée ~e de 20 000 hommes** army 20,000 strong; **la dame est plus ~e que le valet** the queen is higher than the jack; **avoir affaire à ~e partie** to have a strong *ou* tough opponent; **user de la manière ~e** to use strong-arm methods; **rayon (pour) femmes ~es** outsize department; **il avait une ~e envie de rire** he very much wanted to laugh; **il y a de ~es chances pour qu'il vienne** there's a strong *ou* good chance he'll come; **he's very likely to come; faire payer le prix ~** to charge the full price; **être ~ dans l'adversité** to be strong in adversity; **âme ~e** steadfast soul; **~ tête** rebel. (**b**) *(doué)* good *(en, à* at). **il a trouvé plus ~ que lui** he has met (more than) his match; **ce n'est pas très ~ de sa part *** that's not very bright of him. (**c**) **~ de cette garantie** fortified by this guarantee; **être ~ de son bon droit** to be confident of one's rights; **il se fait ~ de le faire** he's quite sure *ou* confident he can do it; **au sens ~ du terme** in the strongest sense of the term; **à plus ~e raison, tu aurais dû venir** all the more reason for you to have come; **c'est plus ~ que moi** I can't help it; **c'est plus ~ que de jouer au bouchon!** it's a real puzzle!; **c'est trop ~ ~!** that's too much!; **c'est trop ~ pour moi** it's above *ou* beyond me; **elle est ~e celle-là! *** that takes the biscuit! *; **et le plus ~ c'est que...** and the best part of it is that...

2 *adv* (**a**) *crier* loudly, loud; *lancer, frapper* hard. **parlez plus** ~ speak up *ou* louder; **respirez bien** ~ take a deep breath; **tu y vas un peu** ~ * you're going a bit far. (**b**) *détester* greatly; *mécontent* most, highly. **j'en doute** ~ I very much doubt it; **j'ai** ~ **à faire avec lui** I have a hard job with him; **il y avait** ~ **peu de monde** there were very few people; **tu le sais** ~ **bien** you know very well.
3 *nm* (**a**) (*forteresse*) fort. (**b**) (*personne*) **le** ~ **et le faible** the strong and the weak; ~ **des Halles** market porter. (**c**) (*spécialité*) strong point. (**d**) (*milieu*) **au** ~ **de été** at the height of; *hiver* in the depths of; *combat* in the thick of.

fortement [fɔʀtəmɑ̃] *adv conseiller* strongly; *tenir* fast; *frapper* hard; *serrer* hard, tight. ~ **marqué** strongly marked; **il en est** ~ **question** it is being seriously considered; **j'espère** ~ **que** I very much hope that; ~ **intéressé par** most interested in.

forteresse [fɔʀtəʀɛs] *nf* fortress, stronghold.

fortiche * [fɔʀtiʃ] *adj* clever, smart.

fortifier [fɔʀtifje] (7) *vt* to strengthen, fortify. ♦ **fortifiant, e 1** *adj médicament* fortifying; *air* invigorating, bracing. **2** *nm* tonic. ♦ **fortification** *nf* fortification.

fortuit, e [fɔʀtɥi, ɥit] *adj* fortuitous, chance. ♦ **fortuitement** *adv* fortuitously, by chance.

fortune [fɔʀtyn] *nf* (**a**) (*richesse*) fortune. **situation de** ~ financial situation; **avoir de la** ~ to have private means; **faire** ~ to make one's fortune; **le mot a fait** ~ the word has become really popular. (**b**) (*chance*) luck, fortune; (*destinée*) fortune. **chercher** ~ to seek one's fortune; **connaître des** ~**s diverses** to have varying luck; **il a eu la (bonne)** ~ **de le rencontrer** he was fortunate enough to meet him, he had the good fortune to meet him; **mauvaise** ~ misfortune; **venez dîner à la** ~ **du pot** come to dinner and take pot luck with us. (**c**) **de** ~ *installation* makeshift, rough-and-ready. ♦ **fortuné, e** *adj* (*riche*) wealthy; (*heureux*) fortunate.

forum [fɔʀɔm] *nm* forum.

fosse [fos] *nf* (*trou*) pit; (*tombe*) grave; (*pour le saut*) sandpit. ~ **d'aisances** cesspool; ~ **commune** communal grave; (*lit, fig*) ~ **aux lions** lions' den; ~ **d'orchestre** orchestra pit; ~ **septique** septic tank.

fossé [fose] *nm* (*gén*) ditch; (*fig*) gulf, gap. ~ **culturel** culture gap.

fossette [fosɛt] *nf* dimple.

fossile [fosil] *nm, adj* (*lit, fig*) fossil. ♦ **fossiliser** *vt*, **se** ~ *vpr* (1) to fossilize.

fossoyeur [foswajœʀ] *nm* gravedigger.

fou [fu], **fol** *devant n commençant par une voyelle ou h muet,* **folle** [fɔl] *f* **1** *adj* (**a**) *personne, idée etc* mad, crazy, insane; *imagination, gestes, course* wild. **devenir/ rendre** ~ to go/drive mad *ou* crazy; ~ **à lier** raving mad; ~ **de colère** beside o.s. with anger; ~ **d'amour** madly *ou* wildly in love (*pour* with); **elle est folle de lui** she's mad * *ou* crazy * about him; **pas folle, la guêpe** * he's (*ou* she's) not stupid *ou* daft * you know!; **avoir le** ~ **rire** to have the giggles. (**b**) (*)* *courage, vitesse, succès* fantastic *, terrific, tremendous; *prix* enormous, huge. **j'ai eu un mal** ~ **pour venir** I had a terrific *ou* terrible job to get here; **tu as mis un temps** ~ you've taken absolutely ages *; **dépenser un argent** ~ to spend loads *ou* pots of money *; **il y a un monde** ~ there are masses of people; **c'est** ~ **ce qu'il a changé** it's incredible *ou* unbelievable how he has changed. (**c**) *boussole* erratic; *camion, cheval* runaway; *cheveux* unruly. **avoir une patte folle** * to have a limp *ou* a dicky leg *. **2** *nm, f* (*insensé*) madman (*ou* madwoman), lunatic; (*bête*) fool. **faire le** ~ to play *ou* act the fool. **3** *nm* (*Échecs*) bishop; (*Hist: bouffon*) jester, fool.

foudre [fudʀ(ə)] *nf* lightning; (*Myth*) thunderbolt. **frappé par la** ~ struck by lightning; **s'attirer les** ~**s de qn** to bring down sb's wrath upon o.s.

foudroyer [fudʀwaje] (8) *vt* [*foudre*] to strike; [*maladie etc*] to strike down. ~ **qn du regard** to look daggers at sb. ♦ **foudroyant, e** *adj vitesse* lightning; *poison, maladie* violent; *mort* instant; *succès* stunning. **nouvelle** ~**e** devastating piece of news.

fouetter [fwete] (1) *vt* (*gén, fig*) to whip; (*punition*) to flog; (*Culin*) to whisk; *imagination* to fire; *désir* to whip up. **la pluie fouette les vitres** the rain lashes *ou* whips the window panes; **il n'y a pas de quoi** ~ **un chat** it's nothing to make a fuss about. ♦ **fouet** *nm* whip; whisk.

fougère [fuʒɛʀ] *nf* fern. **couvert de** ~**(s)** overgrown with bracken.

fougue [fug] *nf* ardour, spirit. **plein de** ~ fiery. ♦ **fougueusement** *adv* with spirit, ardently. ♦ **fougueux, -euse** *adj* fiery, ardent; *jeunesse* hotheaded; *cheval* mettlesome; *attaque* spirited.

fouiller [fuje] (1) **1** *vt* (*gén*) to search; *personne* to frisk; *région* to scour; *ciel* to scan; *question* to go (deeply) into; *sol* to dig. **il fouilla l'obscurité des yeux** he peered into the darkness; **très fouillé** very detailed. **2** *vi*: ~ **dans** *armoire* to rummage in; *bagages* to go through; *mémoire* to search; *archives* to ransack; *passé de quelqu'un* to delve into. **3 se** ~ *vpr* to search one's pockets. ♦ **fouille** *nf* search; (*‡: poche*) pocket. (*gagner de l'argent*) **s'en mettre plein les** ~**s** to line one's pockets, make a packet *; (*Archéol*) ~**s** excavation(s); **faire des** ~**s** to carry out excavations; ~ **corporelle** body search.

fouillis [fuji] *nm* [*objets*] jumble; [*branchages*] tangle. **faire du** ~ to make a mess; **être en** ~ to be in a mess.

fouine [fwin] *nf* (*Zool*) stone marten; (*péj*) snooper *. **visage de** ~ weasel face. ♦ **fouiner** (1) *vi* (*péj*) to nose around *ou* about. ♦ **fouineur, -euse** (*péj*) **1** *adj* prying, nosey *. **2** *nm, f* snooper *.

fouir [fwiʀ] (2) *vi* to dig.

foulant, e * [fulɑ̃, ɑ̃t] *adj* killing, back-breaking.

foulard [fulaʀ] *nm* (*écharpe*) (*long*) scarf; (*carré*) headscarf, headsquare; (*tissu*) foulard.

foule [ful] *nf* (*gén*) crowd; (*péj*) mob. (*le peuple*) **la** ~ the masses; **il n'y avait pas** ~! there was hardly anyone there!; **une** ~ **de** *gens* a crowd of; *objets, questions* masses *ou* heaps * of; **ils vinrent en** ~ **à l'exposition** they came in crowds *ou* they flocked to the exhibition.

fouler [fule] (1) **1** *vt raisins* to press; *sol* to walk *ou* tread upon. (*fig*) ~ **aux pieds** to trample underfoot. **2 se** ~ *vpr* (**a**) **se** ~ **la cheville** to sprain one's ankle. (**b**) (*: travailler*) to flog o.s. to death *, strain o.s. ♦ **foulée** *nf* [*cheval, coureur*] stride. **être dans la** ~ **de qn** to follow (close) on sb's heels; (*fig*) **il l'a fait dans la** ~ he did it while he was at it *ou* while he was in his stride. ♦ **foulure** *nf* sprain.

four [fuʀ] *nm* (**a**) (*Culin*) oven; (*potier*) kiln; (*Ind*) furnace. **cuire au** ~ *gâteau* to bake; *viande* to roast; **plat allant au** ~ ovenproof dish; **poisson cuit au** ~ fish baked in the oven; ~ **à micro-ondes** micro-wave oven; ~ **crématoire** crematorium furnace. (**b**) (*arg Théât*) flop, fiasco. **faire un** ~ to be a flop. (**c**) (**petit**) ~ fancy cake.

fourbe [fuʀb(ə)] *adj* deceitful, treacherous. ♦ **fourberie** *nf* (*acte*) deceit. **la** ~ deceitfulness, treachery.

fourbi * [fuʀbi] *nm* (*attirail*) gear *; (*fouillis*) mess. **et tout le** ~ and the whole caboodle *.

fourbu, e [fuʀby] *adj* exhausted.

fourche [fuʀʃ(ə)] *nf* (*gén*) fork; (*à foin*) pitchfork. [*route*] **faire une** ~ to fork. ♦ **fourcher** (1) *vi*: **ma langue a fourché** it was a slip of the tongue. ♦ **fourchette** *nf* (*lit*) fork; (*Statistique*) margin. **il a une**

bonne ~ he has a hearty appetite. ◆ **fourchu, e** *adj arbre* forked. **pied** ~ cloven hoof; **elle a les cheveux fourchus** she's got split ends.

fourgon [fuʀgɔ̃] *nm (wagon)* waggon; *(camion)* (large) van; *(diligence)* coach. ~ **mortuaire** hearse. ◆ **fourgonnette** *nf* small van.

fourgonner [fuʀgɔne] (1) *vi* to poke about, rake about *(dans* in).

fourguer * [fuʀge] (1) *vt* to unload * *(à* onto).

fourmi [fuʀmi] *nf* ant. **avoir des** ~**s dans les jambes** to have pins and needles in one's legs; **elle s'affaire comme une** ~ she bustles about as busy as a bee. ◆ **fourmilière** *nf (monticule)* ant-hill; *(intérieur)* ants' nest; *(fig)* hive of activity.

fourmiller [fuʀmije] (1) *vi* to swarm. ~ **de** *ou* to be swarming *ou* teeming with. ◆ **fourmillement** *nm* swarming. **un** ~ **d'idées** a welter of ideas; *(picotement)* ~**s** pins and needles *(dans* in).

fournaise [fuʀnɛz] *nf* blaze; *(fig)* furnace, oven.

fourneau, *pl* ~**x** [fuʀno] *nm* (**a**) *(poêle)* stove. (**b**) *[forge]* furnace; *[pipe]* bowl.

fournée [fuʀne] *nf (lit, fig)* batch.

fourni, e [fuʀni] *adj herbe, barbe* thick. **peu** ~ sparse, thin; **bien** ~ *(en marchandises)* well-stocked.

fourniment * [fuʀnimɑ̃] *nm* gear *.

fournir [fuʀniʀ] (2) **1** *vt* (**a**) *(approvisionner)* to supply. ~ **qn en** to supply sb with. (**b**) *(procurer)* (gén) to supply, provide; *pièce d'identité* to produce; *prestation, exemple* to give; *effort* to put in. ~ **qch à qn** to supply *ou* provide sb with sth; *(Cartes)* ~ **à cœur** to follow suit in hearts. **2** ~ **à** *vt indir besoins* to provide for. **3 se** ~ *vpr* to provide o.s. *(de* with). **je me fournis chez cet épicier** I shop at this grocer's. ◆ **fournisseur** *nm (commerçant)* tradesman, merchant; *(détaillant)* stockist, retailer; *(Comm, Ind)* supplier. ◆ **fourniture** *nf* supply. ~**s de bureau** office supplies.

fourrage [fuʀaʒ] *nm* fodder. ~ **vert** silage.

fourrager [fuʀaʒe] (3) *vi:* ~ **dans** to rummage through.

fourré¹ [fuʀe] *nm* thicket. **les** ~**s** the bushes.

fourreau, *pl* ~**x** [fuʀo] *nm [épée]* sheath; *[parapluie]* cover. **robe** ~ sheath dress; **jupe** ~ tight skirt.

fourrer [fuʀe] (1) **1** *vt* (**a**) *(*: *mettre)* to stick *. ~ **qch dans un sac** *ou* shove * sth into a bag; ~ **son nez partout** to poke *ou* stick * one's nose into everything; ~ **qn dans le pétrin** to land sb in the soup *. (**b**) *volaille* to stuff; *gâteau* to fill; *manteau* to line (with fur). **2 se** ~ * *vpr:* **il s'est fourré dans la tête que...** he has got it into his head that...; **se** ~ **dans un coin** to get in a corner; **où a-t-il encore été se** ~? where has he got to now?; **il ne savait plus où se** ~ he didn't know where to put himself. ◆ **fourré²**, **e** *adj bonbon* filled; *gants* fur-lined. **chocolats** ~**s** chocolate creams; ~ **à la crème** cream(-filled). ◆ **fourre-tout** *nm inv (placard)* junk cupboard, glory-hole; *(sac)* holdall.

fourreur [fuʀœʀ] *nm* furrier.

fourrière [fuʀjɛʀ] *nf (gén, Aut)* pound; *[chiens]* dog pound. **emmener une voiture à la** ~ to tow away a car, impound a car.

fourrure [fuʀyʀ] *nf (pelage)* coat; *(manteau etc)* fur.

fourvoyer [fuʀvwaje] (8) **1** *vt:* ~ **qn** *[guide]* to mislead sb; *[mauvais exemple]* to lead sb astray. **2 se** ~ *vpr (lit, fig)* to go astray. **se** ~ **dans** *lieu* to stray into; *aventure* to get involved in.

foutaise ‡ [futɛz] *nf:* **de la** ~ , **des** ~**s** rubbish *, bullshit ‡.

foutre ‡ [futʀ(ə)] **1** *vt (faire)* to do; *(donner)* to give; *(mettre)* to stick *, shove *. **qu'est-ce qu'il fout** what the hell ‡ is he doing *ou* up to; ~ **qn à la porte** to give sb the boot *, kick sb out *; **tout** ~ **en l'air** *(métier)* to chuck it all up ‡; *(objet)* to chuck it all away ‡; **ça la fout mal** it looks pretty bad *; **fous-**

moi le camp! clear off! **2 se** ~ *vpr:* **se** ~ **dedans** to boob *; **se** ~ **par terre** to go sprawling; **se** ~ **dans une sale affaire** to get mixed up in a messy business; **se** ~ **de qn** to get a laugh at sb *, take the mickey out of sb ‡; **je m'en fous** I couldn't give a damn ‡. ◆ **foutu, e** ‡ *adj:* **être** *[malade]* to be done for; *[appareil]* to be bust *; **être bien/mal**~ *[appareil]* to be damned clever/ hopeless ‡; *(habillé)* to be well/badly got up *; **se sentir mal** ~ to feel lousy ‡; **il n'est pas** ~ **de le faire** he's damn well incapable of doing it ‡; **ce** ~ **temps** this damned weather ‡.

fox(-terrier), *pl* **fox(-terriers)** [fɔks(tɛʀje)] *nm* fox terrier.

foyer [fwaje] *nm* (**a**) *(maison)* home; *(famille)* family. (**b**) *[chaudière]* firebox; *(âtre)* hearth, fireplace. (**c**) *[vieillards, soldats]* home; *[étudiants]* hostel; *(club)* club; *(Théât)* foyer. ~ **des artistes** greenroom. (**d**) *(Opt, Phys)* focus. **verres à double** ~ bifocal lenses. (**e**) ~ **de** *incendie, infection* seat of; *lumière, infection* source of; *agitation, extrémistes* centre of.

fracas [fʀaka] *nm (gén)* crash; *(train, tonnerre)* roar; *[bataille]* din. ◆ **fracassant, e** *adj bruit* deafening; *déclaration* shattering, sensational. ◆ **fracasser** (1) **1** *vt* to smash, shatter. **2 se** ~ *vpr:* **se** ~ **contre** *ou* **sur** to crash against.

fraction [fʀaksjɔ̃] *nf (Math)* fraction; *(gén: partie)* part. **une** ~ **de seconde** a split second; **par** ~ **de** in fractions of. ◆ **fractionnement** *nm* splitting up, division. ◆ **fractionner** *vt,* **se** ~ *vpr* (1) to divide (up), split up.

fracture [fʀaktyʀ] *nf (Géol, Méd)* fracture. ◆ **fracturer** (1) *vt (Géol, Méd)* to fracture; *serrure* to break.

fragile [fʀaʒil] *adj (lit, fig: gén)* fragile; *peau* delicate; *verre* brittle; *équilibre* shaky; *bonheur, argument* frail, flimsy. *(sur étiquette)* **'attention** ~' 'fragile, (handle) with care'; **avoir l'estomac** ~ , **être** ~ **de l'estomac** to have a weak stomach. ◆ **fragiliser** (1) *vt* to weaken. ◆ **fragilité** *nf* fragility; delicacy; brittleness; flimsiness, frailty.

fragment [fʀagmɑ̃] *nm* fragment, bit; *[conversation, chanson]* snatch; *[lettre]* part; *(extrait)* passage, extract. ◆ **fragmentaire** *adj* sketchy, fragmentary.

fragmenter [fʀagmɑ̃te] (1) **1** *vt état, terrain* to fragment, split up; *travail* to split up (en into). **2 se** ~ *vpr [roches]* to fragment. ◆ **fragmentation** *nf* fragmentation; splitting up.

frais¹, fraîche [fʀɛ, fʀɛʃ] **1** *adj* (**a**) *vent, accueil* cool. **il fait** ~ it's rather cool. (**b**) *couleur, joues, parfum* fresh; *voix* clear; *joie, âme* pure. (**c**) *plaie, traces, nouvelles* fresh; *peinture* wet; *aliment, vêtement, troupes* fresh. **un peu d'air** ~ a breath of fresh air; ~ **et dispos** ~ *comme une rose* as fresh as a daisy; ~ **comme la rosée** bright-eyed and bushy-tailed; ~ **comme un gardon** bright as a button; *(Comm)* **argent** ~ *(disponible)* ready cash; *(à investir)* fresh money; **nous voilà** ~! * we're in a fix! **2** *adv* (**a**) **il fait** ~ it's cool; **en été, il faut boire** ~ in summer you need cool drinks. (**b**) *(récemment)* newly. ~ **débarqué de sa province** fresh *ou* newly up from the country; **habillé de** ~ freshly changed. **3** *nm:* **prendre le** ~ to take a breath of cool air; **mettre (qch) au** ~ to put (sth) in a cool place. ◆ **fraîchement** *adv (récemment)* freshly, newly; *accueillir* coolly. **comment ça va?** — ~! * how are you? — a bit chilly! ◆ **fraîcheur** *nf* coolness; freshness; chilliness; purity. **la** ~ **du soir** the cool of the evening.

frais² [fʀɛ] *nmpl* (**a**) *(gén)* expenses; *(charges)* costs; *(Admin: droits)* charges, fees. ~ **de déplacement** travelling expenses *ou* costs; ~ **d'entretien** *[machine]* maintenance costs; ~ **de timbre** stamp charges; ~ **de port et d'emballage** postage and packing; ~ **d'enregistrement** registration fees; ~ **généraux** overheads; ~ **de gestion,** *ou* **d'exploitation** running costs; ~ **bancaires** banking charges; ~ **divers** miscellaneous expenses; ~ **de scolarité** school fees;

séjour tous ~ **compris** all-in holiday; **avoir de gros** ~ to have heavy outgoings. (**b**) *(lit)* **se mettre en** ~ to go to great expense; **se mettre en** ~ **pour qn** to put o.s. out for sb; **faire les** ~ **de la conversation** *(parler)* to keep the conversation going; *(en être le sujet)* to be the main topic of conversation; **faire les** ~ **d'une erreur** to bear the brunt of a mistake; **j'en ai été pour mes** ~ I was wasting my time; **à ses** ~ at one's own expense; **aux** ~ **de la princesse** * at the firm's *(ou* the taxpayer's *etc)* expense; **à peu de** ~ *acheter* cheaply; **s'en tirer** lightly.

fraise [fʀɛz] *nf* (**a**) *(fruit)* strawberry. ~ **des bois** wild strawberry. (**b**) *[métallurgiste]* milling-cutter; *[dentiste]* drill. ◆ **fraiser** (1) *vt trou* to counter-sink; *pièce* to mill. ◆ **fraisier** *nm* straw-berry plant.

framboise [fʀɑ̃bwaz] *nf (fruit)* raspberry. ◆ **framboisier** *nm* raspberry bush.

franc¹, franche [fʀɑ̃, fʀɑ̃ʃ] **1** *adj* (**a**) *personne, regard* frank, candid; *gaieté* open. ~ **comme l'or** perfectly frank. (**b**) *situation, différence* clear-cut; *cassure* clean; *répugnance* clear, definite; *couleur* clear, pure. **5 jours** ~**s** 5 clear days. (**c**) *(péj: total)* imbécile, ingratitude downright. (**d**) *zone, ville* free. *(Comm)* ~ **de port** postage paid. **2** *adv*: **à vous parler** ~ to be frank with you. **3** : ~**-maçon** *nm, pl* ~**s**-~**s** freemason; ~**-maçonnerie** *nf* freemasonry ; ~**-parler** *nm* outspokenness; ~**-tireur** *nm, pl* ~**s** -~**s** *(Mil)* irregular; *(fig)* freelance; **agir en** ~**-tireur** to act independently.

franc² [fʀɑ̃] *nm (monnaie)* franc. ~ **CFA** CFA franc *(unit of currency used in certain African states).*

français, e [fʀɑ̃sɛ, ɛz] **1** *adj* French. **2** *nm* (**a**) **F**~ Frenchman; **les F**~ *(gens)* the French, French people; *(hommes)* Frenchmen. (**b**) *(Ling)* **le** ~ French. **3** *nf*: **F**~**e** Frenchwoman. ◆ **France** *nf* France.

Francfort [fʀɑ̃kfɔʀ] *n* Frankfurt. ~**-sur-le-Main** Frankfurt-am-Main.

franchement [fʀɑ̃ʃmɑ̃] *adv* (**a**) *(honnêtement)* parler frankly, candidly; *agir* openly. ~ **, qu'en penses-tu?** what do you honestly think?; **il y a des gens,** ~**!** really! *ou* honestly! some people!; ~ **non** frankly no. (**b**) *(sans hésiter)* frapper boldly; demander clearly, straight out. **allez-y** ~ *(explication)* go straight to the point; *(manœuvre etc)* go right ahead; **c'est** ~ **plus lourd** it's distinctly heavier. (**c**) *(tout à fait)* mauvais, laid downright, really; *bon* really. **on s'est** ~ **bien amusé** we really *ou* thoroughly enjoyed ourselves; **c'est** ~ **trop cher** it's much *ou* far too expensive.

franchir [fʀɑ̃ʃiʀ] (2) *vt obstacle* to clear, jump over; *rue, seuil* to cross; *porte* to go through; *distance* to cover; *mur du son* to break (through); *difficulté* to surmount; *limite* to overstep. **il lui reste 10 mètres à** ~ he still has 10 metres to go; ~ **le cap de la soixantaine** to turn sixty; *[chiffre, vote]* **ne pas réussir à** ~ **la barre de...** to be *ou* fall short of... ◆ **franchissement** *nm* clearing; crossing; overstepping.

franchise [fʀɑ̃ʃiz] *nf* (**a**) *[personne, réponse]* frankness; *[regard]* candour. (**b**) *(exemption)* exemption; *(Hist) [ville]* franchise. ~ **fiscale** tax exemption; **'**~ **postale'** ≃ 'official paid'; ~ **de bagages** baggage allowance. (**c**) *(Assurance)* excess. (**d**) *(Comm)* franchise.

franco [fʀɑ̃ko] *adv (Comm)* ~ **(de port)** postage-paid; ~ **de port et d'emballage** free of charge; **y aller** ~ * *(explication)* to go straight to the point; *(manœuvre)* to, go right ahead.

franco- [fʀɑ̃ko] *préf* franco-. ◆ **franco-canadien** *nm (Ling)* French Canadian. ◆ **francophile** *adj, nmf* francophile. ◆ **francophilie** *nf* francomania. ◆ **francophobe** *adj, nmf* francophobe. ◆ **francophobie** *nf* francophobia. ◆ **francophone 1** *adj* French-speaking. **2** *nmf* (native) French speaker. ◆ **francophonie** *nf* French-speaking commu-

nities. ◆ **franco-québécois** *nm (Ling)* Quebec French.

frange [fʀɑ̃ʒ] *nf (lit)* fringe; *[conscience]* threshold. ◆ **franger** (3) *vt* to fringe *(de* with).

frangin * [fʀɑ̃ʒɛ̃] *nm* brother. ◆ **frangine** * *nf* sister.

franquette * [fʀɑ̃kɛt] *nf*: **à la bonne** ~ simply, without any fuss.

frappant, e [fʀapɑ̃, ɑ̃t] *adj* striking.

frappe [fʀap] *nf* (**a**) *[médaille] (action)* striking; *(empreinte)* stamp. (**b**) *[dactylo] (souplesse)* touch; *(impression)* typeface. **la lettre est à la** ~ the letter is being typed; **la première** ~ the top copy.

frapper [fʀape] (1) **1** *vt* (**a**) *(lit, fig)* to strike; *[projectile, mesure]* to hit; *[couteau]* to stab. ~ **le sol du pied** to stamp one's foot on the ground; ~ **le regard/l'imagination** to catch the eye/the imagination; **la pluie/la lumière frappait le mur** the rain lashed against/the light fell on the wall; **frappé à mort** fatally wounded; **frappé de paralysie/par le malheur** stricken with paralysis/by misfortune; **frappé de stupeur** thunderstruck; **frappé de panique** panic-stricken; **il a frappé tout le monde par son énergie** he amazed everybody by his energy; **j'ai été frappé d'entendre que...** I was amazed to hear that...; ~ **qn d'une amende/d'un impôt** to impose a fine/a tax upon sb; **la loi doit** ~ **les coupables** the law must punish the guilty. (**b**) *monnaie, médaille* to strike. (**c**) *(glacer)* vin to put on ice, chill; *café* to ice. **à boire frappé** serve chilled. **2** *vi* to strike *(sur* on, *contre* against). ~ **sur la table** to bang on the table *(avec* with); ~ **dans ses mains** to clap one's hands; **entrez sans** ~ come in without knocking, come straight in; *(fig)* ~ **à toutes les portes** to try every door; *(fig)* ~ **à la bonne/mauvaise porte** to go to the right/wrong person *ou* place. **3** **se** ~ *vpr* (**a**) **se** ~ **la poitrine** to beat one's breast; **se** ~ **le front** to tap one's forehead. (**b**) *(*: se tracasser)* to get (o.s.) worked up.

frasque [fʀask(ə)] *nf* escapade. ~**s de jeunesse** youthful indiscretions.

fraternel, -elle [fʀatɛʀnɛl] *adj* brotherly, fraternal. ◆ **fraternisation** *nf* fraternization. ◆ **fraterniser** (1) *vi* to fraternize *(avec* with). ◆ **fraternité** *nf* fraternity.

fraude [fʀod] *nf*: **la** ~ fraud; *(à un examen)* cheating; **en** ~ *vendre* fraudulently; *lire* secretly; **passer qch en** ~ to smuggle sth in; ~ **électorale** electoral fraud; ~ **fiscale** tax evasion. ◆ **frauder** (1) **1** *vt* to cheat. ~ **le fisc** to evade taxation. **2** *vi (gén)* to cheat *(sur* over). ◆ **fraudeur, -euse** *nm, f (gén)* person guilty of fraud; *(à la douane)* smuggler; *(envers le fisc)* tax evader. ◆ **frauduleusement** *adv* fraudulently. ◆ **frauduleux, -euse** *adj* fraudulent.

frayer [fʀeje] (8) **1** *vt chemin* to open up, clear. *(fig)* ~ **la voie** to pave the way. **2 se** ~ *vpr*: **se** ~ **un passage (dans la foule)** to force one's way through (the crowd).

frayeur [fʀejœʀ] *nf* fright. **cri de** ~ cry of fear; **se remettre de ses** ~**s** to recover from one's fright.

fredaine [fʀedɛn] *nf* escapade, prank.

fredonner [fʀedɔne] (1) *vt* to hum.

freezer [fʀizœʀ] *nm* ice-box, freezer *(of refrigerator).*

frégate [fʀegat] *nf* frigate.

frein [fʀɛ̃] *nm (lit, fig)* brake; *[cheval]* bit. **mets le** ~ put the brake on; **mettre un** ~ **à** to curb, check; **sans** ~ unbridled, unchecked; ~ **à main** handbrake; ~ **moteur** engine braking. ◆ **freinage** *nm* braking. ◆ **freiner** (1) **1** *vt véhicule* to pull up, slow down; *progression* to hold up; *joie, évolution* to check. **il faut que je me freine** I have to cut down *(dans* on). **2** *vi (Aut)* to brake; *(à ski etc)* to slow down.

frelaté, e [fʀəlate] *adj aliment* adulterated; *milieu* dubious.

frêle [fʀɛl] *adj (lit, fig)* frail.

frelon [fʀəlɔ̃] *nm* hornet.

frémir [fʀemiʀ] (2) *vi* (a) *(de peur)* to shiver, shudder; *(de fièvre, froid)* to shiver, tremble; *(de colère)* to shake; *(d'espoir)* to tremble *(de* with). **toute la salle frémissait** the whole audience trembled. (b) *[lèvres, feuillage]* to tremble, quiver; *[eau chaude]* to simmer. ◆ **frémissement** *nm* shudder; shiver; quiver. **un ~ de plaisir** a thrill *ou* quiver of pleasure; **le ~** *ou* **les ~s** *de lèvres* the trembling *ou* quivering of; *eau* the simmering of.

frêne [fʀɛn] *nm* ash (tree).

frénésie [fʀenezi] *nf* frenzy. ◆ **frénétique** *adj* frenzied, frenetic. ◆ **frénétiquement** *adv* frenetically, furiously.

fréquent, e [fʀekɑ̃, ɑ̃t] *adj* frequent. ◆ **fréquemment** *adv* frequently. ◆ **fréquence** *nf* frequency.

fréquenter [fʀekɑ̃te] (1) *vt lieu* to frequent; *voisins* to see frequently; *jeune fille* to go around with. **~ la bonne société** to move in fashionable circles. ◆ **fréquentable** *adj:* **sont-ils ~s?** are they the sort of people one can associate with? ◆ **fréquentation** *nf* (a) *[établissement]* frequenting. **la ~ de ces gens** frequent contact with these people. (b) *(relations)* **~s** company. ◆ **fréquenté, e** *adj lieu* busy. *(fig)* **bien/mal ~** of good/ill repute.

frère [fʀɛʀ] *nm (gén)* brother. **partager en ~s** to share like brothers; **~s d'armes** brothers in arms; **peuples ~s** sister countries; *(Rel)* **mes ~s** brethren; **~ lai** lay brother; **~ Antoine** Brother Antoine, Friar Antoine; **mettre qn chez les ~s** to send sb to a Catholic boarding school.

fresque [fʀɛsk(ə)] *nf (Art)* fresco; *(Littérat)* portrait.

fret [fʀɛ] *nm (prix) (Aviat, Naut)* freightage; *(Aut)* carriage; *(cargaison) (Aviat, Naut)* freight, cargo; *(Aut)* load. ◆ **fréter** (6) *vt (prendre à fret)* to charter; *(donner à fret)* to freight.

frétiller [fʀetije] (1) *vi [poisson, personne]* to wriggle; *[chien]* to wag its tail. **~ de joie** to quiver with joy. ◆ **frétillement** *nm [poisson]* **~(s)** wriggling; **~ d'impatience** quiver of impatience.

freux [fʀø] *nm (Orn)* rook.

friable [fʀijabl(ə)] *adj* crumbly, flaky.

friand, e [fʀijɑ̃, ɑ̃d] **1** *adj:* **~ de** fond of. **2** *nm (pâté)* (minced) meat pie. ◆ **friandise** *nf* titbit, delicacy.

fric ‡ [fʀik] *nm (argent)* bread ‡, dough ‡, cash *, lolly ‡.

fric-frac *, *pl* **fric-frac(s)** [fʀikfʀak] *nm* break-in.

friche [fʀiʃ] *nf* fallow land. *(lit, fig)* **être/laisser en ~** to lie/let lie fallow.

friction [fʀiksjɔ̃] *nf (Phys, Tech, fig)* friction; *(massage)* rub-down; *(chez le coiffeur)* scalp massage. ◆ **frictionner** (1) *vt* to rub.

frigidaire [fʀiʒidɛʀ] *nm* ®, **frigo** * [fʀigo] *nm* refrigerator, fridge. ◆ **frigorifier** (7) *vt (lit)* to refrigerate. **être frigorifié** * to be frozen stiff. ◆ **frigorifique** *adj camion* refrigerator.

frileux, -euse [fʀilø, øz] *adj personne* sensitive to the cold; *geste* shivery. ◆ **frileusement** *adv* shiveringly.

frime * [fʀim] *nf:* **c'est de la ~** that's a lot of eyewash *; **c'est pour la ~** it's all *ou* just for show. ◆ **frimer** (1) *vi* to put on an act *.

frimousse [fʀimus] *nf* (sweet) little face.

fringale * [fʀɛ̃gal] *nf* raging hunger.

fringant, e [fʀɛ̃gɑ̃, ɑ̃t] *adj cheval* frisky; *personne* dashing.

fringuer (se) * [fʀɛ̃ge] (1) *vpr* to get dressed. ◆ **fringues** * *nfpl* gear *, togs *, threads ‡ *(US)*. **elle a toujours de belles ~** she always has smashing gear *.

friper *vt,* **se ~** *vpr* [fʀipe/ (1) to crumple.

fripier, -ière [fʀipje, jɛʀ] *nm, f* secondhand clothes dealer. ◆ **fripes** * *nfpl* togs *. **vendre des ~** to sell second-hand clothes.

fripon, -onne [fʀipɔ̃, ɔn] **1** *adj* roguish. **2** *nm, f* rogue. ◆ **friponnerie** *nf (acte)* piece of mischief, prank, escapade.

fripouille [fʀipuj] *nf (péj)* rogue.

frire [fʀiʀ] *vti:* **~ ,** **faire ~** to fry.

frisbee [fʀizbi] *nm* frisbee.

frise [fʀiz] *nf (Archit, Art)* frieze.

friser [fʀize] (1) **1** *vt* (a) *cheveux* to curl; *moustache* to twirl. **~ qn** to curl sb's hair. (b) *surface* to graze, skim; *mort* to come within a hair's breadth of; *insolence* to border on. **~ la soixantaine** to be nearly sixty. **2** *vi [cheveux]* to curl; *[personne]* to have curly hair. **se faire ~** to have one's hair curled. ◆ **frisé, e 1** *adj cheveux* curly; *personne* curly-haired. **2** *nf (chicorée)* curly endive. ◆ **frisette** *nf* little curl.

frisquet * [fʀiskɛ] *adj m* chilly.

frissonner [fʀisɔne] (1) *vi* (a) *(de peur)* to shiver, shudder; *(de fièvre, froid)* to shiver, tremble; *(de désir)* to quiver, tremble; *(de colère)* to shake *(de* with). (b) *[feuillage]* to quiver, tremble; *[lac]* to ripple. ◆ **frisson** *nm* shiver; shudder; quiver. **~ de désir** quiver of desire; **ça me donne le ~** it gives me the shivers *. ◆ **frissonnement** *nm* shiver, shudder. **le ~ du feuillage** the quivering of the leaves.

frit, e [fʀi, fʀit] **1** *adj* fried. **2** *nf* chip. **~es** chips, French fries *(US)*; *(fig)* **avoir la ~** ‡ to be feeling cheery, be full of beans *. ◆ **friteuse** *nf* chip pan, deep fryer. ◆ **électrique** electric fryer. ◆ **friture** *nf* (a) *(Culin) (méthode)* frying; *(graisse)* deep fat; *(mets)* fried fish. (b) *(Rad* *)* crackle.

frivole [fʀivɔl] *adj* frivolous. ◆ **frivolement** *adv* frivolously. ◆ **frivolité** *nf* frivolity.

froc [fʀɔk] *nm (Rel)* frock, habit; *(‡: pantalon)* trousers, bags *.

froid, e [fʀwa, fʀwad] **1** *adj (gén)* cold; *accueil* cold, cool; *calcul* cool. **ça me laisse ~** it leaves me cold; **garder la tête ~e** to keep cool, keep a cool head; **souder à ~** to cold-weld; **démarrer à ~** to start (from) cold; **cueillir qn à ~** * to catch sb unawares *ou* off guard. **2** *nm* (a) *(gén)* the cold; *(industrie)* refrigeration; **j'ai ~** I am cold; **j'ai ~ aux pieds** my feet are cold; **il fait un ~ de canard** * it's freezing cold *ou* perishing *; **ça me fait ~ dans le dos** *(lit)* it makes my back cold; *(fig)* it sends shivers down my spine; **prendre (un coup de) ~** to catch cold *ou* a chill; **vague de ~** cold spell; **n'avoir pas ~ aux yeux** to be adventurous. (b) *(brouille)* coolness. **être en ~ avec qn** to be on bad terms with sb. ◆ **froidement** *adv accueillir* coldly; *calculer* coolly; *tuer* in cold blood. ◆ **froideur** *nf* coldness. **recevoir qn avec ~** to greet sb coldly.

froisser [fʀwase] (1) **1** *vt habit* to crumple, crease; *personne* to hurt, offend. **2 se ~** *vpr [tissu]* to crease, crumple; *[personne]* to take offence *(de* at). **se ~ un muscle** to strain a muscle. ◆ **froissement** *nm [tissu]* crumpling, creasing; *(bruit)* rustle.

frôler [fʀole] (1) *vt (lit) (toucher)* to brush against; *(passer près de)* to skim. **~ la mort** to come within a hair's breadth of death. ◆ **frôlement** *nm (contact)* light touch *ou* contact; *(bruit)* rustle.

fromage [fʀɔmaʒ] *nm* cheese. **plat au ~** cheese dish; **trouver un (bon) ~** * to find a cushy job *, get on the gravy train * *(US)*; **~ blanc** soft white cheese; **~ de chèvre** goat's milk cheese; **~ de tête** pork brawn. ◆ **fromager, -ère 1** *adj* cheese. **2** *nm (marchand)* cheesemonger, cheese merchant. ◆ **fromagerie** *nf* cheese dairy.

froment [fʀɔmɑ̃] *nm* wheat.

froncer [fʀɔ̃se] (3) *vt* (*Couture*) to gather. ~ **les sourcils** to frown, knit one's brows. ◆ **fronce** *nf* gather. **à** ~**s** gathered. ◆ **froncement** *nm*: ~ **de sourcils** frown.

fronde [fʀɔ̃d] *nf* (*arme*) sling; (*jouet*) catapult, slingshot (*US*); (*fig*) revolt. ◆ **frondeur, -euse** *adj* rebellious.

front [fʀɔ̃] *nm* (*Anat*) forehead, brow; (*bâtiment*) façade, front; (*Mét, Mil, Pol*) front. **marcher le** ~ **haut** to hold one's head up high; **la honte sur son** ~ the shame on his face; ~ **de mer** sea front; **tué au** ~ killed in action; **de** ~ *attaque* frontal; *choc, heurter* head-on; **marcher à trois de** ~ to walk three abreast; **mener plusieurs tâches de** ~ to have several tasks on the go at one time; **aborder de** ~ **un problème** to tackle a problem head-on; **faire** ~ to face up to things; **faire** ~ **à l'ennemi** to face up *ou* stand up to the enemy; **faire** ~ **commun contre** to join forces against; **avoir le** ~ **de faire** to have the effrontery *ou* front to do. ◆ **frontal, e,** *mpl* **-aux** *adj collision* head-on; *attaque,* (*Anat, Géom*) frontal.

frontière [fʀɔ̃tjɛʀ] *nf* (*Géog, Pol*) frontier, border. **à l'intérieur et au-delà de nos** ~**s** at home and abroad; ~ **naturelle** natural boundary; **les** ~**s du savoir** the frontiers of knowledge; (*fig*) **à la** ~ **du rêve et de la réalité** on the borderline between dream and reality; **ville** ~ frontier *ou* border town. ◆ **frontalier, -ière 1** *adj* border, frontier. **2** *nm, f* inhabitant of the frontier zone.

fronton [fʀɔ̃tɔ̃] *nm* pediment.

frotter [fʀɔte] (1) **1** *vt* (*gén*) to rub; *allumette* to strike; *meubles, chaussures* to rub up, shine; *plancher* to scrub; (*pour enlever la terre*) to scrape. ~ **les oreilles à qn** to box sb's ears. **2** *vi* to rub, scrape. **3 se** ~ *vpr* to rub o.s. (*lit, fig*) **se** ~ **les mains** to rub one's hands; **se** ~ **à qn** to cross swords with sb. ◆ **frottement** *nm* (*action*) rubbing; (*lit, fig:* friction) friction.

frottis [fʀɔti] *nm* (*Méd*) smear; (*Art*) scumble.

frousse * [fʀus] *nf* fright. **avoir la** ~ to be scared stiff *. ◆ **froussard, e** * *nm, f* (*péj*) coward.

fructifier [fʀyktifje] (7) *vi* (*investissement*) to yield a profit. **faire** ~ to increase.

fructueux, -euse [fʀyktɥø, øz] *adj* fruitful, profitable. ◆ **fructueusement** *adv* fruitfully, profitably.

frugal, e, *mpl* **-aux** [fʀygal, o] *adj* frugal. ◆ **frugalement** *adv* frugally. ◆ **frugalité** *nf* frugality.

fruit [fʀɥi] *nm* fruit. **il y a des** ~**s** there is some fruit; **3** ~**s** 3 pieces of fruit; (*espèce*) 3 fruits; **les** ~**s de son travail** the fruits of one's work; **porter ses** ~**s** to bear fruit; **avec** ~ fruitfully; **sans** ~ fruitlessly; ~**s confits** candied fruits; ~**s de mer** seafood. ◆ **fruité, e** *adj* fruity. ◆ **fruitier, -ière 1** *adj* fruit. **2** *nm, f* fruiterer, greengrocer. ◆ **fruiticulteur** *nm* fruit farmer.

frusques [fʀysk(ə)] *nfpl* (*péj*) gear * , togs *. **vieilles** ~ rags.

fruste [fʀyst(ə)] *adj* coarse, unrefined.

frustrer [fʀystʀe] (1) *vt* to frustrate. ~ **qn de** *satisfaction* to deprive sb of; *biens* to defraud sb of. ◆ **frustration** *nf* frustration.

fuel(-oil) [fjul(ɔjl)] *nm* fuel oil. ~ **(domestique)** domestic *ou* heating oil.

fugitif, -ive [fyʒitif, iv] **1** *adj personne* runaway; *impression etc* fleeting. **2** *nm, f* fugitive.

fugue [fyg] *nf* (**a**) **faire une** ~ to run away, abscond (*Admin*). (**b**) (*Mus*) fugue. ◆ **fuguer** * (1) *vi* to run away *ou* off.

fuir [fɥiʀ] (17) **1** *vt personne, danger* to shun, avoid; *obligation* to evade, shirk; *patrie, bourreaux* to flee from, run away from. **2** *vi* (**a**) (*prisonnier*) to run away, escape; (*troupes*) to take flight, flee. **faire** ~ (*Mil*) to put to flight; (*fig*) to chase off *ou* away;

~ **devant** to run away from; **il a fui chez ses parents** he has fled to his parents. (**b**) (*bateau*) to glide swiftly along; (*temps*) to fly by, slip by; (*paysage*) to recede. (**c**) (*liquide, récipient*) to leak. ◆ **fuite** *nf* (**a**) (*fugitif*) flight, escape. **la** ~ **des capitaux/des galaxies** the flight of capital/of the galaxies; **chercher la** ~ **dans le sommeil** to seek escape *ou* flight in sleep; **prendre la** ~ to take flight; **mettre qn en** ~ to put sb to flight; **les prisonniers sont en** ~ the prisoners are on the run; **les voleurs en** ~ the runaway thieves. (**b**) (*temps, bateau*) swift passage. (**c**) (*liquide, nouvelle, récipient*) leak. **avaries dues à des** ~**s** damage caused by leakage.

fulgurant, e [fylgyʀɑ̃, ɑ̃t] *adj vitesse, réplique* lightning; *regard* blazing; *douleur* searing.

fulminer [fylmine] (1) *vi* to be enraged. ~ **contre** to fulminate against.

fumer [fyme] (1) **1** *vi* (*feu*) to smoke; (*liquide*) to steam; (*produit chimique*) to fume; (*:* être en colère) to be fuming * (*de* with). ~ **comme un pompier** to smoke like a chimney. **2** *vt tabac* to smoke; (*Culin*) to smoke; (*Agr*) to manure. ◆ **fumé, e**[1] *adj* smoked. ◆ **fume-cigarette** *nm inv* cigarette holder. ◆ **fumée**[2] *nf* smoke; steam. (*Chim*) ~ **s** fumes; **la** ~ **ne vous gêne pas?** do you mind my smoking?; **sans** ~ smokeless; **partir en** ~ to go up in smoke; **il n'y a pas de** ~ **sans feu** there's no smoke without fire.

fumet [fymɛ] *nm* aroma.

fumeur, -euse[1] [fymœʀ, øz] *nm, f* smoker. **je suis non-**~ I'm a non-smoker; **compartiment non-**~**s** non-smoking compartment *ou* car (*US*) , non-smoker.

fumeux, -euse[2] [fymø, øz] *adj* (**a**) (*confus*) woolly. (**b**) *flamme* smoky; *horizon* misty.

fumier [fymje] *nm* (*engrais*) dung, manure; (**‡‡**: *salaud*) bastard **‡**.

fumiste [fymist(ə)] **1** *nm* (*réparateur*) heating mechanic; (*ramoneur*) chimney sweep. **2** *nmf* (*péj*) (*employé*) shirker; (*philosophe*) phoney *. ◆ **fumisterie** *nf* (*péj*) **c'est une** ~ it's a fraud *ou* a con **‡**.

fumure [fymyʀ] *nf* (*engrais*) manure.

funambule [fynɑ̃byl] *nmf* tightrope walker.

funèbre [fynɛbʀ(ə)] *adj* (*gén*) funeral; *ton* mournful, funereal; *atmosphère* gloomy, dismal. **veillée** ~ deathbed vigil.

funérailles [fyneʀɑj] *nfpl* funeral.

funéraire [fyneʀɛʀ] *adj* funeral. **pierre** ~ gravestone.

funeste [fynɛst(ə)] *adj* (**a**) (*désastreux*) (*gén*) disastrous; *erreur* grievous; *conseil, influence* harmful. **jour** ~ fateful *ou* ill-fated day. (**b**) (*de mort*) vision of death. (**c**) *accident* fatal; *coup* fatal, lethal, deadly; *projet* lethal, deadly.

funiculaire [fynikylɛʀ] *nm* funicular railway.

funky * [fœ̃ki] *adj* funky *.

fur [fyʀ] *nm*: **au** ~ **et à mesure** (*gén*) little by little; **dépenser au** ~ **et à mesure** to spend as fast *ou* as soon as one earns; **passe-moi les assiettes au** ~ **et à mesure** pass the plates to me as you go along; **au** ~ **et à mesure que vous les recevez** as (soon as) you receive them; **au** ~ **et à mesure de vos besoins** as and when you need it.

furax ‡ [fyʀaks] *adj inv* hopping mad *.

furet [fyʀɛ] *nm* (*animal*) ferret.

fureter [fyʀte] (5) *vi* to nose *ou* ferret *ou* pry about. ◆ **fureteur, -euse** *adj* prying, inquisitive.

fureur [fyʀœʀ] *nf* (*gén*) fury. **crise de** ~ fit of rage; **être en** ~ to be infuriated *ou* enraged; **mettre en** ~ to infuriate, enrage; **la** ~ **du jeu** a passion for gambling; **avec** ~ *dire* with rage, furiously; *aimer* madly, passionately; **faire** ~ to be all the rage. ◆ **furibond, e** *adj* furious. ◆ **furie** *nf* (*péj:* mégère) shrew; *(Myth)* Fury; *(colère, violence)* fury. **la ~ du jeu** a passion for gambling; **en ~** *personne* infuriated, enraged; *mer* raging. ◆ **furieusement** *adv* furiously; tremendously. ◆ **furieux, -euse** *adj* *(gén)* furious *(contre* with, at); *(hum: fort) envie, coup* tremendous. **elle est ~euse d'avoir refusé** she is furious at having refused.

furoncle [fyʀɔ̃kl(ə)] *nm* boil.

furtif, -ive [fyʀtif, iv] *adj* furtive, stealthy. ◆ **furtivement** *adv* furtively, stealthily.

fusain [fyzɛ̃] *nm (crayon)* charcoal crayon; *(croquis)* charcoal drawing; *(arbre)* spindle-tree.

fuseau, *pl* ~**x** [fyzo] *nm [fileuse]* spindle; *[dentellière]* bobbin. **(pantalon) ~ , ~x** stretch ski pants; **en (forme de) ~** *colonne* swelled; *jambes* slender; **~ horaire** time zone.

fusée [fyze] *nf (gén)* rocket; *[obus, mine]* fuse. **~ air-air/sol-air** air-to-air/ground-to-air missile; **~ éclairante** flare; **~ de lancement** launch vehicle; **~ spatiale** space rocket; **partir comme une ~** to shoot *ou* whizz off like a rocket.

fuselage [fyzlaʒ] *nm* fuselage.

fuselé, e [fyzle] *adj colonne* swelled; *jambes* slender.

fuséologie [fyzeɔlɔʒi] *nf* rocket technology.

fuser [fyze] (1) *vi [cris]* to burst forth; *[liquide]* to gush *ou* spurt out; *[étincelles]* to fly; *[lumière]* to stream out.

fusible [fyzibl(ə)] *nm* fuse.

fusil [fyzi] *nm (a) (arme)* rifle, gun; *(de chasse)* shotgun. *(fig)* **c'est un bon ~** he's a good shot; **changer son ~ d'épaule** to change one's plans; **~ à harpon** harpoon gun; **~ mitrailleur** machine gun; **~ sousmarin** (underwater) speargun. **(b)** *(allume-gaz)* gas lighter; *(à aiguiser)* steel. ◆ **fusilier** *nm (Hist)* fusilier. **~ marin** marine. ◆ **fusillade** *nf (bruit)* gunfire, shooting; *(combat)* shoot-out, shooting battle. ◆ **fusiller** (1) *vt (lit)* to shoot; *(*: casser)* to bust *. **~ qn du regard** to look daggers at sb.

fusion [fyzjɔ̃] *nf (a) (gén, Phys)* fusion; *[métal, glace]* melting; *[idées]* merging, blending. **(b)** *(Comm)* merger, amalgamation. ◆ **fusionner** (1) *vti (Comm)* to merge, amalgamate; *(Pol)* to merge; *(Ordin)* to merge.

fustiger [fystiʒe] (3) *vt adversaire* to flay; *pratiques* to censure, denounce.

fût [fy] *nm (a) [arbre]* trunk; *[colonne]* shaft. **(b)** *(tonneau)* barrel.

futaie [fytɛ] *nf* forest.

futé, e [fyte] *adj* crafty, sly.

futile [fytil] *adj (gén)* futile; *personne* frivolous. ◆ **futilité** *nf* futility; frivolousness. **~s** trivialities.

futur, e [fytyʀ] **1** *adj* future. **~e maman** mother-to-be; **~ champion** budding *ou* future champion. **2** *nm (Ling, avenir)* **le ~** the future; **le ~ proche** the immediate future; **le ~ antérieur** *ou* **du passé** the future perfect. **3** *nm, f* fiancé(e), husband- (*ou* wife-)to-be.

futurologie [fytyʀɔlɔʒi] *nf* futurology. ◆ **futurologue** *nmf* futurist, futurologist.

fuyant, e [fɥijɑ̃, ɑ̃t] *adj regard, personne* evasive; *front* receding; *lignes, vision* fleeting.

fuyard, e [fɥijaʀ, aʀd(ə)] *nm, f* runaway.

G

G, g [ʒe] *nm (lettre)* G, g.

gabardine [gabaʀdin] *nf (tissu)* gabardine; *(manteau)* gaberdine (raincoat).

gabarit [gabaʀi] *nm (dimension)* size; *(fig: valeur)* calibre; *(maquette)* template. *[personne]* **du même ~** of the same build.

Gabon [gabɔ̃] *nm:* **le ~** the Gabon. ◆ **gabonais, e** *adj,* **G~(e)** *nm(f)* Gabonese.

gâcher [gɑʃe] (1) *vt* (**a**) *plâtre* to temper; *mortier* to mix. (**b**) *(gaspiller)* to waste; *(bâcler)* to botch; *(gâter)* to spoil. **une vie gâchée** a wasted *ou* misspent life; **~ sa vie** to fritter away *ou* waste one's life; **il nous a gâché notre plaisir** he spoiled our pleasure. ◆ **gâcheur, -euse 1** *adj* wasteful. **2** *nm, f* wasteful person; *(d'argent)* spendthrift. ◆ **gâchis** *nm (désordre)* mess; *(gaspillage)* waste.

gâchette [gɑʃɛt] *nf [arme]* trigger. **il a la ~ facile** he's trigger-happy, he's quick on the draw.

gadget [gadʒɛt] *nm (gén: machin)* thingummy *; *(ustensile)* gadget; *(trouvaille)* gimmick.

gadoue [gadu] *nf (boue)* mud, sludge; *(neige)* slush.

gaélique [gaelik] *adj, nm (Ling)* Gaelic.

gaffe [gaf] *nf* (**a**) *(bévue)* blunder, boob *. (**b**) *(Naut)* boat hook; *(Pêche)* gaff. (**c**) (*) **faire ~** to be careful *(à* of). ◆ **gaffer** (1) **1** *vi* to blunder, boob *. **2** *vt* to hook; to gaff. ◆ **gaffeur, -euse** *nm, f* blunderer.

gag [gag] *nm (gén, Ciné, Théât)* gag.

gaga * [gaga] *adj* gaga *, senile.

gage [gaʒ] *nm* (**a**) *(à créancier)* security; *(à prêteur)* pledge. **mettre qch en ~** to pawn sth; **laisser en ~** to leave sth as (a) security; **~ de sincérité** proof *ou* evidence of one's sincerity; **~ d'amour** token *ou* of one's love; **en ~ de notre amitié** as a token *ou* in token of our friendship. (**b**) *(Jeux)* forfeit. (**c**) *(salaire)* **~s** wages; **tueur à ~s** hired killer; **être aux ~s de qn** *(gén)* to be employed by sb; *(péj)* to be in the pay of sb.

gager [gaʒe] (3) *vt* (**a**) *(parier)* **~ que** to wager that, bet that. (**b**) *emprunt* to guarantee.

gageure [gaʒyʀ] *nf (pari)* wager. **c'est une véritable ~ que de vouloir le faire** it's attempting the impossible to try to do it.

gagner [gaɲe] (1) **1** *vt* (**a**) *(par le travail, l'effort)* to earn. **~ sa vie/sa croûte *** to earn one's living/one's bread and butter; **~ de l'argent** *(dans une affaire)* to make money. (**b**) *(par le hasard, la lutte)* to win. *(lit, fig)* **~ le gros lot** to hit *ou* win the jackpot; **~ qn de vitesse** to beat sb to it *. (**c**) *(obtenir)* to gain. **vous n'y gagnerez rien** you'll gain nothing by it; **~ du temps** *(temporiser)* to gain time; *(économiser)* to save time; **c'est toujours ça de gagné!** that's always something!; **vous y gagnerez un bon rhume** you'll get nothing but a bad cold. (**d**) *gardiens, témoins* to win over; *confiance* to win, gain. **se laisser ~ par les prières de qn** to be won over by sb's prayers. (**e**) *lieu, refuge* to reach. **~ qn** *[sommeil, peur]* to overcome sb, creep over sb; **le feu gagna le toit** the fire spread to the roof; **l'eau/l'ennemi gagna du terrain** the water/the enemy is gaining ground.
2 *vi* (**a**) *(être vainqueur)* to win. **~ aux courses** to win on the horses *ou* at the races; **il gagne sur tous les tableaux** he's winning all the way; **tu as**

gagné! * you got what you asked for! (**b**) *(trouver un avantage)* **vous y gagnez** it's in your interest, it's to your advantage; **qu'est-ce que j'y gagne?** what do I get out of it? *ou* gain from it?; **vous gagneriez à partir en groupe** you'd be better off going in a group; **~ au change** to make (something) on the deal. (**c**) *(s'améliorer)* **~ en hauteur** to increase in height; **il gagne à être connu** he improves on acquaintance; **ce roman gagne à être relu** this novel gains by a second reading. (**d**) *[incendie, épidémie]* to spread, gain ground. ◆ **gagnable** *adj* winnable. ◆ **gagnant, e 1** *adj* winning. **on le donne ~** he is the favourite to win; **il joue ~ dans cette affaire** he's bound to win *ou* come out on top in this deal; *(Jur)* **la partie ~e** the prevailing party. **2** *nm, f* winner. ◆ **gagneur, -euse** *nm, f* winner. **il a un tempérament de ~** he has the determination to succeed. ◆ **gagne-pain *** *nm inv* job. ◆ **gagne-petit** *nm inv* low wage earner.

gai, e [ge] *adj* (**a**) *personne, voix* cheerful, happy; *caractère* cheerful, merry. **~ luron** cheery fellow; **~ comme un pinson** happy as a lark. (**b**) *(euph: ivre)* merry, tipsy. (**c**) *couleur, robe* bright, gay; *pièce* bright, cheerful. (**d**) *(iro: amusant)* **c'est ~!** that's great *; **ça va être ~, les vacances avec lui!** the holidays are going to be great fun with him around! (**e**) *(homosexuel)* gay. ◆ **gaiement** *adv* cheerfully; happily; cheerily; merrily. *(iro)* **allons-y ~!** let's get on with it! ◆ **gaieté** *nf [personne, roman]* cheerfulness, gaiety; *[couleur]* brightness, gaiety. **de ~ de cœur** lightheartedly; *(joies)* **les ~s de** the delights *ou* joys of.

gaillard, e [gajaʀ, aʀd(ə)] **1** *adj* (**a**) *personne* strong; *allure* lively, sprightly. (**b**) *(grivois)* bawdy. **2** *nm* (*costaud*) strapping *ou* robust fellow; *(*: type)* fellow, guy *. **toi, mon ~, je t'ai à l'œil!** I've got my eye on you, mate! * **3** *nf* (*) strapping woman *. **4 : ~ (d'avant)** forecastle, fo'c'sle; *(Hist)* **~ d'arrière** quarter-deck. ◆ **gaillardement** *adv* stoutly, vigorously.

gain [gɛ̃] *nm* (**a**) *(salaire)* earnings, wages. (**b**) *(lucre)* **le ~** gain. (**c**) *(bénéfices)* **~s** *[société]* profits; *(au jeu)* winnings. (**d**) *(avantage)* gains; *(spirituel)* benefit. **tirer un ~ de qch** to draw benefit from sth. (**e**) *(économie)* saving. **ça nous permet un ~ de temps** it saves us time. (**f**) *(obtention)* *[bataille]* winning; *[voix d'électeurs]* gaining. **obtenir ~ de cause** *(lit)* to win the case; *(fig)* to win the day; **donner ~ de cause à qn** *(Jur)* to decide the case in favour of sb; *(fig)* to pronounce sb right.

gaine [gɛn] *nf (Habillement)* girdle; *(Bot, fourreau)* sheath. **~ d'aération** ventilation shaft.

gala [gala] *nm* official reception; *(pour collecter des fonds)* fund-raising reception. **de ~** *soirée, représentation* gala.

galant, e [galɑ̃, ɑ̃t] **1** *adj* (**a**) *(courtois)* gallant, courteous, gentlemanly. (**b**) *propos* flirtatious, gallant; *rendez-vous* romantic. **en ~e compagnie** with a lady *(ou* gentleman) friend. **2** *nm* suitor. ◆ **galamment** *adv* courteously, gallantly. ◆ **galanterie** *nf* gallantry; *(propos)* gallant remark.

galaxie [galaksi] *nf* galaxy.

galbe [galb(ə)] *nm* curve. ◆ **galbé, e** *adj* curved.

gale [gal] *nf (Méd)* scabies, itch; *(Vét) [chien, chat]* mange; *[mouton]* scab. **je n'ai pas la ~! ✱** I'm not infectious!; **il est méchant comme la ~** he's a nasty piece of work ✱.

galère [galɛʀ] *nf (Hist)* galley. **qu'est-il allé faire dans cette ~?** why did he have to get involved in this business?

galerie [galʀi] *nf* (**a**) *(couloir)* gallery. **~ marchande** shopping arcade. (**b**) *(Art) (magasin)* gallery; *(salle de musée)* room, gallery. (**c**) *(Théât)* circle. **premières/deuxièmes ~s** dress/upper circle. (**d**) *(public)* gallery, audience. **pour amuser la ~** to amuse the audience. (**e**) *(Aut)* roof rack.

galérien [galeʀjɛ̃] *nm* galley slave.

galet [galɛ] *nm* pebble. **~s** shingle.

galette [galɛt] *nf (gâteau)* round, flat cake; *(crêpe)* pancake; (**✱**: *argent*) dough ✱, lolly ✱, bread ✱. **il a de la ~** he's loaded ✱.

galeux, -euse [galø, øz] *adj personne* affected with scabies; *chien* mangy; *mouton* scabby. **traiter comme un chien ~** to treat like dirt.

galimatias [galimatja] *nm* gibberish.

galipette ✱ [galipɛt] *nf* somersault. **faire la ~** to somersault.

Galles [gal] *nfpl:* **le pays de ~** Wales. ◆ **gallois, e 1** *adj* Welsh. **2** *nm* (**a**) G~ Welshman; **les G~** the Welsh. (**b**) *(Ling)* Welsh. **3** *nf:* G~e Welshwoman.

gallicisme [galisism(ə)] *nm* gallicism.

gallon [galɔ̃] *nm* gallon.

gallup [galœp] *nm:* **(sondage) ~** Gallup poll.

galoche [galɔʃ] *nf* clog.

galon [galɔ̃] *nm (Couture)* (piece of) braid; *(Mil)* stripe. *(fig)* **prendre du ~** to get promotion.

galop [galo] *nm* gallop. **petit ~** canter; **~ d'essai** *(lit)* trial gallop; *(fig)* trial run; **cheval au ~** galloping horse; **se mettre au ~** to break into a gallop; **partir au ~** *[cheval]* to set off at a gallop; *[personne]* to rush off *ou* away; **va chercher tes affaires au ~!** go and get your things, at *ou* on *(US)* the double! ◆ **galopade** *nf* stampede. ◆ **galopant, e** *adj inflation* galloping, runaway. ◆ **galoper** (**1**) *vi [cheval]* to gallop; *[imagination]* to run wild, run riot; *[enfant]* to run.

galopin ✱ [galɔpɛ̃] *nm* rascal.

galvaniser [galvanize] (**1**) *vt (Tech)* to galvanize; *(fig)* to galvanize into action. ◆ **galvanisation** *nf* galvanization.

galvauder [galvode] (**1**) **1** *vt réputation* to tarnish; *talent* to prostitute; *expression* to debase. **2** *vi (vagabonder)* to idle around.

gambade [gɑ̃bad] *nf* leap, caper. ◆ **gambader** (**1**) *vi* to gambol, leap (about), caper (about). **~ de joie** to jump for joy.

gambas [gɑ̃bas] *nfpl* Mediterranean prawns, gambas.

Gambie [gɑ̃bi] *nf* Gambia.

gamelle [gamɛl] *nf [soldat]* mess tin, kit *(US)*; *[ouvrier]* billy-can. **prendre une ~** ✱ to come a cropper ✱, fall flat on one's face.

gamin, e [gamɛ̃, in] **1** *adj (espiègle)* mischievous, playful; *(puéril)* childish. **2** *nm, f* (✱) kid ✱. ◆ **gaminerie** *nf* playfulness; childishness. **faire des ~s** to get up to mischief; to be childish.

gamme [gam] *nf* (**a**) *(Mus)* scale; *(fig)* range. **faire des ~s** to practise scales. (**b**) *(série) [couleurs, articles]* range; *[sentiments]* gamut, range. **~ de produits** range of products; **haut/bas de ~** up/down market.

Gand [gɑ̃] *n* Ghent.

gang [gɑ̃g] *nm* gang (of crooks).

Gange [gɑ̃ʒ] *nm:* **le ~** the Ganges.

ganglion [gɑ̃glijɔ̃] *nm* ganglion.

gangrène [gɑ̃gʀɛn] *nf (Méd)* gangrene; *(fig)* corruption.

gangster [gɑ̃gstɛʀ] *nm* gangster, mobster *(US)*; *(fig)* shark, crook. ◆ **gangstérisme** *nm* gangsterism.

gant [gɑ̃] *nm* glove. **~s de boxe** boxing gloves; **~ de crin** massage glove; **~ de cuisine** oven glove; **~ de toilette** face flannel, wash glove; **ça me va comme un ~** *[robe]* it fits me like a glove; *[idée]* it suits me down to the ground; **tu ferais mieux de prendre des ~s avec lui** you'd better handle him with kid gloves; **il va falloir prendre des ~s pour lui annoncer la nouvelle** we'll have to break the news to him gently; *(lit, fig)* **jeter/relever le ~** to throw down/take up the gauntlet. ◆ **se ganter** (**1**) *vpr* to put on one's gloves. **ganté de cuir** wearing leather gloves.

garage [gaʀaʒ] *nm (Aut)* garage. **~ d'autobus** bus depot; **~ d'avions** hangar; **~ de bicyclettes** bicycle shed; **~ de canots** boathouse. ◆ **garagiste** *nm (propriétaire)* garage owner; *(mécanicien)* garage mechanic.

garantir [gaʀɑ̃tiʀ] (**2**) *vt* (**a**) *(gén: assurer)* to guarantee; *emprunt* to guarantee, secure. **~ que** to assure *ou* guarantee that; **je te garantis que ça ne se passera pas comme ça! ✱** I can assure you things won't turn out like that! (**b**) *(protéger)* **~ qch de** to protect sth from; **se ~ du soleil** to protect o.s. from the sun. ◆ **garant, e** *nm, f (personne, état)* guarantor *(de* for); *(chose)* guarantee *(de* of). **servir de ~ à qn** to stand surety for sb; **se porter ~ de qch** to vouch for sth, guarantee sth. ◆ **garanti, e¹** *adj:* **~ étanche/3 ans** guaranteed waterproof/for 3 years; **c'est ~ pour cinq ans** it carries a five-year guarantee, it is guaranteed for five years; **c'est ~ sur facture ✱** it's as sure as anything, it's a cert ✱. ◆ **garantie²** *nf (gén, Comm)* guarantee; *(gage)* security, surety; *(protection)* safeguard. *[police d'assurance]* **~s** cover; **si on a la ~ qu'ils se conduiront bien...** if we have a firm undertaking *ou* a guarantee that they'll behave...; **servir de ~** to be used as a security; **sous ~** under guarantee; **c'est une ~ de succès** it's a guarantee of success; **c'est une ~ contre le chômage** it's a safeguard against unemployment; *(caution)* **donner sa ~ à** to guarantee, stand security *ou* surety for; **je vous dis ça, mais c'est sans ~** I can't guarantee that what I'm telling you is right.

garçon [gaʀsɔ̃] **1** *nm* (**a**) boy. **traiter qn comme un petit ~** to treat sb like a child *ou* a little boy; **~ manqué** tomboy; **c'est un brave ~** he's a good sort *ou* a nice fellow *ou* a nice young man. (**b**) *(commis)* shop assistant; *(serveur)* waiter. **~ boucher** butcher's assistant. (**c**) *(célibataire)* bachelor. **rester ~** to remain a bachelor. **2** : **~ de bureau** office assistant; **~ de café** waiter; **~ de courses** messenger; **~ d'écurie** stable lad *ou* boy; **~ d'étage** bellboy; **~ de ferme** farm hand; **~ d'honneur** best man. ◆ **garçonnet** *nm* small boy. **taille/rayon ~** boy's size/department. ◆ **garçonnière** *nf* bachelor flat.

garde¹ [gaʀd(ə)] *nf* (**a**) *(surveillance)* **se charger de la ~ de qch** to undertake to look after *ou* to guard *ou* to keep an eye on sth; **prendre en ~** to take into one's care; **laisser qch en ~ à qn** to leave sth in sb's care; **sous la ~ de la police** under police guard; **être/mettre qn sous bonne ~** to be/put sb under guard; **~ à vue** police custody; **être mis *ou* placé en ~ à vue** ≃ to be kept in police custody, be held for questioning; **l'enfant a été laissé à la ~ de la mère** the child was left in the custody of the mother. (**b**) *(service) [soldat]* guard duty; *[infirmière etc]* ward duty. **être de ~** *[infirmière, sentinelle]* to be on duty; *[médecin]* to be on call *ou* on duty; **pharmacie de ~** chemist *ou* pharmacist *(US)* on (weekend or night) duty. (**c**) *(escorte)* guard. (**d**) *(infirmière)* nurse. **~ d'enfant** *(personne)* childminder; *(activité)* child minding. **(e)** *(Boxe, Escrime)* guard. **en** ~! on guard!; **se mettre en** ~ to take one's guard. **(f)** *[épée]* hilt. *(lit, fig)* **jusqu'à la** ~ (up) to the hilt. **(g) mettre qn en** ~ to put sb on his guard *(contre* against); **mise en** ~ warning; **faire bonne** ~ to keep a close watch; **prenez** ~ **de ne pas tomber** mind you don't fall, be careful not to fall; **prends** ~! *(exhortation)* watch out!; *(menace)* watch it! *; **prends** ~ **aux voitures** watch out for *ou* mind the cars; **sans prendre** ~ **au danger** without considering the danger; **sans y prendre** ~ without realizing it; **être sur ses** ~s to be on one's guard.

garde² [gaʀd(ə)] *nm [prisonnier]* guard; *[château]* warden; *[jardin public]* keeper; *(soldat)* guardsman; *(sentinelle)* guard. ~ **champêtre** rural policeman; ~ **du corps** body-guard; ~ **forestier** forest warden, (park) ranger *(US)*; ~ **des Sceaux** French Minister of Justice ≃ Lord Chancellor.

garde- [gaʀd(ə)] *préf:* **garde-barrière** *nmf, pl* ~s-~(s) level-crossing keeper; **garde-boue** *nm inv* mud-guard; **garde-chasse** *nm, pl* ~s-~(s) gamekeeper; **garde-chiourme** *nm, pl* ~(s)-~(s) martinet; **garde-côte** *nm, pl* ~-~(s) *(Mil)* coastguard ship; **garde-pêche** *nm, pl* ~-~s *(garde-pêche)* fisheries protection ship; **garde-fou** *nm, pl* ~-~s *(en fer)* railing; *(en pierre)* parapet; **garde-malade** *nmf, pl* ~s-~s home nurse; **garde-manger** *nm inv (armoire)* meat safe, cooler *(US)*; *(pièce)* pantry, larder; **garde-meuble** *nm, pl* ~-~(s) furniture store; **garde-pêche** *nm inv (personne)* water bailiff, fish (and game) warden *(US)*; *(frégate)* fisheries protection ship; **garde-robe** *nf, pl* ~-~s *(habits)* wardrobe; *(Mil)* **garde-à-vous** (fixe)! attention!; **se mettre au garde-à-vous** to stand to attention.

garder [gaʀde] **(1) 1** *vt* **(a)** *(surveiller)* to look after, guard; *(défendre)* to guard. ~ **qn à vue** ≃ to keep sb in custody; ~ **des enfants (à domicile)** to baby-sit, child mind; **garde ma valise** look after *ou* keep an eye on my suitcase; **on n'a pas gardé les cochons ensemble!** * you've a nerve to take liberties like that! *; **ça vous gardera du froid** it'll protect you from the cold; **Dieu vous garde** God be with you; **le musée qui garde ces trésors** the museum which houses these treasures; **passage à niveau gardé/non gardé** manned/unmanned level-crossing. **(b)** *(conserver) (gén)* to keep; *jeunesse* to retain; *habitude* to keep up; *vêtement* to keep on; *[police]* to detain. ~ **la chambre/le lit** to stay in one's room/in bed; ~ **qn à déjeuner** to have sb stay for lunch; ~ **en retenue** to keep in detention; **je lui ai gardé une côtelette pour ce soir** I've kept *ou* saved a chop for him for tonight; **je lui garde un chien de ma chienne** * he's got it coming to him (from me *); ~ **une poire pour la soif** to keep sth for a rainy day; **gardez cela pour vous** keep this to yourself; **il a gardé toutes ses facultés** *ou* **toute sa tête** he still has all his faculties; ~ **son calme/le silence** to keep calm/silent; ~ **la tête froide** to keep a cool head; ~ **les idées claires** to keep a clear head; ~ **l'anonymat** to remain anonymous; ~ **la ligne** to keep one's figure; ~ **rancune à qn** to bear sb a grudge; **toutes proportions gardées** relatively speaking. **2 se** ~ *vpr* **(a)** *[denrées]* to keep. **(b) se** ~ **de qch** *(se défier de)* to be wary of sth; *(se protéger de)* to protect o.s. from sth, guard against sth; **gardez-vous de vos amis** be wary of your own friends; **se** ~ **de faire qch** to be careful not to do sth; **je m'en garderai bien!** that's the last thing I'd do!

garderie [gaʀdəʀi] *nf:* ~ **(d'enfants)** *(jeunes enfants)* day nursery, day-care center *(US)*; *(Scol)* ≃ after-school club, ≃ after-school center *(US)*.

gardien, -ienne [gaʀdjɛ̃, jɛn] *nm, f (gén)* guard; *[château]* warden, keeper *(US)*; *[musée, hôtel]* attendant; *[jardin public, phare, zoo]* keeper; *(fig: défenseur)* guardian. ~ **de but** goalkeeper; ~**ne d'en-**

fants child minder; ~ **d'immeuble** caretaker; ~ **de nuit** night watchman; ~ **de la paix** policeman, *(police)* constable, patrolman *(US)*; ~ **de prison** prison warder *ou* officer *ou* guard.

gare¹ [gaʀ] *nf* station. ~ **de marchandises** goods station; ~ **maritime** harbour station; ~ **routière** *(camions)* haulage depot; *(autocars)* coach *ou* bus station; ~ **de triage** marshalling yard.

gare² * [gaʀ] *excl:* ~ **à toi** just watch it! *; ~ **au premier qui bouge!** the first one to move will be for it! *; **sinon** ~! or else! *; ~ **à ta tête** mind your head; ~ **aux conséquences** beware of the consequences.

garer [gaʀe] **(1) 1** *vt véhicule* to park; *embarcation* to dock. **2 se** ~ *vpr* to park; *[véhicule]* to draw into the side, pull over; *[piéton]* to get out of the way.

gargariser (se) [gaʀgaʀize] **(1)** *vpr* to gargle. *(fig péj)* **se** ~ **de grands mots** to revel in big words. ◆ **gargarisme** *nm* gargle.

gargote [gaʀgɔt] *nf (péj)* cheap restaurant.

gargouille [gaʀguj] *nf (Archit)* gargoyle. ◆ **gargouiller** **(1)** *vi [eau]* to gurgle; *[intestin]* to rumble. ◆ **gargouillement** *nm ou* ◆ **gargouillis** *nm* gurgling; rumbling.

garnement [gaʀnəmɑ̃] *nm (gamin)* rascal; *(adolescent)* tearaway, hellion *(US)*.

garnir [gaʀniʀ] **(2) 1** *vt* **(a)** *(équiper) caisse* to fill; *réfrigérateur, bibliothèque* to stock; *chaudière* to stoke; *hameçon* to bait *(de* with). ~ **qch de pneus** *etc* to put tyres *etc* on sth, fit sth out with tyres *etc*; ~ **une muraille de canons** to range guns along a wall; ~ **une boîte de tissu** to line a box with material. **(b)** *(remplir)* to fill; *(couvrir)* to cover. **la foule garnissait les rues** the crowd packed the streets; **boîte garnie de chocolats** box full of *ou* filled with chocolates; **les canons qui garnissent la muraille** the guns which line the wall *ou* which are ranged along the wall. **(c)** *(décorer) robe* to trim; *aliment* to garnish *(de* with). ~ **de fleurs** to decorate with flowers. **2 se** ~ *vpr [salle]* to fill up *(de* with). ◆ **garni, e 1** *adj plat (décoré)* garnished; *(accompagné)* served with vegetables. **bien** ~ **portefeuille** well-lined; *réfrigérateur, bibliothèque* well-stocked; *estomac, boîte* full. **2** *nm* furnished rooms *ou* accommodation.

garnison [gaʀnizɔ̃] *nf* garrison. **(ville de)** ~ garrison town; **être en** ~ **à** to be stationed *ou* garrisoned at.

garniture [gaʀnityʀ] *nf [chaudière]* lagging; *[coffret, freins]* lining; *[aliment] (décoration)* garnish; *(légumes)* garnish, fixings *(US)*. *(Culin)* **servi avec** ~ served with vegetables, vegetables included; *[robe]* ~**(s)** trimming; *(Aut)* ~ **intérieure** upholstery, interior trim; ~ **de cheminée** mantelpiece ornaments; ~ **de toilette** toilet set; ~ **périodique** sanitary towel *ou* napkin *(US)*; **avec** ~ **en cuir** with leather fittings.

garrot [gaʀo] *nm [cheval]* withers; *(Méd)* tourniquet; *(supplice)* garrotte. ◆ **garrotter** **(1)** *vt* to tie up.

gars * [gɑ] *nm (enfant)* lad; *(type)* fellow, guy *. **au revoir les** ~! cheerio boys! * *ou* fellows! *

Gascogne [gaskɔɲ] *nf* Gascony.

gas-oil [gazɔjl] *nm* diesel oil.

gaspiller [gaspije] **(1)** *vt (gén)* to waste; *fortune* to squander. ◆ **gaspillage** *nm* wasting; squandering. *(résultat)* **quel** ~! what a waste! ◆ **gaspilleur, -euse 1** *adj* wasteful. **2** *nm, f* waster; squanderer.

gastrique [gastʀik] *adj* gastric. ◆ **gastrite** *nf* gastritis.

gastronome [gastʀɔnɔm] *nmf* gourmet, gastronome. ◆ **gastronomie** *nf* gastronomy. ◆ **gastronomique** *adj* gastronomic.

gâteau, *pl* ~**x** [gɑto] *nm* cake; *(au restaurant)* gateau. ~**x à apéritif** (small) savoury biscuits, appetizers;

~ **de riz** rice pudding; ~ **sec** biscuit; ~ **de miel**
honeycomb; **se partager le** ~ * to share out the
loot *; **c'est du** ~ * it's a piece of cake *, it's a
walkover *, it's a snap * *(US)*.
gâter [gate] (1) **1** *vt (gén)* to ruin, spoil; *enfant* to
spoil; *jugement* to have a harmful effect on. ~ **des**
fruits to make fruit go bad; **avoir les dents gâtées**
to have bad teeth; **et, ce qui ne gâte rien** and,
which is an added bonus *ou* is even better; **nous**
avons été gâtés cette année we've been really
lucky this year. **2 se** ~ *vpr [viande]* to go bad,
go off; *[relations]* to go sour. **le temps va se** ~ the
weather's going to break; **ça commence à se** ~
(entre eux) things are beginning to go wrong
(between them); **ça va se** ~! there's going to be
trouble!, things are going to turn nasty! ◆ **gâte-**
rie *nf* little treat. **se payer une** ~ to treat o.s. to
sth.
gâteux, -euse * [gatø, øz] **1** *adj* senile, gaga *.
2 *nm, f:* **(vieux)** ~ doddering old man. ◆ **gâtisme**
nm senility. ◆ **gâtifier** * (1) *vi* to go soft in the
head *.
gauche [goʃ] **1** *adj* (**a**) *bras* left; *poche* left-hand.
du côté ~ on the left-hand side. (**b**) *(maladroit)*
clumsy, awkward; *(tordu)* warped. **2** *nm (Boxe)*
left. **3** *nf* (**a**) **la** ~ *(gén, Aut, Pol)* the left; *(côté)*
the left-hand side; **à** ~ *rue, rouler* on the left; *tour-*
ner to the left; **tiroir de** ~ left-hand drawer; **à** ~
de la porte to the left of the door; **garder sa** ~
to keep to the left; **idées de** ~ left-wing ideas;
mettre de l'argent à ~ * to put money aside. (**b**)
(coup) left. ◆ **gauchement** *adv* clumsily, awkwardly. ◆ **gaucher, -ère** *adj* left-handed. ◆ **gau-**
cherie *nf* awkwardness, clumsiness. ◆ **gauchir**
(2) **1** *vt (lit)* to warp; *fait* to distort. **2 se** ~ *vpr*
to warp. ◆ **gauchisme** *nm* leftism. ◆ **gauchis-**
sement *nm* warping; distortion. ◆ **gauchiste**
adj, nmf leftist.
gaudriole * [godʀijɔl] *nf (propos)* broad joke.
gaufre [gofʀ(ə)] *nf* waffle. ◆ **gaufré, e** *adj papier*
embossed; *tissu* goffered. ◆ **gaufrette** *nf* wafer.
◆ **gaufrier** *nm* waffle iron.
Gaule [gol] *nf* Gaul.
gaule [gol] *nf* pole; *(Pêche)* fishing rod. ◆ **gauler**
(1) *vt arbre* to beat; *fruits* to bring down, shake
down.
gaullisme [golism(ə)] *nm* Gaullism. ◆ **gaulliste**
adj, nmf Gaullist.
gaulois, e [golwa, waz] **1** *adj* (**a**) *(de Gaule)* Gallic.
(**b**) *(grivois)* bawdy. **2** *nm(f):* **G~(e)** Gaul. **3** *nf*
(R): cigarette Gauloise. ◆ **gauloiserie** *nf (propos)*
bawdy story. **la** ~ bawdiness.
gausser (se) [gose] (1) *vpr (littér) (rire)* to laugh;
(se moquer) **se** ~ **de** to poke fun at.
gaver [gave] (1) **1** *vt animal* to force-feed; *personne*
to fill up *(de* with). **je suis gavé!** I'm full (up)!
2 se ~ *vpr:* **se** ~ **de** *nourriture* to stuff o.s. with;
romans to devour.
gavroche [gavʀɔʃ] *nm* street urchin *(in Paris)*.
gay * [gɛ] *adj, nm* gay.
gaz [gaz] **1** *nm inv (Chim)* gas. *(Mil)* **les** ~ gas; **l'em-**
ployé du ~ the gasman; **se chauffer au** ~ to have
gas(-fired) heating; **cuisinière etc à** ~ gas cooker
etc; **vous avez le** ~? are you on gas?; **il s'est suicidé**
au ~ he gassed himself; *(Aut)* **mettre les** ~ * to
step on the gas *; *(euph)* **avoir des** ~ to have wind.
2 : ~ **asphyxiant** poison gas; ~ **carbonique** carbon
dioxide; ~ **d'échappement** exhaust gas; ~ **lacry-**
mogène teargas; ~ **neurotoxique** nerve gas; ~ **de**
ville town gas. ◆ **gazoduc** *nm* gas pipeline.
◆ **gazogène** *nm* gas producer *(plant).* ◆ **gazole**
nm diesel oil. ◆ **gazomètre** *nm* gasometer.
Gaza [gaza] *n:* **la bande** *ou* **le Territoire de** ~ the
Gaza Strip.
gaze [gaz] *nf* gauze.

gazelle [gazɛl] *nf* gazelle.
gazer [gaze] (1) **1** *vi* (*) **ça gaze?** how's things? *,
how goes it? *; **ça a gazé?** did it go O.K.? *; **ça**
ne gaze pas fort things aren't too good *ou* too
hot *; **il y a qch qui ne gaze pas** there's sth wrong
somewhere. **2** *vt (Mil)* to gas. ◆ **gazage** *nm (Mil)*
gassing.
gazette [gazɛt] *nf (hum)* newspaper.
gazeux, -euse [gazø, øz] *adj (Chim)* gaseous; *bois-*
son fizzy.
gazinière [gazinjɛʀ] *nf* gas cooker.
gazon [gazɔ̃] *nm (pelouse)* lawn. *(herbe)* **le** ~ turf,
grass; **une motte de** ~ a turf, a sod.
gazouiller [gazuje] (1) *vi [oiseau]* to chirp, warble;
[ruisseau, bébé] to babble. ◆ **gazouillement** *nm*
ou ◆ **gazouillis** *nm* chirping, warbling; babbling.
geai [ʒɛ] *nm* jay.
géant, e [ʒeɑ̃, ɑ̃t] **1** *adj* gigantic; *paquet* giant-sized,
giant. **2** *nm (lit, fig)* giant; *(Écon, Pol)* giant power.
3 *nf* giantess.
geindre [ʒɛ̃dʀ(ə)] (52) *vi (gémir)* to groan, moan
(de with); *(péj)* to moan. ◆ **geignard, e** * *nm, f*
moaner. ◆ **geignement** *nm:* ~(**s**) moaning.
gel [ʒɛl] *nm* (**a**) *(froid)* frost. **'craint le** ~ ' 'keep away
from extreme cold'. (**b**) *[crédits]* freezing. (**c**) *(pâte)*
gel; ~ **coiffant** hair gel.
gélatine [ʒelatin] *nf* gelatine. ◆ **gélatineux, -euse**
adj gelatinous.
geler [ʒ(ə)le] (5) **1** *vt* (**a**) *eau, sol* to freeze; *membre*
to cause frostbite to. **mourir gelé** to freeze to
death; **j'ai les mains gelées** *(froides)* my hands are
frozen (stiff); *(blessées)* my hands are frost-bitten;
tu nous gèles * you're making us freeze. (**b**) *(Fin)*
to freeze. **2 se** ~ * *vpr* to freeze. **3** *vi* (**a**) *[eau]*
to freeze (over), ice over; *[sol, plante]* to freeze;
[récoltes] to be blighted *ou* nipped by frost;
[membre] to be frostbitten. (**b**) *(avoir froid)* to
freeze. **4** *vb impers:* **il gèle** it's freezing; **il a gelé**
à pierre fendre it froze hard. ◆ **gelé, e¹** *adj public*
cold, unresponsive; (*: soûl)* tight *. ◆ **gelée²** *nf*
(**a**) *(gel)* frost. ~ **blanche** hoarfrost. (**b**) *(Culin)* jelly.
gélifier [ʒelifje] (7) **1** *vt* to make gel. **2 se** ~ *vpr*
to gel.
gélule [ʒelyl] *nf (Méd)* capsule.
gelure [ʒ(ə)lyʀ] *nf (Méd)* ~(**s**) frostbite.
Gémeaux [ʒemo] *nmpl (Astron)* Gemini.
gémir [ʒemiʀ] (2) *vi [blessé]* to groan, moan *(de*
with); *[plancher]* to creak; *[vent]* to moan, whine.
◆ **gémissement** *nm:* ~(**s**) groaning; moaning;
creaking; whining.
gênant, e [ʒɛnɑ̃, ɑ̃t] *adj situation, témoin* awkward,
embarrassing; *révélations* embarrassing. *(irritant)*
c'est ~ it's a nuisance.
gencive [ʒɑ̃siv] *nf* gum.
gendarme [ʒɑ̃daʀm(ə)] *nm* gendarme, policeman.
jouer aux s et aux voleurs to play cops and robbers; ~ **mobile** member of the anti-riot police.
◆ **gendarmer (se)** (1) *vpr:* **se** ~ **pour obtenir qch**
to have to take a strong line to get sth. ◆ **gen-**
darmerie *nf (corps)* Gendarmerie, police force;
(bureaux) police station; *(caserne)* police barracks.
~ **mobile** anti-riot police; ~ **maritime** coastguard.
gendre [ʒɑ̃dʀ(ə)] *nm* son-in-law.
gène [ʒɛn] *nm* gene.
gêne [ʒɛn] *nf (physique)* discomfort; *(dérangement)*
trouble, bother; *(manque d'argent)* financial difficulties; *(embarras)* embarrassment. **il ressentait**
une certaine ~ **à respirer** he experienced some
difficulty in breathing; **je ne voudrais vous causer**
aucune ~ I wouldn't like to put you to any
trouble *ou* bother, I wouldn't want to be a nuisance.

généalogie [ʒenealɔʒi] *nf* genealogy. ◆ **généalogique** *adj* genealogical.

gêner [ʒene] (1) **1** *vt* (**a**) *[fumée]* to bother; *[bruit]*
to bother, disturb; *[vêtement étroit, obstacle]* to
hamper. ~ **le passage** to be in the way; **ça me
gêne pour respirer** it hampers my breathing. (**b**)
(déranger) personne to bother; *projet* to hamper,
hinder. **j'espère que ça ne vous gêne pas d'y aller**
I hope it won't inconvenience you to go; **cela
vous gênerait de ne pas fumer?** would you mind
not smoking?; **et alors, ça te gêne?** * so what? *
(**c**) *(financièrement)* to put in financial difficulties.
(**d**) *(embarrasser)* ~ **qn** to make sb feel ill-at-ease
ou uncomfortable; **ça me gêne de vous dire ça
mais...** I hate to tell you but... **2 se** ~ *vpr* (**a**)
(se contraindre) **ne vous gênez pas pour moi** don't
mind me, don't put yourself out for me; **il ne
faut pas vous** ~ **avec moi** don't stand on ceremony
with me; **il ne s'est pas gêné pour le lui dire** he
didn't mind telling him. (**b**) *(économiser)* to tighten
one's belt. ◆ **gêné, e** *adj personne, air* embarrassed, self-conscious; *silence* uncomfortable,
embarrassed, awkward. *(financièrement)* **être** ~
(aux entournures) to be short of money *ou* hard
up *.

général, e, *mpl* **-aux** [ʒeneʀal, o] **1** *adj* general.
un tableau ~ **de la situation** a general *ou* an overall
picture of the situation; **dans l'intérêt** ~ in the
general interest; **à la surprise** ~**e** to the surprise
of most *ou* many people; **en** ~**, de façon** ~**e** generally, in general; **secrétaire** ~ *(gén)* general secretary; *[organisation internationale]* secretary-general.
2 *nm* general. ~ **d'armée** general; *(Aviat)* air chief
marshal, general *(US)*; ~ **de brigade** brigadier; ~
en chef general-in-chief. **3** *nf* (**a**) *(épouse)* general's wife. (**b**) *(Théât) (répétition)* ~**e** (final) dress
rehearsal. ◆ **généralement** *adv* generally, usually. ~ **parlant** generally speaking; **coutume assez**
~ **répandue** fairly widespread custom.

généraliser [ʒeneʀalize] (1) **1** *vt (gén)* to generalize; *méthode* to put *ou* bring into general use.
cancer généralisé general cancer; *(Méd)* **infection
généralisée** systemic infection. **2 se** ~ *vpr* to
become widespread. ◆ **généralisable** *adj* which
can be applied generally. ◆ **généralisation** *nf*
generalization.

généraliste [ʒeneʀalist(ə)] *nm:* **médecin** ~ G.P.,
general *ou* family practitioner.

généralité [ʒeneʀalite] *nf* (**a**) *(majorité)* majority.
(**b**) ~**s** *(introduction)* general points; *(péj: banalités)*
generalities.

générateur, -trice [ʒeneʀatœʀ, tʀis] **1** *adj* generative, generating. ~ **de désordres** which causes
trouble. **2** *nf (Élec)* generator.

générer [ʒeneʀe] (6) *vt* to generate. ◆ **génération** *nf* generation.

généreux, -euse [ʒeneʀø, øz] *adj* generous.
◆ **généreusement** *adv* generously. ◆ **générosité** *nf* generosity. *(largesses)* ~**s** kindnesses.

générique [ʒeneʀik] **1** *adj* generic. **2** *nm (Ciné)*
credit titles, credits, cast (and credits) *(US)*.

genèse [ʒənɛz] *nf (élaboration)* genesis. *(Bible)* **(le
livre de) la G**~ (the Book of) Genesis.

genêt [ʒ(ə)nɛ] *nm (Bot)* broom.

génétique [ʒenetik] **1** *adj* genetic. **2** *nf* genetics
(sg). ◆ **généticien, -ienne** *nm, f* geneticist.

gêneur, -euse [ʒɛnœʀ, øz] *nm, f (importun)* intruder. **supprimer un** ~ to do away with a person who
stands in one's way.

Genève [ʒ(ə)nɛv] *n* Geneva.

génial, e, *mpl* **-aux** [ʒenjal, o] *adj écrivain, invention*
of genius; *idée* inspired; (*: formidable)* fantastic *,
tremendous *, great *. **ce n'est pas** ~! *[idée]* that's
not very clever!; *[film]* it's not brilliant! *.
◆ **génialement** *adv* with genius, brilliantly.

génie [ʒeni] *nm* **1** (**a**) *(savant, talent)* genius. **avoir
du** ~ to have genius; **avoir le** ~ **des affaires** to have
a genius for business; **avoir le** ~ **du mal** to have
an evil bent. (**b**) *(allégorie)* spirit. *[histoires arabes]*
le ~ **de la lampe** the genie of the lamp; **le bon/
mauvais** ~ **de qn** sb's good/evil genius. (**c**) *(Mil)*
le ~ ≃ the Engineers; **soldat du** ~ engineer. **2**
~ **atomique/chimique** atomic/chemical engineering; ~ **civil** *(branche)* civil engineering; *(corps)*
civil engineers; ~ **électronique** electronic engineering; ~ **génétique** genetic engineering.

genièvre [ʒənjɛvʀ(ə)] *nm (boisson)* Hollands *ou*
geneva gin; *(arbre)* juniper; *(fruit)* juniper berry.

génisse [ʒenis] *nf* heifer.

génital, e, *mpl* **-aux** [ʒenital, o] *adj* genital.

génitif [ʒenitif] *nm* genitive (case).

génocide [ʒenɔsid] *nm* genocide.

genou, *pl* ~**x** [ʒ(ə)nu] *nm* knee. **il était à** ~**x** he
was kneeling, he was on his knees; **se mettre à**
~**x** to kneel down; *(fig)* **se mettre à** ~**x devant qn**
to go down on one's knees to sb; **c'est à se mettre
à** ~**x!** * it's out of this world! *; **j'en suis tombé
à** ~**x!** * I just about dropped! *; **demander qch
à (deux)** ~**x** to ask for sth on bended knee; **prendre qn sur ses** ~**x** to take sb on one's knees; **faire
du** ~ **à qn** * to play footsie with sb *; **plier le** ~
devant qn to bend the knee to sb; **être sur les**
~**x** * to be ready to drop, be on one's last legs,
be on one's knees *.

genre [ʒɑ̃ʀ] *nm* (**a**) *(espèce)* kind, type, sort. ~ **de
vie** lifestyle, way of life; **cette maison n'est pas
mauvaise en son** ~ that house isn't bad of *ou* for
(US) its type; **ce qui se fait de mieux dans le** ~ the
best of its kind; **chaussures en tout** ~ *ou* **en tous**
~**s** all kinds *ou* sorts of shoes; **qch du même** ~
sth of the kind; **il a écrit un** ~ **de roman** he wrote
a novel of sorts. (**b**) *(allure)* manner. **avoir bon**
~ to look a nice sort; **avoir mauvais** ~ to be
coarse-looking; **il a un drôle de** ~ he's a bit weird;
avoir le ~ **artiste** to be an arty type; **faire du** ~
to stand on ceremony; **il aime se donner un** ~ he
likes to stand out *ou* to be a bit different; **ce n'est
pas son** ~ **de ne pas répondre** it's not like him
not to answer. (**c**) *(Art)* genre; *(Gram)* gender;
(Philos, Sci) genus. **le** ~ **humain** mankind, the
human race.

gens [ʒɑ̃] *nmpl (accord féminin de l'adjectif antéposé)*
people, folk; *(serviteurs)* servants. **les** ~ **de la ville**
townspeople, townsfolk; **les** ~ **du pays** *ou* **du
coin** * the local people, the locals; **de braves** ~
good people *ou* folk; **les** ~ **d'Église** the clergy;
~ **de lettres** men of letters; **les** ~ **de loi** † the legal
profession; ~ **de maison** people in service.

gentil, -ille [ʒɑ̃ti, ij] *adj* (**a**) *(aimable)* kind, nice
(avec, pour to). **c'est** ~ **à toi de...** it's very kind *ou*
nice *ou* good of you to...; **tout ça, c'est bien** ~
mais... that's all very nice but...; **sois** ~**, va me
le chercher** be a dear and go, and get it for me,
would you mind going to get it for me. (**b**) *(sage)*
good. **il n'a pas été** ~ he hasn't been a good boy.
(**c**) *visage, endroit* nice, pleasant; *somme* tidy, fair.
c'est ~ **comme tout chez vous** you've got a lovely
little place. ◆ **gentillesse** *nf (gén)* kindness. **une**
~ **en vaut une autre** one good turn deserves another. ◆ **gentiment** *adv* kindly, nicely.

gentilhomme [ʒɑ̃tijɔm], *pl* **gentilshommes**
[ʒɑ̃tizɔm] *nm* gentleman. ~ **campagnard** country
squire. ◆ **gentilhommière** *nf* manor house.

génuflexion [ʒenyflɛksjɔ̃] *nf* genuflexion.

géochimie [ʒeɔʃimi] *nf* geochemistry.

géode [ʒeɔd] *nf* geode.

géodésie [ʒeɔdezi] *nf* geodesy. ◆ **géodésique** *adj*
geodesic.

géographie [ʒeɔgʀafi] *nf* geography. ◆ **géographe** *nmf* geographer. ◆ **géographique** *adj* geographical.

geôle [ʒol] *nf* gaol, jail. ◆ **geôlier, -ière** *nm, f* gaoler, jailer.

géologie [ʒeɔlɔʒi] *nf* geology. ◆ **géologique** *adj* geological. ◆ **géologue** *nmf* geologist.

géométrie [ʒeɔmetʀi] *nf* geometry. ~ **dans l'espace** solid geometry; **à ~ variable** swing-wing. ◆ **géomètre** *nm (arpenteur)* surveyor; *(mathématicien)* geometer. ◆ **géométrique** *adj* geometrical. ◆ **géométriquement** *adv* geometrically.

géophysique [ʒeɔfizik] **1** *adj* geophysical. **2** *nf* geophisics *(sg)*. ◆ **géophysicien, -ienne** *nm, f* geophysicist.

géopolitique [ʒeɔpɔlitik] **1** *adj* geopolitical. **2** *nf* geopolitics *(sg)*.

géostationnaire [ʒeɔstasjɔnɛʀ] *adj* geostationary.

géothermique [ʒeɔtɛʀmik] *adj* geothermal.

gérance [ʒeʀɑ̃s] *nf* management. **prendre qch en ~** to take over the management of sth; **mettre qch en ~** to appoint a manager for sth. ◆ **gérant** *nm* manager; *[immeuble]* managing agent. ◆ **gérante** *nf* manageress.

géranium [ʒeʀanjɔm] *nm* geranium. **~-lierre** ivy leaf geranium.

gerbe [ʒɛʀb(ə)] *nf [blé]* sheaf; *[osier]* bundle; *[preuves]* collection. ~ **de fleurs** spray of flowers; ~ **d'eau** spray *ou* shower of water; *(fusée)* **retomber en ~** to fall in a shower *ou* fountain of sparks.

gerber [ʒɛʀbe] **(1)** **1** *vt (Agr)* to sheave, bind into sheaves. **2** *vi (‡: vomir)* to throw up ‡, puke (up) ‡.

gercer *vt*, **se ~ ** *vpr* [ʒɛʀse] **(3)** *peau* to chap; *sol* to crack. ◆ **gerçure** *nf* crack.

gérer [ʒeʀe] **(6)** *vt* to manage. **mal ~** to mismanage.

gerfaut [ʒɛʀfo] *nm (Orn)* gyrfalcon.

gériatrie [ʒeʀjatʀi] *nf* geriatrics *(sg)*. ◆ **gériatrique** *adj* geriatric.

germain, e [ʒɛʀmɛ̃, ɛn] *adj*: **cousin ~** first cousin.

germe [ʒɛʀm(ə)] *nm [embryon, idée]* germ; *[pomme de terre]* eye; *[erreur, vie]* seed; *(microbe)* germ. **avoir en ~** to contain in embryo, contain the seeds of; **cette idée est en ~** the idea is beginning to take root. ◆ **germer** **(1)** *vi* to germinate. **pomme de terre germée** sprouting potato. ◆ **germination** *nf* germination.

gérondif [ʒeʀɔ̃dif] *nm* gerund.

gérontologie [ʒeʀɔ̃tɔlɔʒi] *nf* gerontology. ◆ **gérontologique** *adj* gerontological. ◆ **gérontologiste** *ou* ◆ **gérontologue** *nmf* gerontologist.

gésier [ʒezje] *nm* gizzard.

gésir [ʒeziʀ] *vi*: **il gît/gisait sur le sol** he is lying/was lying *ou* lay on the ground.

gestation [ʒɛstasjɔ̃] *nf* gestation. **en ~** in gestation.

geste [ʒɛst(ə)] *nm* **(a)** *(mouvement)* gesture. **pas un ~ ou je tire!** one move and I'll shoot!; **faire un ~ de la tête** *(affirmatif)* to nod (one's head); *(négatif)* to shake one's head; **il le fit entrer d'un ~** he motioned *ou* gestured *ou* waved to him to come in; **s'exprimer par ~s** to use one's hands to express o.s.; **il ne fit pas un ~ pour l'aider** he didn't lift a finger *ou* make a move to help him. **(b)** *(action)* act, deed; *(généreux)* gesture. **faites un ~** make a gesture.

gesticuler [ʒɛstikyle] **(1)** *vi* to gesticulate. ◆ **gesticulation** *nf* gesticulation.

gestion [ʒɛstjɔ̃] *nf* management. **mauvaise ~** mismanagement, bad management; ~ **de l'économie** economic management; ~ **des stocks** inventory control. ◆ **gestionnaire** **1** *adj* administrative, management. **2** *nmf* administrator.

gestuel, -elle [ʒɛstyɛl] **1** *adj* gestural. **2** *nf* hand movements.

geyser [ʒezɛʀ] *nm* geyser.

Ghana [gana] *nm* Ghana.

ghetto [gɛto] *nm* ghetto.

G I [dʒiaj] *nm (soldat américain)* G I.

gibecière [ʒibsjɛʀ] *nf (gén)* shoulder bag; *[chasseur]* gamebag; *[écolier]* satchel.

gibet [ʒibɛ] *nm* gallows.

gibier [ʒibje] *nm (lit)* game; *(fig)* prey. ~ **d'eau** waterfowl; ~ **à poil** game animals; ~ **à plume** game birds; ~ **de potence** gallows bird; *(lit, fig)* **le gros ~** big game.

giboulée [ʒibule] *nf* (sudden) shower. ~ **de mars** April shower.

giboyeux, -euse [ʒibwaj∅, ∅z] *adj* well-stocked with game.

Gibraltar [ʒibʀaltaʀ] *nm* Gibraltar.

gicler [ʒikle] **(1)** *vi* to spurt. **faire ~ de l'eau** *(d'un robinet)* to squirt water; *[véhicule]* to send up a spray of water. ◆ **giclée** *nf* spurt. ◆ **gicleur** *nm (Aut)* jet.

gifler [ʒifle] **(1)** *vt*: ~ **qn** to smack sb's face, slap sb in the face. ◆ **gifle** *nf* slap in the face, box on the ear.

gigantesque [ʒigɑ̃tɛsk(ə)] *adj* gigantic, immense.

gigolo [ʒigɔlo] *nm* gigolo.

gigot [ʒigo] *nm* joint. ~ **de mouton** leg of mutton; ~ **de chevreuil** haunch of venison.

gigoter * [ʒigɔte] **(1)** *vi* to wriggle (about).

gilet [ʒilɛ] *nm (de complet)* waistcoat, vest *(US)*; *(cardigan)* cardigan. ~ **(de corps)** vest, undershirt *(US)*; ~ **pare-balles** bulletproof jacket, flak jacket *; ~ **de sauvetage** life jacket, life preserver *(US)*.

gin [dʒin] *nm* gin.

gingembre [ʒɛ̃ʒɑ̃bʀ(ə)] *nm* ginger.

ginseng [ʒinsɑ̃g] *nm* ginseng.

girafe [ʒiʀaf] *nf (Zool)* giraffe; *(péj: personne)* beanpole *. ◆ **girafeau** *nm* baby giraffe.

giration [ʒiʀɑsjɔ̃] *nf* gyration. ◆ **giratoire** *adj* gyrating.

girofle [ʒiʀɔfl(ə)] *nm*: **clou de ~** clove.

giroflée [ʒiʀɔfle] *nf* wallflower.

girolle [ʒiʀɔl] *nf* chanterelle.

giron [ʒiʀɔ̃] *nm (genoux)* lap; *(fig: sein)* bosom. **enfant élevé dans le ~ maternel** child reared in the bosom of his family.

Gironde [ʒiʀɔ̃d] *nf*: **la ~** the Gironde.

girouette [ʒiʀwɛt] *nf* weather cock. *(fig)* **c'est une vraie ~** he changes (his mind) with the weather.

gisement [ʒizmɑ̃] *nm (Minér)* deposit.

gisent [ʒiz], **gît** [ʒi] *V* **gésir.**

gitan, e [ʒitɑ̃, an] **1** *adj*, **G~(e)** *nm(f)* gipsy. **2** *nf (®: cigarette)* Gitane.

gîte [ʒit] *nm (abri)* shelter; *(maison)* home; *[lièvre]* form; *[minerai]* deposit. **le ~ et le couvert** room and board, board and lodging; ~ **(à la noix)** topside.

givre [ʒivʀ(ə)] *nm* hoarfrost. ◆ **givré, e** *adj* **(a)** *arbre* covered in frost; *fenêtre, hélice* frosted-up, icedup; *verre* frosted. **(b)** **(*)** *(ivre)* tight *; *(fou)* cracked ‡, nuts ‡. **devenir complètement ~ *** to go completely off one's head *ou* rocker ‡. ◆ **givrer** *vt*, **se ~ ** *vpr* **(1)** to frost up, ice up.

glaçage [glasaʒ] *nm [papier, aliment]* glazing; *(au sucre)* icing.

glace [glas] *nf* **(a)** *(eau)* ice. *(lit, fig)* **briser la ~** to break the ice; *(Géog)* **~s** ice sheets *ou* fields; **~s flottantes** ice floes; **bloqué par les ~s** *canal* blocked with ice; *bateau* icebound. **(b)** *(Culin)* ice cream. ~ **à l'eau** water ice, sherbet *(US)*; ~ **à la crème**

dairy ice cream, iced-milk ice cream *(US)*; ~ à **l'italienne** soft ice cream. (**c**) *(miroir)* mirror. (**d**) *(plaque de verre)* sheet of plate glass; *[vitrine]* glass; *[véhicule]* window.

glacer [glase] (3) **1** *vt* (**a**) *liquide (geler)* to freeze; *(rafraîchir)* to chill, ice. **mettre à ~** to put to chill; **ce vent glace les oreilles** this wind is freezing to the ears *ou* freezes your ears. (**b**) **~ qn** *(lit, fig: réfrigérer)* to turn sb cold; *(paralyser)* to make sb's blood run cold; **glacé d'horreur** frozen with horror. (**c**) *papier, aliment* to glaze; *(au sucre)* to ice. **2 se ~** *vpr (lit, fig)* to freeze. ◆ **glacé, e** *adj lac* frozen; *vent, chambre* icy, freezing; *boisson* iced, ice-cold; *papier* glazed; *fruit* glacé; *accueil* icy, frosty. **je suis ~** I'm frozen (stiff); **j'ai les mains ~es** my hands are 2 frozen *ou* freezing; **à servir ~** serve iced *ou* ice-cold; **café ~** iced coffee.

glaciaire [glasjɛʀ] *adj période, calotte* ice; *relief* glacial.

glacial, e, *mpl* **~s** *ou* **-aux** [glasjal, o] *adj* icy, freezing; *(fig)* icy, frosty.

glaciation [glasjɑsjɔ̃] *nf* glaciation.

glacier [glasje] *nm* (**a**) *(Géog)* glacier. (**b**) *(fabricant)* ice-cream maker; *(vendeur)* ice-cream man.

glacière [glasjɛʀ] *nf (lit, fig)* icebox.

glaciologie [glasjɔlɔʒi] *nf* glaciology. ◆ **glaciologique** *adj* glaciological. ◆ **glaciologue** *nmf* glaciologist.

glaçon [glasɔ̃] *nm [rivière]* block of ice; *[toit]* icicle; *[boisson]* ice cube; *(péj: personne)* iceberg. **un whisky avec des ~s** a whisky on the rocks.

gladiateur [gladjatœʀ] *nm* gladiator.

glaïeul [glajœl] *nm* gladiolus.

glaire [glɛʀ] *nf [œuf]* white; *(Méd)* phlegm.

glaise [glɛz] *nf* clay. ◆ **glaiseux, -euse** *adj* clayey.

gland [glɑ̃] *nm (Bot)* acorn; *(ornement)* tassel. (⁂: *imbécile)* **quel ~!** what a prick! ⁂

glande [glɑ̃d] *nf* gland. ◆ **glandulaire** *adj* glandular.

glaner [glane] (1) *vt (lit, fig)* to glean. ◆ **glaneur, -euse** *nm, f* gleaner.

glapir [glapiʀ] (2) *vi (lit, fig)* to yelp. ◆ **glapissement** *nm:* **~(s)** yelping.

glas [glɑ] *nm* knell. **on sonne le ~** they are tolling the knell.

glauque [glok] *adj yeux, eau* dull blue-green.

glissade [glisad] *nf (par jeu)* slide; *(chute)* slip; *(dérapage)* skid; *(Danse)* glissade.

glissant, e [glisɑ̃, ɑ̃t] *adj* slippery.

glisse [glis] *nf (Ski)* glide.

glissement [glismɑ̃] *nm:* **~ électoral** electoral swing; **~ de sens** shift in meaning; **~ de terrain** landslide, landslip.

glisser [glise] (1) **1** *vi* (**a**) *(gén)* to slide; *[voilier, nuages]* to glide along. **il fit ~ le fauteuil sur le sol** he slid the armchair along the floor; **il se laissa ~ le long du mur** he slid down the wall; **une larme glissa le long de sa joue** a tear trickled *ou* slid down his cheek; **le pays glisse vers l'anarchie/la droite** the country is slipping *ou* sliding towards anarchy/is moving *ou* swinging towards the right. (**b**) *(déraper) [personne]* to slip; *[véhicule]* to skid; *[parquet]* to be slippery. **il m'a fait ~** he made me slip. (**c**) *(échapper de)* **~ de la table/des mains** to slip *ou* slide off the table/out of one's hands; **le voleur leur a glissé entre les mains** the thief slipped (right) through their fingers. (**d**) *(effleurer)* **ses doigts glissaient sur les touches** his fingers slipped over the keys; **les reproches glissent sur lui** reproaches roll off him; **~ sur un sujet** to skate over a subject; **la balle glissa sur le blindage** the bullet glanced off the armour plating. **2** *vt (introduire)* **~ qch sous/dans qch** to slip *ou* slide sth under/into sth; **il me glissa un regard en coulisse**

he gave me a sidelong glance; **il me glissa que...** he whispered to me that... **3 se ~** *vpr:* **se ~ dans** *[personne]* to slip into; *[soupçon, erreur]* to creep into; **se ~ dans les draps** to slip *ou* slide between the sheets; **le voleur se glissa dans la maison** the thief slipped *ou* sneaked into the house; **se ~ jusqu'au premier rang** to edge *ou* worm one's way to the front.

glissière [glisjɛʀ] *nf* groove; *(Aut) [siège]* runner. **porte à ~** sliding door; **~ de sécurité** crash barrier.

global, e, *mpl* **-aux** [glɔbal, o] *adj (gén)* overall; *somme* global, total, aggregate; *vue* global, comprehensive. **méthode ~e** word recognition method *(of teaching reading)*. ◆ **globalement** *adv (en bloc)* globally; *(dans son ensemble)* taken as a whole. **~ nous sommes tous d'accord** overall *ou* in the main we are in agreement.

globe [glɔb] *nm* globe. **~ oculaire** eyeball; **le ~ terrestre** the globe; *(fig)* **mettre qn/qch sous ~** to keep sb/sth in cotton wool, keep sb/sth in a glass case.

globine [glɔbin] *nf* globin.

globule [glɔbyl] *nm (gén, Chim)* globule. **~s rouges/blancs** red/white corpuscles. ◆ **globulaire** *adj* global; corpuscular. ◆ **globuleux, -euse** *adj* forme globular; *œil* protruding.

globuline [glɔbylin] *nf* globulin.

gloire [glwaʀ] *nf* (**a**) *(renommée)* glory, fame; *(Rel: éclat)* glory. **en pleine ~** at the height of one's fame; **couvert de ~** covered in glory; **elle a eu son heure de ~** she has had her hour of glory; **pour la ~** for the glory of it. (**b**) *(distinction)* **sa plus grande ~ a été de faire** his greatest distinction *ou* his greatest claim to fame was to do; **s'attribuer toute la ~ de qch** to give o.s. all the credit for sth; **tirer ~ de qch** to vaunt sth; **il s'en fait ~!** he's proud of it! (**c**) *(louange)* glory, praise. **~ à Dieu** glory to God, praise be to God; **à la ~ de** in praise of; **célébrer la ~ de** to sing the praises of. (**d**) *(personne: célébrité)* celebrity. ◆ **glorieusement** *adv* gloriously. ◆ **glorieux, -euse** *adj* glorious; *(fier)* proud.

glorifier [glɔʀifje] (7) **1** *vt* to glorify. **2 se ~** *vpr:* **se ~ de** to glory in, take great pride in. ◆ **glorification** *nf* glorification.

gloriole [glɔʀjɔl] *nf* vainglory.

glossaire [glɔsɛʀ] *nm* glossary.

glotte [glɔt] *nf* glottis. **coup de ~** glottal stop.

glouglou [gluglu] *nm [eau]* gurgling; *[dindon]* gobble-gobble. **faire ~** to gurgle; to gobble.

glousser [gluse] (1) *vi [personne]* to chuckle; *[poule]* to cluck. ◆ **gloussement** *nm* chuckle; cluck.

glouton, -onne [glutɔ̃, ɔn] **1** *adj personne* gluttonous; *appétit* voracious. **2** *nm, f* glutton. ◆ **gloutonnement** *adv* gluttonously; voraciously. ◆ **gloutonnerie** *nf* gluttony.

glu [gly] *nf (pour oiseaux)* birdlime. **on dirait de la ~** it's like glue; *(fig: personne)* **quelle ~ ce type!** what a leech the guy is! ⁂. ◆ **gluant, e** *adj (substance)* sticky, gummy; *(fig: répugnant) personne* slimy.

glucose [glykoz] *nm* glucose.

glycérine [gliseʀin] *nf*, **glycérol** [gliseʀɔl] *nm* glycerine, glycerol.

glycéropthalique [gliseʀɔftalik] *adj:* **peinture ~** oil-based paint.

glycine [glisin] *nf (plante)* wisteria.

gnangnan * [ɲɑ̃ɲɑ̃] *nmf* moan *, drip *.

gnognote * [ɲɔɲɔt] *nf:* **c'est de la ~!** it's rubbish!

gnôle * [ɲol] *nf* hooch *. **un petit verre de ~** a snifter ⁂, a dram *.

gnome [gnom] *nm* gnome.

gnon * [ɲɔ̃] *nm* blow, bash *. **prendre un ~** *ou* **des ~s** to get bashed *.

go [go] **1** *nm (jeu)* go. **2** *loc adv*: **tout de** ~ **dire** straight out; *aller* straightaway.

goal [gol] *nm* goalkeeper, goalie *.

gobelet [gɔblɛ] *nm [enfant]* beaker; *[étain]* tumbler; *[dés]* cup. ~ **en papier** paper cup.

gober [gɔbe] (1) *vt œuf, mensonge* to swallow. **je ne peux pas le** ~ * I can't stand him; **ne reste pas là à** ~ **les mouches** don't just stand there gawping.

godasse * [gɔdas] *nf* shoe.

godet [gɔdɛ] *nm (gén)* pot; *(*: verre)* glass.

godiche [gɔdiʃ] *adj (péj)* lumpish, oafish.

godille [gɔdij] *nf (Sport)* scull. *(*: péj)* **à la** ~ *système* ropey *, crappy * *(US)*.

godillot * [gɔdijo] *nm* boot.

goéland [gɔelɑ̃] *nm* seagull, gull.

goélette [gɔelɛt] *nf* schooner.

goémon [gɔemɔ̃] *nm* wrack.

gogo * [gɔgo] **1** *nm* sucker *, mug ⚇. **c'est bon pour les** ~**s** it's a mug's game ⚇. **2** *adv*: **du vin** *etc* **à** ~ wine *etc* galore.

goguenard, e [gɔgnaʀ, aʀd(ə)] *adj* mocking.

goguette * [gɔgɛt] *nf*: **être en** ~ to be on the binge *, be on a spree.

goinfre * [gwɛ̃fʀ(ə)] *(glouton)* **1** *adj* piggish *. **2** *nm* pig *. ◆ **se goinfrer** * (1) *vpr* to make a pig of o.s. *. **se** ~ **de** to guzzle. ◆ **goinfrerie** * *nf* piggishness *.

goitre [gwatʀ(ə)] *nm* goitre.

golden [gɔldɛn] *nf inv* Golden Delicious.

golf [gɔlf] *nm (Sport)* golf; *(terrain)* golf course *ou* links. ~ **miniature** miniature golf.

golfe [gɔlf(ə)] *nm* gulf; *(petit)* bay. **le** ~ **Arabique** the Arabian Gulf; **le** ~ **de Gascogne** the Bay of Biscay; **le** ~ **du Lion** the Gulf of Lions; **le** ~ **du Mexique** the Gulf of Mexico; **le** ~ **Persique** the Persian Gulf; **les États du G**~ the Gulf States.

gomme [gɔm] *nf (substance)* gum; *(pour effacer)* rubber, eraser *(US)*. **mettre toute la** ~ * to step on the gas, put one's foot right down *; **à la** ~ * useless, hopeless. ◆ **gommer** (1) *vt mot* to rub out, erase; *(fig)* to erase. **papier gommé** gummed paper. ◆ **gommage** *nm* rubbing-out; erasing.

gond [gɔ̃] *nm* hinge.

gondole [gɔ̃dɔl] *nf* gondola. ◆ **gondolier, -ière** *nm, f* gondolier.

gondoler [gɔ̃dɔle] (1) **1** *vi [papier]* to crinkle; *[planche]* to warp; *[tôle]* to buckle. **2 se** ~ *vpr* to crinkle; to warp; to buckle; *(*: rire)* to split one's sides laughing *. ◆ **gondolant, e** * *adj* side-splitting *, hilarious *.

gonflant, e [gɔ̃flɑ̃, ɑ̃t] **1** *adj coiffure* bouffant. **2** *nm*: **donner du** ~ **à ses cheveux** to give body to one's hair.

gonfler [gɔ̃fle] (1) **1** *vt* **(a)** *ballon etc (gén)* to inflate; *(avec pompe)* to pump up; *(en soufflant)* to blow up; *joues, narines* to puff out; *poumons* to fill *(de* with). **(b)** *rivière, voiles* to swell. **un paquet gonflait sa poche** his pocket was bulging with a package; **gonflé d'eau** swollen with water; **ça me gonfle l'estomac** it makes me feel bloated; **gonflé d'orgueil** *personne* puffed up (with pride); *cœur* swollen with pride; **cœur gonflé de joie** heart bursting with joy; **il nous le gonfle!** ⚇ he gets on our wick! ⚇ , he's a pain in the butt! ⚇ **(c)** *prix, résultat* to swell; *effectif (augmenter)* to swell; *(exagérer)* to exaggerate. **chiffres gonflés** inflated *ou* exaggerated figures. **2** *vi [cheville, bois]* to swell; *[pâte]* to rise. **faire** ~ **le riz** to leave the rice to swell. **3 se** ~ *vpr* to swell. **son cœur se gonfle (de tristesse)** his heart is heavy (with sorrow). ◆ **gonflable** *adj* inflatable. ◆ **gonflage** *nm* inflation. ◆ **gonflé, e** *adj* **(a)** *yeux, visage* puffy, swollen. **joues bien** ~**es** chubby cheeks; **je me sens** ~ I feel bloated. **(b)** *(* fig) **il est** ~**!** *(courageux)* he's got some nerve! *;

(impertinent) he's got a nerve! * *ou* some cheek! *; **être** ~ **à bloc** to be raring to go *. ◆ **gonflement** *nm* inflation; swelling; exaggeration. ◆ **gonfleur** *nm* air pump.

gong [gɔ̃(g)] *nm (Mus)* gong; *(Boxe)* bell.

gorge [gɔʀʒ(ə)] *nf* **(a)** *(gosier)* throat; *(poitrine)* breast. **avoir la** ~ **sèche** to have a dry throat; **avoir la** ~ **serrée** *ou* **nouée** to have a lump in one's throat; **à** ~ **déployée** *rire* heartily; *chanter* at the top of one's voice; **prendre qn à la** ~ *[créancier]* to put a gun to sb's head *(fig)*; *[agresseur]* to grab sb by the throat; *[fumée]* to get in sb's throat; *[peur]* to grip sb by the throat; *(fig)* **ça lui est resté en travers de la** ~ he found it hard to take, he couldn't swallow it. **(b)** *(vallée, défilé)* gorge. **(c)** *(rainure) [poulie]* groove; *[serrure]* tumbler.

gorgée [gɔʀʒe] *nf* mouthful. **boire son vin à grandes/petites** ~**s** to gulp down/sip one's wine; **d'une seule** ~ in one gulp.

gorger [gɔʀʒe] (3) **1** *vt* to fill, stuff *(de* with). **gorgé d'eau** saturated with *ou* full of water; **gorgé de soleil** bursting with sunshine. **2 se** ~ *vpr* to gorge o.s., stuff o.s. * *(de* with).

gorille [gɔʀij] *nm* gorilla; *(*: garde)* bodyguard.

gosier [gozje] *nm* throat.

gospel [gɔspɛl] *nm* gospel (music).

gosse * [gɔs] *nmf* kid *. **sale** ~ little brat *.

gothique [gɔtik] *adj* Gothic. **écriture** ~ Gothic script.

gouache [gwaʃ] *nf* gouache.

goudron [gudʀɔ̃] *nm* tar. ◆ **goudronner** (1) *vt route* to tar.

gouffre [gufʀ(ə)] *nm (Géog)* abyss, gulf. **le** ~ **de l'oubli** the depths of oblivion; **c'est un** ~ **d'ignorance** he's abysmally ignorant; **au bord du** ~ on the brink of the abyss.

goujat [guʒa] *nm* boor. ◆ **goujaterie** *nf* boorishness.

goulag [gulag] *nm* Gulag. **(Archipel du)** ~ Gulag Archipelago.

goulée [gule] *nf* gulp. ~ **d'air frais** gulp *ou* lungful of fresh air.

goulet [gulɛ] *nm (Naut)* narrows; *(Géog)* gully. ~ **d'étranglement** bottleneck.

goulot [gulo] *nm [bouteille]* neck. **boire au** ~ to drink straight from the bottle; *(fig)* ~ **d'étranglement** bottleneck.

goulu, e [guly] **1** *adj* greedy, gluttonous. **2** *nm, f* glutton. ◆ **goulûment** *adv* greedily, gluttonously.

goupille [gupij] *nf (Tech)* pin.

goupiller [gupije] (1) **1** *vt* **(a)** *(*: combiner)* to fix *. **bien/mal goupillé** *machine* well/badly thought out. **(b)** *(Tech)* to pin. **2 se** ~ * *vpr* to work. **comment est-ce que ça se goupille pour demain?** what's the setup * for tomorrow?

goupillon [gupijɔ̃] *nm (Rel)* sprinkler; *(à bouteille)* bottle brush.

gourd, e[1] [guʀ, guʀd(ə)] *adj* numb (with cold).

gourde[2] [guʀd(ə)] **1** *nf (Bot)* gourd; *(à eau)* flask; *(*: empoté)* clot *. **2** *adj (*)* thick *, thick-headed * *(US)*.

gourdin [guʀdɛ̃] *nm* club, bludgeon.

gourer (se) ⚇ [guʀe] (1) *vpr* to boob ⚇, slip up. **se** ~ **de numéro** to boob ⚇ over the number; **se** ~ **dans** to boob in ⚇.

gourmand, e [guʀmɑ̃, ɑ̃d] **1** *adj (lit, fig)* greedy *(de* of). **2** *nm, f* gourmand. **3** *nm (Agr)* sucker. ◆ **gourmandise** *nf* **(a)** greed, greediness. **(b)** *(gâterie)* delicacy, titbit.

gourmet [guʀmɛ] *nm* gourmet.

gourmette [guʀmɛt] *nf [poignet]* chain bracelet.

gousse [gus] *nf [vanille etc]* pod. ~ **d'ail** clove of garlic.

gousset [gusɛ] *nm [gilet]* fob; *[slip]* gusset.

goût [gu] *nm* (**a**) *(sens)* taste. **ça a mauvais ~** it has a bad taste, it tastes nasty; **ça a un ~ de fraise** it tastes like strawberry, it has a strawberry taste *ou* flavour; **la soupe a un ~** the soup has a funny taste; **sans ~** tasteless, flavourless. (**b**) *(jugement)* taste. **sans/avec ~** tastelessly/tastefully; **elle s'habille avec beaucoup de ~** she has very good taste in dress, she has very good dress sense; **à mon/son ~** for my/his liking *ou* my/his taste; **de bon ~** tasteful, in good taste; **de mauvais ~** tasteless, in bad *ou* poor taste; *(iro)* **il serait de bon ~ d'y aller** it would be as well to go. (**c**) *(penchant)* taste, liking *(de, pour* for). **il n'a aucun ~ pour les sciences** the sciences don't appeal to him, he has no taste for *ou* he is not keen on the sciences; **prendre ~ à qch** to get a taste for sth, get to like sth; **il n'avait ~ à rien** he didn't feel like (doing) anything; **il la trouve à son ~** she suits his taste; **avoir des ~s modestes** to have simple tastes; **tous les ~s sont dans la nature** it takes all sorts to make a world. (**d**) *(style)* style. **dans le ~ classique** in the classical style; **ou qch dans ce ~-là** * or sth of that sort; **se mettre au ~ du jour** to bring o.s. into line with current tastes.

goûter [gute] (**1**) **1** *vt aliment* to taste; *repos, spectacle* to enjoy; *plaisanterie* to appreciate. **2 ~à** *vt indir aliment, plaisir* to taste, sample. **il y a à peine goûté** he's hardly touched it. **3 ~ de** *vt indir* to have a taste of. **4** *vi (manger)* to have tea, have an afterschool snack *(US)*. **5** *nm* (afterschool) snack. **donner un ~** to give a tea party, invite children for a snack *(US)*.

goûteur, -euse [gutœʀ, øz] *nm, f*: **~ d'eau** *etc* water *etc* taster.

goutte [gut] *nf* (**a**) *(lit, fig)* drop. **~ de rosée** dewdrop; **~ de sueur** bead of sweat; **pleuvoir à grosses ~s** to rain heavily; **il est tombé quelques ~s** a few spots *ou* drops of rain have fallen; **tomber ~ à ~** to drip. (**b**) (*: eau-de-vie)* **prendre la ~** to have a nip *. (**c**) *(Méd)* gout. (**d**) **avoir la ~ au nez** to have a running nose; **c'est une ~ d'eau dans la mer** it's a drop in the ocean *ou* bucket; **c'est la ~ (d'eau) qui fait déborder le vase** it's the last straw (that breaks the camel's back). ◆ **goutte-à-goutte** *nm inv* drip, IV *(US)*. **faire du ~-à-~ à qn** to put sb on the drip. ◆ **gouttelette** *nf* droplet. ◆ **goutter** (**1**) *vi* to drip *(de* from).

gouttière [gutjɛʀ] *nf (horizontale)* gutter; *(verticale)* drainpipe; *(Méd)* (plaster) cast.

gouvernable [guvɛʀnabl(ə)] *adj* governable. **difficilement ~** difficult to govern.

gouvernail [guvɛʀnaj] *nm (pale)* rudder; *(barre)* helm, tiller. *(fig)* **tenir le ~** to be at the helm.

gouvernante [guvɛʀnãt] *nf (institutrice)* governess; *(intendante)* housekeeper.

gouvernants [guvɛʀnã] *nmpl (Pol)* **les ~** the government.

gouverne [guvɛʀn(ə)] *nf*: **pour ta ~** for your guidance.

gouvernement [guvɛʀnəmã] *nm (régime)* government; *(cabinet)* Cabinet, Government. **sous un ~ socialiste** under socialist rule *ou* government. ◆ **gouvernemental, e,** *mpl* **-aux** *adj député* of the governing party; *politique* government, governmental; *journal* pro-government; *troupes* government. **le parti ~** the party in office.

gouverner [guvɛʀne] (**1**) **1** *vt* (**a**) *(Pol)* to govern, rule; *(fig: contrôler)* to control. **le parti qui gouverne** the party in power *ou* in office; **l'intérêt gouverne le monde** self-interest rules the world. (**b**) *(Naut)* to steer. (**c**) *(Gram)* to govern, take. **2 se ~** *vpr*

[peuple] to govern it's own affairs; *[personne]* to control o.s.

gouverneur [guvɛʀnœʀ] *nm* governor.

goyave [gɔjav] *nf (fruit)* guava. ◆ **goyavier** *nm (arbres)* guava.

Graal [gʀɑl] *nm* Grail.

grabat [gʀaba] *nm* pallet. ◆ **grabataire** *adj* bedridden.

grabuge * [gʀabyʒ] *nm*: **il va y avoir du ~** there'll be a rumpus * *ou* a ruckus * *(US)*; **faire du ~** to create havoc *ou* mayhem.

grâce [gʀɑs] *nf* (**a**) *(charme) [personne]* grace; *[paysage]* charm. **plein de ~** graceful; **faire des ~s** to put on airs and graces. (**b**) *(faveur)* favour. **il nous a fait la ~ d'accepter** he did us the honour of accepting; **être dans les bonnes ~s de qn** to be in sb's good books; **rentrer en ~** to come back into favour, come in from the cold; **gagner les bonnes ~s de qn** to gain sb's favour; **donner à qn une semaine de ~** to give sb a week's grace; **~ à qn/qch** thanks to sb/sth; **~ à Dieu!** thank God, thank goodness! (**c**) **de ~ avec bonne/mauvaise ~** with (a) good/bad grace; **il a eu la bonne ~ de** he had the grace to; **il aurait mauvaise ~ à refuser** it would be in bad taste for him to refuse. (**d**) *(miséricorde)* mercy; *(Jur)* pardon. **crier ~** to beg *ou* cry for mercy; **~!** (have) mercy!; **de ~** for pity's sake, for goodness' sake; **je vous fais ~ des détails** I'll spare you the details. (**e**) *(Rel)* grace; *(fig: don)* gift. *(fig)* **c'est la ~ que nous lui souhaitons** that is what we wish for him; **à la ~ de Dieu!** it's in God's hands!; **nous réussirons par la ~ de Dieu** with God's blessing we shall succeed. (**f**) *(déesse)* **les trois G~s** the three Graces. (**g**) *(titre)* **Sa G~...** *(homme)* His Grace...; *(femme)* Her Grace...

gracier [gʀasje] (**7**) *vt* to pardon.

gracieux, -ieuse [gʀasjø, jøz] *adj (élégant)* graceful; *(aimable)* kindly; *(gratuit)* gratuitous. **notre ~euse souveraine** our gracious sovereign. ◆ **gracieusement** *adv* gracefully; kindly; *(gratuitement)* free of charge. ◆ **gracieuseté** *nf (amabilité)* kindliness; *(geste élégant)* graceful gesture; *(cadeau)* free gift.

gracile [gʀasil] *adj* slender.

gradation [gʀadɑsjɔ̃] *nf* gradation.

grade [gʀad] *nm (Admin, Mil)* rank; *(diplôme)* degree; *(Mil, Tech)* grade. **monter en ~** to be promoted; **en prendre pour son ~** * to get a proper dressing-down *. ◆ **gradé** *nm (gén)* officer.

gradin [gʀadɛ̃] *nm (Théât)* tier; *[stade]* step (of the terracing); *(Agr)* terrace. **en ~s** terraced.

graduer [gʀadɥe] (**1**) *vt difficultés* to increase gradually; *thermomètre* to graduate. ◆ **graduation** *nf* graduation. ◆ **gradué, e** *adj exercices* graded; *règle* graduated. ◆ **graduel, -elle** *adj progression* gradual; *difficultés* progressive. ◆ **graduellement** *adv* gradually.

graffiti [gʀafiti] *nmpl* graffiti. **un ~** a piece of graffiti, a (scribbled) slogan.

grain [gʀɛ̃] *nm* (**a**) *[blé, sable]* grain; *[café]* bean; *[poussière]* speck; *[chapelet]* bead. *(fig)* **~ de vérité** *etc* grain of truth *etc*; **alcool de ~(s)** grain alcohol; *(Rel)* **le bon ~** the good seed; **~ de raisin** grape; **~ de poivre** peppercorn; **~ de groseille/cassis** red currant/blackcurrant (berry); **~ de beauté** mole, beauty spot; **mettre son ~ de sel** * to put one's oar in *; **un ~ de fantaisie** a touch of fantasy; **un ~ de bon sens** a grain *ou* an ounce of common sense; **il n'y a pas un ~ de vérité dans ce qu'il dit** there's not a grain *ou* scrap of truth in what he says; **il a un (petit) ~** he's a bit touched *. (**b**) *(texture)* grain. **à gros ~s** coarsegrained. (**c**) *(averse)* heavy shower; *(bourrasque)* squall.

graine [gʀɛn] *nf (Agr)* seed. **prends-en de la ~** * take a leaf out of his *(ou* her) book *. ◆ **graineterie**

nf *(commerce)* seed trade; *(magasin)* seed shop.
♦ **grainetier, -ière** *nm, f* seed merchant.

graisse [gʀɛs] *nf (gén)* fat; *(lubrifiant)* grease.
♦ **graissage** *nm* greasing. *(Aut)* **faire faire un ~** to have a lubricating job done. ♦ **graisser** (1) *vt (gén)* to grease; *(salir)* to get grease on. *(fig)* **~ la patte à qn *** to grease sb's palm. ♦ **graisseux, -euse** *adj objet* greasy; *tumeur* fatty.

grammaire [gʀamɛʀ] *nf* grammar. **règle de ~** grammatical rule; **livre de ~** grammar book.
♦ **grammairien, -ienne** *nm, f* grammarian.
♦ **grammatical, e,** *mpl* **-aux** *adj* grammatical.
♦ **grammaticalité** *nf* grammaticality. ♦ **grammaticalement** *adv* grammatically.

gramme [gʀam] *nm* gramme. **il n'a pas un ~ de jugeote** he hasn't an ounce of commonsense.

grand, e [gʀɑ̃, gʀɑ̃d] **1** *adj* **(a)** *(gén)* big; *(haut)* tall; *(important, remarquable)* great; *distance* long; *quantité* large; *(lit, fig)* marge wide; *bruit* loud; *vent* strong, high; *chaleur* intense; *soupir* deep; *dégâts* extensive. **plus ~ que nature** larger than life; **ouvrir la fenêtre toute ~e** to open the window wide; **la ~e majorité des gens** the great *ou* vast majority of people; **le ~ capital** big investors; **les ~s esprits se rencontrent** great minds think alike. **(b)** *(plus âgé)* **son ~ frère** his big *ou* older *ou* elder brother; **ils ont 2 ~s enfants** they have 2 grown-up children; **il est assez ~ pour savoir** he's big *ou* old enough to know; **les ~es classes** the senior forms. **(c)** *(principal)* main. **c'est la ~e question** *(problème)* it's the main *ou* major issue *ou* question; *(interrogation)* it's the big question. **(d)** *(intensif)* **travailleur** hard; *collectionneur, ami, menteur* great; *buveur* heavy; *mangeur* big. **~e jeunesse** extreme youth; **~ âge** great age, old age; **un ~ mois** a good month; **un ~ panier de champignons** a full basket of mushrooms; **les ~s malades** the seriously ill; **un ~ invalide** a seriously disabled person; **de ~s mots** high-sounding words; **prendre de ~s airs** to put on airs, give o.s. airs. **(e)** *(de gala)* **dîner ~** grand. **en ~e pompe** with great pomp; **en ~e tenue** in full dress. **(f)** *(noble)* *âme* noble, great. **se montrer ~ (et généreux)** to be big-hearted *ou* magnanimous. **(g)** *(locutions)* **~-chose: cela ne vaut pas ~-chose** it's not worth much, it's not up to much *; **il n'y a pas ~-chose à dire** there's nothing much to say; **à ma ~e surprise** much to my surprise, to my great surprise; **de ~e classe** *produit* high-class; *œuvre* admirable; **de ~ cœur** wholeheartedly; **le groupe au ~ complet** the whole group; **à ~s cris** vociferously; **de ~e envergure** *opération* large-scale; *auteur* of great stature; *réforme* far-reaching; **à ~s frais** at great expense; **au ~ jour** *(lit)* in broad daylight; *(fig)* in the open; **de ~ matin** very early in the morning; **en ~e partie** largely; **à ~-peine** with great difficulty; **à ~ renfort de** *publicité* with the help of much; *arguments* with the help of many; **à ~ spectacle** *revue* spectacular; **boire qch à ~s traits** to take big gulps of sth. **(h)** *(beaucoup de)* **avoir ~e allure** to look very impressive; **cela te fera (le plus) ~ bien** that'll do you the world of good; **~ bien vous fasse!** much good may it do you!; **faire ~ bruit** to cause quite a stir; **faire ~ cas de** to attach great importance to, set great store by; **il n'y a pas ~ monde** there aren't very many (people) here; **avoir ~-peine à faire qch** to have great difficulty in doing sth. **(i)** *(bien, très)* **avoir ~ avantage à** to be well advised to; **il a ~ besoin d'un bain** he is in great need of a bath, he badly needs a bath; **elle avait ~ envie de faire** she very much wanted to do, she was longing to do; **avoir ~ faim** to be very hungry; **il fait ~ jour** it's broad daylight; **avoir ~ peur** to be very much afraid; **il est ~ temps de faire ceci** it's high time this was done.
2 *adv:* **voir ~** to think big *; **il a vu trop ~** he was over-ambitious; **ces souliers chaussent ~** these shoes are big-fitting *ou* run large *(US)*; **faire qch en ~** to do sth on a large scale *ou* in a big way; **ouvrir (tout) ~ la fenêtre** to open the window wide. **3** *nm* **(a)** *(Scol)* older *ou* bigger *ou* senior boy. **pour petits et ~s** for old and young alike, for the young and the not-so-young; **aller à l'école tout seul comme un ~** to go to school on one's own like a big boy. **(b)** *(terme d'affection)* **mon ~** son, my lad. **(c)** **les ~s de ce monde** those in high places; *(Pol)* **les quatre G~s** the Big Four. **(d)** **Pierre** *etc* **le G~** Peter *etc* the Great.
4 *nf* older *ou* bigger *ou* senior girl. *(terme d'affection)* **ma ~e** (my) dear.
5 : **le ~ air** the open air; *(Phot)* **~ angle** wide-angle lens; *(Aut)* **~s axes** trunk roads, main highways *(US)*; **la ~e banlieue** the outer suburbs; **la G~e Barrière (de Corail)** the Great Barrier Reef; **la G~e-Bretagne** Great Britain; **~ chef** big boss; *(Scol)* **les ~es classes** the senior forms, the high school grades *(US)*; **~-duc** *nm, pl* **~s-~s** *(prince)* grand duke; *(Orn)* eagle owl; **les ~es eaux de Versailles** the fountains of Versailles; **le ~ écart** the splits; **la ~e échelle (des pompiers)** the (firemen's) big (turntable) ladder; *(Univ)* **~e école** grande école, *school of university level with competitive entrance examination*; *(Scol)* **être à la ~e école *** to be at primary school; **~ électeur** *(en France)* *elector who votes in the elections for the French Senate*; *(aux USA)* presidential elector; *(Ciné)* **le ~ écran** the big screen; **~ ensemble** housing scheme; **le ~ film *** the main film; **les G~s Lacs** the Great Lakes; **le ~ large** the high seas; **~ magasin** department store; **~ manitou *** big boss *; **~ mât** mainmast; **~-mère** *nf, pl* **~s-~s** grandmother; **(*:** *vieille dame)* granny *; **~-messe** *nf, pl* **~s-~s** high mass; **le ~ monde** high society; **la G~e Muraille de Chine** the Great Wall of China; **le G~ Nord** the far North; **~-oncle** *nm, pl* **~s-~s** great-uncle; **~s-parents** *nmpl* grandparents; **~-père** *nm, pl* **~s-~s** grandfather; **(*:** *vieux monsieur)* old man; **~e personne** grown-up; **les G~es Plaines** the Great Plains; **~ prêtre** high priest; **le ~ public** the general public; *(Pol)* **~e puissance** major power, superpower; **G~ Quartier Général** General Headquarters; **la ~-rue** the high *ou* main street; **~e surface** hypermarket; **~-tante** *nf, pl* **~s-~s** great-aunt; **~ teint** *adj inv* colourfast; **les ~es vacances** the summer holidays *ou* vacation *(US)*; *(Univ)* the long vacation; **~-voile** *nf, pl* **~s-~s** mainsail.

grandement [gʀɑ̃dmɑ̃] *adv:* **se tromper ~** to be greatly mistaken; **avoir ~ tort** to be absolutely wrong; **il a ~ le temps** he has plenty of time; **nous ne sommes pas ~ logés** we haven't (very) much room; **il est ~ temps de partir** it's high time we went.

grandeur [gʀɑ̃dœʀ] *nf* **(a)** *[objet]* size; *[sacrifice]* greatness. **~ nature** life-size; *(fig)* **de première ~** of the first order. **(b)** *(gloire, dignité)*, greatness; *(magnanimité)* magnanimity. **~ d'âme** nobility of soul; **~ et décadence de** rise and fall of; **politique de ~** politics of grandeur.

grandiloquent, e [gʀɑ̃dilɔkɑ̃, ɑ̃t] *adj* grandiloquent, bombastic.

grandiose [gʀɑ̃djoz] *adj* grandiose.

grandir [gʀɑ̃diʀ] (2) **1** *vi (en taille)* to grow; *(en importance)* to grow, increase; *[bruit]* to grow louder; *[ombre]* to grow bigger. **~ de 10 cm** to grow 10 cm; **~ dans l'estime de qn** to grow *ou* go up in sb's estimation *ou* esteem; **en grandissant tu verras que** as you grow up you'll see that. **2** *vt [microscope]* to magnify. **~ les dangers** to exaggerate the dangers; **ça le grandit** *(en taille)* it makes him look taller; *(en prestige)* it increases his stature.

grange [gʀɑ̃ʒ] *nf* barn.

granit(e) [gʀanit] *nm* granite.

granulé [gʀanyle] *nm* granule.

granuleux, -euse [gʀanylø, øz] *adj (gén)* granular; *peau* grainy.

graphique [gʀafik] **1** *adj* graphic. **2** *nm (courbe)* graph. ◆ **graphiste** *nmf* graphic designer.

graphite [gʀafit] *nm* graphite.

graphologie [gʀafɔlɔʒi] *nf* graphology.

grappe [gʀap] *nf* cluster. ~ **de raisin** bunch of grapes; **en ~s** in clusters.

grappiller [gʀapije] (1) *vt argent, connaissances etc* to pick up.

grappin [gʀapɛ̃] *nm* grapnel. **mettre le ~ sur** to grab.

gras, grasse [gʀa, gʀɑs] **1** *adj* **(a)** *bouillon* fatty. **fromage ~** full fat cheese. **(b)** *(gros) personne* fat; *volaille* plump. **(c)** *(graisseux) mains, cheveux* greasy; *sol* slimy. **(d)** *(épais) trait* thick. **(e)** *toux* loose, phlegmy; *voix, rire* throaty. **(f)** *(vulgaire)* coarse, crude. **(g)** *(abondant) pâturage* rich; *récompense* fat *. **la paye n'est pas grasse** it's not much of a salary. **(h) faire la grasse matinée** to have a long lie *ou* a sleep in *(US)*. **2** *nm (Culin)* fat; *(sale)* grease. **~-double** tripe; **le ~ de la jambe** the fleshy part of the leg; *(Typ)* **c'est imprimé en ~** it's printed in bold (type). ◆ **grassement** *adv rétribuer* generously; *rire* coarsely. **~ payé** highly paid, well paid. ◆ **grassouillet, -ette** * *adj* podgy, pudgy *(US)*, plump.

gratification [gʀatifikasjɔ̃] *nf (Admin)* bonus.

gratifier [gʀatifje] (7) *vt:* **~ qn de** *récompense, amende* to present sb with; *sourire* to favour sb with; *punition* to reward sb with.

gratin [gʀatɛ̃] *nm (Culin) (plat)* cheese(-topped) dish; *(croûte)* cheese topping. (*: *haute société)* **le ~** the upper crust; **au ~** au gratin. ◆ **gratiné, e 1** *adj* **(a)** *(Culin)* au gratin. **(b)** (*) *épreuve* stiff *; *plaisanterie* wild *. **c'est un type ~** he's absolutely incredible. **2** *nf* onion soup au gratin. ◆ **gratiner** (1) *vi [sauce]* to stick.

gratis [gʀatis] **1** *adj* free. **2** *adv* free, for nothing.

gratitude [gʀatityd] *nf* gratitude.

gratouiller * [gʀatuje] (1) *vt* **(a)** *(démanger)* **~ qn** to make sb itch. **(b) ~ sa guitare** to strum on one's guitar.

gratter [gʀate] (1) **1** *vt* **(a)** *surface* to scratch; *(avec un outil)* to scrape; *tache* to scratch off; *inscription* to scratch out; *boue* to scrape off. **(b)** *(irriter)* **ce drap me gratte** this sheet is making me itch; **ça (me) gratte** I've got an itch; **vin qui gratte la gorge** wine which catches in one's throat. **(c)** (*) **~ quelques francs** to make a few francs *, pick up a bit extra on the side *(US)*; **~ les fonds de tiroir** to raid the piggy bank. **2** *vi* **(a)** *[plume]* to scratch. **(b)** *[drap] (irriter)* to be scratchy; *(démanger)* to be itchy. **(c)** (*) *(économiser)* to save; *(travailler)* to slog away *, slave away *; *(écrire)* to scribble. **3 se ~** *vpr* to scratch (o.s.). ◆ **gratte-ciel** *nm inv* skyscraper. ◆ **gratte-papier** *nm inv (péj)* penpusher. ◆ **gratte-pieds** *nm inv* shoe-scraper. ◆ **grattoir** *nm* scraper.

gratuit, e [gʀatɥi, ɥit] *adj* **(a)** *(sans payer)* free. **(b)** *affirmation* unwarranted; *cruauté, geste* gratuitous. ◆ **gratuité** *nf* **(a) la ~ de l'éducation** *etc* free education *etc*. **(b)** unwarranted nature; gratuitousness. ◆ **gratuitement** *adv* **(a)** free of charge. **(b)** gratuitously.

gravats [gʀava] *nmpl (Constr)* rubble.

grave [gʀav] **1** *adj (solennel)* grave, solemn; *(important, alarmant)* serious, grave; *(Ling) accent* grave; *note* low; *son, voix* deep. **blessé ~** seriously injured . man; **ce n'est pas ~** there's no harm done, it's not serious. **2** *nm (Rad)* ' **~-aigu** ' 'bass-treble'; **les ~ s** *(Rad)* the bass tones; *(Mus)* the low notes. ◆ **gravement** *adv* gravely, solemnly; seriously.

graver [gʀave] (1) *vt (gén)* to engrave; *(sur bois)* to carve *(dans* on); *disque* to cut. **~ à l'eau-forte** to etch; **faire ~ des cartes de visite** to get some visiting cards printed; **c'est gravé sur son front** it's written all over his face. ◆ **graveur** *nm* engraver; *(sur bois)* woodcutter. **~ à l'eau-forte** etcher.

gravier [gʀavje] *nm (caillou)* bit of gravel. **le ~** gravel; **allée de ~** gravel path.

gravillon [gʀavijɔ̃] *nm (caillou)* bit of grit *ou* gravel. **du ~, des ~s** loose chippings, gravel.

gravir [gʀaviʀ] (2) *vt (lit, fig)* to climb. **~ péniblement une côte** to struggle up a slope.

gravité [gʀavite] *nf* **(a)** *[ton, assemblée]* gravity, solemnity; *[situation, faute]* seriousness. **c'est un accident sans ~** it was a minor accident, it wasn't a serious accident. **(b)** *(Phys)* gravity.

graviter [gʀavite] (1) *vi (lit, fig)* to revolve *(autour de* round). **il gravite dans les milieux diplomatiques** he moves in diplomatic circles.

gravure [gʀavyʀ] *nf* **(a)** *(gén)* engraving; *(sur bois)* carving; *[disque]* cutting. **(b)** *(dans une revue)* plate; *(au mur)* print. **~ sur bois** *(technique)* woodcutting; *(dessin)* woodcut; **~ sur cuivre** copperplate engraving; **~ à l'eau-forte** etching; **~ de mode** fashion plate.

gré [gʀe] *nm* **(a)** *[personnes]* **à mon/votre ~** *(goût)* to my/your liking *ou* taste; *(désir, choix)* as I/you like *ou* please; **contre le ~ de qn** against sb's will; **de ~ à ~** by mutual agreement; **il le fera de ~ ou de force** he'll do it whether he likes it or not; **de son plein ~** of one's own free will, of one's own accord; **de bon ~** willingly; **de mauvais ~** grudgingly. **(b)** *[choses]* **flottant au ~ de l'eau** drifting on *ou* with the current; **volant au ~ du vent** flying in the wind; **agir au ~ des événements** to act according to events; **au ~ de sa fantaisie** as the fancy took him *(ou* her).

Grèce [gʀɛs] *nf* Greece. ◆ **grec, grecque 1** *adj (gén)* Greek; *vase, beauté* Grecian. **2** *nm (Ling)* Greek. **3** *nm(f):* **G~(que)** Greek. **4** *nf: (Culin)* **champignons** *etc* **à la ~** mushrooms *etc* à la grecque.

gredin [gʀədɛ̃] *nm* rascal.

gréer [gʀee] (1) *vt (Naut)* to rig. ◆ **gréement** *nm* rigging.

greffe¹ [gʀɛf] *nf [organe]* transplant; *[tissu, branche]* graft. **une ~ du cœur** a heart transplant; *(action)* **la ~ de qch** the transplanting *(ou* grafting) of sth. ◆ **greffer** (1) *vt* to transplant; to graft. **On lui a greffé un rein** he's been given a kidney transplant; *[problème]* **se ~ sur qch** to come on top of *ou* in addition to sth. ◆ **greffon** *nm* transplant; graft.

greffe² [gʀɛf] *nm* Clerk's Office *(of courts)*. ◆ **greffier** *nm* clerk of the court.

grégaire [gʀegɛʀ] *adj* gregarious.

grêle¹ [gʀɛl] *adj jambes* spindly; *personne* lanky; *son* shrill.

grêle² [gʀɛl] *nf* hail. **averse de ~** hail storm; **~ de coups** *etc* hail *ou* shower of. ◆ **grêlé, e** *adj peau* pockmarked. ◆ **grêler** (1) *vb impers:* **il grêle** it is hailing. ◆ **grêlon** *nm* hailstone.

grelot [gʀəlo] *nm* bell.

grelotter [gʀələte] (1) *vi (trembler)* to shiver *(de* with).

grenade [gʀənad] *nf (Bot)* pomegranate; *(explosif)* grenade. **~ lacrymogène** teargas grenade; **~ sous-marine** depth charge. ◆ **grenadine** *nf* grenadine.

Grenade [gʀənad] **1** *n (ville)* Granada. **2** *(état)* Grenada.

grenat [gʀəna] **1** *nm* garnet. **2** *adj inv* dark red.

grenier [gʀənje] *nm* attic, garret; *(pour grain etc)* loft. **~ à blé** *(lit)* corn loft, wheat loft *(US)*; *(fig)* granary; **~ à foin** hayloft.

grenouille [gʀ ənuj] *nf* frog. *(péj)* ~ **de bénitier** Holy Joe *, churchy old man *(ou* woman).

grenouillère [gʀənujɛʀ] *nf (pyjama)* sleepsuit; *(manteau)* snowsuit.

grès [gʀɛ] *nm (Géol)* sandstone; *(Poterie)* stoneware. **pot de** ~ stoneware pot.

grésil [gʀezi(l)] *nm (Mét)* (fine) hail.

grésiller [gʀezije] (1) *vi [huile]* to sizzle; *[radio]* to crackle. ◆ **grésillement** *nm:* ~**(s)** sizzling ; crackling.

grève [gʀɛv] *nf* **(a)** *(arrêt de travail)* strike. **se mettre en** ~ to strike, go on strike, take industrial action; **être en** ~, **faire** ~ to be on strike; **usine en** ~ striking factory; ~ **de la faim** hunger strike; ~ **patronale** lockout; ~ **sauvage** wildcat strike; ~ **de solidarité** sympathy strike; ~ **sur le tas** sit-down strike; ~ **totale** all-out strike; ~ **tournante** strike by rota, staggered strike *(US)*; ~ **du zèle** ≃ work-to-rule. **(b)** *[mer]* shore; *[rivière]* bank.

grever [gʀəve] (5) *vt budget* to put a strain on; *pays* to burden. **grevé d'impôts** weighed down with *ou* crippled by taxes.

gréviste [gʀevist(ə)] *nmf* striker.

gribouiller [gʀibuje] (1) **1** *vt (écrire)* to scribble, scrawl; *(dessiner)* to scrawl. **2** *vi (dessiner)* to doodle. ◆ **gribouillage** *nm ou* ◆ **gribouillis** *nm* scribble; doodle. ◆ **gribouilleur, -euse** *nm, f* scribbler.

grief [gʀijɛf] *nm* grievance. **faire** ~ **à qn de qch** to hold sth against sb.

grièvement [gʀijɛvmɑ̃] *adv:* ~ **blessé** (very) seriously injured.

griffe [gʀif] *nf* **(a)** *(Zool)* claw. **le chat fait ses** ~**s** the cat is sharpening its claws; *(lit, fig)* **sortir** *ou* **montrer/rentrer ses** ~**s** to show/draw in one's claws; **arracher qn des** ~**s d'un ennemi** to snatch sb from the clutches of an enemy. **(b)** *[couturier]* maker's label; *[fonctionnaire]* signature stamp; *(fig: empreinte)* stamp. ◆ **griffer** (1) *vt* to scratch; *(avec force)* to claw.

griffon [gʀifɔ̃] *nm (chien)* griffon; *(vautour)* griffon vulture; *(Myth)* griffin.

griffonner [gʀifɔne] (1) **1** *vt (écrire)* to scribble, scrawl; *(dessiner)* to scrawl. **2** *vi (dessiner)* to doodle. ◆ **griffonnage** *nm* scribble; doodle.

grignoter [gʀiɲɔte] (1) **1** *vt* **(a)** *[personne, souris]* to nibble (at). **(b)** *libertés* to eat away at, whittle away; *avantage* to win gradually. ~ **du terrain** to gain ground gradually. **2** *vi* to nibble (at one's food). ◆ **grignotement** *nm:* ~**(s)** nibbling.

gril [gʀi(l)] *nm (Culin)* steak pan, grill pan. *(supplice)* **Saint Laurent a subi le supplice du** ~ Saint Laurence was roasted alive; *(fig)* **être sur le** ~ * to be on tenterhooks; **faire cuire au** ~ to grill. ◆ **grillade** *nf (viande)* grill.

grillage [gʀijaʒ] *nm* wire netting; *[clôture]* wire fencing. ◆ **grillager** (3) *vt* to put wire netting *(ou* wire fencing) on.

grille [gʀij] *nf* **(a)** *(clôture)* railings; *(portail)* (metal) gate. **(b)** *[cellule]* bars; *[parloir]* grille; *[égout]* (metal) grate *ou* grating; *[poêle à charbon]* grate. **(c)** *[salaires, tarifs]* scale; *[horaires]* schedule; *(codage)* (code) grid. ~ **de mots croisés** crossword puzzle (grid).

griller [gʀije] (1) **1** *vt* **(a)** *(Culin) pain, amandes* to toast; *viande* to grill; *café, châtaignes* to roast. **(b)** *corps* to burn; *végétation* to scorch. **se** ~ **au soleil** to roast in the sun. **(c)** *lampe* to blow; *moteur* to burn out. **(d)** (*) ~ **une cigarette** to have a smoke; ~ **un feu rouge** to jump the lights, run a stoplight *(US)*; ~ **une étape** to cut out a stop; ~ **qn à l'arrivée** to pip sb at the post *, beat sb (out) by a nose *(US)*. **2** *vi:* ~ **(d'envie) de faire** to be burning *ou* itching to do; **on grille ici!** * we're *ou* it's roasting in here! * ◆ **grille-pain** *nm inv* toaster.

grillon [gʀijɔ̃] *nm* cricket.

grill-room [gʀilʀum] *nm* ≃ steakhouse.

grimace [gʀimas] *nf (gén)* grimace; *(sourire)* grin. **s'amuser à faire des** ~**s** to play at making *ou* pulling (funny) faces; **il fit une** ~ he pulled a wry face, he grimaced; **il fit la** ~ **quand il connut la décision** he pulled a face when he learned of the decision. ◆ **grimacer** (3) *vi (sourire)* to grin. ~ **(de douleur)** to grimace with pain; ~ **(sous l'effort)** to grimace *ou* screw one's face up (with the effort); **il grimaça de dégoût** he grimaced *ou* his face twisted with disgust.

grimer *vt,* **se** ~ *vpr* [gʀime] (1) *(Théât)* to make up.

grimoire [gʀimwaʀ] *nm (littér)* book.

grimper [gʀɛ̃pe] (1) **1** *vi* to climb; *(avec difficulté)* to clamber up; *[fièvre, prix]* to soar. ~ **aux arbres** to climb trees; ~ **à l'échelle** to climb (up) the ladder; **ça grimpe dur!** it's a stiff *ou* steep climb! **2** *vt* to climb, go up. **3** *nm (Athlétisme)* **le** ~ (rope)climbing. ◆ **grimpant, e** *adj* climbing. ◆ **grimpette** * *nf (steep little)* climb.

grincer [gʀɛ̃se] (3) *vi [métal]* to grate; *[plancher]* to creak; *[plume]* to scratch. ~ **des dents (de colère)** to grind one's teeth (in anger); **ce bruit vous fait** ~ **des dents** this noise sets your teeth on edge. ◆ **grinçant, e** *adj (lit, fig)* grating. ◆ **grincement** *nm:* ~**(s)** grating; creaking; scratching.

grincheux, -euse [gʀɛ̃ʃø, øz] *adj* grumpy.

gringalet [gʀɛ̃galɛ] *adj m (péj: chétif)* puny.

grippe [gʀip] *nf:* **la** ~ (the) flu; **une petite** ~ a slight touch of flu; ~ **intestinale** gastric flu; **prendre qn/qch en** ~ to take a sudden dislike to sb/sth. ◆ **grippé, e** *adj:* **il est** ~ he's got (the) flu.

gripper [gʀipe] (1) *vti (Tech)* to jam. **le moteur a grippé** the engine has seized up *ou* jammed.

gris, e [gʀi, gʀiz] **1** *adj (lit)* grey, gray *(US); (morne)* dull; *(soûl)* tipsy. ~ **perle/-bleu** pearl/blue-grey; **il fait** ~ it's a grey *ou* dull day; **faire** ~**e mine à qn** to give sb a cool reception; **faire** ~**e mine** to look put out. **2** *nm* grey, gray *(US)*. ◆ **grisaille** *nf* greyness; dullness. ◆ **grisâtre** *adj* greyish.

griser [gʀize] (1) **1** *vt:* ~ **qn** to intoxicate sb, go to sb's head; **se laisser** ~ **par l'ambition** to be carried away by ambition. **2 se** ~ *vpr:* **se** ~ **de vitesse** to get drunk on; *paroles* to be intoxicated by *ou* carried away by. ◆ **griserie** *nf (lit, fig)* intoxication. ◆ **grisant, e** *adj (stimulant)* exhilarating; *(enivrant)* intoxicating.

grisonner [gʀizɔne] (1) *vi* to be going grey.

grisou [gʀizu] *nm* firedamp. ◆ **grisoumètre** *nm* firedamp detector.

grive [gʀiv] *nf (Orn)* thrush.

grivois, e [gʀivwa, waz] *adj* saucy. ◆ **grivoiserie** *nf (attitude)* sauciness; *(histoire)* saucy story.

Groenland [gʀɔɛnlɑ̃d] *nm* Greenland. ◆ **groenlandais, e** *adj* of *ou* from Greenland. **2** *nm, f:* **G** ~**(e)** Greenlander.

grog [gʀɔg] *nm* grog.

grogne * [gʀɔɲ] *nf:* **la** ~ **des étudiants/patrons** the rumbling *ou* simmering discontent of students/employers.

grogner [gʀɔɲe] (1) *vi [personne]* to grumble, growl; *[cochon]* to grunt; *[sanglier]* to snort; *[ours, chien]* to growl. ◆ **grognement** *nm* growl; grunt; snort. ◆ **grognon 1** *adj* grumpy, surly. **2** *nmf* grumbler.

groin [gʀwɛ̃] *nm [animal]* snout.

grommeler [gʀɔmle] (4) **1** *vi* to mutter, grumble to o.s. **2** *vt insultes* to mutter. ◆ **grommellement** *nm:* ~**(s)** muttering, grumbling.

gronder [gʀɔ̃de] (1) **1** *vt enfant* to scold, tell off *. **2** *vi [canon, orage]* to rumble; *[chien]* to growl;

[foule] to mutter (angrily); *[colère, émeute]* to be brewing. ◆ **grondement** *nm*: ~(s) rumbling; growling; (angry) muttering. ◆ **gronderie** *nf* scolding. ◆ **grondeur, -euse** *adj* grumbling.

groom [gʀum] *nm* bellboy.

gros, grosse [gʀo, gʀos] **1** *adj* (a) *(gén)* big, large; *(épais)* thick; *(gras)* fat; *(lourd)* heavy. **de grosses pluies** heavy rainfalls; **c'est ~ comme une tête d'épingle** it's the size *ou* it's no bigger than a pinhead; **un mensonge ~ comme une maison** * a gigantic lie; **je l'ai vu venir ~ comme une maison** * I could see it coming a mile off *. (b) *(fig)* travail big; *somme, firme* large; *progrès* great; *dégâts* extensive, serious; *mer, averse* heavy; *rhume* heavy, bad; *fièvre* high; *soupir* deep. **les grosses chaleurs** the height of summer, the hot season; *(fig)* **c'est un ~ morceau** *(travail)* it's a big job; *(obstacle)* it's a big hurdle; **la grosse industrie** heavy industry; **acheter par** *ou* **en grosses quantités** to bulk-buy, buy in bulk; **~ rire** guffaw; **un ~ banquier/mangeur** a big banker/ eater; **un ~ buveur** a heavy drinker; **~ nigaud** * big *ou* great silly *. (c) *drap* coarse; *traits du visage* thick, heavy. **le ~ travail** the heavy work; **grosse plaisanterie** obvious *ou* unsubtle joke; **c'est vraiment un peu ~** it's a bit thick * *ou* a bit much *. (d) **avoir les yeux ~ de larmes** to have eyes filled with tears; **cœur ~ de chagrin** heart heavy with sorrow; **femme grosse de 6 mois** woman 6 months pregnant; **jouer ~ jeu** to play for high stakes; **avoir le cœur ~** to have a heavy heart, be sad at heart; **le chat fait le ~ dos** the cat is arching its back; **faire les ~ yeux (à un enfant)** to glower (at a child). **2** *nm* (a) *(personne) (corpulent)* fat man; *(riche)* rich man. **mon ~** * old man *. (b) *(principal)* **le ~ du travail** the bulk of *ou* the main part of the work; **le ~ de l'armée** the main body of the army; **le ~ de l'orage** the worst of the storm; **dites-moi, en ~, ce qui s'est passé** tell me roughly what happened. (c) *(milieu)* **au ~ de l'hiver** in the depth of winter; **au ~ de l'été** at the height of summer. (d) *(Comm)* **le (commerce de) ~** the wholesale business; **prix de ~** wholesale price; **papetier en ~** wholesale stationer; **vendre en ~** to sell wholesale; **commande en ~** bulk order. **3** *nm (personne)* fat woman. **4** *adv*: **écrire ~** to write big, write in large letters; **il risque ~** he's risking a great deal; **il y a ~ à parier que...** it's a safe bet that...; **en avoir ~ sur le cœur** to be upset. **5** : **~ bétail** cattle; **~ bonnet** * bigwig *, big shot *; *(Mus)* **grosse caisse** (bass) drum; **(fusil de) ~ calibre** large-bore shotgun; **grosse cavalerie** * heavy stuff *; **~ gibier** big game; **~ intestin** large intestine; **grosse légume** * = **~ bonnet** *; *(lit, fig)* **~ lot** jackpot; **~ mot** coarse word; **~ orteil** big toe; **~ plan** close-up; **~ rouge** * (red) plonk *, rough (red) wine; **~ sel** cooking salt; **par ~ temps** rough weather; **~ titre** headline.

groseille [gʀozɛj] **1** *nf*: **~ (rouge)** red currant; **~ (blanche)** white currant; **~ à maquereau** gooseberry. **2** *adj inv* (cherry-)red. ◆ **groseillier** *nm* currant bush. **~ à maquereau** gooseberry bush.

grossesse [gʀosɛs] *nf* pregnancy.

grosseur [gʀosœʀ] *nf* (a) *[objet]* size; *[fil, bâton]* thickness; *[personne]* weight, fatness. (b) *(tumeur)* lump.

grossier, -ière [gʀosje, jɛʀ] *adj* (a) *(sans finesse)* matière, traits coarse; *esprit* unrefined; *imitation, instrument, ruse* crude; *plaisirs* base; *travail* roughly done; *dessin, réparation, estimation* rough. (b) *erreur* stupid, gross; *ignorance* crass. (c) *(insolent)* rude *(envers* to); *(vulgaire)* coarse. ◆ **grossièrement** *adv* roughly; crudely; coarsely; rudely. **se tromper ~** to make a gross error. ◆ **grossièreté** *nf* rudeness; crudeness;

coarseness. **dire des ~s** to use coarse language; **la ~ de ses manières** his crude manners.

grossir [gʀosiʀ] (2) **1** *vi* (a) *[personne]* to put on weight. (b) *(en quantité etc)* to grow; *(en taille)* to get bigger; *[bruit]* to get louder. **2** *vt* (a) *[lunettes]* to enlarge, magnify; *(exagérer)* to exaggerate. **ils ont grossi l'affaire à des fins politiques** they've blown up the issue for political reasons; *[vêtement]* **~ qn** to make sb look fatter. (b) *foule, cours d'eau* to swell; *voix* to raise; *somme* to increase, add to. **~ les rangs de** to add to *ou* swell the ranks of. ◆ **grossissement** *nm* *[tumeur]* swelling; *[objet, dangers etc]* magnification.

grossiste [gʀosist(ə)] *nmf* wholesaler.

grosso modo [gʀosomodo] *adv* *(en gros)* roughly; *(tant bien que mal)* after a fashion.

grotesque [gʀotɛsk(ə)] *adj* *(risible)* ludicrous; *(difforme)* grotesque.

grotte [gʀot] *nf* *(naturelle)* cave; *(artificielle)* grotto.

grouiller [gʀuje] (1) **1** *vi* *[foule]* to mill about; *[rue]* to be swarming with people. **2 se ~** *vpr* (*) to get a move on *, shake a leg * (US). ◆ **grouillement** *nm* milling; swarming.

groupe [gʀup] *nm* group. **le ~ de la majorité** the M.P.s *ou* Congressmen (US) of the majority party; **des ~s de gens** groups *ou* knots of people; **un ~ de touristes** a group *ou* party of tourists; **par ~s de 3** in groups of 3, in threes; **marcher en ~** to walk in a group; **~ d'arbres** clump of trees; *(Ling)* **~ nominal/verbal** nominal/verbal group; **~ de combat** fighter group; **~ électrogène** generating set, generator; **~ hospitalier/scolaire** hospital/school complex; **~ d'intervention de la Gendarmerie nationale** anti-terrorist squad; **~ de pression** pressure group; **~ sanguin** blood group. ◆ **groupement** *nm* *(action)* grouping; *(groupe)* group. **~ d'achats** *(commercial)* bulk-buying organisation. ◆ **grouper** (1) **1** *vt* to group; *(Comm)* colis to bulk; *efforts, ressources* to pool; *idées* to order. **2 se ~** *vpr* *[foule]* to gather; *(en association)* to band together. **se ~ autour d'un chef** to rally round a leader. ◆ **groupuscule** *nm* (Pol péj) small group.

gruau [gʀyo] *nm*: **farine de ~** fine wheat flour.

grue [gʀy] *nf* *(Tech, Orn)* crane; *(* péj: prostituée)* tart *‡* *(péj)*, hooker *‡* (US péj).

gruger [gʀyʒe] (3) *vt* *(littér: duper)* to dupe. **se faire ~** to be duped, be had *.

grumeau, *pl* **~x** [gʀymo] *nm* *[sauce]* lump.

gruyère [gʀyjɛʀ] *nm* gruyère (cheese), Swiss cheese (US).

Guadeloupe [gwadlup] *nf* Guadeloupe. ◆ **guadeloupéen, -éenne 1** *adj* Guadelupian. **2** *nm, f*: **G~(ne)** inhabitant *ou* native of Guadeloupe.

Guatémala [gwatemala] *nm* Guatemala. ◆ **guatémaltèque** *adj*, **G~** *nmf* Guatemalan.

gué [ge] *nm* ford. **passer (une rivière) à ~** to ford a river.

guenille [gənij] *nf* rag. **~s (old) rags; en ~s** in rags (and tatters).

guenon [gənɔ̃] *nf* (Zool) female monkey.

guépard [gepaʀ] *nm* cheetah.

guêpe [gɛp] *nf* wasp. ◆ **guêpier** *nm* *(piège)* trap; *(nid)* wasp's nest.

guère [gɛʀ] *adv* hardly, scarcely. **il n'y a ~ de monde** there's hardly *ou* scarcely anybody there; **il n'y a ~ que lui qui...** he's about the only one who...; **ça ne fera ~ moins de 100F** that won't be (very) much less than 100 francs; **je n'aime ~ qu'on me questionne** I don't much like being questioned; **cela ne durera ~** that won't last (for) very long.

guéridon [geʀidɔ̃] *nm* pedestal table.

guérilla [geʀija] *nf* guerrilla war *ou* warfare. ◆ **guérillero** *nm* guerrilla.

guérir [geʀiʀ] (2) **1** vt malade, maladie to cure; membre, blessure to heal. **2** vi [malade] to get better, be cured (de of); [blessure, chagrin] to heal. **3** se ~ vpr to get better, be cured. **se ~ d'une habitude** to cure ou break o.s. of a habit. ◆ **guérison** nf [malade] recovery; [maladie] curing; [membre, plaie] healing. ◆ **guérissable** adj curable. ◆ **guérisseur, -euse** nm, f healer; (péj) quack (doctor).

guérite [geʀit] nf (Mil) sentry box; (sur chantier) workman's hut; (servant de bureau) site office.

Guernesey [gɛʀn(ə)zɛ] nf Guernsey.

guerre [gɛʀ] nf **(a)** (conflit) war; (technique) warfare. **correspondant etc de ~** war correspondent etc; ~ **atomique** atomic war; ~ **froide/mondiale** cold/world war; **la ~ de Sécession** the American Civil War; **la ~ de quatorze** the 1914-18 war; **la ~ d'embuscade** guerrilla warfare. **(b) entre eux c'est la ~ ouverte** there's open war between them; (lit, fig) **en ~** at war (avec, contre with, against); **faire la ~ à pays, abus** to wage war on; **soldat qui a fait la ~** soldier who was in the war; **ton chapeau a fait la ~** * your hat has been in the wars *; **faire la ~ à qn pour obtenir qch** to battle with sb to get sth; **de ~ lasse elle accepta** she gave up the struggle and accepted; **à la ~ comme à la ~** we'll just have to make the best of things, you must take things as you find them ou as they come. ◆ **guerrier, -ière 1** adj nation, air warlike; danse, exploits war. **2** nm, f warrior.

guet [gɛ] nm **(a) faire le ~** to be on the watch ou look-out; **avoir l'œil au ~** to keep one's eyes open. **(b)** (Hist) watch. ◆ **guet-apens**, pl **guets-apens** nm (lit, fig) ambush.

guêtre [gɛtʀ(ə)] nf gaiter.

guetter [gete] (1) vt (épier) to watch (intently); (attendre) to watch out for, be on the look-out for; (hostilement) to lie in wait for. ~ **le passage de qn** to watch out for sb (to pass by); (fig) **l'occasion** to watch for the opportunity; (fig) **la crise cardiaque le guette** there's a heart attack lying in wait for him. ◆ **guetteur** nm (Mil) lookout; (Hist) watch.

gueule [gœl] nf **(a)** (‡: bouche) mouth; (*: figure) face; (aspect) look. **ferme ta ~!** shut your trap! ‡ ou face! ‡; **faire la ~** to look sulky; **il a fait une sale ~** he pulled a face; **ça a une drôle de ~** it looks really weird. **(b)** [animal, four] mouth; [canon] muzzle. (fig) **se jeter dans la ~ du loup** to throw o.s. into the lion's jaws. ◆ **gueule-de-loup**, pl **gueules-de-loup** nf snapdragon. ◆ **gueulement** ‡ nm (cri) bawl; (de douleur) yell. ◆ **gueuler** ‡ (1) **1** vi **(a)** to bawl; (de douleur) to yell (de with); (protester) to shout, bellyache ‡ (contre about). **ça va ~** there'll be one hell of a row ‡. **(b)** [poste] to blast out, blare out. **faire ~ sa télé** to turn one's TV up full blast *. **2** vt ordres to bawl out.

gueuleton * [gœltɔ̃] nm blow-out *.

gueux [gø] nm (mendiant) beggar; (coquin) rogue.

gui [gi] nm **(a)** (Bot) mistletoe. **(b)** (Naut) boom.

guibol(l)e * [gibɔl] nf (jambe) leg.

guichet [giʃɛ] nm **(a)** (comptoir individuel) window; [banque] counter; [théâtre] box office; [gare] ticket office. **adressez-vous au ~ d'à côté** inquire at the next window; (à la poste) ' ~ fermé' 'position closed'. **(b)** [mur] hatch; (grillage) grille. ◆ **guichetier, -ière** nm, f counter clerk.

guide [gid] **1** nm (gén) guide; (livre) guide(book). **2** nfpl (rênes) ~**s** reins. ◆ **guidage** nm (Aviat) guidance. ◆ **guider** (1) vt (gén) to guide. **organisme** qui guide les étudiants organization that provides guidance for students; **se laissant ~ par son instinct** letting himself be guided by his instinct; **se guidant sur les étoiles** using the stars as a guide.

guidon [gidɔ̃] nm [vélo] handlebars.

guigne * [giɲ(ə)] nf rotten luck *. **avoir la ~** to be jinxed *.

guigner [giɲe] (1) vt to eye.

guignol [giɲɔl] nm (marionnette) puppet (name of popular French glove puppet); (péj) clown; (spectacle) puppet show (≃ Punch and Judy show). **c'est du ~!** it's a real farce!

guillemet [gijmɛ] nm inverted comma, quotation mark. **ouvrez les ~s** open (the) inverted commas; **mettre un mot entre ~s** to put a word in quotation marks ou inverted commas.

guilleret, -ette [gijʀɛ, ɛt] adj **(a)** (enjoué) perky. **être tout ~** to be full of beans *. **(b)** (grivois) saucy.

guillotine [gijɔtin] nf guillotine. ◆ **guillotiner** (1) vt to guillotine.

guimauve [gimov] nf (Bot) marsh mallow; (Culin) marshmallow. (fig péj) **c'est de la ~ (mou)** it's jelly; (sentimental) it's mush *, it's schmaltzy *.

guimbarde * [gɛ̃baʀd(ə)] nf: **(vieille) ~** old banger *, old rattletrap * (US), clunker * (US).

guindé, e [gɛ̃de] adj personne stiff, starchy; style stilted. **il est ~ dans ses vêtements** his clothes make him look stiff.

Guinée [gine] nf Guinea. ~ **équatoriale** Equatorial Guinea; ~**-Bissau** Guinea-Bissau. ◆ **guinéen, -éenne 1** adj Guinean. **2** nm, f G~(ne) native of Guinea, Guinean.

guingois * [gɛ̃gwa] adv: **de ~** askew, skew-whiff *.

guinguette [gɛ̃gɛt] nf open-air café or dance hall.

guirlande [giʀlɑ̃d] nf garland. ~ **de Noël** tinsel garland; ~ **de papier** paper chain.

guise [giz] nf: **n'en faire qu'à sa ~** to do as one pleases ou likes; **à ta ~!** as you wish! ou please! ou like!; **en ~ de** by way of.

guitare [gitaʀ] nf guitar. ◆ **guitariste** nmf guitarist.

guitoune * [gitun] nf tent.

gus * [gys] nm (type) guy *.

guttural, e, mpl **-aux** [gytyʀal, o] adj guttural.

Guyane [gɥijan] nf Guiana. ◆ **guyanais, e** adj, **G~(e)** nm(f) Guyanese.

gym [ʒim] nf gym, P.E.

gymkhana [ʒimkana] nm rally. ~ **motocycliste** motorcycle scramble.

gymnastique [ʒimnastik] nf gymnastics (sg). **professeur de ~** physical education ou P.E. teacher; ~ **corrective** remedial gymnastics; ~ **rythmique** eurhythmics; ~ **respiratoire** breathing exercices; **faire de la ~** (Sport) to do gymnastics; (au réveil) to do exercises; ~ **intellectuelle** mental gymnastics; **quelle ~ pour aller d'une banlieue à une autre** * what a palaver * to get from one suburb to another. ◆ **gymnase** nm gymnasium, gym. ◆ **gymnaste** nmf gymnast.

gynécologie [ʒinekɔlɔʒi] nf gynaecology. ◆ **gynécologique** adj gynaecological. ◆ **gynécologiste** nmf ou ◆ **gynécologue** nmf gynaecologist.

gypse [ʒips(ə)] nm gypsum.

gyrophare [ʒiʀɔfaʀ] nm revolving ou flashing light (on vehicle).

gyroscope [ʒiʀɔskɔp] nm gyroscope.

H

H, h [aʃ] *nm ou nf (lettre)* H, h. **H aspiré/muet** aspirate/silent *ou* mute h.

ha [ʼa, hɑ] *excl [surprise, colère etc]* oh! ho!; *[rire]* ha-ha!

habile [abil] *adj mains, ouvrier* skilful, skilled; *diplomate, tactique* skilful, clever. **être ~ à (faire) qch** to be clever *ou* skilful at (doing) sth. ◆ **habilement** *adv* skilfully; cleverly. ◆ **habileté** *nf* skill, skilfulness; cleverness.

habiller [abije] (1) **1** *vt* (a) *(vêtir)* to dress *(de* in); *(déguiser)* to dress up *(en* as). **cette robe vous habille bien** that dress really suits you; **un rien l'habille** she can wear anything. (b) *miséreux* to clothe; *recrues* to provide with uniforms. *(Couture)* **c'est X qui l'habille** X makes all her clothes. (c) *mur, fauteuil* to cover *(de* with). **2 s' ~** *vpr* to dress (o.s.), get dressed; *(se déguiser)* to dress up *(en* as). **elle s'habille long** she wears long skirts; **elle ne sait pas s' ~** she has no dress sense; **faut-il s' ~ pour la réception?** must we dress (up) for the reception?; *(Couture)* **s' ~ chez un tailleur** to buy *ou* get one's clothes from a tailor. ◆ **habillé, e** *adj* (a) *robe, soirée* dressy. (b) *personne* **bien/mal ~** well/badly dressed; **être ~ de noir** to be dressed in *ou* wearing black; **tout ~** fully dressed, with all one's clothes on. ◆ **habillement** *nm (action)* clothing; *(costume)* clothes; *(profession)* clothing trade.

habit [abi] *nm* (a) ~**s** clothes; ~**s de travail/du dimanche** working/Sunday clothes. (b) *(costume)* suit; *(Théât)* costume; *(de cérémonie)* tails. **son ~** his dress; **l' ~ ne fait pas le moine** do not judge by appearances; **en ~ (de soirée)** wearing tails; **l' ~ ecclésiastique** clerical dress; ~ **de gala** formal dress; ~ **religieux** (monk's) habit.

habitable [abitabl(ə)] *adj* (in)habitable.

habitacle [abitakl(ə)] *nm (Naut)* binnacle; *(Aviat)* cockpit.

habitant, e [abitɑ̃, ɑ̃t] *nm, f [maison]* occupant; *[ville, pays]* inhabitant. **loger chez l' ~** *[touristes]* to stay with local people in their own homes; *[soldats]* to be billeted on the locals *ou* local people.

habitat [abita] *nm (Bot, Zool)* habitat; *(conditions de logement)* housing *ou* living conditions. *(Géog)* ~ **rural** rural settlement.

habitation [abitasjɔ̃] *nf (maison)* house; *(domicile)* place of residence. **conditions d' ~** housing *ou* living conditions; ~ **à loyer modéré** *(appartement)* ≃ council flat, public housing unit *(US)*; *(immeuble)* ≃ (block of) council flats, public sector housing.

habiter [abite] (1) **1** *vt maison* to live in; *région* to inhabit; *(fig) [idée]* to dwell in. **la maison n'a pas l'air habitée** the house doesn't look lived-in *ou* occupied. **2** *vi* to live *(en, dans* in).

habitude [abityd] *nf* (a) *(accoutumance)* habit. **avoir l' ~ de faire** to be used to doing, be in the habit of doing; **mauvaises ~s** bad habits; **perdre une ~** to get out of a habit; **faire perdre une ~ à qn** to break sb of a habit; **avoir une longue ~ de** to have long experience of; **j'ai l' ~!** I'm used to it; **il a ses petites ~s** he has his (pet) ways *ou* habits; **d' ~** usually; **par ~** out of habit; **comme d' ~** as usual; **comme à son ~** as he usually does. (b) *(coutume)* ~**s** customs.

habituer [abitɥe] (1) **1** *vt*: ~ **qn à qch/à faire** *(endurcir)* to accustom sb to sth/to doing, get sb used to sth/to doing; *(apprendre)* to teach sb sth/to do. **2 s' ~** *vpr*: **s' ~ à qch/à faire** to get used *ou* accustomed to sth/to doing. ◆ **habitué, e** *nm, f [maison]* regular visitor; *[café]* regular customer. ◆ **habituel, -elle** *adj* usual, customary, habitual. ◆ **habituellement** *adv* usually, generally, as a rule.

hacher [ʼaʃe] (1) *vt (au couteau)* to chop; *(avec un appareil)* to mince, grind *(US)*; *(fig) discours* to break up; *récolte* to slash to pieces. ~ **menu** to mince, chop finely; **il se ferait ~ pour vous** he'd go through fire for you. ◆ **hache** *nf* axe. ~ **de guerre** hatchet; *(fig)* **déterrer la ~ de guerre** to take up the hatchet. ◆ **haché, e 1** *adj viande* minced, ground *(US)*; *style* jerky. **2** *nm* mince, ground beef *(US)*. ◆ **hache-légumes** *nm inv* vegetable-chopper. ◆ **hachette** *nf* hatchet. ◆ **hache-viande** *nm inv* (meat-)mincer, grinder *(US)*. ◆ **hachis** *nm [légumes]* chopped vegetables; *[viande]* mince. ~ **Parmentier** ≈ shepherd's pie. ◆ **hachoir** *nm (couteau)* chopper; *(appareil)* (meat-)mincer, grinder *(US)*.

hachisch [ʼaʃiʃ] *nm* hashish.

haddock [ʼadɔk] *nm* smoked haddock.

hagard, e [ʼagaʀ, aʀd(ə)] *adj yeux* wild; *visage, air* frantic, distraught, wild.

haie [ʼɛ] *nf* (a) *(clôture)* hedge. ~ **vive** quickset hedge. (b) *[coureur]* hurdle; *[chevaux]* fence. **course de ~s** *[coureur]* hurdles (race); *[chevaux]* steeplechase; **110 mètres ~s** 110 metres hurdles. (c) *[spectateurs]* line, row. **faire une ~ d'honneur** to form a guard of honour.

haillon [ʼajɔ̃] *nm* rag. **en ~s** in rags, in tatters.

haine [ʼɛn] *nf* hatred, hate *(de, pour* of, for). **prendre qn en ~** to take a violent dislike to sb; **avoir de la ~ pour** to be filled with hate *ou* hatred for; **par ~ de** out of *ou* through hatred of. ◆ **haineusement** *adv* with hatred. ◆ **haineux, -euse** *adj parole* full of hatred *ou* hate; *joie* malevolent.

haïr [ʼaiʀ] (10) *vt* to detest, hate. ◆ **haïssable** *adj* detestable, hateful.

Haïti [aiti] *nf* Haiti. ◆ **haïtien, -ienne** *adj*, **H~(ne)** *nmf* Haitian.

halage [ʼalaʒ] *nm* towing. **chemin de ~** towpath.

hâle [ʼɑl] *nm* tan, sunburn. ◆ **hâlé, e** *adj* tanned, sunburnt.

haleine [alɛn] *nf (souffle)* breath; *(respiration)* breathing. **hors d' ~** out of breath, breathless; **perdre ~** to lose one's breath, get out of breath; **d'une seule ~** *dire* in one breath; **avoir mauvaise ~** to have bad breath; **tenir qn en ~** *(attention)* to hold sb spellbound; *(incertitude)* to keep sb in suspense; **travail de longue ~** long-term job; **à perdre ~** until one is out of breath.

haler [ʼale] (1) *vt ancre* to haul in; *bateau* to tow.

haleter [ʼalte] (5) *vi* (a) *(manquer d'air)* to pant, gasp for breath, puff; *(de soif, d'émotion)* to pant *(de* with); *[chien]* to pant. (b) *[poitrine]* to heave; *[moteur]* to puff. ◆ **haletant, e** *adj* panting; puffing; heaving; *voix* breathless. **être ~** to be out of breath. ◆ **halètement** *nm*: ~**(s)** panting ; puffing; heaving.

hall ['ol] *nm [hôtel, immeuble]* hall, foyer; *[gare]* arrival (*ou* departure) hall.

halle ['al] *nf (marché)* (covered) market. **les H~s (de Paris)** *formerly the central food market of Paris.*

hallucination [alysinɑsjɔ̃] *nf* hallucination. **tu as des ~s!** * you must be seeing things! ◆ **hallucinant, e** *adj* staggering * , incredible.

halo ['alo] *nm (Astron, Tech)* halo. **~ de gloire** cloud of glory.

halogène [alɔʒɛn] **1** *adj (gén)* halogenous; *lampe* halogen. **2** *nm* halogen.

halte ['alt(ə)] *nf (pause)* stop, break; *(fig)* pause; *(endroit)* stopping place; *(Rail)* halt. **faire ~** to (make a) stop; **~(-là)!** *(gén)* stop!; *(Mil)* halt!; *(fig)* hold on!; **~ aux essais nucléaires!** an end to *ou* no more nuclear tests!

haltère [altɛʀ] *nm (à boules)* dumbbell; *(à disques)* barbell. **faire des ~s** to do weight lifting. ◆ **haltérophile** *nmf* weight lifter. ◆ **haltérophilie** *nf* weight lifting.

hamac ['amak] *nm* hammock.

Hamburg ['ɑ̃buʀ] *n* Hamburg.

hamburger ['ɑ̃buʀgœʀ] *nm* hamburger, beefburger.

hameau, *pl* **~x** ['amo] *nm* hamlet.

hameçon [amsɔ̃] *nm* fish hook.

hampe ['ɑ̃p] *nf [drapeau]* pole; *[lance]* shaft; *[cerf]* breast; *[bœuf]* flank.

hamster ['amstɛʀ] *nm* hamster.

hanche ['ɑ̃ʃ] *nf [personne]* hip; *[cheval]* haunch.

hand-ball ['ɑ̃dbal] *nm* handball.

handicap ['ɑ̃dikap] *nm (lit, fig)* handicap. ◆ **handicapé, e** **1** *adj* handicapped. **2** *nm, f* handicapped person. **~ moteur** spastic. ◆ **handicaper** (1) *vt* to handicap.

hangar ['ɑ̃gaʀ] *nm (gén)* shed; *[marchandises]* warehouse; *[avions]* hangar.

hanneton ['antɔ̃] *nm* maybug.

hanter ['ɑ̃te] (1) *vt* to haunt.

hantise ['ɑ̃tiz] *nf* obsessive fear.

happer ['ape] (1) *vt (avec la gueule)* to snap up; *(avec la main)* to snatch up. **se faire ~ par une voiture** to be hit by a car.

happy end ['apiɛnd] *nm* happy ending.

harangue ['aʀɑ̃g] *nf* harangue. ◆ **haranguer** (1) *vt* to harangue.

haras ['aʀɑ] *nm* stud farm.

harassement ['aʀasmɑ̃] *nm* exhaustion. ◆ **harasser** (1) *vt* to exhaust. **harassé de travail** overwhelmed with work.

harceler ['aʀsəle] (5) *vt* to harass (*de* with); *gibier* to hunt down. ◆ **harcèlement** *nm* harassing.

hardes ['aʀd(ə)] *nfpl (péj: vieux habits)* old clothes, rags.

hardi, e ['aʀdi] *adj (gén)* bold, daring. **~ les gars!** come on lads! ◆ **hardiesse** *nf* boldness, daring. **~s** *[livre]* bold statements; *[domestique]* liberties; **~s de langage** bold language. ◆ **hardiment** *adv* boldly, daringly.

hardware ['aʀdwɛʀ] *nm* hardware.

harem ['aʀɛm] *nm* harem.

hareng ['aʀɑ̃] *nm* herring. **~ saur** smoked herring, kipper.

hargne ['aʀɲ(ə)] *nf* spite, resentment. ◆ **hargneusement** *adv* aggressively. ◆ **hargneux, -euse** *adj* aggressive.

haricot ['aʀiko] *nm* bean. **des ~s!** ⚹ nothing doing! *;* **~ blanc** haricot bean; **~ grimpant** *ou* **à rame** runner bean; **~ rouge** kidney bean; **~ vert** French bean; **~ de mouton** mutton stew.

harmonica [aʀmɔnika] *nm* harmonica, mouth organ.

harmonie [aʀmɔni] *nf (gén)* harmony; *(fanfare)* wind band. **être en ~ avec** to be in harmony *ou* in keeping with; **vivre en bonne ~** to get on well together (*avec* with). ◆ **harmonieusement** *adv* harmoniously. ◆ **harmonieux, -euse** *adj (gén)* harmonious; *couleurs* well-matched.

harmoniser *vt*, **s' ~** *vpr* [aʀmɔnize] (1) to harmonize. ◆ **harmonisation** *nf* harmonization.

harmonium [aʀmɔnjɔm] *nm* harmonium.

harnacher ['aʀnaʃe] (1) *vt cheval* to harness; *(péj: habiller)* to rig out *. ◆ **harnachement** *nm [cheval]* *(action)* harnessing; *(objet)* harness; *[personne]* rig-out *.

harnais ['aʀnɛ] *nm* harness.

harpe ['aʀp(ə)] *nf (Mus)* harp. ◆ **harpiste** *nmf* harpist.

harpie ['aʀpi] *nf (Myth, péj)* harpy.

harpon ['aʀpɔ̃] *nm* harpoon. ◆ **harponner** (1) *vt baleine* to harpoon; (⚹) *malfaiteur* to collar *; (⚹) *passant* to waylay.

hasard ['azaʀ] *nm* **(a)** *(coïncidence)* coincidence. **un ~ heureux/malheureux** a stroke *ou* piece of luck/bad luck; **par le plus grand des ~s** quite by chance *ou* coincidence; **les ~s de la vie** the fortunes of life. **(b)** *(destin)* chance, fate, luck; *(Statistique)* chance. **les caprices du ~** the whims of fate; **il ne laisse jamais rien au ~** he never leaves anything to chance; **le ~ a voulu qu'il soit absent** as luck would have it he was not there; **c'est un fait du ~** it's a matter of chance. **(c)** *(risques)* ~**s** hazards. **(d) au ~** *aller* aimlessly; *agir* haphazardly; *tirer, citer* at random; **il a acheté ces livres au ~ de ses voyages** he bought these books as he came across them by chance on his trips; **à tout ~** *(en cas de besoin)* just in case; **je suis entré à tout ~** I looked in on the off chance; **par ~** by chance, by accident; **tu n'aurais pas par ~ 100 F?** you wouldn't by any chance have 100 francs on you?; **comme par ~!** what a coincidence! ◆ **hasarder** (1) **1** *vt vie* to risk; *hypothèse* to hazard, venture. **2 se ~** *vpr:* **se ~ dans** to venture into; **se ~ à faire** to risk doing, venture to do. ◆ **hasardeux, -euse** *adj entreprise* hazardous, risky; *hypothèse* dangerous, rash.

hâte ['at] *nf (empressement)* haste; *(impatience)* impatience. **à la ~** hurriedly, hastily, in a hurry; **en toute ~** posthaste; **avoir ~ de faire** to be eager *ou* anxious to do; **sans ~** unhurriedly. ◆ **hâter** (1) **1** *vt (gén)* to hasten. **~ le pas** to quicken one's pace. **2 se ~** *vpr* to hurry, hasten (*de faire* to do). **hâtez-vous** hurry up; **je me hâte de dire que** I hasten to say that; **hâte-toi lentement** more haste, less speed. ◆ **hâtif, -ive** *adj développement* precocious; *fruit* early; *travail* hurried; *décision* hasty. ◆ **hâtivement** *adv* hurriedly, hastily.

hausse ['os] *nf* rise, increase (*de* in). **~ de salaire** (pay) rise *ou* raise (US); **être en ~** to be going up (in price); *(Bourse)* **marché à la ~** rising market; **tendance à la ~** rising *ou* upward trend; *(fig)* **ses actions sont en ~** things are looking up for him.

hausser ['ose] (1) **1** *vt (gén)* to raise; *(surélever)* to heighten. **~ les épaules** to shrug one's shoulders. **2 se ~** *vpr:* **se ~ sur la pointe des pieds** to stand up on tiptoe; **se ~ au niveau de qn** to raise o.s. up to sb's level. ◆ **haussement** *nm:* **~ d'épaules** shrug.

haut, e ['o, 'ot] **1** *adj* **(a)** *(gén)* high; *(en taille)* tall. **un mur ~ de 3 mètres** a wall 3 metres high; **les plus ~es branches de l'arbre** the topmost branches of the tree; *(lit, fig)* **marcher la tête ~e** to walk with one's head held high; **la mer est ~e** it is high tide, the tide is in; **en ~e mer** on the open sea; **pousser les ~s cris** to exclaim in horror; **à voix ~e** aloud, out loud; **le prix de l'or est au plus ~** the price of gold has reached a peak. **(b)** *(supé-*

rieur) qualité, rang high; *âme, pensée* lofty, noble.
du plus ~ comique highly amusing; **~ en couleur**
(pittoresque) colourful; **avoir la ~e main sur qch** to
have supreme control of sth; **discussions au plus
~ niveau** top-level discussions; **de ~e naissance**
of noble *ou* high birth; **~e cuisine** *etc* haute cuisine
etc; **~ fonctionnaire** high-ranking civil servant; *(lit,
fig)* **de ~e voltige** acrobatic. **la ~e bourgeoisie** the
upper middle classes. **(c)** *(ancien)* **dans la plus ~e**
antiquité in earliest antiquity; **le ~ moyen âge** the
Early Middle Ages. **(d)** *(Géog)* **la H~e Normandie**
Upper Normandy; **la H~e Volta** Upper Volta.
2 *nm* **(a)** top. **le mur a 3 mètres de ~** the wall is
3 metres high; **en ~ de l'arbre** at the top of the
tree; **le ~ du visage** the top part of the face; **les
pièces du ~** the upstairs rooms; **l'étagère du ~** the
top shelf; **des ~s et des bas** ups and downs; **du
~ d'un arbre** from the top of a tree; **parler du ~
d'une tribune** to speak from a platform. **(b) voir
les choses de ~** to take a detached view of things;
tomber de ~ *(lit)* to fall from a height; *(fig)* to
have one's hopes dashed; **prendre qch de ~** to
take sth in a high and mighty way; **traiter qn de
~** to look down on sb; **regarder qn de ~ en bas**
to look sb up and down; **frapper de ~ en bas** to
strike downwards; **d'en ~** from above.
3 *nf*: **(les gens de) la ~e ‡** the upper crust *, the
swells † *.
4 *adv* high; *(sur colis)* 'this side up'. **mettez vos
livres plus ~** put your books higher up; **lire tout
~** to read aloud *ou* out loud; **des gens ~ placés**
people in high places; **aussi ~ qu'on peut remonter**
as far back as we can go; **'voir plus ~ '** 'see above';
~ les mains! hands up!, stick 'em up! ‡; **gagner
~ la main** to win hands down.
5 : **~-le-cœur** *nm inv* retch; **avoir un ~-le-cœur** to
retch; **~ commissaire** high commissioner *(à* of);
~-le-corps *nm inv* sudden start, jump; **avoir un ~-
le-corps** to start, jump; **~e fidélité** hi-fi, high fidelity; **~-fond** *nm*, *pl* **~s-~** shallow, shoal ; **~-de-
forme** *nm*, *pl* **~s-~-~** top hat; **~-fourneau** *nm*, *pl*
~s-~x blast *ou* smelting furnace; **le ~ lieu de la
culture** the Mecca of culture; **en ~ lieu** in high
places; **~-parleur** *nm*, *pl* **~-~s** loudspeaker; **~e
trahison** high treason; **de ~ vol, de ~e volée** *personne* high-flying; *projet* far-reaching.
hautain, e ['otɛ̃, ɛn] *adj* haughty.
hautbois ['obwa] *nm* oboe.
hautement ['otmɑ̃] *adv* (*extrêmement*) highly;
(*ouvertement*) openly.
hauteur ['otœʀ] *nf* **(a)** *[tour, personne]* height; *[son]*
pitch. *(Aut)* **~ maximum 3 mètres** headroom 3
metres; **tomber de toute sa ~** *[personne]* to fall
headlong *ou* flat; *[armoire]* to come crashing
down; **prendre de la ~** to climb, gain height; **à
~ des yeux** at eye level; **arriver à la ~ de qn** to
draw level with sb; *(fig)* **être à la ~ de la situation**
to be equal to the situation; **il n'est pas à la ~ ***
he's not up to it. **(b)** *(Géom)* perpendicular
height; *(ligne)* perpendicular; *(Astron)* altitude. **(c)**
(colline) height, hill. **(d)** *(noblesse)* loftiness, nobility; *(arrogance)* haughtiness.
Havane ['avan] *nf*: **la ~** Havana.
hâve ['av] *adj* gaunt, haggard.
havre ['avʀ(ə)] *nm* *(lit, fig)* haven. **~ de paix** haven
of peace.
Hawaï *ou* **Hawaii** [awai] *n* Hawaii. **les îles ~** the
Hawaiian Islands. ◆ **hawaïen, ïenne** *adj, nm,
H~(ne)* *nm(f)* Hawaiian.
Haye ['ɛ] *nf*: **La ~** the Hague.
hé ['e, he] *excl (pour appeler)* hey!; *(pour renforcer)*
well.
hebdomadaire [ɛbdɔmadɛʀ] *adj, nm* weekly.
héberger [ebɛʀʒe] **(3)** *vt (gén)* to accommodate;
(provisoirement) to put up; *réfugiés* to take in.

◆ **hébergement** *nm* accommodation; putting
up; taking in.
hébéter [ebete] **(6)** *vt [alcool]* to stupefy; *[lecture,
télévision]* to daze; *[fatigue]* to numb. ◆ **hébéte-
ment** *nm* stupor.
hébraïque [ebʀaik] *adj* Hebrew, Hebraic.
hébreu, *pl* **~x** [ebʀø] *adj m, nm* Hebrew. **pour moi,
c'est de l' ~ *** it's all Greek to me!
Hébrides [ebʀid] *nfpl*: **les ~** the Hebrides.
hécatombe [ekatɔ̃b] *nf* slaughter.
hectare [ɛktaʀ] *nm* hectare.
hecto... [ɛkto] *préf* hecto... **~litre/mètre** hectolitre/
metre.
hégémonie [eʒemɔni] *nf* hegemony.
hein * ['ɛ̃, hɛ̃] *excl* eh *?, what?
hélas ['elɑs] *excl* alas! **~ non!** I'm afraid not!,
unfortunately not.
héler ['ele] **(6)** *vt* to hail.
hélice [elis] *nf* propeller, screw.
hélicoptère [elikɔptɛʀ] *nm* helicopter. ◆ **héligare**
nf heliport. ◆ **héliport** *nm* heliport. ◆ **héliporté,
e** *adj* transported by helicopter.
hélium [eljɔm] *nm* helium.
hellénique [elenik] *adj* Hellenic.
Helvétie [ɛlvesi] *nf* Helvetia. ◆ **helvète** *adj, H~
nmf* Helvetian.
helvétique [ɛlvetik] *adj* Swiss.
hématie [emati] *nf* red (blood) corpuscle.
hématome [ematom] *nm* bruise.
hémicycle [emisikl(ə)] *nm* semicircle, hemicycle.
(Pol) **l' ~** the benches *(of the Assemblée Nationale)*.
hémiplégie [emipleʒi] *nf* paralysis of one side,
hemiplegia.
hémisphère [emisfɛʀ] *nm (gén)* hemisphere. **~ sud/
nord** southern/northern hemisphere. ◆ **hémis-
phérique** *adj* hemispherical.
hémistiche [emistiʃ] *nm* hemistich.
hémoglobine [emɔglɔbin] *nf* haemoglobin.
hémophile [emɔfil] **1** *adj* haemophilic. **2** *nmf*
haemophiliac. ◆ **hémophilie** *nf* haemophilia.
hémorragie [emɔʀaʒi] *nf* bleeding, haemorrhage.
hémorroïde [emɔʀɔid] *nf (gén pl)* haemorrhoid,
pile.
hémostatique [emɔstatik] *adj, nm* haemostatic.
henné ['ene] *nm* henna.
hennir ['eniʀ] **(2)** *vi* to neigh, whinny. ◆ **hennissement** *nm* neigh, whinny.
hep ['ɛp, hɛp] *excl* hey!
hépatique [epatik] **1** *adj* hepatic. **2** *nmf* person
who suffers from a liver complaint. ◆ **hépatite**
nf hepatitis.
héraldique [eʀaldik] **1** *adj* heraldic. **2** *nf* heraldry.
héraut ['eʀo] *nm (Hist, fig)* herald.
herbage [ɛʀbaʒ] *nm* pasture.
herbe [ɛʀb(ə)] *nf*: **l' ~** grass; **une ~** *(espèce)* a grass;
(brin) a blade of grass; *(Culin, Méd)* a herb; **mauvaise ~** weed; **~s folles** wild grasses; **~s potagères**
pot herbs; **en ~** *blé* green, unripe; *avocat* budding;
couper l' ~ sous les pieds de qn to cut the ground
from under sb's feet. ◆ **herbeux, -euse** *adj*
grassy. ◆ **herbicide 1** *adj* herbicidal. **2** *nm* weed-
killer. ◆ **herbier** *nm* herbarium. ◆ **herbivore
1** *adj* herbivorous. **2** *nm* herbivore.
herboriste [ɛʀbɔʀist(ə)] *nmf* herbalist. ◆ **herbo-
risterie** *nf (commerce)* herb trade; *(magasin)* herbalist's shop.
Hercule [ɛʀkyl] *nm (Myth)* Hercules. *(fig)* **c'est un
h~** he's a real Hercules. ◆ **herculéen, -éenne**
adj Herculean.
héréditaire [eʀeditɛʀ] *adj* hereditary. ◆ **hérédité**
nf (Bio) heredity; *(droit)* right of inheritance;
(caractère) hereditary nature.

hérésie [eʀezi] nf (Rel) heresy. (fig) **c'est une ~!** it's sacrilege! ◆ **hérétique 1** adj heretical. **2** nmf heretic.

hérisser ['eʀise] (1) **1** vt (a) **le chat hérisse ses poils** the cat makes its coat bristle; **l'oiseau hérisse ses plumes** the bird ruffles its feathers; **le vent hérisse mes cheveux** the wind makes my hair stand on end. (b) (armer) **~ une planche de clous** to spike a plank with nails; **de nombreuses difficultés hérissent le texte** numerous difficulties are scattered through the text. (c) (mettre en colère) **~ qn** to put sb's back up *. **2 se ~** vpr (a) [poils] to stand on end, bristle; [animal] to bristle. (b) (se fâcher) to bristle, get one's back up *. ◆ **hérissé, e** adj cheveux standing on end, bristling. **~ de** poils, obstacles bristling with; épines spiked with.

hérisson ['eʀisɔ̃] nm hedgehog.

héritage [eʀitaʒ] nm inheritance; (culturel) heritage, legacy. **faire un ~** to come into an inheritance; **laisser qch en ~ à qn** to leave sth to sb, bequeath sth to sb; **tante à ~** wealthy ou rich aunt. ◆ **hériter** (1) vti to inherit. **~ (de) qch de qn** to inherit sth from sb; **~ de son oncle** to inherit one's uncle's property; **il a hérité d'un rhume *** he's picked up a cold. ◆ **héritier** nm heir. ◆ **héritière** heiress.

hermétique [eʀmetik] adj joint airtight, watertight, hermetic; barrage, secret, visage impenetrable; écrivain, livre (obscur) abstruse, obscure; (Littérat) hermetic. ◆ **hermétiquement** adv tightly, hermetically; abstrusely, obscurely. **secret ~ gardé** closely guarded secret. ◆ **hermétisme** nm (obscurité) abstruseness, obscurity; (Alchimie, Littérat) hermetism.

hermine [eʀmin] nf (fourrure) ermine; (animal) ermine, stoat.

hernie ['eʀni] nf (Méd) hernia, rupture; [pneu] bulge. **~ discale** slipped disc. ◆ **herniaire** adj hernial.

héroïne [eʀɔin] nf (femme) heroine; (drogue) heroin.

héroïque [eʀɔik] adj heroic. **l'époque ~** the pioneering days. ◆ **héroïquement** adv heroically. ◆ **héroïsme** nm heroism.

héron ['eʀɔ̃] nm heron.

héros ['eʀo] nm hero.

herse ['eʀs(ə)] nf (Agr) harrow; [château] portcullis.

hertz [eʀts] nm hertz. ◆ **hertzien, -ienne** adj Hertzian.

hésiter [ezite] (1) vi (gén) to hesitate. **il n'y a pas à ~** there are no two ways about it; **il hésitait sur la route à suivre** he hesitated over which road to take; **~ entre plusieurs possibilités** to waver between several possibilities; **~ en récitant sa leçon** to falter in reciting one's lesson. ◆ **hésitant, e** adj (gén) hesitant; caractère wavering; voix, pas faltering. ◆ **hésitation** nf hesitation. **sans ~** without hesitation, unhesitatingly; **après bien des ~s** after much hesitation.

hétéroclite [eteʀɔklit] adj ensemble heterogeneous; objets assorted.

hétérogène [eteʀɔʒɛn] adj heterogeneous. **c'est un groupe ~** it's a very mixed group. ◆ **hétérogénéité** nf heterogeneousness.

hêtre ['ɛtʀ(ə)] nm (arbre) beech (tree); (bois) beech (wood).

heure [œʀ] nf (a) (mesure) hour; (Scol) period, class. **pendant les ~s de bureau** during office hours; **gagner 10 F de l' ~** to earn 10 francs an hour ou per hour; **1 ~/3 ~s de travail** 1 hour's/3 hours' work; **il y a 2 ~s de route** it's a 2-hour drive, it takes 2 hours by car (to get there); **faire des/10 ~s supplémentaires** to work ou do overtime/10 hours' overtime.
(b) (de la journée) **avez-vous l' ~?** have you got the time?; **quelle ~ est-il?** what time is it?; **il est 6**

~s/6 ~s 10/6 ~s moins 10/6 ~s et demie it is 6 (o'clock)/10 past 6/10 to 6/half past 6; **10 ~s du matin/du soir** 10 (o'clock) in the morning/at night, 10 a.m./p.m.; **il est 8 ~s passées** it's gone 8; **à 4 ~s juste(s)** at 4 sharp; **à une ~ avancée (de la nuit)** at a late hour (of the night).
(c) (fixée) time. **c'est l' ~** it's time; **avant l' ~** before time, ahead of time, early; **à l' ~** on time; **après l' ~** late; **d'été** daylight saving time; **mettre sa montre à l' ~** to set ou put one's watch right; **l' ~ c'est l' ~** on time is on time.
(d) (moment) time. **l' ~ du déjeuner** lunchtime; **aux ~s des repas** at mealtimes; **~ de pointe** (trains) rush hour, peak hour; (magasin) peak shopping period; (téléphone) peak period; **les ~s creuses** (gén) the slack periods; (pour électricité) off-peak periods; **les problèmes de l' ~** the problems of the moment; **à l' ~ H** at zero hour; **l' ~ est grave** it is a grave moment; **l' ~ de vérité** the hour of truth.
(e) (avec adj poss) **il est poète à ses ~s** he writes poetry when the fancy takes him; **elle a eu son ~ de gloire** she has had her hour of glory; **il attend son ~** he is biding his time; **son ~ viendra** his time will come.
(f) (locutions) **à l' ~ qu'il est** it doit être arrivé he must have arrived by now; **repas chaud à toute ~** hot meals all day; **24 ~s sur 24** round the clock, 24 hours a day; **d' ~ en ~** hourly, hour by hour; **d'une ~ à l'autre** varier from one hour to the next; attendre any time now; **'Paris à l' ~ écossaise'** 'Paris goes Scottish'; **la France à l' ~ de l'ordinateur** France in the computer age; **tout à l' ~** (passé) a short while ago; (futur) in a little while, shortly.

heureusement [œʀøzmɑ̃] adv (par bonheur) fortunately, luckily; (judicieusement) happily. **il est parti, ~!** he has gone, thank goodness!; **mot ~ choisi** well ou happily chosen word.

heureux, -euse [œʀø, øz] adj (a) (content, comblé) happy. **vivre ~** to live happily; **~ comme un poisson dans l'eau** happy as a sandboy ou clam (US); **ces jouets vont faire des ~** these toys will make some children very happy; **c'est une ~euse nature** he has a happy ou cheerful nature; **je suis très ~ d'apprendre la nouvelle** I am very glad ou happy ou pleased to hear the news; **je suis ~ du résultat** I am pleased ou happy with the result. (b) (chanceux) effet, résultat happy; choix fortunate, happy; personne fortunate, lucky. **~ en amour** lucky in love; (iro) **c'est encore ~!** it's just as well!; **par un ~ hasard** by a fortunate coincidence; **attendre un ~ événement** to be expecting a happy event.

heurt ['œʀ] nm (lit: choc) collision; (fig: conflit) clash. **sans ~s** (adj) smooth; (adv) smoothly.

heurter ['œʀte] (1) **1** vt (a) objet to strike, hit; personne to collide with; (bousculer) to jostle; (entrechoquer) verres to knock together. (b) (fig: choquer) personne to offend; bon sens, tradition to go against; opinions to conflict ou clash with. **~ qn de front** to clash head-on with sb. **2** vt indir: **~ à la porte** to knock at the door; **~ contre qch** [personne] to stumble against sth; [objet] to knock ou bang against sth. **3 se ~** vpr to collide (with each other); (fig) to clash (with each other). **se ~ à un problème/refus** to come up against a problem/refusal. ◆ **heurté, e** adj couleurs clashing; style, rythme jerky.

hexagone [ɛgzagɔn] nm (Géom) hexagon. (fig) **l' ~ (national)** France. ◆ **hexagonal, e**, mpl **-aux** adj hexagonal.

hiatus [jatys] nm (Ling) hiatus; (fig) break, hiatus.

hiberner [ibɛʀne] (1) vi to hibernate. ◆ **hibernation** nf hibernation.

hibou, pl **-x** ['ibu] nm owl.

hic * ['ik] nm: **c'est là le ~** that's the snag ou the trouble.

hideux, -euse ['idø, øz] *adj* hideous. ◆ **hideusement** *adv* hideously.

hier [jɛʀ] *adv* yesterday. ~ **(au) soir** yesterday evening, last night; **toute la journée d'** ~ all day yesterday; **je ne suis pas né d'** ~ I wasn't born yesterday.

hiérarchie ['jeʀaʀʃi] *nf* hierarchy. ◆ **hiérarchique** *adj* hierarchical. **chef** ~ senior in rank. ◆ **hiérarchiquement** *adv* hierarchically.

hiéroglyphe ['jeʀɔglif] *nm* hieroglyphic.

hi-fi ['ifi] *adj, nf* hi-fi.

hilarité [ilaʀite] *nf* hilarity, mirth. ◆ **hilarant** *adj aventure* hilarious, side - splitting. ◆ **hilare** *adj personne, visage* beaming, smiling.

Himalaya [imalaja] *nm:* **l'** ~ the Himalayas. ◆ **himalayen, -enne** *adj* Himalayan.

hindou, e [ɛ̃du] *adj,* **H~(e)** *nm(f) (citoyen)* Indian; *(croyant)* Hindu. ◆ **hindouisme** *nm* Hinduism.

hippie ['ipi] *adj, nmf* hippy.

hippique [ipik] *adj:* **concours** ~ horse show; **le sport** ~ equestrian sport.

hippocampe [ipɔkɑ̃p] *nm* sea horse.

hippodrome [ipɔdʀom] *nm* racecourse.

hippopotame [ipɔpotam] *nm* hippopotamus, hippo *.

hirondelle [iʀɔ̃dɛl] *nf* swallow.

hirsute [iʀsyt] *adj tête* tousled; *personne* shaggy-haired; *barbe* shaggy.

hispanique [ispanik] *adj* Hispanic.

hispano-américain(e) [ispanoameʀikɛ̃,ɛn] *adj,* **Hispano-Américain(e)** *nm(f)* Spanish-American.

hispano-arabe [ispanoaʀab] *adj* Hispano-Moresque.

hisser ['ise] (1) *vt (Naut, fig)* to hoist; *objet* to hoist, haul up. **se** ~ **sur un toit** to haul o.s. up onto a roof.

histoire [istwaʀ] *nf* **(a)** *(science)* **l'** ~ history; **l'** ~ **jugera** posterity will be the judge; **l'H~ sainte** Biblical *ou* sacred history; **la petite** ~ the footnotes of history; **pour la petite** ~ for the record; **c'est de l'** ~ **ancienne** * all that's ancient history *. **(b)** *(récit)* story; *(historique)* history; *(*: mensonge)* story *, fib *. ~ **drôle** funny story, joke; ~ **de fous** shaggy-dog story; **c'est une** ~ **à dormir debout** it's a cock-and-bull story; **qu'est-ce que c'est que cette** ~? what on earth is all this about?; ~ **de prendre l'air** * just for a breath of fresh air; ~ **de rire** just for a laugh *, just for fun; **tu me racontes des** ~**s** you're pulling my leg. **(c)** *(*: affaire)* business. **c'est une drôle d'** ~ it's a funny business; **il vient de lui arriver une drôle d'** ~ something funny has just happened to him; **c'est toujours la même** ~! it's always the same old story. **c'est une toute autre** ~ it's a whole new ball game *. **(d)** *(*)* ~**s** *(ennuis)* trouble; *(complications)* fuss; **faire des** ~**s à qn** to make trouble for sb; **quelle** ~ **pour si peu!** what a to-do *ou* fuss over so little. ◆ **historien, -ienne** *nm, f* historian. ◆ **historique 1** *adj étude* historical; *événement* historic. **2** *nm:* **faire l'** ~ **de** *problème* to review; *institution* to examine the history of. ◆ **historiquement** *adv* historically.

hit-parade, *pl* **hit-parades** ['itpaʀad] *nm (Mus)* **le** ~ the charts; **premier au** ~ number one in the charts.

hiver [ivɛʀ] *nm* winter. **il fait un temps d'** ~ it's like winter, it's wintry weather; **sports d'** ~ winter sports. ◆ **hivernal, e,** *mpl* **-aux** *adj (lit)* winter; *(fig: glacial) temps* wintry.

ho ['o,ho] *excl (appel)* hey (there)!; *(surprise, indignation)* oh!

hocher ['ɔʃe] (1) *vt:* ~ **la tête** *(affirmativement)* to nod *(one's head)*; *(négativement)* to shake one's head. ◆ **hochement** *nm:* ~ **de tête** nod *(of the*

head); shake of the head. ◆ **hochet** *nm [bébé]* rattle; *(fig)* toy.

hockey ['ɔkɛ] *nm* hockey. ~ **sur glace** ice hockey; ~ **sur gazon** field hockey.

holà ['ɔla, hɔla] **1** *excl* hold! **2** *nm:* **mettre le** ~ **à qch** to put a stop *ou* an end to sth.

holding ['ɔldiŋ] *nm* holding company.

hold-up ['ɔldœp] *nm inv* hold-up.

Hollande ['ɔlɑ̃d] **1** *nf* Holland. **2** *nm:* **h~** *(fromage)* Dutch cheese. ◆ **hollandais, e 1** *adj* Dutch. **2** *nm* **(a)** **H~** Dutchman. **(b)** *(Ling)* Dutch. **3** *nf:* **H~e** Dutchwoman.

holocauste [ɔlɔkost(ə)] *nm (Rel, fig)* sacrifice; *(Rel juive)* holocaust.

homard ['ɔmaʀ] *nm* lobster.

homélie [ɔmeli] *nf* homily.

homéopathe [ɔmeɔpat] *nmf* homoeopath. ◆ **homéopathie** *nf* homoeopathy. ◆ **homéopathique** *adj* homoeopathic.

homérique [ɔmeʀik] *adj* Homeric.

homicide [ɔmisid] *nm* murder, homicide *(US)*. ~ **involontaire,** ~ **par imprudence** manslaughter.

hommage [ɔmaʒ] *nm* **(a)** *(marque d'estime)* tribute. **rendre** ~ **à qn** to pay homage *ou* tribute to sb. **(b)** *(civilités)* ~**s** respects; **présenter ses** ~**s à une dame** to pay one's respects to a lady. **(c)** *(don)* **en** ~ **de ma gratitude** as a mark *ou* token of my gratitude; **faire** ~ **d'un livre** to give a presentation copy of a book; ~ **de l'éditeur** with the publisher's compliments. **(d)** *(Hist)* homage.

homme [ɔm] **1** *nm* man. *(espèce)* **l'** ~ man, mankind; **des vêtements d'** ~ men's clothes; **parler d'** ~ **à** ~ to have a man-to-man talk; **il n'est pas** ~ **à** **mentir** he's not one to lie *ou* a man to lie; **comme un seul** ~ as one man; **un** ~ **averti en vaut deux** forewarned is forearmed; *(Naut)* **un** ~ **à la mer!** man overboard! **2** : ~ **d'action** man of action; ~ **d'affaires** businessman; ~ **des cavernes** cave man; ~ **de confiance** right-hand man; ~ **d'équipage** member of a ship's crew; **navire avec 30** ~**s d'équipage** ship with a crew of 30 (men); ~ **d'esprit** man of wit; ~ **d'État** statesman; ~ **fort du régime** muscleman of the regime; ~**-grenouille** *nm, pl* ~**s-**~**s** frogman; **l'** ~ **de la rue** the man in the street; ~ **de lettres** man of letters; ~ **de loi** man of law; ~ **de main** hired man; ~ **du monde** man about town, socialite; ~**-orchestre** *nm, pl* ~**s-**~**s** one-man band; ~ **de paille** man of straw; ~ **de peine** workhand; ~ **de science** man of science; ~ **à tout faire** odd-job man; ~ **de troupe** private.

homogène [ɔmɔʒɛn] *adj* homogeneous. ◆ **homogénéisation** *nf* homogenization. ◆ **homogénéiser** (1) *vt* to homogenize. ◆ **homogénéité** *nf* homogeneity.

homologue [ɔmɔlɔg] **1** *adj* homologous *(de* to). **2** *nm (personne)* counterpart, opposite number.

homologuer [ɔmɔlɔge] (1) *vt (Sport)* to ratify; *(Jur)* to approve, sanction. ◆ **homologation** *nf* ratification; approval, sanction.

homonyme [ɔmɔnim] **1** *adj* homonymous. **2** *nm* *(Ling)* homonym; *(personne)* namesake. ◆ **homonymie** *nf* homonymy.

homosexualité [ɔmɔsɛksɥalite] *nf* homosexuality. ◆ **homosexuel, -elle** *adj, nm, f* homosexual.

Honduras ['ɔ̃dyʀas] *nm:* **le** ~ Honduras.

Hong-Kong ['ɔ̃gkɔ̃g] *n* Hong Kong.

Hongrie ['ɔ̃gʀi] *nf* Hungary. ◆ **hongrois, e** *adj, nm,* **H~(e)** *nm(f)* Hungarian.

honnête [ɔnɛt] *adj (intègre)* honest; *(satisfaisant)* reasonable, fair; *(hum: poli)* courteous. **d'** ~**s gens** decent people; ~ **homme** gentleman. ◆ **honnêtement** *adv* honestly; decently; fairly; reasonably; courteously. ~ , **vous le saviez bien!**

come now, you knew! ◆ **honnêteté** *nf* honesty; decency; fairness; courtesy.

honneur [ɔnœʀ] *nm* (**a**) *(réputation)* honour. **mettre son (point d')** ~ **à faire qch** to make it a point of honour to do sth; **jurer sur l'** ~ to swear on one's honour. (**b**) *(mérite)* credit. **avec** ~ creditably; **c'est tout à son** ~ it is much to his credit; **faire** ~ **à sa famille** to be a credit *ou* an honour to one's family. (**c**) *(faveur)* honour. **avoir l'** ~ **de** to have the honour of; *(Admin)* **j'ai l'** ~ **de solliciter...** I am writing to ask...; **invité d'** ~ guest of honour; **membre d'** ~ honorary member; **couvert d'** ~**s** covered in honours; **avoir les** ~**s de la première page** to get a mention on the first page. (**d**) *(Cartes)* honour. (**e**) *(titre)* **votre H**~ Your Honour. (**f**) ~ **aux dames** ladies first; **à vous l'**~ after you; *[mode]* **être en** ~ to be in favour; **en l'** ~ **de nos hôtes** in honour of our guests; **en l'** ~ **de cet événement** in honour of this event; **à qui ai-je l'** ~? to whom do I have the honour of speaking?; **faire les** ~**s de la maison** to do the honours of one's house; **faire** ~ **à un repas** to do justice to a meal.

honorable [ɔnɔʀabl(ə)] *adj* personne, buts honourable; *sentiments* creditable; *résultats* decent. ◆ **honorabilité** *nf* worthiness. ◆ **honorablement** *adv* honourably; creditably; decently.

honoraire [ɔnɔʀɛʀ] **1** *adj* honorary. **professeur** ~ professor emeritus. **2** *nmpl* : ~**s** fee, fees.

honorer [ɔnɔʀe] (**1**) **1** *vt* *(vénérer)* to honour; *(estimer)* to hold in high regard *ou* esteem; *(faire honneur à)* pays to be a credit to; *signature* to honour. ~ **qn de qch** to honour sb with sth; **je suis très honoré** I am highly *ou* greatly honoured; **cette franchise l'honore** this frankness does him credit. **2** **s'** ~ *vpr*: **s'** ~ **de** to pride o.s. upon.

honorifique [ɔnɔʀifik] *adj* honorary.

honte ['ɔ̃t] *nf* (**a**) *(déshonneur)* disgrace, shame. **couvrir qn de** ~ to bring disgrace *ou* shame on sb, disgrace sb; **c'est une** ~! that's disgraceful! *ou* a disgrace! (**b**) *(gêne)* shame. **à ma grande** ~ to my great shame; **sans** ~ shamelessly; **avoir** ~ **(de qch/de faire)** to be *ou* feel ashamed (of sth/of doing); **faire** ~ **à qn** to make sb feel ashamed. ◆ **honteusement** *adv* shamefully; disgracefully. ◆ **honteux, -euse** *adj* *(déshonorant)* shameful; *(confus)* ashamed *(de* of). **c'est** ~! it's a disgrace!, it's disgraceful!

hôpital, *pl* **-aux** [ɔpital, o] *nm* hospital. **c'est l'**~ **qui se moque de la charité!** ≃ it's the pot calling the kettle black.

hoquet ['ɔkɛ] *nm* hiccough. **avoir le** ~ to have (the) hiccoughs. ◆ **hoqueter** (**4**) *vi* to hiccough.

horaire [ɔʀɛʀ] **1** *adj* hourly. **débit** ~ rate per hour. **2** *nm* timetable, schedule.

horde ['ɔʀd(ə)] *nf* horde.

horizon [ɔʀizɔ̃] *nm* (**a**) horizon. **la ligne d'** ~ the horizon; **à l'** ~ *voir* on the horizon; *disparaître* below the horizon. (**b**) *(paysage)* landscape, view; *(fig: perspective)* horizon. **changer d'** ~ to have a change of scene; **l'** ~ **politique** the political scene. ◆ **horizontal, e**, *mpl* **-aux 1** *adj* horizontal. **2** *nf* horizontal. **à l'** ~**e** in a horizontal position. ◆ **horizontalement** *adv* horizontally. ◆ **horizontalité** *nf* horizontality.

horloge [ɔʀlɔʒ] *nf* clock. **il a la régularité d'une** ~ he's as regular as clockwork; **il est 2 heures à l'** ~ it's 2 o'clock by *ou* according to the clock; **l'** ~ **parlante** the speaking clock; ~ **normande** grandfather clock. ◆ **horloger, -ère 1** *adj* watchmaking. **2** *nm, f* watchmaker. ~ **bijoutier** watchmaker and jeweller. ◆ **horlogerie** *nf* *(métier)* watch-making; *(magasin)* watchmaker's (shop). ~ **bijouterie** watchmaker's and jeweller's shop.

hormis ['ɔʀmi] *prép* save.

hormone [ɔʀmɔn] *nf* hormone. ~ **de croissance/ sexuelle** growth/sex hormone. ◆ **hormonal, e**, *mpl* **-aux** *adj* hormonal, hormone.

horodateur [ɔʀɔdatœʀ] *nm [parking etc]* ticket machine.

horoscope [ɔʀɔskɔp] *nm* horoscope.

horreur [ɔʀœʀ] *nf* *(gén)* horror; *(répugnance)* loathing. **frappé d'** ~ horror-stricken; **vision d'** ~ horrific *ou* horrifying sight; **l'esclavage dans toute son** ~ slavery in all its horror; **les** ~**s de la guerre** the horrors of war; **c'est une** ~ * *[film]* it is terrible *ou* dreadful; *[chapeau]* it is a fright, it is hideous; *[enfant]* **c'est une petite** ~! he *(ou* she) is a little horror!; **quelle** ~! how dreadful! *ou* awful!; **débiter des** ~**s sur qn** to say dreadful *ou* terrible things about sb; **avoir** ~ **de qch/de faire qch** to loathe *ou* detest sth/doing sth; **le mensonge me fait** ~ I loathe *ou* detest lying, I have a horror of lying; **prendre qch/qn en** ~ to come to loathe *ou* detest sth/sb.

horrible [ɔʀibl(ə)] *adj* *(effrayant)* horrible; *(laid)* hideous; *(mauvais)* terrible, dreadful. ◆ **horriblement** *adv* horribly; hideously; terribly, dreadfully. ◆ **horrifier** (**7**) *vt* to horrify.

horripiler [ɔʀipile] (**1**) *vt* to exasperate.

hors ['ɔʀ] **1** *prép* (**a**) *(excepté)* except (for), apart from. (**b**) *(espace, temps)* ~ **de** out of; **vivre** ~ **de la ville** to live out of town *ou* outside the town; **habiter** ~ **du centre** to live away from *ou* outside the centre; ~ **d'ici!** get out of here! (**c**) *(fig)* **il est** ~ **d'affaire** he's over the worst; ~ **d'atteinte** *(lit)* out of reach *(de* of); *(fig)* beyond reach; **mettre** ~ **de combat** to put out of the fight; **être** ~ **de danger** to be out of danger; **il est** ~ **de doute que** it is beyond doubt that; **mettre** ~ **d'état de nuire** to render harmless; ~ **d'haleine** out of breath; ~ **de prix** exorbitant, outrageous; ~ **de propos** untimely; **c'est** ~ **de question** it is out of the question; **être** ~ **de soi** to be beside o.s. (with anger); **mettre** ~ **d'usage** to put out of action. (**d**) *(dans loc)* **mettre qn** ~ **de ses gonds** to make sb wild with rage; **être présenté** ~-**concours** to be shown outside the competition *because of outstanding merit;* **être mis** ~-**concours** to be declared ineligible to compete, be disqualified; *(fig)* **il est** ~-**concours** he's in a class of his own. **2** : ~-**bord** *nm inv* speedboat; ~-**d'œuvre** *nm inv* hors d'œuvre; ~-**jeu** *adj inv* joueur offside; *ballon* out of play ; ~-**jeu** *nm inv* offside; ~-**la-loi** *nm inv* outlaw; ~ **ligne**, ~ **pair** *adj inv* outstanding, matchless; *(Ski)* ~-**piste** *adj*, *adv* off-piste; ~-**taxe** *adj inv*, *adv* duty-free; ~-**texte** *nm inv* plate; ~ **tout** *adj* longueur overall.

hortensia [ɔʀtɑ̃sja] *nm* hydrangea.

horticole [ɔʀtikɔl] *adj* horticultural. ◆ **horticulteur, -trice** *nm, f* horticulturist. ◆ **horticulture** *nf* horticulture.

hospice [ɔspis] *nm* (**a**) *(hôpital)* home. ~ **de vieillards** old people's home. (**b**) *[monastère]* hospice.

hospitalier, -ière [ɔspitalje, jɛʀ] *adj* *(Méd)* hospital; *(accueillant)* hospitable.

hospitaliser [ɔspitalize] (**1**) *vt* to hospitalize. **malade hospitalisé** in-patient. ◆ **hospitalisation** *nf* hospitalization. ~ **à domicile** home (medical) care.

hospitalité [ɔspitalite] *nf* hospitality.

hospitalo-universitaire [ɔspitaloynivɛʀsitɛʀ] *adj*: **centre** ~ teaching hospital.

hostie [ɔsti] *nf* *(Rel)* host.

hostile [ɔstil] *adj* hostile *(à* to). ◆ **hostilité** *nf* hostility. *(Mil)* **les** ~**s** hostilities.

hôte [ot] **1** *nm* *(maître de maison)* host; *(aubergiste)* landlord. **2** *nmf* *(invité)* guest. ~ **payant** paying guest.

hôtel [otɛl] *nm* hotel. ~ **des impôts** tax office ; ~-**meublé** *nm*, *pl* ~**s**-~**s** lodging house; ~ **particulier**

(private) mansion; ~ **des ventes** saleroom; ~ **de ville** town hall, city hall *(US)*. ◆ **hôtelier, -ière** **1** *adj* hotel. **2** *nm, f* hotelier. ◆ **hôtellerie** *nf (auberge)* inn; *(profession)* hotel business.

hôtesse [otɛs] *nf* hostess; *(aubergiste)* landlady. ~ **de l'air** air hostess, stewardess; ~ **d'accueil** *[hôtel, bureau]* receptionist; *[exposition, colloque]* hostess.

hotte ['ɔt] *nf (panier)* basket; *[cheminée]* hood. ~ **aspirante** cooker *ou* range *(US)* hood; **la ~ du Père Noël** Father Christmas's sack.

hou ['u, hu] *excl [peur]* boo!; *[honte]* tut-tut!

houblon ['ublɔ̃] *nm (plante)* hop; *(dans la bière)* hops. ◆ **houblonnière** *nf* hopfield.

houe ['u] *nf* hoe.

houille ['uj] *nf* coal. ~ **blanche** hydroelectric power. ◆ **houiller, -ère** **1** *adj* coal. **2** *nf* coalmine.

houle ['ul] *nf* swell. ◆ **houleux, -euse** *adj mer* heavy, stormy; *séance* stormy; *foule* turbulent.

houppe ['up] *nf [cheveux]* tuft; *[fils]* tassel. ◆ **houppette** *nf* powder puff.

hourra ['uʀa] *excl* hurrah!

houspiller ['uspije] (1) *vt* to scold, tell off.

housse ['us] *nf* dust cover; *(pour recouvrir à neuf)* loose cover; *(élastique)* stretch cover.

houx ['u] *nm* holly.

hovercraft [ɔvœʀkʀaft] *nm* hovercraft.

hublot ['yblo] *nm [bateau]* porthole; *[avion, machine à laver]* window.

huche ['yʃ] *nf (coffre)* chest. ~ **à pain** bread bin.

hue ['y, hy] *excl* gee up! *(fig)* **ils tirent tous à ~ et à dia** they are all pulling in opposite directions.

huer ['ɥe] (1) *vt* to boo. ◆ **huées** *nfpl* boos.

huile [ɥil] *nf* **(a)** *(liquide)* oil. ~ **de table** salad oil; ~ **d'arachide** groundnut *ou* peanut *(US)* oil; ~ **de foie de morue** cod-liver oil; ~ **de lin** linseed oil; ~ **de tournesol** sunflower oil; **jeter de l' ~ sur le feu** to add fuel to the flames; **une mer d' ~** a glassy sea. **(b)** *(*: notabilité)* bigwig *, big shot *. **(c)** *(Peinture)* oil painting. **fait à l' ~** done in oils. ◆ **huiler** (1) *vt machine* to oil, lubricate. ◆ **huileux, -euse** *adj* oily.

huis [ɥi] *nm (littér)* door. *(Jur)* **à ~ clos** in camera; *(fig)* **les négociations se poursuivrent à ~ clos** the talks are continuing behind closed doors.

huisserie [ɥisʀi] *nf [porte]* doorframe; *[fenêtre]* window frame.

huissier [ɥisje] *nm* **(a)** *(appariteur)* usher. **(b)** ~ **(de justice)** ≃ bailiff.

huit ['ɥi(t)] *adj, nm inv* eight. **lundi en ~** a week on *ou* from *(US)* Monday; **dans ~ jours** in a week; **donner ses ~ jours à un domestique** to give a servant a week's notice; *V* **six**. ◆ **huitaine** *nf* eight or so, about eight. **dans une ~ (de jours)** in a week or so. ◆ **huitante** *adj inv (Suisse)* eighty. ◆ **huitième** *adj, nmf* eighth. **la ~ merveille du monde** the eighth wonder of the world; *V* **sixième**. ◆ **huitièmement** *adv* eighthly.

huître [ɥitʀ(ə)] *nf* oyster. ◆ **huîtrier, -ière** **1** *nm (oiseau)* oyster catcher. **2** *adj industrie* oyster.

hululer [ylyle] (1) *vi* to hoot. ◆ **hululement** *nm:* ~**(s)** hooting.

hum ['œm, hœm] *excl* hem!, h'm!

humain, e [ymɛ̃, ɛn] **1** *adj (gén)* human; *(compatissant)* humane. **se montrer ~** to show humanity, act humanely *(envers* towards); **c'est ~!** it's only human! **2** *nm* human (being). ◆ **humainement** *adv (avec bonté)* humanely; *(par l'homme)* humanly. ◆ **humaniser** (1) *vt* to humanize. ◆ **humanisme** *nm* humanism. ◆ **humaniste** **1** *adj* humanist, humanistic. **2** *nmf* humanist. ◆ **humanitaire** *adj* humanitarian.

humanité [ymanite] *nf (gén)* humanity. *(humaine)* **l' ~** humanity, mankind.

humble [œ̃bl(ə)] *adj* humble. ◆ **humblement** *adv* humbly.

humecter [ymɛkte] (1) *vt linge* to dampen; *front* to moisten.

humer ['yme] (1) *vt plat* to smell; *air* to breathe in.

humérus [ymeʀys] *nm* humerus.

humeur [ymœʀ] *nf* **(a)** *(momentanée)* mood, humour. **de bonne ~** in a good mood *ou* humour, in good spirits; **de mauvaise ~** in a bad mood; **se sentir d' ~ à travailler** to feel in the mood for work; **plein de bonne ~** good-humoured, full of good humour. **(b)** *(tempérament)* temperament. **il est d' ~ inégale/égale** he is moody/even-tempered. **(c)** *(irritation)* bad temper, ill humour. **geste d' ~** bad-tempered gesture; **dire qch avec ~** to say sth ill-humouredly. **(d)** *(Méd)* secretion.

humide [ymid] *adj (gén)* damp; *mains* moist; *climat (chaud)* humid; *(froid)* damp; *cave* dank, damp; *saison* wet. ◆ **humidificateur** *nm* humidifier. ◆ **humidification** *nf* humidification. ◆ **humidifier** (7) *vt* to humidify. ◆ **humidité** *nf* dampness; humidity; dankness. **traces d' ~** traces of moisture *ou* of damp; **'craint l' ~ '**, **'à protéger de l' ~ '** 'keep in a dry place'.

humilier [ymilje] (7) *vt* to humiliate. **s' ~ devant** to humble o.s. before. ◆ **humiliation** *nf* humiliation.

humilité [ymilite] *nf* humility.

humoriste [ymɔʀist(ə)] *nmf* humorist. ◆ **humoristique** *adj* humorous.

humour [ymuʀ] *nm* humour. ~ **noir** sick humour; **avoir beaucoup d' ~** to have a good sense of humour; **faire de l' ~** to make jokes.

humus [ymys] *nm* humus.

hune ['yn] *nf (Naut)* top.

huppé, e * ['ype] *adj (riche)* posh *, classy *.

hurler ['yʀle] (1) **1** *vi (gén)* to howl; *[foule]* to roar, yell *(de* with); *[sirène]* to wail; *[radio]* to blare; *[couleurs]* to clash. ~ **comme une bête qu'on égorge** to howl like a wounded animal; **chien qui hurle à la lune** *ou* **à la mort** dog baying at the moon; ~ **avec les loups** to follow the pack *ou* crowd *(fig)*; **faire ~ sa télé** to have one's TV going full blast *. **2** *vt* to roar, bellow out. ◆ **hurlement** *nm* howl; roar; yell; wail.

hurluberlu [yʀlybɛʀly] *nm* crank.

hutte ['yt] *nf* hut.

hybride [ibrid] *adj, nm* hybrid. ◆ **hybridation** *nf* hybridization. ◆ **hybrider** (7) *vt* to hybridize. ◆ **hybridité** *nf* hybridism.

hydrate [idʀat] *nm* hydrate. ~ **de carbone** carbohydrate. ◆ **hydratant, e** *adj* moisturizing. ◆ **hydratation** *nf* moisturizing, hydration. ◆ **hydrater** (1) *vt* to moisturize, hydrate.

hydraulique [idʀolik] **1** *adj* hydraulic. **2** *nf* hydraulics *(sg)*.

hydravion [idʀavjɔ̃] *nm* seaplane, hydroplane.

hydre [idʀ(ə)] *nf* hydra.

hydrocarbure [idʀokaʀbyʀ] *nm* hydrocarbon.

hydrocution [idʀokysjɔ̃] *nf* immersion syncope.

hydroélectricité [idʀoelɛktʀisite] *nf* hydroelectricity. ◆ **hydro-électrique** *adj* hydroelectric.

hydrofoil [idʀofojl] *nm* hydrofoil *(boat)*.

hydrogène [idʀoʒɛn] *nm* hydrogen. ~ **lourd** heavy hydrogen.

hydroglisseur [idʀoglisœʀ] *nm* hydroplane, jetfoil.

hydrolyse [idʀoliz] *nf* hydrolysis.

hydromel [idʀomɛl] *nm* mead.

hydropisie [idʀɔpizi] *nf* dropsy.

hydroxyde [idʀɔksid] *nm* hydroxide.

hyène [jɛn] *nf* hyena.

hygiaphone [iʒjafɔn] *nf* ® *speaking grill at counter in stations, banks etc.* **veuillez parler devant l'** ~ please speak at the open section of the window.

hygiène [iʒjɛn] *nf* hygiene. ~ **alimentaire** food hygiene; ~ **du travail** industrial hygiene. ◆ **hygiénique** *adj* hygienic.

hymne [imn(ə)] *nm (Littérat, Rel)* hymn. ~ **national** national anthem.

hyper... [ipɛʀ] *préf* hyper...

hyperbole [ipɛʀbɔl] *nf (Math)* hyperbola; *(Littérat)* hyperbole.

hyperémotivité [ipɛʀemɔtivite] *nf* excess emotionality.

hypermarché [ipɛʀmaʀʃe] *nm* hypermarket.

hypermétrope [ipɛʀmetʀɔp] *adj* long-sighted. ◆ **hypermétropie** *nf* long-sightedness.

hypernerveux, -euse [ipɛʀnɛʀvØ, Øz] *adj* over-excitable. ◆ **hypernervosité** *nf* over-excitability.

hyperréalisme [ipɛʀʀealism(ə)] *nm* hyperrealism.

hypersensibilité [ipɛʀsɑ̃sibilite] *nf* hypersensitivity. ◆ **hypersensible** *adj* hypersensitive.

hypertension [ipɛʀtɑ̃sjɔ̃] *nf* high blood pressure, hypertension. ◆ **hypertendu, e** *adj* suffering from high blood pressure.

hypertrophie [ipɛʀtʀɔfi] *nf* hypertrophy. ◆ **hypertrophier** *vt,* **s'** ~ *vpr* (7) to hypertrophy.

hypervitaminose [ipɛʀvitaminɔz] *nf* hypervitaminosis.

hypnose [ipnoz] *nf* hypnosis. ◆ **hypnotique** *adj* hypnotic. ◆ **hypnotiser** (1) *vt* to hypnotize. **s'** ~ **sur un problème** to be hypnotized by a problem. ◆ **hypnotiseur** *nm* hypnotist. ◆ **hypnotisme** *nm* hypnotism.

hypo... [ipɔ] *préf* hypo...

hypocalorique [ipɔkalɔʀik] *adj aliments* low-calory.

hypocrisie [ipɔkʀizi] *nf* hypocrisy. ◆ **hypocrite 1** *adj* hypocritical. **2** *nmf* hypocrite. ◆ **hypocritement** *adv* hypocritically.

hypodermique [ipɔdɛʀmik] *adj* hypodermic.

hypotension [ipɔtɑ̃sjɔ̃] *nf* low blood pressure. ◆ **hypotendu, e** *adj* suffering from low blood-pressure.

hypoténuse [ipɔtenyz] *nf* hypotenuse.

hypothèque [ipɔtɛk] *nf* mortgage. ◆ **hypothécaire** *adj* hypothecary. **garantie** ~ mortgage security. ◆ **hypothéquer** (6) *vt maison* to mortgage; *créance* to secure (by mortgage).

hypothèse [ipɔtɛz] *nf* hypothesis, surmise, assumption. **émettre l'** ~ **que...** to theorize that...; **dans la meilleure des** ~**s** at an optimistic estimate; ~ **de travail** working hypothesis. ◆ **hypothétique** *adj* hypothetical. *(Jur)* **cas** ~ moot case.

hypovitaminose [ipɔvitaminɔz] *nf* hypovitaminosis.

hystérie [isteʀi] *nf* hysteria. ~ **collective** mass hysteria. ◆ **hystérique 1** *adj* hysterical. **2** *nmf (Méd)* hysteric; *(péj)* hysterical sort.

I

I, i [i] *nm (lettre)* I, i.

ibérique [iberik] *adj* Iberian. **la péninsule I**~ the Iberian Peninsula.

ibis [ibis] *nm* ibis.

iceberg [isbɛrg] *nm* iceberg.

ici [isi] *adv* **(a)** here. **d'** ~ **à Paris** from here to Paris; **passez par** ~ come this way; ~ **même** on this very spot, in this very place; **c'est** ~ **que** this is the place where, it is (*ou* was *etc*) here that; **le bus vient jusqu'** ~ the bus comes as far as this. **(b)** *(temporel)* **d'** ~ **demain** by tomorrow; **d'** ~ **peu** before long, shortly; **d'** ~ **là** in the meantime; **jusqu'** ~ (up) until now; **d'** ~ **à ce qu'il accepte, ça risque de faire long** it might be (quite) some time before he says yes; **d'** ~ **à 1992** by 1992. **(c) les gens d'** ~ the local people; **je vois ça d' ~! *** I can just see that!; **vous êtes** ~ **chez vous** please make yourself (quite) at home; ~ **présent** here present; **'** ~ **X'** *(au téléphone)* 'X speaking'; *(à la radio)* 'this is X'; ~ **et là** here and there; *(Rel, hum)* ~**-bas** here below; **par** ~ **la sortie** this way out; **par** ~ *(dans le coin)* around here.

icône [ikon] *nf* icon.

idéal, e, *mpl* **als** *ou* **-aux** [ideal, o] *adj, nm* ideal. **l'** ~ **serait d'y aller** the ideal thing would be for us to go. ◆ **idéalement** *adv* ideally. ◆ **idéalisation** *nf* idealization. ◆ **idéaliser** (1) *vt* to idealize. ◆ **idéalisme** *nm* idealism. ◆ **idéaliste** **1** *adj* idealistic. **2** *nmf* idealist.

idée [ide] **1** *nf* **(a)** *(gén)* idea. **il a eu l'** ~ **de faire** he had the idea *ou* hit upon the idea of doing; **ça m'a donné l'** ~ **qu'il ne viendrait pas** that made me think that he wouldn't come; **à l'** ~ **de faire qch** at the idea *ou* thought of doing sth; **avoir une** ~ **derrière la tête** to have something at the back of one's mind; **tu te fais des** ~**s** you're imagining things; **je n'en ai pas la moindre** ~ I haven't the faintest *ou* slightest idea; **vous n'avez pas** ~ **de sa bêtise** you have no idea how stupid he is; **j'ai** ~ **que** I have an idea *ou* a feeling that; **on n'a pas** ~**! *** it's incredible!; **de nouvelles** ~**s-vacances** some new holiday tips *ou* hints. **(b)** *(opinion)* ~**s** ideas, views; **ce n'est pas dans ses** ~**s** he doesn't hold with these views; **avoir les** ~**s larges/étroites** to be broad-minded/narrow-minded; **avoir des** ~**s avancées** to have progressive ideas. **(c)** *(goût)* **agir selon** *ou* **à son** ~ to act as one sees fit; **il n'en fait qu'à son** ~ he does just as he likes; **il faut un peu d'** ~ you have to have some imagination *ou* a few ideas; **il y a de l'** ~ ***** there's sth in it, it's an idea. **(d)** *(esprit)* **avoir dans l'** ~ **que** to have it in one's mind that; **il a dans l'** ~ **de partir au Mexique** he's thinking of going to Mexico; **il s'est mis dans l'** ~ **de faire** he took it into his head to do. **2** : ~ **fixe** idée fixe, obsession; ~ **de génie** brainwave; ~ **noire** black thought; ~ **reçue** generally accepted idea.

identique [idɑ̃tik] *adj* identical (*à* to). ◆ **identifiable** *adj* identifiable. ◆ **identificateur** *nm (Ling, Ordin)* identifier. ◆ **identification** *nf* identification. ~ **génétique** genetic fingerprinting. ◆ **identifier** *vt*, **s'** ~ *vpr* (7) to identify (*à* with). ◆ **identiquement** *adv* identically. ◆ **identité** *nf (gén)* identity. **une** ~ **de goûts** *etc* similar *ou* shared tastes *etc*.

idéologie [ideɔlɔʒi] *nf* ideology. ◆ **idéologique** *adj* ideological.

idiome [idjom] *nm* idiom *(language)*. ◆ **idiomatique** *adj* idiomatic. **expression** ~ idiom.

idiot, e [idjo, idjɔt] **1** *adj* idiotic, stupid; *(Méd)* idiotic. **2** *nm, f* idiot. **ne fais pas l'** ~ ***** *(n'agis pas bêtement)* don't be an idiot *ou* a fool; *(ne simule pas la bêtise)* stop acting stupid *****. ◆ **idiotement** *adv* idiotically, stupidly. ◆ **idiotie** *nf* idiocy, stupidity. **c'est une** ~ *(gén)* it's an idiotic thing to do *(ou* say); *(film)* it's rubbish *ou* trash; **ne fais pas d'** ~**s** don't do anything stupid.

idiotisme [idjɔtism(ə)] *nm* idiom, idiomatic phrase.

idole [idɔl] *nf (Rel, fig)* idol. ◆ **idolâtre** *adj* idolatrous *(de* of). ◆ **idolâtrer** (1) *vt* to idolize. ◆ **idolâtrie** *nf* idolatry.

idylle [idil] *nf (gén)* idyll. ◆ **idyllique** *adj* idyllic.

if [if] *nm* yew (tree).

igloo, iglou [iglu] *nm* igloo.

ignare [iɲar] *(péj)* **1** *adj* ignorant. **2** *nmf* ignoramus.

ignifuger [iɲifyʒe] (3) *vt* to fireproof. ◆ **ignifuge** **1** *adj produit* fireproofing. **2** *nm* fireproofing material. ◆ **ignifugeant, e** **1** *adj* fireproof. **2** *nm* fireproofing material *ou* substance.

ignoble [iɲɔbl(ə)] *adj* vile, base; *(sens affaibli)* revolting.

ignominie [iɲɔmini] *nf (caractère)* ignominy; *(acte)* ignominious *ou* disgraceful act. ◆ **ignominieux, -euse** *adj* ignominious.

ignorance [iɲɔrɑ̃s] *nf* ignorance. **être dans l'** ~ **de qch** to be in ignorance of *ou* in the dark about sth; **dans l'** ~ **des résultats** ignorant of the results; **d'une** ~ **crasse *** pig ignorant **⚡**; **il a de graves** ~**s en anglais** there are serious gaps in his knowledge of English. ◆ **ignorant, e** **1** *adj* ignorant *(en* about). ~ **des usages** ignorant *ou* unaware of the customs. **2** *nm, f* ignoramus. **quel** ~ **tu fais!** what an ignoramus you are!; **ne fais pas l'** ~ stop pretending you don't know what I mean.

ignorer [iɲɔre] (1) *vt* **(a)** *(ne pas connaître)* not to know. **vous n'ignorez pas que** you know *ou* are aware that; **j'ignore tout de cette affaire** I don't know anything about this business; **j'ignore avoir dit cela** I am not aware of having said that; ~ **la misère** to have had no experience of poverty; **c'est un poète qui s'ignore** he's an unconscious poet. **(b)** *(bouder)* **personne** to ignore. ◆ **ignoré, e** *adj* unknown. ~ **de tous** *(inconnu)* unknown to anybody; *(boudé)* ignored by all.

iguane [igwan] *nm* iguana.

il [il] *pron pers m* **(a)** *(personne)* he; *(bébé, animal)* it, he; *(chose)* it; *(bateau, nation)* she, it. ~**s** they; ~ **était journaliste** he was a journalist. **(b)** *(impers)* it. ~ **fait beau** it's a fine day; ~ **y a 3 enfants** there are 3 children; ~ **est vrai que** it is true that. **(c)** *(non traduit)* **Paul est-**~ **rentré?** is Paul back?; ~ **est si beau cet arbre** this tree is so beautiful.

île [il] *nf* island. **les** ~**s anglo-normandes** the Channel Islands; **les** ~**s Britanniques** the British Isles; *(Culin)* ~ **flottante** floating island; **l'** ~ **Maurice**

Mauritius; **les ~s du Vent/sous le Vent** the Windward/Leeward Islands.

iléon [ileɔ̃] *nm* ileum.

illégal, e, *mpl* **-aux** [ilegal, o] *adj* illegal, unlawful *(Admin)*; *organisation, société* illegal, outlawed. **c'est ~** it's illegal, it's against the law. ◆ **illégalement** *adv* illegally, unlawfully. ◆ **illégalité** *nf* illegality.

illégitime [ileʒitim] *adj* illegitimate. ◆ **illégitimité** *nf* illegitimacy.

illettré, e [iletʀe] *adj, nm, f* illiterate. ◆ **illettrisme** *nm* illiteracy. **campagne contre l' ~** literacy campaign.

illicite [ilisit] *adj* illicit. ◆ **illicitement** *adv* illicitly.

illico * [iliko] *adv* at once, pronto *.

illimité, e [ilimite] *adj (gén)* unlimited; *confiance* boundless.

illisibilité [ilizibilite] *nf* illegibility. ◆ **illisible** *adj (indéchiffrable)* illegible; *(mauvais)* unreadable.

illogique [ilɔʒik] *adj* illogical. ◆ **illogiquement** *adv* illogically. ◆ **illogisme** *nm* illogicality.

illuminer [ilymine] (1) **1** *vt (lit, fig)* to light up, illuminate; *[projecteurs]* to floodlight. **2 s' ~** *vpr [visage, ciel]* to light up *(de* with); *[rue]* to be lit up. ◆ **illumination** *nf (a)* lighting; illumination; floodlighting. *(lumières)* ~s illuminations, lights. **(b)** *(inspiration)* flash of inspiration. ◆ **illuminé, e** *nm, f (péj: visionnaire)* crank *(péj)*.

illusion [ilyzjɔ̃] *nf* illusion. **~ d'optique** optical illusion; **tu te fais des ~s** you're deluding yourself; **ça ne fera pas ~ longtemps** it won't delude *ou* fool people for long. ◆ **s'illusionner** (1) *vpr* to delude o.s. *(sur* about). ◆ **illusionniste** *nmf* conjurer. ◆ **illusoire** *adj* illusory.

illustrer [ilystʀe] (1) **1** *vt* to illustrate *(de* with). **2 s' ~** *vpr* to win fame, become famous *(par, dans* through). ◆ **illustrateur, -trice** *nm, f* illustrator. ◆ **illustration** *nf (gén)* illustration. ◆ **illustre** *adj* illustrious, renowned. ◆ **illustré, e** **1** *adj* illustrated. **2** *nm (journal)* comic.

îlot [ilo] *nm (île)* small island; *(maisons)* block; *(fig: zone)* island. **~ de résistance** pocket of resistance.

îlotage [ilotaʒ] *nm* community policing. ◆ **îlotier** *nm* ≃ community policeman.

image [imaʒ] *nf (dessin, représentation)* picture; *(métaphore, ressemblance, Phys)* image; *(reflet)* reflexion. **les ~s d'un film** the frames of a film; **popularisé par l' ~** popularized by the camera; **Dieu créa l'homme à son ~** God created man in his own image; **~ de marque** *[produit]* brand image; *[parti, firme]* public image. ◆ **imagé, e** *adj* full of imagery.

imaginer [imaʒine] (1) **1** *vt (a) (supposer)* to imagine. **je l'imaginais plus vieux** I imagined him to be older; **qu'allez-vous ~ là?** what on earth are you thinking of? **(b)** *(inventer)* to devise, dream up. **qu'est-il encore allé ~?** * now what has he dreamed up? **2 s' ~** *vpr (a) (se figurer)* to imagine. **s' ~ que** to imagine *ou* think that. **(b)** *(se voir)* to imagine o.s., picture o.s. ◆ **imaginable** *adj* conceivable, imaginable. ◆ **imaginaire** *adj* imaginary; *monde* make-believe. ◆ **imaginatif, -ive** *adj* imaginative. ◆ **imagination** *nf (faculté)* imagination. **ce sont de pures ~s** that's sheer imagination, those are pure fancies; **avoir de l' ~** to be imaginative, have a good imagination; **avoir trop d' ~** to be over-imaginative; **une ~ débordante** a lively *ou* wild imagination.

imbattable [ɛ̃batabl(ə)] *adj* unbeatable.

imbécile [ɛ̃besil] **1** *adj* stupid, idiotic; *(Méd)* imbecilic, idiotic. **2** *nmf* idiot, imbecile. **ne fais pas l' ~** * *(n'agis pas bêtement)* don't be an idiot * *ou* a fool; *(ne simule pas la bêtise)* stop acting stupid *; **c'est un ~ heureux** he's living in a fool's paradise. ◆ **imbécillité** *nf* idiocy, imbecility. **c'est une ~** *(gén)* it's an idiotic thing to do *(ou* say); *(film)*

it's rubbish *ou* trash; **tu racontes des ~s** you're talking rot * *ou* rubbish.

imberbe [ɛ̃bɛʀb(ə)] *adj* beardless.

imbiber [ɛ̃bibe] (1) *vt:* **~ un tampon de** to soak *ou* moisten a pad with; **imbibé d'eau** *étoffe* saturated (with water), soaked; *terre* waterlogged. **2 s' ~** *vpr:* **s' ~ de** to become saturated *ou* soaked with.

imbriquer (s') [ɛ̃bʀike] (1) *vpr [problèmes]* to be linked *ou* interwoven; *[plaques]* to overlap; *[cubes]* to fit into each other. ◆ **imbrication** *nf* interweaving; overlapping.

imbroglio [ɛ̃bʀɔljo] *nm* imbroglio.

imbu, e [ɛ̃by] *adj:* **~ de** full of; **~ de lui-même** *ou* **de sa personne** pompous, full of himself *ou* of self-importance.

imbuvable [ɛ̃byvabl(ə)] *adj (lit)* undrinkable; **(*)** *personne* unbearable, insufferable.

imiter [imite] (1) *vt (a) (gén)* to imitate; *personnage* to impersonate; *geste* to mimic; *signature* to forge. **il se leva et tout le monde l'imita** he got up and everybody did likewise *ou* followed suit. **(b)** *[matière]* to look like. ◆ **imitateur, -trice** **1** *adj* imitative. **2** *nm, f (gén)* imitator; *(Théât) [personnage]* impersonator. ◆ **imitatif, -ive** *adj* imitative. ◆ **imitation** *nf* imitation; impersonation; mimicry; forgery. **à l' ~ de** in imitation of; **c'est en ~ cuir** it's imitation leather.

immaculé, e [imakyle] *adj* spotless, immaculate. **d'un blanc ~** spotlessly white.

immangeable [ɛ̃mɑ̃ʒabl(ə)] *adj* uneatable, inedible.

immanquable [ɛ̃mɑ̃kabl(ə)] *adj cible* impossible to miss. **c'était ~!** it was inevitable! ◆ **immanquablement** *adv* inevitably, without fail.

immatriculer [imatʀikyle] (1) *vt* to register. **faire ~, se faire ~** to register. ◆ **immatriculation** *nf* registration. **numéro d' ~** registration *ou* license *(US)* number.

immature [imatyʀ] *adj* immature.

immédiat, e [imedja, at] **1** *adj (gén)* immediate. **2** *nm:* **dans l' ~** for the time being. ◆ **immédiatement** *adv* immediately.

immémorial, e, *mpl* **-aux** [imemɔʀjal, o] *adj* age-old. **de temps ~** from time immemorial.

immense [imɑ̃s] *adj (gén)* immense; *espace* boundless; *foule* huge; *avantage, succès* tremendous. *(fig)* **un ~ acteur** a stupendous actor. ◆ **immensément** *adv* immensely, hugely, tremendously. ◆ **immensité** *nf* immensity, hugeness.

immerger [imɛʀʒe] (3) *vt déchets* to immerse, submerge; *déchets* to dump at sea; *câble* to lay under water; *corps* to bury at sea. ◆ **immergé, e** *adj terres* submerged. **~ par 100 mètres de fond** lying 100 metres down. ◆ **immersion** *nf* immersion; submersion; dumping at sea; underwater laying; burying at sea.

immérité, e [imeʀite] *adj* undeserved, unmerited.

immettable [ɛ̃mɛtabl(ə)] *adj vêtement* unwearable.

immeuble [imœbl(ə)] *nm (bâtiment)* building; *(d'habitation)* block of flats, apartment building *(US)*. **~ de bureaux** office block *ou* building *(US)*.

immigrer [imigʀe] (1) *vi* to immigrate *(à, dans* into). ◆ **immigrant, e** *adj, nm, f* immigrant. ◆ **immigration** *nf* immigration. **(les services de) l' ~** the immigration department.

imminence [iminɑ̃s] *nf* imminence. ◆ **imminent, e** *adj* imminent, impending.

immiscer (s') [imise] (3) *vpr:* **s' ~ dans** to interfere in. ◆ **immixtion** *nf:* **~ dans** interference in.

immobile [imɔbil] *adj* motionless. **rester ~** to keep still.

immobilier, -ière [imɔbilje, jɛʀ] **1** adj vente property; biens in real estate. **2** nm: l' ~ the property ou real-estate business.

immobiliser [imɔbilize] (1) **1** vt (gén) to immobilize; véhicule to stop, bring to a standstill. **ça l'immobilise à son domicile** it keeps him housebound; **immobilisé par la peur** paralyzed with fear. **2 s'** ~ vpr [personne] to stop, stand still; [véhicule] to come to a standstill. ◆ **immobilisation** nf immobilization. **attendez l' ~ totale de l'avion** wait until the aircraft has come to a complete standstill ou halt. ◆ **immobilité** nf stillness, motionlessness. **le médecin lui a ordonné l' ~ complète** the doctor ordered him not to move (at all); ~ **forcée** forced immobility; ~ **politique** political inertia.

immodéré, e [imɔdeʀe] adj immoderate, inordinate.

immoler [imɔle] (1) vt (gén) to sacrifice (à to). ◆ **immolation** nf sacrifice.

immonde [imɔ̃d] adj taudis squalid, foul; personne base, vile. ◆ **immondices** nfpl (ordures) refuse.

immoral, e, mpl **-aux** [imɔʀal, o] adj immoral. ◆ **immoralité** nf immorality.

immortaliser [imɔʀtalize] (1) **1** vt to immortalize. **2 s'** ~ vpr to win immortality. ◆ **immortalité** nf immortality. ◆ **immortel, -elle 1** adj immortal. **2** nf (fleur) everlasting flower.

immotivé, e [imɔtive] adj action unmotivated; crainte groundless.

immuable [imɥabl(ə)] adj (gén) unchanging; loi immutable. **son chapeau** ~ his eternal hat. ◆ **immuablement** adv immutably.

immuniser [imynize] (1) vt (Méd) to immunize. (fig) **être immunisé contre les tentations** to be immune to temptation. ◆ **immunisation** nf immunization. ◆ **immunité** nf (Bio, Jur) immunity. ~ **parlementaire** ≃ parliamentary privilege. ◆ **immunitaire** adj immune. **réactions** ~**s** immune reactions.

immuno-dépresseur [imynɔdepʀɛsœʀ] adj, nm immunodepressant.

immunoglobuline [imynɔglɔbylin] nf immunoglobulin.

immunologie [imynɔlɔʒi] nf immunology. ◆ **immunologique** adj immunological. ◆ **immunologiste** nmf immunologist.

impact [ɛ̃pakt] nm (lit, fig) impact.

impair, e [ɛ̃pɛʀ] **1** adj odd. **2** nm (gaffe) blunder. (Casino) l' ~ the odd numbers.

impalpable [ɛ̃palpabl(ə)] adj impalpable.

imparable [ɛ̃paʀabl(ə)] adj unstoppable.

impardonnable [ɛ̃paʀdɔnabl(ə)] adj unforgivable, unpardonable.

imparfait, e [ɛ̃paʀfɛ, ɛt] **1** adj (gén) imperfect. **2** nm (Ling) l' ~ the imperfect (tense). ◆ **imparfaitement** adv imperfectly.

impartial, e, mpl **-aux** [ɛ̃paʀsjal, o] adj impartial, unbiased. ◆ **impartialement** adv impartially. ◆ **impartialité** nf impartiality.

impasse [ɛ̃pas] nf (a) (cul-de-sac) dead end; (sur panneau) 'no through road'. (b) (fig) impasse. **être dans l'** ~ [négociations] to be at deadlock; ~ **budgétaire** budget deficit. (c) (Cartes) finesse. (Scol) **j'ai fait 3** ~**s** I missed out ou skipped over 3 topics.

impassibilité [ɛ̃pasibilite] nf impassiveness. ◆ **impassible** adj impassive. ◆ **impassiblement** adv impassively.

impatience [ɛ̃pasjɑ̃s] nf impatience. **il était dans l'** ~ **de la revoir** he was impatient to see her again. ◆ **impatiemment** adv impatiently. ◆ **impatient, e** adj impatient. ~ **de faire** eager to do. ◆ **impatienter** (1) **1** vt to irritate, annoy. **2 s'** ~ vpr to get impatient (contre with, at).

impayable * [ɛ̃pɛjabl(ə)] adj (drôle) priceless *.

impayé, e [ɛ̃peje] adj unpaid.

impeccable [ɛ̃pekabl(ə)] adj (gén) impeccable. ◆ **impeccablement** adv impeccably.

impédance [ɛ̃pedɑ̃s] nf (Élec) impedance.

impénétrable [ɛ̃penetʀabl(ə)] adj (gén) impenetrable (à to, by); visage inscrutable.

impénitent, e [ɛ̃penitɑ̃, ɑ̃t] adj unrepentant.

impensable [ɛ̃pɑ̃sabl(ə)] adj événement hypothétique unthinkable; événement arrivé unbelievable.

imper * [ɛ̃pɛʀ] nm (abrév de **imperméable**) raincoat, mac *.

impératif, -ive [ɛ̃peʀatif, iv] **1** adj (obligatoire) imperative; (impérieux) ton commanding. **2** nm (a) (Ling) l' ~ the imperative (mood). **(b)** [fonction] requirement; [mode, horaire] demand; [situation] necessity; (Mil) imperative. ◆ **impérativement** adv imperatively.

impératrice [ɛ̃peʀatʀis] nf empress.

imperceptible [ɛ̃pɛʀsɛptibl(ə)] adj imperceptible (à to). ◆ **imperceptiblement** adv imperceptibly.

imperfection [ɛ̃pɛʀfɛksjɔ̃] nf (gén) imperfection.

impérial, e, mpl **-aux** [ɛ̃peʀjal, o] **1** adj imperial. **2** nf [autobus] top deck. **autobus à** ~**e** = double-decker (bus). ◆ **impérialisme** nm imperialism. ◆ **impérialiste** adj, nmf imperialist.

impérieux, -euse [ɛ̃peʀjø, øz] adj (autoritaire) imperious; (pressant) urgent, pressing. ◆ **impérieusement** adv imperiously; urgently.

impérissable [ɛ̃peʀisabl(ə)] adj œuvre imperishable; souvenir undying.

imperméable [ɛ̃pɛʀmeabl(ə)] **1** adj roches impermeable; tissu waterproof. ~ **à l'eau** waterproof; ~ **à l'air** airtight; (fig: insensible) ~ **à** impervious to. **2** nm (manteau) raincoat. ◆ **imperméabiliser** (1) vt to waterproof. ◆ **imperméabilité** nf impermeability.

impersonnel, -elle [ɛ̃pɛʀsɔnɛl] adj impersonal.

impertinence [ɛ̃pɛʀtinɑ̃s] nf impertinence. **arrête tes** ~**s!** that's enough impertinence!, that's enough of your impertinent remarks! ◆ **impertinent, e** adj impertinent.

imperturbable [ɛ̃pɛʀtyʀbabl(ə)] adj imperturbable. **rester** ~ to remain unruffled. ◆ **imperturbablement** adv imperturbably.

impétueux, -euse [ɛ̃petɥø, øz] adj (gén) impetuous; torrent raging. ◆ **impétueusement** adv impetuously. ◆ **impétuosité** nf impetuosity.

impie [ɛ̃pi] adj impious, ungodly. ◆ **impiété** nf impiety, ungodliness.

impitoyable [ɛ̃pitwajabl(ə)] adj merciless, pitiless. ◆ **impitoyablement** adv mercilessly, pitilessly.

implacable [ɛ̃plakabl(ə)] adj implacable. ◆ **implacablement** adv implacably.

implanter [ɛ̃plɑ̃te] (1) **1** vt usage to introduce; race to introduce, settle; usine to set up, establish; idée, (Méd) to implant. **2 s'** ~ vpr [usines] to be set up ou established; [race] to settle. **il semble s'** ~ **chez eux** he seems to be making himself quite at home with them; **des traditions solidement implantées** deeply-rooted ou deeply-entrenched traditions. ◆ **implant** nm (Méd) implant. ◆ **implantation** nf introduction; settlement; establishment; implantation.

implication [ɛ̃plikasjɔ̃] nf (gén) implication.

implicite [ɛ̃plisit] adj implicit. (Ling) **connaissance** ~ tacit knowledge. ◆ **implicitement** adv implicitly.

impliquer [ɛ̃plike] (1) vt **(a)** (supposer) to imply (que that). **(b)** ~ **qn dans** to implicate sb in. ◆ **s'** ~ vpr: **il s'implique dans son travail** he gives his work all he's got.

implorer [ɛ̃plɔʀe] (1) *vt* to implore. ~ **qn de faire** to implore *ou* beseech sb to do. ◆ **imploration** *nf* entreaty.

imploser [ɛ̃ploze] (1) *vi* to implode. ◆ **implosion** *nf* implosion.

impoli, e [ɛ̃pɔli] *adj* impolite, rude (*envers* to). ◆ **impoliment** *adv* impolitely, rudely. ◆ **impolitesse** *nf* (*attitude*) impoliteness, rudeness; (*remarque*) impolite *ou* rude remark; (*acte*) impolite action. **c'est une ~ que de faire** it is impolite *ou* rude to do.

impondérable [ɛ̃pɔ̃deʀabl(ə)] *adj, nm* imponderable.

impopulaire [ɛ̃pɔpylɛʀ] *adj* unpopular. ◆ **impopularité** *nf* unpopularity.

import [ɛ̃pɔʀ] *nm* (*abrév de* **importation**) import. **faire de l' ~-export** to be in the import-export business.

importance [ɛ̃pɔʀtɑ̃s] *nf* (*gén*) importance; [*fait*] significance; [*somme*] size; [*dégâts*] extent. **avoir de l' ~** to be important; **sans ~** unimportant, insignificant; **ça n'a pas d' ~** it doesn't matter; **de la plus haute ~, de la première ~** of paramount *ou* of the highest importance; **d'une certaine ~** *firme* sizeable; *dégâts* considerable, extensive; **prendre de l' ~** (*gén*) to become more important; [*firme*] to increase in size; (*péj*) **se donner de l'~** to put on self-important airs. ◆ **important, e** *adj* important; significant; sizeable; extensive; (*péj*) airs self-important. **peu ~** of little importance *ou* significance; **l' ~ est de** the important thing is to.

importer[1] [ɛ̃pɔʀte] (1) *vt* to import (*de* from). ◆ **importateur, -trice 1** *adj* importing. **2** *nm, f* importer. ◆ **importation** *nf* (*action*) importation; (*produit*) import. **articles d' ~** imported articles.

importer[2] [ɛ̃pɔʀte] (1) *vi* (*être important*) to matter. **que lui importe!** what does he care about it!, what does it matter to him!; **il importe de faire/que** it is important to do/that; **peu m'importe** (*pas de préférence*) I don't mind; (*je m'en moque*) I don't care; **n'importe** it doesn't matter, I don't mind; **n'importe qui** anybody, anyone; **n'importe quoi** anything; **n'importe comment** anyhow; **n'importe où** anywhere; **n'importe quand** anytime; **venez à n'importe quelle heure** come any time; **il fait/dit n'importe quoi!** * he's no idea what he's doing/ saying!

importun, e [ɛ̃pɔʀtœ̃, yn] **1** *adj présence* troublesome; *visite* inopportune; *personne* importunate. **2** *nm, f* (*gêneur*) irksome individual; (*visiteur*) intruder. ◆ **importunément** *adv* importunately, inopportunely. ◆ **importuner** (1) *vt* to importune, bother. **je ne veux pas vous ~** I don't wish to bother you *ou* to disturb you *ou* to intrude. ◆ **importunité** *nf* importunity.

imposer [ɛ̃poze] (1) **1** *vt* (*gén*) to impose; *tâche* to set; *conditions* to lay down; (*Fin: taxer*) to tax; (*Typ*) to impose. **~ sa présence à qn** to impose *ou* force one's company on sb; **~ un régime à qn** to put sb on a diet; **~ son nom** [*artiste*] to make o.s. known; [*firme*] to establish itself; **sa conduite impose le respect** his behaviour compels respect; (*Rel*) **~ les mains** to lay on hands; **en ~ à qn** to impress sb. **2** s' **~** *vpr* (**a**) (*être nécessaire*) to be essential *ou* vital *ou* imperative. **une visite au Louvre s'impose** a visit to the Louvre is a must. (**b**) s' **~ une tâche** to set o.s. a task; s' **~ de faire** to make it a rule to do. (**c**) [*artiste*] to make o.s. known; [*firme*] to become firmly established; [*sportif*] to emerge as the best. (**d**) (*importuner*) s' **~ à qn** up to sb (o.s.) upon sb; **je ne voudrais pas m' ~** I do not want to impose. ◆ **imposable** *adj* taxable. ◆ **imposant, e** *adj stature* imposing; *allure* stately; (*considérable*) imposing, impressive.

◆ **imposition** *nf* (*Fin*) taxation; (*Typ*) imposition. (*Rel*) l' **~ des mains** the laying on of hands.

impossibilité [ɛ̃pɔsibilite] *nf* impossibility. **être dans l' ~ de faire qch** to find it impossible to do sth; **se heurter à des ~s** to come up against insuperable obstacles. ◆ **impossible 1** *adj* (*gén*) impossible. **il m'est ~ de le faire** it's impossible for me to do it, I can't possibly do it; (*Prov*) ~ **n'est pas français** there's no such word as 'can't'. **2** *nm*: **je ferai l' ~ (pour venir)** I'll do my utmost (to come); **par ~** by some miracle.

imposteur [ɛ̃pɔstœʀ] *nm* impostor. ◆ **imposture** *nf* imposture.

impôt [ɛ̃po] *nm* (*taxe*) tax; (*taxation*) taxation. **payer des ~s** to pay tax; ~ **sur les bénéfices** tax on profits, ≃ corporation tax; ~ **sur le chiffre d'affaires** tax on turnover; ~ **direct/indirect** direct/indirect tax; ~ **foncier** ≃ land tax; ~ **(de solidarité) sur la fortune** wealth tax; ~**s locaux** rates; ~ **sur les plus-values** ≃ capital gains tax; ~ **sur le revenu** income tax.

impotent, e [ɛ̃pɔtɑ̃, ɑ̃t] **1** *adj* disabled, crippled. **2** *nm, f* cripple. ◆ **impotence** *nf* disability.

impraticable [ɛ̃pʀatikabl(ə)] *adj idée* impracticable, unworkable; (*Sport*) *terrain* unfit for play, unplayable; *route* impassable.

imprécation [ɛ̃pʀekasjɔ̃] *nf* imprecation, curse.

imprécis, e [ɛ̃pʀesi, iz] *adj* (*gén*) imprecise; *tir* inaccurate. ◆ **imprécision** *nf* imprecision; inaccuracy.

imprégner [ɛ̃pʀeɲe] (6) *vt tissu* to impregnate, soak (*de* with); *air* to permeate, fill (*de* with); *esprit* to imbue (*de* with). **imprégné de lumière** flooded with light; s' **~ d'eau** to become soaked with water; s' **~ d'une langue** to immerse o.s. in a language. ◆ **imprégnation** *nf* (*gén*) impregnation; permeation; immersion.

imprenable [ɛ̃pʀənabl(ə)] *adj forteresse* impregnable. **vue ~** unimpeded *ou* unrestricted outlook.

imprésario [ɛ̃pʀesaʀjo] *nm* impresario.

impression [ɛ̃pʀesjɔ̃] *nf* (**a**) (*sensation*) impression. **faire bonne/mauvaise ~** to create a good/bad impression; **avoir l' ~ que** to have a feeling *ou* the impression that; **faire ~** to make an impression. (**b**) [*livre*] (*action*) printing; (*tirage*) impression. (**c**) (*motif*) pattern. (**d**) (*Phot*) exposure. (**e**) (*Peinture*) undercoat.

impressionner [ɛ̃pʀesjɔne] (1) *vt* (**a**) (*frapper*) to impress; (*bouleverser*) to upset. (**b**) (*Opt, Phot*) [*image*] to show up on; [*photographe*] to expose. ◆ **impressionnable** *adj* impressionable. ◆ **impressionnant, e** *adj* impressive; upsetting.

imprévisibilité [ɛ̃pʀevizibilite] *nf* unpredictability. ◆ **imprévisible** *adj* unpredictable.

imprévoyance [ɛ̃pʀevwajɑ̃s] *nf* lack of foresight; (*d'argent*) improvidence. ◆ **imprévoyant, e** *adj* lacking (in) foresight; improvident.

imprévu, e [ɛ̃pʀevy] **1** *adj événement* unforeseen, unexpected; *geste* unexpected; *dépense* unforeseen. **2** *nm*: l' **~** the unexpected, the unforeseen; **plein d' ~** full of surprises; **en cas d' ~** if anything unexpected *ou* unforeseen crops up; **tous ces ~s** all these unexpected *ou* unforeseen events.

imprimante [ɛ̃pʀimɑ̃t] *nf* printer. ~ **matricielle/ ligne par ligne/à jet d'encre/à marguerite/laser** dot-matrix/line/ink-jet/daisy-wheel/laser printer.

imprimer [ɛ̃pʀime] (1) *vt livre* to print; *cachet* to stamp; *rides, marque* to imprint (*dans* in, on); (*publier*) to publish. ~ **un mouvement à** to transmit a movement to. ◆ **imprimé, e 1** *adj* printed. **2** *nm* (*formulaire*) printed form. (*Poste*) ~**(s)** printed matter; (*tissu*) l' **~** printed material. ◆ **imprimerie** *nf* (*firme*) printing works; (*atelier*) printing house; (*section*) printery. (*technique*) l' **~** printing ;

l'l~ **nationale** ≃ the Government Printing Office.
♦ **imprimeur** *nm* printer.

improbabilité [ε̃pʀɔbabilite] *nf* unlikelihood, improbability. ♦ **improbable** *adj* unlikely, improbable.

improductif, -ive [ε̃pʀɔdyktif, iv] *adj* unproductive.

impromptu, e [ε̃pʀɔ̃pty] **1** *adj départ* sudden; *visite* surprise; *repas, exposé* impromptu. **2** *nm (Littérat, Mus)* impromptu. **3** *adv* impromptu.

imprononçable [ε̃pʀɔnɔ̃sabl(ə)] *adj* unpronounceable.

impropre [ε̃pʀɔpʀ(ə)] *adj terme* inappropriate. ~ **à** unsuitable for; ~ **à la consommation** unfit for (human) consumption. ♦ **improprement** *adv* nommer incorrectly, improperly. ♦ **impropriété** *nf [forme]* incorrectness. ~ **(de langage)** (language) error, mistake.

improviser [ε̃pʀɔvize] (1) **1** *vt* to improvise. **2 s' ~** *vpr*: **s' ~ cuisinier** to act as cook; **on ne s'improvise pas menuisier** you don't become a carpenter just like that. ♦ **improvisation** *nf* improvisation. ♦ **improvisé, e** *adj (de fortune)* improvised, makeshift; *(impromptu)* improvised.

improviste [ε̃pʀɔvist(ə)] *nm*: **à l' ~** unexpectedly, without warning; **prendre qn à l' ~** to catch sb unawares.

imprudent, e [ε̃pʀydɑ̃, ɑ̃t] **1** *adj (gén)* careless, imprudent, foolish; *remarque* unwise. **il est ~ de** it's unwise to. **2** *nm, f* imprudent *ou* careless person. ♦ **imprudemment** *adv* carelessly, imprudently, foolishly; unwisely. ♦ **imprudence** *nf (caractère)* carelessness, imprudence, foolishness. *(action)* **commettre une ~** to do something foolish *ou* imprudent.

impudence [ε̃pydɑ̃s] *nf (caractère)* impudence; *(acte)* impudent action. ♦ **impudent, e** *adj* impudent.

impudeur [ε̃pydœʀ] *nf* immodesty. ♦ **impudique** *adj* immodest.

impuissance [ε̃pɥisɑ̃s] *nf [personne]* powerlessness, helplessness; *(sexuelle)* impotence; *[efforts]* ineffectiveness. ♦ **impuissant, e** *adj* powerless, helpless; impotent; ineffectual.

impulsion [ε̃pylsjɔ̃] *nf (Phys, Psych)* impulse; *(fig: élan)* impetus. **l' ~ donnée à l'économie** the boost *ou* impetus given to the economy. ♦ **impulsif, -ive** *adj* impulsive.

impunément [ε̃pynemɑ̃] *adv* with impunity.
♦ **impuni, e** *adj* unpunished. ♦ **impunité** *nf* impunity.

impur, e [ε̃pyʀ] *adj* impure. ♦ **impureté** *nf (gén)* impurity.

imputer [ε̃pyte] (1) *vt*: ~ **à** to impute to, attribute to, ascribe to; *(Fin)* to charge to. ♦ **imputable** *adj*: ~ **à** ascribable to, attributable to; chargeable to. ♦ **imputation** *nf (accusation)* imputation. *(Fin)* ~ **à** charging to.

in * [in] *adj* in *, trendy *, with-it *. **les bottes sont ~ cette année** boots are in * *ou* big * this year.

inabordable [inabɔʀdabl(ə)] *adj personne* unapproachable; *lieu* inaccessible; *prix* prohibitive.

inaccentué, e [inaksɑ̃tɥe] *adj* unstressed.

inacceptable [inaksεptabl(ə)] *adj* unacceptable.

inaccessible [inaksesibl(ə)] *adj* inaccessible. ~ **à** *(insensible à)* impervious to.

inaccoutumé, e [inakutyme] *adj* unusual. ~ **à** unaccustomed to, unused to.

inachevé, e [inaʃve] *adj* unfinished, uncompleted.
♦ **inachèvement** *nm* incompletion.

inactif, -ive [inaktif, iv] **1** *adj* **(a)** *(oisif)* idle, inactive; *population* non-working. **(b)** *(inefficace)* ineffective. **2** *nmpl*: **les ~s** the non-working population, those not in active employment.

♦ **inaction** *nf* inactivity, idleness. ♦ **inactivité** *nf* inactivity.

inadapté, e [inadapte] *adj personne* maladjusted; *outil, moyens* unsuitable *(à* for). ~ **à** not adapted *ou* adjusted to. ♦ **inadaptation** *nf* maladjustment. **l' ~ d'un enfant à la vie scolaire** a child's inability to cope with school life.

inadéquat, e [inadekwa, at] *adj* inadequate.

inadmissible [inadmisibl(ə)] *adj (gén)* inadmissible.

inadvertance [inadvεʀtɑ̃s] *nf*: **par ~** inadvertently, by mistake.

inaliénable [inaljenabl(ə)] *adj* inalienable.

inaltérable [inalteʀabl(ə)] *adj substance* stable; *encre* permanent; *principes etc* steadfast, unshakeable. ~ **à l'air** unaffected by air.

inamical, e, *mpl* -**aux** [inamikal, o] *adj* unfriendly.

inamovible [inamɔvibl(ə)] *adj fonctionnaire* irremovable; *panneau* fixed; *(hum) casquette etc* eternal.

inanimé, e [inanime] *adj matière* inanimate; *(évanoui)* unconscious; *(mort)* lifeless; *(Ling)* inanimate.

inanité [inanite] *nf [conversation]* inanity; *[efforts]* futility.

inanition [inanisjɔ̃] *nf*: **tomber d' ~** to faint with hunger.

inaperçu, e [inapεʀsy] *adj* unnoticed. **passer ~** to pass unnoticed.

inapplicable [inaplikabl(ə)] *adj* inapplicable *(à* to), which cannot be applied *(à* to).

inapplication [inaplikɑsjɔ̃] *nf [élève]* lack of application. ♦ **inappliqué, e** *adj* lacking in application.

inappréciable [inapʀesjabl(ə)] *adj aide* invaluable; *bonheur* inestimable; *nuance* imperceptible.

inapte [inapt(ə)] *adj* incapable *(à faire* of doing). ~ **aux affaires** unsuited to business; *(Mil)* ~ **(au service)** unfit (for military service). ♦ **inaptitude** *nf (mentale)* inaptitude, incapacity; *(physique)* unfitness *(à* for).

inarticulé, e [inaʀtikyle] *adj* inarticulate.

inassouvi, e [inasuvi] *adj* unappeased.

inattaquable [inatakabl(ə)] *adj position* unassailable; *preuve* irrefutable; *conduite* irreproachable; *métal* corrosion-proof, rustproof.

inattendu, e [inatɑ̃dy] **1** *adj* unexpected, unforeseen. **2** *nm*: **l' ~** the unexpected, the unforeseen; **l' ~ d'une remarque** the unexpectedness of a remark.

inattention [inatɑ̃sjɔ̃] *nf* **(a)** *(distraction)* lack of attention, inattention. **(faute d') ~** careless mistake. **(b)** ~ **à** *détails* lack of concern for. ♦ **inattentif, -ive** *adj* inattentive *(à* to); unconcerned *(à* by).

inaudible [inodibl(ə)] *adj* inaudible.

inaugurer [inɔgyʀe] (1) *vt (gén, fig)* to inaugurate; *monument* to unveil; *exposition* to open; *(hum) chapeau* to christen. ♦ **inaugural, e**, *mpl* -**aux** *adj (gén)* inaugural. **voyage ~** maiden voyage. ♦ **inauguration** *nf* inauguration; unveiling; opening. **(cérémonie d') ~** inaugural ceremony.

inavouable [inavwabl(ə)] *adj* shameful. ♦ **inavoué, e** *adj* unconfessed.

incalculable [ε̃kalkylabl(ə)] *adj (gén)* incalculable.

incandescence [ε̃kɑ̃desɑ̃s] *nf* incandescence. **en ~** white-hot, incandescent. ♦ **incandescent, e** *adj* incandescent, white-hot.

incantation [ε̃kɑ̃tɑsjɔ̃] *nf* incantation. ♦ **incantatoire** *adj* incantatory.

incapable [ε̃kapabl(ə)] **1** *adj (gén)* incapable *(de faire* of doing). ~ **de bouger** unable to move, incapable of movement *ou* of moving. **2** *nmf*: **c'est un ~** he's useless *, he's an incompetent. ♦ **inca-**

pacité nf (incompétence) incapability; (invalidité) disablement; (Jur) incapacity. (impossibilité) ~ **de faire** incapability ou inability to do; **être dans l'** ~ **de faire** to be unable to do, be incapable of doing; ~ **de travail** industrial disablement ou disability.

incarcérer [ɛ̃kaʀseʀe] (6) vt to incarcerate. ♦ **incarcération** nf incarceration.

incarner [ɛ̃kaʀne] (1) **1** vt (a) to embody; (Théât) to play; (Rel) to incarnate. **2 s'** ~ vpr: **s'** ~ **dans** to be embodied in; (Rel) to be incarnate in. ♦ **incarnation** nf incarnation; embodiment. ♦ **incarné, e** adj (a) incarnate. **c'est la méchanceté** ~e he is wickedness incarnate ou personified. (b) ongle ingrown.

incartade [ɛ̃kaʀtad] nf prank.

incassable [ɛ̃kɑsabl(ə)] adj unbreakable.

incendier [ɛ̃sɑ̃dje] (7) vt (a) (mettre le feu à) to set fire to; (brûler complètement) to burn down. (b) désir, imagination to fire; gorge to burn. (c) (*: réprimander) ~ **qn** to give sb a stiff telling-off *; **elle l'a incendié du regard** she looked daggers at him, she shot him a baleful look. ♦ **incendiaire 1** nmf arsonist. **2** adj balle, discours incendiary ; œillade passionate. ♦ **incendie** nm fire. ~ **criminel** case of arson; ~ **de forêt** forest fire.

incertain, e [ɛ̃sɛʀtɛ̃, ɛn] adj (a) personne uncertain, unsure (de, sur about). (b) démarche, temps uncertain; contour indistinct, blurred; lumière dim. (c) succès, fait, origine uncertain, doubtful. ♦ **incertitude** nf (gén) uncertainty. **être dans l'** ~ to be in a state of uncertainty; **être dans l'** ~ **sur ce qu'on doit faire** to be uncertain as to the best course to follow.

incessamment [ɛ̃sɛsamɑ̃] adv (very) shortly.

incessant, e [ɛ̃sɛsɑ̃, ɑ̃t] adj (gén) incessant, unceasing; efforts ceaseless, unremitting.

inceste [ɛ̃sɛst(ə)] nm incest. ♦ **incestueux, -euse** adj incestuous.

inchangé, e [ɛ̃ʃɑ̃ʒe] adj unchanged, unaltered. ♦ **inchangeable** adj unchangeable.

incidemment [ɛ̃sidamɑ̃] adv incidentally, in passing.

incidence [ɛ̃sidɑ̃s] nf (conséquence) effect; (Écon, Phys) incidence. **avoir une** ~ **sur** to affect, have an effect (up)on.

incident [ɛ̃sidɑ̃] nm (gén) incident. ~ **imprévu** unexpected incident; ~ **de parcours** (gén) (slight) setback; (lit, fig) ~ **technique** technical hitch ; **l'** ~ **est clos** that's an end of the matter.

incinérer [ɛ̃sineʀe] (6) vt to incinerate; (au crématorium) to cremate. **se faire** ~ to be cremated. ♦ **incinérateur** nm incinerator. ♦ **incinération** nf incineration; cremation.

inciser [ɛ̃size] (1) vt to incise. ♦ **incisif, -ive 1** adj ton cutting, incisive; regard piercing. **2** nf (dent) incisor. ♦ **incision** nf incision.

inciter [ɛ̃site] (1) vt: ~ **qn à faire** to incite ou urge sb to do; **ça n'incite pas au travail** it's no incentive to work. ♦ **incitation** nf (au meurtre, à la révolte) incitement; (à l'effort, au travail) incentive (à to, à faire to do).

incivilité [ɛ̃sivilite] nf incivility, rudeness; (propos) uncivil ou rude remark.

inclassable [ɛ̃klɑsabl(ə)] adj unclassifiable.

incliner [ɛ̃kline] (1) **1** vt (a) (pencher) to tilt; (courber) to bend. ~ **la tête** to bow ou incline one's head; ~ **le buste** (saluer) to bow; (pencher) to lean ou bend forward. (b) ~ **qn à** to encourage sb to; **ceci m'incline à penser que** that leads me to believe that. **2** vi (a) ~ **à** to be inclined to. (b) (bifurquer) ~ **vers** to veer towards ou to. **3** s' ~ vpr (a) (se courber) to bow; (s'avouer battu) to admit defeat. (lit, fig) **s'** ~ **devant qn** to bow before ou to sb; **s'** ~ **devant un ordre** to accept an order;

Marseille s'est incliné devant Saint-Étienne Marseilles went down to ou lost to Saint-Étienne. (b) [arbre] to bend over; [mur] to lean; [chemin] to slope. ♦ **inclinable** adj dossier de siège reclining; lampe adjustable. ♦ **inclinaison** nf [route] gradient; [toit] slope, pitch; [mur] lean; [chapeau, tête] tilt; [navire] list; (Géom) [droite] angle. ♦ **inclination** nf (a) (penchant) inclination. **avoir de l'** ~ **pour** to have a strong liking ou a penchant for. (b) ~ **de (la) tête** (acquiescement) nod; (salut) inclination of the head; ~ **(du buste)** bow. ♦ **incliné, e** adj (a) pente steep; mur leaning; récipient tilted. (b) **être** ~ **à penser que...** to be inclined to think that...; **être** ~ **au mal** to have a tendency towards what is bad.

inclure [ɛ̃klyʀ] (35) vt to include; (dans une enveloppe) to enclose (dans in). **jusqu'au 10 mars inclus** until March 10th inclusive, up to and including March 10th. ♦ **inclusion** nf inclusion. ♦ **inclusivement** adv: **jusqu'au 1ᵉʳ janvier** ~ until January 1st inclusive, up to and including January 1st.

incognito [ɛ̃kɔɲito] **1** adv incognito. **2** nm: **garder l'** ~ to remain incognito.

incohérent, e [ɛ̃kɔeʀɑ̃, ɑ̃t] adj (confus) incoherent; (illogique) inconsistent. ♦ **incohérence** nf incoherence; inconsistency. ~**s dans un texte** inconsistencies ou discrepancies in a text.

incollable [ɛ̃kɔlabl(ə)] adj (a) (qui ne colle pas) riz ~ non-stick rice. (b) (*: imbattable) unbeatable. **il est** ~ **(en histoire)** you can't catch him out * (on history).

incolore [ɛ̃kɔlɔʀ] adj colourless; vernis clear.

incomber [ɛ̃kɔ̃be] (1) ~ **à** vt indir [responsabilité] to be incumbent (up)on; [frais] to be sb's responsibility. **il nous incombe de** it falls to us to.

incombustible [ɛ̃kɔ̃bystibl(ə)] adj incombustible.

incommode [ɛ̃kɔmɔd] adj heure awkward, inconvenient; outil impractical; siège uncomfortable; position awkward, uncomfortable. ♦ **incommodément** adv inconveniently; awkwardly, uncomfortably. ♦ **incommodité** nf inconvenience; awkwardness; impracticality; lack of comfort.

incommoder [ɛ̃kɔmɔde] (1) vt: ~ **qn** to disturb ou bother sb. ♦ **incommodant, e** adj odeur unpleasant, offensive; bruit annoying; chaleur uncomfortable. ♦ **incommodé, e** adj indisposed, unwell. **elle est** ~**e par la fumée** the smoke makes her uncomfortable, she is bothered by the smoke.

incommunicabilité [ɛ̃kɔmynikabilite] nf incommunicability.

incomparable [ɛ̃kɔ̃paʀabl(ə)] adj (sans pareil) incomparable, matchless; (dissemblable) not comparable. ♦ **incomparablement** adv incomparably.

incompatibilité [ɛ̃kɔ̃patibilite] nf incompatibility. ~ **d'humeur** (mutual) incompatibility; ~ **de groupes sanguins** incompatibility of blood groups. ♦ **incompatible** adj incompatible (avec with).

incompétence [ɛ̃kɔ̃petɑ̃s] nf (incapacité) incompetence; (ignorance) lack of knowledge. ♦ **incompétent, e** adj incompetent; ignorant.

incomplet, -ète [ɛ̃kɔ̃plɛ, ɛt] adj incomplete. ♦ **incomplètement** adv renseigné incompletely; guéri not completely.

incompréhension [ɛ̃kɔ̃pʀeɑ̃sjɔ̃] nf (par ignorance) lack of understanding; (par hostilité) lack of sympathy. ♦ **incompréhensible** adj (gén) incomprehensible. ♦ **incompréhensif, -ive** adj unsympathetic. ♦ **incompris, e** adj misunderstood.

inconcevable [ɛ̃kɔ̃svabl(ə)] adj (gén) inconceivable.

inconciliable [ɛ̃kɔ̃siljabl(ə)] adj irreconcilable.

inconditionnel, -elle [ɛ̃kɔ̃disjɔnɛl] **1** *adj* unconditional; *partisan* unquestioning. **2** *nm, f [doctrine]*
unquestioning supporter *(de* of); *[écrivain]* ardent
admirer *(de* of). **les ~s des sports d'hiver** winter
sports enthusiasts *ou* fanatics. ◆ **incondition-
nalité** *nf* unreservedness, wholeheartedness.

inconduite [ɛ̃kɔ̃dɥit] *nf* wild *ou* loose behaviour.

inconfort [ɛ̃kɔ̃fɔʀ] *nm [logement]* lack of comfort,
discomfort. **vivre dans l' ~** to live in uncomfortable surroundings. ◆ **inconfortable** *adj maison*
uncomfortable; *(lit, fig) position* uncomfortable,
awkward.

incongelable [ɛ̃kɔ̃ʒlabl(ə)] *adj* non-freezable,
unsuitable for freezing.

incongru, e [ɛ̃kɔ̃gʀy] *adj attitude* unseemly; *remarque*
incongruous, ill-placed. ◆ **incongruité** *nf* incongruity, unseemliness. **une ~** an unseemly remark
(ou action).

inconnu, e [ɛ̃kɔny] **1** *adj* unknown. **son visage
m'était ~** his face was new *ou* unknown to me;
une joie ~e a strange joy; **~ à cette adresse** not
known at this address; *(fig)* **il est ~ au bataillon**
no one's ever heard of him. **2** *nm, f* stranger,
unknown person. **3** *nm:* **l' ~** the unknown. **4**
nf (Math, fig) unknown quantity.

inconscient, e [ɛ̃kɔ̃sjɑ̃, ɑ̃t] **1** *adj (évanoui, machinal)*
unconscious; *(irréfléchi)* thoughtless, reckless; *(*:
fou)* mad *, crazy. **~ de** unaware of. **2** *nm (Psych)*
l' ~ the unconscious. **3** *nm, f* (*) nutcase *.
◆ **inconsciemment** *adv* unconsciously; thoughtlessly; recklessly. ◆ **inconscience** *nf* unconsciousness; thoughtlessness; recklessness. **c'est
de l' ~** that's sheer madness.

inconséquent, e [ɛ̃kɔ̃sekɑ̃, ɑ̃t] *adj (illogique)* inconsistent, inconsequent; *(irréfléchi)* thoughtless.
◆ **inconséquence** *nf* inconsistency; thoughtlessness.

inconsidéré, e [ɛ̃kɔ̃sideʀe] *adj* thoughtless, rash.
◆ **inconsidérément** *adv* thoughtlessly, rashly.

inconsistant, e [ɛ̃kɔ̃sistɑ̃, ɑ̃t] *adj preuve* flimsy;
caractère weak; *crème* runny. ◆ **inconsistance** *nf*
flimsiness; weakness; runniness.

inconsolable [ɛ̃kɔ̃sɔlabl(ə)] *adj* inconsolable.

inconstance [ɛ̃kɔ̃stɑ̃s] *nf [temps, sort]* fickleness;
[amour] inconstancy; *[comportement]* inconsistency. ◆ **inconstant, e** *adj* fickle; inconstant;
inconsistent.

incontestable [ɛ̃kɔ̃tɛstabl(ə)] *adj* incontestable,
indisputable. ◆ **incontestablement** *adv* incon-
testably, indisputably. ◆ **incontesté, e** *adj*
uncontested, undisputed.

incontinence [ɛ̃kɔ̃tinɑ̃s] *nf* incontinence.
◆ **incontinent, e** *adj* incontinent.

incontrôlable [ɛ̃kɔ̃tʀolabl(ə)] *adj (non vérifiable)*
unverifiable; *(irrépressible)* uncontrollable.
◆ **incontrôlé, e** *adj* unverified; uncontrolled. **un
groupe ~ de manifestants** an uncontrolled *ou*
undisciplined group of demonstrators.

inconvenant, e [ɛ̃kɔ̃vnɑ̃, ɑ̃t] *adj comportement*
improper, unseemly; *question* improper; *personne*
ill-mannered. ◆ **inconvenance** *nf (a) (caractère)*
impropriety, unseemliness. **(b)** *(acte, remarque)*
impropriety.

inconvénient [ɛ̃kɔ̃venjɑ̃] *nm (désavantage)* disadvantage, drawback, inconvenience; *(risque)* risk.
nous ne voulons pas en supporter les ~s we don't
want to have to suffer the consequences; **peut-
on en boire sans ~?** can one safely drink it?, is
there any risk in drinking it?; **l' ~ c'est que** the
snag is that, the annoying thing is that, the one
drawback is that; **si vous n'y voyez pas d' ~...** if
you have no objections...

incorporer [ɛ̃kɔʀpɔʀe] **(1)** *vt (gén)* to incorporate;
(Mil) to enlist *(dans* into); *substance* to mix *(à, avec*
with). **se faire ~ dans l'infanterie** to enlist in the

infantry. ◆ **incorporation** *nf* incorporation;
mixing; enlistment.

incorrect, e [ɛ̃kɔʀɛkt, ɛkt(ə)] *adj (a) réglage* faulty;
solution incorrect, wrong. **(b)** *langage* improper;
tenue indecent; *personne* discourteous, impolite.
(c) *(déloyal) personne, procédé* underhand. ◆ **incorrectement** *adv* faultily; incorrectly; wrongly;
improperly; indecently; discourteously, impolitely; in an underhand way. ◆ **incorrection** *nf*
(a) **l' ~** impropriety, incorrectness. **(b)** *(terme)*
impropriety; *(action)* impolite action.

incorrigible [ɛ̃kɔʀiʒibl(ə)] *adj* incorrigible.

incorruptible [ɛ̃kɔʀyptibl(ə)] *adj* incorruptible.

incrédule [ɛ̃kʀedyl] **1** *adj (sceptique)* incredulous;
(Rel) unbelieving. **2** *nmf (Rel)* non-believer.
◆ **incrédulité** *nf* incredulity; unbelief.

incrémenter [ɛ̃kʀemɑ̃te] **(1)** *vt (Ordin)* to increment. ◆ **incrément** *nm (Ordin)* increment.
◆ **incrémentation** *nf (Ordin)* incrementation.
◆ **incrémentiel, -elle** *adj (Ordin)* incremental.

increvable [ɛ̃kʀəvabl(ə)] *adj pneu* puncture-proof;
(*: infatigable) tireless.

incriminer [ɛ̃kʀimine] **(1)** *vt personne* to incriminate, accuse; *conduite* to bring under attack; *honnêteté* to call into question.

incrochetable [ɛ̃kʀɔʃtabl(ə)] *adj serrure* burglar-
proof.

incroyable [ɛ̃kʀwajabl(ə)] *adj* incredible, unbelievable. **~ mais vrai** incredible *ou* unbelievable but
true. ◆ **incroyablement** *adv* incredibly, unbelievably.

incroyance [ɛ̃kʀwajɑ̃s] *nf (Rel)* unbelief.
◆ **incroyant, e** **1** *adj* unbelieving. **2** *nm, f* non-
believer.

incruster [ɛ̃kʀyste] **(1)** **1** *vt (Art)* to inlay. **2 s' ~**
vpr **(a)** *[caillou]* **s' ~ dans** to become embedded
in. **(b)** *(fig) [invité]* to take root. **(c)** *[radiateur]* to
become incrusted *(de* with). ◆ **incrustation** *nf*
(Art) (technique) inlaying; *(ornement)* inlay; *(sur
roche)* incrustation.

incuber [ɛ̃kybe] **(1)** *vt* to incubate. ◆ **incubateur**
nm incubator. ◆ **incubation** *nf* incubation.

inculper [ɛ̃kylpe] **(1)** *vt* to charge *(de* with), accuse
(de of). ◆ **inculpation** *nf* charging. **sous l' ~ de**
on a charge of; **notifier à qn son ~** to inform sb
of the charge against him. ◆ **inculpé, e** *nm, f:*
l' ~ ≃ the accused.

inculquer [ɛ̃kylke] **(1)** *vt:* **~ à qn** to inculcate in
sb.

inculte [ɛ̃kylt(ə)] *adj terre* uncultivated; *barbe*
unkempt; *personne* uneducated. ◆ **inculture** *nf*
[personne] lack of education; *[terre]* lack of cultivation.

incurable [ɛ̃kyʀabl(ə)] *adj, nmf* incurable. **les
malades ~s** the incurably ill.

incursion [ɛ̃kyʀsjɔ̃] *nf (lit, fig)* incursion, foray *(en,
dans* into).

incurver *vt,* **s' ~** *vpr* [ɛ̃kyʀve] **(1)** to curve.

Inde [ɛ̃d] *nf* India. **les ~s** the Indies.

indécent, e [ɛ̃desɑ̃, ɑ̃t] *adj* indecent; *(fig) chance*
disgusting. ◆ **indécemment** *adv* indecently.
◆ **indécence** *nf* indecency.

indéchiffrable [ɛ̃deʃifʀabl(ə)] *adj (illisible)* indecipherable; *(incompréhensible)* incomprehensible;
regard inscrutable.

indéchirable [ɛ̃deʃiʀabl(ə)] *adj* tear-proof.

indécis, e [ɛ̃desi, iz] **1** *adj personne (par nature)* indecisive; *(temporairement)* undecided *(sur* about);
résultat undecided; *temps, paix* unsettled; *réponse*
vague; *forme* indistinct. **2** *nm, f (gén)* indecisive
person; *(Sondages)* 'don't know'; *(dans une élection)*
floating voter. ◆ **indécision** *nf* indecisiveness;
(temporaire) indecision *(sur* about).

indécrottable * [ɛ̃dekʀɔtabl(ə)] *adj (borné)* hope-lessly thick *, dumb *.

indéfectible [ɛ̃defɛktibl(ə)] *adj foi, confiance* inde-structible, unshakeable; *soutien, attachement* un-failing.

indéfendable [ɛ̃defɑ̃dabl(ə)] *adj (lit, fig)* indefen-sible.

indéfini, e [ɛ̃defini] *adj (vague)* undefined; *(indé-terminé)* indefinite. ♦ **indéfiniment** *adv* indefi-nitely. ♦ **indéfinissable** *adj* indefinable.

indélébile [ɛ̃delebil] *adj (lit, fig)* indelible.

indélicat, e [ɛ̃delika, at] *adj (mufle)* indelicate; *(mal-honnête)* dishonest. ♦ **indélicatement** *adv* in-delicately; dishonestly. ♦ **indélicatesse** *nf* in-delicacy; dishonesty.

indémaillable [ɛ̃demɑjabl(ə)] *adj* run-resistant.

indemne [ɛ̃dɛmn(ə)] *adj* unharmed, unhurt, un-scathed. **il est sorti ~ de l'accident** he came out of the accident unharmed *ou* unscathed.

indemniser [ɛ̃dɛmnize] (1) *vt (gén)* to indemnify *(de* for); *(d'une perte)* to compensate *(de* for). **se faire ~** to get indemnification *ou* compensation; **~ qn de ses frais** to reimburse sb for his expenses. ♦ **indemnisation** *nf (action)* indemnification; *(somme)* indemnity, compensation. **900 F d' ~** 900 francs compensation. ♦ **indemnité** *nf [perte]* indemnity; *[frais]* allowance. **~ de licenciement** redundancy payment *ou* money; **~ de transport** travel allowance; **~ parlementaire** M.P.'s salary; *(Jur)* **~ pour charges de famille** dependency al-lowance.

indéniable [ɛ̃denjabl(ə)] *adj* undeniable. ♦ **indé-niablement** *adv* undeniably.

indentation [ɛ̃dɑ̃tasjɔ̃] *nf* indentation.

indépendance [ɛ̃depɑ̃dɑ̃s] *nf (gén)* independence. ♦ **indépendamment** *adv (seul)* independently. **~ de cela** apart from that. ♦ **indépendant, e** *adj (gén)* independent *(de* of). **pour des causes ~es de notre volonté** for reasons beyond our control; **'à louer: chambre ~e'** to let: self-contained bed-sitter; **maison ~e** detached house; **travailler en ~** to work freelance, be self-employed; **travailleur ~** freelance *ou* self-employed worker.

indépendantiste [ɛ̃depɑ̃dɑ̃tist(ə)] **1** *adj:* **mouve-ment ~** independence movement. **2** *nmf* member of an independence movement, freedom fighter.

indescriptible [ɛ̃dɛskʀiptibl(ə)] *adj* indescribable.

indésirable [ɛ̃deziʀabl(ə)] *adj, nmf* undesirable.

indestructible [ɛ̃dɛstʀyktibl(ə)] *adj* indestructible.

indéterminé, e [ɛ̃detɛʀmine] *adj date, cause* un-specified; *quantité* indeterminate; *impression, contours* vague. **pour des raisons ~es** for reasons which were not specified; **je suis encore ~ sur** I'm still undecided *ou* uncertain about. ♦ **indéter-mination** *nf (imprécision)* vagueness; *(irrésolution)* indecision.

index [ɛ̃dɛks] *nm (doigt)* forefinger; *(repère)* pointer; *(liste, indice)* index. *(fig)* **mettre qn/qch à l'~** to blacklist sb/sth. ♦ **indexation** *nf* indexing, indexation. ♦ **indexer** (1) *vt* to index *(sur* to).

indication [ɛ̃dikasjɔ̃] *nf (gén)* indication *(de* of); *(directive)* instruction, direction; *(renseignement)* piece of information. **quelle ~ porte la pancarte?** what does the notice say?; **sauf ~ contraire** unless otherwise stated *ou* indicated. ♦ **indicateur, -trice 1** *nm, f:* **~ (de police)** (police) informer. **2** *nm (guide)* guide; *(horaire)* timetable; *(Tech)* gauge, indicator. **~ immobilier** property gazette; **~ des rues** street directory; **~ de vitesse** *(Aut)* speedometer; *(Aviat)* airspeed indicator. ♦ **indi-catif, -ive 1** *adj* indicative *(de* of). **2** *nm* **(a)** *(Rad) (mélodie)* signature tune; *[Télex]* answer-back code; *[poste émetteur]* call sign; **~ télé-phonique** (dialling) code; *(Télec)* **~ départemental** area code; **(b)** *(Ling)* **l' ~** the indicative.

indice [ɛ̃dis] *nm* **(a)** *(signe)* indication, sign; *(élément d'enquête)* clue; *(Jur: preuve)* piece of evidence. **(b)** *(Math)* suffix; *(Admin: grade)* grading. **~ d'écoute** audience rating; **l' ~ de l'INSEE** ≃ the retail price index; **~ des prix** price index.

indicible [ɛ̃disibl(ə)] *adj* inexpressible.

indien, -ienne [ɛ̃djɛ̃, jɛn] **1** *adj* Indian. **2** *nm(f):* **I~(ne)** *[Inde]* Indian; *[Amérique]* (Red *ou* American) Indian.

indifférence [ɛ̃difeʀɑ̃s] *nf (gén)* indifference *(envers* to, towards). ♦ **indifféremment** *adv:* **supporter ~ le froid et le chaud** to stand cold and heat equal-ly well, stand either cold or heat; **manger de tout ~** to eat anything. ♦ **indifférent, e** *adj* indifferent *(à* to). **cela m'est ~** it is immaterial to me, it doesn't matter to me; **son sort m'est ~** his fate is of no interest to me *ou* is a matter of indif-ference to me; **parler de choses ~es** to talk of this and that; **ça le laisse ~** it doesn't touch him in the least, he is quite unconcerned about it. ♦ **indifférer** (6) *vt:* **ceci l'indiffère** he's indifferent to this, he couldn't care less about this.

indigence [ɛ̃diʒɑ̃s] *nf (misère)* poverty, destitution; *(fig)* poverty. ♦ **indigent, e 1** *adj* destitute, poor. **2** *nm, f* pauper. **les ~s** the destitute, the poor.

indigène [ɛ̃diʒɛn] **1** *adj (du pays)* local; *(aux colonies)* native; *(Bot, Zool)* indigenous. **2** *nmf* local; native.

indigestion [ɛ̃diʒɛstjɔ̃] *nf* indigestion. **avoir une ~** to get indigestion *ou* an attack of indigestion; *(fig)* **avoir une ~ de qch** to be sick of sth. ♦ **indi-geste** *adj (lit, fig)* indigestible.

indigne [ɛ̃diɲ] *adj acte* shameful; *personne* unwor-thy. **~ de amitié** unworthy of; **il est ~ de vivre** he doesn't deserve to live, he's not fit to live. ♦ **indignement** *adv* shamefully. ♦ **indignité** *nf* **(a)** *(caractère)* [personne] unworthiness; [conduite] shamefulness. **(b)** *(acte)* shameful act.

indigner [ɛ̃diɲe] (1) **1** *vt:* **~ qn** to make sb indig-nant. **2 s' ~** *vpr* to get indignant *(de* about, at, *contre* with). ♦ **indignation** *nf* indignation. **avec ~** indignantly. ♦ **indigné, e** *adj* indignant *(par* at).

indigo [ɛ̃digo] *nm, adj inv* indigo.

indiqué, e [ɛ̃dike] *adj (conseillé)* advisable; *(adéquat)* appropriate, suitable. **c'est tout ~** it's just what we need, it's just the thing.

indiquer [ɛ̃dike] (1) *vt* **(a)** *(montrer)* to show, indi-cate. **~ qch du doigt** to point sth out *(à qn* to sb), point to sth; *[montre]* **~ l'heure** to show *ou* tell the time; **~ la réception à qn** to direct sb to *ou* show sb the way to reception; **qu'indique la pan-carte?** what does the sign say?; **cela indique de la négligence** it points to *ou* indicates negligence. **(b)** *(dire) solution* to tell; *dangers* to point out. **~ un hôtel à qn** to tell sb of a hotel, suggest a hotel to sb. **(c)** *(fixer) date* to give, name. **à l'heure indi-quée** at the agreed *ou* appointed time. **(d)** *[éti-quette]* to show; *[facture]* to give, mention. **~ qch sur un plan** to mark *ou* draw sth on a plan.

indirect, e [ɛ̃diʀɛkt, ɛkt(ə)] *adj (gén)* indirect. ♦ **indirectement** *adv* indirectly; *apprendre qch* in a roundabout way.

indiscipline [ɛ̃disiplin] *nf* lack of discipline. ♦ **indiscipliné, e** *adj* undisciplined, unruly.

indiscret, -ète [ɛ̃diskʀɛ, ɛt] *adj (gén)* indiscreet; *(curieux)* inquisitive. **à l'abri des regards ~s** away from prying *ou* inquisitive eyes. ♦ **indiscrétion** *nf* **(a)** *(indiscretion)*; inquisitiveness. **il pousse l' ~ jusqu'à lire mon courrier** his inquisitiveness is such that he even reads my mail; **sans ~** without being indiscreet. **(b)** *(parole)* indiscreet word, indiscre-tion.

indiscutable [ɛ̃diskytabl(ə)] *adj* indisputable, unquestionable. ♦ **indiscutablement** *adv* indisputably, unquestionably. ◆ **indiscuté, e** adj undisputed.

indispensable [ɛ̃dispɑ̃sabl(ə)] **1** adj (vital) essential, vital; (nécessaire) necessary. **se rendre** ~ **to** make o.s. indispensable; **ça m'est** ~ it's indispensable to me, I can't do without it. **2** nm: **faire l'** ~ to do what is essential ou absolutely necessary.

indisponible [ɛ̃disponibl(ə)] adj unavailable.

indisposer [ɛ̃dispoze] (1) vt (rendre malade) to upset, indispose; (mécontenter) to antagonize, alienate. ◆ **indisposé, e** adj (malade) indisposed, unwell. ◆ **indisposition** nf (slight) indisposition, upset.

indissociable [ɛ̃disosjabl(ə)] adj problèmes indissociable.

indissoluble [ɛ̃disolybl(ə)] adj indissoluble.

indistinct, e [ɛ̃distɛ̃(kt), ɛ̃kt(ə)] adj (gén) indistinct; murmure confused; couleurs vague. ◆ **indistinctement** adv (a) indistinctly; vaguely; confusedly. (b) (indifféremment) **ça marche** ~ **au gaz ou à l'électricité** it runs equally well on gas or on electricity; **tuant** ~ **femmes et enfants** killing women and children indiscriminately.

individu [ɛ̃dividy] nm (gén) individual; (corps) body; (péj: homme) fellow. **un drôle d'** ~ an odd-looking character ou individual.

individualiser [ɛ̃dividɥalize] (1) **1** vt (caractériser) to individualize; (personnaliser) to personalize; horaire to tailor to individual requirements. **2** s' ~ vpr to acquire an identity of one's own. ◆ **individualisé, e** adj caractères, groupe distinctive. ◆ **individualisme** nm individualism. ◆ **individualiste 1** adj individualistic. **2** nmf individualist. ◆ **individualité** nf (gén) individuality; (personnalité) personality. ◆ **individuel, -elle** adj (gén) individual; liberté personal; caractères distinctive. ◆ **individuellement** adv individually.

indivisibilité [ɛ̃divizibilite] nf indivisibility. ◆ **indivisible** adj indivisible.

Indochine [ɛ̃doʃin] nf Indochina. ◆ **indochinois, e** adj, **I~(e)** nm(f) Indochinese.

indo-européen, -enne [ɛ̃doØʀopeɛ̃, ɛn] adj, nm, **Indo-Européen(ne)** nm(f) Indo-European.

indolence [ɛ̃dolɑ̃s] nf (gén) indolence; [pouvoirs publics] apathy, lethargy. ◆ **indolent, e** adj indolent; apathetic, lethargic.

indolore [ɛ̃dolɔʀ] adj painless.

indomptable [ɛ̃dɔ̃tabl(ə)] adj (gén) untameable; enfant unmanageable; volonté indomitable. ◆ **indompté, e** adj untamed, wild.

Indonésie [ɛ̃donezi] nf Indonesia. ◆ **indonésien, -enne** adj, **I~(ne)** nm(f) Indonesian.

indu, e [ɛ̃dy] adj joie unseemly; dépenses unwarranted, unjustified. **sans optimisme** ~ without undue optimism.

indubitable [ɛ̃dybitabl(ə)] adj indubitable. **il est** ~ **qu'il a tort** he is undoubtedly wrong, there's no doubt (that) he's wrong. ◆ **indubitablement** adv indubitably.

induction [ɛ̃dyksjɔ̃] nf (gén) induction.

induire [ɛ̃dɥiʀ] (38) vt (a) ~ **qn en erreur** to mislead sb, lead sb astray. (b) (inférer) to infer, induce (de from). (c) (Élec) to induce.

indulgent, e [ɛ̃dylʒɑ̃, ɑ̃t] adj (gén) indulgent (avec with); juge, examinateur lenient (envers towards). ◆ **indulgence** nf indulgence; leniency. **critique sans** ~ harsh criticism.

indûment [ɛ̃dymɑ̃] adv protester unduly; détenir wrongfully.

industrie [ɛ̃dystʀi] nf (a) (activité) industry. **doter un pays d'une** ~ to provide a country with an industrial infrastructure; **Ministère de l'I~** ≃ Department of Industry; ~ **alimentaire** food (pro-cessing) industry; ~ **légère/lourde** light/heavy industry; **l'** ~ **du spectacle** show business. (b) (entreprise) industry, industrial concern. (c) (ingéniosité) ingenuity. ◆ **industrialisation** nf industrialization. ◆ **industrialiser** (1) **1** vt to industrialize. **2** s' ~ vpr to become industrialized. ◆ **industriel, -elle 1** adj industrial. **pain** ~ factory-baked bread; **équipement à usage** ~ heavy-duty equipment. **2** nm industrialist, manufacturer. ◆ **industriellement** adv industrially.

industrieux, -euse [ɛ̃dystʀijø, øz] adj industrious.

inébranlable [inebʀɑ̃lab!(ə)] adj (résolu) unshakeable, steadfast, unwavering; (inamovible) immovable.

inédit, e [inedi, it] adj texte unpublished; trouvaille new, original.

ineffable [inefabl(ə)] adj ineffable.

inefficace [inefikas] adj mesure ineffective; machine inefficient. ◆ **inefficacité** nf ineffectiveness; inefficiency.

inégal, e, mpl **-aux** [inegal, o] adj (irrégulier) uneven; (disproportionné) unequal. ◆ **inégalable** adj incomparable, matchless. ◆ **inégalé, e** adj unequalled, unmatched. ◆ **inégalement** adv unequally; unevenly. ◆ **inégalité** nf (différence) difference (de between); (injustice) inequality; (irrégularité) unevenness. **l'** ~ **sociale** social inequality; ~**s d'humeur** unevenness of temper ; ~**s de terrain** unevenness of the ground, bumps in the ground.

inélégant, e [inelegɑ̃, ɑ̃t] adj toilette inelegant; procédés discourteous.

inéligibilité [ineliʒibilite] nf (Pol) ineligibility. ◆ **inéligible** adj ineligible.

inéluctable [inelyktabl(ə)] adj, nm inescapable. ◆ **inéluctabilité** nf inescapability. ◆ **inéluctablement** adv inescapably.

inénarrable [inenaʀabl(ə)] adj (désopilant) priceless *; (incroyable) incredible.

inenvisageable [inɑ̃vizaʒabl(ə)] adj which cannot be considered, unthinkable.

inepte [inɛpt(ə)] adj inept. ◆ **ineptie** nf (gén) ineptitude. **dire des** ~**s** to talk nonsense.

inépuisable [inepɥizabl(ə)] adj inexhaustible.

inerte [inɛʀt(ə)] adj (gén) inert; corps lifeless; personne passive, apathetic. ◆ **inertie** nf inertia; passivity, apathy.

inescompté, e [inɛskɔ̃te] adj unexpected, unhoped-for.

inespéré, e [inɛspere] adj unexpected, unhoped-for.

inestimable [inɛstimabl(ə)] adj aide inestimable, invaluable; valeur priceless, incalculable.

inévitable [inevitabl(ə)] adj obstacle, accident unavoidable; résultat inevitable, inescapable. **c'était** ~**!** it was inevitable!, it was bound to happen!; **l'** ~ the inevitable. ◆ **inévitablement** adv inevitably.

inexact, e [inɛgza(kt), akt(ə)] adj (faux) inaccurate, inexact; (sans ponctualité) unpunctual. ◆ **inexactitude** nf inaccuracy; unpunctuality.

inexcusable [inɛkskyzabl(ə)] adj inexcusable, unforgivable.

inexistant, e [inɛgzistɑ̃, ɑ̃t] adj non-existent.

inexorable [inɛgzoʀabl(ə)] adj destin inexorable; juge inflexible. ◆ **inexorabilité** nf inexorability; inflexibility. ◆ **inexorablement** adv inexorably.

inexpérience [inɛkspeʀjɑ̃s] nf inexperience. ◆ **inexpérimenté, e** adj personne inexperienced; gestes inexpert.

inexplicable [inɛksplikabl(ə)] adj inexplicable. ◆ **inexplicablement** adv inexplicably. ◆ **inexpliqué, e** adj unexplained.

inexploitable [inɛksplwatabl(ə)] *adj* unexploitable.
◆ **inexploité, e** *adj* unexploited; *(Fin) ressources* untapped.

inexploré, e [inɛksplɔʀe] *adj* unexplored.

inexpressif, -ive [inɛkspʀesif, iv] *adj visage* expressionless, inexpressive.

inexprimable [inɛkspʀimabl(ə)] *adj, nm* inexpressible.

inexprimé, e [inɛkspʀime] *adj sentiment* unexpressed; *reproches, doutes* unspoken.

inextinguible [inɛkstɛ̃gibl(ə)] *adj (littér) passion* inextinguishable; *soif* unquenchable; *rire* uncontrollable.

in extremis [inɛkstʀemis] **1** *loc adv arriver* at the last minute. **2** *loc adj sauvetage* last-minute.

inextricable [inɛkstʀikabl(ə)] *adj* inextricable.
◆ **inextricablement** *adv* inextricably.

infaillible [ɛ̃fajibl(ə)] *adj* infallible. ◆ **infaillibilité** *nf* infallibility. ◆ **infailliblement** *adv (à coup sûr)* inevitably; *(sans erreur)* infallibly.

infaisable [ɛ̃fəzabl(ə)] *adj* impossible, impracticable.

infâme [ɛ̃fam] *adj (gén)* vile, loathsome; *action* unspeakable; *traître* infamous; *taudis* revolting, disgusting. ◆ **infamant, e** *adj acte* infamous; *propos* defamatory. ◆ **infamie** *nf* **(a)** infamy. **(b)** *(insulte)* scandalous remark; *(action)* infamous *ou* vile *ou* loathsome action.

infanterie [ɛ̃fɑ̃tʀi] *nf* infantry.

infantile [ɛ̃fɑ̃til] *adj maladie* infantile; *médecine* child; *(puéril)* infantile, childish. ◆ **infantilisme** *nm (Méd, Psych)* infantilism. **c'est de l'** ~**!** how childish!

infarctus [ɛ̃faʀktys] *nm*: ~ **(du myocarde)** coronary thrombosis; **il a fait trois** ~ he has had three coronaries.

infatigable [ɛ̃fatigabl(ə)] *adj* indefatigable, tireless. ◆ **infatigablement** *adv* indefatigably, tirelessly.

infatuer (s') [ɛ̃fatɥe] **(1)** *vpr*: **s'** ~ **de** to become infatuated with. ◆ **infatuation** *nf* self-conceit. ◆ **infatué, e** *adj air* conceited. ~ **de lui-même** full of self-conceit.

infect, e [ɛ̃fɛkt, ɛkt(ə)] *adj (gén)* vile, revolting; *temps* filthy, foul.

infecter [ɛ̃fɛkte] **(1)** **1** *vt atmosphère* to contaminate; *(Méd, fig)* to poison, infect. **2 s'** ~ *vpr [plaie]* to become infected, turn septic. ◆ **infectieux, -euse** *adj* infectious. ◆ **infection** *nf (Méd)* infection; *(puanteur)* stench.

inférer [ɛ̃feʀe] **(6)** *vt* to infer, gather *(de* from).

inférieur, e [ɛ̃feʀjœʀ] **1** *adj partie, rang, vitesse* lower; *quantité, nombre* smaller; *qualité, intelligence* inferior. **descendez à l'étage** ~ go to the next floor down; ~ **à** *nombre* less *ou* smaller than, below; ~ **à la moyenne** below average; *roman* ~ **à un autre** novel inferior to another. **2** *nm, f* inferior. ◆ **infériorité** *nf* inferiority. ~ **en nombre** inferiority in numbers; **en état d'** ~ in an inferior position.

infernal, e, *mpl* **-aux** [ɛ̃fɛʀnal, o] *adj (gén)* infernal; *douleur, enfant* diabolical.

infertile [ɛ̃fɛʀtil] *adj (lit, fig)* infertile.

infester [ɛ̃fɛste] **(1)** *vt (gén)* to infest. **infesté de souris** infested with *ou* overrun with mice.

infidèle [ɛ̃fidɛl] **1** *adj ami, récit* unfaithful *(à* to); *mémoire* unreliable; *(Rel)* infidel. **2** *nmf (Rel)* infidel. ◆ **infidélité** *nf* **(a)** unfaithfulness; unreliability. **(b)** *(acte déloyal)* infidelity. **faire une** ~ **à qn** to be unfaithful to sb.

infiltrer (s') [ɛ̃filtʀe] **(1)** *vpr (gén)* to infiltrate; *[liquide]* to percolate (through); *[lumière]* to filter through. **s'** ~ **dans** to infiltrate; to percolate (through); to filter into. ◆ **infiltration** *nf* infil-

tration; percolation. **il y a une** ~ *ou* **des** ~**s dans la cave** there are leaks in the cellar, water is leaking into the cellar; *(Méd)* **se faire faire des** ~**s** to have injections.

infime [ɛ̃fim] *adj* tiny, minute.

infini, e [ɛ̃fini] **1** *adj (gén)* infinite; *patience* unlimited; *douleur* immense; *propos* interminable, never-ending. **avec d'** ~**es précautions** with infinite *ou* endless precautions. **2** *nm*: **l'** ~ *(Philos)* the infinite; *(Math, Phot)* infinity; **à l'** ~ endlessly. ◆ **infiniment** *adv (gén)* infinitely. **avec** ~ **de soin** with infinite care; **je regrette** ~ I'm extremely sorry; **l'** ~ **grand** the infinitely great; **l'** ~ **petit** the infinitesimal. ◆ **infinité** *nf* infinity. **une** ~ **de** an infinite number of. ◆ **infinitésimal, e,** *mpl* **-aux** *adj* infinitesimal.

infinitif, -ive [ɛ̃finitif, iv] *adj, nm* infinitive.

infirme [ɛ̃fiʀm(ə)] **1** *adj* crippled, disabled; *(avec l'âge)* infirm. **être** ~ **de naissance** to be disabled from birth, be born disabled. **2** *nmf* cripple. ~ **mental/moteur** mentally/physically handicapped *ou* disabled person; ~ **du travail** industrially disabled person; ~ **de guerre** war cripple. ◆ **infirmerie** *nf (gén)* infirmary; *[école, navire]* sick bay. ◆ **infirmier** *nm* male nurse. ◆ **infirmière** *nf* nurse. ~ **en chef** sister, charge nurse, head nurse *(US)*; ~ **diplômée d'État** state registered nurse. ◆ **infirmité** *nf* disability. **les** ~**s de la vieillesse** the infirmities of old age.

infirmer [ɛ̃fiʀme] **(1)** *vt* to invalidate.

inflammable [ɛ̃flamabl(ə)] *adj* inflammable, flammable.

inflammation [ɛ̃flamɑsjɔ̃] *nf* inflammation. ◆ **inflammatoire** *adj* inflammatory.

inflation [ɛ̃flɑsjɔ̃] *nf* inflation. ◆ **inflationniste** *adj danger* inflationary; *politique* inflationist.

infléchir [ɛ̃fleʃiʀ] **(2)** **1** *vt (lit, fig)* to bend; *rayons* to inflect. **2 s'** ~ *vpr [route]* to bend; *[poutre]* to sag; *[politique]* to shift.

inflexible [ɛ̃flɛksibl(ə)] *adj (gén)* inflexible; *caractère* unyielding; *règle* rigid. ◆ **inflexibilité** *nf* inflexibility; rigidity.

inflexion [ɛ̃flɛksjɔ̃] *nf [direction]* bend; *[voix]* inflexion; *[politique]* shift *(de* in). **d'une** ~ **de la tête/du corps** with a nod/bow.

infliger [ɛ̃fliʒe] **(3)** *vt (gén)* to inflict; *amende* to impose *(à* on). *(Scol)* ~ **un avertissement** *ou* **un blâme à qn** to give sb an order mark *ou* a bad mark *ou* a demerit point *(US)*.

influence [ɛ̃flyɑ̃s] *nf* influence *(sur* on). **il a de l'** ~ he's an influential person; **avoir une** ~ **néfaste sur** to have a harmful effect on; **sous l'** ~ **de** under the influence of. ◆ **influençable** *adj* easily influenced. ◆ **influencer** **(3)** *vt (gén)* to influence; *(agir sur)* to act upon. ◆ **influent, e** *adj* influential. ◆ **influer** **(1)** *vi*: ~ **sur** to influence, have an influence on.

influx [ɛ̃fly] *nm*: ~ **nerveux** (nerve) impulse.

infographie [ɛ̃fɔgʀafi] *nf* computer graphics.

informateur, -trice [ɛ̃fɔʀmatœʀ, tʀis] *nm, f (gén)* informant; *(Police)* informer.

informaticien, -ienne [ɛ̃fɔʀmatisjɛ̃, jɛn] *nm, f* computer scientist, computerist *(US)*.

information [ɛ̃fɔʀmɑsjɔ̃] *nf* **(a)** *(renseignement)* piece of information; *(nouvelle)* piece of news. **voici nos** ~**s** here is the news; **écouter/regarder les** ~**s** to listen to/watch the news (bulletins); **une** ~ **de dernière minute** some last-minute news. **(b)** *(diffusion)* information. **pour l'** ~ **des voyageurs** for the information of travellers; **mettre la main sur l'** ~ to get hold of the information network. **(c)** *(connaissances)* information. **(d)** *(Ordin, Sci)* **l'** ~ information; **traitement de l'** ~ data processing. **(e)** *(Jur)* ~ **officielle** (judicial) inquiry.

informatique [ɛ̃fɔʀmatik] **1** nf (science) computer science, computing; (techniques) data processing. **l'ère de l'** ~ the age of the computer. **2** adj computer. ◆ **informatiquement** adv: **traiter qch** ~ to use a computer to solve sth, process sth on a computer. ◆ **informatiser** (1) vt to computerize.

informe [ɛ̃fɔʀm(ə)] adj masse shapeless, formless; visage misshapen.

informer [ɛ̃fɔʀme] (1) **1** vt to inform, tell (de of, about). **informez-vous s'il est arrivé** find out ou ascertain whether he has arrived; **on vous a mal informé** you've been misinformed; **milieux bien informés** well-informed circles. **2 s'** ~ vpr (d'un fait) to inquire, find out, ask (de about); (dans une matière) to inform o.s. (sur about).

infortune [ɛ̃fɔʀtyn] nf misfortune. ◆ **infortuné, e 1** adj ill-fated, wretched. **2** nm, f (poor) wretch.

infra [ɛ̃fʀa] adv: **voir** ~ see below.

infraction [ɛ̃fʀaksjɔ̃] nf (délit) offence. (Aut) **être en** ~ to be committing an offence, be in breach of the law; ~ **au code de la route** offence against the Highway Code.

infranchissable [ɛ̃fʀɑ̃ʃisabl(ə)] adj (lit) impassable; (fig) insurmountable, insuperable.

infrarouge [ɛ̃fʀaʀuʒ] adj, nm infrared. **missile guidé par** ~ heat-seeking missile.

infrastructure [ɛ̃fʀastʀyktyʀ] nf (Constr) substructure; (Écon, fig) infrastructure.

infroissable [ɛ̃fʀwasabl(ə)] adj uncrushable, crease-resistant.

infructueux, -euse [ɛ̃fʀyktɥø, øz] adj fruitless, unfruitful.

infuser [ɛ̃fyze] (1) vt (a) (plus gén **faire** ~) tisane to infuse. **laisser** ~ **le thé** to leave the tea to brew ou infuse (à into). (b) (fig) to infuse (à into). ◆ **infusion** nf (action) infusion; (tisane) infusion, herb tea. ~ **de tilleul** lime tea.

ingénier (s') [ɛ̃ʒenje] (7) vpr: **s'** ~ **à faire** to try hard to do.

ingénieur [ɛ̃ʒenjœʀ] nm engineer. ~ **chimiste** chemical engineer; ~-**conseil** engineering consultant; ~ **du son** sound engineer; ~ **des travaux publics** construction ou civil engineer. ◆ **ingénierie** nf engineering.

ingénieux, -euse [ɛ̃ʒenjø, øz] adj ingenious. ◆ **ingénieusement** adv ingeniously. ◆ **ingéniosité** nf ingenuity.

ingénu, e [ɛ̃ʒeny] adj naïve, artless. ◆ **ingénuité** nf naïvety, artlessness. ◆ **ingénument** adv naïvely, artlessly.

ingérer [ɛ̃ʒeʀe] (6) **1** vt to ingest. **2 s'** ~ vpr: **s'** ~ **dans** to interfere in. ◆ **ingérence** nf interference (dans in). ◆ **ingestion** nf ingestion.

ingouvernable [ɛ̃guvɛʀnabl(ə)] adj (Pol) ungovernable.

ingrat, e [ɛ̃gʀa, at] adj personne ungrateful (envers to); métier, sujet thankless; sol sterile; visage unattractive. ◆ **ingratitude** nf ingratitude, ungratefulness (envers towards). **avec** ~ ungratefully.

ingrédient [ɛ̃gʀedjɑ̃] nm ingredient.

inguérissable [ɛ̃geʀisabl(ə)] adj (gén) incurable; chagrin inconsolable.

ingurgiter [ɛ̃gyʀʒite] (1) vt nourriture to swallow, ingurgitate; (fig) to ingest, ingurgitate. **faire** ~ **des connaissances à qn** to force ou stuff knowledge into sb.

inhabile [inabil] adj (manuellement) clumsy; (tactiquement) inept. ◆ **inhabileté** nf clumsiness, ineptitude.

inhabitable [inabitabl(ə)] adj uninhabitable. ◆ **inhabité, e** adj uninhabited.

inhabituel, -elle [inabitɥɛl] adj unusual, unaccustomed.

inhaler [inale] (1) vt to inhale, breathe in. ◆ **inhalation** nf inhalation. **prendre une** ~ to use an inhalation bath.

inhérent, e [ineʀɑ̃, ɑ̃t] adj inherent (à in).

inhiber [inibe] (1) vt to inhibit. ◆ **inhibition** nf inhibition.

inhospitalier, -ière [inɔspitalje, jɛʀ] adj inhospitable.

inhumain, e [inymɛ̃, ɛn] adj inhuman.

inhumer [inyme] (1) vt to inter. ◆ **inhumation** nf interment.

inimaginable [inimaʒinabl(ə)] adj unimaginable, unbelievable.

inimitable [inimitabl(ə)] adj inimitable.

inimité, e [inimite] adj: **artiste qui est resté** ~ artist who has never been imitated.

inimitié [inimitje] nf enmity.

ininflammable [inɛ̃flamabl(ə)] adj nonflammable.

inintelligent, e [inɛ̃teliʒɑ̃, ɑ̃t] adj unintelligent.

inintelligible [inɛ̃teliʒibl(ə)] adj unintelligible. ◆ **inintelligibilité** nf unintelligibility.

inintéressant, e [inɛ̃teʀesɑ̃, ɑ̃t] adj uninteresting.

ininterrompu, e [inɛ̃teʀɔ̃py] adj ligne unbroken; flot steady, uninterrupted.

inique [inik] adj iniquitous. ◆ **iniquité** nf iniquity.

initial, e, mpl **-aux** [inisjal, o] adj, nf initial. ◆ **initialement** adv initially.

initialiser [inisjalize] (1) vt (Ordin) to initialize. ◆ **initialisation** nf (Ordin) initialization.

initiative [inisjativ] nf (gén) initiative. **prendre l'** ~ **d'une action/de faire** to take the initiative for an action/in doing; **avoir de l'** ~ to have ou show initiative; **conférence à l'** ~ **des USA** conference initiated by the USA; **à l'** ~ **de la France...** following France's initiative...

initier [inisje] (7) **1** vt (gén) to initiate (à into); (à un sport) to introduce (à to). **2 s'** ~ vpr to become initiated. ◆ **initiateur, -trice** nm, f (gén) initiator; [mode] innovator. ◆ **initiation** nf initiation (à into). (titre) ~ **à la philosophie** introduction to philosophy. ◆ **initié, e 1** adj initiated. **2** nm, f initiated person. **les non** ~**s** the uninitiated.

injecter [ɛ̃ʒekte] (1) vt (Méd, Tech) to inject. ~ **des fonds dans une entreprise** to pump money into a project; **yeux injectés de sang** bloodshot eyes. ◆ **injectable** adj injectable. ◆ **injection** nf injection.

injonction [ɛ̃ʒɔ̃ksjɔ̃] nf injunction, command.

injure [ɛ̃ʒyʀ] nf insult. **bordée d'** ~**s** string of abuse ou insults; **il m'a fait l'** ~ **de ne pas venir** he insulted ou affronted me by not coming. ◆ **injurier** (7) vt to abuse, insult. ◆ **injurieusement** adv abusively, insultingly. ◆ **injurieux, -euse** adj abusive, insulting (pour to).

injuste [ɛ̃ʒyst(ə)] adj (gén) unjust; (partial) unfair (avec to). ◆ **injustement** adv unjustly; unfairly. ◆ **injustice** nf (a) (caractère) injustice; unfairness. (b) (acte) injustice.

injustifiable [ɛ̃ʒystifjabl(ə)] adj unjustifiable. ◆ **injustifié, e** adj unjustified, unwarranted.

inlassable [ɛ̃lɑsabl(ə)] adj tireless, unflagging. ◆ **inlassablement** adv tirelessly, unflaggingly.

inné, e [ine] adj innate, inborn.

innerver [inɛʀve] (1) vt to innervate. ◆ **innervation** nf innervation.

innocent, e [inɔsɑ̃, ɑ̃t] **1** adj (gén) innocent (de of); farce harmless. **2** nm, f innocent. **l'** ~ **du village** the village simpleton ou idiot. ◆ **innocemment** adv innocently. ◆ **innocence** nf innocence; harmlessness. ◆ **innocenter** (1) vt to clear, prove innocent (de of).

innombrable [inɔ̃bʀabl(ə)] *adj détails* innumerable, countless; *foule* vast.

innommable [inɔmabl(ə)] *adj conduite* unspeakable, loathsome; *nourriture, ordures* foul, vile.

innover [inɔve] (1) **1** *vi* to innovate. **ce peintre innove** this painter is breaking new ground. **2** *vt* to create, invent. ◆ **innovateur, -trice 1** *adj* innovatory. **2** *nm, f* innovator. ◆ **innovation** *nf* innovation.

inoccupé, e [inɔkype] *adj (gén)* unoccupied.

inoculer [inɔkyle] (1) *vt:* ~ **un virus à qn** *(volontairement)* to inoculate sb with a virus; *(accidentellement)* to infect sb with a virus; ~ **une passion** *etc* **à qn** to infect sb with a passion *etc*. ◆ **inoculation** *nf* inoculation; infection.

inodore [inɔdɔʀ] *adj gaz* odourless; *fleur* scentless.

inoffensif, -ive [inɔfɑ̃sif, iv] *adj* harmless, innocuous.

inonder [inɔ̃de] (1) *vt* to flood; *(fig: de produits)* to flood, swamp, inundate *(de* with). **inondé de soleil/de sueur** bathed in sunlight/in sweat; **inondé de larmes** *joues* streaming with tears; *yeux* full of tears; **se faire** ~ **(par la pluie)** to get soaked *ou* drenched (by the rain). ◆ **inondation** *nf (action)* flooding; swamping; inundation; *(résultat)* flood.

inopérable [inɔpeʀabl(ə)] *adj* inoperable.

inopiné, e [inɔpine] *adj (gén)* unexpected; *mort* sudden. ◆ **inopinément** *adv* unexpectedly.

inopportun, e [inɔpɔʀtœ̃, yn] *adj* ill-timed, inopportune, untimely. ◆ **inopportunément** *adv* inopportunely.

inorganisé, e [inɔʀganize] *adj* unorganized.

inoubliable [inublijabl(ə)] *adj* unforgettable.

inouï, e [inwi] *adj événement* unprecedented, unheard-of; *nouvelle, vitesse* incredible. **il est** ~! * he's incredible!

inox [inɔks] *ou* **inoxydable** [inɔksidabl(ə)] **1** *adj acier* stainless; *couteau* stainless steel. **2** *nm* stainless steel.

inqualifiable [ɛ̃kalifjabl(ə)] *adj* unspeakable.

inquiet, -ète [ɛ̃kjɛ, ɛt] **1** *adj (momentanément)* worried; *(par nature)* anxious; *gestes, attente* uneasy. **je suis** ~ **de ne pas le voir** I'm worried *ou* anxious at not seeing him. **2** *nm, f* worrier. ◆ **inquiétant, e** *adj* disturbing, worrying. ◆ **inquiéter** (6) **1** *vt (gén)* to worry, disturb; *(Mil)* to harass. **être inquiété (par la police)** to be troubled *ou* bothered by the police. **2 s'** ~ *vpr* to worry. **s'** ~ **de** *(s'enquérir)* to inquire about; *(se soucier)* to worry about, trouble (o.s.) about, bother about. ◆ **inquiétude** *nf* anxiety. **donner des** ~**s à qn** to give sb cause for worry *ou* anxiety; **soyez sans** ~ have no fear.

inquisiteur, -trice [ɛ̃kizitœʀ, tʀis] **1** *adj* inquisitive. **2** *nm* inquisitor. ◆ **inquisition** *nf* inquisition.

insaisissable [ɛ̃sezizabl(ə)] *adj fugitif* elusive; *nuance* imperceptible.

insalubre [ɛ̃salybʀ(ə)] *adj climat* insalubrious. ◆ **insalubrité** *nf* insalubrity.

insanité [ɛ̃sanite] *nf (folie)* insanity, madness; *(acte)* insane act. *(propos)* ~**(s)** insane talk.

insatiable [ɛ̃sasjabl(ə)] *adj* insatiable. ◆ **insatiablement** *adv* insatiably.

insatisfait, e [ɛ̃satisfɛ, ɛt] *adj (non comblé)* unsatisfied; *(mécontent)* dissatisfied. **c'est un éternel** ~ he's never satisfied, he's perpetually dissatisfied. ◆ **insatisfaction** *nf* dissatisfaction.

inscription [ɛ̃skʀipsjɔ̃] *nf (a) (écrite)* inscription. **l'** ~ **d'une question à l'ordre du jour** putting a question on the agenda. **(b)** *(immatriculation)* enrolment, registration, admission; *(à l'université)* matriculation, registration *(à* at); *(à un concours)* enrolment *(à* in). **l'** ~ **à un club** joining a club;

il y a déjà 20 ~**s pour jeudi** 20 people have already signed on *ou* enrolled for Thursday; **votre** ~ **sur la liste dépend de...** the inclusion of your name on the list depends on...; **les** ~**s sont en baisse de 5%** the intake is down by 5%.

inscrire [ɛ̃skʀiʀ] (39) **1** *vt (a) nom, date* to note down, write down; *(Ftbl) but* to score, notch up; *(dans la pierre)* to inscribe, engrave. ~ **une question à l'ordre du jour** to put a question on the agenda; **il est inscrit sur la liste** his name is (written) on the list. **(b)** *étudiant* to register, enrol; *(pour rendezvous)* to put down. **(faire)** ~ **un enfant à l'école** to put a child's name down for school, enrol *ou* register a child for school. **2 s'** ~ *vpr (a) (s'enrôler) (gén)* to join; *(sur une liste)* to put one's name down *(sur* on); *(à l'université)* to register, enrol *(à* at). **s'** ~ **à un parti/un club** to join a party/a club. **(b)** *(s'insérer) (Math)* to be inscribed. *(fig)* **s'** ~ **dans le cadre de qch** to lie *ou* come within the framework of sth, fit into sth. **(c) s'** ~ **en faux contre qch** to deny sth strongly. ◆ **inscrit, e** *nm, f* registered member *(ou* student *ou* candidate).

insecte [ɛ̃sɛkt(ə)] *nm* insect. ◆ **insecticide** *adj, nm* insecticide.

insécurité [ɛ̃sekyʀite] *nf* insecurity.

inséminer [ɛ̃semine] (1) *vt* to inseminate. ◆ **insémination** *nf* insemination. ~ **artificielle** artificial insemination. ◆ **inséminateur** *nm* inseminator.

insensé, e [ɛ̃sɑ̃se] *adj* insane. **c'est un** ~! he's demented! *ou* insane!

insensible [ɛ̃sɑ̃sibl(ə)] *adj (a)* insensible, insensitive *(à* to). **(b)** *(imperceptible)* imperceptible. ◆ **insensibiliser** (1) *vt* to anaesthetize. ◆ **insensibilité** *nf* insensitivity, insensibility. ◆ **insensiblement** *adv* imperceptibly.

inséparable [ɛ̃sepaʀabl(ə)] *adj* inseparable *(de* from).

insérer [ɛ̃seʀe] (6) **1** *vt* to insert *(dans* into). **2 s'** ~ *vpr (a) (faire partie de)* **s'** ~ **dans** to fit into. **(b)** *(s'introduire dans)* **s'** ~ **dans** to filter into. **(c)** *(s'attacher)* to be inserted *ou* attached. ◆ **insertion** *nf* insertion. ~ **sociale** social integration.

insidieux, -euse [ɛ̃sidj⌀, ⌀z] *adj* insidious. ◆ **insidieusement** *adv* insidiously.

insigne¹ [ɛ̃siɲ] *adj honneur* distinguished; *faveur* notable; *maladresse* remarkable.

insigne² [ɛ̃siɲ] *nm (cocarde)* badge. *(emblème)* **l'** ~ **de, les** ~**s de** the insignia of.

insignifiant, e [ɛ̃siɲifjɑ̃, ɑ̃t] *adj (gén)* insignificant; *somme* trifling. ◆ **insignifiance** *nf* insignificance.

insinuer [ɛ̃sinɥe] (1) **1** *vt* to insinuate, imply. **2 s'** ~ *vpr:* **s'** ~ **dans** *[personne]* to worm one's way into, insinuate o.s. into; *[eau]* to seep *ou* creep into. ◆ **insinuation** *nf* insinuation, innuendo.

insipide [ɛ̃sipid] *adj (gén)* insipid.

insister [ɛ̃siste] (1) *vi (a)* ~ **sur** *sujet* to stress; *syllabe* to emphasize, stress; **n'insistons pas!** let us not dwell on it; **j'ai compris, inutile d'** ~! I understand, no need to dwell on it! **(b)** *(s'obstiner)* to be insistent *(auprès de* with), insist. **sonnez encore, insistez, elle est un peu sourde** ring again and keep (on) trying because she's a little deaf; **je n'insiste pas, je m'en vais** * I won't insist — I'll go. ◆ **insistance** *nf* insistence *(sur qch* on sth, *à faire* on doing). **avec** ~ insistently. ◆ **insistant, e** *adj* insistent.

insolation [ɛ̃sɔlasjɔ̃] *nf (a) (malaise)* sunstroke. **une** ~ a touch of sunstroke. **(b)** *(ensoleillement) (period* of) sunshine. **(c)** *(exposition au soleil)* exposure.

insolent, e [ɛ̃sɔlɑ̃, ɑ̃t] *adj personne, attitude* insolent; *luxe, joie* unashamed. **il a une chance** ~**e!** he has the luck of the devil! ◆ **insolemment** *adv* insolently; unashamedly. ◆ **insolence** *nf* insolence; *(remarque)* insolent remark.

insolite [ɛ̃sɔlit] *adj* unusual, strange.

insoluble [ɛ̃sɔlybl(ə)] *adj problème* insoluble, insolvable. ~ **(dans l'eau)** insoluble (in water).

insolvable [ɛ̃sɔlvabl(ə)] *adj* insolvent. ◆ **insolvabilité** *nf* insolvency.

insomnie [ɛ̃sɔmni] *nf* insomnia. **nuits d'** ~ sleepless nights; **ses** ~**s** his (periods of) insomnia. ◆ **insomniaque** *nmf* insomniac.

insondable [ɛ̃sɔ̃dabl(ə)] *adj* unfathomable.

insonore [ɛ̃sɔnɔʀ] *adj* soundproof. ◆ **insonorisation** *nf* soundproofing. ◆ **insonoriser** (1) *vt* to soundproof. **immeuble mal insonorisé** badly soundproofed building.

insouciant, e [ɛ̃susjɑ̃, ɑ̃t] *adj personne* carefree, happy-go-lucky; *paroles* carefree. ~ **de** careless *ou* heedless of. ◆ **insouciance** *nf* heedless *ou* happy-go-lucky attitude. **vivre dans l'** ~ to live a carefree life. ◆ **insoucieux, -euse** *adj* carefree. ~ **du lendemain** unconcerned about the future, not caring about what tomorrow may bring.

insoumis, e [ɛ̃sumi, iz] **1** *adj enfant* rebellious; *tribu* unsubdued; *soldat* absent without leave. **2** *nm (Mil)* absentee. ◆ **insoumission** *nf* rebelliousness; *(Mil)* absence without leave.

insoupçonnable [ɛ̃supsɔnabl(ə)] *adj* above suspicion. ◆ **insoupçonné, e** *adj* unsuspected (*de* by).

insoutenable [ɛ̃sutnabl(ə)] *adj douleur* unbearable; *théorie* untenable.

inspecter [ɛ̃spɛkte] (1) *vt* to inspect. ◆ **inspecteur, -trice** *nm, f (gén)* inspector. ~ **des finances** ≃ tax inspector; ~ **de police** police inspector, lieutenant *(US)*; ~ **du travail** factory inspector; ~ **des travaux finis** * skiver * , layabout * *(who returns to work when there is nothing left to do)*. ◆ **inspection** *nf* (**a**) *(examen)* inspection. **faire l'** ~ **de** to inspect; **soumettre qch à une** ~ **en règle** to give sth a good *ou* thorough inspection *ou* going-over *. (**b**) *(inspecteurs)* inspectorate. *(Pol)* **l'I** ~ **générale des services** the police monitoring service, ≃ the Police Complaints Board.

inspirer [ɛ̃spiʀe] (1) **1** *vt (gén)* to inspire. **cette idée ne m'inspire pas beaucoup** * I'm not all that keen on this idea; **sa santé m'inspire des inquiétudes** his health gives me cause for concern; **il ne m'inspire pas confiance** he doesn't inspire me with confidence; ~ **de l'horreur à qn** to fill sb with horror; **être bien/mal inspiré de faire qch** to be truly inspired/ill-inspired to do sth; **il serait bien inspiré de partir** he'd be well advised *ou* he'd well to leave. **2** *vi (respirer)* to breathe in. **3** *s'* ~ *vpr*: **s'** ~ **d'un modèle** to be inspired by a model. ◆ **inspirateur, -trice** *nm, f (animateur)* inspirer; *(instigateur)* instigator. ◆ **inspiration** *nf* (**a**) *(poétique etc)* inspiration. **avoir de l'** ~ to have inspiration; **selon l'** ~ **du moment** according to the mood of the moment; **j'eus la bonne** ~ **de refuser** I had the bright idea of refusing. (**b**) *(instigation)* instigation. **sous l'** ~ **de qn** at sb's instigation, prompted by sb. (**c**) *(respiration)* inspiration.

instable [ɛ̃stabl(ə)] *adj (gén)* unstable; *temps* unsettled; *échafaudage* unsteady. ◆ **instabilité** *nf* instability; unsteadiness. **l'**~ **du temps** the unsettled weather.

installateur [ɛ̃stalatœʀ] *nm* fitter.

installation [ɛ̃stalasjɔ̃] *nf* (**a**) *[téléphone]* installation, putting in; *[rideaux]* putting up; *[local]* fitting out. (**b**) *[locataire]* settling in; *[artisan]* setting up. **il voulait fêter son** ~ he wanted to celebrate moving in. (**c**) *(appareils etc: gén pl)* fittings, installations. **l'** ~ **électrique est défectueuse** the wiring is faulty; **les** ~**s industrielles d'une région** the industrial plant of a region. (**d**) *(ameublement etc)* **ils ont une** ~ **provisoire** they have temporary living arrangements.

installer [ɛ̃stale] (1) **1** *vt* (**a**) *électricité, meuble* to install, put in; *étagère, tente* to put up; *appartement* to fit out. **cuisine bien installée** well equipped *ou* fitted kitchen; **ils ont installé leur bureau dans le grenier** they've turned the attic into a study. (**b**) *malade, jeune couple* to get settled, settle; *invité, fonctionnaire* to install. **il a installé son fils dentiste** he set his son up as a dentist. **2** *s'* ~ *vpr* (**a**) *[commerçant]* to set o.s. up *(comme* as), set up shop *(comme* as). **s'** ~ **à son compte** to set up on one's own. (**b**) *(se loger)* to settle, set up house; *(emménager)* to settle in. **il s'est installé chez des amis** he has moved in *ou* he is living with friends; **ils sont bien installés** they have made themselves a very comfortable home. (**c**) *(à un emplacement)* to settle down. **installe-toi comme il faut** *(confortablement)* make yourself comfortable; *(tiens-toi bien)* sit properly. (**d**) *[grève, maladie]* to take a firm hold, become firmly established. **s'** ~ **dans la guerre** to settle into war.

instamment [ɛ̃stamɑ̃] *adv* insistently, earnestly.

instance [ɛ̃stɑ̃s] *nf* (**a**) *(autorité)* authority. **les** ~**s internationales** the international authorities; **les** ~**s communautaires** the E.E.C. authorities. (**b**) *(Jur)* **introduire une** ~ to institute (legal) proceedings; **en seconde** ~ on appeal; **tribunal de première** ~ court of first instance; **tribunal d'** ~ ≃ magistrates' court; **tribunal de grande** ~ ≃ County court. (**c**) *(prière)* **demander qch avec** ~ to ask earnestly for sth; ~**s entreaties.** (**d**) *(en cours)* **l'affaire est en** ~ the matter is pending; **être en** ~ **de divorce** to be waiting for a divorce; **en** ~ **de départ** on the point of departure; **courrier en** ~ mail ready for posting *ou* due to be dispatched.

instant¹ [ɛ̃stɑ̃] *nm* moment, instant. **vivre dans l'** ~ to live in the present (moment); **il faut le faire à l'** ~ we must do it this instant *ou* minute; **à l'** ~ **où je vous parle** as I'm speaking to you now; **à chaque** ~, **à tout** ~ *(d'un moment à l'autre)* at any moment *ou* minute; *(tout le temps)* all the time, every minute; **dans un** ~ in a moment *ou* minute; **en un** ~ in an instant; **de tous les** ~**s** constant; **par** ~**s** at times; **pour l'** ~ for the moment, for the time being; **dès l'** ~ **où vous êtes d'accord** *(puisque)* since you agree; **dès l'** ~ **où je l'ai vu** *(dès que)* as soon as I saw him, from the moment I saw him.

instant², e [ɛ̃stɑ̃, ɑ̃t] *adj (pressant)* insistent.

instantané, e [ɛ̃stɑ̃tane] **1** *adj* instantaneous; *café* instant. **2** *nm (Phot)* snapshot. ◆ **instantanément** *adv* instantaneously; *dissoudre* instantly.

instar [ɛ̃staʀ] *nm:* **à l'** ~ **de** following the example of, after the fashion of.

instaurer [ɛ̃stɔʀe] (1) *vt* to institute. **la révolution a instauré la république** the revolution established the republic; **le doute s'est instauré dans les esprits** doubts began to creep into people's minds. ◆ **instauration** *nf* institution.

instigation [ɛ̃stigasjɔ̃] *nf* instigation. ◆ **instigateur, -trice** *nm, f* instigator.

instinct [ɛ̃stɛ̃] *nm (gén)* instinct. **d'** ~ instinctively. ◆ **instinctif, -ive** *adj* instinctive. ◆ **instinctivement** *adv* instinctively.

instituer [ɛ̃stitɥe] (1) *vt (gén)* to institute.

institut [ɛ̃stity] *nm* institute. ~ **de beauté** beauty salon; **I**~ **Universitaire de Technologie** ≃ Polytechnic, technical school *ou* institute *(US)*; ~ **médico-légal** mortuary.

instituteur, -trice [ɛ̃stitytœʀ, tʀis] *nm, f* (primary school) teacher.

institution [ɛ̃stitysjɔ̃] *nf (gén)* institution; *(école)* private school.

institutionnel, -elle [ɛ̃stitysjɔnɛl] *adj* institutional.

instructeur [ɛ̃stʀyktœʀ] *nm* instructor.

instructif, -ive [ɛ̃stʀyktif, iv] *adj* instructive.

instruction [ɛ̃stʀyksjɔ̃] *nf* (**a**) education. **niveau d'** ~ academic standard; ~ **civique** civics *(sg)*; ~ **militaire** army training; ~ **religieuse** religious instruction; **avoir de l'** ~ to be well educated. (**b**) *(Jur)* pretrial investigation of a case. **ouvrir une** ~ to initiate an investigation into a crime. (**c**) *(Admin: circulaire)* directive. (**d**) ~**s** *(ordres)* instructions; *(mode d'emploi)* instructions, directions. *(étiquette)* ~**s de lavage** care label, washing instructions.

instruire [ɛ̃stʀɥiʀ] (**38**) **1** *vt* (**a**) *(gén)* to teach, educate; *recrue* to train. **instruit par son exemple** having learnt from his example. (**b**) ~ **qn de qch** to inform *ou* advise sb of sth. (**c**) *(Jur)* affaire to conduct the investigation for. **2 s'** ~ *vpr* (**a**) to educate o.s. **s'** ~ **de qch** to obtain information about sth, find out about sth. ♦ **instruit, e** *adj* educated.

instrument [ɛ̃stʀymɑ̃] *nm* *(lit, fig)* instrument. ~ **de musique** musical instrument; ~**s de travail** tools; *(Aviat)* **les** ~**s de bord** the controls; *(fig)* **être l'** ~ **de qn** to be sb's tool; **elle a été l'** ~ **de sa réussite** she was instrumental in his success. ♦ **instrumental, e,** *mpl* **-aux** *adj* *(Ling, Mus)* instrumental. ♦ **instrumentation** *nf* instrumentation, orchestration. ♦ **instrumenter** (**1**) *vt (Mus)* to orchestrate. ♦ **instrumentiste** *nmf* instrumentalist.

insu [ɛ̃sy] *nm* (**a**) *(en cachette de)* **à l'** ~ **de qn** without sb's knowledge, without sb's knowing. (**b**) *(inconsciemment)* **à mon** ~ without my *ou* me knowing it.

insubmersible [ɛ̃sybmɛʀsibl(ə)] *adj* unsinkable.

insubordination [ɛ̃sybɔʀdinɑsjɔ̃] *nf* insubordination. ♦ **insubordonné, e** *adj* *(gén)* insubordinate.

insuccès [ɛ̃syksɛ] *nm* failure.

insuffisant, e [ɛ̃syfizɑ̃, ɑ̃t] *adj* *(en quantité)* insufficient; *(en qualité)* inadequate; *(Scol) (sur une copie)* poor. **c'est** ~ it's not enough; **il est** ~ **en math** he's not up to standard in maths; **en nombre** ~ insufficient in number. ♦ **insuffisamment** *adv* insufficiently; inadequately. ♦ **insuffisance** *nf* insufficiency; inadequacy. **une** ~ **de personnel** a shortage of staff; ~**s** *(faiblesses)* inadequacies; *(Méd)* insufficiency.

insuffler [ɛ̃syfle] (**1**) *vt (lit, fig)* to blow *(à, dans* into).

insulaire [ɛ̃sylɛʀ] **1** *adj* population island; *attitude* insular. **2** *nmf* islander.

insuline [ɛ̃sylin] *nf* insulin.

insulte [ɛ̃sylt(ə)] *nf* insult. **hurler des** ~**s** to shout insults *ou* abuse. ♦ **insultant, e** *adj* insulting *(pour* to). ♦ **insulter** (**1**) *vt* to insult.

insupportable [ɛ̃sypɔʀtabl(ə)] *adj* unbearable, insufferable. ♦ **insupporter** (**1**) *vt (hum)* **cela m'insupporte/l'insupporte** I/he can't stand this.

insurger (s') [ɛ̃syʀʒe] (**3**) *vpr (lit, fig)* to rebel, revolt *(contre* against). ♦ **insurgé, e** *adj, nm, f* rebel, insurgent.

insurmontable [ɛ̃syʀmɔ̃tabl(ə)] *adj* obstacle insurmountable, insuperable; *dégoût* unconquerable.

insurrection [ɛ̃syʀɛksjɔ̃] *nf* insurrection, revolt. ♦ **insurrectionnel, -elle** *adj* insurrectionary.

intact, e [ɛ̃takt, akt(ə)] *adj* intact.

intangible [ɛ̃tɑ̃ʒibl(ə)] *adj* inviolable. ♦ **intangibilité** *nf* inviolability.

intarissable [ɛ̃taʀisabl(ə)] *adj (lit, fig)* inexhaustible. **il est** ~ he could talk for ever *(sur* about). ♦ **intarissablement** *adv* inexhaustibly.

intégral, e, *mpl* **-aux** [ɛ̃tegʀal, o] **1** *adj* complete. **le remboursement** ~ **de qch** the repayment in full of sth; *(Ciné)* **version** ~**e** uncut version; *(Presse)* texte ~ unabridged version. **2** *nf (Math)* integral; *(œuvre)* complete works. ♦ **intégralement** *adv* in full, fully. ♦ **intégralité** *nf* whole. **l'** ~ **de la** somme the whole of the sum, the whole *ou* full sum; **dans son** ~ in its entirety, in full.

intégrer [ɛ̃tegʀe] (**6**) **1** *vt* to integrate *(à, dans* into). **2** *vi (arg Univ)* ~ **à** to get into. **3 s'** ~ *vpr* to become integrated *(à, dans* into). **cette maison s'intègre mal dans le paysage** this house doesn't really fit into the surrounding countryside. ♦ **intégration** *nf* integration *(à, dans* into). *(arg Univ)* **après son** ~ after getting into the college; *(Ordin)* ~ **à très grande échelle** very large-scale integration.

intégrisme [ɛ̃tegʀism(ə)] *nm* Muslim fundamentalism. ♦ **intégriste** *adj, nmf* Muslim fundamentalist.

intégrité [ɛ̃tegʀite] *nf (totalité)* integrity; *(honnêteté)* integrity, honesty, uprightness. ♦ **intègre** *adj* upright, honest.

intellect [ɛ̃telɛkt] *nm* intellect. ♦ **intellectuel, -elle 1** *adj (gén)* intellectual; *fatigue* mental; *(péj)* highbrow. **2** *nm, f* intellectual; *(péj)* highbrow. ♦ **intellectuellement** *adv* mentally; intellectually.

intelligence [ɛ̃teliʒɑ̃s] *nf* (**a**) *(aptitude)* intelligence. **avoir l'** ~ **vive** to have a sharp *ou* quick mind; **les grandes** ~**s** great minds *ou* intellects; ~ **artificielle** artificial intelligence. (**b**) *(compréhension)* ~ **de** understanding of; **avoir l'** ~ **des affaires** to have a good grasp *ou* understanding of business matters, have a good head for business. (**c**) *(complicité)* secret agreement. **agir d'** ~ **avec qn** to act in (secret) agreement with sb; **signe d'** ~ sign of complicity; **vivre en bonne/mauvaise** ~ **avec qn** to be on good/bad terms with sb; **avoir des** ~**s dans la place** to have secret contacts in the place. ♦ **intelligent, e** *adj (gén)* intelligent; *(à l'esprit vif)* clever, bright. ♦ **intelligemment** *adv* intelligently; cleverly.

intelligentsia [ɛ̃teligɛntsja] *nf:* **l'** ~ the intelligentsia.

intelligible [ɛ̃teliʒibl(ə)] *adj* intelligible. **à haute et** ~ **voix** loudly and clearly. ♦ **intelligibilité** *nf* intelligibility. ♦ **intelligiblement** *adv* intelligibly.

intempérant, e [ɛ̃tɑ̃peʀɑ̃, ɑ̃t] *adj* intemperate. ♦ **intempérance** *nf* intemperance. ~**s** excesses; **une telle** ~ **de langage** such excessive language.

intempéries [ɛ̃tɑ̃peʀi] *nfpl* bad weather.

intempestif, -ive [ɛ̃tɑ̃pɛstif, iv] *adj (gén)* untimely; *zèle* excessive, misplaced. ♦ **intempestivement** *adv* at an untimely moment.

intemporel, -elle [ɛ̃tɑ̃pɔʀɛl] *adj (sans durée)* timeless; *(immatériel)* immaterial.

intenable [ɛ̃tnabl(ə)] *adj* situation intolerable, unbearable; *personne* unruly; *théorie* untenable.

intendance [ɛ̃tɑ̃dɑ̃s] *nf (Mil) (service)* Supply Corps; *(bureau)* Supplies office; *(Scol) (métier)* school management; *(bureau)* bursar's office. **les problèmes d'** ~ the problems of supply. ♦ **intendant** *nm (Mil)* quartermaster; *(Scol)* bursar; *(régisseur)* steward. ♦ **intendante** *nf (Scol)* bursar; *(régisseur)* steward.

intense [ɛ̃tɑ̃s] *adj (gén)* intense; *circulation* dense, heavy. ♦ **intensément** *adv* intensely. ♦ **intensif, -ive** *adj* intensive. ♦ **intensification** *nf* intensification. ♦ **intensifier** *vt,* **s'** ~ *vpr* (**7**) to intensify. ♦ **intensité** *nf* intensity; density, heaviness. *(Ling)* **accent d'** ~ stress accent. ♦ **intensivement** *adv* intensively.

intenter [ɛ̃tɑ̃te] (**1**) *vt:* ~ **un procès contre** *ou* **à qn** to start *ou* institute proceedings against sb.

intention [ɛ̃tɑ̃sjɔ̃] *nf* (**a**) intention. **agir dans une bonne** ~ to act with good intentions; **c'est l'** ~ **qui compte** it's the thought that counts; **à cette** ~ with this intention, to this end; **avoir l'** ~ **de faire** to intend *ou* mean to do, have the intention of doing. (**b**) **à l'** ~ **de qn** collecte in aid of sb;

cadeau, messe for sb; **livre à l' ~ des enfants** book aimed at children. ◆ **intentionné, e** *adj*: **bien ~** well-meaning, well-intentioned; **mal ~** illintentioned. ◆ **intentionnel, -elle** *adj* intentional. ◆ **intentionnellement** *adv* intentionally.

inter [ɛ̃tɛʀ] **1** *nm (Téléc)* = **interurbain**; *(Sport)* **~ gauche/droit** inside-left/-right. **2** *préf* inter... **~continental/ministériel/syndical** *etc* intercontinental/departmental/union *etc*; **~allié** interAllied; **opération ~armes** combined arms operation; **tournoi ~scolaire** inter-schools tournament.

interaction [ɛ̃tɛʀaksjɔ̃] *nf* interaction.

intercaler [ɛ̃tɛʀkale] (1) **1** *vt mot* to insert; *feuillet* to insert, insert. **~ quelques jours de repos dans un mois de stage** to fit a few days' break into a month of training. **2** **s' ~** *vpr*: **s' ~ entre** to come in between. ◆ **intercalaire** *adj*: **feuillet ~** inset, insert.

intercéder [ɛ̃tɛʀsede] (6) *vi* to intercede *(auprès de* with).

intercepter [ɛ̃tɛʀsɛpte] (1) *vt* to intercept. ◆ **interception** *nf* interception.

interchangeable [ɛ̃tɛʀʃɑ̃ʒabl(ə)] *adj* interchangeable.

interclasse [ɛ̃tɛʀklas] *nm (Scol)* break *(between classes).*

interclubs [ɛ̃tɛʀklœb] *adj inv tournoi, rencontre* interclub.

interdépendance [ɛ̃tɛʀdepɑ̃dɑ̃s] *nf* interdependence. ◆ **interdépendant, e** *adj* interdependent.

interdire [ɛ̃tɛʀdiʀ] (37) **1** *vt* **(a)** *(prohiber)* to forbid; *(Admin)* stationnement *etc* to prohibit, ban; *journal* to ban. **on a interdit les camions dans la ville** lorries have been banned from *ou* prohibited in the town. **(b)** *[difficulté]* to preclude, prevent; *[obstacle]* to block. **son état de santé lui interdit tout travail** his state of health does not allow *ou* permit him to do any work; **la gravité de la crise interdit tout espoir** the gravity of the crisis precludes all hope; **une porte interdisait le passage** a door blocked *ou* barred the way. **2** **s' ~** *vpr*: **s' ~ toute remarque** to refrain *ou* abstain from making any remark; **s' ~ la boisson** to abstain from drink *ou* drinking; **il s'interdit d'y penser** he doesn't allow himself to think about it. ◆ **interdiction** *nf (gén)* ban *(de* on). ' **~ absolue de fumer'** 'smoking strictly prohibited'; ' **~ de tourner à droite'** 'no right turn'; **~ de parler à quiconque** it is (strictly) forbidden to talk to anyone; **écriteau portant une ~ notice** prohibiting *ou* forbidding sth. ◆ **interdit, e 1** *adj* **(a)** *livre* banned. **film ~ aux moins de 18/13 ans** ≃ X/A film *(†)*, ≃ 18/PG film; **stationnement ~** no parking; **il est strictement ~ de faire** it is strictly forbidden *ou* prohibited to do; **être ~ de chéquier** to have chequebook facilities withdrawn. **(b)** *(surpris)* dumbfounded, taken aback, disconcerted. **2** *nm (interdiction) (Rel)* interdict; *(social)* prohibition. *(fig)* **jeter l' ~ sur** *ou* **contre qn** to bar sb.

interdisciplinaire [ɛ̃tɛʀdisiplinɛʀ] *adj* interdisciplinary.

intéresser [ɛ̃teʀese] (1) **1** *vt (captiver)* to interest; *(concerner)* to affect, concern. **~ qn à** *problème* to interest sb in; *bénéfices* to give sb a share *ou* an interest in; **ça pourrait vous ~** this might interest you *ou* be of interest to you; *(Fin)* **être intéressé dans une affaire** to have a stake *ou* a financial interest in a business. **2** **s' ~** *vpr*: **s' ~ à qch/qn** to be interested in sth/sb, take an interest in sth/sb. ◆ **intéressant, e** *adj (captivant)* interesting; *(avantageux)* attractive, worthwhile. *(péj)* **un personnage peu ~** a worthless individual; **c'est une personne ~e à connaître** *ou* he *ou* she is someone worth knowing; **faire son ~** to show off. ◆ **intéressé, e** *adj* **(a)** *(en cause)* concerned, involved. **c'est lui le principal ~** he is the person *ou* party

principally involved *ou* concerned. **(b)** *(égoïste)* personne self-interested; *motif* interested. **une visite ~e** a visit motivated by self-interest. ◆ **intéressement** *nm*: **l' ~ des travailleurs aux bénéfices** the workers' sharing of the profits.

intérêt [ɛ̃teʀɛ] *nm* **(a)** *(attention)* interest. **porter de l' ~ à qn** to take an interest in sb. **(b)** *(valeur) [livre]* interest; *[recherches, découverte]* significance, relevance. **dénué d' ~** devoid of interest; **considérations sans ~** unimportant *ou* minor considerations; **c'est sans ~ pour la suite de l'histoire** it's of no relevance *ou* importance for the rest of the story; **être déclaré d' ~ public** to be officially recognized as of benefit to the country, be officially declared a national asset. **(c)** *(avantage)* interest. **dans l' ~ général** in the general interest; **il y trouve son ~** he finds it worth his while; **il sait où est son ~** he knows which side his bread is buttered; **il a ~ à accepter** it's in his interest to accept, he'd be well advised to accept; **y a-t-il un ~ quelconque à se réunir?** is there any point at all in getting together?; **dépêche-toi, il y a ~ ***** you'd better hurry up. **(d)** *(Fin, Écon)* interest. **7% d' ~** 7% interest; **prêter à ~** to lend at *ou* with interest; *(péj)* **agir par ~** to act out of self-interest; **il a des ~s dans l'affaire** he has a stake *ou* a financial interest in the deal.

interface [ɛ̃tɛʀfas] *nf* interface. **~ utilisateur** user interface. ◆ **interfacer** *vt*, **s' ~** *vpr* (3) to interface *(avec* with).

interférence [ɛ̃tɛʀfeʀɑ̃s] *nf (gén)* interference *(dans* in). **l' ~ de ces problèmes** *(fusion)* the conjunction of these problems; *(immixtion)* the intrusion of these problems *(dans* into). ◆ **interférer** (6) *vi* to interfere *(avec* with, *dans* in).

intérieur, e [ɛ̃teʀjœʀ] **1** *adj (gén)* inner; *poche* inside; *paroi, angle* interior; *navigation, mer* inland; *marché* home; *politique, (Aviat)* vol domestic, internal. **2** *nm* **(a)** *[tiroir]* inside; *[maison]* inside, interior. **à l' ~** *(de la ville)* inside (the town); **à l' ~ de lui-même** inwardly, within himself; **rester à l' ~** *(gén)* to stay inside; *(de la maison)* to stay indoors; **veste d' ~** indoor jacket; **chaussures d' ~** house shoes. **(b)** *[pays]* interior. **les villes de l' ~** the inland cities, the cities of the interior; **l' ~ est sauvage** the hinterland is wild; **à l' ~ de nos frontières** within *ou* inside our frontiers. **(c)** *(mobilier)* interior. **(d)** *(Ftbl)* **~ gauche/droit** inside-left/-right. ◆ **intérieurement** *adv* inwardly. **rire ~** to laugh inwardly *ou* to o.s. ◆ **intérioriser** (1) *vt* to internalize, interiorize.

intérim [ɛ̃teʀim] *nm* **(a)** *(période)* interim period. **il assure l' ~ en l'absence du directeur** he deputizes for the manager in his absence *ou* in the interim; **ministre par ~** acting *ou* interim minister. **(b)** *(travail à temps partiel)* temporary work, temping. **société d' ~** temping agency, temporary employment office *(US)*; **faire de l' ~** to temp. ◆ **intérimaire 1** *adj directeur* acting, interim; *secrétaire* temporary; *mesure* interim; *gouvernement* caretaker. **2** *nmf (secrétaire)* temporary secretary, temp, Kelly girl *(US)*; *(fonctionnaire)* deputy; *(médecin, prêtre)* locum (tenens). **travailler comme ~** to temp.

interjection [ɛ̃tɛʀʒɛksjɔ̃] *nf* interjection.

interligne [ɛ̃tɛʀliɲ] *nm* space between the lines. **double ~** double spacing.

interlocuteur, -trice [ɛ̃tɛʀlɔkytœʀ, tʀis] *nm, f* speaker. **mon ~** the person I was speaking to; *(Pol)* **~ valable** authorized negotiator; **ce sont nos ~s privilégiés** they have a privileged relationship with us.

interlope [ɛ̃tɛʀlɔp] *adj (équivoque)* shady; *(illégal)* illicit, unlawful.

interloquer [ɛ̃tɛʀlɔke] (1) *vt* to take aback.

interlude [ɛ̃tɛʀlyd] *nm (Mus, TV)* interlude.

intermède [ɛ̃tɛʀmɛd] *nm (Théât, gén)* interlude.

intermédiaire [ɛ̃tɛʀmedjɛʀ] **1** *adj* intermediate, middle, intermediary. **une couleur ~ entre** a colour halfway between. **2** *nm*: **sans ~** *vendre* directly; **par l' ~ de** *personne* through (the intermediary of); *presse* through the medium of. **3** *nmf* intermediary, go-between; *(Comm, Écon)* middleman.

interminable [ɛ̃tɛʀminabl(ə)] *adj* endless, interminable, never-ending. ◆ **interminablement** *adv* endlessly, interminably.

intermittent, e [ɛ̃tɛʀmitɑ̃, ɑ̃t] *adj* sporadic, intermittent. ◆ **intermittence** *nf*: **par ~** sporadically, intermittently.

international, e, *mpl* **-aux** [ɛ̃tɛʀnasjɔnal, o] **1** *adj* international. **2** *nm, f (Ftbl, Tennis etc)* international player.

interne [ɛ̃tɛʀn(ə)] **1** *adj (gén)* internal; *oreille* inner; *angle* interior. **médecine ~** internal medicine. **2** *nmf (Scol)* boarder. **être ~** to be at boarding school; *(Univ, Méd)* **~ (des hôpitaux)** houseman, intern *(US)*; **~ en médecine/en chirurgie** house physician/surgeon. ◆ **internat** *nm (Scol)* boarding school; *(Univ Méd) (concours)* entrance examination (for hospital work); *(stage)* ≃ period as a houseman *ou* an intern *(US)*.

interner [ɛ̃tɛʀne] (1) *vt (Pol)* to intern; *(Méd)* to confine to a mental hospital, institutionalize *(US)*. **on devrait l' ~ *** he ought to be locked up *ou* certified *. ◆ **interné, e** *nm, f* internee; inmate (of a mental hospital). ◆ **internement** *nm* internment; confinement (to a mental hospital).

interpeller [ɛ̃tɛʀpele] (1) *vt (appeler)* to call out to, shout out to; *(apostropher)* to shout at; *orateur, malfaiteur* to question. ◆ **interpellation** *nf*: **il y a eu une dizaine d' ~s** about ten people were detained *ou* taken in for questioning.

interphone [ɛ̃tɛʀfɔn] *nm* intercom, interphone; *[immeuble]* entry phone.

Interpol [ɛ̃tɛʀpɔl] *nm* Interpol.

interpoler [ɛ̃tɛʀpɔle] (1) *vt* to interpolate.

interposer [ɛ̃tɛʀpoze] (1) **1** *vt (lit, fig)* to interpose *(entre* between). **2** **s' ~** *vpr* to intervene *(dans* in).

interpréter [ɛ̃tɛʀpʀete] (6) *vt* **(a)** *(Mus, Théât, gén)* to perform, interpret; *personnage, sonate* to play; *chanson* to sing. **(b)** *(comprendre)* to interpret. **mal ~** to misinterpret. ◆ **interprétariat** *nm* interpreting. **école d' ~** interpreting school. ◆ **interprétation** *nf* interpretation. ◆ **interprète** *nmf* **(a)** *(Mus, Théât)* performer, interpreter; singer. **(b)** *(traducteur)* interpreter. *(porte-parole)* **servir d' ~ à qn/aux idées de qn** to act *ou* serve as a spokesman for sb/for sb's ideas.

interroger [ɛ̃tɛʀɔʒe] (3) **1** *vt (gén)* to question, ask; *(Police)* to interview, question; *(minutieusement)* to interrogate *(sur* about); *ciel* to examine; *mémoire* to search; *sondage* to poll; *(Ordin)* données to interrogate; *élève* to test, examine (orally). **~ qn du regard** to give sb a questioning *ou* an inquiring look; **personne interrogée** respondent. **2** **s' ~** *vpr* to question o.s., wonder *(sur* about). **s' ~ sur la conduite à tenir** to wonder what course to follow. ◆ **interrogateur, -trice 1** *adj air* questioning, inquiring. **2** *nm, f* (oral) examiner. ◆ **interrogatif, -ive** *adj, nm air, (Ling)* interrogative. ◆ **interrogation** *nf* **(a)** *(V interroger)* questioning; interrogation; examination; testing. **(b)** *(question)* question. *(Scol)* **~ (écrite)** (written) test; **~ (orale)** oral (test); *(Gram)* **~ directe/indirecte** direct/indirect question; *(réflexions)* **ses ~s** his questioning. ◆ **interrogatoire** *nm (Police)* questioning; *(au tribunal)* cross-examination; *(fig)* interrogation. **subir un ~ en**

règle to undergo a thorough *ou* detailed interrogation.

interrompre [ɛ̃tɛʀɔ̃pʀ(ə)] (41) **1** *vt voyage, études* to break off, interrupt; *grossesse* to terminate. **il a interrompu la conversation pour dire** he broke *ou* cut into the conversation to say; **~ qn** to interrupt sb; **je ne veux pas ~ mais...** I don't want to cut in *ou* interrupt but... **2** **s' ~** *vpr [personne, conversation]* to break off. ◆ **interrupteur** *nm (Élec)* switch. ◆ **interruption** *nf (action)* interruption; *(état)* break, interruption. **~ (volontaire) de grossesse** termination (of pregnancy); **~ de courant** power cut; **après l' ~ des hostilités** after hostilities had ceased; **sans ~** without a break; **un moment d' ~** a moment's break.

intersection [ɛ̃tɛʀsɛksjɔ̃] *nf* intersection.

intersidéral, e, *mpl* **-aux** [ɛ̃tɛʀsideʀal,o] *adj* intersidereal.

interstice [ɛ̃tɛʀstis] *nm* crack, chink, interstice.

interurbain, e [ɛ̃tɛʀyʀbɛ̃, ɛn] **1** *adj communication* long-distance. **2** *nm*: **l' ~** the long-distance telephone service.

intervalle [ɛ̃tɛʀval] *nm (espace)* space; *(temps)* interval; *(Mus)* interval. **c'est arrivé à 2 jours d' ~** it happened after an interval of 2 days; **dans l'~** *(temporel)* in the meantime, meanwhile; *(spatial)* in between.

intervenant, e [ɛ̃tɛʀvənɑ̃, ɑ̃t] *nm, f (Jur)* intervener; *(conférencier)* contributor. **inviter un ~ extérieur** to invite an outside contributor.

intervenir [ɛ̃tɛʀvəniʀ] (22) *vi* **(a)** *(entrer en action)* to intervene. **on a dû faire ~ l'armée** the army had to be brought in. **(b)** *(Méd)* to operate. **(c)** *[événement]* to take place, occur; *[accord]* to be reached; *[décision]* to be taken; *[élément nouveau]* to arise, come up. ◆ **intervention** *nf (gén, Jur)* intervention; *(Méd)* operation; *(discours)* speech. **prix d' ~** intervention price; **beurre d' ~** (EEC) subsidized butter; **cela a nécessité l' ~ de la police** the police had to be brought in.

intervertir [ɛ̃tɛʀvɛʀtiʀ] (2) *vt* to invert (the order of).

interview [ɛ̃tɛʀvju] *nf (Presse, TV)* interview. ◆ **interviewé, e** [ɛ̃tɛʀvjuve] *nm, f* interviewee. ◆ **interviewer**[1] [ɛ̃tɛʀvjuve] (1) *vt* to interview. ◆ **interviewer**[2] [ɛ̃tɛʀvjuvœʀ] *nm* interviewer.

intestin [ɛ̃tɛstɛ̃] *nm* intestine. **~s** intestines, bowels. ◆ **intestinal, e**, *mpl* **-aux** *adj* intestinal.

intime [ɛ̃tim] **1** *adj* **(a)** *vie* private; *confidences, hygiène* intimate; *cérémonie* quiet; *atmosphère* intimate, cosy. **journal ~** private diary; **être ~ avec qn** to be close to sb; **avoir des relations ou rapports ~s avec qn** to be on intimate terms with sb, have close relations with sb. **(b)** *mélange, conviction* intimate. **2** *nmf* close friend. ◆ **intimement** *adv* intimately. **~ persuadé** deeply *ou* firmly convinced.

intimer [ɛ̃time] (1) *vt* **(a)** **~ à qn l'ordre de faire** to order sb to do. **(b)** *(Jur) (assigner)* to summon; *(signifier)* to notify.

intimider [ɛ̃timide] (1) *vt* to intimidate. ◆ **intimidable** *adj* easily intimidated. ◆ **intimidant, e** *adj* intimidating. ◆ **intimidateur, -trice** *adj* intimidating. ◆ **intimidation** *nf* intimidation.

intimité [ɛ̃timite] *nf* **(a)** *(vie privée)* privacy. **nous serons dans l' ~** there will only be a few of us; **se marier dans l' ~** to have a quiet wedding; **dans la plus stricte ~** in the strictest privacy; **pénétrer dans l' ~ de qn** to be admitted into sb's private life; **vivre dans l' ~ de qn** to share sb's private life. **(b)** *(familiarité)* intimacy. **dans l' ~ conjugale** in the intimacy of one's married life. **(c)** *(confort)* cosiness, intimacy.

intituler [ɛ̃tityle] (1) **1** *vt* to entitle, call. **2** **s' ~** *vpr [livre]* to be entitled *ou* called; *[personne]* to call o.s. ◆ **intitulé** *nm* title.

intolérable [ɛ̃tɔleʀabl(ə)] *adj* intolerable. ♦ **intolérablement** *adv* intolerably.

intolérance [ɛ̃tɔleʀɑ̃s] *nf* intolerance. ~ **à un médicament** inability to tolerate a drug. ♦ **intolérant, e** *adj* intolerant.

intonation [ɛ̃tɔnɑsjɔ̃] *nf (Ling, Mus)* intonation. **voix aux ~s douces** soft-toned voice.

intouchable [ɛ̃tuʃabl(ə)] *adj, nmf* untouchable.

intoxiquer [ɛ̃tɔksike] (1) **1** *vt (lit)* to poison; *(Pol)* to brainwash. **2 s'~** *vpr* to poison o.s. ♦ **intoxication** *nf* poisoning; brainwashing. ~ **alimentaire** food poisoning. ♦ **intoxiqué, e** *nm, f (drogue)* drug addict; *(alcool)* alcoholic.

intradermique [ɛ̃tʀadɛʀmik] *adj* intradermal, intradermic, intracutaneous. ♦ **intradermo (-réaction)** *nf* skin test.

intraduisible [ɛ̃tʀadɥizibl(ə)] *adj texte* untranslatable; *idée* inexpressible.

intraitable [ɛ̃tʀɛtabl(ə)] *adj* uncompromising, inflexible.

intra-muros [ɛ̃tʀamyʀos] *adv:* **habiter ~** to live inside the town *(ou* city *etc)*; **Paris ~ comprend plusieurs millions d'habitants** the inner-city area of Paris has several million inhabitants.

intramusculaire [ɛ̃tʀamyskylɛʀ] *adj* intramuscular.

intransigeant, e [ɛ̃tʀɑ̃ziʒɑ̃, ɑ̃t] *adj personne* uncompromising, intransigent, hard-nosed *; morale* uncompromising. **se montrer ~** *ou* **adopter une ligne (de conduite) ~e envers qn** to take a hard line with sb; **les ~s** the intransigents. ♦ **intransigeance** *nf* intransigence.

intransitif, -ive [ɛ̃tʀɑ̃zitif, iv] *adj, nm* intransitive.

intransportable [ɛ̃tʀɑ̃spɔʀtabl(ə)] *adj objet* untransportable; *malade* unfit to travel.

intraveineux, -euse [ɛ̃tʀavɛnø, øz] **1** *adj* intravenous. **2** *nf* intravenous injection.

intrépide [ɛ̃tʀepid] *adj (courageux)* intrepid, dauntless; *menteur* barefaced, unashamed. ♦ **intrépidité** *nf* intrepidity, dauntlessness.

intriguer [ɛ̃tʀige] (1) **1** *vt* to intrigue, puzzle. **2** *vi* to scheme, intrigue. ♦ **intrigant, e 1** *adj* scheming. **2** *nm, f* schemer, intriguer. ♦ **intrigue** *nf (manœuvre)* intrigue, scheme; *(liaison)* (love) affair, intrigue; *(Théât)* plot.

intrinsèque [ɛ̃tʀɛ̃sɛk] *adj* intrinsic. ♦ **intrinsèquement** *adv* intrinsically.

introduire [ɛ̃tʀɔdɥiʀ] (38) **1** *vt (gén)* to introduce *(dans* into, *auprès de* to); *visiteur* to show in; *idées nouvelles* to bring in. **il introduisit sa clef dans la serrure** he placed his key in the lock, he inserted his key into the lock; **on m'introduisit dans le salon** I was shown into *ou* ushered into the lounge; ~ **des marchandises en contrebande** to smuggle in goods; *(Rugby)* ~ **la balle en mêlée** to put the ball into the scrum. **2 s'~** *vpr* **(a)** *(pénétrer)* to get in. **s'~ dans un groupe** to work one's way into a group; **s'~ chez qn par effraction** to break into sb's home; **s'~ dans une pièce** to get into *ou* enter a room. **(b)** *[usage]* to be introduced *(dans* into). ♦ **introduction** *nf* introduction; *(Rugby)* put-in. **chapitre d'~** introductory chapter; **lettre d'~** letter of introduction. ♦ **introducteur, -trice** *nm, f (initiateur)* initiator.

introuvable [ɛ̃tʀuvabl(ə)] *adj* which *(ou* who) cannot be found. **l'accord ~ entre les deux pays** the unattainable agreement between the two countries.

intrus, e [ɛ̃tʀy, yz] *nm, f* intruder. *(jeu)* **cherchez l'~** find the odd one out. ♦ **intrusion** *nf (gén)* intrusion *(dans* in).

intuition [ɛ̃tɥisjɔ̃] *nf* intuition. ♦ **intuitif, -ive** *adj* intuitive. ♦ **intuitivement** *adv* intuitively.

inusable [inyzabl(ə)] *adj vêtement* hard-wearing.

inusité, e [inyzite] *adj* uncommon.

inutile [inytil] *adj (qui ne sert pas)* useless; *(superflu)* needless, unnecessary. **c'est ~ d'insister!** it's no use *ou* no good insisting!, there's no point insisting!; ~ **de vous dire que** I hardly need say that. ♦ **inutilement** *adv* needlessly, unnecessarily. ♦ **inutilité** *nf* uselessness; needlessness.

inutilisable [inytilizabl(ə)] *adj* unusable.

inutilisé, e [inytilize] *adj* unused.

invaincu, e [ɛ̃vɛ̃ky] *adj* unconquered; *(Sport)* unbeaten.

invalide [ɛ̃valid] **1** *nmf* disabled person. ~ **de guerre** disabled ex-serviceman; ~ **du travail** industrially disabled person. **2** *adj (Méd)* disabled. ♦ **invalidité** *nf* disablement. ♦ **invalidant, e** *adj maladie* incapacitating, disabling.

invalider [ɛ̃valide] (1) *vt (Jur)* to invalidate; *député* to remove from office. ♦ **invalidation** *nf* invalidation; removal (from office).

invariable [ɛ̃vaʀjabl(ə)] *adj (gén, Ling)* invariable. ♦ **invariablement** *adv* invariably. ♦ **invariant, e** *adj, nm* invariant.

invasion [ɛ̃vazjɔ̃] *nf* invasion.

invective [ɛ̃vɛktiv] *nf* invective. ~**s** abuse, invectives. ♦ **invectiver** (1) **1** *vt* to hurl *ou* shout abuse at. **s'~** to hurl *ou* shout abuse at each other. **2** *vi* to inveigh, rail *(contre* against).

invendable [ɛ̃vɑ̃dabl(ə)] *adj (gén)* unsaleable; *(Comm)* unmarketable.

invendu, e [ɛ̃vɑ̃dy] **1** *adj* unsold. **2** *nm* unsold article.

inventaire [ɛ̃vɑ̃tɛʀ] *nm (gén, Jur)* inventory; *(Comm) (liste)* stocklist; *(opération)* stocktaking; *(fig: recensement)* survey. *(fig)* **faire l'~ de** to assess, take stock of.

inventer [ɛ̃vɑ̃te] (1) *vt (gén)* to invent; *moyen* to devise; *mot* to coin; *jeu* to make *ou* think up. **il n'a pas inventé la poudre** he'll never set the Thames on fire; **je n'invente rien** I'm not making anything up, I'm not inventing a thing. ♦ **inventeur, -trice** *nm, f* inventor. ♦ **inventif, -ive** *adj* resourceful, inventive. ♦ **inventivité** *nf* inventiveness ; resourcefulness. ♦ **invention** *nf (gén)* invention. **esprit d'~** inventiveness; **c'est une pure** ~ it is a pure invention *ou* fabrication; **un cocktail de mon** ~ a cocktail of my own creation.

invérifiable [ɛ̃veʀifjabl(ə)] *adj* unverifiable.

inverse [ɛ̃vɛʀs(ə)] **1** *adj (gén)* opposite. **arriver en sens** ~ to arrive from the opposite direction; **dans l'ordre** ~ in the reverse order; **dans le sens ~ des aiguilles d'une montre** anticlockwise, counterclockwise. **2** *nm:* **l'** ~ *(gén)* the opposite, the reverse; **t'a-t-il attaqué ou l'** ~? did he attack you or was it the other way round?; **à l'** ~ conversely. ♦ **inversé, e** *adj image* reversed; *relief* inverted. ♦ **inversement** *adv (gén)* conversely; *(Math)* inversely. **...et/ou** ~ ...and/or vice versa. ♦ **inverser** (1) *vt ordre* to reverse, invert; *(Élec)* to reverse. ♦ **inversion** *nf (gén)* inversion; *(Élec)* reversal.

invertébré, e [ɛ̃vɛʀtebʀe] *adj, nm* invertebrate.

investigation [ɛ̃vɛstigɑsjɔ̃] *nf* investigation. **après de minutieuses** ~**s** after a detailed investigation *ou* inspection.

investir [ɛ̃vɛstiʀ] (2) *vt (Fin, Mil)* to invest; *fonctionnaire* to induct; *évêque* to invest. ~ **qn de pouvoirs** to invest *ou* vest sb with powers; ~ **qn de sa confiance** to place one's trust in sb. ♦ **investissement** *nm (Écon, Méd, Psych)* investment; *(Mil)* investing. ♦ **investiture** *nf [candidat]* nomination, appointment; *[évêché]* investiture.

invétéré, e [ɛ̃veteʀe] *adj* inveterate.

invincible [ɛ̃vɛ̃sibl(ə)] *adj (gén)* invincible; *difficultés* insurmountable. ♦ **invincibilité** *nf* invincibility.

inviolable [ɛ̃vjɔlabl(ə)] *adj droit* inviolable; *serrure* impregnable; *diplomate* immune.

invisible [ɛ̃vizibl(ə)] **1** *adj (impossible à voir)* invisible; *(minuscule)* barely visible (*à* to); *(Écon)* invisible. **danger** ~ unseen *ou* hidden danger; **M. X est** ~ *(occupé)* Mr X cannot be seen; *(disparu)* Mr X isn't to be found. **2** *nm:* **l'** ~ the invisible. ◆ **invisibilité** *nf* invisibility.

inviter [ɛ̃vite] (1) *vt (gén)* to invite (*à* to). ~ **qn à dîner** to invite *ou* ask sb to *ou* for dinner; **il s'est invité** he invited himself; **il m'invita à avancer** he motioned (to) me to come forward; **ceci invite à croire que...** this leads us to believe that..., this suggests that...; **la chaleur invitait au repos** the heat tempted one to rest. ◆ **invitation** *nf* invitation (*à* to). **à** *ou* **sur son** ~ at his invitation. ◆ **invité, e** *nm, f* guest.

in vitro [invitʀo] *adj, adv* in vitro.

invivable [ɛ̃vivabl(ə)] *adj* unbearable.

in vivo [invivo] *adj, adv* in vivo.

invocation [ɛ̃vɔkɑsjɔ̃] *nf* invocation (*à* to).

involontaire [ɛ̃vɔlɔ̃tɛʀ] *adj mouvement* involuntary; *peine* unintentional, unwitting; *complice* unwitting. ◆ **involontairement** *adv* involuntarily; unintentionally; unwittingly.

invoquer [ɛ̃vɔke] (1) *vt* **(a)** *argument* to put forward; *témoignage* to call upon; *excuse, ignorance* to plead; *loi* to cite, refer to. *(Jur)* **les arguments de fait et de droit invoqués** the points of fact and law relied on. **(b)** *Dieu* to invoke, call upon.

invraisemblable [ɛ̃vʀɛsɑ̃blabl(ə)] *adj nouvelle* unlikely, improbable; *argument* implausible; *insolence, habit* incredible. ◆ **invraisemblance** *nf* unlikelihood, improbability; implausibility. **plein d'** ~**s** full of improbabilities *ou* implausibilities.

invulnérable [ɛ̃vylneʀabl(ə)] *adj* invulnerable (*à* to). ◆ **invulnérabilité** *nf* invulnerability.

iode [jɔd] *nm* iodine.

ion [jɔ̃] *nm* ion. ◆ **ionisation** *nf* ionization. ◆ **ioniser** (1) *vt* to ionize.

ipso facto [ipsofakto] *adv* ipso facto.

Irak [iʀak] *nm* Iraq. ◆ **irakien, -ienne** *adj, nm,* **I~(ne)** *nm(f)* Iraqi.

Iran [iʀɑ̃] *nm* Iran. ◆ **iranien, -ienne** *adj, nm,* **I~(ne)** *nm (f)* Iranian.

irascible [iʀasibl(ə)] *adj* irascible. ◆ **irascibilité** *nf* irascibility.

iris [iʀis] *nm (gén)* iris.

Irlande [iʀlɑ̃d] *nf:* **l'** ~ *(pays)* Ireland; *(État)* the Irish Republic, Eire; **l'** ~ **du Nord** Northern Ireland, Ulster. ◆ **irlandais, e 1** *adj* Irish. **2** *nm* **(a)** *(Ling)* Irish. **(b)** ~ Irishman; **les I~** the Irish; **les I~ du Nord** the Northern Irish. **3** *nf:* **I~e** Irishwoman.

ironie [iʀɔni] *nf* irony. ◆ **ironique** *adj* ironic(al). ◆ **ironiquement** *adv* ironically. ◆ **ironiser** (1) *vi* to be ironic(al) *(sur* about).

irradier [iʀadje] (7) **1** *vt* to irradiate. **2** *vi* to radiate.

irraisonné, e [iʀɛzɔne] *adj* irrational.

irrationnel, -elle [iʀasjɔnɛl] *adj (gén, Math)* irrational. ◆ **irrationalité** *nf* irrationality.

irratrapable [iʀatʀapabl(ə)] *adj bévue* irretrievable.

irréalisable [iʀealizabl(ə)] *adj but* unrealizable, unachievable; *projet* unworkable.

irréaliste [iʀealist(ə)] *adj* unrealistic.

irrecevable [iʀəsvabl(ə)] *adj (Jur)* inadmissible. **témoignage** ~ inadmissible evidence.

irréconciliable [iʀekɔ̃siljabl(ə)] *adj* irreconcilable.

irrécupérable [iʀekypeʀabl(ə)] *adj argent* irretrievable; *ferraille* unreclaimable; *voiture* beyond repair; *personne* irredeemable.

irrécusable [iʀekyzabl(ə)] *adj témoin* unimpeachable; *preuve* indisputable.

irréductible [iʀedyktibl(ə)] *adj (gén, Sci)* irreducible; *obstacle* insurmountable; *volonté* indomitable, invincible; *ennemi* implacable. ◆ **irréductiblement** *adv* implacably.

irréel, -elle [iʀeɛl] *adj* unreal.

irréfléchi, e [iʀefleʃi] *adj action* thoughtless, unconsidered; *personne* unthinking. ◆ **irréflexion** *nf* thoughtlessness.

irréfutable [iʀefytabl(ə)] *adj* irrefutable. ◆ **irréfutabilité** *nf* irrefutability.

irrégulier, -ière [iʀegylje, jɛʀ] *adj (gén)* irregular; *terrain, travail* uneven; *vent* fitful; *élève, athlète* erratic; *homme d'affaires* dubious. *(Jur)* **absence** ~ unauthorized absence. ◆ **irrégularité** *nf* irregularity. ◆ **irrégulièrement** *adv* irregularly; unevenly; fitfully; erratically; dubiously.

irrémédiable [iʀemedjabl(ə)] *adj perte* irreparable; *mal* incurable, irremediable. **essayer d'éviter l'** ~ to try to avoid reaching the point of no return. ◆ **irrémédiablement** *adv* irreparably; incurably, irremediably.

irremplaçable [iʀɑ̃plasabl(ə)] *adj* irreplaceable.

irréparable [iʀepaʀabl(ə)] *adj (lit, fig)* irreparable. **la voiture est** ~ the car is beyond repair *ou* is a write-off.

irrépressible [iʀepʀesibl(ə)] *adj* irrepressible.

irréprochable [iʀepʀɔʃabl(ə)] *adj conduite* irreproachable; *tenue* impeccable.

irrésistible [iʀezistibl(ə)] *adj (gén)* irresistible. **il est** ~**!** *(amusant)* he's hilarious! ◆ **irrésistiblement** *adv* irresistibly.

irrésolu, e [iʀezɔly] *adj personne* irresolute, indecisive. ◆ **irrésolution** *nf* irresoluteness, indecisiveness.

irrespectueux, -euse [iʀɛspɛktɥø, øz] *adj* disrespectful *(envers* to, towards).

irrespirable [iʀɛspiʀabl(ə)] *adj (lit)* unbreathable; *(étouffant)* oppressive, stifling; *(dangereux)* unsafe, unhealthy.

irresponsable [iʀɛspɔ̃sabl(ə)] *adj* irresponsible. ◆ **irresponsabilité** *nf* irresponsibility.

irrévérencieux, -euse [iʀeveʀɑ̃sjø, øz] *adj* irreverent. ◆ **irrévérence** *nf (caractère)* irreverence; *(propos)* irreverent word.

irréversible [iʀevɛʀsibl(ə)] *adj* irreversible.

irrévocable [iʀevɔkabl(ə)] *adj (gén)* irrevocable. ◆ **irrévocablement** *adv* irrevocably.

irriguer [iʀige] (1) *vt (Agr, Méd)* to irrigate. ◆ **irrigation** *nf* irrigation.

irriter [iʀite] (1) **1** *vt* **(a)** *(agacer)* to irritate, annoy. **(b)** *peau* to irritate. **2 s'** ~ *vpr:* **s'** ~ **de qch/contre qn** to feel irritated *ou* annoyed at sth/with sb. ◆ **irritabilité** *nf* irritability. ◆ **irritable** *adj* irritable. ◆ **irritant, e 1** *adj* irritating, annoying; *(Méd)* irritant. **2** *nm* irritant. ◆ **irritation** *nf (colère)* irritation, annoyance; *(Méd)* irritation.

irruption [iʀypsjɔ̃] *nf* irruption. **faire** ~ *(chez qn)* to burst in (on sb).

Islam [islam] *nm:* **l'** ~ Islam. ◆ **islamique** *adj* Islamic. **la République** ~ **de...** the Islamic Republic of...

Islande [islɑ̃d] *nf* Iceland. ◆ **islandais, e 1** *adj, nm* Icelandic. **2** *nm(f):* **I~(e)** Icelander.

isocèle [izɔsɛl] *adj* isoceles.

isoler [izɔle] (1) **1** *vt (gén)* to isolate; *(Élec)* to insulate; *(contre le bruit)* to soundproof. **ville isolée du reste du monde** town cut off from the rest of the world. **2 s'** ~ *vpr (gén)* to isolate o.s. **ils s'isolèrent quelques instants** they stood aside for a few seconds. ◆ **isolant, e 1** *adj (gén)* insulating; *(insonorisant)* soundproofing. **2** *nm* insulator. ~ **thermique/électrique** heat/electrical insulator. ◆ **isolation** *nf* insulation. ~ **phonique** soundproofing. ◆ **isolationnisme** *nm* isolationism. ◆ **isolation-**

niste *adj, nmf* isolationist. ◆ **isolé, e 1** *adj (gén)* isolated; *lieu* lonely, remote. **tireur** ~ lone sniper. **2** *nm, f (théoricien)* loner; *(personne délaissée)* lonely person. ◆ **isolement** *nm (gén)* isolation; *[personne délaissée, maison]* loneliness; *(Élec)* insulation. ◆ **isolément** *adv* in isolation, individually, separately. ◆ **isoloir** *nm* polling booth.

isomère [izɔmɛʀ] **1** *adj* isomeric. **2** *nm* isomer.

isorel [izɔʀɛl] *nm* ® hardboard.

isotherme [izɔtɛʀm(ə)] *adj* isothermal. **camion** ~ refrigerated lorry *ou* truck *(US)*.

isotope [izɔtɔp] **1** *adj* isotopic. **2** *nm* isotope.

Israël [isʀaɛl] *nm* Israel. **l'État d'** ~ the state of Israel. ◆ **israélien, -ienne** *adj*, I~(ne) *nm(f)* Israeli. ◆ **israélite 1** *adj* Jewish. **2** *nm*: I~ *(gén)* Jew ; *(Hist)* Israelite. **3** *nf*: I~ Jewess; Israelite.

issu, e¹ [isy] *adj*: **être** ~ **de** *(résulter de)* to stem from; *(être né de)* to be descended from.

issue² [isy] *nf* **(a)** *(sortie)* exit; *[vapeur]* outlet. **voie sans** ~ *(lit, fig)* dead end; *(panneau)* 'no through road'; ~ **de secours** emergency exit; *(fig)* **se ménager une** ~ to leave o.s. a way out. **(b)** *(solution)* way out. **la situation est sans** ~ there is no way out *ou* no solution to the situation; **un avenir sans** ~ a future without prospects. **(c)** *(fin)* out-

come. ~ **fatale** fatal outcome; **à l'** ~ **de** at the conclusion *ou* close of

Istamboul *ou* **Istanbul** [istãbul] *n* Istambul.

isthme [ism(ə)] *nm (Anat, Géog)* isthmus.

Italie [itali] *nf* Italy. ◆ **italien, -ienne** *adj, nm*, I~(ne) *nm(f)* Italian.

italique [italik] *nm (Typ)* italics. **mettre un mot en** ~(s) to put a word in italics, italicize a word.

itinéraire [itineʀɛʀ] *nm (chemin)* route, itinerary; *(Alpinisme)* route. *(fig)* **son** ~ **philosophique** his philosophical path.

itinérant, e [itineʀã, ãt] *adj* itinerant. **ambassadeur** ~ roving ambassador.

itou * † [itu] *adv* likewise. **et moi** ~! (and) me too! *

ivoire [ivwaʀ] *nm* ivory.

ivoirien, -ienne [ivwaʀjɛ̃, jɛn] **1** *adj* of *ou* from the Ivory Coast. **2** *nm, f:* I~(ne) inhabitant *ou* native of the Ivory Coast.

ivre [ivʀ(ə)] *adj (lit)* drunk. ~ **de colère/de joie** wild *ou* beside o.s. with anger/joy; ~ **mort** dead *ou* blind drunk. ◆ **ivresse** *nf* drunkenness. **l'** ~ **de la victoire** the exhilaration of victory; **l'** ~ **du plaisir** the (wild) ecstasy of pleasure; **avec** ~ rapturously, ecstatically. ◆ **ivrogne** *nmf* drunkard. ◆ **ivrognerie** *nf* drunkenness.

J

J, j [ʒi] *nm (lettre)* J, j.
j' [ʒ(ə)] *V* **je**.
jabot [ʒabo] *nm [oiseau]* crop; *(Habillement)* jabot.
jacasser [ʒakase] (1) *vi (gén)* to chatter. ◆ **jacassement** *nm*: ~(s) chatter.
jachère [ʒaʃɛʀ] *nf*: **mettre une terre en ~** to leave a piece of land fallow; **rester en ~** to lie fallow.
jacinthe [ʒasɛ̃t] *nf* hyacinth. ~ **des bois** bluebell.
Jacques [ʒak] *nm*: **faire le ~** * to play *ou* act the fool.
jacquet [ʒakɛ] *nm* backgammon.
jacter ⚉ [ʒakte] (1) *vi* to jabber, gas *; *(arg Police)* to talk, come clean ⚉.
jade [ʒad] *nm (pierre)* jade; *(objet)* jade object.
jadis [ʒadis] **1** *adv* formerly, long ago. **mes amis de ~** my friends of long ago. **2** *adj*: **dans le temps ~** in days of old.
jaguar [ʒagwaʀ] **1** *nm (animal)* jaguar. **2** *nf (voiture:* ®) **J~** Jaguar ®.
jaillir [ʒajiʀ] (2) *vi [liquide]* to spurt out, gush forth; *[larmes]* to flow; *[flammes]* to shoot up; *[étincelles]* to fly out; *[lumière]* to flash; *[cris]* to burst out; *[idée, vérité]* to spring *(de* from). **il jaillit dans la pièce** he burst into the room. ◆ **jaillissement** *nm [liquide]* spurt, gush.
jais [ʒɛ] *nm (Minér)* jet; *(couleur)* jet black.
jalon [ʒalɔ̃] *nm (lit)* ranging-pole; *(fig)* step. *(fig)* **poser les premiers ~s de qch** to prepare the ground for sth. ◆ **jalonner** (1) *vt (pour construire)* to mark out *ou* off; *(border, s'espacer sur)* to line. **carrière jalonnée de succès** career punctuated with successes.
jaloux, -ouse [ʒalu, uz] *adj (gén)* jealous. **faire des ~** to make people jealous. ◆ **jalousement** *adv* jealously. ◆ **jalouser** (1) *vt* to be jealous of. ◆ **jalousie** *nf* **(a)** *(sentiment)* jealousy. **être malade de ~** to be green with envy. **(b)** *(persienne)* slatted blind, jalousie.
Jamaïque [ʒamaik] *nf* Jamaica. ◆ **jamaïquain, e** *adj*, **J~(e)** *nm(f)* Jamaican.
jamais [ʒamɛ] *adv* **(a)** *(négatif)* never. **il ne lui a ~ plus écrit** he never wrote to her again, he has never written to her since; **il partit pour ne ~ plus revenir** he departed never to return; **nous sommes restés 2 ans sans ~ recevoir de nouvelles** we went for 2 years without ever hearing any news; **ça ne fait ~ que 2 heures qu'il est parti** it's no more than 2 hours since he left; **ce n'est ~ qu'un enfant** he is only *ou* but a child (after all); **~, au grand ~!, ~ de la vie!** never!; **~ plus!** never again!; **presque ~** hardly ever, practically never; **c'est le moment ou ~** it's now or never; **~ deux sans trois!** there's always a third time! **(b)** *(temps indéfini)* ever. **si ~ j'avais un poste pour vous je vous préviendrais** if I ever had a job for you I'd let you know; **si ~ tu rates le train, reviens** if by any chance you miss *ou* if you should happen to miss the train come back; **les œufs sont plus chers que ~** eggs are more expensive than ever; **à tout ~** for ever (and ever).
jambe [ʒɑ̃b] *nf* leg. ~ **de pantalon** trouser leg; ~ **de bois** wooden leg; *(Constr)* ~ **de force** strut; **avoir les ~s comme du coton** *ou* **en coton** to have legs like jelly *ou* cotton wool; *(fig)* **n'avoir plus de ~s** to be worn out; **traîner la ~** *(par fatigue)* to drag one's steps; *(boîter)* to limp along; **elle ne peut plus se tenir sur ses ~s** she can hardly stand; **prendre ses ~s à son cou** to take to one's heels; **faire qch par dessous** *ou* **par dessus la ~** * to do sth in a slipshod way; **il m'a tenu la ~ pendant des heures** * he kept me hanging about talking for hours *; **elle est toujours dans mes ~s** * she's always getting in my way.
jambon [ʒɑ̃bɔ̃] *nm* ham. ~ **fumé** smoked ham, gammon; ~ **blanc** *ou* **de Paris** boiled ham. ◆ **jambonneau**, *pl* ~**x** *nm* knuckle of ham.
jante [ʒɑ̃t] *nf [charrette]* felly; *[voiture, vélo]* rim. *(Aut)* ~**s alu** alloy wheels.
janvier [ʒɑ̃vje] *nm* January; *V* **septembre**.
Japon [ʒapɔ̃] *nm* Japan. ◆ **japonais, e** *adj*, *nm*, **J~(e)** *nm(f)* Japanese.
japper [ʒape] (1) *vi* to yap, yelp. ◆ **jappement** *nm* yap, yelp.
jaquette [ʒakɛt] *nf [homme]* morning coat; *[livre]* (dust) jacket.
jardin [ʒaʀdɛ̃] *nm* garden, yard *(US)*. **siège de ~** garden seat; ~ **d'agrément** pleasure garden; ~ **botanique** botanical garden(s); ~ **d'enfants** kindergarten, ≈ playschool; ~ **potager** vegetable *ou* kitchen garden; ~ **public** (public) park, public gardens. ◆ **jardinage** *nm* gardening. ◆ **jardiner** (1) *vi* to garden, do some gardening. ◆ **jardinier, -ière 1** *adj* garden. **2** *nm, f* gardener. **3** *nf* **(a)** *(caisse à fleurs)* window box. **(b)** ~**ière (de légumes)** mixed vegetables, jardiniere. **(c)** ~**ière d'enfants** kindergarten teacher, ≈ playschool supervisor.
jargon [ʒaʀgɔ̃] *nm (baragouin)* gibberish, double Dutch *; *(professionnel)* jargon. ~ **administratif** officialese, official jargon; ~ **informatique** computerese *; ~ **de métier** trade jargon *ou* slang.
jarret [ʒaʀɛ] *nm [homme]* back of the knee, ham; *[animal]* hock. *(Culin)* ~ **de veau** knuckle of veal.
jarretelle [ʒaʀtɛl] *nf* suspender, garter *(US)*.
jarretière [ʒaʀtjɛʀ] *nf* garter.
jars [ʒaʀ] *nm (animal)* gander.
jaser [ʒaze] (1) *vi [enfant]* to chatter, prattle; *[oiseau]* to twitter; *[ruisseau]* to babble; *(arg Police)* to talk; *[personne] (parler)* to chat; *(médire)* to gossip. **cela va faire ~ les gens** that'll set tongues wagging.
jasmin [ʒasmɛ̃] *nm* jasmine.
jatte [ʒat] *nf* (shallow) bowl, basin.
jauge [ʒoʒ] *nf* **(a)** *(compteur)* gauge; *(règle graduée)* dipstick. **(b)** *(capacité) [réservoir]* capacity; *[navire]* tonnage, burden. ◆ **jauger** (3) **1** *vt réservoir* to gauge the capacity of; *navire* to measure the tonnage of; *personne* to size up. **il le jaugea du regard** he gave him an appraising look. **2** *vi* to have a capacity of. **navire qui jauge 500 tonneaux** ship of 500 tonnes *ou* tons burden.
jaune [ʒon] **1** *adj* yellow. ~ **d'or** golden yellow; ~ **citron** lemon, lemon yellow; ~ **paille** straw-coloured; ~ **serin** *ou* **canari** canary yellow. **2** *nm* **(a)** **J~** Asian; **les J~s** the yellow races. **(b)** *(couleur)* yellow. **(c)** ~ **(d'œuf)** (egg) yolk. **(d)** *(péj: non gréviste)* blackleg, scab ⚉. **3** *nf* **(a)** **J~** Asian woman. **(b)** *(péj)* blackleg, scab ⚉. ◆ **jaunâtre** *adj*

yellowish. ◆ **jaunir** (2) *vti* to turn yellow. **doigts jaunis par la nicotine** fingers yellowed *ou* discoloured with nicotine. ◆ **jaunisse** *nf* (*Méd*) jaundice. **en faire une ~ *** (*de dépit*) to be pretty miffed *; (*de jalousie*) to be *ou* turn green with envy.

Java [ʒava] *nf* Java. ◆ **javanais, e** *adj, nm*, **J~(e)** *nm(f)* Javanese.

java [ʒava] *nf* (*danse*) popular waltz. (*fig*) **faire la ~ ⚎** to live it up *, have a rave-up ⚎; **ils ont fait une de ces ~s** they had a really wild time * *ou* a real rave-up ⚎.

javelliser [ʒavelize] (1) *vt* to chlorinate.

javelot [ʒavlo] *nm* (*Mil, Sport*) javelin.

jazz [dʒaz] *nm* jazz. ◆ **jazzman**, *pl* **jazzmen** *nm* jazzman, jazz player.

je, j' [ʒ(ə)] *pron pers* I. **elle a un je ne sais quoi qui attire** there's a (certain) something about her that is very attractive; **son je-m'en-fichisme *** his (I-) couldn't-care-less attitude *.

jean [dʒin] *nm* (pair of) jeans.

jeanfoutre [ʒɑ̃futʀ(ə)] *nm inv* (*péj*) jackcass (*péj*).

jeep [ʒip] *nf* jeep.

jérémiades * [ʒeʀemjad] *nfpl* moaning, whining.

jerrycan [ʒeʀikan] *nm* jerry can.

jersey [ʒɛʀze] **1** *nm* (*tissu*) jersey (cloth). **point de ~** stocking stitch. **2** : **J~** *nf* Jersey.

Jerusalem [ʒeʀyzalɛm] *n* Jerusalem.

jésuite [ʒezɥit] *nm, adj* Jesuit.

jésus [ʒezy] *nm* (**a**) **J~** Jesus; **J~-Christ** Jesus Christ; **en 300 avant/après J~-Christ** in 300 B.C./A.D. (**b**) (*statue*) statue of the infant Jesus. (*terme d'affection*) **mon ~** (my) darling. (**c**) (*saucisson*) kind of pork sausage.

jet¹ [ʒɛ] *nm* (**a**) [*eau etc*] jet; [*sang*] spurt; [*salive*] stream; [*lumière*] beam. (**b**) [*pierre*] (*action*) throwing; (*résultat*) throw. **à un ~ de pierre** at a stone's throw. (**c**) **premier ~** first sketch; **écrire d'un (seul) ~** to write in one go; **à ~ continu** in a continuous *ou* an endless stream; **~ d'eau** (*fontaine*) fountain; (*gerbe*) spray.

jet² [dʒɛt] *nm* (*Aviat*) jet.

jeter [ʒ(ə)te] (4) **1** *vt* (**a**) (*lancer*) to throw; (*avec force*) to fling, hurl; (*au rebut*) to throw away *ou* out. (*: *mettre rapidement*) **~ une veste sur ses épaules** to slip a jacket over one's shoulders; **~ une idée sur le papier** to jot down an idea; **~ qch à qn** (*pour qu'il l'attrape*) to throw sth to sb; (*agressivement*) to throw sth at sb; **~ qch par terre/par la fenêtre** to throw sth on the ground/out of the window; **il s'est fait ~ ⚎** he got thrown out; **~ qch à la poubelle** to throw sth in the dustbin; **jette l'eau sale dans l'évier** pour the dirty water down the sink; **~ dehors** *visiteur* to throw out; *employé* to fire, sack. (**b**) (*construire*) *pont* to throw (*sur* over); *fondations* to lay. (**c**) *lueur* to give, give out, cast, shed; *cri* to give, utter, let out; *regard* to cast. **~ un coup d'œil sur qch** (*rapidement*) to glance at sth; (*pour surveiller*) to take a look at sth; **le diamant jette mille feux** the diamond sparkles brilliantly; **elle en jette, cette voiture!** that's a really smart car!, that's some car! * (**d**) (*dans le désespoir*) to plunge; (*dans l'embarras*) to throw (*dans* into). **ça me jette hors de moi** it drives me frantic *ou* wild. (**e**) *discrédit, sort* to cast. **~ le trouble chez qn** to disturb *ou* trouble sb; **sa remarque a jeté un froid** his remark cast a chill. (**f**) (*dire*) to say (*à* to); *insultes* to hurl (*à* at). **il me jeta en passant que c'était commencé** he said to me as he went by that it had begun; **~ un cri** to let out *ou* give a cry; **~ des cris** to cry out, scream. (**g**) (*locutions*) **~ son dévolu sur qch/qn** to set one's heart on sth/sb; **~ la première pierre** to cast the first stone; **je ne veux pas lui ~ la pierre** I don't want to be

too hard on him; **~ du lest** (*lit*) to dump ballast; (*fig*) to sacrifice sth, make concessions; **on va s'en ~ un derrière la cravate ⚎** we'll have a quick one *; **~ l'argent par les fenêtres** to spend money like water; **~ sa gourme** to sow one's wild oats; **~ le manche après la cognée** to throw in one's hand; **~ de la poudre aux yeux de qn** to impress sb; (*Boxe*) **~ l'éponge** to throw in the sponge *ou* towel.

2 se ~ *vpr* (**a**) **se ~ par la fenêtre/à genoux** to throw o.s. out of the window/down on one's knees; **se ~ du douzième étage** to throw o.s. off the twelfth floor; **se ~ sur qn** to launch o.s. at sb, rush at sb; **se ~ sur sa proie** to pounce on one's prey; **sa voiture s'est jetée contre un arbre** his car crashed into a tree; **se ~ à l'eau** (*lit*) to plunge into the water; (*fig*) to take the plunge; **se ~ à corps perdu dans une entreprise** to throw o.s. wholeheartedly into an enterprise. (**b**) [*rivière*] to flow (*dans* into).

jeton [ʒ(ə)tɔ̃] *nm* (**a**) (*pièce*) (*gén*) token; (*Jeu*) counter; (*Roulette*) chip. **~ de téléphone** telephone token; **~ (de présence)** (*argent*) director's fees. (**b**) (⚎) (*coup*) biff *. **avoir les ~s** to have the jitters *.

jeu, jeux [ʒø] **1** *nm* (*gén avec règles*) game. **~ d'adresse/de hasard** game of skill/chance; **~ de société** parlour game; **~-concours** competition; **~ radiophonique** radio game; **~ télévisé** (*avec questions*) television quiz; **~ de patience** jigsaw puzzle; **~ vidéo** video game. (**b**) (*Sport*) (*partie*) game. (*Tennis*) **mener par 5 ~x à 2** to lead by 5 games to 2; **'~', set et match'** 'game, set and match'; **hors ~** (*Tennis*) out (of play); (*Ftbl, Rugby*) offside; (*Ftbl, Rugby*) **mettre qn hors ~** to put sb offside; **remettre en ~** to throw in; **remise en ~** throw-in. (**c**) (*série*) [*pions, clefs*] set. **~ de construction** building set; **~ de 52 cartes** pack of 52 cards. (**d**) (*lieu*) **~ de boules** bowling ground; **~ de quilles** skittle alley. (**e**) (*Cartes: main*) hand. **avoir du ~** to have a good hand; (*fig*) **cacher son ~** to conceal one's hand. (**f**) (*façon de jouer*) (*Sport*) game; (*Théât*) acting. **il a un ~ rapide** (*Sport*) he plays a swift game; (*Mus*) he plays quickly; **j'observais son petit ~** I watched his little game. (**g**) **le ~** (*amusement*) play; (*Casino*) gambling; **le ~ est nécessaire à l'homme** play is necessary to man, man needs to play. (**h**) (*fonctionnement*) [*institutions*] working, interplay; (*Tech*) play. **donner du ~ à qch** to give a bit of play to sth, loosen sth up a bit; **il y a du ~** it's a bit loose, there's a bit of play. (**i**) (*locutions*) **le ~ n'en vaut pas la chandelle** the game is not worth the candle; **il a beau ~ de protester maintenant** it's easy for him to complain now; **les forces en ~** the forces at work; **ce qui est en ~** what is at stake; **mettre/entrer en ~** to bring/come into play; **entrer dans le ~ de qn** to play sb's game, join in sb's game; **faire le ~ de qn** to play into sb's hands; **faire ~ égal avec qn** to be evenly matched (against sb); **c'est un ~ d'enfant** it's child's play, it's a snap * (*US*); **ce n'est qu'un ~** it's just a game; **par ~** for fun; **être pris à son propre ~** to be caught out at one's own game; **~x de main, ~x de vilain!** stop fooling around or it will end in tears!; **les ~x sont faits** (*Casino*) 'les jeux sont faits'; (*fig*) the die is cast.

2 : (*Comm*) **~ d'écritures** dummy entry; (*Ordin*) **~ d'essai** benchmark; **~ de massacre** (*à la foire*) Aunt Sally; (*fig*) wholesale slaughter; **~ de mots** play on words, pun; **~ de l'oie** ≈ snakes and ladders; **J~x olympiques** Olympic games; **J~x olympiques d'hiver** Winter Olympics; **J~x olympiques pour handicapés** wheelchair Olympics.

jeudi [ʒødi] *nm* Thursday. **le ~ de l'Ascension** Ascension Day; **le ~ saint** Maundy Thursday; *V* **samedi**.

jeun [ʒœ̃] *adv*: **être à ~** to have eaten (*ou* drunk) nothing; (*pas ivre*) to be sober; (*Méd*) **à prendre à ~** to be taken on an empty stomach.

jeune [ʒœn] **1** adj (a) (gén) young; apparence youthful; industrie new. **dans mon ~ âge** in my younger days, in my youth; **il n'est plus tout ~** he's not as young as he was; **il est plus ~ que moi de 5 ans** he's 5 years younger than me, he's 5 years my junior; **s'habiller ~** to dress young for one's age; **être ~ d'allure** to be young-looking, be youthful in appearance; **être ~ de caractère** (puéril) to be childish; (dynamique) to have a youthful outlook. (b) (inexpérimenté) inexperienced, green *. **être ~ dans le métier** to be new ou a newcomer to the trade. (c) (cadet) junior. **mon ~ frère** my younger brother; **mon plus ~ frère** my youngest brother; **Durand ~** Durand junior. (d) (*: insuffisant) short, skimpy. **c'est un peu ~** [temps] it's cutting it a bit short ou fine; [argent] it's a bit on the short side, it's pretty tight *.
2 nm youth, young man. **les ~s** young people; **club de ~s** youth club.
3 nf girl.
4 : **~ chien** puppy; **~ femme** young woman; **~ fille** girl; **la ~ génération** the younger generation; **~s gens** young people; **~ homme** young man; **~ marié** bridegroom; **~ mariée** bride; **les ~s mariés** the newly-weds; (Théât) **~ premier** leading man; **~ première** leading lady.

jeûne [ʒøn] nm fast. ◆ **jeûner** (1) vi (gén) to go without food; (Rel) to fast.

jeunesse [ʒœnɛs] nf (a) (gén) youth; [apparence, esprit] youthfulness; [vin] youngness. **dans ma ~** in my youth, in my younger days; **erreur de ~** youthful mistake; **il faut que ~ se passe** youth must have its fling; **la ~ de son visage** his youthful face. (b) (personnes) **la ~** young people; **la ~ dorée** the young jet set; **la ~ des écoles** young people at school; **les ~s communistes** the Communist Youth Movement.

jiu-jitsu [ʒ(j)yʒitsy] nm jujitsu.

joaillerie [ʒɔɑjʀi] nf (commerce) jeweller's trade; (marchandise) jewellery; (magasin) jeweller's (shop). ◆ **joaillier, -ière** nm, f jeweller.

job * [dʒɔb] nm (travail) (temporary) job.

jobard, e * [ʒɔbaʀ, aʀd(ə)] **1** adj gullible. **2** nm, f (dupe) sucker *, mug *; wally ‡.

jockey [ʒɔkɛ] nm jockey.

jogging [dʒɔgiŋ] nm jogging. **faire du ~** to go jogging.

joie [ʒwa] nf joy. **à ma grande ~** to my great joy ou delight; **être au comble de la ~** to be overjoyed; **quand aurons-nous la ~ de vous revoir?** when shall we have the pleasure of seeing you again?; **les ~s du mariage** the joys of marriage; **être plein de ~ de vivre** to be full of the joys of life; **faire la ~ de qn** to delight sb, give great pleasure to sb; **le clown tomba pour la plus grande ~ des enfants** the clown fell over to the (great) delight of the children; **il se faisait une telle ~ d'y aller** he was so looking forward to going; **je me ferai une ~ de le faire** I shall be delighted ou only too pleased to do it.

joindre [ʒwɛ̃dʀ(ə)] (49) **1** vt (a) (gén) to join (à to); objets to put together; villes to link (à with); efforts to combine. **les talons joints** with one's heels together; **~ l'utile à l'agréable** to combine work with pleasure; **~ le geste à la parole** to suit the action to the word; (fig) **~ les deux bouts** * to make (both) ends meet. (b) (inclure) timbre, chèque etc to enclose (à with). **les avantages joints à ce poste** the advantages attached to this post; **carte jointe à un cadeau** card attached to a gift. (c) (communiquer avec) personne to get in touch with, contact. **2** vi [fenêtre, porte] to shut, close; [planches etc] to join. **3** se **~** vpr (s'unir à) se **~ à groupe** to join; se **~ à la foule** to mingle ou mix with the crowd; se **~ à la discussion** to join in the discussion. (b) [mains] to join.

◆ **joint** nm (a) (articulation) joint; (ligne de jonction) join; (en ciment, mastic) pointing. **~ de robinet** washer; **~ de cardan** cardan joint; **~ de culasse** cylinder head gasket; **~ d'étanchéité** seal. (b) (arg Drogue) joint (arg). (c) **faire le ~** * [provisions] to last ou hold out; [argent] to bridge the gap (jusqu'à until); **trouver le ~** * to come up with the solution. ◆ **jointure** nf joint; join. **faire craquer ses ~s** to crack one's knuckles.

joker [ʒɔkɛʀ] nm (Cartes) joker.

joli, e [ʒɔli] adj (a) (gén) nice; femme pretty; vue attractive. **~ comme un cœur** pretty as a picture; **il est ~ garçon** he is (quite) good-looking. (b) (*) profit, résultat nice, good. **ça fait une ~e somme** it's a tidy ou handsome sum of money. (c) (iro: déplaisant) fine (iro), nice (iro). **un ~ gâchis** a fine mess; **un ~ monsieur** a nasty character. (d) (locutions) **tout ça c'est bien ~ mais** that's all very well but; **le plus ~ (de l'histoire) c'est que** the best bit of it all is that; **vous avez fait du ~!** you've made a fine mess of things!; **tu as encore menti, c'est du ~!** you've lied again — that's great! * ou that's a great help!; **faire le ~ cœur** to play the lady-killer; **ce n'est pas ~ de mentir** it's not nice to tell lies; **elle est ~e, votre idée!** that's a nice ou great * idea!; (iro) **c'est ~ de dire du mal des gens!** that's nice spreading nasty gossip about people! ◆ **joliment** adv nicely; attractively; prettily. **il était ~ en retard** * he was pretty * late.

jonc [ʒɔ̃] nm (plante) bulrush; (canne) cane, rattan. (bijou) **~ d'or** (plain gold) bangle ou ring.

joncher [ʒɔ̃ʃe] (1) vt: **~ qch de** to strew sth with.

jonction [ʒɔ̃ksjɔ̃] nf junction. **point de ~** junction, meeting point.

jongler [ʒɔ̃gle] (1) vi (lit, fig) to juggle (avec with). ◆ **jonglerie** nf jugglery, juggling. ◆ **jongleur, -euse** nm, f juggler; (Hist) jongleur.

jonque [ʒɔ̃k] nf (Naut) junk.

jonquille [ʒɔ̃kij] nf daffodil, jonquil.

Jordanie [ʒɔʀdani] nf Jordan. ◆ **jordanien, -ienne** adj, J~(ne) nm(f) Jordanian.

joue [ʒu] nf (a) (Anat) cheek. **~ contre ~** cheek to cheek. (b) (Mil) **en ~!** take aim!; **mettre en ~ cible** to aim at; **fusil** to aim.

jouer [ʒwe] (1) **1** vi (a) to play (avec with). **~ à la poupée/aux soldats/aux cartes/à courir** to play with one's dolls/(at) soldiers/cards/at running; **~ aux cowboys et aux Indiens** to play (at) cowboys and Indians; (fig) **~ avec son crayon, une idée** to toy with; **sa santé** to gamble with; (fig) **on ne joue pas avec ces choses-là** matters like these are not to be treated lightly; **~ au chat et à la souris avec qn** to play cat and mouse with sb; **~ avec ou contre X aux échecs** to play X at chess; **~ au héros** to play the hero. (b) (Mus) to play. **~ du piano** to play the piano. (c) (Casino) to gamble. **~ à la Bourse** to speculate ou gamble on the Stock Exchange; **~ à la roulette** to play roulette; **~ aux courses** to bet on the horses; **ils ont joué sur la surprise** they were banking ou relying on the element of surprise. (d) (Théât) to act. **elle joue bien** she is a good actress, she acts well; **on joue à guichets fermés** the performance is fully booked ou is booked out. (e) (fonctionner) to work. **faire ~ un ressort** to activate ou trigger a spring. (f) (joindre mal) to fit loosely, be loose; [bois] (travailler) to warp. (g) (intervenir, s'appliquer) to apply (pour to); [facteur] to matter, count. **cet argument joue à plein** this argument is entirely applicable; **cette mesure joue pour tout le monde** this measure applies to everybody; **ça a joué en ma faveur** it worked in my favour; **il a fait ~ ses appuis politiques** he made use of his political connections; **le temps joue contre lui** time is against him ou is not on his side. (h) (locutions) **~ sur les mots** to play with words; **faire qch pour ~** to do sth for

fun; ~ **serré** to play a close game; ~ **perdant/
gagnant** to play a losing/winning game; ~ **au plus
fin** to try to outsmart sb; ~ **de malheur** to be
dogged by ill luck; *(lit, fig)* **à vous de ~!** your go!
ou turn!; *(Échecs)* your move!; **bien joué!** well
done! ; ~ **avec le feu** to play with fire.
2 *vt* **(a)** *(Théât)* rôle to play, act; *(représenter)* film
to put on, show. **on joue 'Macbeth' ce soir** 'Macbeth' is on this evening; *(fig)* ~ **un rôle** to play a
part; *(fig)* ~ **la comédie** to put on an act; *(fig)* **le
drame s'est joué très rapidement** the tragedy happened very quickly. **(b)** *(simuler)* ~ **les victimes**
to play the victim; ~ **la surprise** to affect *ou* feign
surprise. **(c)** *(Mus, Sport)* to play; *pion* to play,
move. ~ **atout** to play trumps. **(d)** *argent (Casino)*
to stake, wager; *(Courses)* to bet, stake *(sur* on);
cheval to back, bet on; *réputation* to wager. ~ **les
consommations** to play for drinks; *(fig: décidé)* **rien
n'est encore joué** nothing is settled *ou* decided yet.
(e) *(littér: tromper)* personne to deceive. **(f)** *(locutions)*
il faut ~ le jeu you've got to play the game; ~
franc jeu to play fair; ~ **un double jeu** to play a
double game; ~ **son va-tout** to stake one's all;
~ **un tour à qn** to play a trick on sb; **cela te jouera
un mauvais** *ou* **vilain tour** you'll get your comeup-
pance *, you'll be sorry for it; ~ **sa dernière carte**
to play one's last card.
3 ~ **de** *vt indir* couteau, *influence* to use, make use
of. ~ **des jambes** * to run away, take to one's
heels; ~ **des coudes pour entrer** to elbow one's
way in; **il joue de sa maladie pour ne rien faire** he
plays on his illness to get out of doing anything.
4 se ~ *vpr: (littér)* **se ~ de qn** to deceive sb; **se
~ des difficultés** to make light of the difficulties;
il a réussi cet examen comme en se jouant that
exam was a walkover for him *.
♦ **jouet** *nm* toy, plaything. **être le ~ d'une illusion**
to be the victim of an illusion; **être/devenir le ~
du hasard** to be/become a hostage to fortune.
♦ **joueur, -euse** *nm, f* player; *(Casino)* gambler.
~ **de golf** golfer; **être beau/mauvais ~** to be a good/
bad loser; *[enfant]* **il est très ~** he's very playful.
joufflu, e [ʒufly] *adj* personne chubby-cheeked;
visage chubby.
joug [ʒu] *nm* **(a)** *(Agr, fig)* yoke. **sous le ~** under
the yoke. **(b)** *[balance]* beam.
jouir [ʒwiʀ] (2) **1** ~ **de** *vt indir (gén, Jur)* to enjoy.
~ **de toutes ses facultés** to be in full possession
of one's faculties; **le Midi jouit d'un bon climat** the
South of France has a good climate. **2** *vi* (‡)
(plaisir sexuel) to come‡, have an orgasm. ♦ **jouissance** *nf* **(a)** *(volupté)* pleasure. **(b)** *(Jur: usage)* use,
enjoyment.
joujou *, pl* ~**x** [ʒuʒu] *nm* toy; (*: revolver)* gun.
faire ~ to play *(avec* with).
jour [ʒuʀ] **1** *nm* **(a)** *(lumière)* day(light); *(période)*
day(-time). **il fait** ~ it is daylight; **je fais ça le** ~
I do it during the day *ou* in the daytime; **voyager
de** ~ to travel by day; **se lever avant le** ~ to get
up before dawn *ou* daybreak; **le** ~ **tombe** it's getting dark; **avoir le** ~ **dans les yeux** to have the
light in one's eyes; **c'est le** ~ **et la nuit!** there's
absolutely no comparison! **(b)** *(espace de temps)*
day. **d'un** ~ *célébrité, joie* short-lived, fleeting; **c'est
à 2 ~s de marche de...** it is a 2 days' walk from... ;
dans 2 ~s in 2 days' time, in 2 days; **un de ces
~s** one of these days; **à un de ces ~s!** see you
again sometime!, be seeing you! *; **le** ~ **d'avant**
the day before, the previous day; **le** ~ **d'après**
the day after, the next day, the following day;
le ~ **de Pâques** Easter Day; **il m'a téléphoné l'autre
jour** he phoned me the other day; *(iro)* **c'est mon
~!** it's just not my day today!; **ce n'est vraiment
pas le** ~ *(vous* ou we *etc)* have picked the wrong
day!; **le goût du** ~ the style of the day; **un œuf
du** ~ a new-laid egg, a freshly-laid egg. **(c)** *(indéterminé)* **la fuite des** ~**s** the swift passage of time;

mettre fin à ses ~**s** to put an end to one's life;
nous gardons cela pour nos vieux ~**s/pour les mauvais** ~**s** we're keeping that for our old age/for
a rainy day *ou* for hard times. **(d)** *(éclairage: lit,
fig)* light. **jeter un** ~ **nouveau sur** to throw (a) new
light on; **se présenter sous un** ~ **favorable** *[projet]*
to look promising; *[personne]* to show o.s. in a
favourable light; **nous le voyons sous son véritable**
~ we see him in his true colours. **(e)** *(ouverture)*
[mur, haie] gap. *(Couture)* ~**s** hemstitching. **(f)**
(locutions) **donner le** ~ **à** to give birth to; **voir le**
~ to be born; **mettre au** ~ *(révéler)* to bring to
light; **se faire** ~ to become clear; **vivre au** ~ **le**
~ to live from day to day; **être/mettre à** ~ to be/
bring up to date; **mise à** ~ *(action)* updating;
(résultat) update; **un** ~ **ou l'autre** sooner or later;
du ~ **au lendemain** overnight; **être dans un bon/
mauvais** ~ to be in a good/bad mood; **chose de
tous les** ~**s** everyday *ou* ordinary thing; **de nos
~s** these days, nowadays; **3 fois par** ~ 3 times
a day; **il y a 2 ans** ~ **pour** ~ 2 years ago to the
day.
2 : **le** ~ **de l'An** New Year's day; ~ **de congé** day
off, holiday; ~ **de deuil** day of mourning; ~ **férié**
public holiday; ~ **de fête** feastday, holiday; **le** ~
du Grand Pardon the Day of Atonement; **le** ~ **J**
D-day; **le** ~ **des Morts** All Souls' Day; ~ **ouvrable**
weekday, working day; **le** ~ **des Rois** Epiphany,
Twelfth Night; **le** ~ **du Seigneur** Sunday; ~ **de
sortie** day off; ~ **de travail** working day.
journal, *pl* **-aux** [ʒuʀnal, o] *nm* **(a)** *(Presse)*
(news)paper; *(magazine)* magazine; *(bulletin)* journal. **(b)** *(intime)* diary, journal; *(Rad)* news. ~ **de
bord** ship's log; ~ **pour enfants** children's comic
ou paper; *(TV)* ~ **télévisé** television news.
journalier, -ière [ʒuʀnalje, jɛʀ] *adj (de chaque jour)*
daily; *(banal)* everyday, humdrum. **c'est** ~ it happens every day.
journalisme [ʒuʀnalism(ə)] *nm* journalism.
♦ **journaliste** *nmf* journalist. ~ **sportif** sports correspondent; ~ **de radio/de télévision** radio/tele-
vision reporter. ♦ **journalistique** *adj* journalistic.
journée [ʒuʀne] *nf* **(a)** day. **pendant la** ~ during
the day, in the daytime; **dans la** ~ **d'hier** yesterday, in the course of yesterday. **(b)** *[ouvrier]*
~ **(de travail)** day's work; ~ **(de salaire)** day's
wages *ou* pay; **faire de dures** ~**s** to put in a heavy
day's work; **être payé à la** ~ to be paid by the
day; **faire la** ~ **continue** to work over lunch; **la**
~ **de 8 heures** the 8-hour day; ~ **de repos** day off.
journellement [ʒuʀnɛlmɑ̃] *adv (quotidiennement)*
daily; *(souvent)* every day.
joute [ʒut] *nf (Hist, fig)* joust. ~**s nautiques** water
tournament. ♦ **jouter** (1) *vi (Hist, fig)* to joust
(contre against).
jouvenceau, *pl* ~**x** [ʒuvɑ̃so] *nm* (†, *hum)* stripling †. ♦ **jouvencelle** *nf* (†, *hum)* damsel (†).
jouxter [ʒukste] (1) *vt* to adjoin, be next to.
jovial, e, *mpl* **-aux** *ou* **~s** [ʒɔvjal, o] *adj* jovial, jolly.
♦ **jovialement** *adv* jovially. ♦ **jovialité** *nf* joviality, jollity.
joyau, *pl* ~**x** [ʒwajo] *nm (lit, fig)* gem, jewel.
joyeux, -euse [ʒwajø, øz] *adj (gén)* joyful; *groupe*
merry; *repas* cheerful. **un** ~ **luron** a jolly fellow;
il était tout ~ **à l'idée de partir** he was overjoyed
at the idea of going; ~ **Noël!** merry *ou* happy
Christmas!; ~**euse fête!** many happy returns!
♦ **joyeusement** *adv* joyfully; merrily; cheerfully.
jubilé [ʒybile] *nm* jubilee.
jubiler * [ʒybile] (1) *vi* to be jubilant. ♦ **jubilation**
nf jubilation.
jucher *vt,* **se** ~ *vpr* [ʒyʃe] (1) to perch *(sur* on).

judaïque [ʒydaik] *adj loi* Judaic; *religion* Jewish.
♦ **judaïsme** *nm* Judaism. ♦ **judéo-** *préf* Judeo-.
♦ **judéo-allemand, e** *adj, nm* Yiddish.

Judée [ʒyde] *nf* Judaea, Judea.

judiciaire [ʒydisjɛʀ] *adj* judicial. **poursuites** ~**s** judicial *ou* legal proceedings.

judicieux, -euse [ʒydisjø, øz] *adj* judicious.
♦ **judicieusement** *adv* judiciously.

judo [ʒydo] *nm* judo. ♦ **judoka** *nmf* judoka.

juge [ʒyʒ] **1** *nm* (*gén*) judge. **oui, Monsieur le J**~ yes, your Honour; (**madame**)/(**monsieur**) **le** ~ **X** Mrs/Mr Justice X; **être à la fois** ~ **et partie** to be both judge and judged; **je vous fais** ~ I'll let you be the judge; **il est seul** ~ **en la matière** he is the only one who can judge; **aller devant le** ~ to go before the judge. **2** : ~**-arbitre** referee; ~ **des enfants** children's judge, ≈ juvenile magistrate ; ~ **d'instruction** examining judge *ou* magistrate, committing magistrate (*US*); ~ **de paix** justice of the peace, magistrate; ~ **de touche** linesman.

jugé [ʒyʒe] *nm*: **au** ~ by guesswork; **tirer au** ~ to fire blind.

jugement [ʒyʒmɑ̃] *nm* (**a**) (*Jur*) [*criminel*] sentence; [*civil*] decision, award. **rendre un** ~ to pass sentence; **passer en** ~ to stand trial; **faire passer qn en** ~ to put sb on trial; **poursuivre qn en** ~ to sue sb, take legal proceedings against sb; ~ **par défaut** judgment by default. (**b**) (*opinion*) judgment, opinion. **porter un** ~ **sur** to pass judgment on; ~ **préconçu** prejudgment. (**c**) (*discernement*) judgment. **manquer de** ~ to lack judgment. (**d**) (*Rel*) judgment.

jugeote * [ʒyʒɔt] *nf* commonsense, gumption *.

juger [ʒyʒe] (3) **1** *vt* (**a**) *affaire* to judge, try; *accusé* to try (*pour* for); *différend* to arbitrate in. **le jury a jugé qu'il n'était pas coupable** the jury found him not guilty; **l'affaire doit se** ~ **à l'automne** the case is to be heard in the autumn. (**b**) (*décider*) to judge. **à vous de** ~ it's up to you to decide *ou* to judge. (**c**) (*apprécier*) to judge. **il ne faut pas** ~ **d'après les apparences** you must not judge *ou* go by appearances; **jugez combien j'étais surpris** imagine how surprised I was. (**d**) (*estimer*) ~ **qch/qn ridicule** to consider *ou* find sth/sb ridiculous; ~ **que** to think *ou* consider that; ~ **mal qn** to think badly of sb; ~ **bon de faire** to consider it a good thing *ou* advisable to do; **il se juge capable de le faire** he thinks *ou* reckons he can do it. **2** ~ **de** *vt indir* to appreciate, judge. **si j'en juge par mon expérience** judging by my experience; **à en** ~ **par ce résultat, il...** if this result is any indication, he...; **autant que je puisse en** ~ as far as I can judge. **3** *nm* = **jugé**.

juguler [ʒygyle] (1) *vt maladie* to arrest; *envie* to suppress; *inflation* to curb; *révolte* to put down.

juif, juive [ʒɥif, ʒɥiv] **1** *adj* Jewish. **2** *nm*: **J**~ Jew. **3** *nf*: **Juive** Jewess.

juillet [ʒɥijɛ] *nm* July; *V* **septembre**.

juin [ʒɥɛ̃] *nm* June; *V* **septembre**.

jumeau, -elle *mpl* ~**x** [ʒymo, ɛl] **1** *adj* (*gén*) twin. **mon frère** ~ my twin brother; **maisons** ~**elles** semidetached houses. **2** *nm, f* (*personne*) twin; (*sosie*) double. **j'aimerais trouver le** ~ **de ce vase ancien** I'd like to find the partner to this antique vase. **3** *nf*: ~**elle(s)** binoculars; ~**elles de théâtre** opera glasses. ♦ **jumelage** *nm* twinning.
♦ **jumelé, e** *adj colonnes, villes* twin; *roues, billets* double. ♦ **jumeler** (4) *vt villes* to twin; *efforts* to join.

jument [ʒymɑ̃] *nf* mare.

jumping [dʒœmpiŋ] *nm* (*gén*) jumping.

jungle [ʒɔ̃gl(ə)] *nf* (*lit, fig*) jungle. **la** ~ **des affaires** the jungle of the business world, the rat race of business.

junior [ʒynjɔʀ] *adj, nmf* junior. **mode** ~ young *ou* junior fashion.

junte [ʒœ̃t] *nf* junta.

jupe [ʒyp] *nf* skirt. (*fig*) **être toujours dans les** ~**s de sa mère** to cling to one's mother's apron strings; **il est toujours dans mes** ~**s** he's always under my feet. ♦ **jupon** *nm* waist petticoat *ou* slip, underskirt. **courir le** ~ to chase anything in a skirt.

Jura [ʒyʀa] *nm*: **le** ~ the Jura (Mountains).

jurer [ʒyʀe] (1) **1** *vt* to swear. ~ **fidélité à qn** to swear *ou* pledge loyalty to sb; ~ **la perte de qn** to swear to ruin sb; **faire** ~ **à qn de garder le secret** to swear *ou* pledge sb to secrecy; **'levez la main droite et dites je le jure'** 'raise your right hand and say I swear'; **il jurait ses grands dieux qu'il n'avait rien fait** he swore blind * *ou* to heaven that he hadn't done anything; **je vous jure que ce n'est pas facile** I can tell you *ou* assure you that it isn't easy; **ah! je vous jure!** honestly!; **on ne jure plus que par lui** everyone swears by him. **2** ~ **de** *vt indir* to swear to. **j'en jurerais** I'd swear to it; **il ne faut** ~ **de rien** you never can tell. **3** *vi* (**a**) (*pester*) to swear, curse. (**b**) [*couleurs*] to clash, jar; [*propos*] to jar. **4 se** ~ *vpr*: **se** ~ **qch** (*à soi-même*) to vow sth (to o.s.); (*l'un à l'autre*) to pledge *ou* swear *ou* vow sth to each other. ♦ **juré, e 1** *adj* sworn. **2** *nm, f* juror, juryman (*ou* woman). **les** ~**s** the members of the jury; **être convoqué comme** ~ to have to report for jury duty.

juridiction [ʒyʀidiksjɔ̃] *nf* (*compétence*) jurisdiction; (*tribunal*) court(s) of law.

juridique [ʒyʀidik] *adj* legal. ♦ **juridiquement** *adv* legally.

juriste [ʒyʀist(ə)] *nm* [*compagnie*] lawyer; (*auteur*) jurist.

juron [ʒyʀɔ̃] *nm* oath, swearword. **dire des** ~**s** to swear, curse.

jury [ʒyʀi] *nm* (*Jur*) jury; (*Art, Sport*) panel of judges; (*Scol*) board of examiners. (*Univ*) **un** ~ **de thèse** Ph. D. examining board.

jus [ʒy] *nm* (**a**) (*liquide*) juice. ~ **de fruit** fruit juice; ~ **de viande** juice(s) from the meat, ≈ gravy. (**b**) (*) (*café*) coffee; (*courant*) juice *; (*eau*) water. **au** ~! coffee's ready!; **tomber dans le** ~ to fall into the water.

jusant [ʒyzɑ̃] *nm* ebb tide.

jusque [ʒysk(ə)] **1** *prép* (**a**) (*lieu*) **jusqu'à la, jusqu'au** to; **j'ai couru jusqu'à la maison** I ran all the *ou* right the way home; **j'ai marché jusqu'au village** I walked to *ou* as far as the village; **jusqu'où?** how far?; **il avait de la neige jusqu'aux genoux** he was knee-deep in snow; **la nouvelle est venue jusqu'à moi** the news has reached me; **en avoir** ~-**là** * to be fed up *; **s'en mettre** ~-**là** * to stuff o.s. *; **j'en ai** ~-**là!** I'm sick and tired of it!, I've had about as much as I can take! (**b**) (*temps*) **jusqu'à, jusqu'en** until, till, up to; **jusqu'à quand?** until when?, how long?; **jusqu'à présent** until now, so far; **jusqu'au bout** to the end; **du matin jusqu'au soir** from morning till night; **jusqu'à 5 ans** until *ou* up to the age of 5. (**c**) (*limite*) up to. **jusqu'à 20 kg** up to 20 kg, not exceeding 20 kg; **pousser l'indulgence jusqu'à la faiblesse** to carry indulgence to the point of weakness; **aller jusqu'à dire/faire** to go so far as to say/do; **tu vois jusqu'à quel point tu t'es trompé** you see how wrong you were. (**d**) (*y compris*) even. **ils ont regardé** ~ **sous le lit** they even looked under the bed; **tous jusqu'au dernier** every single *ou* last one of them. **2** *adv*: ~**s et y compris** up to and including; **jusqu'à** (*même*) even; **tout jusqu'au paysage avait changé** even the landscape had changed. **3** *conj*: **jusqu'à ce que** until.

juste [ʒyst(ə)] **1** adj (**a**) (légitime) just; (équitable) just, fair; colère righteous, justifiable. **pour être ~ envers lui** in fairness to him, to be fair to him; **à ~ titre** justly, rightly; **~ ciel!** † heavens above! (**b**) calcul, réponse right; raisonnement sound; remarque apt; appareil accurate; oreille good; note de musique, voix true; piano well-tuned. **à l'heure ~** right on time; **à 6 heures ~s** on the stroke of 6; **apprécier qch à son ~ prix** to appreciate the true worth of sth; **le ~ milieu** the happy medium; **très ~!** quite right!; **c'est ~** that's right, that's a fair point. (**c**) (trop court) vêtement tight; (longueur) on the short side. (quantité) **1 kg pour 6, c'est un peu ~** 1 kg for 6 people — it's barely enough ou it's a bit on the short side; **elle n'a pas raté son train mais c'était ~** she didn't miss her train but it was a close thing.
2 adv (**a**) compter, viser accurately; raisonner soundly; deviner rightly, correctly; chanter in tune. **tomber ~** (deviner) to hit the nail on the head; **division qui tombe ~** division which works out exactly; **la pendule va ~** the clock is keeping good time. (**b**) (exactement) just, exactly. **~ au-dessus** just above; **3 kg ~** 3 kg exactly. (**c**) (seulement) only, just. **il est parti il y a ~ un moment** he left just ou only a moment ago. (**d**) (un peu) **~** prévoir not quite enough, too little; **il a mesuré trop ~** he cut it a bit too fine. (**e**) (locutions) **que veut-il au ~?** what exactly does he want?; **au plus ~ prix** at the minimum price; **comme de ~** of course; **tout ~** (seulement) only just; (à peine) hardly, barely; (exactement) exactly. **3** nm (Rel) just man. **les ~s** the just.
justement [ʒystəmɑ̃] adv (**a**) (précisément) just, precisely. **on parlait ~ de vous** we were just talking about you. (**b**) remarquer rightly, justly, soundly. **~ puni** justly punished; **~ fier** justifiably proud.
justesse [ʒystɛs] nf (gén) accuracy; [raisonnement] soundness; [remarque] aptness. **de ~ gagner** by a narrow margin, narrowly; s'en tirer by the skin of one's teeth, narrowly; **j'ai évité l'accident de ~** I avoided the accident by a hair's breadth, I had a narrow escape.

justice [ʒystis] nf (**a**) (gén) justice. **rendre la ~** to dispense justice; **rendre ~ à qn** to do sb justice; **traiter qn avec ~** to treat sb justly ou fairly; **rendre ~ au talent de qn** to give fair recognition to sb's talent; **on doit lui rendre cette ~ que** it must be said in fairness to him that; **ce n'est que ~** it's only fair; **se faire ~** (se venger) to take the law into one's own hands; (se suicider) to take one's life. (**b**) (tribunal) court; (autorités) law. (loi) **la ~** the law; **la ~ le recherche** he is wanted by the law; **il a eu des démêlés avec la ~** he's had a brush ou he's had dealings with the law; **passer en ~** to stand trial; **aller en ~** to take the case to court. ◆ **justiciable 1** adj: **~ de** subject to. **2** nmf (Jur) person subject to trial. ◆ **justicier, -ière** nm, f (gén) upholder of the law.

justifier [ʒystifje] (7) **1** vt (gén) to justify. **~ qn d'une erreur** to clear sb of having made a mistake; **ça justifie mon point de vue** it bears out ou vindicates my opinion; **cette quittance justifie du paiement** this invoice is evidence ou proof of payment. **2 ~ de** vt indir to prove. **3 se ~** vpr to justify o.s. **se ~ d'une accusation** to clear o.s. of an accusation. ◆ **justifiable** adj justifiable. ◆ **justificatif, -ive** adj justificatory. **pièce ~ive** written proof ou evidence. ◆ **justification** nf (explication) justification; (preuve) proof.

jute [ʒyt] nm jute.

juteux, -euse [ʒytø, øz] adj fruit juicy; (*) affaire lucrative.

juvénile [ʒyvenil] adj allure youthful.

juxtaposer [ʒykstapoze] (1) vt to juxtapose. ◆ **juxtaposition** nf juxtaposition.

K

K, k [ka] *nm (lettre)* K, k; *(Ordin)* K.

Kabylie [kabili] *nf* Kabylia. ◆ **kabyle** *adj, nm,* K~ *nmf* Kabyle.

kaki [kaki] **1** *adj* khaki. **2** *nm* (**a**) *(couleur)* khaki. (**b**) *(Agr)* persimmon.

kaléidoscope [kaleidɔskɔp] *nm* kaleidoscope.

kamikaze [kamikaze] *nm* kamikaze.

kangourou [kɑ̃guʀu] *nm* kangaroo.

kaolin [kaɔlɛ̃] *nm* kaolin.

kapok [kapɔk] *nm* kapok.

karaté [kaʀate] *nm* karate. ◆ **karateka** *nm* karate expert.

kart [kaʀt] *nm* go-cart, kart. ◆ **karting** *nm* go-carting, karting. **faire du** ~ to go-cart, go karting.

kascher [kaʃɛʀ] *adj* kasher, kosher.

kayak [kajak] *nm (eskimo)* kayak; *(Sport)* canoe, kayak. **faire du** ~ to go canoeing.

Kenya [kenja] *nm* Kenya. ◆ **kényen, -yenne** *adj,* K~(**ne**) *nm(f)* Kenyan.

képi [kepi] *nm* kepi.

kératine [keʀatin] *nf* keratin.

kermesse [kɛʀmɛs] *nf* fair; *(de charité)* bazaar, fête. *(fig)* **c'est une vraie** ~ **là-dedans** * it's absolute bedlam in there.

kérosène [keʀozɛn] *nm [avion]* aviation fuel, kerosene *(US)*; *[jet]* jet fuel; *[fusée]* rocket fuel.

khôl [kol] *nm* khol, kajal.

kibboutz [kibuts] *nm inv* kibbutz.

kidnapper [kidnape] (**1**) *vt* to kidnap. ◆ **kidnappeur, -euse** *nm, f* kidnapper.

kif [kif] *nm* (**a**) *(Drogue)* kef, kif. (**b**) (*) **c'est du** ~, **c'est** ~-~ it's all the same, it makes no odds *.

kilo [kilo] **1** *nm* kilo. **2** *préf* kilo... ◆ **kilocalorie** *nf* kilocalory. ◆ **kilogramme** *nm* kilogramme. ◆ **kilométrage** *nm [voiture]* ≃ mileage. ◆ **kilomètre** *nm* kilometre. ◆ **kilo-octet** *nm* kilobyte.

◆ **kilotonne** *nf* kiloton. ◆ **kilowatt** *nm* kilowatt. ~-**heure** *nm* kilowatt-hour.

kilt [kilt] *nm* kilt; *(pour femme)* pleated *ou* kilted skirt.

kimono [kimɔno] *nm* kimono.

kinésithérapeute [kineziteʀapøt] *nmf* physiotherapist. ◆ **kinésithérapie** *nf* physiotherapy.

kiosque [kjɔsk(ə)] *nm [fleurs etc]* kiosk, stall; *[jardin]* pavilion. ~ **à musique** bandstand; ~ **à journaux** newsstand, newspaper kiosk.

kirsch [kiʀʃ] *nm* kirsch.

kit [kit] *nm* kit. **en** ~ in kit form.

kitsch [kitʃ] *adj inv* kitsch.

kiwi [kiwi] *nm* (**a**) *(oiseau)* kiwi. (**b**) *(arbre)* kiwi tree; *(fruit)* kiwi (fruit), Chinese gooseberry.

klaxon [klaksɔn] *nm* ® *(Aut)* horn. ◆ **klaxonner** (**1**) *vi* to hoot (one's horn), sound one's horn.

kleenex [klinɛks] *nm* ® tissue, paper hanky, Kleenex ®.

kleptomane [klɛptɔman] *adj, nmf* kleptomaniac. ◆ **kleptomanie** *nf* kleptomania.

knock-out [nɔkawt] *(Boxe,* ✤*)* **1** *adj* knocked out. **mettre qn** ~ to knock sb out. **2** *nm* knock-out.

koala [kɔala] *nm* koala (bear).

kolkhoze [kɔlkoz] *nm* kolkhoz, Russian collective farm.

kouglof [kuglɔf] *nm* kugelhopf *(kind of bun)*.

Koweit *ou* **Kuweit** [kɔwɛt] *nm* Kuwait.

krach [kʀak] *nm (Bourse)* crash.

kraft [kʀaft] *nm:* **papier** ~ strong wrapping paper.

Kremlin [kʀɛmlɛ̃] *nm:* **le** ~ the Kremlin.

kumquat [kumkwat] *nm* kumquat.

Kurdistan [kuʀdistɑ̃] *nm* Kurdistan. ◆ **kurde 1** *adj, nm* Kurdish. **2** *nmf:* K~ Kurd.

kyrielle [kiʀjɛl] *nf [réclamations, personnes]* stream; *[objets]* pile.

kyste [kist(ə)] *nm* cyst.

L

L, l [ɛl] *nm ou nf (lettre)* L, l.
l' [l(ə)] *V* **le¹**, **le²**.
la¹ [la] *V* **le¹**, **le²**.
la² [la] *nm inv (note)* A; *(chanté)* lah. **donner le** ~ *(lit)* to give an A; *(fig)* to set the tone.
là [la] **1** *adv* **(a)** *(espace)* there. **c'est** ~ **où** *ou* **que je suis né** that's where I was born; **c'est à 3 km de** ~ it's 3 km away (from there); **quelque part par** ~ somewhere around there; **passez par** ~ go that way; **M. X n'est pas** ~ Mr X isn't there *ou* in; **qu'est-ce que tu fais** ~? *(lit)* what are you doing here?; *(fig: manigancer)* what are you up to? **(b)** *(temps)* then. **c'est** ~ **qu'il comprit** that was when he realized, it was then that he realized; **à partir de** ~ from then on, after that; **à quelques jours de** ~ a few days later. **(c)** *(situation)* that. **il faut en rester** ~ we'll have to leave it at that; **la situation en est** ~ that's how the situation stands at the moment; **ils en sont** ~ that's the stage they've reached; ~ **est la difficulté** that's where the difficulty lies. **(d)** *(intensif)* that. **ce jour-**~ that day; **en ce temps-**~ in those days; **ce qu'il dit** ~ **n'est pas bête** what he has just said isn't a bad idea; **de** ~ **son désespoir** hence his despair; **de** ~ **vient que nous ne le voyons plus** that's why we no longer see him; **de** ~ **à prétendre qu'il a tout fait seul, il y a loin** there's a big difference between saying that and claiming that he did it all himself; **il n'a pas travaillé, de** ~ **son échec** he didn't work, hence his failure *ou* which explains his failure; **loin de** ~ far from it; **tout est** ~ that's the whole question; **comme menteur, il est** *ou* **se pose** ~ he isn't half a liar *; **alors** ~, **ça ne me surprend pas** (oh) now, that doesn't surprise me; **hé** ~! *(appel)* hey!; *(surprise)* good grief!; ~, ~ **du calme** now, now *ou* there, there, calm down; **oh** ~ ~ **(**~ ~**)** dear! dear!
2 : ~-**bas** (over) there; ~-**bas dans le nord** up (there) in the north; ~-**dedans** *(lit)* inside; **je ne comprends rien** ~-**dedans** I don't understand a thing about it; **il n'a rien à voir** ~-**dedans** it's nothing to do with him; **quand il s'est embarqué** ~-**dedans** when he got involved in that *ou* in it; ~-**dessous** underneath; *(fig)* **il y a qch** ~-**dessous** there's sth odd about it *ou* that; ~-**dessus** on that; *(sur ces mots)* at that point; *(à ce sujet)* about that; ~-**haut** up there; *(dessus)* up on top; *(à l'étage)* upstairs; *(fig: au ciel)* in heaven above.
label [label] *nm (Comm)* stamp, seal. ~ **politique** political label.
labeur [labœʀ] *nm (littér)* labour. **c'est un dur** ~ it's hard work.
laboratoire [labɔʀatwaʀ] *nm* laboratory. ♦ **labo** * *nm* lab *. ♦ **laborantin, e** *nm, f* laboratory *ou* lab * assistant.
laborieux, -euse [labɔʀjø, øz] *adj* **(a)** *(pénible) (gén)* laborious; *récit* laboured; *digestion* heavy. **ça a été** ~**!** * it has been heavy going. **(b)** *(travailleur)* hard-working, industrious. **les classes** ~**euses** the working *ou* labouring classes; **une vie** ~**euse** a life of hard work. ♦ **laborieusement** *adv* laboriously, with much effort.
labourer [labuʀe] **(1)** *vt* **(a)** *(avec charrue)* to plough, plow *(US)*; *(avec bêche)* to dig (over). **terre qui se laboure bien** land which ploughs well. **(b)** *visage,*

corps to gash. **labouré de rides** lined *ou* furrowed with wrinkles; **ça me laboure les côtes** it is digging into my sides. ♦ **labour** *nm (action)* ploughing, plowing *(US)*; digging; *(champ)* ploughed field. ♦ **labourage** *nm* ploughing, plowing *(US)*; digging. ♦ **laboureur** *nm* ploughman, plowman *(US)*.
Labrador [labʀadɔʀ] *nm (Géog, chien)* Labrador.
labyrinthe [labiʀɛ̃t] *nm (lit, fig)* maze, labyrinth.
lac [lak] *nm* lake. **le** ~ **de Genève** *ou* **le** ~ **Léman** *ou* **de Genève** Lake Geneva; **le** ~ **Majeur** Lake Maggiore; **c'est dans le** ~ * it has fallen through.
lacer [lase] **(3)** *vt chaussure* to tie (up); *corset* to lace up. **ça se lace (par) devant** it laces up at the front.
lacérer [laseʀe] **(6)** *vt vêtement* to tear *ou* rip up; *corps* to lacerate; *papiers* to tear up, shred. ♦ **lacération** *nf* ripping up, tearing up; laceration; shredding.
lacet [lasɛ] *nm* **(a)** *[chaussure]* (shoe) lace; *[corset]* lace. **chaussures à** ~**s** lace-up shoes. **(b)** *[route]* sharp bend, twist. **en** ~ winding, twisty. **(c)** *(piège)* snare. **prendre des lièvres au** ~ to trap *ou* snare hares.
lâche [lɑʃ] **1** *adj* **(a)** *corde* slack; *nœud, style, règlement* loose; *discipline* lax. **(b)** *(couard)* cowardly. **se montrer** ~ to show o.s. a coward. **(c)** *(bas, vil)* attentat vile, despicable; *procédés* low. **2** *nmf* coward. ♦ **lâchement** *adv* loosely; in a cowardly way.
lâcher [lɑʃe] **(1)** **1** *vt* **(a)** *ceinture* to loosen, let out, slacken. **(b)** *main, proie* to let go of; *bombes* to drop, release; *pigeon, frein* to release. **lâche-moi!** let *ou* leave go (of me)!; **attention! tu vas** ~ **le verre** careful, you're going to drop the glass; ~ **un chien sur qn** to set a dog on sb; **il va falloir qu'il les lâche** * *ou* **qu'il lâche ses sous** * he'll have to part with the cash *; **il les lâche difficilement** * he hates to part with his money. **(c)** *(bas, vil) bêtise, juron* to come out with. **(d)** *(*: abandonner) personne* to throw over *; *métier* to give up, throw up *. *(Sport)* ~ **le peloton** to leave the rest of the field behind; **il ne m'a pas lâché** *[poursuivant]* he stuck to me; *[importun, représentant]* he didn't leave me alone; *[mal de tête]* it didn't leave me; **il nous a lâché en plein milieu du travail** he walked out on us right in the middle of the work; **une bonne occasion, ça ne se lâche pas** you don't miss *ou* pass up * an opportunity like that. **(e)** *(locutions)* ~ **prise** *(lit)* to let go; *(fig)* to loosen one's grip; ~ **pied** to fall back; ~ **du lest** *(Naut)* to throw out ballast; *(* fig)* to climb down; ~ **la bride à un cheval/à qn** to give a horse/sb his head. **2** *vi [corde]* to break, give way; *[frein]* to fail. **ses nerfs ont lâché** he broke down. **3** *nm*: ~ **de ballons/de pigeons** release of balloons/of pigeons.
lâcheté [lɑʃte] *nf* cowardice, cowardliness; *(acte)* cowardly act, act of cowardice.
lâcheur, -euse * [lɑʃœʀ, øz] *nm, f* unreliable so-and-so *.
lacis [lasi] *nm [ruelles]* maze; *[veines]* network; *[scie]* web.
laconique [lakɔnik] *adj* laconic, terse. ♦ **laconiquement** *adv* laconically, tersely. ♦ **laconisme** *nm* terseness.

lacté, e [lakte] *adj sécrétion* milky; *régime, farine* milk.

lacune [lakyn] *nf (Anat, Bot)* lacuna; *[connaissances, texte]* gap, deficiency.

ladite [ladit] *adj* V **ledit.**

Lagos [lagɔs] *n* Lagos.

lagon [lagɔ̃] *nm* lagoon. ◆ **lagune** *nf* lagoon.

lai, e [lɛ] *adj (Rel)* lay. **frère ~** lay brother.

laïciser [laisize] (1) *vt* to secularize. ◆ **laïcité** *nf (caractère)* secularity. **préserver la ~ de l'enseigne-ment** to maintain the non-religious nature of the education system, keep religion out of educa-tion.

laid, e [lɛ, lɛd] *adj* (**a**) *(gén)* ugly; *région* unattractive; *bâtiment* unsightly. **~ comme un pou** ugly as sin; **il est ~ de visage** he's got an ugly face. (**b**) *action* despicable, disgusting, low, mean. **c'est ~ de montrer du doigt** it's rude *ou* not nice to point. ◆ **laideron** *nm* ugly girl *ou* woman. ◆ **laideur** *nf* ugliness; unattractiveness; unsightliness; low-ness, meanness. **la guerre dans toute sa ~** the full horror of war; **les ~s de la vie** the ugly things in life.

laine [lɛn] *nf (matière)* wool. **de ~** *vêtement* wool, woollen; *(vêtement)* **il faut mettre une petite ~** you'll need a woolly * *ou* a cardigan; **~ peignée** *[veston]* worsted wool; *[pull]* combed wool; **~ de verre** glass wool; **~ vierge** new wool. ◆ **lainage** *nm (vêtement)* woollen (garment); *(étoffe)* woollen material. ◆ **laineux, -euse** *adj* woolly. ◆ **lainier, -ière** *adj industrie* woollen; *région* wool-producing.

laïque [laik] **1** *adj tribunal* lay, civil; *vie* secular; *habit* ordinary; *collège* non-religious. **l'enseigne-ment ~** state education *(in France)*. **2** *nm* layman. **les ~s** laymen, the laity. **3** *nf* laywoman.

laisse [lɛs] *nf* leash, lead. **tenir en ~** to keep on a leash *ou* lead.

laisser [lese] (1) **1** *vt* (**a**) *(abandonner) (gén)* to leave. **laisse-moi ta clé** leave me your key, leave your key with me; **laisse-lui du gâteau** leave *ou* save him some cake; **il m'a laissé ce vase pour 10 F** he let me have this vase for 10 francs; **laisse-moi le soin de le lui dire** leave it to me to tell him; **laisse-moi le temps d'y réfléchir** give me time to think about it; **laisse-moi devant la banque** drop *ou* leave me at the bank; **il a laissé un bras dans l'accident** he lost an arm in the accident; **il y a laissé sa vie** it cost him his life; **~ qn indifférent** to leave sb unmoved; **~ qn debout** to keep sb standing (up); **on lui a laissé ses illusions** we didn't disillusion him; **elle m'a laissé une bonne impres-sion** she left *ou* made a good impression on me; **vous laissez le village sur votre droite** you go past the village on your right; **~ la vie à qn** to spare sb's life; **~ qn en liberté** to allow sb to stay free; **cette opération ne doit pas laisser de séquelles** this operation should leave *ou* have no aftereffects. (**b**) *(locutions) (lit, fig)* **~ la porte ouverte** to leave the door open; **il ne laisse jamais rien au hasard** he never leaves anything to chance; **c'était à pren-dre ou à ~** it was a case of take it or leave it; **avec lui il faut en prendre et en ~** you must take what he tells you with a pinch of salt; **on l'a laissé pour mort** he was left for dead; **il laisse tout le monde derrière en math** he is head and shoulders above *ou* streets * *ou* miles ahead of the others in maths; **~ le meilleur pour la fin** to leave the best till last; *(littér)* **cela n'a pas laissé de me sur-prendre** I couldn't fail to be surprised by *ou* at that; *(littér)* **ça ne laisse pas d'être vrai** it is true nonetheless; **je te laisse à penser combien il était content** you can imagine *ou* I don't need to tell you how pleased he was.
2 *vb aux:* **~ (qn) faire qch** to let sb do sth; **le gou-vernement laisse faire!** the government does nothing!; **laissez-moi rire** don't make me laugh; **~ voir ses sentiments** to let one's feelings show;

il faut ~ faire le temps we must let things take their course.
3 se ~ *vpr:* **se ~ exploiter** to let o.s. be exploited; **se ~ attendrir** to be moved; **je me suis laissé sur-prendre par la pluie** I got caught in the rain; **il se laisse mener par le bout du nez** he lets himself be led by the nose *ou* be pushed around; **se ~ aller** to let o.s. go; **je me suis laissé faire *** I let myself be persuaded; **je n'ai pas l'intention de me ~ faire** I'm not going to let myself be pushed around; **laisse-toi faire!** *(à qn qu'on soigne)* let me do it!
◆ **laisser-aller** *nm inv (gén)* casualness, careless-ness. ◆ **laisser-faire** *nm (Écon)* laissez-faire poli-cy. ◆ **laissez-passer** *nm inv* pass. ◆ **laissé-pour-compte,** *f* **~e-~-~,** *pl* **~s-~-~ 1** *adj (lit, fig)* rejected. **2** *nm (Comm) (refusé)* reject; *(invendu)* unsold article. *(fig)* **les ~s-~-~ de la société** society's rejects; **ce sont les ~s-~-~ du progrès** these people are the casualties of progress.

lait [lɛ] **1** *nm* milk. **~ de vache** cow's milk; **petit ~** whey; *(fig)* **boire du (petit) ~** to lap it up; **cela se boit comme du petit ~** you don't notice you're drinking it; **frère de ~** foster brother; **chocolat au ~** milk chocolate. **2** : **~ de beauté** beauty lotion; **~ caillé** curds; **~ de chaux** lime water; **~ de coco** coconut milk; **~ cru** milk straight from the cow; **~ démaquillant** cleansing milk; **~ entier** unskim-med milk; **~ maternel** mother's milk, breast milk; **~ en poudre** dried *ou* powdered milk; *(Cul)* **~ de poule** eggflip. ◆ **laitage** *nm* milk *ou* milk-based product. ◆ **laitance** *nf* soft roe. ◆ **laiterie** *nf (magasin)* dairy; *(industrie)* dairy industry. ◆ **lai-teux, -euse** *adj* milky. ◆ **laitier, -ière 1** *adj* dairy. **2** *nm* (**a**) *(livreur)* milkman; *(vendeur)* dairyman. (**b**) *(Ind)* slag. **3** *nf (vendeuse)* dairywoman. *(vache)* **une (bonne) ~ière** a (good) milker.

laiton [lɛtɔ̃] *nm* brass.

laitue [lety] *nf* lettuce.

laïus * [lajys] *nm inv (discours)* long-winded speech; *(verbiage)* verbiage, padding.

lama [lama] *nm (Zool)* llama; *(Rel)* lama.

lambda [lɑ̃bda] *nm* lambda. **le citoyen ~** the unin-formed citizen.

lambeau, *pl* **~x** [lɑ̃bo] *nm* scrap. **en ~x** *vêtements* in tatters *ou* rags; *affiche* in tatters; **mettre en ~x** to tear to shreds; **tomber en ~x** to fall to pieces.

lambin, e * [lɑ̃bɛ̃, in] **1** *adj* slow. **2** *nm, f* slow-coach *, slowpoke * (US).* ◆ **lambiner *** (1) *vi* to dawdle.

lambris [lɑ̃bʀi] *nm* panelling.

lame [lam] **1** *nf* (**a**) *[métal, verre]* strip; *[ressort]* leaf; *(pour microscope)* slide. (**b**) *[poignard, tondeuse]* blade. **visage en ~ de couteau** hatchet face. (**c**) *(épée)* sword; *(escrimeur)* swordsman. (**d**) *(vague)* wave. **~s de fond** ground swell; **~ de parquet** floorboard; **~ de rasoir** razor blade. ◆ **lamé, e** *adj, nm* lamé. ◆ **lamelle** *nf (gén)* (small) strip; *[persiennes]* slat; *[champignon]* gill; *(pour microscope)* coverglass. **couper en ~s** *légumes* to cut into thin strips *ou* slices.

lamentable [lamɑ̃tabl(ə)] *adj (gén)* appalling, awful; *état* lamentable; *spectacle* pitiful. ◆ **lamen-tablement** *adv* lamentably.

lamenter (se) [lamɑ̃te] (1) *vpr* to moan, lament. **se ~ sur qch** to moan over sth, bemoan sth; **arrête de te ~ sur ton propre sort** stop feeling sorry for yourself. ◆ **lamentation** *nf* lamentation. *(péj)* **~(s)** moaning; *(Bible)* **le livre des L~s** (the Book of) Lamentations.

laminer [lamine] (1) *vt métal* to laminate. *(fig)* **les petites formations politiques ont été laminées aux dernières élections** the small political groupings were wiped out *ou* obliterated at the last election.

♦ **laminage** *nm* lamination. ♦ **laminoir** *nm* rolling mill.

lampadaire [lɑ̃padɛʀ] *nm [intérieur]* standard lamp; *[rue]* street lamp. **(pied de)** ~ *[intérieur]* lamp standard; *[rue]* lamp-post.

lampe [lɑ̃p(ə)] *nf* lamp; *(ampoule)* bulb; *(Rad)* valve. ~ **d'architecte** Anglepoise lamp ℞; ~ **de bureau** desk light; ~ **de chevet** bedside light; ~ **électrique** torch, flashlight; ~ **halogène** *ou* **à iode** halogen lamp; ~ **au néon** neon light; ~ **à pétrole** oil lamp; ~ **de poche** torch, flashlight *(US)*; ~ **à souder** blowlamp; ~**-tempête** storm lantern, hurricane lamp. ♦ **lampion** *nm* Chinese lantern.

lance [lɑ̃s] *nf* **(a)** *(arme)* spear; *[tournoi]* lance. **(b)** *(tuyau)* hose. ~ **d'incendie** fire hose.

lancer [lɑ̃se] (3) **1** *vt* **(a)** *(gén)* to throw; *(violemment)* to hurl, fling; *bombes* to drop; *(Sport) poids* to put. ~ **qch à qn** to throw sth to sb; *(hostilement)* to throw *ou* hurl sth at sb; ~ **une balle en l'air** to throw *ou* toss a ball up in the air; ~ **les jambes en avant** to fling one's legs forward; ~ **un coup de poing** to lash out with one's fist; ~ **son poing dans la figure de qn** to punch sb in the face; *(Sport)* ~ **le poids** to put the shot. **(b)** *fumée* to send up *ou* out; *flammes, lave* to throw out. *[yeux, bijoux]* ~ **des éclairs** to flash (fire). **(c)** *menaces* to hurl, fling; *proclamation* to issue; *S.O.S.* to send out; *fausse nouvelle* to put out; *hurlement* to give out. ~ **un cri** to cry out; **elle lui lança un coup d'œil furieux** she flashed *ou* darted a furious glance at him; **'je refuse' lança-t-il** 'I refuse' he said. **(d)** *navire, idée, produit* to launch; *entreprise* to start up; *emprunt* to issue, float. **ne le lancez pas sur son sujet favori** don't set him off on *ou* don't let him get launched on his pet subject; ~ **ses hommes à l'assaut** to launch one's men into the attack; ~ **une nouvelle mode** to launch *ou* start a new fashion; ~ **qn dans la politique** to launch sb into politics; **ce chanteur est lancé** this singer has made a name for himself. **(e)** *moteur* to open up; *voiture* to get up to full speed; *balançoire* to set going. ~ **un cheval** to give a horse its head.

2 se ~ *vpr (prendre de l'élan)* to build up *ou* get up momentum *ou* speed; *(sauter)* to leap, jump; *(se précipiter)* to dash, rush *(contre* at). **se** ~ **à l'assaut** to leap to the attack; **continuer sur sa** ~ to keep going; **je peux encore courir 2 km sur ma** ~ now I'm in my stride I can run another 2 km.

♦ **lancement** *nm [navire, campagne etc]* launching; *[emprunt]* issuing, floating; *(en Bourse)* flotation. **le** ~ **du disque** throwing the discus; **le** ~ **du poids** putting the shot, shot put. ♦ **lanceur, -euse 1** *nm, f* **(a)** *[javelot etc]* thrower; *(Baseball)* pitcher. **(b)** *[entreprise]* promoter. **2** *nm (Espace)* launcher. ~ **de satellites** satellite launcher.

lanciner [lɑ̃sine] (1) **1** *vi* to throb. **2** *vt [pensée]* to haunt; *(*) [enfant]* to torment. ♦ **lancinant, e** *adj douleur* shooting, throbbing, piercing; *souvenir* haunting; *musique* insistent. **ce que tu peux être** ~ * you get on my nerves.

landau [lɑ̃do] *nm (d'enfant)* pram, baby carriage *(US)*; *(carrosse)* landau.

lande [lɑ̃d] *nf* moor. **les L~s** *(Géog)* the Landes (region) *(south-west France)*.

langage [lɑ̃gaʒ] *nm* language. **changer de** ~ to change one's tune; ~ **argotique** slang speech; ~ **chiffré** cipher, code (language); ~ **populaire** popular speech.

lange [lɑ̃ʒ] *nm* baby's flannel blanket. *(Hist)* ~**s** swaddling clothes. ♦ **langer** (3) *vt bébé* to change (the nappy *ou* diaper *(US)* of). **table à** ~ changing table.

langoureux, -euse [lɑ̃guʀø, øz] *adj* languorous. ♦ **langoureusement** *adv* languorously.

langouste [lɑ̃gust(ə)] *nf* crayfish, spiny lobster *(US)*. ♦ **langoustine** *nf* Dublin bay prawn. *(Culin)* ~**s** scampi.

langue [lɑ̃g] *nf* **(a)** *(Anat)* tongue. **tirer la** ~ to stick out *ou* put out one's tongue; *(*: être dans le besoin)* to have a rough time of it *; *(*: avoir soif)* **il tirait la** ~ his tongue was hanging out, he was dying of thirst *. **(b)** *(organe de la parole)* tongue. **avoir la** ~ **déliée** *ou* **bien pendue** to have a ready tongue; **il a la** ~ **trop longue** he talks too much; **il ne sait pas tenir sa** ~ he can't hold his tongue; **il n'a pas la** ~ **dans sa poche** he's never at a loss for words; **perdre/retrouver sa** ~ to lose/find one's tongue; **donner sa** ~ **au chat** to give in *ou* up; **j'ai le mot sur (le bout de) la** ~ the word is on the tip of my tongue. **(c)** *(personne)* **mauvaise** ~, ~ **de vipère** spiteful gossip. **(d)** *(Ling)* language. **la** ~ **française** the French language; **les gens de** ~ **anglaise** English-speaking people; ~ **maternelle** mother tongue; ~ **populaire** *(idiome)* popular language; *(usage)* popular speech; *(péj)* ~ **de bois** set language, stereotyped formal language; *(lit, fig)* **nous ne parlons pas la même** ~ we don't speak the same language. **(e)** ~ **de terre** spit of land. ♦ **languette** *nf [bois, cuir]* tongue.

Languedoc [lɑ̃gdɔk] *nm:* **le** ~ (the) Languedoc.

langueur [lɑ̃gœʀ] *nf* languidness, languor. ♦ **languide** *adj (littér)* languid, languishing. ♦ **languir** (2) *vi* **(a)** *[personne]* to languish; *[conversation etc]* to flag. ~ **après qn/qch** to languish for *ou* pine for sb/sth. **(b)** *(*: attendre)* to wait, hang around *. **faire** ~ **qn** to keep sb waiting. ♦ **languissant, e** *adj personne* languid; *regard* languishing; *récit* dull; *affaires* slack.

lanière [lanjɛʀ] *nf [cuir]* strap; *[étoffe]* strip; *[fouet]* lash.

lanterne [lɑ̃tɛʀn(ə)] *nf* lantern; *(électrique)* lamp, light. *(Aut)* **se mettre en** ~**s** to switch on one's (side)lights; **éclairer la** ~ **de qn** to enlighten sb; **éclairer sa propre** ~ to make o.s. clear; *(Aut)* ~ **arrière** rear light; ~ **magique** magic lantern; ~ **rouge** *(fig: dernier)* tail-ender; ~ **vénitienne** Chinese lantern.

Laos [laos] *nm* Laos. ♦ **laotien, -ienne** *adj, nm,* **L~(ne)** *nm(f)* Laotian.

lapalissade [lapalisad] *nf* statement of the obvious.

La Paz [lapaz] *n* La Paz.

laper [lape] (1) **1** *vt* to lap up. **2** *vi* to lap.

lapider [lapide] (1) *vt* to stone.

lapin [lapɛ̃] *nm (animal)* (buck) rabbit; *(fourrure)* rabbitskin. ~ **de garenne** wild rabbit; **mon petit** ~ my lamb; **poser un** ~ **à qn** * to stand sb up *. ♦ **lapine** *nf* (doe) rabbit.

Laponie [lapɔni] *nf* Lapland. ♦ **lapon, e 1** *adj, nm* Lapp. Lappish. **2** *nm, f:* **L~(e)** Lapp, Laplander.

laps [laps] *nm:* ~ **de temps** lapse of time.

lapsus [lapsys] *nm* slip of the tongue.

laquais [lakɛ] *nm* lackey, footman; *(péj)* flunkey.

laque [lak] *nf (produit brut)* shellac; *(peinture)* lacquer; *(pour cheveux)* hair lacquer *ou* spray. *(peinture)* ~ **brillante** gloss paint.

laquelle [lakɛl] V **lequel.**

laquer [lake] (1) *vt* to lacquer. **meuble (en) laqué blanc** piece of furniture with a white gloss finish; **murs laqués blanc** walls painted in white gloss; *(Culin)* **canard laqué** Peking duck.

larbin ‡ [laʀbɛ̃] *nm (péj)* flunkey.

larcin [laʀsɛ̃] *nm (vol)* theft; *(butin)* spoils, booty.

lard [laʀ] *nm (gras)* fat (of pig); *(viande)* bacon. ~ **(maigre)** ≃ streaky bacon; *(péj)* **un gros** ~ ‡ a fat lump ‡, a clod ‡ *(US)*; **on ne sait jamais avec lui si c'est du** ~ **ou du cochon** * you never know where you are with him * *ou* whether or not he's being serious. ◆ **larder** (1) *vt (Culin)* to lard. ~ **qn de coups de couteau** to hack at sb with a knife. ◆ **lardon** *nm* lardon.

large [laʀʒ(ə)] **1** *adj* **(a)** *surface* wide, broad; *concessions, pouvoirs* wide. **trop** ~ **de 3 mètres** 3 metres too wide; **chapeau à** ~**s bords** broadbrimmed *ou* wide-brimmed hat; **ouvrir une** ~ **bouche** to open one's mouth wide; **d'un geste** ~ with a broad *ou* sweeping gesture; **pantalon** ~ baggy trousers *ou* pants *(US)*; **être** ~ **d'épaules** *[personne]* to be broad-shouldered; *[vêtements]* to be wide *ou* broad at the shoulders; **faire une** ~ **part à qch** to give great weight to sth; **dans une** ~ **mesure** to a great *ou* large extent. **(b)** *(généreux) personne* generous. **1 kg de viande pour 4, c'est** ~ 1 kg of meat for 4 is ample *ou* plenty; **une vie** ~ a life of ease. **(c)** *sens, esprit* broad; *conscience* accommodating. ~**s vues** liberal views; ~ **d'idées** broad-minded. **2** *adv*: **prévoir** ~ to allow a bit extra; **cette marque taille** ~ the sizes in this brand tend to be on the large side. **3** *nm* **(a)** *(largeur)* width. **avenue de 8 mètres de** ~ avenue 8 metres wide *ou* 8 metres in width; **être au** ~ *(place)* to have plenty of room; *(argent)* to be well-provided for, have plenty of money; **cela se fait en 2 mètres de** ~ that comes in 2-metre widths. **(b)** *(Naut)* **le** ~ the open sea; **l'appel du** ~ the call of the sea; **au** ~ **de Calais** off Calais; *(fig)* **prendre le** ~ * to clear off *, hop it *, make o.s. scarce.

largement [laʀʒəmɑ̃] *adv* **(a)** *(gén)* widely. **fenêtre** ~ **ouverte** wide open window; **idée** ~ **répandue** widely held *ou* widespread view. **(b)** *(de loin)* considerably, greatly. **déborder** ~ **le sujet** to go well beyond the limits of the subject; **elle vaut** ~ **son frère** she's every bit as good *(ou* as bad) as *ou* at least as good *(ou* as bad) as her brother. **(c)** *(amplement)* **vous avez** ~ **le temps** you have ample time *ou* plenty of time; **c'est** ~ **suffisant** that's plenty, that's more than enough; **il est** ~ **temps de commencer** it's high time we started; **j'ai été** ~ **récompensé** I have been amply rewarded; **ça vaut** ~ **la peine** it's well worth the trouble. **(d)** *(généreusement)* generously. **vivre** ~ to live handsomely. **(e)** *(au moins)* easily, at least. **il est** ~ **2 heures** it's well past 2 o'clock.

largesse [laʀʒɛs] *nf (caractère)* generosity; *(cadeau)* generous gift.

largeur [laʀʒœʀ] *nf (lit)* width, breadth; *[idées]* broadness. **sur toute la** ~ all the way across; **dans le sens de la** ~ widthways, widthwise; ~ **d'esprit** broad-mindedness.

larguer [laʀge] (1) *vt amarres* to cast off, slip; *parachutiste* to drop; (*) *objet, ami, emploi* to chuck ‡; *collaborateur* to drop, get rid of, dump *. **être largué** * to be all at sea *.

larme [laʀm(ə)] *nf (lit)* tear; *(*: goutte)* drop. **en** ~**s** in tears; **au bord des** ~**s** on the verge of tears; **verser toutes les** ~**s de son corps** to cry one's eyes out; ~**s de crocodile** crocodile tears. ◆ **larmoyant, e** *adj voix* tearful; *récit* maudlin. ◆ **larmoyer** (8) *vi* **(a)** *[yeux]* to water, run. **(b)** *(pleurnicher)* to whimper, snivel.

larron [laʀɔ̃] *nm (†, Bible)* thief. **s'entendre comme** ~**s en foire** to be as thick as thieves.

larve [laʀv(ə)] *nf (Zool)* larva; *(asticot)* grub; *(péj)* worm. ◆ **larvé, e** *adj guerre* latent. **inflation** ~**e** creeping inflation.

larynx [laʀɛ̃ks] *nm* larynx. ◆ **laryngite** *nf* laryngitis. ◆ **laryngologiste** *nmf* throat specialist, laryngologist.

las, lasse [lɑ, lɑs] *adj* weary, tired *(de* of).

lascar * [laskaʀ] *nm (louche)* character; *(malin)* rogue.

lascif, -ive [lasif, iv] *adj* lascivious, lustful. ◆ **lascivité** *nf* lasciviousness, lustfulness.

laser [lazɛʀ] *nm* laser.

lasser [lɑse] (1) **1** *vt* to weary, tire. **2 se** ~ *vpr*: **se** ~ **de qch/de faire qch** to grow weary of sth/of doing sth; **sans se** ~ without tiring. ◆ **lassant, e** *adj* wearisome, tiresome. ◆ **lassitude** *nf* weariness, lassitude.

lasso [laso] *nm* lasso. **prendre au** ~ to lasso.

latent, e [latɑ̃, ɑ̃t] *adj (gén)* latent. ◆ **latence** *nf* latency.

latéral, e, *mpl* **-aux** [lateʀal, o] *adj* side, lateral. ◆ **latéralement** *adv (gén)* laterally; *être situé* on the side.

latex [latɛks] *nm inv* latex.

latin, e [latɛ̃, in] *adj, nm,* **L~(e)** *nm (f)* Latin. ~ **de cuisine** dog Latin; **j'y perds mon** ~ I can't make head nor tail of it. ◆ **latino-américain, e 1** *adj* Latin-American, Hispanic. **2** *nm, f*: **L~(e)** Latin-American, Hispanic.

latitude [latityd] *nf (gén, fig)* latitude. **Paris est à 48° de** ~ **Nord** Paris is situated at latitude 48° north; **avoir toute** ~ **de faire qch** to be quite free *ou* have full scope to do sth.

latte [lat] *nf (gén)* lath; *[plancher]* board. *(Ski)* ~**s** * boards *.

lauréat, e [lɔʀea, at] **1** *adj* prize-winning. **2** *nm, f* prize winner, award-winner.

laurier [lɔʀje] *nm* bay-tree, (sweet) bay. **feuille de** ~ bay leaf; *(fig)* ~**s** laurels; **être couvert de** ~**s** to be showered with praise. ◆ **laurier-rose,** *pl* **lauriers-roses** *nm* oleander.

lavande [lavɑ̃d] *nf* lavender.

lavandière [lavɑ̃djɛʀ] *nf* washerwoman; *(oiseau)* wagtail.

lave [lav] *nf*: ~**(s)** lava.

laver [lave] (1) **1** *vt* **(a)** *(gén)* to wash; *plaie* to bathe; *tache* to wash out *ou* off; *(Méd) intestin* to wash out; *(à la brosse)* to scrub (down); *(à l'éponge)* to wash with a sponge. ~ **à grande eau** to swill down; ~ **la vaisselle** to wash the dishes, do the washing up. **(b)** *(emploi absolu) [personne]* to do the washing. **ce savon lave bien** this soap washes well. **(c)** *affront* to avenge; *honte* to wash away. ~ **qn de qch** to clear sb of sth.
2 se ~ *vpr* to wash, have a wash. **se** ~ **la figure** to wash one's face; **se** ~ **les dents** to clean *ou* brush one's teeth; **ce tissu se lave bien** this material washes well; **ça ne se lave pas** it isn't washable *ou* won't wash; **se** ~ **de** *accusation* to clear o.s. of; **je m'en lave les mains** I wash my hands of the matter.
◆ **lave-glace,** *pl* **lave-glaces** *nm* windscreen *ou* windshield *(US)* washer. ◆ **lave-linge** *nm inv* washing machine. ◆ **lave-mains** *nm inv* wash-stand. ◆ **lave-vaisselle** *nm inv* dishwasher. ◆ **lavable** *adj* washable. ◆ **lavabo** *nm* washbasin. *(euph)* ~**s** toilets. ◆ **lavage** *nm (gén)* washing; *(lessive)* wash; *[plaie]* bathing. **pour un meilleur** ~**, utilisez...** for a better wash, use...; **on a dû faire 3** ~**s** it had to be washed 3 times; ~ **d'intestin** intestinal wash; **on lui a fait un** ~ **d'estomac** he had his stomach pumped out; ~ **de cerveau** brainwashing; **on lui a fait subir un** ~ **de cerveau** he was brainwashed. ◆ **lavasse** * *nf* dishwater *. ◆ **lavement** *nm* enema. ◆ **laverie** *nf* laundry. ~ **automatique** laun-

derette. ◆ **lavette** nf (chiffon) dish cloth; (péj) wimp *, drip *. ◆ **laveur** nm washer. ~ **de carreaux** ou **de vitres** window cleaner. ◆ **laveuse** nf washerwoman. ◆ **lavoir** nm (dehors) washing-place; (édifice) wash house ; (bac) washtub.

laxatif, -ive [laksatif, iv] adj, nm laxative.

laxisme [laksism(ə)] nm latitudinarianism. ◆ **laxiste** adj, nmf latitudinarian.

layette [lɛjɛt] nf baby clothes, layette. **rayon ~** babywear department.

le¹ [l(ə)], **la** [la], **les** [le] art déf (avec à, de **au, aux, du, des**) (a) (détermination) the. **les enfants sont en retard** the children are late; **il n'a pas ~ droit de le faire** he has no right to do it; **la femme de l'épicier** the grocer's wife; **l'Italie de Mussolini** Mussolini's Italy. (b) (temps) the (souvent omis). **venez ~ dimanche de Pâques** come on Easter Sunday; **l'hiver dernier** last winter; **il ne travaille pas ~ samedi** he doesn't work on Saturdays ou on a Saturday; **~ matin** in the morning; **vers les 5 heures** at about 5 o'clock; **il est parti ~ 5 mai** he left on May the 5th ou on May the 5th (style parlé); he left on May 5th (style écrit). (c) (distribution) a, an. **5 F ~ mètre/la pièce** 5 francs a metre/each ou apiece; **60 km à l'heure** 60 km an ou per hour; **j'en ai fait la moitié/ ~ dixième** I have done half/a tenth of it. (d) (généralisation, abstraction) gén non traduit. **~ hibou vole surtout la nuit** owls fly ou the owl flies mainly at night; **l'homme est un roseau pensant** man is a thinking reed; **l'enfant n'aime pas** ou **les enfants n'aiment pas l'obscurité** children don't like the dark; **la tuberculose** tuberculosis; **la jeunesse** youth; **~ café est cher** coffee is expensive; **j'aime la musique** I like music; **~ beau** the beautiful; **les riches** the rich. (e) (possession) **elle ouvrit les yeux** she opened her eyes; **j'ai mal au pied** I've a pain in my foot; **il a la jambe cassée** he has got a broken leg; **avoir mal à la tête** to have a headache; **il a les cheveux noirs** he has black hair. (f) (valeur démonstrative) **faites attention, les enfants!** be careful children!; **oh ~ beau chien!** what a lovely dog!, (just) look at that lovely dog!

le² [l(ə)], **la** [la], **les** [le] pron m, f, pl (a) (homme) him; (femme, nation, bateau) her; (animal, bébé) it, him, her; (chose) it. **les** them; **regarde-~/-la/-les** look at him ou it/her ou it/them. (b) (emphatique) **cette femme-là, je la déteste** I can't bear that woman; **vous l'êtes, beau** you really do look smart. (c) (neutre: souvent non traduit) **je l'ai entendu dire** I have heard it said, so I have heard; **demande- ~-lui** ask him; **je ~ savais bien** I thought so.

lécher [leʃe] (6) vt (a) (gén) to lick; assiette to lick clean; [vagues] to wash ou lap against. **se ~ les doigts** to lick one's fingers; (fig) **s'en ~ les doigts** to lick one's lips over it; **~ les bottes de qn *** to suck up to sb ⚮, lick sb's boots *. (b) (*: fignoler) to polish up. ◆ **lèche ⚮** nf bootlicking *. **faire de la ~** to be a bootlicker *. ◆ **lèche-bottes *** nmf inv bootlicker *. ◆ **lèche-vitrines *** nm: **faire du ~** to go window-shopping. ◆ **lécheur, -euse *** nm, f bootlicker *.

leçon [l(ə)sɔ̃] nf (gén) lesson. **~s particulières** private lessons ou tuition; (fig) **il peut vous donner des ~s** he could teach you a thing or two; **faire la ~ à qn** (endoctriner) to give sb instructions; (réprimander) to give sb a lecture; **que cela te serve de ~** let that be a lesson to you; **cela lui donnera une ~** that'll teach him a lesson.

lecteur, -trice [lɛktœʀ, tʀis] nm, f (a) (gén) reader. **le nombre de ~s de ce journal** the readership of this paper. (b) (Univ) university assistant, lector, (foreign language) assistant, (foreign) teaching assistant (US). (c) (Ordin) **~ de cartes perforées** card reader; **~ de cassettes** cassette player.

(Ordin) **~ de disquettes** disk drive; (Ordin) **~ de document** document reader; (Ordin) **~ optique** optical character reader.

lecture [lɛktyʀ] nf (gén) reading. **d'une ~ facile** easy to read, very readable; **~ à haute voix** reading aloud; **faire la ~ à qn** to read to sb; **donner ~ de qch** to read sth out (à qn to sb); **méthode de ~** method of teaching reading; **~ rapide** speed reading; **apportez-moi de la ~** bring me something to read; **~s pour la jeunesse** books for children; (interprétation) **il y a plusieurs ~s possibles de ce texte** there are several possible readings ou interpretations of this text; (Ordin) **procédé de ~-écriture** read-write cycle.

ledit [lədi], **ladite** [ladit], m(f)pl **lesdit(e)s** [ledi(t)] adj the aforementioned, the aforesaid.

légal, e, mpl **-aux** [legal, o] adj (gén) legal; adresse official. ◆ **légalement** adv legally. ◆ **légalisation** nf legalization. ◆ **légaliser** (1) vt to legalize. ◆ **légalité** nf [acte] legality. **rester dans la ~** to keep within the law.

légat [lega] nm: **~ (du Pape)** (papal) legate.

légataire [legatɛʀ] nmf legatee, devisee. **~ universel** sole legatee.

légation [legasjɔ̃] nf (Diplomatie) legation.

légende [leʒɑ̃d] nf (a) (mythe) legend. **entrer dans la ~** to go down in legend. (b) [médaille] legend; [dessin] caption; [carte] key. (c) (péj: mensonge) fairy tale. ◆ **légendaire** adj (gén) legendary.

léger, -ère [leʒe, ɛʀ] adj (a) poids, parfum light. construction **~ère** light ou flimsy (péj) building; cuisine **~ère** light cooking; **faire qch d'un cœur ~** to do sth with a light heart. (b) allure light, nimble; taille light, slender. **d'un pas ~** with a light ou springy step. (c) bruit, surprise slight, faint; thé weak; vin, coup light; maladie, châtiment mild, slight. **une ~ère pointe d'ironie** a light touch of irony; **un blessé ~** a slightly injured person; **il a été condamné à une peine ~ère** he was given a mild ou light (prison) sentence. (d) (superficiel) personne, propos thoughtless; argument lightweight, flimsy. **agir à la ~ère** to act thoughtlessly; **il prend toujours tout à la ~ère** he never takes anything seriously. (e) (frivole) personne fickle; plaisanterie ribald, broad. **femme ~ère** loose woman, woman of easy virtue. ◆ **légèrement** adv lightly; nimbly; slightly; faintly; thoughtlessly. **~ plus grand** slightly bigger. ◆ **légèreté** nf lightness; flimsiness; nimbleness; mildness; thoughtlessness; fickleness; ribaldry.

légion [leʒjɔ̃] nf legion. **ils sont ~** they are legion. ◆ **légionnaire** nm (Hist) legionary; [Légion étrangère] legionnaire.

législation [leʒislasjɔ̃] nf legislation. ◆ **législateur, -trice** nm, f legislator. ◆ **législatif, -ive 1** adj legislative. **élections ~ives** ≃ general election. **2** nm: **le ~** the legislature. ◆ **législature** nf (Parl) (durée) term (of office); (corps) legislature. ◆ **légiste** nm legist, jurist.

légitime [leʒitim] adj (gén) legitimate; femme lawful; colère justifiable, justified; revendication rightful. **j'étais en état de ~ défense** I was acting in self-defence. ◆ **légitimement** adv (gén) rightfully; (Jur) legitimately. ◆ **légitimer** (1) vt to legitimate. ◆ **légitimité** nf (gén) legitimacy.

legs [lɛg] nm (Jur, fig) legacy. **faire un ~ à qn** to leave sb a legacy; **~ (de biens immobiliers)** devise; **~ (de biens mobiliers)** legacy. ◆ **léguer** (6) vt (Jur) to bequeath; tradition, tare to hand down, pass on.

légume [legym] **1** nm vegetable. **~s secs/verts** dry/green vegetables. **2** nf: **une grosse ~ *** a bigwig *. ◆ **légumier** nm vegetable dish. ◆ **légumineuse** nf leguminous plant.

leitmotiv [lajtmɔtif] nm (lit, fig) leitmotiv, leitmotif.

lémurien [lemyʀjɛ̃] nm lemur.

lendemain [lɑ̃dmɛ̃] *nm* (**a**) *(jour suivant)* **le** ~ the next *ou* following day, the day after; **le** ~ **de son arrivée** the day after he arrived, the day following his arrival; **le** ~ **soir** the next *ou* following evening; **il ne faut jamais remettre au** ~ **ce qu'on peut faire le jour même** never put off till tomorrow what you can do today; **au** ~ **de la défaite** soon after *ou* in the days following the defeat. (**b**) *(avenir)* **le** ~ tomorrow, the future; **succès sans** ~ short-lived success. (**c**) ~**s** *(conséquences)* consequences; *(perspectives)* prospects.

lénifiant, e [lenifjɑ̃,ɑ̃t] *adj médicament, propos* soothing. ◆ **lénifier** (7) *vt* to soothe.

lent, e¹ [lɑ̃, lɑ̃t] *adj (gén)* slow; *poison* slow-acting; *(Fin) croissance* sluggish, slow. **à l'esprit** ~ slow-witted. ◆ **lentement** *adv* slowly. ◆ **lenteur** *nf* slowness. ~ **d'esprit** slow-wittedness; **la** ~ **de la construction** the slow progress of the building.

lente² [lɑ̃t] *nf (Zool)* nit.

lentille [lɑ̃tij] *nf (Bot, Culin)* lentil; *(Opt)* lens. ~**s cornéennes** contact lenses; ~**s (cornéennes) dures/souples** hard/soft contact lenses.

léonin, e [leɔnɛ̃,in] *adj mœurs, aspect* leonine; *(fig) contrat, partage* one-sided.

léopard [leɔpaʀ] *nm* leopard; *(fourrure)* leopard-skin.

lèpre [lɛpʀ(ə)] *nf (Méd)* leprosy; *(fig: mal)* plague. ◆ **lépreux, -euse 1** *adj (lit)* leprous; *mur* flaking, peeling. **2** *nm, f (lit, fig)* leper. ◆ **léproserie** *nf* leper-house.

lequel [ləkɛl], **laquelle** [lakɛl], *m(f)pl* **lesquel(le)s** [lekɛl] *(avec à, de* **auquel, auxquels, auxquelles, duquel, desquels, desquelles**) **1** *pron* (**a**) *(relatif) (personne: sujet)* who; *(personne: objet)* whom; *(chose)* which. **j'ai écrit au directeur,** ~ **n'a jamais répondu** I wrote to the manager, who has never answered; **le règlement d'après** ~ **the** ruling whereby...; **la femme à laquelle j'ai acheté mon chien** the woman from whom I bought my dog; **le pont sur** ~ **vous êtes passé** the bridge you came over *ou* over which you came. (**b**) *(interrogatif)* which. ~ **des 2 acteurs préférez-vous?** which of the 2 actors do you prefer?; **va voir ma sœur** — **laquelle?** go and see my sister — which one? **2** *adj*: **son état pourrait empirer, auquel cas je reviendrais** his condition could worsen, in which case I would come back.

les [le] *V* **le¹, le².**

lesbienne [lɛsbjɛn] *nf* lesbian. ◆ **lesbianisme** *nm* lesbianism.

lèse-majesté [lɛzmaʒɛste] *nf* lese-majesty.

léser [leze] (6) *vt* (**a**) *personne* to wrong; *droits* to infringe on; *intérêts* to damage. (**b**) *(Méd)* to injure.

lésiner [lezine] (1) *vi* to skimp *(sur qch* on sth). ◆ **lésinerie** *nf* stinginess.

lésion [lezjɔ̃] *nf (Jur, Méd)* lesion. *(Méd)* ~**s internes** internal injuries.

lessiver [lesive] (1) *vt* (**a**) *(lit)* to wash. (**b**) *(*: *battre) (au jeu)* to clean out *; *adversaire* to lick *. (**c**) (*: *fatiguer)* to tire out, exhaust. **être lessivé** to be dead-beat * *ou* all-in * *ou* tired out. ◆ **lessivable** *adj papier peint* washable. ◆ **lessivage** *nm* washing. ◆ **lessive** *nf (produit)* washing powder; *(linge)* washing; *(lavage)* washing, wash. **faire la** ~ to do the washing; **faire 4** ~**s par semaine** to do 4 washes a week. ◆ **lessiveuse** *nf* (laundry) boiler. ◆ **lessiviel** *adj m*: **produit** ~ detergent product.

lest [lɛst] *nm* ballast. ◆ **lester** (1) *vt (lit)* to ballast; *(*: *remplir) poches* to fill.

leste [lɛst(ə)] *adj* (**a**) *(agile)* nimble, agile, sprightly. (**b**) *plaisanterie* risqué. ◆ **lestement** *adv* nimbly, agilely. **mener** ~ **une affaire** to conduct a piece of business briskly.

let [lɛt] *nm (Tennis)* let. **jouer un** ~ to play a let.

léthargie [letaʀʒi] *nf* lethargy. **tomber en** ~ to fall into a state of lethargy. ◆ **léthargique** *adj* lethargic.

lettre [lɛtʀ(ə)] **1** *nf* (**a**) *(caractère)* letter. **c'est écrit en toutes** ~**s** it's there *ou* it's written in black and white; **écrire en (toutes)** ~**s** *nom, somme* to write in full. (**b**) *(missive)* letter. ~**s** *(courrier)* letters, mail; **mettre une** ~ **à la boîte** to post a letter; **écris-lui une petite** ~ write him a note. (**c**) **les (belles)** ~**s** literature; **homme de** ~**s** man of letters; **avoir des** ~**s** to be well-read. (**d**) *(Scol)* **fort en** ~**s** good at arts subjects; **professeur de** ~**s** teacher of French *(in France)*; ~**s modernes** French language and literature; ~**s classiques** classics *(sg)*. (**e**) *(locutions)* **rester** ~ **morte** *[protestation]* to go unheeded; **devenir** ~ **morte** *[loi]* to become a dead letter; **c'est passé comme une** ~ **à la poste** * it went off smoothly *ou* without a hitch; **prendre qch au pied de la** ~ to take sth literally; **exécuter qch à la** ~ to carry out sth to the letter. **2** : ~ **de change** bill of exchange; ~**s de créance** credentials; *(lit)* ~**s de noblesse** letters patent of nobility; *(fig)* **gagner ses** ~**s de noblesse** to win acclaim, establish one's pedigree; ~ **recommandée** *(attestant sa remise)* recorded delivery letter; *(assurant sa valeur)* registered letter. ◆ **lettré, e** *adj* well-read.

leucémie [løsemi] *nf* leukaemia. ◆ **leucémique 1** *adj* leukaemic. **2** *nmf* person suffering from leukaemia.

leucotomie [løkɔtɔmi] leucotomy.

leur [lœʀ] **1** *pron pers mf* them. **il** ~ **est facile de le faire** it is easy for them to do it. **2** *adj poss* (**a**) their. **ils ont** ~**s petites manies** they have their little fads. (**b**) *(littér)* theirs, their own. **ils ont fait** ~**s ces idées** they made these ideas their own. **3** *pron poss*: **le** ~, **la** ~, **les** ~**s** theirs; **ces sacs sont les** ~**s** these bags are theirs. **4** *nm* (**a**) **ils ont mis du** ~ they pulled their weight. (**b**) **les** ~**s** *(famille)* their family; *(partisans)* their own people; **ils ont encore fait des** ~**s** * they've (gone and) done it again *; **nous étions des** ~**s** we were with them.

leurre [lœʀ] *nm (illusion)* delusion; *(duperie)* deception; *(piège)* trap, snare; *(Pêche, Chasse)* lure. ◆ **leurrer** (1) **1** *vt* to delude. **2 se** ~ *vpr* to delude o.s.

levage [ləvaʒ] *nm (Tech)* lifting.

levain [ləvɛ̃] *nm* leaven. **sans** ~ unleavened; **pain au** ~ leavened bread.

levant [ləvɑ̃] **1** *adj*: **soleil** ~ rising sun; **au soleil** ~ at sunrise. **2** *nm*: **le** ~ the East; *(pays)* **le L**~ the Levant; **les chambres sont au** ~ the bedrooms are on the east side.

lever [l(ə)ve] (5) **1** *vt* (**a**) *(lit) (gén)* to raise; *objet* to lift; *yeux, tête* to lift up; *main (en classe)* to put up. ~ **le visage vers qn** to look up at sb. (**b**) *blocus* to raise; *séance* to close; *difficulté, scrupules* to remove; *interdiction* to lift. **on lève la séance?** * shall we break up?, shall we call it a day? (**c**) *impôts, armée* to levy. (**d**) *plan, carte* to draw. (**e**) *enfant, malade* to get up. **faire** ~ **qn** *(d'une chaise)* to make sb stand up; *(du lit)* to get sb up; *(lit, fig)* ~ **un lièvre** to uncover sth by chance. (**f**) *(locutions)* ~ **l'ancre** *(Naut)* to weigh anchor; *(fig)* to make tracks *; ~ **le camp** *(lit)* to break camp; *(fig: partir)* to clear off *; ~ **le siège** *(lit)* to raise the siege; *(fig: partir)* to clear off *; **il n'a pas levé le petit doigt pour m'aider** he didn't lift a finger to help me; *[chien]* ~ **la patte** to cock its leg; ~ **le pied** *(disparaître)* to vanish; *(Aut: ralentir)* to slow down; ~ **la main sur qn** to raise one's hand to sb; ~ **le voile** to reveal the truth *(sur* about); ~ **son verre à la santé de qn** to drink to sb's health.

2 *vi* (**a**) *[plante]* to come up. (**b**) *(Culin)* to rise. faire ~ **la pâte** to make the dough rise, leave the dough to rise.
3 se ~ *vpr* (**a**) *[rideau, main]* to go up. (**b**) *[personne]* to get up. **se** ~ **de table** to get up from the table; **faire se** ~ **qn** *(du lit)* to get sb up; *(d'une chaise)* to make sb stand up; *(fig)* **il s'est levé du pied gauche** he got out of bed on the wrong side; **se** ~ **sur son séant** to sit up. (**c**) *[soleil, lune]* to rise; *[jour]* to break. (**d**) *[vent, orage]* to get up, rise; *[brume]* to lift, clear. **le temps se lève** the weather is clearing.
4 *nm* (**a**) ~ **de soleil** sunrise; ~ **du jour** daybreak, dawn. (**b**) *(au réveil)* **prenez 3 comprimés au** ~ take 3 tablets when you get up *ou* on rising; **le** ~ **du roi** the levee of the king. (**c**) *(Théât)* **le** ~ **du rideau** *(commencement)* the curtain; *(action)* the raising of the curtain; *(pièce)* **un** ~ **de rideau** a curtain raiser.
◆ **levé¹** *nm (plan)* survey. ◆ **levé²**, **e¹** *adj*: **être** ~ to be up. ◆ **levée²** **1** *nf* (**a**) *[siège]* raising; *[séance]* closing; *[interdiction]* lifting. (**b**) *(Poste)* collection. (**c**) *(Cartes)* trick. **faire une** ~ to take a trick. (**d**) *[impôts, armée]* levying. (**e**) *[remblai]* levee. **2** : ~ **de boucliers** general outcry; **la** ~ **du corps aura lieu à 10 heures** the funeral will start from the house at 10 o'clock; ~ **d'écrou** release (from prison). ◆ **lève-glace** *nm inv*, **lève-vitre** *nm inv* (window) winder. ◆ **lève-tard** *nm inv* late riser. ◆ **lève-tôt** *nm inv* early riser.

levier [ləvje] *nm* lever. ~ **de frein** handbrake (lever); **faire** ~ **sur qch** to lever sth up; *(fig)* **être aux** ~**s de commande** to be in control *ou* command.

lévitation [levitasjɔ̃] *nf* levitation.

lèvre [lɛvʀ(ə)] *nf (gén)* lip; *(Géog) [faille]* side.

lévrier [levʀije] *nm* greyhound.

levure [l(ə)vyʀ] *nf (ferment)* yeast.

lexique [lɛksik] *nm* vocabulary, lexis; *(glossaire)* lexicon. ◆ **lexicographie** *nf* lexicography.

lézard [lezaʀ] *nm (animal)* lizard; *(peau)* lizardskin. **faire le** ~ **(au soleil)** * to bask in the sun.

lézarde [lezaʀd(ə)] *nf (fissure)* crack. ◆ **se lézarder** (1) *vpr* to crack.

liaison [ljezɔ̃] *nf* (**a**) *(fréquentation)* ~ **(amoureuse)** (love) affair; ~ **(d'affaires)** business relationship *ou* connection. (**b**) *(contact)* **entrer en** ~ **avec qn** to get in contact with sb; **travailler en** ~ **étroite avec qn** to work in close collaboration with sb; ~ **radio** radio contact; **les** ~**s téléphoniques avec le Japon** telephone links with Japan; **officier de** ~ liaison officer. (**c**) *(entre événements, idées)* connection. (**d**) *(Phonétique)* liaison. *(Gram)* **mot de** ~ linkword. (**e**) *(Transport)* link. (**f**) *(Culin)* liaison. (**g**) *(Ordin)* ~ **de transmission** data link. (**h**) *(Mus)* tie.

liane [ljan] *nf* creeper, liana.

liant, e [ljɑ̃, ɑ̃t] *adj* sociable.

liasse [ljas] *nf* bundle, wad.

Liban [libɑ̃] *nm*: **le** ~ (the) Lebanon. ◆ **libanais, e** *adj*, **L~(e)** *nm (f)* Lebanese.

libations [libasjɔ̃] *nfpl* libations.

libeller [libele] (1) *vt acte* to draw up; *chèque* to make out *(au nom de* to); *lettre* to word. ◆ **libellé** *nm* wording.

libellule [libelyl] *nf* dragonfly.

libéral, e, *mpl* **-aux** [liberal, o] *adj, nm, f (gén)* liberal. ◆ **libéralement** *adv* liberally. ◆ **libéralisation** *nf* liberalization. ◆ **libéraliser** (1) *vt* to liberalize. ◆ **libéralisme** *nm* liberalism. **être partisan du** ~ **économique** to be a supporter of economic liberalism *ou* of free enterprise. ◆ **libéralité** *nf* liberality; *(don)* generous *ou* liberal gift, liberality.

libérer [libeʀe] (6) **1** *vt* (**a**) *prisonnier* to release; *soldat* to discharge *(de* from). **libéré sous caution/**

sur parole released on bail/on parole. (**b**) *pays, peuple* to free, liberate; *(d'une promesse)* to release *(de* from). (**c**) *énergie, gaz, cran d'arrêt* to release; *échanges commerciaux* to ease restrictions on; *prix* to decontrol. ~ **le passage** to free *ou* unblock the way. (**d**) *conscience* to unburden; *instincts* to give free rein to. **2 se** ~ *vpr (de ses liens)* to free o.s. *(de* from); *(d'une promesse)* to release o.s. *(de* from); *(d'une dette)* to clear o.s. *(de* of). **jeudi je ne peux pas me** ~ I can't be free on Thursday. ◆ **libérateur, -trice 1** *adj (Psych)* liberating. **guerre** ~**trice** war of liberation. **2** *nm, f* liberator. ◆ **libération** *nf* release; discharge; freeing; liberation; decontrolling. ~ **anticipée** early release; ~ **conditionnelle** release on parole; ~ **de la femme** Women's Liberation; *(Hist)* **la L**~ the Liberation. ◆ **libéré, e** *adj* liberated.

Libéria [libeʀja] *nm* Liberia.

liberté [libɛʀte] *nf* (**a**) *(gén, Jur)* freedom, liberty. **mettre en** ~ to free, release, set free; **être mis en** ~ **surveillée** to be put on probation; **mise en** ~ *[prisonnier]* release; **être en** ~ to be free; **animaux en** ~ animals in freedom; **le voleur est encore en** ~ the thief is still at large; *[épouse]* **elle a repris sa** ~ she has regained her freedom *ou* her independence; **avoir toute** ~ **pour agir** to have full liberty *ou* freedom to act; ~, **égalité, fraternité** liberty, equality, fraternity. (**b**) *(loisir)* **moments de** ~ free moments, spare *ou* free time; **jour de** ~ free day, day off. (**c**) *(absence de contrainte)* liberty. ~ **de mœurs** freedom of morals; **prendre la** ~ **de faire** to take the liberty of doing; **prendre des** ~**s avec** *texte* to take liberties with. (**d**) *(droit)* right. **les** ~**s syndicales** union rights.

libertin, e [libɛʀtɛ̃, in] *adj, nm, f* libertine.

libraire [libʀɛʀ] *nmf* bookseller. ◆ **librairie** *nf (magasin)* bookshop. ~**-papeterie** bookseller's and stationer's; **la** ~ *(activité)* bookselling.

libre [libʀ(ə)] *adj* (**a**) *(sans contrainte)* free. **en vente** ~ on open *ou* unrestricted sale; **garder l'esprit** ~ to keep one's mind free, keep a clear mind; **être** ~ **comme l'air** to be as free as a bird; **rester** ~ *(non marié)* to remain unattached; ~ **de tout préjugé** free from all prejudice; **vous êtes** ~ **de refuser** you're free *ou* at liberty to refuse; **le sujet de la dissertation est** ~ the subject of this essay is left open; **un partisan de la** ~ **entreprise** *ou* **concurrence** a supporter of the free-market economy *ou* of free enterprise; *(Pol)* **le monde** ~ the free world. (**b**) *(non occupé) (gén)* free; *passage* clear; *taxi* empty. *(Téléc)* **la ligne n'est pas** ~ the line *ou* number is engaged *ou* busy; **est-ce que cette place est** ~? is this seat free? *ou* vacant?; **avoir du temps** ~ to have some spare *ou* free time; *(non payant)* **'entrée** ~' 'entrance free'; *(Univ)* **auditeur** ~ non-registered student. (**c**) *(Scol)* **enseignement** ~ private and Roman Catholic. (**d**) *(sans retenue)* *personne* free *ou* open in one's behaviour; *plaisanteries* broad; *propos* blunt. **être très** ~ **avec qn** to be very free with sb; **donner** ~ **cours à sa colère** to give free rein *ou* give vent to one's anger. ◆ **libre arbitre** *nm* free will. ◆ **libre-échange** *nm* free trade. ◆ **libre penseur** *nm* freethinker. ◆ **libre-service**, *pl* **libres-services** *nm (restaurant)* self-service restaurant; *(magasin)* self-service store. ◆ **librement** *adv* freely.

Libye [libi] *nf* Libya. ◆ **libyen, -enne** *adj*, **L~(ne)** *nm (f)* Libyan.

licence [lisɑ̃s] *nf* (**a**) *(Univ)* degree, ≃ bachelor's degree. ~ **ès lettres** Arts degree, ≃ B.A.; ~ **ès sciences** Science degree, ≃ B.Sc.; **faire une** ~ **d'anglais** to do a degree course in English. (**b**) *(autorisation, Sport)* permit; *(Comm, Jur)* licence. **produit sous** ~ licensed product. (**c**) ~ **(des mœurs)** licentiousness; ~ **poétique** poetic licence. ◆ **licencié, e** *nm, f* (**a**) ~ **ès lettres/ès sciences/en**

droit Bachelor of Arts/of Science/of Law, arts/science/law graduate. (**b**) *(Sport)* permit-holder. (**c**) *(Jur)* licensee.

licencier [lisɑ̃sje] (7) *vt (débaucher)* to make redundant; *(renvoyer)* to dismiss. ◆ **licenciement** *nm (action)* dismissal. *(résultat)* **plusieurs ~s** several redundancies; ~ **(pour raison) économique** lay-off, redundancy; **lettre de** ~ letter of dismissal, pink slip *(US)*.

licencieux, -euse [lisɑ̃sjø, øz] *adj* licentious.

lichen [likɛn] *nm* lichen.

lichette * [liʃɛt] *nf*: ~ **de pain** *etc* nibble of bread etc.

licite [lisit] *adj* lawful, licit.

licorne [likɔʀn(ə)] *nf* unicorn.

lie [li] **1** *nf [vin]* dregs, sediment. **la ~ de la société** the dregs of society. **2** : ~ **de vin** *adj* wine(-coloured).

Liechtenstein [liʃtɛnʃtajn] *nm* Liechtenstein.

liège [ljɛʒ] *nm* cork.

lien [ljɛ̃] *nm* (**a**) *(lit, fig: attache)* bond, tie. **~s de parenté** family ties; **~s d'amitié** bonds of friendship. (**b**) *(corrélation)* link, connection. **idées sans** ~ unconnected *ou* unrelated ideas.

lier [lje] (7) **1** *vt* (**a**) *(attacher)* to bind, tie up. ~ **qn à un arbre** to tie sb to a tree. (**b**) *(relier)* to link up. **tous ces événements sont étroitement liés** all these events are closely linked *ou* connected. (**c**) *(unir)* personnes to bind, unite. (**d**) *(Culin)* sauce to thicken. (**e**) ~ **amitié/conversation** to strike up a friendship/conversation. **2 se** ~ *vpr* to make friends *(avec qn* with sb); *(par un serment)* to bind o.s. **ils sont très liés** they are very close friends.

lierre [ljɛʀ] *nm* ivy.

liesse [ljɛs] *nf (littér: joie)* jubilation. **en** ~ jubilant.

lieu¹, *pl* ~**x** [ljø] **1** *nm* (**a**) *(gén: endroit)* place; *[événement]* scene. **en quelque** ~ **qu'il soit** wherever he is; **en tous** ~**x** everywhere; **en** ~ **sûr** in a safe place; **être sur les** ~**x de l'accident** to be on the scene of the accident. (**b**) *(locaux)* **les** ~**x** the premises; **quitter les** ~**x** *(gén)* to get out, leave; *(Admin)* to vacate the premises. (**c**) *(temps)* **en premier** ~ in the first place; **en dernier** ~ lastly; **en son** ~ in due course. (**d**) **au** ~ **de qch** instead of sth; **en** ~ **et place de qn** on behalf of sb; **avoir** ~ *(se produire)* to take place; **avoir** ~ **d'être inquiet** to have (good) grounds for being worried, have (good) reason to be worried; **s'il y a** ~ if necessary; **donner** ~ **à des critiques** to give rise to criticism; **tenir** ~ **de qch** to take the place of sth, serve as sth.
2 : ~**x d'aisances** † lavatory; ~ **commun** commonplace; ~**-dit**, *pl* ~**x~s** locality; ~ **de naissance** *(gén)* birthplace; *(Admin)* place of birth; ~ **de passage** *(entre régions)* crossing point; *(dans un bâtiment)* place where people are constantly coming and going; ~ **de perdition** den of iniquity; ~ **de vacances** *(ville)* holiday resort.

lieu² [ljø] *nm*: *(poisson)* ~ **jaune** pollack, pollock; ~ **noir** saithe, coley, coalfish.

lieue [ljø] *nf* league. **j'étais à cent ~s de supposer cela** that never occurred to me.

lieuse [ljøz] *nf (Agr)* binder.

lieutenant [ljøtnɑ̃] *nm (Mil, fig)* lieutenant; *(marine marchande)* mate. ~**-colonel** lieutenant colonel.

lièvre [ljɛvʀ(ə)] *nm* hare.

lifting [liftiŋ] *nm* face lift. **se faire faire un** ~ to have a face lift.

ligament [ligamɑ̃] *nm* ligament.

ligature [ligatyʀ] *nf* ligature. ◆ **ligaturer** (1) *vt* to ligature.

ligne [liɲ] **1** *nf* (**a**) *(trait, limite)* line. ~ **brisée** broken *ou* dotted line; ~ **de départ/d'arrivée** starting/finishing line; **la** ~ **des x/des y** the X/Y axis; **courir**

en ~ **droite** to run in a straight line; *(Aut)* ~ **droite** stretch of straight road; *(lit, fig)* **la dernière** ~ **droite avant l'arrivée** the final *ou* home straight. (**b**) *[meuble, voiture]* line(s); *[femme]* figure. **garder la** ~ to keep one's figure; **la** ~ **lancée par la mode** the look launched by the collections. (**c**) *(règle)* line. ~ **de conduite** line of conduct; **les grandes** ~**s d'un programme** the broad lines of a programme. (**d**) *(rangée)* line, row. **mettre des personnes en** ~ to line people up; **se mettre en** ~ to line up, get into line; *(Ordin)* **en** ~ on line. (**e**) *(Rail)* line. ~ **d'autobus** *(service)* bus service; *(parcours)* bus route; ~ **d'aviation** *(compagnie)* air line; *(trajet)* (air) route; ~ **de métro** underground *ou* subway line; **quelle** ~ **faut-il prendre?** which train *(ou* bus) should I take? (**f**) *(Élec) (gén)* line; *(câbles)* wires. **être en** ~ to be connected. (**g**) *[texte]* line. *(dictée)* **'à la** ~' 'new paragraph'; **lire entre les** ~**s** to read between the lines. (**h**) *(Pêche)* fishing line. (**i**) *(locutions)* **mettre sur la même** ~ to put on the same level; **faire entrer en** ~ **de compte** to take into account *ou* consideration; **sur toute la** ~ from start to finish.
2 : *(Aut)* ~ **blanche** white line *(in the centre of the road)*; ~ **blanche continue/discontinue** solid/broken *ou* dotted white line; ~ **de but** goal line; ~ **de démarcation** *(gén)* boundary; *(Mil)* line of demarcation, demarcation line; ~ **directrice** *(Géom)* directrix; *(fig)* guiding line; ~ **de feu** line of fire; ~ **de flottaison** water line; *(Pêche)* ~ **de fond** ledger line; ~ **à haute tension** high-tension line; ~ **d'horizon** skyline; *(Sport)* ~ **médiane** halfway line; ~ **de mire** line of sight; ~ **de partage des eaux** watershed; ~ **de touche** *(Ftbl, Rugby etc)* touchline; *(Basketball)* boundary line.
◆ **lignée** *nf (postérité)* descendants; *(race)* line; *(tradition)* tradition.

ligoter [ligɔte] (1) *vt* personne to bind hand and foot. ~ **à un arbre** to tie to a tree.

ligue [lig] *nf* league. ◆ **liguer** (1) **1** *vt* to unite *(contre* against). **être ligué avec** to be in league with. **2 se** ~ *vpr* to form a league, be in league *(contre* against).

lilas [lila] *nm*, *adj inv* lilac.

Lima [lima] *n* Lima.

limace [limas] *nf (Zool)* slug; (***: *chemise)* shirt; *(*: personne)* slowcoach, slowpoke *(US)*.

limande [limɑ̃d] *nf (poisson)* dab. ~**-sole** lemon sole.

lime [lim] *nf* file. ~ **à ongles** nail file. ◆ **limer** (1) *vt* to file; *aspérité* to file off.

limier [limje] *nm (Zool)* bloodhound; *(fig)* sleuth, detective.

limite [limit] **1** *nf (gén)* limit; *[jardin]* boundary. ~ **de rupture** breaking point; ~ **d'âge** age limit; ~ **des arbres** tree line; ~ **des neiges** snow line; **sans** ~ boundless, limitless; **la bêtise a des ~s!** foolishness has its limits!; **il dépasse les ~s!** he's going a bit too far!; **à la** ~ **on croirait qu'il le fait exprès** you'd almost think he is doing it on purpose; **à la** ~ **tout roman est réaliste** ultimately *ou* at a pinch you could say any novel is realistic; **dans une certaine** ~ up to a point, to a certain extent; **dans les ~s de mes moyens** *(aptitude)* within the limits of) my capabilities; *(argent)* within my means; **jusqu'à la dernière** ~ to the (bitter) end; **jusqu'à la** ~ **de ses forces** to the point of exhaustion; *(Boxe)* **tenir jusqu'à la** ~ to go the distance. **2** *adj*: **cas** ~ borderline case; **vitesse/âge** ~ maximum speed/age; **date** ~ deadline.
◆ **limitatif, -ive** *adj* restrictive. **liste ~ive/non-~ive** open/closed list. ◆ **limitation** *nf (gén)* limitation. ~ **des prix/des naissances** price/birth control; **sans** ~ **de temps** with no time limit; ~ **de vitesse** speed limit. ◆ **limiter** (1) **1** *vt* (**a**) *(restreindre)* to limit, restrict. ~ **les dégâts** * to stop

things getting any worse; *(financièrement)* to cut one's losses. **(b)** *[frontière, montagnes]* to border. **2 se ~** *vpr [personne]* **se ~ (à qch/à faire)** to limit *ou* confine o.s. (to sth/to doing); *[chose]* **se ~ à** to be limited to.

limitrophe [limitʀɔf] *adj département* border.

limoger [limɔʒe] (3) *vt* to dismiss, fire.

limon [limɔ̃] *nm (Géog)* silt; *[attelage]* shaft.

limonade [limɔnad] *nf* lemonade.

limpide [lɛ̃pid] *adj (gén)* limpid; *explication* lucid. ◆ **limpidité** *nf [eau, ciel]* clearness; *[regard]* limpidity; *[explication]* clarity, lucidity.

lin [lɛ̃] *nm (plante)* flax; *(tissu)* linen.

linceul [lɛ̃sœl] *nm (lit, fig)* shroud.

linéaire [lineɛʀ] *adj* linear.

linge [lɛ̃ʒ] *nm* **(a)** **le ~, du ~** linen; **le gros/petit ~** the main/small items of linen; **~ de corps/de table** body/table linen; **~ de toilette** bathroom linen. **(b)** *(lessive)* **le ~** the washing. **(c)** *(morceau)* cloth. **blanc comme un ~** as white as a sheet. ◆ **lingerie** *nf (local)* linen room; *(sous-vêtements)* lingerie, underwear.

lingot [lɛ̃go] *nm* ingot.

linguiste [lɛ̃gɥist(ə)] *nmf* linguist. ◆ **linguistique 1** *nf* linguistics *(sg)*. **2** *adj* linguistic. **communauté ~** speech community.

linoléum [linɔleɔm] *nm* linoleum.

lion [ljɔ̃] *nm* lion. *(Astron)* **le L~** Leo, the Lion; **être (du) L~** to be Leo. ◆ **lionceau,** *pl* **~x** *nm* lion cub. ◆ **lionne** *nf* lioness.

lippu, e [lipy] *adj* thick-lipped.

liquéfier *vt*, **se ~** *vpr* [likefje] (7) to liquefy. ◆ **liquéfaction** *nf* liquefaction.

liqueur [likœʀ] *nf (boisson)* liqueur; *(Chim)* solution.

liquide [likid] **1** *adj* liquid. **sauce trop ~** sauce which is too runny *ou* too thin. **2** *nm* **(a)** *(substance)* liquid. **(b)** *(argent)* **du ~** ready money, ready cash.

liquider [likide] (1) *vt* **(a)** *société, biens* to liquidate; *(lit, fig) compte* to settle; *retraite* to pay. **(b)** *(vendre)* to sell (off). **(c)** (₤) *(tuer)* to liquidate; *(se débarrasser de)* to get rid of; *(finir)* to finish off. **c'est liquidé maintenant** it is all finished *ou* over now. ◆ **liquidation** *nf* liquidation; settlement; payment; sale. **mettre en ~ compagnie** to liquidate. ◆ **liquidateur, -trice** *nm, f (Jur)* ≃ liquidator, receiver. ◆ **liquidatif, -ive** *adj:* **valeur ~ive** market price *ou* value.

liquidité [likidite] *nf (Chim, Jur)* liquidity. **~s** liquid assets.

liquoreux, -euse [likɔʀø, øz] *adj vin* syrupy.

lire¹ [liʀ] (43) *vt (gén)* to read; *discours* to read out. **il l'a lu dans le journal** he read (about) it in the paper; **ça se lit très vite** it makes quick reading; **~ entre les lignes** to read between the lines; **lu et approuvé** read and approved; **~ dans le cœur de qn** to see into sb's heart; **elle m'a lu les lignes de la main** she read my hand; **~ dans le jeu de qn** to see sb's game; **nous espérons vous ~ bientôt** we hope to hear from you soon.

lire² [liʀ] *nf* lira.

lis [lis] *nm* lily.

Lisbonne [lizbɔn] *n* Lisbon.

liseré [lizʀe] *nm,* **liséré** [lizeʀe] *nm (bordure)* border, edging. **un ~ de ciel bleu** a strip of blue sky.

liseron [lizʀɔ̃] *nm* bindweed, convolvulus.

liseur, -euse [lizœʀ, øz] **1** *nm, f* reader. **2** *nf (vêtement)* bed jacket.

lisible [lizibl(ə)] *adj écriture* legible; *livre* readable. ◆ **lisibilité** *nf* legibility; readability. ◆ **lisiblement** *adv* legibly.

lisière [lizjɛʀ] *nf [bois, village]* edge.

lisse [lis] *adj (gén)* smooth; *cheveux* sleek. ◆ **lisser** (1) *vt cheveux* to smooth (down); *papier froissé* to

smooth out. **l'oiseau se lisse les plumes** the bird is preening its feathers. ◆ **lissage** *nm* smoothing.

listage [listaʒ] *nm (action)* listing; *(liste)* list; *(Ordin)* listing.

liste [list(ə)] *nf* list. **faire la ~ de** to make out a list of, list; **~ nominative des élèves** class roll *ou* list; **~ électorale** electoral roll; **~ noire** blacklist; *(pour élimination)* hit list; *(Téléc)* **demander à être sur la ~ rouge** (to ask) to go ex-directory *ou* unlisted *(US)*.

lister [liste] (1) *vt* to list.

lit [li] **1** *nm* bed. **~ d'une personne/de deux personnes** single/double bed; **~ de fer** iron bedstead; **se mettre au ~** to go to bed; **faire le ~** to make the bed; **faire ~ à part** to sleep in separate beds; **au ~ les enfants!** bedtime *ou* off to bed children!; **enfants du premier ~** children of the first marriage. **2 : ~ de camp** campbed; **~ d'enfant** cot; **~ gigogne** bunk bed; **~s jumeaux** twin beds; **~ de mort** deathbed; **~ en portefeuille** apple pie bed; **~s superposés** bunk beds; *(Naut)* **le ~ du vent** the set of the wind.

litanie [litani] *nf (Rel, péj)* litany.

litchi [litʃi] *nm* litchi.

literie [litʀi] *nf* bedding.

lithographie [litɔgʀafi] *nf (technique)* lithography; *(image)* lithograph.

litière [litjɛʀ] *nf* litter. **~ pour chats** cat litter, kitty litter *(US)*.

litige [litiʒ] *nm (gén)* dispute; *(Jur)* lawsuit. *(Jur)* **les parties en ~** the litigant, the disputants *(US)*; **objet de ~** object of contention. ◆ **litigieux, -ieuse** *adj* litigious, contentious.

litote [litɔt] *nf (Littérat)* litotes, understatement.

litre [litʀ(ə)] *nm (mesure)* litre; *(récipient)* litre bottle.

littéral, e, *mpl* **-aux** [liteʀal, o] *adj* literal. ◆ **littéralement** *adv (lit, fig)* literally.

littérature [liteʀatyʀ] *nf* literature; *(profession)* writing. ◆ **littéraire** *adj (gén)* literary.

littoral, e, *mpl* **-aux** [litɔʀal, o] **1** *adj* coastal. **2** *nm* coast.

liturgie [lityʀʒi] *nf* liturgy. ◆ **liturgique** *adj* liturgical.

livide [livid] *adj (pâle)* pallid; *(bleuâtre)* livid.

livraison [livʀɛzɔ̃] *nf* delivery. *(avis)* **' ~ à domicile'** 'we deliver'.

livre¹ [livʀ(ə)] *nm* book. *(commerce)* **le ~** the book trade *ou* industry; *(Scol)* **~ du maître/de l'élève** teacher's/pupil's text book; **~ blanc** report *(on disasters, atrocities etc published by independent organization)*; **~ de bord** logbook; **~ de caisse** cashbook; **~ de classe** schoolbook; **~ de comptes** account(s) book; **~ de cuisine** cookery book, cookbook; **~ de messe** mass book, missel, prayer book; **~ d'or** visitors' book; **~ de poche** paperback.

livre² [livʀ(ə)] *nf* **(a)** *(poids)* ≃ pound, half a kilo. **(b)** *(monnaie)* pound; *(Hist française)* livre. **~ sterling** pound sterling; **~ égyptienne** Egyptian pound.

livrée [livʀe] *nf (uniforme)* livery.

livrer [livʀe] (1) **1** *vt* **(a)** *(Comm)* to deliver. **(b)** *(à l'ennemi)* to hand over *(à* to*)*. **~ qn à la mort** to send sb to his death; **être livré au pillage** to be given over to pillage; **~ son âme au diable** to give one's soul to the devil; **être livré à soi-même** to be left to o.s. *ou* to one's own devices. **(c)** *confidence* to give away, reveal. **(d) ~ bataille** to join *ou* do battle *(à* with*)*; **~ passage à qn** to let sb pass. **2 se ~** *vpr* **(a) se ~ à** *destin* to abandon o.s. to; *excès, douleur* to give o.s. over to; *boisson* to indulge in; *sport* to practise; *occupation* to be engaged in; *recherches* to do, carry out; *enquête* to hold; **se ~ à l'étude** to devote o.s. to study.

(**b**) *(à la police)* to give o.s. up; *(à un confident)* to open up *(à* to). ◆ **livreur, -euse** *nm, f* delivery boy *(ou* girl).

livret [livʀɛ] *nm* (**a**) *(Mus)* libretto. (**b**) ~ **de caisse d'épargne** (savings) bankbook; ~ **de famille** (official) family record book; ~ **scolaire** (school) report (book).

lob [lɔb] *nm (Tennis)* lob. ~ **lifté** top spin lob.

lobe [lɔb] *nm (Anat, Bot)* lobe.

lobotomie [lɔbɔtɔmi] *nf* lobotomy.

local, e, *mpl* **-aux** [lɔkal, o] **1** *adj* local. **2** *nm (salle)* room. *(bureaux)* ~**aux** offices, premises; **dans les** ~**aux de la police** on police premises. ◆ **localement** *adv (ici)* locally; *(par endroits)* in places. ◆ **localisation** *nf* localization. ◆ **localiser** (1) *vt* (**a**) *(circonscrire)* *(gén)* to localize; *épidémie* to confine. (**b**) *(repérer)* to locate. ◆ **localité** *nf (ville)* town; *(village)* village.

location [lɔkɑsjɔ̃] *nf* (**a**) *(par locataire) [maison]* renting; *[voiture]* hiring, renting *(US)*. **prendre en** ~ *maison* to rent; *bateau* to hire, rent *(US)*. (**b**) *(par propriétaire) [maison]* renting (out), letting; *[voiture]* hiring, renting *(US)*. **donner en** ~ *maison* to rent out, let; *véhicule* to hire out, rent *(US)*; **de voitures** *(écriteau)* 'cars for hire', 'car rental' *(US)*. (**c**) *(bail)* **(contrat de)** ~ lease; ~**-vente** hire purchase. (**d**) *(maison)* **il a une** ~ *[locataire]* he is renting a house; *[propriétaire]* he has property for letting; **habiter en** ~ to live in rented accommodation. (**e**) *(réservation)* booking. **bureau de** ~ (advance) booking office. ◆ **locataire** *nmf (gén)* leaseholder, tenant; *(habitant avec le propriétaire)* lodger, roomer *(US)*.

locomotion [lɔkɔmosjɔ̃] *nf* locomotion.

locomotive [lɔkɔmɔtiv] *nf* locomotive, engine.

locution [lɔkysjɔ̃] *nf* phrase, locution, idiom. ~ **figée** set phrase.

loden [lɔdɛn] *nm (tissu)* loden. *(manteau)* **il avait mis son** ~ he was wearing his loden coat.

logarithme [lɔgaʀitm(ə)] *nm* logarithm.

loge [lɔʒ] *nf [concierge, francs-maçons]* lodge; *[bûche-ron]* hut; *[artiste]* dressing room; *[spectateur]* box. *(fig)* **être aux premières** ~**s** to have a ringside seat.

loger [lɔʒe] (3) **1** *vi* to live *(dans* in, *chez* with, at). ~ **rue X** to live in X street; *(Mil)* ~ **chez l'habitant** to be billeted on the local inhabitants. **2** *vt* (**a**) *amis* to put up; *clients* to accommodate; *objet* to put; *soldats (chez l'habitant)* to billet. (**b**) *(contenir)* to accommodate. **salle qui loge beaucoup de monde** room which can hold *ou* accommodate a lot of people. (**c**) *(envoyer)* ~ **une balle dans** to lodge a bullet in. **3 se** ~ *vpr* (**a**) *[jeunes mariés]* to find somewhere to live; *[touristes]* to find accommodation; *[étudiant]* to find lodgings *ou* accommodation. *(fig)* **la haine se logea dans son cœur** hatred filled his heart. (**b**) *(tenir)* **se** ~ **dans qch** to fit into sth. (**c**) *(se coincer dans)* **se** ~ **dans/ entre** to lodge itself in/between. ◆ **logé, e** *adj:* **être** ~ **et nourri** to have board and lodging; **être bien/mal** ~ to have good/poor lodgings *ou* accommodation; **être** ~ **à la même enseigne** to be in the same boat. ◆ **logeable** *adj (habitable)* habitable; *(spacieux)* roomy. ◆ **logement** *nm* (**a**) *(héberge-ment)* housing. (**b**) *(appartement)* flat, apartment *(US)*. **trouver un** ~ to find lodgings *ou* accommodation *ou* a flat. (**c**) *(Mil) (à la caserne)* quar-tering; *(chez l'habitant)* billeting; ~**s** quarters; bil-let. ◆ **logeur, -euse** *nm, f* landlord *(ou* landlady). ◆ **logis** *nm (littér)* dwelling. **le** ~ **paternel** the paternal home.

loggia [lɔdʒja] *nf* loggia.

logiciel [lɔʒisjɛl] *nm* software, application program *ou* package. ~ **intégré** integrated software. ◆ **logithèque** *nf* software library.

logique [lɔʒik] **1** *nf* logic. **cela est dans la** ~ **des choses** it's in the nature of things. **2** *adj* logical. ◆ **logiquement** *adv* logically.

logistique [lɔʒistik] **1** *adj* logistic. **2** *nf* logistics *(sg)*.

logo [lɔgo] *nm* logo.

loi [lwa] *nf:* **la** ~ the law; **la** ~ **du plus fort** the law of the strongest; **c'est la** ~ **de la jungle** it's the law of the jungle; **se faire une** ~ **de faire** to make it a rule to do; **il n'a pas la** ~ **chez lui!** * he's not the boss in his own house! *; **ce qu'il dit fait** ~ his word is law; **les** ~**s de la mode** the dictates of fashion; **les** ~**s de l'honneur** the code of honour; **les** ~**s de l'hospitalité** the laws of hos-pitality; **les** ~**s de l'étiquette** the rules of etiquette; **voter une** ~ to pass a law *ou* an act; ~**-cadre** *nf*, *pl* ~**s**-~**s** outline *ou* blueprint law; ~ **martiale** mar-tial law; *(fig)* **appliquer la** ~ **du talion** to demand an eye for an eye.

loin [lwɛ̃] *adv* (**a**) *(distance)* far, a long way. **est-ce** ~**?** is it far?; **ce n'est pas très** ~ it's not very far; **c'est assez** ~ **d'ici** it's quite a long way from here; **plus** ~ further, farther; **moins** ~ not so far *(de* from); **il est** ~ **derrière** he's far *ou* a long way behind; **au** ~ in the distance, far off; **de** ~ from a distance; **de** ~ **en** ~ at distant intervals, here and there; **ça ne doit pas faire** ~ **de 5 km** it can't be far off *ou* far short of 5 km. (**b**) *(temps)* **il n'est pas** ~ **de minuit** it isn't far off midnight; **de** ~ **en** ~ every now and then; **il n'y a pas** ~ **de 5 ans qu'il est parti** it's not far off 5 years since he left; **c'est** ~ **tout cela!** *(passé)* that was a long time ago!; *(futur)* that's a long way off!; ~ **dans le passé** in the remote past, in far-off times; **voir** ~ to see a long way *ou* far ahead; **d'aussi** ~ **que je me rap-pelle** for as long as I can remember. (**c**) *(fig)* far. **j'irais même plus** ~ I would go even further; **il est de (très)** ~ **le meilleur** he is by far the best; **d'ici à l'accuser de vol il n'y a pas** ~ it's tantamount to *ou* practically an accusation of theft; **il ne leur doit pas** ~ **de 1000 F** he owes them little short of *ou* nor far off 1.000 francs. (**d**) *(fig)* ~ **de là** far from it; **on est encore** ~ **de la vérité/d'un accord** we're still a long way from the truth/from reaching an agreement; *(fig)* **on est** ~ **du compte** it falls far short of the target *ou* of what is need-ed; **être très** ~ **du sujet** to be way off the subject; ~ **de moi la pensée de vous blâmer!** far be it from me to blame you! (**e**) *(Prov)* ~ **des yeux,** ~ **du cœur** out of sight, out of mind *(Prov)*.

lointain, e [lwɛ̃tɛ̃, ɛn] **1** *adj (lit, fig)* distant, remote; *regard* faraway. **2** *nm:* **dans le** ~ in the distance.

loir [lwaʀ] *nm* dormouse.

Loire [lwaʀ] *nf:* **la** ~ *(fleuve, département)* the Loire.

loisir [lwaziʀ] *nm* (**a**) ~**s** *(temps libre)* leisure (time), spare *ou* free time; *(activités)* leisure *ou* spare-time activities. (**b**) *(littér)* **avoir le** ~ **de faire** to have leisure *ou* time to do; **donner à qn le** ~ **de faire** to allow sb (the opportunity) to do. ◆ **loisible** *adj (littér)* **il vous est** ~ **de faire** you are at liberty to do.

Lombardie [lɔ̃baʀdi] *nf* Lombardy.

Londres [lɔ̃dʀ(ə)] *n* London. ◆ **londonien, -ienne** **1** *adj* London. **2** *nm(f):* **L**~**(ne)** Londoner.

long, longue [lɔ̃, lɔ̃g] **1** *adj* (**a**) *(gén)* long; *voyage* lengthy; *amitié* long-standing. **un pont** ~ **de 30 mètres** a bridge 30 metres long; **ce travail est** ~ **à faire** this work takes a long time; **il a été** ~ **à s'habiller** he took a long time to get dressed; **il était** ~ **à venir** he was a long time coming. (**b**) *(locutions)* **ils se connaissent de longue date** they have known each other for a very long time; **à** ~ **terme** *prévoir* in the long term *ou* run; *projet* long-term; **à plus ou moins longue échéance** soon-er or later; **ça n'a pas fait** ~ **feu** it didn't last long; **de longue haleine** *travail* long-term; **préparé**

de longue main prepared well beforehand; **les chômeurs de longue durée** the long-term unemployed; **à longue portée** *canon* long-range. **2** *adv*: **s'habiller** ~ to wear long clothes; **en savoir** ~/**trop** ~/**plus** ~ to know a lot/too much/more (*sur* about); *[attitude etc]* **en dire** ~to speak volumes. **3** *nm* (**a**) **un bateau de 7 mètres de** ~ a boat 7 metres long; **en** ~ lengthways, lengthwise. (**b**) **tomber de tout son** ~ to measure one's length; **étendu de tout son** ~ spread out at full length; **(tout) le** ~ **du fleuve** (all) along the river; **tout au** ~ **de son récit** throughout his story; **l'eau coule le** ~ **de la gouttière** the water flows down *ou* along the gutter; **grimper le** ~ **d'un mât** to climb up a mast; **tirer un trait tout du** ~ **(de la page)** to draw a line right along the page; **tout du** ~ throughout the whole time, all along; **tout au** ~ **du parcours** all along the route, the whole way along the route; **de** ~ **en large** back and forth, to and fro, up and down; **en** ~ **et en large** at great length. **4** *nf*: **à la longue** in the end.
♦ **long-courrier**, *pl* **long-courriers** *nm* (*Naut*) ocean liner; (*Aviat*) long-haul *ou* long-distance aircraft. ♦ **long métrage** *nm* full-length film.
♦ **longue-vue**, *pl* **longues-vues** *nf* telescope. ♦ **longuement** *adv* (*longtemps*) for a long time; (*en détail*) at length. ♦ **longuet, -ette** * *adj* a bit long.

longer [lɔ̃ʒe] (3) *vt [mur, sentier]* to border; *[personne, train]* to go along *ou* alongside. ~ **la côte** *[bateau, route]* to hug the coast; *[voiture]* to drive along *ou* keep to the coast.

longévité [lɔ̃ʒevite] *nf* longevity.

longiligne [lɔ̃ʒiliɲ] *adj* *forme, silhouette* rangy.

longitude [lɔ̃ʒityd] *nf* longitude. **à** *ou* **par 50° de** ~ **est** at 50° longitude east. ♦ **longitudinal, e**, *mpl* **-aux** *adj* longitudinal.

longtemps [lɔ̃tɑ̃] *adv* (for) a long time; (*dans phrase nég ou interrog*) (for) long. **pendant** ~ (for) a long time; (*trop*) for long; **pas avant** ~ not for a long time; ~ **avant/après** long before/after; **il n'en a plus pour** ~ (*finir*) he hasn't much longer to go; (*mourir*) he can't last much longer now; **je n'en ai pas pour** ~ I won't be long, it won't take me long; **il habite ici depuis** ~, **il y a** ~ **qu'il habite ici** he has been living here (for) a long time; **c'était il y a** ~/**il n'y a pas** ~ that was a long time ago/not long ago.

longue [lɔ̃g] *V* **long**.

longueur [lɔ̃gœʀ] *nf* (*gén*) length. **la plage s'étend sur une** ~ **de 7 km** the beach stretches for 7 km; **dans le sens de la** ~ lengthways, lengthwise; (*lit, fig*) ~ **d'onde** wavelength; **à** ~ **de journée** all day long; **à** ~ **de temps** all the time; **traîner en** ~ to drag on; **prendre 2** ~**s d'avance** to go into a 2-length lead; (*dans un film*) ~**s** boringly long moments.

look * [luk] *nm* (*style, allure*) look, image. **soigner son** ~ to pay great attention to one's look *ou* one's image.

lopin [lɔpɛ̃] *nm*: ~ **(de terre)** patch of land, plot (of land).

loquace [lɔkas] *adj* talkative.

loque [lɔk] *nf*: ~**s** rags; **tomber en** ~**s** to be in tatters; (*fig péj*) **une** ~ **(humaine)** a (human) wreck.

loquet [lɔkɛ] *nm* latch.

lorgner * [lɔʀɲe] (1) *vt objet* to eye; *héritage* to have one's eye on. ♦ **lorgnette** *nf* spyglass. ♦ **lorgnon** *nm* pince-nez.

lors [lɔʀ] *adv*: ~ **de** at the time of; ~ **même que** even though *ou* if.

lorsque [lɔʀsk(ə)] *conj* when.

losange [lɔzɑ̃ʒ] *nm* diamond, lozenge.

lot [lo] *nm* (**a**) (*Loterie*) prize. **le gros** ~ the first prize, the jackpot. (**b**) (*portion*) share. ~ **(de terre)** plot of land. (**c**) (*assortiment*) batch; *[draps, vais-*

selle] set; (*aux enchères*) lot. (**d**) (*littér: destin*) lot, fate.

loterie [lɔtʀi] *nf* (*lit, fig*) lottery. **gagner à la** ~ to win on the lottery; **la vie est une** ~ life is a game of chance, life is a lottery.

lotion [lɔsjɔ̃] *nf* lotion.

lotir [lɔtiʀ] (2) *vt* (*diviser*) to divide up. ~ **qn de qch** to allot sth to sb, provide sb with sth; **être bien/mal loti** to be well-/badly off. ♦ **lotissement** *nm* (**a**) (*ensemble*) housing estate; (*parcelle*) plot, lot. (**b**) (*action*) division.

loto [lɔto] *nm* (*jeu*) lotto; (*matériel*) lotto set. ~ **(national)** national bingo game; **le** ~ **sportif** ≃ the pools.

lotus [lɔtys] *nm* lotus.

louable [lwabl(ə)] *adj* praiseworthy, laudable. ♦ **louange** *nf* praise. **à la** ~ **de qn** in praise of sb. ♦ **louangeur, -euse** *adj* laudatory.

loubar(d) [lubaʀ] *nm* hooligan, thug.

louche¹ [luʃ] *adj* shady, fishy *, suspicious. **c'est** ~ that's funny *ou* odd.

louche² [luʃ] *nf* ladle.

loucher [luʃe] (1) *vi* to squint, have a squint.

louer¹ [lwe] (1) **1** *vt* to praise. ~ **qn de** *ou* **pour qch** to praise sb for sth; (*fig*) **Dieu soit loué!** thank God! **2 se** ~ *vpr*: **se** ~ **de** *employé, appareil* to be very pleased with; **se** ~ **d'avoir fait qch** to congratulate o.s. on having done sth.

louer² [lwe] (1) *vt* (**a**) *[propriétaire]* **maison** to let (out), rent out; *voiture* to hire out, rent (out). (**b**) *[locataire]* **maison** to rent; *voiture* to hire, rent; *place* to book. **à** ~ *chambre etc* to let, to rent (*US*); *voiture etc* for hire, for rent (*US*). ♦ **loueur, -euse** *nm, f* (*propriétaire*) hirer out, renter out.

loufoque * [lufɔk] *adj* crazy, barmy *.

loukoum [lukum] *nm* Turkish delight. **manger 3** ~**s** to eat 3 pieces of Turkish delight.

loup [lu] **1** *nm* (**a**) (*carnassier*) wolf; (*poisson*) bass; (*masque*) (eye) mask. **mon petit** ~ * (my) pet * *ou* love; **mettre le** ~ **dans la bergerie** to set the fox to mind the geese. (**b**) (*malfaçon*) flaw. **2** : ~-**garou** *nm*, *pl* ~**s**-~**s** werewolf; (*hum*) **le** ~-**garou** Mr Bogeyman; ~ **de mer** (*: marin*) old salt *; (*vêtement*) (short-sleeved) jersey.

loupe [lup] *nf* magnifying glass.

louper * [lupe] (1) **1** *vt train* to miss; *travail* to mess up *, spoil; *examen* to flunk *. **il a loupé son coup** he bungled *ou* botched * it; (*iro*) **il n'en loupe pas une!** he's forever putting his big foot in it! * **2** *vi*: **je t'ai dit qu'il ferait une erreur; ça n'a pas loupé!** I told you that he'd make a mistake and sure enough he did!; **ça va tout faire** ~ that'll muck everything up *. ♦ **loupé** (*ptp de* **louper**) *nm* (*échec*) failure; (*défaut*) defect, flaw.

lourd, e [luʀ, luʀd(ə)] *adj* (*lit, fig*) heavy; *temps, chaleur* sultry, close; *faute* serious; *plaisanterie* heavy-handed. **yeux** ~**s de sommeil** eyes heavy with sleep; **avoir l'estomac** ~ to feel bloated; **j'ai la tête** ~**e** my head feels fuzzy, I feel a bit headachy; **avoir l'esprit** ~ to be slow-witted; ~ **de menaces** heavy with threat; ~ **de conséquences** fraught with consequences; **il n'y a pas** ~ **de pain** * there isn't much bread; **il n'en sait pas** ~ he doesn't know much. ♦ **lourdaud, e 1** *adj* oafish. **2** *nm, f* oaf. ♦ **lourdement** *adv* (*gén*) heavily. **se tromper** ~ to make a big mistake; **insister** ~ **sur qch** to insist strenuously on sth. ♦ **lourdeur** *nf* (*gén*) heaviness. ~ **d'esprit** slow-wittedness; **avoir des** ~**s d'estomac** to feel bloated.

lourder ‡ [luʀde] (1) *vt* to kick out *, boot out ‡. **se faire** ~ to get kicked out * *ou* booted out ‡.

loustic * [lustik] *nm* (*enfant*) kid *; (*taquin*) villain * (*hum*); (*type*) (funny) guy *.

loutre [lutʀ(ə)] nf (animal) otter; (fourrure) otter-skin.

louve [luv] nf she-wolf. ◆ **louveteau,** pl ~**x** nm (Zool) (wolf) cub; (scout) cub scout.

louvoyer [luvwaje] (8) vi (Naut) to tack; (fig) to hedge, evade the issue.

loyal, e, mpl **-aux** [lwajal, o] adj (fidèle) loyal, faithful, trusty; (honnête) fair, honest. ◆ **loyalement** adv loyally, faithfully; fairly, honestly. ◆ **loyauté** nf loyalty, faithfulness; fairness, honesty.

loyer [lwaje] nm rent.

lubie [lybi] nf whim, craze, fad. **il lui a pris la ~ de faire** he has taken it into his head to do; **c'est sa dernière ~** it's his latest craze.

lubrifier [lybʀifje] (7) vt to lubricate. ◆ **lubrifiant, e 1** adj lubricating. **2** nm lubricant. ◆ **lubrification** nf lubrication.

lubrique [lybʀik] adj lewd.

lucarne [lykaʀn(ə)] nf [toit] skylight; (en saillie) dormer window.

lucide [lysid] adj vieillard lucid; accidenté conscious; observateur clear-headed; raisonnement lucid, clear. ◆ **lucidement** adv lucidly, clearly. ◆ **lucidité** nf lucidity; consciousness; clearheadedness; clearness.

lucratif, -ive [lykʀatif, iv] adj lucrative. **association à but non ~** non-profit-making organization. ◆ **lucrativement** adv lucratively.

ludiciel [lydisjɛl] nm computer game. ~s computer games, game software.

ludique [lydik] adj (Psych) play. **activité ~** play activity.

lueur [lɥœʀ] nf: ~(s) (lit) (faint) light; [braises, soleil couchant] glow; [flamme, raison, espoir] glimmer; [désir, colère] gleam; **à la ~ d'une bougie** by candlelight; **les premières ~s de l'aube** the first light of dawn.

luge [lyʒ] nf sledge, sled (US). **faire de la ~** to sledge, sled (US).

lugubre [lygybʀ(ə)] adj gloomy, dismal.

lui [lɥi] **1** pron pers mf (objet indirect) (homme) him; (femme) her; (bateau, nation) her, it; (animal, bébé) it, him, her; (chose) it. **je ne le ~ ai jamais caché** I have never kept it from him ou her; **il ~ est facile de le faire** it's easy for him ou her to do it. **2** pron m **(a)** (fonction objet) (personne) him; (pays, bateau) her; (animal) him, her, it; (chose) it. **c'est ~, je le reconnais** it's him, I recognize him. **(b)** (sujet, gén emphatique) (personne) he, him; (chose) it; (animal) it, she, he. **le Japon, ~, serait d'accord** Japan, for its ou her part, would agree; **elle est venue mais pas ~** she came but not him ou but he didn't; **c'est ~ qui me l'a dit** he told me himself, it's he who told me; **chasse ce chien, c'est ~ qui m'a mordu** chase that dog away — it's the one that bit me. **(c)** (avec prép) (personne) him; (chose) it. **ce livre est à ~** this book belongs to him ou is his; **il a un appartement à ~** he has a flat of his own; **un ami à ~** a friend of his, one of his friends; **il ne pense qu'à ~** he only thinks of himself; **elle veut une photo de ~** she wants a photo of him. **(d)** (dans comparaisons) (sujet) he, him *; (objet) him. **j'ai mangé plus que ~** I ate more than he did ou than him *; **ne fais pas comme ~** don't do as he did.

luire [lɥiʀ] (38) vi (gén) to shine; (reflet humide) to glisten; (reflet moiré) to shimmer, glimmer; (éclat bref) to glint; (rougeoiement) to glow. **rendu luisant par l'usure** shiny with wear; **yeux luisants de fièvre** eyes bright with fever. ◆ **luisant** nm [étoffe] sheen; [pelage] gloss.

lumbago [lɔ̃bago] nm lumbago.

lumière [lymjɛʀ] nf (gén) light. **la ~ du jour** daylight; **la ~ du soleil l'éblouit** he was dazzled by the sunlight; **donne-nous de la ~** switch ou put the light on, will you?; **il y a de la ~ dans sa chambre** there's a light on in his room; **à la ~ des récents événements** in the light of recent events; **faire (toute) la ~ sur qch** to get right to the bottom of sth; **entrevoir la ~ au bout du tunnel** to see the light at the end of the tunnel; **le pauvre garçon n'est pas une ~** the poor boy, he's no bright spark *; **avoir des ~s sur une question** to have some knowledge of a question; **~ stroboscopique** strobe lightning. ◆ **luminaire** nm light, lamp. **magasin de ~s** lighting shop, shop selling lighting fitments. ◆ **lumineux, -euse** adj (gén) luminous; fontaine, enseigne illuminated; rayon of light; (iro) exposé limpid, brilliant. **source ~euse** light source; **c'est ~!** it's as clear as daylight! ou it's crystal clear. ◆ **luminosité** nf luminosity. **il y a beaucoup de ~** the light is very bright.

lump [lœp] nm lumpfish, lumpsucker. **œufs de ~** lumpfish roe.

lunapark [lynapaʀk] nm (fun) fair.

lunch [lœntʃ] nm buffet.

lundi [lœdi] nm Monday; V samedi.

lune [lyn] nf moon. **pleine/nouvelle ~** full/new moon; **nuit sans ~** moonless night; **~ de miel** honeymoon; **être dans la ~** to be in a dream; **demander la ~** to ask ou cry for the moon. ◆ **lunaire** adj paysage lunar. ◆ **lunatique** adj quirky, temperamental. ◆ **luné, e** * adj: **être bien/mal ~** to be in a good/bad mood.

lunette [lynet] nf **(a)** ~s glasses, specs *; (de protection) goggles, glasses; ~s de soleil sunglasses, shades *. **(b)** (télescope) telescope; [fusil] sight(s). **~ d'approche** telescope; (Aut) **~ arrière** rear window.

luron * [lyʀɔ̃] nm lad *. **gai ~** gay dog.

lustre [lystʀ(ə)] nm **(a)** [peau, vernis] lustre, shine; [cérémonie] lustre. **(b)** (luminaire) centre light (with several bulbs). **(c)** **depuis des ~s** for ages. ◆ **lustrer** [lystʀe] (1) vt (Tech) étoffe to lustre; (gén: faire briller) to shine; (par l'usure) to make shiny. ◆ **lustré, e** adj poil glossy; manche usée shiny.

luth [lyt] nm lute.

lutin [lytɛ̃] nm (lit, fig) imp.

lutte [lyt] nf **(a)** (bataille) struggle, fight (contre against). (action) ~ a fighting; ~ armée armed struggle; ~ des classes class-struggle ou war; ~ contre le crime crime prevention; ~ anti-drogue/antipollution fight against drugs/against pollution; ~ d'intérêts clash of interests; être en ~ contre qn to be in conflict with sb; le pays en ~ the country at war. **(b)** (Sport) wrestling. ~ libre all-in wrestling. ◆ **lutter** (1) vi to struggle, fight. ~ contre adversaire to struggle ou fight against; incendie to fight; sommeil, mort to battle against; **ils luttaient de vitesse** they were racing each other. ◆ **lutteur, -euse** nm, f (Sport) wrestler; (fig) fighter.

luxe [lyks(ə)] nm (richesse) luxury; [maison, objet] luxuriousness. **de ~** voiture luxury; (Comm) produits de luxe; (Aut) **modèle (de) grand ~** de luxe model; **je ne peux pas me payer le ~ d'être malade** I can't afford the luxury of being ill; **un ~ de détails** a host ou wealth of details. ◆ **luxueusement** adv luxuriously. ◆ **luxueux, -euse** adj luxurious.

Luxembourg [lyksɑ̃buʀ] nm Luxembourg. ◆ **luxembourgeois, e 1** adj of Luxembourg. **2** nm(f): **L~(e)** native of Luxembourg.

luxer [lykse] (1) vt to dislocate. **se ~ un membre** to dislocate a limb. ◆ **luxation** nf dislocation.

luxure [lyksyʀ] nf lust.

luxuriance [lyksyʀjɑ̃s] nf luxuriance. ◆ **luxuriant, e** adj luxuriant.

luzerne [lyzɛʀn(ə)] nf lucerne, alfalfa.

lycée [lise] nm lycée, ≃ secondary school, high school (US). ~ **technique,** ~ **professionnel** tech nical school. ◆ **lycéen, -enne** *nm, f* secondary school *ou* high-school *(US)* pupil (*ou* boy *ou* girl).

lymphe [lɛ̃f] *nf* lymph. ◆ **lymphatique** *adj (Bio)* lymphatic; *(fig)* sluggish.

lyncher [lɛ̃ʃe] (1) *vt* to lynch.

lynx [lɛ̃ks] *nm* lynx.

Lyon [ljɔ̃] *n* Lyons. ◆ **lyonnais, e 1** *adj* of *ou* from Lyons. **2** *nm, f* L~(e) inhabitant *ou* native of Lyons.

lyophiliser [ljɔfilize] (1) *vt* to freeze-dry, lyophilize. **café lyophilisé** freeze-dried coffee.

lyre [liʀ] *nf* lyre. ◆ **lyrique** *adj* (**a**) *(Mus, Poésie)* lyric. **artiste** ~ opera singer. (**b**) *(enthousiaste)* lyrical. ◆ **lyrisme** *nm* lyricism.

lys [lis] *nm* = **lis**.

M

M, m [ɛm] *nm ou nf (lettre)* M, m.
m' [m(ə)] *V* me.
ma [ma] *adj poss V* mon.
mac ‡ [mak] *nm (souteneur)* pimp, ponce ‡.
macabre [makabʀ(ə)] *adj* macabre, gruesome.
macadam [makadam] *nm [pierres]* macadam; *[goudron]* Tarmac(adam) ®; *(fig: rue)* road. ◆ **macadamiser** (1) *vt* to macadamize; to tarmac.
macaque [makak] *nm (Zool)* macaque. ~ **rhésus** rhesus monkey.
macaron [makaʀɔ̃] *nm (Culin)* macaroon; *(insigne)* (round) badge; *(autocollant)* (round) sticker.
macaroni [makaʀɔni] *nm* piece of macaroni. **manger des** ~s to eat macaroni.
macchabée ‡ [makabe] *nm* stiff ‡ *(corpse)*.
macédoine [masedwan] *nf:* ~ **de légumes** mixed vegetables; ~ **de fruits** *(gén)* fruit salad; *(en boîte)* fruit cocktail.
macérer [maseʀe] (6) **1** *vt (aussi* faire *ou* laisser ~*)* to macerate. **2** *vi (faire attendre)* laisser ~ **qn (dans son jus)** * to keep sb hanging about *, keep sb waiting. ◆ **macération** *nf* maceration.
Mach [mak] *nm* mach. **voler à** ~ **2** to fly at mach 2.
mâche [maʃ] *nf* corn salad, lambs' lettuce.
mâchefer [maʃfɛʀ] *nm* clinker, cinders.
mâcher [maʃe] (1) *vt [personne]* to chew; *(avec bruit)* to munch; *[animal]* to chomp. **il faut lui** ~ **tout le travail** you have to do half his work for him; **il ne mâche pas ses mots** he doesn't mince his words.
machiavélique [makjavelik] *adj* Machiavellian.
machin, e¹ * [maʃɛ̃, in] **1** *nm, f* thing; *(dont le nom échappe)* thingummyjig *, thingamajig *(US)*, what-d'you-call-it *. **2** *nm (personne)* M~ *(chouette)* what's-his-name *, what d'you-call-him *; **hé! M** ~! hey there you!; **le père** M~ Mr what's-his-name *. **3** M~**e** *nf (personne)* what's-her-name *.
machine² [maʃin] **1** *nf (gén, fig)* machine; *(locomotive)* engine, locomotive; *(Naut: moteur)* engine; *(avion)* plane; *(*: moto)* bike. **la** ~ **administrative** the bureaucratic machinery; **fait à la** ~ machine-made; **faire** ~ **arrière** *(Naut)* to go astern; *(fig)* to back-pedal, draw back, retreat; **le gouvernement a dû faire** ~ **arrière** the government was forced to retreat. **2** : ~ **à affranchir/à calculer** franking/calculating machine; ~ **à coudre** sewing machine; ~ **à écrire** typewriter; ~ **à laver** washing machine; ~-**à laver la vaisselle** dishwasher; ~-**outil** *nf, pl* ~s-~s machine tool; ~ **à sous** *(Casino)* one-armed bandit, fruit machine; *(distributeur)* slot machine; ~ **à traitement de texte (dédiée)** word processor; ~ **à vapeur** steam engine. ◆ **machinal, e,** *mpl* -**aux** *adj* mechanical. ◆ **machinalement** *adv* mechanically. ◆ **machinisme** *nm* mechanization. ◆ **machiniste** *nm (Théât)* stagehand; *(Transport)* driver.
machiner [maʃine] (1) *vt trahison etc* to plot, engineer. **il a tout machiné** he engineered the whole thing. ◆ **machination** *nf (complot)* plot, machination. **odieuses** ~s foul machinations *ou* schemings.
machisme [matʃism(ə)] *nm (a) (phallocratie)* male chauvinism. **(b)** *(virilité)* machismo. ◆ **machiste**

adj (male) chauvinist. ◆ **macho** * *nm (a) (phallocrate)* male chauvinist (pig) *. **(b)** *(viril)* macho.
mâchoire [maʃwaʀ] *nf* jaw.
mâchonner * [maʃɔne] (1) *vt,* **mâchouiller** * [maʃuje] (1) *vt* to chew at *ou* on.
maçon [masɔ̃] *nm (gén)* builder; *[pierre]* (stone)mason; *[briques]* bricklayer. ◆ **maçonnerie** *nf (a) [pierres]* masonry, stonework; *[briques]* brickwork. **(b)** *(travail)* building; bricklaying. **entreprise de** ~ building firm.
macro... [makʀɔ] *préf* macro...
macrobiotique [makʀɔbjɔtik] **1** *adj* macrobiotic. **2** *nf* macrobiotics.
macromolécule [makʀɔmɔlekyl] *nf* macromolecule.
maculer [makyle] (1) *vt* to stain *(de* with). **une chemise maculée de boue** a shirt spattered *ou* covered with mud.
Madagascar [madagaskaʀ] *nf* Madagascar.
Madame [madam], *pl* **Mesdames** [medam] *nf (a) (s'adressant à qn)* **bonjour** ~ *(courant)* good morning; *(nom connu)* good morning, Mrs X; *(avec déférence)* good morning, Madam; *(devant un auditoire)* **Mesdames(, Messieurs)** ladies (and gentlemen); ~ **la Présidente** Madam Chairman; **oui** ~ **la Marquise** yes Madam; *(Scol)* ~! please Mrs X!, please Miss! **(b)** *(parlant de qn)* ~ **X est malade** Mrs X is ill; **je vais le dire à** ~ I will inform Mrs X; ~ **dit que c'est à elle** the lady says it belongs to her; ~ **la Présidente** the chairperson, the chairman. **(c)** *(sur une enveloppe)* ~ **X** Mrs X; **Mesdames X** the Mrs X; **Mesdames X et Y** Mrs X and Mrs Y; **Monsieur X et** ~ Mr and Mrs X; ~ **la Maréchale X** Mrs X; ~ **la Marquise de X** the Marchioness of X. **(d)** *(en-tête de lettre)* **Dear Madam. Chère** ~ Dear Mrs X; ~**, Mademoiselle, Monsieur** Dear Sir or Madam; ~ **la Maréchale** Dear Madam. **(e)** *(sans majuscule, pl* ~**s:** * *ou péj)* lady.
Mademoiselle [madmwazɛl], *pl* **Mesdemoiselles** [medmwazɛl] *nf (a) (s'adressant à qn)* **bonjour** ~ *(courant)* good morning, Miss X; *(nom connu)* good morning, Miss X; **bonjour Mesdemoiselles** good morning ladies; *(au restaurant)* **et pour vous** ~? and for the young lady?, and for you, miss? **(b)** *(parlant de qn)* ~ **X est malade** Miss X is ill; ~ **est sortie** Miss X is out; **je vais le dire à** ~ I shall tell Miss X. **(c)** *(sur une enveloppe)* ~ **X** Miss X; **Mesdemoiselles X** the Misses X; **Mesdemoiselles X et Y** Miss X and Miss Y. **(d)** *(en-tête de lettre)* Dear Madam. **Chère** ~ Dear Miss X.
Madère [madɛʀ] **1** *nf* Madeira. **2** *nm:* **m**~ Madeira (wine).
madone [madɔn] *nf* madonna.
Madrid [madʀid] *n* Madrid. ◆ **madrilène 1** *adj* of *ou* from Madrid. **2** *nmf:* M~ inhabitant *ou* native of Madrid.
maf(f)ia [mafja] *nf (a)* **la** M~ the Maf(f)ia. **(b)** *[trafiquants]* gang, ring. ~ **d'anciens élèves** old boys' network. ◆ **maf(f)ioso,** *pl* **maf(f)iosi** *nm* maf(f)ioso.
magasin [magazɛ̃] *nm (a) (boutique)* shop, store; *(entrepôt)* warehouse. ~ **à grande surface** hypermarket, supermarket; ~ **à succursales multiples** chain store; *(Mil)* ~ **de vivres** quartermaster's

stores; **faire les ~s** to go shopping; **nous ne l'avons pas en ~** we haven't got it in stock. **(b)** *(Tech)* *[fusil, appareil-photo]* magazine. ◆ **magasinier** *nm* *[usine]* storeman; *[entrepôt]* warehouseman.

magazine [magazin] *nm (Presse)* magazine. *(Rad, TV)* **~ féminin** woman's hour; **~ d'actualités** news magazine.

mage [maʒ] *nm* magus.

Maghreb [magʀɛb] *nm*: **le ~** the Maghreb, NW Africa. ◆ **maghrébin, e** **1** *adj* of *ou* from the Maghreb *ou* North Africa. **2** *nm, f*: **M~(e)** North African.

magie [maʒi] *nf* magic. **comme par ~** like magic, as if by magic; *[prestidigitateur]* **faire de la ~** to perform *ou* do magic tricks. ◆ **magicien, -ienne** *nm, f* magician. ◆ **magique** *adj (lit)* magic; *(fig: enchanteur)* magical. ◆ **magiquement** *adv* magically.

magistral, e, *mpl* **-aux** [maʒistʀal, o] *adj (éminent)* masterly; *(hum: gigantesque)* thorough, colossal; *(doctoral) ton* authoritative, masterful. *(Univ)* **cours ~** lecture. ◆ **magistralement** *adv* in a masterly manner.

magistrat [maʒistʀa] *nm* magistrate. ◆ **magistrature** *nf (Jur)* magistracy; *(Admin, Pol)* public office. **la ~ suprême** the supreme *ou* highest office.

magma [magma] *nm (Sci)* magma; *(fig)* jumble.

magnanime [maɲanim] *adj* magnanimous. ◆ **magnanimité** *nf* magnanimity.

magnat [magna] *nm* tycoon, magnate. **~ de la presse** press baron *ou* lord *ou* tycoon; **~ du pétrole** oil tycoon.

magner (se) ‡ [maɲe] **(1)** *vpr* to get a move on *, hurry up.

magnésium [maɲezjɔm] *nm* magnesium.

magnétiser [maɲetize] **(1)** *vt (Phys, fig)* to magnetize; *(hypnotiser)* to hypnotize. ◆ **magnétique** *adj (Phys, fig)* magnetic. ◆ **magnétisation** *nf* magnetization; hypnotization. ◆ **magnétiseur, -euse** *nm, f* hypnotizer. ◆ **magnétisme** *nm* magnetism; hypnotism.

magnéto [maɲeto] **1** *nf (Élec)* magneto. **2** *préf* magneto. **3** *nm* (*) tape recorder. ◆ **magnétophone** *nm* tape recorder. **~ à cassettes** cassette recorder. ◆ **magnétoscope** *nm (appareil)* video (tape *ou* cassette) recorder; *(bande)* video-tape. **enregistrer au ~** to video, video-tape, take a video (recording) of.

magnificence [maɲifisɑ̃s] *nf (faste)* magnificence.

magnifique [maɲifik] *adj (gén)* magnificent; *fleur, temps* gorgeous, superb; *projet* marvellous. **~! *** fantastic! *, great! * ◆ **magnifiquement** *adv* magnificently; gorgeously, superbly; marvellously.

magnolia [maɲɔlja] *nm,* **magnolier** [maɲɔlje] *nm* magnolia.

magot [mago] *nm* **(a)** *(Zool)* Barbary ape. **(b)** *(Sculp)* magot. **(c)** (*) *(somme d'argent)* pile (of money) *, packet *; *(économies)* savings, nest egg.

magouiller * [maguje] **(1)** *vi (péj)* to scheme *(péj)*. ◆ **magouillage** * *nm,* **magouille** * *nf (péj)* scheming *(péj)*. **c'est le roi de la ~** he's a born schemer; **~ électoral** pre-election scheming; **sombre ~** dirty bit of business.

magret [magʀɛ] *nm*: **~ (de canard)** steaklet of duck, duck cutlet.

mahara(d)jah [maaʀa(d)ʒa] *nm* Maharajah.

mahatma [mahatma] *nm* mahatma.

mai [mɛ] *nm* May; *V* **septembre.**

maigre [mɛgʀ(ə)] **1** *adj* **(a)** *personne* thin, skinny *(péj)*; *visage* thin, lean. **~ comme un clou *** as thin as a rake. **(b)** *bouillon* clear; *viande* lean; *fromage* low-fat. **(c)** *(Rel)* **faire ~** *(gén)* to abstain from

meat; *(manger du poisson)* to eat fish; **le vendredi est un jour ~** people don't eat meat on Fridays. **(d)** *profit* meagre, small, slim, scanty; *ration, résultat, salaire* meagre, poor; *exposé* sketchy, skimpy; *espoir* slim, slight. **c'est un peu ~** it's a bit skimpy, it's a bit on the short side. **(e)** *végétation* thin, sparse; *récolte, terre* poor. **un ~ filet d'eau** a thin trickle of water. **2** *nmf* thin person. **3** *nm (viande)* lean meat; *(jus)* thin gravy.

◆ **maigrement** *adv* poorly, meagrely. ◆ **maigreur** *nf* thinness; leanness; smallness, scantiness; meagreness; sketchiness; sparseness; poverty. **il est d'une ~!** he's so thin! ◆ **maigrir (2)** **1** *vi* to get thinner, lose weight. **il a maigri de 5 kg** he has lost 5 kg; **se faire ~** to slim, diet (to lose weight). **2** *vt*: **~ qn** *[vêtement]* to make sb look slim *(ou* slimmer); *[maladie]* to make sb lose weight.

mailing [mɛliŋ] *nm* mailing. **faire un ~** to do a mailing *ou* a mailshot.

maille [maj] *nf* **(a)** *(Couture)* stitch. *[bas]* **~ filée** ladder, run; **une ~ à l'endroit, une ~ à l'envers** knit one, purl one; **tissu à fines ~s** fine-knit material. **(b)** *[filet]* mesh. *(lit, fig)* **passer à travers les ~s (du filet)** to slip through the net; **filet à larges/fines ~s** wide/fine mesh net. **(c)** *[armure, grillage]* link. **(d)** **avoir ~ à partir avec qn** to get into trouble with sb.

maillet [majɛ] *nm* mallet.

mailloche [majɔʃ] *nf (Tech)* beetle.

maillon [majɔ̃] *nm (lit, fig)* link.

maillot [majo] *nm (gén)* vest; *(Danse)* leotard; *(Sport)* jersey; *[bébé]* baby's wrap. **~ de bain** *[homme]* swimming trunks; *[femme]* swimming costume, swimsuit; **~ de bain une pièce/deux pièces** one-piece/two-piece swimsuit; **~ de corps** vest, undershirt *(US)*.

main [mɛ̃] **1** *nf* **(a)** hand. **serrer la ~ à** *ou* **de qn** to shake hands with sb; **donner la ~ à qn** to hold sb's hand; **il me salua de la ~** he waved to me; **être adroit de ses ~s** to be clever with one's hands; **des deux ~s** with both hands; **la ~ dans la ~** *[promeneurs]* hand in hand; *[escrocs]* hand in glove; **les ~s en l'air!** hands up!, stick 'em up! *; **trouver une ~ secourable** to find a helping hand; *(aider)* **donner la ~ à qn** to give sb a hand; *(s'aider)* **se donner la ~** to give one another a helping hand; **tomber aux ~s de l'ennemi** to fall into the hands of the enemy; **accorder la ~ de sa fille à qn** to give sb one's daughter's hand in marriage. **(b)** *(locutions)* **à ~ droite/gauche** on the right-hand/ left-hand side; **de ~ de maître** with a master's hand; **en ~s sûres** in(to) safe hands; **avoir une voiture bien en ~** to have the feel of a car; **avoir la situation bien en ~** to have the situation well in hand *ou* well under control; **de la ~ à la ~** directly *(without receipt)*; **préparé de longue ~** prepared long beforehand; **de première/seconde ~** firsthand/secondhand; **fait (à la) ~** handmade, done *ou* made by hand; **cousu (à la) ~** hand-sewn; **vol à ~ armée** armed robbery; **(pris) la ~ dans le sac** caught red-handed, caught in the act; **en sous ~** agir secretly; **les ~s vides** empty-handed; **avoir tout sous la ~** to have everything at hand; **à ~ levée** *vote* by a show of hands; *dessin* freehand. **(c)** *(locutions verbales)* **avoir la ~ heureuse** to be lucky; **avoir la ~ lourde** to be heavy-handed; *(gifler)* **avoir la ~ leste** to be free with one's hands; **je ne suis pas à ma ~** I can't get a proper hold *ou* grip; **perdre la ~** to lose one's touch; **se faire la ~** to get one's hand in; **faire ~ basse sur qch *** to run off *ou* make off with sth; **laisser les ~s libres à qn** to give sb a free hand *ou* rein; **mettre la ~ au collet de qn** to arrest sb; **en venir aux ~s** to come to blows; **mettre la ~ sur** *objet, livre* to lay hands on; **mettre la ~ à la pâte** to lend a hand;

mettre la dernière ~ à to put the finishing touches to; **passer la** ~ to stand down, make way for someone else; **si tu en veux, tu n'as qu'à te prendre par la** ~ if you want some, you just have to go and get it; **prendre qch/qn en** ~ to take sth/sb in hand; **remettre qch en ~s propres à qn** to hand sth to sb personally; **il n'y va pas de** ~ **morte** *(exagérer)* he doesn't do things by halves; *(frapper)* he doesn't pull his punches; **j'en mettrais ma** ~ **au feu** *ou* **à couper** I'd stake my life on it; **prêter** ~**-forte à qn** to come to sb's assistance. **2** : ~ **courante** handrail; ~**-d'œuvre** *nf* labour, manpower, labour force, work force.

mainmise [mɛ̃miz] *nf (Jur, Pol)* seizure. **la** ~ **de l'État sur cette entreprise** the seizure of this company by the state.

maint, e [mɛ̃, ɛ̃t] *adj (littér)* many. ~ **étranger** many a foreigner; ~**s étrangers** many foreigners.

maintenance [mɛ̃tnɑ̃s] *nf* maintenance, servicing.

maintenant [mɛ̃tnɑ̃] *adv* now. **il doit être arrivé** ~ he must have arrived by now; **les jeunes de** ~ young people nowadays *ou* today.

maintenir [mɛ̃tniʀ] **(22) 1** *vt (gén)* to keep; *édifice* to hold *ou* keep up, support; *tradition* to maintain, uphold; *décision* to stand by; *affirmation* to maintain. ~ **qch en équilibre** to keep *ou* hold sth balanced; ~ **la tête hors de l'eau** to keep one's head above water; ~ **l'ordre** to keep *ou* maintain law and order. **2 se** ~ *vpr [temps]* to stay fair; *[amélioration, préjugé]* to persist; *[malade]* to hold one's own; *[prix]* to hold steady. *(Scol)* **se** ~ **dans la moyenne** to keep up with the middle of the class; **se** ~ **en équilibre sur un pied/sur une poutre** to balance on one foot/on a beam. ◆ **maintien** *nm* **(a)** *(sauvegarde) (gén)* maintenance; *[tradition]* upholding. **(b)** *(posture)* bearing, deportment. **professeur de** ~ teacher of deportment.

maire [mɛʀ] *nm* mayor. ◆ **mairie** *nf (bâtiment)* town hall; *(administration)* town council.

mais [mɛ] **1** *conj* but. **tu me crois?** — ~ **oui** do you believe me? — (but) of course *ou* of course I do; ~ **si je veux bien!** but of course I agree!, sure, I agree!; ~ **ne te fais pas de soucis!** don't you worry!; ~ **dites-moi, c'est intéressant!** well now that's interesting!; ~ **j'y pense,...** by the way I've just thought,...; **ah** ~!, **non** ~ **(des fois)!** look here! **2** *nm*: **je ne veux pas de** ~ I don't want any buts; **il y a un** ~ there's one snag.

maïs [mais] *nm* maize, corn *(US)*.

maison [mɛzɔ̃] **1** *nf* **(a)** *(bâtiment)* house; *(immeuble)* building; *(locatif)* block of flats, apartment building *(US)*. ~ **individuelle** (detached) house; *(secteur)* **la** ~ **individuelle** private housing. **(b)** *(foyer)* home. **être/rester à la** ~ to be/stay at home; **rentrer à la** ~ to go (back) home; **les dépenses de la** ~ household expenses; **fait à la** ~ home-made. **(c)** *(famille)* family. **il n'est pas heureux à la** ~ he doesn't have a happy home *ou* family life. **(d)** *(entreprise)* firm, company; *(magasin) (grand)* store; *(petit)* shop. **(e)** *(famille royale)* House. **(f)** *(domesticité)* household. **la** ~ **du Roi** the Royal Household; **employés de** ~ domestic staff. **2** *adj inv* **(a)** *gâteau* home-made; *ingénieur* trained by the firm; *pâté* ~ pâté maison, chef's own pâté. **(b)** *(*: très réussi)* first-rate. **une bagarre** ~ an almighty * *ou* a stand-up row. **3** : ~ **d'arrêt** prison; **la M~ Blanche** the White House; ~ **de campagne** *(grande)* house in the country; *(petite)* (country) cottage; ~ **close** *ou* **de passe** brothel; ~ **de jeu** gambling club; ~ **des jeunes et de la culture** ≃ youth club and arts centre; ~ **jumelle** semi-detached (house), duplex *(US)*; *(Comm)* ~ **mère** parent company; ~ **de poupée** doll's house; ~ **de repos** convalescent home; ~ **de retraite** old people's home; ~ **de santé** *(clinique)* nursing home; *(asile)* mental home. ◆ **mai-**

sonnée *nf* house-hold, family. ◆ **maisonnette** *nf* small house.

maître, maîtresse [mɛtʀ(ə), mɛtʀɛs] **1** *adj* **(a)** *(gén)* main; *œuvre* major; *qualité* chief, major; *(Cartes) atout* master. **position maîtresse** major *ou* key position; **idée maîtresse** principal *ou* governing idea. **(b)** *(intensif)* **un** ~ **filou** an arrant *ou* out-and-out rascal; **une maîtresse femme** a managing woman.

2 *nm* **(a)** *(gén)* master; *(Pol: dirigeant)* ruler. **agir en** ~ to act authoritatively; **d'un ton de** ~ in an authoritative *ou* a masterful tone; **le** ~ **de céans** the master of the house; ~ **(d'école)** teacher, (school)master; ~ **charpentier** master carpenter. **(b)** *(titre) (pour artistes etc)* **M~** Sir; *(dans la marine)* petty officer; **mon cher M~** Dear Mr X; *(Jur)* **M** ~ **X** Mr X. **(c)** *(locutions)* **être** ~ **chez soi** to be master in one's own home; **être son propre** ~ to be one's own master; **être** ~ **de faire** to be free to do; **rester** ~ **de soi** to keep one's self-control; **être** ~ **de soi** to have control of o.s.; **être** ~ **de la situation** to be in control of the situation; **être** ~ **de sa destinée** to be the master of one's fate; **se rendre** ~ **de** *pays* to gain control of; *incendie* to bring *ou* get under control; **il est passé** ~ **dans l'art de mentir** he's a past master in the art of lying.

3 *nf* **(a)** *(gén)* mistress. **(b)** *(Scol)* **maîtresse (d'école)** teacher, (school)mistress; **maîtresse!** Miss!

4 : ~ **d'armes** fencing master; ~ **de cérémonie** master of ceremonies; *(Crime)* ~ **chanteur** blackmailer; ~**-chien** dog handler; ~ **de conférences** ≃ senior lecturer, assistant professor *(US)*; ~ **d'équipage** boatswain; ~ **d'hôtel** *[maison]* butler; *[restaurant]* head waiter; ~ **de maison** host; **maîtresse de maison** *(ménagère)* housewife; *(hôtesse)* hostess; ~ **nageur** swimming teacher *ou* instructor; *(Constr)* ~ **d'œuvre** projet manager; **la mairie est** ~ **d'œuvre de ce projet** the town council is in charge of the project.

maîtrise [metʀiz] *nf* **(a)** *(sang-froid)* ~ **(de soi)** self-control, self-possession. **(b)** *(contrôle)* mastery, control. *(Mil)* **avoir la** ~ **de** to have control of, control. **(c)** *(habileté)* skill, expertise. **(d)** *(Ind)* supervisory staff. **(e)** *(Rel) (école)* choir school; *(groupe)* choir. **(f)** *(Univ) research degree,* ≃ master's degree. ~ **de conférence** ≃ senior lectureship. ◆ **maîtriser (1) 1** *vt* *forcené* to control; *adversaire* to overcome, overpower; *émeute, révolte* to suppress, bring under control; *difficulté, langue* to master; *inflation* to curb; *larmes, rire* to force back, restrain. **2 se** ~ *vpr* to control o.s. ◆ **maîtrisable** *adj* controllable.

majesté [maʒɛste] *nf (gén)* majesty. **Votre M~** Your Majesty; **Sa M~** *(roi)* His Majesty; *(reine)* Her Majesty. ◆ **majestueusement** *adv* majestically. ◆ **majestueux, -euse** *adj (gén)* majestic; *taille* imposing.

majeur, e [maʒœʀ] **1** *adj* **(a)** *(principal)* major. **sa préoccupation** ~**e** his major *ou* main concern; **en** ~**e partie** for the most part; **la** ~**e partie des gens** most people, the majority (of people). **(b)** *(Jur)* **être** ~ to be of age; **il sera** ~ **en 1995** he will come of age in 1995. **(c)** *(Mus)* major. **2** *nm, f (Jur)* major. **3** *nm* middle finger.

major [maʒɔʀ] *nm (Mil)* = adjutant. *(Mil)* **(médecin)** ~ medical officer; *(Univ etc)* **être** ~ **de promotion** ≃ to be *ou* come first in one's year.

majorer [maʒɔʀe] **(1)** *vt* *impôt, prix* to increase, raise *(de* by). ◆ **majoration** *nf (hausse)* rise, increase *(de* in); *(supplément)* surcharge.

majorité [maʒɔʀite] *nf (gén)* majority; *(parti majoritaire)* government, party in power. **élu à une** ~ elected by a majority of; **être en** ~ to be in the majority; **groupe composé en** ~ **de** group mainly composed of; *(Jur)* **atteindre sa** ~ to come

of age, reach one's majority. ◆ **majoritaire 1**
adj majority. **vote** ~ majority vote. **2** nmf (Pol)
member of the majority party. **ils sont ~s à l'assemblée** they are the majority party ou in the
majority in Parliament.

Majorque [maʒɔʀk(ə)] nf Majorca.

majuscule [maʒyskyl] **1** adj capital. **2** nf capital
letter; (Typ) upper case letter. **en ~s d'imprimerie**
in block ou capital letters; **écrivez votre nom en
~s (d'imprimerie)** please print your name in block
letters.

mal [mal] **1** adv **(a)** (de façon défectueuse) badly, not
properly. **cette porte ferme ~** this door shuts badly ou doesn't shut properly; **nous sommes ~ nour-
ris** the food we're given is poor ou bad; **il a ~
pris ce que je lui ai dit** he took exception to what
I said to him; **il s'y est ~ pris** he set about it ou
he went about it the wrong way; **de ~ en pis** from
bad to worse. **(b)** ~ **choisi** etc ill-chosen etc; ~ **à
l'aise** (gêné) ill-at-ease; (malade) unwell; ~ **famé**
of ill fame, disreputable; **en point** in a bad ou
sorry state; ~ **à propos** at the wrong moment;
avoir l'esprit ~ tourné to have a low mind; **il est
~ venu de se plaindre** he is scarcely in a position
to complain. **(c)** ~ **comprendre** to misunderstand;
~ **interpréter** to misinterpret; ~ **renseigner** to
misinform. **(d)** (avec difficulté) with difficulty. **on
comprend ~ pourquoi** it is not easy ou it is difficult
to understand why. **(e)** (de façon répréhensible) badly, wrongly. **trouves-tu ~ qu'il y soit allé?** do you
think it was wrong of him to go? **(f)** (malade) **se
sentir ~** to feel ill; **être ~ portant** to be in poor
health; **se trouver ~** to faint. **(g)** **il n'a pas ~ travaillé ce trimestre** he's worked quite well this
term; **vous (ne) feriez pas ~ de le surveiller** you
would be well-advised to keep ou it wouldn't be
a bad thing if you kept an eye on him. **(h)** (beaucoup) **pas ~ (de)** * quite a lot (of); **on a pas ~
travaillé aujourd'hui** we've worked pretty hard
today *; **je m'en fiche pas ~!** I couldn't care less!,
I don't give a damn! ‡
2 adj inv **(a)** (contraire à la morale) wrong, bad. **c'est
~ à lui de dire cela** it's bad ou wrong of him to
say this. **(b)** (malade) ill. **il est au plus ~** he is very
close to death, he's on the point of death. **(c)**
(mal à l'aise) uncomfortable. **il est ~ dans sa peau**
he's at odds with himself; **on n'est pas ~ (assis)
dans ces fauteuils** these armchairs are quite
comfortable. **(d)** **être ~ avec qn** to be on bad
terms with sb; **se mettre ~ avec qn** to get on the
wrong side of sb. **(e)** **pas ~** * (bien) not bad *,
quite ou rather good; (beau) quite attractive;
(compétent) quite competent.
3 nm, pl **maux** [mo] **(a)** (ce qui est mauvais) evil,
ill. **le ~** evil; ~ **nécessaire** necessary evil; **penser/
dire du ~ de qn** to think/speak ill of sb. **(b)** (qui
cause un dommage) harm. **faire du ~ à** to harm,
hurt; **il n'y a pas de ~ à cela** there's no harm in
that; ~ **m'en a pris de sortir** going out was a grave
mistake (on my part). **(c)** (douleur) pain; (maladie)
illness, disease; (tristesse) sorrow, pain. **avoir ~
partout** to be aching all over; **se faire (du) ~** to
hurt o.s.; **ça fait ~** , **j'ai ~** it hurts; **j'ai ~ dans le
dos** I've got a pain in my back, my back hurts;
avoir un ~ de tête to have a headache; **avoir ~
à la gorge** to have a sore throat; **avoir ~ aux dents**
to have toothache; **avoir ~ au pied** to have a sore
foot; **des maux d'estomac** stomach pains, an upset
stomach; **un ~ blanc** a whitlow; **avoir le ~ de mer**
to be seasick; **contre le ~ de mer** against seasickness; ~ **du pays** homesickness; **être en ~ de
tendresse** to yearn for a little tenderness; **en ~
d'argent** short of money. **(d)** (effort) difficulty,
trouble. **se donner du ~ à faire qch** to take trouble
ou pains over sth; **avoir du ~ à faire qch** to have
trouble ou difficulty doing sth; **ne vous donnez
pas le ~ de faire ça** don't bother to do that; **on**

n'a rien sans ~ you get nothing without (some)
effort.

malabar * [malabaʀ] nm muscle man *.

malade [malad] **1** adj homme ill, sick, unwell;
organe, plante diseased; dent, jambe bad. **être ~ du
cœur, avoir le cœur ~** to have heart trouble ou
a bad heart ou a heart condition; **tomber ~** to
fall ill ou sick; **ça me rend ~** it makes me sick
(de with); (fou) **tu n'es pas ~?** * are you mad ou
out of your mind?; **l'entreprise est bien ~** the
business is in a shaky state. **2** nmf (gén) invalid,
sick person; (d'un médecin) patient. ~ **mental** mentally sick person; **les ~s** the sick. ◆ **maladie** nf
(a) (Méd) illness, disease; [plante, vin] disease. ~
de cœur/foie heart/liver complaint ou disease; **il
en a fait une ~** * he was in a terrible state about
it. **(b)** (*: obsession) mania. **avoir la ~ de la vitesse**
to be a speed maniac. ◆ **maladif, -ive** adj (lit)
sickly; obsession pathological.

maladroit, e [maladʀwa, wat] **1** adj (gén) clumsy,
awkward. ~ **de ses mains** useless with one's
hands; **ce serait ~ de lui en parler** it would be a
mistake to mention it to him. **2** nm, f (inhabile)
clumsy clot; (qui fait tout tomber) butterfingers;
(indélicat) tactless person ou blunderer *. ◆ **maladresse** nf **(a)** clumsiness, awkwardness; tact-
lessness. **(b)** (gaffe) blunder, gaffe. ◆ **maladroitement** adv clumsily, awkwardly; tactlessly.

malais, e¹ [malɛz] **1** adj, **M~(e)** nm(f) Malay(an).
2 nm (Ling) Malay.

malaise² [malɛz] nm **(a)** (Méd) dizzy turn. **avoir un
~** to feel faint ou dizzy. **(b)** (fig: trouble) uneasiness, disquiet. **le ~ étudiant** student discontent ou unrest.

malaisé, e [maleze] adj difficult. ◆ **malaisément**
adv with difficulty.

Malaisie [malɛzi] nf Malaya, Malaysia. ◆ **malai-
sien, -ienne** adj, **M~(e)** nm(f) Malaysian.

malappris, e [malapʀi, iz] **1** adj boorish. **2** nm, f
lout, boor.

malavisé, e [malavize] adj ill-advised, unwise.

malaxer [malakse] (1) vt (triturer) to knead; muscle
to massage; (mélanger) to mix.

malchance [malʃɑ̃s] nf (déveine) bad luck, misfortune; (mésaventure) misfortune. **par ~** unfortunately. ◆ **malchanceux, -euse** adj unlucky.

malcommode [malkɔmɔd] adj inconvenient.

Maldives [maldiv] nfpl: **les ~** the Maldives.

maldonne [maldɔn] nf (Cartes) misdeal. **il y a ~** (lit)
there's been a misdeal; (fig) there's been a mis
understanding ou a mistake somewhere.

mâle [mɑl] **1** adj (Bio, Tech) male; (viril) manly.
2 nm male. **(éléphant) ~** bull (elephant); **(lapin)
~** buck (rabbit); **(moineau) ~** cock (sparrow);
(ours) ~ he-bear; **souris ~** male mouse.

malédiction [malediksjɔ̃] nf curse.

maléfice [malefis] nm evil spell. ◆ **maléfique** adj
evil.

malencontreux, -euse [malɑ̃kɔ̃tʀø, øz] adj
unfortunate. ◆ **malencontreusement** adv arriver
at the wrong moment; faire tomber inadvertently.

malentendant [malɑ̃tɑ̃dɑ̃] nm: **les ~s** the hard of
hearing.

malentendu [malɑ̃tɑ̃dy] nm misunderstanding.

malfaçon [malfasɔ̃] nf fault, defect.

malfaisant, e [malfəzɑ̃, ɑ̃t] adj evil, harmful.

malfaiteur [malfɛtœʀ] nm (gén) criminal; (gangster)
gangster; (voleur) burglar, thief. **dangereux ~** dangerous criminal.

malformation [malfɔʀmɑsjɔ̃] nf malformation.

malfrat [malfʀa] nm (escroc) crook; (bandit) thug,
gangster.

malgache [malgaʃ] **1** nm (Ling) Malagasy. **2** adj,
M~ nmf Malagasy, Madagascan.

malgré [malgʀe] *prép* in spite of, despite. ~ **son intelligence** in spite of *ou* for all his intelligence; **j'ai signé ~ moi** *(en hésitant)* I signed reluctantly *ou* against my better judgment; *(contraint et forcé)* I signed against my will; ~ **tout, c'est dangereux** all the same *ou* after all it's dangerous.

malhabile [malabil] *adj* clumsy, awkward. ♦ **malhabilement** *adv* clumsily, awkwardly.

malheur [malœʀ] *nm* (**a**) misfortune; *(accident)* accident. **un ~ ne vient jamais seul** it never rains but it pours; **grand ~** great tragedy. (**b**) **le ~** *(adversité)* adversity; *(malchance)* bad luck, misfortune; **famille dans le ~** family in misfortune *ou* faced with adversity; **le ~ a voulu qu'un agent le voie** as bad luck would have it a policeman saw him. (**c**) *(maudit)* **de ~** * wretched. (**d**) **par ~** unfortunately; **le ~ c'est que...** the trouble *ou* snag is that...; **faire le ~ de ses parents** to bring sorrow to one's parents; **faire un ~** * *[artiste]* to make a great hit; *(par colère)* to do sth violent, go wild; **quel ~ qu'il ne soit pas venu** what a shame *ou* pity he didn't come. ♦ **malheureusement** *adv* unfortunately. ♦ **malheureux, -euse 1** *adj* (**a**) *victime, geste, parole* unfortunate; *enfant, vie* unhappy, miserable; *air* distressed; *candidat* unsuccessful, unlucky. **c'est bien ~** it's a great pity *ou* shame; **il est ~ de ne pas venir** he's distressed *ou* upset at not coming; **rendre qn ~** to make sb unhappy. (**b**) *(*: insignifiant)* wretched, miserable. **il y avait 2 ou 3 ~ spectateurs** there was a miserable handful of spectators. **2** *nm, f (infortuné)* poor wretch; *(indigent)* needy person. **le ~!** the poor man!; **ne fais pas cela, petit ~!** don't do that, you so-and-so! *

malhonnête [malɔnɛt] *adj (déloyal)* dishonest, crooked; *(impoli)* rude. ♦ **malhonnêtement** *adv* dishonestly, crookedly; rudely. ♦ **malhonnêteté** *nf* dishonesty, crookedness; rudeness. **une ~** *(action)* a crooked deal; *(parole)* a rude remark.

Mali [mali] *nm* Mali. ♦ **malien, -ienne 1** *adj* Malian, of *ou* from Mali. **2** *nm, f:* **M~(ne)** Malian, inhabitant *ou* native of Mali.

malice [malis] *nf (espièglerie)* mischief, mischievousness; *(méchanceté)* malice, spite. **il n'y entend pas ~** he means no harm by it; **boîte à ~** box of tricks. ♦ **malicieusement** *adv* mischievously. ♦ **malicieux, -euse** *adj* mischievous.

malin, -igne [malɛ̃, iɲ] *ou* **-ine** * [in] **1** *adj* (**a**) *(intelligent)* smart, clever. **il est ~ comme un singe** he is as artful as a cartload of monkeys; *(iro)* **c'est ~!** that's clever *ou* bright, isn't it? (**b**) *(*: difficile)* **ce n'est pourtant pas bien ~** but it isn't difficult *ou* tricky. (**c**) *(mauvais)* influence malignant, malicious; *(Méd)* malignant. **2** *nm, f:* **c'est un (petit) ~** he's a crafty one, he knows a thing or two; **le M~** the Devil.

malingre [malɛ̃gʀ(ə)] *adj* puny.

malinois [malinwa] *nm* police dog, ≃ Alsatian, German shepherd.

malintentionné, e [malɛ̃tãsjɔne] *adj* ill-intentioned *(envers* towards).

malle [mal] *nf (valise)* trunk; *(Aut)* boot, trunk *(US)*. **ils ont fait la ~** * they've hightailed it * , they've scarpered *. ♦ **mallette** *nf (valise)* (small) suitcase; *(porte-documents)* briefcase, attaché case.

malléable [maleabl(ə)] *adj* malleable. ♦ **malléabilité** *nf* malleability.

malmener [malməne] *(5)* *vt* to manhandle, handle roughly.

malnutrition [malnytʀisjɔ̃] *nf* malnutrition.

malodorant, e [malɔdɔʀã, ãt] *adj* foul- *ou* ill-smelling.

malotru, e [malɔtʀy] *nm, f* lout, boor.

Malouines [malwin] *nfpl:* **les ~** the Falkland Islands.

malpoli, e [malpɔli] *adj* impolite, discourteous.

malpropre [malpʀɔpʀ(ə)] *adj objet* dirty; *travail* shoddy; *histoire* smutty; *action* dishonest, despicable. ♦ **malproprement** *adv* in a dirty way. ♦ **malpropreté** *nf* dirtiness.

malsain, e [malsɛ̃, ɛn] *adj* unhealthy.

malséant, e [malseã, ãt] *adj* unseemly, unbecoming.

malt [malt] *nm* malt. **whisky pur ~** malt (whisky).

Malte [malt] *nf* Malta. ♦ **maltais, e** *adj, nm,* **M~(e)** *nm(f)* Maltese.

malthusien, -ienne [maltyzjɛ̃, jɛn] *adj* Malthusian. ♦ **malthusianisme** *nm* Malthusianism.

maltraiter [maltʀete] *(1)* *vt personne* to manhandle, handle roughly, ill-treat; *grammaire* to misuse.

malus [malys] *nm* car insurance surcharge.

malveillance [malvɛjãs] *nf* spite, malevolence. **avec ~** malevolently; *(Jur)* **avoir agi sans ~** to have acted without malicious intent. ♦ **malveillant, e** *adj* malevolent.

malvoyant [malvwajã] *nm:* **les ~s** the partially sighted.

maman [mamã] *nf* mummy, mother.

mamelle [mamɛl] *nf (Zool)* teat; *(pis)* udder, dug; *[femme]* breast. ♦ **mamelon** *nm (Anat)* nipple; *(Géog)* knoll, hillock.

mamie [mami] *nf (grand-mère)* granny *, gran *.

mammifère [mamifɛʀ] *nm* mammal.

mammographie [mamɔgʀafi] *nf* mammography.

mammouth [mamut] *nm* mammoth.

manche¹ [mãʃ] *nf* (**a**) *(Habillement)* sleeve. **à ~s longues** long-sleeved; **sans ~s** sleeveless; *(fig)* **avoir qn dans sa ~** to have sb in one's pocket. (**b**) *(partie)* *(gén, Pol, Sport)* game; *(Cartes)* game; *(Tennis)* set. (**c**) *(Géog)* **la M~** the English Channel. (**d**) ~ **à air** *(Aviat)* wind sock; *(Naut)* airshaft.

manche² [mãʃ] *nm* (**a**) *(gén)* handle; *(long)* shaft. ~ **à balai** *(gén)* broomstick; *(Aviat)* joystick. (**b**) *(*: incapable)* clumsy fool.

manchette [mãʃɛt] *nf* (**a**) *[chemise]* cuff; *(protectrice)* over-sleeve. (**b**) *(Presse)* headline. (**c**) *(Lutte)* forearm blow.

manchon [mãʃɔ̃] *nm* muff.

manchot, -ote [mãʃo, ɔt] **1** *adj (d'un bras)* one-armed; *(des deux bras)* armless; *(d'une main)* one-handed; *(des deux mains)* with no hands, handless. *(adroit)* **il n'est pas ~!** * he's clever with his hands! **2** *nm (Orn)* penguin.

mandale ‡ [mãdal] *nf* biff *, clout, cuff.

mandarin [mãdaʀɛ̃] *nm (Hist, péj)* mandarin.

mandarine [mãdaʀin] *nf* mandarin (orange), tangerine.

mandat [mãda] *nm* (**a**) *(gén, Pol)* mandate. **donner à qn ~ de faire** to give sb a mandate to do. (**b**) *(Poste)* postal order, money order. (**c**) *(Jur: procuration)* power of attorney, proxy; *(Police etc)* warrant. ~ **d'amener** ≃ summons; ~ **d'arrêt** ≃ warrant for arrest; **placer qn sous ~ de dépôt** ≃ to place sb under a committal order; ~ **d'expulsion** eviction order; *(Fin)* ~ **international** international money order; ~ **de perquisition** search warrant. ♦ **mandataire** *nmf (Jur)* proxy, attorney; *(représentant)* representative; *(aux Halles)* (sales) agent. ♦ **mandatement** *nm [somme]* payment (by money order). ♦ **mandater** *(1)* *vt* (**a**) *personne* to commission. (**b**) *somme* to make over.

Mandchourie [mãtʃuʀi] *nf* Manchuria.

mandoline [mãdɔlin] *nf* mandolin(e).

manège [manɛʒ] *nm* (**a**) ~ **(de chevaux de bois)** roundabout, merry-go-round, carousel *(US)*. (**b**) *(Équitation)* *(école)* riding school; *(piste)* ring, school. (**c**) *(fig: agissements)* game, ploy.

manette [manɛt] *nf* lever, tap.

mange-disques [mɑ̃ʒdisk] *nm inv slot-in record player.*

manger [mɑ̃ʒe] (3) **1** *vt* (**a**) to eat. **il ne mange pas en ce moment** he's off his food at present; **vous mangerez bien un morceau avec nous?** * won't you have a bite to eat with us?; **cela se mange?** can you eat it?; **ça se mange chaud** it should be eaten hot; **donner à ~ à qn, faire ~ qn** to feed sb; **faire ~ qch à qn** to give sb sth to eat; **mange!** eat up!; **on mange bien/mal à cet hôtel** the food is good/bad at this hotel. (**b**) *(faire un repas)* **~ au restaurant** to eat out, have a meal out; **c'est l'heure de ~** *(midi)* it's lunchtime; *(soir)* it's dinnertime; **inviter qn à ~** to invite sb for a meal; **boire en mangeant** to drink with a meal; **~ sur le pouce** to have a (quick) snack. (**c**) *[soleil]* to fade; *[rouille]* to eat away. **mangé aux mites** moth-eaten. (**d**) *électricité, économies* to go through; *temps* to take up; *mots* to swallow. **les grosses entreprises mangent les petites** the big firms swallow up the smaller ones; **l'entreprise mange de l'argent** the business is wasting money. (**e**) *(locutions)* **~ la consigne** to forget one's errand; **~ comme quatre** to eat like a horse; **~ à sa faim** to have enough to eat; **~ du bout des dents** to pick *ou* nibble at one's food; *(fig)* **~ le morceau** ‡ to spill the beans ‡; **je ne mange pas de ce pain-là!** I'm having nothing to do with that!; **~ à tous les rateliers** * to cash in * on all sides; **~ qn des yeux** to devour sb with one's eyes.
2 *nm (nourriture)* food; *(repas)* meal.
♦ **mangeotter** * (1) *vt* to nibble. ♦ **mangeable** *adj* edible, eatable. ♦ **mangeaille** *nf (péj)* food. ♦ **mangeoire** *nf* trough, manger. ♦ **mangeur, -euse** *nm, f* eater.

mangoustan [mɑ̃gustɑ̃] *nm* mangosteen.

mangouste [mɑ̃gust(ə)] *nf (animal)* mongoose; *(fruit)* mangosteen.

mangue [mɑ̃g] *nf* mango *(fruit)*.

maniaque [manjak] **1** *adj* finicky, fussy. **2** *nmf (fou)* maniac, lunatic; *(fanatique)* fanatic; *(méticuleux)* fusspot *. ♦ **maniaco-dépressif, -ive** *adj* manic-depressive.

manichéen, -enne [manikeɛ̃, ɛn] *adj, nm, f* Manich(a)ean. ♦ **manichéisme** *nm (Philos)* Maniche(an)ism. **faire du ~** to see things in black and white.

manie [mani] *nf (habitude)* odd *ou* queer habit; *(obsession)* mania. **une de ses ~s** one of his *(ou* her) funny habits.

manier [manje] (7) *vt* to handle. ♦ **maniabilité** *nf* handiness, manageability; *[voiture]* driveability; *[avion]* manoeuvrability. ♦ **maniable** *adj* handy, manageable, easy to handle *ou* drive *ou* manœuvre. ♦ **maniement** *nm* handling. **d'un ~ difficile** difficult to handle; **~ d'armes** arms drill, manual of arms *(US)*.

manière [manjɛʀ] *nf* (**a**) *(façon)* way; *(Art: style)* style. **sa ~ de parler** his way of speaking, the way he speaks; **il le fera à sa ~** he'll do it his own way; **~ de vivre** way of life; **de quelle ~ as-tu fait cela?** how did you do that?; **à la ~ d'un singe** like a monkey; **c'est une ~ de pastiche** it's a kind of pastiche. (**b**) *(locutions)* **employer la ~ forte** to use strong-arm measures *ou* tactics; **en ~ d'excuse** by way of (an) excuse; **d'une certaine ~** in a way, in some ways; **d'une ~ générale** generally speaking; **de toute(s) ~(s)** in any case, anyway; **de telle ~ que** in such a way that; **d'une ~ ou d'une autre** somehow or other; **en aucune ~** in no way, under no circumstances; **de ~ à faire** so as to do; **de ~ (à ce) que nous arrivions à l'heure, de ~ à arriver à l'heure** so that we get on time. (**c**) **~s:** **avoir de bonnes/mauvaises ~s** to have good/bad manners; **ce ne sont pas des ~s!** that's no way to behave!; **faire des ~s** *(minauderies)* to put on

airs; *(chichis)* to make a fuss. ♦ **maniéré, e** *adj (péj: affecté)* affected; *(Art)* genre mannered.

manifester [manifɛste] (1) **1** *vt (gén)* to show; *sentiment* to express; *courage* to demonstrate. **~ le désir de faire** to indicate one's wish to do. **2** *vi (Pol)* to demonstrate. **3 se ~** *vpr* (**a**) *[émotion]* to show itself, express itself; *[difficultés]* to emerge, arise. **une certaine détente se manifesta** there was evidence of a certain thaw in the atmosphere. (**b**) *[candidat, témoin]* to come forward; *[personne]* *(se présenter)* to appear, turn up; *(se faire remarquer)* to make o.s. known, attract attention; *(dans un débat)* to make o.s. heard. **Dieu s'est manifesté aux hommes** God revealed himself to mankind. ♦ **manifestant, e** *nm, f* demonstrator, protestor. ♦ **manifestation** *nf* (**a**) *(Pol)* demonstration. (**b**) *[opinion, sentiment]* expression; *[maladie] (apparition)* appearance; *(symptômes)* outward sign. **~ de mauvaise humeur** show of bad temper. (**c**) *[Dieu, vérité]* revelation. (**d**) *(réunion, fête)* event. ♦ **manifeste 1** *adj* obvious, evident, manifest. **erreur ~** glaring error. **2** *nm (Littérat, Pol)* manifesto. ♦ **manifestement** *adv* obviously, evidently, manifestly.

manigancer [manigɑ̃se] (3) *vt* to plot, devise. **qu'est-ce qu'il manigance maintenant?** what's he up to now? ♦ **manigance** *nf* trick, scheme, ploy.

Manille [manij] *n* Manila.

manioc [manjɔk] *nm* manioc, cassava.

manipuler [manipyle] (1) *vt objet* to handle; *(péj) électeurs* to manipulate; *comptes* to rig, fiddle *. ♦ **manipulateur, -trice** *nmf (technicien)* technician. ♦ **manipulation** *nf (maniement)* handling; *(Scol: Chim, Phys)* experiment. *(Méd, péj)* **~s** manipulation; **les ~s génétiques posent des problèmes éthiques** genetic engineering poses ethical problems.

manitou [manitu] *nm* (**a**) **grand ~** * big shot *. (**b**) *(Rel)* manitou.

manivelle [manivɛl] *nf* crank.

manne [man] *nf (aubaine)* godsend. *(Rel)* **la ~** manna.

mannequin [manəkɛ̃] *nm (personne)* model; *(objet)* dummy; *(fig: pantin)* stuffed dummy.

manœuvrer [manœvʀe] (1) **1** *vt véhicule* to manœuvre; *machine* to operate, work; *(fig: manipuler) personne* to manipulate. **2** *vi (gén)* to manœuvre. *(fig)* **il a manœuvré habilement** he moved *ou* manœuvred skilfully. ♦ **manœuvre 1** *nf (gén)* manœuvre. **la ~ d'un bateau est difficile** manœuvring a boat is difficult; *(Rail)* **faire la ~** to shunt; **~ d'encerclement** encircling movement; **~ d'obstruction** obstructive move; **~s frauduleuses** fraudulent schemes *ou* devices; **terrain de ~s** parade ground; **grandes ~s** army manœuvres *ou* exercises. **2** *nm (gén)* labourer; *(en usine)* unskilled worker. **~ agricole** farm labourer.

manoir [manwaʀ] *nm* manor house.

manomètre [manɔmɛtʀ(ə)] *nm* gauge, manometer.

manouche [manuʃ] *nmf (péj)* gipsy.

manquer [mɑ̃ke] (1) **1** *vt* (**a**) *photo, gâteau* to spoil, make a mess of; *examen* to fail; *but, train, personne* to miss. **je l'ai manqué de peu/de 5 minutes** I missed him by a fraction/by 5 minutes; **c'est à ne pas ~** it's a must *; *(iro)* **il n'en manque jamais une!** * he puts his foot in it every time! *; **~ sa vie** to waste one's life; **ils ont manqué leur coup** their attempt failed. (**b**) *(être absent de)* to be absent from, miss.
2 *vi* (**a**) *(faire défaut) (gén)* to be lacking. **l'argent vint à ~** money ran out *ou* ran short; **ce qui me manque c'est le temps** what I need *ou* lack is time; **les mots me manquent pour exprimer** I can't find (the) words to express; **le temps me manque pour dire** there's no time for me to say; **ce n'est pas**

l'envie *ou* **le désir qui me manque d'y aller** it's not that I don't want to go, it's not that I am unwilling to go; **le pied lui manqua** his foot slipped, he missed his footing. (**b**) *(être absent)* to be absent; *(avoir disparu)* to be missing. (**c**) *(échouer)* to fail.

3 ~ **à** *vt indir*: ~ **à son honneur** to fail in one's honour; ~ **à tous ses devoirs** to neglect all one's duties; ~ **à ses promesses** to renege on one's promises, fail to keep one's word; ~ **à l'appel** *(lit)* to be absent from roll call; *(fig)* to be missing; **il nous manque, sa présence nous manque** we miss him.

4 ~ **de** *vt indir* (**a**) *intelligence* to lack; *argent, main d'œuvre* to be short of, lack. **le pays ne manque pas d'un certain charme** the country is not without a certain charm; **on manque d'air ici** there's no air in here; **il ne manque pas d'audace!** he's got a nerve! (**b**) *(faillir)* **il a manqué mourir** he nearly *ou* almost died. (**c**) *(formules nég)* **ne manquez pas de le remercier** don't forget to thank him; **il n'a pas manqué de le lui dire** he made sure he told him; **nous ne manquerons pas de vous informer** we shall inform you without fail; **on ne peut ~ d'être frappé par** one cannot fail to marvel at, one cannot help but be struck by; **ça ne va pas ~ (d'arriver)** * it's bound to happen.

5 *vb impers*: **il (nous) manque 2 chaises** *(elles ont disparu)* there are 2 chairs missing; *(on en a besoin)* we are 2 chairs short, we are short of 2 chairs; **il ne manquera pas de gens pour dire** there'll be no shortage of people to say; **il ne manquait plus que ça** that's all we needed, that's the last straw. **6 se** ~ *vpr (suicide)* to fail.

♦ **manquant, e** *adj* missing. ♦ **manque** *nm* (**a**) ~ **de** *(faiblesse)* lack of, want of; *(pénurie)* shortage of; **quel** ~ **de chance!** what bad *ou* hard luck!; ~ **à gagner** loss of profit. (**b**) ~**s** *[roman]* faults; *[personne]* failings, shortcomings; *[connaissances]* gaps. (**c**) *(vide)* gap, emptiness; *(Drogue)* withdrawal. (**d**) **à la** ~ ⚹ *chanteur, idée* crummy ⚹. ♦ **manqué, e** *adj essai* failed, abortive; *rendez-vous* missed; *photo* spoilt; *(Tech)* **pièce** faulty; *occasion* lost, wasted. **c'est un écrivain** ~ *(mauvais écrivain)* he is a failure as a writer; *(il aurait dû être écrivain)* he should have been a writer. ♦ **manquement** *nm*: ~ **à règle** breach of; **au moindre** ~ at the slightest lapse.

mansarde [mɑ̃saʀd(ə)] *nf* attic. ♦ **mansardé, e** *adj*: **chambre** ~**e** attic room.

mansuétude [mɑ̃sɥetyd] *nf* leniency, indulgence.

manteau, *pl* ~**x** [mɑ̃to] *nm* coat. ~ **trois-quarts** three-quarter length coat; **sous le** ~ clandestinely, on the sly; ~ **de cheminée** mantelpiece.

mantille [mɑ̃tij] *nf* mantilla.

manucure [manykyʀ] *nmf* manicurist. ♦ **manucurer** (1) *vt* to manicure.

manuel, -elle [manɥɛl] **1** *adj* manual. **2** *nm (livre)* manual, handbook. ~ **de lecture** reader; ~ **scolaire** textbook. ♦ **manuellement** *adv* manually.

manufacture [manyfaktyʀ] *nf (usine)* factory; *(fabrication)* manufacture. ♦ **manufacturer** (1) *vt* to manufacture.

manuscrit, e [manyskʀi, it] **1** *adj* handwritten. **pages** ~**es** manuscript pages. **2** *nm* manuscript; *(dactylographié)* typescript.

manutention [manytɑ̃sjɔ̃] *nf (opération)* handling; *(local)* storehouse. *(Com)* **frais de** ~ handling charges. ♦ **manutentionnaire** *nmf* packer.

mappemonde [mapmɔ̃d] *nf (carte)* map of the world; *(sphère)* globe.

maquereau, *pl* ~**x** [makʀo] *nm (poisson)* mackerel. (⚹) *(proxénète)* pimp, ponce ⚹.

maquette [makɛt] *nf* (scale) model.

maquiller [makije] (1) **1** *vt visage* to make up; *vérité, faits* to fake, doctor; *chiffres* to fiddle *; *voiture* to do over *, disguise. **meurtre maquillé en accident** murder faked up to look like an accident. **2 se** ~ *vpr* to make up. ♦ **maquillage** *nm* make-up. **le** ~ **des faits** faking the facts.

maquis [maki] *nm (Géog)* scrub, bush; *(labyrinthe)* maze; *(Hist)* maquis. **prendre le** ~ to go underground. ♦ **maquisard, e** *nm, f* maquis.

maraîcher, -ère [maʀeʃe, maʀeʃɛʀ] **1** *nm, f* market gardener, truck farmer *(US)*. **2** *adj*: **produits** ~**s** market garden produce, truck *(US)*.

marais [maʀɛ] *nm* marsh, swamp. ~ **salant** saltern.

marasme [maʀasm(ə)] *nm* (**a**) *(Écon, Pol)* stagnation, slump. (**b**) *(accablement)* dejection, depression.

marathon [maʀatɔ̃] *nm (Sport, fig)* marathon. ♦ **marathonien** *nm* marathon runner.

marâtre [maʀɑtʀ(ə)] *nf* cruel mother.

marauder [maʀode] (1) *vi* to thieve, pilfer. ♦ **maraude** *nf* thieving, pilfering. **taxi en** ~ cruising *ou* prowling taxi. ♦ **maraudeur, -euse** *nm, f (voleur)* prowler; *(soldat)* marauder.

marbre [maʀbʀ(ə)] *nm (Géol)* marble; *(surface)* marble top; *(Typ)* stone, bed. **rester de** ~ to be stony-faced; **avoir un cœur de** ~ to have a heart of stone; *(Aut)* **passer une voiture au** ~ to check a car for structural damage. ♦ **marbrer** (1) *vt papier, cuir* to marble; *peau, bois* to mottle. **(gâteau) marbré** marble cake. ♦ **marbrier** *nm (funéraire)* monumental mason. ♦ **marbrure** *nf*: ~**(s)** marbling; mottling.

marc [maʀ] *nm (raisin)* marc; *(alcool)* brandy. ~ **(de café)** (coffee) grounds *ou* dregs.

marcassin [maʀkasɛ̃] *nm* young wild boar.

marchand, e [maʀʃɑ̃, ɑ̃d] **1** *adj valeur* market. **2** *nm, f* shopkeeper; *(sur un marché)* stallholder; *[vins, fruits, charbon, grains]* merchant; *[meubles, bestiaux]* dealer. ~ **au détail** retailer; ~ **en gros** wholesaler; **la** ~**e de chaussures** the woman in the shoeshop. **3** : ~ **ambulant** hawker, pedlar; ~ **de biens** ≃ estate agent, realtor *(US)*; ~ **de couleurs** ironmonger, hardware dealer; ~ **de journaux** newsagent; ~ **de légumes** greengrocer, produce dealer *(US)*; ~ **de quatre saisons** costermonger; ~ **de sable** sandman; ~ **de tapis** carpet dealer; **des discussions de** ~ **de tapis** fierce bargaining, endless haggling.

marchander [maʀʃɑ̃de] (1) *vt objet* to haggle over, bargain over; *(emploi absolu)* to haggle, bargain. **il n'a pas marchandé ses compliments** he wasn't sparing of his compliments. ♦ **marchandage** *nm* bargaining, haggling. ♦ **marchandisage** *nm* marketing. ♦ **marchandise** *nf (article)* commodity. ~**s** goods, merchandise; *(stock)* **la** ~ the goods *ou* merchandise; **gare de** ~ goods station; **il a de la bonne** ~ he sells good stuff; **vanter la** ~ * to show o.s. to advantage.

marche¹ [maʀʃ(ə)] *nf* (**a**) *(action, Sport)* walking. **poursuivre sa** ~ to walk on; **chaussures de** ~ walking shoes. (**b**) *(démarche)* walk, step; *(rythme)* pace, step. (**c**) *(trajet)* walk. **c'est à 2 heures de** ~ it's a 2-hour walk from here. (**d**) *(Mus, Mil, Pol)* march. **chanson de** ~ marching song; **fermer la** ~ to bring up the rear; **ouvrir la** ~ to lead the way; **faire** ~ **sur** to march upon; **en avant,** ~! forward march! (**e**) *[véhicule]* running; *[machine, usine]* running, working; *[navire]* sailing; *[étoile]* course; *[horloge]* working. **dans le sens de la** ~ facing the engine; **dans le sens contraire de la** ~ with one's back to the engine; **véhicule en** ~ moving vehicle; **en état de** ~ in working order; *(Tech)* ~ — **arrêt** on — off; ~ **arrière** reverse; **faire** ~ **arrière** *(Aut)* to reverse; *(fig)* to back-pedal, backtrack; ~ **à suivre** (correct) procedure; *(mode d'emploi)* directions (for use). **(f)** *[maladie]* progress; *[événements]* course; *[temps, progrès]* march. **(g)** être en ~ *[personnes]* to be on the move; *[moteur etc]* to be running; **se mettre en** ~ *[personne]* to get moving; *[machine]* to start; **mettre en** ~ *voiture* to start (up); *machine* to set going.

marche² [maʀʃ(ə)] *nf [escalier]* step. **sur les** ~**s** on the stairs; *(escalier extérieur, escabeau)* on the steps.

marché [maʀʃe] **1** *nm* **(a)** *(lieu)* market; *(ville)* trading centre. **faire son** ~ to go to the market; *(plus gén)* to go shopping. **(b)** *(Écon, Fin)* market. **lancer qch sur le** ~ to launch sth on the market; **le** ~ **du travail** the labour market; **le** ~ **des valeurs** the stockmarket. **(c)** *(transaction)* bargain, deal. **passer un** ~ **avec qn** to make a deal with sb; ~ **conclu!** it's a deal!; **mettre le** ~ **en main à qn** to force sb to accept or refuse. **2** : **le M~ commun** Common Market, the E.E.C; ~ **noir** black market; ~ **aux puces** flea market.

marchepied [maʀʃəpje] *nm (Rail)* step; *(Aut)* running board; *(fig)* stepping stone.

marcher [maʀʃe] **(1)** *vi* **(a)** to walk; *[soldats]* to march. ~ **à grands pas** to stride (along); **on va** ~ **un peu** let's have a walk, let's go for a walk; **faire** ~ **un bébé** to help a baby walk; **son père saura le faire** ~ **droit** his father will soon have him toeing the line; ~ **dans une flaque d'eau** to step in a puddle; **défense de** ~ **sur les pelouses** keep off the grass; *(lit, fig)* **sur les pieds de qn** to tread on sb's toes; ~ **sur les pas de qn** to follow in sb's footsteps; **il marche à côté de ses pompes** * he doesn't know what he's doing; ~ **sur une ville** to advance on a town. **(b)** (*) *(consentir)* to agree; *(être dupé)* to be taken in. **il n'a pas voulu** ~ **dans la combine** he did not want to get mixed up in the business; **faire** ~ **qn** *(taquiner)* to pull sb's leg; *(tromper)* to take sb for a ride *. **(c)** *(avec véhicule)* **le train a bien marché jusqu'à Lyon** the train made good time as far as Lyons; **nous marchions à 100 à l'heure** we were doing a hundred. **(d)** *[appareil, usine]* to work; *[ruse]* to come off; *[affaires, études]* to go (well). **faire** ~ *appareil* to work, operate; *entreprise* to run; **ça fait** ~ **les affaires** it's good for business; **est-ce que le métro marche?** is the underground running?; **ces deux opérations marchent ensemble** these two procedures go ou work together; **les études, ça marche?** * how's the work going? ◆ **marcheur, -euse** *nm, f (gén)* walker; *(Pol etc)* marcher.

mardi [maʀdi] *nm* Tuesday. **M~ gras** Shrove Tuesday; *V* **samedi**.

mare [maʀ] *nf (étang)* pond; *(flaque)* pool. ~ **de sang** pool of blood.

marécage [maʀekaʒ] *nm* marsh, swamp, bog. ◆ **marécageux, -euse** *adj* marshy, swampy, boggy.

maréchal, *pl* **-aux** [maʀeʃal, o] *nm (Mil)* marshal. ~**-ferrant** blacksmith; ~ **des logis** sergeant.

marée [maʀe] *nf* **(a)** tide. ~ **montante/descendante** flood ou rising/ebb tide; **à** ~ **basse/haute** at low/high tide ou water; ~ **noire** oil slick, black tide. **(b)** *(fig)* flood. **(c)** *(poissons)* **la** ~ fresh (sea) fish.

marelle [maʀɛl] *nf* hopscotch.

margarine [maʀgaʀin] *nf* margarine, marge *.

marge [maʀʒ(ə)] **1** *nf (gén)* margin. **j'ai encore de la** ~ I still have time *(ou* money *etc)* to spare; **en** ~ **de la société** on the fringe of society; **vivre en** ~ **du monde** to live cut off from the world. **2** : ~ **bénéficiaire** profit margin, mark-up; ~ **d'erreur** margin of error; ~ **de manœuvre** room to manœuvre; ~ **de sécurité** safety margin. ◆ **marginal, e**, *mpl* **-aux** [maʀʒinal, o] *adj (gén, Écon)* marginal; *coût* incremental. **2** *nm (artiste, homme politique)* independent; *(déshérité)* dropout. *(contestataires)* **les** ~**aux** the dissident minority ou fringe.

marguerite [maʀgəʀit] *nf (Bot)* marguerite, (oxeye) daisy; *(Typ)* daisy wheel. **imprimante à** ~ daisy wheel printer.

mari [maʀi] *nm* husband.

mariage [maʀjaʒ] *nm* **(a)** *(union)* marriage. **50 ans de** ~ 50 years of married life ou of marriage; **on parle de** ~ **entre eux** there is talk of their getting married; **donner qn en** ~ **à** to give sb in marriage to; ~ **d'amour** love match; **faire un** ~ **d'argent** to marry for money. **(b)** *(cérémonie)* wedding. **cadeau de** ~ wedding present. **(c)** *[couleurs, parfums]* marriage, blend. ◆ **marié, e 1** *adj* married. **non** ~ unmarried, single. **2** *nm* (bride)groom. **les** ~**s** *(jour du mariage)* the bride and (bride)groom; *(après le mariage)* the newly-weds. **3** *nf* bride. **trouver que la** ~**e est trop belle** to object that everything's too good to be true; **robe de** ~**e** wedding dress. ◆ **marier (7) 1** *vt personne* to marry; *couleurs, goûts* to blend, harmonize. **il a encore 2 filles à** ~ he still has 2 daughters to marry off; *(fig)* **on n'est pas mariés avec lui!** * we don't have to suit him all the time!, we're not obliged to do as he says! **2 se** ~ *vpr [personne]* to get married; *[couleurs, goûts]* to blend, harmonize. **se** ~ **à** ou **avec qn** to marry sb, get married to sb.

marijuana [maʀiʒɥana] *nf* marijuana, pot *(arg)*.

marin, e¹ [maʀɛ̃, in] **1** *adj* air sea; *faune* marine, sea. **missile** ~ sea-based missile; **costume** ~ sailor suit. **2** *nm* sailor; *(grade)* ordinary seaman. ~ **d'eau douce** landlubber.

marine² [maʀin] **1** *nf* **(a)** navy. **terme de** ~ nautical term; ~ **(de guerre)** navy; ~ **marchande** merchant navy. **(b)** *(tableau)* seascape. **2** *nm (soldat)* marine.

mariner [maʀine] **(1)** *vti* to marinade. **harengs marinés** soused ou pickled herrings.

marionnette [maʀjɔnɛt] *nf (lit, fig)* puppet. *(spectacle)* ~**s** puppet show; ~ **à fils** marionette; ~ **à gaine** glove puppet. ◆ **marionnettiste** *nmf* puppeteer.

marital, e, *mpl* **-aux** [maʀital, o] *adj: (Jur)* **autorisation** ~**e** husband's permission ou authorization. ◆ **maritalement** *adv*: **vivre** ~ to live as husband and wife.

maritime [maʀitim] *adj (gén)* maritime; *province* seaboard, coastal; *commerce, droit* shipping.

marmaille * [maʀmɑj] *nf* gang of kids * ou brats * *(péj)*.

marmelade [maʀməlad] *nf* stewed fruit, compote. *(lit, fig)* **réduire en** ~ to reduce to a pulp.

marmite [maʀmit] *nf* (cooking-)pot.

marmonner [maʀmɔne] **(1)** *vti* to mumble, mutter. ~ **dans sa barbe** to mutter into one's beard, mutter to o.s. ◆ **marmonnement** *nm*: ~**(s)** mumbling, muttering.

marmot * [maʀmo] *nm* kid *, brat * *(péj)*.

marmotte [maʀmɔt] *nf (Zool)* marmot; *(fig)* dormouse.

marmotter [maʀmɔte] **(1)** *vti* to mumble, mutter.

Maroc [maʀɔk] *nm* Morocco. ◆ **marocain, e** *adj*, **M~(e)** *nm (f)* Moroccan.

maroquin [maʀɔkɛ̃] *nm (cuir)* morocco (leather); *(fig: portefeuille)* (minister's) portfolio. ◆ **maroquinerie** *nf (boutique)* shop selling fine leather goods; *(métier)* fine leather trade. **(articles de)** ~ fine leather goods. ◆ **maroquinier** *nm* dealer in fine leather goods.

marotte [maʀɔt] *nf* hobby, craze.

marquer [maʀke] **(1) 1** *vt* **(a)** *(par une trace)* *(gén, fig)* to mark; *animal, criminel* to brand; *arbre* to blaze; *marchandise* to label, stamp. **j'ai marqué nos places avec nos valises** I've reserved our seats with our cases; **pour** ~ **cette journée** to mark this day; **la souffrance l'a marqué** suffering has left its mark on him; *(influencer)* ~ **son époque** to put

one's mark *ou* stamp on one's time. **(b)** *(indiquer, montrer) (gén)* to show; *[balance]* to register. **la pendule marque 6 heures** the clock points to *ou* shows 6 o'clock; **robe qui marque la taille** dress which shows off *ou* emphasizes the waistline; **cela marque bien que le pays veut la paix** that definitely indicates that the country wants peace; **la déception se marquait sur son visage** disappointment showed in his face *ou* was written all over his face. **(c)** *(écrire)* to note down, make a note of. **on l'a marqué absent** he was marked absent; **qu'y a-t-il de marqué?** what does it say?, what's written on it? **(d)** *(Sport) [joueur]* to mark; *but* to score. ~ **qn de très près** to mark sb very closely *ou* tightly. **(e)** *(locutions)* ~ **le coup** * to mark the occasion; ~ **un point sur qn** to be one up on sb; ~ **la mesure** to keep the beat; *(lit, fig)* ~ **le pas** to mark time; ~ **un temps d'arrêt** to mark a pause.
2 *vi* **(a)** *[événement, personnalité]* to stand out; *[coup]* to reach home, tell. **(b)** *[crayon]* to write; *[tampon]* to stamp. **ne pose pas le verre là, ça marque** don't put the glass down there, it will leave a mark.
♦ **marquant, e** *adj personnage, événement* outstanding; *souvenir* vivid. **le fait le plus** ~ the most significant *ou* striking fact. ♦ **marque** *nf* **(a)** *(repère, trace) (lit, fig)* mark; *[linge personnel]* name tab; *[viande, œufs]* stamp. ~**s de doigts** fingermarks, fingerprints; ~**s de pas** footmarks, footprints; *(Sport)* **à vos** ~**s! prêts! partez!** on your marks!, get set!, go!, ready, steady, go!; ~ **de confiance** sign *ou* mark of confidence; **la** ~ **du génie** the hallmark of genius. **(b)** *(Comm) [nourriture]* brand; *[produits manufacturés]* make. ~ **de fabrique** trademark, trade name; ~ **déposée** registered trademark *ou* trade name; **produits de** ~ high-class products; **visiteur de** ~ important *ou* distinguished visitor, V.I.P. **(c)** *(Sport, Cartes: décompte)* **la** ~ the score. ♦ **marqué, e** *adj (accentué)* marked, pronounced; *(Ling)* marked. **le prix** ~ the marked price, the price on the label; *(fig)* **c'est un homme** ~ he's a marked man; **il avait** ~ **par la vie** life has left its mark on him. ♦ **marqueur** *nm (stylo effaçable)* felt-tip pen; *(stylo indélébile)* marker pen.
marquis [maʀki] *nm* marquess.
marquise [maʀkiz] *nf* **(a)** *(noble)* marchioness. **(b)** *(auvent)* glass canopy. **(c)** *(Culin)* ~ **au chocolat** *type of chocolate ice-cream.*
marraine [maʀɛn] *nf [enfant]* godmother; *[navire]* christener, namer.
marre ‡ [maʀ] *adv:* **en avoir** ~ to be fed up * *(de* with), be sick * *(de* of).
marrer (se) ‡ [maʀe] (1) *vpr* to laugh. ♦ **marrant, e** * *adj (amusant)* funny, killing *; *(étrange)* funny, odd.
marron [maʀɔ̃] **1** *nm* **(a)** chestnut. ~ **d'Inde** horse chestnut; ~**s chauds** roast chestnuts; ~ **glacé** marron glacé; **tirer les** ~**s du feu** *(profiter)* to steal a march; *(être victime)* to be a cat's paw. **(b)** *(couleur)* brown. **(c)** *(‡: coup)* thump, clout. **2** *adj inv* **(a)** *(couleur)* brown. **(b)** *(‡: être trompé)* **être** ~ to be had *. ♦ **marronnier** *nm* chestnut tree. ~ **(d'Inde)** horse chestnut tree.
Mars [maʀs] **1** *nm (Myth)* Mars. **2** *nf (planète)* Mars.
mars [maʀs] *nm (mois)* March; *V* **septembre.**
Marseille [maʀsɛj] *n* Marseilles. ♦ **marseillais, e 1** *adj* of *ou* from Marseilles. **2** *nm, f:* **M**~ inhabitant *ou* native of Marseilles. **3** *nf:* **la M**~**e** the Marseillaise *(French National anthem).*
marsouin [maʀswɛ̃] *nm (Zool)* porpoise.
marteau, *pl* ~**x** [maʀto] **1** *nm* hammer; *[horloge]* striker; *[porte]* knocker. **entre le** ~ **et l'enclume** between the devil and the deep blue sea; **être** ~ * to be nuts * *ou* cracked *. **2** : ~-**pilon** *nm*, *pl* ~**x**-~**s** power hammer; ~-**piqueur** *nm*, *pl* ~**x**-~**s** pneumatic drill. ♦ **martèlement** *nm:* ~**(s)** hammering, pounding. ♦ **marteler** (5) *vt* to ham-

mer, pound; *mots* to hammer out; *objet d'art* to planish, beat. **cuivre martelé** planished *ou* beaten copper; *(Mus)* **notes martelées** martelé notes.
martial, e, *mpl* -**aux** [maʀsjal, o] *adj* martial.
martien, -ienne [maʀsjɛ̃, jɛn] *adj, nm, f* Martian.
martinet [maʀtinɛ] *nm* **(a)** small whip. **(b)** *(Orn)* swift.
Martinique [maʀtinik] *nf* Martinique. ♦ **martiniquais, e 1** *adj* of *ou* from Martinique. **2** *nm, f:* **M**~**(e)** inhabitant *ou* native of Martinique.
martin-pêcheur, *pl* **martins-pêcheurs** [maʀtɛ̃ pɛʃœʀ] *nm* kingfisher.
martre [maʀtʀ(ə)] *nf* marten. ~ **zibeline** sable.
martyr, e[1] [maʀtiʀ] **1** *adj peuple* martyred. **mère** ~**e** stricken mother; **enfant** ~ battered child. **2** *nm, f* martyr. ♦ **martyre**[2] *nm (Rel, fig)* martyrdom. **mettre au** ~ to martyrize; **souffrir le** ~ to suffer agonies. ♦ **martyriser** (1) *vt personne, animal* to martyrize; *élève* to bully; *enfant* to batter; *(Rel)* to martyr.
marxisme [maʀksism(ə)] *nm* Marxism. ♦ **marxiste** *adj, nmf* Marxist. ~**-léniniste** *adj, nmf* MarxistLeninist.
mascara [maskaʀa] *nm* mascara.
mascarade [maskaʀad] *nf* masquerade. **ce procès est une** ~ this trial is a farce.
mascotte [maskɔt] *nf* mascot.
masculin, e [maskylɛ̃, in] **1** *adj (gén)* male; *(viril)* manly; *(péj: hommasse)* mannish; *(Gram)* masculine. **2** *nm (Gram)* masculine.
masochisme [mazɔʃism(ə)] *nm* masochism. ♦ **masochiste 1** *adj* masochistic. **2** *nmf* masochist.
masque [mask(ə)] *nm (gén, fig)* mask. **jeter le** ~ to unmask o.s.; ~ **antirides** face pack; ~ **à gaz/de plongée** gas/diving mask. ♦ **masqué, e** *adj bandit* masked; *enfant* wearing a mask. *(Aut)* **sortie** ~**e** concealed exit. ♦ **masquer** (1) *vt (gén)* to mask, conceal *(à qn* from sb); *lumière* to screen, shade. ~ **la vue** to block (out) the view; ~ **l'essentiel** to mask *ou* obscure the essential point. **2 se** ~ *vpr* **(a)** *(mettre un masque)* to put on a mask. **(b)** *(se cacher) [sentiment]* to be hidden; *[personne]* to hide, conceal o.s. *(derrière* behind). ♦ **masquage** *nm* masking.
massacre [masakʀ(ə)] *nm* slaughter, massacre. *[gibier]* **c'est du** ~ it is sheer butchery; *(sabotage)* **c'est un vrai** ~! * it's a real mess! ♦ **massacrer** (1) *vt (tuer)* to slaughter, massacre; *animaux* to slaughter. **se** ~ to massacre *ou* slaughter one another. **(b)** *(*)* *opéra* to murder; *travail* to make a mess *ou* hash * of; *adversaire* to make mincemeat * of. ♦ **massacreur, -euse** *nm, f (saboteur)* bungler.
masse [mas] *nf* **(a)** *(volume, Phys)* mass; *(forme)* massive shape. ~ **de nuages** bank of clouds; ~ **monétaire** amount of money in circulation; **taillé dans la** ~ carved from the block; **tomber comme une** ~ to fall in a heap. **(b)** *(foule)* **la** ~, **les** ~**s** the masses; **la** ~ **des lecteurs** the majority of readers; **manifestation de** ~ mass demonstration; **une** ~ **de** *, **des** ~**s de** * *objets* masses of, loads of *; *touristes* crowds of; **il n'y en a pas des** ~**s** * *[objets]* there aren't very many; *[argent]* there isn't very much. **(c)** *(Élec)* earth, ground *(US)*. **faire** ~ to act as an earth *ou* a ground *(US)*. **(d)** *(maillet)* sledgehammer; *[huissier]* mace. ~ **d'armes** mace. **(e)** **exécutions en** ~ mass executions; **fabriquer en** ~ to mass-produce; **venir en** ~ to come in a body *ou* en masse.
massepain [maspɛ̃] *nm* marzipan.
masser[1] *vt,* **se** ~ *vpr* [mase] (1) to mass.
masser[2] [mase] (1) *vt personne* to massage. **se faire** ~ to have a massage. ♦ **massage** *nm* massage.

◆ **masseur, -euse** *nm, f* masseur, masseuse. ~ **kinésithérapeute** physiotherapist.

massif, -ive [masif, iv] **1** *adj* (**a**) *meuble, bâtiment* massive, solid; *personne* sturdily built. (**b**) *(pur)* or/chêne ~ solid gold/oak. (**c**) *dose* massive, heavy. **départs** ~**s** mass exodus *(sg)*. **2** *nm (Géog)* massif; *[fleurs, arbres]* clump. ◆ **massivement** *adv* répondre en masse; *injecter* in massive doses. **ils ont** ~ **approuvé le projet** the overwhelming *ou* massive majority was in favour of the project.

mass(-)media [masmedja] *nmpl* mass media.

massue [masy] *nf* club, bludgeon.

mastiquer [mastike] (1) *vt* (**a**) *(Bio)* to chew, masticate. (**b**) *vitre* to putty; *fissure* to fill. ◆ **mastic 1** *nm [vitrier]* putty; *[menuisier]* filler, mastic. **2** *adj* putty-coloured, off-white.

mastodonte [mastɔdɔ̃t] *nm (Zool)* mastodon; *(fig hum)* great hulk.

masure [mazyʀ] *nf* hovel.

mat¹ [mat] *(Échecs)* **1** *adj inv:* être ~ to be checkmate; faire ~ to checkmate. **2** *nm* checkmate.

mat², e [mat] *adj métal, couleur* mat(t), dull; *peinture, teint* mat(t). **bruit** ~ dull noise, thud.

mât [mɑ] *nm (Naut)* mast; *(pylône)* pole, post; *(hampe)* flagpole; *(Sport)* climbing pole. ~ **d'artimon** mizzenmast; ~ **de charge** derrick; ~ **de cocagne** greasy pole; ~ **de misaine** foremast.

matador [matadɔʀ] *nm* matador, bullfighter.

mataf [mataf] *nm (arg Marine)* sailor.

matamore [matamɔʀ] *nm (fanfaron)* bully boy. **faire le** ~ to throw one's weight around.

match [matʃ] *nm (Sport)* match, game *(US)*. ~ **aller/ retour** first/second leg; ~ **nul** draw, tie *(US)*; **faire** ~ **nul** to draw, tie *(US)*.

matelas [matla] *nm* mattress. ~ **pneumatique** air mattress *ou* bed, Lilo ®. ◆ **matelasser** (1) *vt meuble* to pad; *tissu* to quilt. **veste matelassée** quilted *ou* padded jacket. ◆ **matelassier, -ière** *nm, f* mattress maker.

matelot [matlo] *nm (gén: marin)* sailor, seaman; *(dans la Marine de guerre)* ordinary rating, seaman recruit *(US)*.

mater [mate] (1) *vt* (**a**) *rebelles, enfant* to subdue; *terroristes* to bring *ou* get under control; *révolution* to put down, quell; *incendie* to bring under control. (**b**) *(Échecs)* to checkmate, mate. (**c**) *(marteler)* to burr.

matérialiser [mateʀjalize] (1) **1** *vt (concrétiser)* to make concrete; *(symboliser)* to embody. **2 se** ~ *vpr* to materialize. ◆ **matérialisation** *nf* materialization.

matérialisme [mateʀjalism(ə)] *nm* materialism. ◆ **matérialiste 1** *adj* materialistic. **2** *nmf* materialist.

matériau [mateʀjo] *nm inv (Constr)* material. ◆ **matériaux** *nmpl (Constr)* materials; *(documents)* material.

matériel, -elle [mateʀjɛl] **1** *adj (gén)* material; *(financier)* financial; *(pratique)* organisation practical. **je n'ai pas le temps** ~ **de le faire** I simply have not the time to do it. **2** *nm (équipement)* equipment, materials; *(attirail)* gear; *(fig: corpus)* material. *(Ordin)* **le** ~ the hardware; ~ **de bureau** *(meubles)* office equipment; *(fournitures)* office materials; ~ **d'exploitation** plant; ~ **de guerre** weaponry ; ~ **roulant** rolling stock. ◆ **matériellement** *adv* materially; financially; practically.

maternel, -elle [matɛʀnɛl] *adj* (**a**) *(gén)* maternal; *geste, amour* motherly. **il avait gardé les habitudes** ~**s** he had retained his mother's habits. (**b**) *(école)* ~**le** (state) nursery school. ◆ **maternellement** *adv* maternally, like a mother. ◆ **maternité** *nf* (**a**) *(bâtiment)* maternity hospital *ou* home.

(**b**) *(accouchement)* pregnancy. (**c**) *(état de mère)* motherhood, maternity. ◆ **materner** (1) *vt* to mother, baby *; cosset; *(mâcher le travail)* to spoon-feed. **se faire** ~ to be babied *; to be spoonfed. ◆ **maternage** *nm* mothering, babying *, cosseting; spoon-feeding.

mathématique [matematik] **1** *adj* mathematical. **c'est** ~**!** * it's bound to happen, it's logical! **2** *nfpl:* **les** ~**s** mathematics. ◆ **math(s)** * *nfpl* maths *, math * *(US)*. ◆ **mathématicien, -ienne** *nm, f* mathematician. ◆ **mathématiquement** *adv* mathematically. ◆ **matheux, -euse** * *nm, f (Scol)* maths *ou* math *(US)* specialist; *(hum)* maths expert.

matière [matjɛʀ] **1** *nf (produit)* material, substance; *(sujet, Scol)* subject. **la** ~ matter; **fournir la** ~ **d'un discours** to provide the material *ou* subject matter for a speech; **ignorant en la** ~ ignorant on the matter *ou* subject; **en** ~ **poétique** as far as poetry is concerned, as regards poetry; **donner** ~ **à plaisanter** to give cause for laughter; **ça lui a donné** ~ **à réflexion** it gave him food for thought; **il n'y a pas là** ~ **à se réjouir** this is no matter for rejoicing. **2 :** ~**(s) grasse(s)** fat content, fat; ~**s fécales** faeces; *(lit, fig)* ~ **grise** grey matter; ~ **plastique** plastic; ~ **première** raw material.

matin [matɛ̃] *nm* morning. **le 10 au** ~ on the morning of the 10th; **2h du** ~ 2 a.m., 2 in the morning; **du** ~ **au soir** from morning till night; **de bon** ~ early in the morning. ◆ **matinal, e,** *mpl* **-aux** *adj tâches* morning; *heure* early. **être** ~ to be an early riser, get up early. ◆ **matinée** *nf* (**a**) *(matin)* morning. **en fin de** ~ at the end of the morning. (**b**) *(Ciné, Théât)* matinée, afternoon performance. ~ **dansante** afternoon dance; ~ **enfantine** children's matinée.

matois, e [matwa, waz] *adj* wily, sly, crafty.

maton [matɔ̃] *nm (arg Prison)* screw.

matou [matu] *nm* tomcat.

matraque [matʀak] *nf [police]* truncheon, billy *(US)*, night stick *(US)*; *[malfaiteur]* cosh, club. ◆ **matraquer** (1) *vt* (**a**) *[police]* to beat up; *[malfaiteur]* to cosh, club. (* *fig*) ~ **le client** to soak ‡ *ou* overcharge customers. (**b**) *(Rad)* publicité to plug, hype *; *public* to bombard (*de* with). ◆ **matraquage** *nm* beating up; plugging; bombarding. **le** ~ **publicitaire** media hype * *ou* overkill.

matrice [matʀis] *nf (utérus)* womb; *(Tech)* mould, die; *(Typ, Ling, Math)* matrix.

matricule [matʀikyl] *nm (Mil)* regimental number; *(Admin)* reference number.

matrimonial, e, *mpl* **-aux** [matʀimɔnjal, o] *adj* matrimonial.

matrone [matʀon] *nf (péj) (mère de famille)* matronly woman; *(femme forte)* stout woman.

mâture [mɑtyʀ] *nf* masts. **dans la** ~ aloft.

maturité [matyʀite] *nf* maturity. **venir à** ~ to come to maturity; **manquer de** ~ to be immature. ◆ **mature** *adj (mûr)* mature.

maudire [modiʀ] (2) *vt* to curse. ◆ **maudit, e 1** *adj* (**a**) *(*: *sacré)* blasted *, confounded *. (**b**) *(littér)* **poète** ~ accursed poet; ~**e soit la guerre!** cursed be the war! **2** *nm, f* damned soul. **les** ~**s** the damned. **3** *nm:* **le M**~ the Devil.

maugréer [mogʀee] (1) *vi* to grouse, grumble *(contre* about, at).

Maurice [mɔʀis] *nf:* **(l'île)** ~ Mauritius. ◆ **mauricien, -ienne** *adj,* **M**~**(ne)** *nm(f)* Mauritian.

Mauritanie [mɔʀitani] *nf* Mauritania. ◆ **mauritanien, -ienne** *adj,* **M**~**(ne)** *nm(f)* Mauritanian.

mausolée [mozɔle] *nm* mausoleum.

maussade [mosad] *adj (gén)* gloomy, sullen.

mauvais, e [movɛ, ɛz] **1** adj **(a)** (en qualité) (gén) bad; appareil faulty; santé, film, élève poor. ~**e excuse** poor ou lame excuse; (Élec) ~ **contact** faulty contact; ~ **en géographie** bad ou weak at geography. **(b)** (erroné) wrong. **le** ~ **numéro** the wrong number; **c'est un** ~ **calcul de sa part** he's badly misjudged it; **il ne serait pas** ~ **de se renseigner** it wouldn't be a bad idea if we found out more about this. **(c)** (inapproprié) jour, heure awkward, bad, inconvenient. **il a choisi un** ~ **moment** he picked an awkward ou a bad time. **(d)** (nuisible) (gén) bad; blessure nasty; temps, goût, odeur unpleasant; sourire, joie, personne malicious, spiteful. (Scol) ~**e note** bad mark; **la mer est** ~**e** the sea is rough; **être en** ~**e posture** to be in a tricky ou nasty position; **la soupe a un** ~ **goût** the soup tastes nasty; **il a passé un** ~ **quart d'heure** he had a nasty time of it; **ce n'est pas un** ~ **garçon** he's not a bad boy; **aujourd'hui il fait** ~ today the weather is bad; **prendre qch en** ~**e part** to take sth in bad part, take sth amiss; **faire contre** ~**e fortune bon cœur** to put a brave face on things; **se faire du** ~ **sang** to worry, get in a state.
2 nm: **enlève le** ~ **et mange le reste** cut out the bad part and eat the rest; (personnes) **les** ~ the wicked.
3 : ~ **coucheur** awkward customer; **recevoir un** ~ **coup** to get a nasty blow; **faire un** ~ **coup** to commit a crime; ~ **esprit** troublemaker; **faire du** ~ **esprit** to make snide remarks; ~ **garçon** tough; **c'est de la** ~**e graine** he's (ou she's) a bad lot; ~**e herbe** weed; ~**e langue** gossip, scandalmonger; ~ **lieu** place of ill repute; **le** ~ **œil** the evil eye; **tirer qn d'un** ~ **pas** to get sb out of a tight spot ou corner; ~**e passe** difficult situation; ~ **plaisant** hoaxer; **faire la** ~**e tête** to sulk; ~ **traitement** ill treatment; ~ **traitements à enfants** child abuse, child battering; **faire subir de** ~ **traitements à** to ill-treat.

mauve [mov] **1** adj, nm (couleur) mauve. **2** nf (Bot) mallow.

mauviette [movjɛt] nf (péj) weakling.

maxi... [maksi] préf: maxi...

maxillaire [maksilɛʀ] **1** adj maxillary. **2** nm jawbone.

maxime [maksim] nf maxim.

maximum [maksimɔm], f ~ ou **maxima** [maksima], pl ~**s** ou **maxima** adj, nm maximum. **la température** ~ the maximum ou highest temperature; **au** (grand) ~ at the (very) maximum, at the (very) most; **il faut rester au** ou **le** ~ **à l'ombre** one must stay as much as possible in the shade. ◆ **maximal, e**, mpl **-aux** adj maximal. ◆ **maximiser** (1) vt to maximize.

mayonnaise [majɔnɛz] nf mayonnaise.

mazout [mazut] nm heating oil. **poêle à** ~ oil-fired stove.

me, m' [m(ə)] pron pers me; (réfléchi) myself. **il m'en a parlé** he spoke to me about it; **je ne** ~ **vois pas dans ce rôle-là** I can't see myself in that part.

méandre [meɑ̃dʀ(ə)] nm (Art, Géog) meander; (fig) twists and turns.

mec ⊠ [mɛk] nm guy.

mécanique [mekanik] **1** adj (gén) mechanical; jouet clockwork. **les industries** ~**s** mechanical engineering industries; (Aut, Aviat) **avoir des ennuis** ~**s** to have engine trouble. **2** nf (gén) mechanics (sg); (science) (mechanical) engineering; (mécanisme) mechanism. ◆ **mécanicien, -ienne** nm, f (Aut) (garage ou motor) mechanic; (Naut) engineer; (Rail) engine driver, engineer (US). ◆ **mécaniquement** adv mechanically. ◆ **mécanisation** nf mechanization. ◆ **mécaniser** (1) vt to mechanize. ◆ **mécanisme** nm mechanism. ◆ **mécanographie** nf (procédé) (mechanical)

data processing; (service) comptometer department.

mécène [mesɛn] nm (Art) patron. ◆ **mécénat** nm (Art) patronage.

méchant, e [meʃɑ̃, ɑ̃t] **1** adj **(a)** (gén) nasty, wicked; (sens affaibli) enfant naughty. **ce n'est pas un** ~ **homme** he's not such a bad fellow; **ce n'est pas bien** ~ * [blessure] it's not too serious; [examen] it's not too difficult ou stiff *. **(b)** (insignifiant) **un** ~ **morceau de fromage** one miserable bit of cheese; **que de bruit pour une** ~**e clef perdue** what a fuss over one wretched lost key. **(c)** (*: sensationnel) **il a une** ~**e moto** he's got a fantastic * ou terrific * bike; **une** ~**e cicatrice** a hell of a scar ⊠. **2** nm, f (enfant) naughty child; (personne) wicked person. **les** ~**s** (dans un western) the baddies *, the bad guys * (US); **faire le** ~ * to be difficult, be nasty. ◆ **méchamment** adv (cruellement) nastily, wickedly; (*: très) bon fantastically *, terrifically *; abîmé badly. ◆ **méchanceté** nf (a) nastiness, wickedness; naughtiness. **par** ~ out of spite. **(b)** (action, parole) nasty ou wicked action ou remark. **dire des** ~**s à qn** to say spiteful things to sb.

mèche [mɛʃ] nf [lampe] wick; [bombe] fuse; [cheveux] lock of hair; [chignole] bit. ~ **postiche** hairpiece; **être de** ~ **avec qn** * to be hand in glove with sb *, be in league with sb.

mécompte [mekɔ̃t] nm (désillusion) disappointment; (erreur de calcul) miscalculation, miscount.

méconnaître [mekɔnɛtʀ(ə)] (57) vt faits to be unaware of, not to know; gravité d'un problème to misjudge; mérites, personne to underrate, underestimate; devoirs to ignore. ◆ **méconnaissable** adj unrecognizable; (presque) hardly recognizable. ◆ **méconnaissance** nf (ignorance) lack of knowledge (de about), ignorance (de of). ◆ **méconnu, e** adj (gén) unrecognized; inventeur misunderstood.

mécontentement [mekɔ̃tɑ̃tmɑ̃] nm (Pol) discontent; (déplaisir) dissatisfaction, displeasure; (irritation) annoyance. ◆ **mécontent, e** **1** adj displeased, dissatisfied; annoyed (de with). **2** nm, f grumbler; (Pol) malcontent. ◆ **mécontenter** (1) vt to displease, annoy.

Mecque [mɛk] nf: **la** ~ (lit) Mecca; (fig) the Mecca.

médaille [medaj] nf **(a)** (décoration) medal ; (* fig: tache) stain, mark. **(b)** (insigne) [employé] badge; [chien] name tag; [volaille] guarantee tag. ◆ **médaillé, e** nm, f medal-holder. **il est** ou **c'est un** ~ **olympique** he is an Olympic medallist, he is the holder of an Olympic medal. ◆ **médailler** (1) vt to award a medal to. (se tacher) **se** ~ * to get a stain ou mark on one's clothing. ◆ **médaillon** nm (Art, Culin) medallion; (bijou) locket.

médecin [medsɛ̃] nm doctor. ~ **de famille** family practitioner ou doctor; ~ **d'hôpital** ≃ consultant; ~ **légiste** forensic surgeon; ~ **généraliste** general practitioner, G.P.; ~ **militaire** army medical officer; ~ **scolaire** school doctor, schools medical officer (Brit Admin). ◆ **médecine** nf medicine. ~ **générale** general medicine; ~ **préventive** preventive medicine; ~ **du travail** occupational ou industrial medicine.

media [medja] nm: **les** ~**s** the media; **dans les** ~**s** in the media. ◆ **médiatique** adj media.

médiation [medjasjɔ̃] nf (gén, Pol) mediation; (Ind) arbitration. **offrir sa** ~ **dans un conflit** (Pol) to offer to mediate in a conflict; (Ind) to offer to arbitrate ou intervene in a dispute. ◆ **médiateur, -trice** **1** nm, f mediator; arbitrator. **2** nf (Géom) median.

médical, e, mpl **-aux** [medikal, o] adj medical. ◆ **médicalement** adv medically. ◆ **médicaliser** (1) vt: ~ **la maternité** to medicalize childbirth; ~ **la population rurale** to provide the rural population with medical care. ◆ **médicalisation** nf medicalization; bringing medical care to.

◆ **médicament** *nm* medicine, drug. ◆ **médicinal, e,** *mpl* **-aux** *adj* medicinal.

médiéval, e, *mpl* **-aux** [medjeval, o] *adj* medieval.

médiocre [medjɔkʀ(ə)] **1** *adj* (*gén*) mediocre; *qualité, salaire, copie d'élève* poor; *personne, emploi* second-rate. **il a montré un intérêt ~ pour ce projet** he showed little interest in the project. **2** *nmf* nonentity, second-rater *. ◆ **médiocrement** *adv intelligent* not particularly; *satisfait* barely; *travailler* indifferently. **gagner ~ sa vie** to earn a poor living. ◆ **médiocrité** *nf* mediocrity; poorness. **cet homme est une ~** this man is a complete mediocrity *ou* second-rater.

médire [mediʀ] (37) *vi:* ~ **de qn** to speak ill of sb; *(à tort)* to malign *ou* slander sb. ◆ **médisance** *nf* (*propos*) piece of scandal. **la ~** scandalmongering; **dire des ~s** to spread scandal *ou* malicious gossip. ◆ **médisant, e** **1** *adj paroles* slanderous. **être ~** to spread scandal. **2** *nm, f* scandalmonger, slanderer.

méditer [medite] (1) **1** *vt pensée* to meditate on, ponder (over); *projet* to meditate. ~ **de faire qch** to contemplate doing sth, plan to do sth. **2** *vi* to meditate. ~ **sur qch** to ponder over sth. ◆ **méditatif, -ive** *adj* meditative, thoughtful. ◆ **méditation** *nf* meditation. **après de longues ~s** after much *ou* deep thought, after lengthy meditation.

Méditerranée [mediteʀane] *nf:* **la (mer) ~** the Mediterranean (Sea). ◆ **méditerranéen, -enne** *adj* Mediterranean.

méduse [medyz] *nf* jellyfish. *(Myth)* **M~** Medusa.

méduser [medyze] (1) *vt* (*gén pass*) to dumbfound.

meeting [mitiŋ] *nm* (*Pol, Sport*) meeting. ~ **d'aviation** air show.

méfait [mefɛ] *nm* wrongdoing; *(hum)* misdeed. **les ~s de** *temps, épidémie, alcoolisme* the ravages of.

méfiance [mefjɑ̃s] *nf* distrust, mistrust, suspicion. **éveiller la ~ de qn** to arouse sb's suspicion(s); **venir sans ~** to come unsuspectingly. ◆ **méfiant, e** *adj* distrustful, mistrustful, suspicious. ◆ **méfier (se)** (7) *vpr:* **se ~ de** *personne, conseil* to distrust, mistrust; *ses impulsions* to be wary of; **méfiez-vous de lui** don't trust him; **il faut vous ~** you must be careful; **méfie-toi de cette marche** mind *ou* watch the step.

méga [mega] **1** *préf* mega... **~hertz** *nm* megahertz; **~lopole** *nf* megalopolis; **~octet** *nm* megabyte; **~tonne** *nf* megaton. **2** *adj inv* (⁂) enormous. **~dissertation** hell of a long essay ⁂.

mégalomanie [megalɔmani] *nf* megalomania. ◆ **mégalomane** *adj, nmf* megalomaniac.

mégarde [megaʀd(ə)] *nf:* **par ~** *(accidentellement)* accidentally, by accident; *(par erreur)* by mistake, inadvertently.

mégère [meʒɛʀ] *nf* (*péj: femme*) shrew. *(Théât)* **la M~ apprivoisée** the Taming of the Shrew.

mégot * [mego] *nm* cigarette butt *ou* end.

mégoter * [megɔte] (1) *vi* to skimp (*sur* over). ◆ **mégotage** * *nm* cheeseparing *ou* miserly attitude.

meilleur, e [mɛjœʀ] **1** *adj* better (*que* than). **le ~ des deux** the better of the two; **le ~ de tous** the best of the lot; **ce gâteau est ~ avec du rhum** this cake tastes *ou* is better with rum; **le ~ marché** cheaper; **le ~ marché** the cheapest; *(Comm)* **acheter au ~ prix** to buy at the lowest price; **~s vœux** best wishes; **il n'y a rien de ~** there's nothing better, there's nothing to beat it. **2** *adv sentir* better, nicer. **3** *nm, f:* **le ~, la ~e** the best one; **les ~s** the best (people); **tu connais la ~e?** il n'est même pas venu! haven't you heard the best (bit) though? he didn't even come! **4** *nm:* **le ~** the best; **pour le ~ et pour le pire** for better or for worse; **donner le ~ de soi-même** to give of one's

best; **le ~ de son temps** the best part of one's time; **prendre le ~ sur qn** to get the better of sb.

mélancolie [melɑ̃kɔli] *nf* melancholy. ◆ **mélancolique** *adj* melancholy. ◆ **mélancoliquement** *adv* melancholically.

mélanger [melɑ̃ʒe] (3) **1** *vt* (*gén*) to mix; *couleurs, vins, tabacs* to blend; *dates, documents* to mix up, muddle up. **public très mélangé** very varied *ou* mixed public. **2** se ~ *vpr* to mix; to blend. **tout se mélange dans ma tête** I'm getting all mixed up. ◆ **mélange** *nm* (a) (*opération*) mixing; blending. (b) (*résultat*) mixture; blend. ~ **détonant** explosive mixture; **joie sans ~** unalloyed joy; *(Littérat)* **~s** miscellanies.

mélasse [melas] *nf* (*Culin*) treacle, molasses *(US)*; *(boue)* muck. **être dans la ~** * *(ennuis)* to be in the soup *; *(misère)* to be down and out, be on one's beam ends *.

mêler [mele] (1) **1** *vt* (a) (*unir*) to mingle; *races* to mix; *(Vét)* to cross; *(Culin)* to mix, blend; *traits de caractère* to combine. ~ **la douceur à la fermeté** to combine gentleness with firmness. (b) *papiers* to muddle up, mix up; *(battre) cartes* to shuffle. ~ **la réalité et le rêve** to confuse reality and dream. (c) ~ **qn à** *affaire* to involve sb in, get sb mixed up in; *conversation* to bring *ou* draw sb into. **2** se ~ *vpr* (a) to mix; to mingle; to combine. (b) se ~ **à** *querelle* to get involved in; *conversation* to join in; *groupe* to join, mix with; *[cris, sentiments]* to mingle with. (c) se ~ **de qch** to meddle with sth; **mêle-toi de tes affaires!** mind your own business!; se ~ **de faire qch** to take it upon o.s. to do sth.

◆ **mêlé, e** **1** *adj sentiments* mixed, mingled; *monde* mixed. **2** *nf* (*bataille*) mêlée; (*Rugby*) pack, scrum. **~e générale** free-for-all; **rester au-dessus de la ~e** to keep clear of the fray.

mélèze [melɛz] *nm* larch.

méli-mélo * [melimelo] *nm* [*situation*] muddle; [*objets*] jumble.

mélo * [melo] **1** *adj* (*abrév de* **mélodramatique**) *film, roman* soppy * , sentimental. **feuilleton ~** (*gén*) sentimental serial; *(TV)* soap (opera). **2** *nm abrév de* **mélodrame.**

mélodie [melɔdi] *nf* (*gén*) tune. (*genre*) **les ~s de Debussy** Debussy's melodies. ◆ **mélodieusement** *adv* melodiously, tunefully. ◆ **mélodieux, -euse** *adj* melodious, tuneful. ◆ **mélodique** *adj* melodic.

mélodrame [melɔdʀam] *nm* (*Littérat, péj*) melodrama. ◆ **mélodramatique** *adj* melodramatic.

mélomane [melɔman] *adj, nmf:* **être ~** to be a music lover.

melon [m(ə)lɔ̃] *nm* (*Bot*) melon. (**chapeau**) ~ bowler hat.

membrane [mɑ̃bʀan] *nf* membrane.

membre [mɑ̃bʀ(ə)] *nm* (a) (*Anat*) limb. (b) (*personne*) member. **être ~ de** to be a member of; **ce club a 300 ~s** this club has a membership of 300 *ou* has 300 members; **pays ~** member country. (c) (*Math, Ling*) member.

même [mɛm] **1** *adj* (a) (*identique*) same. **ils ont la ~ taille, ils sont de ~ taille** they are the same size; **ils ont la ~ voiture que nous** they have the same car as we have *ou* as us; **c'est toujours la ~ chose!** it's always the same (old story)!; **arriver en ~ temps (que)** to arrive at the same time (as). (b) (*réel*) very. **ce sont ses paroles ~s** those are his very *ou* actual words; **il est la générosité ~** he is generosity itself *ou* the soul of generosity. (c) **moi-~** myself; **toi-~** yourself; **lui-~** himself; **elle-~** herself; **nous-~s** ourselves; **vous-~** yourself; **vous-~s** yourselves; **eux-** *ou* **elles-~s** themselves; **on est soi-~ conscient de ses propres erreurs** one is aware (oneself) of one's own mistakes; **au plus**

profond d'eux-~s in their heart of hearts; **elle fait ses robes elle-~** she makes her own dresses, she makes her dresses herself; **elle se disait en elle-~ que...** she thought to herself that...; **faire qch de soi-~** to do sth on one's own initiative ; **faire qch (par) soi-~** to do sth (by) oneself.
2 *pron indéf*: **le** *ou* **la ~** the same one; *(fig)* **ce sont toujours les ~s** it's always the same ones.
3 *adv* (**a**) even. **il n'a ~ pas de quoi écrire** he hasn't even got anything to write with; **personne ne sait, ~ pas lui** nobody knows, not even him; **~ si** even if, even though. (**b**) *(précisément)* **ici** ~ in this very place; **c'est celui-là ~ qui** he's the very one who; **c'est cela ~** that's just *ou* exactly it. (**c**) **boire à ~ la bouteille** to drink straight from the bottle; **coucher à ~ le sol** to lie on the bare ground; **à ~ la peau** next to the skin; **être à ~ de faire** to be able *ou* in a position to do; **il fera de ~** he'll do the same *ou* likewise; **vous le détestez? moi de ~** you hate him? so do I *ou* I do too; **de ~ qu'il nous a dit que...** just as he told us that...; **il en est de ~ pour moi** it's the same for me, same here ; **quand ~, tout de ~** all the same, even so.

mémé * [meme] *nf*, **mémère** * [memɛʀ] *nf* granny *. **elle fait ~ avec ce chapeau** she looks ancient in that hat *.

mémoire[1] [memwaʀ] *nf* (**a**) *(gén)* memory. **citer de ~** to quote from memory; **pour ~** as a matter of interest; **avoir la ~ des noms** to have a good memory for names; **si j'ai bonne ~** if I remember rightly, if my memory serves me right; **avoir la ~ courte** to have a short memory; **j'ai gardé la ~ de cette conversation** I remember this conversation; **ça me revient en ~** it comes back to me; **il me l'a remis en ~** he reminded me of it; **de glorieuse ~** of blessed memory; **à la ~ de** in memory of, to the memory of; **salir la ~ de qn** to sully the memory of sb. (**b**) *(Ordin)* memory, store, storage. **~ vive** RAM, random access memory; **~ morte** ROM, read only memory; **capacité de ~** storage capacity, memory size.

mémoire[2] [memwaʀ] *nm (requête)* memorandum; *(rapport)* report; *(exposé)* paper; *(facture)* bill. *(souvenirs)* **~s** memoirs.

mémorable [memɔʀabl(ə)] *adj* memorable.

mémorandum [memɔʀɑ̃dɔm] *nm* memorandum.

mémorial, *pl* **-aux** [memɔʀjal, o] *nm (Archit)* memorial.

mémoriser [memɔʀize] (1) *vt* to memorize; *(Ordin)* to store.

menace [mənas] *nf* threat. **paroles de ~** threatening words; **sous la ~** under threat; **~ d'épidémie** impending epidemic, threat of an epidemic. ◆ **menaçant, e** *adj* threatening, menacing. ◆ **menacer** (3) *vt* to threaten. **~ qn de mort/d'un revolver** to threaten sb with death/with a gun ; **espèces menacées** threatened *ou* endangered species; **la paix est menacée** peace is endangered ; **la pluie menace** it looks like rain; **chaise qui menace de se casser** chair which is about to break *ou* which looks like breaking; **ça menace de durer** it threatens *ou* looks set to last some time.

ménage [menaʒ] *nm* (**a**) *(entretien)* housekeeping; *(nettoyage)* housework. **tenir son ~** to look after one's house; **faire le ~** *(lit: nettoyer)* to do the housework; *(fig: Pol)* to get rid of the lame ducks *etc* in a party; *(fig: Sport)* to sort out the opposition; **faire des ~s** to go out charring, work as a cleaning woman. (**b**) *(couple)* couple. **être heureux en ~** to have a happy married life; **se mettre en ~ avec qn** to set up house with sb; **scènes de ~** domestic rows; **faire bon/mauvais ~ avec qn** to get on well/badly with sb. (**c**) *(†: ordinaire)* **de ~** *chocolat* for ordinary *ou* everyday consumption; *pain* homemade.

ménager[1], **-ère** [menaʒe, ɛʀ] **1** *adj* (**a**) *ustensiles* household, domestic. *travaux* **~s** housework. (**b**) *(économe)* **~ de** *forces, efforts* sparing of. **2** *nf* *(femme)* housewife; *(couverts)* canteen of cutlery.

ménager[2] [menaʒe] (3) *vt* (**a**) *adversaire* to handle carefully; *susceptibilité* to spare; *temps, argent* to use carefully *ou* sparingly; *forces* to conserve; *santé* to take care of; *paroles* to moderate, tone down. **il faut vous ~** you should take things easy; **il n'a pas ménagé ses efforts** he spared no effort; **elle est très sensible, il faut la ~** she is very sensitive, you must treat her gently; **~ les deux partis** to humour both parties; **la chèvre et le chou** *(rester neutre)* to sit on the fence; *(être conciliant)* to keep both parties sweet *. (**b**) *rencontre* to arrange, organize; *transition* to bring about. **~ l'avenir** to prepare for the future; **il nous ménage une surprise** he has a surprise in store for us. (**c**) *porte* to put in; *chemin* to cut. **~ une place pour** to make room for; **se ~ une porte de sortie** to leave o.s. a way out. ◆ **ménagement** *nm* care. **traiter avec ~** *interlocuteur* to treat considerately; *malade* to treat gently; **traiter sans ~** to handle roughly; **annoncer qch sans ~ à qn** to tell sb sth bluntly; **elle a besoin de ~** she needs care and attention; *(égards)* **~s** (respectful) consideration *ou* attention.

ménagerie [menaʒʀi] *nf (lit, fig)* menagerie.

mendier [mɑ̃dje] (7) **1** *vt* to beg (for). **~ qch à qn** to beg sb for sth, beg sth from sb. **2** *vi* to beg (for alms). ◆ **mendiant, e** *nm, f* beggar. ◆ **mendicité** *nf* begging.

mener [məne] (5) *vt* (**a**) *(conduire) (gén)* to lead; *(vers un lieu)* to take; *(en voiture)* to drive (*à* to, *dans* into). **~ un enfant à l'école** to take a child to school; **mène ton ami à sa chambre** show *ou* take your friend to his room; *(fig)* **~ qn en bateau** * to take sb for a ride *, have sb on *; **chemin qui mène à la mer** path (leading) to the sea; **où tout cela va-t-il nous ~?** where's all this going to get *ou* lead us?; **ces études mènent au journalisme** this training prepares one for journalism; **de telles infractions pourraient le ~ loin** offences such as these could get him into trouble; **~ qn à faire** to lead sb to do. (**b**) *(commander) (gén)* to lead; *pays* to run, rule; *entreprise* to manage, run; *enquête* to carry out, conduct. **~ les choses rondement** to manage things efficiently; **~ qch à bien** to carry sth through to a successful conclusion; **~ qn par le bout du nez** to lead sb by the nose; **~ qn à la baguette** to rule sb with an iron hand; **l'argent mène le monde** money rules the world, money makes the world go round; **~ les débats** to chair the discussion.
(**c**) *(Sport)* to lead. **la France mène (l'Écosse par 2 buts à 1)** France is in the lead (by 2 goals to 1 against Scotland), France is leading (Scotland by 2 goals to 1).
(**d**) **~ la vie dure à qn** to rule sb with an iron hand; **il n'en menait pas large** his heart was in his boots; **~ grand bruit autour d'une affaire** to give an affair a lot of publicity.
◆ **menées** *nfpl* intrigues, machinations. **~ subversives** subversive activities. ◆ **meneur, -euse** *nm, f (chef)* ringleader; *(agitateur)* agitator. **~ d'hommes** born leader; **~ de jeu** *(spectacle)* compère; *(jeu)* quiz-master; *(Music-hall)* **~euse de revue** cabaret star.

ménestrel [menɛstʀɛl] *nm* minstrel.

menhir [meniʀ] *nm* menhir, standing stone.

méninge [menɛ̃ʒ] *nf (Méd)* meninx. **~s** meninges; **se creuser les ~s** to rack one's brains. ◆ **méningite** *nf* meningitis. **faire une ~** to have meningitis.

ménopause [menɔpoz] *nf* menopause.

menotte [mənɔt] nf (a) ~s handcuffs; **mettre les ~s à qn** to handcuff sb. (b) (*: main) hand, handy*.

mensonge [mɑ̃sɔ̃ʒ] nm lie, fib *, untruth. **pieux ~** white lie; (acte) **le ~** lying, untruthfulness. ◆ **mensonger, -ère** adj untrue, false.

menstruation [mɑ̃stʀyɑsjɔ̃] nf menstruation.

mensuel, -elle [mɑ̃syɛl] **1** adj monthly. **2** nm, f employee paid by the month. **3** nm (Presse) monthly (magazine). ◆ **mensualiser** (1) vt to pay on a monthly basis. ◆ **mensualité** nf (traite) monthly payment; (salaire) monthly salary. ◆ **mensuellement** adv monthly, every month.

mensuration [mɑ̃syʀɑsjɔ̃] nf (calcul) mensuration. (mesures) ~s measurements.

mental, e, mpl **-aux** [mɑ̃tal, o] adj mental. ◆ **mentalement** adv mentally. ◆ **mentalité** nf mentality.

menteur, -euse [mɑ̃tœʀ, øz] **1** adj proverbe false; enfant untruthful, lying. **il est très ~** he is a great liar. **2** nm, f liar, fibber *.

menthe [mɑ̃t] nf (Bot) mint; (boisson) peppermint cordial. ~ **poivrée** peppermint; ~ **verte** spearmint; **de ~, à la ~** mint.

mention [mɑ̃sjɔ̃] nf (a) (action) mention. **faire ~ de** to mention, make mention of. (b) (annotation) note, comment. (Admin) 'rayer la ~ inutile' 'delete as appropriate'. (c) (Scol) ~ **passable/assez bien/bien/très bien** (examen) ≃ grade D/C/B/A pass; (Univ: licence) IIIrd class/lower IInd class/upper IInd class/Ist class Honours; **être reçu avec ~** to pass with distinction. ◆ **mentionner** (1) vt to mention.

mentir [mɑ̃tiʀ] (16) vi to lie (à qn to sb, sur about). **sans ~** (quite) honestly; **il ment comme il respire** he's a compulsive liar; **faire ~ le proverbe** to give the lie to the proverb; ~ **à sa réputation** to belie one's reputation; **se ~ à soi-même** to fool o.s.

menton [mɑ̃tɔ̃] nm chin.

menu¹ [məny] nm (a) (repas) meal; (carte) menu; (régime) diet. ~ **(à prix fixe)** set menu; ~ **du jour** today's menu; ~ **touristique** standard menu; ~ **gastronomique** gourmet's menu. (b) (Ordin) menu.

menu², e [məny] **1** adj tige, taille slim, slender; personne slim, slight; herbe fine; écriture, pas small, tiny; voix thin; incidents minor, trifling. **en ~s morceaux** in tiny pieces; **dans les ~s détails, par le ~** in minute detail; (lit, fig) ~ **fretin** small fry; ~**e monnaie** small ou loose change. **2** adv hacher fine. **écrire ~** to write small.

menuisier [mənyizje] nm [meubles] joiner; [bâtiment] carpenter. ~ **d'art** cabinetmaker. ◆ **menuiserie** nf (a) (métier) joinery; carpentry. ~ **d'art** cabinet work; (passe-temps) **faire de la ~** to do woodwork ou carpentry ou joinery. (b) (atelier) joiner's workshop. (c) (ouvrage) piece of woodwork ou joinery.

méprendre (se) [mepʀɑ̃dʀ(ə)] (58) vpr (littér) to make a mistake, be mistaken (sur about).

mépris [mepʀi] nm contempt, scorn. **avec ~** contemptuously, scornfully; **avoir le ~ des convenances** to have no regard for conventions; **au ~ du danger** regardless ou in defiance of danger. ◆ **mépriser** (1) vt (gén) to scorn, despise; personne to look down on; conseil to spurn. ◆ **méprisable** adj contemptible, despicable. ◆ **méprisant, e** adj contemptuous, scornful.

méprise [mepʀiz] nf (erreur) mistake, error; (malentendu) misunderstanding.

mer [mɛʀ] **1** nf (a) sea. ~ **fermée** inland sea; ~ **de sable** sea of sand; ~ **d'huile** glassy sea; **vent de** ~ sea breeze; **gens de** ~ sailors. (b) (marée) tide. **la ~ est haute/basse** the tide is high ou in/low ou out; **c'est la haute/basse** ~ it is high/low

tide. (c) **en ~** at sea; **en haute** ou **pleine ~** on the open sea; **prendre la ~** to put out to sea; **mettre (une embarcation) à la ~** to bring ou get out a boat; (fig) **ce n'est pas la ~ à boire!** it's not asking the impossible! **2 :** ~ **des Antilles** ou **des Caraïbes** the Caribbean (Sea); **la ~ Baltique** the Baltic Sea; **la ~ Caspienne** the Caspian Sea; **la ~ Égée** the Aegean Sea; **la ~ d'Irlande** the Irish Sea; **la ~ Morte** the Dead Sea; **la ~ du Nord** the North Sea; **la ~ Rouge** the Red Sea; **la ~ des Sargasses** the Sargasso Sea.

mercantile [mɛʀkɑ̃til] adj mercenary, venal. ◆ **mercantilisme** nm (péj) mercenary ou venal attitude; (Écon, Hist) mercantile system, mercantilism.

mercenaire [mɛʀsənɛʀ] adj, nm mercenary.

mercerie [mɛʀsəʀi] nf (boutique) haberdasher's shop, notions store (US); (articles) haberdashery, notions (US). ◆ **mercier, -ière** nm, f haberdasher, notions dealer (US).

merci [mɛʀsi] **1** excl thank you (de, pour for); (pour refuser) no, thank you. ~ **bien** ou **beaucoup** thank you very much, many thanks; ~ **d'avoir répondu** thank you for replying; **dire** ~ **à qn** to thank sb, say thank you to sb. **2** nm thank-you. **je n'ai pas eu un** ~ I didn't get a word of thanks; **mille ~s** (very) many thanks. **3** nf mercy. **crier** ~ to cry for mercy; **sans** ~ combat etc merciless, ruthless; **à la** ~ **de** at the mercy of; **tout le monde est à la** ~ **d'une erreur** anyone can make a mistake.

mercredi [mɛʀkʀədi] nm Wednesday. ~ **des Cendres** Ash Wednesday; V **samedi**.

mercure [mɛʀkyʀ] nm mercury. ◆ **mercurochrome** nm mercurochrome.

merde ‡ [mɛʀd(ə)] **1** nf shit ‡; (livre, film) crap ‡; (fig: ennuis) mess. **2** excl hell! ‡ ◆ **merdique** ‡ adj film, discours, idée pathetic, moronic, crappy ‡. **c'était ~, cette soirée** that party was bloody awful ‡.

mère [mɛʀ] nf (a) mother. ~ **de famille** mother, housewife; ~ **porteuse** surrogate mother; **M~ Supérieure** Mother Superior; (péj) **la ~ X** * old Mrs X. (b) **cellule/maison ~** parent cell/company; (Ordin) **disquette ~** master disk.

méridien, -enne [meʀidjɛ̃, ɛn] adj, nm meridian.

méridional, e, mpl **-aux** [meʀidjɔnal, o] **1** adj southern. **2** nm (f): **M~(e)** Southerner.

meringue [məʀɛ̃g] nf meringue.

mériter [meʀite] (1) vt louange, châtiment to deserve, merit. **il mérite la prison** he deserves to go to prison; **repos bien mérité** well-deserved rest; **ça mérite d'être noté** it is worth noting; **ceci mérite réflexion** (exiger) this calls for ou requires careful thought; (valoir) this merits ou deserves careful thought; **ça lui a mérité le respect de tous** this earned him everyone's respect. ◆ **méritant, e** adj deserving. ◆ **mérite** nm (gén) merit. **il n'y a aucun** ~ **à cela** there's no merit in that, one deserves no credit for that; **de grand** ~ of great worth ou merit; **si nombreux que soient ses ~s** however many qualities he may have; **ça a le** ~ **d'être simple** it has the merit of being simple. ◆ **méritoire** adj meritorious, commendable.

merlan [mɛʀlɑ̃] nm whiting.

merle [mɛʀl(ə)] nm blackbird. ◆ **merlette** nf female blackbird, she-blackbird.

merlu [mɛʀly] nm hake.

merveille [mɛʀvɛj] nf marvel, wonder. **à ~** fonctionner perfectly; **se porter à ~** to be in excellent health; **ça tombe à ~** this comes just at the right time; **faire ~** to work wonders; **c'est ~ que** it's a wonder ou a marvel that; **on en dit ~** it's praised to the skies. ◆ **merveilleusement** adv marvellously, wonderfully. ◆ **merveilleux, -euse 1** adj *(magnifique)* marvellous, wonderful; *(après n:* surnaturel) magic. **2** *nm:* **le ~** the supernatural.

mes [me] *adj poss* V **mon.**

mésalliance [mezaljɑ̃s] *nf* misalliance.

mésange [mezɑ̃ʒ] *nf* tit(mouse).

mésaventure [mezavɑ̃tyʀ] *nf* misadventure, misfortune.

Mesdames [medam] *nfpl* V **Madame.**

Mesdemoiselles [medmwazɛl] *nfpl* V **Mademoiselle.**

mésentente [mezɑ̃tɑ̃t] *nf* dissension, disagreement.

mésestimer [mezɛstime] (1) *vt difficulté* to underestimate, underrate; *personne* to have little regard for.

Mésopotamie [mezɔpɔtami] *nf* Mesopotamia.

mesquin, e [mɛskɛ̃, in] *adj (avare)* mean, stingy; *(vil)* mean, petty. ◆ **mesquinement** *adv agir* meanly, stingily; pettily. ◆ **mesquinerie** *nf* meanness, stinginess; pettiness. **une ~** a mean *ou* petty trick.

mess [mɛs] *nm (Mil)* mess.

message [mesaʒ] *nm* message. **~ publicitaire** advertisement. ◆ **messager, -ère** *nm, f* messenger. ◆ **messageries** *nfpl* freight company.

messe [mɛs] *nf* mass. **aller à la ~** to go to mass; **~ basse** low mass; **finissez vos ~s basses** stop muttering together.

messie [mesi] *nm* messiah. **le M~** the Messiah.

Messieurs [mesjø] *nmpl* V **Monsieur.**

mesure [m(ə)zyʀ] *nf* (**a**) *(évaluation, dimension)* measurement. **prendre les ~s de qch** to take the measurements of sth. (**b**) *(étalon, quantité)* measure. **~ de longueur** measure of length; **faire bonne ~** to give good measure; **la bonne ~** the happy medium; **la ~ est comble** that's the limit; **dépasser la ~** to overstep the mark; **boire outre ~** to drink to excess. (**c**) *(fig) [forces, sentiments]* measure. **monde à la ~ de l'homme** world on a human scale; **il est à ma ~** *[travail]* it is within my capabilities; *[adversaire]* he's a good match for him; **donner toute sa ~** to show one's worth. (**d**) *(modération)* moderation. **avec ~** in moderation; **il a beaucoup de ~** he's very moderate; **sans ~** *orgueil* immoderate, measureless; **se dépenser sans ~** *(se dévouer)* to give one's all. (**e**) *(moyen)* measure, step. **prendre des ~s d'urgence** to take emergency action *ou* measures; **des ~s de rétorsion** reprisals, retaliatory measures; **j'ai pris mes ~s pour qu'il vienne** I have made arrangements for him to come. (**f**) *(Mus) (cadence)* time, tempo; *(division)* bar. **être/ne pas être en ~** to be in/out of time; **jouer quelques ~s** to play a few bars. (**g**) *(Habillement)* **prendre les ~s de qn** to take sb's measurements; **est-ce que ce costume est bien à ma ~?** is this suit my size?, will this suit fit me?; **s'habiller sur ~** to have one's clothes made to measure; **j'ai un patron sur ~** my boss suits me down to the ground. (**h**) *(locutions)* **dans la ~ du possible/de mes moyens** as far as possible/as I am able; **dans la ~ où** inasmuch as, insofar as; **dans une certaine/large ~** to some/to a large extent; **être en ~ de faire qch** to be in a position to do sth; **(au fur et) à ~ que** as; **donne-les moi (au fur et) à ~** hand them to me one by one *ou* as you go along. ◆ **mesurable** *adj* measurable.

mesurer [məzyʀe] (1) **1** *vt* (**a**) *chose* to measure; *personne* to take the measurements of, measure (up); *(par calcul)* to calculate. **il me mesura 3 mètres de tissu** he measured me off *ou* out 3 metres of fabric. (**b**) *dégâts, valeur* to assess; *conséquences* to consider, weigh up. (**c**) *(hostilement)* **~ ses forces avec qn** to pit o.s. against sb; **~ qn du regard** to look sb up and down; **se ~ des yeux** to weigh *ou* size each other up. (**d**) *(avoir pour*

mesure) to measure. **cette pièce mesure 3 mètres sur 10** this room measures 3 metres by 10; **il mesure 1 mètre 80** it *(ou* he) measures 1 metre 80. (**e**) *(avec parcimonie)* to limit. **le temps nous est mesuré** our time is limited. (**f**) *(avec modération)* **~ ses paroles** *(savoir rester poli)* to moderate one's language; *(être prudent)* to weigh one's words. (**g**) *(proportionner)* to match (**à**, **sur** to). **2 se ~** *vpr:* **se ~ avec** *personne* to pit o.s. against; *difficulté* to confront, tackle. ◆ **mesuré, e** *adj ton, pas* measured; *personne* moderate *(dans* in).

métabolisme [metabɔlism(ə)] *nm* metabolism.

métal, pl -aux [metal, o] *nm* metal. *(Fin)* **le ~ jaune** gold. ◆ **métallique** *adj (gén, fig)* metallic; *objet (en métal)* metal; *(qui ressemble au métal)* metallic. **bruit ~** jangle, clank. ◆ **métallisé, e** *adj peinture* metallic. ◆ **métallurgie** *nf (industrie)* metallurgical industry; *(technique)* metallurgy. ◆ **métallurgique** *adj* metallurgic. ◆ **métallurgiste** *nm (ouvrier)* steel *ou* metal-worker; *(industriel)* metallurgist.

métamorphose [metamɔʀfoz] *nf* metamorphosis. ◆ **métamorphoser** (1) **1** *vt* to transform, metamorphose *(en* into). **2 se ~** *vpr* to be metamorphosed *ou* transformed *(en* into).

métaphore [metafɔʀ] *nf* metaphor. ◆ **métaphorique** *adj* metaphorical. ◆ **métaphoriquement** *adv* metaphorically.

métastase [metastɑz] *nf* metastasis. **il y a des ~s** there are metastases.

météore [meteɔʀ] *nm* meteor. ◆ **météorique** *adj* meteoric. ◆ **météorite** *nm ou f* meteorite.

météorologie [meteɔʀɔlɔʒi] *nf (Sci)* meteorology; *(services)* Meteorological Office, Met Office *. ◆ **météo** *nf (bulletin)* weather forecast, weather report. **la ~ est bonne/mauvaise** the weather forecast is good/bad. ◆ **météorologique** *adj phénomène, observation* meteorological; *carte, station* weather. ◆ **météorologiste** *nmf ou* ◆ **météorologue** *nmf* meteorologist.

métèque [metɛk] *nmf (péj)* wog ⚹ *(péj),* wop ⚹ *(péj).*

méthane [metan] *nm* methane.

méthanol [metanɔl] *nm* methanol.

méthode [metɔd] *nf* (**a**) method. **avoir sa ~ pour faire qch** to have one's own way *ou* method for *ou* of doing sth; **il a beaucoup de ~** he's very methodical; **faire qch avec/sans ~** to do sth methodically/unmethodically. (**b**) *(livre)* manual, tutor. **~ de latin** latin primer. ◆ **méthodique** *adj* methodical. ◆ **méthodiquement** *adv* methodically.

méticuleux, -euse [metikylø, øz] *adj* meticulous. ◆ **méticuleusement** *adv* meticulously.

métier [metje] *nm* (**a**) *(gén: travail)* job; *(Admin)* occupation; *(commercial)* trade; *(artisanal)* craft; *(intellectuel)* profession. **les ~s manuels** (the) manual occupations; **il est plombier de son ~** he is a plumber by *ou* to trade; **il est du ~** he is in the trade *ou* profession *ou* business; **il connaît son ~** he knows his job. (**b**) *(expérience)* (acquired) skill *ou* technique, experience. **avoir du ~** to have practical experience; **avoir 2 ans de ~** to have been 2 years in the job *(ou* trade *ou* profession); **homme de ~** expert, professional, specialist. (**c**) **~ à tisser** (weaving) loom.

métis, -isse [metis] **1** *adj personne* half-caste, half-breed; *animal* crossbreed, mongrel; *plante* hybrid. **2** *nm, f (personne)* half-caste, half-breed; *(animal, plante)* mongrel. **3** *nm (Tex)* **(toile de) ~** fabric made of cotton and linen mixture. ◆ **métisser** (1) *vt* to crossbreed, cross.

métonymie [metɔnimi] *nf* metonymy.

mètre [mɛtʀ(ə)] *nm (gén)* metre; *(instrument)* (metre) rule. **~ carré/cube** square/cubic metre; **~ pliant** folding rule; **~ à ruban** tape measure, measuring tape; **vendre qch au ~ linéaire** to sell sth by the metre; *(Sport)* **un 100 ~s** a 100-metre race. ♦ **métrage** *nm (Couture)* length, yardage; *(mesure)* measurement. ♦ **métrer** (6) *vt* to measure (in metres); *[vérificateur]* to survey. ♦ **métreur, -euse** *nm, f:* **~** (**vérificateur**) quantity surveyor. ♦ **métrique** *adj* metric.

métro [metʀo] *nm* underground, subway *(US)*. **le ~ de Londres** the tube.

métronome [metʀɔnɔm] *nm* metronome. *(fig)* **avec la régularité d'un ~** with clockwork regularity, like clockwork.

métropole [metʀɔpɔl] *nf (ville)* metropolis; *(état)* home country. **en ~ comme à l'étranger** at home and abroad. ♦ **métropolitain, e** *adj* metropolitan.

mets [mɛ] *nm (Culin)* dish.

mettable [mɛtabl(ə)] *adj* wearable, decent.

metteur [mɛtœʀ] *nm:* **~ en ondes** producer; **~ en scène** *(Théât)* producer; *(Ciné)* director.

mettre [mɛtʀ(ə)] (56) **1** *vt* **(a)** *(placer)* to put *(dans* in, into, *sur* on). **elle lui mit la main sur l'épaule** she put *ou* laid her hand on his shoulder; **elle met son travail avant sa famille** she puts her work before her family; **je mets Molière parmi les plus grands écrivains** I rank *ou* rate Molière among the greatest writers; **~ qch à plat** to lay sth down flat; **~ qch tout droit** *ou* set sth straight; **ne mets pas d'encre sur la nappe** don't get ink on the tablecloth; **~ un enfant à l'école** to send a child to school; *(combat)* **qu'est-ce qu'ils nous ont mis!** * what a hiding they gave us! *; **~ qch à cuire** to put sth on to cook. **(b)** *vêtements, lunettes* to put on. **je ne mets plus mon gilet** I've stopped wearing my cardigan; **mets-lui son chapeau** put his hat on (for him); **il avait mis un manteau** he was wearing a coat, he had a coat on; **elle avait mis du bleu** she was wearing blue, she was dressed in blue. **(c)** *(consacrer)* **j'ai mis 2 heures à le faire** I took 2 hours to do it, I spent 2 hours on *ou* over it; **~ beaucoup de soin à faire** to take great care in doing; **il y a mis le temps!** he's taken his time (about it)! **(d)** *radio, chauffage* to put *ou* switch *ou* turn on. **~ le réveil (à 7 heures)** to set the alarm (for 7 o'clock); **~ le réveil à l'heure** to put the alarm clock right; **~ le verrou** to bolt *ou* lock the door. **(e)** *(installer)* **placards** to put in; **eau** to lay on; **étagères** to put up *ou* in; **moquette** to fit, lay; **rideaux** to put up. **~ du papier peint** to hang some wallpaper; **~ de la peinture** to put on a coat of paint. **(f)** *(écrire)* **~ en anglais/au pluriel** to put into English/the plural; **~ un mot à qn** * to drop a line to sb *; **mettez bien clairement que** put (down) quite clearly that; **il met qu'il est bien arrivé** he says in his letter *ou* writes that he arrived safely. **(g)** *argent (gén)* to put. **~ de l'argent sur un cheval** to put money on a horse; **je suis prêt à ~ 500 F** I'm willing to give 500 francs; **il faut y ~ le prix** you have to pay for it. **(h)** *(supposer)* **mettons que je me sois trompé** let's say *ou* (just) suppose I've got it wrong.

2 se ~ *vpr* **(a)** *[personne]* to put o.s.; *[objet]* to go. **mets-toi là** *(debout)* (go and) stand there; *(assis)* (go and) sit there; **se ~ dans un fauteuil** to sit down in an armchair; *(fig)* **elle ne savait plus où se ~** she didn't know where to hide herself; **se ~ autour (de)** to gather round; **ces verres se mettent dans le placard** these glasses go in the cupboard; **se ~ une idée dans la tête/de l'encre sur les doigts** to get an idea into one's head/ink on one's fingers; **il s'en est mis partout** * he's covered in it, he's got it all over him. **(b)** *[temps]* **se ~ au froid** to turn cold; **ça se met à la pluie** it looks like rain. **(c)** *(s'habiller)* **se ~ en robe** to put on a dress; **se ~ en bras de chemise** to take off one's jacket; **je n'ai rien à me ~** I've got nothing to

wear. **(d)** **se ~ à rire** to start laughing, start *ou* begin to laugh; **se ~ au régime** to go on a diet; **se ~ au travail** to set to work, get down to work; **se ~ à boire** to take to drink; **il s'est bien mis à l'anglais** he's really taken to English. **(e)** *(se grouper)* **ils se sont mis à plusieurs/2 pour pousser la voiture** several of them/the 2 of them joined forces to push the car; **se ~ avec qn** *(faire équipe)* to team up with sb; *(prendre parti)* to side with sb; **se ~ d'un parti** to join a party. **(f)** **qu'est-ce qu'ils se sont mis!** * *(manger)* they had a real blowout! *; *(combat)* they didn't half lay into each other! *

meuble [mœbl(ə)] **1** *nm (objet)* piece of furniture. **les ~s** the furniture; *(ameublement)* **le ~** furniture; **~ de rangement** cupboard, storage unit; **être dans ses ~s** to be settled in one's own home. **2** *adj* **(a)** *terre* loose; *roche* soft. **(b)** *(Jur)* **biens ~s** movables. ♦ **meublé, e 1** *adj* furnished. **non ~** unfurnished. **2** *nm (appartement)* furnished flat *ou* rooms. ♦ **meubler** (1) **1** *vt pièce* to furnish; *loisirs* to fill *(de* with). **~ la conversation** to keep the conversation going. **2 se ~** *vpr* to buy *ou* get (some) furniture.

meugler [mœgle] (1) *vi* to moo. ♦ **meuglement** *nm:* **~(s)** mooing.

meule [mœl] *nf (à moudre)* millstone; *(à polir)* buff wheel; *(de paille)* stack. **~ (à aiguiser)** grindstone; **~ de gruyère** round of gruyère; **~ de foin** haystack.

meunier, -ière [mønje, jɛʀ] **1** *adj (Tech)* milling. **sole ~ière** sole meunière. **2** *nm* miller. **3** *nf* miller's wife.

meurtre [mœʀtʀ(ə)] *nm* murder. **au ~!** murder! ♦ **meurtrier, -ière 1** *adj intention* murderous ; *arme, combat* deadly; *épidémie* fatal. **cette route est ~ière** this road is lethal *ou* a deathtrap. **2** *nm* murderer. **3** *nf* **(a)** murderess. **(b)** *(Archit)* loophole.

meurtrir [mœʀtʀiʀ] (2) *vt* to bruise. **être tout meurtri** to be covered in bruises, be black and blue all over. ♦ **meurtrissure** *nf* bruise.

Meuse [mœz] *nf:* **la ~** the Meuse, the Maas.

meute [møt] *nf (Chasse, fig)* pack.

mévente [mevɑ̃t] *nf* slump in sales.

Mexique [mɛksik] *nm* Mexico. ♦ **mexicain, e** *adj,* **M~(e)** *nm (f)* Mexican. ♦ **Mexico** *n* Mexico City.

mi [mi] *nm (Mus)* E; *(en chantant)* mi, me.

mi- [mi] *préf* half, mid-. **la mi-janvier** the middle of January, mid-January; **la mi-carême** the third Thursday in Lent; **les yeux mi-clos** with half-closed eyes; **mi-long, mi-longue** *adj bas* knee-length; *manteau, jupe* calf-length; **manche mi-longue** elbow-length sleeve; **mi-pleurant** half-crying; **mi-figue mi-raisin** *sourire, remarque* wry; *accueil* mixed; **je l'ai rencontré à mi-chemin** I met him halfway there; *(lit, fig)* **à mi-chemin entre** halfway *ou* midway between; **à mi-côte** halfway up *ou* down the hill; **il a de l'eau à mi-cuisses** he is thigh-deep in water, water comes up to his thighs; **à mi-corps/mi-jambes** up *(ou* down) to the waist/knees; **à mi-vitesse** at half-speed; **à mi-voix** in a low voice; *V* **mi-temps**.

miam-miam * [mjamjam] *excl* yum-yum *.

miaou [mjau] *nm* miaow. **faire ~** to miaow.

miauler [mjole] (1) *vi* to mew; *(fortement)* to caterwaul. ♦ **miaulement** *nm:* **~(s)** mewing; caterwauling.

mica [mika] *nm (roche)* mica.

miche [miʃ] *nf* round loaf, cob loaf.

micheline [miʃlin] *nf* railcar.

micmac * [mikmak] *nm (péj) (intrigue)* (little) game *; *(complications)* fuss, carry-on *.

micro [mikʀo] **1** nm (a) (abrév de **microphone**) microphone, mike *. (Rad, TV) **dites-le au ~ ou devant le ~** say it in front of the mike *; **~-cravate** nm lapel microphone, lapel mike *. (b) = **micro-ordinateur**. **2** nf = **micro-informatique**.

micro... [mikʀo] préf micro...

microbe [mikʀɔb] nm germ, microbe; (*: enfant) tich *; (péj: nabot) little runt *. ♦ **microbien, -ienne** adj culture microbial; infection bacterial. **maladie ~ienne** bacterial disease.

microbiologie [mikʀɔbjɔlɔʒi] nf microbiology.

microchirurgie [mikʀoʃiʀyʀʒi] nf microsurgery.

microclimat [mikʀoklima] nm microclimate.

microcosme [mikʀokɔsm(ə)] nm microcosm.

microculture [mikʀokyltyʀ] nf (Bio) microculture.

micro-économie [mikʀoekɔnɔmi] nf microeconomics (sg).

microfiche [mikʀofiʃ] nf microfiche.

microfilm [mikʀofilm] nm microfilm.

micro-informatique [mikʀoɛ̃fɔʀmatik] nf microcomputing.

micron [mikʀɔ̃] nm micron.

micro-onde [mikʀoɔ̃d] nf microwave. **(four à) ~** microwave oven.

micro-ordinateur [mikʀoɔʀdinatœʀ] nm microcomputer.

microphone [mikʀofɔn] nm microphone.

microplaquette [mikʀoplakɛt] nf (Ordin) microchip.

microprocesseur [mikʀopʀosɛsœʀ] nm microprocessor.

microscope [mikʀoskɔp] nm microscope. **au ~** under a microscope. ♦ **microscopique** adj microscopic.

microsillon [mikʀosijɔ̃] nm (sillon) microgroove. (disque) ~ long-playing record, L.P.

midi [midi] nm (a) (heure) 12 (o'clock). **~ 10** 10 past 12; **de ~ à 2 heures** from 12 ou (12) noon to 2; **à ~** at 12 o'clock, at noon, at midday. (b) (déjeuner) lunchtime. **à ~** at lunchtime; **qu'est-ce que tu as eu à ~?** what did you have for lunch? (c) (période) **ça s'est passé en plein ~** it happened right in the middle of the day. (d) (Géog: sud) south. **le M~ (de la France)** the South of France, the Midi.

mie [mi] nf crumb (of the loaf).

miel [mjɛl] nm honey. **bonbon au ~** honey sweet ou candy (US); [personne] **être tout ~** to be unctuous ou syrupy. ♦ **mielleusement** adv (péj) unctuously. ♦ **mielleux, -euse** adj (péj) personne unctuous; paroles honeyed; sourire sugary; saveur sickly sweet.

mien, mienne [mjɛ̃, mjɛn] **1** pron poss: **le ~, la mienne, les ~s, les miennes** mine, my own. **2** nm: **les ~s** my family; V **sien**. **3** adj poss: **un ~ cousin** a cousin of mine.

miette [mjɛt] nf [pain] crumb; [conversation] scrap. **en ~s** verre in bits ou pieces; gâteau in crumbs; casser to bits, to smithereens; **les ~s de sa fortune** the remnants of his fortune; **je n'en prendrai qu'une ~** I'll just have a tiny bit; **il n'en a pas laissé une ~** he didn't leave a scrap.

mieux [mjø] (comp, superl de **bien**) **1** adv (a) better. **aller ~** to be better; **elle joue ~ que lui** she plays better than he does; **espérer ~** to hope for better (things). (b) **le ~, la ~, les ~** (the) best; (de deux) (the) better; **c'est ici qu'il dort le ~** this is where he sleeps best; **tout va le ~ du monde** everything's going beautifully; **un dîner des ~ réussis** a most ou highly successful dinner; **j'ai fait le ~ ou du ~ que j'ai pu** I did my best ou the best I could; **elle est la ~ habillée** (de deux) she is the better dressed; (de toutes) she is the best dressed. (c) **~ que jamais** better than ever; **~ vaut tard que jamais** better

late than never; **~ vaut prévenir que guérir** prevention is better than cure; **il va de ~ en ~** he's getting better and better; **il nous a écrit, ~ il est venu nous voir** he wrote to us, and better still he came to see us; **ils criaient à qui ~ ~** each tried to outdo the other in shouting; **c'est on ne peut ~** it's (just) perfect.
2 adj inv (a) (gén) better; (plus beau) better-looking, more attractive. **le ~ serait de** the best thing would be to; **être le ~ du monde** to be in perfect health ou excellent form; **c'est à l'ombre qu'elle sera le ~** she'll be best ou most comfortable in the shade; **son aînée est la ~ (de 2)** his elder daughter is the better-looking; (de toutes) his eldest daughter is the best-looking. (b) **au ~** (gén) at best; **faites pour le ~** do what you think best; **être le ~ du monde avec qn** to be on the best of terms with sb; **tu n'as rien de ~ à faire?** haven't you got anything better to do?; **qui ~ est** even better, better still.
3 nm (a) best. **aider qn de son ~** to do one's best to help sb, help sb the best one can. (b) (progrès) improvement.

mièvre [mjɛvʀ(ə)] adj (gén) vapid; (sentimental) mawkish. ♦ **mièvrerie** nf vapidity; mawkishness. **~(s)** (comportement) childish ou silly behaviour; (propos) vapid ou silly talk.

mignard, e [miɲaʀ, aʀd(ə)] adj style mannered.

mignon, -onne [miɲɔ̃, ɔn] **1** adj pretty, nice, sweet. **donne-le-moi, tu seras ~ne *** give it to me there's a dear *. **2** nm, f (little) darling.

migraine [migʀɛn] nf headache; (Méd) migraine.

migration [migʀasjɔ̃] nf (gén) migration. ♦ **migrateur** nm migrant, migratory bird. ♦ **migratoire** adj migratory. ♦ **migrer** (1) vi to migrate (vers to).

mijaurée [miʒoʀe] nf affected woman ou girl.

mijoter [miʒɔte] (1) **1** vt (a) (Culin) (faire) ~ (lentement) to simmer; (avec soin) to cook lovingly. (b) (*) tour to plot, cook up *; complot to hatch. **qu'est-ce qu'il peut bien ~?** what's he up to? *; **laisser qn ~ dans son jus** to leave sb to stew *. **2** vi [plat] to simmer.

mil [mil] nm (dans une date) a ou one thousand.

Milan [milɑ̃] n Milan. ♦ **milanais, e** adj, **M~(e)** nm(f) Milanese.

mile [mil] nm mile (1609 mètres).

milice [milis] nf militia. ♦ **milicien** nm militiaman. ♦ **milicienne** nf woman serving in the militia.

milieu, pl **~x** [miljø] nm (a) (centre) middle. **la porte du ~** the middle ou centre door; **celui qu ~** the one in the middle, the middle one; (Ftbl) **~ de terrain** midfield player; (Ftbl) **le ~ du terrain** the midfield; **vers le ~ de l'après-midi** towards the middle of the afternoon, about mid-afternoon; **au ~ de** (au centre de) in the middle of; (parmi) among, in the midst of; **au beau ~ (de)** right in the middle (of), in the very middle of; **au ~ de son affolement** in the middle ou midst of his panic; **au ~ de la nuit** in the middle of the night, at dead of night; **comment travailler au ~ de ce vacarme?** how can anyone work in ou surrounded by this din?; **au ~ de la descente** halfway down; **au ~ de l'hiver** in mid-winter.
(b) (état intermédiaire) middle course ou way. **il n'y a pas de ~ (entre)** there is no middle course ou way (between); **le juste ~** the happy medium, the golden mean; **il est innocent ou coupable, il n'y a pas de ~** he is either innocent or guilty, he can't be both.
(c) (Bio, Géog) environment. (Phys) **~ réfringent** refractive medium.
(d) (entourage) milieu, environment; (groupe) set, circle; (provenance) background. **le ~ familial** the family circle; (Sociol) the family background, the home environment; **elle est dans son ~ chez nous**

she feels (quite) at home with us; **de quel ~ sort-il?** what is his (social) background?; **~x bien informés** well-informed circles; **~ très fermé** exclusive set; *(Crime)* **le ~, les gens du ~** (people of) the underworld; *(Crime)* **membre du ~** gangster, mobster.

militaire [militɛʀ] **1** *adj* military, army. **2** *nm* serviceman. **~ de carrière** regular (soldier). ♦ **militairement** *adv* **saluer** in military fashion. **occupé ~** occupied by the army. ♦ **militarisation** *nf* militarization. ♦ **militariser** (1) *vt* to militarize.

militer [milite] (1) *vi* [*personne*] to be a militant. **~ pour les droits de l'homme** to campaign for human rights; [*arguments*] **~ pour** to militate in favour of, argue for; **~ contre** to militate *ou* tell against. ♦ **militant, e** *adj, nm, f* militant. ♦ **militantisme** *nm* militancy.

mille¹ [mil] **1** *adj inv* **a** *ou* one thousand. **~ un** a *ou* one thousand and one; **trois ~** three thousand; **deux ~ neuf cents** two thousand nine hundred; **~ regrets** I'm terribly *ou* extremely sorry; **c'est ~ fois trop grand** it's far too big; **les contes des ~ et une nuits** tales from the Arabian Nights. **2** *nm inv* **(a)** *(Comm, Math)* a *ou* one thousand. **2 ~ de boulons** 2 thousand bolts. **(b)** [*cible*] bull's-eye. *(lit, fig)* **mettre dans le ~** to hit the bull's-eye. ♦ **mille-pattes** *nm inv* centipede.

mille² [mil] *nm* **(a)** **~ (marin)** nautical mile. **(b)** *(Can)* mile *(1609 mètres)*.

millénaire [milenɛʀ] **1** *nm* millennium. **2** *adj (lit)* millennial; *(fig: très vieux)* ancient.

millésime [milezim] *nm (date)* year, date; [*vin*] year, vintage. ♦ **millésimé, e** *adj*: **bordeaux ~** vintage Bordeaux; **bouteille ~e** bottle of vintage wine.

millet [mijɛ] *nm (Agr)* millet.

milli... [mili] *préf* milli... **~gramme** *etc* milligram(me) *etc*.

milliard [miljaʀ] *nm* thousand million, milliard, billion *(US)*. **10 ~s de francs** 10 thousand million francs, 10 billion francs *(US)*. ♦ **milliardaire** *nmf* millionaire, billionaire *(US)*. ♦ **milliardième** *adj, nmf* thousand millionth, billionth *(US)*.

millième [miljɛm] *adj, nmf* thousandth.

millier [milje] *nm* thousand. **un ~ de gens** a thousand (or so) people, (about) a thousand people; **il y en a des ~s** there are thousands (of them).

million [miljɔ̃] *nm* million. **2 ~s de francs** 2 million francs; **être riche à ~s** to be a millionaire. ♦ **millionième** *adj, nmf* millionth. ♦ **millionnaire** *nmf* millionaire.

mime [mim] *nm* **(a)** *(personne)* mimic; *(professionnel)* mime. **(b)** *(art, pièce)* mime. ♦ **mimer** (1) *vt (Théât)* to mime; *(singer)* to mimic, imitate; *(pour ridiculiser)* to take off. ♦ **mimétisme** *nm (Bio)* (protective) mimicry; *(fig)* unconscious mimicry, mimetism. ♦ **mimique** *nf (expression)* comical expression, funny face; *(geste)* expressive gesture.

mimosa [mimoza] *nm* mimosa.

minable [minabl(ə)] **1** *adj (décrépit)* shabbylooking, seedy-looking; *(médiocre)* hopeless *, pathetic *; *salaire, vie* miserable, wretched. **2** *nmf (péj)* dead loss *, second-rater *, washout *. **c'est un ~** he's a dead loss, he's (just) hopeless * *ou* pathetic *.

minauder [minode] (1) *vi* to mince about. ♦ **minauderies** *nfpl* mincing ways.

mince [mɛ̃s] **1** *adj* **(a)** *(peu épais)* thin; *(svelte)* slim, slender. **(b)** *profit, preuve, chances* slender; *salaire* meagre, small; *prétexte, connaissances, rôle* slight. **l'intérêt du film est bien ~** the film is decidedly lacking in interest; **ce n'est pas une ~ affaire** it's no easy task; **c'est un peu ~ comme réponse** that's not much of an answer. **2** *adv* **couper** thinly, in thin slices. **3** *excl* (*) **~ (alors)!** drat (it)! * ♦ **min-**

ceur *nf* slenderness. ♦ **mincir** (2) *vi* to get slimmer *ou* thinner.

mine¹ [min] *nf* **(a)** *(physionomie)* expression, look; *(allure)* appearance. **ne fais pas cette ~-là** stop pulling that face; *(péj)* **faire des ~s** to put on simpering airs; **tu as la ~ de qn qui n'a rien compris** you look as if you haven't understood a single thing; **faire triste ~** to look a sorry sight; **votre poulet a bonne ~** your chicken looks good *ou* inviting; *(iro)* **tu as bonne ~ maintenant!** now you look an utter idiot! **(b)** *(teint)* **avoir bonne ~** to look well; **il a mauvaise ~** he doesn't look well; **il a meilleure ~** he looks better. **(c)** **faire ~ de faire** to make a show *ou* pretence of doing; **j'ai fait ~ de lui donner une gifle** I made as if to slap him; **il est venu pour voir ~ de rien *** he came all casual like * to have a look.

mine² [min] *nf (gén, Mil, fig)* mine. *(lit, fig)* **~ d'or** gold mine; **la nationalisation des ~s** the nationalization of the mining industry; **~ de charbon** *(gén)* coalmine; *(puits)* pit, mine; *(entreprise)* colliery; **ingénieur des M~s** (state qualified) mining engineer; **~ de renseignements** mine of information; **~ (de crayon)** lead (of pencil).

miner [mine] (1) *vt falaise, société, énergie* to undermine; *(avec explosifs)* to mine. **miné par le chagrin** worn down by grief; **miné par la jalousie** consumed by jealousy.

minerai [minʀɛ] *nm* ore.

minéral, e, *mpl* **-aux** [mineʀal, o] **1** *adj huile, sel* mineral; *(Chim)* inorganic. **2** *nm* mineral. ♦ **minéralogie** *nf* mineralogy. ♦ **minéralogiste** *nmf* mineralogist.

minéralogique [mineʀalɔʒik] *adj (Géol)* mineralogical. *(Aut)* **numéro ~** registration *ou* license *(US)* number; **plaque ~** number *ou* license *(US)* plate.

minet, -ette * [minɛ, ɛt] *nm, f (chat)* puss *, pussy (-cat).

mineur, e [minœʀ] **1** *adj (gén, Jur)* minor. **en do ~** in C minor; **être ~** to be under age. **2** *nm, f (Jur)* minor. **établissement interdit aux ~s** no person under 18 allowed on the premises. **3** *nm* **(a)** *(Mus)* minor. **en ~** in a minor key. **(b)** *(Ind)* miner; [*houille*] (coal)miner. **~ de fond** pitface worker; **village de ~s** mining village.

mini... [mini] *préf* mini... **on va faire un ~-repas** we'll have a snack lunch. **2** *adj inv*: **la mode ~** the mini-length fashion; **~ budget** tiny budget. **3** *nf* = **mini-informatique**. **4** *nm inv* **(a)** *(Mode)* **elle s'habille (en) ~** she wears minis. **(b)** = **mini-ordinateur**.

miniature [minjatyʀ] **1** *nf (gén)* miniature; *(*: nabot)* (little) shrimp *. **en ~** in miniature. **2** *adj* miniature. ♦ **miniaturisation** *nf* miniaturization. ♦ **miniaturiser** (1) *vt* to miniaturize.

minibus [minibys] *nm* minibus.

minier, -ière [minje, jɛʀ] *adj* mining.

mini-informatique [miniɛ̃fɔʀmatik] *nf* minicomputing.

mini-jupe [miniʒyp] *nf* miniskirt.

minimum [minimɔm], *f* **~** *ou* **minima** [minima], *pl* **~s** *ou* **minima** **1** *adj* minimum. **2** *nm (gén, Math)* minimum; *(Jur)* minimum sentence. **dans le ~ de temps** in the shortest time possible; **un ~ de temps** a minimum amount of time; **travailler un ~** to do a minimum (amount) of work; **la production a atteint son ~** production has sunk to its lowest level (yet) *ou* an all-time low; **au (grand) ~** at the very least; **il faut rester le ~ au soleil** you must stay in the sun as little as possible. ♦ **minimal, e**, *mpl* **-aux** *adj* minimum. ♦ **minime** *adj dégât, rôle, différence* minor, minimal; *fait* trivial; *salaire* paltry. ♦ **minimiser** (1) *vt* to minimize. ♦ **minimisation** *nf* minimization.

mini-ordinateur [miniɔʀdinatœʀ] *nm* minicomputer.

ministère [ministɛʀ] **1** *nm* (**a**) *(département)* ministry, department *(surtout US)*. **employé de ~** government employee; **~ de la Culture/de l'Éducation (nationale)** *etc* ministry *(Brit)* *ou* department *(surtout US)* of Arts/Education *etc; V aussi* **2**. (**b**) *(cabinet)* government. **~ de coalition** coalition government. (**c**) *(Jur)* **le ~ public** *(partie)* the Prosecution; *(service)* the public prosecutor's office. (**d**) *(Rel)* ministry. **exercer son ~ à la campagne** to have a country parish. (**e**) *(littér: entremise)* agency. **2** : **~ des Affaires étrangères** Ministry of Foreign Affairs, Foreign Office *(Brit)*, Department of State *(US)*; **~ de la Défense nationale** Ministry of Defence *(Brit)*, Department of Defense *(US)*; **~ de l'Économie et des Finances** Ministry of Finance, Treasury *(Brit)*, Treasury Department *(US)*; **~ de l'Intérieur** Ministry of the Interior, Home Office *(Brit)*; **~ du Travail** Ministry of Employment *(Brit)*, Department of Labor *(US)*. ◆ **ministériel, -elle** *adj (gén)* ministerial; *remaniement* cabinet.

ministre [ministʀ(ə)] *nm* **1** (**a**) *[gouvernement]* minister, secretary *(surtout US)*. **~ de la Culture/de l'Éducation (nationale)** *etc* minister *(Brit)* *ou* secretary *(surtout US)* of Arts/Education *etc;* **~ délégué** minister of state *(auprès de* to); **~ sans portefeuille** minister without portfolio; *V aussi* **2**. (**b**) *[ambassade]* envoy. **~ plénipotentiaire** minister plenipotentiary. (**c**) *(Rel)* **(du culte)** minister (of religion). (**d**) *(littér: représentant)* agent. **2** : **~ des Affaires étrangères** Minister of Foreign Affairs, Foreign Secretary *(Brit)*, Secretary of State *(US)*; **~ de la Défense nationale** Defence Minister *(Brit)*, Defense Secretary *(US)*; **~ de l'Économie et des Finances** Finance Minister *ou* Secretary, Chancellor of the Exchequer *(Brit)*, Secretary of the Treasury *(US)*; **~ de l'Intérieur** Minister of the Interior, Home Secretary *(Brit)*; **~ du Travail** Minister of Employment *(Brit)*, Labor Secretary *(US)*.

minitel [minitɛl] *nm* ® *home terminal of the French telecommunications system*. **obtenir un renseignement par le ~** to get information on minitel ®.

minium [minjɔm] *nm* red lead paint.

minois [minwa] *nm* (pretty) little face.

minorer [minɔʀe] (**1**) *vt* to cut, reduce. ◆ **minoration** *nf* cut, reduction *(de* in).

minorité [minɔʀite] *nf (gén)* minority; *(groupe)* minority (group). *(Jur)* **pendant sa ~** while he is under age, during his minority; **être en ~** to be in the minority; **le gouvernement a été mis en ~** the government was defeated *(sur* on). ◆ **minoritaire** *adj groupe* minority. **être ~** to be a minority *ou* in the minority.

Minorque [minɔʀk] *nf* Minorca.

minoterie [minɔtʀi] *nf (industrie)* flour-milling (industry); *(usine)* (flour-)mill. ◆ **minotier** *nm* miller.

minou * [minu] *nm* pussy(-cat) *, puss *.

minuit [minɥi] *nm* midnight, twelve (o'clock) (at night).

minuscule [minyskyl] **1** *adj* minute, tiny, minuscule. **2** *nf*: **(lettre) ~** small letter; *(Typ)* lower case letter. ◆ **minus** *nmf (péj)* dead loss *, second-rater *, washout *.

minute [minyt] *nf* (**a**) minute; *(moment)* minute, moment. **une ~ d'inattention a suffi** a moment's inattention was enough; **~ papillon!** * hey, just a minute!; **la ~ de vérité** the moment of truth; **steak** ~ minute steak; **talons** ~ heels repaired while you wait, heel-bar; **on me l'a apporté à la** ~ it has just this instant *ou* moment been brought to me; **il faut toujours tout faire à la** ~ you always

have to do things there and then. (**b**) *(Jur)* minute. ◆ **minutage** *nm* timing. ◆ **minuter** (**1**) *vt (organiser)* to time (carefully); *(limiter)* to time. **emploi du temps minuté** strict schedule.

minuterie [minytʀi] *nf [lumière]* time switch.

minutie [minysi] *nf* (**a**) *[personne, travail]* meticulousness; *[inspection]* detail. **ça demande beaucoup de ~** it requires a great deal of precision. (**b**) *(détails: péj)* ~**s** trifling details, minutiae. ◆ **minutieusement** *adv (avec soin)* meticulously; *(dans le détail)* in minute detail. ◆ **minutieux, -euse** *adj personne, soin* meticulous; *inspection* minute. **il s'agit d'un travail ~** it's a job that demands great care.

mioche [mjɔʃ] *nmf* (*: gosse) kid *, nipper *; *(péj)* brat *.

mirabelle [miʀabɛl] *nf* cherry plum.

miracle [miʀakl(ə)] *nm* miracle. **cela tient du ~** it's a miracle; **faire des ~s** to work miracles; **par ~** miraculously; **le remède ~** the miracle cure. ◆ **miraculé, e** *adj, nm, f: (malade)* ~ (person) who has been miraculously cured. ◆ **miraculeusement** *adv* miraculously. ◆ **miraculeux, -euse** *adj* miraculous. **ça n'a rien de ~** there's nothing so miraculous *ou* extraordinary about that.

mirador [miʀadɔʀ] *nm (Mil)* watchtower.

mirage [miʀaʒ] *nm (lit, fig)* mirage.

miraud, e ‡ [miʀo, od] *adj (myope)* short-sighted. **tu es ~!** you need glasses!

mire [miʀ] *nf (TV)* test card. *(viser)* **prendre sa ~** to take aim.

mirobolant, e * [miʀɔbɔlɑ̃, ɑ̃t] *adj* fabulous *, fantastic.

miroir [miʀwaʀ] *nm* mirror. **est-ce le ~ de la réalité?** is it a reflexion of reality?, does it mirror *ou* reflect reality?; *(lit, fig)* **~ aux alouettes** lure. ◆ **se mirer** (**1**) *vpr* to gaze at o.s.; *[chose]* to be mirrored *ou* reflected *(in the water etc)*.

miroiter [miʀwate] (**1**) *vi (étinceler)* to sparkle, gleam; *(chatoyer)* to shimmer. *(fig)* **il lui fit ~ les avantages** he painted in glowing colours the advantages, he painted an enticing picture of the advantages. ◆ **miroitement** *nm*: ~(s) sparkling, gleaming; shimmering.

miroiterie [miʀwatʀi] *nf* (**a**) *(Comm)* mirror trade; *(Ind)* mirror industry. (**b**) *(usine)* mirror factory. ◆ **miroitier, -ière** *nm, f (vendeur)* mirror dealer; *(fabricant)* mirror manufacturer.

mis, e[1] [mi, miz] *adj*: **bien ~** well-dressed.

misaine [mizɛn] *nf*: **(voile de) ~** foresail.

misanthrope [mizɑ̃tʀɔp] **1** *nmf* misanthropist. **2** *adj* misanthropic. ◆ **misanthropie** *nf* misanthropy.

mise[2] [miz] **1** *nf* (**a**) *(action de mettre)* putting, setting. **~ en service** putting into service; **~ en bouteilles** bottling; **~ en marche** starting; **~ à jour** updating. (**b**) *(enjeu)* stake; *(Comm)* outlay. **récupérer sa mise** to recoup one's outlay. (**c**) *(habillement)* clothing. (**d**) **être de ~** *[remarque]* to be in place; **ces propos ne sont pas de ~** those remarks are out of place. **2** : **~ en accusation** indictment; *(lit)* **~ en boîte** canning; *(fig)* **il ne supporte pas la ~ en boîte** * he can't stand having his leg pulled; *(Fin)* **~ de fonds** capital outlay; *(Fin)* **~ de fonds initiale** seed money, venture capital; **~ à mort** kill; *(Coiffure)* **~ en plis** set; **~ au point** *(Aut)* tuning; *(Phot)* focusing; *(Tech)* adjustment; *(Ordin)* debugging; *[affaire]* finalizing, settling; *[procédé technique]* perfecting; *[explication]* clarification; **~ à prix** *(enchères)* reserve price, upset price *(US)*; **~ en scène** production; *(fig)* performance; **~ en valeur** *[terre]* development; *[maison]* improvement; *[tableau]* setting-off.

miser [mize] (1) *vt argent* to stake, bet (*sur* on). *(fig)* **il a misé sur le mauvais cheval** he backed the wrong horse *(fig)*; (**: compter sur*) ~ **sur** to bank on, count on.

misère [mizɛʀ] *nf* (a) *(pauvreté)* poverty, destitution. **être dans la** ~ to be destitute *ou* poverty-stricken; **vivre dans la** ~ to live in poverty; **salaire de** ~ starvation wage. (b) *(malheur)* ~**s** woes, miseries; (**: ennuis*) **petites** ~**s** little troubles; **faire des** ~**s à qn** * to be nasty to sb; **quelle** ~**!** what a wretched shame! (c) *(somme)* **il l'a eu pour une** ~ he got it for a song *ou* for next to nothing. (d) *(plante)* wandering sailor. ◆ **misérable 1** *adj* (a) *(pauvre) personne* destitute; *région* impoverished, poverty-stricken; *logement* seedy, mean; *vêtements* shabby. (b) *(pitoyable) existence, conditions* miserable, wretched, pitiful; *personne* pitiful, wretched. (c) *(sans valeur) somme d'argent* paltry, miserable. **tout ça pour un** ~ **billet de 20 F** all this because of a paltry *ou* measly * 20-franc note. **2** *nmf (méchant)* wretch; *(pauvre)* poor wretch. **petit** ~**!** you (little) wretch! ◆ **misérablement** *adv (pitoyablement)* miserably, wretchedly; *(pauvrement)* in wretched poverty. ◆ **miséreux, -euse 1** *adj* poverty-stricken. **2** *nm, f* down-and-out.

miséricorde [mizeʀikɔʀd(ə)] *nf* mercy. ◆ **miséricordieux, -ieuse** *adj* merciful.

misogyne [mizɔʒin] **1** *adj* misogynous. **2** *nmf* misogynist. ◆ **misogynie** *nf* misogyny.

miss [mis] *nf* (a) beauty queen. **M~ France** Miss France. (b) *(gouvernante)* governess.

missel [misɛl] *nm* missal.

missile [misil] *nm* missile.

mission [misjɔ̃] *nf (gén)* mission; *(Pol)* assignment. ~ **lui fut donnée de** he was commissioned to; **il s'est donné pour** ~ **de faire** he set himself the task of doing. ◆ **missionnaire** *adj, nmf* missionary.

missive [misiv] *nf (littér)* missive.

mite [mit] *nf* clothes moth. ◆ **se miter** (1) *vpr* to be *ou* become moth-eaten. ◆ **miteux, -euse** *adj lieu* seedy, dingy; *vêtement, personne* shabby.

mi-temps [mitɑ̃] *nf inv* (a) *(Sport) (période)* half; *(repos)* half-time. **à la** ~ at half-time. (b) **travailler à** ~ to work part-time.

mitigé, e [mitiʒe] *adj ardeur* mitigated; *convictions* lukewarm; *sentiments* mixed.

mitonner [mitɔne] (1) **1** *vt (à feu doux)* to simmer; *(avec soin)* to cook with loving care. **2** *vi* to simmer.

mitoyen, -enne [mitwajɛ̃, ɛn] *adj*: **mur** ~ party wall; **maisons** ~**nes** *(deux)* semi-detached houses, duplex houses *(US)*; *(plus de deux)* terraced houses, town houses *(US)*; **notre jardin est** ~ **avec le leur** our garden adjoins theirs.

mitrailler [mitʀaje] (1) *vt (Mil)* to machine gun. ~ **au sol** to strafe; ~ **qn avec des élastiques** * to pelt sb with rubber bands; ~ **qn de questions** to bombard sb with questions; *(Phot)* ~ **un monument** to snap away at a monument. ◆ **mitraille** *nf (projectiles)* grapeshot; *(décharge)* hail of bullets; *(monnaie)* loose *ou* small change. ◆ **mitraillette** *nf* submachine gun. ◆ **mitrailleuse** *nf* machine gun.

mitre [mitʀ(ə)] *nf (Rel)* mitre.

mitron [mitʀɔ̃] *nm* baker's boy.

mixage [miksaʒ] *nm (Ciné, Rad)* (sound) mixing.

mixer, mixeur [miksœʀ] *nm* liquidizer, mixer.

mixte [mikst(ə)] *adj* (a) *(deux sexes) (gén)* mixed; *école* coeducational. (b) *(hétérogène) (gén)* mixed; *équipe* combined; *commission* joint; *rôle* dual. **lycée** ~ ≃ comprehensive school; **outil à usage** ~ dual-purpose tool; **cargo** ~ cargo-passenger ship; **cuisinière** ~ combined gas and electric cooker *ou* stove. ◆ **mixité** *nf* coeducation.

mixture [mikstyʀ] *nf (lit)* mixture; *(péj, fig)* concoction.

mobile [mɔbil] **1** *adj pièce de moteur* moving; *casier, panneau* movable; *feuillets* loose; *main-d'œuvre, population, troupes* mobile; *reflet* changing; *traits, regard* mobile. **avec la voiture on est très** ~ having a car makes you very mobile. **2** *nm* (a) *(impulsion)* motive (*de* for). **chercher le** ~ **du crime** to look for the motive for the crime. (b) *(Art)* mobile. (c) *(Phys)* moving object *ou* body.

mobilier, -ière [mɔbilje, jɛʀ] **1** *adj bien* movable, personal; *valeurs* transferable. **2** *nm (ameublement)* furniture; *(Jur)* personal *ou* movable property.

mobiliser [mɔbilize] (1) *vt (gén)* to mobilize. ~ **les esprits** to rouse people's interest. ◆ **mobilisation** *nf* mobilization.

mobilité [mɔbilite] *nf (gén)* mobility.

mobylette [mɔbilɛt] *nf* ® moped.

mocassin [mɔkasɛ̃] *nm* mocassin.

moche * [mɔʃ] *adj (laid)* ugly, awful, ghastly *; *(mauvais)* rotten *. **il a la grippe, c'est** ~ **pour lui** he's got the flu, that's hard on him *ou* that's rotten for him *. ◆ **mocheté** * *nf* (a) *(laideur)* ugliness. (b) *(femme)* fright; *(objet)* eyesore.

mode¹ [mɔd] *nf (gén)* fashion; *(péj: engouement)* craze. **suivre la** ~ to keep in fashion; **à la** ~ *personne, vêtement* fashionable; *(dans le vent)* trendy *; **c'est la** ~ **des boucles d'oreilles** earrings are in fashion *ou* are in *; **habillé à la** ~ fashionably *ou* trendily * dressed; **travailler dans la** ~ to work in the fashion industry *ou* business; **journal de** ~ fashion magazine; **coloris** ~ fashion colours; **selon la** ~ **de l'époque** according to the custom of the day; **à la** ~ **du 18ᵉ siècle** in the style of the 18th century.

mode² [mɔd] *nm* (a) *(méthode)* method; *(genre)* way. ~ **de vie** way of life; ~ **de paiement** method *ou* mode of payment; ~ **d'emploi** directions for use. (b) *(Gram, Ling)* mood; *(Ordin, Mus, Philos)* mode. *(Ordin)* ~ **synchrone/asynchrone/interactif** synchronous/asynchronous/interactive mode. ◆ **modal, e,** *mpl* **-aux 1** *adj* modal. **2** *nm (verbe)* modal (verb). ◆ **modalité** *nf* (a) *(forme)* mode. ~ **d'application de la loi** mode of enforcement of the law; ~**s de paiement** methods *ou* modes of payment; *(Scol)* ~**s de contrôle** methods of assessment. (b) *(Ling, Mus, Philos)* modality. (c) *(Jur: condition)* clause.

modèle [mɔdɛl] **1** *nm (gén, Écon)* model; *(Tech)* pattern; *(type)* type; *(exemple)* example, model; *(Ling)* model, pattern; *(Scol: corrigé)* fair copy. ~ **réduit/de série** small-scale/production model; ~ **déposé** registered design; **petit/grand** ~ small/large version *ou* model; *(boîte)* **voulez-vous le petit ou le grand** ~**?** do you want the small or the big size (box)?; *(voiture)* **il a le** ~ **5 portes** he has the 5-door hatchback model *ou* version; *(Mode)* **X présente ses** ~**s d'automne** X presents his autumn models *ou* styles; **X est le** ~ **du bon élève** X is a model pupil, X is the epitome of the good pupil; **prendre qn pour** ~ to model o.s. upon sb. **2** *adj conduite, ouvrier, ferme* model.

modeler [mɔdle] (5) *vt statue* to model, mould; *caractère* to shape, mould. **cuisse bien modelée** shapely thigh; ~ **ses attitudes sur** to model one's attitudes on; **se** ~ **sur qn/qch** to model o.s. on sb/sth. ◆ **modelage** *nm (activité)* modelling; *(statue)* piece of sculpture. ◆ **modelé** *nm [corps]* contours; *(Géog)* relief.

modem [mɔdɛm] *nm* modem.

modérer [mɔdeʀe] (6) **1** *vt (gén)* to curb, moderate; *vitesse* to reduce. **modérez vos expressions!** moderate *ou* mind your language! **2 se** ~ *vpr (s'apaiser)* to calm down, control o.s.; *(montrer de la mesure)* to restrain o.s. ◆ **modérateur, -trice**

moderne

273 **moins**

1 *adj* moderating, restraining. **2** *nm (Tech)* regulator; *(atomique)* moderator. ◆ **modération** *nf (retenue)* moderation, restraint; *(diminution)* reduction. ◆ **modéré, e** *adj (gén)* moderate. ◆ **modérément** *adv* manger in moderation. **être ~ satisfait** to be moderately satisfied.

moderne [mɔdɛʀn(ə)] **1** *adj (gén)* modern; *équipement* up-to-date. **la jeune fille ~** the young woman of today. **2** *nm (style)* modern style; *(meubles)* modern furniture. ◆ **modernisateur, -trice 1** *adj* modernizing. **2** *nm, f* modernizer. ◆ **modernisation** *nf* modernization. ◆ **moderniser** (1) *vt* to modernize, bring up to date. ◆ **modernisme** *nm* modernism. ◆ **moderniste 1** *nmf* modernist. **2** *adj* modernistic.

modeste [mɔdɛst(ə)] *adj (gén)* modest. **c'est un cadeau bien ~** it's a very modest gift; **je ne suis qu'un ~ ouvrier** I'm only a simple *ou* modest working man; **d'origine ~** from a modest *ou* humble background; **faire le ~** to make a show of modesty; **avoir le triomphe ~** to be modest about one's successes. ◆ **modestement** *adv* modestly. ◆ **modestie** *nf* modesty. **fausse ~** false modesty.

modifier [mɔdifje] (7) **1** *vt* to modify, alter. **2 se ~** *vpr* to alter, be modified. ◆ **modification** *nf* modification, alteration. *(Psych)* **~ du comportement** behaviour modification.

modique [mɔdik] *adj (gén)* modest, low; *salaire* meagre. ◆ **modicité** *nf* lowness.

modiste [mɔdist(ə)] *nf* milliner.

module [mɔdyl] *nm (Espace)* module; *(Math, Phys)* modulus; *(éléments d'un ensemble)* unit. **~ lunaire** lunar module, mooncraft; **acheter une cuisine par ~s** to buy a kitchen in separate units.

moduler [mɔdyle] (1) *vti* to modulate. **~ les peines en fonction des délits** to adjust the punishment to fit the crime. ◆ **modulation** *nf* modulation. **poste à ~ de fréquence** VHF *ou* FM radio.

moelle [mwal] *nf (Anat)* marrow; *(Bot)* pith. **~ épinière** spinal cord; *(lit, fig)* **pourri jusqu'à la ~** rotten to the core.

moelleux, -euse [mwalø, øz] **1** *adj tapis, couleur* soft; *aliment* creamy, smooth; *son, vin* mellow. **2** *nm* softness; creaminess, smoothness; mellowness. ◆ **moelleusement** *adv s'étendre* luxuriously.

mœurs [mœʀ(s)] *nfpl* **(a)** *(morale)* morals. **avoir des ~ sévères** to have strict moral standards; **contraire aux bonnes ~** contrary to accepted standards of behaviour; **femme de ~ légères** woman of easy virtue; *(Jur, Presse)* **affaire de ~** sex case; **la police des ~ ≃** the vice squad. **(b)** *(coutumes)* customs, habits. **c'est entré dans les ~** it's become normal practice; **les ~ politiques** the political practices *ou* usages; **avoir des ~ simples** to have simple tastes. **(c)** *(manières)* manners, ways. **quelles ~!** what a way to behave!, what manners!; **comédie de ~** comedy of manners.

moi [mwa] **1** *pron pers* **(a)** *(objet)* me. **il nous a regardés ma femme et ~** he looked at my wife and me; **écoute-~ ça!** * just listen to that!; **il n'obéit qu'à ~** he only obeys me, I'm the only one he obeys; **~ elle me déteste** she hates me. **(b)** *(sujet)* I, me *. **qui a fait cela? — (ce n'est) pas ~** who did this? — I didn't *ou* not me *; **~ , le saluer?, jamais!** me, greet him?, never!; **mon mari et ~ refusons** my husband and I refuse; **~ parti, que ferez-vous?** when I'm gone what will you do?, what will you do with me away?; **et ~ de rire de plus belle!** and so I (just) laughed all the more!; **je ne l'ai pas vu, ~** I (myself) didn't see him. **(c)** *(avec qui, que)* **~ qui vous parle, je l'ai vu** I myself *ou* personally saw him; **c'est ~ qu'elle veut voir** it's me she wants to see; **et ~ qui avais espéré gagner!** and to think that I had hoped to win! **(d)** *(avec prép)* **venez chez ~** come to my place; **le poème n'est pas de ~** the poem isn't one

I wrote *ou* isn't one of mine; **un élève à ~** a pupil of mine; **j'ai un appartement à ~** I have a flat of my own; **ce livre est à ~** this book belongs to me *ou* is mine; **il veut une photo de ~** he wants a photo of me. **(e)** *(dans comparaisons)* I, me. **il mange plus que ~** he eats more than I (do) *ou* than me; **fais comme ~** do as I do, do like me *; V **même**. **2** *nm*: **le ~** the self, the ego; **notre vrai ~** our true self.

moignon [mwaɲɔ̃] *nm* stump.

moindre [mwɛ̃dʀ(ə)] *adj* **(a)** *(moins grand)* less, lesser; *(inférieur)* lower, poorer. **les dégâts sont bien ~s** the damage is much less; **à un ~ degré** to a lesser degree; **à ~ prix** at a lower price; **c'est un inconvénient ~** it's less of a drawback, it's a lesser drawback. **(b)** **le ~, la ~, les ~s** the least, the slightest; *(de deux)* the lesser; **la ~ idée** the slightest *ou* remotest idea; **le ~ de deux maux** the lesser of two evils; **c'est la ~ de mes difficultés** that's the least of my difficulties; **merci — c'est la ~ des choses!** thank you — it's a pleasure!, it's the least I could do!; **certains spécialistes et non des ~s disent que** some specialists and important ones at that say that. ◆ **moindrement** *adv*: **il n'était pas le ~ surpris** he was not in the least *ou* slightest surprised.

moine [mwan] *nm* monk, friar.

moineau, *pl* **~x** [mwano] *nm* sparrow.

moins [mwɛ̃] **1** *adv emploi comparatif* **(a)** *(avec adj ou adv)* less. **3 fois ~** 3 times less; **il est ~ grand que son frère/que je ne pensais** he is not as *ou* so tall as his brother/as I thought, he is less tall than his brother/than I thought; **rien n'est ~ sûr** nothing is less certain; **c'est tellement ~ cher** it's so much cheaper *ou* so much less expensive; **c'est le même genre, en ~ bien** it's the same kind, only (it's) not so good. **(b)** *(avec vb)* less. **donner ~** to give less; **vous ne l'obtiendrez pas à ~** you won't get it for less; **cela coûtait trois fois ~** it was one-third as expensive; **il a fait encore ~ beau qu'en juillet** the weather was even worse than in July. **(c)** **~ de** *(quantité)* less, not so much; *(nombre)* fewer, not so many; *(heure)* before, not yet; *(durée, âge, distance)* less than, under; **mange ~ de bonbons et de chocolat** eat fewer sweets and less chocolate; **les enfants de ~ de 4 ans** children under 4 *ou* of less than 4 years of age; **il est ~ de minuit** it is not yet midnight; **il était un peu ~ de 6 heures** it was a little before 6 o'clock; **vous ne pouvez pas lui donner ~ de 100 F** you can't give him less than 100 francs; **il a eu ~ de mal que nous** he had less trouble than we had; **nous l'avons fait en ~ de 5 minutes** we did it in less than *ou* in under 5 minutes; **en ~ de deux** * in a flash; **il y aura ~ de monde demain** there will be fewer people tomorrow. **(d)** **de ~, en ~:** **il gagne 500 F de ~ qu'elle** he earns 500 francs less than she does; **vous avez 5 ans de ~ qu'elle** you are 5 years younger than she is; **il y a 3 verres en ~** *(qui manquent)* there are 3 glasses missing; *(trop peu)* we are 3 glasses short; **c'est le même climat, le brouillard en ~** it's the same climate except for the fog *ou* minus the fog. **(e)** **~... ~** the less... the less; **~... plus** the less... the more; **~ je mange, ~ j'ai d'appétit** the less I eat, the less hungry I feel; **~ je fume, plus je mange** the less I smoke, the more I eat. **(f)** *(locutions)* **à ~ qu'il ne vienne** unless he comes; **à ~ d'un accident, ça devrait marcher** accidents apart it should work; **c'est de ~ en bon** it is less and less good. **2** *adv emploi superlatif* **(a)** *(avec adj ou adv)* **le ~, la ~** *(de plusieurs)* the least; *(de deux)* the less; **c'est la ~ douée de mes élèves** she is the least gifted of my pupils; **c'est le ~ doué des deux** he's the less gifted of the two; **la température la ~ haute de l'été** the lowest temperature of the summer. **(b)** *(avec vb)* **le ~** (the) least; **c'est celui que j'aime**

le ~ it's the one I like (the) least. **(c)** *(locutions)* **c'est bien le ~ que l'on puisse faire** it's the least one can do; **si vous êtes le ~ du monde soucieux** if you are in the slightest bit *ou* in the least (bit) worried; **au** ~ at least; **600 au** ~ at least 600, fully 600; **la moitié au** ~ at least half, fully half; **pour le ~** to say the least, at the very least; **du ~ je le pense** I think so at least; **laissez-le sortir, si du ~ il ne fait pas froid** let him go out, that is (only) if it is not cold.

3 *prép* **(a)** *(soustraction)* **6 ~ 2 font 4** 6 minus 2 equals 4, 2 from 6 makes 4; **j'ai retrouvé mon sac, ~ le portefeuille** I found my bag, minus the wallet. **(b)** *(heure)* to. **il est 4 heures ~ 5 (minutes)** it is 5 (minutes) to 4; **il n'est que ~ 10 *** it's only 10 to *; *(fig)* **il s'en est tiré, mais il était ~ cinq *** *ou* ~ **une *** he got out of it but it was a close shave * *ou* a near thing *. **(c)** *(température)* below. **il fait ~ 5°** it is 5° below freezing *ou* minus 5°.

4 *nm (Math)* **(le signe)** ~ the minus sign.

5 : moins que rien * *nmf (péj: minable)* dead loss *, second-rater *, washout *; *(Comm)* **moins-value** *nf* depreciation.

moire [mwaʀ] *nf* moiré. ◆ **moiré, e** *adj, nm* moiré.

mois [mwa] *nm* **(a)** *(période)* month. **dans un ~** in a month('s time); **être payé au ~** to be paid monthly; **louer au ~** to rent by the month; **30F par ~** 30 francs a *ou* per month; **un bébé de 6 ~** a 6-month(-old) baby; **devoir 3 ~ de loyer** to owe 3 months' rent. **(b)** *(salaire)* monthly pay *ou* salary. ~ **double** extra month's pay *(as end-of-year bonus)*.

moisir [mwaziʀ] **(2) 1** *vt* to make mouldy. **2** *vi* **(a)** to go mouldy. **(b)** *(en province)* to stagnate; *(dans un cachot)* to rot. **on ne va pas ~ ici jusqu'à la nuit!** * we're not going to hang around here till night-time! * ◆ **moisi, e 1** *adj* mouldy, mildewed. **2** *nm* mould, mildew. **odeur de ~** musty smell; **ça sent le ~** it smells musty. ◆ **moisissure** *nf (gén)* mould; *(par l'humidité)* mildew. **enlever les ~s sur un fromage** to scrape the mould off a piece of cheese.

moisson [mwasɔ̃] *nf* harvest. **faire la ~** to harvest; **~ de renseignements** wealth *ou* crop of information. ◆ **moissonner (1)** *vt céréale* to harvest, gather in; *champ* to reap; *renseignements, souvenirs* to gather, collect. ◆ **moissonneur, -euse 1** *nm, f* harvester. **2** *nf (machine)* harvester. **3 : ~euse-batteuse (-lieuse)** *nf, pl* **~s-~s (-~s)** combine harvester.

moite [mwat] *adj (gén)* sticky; *mains* sweaty; *atmosphère* muggy. ◆ **moiteur** *nf* stickiness; sweatiness; mugginess.

moitié [mwatje] *nf* **(a)** *(partie)* half. **partager qch en deux ~s** to halve sth, divide sth in half *ou* into two halves; **donne-m'en la ~** give me half (of it); **faire la ~ du chemin** to go halfway *ou* half of the way; **la ~ du temps** half the time; **il en faut ~ plus/moins** you need half as much again/half (of) that. **(b)** *(milieu)* halfway mark, half. **à la ~ du chemin** having reached halfway *ou* the half-way mark; **arrivé à la ~ du travail** having done half the work *ou* got halfway through the work. **(c)** *(hum: épouse)* **ma ~** my better half *, my wife. **(d)** **il a fait le travail à ~** he has (only) half done the work; **il ne fait jamais rien à ~** he never does things by halves; **à ~ plein** half-full; **à ~ chemin** (at) halfway, at the halfway mark; **à ~ prix** (at) half-price; **réduire de ~** to cut by half, halve; **plus grand de ~** half as big again, bigger by half; **diviser qch par ~** to divide sth in two *ou* in half; **on a partagé le pain ~ ~** we shared the bread half-and-half *ou* fifty-fifty *.

moka [mɔka] *nm (gâteau à la crème)* cream gâteau; *(gâteau au café)* mocha *ou* coffee gâteau; *(café)* mocha coffee.

molaire [mɔlɛʀ] *nf (dent)* molar.

môle [mol] *nm (digue)* breakwater, jetty; *(quai)* pier, jetty.

molécule [mɔlekyl] *nf* molecule. ◆ **moléculaire** *adj* molecular.

molester [mɔlɛste] **(1)** *vt* to manhandle, maul.

molette [mɔlɛt] *nf* toothed wheel; *[briquet]* knurl. ◆ **moleté, e** *adj* knurled.

mollesse [mɔlɛs] *nf [substance, contours]* softness; *[relief]* gentleness; *[traits du visage]* flabbiness; *[geste]* lifelessness; *[protestations]* weakness, feebleness; *[personne]* (indolence) sluggishness; *(manque d'autorité)* spinelessness; *(grande indulgence)* laxness. ◆ **mollasse *** *adj (péj) (apathique)* sluggish; *(flasque)* flabby, flaccid. ◆ **molle** *adj f V* **mou.** ◆ **mollement** *adv tomber* softly; *couler* gently; *travailler* half-heartedly; *protester* feebly, weakly.

mollet [mɔlɛ] *nm (Anat)* calf.

molletonner [mɔltɔne] **(1)** *vt* to line warmly. **anorak molletonné** quilted anorak, anorak with a warm lining.

mollir [mɔliʀ] **(2)** *vi* **(a)** *[sol, ennemi]* to yield, give way; *[père]* to come round, relent; *[courage]* to flag. **(b)** *[substance]* to soften, go soft. **(c)** *[vent]* to die down.

mollusque [mɔlysk(ə)] *nm (Zool)* mollusc; *(* péj)* lazy lump *, lazybones.

molosse [mɔlɔs] *nm* big dog *ou* hound.

môme [mom] *nmf (*: enfant)* kid *; *(péj)* brat *; *(‡: fille)* bird ‡, chick ‡ *(US)*.

moment [mɔmɑ̃] *nm* **(a)** *(instant)* while, moment. **je ne l'ai pas vu depuis un (bon) ~** I haven't seen him for a (good) while *ou* for quite a time *ou* while; **ça va prendre un ~** it will take some time *ou* a good while; **il réfléchit (pendant) un ~** he thought for a moment; **c'est l'affaire d'un ~** it won't take a minute *ou* moment; **dans un ~** in a little while, in a moment; **un ~!** just a moment *ou* a minute! **(b)** *(période)* time. **à quel ~ est-ce arrivé?** at what point *ou* when exactly did this occur?; **ce n'est pas le ~** this is not the time *ou* the moment *(de* to); **passer de bons ~s** to spend (some) happy times; **arriver au bon ~** to come at the right time; **passer un mauvais ~** to have a rough *ou* difficult time; **il est dans un de ses mauvais ~s** it's one of his off * *ou* bad spells; **à ses ~s perdus** in his spare time; **les grands ~s de l'histoire** the great moments of history; **le succès du ~** the success of the moment *ou* day; **profiter du ~** to take advantage of the opportunity *(de* to); **c'était le ~ de réagir** it was time to react, a reaction was called for. **(c)** *(Tech)* moment; *(Phys)* momentum. **(d)** *(locutions)* **en ce ~** at the moment, at present, just now; **au ~ de l'accident** at the time of the accident, when the accident happened; **au ~ de partir** just as I *(ou* he *etc)* was about to leave; **au ~ où elle entrait** when *ou* as she was going in; **à un ~ donné** at a certain point; **le ~ venu** when the time comes *(ou* came); **il peut arriver à tout ~** *ou* **d'un ~ à l'autre** he may arrive (at) any time (now) *ou* any moment (now); **à ce ~-là** *(temps)* at that time; *(circonstance)* in that case; **le bruit grandissait de ~ en ~** the noise grew louder every moment; **du ~ où** *ou* **que** since, seeing that; **dès le ~ que** *ou* **où** as soon as; **par ~s** now and then, at times; **pour le ~** for the time being; **sur le ~** at the time. ◆ **momentané, e** *adj* momentary. ◆ **momentanément** *adv (en ce moment)* at the moment, at present; *(un court instant)* momentarily.

momie [mɔmi] *nf* mummy.

mon [mɔ̃], **ma** [ma], **mes** [me] *adj poss* my. **j'ai ~ idée là-dessus** I have my own ideas *ou* views about that; **j'ai ~ samedi cette année *** I've got

Saturday(s) off this year; ~ **vieux** * my dear fellow, old chap * *ou* fellow *; *(Rel)* **oui** ~ **Père** yes Father; ~ **Dieu** *(Rel)* dear Lord; *(excl)* good heavens!; **oui** ~ **général** yes sir *ou* general; *V* **son**.

Monaco [mɔnako] *nm:* **(la principauté de)** ~ (the principality of) Monaco.

monarchie [mɔnaʀʃi] *nf* monarchy. ◆ **monarchique** *adj* monarchistic. ◆ **monarchiste** *adj, nmf* monarchist. ◆ **monarque** *nm* monarch. ~ **absolu** absolute monarch; ~ **de droit divin** monarch *ou* king by divine right.

monastère [mɔnastɛʀ] *nm* monastery. ◆ **monastique** *adj* monastic.

monceau, *pl* ~**x** [mɔ̃so] *nm* heap.

mondain, e [mɔ̃dɛ̃, ɛn] **1** *adj* **(a)** *réunion, chronique* society; *obligations* social; *public* fashionable. **plaisirs** ~**s** pleasures of society; **vie** ~**e** social *ou* society life; **soirée** ~**e** evening reception *(with people from high society)*. **(b)** *politesse, ton* refined. **il a été très** ~ **avec moi** he treated me with studied politeness *ou* courtesy. **(c)** *(Philos)* mundane; *(Rel)* worldly, earthly. **(d) la (police)** ~**e** ≃ the vice squad. **2** *nm, f* society man (*ou* woman), socialite. ◆ **mondanités** *nfpl (divertissements)* society life; *(propos)* society small talk.

monde [mɔ̃d] *nm* **(a)** world. **dans le** ~ **entier** all over the world, the world over, throughout the world; **le** ~ **entier s'indigna** the whole world was outraged; **il se moque** *ou* **se fiche** * **du** ~ he's got a nerve *ou* cheek *; **mettre/venir au** ~ to bring/come into the world; **si je suis encore de ce** ~ if I'm still here *ou* in the land of the living *ou* of this world; **dans ce bas** ~ here below; **l'Ancien/le Nouveau M**~ the Old/New World; **le Tiers-/Quart-**~ the Third/Fourth World; **le** ~ **de la folie** the world *ou* realm of madness.
(b) *(intensif)* **le meilleur du** ~ the best in the world; **c'est le meilleur homme du** ~ he's the finest man alive; **tout s'est passé le mieux du** ~ everything went (off) perfectly *ou* like a dream *; **il n'était pas le moins du** ~ **anxieux** he was not the least bit worried; **pour rien au** ~ not for all the world; **nul au** ~ **ne peut...** nobody in the world can...; **j'en pense tout le bien du** ~ I have the highest opinion of him (*ou* her *ou* it).
(c) *(locutions)* **c'est le** ~ **à l'envers** it's a topsy-turvy *ou* crazy world; **comme le** ~ **est petit!** it's a small world!; **se faire tout un** ~ **de qch** to make a fuss about sth; **c'est un** ~**!** * if that doesn't beat all! *; **il y a un** ~ **entre ces deux concepts** there is a world of difference between these two concepts.
(d) *(gens)* **j'entends du** ~ **à côté** I can hear people in the next room; **est-ce qu'il y a du** ~**?** *(qn est-il présent)* is there anybody there?; *(y a-t-il foule)* are there a lot of people there?; **il y a du** ~ *(ce n'est pas vide)* there are some people there; *(il y a foule)* there's quite a crowd; **il y a beaucoup de** ~ there's a real crowd; **ils reçoivent beaucoup de** ~ they entertain a lot; **ce week-end nous avons du** ~ we have people coming *ou* visitors this weekend; **tout ce petit** ~ **s'est bien amusé?** and did everyone have a nice time?, did we all enjoy ourselves?; **il connaît son** ~ he knows the people he deals with.
(e) *(milieu social)* set, circle. **le** *(grand)* ~ (high) society; **il n'est pas de notre** ~ he's not one of our set *ou* crowd *; **homme/femme/gens du** ~ society man/woman/people.
◆ **mondial, e,** *mpl* **-aux** *adj guerre, population* world; *crise* world-wide. **à l'échelle** ~**e** on a world-wide scale. ◆ **mondialement** *adv* throughout the world, the (whole) world over. ~ **connu** world-famous. ◆ **mond(i)ovision** *nf* television broadcast by satellite.

monégasque [mɔnegask(ə)] *adj,* **M**~ *nmf* Monégasque, Monacan.

mongol, e [mɔ̃gɔl] **1** *adj* Mongol, Mongolian. **2** *nm (Ling)* Mongolian. **3** *nm, f:* **M**~**(e)** *(gén)* Mongol, Mongoloid; *(habitant ou originaire de la Mongolie)* Mongolian. ◆ **Mongolie** *nf* Mongolia. **République populaire de** ~ People's Republic of Mongolia.

mongolien, -ienne [mɔ̃gɔljɛ̃, jɛn] *adj, nm, f (Méd)* mongol. ◆ **mongolisme** *nm* mongolism, Down's syndrome.

moniteur, -trice [mɔnitœʀ, tʀis] **1** *nm, f (Sport)* instructor, instructress; *[colonie de vacances]* supervisor, (camp) counsellor *(US)*; *(Univ)* graduate assistant. ~ **de ski** skiing instructor; ~ **d'auto-école** driving instructor. **2** *nm (Tech, Ordin: appareil)* monitor. ~ **cardiaque** heart-rate monitor. ◆ **monitorat** *nm (formation)* training to be an instructor; *(fonction)* instructorship.

monnaie [mɔnɛ] *nf* **(a)** *(devises)* currency. **(b)** *(pièce, médaille)* coin. **(c)** *(appoint)* change. **petite** *ou* **menue** ~ small change; **auriez-vous de la** ~**?** could you give me some change?; **faire la** ~ **de 100 F** to get change for 100 francs. **(d)** *(bâtiment)* **la M**~, **l'hôtel des** ~**s** the Mint. **(e) c'est** ~ **courante** *[faits]* it's a common occurrence; *[pratiques]* it's common practice; *(fig)* **rendre à qn la** ~ **de sa pièce** to pay sb back in his own coin; **servir de** ~ **d'échange** to be used as money *ou* as a currency; *(fig)* to be used as bargaining counters; **payer qn en** ~ **de singe** to fob sb off with empty promises. ◆ **monétaire** *adj (gén)* monetary. **la circulation** ~ the circulation of currency. ◆ **monétarisme** *nm* monetarism. ◆ **monétariste** *adj, nmf* monetarist. ◆ **monnayer** **(8)** *vt terres, titres* to convert into cash; *talent* to make money *ou* earn a living from.

mono... [mɔnɔ] *préf* mono...

monochrome [mɔnɔkʀom] *adj* monochrome, monochromatic.

monocle [mɔnɔkl(ə)] *nm* monocle, eyeglass.

monocoque [mɔnɔkɔk] **1** *adj voiture, avion* monocoque. **voilier** ~ monohull *ou* single-hull sailing dinghy. **2** *nm (voilier)* monohull.

monocorde [mɔnɔkɔʀd(ə)] *adj voix, discours* monotonous.

monoculture [mɔnɔkyltyʀ] *nf* single-crop farming, monoculture.

monocycle [mɔnɔsikl(ə)] *nm* unicycle.

monogramme [mɔnɔgʀam] *nm* monogram.

monographie [mɔnɔgʀafi] *nf* monograph.

monokini [mɔnɔkini] *nm* topless swimsuit, monokini.

monolingue [mɔnɔlɛ̃g] *adj* monolingual.

monolithique [mɔnɔlitik] *adj (lit, fig)* monolithic.

monologue [mɔnɔlɔg] *nm* monologue, soliloquy. ◆ **monologuer** **(1)** *vi* to soliloquize.

monôme [mɔnom] *nm (Math)* monomial; *(arg Scol)* ≃ students' rag.

monomoteur, -trice [mɔnɔmɔtœʀ, tʀis] **1** *adj* single-engined. **2** *nm* single-engined aircraft.

monoparental, -e, *mpl* **-aux** [mɔnɔpaʀɑ̃tal, o] *adj:* **familles** ~**es** single-parent *ou* one-parent families.

monophonie [mɔnɔfɔni] *nf* monophony. ◆ **monophonique** *adj* monophonic.

monoplace [mɔnɔplas] *nmf* single-seater.

monopole [mɔnɔpɔl] *nm (Écon, fig)* monopoly. ◆ **monopolisateur, -trice** *nm, f* monopolizer. ◆ **monopolisation** *nf* monopolization. ◆ **monopoliser** **(1)** *vt (lit, fig)* to monopolize.

monoprix [mɔnɔpʀi] *nm* ® department store *(for inexpensive goods)*, ≃ five and ten *(US)*, ≃ Woolworth's ® *(Brit)*.

monosyllabe [mɔnɔsilab] *nm (lit, fig)* monosyllable. ◆ **monosyllabique** *adj* monosyllabic.

monothéisme [mɔnɔteism(ə)] *nm* monotheism.
♦ **monothéiste** 1 *adj* monotheistic. 2 *nmf* monotheist.

monotone [mɔnɔtɔn] *adj* (*gén*) monotonous; *spectacle* dull, dreary; *vie* humdrum. ♦ **monotonie** *nf* monotony; dullness, dreariness.

monseigneur [mɔsɛɲœR], *pl* **messeigneurs** [mesɛɲœR] *nm* (**a**) (*formule d'adresse*) (*à archevêque, duc*) Your Grace; (*à cardinal*) Your Eminence; (*à prince*) Your Highness. (**b**) (*à la troisième personne*) His Grace; His Eminence; His Highness.

Monsieur [məsjø], *pl* **Messieurs** [mesjø] *nm* (**a**) (*s'adressant à qn*) **bonjour ~** (*courant*) good morning; (*nom connu*) good morning Mr X; (*avec déférence*) good morning sir; (*au restaurant*) sir; **et pour vous(vous)~/ Messieurs?** and for you, sir/gentlemen?; ~ **le Président** Mr President; **oui, ~ le Juge** ≃ yes, Your Honour *ou* Your Worship; ~ **le curé** Father; ~ **le ministre** Minister; ~ **le duc** Your Grace, your Lordship; ~ **le comte** *etc* Your Lordship, my Lord; **mon bon** *ou* **pauvre ~*** my dear sir. (**b**) (*parlant de qn*) ~ **est sorti** Mr X is not at home; ~ **dit que c'est à lui** the gentleman says it's his; ~ **le Président** the President; ~ **le juge X** ≃ (His Honour) Judge X; ~ **le duc de X** (His Grace) the Duke of X; ~ **l'abbé (X)** Father X; ~ **tout le monde** the average man. (**c**) (*sur une enveloppe*) ~ **John X** Mr John X; (*à un enfant*) Master John *etc* X; **Messieurs X et Y** Messrs X and Y. (**d**) (*en-tête de lettre*) (*gén*) Dear Sir; (*personne connue*) Dear Mr X; ~ **le Président** Dear Mr President. (**e**) (*sans majuscule*) gentleman. **c'est un grand m~** he is a great man.

monstre [mɔstR(ə)] 1 *nm* (*gén*) monster. **c'est un ~ de laideur** he is monstrously ugly; **quel ~ d'égoïsme/d'orgueil!** what fiendish *ou* monstrous egoism/pride!; (*Ciné, Théât*) ~ **sacré** superstar, public idol. 2 *adj* (*) *rabais etc* monstrous, colossal, mammoth. **succès ~** runaway *ou* raving * success; **j'ai un travail ~** I've got loads * of work to do. ♦ **monstrueusement** *adv* laid monstrously; *intelligent* stupendously. ♦ **monstrueux, -euse** *adj* monstrous. ♦ **monstruosité** *nf* (*gén*) monstrosity; (*Méd*) deformity. **dire des ~s** to say monstrous things.

mont [mɔ̃] *nm* mountain. (*avec nom propre*) **le ~ Everest** *etc* Mount Everest *etc*; **être toujours par ~s et par vaux *** to be always on the move. ♦ **mont-de-piété**, *pl* **~s-~-** ~ *nm* (state-owned) pawnshop *ou* pawnbroker's; **mettre qch au ~** to pawn sth.

montage [mɔ̃taʒ] *nm* [*appareil*] assembly; [*bijou*] setting; (*Ciné*) editing; [*Typ*) page make-up; ~ **d'une opération publicitaire** the mounting *ou* organization of an advertising campaign; (*Élec*) ~ **en parallèle** connection in parallel; ~ **de photographies** photomontage.

montagne [mɔ̃taɲ] 1 *nf* (*sommet*) mountain. (*région*) **la ~** the mountains; **moyenne ~** medium mountains; **plantes des ~s** mountain plants; (*fig*) **une ~ de** mountains of; **il se fait une ~ de cet examen** he's making a great song and dance *ou* a great fuss over this exam. 2 : **les ~s Rocheuses** the Rocky Mountains, the Rockies; **~s russes** big dipper, roller coaster. ♦ **montagnard, e 1** *adj* mountain. **2** *nm, f* mountain dweller. ♦ **montagneux, -euse** *adj* (*gén, Géog*) mountainous; (*accidenté*) hilly.

montant, e [mɔ̃tɑ̃, ɑ̃t] 1 *adj* *mouvement* upward, rising; *col* high; *robe* high-necked; *chemin* uphill. **chaussures ~es** boots; **train ~** up train. 2 *nm* (**a**) [*échelle, fenêtre*] upright; [*lit*] post. (**b**) (*somme*) sum total, total amount. (*Marché Commun*) **compensatoire** subsidy; (*Fin, Jur*) ~ **dû/forfaitaire** outstanding/flatorate amount.

montée [mɔ̃te] *nf* (**a**) (*escalade*) climb, climbing. **c'est une ~ difficile** it's a difficult climb; **on a fait la ~ à pied** we walked up, we went up on foot. (**b**) [*ballon, avion*] ascent. **pendant la ~ de l'ascenseur** while the lift is going up. (**c**) [*eaux, sève, homme politique, colère, prix*] rise. (**d**) (*côte*) hill, uphill slope.

monter[1] [mɔ̃te] (1) **1** *vi* (*avec auxiliaire être*) (**a**) (*gén*) to go up (*à* to, *dans* into); [*oiseau*] to fly up; [*avion*] to climb. ~ **à pied/à vélo** to walk/cycle up; ~ **par l'ascenseur** to go up in the lift; ~ **en courant dans sa chambre** to run up(stairs) to one's room; **monte me voir** come up and see me. (**b**) ~ **sur** *table, toit* to climb (up) on; *colline, échelle* to climb up; **il était monté sur une chaise** he was standing on a chair; **monté sur un cheval** riding *ou* on a horse. (**c**) (*moyen de transport*) ~ **dans un train** to get on *ou* into a train, board a train; ~ **à bord d'un navire** to go on board *ou* aboard a ship; ~ **à cheval** (*se mettre en selle*) to get on *ou* mount a horse; (*faire du cheval*) to ride, go riding. (**d**) [*vedette*] to be on the way up; [*réputation*] to rise, go up. ~ **en grade** to be promoted; **les générations montantes** the rising generations. (**e**) [*eau, vêtements*] ~ **à** to come up to; **robe qui monte jusqu'au cou** high-necked dress. (**f**) [*colline, route*] to go up, rise; [*soleil, flamme*] to rise. ~ **en pente douce** to slope gently upwards, rise gently; **un bruit montait de la cave** a noise was coming from down in the cellar. (**g**) [*mer*] to come in; [*fleuve, colère*] to rise; [*prix, température*] to rise, go up; (*Mus*) [*voix, note*] to go up. **les prix montent en flèche** prices are rocketing *ou* soaring; **ça a fait ~ les prix** it put prices up; (*Culin*) **les blancs montent/n'arrivent pas à ~** the egg whites are whipping up/ won't whip up *ou* are going stiff/won't go stiff. (**h**) (*émotions*) **le sang lui monta au visage** the blood rushed to his face; **les larmes lui montent aux yeux** tears came into his eyes; **le vin lui monte à la tête** wine goes to his head; **un cri lui monta à la gorge** a cry rose in his throat. (**i**) [*plante*] ~ **(en graine)** to bolt, go to seed. (**j**) (*locutions*) ~ **à l'assaut** to go into the attack; ~ **à l'assaut de** to launch an attack on; ~ **au créneau pour défendre sa politique** to come to the defence of one's policies; ~ **sur ses ergots** to get one's hackles up; ~ **sur ses grands chevaux** to get on one's high horse; ~ **sur le trône** to come to *ou* ascend the throne.
2 *vt* (*avec auxiliaire avoir*) (**a**) to go up. ~ **l'escalier** to go upstairs; ~ **la gamme** to go up the scale. (**b**) *valise* to take *ou* carry up. **faire ~ ses valises** to have one's luggage brought up. (**c**) ~ **un cheval** to ride a horse. (**d**) ~ **qn contre qn** to set sb against sb; **on lui a monté la tête** sb has got him all worked up. (**e**) (*organiser*) *opération, campagne publicitaire* to mount, organize, set up. **c'est lui qui a tout monté** he organized *ou* set up the whole thing. (**f**) (*Mil*) ~ **la garde** to mount guard. (**g**) (*Culin*) (*faire*) ~ **les blancs en neige** to whip *ou* beat *ou* whisk (up) egg whites (until they are stiff).
3 se ~ *vpr* [*prix, frais*] **se** ~ **à** to come to, add up to; **se** ~ **la tête** to get worked up far.
♦ **monte-charge** *nm inv* service elevator.
♦ **monte-plats** *nm inv* dumbwaiter.

monter[2] [mɔ̃te] (1) *vt* (*avec auxiliaire avoir*) (**a**) *machine, robe* to assemble; *tente* to pitch; *film* to edit; *diamant* to set; *pneu* to put on. (*Élec*) ~ **en série** to connect in series. (**b**) *pièce de théâtre* to put on, produce; *affaire* to set up; *farce* to play; *complot* to hatch. ~ **un coup** to plan a job; ~ **le coup à qn** ‡ to take sb for a ride ‡; **coup monté** put-up job *, frame-up *. (**c**) (*équiper*) to equip. **être bien/mal monté en qch** to be well-/ill-equipped with sth; **tu es bien montée, avec deux garnements pareils!** * you're well set up with that pair of rascals! * ♦ **monteur, -euse** *nm, f* (*Tech*) fitter; (*Ciné*) (film) editor; (*Typ*) paste-up artist.

monticule [mɔ̃tikyl] *nm (colline)* hillock; *(tas)* mound.

montre¹ [mɔ̃tʀ(ə)] *nf* watch. ~-**bracelet** wrist watch; ~ **de plongée** diver's watch; ~ **à quartz** quartz watch; **il est 2 heures à ma** ~ it is 2 o'clock by my watch; **j'ai mis 2 heures** ~ **en main** it took me exactly *ou* precisely 2 hours.

montre² [mɔ̃tʀ(ə)] *nf:* **faire** ~ **de** *courage* to show.

Montréal [mɔ̃real] *n* Montreal.

montrer [mɔ̃tʀe] (1) **1** *vt* (**a**) *(gén)* to show; *(par un geste)* to point to; *détail* to point out; *surprise, courage* to display; *(ostensiblement) richesse* to show off, display *(à* to). **je vais vous** ~ **le jardin** I'll show you (round) the garden; **l'avenir nous montrera qui avait raison** the future will show *ou* prove who was right; **...ce qui montre bien que j'avais raison** ...which just goes to show that I was right; ~ **à qn à faire qch** to show sb how *ou* the way to do sth. (**b**) *(locutions)* **c'est l'avocat qui montre le bout de l'oreille** it's the lawyer in him showing through; **je lui montrerai de quel bois je me chauffe** I'll show him what I'm made of; *(lit, fig)* ~ **les dents** to bare one's teeth; ~ **le bon exemple** to set a good example; *(lit, fig)* ~ **le chemin** to show the way; ~ **le bout du nez** to show one's face; ~ **patte blanche** to show one's pass. **2 se** ~ *vpr* to appear, show o.s.; *(se faire respecter)* to assert o.s. **se** ~ **ferme** to appear firm, show firmness; **se** ~ **désagréable** to be unpleasant, behave unpleasantly; **se** ~ **lâche** to show cowardice; **se** ~ **efficace** to prove effective.

monture [mɔ̃tyʀ] *nf* (**a**) *(cheval)* mount. (**b**) *(Tech)* mounting; *[lunettes]* frame; *[bijou]* setting.

monument [mɔnymɑ̃] *nm (gén, fig)* monument; *(commémoratif)* memorial. ~ **(funéraire)** monument; ~ **aux morts** war memorial; ~ **historique** ancient monument; **visiter les** ~**s de Paris** to go sight-seeing in Paris; **c'est un** ~ **de bêtise!** * what monumental stupidity! ◆ **monumental, e,** *mpl* -**aux** *adj* monumental.

moquer (se) [mɔke] (1) *vpr:* **se** ~ **de** to make fun of, laugh at, poke fun at; **on va se** ~ **de toi** people will laugh at you, you'll make yourself a laughing stock; **vous vous moquez du monde!** you've got an absolute nerve!; **je m'en moque (pas mal)** * I couldn't care less *; **elle se moque du qu'en-dira-t-on** she doesn't care what people say (about her). ◆ **moquerie** *nf:* ~**(s)** mockery. ◆ **moqueur, -euse** *adj* mocking. ◆ **moqueusement** *adv* mockingly.

moquette [mɔkɛt] *nf* fitted carpet. **faire poser une** *ou* **de la** ~ to have a fitted *ou* a wall-to-wall *(US)* carpet laid. ◆ **moquetter** (1) *vt* to carpet (with a fitted carpet).

moral, e, *mpl* -**aux** [mɔral, o] **1** *adj (gén)* moral. **2** *nm* (**a**) **au** ~ **comme au physique** mentally as well as physically. (**b**) *(état d'esprit)* morale. **avoir un** ~ **d'acier** to be in fighting form; **avoir bon/mauvais** ~ to be in good/low spirits; **les troupes ont bon/ mauvais** ~ the morale of the troops is high/low. **3** *nf* (**a**) *(doctrine)* moral code; *(mœurs)* morals; *(valeurs traditionnelles)* moral standards. *(Philos)* **la** ~**e** moral philosophy; **action conforme à la** ~**e** act in keeping with morality *ou* moral standards; **faire la** ~**e à qn** to lecture sb. (**b**) *[fable]* moral. ◆ **moralement** *adv* morally. ◆ **moralisateur, -trice 1** *adj ton* moralizing; *histoire* edifying. **2** *nm, f* moralizer. ◆ **moraliser** (1) **1** *vi* to moralize. **2** *vt:* ~ **qn** to lecture sb. ◆ **moraliste 1** *adj* moralistic. **2** *nmf* moralist. ◆ **moralité** *nf* (**a**) *(mœurs)* morals, morality, moral standards. **d'une haute** ~ *personne* of high moral standards; *discours* of a high moral tone; **la** ~ **publique** public morality. (**b**) *(valeur) [attitude, action]* morality. (**c**) *[fable]* moral. ~, **j'ai eu une indigestion** * the result was (that) I had indigestion.

morbide [mɔʀbid] *adj* morbid. ◆ **morbidité** *nf* morbidity.

morceau, *pl* ~**x** [mɔʀso] *nm (gén)* piece; *(bout)* bit; *(Littérat, Mus: passage)* passage; *[sucre]* lump; *[terre]* patch, plot; *(chez le boucher)* cut. ~ **de choix** choice cut *ou* piece; **manger un** ~ to have a bite to eat *ou* a snack; **lâcher le** ~ ‡ to spill the beans *, talk *; **couper en** ~**x** to cut into pieces; **mettre qch en** ~**x** to pull sth to pieces; ~**x choisis** selected extracts *ou* passages; ~ **de bravoure** purple passage; **c'est un sacré** ~ * he *(ou* it *etc)* is a hell of a size *. ◆ **morceler** (4) *vt (gén)* to divide up, split up. ◆ **morcellement** *nm* division.

mordoré, e [mɔʀdɔʀe] *adj, nm* (lustrous) bronze.

mordre [mɔʀdʀ(ə)] (41) **1** *vt* (**a**) to bite. ~ **qn à la jambe** to bite sb's leg, bite sb on the leg; ~ **une pomme** to bite into an apple; ~ **la poussière** to bite the dust. (**b**) *[lime, vis]* to bite into; *[acide]* to eat into; *[froid]* to bite, nip. **la jalousie lui mordait le cœur** jealousy was gnawing at her heart. (**c**) *(empiéter sur)* **la balle a mordu la ligne** the ball (just) touched the line. **2** ~ **sur** *vt indir (empiéter sur)* to cut into, go over into, overlap into; *(corroder)* to bite into. **3** *vi* (**a**) ~ **dans une pomme** to bite into an apple. (**b**) *(Pêche, fig)* to bite; *(lit, fig)* ~ **à l'hameçon** to bite, rise to the bait; **il a mordu aux maths** * he's taken to maths; **l'engrenage ne mord plus** the gear won't mesh any more. **4 se** ~ *vpr:* **se** ~ **la langue** *(lit, se repentir)* to bite one's tongue; *(se retenir)* to hold one's tongue; **maintenant il s'en mord les doigts** he could kick himself now *; **tu t'en mordras les doigts** you'll live to regret it, you'll rue the day. ◆ **mordant, e 1** *adj ton* cutting, scathing; *polémiste* scathing; *froid* biting. **2** *nm [personne]* spirit, drive; *[style]* bite, punch; *[scie]* bite. ◆ **mordiller** (1) *vt* to nibble at. ◆ **mordu, e** * **1** *adj:* **être** ~ **de** to be mad * *ou* crazy * about. **2** *nm, f (* : *fanatique)* enthusiast, buff *, fan. **un** ~ **de la musique** a great music lover; **un** ~ **de l'ordinateur** a computer buff * *ou* freak *; **c'est un** ~ **du football** he is a great football fan *ou* buff.

morfondre (se) [mɔʀfɔ̃dʀ(ə)] (42) *vpr* to languish.

morgue [mɔʀg(ə)] *nf* (**a**) pride, haughtiness. (**b**) *(Police)* morgue; *[hôpital]* mortuary.

moribond, e [mɔʀibɔ̃, ɔ̃d] **1** *adj (lit, fig)* dying, moribund. **2** *nm, f:* **un** ~ a dying man.

morille [mɔʀij] *nf* morel.

morne [mɔʀn(ə)] *adj visage* doleful, glum; *ton, temps* gloomy, dismal; *vie, paysage* dreary.

morose [mɔʀoz] *adj* sullen, morose. ◆ **morosité** *nf* sullenness, moroseness. **climat de** ~ **économique/sociale** gloomy *ou* depressed economic/ social climate.

morphine [mɔʀfin] *nf* morphine.

morphologie [mɔʀfɔlɔʒi] *nf* morphology. ◆ **morphologique** *adj* morphological.

mors [mɔʀ] *nm (Équitation)* bit; *(Tech)* jaw. **prendre le** ~ **aux dents** *[cheval]* to take the bit between its teeth; *(fig) (agir)* to take action; *(s'emporter)* to fly off the handle * , blow one's top * *ou* stack * *(US)*.

morse [mɔʀs(ə)] *nm* (**a**) *(Zool)* walrus. (**b**) *(code)* Morse (code).

morsure [mɔʀsyʀ] *nf* bite.

mort¹ [mɔʀ] *nf* (**a**) death. **donner la** ~ **à qn** to kill sb; **se donner la** ~ to take one's own life, kill o.s.; **en danger de** ~ in danger *ou* fear of one's life; **mourir dans son sommeil, c'est une belle** ~ dying in one's sleep is a good way to go; **à la** ~ **de sa mère** on the death of his mother, when his mother died; **il n'y a pas eu de** ~ **d'homme** no one was killed, there was no loss of life; **le supermarché sera la** ~ **du petit commerce** supermarkets will mean the end of *ou* the death of small businesses; ~ **au tyran!, à ~ le tyran!** death to the tyrant! **(b) silence de ~** deathly hush; **engin de ~** deadly weapon; **peine de ~** death penalty; *(fig)* **il avait signé son arrêt de ~** he had signed his own death warrant; **menaces de ~** threats of death. **(c) lutte à ~** fight to the death; **blessé à ~** *(combat)* mortally wounded; *(accident)* fatally injured; **condamnation à ~** death sentence; **frapper qn à ~** to strike sb dead; **mettre qn à ~** to put sb to death; **nous sommes fâchés à ~** we're at daggers drawn; **en vouloir à qn à ~** to be bitterly resentful of sb; **freiner à ~ *** to jam on the brakes; **visser qch à ~ *** to screw sth right home, screw sth tight. **(d)** *(douleur)* **souffrir mille ~s** to suffer agonies; **il avait la ~ dans l'âme** his heart ached.

mort², e [mɔʀ, mɔʀt(ə)] **1** *adj (lit, fig)* dead. **il est ~ depuis 2 ans** he's been dead (for) 2 years, he died 2 years ago; **laissé pour ~** left for dead; **~ et enterré** dead and buried; **~ ou vif** dead or alive; **~ au champ d'honneur** killed in action; **~ (de fatigue)** dead tired, dead beat *; **~ de peur** frightened to death, scared stiff *. **2** *nm* **(a)** dead man. **les ~s** the dead; **il y a eu un ~** one man was killed; **prière des ~s** prayer for the dead; **cet homme est un ~ vivant** this man is more dead than alive; **faire le ~** *(lit)* to pretend to be dead; *(fig: ne pas se manifester)* to lie low; *(Aut)* **la place du ~** the (front) seat next to the driver. **(b)** *(Cartes)* dummy. **être le ~** to be dummy. **3** *nf* dead woman. ◆ **mort-né, e,** *pl* **~-~(e)s** *adj* stillborn. ◆ **mort-aux-rats** *nf* rat poison. ◆ **morte-saison** *nf* slack *ou* off season.

mortadelle [mɔʀtadɛl] *nf* mortadella.

mortalité [mɔʀtalite] *nf* mortality, death rate. **~ infantile** infant mortality.

mortel, -elle [mɔʀtɛl] **1** *adj (gén)* mortal; *blessure* fatal; *poison* deadly, lethal; *froid, attente* deadly; *pâleur, silence* deathly; *livre, soirée* deadly boring *ou* dull. **cette révélation lui serait ~elle** such a discovery would kill him; **il est ~ *** he's a deadly * bore. **2** *nm, f (littér, hum)* mortal. **heureux ~! *** lucky chap! * ◆ **mortellement** *adv blesser* fatally; *vexer* mortally. **~ pâle** deathly pale; **~ ennuyeux** deadly boring *ou* dull.

mortier [mɔʀtje] *nm (gén)* mortar.

mortifier [mɔʀtifje] **(7)** *vt* to mortify. ◆ **mortification** *nf* mortification.

mortuaire [mɔʀtɥɛʀ] *adj chapelle, rites* mortuary. **chambre ~** death chamber; **la maison ~** the house of the deceased.

morue [mɔʀy] *nf (Zool)* cod.

mosaïque [mɔzaik] *nf (Art, Bot)* mosaic; *[idées, peuples]* medley.

Moscou [mɔsku] *n* Moscow. ◆ **moscovite 1** *adj of ou* from Moscow, Muscovite. **2** *nmf:* **M~** Muscovite.

mosquée [mɔske] *nf* mosque.

mot [mo] **1** *nm* **(a)** *(gén)* word. **c'est bien le ~!** that's the right word for it!; **à/sur ces ~s** at/with these words; **à ~s couverts** in veiled terms; **en un ~** in brief, in a word; **~ à ~** word for word; **~ pour ~** word for word, verbatim. **(b)** *(message)* word; *(courte lettre)* note. **~ d'excuse** excuse note; **en toucher un ~ à qn** to have a word with sb about it; **se donner le ~** to pass the word round *ou* on. **(c)** *(locutions)* **avoir des ~s avec qn** to have words with sb; **avoir toujours le ~ pour rire** to be a born joker; **tenir le ~ de l'énigme** to hold the key to the mystery; **avoir le ~ de la fin** to have the last word; **j'estime avoir mon ~ à dire dans cette affaire** I think I'm entitled to have my say in this matter; **je vais lui dire deux ~s** I'll give him a piece of my mind; **prendre qn au ~** to take sb at his word. **2 : ~-clé** *nm, pl* **~s-~s** keyword; **~s croisés** crossword (puzzle); **~ d'enfant** child's (funny) remark *ou* saying; **~ d'esprit, bon ~** witticism, witty

remark; **~ d'ordre** watchword; **~ de passe** password; **~-valise** portmanteau word.

motard [mɔtaʀ] *nm* motorcyclist; *(Police)* motorcycle policeman.

motel [mɔtɛl] *nm* motel.

moteur¹ [mɔtœʀ] *nm (gén)* engine; *(électrique)* motor. **~ électrique** electric motor; **~ turbo** turbo(-charged) engine; **~ à 2/4 temps** 2-/4-stroke engine; **à ~** power-driven, motor; *(fig)* **être le ~ de qch** to be the driving force behind sth.

moteur², -trice¹ [mɔtœʀ, tʀis] *adj muscle, nerf, troubles* motor; *(Tech), (lit, fig) force* driving.

motif [mɔtif] *nm* **(a)** *(gén)* reason, grounds; *(Jur)* motive *(de* for*)*. **(b)** *[tissu, papier]* pattern; *(Peinture, Mus)* motif.

motion [mosjɔ̃] *nf* motion. **déposer une ~ de censure** to take a censure motion *ou* a motion of censure; **voter la ~ de censure** to pass a vote of no confidence *ou* of censure.

motiver [mɔtive] **(1)** *vt (justifier) action, attitude* to justify, account for; *(fournir un motif à) refus, jugement* to motivate; *(intéresser) personne* to motivate. ◆ **motivant, e** *adj* rewarding. ◆ **motivation** *nf* motivation. **quelles sont ses ~s?** what are his motives? *(pour* for*)*. ◆ **motivé, e** *adj* justified, well-founded, motivated; *personne* (well-) motivated. *(Scol)* **absence ~e** legitimate *ou* genuine absence.

moto * [mɔto] *nf* (motor)bike *. ◆ **moto-cross** *nm inv* motocross. ◆ **motoculteur** *nm* (motorized) cultivator. ◆ **motocyclette** *nf* motorcycle. ◆ **motocycliste** *nmf* motorcyclist. ◆ **motonautisme** *nm* speedboat racing. ◆ **motopompe** *nf* motor-pump.

motoriser [mɔtɔʀize] **(1)** *vt (Mil, Tech)* to motorize. **être motorisé *** to have a car. ◆ **motorisation** *nf* motorization.

motrice² [mɔtʀis] *nf* power unit; *V* **moteur².**

motte [mɔt] *nf:* **~ (de terre)** lump of earth, clod (of earth); **~ de gazon** turf, sod; **~ de beurre** lump *ou* block of butter.

motus * [mɔtys] *excl* don't breathe a word!

mou, molle [mu, mɔl] *(masc.* **mol** [mɔl] *devant voyelle ou h muet)* **1** *adj substance* soft; *tige, geste* limp; *chair* flabby; *relief* soft, gentle; *traits du visage* weak; *protestations, opposition* weak, feeble; *style, (Mus) exécution* dull. **personne molle** *(sans énergie)* lethargic *ou* sluggish person; *(sans autorité)* spineless character; *(trop indulgent)* lax *ou* soft person; **bruit ~** muffled noise. **2** *nm* **(a)** *[corde]* **avoir du ~** to be slack; **donner du ~** *(à qch)* to slacken (sth). **(b)** *(Boucherie)* lights.

mouchard [muʃaʀ] *nm* **(a)** *(*) (Scol)* sneak *; *(arg Police)* grass *(arg)*, fink *(US arg)*, informer. **(b)** *[veilleur de nuit]* control clock; *(Mil)* spy plane. ◆ **moucharder *** **(1)** *vt (Scol)* to sneak on *; *(arg Police)* to grass on *(arg)*, inform on.

mouche [muʃ] *nf* fly; *(en taffetas)* patch. **~ bleue, ~ à vers** bluebottle, blowfly; **quelle ~ t'a piqué?** what has bitten you? *; **tomber comme des ~s** to fall like flies; **prendre la ~** to take the huff *; **faire ~** *(Tir)* to score a bull's-eye; *(fig)* to hit home.

moucher [muʃe] **(1)** **1** *vt* **(a)** **~ (le nez de) qn** to blow sb's nose. **(b)** *(* fig)* **~ qn** to put sb in his place. **2 se ~** *vpr* to blow one's nose.

moucheron [muʃʀɔ̃] *nm* midge; *(*: enfant)* kid *.

moucheté, e [muʃte] *adj œuf* speckled; *poisson* spotted; *laine* flecked; *fleuret* buttoned.

mouchoir [muʃwaʀ] *nm* handkerchief. **~ en papier** tissue, paper hanky; **jardin grand comme un ~ de poche** garden as big as *ou* no bigger than a pocket handkerchief; **ils sont arrivés dans un ~** it was a close finish.

moudre [mudʀ(ə)] **(47)** *vt (gén)* to grind.

moue [mu] *nf* pout. **faire la ~** *(tiquer)* to pull a face; *[enfant gâté]* to pout.

mouette [mwɛt] *nf* seagull.

moufle [mufl(ə)] *nf* mitten.

mouiller [muje] (1) **1** *vt* (**a**) *(gén)* to wet. **se faire ~** to get wet *ou* drenched *ou* soaked. (**b**) *vin, lait* to water (down). (**c**) *(Naut)* mine to lay; *sonde* to heave. **~ l'ancre** to cast *ou* drop anchor. (**d**) *(Ling)* to palatalize. **2** *vi* *(Naut)* to lie at anchor. **3 se ~** *vpr* (**a**) to get o.s. wet. **se ~ les pieds** to get one's feet wet. (**b**) *[yeux]* to fill with tears. (**c**) (*: *risquer*) to get one's feet wet, commit o.s. ◆ **mouillage** *nm* *(rade)* anchorage, moorage. ◆ **mouillé, e** *adj* wet. **tout ~** soaked through; **ne marche pas dans le ~** don't walk in the wet.

moulage [mulaʒ] *nm* *[briques]* moulding; *[statue]* casting; *(objet)* cast.

moule¹ [mul] *nm* *(lit, fig)* mould; *(Typ)* matrix. **~ à gâteaux** cake tin, cake pan *(US)*; **~ à gaufre** waffle-iron; **~ à tarte** pie plate, flan case.

moule² [mul] *nf* (**a**) *(Zool)* mussel. **~s marinières** moules marinières *(mussels cooked in their own juice with onions)*. (**b**) (*: *idiot*) idiot, twit *.

mouler [mule] (1) *vt* (**a**) *briques* to mould; *caractères d'imprimerie, statue* to cast; *lettre* to form with care. **~ son style sur** to model one's style on. (**b**) *(coller à) cuisses, hanches* to hug, fit closely round. **robe qui moule** close-fitting *ou* tight-fitting dress.

moulin [mulɛ̃] *nm* mill; (*: *moteur*) engine. **~ à eau** water mill; **~ à vent** windmill. ◆ **mouliner** (1) *vt* *(Culin)* to put through a vegetable mill; *(Pêche)* to reel in. ◆ **moulinet** *nm* *(Pêche)* reel; *(Escrime)* flourish. **faire des ~s avec une canne** to twirl *ou* whirl a stick. ◆ **moulinette** *nf* ® vegetable mill.

moulu, e [muly] *adj*: **~ (de fatigue)** * dead-beat *, worn-out; **ils l'ont ~ de coups** they thrashed him black and blue.

moulure [mulyʀ] *nf* moulding.

mourir [muʀiʀ] (19) *vi* (**a**) to die. **~ de sa belle mort** to die a natural death; **~ avant l'âge** to die before one's time; **~ assassiné** to be murdered; **~ en héros** *ou* **à petit feu** *(lit)* to kill sb slowly; *(fig)* to torment the life out of sb; **c'est à ~ de rire** it would make you die laughing *. ◆ **mourant, e 1** *adj* dying; *voix* faint; (*) *rythme* deadly (dull). **2** *nm, f*: **un ~** a dying man; **les ~s** the dying.

mousquetaire [muskətɛʀ] *nm* musketeer.

mousse¹ [mus] *nf* *(Bot)* moss; *[bière, eau]* froth, foam; *[savon]* lather; *[champagne]* bubbles; *(Culin)* mousse. **~ au chocolat** chocolate mousse; **balle (en) ~** rubber ball; **collant ~** stretch tights; **~ dɜ caoutchouc** foam rubber; **se faire de la ~** * to worry o.s. sick *.

mousse² [mus] *nm* ship's boy.

mousseline [muslin] *nf* *(coton)* muslin; *(soie, tergal)* chiffon.

mousser [muse] (1) *vi* (**a**) *[bière, eau]* to froth, foam; *[champagne]* to bubble, sparkle; *[savon]* to lather. (**b**) **faire ~ qn** ⚡ *(vanter)* to lay off about sb ⚡ , boost sb *; *(mettre en colère)* to make sb mad * *ou* wild *; **se faire ~** ⚡ to give o.s. a boost * *(auprès de* with). ◆ **mousseux, -euse 1** *adj* sparkling; frothy. **eau ~euse** soapy water. **2** *nm* sparkling wine.

mousson [musɔ̃] *nf* monsoon.

moustache [mustaʃ] *nf* *[homme]* moustache. *[animal]* **~s** whiskers.

moustique [mustik] *nm* *(Zool)* mosquito; (*: *enfant*) tich *, (little) kid *. ◆ **moustiquaire** *nf* *(rideau)* mosquito net; *[fenêtre]* screen.

moutarde [mutaʀd(ə)] *nf* mustard. **~ forte** English mustard; **~ à l'estragon** *ou* **aux aromates** French mustard; *(fig)* **la ~ me monta au nez** I flared up, I lost my temper.

mouton [mutɔ̃] *nm* (**a**) *(animal, fig)* sheep; *(viande)* mutton. **doublé de ~** lined with sheepskin; **se conduire en ~s de Panurge** to behave like a lot of sheep. (**b**) **~s** *(sur la mer)* white horses, caps *(US)*; *(sur le plancher)* (bits of) fluff; *(dans le ciel)* fluffy *ou* fleecy clouds. ◆ **moutonneux, -euse** *adj* mer flecked with white horses *ou* with caps *(US)*; *ciel* flecked with fleecy *ou* fluffy clouds.

mouvement [muvmɑ̃] *nm* (**a**) *(geste)* movement. **~s de gymnastique** (physical) exercises; **il approuva d'un ~ de tête** he gave a nod of approval; **elle refusa d'un ~ de tête** she refused with a shake of her head; **elle eut un ~ de recul** she started back. (**b**) *(impulsion)* impulse, reaction. **avoir un bon ~** to make a kind gesture; **~ de colère** burst *ou* upsurge of anger; **~s dans l'auditoire** a stir in the audience; **discours accueilli avec des ~s divers** speech which got a mixed reception; **agir de son propre ~** to act of one's own accord. (**c**) *(activité)* activity, bustle. **rue pleine de ~** busy *ou* lively street. (**d**) *(déplacement)* movement; *(Mil: manœuvre)* move. **être sans cesse en ~** to be constantly on the move *ou* on the go; **mettre qch en ~** to set sth in motion, set sth going; **se mettre en ~** to start *ou* set off; **suivre le ~** to follow the general movement; **le ~ perpétuel** perpetual motion; **~ de foule** sway in the crowd; **~s de population** shifts in population; **~s de troupes** troop movements; **~ de fonds** movement of capital; **~ de personnel** changes in staff. (**e**) *(évolution)* **le ~ des idées** the evolution of ideas; **être dans le ~** to keep up-to-date; **d'opinion** trend of opinion; **le ~ des prix** the trend of prices; **~ de baisse/ hausse** downward/upward trend. (**f**) *[phrase]* rhythm; *[tragédie]* action; *[draperie]* drape; *[collines]* undulations. (**g**) *(groupe)* movement. **~ politique** political movement; **M~ de libération de la femme** Women's Liberation Movement, Women's Lib *. (**h**) *[symphonie]* movement. (**i**) *(Tech: mécanisme)* movement. **par un ~ d'horlogerie** by clockwork. ◆ **mouvant, e** *adj* situation unsettled, fluid; *ombre, flamme* moving, changing; *terrain* shifting. ◆ **mouvementé, e** *adj* vie, poursuite, récit eventful; *séance* turbulent, stormy. ◆ **mouvoir** (27) **1** *vt* (**a**) machine to drive; *bras, levier* to move. **comme mû par un ressort** as if propelled by a spring. (**b**) *[sentiment]* to drive, prompt. **2 se ~** *vpr* to move.

moyen, -enne [mwajɛ̃, ɛn] **1** *adj* *(gén)* average. **être ~ en maths** to be average at maths; **résultats très ~s** mediocre *ou* poor results; **de taille ~enne** personne of medium *ou* average height; *entreprise, bâtiment* medium-sized; **avoir un temps ~** to have mixed weather; **une solution ~enne** a middle-of-the-road solution. **2** *nm* (**a**) *(possibilité, manière)* means, way. **~s de défense/production** *etc* means of defence/production *etc*; **~s audio-visuels** audio-visual aids; **trouver un ~ terme** to find a middle course; *(péj)* **par tous les ~s** by fair means or foul, by hook or by crook; **c'est l'unique ~ de s'en sortir** it's the only way out; **employer les grands ~s** to have to resort to drastic means *ou* measures; **se débrouiller avec les ~s du bord** *ou* **avec des ~s de fortune** to make do and mend, use makeshift devices; **au ~ de** by means of. (**b**) **est-ce qu'il y a ~ de lui parler?** is it possible to speak to him?; **il n'y a a**

pas ~ **de sortir par ce temps** you can't go out in this weather; **le** ~ **de dire autre chose!** what else could I say! (c) *(physiques)* ~s abilities; **être en possession de tous ses** ~s to be at one's peak; **par ses propres** ~s all by himself. (d) *(financiers)* ~s means; **c'est au-dessus de ses** ~s he can't afford it, it's beyond his means; **avoir de gros/petits** ~s to have a large/small income.

3 *nf* (a) *(gén)* average. **la** ~**enne d'âge** the average age; **la** ~ **enne des gens** most people; **faire du 100 de** ~**enne** to average 100 km/h; ~**enne arithmétique** arithmetic mean; **en** ~**enne** on average. (b) *(Scol)* **avoir la** ~**enne** *(devoir)* to get half marks; *(examen)* to get a pass; ~**enne générale (de l'année)** average (for the year); **cet élève est dans la** ~**enne/la bonne** ~**enne** this pupil is about/above average. ♦ **moyen âge** *nm:* **le** ~ the Middle Ages. ♦ **moyenâgeux, -euse** *adj ville* medieval; *(péj)* antiquated. ♦ **moyen-courrier,** *pl* ~**s-**~**s** *nm* medium-haul (aeroplane). ♦ **Moyen-Orient** *nm:* **le** ~ the Middle East. ♦ **moyennant** *prép argent* for; *service* in return for; *travail, effort* with. ~ **finance** for a fee *ou* a consideration; ~ **quoi** in return for which. ♦ **moyennement** *adv* content fairly, moderately ; *travailler* fairly *ou* moderately well.

moyeu, *pl* ~**x** [mwajø] *nm [roue]* hub.
Mozambique [mɔzãbik] *nm* Mozambique.
muer [mɥe] (1) **1** *vi (gén)* to moult; *[serpent]* to slough. **sa voix mue** his voice is breaking *ou* changing *(US).* **2** *vt,* **se** ~ *vpr* to change *ou* turn *(en* into). ♦ **mue** *nf* moulting; sloughing; *(époque)* moulting *ou* sloughing season; *(peau, plumes)* slough; moulted hair, feathers *etc. [voix]* **au moment de la** ~ when the voice breaks *ou* changes *(US).*

müesli [myɛsli] *nm* muesli.

muet, -ette [mɥɛ, ɛt] **1** *adj (infirme)* dumb; *(lit, fig: silencieux)* silent; *(Ling)* mute, silent; *(Géog) carte* blank. **en rester** ~ to stand speechless *(de* with); **il est resté** ~ **comme une carpe** he never opened his mouth. **2** *nm, f* mute, dumb man *(ou* woman). **3** *nm:* **le** ~ the silent cinema.

muezzin [mɥɛdzin] *nm* muezzin.

mufle [myfl(ə)] *nm* (a) *[chien etc]* muzzle. (b) *(*⁂*: goujat)* boor, lout. ♦ **muflerie** *nf* boorishness, loutishness. **une** ~ a boorish remark *(ou* thing to do).

mugir [myʒiʀ] (2) *vi [vache]* to moo; *[bœuf]* to bellow; *[vent, sirène]* to howl. ♦ **mugissement** *nm:* ~**(s)** mooing; bellowing; howling.

muguet [mygɛ] *nm (Bot)* lily of the valley.

mulâtre, -esse [mylɑtʀ, ɛs] *nm, f* mulatto.

mule [myl] *nf (Zool)* (she-)mule; *(pantoufle)* mule. ♦ **mulet** *nm (âne)* (he-)mule; *(poisson)* mullet. ♦ **muletier, -ière 1** *adj:* **sentier** ~ mule track. **2** *nm, f* mule-driver.

mulot [mylo] *nm* field mouse.

multi... [mylti] *préf* multi...

multicolore [myltikɔlɔʀ] *adj* multicoloured.

multicoque [myltikɔk] *adj, nm:* **(voilier)** ~ multihull.

multiforme [myltifɔʀm(ə)] *adj apparence* multiform; *problème* many-sided.

multimillionnaire [myltimiljɔnɛʀ] *nmf* multimillionaire.

multinational, e, *mpl* **-aux** [myltinasjɔnal, o] **1** *adj* multinational. **2 multinationale** *nf* multinational (company).

multipartisme [myltipaʀtizm(ə)] *nm (Pol)* multiparty system.

multiple [myltipl(ə)] **1** *adj occasions, raisons* numerous, multiple; *fracture* multiple; *aspects* multifarious, manifold; *problème* many-sided. **outil à** usages ~s multi-purpose tool; **choix** ~ multiple choice; **100 est** ~ **de 10** 100 is a multiple of 10. **2** *nm* multiple. ♦ **multiplication** *nf (prolifération)* increase in the number of; *(Bot, Math)* multiplication. ♦ **multiplicité** *nf* multiplicity. ♦ **multiplier** (7) **1** *vt (gén)* to multiply *(par* by). **2 se** ~ *vpr (gén)* to multiply; *[infirmier]* to do one's utmost.

multiplex [myltiplɛks] *adj, nm (Téléc)* multiplex. ♦ **multiplexage** *nm (Téléc)* multiplexing. ♦ **multiplexeur** *nm (Téléc)* multiplexer.

multiprogrammation [myltipʀɔgʀamasjɔ̃] *nf (Ordin)* multiprogramming.

multipropriété [myltipʀɔpʀijete] *nf* time sharing.

multirisque [myltiʀisk(ə)] *adj* multiple-risk.

multisalles [myltisal] *adj:* **(cinéma)** ~ film centre, cinema complex.

multistandard [myltistãdaʀ] *adj:* **(téléviseur)** ~ multichannel television.

multitraitement [myltitʀɛtmã] *nm (Ordin)* multiprocessing.

multitude [myltityd] *nf* (a) **une** ~ **de** a multitude of, a vast number of; **la** ~ **de** the mass of; **la** ~ **des gens** the (vast) majority of people. (b) *(littér: foule)* multitude, throng.

Munich [mynik] *n* Munich.

municipal, e, *mpl* **-aux** [mynisipal, o] *adj élection, stade* municipal; *conseil* local, town. **arrêté** ~ local by-law; **piscine** ~**e** public swimming pool. ♦ **municipalité** *nf (ville)* town; *(conseil)* town council.

munir [myniʀ] (2) **1** *vt personne, objet* to provide, equip *(de* with). **muni de ces conseils** armed with this advice. **2 se** ~ *vpr:* **se** ~ **de** to provide o.s. with; **se** ~ **de patience** to arm o.s. with patience.

munitions [mynisjɔ̃] *nfpl* (a) ammunition, munitions. **dépôt de** ~ munitions *ou* ammunition dump. (b) *(†: ressources)* supplies.

muqueuse [mykøz] *nf* mucous membrane.

mur [myʀ] *nm (gén)* wall. ~ **d'enceinte** outer wall *ou* walls; **une maison aux** ~**s de brique** a brick house; **faire le** ~ ***** to jump the wall; **l'ennemi est dans nos** ~**s** the enemy is within our gates; **M. X est dans nos** ~**s aujourd'hui** we have Mr X with us today; **avoir le dos au** ~ to have one's back to the wall; **on parle à un** ~ it's like talking to a brick wall; **franchir le** ~ **du son** to break the sound barrier. ♦ **muraille** *nf* (high) wall. **couleur (de)** ~ stone grey. ♦ **mural, e,** *mpl* **-aux** *adj* wall; *(Art)* mural. ♦ **murer** (1) **1** *vt ouverture* to wall up, brick up. **2 se** ~ *vpr (chez soi)* to shut o.s. away. **se** ~ **dans son silence** to immure o.s. in silence.

mûr, e¹ [myʀ] *adj* (a) *fruit, projet* ripe; *tissu* worn. **fruit pas** ~**/trop** ~ unripe/overripe fruit. (b) *personne (sensé)* mature; *(âgé)* middle-aged. **il est** ~ **pour le mariage** he is ready for marriage; **une femme assez** ~**e** a woman of mature years. (c) *(*⁂*: ivre)* tight *****, plastered ⁂. (d) **après** ~**e réflexion** after mature reflection. ♦ **mûrement** *adv:* **ayant** ~ **réfléchi** after much thought, after mature reflection *ou* lengthy deliberation. ♦ **mûrir** (2) **1** *vi [fruit]* to ripen; *[idée, personne]* to mature; *[abcès]* to come to a head. **2** *vt fruit* to ripen; *projet* to nurture; *personne* to make mature.

mûre² [myʀ] *nf [ronce]* blackberry, bramble; *[mûrier]* mulberry. ♦ **mûrier** *nm* mulberry bush.

murmurer [myʀmyʀe] (1) **1** *vt* to murmur. **on murmure que...** it's whispered that..., rumour has it that... **2** *vi (chuchoter)* to murmur; *(protester)* to mutter, grumble *(contre* about). ♦ **murmure** *nm* murmur. **obéir sans** ~ to obey without a murmur; ~**s** *(protestations)* murmurings, grumblings; *(objections)* objections.

muscade [myskad] *nf* nutmeg.

muscat [myska] *nm (raisin)* muscat grape; *(vin)* muscatel (wine).

muscle [myskl(ə)] *nm* muscle. ◆ **musclé, e** *adj corps* muscular; *homme* brawny; *régime* strongarm. ◆ **musculaire** *adj force* muscular. **fibre** ~ muscle fibre. ◆ **musculature** *nf* muscle structure.

muse [myz] *nf (Littérat, Myth)* Muse.

museau, *pl* ~**x** [myzo] *nm [chien, bovin]* muzzle; *[porc]* snout; *(Culin)* brawn, headcheese *(US)*; *(*: visage)* face. ◆ **museler** (4) *vt (lit, fig)* to muzzle. ◆ **muselière** *nf* muzzle.

musée [myze] *nm [tableaux, sculptures]* art gallery; *(technique)* museum. *(lit, fig)* **pièce de** ~ museum piece. ◆ **muséum** *nm* museum.

musique [myzik] *nf (art)* music; *(orchestre)* band. ~ **sacrée/d'ambiance/de chambre** sacred/background/chamber music; **elle fait de la** ~ she plays an instrument; **mettre un poème en** ~ to set a poem to music; **c'est toujours la même** ~ * it's always the same old refrain. ◆ **musical, e,** *mpl* -**aux** *adj* musical. ◆ **musicalement** *adv* musically. ◆ **musicalité** *nf* musicality, musical quality. ◆ **music-hall,** *pl* ~-~**s** *nm (salle)* variety theatre, music hall. **faire du** ~ to be in variety; **numéro de** ~ variety turn. ◆ **musicien, -ienne** **1** *adj* musical. **2** *nm, f* musician.

musulman, e [myzylmã, an] *adj, nm, f* Moslem, Muslim.

muter [myte] (1) *vt (Admin)* to transfer. ◆ **mutant, e** *adj, nm, f* mutant. ◆ **mutation** *nf (gén)* transformation; *(Bio)* mutation; *(Admin, Jur)* transfer. **société en** ~ changing society.

mutiler [mytile] (1) *vt (gén)* to mutilate; *personne* to maim; *statue, arbre* to deface. **être mutilé des deux jambes** to have lost both legs; **se** ~ to maim

ou injure o.s. ◆ **mutilation** *nf* mutilation. ◆ **mutilé, e 1** *adj*: **être** ~ to be disabled. **2** *nm, f* cripple, disabled person. ~ **de la face** disfigured person; ~ **de guerre** disabled ex-serviceman.

mutiner (se) [mytine] (1) *vpr (Mil, Naut)* to mutiny; *(gén)* to rebel, revolt. ◆ **mutin, e 1** *adj (espiègle)* mischievous. **2** *nm* mutineer; rebel. ◆ **mutiné, e 1** *adj* mutinous. **2** *nm* mutineer; rebel. ◆ **mutinerie** *nf* mutiny; rebellion, revolt.

mutisme [mytism(ə)] *nm (gén)* silence; *(Méd)* muteness.

mutuel, -elle [mytɥɛl] **1** *adj* mutual. **2** *nf* mutual benefit society. ◆ **mutuellement** *adv s'aider* one another, each other. ~ **ressenti** mutually felt.

myope [mjɔp] *adj* short-sighted, near-sighted, myopic. ~ **comme une taupe** * (as) blind as a bat. ◆ **myopie** *nf* short-sightedness, near-sightedness, myopia.

myosotis [mjɔzɔtis] *nm* forget-me-not.

myriade [miʀjad] *nf* myriad.

myrtille [miʀtij] *nf* bilberry, blueberry *(US)*.

mystère [mistɛʀ] *nm* mystery. ◆ **mystérieusement** *adv* mysteriously. ◆ **mystérieux, -euse** *adj* mysterious.

mystifier (se) [mistifje] (7) *vt* to fool, take in. ◆ **mystification** *nf (farce)* hoax; *(péj: mythe)* myth. ◆ **mystificateur, -trice** *nm, f* hoaxer.

mystique [mistik] **1** *adj* mystical. **2** *nmf (personne)* mystic. **3** *nf (science)* mysticism; *(péj: vénération)* blind belief *(de in)*. ◆ **mysticisme** *nm* mysticism. ◆ **mystiquement** *adv* mystically.

mythe [mit] *nm (gén)* myth. ◆ **mythique** *adj* mythical. ◆ **mythologie** *nf* mythology. ◆ **mythologique** *adj* mythological. ◆ **mythomane** *adj, nmf* mythomaniac.

myxomatose [miksɔmatoz] *nf* myxomatosis.

N

N, n [ɛn] *nm (lettre)* N, n.

n' [n] *V* ne.

nacre [nakʀ(ə)] *nf* mother-of-pearl. ◆ **nacré, e** *adj* pearly.

nager [naʒe] **(3) 1** *vi [personne]* to swim; *[objet]* to float. **ça nage dans la graisse** it is swimming in fat; **~ dans l'opulence** to be rolling in money *; **il nage dans ses vêtements** he is lost in his clothes; **en allemand, je nage complètement** * I'm completely at sea * in German. **2** *vt* to swim. **~ la brasse** to swim breast-stroke. ◆ **nage** *nf* (a) swimming; *(manière)* stroke, style of swimming. **~ sur le dos** backstroke; **~ indienne** sidestroke; **~ libre** freestyle; **gagner la rive à la ~** to swim to the bank. **(b) être en ~** to be bathed in sweat; **cela m'a mis en ~** that made me sweat. ◆ **nageoire** *nf [poisson]* fin; *[phoque etc]* flipper. ◆ **nageur, -euse** *nm, f* swimmer.

naguère [nagɛʀ] *adv (récemment)* not long ago; *(autrefois)* formerly.

naïf, naïve [naif, naiv] **1** *adj* naïve. **2** *nm, f* gullible fool, innocent. ◆ **naïvement** *adv* naïvely. ◆ **naïveté** *nf* naïvety.

nain, e [nɛ̃, nɛn] **1** *adj* dwarfish. **chêne ~** dwarf oak. **2** *nm, f* dwarf. *(Cartes)* **le ~ jaune** pope Joan.

Nairobi [naiʀɔbi] *n* Nairobi.

naissance [nɛsɑ̃s] *nf (gén)* birth; *[rivière]* source; *[cheveux, ongles]* root; *[cou]* base. **à la ~** at birth; **de ~ aveugle** from birth; *français* by birth; **prendre ~** to take form; **donner ~ à** *enfant* to give birth to; *rumeurs* to give rise to.

naître [nɛtʀ(ə)] **(59) 1** *vi* **(a)** to be born. **il vient de ~** he has just been born; **X est né le 4 mars** X was born on March 4; **l'homme naît libre** man is born free; **il est né poète** he is a born poet; **l'enfant qui va ~** the unborn child; **l'enfant qui vient de ~** the newborn child; **en naissant** at birth; **Mme Durand, née Dupont** Mme Durand, née Dupont; **être né de parents français** to be born of French parents; **être né coiffé** to be born lucky; **il n'est pas né d'hier** he wasn't born yesterday. **(b)** *[idée]* to be born; *[ville]* to spring up; *[jour]* to break; *[sentiment, difficultés]* to arise; *[plante]* to burst forth; *[rivière]* to rise. **un sourire naquit sur son visage** a smile crept over his face; **faire ~** *industrie* to create; *soupçons, désir* to arouse. **(c) ~ de: la haine née de ces querelles** the hatred which sprang from these quarrels. **(d)** *(littér)* **s'éveiller à) ~ à l'amour** to awaken to love. **2** *vb impers:* **il naît plus de filles que de garçons** there are more girls born than boys.

nana * [nana] *nf (femme)* bird ‡, chick ‡.

nantir [nɑ̃tiʀ] **(2)** *vt* to provide *(de* with). **se ~ de** to provide o.s. with. ◆ **nanti, e** *adj* affluent, well-to-do.

napalm [napalm] *nm* napalm.

naphtaline [naftalin] *nf* mothballs.

Naples [napl(ə)] *n* Naples. ◆ **napolitain, e** *adj,* **N~(e)** *nm(f)* Neapolitan.

nappe [nap] *nf* tablecloth; *[gaz, pétrole]* layer; *[brouillard]* blanket; *[eau, feu]* sheet. **~ de mazout** oil slick. ◆ **napper** **(1)** *vt (Culin)* to coat *(de* with). ◆ **napperon** *nm* doily; *(pour vase, lampe etc)* mat.

narcisse [naʀsis] *nm (Bot)* narcissus; *(péj: égocentrique)* narcissistic individual. *(Myth)* **N~** Narcissus.

narcotique [naʀkɔtik] *adj, nm* narcotic.

narguer [naʀge] **(1)** *vt danger* to flout; *personne* to scoff at.

narine [naʀin] *nf* nostril.

narquois, e [naʀkwa, waz] *adj* mocking, derisive. ◆ **narquoisement** *adv* mockingly, derisively.

narrer [naʀe] **(1)** *vt* to narrate. ◆ **narrateur, -trice** *nm, f* narrator. ◆ **narratif, -ive** *adj* narrative. ◆ **narration** *nf (action)* narration; *(récit)* narrative, account; *(Scol: rédaction)* essay.

nasal, e, *mpl* **-aux** [nazal, o] *adj* nasal.

nase ‡ [naz] *adj* bust *, kaput. **ma télé est ~** my TV has gone bust *.

naseau, *pl* **~x** [nazo] *nm [cheval]* nostril.

nasiller [nazije] **(1)** *vi [personne]* to have a (nasal) twang; *[micro]* to whine. ◆ **nasillard, e** *adj* nasal; whiny. ◆ **nasillement** *nm* (nasal) twang; whine.

nasse [nas] *nf* hoop net.

natal, e, *mpl* **~s** [natal] *adj* native. ◆ **natalité** *nf* birth rate.

natation [natɑsjɔ̃] *nf* swimming.

natif, -ive [natif, iv] *adj, nm, f (gén)* native.

nation [nɑsjɔ̃] *nf* nation. **les N ~s Unies** the United Nations. ◆ **national, e,** *mpl* **-aux** *adj (gén)* national; *économie, monnaie* domestic; *obsèques, éducation* state. **au plan ~ et international** at home and abroad; *(Écon)* **entreprise ~e** state-owned company; **grève ~e** nation-wide *ou* national strike; **(route) ~e** ≃ 'A' *ou* trunk road, state highway *(US)*. ◆ **nationalisable** *adj* targeted for nationalization. ◆ **nationalisation** *nf* nationalization. ◆ **nationaliser** **(1)** *vt* to nationalize. ◆ **nationalisme** *nm* nationalism. ◆ **nationaliste** *adj, nmf* nationalist. ◆ **nationalité** *nf* nationality.

natte [nat] *nf (tresse)* pigtail, plait; *(paillasse)* mat.

naturaliser [natyʀalize] **(1)** *vt* to naturalize. **se faire ~ français** to become a naturalized Frenchman. ◆ **naturalisation** *nf* naturalization.

nature [natyʀ] **1** *nf* **(a)** *(caractère)* nature. **la ~ humaine** human nature; **c'est/ce n'est pas de ~ à arranger les choses** it's liable to/not likely to make things easier; **il n'est pas de ~ à accepter** he's not the sort of person who would agree. **(b)** *(monde)* **la ~** nature; **vivre (perdu) dans la ~** to live (out) in the country *ou* at the back of beyond; **disparaître dans la ~** * to vanish into thin air. **(c)** *(sorte)* nature, kind. **de toute(s) ~(s)** of all kinds, of every kind. **(d)** *(Art)* **peindre d'après ~** to paint from life; **plus grand que ~** more than life-size, larger than life; **~ morte** still life. **(e)** *(Fin)* **en ~** in kind. **2** *adj inv* eau, thé etc plain. **café ~** black coffee; **boire le whisky ~** to drink whisky neat *ou* straight.

naturel, -elle [natyʀɛl] **1** *adj (gén)* natural; *besoins* bodily. **avec sa voix ~elle** in his *(ou* her) normal voice; **c'est ~ chez lui** it's natural for him, it comes naturally to him; **ne me remerciez pas, c'est tout ~** please don't mention it. **2** *nm* **(a)** *(caractère)* nature, disposition. **(b)** *(absence d'affectation)* naturalness. **(c)** *(indigène)* native. **(d) au ~** *(Culin)* water-packed; **elle est mieux en photo qu'au ~**

she's better in photos than in real life. ◆ **naturellement** *adv (gén)* naturally; *(bien sûr)* naturally, of course.

naufrage [nofʀaʒ] *nm [bateau]* wreck; *(fig)* ruin. **un ~ a** shipwreck; **faire ~** *[bateau]* to be wrecked; *[marin]* to be shipwrecked. ◆ **naufragé, e 1** *adj* shipwrecked. **2** *nm, f* shipwrecked person; *(sur une île)* castaway.

nausée [noze] *nf (sensation)* nausea. **avoir la ~** to feel sick; **avoir des ~s** to have bouts of nausea; *(lit, fig)* **ça me donne la ~** it makes me (feel) sick. ◆ **nauséabond, e** *adj (lit)* putrid, evil-smelling, foul-smelling, nauseating, sickening; *(fig)* nauseating, sickening.

nautique [notik] *adj science* nautical. **sports ~s** water sports; **fête ~** water festival.

naval, e, *mpl* **~s** [naval] *adj (gén)* naval; *industrie* ship-building.

navet [navɛ] *nm* **(a)** *(légume)* turnip. **(b)** *(péj)* third-rate film *(ou* novel).

navette [navɛt] *nf* **(a)** *(Tex)* shuttle. **(b)** *(transport)* shuttle (service). **faire la ~ entre** *[banlieusard]* to commute between; *[véhicule]* to operate a shuttle service between; *[bateau]* to ply between. **(c)** *(Espace)* **~ spatiale** space shuttle.

naviguer [navige] **(1)** *vi* **(a)** *(voyager) [bateau, marin]* to sail; *[avion, pilote]* to fly. **ce type a beaucoup navigué *** this guy has been around a lot *; **bateau en état de ~** seaworthy ship. **(b)** *(piloter) [marin]* to navigate, sail; *[aviateur]* to navigate, fly. *(fig)* **il sait ~ *** he knows the ropes. ◆ **navigabilité** *nf [rivière]* navigability; *[bateau]* seaworthiness; *[avion]* airworthiness. ◆ **navigable** *adj rivière* navigable. ◆ **navigant, e** *adj: (Aviat)* **personnel ~** flying personnel. ◆ **navigateur** *nm (gén)* navigator. **~ solitaire** single-handed sailor. ◆ **navigation** *nf* **(a)** *(Naut)* sailing, navigation; *(trafic)* (sea) traffic. **ouvert à la ~** open to shipping *ou* ships; **terme de ~** nautical term. **(b)** *(Aviat) (trafic)* air traffic; *(pilotage)* navigation, flying.

navire [naviʀ] *nm* ship; *(Jur)* vessel. **~ amiral** flagship; **~ de guerre** warship.

navrer [navʀe] **(1)** *vt [conduite, nouvelle]* to distress, upset; *[contretemps]* to annoy. ◆ **navré, e** *adj* sorry *(de* to). **ton ~** *(excuse)* apologetic tone; *(compassion)* sympathetic tone; *(émotion)* distressed *ou* upset voice.

nazi, e [nazi] *adj, nm, f* Nazi. ◆ **nazisme** *nm* Nazism.

ne [n(ə)] *adv nég*, **n'** *devant voyelles et h muet* **(a)** not. **il n'a rien dit** he did not *ou* didn't say anything, he said nothing; **nul n'a compris** nobody *ou* no one understood; **je n'ai pas d'argent** I have no money, I haven't (got) any money; **~ me dérangez pas** don't *ou* do not disturb me; **il ~ sait pas parler** he can't *ou* cannot speak; **pas un seul ~ savait** not a single one knew; **il n'a que faire de vos conseils** he has no use for your advice, he's not interested in your advice; **que n'a-t-il songé à me prévenir** if only he had thought to warn me; **n'était la situation internationale, il serait parti** had it not been for *ou* were it not for the international situation he would have left; **cela fait des années que je n'ai été au cinéma** it's years since I (last) went to the cinema. **(b)** **~...que** only; **elle n'a confiance qu'en nous** she trusts only us; **il n'a que trop d'assurance** he is only too self-assured; **il n'y a pas que vous** you're not the only one; **et il n'y a pas que ça!** and that's not all! **(c)** *(sans valeur nég)* **j'ai peur qu'il ~ vienne** I am afraid (that) he will come; **mangez avant que la viande ~ refroidisse** do eat before the meat gets cold; **il est plus malin qu'on ~ pense** he is more cunning than you think.

né, e [ne] *adj, nm, f* born. **son premier/dernier ~** her first-/last-born.

néanmoins [neɑ̃mwɛ̃] *adv* nevertheless, yet. **c'est incroyable mais ~ vrai** it's incredible but nonetheless true *ou* but it's true nevertheless.

néant [neɑ̃] *nm:* **le ~** nothingness; **le ~ de la vie** the emptiness of life; **signes particuliers:** ~ special peculiarities: none.

nébuleux, -euse [nebylø, øz] **1** *adj ciel* cloudy; *discours* nebulous. **2** *nf (Astron)* nebula.

nécessaire [nesesɛʀ] **1** *adj (gén)* necessary; *personne* indispensable *(à* to). **il est ~ qu'on le fasse** we need to do it, we have (got) to do it, we must do it, it's necessary *ou* essential for us to do it; **~ à la vie/aux hommes** necessary for life/to man; **un bon repos vous est ~** you need a good rest; **avoir le temps ~ (pour qch/pour faire)** to have the necessary time *ou* the time required (for sth/to do). **2** *nm:* **je n'ai pas le ~ pour le faire** I haven't got what's needed *ou* necessary to do it; **le strict ~** the bare necessities *ou* essentials; **je vais faire le ~** I'll see to it, I'll make the necessary arrangements. **3** **~ à couture** sewing box; **~ à ongles** manicure set; **~ de toilette** toilet bag; **~ de voyage** overnight bag, grip. ◆ **nécessairement** *adv faux etc* necessarily. **dois-je ~ m'en aller?** is it necessary for me to go?, must I go?, do I have to go?; **il va ~ échouer** he's bound to fail, he'll inevitably fail. ◆ **nécessité** *nf* **(a)** necessity. **je ne vois pas la ~ de le faire** I don't see the necessity of doing that *ou* the need for doing that; **être dans la ~ de faire qch** to have no choice *ou* alternative but to do sth. **(b)** **les ~s de la vie** the necessities *ou* essentials of life; **les ~s du service** the demands *ou* requirements of the job. **(c)** *(†: pauvreté)* destitution. ◆ **nécessiter** **(1)** *vt* to require, necessitate. ◆ **nécessiteux, -euse** *adj* needy.

nécrologie [nekʀɔlɔʒi] *nf (liste)* obituary column; *(biographie)* obituary. ◆ **nécrologique** *adj* obituary.

nécropole [nekʀɔpɔl] *nf* necropolis.

nécrose [nekʀoz] *nf* necrosis. ◆ **nécroser** *vt,* **se ~** *vpr* **(1)** to necrose.

nectar [nɛktaʀ] *nm (Bot, Myth, fig)* nectar.

nectarine [nɛktaʀin] *nf* nectarine.

néerlandais, e [neɛʀlɑ̃dɛ, ɛz] **1** *adj* Dutch. **2** *nm* **(a)** **N~** Dutchman; **les N~** the Dutch. **(b)** *(Ling)* Dutch. **3** *nf:* **N~e** Dutchwoman.

nef [nɛf] *nf* nave. **~ latérale** side aisle.

néfaste [nefast(ə)] *adj (nuisible)* harmful *(à* to); *(funeste)* ill-fated, unlucky.

négatif, -ive [negatif, iv] **1** *adj* negative. **2** *nm (Phot, Ling)* negative. **au ~** in the negative. **3** *nf:* **dans la ~ive** in the negative. ◆ **négation** *nf* negation. ◆ **négativement** *adv* negatively.

négliger [negliʒe] **(3)** **1** *vt (gén)* to neglect; *tenue* to be careless about; *conseil* to disregard; *occasion* to miss. **ce n'est pas à ~** *(offre)* it's not to be sneezed at; *(difficulté)* it mustn't be overlooked; **ne rien ~ pour réussir** to leave no stone unturned in an effort to succeed; **il a négligé de le faire** he did not bother *ou* he neglected to do it. **2 se ~** *vpr (santé)* to neglect o.s.; *(tenue)* to neglect one's appearance. ◆ **négligé, e 1** *adj épouse* neglected; *tenue* slovenly; *travail, style* slipshod. **2** *nm (laisser-aller)* slovenliness; *(vêtement)* négligée. ◆ **négligeable** *adj (gén)* negligible; *détail* trivial; *adversaire* insignificant. **non ~** not inconsiderable. ◆ **négligemment** *adv (sans soin)* carelessly, negligently; *(nonchalamment)* casually. ◆ **négligence** *nf* negligence, slovenliness; *(erreur)* omission. **il est d'une (telle) ~!** he's so careless!; **c'est une ~ de ma part** it's an oversight *ou* a careless mistake on my part; **par ~** out of carelessness. ◆ **négligent, e** *adj (sans soin)* negligent, careless; *(nonchalant)* casual.

négocier [negɔsje] (7) *vti (gén)* to negotiate. ◆ **négoce** *nm* (†: *commerce*) business. **faire du** ~ to be in business; **faire du** ~ **avec un pays** to trade with a country. ◆ **négociable** *adj* negotiable. ◆ **négociant**, **e** *nm*, *f* merchant. ~ **en gros** wholesaler. ◆ **négociateur**, **-trice** *nm*, *f* negotiator. ◆ **négociation** *nf* negotiation. ~**s commerciales** trade talks.

nègre [nɛgʀ(ə)] **1** *nm (péj) (indigène)* Negro, nigger *(péj)*; *(écrivain)* ghost writer. **travailler comme un** ~ to work like a slave. **2** *adj* Negro. ◆ **négresse** *nf* Negress.

neige [nɛʒ] *nf (gén, arg)* snow. **aller à la** ~ * to go to the ski resorts; ~ **carbonique** dry ice; ~ **fondue** *(pluie)* sleet. ◆ **neiger** (3) *vb impers* to snow, be snowing. ◆ **neigeux**, **-euse** *adj sommet* snow-covered, snow-clad; *aspect* snowy.

nénuphar [nenyfaʀ] *nm* water lily.

néo- [neɔ] *préf* neo-.

néolithique [neɔlitik] *adj*, *nm* neolithic.

néologisme [neɔlɔʒism(ə)] *nm* neologism.

néon [neɔ̃] *nm (gaz)* neon; *(éclairage)* neon lighting.

néophyte [neɔfit] *nmf (gén)* beginner; *(Rel)* neophyte.

néo-zélandais, **e** [neɔzelɑ̃dɛ, ɛz] **1** *adj* New Zealand. **2** *nm(f):* **N~(e)** New Zealander.

Népal [nepal] *nm* Nepal. ◆ **népalais**, **e** *adj*, *nm*, **N~(e)** *nm(f)* Nepalese, Nepali.

nerf [nɛʀ] *nm* nerve. **avoir les** ~**s malades** to suffer from nerves; **avoir les** ~**s à vif** to be very nervy *ou* edgy, be on edge; **avoir ses** ~**s** to have a fit of nerves; **être sur les** ~**s** to be all keyed up; **taper** * **sur les** ~**s de qn** to get on sb's nerves; **ses** ~**s ont lâché** * his nerves have gone to pieces, he has cracked up *; **allons du** ~! come on, buck up! *; **ça manque de** ~ it has got no go about it; **l'argent est le** ~ **de la guerre** money is the sinews of war. ◆ **nerveusement** *adv (excité)* nervously, tensely; *(agacé)* touchily, nervily. **ébranlé** ~ **shaken.** ◆ **nerveux**, **-euse** *adj* **(a)** *tension, système* nervous; *cellule* nerve. **(b)** *(agité)* nervous, tense; *(irritable)* touchy, nervy. **c'est un grand** ~ he's very highly strung. **(c)** *(vigoureux) corps, style* energetic, vigorous; *moteur* responsive. **(d)** *(sec) personne, main* wiry; *viande* stringy. ◆ **nervosité** *nf* **(a)** *(agitation) (permanente)* nervousness; *(passagère)* agitation, tension. **(b)** *(irritabilité)* irritability, nerviness. **(c)** *[moteur]* responsiveness. **manque de** ~ sluggishness.

nervure [nɛʀvyʀ] *nf (Bot)* nervure; *(Archit)* rib.

n'est-ce pas [nɛspɑ] *adv:* **il est fort,** ~? he's strong, isn't he?; **il l'ignore,** ~? he doesn't know, does he?

net, **nette** [nɛt] **1** *adj* **(a)** *surface* clean; *intérieur, travail* clean, neat, tidy; *conscience* clear. **mettre au** ~ *rapport, devoir* to make a fair copy of sth; *plan, travail* to tidy up. **(b)** *prix, poids* net. ~ **de** free of; **revenu** ~ disposable income. **(c)** *idée, explication, voix* clear; *réponse* straight, plain; *refus* flat; *situation* clear-cut. *(bizarre)* **ce type n'est pas très** ~ * this guy is slightly odd *ou* strange *. **(d)** *différence, amélioration etc* marked, distinct, sharp. **il est très** ~ **qu'il le savait** it is quite clear *ou* obvious that he knew. **(e)** *dessin, écriture, souvenir* clear; *contour, (Phot) image* sharp; *cassure* clean. **2** *adv* **(a)** *s'arrêter* dead; *tué* outright. **se casser** ~ to break clean through. **(b)** *parler* frankly, bluntly; *refuser* flatly. **pour vous parler** ~ to be blunt *ou* frank with you. **(c)** *(Comm)* net. **2 kg = 2 kg** net. ◆ **nettement** *adv (gén)* clearly; *refuser* flatly; *dire* bluntly, frankly; *apparaître* distinctly, sharply; *s'améliorer* markedly. ◆ **netteté** *nf [tenue, travail]* neatness; *[explication, souvenir, voix]* clearness, clarity; *[contour, image]* sharpness; *[cassure]* cleanness.

nettoyer [nɛtwaje] (8) *vt* **(a)** *(gén) objet* to clean; *jardin* to clear. ~ **au chiffon** to dust; ~ **avec du savon** to wash with soap; ~ **à la brosse** to brush; ~ **à sec** to dry-clean. **(b)** (*) *(tuer)* to finish off *; *(ruiner)* to clean out; *(vider)* to clean out, empty. **(c)** *(Mil, Police)* to clean up. ◆ **nettoiement** *nm* cleaning. ◆ **nettoyage** *nm (gén)* cleaning; *(Mil, Police)* cleaning up. ~ **de printemps** spring-cleaning; ~ **à sec** dry cleaning.

neuf¹ [nœf] *adj inv*, *nm inv* nine; *V* **six**.

neuf², **neuve** [nœf, nœv] **1** *adj (gén)* new; *pensée* fresh; *pays* young. **à l'état** ~ as good as new. **2** *nm:* **il y a du** ~ there has been a new development; **quoi de/rien de** ~? what's/nothing new?; **vêtu de** ~ dressed in new clothes; **remettre à** ~ to do up like new; **on ne peut pas faire du** ~ **avec du vieux** you can't make new things out of old.

neurasthénie [nøʀasteni] *nf (gén)* depression. **faire de la** ~ to be depressed. ◆ **neurasthénique** *adj* depressed.

neuro... [nøʀɔ] *préf* neuro...

neurochirurgie [nøʀɔʃiʀyʀʒi] *nf* neurosurgery.

neurologie [nøʀɔlɔʒi] *nf* neurology. ◆ **neurologue** *nmf* neurologist.

neurophysiologie [nøʀɔfizjɔlɔʒi] *nf* neurophysiology.

neuropsychiatrie [nøʀɔpsikjatʀi] *nf* neuropsychiatry. ◆ **neuropsychiatre** *nmf* neuropsychiatrist.

neuropsychologie [nøʀɔpsikɔlɔʒi] *nf* neuropsychology.

neutre [nøtʀ(ə)] **1** *adj (gén)* neutral; *(Ling, Zool)* neuter; *(sans excès)* middle-of-the-road. **2** *nm (Ling)* neuter; *(Élec)* neutral; *(Pol)* neutral country. ◆ **neutralisation** *nf* neutralization. ◆ **neutraliser** (1) *vt* to neutralize. ◆ **neutralité** *nf* neutrality. ◆ **neutron** *nm* neutron.

neuvième [nœvjɛm] *adj*, *nmf* ninth; *V* **sixième**. ◆ **neuvièmement** *adv* ninthly; *V* **sixièmement**.

neveu, *pl* ~**x** [n(ə)vø] *nm* nephew.

névralgie [nevʀalʒi] *nf* neuralgia. **avoir des** ~**s** to suffer from neuralgia. ◆ **névralgique** *adj* neuralgic. *(Méd, fig)* **point** ~ nerve centre.

névrose [nevʀoz] *nf* neurosis. ◆ **névrosé**, **e** *adj*, *nm*, *f* neurotic. ◆ **névropathe** *adj*, *nmf* neurotic. ◆ **névrotique** *adj* neurotic.

new-look * [njuluk] *adj*, *nm inv* new look.

New York [njujɔʀk] **1** *n (ville)* New York. **2** *nm:* **l'État de** ~ New York State. ◆ **new yorkais**, **e 1** *adj* of *ou* from New York. **2** *nm*, *f:* **N~ Y~(e)** New Yorker.

nez [ne] *nm* **(a)** *(gén)* nose. **parler du** ~ to talk through one's nose; **comme le** ~ **au milieu du visage** as plain as the nose on your face *ou* as a pikestaff; **cela sent le brûlé à plein** ~ there's a strong smell of burning; **tu as le** ~ **dessus!** it's right under your nose! **(b)** *(visage)* **baisser/lever le** ~ to bow/raise one's head, look down/up; **mettre le** ~ **à la fenêtre** to show one's face at the window; **fermer la porte au** ~ **de qn** to shut the door in sb's face; ~ **à** ~ face to face *(avec* with); **faire un drôle de** ~ to pull a funny face. **(c)** *(flair)* **avoir du** ~ to have flair; **j'ai eu le** ~ **creux de m'en aller** * I was quite right to leave. **(d)** **au** ~ **et à la barbe de qn** under sb's very nose; **il m'a dans le** ~ * he can't stand me *, he has got sth against me; **se bouffer le** ~ ✱ to be at each others' throats; **mettre son** ~ **dans qch** to poke one's nose into sth; **l'affaire lui est passée sous le** ~ * the bargain slipped through his fingers.

ni [ni] *conj* nor, or. **ni... ni...** neither... nor...; **il ne pouvait (~) parler** ~ **entendre** he could neither speak nor hear, he couldn't speak or hear; **je ne veux** ~ **ne peux accepter** I neither wish to nor can accept; ~ **plus** ~ **moins** no more no less; ~

l'un ~ l'autre neither one nor the other, neither of them; ~ vu ~ connu * no one'll know; cela ne me fait ~ chaud ~ froid it makes no odds to me.

Niagara [njagaʀa] nm Niagara.

niais, e [njɛ, ɛz] **1** adj (gén) silly, simple; rire inane. **2** nm, f simpleton. ◆ **niaisement,** adv inanely. ◆ **niaiserie** nf silliness, simpleness; inanity. ~s foolish remarks etc.

Nicaragua [nikaʀagwa] nm Nicaragua. ◆ **nicaraguayen, -enne** adj, N~(ne) nm(f) Nicaraguan.

niche [niʃ] nf (a) (alcôve) niche, recess; [chien] kennel. (b) (farce) trick, hoax.

nichée [niʃe] nf [oiseaux, enfants] brood; [chiens] litter.

nicher [niʃe] (1) **1** vi [oiseau] to nest; (*) [personne] to hang out ⚓. **2 se ~** vpr [oiseau] to nest; [village etc] to nestle (dans in); (*) [personne] to stick * ou put o.s.; [objet] to lodge itself.

nickel [nikɛl] **1** nm nickel. **2** adj (*: impeccable) spick and span. ◆ **nickeler** (4) vt to nickel-plate.

Nicosie [nikɔsi] n Nicosia.

nicotine [nikɔtin] nf nicotine.

nid [ni] nm (Zool) nest; (foyer) cosy little nest; (repaire) den. **surprendre qn au ~** to find sb at home ou in; **~ de mitrailleuses** nest of machine guns; **~ de poule** pothole; **~ à poussière** dust trap; **~ de résistance** pocket of resistance. ◆ **nidification** nf nesting.

nièce [njɛs] nf niece.

nier [nje] (7) vt to deny (avoir fait having done). **~ l'évidence** to deny the obvious; **l'accusé nia** the accused denied the charges.

nigaud, e [nigo, od] **1** adj silly, simple. **2** nm, f simpleton. **gros ~!** big silly ou ninny! *

Niger [niʒɛʀ] nm: **le ~** the Niger. ◆ **nigérien, -ienne 1** adj of ou from Niger. **2** nm, f: N~(ne) inhabitant ou native of Niger.

Nigéria [niʒeʀja] nm ou f Nigeria. ◆ **nigérian, e** adj, N~(e) nm(f) Nigerian.

night-club, pl ~s [najtklœb] nm nightclub.

Nil [nil] nm: **le ~** the Nile.

nipper * [nipe] (1) **1** vt to tog out *. **2 se ~** vpr to get togged up *. ◆ **nippes** † * nfpl togs *.

nippon, e ou **-onne** [nipɔ̃, ɔn] adj, N~(e) nm (f) Japanese, Nipponese.

nitrate [nitʀat] nm nitrate. ◆ **nitrique** adj nitric. ◆ **nitroglycérine** nf nitroglycerine.

niveau, pl ~x [nivo] nm (a) [huile, eau] level. **au ~ du sol** at ground level; **la neige m'arrivait au ~ des genoux** the snow came up to my knees ou was knee-deep; **serré au ~ de la taille** tight at the waist; **au ~ du village, il s'arrêta** once level with the village he stopped; **de ~ avec, au même ~ que** level with; **mettre/être de** ou **à ~** to make/be level. (b) [études] standard; [intelligence, qualité] level. **~ de langue** register; **~ social** social standing; **~ de vie** standard of living; **le ~ d'instruction baisse** educational standards are falling; **atteindre son ~ le plus bas** to reach its lowest ebb ou level; (Scol) **au ~** up to standard; **au ~ européen** at the European level; **négociations au plus haut ~** top-level negotiations. (c) (objet) (Constr) level; (Aut: jauge) gauge. ◆ **niveler** (4) vt (gén) to level; [érosion] to wear down ou away. **~ par le bas** to level down. ◆ **nivelage** nm ou ◆ **nivellement** nm levelling. **~ par le bas** levelling down. ◆ **niveleuse** nf (Constr) grader.

noble [nɔbl(ə)] **1** adj noble. **2** nmf nobleman; noblewoman. **les ~s** the nobility. ◆ **noblement** adv nobly. ◆ **noblesse** nf (gén) nobility. **~ oblige** noblesse oblige; **la petite ~** the (landed) gentry.

noce [nɔs] nf (cérémonie) wedding; (cortège) wedding party. ~s wedding; **être de ~** to be invited to a wedding; **repas de ~(s)** wedding banquet; ~s d'or

golden wedding; **il l'avait épousée en premières ~s** she was his first wife; **faire la ~** * to live it up *, have a wild time; **je n'étais pas à la ~** I was having a pretty uncomfortable time. ◆ **noceur, -euse** * nm, f reveller.

nocif, -ive [nɔsif, iv] adj noxious, harmful. ◆ **nocivité** nf noxiousness, harmfulness.

noctambule [nɔktɑ̃byl] nmf (noceur) night reveller; (qui veille la nuit) night bird, night owl.

nocturne [nɔktyʀn(ə)] **1** adj nocturnal, night. **2** nm (oiseau) night hunter; (Mus) nocturne; (Sport) evening fixture.

Noël [nɔɛl] nm (fête) Christmas; (chant) (Christmas) carol; (cadeau) Christmas present. **joyeux ~!** merry ou happy Christmas!; **~ au balcon, Pâques au tison** a warm Christmas means a cold Easter.

nœud [nø] **1** nm (gén) knot; (ruban) bow; (Phys) node. **faire son ~ de cravate** to knot ou tie one's tie; **avoir un ~ dans la gorge** to have a lump in one's throat; **il y a un ~!** * there's a hitch ou snag!; **le ~ du problème, (Théât) intrigue** the crux of; (littér: lien) **les ~s de l'amitié** the bonds ou ties of friendship. **2** : **~ coulant** slipknot; (ville) **~ ferroviaire** rail junction; **~ gordien** Gordian knot; **~ papillon** bow tie; **~ de vipères** nest of vipers.

noir, e [nwaʀ] **1** adj (a) (couleur) black; peau (par le soleil) tanned; (par les coups etc) black and blue; yeux, cheveux dark. **je l'ai vu ~ sur blanc** I saw it in black and white; **~ de saleté** black with dirt. (b) race black, coloured. **l'Afrique ~e** black Africa; **le problème ~** the colour problem. (c) (obscur) dark. **il faisait ~ comme dans un four** * it was as black as pitch; **il faisait nuit ~e** it was pitch-dark; **rue ~e de monde** street teeming with people. (d) désespoir, humeur, avenir, colère black; misère utter; idée gloomy; (macabre) film macabre. (e) (hostile) black. **être dans la misère ~e** to be in utter ou abject poverty; **regarder qn d'un œil ~** to give sb a black look. (f) (*: ivre) drunk, tight. **2** nm (a) (couleur) black; (pour les yeux) mascara. **elle avait du ~ sur le menton** she had a black mark on her chin; **elle est en ~** she is in black; (en deuil) she is in mourning; **voir les choses en ~** to look on the black side. (b) (obscurité) dark, darkness. (c) **vendre au ~** to sell on the black market; **travailler au ~** to work on the side, moonlight *; **le travail au ~** moonlighting *. (d) (personne) N~ black. **3** nf (a) (personne) N~e black, black woman! (b) (Mus) crotchet, quarter note (US). ◆ **noirâtre** adj blackish. ◆ **noirceur** nf blackness; darkness; (acte perfide) black deed. ◆ **noircir** (2) **1** vt (gén, fig) to blacken; [charbon] to dirty; (à la cire) to darken. (fig) **~ du papier** to write page after page; **le soleil l'a noirci** the sun has tanned him; **~ la situation** to paint a black picture of the situation. **2** vi [peau] to tan; [ciel, couleur] to darken. **3 se ~** vpr [ciel, couleur] to darken; [temps] to turn stormy. ◆ **noircissement** nm blackening; dirtying; darkening. ◆ **noircissure** nf black mark.

noise [nwaz] nf: **chercher ~ à qn** to try to pick a quarrel with sb.

noisette [nwazɛt] **1** adj inv hazel. **2** nf (fruit) hazelnut. **~ de beurre** knob of butter. ◆ **noisetier** nm hazel tree.

noix [nwa] nf (fruit) walnut; [côtelette] eye. **à la ~** * rubbishy; **~ de beurre** knob of butter; **~ de cajou** cashew nut; **~ de coco** coconut; **~ de muscade** nutmeg; **~ de veau** cushion of veal.

noliser [nɔlize] (1) vt to charter. **avion nolisé** charter plane.

nom [nɔ̃] **1** nm (gén) name. **petit ~** Christian ou first name; **il appelle les choses par leur ~** he's not afraid to call a spade a spade ou to call things by their proper name; **le beau ~ de liberté** the great name of liberty; **il n'est spécialiste que de ~** he is a specialist in name only; **un crime sans ~** ou **qui n'a pas de ~** an unspeakable crime; **se faire un ~** to make a name for o.s.; **parler au ~ de qn** to speak for ou on behalf of sb; **au ~ de la loi, ouvrez** open up in the name of the law; **au ~ de quoi vous permettez-vous...?** whatever gives you the right to...?; **au ~ du ciel!** in heaven's name!; **au ~ de ce que vous avez de plus cher** in the name of everything you hold most dear; **~ de ~** * ou **d'un chien!** * damn ⚡ ou dash * it!; **traiter qn de tous les ~s** to call sb names, call sb everything under the sun. **2** : **~ de baptême** Christian name, given name (US); **~ commun** common noun; **~ déposé** (registered) tradename; **~ d'emprunt** (gén) alias, assumed name; [écrivain] pen name; nom de plume; **~ de famille** surname; **~ de femme mariée** married name; **~ de guerre** nom de guerre; **~ de jeune fille** maiden name; **~ propre** proper noun; **~ de théâtre** stage name.

nomade [nɔmad] **1** adj nomadic. **2** nmf nomad.

nombre [nɔ̃bʀ(ə)] nm **(a)** (gén) number. **depuis ~ d'années** for many years, for a number of years; **les gagnants sont au ~ de 3** there are 3 winners; **supérieur en ~** superior in numbers; **ils sont en ~ égal** their numbers are equal ou even, they are equal in numbers; **des ennemis sans ~** innumerable ou countless enemies. **(b)** (masse) numbers. **être en ~** to be in large numbers; **faire ~** to make up the numbers; **submergé par le ~** overcome by sheer weight of numbers; **le plus grand ~** the great majority of people. **(c)** (parmi) **je le compte au ~ de mes amis** I number him among my friends; **est-il du ~ des reçus?** 'is he among those who passed?; **il y en avait dans le ~ qui riaient** some among them were laughing.

nombreux, -euse [nɔ̃bʀø, øz] adj **(a)** numerous, many. **les ~euses personnalités** the numerous ou many personalities; **de ~ accidents** many ou numerous accidents; **être ~** to be numerous; **les gens étaient venus ~** people had come in great numbers; **peu ~** few; **le public était moins/plus ~ hier** there were fewer/more spectators yesterday. **(b)** foule, collection large.

nombril [nɔ̃bʀi] nm navel, belly button *. **il se prend pour le ~ du monde** * he thinks he is the cat's whiskers * ou God's gift to mankind. ◆ **nombrilisme** * nm: (péj) **faire du ~** to be self-centred, be wrapped up in o.s. ou one's own concerns.

nomenclature [nɔmɑ̃klatyʀ] nf (gén: liste) list; (Ling, Sci) nomenclature; [dictionnaire] word list.

nominal, e, mpl **-aux** [nɔminal, o] adj (gén) nominal; (Ling) noun. **liste ~e** list of names; **syntagme ~** noun phrase; (Fin) **valeur ~e** face value. ◆ **nominalement** adv (gén, Ling) nominally. ◆ **nominatif, -ive 1** adj (Fin) registered. **liste ~ive** list of names. **2** nm (Ling) nominative. ◆ **nominativement** adv by name.

nommer [nɔme] **(1) 1** vt **(a)** fonctionnaire to appoint; candidat to nominate (à to). **(b)** (citer) to name; (appeler) personne to call, name. **ce que nous nommons le bonheur** what we name ou call happiness; **qn que je ne nommerai pas** sb who shall remain nameless. **2 se ~** vpr (s'appeler) to be called; (se présenter) to introduce o.s. ◆ **nomination** nf (promotion) appointment, nomination (à to); (document) appointment ou nomination papers. ◆ **nominé, e** adj film, acteur nominated. **être ~ à qch** to be nominated ou shortlisted for sth. ◆ **nommément** adv **(a)** (par son nom) by name. **(b)** (spécialement) particularly.

non [nɔ̃] **1** adv **(a)** no. **le connaissez-vous? — ~** do you know him? — no (I don't); **est-elle chez elle? — ~** is she at home? — no (she isn't); **je ne dis pas ~** (ce n'est pas de refus) I wouldn't 'say no; (je

n'en disconviens pas) I don't disagree; **certes ~!** most certainly ou definitely not!; **bien sûr que ~!** of course not!, I should think not!; **répondre (par) ~** to answer no; **faire ~ de la tête** to shake one's head. **(b)** (remplaçant une proposition) not. **je pense que ~** I don't think so; **je crains que ~** I am afraid not; **elle veut mais lui ~** she wants to but he doesn't; **ah ~?** really?, no?; **partez-vous ou ~?** are you going or not?; **erreur ou ~** mistake or no mistake. **(c)** (littér: pas) not. **c'est mon avis ~ (pas) le vôtre** it's my opinion not yours; **~ (pas) que...** not that... **(d)** (impatience, indignation) **tu vas cesser de pleurer ~?** will you stop crying?; **~ par exemple!** good gracious! **(e)** (doute) no? **il me l'a dit lui-même — ~?** he told me so himself — no?; **c'est bon ~?** it's good isn't it? **(f)** **nous ne l'avons pas vu — nous ~ plus** we didn't see him — neither did we ou we didn't either; **il parle ~ plus en médecin mais en ami** he is talking now not as a doctor but as a friend. **(g)** (modifiant adv) not. **~ loin de là il y a...** not far from there there's...; **c'est ~ moins intéressant** it's no less interesting; **~ sans raison/ ~ sans peine** not without reason/difficulty; **~ seulement il est impoli mais...** not only is he impolite but... **(h)** (modifiant adj, participe) **toutes les places ~ réservées** all the unreserved seats, all seats not reserved.

2 nm inv no. **il y a eu 30 ~** there were 30 votes against ou 30 noes.

3 préf non-, un-. **~-ferreux** non-ferrous; **~-vérifié** unverified.

4 : **non-agression** non-aggression; **non-aligné, e** nonaligned; **les pays non-alignés** the nonaligned countries; **non-alignement** nonalignment; **non-assistance à personne en danger** failure to render assistance to a person in danger; **non-combattant** noncombatant; **non-conformisme** nonconformism; **non-croyant** non-believer; **non-existant** non-existent; **non-fumeur** (adj) no-smoking; (nm) non-smoker; **non-ingérence** noninterference; **non-initié, e** lay person; **non-intervention** nonintervention; **non-lieu: bénéficier d'un non-lieu** to be discharged ou have one's case dismissed for lack of evidence; **non-paiement** nonpayment; **non-parution** failure to appear ou be published; **non-retour** no return; **non-sens** (absurdité) (piece of) nonsense; (en traduction) meaningless word; **non-stop** nonstop.

nonante [nɔnɑ̃t] adj (Belgique, Suisse) ninety.

nonchalance [nɔ̃ʃalɑ̃s] nf nonchalance. ◆ **nonchalant, e** adj nonchalant. ◆ **nonchalamment** adv nonchalantly.

nord [nɔʀ] **1** nm north. **le vent du ~** the north wind; **un vent du ~** a northerly ou north wind; **le vent est au ~** the wind is blowing from the north; **au ~** (situation) in the north; (direction) to the north, northwards; **au ~ de** north of; **l'Europe du ~** Northern Europe; **l'Amérique du N~** North America. **2** adj inv région northern; entrée, pôle north; direction northward; (Mét) northerly. **3** : **~-africain** etc North African etc; **~-est/-ouest** north-east/ -west. ◆ **nordique 1** adj Nordic. **2** nmf: **N~** Scandinavian. ◆ **nordiste** (Hist USA) **1** adj Northern, Yankee. **2** nmf: **N~** Northerner, Yankee.

normal, e, mpl **-aux** [nɔʀmal, o] **1** adj (gén) normal; (courant) normal, usual. **de dimension ~e** normal-sized, standard-sized; **il n'est pas ~** there's sth wrong with him; **c'est ~!** it's (quite) natural! **2** nf: **s'écarter de la ~e** to diverge from the norm; **revenir à la ~e** to return to normality, get back to normal; **au-dessus de la ~e** above average; **température voisine des ~s saisonnières** temperature close to the seasonal average. ◆ **normalement** adv normally, usually. ◆ **normaliser (1)** vt situation to normalize; produit to standardize. ◆ **normalisation** nf normalization; standardization.

Normandie [nɔʀmɑ̃di] *nf* Normandy. ◆ **normand, e** *adj*, **N~(e)** *nm (f)* Norman.

norme [nɔʀm(ə)] *nf (gén)* norm; *(Tech)* standard. **rester dans la ~** to keep within limits.

Norvège [nɔʀvɛʒ] *nf* Norway. ◆ **norvégien, -ienne** *adj, nm*, **N~(ne)** *nm (f)* Norwegian.

nos [no] *adj poss V* **notre**.

nostalgie [nɔstalʒi] *nf* nostalgia. ◆ **nostalgique** **1** *adj* nostalgic. **2** *nmf*: **les ~s du nazisme** those who long for the return of the Nazis.

notable [nɔtabl(ə)] *adj, nm* notable. ◆ **notabilité** *nf* notability. ◆ **notablement** *adv* notably.

notaire [nɔtɛʀ] *nm* ≃ lawyer, solicitor.

notamment [nɔtamɑ̃] *adv* notably.

note [nɔt] *nf* **(a)** *(écrite)* note. **prendre des ~s** to take notes; **prendre bonne ~ de qch** to take good note of sth; **prendre qch en ~** to make a note of sth, write sth down; **~ en bas de page** footnote; **~ de la rédaction** editor's note; **~ de service** memorandum. **(b)** *(chiffrée)* mark, grade. **bonne/ mauvaise ~** *(facture)* bill, check *(US)*. **~ de frais** *(bulletin)* claim form (for expenses); *(argent dépensé)* expenses; **~ d'honoraires** (doctor's *ou* lawyer's) account. **(d)** *(Mus, fig)* note. **ses paroles étaient dans la ~** his words struck the right note; **~ de tristesse** note *ou* touch of sadness.
◆ **notation** *nf [signes]* notation; *[devoir, employé]* marking, grading. *(remarque)* **une ~ intéressante** an interesting touch. ◆ **noter** (1) *vt* **(a)** *adresse etc* to write down, note down. **notez-le** make a note of it; **notez que nous serons absents** note that we'll be away. **(b)** *(remarquer) faute, progrès* to notice. **notez (bien) que je n'ai rien dit** I didn't say anything, mark you; **il faut ~ qu'il a des excuses** he has an excuse mind *ou* mark you. **(c)** *(cocher)* to mark. **~ d'une croix** to mark with a cross, put a cross against, check off. **(d)** *devoir* to mark, grade; *élève, employé* to give a mark to, grade. ◆ **notice** *nf (gén)* note; *(mode d'emploi)* directions, instructions.

notifier [nɔtifje] (7) *vt* to notify. ◆ **notification** *nf* notification.

notion [nosjɔ̃] *nf* notion. **perdre la ~ du temps** to lose all notion of time; **avoir quelques ~s de grammaire** to have some notion of grammar.

notoire [nɔtwaʀ] *adj criminel* notorious; *fait* well-known. **il est ~ que** it is common knowledge that. ◆ **notoirement** *adv* notoriously. **~ reconnu** well known. ◆ **notoriété** *nf [fait]* notoriety; *(renommée)* fame. **c'est de ~ publique** that's common knowledge.

notre [nɔtʀ(ə)], *pl* **nos** [no] *adj poss* our; *(emphatique)* our own. **~ homme a filé** the chap *ou* fellow has run off; **~ esprit** our minds; **N~ Seigneur** Our Lord.

nôtre [notʀ(ə)] **1** *pron poss*: **le ~, la ~, les ~s** ours, our own. **2** *nm* **(a)** **nous y mettrons du ~** we'll do our bit. **(b)** **les ~s** *(famille)* our family; *(partisans)* our own people; **il sera des ~s** he will join us. **3** *adj poss (littér)* ours, our own. **ces principes, nous les avons faits ~s** we have made these principles our own; *V* **sien**.

nouba ‡ [nuba] *nf*: **faire la ~** to live it up *.

nouer [nwe] (1) **1** *vt ficelle* to tie, knot, fasten; *paquet* to tie up, do up; *alliance, amitié* to form; *(Littérat) action* to build up. **avoir la gorge nouée** to have a lump in one's throat; **~ conversation avec qn** to start *ou* strike up a conversation with sb. **2 se ~** *vpr [mains]* to join together; *[amitié]* to be formed; *[conversation]* to start. *(pièce de théâtre)* **c'est là où l'intrigue se noue** it's at that point that the plot takes shape. ◆ **noueux, -euse** *adj* gnarled.

nougat [nuga] *nm (Culin)* nougat. *(pieds)* **~s** ‡ feet; **c'est du ~** * it's dead easy *.

nouille [nuj] *nf* **(a)** *(Culin)* piece *ou* bit of pasta. **~s** pasta, noodles. **(b)** (*) *(imbécile)* noodle *, idiot; *(mollasson)* big lump *.

nounou * [nunu] *nf* nanny.

nounours [nunuʀs] *nm* teddy (bear).

nourrice [nuʀis] *nf* **(a)** *(gardienne)* child-minder; *(qui allaite)* wet nurse. **~ sèche** dry nurse; **mettre un enfant en ~** to foster a child. **(b)** *(bidon)* jerry can, can *(US)*.

nourrir [nuʀiʀ] (2) **1** *vt (lit)* to feed; *feu* to stoke; *projet* to nurse; *espoir, haine* to nourish. **~ au sein** to breast-feed; **bien/mal nourri** well-/poorly-fed; **cette entreprise nourrit 10 000 ouvriers** this firm provides work for 10,000 workers; **ça ne nourrit pas son homme** it doesn't earn a man his bread *ou* doesn't give a man a living wage. **2** *vi* to be nourishing. **3 se ~** *vpr* **~ de viande** to eat; **se ~ de** to feed (o.s.) on, eat; *illusions* to feed on, live on.
◆ **nourri, e** *adj fusillade* heavy; *conversation* lively. ◆ **nourrissant, e** *adj* nourishing, nutritious. ◆ **nourrisson** *nm* infant. ◆ **nourriture** *nf (aliments, fig)* food. *(alimentation)* **une ~ saine** a healthy diet; **la lecture est une bonne ~ pour l'esprit** reading is good nourishment for the mind.

nous [nu] *pron pers* **(a)** *(sujet)* we; **~ vous écrirons** we'll write to you; **~, accepter?, jamais!** us accept that?, never!; **c'est ~ qui sommes fautifs** we are the ones to blame. **(b)** *(objet)* us. **écoutez-~** listen to us; **~, elle ~ déteste** she hates us; **c'est ~ qu'elle veut voir** it's us she wants to see. **(c)** *(avec prép)* us. **à ~ cinq** between the 5 of us; **cette maison est à ~** this house belongs to us *ou* is ours; **un élève à ~** one of our pupils. **(d)** *(comparaison)* we, us. **il est aussi fort que ~** he is as strong as we are *ou* as us *; **faites comme ~** do as we do, do the same as us *. **(e)** *(avec vpr)* **~ ~ sommes bien amusés** we thoroughly enjoyed ourselves; **~ ~ détestons** we hate each other; **asseyons-~ donc** let's sit down.

nouveau, nouvelle¹ [nuvo, nuvɛl] (**nouvel** [nuvɛl] *devant nm commençant par voyelle ou h muet*), *mpl* **nouveaux** [nuvo] **1** *adj* **(a)** *(gén)* new. **carottes nouvelles** spring carrots; **c'est tout ~** this is brand-new; **ce travail est ~ pour lui** he's new to this job; **le ~ président** the new *ou* newly-elected president; **les ~x parents** today's parents, the parents of today. **(b)** *(original)* idée novel, new; *méthode* new, up-to-date. **(c)** *(qui s'ajoute)* new, fresh. **avez-vous lu son ~ livre?** have you read his new *ou* latest book?; **un ~ Napoléon** a second Napoleon; **il y a eu un ~ tremblement de terre** there has been a further *ou* a fresh earthquake. **2** *nm, f* new man *(ou* woman); *(Scol)* new boy *(ou* girl). **3** *nm*: **y a-t-il du ~ à ce sujet?** is there anything new on this?; **il y a du ~ dans cette affaire** there has been a fresh *ou* a new *ou* further development in this business; **faire qch de ~ ou à ~** to do sth again; **nous examinerons la question à ~** we'll examine the question anew. **4**: **Nouvel An** New Year; **Nouvelle-Angleterre** New England; **Nouvelle-Calédonie** New Caledonia; **Nouvelle-Galles du Sud** New South Wales; **Nouvelle-Guinée** New Guinea; **Nouvelles-Hébrides** New Hebrides; **nouvelle lune** new moon; **nouveaux mariés** newly-weds; **N~ Mexique** New Mexico; **N~ Monde** New World; **~-né, mpl ~-nés** *(adj)* newborn; *(nm)* newborn child; **~ riche** nouveau riche; **~ venu, nouvelle venue** newcomer; **Nouvelle-Zélande** New Zealand.

nouveauté [nuvote] *nf (actualité, originalité)* novelty; *(chose)* new thing; *(objet)* new thing *ou* article. **il n'aime pas la ~** he hates anything new; **c'est une ~!** that's new!; *(Habillement)* **~s de printemps** new spring fashions; *(disque)* **les ~s du mois** the month's new releases; *(machine, voiture)* **les ~s du salon 89** the new models of the 1989 show.

nouvelle² [nuvɛl] *nf* **(a)** *(écho)* **une ~** a piece of news; **vous connaissez la ~?** have you heard the news?; **aller aux ~s** to go and find out what is happening; **avez-vous de ses ~s?** have you heard from him?, have you had any news from him?; **j'irai prendre de ses ~s** I'll go and see how he's getting on; **pas de ~ s, bonnes ~s** no news is good news; **il aura de mes ~s!** * I'll give him a piece of my mind! *, I'll give him what for! *; **(goûtez mon vin) vous m'en direz des ~s** (taste my wine) I'm sure you'll like it; *(Presse)* **voici les ~s** here is the news. **(b)** *(court récit)* short story.

nouvellement [nuvɛlmɑ̃] *adv* recently, newly.

novembre [nɔvɑ̃bʀ(ə)] *nm* November; *V* **septembre.**

novice [nɔvis] **1** *adj* inexperienced *(dans* in), green * *(dans* at). **2** *nmf* novice, beginner; *(Rel)* novice, probationer.

noyau, *pl* **~x** [nwajo] *nm [fruit]* stone, pit; *(Astron, Bio, Phys)* nucleus; *(Géol)* core; *(Ling)* kernel, nucleus; *(Ordin)* kernel; *(groupe de fidèles)* circle; *(manifestants)* small group. **~ de résistance** centre of resistance.

noyer¹ [nwaje] *nm (arbre)* walnut (tree); *(bois)* walnut.

noyer² [nwaje] (8) **1** *vt* **(a)** *(gén)* to drown; *moteur, rives* to flood. **les yeux noyés de larmes** with his eyes full of *ou* brimming with tears; **~ le poisson** * to duck *ou* sidestep the question, introduce a red herring into the discussion; **~ qn sous un déluge d'explications** to swamp sb with explanations; **noyé dans l'obscurité** shrouded in darkness; **noyé dans la foule** lost in the crowd; **noyé dans la masse** put together with the rest. **(b)** *(Tech)* *pilier* to embed. **2 se ~** *vpr (accidentellement)* to drown; *(volontairement)* to drown o.s. **se ~ dans les détails** to get bogged down in details; **se ~ dans un verre d'eau** to make a mountain out of a molehill. ◆ **noyade** *nf* drowning. **de nombreuses ~s** many drowning accidents, many deaths by drowning. ◆ **noyé, e 1** *adj (fig: perdu)* **être ~** to be out of one's depth, be all at sea *(en* in). **2** *nm, f* drowned person.

nu, e [ny] **1** *adj* **(a)** *personne* naked, bare. **~-pieds** barefoot, with bare feet; **(la) tête ~e** bareheaded; **~ jusqu'à la ceinture** stripped to the waist; **à moitié ~** half-naked; **tout ~** stark naked; **se mettre ~** to strip (off), take one's clothes off; **se montrer ~ à l'écran** to appear in the nude on the screen. **(b)** *mur, arbre, plaine* bare; *vérité* plain, naked. **(c)** **mettre à ~** *fil électrique* to strip; **mettre son cœur à ~** to lay bare one's heart. **2** *nm (Peinture, Phot)* nude. ◆ **nu-pieds** *nmpl (sandales)* beach sandals, flip-flops. ◆ **nu-propriétaire,** **~e-propriétaire** *nm, f* owner without usufruct.

nuage [nɥaʒ] *nm* cloud. **le ciel se couvre de ~s** the sky is clouding over; **juste un ~ de lait** just a drop of milk; *(fig)* **il est dans les ~s** his head is in the clouds; **sans ~** *ciel* cloudless; *bonheur* unmarred, unclouded. ◆ **nuageux, -euse** *adj temps* cloudy ; *ciel* cloudy, overcast; **zone ~euse** cloud zone.

nuance [nɥɑ̃s] *nf [couleur]* shade, hue; *(Littérat)* nuance; *(différence)* slight difference; *(touche)* touch, note. **~ de sens** shade of meaning, nuance; **~ de style** nuance of style; **~ politique** shade of political opinion; **tout en ~s** *discours* subtle; **sans ~** unsubtle. ◆ **nuancer** (3) *vt opinion* to qualify.

nucléaire [nykleɛʀ] **1** *adj* nuclear. **2** *nm:* **le ~** *(énergie)* nuclear energy; *(technologie)* nuclear technology.

nudité [nydite] *nf [personne]* nakedness, nudity; *[mur]* bareness. ◆ **nudisme** *nm* nudism. ◆ **nudiste** *adj, nmf* nudist.

nuée [nɥe] *nf (littér: nuage)* cloud; *[insectes, flèches]* cloud; *[ennemis]* horde, host.

nues [ny] *nfpl:* **porter qn aux ~s** to praise sb to the skies; **tomber des ~s** to be completely taken aback.

nuire [nɥiʀ] (38) **1 ~ à** *vt indir* to harm, injure. **sa laideur lui nuit beaucoup** his ugliness is very much against him *ou* is a great disadvantage to him. **2 se ~** *vpr (à soi-même)* to do o.s. a lot of harm; *(l'un l'autre)* to work against each other's interests, harm each other. ◆ **nuisible** *adj* harmful, injurious *(à* to). **animaux ~s** pests.

nuit [nɥi] *nf* **(a)** *(obscurité)* darkness, night. **il fait ~ noire** it's pitch-dark; **la ~ tombe** it's getting dark, night is falling; **à la ~ tombante** at nightfall, at dusk; **rentrer avant la ~** to come home before dark; **la ~ polaire** the polar night *ou* darkness. **(b)** *(temps)* night. **cette ~** *(passée)* last night; *(qui vient)* tonight; **dans la ~ de jeudi** during Thursday night; **~ blanche** sleepless night; **ouvert la ~** open at night; **rouler la ~ ou de ~** to drive at night; **de ~** *service etc* night; **ça se perd dans la ~ des temps** it is lost in the mists of time; **ça remonte à la ~ des temps** that goes back to the dawn of time, that's as old as the hills; **la ~ de Noël** Christmas Eve.

nul, nulle [nyl] **1** *adj indéf* **(a)** *(aucun)* no. **il n'avait ~ besoin de sortir** he had no need to go out; **~ autre** no one else; **il ne l'a trouvé nulle part** he couldn't find it anywhere, he could find it nowhere; **sans ~ doute** without any doubt. **(b)** *résultat, risque* nil; *testament, élection* null and void; *récolte etc* non-existent. **le score est ~** *(zéro à zéro)* the result is a nil draw; *(2 à 2 etc)* the result is a draw; **~ et non avenu** invalid, null and void; **rendre ~** to annul, nullify; **nombre ~/non-~** zero/non-zero number. **(c)** *personne, travail* worthless, useless. **~ en géographie** hopeless *ou* useless in geography; **ce devoir est ~** this piece of work is worth nothing *ou* doesn't deserve any marks. **2** *pron indéf* no one. **~ d'entre vous** none of you. ◆ **nullement** *adv* not at all, not in the least. ◆ **nullité** *nf* **(a)** *(Jur)* nullity; *[personne]* uselessness; *[objection]* invalidity. **(b)** *(personne)* nonentity, wash-out *.

numéraire [nymeʀɛʀ] *nm* cash.

numéro [nymeʀo] *nm* **(a)** *(gén, Aut, Phys)* number. **j'habite au ~ 6** I live at number 6; **~ minéralogique** registration *ou* license (US) number, car number; **composer un ~** to dial a number; **~ vert** *(Brit)* freephone, *(US)* tollfree number. **(b)** *(Presse)* issue, number. **vieux ~** back number, back issue. **(c)** *[chant, danse]* number; *[cirque, music-hall]* act, turn. **il nous a fait son petit ~** he put on his usual act for us. **(d)** *(personne)* **c'est un drôle de ~!** * what a character! ◆ **numéral, e,** *mpl* **-aux** *adj, nm* numeral. ◆ **numérique** *adj* numerical. ◆ **numériquement** *adv* numerically. ◆ **numérotation** *nf* numbering, numeration. **~ téléphonique** telephone number system. ◆ **numéroter** (1) *vt* to number.

numerus clausus [nymeʀysklozys] *nm* restricted intake.

nuptial, e, *mpl* **-aux** [nypsjal, o] *adj bénédiction* nuptial; *cérémonie* wedding.

nuque [nyk] *nf* nape of the neck.

nurse [nœʀs(ə)] *nf* nanny, (children's) nurse.

nutrition [nytʀisjɔ̃] *nf* nutrition. ◆ **nutritif, -ive** *adj (nourrissant)* nourishing, nutritious; *(Méd)* nutritive. **valeur ~ive** food *ou* nutritional value.

nylon [nilɔ̃] *nm* ® nylon.

nymphe [nɛ̃f] *nf (Myth, fig)* nymph.

nymphéa [nɛ̃fea] *nm* white water lily.

nymphomane [nɛ̃fɔman] *adj, nf* nymphomaniac.

◆ **nymphomanie** *nf* nymphomania.

O, o [o] *nm (lettre)* O, o.

oasis [ɔazis] *nf (lit)* oasis; *(fig)* oasis, haven. **~ de paix** haven of peace.

obéir [ɔbeiʀ] (2) **~ à** *vt indir* **(a)** *(gén)* to obey. **il sait se faire ~** he knows how to make people obey him *ou* how to enforce obedience; **~ à une impulsion** to act on an impulse. **(b)** *[voilier, moteur, monture]* to respond to. ◆ **obéissance** *nf [animal, personne]* obedience (*à* to). ◆ **obéissant, e** *adj* obedient (*à* to).

obélisque [ɔbelisk(ə)] *nm (monument)* obelisk.

obèse [ɔbɛz] *adj* obese. ◆ **obésité** *nf* obesity.

objecter [ɔbʒɛkte] (1) *vt* **(a)** *(à une suggestion)* **~ une raison à un argument** to put forward a reason against an argument; **il m'objecta que...** he objected to me that...; **je n'ai rien à ~** I have no objection (to make). **(b)** *(à une demande)* **il objecta la fatigue** he pleaded tiredness; **il m'objecta mon manque d'expérience** he objected that I lacked experience. ◆ **objecteur** *nm:* **~ de conscience** conscientious objector. ◆ **objection** *nf* objection. **faire une ~** to raise *ou* make an objection, object.

objectif, -ive [ɔbʒɛktif, iv] **1** *adj (gén)* objective. **2** *nm (gén)* objective; *[caméra]* lens, objective. **braquer son ~ sur** to train one's camera on. ◆ **objectivement** *adv* objectively. ◆ **objectivité** *nf* objectivity.

objet [ɔbʒɛ] *nm* **(a)** *(article)* object, thing. **~s de première nécessité** basic essentials, essential items *ou* things; **~s de toilette** toilet requisites *ou* articles; **les ~s trouvés** the lost property office, lost and found *(US)*. **(b)** *[rêve, désir]* object; *[discussion, litige, science]* subject. **il était l' ~ de la curiosité des autres** he was an object of curiosity to the others; **faire** *ou* **être l' ~ de** *discussion, recherches* to be the subject of; *enquête* to be subjected to; *soins* to be given *ou* shown. **(c)** *[visite, démarche]* object, purpose. **craintes sans ~** unfounded *ou* groundless fears; **votre plainte est sans ~** your complaint is not applicable. **(d)** *(Ling, Philos)* object.

obligation [ɔbligɑsjɔ̃] *nf* **(a)** *(gén)* obligation. **avoir l' ~ de faire** to be under an obligation to do; **sans ~ d'achat** with no obligation to buy; **~s militaires, scolaires etc** obligations, duties; *(Pol)* **remplir ses ~s vis à vis d'un autre pays** to discharge one's commitments towards another country. **(b)** *(Fin: titre)* bond, debenture. **~ d'État** government bond. ◆ **obligatoire** *adj* compulsory, obligatory. **c'était ~!** * it was inevitable!, it was bound to happen! ◆ **obligatoirement** *adv* **(a)** **devoir ~ faire** to be strictly obliged to do. **(b)** *(*: sans doute)* inevitably.

obliger [ɔbliʒe] (3) *vt* **(a)** *(forcer)* **~ qn à faire** *[règlement]* to require sb to do; *[circonstances]* to force *ou* oblige *ou* compel sb to do; **mes principes m'y obligent** I'm bound by my principles (to do it); **je suis obligé de vous laisser** I have to *ou* I must leave you, I'm obliged to leave you; **il est bien obligé** he has no choice *ou* alternative. **(b)** *(rendre service à)* to oblige. **je vous serais très obligé de bien vouloir** I should be greatly obliged if you would kindly; **entre voisins, il faut bien s' ~** neighbours have to help each other. ◆ **obligé, e** **1**

adj **(a)** *(redevable)* **être ~ à qn** to be obliged *ou* indebted to sb (*de qch* for sth). **(b)** *(*: inévitable)* **c'était ~!** it had to happen!, it was bound to happen! **2** *nm, f* **(a)** *(Jur)* debtor. **(b)** **être l' ~ de qn** to be under an obligation to sb. ◆ **obligeamment** *adv* obligingly. ◆ **obligeance** *nf:* **il a eu l' ~ de me reconduire** he was obliging *ou* kind enough to take me back. ◆ **obligeant, e** *adj personne* obliging, kind, helpful; *offre* kind.

oblique [ɔblik] **1** *adj (gén)* oblique. **regard ~** sidelong glance. **2** *nf (Math)* oblique line. ◆ **obliquement** *adv* obliquely. ◆ **obliquer** (1) *vi:* **obliquez avant l'église** turn off before the church.

oblitérer [ɔblitere] (6) *vt timbre* to cancel. ◆ **oblitération** *nf* cancelling, cancellation.

oblong, -ongue [ɔblɔ̃, ɔ̃g] *adj* oblong.

obnubiler [ɔbnybile] (1) *vt* to obsess.

obole [ɔbɔl] *nf (contribution)* offering. **verser** *ou* **apporter son ~ à qch** to make one's small (financial) contribution to sth.

obscène [ɔpsɛn] *adj* obscene. ◆ **obscénité** *nf* obscenity. **dire des ~s** to make obscene remarks.

obscur, e [ɔpskyʀ] *adj (lit)* dark; *(fig)* obscure; *pressentiment* vague, dim. **de naissance ~e** of obscure *ou* humble birth. ◆ **obscurcir** (2) **1** *vt* to darken; *(fig)* to obscure. **2 s' ~** *vpr [ciel]* to darken, grow dark; *[jour]* to grow dark; *[style]* to become obscure; *[vue]* to grow dim; *[mystère]* to deepen. ◆ **obscurcissement** *nm* darkening; obscuring; dimming. ◆ **obscurément** *adv* obscurely. ◆ **obscurité** *nf (lit)* darkness; *(fig)* obscurity. **dans l' ~** in the dark, in darkness; *(fig)* **laisser qch dans l' ~** to throw no light on sth.

obséder [ɔpsede] (6) *vt* to haunt, obsess. **être obsédé par** to be haunted *ou* obsessed by. ◆ **obsédant, e** *adj* haunting, obsessive. ◆ **obsédé, e** *nm, f:* **~ (sexuel)** sex maniac; *(hum)* **un ~ du tennis** a tennis fanatic.

obsèques [ɔpsɛk] *nfpl* funeral.

obséquieux, -euse [ɔpsekjø, øz] *adj* obsequious. ◆ **obséquiosité** *nf* obsequiousness.

observer [ɔpsɛʀve] (1) **1** *vt* **(a)** *(regarder)* to observe; *adversaire* to watch; *(au microscope)* to examine. **(b)** *(contrôler)* **~ ses gestes** to watch one's gestures. **(c)** *(remarquer)* to notice, observe. **faire ~** to point out *ou* remark *ou* observe that; **faire ~ un détail à qn** to point out a detail to sb. **(d)** *(respecter) (gén)* to observe; *jeûne* to keep; *attitude, maintien* to keep (up), maintain. **~ une minute de silence** to observe a minute's silence. **2 s' ~** *vpr (surveiller sa tenue)* to keep a check on o.s., be careful of one's behaviour.

◆ **observance** *nf* observance. ◆ **observateur, -trice** **1** *adj* observant. **2** *nm, f* observer. ◆ **observation** *nf* **(a)** *(obéissance)* observance. **(b)** *(expérience, surveillance)* observation. *(Méd)* **être en ~** to be under observation. **(c)** *(remarque)* observation, remark; *(objection)* objection; *(reproche)* reproof. **je lui en fis l' ~** I pointed it out to him; **ce film appelle quelques ~s** this film calls for some comment; **faire une ~ à qn** to reprove sb. ◆ **observatoire** *nm (Astron)* observatory; *(gén: lieu)* observation *ou* look-out post.

obsession [ɔpsesjɔ̃] *nf* obsession. **il avait l' ~ de la mort** he had an obsession with death. ◆ **obsessionnel, -elle** *adj* obsessional.

obstacle [ɔpstakl(ə)] *nm (lit, fig)* obstacle; *(Équitation)* jump, fence. **faire ~ à** *la lumière* to block, obstruct; *un projet* to hinder.

obstétrique [ɔpstetRik] *nf* obstetrics *(sg)*. ◆ **obstétricien, -ienne** *nm, f* obstetrician.

obstination [ɔpstinasjɔ̃] *nf* obstinacy, stubbornness. **~ à faire** obstinate *ou* stubborn determination to do. ◆ **obstiné, e** *adj personne* obstinate, stubborn; *efforts, demandes* persistent, obstinate. ◆ **obstinément** *adv* obstinately, stubbornly; persistently. ◆ **s'obstiner** (1) *vpr* to insist, dig one's heels in. **s' ~ à faire** to persist obstinately *ou* stubbornly in doing; **s' ~ au silence** to remain obstinately silent.

obstruer [ɔpstRye] (1) *vt* to obstruct, block. ◆ **obstruction** *nf* obstruction, blockage; *(tactique)* obstruction. **faire de l' ~** to be obstructive; **faire de l' ~ parlementaire** to filibuster.

obtempérer [ɔptɑ̃peRe] (6) **~ à** *vt indir* to obey.

obtenir [ɔptəniR] (22) *vt* (a) *permission, diplôme* to obtain, get. **il m'a fait ~ de l'avancement** he got me promoted; **il obtint de lui parler** he was (finally) allowed to speak to him; **elle a obtenu qu'il paie** she got him to pay, she managed to make him pay. (b) *résultat* to achieve, obtain; *total* to reach, arrive at. **cette couleur s'obtient par un mélange** this colour is obtained by blending. ◆ **obtention** *nf* obtaining, achievement. **pour l' ~ du visa** to obtain the visa.

obturer [ɔptyRe] (1) *vt* (*gén*) to seal; *dent* to fill. ◆ **obturateur** *nm (Phot)* shutter; *(Tech)* obturator. ◆ **obturation** *nf* sealing; filling. *(Phot)* **vitesse d' ~** shutter speed.

obtus, e [ɔpty, yz] *adj (lit, fig)* obtuse.

obus [ɔby] *nm* shell.

occasion [ɔkazjɔ̃] *nf* (a) *(circonstance)* occasion; *(conjoncture favorable)* opportunity, chance. **avoir l' ~ de faire** to have the chance *ou* opportunity of doing; **à l' ~ de** on the occasion of; **la robe des grandes ~s** the dress kept for special *ou* great occasions; **à l' ~ venez dîner** come and have dinner some time; **à la première ~** at the first opportunity. (b) *(Comm)* secondhand buy; (*: avantageuse)* bargain. **d' ~** *(adj, adv)* secondhand. ◆ **occasionnel, -elle** *adj (gén)* occasional; *client* casual; *(fortuit)* chance. ◆ **occasionnellement** *adv* occasionally. ◆ **occasionner** (1) *vt frais, dérangement* to occasion, cause; *accident* to cause, bring about. **~ du dérangement à qn** to put sb to *ou* cause sb a lot of trouble.

occident [ɔksidɑ̃] *nm* west. ◆ **occidental, e**, *mpl* **-aux 1** *adj* western. **2** *nm (f):* **O~(e)** Westerner.

occulte [ɔkylt(ə)] *adj* occult.

occuper [ɔkype] (1) **1** *vt (gén)* to occupy; *logement* to live in; *surface, temps* to take up; *poste* to hold; *main d'œuvre* to employ. **leurs bureaux occupent tout l'étage** their offices take up *ou* occupy the whole floor; **ça occupe une trop petite part de mon temps** it takes up *ou* fills *ou* occupies far too little of my time; **comment ~ ses loisirs?** how should one occupy *ou* employ one's free time?; **mon travail m'occupe beaucoup** my work keeps me very busy; **le sujet qui nous occupe aujourd'hui** the matter which concerns us today, the matter we are dealing with today; **ils ont occupé tout le pays** they took over *ou* occupied the whole country. **2 s' ~** *vpr* (a) **s' ~ de** *(s'attaquer à)* to deal with, take care of; *(être chargé de)* to be in charge of; *(s'intéresser à)* to take an interest in; *enfant, malade* to look after; *client* to attend to. **je m'occupe de tout** I'll see to everything, I'll take care of everything; **occupe-toi de tes affaires** * mind your

own business; **est-ce qu'on s'occupe de vous Madame?** are you being attended to? *ou* served? (b) **s' ~ à faire qch/à qch** to busy o.s. doing sth/with sth; **il y a de quoi s' ~** there is plenty to do *ou* to keep one busy *ou* occupied. ◆ **occupant, e 1** *adj (Mil)* occupying. **2** *nm, f [maison]* occupant, occupier; *[place, voiture]* occupant. **3** *nm:* **l' ~** the occupying forces. ◆ **occupation** *nf (Mil)* occupation; *(logement)* occupancy, occupation; *(passe-temps)* occupation; *(emploi)* occupation, job. **grève avec ~ des locaux** sit-in, sit-down strike; **vaquer à ses ~s** to go about one's business. ◆ **occupé, e** *adj personne* busy; *toilettes, téléphone* engaged; *places* taken, occupied; *zone, usine* occupied.

occurrence [ɔkyRɑ̃s] *nf* (a) instance, case. **en l' ~** in this case. (b) *(Ling)* occurrence, token.

océan [ɔseɑ̃] *nm (lit)* ocean. **~ de verdure** sea of greenery. ◆ **Océanie** *nf:* **l' ~** Oceania, the South Sea Islands. ◆ **océanien, -ienne 1** *adj* Oceanian, Oceanic. **2** *nm, f* Oceanian, South Sea Islander. ◆ **océanique** *adj* oceanic.

ocre [ɔkR(ə)] *nf, adj inv* ochre.

octane [ɔktan] *nm* octane.

octante [ɔktɑ̃t] *adj inv (dialectal)* eighty.

octave [ɔktav] *nf (Mus)* octave.

octet [ɔktɛ] *nm* byte.

octobre [ɔktɔbR(ə)] *nm* October; V **septembre**.

octogénaire [ɔktɔʒenɛR] *adj, nmf* octogenarian.

octogone [ɔktɔgɔn] *nm* octagon. ◆ **octogonal, e**, *mpl* **-aux** *adj* octagonal, eight-sided.

octroyer [ɔktRwaje] (8) **1** *vt* to grant (*à* to). **2 s' ~** *vpr* to accord *ou* grant o.s. ◆ **octroi** *nm* (a) granting. (b) *(Hist)* city toll.

oculaire [ɔkylɛR] *adj (Anat)* ocular. ◆ **oculiste** *nmf* eye specialist, oculist, eye doctor *(US)*.

ode [ɔd] *nf* ode.

odeur [ɔdœR] *nf (gén)* smell, odour; *(de fleurs etc)* fragrance, scent. **sans ~** odourless; **mauvaise ~** bad *ou* unpleasant smell *ou* odour; **~ de brûlé** smell of burning; **avoir une bonne/une mauvaise ~** to smell nice/bad; **être/ne pas être en ~ de sainteté** to be in favour/out of favour *(auprès de* with). ◆ **odorant, e** *adj* sweet-smelling. ◆ **odorat** *nm* sense of smell.

odieux, -euse [ɔdjø, øz] *adj (gén)* odious; *élève* unbearable; *tâche, conduite* obnoxious; *crime* heinous. **ça m'est ~** I can't bear it. ◆ **odieusement** *adv* odiously; obnoxiously.

odyssée [ɔdise] *nf* odyssey. *(littér)* **l'O~** the Odyssey.

œdème [edɛm] *nm* oedema.

œil [œj], *pl* **yeux** [jø] *nm* (a) *(Anat)* eye. **aux yeux bleus** blue-eyed; **avoir les yeux faits** to have make-up on one's eyes; **avoir de bons/mauvais yeux** to have good/bad eyes *ou* eyesight; **visible à l' ~ nu** visible to the naked eye; **avoir un ~ au beurre noir** to have a black eye. (b) *(expression)* look. **il a un ~ malin** there's a mischievous look in his eye; **d'un ~ d'envie** with an envious look. (c) *(jugement)* **voir qch d'un bon/mauvais ~** to view sth favourably/unfavourably; **d'un ~ critique** with a critical eye; **il ne voit pas cela du même ~ qu'elle** he doesn't see *ou* view that in the same light as she does. (d) *(coup d'œil)* **avoir l' ~ du spécialiste** to have a trained eye; **il a l' ~** he has sharp eyes; **risquer un ~ au dehors** to take a quick look outside. (e) *(regard)* **sous l' ~ de** under the eye *ou* gaze of; **faire qch aux yeux de tous** to do sth in full view of everyone; **chercher qn des yeux** to glance *ou* look (a)round for sb; **n'avoir d'yeux que pour qch/qn** to have eyes only for sth/sb. (f) *[aiguille, pomme de terre, cyclone]* eye; *[porte d'entrée]* spyglass; *(bourgeon)* bud. **les yeux du bouillon** the globules of fat in the stock. (g) *(locutions avec œil)*

à l' ~ * (gratuitement) for nothing, for free *; **mon ~!** * (je n'y crois pas) my eye! *, my foot! *; (je ne le donnerai pas) nothing doing! *, no way! *; **avoir qn à l' ~** to keep a watch ou an eye on sb; **faire de l' ~ à qn** to make eyes at sb, give sb the eye *. **(h)** (locutions avec **yeux**) **à ses yeux** in his eyes; **ouvrir de grands yeux** to look surprised; **coûter les yeux de la tête** to cost the earth; (lit, fig) **les yeux fermés** with one's eyes shut; **faire les yeux doux à qn** to make sheep's eyes at sb; **faire des yeux ronds** to stare round-eyed; **avoir les yeux battus** to have rings under one's eyes.
♦ **œillade** nf wink. **faire des ~s à qn** to make eyes at sb. ♦ **œillères** nfpl (lit, fig) blinkers. ♦ **œilleton** nm [télescope] eyepiece.

œillet [œjɛ] nm carnation. **~ d'Inde** French marigold; **~ (mignardise)** pink.

œsophage [ezɔfaʒ] nm œsophagus.

œuf [œf], pl **~s** [ø] nm **(a)** egg. **~ frais** new-laid ou fresh egg; **~s brouillés** scrambled eggs; **~ à la coque** (soft-)boiled egg; **~ dur** hard-boiled egg; **~ mimosa** eggs mimosa (hors d'œuvre made with chopped egg yolks); **~ sur le plat** fried egg; **détruire qch dans l' ~** to nip sth in the bud; **mettre tous ses ~s dans le même panier** to put all one's eggs in one basket. **(b)** (idiot) blockhead *.

œuvre [œvʀ(ə)] **1** nf **(a)** (livre etc) work; (production globale) works. **~s complètes/choisies** complete/selected works. **(b)** (travail) (à faire) undertaking, task; (achevé) work. **ce beau gâchis est l' ~ des enfants** this fine mess is the children's doing ou work; **être/se mettre à l' ~** to be at/get down to work; **voir qn à l' ~** to see sb at work; **mettre en ~** moyens to implement; **mise en ~** implementation; **il avait tout mis en ~ pour les aider** he had done everything possible to help them. **(c)** (acte) deed, work. **(bonnes) ~s** good ou charitable works; **ce sera une bonne ~** that will be a kind act; **faire ~ utile** to do valuable work; **faire ~ de pionnier** to act as a pioneer; **le feu avait fait son ~** the fire had wrought its havoc ou had done its work. **(d)** (organisation) (de bienfaisance) charitable organization, charity. **2** nm (littér) **l' ~ gravé de Picasso** the etchings of Picasso.

off [ɔf] adj inv (Ciné) voix, son off; concert, festival fringe, alternative. **dire qch en voix ~** to say sth in a voice off.

offenser [ɔfɑ̃se] (1) **1** vt personne, souvenir, bon goût to offend; règles to offend against. **2** s' ~ vpr to take offence (de qch at sth). ♦ **offensant, e** adj offensive, insulting. ♦ **offense** nf (affront) insult; (Rel: péché) trespass, offence. **~ envers** chef d'État libel against; Dieu offence against.

offensif, -ive [ɔfɑ̃sif, iv] **1** adj (Mil, Pol) offensive. **2** nf offensive. **passer à l' ~ive** to go into the offensive; (fig) **l' ~ive de l'hiver** the onslaught of winter.

office [ɔfis] **1** nm **(a)** (métier) office; (fonction) function. **l' ~ de directeur** the office of manager; **faire ~ de** to act ou serve as; **remplir son ~** [objet] to fulfil its function; [fonctionnaire] to perform one's duties. **(b)** (bureau) office, bureau, agency. **~ de publicité** advertising agency; **~ du tourisme** tourist bureau. **(c)** (messe) (church) service; (prières) prayers. **l' ~ (divin)** the (divine) office. **(d)** **être nommé d' ~** to be appointed automatically. **(e)** (littér: service) office. (Pol) **bons ~s** good offices; **Monsieur bons ~s** * mediator. **2** nm ou f (cuisine) pantry.

officiel, -elle [ɔfisjɛl] **1** adj (gén) official. **2** nm, f official. ♦ **officialiser** (1) vt to make official. ♦ **officiellement** adv officially.

officier¹ [ɔfisje] nm officer. **~ de marine** naval officer; **~ d'ordonnance** aide-de-camp; **~ de police** senior police officer; **~ ministériel** member of the legal profession; **~ de l'état civil** ≃ registrar.

officier² [ɔfisje] (7) vi (Rel, hum) to officiate.

officieux, -euse [ɔfisjø, øz] adj unofficial. ♦ **officieusement** adv unofficially.

offrir [ɔfʀiʀ] (18) **1** vt **(a)** (donner) to give (à to); (acheter) to buy (à for). **c'est pour ~?** is it for a present?; **la joie d' ~** the joy of giving. **(b)** aide, marchandise, choix to offer; démission to tender. **puis-je vous ~ à boire?** can I offer you a drink?; **~ de faire** to offer to do; **~ sa vie à la patrie** to offer up one's life to the homeland. **(c)** spectacle, avantage to present, offer; exemple, explication to provide; analogie to offer, have. **cela n'offre rien de particulier** there is nothing special about that; **~ de la résistance** to offer resistance. **2** s' ~ vpr **(a)** [femme] to offer o.s. (à to). **s' ~ aux regards** [personne] to expose o.s. to the public gaze; [spectacle] to present itself to the gaze; **s' ~ comme guide** to volunteer to act as a guide. **(b)** repas, vacances to treat o.s. to; disque to buy o.s. **(c)** s' ~ à faire qch to offer ou volunteer to do sth.
♦ **offrande** nf offering. ♦ **offrant** nm (Jur, Fin) offerer, bidder. **au plus ~** to the highest bidder.
♦ **offre** nf (gén) offer; (aux enchères) bid. (Écon) **l' ~ et la demande** supply and demand; (Écon) **théorie de l' ~** supply-side economics; (Presse) **~s d'emploi** situations vacant column, job ads *; **il y avait plusieurs ~s d'emploi** there were several jobs advertised; **~ publique d'achat** takeover bid, tender offer (US); **~s de service** offers of service; **~s de paix** peace overtures.

offusquer [ɔfyske] (1) **1** vt to offend. **2** s' ~ vpr to take offence (de at).

oflag [ɔflag] nm oflag.

ogive [ɔʒiv] nf **(a)** (Archit) rib. **voûte en ~** rib vault. **(b)** [fusée etc] nose cone. **~ nucléaire** nuclear warhead.

ogre, ogresse [ɔgʀ(ə), ɔgʀɛs] nm, f ogre, ogress. **manger comme un ~** to eat like a horse.

oie [wa] nf (Zool) goose; (péj) silly goose.

oignon [ɔɲɔ̃] nm (légume) onion; [tulipe etc] bulb; (Méd) bunion. **petits ~s** pickling onions; **être soigné aux petits ~s** to be looked after really well, be given first-rate attention; **ce n'est pas mes ~s ⚡** it's no business of mine.

oiseau, pl ~x [wazo] nm **(a)** [gén] bird of ill omen; **~-mouche** nm, pl **~x-~s** humming-bird; **~ de paradis** bird of paradise; **~ de proie** bird of prey; **trouver l' ~ rare** to find the man (ou woman) in a million; **drôle d' ~** * queer fish * ou customer *. ♦ **oiseleur** nm bird-catcher. ♦ **oiselier, -ière** nm, f bird-seller. ♦ **oisellerie** nf (magasin) birdshop; (commerce) bird-selling.

oiseux, -euse [wazø, øz] adj propos pointless; question trivial, trifling.

oisif, -ive [wazif, iv] **1** adj idle. **2** nm, f man (ou woman) of leisure. ♦ **oisiveté** nf idleness. **~ forcée** forced idleness ou inactivity.

oléagineux, -euse [ɔleaʒinø, øz] **1** adj oleaginous. **2** nm oleaginous plant.

oléoduc [ɔleɔdyk] nm oil pipeline.

olfaction [ɔlfaksjɔ̃] nf olfaction. ♦ **olfactif, -ive** adj olfactory.

olive [ɔliv] **1** nf olive. **2** adj inv olive(-green). ♦ **olivâtre** adj (gén) olive-greenish; teint sallow. ♦ **oliveraie** nf olive grove. ♦ **olivier** nm (arbre) olive tree; (bois) olive(-wood).

olivette [ɔlivɛt] nf plum tomato.

olympique [ɔlɛ̃pik] adj Olympic. ♦ **olympiade** nf Olympiad.

ombrage [ɔ̃bʀaʒ] nm **(a)** (ombre) shade. **(b)** **prendre ~ de qch** to take umbrage ou offence at sth. ♦ **ombragé, e** adj shaded, shady. ♦ **ombrager** (3) vt to shade. ♦ **ombrageux, -euse** adj personne touchy, easily offended; cheval skittish, nervous.

ombre [ɔ̃bʀ(ə)] *nf* (**a**) shade; *(ombre portée)* shadow; *(obscurité)* darkness. **25° à l'** ~ 25° in the shade; **tu me fais de l'** ~ you're in my light; **places sans** ~**/pleines d'** ~ shadeless/shady squares. (**b**) *(forme vague)* shadow, shadowy figure; *(fantôme)* shade. (**c**) *(fig) (anonymat)* obscurity; *(secret, incertitude)* dark. **laisser dans l'** ~ to leave in the dark; **travailler dans l'** ~ to work behind the scenes; **rester dans l'** ~ *[artiste]* to remain in obscurity; *[meneur]* to keep in the background; *[détail]* to be still obscure, remain unclear. (**d**) *(soupçon)* **une** ~ **de moustache** a hint *ou* suspicion of a moustache; **il n'y a pas l'** ~ **d'un doute** there's not the shadow of a doubt; **pas l'** ~ **d'une chance** not the ghost of a chance. (**e**) *(locutions)* **jeter une** ~ **sur qch** to cast a gloom over sth; **mettre qn à l'** ~ * to put sb behind bars, lock sb up; **il y a une** ~ **au tableau** there's a fly in the ointment; **n'être plus que l'** ~ **de soi-même** to be the mere shadow of one's former self; ~**s chinoises** *(improvisées)* shadowgraph; *(spectacle)* shadow show; ~ **à paupières** eye shadow. ◆ **ombrelle** *nf* parasol, sunshade. ◆ **ombreux, -euse** *adj* shady.

omelette [ɔmlɛt] *nf* omelette. ~ **baveuse** runny omelette; ~ **norvégienne** baked Alaska.

omettre [ɔmɛtʀ(ə)] (56) *vt* to leave out, miss out, omit. ~ **de faire qch** to fail *ou* omit to do sth. ◆ **omission** *nf (action)* omission; *(chose oubliée)* omission, oversight.

omnibus [ɔmnibys] *nm* slow *ou* local train; *(Hist: bus)* omnibus.

omnipotence [ɔmnipɔtɑ̃s] *nf* omnipotence. ◆ **omnipotent, e** *adj* omnipotent.

omniprésent, e [ɔmnipʀezɑ̃, ɑ̃t] *adj* omnipresent.

omniscient, e [ɔmnisjɑ̃, ɑ̃t] *adj* omniscient.

omnisports [ɔmnispɔʀ] *adj inv* **salle** multipurpose; **terrain** general-purpose.

omnivore [ɔmnivɔʀ] *adj* omnivorous.

omoplate [ɔmɔplat] *nf* shoulder blade.

on [ɔ̃] *pron* (**a**) *(indétermination)* ~ **l'interrogea** he was questioned; ~ **va encore augmenter l'essence** petrol is going up again; ~ **prétend que** they say that, it is said that; ~ **se précipita sur les places vides** there was a rush for the empty seats. (**b**) *(quelqu'un)* someone. ~ **frappa à la porte** there was a knock at the door; **est-ce qu'** ~ **est venu réparer la porte?** has anyone *ou* someone been to repair the door?; ~ **peut très bien aimer la pluie** some people may well like the rain. (**c**) *(celui qui parle)* you, one, we. ~ **aimerait être sûr que...** one *ou* we would like to be sure that...; ~ **a trop chaud ici** it's too hot here; ~ **ne pense jamais à tout** one *ou* you can't think of everything. (**d**) *(éloignement)* they, people. **en Chine** ~ **mange avec des baguettes** in China they eat with chopsticks. (**e**) *(*: nous)* we. ~ **a décidé tous les trois de partir** the three of us decided to leave; *(hum)* ~ **ne dit plus bonjour?** don't we say hello any more?; **alors,** ~ **est content?** well, are you pleased? (**f**) *(intensif)* **c'est** ~ **ne peut plus beau** it couldn't be lovelier.

once [ɔ̃s] *nf* ounce.

oncle [ɔ̃kl(ə)] *nm* uncle.

onctueux, -euse [ɔ̃ktɥø, øz] *adj (lit)* creamy; *(fig)* unctuous, smooth. ◆ **onctueusement** *adv* unctuously. ◆ **onctuosité** *nf* unctuousness, smoothness; creaminess.

onde [ɔ̃d] *nf* (**a**) *(gén, Phys)* wave. **petites** ~**s,** ~**s moyennes** medium waves; ~**s courtes** short waves; **grandes** ~**s** long waves; **sur les** ~**s et dans la presse** on the radio and in the press; **il passe sur les** ~**s demain** he's on the air tomorrow; **mettre en** ~**s** to produce for the radio. (**b**) *(littér: lac, mer)* **l'** ~ the waters.

ondée [ɔ̃de] *nf* shower *(of rain)*.

on-dit [ɔ̃di] *nm inv* rumour. **ce ne sont que des** ~ it's only hearsay.

onduler [ɔ̃dyle] (1) *vi (gén)* to undulate; *[drapeau]* to ripple, wave; *[route]* to snake up and down; *[cheveux]* to be wavy. ◆ **ondulation** *nf* undulation. *[cheveux]* ~**s** waves. ◆ **onduleux, -euse** *adj* **ligne** wavy; **plaine** undulating; **démarche** swaying, supple.

onéreux, -euse [ɔneʀø, øz] *adj* expensive, costly.

ongle [ɔ̃gl(ə)] *nm [personne]* (finger)nail; *[animal]* claw. ~ **de pied** toenail; **se faire les** ~**s** to cut *(ou* file) one's nails; **avoir les** ~**s faits** to have painted nails.

onomatopée [ɔnɔmatɔpe] *nf* onomatopoeia.

Ontario [ɔ̃taʀjo] *nm* Ontario. **le lac** ~ Lake Ontario. ◆ **ontarien, -ienne** *adj,* **O** ~**(ne)** *nm(f)* Ontarian.

onyx [ɔniks] *nm* onyx.

onze [ɔ̃z] *adj, nm inv* eleven. **le** ~ **novembre** Armistice Day; **le** ~ **de France** the French eleven *ou* team; *V* **six.** ◆ **onzième** *adj, nmf* eleventh. ◆ **onzièmement** *adv* in the eleventh place.

opale [ɔpal] *nf* opal.

opaque [ɔpak] *adj* **verre, corps** opaque (*à* to); **brouillard, nuit** impenetrable. ◆ **opacité** *nf* opaqueness; impenetrableness.

opéra [ɔpeʀa] *nm (œuvre)* opera; *(édifice)* opera house. ~ **bouffe** opera bouffe, comic opera ; ~**comique** light opera, opéra comique. ◆ **opérette** *nf* operetta, light opera.

opercule [ɔpɛʀkyl] *nm* protective cap.

opérer [ɔpeʀe] (6) **1** *vt* (**a**) **malade, organe** to operate on (*de* for); **tumeur** to remove. **se faire** ~ to have an operation, have surgery; **se faire** ~ **des amygdales** to have one's tonsils removed *ou* out *. (**b**) **transformation, réforme** to carry out, implement; **choix, redressement** to make. ~ **des miracles** to work wonders; **ça a opéré un changement** it brought about a change; **un changement s'était opéré** a change had taken place *ou* had occurred. **2** *vi [remède]* to work, take effect; *[technicien etc]* to proceed. **comment faut-il** ~**?** what's the procedure? (*pour* for). ◆ **opérable** *adj* operable. ◆ **opérateur, -trice** *nm, f (sur machine)* operator; *(Ciné)* cameraman. ~ **de saisie** computer operator. ◆ **opération** *nf* (**a**) *(gén, Math, Méd, Mil)* operation. **salle d'** ~ operating theatre. (**b**) *(Comm)* deal. ~ **financière** financial deal; ~**s de bourse** stock exchange dealings. (**c**) *(Tech, gén)* process, operation. *(iro)* **par l'** ~ **du Saint-Esprit** by magic. ◆ **opérationnel, -elle** *adj* operational. ◆ **opératoire** *adj (Méd)* operating. ◆ **opéré, e** *nm, f (Méd)* patient.

ophtalmologie [ɔftalmɔlɔʒi] *nf* ophthalmology. ◆ **ophtalmologique** *adj* ophthalmological. ◆ **ophtalmologiste** *nmf* ophthalmologist.

opiner [ɔpine] (1) *vi:* ~ **de la tête** to nod one's agreement, nod assent.

opiniâtre [ɔpinjɑtʀ(ə)] *adj* **personne** stubborn, obstinate; **efforts, haine** unrelenting. ◆ **opiniâtrement** *adv* stubbornly, obstinately; unrelentingly. ◆ **opiniâtreté** *nf* stubbornness, obstinacy; unrelentingness.

opinion [ɔpinjɔ̃] *nf (gén)* opinion *(sur* on, about). **se faire une** ~ to form an opinion *(sur* on), make up one's mind *(sur* about); **j'ai la même** ~ I am of *ou* I hold the same opinion *ou* view; ~**s toutes faites** cut-and-dried opinions, uncritical opinions; **l'** ~ **française** French public opinion; **sans opinion** *nmpl* don't know.

opium [ɔpjɔm] *nm* opium.

opportun, e [ɔpɔʀtœ̃, yn] *adj* timely, opportune. **il serait** ~ **de faire** it would be appropriate *ou* advisable to do; **en temps** ~ at the appropriate *ou*

right time. ◆ **opportunément** *adv* opportunely.
◆ **opportunisme** *nm* opportunism. ◆ **opportuniste** *adj, nmf* opportunist. ◆ **opportunité** *nf* timeliness, opportuneness; appropriateness.

opposer [ɔpoze] (1) **1** *vt* (**a**) *équipes* to bring together; *rivaux* to bring into conflict (*à* with); *idées, couleurs* to contrast (*à* with). **ce qui nous oppose** what divides us. (**b**) *arguments* to put forward; *résistance* to put up. ~ **son refus/des protestations** to refuse/protest; ~ **une armée à qn** to set an army against sb; **il nous opposa que cela coûtait cher** he objected that it was expensive. **2 s'** ~ *vpr* (**a**) *[équipes]* to confront each other, meet; *[rivaux]* to clash; *[théories]* to conflict; *[styles]* to contrast (*à* with). **haut s'oppose à bas** high is the opposite of low. (**b**) **s'** ~ **à** *parents* to rebel against; *mesure, progrès* to oppose; **rien ne s'oppose à leur bonheur** nothing stands in the way of their happiness; **je m'oppose à ce que vous y alliez** I am opposed to *ou* I am against your going there; **ma conscience s'y oppose** it goes against my conscience.
◆ **opposant, e** *nm, f* opponent (*à* of). ◆ **opposé, e 1** *adj* (**a**) *rive, direction* opposite; *équipe* opposing. **la maison** ~**e à la nôtre** the house opposite *ou* facing ours; **l'équipe** ~**e à la nôtre** the team playing against ours. (**b**) *intérêts, opinions* conflicting; *caractères* opposite; *forces* opposing; *couleurs, styles* contrasting. **ils sont d'un avis** ~ *(au nôtre)* they are of the opposite opinion; *(l'un à l'autre)* they are of conflicting opinions; ~ **à** opposed to, against. **2** *nm* (**a**) *(contraire)* l' ~ the opposite, the reverse (*de* of); **à l'** ~ **de Paul, je pense que...** contrary to *ou* unlike Paul, I think that... (**b**) **à l'** ~ *(dans l'autre direction)* the other *ou* opposite way (*de* from); *(de l'autre côté)* on the other *ou* opposite side (*de* from). ◆ **opposition** *nf* (**a**) *(résistance)* opposition (*à* to). *(Pol)* **l'O** ~ the Opposition; **l'** ~ **parlementaire** the parliamentary opposition, the opposition in parliament. (**b**) *(conflit)* *(gén)* opposition; *[idées, intérêts]* conflict; *[styles, caractères]* contrast. **mettre en** ~ to oppose, contrast; **ceci est en** ~ **avec les faits** this conflicts with the facts; **mettre** ~ **à** *décision* to oppose; *chèque* to stop; **par** ~ **à** as opposed to, in contrast with.

oppresser [ɔpʀese] (1) *vt* *(gén)* to oppress; *[vêtement serré]* to suffocate; *[remords]* to weigh down. **avoir sa respiration oppressée** to have difficulty with one's breathing; **se sentir oppressé** to feel breathless. ◆ **oppressant, e** *adj* oppressive.
◆ **oppresseur** *nm* oppressor. ◆ **oppressif, -ive** *adj* oppressive. ◆ **oppression** *nf* *(asservissement)* oppression; *(gêne)* feeling of suffocation *ou* oppression.

opprimer [ɔpʀime] (1) *vt* (**a**) *peuple* to oppress; *opinion* to suppress, stifle. (**b**) *[chaleur etc]* to suffocate, oppress.

opprobre [ɔpʀɔbʀ(ə)] *nm* *(littér)* opprobrium, shame.

opter [ɔpte] (1) *vi* : ~ **pour** to opt for, decide upon; ~ **entre** to choose *ou* decide between.

opticien, -ienne [ɔptisjɛ̃, jɛn] *nm, f* optician.

optimisme [ɔptimism(ə)] *nm* optimism. ◆ **optimiste 1** *adj* optimistic. **2** *nmf* optimist.

optimum, *pl* ~**s** *ou* **optima** [ɔptimɔm, a] **1** *nm* optimum. **2** *adj* optimum, optimal. ◆ **optimal, e**, *mpl* -**aux** *adj* optimal, optimum.

option [ɔpsjɔ̃] *nf* *(gén)* option; *(accessoire auto)* optional extra. **matière à** ~ optional subject *(Brit)*, option, elective *(US)*. ◆ **optionnel, -elle** *adj* optional.

optique [ɔptik] **1** *adj* *verre* optical; *nerf* optic. **2** *nf* (**a**) *(science, appareils)* optics *(sg)*. **instrument d'** ~ optical instrument. (**b**) *(perspective)* perspective. **voir qch avec une certaine** ~ to look at sth from a certain angle *ou* viewpoint.

opulent, e [ɔpylɑ̃, ɑ̃t] *adj pays, prairie* rich; *personne* wealthy, rich; *luxe, vie* opulent. ◆ **opulence** *nf* richness; wealthiness; opulence. **vivre dans l'** ~ to live an opulent life.

opuscule [ɔpyskyl] *nm* opuscule.

or¹ [ɔʀ] *nm* (**a**) *(métal)* gold. ~ **massif** solid gold; ~ **noir** oil, black gold; *blés/cheveux* d' ~ golden cornfields/hair; **en lettres d'** ~ in gilt *ou* gold lettering; **étalon** ~ gold standard. (**b**) **en** ~ *objet* gold; *occasion* golden; *mari, sujet* marvellous, wonderful; **c'est une affaire en** ~ *(achat)* it's a real bargain; *(commerce, magasin)* it's a gold mine; **pour tout l'** ~ **du monde** for all the money in the world; **faire des affaires d'** ~ to run a gold mine.

or² [ɔʀ] *conj (transition)* now; *(pourtant)* but, yet.

oracle [ɔʀɑkl(ə)] *nm (gén)* oracle.

orage [ɔʀaʒ] *nm (tempête)* (thunder)storm; *(dispute)* row, upset. **pluie d'** ~ thundery *ou* stormy shower; **les** ~**s de la vie** the turmoils of life; *(lit, fig)* **il y a de l'** ~ **dans l'air** there is a storm brewing.
◆ **orageux, -euse** *adj ciel, vie, séance* stormy; *pluie, temps* thundery.

oraison [ɔʀɛzɔ̃] *nf* orison, prayer. ~ **funèbre** funeral oration.

oral, e, *mpl* -**aux** [ɔʀal, o] *adj, nm (gén, Scol)* oral. ◆ **oralement** *adv* orally.

orange [ɔʀɑ̃ʒ] **1** *adj inv, nm (couleur)* orange. **2** *nf (fruit)* orange. ~ **sanguine** blood orange.
◆ **orangé, e** *adj* orangey. ◆ **orangeade** *nf* orangeade. ◆ **oranger** *nm* orange tree. ◆ **orangeraie** *nf* orange grove. ◆ **orangerie** *nf (serre)* orangery.

orang-outan(g), *pl* **orangs-outan(g)s** [ɔʀɑ̃utɑ̃] *nm* orang-outang.

orateur, -trice [ɔʀatœʀ, tʀis] *nm, f (gén)* speaker. **être bon** ~ to be a good speaker *ou* orator.
◆ **oratoire 1** *adj* oratorical. **2** *nm (chapelle)* oratory.

oratorio [ɔʀatɔʀjo] *nm* oratorio.

orbite [ɔʀbit] *nf (Anat)* (eye-)socket; *(Astron, Phys)* orbit; *(zone d'influence)* sphere of influence. **mettre sur** ~ *satellite* to put into orbit; *projet* to launch; **être en** ~ to be in orbit. ◆ **orbital, e**, *mpl* -**aux** *adj* orbital.

Orcades [ɔʀkad] *nfpl* : **les** ~ Orkney, the Orkneys, the Orkney Islands.

orchestre [ɔʀkɛstʀ(ə)] *nm* (**a**) *(musiciens)* orchestra; *[jazz, danse]* band. (**b**) *(Ciné, Théât: emplacement)* stalls, orchestra *(US)*. ◆ **orchestral, e**, *mpl* -**aux** *adj* orchestral. ◆ **orchestrateur, -trice** *nm, f* orchestrator. ◆ **orchestration** *nf* orchestration; organization. ◆ **orchestrer** (1) *vt (Mus)* to orchestrate; *propagande* to organize.

orchidée [ɔʀkide] *nf* orchid.

ordinaire [ɔʀdinɛʀ] **1** *adj* (**a**) *(habituel)* ordinary, usual; *session* ordinary. **peu** ~ *fait* unusual; *(*) *audace* incredible. (**b**) *vin* ordinary; *service de table* everyday; *qualité* standard; *essence* two-star, 2-star, regular *(US)*; *(péj: commun)* common. **2** *nm* : **l'** ~ *(banalité)* the ordinary; *(nourriture)* the food; **qui sort de l'** ~ which is out of the ordinary; **comme à l'** ~ as usual; **d'** ~ ordinarily, usually, as a rule; **plus que d'** ~ more than usual. ◆ **ordinairement** *adv* ordinarily, usually, as a rule.

ordinal, e, *mpl* -**aux** [ɔʀdinal, o] **1** *adj* ordinal. **2** *nm* ordinal number.

ordinateur [ɔʀdinatœʀ] *nm* computer. **mettre sur** ~ to computerize; **mise sur** ~ computerization.

ordonnance [ɔʀdɔnɑ̃s] *nf* (**a**) *(Méd)* prescription. (**b**) *(Jur: arrêté)* order. (**c**) *[phrase, tableau]* organization, layout; *[bâtiment]* plan, layout; *[cérémonie]* organization; *[repas]* order. (**d**) *(Mil: domestique)* batman.

ordonner [ɔʀdɔne] (1) **1** *vt* (**a**) *idées, éléments, discours* to organize. (**b**) *traitement* to prescribe; *huis-*

clos to order. ~ **que** to order that; **il nous ordonna le silence** he ordered us to be quiet. **(c)** *(Rel) prêtre* to ordain. **être ordonné prêtre** to be ordained priest. **2 s'** ~ *vpr [idées, faits]* to organize themselves. ♦ **ordonné, e 1** *adj maison, enfant* tidy, orderly; *employé* methodical; *vie* well-ordered. **2** *nf (Math)* ordinate.

ordre [ɔʀdʀ(ə)] *nm* **(a)** *(succession)* order. **par** ~ **alphabétique** in alphabetical order; *(Mil)* **en** ~ **de marche** in marching order. **(b)** *(Archit, Bio: catégorie)* order. **(c)** *(nature)* **dans le même** ~ **d'idées** similarly; **dans un autre** ~ **d'idées** in a different connection; **motifs d'** ~ **personnel** reasons of a personal nature; **c'est dans l'** ~ **des choses** it's in the nature of things; **du même** ~ of the same nature *ou* order; **un chiffre de l'** ~ **de 2 millions** a figure of the order of 2 million; *(prix)* **donnez-nous un** ~ **de grandeur** give us a rough estimate *ou* a rough idea; **de premier** ~ first-rate; **de dernier** ~ third-rate. **(d)** *(légalité)* **l'** ~ order; **l'** ~ **public** law and order; **rentrer dans l'** ~ to be back in order; **un partisan de l'** ~ a supporter of law and order. **(e)** *[personne, chambre]* tidiness, orderliness. **sans** ~ untidy, disorderly; **avoir de l'** ~ *(rangements)* to be tidy *ou* orderly; *(travail)* to be methodical; **en** ~ *maison* tidy, orderly; *comptes* in order; **(re)mettre en** ~ to tidy up; **mettre bon** ~ **à qch** to put sth to rights, sort out sth. **(f)** *(état)* **en** ~ **de marche** in working order. **(g)** *(association)* order; *[profession libérale]* ≈ professional association. *(Rel)* **entrer dans les** ~**s** to take (holy) orders ; **l'** ~ **des médecins** ≈ the Medical Association ; **l'** ~ **des avocats** ≈ the Bar. **(h)** *(commandement)* *(gén, Fin)* order; *(Mil)* order, command. ~ **de mission** orders *(for a mission)*; *(Mil)* ~ **de route** marching orders; **par** ~ **du ministre** by order of the minister; **j'ai reçu des** ~**s formels** I have formal instructions; **être aux** ~**s de qn** to be at sb's disposal; *(formule de politesse)* **je suis à vos** ~**s** I am at your service; *(Mil)* **à vos** ~**s!** yes sir!; **combattre sous les** ~**s de qn** to fight under sb's command; **payable à l'** ~ **de** payable to the order of. **(i)** **l'** ~ **du jour** *(Mil)* the order of the day; *(programme)* the agenda; **cité à l'** ~ **du jour** mentioned in dispatches; **être à l'** ~ **du jour** *(lit)* to be on the agenda; *(d'actualité)* to be topical.

ordure [ɔʀdyʀ] *nf (saleté) (lit)* dirt, filth; *(fig)* filth; *(péj: personne)* swine ✱. ~**s** *(saleté)* dirt; *(grossièretés)* obscenities, filth; *(détritus)* rubbish, refuse, garbage *(US)*; **jeter qch aux** ~**s** to throw sth into the dustbin *ou* garbage can *(US)*; **écrire des** ~**s** to write filth. ♦ **ordurier, -ière** *adj* lewd, filthy.

orée [ɔʀe] *nf [bois]* edge.

oreille [ɔʀɛj] *nf* **(a)** *(Anat)* ear. **les** ~**s ont dû lui tinter** his ears must have been burning; **écouter de toutes ses** ~**s** to be all ears; **venir aux** ~**s de qn** to come to sb's attention; **dire qch à qn dans le creux de l'** ~ to have a word in sb's ear about sth; **n'écouter que d'une** ~ to listen with only one ear; **avoir les** ~**s rebattues de qch** to have heard enough of sth, be sick of hearing sth; **tirer les** ~**s à qn** *(lit)* to tweak sb's ears; *(fig)* to tell sb off ✱; **se faire tirer l'** ~ to need a lot of persuading; **ouvre tes** ~**s** listen to what you are told; **l'** ~ **basse** crestfallen. **(b)** *(ouïe)* hearing, ear. **avoir l'** ~ **fine** to be sharp of hearing, have a sharp ear; **avoir de l'** ~ to have a good ear (for music). ♦ **oreiller** *nm* pillow. ♦ **oreillons** *nmpl*: **les** ~ (the) mumps.

orfèvre [ɔʀfɛvʀ(ə)] *nm* silversmith, goldsmith. **être** ~ **en la matière** to be an expert on the subject. ♦ **orfèvrerie** *nf (commerce)* silversmith's *(ou* goldsmith's) trade; *(magasin)* silversmith's *(ou* goldsmith's) shop; *(ouvrage)* (silver) plate, (gold) plate.

organe [ɔʀgan] *nm (gén, Anat)* organ; *(porte-parole)* spokesman; *(littér: voix)* voice. ~**s de commande** controls; ~**s de transmission** transmission system.

organigramme [ɔʀganigʀam] *nm (hiérarchie)* organization chart; *(procédure, Ordin)* flow chart.

organique [ɔʀganik] *adj (Chim, Jur, Méd)* organic.

organiser [ɔʀganize] **(1) 1** *vt (gén)* to organize, arrange. **2 s'** ~ *vpr* to organize o.s. *(ou* itself), get (o.s. *ou* itself) organized. ♦ **organisateur, -trice 1** *adj* organizing. **2** *nm, f* organizer. ♦ **organisation** *nf* **(a)** *(action)* organization, arranging; *(résultat)* organization, arrangement. **(b)** *(parti, syndicat)* organization. **O~ mondiale de la santé** World Health Organization; **O~ des Nations Unies** United Nations Organization.

organisme [ɔʀganism(ə)] *nm (organes, bureaux)* body, organism; *(Zool: individu)* organism.

organiste [ɔʀganist(ə)] *nmf* organist.

orgasme [ɔʀgasm(ə)] *nm* orgasm, climax.

orge [ɔʀʒ(ə)] *nf* barley.

orgie [ɔʀʒi] *nf* orgy. **une** ~ **de** a profusion of.

orgue [ɔʀg(ə)] *nm* organ. ~ **de Barbarie** barrel organ, hurdy-gurdy.

orgueil [ɔʀgœj] *nm* pride. **tirer** ~ **de qch** to take pride in sth, pride o.s. on sth; **mettre son** ~ **à faire qch** to take a pride in doing sth. ♦ **orgueilleusement** *adv* proudly. ♦ **orgueilleux, -euse** *adj* proud.

orgues [ɔʀg(ə)] *nfpl* organ. **les grandes** ~ the great organs.

orient [ɔʀjɑ̃] *nm (littér: est)* orient. **l'O~** the East, the Orient *(littér)*. ♦ **oriental, e,** *mpl* **-aux 1** *adj région* eastern; *langue, produits* oriental. **2** *nm:* **O~** Oriental. **3** *nf:* **O~e** Oriental woman.

orienter [ɔʀjɑ̃te] **(1) 1** *vt* **(a)** *objet* to position, adjust. ~ **une maison vers le sud** to build a house facing south; ~ **une antenne vers le nord** to turn *ou* direct an aerial towards the north; **maison bien orientée** well-positioned house, house with a good aspect. **(b)** *voyageurs, recherches* to direct *(vers* towards). ~ **un élève** to advise a pupil on what courses to follow *ou* what subjects to specialize in; ~ **la conversation vers un sujet** to turn the conversation onto a subject. **(c)** *(marquer) carte* to orientate; *(Math) droite* to orient. **2 s'** ~ *vpr [voyageur]* to find one's bearings. **s'** ~ **vers** *(lit, fig)* to turn towards; *[société]* to move towards; *[étudiant]* **s'** ~ **vers les sciences** to specialize in science, turn to science. ♦ **orientable** *adj antenne* adjustable. ♦ **orientation** *nf* **(a)** *(action)* positioning, adjustment; directing; orientation. **l'** ~ **professionnelle** careers advising; **l'** ~ **scolaire** advice on courses to be followed; **conseiller d'** ~ careers adviser. **(b)** *(position) [maison]* aspect; *[antenne]* direction. **l'** ~ **du jardin au sud** the garden's southern aspect. **(c)** *(tendance) [recherches]* direction, orientation; *[science]* trends; *[magazine]* leanings, (political) tendencies. **quelle** ~ **va-t-il choisir?** *[parti]* which line will they move towards?; *[élève]* which direction will he take? ♦ **orienté, e** *adj (partial) article* slanted, biased.

orifice [ɔʀifis] *nm (gén)* opening; *[tuyau]* mouth; *[organe]* orifice.

originaire [ɔʀiʒinɛʀ] *adj* **(a)** ~ **de** *plante, mets* native to; **il est** ~ **de** he is a native of, he was born in. **(b)** *propriétaire* original; *vice* innate. ♦ **originairement** *adv* originally, at first.

original, e, *mpl* **-aux** [ɔʀiʒinal, o] **1** *adj* original; *(péj: bizarre)* eccentric, odd. **édition** ~**e** original *ou* first edition. **2** *nm, f* eccentric. **3** *nm (tableau)* original; *(document)* original (copy); *(texte dactylographié)* top copy, original *(US)*. ♦ **originalement** *adv* originally. ♦ **originalité** *nf* **(a)** originality; eccentricity, oddness. **(b)** *(caractéristique)* original aspect *ou* feature. *(conduite)* ~**(s)** eccentric behaviour.

origine [ɔʀiʒin] *nf (gén)* origin. **avoir son** ~ **dans** to have one's origins in, originate in; **d'** ~ *pays* of origin; *pneus* original; **d' ~ française** of French origin *ou* extraction; **être d' ~ paysanne/ouvrière** to come of farming/working-class stock; **coutume d' ~ ancienne** long-standing custom, custom of long standing; **à l' ~** originally, to begin with; **dès l' ~** at *ou* from the outset *ou* the very beginning; **à l' ~ de** at the origin of. ◆ **originel, -elle** *adj* original. ◆ **originellement** *adv (primitivement)* originally; *(dès le début)* from the outset.

oripeaux [ɔʀipo] *nmpl* rags.

orme [ɔʀm(ə)] *nm* elm.

orner [ɔʀne] (1) *vt* (**a**) *chambre, vêtement* to decorate; *discours* to embellish (*de* with). **robe ornée d'un galon** dress trimmed with braid; **livre orné de dessins** book illustrated with drawings. (**b**) *[statue, bibelot]* to adorn, decorate. ◆ **orné, e** *adj style* ornate, florid. ◆ **ornement** *nm (gén)* ornament; *(Archit, Art)* embellishment, adornment. **sans ~(s)** *toilette, style* plain, unadorned; **d' ~** *arbre, jardin* ornamental. ◆ **ornemental, e,** *mpl* **-aux** *adj plante* ornamental; *motif* decorative. ◆ **ornementation** *nf* ornamentation.

ornière [ɔʀnjɛʀ] *nf (lit)* rut. *(fig)* **il est sorti de l' ~ maintenant** he's out of the wood now.

ornithologie [ɔʀnitɔlɔʒi] *nf* ornithology. ◆ **ornithologique** *adj* ornithological. ◆ **ornithologiste** *nmf ou* ◆ **ornithologue** *nmf* ornithologist.

orphelin, e [ɔʀfəlɛ̃, in] **1** *adj* orphan(ed). **2** *nm, f* orphan. **être ~ de père** to be fatherless, have lost one's father. ◆ **orphelinat** *nm (lieu)* orphanage; *(orphelins)* children of the orphanage.

orque [ɔʀk] *nm* killer whale.

orteil [ɔʀtɛj] *nm* toe. **gros ~** big toe.

orthodoxe [ɔʀtɔdɔks(ə)] **1** *adj (Rel, gén)* orthodox. **2** *nmf* orthodox. ◆ **orthodoxie** *nf* orthodoxy.

orthogénie [ɔʀtɔʒeni] *nf* family planning. **centre d' ~** family planning *ou* birth control centre.

orthographe [ɔʀtɔgʀaf] *nf (gén)* spelling; *(système)* spelling (system). ◆ **orthographier** (7) *vt* to spell *(in writing)*. ◆ **orthographique** *adj* spelling, orthographical.

orthopédie [ɔʀtɔpedi] *nf* orthopaedics *(sg)*. ◆ **orthopédique** *adj* orthopaedic. ◆ **orthopédiste** *nmf* orthopaedist.

ortie [ɔʀti] *nf* (stinging) nettle. **~ blanche** white dead-nettle.

os [ɔs] *nm* bone. **~ de seiche** cuttle-bone; **viande sans ~** boned meat; **à manche en ~** bone-handled; **trempé jusqu'aux ~** soaked to the skin, wet through; **il y a un ~** * there's a snag *ou* hitch; **tomber sur un ~** * to come across *ou* hit * a snag.

oscar [ɔskaʀ] *nm (Ciné)* Oscar; *(gén)* prize, award *(de* for).

osciller [ɔsile] (1) *vi (Sci)* to oscillate; *[pendule]* to swing; *[tête, navire]* to rock. **le vent fit ~ la flamme** the wind made the flame flicker; *(fig)* **~ entre** *[personne]* to waver between; *[prix]* to fluctuate between. ◆ **oscillation** *nf* oscillation; fluctuation. ◆ **oscillatoire** *adj* oscillatory.

oseille [ozɛj] *nf (Bot)* sorrel; *(⁂: argent)* dough ⁂.

oser [oze] (1) *vt* to dare. **il faut ~** one must take risks; **il n'osait (pas) bouger** he did not dare (to) move; **je n'ose pas** I dare not; **ose le répéter!** I dare you to repeat it!; **si j'ose dire** if I may say so; **j'ose l'espérer** I like to hope so. ◆ **osé, e** *adj* tentative, *toilette* bold, daring; *sujet* risqué, daring.

osier [ozje] *nm (Bot)* willow; *(fibres)* wicker. **corbeille en ~** wicker(work) basket.

osmose [ɔsmoz] *nf (lit, fig)* osmosis.

ossature [ɔsatyʀ] *nf [corps]* frame, bone structure; *[machine, discours]* framework. ◆ **osselets** *nmpl* knucklebones. ◆ **ossements** *nmpl (squelettes)* bones. ◆ **osseux, -euse** *adj (Anat, Méd)* bone ; *(maigre)* bony.

Ostende [ɔstɑ̃d] *n* Ostend.

ostensible [ɔstɑ̃sibl(ə)] *adj* conspicuous. ◆ **ostensiblement** *adv* conspicuously.

ostentation [ɔstɑ̃tasjɔ̃] *nf* ostentation. **avec ~** ostentatiously; **faire qch sans ~** to do sth unostentatiously. ◆ **ostentatoire** *adj* ostentatious.

ostraciser [ɔstʀasize] (1) *vt* to ostracize. ◆ **ostracisme** *nm* ostracism.

otage [ɔtaʒ] *nm* hostage. **prendre qn en** *ou* **comme ~** to take sb hostage.

otarie [ɔtaʀi] *nf* sea-lion.

ôter [ote] (1) **1** *vt* (**a**) *(gén)* to remove *(de* from); *ornement, scrupules, somme* to take away; *vêtement* to take off; *arêtes, tache* to take out *(de* of). **ôte les assiettes** clear the dishes; **ôte tes mains de la porte!** take your hands off the door! (**b**) *(prendre)* **~ qch à qn** *(lit)* to take sth (away) from sb ; **~ à qn ses forces** to deprive sb of his strength ; **~ à qn toute envie de faire** to rid sb of any desire to do; **on ne m'ôtera pas de l'idée que...** I can't get it out of my mind *ou* head that... **2** s' **~** *vpr*: **ôtez-vous de là!** move yourself!, get out of there!

otite [ɔtit] *nf* ear infection.

oto-rhino(-laryngologie) [ɔtoʀinolaʀɛ̃gɔlɔʒi] *nf* otorhinolaryngology. ◆ **oto-rhino(-laryngologiste)** *nmf* ear, nose and throat specialist.

ou [u] *conj* or. **aujourd'hui ~ demain** (either) today or tomorrow; **avec ~ sans sucre?** with or without sugar?; **que vous le vouliez ~ non** whether you like it or not; **~ pour mieux dire** or rather; **~ il est malade ~ (bien) il est fou** he's either sick or mad, either he's sick or (else) he's mad.

où [u] **1** *pron* (**a**) *(lit)* where. **la ville ~ j'habite** the town I live in *ou* where I live; **le mur ~ il est appuyé** the wall he's leaning against; **le livre ~ il a copié ceci** the book from which he copied this; **le village par ~ il est passé** the village he went through. (**b**) *(abstrait)* **la famille d' ~ il sort** the family he comes from; **dans l'état ~ il est** in the state he is in; **la mélancolie ~ il se complaît** the melancholy in which he wallows; **au prix ~ c'est** at the price it is; **voilà ~ nous en sommes** that's the position to date *ou* so far, that's where we're at *. (**c**) *(temporel)* when. **le jour ~ je l'ai rencontré** the day (when *ou* on which) I met him; **à l'instant ~ il est arrivé** the moment he arrived. **2** *adv rel* where. **s'établir ~ l'on veut** to settle where one likes; **~ que l'on aille** wherever one goes; **savoir ~ s'arrêter** to know where *ou* when to stop ; **d' ~ l'on peut conclure que...** from which one may conclude that...; **d' ~ son silence** hence his silence. **3** *adv interrog* where. **~ es-tu?** where are you?; **~ y aller?** which way should we go?; **~ ça?** * where's that?; **d' ~ vient cette attitude?** what's the reason for this attitude?; **~ voulez-vous en venir?** what are you getting at?

ouailles [waj] *nfpl (Rel, hum)* flock.

ouate [wat] *nf (pour pansement)* cotton wool, cotton *(US)*; *(pour rembourrage)* padding. ◆ **ouaté, e** *adj vêtement* quilted; *bruit* muffled; *ambiance* cocoon-like.

oublier [ublije] (7) **1** *vt (gén)* to forget; *soucis, client* to forget (about); *fautes d'orthographe* to miss; *phrase* to leave out. **~ de faire/pourquoi** to forget to do/why; **oublions le passé** let's forget about the past, let's let bygones be bygones; **il essaie de se faire ~** he's trying to keep out of the limelight; **on l'a oublié sur la liste** he's been left off the list. **2** s' **~** *vpr [personne]* to forget o.s. **ça s'oublie facilement** it's easily forgotten. ◆ **oubli** *nm* (**a**) forgetting. **l' ~ de cet objet** forgetting this thing ; **l' ~ de soi(-même)** self-effacement. (**b**) *(trou de mémoire)* lapse of memory; *(omission)* omission; *(négligence)* oversight. **cet ~ lui coûta la vie** this omission *ou* oversight cost him his life;

il y a des ~s dans ce récit there are gaps *ou* things missed out in this account. (**c**) l' ~ oblivion, forgetfulness. ◆ **oubliettes** *nfpl* oubliettes. ◆ **oublieux, -euse** *adj* forgetful (*de* of).

ouest [wɛst] **1** *nm* west. **le vent d' ~** the west wind; **un vent d' ~** a west(erly) wind; **à l' ~** (*situation*) in the west; (*direction*) to the west, westwards; **à l' ~ de** west of; **l'Europe de l' ~** Western Europe; **Allemagne de l' ~** West Germany; (*Pol*) **l'O~** the West. **2** *adj inv région* western; *entrée* west; *direction* westward, westerly. **~-allemand** West German.

ouf [uf] *excl* phew!, whew! **sans avoir le temps de dire ~** * before they had time to catch their breath.

Ouganda [ugɑ̃da] *nm* Uganda. ◆ **ougandais, e** *adj*, **O~(e)** *nm(f)* Ugandan.

oui [wi] **1** *adv* (**a**) yes. **le connaissez-vous?** — ~ do you know him? — yes (I do); **est-elle chez elle?** — ~ is she at home? — yes (she is); **ah, ça ~!** I should say so!, yes indeed!; **vous en voulez? —** ~, **bien sûr** do you want some? — of course (I do) *ou* I most certainly do; **répondre (par)** ~ to answer yes; **faire ~ de la tête** to nod (one's head). (**b**) (*remplaçant une proposition*) **je pense que** ~ (yes) I think so; **j'espère que** ~ I hope so; **j'ai demandé si elle était venue, lui dit que** ~ I asked if she had been and he says she has. (**c**) (*intensif*) **il va accepter,** ~ **ou non?** is he or isn't he going to accept?; **tu te presses,** ~ **ou non?** will you please hurry up. **2** *nm inv* yes. **il y a eu 30** ~ there were 30 votes for, there were 30 ayes; **pleurer pour un** ~ **ou pour un non** to cry at the drop of a hat.

ouïe [wi] *nf* hearing. ◆ **ouï-dire** *nm inv*: **par** ~ by hearsay. ◆ **ouïr** (**10**) *vt* (*littér, Jur*) to hear. **j'ai ouï dire que** I've heard it said that.

ouïes [wi] *nfpl* (*Zool*) gills; (*Mus*) sound holes.

ouille [uj] *excl* ouch!

ouragan [uʀagɑ̃] *nm* (*lit*) hurricane. (*fig*) **déchaîner un** ~ to create a storm; **arriver comme un** ~ to arrive like a whirlwind *ou* tornado.

Oural [uʀal] *nm*: (*fleuve*) **l' ~** the Ural; **l' ~, les monts** ~ the Urals, the Ural Mountains.

ourler [uʀle] (**1**) *vt* to hem. ◆ **ourlet** *nm* hem.

ours [uʀs] *nm* (*Zool*) bear; (*péj: misanthrope*) (old) bear. (*jouet*) ~ **(en peluche)** teddy bear; ~ **blanc** polar bear; ~ **brun** brown bear; ~ **mal léché** * lout. ◆ **ourse** *nf* she-bear. ◆ **ourson** *nm* bear cub.

oursin [uʀsɛ̃] *nm* sea urchin.

oust(e) * [ust(ə)] *excl* beat it! *, off with you!

outil [uti] *nm* (*lit, fig*) tool; (*agricole*) implement. ~ **de travail** tool; ~ **pédagogique** teaching aid; (*Ordin*) ~ **de programmation** programming tool. ◆ **outillage** *nm* [*bricoleur*] set of tools; [*jardinier*] implements; [*usine*] equipment. ◆ **outiller** (**1**) *vt* (*gén*) to equip; *ouvrier* to supply with tools, kit out, outfit (*US*); *atelier* to fit out. **bien/mal outillé** well-/badly-equipped.

outrage [utʀaʒ] *nm* insult (*à* to). **faire** ~ **à** *mémoire* to insult, offend; *pudeur* to outrage; ~ **à agent** insulting a police officer; ~ **à magistrat** contempt of court; ~ **à la pudeur** indecent behaviour. ◆ **outragé, e** *adj* gravely offended. ◆ **outrageant, e** *adj* offensive. ◆ **outrager** (**3**) *vt* (*littér*) *personne* to offend gravely; *mœurs* to outrage; *raison* to insult.

outrageux, -euse [utʀaʒø, øz] *adj* outrageous, excessive. ◆ **outrageusement** *adv* outrageously, excessively.

outrance [utʀɑ̃s] *nf* (*caractère*) extravagance; (*excès*) excess. **méticuleux à** ~ meticulous in the extreme. ◆ **outrancier, -ière** *adj* extreme.

outre [utʀ(ə)] **1** *prép* besides. ~ **son salaire** on top of *ou* in addition to his salary; ~ **le fait que** as well as *ou* besides the fact that; **en** ~ moreover,

besides; **en** ~ **de** on top of; ~ **mesure** to excess; **passer** ~ to carry on regardless; **passer** ~ **à un ordre** to disregard an order; ~ **qu'il a le temps, il sait le faire** apart from having the time he knows how to do it. **2** : **~-Atlantique** across the Atlantic; **~-Manche** across the Channel; **~-mer** overseas; **les territoires d' ~-mer** overseas territories; **voix d' ~-tombe** lugubrious voice.

outrepasser [utʀəpɑse] (**1**) *vt droits, pouvoir, ordres* to exceed; *limites* to go beyond, overstep.

outrer [utʀe] (**1**) *vt* (*exagérer*) to exaggerate; (*indigner*) to outrage. ◆ **outré, e** *adj* (**a**) *éloges* excessive, exaggerated; *description* exaggerated, extravagant. (**b**) (*indigné*) outraged (*de, par* at, by).

outsider [awtsajdœʀ] *nm* (*Sport, fig*) possible winner.

ouvert, e [uvɛʀ, ɛʀt] *etc* V **ouvrir**.

ouvrage [uvʀaʒ] *nm* (**a**) (*travail*) work. **se mettre à l' ~** to set to *ou* start work. (**b**) (*objet*) piece of work; (*Couture, Constr*) work; (*livre, œuvre*) work; (*volume*) book. ~ **d'art** structure (*bridge or tunnel etc*). ◆ **ouvragé, e** *adj meuble* finely carved; *napperon* finely embroidered; *bijou* finely worked.

ouvrier, -ière [uvʀije, ijɛʀ] **1** *adj quartier* working-class; *conflit, agitation, législation* industrial, labour. **2** *nm* (*gén, Pol, Sociol*) worker; (*membre du personnel*) workman. ~ **d'usine** factory worker *ou* hand; ~ **agricole** farm labourer, farm hand; ~ **qualifié/spécialisé** skilled/unskilled worker. **3** *nf* female worker. **~ière (d'usine)** female factory worker *ou* factory hand.

ouvrir [uvʀiʀ] (**18**) **1** *vt* (**a**) (*gén*) to open; *porte fermée à clef* to unlock; *ailes* to spread; *manteau* to undo, unfasten. ~ **par effraction** to break open; **il a ouvert brusquement la porte** he threw *ou* flung the door open; ~ **la porte aux abus** to throw the door open to abuses; **on a frappé: va ~!** there was a knock: go and open *ou* answer the door!; **ouvrez, au nom de la loi!** open up, in the name of the law!; **fais-toi ~ par la concierge** ask *ou* get the caretaker to let you in; ~ **l'œil** to keep one's eyes open (*fig*) ~ **l'œil** to keep one's eyes open (*fig*) ~ **les oreilles** to pin back one's ears *; **ça m'a ouvert l'appétit** that whetted my appetite; ~ **sa bourse (à qn)** to put one's hand in one's pocket (to help sb). (**b**) (*percer*) *mur* to open up; *membre, ventre* to open up, cut open; *autoroute* to build; *perspectives* to open up. **ils lui ont ouvert un passage dans la foule** they made a passage for him through the crowd; (*fig*) ~ **la voie (à qn)** to lead the way (for sb). (**c**) (*commencer*) *théâtre, magasin* to open (up); *compte, enquête, bal* to open. ~ **les hostilités** to start up *ou* begin hostilities; ~ **le feu** to open fire; ~ **le jeu** (*Sport*) to open up the game; (*Cartes*) to open play. (**d**) (*être au début de*) *liste* to head; *procession* to lead. ~ **la marche** to take the lead; ~ **la danse** to lead off the dance. (**e**) *gaz, radio* to turn on, switch on, put on; *eau, robinet* to turn on; *vanne* to open.

2 *vi* to open (*sur* on, *par* with).

3 s' ~ *vpr* (**a**) (*gén*) to open; (*fleur*) to open out. **robe qui s'ouvre par devant** dress that undoes *ou* unfastens at the front; **la foule s'ouvrit pour le laisser passer** the crowd parted to let him through; **s' ~ un passage dans la foule** to cut one's way through the crowd; **la porte a dû s' ~** the door must have come open; **la vie qui s'ouvre devant elle** the life which is opening in front of *ou* before her. (**b**) **s' ~ à** *amour, problèmes* to become aware of; *confident* to open one's heart to (*de qch* about sth). (**c**) **s' ~ les veines** to cut *ou* slash one's wrists; **s' ~ la jambe** to cut *ou* gash one's leg.

◆ **ouvre-boîte(s)** *nm inv* tin opener. ◆ **ouvre-bouteille(s)** *nm inv* bottle-opener. ◆ **ouvert, e** *adj* (*gén, fig*) open; *angle* wide; *ensemble* open-ended; *robinet* on, running; *col* undone. **la bouche ~e** open-mouthed, with open mouth; **entrez, c'est ~!** come in, the door isn't locked! *ou* the door's open!; **~ au public** open to the public; **à l'esprit ~** open-minded. ◆ **ouvertement** *adv dire* openly; *agir* openly, overtly. ◆ **ouverture** *nf* (**a**) *(action: V* **ouvrir***)* opening; unlocking; opening up; opening-out. **heures d'~** opening hours; ' **~ de 10 h à 15 h** ' 'open from 10 to 3'; **à l'~** at opening time; **l'~ de la porte est automatique** the door opens automatically. (**b**) *(trou)* opening; *(Phot)* aperture; *(Mus)* overture; *(Cartes)* opening. **~ d'esprit** open-mindedness. (**c**) *(avances)* **~s** overtures; **faire des ~s de paix** to make peace overtures *(à qn* to sb). ◆ **ouvrable** *adj*: **jour ~** weekday, working day; **heures ~s** business hours. ◆ **ouvreuse** *nf* usherette.

ovaire [ɔvɛʀ] *nm* ovary.

ovale [ɔval] *adj, nm* oval.

ovation [ɔvɑsjɔ̃] *nf* ovation. **faire une ~ à qn** to give sb an ovation.

overdose [ɔvɛʀdoz] *nf* overdose.

ovin, e [ɔvɛ̃, in] **1** *adj* ovine. **2** *nm*: **les ~s** the ovine race.

ovule [ɔvyl] *nm (Physiol)* ovum. ◆ **ovuler** (**1**) *vi* to ovulate. ◆ **ovulation** *nf* ovulation.

oxyder [ɔkside] (**1**) **1** *vt* to oxidize. **2 s'~** *vpr* to become oxidized. ◆ **oxydant, e 1** *adj* oxidizing. **2** *nm* oxidizer. ◆ **oxydation** *nf* oxidization, oxidation. ◆ **oxyde** *nm* oxide. **~ de carbone** carbon monoxide.

oxygène [ɔksiʒɛn] *nm* oxygen. ◆ **oxygénation** *nf* oxygenation. ◆ **oxygéner** (**6**) **1** *vt (Chim)* to oxygenate. **2 s'~** *vpr* (*) to get some fresh air.

oxymore [ɔksimɔʀ] *nm*, **oxymoron** [ɔksimɔʀɔ̃] *nm* oxymoron.

ozone [ozon] *nm* ozone.

P

P, p [pe] *nm (lettre)* P, p.

pacage [pakaʒ] *nm* pasture *ou* grazing (land).
♦ **pacager** (3) **1** *vt* to pasture, graze. **2** *vi* to graze.

pacha [paʃa] *nm* pasha. **mener une vie de ~** to live like a lord.

pachyderme [paʃidɛʀm(ə)] *nm (éléphant)* elephant.

pacifique [pasifik] **1** *adj* **(a)** *coexistence, manifestation* peaceful; *humeur* peaceable; *intention* pacific. **utilisé à des fins ~s** used for peaceful purposes. **(b)** *(Géog)* Pacific. **2** *nm (Géog)* **le P~** the Pacific. ♦ **pacificateur, -trice 1** *adj* pacificatory. **2** *nm, f (personne)* peacemaker; *(chose)* pacifier. ♦ **pacification** *nf* pacification. ♦ **pacifier** (7) *vt* to pacify. ♦ **pacifiquement** *adv* peacefully; peaceably; pacifically. ♦ **pacifisme** *nm* pacifism. ♦ **pacifiste** *nmf, adj* pacifist. **manifestation ~** *(en faveur de la paix)* peace march *ou* demonstration.

pacotille [pakɔtij] *nf* poor-quality stuff, cheap and nasty goods; *(clinquant)* showy stuff. **c'est de la ~** it's cheap rubbish; **meubles de ~** cheap(-jack) furniture.

pacte [pakt(ə)] *nm* pact. ♦ **pactiser** (1) *vt (péj) (se liguer)* to take sides *(avec* with); *(transiger)* to come to terms *(avec* with).

pactole [paktɔl] *nm* gold mine.

paella [paela] *nf* paella.

pagaie [pagɛ] *nf* paddle.

pagaïe, pagaille [pagaj] *nf (objets)* mess, shambles; *(désorganisation)* chaos. **mettre la ~ dans qch** to mess sth up; **il y en a en ~** * there are loads * *ou* masses of them.

paganisme [paganism(ə)] *nm* paganism, heathenism.

pagayer [pageje] (8) *vi* to paddle. ♦ **pagayeur, -euse** *nm, f* paddler.

page¹ [paʒ] *nf* **(a)** page. **~ de garde** flyleaf; **une ~ d'écriture** a page of writing; **les plus belles ~s de Corneille** the finest passages of Corneille; **une ~ glorieuse de notre histoire** a glorious page *ou* chapter in our history; **mettre en ~** to make up (into pages). **(b)** **être à la ~** *(mode)* to be up-to-date *ou* with it *; (actualité)* to keep in touch *ou* up-to-date; **ne plus être à la ~** to be out of touch *ou* behind the times.

page² [paʒ] *nm (Hist)* page (boy).

pagne [paɲ] *nm (en tissu)* loincloth; *(en paille etc)* grass skirt.

pagode [pagɔd] *nf* pagoda.

paie [pɛ] *nf (gén)* pay; *[ouvrier]* wages. **feuille de ~** paysheet; **jour de ~** pay day; **ça fait une ~ que nous ne nous sommes pas vus** * it's ages since we last saw each other. ♦ **paiement** *nm* payment *(de* for). **~ comptant** payment in full; **~ en liquide** cash payment.

païen, -ïenne [pajɛ̃, jɛn] *adj, nm, f* pagan, heathen.

paille [pɑj] **1** *nf* straw; *(pour boire)* (drinking) straw; *(Tech: défaut)* flaw. **~ de fer** steel wool; **~ de riz** straw; **chapeau de ~** straw hat; **être sur la ~** to be penniless; **mettre sur la ~** to reduce to poverty; **2 millions de francs? une ~!** * 2 million francs? peanuts! * **2** *adj inv* straw-coloured. ♦ **paillasse** *nf* **(a)** *(matelas)* straw mattress. **(b)** *[évier]* draining board. ♦ **paillasson** *nm (lit, péj)* doormat. ♦ **paillé, e** *adj* straw-bottomed.

paillette [pajɛt] *nf* **(a)** *(Habillement)* sequin, spangle. **(b)** *[or]* speck; *[mica, lessive]* flake. ♦ **pailleté, e** *adj robe* sequined. ♦ **pailleter** (4) *vt (gén)* to spangle; *robe* to sew sequins on.

pain [pɛ̃] **1** *nm (gén)* bread; *(miche)* loaf; *[cire]* bar; *[savon]* bar, cake; *[plastic]* stick. *(Culin)* **~ de poisson** *etc* fish *etc* loaf; **avoir du ~ sur la planche** * to have a lot to do, have a lot on one's plate *(Brit)*; **notre ~ quotidien** our daily bread. **2** : **~ brioché** brioche loaf; **~ de campagne** farmhouse bread; **~ complet** wholemeal bread; **~ d'épice(s)** gingerbread; **~ de Gênes** sponge cake; **~ grillé** toast; **~ de gruau** *ou* **viennois** Vienna bread; **~ de mie** sandwich loaf; **~ aux raisins** currant bun; **~ de seigle** rye bread; **petit ~ (au lait)** ≃ plain bun; **se vendre comme des petits ~s** to sell like hot cakes.

pair¹ [pɛʀ] *nm (personne)* peer; *(Fin)* par. **remboursé au ~** repayable at par; **travailler au ~** to work in exchange for board and lodging; **jeune fille au ~** au pair girl; **ça va de ~** it goes hand in hand *(avec* with). ♦ **pairesse** *nf* peeress. ♦ **pairie** *nf* peerage.

pair², e¹ [pɛʀ] *adj nombre* even. **le côté ~ de la rue** the even-numbers side of the street; **jours ~s** even dates.

paire² [pɛʀ] *nf (gén)* pair; *[bœufs]* yoke; *[pigeons]* brace. **donner une ~ de gifles à qn** to box sb's ears; *(hum)* **les deux font la ~** they're two of a kind; **c'est une autre ~ de manches** * that's another story.

paisible [pezibl(ə)] *adj* peaceful, quiet; *(sans agressivité)* peaceable. ♦ **paisiblement** *adv* peacefully, quietly; peaceably.

paître [pɛtʀ(ə)] (57) **1** *vi* to graze. **envoyer ~ qn** ‡ to send sb packing *. **2** *vt*: **~ l'herbe d'un pré** to graze in a meadow.

paix [pɛ] *nf* **(a)** *(gén, Mil)* peace. **signer la ~** to sign a peace treaty; **en temps de ~** in peacetime; **Mouvement pour la ~** Peace Movement; **faire la ~ avec qn** to make one's peace with sb, make it up with sb; **ramener la ~ entre** to make peace between. **(b)** *(tranquillité)* peace, quiet; *(silence)* stillness, peacefulness. **avoir la ~** to have a bit of peace and quiet; **~ à sa mémoire** God rest his soul; **avoir la conscience en ~** to have a clear conscience, be at peace with one's conscience; **qu'il repose en ~** may he rest in peace; **fiche-moi * la ~!** leave me alone!; **la ~!** * shut up! *

Pakistan [pakistɑ̃] *nm* Pakistan. ♦ **pakistanais, e** *adj*, **P~(e)** *nm (f)* Pakistani.

palace [palas] *nm* luxury hotel.

palais [palɛ] *nm (édifice)* palace; *(Anat)* palate. **~ des expositions** exhibition centre; **le P~ de Justice** the Law Courts; **le P~ du Luxembourg** the seat of the French Senate; **~ des sports** sports stadium.

palan [palɑ̃] *nm* hoist.

pale [pal] *nf [hélice]* blade; *[roue]* paddle.

pâle [pɑl] *adj* pale; *(maladif)* pallid; *style* weak; *imitation* poor; *sourire* faint, wan. **~ comme un linge** as white as a sheet; **~ de peur** white with fear.

palefrenier [palfʀənje] *nm [auberge]* ostler; *[château]* groom.

Palerme [palɛʀm(ə)] *n* Palermo.

Palestine [palɛstin] *nf* Palestine. ◆ **palestinien, -ienne** *adj*, **P~(ne)** *nm (f)* Palestinian.

paletot [palto] *nm* knitted jacket. **il m'est tombé sur le ~ ⚮** he jumped on me.

palette [palɛt] *nf (Peinture)* palette; *(Boucherie)* shoulder; *[roue]* paddle.

pâleur [pɑlœʀ] *nf* paleness; *(maladive)* pallor.

palier [palje] *nm [escalier]* landing; *[route]* level; *(Tech)* bearing; *(fig: étape)* stage. **habiter sur le même ~** to live on the same floor; **les prix ont atteint un nouveau ~** prices have risen to a new level.

pâlir [pɑliʀ] (2) **1** *vi [personne]* to turn *ou* go pale *(de* with); *[étoiles]* to grow dim; *[ciel]* to grow pale; *[couleur]* to fade; *[souvenir]* to fade (away), dim. **faire ~ qn d'envie** to make sb green with envy. **2** *vt* to turn pale. ◆ **pâlissant, e** *adj teinte, lumière* wan, fading.

palissade [palisad] *nf [pieux]* fence; *[planches]* boarding.

pallier [palje] (7) *vt difficulté* to overcome, get round; *manque* to offset, compensate for, make up for. ◆ **palliatif** *nm (mesure)* palliative, stopgap measure; *(réparation)* makeshift repair.

palmarès [palmaʀɛs] *nm (Scol)* prize list; *(Sport)* (list of) medal winners; *[athlète etc]* record (of achievements). **il a de nombreux exploits à son ~** he has a number of exploits to his credit.

palme [palm(ə)] *nf (Bot)* palm leaf; *(symbole)* palm *(de* of); *[nageur]* flipper. **vin de ~** palm wine; *(lit, fig)* **la ~ revient à...** the prize goes to...; **disputer la ~ à qn** to compete with sb; **elle a remporté la ~** she was the winner; *(Ciné)* **la P ~ d'or** the Palme d'or. ◆ **palmé, e** *adj patte* webbed; *oiseau* web-footed. ◆ **palmeraie** *nf* palm grove. ◆ **palmier** *nm (Bot)* palm tree; *(gâteau)* palmier.

palombe [palɔ̃b] *nf* woodpigeon.

pâlot, -otte ⚮ [pɑlo, ɔt] *adj* pale, peaky ⚮.

palourde [paluʀd(ə)] *nf* clam.

palper [palpe] (1) *vt objet* to feel, finger; *(Méd)* to palpate; *(⚮) argent* to get, make. ◆ **palpable** *adj (lit, fig)* palpable.

palpiter [palpite] (1) *vi [cœur]* to beat; *(violemment)* to pound; *[paupières]* to flutter; *[narines, flamme]* to quiver. ◆ **palpitant, e** *adj livre* thrilling, exciting. **être ~ d'émotion** to be quivering with emotion. ◆ **palpitation** *nf:* **~(s)** *[cœur]* pounding; *[flamme]* quivering; *(Méd)* **avoir des ~s** to have palpitations.

paluche ⚮ [palyʃ] *nf (main)* hand, paw ⚮. **serrer la ~ à qn** to shake hands with sb.

paludisme [palydism(ə)] *nm* malaria.

pampa [pɑ̃pa] *nf* pampas *(pl)*.

pamphlet [pɑ̃flɛ] *nm* satirical tract, lampoon.

pamplemousse [pɑ̃pləmus] *nm* grapefruit.

pan¹ [pɑ̃] *nm (morceau)* piece; *(basque)* tail; *(côté)* side, face. **~ de ciel** patch of sky; **~ de mur** (section of) wall; **il est en ~ de chemise** he has just his shirt on.

pan² [pɑ̃] *excl [coup de feu]* bang!; *[gifle]* slap!, whack!

pan³ [pɑ̃], *devant voyelle* [pan] *préf* Pan-. **panaméricain** *etc* Pan-American *etc*.

panacée [panase] *nf* panacea.

panache [panaʃ] *nm (plumet)* plume; *(héroïsme)* gallantry. **~ de fumée** plume of smoke.

panaché, e [panaʃe] **1** *adj fleur* many-coloured; *foule, assortiment* motley; *glace* mixed-flavour. **2** *nm (boisson)* shandy.

Panama [panama] *nm* Panama. ◆ **panaméen, -enne** *adj*, **P~(ne)** *nm(f)* Panamanian.

panard ⚮ [panaʀ] *nm* foot, hoof ⚮.

panaris [panaʀi] *nm* whitlow.

pancarte [pɑ̃kaʀt(ə)] *nf (gén)* sign, notice; *(Aut)* (road)sign; *[manifestant]* placard.

pancréas [pɑ̃kʀeas] *nm* pancreas.

panda [pɑ̃da] *nm* panda.

panel [panɛl] *nm (jury)* panel; *(échantillon)* sample group.

paner [pane] (1) *vt* to coat with breadcrumbs.

panier [panje] **1** *nm* **(a)** *(gén, Sport)* basket; *(contenu)* basket(ful). *(fig)* **ils sont tous à mettre dans le même ~** they are all much of a muchness; **jeter au ~** to throw out. **(b)** *(Phot: pour diapositives)* magazine. **~ circulaire** rotary magazine. **(c)** *(vêtement)* pannier. **2 : ~ à bouteilles** bottlecarrier; **c'est un ~ de crabes** they fight to get ahead of each other; **~ percé** spendthrift; **~ à salade** *(Culin)* salad shaker *ou* basket; *(⚮ fig)* police van, Black Maria ⚮. ◆ **panière** *nf* large basket.

panique [panik] *adj, nf* panic. **pris de ~** panic-stricken; **c'est la ~!** ⚮ everything's in a state of panic *ou* chaos!; **pas de ~!** ⚮ no need to panic!; **peur ~** pathological fear. ◆ **paniquer** ⚮ (1) **1** *vt:* **~ qn** to put the wind up sb ⚮, give sb a scare. **2** *vi*, **se ~** ⚮ *vpr* to panic, get the wind up ⚮.

panne [pan] *nf (incident)* breakdown. **je suis tombé en ~** my car has broken down; **je suis tombé en ~ sèche ⚮** I have run out of petrol *ou* gas *(US)*; **~ de courant** power failure; **~ de moteur** engine failure; **rester en ~ devant une difficulté** to be stuck over a difficulty; **laisser qn en ~** to let sb down.

panneau, *pl* **~x** [pano] *nm [porte etc]* panel; *(écriteau)* sign, notice. **~ d'affichage** *(pour résultats)* notice board, bulletin board *(US)*; *(pour publicité)* hoarding, billboard *(US)*; **~ indicateur** signpost; **~ de signalisation** road-sign; **~ de stop** halt sign; **~ vitré** glass panel; **tomber dans le ~** ⚮ to fall *ou* walk (right) into the trap, fall for it ⚮. ◆ **panonceau,** *pl* **~x** *nm (plaque)* plaque; *(publicitaire)* sign.

panoplie [panɔpli] *nf (jouet)* outfit; *[moyens etc]* range. **~ d'armes** *(collection)* display of weapons; *(équipement)* armoury.

panorama [panɔʀama] *nm (lit, fig)* panorama. ◆ **panoramique** *adj* panoramic.

panse [pɑ̃s] *nf* paunch; *(⚮: ventre)* belly ⚮. **se remplir la ~** ⚮ to eat one's fill.

panser [pɑ̃se] (1) *vt* **(a)** *plaie* to dress; *bras* to put a dressing on; *blessé* to dress the wounds of. **(b)** *cheval* to groom. ◆ **pansage** *nm* grooming. ◆ **pansement** *nm* dressing; *(bandage)* bandage. **faire un ~** to dress a wound; **couvert de ~s** all bandaged up; **~ (adhésif)** (sticking) plaster, Band Aid ® *(US)*.

pantalon [pɑ̃talɔ̃] *nm (pair of)* trousers *ou* pants *(US)*. **10 ~s** 10 pairs of trousers.

pantelant, e [pɑ̃tlɑ̃, ɑ̃t] *adj personne* panting *(de* with); *gorge, chair* heaving.

panthéon [pɑ̃teɔ̃] *nm* pantheon.

panthère [pɑ̃tɛʀ] *nf* panther; *(fig: mégère)* hellcat ⚮.

pantin [pɑ̃tɛ̃] *nm (jouet)* jumping jack; *(péj: personne)* puppet.

pantomime [pɑ̃tɔmim] *nf (art)* mime; *(spectacle)* mime show; *(fig)* pantomime, scene, fuss.

pantoufle [pɑ̃tufl(ə)] *nf* slipper. ◆ **pantouflard, e** ⚮ *adj caractère* stay-at-home; *vie* quiet.

paon [pɑ̃] *nm* peacock.

papa [papa] *nm* dad, daddy. **la musique de ~** ⚮ old-fashioned music; **conduire à la ~** ⚮ to potter along in one's car; **c'est un ~ gâteau** he spoils his (grand)children.

pape [pap] *nm* pope. ◆ **papal, e,** *mpl* **-aux** *adj* papal. ◆ **papauté** *nf* papacy.

papelard ⚮ [paplaʀ] *nm* paper.

paperasse [papʀas] *nf (péj)* ~**(s)** papers; *(à remplir)* forms. ◆ **paperasserie** *nf (péj)* papers; *(à remplir)* forms; *(routine)* red tape. **il y a trop de ~ à faire dans ce travail** there's too much paperwork in this job.

papeterie [papetʀi] *nf (magasin)* stationer's (shop); *(fourniture)* stationery; *(fabrique)* paper mill; *(fabrication)* papermaking industry; *(commerce)* stationery trade. ◆ **papetier, -ière** *nm, f (vendeur)* stationer; *(fabricant)* paper-maker.

papier [papje] **1** *nm* **(a)** *(matière)* paper. **sac en ~** paper bag; **mettre qch sur ~** to write sth down; **sur ~ libre** on plain paper; **sur le ~** *(théoriquement)* on paper. **(b)** *(feuille écrite)* paper; *(feuille blanche)* sheet *ou* piece of paper; *(Presse: article)* article. **un ~ à signer** a form to be signed; ~**s (d'identité)/militaires** *etc* (identity)/army *etc* papers; *(Aut)* **vos ~s, s'il vous plaît!** may I see your driving licence *ou* driver's license *(US)*, please?; **rayez cela de vos ~s!** you can forget about that!; **être dans les petits ~s de qn** to be in sb's good books.
2 : ~ **aluminium** aluminium *ou* aluminum *(US)* foil, tinfoil; ~ **d'argent** silver foil *ou* paper, tinfoil; ~ **brouillon** scrap paper; ~ **buvard** blotting paper; ~ **calque** tracing paper; ~ **carbone** carbon paper; ~ **à cigarettes** cigarette paper; ~ **collant** gummed paper; *(Ordin)* ~ **en continu** continuous stationery; ~ **crépon** crêpe paper; ~ **à dessin** drawing paper; ~ **d'emballage** wrapping paper; ~ **filtre** filter paper; *(ordures)* ~**s gras** litter, rubbish; ~ **hygiénique** toilet paper; ~ **journal** newspaper; ~ **kraft** ® brown wrapping paper; ~ **à lettres** writing paper, notepaper; ~ **mâché** papier-mâché; *(fig)* **mine de ~ mâché** pasty complexion; ~ **machine** typing paper; ~ **monnaie** paper money; ~ **peint** wallpaper; ~ **de soie** tissue paper; ~ **timbré** stamped paper; ~ **de verre** glass-paper, sandpaper.

papillon [papijɔ̃] *nm (insecte)* butterfly; *(écrou)* wing *ou* butterfly nut; *(contravention)* (parking) ticket; *(autocollant)* sticker. ~ **de nuit** moth.

papillote [papijɔt] *nf [cheveux]* curlpaper; *[bonbon]* (sweet *ou* candy *(US)*) paper; *[gigot]* frill; *(papier aluminium)* tinfoil. **poisson en ~** fish cooked in tinfoil.

papilloter [papijɔte] **(1)** *vi [lumière]* to twinkle; *[paupières]* to flutter, flicker; *[yeux]* to blink. ◆ **papillotement** *nm*: ~**(s)** twinkling; fluttering, flickering; blinking.

papoter [papɔte] **(1)** *vi* to chatter. ◆ **papotage** *nm (action)* chattering. *(propos)* ~**(s)** (idle) chatter.

papou, e [papu] *adj, nm,* **P~(e)** *nm(f)* Papuan.

Papouasie-Nouvelle-Guinée [papwazinuvɛlgine] *nf* Papua New Guinea.

paquebot [pakbo] *nm* liner, (steam)ship.

pâquerette [pɑkʀɛt] *nf* daisy.

Pâques [pɑk] **1** *nm* Easter. *(fig)* **à ~ ou à la Trinité** never in a month of Sundays. **2** *nfpl*: **joyeuses ~** Happy Easter; **faire ses ~** to go to Easter mass (and take communion).

paquet [pakɛ] *nm* **(a)** *[café]* bag; *[cigarettes]* packet, pack *(US)*; *[cartes]* pack; *[linge]* bundle. ~**-cadeau** gift-wrapped parcel. **(b)** *(colis)* parcel. **faire un ~** to make up a parcel. **(c)** ~ **de neige** pile *ou* mass of; *[boue]* lump of; *[billets]* wad of; **il a touché un bon ~ *** he got a fat sum *. **(d)** *(Rugby)* ~ **(d'avants)** pack (of forwards). **(e)** *(Naut)* ~ **de mer** heavy sea, big wave. **(f) faire ses ~s** to pack one's bags; **il y a mis le ~ *** *(argent)* he spared no expense; *(efforts)* he put everything into it. ◆ **paquetage** *nm (Mil)* pack, kit.

par [paʀ] *prép* **(a)** *(agent, cause)* by. **cassé ~ l'orage** broken by the storm; **accablé ~ le désespoir** overwhelmed with despair; **il a appris la nouvelle ~ un ami** he learned the news from *ou* through a friend; **elle veut tout faire ~ elle-même** she wants to do everything (for) herself; **la décision ~ le patron de...** the boss's decision to...
(b) *(manière, moyen)* by. **obtenir qch ~ la force/la persuasion/la ruse** to obtain sth by force/with persuasion/by *ou* through cunning; **la porte ferme ~ un verrou** the gate is locked with a bolt *ou* by means of a bolt; **payer ~ chèque** to pay by cheque; ~ **le train** by rail *ou* train; ~ **bien des côtés** in many ways; **honnête ~ nature** honest by nature.
(c) *(motif etc)* out of, from, for. **étonnant ~ son érudition** amazing for his learning; ~ **manque de temps** owing to lack of time; ~ **habitude** out of *ou* from habit; ~ **plaisir/pitié** for pleasure/out of pity; ~ **hasard/erreur** by chance/mistake.
(d) *(lieu, état)* through. **il est sorti ~ la fenêtre** he went out by (way of) *ou* through the window; **nous sommes venus ~ l'Espagne** we came via *ou* through Spain; **se promener ~ les champs** to walk through *ou* across the fields; ~ **tout le pays** throughout *ou* all over the (entire) country; **il habite ~ ici** he lives round here; **sortez ~ ici** go out this way; ~ **où sont-ils entrés?** which way *ou* how did they get in?; ~ **où est-il venu?** which way did he come (by)?; **passer ~ de dures épreuves** to go through some very trying times; ~ **5 mètres de fond** at a depth of 5 metres; ~ **10° de latitude sud** at a latitude of 10° south; **arriver ~ le nord** to arrive from the north.
(e) *(distribution, mesure)* a, per, by. **marcher 2 ~ 2** to walk 2 by 2 *ou* in 2's; **50 F ~ personne** 50 francs per person *ou* a head *ou* apiece; **3 fois ~ jour** 3 times daily *ou* a day; **6 étudiants ~ appartement** 6 students to a flat *ou* per flat; ~ **an** a *ou* per year, per annum; ~ **moments** at times; **ils sont venus ~ milliers** they came in their thousands; **il y en avait ~ milliers** there were thousands of them; ~ **poignées** in handfuls, by the handful; ~ **3 fois, on lui a demandé** 3 times he has been asked.
(f) *(atmosphère)* in, on; *(moment)* on. ~ **une belle nuit** one *ou* on a beautiful night; ~ **ce froid/cette chaleur** in this cold/heat; ~ **temps de pluie** in wet weather; **sortir ~ moins 10°** to go out when it's minus 10°.
(g) commencer ~ qch/~ faire to begin with sth/by doing; **il a fini ~ ennuyer tout le monde** he ended up *ou* finished up boring everyone; ~ **où allons-nous commencer?** where shall we begin?
(h) *(exclamations)* by. ~ **tout ce que j'ai de plus cher** by all that I hold most dear.
(i) ~ **trop** far too, excessively; **de ~ le roi** in the name of the king, by order of the king; **de ~ le monde** throughout the world, the world over.

parabole [paʀabɔl] *nf (Math)* parabola; *(Rel)* parable. ◆ **parabolique 1** *adj* parabolic. **2** *nm (radiateur)* electric fire.

parachever [paʀaʃve] **(5)** *vt* to perfect, put the finishing touches to. ◆ **parachèvement** *nm* perfection.

parachute [paʀaʃyt] *nm* parachute. ◆ **para *** *nm* para *. ◆ **parachutage** *nm* parachuting. ◆ **parachuter** **(1)** *vt* to parachute. **ils m'ont parachuté à ce poste *** I was pitchforked into this job. ◆ **parachutisme** *nm* parachuting. **faire du ~** to go parachuting; **faire du ~ en chute libre** to skydive, do skydiving. ◆ **parachutiste** *nmf* parachutist; *(Mil)* paratrooper.

parade [paʀad] *nf* **(a)** *(ostentation)* show. **faire ~ de** to parade, show off; **de ~** *uniforme* ceremonial. **(b)** *(spectacle)* parade. ~ **militaire/foraine** military/circus parade. **(c)** *(Escrime, Boxe)* parry; *(fig)* answer, reply. ◆ **parader** **(1)** *vi* to show off.

paradis [paʀadi] *nm (lit, fig)* paradise, heaven. **le P~ terrestre** *(Bible)* the Garden of Eden; *(fig)* heaven on earth; ~ **fiscal** tax haven. ◆ **paradisiaque** *adj* heavenly.

paradoxe [paʀadɔks(ə)] *nm* paradox. ◆ **para-doxal, e,** *mpl* **-aux** *adj* paradoxical. ◆ **para-doxalement** *adv* paradoxically.

paraffine [paʀafin] *nf* paraffin wax.

parages [paʀaʒ] *nmpl* (a) **dans les ~** in the area, in the vicinity; **dans les ~ de** round about, in the vicinity of. (b) *(Naut)* waters, region.

paragraphe [paʀagʀaf] *nm* paragraph.

Paraguay [paʀagwɛ] *nm* Paraguay. ◆ **para-guayen, -enne** *adj,* **P~(ne)** *nm (f)* Paraguayan.

paraître [paʀɛtʀ(ə)] (57) *vi* (a) *(se montrer)* to appear *(sur* on). **il n'a pas paru à la réunion** he didn't appear *ou* turn up at the meeting; **~ en public** to appear in public, make a public ap-pearance. (b) *(Presse)* to appear, come out. **faire ~ qch** *[éditeur]* to bring sth out; *[auteur]* to have sth published. (c) *(être visible)* to show (through). **il en paraît toujours qch** one can always see some sign of it *ou* traces of it; **laisser ~ son irritation** to let one's annoyance show; *(péj)* **chercher à ~** to show off. (d) *(sembler)* to look, seem, appear. **cela me paraît une erreur** it looks *ou* seems like a mistake to me; **cette robe la fait ~ plus grande** that dress makes her look taller; **il lui paraissait impossible de refuser** he didn't see how he could refuse; **il paraît que oui** so it seems *ou* appears, apparently so.

parallèle [paʀalɛl] **1** *adj* (a) *(Math)* parallel *(à* to). (b) *(comparable)* similar; *(indépendant)* separate; *(non officiel)* unofficial; *énergie, société* alternative. **2** *nf (Math)* parallel line. *(Élec)* **en ~** in parallel. **3** *nm (Géog, fig)* parallel. **mettre en ~** *choses oppo-sées* to compare; *choses semblables* to parallel. ◆ **parallèlement** *adv (lit)* parallel *(à* to); *(ensemble)* at the same time; *(similairement)* in the same way. ◆ **parallélisme** *nm (lit, fig)* parallel-ism; *(Aut)* wheel alignment. ◆ **parallélogramme** *nm* parallelogram.

paralyser [paʀalize] (1) *vt (Méd, fig)* to paralyse. ◆ **paralysé, -e** **1** *adj* paralysed. *[aéroport]* ~ **par le brouillard** fogbound; **~ par la neige** snowbound; **~ par la grève** *[gare]* strike-bound; *[hôpital]* crip-pled by the strike. **2** *nm, f* paralytic. ◆ **paralysie** *nf* paralysis. ◆ **paralytique** *adj, nmf* paralytic.

paramédical, e, *mpl* **-aux** [paʀamedikal, o] *adj* paramedical.

paramètre [paʀamɛtʀ(ə)] *nm* parameter.

paranoïaque [paʀanɔjak] *adj, nmf* paranoiac.

parapet [paʀapɛ] *nm* parapet.

paraphe [paʀaf] *nm (trait)* flourish; *(initiales)* initial; *(signature)* signature. ◆ **parapher** (1) *vt (Admin)* to initial; to sign.

paraphrase [paʀafʀɑz] *nf* paraphrase. ◆ **para-phraser** (1) *vt* to paraphrase.

parapluie [paʀaplɥi] *nm* umbrella. **~ atomique** nuclear shield *ou* umbrella.

parapsychologie [paʀapsikɔlɔʒi] *nf* parapsychol-ogy.

parascolaire [paʀaskɔlɛʀ] *adj* extracurricular.

parasite [paʀazit] **1** *nm (lit, fig)* parasite. *(Rad, TV)* **~s** interference, atmospherics, static. **2** *adj* para-sitic(al). ◆ **parasiter** (1) *vt (Bot, Vét)* to live as a parasite on; *(Rad, TV)* to cause interference on.

parasol [paʀasɔl] *nm [plage]* beach umbrella, para-sol; *[café]* sunshade, parasol.

paratonnerre [paʀatɔnɛʀ] *nm* lightning conductor.

paravent [paʀavɑ̃] *nm* folding screen *ou* partition.

parc [paʀk] **1** *nm (jardin public)* park; *[château]* grounds; *(Mil: entrepôt)* depot; *(fig, Écon: ensemble)* stock. **le ~ français des ordinateurs individuels** the total number of personal computers owned in France. **2 : ~ à l'anglaise** landscaped garden; **~ d'attractions** amusement park; **~ automobile** *[pays]* number of vehicles on the road; *[entreprise]* car fleet; **~ à bébé** playpen; **~ à la française** formal garden (in the French style); **~ à huîtres** oyster bed; **~ à moutons** sheep pen, sheepfold; **~ naturel** nature reserve; **~ de stationnement** car park, park-ing lot *(US)*; **~ zoologique** zoological gardens.

parcelle [paʀsɛl] *nf (lit)* fragment; *[vérité]* grain, scrap; *[bonheur]* bit; *(sur cadastre)* parcel *(of land)*. **~ de terre** plot of land.

parce que [paʀsk(ə)] *conj* because.

parchemin [paʀʃəmɛ̃] *nm* (piece of) parchment.

parcimonie [paʀsimɔni] *nf* parsimony. ◆ **parci-monieusement** *adv* parsimoniously. ◆ **parci-monieux, -euse** *adj* parsimonious.

par-ci par-là [paʀsipaʀla] *adv (espace)* here and there; *(temps)* now and then.

parcmètre [paʀkmɛtʀ(ə)] *nm* (parking) meter.

parcourir [paʀkuʀiʀ] (11) *vt* (a) *distance* to cover, travel; *(en tous sens)* *lieu* to go all over; *pays* to travel up and down. **~ les mers** to sail all over the seas; **un frisson parcourut tout son corps** a shiver ran through his body. (b) *livre* to glance *ou* skim through. **il parcourut la foule des yeux** he ran his eye over the crowd. ◆ **parcours** *nm* (a) *(distance)* distance; *(trajet)* journey; *(itinéraire)* route; *[fleuve]* course. **le prix du ~** the fare. (b) *(Sport)* course. **sur un ~ difficile** over a difficult course; **~ de golf** *(terrain)* golf course; *(partie, trajet)* round of golf; *(Mil)* **faire le ~ du combattant** to go round an assault course.

par-delà [paʀdəla] *prép* beyond.

par-derrière [paʀdɛʀjɛʀ] **1** *prép* (round) behind. **2** *adv* *passer* round the back; *attaquer* from behind, from the rear; *se boutonner* at the back. **dire du mal de qn ~** to speak ill of sb behind his back.

par-dessous [paʀd(ə)su] *prép, adv* under(neath).

pardessus [paʀdəsy] *nm* overcoat.

par-dessus [paʀd(ə)sy] **1** *prép* over. **~ tout** above all; **j'en ai ~ la tête** I'm sick and tired of it; **~ le marché** into the bargain, on top of all that; **~ bord** overboard. **2** *adv* over (the top).

par-devant [paʀd(ə)vɑ̃] **1** *prép:* **~ notaire** in the presence of *ou* before a lawyer. **2** *adv* *passer* round the front; *attaquer* from the front; *se boutonner* at the front.

pardon [paʀdɔ̃] *nm* (a) *(grâce)* forgiveness, pardon *(Jur)*. (b) *(en Bretagne)* pardon *(religious festival)*. (c) **demander ~ à qn d'avoir fait qch** to apologize to sb for doing *ou* having done sth; **demande ~!** say you're sorry!; **(je vous demande) ~** (I'm) sorry, I beg your pardon; **~ Monsieur, avez-vous l'heure?** excuse me, could you tell me the time?; **et puis ~! * il travaille dur** he works hard I can tell you. ◆ **pardonnable** *adj* pardonable, forgivable. ◆ **pardonner** (1) **1** *vt* to forgive, pardon. **~ qch à qn/à qn d'avoir fait qch** to forgive sb for sth/for doing *ou* having done sth; **pour se faire ~** so as to be forgiven; **pardonnez-moi de vous avoir dérangé** I'm sorry to have disturbed you; **on lui pardonne tout** he gets away with everything; **je ne me le pardonnerai jamais** I'll never forgive myself. **2** *vi* to forgive. **erreur qui ne pardonne pas** fatal mistake.

pare- [paʀ] *préf* V **parer²**.

pareil, -eille [paʀɛj] **1** *adj* (a) *(identique)* similar. **il n'y en a pas deux ~** there aren't two the same *ou* alike; **~ que, ~ à** the same as, similar to, just like; **c'est toujours ~** it's always the same; **il est ~ à lui-même** he's the same as ever; **j'en ai un ~** I have one the same *ou* just like it; **l'an dernier à ~eille époque** this time last year. (b) *(tel)* such (a). **je n'ai jamais entendu un discours ~** I've never heard such a speech *ou* a speech like it. **2** *nm, f:* **nos ~s** *(semblables)* our fellow men; *(égaux)* our equals *ou* peers; **ne pas avoir son ~** to be second to none; **vous et vos ~s** people like you; **sans**

~ unparalleled, unequalled; **c'est du ~ au même *** it comes to the same thing. **3** *adv* (*) *s'habiller* the same, in the same way, alike. **faire ~** to do the same thing (*que* as). ◆ **pareillement** *adv* (*de la même manière*) in the same way (*à* as); (*également*) likewise, also, equally. **à vous ~!** the same to you!

parent, e [paRɑ̃, ɑ̃t] **1** *adj* related (*de* to). **2** *nm, f* (**a**) relative, relation. **être ~ de qn** to be related to sb; (*fig*) **~ pauvre** poor relation. (**b**) (*Bio*) parent. **3** *nmpl*: **~s** (*père et mère*) parents; (*ancêtres*) ancestors, forefathers. ◆ **parenté** *nf* (*rapport*) relationship, kinship; (*famille*) relations, relatives.

parenthèse [paRɑ̃tɛz] *nf* (*digression*) digression; (*signe*) bracket, parenthesis. **entre ~s** (*lit*) in brackets *ou* parentheses; (*fig*) incidentally, in parenthesis; **par ~** incidentally, in passing; (*fig*) **ouvrir une ~** to digress.

parer¹ [paRe] (1) **1** *vt* (**a**) (*orner*) to adorn. **robe richement parée** richly trimmed dress. (**b**) *viande* to dress, trim; *cuir* to dress. **2 se ~** *vpr* (*se faire beau*) to put on all one's finery. **se ~ de** *bijoux* to adorn o.s. with; *faux titre* to assume.

parer² [paRe] (1) **1** *vt coup* to ward off, stave off, fend off; (*Boxe, Escrime, fig*) to parry. **2 ~ à** *vt indir inconvénient* to deal with, remedy; *danger* to ward off; *éventualité* to be prepared for. **~ au plus pressé** to attend to the most urgent things first. ◆ **paré, e** *adj* (*prêt*) ready, all set; (*préparé*) prepared (*contre* against). ◆ **pare-balles** *adj inv* bulletproof. ◆ **pare-brise** *nm inv* windscreen, windshield (*US*). ◆ **pare-chocs** *nm inv* (*Aut*) bumper, fender (*US*). ◆ **pare-soleil** *nm inv* sun visor.

paresseux, -euse [paRɛsø, øz] **1** *adj personne* lazy, idle; *esprit* slow; *allure* lazy; *estomac, intestin* sluggish; *fleuve* lazy, sluggish. **~ comme une couleuvre *** *ou* **un loir *** *ou* **un lézard *** bone-idle *, lazy. **2** *nm, f* lazy *ou* idle person, lazybones *. ◆ **paresse** *nf* laziness; idleness; slowness; sluggishness; (*péché*) sloth. ◆ **paresser** (1) *vi* to laze about *ou* around. ◆ **paresseusement** *adv* lazily.

parfait, e [paRfɛ, ɛt] **1** *adj* (*gén*) perfect; *raisonnement, manières* flawless, faultless; *tranquillité* complete, total; *crétin* utter, downright. (**c'est**) **~!** (that's) perfect! *ou* great! * **2** *nm* (**a**) (*Culin*) **au café** coffee parfait. (**b**) (*Ling*) perfect. ◆ **parfaire** (60) *vt* to perfect. ◆ **parfaitement** *adv* perfectly; completely, totally, utterly. **tu as fait ça tout seul? — ~!** you did it all on your own? — I certainly did! *ou* I did indeed!

parfois [paRfwa] *adv* sometimes.

parfum [paRfœ̃] *nm* (*substance*) perfume, scent; (*odeur*) scent, fragrance; [*café*] aroma; [*glace*] flavour. **être au ~ ‡** to be in the know *; **mettre qn au ~ ‡** to put sb in the picture *. ◆ **parfumé, e** *adj savon* scented; *air, fleur* fragrant, sweet-smelling. **~ au citron** *glace* lemon-flavour(ed); *savon* lemon-scented; **fraises très ~es** very sweet strawberries. ◆ **parfumer** (1) **1** *vt* [*fleurs*] to perfume, scent; [*café, tabac*] to fill with its aroma; *mouchoir* to put scent *ou* perfume on; (*Culin*) to flavour (*à* with). **2 se ~** *vpr* to use perfume *ou* scent. ◆ **parfumerie** *nf* (*gén*) perfumery; (*boutique*) perfume shop. ◆ **parfumeur, -euse** *nm, f* perfumer.

pari [paRi] *nm* bet, wager; (*Sport*) bet. (*fig*) **les ~s sont ouverts** it's anyone's bet *. ◆ **parier** (7) *vt* (**a**) (*gager*) to bet, wager. **je (te) parie que c'est lui** I bet it's him; **il y a gros à ~ que...** the odds are that...; **je l'aurais parié** I might have known; **tu as faim, je parie** I bet you're hungry. (**b**) (*Courses*) *argent* to bet, lay, stake. **~ sur un cheval** to bet on a horse. ◆ **parieur, -euse** *nm, f* punter.

Paris [paRi] *n* Paris.

parisien, -ienne [paRizjɛ̃, jɛn] **1** *adj* (*gén*) Paris; *ambiance* Parisian. **la vie ~ienne** Paris *ou* Parisian life. **2** *nm* (*f*): **P~(ne)** Parisian.

parité [paRite] *nf* parity. ◆ **paritaire** *adj commission* joint; *représentation* equal.

parjure [paRʒyR] **1** *adj personne* faithless; *serment* false. **2** *nm* (*violation de serment*) betrayal. **3** *nmf* traitor. ◆ **parjurer (se)** (1) *vpr* to be faithless to one's promise.

parking [paRkiŋ] *nm* (*lieu*) car park, parking lot (*US*); (*action*) parking. **~ souterrain/à étages** underground/multistorey car park *ou* parking lot (*US*).

parlement [paRləmɑ̃] *nm* parliament. ◆ **parlementaire** **1** *adj* parliamentary. **2** *nmf* (*Pol*) member of Parliament; (*aux USA*) member of Congress; (*négociateur*) negotiator, mediator. ◆ **parlementer** (1) *vi* (*négocier*) to parley.

parler [paRle] (1) **1** *vi* (**a**) (*faculté physique*) to talk, speak. **votre perroquet parle?** can your parrot talk?; **parlez plus fort!** talk *ou* speak louder!, speak up! (**b**) (*exprimer sa pensée*) to speak; (*bavarder*) to talk. **~ franc** to speak frankly; **faire ~ un suspect** to make a suspect talk; **~ à tort et à travers** to talk through one's hat *; **voilà qui est bien parlé!** well said! (**c**) **~ à qn** to talk *ou* speak to sb; **nous ne nous parlons pas** we're not on speaking terms; **moi qui vous parle** I myself; (*fig*) **trouver à qui ~** to meet one's match; **se ~ à soi-même** to talk to o.s. (**d**) **~ de qch/qn** to talk about sth/sb; **~ de faire qch** to talk of doing sth; **faire ~ de soi** to get o.s. talked about; **~ mal de qn** to speak ill of sb; **toute la ville en parle** it's the talk of the town; **il n'en parle jamais** he never mentions it *ou* talks about it; **quand on parle du loup (on en voit la queue)** speak of the devil (and he will appear). (**e**) **~ de qch à qn** to tell sb about sth; **je lui parlerai de cette affaire** I'll speak to him *ou* I'll have a word with him about this business; **on m'a beaucoup parlé de vous** I've heard a lot about you. (**f**) **~ par gestes** to use sign language; **~ à l'imagination** to appeal to the imagination; **les faits parlent d'eux-mêmes** the facts speak for themselves; **de quoi ça parle, ton livre? — ça parle de bateaux *** what is your book about? — it's about ships. (**g**) (*locutions*) **vous parlez! *** (*bien sûr*) you're telling me! *, you bet! *; (*iro*) no chance! *, you must be joking! *; **tu parles d'une brute!** talk about a brute!; **n'en parlons plus!** let's forget (about) it, let's not mention it again; **sans ~ de...** not to mention..., to say nothing of..., let alone...; **vous n'avez qu'à ~** just say the word.

2 *vt langue* to speak. **~ (l')anglais** to speak English; **~ politique** to talk politics. **3** *nm speech*; (*régional*) dialect.

◆ **parlant, e** **1** *adj être* speaking, talking; (*fig*) *portrait* lifelike; *comparaison* graphic, vivid; *regard* eloquent, meaningful. **2** *adv*: **économiquement** *etc* **~** economically *etc* speaking. ◆ **parlé, e** *adj langue* spoken. ◆ **parleur, -euse** *nm, f* talker. **beau ~** fine talker. ◆ **parloir** *nm* [*école, prison*] visiting room; [*couvent*] parlour.

Parme [paRm(ə)] *n* Parma.

parmi [paRmi] *prép* (*gén*) among. **~ nous** among us, in our midst; **aller ~ les rues désertes** to go through the deserted streets.

parodie [paRɔdi] *nf* parody. (*fig*) **une ~ de procès** a parody *ou* mockery of a trial. ◆ **parodier** (7) *vt* to parody.

paroi [paRwa] *nf* (*gén*) wall; [*véhicule*] side; (*cloison*) partition. **~ rocheuse** rock face.

paroisse [paRwas] *nf* parish. ◆ **paroissial, e,** *mpl* **-aux** *adj* parish. **salle ~e** church hall. ◆ **paroissien, -ienne** *nm, f* parishioner. **drôle de ~ *** funny customer *.

parole [paʀɔl] *nf* (**a**) *(mot)* word; *(remarque)* remark. **comprenez-vous le sens de ses ~s?** can you understand (the meaning of) what he says?; **c'est ~ d'évangile** it's the gospel truth; *(iro)* **de belles ~s** fair *ou* fine words! *(iro)*; **ce sont des ~s en l'air** it's just idle talk; **assez de ~s, des actes!** enough talk *ou* enough said, let's have some action!; **tout cela est bien joli en ~s mais...** this sounds all very well but... (**b**) *[chanson]* **~s** words, lyrics; **histoire sans ~s** wordless cartoon; *(légende)* **'sans ~s'** 'no caption'. (**c**) *(promesse)* word. **tenir ~** to keep one's word; **manquer à sa ~** to fail to keep one's word, go back on one's word; **c'est un homme de ~** he's a man of his word; **je l'ai cru sur ~** I took his word for it; **~ d'honneur!** you have my word (of honour); **ma ~!** * (upon) my word! (**d**) *(faculté)* speech. **avoir la ~ facile** to be a fluent speaker; **la ~ est d'argent, le silence est d'or** speech is silver, silence is golden. (**e**) *(Ling)* speech, parole. (**f**) *(dans un débat)* **droit de ~** right to speak; **passer la ~ à qn** to hand over to sb; **prendre la ~** to speak; **prendre la ~ pour dire** to take the floor to say.

paroxysme [paʀɔksism(ə)] *nm [maladie]* crisis (point); *[sentiment]* paroxysm, height. **au ~ de la joie** beside o.s. with joy; **atteindre son ~** to be at its height.

parpaing [paʀpɛ̃] *nm (aggloméré)* breeze-block.

parquer [paʀke] (1) **1** *vt voiture* to park; *bétail* to pen (in *ou* up). **2 se ~** *vpr (Aut)* to park.

parquet [paʀkɛ] *nm* (**a**) *(plancher)* (wooden *ou* parquet) floor. (**b**) *(Jur)* public prosecutor's department *ou* office.

parrain [paʀɛ̃] *nm (Rel, fig)* godfather; *(dans une société)* sponsor. ◆ **parrainage** *nm* sponsorship. ◆ **parrainer** (1) *vt* to sponsor.

parricide [paʀisid] **1** *adj* parricidal. **2** *nmf* parricide. **3** *nm (crime)* parricide.

parsemer [paʀsəme] (5) *vt* (**a**) *(répandre)* **~ de** to sprinkle with, strew with; **~ un texte de citations** to scatter quotations through a text. (**b**) *(être répandu sur)* to be scattered *ou* sprinkled over. **ciel parsemé d'étoiles** sky sprinkled *ou* studded with stars; **parsemé de difficultés** riddled with difficulties.

part [paʀ] *nf* (**a**) *(portion)* *(gén, Fin)* share; *[légumes]* portion. **la ~ du lion** the lion's share. (**b**) *(participation)* part. **prendre ~ à** *travail, manifestation* to take part in, join in; *frais* to share in, contribute to; *débat* to participate in, take part in; *douleur* to share in; **cela prend une grande ~ dans sa vie** it plays a great part in his life; **faire la ~ de la fatigue** to take tiredness into account, make allowances for tiredness; **faire la ~ belle à qn** to give sb more than his (*ou* her) due. (**c**) *(partie)* part, portion, fraction. **pour une large ~** to a great extent; **pour une petite ~** in a small way. (**d**) **à ~** *(de côté)* aside, on one side; *(séparément)* separately, on its (*ou* their) own; *(excepté)* except for, apart from; **prendre qn à ~** to take sb aside; **plaisanterie à ~** joking apart *ou* aside; **c'est un homme à ~** he's an exceptional man, he's in a class of his own; **un cas à ~** a special case. (**e**) **faire ~ de qch à qn** to inform sb of sth, tell sb about sth; **de la ~ de** *(provenance)* from; *(au nom de)* on behalf of; **cela m'étonne de sa ~** I'm surprised at that (coming) from him; **pour ma ~** as for me, as far as I'm concerned; **c'est gentil de sa ~** that's nice of him; *(Téléc)* **c'est de la ~ de qui?** who's calling? *ou* speaking?; **prendre qch en bonne ~** to take sth in good part; **prendre qch en mauvaise ~** to take offence at sth; **de toute(s) ~(s)** from all sides; **d'autre ~** *(de plus)* moreover; **d'une ~... d'autre ~** on the one hand... on the other hand; **de ~ et d'autre** on both sides; **de ~**

en ~ right through; **membre à ~ entière** full member; **Français à ~ entière** person with full French citizenship, fully-fledged French citizen.

partage [paʀtaʒ] *nm* (**a**) *(division)* division; *[gâteau]* cutting. **faire le ~ de qch** to divide sth up. (**b**) *(distribution)* sharing out. **le ~ n'est pas juste** it isn't fairly shared out. (**c**) *(participation)* sharing. **il y a ~ des responsabilités** the responsibility is shared; **fidélité sans ~** undivided loyalty. (**d**) *(part)* share; *(fig: sort)* portion, lot. *(Jur)* **recevoir qch en ~** to receive sth in a will.

partager [paʀtaʒe] (3) **1** *vt* (**a**) *(fractionner)* to divide up; *(distribuer)* to share out. **~ en 2/en 2 bouts** to divide in 2/into 2 pieces *ou* bits; **~ son temps entre** to divide one's time between. (**b**) *héritage, sort* to share (*avec* with). **les torts sont partagés** both (*ou* all) parties are at fault, there are faults on both (*ou* all) sides. (**c**) *bonheur, goûts* to share (in); *idée* to share, agree with. **amour partagé** mutual love. (**d**) *[conflit]* to divide. **partagé entre l'amour et la haine** torn between love and hatred. **2 se ~** *vpr:* **ça peut facilement se ~ en 3** it can easily be divided in 3; **le pouvoir ne se partage pas** power is not sth which can be shared; *(fig)* **se ~ le gâteau** to share out the cake; **ils se sont partagé le butin** they shared the booty between them. ◆ **partagé, e** *adj* (**a**) *opinions* divided. (**b**) *(littér: doté)* **il est bien ~ par le sort** fate has been kind to him.

partance [paʀtɑ̃s] *nf:* **en ~** *train* due to leave; *avion* outward bound; *bateau* sailing, outward bound; **en ~ pour Londres** for London.

partant [paʀtɑ̃] *nm* (**a**) *(coureur)* starter; *(cheval)* runner. **tous ~s** all horses running; **non ~** non-runner. (**b**) *(personne)* person leaving. **je suis ~** I'm quite prepared to join in; **il est toujours ~ pour un bon repas** * he's always ready for a good meal.

partenaire [paʀtənɛʀ] *nmf* partner. **~s sociaux** ≃ unions and management, management and labour; **~s commerciaux** trading partners.

parterre [paʀtɛʀ] *nm* (**a**) *(plate-bande)* border, (flower) bed. (**b**) *(Théât)* stalls, orchestra *(US)*; *(public)* audience.

parti [paʀti] *nm* (**a**) *(groupe)* party. **prendre le ~ de qn, prendre ~ pour qn** to stand up for sb, take sb's side; **prendre ~** *(dans une affaire)* *(se rallier)* to take sides (on *ou* in a matter); *(dire ce qu'on pense)* to take a stand (on a matter). (**b**) *(solution)* option, course of action. **prendre le ~ de faire** to make up one's mind to do, decide to do; **prendre son ~ de qch** to come to terms with sth. (**c**) *(personne à marier)* match. (**d**) **tirer ~ de** *situation* to take advantage of, turn to (good) account; *ressources* to put to good use; **faire un mauvais ~ à qn** to beat sb up. (**e**) **~ pris** prejudice, bias; **juger sans ~ pris** to take an unbiased *ou* objective view.

partial, e, *mpl* **-aux** [paʀsjal, o] *adj jugement* biased, prejudiced. **être ~** to be biased *ou* partial. ◆ **partialement** *adv* in a biased way. ◆ **partialité** *nf:* **~ (en faveur de qn)** partiality (for sb); **~ (contre qn)** bias (against sb).

participer [paʀtisipe] (1) **1 ~ à** *vt indir (gén)* to take part in; *discussion, jeu* to participate in, join in; *concours* to enter; *complot* to be involved in; *frais* to share in, contribute to; *profits* to share in. *[artiste]* **~ à un spectacle** to appear in a show; **~ à la joie de qn** to share sb's joy; **~ (financièrement) à projet** to cooperate in; **on demande aux élèves de ~ davantage pendant le cours** pupils are asked to be more actively involved during the class. **2 ~ de** *vt indir (littér)* to partake of *(littér)*. ◆ **participant, e 1** *adj* participant, participating. **2** *nm, f [concours, course]* entrant (*à* in); *[débat]* participant; *[association]* member (*à* of). **les ~s à la cérémonie** those taking part in the ceremony.

◆ **participation** *nf* (**a**) *[débat]* participation; *[spectacle]* appearance; *[complot]* involvement (*à* in). **c'est la ~ qui compte** what counts is taking part *ou* joining in; **'~ aux frais: 50 F'** 'cost: 50 francs'; **~ électorale** turnout at the polls, voter turnout *(US)*. (**b**) *(Écon) (détention d'actions)* interest. **la ~ (ouvrière)** worker participation; **~ aux bénéfices** profit-sharing; **~ du personnel à la marche d'une entreprise** staff participation *ou* involvement in the running of a firm. ◆ **participe** *nm* participle.

particulariser [paʀtikylaʀize] (1) **1** *vt* to particularize. **2 se ~** *vpr* to be distinguished *ou* characterized (*par* by). ◆ **particularité** *nf* particularity, distinctive characteristic *ou* feature.

particule [paʀtikyl] *nf (Ling, Phys)* particle. **nom à ~** title.

particulier, -ière [paʀtikylje, jɛʀ] **1** *adj* (**a**) *(spécifique)* particular; *style* distinctive. **dans ce cas ~** in this particular case; **cette habitude lui est ~ière** this habit is peculiar to him. (**b**) *(inhabituel)* unusual. **rien de ~ à signaler** nothing in particular *ou* unusual to report; **avec un soin tout ~** with very special care, with particular care. (**c**) *(étrange)* peculiar, odd. (**d**) *(privé)* private. **leçons ~ières** private lessons *ou* tuition. (**e**) **en ~** *(en privé)* parler in private; *(séparément)* examiner separately; *(surtout, entre autres choses)* in particular. **2** *nm* (**a**) *(personne)* person; *(Admin)* private individual. **comme un simple ~** like any ordinary person; **vente de ~ à ~** private sale; **drôle de ~ *** odd character *ou* individual. (**b**) *(chose)* **du général au ~** from the general to the particular. ◆ **particulièrement** *adv* particularly. **tout ~** especially, specially.

partie [paʀti] *nf* (**a**) *(fraction)* part. **une petite ~ de l'argent** a small part *ou* amount of the money; **la majeure ~ du temps** most of *ou* the greater part of the time; **en ~** partly, in part; **en majeure ~** largely, for the most part; **faire ~ de** *ensemble, risques* to be part of; *club* to belong to; *gagnants* to be among; **faire ~ intégrante de** to be an integral part of, be part and parcel of. (**b**) *(spécialité)* field, subject. **il n'est pas de la ~** it's not his line *ou* field. (**c**) *(Cartes, Sport)* game; *(Golf)* round. *(fig)* **abandonner la ~** to give up the fight; **la ~ n'est pas égale** it's not an even *ou* a fair match. (**d**) *(Jur) [contrat]* party; *[procès]* litigant; *(Mil: adversaire)* opponent. **se porter ~ civile** to associate in a court action with the public prosecutor; **avoir affaire à forte ~** to have a tough opponent to contend with; **être ~ prenante dans une négociation** to be a party to a negotiation. (**e**) *(Mus)* part. *(Ling)* **les ~s du discours** the parts of speech; *(Anat)* **~s sexuelles** private parts. (**f**) *(sortie, réunion)* party. **~ de pêche** fishing party *ou* expedition; **~ de campagne** outing in the country; **ce n'est pas une ~ de plaisir!** it's not my idea of fun! (**g**) *(locutions)* **ils ont la ~ belle** it's easy for them; **se mettre de la ~** to join in; **je veux être de la ~** I want to be in on this *; **ce n'est que ~ remise** it will be for another time; **prendre qn à ~** to attack sb; **comptabilité en ~ simple/double** single-/double-entry book-keeping.

partiel, -elle [paʀsjɛl] **1** *adj (gén)* partial. **paiement ~** part payment. **2** *nm (Univ)* class exam. ◆ **partiellement** *adv* partially, partly.

partir [paʀtiʀ] (16) *vi* (**a**) *(gén)* to go *(dans, pour* to); *(quitter un lieu)* to leave *(pour* for); *(se mettre en route)* to set off, set out *(pour* for); *(s'éloigner)* to go away *ou* off. **il est parti chercher du pain/ faire des courses/en vacances** he has gone to buy some bread/gone (out) shopping/gone (off) on holiday; **allez, je pars** I'm off now; **sa femme est partie de la maison** his wife has left him, his wife has gone; **faire ~ qn** to drive sb *ou* chase sb away; *(fig)* **~ en fumée** to go up in smoke; **fais ~ le chat de ma chaise** get the cat off my chair.

(**b**) *[moteur]* to start; *[avion]* to take off; *[train]* to leave; *[coureur]* to be off; *[plante]* to take. **~ en courant** to dash off; **la voiture partit** the car drove off; **~ battu d'avance/gagnant** to begin as if one is already beaten/as if one is sure of success; **attention, prêts? partez!** ready, steady, go!, on your marks, get set, go!; **c'est parti mon kiki! *** here we go! *; **faire ~ une voiture** to start (up) a car.

(**c**) *[fusée, coup de feu]* to go off; *[bouchon]* to pop *ou* shoot out. **ces cris partaient de la foule** these cries came from the crowd; **faire ~ fusée** to launch; *pétard* to set off.

(**d**) *(être engagé)* **~ sur une idée fausse** to start off with the wrong idea; *[affaire]* **~ bien/mal** to get off to a good/bad start, start (off) well/badly; **le pays est mal parti** the country is in a bad way *ou* in a mess *ou* in a sorry state; **il est bien parti pour gagner** he's all set to win; **~ dans des digressions** to launch into digressions; **~ d'un éclat de rire** to burst out laughing; **la pluie est partie pour toute la journée** the rain has set in for the day; **on est parti pour ne pas déjeuner** at this rate *ou* the way things are going, we won't get any lunch.

(**e**) **~ de** *[contrat, vacances]* to begin on, run from; *[course]* to start *ou* leave from; *[analyse]* to be based on; **un chemin qui part de l'église** a path going from the church; **si tu pars du principe que tu as toujours raison** if you start from the notion that you're always right; **cela part d'un bon sentiment** that comes from his *(ou* her *etc)* kindness.

(**f**) *(disparaître) (gén)* to go; *[tache]* to come out; *[bouton, crochet]* to come off; *[odeur]* to clear. **toute la couleur est partie** all the colour has gone *ou* faded; **faire ~ tache** to remove; *odeur* to clear, get rid of.

(**g**) **à ~ de** from; **à ~ d'aujourd'hui** from today onwards; **à ~ de maintenant** from now on; **à ~ de** *ou* **en partant de la gauche, c'est le troisième** it is (the) third along from the left; **pantalons à ~ de 300 F** trousers from 300 francs (upwards).

partisan, e [paʀtizã, an] **1** *adj* (**a**) *(partial)* partisan. (**b**) **être ~ de qch/de faire qch** to be in favour of sth/of doing sth; **être ~ du moindre effort** to be a believer in (taking) the line of least resistance. **2** *nm, f (gén)* supporter; *(Mil)* partisan.

partitif, -ive [paʀtitif, iv] *adj* partitive.

partition [paʀtisjɔ̃] *nf* (**a**) *(Mus)* score. (**b**) *(division)* partition.

partout [paʀtu] *adv* everywhere, everyplace *(US)*. **~ où** wherever; **avoir mal ~** to ache all over; **tu as mis des papiers ~** you've put papers all over the place; *(Sport)* **2/15 ~** 2/15 all; *(Tennis)* **40 ~** deuce.

partouze ‡ [paʀtuz] *nf* orgy.

parure [paʀyʀ] *nf (toilette)* costume; *(bijoux)* jewels; *(fig littér)* finery. **~ de lit** set of bed linen.

parution [paʀysjɔ̃] *nf* appearance, publication.

parvenir [paʀvəniʀ] (22) **1 ~ à** *vt indir* (**a**) *(arriver) (gén)* to reach; *sommet* to get to; *honneurs* to achieve. **~ à maturité** to become ripe; **faire ~ qch à qn** to send sth to sb; **~ à ses fins** to achieve one's ends. (**b**) *(réussir)* **~ à faire qch** to manage to do sth, succeed in doing sth; **il y est parvenu** he managed it. **2** *vi (faire fortune)* to succeed *ou* get on in life. ◆ **parvenu, e** **1** *adj* upstart. **2** *nm, f (péj)* parvenu, upstart.

parvis [paʀvi] *nm* square *(in front of church)*.

pas¹ [pɑ] *nm* (**a**) *(gén)* step; *(bruit)* footstep; *(trace)* footprint; *(démarche)* tread. **faire un ~ en arrière** to step back, take a step back; **marcher à grands ~** to stride along; **revenir** *ou* **retourner sur ses ~** to retrace one's steps *ou* one's path; **à ~ comptés** step by step; **ne le quittez pas d'un ~** follow him wherever he goes; **arriver sur les ~ de qn** to follow close on sb's heels. (**b**) *(distance)* pace. **c'est à deux**

~ **d'ici** it's just a stone's throw from here. (**c**) *(vitesse)* pace; *(Mil, Danse)* step; *[cheval]* walk. **d'un bon** ~ at a good *ou* brisk pace; **marcher d'un** ~ **lent** to walk slowly; **marcher au** ~ to march; **mettre son cheval au** ~ to walk one's horse; *(Aut)* **rouler au** ~ to drive dead slow, go at a walking pace; **au** ~ **cadencé** in quick time; **au** ~ **de charge** at the charge; **au** ~ **de course** at a run; **au** ~ **de gymnastique** at a jog trot; **faire le** ~ **de l'oie** to goose-step. (**d**) *[montagne]* pass; *[mer]* strait. **le** ~ **de Calais** the Straits of Dover. (**e**) ~ **(de vis)** thread. (**f**) **le** ~ **de la porte** the doorstep; *(Jur)* ~ **de porte** key money *(for shop etc)*. (**g**) **avancer à** ~ **de géant** to take gigantic steps forward; **à** ~ **de loup**, **à** ~ **feutrés** stealthily; **j'y vais de ce** ~ I'll go straightaway *ou* at once; **mettre qn au** ~ to bring sb to heel, make sb toe the line; **avoir le** ~ **sur qn** to rank before sb; **prendre le** ~ **sur** *considérations* to override; *méthode* to supplant; *personne* to steal a lead over; **sauter le** ~ to take the plunge; **du mensonge à la calomnie il n'y a qu'un** ~ it's a short *ou* small step from lies to slander.

pas² [pɑ] *adv nég* (**a**) *(avec ne)* not. **ce n'est** ~ **vrai, c'est** ~ **vrai** * it isn't *ou* it's not *ou* it is not true; **je ne trouve** ~ **mon sac** I can't *ou* cannot find my bag; **ils n'ont** ~ **de voiture** they don't have *ou* haven't got a car, they have no car; **il m'a dit de ne** ~ **le faire** he told me not to do it; **il n'y a** ~ **que ça** it's not just that; **il n'y a** ~ **que lui** he's not the only one; **je n'en sais** ~ **plus que vous** I know no more *ou* I don't know any more about it than you (do); **il n'est** ~ **moins intelligent que vous** he is no less intelligent than you. (**b**) *(opposition)* **elle travaille, mais lui** ~ she works, but he doesn't; **ils sont 4 et non** ~ **3** there are 4 of them, not 3. (**c**) *(réponses négatives)* ~ **de sucre, merci!** no sugar, thanks!; ~ **du tout** not at all; ~ **encore** not yet; ~ **des masses** ‡ not a lot; **qui l'a prévenu? —** ~ **moi** who told him? — not me *ou* I didn't. (**d**) *(excl)* ~ **un n'est venu** not one *ou* none (of them) came; ~ **possible!** no!, you don't say! *; ~ **de chance!** * hard *ou* bad luck!, too bad! *; **tu es content,** ~ **vrai?** * you're pleased, aren't you?; ~ **d'histoires** no nonsense; **(c'est)** ~ **bête!** that's not a bad idea!; ~ **de ça!** none of that!; **ce n'est** ~ **trop tôt!** it's not before time! (**e**) *(locutions)* ~ **plus tard qu'hier** only *ou* just yesterday; **ils ont** ~ **mal d'argent** they have quite a lot of money.

passable [pɑsabl(ə)] *adj* passable, reasonable, tolerable; *(sur copie d'élève)* fair. *(Univ)* **mention** ~ ≃ pass(mark). ◆ **passablement** *adv* **travailler** reasonably well; *irritant, long* rather, fairly; *(beaucoup)* quite a lot *ou* a bit * *(de* of).

passade [pɑsad] *nf* passing fancy.

passage [pɑsaʒ] **1** *nm* (**a**) *(venue)* **attendre le** ~ **de l'autobus** to wait for the bus to come (by *ou* past); **observer le** ~ **des oiseaux** to watch the birds fly by *ou* over; **lors de votre** ~ **à la douane** when you go *ou* pass through customs; **l'autobus fait 4** ~**s par jour** the bus goes past 4 times a day; ' ~ **de troupeaux'** 'cattle crossing'; **commerçant qui travaille avec le** ~ shopkeeper catering for the casual *ou* passing trade; **il est de** ~ **à Paris** he is in *ou* visiting *ou* passing through Paris at the moment; **je l'ai saisi au** ~ I grabbed him as I went by *ou* past. (**b**) *(transfert)* **le** ~ **de l'enfance à l'adolescence** the transition *ou* passage from childhood to adolescence; **le** ~ **du jour à la nuit** the change from day to night; **le** ~ **de l'alcool dans le sang** the entry of alcohol into the bloodstream; ~ **à l'acte** taking action, acting. (**c**) *(lieu)* passage; *(chemin)* way, passage; *(itinéraire)* route; *(rue)* passage(way), alley(way). **on se retourne sur son** ~ people turn round and look when he goes past; **barrer le** ~ **à qn** to block sb's way; **laisser le** ~ **à qn** to let sb pass *ou* past, make way for sb. (**d**) *(Naut)* **payer son** ~ to pay for one's passage, pay one's fare.

(**e**) *[livre, symphonie]* passage. (**f**) *(traversée)* [rivière, limite]* crossing. (**g**) *(loc)* **il a eu un** ~ **à vide** *(syncope)* he felt a bit faint; *(baisse de forme)* he went through a bad patch *ou* spell. **2** : ~ **clouté** pedestrian crossing; '~ **interdit'** 'no entry'; ~ **à niveau** level crossing, grade crossing *(US)*; ~ **souterrain** subway, underpass; ~ **à tabac** beating up.

passager, -ère [pɑsaʒe, ɛʀ] **1** *adj* (**a**) *hôte* temporary, making a short stay. (**b**) *malaise etc* passing; *inconvénient* temporary; *bonheur, beauté* transient. **pluies** ~**ères** intermittent *ou* occasional showers *ou* rain. (**c**) *rue* busy. **2** *nm, f* passenger. ~ **clandestin** stowaway. ◆ **passagèrement** *adv* temporarily.

passant, e [pɑsɑ̃, ɑ̃t] **1** *adj rue* busy. **2** *nm, f* passerby. **3** *nm [ceinture]* loop.

passation [pɑsɑsjɔ̃] *nf [contrat]* signing. ~ **de pouvoirs** transfer of power.

passe [pɑs] **1** *nf* (*gén*) pass; *(Roulette)* passe; *(chenal)* pass, channel. **être en** ~ **de faire** to be on the way to doing; **être dans** *ou* **traverser une mauvaise** ~ to go through a bad patch, have a rough time; *(fig)* ~ **d'armes** heated exchange. **2** *nm* (*) skeleton *ou* master key. ◆ **passe-droit**, *pl* **passe-droits** *nm* undeserved privilege. ◆ **passe-montagne**, *pl* **passe-montagnes** *nm* balaclava. ◆ **passe-partout** **1** *nm inv* skeleton *ou* master key. **2** *adj inv* **formule** *etc* ~ all-purpose phrase *etc*. ◆ **passe-plat**, *pl* **passe-plats** *nm* serving hatch. ◆ **passe-temps** *nm inv* pastime.

passé, e [pɑse] **1** *adj* (**a**) *(dernier)* last. **le mois** ~ last month; **au cours des années** ~**es** over the past years. (**b**) *(révolu)* past. ~ **de mode** out of fashion, out of date; **sa gloire** ~**e** his past *ou* former glory; **cette époque est** ~**e maintenant** that era is now over; **il se rappelait le temps** ~ he was thinking back to days *ou* time gone by. (**c**) *(fané)* faded. (**d**) *(plus de)* **il est 8 heures** ~**es** it's past *ou* gone 8 o'clock; **ça fait une heure** ~ **que je t'attends** I've been waiting for you for more than *ou* over an hour. **2** *nm* (**a**) *(gén)* past. **c'est du** ~ it's (all) in the past now. (**b**) *(Gram)* past tense. ~ **antérieur** past anterior; ~ **composé** perfect; ~ **simple** past historic. **3** *prép* after. ~ **6 heures/cette maison** after 6 o'clock/this house.

passementerie [pɑsmɑ̃tʀi] *nf (objets)* braid, trimmings.

passeport [pɑspɔʀ] *nm* passport.

passer [pɑse] (**1**) **1** *vi (avec aux être)* (**a**) *(gén)* to pass; *[train]* to come *ou* go past; *[démarcheur]* to call. ~ **en courant** to run past; **il passait dans la rue** he was walking down the street; **où passe la route?** where does the road go?; **la Seine passe à Paris** the Seine flows through Paris; **faire** ~ **qn d'abord** to let sb go first; **une lueur passa dans son regard** a gleam came into his eyes; ~ **au bureau** to call (in *ou* by) *ou* drop in *ou* by at the office; ~ **prendre qn** to call for sb; **le facteur est passé** the postman has been; **j'irai le voir en passant** I'll call to see him on my way past; *(fig)* **soit dit en passant** let me say in passing *ou* by the way. (**b**) *(changer)* to go. ~ **d'une pièce dans une autre** to go from one room to another; ~ **d'un état à l'autre** to change *ou* pass from one state to another; ~ **du rire aux larmes** to switch from laughter to tears; ~ **à l'ennemi** to go over to the enemy; **la photo passa de main en main** the photo was passed *ou* handed round; ~ **dans la langue** to pass *ou* come into the language; **son argent de poche passe en bonbons** his pocket money (all) goes on sweets. (**c**) *[temps]* to go by, pass. **comme le temps passe!** how time flies!; **cela fait** ~ **le temps** it passes the time. (**d**) *[liquide]* to go through; *[courant électrique]* to get through. (**e**) *(être accepté)* *[proposition, candidat]* to pass, get through; *[plaisanterie, erreur]* to be acceptable; *[aliment]* to go down. **mon déjeuner ne passe pas** my lunch hasn't settled; **il est passé dans la classe supérieure** he's moved up to the next class, he's passed *ou* been promoted to the next grade *(US)*; ~ **directeur** to become *ou* be appointed director; **qu'il soit menteur, passe encore, mais voleur, c'est plus grave** it's one thing if he's a liar, but it's more serious if he's a thief; **passe pour cette fois** I'll let you off this time. (**f**) *[film]* to be showing, be on; *(TV)* *[émission]* to be on; *[personne]* to be on, appear. ~ **à la télé** * to be on TV *. (**g**) *(dépasser)* *[oreilles, queue]* to stick out. **son manteau est trop court, la robe passe** her coat is too short — her dress shows underneath (it); **ne laisse pas ~ ton bras par la portière** don't put your arm out of the window. (**h**) *[couleur, beauté]* to fade; *[mode]* to die out; *[douleur]* to pass (off), wear off; *[colère, orage]* to die down; *[jeunesse]* to pass; *(mourir)* to pass on *ou* away. **faire ~ à qn l'envie** *ou* **de faire** to cure sb of doing; **cela fera ~ votre rhume** that will get you over your cold *ou* get rid of your cold for you; **le plus dur est passé** the worst is over now; **ça lui passera!** * *(habitude)* he'll get over it!; *(sentiment)* he'll grow out of it! (**i**) *(Cartes)* to pass. (**j**) *(Aut)* ~ **en première** to go into first (gear); ~ **en seconde** to change into second; **les vitesses passent mal** the gears are stiff. (**k**) ~ **par** *(lit, fig)* to go through; **par où êtes-vous passé?** which way did you go?; ~ **par des difficultés** to have difficulties *ou* a difficult time; **nous sommes tous passés par là** we've all been through that; **il faudra bien en ~ par là** there's no way round it, we'll have to put up with it; **une idée m'est passée par la tête** an idea occurred to me; **elle dit tout ce qui lui passe par la tête** she says whatever comes into her head. (**l**) ~ **pour un imbécile/pour un Allemand** to be taken for a fool/for a German; ~ **pour un séducteur** to be regarded as a lady's man; **il passe pour intelligent** he is supposed to be intelligent; **cela passe pour vrai** it's thought to be true; **se faire ~ pour** to pass o.s. off as; **faire ~ qn pour** to make sb out to be. (**m**) ~ **sous/sur/derrière** *etc* to go under/over/behind *etc*; ~ **devant la maison de qn** to pass *ou* go past sb's house; **l'air passe sous la porte** a draught comes in under the door; **passez donc devant** you go first; ~ **devant une juridiction** to come before a court; **il est passé sous l'autobus** he was run over by the bus; **le travail passe avant les loisirs** work comes before leisure; **ma famille passe en premier** my family comes first; **le confort, ça passe après** comfort is less important *ou* comes second; **les poissons sont passés au travers du filet** the fish slipped through the net; ~ **sur** *faute, détail* to pass over. (**n**) **y ~** *: **tout le monde y a** *ou* **y est passé** everybody got it, nobody escaped it; **toute sa fortune y a passé** *ou* **y est passée** his whole fortune went on it. (**o**) **laisser ~** *air* to let in; *personne* to let through *(ou* past, in, out *etc)*; *erreur* to overlook, miss; *occasion* to let slip, miss; **nous ne pouvons pas laisser ~ cette affaire sans protester** we cannot let this matter pass without a protest.

2 *vt (avec aux vbs)* (**a**) *frontière* to cross; *porte* to go through; *obstacle* to get through; *haie* to jump *ou* get over. ~ **une rivière à la nage** to swim across a river. (**b**) *examen* to sit, take; *douane* to go through, clear. *visite médicale* to have. (**c**) *temps* to spend *(à faire* doing). **pour ~ le temps** to while away *ou* pass the time. (**d**) *(assouvir)* ~ **sa colère sur qn** to work off *ou* vent one's anger on sb. (**e**) *(omettre)* *mot* to miss *ou* leave out. ~ **son tour** to miss one's turn; **et j'en passe!** and that's not all!; **j'en passe, et des meilleures!** and that's not all — I could go on!, and that's the least of them! (**f**) *(permettre)* ~ **une faute à qn** to overlook sb's mistake; ~ **un caprice à qn** to indulge sb's whim; **on lui passe tout** he gets away with anything;

passez-moi l'expression (if you'll) pardon the expression. (**g**) *consigne, maladie* to pass on; *objet* to pass, give, hand; *faux billets* to pass; *(Sport)* *ballon* to pass *(à* to). ~ **(en fraude) de l'alcool** to smuggle spirits; **tu (le) fais ~** pass *ou* hand it round; **passe-moi du feu** give me a light; *(au téléphone)* **je vous passe M. X** *(gén)* here's Mr X; *(standard)* I'm putting you through to Mr X; **passe-lui un coup de fil** give him a ring *ou* call. (**h**) **pull** to slip on; *robe* to slip into. ~ **une bague au doigt de qn** to slip a ring on sb's finger; ~ **un lacet dans qch** to thread a lace through sth; ~ **la corde au cou de qn** to put the rope round sb's neck. (**i**) ~ **la tête à la porte** to poke one's head round the door; ~ **la main à la fenêtre** to stick one's hand out of the window. (**j**) *(dépasser)* *maison* to pass, go past. ~ **les bornes** to go too far; **tu as passé l'âge (de ces jeux)** you are too old (for these games); **il ne passera pas la nuit** he won't last the night. (**k**) *thé* to strain; *café* to pour the water on. ~ **la soupe** *(à la passoire)* to strain the soup; *(au mixer)* to blend the soup. (**l**) *(Aut)* ~ **la seconde** to go *ou* change (up *ou* down) into second (gear). (**m**) *film* to show; *disque* to put on, play. **que passent-ils au cinéma?** what's on *ou* showing at the cinema? (**n**) *(Comm)* *écriture* to enter; *commande* to place; *accord* to reach, come to; *contrat* to sign. *(lit, fig)* ~ **qch aux profits et pertes** to write sth off. (**o**) ~ **le balai** to sweep up; ~ **l'aspirateur** to hoover ®, vacuum; **passe le chiffon dans le salon** dust the sitting room, give the sitting room a dust; ~ **une couche de peinture sur qch** to give sth a coat of paint; **elle lui passa la main dans les cheveux** she ran her hand through his hair; **se ~ les mains à l'eau** to rinse one's hands; **qu'est-ce qu'il lui a passé (comme savon)!** * he gave me a really rough time! *

3 se ~ *vpr* (**a**) *(avoir lieu)* to take place; *(arriver)* to happen. **qu'est-ce qu'il se passe?** what's going on?; **ça ne s'est pas passé comme je l'espérais** it didn't work out as I'd hoped; **tout s'est bien passé** everything went off smoothly; **ça s'est mal passé** it turned out badly, it went off badly; **cela ne se passera pas ainsi!** I shan't let it rest at that!; **il ne se passe pas un seul jour sans qu'il ne pleuve** not a day goes by without rain. (**b**) *(finir)* *[douleur, orage]* to pass off, be over. (**c**) **se ~ de qch/de faire** to do without sth/doing; **se ~ de qn** to manage without sb; **la citation se passe de commentaires** the quotation needs no comment *ou* speaks for itself.

passerelle [pasʀɛl] *nf (pont)* footbridge; *(Aviat, Naut)* gangway; *(du commandant)* bridge; *(fig: passage)* (inter)link.

passeur [pasœʀ] *nm [rivière]* ferryman; *[frontière]* smuggler.

passible [pasibl(ə)] *adj*: ~ **d'une amende** *personne* liable to a fine; *délit* punishable by a fine; ~ **d'un impôt** liable for (a) tax.

passif, -ive [pasif, iv] **1** *adj (gén)* passive. **2** *nm (Ling)* passive; *(Fin)* liabilities. ◆ **passivement** *adv* passively. ◆ **passivité** *nf* passivity, passiveness.

passing-shot [pasiŋʃɔt] *nm* passing shot.

passion [pasjɔ̃] *nf* passion. **avoir la ~ du jeu** to have a passion for gambling; **aimer/discuter avec ~** to love/argue passionately *ou* heatedly; **sans ~** dispassionately, coolly; *(Rel)* **la P~** the Passion. ◆ **passionnant, e** *adj personne* fascinating; *film* fascinating, gripping, exciting. ◆ **passionné, e** **1** *adj personne, haine* passionate; *orateur, jugement* impassioned. **être ~ de** to have a passion for; **débat ~** heated *ou* impassioned debate. **2** *nm, f*: **un ~ de voitures** a car fanatic. ◆ **passionnel, -elle** *adj sentiment* passionate; *crime* of passion. ◆ **passionnément** *adv* passionately. ◆ **passionner** (1) **1** *vt personne* to fascinate, grip; *débat* to inflame. **la musique le passionne** music is his passion, he has a passion for music. **2 se ~** *vpr*: **se ~ pour** *livre* to be fascinated by; *sport, science* to have a passion for.

passoire [paswaʀ] *nf (gén, fig)* sieve; *[thé]* strainer; *[légumes]* colander. **avoir la tête comme une ~** to have a head like a sieve.

pastel [pastɛl] *nm, adj inv* pastel.

pastèque [pastɛk] *nf* watermelon.

pasteur [pastœʀ] *nm (prêtre)* minister, pastor, clergyman, preacher *(US)*; *(littér, Rel: berger)* shepherd.

pasteuriser [pastœʀize] (1) *vt* to pasteurize. ♦ **pasteurisation** *nf* pasteurization.

pastiche [pastiʃ] *nm* pastiche. ♦ **pasticher** (1) *vt* to write a pastiche of.

pastille [pastij] *nf (bonbon)* pastille, lozenge; *[couleur]* block; *[papier]* disc. **~s de menthe** mints; **~s pour la toux** cough pastilles *ou* lozenges *ou* drops.

pastoral, e, *mpl* **-aux** [pastoʀal, o] **1** *adj (gén)* pastoral. **2** *nf (gén)* pastoral; *(Mus)* pastorale.

Patagonie [patagoni] *nf* Patagonia.

patate [patat] *nf (*: pomme de terre)* spud ‡; *(‡: imbécile)* fathead ‡, chump *. **~ (douce)** sweet potato.

patati * [patati] *excl*: **et ~ et patata** and so on and so forth.

patatras [patatʀa] *excl* crash!

pataud, e [pato, od] *adj* lumpish, clumsy.

patauger [patoʒe] (3) *vi (avec effort)* to wade about; *(avec plaisir)* to splash about; *(fig: être perdu)* to flounder. ♦ **pataugeoire** *nf* paddling pool.

patchwork [patʃwœʀk] *nm* patchwork.

pâte [pɑt] **1** *nf* **(a)** *(à tarte)* pastry; *(à gâteaux)* mixture; *(à pain)* dough; *(à frire)* batter. **(b)** *[fromage]* cheese. **(c) ~s (alimentaires)** pasta; *(dans la soupe)* noodles. **(d)** *(gén: substance)* paste; *(crème)* cream. **2** **:** **~ d'amandes** almond paste; **~ brisée** shortcrust *ou* pie crust *(US)* pastry; **~ dentifrice** toothpaste; **~ feuilletée** puff *ou* flaky pastry; **~ de fruits** crystallized fruit; **~ à modeler** modelling clay, Plasticine ®; **~ à papier** paper pulp; **~ sablée** sablé *ou* sugar crust *(US)* pastry. ♦ **pâté** *nm (Culin)* pâté; *(d'encre)* inkblot. **~ en croûte** ≃ meat pie; **~ de campagne** pâté de campagne, farmhouse pâté; **~ de foie** liver pâté; **~ de maisons** block (of houses); **~ (de sable)** sandpie, sandcastle. ♦ **pâtée** *nf* **(a)** *[chien, volaille]* mash, feed; *[porcs]* swill. **(b)** *(*: correction)* hiding *.

patelin * [patlɛ̃] *nm* village.

patent, e¹ [patɑ̃, ɑ̃t] *adj* obvious, patent.

patente² [patɑ̃t] *nf* (trading) licence. ♦ **patenté, e** *adj* licensed.

patère [patɛʀ] *nf* (hat- *ou* coat-)peg.

paternel, -elle [patɛʀnɛl] **1** *adj* paternal; *(bienveillant)* fatherly. **quitter le domicile ~** to leave one's father's house; **ma tante ~elle** my aunt on my father's side, my paternal aunt. **2** *nm (‡)* old man ‡. ♦ **paternalisme** *nm* paternalism. ♦ **paternaliste** *adj* paternalistic. ♦ **paternellement** *adv* paternally; in a fatherly way. ♦ **paternité** *nf* paternity.

pâteux, -euse [pɑtø, øz] *adj (gén)* pasty; *langue* coated; *voix* thick, husky.

pathétique [patetik] **1** *adj* moving, pathetic; *(Anat)* pathetic. **2** *nm* pathos.

pathogène [patoʒɛn] *adj* pathogenic.

pathologique [patoloʒik] *adj* pathological. ♦ **pathologiquement** *adv* pathologically.

patibulaire [patibylɛʀ] *adj* sinister.

patience [pasjɑ̃s] *nf (gén)* patience. **prendre ~** to be patient, have patience; **il faut avoir une ~ d'ange** it takes the patience of a saint *ou* of Job; **ma ~ a des limites!** there are limits to my

patience!; *(Cartes)* **faires des ~s** to play patience; **~, j'arrive!** wait a minute! *ou* hang on! *, I'm coming. ♦ **patiemment** *adv* patiently. ♦ **patient, e** **1** *adj* patient. **2** *nm, f (Méd)* patient. ♦ **patienter** (1) *vi* to wait. **faites-le ~** ask him to wait; **~ un instant** to wait *ou* hang on * a moment; **pour ~ il regardait les tableaux** to fill in *ou* pass the time he looked at the paintings.

patin [patɛ̃] *nm [patineur]* skate; *[luge]* runner; *(pour le parquet)* cloth pad. **~ (de frein)** brake block; **~s à glace** iceskates; **~s à roulettes** roller skates; **faire du ~ à glace** to go ice-skating. ♦ **patinage** *nm* skating. **~ artistique** figure skating. ♦ **patiner¹** (1) *vi (Sport)* to skate; *(Aut) [roue]* to spin; *[embrayage]* to slip. ♦ **patinette** *nf* scooter. ♦ **patineur, -euse** *nm, f* skater. ♦ **patinoire** *nf* skating rink, ice rink.

patine [patin] *nf* patina, sheen. ♦ **patiner²** (1) *vt (naturellement)* to give a sheen to; *(artificiellement)* to give a patina to.

pâtir [pɑtiʀ] (2) *vi (littér)* to suffer *(de* because of).

pâtisserie [pɑtisʀi] *nf (magasin)* cake shop, confectioner's; *(gâteau)* cake, pastry; *(art ménager)* cake-making, pastry-making, baking; *(commerce)* confectionery. ♦ **pâtissier, -ière** *nm, f* confectioner, pastrycook.

patois [patwa] *nm* patois.

patraque * [patʀak] *adj* peaky *, out of sorts.

pâtre [pɑtʀ(ə)] *nm (littér)* shepherd.

patriarche [patʀijaʀʃ(ə)] *nm* patriarch.

patricien, -ienne [patʀisjɛ̃, jɛn] *adj, nm, f* patrician.

patrie [patʀi] *nf (gén)* homeland, fatherland. **Limoges, ~ de la porcelaine** Limoges, the home of porcelain.

patrimoine [patʀimwan] *nm (gén)* inheritance; *(Jur)* patrimony; *(Fin: biens)* property; *(fig)* heritage. **~ national** national heritage.

patriote [patʀijot] **1** *adj* patriotic. **2** *nmf* patriot. ♦ **patriotique** *adj* patriotic. ♦ **patriotisme** *nm* patriotism.

patron [patʀɔ̃] *nm* **(a)** *(propriétaire)* owner, boss *; *(gérant)* manager, boss *; *(employeur)* employer, boss *; *(Hist, Rel: protecteur)* patron. **~ de presse** press baron *ou* tycoon *ou* magnate; **saint ~** patron saint; **~ (pêcheur)** skipper. **(b)** *(Couture)* pattern. **taille ~-~/~grand~** small/medium/large size. ♦ **patronne** *nf* boss *, lady owner *(ou* manager *ou* employer); *(sainte)* patron saint. ♦ **patronage** *nm* **(a)** *(protection)* patronage. **(b)** *(organisation)* youth club. ♦ **patronal, e,** *mpl* **-aux** *adj* employer's. ♦ **patronat** *nm*: **le ~** the employers. ♦ **patronner** (1) *vt* to sponsor, support.

patrouille [patʀuj] *nf* patrol. ♦ **patrouiller** (1) *vi* to patrol, be on patrol. **~ dans les rues** to patrol the streets. ♦ **patrouilleur** *nm (soldat)* patroller; *(Naut)* patrol boat.

patte [pat] **1** *nf* **(a)** *(jambe)* leg; *(pied) [chat]* paw; *[oiseau]* foot; *(*: main)* hand, paw *. **~s de devant** forelegs; forefeet; **~s de derrière** hind legs; hind feet; **le chat retomba sur ses ~s** the cat fell on its feet; *[chat]* **faire ~ de velours** to draw in *ou* sheathe its claws; **court sur ~s** short-legged; *table* low; **il est toujours dans mes ~s *** he's always under my feet; **s'il me tombe sous la ~ *** if I get my hands *ou* paws * on him; **tomber dans les ~s de qn *** to fall into sb's clutches. **(b)** *[ancre]* fluke; *(languette)* tongue; *[vêtement]* strap; *(sur l'épaule)* epaulette. **(c)** *(favoris)* **~s (de lapin)** sideburns. **2 : ~ pantalon à ~s d'éléphant** bell-bottom trousers; **~s de mouche** spidery scrawl; **~-d'oie** *nf, pl* **~s-~** *(à l'œil)* crow's-foot; *(carrefour)* branching crossroads.

pâturer [pɑtyʀe] (1) *vti* to graze. ♦ **pâturage** *nm* *(lieu)* pasture; *(action)* grazing. ♦ **pâture** *nf (nourriture)* food; *(pâturage)* pasture.

paume [pom] *nf [main]* palm.

paumer ‡ [pome] (1) **1** *vt (perdre)* to lose. **2 se** ~ *vpr* to get lost. ♦ **paumé, e** ‡ **1** *adj* lost. **habiter un bled** ~ to live in a godforsaken hole ‡. **2** *nmf* dropout *.

paupière [popjɛʀ] *nf* eyelid.

paupiette [popjɛt] *nf*: ~ **de veau** veal olive.

pause [poz] *nf (arrêt)* break; *(en parlant, Mus)* pause; *(Sport)* half-time.

pauvre [povʀ(ə)] **1** *adj (gén)* poor; *végétation* sparse; *mobilier* cheap-looking; *excuse, orateur, sourire* weak. **minerai** ~ **en cuivre** ore with a low copper content, ore poor in copper; **air** ~ **en oxygène** air low in oxygen; **pays** ~ **en ressources** country short of *ou* lacking resources; **de** ~**s chances de succès** only a slim *ou* slender chance of success; **elle avait un** ~ **petit air** she looked miserable *ou* wretched. (**b**) ~ **crétin** ‡ stupid ass ‡; ~ **hère** poor wretch; ~ **d'esprit** half-wit; **mon** ~ **mari** my poor husband; ~ **de moi!** poor (little) me!; **mon** ~ **ami** my dear friend. **2** *nmf* poor man *ou* woman. **les** ~**s** the poor, poor people; **mon** ~**!** my dear fellow; **le** ~**!** the poor guy! * ♦ **pauvrement** *adv* poorly; *vêtu* shabbily. ♦ **pauvreté** *nf (gén)* poverty; *[mobilier]* cheapness.

pavaner (se) [pavane] (1) *vpr* to strut about.

pavé [pave] *nm [chaussée]* cobblestone; *[cour]* paving stone; *(viande)* thick piece of steak; *(péj: livre)* hefty tome *. **être sur le** ~ *(sans domicile)* to be on the streets; *(sans emploi)* to be out of a job; **mettre qn sur le** ~ to throw sb out; **jeter un** ~ **dans la mare** to set the cat among the pigeons. ♦ **paver** (1) *vt cour* to pave; *chaussée* to cobble. ♦ **pavage** *nm (revêtement)* paving; cobbles.

pavillon [pavijɔ̃] *nm* (**a**) *(villa)* house; *(de gardien)* lodge; *(d'hôpital)* ward, pavilion. ~ **de banlieue** house in the suburbs; ~ **de chasse** hunting lodge. (**b**) *(Naut)* flag. (**c**) *[instrument]* bell; *[phonographe]* horn; *[oreille]* pavilion, pinna. ♦ **pavillonnaire** *adj*: **lotissement** ~ private housing estate; **banlieue** ~ residential suburb with exclusively low-rise housing.

pavoiser [pavwaze] (1) **1** *vt navire* to dress; *monument* to deck with flags. **2** *vi* to put out flags; *(fig)* to rejoice, exult.

pavot [pavo] *nm* poppy.

payer [peje] (8) **1** *vt* (**a**) *somme, employé* to pay; *dette* to pay, settle; *entrepreneur* to pay, settle up with. ~ **comptant** to pay cash; ~ **qn de promesses** to fob sb off with promises; *(fig)* **il est payé pour le savoir** he has learnt that to his cost. (**b**) *travail, marchandise* to pay for. **je l'ai payé de ma poche** I paid for it out of my own pocket; **il m'a fait** ~ **50F** he charged me 50 francs *(pour* for); **travail bien/mal payé** well-paid/badly-paid work. (**c**) (**:** *offrir)* **qch à qn** *(gén)* to buy sth for sb; *restaurant, apéritif* to treat sb to sth, stand sb sth; ~ **un voyage à qn** to pay for sb to go on a trip; **sa mère lui a payé une voiture** his mother bought him a car. (**d**) *(récompenser)* to reward *(de* for). (**e**) *faute, crime* to pay for. **il l'a payé de sa vie** it cost him his life; **il le paiera!** he'll pay for this! **2** *vi* (**a**) *[effort]* to pay off; *[métier]* to be well-paid. **le crime ne paie pas** crime doesn't pay; ~ **pour qn** *(lit)* to pay for sb; *(fig)* to pick up the pieces *(for* sb), carry the can for sb *. (**b**) ~ **de sa personne** to give of o.s., sacrifice o.s.; **ça ne paie pas de mine, mais** it isn't much to look at but; ~ **d'audace** to take a gamble *ou* a risk. **3 se** ~ *vpr* (**a**) **tout se paie** everything must be paid for. (**b**) (**:** *s'offrir)* *objet* to buy o.s., treat o.s. to; *maladie* to get. **se** ~ **une pinte de bon sang**

to have a good laugh *; **se** ~ **la tête de qn** to make a fool of sb. (**c**) **se** ~ **d'illusions** to delude o.s. ♦ **payable** *adj*: ~ **en 3 fois** payable in 3 instalments; **l'impôt est** ~ **par tous** taxes must be paid by everyone. ♦ **payant, e** *adj* (**a**) *spectateur* who pays *(for his seat)*. **spectacle** ~ show for which there is an admission charge. (**b**) *(rentable)* **affaire** profitable; *politique, conduite* which pays off. ♦ **paye** *nf* = **paie.** ♦ **payement** *nm* = **paiement.** ♦ **payeur, -euse 1** *adj*: **service** ~ payments office. **2** *nm, f* payer; *(Mil, Naut)* paymaster. **mauvais** ~ bad debtor.

pays [pei] **1** *nm* (**a**) *(contrée)* country. **des** ~ **lointains** far-off countries *ou* lands. (**b**) *(région)* region. **gens/vin du** ~ local people/wine; **revenir au** ~ to go back home; ~ **de légumes/d'élevage** vegetable-growing/cattle-breeding region; **le** ~ **du vin** the wine country. (**c**) *(village)* village. (**d**) **voir du** ~ to travel around (a lot); **être en** ~ **de connaissance** *(dans une réunion)* to be among familiar faces; *(sur un sujet)* to be on home ground *ou* on familiar territory. **2** : ~ **d'accueil** *[conférences, jeux]* host country; *[réfugiés]* country of refuge; ~ **de Cocagne** land of plenty; ~ **développé** developed country *ou* nation; **le** ~ **de Galles** Wales; ~ **industrialisé** industrialized country *ou* nation; ~ **en voie de développement** developing country.

paysage [peizaʒ] *nm (gén)* landscape, scenery; *(Peinture)* landscape painting. **le** ~ **urbain** the urban landscape; **le** ~ **politique** the political scene; *(gén iro)* **ça fait bien dans le** ~! it adds a nice touch! ♦ **paysagiste** *nmf (Peinture)* landscape painter. *(Agr)* **(jardinier)** ~ landscape gardener.

paysan, -anne [peizɑ̃, an] **1** *adj problème* farming; *revendications* farmers'; *coutumes* country; *(péj) manières* peasant. **2** *nm* countryman, farmer; *(péj)* peasant, rustic. **3** *nf* peasant woman, countrywoman; *(péj)* peasant. ♦ **paysannerie** *nf* peasantry, farmers.

Pays-Bas [peiba] *nmpl*: **les** ~ the Netherlands.

péage [peaʒ] *nm (droit)* toll; *(barrière)* tollgate. **autoroute à** ~ motorway, expressway *(US)*; **pont à** ~ toll bridge; **poste de** ~ tollbooth.

peau, *pl* ~**x** [po] **1** *nf* (**a**) *(gén)* skin. **n'avoir que la** ~ **et les os** to be all skin and bones; **attraper qn par la** ~ **du cou** to grab sb by the scruff of his *ou* her neck; **faire** ~ **neuve** *[administration]* to find a new image; *(en changeant d'habit)* to change (one's clothes). (**b**) (**:** *corps, vie)* **risquer sa** ~ to risk one's neck * *ou* hide *; **sauver sa** ~ to save one's skin *ou* hide *; **j'aurai sa** ~! I'll have his hide for this! *; **être bien/mal dans sa** ~ *(physiquement)* to feel great */awful; *(mentalement)* to feel quite at ease/ill-at-ease, be at peace/at odds with o.s.; **avoir qn dans la** ~ to be crazy about sb *; **avoir le jeu** *etc* **dans la** ~ to have gambling *etc* in one's blood; **se mettre dans la** ~ **de qn** to put o.s in sb's place *ou* shoes. (**c**) *(cuir)* hide; *(fourrure)* pelt. **gants de** ~ leather gloves. (**d**) *[fromage]* rind; *(épluchure)* peel. **2** : ~ **de chamois** chamois leather, shammy; ~ **de mouton** sheepskin; ~ **de porc** pigskin; **P~-Rouge** *nmf, pl* **P~x-R~s** Red Indian, redskin; ~ **de vache** ‡ *(homme)* bastard ‡; *(femme)* bitch ‡.

peaufiner [pofine] (1) *vt* to polish up, put the finishing touches to.

pébroque * [pebʀɔk] *nm* brolly *, umbrella.

pécari [pekaʀi] *nm* peccary.

peccadille [pekadij] *nf (vétille)* trifle; *(délit)* peccadillo.

pêche[1] [pɛʃ] *nf (fruit)* peach; *(‡: coup)* slap, clout. ~**-abricot/blanche** yellow/white peach; **avoir la** ~ * to be on top form. ♦ **pêcher**[1] *nm* peach tree.

pêche[2] [pɛʃ] *nf* (**a**) *(activité)* fishing; *(saison)* fishing season. **la** ~ **à la ligne** *(mer)* line fishing; *(rivière)* angling; **grande ~ au large** deep-sea fishing; **la ~ aux moules** the gathering of mussels; **aller à la ~ to go** fishing; **barque de ~** fishing boat. **(b)** *(poissons)* catch. ◆ **pêcher²** (1) **1** *vt (être pêcheur de)* to fish for; *(attraper)* to catch, land; *coquillages* to gather. **~ la baleine/la crevette** to go whaling/ shrimping; **où as-tu été ~ cette idée?** * where did you dig that idea up from? * **2** *vi* to go fishing; to go angling. **~ à l'asticot** to fish with maggots. ◆ **pêcherie** *nf* fishery, fishing ground. ◆ **pêcheur 1** *nm* fisherman; angler. **~ de crevettes** shrimper; **~ de corail** coral fisherman; **~ de perles** pearl diver. **2** *adj bateau* fishing. ◆ **pêcheuse** *nf* fisherwoman; *(à la ligne)* (woman) angler.

péché [peʃe] *nm* sin. **~ capital** *ou* **mortel** deadly sin; **~ de jeunesse** youthful indiscretion; **c'est son ~ mignon** he has a weakness for it. ◆ **pécher** (6) *vi (Rel)* to sin. **~ par imprudence** to be too reckless; **~ par ignorance** to err through ignorance; **~ par excès de prudence** to be over-careful; **ça pèche par bien des points** it has a lot of weaknesses *ou* shortcomings. ◆ **pécheur, pécheresse** *nm, f* sinner.

pécule [pekyl] *nm (économies)* savings; *[détenu, soldat]* earnings, wages.

pécuniaire [pekynjɛʀ] *adj* financial.

pédagogie [pedagɔʒi] *nf (éducation)* education; *(art d'enseigner)* teaching skills; *(méthodes d'enseignement)* educational methods. ◆ **pédagogique** *adj méthodes* educational; *(clair) exposé* clear. **stage (de formation) ~** teacher-training course. ◆ **pédagogue** *nmf* teacher.

pédale [pedal] *nf (gén)* pedal; *[machine à coudre, tour]* treadle. ◆ **pédaler** (1) *vi* to pedal. ◆ **pédalier** *nm* pedal and gear mechanism. ◆ **pédalo** *nm* pedal-boat.

pédant, e [pedɑ̃, ɑ̃t] **1** *adj* pedantic. **2** *nm, f* pedant. ◆ **pédantisme** *nm* pedantry.

pédéraste [pederast(ə)] *nm* homosexual.

pédiatre [pedjatʀ(ə)] *nmf* paediatrician. ◆ **pédiatrie** *nf* paediatrics *(sg).*

pédicure [pedikyʀ] *nmf* chiropodist.

pedigree [pedigʀe] *nm* pedigree.

pègre [pɛgʀ(ə)] *nf:* **la ~** the underworld; **membre de la ~** gangster, mobster.

peigne [pɛɲ] *nm [cheveux]* comb; *(Tex)* card. **~ de poche** pocket comb; **passer qch au ~ fin** to go through sth with a fine-tooth comb. ◆ **peignée** * *nf (raclée)* thrashing, hiding. ◆ **peigner** (1) **1** *vt cheveux* to comb; *enfant* to comb the hair of; *(Tex)* to card. **mal peigné** dishevelled, tousled. **2 se ~** *vpr* to comb one's hair.

peignoir [pɛɲwaʀ] *nm* dressing gown. **~ (de bain)** bathrobe.

peinard, e * [penaʀ, aʀd(ə)] *adj travail, vie* cushy *. **être ~** *(pour se reposer)* to take it easy; *(pour agir)* to be left in peace.

peindre [pɛ̃dʀ(ə)] (52) *vt (gén)* to paint; *(fig: décrire)* to portray, depict. **~ qch en jaune** to paint sth yellow; **se faire ~ par X** to have one's portrait painted by X; **le désespoir se peignait sur leur visage** despair was written on their faces.

peine [pɛn] *nf* **(a)** *(chagrin)* sorrow, sadness. **avoir de la ~** to be sad *ou (moins fort)* upset; **elle m'a fait de la ~** *(pitié)* I felt sorry for her; *(chagrin)* she upset me *ou* made me sad; **avoir des ~s de cœur** to have an unhappy love life; **cela fait ~ à voir** it hurts to see it; **il faisait ~ à voir** he looked a pitiful sight. **(b)** *(effort)* effort, trouble. **cela demande de la ~** that requires an effort; **se donner de la ~** *pour faire qch* to go to a lot of trouble to do; **si tu te donnais seulement la ~ d'essayer** if you would only bother to try; **donnez-vous donc la ~ d'entrer** do come in; **ne vous donnez pas la ~**

de venir me chercher please don't bother to come and collect me; **est-ce que c'est la ~ d'y aller?** is it worth going?; **ce n'est pas la ~ de me le répéter** there's no point in repeating that, you've no need to repeat that; **ce n'est pas la ~** don't bother; **c'était bien la ~ de sortir!** it was a waste of time going out; **tu as été sage, pour la ~, tu auras un bonbon** here's a sweet for being good; **en être pour sa ~** to get nothing for one's pains *ou* trouble; **ne vous mettez pas en ~ pour moi** don't go to *ou* put yourself to any trouble for me. **(c)** *(difficulté)* difficulty. **avoir de la ~ à faire** to have difficulty in doing, find it difficult *ou* hard to do; **sans ~** without difficulty, easily; **il n'est pas en ~ pour trouver des secrétaires** he has no difficulty finding secretaries; **je serais bien en ~ de vous le dire** I'd be hard pushed *ou* hard pressed to tell you. **(d)** *(punition)* punishment, penalty; *(Jur)* sentence. **~ capitale** *ou* **de mort** capital punishment, death sentence *ou* penalty; **~ de prison** prison sentence; **sous ~ de mort** on pain of death; **défense d'afficher sous ~ d'amende** billposters will be fined; **pour la ~ tu mettras la table** for that you can set the table. **(e)** **à ~** hardly; **il est à ~ 2 heures** it's only just 2 o'clock; **il gagne à ~ de quoi vivre** he hardly earns enough to keep body and soul together; **à ~ rentré, il a dû ressortir** he had hardly *ou* scarcely got in when he had to go out again, no sooner had he got in than he had to go out again; **il était à ~ aimable** he was barely *ou* scarcely civil.

◆ **peiner** (1) **1** *vi [personne]* to work hard, toil; *[moteur]* to labour. **~ sur un problème** to toil *ou* struggle with a problem. **2** *vt* to sadden, distress. **ton peiné** *(gén)* sad tone; *(vexé)* aggrieved tone; **il avait l'air peiné** he looked upset.

peintre [pɛ̃tʀ(ə)] *nmf (lit)* painter; *(fig: écrivain)* portrayer. **~ en bâtiment** house painter. ◆ **peinture** *nf (action, art)* painting; *(ouvrage)* painting, picture; *(surface peinte)* paintwork; *(matière)* paint; *(fig) (action)* portrayal; *(résultat)* portrait. **faire de la ~ (à l'huile/à l'eau)** to paint (in oils/watercolours); **attention à la ~!, ~ fraîche!** wet paint!; **~ à l'huile** *(tableau)* oil painting; *(matière)* oil paint; *(pour le bâtiment)* oil-based paint; **~ au pistolet** spray painting. ◆ **peinturlurer** (1) *vt* to daub (with paint). **visage peinturluré** painted face; **se ~ le visage** to plaster make-up on one's face.

péjoratif, -ive [peʒɔʀatif, iv] *adj* derogatory, pejorative.

Pékin [pekɛ̃] *n* Peking. ◆ **pékinois, e** *adj, nm*, **P~(e)** *nm (f)* Pekinese.

pelage [pəlaʒ] *nm* coat, fur.

pêle-mêle [pɛlmɛl] *adv* higgledy-piggledy.

peler [pəle] (5) *vti (gén)* to peel. ◆ **pelé, e 1** *adj personne* bald(-headed); *animal* hairless; *vêtement* threadbare; *terrain* bare. **2** *nm:* **il n'y avait que quatre ~s et un tondu** * there was hardly anyone there.

pèlerin [pɛlʀɛ̃] *nm* pilgrim. ◆ **pèlerinage** *nm* pilgrimage. **faire un ~ à** to go on a pilgrimage to.

pèlerine [pɛlʀin] *nf* cape.

pélican [pelikɑ̃] *nm* pelican.

pelle [pɛl] *nf (gén)* shovel; *[enfant]* spade. **~ à ordures** dustpan; **~ à tarte** cake *ou* pie server; **il y en a à la ~** * there are loads of them *; **prendre une ~** * to come a cropper *. ◆ **pelletée** *nf* shovelful; spadeful. ◆ **pelleteuse** *nf* mechanical shovel *ou* digger, excavator. ◆ **pelleteur** *nm* workman *who does the digging.*

pellicule [pelikyl] *nf (gén, Phot)* film. *(Méd)* **~s** dandruff.

Péloponnèse [pelɔpɔnɛz] *nm:* **le ~** the Peloponnese.

pelote [p(ə)lɔt] *nf [laine]* ball. *(fig)* **faire sa ~ to feather one's nest;** ~ **d'épingles** pin cushion; *(fig)* **c'est une vraie ~ d'épingles** he *(ou* she) is really prickly. ~ **(basque)** pelota.

peloter * [p(ə)lɔte] **(1)** *vt* to pet *, paw *.

peloton [p(ə)lɔtɔ̃] *nm (Mil)* platoon; *(Sport)* pack. ~ **d'exécution** firing squad; **être dans le ~ de tête** *(Sport)* to be up with the leaders; *(en classe)* to be among the top few; *[pays, entreprise]* to be one of the front runners.

pelouse [p(ə)luz] *nf* lawn; *(Ftbl, Rugby)* field, ground.

peluche [p(ə)lyʃ] *nf (Tex)* plush; *(poil)* bit of fluff. **jouets en ~** soft *ou* fluffy toys; **chien en ~** fluffy *ou* stuffed dog.

pelure [p(ə)lyʀ] *nf (épluchure)* peeling, piece of peel; (⁑: *manteau)* (over)coat. *(Bot)* ~ **d'oignon** onion skin.

pénal, e, *mpl* **-aux** [penal, o] *adj* penal. **le droit ~** (the) criminal law. ◆ **pénaliser** **(1)** *vt* to penalize. ◆ **pénalité** *nf (Fin, Sport)* penalty. ◆ **penalty,** *pl* **~ies** *nm (Ftbl)* penalty (kick).

pénates [penat] *nmpl (Myth)* Penates; *(fig hum)* home.

penaud, e [pəno, od] *adj* sheepish.

penchant [pɑ̃ʃɑ̃] *nm (tendance)* tendency, propensity *(à faire* to do); *(faible)* liking, fondness *(pour qch* for sth). **avoir un ~ pour la boisson** to be partial to drink.

pencher [pɑ̃ʃe] **(1)** **1** *vt objet* to tip up, tilt. ~ **la tête** *(en avant)* to bend one's head forward; *(sur le côté)* to lean *ou* tilt one's head to one side. **2** *vi* **(a)** *[mur, arbre]* to lean over; *[navire]* to list; *[objet]* to tilt, tip *(to* one side). *(fig)* **faire ~ la balance** to tip the scales. **(b)** ~ **pour qch** to favour sth; ~ **à croire que** to be inclined to believe that. **3 se ~** *vpr* **(a)** to lean over; *(se baisser)* to bend down. **défense de se ~ au dehors** do not lean out of the window. **(b) se ~ sur un cas** to look into *ou* study a case; **se ~ sur les malheurs de qn** to turn one's attention to sb's misfortunes. ◆ **penché, e** *adj tableau, poteau* slanting; *objet* tilting, tipping; *écriture* sloping. **être ~ sur ses livres** to be bent over one's books.

pendaison [pɑ̃dɛzɔ̃] *nf* hanging. ~ **de crémaillère** house-warming party.

pendant¹, e [pɑ̃dɑ̃, ɑ̃t] **1** *adj* **(a)** *jambes* hanging, dangling; *oreilles* drooping; *branches* hanging, drooping. **la langue ~e** with his *(ou* its) tongue hanging out. **(b)** *(Admin)* question outstanding; *affaire, procès* pending. **2** *nm* **(a)** ~ **(d'oreille)** drop earring. **(b)** *(contrepartie)* **le ~ de** *meuble* the matching piece to; *personne* the counterpart of; **faire ~ à, se faire ~** to match.

pendant² [pɑ̃dɑ̃] **1** *prép (au cours de)* during; *(durée)* for. ~ **la journée/la guerre** during the day/the war; ~ **ce temps** meanwhile, in the meantime; *[médicament]* **à prendre ~ le repas** to be taken at mealtimes *ou* during meals; **marcher ~ des kilomètres/ des heures** to walk for miles/for hours. **2** : ~ **que** *conj* while; ~ **que vous serez à Paris, pourriez-vous aller le voir?** while you're in Paris could you go and see him?; *(iro)* **finissez le plat ~ que vous y êtes** why don't you eat it all (up) while you're at it *(iro)*.

pendentif [pɑ̃dɑ̃tif] *nm (bijou)* pendant.

penderie [pɑ̃dʀi] *nf (meuble)* wardrobe.

pendre [pɑ̃dʀ(ə)] **(41) 1** *vt objet* to hang up; *criminel* to hang. ~ **le linge au dehors** to hang the washing out to dry; ~ **la crémaillère** to have a house-warming party; **qu'il aille se faire ~ ailleurs!** * he can go hang! * **2** *vi [objet]* to hang (down) *(de* from); *[bras, jambes]* to dangle; *[joue]* to sag. **laisser ~ ses jambes** to dangle one's legs; **cela lui pend au nez** * he's got it coming to him *. **3 se ~** *vpr*

(se tuer) to hang o.s. **se ~ à** *branche* to hang from; **se ~ au cou de qn** to throw one's arms round sb's neck. ◆ **pendu, e 1** *adj* **(a)** *chose* hung up, hanging up. ~ **à** hanging from. **(b) être ~ au téléphone** * to spend all one's time on the telephone; **être ~ aux lèvres de qn** to hang on sb's every word. **2** *nm, f* hanged man *(ou* woman). **le (jeu du) ~** (the game of) hangman; **jouer au ~** to play hangman.

pendule [pɑ̃dyl] **1** *nf* clock. *(fig)* **remettre les ~s à l'heure** to set the record straight. **2** *nm* pendulum. ◆ **pendulette** *nf* small clock.

pénétrer [penetʀe] **(6) 1** *vi* **(a)** *[personne, véhicule]* ~ **dans** *bâtiment* to enter; *groupe* to penetrate; **faire ~ qn dans le salon** to show *ou* let sb into the lounge; **des voleurs ont pénétré dans la maison** thieves broke into the house. **(b)** *[air, liquide]* to come *ou* get in. **le soleil pénètre dans la pièce** the sun is shining into the room; ~ **dans le bois** *[balle]* to penetrate the wood; *[vernis]* to soak into the wood; **faire ~ de l'air (dans)** to let fresh air in(to); **faire ~ une crème (dans la peau)** to rub a cream in(to the skin). **2** *vt (gén, fig)* to penetrate; *[odeur, sentiment]* to penetrate. **le froid les pénétrait jusqu'aux os** the cold cut *ou* went right through them; ~ **les intentions de qn** to fathom sb's intentions; **pénétré de pitié** filled with pity. **3 se ~** *vpr:* **se ~ d'une idée** to get an idea firmly fixed *ou* set in one's mind, become convinced of an idea.

◆ **pénétrable** *adj* penetrable *(à* by). ◆ **pénétrant, e** *adj pluie* drenching; *froid* piercing, biting; *odeur, regard, esprit, crème* penetrating. ◆ **pénétration** *nf (gén)* penetration. ◆ **pénétré, e** *adj air, ton* earnest. **être ~ de** *sa propre importance* to be full of; *ses obligations* to be highly conscious of.

pénible [penibl(ə)] *adj travail* tiresome, tedious; *personne* tiresome; *nouvelle, maladie* painful *(à* to). ~ **à lire** hard *ou* difficult to read; **l'hiver a été ~** the winter has been unpleasant; **il est vraiment ~** * he's a thorough nuisance; **la lumière violente lui est ~** bright light hurts his eyes; **ce bruit est ~ à supporter** this noise is unpleasant *ou* painful to listen to; **il m'est ~ de constater que** I am sorry to find that. ◆ **péniblement** *adv (difficilement)* with difficulty; *(tristement)* painfully.

péniche [peniʃ] *nf* barge.

pénicilline [penisilin] *nf* penicillin.

péninsule [penɛ̃syl] *nf* peninsula.

pénitence [penitɑ̃s] *nf (gén)* punishment; *(Rel) (repentir)* penitence; *(peine, sacrement)* penance. **faire ~** to repent *(de* of); **mettre qn en ~** to make sb stand in the corner. ◆ **pénitencier** *nm* **(a)** *(prison)* prison, penitentiary *(US)*. **(b)** *(Rel)* penitentiary. ◆ **pénitent, e** *adj, nm, f* penitent. ◆ **pénitentiaire** *adj* prison. **établissement ~** penal establishment.

Pennsylvanie [pɛnsilvani] *nf* Pennsylvania.

pénombre [penɔ̃bʀ(ə)] *nf (faible clarté)* half-light; *(obscurité)* darkness.

pensable [pɑ̃sabl(ə)] *adj* thinkable. **ce n'est pas ~** it's unthinkable.

pensée¹ [pɑ̃se] *nf (gén)* thought. **si vous voulez connaître le fond de ma ~** if you want to know what I really think (about it) *ou* how I really feel about it; **venir à la ~ de qn** to occur to sb; **les soucis qui hantent sa ~** the worries that haunt his thoughts *ou* his mind; **la ~ marxiste** Marxist thinking.

pensée² [pɑ̃se] *nf (Bot)* pansy.

penser [pɑ̃se] **(1) 1** *vi* to think. ~ **tout haut** to think out loud; ~ **à qch/à faire** *(réfléchir)* to think about sth/about doing; *(prévoir)* to think of sth/ of doing; *(se souvenir)* to remember sth/to do; **pensez-y avant d'accepter** think it over *ou* give it some thought before you accept; **il me fait ~ à**

mon père he makes me think of *ou* he reminds me of my father; **fais m'y ~** don't let me forget, remind me about that; **faire qch sans y ~** to do sth without thinking (about it); **n'y pensons plus!** let's forget it!; **il vient? — pensez-vous!** is he coming? — you must be joking! *;* **il va accepter? — je pense bien!** will he accept? — of course he will!

2 *vt* (**a**) *(avoir une opinion)* to think. **il en pense du bien/du mal** he has a high/poor opinion of it; **que pensez-vous de ce projet?** what do you think *ou* how do you feel about this plan?; **que penseriez-vous d'un voyage à Rome?** what would you say to *ou* how would you fancy a trip to Rome? (**b**) *(supposer)* to think. **je pense que oui/non** I think so/don't think so; **ce n'est pas si bête qu'on le pense** it's not such a silly idea as you might think; **ils pensent avoir trouvé une maison** they think they've found a house; **vous pensez bien qu'elle a refusé** you can well imagine that she refused; **j'ai pensé mourir** I thought I was going to die; **tout laisse à ~ qu'elle l'a quitté** there is every indication that she has left him. (**c**) **~ faire** *(avoir l'intention de)* to be thinking of doing, consider doing, intend to do; *(espérer)* to hope *ou* expect to do. (**d**) *(concevoir)* *projet, machine* to think out. ◆ **penseur** *nm* thinker. ◆ **pensif, -ive** *adj* pensive, thoughtful. ◆ **pensivement** *adv* pensively, thoughtfully.

pension [pɑ̃sjɔ̃] *nf* (**a**) *(allocation)* pension. **~ de retraite** retirement *ou* old age pension; **~ alimentaire** *[étudiant]* living allowance; *[divorcée]* alimony. (**b**) *(hôtel)* boarding house; *(Scol)* boarding school; *(hébergement)* board and lodging. **~ de famille** ≃ boarding house, guesthouse. **être en ~ chez qn** to board with sb; **chambre sans/avec demi- ~ complète** full board. ◆ **pensionnaire** *nmf (Scol)* boarder; *[famille]* lodger; *[hôtel]* resident. ◆ **pensionnat** *nm* boarding school. ◆ **pensionné, e** *nm, f* pensioner. ◆ **pensionner** (**1**) *vt* to give a pension to.

pentagone [pɛ̃tagɔn] *nm* pentagon.

pente [pɑ̃t] *nf* slope; **être en ~ douce/raide** to slope (down) gently/steeply; **la ~ d'un toit** the pitch *ou* slope of a roof; **en ~** *toit* sloping; **allée** on a slope. **rue en ~** steep street; **suivre sa ~ naturelle** to follow one's natural tendency; **être sur une mauvaise ~** to be going downhill; *(fig)* **remonter la ~** to get on one's feet again; *(fig)* **~ glissante** slippery slope. ◆ **pentu, e** *adj* sloping.

Pentecôte [pɑ̃tkot] *nf (dimanche)* Whit Sunday; *(période)* Whitsun.

pénurie [penyri] *nf* shortage. **~ de** shortage *ou* lack of.

pépé * [pepe] *nm* grandad *, grandpa *.

pépée ‡ [pepe] *nf (fille)* bird ‡, chick *.

pépère * [pepɛʀ] **1** *nm (pépé)* grandad *, grandpa *; *(homme)* (old) man. **2** *adj vie, endroit* quiet; *travail* cushy *.

pépie [pepi] *nf:* **avoir la ~** * to be parched *.

pépier [pepje] (**7**) *vi* to chirp, chirrup, tweet.

pépin [pepɛ̃] *nm* (**a**) *(Bot)* pip. **sans ~** seedless. (**b**) *(*: ennui)* snag, hitch. **avoir un ~** to hit a snag *. (**c**) *(*: parapluie)* brolly *, umbrella.

pépinière [pepinjɛʀ] *nf (lit)* tree nursery; *(fig)* breeding-ground, nursery *(de* for). ◆ **pépiniériste** *nm* nurseryman.

perception [pɛʀsɛpsjɔ̃] *nf* (**a**) *(sensation)* perception. (**b**) *[impôt]* collection; *(bureau)* tax (collector's) office. ◆ **perceptible** *adj* (**a**) *son, ironie* perceptible *(à* to). (**b**) *impôt* collectable.

percer [pɛʀse] (**3**) **1** *vt* (**a**) *(trouer)* to pierce; *(avec perceuse)* to drill *ou* bore through; *chaussette* to

wear a hole in; *coffre-fort* to break open; *abcès* to lance; *tympan* to burst; *nuages, lignes ennemies* to pierce, break through. **avoir une poche percée** to have a hole in one's pocket; **percé de trous** full of holes. (**b**) *trou, ouverture* to pierce, make; *canal* to build; *tunnel* to bore, drive *(dans* through). **mur percé de petites fenêtres** wall with small windows set in it. (**c**) *mystère* to penetrate. **~ qch à jour** to see (right) through sth. (**d**) **~ une dent** to cut a tooth.

2 *vi* *[abcès]* to burst; *[plante]* to come up; *[soleil, armée]* to break through; *[émotion]* to show; *[vedette]* to become famous. **il a une dent qui perce** he's cutting a tooth; *(Comm)* **~ sur un nouveau marché** to break into a new market; **rien n'a percé des négociations** no news of the negotiations has filtered through.

◆ **perçant, e** *adj (gén)* piercing; *vue* sharp, keen. ◆ **perce** *nf:* **mettre en ~** *tonneau* to broach, tap. ◆ **percée** *nf [forêt]* opening, clearing; *[mur]* breach, gap; *(Mil, Sci, Écon)* breakthrough; *(Rugby)* break. ◆ **percement** *nm [trou]* piercing; *(avec perceuse)* drilling, boring; *[rue]* building, driving; *[fenêtre]* making. ◆ **perce-neige** *nm inv* snowdrop. ◆ **perceur** *nm* driller. **~ de coffre-fort** * safe-breaker. ◆ **perceuse** *nf* drill. **~ à percussion** hammer drill.

percevoir [pɛʀsəvwaʀ] (**28**) *vt* (**a**) *(ressentir)* to perceive, detect, make out. (**b**) *taxe* to collect; *indemnité* to receive, get. ◆ **percevable** *adj impôt* collectable, payable.

perche [pɛʀʃ(ə)] *nf* (**a**) *(poisson)* perch. (**b**) *(bâton)* pole; *(*: personne)* beanpole *.

percher [pɛʀʃe] (**1**) **1** *vi [oiseau]* to perch; *[volailles]* to roost; *(*: habiter)* to live; *(pour la nuit)* to stay, kip *. **2** *vt (*: mettre)* to stick. **3 se ~** *vpr (lit, fig)* to perch. **être perché sur** to be perched upon. ◆ **perchoir** *nm (lit, fig)* perch; *[volailles]* roost.

percolateur [pɛʀkɔlatœʀ] *nm* commercial (coffee) percolating machine.

percuter [pɛʀkyte] (**1**) **1** *vt (gén)* to strike. **2** *vi:* **~ contre** *[avion, voiture]* to crash into. ◆ **percussion** *nf (gén)* percussion. ◆ **percussionniste** *nmf* percussionist. ◆ **percutant, e** *adj discours* forceful, powerful. ◆ **percuteur** *nm* firing pin, hammer.

perdre [pɛʀdʀ(ə)] (**41**) **1** *vt* (**a**) *(gén)* to lose; *nom, date* to forget; *habitude* to get out of. *(lit, fig)* **~ qn de vue** to lose sight of sb; **j'ai perdu le goût de rire** I don't feel like laughing any longer; **~ son chemin** to lose one's way; **~ l'équilibre** to lose one's balance; **~ espoir/l'appétit/la vie** to lose hope/one's appetite/one's life; **l'arbre perd ses feuilles** the tree is shedding *ou* losing its leaves. (**b**) *temps, argent* to waste *(à qch* on sth, *à faire* doing); *occasion* to lose, miss; *aliment* to spoil. **tu ne l'as jamais vu? tu n'y perds rien!** you've never seen him? you haven't missed anything!; **il a perdu l'occasion de se taire** he'd have done better to keep quiet, it was a pity he didn't keep quiet; **il ne perd rien pour attendre!** I'll be quits with him yet! (**c**) *(causer préjudice à)* to ruin. **son ambition l'a perdu** ambition was his downfall *ou* the ruin of him. **2** *vi* (**a**) *(gén)* to lose *(sur* on). **tu as perdu en ne venant pas** you missed something by not coming; **tu ne perds pas au change** you get the better of the deal; **il a perdu au change** he lost out (on the deal), he came off worst. (**b**) *[réservoir]* to leak. **3 se ~** *vpr* (**a**) *(s'égarer)* to get lost, lose one's way. **se ~ dans les détails** to get bogged down *ou* get lost in the details; **il y a trop de chiffres, je m'y perds** there are too many figures, I'm all confused. (**b**) *(disparaître)* to disappear, vanish; *[coutume]* to die out; *(Naut)* to sink. **se ~ dans la foule** to disappear *ou* vanish into the crowd; **son cri s'est perdu dans le vacarme** his shout was lost in the din. (**c**) *(devenir inutilisable)* to be wasted; *[denrées]* to go bad. **il y a des gifles qui se perdent** he *(ou she etc)* deserves a good slap. ◆ **perdant, e 1** *adj numéro, cheval* losing. **je suis ~** *(gén)* I lose out *; (financièrement)* I'm out of pocket. **2** *nm, f* loser. ◆ **perdition** *nf* **(a)** *(Rel)* perdition. **lieu de ~** den of vice *ou* iniquity. **(b)** *(Naut)* **en ~** in distress. ◆ **perdu, e** *adj* **(a)** *(gén)* lost; *malade* done for; *balle, chien* stray. **je suis ~** *(égaré)* I'm lost; *(désespéré)* I'm done for; *(embrouillé)* I'm lost *ou* all at sea; **c'est de l'argent ~** it's money down the drain, it's a waste of money; **pendant ses moments ~s** in his spare time; **ma récolte est ~e** my harvest is ruined. **(b)** *endroit* out-of-the-way, isolated. **(c)** *emballage* nonreturnable.

perdrix [pɛʁdʁi] *nf* partridge. ◆ **perdreau,** *pl* **~x** *nm* (young) partridge.

père [pɛʁ] *nm* **(a)** father. **~ de famille** father; **Martin (le) ~** Martin senior; **de ~ en fils** from father to son. **(b)** *(ancêtres)* **~s** forefathers, ancestors. **(c)** *(Zool) [animal]* sire. **(d)** *(Rel)* father. **le P~** X Father X; **mon P~** Father; **le P~ éternel** the Heavenly Father; **les P~s de l'Église** the Church Fathers. **(e)** *(*: monsieur)* **le ~ Benoit** old (man) Benoit *; **un ~ tranquille** a quiet fellow; **le ~ Noël** Father Christmas, Santa Claus.

péremptoire [peʁɑ̃ptwaʁ] *adj* peremptory.

perfection [pɛʁfɛksjɔ̃] *nf* perfection. **à la ~** to perfection. ◆ **perfectionné, e** *adj* sophisticated. ◆ **perfectionnement** *nm* perfection, perfecting *(de* of), improvement *(de* in). **cours de ~** proficiency course. ◆ **perfectionner** (1) **1** *vt* to improve, perfect. **2 se ~** *vpr [chose]* to improve; *[personne]* to improve o.s. **se ~ en anglais** to improve one's English.

perfide [pɛʁfid] *adj (littér)* perfidious. ◆ **perfidie** *nf (vice)* perfidy; *(acte)* perfidious act.

perforer [pɛʁfɔʁe] (1) *vt (trouer)* to pierce; *(poinçonner)* to punch; *(Méd)* to perforate. **carte perforée** punch card; **bande perforée** punched tape. ◆ **perforateur, -trice 1** *nm, f (ouvrier)* punchcard operator. **2** *nf (Ordin)* card punch. ◆ **perforation** *nf (Méd)* perforation; *(Ordin)* punch.

performance [pɛʁfɔʁmɑ̃s] *nf* **(a)** *(résultat)* result, performance; *(exploit)* feat, achievement. **(b)** *[voiture, machine]* **~s** performance. **(c)** *(Ling)* **la ~** performance. ◆ **performant, e** *adj machine* high-performance; *résultat* outstanding, impressive; *investissement* high-return; *administrateur* effective.

perfusion [pɛʁfyzjɔ̃] *nf* drip, perfusion. **mettre qn/être sous ~** to put sb/be on the drip.

péricliter [peʁiklite] (1) *vi [affaire]* to collapse.

péril [peʁil] *nm (littér)* peril, danger. **mettre en ~** to imperil, endanger; **au ~ de sa vie** at the risk of one's life; **le ~ jaune** the yellow peril. ◆ **périlleux, -euse** *adj* perilous.

périmé, e [peʁime] *adj*: **être ~** *[billet]* to be out-of-date *ou* no longer valid; *[idée]* to be outdated.

périmètre [peʁimɛtʁ] *nm (Math)* perimeter; *(zone)* area.

période [peʁjɔd] *nf (gén)* period. **une ~ de chaleur** a hot spell, a heat wave; **pendant la ~ électorale** at election time. ◆ **périodicité** *nf* periodicity. ◆ **périodique 1** *adj* periodic. **2** *nm (Presse)* periodical. ◆ **périodiquement** *adv* periodically.

péripétie [peʁipesi] *nf* event, episode. **les ~s d'une révolution** the stages taken by a revolution; **après bien des ~s** after all sorts of incidents; **voyage plein de ~s** eventful journey.

périphérie [peʁifeʁi] *nf (limite)* periphery; *(banlieue)* outskirts. ◆ **périphérique 1** *adj (Anat, Math)* peripheral; *quartier* outlying. **poste** *ou* **radio** *ou* **station ~** private radio station *(broadcasting from a neighbouring country)*. **2** *nm (Ordin)* peripheral. **(bou-**

levard) ~ ring road, circular route *(US)*; *(Ordin)* **~ entrée-sortie** input-output device.

périphrase [peʁifʁaz] *nf* circumlocution.

périple [peʁipl(ə)] *nm (par mer)* voyage; *(par terre)* tour, trip, journey.

périr [peʁiʁ] (2) *vi (littér)* to perish *(littér)*, die; *[navire]* to go down, sink. **~ noyé** to drown; **faire ~** to kill. ◆ **périssable** *adj* perishable.

périscolaire [peʁiskɔlɛʁ] *adj* extracurricular.

périscope [peʁiskɔp] *nm* periscope.

péritonite [peʁitɔnit] *nf* peritonitis.

perle [pɛʁl(ə)] *nf (bijou)* pearl; *(boule)* bead; *[eau, sang]* drop; *[sueur]* bead; *(fig: trésor, hum: erreur)* gem. **~ fine/de culture** natural/cultured pearl.

permanence [pɛʁmanɑ̃s] *nf* **(a)** *(durée)* permanence. **en ~** *siéger* permanently; *crier* continuously. **(b)** *(service)* **être de ~** to be on duty *ou* on call; **une ~ est assurée le dimanche** there is someone on duty *ou* on call on Sundays. **(c)** *(bureau)* (duty) office; *(Pol)* committee room; *(Scol)* study room *ou* hall *(US)*. ◆ **permanent, e 1** *adj (gén)* permanent; *armée, comité* standing; *spectacle* continuous. *(Ciné)* **~ de 2 heures à minuit** continuous showings from 2 o'clock to midnight. **2** *nm (Pol)* (party) official. **3** *nf (Coiffure)* perm.

perméable [pɛʁmeabl(ə)] *adj* permeable. **~ à l'air** air permeable.

permettre [pɛʁmɛtʁ(ə)] (56) **1** *vt* **(a)** *(gén)* to allow, permit. **~ à qn de faire** *(autoriser)* to allow *ou* permit sb to do, let sb do; *(donner la possibilité)* to enable sb to do; *(donner le droit)* to entitle sb to do; **il se croit tout permis** he thinks he can do what he likes *ou* as he pleases; **est-il permis d'être aussi bête!** how can anyone be so stupid!; **mes moyens ne me le permettent pas** I cannot afford it; **mes occupations ne me le permettent pas** I'm too busy to be able to do it. **(b)** *(sollicitation)* **vous permettez?** may I?; **permettez-moi de vous dire que** may I say that, let me tell you that; **vous permettez que je fume?** do you mind if I smoke?; **permettez! je ne suis pas d'accord** if you don't mind! *ou* pardon me! I disagree.

2 se ~ *vpr (gén)* to allow o.s.; *fantaisie* to indulge o.s. in. **je ne peux pas me ~ d'acheter ce manteau** I can't afford to buy this coat; **il s'est permis de partir sans permission** he took the liberty of going without permission; **je me permettrai de vous dire que** let me tell you that; **je me permets de vous écrire au sujet de...** I am writing to you in connection with...

◆ **permis, e 1** *adj limites* permitted. **il est ~ d'en douter** one might *ou* may well doubt this. **2** *nm* permit, licence. **~ (de conduire)** *(carte)* driving licence, driver's license *(US)*; *(épreuve)* driving test; **~ de construire** planning permission; **~ d'inhumer** burial certificate; **~ moto** motorbike licence; **~ poids lourds** heavy-goods vehicle licence; **~ de séjour** residence permit; **~ de travail** work permit. ◆ **permissif, -ive** *adj* permissive. ◆ **permission** *nf* **(a)** *(autorisation)* permission. **demander/donner la ~** to ask/give permission *(de* to). **(b)** *(Mil) (congé)* leave; *(certificat)* pass. **en ~** on leave; **~ de minuit** late pass. ◆ **permissionnaire** *nm* soldier on leave. ◆ **permissivité** *nf* permissiveness.

permuter [pɛʁmyte] (1) **1** *vt (gén)* to change round, permutate; *(Math)* to permutate. **2** *vi* to change, swap (seats *ou* jobs *etc)*. ◆ **permutation** *nf* permutation.

pernicieux, -euse [pɛʁnisjø, øz] *adj* pernicious.

pérorer [peʁɔʁe] (1) *vi* to hold forth *(péj)*, declaim *(péj)*.

Pérou [peʁu] *nm* Peru. **ce n'est pas le ~ *** it's no great fortune.

perpendiculaire [pɛʁpɑ̃dikylɛʁ] *adj, nf* perpendicular *(à* to). ◆ **perpendiculairement** *adv* perpendicularly. ~ **à** at right angles to, perpendicular to.

perpétrer [pɛʀpetʀe] (6) *vt* to perpetrate.

perpétuel, -elle [pɛʀpetɥɛl] *adj (gén)* perpetual; *secrétaire* permanent; *rente* life. ◆ **perpétuellement** *adv* perpetually. ◆ **perpétuer** (1) **1** *vt* to perpetuate. **2 se** ~ *vpr [usage]* to be perpetuated; *[espèce]* to survive. ◆ **perpétuité** *nf* perpetuity. **à** ~ *condamnation* for life; *concession* in perpetuity.

perplexe [pɛʀplɛks(ə)] *adj* perplexed, puzzled. **laisser** ~ to perplex, puzzle. ◆ **perplexité** *nf* perplexity.

perquisition [pɛʀkizisjɔ̃] *nf (Police)* search. ◆ **perquisitionner** (1) *vi* to carry out a search. ~ **au domicile de qn** to search sb's house.

perron [pɛʀɔ̃] *nm* steps *(leading to entrance)*.

perroquet [pɛʀɔkɛ] *nm (Orn, fig)* parrot.

perruche [pɛʀyʃ] *nf (Orn)* budgerigar, budgie *; *(bavard)* chatterbox *.

perruque [pɛʀyk] *nf* wig.

persan, e [pɛʀsɑ̃, an] *adj, nm*, **P~(e)** *nm(f)* Persian.

perse [pɛʀs(ə)] **1** *adj, nm*, **P~** *nmf* Persian. **2** *nf:* **la P~** Persia.

persécuter [pɛʀsekyte] (1) *vt* to persecute. ◆ **persécuteur, -trice** *nm, f* persecutor. ◆ **persécution** *nf* persecution.

persévérer [pɛʀsevere] (6) *vi* to persevere. ◆ **persévérance** *nf* perseverance.

persienne [pɛʀsjɛn] *nf* (metal) shutter.

persiflage [pɛʀsiflaʒ] *nm* mockery.

persil [pɛʀsi] *nm* parsley.

persister [pɛʀsiste] (1) *vi* to persist. ~ **dans qch/à faire** to persist in sth/in doing; ~ **dans son opinion** to stick to one's opinion; **je persiste à croire que...** I still believe that...; **il persiste un doute** a doubt remains. ◆ **persistance** *nf* persistence *(à faire* in doing). **avec** ~ *(tout le temps)* persistently; *(avec obstination)* persistently, doggedly, stubbornly. ◆ **persistant, e** *adj* persistent.

personne [pɛʀsɔn] **1** *nf* (a) *(être humain)* person. **deux** ~s two people, two persons *(US)*; **le respect de la** ~ **humaine** respect for human dignity; **les** ~s **qui...** those who..., the people who...; **100 F par** ~ 100 francs per head *ou* per person; **par** ~ **interposée** through an intermediary, through a third party. (b) *(corps)* **être bien (fait) de sa** ~ to be good-looking; **toute sa** ~ **inspire confiance** his whole being inspires confidence; **il prend soin de sa petite** ~ he looks after himself; **je l'ai vu en** ~ I saw him in person; **je m'en occupe en** ~ I'll see to it personally; **c'est la bonté en** ~ he's *(ou* she's) kindness itself *ou* personified. (c) *(Gram)* person. **à la première** ~ in the first person. **2** *pron (quelqu'un)* anyone, anybody; *(aucun)* no one, nobody. **elle le sait mieux que** ~ she knows that better than anyone *ou* anybody (else); **elle sait faire le café comme** ~ she makes better coffee than anyone (else); **presque** ~ hardly anyone *ou* anybody, practically no one *ou* nobody; **il n'y a** ~ there's no one *ou* nobody there, there isn't anyone *ou* anybody there; **ce n'est la faute de** ~ it's no one's *ou* nobody's fault. **3 :** ~ **âgée** elderly person; ~ **à charge** dependent; *(Jur)* ~ **civile** *ou* **morale** legal entity; *(Jur)* ~ **physique** individual. ◆ **personnage** *nm (individu)* character, individual; *(célébrité)* personage, (very) important person; *[roman]* character; *[tableau]* figure. ~ **influent** influential person; *(lit, fig)* **jouer un** ~ to play a part. ◆ **personnalité** *nf (gén)* personality. **avoir une forte** ~/**de la** ~ to have a strong personality/ lots of personality.

personnel, -elle [pɛʀsɔnɛl] **1** *adj (gén, Gram)* personal; *(égoïste)* selfish, self-centred. **fortune** ~**elle** personal *ou* private fortune; **mon opinion** ~**elle** my own *ou* personal opinion. **2** *nm [école, château]* staff; *[usine, service public]* personnel, employees. **faire partie du** ~ to be on the staff; ~ **en civil/en tenue** plain-clothes/uniformed staff; **chef du** ~ personnel officer *ou* manager. ◆ **personnellement** *adv* personally.

personnifier [pɛʀsɔnifje] (7) *vt* to personify, embody. **être la bêtise personnifiée** to be stupidity itself *ou* personified. ◆ **personnification** *nf* personification, embodiment.

perspective [pɛʀspɛktiv] *nf* (a) *(Art)* perspective. (b) *(point de vue) (lit)* view; *(fig)* angle, viewpoint. (c) *(idée, possibilité)* prospect. **en** ~ in prospect; **à la** ~ **de** at the prospect of.

perspicace [pɛʀspikas] *adj* perspicacious. ◆ **perspicacité** *nf* insight, perspicacity.

persuader [pɛʀsɥade] (1) *vt* to persuade, convince *(qn de qch* sb of sth). **j'en suis persuadé** I'm quite sure *ou* convinced (of it); **se** ~ **de qch** to convince o.s. of sth, be convinced of sth. ◆ **persuasif, -ive** *adj* persuasive, convincing. ◆ **persuasion** *nf (action, art)* persuasion; *(croyance)* conviction, belief.

perte [pɛʀt(ə)] *nf (gén)* loss; *(ruine)* ruin. ~ **de** *chaleur* loss of; *temps* waste of; **vendre à** ~ to sell at a loss; *(Mil)* **de lourdes** ~s heavy losses; **il court à sa** ~ he is on the road to ruin; **à** ~ **de vue** as far as the eye can see; *(Fin)* ~ **sèche** dead loss, absolute loss; ~ **de connaissance** loss of consciousness, fainting; ~ **de mémoire** loss of memory, memory loss; *(lit, fig)* **être en** ~ **de vitesse** to lose momentum.

pertinent, e [pɛʀtinɑ̃, ɑ̃t] *adj remarque* pertinent, relevant; *analyse, esprit* judicious, discerning; *(Ling)* significant. ◆ **pertinemment** *adv parler* pertinently, to the point. **savoir** ~ **que** to know full well that. ◆ **pertinence** *nf* pertinence, relevance.

perturber [pɛʀtyʀbe] (1) *vt services publics, réunion* to disrupt, disturb; *personne* to perturb, disturb. ◆ **perturbateur, -trice** **1** *adj* disruptive. **2** *nm, f (gén)* troublemaker; *(dans un débat)* heckler. ◆ **perturbation** *nf* disruption; disturbance; perturbation. ~ **(atmosphérique)** (atmospheric) disturbance.

péruvien, -ienne [peʀyvjɛ̃, jɛn] *adj, nm*, **P~(ne)** *nm(f)* Peruvian.

pervenche [pɛʀvɑ̃ʃ] *nf (Bot)* periwinkle; *(*: contractuelle)* female traffic warden, meter maid *(US)*.

pervers, e [pɛʀvɛʀ, ɛʀs(ə)] **1** *adj joie* perverse; *personne* perverted. **2** *nm, f* pervert. ◆ **perversion** *nf* perversion. ◆ **perversité** *nf* perversity. ◆ **pervertir** (2) **1** *vt* to pervert. **2 se** ~ *vpr* to become perverted.

peser [pəze] (5) **1** *vt (lit)* to weigh; *(fig: évaluer)* to weigh up. **tout bien pesé** everything considered. **2** *vi* to weigh. ~ **lourd** *[objet]* to be heavy; *[argument, homme politique]* to carry weight; *(fig)* **il n'a pas pesé lourd devant son adversaire** he was no match for his opponent; ~ **sur** *objet* to press on; *estomac, conscience* to lie heavy on; *décision* to influence; **le soupçon/la menace qui pèse sur lui** the suspicion/the threat which hangs over him; **toute la responsabilité pèse sur ses épaules** all the responsibility rests on his shoulders, he has to shoulder all the responsibility; **le temps lui pèse** time hangs heavy on his hands; **ses responsabilités lui pèsent** he feels weighed down by his responsibilities, his responsibilities weigh heavy on him. ◆ **pesamment** *adv* heavily. ◆ **pesant, e** **1** *adj (gén: lit, fig)* heavy; *sommeil* deep; *architecture* massive; *style* ponderous; *présence* burdensome. **2** *nm:* **valoir son** ~ **d'or** to be worth its *(ou* one's) weight in gold. ◆ **pesanteur** *nf (Phys)* gravity; *(lourdeur)* heaviness; weightiness; massiveness; ponderousness. ◆ **pesée** *nf [objet]* weighing; *(poussée)* push, thrust. ◆ **pèse-bébé,** pl **pèse-bébés** nm baby scales. ◆ **pèse-lettre,** pl **pèse-lettres** nm letter scales. ◆ **pèse-personne,** pl **pèse-personnes** nm scales.

pessimisme [pesimism(ə)] nm pessimism. ◆ **pessimiste 1** adj pessimistic (sur about). **2** nmf pessimist.

peste [pɛst(ə)] nf (Méd) plague; (fig: personne) pest, nuisance, menace. (fig) **fuir qch comme la ~** to avoid sth like the plague.

pester [pɛste] (1) vi to curse. **~ contre qn/qch** to curse sb/sth.

pesticide [pɛstisid] **1** adj pesticidal. **2** nm pesticide.

pestilence [pɛstilɑ̃s] nf stench. ◆ **pestilentiel, -elle** adj stinking.

pet [pɛ] nm **(a)** (✲) fart ✲. **(b) faire le ~** * to be on (the) watch ou on (the) look-out.

pétale [petal] nm petal.

pétarader [petaʀade] (1) vi [moteur] to backfire.

pétard [petaʀ] nm **(a)** banger, firecracker; (Rail) detonator, torpedo (US). **(b)** (✲: tapage) din, racket. **faire du ~** to kick up a stink ✲; **être en ~** to be raging mad * (contre at). **(c)** (✲: revolver) gun. **(d)** (✲: derrière) bottom *.

péter [pete] (6) **1** vi **(a)** (✲) to fart ✲. **(b)** (*) [détonation] to go off; [tuyau, ballon] to burst; [ficelle] to bust *, snap. **2** vt (*) ficelle to bust *, snap; objet to bust *. (tomber) **se ~ la gueule** ✲ to fall flat on one's face; (saoul) **il est complètement pété** ✲ he's pissed out of his brains ✲; **~ la** ou **de santé** to be bursting with health.

pétiller [petije] (1) vi [feu] to crackle; [liquide] to bubble; [yeux, joie] to sparkle. ◆ **pétillant, e** adj eau bubbly; vin sparkling. ◆ **pétillement** nm: **~(s)** crackling; bubbling; sparkling.

petit, e [p(ə)ti, it] **1** adj **(a)** objet, pointure etc small; (nuance affective) little. (fig) **se faire tout ~** to make o.s. inconspicuous; **être de ~e taille** to be short ou small. **(b)** (mince) taille slim, slender; membre thin, slender. **une ~e pluie fine** a fine drizzle. **(c)** (jeune) small, young; (nuance affective) little. **son ~ frère** his younger ou little brother; (bébé) his baby brother; **~ chat/chien** (little) kitten/puppy; **un ~ Anglais** an English boy; **les ~s Anglais** English children; **dans sa ~e enfance** when he was very small, in his early childhood; **le ~ Jésus** baby Jesus. **(d)** voyage, distance, lettre short, little. **par ~es étapes** in short ou easy stages; **il en a pour une ~e heure** it won't take him more than an hour; **j'en ai pour un ~ moment** (longtemps) it'll take me quite a while; (peu de temps) it won't take me long. **(e)** bruit, espoir faint, slight; coup light, gentle; opération, détail, fonctionnaire minor; rhume slight; cadeau little. **~e robe d'été** light summer dress; **il a un ~ appétit** he has a small appetite, he hasn't much of an appetite; **avoir une ~e santé** to be in poor health; **ce n'est pas une ~e affaire que de le faire obéir** getting him to obey is no easy matter; **la ~e industrie** light industry; **le ~ commerce** small businesses; **les ~es et moyennes entreprises** small and medium-sized businesses; **les ~es gens** ordinary people; **la ~e histoire** the footnotes of history. **(f)** (péj: mesquin) mean, petty, low. **(g)** (affectif, intensif) little. **'juste une ~e signature'** 'can I just have your signature'; **ma ~e maman** my (dear) mummy; **mon ~ chou** etc (my little) pet *, darling; **un ~ coin tranquille** a nice quiet spot; **un bon ~ souper** a nice little supper; (euph) **le ~ coin** ou **endroit** the bathroom (euph); **être/ne pas être dans les ~s papiers de qn** to be in sb's good/bad books; **mettre les ~s plats dans les grands** to lay on a first rate meal; **être aux ~s soins pour qn** to dance attendance on sb; **être dans ses ~s souliers** to be shaking in one's shoes.
2 adv: **~ à ~** little by little.

3 nm (enfant) (little) boy; (Scol) junior (boy); (homme petit) small man; (personne inférieure) little man. **les ~s** children; **viens ici, ~** come here, son; **pauvre ~** poor little thing; **le ~ Durand** young Durand, the Durand boy; **les tout ~s** the very young, the tiny tots; **la chatte et ses ~s** the cat and her kittens; **la lionne et ses ~s** the lioness and her young or cubs; **faire des ~s** to have kittens (ou puppies ou lambs etc); (fig) **son argent a fait des ~s** his money has made more money; **c'est le monde en ~** it is the world in miniature. **4** nf (enfant) (little) girl; (femme) small woman. **la ~e Durand** the Durand's daughter.
5 : ~ ami boyfriend; **~e amie** girlfriend; **~-beurre** nm, pl **~s-~** petit beurre biscuit, butter cookie (US); **le P~ Chaperon Rouge** Little Red Riding Hood; **~ cousin** (enfant) little ou young cousin; (parent éloigné) distant cousin; **~ déjeuner** breakfast; **le ~ doigt** the little finger; **le ~ écran** television, TV; **~-enfant** nm, pl **~s-~s** grandchild; **~e fille** nf, pl **~es-~s** granddaughter; **~-fils** nm, pl **~s-~ grandson; ~-neveu** nm, pl **~s-~s** great-nephew; **~-nièce** nf, pl **~es-~s** great-niece; **~ nom** * Christian name, first name; **~-pois** nm, pl **~s-~** (garden) pea; **le P~ Poucet** Tom Thumb; (Culin) **~ salé** salted pork; **~-suisse** nm, pl **~s-~s** petit-suisse (kind of cream cheese eaten as a dessert).
◆ **petitement** adv (chichement) poorly; (mesquinement) meanly, pettily. **nous sommes ~ logés** our accommodation is cramped. ◆ **petitesse** nf [taille, endroit] smallness, small size; [somme] smallness; [acte] meanness, pettiness.

pétition [petisjɔ̃] nf petition. **faire une ~ auprès de qn** to petition sb. ◆ **pétitionnaire** nmf petitioner.

pétrifier [petʀifje] (7) vt (Géol) to petrify; personne to paralyze, transfix (de with). ◆ **pétrification** nf petrification.

pétrin [petʀɛ̃] nm **(a)** (*: ennui) mess *. **être dans le ~** to be in a mess * ou jam * ou fix *. **(b)** (Boulangerie) kneading-trough. ◆ **pétrir** (2) vt to knead.

pétrole [petʀɔl] nm (brut) oil, petroleum. **~ (lampant)** paraffin (oil), kerosene (US); **lampe à ~** paraffin ou kerosene (US) ou oil lamp. ◆ **pétrochimie** nf petrochemistry. ◆ **pétrodollar** nm petrodollar. ◆ **pétrolier, -ière 1** adj petroleum, oil; pays oil-producing. **2** nm (navire) (oil) tanker; (financier) oil magnate. ◆ **pétrolifère** adj oil-bearing.

peu [pø] **1** adv **(a)** (petite quantité) little, not much; (petit nombre) few, not many. **il gagne très ~** he doesn't earn very much, he earns very little; **il se contente de ~** he is satisfied with little; **il mange trop ~** he doesn't eat (nearly) enough. **(b)** (modifiant adj etc) (a) little, not very. **il est ~ sociable** he is not very sociable; **il conduit ~ prudemment** he doesn't drive very carefully; **ils sont trop ~ nombreux** there are too few of them; **c'est un ~ grand** it's a little ou a bit (too) big. **(c) ~ de** (quantité) little, not much; (nombre) few, not (very) many; **nous avons eu (très) ~ de soleil/ d'orages** we had (very) little sunshine/(very) few storms, we didn't have (very) much sunshine/ (very) many storms; **il est ici pour ~ de temps** he is here for (only) a short time ou while. **(d)** (locutions) **il l'a battu de ~** he just beat him; **à ~ près terminé** almost ou nearly ou more or less finished; **à ~ près 10 kilos** roughly ou approximately 10 kilos; **rester dans l'à ~ près** to remain vague; **à ~ de chose près** more or less, just about; **(c'est) ~ de chose** it's nothing; **~ à ~** gradually, little by little, bit by bit.
2 nm **(a)** little. **le ~ (d'argent)** qu'elle a what little (money) ou the little (money) she has; **son ~ de patience lui a nui** his lack of patience has done him harm; **le ~ d'amis qu'elle avait** the few friends she had; **le ~ de cheveux qui lui restent sont blancs**

the bit of hair he has left is white. **(b) un ~ a little; un petit ~** a little bit; **il boite un ~** he limps slightly *ou* a little *ou* a bit, he is slightly *ou* a bit lame; **il est un ~ artiste** he's a bit of an artist, he's something of an artist; **nous avons un ~ moins de clients** we have slightly fewer customers; **pour un ~ ou un ~ plus il écrasait le chien** he all but *ou* he very nearly ran over the dog. **(c) un ~ d'eau** a little water; **un ~ de patience** a little patience, a bit of patience; **un ~ de silence!** let's have some quiet *ou* a bit of quiet!; **il a un ~ de sinusite** he has a touch of sinusitis. **(d)** (*: intensif*) **un ~!, un ~ mon neveu!** ‡ you bet! *, and how! *; **montre-moi un ~ comment tu fais** just show me how you do it; **comme menteur il est un ~ là!** as liars go, he'd be hard to beat!; **un ~ partout** just about everywhere; **c'est un ~ beaucoup** * that's a bit much *.

peuple [pœpl(ə)] *nm* (*gén*) people; (*foule*) crowd (of people). **les gens du ~** the common people, ordinary people. ◆ **peuplade** *nf* (small) tribe, people. ◆ **peuplé, e** *adj* populated. ◆ **peupler** **(1) 1** *vt* **(a)** (*pourvoir*) *colonie* to populate; *étang* to stock; *forêt* to plant out; (*fig*) *esprit* to fill (*de* with). **(b)** (*habiter*) *terre, maison* to inhabit. **2 se ~** *vpr* [*région*] to become populated; (*fig: s'animer*) to fill (up), be filled (*de* with). ◆ **peuplement** *nm* **(a)** (*action*) populating; stocking; planting (with trees). **(b)** (*population*) population.

peuplier [pøplije] *nm* poplar (tree).

peur [pœʀ] *nf* fear. **être vert** *ou* **mort de ~** to be frightened *ou* scared out of one's wits; **prendre ~** to take fright; **sans ~** (*adj*) fearless (*de* of); (*adv*) fearlessly; **avoir une ~ bleue de qch** to be scared stiff * of sth; **il m'a fait une de ces ~s!** he gave me a dreadful fright *ou* scare; **avoir ~** to be frightened *ou* afraid *ou* scared (*de* of); **je n'ai pas ~ des mots** I'm not afraid of using plain language; (*fig*) **j'ai bien ~/très ~ qu'il ne pleuve** I'm afraid/very much afraid it's going to rain; **il y a eu plus de ~ que de mal** it caused more fright than real harm, it was more frightening than anything else; **cette pensée fait ~** it's a frightening thought; **le travail ne lui fait pas ~** he's not scared *ou* afraid of hard work; **laid à faire ~** frightfully ugly; **il a couru de ~ de manquer le train** he ran for fear of missing the train. ◆ **peureusement** *adv* fearfully, timorously. ◆ **peureux, -euse** *adj* fearful, timorous.

peut-être [pøtɛtʀ(ə)] *adv* perhaps, maybe. **~ bien qu'il pleuvra** it may *ou* might well rain; **~ que oui** perhaps so; **tu le sais mieux que moi ~?** so (you think) you know more about it than I do, do you?

pèze ‡ [pɛz] *nm* (*argent*) dough ‡, bread ‡.

phalange [falɑ̃ʒ] *nf* phalanx.

pharaon [faʀaɔ̃] *nm* Pharaoh.

phare [faʀ] *nm* **(a)** (*tour*) lighthouse; (*Aviat, fig*) beacon. **(b)** (*Aut*) headlight, headlamp. **rouler pleins ~s** to drive on full beam *ou* high beams (*US*); **~s code** dipped headlights, low beams (*US*); **~ antibrouillard** fog lamp; **~s longue portée** high intensity lights; **~ de recul** reversing light, back-up light (*US*).

pharmacie [faʀmasi] *nf* **(a)** (*magasin*) chemist's (shop), pharmacy, drugstore (*Can, US*). **(b)** (*science*) pharmacology; (*profession*) pharmacy. **(c)** (*produits*) pharmaceuticals, medicines. **(armoire à) ~** medicine cabinet; **~ portative** first-aid kit. ◆ **pharmaceutique** *adj* pharmaceutical. ◆ **pharmacien, -ienne** *nm, f* (dispensing) chemist, pharmacist, druggist (*US*). ◆ **pharmacodépendance** *nf* drug dependency.

pharynx [faʀɛ̃ks] *nm* pharynx.

phase [faz] *nf* phase. (*Élec*) **la ~** the live wire; **être en ~** (*Phys*) to be in phase; (*fig*) to be on the same wavelength.

phénol [fenɔl] *nm* carbolic acid, phenol.

phénomène [fenɔmɛn] *nm* (*gén*) phenomenon; (*excentrique*) character; (*anormal*) freak. ◆ **phénoménal, e,** *mpl* **-aux** *adj* (*gén*) phenomenal. ◆ **phénoménalement** *adv* phenomenally.

phénotype [fenɔtip] *nm* phenotype.

philanthrope [filɑ̃tʀɔp] *nmf* philanthropist. ◆ **philanthropie** *nf* philanthropy. ◆ **philanthropique** *adj* philanthropic(al).

philatélie [filateli] *nf* philately, stamp collecting. ◆ **philatélique** *adj* philatelic. ◆ **philatéliste** *nmf* philatelist, stamp collector.

philharmonique [filaʀmɔnik] *adj* philharmonic.

philippin, e [filipɛ̃, in] **1** *adj* Philippine. **2** *nm, f*: **P~(e)** Filipino. ◆ **Philippines** *nfpl*: **les ~** the Philippines.

philodendron [filɔdɛ̃dʀɔ̃] *nm* philodendron.

philosophie [filɔzɔfi] *nf* philosophy. ◆ **philosophe 1** *nmf* philosopher. **2** *adj* philosophical. ◆ **philosopher** (1) *vi* to philosophize. ◆ **philosophique** *adj* philosophical. ◆ **philosophiquement** *adv* philosophically.

phlébite [flebit] *nf* phlebitis. ◆ **phlébologue** *nmf* vein specialist.

phobie [fɔbi] *nf* phobia.

phonétique [fonetik] **1** *nf* phonetics (*sg*). **2** *adj* phonetic. **système ~** sound system. ◆ **phonétiquement** *adv* phonetically.

phonique [fɔnik] *adj* phonic.

phonographe [fɔnɔgʀaf] *nm* (wind-up) gramophone, phonograph (*US*).

phoque [fɔk] *nm* (*animal*) seal; (*fourrure*) sealskin.

phosphate [fɔsfat] *nm* phosphate.

phosphore [fɔsfɔʀ] *nm* phosphorus. ◆ **phosphorer** * (1) *vi* to beaver away, work hard. ◆ **phosphorescence** *nf* luminosity, phosphorescence. ◆ **phosphorescent, e** *adj* luminous, phosphorescent.

photo [foto] *nf* photo, snap(shot). **prendre qn en ~** to take a photo *ou* snap(shot) of sb.

photocomposition [fotokɔ̃pozisjɔ̃] *nf* photocomposition, filmsetting. ◆ **photocomposeuse** *nf* (*machine*) photocomposer, filmsetter. ◆ **photocomposer** (1) *vt* to photocompose, filmset.

photocopie [fotokɔpi] *nf* (*action*) photocopying, photostatting; (*copie*) photocopy, photostat (copy). ◆ **photocopier** (7) *vt* to photocopy, photostat. ◆ **photocopieur** *nm*, **photocopieuse** *nf* photocopier, photostat.

photo-électrique [fotoelɛktʀik] *adj* photoelectric. **cellule ~** photoelectric cell, photocell.

photographie [fotogʀafi] *nf* (*art*) photography; (*image*) photograph. **faire de la ~** to take photographs, do photography; **~ d'identité** passport photograph. ◆ **photographe** *nmf* (*artiste*) photographer; (*commerçant*) camera dealer. (*boutique*) **chez un ~** at a camera shop *ou* store (*US*). ◆ **photographier** (7) *vt* to photograph. **se faire ~** to have one's photo(graph) taken. ◆ **photographique** *adj* photographic.

photogravure [fotogʀavyʀ] *nf* photoengraving.

photomaton [fotomatɔ̃] *nm* ® automatic photo booth, five-minute photo machine.

photosensible [fotosɑ̃sibl(ə)] *adj* photosensitive. **dispositif ~** photosensor.

phrase [fʀaz] *nf* (*Ling*) sentence; (*Mus, fig: expression*) phrase. **faire des ~s** to talk in flowery language; **~ toute faite** stock phrase.

phtisie [ftizi] *nf* consumption.

physicien, -ienne [fizisjɛ̃, jɛn] *nm, f* physicist.

physiologie [fizjɔlɔʒi] *nf* physiology. ◆ **physiologique** *adj* physiological. ◆ **physiologiste** *nmf* physiologist.

physionomie [fizjɔnɔmi] *nf (lit, fig)* face. ◆ **physionomiste** *adj, nmf*: **il est** ~ he has a good memory for faces.

physique [fizik] **1** *adj (gén)* physical. **2** *nm* physique. **au** ~ physically; **avoir un** ~ **agréable** to be quite good-looking; **avoir le** ~ **de l'emploi** to look the part. **3** *nf* physics *(sg)*. ◆ **physiquement** *adv* physically.

pi [pi] *nm (lettre, Math)* pi.

piaffer [pjafe] (1) *vi [cheval]* to stamp, paw the ground. ~ **d'impatience** to fidget with impatience.

piailler [pjɑje] (1) *vi (lit, péj)* to squawk. ◆ **piaillement** *nm*: ~**(s)** squawking.

piano [pjano] **1** *nm* piano. ~ **droit/à queue** upright/grand piano. **2** *adv (Mus)* piano; *(* fig)* gently. ◆ **pianiste** *nmf* pianist.

pic [pik] *nm* (**a**) *(cime)* peak. (**b**) *(pioche)* pick(axe). ~ **à glace** ice pick. (**c**) *(oiseau)* ~ **(vert)** (green) woodpecker. (**d**) **à** ~ *falaise* sheer; **couler à** ~ to go straight down; **arriver à** ~ * to come just at the right time *ou* in the nick of time.

Picardie [pikaʀdi] *nf* Picardy.

pichet [piʃɛ] *nm* pitcher, jug.

picoler * [pikɔle] (1) *vi* to booze ⚹, tipple *.

picorer [pikɔʀe] (1) *vti* to peck; *(manger très peu)* to nibble.

picoter [pikɔte] (1) **1** *vt* (**a**) *gorge* to tickle; *peau* to make smart; *yeux* to sting; *(avec une épingle)* to prick. (**b**) *(picorer)* to peck at. **2** *vi [gorge]* to tickle; *[peau]* to smart, prickle; *[yeux]* to smart, sting. ◆ **picotement** *nm*: ~**(s)** tickling; smarting; prickling; stinging.

picrate ⚹ [pikʀat] *nm* plonk *, (cheap) wine.

pie [pi] **1** *nf (oiseau)* magpie; *(bavard)* chatterbox *. **2** *adj inv cheval* piebald; *vache* black and white.

pièce [pjɛs] **1** *nf* (**a**) *(fragment)* piece. **en** ~**s** in pieces; *(lit, fig)* **mettre en** ~**s** to pull *ou* tear to pieces; **c'est inventé de toutes** ~**s** it's a complete fabrication; **fait d'une seule** ~ made in one piece; **il est tout d'une** ~ he's very cut and dried about things. (**b**) *(objet, pion)* piece; *(Mil)* gun; *(Chasse, Pêche: prise)* specimen. **se vendre à la** ~ to be sold separately *ou* individually; **2 F** ~ 2 francs each *ou* apiece; **travail à la** ~ *ou* **aux** ~**s** piecework; *(costume)* **un deux** ~**s** a two-piece (suit). (**c**) *(Tech)* ~ **(détachée)** part, component; ~**s (de rechange)** spares, spare parts; ~ **d'origine** guaranteed genuine spare part; **livré en** ~**s détachées** delivered in kit form. (**d**) *(document)* paper, document. ~ **d'identité** identity paper; ~ **à conviction** exhibit; **juger sur** ~**s** to judge on actual evidence; **avec** ~**s à l'appui** with supporting documents. (**e**) *(Couture: reprise)* patch. (**f**) *[maison]* room. **un deux-** ~**s** a 2-room(ed) flat *ou* apartment *(US)*. (**g**) *(Littérat, Mus)* piece. ~ **(de théâtre)** play. (**h**) ~ **(de monnaie)** coin; **une** ~ **de 5 francs** a 5-franc piece *ou* coin; **donner la** ~ **à qn** * to give *ou* slip sb a tip.

2 : ~ **de bétail** head of cattle; ~ **de blé** wheat field; ~ **d'eau** ornamental lake *ou* pond; *(Culin)* ~ **montée** tiered cake; *(noce)* wedding cake; ~ **de musée** museum piece; ~ **de terre** piece *ou* patch of land; ~ **de vin** cask of wine.

pied [pje] *nm* (**a**) *(gén)* foot. **aller** ~**s nus** *ou* **nu-pieds** to go barefoot(ed); **avoir les** ~**s plats** to have flat feet, be flatfooted; **à** ~**s joints** with one's feet together; **le** ~ **lui a manqué** he lost his footing, his foot slipped; **aller à** ~ to go on foot, walk; *(lit, fig)* **aller les** ~ **et poings liés** bound hand and foot. (**b**) *[arbre, mur etc]* foot, bottom; *[table]* leg; *[appareil-photo, lampadaire]* stand, tripod; *[lampe]* base; *[verre]* stem; *[colonne]* base, foot. (**c**) *[salade,*

tomate] plant. ~ **de céleri** head of celery; ~ **de vigne** vine; **blé sur** ~ standing corn *ou* wheat *(US)*. (**d**) *(Culin)* *[porc, veau]* trotter. (**e**) *(mesure)* foot. **un poteau de 6** ~**s** a 6-foot pole. (**f**) *(Poésie)* foot. (**g**) *(niveau)* **vivre sur un grand** ~ to live in (great *ou* grand) style; **sur un** ~ **d'amitié/d'égalité** on a friendly/equal footing. (**h**) *(⚹: idiot)* twit *, idiot. **il chante comme un** ~ he's a useless * *ou* lousy ⚹ singer. (**i**) *(avec prép)* ~ **à** ~ *lutter* every inch of the way; **au** ~ **de la lettre** literally; **remplacer qn au** ~ **levé** to stand in for s.o. at a moment's notice; **à** ~ **d'œuvre** ready to get down to the job; **à** ~ **sec** without getting one's feet wet; **de** ~ **ferme** resolutely; **des** ~**s à la tête** from head to foot; **sur le** ~ **de guerre** ready for action. (**j**) *(avec verbes)* **avoir** ~ to be able to touch the bottom *(in swimming)*; **perdre** ~ to be *ou* get out of one's depth; **avoir bon** ~ **bon œil** to be as fit as a fiddle; **avoir le** ~ **marin** to be a good sailor; **avoir les** ~**s sur terre** to have one's feet firmly on the ground; *(fig)* **avoir un** ~ **dans une société** to have a foothold *ou* a toehold in a firm; **avoir un** ~ **dans la tombe** to have one foot in the grave; **être sur** ~ *[projet]* to be under way; *[malade]* to be up and about; **faire du** ~ **à qn** *(prévenir)* to give sb a (warning) kick; *(galamment)* to play footsy with sb *; **faire le** ~ **de grue** * to kick one's heels; **faire des** ~**s et des mains pour faire qch** * to move heaven and earth to do sth; **faire un** ~ **de nez à qn** to thumb one's nose at sb; **cela lui fera les** ~**s** * that'll teach him (a thing or two) *; **mettre qn à** ~ to dismiss sb; **mettre** ~ **à terre** to dismount; **mettre les** ~**s chez qn** to set foot in sb's house; **mettre qn au** ~ **du mur** to put sb to the test; **mettre les** ~**s dans le plat** * *(se fâcher)* to put one's foot down; *(gaffer)* to put one's foot in it; *(intervenir)* to put one's foot down; **mettre qch sur** ~ to set sth up; **remettre qn sur** ~ to set sb back on his feet again; *(mourir)* **partir** *ou* **sortir les** ~**s devant** * to go out feet first; **prendre** ~ **dans/sur** to get a foothold in/on; **c'est le** ~**! ⚹** it's a real turn-on! ⚹, it's great! * ◆ **pied-noir,** *pl* **pieds-noirs** *nm* pied-noir *(Algerian-born Frenchman)*. ◆ **pied-plat** *nm,pl* **pieds-plats** *(littér)* lout. ◆ **pied-de-poule** **1** *nm*, *pl* **pieds-de-poule** hound's-tooth cloth. **2** *adj inv* hound's tooth. ◆ **pied-à-terre** *nm inv* pied-à-terre.

piédestal, *pl* **-aux** [pjedɛstal, o] *nm (lit, fig)* pedestal.

piège [pjɛʒ] *nm (lit, fig)* trap; *(fosse)* pit; *(collet)* snare. **les** ~**s d'une dictée** the pitfalls of a dictation; **pris à son propre** ~ caught in one's own trap; **tendre un** ~ **à qn** to set a trap for sb; ~ **à loups** mantrap. ◆ **piégé, e** *adj*: **engin** ~ booby trap; **colis** ~ parcel *ou* mail bomb; **voiture/lettre** ~**e** car/letter bomb. ◆ **piéger** (3) *vt* (**a**) *animal, personne* to trap. **se faire** ~ to be trapped; **se faire** ~ **par un radar** to get caught in a radar trap. (**b**) *objet* to trap; *(avec explosifs)* to booby-trap.

pierre [pjɛʀ] **1** *nf (gén, Méd)* stone. **cœur de** ~ heart of stone; **faire d'une** ~ **deux coups** to kill two birds with one stone; ~ **qui roule n'amasse pas mousse** a rolling stone gathers no moss; **c'est une** ~ **dans son jardin** it's a dig at him; **jour à marquer d'une** ~ **blanche/noire** red-letter/black day; **aimer les vieilles** ~**s** to like old buildings. **2** : ~ **d'achoppement** stumbling block; ~ **à aiguiser** whetstone; ~ **à briquet** flint; ~ **ponce** pumice stone; ~ **précieuse** precious stone, gem; **mur en** ~**s sèches** drystone wall *ou* dyke; ~ **de taille** freestone; ~ **tombale** tombstone, gravestone; *(lit, fig)* ~ **de touche** touchstone. ◆ **pierraille** *nf* loose stones, chippings. ◆ **pierreries** *nfpl* gems, precious stones. ◆ **pierreux, -euse** *adj* stony.

pierrot [pjɛʀo] *nm* (**a**) *(Théât)* pierrot. (**b**) *(Orn)* sparrow.

pietà [pjeta] *nf* pietà.

piété [pjete] *nf* piety. **articles/livre de** ~ devotional articles/book.

piétiner [pjetine] (1) **1** *vi (trépigner)* to stamp (one's foot *ou* feet); *(ne pas avancer) [personne]* to stand about; *(discussion, enquête)* to be at a standstill, hang fire; *[science]* to be at a standstill. ~ **dans la boue** to trudge through the mud. **2** *vt sol* to trample *ou* tread on; *(fig) adversaire* to trample underfoot. ♦ **piétinement** *nm (marche sur place)* standing about; *(bruit)* stamping. **le** ~ **de la discussion** the fact that the discussion is not making progress.

piéton¹ [pjetɔ̃] *nm* pedestrian. ♦ **piéton²**, **-onne** *ou* ♦ **piétonnier**, **-ière** *adj* pedestrian. **rue** ~**ne** *ou* ~**ière** pedestrianized street; **zone** ~**ne** *ou* ~**ière** pedestrian precinct, mall *(US)*.

piètre [pjɛtʀ(ə)] *adj* very poor, mediocre. **c'est une** ~ **consolation** it's small *ou* little comfort; **avoir** ~ **allure** to be a sorry sight.

pieu, *pl* ~**x¹** [pjø] *nm* **(a)** post; *(pointu)* stake; *(Constr)* pile. **(b)** (‡: *lit)* bed. **se mettre au** ~ to turn in *.

pieuvre [pjœvʀ(ə)] *nf* octopus.

pieux², **-euse** [pjø, øz] *adj* pious, devout. ~ **mensonge** white lie. ♦ **pieusement** *adv* piously.

pif ‡ [pif] *nm (nez)* beak ‡, nose. **au** ~ at a rough guess.

pigeon [piʒɔ̃] *nm (oiseau)* pigeon; (*: *dupe)* mug ‡. ~ **ramier** woodpigeon; ~ **voyageur** carrier *ou* homing pigeon; **par** ~ **voyageur** by pigeon post. ♦ **pigeonnier** *nm* dovecote.

piger ‡ [piʒe] (3) *vi* to twig ‡, understand. **je ne pige pas** I don't get it *, I don't twig ‡.

pigment [pigmɑ̃] *nm* pigment. ♦ **pigmentation** *nf* pigmentation. ♦ **pigmenter** (1) *vt* to pigment.

pignon [piɲɔ̃] *nm (Archit)* gable; *(roue dentée)* gearwheel; *(petite roue)* pinion. *(fig)* **avoir** ~ **sur rue** to be prosperous and highly respected.

pile [pil] **1** *nf* **(a)** *(tas)* pile, stack. **(b)** *[pont]* pile, pier. **(c)** *(Élec)* battery. **à** ~**(s)** battery-operated; ~ **rechargeable** rechargeable battery; ~ **solaire** solar cell; **appareil à** ~**s** *ou* **fonctionnant sur** ~**s** battery-operated *ou* battery-driven appliance, cordless appliance; ~ **atomique** nuclear reactor. **(d)** *[pièce]* ~ **ou face?** heads or tails?; **tirer à** ~ **ou face pour savoir si...** to toss up to find out if ... **2** *adv* (*) *(net)* dead *; *(juste)* just, right. **s'arrêter** ~ to stop dead *; **ça tombe** ~! that's just *ou* exactly what I *(ou* we *etc)* need(ed)!; **arriver** ~ to come just at the right time; **à 2 heures** ~ (at) dead on 2 *, at 2 on the dot *.

piler [pile] (1) **1** *vt (lit)* to crush, pound. ~ **qn** * *(rosser)* to give sb a hammering ‡; *(vaincre)* to beat sb hollow *. **2** *vi* (*: *freiner)* to jam on the brakes.

pilier [pilje] *nm* pillar; *(Rugby)* prop (forward).

piller [pije] (1) *vt ville, maison* to loot, ransack, pillage; *personne* to fleece; *(fig: plagier)* to plagiarize. ♦ **pillage** *nm* looting, ransacking, pillaging; fleecing; plagiarizing. ♦ **pillard**, **e 1** *adj* pillaging, looting. **2** *nm, f* looter.

pilon [pilɔ̃] *nm (instrument)* pestle; *(jambe)* wooden leg; *[poulet]* drumstick. ♦ **pilonner** (1) *vt (Culin)* to pound; *(Mil)* to pound, shell, bombard. ♦ **pilonnage** *nm* pounding, shelling, bombardment.

pilori [pilɔʀi] *nm* pillory, stocks *(pl)*. **mettre au** ~ *(lit)* to put in the stocks; *(fig)* to pillory.

pilote [pilɔt] **1** *adj ferme* experimental; *magasin* cut-price. **projet** ~ pilot project. **2** *nm (Aviat, Naut)* pilot; *(Aut)* driver; *(fig: guide)* guide. ~ **automatique/d'essai/de ligne** automatic/test/airline pilot; ~ **de course** racing driver. ♦ **pilotage** *nm* piloting, flying. **véhicule à** ~ **automatique** self-steering vehicle; ~ **sans visibilité** flying blind. ♦ **piloter**

(1) *vt avion* to pilot, fly; *navire* to pilot; *voiture* to drive. ~ **qn** to show *ou* guide *ou* pilot sb round.

pilotis [pilɔti] *nm* pile.

pilule [pilyl] *nf* pill. **prendre la** ~ *(contraceptive)* to be on *ou* take the pill; (‡ *fig)* to take a hammering ‡.

piment [pimɑ̃] *nm* chilli (pepper); *(fig)* spice. ~ **doux** pepper, capsicum; **avoir du** ~ to be spicy. ♦ **pimenté**, **e** *adj plat* hot; *récit* spicy.

pimpant, **e** [pɛ̃pɑ̃, ɑ̃t] *adj* spruce.

pin [pɛ̃] *nm (arbre)* pine (tree); *(bois)* pine(wood). ~ **maritime/parasol** maritime/umbrella pine.

pinard ‡ [pinaʀ] *nm* plonk *, (cheap) wine.

pince [pɛ̃s] *nf* **(a)** *(outil)* ~**(s)** *(gén)* pliers; *(à sucre, charbon, de forgeron)* tongs; ~ **à cheveux** hair clip, bobby pin *(US)*; ~ **à épiler** tweezers; ~ **à linge** clothes peg. **(b)** *(levier)* crowbar. **(c)** *[crabe]* pincer, claw. **(d)** *(Couture)* dart. **faire des** ~**s à** to put darts in. **(e)** (‡: *main)* mitt ‡, paw ‡. **je lui ai serré la** ~ I shook hands with him. **(f)** (‡: *jambe)* leg. **aller à** ~**s** to foot it *. ♦ **pince-monseigneur**, *pl* **pinces-monseigneur** *nf* jemmy.

pinceau, *pl* ~**x** [pɛ̃so] *nm (Peinture)* (paint)brush; (‡: *pied)* foot, hoof ‡. ~ **lumineux** pencil of light.

pincer [pɛ̃se] (3) **1** *vt* **(a)** *(pour faire mal)* to pinch, nip; *[froid, chien]* to nip; *(Agr)* to pinch out; *(Mus)* to pluck. **se** ~ **le doigt dans la porte** to trap *ou* catch one's finger in the door; **il s'est fait** ~ **par un crabe** he was nipped by a crab. **(b)** *(serrer)* to grip. ~ **les lèvres** to purse (up) one's lips; **se** ~ **le nez** to hold one's nose; **robe qui pince la taille** dress which is tight at the waist. **(c)** *(Couture) veste* to put darts in. **(d)** (* *fig: arrêter)* to catch, cop ‡. **(e) en** ~ **pour qn** * to be stuck on sb ‡, be mad about sb *. **2** *vi* (‡) **ça pince** *(dur)* it's freezing (cold). ♦ **pincé**, **e¹** *adj air, ton* stiff. *(Mus)* **instrument à cordes** ~**es** plucked stringed instrument. ♦ **pincée²** *nf [sel, poivre]* pinch. ♦ **pincement** *nm*: **elle a eu un** ~ **de cœur** she felt a twinge of sorrow. ♦ **pince-sans-rire** *nm inv*: **c'est un** ~ he's the deadpan type.

pincettes [pɛ̃sɛt] *nfpl* (fire) tongs; *[horloger]* tweezers. **il n'est pas à toucher avec des** ~**s** *(sale)* he's filthy dirty; *(mécontent)* he's like a bear with a sore head.

pinçon [pɛ̃sɔ̃] *nm* pinch-mark.

pinède [pinɛd] *nf* pinewood, pine forest.

pingouin [pɛ̃gwɛ̃] *nm [arctique]* auk; *(gén)* penguin.

ping-pong [piŋpɔ̃g] *nm* table tennis.

pingre [pɛ̃gʀ(ə)] *(péj)* **1** *adj* stingy, niggardly. **2** *nmf* skinflint, niggard. ♦ **pingrerie** *nf (péj)* stinginess, niggardliness.

pinson [pɛ̃sɔ̃] *nm* chaffinch.

pintade [pɛ̃tad] *nf* guinea-fowl.

pioche [pjɔʃ] *nf* mattock, pickaxe. ♦ **piocher** (1) **1** *vt terre* to dig up; (*) *sujet* to cram for; *(Jeu) carte* to take (from the pile). **2** *vi (creuser)* to dig; *(Jeu)* to take a card. ~ **dans le tas** *(nourriture)* to dig in; *(objets)* to dig into the pile.

piolet [pjɔlɛ] *nm* ice axe.

pion [pjɔ̃] *nm* **(a)** *(Échecs)* pawn; *(Dames)* piece, draught, checker *(US)*. *(fig)* **n'être qu'un** ~ **(sur l'échiquier)** to be nothing but a pawn. **(b)** *(Scol) péj)* ≃ supervisor.

pioncer ‡ [pjɔ̃se] (3) *vi* to have a kip ‡, sleep.

pionnier [pjɔnje] *nm (lit, fig)* pioneer.

pipe [pip] *nf* pipe. ~ **de bruyère** briar pipe.

pipeau [pipo] *nm (Mus)* (reed-)pipe.

pipelet, **-ette** * [piplɛ, ɛt] *nm, f (péj)* concierge.

pipe-line, *pl* **pipe-lines** [pajplajn, piplin] *nm* pipeline.

pipi * [pipi] *nm* wee(wee) *. **faire** ~ to go to the toilet.

piquant, e [pikã, ãt] **1** adj barbe prickly; (Bot) tige thorny; froid biting; critique biting, cutting; détail titillating, spicy; moutarde hot; goût, fromage pungent; vin sour, tart. (Culin) **sauce ~e** piquant sauce. **2** nm [hérisson, oursin] spine; [rosier] thorn; [chardon] prickle; [barbelé] barb; [conversation] piquancy; [aventure] spice. **et, détail qui ne manque pas de ~,...** the most entertaining thing (about it) is that...

pique [pik] **1** nf (arme) pike; (critique) cutting remark; [picador] lance. **2** nm (carte) spade; (couleur) spades.

piqué, e [pike] **1** adj (a) (Couture) (cousu) (machine-)stitched; couvre-lit quilted. (b) glace, linge mildewed; meuble worm-eaten; vin sour. **~ par la rouille** métal pitted with rust; linge covered in rust spots. (c) (*: fou) nuts *, barmy *. **2** nm (a) (Aviat) dive. (b) (tissu) piqué.

piquer [pike] (1) **1** vt (a) [guêpe] to sting; [moustique, serpent] to bite; (avec une pointe) to prick; (Méd) to give an injection to. **se faire ~** to have an injection; (euph) **faire ~ un chat** to have a cat put to sleep (euph). (b) aiguille to stick, stab, jab (dans into). **~ la viande avec une fourchette** to prick the meat with a fork; **~ qch au mur** to put ou stick ou pin sth up on the wall. (c) (Couture) **~ qch** (à la machine) to (machine) stitch sth, sew sth up. (d) [barbe] to prick, prickle; [ortie] to sting; [froid] to bite, sting. **ça (me) pique** [démangeaison] it itches; [barbe, tissu] it's prickly; [liqueur] it burns; [ronces] it prickles; [alcool sur une plaie] it stings ou burns; **les yeux me piquent** my eyes are smarting ou stinging. (e) (exciter) curiosité to arouse, excite; (vexer) to pique, nettle. **~ qn au vif** to cut sb to the quick. (f) (*: faire) **~ un cent mètres** to put on a burst of speed; **~ une crise de larmes** to have a fit of tears; **~ une colère** to fly into a rage; **~ une suée** to break out in a sweat; **~ un plongeon** to dive. (g) (*: prendre) accent to pick up; manie, maladie to pick up, catch, get; portefeuille to pinch *, whip *; idée to pinch * (à from); voleur to nab *, nick *. **~ dans le tas** to choose ou pick at random. **2** vi (a) [avion] to go into a dive; [oiseau] to swoop down. **il faudrait ~ vers le village** we'll have to head towards the village; **~ du nez** [avion] to go into a nose-dive; [bateau] to dip her head; [fleurs] to droop; [personne] to fall headfirst. (b) [moutarde, radis] to be hot; [vin] to be sour; [fromage] to be pungent. **3 se ~** vpr (a) (avec une aiguille) to prick o.s.; (dans les orties) to get stung; (Méd) to give o.s. an injection, inject o.s. (b) [miroir, linge] to go mildewed; [métal] to be pitted; [vin, cidre] to go ou turn sour. (c) **se ~ de littérature** to pride o.s. on one's knowledge of literature; **se ~ de faire qch** to pride o.s. on one's ability to do sth. (d) (se vexer) to take offence. (e) **il s'est piqué au jeu** it grew on him; **se ~ le nez** * to booze *. ◆ **pique-assiette** * nmf inv scrounger *, sponger * (for a free meal). ◆ **pique-feu** nm inv poker. ◆ **pique-nique**, pl **pique-niques** nms picnic. ◆ **pique-niquer** (1) vi to have a picnic, picnic.

piquet [pikɛ] nm (pieu) post, stake; [tente] peg; (Ski) (marker) pole. **~ (de grève)** (strike-)picket; (Scol) **mettre qn au ~** to put sb in the corner.

piqueter [pikte] (4) vt (moucheter) to dot (de with).

piquette [pikɛt] nf (vin) (cheap) wine; (*: défaite) hammering *, thrashing *. **prendre une ~** to be hammered * ou thrashed *.

piqûre [pikyʀ] nf (a) [épingle] prick; [guêpe, ortie] sting; [moustique] bite; (trace, trou) hole. **~ d'amour-propre** injury to one's pride. (b) (Méd) injection, shot *. **faire/se faire faire une ~** to give/ have an injection. (c) (Couture) (point) (straight) stitch; (rang) (straight) stitching.

piranha [piʀana] nm piranha.

pirate [piʀat] **1** adj pirate. **2** nm pirate; (fig: escroc) swindler, shark *. **~ de l'air** hijacker, skyjacker *; **~ informatique** hacker *. ◆ **pirater** (1) vt to pirate. ◆ **piraterie** nf piracy; (acte) act of piracy. **~ aérienne** hijacking, skyjacking *; **c'est de la ~!** it's daylight robbery!

pire [piʀ] **1** adj (a) (comp) worse. **c'est ~ que jamais** it's worse than ever. (b) (superl) **le ~, la ~** the worst. **2** nm: **le ~** the worst; **le ~ c'est que...** the worst thing ou the worst of it is that...; **pour le meilleur et pour le ~** for better and for worse; **au ~** at the (very) worst.

Pirée [piʀe] nm: **le ~** Piraeus.

pirogue [piʀɔg] nf dugout (canoe), pirogue.

pirouette [piʀwɛt] nf (lit) pirouette; (fig: volte-face) about-turn (fig); (faux-fuyant) evasive reply.

pis¹ [pi] nm [vache] udder.

pis² [pi] (littér) **1** adj worse. **qui ~ est** what is worse. **2** adv worse. **de ~ en ~** worse and worse; **dire ~ que pendre de qn** to sling mud at sb (fig), have nothing good to say about sb. **3** nm: **le ~** the worst (thing); **au ~ aller** if the worst comes to the worst. ◆ **pis-aller** nm inv (personne, solution) stopgap; (chose) makeshift.

pisciculture [pisikyltyʀ] nf fish breeding.

piscine [pisin] nf swimming pool.

Pise [piz] n Pisa.

pissenlit [pisãli] nm dandelion. **manger les ~s par la racine** to be pushing up the daisies.

pisser ‡ [pise] (1) **1** vi [personne] to pee ‡; [récipient] to gush out. **2** vt: **ça pisse le sang/l'eau** it's gushing blood/water, there's blood/water gushing from it. ◆ **pisse** ‡ nf pee ‡.

pistache [pistaʃ] nf pistachio (nut).

piste [pist(ə)] nf (a) [animal, suspect] track, trail; (Police: indice) lead. **être sur la bonne ~** to be on the right track; **perdre la ~ du meurtrier** to lose the murderer's trail. (b) [hippodrome] course; [stade] track; [patinage] rink; [danse] (dance)floor; [skieurs] (ski)run; [cirque] ring; (Aviat) runway. **~ cavalière** bridle path; **~ cyclable** cycle track; (Athlétisme) **~ 3** lane 3; **en ~!** (lit) into the ring!; (fig) set to it! (c) (sentier) track; [désert] trail. (d) [magnétophone] track. (Ciné) **~ sonore** sound track. ◆ **pister** (1) vt to track, trail.

pistolet [pistɔlɛ] nm (arme) pistol, gun; [peintre] spray gun. **peindre au ~** to spray-paint; **~ à air comprimé** airgun; **~ mitrailleur** submachine gun.

piston [pistɔ̃] nm (Tech) piston; (Mus) valve; (*: aide) string-pulling *. ◆ **pistonner** * (1) vt to pull strings for * (auprès de with). **se faire ~** to get sb to pull (some) strings (for one) *.

piteux, -euse [pitø, øz] adj (minable) pitiful, pathetic; (honteux) shamefaced. **en ~ état** in a sorry ou pitiful state. ◆ **piteusement** adv pathetically.

pitié [pitje] nf (a) (compassion) pity. **avoir ~ de qn** to pity sb, feel pity for sb; **prendre qn en ~** to take pity on sb; **il me fait ~** I feel sorry for him, I pity him; **quelle ~ de voir ça** it's pitiful to see (that). (b) (miséricorde) pity, mercy. **avoir ~ d'un ennemi** to have pity ou mercy on an enemy; **~!** (lit: grâce) (have) mercy!; (*: assez) for goodness' ou pity's sake!; **sans ~** agir pitilessly, mercilessly, ruthlessly; personne pitiless, merciless, ruthless.

piton [pitɔ̃] nm (a) (à anneau) eye; (à crochet) hook; [alpiniste] piton, peg. (b) (Géog) peak.

pitoyable [pitwajabl(ə)] adj (gén) pitiful, pitiable.

pitre [pitʀ(ə)] nm (lit, fig) clown. **faire le ~** to clown ou fool about. ◆ **pitrerie** nf tomfoolery. **il n'arrête pas de faire des ~s** he's always clowning around ou acting the fool.

pittoresque [pitɔʀɛsk(ə)] **1** *adj* picturesque; *récit* colourful, vivid. **2** *nm*: **le ~ de qch** the picturesque quality of sth.

pivert [pivɛʀ] *nm* green woodpecker.

pivoine [pivwan] *nf* peony.

pivot [pivo] *nm* (*gén*) pivot; *[dent]* post. ◆ **pivotant, e** *adj* *panneau* pivoting, revolving; *fauteuil* swivel. ◆ **pivoter** (1) *vi [porte]* to revolve, pivot. *[personne] ~* **(sur ses talons)** to turn *ou* swivel round; **faire ~ qch** to pivot *ou* swivel sth round.

placage [plakaʒ] *nm* (*en bois*) veneer; (*en pierre*) facing.

placard [plakaʀ] *nm* (**a**) (*armoire*) cupboard. (**b**) (*affiche*) poster, notice. **~ publicitaire** display advertisement. (**c**) (**: couche*) thick layer. ◆ **placarder** (1) *vt affiche* to stick up, put up; *mur* to stick posters on, placard.

place [plas] *nf* (**a**) (*esplanade*) square. **la ~ Rouge** Red Square; **la ~ publique** in public. (**b**) *[objet]* place. **remettre qch en ~** to put sth back where it belongs *ou* in its proper place; **changer qch de ~** to move *ou* shift sth. (**c**) *[personne]* (*lit, fig*) place; *(assise)* seat. **~ d'honneur** place *ou* seat of honour; **prenez ~** take your place *ou* seat; *(lit, fig)* **prendre la ~ de qn** to take sb's place; **il ne tient pas en ~** he can't keep still; *(fig)* **remettre qn à sa ~** to put sb in his place; **laisser la ~ à qn** *(lit)* to give (up) one's seat to sb; *(fig)* to hand over to sb; **il n'est pas à sa ~ dans ce milieu** he is out of place in this setting; **se faire une ~ au soleil** to find o.s. a place in the sun *(fig)*; **être en bonne ~ pour gagner** to be well-placed *ou* in a good position to win; **se mettre à la ~ de qn** to put o.s. in sb's place *ou* in sb's shoes; **à votre ~** if I were you, in your place. (**d**) (*espace libre*) room, space. **prendre/faire de la ~** to take up/ make room *ou* space. (**e**) (*siège, billet*) seat; *(prix d'un trajet)* fare; *(emplacement réservé)* space. **louer** *ou* **réserver sa ~** to book one's seat; **payer ~ entière** *(au cinéma etc)* to pay full price; *(dans le bus etc)* to pay full fare; **~ de parking** parking space; **cinéma de 400 ~s** cinema seating 400 (people) *ou* with a seating capacity of 400; **~ assise** seat; **tente à 4 ~s** tent that sleeps 4, 4-man tent; **une voiture de 4 ~s** a 4-seater car; **j'ai 3 ~s dans ma voiture** I've room for 3 in my car. (**f**) (*rang*) (*Scol*) place (in class); *(Sport)* place, placing. **il a eu une ~ de 2ᵉ en histoire** he came *ou* was 2nd in history. (**g**) (*emploi*) job; *[domestique]* position, situation. **une ~ d'employé** a job as a clerk; *(Pol)* **les gens en ~** influential people. (**h**) *(Mil)* **~ (forte)** fortified town; *(lit, fig)* **s'introduire dans la ~** to get on the inside; **~ d'armes** parade ground. (**i**) (*Comm, Fin*) market. **~ financière** money market. (**j**) **de ~ en ~** here and there, in places; **rester sur/se rendre sur ~** to stay on/go to the spot; **être cloué sur ~** to be *ou* stand rooted on the spot; **à la ~ (de)** (*en échange*) instead (of), in place (of); **répondre à la ~ de qn** to reply in sb's place *ou* on sb's behalf; **être en ~** *[plan]* to be ready; *[forces de l'ordre]* to be in place *ou* stationed; **mettre qch en ~** *plan* to set up, organize; *service d'ordre* to deploy; *mécanisme* to install; **faire ~ à qn** *(lit)* to let sb pass; *(fig)* to give way to sb; **faire ~ nette** to make a clean sweep.

placement [plasmɑ̃] *nm* (*Fin*) investment.

placer [plase] (3) **1** *vt* (**a**) (*mettre*) (*gén*) to place, put; *invité, spectateur* to seat; *sentinelle* to post, station; *(Boxe) coup* to land, place; *parole* to put in, get in; *(Tech: installer)* to put in, fit in. **vous me placez dans une situation délicate** you're placing *ou* putting me in a tricky position; **il a placé l'action de son roman en Provence** he has set *ou* situated the action of his novel in Provence. (**b**) *malade, écolier* to place (*dans* in). **~ qn comme vendeur** to get *ou* find sb a job as a salesman; **~ qn**

comme apprenti (chez X) to apprentice sb (to X); **l'orchestre est placé sous la direction de...** the orchestra is conducted by... (**c**) *(Comm: vendre)* to place, sell; *argent (Bourse)* to invest; *(Caisse d'Épargne)* to deposit; *(sur son compte)* to put, pay *(sur* into).

2 se ~ *vpr* (**a**) *[personne]* to take up a position; *(debout)* to stand; *(assis)* to sit (down); *[événement]* to take place, occur, happen. **si nous nous plaçons dans cette perspective** if we look at things from this point of view *ou* angle; **plaçons-nous dans cette hypothèse** let us suppose that this happens. (**b**) *(Scol, Sport)* **se ~ 2ᵉ** to be *ou* come 2nd, be in 2nd place; **il s'est bien placé** he was well placed. (**c**) *[ouvrier]* to get *ou* find a job; *[retraité]* to find a place in a home.

◆ **placé, e** *adj*: **la fenêtre est ~e à gauche** the window is (situated) on the left; **être bien/mal ~** *[terrain]* to be well/badly situated; *[objet, concurrent]* to be well/badly placed; *[spectateur]* to have a good/a poor seat; **sa fierté est mal ~e** his pride is misplaced *ou* out of place; **je suis bien/mal ~ pour vous répondre** I'm in a/in no position to answer.

placide [plasid] *adj* placid. ◆ **placidité** *nf* placidity.

plafond [plafɔ̃] *nm* (*gén, fig*) ceiling; *[voiture, caverne]* roof. **prix ~** ceiling *ou* maximum price. ◆ **plafonner** (1) **1** *vi [prix, écolier, salaire]* to reach a ceiling *ou* maximum. **2** *vt* (*Constr*) to put a ceiling in; *salaires* to put an upper limit on. ◆ **plafonnier** *nm [voiture]* courtesy light; *[chambre]* ceiling light.

plage [plaʒ] *nf [mer, lac]* beach; *[disque]* track; *(ville)* (seaside) resort; *(fig: zone)* area. (*Scol*) **~ horaire** slot (in timetable); **~ de prix** price range *ou* bracket; **~ arrière** (*Naut*) quarter-deck; *(Aut)* parcel *ou* back shelf.

plagiat [plaʒja] *nm* plagiarism. ◆ **plagier** (7) *vt* to plagiarize.

plaider [plede] (1) **1** *vt* to plead. **~ la légitime défense** to plead self-defence; **~ la cause de qn** *(fig)* to plead sb's cause; *(Jur)* to plead sb's case; **l'affaire s'est plaidée à Paris** the case was heard in Paris. **2** *vi [avocat]* to plead (*pour* for; *contre* against); *(intenter un procès)* to go to court. *(fig)* **~ pour qn** *[personne]* to speak for sb; *[qualités]* to be a point in sb's favour. ◆ **plaideur, -euse** *nm, f* litigant. ◆ **plaidoirie** *nf (Jur)* defence speech; *(fig)* plea, appeal (*en faveur de* on behalf of). ◆ **plaidoyer** *nm (Jur)* speech for the defence; *(fig)* defence, plea.

plaie [plɛ] *nf (gén)* wound; *(coupure)* cut; *(fig: fléau)* scourge. **quelle ~!** * what a bind! * *ou* pest! * *ou* nuisance!; **remuer le fer dans la ~** to twist the knife in the wound; *(Bible)* **les ~s d'Égypte** the plagues of Egypt.

plaignant, e [plɛɲɑ̃, ɑ̃t] **1** *adj partie* litigant. **2** *nm, f* plaintiff.

plaindre [plɛ̃dʀ(ə)] (52) **1** *vt* (**a**) *personne* to pity, feel sorry for. **elle n'est pas à ~** *(c'est bien fait)* she doesn't deserve to be pitied; *(elle a de la chance)* she's got nothing to complain about; **je vous plains** I pity you *(de faire* for doing). (**b**) *(*: donner chichement)* to begrudge. **2 se ~** *vpr (gémir)* to moan; *(protester)* to complain, grumble, moan * *(de* about); *(Jur: réclamer)* to make a complaint *(de* about, *auprès de* to). **se ~ de maux de tête etc** to complain of.

plaine [plɛn] *nf* plain.

plain-pied [plɛ̃pje] *adv*: **de ~** *(pièce)* on the same level *(avec* as); *(maison)* (built) at street-level; *(fig)* **entrer de ~ dans le sujet** to come straight to the point.

plainte [plɛ̃t] *nf (gémissement)* moan, groan; *(protestation)* complaint. **porter ~ contre qn** to lodge a complaint against *ou* about sb. ◆ **plaintif, -ive**

adj plaintive, doleful. ◆ **plaintivement** *adv* plaintively, dolefully.

plaire [plɛʀ] (54) **1** *vi [personne]* ~ **à qn** to be liked by sb; **ça me plaît** *[livre, spectacle, travail]* I like *ou* enjoy it; *[plan]* it suits me; *[sport, activité]* I'm keen on it, I enjoy it; **ce genre de musique ne me plaît pas beaucoup** I'm not keen on *ou* I don't care for that kind of music, that kind of music doesn't appeal to me very much; **c'est une chose qui me plairait beaucoup à faire** it's something I'd very much like to do *ou* I'd love to do; **il cherche à ~ à tout le monde** he tries to please everyone; **ça te plairait d'aller au cinéma?** would you like to go to the pictures?, do you fancy * going *ou* do you feel like going to the pictures?; **quand ça me plaît** when I feel like it, when it suits me, when the fancy takes me *; **je fais ce qui me plaît** I do what I like *ou* as I please; *[idée, repas]* **cela plaît toujours** it always goes down well, it's always popular. **2** *vb impers*: **et s'il me plaît d'y aller?** and what if I want to go?; **comme il vous plaira** just as you like *ou* please; **s'il te plaît, s'il vous plaît** please; **plaît-il?** I beg your pardon? **3 se** ~ *vpr*: **il se plaît à Londres** he likes *ou* enjoys being in London; **les fougères se plaisent dans les sous-bois** ferns do well *ou* thrive in the undergrowth; **tu te plais avec ton chapeau?** do you like *ou* fancy * yourself in your hat?; **ces deux-là se plaisent** those two get on well together; **se** ~ **à lire** to take pleasure in reading.

plaisance [plɛzɑ̃s] *nf*: **la navigation de** ~ boating; *(à voile)* sailing, yachting; **bateau de** ~ yacht; **maison de** ~ country cottage. ◆ **plaisancier** *nm* yachtsman.

plaisant, e [plɛzɑ̃, ɑ̃t] *adj (agréable)* pleasant, agreeable; *(amusant)* amusing, funny; *(ridicule)* laughable, ridiculous. ◆ **plaisamment** *adv* pleasantly; agreeably; amusingly; laughably.

plaisanter [plɛzɑ̃te] (1) **1** *vi* to joke *(sur* about). **et je ne plaisante pas!** and I'm not joking!; **vous plaisantez** you must be joking; **pour** ~ for fun *ou* a joke *ou* a laugh *; **il ne plaisante pas sur la discipline** there's no joking with him over matters of discipline. **2** *vt*: ~ **qn sur qch** to tease sb about sth. ◆ **plaisanterie** *nf* **(a)** *(blague, raillerie)* joke *(sur* about); *(farce)* practical joke, prank. **aimer la** ~ to be fond of a joke; **il est en butte aux ~s de ses amis** his friends are always making fun of him *ou* poking fun at him; **mauvaise** ~ (nasty) practical joke. ◆ **plaisantin** *nm (blagueur)* joker; *(fumiste)* phoney *.

plaisir [plɛziʀ] *nm* **(a)** *(joie)* pleasure. **prendre** ~ **à faire qch** to find *ou* take pleasure in doing sth, delight in doing sth; **j'ai le** ~ **de vous annoncer que...** I have pleasure in announcing that...; **ranger pour le** ~ **de ranger** to tidy up just for the sake of it; *(iro)* **je vous souhaite bien du** ~! good luck to you! *(iro)*; **au** ~ **de vous revoir, au** ~ ***** (I'll) see you again sometime. **(b)** *(distraction)* pleasure; *(dada)* hobby. **(c)** *(littér: volonté)* pleasure *(littér)*, wish. **si c'est votre (bon)** ~ if such is your will *ou* wish. **(d)** **faire** ~ **à qn** to please sb; **cela me fait** ~ **de vous voir** I'm pleased *ou* delighted to see you; **ça fait** ~ **à voir** it is a pleasure to see; **fais-moi** ~: **mange ta soupe** do me a favour, eat your soup; **voulez-vous me faire le** ~ **de venir dîner?** would you do me the pleasure of dining with me?; **fais-moi le** ~ **de te taire!** would you mind just being quiet!, do me a favour and be quiet!; **il se fera un** ~ **de vous reconduire** he'll be (only too) pleased *ou* glad to drive you back; **bon, c'est bien pour vous faire** ~ all right, if it will make you happy.

plan¹ [plɑ̃] *nm* **(a)** *[maison, machine]* plan; *[ville, région]* map. **faire des ~s** to draw up plans. **(b)** *(Math etc: surface)* plane. *(dans cuisine)* ~ **de travail** work-top; ~ **incliné** inclined plane; **en** ~ **incliné**

sloping; ~ **d'eau** *(lac)* lake; *(sur un cours d'eau)* stretch of water. **(c)** *(Ciné)* shot. **premier** ~ foreground; **dernier** ~ background; *(Peinture)* **au deuxième** ~ in the middle distance. **(d)** *(fig: niveau)* plane. **mettre qch au deuxième** ~ to consider sth of secondary importance; **ce problème vient au premier** ~ **de nos préoccupations** this problem is uppermost in our minds; **personnalité de premier/second** ~ key/minor figure; **au premier** ~ **de l'actualité** in the forefront of the news. **(e)** *(projet, Écon)* plan. ~ **de travail** work plan *ou* programme *ou* schedule; ~ **d'action** plan of action; **avoir/exécuter un** ~ to have/carry out a plan. **(f)** *[livre, dissertation]* plan, outline, framework. **(g)** **laisser en** ~ ***** *personne* to leave in the lurch *ou* stranded; *affaires, voiture* to abandon, ditch *; **il a tout laissé en** ~ ***** he dropped everything; **rester en** ~ ***** *[projet]* to be left in mid air.

plan², plane [plɑ̃, plan] *adj (gén)* flat; *(Math)* plane.

planche [plɑ̃ʃ] *nf* **(a)** *(en bois)* plank; *(plus large)* board; *(rayon)* shelf; *(Naut: passerelle)* gangplank; *(plongeoir)* diving board; *(*: ski)* ski. ~ **à dessin/à repasser** drawing/ironing board; ~ **à laver** washboard; ~ **à roulettes** *(objet)* skateboard; *(sport)* skateboarding; *(fig)* ~ **de salut** last hope; ~ **à voile** *(objet)* sailboard; *(sport)* windsurfing; *(Théât)* **monter sur les ~s** to go on the stage; *(Natation)* **faire la** ~ to float on one's back; **cabine en ~s** wooden hut. **(b)** *(Typ, illustration)* plate. **(c)** *(Horticulture)* bed. ◆ **plancher** *nm (Constr)* floor. **(prix)** ~ minimum *ou* floor *ou* bottom price.

plancton [plɑ̃ktɔ̃] *nm* plankton.

planer [plane] (1) **(1)** *vi [oiseau]* to glide, soar; *(en tournoyant)* to hover; *[avion]* to glide; *[fumée]* to float, hover; *(fig) [rêveur]* to have one's head in the clouds. ~ **sur** *[regard]* to look down on *ou* over; *[danger, soupçons]* to hang over.

planète [planɛt] *nf* planet. ◆ **planétaire** *adj (Astron, Tech)* planetary. ◆ **planétarium** *nm* planetarium.

planeur [planœʀ] *nm (Aviat)* glider.

planifier [planifje] (7) *vt* to plan. ◆ **planification** *nf* (economic) planning. ◆ **planning** *nm (Écon, Ind)* programme, schedule. ~ **familial** family planning.

planque ⸸ [plɑ̃k] *nf (cachette)* hideaway, hideout; *(travail)* cushy ⸸ *ou* soft * job. ◆ **planquer** ⸸ (1) **1** *vt* to hide *ou* stash * away. **2 se** ~ *vpr* to take cover.

plant [plɑ̃] *nm (plante)* seedling, young plant; *(plantation)* bed; *[arbres]* plantation. **un** ~ **de vigne** a young vine.

plantation [plɑ̃tasjɔ̃] *nf (action)* planting; *(culture)* plant; *(terrain)* bed; *[arbres]* plantation; *(exploitation agricole)* plantation. **faire des ~s de fleurs** to plant flowers (out).

plante [plɑ̃t] *nf* **(a)** *(Bot)* plant. ~ **fourragère** fodder plant; ~ **grasse** succulent (plant); ~ **grimpante** creeper; ~ **verte** green (foliage) plant. **(b)** *(Anat)* ~ **(des pieds)** sole (of the foot).

planter [plɑ̃te] (1) *vt* **(a)** *plante* to plant, put in; *jardin* to put plants in; *(repiquer)* to plant out; **avenue plantée d'arbres** tree-lined avenue. **(b)** *clou* to hammer in, knock in; *pieu* to drive in; *aiguille* to stick in. ~ **un poignard dans le dos de qn** to knife *ou* stab sb in the back; **se** ~ **une épine dans le doigt** to get a thorn stuck in one's finger; **la flèche se planta dans la cible** the arrow sank into the target. **(c)** *(mettre)* objet to stick, put. **il se planta devant moi** he planted himself in front of me; **rester planté devant une vitrine *** to stand looking at a shop window; ~ **là *** *personne, voiture* to dump *, ditch *; *outils* to dump *, drop; *métier* to pack in *; *(se tromper)* **se** ~ ***** to get it all wrong. **(d)** *tente* to put up, pitch; *(Théât) décors* to set up. ~ **une échelle contre un mur** to stand a ladder (up)

against a wall. ◆ **planteur** *nm (colon)* planter.
◆ **plantoir** *nm* dibble.

planton [plɑ̃tɔ̃] *nm (Mil)* orderly. **faire le** ~ * to hang about *.

plantureux, -euse [plɑ̃tyʀø, øz] *adj repas* copious; *région fertile.* **récolte** ~**euse** bumper crop.

plaquage [plaka3] *nm (Rugby)* tackle.

plaque [plak] *nf [métal, verre]* sheet, plate; *[marbre, chocolat]* slab; *(de verglas, sur la peau)* patch; *(Élec, Phot, de revêtement)* plate; *(portant une inscription)* plaque; *(insigne)* badge. ~ **chauffante** *ou* **de cuisson** hotplate; ~ **d'identité** identity disc; *(Aut)* ~ **minéralogique** number *ou* license *(US)* plate; ~ **tournante** *(Rail)* turntable; *(fig)* centre.

plaquer [plake] (1) *vt* (a) *bois* to veneer; *bijoux* to plate. (b) (‡: *abandonner) personne* to ditch *; *emploi* to chuck (in *ou* up) ‡, pack in *. (c) *(aplatir) cheveux* to plaster down. ~ **qn au sol** to pin sb to the ground; **se** ~ **contre un mur** to flatten o.s. against a wall. (d) *(Rugby)* to tackle, bring down. (e) *(Mus) accord* to play. ◆ **plaqué, e** **1** *adj*: ~ *(or etc)* (gold etc) plated; ~ **chêne** oak veneered. **2** *nm* plate. **c'est du** ~ it's plated.

plasma [plasma] *nm (Anat, Phys)* plasma.

plastic [plastik] *nm* gelignite. ◆ **plasticage** *nm* bombing *(de* of); bomb attack *(de* on).

plasticien [plastisjɛ̃] *nm (chirurgien)* plastic surgeon.

plastifier [plastifje] (7) *vt* to coat with plastic.

plastique [plastik] **1** *adj* plastic. **en matière** ~ plastic; **chirurgie** ~ plastic surgery. **2** *nm* plastic. **3** *nf* plastic art.

plastiquer [plastike] (1) *vt* to blow up, carry out a bomb attack on.

plastron [plastʀɔ̃] *nm [chemise]* shirt front; *[escrimeur]* plastron.

plastronner [plastʀɔne] (1) *vi* to swagger.

plat¹, plate [pla, plat] **1** *adj* (a) *(gén)* flat; *eau* plain, non-fizzy; *angle, cheveux* straight; *style* flat, dull; *(obséquieux)* obsequious. **bateau à fond** ~ flat-bottomed boat; **chaussure à talon** ~ flat(-heeled) shoe. (b) **poser qch à** ~ to lay sth (down) flat; **être à** ~ *[pneu, batterie]* to be flat; *[automobiliste]* to have a flat tyre; (*) *[personne]* to be washed out *; **la grippe l'a mis à** ~ * he was laid low by (the) flu; **tomber à** ~ *[plaisanterie]* to fall flat; **tomber à** ~ **ventre** to fall flat on one's face; **se mettre à** ~ **ventre** to lie face down; *(fig)* **se mettre à** ~ **ventre devant qn** to crawl to sb. **2** *nm (partie plate)* flat (part). **course de** ~ flat race; *(fig)* **faire du** ~ **à** * **supérieur** to crawl to; *femme* to sweet-talk *. ◆ **plate-bande,** *pl* **plates-bandes** *nf (Horticulture)* flower bed. **piétiner les** ~**s**-~**s de qn** * to tread on sb else's patch. ◆ **plate-forme,** *pl* **plates-formes** *nf (gén, fig)* platform; *(Rail: wagon)* flat wagon *ou* car *(US)*. ~ *(de forage en mer)* (off-shore) oil rig; ~ **flottante** floating rig.

plat² [pla] *nm (récipient, mets)* dish; *(partie du repas)* course. **il en a fait tout un** ~ * he made a great fuss about it; **mettre les petits** ~**s dans les grands** to lay on a first-rate meal; ~ **du jour** today's special; ~ **de résistance** *[repas]* main course; *(fig)* pièce de résistance.

platane [platan] *nm* plane tree.

plateau, *pl* ~**x** [plato] *nm (de serveur)* tray; *[balance]* pan; *[électrophone]* turntable, deck; *[table]* top; *[graphique]* plateau; *(Géog)* plateau; *(Théât)* stage; *(Ciné, TV)* set; *(Rail: wagon)* flat wagon *ou* car *(US)*; *(plate-forme roulante)* trailer. ~ **de fromages** cheeseboard; ~-**repas** tray meal; *(Ciné)* ~ **de tournage** film set.

platine [platin] **1** *nm, adj inv* platinum. **2** *nf [électrophone]* deck, turntable.

platitude [platityd] *nf [livre]* dullness; *(propos)* platitude.

plâtre [plɑtʀ(ə)] *nm (matière)* plaster; *(objet)* plaster cast. *(Constr)* **les** ~**s** the plasterwork; *(Chirurgie)* ~ **de marche** walking plaster *ou* cast *(US)*. ◆ **plâtras** *nm (débris)* rubble. ◆ **plâtrer** (1) *vt mur* to plaster; *jambe* to set *ou* put in plaster. ◆ **plâtrier** *nm* plasterer.

plausible [plozibl(ə)] *adj* plausible.

playback [plɛbak] *nm* miming. **chanter en** ~ to mime to a prerecorded tape.

plébiscite [plebisit] *nm* plebiscite. ◆ **plébisciter** (1) *vt (Pol)* to elect by plebiscite. *(fig)* **se faire** ~ to be elected by an overwhelming majority.

pléiade [plejad] *nf (gén)* pleiad. **une** ~ **d'artistes** a whole host of stars.

plein, pleine [plɛ̃, plɛn] **1** *adj* (a) *(rempli)* full; *vie, journée* full, busy. ~ **à déborder** full to overflowing; ~ **à craquer** full to bursting, crammed full; **un** ~ **panier de pommes** a whole basketful of apples; **avoir le ventre** ~ * to be full, have eaten one's fill; **être** ~ **aux as** ‡ to be rolling in money *; *(péj)* **un gros** ~ **de soupe** ‡ a big fat slob ‡ *(péj)*; ~ **comme une barrique** ‡ as drunk as a lord; ~ **de** *(gén)* full of; *taches* covered in *ou* with; *idées* bursting with; **salle pleine de monde** room full of people, crowded room; **remarque pleine de finesse** very shrewd remark; **être** ~ **d'égards pour qn** to shower attention on sb. (b) *succès, confiance* complete, total. **accord** ~ **et entier** wholehearted consent; **absent un jour** ~ absent for a whole day; **à** ~ **temps** full-time; **avoir les** ~**s pouvoirs** to have full powers; **politique de** ~-**emploi** policy of full employment; **être membre de** ~ **droit** to be a member in one's own right. (c) *lune* full. **la mer est pleine** the tide is in, it is high tide; **en pleine mer** on the open sea. (d) *paroi* solid; *trait* unbroken, continuous; *voix* rich, sonorous. (e) *(Vét)* pregnant, in calf *(ou foal, lamb etc)*. (f) *(intensité)* **la pleine lumière** the bright light; **avoir pleine conscience de qch** to be fully aware of sth; **être en pleine forme** * to be in *ou* on top form; **de son** ~ **gré** of one's own free will; **réclamer qch de** ~ **droit** to claim sth as one's right; **heurter qch de** ~ **fouet** to crash headlong into sth; *[usine]* **marcher à** ~ **rendement** to work at full capacity; **ça sent l'ammoniaque à** ~ **nez** there's a terrible smell *ou* stench of ammonia; **respirer à** ~**s poumons** to take deep breaths; **prendre qch à pleines mains** to grasp sth firmly. (g) ~ **air** open air; **les enfants ont** ~ **air le mercredi** the children have games *ou* sport on Wednesdays; **jeux de** ~ **air** outdoor games; **en** ~ **air** *spectacle, cirque* open-air; **s'asseoir** in the open (air). (h) **en** ~ **milieu** right *ou* bang * ou* slap * in the middle; **en pleine tête** right in the head; **oiseau en** ~ **vol** bird in full flight; **en pleine jeunesse** in the bloom of youth; **en** ~ **jour** in broad daylight; **le jardin est en** ~ **soleil** the garden is in full sun; **enfant en pleine croissance** child who is growing fast *ou* shooting up; **affaire en pleine croissance** rapidly expanding *ou* growing business; **en pleine saison** at the height *ou* peak of the season; **je suis en** ~ **travail** I'm in the middle of work *ou* working; **en pleine obscurité** in complete darkness; **arriver en** ~ **drame** to arrive in the middle of a crisis.

2 *adv* (a) **avoir de l'encre** ~ **les mains** to have ink all over one's hands, have one's hands covered in ink; **il a des jouets** ~ **un placard** he's got a cupboardful *ou* a cupboard full of toys; **se diriger** ~ **ouest** to head due west; **en avoir** ~ **le dos de qch** * to be fed up with sth *; **en avoir** ~ **les jambes** * to be all-in *; **il a voulu nous en mettre** ~ **la vue** * he wanted to dazzle us. (b) ~ **de** * *argent, gens etc* lots of, loads of *; **il a mis** ~ **de chocolat sur sa veste** he has got chocolate all over his jacket. (c) **en** ~: **la lumière frappait son visage en** ~ the light was shining straight into his face; **en** ~ **devant toi** right *ou* straight in front of you.

(**d**) **à** ~ *fonctionner* at full capacity; *utiliser* to the full; **les légumes donnent à** ~ it is the height of the vegetable season.
3 *nm* (**a**) **faire le** ~ (*Aut*) to fill up; (*Théât*) to have a full house; **le** ~, **s'il vous plaît** fill it up please. (**b**) [*animation, fête*] height.

pleinement [plɛnmɑ̃] *adv vivre* to the full; *approuver* wholeheartedly, fully; *responsable* wholly, entirely, fully. **utiliser qch** ~ to make full use of sth.

plénipotentiaire [plenipɔtɑ̃sjɛʀ] *adj, nm* plenipotentiary.

pléonasme [pleɔnasm(ə)] *nm* pleonasm.

pléthore [pletɔʀ] *nf* overabundance, plethora.
◆ **pléthorique** *adj nombre* excessive; *effectifs* overabundant.

pleurer [plœʀe] (1) **1** *vi* (**a**) [*personne*] to cry, weep (*sur* over); [*yeux*] to water, run. ~ **de rire/de rage** to shed tears of laughter/rage; **faire** ~ **qn** [*peine*] to make sb cry; [*oignons*] to make sb's eyes water; ~ **comme une madeleine** to cry one's eyes *ou* one's heart out; **sur le point de** ~ almost in tears, on the verge of tears; **triste à** ~ terribly sad; **bête à** ~ pitifully stupid. (**b**) (*péj: réclamer*) to moan. **2** *vt* (**a**) *personne* to mourn (for); *chose* to bemoan. ~ **des larmes de joie** to weep *ou* shed tears of joy; ~ **toutes les larmes de son corps** to cry one's eyes out. (**b**) (*péj*) (*quémander*) to beg for; (*lésiner sur*) to begrudge, stint. ~ **misère** to moan about one's lot. ◆ **pleur** *nm*: **en** ~**s** in tears.

pleurésie [plœʀezi] *nf* pleurisy.

pleurnicher [plœʀniʃe] (1) *vi* to snivel *. ◆ **pleurnicherie** *nf*: ~(**s**) snivelling *. ◆ **pleurnicheur, -euse 1** *adj* snivelling *. **2** *nm, f* crybaby *.

pleuviner [pløvine] (1) *vi* to drizzle.

pleuvoir [pløvwaʀ] (23) **1** *vb impers* to rain. **il pleut** it's raining; **il pleut à torrents, il pleut des cordes** it's pouring (down). **2** *vi* [*coups, projectiles*] to rain down; [*critiques, invitations*] to shower down. **faire** ~ **des coups sur qn** to rain blows (up)on sb.

plexiglas [plɛksiglas] *nm* ® plexiglass ®.

pli [pli] *nm* (**a**) [*rideau etc*] fold; (*Couture*) pleat. (**faux**) ~ crease; ~ **de pantalon** trouser crease; **ton manteau fait un** ~ **dans le dos** your coat creases (up) at the back; **garder un bon** ~ to keep its shape; [*vêtement*] **prendre un mauvais** ~ to get crushed; **les** ~**s et les replis de sa cape** the many folds of his cloak; (*fig*) **cela ne fait pas un** ~ * there's no doubt about it. (**b**) [*genou, bras*] bend; [*menton, ventre*] (skin-)fold; [*bouche, yeux*] crease; [*front*] crease, furrow, line. (**c**) (*habitude*) habit. **prendre le** ~ **de faire** to get into the habit of doing; **mauvais** ~ bad habit. (**d**) (*enveloppe*) envelope; (*lettre*) letter. (**e**) (*Cartes*) trick. **faire un** ~ to win *ou* take a trick. (**f**) (*Géol*) fold. ~ **de terrain** fold in the ground, undulation.

pliant, e [plijɑ̃, ɑ̃t] **1** *adj table etc* collapsible, folding. **2** *nm* folding *ou* collapsible stool, camp-stool.

plie [pli] *nf* plaice.

plier [plije] (7) **1** *vt* (**a**) (*gén*) to fold; (*ranger*) to fold up; *volets* to fold back. (*fig*) ~ **bagage** to pack up and go. (**b**) *branche, genou* to bend. (*fig*) ~ **le genou devant qn** to bow before sb; **plié par l'âge** bent (double) with age; **plié (en deux) de rire/par la douleur** doubled up with laughter/pain; ~ **qn à une discipline** to force a discipline upon sb. **2** *vi* (**a**) [*branche*] to bend (over); [*plancher*] to sag. ~ **sous le poids des ans** to be weighed down by years. (**b**) [*personne*] to yield, give in; [*armée*] to give way, lose ground. **faire** ~ **qn** to make sb give in. **3 se** ~ *vpr* [*chaise*] to fold (up). **se** ~ **à** *règle* to submit to; *circonstances* to bow to, yield to; *désirs* to give in to.

plinthe [plɛ̃t] *nf* skirting board.

plisser [plise] (1) **1** *vt jupe* to pleat; *papier* to fold (over); (*en chiffonnant*) to crease; *lèvres* to pucker (up); *yeux* to screw up; *front* to crease, wrinkle; (*Géol*) to fold. **2** *vi* to become creased. **3 se** ~ *vpr* [*front*] to crease, furrow; [*lèvres*] to pucker (up). ◆ **plissé, e** *adj jupe* pleated; *peau* creased, wrinkled. ◆ **plissement** *nm*: ~ **de terrain** fold. ◆ **plissure** *nf* pleats.

pliure [plijyʀ] *nf* (*gén*) fold; [*bras, genou*] bend.

plomb [plɔ̃] *nm* (*métal*) lead; (*Pêche*) sinker; (*Chasse*) piece of (lead) shot; (*Typ*) type; (*Élec: fusible*) fuse. **avec** ~ *essence* leaded; **de** ~ *tuyau* lead; *soldat* tin; *ciel* leaden; *soleil* blazing; *sommeil* deep, heavy; **avoir du** ~ **dans l'aile** to be in a bad way; **avoir du** ~ **dans la tête** to have common sense; **le soleil tombe à** ~ the sun is blazing straight down; **les** ~**s ont sauté** the fuses have blown; **sans** ~ *essence* lead-free.

plomber [plɔ̃be] (1) *vt canne, ligne* to weight (with lead); *dent* to fill; *colis* to seal (with lead). ◆ **plombage** *nm* [*dent*] filling. ◆ **plombé, e** *adj couleur* leaden. ◆ **plomberie** *nf* (*métier, installations*) plumbing; (*atelier*) plumber's (work)shop. ◆ **plombier** *nm* plumber.

plonger [plɔ̃ʒe] (3) **1** *vi* [*personne, sous-marin, avion*] to dive (*dans* into, *sur* on, onto); [*route, terrain*] to plunge down; [*racines*] to go down. **il plongea dans sa poche pour prendre son mouchoir** he plunged his hand *ou* he dived into his pocket to get his handkerchief out. **2** *vt* (*lit, fig*) ~ **qch/qn dans** to plunge *ou* thrust sth/sb into; ~ **qn dans la surprise** to surprise sb greatly; ~ **qn dans le désespoir** to throw *ou* plunge sb into despair; ~ **son regard sur/vers** to cast one's eyes at/towards; **il plongea son regard dans mes yeux** he looked deeply into my eyes. **3 se** ~ *vpr*: **se** ~ **dans** *lecture* to bury *ou* immerse o.s. in; *eau* to plunge into. ◆ **plongé, e¹** *adj*: ~ **dans** *obscurité, misère* plunged in; *vice* steeped in; *méditation* immersed in, deep in; *livre* buried *ou* immersed in; ~ **dans le sommeil** sound asleep, in a deep sleep. ◆ **plongeant, e** *adj décolleté, tir* plunging. **vue** ~**e** view from above. ◆ **plongée²** *nf* (*action*) diving; (*exercice*) dive; [*sous-marin*] submersion. ~ **sous-marine** (*gén*) diving; (*sans scaphandre*) skin diving, scuba diving; ~ **de haut vol** platform high diving. ◆ **plongeoir** *nm* diving board. ◆ **plongeon** *nm* dive. **faire un** ~ to dive; (*fig*) **faire le** ~ to make heavy losses. ◆ **plongeur, -euse** *nm, f* (*Sport*) diver; (*sans scaphandre*) skin diver. (**b**) [*restaurant*] dish-washer.

plouf [pluf] *nm, excl* splash.

ployer [plwaje] (8) (*littér*) **1** *vi* (*lit, fig*) to bend; [*poutre*] to sag; [*armée*] to yield, give in. **2** *vt* to bend.

pluie [plɥi] *nf* (**a**) rain; (*averse*) shower. **le temps est à la** ~ it looks like rain; **temps de** ~ wet *ou* rainy weather; ~ **battante** driving *ou* lashing rain; ~ **diluvienne** downpour; ~ **fine** drizzle. (**b**) [*cadeaux*] shower; [*coups*] hail, shower. **verser qch en** ~ to sprinkle sth in *ou* on. (**c**) **faire la** ~ **et le beau temps** to rule the roost; **il n'est pas né de la dernière** ~ he wasn't born yesterday.

plumage [plymaʒ] *nm* plumage, feathers.

plumard * [plymaʀ] *nm* bed.

plume [plym] *nf* (**a**) [*oiseau*] feather. **chapeau à** ~**s** feathered hat; **oreiller de** ~**s** feather pillow; **soulever qch comme une** ~ to lift sth up as if it were a featherweight; **il y a laissé des** ~ **s** * (*gén*) he came off badly; (*financièrement*) he got his fingers burnt. (**b**) (*pour écrire*) pen; (*pour vacciner*) vaccine point. **il a la** ~ **facile** writing comes easily to him; **prendre la** ~ **pour...** to take up one's pen to... ◆ **plumeau, pl** ~**x** *nm* feather duster. ◆ **plumer** (1) *vt volaille* to pluck; (* *fig*) *personne* to fleece *. ◆ **plumet** *nm* plume.

plumier [plymje] *nm* pencil box.

plupart [plypaʀ] *nf*: **la ~ des gens** most people, the majority of people; **la ~ des gens qui se trouvaient là** most of the people there; **dans la ~ des cas** in most cases, in the majority of cases; **pour la ~** for the most part; **la ~ du temps** most of the time.

pluriel, -elle [plyʀjɛl] **1** *adj* plural. **2** *nm* plural. **au ~** in the plural; **la première personne du ~** the first person plural.

plus 1 *adv nég* [ply] **(a)** *(temps)* no longer. **il n'en a ~ besoin** he doesn't need it any longer, he no longer needs it; **il n'a ~ dit un mot** he didn't say another word; *(euph)* **son père n'est ~** his father has passed away *(euph)*; **elle n'est ~ très jeune** she's not as young as she was; **~ de doute** no doubt now; **il n'y a ~ d'enfants!** children aren't what they used to be. **(b)** *(quantité)* no more. **elle n'a ~ de pain** she hasn't (got) any more bread, she's got no (more) bread left; **des fruits? il n'y en a ~** fruit? there is none left; **il n'y a ~ personne** there's no one left; **il n'y a ~ rien** there's nothing left; **il n'y a ~ rien d'autre à faire** there's nothing else to do; **on n'y voit ~ guère** *ou* **presque ~ rien** you can hardly see anything now. **(c)** *(avec que: seulement)* **il n'y a ~ que des miettes** there are only crumbs left; **~ que huit jours avant les vacances** only a week to go before the holidays; **~ que 5 km à faire** only another 5 km to go.
2 *adv emploi comparatif* [ply(s)] **(a)** *travailler etc* more *(que* than). **il est ~ intelligent/âgé (que moi)** he is more intelligent/he is older (than me *ou* than I am); **trois fois ~ cher/souvent que...** three times as expensive/often as...; **il est ~ qu'intelligent** he's clever to say the least; **j'aime dix fois ~ le théâtre que le cinéma** I like the theatre ten times better than the cinema. **(b)** **~ de pain** *etc* more bread *etc*; **il n'y aura pas ~ de monde demain** there won't be any more people tomorrow; **il y aura ~ de 100 personnes** there will be more than *ou* over 100 people; **les enfants de ~ de 4 ans** children over 4; **il n'y avait pas ~ de 10 personnes** there were no more than 10 people; **il est ~ de 9 heures** it's after *ou* past 9 o'clock; **~ d'un** more than one. **(c)** **~ on est de fous, ~ on rit** the more the merrier; **~ on boit, ~ on a soif** the more you drink, the thirstier you get; **~ il gagne, moins il est content** the more he earns, the less happy he is. **(d)** **elle a 10 ans de ~ (que lui)** she's 10 years older (than him); **il y a 10 personnes de ~ qu'hier** there are 10 more people than yesterday; **une fois de ~** once more, once again; **les faux frais sont en ~** the incidental expenses are not included *ou* are extra; **deux verres de ~** *ou* **en ~** two more *ou* extra glasses; *(de trop)* two glasses too many; **en ~ de son travail** on top of *ou* in addition to his work. **(e)** **de ~ en ~** more and more; **aller de ~ en ~ vite** to go faster and faster; **~ ou moins** more or less; **~ que jamais** more than ever; **qui ~ est, de plus** furthermore, what is more, moreover.
3 *adv emploi superlatif* [ply(s)]: **le film le ~ long/beau que j'aie vu** the longest/most beautiful film I've ever seen; **le ~ intelligent des deux** the cleverer *ou* the more intelligent of the two; **le ~ intelligent de tous** the cleverest *ou* most intelligent of all; **la ~ grande partie de son temps** most of his time; **le livre que je lis le ~ souvent** the book I read most often; **il a couru le ~ vite** he ran the fastest; **ce que j'aime le ~** what I like (the) most *ou* (the) best; **c'est le samedi qu'il y a le ~ de monde** it's on Saturdays that there are (the) most people; **prends le ~ possible de livres/de beurre** take as many books/as much butter as possible *ou* as you can; **au ~** at the most, at the outside; **tout au ~** at the very most.
4 *conj* [plys] plus. **les voisins, ~ leurs enfants** the neighbours, plus *ou* and their children; *(degré)*

il fait ~ deux it's plus two (degrees), it's two above freezing.
5 *nm* [plys] *(Math)* **(signe)** ~ plus (sign).
◆ **plus-que-parfait** [plyskəpaʀfɛ] *nm* pluperfect (tense), past perfect. ◆ **plus-value, pl plus-values** [plyvaly] *nf (bénéfice)* profit; *(imposable)* capital gains.

plusieurs [plyzjœʀ] *adj et pron indéf pl* several. **nous nous sommes mis à ~ pour...** several of us got together to...

plutonium [plytɔnjɔm] *nm* plutonium.

plutôt [plyto] *adv* **(a)** *(de préférence)* rather; *(à la place)* instead. **prends ce livre ~ que celui-là** take this book rather than *ou* instead of that one; **cette maladie affecte ~ les enfants** this illness affects children for the most part *ou* tends to affect children; **~ souffrir que mourir** it is better to suffer than to die. **(b)** *(plus exactement)* rather. **il est ignorant ~ que sot** he's ignorant rather *ou* more than stupid. **(c)** *(assez) chaud, bon* rather, quite, fairly, pretty *. **c'est ~ bon signe** that's quite *ou* rather a good sign; **il est ~ petit** he is rather *ou* somewhat on the small side, he is rather *ou* fairly small.

pluvieux, -euse [plyvjø, øz] *adj* rainy, wet.

pneu [pnø] *nm (abrév de* **pneumatique)** *[véhicule]* tyre, tire *(US)*; *(message)* letter sent by pneumatic despatch *ou* tube. **~ clouté** *ou* **à clous** studded tyre *ou* tire *(US)*; **~-neige** snow tyre *ou* tire *(US)*.

pneumatique [pnømatik] **1** *adj (Sci)* pneumatic; *(gonflable)* inflatable. **2** *nm* = **pneu.**

pneumonie [pnømɔni] *nf*: **la ~** pneumonia; **une ~** an attack *ou* a bout of pneumonia; **faire une ~** to have pneumonia.

Pô [po] *nm*: **le ~** the Po.

poche [pɔʃ] *nf (gén)* pocket; *[kangourou]* pouch; *(sac)* bag. **~ revolver/intérieure** hip/inside pocket; **~ de pantalon/d'air** trouser/air pocket; *(Méd)* **des eaux** amniotic sac; **de ~** *mouchoir* pocket; *livre* paperback; **format de ~** pocket-size; **j'avais 10 F en ~** I had 10 francs on me; **en être de sa ~ *** to be out of pocket; **il a payé de sa ~** he paid for it out of his (own) pocket; **mettre qn dans sa ~ *** to twist sb round one's little finger; **c'est dans la ~! *** it's in the bag! *; **faire les ~s à qn *** to go through sb's pockets; **connaître un endroit comme sa ~** to know a place like the back of one's hand; *[veste]* **faire des ~s** to bag, go out of shape.

pocher [pɔʃe] **(1)** *vt (Culin)* to poach. **~ un œil à qn** to give sb a black eye.

pochette [pɔʃɛt] *nf (mouchoir)* pocket handkerchief; *(petite poche)* breast pocket; *(enveloppe)* envelope; *(étui)* case; *[disque]* sleeve. **~ surprise** lucky bag; **~ d'allumettes** book of matches.

podium [pɔdjɔm] *nm* podium. **monter sur le ~** to mount the podium.

podologie [pɔdɔlɔʒi] *nf* chiropody, podiatry *(US)*. ◆ **podologue** *nmf* chiropodist, podiatrist *(US)*.

poêle¹ [pwal] *nf*: **~ (à frire)** frying pan; **passer à la ~** to fry.

poêle², poële [pwal] *nm* stove.

poème [pɔɛm] *nm* poem. **c'est tout un ~ *** *(compliqué)* it's a real palaver *; *(indescriptible)* it defies description; *(poème)* poem. ◆ **poésie** *nf (art)* poetry; *(poème)* poem. ◆ **poète 1** *nm* poet. **2** *adj tempérament* poetic. **être ~** to be a poet. ◆ **poétesse** *nf* poetess. ◆ **poétique** *adj* poetic(al). ◆ **poétiquement** *adv* poetically.

pognon ‡ [pɔɲɔ̃] *nm* dough ‡, lolly ‡.

poids [pwa] **1** *nm* **(a)** *(lit, fig)* weight. **prendre du ~** to gain *ou* put on weight; **vendu au ~** sold by weight; **quel ~ pèse-t-il?** what weight is he?, what does he weigh?; **plier sous le ~ des sacs/des soucis** to be weighed down with bags/by worries; **il ne fait pas le ~** *[acteur, homme politique]* he doesn't measure up; [lutteur] he's no match for his opponent; **enlever un ~ (de la conscience) à qn** to take a weight ou a load off sb's mind; **avoir un ~ sur l'estomac** to have something lying heavy on one's stomach; **argument de ~** weighty ou forceful argument. (**b**) (Sport) shot. **lancer le ~** to put(t) the shot. (**c**) (boxeur) **~ lourd** heavyweight; **~ mouche** flyweight; **~ moyen** middleweight; **~ plume** featherweight. **2** : (Sport) **~s et haltères** weight lifting; **~ lourd** (camion) lorry, truck (US); (Tech, fig) **~ mort** dead weight; **~ spécifique** specific gravity; [véhicule] **~ à vide** tare.

poignant, e [pwaɲɑ̃, ɑ̃t] adj poignant, heartrending.

poignard [pwaɲaʀ] nm dagger. **coup de ~** stab.
♦ **poignarder** (1) vt to stab. knife.

poigne [pwaɲ] nf (étreinte) grip; (main) hand. **avoir de la ~** (lit) to have a strong grip; (fig) to be firmhanded.

poignée [pwaɲe] nf (quantité) handful; [porte etc] handle. **~ de main** handshake; **donner une ~ de main à qn** to shake hands with sb.

poignet [pwaɲɛ] nm (Anat) wrist; (Habillement) cuff.

poil [pwal] **1** nm (**a**) (Anat) hair; [brosse] bristle; [étoffe] strand. **avoir du ~** ou **des ~s sur la poitrine** to have hairs on one's chest; **manteau en ~ de lapin/de chameau** rabbit-skin/camel-hair coat; (pelage) **chat qui a un beau ~** cat with a sleek coat ou with sleek fur; **caresser dans le sens du ~** chat to stroke the right way; (fig) personne to rub up the right way; **les ~s d'un tapis/d'un tissu** the pile of a carpet/of a fabric. (**b**) (*: un peu) **ça mesure un mètre, à un ~ près** it measures roughly one metre; **il n'y a pas un ~ de différence entre les deux** there isn't the slightest difference between the two (of them); **il s'en est fallu d'un ~** it was a near thing ou a close shave. (**c**) **être à ~ ⚹** to be in the altogether * ou in one's birthday suit *; **se mettre à ~ ⚹** to strip off; **c'est au (quart de) ~ *** it's great * ou fantastic *; **avoir un ~ dans la main *** to be bone-idle *; **être de bon/de mauvais ~ *** to be in a good/bad mood; **tomber sur le ~ à qn *** to go for * ou lay into * sb; **reprendre du ~ de la bête *** to regain strength. **2** : **~ de carotte** personne red-haired; cheveux red; **~ à gratter** itching powder. ♦ **poilu, e 1** adj hairy. **2** nm poilu (French soldier in First World War).

poinçon [pwɛ̃sɔ̃] nm (**a**) [cordonnier] awl; [graveur] style; (pour estampiller) die, stamp. (**b**) (estampille) hallmark. ♦ **poinçonner** (1) vt marchandise to stamp; or etc to hallmark; billet to punch. ♦ **poinçonneur, -euse 1** nm, f (personne) ticketpuncher. **2** nf (machine) punching machine.

poindre [pwɛ̃dʀ(ə)] (49) vi (littér) [jour] to break; [plante] to come up, push through.

poing [pwɛ̃] nm fist. **taper du ~ sur la table** to thump the table; **mettre son ~ dans la figure de qn** to punch sb in the face; **revolver au ~** revolver in hand; **menacer qn du ~** to shake one's fist at sb.

point¹ [pwɛ̃] **1** nm (**a**) (endroit, degré) point. **pour aller d'un ~ à un autre** to go from one point ou place ou spot to another; **avoir atteint le ~ où...** to have reached the point ou stage where...; **nous en sommes toujours au même ~** we haven't got any further; **au ~ où on en est** considering the situation we're in; **d'ébullition** boiling point; **jusqu'à un certain ~** up to a point, to a certain extent; **au plus haut ~** extremely; **au plus haut ~ de la gloire** at the height ou peak ou summit of glory; **est-il possible d'être bête à ce ~ (-là)!** how stupid can you get? *; **sa colère avait atteint un ~ tel que...** he was so angry that..., his anger was such that...; **il a mangé au ~ de se rendre malade** he ate so much (that) he was sick.
(**b**) (détail, subdivision) point. **~ de philosophie** point of philosophy; **passons au ~ suivant de l'ordre du jour** let us move on to the next item on the agenda; **~ de détail** minor point, point of detail; **ils sont d'accord sur ce ~** they agree on this point ou score; **se ressembler en tout ~** to resemble each other in every respect.
(**c**) (position) (Aviat, Naut) position. (Naut) **faire le ~** to plot one's position; **faire le ~ de la situation** (analyse) to take stock of the situation, review the situation; (résumé) to sum up the situation.
(**d**) (marque) (en morse, sur i etc) dot; (ponctuation) full stop, period; (tache) spot, speck; [dé] pip. (fig) **mettre les ~s sur les i** to dot one's i's (and cross one's t's), spell it out; **mettre un ~ final à qch** to put an end to sth; **tu n'iras pas, un ~ c'est tout** you're not going — period ou full stop.
(**e**) (score) (Cartes, Sport) point; (Scol, Univ) mark, point; [retraite] unit; [salaire] point. (Boxe) **aux ~s** on points; **bon/mauvais ~** (Scol) good/bad mark (for conduct etc); (fig) plus/minus (mark); **enlever un ~ par faute** to take a mark ou point off for every mistake.
(**f**) (Couture) stitch. **faire un ~ à qch** to put a stitch in sth.
(**g**) (Typ) point.
(**h**) **à ~** viande medium; **arriver à ~ (nommé)** to arrive just at the right moment; **au ~** photo in focus; procédé perfected; discours up to scratch; **mettre au ~** to (bring into) focus; to perfect; **mettre une affaire au ~ avec qn** to finalize ou settle all the details of a matter with sb; [machine, spectacle] **ce n'est pas encore au ~** it isn't quite up to scratch yet; **j'étais sur le ~ de faire du café** I was just going to ou (just) about to make some coffee.
2 : **~ d'appui** [levier] fulcrum; [personne] **chercher un ~ d'appui** to look for sth to lean on; **~s cardinaux** cardinal points; **~ chaud** (Mil) trouble spot; (de l'actualité) talking point, major issue; **~ de côté** stitch (pain in the side); **~ culminant** [gloire, épidémie] height; [scandale] climax; [montagne] peak, summit; **~ de départ** [train] point of departure; [aventure] starting point; (Sport) start; (fig) **nous voilà revenus au ~ de départ** (so) we're back to square one *, we're back where we started; **~ d'eau** (source) watering place; [camping] water (supply) point; **~ d'exclamation** exclamation mark ou point (US); **~ faible** weak point; **~ fort** strong point; **~ d'honneur** point of honour; **~ d'interrogation** question mark; **le ~ du jour** daybreak; **~ de mire** (lit) target; (fig) focal point; (Aut) **~ mort** neutral; [négociations, affaires] **au ~ mort** at a standstill; **~ névralgique** (Méd) nerve centre; (fig) sensitive spot; **~ de non-retour** point of no return; **~ de rencontre** meeting point; **~ de repère** (dans l'espace) landmark; (dans le temps) point of reference; **~ stratégique** key point; **~s de suspension** suspension points; (Méd) **~ de suture** stitch; **~ de vente** point of sale; **liste des ~s de vente** list of stockists ou retailers; **~ virgule** semicolon; **~ de vue** (lit) view(point); (fig) point of view, standpoint; **du** ou **au ~ de vue argent** from the financial point of view.

point² [pwɛ̃] adv (littér, hum) = **pas²**.

pointage [pwɛ̃taʒ] nm (**a**) (sur une liste) ticking ou checking ou marking off; [employé] checking in; (à la sortie) checking out; [canon] aiming. (**b**) (contrôle) check.

pointe [pwɛ̃t] **1** nf (**a**) (pointue) point; [montagne] peak, top; [chaussure] toe; [grille] spike. **à la ~ de l'île** at the tip of the island; **la côte s'avance en ~** the coast forms a headland; **objet qui forme une ~** object that tapers to a point; (Danse) **faire des ~s** to dance on points; (Danse) **chausson à ~** point ou block shoe; **en ~** barbe in a point, pointed. (**b**) (clou) tack; (Sport) [chaussure] spike;

(outil pointu) point. **(c)** *(foulard)* triangular (neck)scarf. **(d)** ~ **de** *ail, ironie, jalousie* touch *ou* hint of; *accent* hint of. **(e)** *(maximum)* peak. ~ **de vitesse** burst of speed; **à la** ~ **de** *actualité etc* in the forefront of; **de** ~ *industrie* leading, high tech; *technique* latest; *vitesse* top, maximum; *[circulation]* **heure de** ~ rush *ou* peak hour; **faire une** ~ **jusqu'à Paris** to push *ou* press on as far as Paris. **2** : ~ **d'asperge** asparagus tip *ou* spear; **la** ~ **des pieds** the toes; **(se mettre) sur la** ~ **des pieds** (to stand) on tiptoe; ~ **de terre** spit of land.

pointer [pwɛ̃te] **(1) 1** *vt* **(a)** *(cocher)* to tick off, check off, mark off. *(Naut)* ~ **(sa position)** to plot one's position. **(b)** *(Ind)* *employé (à l'arrivée)* to clock *ou* check in; *(au départ)* to clock *ou* check out. **(c)** *fusil* to aim *(vers, sur* at); *jumelles* to train *(vers, sur* on); *lampe* to direct *(vers, sur* towards); *doigt* to point *(sur* at). **(d)** *[chien]* ~ **les oreilles** to prick up its ears. **2** *vi* **(a)** *[employé] (arrivée)* to clock in, check in; *(départ)* to clock out, check out. **(b)** *(apparaître) (gén)* to appear; *[plante]* to peep out; *(fig) [ironie]* to pierce through; *[jour]* to break, dawn. **(c)** *(s'élever) [tour]* to soar up. **3 se** ~ * *vpr (arriver)* to turn up *, show up *.

pointillé, e [pwɛ̃tije] **1** *adj* dotted. **2** *nm* dotted line.

pointilleux, -euse [pwɛ̃tijø, øz] *adj* particular, pernickety *(sur* about).

pointu, e [pwɛ̃ty] *adj* pointed; *(aiguisé)* sharp; *(fig) analyse* in-depth; *sujet* specialized.

pointure [pwɛ̃tyʀ] *nf* size. **quelle est votre** ~? what size are you?

poire [pwaʀ] *nf (fruit)* pear; *(*: tête)* face, mug ✻; *(*: dupe)* mug ✻, sucker *. ~ **électrique** *(pear-shaped)* switch.

poireau, *pl* ~**x** [pwaʀo] *nm* leek. **faire le** ~ * to hang about *. ◆ **poireauter** * **(1)** *vi* to hang about *.

poirier [pwaʀje] *nm* pear tree. *(fig)* **faire le** ~ to do a headstand.

pois [pwa] **1** *nm (légume)* pea; *(dessin)* (polka) dot, spot. **petits** ~ (garden) peas; **robe à** ~ dotted *ou* spotted dress. **2** : ~ **cassés** split peas; ~ **chiche** chickpea; ~ **de senteur** sweet pea.

poison [pwazɔ̃] *nm (lit, fig)* poison. **quel** ~! * what a pest * *ou* nuisance!

poisse ✻ [pwas] *nf* bad *ou* rotten * luck. **avoir la** ~ to have bad *ou* rotten * luck.

poisser [pwase] **(1)** *vt* **(a)** *(*: attraper)* to nab ✻. **(b)** *(salir)* to make sticky. ◆ **poisseux, -euse** *adj* sticky.

poisson [pwasɔ̃] *nm* fish. **2/3** ~**s** 2/3 fish *ou* fishes; **comme un** ~ **dans l'eau** in one's element; *(Astron, Astrol)* **P** ~**s** Pisces; *(blague)* ~ **d'avril** April fool's trick; ~ **rouge** goldfish. ◆ **poissonnerie** *nf (boutique)* fishmonger's (shop); *(métier)* fish trade. ◆ **poissonneux, -euse** *adj* full of fish. ◆ **poissonnier, -ière** *nm, f* fishmonger.

poitrine [pwatʀin] *nf (gén)* chest, breast *(littér)*; *(seins)* bust, bosom; *(Culin) [veau, mouton]* breast. *[porc]* ~ **(salée** *ou* **fumée)** streaky bacon. ◆ **poitrail** *nm (Zool)* breast; *(hum: poitrine)* chest.

poivre [pwavʀ(ə)] *nm* pepper. ~ **en grains** whole pepper, peppercorns; ~ **et sel** *cheveux* pepper-and-salt; ~ **vert** green pepper (spice). ◆ **poivré, e** *adj plat* peppery; *histoire* spicy, juicy *. ◆ **poivrer** **(1)** *vt* to pepper. ◆ **poivrier** *nm (Bot)* pepper plant; *(objet)* pepperpot, pepper shaker *(US)*.

poivron [pwavʀɔ̃] *nm:* ~ **(vert)** green pepper, capsicum; ~ **rouge** red pepper, capsicum.

poivrot, e * [pwavʀo, ɔt] *nm, f* drunkard.

poix [pwa] *nf* pitch *(tar)*.

poker [pɔkɛʀ] *nm (Cartes) (jeu)* poker; *(partie)* game of poker. *(fig)* **coup de** ~ gamble.

pôle [pol] *nm* pole. **P**~ **Nord/Sud** North/South Pole; *(fig)* ~ **d'attraction** centre of attraction. ◆ **polaire** *adj* polar. ◆ **polariser** **(1)** *vt (Élec, Phys)* to polarize; *(fig: attirer)* to attract. ~ **son attention** *ou* **se** ~ **sur qch** to focus *ou* centre one's attention on sth.

polémique [pɔlemik] **1** *adj* controversial. **2** *nf* controversy, argument, polemic. *(débat)* **une grande** ~ **s'est engagée sur...** a great debate has been started about *ou* on....

poli, e [pɔli] **1** *adj* **(a)** polite *(avec* to). **soyez** ~! don't be so rude. **(b)** *bois, métal* polished; *caillou* smooth. **2** *nm* shine. ◆ **poliment** *adv* politely.

police [pɔlis] **1** *nf* **(a)** *(corps)* police, police force. **voiture de** ~ police car; **être dans** *ou* **de la** ~ to be in the police (force), be a policeman; **la** ~ **est à ses trousses** the police are after him *ou* are on his tail. **(b)** *(maintien de l'ordre)* policing, enforcement of law and order. **faire la** ~ to keep law and order *(dans* in). **(c)** *(règlements)* regulations. **(d)** ~ **(d'assurance)** (insurance) policy; ~ **d'assurance vie** life insurance policy. **2** : ~ **de l'air et des frontières** border police; ~ **judiciaire** ≃ Criminal Investigation Department; ~ **des mœurs** ≃ vice squad; ~ **parallèle** *unofficial government police*, parapolice; ~ **de la route** traffic police; ~ **secours** police *(special service for emergencies)*, ≃ emergency services. ◆ **policier, -ière** **1** *adj (gén)* police; *roman* detective. **2** *nm* policeman.

Polichinelle [pɔliʃinɛl] *nm (marionnette)* Punch; *(péj)* buffoon.

policlinique [pɔliklinik] *nf* out-patients' clinic.

polio(myélite) [pɔljo(mjelit)] *nf* polio(myelitis).

polir [pɔliʀ] **(2)** *vt (gén, fig)* to polish; *discours* to polish (up); *manières* to polish, refine.

polisson, -onne [pɔlisɔ̃, ɔn] **1** *adj (espiègle)* naughty; *(grivois)* naughty, saucy. **2** *nm, f (enfant)* (little) devil *. ◆ **polissonnerie** *nf* naughty trick.

politesse [pɔlitɛs] *nf* politeness; *(parole)* polite remark; *(action)* polite gesture.

politique [pɔlitik] **1** *adj* political; *(littér: habile)* diplomatic, politic. **homme** ~ politician; **compte-rendu de la semaine** ~ report on the week in politics. **2** *nf* **(a)** *(science, carrière)* politics *(sg)*. **faire de la** ~ *(militantisme)* to be a political activist; *(métier)* to be in politics. **(b)** *(ligne de conduite)* policy; *(manière de gouverner)* policies. ~ **extérieure** foreign policy; **la** ~ **du gouvernement** the government's policies; **pratiquer la** ~ **de l'autruche** to bury one's head in the sand. ◆ **politicien, -ienne** *(péj)* **1** *adj* politicking *(péj)*. *(péj)* **la politique** ~**ne** politicking, politics for its own sake. **2** *nm, f* political schemer. ◆ **politiquement** *adv (lit)* politically; *(fig littér)* diplomatically. ◆ **politisation** *nf* politicization. ◆ **politiser** **(1)** *vt* to politicize. ◆ **politologie** *nf* political science. ◆ **politologue** *nmf* political pundit *ou* analyst *ou* expert.

polka [pɔlka] *nf* polka.

pollen [pɔlɛn] *nm* pollen.

polluer [pɔlɥe] **(1)** *vt* to pollute. ◆ **polluant, e** **1** *adj* polluting. **2** *nm* pollutant. **produit** ~ pollutant. ◆ **pollueur, -euse** **1** *adj* polluting. **2** *nm, f* pollutant, polluting agent. ◆ **pollution** *nf* pollution.

polo [pɔlo] *nm* **(a)** *(Sport)* polo. **(b)** *(chemise)* sports shirt.

polochon * [pɔlɔʃɔ̃] *nm* bolster. **sac** ~ duffel bag.

Pologne [pɔlɔɲ] *nf* Poland. ◆ **polonais, e** **1** *adj* Polish. **2** *nm* **(a)** **P**~ Pole. **(b)** *(Ling)* Polish. **3** *nf* **(a)** **P**~**e** Pole. **(b)** *(Mus, Culin)* polonaise.

poltron, -onne [pɔltʀɔ̃, ɔn] **1** *adj* cowardly. **2** *nm, f* coward. ◆ **poltronnerie** *nf* cowardice.

poly... [pɔli] *préf* poly...

polychrome [pɔlikʀom] *adj* polychrome, polychromatic.

polyclinique [pɔliklinik] *nf* private general hospital.

polycopier [pɔlikɔpje] (7) *vt* to duplicate, stencil. **machine à ~** duplicator.

polyculture [pɔlikyltyʀ] *nf* mixed farming.

polyester [pɔliɛstɛʀ] *nm* polyester.

polygame [pɔligam] **1** *adj* polygamous. **2** *nm* polygamist. ◆ **polygamie** *nf* polygamy.

polyglotte [pɔliglɔt] *adj*, *nmf* polyglot.

polygone [pɔligon] *nm* (Math) polygon; (fig: zone) area, zone. (Mil) **~ de tir** rifle range.

Polynésie [pɔlinezi] *nf* Polynesia. ◆ **polynésien, -ienne** *adj*, **P~(ne)** *nm(f)* Polynesian.

polysémie [pɔlisemi] *nf* polysemy.

polystyrène [pɔlistiʀɛn] *nm* polystyrene. **~ expansé** expanded polystyrene.

polyvalent, e [pɔlivalɑ̃, ɑ̃t] *adj* (Chim, Méd) polyvalent; *rôle* varied; *usages* various, many; *personne* versatile. **enseignement ~** comprehensive education. ◆ **polyvalence** *nf* polyvalency.

pommade [pɔmad] *nf* [peau] ointment; [cheveux] cream, pomade. (fig) **passer de la ~ à qn** * to butter sb up *, soft-soap sb *.

pomme [pɔm] **1** *nf* (a) (fruit) apple. **tomber dans les ~s** * to faint, pass out *. (b) [laitue] heart; [canne] knob; [arrosoir] rose. (c) (*) (tête) head, nut *; (visage) face. **c'est pour ma ~** it's for my own sweet self *.
2 : **~ d'Adam** Adam's apple; **(~s) chips** (potato) crisps *ou* chips (US); **~s frites** chips, French fries; **~ de pin** pine *ou* fir cone; **~ de terre** potato.

pommeau, *pl* **~x** [pɔmo] *nm* [épée, selle] pommel; [canne] knob.

pommelé, e [pɔmle] *adj* cheval dappled; ciel mackerel, flecked with clouds. **gris ~** dapple-grey.

pommette [pɔmɛt] *nf* cheekbone. **~s saillantes** high cheekbones.

pommier [pɔmje] *nm* apple tree.

pompe [pɔ̃p] *nf* (a) (machine) pump; (: chaussure) shoe. **~ à air** air pump; **à toute ~** at top speed, flat out *; (Sport) **faire des ~s** to do press-ups *ou* push-ups (US). **~ à essence** (distributeur) petrol *ou* gasoline (US) pump; (station) petrol *ou* gas (US) station; **~ à incendie** fire engine (apparatus). (b) (littér: solennité) pomp. **en grande ~** with great pomp. (c) **~s funèbres** funeral director's, undertaker's (US); **entreprise de ~s funèbres** funeral director's, funeral parlor (US); **employé des ~s funèbres** undertaker's *ou* mortician's (US) assistant. ◆ **pomper** (1) *vt* to pump; (évacuer) to pump out; [éponge, buvard] to soak up; (arg Scol: copier) to crib * (sur from); (: boire) to drink, knock back ; (: épuiser) to wear *ou* tire out. ◆ **pompeusement** *adv* pompously. ◆ **pompeux, -euse** *adj* (ampoulé) pompous, pretentious; (imposant) solemn. ◆ **pompier 1** *adj* (*) style pompous, pretentious. **2** *nm* fireman. **appeler les ~s** to call the fire brigade. ◆ **pompiste** *nmf* petrol *ou* gasoline (US) pump attendant.

Pompéi [pɔ̃pei] *n* Pompeii.

pompon [pɔ̃pɔ̃] *nm* pompon, bobble. **c'est le ~!** * it's the last straw!, that beats everything! *

pomponner [pɔ̃pɔne] (1) **1** *vt* to titivate, doll up *. **2 se ~** *vpr* to titivate (o.s.), get dolled up *.

poncer [pɔ̃se] (3) *vt* to sand, rub down. ◆ **ponçage** *nm* sanding, rubbing down. ◆ **ponce** *nf*: **pierre ~** pumice (stone). ◆ **ponceuse** *nf* sander.

ponction [pɔ̃ksjɔ̃] *nf* (lombaire) puncture; (pulmonaire) tapping; [argent] withdrawal. **faire une ~ dans ses économies** to dip into one's savings.

ponctuel, -elle [pɔ̃ktɥɛl] *adj* punctual. **ces terroristes se livrent à des actions ~les** these terrorists strike selectively. ◆ **ponctualité** *nf* punctuality. ◆ **ponctuellement** *adv* punctually.

ponctuer [pɔ̃ktɥe] (1) *vt* (lit, fig) to punctuate (de with). ◆ **ponctuation** *nf* punctuation.

pondérer [pɔ̃deʀe] (6) *vt* (équilibrer) to balance; (Écon) to weight. ◆ **pondéré, e** *adj* personne level-headed. (Écon) **indice ~** weighted index. ◆ **pondération** *nf* level-headedness; balancing; weighting.

pondéreux, -euse [pɔ̃deʀø, øz] *adj* heavy.

pondre [pɔ̃dʀ(ə)] (41) **1** *vt* œuf to lay; (*) enfant, devoir to produce. **œuf frais pondu** new-laid egg. **2** *vi* to lay.

poney [pɔnɛ] *nm* pony.

pont [pɔ̃] **1** *nm* (Constr) bridge; (fig: lien) bridge, link; (Naut) deck; (Aut) axle. **vivre sous les ~s** to be a tramp; **faire un ~ d'or à qn** to offer sb a fortune to take on a job; (vacances) **on a un ~ de 3 jours** we have 3 days (off); **faire le ~** to make a long weekend of it. **2** : **~ basculant/ suspendu/ tournant/transbordeur** bascule/ suspension/swing/ transporter bridge; **~ aérien** airlift; **les P~s et chaussées** the department of civil engineering; **~ de graissage** ramp (in a garage); **~-levis** *nm*, *pl* **~s-~** drawbridge. ◆ **pontage** *nm* decking (Naut). (Méd) **~ (cardiaque)** (heart) bypass operation.

ponte¹ [pɔ̃t] *nf* (action) laying (of eggs); (saison) (egg-)laying season.

ponte² * [pɔ̃t] *nm* big shot *, big noise *.

pontife [pɔ̃tif] *nm* (Rel) pontiff. ◆ **pontifical, e**, *mpl* **-aux** *adj* messe pontifical; gardes, états papal. ◆ **pontificat** *nm* pontificate. ◆ **pontifier** * (7) *vi* to pontificate.

ponton [pɔ̃tɔ̃] *nm* pontoon, landing stage.

pop [pɔp] *adj inv* pop.

pop-corn [pɔpkɔʀn] *nm* popcorn.

pope [pɔp] *nm* (Orthodox) priest.

popeline [pɔplin] *nf* poplin.

popote * [pɔpɔt] **1** *nf* (cuisine) cooking. **2** *adj inv* stay-at-home, home-loving.

populace [pɔpylas] *nf* (péj) rabble, mob.

populaire [pɔpylɛʀ] *adj* (gén, fig) popular; quartier working-class; (Ling) expression colloquial. **république ~** people's republic; **manifestation ~** mass demonstration. ◆ **populariser** (1) *vt* to popularize. ◆ **popularité** *nf* popularity.

population [pɔpylasjɔ̃] *nf* (gén) population. ◆ **populeux, -euse** *adj* pays densely populated; rue crowded.

porc [pɔʀ] *nm* (animal) pig, hog (US); (viande) pork; (péj: personne) pig; (peau) pigskin.

porcelaine [pɔʀsəlɛn] *nf* (matière) porcelain, china; (objet) piece of porcelain.

porcelet [pɔʀsəlɛ] *nm* piglet.

porc-épic, *pl* **porcs-épics** [pɔʀkepik] *nm* porcupine.

porche [pɔʀʃ(ə)] *nm* porch.

porcherie [pɔʀʃəʀi] *nf* (lit, fig) pigsty.

pore [pɔʀ] *nm* pore. ◆ **poreux, -euse** *adj* porous.

pornographie [pɔʀnɔgʀafi] *nf* pornography. ◆ **pornographique** *adj* pornographic.

port¹ [pɔʀ] *nm* harbour, port. **~ d'attache** (Naut) port of registry; (fig) home base; **arriver à bon ~** to arrive safe and sound.

port² [pɔʀ] *nm* (a) **le ~ de la barbe** etc wearing a beard etc; **~ d'armes prohibées** illegal carrying of firearms. (b) (prix) (poste) postage; (transport) carriage. **franco de ~** carriage paid; **(en) ~ dû** postage due. (c) (comportement) bearing, carriage.

portable [pɔʀtabl(ə)] **1** *nm* (Ordin) laptop. **2** *adj* (Ordin) portable.

portail [pɔʀtaj] *nm* portal.

portant, e [pɔʀtɑ̃, ɑ̃t] *adj*: **être bien/mal ~** to be in good/poor health.

portatif, -ive [pɔʀtatif, iv] *adj* portable.

porte [pɔʀt(ə)] **1** *nf* **(a)** *(gén)* door; *[forteresse, jardin, écluse, ski]* gate; *(seuil)* doorstep; *(embrasure)* doorway. ~ **pliante/coulissante** folding/sliding door; **sonner à la** ~ to ring the (door)bell; **c'est à ma** ~ it's on the doorstep; **le bus me descend à ma** ~ the bus takes me to my door; **faire du** ~ **à** ~ to sell from door to door, be a door-to-door salesman; **Dijon,** ~ **de la Bourgogne** Dijon, the gateway to Burgundy. **(b) être à la** ~ to be locked out; **mettre qn à la** ~ *(licencier)* to sack sb, fire sb *; *(éjecter)* to throw sb out; **être mis à la** ~ to get the chop ‡; **claquer la** ~ **au nez de qn** to slam the door in sb's face; **frapper à la bonne/mauvaise** ~ to get hold of the right/wrong person; **laisser la** ~ **ouverte à** *compromis, abus* to leave the door open to; **parler à qn entre deux** ~**s** to have a quick word with sb, speak to sb very briefly; **prendre la** ~ to go away, leave; **aimable comme une** ~ **de prison** like a bear with a sore head.
2 : ~ **cochère** carriage entrance; ~ **à deux battants** double door; ~ **d'embarquement** departure gate; ~ **d'entrée** front door; ~**-fenêtre** *nf, pl* ~**s**-~**s** French window; ~ **de secours** emergency exit; ~ **de service** tradesman's entrance; *(lit, fig)* ~ **de sortie** way out.

porte- [pɔʀt(ə)] *préf formant nm:* ~**-avions** *inv* aircraft carrier; ~**-bagages** *inv* (luggage) rack; ~**-bébé** *nm, pl* ~-~**s** baby-sling, baby-carrier; ~**-bonheur** *inv* lucky charm; ~**-clefs** *inv* (anneau) key ring; (étui) key case; ~**-couteau,** *pl* ~-~**(x)** knife rest; ~**-documents** *inv* brief case, attaché case; *(lit, fig)* ~**-drapeau,** *pl* ~-~**(x)** standard bearer; **en** ~**-à-faux** *objet* precariously balanced; *situation* awkward ; ~**-mine,** *pl* ~-~**(s)** propelling pencil; ~**-monnaie** *inv* (gén) purse, coin purse (US); (pour hommes) wallet; ~**-parapluies** *inv* umbrella stand; ~**-parole** *inv* (gén) spokesperson; (homme) spokesman; (femme) spokeswoman; (revue politique etc) mouthpiece; ~**-plume** *inv* penholder; ~**-revues** *inv* magazine rack; ~**-savon,** *pl* ~-~**(s)** soapdish; ~**-serviettes** *inv* towel rail; ~**-voix** *inv* megaphone; *(électrique)* loudhailer.

porté, e¹ [pɔʀte] *adj:* **être** ~ **à faire** to be inclined to do, tend to do; **être** ~ **à la colère** to be prone to anger; **être** ~ **sur qch** to be partial to sth.

portée² [pɔʀte] *nf* **(a)** *(distance)* range, reach; *[fusil, radar]* range. **canon à faible/longue** ~ short-/long-range gun; **missile de moyenne** ~ intermediate-range weapon; **à** ~ **de voix** within earshot; **restez à** ~ **de vue** don't go out of sight; **c'est à la** ~ **de toutes les bourses** it's within everyone's means; **hors de** ~ out of reach (*de* of). **(b)** *[intelligence]* reach, scope, capacity. **se mettre à la** ~ **des enfants** to come down to a child's level. **(c)** *[parole]* impact, import; *[acte]* significance. **(d)** *(Archit) (poussée)* loading; *(distance)* span. **(e)** *(Mus)* stave, staff. **(f)** *(Vét)* litter.

portefeuille [pɔʀtəfœj] *nm [argent]* wallet; *(Bourse, Pol)* portfolio.

portemanteau, *pl* ~**x** [pɔʀtmɑ̃to] *nm* coat hanger; *(accroché au mur)* coat rack; *(sur pied)* hat stand.

porter [pɔʀte] **(1) 1** *vt* **(a)** *paquet* to carry; *responsabilité* to bear, carry. **pouvez-vous me** ~ **ma valise?** can you carry my case for me?; ~ **la tête droite** to hold one's head up; **cette poutre porte tout le poids** this beam bears *ou* carries *ou* takes the whole weight. **(b)** *(amener)* to take. **porte-lui ce livre** take this book to him, take him this book; **il s'est fait** ~ **à manger** he had food brought to him; ~ **la main sur qn** to raise one's hand to sb; ~ **qch à sa bouche** to lift *ou* put sth to one's lips; ~ **une œuvre à l'écran** to transfer a work to the screen; ~ **bonheur/malheur (à qn)** to be lucky/unlucky (for sb), bring (sb) (good) luck/misfortune. **(c)** *vêtement* to wear; *barbe* to have, wear; *nom* to have, bear; *blessure, inscription* to bear; *trace*

to show. ~ **les cheveux longs** to wear one's hair long, have long hair; ~ **le nom de Jérôme** to be called Jerome; **elle porte bien le pantalon** trousers suit her; **elle porte bien son âge** she's wearing well; **cela ne se porte plus** that's out of fashion, nobody wears that any more; *(fig)* **je ne veux pas** ~ **le chapeau** * I don't want to carry the can * *ou* take the rap * *(pour* for). **(d)** *(inscrire)* to write down, put down (*sur* on, in); *(Comm)* **somme** to enter (*sur* in). ~ **de l'argent au crédit/débit d'un compte** to credit/debit an account with a sum; **se faire** ~ **absent** to' go absent; **se faire** ~ **malade** to report *ou* go sick; **porté disparu** reported missing. **(e)** *sentiment* to have, feel (*à* for); *coup* to deal (*à* to); *accusation, attaque* to make (*contre* against); *pas* to turn (*vers* towards). **faire** ~ *regard, choix, effort* to direct (*sur* towards); *attention* to focus, turn (*sur* on). **(f)** *(faire arriver)* to bring. ~ **au pouvoir/à la perfection** to bring to power/to perfection; ~ **la température/le nombre à** to bring the temperature/the number up to. **(g)** *(inciter)* ~ **qn à (faire) qch** to prompt *ou* lead sb to do sth; **tout (nous) porte à croire que...** everything leads us to believe that... **(h)** *(Méd)* **enfant** to carry; *intérêts, récolte* to yield; *fruit* to bear. **je ne le porte pas dans mon cœur** I am not exactly fond of him. **(i)** *(conduire)* to carry; *[foi]* to carry along; *[vent, foule]* to carry away.
2 *vi* **(a)** *[bruit]* to carry. **le son a porté à 500 mètres** the sound carried 500 metres. **(b)** *[conseil]* to be effective. *[reproche, coup]* ~ **(juste)** to hit *ou* strike home; **tous les coups portaient** every blow told. **(c)** *(Vét) [animal]* to carry its young. **(d)** ~ **sur** *[édifice, pilier]* to be supported by *ou* on; *[débat]* to turn on, be about; *[revendications]* to concern; *[étude, action]* to focus on; *[accent]* to fall on; **faire** ~ **son exposé sur qch** to focus on sth in one's talk; **sa tête a porté sur le trottoir** his head struck the pavement.
3 se ~ *vpr* **(a) se** ~ **bien/mal** to be well/unwell; **se** ~ **mieux/plus mal** to feel better/worse; **se** ~ **comme un charme** to be fighting fit, be as fit as a fiddle. **(b) se** ~ **candidat** to stand *ou* run as a candidate; **se** ~ **acquéreur (de)** to put in a bid (for). **(c)** *[regard, soupçon, choix]* **se** ~ **sur** to fall on; **son attention se porta sur ce point** he focused *ou* concentrated his attention on this point. **(d) se** ~ **à** *violences* to commit; **se** ~ **à la rencontre de qn** to go to meet sb.

porteur, -euse [pɔʀtœʀ, øz] **1** *adj fusée* booster; *courant* carrier; *marché, créneau* strong, buoyant. **2** *nm, f [colis]* porter; *[message, chèque]* bearer; *[actions]* (share)holder. ~ **d'eau/de germes** water/germ carrier; **il était** ~ **de faux papiers** he was carrying forged papers; **le** ~ **du ballon** the holder of the (foot)ball; *(Fin)* **payable au** ~ payable to bearer.

portier [pɔʀtje] *nm* commissionnaire, janitor.

portière [pɔʀtjɛʀ] *nf (Aut, Rail)* door.

portillon [pɔʀtijɔ̃] *nm* gate.

portion [pɔʀsjɔ̃] *nf (gén)* portion; *(Culin)* helping. ~ **congrue** smallest share; ~ **de route** stretch of road.

portique [pɔʀtik] *nm (Archit)* portico; *(Sport)* crossbar and stands *(for holding gymnastic apparatus)*.

porto [pɔʀto] **1** *nm* port (wine). **2** : **P~** *n (Géog)* Oporto.

Porto Rico [pɔʀtɔʀiko] *nf* Puerto Rico. ♦ **portoricain, e** *adj,* **P~(e)** *nm(f)* Puerto Rican.

portrait [pɔʀtʀɛ] *nm (peinture, description)* portrait; *(photo)* photograph. ~**-robot** Identikit picture ®, Photofit ® (picture); **faire le** ~**-robot du Français moyen** to draw the profile of the average Frenchman; ~ **en pied** full-lenght portrait; **c'est tout le**

~ **de son père** he's the spitting image of his father; **faire le** ~ **de qn** to paint sb's portrait.

portuaire [pɔʀtɥɛʀ] *adj* port, harbour.

Portugal [pɔʀtygal] *nm* Portugal. ◆ **portugais, e** *adj, nm,* **P~(e)** *nm (f)* Portuguese.

pose [poz] *nf* (**a**) *(installation)* installation. **la** ~ **d'une serrure** fitting a lock. (**b**) *(Art, attitude)* pose; *(affectation)* posing. **prendre une** ~ to strike a pose. (**c**) *(Phot)* exposure; *(bouton)* time exposure. **indice de** ~ exposure index; **prendre une photo en** ~ to take a photo in time exposure.

posé, e [poze] *adj personne* calm, level-headed; *attitude* steady, sober. ◆ **posément** *adv parler* calmly, steadily.

poser [poze] (1) **1** *vt* (**a**) *(placer)* to put (down), lay (down), set down *(sur* on); *(debout)* to stand, put *(contre* against); *(Math) opération* to write, set down. ~ **son manteau** to take off one's coat; ~ **son regard sur qch** to look at sth; **réussir à** ~ **son avion** to manage to land one's plane; ~ **un lapin à qn** * to stand sb up *. (**b**) *carrelage, fondations etc* to lay; *gaz* to install; *rideaux* to hang, put up; *tapis, vitre* to put in; *moquette, serrure* to fit *(sur* on); *bombe* to plant. ~ **des jalons** *(lit)* to put stakes up; *(fig)* to prepare the ground. (**c**) *principe, condition* to lay down, set out, state; *devinette* to set. **le prof nous a posé un problème difficile** the teacher set us a difficult problem; *(formuler)* **il a bien su** ~ **le problème** he put *ou* formulated the problem well; **ce retard pose un problème** this delay poses a problem *ou* confronts us with a problem; ~ **une question à qn** to ask sb a question, put a question to sb; *(à l'examen)* to set sb a question; ~ **la question de confiance** to ask for a vote of confidence; ~ **sa candidature** to apply *(à* for); *(Pol)* to put o.s. up *ou* stand *ou* run *(US)* for election; **posons que...** let us suppose *ou* assume that... (**d**) *(donner de l'importance)* to give standing to; *(professionnellement)* to establish the reputation of.
2 *vi* (**a**) *(Art, Phot)* to pose, sit *(pour* for); *(se vanter)* to show off. ~ **à l'artiste** to play *ou* act the artist. (**b**) *[poutre]* ~ **sur** to bear *ou* rest on.
3 se ~ *vpr* (**a**) *[oiseau]* to alight *(sur* on); *[avion]* to land, touch down; *[regard]* to settle, fix *(sur* on). *(Aviat)* **se** ~ **sur le ventre** to make a belly-landing. (**b**) **se** ~ **comme victime** to pretend *ou* claim to be a victim; **comme menteur, il se pose là** * he's a terrible liar; *(poids)* **il se pose là!** * he's enormous. (**c**) *[question]* to come up, crop up, arise. **le problème qui se pose** the problem we are faced with; **il commence à se** ~ **des questions** he's beginning to wonder; **il y a une question que je me pose** there's one thing I'd like to know.

poseur, -euse [pozœʀ, øz] **1** *adj* affected. **2** *nm, f* (**a**) *(péj)* show-off, poseur. (**b**) *(ouvrier)* ~ **de tuyaux** *etc* pipe *etc* layer; ~ **de bombes** bomb planter.

positif, -ive [pozitif, iv] *adj, nm (gén)* positive. ◆ **positivement** *adv (gén)* positively.

position [pozisjɔ̃] *nf (gén)* position. *(lit, fig)* **rester sur ses** ~**s** to stand one's ground; **avoir une** ~ **de repli** *(Mil)* to have a position to fall back on; *(fig)* to have other proposals to fall back on; **prendre** ~ *(gén, Mil)* to take up (one's) position; *(se déclarer)* to take a stand; **être en première/seconde/dernière** ~ to be first/second/last; **dormir dans une mauvaise** ~ to sleep in the wrong position; **être dans une** ~ **fausse** to be in a false position; **être en** ~ **de force pour négocier** to be bargaining from (a position of) strength; **le gouvernement doit définir sa** ~ **sur cette question** the government must make its position *ou* stance on this question clear; **prendre (fermement)** ~ **en faveur de qch** to come down (strongly) in favour of sth; *(Fin)* **demander sa** ~ to ask for the balance of one's

account. ◆ **positionnement** *nm* positioning. ◆ **positionner** (1) *vt* to position.

posologie [pozɔlɔʒi] *nf* directions for use.

posséder [posede] (6) **1** *vt* (**a**) *(gén)* to have; *fortune, qualité* to possess; *maison* to own; *diplôme* to hold. **bien** ~ **une langue** to have a thorough knowledge of a language. (**b**) *[démon]* to possess. **la jalousie le possède** he is consumed with jealousy. (**c**) *(*: *duper)* ~ **qn** to take sb in *; **se faire** ~ **to be had** *. **2 se** ~ *vpr* to control o.s. **elle ne se possédait plus de joie** she was beside herself *ou* was overcome with joy.
◆ **possédant, e 1** *adj* propertied. **2** *nmpl*: **les** ~**s** the wealthy. ◆ **possédé, e 1** *adj* possessed *(de* by). **2** *nm, f* person possessed. ◆ **possesseur** *nm* possessor, owner; holder. **être** ~ **de** *objet* to have. ◆ **possessif, -ive** *adj, nm* possessive.
◆ **possession** *nf* (**a**) *(gén)* possession; *[bien]* ownership. **la** ~ **d'une arme** possessing *ou* having a weapon; **avoir qch en sa** ~ to have sth in one's possession; **prendre** ~ **de** *fonction* to take up; *appartement* to take possession of; **en** ~ **de toutes ses facultés** in possession of all one's faculties. (**b**) *(chose possédée)* possession; *(Rel: envoûtement)* possession. *(maîtrise)* ~ **de soi** self-control.

possibilité [posibilite] *nf (gén)* possibility; *[projet]* feasibility. **ai-je la** ~ **de faire cela?** is it possible for me to do that?, can I do that?; **quelles sont vos** ~**s financières?** how much money can you put up?, what is your financial situation?; **quelles sont vos** ~**s de logement?** how many people can you accommodate *ou* put up?

possible [posibl(ə)] **1** *adj (gén)* possible; *projet* feasible. **lui serait-il** ~ **d'arriver plus tôt?** could he possibly *ou* would it be possible for him to come earlier?; **arrivez tôt si (c'est)** ~ arrive early if you can; **ce n'est pas** ~ **autrement** there's no other way; **il est** ~ **qu'il vienne** he may *ou* might (possibly) come, it's possible (that) he'll come; **il a eu toutes les difficultés** ~**s et imaginables à obtenir un visa** he had all kinds of problems *ou* every imaginable problem getting a visa; **venez aussitôt que** ~ come as soon as possible *ou* as soon as you (possibly) can; **il a acheté la valise la plus légère** ~ he bought the lightest possible suitcase; **cette situation n'est pas** ~ this situation has become impossible *ou* intolerable; **ce n'est pas** ~ *(faux)* that can't be true; *(étonnant)* well I never!; *(irréalisable)* it's impossible; **c'est (bien)** ~ (quite) possibly, maybe. **2** *nm:* **dans le** ~ , **dans les limites du** ~ within the realms of possibility; **faire tout son** ~ to do one's utmost, do all one can *(pour* to); **énervant au** ~ extremely annoying.

post- [pɔst] *préf* post-.

postal, e, *mpl* **-aux** [pɔstal, o] *adj (gén)* postal; *train, avion* mail; *colis* sent by post *ou* mail.

postcure [pɔstkyʀ] *nf* aftercare.

postdater [pɔstdate] (1) *vt* to postdate.

poste¹ [pɔst(ə)] *nf* (**a**) *(administration, bureau)* post office. **les Postes, Télécommunications et Télédiffusion** the French post office and telephone service; **la** ~ **principale** the main *ou* head post office. (**b**) *(service)* postal *ou* mail service. **envoyer qch par la** ~ to send sth by post *ou* mail; **mettre une lettre à la** ~ to post *ou* mail a letter; ~ **aérienne** airmail; ~ **restante** poste restante.

poste² [pɔst(ə)] **1** *nm* (**a**) *(emplacement)* post. ~ **de douane** *etc* customs *etc* post; **à vos** ~**s!** to your stations! **ou** posts! *(emploi) (gén)* job; *[fonctionnaire]* post; *(dans une hiérarchie)* position; *(nomination)* appointment. **toujours fidèle au** ~? * still manning the fort? * (**c**) *(Rad, TV)* set. **émetteur/récepteur** transmitting/receiving set, transmitter/receiver; **éteindre le** ~ to turn the set off. (**d**) *(Téléc)* ~ **23** extension 23. (**e**) *[budget]* item. (**f**)

(Ind) shift. **~ de 8 heures** 8-hour shift. **2** : **~ d'aiguillage** signal box; **~ de commandement** headquarters; **~ de contrôle** checkpoint; **~ d'équipage** crew's quarters; **~ d'essence** petrol *ou* gas *(US)* station; **~ d'incendie** fire point; **~ de pilotage** cockpit; **~ de police** police station; *(Ordin)* **~ de travail** work station.

poster¹ [pɔste] **(1) 1** *vt lettre* post, mail; *sentinelle* to post, station. **2 se ~** *vpr* to position *ou* station o.s.

poster² [pɔstɛʀ] *nm* poster.

postérieur, e [pɔsteʀjœʀ] **1** *adj (dans le temps)* later; *(dans l'espace)* back. **~ à 1800** after 1800. **2** *nm* (*) behind *. ◆ **postérieurement** *adv* later. **~ à** after.

postérité [pɔsteʀite] *nf* posterity.

posthume [pɔstym] *adj* posthumous.

postiche [pɔstiʃ] **1** *adj (gén)* false. **2** *nm (pour homme)* toupee; *(pour femme)* hairpiece, postiche.

postier, -ière [pɔstje, jɛʀ] *nm, f* post office worker.

postillon [pɔstijɔ̃] *nm (Hist)* postilion; (*: salive)* sputter.

postopératoire [pɔstɔpeʀatwaʀ] *adj* postoperative.

postposition [pɔstpozisjɔ̃] *nf* postposition. **verbe à ~** phrasal verb.

postscolaire [pɔstskɔlɛʀ] *adj enseignement* further, continuing.

post-scriptum [pɔstskʀiptɔm] *nm inv* postscript.

postsonoriser [pɔstsɔnɔʀize] **(1)** *vt* to dub.

postsynchroniser [pɔstsɛ̃kʀɔnize] **(1)** *vt* to dub *(a film)*.

postuler [pɔstyle] **(1)** *vt* **(a)** *emploi* to apply for, put in for. **(b)** *principe* to postulate. ◆ **postulant, e** *nm, f* applicant. ◆ **postulat** *nm* postulate.

posture [pɔstyʀ] *nf* posture, position. **en bonne ~** in a good position; **être en très mauvaise ~** to be in a really bad position *ou* a tight corner.

pot [po] **1** *nm* **(a)** *(en verre)* jar; *(en terre)* pot; *(en carton)* carton. **mettre en ~** *fleur* to pot; *confiture* to put in jars; **mettre un enfant sur le ~** to put a child on the potty; **tu viens boire un ~?** * are you coming for a drink? **(b)** (*: chance)* luck. **avoir du/manquer de ~** to be lucky/unlucky; **coup de ~** stroke of luck. **(c)** *(Cartes) (enjeu)* kitty; *(restant)* pile.
2 : **~ de chambre** chamberpot; **~ de colle** *(lit)* pot of glue; *(péj: crampon)* leech; **~ à eau** water jug; **~ d'échappement** exhaust pipe; **~ catalytique** catalytic converter; **~-au-feu** *(nm inv) (plat)* (beef) stew; *(viande)* stewing beef; **~ de fleurs** *(récipient)* flowerpot; *(fleurs)* flowering plant; **~ à lait** *(pour transporter)* milk can; *(sur la table)* milk jug; *(Mus)* **~-pourri** *nm, pl* **~s-~s** potpourri, medley; **~-de-vin** *nm, pl* **~s-~-~** bribe, backhander *, payola *(US)*.

potable [pɔtabl(ə)] *adj (lit)* drinkable; *(*fig)* decent. **eau ~** drinking water; **eau non ~** water which is not for drinking, non-drinking water.

potage [pɔtaʒ] *nm* soup.

potager, -ère [pɔtaʒe, ɛʀ] **1** *adj* vegetable. **2** *nm* kitchen *ou* vegetable garden.

potasser * [pɔtase] **(1)** *vt* to cram for.

pote * [pɔt] *nm* pal *, mate *.

poteau, *pl* **~x** [pɔto] *nm* post. **au ~!** * down with him!; **~ (d'exécution)** execution post; **~ d'arrivée/de départ** finishing/starting post; **~ de but** goalpost; **~ indicateur** signpost; **~ télégraphique** telegraph post *ou* pole.

potelé, e [pɔtle] *adj enfant* plump, chubby; *bras* plump.

potence [pɔtɑ̃s] *nf (gibet)* gallows *(sg)*; *(support)* bracket.

potentiel, -elle [pɔtɑ̃sjɛl] *adj, nm (gén)* potential. ◆ **potentiellement** *adv* potentially.

poterie [pɔtʀi] *nf (atelier, art)* pottery; *(objet)* piece of pottery. ◆ **potiche** *nf* oriental vase; *(fig)* figurehead. ◆ **potier** *nm* potter.

poterne [pɔtɛʀn(ə)] *nf* postern.

potin * [pɔtɛ̃] *nm* **(a)** *(vacarme)* din, racket. **faire du ~** *(lit)* to make a noise; *(fig)* to kick up a fuss *. **(b)** *(commérage)* **~s** gossip.

potion [posjɔ̃] *nf* potion. *(fig)* **~ amère** bitter pill.

potiron [pɔtiʀɔ̃] *nm* pumpkin.

pou, *pl* **~x** [pu] *nm* louse. **couvert de ~x** covered in lice.

pouah [pwa] *excl* ugh!

poubelle [pubɛl] *nf [ordures]* (dust)bin, trash can *(US)*. **mettre à la ~** to throw away.

pouce [pus] *nm* **(a)** *[main]* thumb; *[pied]* big toe. **se tourner les ~s** to twiddle one's thumbs; *(au jeu)* **~!** pax!, truce!; **manger sur le ~** * to have a quick snack. **(b)** *(mesure)* inch.

poudre [pudʀ(ə)] *nf (gén)* powder; *(poussière)* dust; *(fard) (face)* powder; *(explosif) (gun)powder; *(arg Drogue: héroïne)* stuff *, smack ‡, H *(arg)*. **réduire qch en ~** to grind sth to a powder; **en ~** *lait* dried, powdered; *chocolat* drinking; *sucre* granulated; **prendre la ~ d'escampette** * to take to one's heels; **~ à laver/à récurer** soap/scouring powder. ◆ **poudrer** **(1)** *vt* to powder. ◆ **poudrerie** *nf* gunpowder *ou* explosives factory. ◆ **poudreux, -euse** *adj (poussiéreux)* dusty. **neige ~euse** powder snow. ◆ **poudrier** *nm* (powder) compact. ◆ **poudrière** *nf* powder magazine; *(fig)* powder keg *(fig)*.

pouf [puf] **1** *nm* pouffe. **2** *excl* thud! **faire ~** to tumble (over).

pouffer [pufe] **(1)** *vi*: **~ (de rire)** to giggle.

pouilleux, -euse [pujø, øz] **1** *adj (lit)* lousy, verminous; *quartier* squalid, seedy; *personne* dirty, filthy. **2** *nm, f (pauvre)* down-and-out.

poulailler [pulaje] *nm* henhouse. *(Théât)* **le ~** * the gods *, the gallery.

poulain [pulɛ̃] *nm* foal; *(fig)* promising young athlete; *(protégé)* protégé.

poularde [pulaʀd(ə)] *nf* fatted chicken.

poule¹ [pul] **1** *nf* **(a)** *(Zool)* hen; *(Culin)* (boiling) fowl. **se lever/se coucher avec les ~s** to get up/go to bed early; **quand les ~s auront des dents** when pigs can fly. **(b)** (*) *(maîtresse)* mistress; *(prostituée)* whore. **ma ~** (my) pet. **2** : **~ de batterie** battery hen; **~ d'eau** moorhen; **~ faisane** hen pheasant; **~ mouillée** * coward, softy *; **la ~ aux œufs d'or** the goose that lays the golden eggs; *(Culin)* **~ au pot** boiled chicken.

poule² [pul] *nf* **(a)** *(enjeu)* pool, kitty. **(b)** *(tournoi) (gén)* tournament; *(Escrime)* pool; *(Rugby)* group.

poulet [pulɛ] *nm* chicken; (‡: flic)* cop ‡.

pouliche [puliʃ] *nf* filly.

poulie [puli] *nf* pulley; *(avec sa caisse)* block.

poulpe [pulp(ə)] *nm* octopus.

pouls [pu] *nm* pulse. **prendre le ~ de qn** to take sb's pulse.

poumon [pumɔ̃] *nm* lung. **~ d'acier** iron lung.

poupe [pup] *nf (Naut)* stern.

poupée [pupe] *nf (jouet)* doll, dolly; (*: femme jolie)* doll *; (‡: fille)* bird *; *(pansement)* finger bandage.

poupon [pupɔ̃] *nm* little baby. ◆ **pouponner** **(1)** *vi* to play mother. ◆ **pouponnière** *nf* day nursery, crèche.

pour [puʀ] **1** *prép* **(a)** *(direction)* for, to. **il part ~ l'Espagne demain** he leaves for Spain *ou* he is off to Spain tomorrow; **le train ~ Londres** the London train, the train for London.
(b) *(temps)* for. **il lui faut sa voiture ~ demain** he must have his car for *ou* by tomorrow; **~ l'instant**

for the moment; ~ **toujours** for ever; **gardez le meilleur** ~ **la fin** keep the best till the end. **(c)** *(intention)* for. **il ferait tout** ~ **sa mère** he would do anything for his mother *ou* for his mother's sake; **faire qch** ~ **la gloire** to do sth for the glory of it; **c'est fait** ~ that's what it's meant *ou* made for; **son amour** ~ **les bêtes** his love of animals; **coiffeur** ~ **dames** ladies' hairdresser; **c'est mauvais/bon** ~ **vous** it's bad/good for you; **il a été très gentil** ~ **ma mère** he was very kind to my mother; **sirop** ~ **la toux** cough mixture *ou* syrup *(US)*; **le plombier est venu** ~ **la chaudière** the plumber came about the boiler; ~ **le meilleur et** ~ **le pire** for better or for worse. **(d)** *(approbation)* for, in favour of. **je suis** ~! * I'm all for it *, I'm all in favour (of it). **(e)** *(point de vue)* ~ **moi** *(à mon avis)* in my opinion, in my view; *(en ce qui me concerne)* personally, for my part; **sa fille est tout** ~ **lui** his daughter is everything to him. **(f)** *(cause)* **condamné** ~ **vol** convicted for theft; **puni** ~ **avoir menti** punished for lying *ou* having lied; **félicité** ~ **son audace** congratulated on his boldness; **fermé** ~ **cause de maladie** closed because of *ou* on account of illness; **pourquoi se faire du souci** ~ **cela?** why worry about that?; **il y est** ~ **qch/**~ **beaucoup** he is partly/largely responsible for it. **(g)** *(à la place de)* **payer** ~ **qn** to pay for sb; *(Comm etc)* ~ **le directeur** p.p. Manager; **il a parlé** ~ **nous** he spoke on our behalf; **donnez-moi** ~ **200 F d'essence** give me 200 francs' worth of petrol; **il l'a eu** ~ **5 F** he got it for 5 francs. **(h)** *(rapport)* for. ~ **cent** per cent; **petit** ~ **son âge** small for his age; **jour** ~ **jour** to the (very) day; **mourir** ~ **mourir, je préfère que ce soit ici** if I have to die I should prefer it to be here. **(i)** *(comme)* for, as. **prendre qn** ~ **un imbécile** to take sb for an idiot; **il a** ~ **adjoint son cousin** he has his cousin as his deputy; **il passe** ~ **filou** he's said to be a crook; **il a** ~ **principe de faire...** his principle is to do...; ~ **de bon** * truly, really. **(j)** *(emphatique)* ~ **(ce qui est de) notre voyage** as for our journey, as far as our journey goes *ou* is concerned; ~ **une malchance c'est une malchance!** this is a most unfortunate thing indeed! **(k)** *(but)* to. **nous avons assez d'argent** ~ **l'aider** we have enough money to help him; **je n'ai rien dit** ~ **ne pas le blesser** I didn't say anything in order not to *ou* so as not to hurt him; **il étendit le bras** ~ **prendre la boîte** he reached (out) for the box; **le travail n'est pas** ~ **l'effrayer** he's not afraid of hard work; **il a dit ça** ~ **rire** he said it in fun *ou* as a joke; **il est parti** ~ **ne plus revenir** he left never to return; **j'étais** ~ **partir** * I was just going, I was just about to go. **(l)** ~ **que** + *subj* so that, in order that; **écris ta lettre** ~ **qu'elle parte ce soir** write your letter so that it leaves this evening; **il est trop tard** ~ **qu'on le prévienne** it's too late to warn him. **(m)** *(restriction)* ~ **riche qu'il soit, il n'est pas généreux** rich though he is, he's not generous; ~ **peu qu'il soit sorti sans sa clef...** if he should have come out without his key...; ~ **autant que je sache** as far as I know *ou* am aware.
2 *nm:* **le** ~ **et le contre** the arguments for and against, the pros and the cons.

pourboire [puʀbwaʀ] *nm* tip.

pourcentage [puʀsɑ̃taʒ] *nm,* percentage. **travailler au** ~ to work on commission.

pourchasser [puʀʃase] **(1)** *vt [ennemi]* to pursue, hunt down; *[créancier, importun]* to hound. ~ **le crime** to hunt out crime.

pourlécher (se) [puʀleʃe] **(6)** *vpr* to lick one's lips.

pourparlers [puʀpaʀle] *nmpl* talks, negotiations, discussions. **être en** ~ **avec** to have talks with.

pourpre [puʀpʀ(ə)] **1** *adj, nm (couleur)* crimson. **2** *nf (matière, étoffe, symbole)* purple.

pourquoi [puʀkwa] **1** *conj* why. ~ **est-il venu?** why did he come?, what did he come for? **2** *adv* why. **tu viens?** — ~ **pas?** are you coming? — why not? *ou* why shouldn't I?; **allez savoir** ~ *!* I don't know why! **3** *nm inv (raison)* reason *(de* for); *(question)* question.

pourrir [puʀiʀ] **(2)** **1** *vi [fruit]* to go rotten *ou* bad; *[bois, cadavre]* to rot away. ~ **en prison** to rot in prison; **laisser** ~ **la situation** to let the situation deteriorate *ou* get worse. **2** *vt fruit* to make rotten, rot; *(fig) enfant etc* to spoil, ruin. ◆ **pourri, e 1** *adj* **(a)** *(gén)* rotten; *feuille, cadavre* rotting; *viande* bad. **être** ~ to have gone rotten *ou* bad. **(b)** *temps* wet, rainy; *société* rotten; *enfant* spoilt. **2** *nm* **(a)** *(morceau)* rotten *ou* bad part; *odeur* putrid smell. **(b)** (‡*: crapule)* swine ‡, bastard ‡. ◆ **pourrissement** *nm [situation]* deterioration, worsening *(de* in, of). ◆ **pourriture** *nf* **(a)** *(lit, Agr)* rot; *[société]* rottenness. **(b)** *(péj: personne)* swine ‡.

poursuivre [puʀsɥivʀ(ə)] **(40)** **1** *vt* **(a)** *(courir après)* *(gén)* to pursue; *animal* to hunt down; *malfaiteur* to chase (after). **(b)** *[importun, souvenir]* to hound; *[idée]* to haunt. ~ **qn de sa colère** to hound sb through anger. **(c)** *rêve etc* to pursue; *gloire* to seek (after); *idéal* to strive towards. **(d)** *(continuer) (gén)* to continue, go *ou* carry on with; *avantage* to follow up, pursue. ~ **sa marche** to keep going, walk on. **(e)** *(Jur)* ~ **qn (en justice)** *(au criminel)* to prosecute sb; *(au civil)* to sue sb. **2** *vi (continuer)* to carry on, go on, continue; *(persévérer)* to keep at it, keep it up. **3 se** ~ *vpr* to go on, continue. ◆ **poursuite** *nf* **(a)** *[fugitif]* chase *(de* after), pursuit *(de* of); *[gloire]* pursuit *(de* of). **se mettre à la** ~ **de qn** to go in pursuit of sb. **(b)** ~**s (judiciaires)** legal proceedings; **engager des** ~**s contre** to take legal action against; **s'exposer à des** ~**s** to run the risk of prosecution. **(c)** *(continuation)* continuation. **(d)** *(Sport)* **(course)** ~ track race. ◆ **poursuivant, e** *nm, f (ennemi)* pursuer.

pourtant [puʀtɑ̃] *adv* yet, nevertheless. **frêle mais** ~ **résistant** frail but nevertheless *ou* yet resilient; **il n'est** ~ **pas très intelligent** (and) yet he's not very clever, he's not very clever though.

pourtour [puʀtuʀ] *nm [cercle]* circumference; *[rectangle]* perimeter; *(bord)* surround. **sur le** ~ **de** around.

pourvoir [puʀvwaʀ] **(25)** **1** *vt:* ~ **qn de qch** to provide *ou* equip *ou* supply sb with sth, provide sth for sb; ~ **sa cave de vin** to stock one's cellar with wine. **2** ~ **à** *vt indir éventualité, besoins* to provide for, cater for; *emploi* to fill. **j'y pourvoirai** I'll see to it *ou* deal with it. **3 se** ~ *vpr:* **se** ~ **de** *argent* to provide o.s. with. ◆ **pourvoyeur, -euse** *nm, f* supplier. ◆ **pourvu¹, e** *adj emploi* filled. ~ **de** *intelligence* gifted *ou* endowed with; *dispositif* equipped *ou* fitted with; **nous voilà** ~**s pour l'hiver** we're well provided for *ou* stocked up for the winter; **feuille de papier** ~**e d'une marge** sheet of paper with a margin.

pourvu² [puʀvy] *conj:* ~ **que** *(souhait)* let's hope; *(condition)* provided (that), so long as; ~ **que ça dure!** let's hope it lasts!, here's hoping it lasts! *

pousse [pus] *nf* **(a)** *(bourgeon)* shoot. **(b)** *(action) [feuilles]* sprouting; *[cheveux]* growth.

poussé, e¹ [puse] *adj études* advanced; *enquête* exhaustive. **très** ~ *technique, dessin* elaborate.

pousse-café * [puskafe] *nm inv* liqueur.

poussée² [puse] *nf* **(a)** *(pression)* pressure; *(coup)* push, shove; *(Tech, Mil)* thrust. **sous la** ~ under the pressure. **(b)** *[acné]* attack; *[prix]* rise, upsurge; *(électorale)* upsurge. ~ **de fièvre** (sudden) high temperature.

pousser [puse] **(1)** **1** *vt* **(a)** *(gén)* to push; *verrou* to slide; *objet gênant* to move, push aside; *(du*

coude) to nudge; *(en bousculant)* to jostle. ~ **la porte** *(fermer)* to push the door to *ou* shut; *(ouvrir)* to push the door open; ~ **l'aiguille** to sew; ~ **un caillou du pied** to kick a stone (along); **le vent nous poussait vers la côte** the wind was blowing *ou* pushing us towards the shore; *(balançoire)* **peux-tu me ~?** can you give me a push? **(b)** *cheval* to ride hard, push; *moteur* to drive hard; *feu* to stoke up; *chauffage* to turn up; *élève (stimuler)* to urge on, push; *(mettre en valeur)* to push. **c'est l'ambition qui le pousse** he is driven by ambition; **poussé par ses amis** pushed *ou* persuaded by his friends. **(c)** ~ **qn à faire qch** *[faim, curiosité]* to drive sb to do sth; *[personne] (inciter)* to urge *ou* press sb to do sth; *(persuader)* to persuade *ou* induce sb to do sth; **son échec nous pousse à croire que...** his failure leads us to think that...; ~ **qn au crime** to drive sb to crime; ~ **qn à la dépense** to encourage sb to spend money. **(d)** *études, marche* to continue; *avantage* to press (home), follow up. ~ **la plaisanterie un peu loin** to carry *ou* take the joke a bit far; ~ **qch à la perfection** to carry *ou* bring sth to perfection; **il a poussé la gentillesse jusqu'à faire** he was kind enough to do; ~ **qn dans ses derniers retranchements** to drive sb into a corner; ~ **qn à bout** to push sb to breaking point. **(e)** *cri* to let out, utter, give; *soupir* to heave, give. ~ **des cris** to shout, scream; ~ **des rugissements** to roar.
  2 *vi* **(a)** *(grandir)* *(gén)* to grow; *[graine]* to sprout. **faire ~ des tomates** to grow tomatoes; **ça pousse comme du chiendent** they grow like weeds; **se laisser ~ la barbe/les cheveux** to grow a beard/one's hair; **il a une dent qui pousse** he's cutting a tooth, he's got a tooth coming through; **de nouvelles villes poussaient comme des champignons** new towns were springing up *ou* mushrooming. **(b)** *(faire un effort)* to push. *(fig)* ~ **à la roue** to do a bit of pushing, push a bit; **faut pas ~!** ‡ this is going a bit far! **(c)** *(aller)* ~ **jusqu'à Lyon** to go on *ou* push on as far as Lyons.
  3 se ~ *vpr (se déplacer)* to move, shift.

poussette [puset] *nf* push chair. **~-canne** baby buggy, (folding) stroller *(US)*.

poussière [pusjɛʀ] *nf* dust. **faire de la ~** to raise a dust; **avoir une ~ dans l'œil** to have a speck of dust in one's eye; **3 F et des ~s** * just over 3 francs; **tomber en ~** to crumble into dust.
  ◆ **poussiéreux, -euse** *adj* dusty.

poussif, -ive [pusif, iv] *adj personne* shortwinded; *moteur* puffing, wheezing.

poussin [pusɛ̃] *nm* chick. **mon ~!** * pet!

poussoir [puswaʀ] *nm [sonnette]* button.

poutre [putʀ(ə)] *nf (en bois)* beam; *(en métal)* girder; *(Gym)* beam. ◆ **poutrelle** *nf* girder.

pouvoir¹ [puvwaʀ] (33) **1** *vb aux* **(a)** *(permission)* can, may, to be allowed to. **peut-il venir?** can he *ou* may he come?; **il peut ne pas venir** he doesn't have to come, he needn't come, he's not bound to come; **il pourrait venir s'il nous prévenait** he could come *ou* he would be able *ou* allowed to come if he notified us; **est-ce qu'on peut fermer la fenêtre?** may we *ou* do you mind if we shut the window? **(b)** *(possibilité)* can, to be able to. **il ne peut pas ne pas venir** he can't not come, he has to *ou* he must come; **il n'a (pas) pu venir** he couldn't *ou* wasn't able to *ou* was unable to come; **il ne peut pas s'empêcher de tousser** he can't help coughing; **comme il pouvait comprendre la fiche technique, il a pu réparer le poste** since he could understand the technical information he was able to *ou* he managed to repair the set; **pourriez-vous nous apporter du thé?** could you bring us some tea? **(c)** *(éventualité)* **il peut être français** he may *ou* might *ou* could be French; **il ne peut pas être français** he can't be French; **quel âge peut-**

il avoir? how old might he be?; **qu'est-ce que cela peut bien lui faire?** * what's that (got) to do with him? *; **il peut être très méchant, parfois** he can be very nasty at times; **où ai-je bien pu mettre mon stylo?** where on earth can I have put my pen?; **cela pourrait se faire** that might *ou* could be arranged. **(d)** *(suggestion)* **elle pourrait arriver à l'heure!** she might *ou* could (at least) be punctual! **(e)** *(littér: souhait)* **puisse Dieu les aider!** may God help them!; **puissiez-vous dire vrai!** let us pray *ou* hope you're right!
  2 *vb impers*: **il peut** *ou* **pourrait pleuvoir** it may *ou* might *ou* could rain, it is possible that it will rain.
  3 *vt* can. **il partira dès qu'il le pourra** he will leave as soon as he can *ou* is able (to); **que puis-je pour vous?** what can I do for you?; **il a été on ne peut plus aimable** he couldn't have been kinder, he was as kind as could be; **je n'en peux plus** I can't stand it any longer; **je n'en peux plus d'attendre** I can wait no longer; **il n'en peut plus** *(fatigué)* he's all-in * *ou* tired out; *(à bout)* he can't take any more; **on n'y peut rien** there's nothing we can do (about it), it can't be helped.
  4 se ~ *vpr*: **il se peut/se pourrait qu'elle vienne** she may *ou* could/might *ou* could (well) come; **cela se pourrait bien** that's quite possible, that might *ou* could well be.

pouvoir² [puvwaʀ] *nm* **(a)** *(gén)* power. ~ **absorbant** absorption power; ~ **d'achat** purchasing power; **avoir le ~ de faire** *(capacité)* to have the power *ou* ability to do; *(autorisation)* to have authority *ou* power to do; **ce n'est pas en mon ~** it is not within *ou* in my power, it is beyond my power; **avoir du ~ sur qn** to have influence *ou* power over sb; **avoir du ~ sur soi-même** to have self-control; **dépasser ses ~s** to exceed one's powers. **(b)** *(Pol)* **le ~** *(direction)* power; *(dirigeants)* the government; **le parti au ~** the party in power *ou* in office; **avoir le ~** to hold power, rule, govern; **prendre le ~** *(légalement)* to come to power *ou* into office; *(illégalement)* to seize power; **le ~ exécutif** the executive power; **les ~s publics** the authorities. **(c)** *(Jur: procuration)* proxy. **donner à qn de faire** to give sb proxy to do.

praesidium [pʀezidjɔn] *nm* praesidium. **le ~ suprême** the praesidium of the Supreme Soviet.

Prague [pʀag] *n* Prague.

praire [pʀɛʀ] *nf* clam.

prairie [pʀeʀi] *nf* meadow.

praline [pʀalin] *nf* sugared almond. ◆ **praliné, e 1** *adj* praline-flavoured. **2** *nm* praline-flavoured ice cream.

pratique [pʀatik] **1** *adj* **(a)** *(non théorique, réaliste)* practical. **avoir le sens ~** to be practical-minded. **(b)** *(commode)* *(gén)* practical; *instrument* handy; *emploi du temps* convenient. **2** *nf* **(a)** *(application, procédé)* practice; *(expérience)* practical experience. **en ~** in practice; **mettre qch en ~** to put sth into practice; **dans la ~ de tous les jours** in the ordinary run of things, in the normal course of events; **il a une longue ~ des élèves** he has a long practical experience of teaching; **il a perdu la ~** he is out of practice; **des ~s malhonnêtes** dishonest practices. **(b)** *[règle]* observance; *[sport]* practising; *[vertu]* exercise, practice. **la ~ du golf** golfing, (playing) golf; **la ~ du yoga** the practice of yoga; ~ **(religieuse)** church attendance; **la ~ de la médecine** the practising of medicine. ◆ **pratiquement** *adv (en pratique)* in practice; *(presque)* practically. ◆ **praticable** *adj (gén)* practicable; *projet* feasible; *chemin* passable, negotiable. ◆ **praticien, -ienne** *nm, f (gén, Méd)* practitioner. ◆ **pratiquant, e 1** *adj* practising. **il est très ~** he goes to church regularly. **2** *nm, f (d'une foi)* follower; *(assidu)* regular churchgoer.

pratiquer [pratike] (1) **1** vt (**a**) art etc to practise, practice (US); règle to observe; vertu to exercise; football to play. ~ l'escrime to go in for fencing; il est recommandé de ~ un sport it is considered advisable to play ou practise ou do a sport. (**b**) ouverture to make; trou to pierce, bore; route to build, open up; (Méd) intervention to carry out (sur on). (**c**) méthode to use. **2** vi (Rel) to go to church; (Méd) to be in practice. **3** se ~ vpr [méthode] to be the practice; [religion] to be practised. les prix qui se pratiquent à Paris prices which prevail ou are current in Paris.

pré [pre] nm meadow.

pré... [pre] préf pre...

préalable [prealabl(ə)] **1** adj entretien, condition preliminary; accord, avis prior, previous. ~ à preceding, prior to. **2** nm precondition, prerequisite. au ~ first, beforehand. ◆ **préalablement** adv first, beforehand. ~ à prior to.

préambule [preãbyl] nm [loi] preamble (de to); [contrat] recitals (pl); (fig: prélude) prelude (à to). sans ~ without any preliminaries, straight off.

préau, pl ~x [preo] nm [école] covered playground; [prison] (exercise) yard; [couvent] inner courtyard.

préavis [preavi] nm (advance) notice. ~ de grève strike notice; déposer un ~ de grève to give notice ou warning of strike action; sans ~ without advance ou previous notice.

précaire [preker] adj (gén) precarious; santé shaky.

précaution [prekosjõ] nf (**a**) (disposition) precaution. prendre ses ~s to take precautions; faire qch avec les plus grandes ~s to do sth with the utmost care ou the greatest precautions. (**b**) (prudence) caution, care. par ~ as a precaution; pour plus de ~ to be on the safe side; avec ~ cautiously. ◆ **précautionneux, -euse** adj (prudent) cautious; (soigneux) careful.

précéder [presede] (6) **1** vt (**a**) (venir avant) to precede, come before; (dans une file) to be in front ou ahead of, precede. faire ~ son discours d'une remarque to precede one's speech by a remark. (**b**) (devancer) to precede, get ahead of. il m'a précédé de 5 minutes he got there 5 minutes before me ou ahead of me, he preceded me by 5 minutes. **2** vi to precede. tout ce qui a précédé all that has been said etc before ou so far; dans le chapitre qui précède in the preceding chapter. ◆ **précédemment** adv before, previously. ◆ **précédent, e 1** adj previous. un discours ~ a previous ou an earlier speech; le film ~ the preceding ou previous film. **2** nm precedent. sans ~ unprecedented; créer un ~ to create ou sett a precedent.

précepte [presept(ə)] nm precept.

précepteur [preseptœr] nm private tutor.

prêcher [prefe] (1) **1** vt (Rel, fig) to preach; personne to preach to. (hum) la bonne parole to spread the good word. **2** vi to preach. ~ d'exemple to preach by example.

précieux, -euse [presjø, øz] adj (lit, fig, péj) precious; conseil invaluable; ami valued, precious. ◆ **précieusement** adv preciously.

précipice [presipis] nm (gouffre) chasm; (fig) abyss. (paroi) au bord du ~ at the brink of the precipice.

précipiter [presipite] (1) **1** vt (**a**) (jeter) to throw ou hurl down; (dans le malheur) to plunge (dans into). (**b**) (hâter) pas, événement to hasten. il ne faut rien ~ we mustn't rush things. **2** vti (Chim) to precipitate. **3** se ~ vpr (**a**) (se ruer) to rush forward. se ~ vers/sur [personne] to rush towards/at; se ~ contre [personne] to rush at, throw o.s. against; [voiture] to smash into; se ~ dans le vide to hurl o.s. into space; se ~ sur l'ennemi to rush at ou hurl o.s. at the enemy; il se précipita au-dehors he raced ou dashed ou rushed outside. (**b**) (s'accélérer) to

speed up; [pouls] to quicken. les choses se précipitaient events started to move faster. (**c**) (se dépêcher) to hurry, rush. ◆ **précipitamment** adv hastily. sortir ~ to rush out. ◆ **précipitation** nf (hâte) haste. (Mét) ~s precipitation. ◆ **précipité, e 1** adj départ, pas, décision hasty; fuite headlong; rythme swift. **2** nm (Chim) precipitate.

précis, e [presi, iz] **1** adj (juste) precise, accurate; (défini) precise, definite; (net) contours distinct, precise. je ne pense à rien de ~ I'm not thinking of anything in particular; à cet instant ~ at that precise ou very moment; à 4 heures ~es at 4 o'clock sharp ou on the dot *. **2** nm (résumé) précis, summary; (manuel) handbook. ◆ **précisément** adv (gén) precisely; (avec exactitude) accurately; (distinctement) distinctly. je venais ~ de sortir in fact ou as a matter of fact I had just gone out, as it happened I'd just gone out; il est arrivé ~ à ce moment-là he arrived right ou just at that moment ou at that very moment; ce n'est pas ~ beau it's not exactly beautiful. ◆ **préciser** (1) **1** vt intention to specify, make clear, clarify; fait to be more specific about. je vous préciserai la date plus tard I'll let you know the exact date later; je dois ~ que... I must point out ou add ou explain that..., I must be specific that... **2** se ~ vpr [idée] to take shape; [danger] to become clear ou clearer. ◆ **précision** nf (**a**) precision; accuracy; distinctness. outil de ~ precision tool. (**b**) (détail) point, piece of information; (explication) explanation.

précoce [prekos] adj early; sénilité premature; enfant precocious, advanced for his ou her age. ◆ **précocement** adv precociously. ◆ **précocité** nf earliness; precocity, precociousness.

préconçu, e [prekõsy] adj preconceived.

préconiser [prekonize] (1) vt remède to recommend; méthode to advocate; plan, solution to advocate, push. ◆ **préconisation** nf recommendation.

précuit, e [prekyi, it] adj precooked.

précurseur [prekyrsœr] **1** adj m precursory. ~ de preceding. **2** nm forerunner, precursor.

prédateur, -trice [predatœr, tris] **1** adj predatory. **2** nm predator. ◆ **prédation** nf predation.

prédécesseur [predesesœr] nm predecessor.

prédestiner [predestine] (1) vt to predestine (à qch for sth, à faire to do). ◆ **prédestination** nf predestination.

prédicateur [predikatœr] nm preacher.

prédiction [prediksjõ] nf prediction.

prédilection [predileksjõ] nf predilection, partiality (pour for). de ~ favourite.

prédire [predir] (37) vt [prophète] to foretell; (gén) to predict. ~ l'avenir to tell ou predict the future; il m'a prédit que je... he predicted (that) I..., he told me (that) I...

prédisposer [predispoze] (1) vt to predispose (à to). ◆ **prédisposition** nf predisposition (à to).

prédominer [predomine] (1) vi (gén) to predominate. ◆ **prédominance** nf predominance. ◆ **prédominant, e** adj predominant.

prééminence [preeminãs] nf pre-eminence. ◆ **prééminent, e** adj pre-eminent.

préencollé, e [preãkole] adj pre-pasted. papier peint ~ pre-pasted ou ready-pasted wallpaper.

préexister [preegziste] (1) vi to pre-exist. ◆ **préexistant, e** adj pre-existent. ◆ **préexistence** nf pre-existence.

préfabriqué, e [prefabrike] **1** adj prefabricated. **2** nm (maison) prefabricated house.

préface [prefas] nf preface.

préfecture [pʀefɛktyʀ] *nf* prefecture. ~ **de police** Paris police headquarters. ◆ **préfectoral, e**, *mpl* **-aux** *adj* prefectural.

préférer [pʀefeʀe] (6) *vt* to prefer (*à* to). **je te préfère avec les cheveux courts** I like you better *ou* I prefer you with short hair; **je préfère aller au cinéma** I prefer to go *ou* I would rather go to the cinema; **nous avons préféré attendre (plutôt que)** we preferred to wait *ou* thought it better to wait (rather than); **si tu préfères** if you prefer, if you like; **comme vous préférez** as you prefer *ou* like *ou* wish *ou* please. ◆ **préférable** *adj* preferable (*à qch* to sth), better (*à qch* than sth). **il serait ~ d'y aller** it would be better if you (*ou* we *etc*) went, it would be better for you (*ou* us *etc*) to go. ◆ **préféré, e** *adj, nm, f* favourite, pet *. ◆ **préférence** *nf* preference. **de ~** preferably; **de ~ à** in preference to, rather than; **je n'ai pas de ~** I don't mind; **par ordre de ~** in order of preference. ◆ **préférentiel, -ielle** *adj* preferential. **tarif ~** preferential *ou* special rate. ◆ **préférentiellement** *adv* preferentially.

préfet [pʀefɛ] *nm* prefect.

préfigurer [pʀefigyʀe] (1) *vt* to foreshadow.

préfixe [pʀefiks] *nm* prefix.

préhistoire [pʀeistwaʀ] *nf* prehistory. ◆ **préhistorique** *adj* prehistoric; *(péj)* antediluvian, ancient.

préjudice [pʀeʒydis] *nm (matériel)* loss; *(moral)* harm, damage, wrong. **porter ~ à qn** *(gén)* to harm sb; *[décision]* to be detrimental to sb; **au ~ de sa santé** at the expense of his health. ◆ **préjudiciable** *adj* prejudicial, detrimental, harmful (*à* to).

préjugé [pʀeʒyʒe] *nm* prejudice. **avoir un ~ contre** to be prejudiced *ou* biased against; **~s de classe** class bias; **~ de race** racial prejudice.

préjuger [pʀeʒyʒe] (3) *vt*, **~ de** *vt indir* to prejudge.

prélasser (se) [pʀelase] (1) *vpr* to lounge.

prélavage [pʀelavaʒ] *nm* pre-wash.

prélat [pʀela] *nm* prelate.

prélever [pʀelve] (5) *vt* échantillon to take (*sur* from); *impôt* to levy (*sur* on); *retenue* to deduct *sur* from); *argent sur un compte* to withdraw (*sur* from). ◆ **prélèvement** *nm* taking; levying; deduction; withdrawal. **faire un ~ de sang** to take a blood sample; **~ bancaire** standing *ou* banker's order, automatic deduction *(US)*.

préliminaire [pʀeliminɛʀ] **1** *adj (gén)* preliminary; *(discours)* introductory. **2** *nmpl*: **~s** preliminaries.

prélude [pʀelyd] *nm* prelude (*à* to). ◆ **préluder à** (1) *vt indir* to be a prelude to.

prématuré, e [pʀematyʀe] **1** *adj (gén)* premature; *mort* untimely. **2** *nm, f* premature baby. ◆ **prématurément** *adv* prematurely.

préméditer [pʀemedite] (1) *vt* to premeditate. **~ de faire** to plan to do. ◆ **préméditation** *nf* premeditation. **avec ~** *crime* premeditated; *tuer* with intent.

premier, -ière [pʀəmje, jɛʀ] **1** *adj* **(a)** *(gén)* first; *impression* initial; *enfance* early; *rang* front; *ébauche* rough; *branche* lower, bottom. **être ~** to be first; *(Sport)* **être en ~ière position** to be in the lead; *(Presse)* **en ~ière page** on the front page; **les 100 ~ières pages** the first 100 pages; **la ~ière marche de l'escalier** *(en bas)* the bottom step; *(en haut)* the top step; **le ~ mouchoir de la pile** the first *ou* top handkerchief in the pile; **ses ~ poèmes** his first *ou* early poems; **lire qch de la ~ière à la dernière ligne** to read sth from beginning to end; *(lit, fig)* **poser la ~ière pierre** to lay the foundation stone *ou* first stone; **au ~ signe de résistance** at the first sign of resistance. **(b)** *(dans un ordre)* first; *(à un examen)* first, top; *(en importance)* leading, fore-

most. **~ secrétaire** first secretary; **~ commis** chief shop assistant; **~ danseur/rôle** leading dancer/part; **de ~ière qualité** top-quality; **de ~ ordre** first-rate; **c'est de ~ière urgence** it's a matter of the utmost urgency, it's (a) top priority; **~ en classe** top of the class, first in the class; **de ~ière importance** of paramount *ou* prime *ou* the first importance; **de ~ière nécessité** absolutely essential; **cela m'intéresse au ~ chef** it's of the greatest *ou* utmost interest to me; **c'est le ~ écrivain français vivant** he's the leading *ou* foremost French writer alive today; **le ~ personnage de l'État** the country's leading *ou* most senior statesman. **(c)** *(du début)* grade, prix bottom. **c'était le ~ prix** it was the cheapest; **les ~s rudiments** the first *ou* basic rudiments. **(d)** *(après n: fondamental)* cause basic; *objectif, qualité* prime; *état* initial, original. **(e)** **au ~ abord** at first sight; **au** *ou* **du ~ coup** at the first go *ou* try; **il n'est plus de la ~ière jeunesse** he's not as young as he used to be; **en ~ lieu** in the first place; *(fig)* **être aux ~ières loges** to have a front seat; **il n'en sait pas le ~ mot** he doesn't know the first thing about it; **~ière nouvelle!** it's news to me!; **à la ~ière occasion** at the first opportunity, as soon as one can; **faire ses ~s pas** to take one's first steps; **faire les ~s pas** to make the first move; **dans un ~ temps** as a first step, at first; **dans les ~s temps** at first, at the outset; **à ~ière vue** at first sight.

2 *nm, f* first (one). **passer le ~** to go first; **il a été le ~ à le dire** he was the first to say so; **il a été reçu dans les ~s** he was in the first few.

3 *nm (gén)* first; *(étage)* first floor, second floor *(US)*; *(enfant)* first child. **le ~ de l'an** New Year's Day; **en ~** *arriver* first; *dire* first(ly).

4 *nf (gén)* first; *(Rail etc)* first class; *(Théât)* first night; *(Ciné)* première; *(Alpinisme)* first ascent; *(Scol)* ≈ lower sixth, junior year *(US)*. *(Aut)* **passer en ~ière** to go into first gear; **c'est de ~ière!** * it's first-class!

5 : **le ~ âge** the first 3 months of life; **le ~ avril** the first of April, April Fool's Day; **~ière communion** first communion; **~ jour** *[exposition]* first *ou* opening day; **le P~ Mai** the first of May, May Day; **P~ ministre** Prime Minister, Premier; **~ né** first *ou* eldest child; **~ plan** *(Phot)* foreground; *(fig)* forefront; **rôle de ~ plan** principal role; **les ~s secours** first aid; **le ~ venu** *(lit)* the first to come; *(fig)* anybody; *(chef)* **~ violon** leader, concert master *(US)*; *(groupe)* **les ~s violons** the first violins.

premièrement [pʀəmjɛʀmɑ̃] *adv (d'abord)* first(ly); *(en premier lieu)* in the first place, to start with; *(objection)* firstly, for a start.

prémonition [pʀemɔnisjɔ̃] *nf* premonition. ◆ **prémonitoire** *adj* premonitory.

prémunir [pʀemyniʀ] (2) **1** *vt* to protect (*contre* against). **2 se ~** *vpr* to protect o.s. (*contre* from).

prenant, e [pʀənɑ̃, ɑ̃t] *adj* film, activité absorbing, engrossing; *voix* fascinating, captivating.

prénatal, e, *mpl* **~s** [pʀenatal] *adj* antenatal; *allocation* maternity.

prendre [pʀɑ̃dʀ(ə)] (58) **1** *vt* **(a)** *(saisir)* to take. **il l'a pris dans le tiroir** he took *ou* got it out of the drawer; **il prit un journal sur la table** he picked up *ou* took a newspaper from the table; **prends tes lunettes pour lire** put your glasses on to read; **il la prit par le cou** he put his arms round her neck. **(b)** *(aller chercher)* chose to get, fetch; *personne* to pick up; *(emmener)* to take. **je ne veux plus de ce manteau, tu peux le ~** I don't want this coat any more so you can take *ou* have it; **prends ta chaise et viens ici** bring *ou* fetch your chair over here; **prends du beurre dans le frigo** get some butter out of the fridge.

(c) *(s'emparer de) (gén)* to take; *poisson, voleur* to catch. **le voleur s'est fait** ~ the robber was caught; *(Tennis)* ~ **le service de qn** to break sb's service. **(d)** *(surprendre)* to catch; *(duper)* to take in. ~ **qn à faire qch** to catch sb doing sth; ~ **qn sur le fait** to catch sb in the act *ou* red-handed; **se laisser** ~ **à des paroles aimables** to let o.s. be taken in by soft talk. **(e)** *repas* to have; *médicament* to take; *bain, repos* to take, have. **est-ce que vous prendrez du café?** will you have *ou* would you like (some) coffee?; **fais-lui** ~ **son médicament** give him his medicine; **il a pris son temps!** he took his time (over *ou* about it)! **(f)** *métro, direction* to take. **il a pris le train** he took the train *ou* went by train; **je prends le train de 4 heures** I'm catching the 4 o'clock train; **il a pris sa voiture/l'avion pour aller à Lyon** he drove/flew to Lyons, he went by car/air to Lyons. **(g)** *billet, essence* to get; *assurance-vie* to take out; *couchette* to book. **nous avons pris une maison** *(loué)* we have taken *ou* rented a house; *(acheté)* we have bought a house. **(h)** *client, pensionnaire* to take; *passager* to pick up; *locataire* to take (in); *personnel* to take on. **(i)** *renseignement, adresse* to write down, make a note of; *mesures, température* to take; *(sous la dictée)* to take (down). ~ **des notes** to take notes; ~ **qn en photo** to take a photo *ou* snap * of sb. **(j)** *risque etc* to take; *air, ton* to put on, assume; *décision* to take, make, come to. **(k)** *autorité* to gain. ~ **du ventre** to get fat; ~ **du poids** to put on weight; **les feuilles prenaient une couleur dorée** the leaves were turning golden-brown. **(l)** *(coûter, prélever) temps, place, argent* to take; *(faire payer)* to charge. **cela me prend tout mon temps** it takes up all my time; **ce spécialiste prend très cher** this specialist charges very high fees; ~ **de l'argent à la banque** to draw (out) *ou* withdraw money from the bank; **la cotisation est prise sur le salaire** the contribution is taken off *ou* deducted from one's salary; **il a dû** ~ **sur ses économies** he had to dip into his savings. **(m)** *coup* to get; *maladie* to catch; *nouvelle, plaisanterie* to take. ~ **froid/un rhume** to catch cold/ a cold; **qu'est-ce qu'on a pris!** *(reproches)* we didn't half catch it! *; (défaite)* we took a beating *; (averse)* we got drenched! **(n)** *(manier) personne, problème* to handle, tackle. ~ **qn par la douceur** to use gentle persuasion on sb; **elle m'a pris par les sentiments** she appealed to my feelings. **(o)** ~ **qn/qch pour** *(considérer)* to take sb/sth for; *(se servir de)* to take *ou* use sb/sth as; **pour qui me prenez-vous?** what do you take me for?, who do you think I am?; ~ **qn pour un autre** to mistake sb for sb else. **(p)** *[fièvre, remords]* to strike; *[doute, colère]* to seize, sweep over. **être pris de panique** to be panic-stricken; **il me prend l'envie de faire** I feel like doing, I've got an urge to do; **qu'est-ce qui te prend?** * what's the matter with you?, what's come over you?; **quand le froid vous prend** when the cold hits you. **(q)** *(coincer)* to catch, trap. **j'ai pris mon manteau** *ou* **mon manteau s'est pris dans la porte** I caught *ou* trapped my coat in the door, my coat got stuck *ou* caught in the door. **(r)** *(locutions)* **à tout** ~ on the whole, all in all; **c'est à** ~ **ou à laisser** take it or leave it; **il faut en** ~ **et en laisser** you have to take it with a pinch of salt; **c'est toujours ça de pris** that's something at least; ~ **sur soi de faire qch** to take it upon o.s. to do sth.

2 *vi* **(a)** *[ciment, pâte]* to set.

(b) *[plante]* to take root; *[vaccin]* to take; *[mode]* to catch on; *[spectacle]* to be a success. **avec moi, ça ne prend pas** * it doesn't work with me *. **(c)** *[feu de bûches]* to go; *[incendie]* to start; *[bois]* to catch fire. **(d)** *(se diriger)* to go. ~ **à gauche** to go *ou* turn *ou* bear left.

3 se ~ *vpr* **(a) se** ~ **au sérieux** to take o.s. seriously; **il se prend pour un intellectuel** he thinks *ou* likes to think he's an intellectual. **(b) s'y** ~ to set about (doing) it; **s'y** ~ **bien/mal pour faire qch** to set about doing sth the right/ wrong way; **s'y** ~ **à deux fois pour faire qch** to try twice to do sth, take two attempts to do sth; **il faut s'y** ~ **à deux** it needs two of, us (to do it); **je ne sais pas comment tu t'y prends, mais...** I don't know how you manage it but...; **il faut s'y** ~ **à l'avance** you have to do it ahead of time *ou* in advance. **(c) s'en** ~ **à** *(agresser)* to lay into, set about; *(passer sa colère sur)* to take it out on; *(blâmer)* to lay *ou* put the blame on. **(d)** *(se solidifier)* to set hard. **se** ~ **en glace** to freeze over.

♦ **preneur, -euse** [pʀənœʀ, øz] *nm, f (acheteur)* buyer; *(locataire)* tenant. **je suis** ~ **à 100 F** I'll buy *ou* take it for 100 francs.

♦ **prénom** [pʀenɔ̃] *nm* Christian name, first name; *(Admin)* forename, given name *(US)*. ♦ **prénommer** (1) *vt* to call, name. **le prénommé Paul** the said Paul; **se** ~ to be called *ou* named.

♦ **préoccuper** [pʀeɔkype] (1) **1** *vt (inquiéter)* to worry, bother; *(absorber)* to preoccupy. **l'avenir le préoccupe** he is concerned *ou* anxious *ou* bothered about the future; **tu as l'air préoccupé** you look worried, you look as though you've got sth on your mind; **il est uniquement préoccupé de sa petite personne** he only thinks about himself *ou* number one *. **2 se** ~ *vpr (s'occuper)* to concern o.s. *(de* with); *(s'inquiéter)* to worry *(de* about). **il ne s'en préoccupe guère** he doesn't bother very much about it. ♦ **préoccupant, e** *adj* worrying. ♦ **préoccupation** *nf (inquiétude)* worry, anxiety; *(ennui)* worry; *(problème à résoudre)* preoccupation, concern.

♦ **préparer** [pʀepaʀe] (1) **1** *vt* **(a)** *(gén)* to prepare; *repas* to make; *complot* to hatch; *plan* to draw up; *bagages* to get ready; *peaux, poisson* to dress; *voyage* to get ready for; *examen* to prepare for, study for. ~ **l'avenir** to prepare for the future; **il a préparé la rencontre des 2 ministres** he organized *ou* he set up the meeting of the 2 ministers; *(Mil, fig)* ~ **le terrain** to prepare the ground. **(b)** ~ **qn à qch/à faire qch** to prepare sb for sth/to do sth; ~ **qn à un examen** to prepare *ou* coach sb for an exam; **je n'y étais pas préparé** I wasn't prepared for it, I wasn't expecting it. **(c)** ~ **qch à qn** to have sth in store for sb; **il nous prépare une surprise** he has a surprise in store for us, he's got a surprise up his sleeve.

2 se ~ *vpr* **(a)** *(s'apprêter)* to prepare (o.s.), get ready; *[athlète]* to train *(à qch* for sth, *à faire* to do). **elle se prépare** she's getting ready; **préparez-vous à venir** be prepared to come; **vous vous préparez des ennuis** you are storing up problems for yourself. **(b)** *(lit, fig) [orage]* to be brewing. **il se prépare une bagarre** there's going to be a fight; **il se prépare qch de louche** there's sth fishy in the air.

♦ **préparateur, -trice** *nm, f (gén)* assistant; *(Univ)* demonstrator. ~ **en pharmacie** pharmaceutical *ou* chemist's assistant. ♦ **préparatifs** *nmpl* preparations *(de* for). ♦ **préparation** *nf (gén)* preparation *(d'un repas etc* of a meal *etc, d'un voyage etc* for a trip *etc); [peaux, poisson]* dressing *(de* of); *(à épreuve sportive)* training *(à* for). **annoncer qch sans** ~ to announce sth abruptly *ou* without preparation; **avoir qch en** ~ to have sth in hand *ou* preparation. ◆ **préparatoire** *adj* preparatory, preliminary.

prépondérance [pRepɔ̃deRɑ̃s] *nf [nation, théorie]* supremacy; *[trait de caractère]* domination. ◆ **prépondérant, e** *adj rôle* dominating, preponderant.

préposer [pRepoze] (1) *vt* to appoint (*à* to). **être préposé à** to be in charge of. ◆ **préposé** *nm (Postes)* postman (*ou* woman), mailman (*ou* woman) *(US)*; *(gén)* employee; *[vestiaire]* attendant.

préposition [pRepozisjɔ̃] *nf* preposition.

préretraite [pReR(ə)tRɛt] *nf (état)* early retirement; *(pension)* early retirement pension. **être mis en** ~ to be given early retirement. ◆ **préretraité, e** *nm, f* person who takes early retirement.

prérogative [pReRɔgativ] *nf* prerogative.

près [pRɛ] *adv* (**a**) *(espace)* near(by), close (by), near *ou* close at hand; *(temps)* near, close. **c'est plus/ moins** ~ **que je ne croyais** it's nearer *ou* closer than I thought/not as near *ou* close as I thought. (**b**) ~ **de** *(dans le temps)* close to; *(dans l'espace)* close to, near (to); *(presque)* nearly, almost; **le moins** ~ **possible de Noël** as far away as possible from Christmas; **ils étaient très** ~ **l'un de l'autre** they were very close to each other; **elle est** ~ **de sa mère** she's with her mother; **il est** ~ **de la retraite** he is close to *ou* nearing retirement; **il en a dépensé** ~ **de la moitié** he has spent nearly *ou* almost half of it; **il a été** ~ **de refuser** he was on the point of refusing *ou* about to refuse; *(iro)* **je ne suis pas** ~ **de partir** at this rate, I'm not likely to, be going (yet); *(fig)* **être** ~ **de son argent** to be close-fisted, be tight-fisted. (**c**) **de** ~ *(gén)*, *examiner* closely; *surveiller* carefully; **le coup a été tiré de** ~ the shot was fired at close range; **il voit mal de** ~ he can't see very well close to; **il a vu la mort de** ~ he has stared *ou* looked death in the face, he has come within an inch of death. (**d**) **à peu de chose** ~ more or less; **ce n'est pas aussi bon, à beaucoup** ~ it's nothing like as good, it's nowhere near as good; **ils sont identiques, à la couleur** ~ they are identical apart from *ou* except for the colour; **à cela** ~ **que...** apart from *ou* aside from the fact that...; **je vais vous donner le chiffre à un franc** ~ I'll give you the figure to within about a franc; **il a raté le bus à une minute** ~ he missed the bus by a minute or so; **il n'est pas à 10 minutes/à un kilo de sucre** ~ he can spare 10 minutes/a kilo of sugar.

présage [pRezaʒ] *nm* omen, sign. **mauvais** ~ ill omen. ◆ **présager** (3) *vt (annoncer)* to be a sign *ou* an omen of; *(prévoir)* to predict, foresee. **rien ne laissait** ~ **que** there was nothing to hint that.

presbyte [pRɛsbit] *adj* long-sighted, far-sighted *(US)*, presbyopic.

presbytère [pRɛsbiteR] *nm* presbytery.

prescience [pResjɑ̃s] *nf* prescience, foresight.

prescrire [pRɛskRiR] (39) *vt (Méd, Jur)* to prescribe; *(stipuler)* to stipulate; *(ordonner)* to order, command. ◆ **prescription** *nf* prescription; stipulation; order.

préséance [pReseɑ̃s] *nf* precedence.

présélectionner [pReselɛksjɔne] (1) *vt (Rad)* to preset; *candidats* to short-list. ◆ **présélection** *nf (gén)* preselection; *[candidats]* short-listing.

présence [pRezɑ̃s] *nf (gén)* presence; *(au bureau, à l'école)* attendance. **avoir de la** ~ to have great presence; **en** ~ *armées* opposing; **mettre deux personnes en** ~ to bring two people together *ou* face to face; **en** ~ **de** in the presence of; **hors de ma** ~ while I was not there, in my absence; **en** ~ **de tels incidents** faced with such incidents; ~ **d'esprit** presence of mind.

présent¹, e [pRezɑ̃, ɑ̃t] **1** *adj (gén)* present. **ici** ~ here present; **être** ~ **à une cérémonie** to be present at *ou* attend a ceremony; **métal** ~ **dans un minerai** metal present *ou* found in an ore; **avoir qch** ~ **à l'esprit** to have sth fresh in one's mind, not to forget about sth. **2** *nm (Gram)* present tense. *(époque)* **le** ~ the present; *(personnes)* **les** ~**s** those present; **il y avait 5** ~**s** there were 5 people present *ou* there; **à** ~ at present, presently *(US)*, now; **de nos jours** nowadays; **les gens d'à** ~ people of today.

présent² [pRezɑ̃] *nm (littér)* gift, present.

présentation [pRezɑ̃tasjɔ̃] *nf (gén)* presentation; *[nouveau venu]* introduction. **sur** ~ **du billet** on presentation of the ticket; **faire les** ~**s** to make the introductions; ~ **de mode** fashion show; *[personne]* **avoir une bonne/mauvaise** ~ to have a good/ poor appearance. ◆ **présentable** *adj* presentable. ◆ **présentateur, -trice** *nm, f (Rad, TV) [spectacle]* introducer, presenter; *[nouvelles]* newscaster, newsreader.

présentement [pRezɑ̃tmɑ̃] *adv* at present, presently *(US)*.

présenter [pRezɑ̃te] (1) **1** *vt* (**a**) *(gén) tableau, pièce de théâtre* to present; *personne* to introduce (*à* to, *dans* into); *marchandises* to display (*à* to), set out (*à* before); *(TV) nouvelles* to present; *émission* to present, compere. (**b**) *facture etc* to present, submit; *passeport* to present, show; *requête, candidat* to put in; *plat* to hold out. ~ **le flanc à l'ennemi** to turn one's flank towards the enemy; ~ **sa candidature à un poste** to apply for *ou* put in for a job; **présentez armes!** present arms! (**c**) *excuses, félicitations* to present, offer; *respects* to present, pay; *objection* to raise. (**d**) *(exposer) problème, idée, théorie* to set out, expound. **travail bien/mal présenté** well-/badly presented *ou* laid-out piece of work; ~ **qch sous un jour favorable** to present sth in a favourable light; **il nous a présenté son ami comme un héros** he spoke of his friend as a hero. (**e**) *(laisser paraître) avantage, symptôme, danger, obstacle* to show. **cette route présente beaucoup de détours** there are a lot of bends on this road; **ce vase présente de nombreux défauts** this vase has *ou* shows a number of flaws. (**f**) *(Tech: placer)* to position, line up.
2 *vi [personne]* ~ **bien/mal** to have a good/poor appearance.
3 se ~ *vpr* (**a**) *(se rendre)* to go, come, appear. **se** ~ **chez qn** to go to sb's house; **il ne s'est présenté personne** no one came *ou* appeared *ou* turned up. (**b**) *[candidat]* to come forward. **se** ~ **pour un emploi** to apply for *ou* put in for a job; **se** ~ **à** *élection* to stand *ou* put o.s. up *ou* run *(US)* for; *examen* to sit, take; *concours* to go in for, enter for. (**c**) *(donner son nom)* to introduce o.s. (**d**) *[solution etc] [occasion]* to arise, present itself; *[difficulté]* to crop *ou* come up. **un problème se présente à nous** we are faced with a problem; **si une nouvelle occasion se présente** if another opportunity arises; **se** ~ **à l'esprit** to come *ou* spring to mind. (**e**) *(apparaître)* **se** ~ **sous forme de cachets** to come in the form of tablets; **l'affaire se présente bien/mal** things are looking good/aren't looking too good; **se** ~ **sous un nouveau jour** to appear in a new light; **comment cela se présente-t-il?** *(lit)* what does it look like?; *(* fig*)* how's it going? *

présentoir [pRezɑ̃twaR] *nm (étagère)* display shelf.

préserver [pRezɛRve] (1) *vt* to protect (*de* from, against). **se** ~ **du soleil** to protect o.s. from the sun; **Dieu m'en préserve!** Heaven preserve me! ◆ **préservation** *nf* preservation, protection.

président [pRezidɑ̃] *nm [pays, club]* president; *[comité, firme]* chairman; *[commission]* convener; *[université]* vice-chancellor, president *(US)*; *[tri-*

bunal] presiding judge *ou* magistrate. **~ du jury** *(Scol)* chief examiner; *(Jur)* foreman of the jury; **~ du conseil** prime minister; **~-directeur général** chairman and managing director; **~ à vie** life president; **Monsieur le ~** *(gén)* Mr President; *(Jur)* your Honour. ♦ **présidence** *nf* presidency; chairmanship; vice-chancellorship; *(résidence)* presidential residence *ou* palace. *(Pol)* **candidat à la ~** presidential candidate. ♦ **présidente** *nf (en titre)* (lady *ou* woman) president *etc*; *(épouse)* president's *etc* wife. ♦ **présidentiable** *adj:* **être ~** to be in the running as a candidate for the presidency. ♦ **présidentiel, -elle** *adj* presidential.

présider [pʀezide] (1) **1** *vt (gén)* to preside over; *débat* to chair. **~ un dîner** to be the guest of honour at a dinner; **c'est X qui préside** *(séance)* X is in the chair. **2 ~ à** *vt indir:* **~ à qch** to govern sth.

présomption [pʀezɔ̃psjɔ̃] *nf (supposition)* presumption; *(prétention)* presumptuousness. ♦ **présomptueux, -euse** *adj* presumptuous.

presque [pʀɛsk(ə)] *adv* almost, nearly, virtually; *(négatif)* hardly, scarcely. **c'est ~ de la folie** it's little short of madness; **~ rien** hardly *ou* scarcely anything, next to nothing; **la ~ totalité des lecteurs** almost *ou* nearly all the readers.

presqu'île [pʀɛskil] *nf* peninsula.

pressant, e [pʀɛsɑ̃, ɑ̃t] *adj besoin, danger* pressing; *travail, désir* urgent; *demande* insistent.

presse [pʀɛs] *nf* **(a)** *(institution)* press; *(journaux)* (news)papers. **~ d'opinion** papers specializing in political *etc* analysis and commentary; **la ~ périodique** periodicals, journals; **~ automobile** car magazines; *(lit, fig)* **avoir bonne/mauvaise ~** to be well/badly thought of; **agence** *etc* **de ~** press agency *etc.* **(b)** *(appareil) (gén)* press; *(Typ)* (printing) press. **mettre sous ~** *livre* to send to press; *journal* to put to bed. **(c)** *(littér: foule)* throng *(littér)*, press *(littér)*. **(d)** *(urgence)* **il n'y a pas de ~** * there's no rush *ou* hurry. ♦ **presse-citron** *nm inv* lemon squeezer. ♦ **presse-papiers** *nm inv* paperweight. ♦ **presse-purée** *nm inv* potato-masher.

pressentir [pʀesɑ̃tiʀ] (16) *vt* **(a)** *danger* to sense. **~ que...** to have a feeling *ou* a premonition that...; **rien ne laissait ~ sa mort** there was nothing to forewarn of *ou* to hint at his death. **(b)** *personne* to sound out, approach. ♦ **pressentiment** *nm (intuition)* presentiment, premonition; *(idée)* feeling.

presser [pʀese] (1) **1** *vt* **(a)** *éponge, fruit, objet* to squeeze; *bouton* to press, push; *raisin, disque* to press. **les gens étaient pressés les uns contre les autres** people were squashed up *ou* crushed up against one another; *(fig)* **on presse l'orange** *ou* **le citron et on jette l'écorce** you use people as long as they can be of service to you and then you cast them aside. **(b)** **~ qn de faire** to urge *ou* press sb to do. **(c)** *départ* to hasten, speed up. **(faire) ~ qn** to hurry sb (up); **(faire) ~ les choses** to speed things up; **~ le pas** to speed up; **rien ne vous presse** there's no hurry, we're in no rush. **(d)** *débiteur, ennemi* to press. **pressé par le besoin** driven *ou* pressed by need; **~ qn de questions** to bombard *ou* ply sb with questions. **2** *vi [affaire]* to be urgent. **le temps presse** time is short, time presses; **rien ne presse** there's no hurry *ou* rush. **3 se ~** *vpr* **(a)** **se ~ contre qn** to squeeze up against sb; **se ~ autour de qn** to press *ou* crowd round sb; **les gens se pressaient pour entrer** people were pushing to get in. **(b)** *(se hâter)* to hurry (up). **sans se ~** without hurrying.

♦ **pressé, e** *adj pas* hurried. **être ~ (de partir)** to be in a hurry (to leave); **il faut parer au plus ~** we must do the most urgent thing(s) first, first things first.

pressing [pʀesiŋ] *nm* **(a)** *(repassage)* steampressing; *(établissement)* dry-cleaner's. **(b)** *(Sport)* pressure.

pression [pʀesjɔ̃] *nf* **(a)** *(gén, fig, Sci)* pressure. *(Tech)* **mettre sous ~** to pressurize; **faire ~ sur** *objet* to press on; *personne* to put pressure on; **être soumis à des ~s** to be under pressure; **~ sociale/fiscale** social/tax pressure; **bière à la ~** draught *ou* draft (US) beer. **(b)** *(bouton)* press stud, snap (fastener) (US).

pressoir [pʀeswaʀ] *nm (appareil)* press; *(local)* press-house.

pressurer [pʀesyʀe] (1) *vt fruit* to press; *(fig: exploiter)* *personne* to squeeze.

pressuriser [pʀesyʀize] (1) *vt* to pressurize. ♦ **pressurisation** *nf* pressurization.

prestance [pʀɛstɑ̃s] *nf* imposing bearing, presence. **avoir de la ~** to have great presence.

prestation [pʀɛstasjɔ̃] *nf* **(a)** *(allocation)* benefit, allowance. **~s sociales** social security benefits, welfare payments; **~ en nature** payment in kind. **(b)** *[hôtel]* **~(s)** service. **(c)** *[artiste, sportif]* performance.

preste [pʀɛst(ə)] *adj (littér)* nimble.

prestidigitation [pʀɛstidiʒitasjɔ̃] *nf* conjuring. ♦ **prestidigitateur, -trice** *nm, f* conjurer, magician.

prestige [pʀɛstiʒ] *nm* prestige. **voiture** *etc* **de ~** prestige car *etc.* ♦ **prestigieux, -euse** *adj* prestigious.

présumer [pʀezyme] (1) **1** *vt* to presume, assume. **2 ~ de** *vt indir:* **trop ~ de** to overestimate, over-rate.

présupposer [pʀesypoze] (1) *vt* to presuppose.

prêt¹, e [pʀɛ, ɛt] *adj* **(a)** *(préparé)* ready *(à qch* for sth, *à faire* to do). **poulet ~ à cuire** oven-ready chicken; **tout est ~** everything is ready, everything is in readiness; *[criminel]* **il est ~ à tout** he will do anything, he will stop at nothing. **(b)** *(disposé)* **~ à** ready *ou* prepared *ou* willing to. ♦ **prêt-à-porter** *nm* ready-to-wear (clothes).

prêt² [pʀɛ] *nm (action)* loaning, lending; *(somme)* loan; *(sur salaire)* advance. **~ bancaire** bank loan; **~ à la construction** building loan; **~ privilégié** guaranteed loan.

prétendant, e [pʀetɑ̃dɑ̃, ɑ̃t] **1** *nm (prince)* pretender; *(amoureux)* suitor. **2** *nm, f (candidat)* candidate *(à* for).

prétendre [pʀetɑ̃dʀ(ə)] (41) **1** *vt* **(a)** *(affirmer)* to claim, maintain, assert. **il se prétend médecin** he makes out *ou* claims he's a doctor; **on le prétend très riche** he is said *ou* alleged to be very rich; **à ce qu'il prétend** according to him *ou* to what he says. **(b)** *(avoir la prétention de)* to claim, pretend. **tu ne prétends pas le faire tout seul?** you don't pretend *ou* expect to do it on your own? **(c)** *(littér) (vouloir)* to want; *(avoir l'intention de)* to mean, intend. **2 ~ à** *vt indir* to lay claim to, aspire to. **~ à faire** to aspire to do. ♦ **prétendu, e** *adj chose* alleged; *personne* so-called, would-be. ♦ **prétendument** *adv* supposedly, allegedly.

prétention [pʀetɑ̃sjɔ̃] *nf* **(a)** *(exigence)* claim. **avoir des ~s sur** to lay claim to. **(b)** *(ambition)* pretension, claim *(à* to). **avoir la ~ de faire** to claim to be able to do; **sans ~** *maison, repas* unpretentious; *robe* simple. **(c)** *(vanité)* pretentiousness, pretension. ♦ **prétentieusement** *adv* pretentiously. ♦ **prétentieux, -euse** *adj* pretentious.

prêter [pʀete] (1) **1** *vt* **(a)** *objet, argent* to lend. **~ qch à qn** to lend sth to sb, lend sb sth; **~ sur gages** to lend against security; *(Prov)* **on ne prête qu'aux riches** reputations shape reactions; *(fig)* **c'est un prêté pour un rendu** it's tit for tat. **(b)** *sentiment, intention* to attribute, ascribe *(à* to). **on lui prête l'intention de démissionner** he is alleged *ou* claimed *ou* supposed to be going to resign. **(c)** *aide* to give, lend. **~ main forte à qn** to lend sb a hand, go to sb's help; ~ **la main à un complot** to get involved in *ou* take part in a plot. (**d**) *(locutions)* ~ **attention à** to pay attention to, take notice of; ~ **le flanc à la critique** to lay o.s. open to criticism, invite criticism; ~ **l'oreille** to listen (*à* to); ~ **serment** to take an *ou* the oath; **faire ~ serment à qn** to administer the oath to sb; ~ **de l'importance à qch** to accord importance to sth, consider sth to be important. **2** ~ **à** *vt indir*: ~ **à la critique** to be open to *ou* give rise to criticism; ~ **à rire** to be ridiculous *ou* laughable. **3 se ~** *vpr* (**a**) *(gén)* **se ~ à qch** to lend o.s. to sth. (**b**) *[chaussures, cuir]* to give, stretch. ♦ **prêteur, -euse 1** *adj* unselfish. **il n'est pas ~** he doesn't like lending his things. **2** *nm, f* (money)lender. ~ **sur gages** pawnbroker. ♦ **prête-nom,** *pl* **prête-noms** *nm* figurehead.

prétérit [preterit] *nm* preterite.

prétexte [pretɛkst(ə)] *nm* pretext, excuse. **mauvais ~** poor *ou* lame excuse; **sous ~ de/que** on the pretext *ou* pretence of/that; **sous aucun ~** on no account. ♦ **prétexter** (1) *vt*: ~ **qch** to give sth as a pretext *ou* an excuse.

prêtre [pretr(ə)] *nm* priest. ♦ **prêtresse** *nf* priestess. ♦ **prêtrise** *nf* priesthood.

preuve [prœv] *nf* (**a**) *(gén, Jur, Math)* proof. **pouvez-vous apporter la ~ de ce que vous dites?** can you prove what you're saying?, can you produce proof *ou* evidence of what you're saying?; **j'avais prévu cela, la ~, j'ai déjà mon billet *** I'd thought of that and to prove it I've already got my ticket; **je n'ai pas de ~s** I have no proof *ou* evidence; **il y a 3 ~s irréfutables qu'il ment** there are 3 definite pieces of evidence to show that he's lying. (**b**) *(locutions)* **faire ~ de** to show; **faire ses ~s** *[personne]* to prove o.s.; *[technique]* to be well-tried; **professeur qui a fait ses ~s** experienced teacher.

prévaloir [prevalwar] (29) **1** *vi* to prevail (*sur* over, *contre* against). **faire ~ ses droits** to insist upon one's rights; **faire ~ son opinion** to win acceptance for one's opinion. **2 se ~** *vpr*: **se ~ de** *(se flatter)* to pride o.s. on; *(profiter)* to take advantage of.

prévenance [prevnɑ̃s] *nf*: ~**(s)** thoughtfulness, consideration, kindness. ♦ **prévenant, e** *adj* considerate, kind *(envers* to), thoughtful.

prévenir [prevnir] (22) *vt* (**a**) *(menacer)* to warn (*de qch* about *ou* against sth); *(aviser)* to inform, tell, let know *(de qch* about sth). ~ **le médecin** to call the doctor; **partir sans ~** to leave without telling anyone. (**b**) *accident, malheur* to prevent, avoid. **mieux vaut ~ que guérir** prevention is better than cure. (**c**) *besoin, désir* to anticipate; *objection* to forestall. (**d**) ~ **qn contre qn/en faveur de qn** to prejudice sb against sb/in sb's favour. ♦ **préventif, -ive** *adj* preventive. **à titre ~** as a preventive. ♦ **prévention** *nf* (**a**) *[accident, crime]* prevention. ~ **routière** road safety. (**b**) *(Jur)* custody, detention. (**c**) *(préjugé)* prejudice (*contre* against). ♦ **préventivement** *adv* **agir** preventively. ♦ **préventorium** *nm* sanatorium. ♦ **prévenu, e** *(Jur)* **1** *adj* charged *(de* with). **2** *nm, f* defendant, accused (person).

prévoir [prevwar] (24) *vt* (**a**) *événement, conséquence* to foresee, anticipate; *temps* to forecast. ~ **le pire** to expect the worst; **tout laisse ~ une issue rapide** everything points to a rapid solution; **rien ne faisait** *ou* **ne laissait ~ que...** there was nothing to suggest *ou* to make one think that...; **on ne peut pas tout ~** you can't think of everything; **plus tôt que prévu** earlier than expected *ou* anticipated. (**b**) *voyage, construction* to plan. ~ **de faire qch** to plan to do sth; **au moment prévu** at the appointed *ou* scheduled *ou* prescribed time; **comme prévu** as planned; **prévu pour lundi** scheduled for Monday. (**c**) *temps, place, argent* to allow; *équipements, repas* to provide. **tout est prévu pour**

l'arrivée de nos hôtes everything is organized for the arrival of our guests; **cette voiture est prévue pour 4 personnes** this car is designed to take 4 people; **déposez vos lettres dans la boîte prévue à cet effet** put your letters in the box provided. (**d**) *[loi]* to provide for, make provision for. ♦ **prévisibilité** *nf* foreseeable nature. ♦ **prévisible** *adj* foreseeable. ♦ **prévision** *nf (gén)* prediction; *(attente)* expectation. ~**s budgétaires** budget estimates; ~**s météorologiques** weather forecast; ~ **à court/long terme** short-term/long-term forecast; **il a réussi au-delà de toute ~** he has succeeded beyond all *ou* the wildest expectations; *(action)* **la ~ du temps** weather forecasting; **en ~ de son arrivée** in anticipation *ou* expectation of his arrival.

prévoyance [prevwajɑ̃s] *nf* foresight, forethought. **société de ~** provident society. ♦ **prévoyant, e** *adj* provident.

prier [prije] (7) **1** *vt (Rel)* to pray to; *(implorer)* to beg. **il m'a prié de venir** *(demande)* he begged me to come; *(invitation)* he asked *ou* invited me to come; *(ordre)* he requested me to come; **je vous prie de sortir** will you please leave the room; **je vous en prie** *(faites donc)* please do, of course; *(après vous)* after you; *(idée d'irritation)* would you mind!; *(de rien)* don't mention it, not at all; **voulez-vous ouvrir la fenêtre je vous prie?** would you mind opening the window please?; **il s'est fait ~** he needed coaxing *ou* persuading; **sans se faire ~** without hesitation. **2** *vi* to pray *(pour* for). ♦ **prière** *nf (Rel)* prayer; *(demande)* request; *(supplication)* plea, entreaty. **être en ~** to be at prayer *ou* praying; **à la ~ de qn** at sb's request; ~ **de ne pas fumer** no smoking (please); ~ **de ne pas se pencher à la fenêtre** (please) do not lean out of the window.

primaire [primer] **1** *adj (gén)* primary; *(péj) personne* simple-minded; *raisonnement* simplistic. **2** *nm (Géol)* Primary, Palaeozoic. *(Scol)* **être en ~** to be in primary school.

primate [primat] *nm (Zool)* primate.

primauté [primote] *nf* primacy.

prime¹ [prim] *nf* (**a**) *(cadeau)* free gift. (**b**) *(bonus)* bonus; *(subvention)* premium, subsidy; *(indemnité)* allowance. ~ **de transport** transport allowance. (**c**) *(Assurance, Bourse)* premium.

prime² [prim] *adj*: **de ~ abord** at first glance; ~ **jeunesse** earliest youth; *(Math)* **n ~ n** prime.

primer [prime] (1) **1** *vt (surpasser)* to prevail over, take precedence over; *(récompenser)* to award a prize to. **2** *vi* to be of prime importance.

primeur [primœr] **1** *nfpl (Comm)* ~**s** early fruit and vegetables; **marchand de ~s** greengrocer. **2** *nf*: **avoir la ~ d'une nouvelle** to be the first to hear a piece of news.

primevère [primver] *nf (sauvage)* primrose; *(cultivée)* primula.

primitif, -ive [primitif, iv] **1** *adj (gén, Sociol)* primitive; *(originel)* original, first; *couleur* primary; *(sommaire) installation* primitive, crude. **2** *nm, f* primitive. ♦ **primitivement** *adv* originally.

primo [primo] *adv* first (of all), firstly.

primordial, e, *mpl* **-aux** [primordjal, o] *adj* essential, primordial.

prince [prɛ̃s] *nm* prince. **être bon ~** to be generous; **habillé comme un ~** dressed like a prince; ~ **charmant** Prince Charming; ~ **consort** Prince Consort; ~ **héritier** crown prince. ♦ **princesse** *nf* princess. ♦ **princier, -ière** *adj (lit, fig)* princely.

principal, e, *mpl* **-aux** [prɛ̃sipal, o] **1** *adj bâtiment* main; *employé* chief, head; *question, raison* principal, main. **il a eu l'un des rôles ~aux** he played a major role, he was one of the leading *ou* main figures. **2** *nm (Fin)* principal; *(Scol)* head(master), principal *(of a college)*; *(Admin)* chief clerk. **c'est le ~** that's the main thing. **3** *nf* **(a)** *(Gram)* main clause. **(b)** *(Scol)* head(mistress), principal *(of a college)*. ◆ **principalement** *adv* principally, mainly, chiefly.

principauté [pʀɛ̃sipote] *nf* principality.

principe [pʀɛ̃sip] *nm* principle. **partir du ~ que** to work on the principle *ou* assumption that; **avoir pour ~ de faire** to make it a principle to do, make a point of doing; **il a manqué à ses ~s** he has failed to stick to his principles; **par ~** on principle; **en ~** *(d'habitude)* as a rule; *(théoriquement)* in principle; **de ~** *opposition etc* mechanical, automatic; **faire qch pour le ~** to do sth on principle.

printemps [pʀɛ̃tɑ̃] *nm* spring. **au ~** in (the) spring(time). ◆ **printanier, -ière** *adj soleil* spring; *temps, vêtement* spring-like.

priorité [pʀijɔʀite] *nf (gén)* priority. **en ~** as a (matter of) priority; **venir en ~** to come first; *(Aut)* **avoir la ~** to have right of way *(sur* over). ◆ **prioritaire** *adj* having priority; *(Aut)* having right of way.

pris, prise¹ [pʀi, pʀiz] *adj* **(a)** *place* taken. **avoir les mains prises** to have one's hands full; **tous les billets sont ~** the tickets are sold out; **toute ma journée est prise** I'm busy all day, I have engagements all day. **(b)** *personne* busy, engaged. **si vous n'êtes pas ~ ce soir...** if you're free *ou* if you're not busy this evening... **(c)** *(Méd)* **nez ~** stuffed-up; *gorge* hoarse. **les poumons sont ~** the lungs are affected. **(d)** *crème* set; *(gelé)* eau frozen. **(e)** **~ de peur/remords** stricken with *ou* by fear/remorse; **~ de boisson** under the influence of drink.

prise² [pʀiz] **1** *nf* **(a)** *(pour empoigner)* hold, grip; *(pour soulever)* purchase; *(Judo, Alpinisme)* hold. **cette construction offre trop de ~ au vent** this building catches the wind very badly. **(b)** *(Chasse, Pêche)* catch; *(Mil, Dames, Échecs)* capture. **la ~ de la Bastille** the storming of the Bastille. **(c)** *(Aut)* **être en ~** to be in gear; **en ~ (directe)** in direct drive; *(fig)* **en ~ directe avec** *ou* **sur** tuned in to. **(d)** *(Méd)* dose. **(e)** *(locutions)* **avoir ~ sur** to have a hold on *ou* over; **son attitude donne ~ aux soupçons** his attitude gives rise to *ou* lays him open to suspicion; **aux ~s avec qn/qch** battling *ou* grappling with sb/sth. **2 :** **~ d'air** air inlet *ou* intake; **~ de bec *** row *, set-to *; **~ de conscience** awareness, realization; **~ de contact** initial contact *ou* meeting; **~ de courant** *(mâle)* plug; *(femelle)* socket; **~ d'eau** water (supply) point; *(robinet)* tap, faucet *(US)*; **~ d'otages** taking *ou* seizure of hostages; **~ de position** stand; *(Pol)* **~ du pouvoir** seizure of power, political takeover; **~ pour rasoir électrique** razor point. **~ de sang** blood test; *(Ciné)* **~ de son** sound recording; *(Élec, Rad)* **~ de terre** earth, ground *(US)*; **~ de vue** *(opération)* filming, shooting; *(photo)* shot.

priser [pʀize] (1) **1** *vt tabac* to take; *(fig: apprécier)* to prize, value. **2** *vi* to take snuff.

prisme [pʀism(ə)] *nm* prism.

prison [pʀizɔ̃] *nf (lieu)* prison, jail, penitentiary *(US)*; *(peine)* imprisonment. **mettre/être en ~** to send to/be in prison *ou* jail; **peine de ~** prison sentence; **condamné à 3 mois de ~ ferme** sentenced to 3 months' imprisonment; **faire de la ~ préventive** to be remanded in custody. ◆ **prisonnier, -ière 1** *adj soldat* captive. **être ~** to be a prisoner *(de* of); **~ de ses vêtements** imprisoned in one's clothes. **2** *nm, f* prisoner. **~ d'opinion** prisoner of conscience; **~ politique** political prisoner; **faire/retenir qn ~** to take/hold sb prisoner.

prisunic [pʀizynik] *nm* ® department store *(for inexpensive goods)* , ≃ Woolworth's ® ≃ , five and ten *(US)*.

privation [pʀivasjɔ̃] *nf (suppression)* deprivation; *(gén pl: sacrifice)* privation, hardship. **la ~ de la vue** the loss of one's sight.

privatiser [pʀivatize] (1) *vt entreprise* to privatize. ◆ **privatisation** *nf* privatization.

privautés [pʀivote] *nfpl* liberties.

privé, e [pʀive] **1** *adj (gén)* private; *(Presse)* source unofficial; *(Jur)* droit civil. **personne ~e** private person; **en séjour (à titre) ~** on a private visit. **2** *nm (vie)* private life; *(Comm: secteur)* private sector. **en ~** in private.

priver [pʀive] (1) **1** *vt*: **~ qn de qch** to deprive sb of sth; **~ qch d'un élément** to remove an element from sth, strip sth of one of its elements; **privé de connaissance** unconscious; **privé de voix** speechless, unable to speak; **il a été privé de sommeil** he didn't get any sleep; **cela ne me prive pas** *(de vous le donner)* I can spare it; *(de ne plus en manger)* I don't miss it; *(de ne pas y aller)* I don't mind. **2 se ~** *vpr* to go *ou* do without. **se ~ de qch** to go *ou* do without sth, manage without sth; **se ~ de dessert** to do without dessert, forego the dessert; **se ~ de cigarettes** to deny o.s. cigarettes; **se ~ inutilement de qch** to deprive o.s. of sth unnecessarily; **il ne s'est pas privé de le dire** he had no hesitation in saying so; **si tu veux y aller, ne t'en prive pas pour moi** if you want to go don't hold back for me.

privilège [pʀivilɛʒ] *nm (gén)* privilege. **j'ai eu le ~ de faire** I had the privilege of doing, I was privileged to do. ◆ **privilégié, e** *adj (gén)* privileged; *(par le sort)* favoured. ◆ **privilégier** (7) *vt* to favour.

prix [pʀi] **1** *nm* **(a)** *(gén, fig)* price; *[location, transport]* cost. **le ~ du pain** the price of bread. **quel est le ~ du billet de métro?** how much does a ticket on the underground cost?, what is the fare on the underground?; **menu à ~ fixe** set price menu; **votre ~ sera le mien** name *ou* state your price; **acheter qch à ~ d'or** to pay a (small) fortune for sth; **ça n'a pas de ~** it is priceless; **je vous fais un ~ (d'ami)** I'll let you have it at a reduced price, I'll knock a bit off for you *; **'~ sacrifiés', '~ écrasés'** 'prices slashed', 'rock-bottom prices'; **~ imbattable** *ou* **défiant toute concurrence** unbeatable price; **y mettre le ~** to pay a lot for sth; **c'est dans mes ~** that's within my price-range; *(enchères)* **mettre qch à ~** to set a reserve price *ou* an upset price *(US)* on sth; **mettre à ~ la tête de qn** to put a price on sb's head; **objet de ~** expensive *ou* pricey object; **j'apprécie votre geste à son juste ~** I appreciate your gesture for what it's worth; **donner du ~ à qch** to make sth more precious; **à tout ~** at all costs; **à aucun ~** on no account; **au ~ de grands efforts** at the expense of great effort. **(b)** *(récompense)* prize. **le ~ Nobel de la paix** the Nobel Peace Prize. **(c)** *(vainqueur)* *(personne)* prizewinner; *(livre)* prize winning book. **(d)** *(Courses)* race. *(Aut)* **Grand ~ (automobile)** Grand Prix. **2 :** **~ coûtant** cost price; **~ de détail** retail price; **~ forfaitaire** contract price; **~ de gros** wholesale price; **~ à la production** *ou* **au producteur** farm gate price; **~ de revient** cost price; **~ sortie d'usine** factory price.

pro [pʀo] *nm, préf* pro-.

probable [pʀɔbabl(ə)] *adj* probable, likely. **il est peu ~ qu'il vienne** he is unlikely to come, there is little chance of his coming. ◆ **probabilité** *nf* probability, likelihood; *(chance)* probability. ◆ **probablement** *adv* probably.

probant, e [pʀɔbɑ̃, ɑ̃t] *adj* convincing.

probité [pʀɔbite] *nf* probity, integrity.

problème [pʀɔblɛm] *nm* problem; *(à débattre)* issue; *(Math)* problem, sum. **enfant à ~s** problem child; **faire ~** to pose problems; **(il n'y a) pas de ~! *** no problem. ◆ **problématique 1** *adj* problematic(al). **2** nf (problème) problem; (science) problematics (sg).

procéder [pʀɔsede] (6) **1** vi (agir) to proceed; (moralement) to behave. **2** ~ **à** vt indir enquête etc to conduct, carry out. ~ **à l'ouverture de qch** to proceed to open sth; ~ **au vote (sur)** to take a vote (on); ~ **à une élection** to hold an election. **3** ~ **de** vt indir (littér) to come from, proceed from. ♦ **procédé** nm (méthode) process. (conduite) ~(**s**) behaviour, conduct.

procédure [pʀɔsedyʀ] nf (gén, Jur) procedure; (procès) proceedings.

procès [pʀɔsɛ] nm (civil) (legal) proceedings, (court) action, lawsuit; (criminel) trial. **engager un** ~ **contre qn** to take (court) action against sb, take sb to court, sue sb; **gagner/perdre son** ~ to win/lose one's case; (fig) **faire le** ~ **de qn** to put sb on trial (fig). ♦ **procès-verbal**, pl **procès-verbaux** nm (compte-rendu) minutes; (constat) report; (de contravention) statement. **dresser un** ~ **contre qn** to book ou give a ticket to sb.

processeur [pʀɔsesœʀ] nm processor.

procession [pʀɔsesjɔ̃] nf (gén) procession.

processus [pʀɔsesys] nm (gén) process; [maladie] progress.

prochain, e [pʀɔʃɛ̃, ɛn] **1** adj (a) (suivant) next. **le mois** ~ next month; **le 8 septembre** ~ on the 8th September of this year; **la** ~**e fois** next time; **à la** ~**e occasion** at the next ou first opportunity; **au revoir, à une** ~**e fois!** goodbye, see you again!; **ce sera pour une** ~**e fois** it'll have to be some other time; **je descends à la** ~**e** * I'm getting off at the next stop. (b) (proche) arrivée imminent; avenir near, immediate. **un jour** ~ soon, in the near future. **2** nm fellow man. ♦ **prochainement** adv soon, shortly.

proche [pʀɔʃ] **1** adj (a) village neighbouring, nearby. **être** ~ to be near, be close (by); ~ **de** near, close to; **le magasin le plus** ~ the nearest shop; **de** ~ **en** ~ gradually; **le P~-Orient** the Near-East. (b) mort close, at hand; départ imminent. **dans un** ~ **avenir** in the near future; **être** ~ to be drawing near, be at hand; **être** ~ **de** to be close to. (c) événement close, recent. (d) parent close, near. **2** nmpl: ~**s** close relations, next of kin.

proclamer [pʀɔklame] (1) vt (gén) to proclaim; décret to publish; résultats d'élection to declare; résultats d'examen to announce. ♦ **proclamation** nf proclamation; declaration; announcement.

procréer [pʀɔkʀee] (1) vt to procreate. ♦ **procréation** nf procreation.

procuration [pʀɔkyʀasjɔ̃] nf proxy; (Fin) power of attorney.

procurer [pʀɔkyʀe] (1) **1** vt to bring, give. ~ **qch à qn** to get ou obtain sth for sb, provide sb with sth. **2 se** ~ vpr to get, find, obtain (for o.s.); (acheter) to buy (o.s.).

procureur [pʀɔkyʀœʀ] nm: (Jur) ~ **(de la République)** public ou state prosecutor.

prodigalité [pʀɔdigalite] nf (gén) prodigality, extravagance; (fig: profusion) profusion. ~**s** extravagance.

prodige [pʀɔdiʒ] **1** nm (événement) marvel, wonder; (personne) prodigy. **tenir du** ~ to be extraordinary; **faire des** ~**s** to work wonders; **grâce à des** ~**s de courage** thanks to his (ou her etc) prodigious ou extraordinary courage. **2** adj: **enfant** ~ child prodigy. ♦ **prodigieusement** adv fantastically, incredibly, prodigiously. ♦ **prodigieux, -euse** adj (gén) fantastic, incredible; effort, personne prodigious.

prodigue [pʀɔdig] **1** adj (dépensier) extravagant, wasteful, prodigal; (généreux) generous. **être** ~ **de** compliments, argent to be free with; temps to be

unsparing of; (Rel) **le fils** ~ the prodigal son. **2** nmf spendthrift.

prodiguer [pʀɔdige] (1) vt énergie to be unsparing of; conseils to give; argent to be lavish with. ~ **qch à qn** to lavish sth on sb.

produire [pʀɔdɥiʀ] (38) **1** vt (gén, Ciné, Jur) to produce; voitures etc to produce, make; (Agr) to produce, grow; intérêt to yield, return. **2 se** ~ vpr (a) (survenir) to happen, occur, take place. (b) [acteur] to give a performance, appear. ♦ **producteur, -trice 1** adj (gén, Agr) producing. **pays** ~ **de pétrole** oil-producing country, oil producer. **2** nm, f (gén, Ciné, TV, Agr) producer. **du** ~ **au consommateur** from the producer to the consumer; (TV) ~**-réalisateur** producer and director. ♦ **productif, -ive** adj productive. (Fin) ~ **d'intérêts** interestbearing. ♦ **production** nf (a) (action) production. (b) (rendement) (Ind) production, output; (Agr) production, yield. (c) (produit) product. ~**s** (Agr) produce; (Comm, Ind) goods. (d) (Ciné) production. ♦ **productique** nf factory ou industrial automation. ♦ **productivité** nf productivity.

produit [pʀɔdɥi] nm (a) (article) product; (Chim) chemical. ~**s** (Agr) produce; (Comm, Ind) goods, products; ~**s finis** finished goods ou products; ~ **de substitution** alternative product; ~ **de consommation** consumable; ~ **de consommation courante** basic consumable; ~**s alimentaires** foodstuffs; ~**s de beauté** cosmetics; ~ **pharmaceutique** pharmaceutical (product). (b) (rapport) product, yield; (bénéfice) profit; (revenu) income. **le** ~ **de la collecte** the proceeds ou takings from the collection; ~ **intérieur brut** gross domestic product; ~ **national brut** gross national product. (c) (Math) product.

proéminent, e [pʀɔeminɑ̃, ɑ̃t] adj prominent.

prof * [pʀɔf] abrév de **professeur**.

profane [pʀɔfan] **1** adj fête etc secular. **2** nmf (a) (gén) layman, lay person. (b) (Rel) non-believer. **3** nm (Rel) **le** ~ the secular. ♦ **profaner** (1) vt église to desecrate, profane; souvenir to defile. ♦ **profanateur, -trice 1** adj profaning. **2** nm, f profaner. ♦ **profanation** nf desecration, profanation; defilement.

proférer [pʀɔfeʀe] (6) vt parole to utter.

professer [pʀɔfese] (1) vt (a) opinion etc to profess, declare. (b) (Scol) to teach.

professeur [pʀɔfesœʀ] nm (gén) teacher; [lycée, collège] (school)teacher; (Univ) ≃ lecturer, instructor (US); (avec chaire) professor. ~ **de piano** piano teacher ou master (ou mistress).

profession [pʀɔfɛsjɔ̃] nf (gén) occupation; (manuelle) trade; (libérale) profession. (Admin) **'sans** ~**'** 'occupation: none'; **faire** ~ **d'être artiste** to profess ou declare o.s. an artist; (Rel, fig) ~ **de foi** profession of faith. ♦ **professionnel, -elle 1** adj activité, maladie occupational; école technical; formation vocational; sportif, secret, faute professional. **2** nm, f (gén, Sport) professional. **les** ~**s du tourisme** people working in the tourist industry.

professoral, e, mpl **-aux** [pʀɔfesɔʀal, o] adj ton professorial. ♦ **professorat** nm: **le** ~ teaching.

profil [pʀɔfil] nm (gén, fig) profile; [voiture] line. **de** ~ in profile. ♦ **profilé, e 1** adj (gén) shaped; (aérodynamique) streamlined. **2** nm (Tech) ~ **(métallique)** metal section. ♦ **profiler** (1) **1** vt (Tech) (dessiner) to profile; (fabriquer) to shape. **2 se** ~ vpr [objet] to stand out, be outlined (sur, contre against); [ennuis, solution] to emerge.

profit [pʀɔfi] nm (Comm, Fin) profit; (avantage) benefit, advantage, profit. **être d'un grand** ~ **à qn** to be of great benefit to sb; **faire du** ~ (gén) to be economical; [vêtement] to wear well; [rôti] to go a long way; **vous avez** ~ **à faire cela** it's in your interest ou to your advantage to do that; **tirer**

~ **de, mettre à** ~ *leçon* to profit *ou* benefit from; *malheur des autres* to take advantage of; *invention* to turn to good account; *jeunesse, temps libre* to make the most of; **collecte au** ~ **des aveugles** collection in aid of the blind. ◆ **profitable** *adj (utile)* beneficial, of benefit; *(lucratif)* profitable *(à* to). ◆ **profiter** (1) **1** ~ **de** *vt indir* to take advantage of; *jeunesse, vacances* to make the most of. **2** ~ **à** *vt indir:* ~ **à qn** *[repas, conseil]* to benefit sb; **cette affaire lui a profité** he benefited by that business; **à qui cela profite-t-il?** who stands to gain by it? **3** *vi* (*) *[enfant]* to thrive, grow; *(être économique)* to be economical. ◆ **profiteur, -euse** *nm, f* profiteer.

profond, e [pʀɔfɔ̃, ɔ̃d] **1** *adj* **(a)** *(lit)* deep. **peu** ~ shallow; ~ **de 3 mètres** 3 metres deep. **(b)** *nuit, couleur, voix* deep; *soupir* deep, heavy; *sommeil* deep, sound; *silence, mystère, réflexion* deep, profound; *erreur, intérêt, sentiment* profound; *révérence* deep, low; *cause, signification* underlying, deeper; *tendance* deep-seated, underlying. **la France** ~**e** the broad mass of French people. **2** *nm:* **au plus** ~ **de** *(gén)* in the depths of; **au plus** ~ **de la nuit** at dead of night. **3** *adv creuser* deep; *planter* deep (down). ◆ **profondément** *adv* deeply; profoundly; *creuser* deep; *s'incliner* low. ~ **différent** vastly *ou* profoundly different; **il dort** ~ he is sound *ou* fast asleep; **idée** ~ **ancrée dans les esprits** idea deeply rooted in people's minds; **ça m'est** ~ **égal** I really couldn't care less. ◆ **profondeur** *nf* **(a)** *(lit)* depth. **à cause du peu de** ~ because of the shallowness; **creuser en** ~ to dig deep; **avoir 10 mètres de** ~ to be 10 metres deep *ou* in depth; **les** ~**s** the depths *(de* of). **(b)** *[personne, remarque]* profundity; *[sentiment, regard]* depth; *[couleur, voix]* deepness. **en** ~ *agir* in depth; *réforme* radical.

profusion [pʀɔfyzjɔ̃] *nf (gén)* profusion; *[idées]* wealth. **il y a des fruits à** ~ there is fruit galore * *ou* in plenty, there is plenty of fruit.

progéniture [pʀɔʒenityʀ] *nf* offspring.

progiciel [pʀɔʒisjɛl] *nm* software package.

programme [pʀɔgʀam] *nm* **(a)** *(gén)* programme, program *(US)*; *(emploi du temps)* timetable; *(Ordin)* program. **au** ~ in the programme. **(b)** *(Scol) (d'une matière)* syllabus; *(d'une classe, d'une école)* curriculum. **les œuvres du** ~ the set *ou* assigned *(US)* books, the books on the syllabus. ◆ **programmable** *adj* programmable. **touche** ~ user-definable key. ◆ **programmation** *nf* programming. ◆ **programmer** (1) *vt émission* to bill; *ordinateur* to program; *(*: prévoir)* to plan. ◆ **programmeur, -euse** *nm, f* (computer) programmer.

progrès [pʀɔgʀɛ] *nm (gén)* progress. **faire des** ~ to make progress; **élève en** ~ pupil who is making progress *ou* who is getting on (well); ~ **scolaires** academic progress; **il y a du** ~ there is some progress *ou* improvement; **suivre les** ~ **de** to follow the progress of; **c'est le** ~! that's progress! ◆ **progresser** (1) *vi* **(a)** *(s'améliorer)* to progress, get *ou* come on well. **(b)** *(avancer)* to advance, progress; *[théorie]* to gain ground, make headway. ◆ **progressif, -ive** *adj* progressive. ◆ **progression** *nf* **(a)** *(gén)* progress; *[ennemi]* advance; *[maladie]* progression. **(b)** *(Math, Mus)* progression. ◆ **progressiste** *adj, nmf* progressive. ◆ **progressivement** *adv* progressively.

prohiber [pʀɔibe] (1) *vt* to prohibit, ban, forbid. ◆ **prohibitif, -ive** *adj* prohibitive. ◆ **prohibition** *nf (gén, Hist USA)* prohibition *(de* on). **la** ~ **du port d'armes** a ban on the carrying of weapons.

proie [pʀwa] *nf (lit, fig)* prey. **être la** ~ **de** to fall prey to, be the prey of; **être en** ~ **à** *maladie* to be a victim of; *douleur* to be tortured by; *émotion* to be prey to.

projecteur [pʀɔʒɛktœʀ] *nm* **(a)** *[film]* projector. **(b)** *(lampe) [théâtre]* spotlight; *[bateau]* searchlight;

[monument] floodlight; *(Aut)* headlamp unit *ou* assembly, headlight.

projectile [pʀɔʒɛktil] *nm* missile, projectile.

projection [pʀɔʒɛksjɔ̃] *nf* **(a)** *[film] (action)* projection; *(séance)* showing. **appareil de** ~ projector; **salle de** ~ film theatre; **cabine de** ~ projection room. **(b)** *[pierres etc]* throwing; *[vapeur]* discharge. ◆ **projectionniste** *nmf* projectionist.

projet [pʀɔʒɛ] *nm* **(a)** *(dessein)* plan. **faire le** ~ **de faire** to make plans to do; **ce** ~ **de livre** this plan for a book; **c'est encore en** ~ it's still only at the planning stage. **(b)** *(ébauche) [roman]* (preliminary) draft; *[maison]* plan. ~ **de loi** bill; **établir un** ~ **de contrat** to draft a contract. ◆ **projeteur** *nm* project manager.

projeter [pʀɔʒte] (4) **1** *vt* **(a)** *(envisager)* to plan *(de faire* to do). **(b)** *(jeter) (gén)* to throw, fling; *gravillons* to throw up; *étincelles* to throw off; *fumée* to send out, discharge. **(c)** *ombre, reflet* to cast, project, throw; *diapositive* to project, show. **2 se** ~ *vpr [ombre]* to be cast, fall *(sur* on).

prolétaire [pʀɔletɛʀ] **1** *adj* proletarian. **2** *nmf* proletarian. **les enfants de** ~**s** children of working-class people; ~**s de tous les pays unissez-vous!** workers of the world unite! ◆ **prolétariat** *nm* proletariat. ◆ **prolétarien, -ienne** *adj* proletarian.

prolifération [pʀɔlifeʀasjɔ̃] *nf* proliferation. ◆ **proliférer** (6) *vi* to proliferate. ◆ **prolifique** *adj* prolific.

prologue [pʀɔlɔg] *nm* prologue *(à* to).

prolonger [pʀɔlɔ̃ʒe] (3) **1** *vt (gén)* to prolong; *billet* to extend; *rue, mur* to extend, continue. **2 se** ~ *vpr (gén)* to go on, carry on, continue; *[effet]* to last, persist. ◆ **prolongateur** *nm* extension cable *ou* lead. ◆ **prolongation** *nf* prolongation; extension. *(Ftbl)* ~**s** extra time. ◆ **prolongé, e** *adj* prolonged. ◆ **prolongement** *nm [route]* continuation; *[bâtiment, affaire]* extension. **être dans le** ~ **de qch** to run *ou* lead straight on from sth; *(suites)* ~**s** repercussions, effects.

promenade [pʀɔmnad] *nf* **(a)** *(à pied)* walk, stroll; *(en voiture)* drive, ride; *(en bateau)* sail; *(en vélo, à cheval)* ride. **faire une** ~/**être en** ~ to go out/be out for a walk *(ou* a drive *etc)*. **(b)** *(avenue)* walk, esplanade. ◆ **promener** (5) **1** *vt:* **(emmener)** ~ **qn** to take sb (out) for a walk *ou* stroll; ~ **le chien** to walk the dog, take the dog out (for a walk); **cela te promènera** that will get you out for a while; *(péj)* ~ **qch/qn partout** * to trail sb/sth everywhere; ~ **ses regards/ses doigts sur qch** to run one's eyes/one's fingers over sth. **2 se** ~ *vpr* to go for a walk *(ou* drive *etc)*; *[regards, doigts]* to wander. **ses affaires se promènent toujours partout** * his things are always lying around all over the place. ◆ **promeneur, -euse** *nm, f* walker, stroller.

promesse [pʀɔmɛs] *nf* promise; *(Comm)* commitment, undertaking. ~ **en l'air** empty *ou* vain promise; ~ **d'achat** commitment to buy; **faire une** ~ to make a promise, give one's word; **j'ai sa** ~ I have his word for it; *(fig)* **plein de** ~**s** very promising.

prometteur, -euse [pʀɔmɛtœʀ, øz] *adj début, signe* promising; *acteur, politicien* up-and-coming, promising.

promettre [pʀɔmɛtʀ(ə)] (56) **1** *vt (gén, fig)* to promise. **je te le promets** I promise (you); **il a promis de venir** he promised to come; **il m'a promis de venir** *ou* **qu'il viendrait** he promised me that he would come; ~ **la lune** to promise the moon *ou* the earth; ~ **son cœur** to pledge one's heart; **on nous promet du beau temps** we are promised *ou* we are in for * some fine weather; **le dîner promet d'être réussi** the dinner promises to be a success; **cet enfant promet** this child shows promise *ou* is

promising; *(iro)* **ça promet!** that's a good start! *(iro)*, that's promising! *(iro)*.
2 se ~ *vpr:* **se ~ de faire** to mean *ou* resolve to do; **se ~ du bon temps** to promise o.s. a good time. ♦ **promis, e** *adj:* **être ~ à qch** to be destined for sth.

promiscuité [pRɔmiskɥite] *nf* lack of privacy *(de in)*.

promo [pRɔmo] *nf (abrév de* **promotion***)* year, class *(US)*.

promontoire [pRɔmɔ̃twaR] *nm* headland, promontory.

promotion [pRɔmosjɔ̃] *nf [employé, produit]* promotion; *(Scol: année)* year, class *(US)*. **~ sociale** social advancement; **(article en) ~** (item on) special offer. ♦ **promoteur, -trice** *nm, f (instigateur)* promoter. **~ (immobilier)** property developer. ♦ **promotionnel, -elle** *adj* article on (special) offer; *vente* promotional. ♦ **promouvoir** (27) *vt* to promote, upgrade *(à* to).

prompt, prompte [pRɔ̃, pRɔ̃t] *adj (gén)* swift, rapid, quick; *réaction* prompt, swift; *départ, changement* sudden. **~ rétablissement!** get well soon!; **~ à agir** swift *ou* quick to act; *(Comm)* **dans l'espoir d'une prompte réponse** hoping for an early reply. ♦ **promptement** *adv* swiftly; rapidly; quickly; promptly; suddenly. ♦ **promptitude** *nf* swiftness; rapidity; quickness; promptness; suddenness.

promulguer [pRɔmylge] (1) *vt* to promulgate.

prôner [pRone] (1) *vt (vanter)* to extol; *(préconiser)* to advocate.

pronom [pRɔnɔ̃] *nm* pronoun. ♦ **pronominal, e,** *mpl* **-aux** *adj* pronominal. **verbe ~** reflexive verb.

prononcer [pRɔnɔ̃se] (3) **1** *vt* **(a)** *(articuler)* to pronounce. **mal ~ un mot** to mispronounce a word; **~ distinctement** to speak clearly. **(b)** *(dire) parole, nom* to utter; *discours* to make, deliver. **(c)** *sentence, dissolution* to pronounce. **2 se ~** *vpr* **(a)** to reach *ou* come to a decision, give a verdict *(sur* on). **se ~ en faveur de** to pronounce o.s. in favour of. **(b)** *[mot]* to be pronounced. ♦ **prononçable** *adj* pronounceable. ♦ **prononcé, e** *adj accent, goût, trait* marked, pronounced, strong. ♦ **prononciation** *nf* pronunciation. **il a une bonne ~** he speaks clearly; *(langue étrangère)* he has a good pronunciation *ou* defect.

pronostic [pRɔnɔstik] *nm* forecast. **se tromper dans ses ~s** to get one's forecasts wrong. ♦ **pronostiquer** (1) *vt (prédire)* to forecast; *(être le signe de)* to foretell; to be a sign of. ♦ **pronostiqueur, -euse** *nm, f (gén)* forecaster; *(Courses)* tipster.

propagande [pRɔpagɑ̃d] *nf* propaganda. **faire de la ~ pour qch/qn** to push *ou* plug * sth/sb; **~ électorale** electioneering propaganda.

propager [pRɔpaʒe] (3) **1** *vt foi, idée* to propagate; *nouvelle, maladie* to spread. **2 se ~** *vpr (gén)* to spread; *(Phys) [onde]* to be propagated; *(Bio) [espèce]* to propagate. ♦ **propagateur, -trice** *nm, f* propagator; spreader. ♦ **propagation** *nf* propagation; spreading.

propane [pRɔpan] *nm* propane.

propension [pRɔpɑ̃sjɔ̃] *nf* propensity *(à qch* for sth, *à faire* to do).

prophète [pRɔfɛt] *nm* prophet. ♦ **prophétesse** *nf* prophetess. ♦ **prophétie** *nf* prophecy. ♦ **prophétique** *adj* prophetic. ♦ **prophétiser** (1) *vt* to prophesy.

propice [pRɔpis] *adj (gén)* favourable *(à* to); *circonstance* auspicious, propitious. **moment ~** opportune moment.

proportion [pRɔpɔRsjɔ̃] *nf (gén)* proportion. *(rapport)* **la ~ entre hauteur et largeur** the proportion *ou* relation of height to width, the ratio between

height and width; **réduire qch à de plus justes ~s** to cut sth down to size; **en ~** in proportion *(de* to); **hors de ~** out of proportion *(avec* to); **toutes ~s gardées** relatively speaking, making due allowance(s). ♦ **proportionné, e** *adj:* **~ à** proportional *ou* proportionate to; **bien ~** well-proportioned. ♦ **proportionnel, -elle** *adj* proportional. **~ à** proportional *ou* proportionate to; **représentation ~elle** proportional representation. ♦ **proportionnellement** *adv* proportionally, proportionately *(à* to). ♦ **proportionner** (1) *vt* to proportion.

propos [pRɔpo] *nm* **(a)** *(paroles)* talk, remarks, words. **(b)** *(littér: intention)* intention. **de ~ délibéré** deliberately, on purpose. **(c)** *(sujet)* subject. **à quel ~ voulait-il me voir?** what did he want to see me about?; **à ~ de ta voiture** about your car, on the subject of your car; **je vous écris à ~ de l'annonce** I am writing regarding *ou* concerning the advertisement *ou* in connection with the advertisement; **il se plaint à tout ~** he complains at the slightest (little) thing; **à ce ~** in this connection. **(d)** *(lit, fig)* **arriver à ~** to come at the right moment *ou* time; *[fait]* **arriver mal à ~** to happen (just) at the wrong moment *ou* time; **juger à ~ de faire qch** to see fit to do sth; **à ~, dis-moi...** incidentally *ou* by the way, tell me...

proposer [pRɔpoze] (1) **1** *vt* **(a)** *(suggérer) (gén)* to suggest, propose *(de faire* doing); *solution, candidat* to put forward. **~ qch à qn** to suggest *ou* put sth to sb; **je vous propose de passer me voir** I suggest that you come round and see me. **(b)** *(offrir) aide, prix, situation* to offer. **~ de faire** to offer to do; **~ qch à qn** to offer sth to sb, offer sb sth. **2 se ~** *vpr* **(a)** *(offrir ses services)* to offer one's services. **se ~ pour faire qch** to offer to do sth. **(b)** *but, tâche* to set o.s. **se ~ de faire qch** to intend *ou* mean *ou* propose to do sth.

♦ **proposition** *nf* **(a)** *(suggestion, offre)* proposal, proposition. *(Pol)* **~ de loi** private bill; **sur ~ de** on the proposal of. **(b)** *(Math, Philos, déclaration)* proposition. **(c)** *(Gram)* clause. **~ principale** main clause.

propre¹ [pRɔpR(ə)] **1** *adj* **(a)** *(pas sali)* clean; *(net)* personne, vêtement neat, tidy; *travail, cahier* neat. **~ comme un sou neuf** as neat *ou* clean as a new pin; **ce n'est pas ~ de manger avec les doigts** it's messy to eat with your fingers; **nous voilà ~s!** * now we're in a fine *ou* proper mess! * **(b)** *(qui ne salit pas)* chien house-trained; *enfant* toilet-trained. **(c)** *(honnête)* honest, decent. **2** *nm:* **sentir le ~** to smell clean; **recopier qch au ~** to make a fair copy of sth; **c'est du ~!** * *(gâchis)* what a mess!; *(comportement)* what a way to behave!, it's an absolute disgrace!

propre² [pRɔpR(ə)] **1** *adj* **(a)** *(possessif)* own. **par ses ~s moyens** réussir on one's own; *rentrer* under one's own steam; **ce sont ses ~s mots** those are his own *ou* his very *ou* his actual words; **de son ~ chef** on his own initiative. **(b)** *(spécifique)* **~ à** peculiar to, characteristic of; **c'est un trait qui lui est ~** it's a distinctive *ou* specific characteristic of his; *(Jur)* **biens ~s** personal property. **(c)** *(qui convient)* suitable, appropriate *(à* for). **le mot ~** the right *ou* proper word. **(d)** *(de nature à)* **un poste ~ à lui apporter des satisfactions** a job likely to bring him satisfaction. **(e)** *(Ling) sens d'un mot* literal. **2** *nm* **(a)** *(qualité)* **c'est le ~ de qch** it's a peculiarity *ou* (distinctive) feature of sth; **avoir qch en ~** to have exclusive possession of sth; **cette caractéristique que la France possède en ~** this feature which is peculiar *ou* exclusive to France. **(b)** *(Ling)* **au ~** in the literal sense, literally.

propre-à-rien, *pl* **propres-à-rien** [pRɔpRaRjɛ̃] *nmf* good-for-nothing.

proprement [pRɔpRəmɑ̃] *adv* **(a)** *(avec propreté)* cleanly; *(avec netteté)* neatly, tidily; *(comme il faut)* properly; *(fig: décemment)* decently. **mange ~!** eat properly! **(b)** *(exactement)* exactly, literally; *(exclusivement)* specifically, strictly. **à ~ parler** strictly speaking; **le village ~ dit** the actual village, the village itself; **c'est ~ scandaleux** it's absolutely disgraceful.

propreté [pRɔpRəte] *nf (V propre¹)* cleanliness, cleanness; neatness; tidiness; *(hygiène)* hygiene.

propriété [pRɔpRijete] *nf* **(a)** *(droit)* ownership, property. **~ artistique** artistic copyright; **posséder en toute ~** to have sole ownership of. **(b)** *(maison)* property; *(terres)* property, land. **~ bâtie/non bâtie** developed/undeveloped property; **~ privée** private property. **(c)** *(qualité)* property. **(d)** *(correction) [mot]* appropriateness, suitability. ◆ **propriétaire 1** *nm (gén)* owner; *[entreprise]* proprietor; *[appartement loué]* landlord. **il est ~** he owns his house; **~ récoltant** grower; **~ terrien** landowner; **~ foncier** property owner. **2** *nf* owner; proprietress; landlady.

propulser [pRɔpylse] **(1)** *vt* **(a)** *voiture* to propel, drive; *missile* to propel, power. **(b)** *(projeter)* to hurl, fling. ◆ **propulseur 1** *adj* propulsive, driving. **2** *nm* propeller. ◆ **propulsion** *nf* propulsion. **à ~ atomique** atomic-powered.

prorata [pRɔRata] *nm inv:* **au ~ de** in proportion to.

proroger [pRɔRɔʒe] **(3)** *vt durée* to extend; *échéance* to put back, defer; *séance* to adjourn; *(Parl)* to prorogue. ◆ **prorogation** *nf* extension; deferment; adjournment; prorogation.

prosaïque [pRɔzaik] *adj* mundane, prosaic. ◆ **prosaïquement** *adv* mundanely, prosaically.

proscrire [pRɔskRiR] **(39)** *vt chose* to ban, prohibit, proscribe; *personne (mettre hors la loi)* to outlaw, proscribe; *(exiler)* to banish, exile. **~ une expression de son style** to banish an expression from one's style. ◆ **proscription** *nf* banning; prohibition; proscription; banishment. ◆ **proscrit, e** *nm, f (hors-la-loi)* outlaw; *(exilé)* exile.

prose [pRoz] *nf (gén)* prose; *(hum: lettre)* letter. **poème en ~** prose poem.

prosélytisme [pRɔzelitism(ə)] *nm* proselytism. **faire du ~** to proselytize, preach.

prospecter [pRɔspɛkte] **(1)** *vt (Min)* to prospect; *(Comm)* to canvass. ◆ **prospecteur, -trice** *nm, f* prospector. ◆ **prospection** *nf* prospecting; canvassing.

prospectus [pRɔspɛktys] *nm (tract)* leaflet, handout; *(dépliant)* prospectus, brochure, leaflet.

prospère [pRɔspɛR] *adj commerce, pays, collectivité* prosperous, thriving, flourishing; *santé* flourishing. ◆ **prospérer (6)** *vi* to prosper; to thrive; to flourish. ◆ **prospérité** *nf (matérielle, économique)* prosperity; *[finances]* thriving *ou* flourishing state.

prostate [pRɔstat] *nf* prostate (gland).

prosterner [pRɔstɛRne] **(1) 1** *vt (littér)* to bow low. **2 se ~** *vpr (s'incliner)* to bow down, prostrate o.s. *(devant* before); *(fig: s'humilier)* to grovel *(devant* before). ◆ **prosterné, e** *adj* prostrate.

prostituer [pRɔstitɥe] **(1) 1** *vt* to prostitute. **2 se ~** *vpr (lit, fig)* to prostitute o.s. ◆ **prostituée** *nf* prostitute. ◆ **prostitution** *nf (lit, fig)* prostitution.

prostration [pRɔstRasjɔ̃] *nf* prostration. ◆ **prostré, e** *adj* prostrate.

protagoniste [pRɔtagɔnist(ə)] *nm* protagonist.

protection [pRɔtɛksjɔ̃] *nf (défense)* protection; *(patronage)* patronage; *(blindage)* armour-plating. **mesures de ~** protective measures; **prendre qn sous sa ~** to give sb one's protection *(ou* patronage); **assurer la ~ rapprochée du chef de l'État** to ensure the personal safety of the head of state; **il a demandé à bénéficier d'une ~ rapprochée** he asked for 24-hour police protection; **~ de l'en-**

fance child welfare; **~ de la nature** preservation *ou* protection of the countryside. ◆ **protecteur, -trice 1** *adj (gén)* protective *(de* of); *ton, air* patronizing. **2** *nm, f (défenseur)* protector, guardian; *[arts]* patron. **3** *nm (souteneur)* pimp *(péj)*. ◆ **protectionnisme** *nm* protectionism. ◆ **protectionniste** *adj, nmf* protectionist. ◆ **protectorat** *nm* protectorate.

protéger [pRɔteʒe] **(6)** *et* **(3) 1** *vt (gén)* to protect; *(moralement)* to guard, shield; *(des éléments)* to protect, shelter *(de* from); *(fig: patronner)* to patronize. **2 se ~** *vpr* to protect o.s. ◆ **protégé, e** *nm, f* protégé; protégée; *(*: *favori)* favourite, pet *. ◆ **protège-cahier**, *pl* **protège-cahiers** *nm* exercise-book cover.

protéine [pRɔtein] *nf* protein.

protestant, e [pRɔtɛstɑ̃, ɑ̃t] *adj, nm, f* Protestant. ◆ **protestantisme** *nm* Protestantism.

protester [pRɔtɛste] **(1)** *vti* to protest *(contre* against; *about)*. **~ de son innocence** to protest one's innocence. ◆ **protestataire 1** *adj personne* protesting; *marche* protest. **2** *nmf* protester. ◆ **protestation** *nf (plainte)* protest; *(déclaration)* protestation, profession.

prothèse [pRɔtɛz] *nf* prosthesis. **~ (dentaire)** dentures. ◆ **prothésiste** *nmf* dental technician.

protide [pRɔtid] *nm* protein.

proto... [pRɔtɔ] *préf* proto...

protocole [pRɔtɔkɔl] *nm* **(a)** *(étiquette)* etiquette; *(Pol, Ordin)* protocol. **(b)** *(procès-verbal)* protocol. **~ d'accord** draft treaty. ◆ **protocolaire** *adj cérémonie* formal.

prototype [pRɔtɔtip] *nm* prototype. **~ d'avion** prototype aircraft.

protubérance [pRɔtybeRɑ̃s] *nf* bulge, protuberance. ◆ **protubérant, e** *adj* bulging, protuberant, protruding.

proue [pRu] *nf* bow, bows, prow.

prouesse [pRuɛs] *nf (littér)* feat. *(fig)* **faire des ~s** to work miracles.

prouver [pRuve] **(1)** *vt (gén)* to prove. **cela prouve que...** it proves *ou* shows that...; **cela n'est pas prouvé** there's no proof of it, that hasn't been proved; **il a voulu se ~ qu'il en était capable** he wanted to prove to himself that he was capable of it; **son efficacité n'est plus à ~** its effectiveness is no longer in doubt *ou* in question.

Provence [pRɔvɑ̃s] *nf* Provence.

provenir [pRɔvniR] **(22) ~ de** *vt indir pays* to come from; *cause* to be due to, be the result of. ◆ **provenance** *nf [objet]* origin; *[coutume]* source. **j'ignore la ~ de cette lettre** I don't know where this letter comes from; **en ~ de l'Angleterre** from England.

proverbe [pRɔvɛRb(ə)] *nm* proverb. **comme dit le ~** as the saying goes; *(Bible)* **le livre des P~s** (the Book of) Proverbs. ◆ **proverbial, e**, *mpl* **-aux** *adj* proverbial.

providence [pRɔvidɑ̃s] *nf (Rel)* providence; *(fig: sauveur)* guardian angel. *(fig)* **ça a été notre ~** it was our salvation. ◆ **providentiel, -elle** *adj* providential. ◆ **providentiellement** *adv* providentially.

province [pRɔvɛ̃s] *nf* province. **vivre en ~** to live in the provinces; **ville de ~** provincial town; *(Hist: Hollande)* **les P~s Unies** the United Provinces. ◆ **provincial, e**, *mpl* **-aux** *adj, nm, f* provincial.

proviseur [pRɔvizœR] *nm* head(master), principal *(of a lycée)*.

provision [pRɔvizjɔ̃] *nf* **(a)** *(réserve)* stock, supply. **faire ~ de** to stock up with, get in a stock *ou* supply of. **(b)** **~s** *(vivres)* provisions, food; *(courses)* groceries; **faire ses ~s** to go shopping; **filet à ~s** shopping bag. **(c)** *(arrhes)* deposit.

(Banque) **y a-t-il ~ au compte?** are there sufficient funds in the account?

provisoire [pʀɔvizwaʀ] *adj mesure, gouvernement* provisional, temporary; *bonheur, installation* temporary. **à titre ~** temporarily, provisionally; **c'est du ~** it's a temporary *ou* provisional arrangement. **◆ provisoirement** *adv* for the time being.

provoquer [pʀɔvɔke] (1) *vt* (a) *(inciter)* **~ qn à** to incite sb to. (b) *(défier)* to provoke. **~ qn en duel** to challenge sb to a duel. (c) *accident, révolte etc* to cause; *réaction* to provoke, produce; *gaieté, commentaires* to give rise to; *colère, curiosité* to arouse. **le malade est sous sommeil provoqué** the patient is in an induced sleep. **◆ provocant, e** *adj* provocative. **◆ provocateur, -trice 1** *adj* provocative. **2** *nm* agitator. **◆ provocation** *nf* provocation.

proxénète [pʀɔksenɛt] *nm* procurer.

proximité [pʀɔksimite] *nf* proximity. **à ~** close by, near at hand; **à ~ de** near (to), in proximity to.

prude [pʀyd] **1** *adj* prudish. **2** *nf* prude.

prudent, e [pʀydɑ̃, ɑ̃t] *adj (circonspect)* cautious, prudent; *(sage)* wise, sensible; *(réservé)* cautious. **il serait ~ de faire** you would be well-advised to do, it is advisable to do; **ce n'est pas ~** it's not advisable; **c'est plus ~** it's wiser *ou* safer; **soyez ~!** be careful!, take care! **◆ prudemment** *adv* cautiously, prudently; wisely, sensibly. **◆ prudence** *nf* caution, cautiousness, prudence; wisdom. **par ~** as a precaution, to be on the safe side; **il a eu la ~ de partir** he had the good sense *ou* he was wise enough to leave; *(Prov)* **~ est mère de sûreté** safety is born of caution.

prune [pʀyn] **1** *nf (fruit)* plum; *(alcool)* plum brandy. **pour des ~s ⚹** for nothing; **des ~s! ⚹** not likely! ⚹ **2** *adj inv* plum-coloured. **◆ pruneau,** *pl* **~x** *nm* prune; *(⚹: balle)* slug ⚹. **◆ prunier** *nm* plum tree.

prunelle [pʀynɛl] *nf* (a) *(Bot)* sloe; *(eau-de-vie)* sloe gin. (b) *(pupille)* pupil. **il y tient comme à la ~ de ses yeux** it's the apple of his eye.

psalmodier [psalmɔdje] (7) *vt* to chant.

psaume [psom] *nm* psalm. *(Bible)* **le livre des P~s** the Book of Psalms.

pseudo- [psødɔ] *préf (gén)* pseudo-; *(péj)* bogus *(péj)*.

pseudonyme [psødɔnim] *nm (gén)* assumed name; *[écrivain]* pen name; *[comédien]* stage name; *(Jur, hum)* alias.

psychanalyse [psikanaliz] *nf* psychoanalysis. **◆ psychanalyser** (1) *vt* to psychoanalyze. **◆ psychanalyste** *nmf* psychoanalyst. **◆ psychanalytique** *adj* psychoanalytic(al).

psychiatre [psikjatʀ(ə)] *nmf* psychiatrist. **◆ psychiatrie** *nf* psychiatry. **◆ psychiatrique** *adj troubles* psychiatric; *hôpital* psychiatric, mental.

psychique [psiʃik] *adj* psychological, psychic(al). **◆ psychisme** *nm* psyche.

psychodrame [psikɔdʀam] *nm* psychodrama.

psychologie [psikɔlɔʒi] *nf* psychology. **◆ psychologique** *adj* psychological. **◆ psychologiquement** *adv* psychologically. **◆ psychologue** *nmf* psychologist. *(fig)* **être ~** to be a good psychologist. **◆ psychopathe** *nmf* person who is mentally ill; *(agressif, criminel)* psychopath. **◆ psychose** *nf (Psych)* psychosis; *(fig: obsession)* obsessive fear *(de* of). **◆ psychothérapie** *nf* psychotherapy.

puant, e [pɥɑ̃, ɑ̃t] *adj (lit)* stinking, foul-smelling; *(fig) personne* obnoxious. **◆ puanteur** *nf* stink, stench.

pub¹ [pœb] *nm (bar)* pub.

pub² ⚹ [pyb] *nf (annonce)* ad ⚹, advert ⚹; *(ciné, TV)* commercial, ad ⚹. *(métier)* **la ~** adver-

tising; **faire de la ~ pour qch** to plug sth ⚹, give sth a plug ⚹.

puberté [pybɛʀte] *nf* puberty.

public, -ique [pyblik] **1** *adj (gén)* public. **danger ~** public danger; **rendre ~** *nouvelle* to make public. **2** *nm (population)* (general) public; *(assistance)* audience. **des huées s'élevèrent du ~** boos rose from the audience *ou* public; **cet acteur a son ~** this actor has his fans *ou* followers; **un ~ clairsemé assistait au match** the match was attended by very few spectators; **le ~ est informé que...** the public is advised that...; **en ~** in public; **roman destiné au grand ~** novel written for the general reader *ou* public; **appareils électroniques grand ~** consumer electronics.

publication [pyblikɑsjɔ̃] *nf (gén)* publication.

publicité [pyblisite] *nf* (a) *(méthode, profession)* advertising. *(Comm, fig)* **faire de la ~ pour qch** to advertise sth. (b) *(annonce)* advertisement, ad ⚹, advert ⚹; *(Ciné, TV)* commercial, advertisement. (c) *(révélations)* publicity. **faire de la ~ autour de qch** to give sth a lot of publicity. **◆ publicitaire 1** *adj (gén)* advertising; *film, voiture* promotional. **vente ~** promotional sale. **2** *nmf* adman ⚹, advertising executive.

publier [pyblije] (7) *vt* to publish. **ça vient d'être publié** it has just come out *ou* been published; **~ un communiqué (au sujet de** *ou* **concernant)** to release a statement (about).

publiphone [pyblifɔn] *nm* public telephone, payphone. **~ à carte à mémoire** card phone.

publiquement [pyblikmɑ̃] *adv* publicly.

puce [pys] *nf (Zool)* flea; *(Ordin)* (silicon) chip. **cela m'a mis la ~ à l'oreille** that started me thinking; **les ~s, le marché aux ~s** the flea market; **oui, ma ~** ⚹ yes, pet ⚹; **jeu de ~s** tiddlywinks. **◆ puceron** *nm* greenfly.

pudeur [pydœʀ] *nf (sexuelle)* sense of modesty *ou* decency; *(délicatesse)* sense of propriety. **◆ pudibond, e** *adj* prudish. **◆ pudibonderie** *nf* prudishness. **◆ pudique** *adj (chaste)* modest; *(discret)* discreet. **◆ pudiquement** *adv* modestly; discreetly.

puer [pɥe] (1) **1** *vi* to stink, reek. **2** *vt* to stink *ou* reek of.

puéricultrice [pɥeʀikyltʀis] *nf (infirmière)* paediatric nurse; *(institutrice)* nursery nurse. **◆ puériculture** *nf* paediatric nursing; nursery nursing.

puéril, e [pɥeʀil] *adj* puerile, childish. **◆ puérilité** *nf (caractère)* puerility, childishness; *(acte)* childish act.

pugilat [pyʒila] *nm* (fist)fight.

puis [pɥi] *adv* then. *(en outre)* **et ~** and besides; **et ~ c'est tout** and that's all; **et ~ après?** *(ensuite)* and what next?, and then what?; *(et alors?)* so what?, what of it?

puisard [pɥizaʀ] *nm* cesspool.

puiser [pɥize] (1) *vt* to draw *(dans* from). **~ dans son sac** to dip into one's bag.

puisque [pɥisk(ə)] *conj* as, since, seeing that. *(intensif)* **~ je te le dis!** I'm telling you (so)!

puissance [pɥisɑ̃s] *nf (gén, fig, Pol, Sci)* power; *[vent]* strength, force. **avoir une grande ~ de travail** to have a great capacity for work; **avoir une grande ~ d'imagination** to have a very powerful imagination *ou* great powers of imagination; *(Aut)* **~ fiscale** engine rating; *(Jur)* **~ paternelle** parental rights *ou* authority; *(Math)* **10 ~ 4** 10 to the power of 4, 10 to the 4th; **exister en ~** to have a potential existence; **c'est là en ~** it is potentially present. **◆ puissamment** *adv (fortement)* powerfully; *(beaucoup)* greatly. **◆ puissant, e 1** *adj (gén)* powerful. **2** *nm:* **les ~s** the mighty *ou* powerful.

puits [pui] nm [eau, pétrole] well; (Min) shaft; (Constr) well, shaft. ~ **d'aération/d'extraction** ventilation/winding shaft; (Min) ~ **à ciel ouvert** opencast mine; ~ **de science** well of learning.

pull(-over) [pul(ɔvœʀ)] nm sweater, jersey, pullover.

pulluler [pylyle] (1) vi (se reproduire) to proliferate, multiply; (grouiller) to swarm (de with); [erreurs] to abound.

pulmonaire [pylmɔnɛʀ] adj pulmonary, lung.

pulpe [pylp(ə)] nf [fruit, dent, bois] pulp.

pulsation [pylsɑsjɔ̃] nf (action) beating. ~s heartbeats.

pulsé [pylse] adj m: **chauffage à air** ~ warm-air heating.

pulsion [pylsjɔ̃] nf (Psych) drive, urge.

pulvériser [pylveʀize] (1) vt solide, adversaire to pulverize; liquide to spray; record to smash *. ♦ **pulvérisable** adj pulverable. ♦ **pulvérisateur** nm spray. ♦ **pulvérisation** nf pulverization; spraying. (Méd) **ordonner des** ~s to prescribe a nasal spray.

puma [pyma] nm puma.

punaise [pynɛz] nf (Zool) bug; (clou) drawing pin, thumbtack (US). ♦ **punaiser** (1) vt to pin up.

punch¹ [pɔ̃ʃ] nm (boisson) punch.

punch² [pœnʃ] nm (Boxe) punching ability; (fig) punch.

punching-ball, pl **punching-balls** [pœnʃiŋbol] nm punchball.

punir [pyniʀ] (2) vt (gén) to punish (pour for). **être puni de prison** to be sentenced to prison; **c'est puni par la loi** it is punishable by law. ♦ **punissable** adj punishable (de by). ♦ **punitif, -ive** adj expédition punitive. ♦ **punition** nf punishment (de qch for sth). **pour ta** ~ for your punishment.

punk [pœnk] adj inv, nmf inv punk.

pupille¹ [pypij] nf (Anat) pupil.

pupille² [pypij] nmf (enfant) ward. ~ **de la Nation** war orphan.

pupitre [pypitʀ(ə)] nm (Scol) desk; (Rel) lectern; [musicien] music stand; [piano] music rest; [chef d'orchestre] rostrum; (Ordin) console. ♦ **pupitreur, -euse** nm, f computer operator, keyboard operator, keyboarder.

pur, e [pyʀ] adj (a) (gén, fig) pure; personne purehearted; ciel clear; vin undiluted; whisky, gin neat, straight; diamant flawless. (b) (intensif) **c'est de la folie** ~e it's pure ou sheer madness; **c'est de l'insubordination** ~e **et simple** it's insubordination pure and simple; **c'était du racisme** ~ **et simple** ou **à l'état** ~ it was straight ou plain racism; **par** ~ **hasard** by sheer chance, purely by chance; **c'est la** ~e **vérité** it's the plain ou simple truth; **en** ~e **perte** for absolutely nothing, fruitlessly. ♦ **purement** adv purely. ~ **et simplement** purely and simply. ♦ **pureté** nf (gén) purity; [diamant] flawlessness. ♦ **pur-sang** nm inv thoroughbred, purebred.

purée [pyʀe] nf [tomates etc] purée. ~ **(de pommes de terre)** mashed potatoes; **être dans la** ~ ‡ to be in the soup *.

purgatoire [pyʀgatwaʀ] nm (Rel, fig) purgatory.

purge [pyʀʒ(ə)] nf (Méd, Pol) purge. ♦ **purgatif, -ive** adj, nm purgative. ♦ **purger** (3) 1 vt radiateur to bleed, flush (out), drain; freins to bleed; (Méd, fig) to purge; (Jur) peine to serve. 2 **se** ~ vpr to take a purgative.

purifier [pyʀifje] (7) 1 vt (gén) to purify, cleanse; métal to refine. 2 **se** ~ vpr to cleanse o.s. ♦ **purification** nf purification, cleansing; refinement.

purin [pyʀɛ̃] nm liquid manure.

purisme [pyʀism(ə)] nm purism. ♦ **puriste** adj, nmf purist.

puritain, e [pyʀitɛ̃, ɛn] 1 adj puritan(ical). 2 nm, f puritan. ♦ **puritanisme** nm puritanism.

pus [py] nm pus.

pustule [pystyl] nf pustule.

putain ‡ [pytɛ̃] nf whore. **ce** ~ **de réveil!** that goddamn ‡ alarm clock!

putois [pytwa] nm polecat.

putréfier vt, **se** ~ vpr [pytʀefje] (7) to putrefy. ♦ **putréfaction** nf putrefaction.

putsch [putʃ] nm putsch. ♦ **putschiste** nm putschist.

puzzle [pœzl(ə)] nm jigsaw (puzzle).

pygmée [pigme] nm pygmy, pigmy.

pyjama [piʒama] nm pyjamas, pajamas (US). **un** ~ a pair of pyjamas.

pylône [pilon] nm pylon.

pyramide [piʀamid] nf (gén) pyramid.

Pyrénées [piʀene] nfpl: **les** ~ the Pyrenees.

pyromane [piʀɔman] nmf arsonist, fire-raiser. ♦ **pyromanie** nf pyromania.

python [pitɔ̃] nm python.

Q

Q, q [ky] *nm (lettre)* Q, q.

qu' [k(ə)] *V* **que.**

quadragénaire [kwadraʒenɛr] **1** *adj*: **être** ~ to be forty years old. **2** *nmf* forty-year-old man (*ou* woman).

quadrangle [kwadrɑ̃gl(ə)] *nm (Géom)* quadrangle.

quadrature [kwadratyr] *nf (gén)* quadrature. *(Math)* ~ **du cercle** quadrature *ou* squaring of the circle; *(fig)* **c'est la ~ du cercle** it's like trying to square the circle, it's attempting the impossible.

quadrilatère [kadrilatɛr] *nm (Géom, Mil)* quadrilateral.

quadriller [kadrije] **(1)** *vt (Mil, Police)* to cover, control. ◆ **quadrillage** *nm* **(a)** *(Mil, Police)* covering, control. **(b)** *[papier]* square *ou* grid pattern. ◆ **quadrillé, e** *adj papier* squared.

quadrimoteur [kadrimɔtœr] *nm* four-engined plane.

quadripartite [kwadripartit] *adj (Pol)* **conférence** ~ four-power conference.

quadriréacteur [kadrireaktœr] *nm* four-engined jet.

quadrupède [kadrypɛd] *adj, nm* quadruped.

quadruple [kadrypl(ə)] **1** *adj quantité* quadruple. **en ~ partie** in four parts. **2** *nm (Math, gén)* quadruple. **je l'ai payé le ~** I paid four times as much for it; **augmenter au ~** to increase fourfold. ◆ **quadrupler (1)** *vti* to quadruple, increase fourfold. ◆ **quadruplés, -ées** *nm, fpl* quadruplets, quads *.

quai [ke] *nm [port]* quay; *(pour marchandises)* wharf; *[gare]* platform; *[rivière]* embankment. **être à ~** *[bateau]* to be alongside (the quay); *[train]* to be in (the station).

qualifier [kalifje] **(7) 1** *vt* **(a)** *(décrire)* to describe *(de* as.) ~ **qn de menteur** to call sb a liar. **(b)** *(Sport, gén: rendre apte)* to qualify *(pour* for). **(c)** *(Gram)* to qualify. **2 se** ~ *vpr (Sport)* to qualify *(pour* for). *(hum)* **il se qualifie d'artiste** he labels *ou* calls himself an artist. ◆ **qualificateur** *nm (Ling)* qualifier. ◆ **qualificatif, -ive 1** *adj adjectif* qualifying. **2** *nm (Gram)* qualifier; *(fig: terme)* term. ◆ **qualification** *nf* description; label; qualification. *(Sport)* **obtenir sa ~** to qualify. ◆ **qualifié, e** *adj* **(a)** *(compétent)* qualified; *ouvrier* skilled. **non ~** unskilled. **(b)** *vol* aggravated. *(fig)* **c'est du vol ~** it's daylight *ou* sheer robbery.

qualité [kalite] *nf* **(a)** *(gén)* quality. **de mauvaise ~** of bad *ou* poor quality; **produits de ~** high-quality products; **il a les ~s requises pour faire ce travail** he has the necessary skills for this job. **(b)** *(fonction)* position; *(†: noblesse)* quality; *(Admin: métier)* occupation. **en sa ~ de maire** in his capacity as mayor; *(Jur)* **avoir ~ pour** to have authority to. ◆ **qualitatif, -ive** *adj* qualitative. ◆ **qualitativement** *adv* qualitatively.

quand [kɑ̃] **1** *conj* when. ~ **ce sera fini, nous irons prendre un café** when it's finished we'll go and have a coffee; ~ **je te le disais!** didn't I tell you so!, I told you so!; ~ **bien même** even though *ou* if; **malgré tous ses défauts elle est ~ même gentille** in spite of all her faults she's still nice; ~ **même, il exagère!** really, he overdoes it!; **tu aurais pu venir ~ même** even so you could have come,

you could have come all the same. **2** *adv* when. ~ **pars-tu?** when are you leaving?; **c'est pour ~** **?** *[devoir]* when is it for?; *[rendez-vous]* when is it?; *[naissance]* when is it to be?; **ça date de ~?** *[événement]* when did it take place?

quant [kɑ̃] *adv*: ~ **à** as for, as to; ~ **à moi** as for me; ~ **à cela, je n'en sais rien** as to that *ou* as regards that *ou* as far as that goes, I know nothing about it.

quantité [kɑ̃tite] *nf* quantity, amount. **la ~ de gens qui** the number of people who; **en ~s industrielles** in massive *ou* huge amounts; **(une) ~ de** *argent, eau* a great deal of, a lot of; *gens, objets* a great many, a lot of, a great number of; **des fruits en ~** fruit in plenty; *(fig)* **considérer qn comme ~ négligeable** to consider sb as totally insignificant. ◆ **quantificateur** *nm* quantifier. ◆ **quantifier (7)** *vt* to quantify. ◆ **quantitatif, -ive** *adj* quantitative.

quarante [karɑ̃t] *adj, nm inv* forty. **les Q~** the members of the French Academy; *(disque)* **un ~-cinq tours** a forty-five, an EP; *V* **soixante.** ◆ **quarantaine** *nf* **(a)** *(nombre)* about forty; *V* **soixantaine. (b)** *(Méd)* quarantine. **mettre en ~** *(lit)* to quarantine; *(fig)* to send to Coventry. ◆ **quarantième** *adj, nmf*, fortieth.

quart [kar] *nm* **(a)** *(fraction)* quarter. **un ~ de poulet** a quarter chicken; **un ~ de vin** a quarter-litre bottle of wine; *(Sport)* ~**s de finale** quarter finals; **un kilo un ~** *ou* **et ~** a kilo and a quarter; **on n'a pas fait le ~ du travail** we haven't done a quarter of the work; **donner un ~ de tour à un bouton** to give a knob a quarter turn; *(Aut)* **partir au ~ de tour** to start first time; **le ~-monde** the Fourth World. **(b)** *(Mil: gobelet)* beaker (*of 1/4 litre capacity*). **(c)** ~ **d'heure** quarter of an hour; **3 heures moins le ~** (a) quarter to 3; **3 heures et ~** *ou* **un ~** (a) quarter past/3 (a) quarter past 3; **il est le ~/moins le ~** it's (a) quarter past/(a) quarter to; **passer un mauvais ~ d'heure** to have a bad *ou* nasty time of it. **(d)** *(Naut)* watch. **être de ~** to keep the watch; **de ~ homme** on watch.

quarté [karte] *nm French system of forecast betting on four horses in a race.*

quartette [kwartɛt] *nm (Mus)* jazz quartet(te).

quartier [kartje] *nm* **(a)** *[ville]* district, area, quarter. **les gens du ~** the local people, the people of the area; **de ~** *cinéma, épicier* local; **le ~ est de la ville** the east end *ou* side of (the) town. **(b)** *(Mil)* ~**(s)** quarters; **avoir ~ libre(s)** to be free *ou* off (for a few hours); *(lit, fig)* **prendre ses ~s d'hiver** to go into winter quarters; **grand ~ général** general headquarters; *[prison]* ~ **de haute surveillance** high *ou* maximum *ou* top security wing. **(c)** *[bœuf]* quarter; *[viande]* chunk; *[fruit]* piece, segment. *(lit, fig)* **mettre en ~s** to tear to pieces; **ne pas faire de ~** to give no quarter †.

quartz [kwarts] *nm* quartz. **montre** *etc* **à ~** quartz watch *etc*.

quasi [kazi] **1** *adv* almost, nearly. **2** *préf* near. ~**-certitude** near certainty; **la ~-totalité de** the near total of. ◆ **quasiment** *adv* almost, nearly.

quatorze [katɔrz(ə)] *adj, nm inv* fourteen. **la guerre de ~** the First World War; **le ~ Juillet** the Fourteenth of July, Bastille Day *(French national holi-*

day). ◆ **quatorzième** *adj, nmf* fourteenth; *V* **sixième.**

quatrain [katʀɛ̃] *nm* quatrain.

quatre [katʀ(ə)] *adj, nm inv* four. **une robe de ~ sous** a cheap dress; *(lit, fig)* **aux ~ coins de** in the four corners of; **à ~ pattes** on all fours; **être tiré à ~ épingles** to be dressed up to the nines; **un de ces ~ (matins)** * one of these (fine) days; **faire les ~ cents coups** to sow one's wild oats; to get into a lot of trouble; **faire ses ~ volontés** to do exactly as one pleases; **dire à qn ses ~ vérités** to tell sb a few plain *ou* home truths; **monter (l'escalier) ~ à ~** to rush up the stairs four at a time; **manger comme ~** to eat like a wolf; **se mettre en ~ pour qn** to go out of one's way for sb, put o.s. out for sb; **ne pas y aller par ~ chemins** not to beat about the bush. ◆ **quatre heures** *nm inv* (children's) afternoon tea *ou* snack. ◆ **quatre-quarts** *nm inv (Culin)* pound cake. ◆ **quatre-vingt-dix** *adj, nm inv* ninety. ◆ **quatre-vingt-dixième** *adj, nmf* ninetieth. ◆ **quatre-vingt-onze** *adj, nm inv* ninety-one. ◆ **quatre-vingt-onzième** *adj, nmf* ninety-first. ◆ **quatre-vingts** *adj, nm inv* eighty. ◆ **quatrième 1** *adj* fourth. *(fig)* **en ~ vitesse** * at great speed. **2** *nmf (Jeux)* fourth player. **3** *nf (Aut)* fourth gear; *(Scol: classe)* ≈ third form *ou* year, third year (in junior high school) *(US); V* **sixième.** ◆ **quatrièmement** *adv* fourthly, in the fourth place.

quatuor [kwatyɔʀ] *nm* quartet(te).

que [k(ə)] **1** *conj* **(a)** *(introduisant subordonnée)* that. **elle sait ~ tu es prêt** she knows (that) you're ready; **je veux qu'il vienne** I want him to come; **venez que nous causions** come along so that we can have a chat. **(b)** *(remplaçant si, quand etc: non traduit)* **si vous êtes sages et qu'il fasse beau** if you are good and the weather is fine; **quand il rentrera et qu'il aura déjeuné** when he comes home and he's had a meal. **(c)** *(temps)* **elle venait à peine de sortir qu'il se mit à pleuvoir** she had no sooner gone out than it started raining, she had hardly gone out when it started raining; **ça fait 2 ans qu'il est là** he has been here (for) 2 years; **ça fait 2 ans qu'il est parti** it is 2 years since he left, he left 2 years ago. **(d)** *(ordre, souhait etc)* **qu'il le veuille ou non** whether he likes it or not; **~ la guerre finisse!** if only *ou* I wish the war would end!; **qu'il vienne!** let him come!; **~ m'importe!** what do I care?, I don't care! **(e)** *(comparaison)* *(avec plus, moins)* than; *(avec aussi, autant, tel)* as. **il est plus petit qu'elle** he's smaller than her *ou* than she is; **elle est tout aussi capable ~ vous** she's just as capable as you (are).

2 *adv*: **ce ~ tu es lent!** * you're so slow!, how slow you are!; **~ de monde!** what a crowd (there is)!, what a lot of people!; **~ n'es-tu venu me voir?** why didn't you come to see me?

3 *pron* **(a)** *(relatif direct) (personne)* that, whom; *(chose, animal)* which, that *(gén omis); (temps)* when. **les enfants ~ tu vois dans la rue** the children (that *ou* whom) you see in the street; **la raison qu'il a donnée** the reason (that *ou* which) he gave; **un jour ~** one day when. **(b)** *(attribut)* **quel homme charmant ~ votre voisin!** what a charming man your neighbour is; **distrait qu'il est, il n'a rien vu** dreamy as he is, he didn't notice anything; **c'est un inconvénient ~ de ne pas avoir de voiture** it's inconvenient not having a car; **en bon fils qu'il est** being the good son (that) he is. **(c)** *(interrog)* what; *(discriminatif)* which. **~ fais-tu?** what are you doing?; **qu'est-ce qu'il y a?** what's the matter?; **je pense ~ non** I don't think so; **mais il n'a pas de voiture! — il dit ~ si** but he has no car! — he says he has; **qu'est-ce ~ tu préfères, le rouge ou le noir?** which (one) do you prefer, the red or the black? **(d)** **je ne l'y ai pas autorisé, ~ je sache** I didn't give him permission to do so, as far as

I know, I'm not aware that I gave him permission to do so; **qu'il dit!** * that's what he says!; **~ oui!** yes indeed!; **~ non!** certainly not!

Québec [kebɛk] **1** *n (ville)* Quebec. **2** *nm (province)* **le ~** Quebec. ◆ **québécois, e 1** *adj* Quebec. **2** *nm (Ling)* Quebec French. **3** *nm, f:* **Q~(e)** Quebecker, Quebecer.

quel, quelle [kɛl] **1** *adj* **(a)** *(interrog)* what; *(être animé: attribut)* who. **~ est cet auteur?** who is that author?; **sur ~ auteur/sujet va-t-il parler?** what author/subject is he going to talk about? **(b)** *(discriminatif)* which. **~ acteur préférez-vous?** which actor do you prefer? **(c)** *(excl)* what. **quelle surprise!** what a surprise!; **j'ai remarqué avec quelle attention ils écoutaient** I noticed how attentively they were listening. **(d)** *(relatif) (être animé)* whoever; *(chose)* whatever; *(discriminatif)* whichever, whatever. **~ que soit le train que vous preniez** whichever *ou* whatever train you take; **les hommes, ~s qu'ils soient** men, whoever they may be. **2** *pron interrog* which. **des deux solutions, quelle est la meilleure?** of the two solutions, which (one) is better?

quelconque [kɛlkɔ̃k] *adj* **(a)** *(n'importe quel)* some (or other), any; *(moindre)* any. **pour une raison ~** for some reason (or other); **à partir d'un point ~ du cercle** from any point on the circle; **il n'a pas manifesté un désir ~ d'y aller** he didn't show the slightest *ou* least desire *ou* any desire to go. **(b)** *(médiocre)* poor, indifferent; *(laid)* plain-looking; *(ordinaire)* ordinary.

quelque [kɛlk(ə)] **1** *adj indéf* **(a)** *(sans pl)* some. **cela fait ~ temps que je ne l'ai vu** I haven't seen him for some time *ou* for a while; **avez-vous ~ idée de?** have you any idea about?; **j'ai ~ peine à croire cela** I find it rather *ou* somewhat difficult to believe; **par ~ temps qu'il fasse** whatever the weather (may be *ou* is like); **en ~ sorte** *(pour ainsi dire)* as it were, so to speak; *(bref)* in a word; *(d'une certaine manière)* in a way. **(b)** *(pl)* **~s a few, some; reste-t-il ~s places?** are there any *ou* some *ou* a few seats left?; **les ~s enfants qui étaient venus** the few children who had come. **2** *adv* **(a)** *(environ)* some, about. **ça a augmenté de ~ 50 F** it's gone up by about *ou* by some 50 francs; **20 kg et ~(s)** * a bit over 20 kg *. **(b)** **~ peu déçu** rather *ou* somewhat disappointed; **il est ~ peu menteur** he is something of *ou* a bit of a liar; **~ lourde que soit la tâche** however heavy the task may be.

◆ **quelque chose** *pron indéf* something; *(avec interrog)* anything, something. **~ d'autre** something else; **il a ~ qui ne va pas** there's something the matter with him; **ça y est pour ~** it has got something to do with it; **il y a ~ comme une semaine** something like a week ago; **il a plu ~!** * it rained something dreadful! *, it didn't half rain! *; *(lit, fig)* **faire ~ à qn** to have an effect on sb; **ça alors, c'est ~!** that's a bit stiff! ◆ **quelquefois** *adv* sometimes, occasionally, at times. ◆ **quelque part** *adv* somewhere. ◆ **quelques-uns, -unes** *pron indéf pl* some, a few. ◆ **quelqu'un** *pron indéf* somebody, someone; *(avec interrog)* anybody, anyone. **c'est ~ de sûr** he's a reliable person, he's someone reliable; **~ pourrait-il répondre?** could somebody answer?; **c'est ~** *[savant]* he is (a) somebody; *(excl)* that's a bit stiff!

quémander [kemɑ̃de] **(1)** *vt* to beg for.

qu'en-dira-t-on [kɑ̃diʀatɔ̃] *nm inv* gossip.

quenelle [kənɛl] *nf (Culin)* quenelle.

quenotte * [kənɔt] *nf* tooth, toothy-peg *.

querelle [kəʀɛl] *nf* quarrel. **~ d'amoureux** lovers' tiff; *(Pol)* **la ~ sur l'avortement** the abortion debate *ou* issue; **chercher une mauvaise ~ à qn** to pick a quarrel with sb for nothing. ◆ **quereller**

(1) **1** *vt* to scold. **2 se ~** *vpr* to quarrel (with one another). **se ~ au sujet** *ou* **à propos de qch** to quarrel *ou* squabble over *ou* about sth. ◆ **querelleur, -euse** *adj* quarrelsome.

question [kɛstjɔ̃] *nf* (**a**) *(demande) (gén)* question; *(pour lever un doute)* query, question. **~ subsidiaire** tiebreaker *(decisive question in a competition)*; *(Pol)* **poser la ~ de confiance** to ask for a vote of confidence. (**b**) *(problème)* question, matter, issue. **la ~ sociale** the social question *ou* issue; **la ~ n'est pas là** that's not the point; **cela ne fait pas ~** there's no question about it; **c'est une ~ de temps** it's a question *ou* matter of time; *(ordre du jour)* **'autres ~ s'** 'any other business'. (**c**) *(locutions)* **~ argent** as far as money goes, money-wise *; **de quoi est-il ~?** what is it about?; **il fut d'abord ~ du budget** first they spoke about *ou* discussed the budget; **il est ~ de lui comme ministre** there's some question *ou* talk of his being *ou* becoming a minister; **il n'en est pas ~!** there's no question of it!; **hors de ~** out of the question; **la personne en ~** the person in question; **remettre en ~** *autorité* to question, challenge; *science* to question, call into question; *projets* to put a question mark over, cast doubt over; **c'est notre vie même qui est en ~** it's our very lives that are at stake. ◆ **questionnaire** *nm* questionnaire. *(Scol etc)* **~ à choix multiple** multiple choice question paper. ◆ **questionner** (1) *vt (interroger)* to question, ask *(sur* about).

quête [kɛt] *nf (collecte)* collection. *(littér: recherche)* *[Graal]* quest *(de* for); *[absolu]* pursuit *(de* of). **en ~ de** *(gén)* in search of; **être en ~ de travail** to be looking for *ou* seeking work. ◆ **quêter** (1) **1** *vi (à l'église)* to take the collection; *(dans la rue)* to collect money. **2** *vt* to seek. ◆ **quêteur, -euse** *nm, f* collector.

quetsche [kwɛtʃ(ə)] *nf* kind of dark-red plum.

queue [kø] *nf* (**a**) *(gén)* tail; *[classement]* bottom; *[poêle]* handle; *[fruit, feuille]* stalk; *[fleur]* stem; *[train]* rear. **commencer par la ~** to begin at the end. (**b**) *(file)* queue, line *(US)*. (**c**) *(locutions)* **la ~ entre les jambes *** with one's tail between one's legs; **à la ~ leu leu** *marcher* in single file; *se plaindre* one after the other; **il n'y en avait pas la ~ d'un *** there wasn't the sniff *ou* glimmer of one *; *(Aut)* **faire une ~ de poisson à qn** to cut in front of sb; **finir en ~ de poisson** to finish up in the air; **histoire sans ~ ni tête *** cock-and-bull story. **2** : **~ de billard** (billiard) cue; **~ de cheval** ponytail; **~-de-pie** *nf, pl* **queues-de-pie** tails.

qui [ki] **1** *pron* (**a**) *(interrog) (sujet)* who; *(objet)* who, whom. **~ (est-ce) ~ l'a vu?** who saw him?; **~ d'entre eux/parmi vous?** which of them/of you?; **~ a-t-elle vu?** who *ou* whom did she see?; **à ~ voulez-vous parler?** who do you wish to speak to?, who is it you want to speak to?; **à ~ est ce sac?** whose bag is this?, whose is this bag?; **elle ne sait à ~ se plaindre** she doesn't know who to complain to *ou* to whom to complain. (**b**) *(relatif sujet) (être animé)* who, that *; *(chose)* which, that. **Paul, ~ traversait le pont, trébucha** Paul, who was crossing the bridge, tripped, Paul was crossing the bridge and tripped; **il a un perroquet ~ parle** he's got a talking parrot, he's got a parrot which *ou* that talks; **je la vis ~ nageait vers le rivage** I saw her (as she was) swimming towards the bank; **montre-nous, toi ~ sais tout** show us, since you know it all *ou* since you're so clever. (**c**) *(relatif avec prép)* **le patron pour ~ il travaille** the employer (that *ou* who * *ou* whom) he works for, the employer for whom he works. (**d**) *(relatif sans antécédent)* whoever, anyone who. **amenez ~ vous voulez** bring along whoever *ou* anyone you like; **~ vous savez** you-know-who *; **c'est à ~ des deux mangera le plus vite** each tries to eat faster than the other, they try to outdo each other in the

speed they eat; **je le dirai à ~ de droit** I will tell whoever is concerned; **j'interdis à ~ que ce soit d'entrer ici** I forbid anyone to come in here; **à ~ mieux mieux** *(gén)* each one more so than the other; *crier* each one louder than the other; **ils ont pris tout ce qu'ils ont pu: ~ une chaise, ~ une radio** they took whatever they could: some took a chair, others a radio. (**e**) **~ va lentement va sûrement** more haste less speed; **~ vivra verra** what will be will be; **~ a bu boira** once a thief always a thief; **~ se ressemble s'assemble** birds of a feather flock together; **~ veut la fin veut les moyens** he who wills the end wills the means. **2** : **qui-vive?** *excl* who goes there?; **être sur le ~** to be on the alert.

quiconque [kikɔ̃k] **1** *pron rel* whoever, anyone who. **2** *pron indéf* anyone, anybody.

quiétude [kjetyd] *nf [lieu]* quiet; *[personne]* peace (of mind). **en toute ~** in (complete) peace.

quignon [kiɲɔ̃] *nm:* **~ (de pain)** *(croûton)* crust (of bread), heel of the loaf; *(morceau)* hunk *ou* chunk of bread.

quille [kij] *nf (jouet)* skittle; *(*: jambe)* pin *; *(Naut)* keel. **(jeu de) ~s** ninepins, skittles.

quincaillerie [kɛ̃kɑjʀi] *nf (ustensiles, métier)* hardware, ironmongery; *(magasin)* hardware shop *ou* store, ironmonger's (shop); *(fig péj: bijoux)* jewellery. ◆ **quincaillier, -ière** *nm, f* hardware dealer, ironmonger.

quinconce [kɛ̃kɔ̃s] *nm:* **en ~** in staggered rows.

quinine [kinin] *nf* quinine.

quinquagénaire [kɛ̃kaʒenɛʀ] **1** *adj:* **être ~** to be fifty years old. **2** *nmf* fifty-year-old man *(ou* woman).

quinquennal, e *mpl* **-aux** [kɛ̃kenal, o] *adj* five-year, quinquennial.

quintal, pl -aux [kɛ̃tal, o] *nm* quintal *(100 kg).*

quinte [kɛ̃t] *nf* (**a**) *(Méd)* **~ (de toux)** coughing fit. (**b**) *(Mus)* fifth; *(Escrime)* quinte; *(Cartes)* quint.

quintessence [kɛ̃tesɑ̃s] *nf* quintessence.

quintette [kɛ̃tɛt] *nm* quintet(te). **~ à cordes/à vent** string/wind quintet.

quintuple [kɛ̃typl(ə)] **1** *adj* quintuple. **en ~ partie** in five parts. **2** *nm* quintuple *(de* of). **je l'ai payé le ~** I paid five times as much for it. ◆ **quintupler** (1) *vti* to quintuple, increase fivefold. ◆ **quintuplés, -ées** *nm, fpl* quintuplets, quins *, quints * *(US).*

quinze [kɛ̃z] **1** *nm inv* fifteen; *V* **six. 2** *adj inv* fifteen. **le ~ août** the 15th August, Assumption; **demain en ~** a fortnight tomorrow, two weeks from tomorrow *(US)*; **lundi en ~** a fortnight on Monday, two weeks from Monday *(US)*; **dans ~ jours** in a fortnight, in two weeks; **tous les ~ jours** every fortnight, every two weeks. ◆ **quinzaine** *nf* about fifteen, fifteen or so. **une ~ (de jours)** a fortnight, two weeks; **~ publicitaire** (two-week) sale; *V* **soixantaine.** ◆ **quinzième** *adj, nmf* fifteenth; *V* **sixième.**

quiproquo [kipʀoko] *nm (sur personne)* mistake; *(sur sujet)* misunderstanding.

quittance [kitɑ̃s] *nf (reçu)* receipt; *(facture)* bill.

quitte [kit] *adj:* **être ~ (envers qn)** to be quits *ou* all square (with sb); **tu es ~** *ou* **je t'en tiens ~ pour cette fois** I'll let you off this time; **être ~ d'une dette** to be rid *ou* clear of a debt; **nous en sommes ~s pour la peur** we got off with a fright; **~ à s'ennuyer, ils préfèrent rester chez eux** they prefer to stay (at) home even if it means *ou* although it may mean getting bored; *(fig)* **c'est du ~ ou double** it's a big gamble.

quitter [kite] (1) *vt* (**a**) *lieu, personne* to leave. **ne pas ~ la chambre** to be confined to one's room; **les clients sont priés de ~ la chambre avant 11 heures** guests are requested to vacate their rooms before 11 o'clock; **se** ~ to part. (**b**) *espoir* to give up. *[crainte, énergie]* ~ **qn** to leave *ou* desert sb. (**c**) *vêtement* to take off. (**d**) **si je le quitte des yeux une seconde** if I take my eyes off him for a second; *(Téléc)* **ne quittez pas** hold the line; **ils ne se quittent pas** they are always together, you never see them apart.

quoi [kwa] *pron* (**a**) *(interrog)* what. **de** ~ **parles-tu?** what are you talking about?; **en** ~ **puis-je vous aider?** how can I help you?; **c'est fait en** ~**?** what is it made of?; ~ **faire?** what are we (going) to do?; **à** ~ **bon?** what's the use? *(faire* of doing); **et puis** ~ **encore!** what next! (**b**) *(relatif)* **la chose à** ~ **tu fais allusion** what you're referring to; **c'est en** ~ **tu te trompes** that's where you're wrong. (**c**) **il n'y a pas de** ~ **rire** it's no laughing matter, there's nothing to laugh about; **il n'y a pas de** ~ **fouetter un chat** it's not worth making a fuss about; **ils ont de** ~ **occuper leurs vacances** they've got enough *ou* plenty to occupy their holiday; **avoir de** ~ **écrire** to have sth to write with; **il n'a**

pas de ~ **se l'acheter** he can't afford it, he hasn't the means to buy it; **si vous avez besoin de** ~ **que ce soit** if there's anything (at all) you need; **merci beaucoup! — il n'y a pas de** ~ many thanks! — don't mention it *ou* (it's) a pleasure *ou* not at all *ou* you're welcome. (**d**) ~ **qu'il arrive** whatever happens; ~ **qu'il en soit** be that as it may, however that may be; ~ **qu'on en dise** whatever *ou* no matter what people say.

quoique [kwak(ə)] *conj (bien que)* although, though. **quoiqu'il soit malade** although he is ill.

quolibet † [kɔlibɛ] *nm* gibe, jeer.

quote-part, *pl* **quotes-parts** [kɔtpaʀ] *nf (lit, fig)* share.

quotidien, -ienne [kɔtidjɛ̃, jɛn] **1** *adj (journalier)* daily; *(banal)* everyday; *existence* humdrum. **dans la vie** ~**ienne** in everyday *ou* daily life. **2** *nm* daily (paper). *(routine)* **le** ~ everyday life. ♦ **quotidiennement** *adv* daily, every day.

quotient [kɔsjɑ̃] *nm* quotient. ~ **intellectuel** intelligence quotient, IQ.

R

R, r [ɛʀ] *nm (lettre)* R, r.

rabâcher [ʀabɑʃe] (1) **1** *vt* to rehearse, harp on *, keep (on) repeating. **2** *vi* to keep repeating o.s. ◆ **rabâcheur, -euse** *nm, f* repetitive bore.

rabais [ʀabɛ] *nm* reduction, discount. **au ~ vendre** at a reduced price, (on the) cheap; *(péj)* **enseignement/médecine au ~** cheap-rate teaching/medicine, teaching/medicine on the cheap.

rabaisser [ʀabese] (1) **1** *vt (dénigrer)* to belittle, disparage; *(réduire)* to reduce. **2 se ~** *vpr* to belittle o.s.

rabattre [ʀabatʀ(ə)] (41) **1** *vt* (a) *capot* to close; *col* to turn down; *strapontin (ouvrir)* to pull down; *(fermer)* to put up. **le vent rabat la fumée** the wind blows the smoke back down; **les cheveux rabattus sur les yeux** with his hair brushed down over his eyes; **~ les couvertures** *(se couvrir)* to pull the blankets up; *(se découvrir)* to push back the blankets. (b) *(diminuer)* to reduce; *(déduire)* to deduct, take off. **~ l'orgueil de qn** to humble sb's pride; *[prétentieux]* **en ~** to climb down. (c) *gibier* to drive; *terrain* to beat. **~ des clients** * to tout for customers. **2 se ~** *vpr* (a) *[voiture, coureur]* to cut in. **se ~ devant qn** to cut in front of sb. (b) **se ~ sur** *marchandise, personne* to fall back on, make do with. (c) *[porte]* to fall *ou* slam shut; *[couvercle]* to close; *[dossier]* to fold down, fold away. ◆ **rabat** *nm [table, poche]* flap. ◆ **rabat-joie** *nm inv* killjoy, spoilsport, wet blanket. ◆ **rabattage** *nm (Chasse)* beating. ◆ **rabatteur, -euse** *nm, f (Chasse)* beater; *(fig péj)* tout.

rabbin [ʀabɛ̃] *nm* rabbi. **grand ~** chief rabbi.

rabibocher * [ʀabibɔʃe] (1) **1** *vt* to reconcile. **2 se ~** *vpr* to make it up *(avec with)*.

rabiot ⚹ [ʀabjo] *nm [nourriture]* extra (food); *[temps]* extra time. **5 minutes de ~** 5 minutes' extra time, 5 minutes extra. ◆ **rabioter** ⚹ (1) *vt nourriture* to scrounge * *(à qn from sb)*; *temps, argent* to fiddle * *(à qn off sb)*.

râblé, e [ʀɑble] *adj* well-set, heavy-set *(US)*, stocky.

rabot [ʀabo] *nm* plane. ◆ **raboter** (1) *vt (Menuiserie)* to plane (down); *(*: égratiner)* to scrape. ◆ **raboteux, -euse** *adj* uneven, rough.

rabougri, e [ʀabugʀi] *adj (chétif)* stunted, puny; *(desséché)* shrivelled.

rabrouer [ʀabʀue] (1) *vt* to snub, rebuff.

racaille [ʀakɑj] *nf* rabble, riffraff.

raccommoder [ʀakɔmɔde] (1) **1** *vt* (a) *(réparer)* to mend, repair; *chaussette* to darn. (b) (*) *ennemis* to reconcile. **2 se ~** * *vpr* to make it up. ◆ **raccommodage** *nm* (a) *(action)* mending, repairing; darning. (b) *(endroit réparé)* mend, repair; darn.

raccompagner [ʀakɔ̃paɲe] (1) *vt* to take *ou* see back *(à* to). **~ qn en voiture** to drive sb back (home); **~ qn (jusqu')à la porte** to see sb to the door.

raccord [ʀakɔʀ] *nm* (a) *[papier peint]* join. **~ (de maçonnerie)** pointing; **~ (de peinture)** touch up. (b) *[discours]* link, join; *(Ciné) (scène)* link scene. (c) *(pièce, joint)* link.

raccorder [ʀakɔʀde] (1) *vt (gén)* to link up, join (up); *(Téléc)* to connect *(à* with, to). *(fig)* **~ à** *faits* to link (up) with, tie up with. ◆ **raccordement**

nm (action) linking; joining; connecting; *(résultat)* join; connection.

raccourcir [ʀakuʀsiʀ] (2) **1** *vt (gén)* to shorten; *vacances, textes* to curtail, cut short. **2** *vi [jours]* to get shorter; *(au lavage)* to shrink. ◆ **raccourci** *nm (chemin)* short cut; *(résumé)* summary. **en ~** *(en miniature)* in miniature; *(en bref)* in a nutshell. ◆ **raccourcissement** *nm* shortening.

raccrocher [ʀakʀɔʃe] (1) **1** *vi (Téléc)* to hang up, ring off. **2** *vt vêtement* to hang back up; *écouteur* to put down; *personne, bonne affaire* to grab *ou* get hold of; *wagons, faits* to link, connect *(à* to, with). **3 se ~** *vpr:* **se ~ à** *branche* to catch *ou* grab (hold of); *espoir, personne* to cling to, hang on to.

race [ʀas] *nf (ethnique)* race; *(Zool)* breed. **la ~ humaine** the human race; **de ~** *(gén)* pedigree, purebred; *cheval* thoroughbred; **de ~ noble** of noble stock *ou* race; *(péj)* **lui et les gens de sa ~** him and people of his type; **les cordonniers, c'est une ~ qui disparaît** cobblers are a dying breed *ou* race. ◆ **racé, e** *adj animal* purebred, pedigree; *cheval, personne, voiture* thoroughbred.

racheter [ʀaʃte] (5) **1** *vt* (a) *objet qu'on possédait avant* to buy back; *nouvel objet* to buy another; *pain, lait* to buy some more; *firme* to take over; *parts de société* to buy up; *objet d'occasion* to buy *(à* from); *dette* to redeem; *otage* to ransom; *(Rel) pécheur* to redeem. (b) *crime* to atone for, expiate; *faute, imperfection* to make up for *(par* by). **2 se ~** *vpr [pécheur]* to redeem o.s.; *[criminel, fautif]* to make amends. ◆ **rachat** *nm* buying (back); takeover; redemption; ransom; atonement; expiation.

rachitisme [ʀaʃitism(ə)] *nm* rickets *(sg)*. **faire du ~** to have rickets. ◆ **rachitique** *adj (Méd)* rickety; *(péj)* scraggy, scrawny.

racial, e, *mpl* **-aux** [ʀasjal, o] *adj* racial.

racine [ʀasin] *nf (gén, Math, fig)* root. **prendre ~** to take root; **~ carrée** square root.

racisme [ʀasism(ə)] *nm* racialism, racism. ◆ **raciste** *adj, nmf* racialist, racist.

racket [ʀakɛt] *nm (action)* racketeering; *(vol)* racket *(extortion through blackmail etc)*.

raclée * [ʀɑkle] *nf (coups)* hiding, thrashing; *(défaite)* hiding *, thrashing *, licking.

racler [ʀɑkle] (1) *vt (gén)* to scrape; *tache* to scrape away; *écailles* to scrape off. **se ~ la gorge** to clear one's throat.

racoler [ʀakɔle] (1) *vt [prostituée]* to accost; *[vendeur]* to solicit, tout for. ◆ **racolage** *nm* soliciting; touting. ◆ **racoleur, -euse** *adj slogan, publicité (gén)* eye-catching, enticing; *(Pol)* votecatching.

raconter [ʀakɔ̃te] (1) *vt histoire* to tell, relate, recount; *malheurs* to tell about, recount. **~ qch à qn** to tell sb sth, relate sth to sb; **~ ce qui s'est passé** to say *ou* relate *ou* recount what happened; **qu'est-ce que tu racontes?** what are you talking about? *ou* saying?; **~ des histoires** to tell stories. ◆ **racontar** *nm* story, lie.

racorni, e [ʀakɔʀni] *adj (durci)* hardened; *(desséché)* shrivelled (up).

radar [ʀadaʀ] *nm* radar. **système/écran ~** radar system/screen.

rade [ʀad] *nf* (natural) harbour, roads. **en ~ de Brest** in Brest harbour; **laisser en ~ *** *personne* to leave stranded *ou* in the lurch; *projet* to drop, shelve; *voiture* to leave behind.

radeau, *pl* **~x** [ʀado] *nm* raft.

radiateur [ʀadjatœʀ] *nm* (*à eau, huile, Aut*) radiator; (*à gaz*) heater.

radiation [ʀadjɑsjɔ̃] *nf* (**a**) (*Phys*) radiation. (**b**) [*nom*] crossing *ou* striking off.

radical, e, *mpl* **-aux** [ʀadikal, o] *adj, nm* (*gén*) radical. ◆ **radicalement** *adv* (*gén*) radically. **~ faux** completely wrong. ◆ **radicaliser** *vt*, **se ~** *vpr* (1) *position* to toughen, harden.

radier [ʀadje] (7) *vt* to cross off, strike off (a list).

radieux, -euse [ʀadjø, øz] *adj personne* beaming *ou* radiant with joy; *air* radiant, beaming; *soleil* radiant; *journée, temps* brilliant, glorious.

radin, e * [ʀadɛ̃, in] **1** *adj* stingy, tight-fisted. **2** *nm, f* skinflint. ◆ **radinerie *** *nf* stinginess.

radio [ʀadjo] **1** *nf* (**a**) (*poste*) radio (set). **mets la ~** turn *ou* put on the radio. (**b**) (*radiodiffusion*) **la ~** (the) radio; **avoir la ~** to have a radio; **parler à la ~** to speak on the radio, broadcast; **travailler à la ~** to work in broadcasting *ou* on the radio. (**c**) (*station*) radio station. **~ libre** independent local radio station; **~ pirate** pirate radio station. (**d**) (*radiographie*) X-ray (photograph). **passer une ~** to have an X-ray (taken), be X-rayed. **2** *nm* (*opérateur*) radio operator; (*message*) radiogram, radiotelegram. ◆ **radioactif, -ive** *adj* radioactive. ◆ **radioactivité** *nf* radioactivity. ◆ **radioamateur** *nm* radio ham *. ◆ **radiocassette** *nm* cassette radio, radio cassette player. ◆ **radiodiffuser** (1) *vt* to broadcast (*by radio*). ◆ **radiodiffusion** *nf* broadcasting (*by radio*). ◆ **radiographie** *nf* (*technique*) radiography, X-ray photography; (*photographie*) X-ray (photograph), radiograph. ◆ **radiographier** (7) *vt* to X-ray. ◆ **radiographique** *adj* X-ray. ◆ **radioguidage** *nm* (*Aviat*) radio control. ◆ **radiologie** *nf* radiology. ◆ **radiologique** *adj* radiological. ◆ **radiologue** *nmf* radiologist. ◆ **radiophonie** *nf* radiotelephony. ◆ **radiophonique** *adj* radio. ◆ **radioreportage** *nm* radio report. ◆ **radioreporter** *nm* radio reporter. ◆ **radio-réveil,** *pl* **~-~s** *nm* alarm-radio, clock-radio. ◆ **radioscopie** *nf* radioscopy. ◆ **radio-taxi,** *pl* **~-~s** *nm* radio taxi, radio cab. ◆ **radiotélévisé, e** *adj* broadcast and televised. ◆ **radiothérapie** *nf* radiotherapy.

radis [ʀadi] *nm* radish; (***:** *sou*) penny (*Brit*), cent (*US*). **~ noir** horseradish.

radium [ʀadjɔm] *nm* radium.

radoter [ʀadɔte] (1) *vi* (*péj*) to ramble on *ou* drivel (on). ◆ **radotage** *nm* (*péj*) **~(s)** drivel. ◆ **radoteur, -euse** *nm, f* (*péj*) (old) driveller.

radoucir [ʀadusiʀ] (2) **1** *vt ton* to soften. **2 se ~** *vpr* [*personne*] to calm down; [*voix*] to soften; [*temps*] to become milder. ◆ **radoucissement** *nm* (*Mét*) **le ~** the milder weather; **un ~** a milder spell (of weather).

rafale [ʀafal] *nf* [*vent, pluie*] gust; [*mitrailleuse*] burst; [*neige*] flurry. **en ou par ~s** in gusts; **~s de balles** hail of bullets; **~ de vent** squall.

raffermir [ʀafɛʀmiʀ] (2) **1** *vt* (*gén*) to strengthen; *peau* to tone up; *voix* to steady. **2 se ~** *vpr* (*gén*) to grow stronger; [*voix*] to become steadier.

raffiner [ʀafine] (1) **1** *vt* (*gén*) to refine; *langage* to polish. **2** *vi* to be meticulous. ◆ **raffinage** *nm* refining. ◆ **raffiné, e** *adj* (*gén*) refined; *mœurs* polished, sophisticated. ◆ **raffinement** *nm* (*caractère*) refinement, sophistication; (*détail*) refinement. ◆ **raffinerie** *nf* refinery. ◆ **raffineur, -euse** *nm, f* refiner.

raffoler [ʀafɔle] (1) **~ de** *vt indir* to be very keen on.

raffut * [ʀafy] *nm* row, racket, din. **faire du ~** to kick up * a row.

rafiot [ʀafjo] *nm* (*péj: bateau*) (old) tub (*péj*).

rafistoler * [ʀafistɔle] (1) *vt* to patch up.

rafle [ʀɑfl(ə)] *nf* (*police*) roundup *ou* raid. ◆ **rafler *** (1) *vt* to swipe. **elle a raflé tous les prix** she ran away *ou* off with all the prizes, she made a clean sweep of the prizes.

rafraîchir [ʀafʀeʃiʀ] (2) **1** *vt* (**a**) (*refroidir*) to cool, make cooler. **fruits rafraîchis** fruit salad. (**b**) **~ qn** [*bain*] to freshen sb (up); [*boisson*] to refresh sb. (**c**) *vêtement, couleur* to brighten up; *appartement* to do up; *connaissances* to brush up. **se faire ~ les cheveux** to have a trim; **~ la mémoire de qn** to jog *ou* refresh sb's memory. **2** *vi* [*vin etc*] to cool (down). **mettre à ~** to chill. **3 se ~** *vpr* (**a**) [*temps*] to get cooler *ou* colder. (**b**) (*en se lavant*) to freshen (o.s.) *ou* (*en buvant*) to refresh o.s. ◆ **rafraîchissant, e** *adj* refreshing. ◆ **rafraîchissement** *nm* (**a**) [*température*] cooling. (**b**) (*boisson*) cool *ou* cold drink. (*glaces, fruits*) **~s** refreshments.

ragaillardir [ʀagajaʀdiʀ] (2) *vt* to perk up, buck up *.

rage [ʀaʒ] *nf* (**a**) (*colère*) rage, fury. **mettre qn en ~** to infuriate *ou* enrage sb; **ivre de ~** mad with rage. (**b**) (*manie*) maddening habit. (*passion*) **avoir la ~ de faire/de qch** to have a mania for doing/for sth. (**c**) **faire ~** [*incendie, tempête*] to rage. (**d**) (*Méd*) **la ~** rabies (*sg*). (**e**) **~ de dents** raging toothache. ◆ **rager** (3) *vi* to fume. **ça me fait ~!** it makes me fume! *ou* mad! ◆ **rageur, -euse** *adj* (*coléreux*) bad-tempered; (*furieux*) furious. ◆ **rageusement** *adv* angrily.

ragot * [ʀago] *nm* piece of gossip. **~s** gossip, tittle-tattle.

ragoût [ʀagu] *nm* stew.

ragoûtant, e [ʀagutɑ̃, ɑ̃t] *adj: (lit, fig)* **peu ~** unsavoury, unappetizing.

raid [ʀɛd] *nm* (*Mil*) raid, hit-and-run attack. (*Sport*) **~ automobile** long-distance car rally.

raide [ʀɛd] **1** *adj* (**a**) (*rigide*) (*gén*) stiff; *cheveux* straight; *câble* taut, tight. (**b**) (*abrupt*) steep, abrupt. (**c**) *morale* rigid, inflexible; *manières, démarche* stiff. (**d**) *alcool* rough; (*fig: osé*) *propos* daring, bold. **elle est ~ celle-là *** (*incrédulité*) that's a bit hard to swallow, that's a bit far-fetched; (*indignation*) that's a bit steep *ou* stiff. (**e**) **être ~ (comme un passe-lacet) *** to be (stony *ou* stone (*US*) *ou* flat) broke *. **2** *adv* (**a**) **ça montait ~** [*ascension*] it was a steep climb; [*pente*] it climbed steeply. (**b**) **tomber ~** to drop to the ground; **~ mort** stone dead; **il l'a étendu ~ (mort) *** he laid him out cold *. ◆ **raideur** *nf* stiffness; straightness; tautness, tightness; steepness, abruptness; rigidity, inflexibility. **avec ~** stiffly. ◆ **raidillon** *nm* steep path.

raidir [ʀediʀ] (2) **1** *vt* (*gén*) to stiffen; *corde* to tighten; (*fig*) *position* to harden, toughen. **2 se ~** *vpr* (**a**) [*tissu*] to stiffen; [*corde*] to grow taut; [*position*] to harden. (**b**) [*personne*] (*perdre sa souplesse*) to become stiff(er); (*bander ses muscles*) to tense *ou* stiffen o.s.; (*s'entêter*) to take a hard *ou* tough line. ◆ **raidissement** *nm* (*gén*) stiffening; [*prise de position*] hard line.

raie [ʀɛ] *nf* (**a**) (*trait*) line; (*éraflure*) mark, scratch. (**b**) (*bande*) stripe. (**c**) (*Coiffure*) parting. (**d**) (*Zool*) skate, ray.

raifort [ʀɛfɔʀ] *nm* horseradish.

rail [ʀɑj] *nm* rail. (*voie*) **les ~s** the rails; **~ conducteur** live rail; (*transport*) **le ~** the railway, the railroad (*US*); **transport ~-route** road-rail transport; (*lit, fig*) **remettre sur les ~s** to put back on the rails.

railler [ʀɑje] (1) *vt* to scoff at, mock at. ◆ **raillerie** *nf (action)* mockery; *(parole)* mocking remark. ◆ **railleur, -euse 1** *adj* mocking. **2** *nmpl*: **les ~s** the mockers.

rainure [ʀɛnyʀ] *nf* groove; *(courte)* slot. ◆ **rainurage** *nm* grooved surface. ◆ **rainurer** (1) *vt* to groove.

raisin [ʀɛzɛ̃] *nm (espèce)* grape. **le ~, les ~s** grapes; **~s de Corinthe** currants; **~s secs** raisins; **~s de table** dessert grapes.

raison [ʀɛzɔ̃] **1** *nf* **(a)** *(faculté)* reason. **il a perdu la ~** he has lost his reason, he has taken leave of his senses, he is not in his right mind; **boire plus que de ~** to drink more than is sensible *ou* more than is good for one. **(b)** *(motif)* reason. **pour quelles ~s l'avez-vous renvoyé?** on what grounds did you sack him?, what were your reasons for sacking him?; **il n'y a pas de ~ de s'arrêter** there's no reason to stop; **il a refusé pour la simple ~ que...** he refused simply on the grounds that..., he refused simply because...; **ce n'est pas une ~!** that's no excuse! *ou* reason!; **avec (juste) ~** with good reason; **~ de plus** all the more reason *(pour faire* for doing); **comme de ~** as one might expect; **rire sans ~** to laugh for no reason; **non sans ~** not without reason. **(c)** **avoir ~** to be right *(de faire* in doing, to do); **avoir ~ de qn/qch** to get the better of sb/sth; **donner ~ à qn** *[événement]* to prove sb right; *[personne]* to side with sb; **se faire une ~** to put up with it; **en ~ du froid** because of *ou* owing to the cold weather; **payé en ~ du travail fourni** paid according to the work produced; **à ~ de 5 F par caisse** at the rate of 5 francs per crate; *(Math)* **~ directe/indirecte** direct/inverse ratio *ou* proportion. **2** : **~ d'État** reason of State; **~ d'être** raison d'être; *(Comm)* **~ sociale** corporate name.

raisonnable [ʀɛzɔnabl(ə)] *adj* **(a)** *(sensé)* personne sensible, reasonable; *conseil* sensible, sound, sane. **(b)** *(décent)* reasonable, fair. ◆ **raisonnablement** *adv* sensibly, reasonably; *dépenser* moderately.

raisonner [ʀɛzɔne] (1) **1** *vi (penser)* to reason; *(discourir, ergoter)* to argue *(sur* about). **il raisonne juste** his reasoning is sound. **2** *vt* **(a)** **~ qn** to reason with sb, make sb see reason. **(b)** *conduite* to reason out. **explication bien raisonnée** well-reasoned explanation. **3 se ~** *vpr* to reason with o.s., try to be reasonable. ◆ **raisonné, e** *adj (gén)* reasoned. **bien ~!** well argued!, well reasoned! ◆ **raisonnement** *nm* **(a)** *(façon de réfléchir)* reasoning. **ses ~s m'étonnent** his reasoning surprises me. **(b)** *(argumentation)* argument. **un ~ logique** a logical argument, a logical line of reasoning. **(c)** *(péj: ergotages)* **~s** argument, quibbling. ◆ **raisonneur, -euse** *(péj)* **1** *adj* argumentative. **2** *nm, f* arguer, quibbler.

rajeunir [ʀaʒœniʀ] (2) **1** *vt* **(a)** **~ qn** *[cure]* to rejuvenate sb; *[repos, expérience etc]* to make sb feel *(ou* look) younger. **(b)** *manuel* to update, bring up to date; *institution* to modernize; *installation, vieux habits* to give a new look to, brighten up; *personnel* to recruit younger people into; *thème* to inject new life into. **2** *vi [personne]* to feel *(ou* look) younger; *[quartier]* to be modernized. **3 se ~** *vpr (se prétendre moins âgé)* to make o.s. younger. ◆ **rajeunissant, e** *adj* traitement, crème rejuvenating. ◆ **rajeunissement** *nm* rejuvenation; updating; modernization.

rajouter [ʀaʒute] (1) *vt* sel to add (some) more; *commentaire* to add another. **il rajouta que...** he added that...; *(fig)* **en ~** * to overdo it, exaggerate. ◆ **rajout** *nm* addition.

rajuster [ʀaʒyste] (1) **1** *vt mécanisme* to readjust; *vêtement* to straighten, tidy. **2 se ~** *vpr [personne]*

to tidy *ou* straighten o.s. up, rearrange o.s. ◆ **rajustement** *nm* adjustment.

râle [ʀɑl] *nm* **(a)** *[blessé]* groan; *[mourant]* death rattle. **(b)** *(Méd)* rale. **(c)** *(Orn)* rail.

ralentir [ʀalɑ̃tiʀ] (2) **1** *vt* to slow down. **~ sa marche** to slacken one's pace, slow down. **2** *vi [marcheur]* to slow down, slacken one's pace; *[automobiliste]* to slow down, reduce speed. **3 se ~** *vpr [production]* to slow down *ou* up, slacken off; *[ardeur]* to flag. ◆ **ralenti, e 1** *adj* slow. **2** *nm (Ciné)* slow motion; *(Aut)* tick-over. **au ~** slow motion; *(Aut, Ind)* **tourner au ~** to tick over, idle; **vivre au ~** to live at a slower pace. ◆ **ralentissement** *nm* slowing down; slackening off ; flagging.

râler [ʀɑle] (1) *vi* **(a)** *[blessé]* to groan, moan; *[mourant]* to give the death rattle. **(b)** *(*: rouspéter)* to grouse *, moan *. **faire ~ qn** to infuriate sb, make sb fume. ◆ **râleur, -euse** *nm, f* grouser *, moaner *.

rallier [ʀalje] (7) **1** *vt (grouper)* to rally; *(unir)* to unite; *(rejoindre)* to rejoin; *suffrages* to bring in, win. **~ qn à son avis** to bring sb round *ou* win sb over to one's opinion. **2 se ~** *vpr (se regrouper)* to rally. **se ~ à** *parti* to join; *ennemi* to go over to; *chef* to rally round; *avis* to come round to. ◆ **ralliement** *nm* rallying. **son ~ à notre cause** his joining *ou* the fact that he joined our cause; **cri de ~** rallying cry.

rallonger [ʀalɔ̃ʒe] (3) **1** *vt (gén)* to lengthen, make longer; *vacances, bâtiment* to extend. **2** *vi (*) [jours]* to get longer. ◆ **rallonge** *nf [table]* (extra) leaf; *[fil électrique]* extension cord *ou* flex; *[perche]* extension piece. **une ~ d'argent/de temps** some extra money/time; **obtenir une ~ de crédit** to get an extension of credit.

rallumer [ʀalyme] (1) **1** *vt feu* to light (up) again, relight; *courage, conflit* to revive, rekindle. **~ (la lumière)** to switch *ou* turn the light(s) on again. **2 se ~** *vpr [incendie, guerre]* to flare up again; *[lampe]* to come on again; *[haine, courage]* to revive, be revived.

rallye [ʀali] *nm*: **~ (automobile)** (car) rally.

RAM [ʀam] *nf (Ordin)* RAM.

ramadan [ʀamadɑ̃] *nm*: **(R)~** Ramadan.

ramage [ʀamaʒ] *nm (chant)* song. *(branchages, dessin)* **~(s)** foliage.

ramasser [ʀamɑse] (1) **1** *vt (lit, fig: prendre)* to pick up; *copies, ordures* to collect; *fruits* to gather; *objets épars* to gather up *ou* together; *cartes* to pick up; *pommes de terre* to dig up; *maladie, amende* to get, pick up. **~ une bûche** * to come a cropper *; *(fig)* **~ ses forces** to gather *ou* muster one's strength. **2 se ~** *vpr (se pelotonner)* to curl up; *(pour bondir)* to crouch; *(*: tomber, échouer)* to come a cropper *. **se faire ~** *[candidat]* to come a cropper *, take a flat beating * *(US)*. ◆ **ramassage** *nm* picking up; collection; gathering. **~ scolaire** school bus service. ◆ **ramassé, e** *adj (trapu)* squat, stocky; *(concis)* compact, condensed. ◆ **ramasseur, -euse** *nm, f (gén)* collector. **~ de balles (de tennis)** ballboy; **~ de pommes de terre** potato-picker. ◆ **ramassis** *nm (péj)* **~ de** *voyous* pack *ou* bunch of; *doctrines, objets* jumble of.

rambarde [ʀɑ̃baʀd(ə)] *nf* guardrail.

ramdam ⚥ [ʀamdam] *nm* row, racket. **faire du ~** to kick up a row.

rame [ʀam] *nf (aviron)* oar; *(Rail)* train; *(Typ)* ream; *(Agr)* stake, stick.

rameau, pl ~x [ʀamo] *nm* (small) branch. *(Rel)* **les R~x** Palm Sunday.

ramener [ʀamne] (5) **1** *vt* **(a)** *(lit, fig: faire revenir)* to bring back; *paix* to restore. **je vais te ~ (en voiture)** I'll drive *ou* take you back (home); **cela**

nous ramène 20 ans en arrière it takes us back 20 years; ~ **à la vie** to bring back to *ou* restore to life. (**b**) *couverture* to pull. ~ **ses cheveux en arrière** to brush one's hair back; ~ **ses jambes en arrière** to draw back one's legs. (**c**) *(réduire à)* ~ **qch à** to reduce sth to. **2 se** ~ *vpr* (**a**) *[problèmes]* **se** ~ **à** to come down to, boil down to. (**b**) *(‡: arriver)* to roll up *, turn up *.

ramer [Rame] (1) *vi* to row. ◆ **rameur, -euse** *nm, f (sportif)* oarsman *(ou* oarswoman), rower.

ramette [Ramɛt] *nf [papier à lettres]* ream.

rameuter [RamØte] (1) *vt foule, partisans* to gather together, round up; *chiens* to round up, form into a pack again.

rami [Rami] *nm* rummy.

ramier [Ramje] *nm:* **(pigeon)** ~ woodpigeon.

ramifier (se) [Ramifje] (7) *vpr [veines]* to ramify; *[routes, branches]* to branch out *(en into)*. ◆ **ramification** *nf (gén)* ramification.

ramollir [RamɔliR] (2) **1** *vt* to soften. **2 se** ~ *vpr (lit, fig)* to get *ou* go soft; *(Méd)* to soften. ◆ **ramolli, e** *adj* soft. ◆ **ramollissement** *nm* softening.

ramoner [Ramɔne] (1) *vt cheminée* to sweep; *pipe* to clean out; *(Alpinisme)* to climb. ◆ **ramonage** *nm* chimney-sweeping; *(Alpinisme)* chimney-climbing. ◆ **ramoneur** *nm* (chimney) sweep.

rampe [Rɑ̃p] *nf (a) (voie d'accès)* ramp; *(côte)* slope. ~ **de lancement** launching pad. (**b**) *[escalier]* banister(s); *[chemin]* handrail. (**c**) *(projecteurs)* **la** ~ the footlights.

ramper [Rɑ̃pe] (1) *vi [serpent]* to crawl, slither, slide (along); *[homme]* to crawl; *[plante, ombre]* to creep; *[sentiment, maladie]* to lurk. *(péj)* ~ **devant qn** to grovel before *ou* crawl to sb.

ramure [RamyR] *nf [cerf]* antlers; *[arbre]* boughs, foliage.

rancard ‡ [Rɑ̃kaR] *nm (tuyau)* tip; *(rendez-vous)* date. **donner** ~ **à qn** to make a date with sb. ◆ **rancarder** ‡ (1) *vt* to tip off.

rancart ‡ [Rɑ̃kaR] *nm:* **mettre au** ~ to chuck out ‡, scrap.

rance [Rɑ̃s] *adj beurre* rancid; *odeur* rank, rancid. ◆ **rancir** (2) *vi* to go rancid.

ranch [Rɑ̃tʃ] *nm* ranch.

rancœur [Rɑ̃kœR] *nf* rancour, resentment.

rançon [Rɑ̃sɔ̃] *nf (lit)* ransom. **la** ~ **de la gloire** the price of fame. ◆ **rançonner** (1) *vt voyageurs* to demand *ou* exact a ransom from; *(fig) contribuables, clients* to fleece.

rancune [Rɑ̃kyn] *nf* grudge, rancour. **garder** ~ **à qn** to hold a grudge against sb, bear sb a grudge *(de qch* for sth); **sans** ~**!** no hard feelings! ◆ **rancunier, -ière** *adj:* **être** ~ to bear a grudge.

randonnée [Rɑ̃dɔne] *nf:* ~ **(en voiture)** drive, ride; ~ **(à bicyclette)** ride; ~ **(à pied)** walk, ramble; *(grande)* hike; ~ **(à ski)** cross-country ski run; **faire une** ~ to go for a drive *(ou* a ride *etc)*. ◆ **randonneur, -euse** *nm, f* walker, rambler, hiker.

rang [Rɑ̃] *nm (a) (rangée)* row, line; *(Mil, fig)* rank. **en** ~ **d'oignons** in a row *ou* line; **en** ~**s serrés** in close order, in serried ranks; **en** ~ **par 2** 2 abreast; **sur 4** ~**s** 4 deep; **se mettre sur un** ~ to get into *ou* form a line; **se mettre en** ~**s par 4** to get into *ou* form rows of 4; **plusieurs personnes sont sur** *ou* **se sont mises sur les** ~**s pour l'acheter** several people are in the running to buy it. (**b**) *(noblesse)* station, rank. (**c**) *(hiérarchique)* rank; *[classement]* place. **avoir** ~ **de** to hold the rank of; **avoir** ~ **parmi** to rank among; **par** ~ **d'âge** in order of age; **mettre un écrivain au** ~ **des plus grands** to rank a writer among the greatest; **c'est au premier** ~ **de mes préoccupations** that's uppermost in *ou* in

---

the forefront of my mind. ◆ **rangée¹** *nf* row, line.

ranger [Rɑ̃ʒe] (3) **1** *vt (a) (mettre en ordre) maison, papiers* to tidy (up); *mots* to arrange, order. (**b**) *(mettre à sa place) (gén)* to put away; *véhicule* to park. **où se rangent les tasses?** where do the cups go? *ou* belong?; **je le range parmi les meilleurs** I rank it among the best. (**c**) *écoliers* to line up, put into rows; *invités* to place. **2 se** ~ *vpr (a) [automobiliste] (stationner)* to park; *(venir s'arrêter)* to pull in, draw up; *[piéton]* to step *ou* stand aside. (**b**) *(se mettre en rang)* to line up, get into rows. (**c**) *(se rallier à)* **se** ~ **à** *décision, avis* to fall in with; **se** ~ **du côté de qn** to side with sb. (**d**) *(‡: se marier)* to settle down. ◆ **rangé, e²** *adj pièce* tidy; *vie* well-ordered; *personne (ordonné)* orderly; *(sans excès)* settled. **il est** ~ **maintenant** he has settled down now; **jeune fille** ~**e** well-behaved young lady; **mal** ~ untidy. ◆ **rangement** *nm (a) [objets]* putting away. **faire du** ~ to do some tidying (up). (**b**) *(espace) [appartement]* cupboard space; *[remise]* storage space. (**c**) *(arrangement)* arrangement.

ranimer [Ranime] (1) **1** *vt blessé* to revive, bring round; *souvenir, querelle, douleur* to revive; *feu, sentiment* to rekindle; *forces, ardeur* to revive, restore. **2 se** ~ *vpr* to revive; to come round; to rekindle; to be restored.

rapace [Rapas] **1** *nm (Orn)* bird of prey. **2** *adj (Orn)* predatory; *(fig)* rapacious, grasping. ◆ **rapacité** *nf (lit, fig)* rapaciousness, rapacity.

rapatrier [RapatRije] (7) *vt personne* to repatriate; *objet* to bring back (home). ◆ **rapatrié, e** *nm, f* repatriate. ◆ **rapatriement** *nm* repatriation.

râper [Rɑpe] (1) *vt carottes, fromage* to grate; *bois* to rasp. ◆ **râpe** *nf* grater; rasp. ◆ **râpé, e 1** *adj (usé)* threadbare; *carottes, fromage* grated. (*‡: raté)* **c'est** ~ **pour ce soir** we've had it for tonight *. **2** *nm (fromage)* grated cheese.

rapetisser [Raptise] (1) **1** *vt (raccourcir)* to shorten; *(dénigrer)* to belittle. *(faire paraître plus petit)* ~ **qch** to make sth seem *ou* look small(er). **2** *vi*, **se** ~ *vpr [vieillard]* to shrink, get smaller; *[jours]* to get shorter.

râpeux, -euse [RɑpØ, Øz] *adj (gén)* rough.

raphia [Rafja] *nm* raffia.

rapiat, e [Rapja, at] *(péj)* **1** *adj* niggardly, tight-fisted. **2** *nm, f* niggard, skinflint.

rapide [Rapid] **1** *adj (gén)* quick, rapid, swift; *coureur* fast; *guérison* speedy; *mouvement* brisk; *intelligence* lively; *pente* steep, abrupt; *film* fast; *ciment* quick-setting. ~ **comme l'éclair** (as) quick as a flash. **2** *nm (a) (train)* express (train), fast train. (**b**) *[rivière]* rapid. ◆ **rapidement** *adv (gén)* fast, quickly, rapidly, swiftly, speedily; *marcher* briskly; *descendre en pente* steeply, abruptly. ◆ **rapidité** *nf (gén)* speed, rapidity, speediness, swiftness, quickness; *[mouvement]* briskness; *[intelligence]* liveliness.

rapiécer [Rapjese] (3) *et* (6) *vt* to patch (up).

rappel [Rapɛl] *nm (a) [ambassadeur, réservistes]* recall; *[marchandises défectueuses]* callback; *(Théât)* curtain call. (**b**) *(évocation, avertissement)* reminder; *(Comm: référence)* quote; *(somme due)* back pay; *(vaccination)* booster. ~ **à l'ordre** call to order. (**c**) *(Alpinisme)* **faire un** ~ to abseil, rope down.

rappeler [Raple] (4) **1** *vt (a) (faire revenir)* to call back; *réservistes, diplomate* to recall. *(Ordin)* ~ **un dossier à l'écran** to call up a file on the screen. (**b**) ~ **qch** *(mentionner)* to mention sth; *(Comm) référence* to quote sth; *(être similaire)* to be reminiscent of sth; ~ **qch à qn** to remind sb of sth; **cela ne te rappelle rien?** doesn't that remind you of anything?, doesn't that ring a bell? (**c**) ~ **qn à la vie** to bring sb back to life, revive sb; ~ **qn à l'ordre** to call sb to order; ~ **qn à son devoir**

to remind sb of his duty. (**d**) *(retéléphoner à)* to call *ou* ring *ou* phone back. **2 se ~** *vpr* to remember, recollect, recall.

rappliquer ‡ [ʀaplike] (1) *vi (revenir)* to come back; *(arriver)* to turn up, show up *.

rapport [ʀapɔʀ] *nm* (**a**) *(lien)* connection, relationship, link. **avoir beaucoup de ~/n'avoir aucun ~ avec qch** to have a lot to do/nothing to do with sth, be closely related/be unrelated to sth. (**b**) *(relations)* **~s** relations, relationships; **entretenir de bons/mauvais ~s avec qn** to be on good/bad terms *ou* have good/bad relations with sb; **~s (sexuels)** sexual relations. (**c**) *(compte rendu)* report; *(Mil)* conference. **~ de police** police report. (**d**) *(profit)* yield, return. **être d'un bon ~** to give a good profit *ou* return; **immeuble de ~** residential property (for renting), investment property. (**e**) *(Math, Tech)* ratio. **~ de 1 à 100** ratio of 1 to 100; **le ~ qualité-prix** the quality-price ratio; **ce n'est pas d'un bon ~ qualité-prix** it's not good value for money. (**f**) *(locutions)* **être en ~ avec qch** *(en harmonie)* to be in keeping *ou* in line with sth; **être en ~ avec qn** to be in touch with sb, have dealings with sb; **mettre/se mettre en ~ avec qn** to put/get in touch *ou* contact with sb; **par ~ à** in relation to; **la force de la livre par ~ au dollar** the strength of the pound against the dollar; **sous le ~ de l'honnêteté** from the point of view of honesty; **sous tous les ~s** in every respect; *(équilibre)* **le ~ des forces** the balance of power; *(lutte)* **des ~s de force** power struggle.

rapporter [ʀapɔʀte] (1) **1** *vt* (**a**) *objet, réponse* to bring *ou* take back (*à* to). (**b**) *(Fin, fig)* *profit* to bring in. **placement qui rapporte 5%** investment that yields (a return of) 5% *ou* that brings in (a yield *ou* revenue of) 5%. (**c**) *fait (gén)* to report; *(mentionner)* to mention; *(citer)* to quote. **on nous a rapporté que** we were told that, it was reported to us that. (**d**) *(ajouter)* to add. **c'est un élément rapporté** this element has been added on. (**e**) *(établir un lien entre)* **~ qch à** to relate sth to. (**f**) *(annuler)* to revoke. **2** *vi (Chasse)* to retrieve. (**b**) *(Fin)* to give a good return *ou* yield. **ça rapporte gros** it brings in a lot of money, it pays very well. (**c**) *(arg Scol: moucharder)* **~ (sur ses camarades)** to tell on * *ou* sneak on * *ou* tattle on * *(US)* one's friends. **3 se ~** *vpr* (**a**) **se ~ à qch** to relate to sth; **ça se rapporte à ce que je disais tout à l'heure** that ties up with *ou* links up with *ou* relates to what I was saying just now. (**b**) **s'en ~ à qn/au jugement de qn** to rely on sb/on sb's judgment.

rapporteur, -euse [ʀapɔʀtœʀ, øz] **1** *nm, f (mouchard)* telltale, sneak *, tattler * *(US)*. **2** *nm (Admin)* reporter; *(Géom)* protractor.

rapprocher [ʀapʀɔʃe] (1) **1** *vt* (**a**) *(approcher)* to bring closer *ou* nearer (*de* to). **~ sa chaise (de la table)** to pull *ou* draw one's chair up (to the table). (**b**) *(réconcilier, réunir)* to bring together. (**c**) *indices, textes (confronter)* to put *ou* bring together; *(assimiler)* to establish a connection *ou* link between. **c'est à ~ de ce qu'on disait tout à l'heure** this ties up *ou* connects with what was being said earlier. **2 se ~** *vpr* (**a**) *(approcher)* to get closer *ou* nearer (*de* to). **rapproche-toi** come *ou* move *ou* draw closer; **se ~ de la vérité** to get near *ou* close to the truth. (**b**) *(en fréquence)* to become more frequent. (**c**) *[ennemis]* to come together; *[points de vue]* to draw closer together. **se ~ de** to move *ou* draw closer to. (**d**) *(s'apparenter à)* to be close to. **ça se rapproche de ce qu'on disait** that's close to, *ou* that ties up with what was being said. ◆ **rapproché, e** *adj*: **être ~** *(proche)* to be close *ou* near (*de* to); *(répété)* to be frequent. ◆ **rapprochement** *nm (réconciliation)* reconciliation; *(comparaison)* comparison; *(rapport)* link, connection. **le ~ des 2 objets** *(action)* bringing the

2 objects (closer) together; *(résultat)* the fact that the 2 objects are close together.

rapt [ʀapt] *nm (enlèvement)* abduction.

raquette [ʀakɛt] *nf (Tennis)* racket; *(Ping-Pong)* bat; *(à neige)* snowshoe.

rare [ʀaʀ] *adj* (**a**) *(peu commun) (gén)* rare; *énergie* exceptional, singular; *imprudence* singular. **ça n'a rien de ~** there's nothing uncommon *ou* unusual about it; **il était ~ qu'il ne sache pas** he rarely *ou* seldom did not know. (**b**) *(peu nombreux)* few, rare. **les ~s voitures qui passaient** the few *ou* odd cars that went by; **les clients sont ~s** customers are scarce *ou* are few and far between. (**c**) *(peu abondant) (gén)* scarce; *barbe* thin; *végétation* sparse; *gaz* rare. *[légumes]* **se faire ~** to become scarce, be in short supply. ◆ **se raréfier** (7) *vpr (gén)* to become scarce; *[air]* to rarefy, get thin. ◆ **rarement** *adv* rarely, seldom. ◆ **rareté** *nf* (**a**) *[objet, cas]* rarity; *[vivres, argent]* scarcity; *[visites]* infrequency. (**b**) *(objet)* rarity; *(événement)* rare *ou* unusual occurrence. ◆ **rarissime** *adj* extremely rare.

ras, e [ʀɑ, ʀɑz] *adj* (**a**) *poil, herbe* short; *cheveux* close-cropped; *mesure* full. **à poil ~** *chien* short-haired; *étoffe* with a short pile; **cheveux coupés ~** hair cut short. (**b**) *(locutions)* **à ~ de terre** level with the ground; **coupé à ~ de terre** cut down to the ground; **voler au ~ de l'eau** to skim the water; **à ~ bords** to the brim; **en ~e campagne** in open country; **pull ~ du cou** crew-neck sweater, round-neck sweater; **j'en ai ~ le bol** * I'm fed up to the back teeth ‡; **le ~-le-bol étudiant** * the students' discontent *ou* dissatisfaction, student unrest.

rasade [ʀɑzad] *nf* glassful.

raser [ʀɑze] (1) **1** *vt* (**a**) *barbe* to shave off; *menton, malade etc* to shave. (**b**) *[projectile]* to graze, scrape; *[oiseau, balle de tennis]* to skim (over). **~ les murs** to hug the walls. (**c**) *(abattre)* to raze (to the ground). (**d**) *(*: ennuyer)* to bore. **2 se ~** *vpr* (**a**) *(toilette)* to shave. **se ~ les jambes** to shave one's legs. (**b**) *(*: s'ennuyer)* to be bored stiff *ou* to tears. ◆ **rasage** *nm* shaving. ◆ **rasant, e** *adj* (**a**) *(*: ennuyeux)* boring. (**b**) *lumière* low-angled. **tir ~** grazing fire. ◆ **rasé, e** *adj menton* (clean-)shaven; *tête* shaven. **mal ~** unshaven; **~ de près** close-shaven. ◆ **rase-mottes** *nm inv*: **faire du ~** to hedgehop. ◆ **raseur, -euse** * *nm, f* bore. ◆ **rasoir 1** *nm* (**a**) razor. **~ électrique** (electric) shaver, electric razor; **~ à main** *ou* **de coiffeur** cut-throat *ou* straight razor. (**b**) *(*: importun)* bore. **2** *adj* (*) bore.

rassasier [ʀɑsazje] (7) **1** *vt faim, désirs* to satisfy. **~ qn** to satisfy sb *ou* sb's hunger (*de* with); **être rassasié** to be satisfied, have eaten one's fill; *(dégoûté)* to have had more than enough (*de* of). **2 se ~** *vpr* to satisfy one's hunger. **je ne me rassasierai jamais de...** I'll never tire of...

rassembler [ʀɑsɑ̃ble] (1) **1** *vt (gén)* to gather, assemble; *troupes* to rally; *troupeau* to round up; *objets, notes* to gather together, collect; *(après démontage)* to put back together, reassemble; *idées* to collect; *courage* to summon up. **2 se ~** *vpr* to gather, assemble. ◆ **rassemblement** *nm* (**a**) gathering, assembling *etc*. *(Mil)* **~!** fall in! (**b**) *(groupe)* gathering; *(parti)* union. ◆ **rassembleur** *nm* unifier.

rasseoir [ʀaswaʀ] (26) **1** *vt bébé* to sit back up (straight); *objet* to put back up straight. **2 se ~** *vpr* to sit down again.

rasséréner (se) [ʀaseʀene] (6) *vpr* to become serene again.

rassir *vi*, **se ~** *vpr* [ʀasiʀ] (2) to go stale. ◆ **rassis, e** *adj (lit, péj)* stale.

rassurer [ʀasyʀe] (1) **1** *vt*: **~ qn** to put sb's mind at ease, reassure sb. **2 se ~** *vpr* to put one's mind at ease, reassure o.s. ◆ **rassurant, e** *adj* reassuring, comforting, cheering.

rat [Ra] *nm* rat. **il est fait comme un ~** he's cornered, he has no escape; **~ de bibliothèque** bookworm; **~ des champs** fieldmouse; **~ d'hôtel** hotel thief; **~ musqué** muskrat, musquash; **(petit) ~ de l'Opéra** pupil of the Opéra ballet class.

ratatiner [Ratatine] (1) **1** *vt* (**a**) *pomme* to dry up, shrivel; *visage* to wrinkle. (**b**) (‡: *détruire*) to wreck. **se faire ~** (*battre*) to get thrashed; (*tuer*) to get done in ‡ *ou* bumped off ‡. **2 se ~** *vpr* [*pomme*] to shrivel *ou* dry up; [*visage, personne*] to become wrinkled *ou* shrivelled.

rate¹ [Rat] *nf* (*Anat*) spleen.

rate² [Rat] *nf* (*animal*) she-rat.

râteau, *pl* **~x** [Rato] *nm* (*Agr, Roulette*) rake.

râtelier [Rɑtəlje] *nm* rack; (*: dentier*) (set of) false teeth.

rater [Rate] (1) **1** *vi* [*coup*] to misfire, fail to go off; [*projet*] to fail, go wrong, backfire. **tout faire ~** to ruin everything; **ça ne va pas ~** * it's dead certain *. **2** *vt* (*) *cible, occasion, train* to miss; *travail* to mess up, spoil, botch; *mayonnaise, sauce* to spoil; *examen* to fail, flunk *. **raté!** missed!; (*iro*) **il n'en rate pas une** he's always putting his foot in it *; **je ne te raterai pas!** you won't get away with it!; **~ son effet** to spoil one's effect; **il a raté son coup** he didn't pull it off. ◆ **raté, e 1** *nm, f* (*personne*) failure. **2** *nm* (*Aut*) [*arme*] misfire. **avoir des ~s** to misfire; (*fig*) **il y a eu des ~s dans la conduite de cette affaire** there were some hiccups in the handling of this matter.

ratiboiser ‡ [Ratibwaze] (1) *vt maison* to wreck; *personne* to do in *. **~ qch à qn** (*au jeu*) to clean sb out of sth *; (*en le volant*) to nick ‡ *ou* pinch * *ou* swipe * sth from sb.

raticide [Ratisid] *nm* rat poison.

ratifier [Ratifje] (7) *vt* to ratify. ◆ **ratification** *nf* (*Admin, Jur*) ratification.

ratio [Rasjo] *nm* ratio.

ration [Rɑsjɔ̃] *nf* (*gén*) ration; (*fig: part*) share; [*soldat*] rations.

rationaliser [Rasjonalize] (1) *vt* to rationalize. ◆ **rationnel, -elle** *adj* rational. ◆ **rationnellement** *adv* rationally.

rationner [Rasjone] (1) **1** *vt charbon, personne* to ration. **2 se ~** *vpr* to ration o.s. ◆ **rationnement** *nm* rationing.

ratisser [Ratise] (1) *vt gravier* to rake; *feuilles* to rake up; (*Mil, Police*) to comb; (*: au jeu*) to clean out *. **il s'est fait ~** (*au jeu*) he was cleaned out * *ou* he lost everything at the gambling table. ◆ **ratissage** *nm* raking; combing.

raton [Ratɔ̃] *nm*: **~ laveur** racoon.

raton(n)ade [Ratɔnad] *nf*: **~s** attacks on immigrants.

rattacher [Rataʃe] (1) *vt prisonnier* to tie up again; *lacets* to do up *ou* fasten again; *territoire, service* to join (*à* to), unite (*à* with); *problème* to link, connect, tie up (*à* with); *fait* to relate (*à* to). **rien ne le rattache plus à sa famille** nothing binds *ou* ties him to his family any more. ◆ **rattachement** *nm* uniting (*à* with), joining (*à* to). **quel est votre service de ~?** which service are you attached to?

rattraper [RatRape] (1) **1** *vt* (**a**) *prisonnier* to recapture; *objet, enfant qui tombe* to catch (hold of); *voiture, coureur,* (*fig*) *leçon en retard* to catch up with. **on ne m'y rattrapera plus** I won't be caught (at it) again. (**b**) *mayonnaise* to salvage; *erreur, temps perdu* to make up for; *argent perdu* to recover, get back, recoup; *sommeil* to catch up on. (**c**) (*Scol: repêcher*) **~ qn** to allow sb to pass, let sb get through. **2 se ~** *vpr* (*reprendre son équilibre*) to stop o.s. falling; (*fig: récupérer*) to make up for it, make

good (one's losses *ou* one's mistakes). **se ~ à une branche** to catch hold of a branch to stop o.s. falling. ◆ **rattrapable** *adj* which can be put right.

◆ **rattrapage** *nm* [*candidat*] passing. **le ~ d'un oubli/du retard** making up for an omission/for lost time; **~ scolaire** remedial teaching; **cours de ~** remedial class *ou* course.

raturer [RatyRe] (1) *vt* (*corriger*) to make an alteration to; (*barrer*) to erase, delete. ◆ **rature** *nf* alteration; erasure, deletion.

rauque [Rok] *adj voix* (*enrouée*) hoarse; (*éraillée*) husky, throaty; *cri* raucous.

ravage [Ravaʒ] *nm*: **faire des ~s** to wreak havoc (*dans* in). ◆ **ravagé, e** *adj* (*tourmenté*) *visage* harrowed, haggard; (‡: *fou*) nuts *, bonkers ‡. ◆ **ravager** (3) *vt pays* to lay waste, ravage, devastate; *visage* [*maladie*] to ravage; [*soucis*] to harrow. ◆ **ravageur, -euse** *adj* devastating.

ravaler [Ravale] (1) *vt* (**a**) (*nettoyer*) to clean, give a face-lift * to; (*réparer*) to restore. **se faire ~ la façade** * to have a face-lift. (**b**) *sanglots, colère* to choke back. (**c**) *dignité, personne* to lower. ◆ **ravalement** *nm* cleaning; restoration; face-lift *. ◆ **ravaleur** *nm* (*maçon*) stone restorer.

ravauder [Ravode] (1) *vt vêtement* to repair, mend; *chaussette* to darn.

rave [Rav] *nf* (*Bot*) rape.

ravi, e [Ravi] *adj* (*enchanté*) delighted. **~ de vous connaître** delighted *ou* pleased to meet you.

ravier [Ravje] *nm* hors d'œuvres dish.

ravigoter * [Ravigote] (1) *vt* to buck up *.

ravin [Ravɛ̃] *nm* (*gén*) gully; (*encaissé*) ravine. ◆ **ravinement** *nm* gullying. ◆ **raviner** (1) *vt* (*Géog*) to gully; *visage* to furrow.

ravioli [Ravjɔli] *nmpl* ravioli.

ravir [Ravir] (2) *vt* (**a**) (*charmer*) to delight. **cela lui va à ~** that suits her beautifully. (**b**) (*enlever*) **~ qch à qn** to rob sb of sth, take sth (away) from sb. ◆ **ravissant, e** *adj* ravishing, delightful. ◆ **ravissement** *nm* rapture. **plongé dans le ~** in raptures; **regarder qn avec ~** to look at sb rapturously. ◆ **ravisseur, -euse** *nm, f* kidnapper, abductor.

raviser (se) [Ravize] (1) *vpr* to change one's mind, decide otherwise, think better of it.

ravitailler [Ravitaje] (1) **1** *vt* (*en vivres*) to provide with fresh supplies; (*en carburant*) to refuel. **2 se ~** *vpr* [*armée*] to get fresh supplies; [*ménagère*] to stock up (*à* at); [*véhicule*] to refuel. ◆ **ravitaillement** *nm* (*action*) resupplying; refuelling; (*réserves*) supplies. **aller au ~** to go for fresh supplies.

raviver [Ravive] (1) *vt feu, sentiment* to revive, rekindle; *couleur* to brighten up.

ravoir [RavwaR] *vt* (*recouvrer*) to have *ou* get back; (*obtenir davantage*) to get more *ou* another; (*: nettoyer*) to get clean.

rayer [Reje] (8) *vt* (*marquer*) to rule, line; (*érafler*) to scratch; (*biffer*) to cross *ou* score out, delete. **~ qn d'une liste** to cross sb *ou* sb's name off a list, delete sb's name from a list. ◆ **rayé, e** *adj tissu, pelage* striped; *disque* scratched, scratchy.

rayon [Rɛjɔ̃] *nm* (**a**) (*gén, Opt, Phys: faisceau*) ray; [*jour*] ray, beam; [*phare*] beam. (*radiations*) **~s** radiation; **~s infrarouges/ultraviolets** infrared/ ultraviolet rays; **~s X** X-rays; **~ laser** laser beam; (*lit, fig*) **~ de soleil** ray of sunshine; **~ de lune** moonbeam; **~ d'espoir** ray *ou* gleam of hope. (**b**) [*roue*] spoke. (**c**) (*planche*) shelf; [*bibliothèque*] (book)shelf. (**d**) (*Comm*) (*section*) department; (*comptoir*) counter. **c'est son ~** (*spécialité*) that's his line; (*responsabilité*) that's his concern *ou* responsibility *ou* department *; (*fig*) **il en connaît un ~** * he knows masses about it *, he's really clued up about it *. (**e**) [*ruche*] (honey)comb. (**f**) (*Math, fig*) radius. **dans un ~ de 10 km** within a radius of 10 km *ou* a 10-km radius; **~ d'action** *(lit)* range; *(fig)* scope, range; **à grand ~ d'action** long-range; *(Aut)* **~ de braquage** lock. ♦ **rayonnage** *nm:* ~**(s)** set of shelves, shelving.

rayonne [Rɛjɔn] *nf* rayon.

rayonner [Rɛjɔne] (1) *vi* **(a)** *[influence, joie, astre]* to radiate. *[prestige etc]* **~ sur/dans** to extend over/ in; **~ de bonheur** to be radiant *ou* glowing with happiness. **(b)** *(Phys)* *[chaleur, énergie]* to radiate. **(c)** **~ dans une région** *[touristes]* to tour around a region (from a base); *[cars]* to service a region. **(d)** *[avenues, lignes]* to radiate *(autour de* from, out from). ♦ **rayonnant, e** *adj (Phys, fig)* radiant; *(Méd)* douleur spreading. ♦ **rayonnement** *nm [culture]* influence; *[influence]* extension; *[personnalité, beauté, astre]* radiance; *(Phys: radiation)* radiation.

rayure [Rɛjyʀ] *nf (dessin)* stripe; *(éraflure)* scratch. **papier à ~s** striped paper.

raz-de-marée [Rɑdmaʀe] *nm inv (Géog, fig)* tidal wave. **~ électoral** landslide.

razzia [Razja] *nf* raid, foray. *(fig)* **faire une ~ dans qch** * to raid *ou* plunder sth.

ré [Re] *nm (Mus)* D; *(en chantant)* re, ray.

réabonner [Reabɔne] (1) **1** *vt:* **~ qn** to renew sb's subscription *(à* to). **2 se ~** *vpr* to renew one's subscription *(à* to). ♦ **réabonnement** *nm* renewal of subscription.

réaccoutumer [Reakutyme] (1) **1** *vt* to reaccustom. **2 se ~** *vpr* to reaccustom o.s. *(à* to).

réacteur [Reaktœʀ] *nm (Aviat)* jet engine; *(Chim, Phys nucléaire)* reactor.

réaction [Reaksjɔ̃] *nf (gén)* reaction. **être sans ~** to show no reaction; **~ en chaîne** chain reaction ; *(Aviat)* **moteur à ~** jet engine. ♦ **réactionnaire** *adj, nmf* reactionary.

réadapter [Readapte] (1) **1** *vt* personne to readjust *(à* to); *(Méd)* to rehabilitate; *muscle* to re-educate. **2 se ~** *vpr* to readjust *(à* to). ♦ **réadaptation** *nf* readjustment; rehabilitation; re-education.

réaffirmer [Reafiʀme] (1) *vt* to reaffirm, reassert.

réagir [Reaʒiʀ] (2) *vi* to react *(à* to, *contre* against, *sur* upon).

réaliser [Realize] (1) **1** *vt* **(a)** *rêve* to achieve, fulfil; *effort* to make, exercise; *exploit* to achieve, carry off; *projet* to carry out. **(b)** *(*: se rendre compte de)* to realize. **(c)** *(Ciné)* to produce. **(d)** *vente, bénéfice* to make. **(e)** *(Fin)* capital to realize. **2 se ~** *vpr [rêve]* to come true; *[personnalité]* to fulfil o.s. ♦ **réalisateur, -trice** *nm, f (Ciné, Rad, TV)* director. ♦ **réalisation** *nf* **(a)** *(action)* realization; fulfilment, achievement. **plusieurs projets sont déjà en cours de ~** several projects are already in the pipeline *ou* are already under way. **(b)** *(ouvrage)* achievement, creation. **(c)** *(Ciné)* production.

réalisme [Realism(ə)] *nm* realism. ♦ **réaliste 1** *adj* realistic. **2** *nmf* realist.

réalité [Realite] *nf* reality. **en ~** in (actual) fact, in reality; **la ~ dépasse la fiction** truth is stranger than fiction; **son rêve est devenu (une) ~** his dream became (a) reality *ou* came true.

réanimer [Reanime] (1) *vt* to resuscitate, revive. ♦ **réanimateur, -trice 1** *nm, f (personne)* resuscitator. **2** *nm (respirateur)* ventilator, respirator. ♦ **réanimation** *nf* resuscitation. **être en (service de) ~** to be in the intensive care unit, be in intensive care.

réapparaître [Reapaʀɛtʀ(ə)] (57) *vi* to reappear. ♦ **réapparition** *nf* reappearance.

réapprendre [Reapʀɑ̃dʀ(ə)] (58) *vt (gén)* to relearn, learn again. **~ qch à qn** to teach sth to sb again.

réapprovisionner [Reapʀɔvizjɔne] (1) **1** *vt* to restock. **2 se ~** *vpr* to stock up again *(en* with).

réarmer [Reaʀme] (1) **1** *vt fusil, appareil-photo* to reload; *bateau* to refit. **2** *vi*, **se ~** *vpr [pays]* to rearm. ♦ **réarmement** *nm (Pol)* rearmament.

réassortir [Reasɔʀtiʀ] (2) **1** *vt magasin* to restock *(en* with); *stock* to replenish; *verres* to match (up). **2 se ~** *vpr (Comm)* to stock up again *(de* with). ♦ **réassortiment** *nm* replenishment.

rébarbatif, -ive [Rebaʀbatif, iv] *adj mine* forbidding, unprepossessing; *sujet, tâche* daunting, forbidding.

rebâtir [R(ə)batiʀ] (2) *vt* to rebuild.

rebattre [R(ə)batʀ(ə)] (41) *vt:* **~ les oreilles de qn de qch** to keep harping about sth *. ♦ **rebattu, e** *adj citation* hackneyed.

rebelle [Rəbɛl] **1** *adj soldat* rebel; *enfant, esprit* rebellious; *maladie* stubborn; *virus* resistant; *cheveux* unruly. **~ à** *discipline* unamenable to; *maths, latin* unable to understand; **il est ~ à la poésie** poetry is a closed book to him. **2** *nmf* rebel. ♦ **se rebeller** (1) *vpr* to rebel *(contre* against). ♦ **rébellion** *nf (révolte)* rebellion. *(rebelles)* **la ~** the rebels.

rebiffer (se) * [R(ə)bife] (1) *vpr* to hit *ou* strike back *(contre* at).

reboiser [R(ə)bwaze] (1) *vt* to reafforest.

rebondir [R(ə)bɔ̃diʀ] (2) *vi* **(a)** *(sur le sol)* to bounce; *(contre un mur etc)* to rebound. **(b)** *[conversation, action]* to get going *ou* moving again, spring to life again; *[scandale]* to take a new turn. **faire ~** to set *ou* get going again. ♦ **rebond** *nm* bounce; rebound. ♦ **rebondi, e** *adj objet* potbellied; *croupe* rounded; *ventre* fat; *visage* chubby; *porte-monnaie* well-lined. ♦ **rebondissement** *nm [affaire]* (sudden new) development *(de* in).

rebord [R(ə)bɔʀ] *nm [assiette, pot]* rim; *[puits, falaise, table]* edge. **le ~ de la fenêtre** the windowsill, the window ledge.

reboucher [R(ə)buʃe] (1) **1** *vt trou* to fill in again; *bouteille* to recork; *carafe* to restopper; *tube* to put the cap back on. **2 se ~** *vpr [tuyau]* to get blocked again.

rebours [R(ə)buʀ] *nm:* **à ~** *(à rebrousse-poil)* the wrong way; *(à l'envers)* the other way round; **compter à ~** to count backwards; **faire tout à ~** to do everything the wrong way round; *(à l'opposé de)* **à ~ de** against.

rebouteux, -euse [R(ə)butø, øz] *nm, f* bonesetter.

rebrousser [R(ə)bʀuse] (1) *vt poil* to brush up. **~ chemin** to turn back, retrace one's steps; *(lit, fig)* **à rebrousse-poil** the wrong way.

rebuffade [R(ə)byfad] *nf* rebuff. **essuyer une ~** to suffer a rebuff.

rébus [Rebys] *nm* rebus.

rebut [Rəby] *nm (déchets)* scrap. **mettre au ~** to scrap, throw out, discard; *(péj: racaille)* **le ~ de la société** the scum *ou* dregs of society; *(Poste)* **~s** dead letters.

rebuter [R(ə)byte] (1) **1** *vt (décourager)* to put off, dishearten, discourage; *(répugner)* to repel; *(littér: repousser)* to repulse. **2 se ~** *vpr* to be discouraged. ♦ **rebutant, e** *adj* repellent; off-putting; disheartening.

récalcitrant, e [Rekalsitʀɑ̃, ɑ̃t] *adj, nm, f* recalcitrant.

recaler [R(ə)kale] (1) *vt (Scol)* to fail. **se faire ~ (en histoire)** to fail *ou* flunk * (history).

récapituler [Rekapityle] (1) *vt* to recapitulate, sum up. ♦ **récapitulatif, -ive** *adj* recapitulatory, summary. ♦ **récapitulation** *nf* recapitulation, summing-up.

recauser * [R(ə)koze] (1) *vi:* **~ de qch** to talk about sth again.

receler [Rəs(ə)le] (5) vt objet volé to receive; voleur to harbour; trésor to conceal. ◆ **recel** nm: ~ (d'objets volés) (action) receiving stolen goods, receiving; (résultat) possession of stolen goods. ◆ **receleur, -euse** nm, f receiver.

récemment [Resamɑ̃] adv recently. l'as-tu vu ~? have you seen him lately? ou recently?

recenser [R(ə)sɑ̃se] (1) vt population to take a census of; objets to make an inventory of; futurs conscrits to compile a register of. ◆ **recensement** nm census; inventory; registration. ◆ **recenseur** adj m, nm: (agent) ~ census taker.

récent, e [Resɑ̃, ɑ̃t] adj événement recent; propriétaire new.

recentrage [R(ə)sɑ̃tRaʒ] nm [parti] movement towards the centre. le ~ de notre politique adopting more centrist policies.

récépissé [Resepise] nm receipt.

réception [Resɛpsjɔ̃] nf (a) (gala) reception. (b) (accueil) reception, welcome. discours de ~ welcoming speech. (c) (salon) reception room; [hôtel] (hall) entrance hall, lobby; (bureau) reception desk. salle de ~ function room. (d) [paquet, lettre] receipt; (Bio, Rad, TV) reception. (e) (Sport) [ballon] trapping, catching; [sauteur] landing. (f) (Constr) ~ des travaux acceptance of work done (after settling). ◆ **récepteur, -trice** adj receiving. **2** nm (gén, Téléc) receiver. ◆ **réceptif, -ive** adj receptive (à to). ◆ **réceptionnaire** nmf [marchandises] receiving clerk. ◆ **réceptionner** (1) vt marchandises to receive, take delivery of; ballon to trap, catch. ◆ **réceptionniste** nmf receptionist. ◆ **réceptivité** nf (gén) receptivity, receptiveness.

récession [Resesjɔ̃] nf recession. de ~ recessionary; ~ avec inflation slumpflation. ◆ **récessif, -ive** adj recessive.

recette [R(ə)sɛt] nf (a) (Culin) recipe; (Chim) formula; (fig: truc) formula, recipe (de for). (b) (recouvrement) collection; (encaisse) takings. faire ~ to be a big success, be a winner; (rentrées d'argent) ~s receipts; (Impôts) ~-perception tax office; ~ municipale rates office.

recevabilité [Rəsvabilite] nf (Jur) admissibility. ◆ **recevable** adj admissible.

receveur, -euse [RəsvœR, øz] nm, f (Méd) recipient. ~ (d'autobus) bus conductor (ou conductress); ~ (des contributions) tax collector ou officer; ~ (des postes) postmaster (ou mistress); ~ municipal rate collector.

recevoir [RəsvwaR] (28) **1** vt (a) (gén) to receive, get; refus to meet with. nous avons bien reçu votre lettre du 15 courant we acknowledge ou confirm receipt of your letter of the 15th instant ou of this month; (Rad, fig) je vous reçois 5 sur 5 I'm reading ou receiving you loud and clear; je n'ai d'ordre à ~ de personne I don't take orders from anyone; je n'ai pas de leçon à ~ de lui! I don't need to take any lessons from him!; il a reçu un coup de pied/de poing he got kicked/punched; c'est lui qui a tout reçu he got the worst of it; recevez l'expression de mes sentiments distingués yours faithfully ou truly (US) ou sincerely. (b) invité (accueillir) to receive, welcome, greet; (à dîner) to entertain; (pour coucher) to take in; (Admin) demandeur to see. le docteur reçoit de 10h à 12h the doctor's surgery ou office (US) is from 10 a.m. till noon; ~ la visite de qn to receive ou have a visit from sb. (c) candidat to pass. être reçu à un examen to pass an exam; il a été reçu premier he came first. (d) (contenir) [hôtel] to take, hold, accommodate; (récolter) [gouttière] to collect. **2** se ~ vpr (en sautant) to land.

rechange [R(ə)ʃɑ̃ʒ] nm (a) ~ (de vêtements) change of clothes. (b) de ~ solution alternative; outil spare;

j'ai apporté des chaussures de ~ I brought a spare ou an extra pair of shoes.

réchapper [Reʃape] (1) vi: ~ de ou à accident to come through.

recharge [R(ə)ʃaRʒ(ə)] nf [arme] reload; [stylo] refill. ◆ **rechargeable** adj reloadable; refillable; rechargeable. ◆ **rechargement** nm reloading; refilling; recharging. ◆ **recharger** (3) vt véhicule, arme, appareil-photo to reload; briquet to refill; accumulateur to recharge.

réchauffer [Reʃofe] (1) **1** vt (a) (Culin) (faire ou mettre à) ~ to reheat, heat ou warm up again. (b) personne to warm up; cœur to warm; courage to revive, rekindle. (c) [soleil] to heat up, warm up. **2** se ~ vpr [temps] to get warmer; [personne] to warm o.s. (up). ◆ **réchaud** nm stove. ◆ **réchauffé, e** adj (lit) reheated, warmed-up; (péj: fig) rehashed (péj); plaisanterie stale, old hat. ◆ **réchauffement** nm warming (up). un ~ de la température a rise ou an increase in the temperature.

rêche [Rɛʃ] adj rough, harsh.

rechercher [R(ə)ʃɛRʃe] (1) vt (a) objet égaré to look for, search for, hunt for; honneurs, danger to seek; succès, plaisir to pursue; cause d'accident to look for, try to determine. ~ comment to try to find out how; (Ordin) ~ un mot dans un dossier to search a file for a word; 'on recherche femme de ménage' 'cleaning lady required'; recherché pour meurtre wanted for murder; la police recherche... the police want to interview...; ~ la perfection to strive for ou seek perfection; ~ l'amitié de qn to seek sb's friendship. (b) (chercher à nouveau) to search for ou look for again. ◆ **recherche** nf (a) (gén) search (de for); [plaisirs, gloire] pursuit (de of); [perfection] quest (de for). se mettre à la ~ de qch to go in search of sth, look ou hunt ou search for sth; (enquête) faire des ~s to make investigations. (b) (Scol, Univ) la ~ research; faire des ~s sur un sujet to do ou carry out research into a subject; travail de ~ piece of research; ~ fondamentale basic research. (c) [tenue, ameublement] meticulousness, studied elegance; (péj: affectation) affectation. (d) (Ordin) search. ◆ **recherché, e** adj (très demandé) in great demand, much sought-after; (de qualité) choice, exquisite; style mannered; tenue meticulous; (péj) affected, studied.

rechigner [R(ə)ʃiɲe] (1) vi to balk, jib (à qch at sth, à faire at doing).

rechute [R(ə)ʃyt] nf (Méd) relapse. faire une ~ to have a relapse. ◆ **rechuter** (1) vi to have a relapse.

récidive [Residiv] nf (Jur) second ou subsequent offence ou offense (US); (Méd) recurrence; (fig) repetition. ◆ **récidivant, e** adj (Méd) recurring. ◆ **récidiver** (1) vi (Jur) to reoffend, commit a second ou subsequent offence ou offense (US); (fig) to do it again; (Méd) to recur. ◆ **récidiviste** nmf recidivist. ◆ **récidivité** nf (Méd) recurring nature.

récif [Resif] nm reef. ~ de corail coral reef ; ~-barrière barrier reef.

récipient [Resipjɑ̃] nm container, receptacle.

réciproque [ResipRɔk] **1** adj reciprocal. **2** nf: la ~ (l'inverse) the opposite, the reverse; (la pareille) the same. ◆ **réciprocité** nf reciprocity. ◆ **réciproquement** adv (l'un l'autre) each other, one another; (vice versa) vice versa.

récit [Resi] nm (action, histoire) account; (genre) narrative; (Théât) monologue. faire le ~ de to give an account of.

récital, pl ~s [Resital] nm recital.

réciter [Resite] (1) vt to recite. ◆ **récitation** nf (poème) recitation; (action) recital.

réclamation [ʀeklamɑsjɔ̃] *nf* complaint. **faire une** ~ to make *ou* lodge a complaint; *(Téléc)* **téléphonez aux** ~s ring the engineers.

réclame [ʀeklam] *nf (annonce)* advertisement, advert, ad *. (publicité)* **la** ~ advertising, publicity; **faire de la** ~ **pour** to advertise *ou* publicize; **article (en)** ~ special offer; ~ **lumineuse** neon sign.

réclamer [ʀeklame] (1) **1** *vt aide, argent etc* to ask for; *droit, part* to claim; *patience, soin* to call for, require, demand. ~ **l'indulgence de qn** to beg *ou* crave sb's indulgence; **je réclame la parole!** I ask *ou* beg to speak!; **il se réclame de l'école romantique** he claims to draw his inspiration from the romantic school. **2** *vi* to complain.

reclasser [ʀ(ə)klɑse] (1) *vt chômeur* to redeploy; *ex-prisonnier* to rehabilitate; *fonctionnaire* to regrade.

reclus, e [ʀəkly, yz] **1** *adj* cloistered. **2** *nm, f* recluse. ♦ **réclusion** *nf:* ~ **(criminelle)** imprisonment.

recoiffer [ʀ(ə)kwafe] (1) **1** *vt:* ~ **qn** to do sb's hair. **2 se** ~ *vpr* to do one's hair.

recoin [ʀəkwɛ̃] *nm (lit)* nook; *(fig)* hidden *ou* innermost recess.

récolter [ʀekɔlte] (1) *vt (Agr)* to harvest, gather (in); *signatures, argent* to collect; *(*)* *coups* to get, collect *. ♦ **récoltant, e** *nm, f* grower. ♦ **récolte** *nf (action)* harvesting, gathering (in); *(lit, fig: produit)* crop; *[blé]* harvest.

recommander [ʀ(ə)kɔmɑ̃de] (1) **1** *vt* **(a)** *(gén)* to recommend *(à* to). ~ **à qn de faire** to recommend *ou* advise sb to do; **il est recommandé de** it's advisable to, you would be well-advised to. **(b)** *lettre (pour attester sa remise)* to record; *(pour assurer sa valeur)* to register. **2 se** ~ *vpr:* **se** ~ **de qn** to give sb's name as a reference; **il se recommande par son talent** his talent commends him. ♦ **recommandable** *adj* commendable. ♦ **recommandation** *nf* recommendation; recording; registration. ♦ **recommandé, e** *adj* **(a) envoyer qch en** ~ to send sth recorded delivery *(ou* by registered mail). **(b)** *(conseillé)* recommended. **ce n'est pas très** ~ it's not very *ou* really advisable, it's not really recommended.

recommencer [ʀ(ə)kɔmɑ̃se] (3) **1** *vt récit, travail* to begin *ou* start (over) again; *erreur* to make again, repeat; *combat* to renew, resume. **2** *vi (gén)* to begin *ou* start again; *[combat]* to start afresh, resume. ~ **à** *ou* **de faire** to begin *ou* start to do *ou* doing again. ♦ **recommencement** *nm* new beginning, renewal.

recomparaître [ʀ(ə)kɔ̃paʀɛtʀ(ə)] (57) *vi (Jur)* to appear (in court) again.

récompense [ʀekɔ̃pɑ̃s] *nf* reward; *(prix)* award. **en** ~ **de** in return for. ♦ **récompenser** (1) *vt* to reward, recompense *(de* for).

recompter [ʀ(ə)kɔ̃te] (1) *vt* to count again, recount.

réconcilier [ʀekɔ̃silje] (7) **1** *vt* to reconcile *(avec* with). **2 se** ~ *vpr* to be *ou* become reconciled *(avec* with). **ils se sont réconciliés** they have been reconciled, they have made their peace with one another; **se** ~ **avec soi-même** to feel *ou* be at peace with o.s. ♦ **réconciliation** *nf* reconciliation.

reconduire [ʀ(ə)kɔ̃dɥiʀ] (38) *vt* **(a)** *politique, bail* to renew. **(b)** ~ **qn chez lui** to see *ou* take sb (back) home; **il m'a reconduit à la porte** he showed me to the door. ♦ **reconductible** *adj* renewable. ♦ **reconduction** *nf* renewal.

réconfort [ʀekɔ̃fɔʀ] *nm* comfort. ♦ **réconfortant, e** *adj parole* comforting; *aliment* fortifying. ♦ **réconforter** (1) *vt* to comfort; to fortify.

reconnaître [ʀ(ə)kɔnɛtʀ(ə)] (57) **1** *vt* **(a)** *(gén: identifier)* to recognize. **ces jumeaux sont impossibles**

à ~ these twins are impossible to tell apart; **on reconnaît un fumeur à ses doigts jaunis** you can tell *ou* recognize *ou* spot a smoker by his stained fingers; **je le reconnais bien là** that's just like him *ou* typical of him, that's him all over! **(b)** *(admettre) (gén)* to recognize; *torts* to admit; *supériorité, dette* to acknowledge. **il faut** ~ **qu'il faisait très froid** admittedly it was very cold, you must admit it was very cold; **il a reconnu s'être trompé** he admitted *ou* acknowledged making a mistake; *(Jur)* ~ **qn coupable** to find sb guilty; **il ne reconnaît à personne le droit d'intervenir** he doesn't recognize in anyone the right to intervene, he doesn't acknowledge that anyone has the right to intervene. **(c)** *terrain* to reconnoitre. ~ **les lieux** to see how the land lies, reconnoitre (the ground). **2 se** ~ *vpr (dans la glace)* to recognize o.s.; *(entre personnes)* to recognize each other; *(lit, fig: trouver son chemin)* to find one's way about *ou* around. **je ne m'y reconnais plus** I'm completely lost; **je commence à me** ~ I'm beginning to find my bearings; **le pêcher se reconnaît à ses fleurs roses** the peach tree is recognizable by its pink flowers, you can tell a peach tree by its pink flowers; **se** ~ **vaincu** to admit *ou* acknowledge defeat. ♦ **reconnaissable** *adj* recognizable *(à* by, from). ♦ **reconnaissance** *nf* **(a)** *(gratitude)* gratitude, gratefulness *(à qn* to *ou* towards sb). **(b)** *(gén, Pol: fait de reconnaître)* recognition; *(Jur: d'un droit)* recognition, acknowledgement; *(littér: aveu)* acknowledgement, admission. **il lui fit un petit signe de** ~ he gave her a little sign of recognition; **il tenait un journal en signe de** ~ he was carrying a newspaper so that he could be recognized *ou* identified; ~ **de dette** note of hand. **(c)** *(exploration)* reconnaissance, survey; *(Mil)* reconnaissance, recce *. **partir en** ~ to make a reconnaissance, go on a recce *; **mission de** ~ reconnaissance mission. **(d)** *(Ordin)* recognition. ~ **de parole** speech recognition. ♦ **reconnaissant, e** *adj* grateful *(à qn de qch* to sb for sth). **je vous serais** ~ **de me dire** I would be grateful if you could tell me. ♦ **reconnu, e** *adj* recognized.

reconquérir [ʀ(ə)kɔ̃keʀiʀ] (21) *vt (Mil)* to reconquer; *liberté* to recover, win back. ♦ **reconquête** *nf* reconquest; recovery.

reconsidérer [ʀ(ə)kɔ̃sideʀe] (6) *vt* to reconsider, rethink.

reconstituer [ʀ(ə)kɔ̃stitɥe] (1) *vt parti, texte* to reconstitute; *fortune* to build up again; *édifice* to reconstruct; *faits, puzzle, crime, histoire* to reconstruct, piece together; *(Bio) organisme* to regenerate. ♦ **reconstituant, e 1** *adj* energizing. **2** *nm* energy-giving food, energizer. ♦ **reconstitution** *nf* reconstitution; rebuilding; reconstruction; piecing together; regeneration. ~ **historique** reconstruction of history.

reconstruire [ʀ(ə)kɔ̃stʀɥiʀ] (38) *vt* to rebuild, reconstruct. ♦ **reconstruction** *nf* reconstruction.

reconvertir [ʀ(ə)kɔ̃vɛʀtiʀ] (2) **1** *vt usine* to reconvert *(en* to); *personnel* to redeploy. **2 se** ~ *vpr [personne]* to move into *ou* turn to a new type of employment. **nous nous sommes reconvertis dans le textile** we have moved (over) into textiles. ♦ **reconversion** *nf* reconversion; redeployment.

recopier [ʀ(ə)kɔpje] (7) *vt* to copy out *ou* write out (again). ~ **ses notes au propre** to make a fair copy of one's notes.

record [ʀ(ə)kɔʀ] *nm, adj inv* record. **en un temps** ~ in record time. ♦ **recordman** [ʀ(ə)kɔʀdman], *pl* **recordmen** [ʀ(ə)kɔʀdmɛn] *nm* record holder.

recorder [ʀ(ə)kɔʀde] (1) *vt raquette* to restring.

recoucher [ʀ(ə)kuʃe] (1) **1** *vt enfant* to put back to bed. **2 se** ~ *vpr* to go back to bed.

recouper [ʀ(ə)kupe] (1) **1** *vt* *(à nouveau)* to cut again; *(davantage)* to cut more; *route* to intersect; *témoignage* to tie up *ou* match up with. **2 se** ~ *vpr [faits]* to tie *ou* match up; *[chiffres, résultats]* to add up. ◆ **recoupement** *nm* crosscheck. **faire un** ~ to crosscheck.

recourbé, e [ʀ(ə)kuʀbe] *adj (gén)* curved; *bec* hooked. **nez** ~ hooknose.

recourir [ʀ(ə)kuʀiʀ] (11) ~ **à** *vt indir moyen, force* to resort to; *personne* to turn to, appeal to. ◆ **recours** *nm* resort, recourse; *(Jur)* appeal. **en dernier** ~ as a last resort; **la situation est sans** ~ there's no solution to the situation; **avoir** ~ **à** *moyen, force* to resort to; *personne* to turn to, appeal to; ~ **en grâce** appeal for mercy.

recouvrer [ʀ(ə)kuvʀe] (1) *vt santé* to recover; *liberté* to regain; *cotisation* to collect. ◆ **recouvrement** *nm* recovery; collection.

recouvrir [ʀ(ə)kuvʀiʀ] (18) **1** *vt (gén, fig)* to cover; *(à nouveau)* to re-cover. **recouvert d'eau** covered in *ou* with water; ~ **une casserole** to put a lid on a saucepan. **2 se** ~ *vpr (se superposer)* to overlap.

récréation [ʀekʀeɑsjɔ̃] *nf* **(a)** *(lycée)* break; *(école primaire)* playtime, break, recess *(US)*. **aller/être en** ~ to go out for/have one's break. **(b)** *(amusement)* recreation, relaxation.

recréer [ʀ(ə)kʀee] (1) *vt* to re-create.

récrier (se) [ʀekʀije] (7) *vpr* to exclaim.

récriminer [ʀekʀimine] (1) *vi* to recriminate *(contre* against). ◆ **récrimination** *nf* recrimination.

récrire [ʀekʀiʀ] (39) *vt (à nouveau)* to rewrite; *(davantage)* to write again.

recroqueviller (se) [ʀ(ə)kʀɔkvije] (1) *vpr [papier]* to shrivel up, curl up; *[personne]* to huddle *ou* curl o.s. up.

recrudescence [ʀ(ə)kʀydesɑ̃s] *nf* (fresh) upsurge, new wave *ou* outburst.

recrue [ʀ(ə)kʀy] *nf* recruit. ◆ **recrutement** *nm* recruitment. ◆ **recruter** (1) *vt* to recruit. ~ **des cadres pour une entreprise** to headhunt for a company.

rectangle [ʀɛktɑ̃gl(ə)] *nm* rectangle. *(TV)* ~ **blanc** 'suitable for adults only' sign. ◆ **rectangulaire** *adj* rectangular.

rectifier [ʀɛktifje] (7) *vt (corriger)* to correct; *(ajuster)* to adjust; *erreur* to rectify, put right; *tracé* to straighten. ~ **le tir** *(lit)* to adjust the fire; *(fig)* to adjust one's sights. ◆ **rectificatif** *nm* correction. ◆ **rectification** *nf* rectification; correction.

rectiligne [ʀɛktiliɲ] *adj (gén)* straight; *mouvement* rectilinear; *(Géom)* rectilinear.

rectitude [ʀɛktityd] *nf (morale)* rectitude; *[ligne]* straightness.

recto [ʀɛkto] *nm* front (of a page), first side. ~ **verso** on both sides (of the page).

reçu, e [ʀ(ə)sy] **1** *adj usages* accepted; *candidat* successful. **2** *nm (quittance)* receipt, chit.

recueil [ʀ(ə)kœj] *nm (gén)* book, collection.

recueillir [ʀ(ə)kœjiʀ] (12) **1** *vt suffrages etc* to get; *graines* to gather, collect; *argent* to collect; *réfugié* to take in; *déposition* to take down, take note of; *opinion* to record. *[orateur, discours]* ~ **de vifs applaudissements** to be enthusiastically *ou* warmly applauded. **2 se** ~ *vpr (Rel, gén)* to collect *ou* gather one's thoughts. **se** ~ **sur la tombe de qn** to meditate at sb's grave. ◆ **recueillement** *nm* *(Rel, gén)* meditation, contemplation. **écouter avec** ~ to listen reverently. ◆ **recueilli, e** *adj* meditative.

recul [ʀ(ə)kyl] *nm* **(a)** *(lit, fig: retraite)* retreat. **avoir un mouvement de** ~ to recoil, start *ou* shrink back *(par rapport à* from). **(b)** *[maladie]* recession; *[civilisation, valeur boursière]* decline. **être en** ~ *(gén)* to be on the decline; *[monnaie]* to be falling; *[parti]* to be losing ground; *(Pol)* ~ **de la majorité** fall *ou* drop in government support. **(c)** *(éloignement)* distance. **avec le** ~ *(du temps)* with the passing of time; *(dans l'espace)* from a distance, from further away; **prendre du** ~ to stand back *(par rapport à* from); **avec du** ~ with (the benefit of) hindsight; **cette salle n'a pas assez de** ~ there isn't enough room to move back in this room. **(d)** *[arme à feu]* recoil, kick. **(e)** *[échéance]* deferment. **(f)** *[véhicule]* backward movement. ◆ **reculade** *nf* retreat.

reculer [ʀ(ə)kyle] (1) **1** *vi* **(a)** *[personne]* to move *ou* step back; *(par peur)* to draw back, back away; *[automobiliste]* to reverse; *(Mil)* to retreat. ~ **de 2 pas** to take 2 paces back, retreat 2 paces; **faire** ~ *foule* to move *ou* force back; *cheval* to move back; *ennemi* to push *ou* force back. **(b)** *(hésiter)* to shrink back; *(changer d'avis)* to back out. ~ **devant la dépense** to shrink from the expense; **rien ne me fera** ~ I'll stop *ou* stick at nothing, nothing will stop me. **(c)** *(diminuer) (gén)* to decline; *[incendie]* to subside; *[eaux]* to subside, recede, go down. **faire** ~ **l'épidémie** to reduce the epidemic. **(d)** *[arme à feu]* to recoil. **2** *vt meuble, frontière* to push back; *véhicule* to reverse; *date, décision* to defer, postpone; *échéance* to defer. **3 se** ~ *vpr* to step back, retreat. **se** ~ **d'horreur** to draw back *ou* back away in horror. ◆ **reculé, e** *adj époque* remote, distant; *ville* remote, out-of-the-way. ◆ **reculons** *loc adv:* **aller à** ~ to go backwards; **sortir à** ~ **d'une pièce** to back out of a room.

récupérer [ʀekypeʀe] (6) **1** *vt argent, forces* to recover, get back; *ferraille* to salvage; *chiffons* to reprocess; *délinquant* to rehabilitate; *journées de travail* to make up; *(Pol: péj) mouvement* to take over; *(*: prendre)* to get. **regarde si tu peux** ~ **qch dans ces vieux habits** have a look and see if there's anything you can rescue *ou* retrieve from among these old clothes; ~ **son enfant à la sortie de l'école** to pick up *ou* collect one's child when school finishes for the day. **2** *vi [coureur]* to recover, recuperate. ◆ **récupération** *nf* recovery; salvage; reprocessing; rehabilitation; takeover; recuperation.

récurer [ʀekyʀe] (1) *vt* to scour.

récuser [ʀekyze] (1) **1** *vt (Jur)* to challenge. *(Jur)* ~ **un argument** to make objection to an argument. **2 se** ~ *vpr* to decline to give an opinion. ◆ **récusable** *adj* challengeable. ◆ **récusation** *nf* challenge.

recycler [ʀ(ə)sikle] (1) **1** *vt élève* to reorientate; *ingénieur (perfectionner)* to send on a refresher course; *(reconvertir)* to retrain; *matière* to recycle. **2 se** ~ *vpr* to retrain; to go on a refresher course. ◆ **recyclable** *adj* recyclable. ◆ **recyclage** *nm* reorientation; retraining; recycling.

rédaction [ʀedaksjɔ̃] *nf* **(a)** *[contrat]* drafting; *[thèse]* writing; *[dictionnaire]* compilation; *(Jur, Admin)* wording. **(b)** *(Presse) (personnel)* editorial staff; *(bureaux)* editorial offices. **(c)** *(Scol)* essay, composition, theme *(US)*. ◆ **rédacteur, -trice** *nm, f* *(Presse)* (sub-)editor; *[article]* writer; *[loi]* drafter; *[encyclopédie]* compiler. ~ **en chef** chief editor; ~ **sportif** sportswriter, sports editor.

reddition [ʀedisjɔ̃] *nf (Mil)* surrender. ~ **sans conditions** unconditional surrender.

redécoupage [ʀədekupaʒ] *nm:* **effectuer un** ~ **électoral** to make boundary changes.

redemander [ʀədmɑ̃de] (1) *vt adresse* to ask again for; *aliment* to ask for more.

redémarrer [ʀədemaʀe] (1) *vi [économie]* to get going again, take off again. ◆ **redémarrage** *nm [économie]* takeoff, resurgence.

rédemption [ʀedɑ̃psjɔ̃] *nf* redemption.
♦ **rédempteur, -trice 1** *adj* redemptive, redeeming. **2** *nm, f* redeemer.

redéployer [ʀədeplwaje] (1) *vt effectifs* to redeploy.

redescendre [ʀ(ə)desɑ̃dʀ(ə)] (41) **1** *vt (avec aux avoir) escalier* to go *ou* come (back) down again; *objet* to take downstairs again. **2** *vi (avec aux être) [personne]* to go *ou* come (back) down again; *[ascenseur, chemin]* to go down again; *[baromètre, fièvre]* to fall again.

redevable [ʀədvabl(ə)] *adj:* être ~ à qn de *argent* to owe sb; *aide* to be indebted to sb for.

redevance [ʀədvɑ̃s] *nf (gén: impôt)* tax; *(Rad, TV)* licence fee; *(Téléc)* rental charge; *(bail, rente)* dues, fees.

rédhibitoire [ʀedibitwaʀ] *adj défaut* damning.

rediffuser [ʀədifyze] (1) *vt émission* to repeat, rerun. ♦ **rediffusion** *nf* repeat, rerun.

rédiger [ʀediʒe] (3) *vt lettre* to write; *dictionnaire* to compile, write; *contrat* to draw up, draft.

redire [ʀ(ə)diʀ] (37) *vt* to repeat. ~ qch à qn to say sth to sb again, tell sb sth again, repeat sth to sb; **elle ne se le fait pas** ~ **deux fois** she doesn't need telling *ou* to be told twice; **trouver à** ~ **à qch** to find fault with sth; **je ne vois rien à** ~ **(à cela)** I've no complaint with that, I can't see anything wrong with that.

redite [ʀ(ə)dit] *nf* (needless) repetition.

redondance [ʀ(ə)dɔ̃dɑ̃s] *nf:* **la** ~ superfluity.
♦ **redondant, e** superfluous.

redonner [ʀ(ə)dɔne] (1) *vt objet* to give back, return; *confiance, énergie* to restore; *renseignement* to give again; *pain* to give more; *couche, tranche* to give another. **cela te redonnera des forces** that will build your strength back up *ou* put new strength into you.

redoubler [ʀ(ə)duble] (1) **1** *vt joie, douleur* to increase, intensify; *efforts* to step up, redouble. **frapper à coups redoublés** to bang twice as hard; ~ **(une classe)** to repeat a year *ou* a grade *(US)*. **2** ~ **de** *vt indir:* ~ **d'efforts** to step up *ou* redouble one's efforts; ~ **de prudence** to be extra *ou* doubly careful; ~ **de larmes** to cry even harder. **3** *vi (gén)* to increase, intensify; *[vent]* to become twice as strong; *[cris]* to get even louder *ou* twice as loud. ♦ **redoublant, e** *nm, f* pupil who is repeating a year at school. ♦ **redoublement** *nm* increase *(de* in), intensification *(de* of). **avec un** ~ **d'attention** with increased attention; *(Scol)* **le** ~ repeating a year.

redouter [ʀ(ə)dute] (1) *vt* to dread. ♦ **redoutable** *adj* fearsome, formidable.

redoux [ʀ(ə)du] *nm (temps plus chaud)* spell of milder weather; *(dégel)* thaw.

redresser [ʀ(ə)dʀese] (1) **1** *vt* **(a)** *poteau* to set upright; *tige* to straighten (up); *tôle cabossée* to straighten out; *(Élec) courant* to rectify; *(Opt) image* to straighten; *personne couchée* to sit *ou* prop up. ~ **la tête** *(lit)* to hold up *ou* lift one's head; *(être fier)* to hold one's head up high; *(se révolter)* to show signs of rebellion. **(b)** *bateau* to right; *avion, voiture* to straighten up. **(c)** *situation, économie* to redress. ~ **le pays** to get *ou* put the country on its feet again. **(d)** *erreur, torts, abus* to right, redress. **2 se** ~ *vpr* **(a)** *(se mettre assis)* to sit up; *(se mettre droit)* to stand up straight; *(être fier)* to hold one's head up high. **(b)** *[bateau]* to right itself; *[avion, voiture]* to straighten up; *[économie]* to recover; *[situation]* to correct itself. **(c)** *[cheveux]* to stick up. ♦ **redressement** *nm [économie, situation]* recovery. ~ **fiscal** payment of back taxes. ♦ **redresseur** *nm (Élec)* rectifier. ~ **de torts** righter of wrongs.

réduire [ʀedɥiʀ] (38) **1** *vt* **(a)** *(diminuer) (gén)* to reduce; *prix* to cut, bring down; *pression* to lessen;

texte to shorten, cut; *production* to cut (back), lower; *dépenses* to cut down *ou* back (on); *inflation* to curb; *dessin* to scale down; *photographie* to make smaller. ~ **petit à petit l'autorité de qn/la portée d'une loi** to chip away at sb's authority/a law. **(b)** ~ **à** *(contraindre à)* to reduce to; *(ramener à)* to bring down to, reduce to; *(limiter à)* to limit *ou* confine to; **il en est réduit à mendier** he has been reduced to begging; ~ **qch à néant** to reduce sth to nothing. **(c)** ~ **en poudre** *etc* to reduce to; ~ **qch en morceaux** to smash sth to pieces; ~ **qch en bouillie** to crush *ou* reduce sth to (a) pulp; **réduit en cendres** reduced to ashes, burnt to a cinder. **(d)** *(Méd)* to set, reduce; *(Chim)* to reduce. **(e)** *place forte* to capture; *rebelles* to quell. ~ **l'opposition** to silence the opposition. **2** *vi (Culin) [sauce]* to reduce. **faire** ~ to reduce. **3 se** ~ *vpr (financièrement)* to cut down on *ou* reduce one's spending. **se** ~ **à** *[incident]* to boil down to, amount to; *[somme, quantité]* to amount to; **je me réduirai à quelques exemples** I'll limit *ou* confine myself to a few examples; **se** ~ **en cendres** to be burnt to a cinder, be reduced to ashes.
♦ **réduction** *nf (gén, Culin, Sci)* reduction; *(diminution)* reduction, cut *(de* in); *(rabais)* discount, reduction; *(Mil) [ville]* capture; *[rebelles]* quelling. *(Comm)* **carte de** ~ discount card; **bénéficier d'une carte de** ~ **dans les transports** to have a concessionary fare *ou* a discount travel card; **un monde en** ~ a world in miniature. ♦ **réduit, e 1** *adj* **(a)** *objet (à petite échelle)* small-scale, scaled-down; *(en miniature)* miniature; *(miniaturisé)* miniaturized. **(b)** *prix, vitesse* reduced; *moyens, débouchés* limited. **livres à prix** ~**s** cut-price books, books at reduced prices. **2** *nm (pièce)* tiny room; *(péj)* cubbyhole; *(recoin)* recess; *(Mil) [maquisards]* hideout.

rééchelonner [ʀeeʃlɔne] (1) *vt dettes* to recycle.
♦ **rééchelonnement** *nm [dettes]* recycling.

rééditer [ʀeedite] (1) *vt (Typ)* to republish; *(* fig) to repeat. ♦ **réédition** *nf (Typ)* new edition; *(* fig) repetition, repeat.

rééduquer [ʀeedyke] (1) *vt (gén)* to reeducate; *délinquant, malade* to rehabilitate. ♦ **rééducation** *nf* re-education; rehabilitation. **centre de** ~ rehabilitation centre; **faire de la** ~ **(fonctionnelle)** to have physiotherapy, have physical therapy *(US)*.

réel, -elle [ʀeɛl] **1** *adj (gén)* real; *plaisir, amélioration* real, genuine; *(Fin) valeur, salaire* real, actual. **faire de** ~**elles économies** to make genuine *ou* real savings; **taux d'intérêt** ~ effective interest rate. **2** *nm:* **le** ~ reality. ♦ **réellement** *adv* really.

réélire [ʀeeliʀ] (43) *vt* to re-elect. **ne pas** ~ qn to vote sb out. ♦ **réélection** *nf* re-election. ♦ **rééligible** *adj* re-eligible.

réembaucher [ʀeɑ̃boʃe] (1) *vt* to take on again, re-employ.

rééquilibrer [ʀeekilibʀe] (1) *vt* to restabilize, find a new equilibrium for. ♦ **rééquilibrage** *nm (gén, Pol)* readjustment.

réescompter [ʀeɛskɔ̃te] (1) *vt* to rediscount.
♦ **réescompte** *nm* rediscount.

réévaluer [ʀeevalɥe] (1) *vt monnaie* to revalue; *salaire* to upgrade. ♦ **réévaluation** *nf* revaluation.

réexaminer [ʀeɛgzamine] (1) *vt* to re-examine.
♦ **réexamen** *nm* re-examination.

réexpédier [ʀeɛkspedje] (7) *vt (à l'envoyeur)* to return, send back; *(au destinataire)* to send on, forward.

refaire [ʀ(ə)fɛʀ] (60) **1** *vt* **(a)** *(recommencer) (gén)* to redo, make *ou* do again; *pansement* to renew; *devoir* to rewrite; *nœud* to do up again, tie again, retie. ~ **sa vie** to start a new life; **il m'a refait une visite** he paid me another call; **il va falloir** ~ **de la soupe** we'll have to make some more soup; **son éducation est à** ~ he'll have to be re-educated; **si c'était à ~!** if I had to do it again! *ou* begin again! **(b)** *toit* to redo, renew; *meuble, chambre* to do up, renovate. **~ qch à neuf** to do sth up like new; *(fig)* **~ ses forces** to recover one's strength. **(c)** *(*: duper)* to take in. **je me suis fait ~ de 5 F** he did me out of 5 francs *. **2 se ~** *vpr (santé)* to recover; *(argent)* to make up one's losses. **on ne se refait pas!** you can't change your own character!

réfection [ʀefɛksjɔ̃] *nf (action)* repairing; *(résultat)* repairs.

réfectoire [ʀefɛktwaʀ] *nm (Scol)* dining hall, canteen; *(Rel)* refectory; *[usine]* canteen.

référence [ʀefeʀɑ̃s] *nf* **(a)** *(renvoi)* reference; *(en bas de page)* footnote. **par ~ à** in reference to; **ouvrage de ~** reference book; **point de ~** point of reference; **faire ~ à** to refer to, make reference to; *(Fin)* **année de ~** base year. **(b)** *[employé]* reference, testimonial. *(iro)* **ce n'est pas une ~** that's no recommendation; **lettre de ~** letter of reference *ou* testimonial.

référendum [ʀefeʀɛ̃dɔm] *nm* referendum. ◆ **référendaire 1** *adj (pour un référendum)* referendum. **2** *nm:* **(conseiller) ~** ≃ public auditor.

référer [ʀefeʀe] **(6) 1 en ~ à** *vt indir:* **en ~ à qn** to refer *ou* submit a matter to sb. **2 se ~** *vpr:* **se ~ à** *(consulter)* to consult; *(s'en remettre à)* to refer to.

refermer [ʀ(ə)fɛʀme] **(1) 1** *vt* to close *ou* shut again. **2 se ~** *vpr* to close up. **le piège se referma sur lui** the trap closed *ou* shut on him.

refiler ⁑ [ʀ(ə)file] **(1)** *vt (gén)* to give; *maladie* to pass on (*à* to); *fausse pièce* to palm off * (*à* on).

réfléchir [ʀefleʃiʀ] **(2) 1** *vi* to think (*à* about). **prends le temps de ~** take time to reflect *ou* to think about it *ou* to consider it; **cela donne à ~** that makes you think; *(péj)* **sans ~** thoughtlessly, without thinking; **réfléchissez-y** think about it, think it over. **2** *vt* **(a)** **~ que** to realize that. **(b)** *lumière, son* to reflect. **3 se ~** *vpr* to be reflected. ◆ **réfléchi, e** *adj (Gram)* reflexive; *(Opt)* reflected; *action* well thought-out; *personne, air* thoughtful. **tout bien ~** after careful consideration *ou* thought, having weighed all the pros and cons; **c'est tout ~** my decision is made, my mind is made up. **2** ◆ **réfléchissant, e** *adj* reflective. ◆ **réflecteur, -trice 1** *adj* reflecting. **2** *nm (gén)* reflector.

reflet [ʀ(ə)flɛ] *nm* **(a)** *(éclat)* (*gén*) reflection; *[cheveux]* *(naturel)* light; *(artificiel)* highlight. **~s du soleil sur la mer** reflection *ou* glint *ou* flash of the sun on the sea. **(b)** *(lit, fig: image)* reflection. **c'est le ~ de son père** he's the image of his father. ◆ **refléter** **(6) 1** *vt* to reflect. **2 se ~** *vpr* to be reflected.

réflexe [ʀeflɛks(ə)] **1** *adj* reflex. **2** *nm* reflex. **~ conditionné** conditioned reflex; **il eut le ~ de couper l'électricité** he instinctively switched off the electricity; **manquer de ~** to be slow to react.

réflexif, -ive [ʀeflɛksif, iv] *adj (Math)* reflexive; *(Psych)* introspective.

réflexion [ʀeflɛksjɔ̃] *nf* **(a)** *(méditation)* thought. **la ~** reflection; **ceci donne matière à ~** this gives (you) food for thought; *[offre]* **ceci mérite ~** this is worth thinking about *ou* considering; **ceci nécessite une ~ plus approfondie sur les problèmes** further thought needs to be given to the problems; **avec ~** thoughtfully; **~ faite** on reflection, on second thoughts; **à la ~** when you think about it; *(Pol)* **centre** *ou* **cellule** *ou* **cercle de ~** think tank. **(b)** *(remarque)* remark, comment, reflection; *(idée)* thought; *(plainte)* complaint. **(c)** *(Phys)* reflection.

refluer [ʀ(ə)flye] **(1)** *vi [liquide]* to flow back; *[foule]* to pour *ou* surge back; *[sang]* to rush back. ◆ **reflux** *nm [foule]* backward surge; *[marée]* ebb.

refondre [ʀ(ə)fɔ̃dʀ(ə)] **(41)** *vt cloche, texte* to recast; *système, programme* to overhaul. ◆ **refonte** *nf (gén)* recasting; overhaul; *[enseignement]* restructuring.

réforme [ʀefɔʀm(ə)] *nf* reform; *(Rel)* reformation. **mettre à la ~** *objets* to scrap; *soldat* to discharge. ◆ **réformateur, -trice 1** *adj* reforming. **2** *nm, f* reformer. ◆ **réformé, e 1** *adj (Rel)* reformed; *(Mil) appelé* declared unfit for service; *soldat* discharged. **2** *nm, f (Rel)* Protestant. ◆ **réformer (1) 1** *vt loi, mœurs, administration* to reform; *abus* to (put) right; *jugement* to reverse, quash; *(Mil) appelé* to declare unfit for service; *soldat* to discharge; *matériel* to scrap. **2 se ~** *vpr* to change one's ways, turn over a new leaf. ◆ **réformette** * *nf* so-called reform. ◆ **réformisme** *nm* reformism. ◆ **réformiste** *adj, nmf* reformist.

reformer *vt*, **se ~** *vpr* [ʀ(ə)fɔʀme] **(1)** to reform.

refouler [ʀ(ə)fule] **(1)** *vt envahisseur* to drive back, repulse; *immigrant* to turn back; *larmes, liquide* to force back; *désir, colère* to repress. ◆ **refoulé, e** *adj personne* repressed, frustrated, inhibited. ◆ **refoulement** *nm* driving (*ou* turning *ou* forcing) back; *(Psych: complexe)* repression.

réfractaire [ʀefʀaktɛʀ] **1** *adj* **(a)** **~ à** *autorité, virus* resistant to; *musique* impervious to; **maladie ~** stubborn illness; **je suis ~ à la poésie** poetry is a closed book to me. **(b)** *métal* refractory; *brique* fire; *plat* ovenproof, heat-resistant. **2** *nm (Mil)* draft evader.

réfracter [ʀefʀakte] **(1)** *vt* to refract. ◆ **réfraction** *nf* refraction.

refrain [ʀ(ə)fʀɛ̃] *nm* refrain, chorus. **c'est toujours le même ~** * it's always the same old story; **change de ~** *!* put another record on! *

refréner [ʀ(ə)fʀene] **(6)** *vt* to curb, (hold in) check.

réfrigérateur [ʀefʀiʒeʀatœʀ] *nm* refrigerator, fridge *. ◆ **réfrigérant, e** *adj fluide* refrigerating; *accueil* icy, frosty. ◆ **réfrigération** *nf* refrigeration; *(Tech)* cooling. ◆ **réfrigérer (6)** *vt (gén)* to refrigerate; *(Tech)* to cool; *enthousiasme* to put a damper on, cool. **je suis réfrigéré** * I'm frozen stiff *.

refroidir [ʀ(ə)fʀwadiʀ] **(2) 1** *vt nourriture* to cool (down); *zèle* to cool, put a damper on; *personne (dégoûter)* to put off; *(⁑: tuer)* to do in ⁑, bump off ⁑. **2** *vi* to cool (down); *(devenir trop froid)* to get cold. **faire ~** to leave to cool, let cool. **3 se ~** *vpr [ardeur]* to cool (off); *[temps]* to get cooler *ou* colder; *[personne]* to get *ou* catch cold. ◆ **refroidissement** *nm [air, liquide]* cooling; *(Méd)* chill. **~ de la température** drop in the temperature.

refuge [ʀ(ə)fyʒ] *nm (gén)* refuge; *(pour piétons)* (traffic) island; *(en montagne)* mountain hut *ou* shelter. ◆ **réfugié, e** *adj, nm, f* refugee. ◆ **se réfugier (7)** *vpr (lit, fig)* to take refuge.

refuser [ʀ(ə)fyze] **(1) 1** *vt* **(a)** *(gén)* to refuse; *offre* to decline, turn down, reject; *marchandise, routine* to refuse to accept. **~ de faire** to refuse to do; **~ le risque** to refuse to take risks; **~ à qn la permission de faire** to refuse sb permission to do; **~ l'entrée à qn** to refuse admittance *ou* entry to sb, turn sb away; **je lui refuse toute compétence** I deny him any ability. **(b)** *client* to turn away; *candidat (à un examen)* to fail; *(à un poste)* to turn down. **2 se ~** *vpr plaisir* to refuse o.s., deny o.s. *(iro)* **tu ne te refuses rien!** you don't let yourself go short! *(iro)*; **ça ne se refuse pas** it is not to be refused, I wouldn't say no (to it); **se ~ à** *solution* to refuse (to accept), reject; *commentaire* to refuse to make; **se ~ à faire qch** to refuse to do sth. ◆ **refus** *nm* refusal. *(Aut)* **~ de priorité** refusal to give way; **ce n'est pas de ~** * I won't say no (to that).

réfuter [ʀefyte] (1) *vt* to refute. ◆ **réfutable** *adj* refutable, which can be disproved *ou* refuted. ◆ **réfutation** *nf* refutation.

regagner [ʀ(ə)gaɲe] (1) *vt* *amitié* to regain; *argent* to win *ou* get back; *lieu* to get back to. ~ **le temps perdu** to make up for lost time; *(Mil, fig)* ~ **du terrain** to regain ground; ~ **sa place** to regain one's place, return to one's place.

regain [ʀ(ə)gɛ̃] *nm* (a) ~ **de** *jeunesse* renewal of; *popularité* revival of. (b) *(Agr)* second crop of hay.

régaler [ʀegale] (1) **1** *vt* *personne* to treat to a delicious meal. **2 se** ~ *vpr (bien manger)* to have a delicious meal; *(fig: profiter)* to make a handsome *ou* fat * profit. **on s'est bien régalé** it was delicious; **se** ~ **de qch** to have a feast on sth. ◆ **régal**, *pl* ~**s** *nm* delight, treat.

regard [ʀ(ə)gaʀ] *nm* (a) *(vue)* eye, glance, gaze; *(fixe)* stare. **parcourir qch du** ~ to cast a glance *ou* an eye over sth; **soustraire qch aux** ~**s** to hide sth from sight *ou* view; **cela attire les** ~**s** it catches people's eye *ou* attention. (b) *(expression)* look *ou* expression (in one's eye). **dévorer/menacer qn du** ~ to look hungrily/threateningly at sb, fix sb with a hungry/threatening look *ou* stare. (c) *(coup d'œil)* look, glance. **échanger des** ~**s d'intelligence** to exchange knowing looks; **lancer un** ~ **de colère à qn** to cast an angry look *ou* glare *ou* glance at sb; **au premier** ~ at first glance *ou* sight; ~ **en coulisse** sideways *ou* sidelong glance; ~ **noir** black look. (d) *[égout]* manhole; *[four]* peephole, window. (e) **au** ~ **de la loi** in the eyes of the law; **texte avec photos en** ~ text with photos on the opposite page *ou* with photos facing; **en** ~ **de ce qu'il gagne** in comparison with what he earns.

regardant, e [ʀ(ə)gaʀdɑ̃, ɑ̃t] *adj* careful with money. **il n'est pas** ~ he's quite free with his money.

regarder [ʀ(ə)gaʀde] (1) **1** *vt* (a) *paysage, objet* to look at; *action en déroulement* to watch. ~ **la télévision** to watch television; ~ **le journal** to look at *ou* have a look at the paper; ~ **par la fenêtre** to look out of the window; **regarde où tu marches** * watch *ou* look where you're going; **regarde voir dans l'armoire** have a look in the wardrobe; **regardez-moi ça!** * just (take a) look at that!; **vous ne m'avez pas regardé!** ⁑ what do you take me for! *; **regardez-le faire** watch him do it; **elles sont allées** ~ **les vitrines** they've gone to do some window-shopping; **sans** ~ *traverser* without looking; *payer* regardless of the expense. (b) *(rapidement)* to glance at; *(longuement)* to gaze at; *(fixement)* to stare at. ~ **(qch) par le trou de la serrure** to peep (at sth) through the keyhole; ~ **de près** to have a close look at; ~ **bouche bée** to gape at; ~ **à la dérobée** to steal a glance at; ~ **qn avec colère** to glare angrily at sb; ~ **qn de travers** to scowl at sb; ~ **qch d'un bon/mauvais œil** to look on sth *ou* view sth favourably/unfavourably; ~ **qn de haut** to give sb a scornful look, look scornfully at sb; *(lit, fig)* ~ **qn/qch en face** to look sb/ sth in the face. (c) *(vérifier)* to (have a) look at; *essence* to check. ~ **un mot dans le dictionnaire** to look up *ou* check a word in the dictionary. (d) *(envisager)* *problème, avenir* to view. **ne** ~ **que son propre intérêt** to be only concerned with one's own interests; ~ **qn comme un ami** to look upon *ou* regard *ou* consider sb as a friend. (e) *(concerner)* to concern. **la suite me regarde** what happens next is my concern *ou* business; **mêlez-vous de ce qui vous regarde** mind your own business. (f) *[maison]* ~ **(vers)** to face.

2 ~ **à** *vt indir*: **y** ~ **à deux fois avant de faire qch** to think twice before doing sth; **il n'y regarde pas de si près** he's not that fussy *ou* particular; **à y bien** ~ on thinking it over; **c'est qn qui va** ~ **à 2 F** he's the sort of person who worries about 2 francs; **il ne regarde pas à la dépense** he doesn't

worry how much he spends, he spares no expense, expense is no object for him.

3 se ~ *vpr (dans une glace)* to look at o.s.; *(l'un l'autre)* to look at each other *ou* at one another. *(iro)* **il ne s'est pas regardé!** * he should take a look at himself!

régate [ʀegat] *nf*: ~**(s)** *nf* regatta.

régence [ʀeʒɑ̃s] *nf* regency.

régénérer [ʀeʒeneʀe] (6) *vt* *(Bio, Rel)* to regenerate; *personne, forces* to revive, restore.

régent, e [ʀeʒɑ̃, ɑ̃t] *nm, f* regent. ◆ **régenter** (1) *vt (gén)* to rule over; *personne* to dictate to.

reggae [ʀege] *nm* reggae.

régie [ʀeʒi] *nf (Ciné, Théât, TV)* production department; *(Rad, TV: salle de contrôle)* control room. *(compagnie)* ~ **(d'État)** state-owned company, government corporation.

regimber [ʀ(ə)ʒɛ̃be] (1) *vi (gén)* to baulk, jib *(contre* at).

régime [ʀeʒim] *nm* (a) *(Pol) (mode)* system (of government); *(gouvernement)* government; *(péj)* régime. (b) *(Admin) (système)* system; *(règlements)* regulations. ~ **de la Sécurité sociale** Social Security system; ~ **(matrimonial)** marriage settlement. (c) *(Méd)* diet. **être au** ~ to be on a diet. (d) *[moteur]* (engine *ou* running) speed. ~ **de croisière** cruising speed; *(Tech, fig)* **marcher à plein** ~ to go (at) full speed; *(fig)* **à ce** ~ at this rate. (e) *(Gram)* object. (f) *[dattes, bananes]* bunch.

régiment [ʀeʒimɑ̃] *nm* regiment. **être au** ~ * to be doing (one's) military service.

région [ʀeʒjɔ̃] *nf (gén, fig)* region; *(limitée)* area. ◆ **régional, e**, *mpl* -**aux** *adj* regional. ◆ **régionalisme** *nm* regionalism. ◆ **régionaliste** *adj, nmf* regionalist.

régir [ʀeʒiʀ] (2) *vt (gén, Ling)* to govern.

régisseur [ʀeʒisœʀ] *nm* (a) *(Théât)* stage manager; *(Ciné, TV)* assistant director. ~ **de plateau** studio director. (b) *[propriété]* steward.

registre [ʀeʒistʀ(ə)] *nm (gén, Ling, Mus)* register. ~ **de l'état civil** register of births, marriages and deaths; *(Scol)* ~ **de notes** mark book, grades register *ou* book (US); *(Scol)* ~ **d'absences** attendance register.

réglage [ʀeglaʒ] *nm* adjustment; *[moteur]* tuning. ◆ **réglable** *adj* adjustable.

règle [ʀegl(ə)] *nf (gén, Rel, loi)* rule; *(instrument)* ruler. *(lit, fig)* **c'est la** ~ **du jeu** those are the rules of the game; ~**s de sécurité** safety regulations; ~ **de conduite/de 3** rule of conduct/of 3; ~ **à calculer** slide rule; **avoir pour** ~ **de faire** to make it a rule to do; *(menstruation)* **avoir ses** ~**s** to have one's period(s); **il est de** ~ **qu'on fasse un cadeau** it's usual *ou* it's standard practice *ou* the done thing to give a present; **en** ~ **comptabilité** in order; *réclamation* made according to the rules; **bataille en** ~ proper *ou* right old * fight; **se mettre en** ~ **avec les autorités** to sort out *ou* straighten out one's position with the authorities; **je ne suis pas en** ~ my papers *etc* are not in order; **en** ~ **générale** as a (general) rule; *(hum)* **dans les** ~**s de l'art** according to the book.

réglé, e [ʀegle] *adj vie* (well-)ordered, regular; *personne* steady, stable; *papier* ruled, lined.

règlement [ʀegləmɑ̃] *nm* (a) *(règle)* regulation; *(réglementation)* rules, regulations. *(Scol)* ~ **intérieur** school rules. (b) *[conflit, facture]* settlement. ~ **par chèque** payment by cheque; *(fig)* ~ **de compte(s)** settling of scores; *(de gangsters)* gangland killing. ◆ **réglementaire** *adj* *uniforme* regulation; *procédure* statutory. **dans le temps** ~ in the prescribed time; **ce n'est pas** ~ it doesn't conform to the regulations.

réglementer [ʀɛɡləmɑ̃te] (1) *vt* to regulate, control. ◆ **réglementation** *nf (règles)* regulations; *(contrôle)* control, regulation. ~ **des changes** exchange control regulations.

régler [ʀeɡle] (6) *vt* (a) *conflit* to settle; *problème* to settle, sort out. (b) *dette* to settle (up), pay; *compte* to settle; *commerçant* to settle up with, pay; *travaux* to settle up for, pay for. ~ **par chèque** to pay by cheque; **j'ai un compte à ~ avec lui** I've got a score to settle with him, I've got a bone to pick with him; **on lui a réglé son compte *** they've settled his hash ‡. (c) *débit, machine* to regulate, adjust; *tir, poste de T.V.* to adjust; *moteur* to tune; *thermostat* to set. (d) *(fixer) modalités* to settle (on), fix, decide on; *conduite* to determine. ~ **le sort de qn** to decide *ou* determine sb's fate. (e) *(imiter)* ~ *qch sur* to model sth on; **se ~ sur qn d'autre** to model o.s. on sb else. (f) *papier* to rule (lines on).

réglisse [ʀeɡlis] *nf ou nm* liquorice.

règne [ʀɛɲ] *nm (Pol, fig)* reign; *(Bot, Min, Zool)* kingdom. **sous le ~ de Louis XIV** *(période)* in the reign of Louis XIV; *(domination)* under the reign *ou* rule of Louis XIV. ◆ **régnant, e** *adj* reigning; prevailing. ◆ **régner** (6) *vi (Pol, fig)* to reign; *(exercer sa domination)* to rule; *[silence]* to reign; *[confiance, confusion]* to prevail *(sur* over). **faire ~ l'ordre** to maintain law and order; **faire ~ la terreur** to make terror reign.

regorger [ʀ(ə)ɡɔʀʒe] (3) *vi:* ~ **de** *[pays]* to abound in, overflow with; *[magasin]* to be packed *ou* crammed with; **le marché regorge de fruits** there is plenty of fruit *ou* there is an abundance of fruit on the market.

régresser [ʀeɡʀese] (1) *vi (science, enfant)* to regress; *[épidémie]* to recede, diminish, decrease. ◆ **régressif, -ive** *adj* regressive. ◆ **régression** *nf (gén)* regression. **en (voie de)** ~ on the decline *ou* decrease.

regret [ʀ(ə)ɡʀɛ] *nm [décision, faute]* regret *(de* for); *[passé]* regret *(de* about). **le ~ d'avoir échoué** the regret that he had failed *ou* at having failed; **j'ai le ~ de vous le dire, c'est avec ~ que je vous le dis** I'm sorry *ou* I regret to have to tell you this; **sans ~** with no regrets; **à ~** *partir* with regret, regretfully; *donner* with regret, reluctantly. ◆ **regrettable** *adj* regrettable, unfortunate. ◆ **regretter** (1) *vt (gén)* to regret; *(être désolé)* to be sorry; *personne, jeunesse* to miss. **notre regretté président** our late lamented president; **on le regrette beaucoup dans le village** he is greatly *ou* sadly missed in the village; **je ne regrette rien** I have no regrets; **je regrette mon geste** I'm sorry I did that, I regret doing that; **je regrette de ne pas lui avoir écrit** I'm sorry *ou* I regret that I didn't write to him, I regret not writing *ou* not having written to him.

regrouper [ʀ(ə)ɡʀupe] (1) **1** *vt (gén)* to group *ou* gather together; *(de nouveau) armée* to reassemble; *parti* to regroup; *bétail* to round up. **2 se ~** *vpr* to gather (together), assemble *(autour de* round, *derrière* behind). ◆ **regroupement** *nm* grouping *ou* gathering together; reassembly; round-up. *(Fin, Jur)* ~**s de sociétés** groupings of companies; ~ **familial** family reunion.

régulariser [ʀeɡylaʀize] (1) *vt position* to regularize, straighten out, sort out; *passeport* to put in order; *débit* to regulate. ◆ **régularisation** *nf* regularization; straightening out; putting in order; regulation. ◆ **régularité** [ʀeɡylaʀite] *nf (V régulier)* regularity; steadiness; evenness. **contester la ~ d'une opération** to question the lawfulness *ou* legality of an operation.

régulation [ʀeɡylasjɔ̃] *nf (gén)* regulation; *[circulation, naissances]* control. ◆ **régulateur, -trice 1**

adj regulating. **2** *nm (Tech, fig)* regulator. ~ **de vitesse/de température** speed/temperature control *ou* regulator.

régulier, -ière [ʀeɡylje, jɛʀ] **1** *adj* (a) *(gén, Mil, Rel)* regular; *élève, qualité, vitesse* steady; *répartition, ligne, paysage* even; *humeur* equable. **à intervalles ~s** at regular intervals; **il est ~ dans son travail** he's steady in his work; *(Aviat)* **ligne ~ière** scheduled service; **vol ~** scheduled flight; **armée ~ière** regular *ou* standing army; **il faut que la pression soit bien ~ière** the pressure must be evenly distributed. (b) *gouvernement* legitimate; *élection, procédure* in order; *tribunal* legal, official; *opération, homme d'affaires* aboveboard, on the level. **être en situation ~ière** to be in line with *ou* straight with the law; **ce n'est pas très ~** it is not quite on the level *ou* aboveboard; ~ **en affaires** straight *ou* honest in business. **2** *nm (Mil, Rel)* regular. ◆ **régulièrement** *adv* (a) regularly; steadily; evenly. **élu ~** properly elected. (b) *(normalement)* normally.

réhabiliter [ʀeabilite] (1) **1** *vt condamné* to rehabilitate; *art* to restore to favour; *mémoire, droits de qn* to restore; *quartier de ville, immeuble* to restore, rehabilitate, give a facelift to. ~ **qn dans ses fonctions** to reinstate sb (in his job). **2 se ~** *vpr [criminel]* to rehabilitate o.s.; *[candidat etc]* to redeem o.s. ◆ **réhabilitation** *nf* rehabilitation; restoring; reinstatement.

rehausser [ʀəose] (1) *vt mur, plafond* to raise, heighten; *beauté, couleur* to set off, enhance; *goût, détail* to emphasize, bring out; *mérite* to enhance, increase; *tableau, robe* to brighten up, liven up. **rehaussé de** embellished with.

réimprimer [ʀeɛ̃pʀime] (1) *vt* to reprint. ◆ **réimpression** *nf (action)* reprinting; *(livre)* reprint.

Reims [ʀɛ̃s] *n* Rheims.

rein [ʀɛ̃] *nm* (a) *(organe)* kidney. ~ **artificiel** kidney machine. (b) *(région)* ~**s** small of the back; **avoir mal aux ~s** to have backache; *(fig)* **avoir les ~s solides** to be on a sound financial footing; *(fig)* **casser les ~s à qn** to ruin *ou* break sb.

réincarner (se) [ʀeɛ̃kaʀne] (1) *vpr* to be reincarnated. ◆ **réincarnation** *nf* reincarnation.

reine [ʀɛn] **1** *nf (Échecs, Pol, Zool, fig)* queen. **la ~ d'Angleterre** the Queen of England; **la ~ Élisabeth** Queen Elizabeth; ~ **de beauté** beauty queen. **2** : ~**-claude** *nf, pl* ~**(s)-**~**s** greengage ; ~**-marguerite** *nf, pl* ~**s-**~**s** (China) aster.

reinette [ʀɛnɛt] *nf* rennet, pippin. ~ **grise** russet.

réinscrire [ʀeɛ̃skʀiʀ] (39) **1** *vt nom* to put down again; *élève* to re-enrol, reregister. **2 se ~** *vpr* to re-enrol, reregister. ◆ **réinscription** *nf* re-enrolment, reregistration.

réinsérer [ʀeɛ̃seʀe] (6) *vt publicité* to reinsert; *délinquant* to reintegrate, rehabilitate. **se ~ dans la société** to rehabilitate o.s. *ou* become reintegrated in society. ◆ **réinsertion** *nf* reinsertion; reintegration, rehabilitation. **la ~ sociale des anciens détenus** the (social) rehabilitation of ex-prisoners.

réinstaller [ʀeɛ̃stale] (1) **1** *vt objet* to put back, reinstall; *(dans ses fonctions)* to reinstate. **2 se ~** *vpr (dans un fauteuil)* to settle down again *(dans* in); *(dans une maison)* to settle back *(dans* into). ◆ **réinstallation** *nf* putting back; reinstallation; settling back.

réintégrer [ʀeɛ̃teɡʀe] (6) *vt* (a) *(dans ses fonctions)* to reinstate. (b) *lieu* to return to, go back to. ◆ **réintégration** *nf* reinstatement *(dans* in); return *(de* to).

réitérer [ʀeiteʀe] (6) *vt ordre, question* to reiterate, repeat; *exploit* to repeat.

rejaillir [ʀ(ə)ʒajiʀ] (2) *vi [liquide]* to splash back *ou* up *(sur* onto, at). ~ **sur qn** *[scandale]* to rebound on sb; *[gloire]* to be reflected on sb; *[bienfaits]* to fall upon sb.

rejeter [ʀəʒte] (4) **1** *vt* **(a)** *(relancer)* to throw back *(à* to). **(b)** *nourriture* to bring *ou* throw up, vomit; *lave* to spew *ou* throw out; *déchets, fumée* to discharge. **cadavre rejeté par la mer** corpse cast up *ou* washed up by the sea. **(c)** *envahisseur* to drive back, repulse; *indésirable* to cast out, expel; *domination, projet de loi* to reject; *offre* to turn down; *hypothèse* to dismiss. **la machine rejette les mauvaises pièces de monnaie** the machine rejects *ou* refuses invalid coins. **(d)** ~ **une faute sur qn/qch** to shift *ou* transfer the blame *ou* responsibility for a mistake onto sb/sth. **(e)** *(placer)* **la préposition est rejetée à la fin** the preposition is put at the end; ~ **en arrière** *tête* to throw *ou* toss back; *cheveux* to push *(ou* comb *ou* brush) back; *épaules* to pull back; *chapeau* to tilt back. **(f)** *(Ordin)* to reject.
2 se ~ *vpr:* **se ~ sur qch** to fall back on sth. ◆ **rejet** *nm* **(a)** *(action)* bringing *ou* throwing up *etc*; discharge; repulsion; expulsion; rejection; dismissal. **(b)** *(Bot)* shoot; *(Littérat)* enjambment; *(Méd) [greffe]* rejection. **(c)** *(Ordin)* reject. ◆ **rejeton** *nm (**: *enfant)* kid *; *(Bot)* shoot.

rejoindre [ʀə ʒwɛ̃dʀə] (49) **1** *vt* **(a)** *(retrouver) lieu* to get (back) to; *personne* to (re)join, meet (again); *poste* to rejoin, return to. **la route rejoint la voie ferrée à X** the road meets *(ou* with) *ou* (re)joins the railway line at X. **(b)** *(rattraper)* to catch up (with). **(c)** *(se rallier à) parti* to join; *point de vue* to agree with. **mon idée rejoint la vôtre** my idea is closely akin to yours *ou* is very similar to yours. **(d)** *(réunir)* to bring together (again).
2 se ~ *vpr [routes]* to join, meet; *[idées]* to be similar *ou* closely akin to each other; *[personnes] (pour rendez-vous)* to meet (up) (again); *(sur point de vue)* to agree.

rejouer [ʀə ʒwe] (1) **1** *vt (gén)* to play again; *match* to replay; *pièce* to perform again. **on rejoue une partie?** shall we have *ou* play another game? **2** *vi* to play again; *[musicien]* to perform again.

réjouir [ʀeʒwiʀ] (2) **1** *vt* to delight. **ça ne me réjouit pas beaucoup** I don't find it particularly appealing. **2 se ~** *vpr* to be delighted *ou* thrilled *(de faire* to do, *de qch* about *ou* at sth). **se ~ du malheur de qn** to take delight in *ou* rejoice over sb's misfortunes; **je m'en réjouis pour vous** I'm delighted for you; **je me réjouis à l'avance de les voir** I am greatly looking forward to seeing them; **réjouissez-vous!** rejoice! ◆ **réjoui, e** *adj air* joyful, joyous. ◆ **réjouissance** *nf* rejoicing. **~s** festivities. ◆ **réjouissant, e** *adj histoire* amusing, entertaining; *nouvelle* cheering; *(iro) perspective* delightful, heartening. *(iro)* **c'est ~!** that's great! * *(iro)*.

relâche [ʀə lɑʃ] **1** *nm ou nf* **(a)** *(littér: répit)* respite, rest. **sans ~** without a break, non-stop. **(b)** *(Théât)* closure. **faire ~** to be closed. **2** *nf (Naut)* port of call. **faire ~ dans un port** to put in at *ou* call at a port.

relâcher [ʀə lɑʃe] (1) **1** *vt* **(a)** *étreinte, muscle* to relax; *lien* to loosen, slacken (off); *ressort* to release; *discipline, effort* to relax, slacken. **(b)** *(libérer) prisonnier, otage, gibier* to release, let go, set free. **(c)** *(refaire tomber)* to let go of again. **2** *vi (Naut)* ~ **(dans un port)** to put into port. **3 se ~** *vpr* **(a)** *[courroie]* to go loose *ou* slack; *[muscle]* to relax. **(b)** *[surveillance, discipline, mœurs]* to become *ou* get lax; *[style]* to become loose; *[attention]* to flag; *[effort, zèle]* to slacken, flag. **ne te relâche pas maintenant!** don't let up *ou* slacken off now!; **il se relâche dans son travail** he's growing lax *ou* slack in his work. ◆ **relâché, e** *adj style* loose; *mœurs* loose, lax; *discipline* lax, slack. ◆ **relâchement** *nm* relaxation; loosening; slack-

ening; release; laxity; flagging. ~ **des mœurs** loosening *ou* slackening of moral standards.

relais [ʀə lɛ] *nm (Sport)* relay (race); *(Alpinisme)* stance; *(Ind: équipe)* shift; *(Téléc) (action)* relaying; *(dispositif)* relay; *(chevaux)* relay; *(restaurant)* restaurant; *(Hist: auberge)* coaching inn; *(Mil)* staging post. **prendre le ~** to take over *(de* from); ~ **de télévision** television relay station.

relancer [ʀə lɑ̃se] (3) *vt ballon* to throw back (again); *idée* to revive, relaunch; *économie* to boost, stimulate; *débiteur* to harass, pester, badger. ◆ **relance** *nf* boosting, stimulation; revival, relaunching. *(résultat)* **la ~ de l'économie** the boost (given) to the economy; **mesures/politique de ~** reflationary measures/policy.

relater [ʀə late] (1) *vt* to relate, recount.

relatif, -ive [ʀə latif, iv] **1** *adj (gén)* relative; *silence, luxe* relative, comparative. ~ **à** relative *ou* relating to, connected with. **2** *nm* **(a)** *(Gram)* relative pronoun. **(b)** **avoir le sens du ~** to have a sense of proportion. **3** *nf (Gram)* relative clause.

relation [ʀə lɑsjɔ̃] *nf* **(a)** *(gén, Math, Philos)* relation(ship). **c'est sans ~ avec** it has no connection with, it bears no relation to. **(b)** *(rapports)* ~**s** *(gén)* relations; ~**s amoureuses** love affair; **avoir de bonnes ~s avec qn** to be on good terms with sb, have a good relationship with sb; **être en ~s d'affaires avec qn** to have business relations *ou* dealings with sb; ~**s patrons-ouvriers** labour-management relations; **être en ~(s) avec qn** to be in touch *ou* contact with sb; **entrer** *ou* **se mettre en ~(s) avec qn** to get in touch *ou* make contact with sb; **être dans les ~s publiques** to be in public relations. **(c)** *(connaissance)* acquaintance. **avoir des ~s** to have (influential) connections. **(d)** *(récit)* account, report. ◆ **relationnel, -elle** *adj grammaire* relational; *(Psych) problèmes* relationship.

relativement [ʀə lativmɑ̃] *adv* relatively, comparatively. ~ **à** *(par comparaison)* in relation to, compared to; *(concernant)* with regard to, concerning.

relativité [ʀə lativite] *nf* relativity. ◆ **relativiser** (1) *vt* to relativize.

relaxer [ʀə lakse] (1) **1** *vt* **(a)** *(acquitter)* to acquit, discharge; *(relâcher)* to release. **(b)** *muscles* to relax. **2 se ~** *vpr* to relax. ◆ **relaxant, e** *adj* relaxing. ◆ **relaxation** *nf* relaxation. ◆ **relaxe**[1] *nf* acquittal, discharge; release. ◆ **relaxe**[2] * *adj (gén)* relaxed; *tenue* informal, casual.

relayer [ʀə leje] (8) **1** *vt ouvrier etc* to relieve, take over from; *(Téléc)* to relay. **se faire ~** to hand over to somebody else. **2 se ~** *vpr* to take turns *(pour faire* to do); *(Sport)* to take over from one another. ◆ **relayeur, -euse** *nm, f* relay runner.

reléguer [ʀə lege] (6) *vt* to relegate *(en, à* to). ◆ **relégation** *nf* relegation.

relent [ʀə lɑ̃] *nm* foul smell, stench. **des ~s de** the stench *ou* reek of.

relever [ʀəlve] (5) **1** *vt* **(a)** *meuble* to stand up again; *véhicule* to right; *personne* to help (back) up, help (back) to his feet; *blessé* to pick up. *(lit, fig)* ~ **la tête** to raise one's head. **(b)** *(gén), niveau* to raise; *col* to turn up; *chaussettes* to pull up; *jupe* to raise, lift; *manche* to roll up; *vitre (en poussant)* to push up; *(avec manivelle)* to wind up; *siège* to tip up, fold away. ~ **les yeux** to lift *ou* raise one's eyes, look up. **(c)** *mur en ruines* to rebuild; *pays, entreprise* to put back on its feet; *économie* to rebuild, restore. **(d)** *salaire, note* to raise, increase, put up; *niveau de vie* to raise. **(e)** *sauce* to season; *goût* to bring out. **(f)** *sentinelle* to relieve, take over from. ~ **la garde** to change the guard. **(g)** *(remarquer) (gén)* to find; *faute* to pick out. **(h)** *(inscrire) renseignement* to take down, note (down); *plan* to copy out, sketch; *(Naut) point* to plot; *compteur* to read. ~ **une cote**

to plot an altitude. (**i**) *injure* to react to; *défi* to accept, take up, answer. **je n'ai pas relevé cette insinuation** I ignored this insinuation. (**j**) *(ramasser)* *copies* to collect (in), take in. (**k**) ~ **qn de promesse** to release sb from; *fonctions* to relieve sb of.
2 ~ **de** *vt indir* *(être du ressort de)* to be a matter for, be the concern of; *(être sous la tutelle de)* to come under. **cette affaire ne relève pas de ma compétence** this matter does not come within my remit; **ça relève de l'imagination la plus fantaisiste** that is a product of the wildest imagination; ~ **de maladie** to recover from *ou* get over an illness.
3 *vi* *[vêtement]* to pull up, go up.
4 se ~ *vpr* (**a**) *(se remettre debout)* to stand *ou* get up (again), get back (on)to one's feet; *(sortir du lit)* to get up (again). (**b**) *[col]* to turn up; *[strapontin]* to tip up, fold away; *[couvercle]* to lift up. (**c**) *[pays, économie]* to pick up again, recover. **se** ~ **de** *chagrin* to recover from, get over; *ruines* to rise from.
◆ **relève** *nf* *(gén)* relief; *(troupe)* relief (troops). **la** ~ **de la garde** the changing of the guards; *(lit, fig)* **prendre la** ~ to take over *(de* from). ◆ **relevé, e** **1** *adj* *virage* banked; *sauce* spicy, highly seasoned; *style* elevated, lofty, refined. **chapeau à bords** ~**s** hat with a turned-up brim. **2** *nm* *[dépenses]* summary, statement; *[cote]* plotting; *[adresses]* list; *[compteur]* reading; *(facture)* bill. ~ **de compte** bank statement; ~ **de notes** marks sheet, grade sheet *(US)*. ◆ **relèvement** *nm* *[note, prix]* *(action)* raising, increasing, putting up; *(résultat)* rise, increase *(de* in); *[pays, économie]* recovery *(de* of); *(Naut)* [position] plotting *(de* of). ◆ **releveur** *nm* (gas *ou* electricity *etc)* meter man.

relief [Rəljɛf] *nm* (**a**) *(gén, Art, Géog)* relief. **au** ~ **accidenté** hilly; *(lit, fig)* **manquer de** ~ to be flat; **portrait qui a beaucoup de** ~ portrait which has plenty of depth. (**b**) **en** ~ *motif* in relief; *caractères* raised, embossed; *photographie* three-dimensional; **carte en** ~ relief map; **mettre en** ~ *intelligence, détail* to bring out; *qualités* to set *ou* show off, enhance; *point à débattre* to underline, stress, emphasize; **essayer de se mettre en** ~ to try to draw attention to o.s. *ou* to get o.s. noticed. (**c**) *(†: restes)* ~**s** remains, left-overs.

relier [Rəlje] (7) *vt* *(gén)* to link *(à* to); *(ensemble)* to link *ou* join up *ou* together; *faits* to connect *ou* link together; *livre* to bind. **livre relié** bound volume, hard-back (book). ◆ **relieur, -euse** *nm, f* (book)binder.

religion [R(ə)liʒjõ] *nf* *(gén, fig)* religion; *(foi)* (religious) faith; *(vie monastique)* monastic life. **se faire une** ~ **de qch** to make a religion of sth; **entrer en** ~ to take one's vows. ◆ **religieusement** *adv* religiously. ◆ **religieux, -euse** **1** *adj* *(gén)* religious; *art* sacred; *école, mariage, musique* church. **l'habit** ~ the monk's *(ou* nun's) habit. **2** *nm* monk, friar. **3** *nf* (**a**) *(nonne)* nun. (**b**) *(Culin)* iced *ou* frosted *(US)* cream puff *(made with choux pastry)*.

reliquaire [R(ə)likɛR] *nm* reliquary.

reliquat [R(ə)lika] *nm* *[compte]* balance; *[somme]* remainder.

relique [R(ə)lik] *nf* *(Rel, fig)* relic. **garder qch comme une** ~ to treasure sth.

relire [R(ə)liR] (43) *vt* to read again, reread. **je n'arrive pas à me** ~ I can't manage to reread *ou* to read back what I've written.

reliure [RəljyR] *nf* *(couverture)* binding; *(art, action)* (book)binding.

reloger [R(ə)lɔʒe] (3) *vt* to rehouse. ◆ **relogement** *nm* rehousing.

reluire [RəlɥiR] (38) *vi* to shine, gleam; *(sous la pluie)* to glisten. **faire** ~ **qch** to polish *ou* shine sth up, make sth shine. ◆ **reluisant, e** *adj* shining,

shiny, gleaming *(de* with). *(iro)* **peu** ~ *avenir, résultat* far from brilliant; *personne* despicable.

reluquer ‡ [R(ə)lyke] (1) *vt* to eye (up) *.

remâcher [R(ə)maʃe] (1) *vt [ruminant]* to ruminate; *échec* to ruminate *ou* brood over.

remake [Rimɛk] *nm* *(Ciné)* remake.

remanger [R(ə)mãʒe] (3) **1** *vt (de nouveau)* to have again; *(davantage)* to have *ou* eat some more. **2** *vi* to eat again.

remanier [R(ə)manje] (7) *vt (gén)* to revise; *livre* to reshape, recast; *programme* to reorganize; *ministère* to reshuffle. ◆ **remaniement** *nm* revision; reshaping, recasting; reorganization; reshuffle.

remarcher [R(ə)maRʃe] (1) *vi [personne]* to walk again; *[appareil]* to work again.

remarier *vt,* **se** ~ *vpr* [R(ə)maRje] (7) to remarry. ◆ **remariage** *nm* second marriage, remarriage.

remarquable [R(ə)maRkabl(ə)] *adj personne, exploit* remarkable, outstanding; *fait* striking, noteworthy. ~ **par sa taille** notable for his height ; **elle est** ~ **par son intelligence** she is outstandingly intelligent. ◆ **remarquablement** *adv doué* remarkably, outstandingly; *jouer* remarkably *ou* outstandingly well.

remarque [R(ə)maRk(ə)] *nf (observation)* remark, comment; *(critique)* critical remark; *(annotation)* note. **il m'en a fait la** ~ he remarked *ou* commented on it to me, he made a remark *ou* a comment about it to me.

remarquer [R(ə)maRke] (1) *vt* (**a**) *(apercevoir)* to notice. **sans se faire** ~ unnoticed, without being noticed, without attracting attention; **cette tache se remarque beaucoup/à peine** this stain is quite/hardly noticeable; **sa jalousie se remarque beaucoup** his jealousy is very obvious *ou* noticeable; **ça ne se remarquera pas** no one will notice it; **se faire** ~ to make o.s. conspicuous, draw attention to o.s.; **je remarque que vous avez une cravate** I notice *ou* see *ou* note that you are wearing a tie. (**b**) *(faire une remarque)* to remark, observe, comment. **remarquez (bien) que je n'en sais rien** mark you *ou* mind you I don't know; **faire** ~ *détail, erreur* to point out *(à qn* to sb). ◆ **remarqué, e** *adj entrée, absence* conspicuous. **elle a fait un discours très** ~ she made a speech which attracted considerable attention.

remballer [Rãbale] (1) *vt* to pack (up) again; *(dans du papier)* to rewrap.

rembarquer *vti,* **se** ~ *vpr* [RãbaRke] (1) to re-embark.

rembarrer [RãbaRe] (1) *vt* to rebuff.

remblai [Rãblɛ] *nm* *(Rail, pour route)* embankment; *(Constr)* cut. **(terre de)** ~ *(Rail)* ballast; *(pour route)* hard core; *(Constr)* backfill; *(Aut)* ~**s récents** soft verges. ◆ **remblayer** (8) *vt route, voie ferrée* to bank up; *fossé* to fill in *ou* up.

rembobiner [Rãbɔbine] (1) *vt* to rewind.

remboîter [Rãbwate] (1) *vt tuyaux* to fit together again; *os* to put back into place.

rembourrer [RãbuRe] (1) *vt fauteuil* to stuff; *vêtement* to pad. ◆ **rembourrage** *nm* stuffing; padding.

rembourser [RãbuRse] (1) *vt (gén)* to reimburse, repay, pay back; *dette* to settle; *billet* to refund. **se faire** ~ to get one's money back, get reimbursed; **je veux être remboursé** I want my money back; ~ **qn de ses dépenses** to refund *ou* reimburse sb's expenses; **je te rembourserai demain** I'll pay you back *ou* square up with you tomorrow. ◆ **remboursable** *adj billet* refundable; *emprunt* repayable. ◆ **remboursement** *nm* reimbursement, repayment; settlement; refund. **envoi contre** ~ cash with order.

rembrunir (se) [ʀɑ̃bʀyniʀ] (2) *vpr [visage]* to darken; *[ciel]* to darken, cloud over.

remède [ʀ(ə)mɛd] *nm (Méd, fig: traitement)* remedy, cure; *(médicament)* medicine. ~ **de bonne femme** old wives' *ou* folk cure *ou* remedy; ~ **universel** cure-all; **porter** ~ **à qch** to cure *ou* remedy sth; **la situation est sans** ~ the situation cannot be remedied *ou* is beyond remedy. ◆ **remédier à** (7) *vt indir maladie* to cure; *situation* to remedy, put right; *difficulté* to solve.

remembrer [ʀ(ə)mɑ̃bʀe] (1) *vt terres* to regroup. ◆ **remembrement** *nm* regrouping of lands.

remémorer (se) [ʀ(ə)memɔʀe] (1) *vpr* to recall, recollect.

remercier [ʀ(ə)mɛʀsje] (7) *vt* (a) *(dire merci)* to thank *(de qch* for, *d'avoir fait* for doing). **il me remercia d'un sourire** he thanked me with a smile, he smiled his thanks; **je vous remercie** thank you, thanks. (b) *(refuser)* **vous voulez boire? — je vous remercie** would you like a drink? — no thank you. (c) *employé* to dismiss *(from his job).* ◆ **remerciement** *nm* (a) ~**s** thanks; *(dans un livre)* acknowledgements. (b) *(action)* thanking. **lettre de** ~ thank-you letter.

remettre [ʀ(ə)mɛtʀ(ə)] (56) **1** *vt* (a) *(à nouveau) objet* to put back; *vêtement* to put back on, put on again; *radio, chauffage* to put *ou* turn *ou* switch on again. ~ **un bouton à une veste** to sew *ou* put a button back on a jacket; **je ne veux plus** ~ **les pieds ici!** I never want to set foot in here again!; ~ **un enfant insolent à sa place** to put an insolent child in his place; ~ **un appareil en marche** to restart a machine, start a machine (up) again, set a machine going again; ~ **le moteur en marche** to start up the engine again; ~ **en question** *autorité* to (call into) question, challenge; *accord* to cast doubt over, throw back into question; ~ **une pendule à l'heure** to put *ou* set a clock right; ~ **qch à neuf** to make sth as good as new again; ~ **qch en état** to repair *ou* mend sth; **le repos l'a remise (sur pied)** the rest has set her back on her feet; ~ **de l'ordre dans qch** to sort sth out. (b) *(davantage) chaise* to add; *tricot* to put on another; *sel, argent* to put in some more. ~ **de l'huile dans le moteur** to top up the engine with oil. (c) *lettre, rançon, criminel* to hand over; *devoir, clefs* to hand in, give in; *objet prêté ou volé* to return; *récompense* to present; *démission* to hand in, tender *(à* to). **il s'est fait** ~ **les clefs** he got *ou* had the keys given to him; ~ **un enfant à ses parents** to return a child to his parents; ~ **son sort entre les mains de qn** to put one's fate into sb's hands. (d) *réunion* to put off, postpone *(à* until); *date* to put back, postpone *(à* to). **il ne faut jamais** ~ **au lendemain ce qu'on peut faire le jour même** never put off till tomorrow what you can do today. (e) *(se rappeler)* to remember. ~ **qch en mémoire à qn** to remind sb of sth, recall sth to sb. (f) *peine, péché* to remit. ~ **une dette à qn** to remit sb's debt, let sb off a debt. (g) ~ **ça** * *(démarches)* to go through it all again; *(au café)* to have another drink; *(travail)* to get down to it again; *(bruit)* **les voilà qui remettent ça!** there they go again!, they're at it again! *

2 se ~ *vpr* (a) *(recouvrer la santé)* to recover, get better, pick up. **se** ~ **d'une maladie** to recover from *ou* get over an illness; **remettez-vous!** pull yourself together! (b) *(recommencer)* **se** ~ **à (faire) qch** *(gén)* to start (doing) sth again; *(sport, habitude)* to take up sth again; **il se remet à faire froid** the weather *ou* it is getting *ou* turning cold again; **se** ~ **debout** to get back to one's feet. (c) *(se confier)* **se** ~ **entre les mains de qn** to put o.s. in sb's hands; **je m'en remets à vous** I'll leave it (up) to you. (d) *(se réconcilier)* **se** ~ **avec qn** to make it up with sb; **ils se sont remis ensemble** they've come back together again.

réminiscence [ʀeminisɑ̃s] *nf* reminiscence. **quelques** ~**s de** some vague recollections of.

remise [ʀ(ə)miz] **1** *nf* (a) *[lettre]* delivery; *[rançon, clefs]* handing over; *[récompense]* presentation; *[devoir]* handing in. (b) *[péchés, dette]* remission; *[peine]* remission, reduction (de of, in). (c) *(rabais)* discount, reduction. (d) *(local)* shed. (e) *(ajournement)* postponement, putting off *ou* back. **2** : ~ **en cause** calling into question; ~ **en état** *[machine]* repair(ing); *[tableau]* restoration; ~ **en jeu** *(Hockey)* face-off; *(Ftbl)* throw-in; ~ **à jour** updating; ~ **en marche** restarting; ~ **en ordre** reordering; ~ **en place** putting back in place; ~ **en question** calling into question.

remiser [ʀ(ə)mize] (1) *vt (ranger)* to put away.

rémission [ʀemisjɔ̃] *nf (gén)* remission. **sans** ~ *travailler* unremittingly, relentlessly; *mal* irremediable.

remontage [ʀ(ə)mɔ̃taʒ] *nm [montre]* rewinding, winding up; *[meuble]* reassembly, putting back together.

remontant, e [ʀ(ə)mɔ̃tɑ̃, ɑ̃t] **1** *adj* (a) *boisson* invigorating, fortifying. (b) *rosier* reflowering, remontant *(T); fraisier* double-cropping *ou* -fruiting. **2** *nm* tonic, pick-me-up *.

remontée [ʀ(ə)mɔ̃te] *nf [côte, rivière]* ascent; *[prix]* rise; *[candidat]* recovery. *(Sport)* ~ **mécanique** ski lift.

remonte-pente, pl remonte-pentes [ʀ(ə)mɔ̃t-pɑ̃t] *nm* ski tow.

remonter [ʀ(ə)mɔ̃te] (1) **1** *vi (avec aux être)* (a) *(à nouveau) [personne]* to go *ou* come back up; *[marée]* to come in again; *[prix, baromètre, route]* to rise again, go up again. **il remonta sur la table** he climbed back (up) onto the table; ~ **en voiture** to get back into one's car, get into one's car again; **il est remonté de la 7ᵉ à la 3ᵉ place** he has come up *ou* recovered from 7th to 3rd place. (b) *[vêtement]* to go up, pull up. (c) *(revenir) [souvenir]* to come back; *[odeur]* to come up. **sous-marin qui remonte en surface** submarine which is coming back up to the surface *ou* which is resurfacing; ~ **jusqu'au coupable** to trace back to the guilty man; ~ **à la source** to go back *ou* return to the source; ~ **aussi loin que remontent ses souvenirs** as far back as he can remember; ~ **dans le temps** to go back in time; **cette histoire remonte à plusieurs années** this story dates back *ou* goes back several years; **tout cela remonte au déluge!** all that's as old as the hills!

2 *vt (avec aux avoir)* (a) *étage, côte* to go *ou* climb back up; *rue* to go *ou* come back up. ~ **le courant** *(en barque)* to sail *ou* row (back) upstream; *(fig)* to begin to get back on one's feet again. (b) *adversaire* to catch up with. **il a 15 points à** ~ he has 15 marks to catch up. (c) *mur, jupe, note* to raise; *vitre (en poussant)* to push up; *(avec manivelle)* to wind up; *manche* to roll up; *col* to turn up. (d) *(reporter) objet* to take *ou* bring back up. (e) *montre* to wind up. *(fig)* **il est remonté à bloc aujourd'hui** he's on top form today. (f) *(réinstaller) machine, meuble* to put together again, put back together (again), reassemble; *usine* to set up again. (g) *(réassortir) garde-robe* to renew; *magasin* to restock. (h) *(remettre en état) personne (physiquement)* to set up (again); *(moralement)* to cheer *ou* buck * up (again); *entreprise* to put *ou* set back on its feet.

3 se ~ *vpr* (a) **se** ~ **en boîtes de conserves** to get in (further) stocks of canned food; **se** ~ **en chaussures** to get some new shoes. (b) *(physiquement)* to set o.s. up (again); *(moralement)* to cheer *ou* buck * o.s. up.

remontoir [ʀ(ə)mɔ̃twaʀ] *nm* winder.

remontrance [ʀ(ə)mɔ̃tʀɑ̃s] *nf* (a) remonstrance, reproof, reprimand. **faire des** ~**s à qn (au sujet**

de qch) to remonstrate with sb (about sth), reprimand sb (for sth). **(b)** *(Hist)* remonstrance.

remontrer [R(ə)mɔ̃tRe] **(1)** *vt* **(a)** *(de nouveau)* to show again. **(b)** en ~ à qn: **il pourrait t'en ~ he** could teach you a thing or two; **il a voulu m'en** ~ he wanted to show he knew better than me.

remords [R(ə)mɔR] *nm:* **le ~, les ~** remorse; **avoir un** *ou* **des ~** to feel remorse, be conscience-stricken; **j'ai eu un ~ de conscience** I had second thoughts.

remorque [R(ə)mɔRk(ə)] *nf (véhicule)* trailer; *(câble)* tow-rope, towline. **prendre une voiture en ~** to tow a car; **avoir qn en ~** to have sb in tow; *(lit, fig)* **être à la ~ de** to tag behind. ◆ **remorquer (1)** *vt voiture, bateau* to tow; *train* to pull, haul; *(fig) personne* to have in tow, trail *ou* drag along. ◆ **remorquage** *nm* towing; pulling, hauling. ◆ **remorqueur** *nm* tug(boat).

remous [R(ə)mu] *nm:* **le ~, les ~** *[bateau]* the (back)wash; *[eau]* the swirl, the eddies; *[air]* the eddy; *[foule]* the bustle; *[scandale]* the stir.

rempailler [R̃ɑ̃pɑje] **(1)** *vt chaise* to reseat, rebottom *(with straw).*

rempart [R̃ɑ̃paR] *nm (Mil, fig)* rampart. **sur les ~s** on the ramparts *ou* battlements; **faire à qn un ~ de son corps** to shield sb with one's (own) body.

remplacer [R̃ɑ̃plase] **(3)** *vt (gén)* to replace *(par* with); *objet usagé* to change *(par* for); *directeur à la retraite* to take over from; *professeur malade* to stand in for, substitute for. **se faire ~** to find o.s. a stand-in *ou* replacement; **le miel peut ~ le sucre** honey can be used in place of *ou* as a substitute for sugar. ◆ **remplaçable** *adj* replaceable. ◆ **remplaçant, e** *nm, f (gén)* replacement, substitute; *(Méd)* locum; *(Sport)* reserve; *(pendant un match)* substitute; *(Scol)* supply *ou* substitute *(US)* teacher, stand-in. ◆ **remplacement** *nm* replacement. *(intérim)* **assurer le ~ de qn** to stand in *ou* deputize for sb; **faire des ~s** to do temporary (replacement) work; **en ~ de qch** instead of sth, as a replacement *ou* substitute for sth; **solution de ~** alternative solution, alternative; **produit de ~** substitute (product).

remplir [R̃ɑ̃pliR] **(2) 1** *vt* **(a)** *(gén)* to fill *(de* with); *récipient* to fill (up); *(à nouveau)* to refill; *questionnaire* to fill in. **~ qch à moitié** to half fill sth, fill sth half full. **(b)** *promesse, fonction, condition* to fulfil; *travail* to carry out, do; *contrat, mission* to fulfil, carry out; *rôle* to fill, play; *besoin* to fulfil, meet, satisfy. **~ ses fonctions** to carry out *ou* perform one's duties. **2 se ~** *vpr [récipient, salle]* to fill (up) *(de* with). **se ~ les poches** to line one's pockets. ◆ **rempli, e** *adj (gén)* full *(de* of), filled *(de* with); *visage* full, plump; *journée, vie* full, busy. **avoir l'estomac bien ~** to have a full stomach, have eaten one's fill; **texte ~ de fautes** text riddled *ou* packed with mistakes. ◆ **remplissage** *nm [tonneau]* filling (up); *[discours]* padding.

remplumer * (se) [R̃ɑ̃plyme] **(1)** *vpr (physiquement)* to fill out again; *(financièrement)* to get back on one's feet.

remporter [R̃ɑ̃pɔRte] **(1)** *vt* **(a)** *objet* to take away (again), take back. **(b)** *victoire* to win; *prix* to carry off; *succès* to achieve.

remuer [R(ə)mɥe] **(1) 1** *vt* **(a)** *tête, bras, lèvres* to move; *oreille* to twitch; *hanches* to sway. **~ la queue** *[vache]* to flick its tail; *[chien]* to wag its tail; *(fig)* **il n'a pas remué le petit doigt** he didn't lift a finger (to help). **(b) (faire)** ~ *branches* to stir; *objet (déplacer)* to move, shift; *(secouer)* to shake. **(c)** *café, sauce* to stir; *salade* to toss; *terre* to dig *ou* turn over; *souvenirs* to stir up, arouse. **il a remué la sauce/ les braises** he stirred the sauce/poked the fire; **~ de l'argent (à la pelle)** to make a fortune, handle vast amounts of money; **~ ciel et terre pour** to move heaven and earth (in order) to. **(d)** *(émou-*

voir) to move. **2** *vi [personne]* to move; *[dent, tuile]* to be loose. **cesse de ~!** keep still!, stop fidgeting! **3 se ~** *vpr* **(a)** *(bouger)* to move; *(se déplacer)* to move about. **(b)** *(*: s'activer)* to bestir o.s., get a move on *. ◆ **remuant, e** *adj* restless. ◆ **remue-ménage** *nm inv (bruit)* commotion; *(activité)* hurly-burly, bustle. **faire du ~** to make a commotion.

rémunérer [Remynere] **(6)** *vt personne* to remunerate, pay. **~ le travail de qn** to remunerate *ou* pay sb for his work. ◆ **rémunérateur, -trice** *adj emploi* remunerative, lucrative. ◆ **rémunération** *nf* remuneration, payment *(de* for).

renâcler [R(ə)nɑkle] **(1)** *vi [animal]* to snort; *[personne]* to grumble, show (one's) reluctance. **~ à faire qch** to jib at having to do sth, do sth reluctantly; **faire qch en renâclant** to do sth grudgingly *ou* with (a) bad grace.

renaissance [R(ə)nɛsɑ̃s] **1** *nf (Rel, fig)* rebirth. *(Hist)* **la R~** the Renaissance. **2** *adj inv mobilier* Renaissance.

renaître [R(ə)nɛtR(ə)] **(59)** *vi* **(a)** *[sentiment, intérêt]* to be revived *(dans* in); *[plante, conflit]* to spring up again; *[difficulté]* to recur, crop up again; *[économie]* to revive, recover; *[sourire]* to return *(sur* to); *[jour]* to dawn, break. **faire ~** to bring back, revive. **(b)** *(revivre)* to come to life again. **~ de ses cendres** to rise from one's ashes; **je me sens ~** I feel as if I've been given a new lease of life; *(littér)* **~ au bonheur** to find happiness again.

rénal, e, mpl -aux [Renal, o] *adj* renal, kidney.

renard [R(ə)naR] *nm (Zool)* fox. *(fig)* **fin ~** crafty *ou* sly fox *ou* dog. ◆ **renarde** *nf* vixen.

renchérir [R̃ɑ̃ʃeRiR] **(2)** *vi* **(a)** *[personne]* to go further. **~ sur ce que qn dit** to add something to what sb says, go further *ou* one better *(péj)* than sb. **(b)** *[prix]* to get dearer *ou* more expensive. ◆ **renchérissement** *nm [marchandises]* rise *ou* increase in the price *(de* of).

rencontre [R̃ɑ̃kɔ̃tR(ə)] *nf (gén)* meeting; *(imprévue)* encounter; *(Mil)* encounter; *[éléments]* conjunction; *[routes]* junction; *(Athlétisme)* meeting; *(Ftbl etc)* fixture, game. **faire la ~ de qn** to meet sb; **aller à la ~ de qn** to go and meet sb, go to meet sb; **faire une mauvaise ~** to have an unpleasant encounter; **~ au sommet** summit meeting; **~ de boxe** boxing match.

rencontrer [R̃ɑ̃kɔ̃tRe] **(1) 1** *vt* **(a)** *(gén)* to meet; *(par hasard)* to meet *ou* bump into; *(en réunion)* to have a meeting with. **(b)** *(trouver) expression, village, passant* to find, come across; *occasion* to meet with; *obstacle* to meet with, encounter, come up against. **(c)** *(heurter)* to strike; *(toucher)* to meet (with). **(d)** *équipe* to meet, play (against); *boxeur* to meet, fight (against). **2 se ~** *vpr* **(a)** *(gén)* to meet; *(en réunion)* to have a meeting; *[équipes]* to meet, play (each other); *[véhicules]* to collide (with each other). **(b)** *(avoir les mêmes idées)* to be at one *(avec* with), be of the same opinion *ou* mind *(avec* as). **(c)** *[coïncidence, curiosité]* to be found.

rendement [R̃ɑ̃dmɑ̃] *nm [champ]* yield; *[machine, personne]* output; *[entreprise] (productivité)* productivity; *(production)* output *(de* of); *[investissement]* return *(de* of); *(Phys)* efficiency.

rendez-vous [R̃ɑ̃devu] *nm inv* **(a)** *(rencontre)* appointment; *(d'amoureux)* date. **donner un ~ à qn** to make an appointment with sb, arrange to see *ou* meet sb; **~ spatial** docking (in space); **prendre un ~ chez le coiffeur** to make a hair appointment; **le médecin ne reçoit que sur ~** the doctor only sees patients by appointment. **(b)** *(lieu)* meeting place. **~ de chasse** meet.

rendormir (se) [R̃ɑ̃dɔRmiR] **(16)** *vpr* to go back to sleep, fall asleep again.

rendre [RᾶdR(ə)] (41) **1** vt **(a)** objet, argent to give back, return; (Scol) devoir to hand ou give in; réponse to give. ~ **à qn sa parole** to release sb from a promise, let sb off (his promise); ~ **la liberté à qn** to set sb free, give sb his freedom; ~ **la santé à qn** to restore sb to health; ~ **la vue à qn** to restore sb's sight; (fig) ~ **son tablier** to give (in) one's notice; ~ **à César ce qui est à César** to render unto Caesar the things which are Caesar's. **(b)** justice to administer, dispense; jugement to pronounce, render; verdict to return. (fig) ~ **justice à qn** to do justice to sb. **(c)** hospitalité, invitation to return, repay; salut, coup to return. **il m'a joué un sale tour, mais je le lui rendrai** he played a dirty trick on me, but I'll get even with him ou I'll pay him back; **il la déteste, et elle le lui rend bien** he hates her and she feels exactly the same (way) about him; ~ **la monnaie à qn** to give sb his change; (fig) ~ **à qn la monnaie de sa pièce,** ~ **la pareille à qn** to pay sb back in his own coin; **je lui rendrai la monnaie de sa pièce** I'll be quits ou even with him yet. **(d)** (+ adj) to make. ~ **qn heureux** etc to make sb happy etc; **c'est à vous ~fou!** it's enough to drive you mad! **(e)** expression, traduction to render. **(f)** (produire) liquide to give out; son to produce. (fig) **l'enquête n'a rien rendu** the inquiry drew a blank ou didn't come to anything. **(g)** (vomir) to vomit, bring up. **(h)** (locutions) ~ **l'âme** ou **le dernier soupir** to breathe one's last, give up the ghost; ~ **les armes** to lay down one's arms; ~ **des comptes à qn** to be accountable to sb; ~ **compte de qch à qn** to give sb an account of sth; ~ **gloire à Dieu** to glorify God; ~ **grâces à** to give thanks to; ~ **hommage à** to pay tribute to; (Sport) [cheval] ~ **du poids** to have a weight handicap; ~ **service à qn** to be of service ou help to sb; ~ **visite à qn** to visit sb, call on sb, pay sb a visit.
2 vi **(a)** [arbres, terre] to yield, be productive. **la pêche a bien rendu** we have got a good catch (of fish). **(b)** (vomir) to be sick, vomit. **3** se ~ vpr **(a)** (céder) [soldat, criminel] to give o.s. up, surrender. **se ~ à l'avis de qn** to bow to sb's opinion; **se ~ à l'évidence** to face (the) facts; **se ~ aux prières de qn** to give in ou yield to sb's pleas. **(b)** (aller) **se ~ à** to go to; **alors qu'il se rendait à...** as he was on his way to... ou going to...; **la police s'est rendue sur les lieux** the police went to ou arrived on the scene. **(c)** **se ~ compte de qch** to realize sth, be aware of sth; **se ~ compte que** to realize that, be aware that; **rendez-vous compte!** just imagine! ou think! **(d)** (+ adj) to make o.s. **se ~ ridicule** to make o.s. ridiculous, make a fool of o.s.

rendu, e [Rᾶdy] **1** adj **(a)** (arrivé) **être ~** to have arrived. **(b)** (remis) ~ **à domicile** delivered to the house. **(c)** (fatigué) exhausted, tired out, worn out. **2** nm (Comm) return.

rêne [Rεn] nf rein. **tenir les ~s du gouvernement** to hold the reins of government, be in the saddle.

renégat, e [Rənega, at] nm, f renegade.

renfermer [RᾶfεRme] (1) **1** vt to contain, hold. **2 se ~** vpr: **se ~ (en soi-même)** to withdraw (into o.s.). ◆ **renfermé, e 1** adj withdrawn, uncommunicative. **2** nm: **odeur de ~** fusty ou stale smell.

renflé, e [Rᾶfle] adj bulging. ◆ **renflement** nm bulge.

renflouer [Rᾶflue] (1) vt entreprise, bateau to refloat; personne to set back on his feet again, bail out.

renfoncement [Rᾶfɔ̃smᾶ] nm recess.

renforcer [RᾶfɔRse] (3) **1** vt objet, argument, équipe to reinforce; paix to consolidate; effort to add to, intensify; position, amitié to strengthen. ~ **qn dans une opinion** to confirm sb in an opinion. **2 se**

~ vpr [craintes, amitié] to strengthen; [pression] to intensify.

renfort [RᾶfɔR] nm **(a)** (Mil) ~**s** (hommes) reinforcements; (matériel) (further) supplies. **(b)** (Tech) reinforcement, strengthening piece. **(c) de** ~ barre, toile strengthening; armée back-up, supporting; personnel extra, additional; **envoyer qn en** ~ to send sb as an extra; **à grand** ~ **de gestes** accompanied by a great many gestures.

renfrogner (se) [Rᾶfrɔɲe] (1) vpr to scowl. ◆ **renfrogné, e** adj sullen, sulky.

rengager [Rᾶgaʒe] (3) **1** vt discussion to start up again; fonds to reinvest; combat, ouvrier to re-engage. **2 se ~** vpr (Mil) to join up again, re-enlist.

rengaine [Rᾶgεn] nf: **(vieille)** ~ (old) folk song; **c'est toujours la même** ~ * it's always the same old song *.

rengainer [Rᾶgene] (1) vt épée to sheathe, put up; revolver to put back in its holster; (*) compliment to save, withhold.

rengorger (se) [RᾶgɔRʒe] (3) vpr [oiseau] to puff out its throat; [personne] to puff o.s. up.

renier [Rənje] (7) **1** vt foi, Dieu to renounce; signature to disown, repudiate; promesse to go back on, break. **2 se ~** vpr to go back on what one has said ou done. ◆ **reniement** nm renunciation; disowning, repudiation; breaking.

renifler [R(ə)nifle] (1) **1** vt to sniff (at). **2** vi [personne] to sniff; [cheval] to snort. ◆ **reniflement** nm (action) sniffing; (bruit) sniff.

renne [Rεn] nm reindeer.

renom [R(ə)nɔ̃] nm (notoriété) renown, repute, fame; (réputation) reputation. **de grand** ~, **en** ~ renowned, famous; **avoir du** ~ to be famous ou renowned. ◆ **renommé, e¹** adj celebrated, renowned, famous. ~ **pour** renowned ou famed for. ◆ **renommée²** nf **(a)** (célébrité) fame, renown. **de** ~ **mondiale** world-famous. **(b)** (opinion publique) public report. **(c)** (réputation) reputation. **bonne/mauvaise** ~ good/bad reputation ou name.

renoncer [R(ə)nɔ̃se] (3) ~ **à** vt indir (gén) to give up, renounce. ~ **à qn** to give sb up; **je n'y renonce** I give up. ◆ **renoncement** nm renunciation. ◆ **renonciation** nf giving up, renunciation.

renouer [Rənwe] (1) **1** vt lacet to tie (up) again, re-tie; conversation to renew. **2** vi: ~ **avec** habitude to take up again; ~ **avec qn** to take up with sb again.

renouveau, pl ~**x** [R(ə)nuvo] nm (transformation) revival. (regain) ~ **de succès/faveur** renewed success/favour.

renouveler [R(ə)nuvle] (4) **1** vt (gén) to renew; stock to replenish; conseil d'administration to re-elect; congé to re-grant; offre, exploit, erreur to repeat; douleur, théorie to revive. ~ **l'air d'une salle** to air a room; **cette découverte a complètement renouvelé notre vision des choses** this discovery has given us a whole new insight into things ou has cast a whole new light on things for us; ~ **sa confiance à qn** to reassert one's confidence in sb. **2 se ~** vpr (se répéter) [erreur, fait] to recur, be repeated; (être remplacé) [personnel] to be renewed; (innover) [auteur] to try sth new. ◆ **renouvelable** adj passeport renewable; assemblée that must be re-elected. ◆ **renouvellement** nm renewal; replenishment; repetition; revival; recurrence. (Pol) **solliciter le** ~ **de son mandat** to stand ou run for re-election.

rénover [Renɔve] (1) vt maison to renovate, modernize; quartier to redevelop, renovate; meuble to restore; institutions, méthodes to reform, regenerate; science to renew. ◆ **rénovateur, -trice** adj, nm, f: **être** ~ to have a reforming ou regenerative influence. ◆ **rénovation** *nf* renovation, modernization; redevelopment; restoration; reform; renewal.

renseignement [ʀɑ̃sɛɲmɑ̃] *nm*: ~**(s)** information; **un ~ intéressant** an interesting piece of information, some interesting information; **demander des ~s sur qn** to make inquiries *ou* ask for information *ou* for particulars about sb; **avoir de bons ~s sur qn** to have good reports about *ou* on sb; **pourriez-vous me donner un ~?** could you give me some information?, could you tell me something?; **veuillez m'envoyer de plus amples ~s sur...** please send me further details of... *ou* further information about...; **'~s'** *(panneau)* 'inquiries', 'information'; *(Téléc)* directory inquiries, information *(US)*. **(b)** *(Mil)* ~**(s)** intelligence; **agent de ~s** intelligence agent; **travailler dans le ~** to work in intelligence.

renseigner [ʀɑ̃seɲe] **(1) 1** *vt* to give information to. **qui pourrait me ~ sur lui?** who could tell me sth about him?, who could give me some information *ou* particulars about him?; **il a l'air bien renseigné** he seems to be well informed; **on vous a mal renseigné** you have been misinformed. **2 se ~** *vpr* to make inquiries, ask for information *ou* particulars *(sur* about). **je vais me ~ auprès de lui** I'll ask him about it; **j'essaierai de me ~** I'll try to find out.

rentable [ʀɑ̃tabl(ə)] *adj* profitable. **c'est très ~** it really pays; *(fig)* **ce n'est plus du tout ~** it has become a losing proposition, it is no longer financially viable. ◆ **rentabilisation** *nf [ligne aérienne]* making profitable. **la ~ d'une invention** the marketing *ou* commercializing of an invention. ◆ **rentabilité** *nf* profitability. **~ des investissements** return on investments.

rente [ʀɑ̃t] *nf (pension)* annuity, pension; *(fournie par la famille)* allowance; *(emprunt d'État)* government stock *ou* bond. **avoir des ~s** to have a private income, have private *ou* independent means. ◆ **rentier, -ière** *nm, f* person of independent *ou* private means.

rentrant, e [ʀɑ̃tʀɑ̃, ɑ̃t] *adj train d'atterrissage* retractable; *(Math) angle* reflex.

rentrée [ʀɑ̃tʀe] *nf* **(a)** **~ (scolaire)** start of the new school year; *(Univ)* start of the new academic year; *(du trimestre)* start of the new (school *ou* university) term; **la ~ aura lieu lundi** the new term begins on Monday, school starts again on Monday; **la ~ s'est bien passée** the term began well; *(Comm)* **'les affaires de la ~'** 'back-to-school bargains'; **à la ~ de Noël** at the start of (the) term after the Christmas holidays. **(b)** *[tribunaux]* reopening; *[parlement]* reassembly; *[députés]* return. **c'est la ~ des théâtres parisiens** it's the start of the theatrical season in Paris; *(après les vacances)* **faire sa ~ politique** to start the new political season, begin one's autumn campaign; **la mode de la ~** the autumn fashions; **on verra ça le ~** we'll see about that after the holidays. **(c)** *[acteur, sportif]* comeback. **faire sa ~ politique** to make a *ou* one's political comeback. **(d)** *(retour)* return. **à l'heure des ~s dans Paris** when everyone is coming back into Paris *ou* returning to Paris; *(Espace)* **~ dans l'atmosphère** re-entry into the atmosphere; **effectuer sa ~ dans l'atmosphère** to re-enter the atmosphere. **(e)** *(Comm)* ~**s** income; **~ d'argent** (incoming) sum of money.

rentrer [ʀɑ̃tʀe] **(1) 1** *vi (avec aux être)* **(a)** *(à nouveau)* *(aller)* to go back in; *(venir)* to come back in. **~ (chez soi)** to return home, go *ou* come home; **est-ce qu'il est rentré?** is he (back) home?; **~ à Paris/de Paris** to go back *ou* come back *ou* return to Paris/from Paris; **je rentre en voiture** I'm driving back, I'm going back by car. **(b)** *(reprendre ses activités)* *[élèves]* to go back to school,

start school again; *[université]* to start again; *[tribunaux]* to reopen; *[parlement]* to reassemble; *[députés]* to return. **le trimestre prochain, on rentrera un lundi** next term we start on a Monday. **(c)** *(entrer)* *[personne]* to go in; to come in; *[chose]* to go in. **nous sommes rentrés dans un café** we went into a café; **cette clef ne rentre pas dans la serrure** this key doesn't fit (into) the lock. **(d) ~ dans** *(travailler dans)* to join, go into; *(s'écraser contre)* to crash into, collide with; *(être compris dans)* to be included in, be part of; **il l'a fait ~ dans la firme** he helped him to get a job in the firm; **furieux, il lui est rentré dedans ‡** he was furious and he pitched * *ou* laid * into him; **~ dans une catégorie** to fall into *ou* come into a category. **(e)** *[argent]* to come in. **faire ~ l'argent** to get the money in. **(f)** **(*)** *[connaissances]* **les maths, ça ne rentre pas** he can't take maths in, he can't get the hang of maths *; **faire ~ qch dans la tête de qn** to drum *ou* get sth into sb's head. **(g)** *(locutions)* **~ dans sa coquille** to go back into one's shell; **~ dans son argent** to recover *ou* get back one's money; **~ dans ses fonds** to recoup one's costs; **tout est rentré dans l'ordre** *(dans son état normal)* everything is back to normal again; *(dans le calme)* order has been restored; *(tout a été clarifié)* everything is sorted out now; **~ dans le rang** to come *ou* fall back into line; **~ en grâce auprès de qn** to get back into sb's good graces; **j'aurais voulu ~ sous terre** I wished the ground could have opened and swallowed me up.

2 *vt (avec aux avoir)* **(a)** *foins, marchandises, animaux* to bring in. **~ sa voiture au garage** to put the car away in the garage. **(b)** *train d'atterrissage* to raise; *(lit, fig) griffes* to draw in. **~ sa chemise** *(dans son pantalon)* to tuck one's shirt in (one's trousers); **ne me rentre pas ton coude dans le ventre** don't jab *ou* stick your elbow in(to) my stomach; **~ le ventre** to pull one's stomach in; **~ sa rage** to hold back *ou* suppress one's anger.

renverser [ʀɑ̃vɛʀse] **(1) 1** *vt* **(a)** *(faire tomber) personne* to knock over *ou* down; *objet* to knock over, upset, overturn; *liquide* to spill, upset; *grains* to scatter. **(b)** *(mettre à l'envers)* to turn upside down. **(c)** *(abattre) obstacles* (lit) to knock down; *(fig)* to overcome; *ordre établi, royauté* to overthrow. **~ le gouvernement** *(coup d'État)* to overthrow *ou* overturn the government; *(vote)* to defeat the government. **(d)** **~ la tête en arrière** to tip *ou* tilt one's head back; **~ le corps en arrière** to lean back. **(e)** *(inverser) ordre des mots, courant* to reverse; *(Opt) image* to invert, reverse. **~ la situation** to reverse the situation, turn things (a)round; **~ la vapeur** *(lit)* to reverse steam; *(fig)* to change course. **(f)** **(*: étonner)** to bowl over, stagger. **2 se ~** *vpr* **(a)** **se ~ en arrière** to lean back. **(b)** *[voiture]* to overturn; *[bateau]* to overturn, capsize; *[vase]* to fall over, be overturned. ◆ **renversant, e** * *adj nouvelle* staggering, astounding; *personne* amazing, incredible. ◆ **renverse** *nf*: **tomber à la ~** to fall backwards. ◆ **renversement** *nm [ordre des mots]* inversion, reversal; *[situation, valeurs]* reversal; *(Pol) (par un coup d'État)* overthrow; *(par vote)* defeat. **un ~ de tendance de l'opinion publique** a shift *ou* swing (in the opposite direction) in public opinion.

renvoi [ʀɑ̃vwa] *nm* **(a)** *(V renvoyer)* dismissal; sacking; expulsion; suspension; return; discharge; referral; postponement. **(b)** *(référence)* cross-reference; *(en bas de page)* footnote. **(c)** *(rot)* belch. **ça me donne des ~s** it gives me wind, it makes me belch.

renvoyer [ʀɑ̃vwaje] **(8)** *vt* **(a)** *(congédier) employé* to dismiss, sack; *élève (définitivement)* to expel; *(temporairement)* to suspend. **se faire ~** to be dismissed *(ou* expelled). **(b)** *lettre, ballon, personne* to send back; *cadeau* to return. **~ les soldats dans**

leurs foyers to discharge soldiers, send soldiers back home; ~ **la balle** *(Sport)* to return the ball; **il m'a renvoyé la balle** *(argument)* he threw the *ou* my argument back at me; *(responsabilité)* he tried to pass the buck (to me) *; *(fig)* ~ **l'ascenseur** to return a favour. **(c)** *(référer) lecteur* to refer *(à* to). **(d)** *(différer) rendez-vous* to postpone, put off *(à plus tard* until later). *(Jur)* **l'affaire a été renvoyée à huitaine** the case was postponed *ou* deferred for a week. **(e)** *(réfléchir) son* to echo; *lumière, chaleur, image* to reflect.

réorganiser [ʀeɔʀɡanize] **(1) 1** *vt* to reorganize. **2 se** ~ *vpr [pays, parti]* to be reorganized. ◆ **réorganisation** *nf* reorganization.

réouverture [ʀeuvɛʀtyʀ] *nf* reopening.

repaire [ʀ(ə)pɛʀ] *nm (Zool)* den, lair; *(fig)* den, hideout. ~ **de brigands** thieves' den.

repaître (se) [ʀəpɛtʀ(ə)] **(57)** *vpr*: **se** ~ **de** *aliments* to gorge o.s. on; *lectures* to revel in.

répandre [ʀepɑ̃dʀ(ə)] **(41) 1** *vt* **(a)** *(accidentellement) liquide* to spill; *grains* to scatter. **(b)** *(gén, fig) (volontairement)* to spread; *dons* to lavish; *sang, larmes, lumière* to shed; *odeur* to give off; *chaleur, fumée* to give out. **2 se** ~ *vpr [liquide]* to spill, be spilled; *[grains]* to scatter, be scattered; *[odeur, lumière, doctrine]* to spread *(sur* over); *[son]* to carry *(dans* through); *[opinion, méthode]* to become widespread *(dans* among); *[coutume, pratique]* to take hold, become widespread. **la foule se répand dans les rues** the crowd spills out *ou* pours out into the streets; **la nouvelle se répandit comme une traînée de poudre** the news spread like wildfire; **se** ~ **en menaces** *etc* to pour out threats *etc*. ◆ **répandu, e** *adj opinion* widespread. **idée très** ~**e** widely held *ou* widespread idea.

reparaître [ʀ(ə)paʀɛtʀ(ə)] **(57)** *vi* to reappear.

réparer [ʀepaʀe] **(1)** *vt* **(a)** *(remettre en état) (gén)* to mend, repair, fix; *forces, santé* to restore. *(lit, fig)* ~ **les dégâts** to repair the damage; **faire** ~ **qch** to get *ou* have sth mended *ou* repaired; ~ **qch sommairement** to patch sth up. **(b)** *(corriger) erreur, négligence* to put right. **(c)** *(compenser) faute* to make up for, make amends for; *perte* to make good, make up for, compensate for. ◆ **réparable** *adj objet* repairable, which can be repaired; *erreur* which can be put right. ◆ **réparateur, -trice 1** *adj sommeil* refreshing. **2** *nm, f* repairer. ~ **de télévision** television repairman *ou* engineer. ◆ **réparation** *nf* **(a)** *(remise en état)* mending, repairing, fixing; restoration; *(résultat)* repair. **en** ~ under repair; **faire des** ~**s** to do some repairs; **l'atelier de** ~ the repair shop. **(b)** *(correction)* putting right. **(c)** *(compensation)* compensation *(de* for). **en** ~ **du dommage** to make up for *ou* to compensate for the harm; **obtenir** ~ **(d'un affront)** to obtain redress (for an insult). **(d)** *(dommages-intérêts)* damages, compensation. *(Hist)* ~**s** reparations.

reparler [ʀ(ə)paʀle] **(1)** *vi*: ~ **de qch** to talk about sth again; ~ **à qn** to speak to sb again.

repartie [ʀəpaʀti] *nf* retort. **avoir de la** ~ to be good *ou* quick at repartee.

repartir [ʀ(ə)paʀtiʀ] **(16)** *vi [voyageur]* to set off *ou* leave again; *[machine]* to start (up) again; *[affaire, discussion]* to get going again. ~ **chez soi** to go back home; ~ **à zéro** to start from scratch again; *[discussion]* **c'est reparti!** * they're off again! *

répartir [ʀepaʀtiʀ] **(2) 1** *vt* **(a)** *(diviser) somme, travail* to share out, divide up *(en* into, *entre* among), distribute *(entre* among). ~ **les joueurs en 2 groupes** to divide *ou* split (up) the players into 2 groups. **(b)** *(égaliser) masses, chaleur* to distribute; *(étaler) paiement, horaire* to spread *(sur* over). **les troupes sont réparties le long de la frontière** troops are spread out *ou* distributed *ou* scattered along the frontier. **2 se** ~ *vpr (se diviser)* to be divided

(up); *(s'égaliser)* to be distributed. **se** ~ **le travail** to share out the work (among themselves *ou* ourselves *etc*). ◆ **répartition** *nf (action)* sharing out, division, distribution; spreading; *(résultat)* distribution.

repas [ʀ(ə)pɑ] *nm* meal. ~ **léger** light meal, snack; ~ **scolaire** school lunch; ~ **de noces** wedding breakfast; **aux heures des** ~ at mealtimes; **panier-** ~ picnic basket; **plateau-**~ meal tray; **ticket-**~ luncheon voucher, meal ticket *(surtout US)*.

repasser [ʀ(ə)pɑse] **(1) 1** *vt* **(a)** *frontière* to cross again; *examen* to resit, take again; *film* to show again. ~ **un plat au four** to put a dish in the oven again *ou* back in the oven. **(b)** *(au fer)* to iron. **ça ne se repasse pas** it doesn't need ironing; **planche à** ~ ironing board. **(c)** *couteau, lame* to sharpen (up). **(d)** *leçon* to go (back) over, go over again *(dans son esprit* in one's mind). **(e)** *(*: transmettre) affaire* to hand over *ou* on; *maladie* to pass on *(à qn* to sb). *(au téléphone)* **je te repasse ta mère** I'm handing you back to your mother. **2** *vi (dans un endroit)* to come back, go back; *(devant un même lieu)* to go *ou* come past again; *(sur un même trait)* to go over again, go back over. **tu peux toujours** ~ ⁂ nothing doing ⁂, you've got a hope *. ◆ **repassage** *nm [linge]* ironing; *[couteau]* sharpening. *(sur une étiquette)* ~ **superflu** wash-and-wear, non-iron.

repayer [ʀ(ə)peje] **(8)** *vt* to pay again.

repêcher [ʀ(ə)peʃe] **(1)** *vt* **(a)** *corps* to recover, fish out. **(b)** *(Scol) candidat* to let through, pass *(with less than the official pass mark)*; *athlète* to give a second chance to. ◆ **repêchage** *nm* recovery, fishing out; passing. **question de** ~ question to give candidates a second chance.

repeindre [ʀ(ə)pɛ̃dʀ(ə)] **(52)** *vt* to repaint.

repenser [ʀ(ə)pɑ̃se] **(1) 1** ~ **à** *vt indir*: ~ **à qch** to think about sth again. **2** *vt concept* to rethink; *question* to rethink, think out again.

repentir¹ (se) [ʀ(ə)pɑ̃tiʀ] **(16)** *vpr (Rel)* to repent. **se** ~ **de qch/d'avoir fait qch** to regret sth/having done sth, be sorry for sth/for having done sth; *(Rel)* to repent of sth/of having done sth. ◆ **repentant, e** *ou* **repenti, e** *adj* repentant, penitent. ◆ **repentir²** *nm (Rel)* repentance; *(regret)* regret.

répercuter [ʀepɛʀkyte] **(1) 1** *vt son* to echo; *écho* to send *ou* throw back; *lumière* to reflect. ~ **une augmentation sur le client** to pass an increase in cost on to the customer. **2 se** ~ *vpr [son]* to reverberate, echo; *[lumière]* to be reflected, reflect. *(fig)* **se** ~ **sur** to have repercussions on. ◆ **répercussion** *nf (gén)* repercussion *(sur, dans* on).

repérer [ʀ(ə)peʀe] **(6) 1** *vt (Mil)* to locate; *(*) personne, erreur* to spot, pick out; *coin tranquille* to discover, locate, find. **se faire** ~ to be spotted, be picked out. **2 se** ~ *vpr (se diriger)* to find one's way about *ou* around; *(lit, fig: savoir où l'on est)* to find *ou* get one's bearings. ◆ **repérable** *adj* which can be spotted. ◆ **repérage** *nm (Aviat, Mil)* location. **le** ~ **d'un point sur la carte** locating a point on the map. ◆ **repère** *nm (marque)* line, mark; *(jalon)* marker, indicator; *(monument etc)* landmark; *(événement)* landmark; *(date)* reference point.

répertoire [ʀepɛʀtwaʀ] *nm* **(a)** *(carnet)* index notebook; *(liste)* (alphabetical) list; *(catalogue)* catalogue. ~ **des rues** street index. **(b)** *(Théât)* repertoire, repertory; *[chanteur] (fig)* repertoire. **pièce du** ~ stock play.

répertorier [ʀepɛʀtɔʀje] **(7)** *vt* to itemize, list.

répéter [ʀepete] **(6) 1** *vt* **(a)** *parole, essai etc* to repeat. **je l'ai répété/je te l'ai répété dix fois** I've said that/I've told you that a dozen times; **il ne se l'est pas fait** ~ he didn't have to be told *ou* asked twice; **tentatives répétées** repeated attempts. (**b**) *pièce de théâtre* to rehearse; *rôle, leçon* to learn, go over; *morceau de piano* to practise. **2 se** ~ *vpr [personne]* to repeat o.s.; *[événement]* to be repeated, recur. **que cela ne se répète pas!** (just) don't let that happen again!; **l'histoire ne se répète jamais** history never repeats itself. ◆ **répétitif, -ive** *adj* repetitive. ◆ **répétition** *nf* repetition; *(Théât, fig)* rehearsal. ~ **générale** (final) dress rehearsal; **fusil à** ~ repeater rifle.

repeupler [Rəpœple] (1) **1** *vt région* to repopulate; *bassin, chasse* to restock (*de* with); *forêt* to replant (*de* with). **2 se** ~ *vpr* to be *ou* become repopulated. ◆ **repeuplement** *nm* repopulation; restocking; replanting.

repiquer [R(ə)pike] (1) *vt* (**a**) *(Bot)* to plant out. **plantes à** ~ bedding plants. (**b**) *disque* to record, tape. (**c**) *[moustique]* to bite again; *[épine]* to prick again. ◆ **repiquage** *nm* planting out; recording.

répit [Repi] *nm (rémission)* respite; *(repos)* respite, rest; *(pour payer)* respite, breathing space. **sans** ~ *travailler* continuously, without respite; *harceler* relentlessly.

replacer [R(ə)plase] (3) *vt objet* to replace, put back (in its place).

replanter [R(ə)plãte] (1) *vt plante* to replant, plant out; *forêt, arbre* to replant.

replâtrer [R(ə)plɑtRe] (1) *vt* (**a**) *mur* to replaster. (**b**) (*) *amitié, gouvernement* to patch up. ◆ **replâtrage** *nm* patching up.

replet, -ète [Rəplɛ, ɛt] *adj personne* podgy, fat; *visage* chubby.

repleuvoir [R(ə)plœvwaR] (23) *vb impers* to rain again, start raining again.

replier [R(ə)plije] (7) **1** *vt* (**a**) *journal* to fold up, fold back up; *manche* to roll up, fold up; *coin de feuille* to fold over; *ailes* to fold; *jambes* to tuck up; *couteau* to close. (**b**) *troupes* to withdraw. **2 se** ~ *vpr (Mil)* to fall back, withdraw (*sur* to). **se** ~ **(sur soi-même)** to withdraw into oneself. ◆ **repli** *nm [terrain, papier]* fold; *[conscience]* hidden *ou* innermost recess; *(Mil)* withdrawal, falling back. ~ **sur soi-même** withdrawal into oneself.

réplique [Replik] *nf* (**a**) *(réponse)* reply, retort, rejoinder. **et pas de** ~! and don't answer back!; **obéis sans** ~! do as you're told without a word *ou* without argument!; **argument sans** ~ unanswerable *ou* irrefutable argument. (**b**) *(contre-attaque)* counter-attack. (**c**) *(Théât)* line; *(signal)* cue. **donner la** ~ **à qn** *(pour répéter)* to give sb his cue; *(dans une scène)* to play opposite sb; *(fig)* **je saurai lui donner la** ~ I can match him (in an argument). (**d**) *(Art, objet identique)* replica. *(fig)* **il est la** ~ **de son jumeau** he is the image of his twin brother. ◆ **répliquer** (1) **1** *vt* to reply. ~ **que** to reply *ou* retort that; **il n'y a rien à** ~ **à cela** there's no answer to that. **2** *vi (répondre)* to reply; *(protester)* to protest; *(être insolent)* to answer back; *(contre-attaquer)* to counter-attack, retaliate.

répondant, e [Repɔ̃dɑ̃, ɑ̃t] **1** *nm, f* guarantor, surety. **servir de** ~ **à qn** *(Fin)* to stand surety for sb, be sb's guarantor; *(fig)* to vouch for sb. **2** *nm*: **avoir du** ~ to have a lot of money.

répondeur [Repɔ̃dœR] *nm*: ~ **(téléphonique)** (telephone) answering machine; ~ **(enregistreur)** Ansafone ®.

répondre [Repɔ̃dʀ(ə)] (41) **1** *vt bêtise, insulte* to reply with. ~ **que** to answer *ou* reply that; **il m'a répondu qu'il viendrait** he told me (in reply) *ou* he replied that he would come; ~ **présent à l'appel** *(lit)* to answer present at roll call; *(fig)* to come forward, volunteer; **bien répondu!** well answered *ou* said!; **qu'est-ce que vous voulez** ~ **à cela?** what can you reply *ou* say to that?

2 *vi* (**a**) to answer, reply. ~ **à qn/à une question** *etc* to reply to *ou* answer sb/a question *etc*; ~ **à une invitation** to reply to *ou* acknowledge an invitation; ~ **(à la porte/à la sonnette)** to answer the door/the bell; ~ **(au téléphone)** to answer the telephone; **il répond au nom de Dick** he answers to the name of Dick; ~ **par oui** to reply *ou* answer *ou* say yes; ~ **par un sourire** to smile in reply; ~ **par des injures** to reply with a string of insults. (**b**) *(être impertinent)* to answer back. (**c**) *(réagir)* *commandes, membres* to respond (*à* to).

3 ~ **à** *vt indir* (**a**) *besoin* to answer; *signalement* to answer, fit; *désirs* to meet. **ça répond à mon attente** it comes up to *ou* meets my expectations. (**b**) *attaque, avances, appel* to respond to; *amour, salut* to return; *politesse, invitation* to repay, pay back. **s'ils lancent une attaque, nous saurons y** ~ if they launch an attack we'll fight back *ou* retaliate. (**c**) *dessin, façade* to match. **les 2 ailes du bâtiment se répondent** the 2 wings of the building match (each other).

4 ~ **de** *vt indir (garantir)* to answer *ou* vouch for. **il viendra, je vous en réponds!** he'll come all right, you can take it from me! *ou* you can take my word for it!; **si vous agissez ainsi, je ne réponds plus de rien** if you behave like that, I'll accept no further responsibility; *(Jur)* ~ **de ses crimes** to answer for one's crimes.

réponse [Repɔ̃s] *nf (gén)* answer, reply; *(Physiol, Tech, fig)* response (*à, de* to). **en** ~ **à votre question** in answer *ou* reply to your question; **le droit de** ~ the right of reply; **ma lettre est restée sans** ~ my letter remained unanswered; **sa demande est restée sans** ~ there has been no reply *ou* response to his request; **coupon-**~ reply coupon; **avoir** ~ **à tout** to have an answer for everything; **c'est la** ~ **du berger à la bergère** it's tit for tat; ~ **de Normand** evasive answer.

report [R(ə)pɔR] *nm (V reporter¹)* postponement; deferment; transfer; carrying over. *(Fin)* ~ **d'échéance** extension of due date; *(sur livre de compte)* ' ~ ' *(en bas de page)* 'carried forward'; *(en haut de page)* 'brought forward'.

reportage [R(ə)pɔRtaʒ] *nm* report (*sur* on); *(métier)* (news) reporting. ~ **en direct** live commentary; **faire le** ~ **d'une cérémonie** to cover a ceremony, do the coverage of a ceremony; **le grand** ~ the coverage of major international events; **il a fait plusieurs grands** ~**s pour...** he has covered several big stories for...

reporter¹ [R(ə)pɔRte] (1) **1** *vt* (**a**) *objet* to take back; *(par la pensée)* to take back (*à* to). (**b**) *match* to postpone, put off; *date* to put back, defer (*à* until). (**c**) *indications, vote, affection* to transfer (*sur* to). ~ **une somme sur la page suivante** to carry an amount over to the next page. **2 se** ~ *vpr*: **se** ~ **à** to refer to; *(par la pensée)* to think back to, cast one's mind back to; **reportez-vous à la page 5** turn to *ou* refer to *ou* see page 5.

reporter² [R(ə)pɔRtɛR] *nm* reporter. **grand** ~ international reporter; ~ **photographe** reporter and photographer; ~**-cameraman** news reporter and cameraman.

repos [R(ə)po] *nm* (**a**) *(détente)* rest. **prendre du** ~ to take *ou* have a rest; **rester en** ~ to rest; **après une journée de** ~ after a day's rest. (**b**) *(congé)* **jour de** ~ day off; **le médecin lui a donné du** ~ the doctor has given him some time off. (**c**) *(tranquillité)* peace and quiet; *(moral)* peace of mind; *(littér: sommeil, mort)* rest, sleep. **avoir la conscience en** ~ to have an easy *ou* a clear conscience; **pour avoir l'esprit en** ~ to put my (your *ou* your etc) mind at rest; **laisse ton frère en** ~ leave your brother in peace. (**d**) *(pause) [discours]* pause; *[vers]* rest; *(Mus)* cadence. (**e**) *(locutions) (Mil)* ~! (stand) at ease!; **au** ~ *machine, animal* at rest; **sans** ~ *poursuivre* relentlessly; *quête* relentless; **de tout** ~ *situa-*

tion, entreprise secure, safe; _placement_ gilt-edged, safe.

reposer [ʀ(ə)poze] (1) **1** _vt_ (**a**) _verre etc_ to put back down, put down again; _objet démonté_ to refit, put back. _(Mil)_ **reposez armes!** order arms! (**b**) _yeux, membres_ to rest; _esprit_ to rest, relax. ~ **sa tête sur un coussin** to rest one's head on a cushion; **elle avait le visage reposé** she looked rested. (**c**) _question_ to repeat, ask again; _problème_ to bring up again, raise again. **2** ~ **sur** _vt indir [bâtiment]_ to be built on; _[supposition]_ to rest on. **3** _vi_ (**a**) _(littér) (être étendu, enterré, endormi)_ to rest. **l'épave repose par 20 mètres de fond** the wreck is lying 20 metres down. (**b**) **laisser** ~ _liquide_ to leave to settle; _pâte à crêpes_ to leave to stand; **laisser** ~ **la terre** to let the land lie fallow; **faire** ~ **son cheval** to rest one's horse. **4** **se** ~ _vpr_ (**a**) _(se délasser)_ to rest. (**b**) **se** ~ **sur qn** to rely on sb. (**c**) _(à nouveau) [oiseau]_ to settle again; _[problème]_ to crop up again. ♦ **reposant, e** _adj sommeil_ refreshing; _lieu, couleur_ restful; _vacances_ restful, relaxing. ♦ **repose-bras** _nm inv_ armrest. ♦ **repose-pieds** _nm inv_ footrest. ♦ **repose-tête,** _pl_ **repose-têtes** _nm_ headrest.

repousser [ʀ(ə)puse] (1) **1** _vt_ (**a**) _objet encombrant, personne_ to push away; _ennemi_ to repel, drive back; _coups_ to ward off; _quémandeur_ to turn away, repulse. (**b**) _(fig: refuser) (gén)_ to reject; _demande, aide_ to turn down; _hypothèse_ to reject, dismiss, rule out; _objections, arguments_ to brush aside, dismiss. (**c**) _(remettre en place) meuble_ to push back; _tiroir_ to push back in; _porte_ to push to. (**d**) _(différer) date, réunion_ to put off _ou_ back, postpone, defer _(à plus tard_ until later). (**e**) _(dégoûter)_ to repel, repulse. (**f**) _(Tech) cuir, métal_ to emboss (by hand). **en cuir repoussé** in repoussé leather. **2** _vi [feuilles, cheveux]_ to grow again. **laisser** ~ **sa barbe** to let one's beard grow again. ♦ **repoussant, e** _adj_ repulsive.

répréhensible [ʀepʀeɑ̃sibl(ə)] _adj acte, personne_ reprehensible. **ce n'est pas** ~! there's nothing wrong with that!

reprendre [ʀ(ə)pʀɑ̃dʀ(ə)] (58) **1** _vt_ (**a**) _(récupérer) ville, prisonnier_ to recapture; _employé, objet prêté_ to take back; _espoir, forces_ to regain, recover. ~ **des couleurs** to get some colour back in one's cheeks; _[humour etc]_ ~ **ses droits** to reassert itself; ~ **le dessus** _[malade]_ to fight back; _[équipe]_ to get back on top; ~ **haleine** _ou_ **son souffle** to regain one's breath, get one's breath back; ~ **sa place** _(à table)_ to go back to one's seat, resume one's seat; _(dans un groupe)_ to take one's place again; **j'irai** ~ **mon manteau chez le teinturier** I'll go and get _ou_ fetch my coat (back) from the cleaner's. (**b**) _(Comm) marchandises_ to take back; _(contre un nouvel achat)_ to take in part exchange; _usine_ to take over. **les articles en solde ne sont pas repris** sale goods cannot be returned _ou_ exchanged. (**c**) _pain, viande_ to have _ou_ take (some) more; _légumes_ to have a second helping of. (**d**) _travaux, récit etc_ to resume; _livre_ to pick up again, go back to; _hostilités_ to reopen, start again; _lutte, habitudes, idée_ to take up again; _pièce de théâtre_ to put on again; _refrain_ to take up; _argument, critique_ to repeat. **reprenez votre histoire au début** start your story from the beginning again; **reprenons les faits un par un** let's go over the facts one by one again; ~ **le travail** to go back to work, start work again; ~ **la route** to go on _ou_ set off on one's way again; **la vie reprend son cours** life goes on again as before _ou_ as usual. (**e**) _(saisir à nouveau) (gén)_ to catch again. **son mal de gorge l'a repris** he's suffering from a sore throat again; _(iro)_ **voilà que ça le reprend!** there he goes again!, he's off again! *; **ses doutes le reprirent** he was seized with doubts once more. (**f**) _(fig)_ **on ne m'y reprendra plus** I won't let myself be caught (out) _ou_ had * again; _(menace)_ **que je ne t'y reprenne pas!** don't let me

catch you doing that again! (**g**) _(Sport: rattraper) balle_ to catch. (**h**) _(retoucher) tableau_ to touch up; _chapitre_ to go over again; _manteau (gén)_ to alter; _(trop grand)_ to take in; _(trop petit)_ to let out; _(trop long)_ to take up; _(trop court)_ to let down. **il y a beaucoup de choses à** ~ **dans ce travail** there are lots of improvements to be made to this work. (**i**) _(réprimander)_ to reprimand, tell off *; _(pour faute de langue)_ to pull up; _(corriger)_ to correct. **2** _vi_ (**a**) _(retrouver la vigueur) [plante]_ to take again; _[affaires]_ to pick up. (**b**) _(recommencer)_ to start again. (**c**) _(dire)_ **'ce n'est pas moi' reprit-il** 'it's not me' he went on. **3** **se** ~ _vpr_ (**a**) _(se corriger)_ to correct o.s.; _(s'interrompre)_ to stop o.s. (**b**) _(recommencer)_ **se** ~ **à plusieurs fois pour faire qch** to make several attempts to do sth _ou_ at doing sth; **se** ~ **à espérer** to find o.s. hoping again. (**c**) _(réagir)_ to take a grip on o.s., pull o.s. together (again), take o.s. in hand. **le coureur s'est bien repris sur la fin** the runner made a good recovery towards the end.

repreneur [ʀ(ə)pʀənœʀ] _nm (Ind)_ (company) rescuer.

représailles [ʀ(ə)pʀezɑj] _nfpl (Pol, fig)_ reprisals, retaliation. **user de** ~ to take reprisals _(envers_ against); **en** ~ as a reprisal, in retaliation _(de_ for).

représenter [ʀ(ə)pʀezɑ̃te] (1) **1** _vt_ (**a**) _[peintre, romancier]_ to depict, portray, show; _[photographie]_ to represent, show. ~ **fidèlement les faits** to describe the facts faithfully. (**b**) _(symboliser, signifier)_ to represent. **ça va** ~ **beaucoup de travail** that will mean _ou_ represent _ou_ involve a lot of work; **ça représente une part importante des dépenses** it accounts for _ou_ represents a large part of the costs. (**c**) _(Théât) (jouer)_ to perform, play; _(mettre à l'affiche)_ to perform, put on, stage; _adaptation_ to stage. (**d**) _(agir au nom de)_ to represent. **il s'est fait** ~ **par son notaire** he was represented by his lawyer, he sent his lawyer to represent him. (**e**) _(littér: insister sur)_ ~ **qch à qn** to point sth out to sb. **2** _vi (en imposer)_ **il représente bien** he cuts a fine figure. **3** **se** ~ _vpr_ (**a**) _(s'imaginer)_ to imagine. (**b**) _(survenir à nouveau) [idée, situation]_ to occur again; _[occasion]_ to present itself again, arise again; _[problème]_ to crop up again. (**c**) **se** ~ **à un examen** to resit an exam; **se** ~ **à une élection** to stand _ou_ run for election again, stand _ou_ run for re-election. ♦ **représentant, e** _nm, f (gén)_ representative. ~ **de commerce** sales representative _ou_ rep *, travelling salesman; ~ **des forces de l'ordre** police officer. ♦ **représentatif, -ive** _adj (gén)_ representative _(de_ of). ♦ **représentation** _nf_ (**a**) _(notation) (gén, fig)_ representation; _[paysage, société]_ portrayal; _[faits]_ description. (**b**) _(Théât)_ performance. (**c**) _[pays, mandant]_ representation; _(groupe de délégués)_ representatives. (**d**) _(Comm)_ commercial travelling. **faire de la** ~ to be a (sales) representative _ou_ a commercial traveller. (**e**) _(réception)_ **avoir des frais de** ~ to get an entertainment allowance. ♦ **représentativité** _nf_ representativeness.

répression [ʀepʀesjɔ̃] _nf [crime, abus]_ suppression; _[pulsions]_ repression; _[révolte]_ suppression; quelling, repression. _(Pol)_ **la** ~ repression; **prendre des mesures de** ~ **contre le crime** to crack down on crime. ♦ **répressible** _adj_ repressible. ♦ **répressif, -ive** _adj_ repressive.

réprimande [ʀepʀimɑ̃d] _nf_ reprimand, rebuke. ♦ **réprimander** (1) _vt_ to reprimand, rebuke.

réprimer [ʀepʀime] (1) _vt (gén)_ to suppress; _insurrection_ to quell, put down; _larmes, colère_ to hold back, swallow.

repris de justice [ʀ(ə)pʀidʒystis] _nm inv_ ex-prisoner, ex-convict.

reprise [ʀ(ə)pʀiz] *nf* (**a**) *[activité]* resumption; *[hostilités]* re-opening, renewal; *[froid]* return; *(Théât)* revival; *(Ciné)* rerun; *(Rad, TV: rediffusion)* repeat. **les ouvriers ont décidé la ~ du travail** the men have decided to go back *ou* return to work; **~ (économique)** (economic) revival *ou* recovery. (**b**) *(Aut)* **avoir de bonnes ~s** to have good acceleration. (**c**) *(Boxe)* round; *(Tennis)* return. *(Ftbl)* **à la ~** at the start of the second half. (**d**) *(Comm)* *[marchandise]* taking back; *(pour nouvel achat)* part exchange, trade-in; *(pour occuper des locaux)* key money. **valeur de ~ d'une voiture** part-exchange value *ou* trade-in value of a car; **~ des bouteilles vides** return of empties. (**e**) *[chaussette]* darn; *[drap, chemise]* mend. (**f**) **à 2 ou 3/à plusieurs ~s** on 2 or 3/on several occasions, 2 or 3/several times.

repriser [ʀ(ə)pʀize] (**1**) *vt chaussette, lainage* to darn; *drap, accroc* to mend.

réprobation [ʀepʀɔbasjɔ̃] *nf* reprobation. ◆ **réprobateur, -trice** *adj* reproving.

reproche [ʀ(ə)pʀɔʃ] *nm* reproach. **faire des ~s à qn** to reproach *ou* blame sb; **conduite qui mérite des ~s** reprehensible behaviour; **avec ~** reproachfully; **ton de ~** reproachful tone; **homme sans ~** man beyond *ou* above reproach.

reprocher [ʀ(ə)pʀɔʃe] (**1**) *vt* (**a**) **~ qch à qn** to blame *ou* reproach sb for sth; **~ à qn de faire qch** to reproach sb for *ou* with doing sth; *(Jur)* **les faits qui lui sont reprochés** the charges against him; **je ne te reproche rien** I'm not blaming you for anything; **je n'ai rien à me ~** I've nothing to reproach myself with. (**b**) *(critiquer)* **qu'as-tu à ~ à mon plan/à ce tableau?** what have you got against my plan/this picture?; **je reproche à ce tissu d'être salissant** the fault I find with that material is that it gets dirty; **il n'y a rien à ~ à cela** there's nothing wrong with that.

reproduire [ʀ(ə)pʀɔdɥiʀ] (**38**) **1** *vt (gén)* to reproduce; *modèle* to copy; *erreur* to repeat. **2 se ~** *vpr (Bio, Bot)* to reproduce, breed; *[phénomène]* to recur. **et que ça ne se reproduise plus!** and don't let that happen again! ◆ **reproducteur, -trice** *adj* reproductive. ◆ **reproductible** *adj* which can be reproduced, reproducible. ◆ **reproduction** *nf (action)* reproduction; copy; repeat; *(photo)* reproduction. **organes de ~** reproductive organs; *(sur un livre)* **'~ interdite'** 'all rights (of reproduction) reserved'.

reprographier [ʀ(ə)pʀɔgʀafje] (**7**) *vt* to (photo)copy, duplicate. ◆ **reprographie** *nf* reprography *(T)*, reprographics *(T)*, repro *(T)*. **le service de ~** the photocopying department.

réprouver [ʀepʀuve] (**1**) *vt personne* to reprove; *action* to condemn; *projet* to disapprove of; *(Rel)* to damn, reprobate. ◆ **réprouvé, e** *nm, f* reprobate.

reptile [ʀɛptil] *nm (Zool)* reptile; *(serpent)* snake; *(péj: personne)* creep * *(péj)*.

repu, e [ʀəpy] *adj animal* sated, satisfied. **je suis ~** I'm full, I've eaten my fill.

république [ʀepyblik] *nf* republic. **on est en ~! *** this is *ou* it's a free country; **la R~ française** the French Republic; **la R~ d'Irlande** the Irish Republic; **la R~ démocratique allemande** the German Democratic Republic; **la R~ fédérale d'Allemagne** the Federal Republic of Germany; **la R~ populaire de Chine** the Chinese People's Republic; *(péj)* **~ bananière** banana republic. ◆ **républicain, e** *adj, nm, f* republican; *(US Pol)* Republican.

répudier [ʀepydje] (**7**) *vt conjoint* to repudiate; *foi, engagement* to renounce. ◆ **répudiation** *nf* repudiation; renouncement.

répugnance [ʀepyɲɑ̃s] *nf* (**a**) *(répulsion)* repugnance, disgust *(pour* for), loathing *(pour* of). **avoir**

de la **~ pour les épinards** to loathe spinach. (**b**) *(hésitation)* reluctance *(à faire qch* to do sth). **éprouver de la ~ à faire** to be loath *ou* reluctant to do; **avec ~** reluctantly, unwillingly. ◆ **répugnant, e** *adj individu* repugnant; *laideur* revolting; *travail, odeur, nourriture* disgusting, revolting, loathsome. ◆ **répugner** (**1**) **~ à** *vt indir* (**a**) *(dégoûter)* to repel, disgust, be repugnant to. **ça me répugne** I am repelled by *ou* disgusted with it, I find it disgusting. (**b**) *(hésiter)* **~ à faire qch** to be loath *ou* reluctant to do sth.

répulsion [ʀepylsjɔ̃] *nf (gén, Phys)* repulsion *(pour* for). ◆ **répulsif, -ive** *adj* repulsive.

réputation [ʀepytasjɔ̃] *nf (honneur)* reputation, good name; *(renommée)* reputation. **avoir bonne/mauvaise ~** to have a good/bad reputation; **sa ~ n'est plus à faire** his *(ou* her) reputation is not in doubt, his *(ou* her) reputation is firmly established; **connaître qn de ~** to know sb by repute; **il a la ~ d'être avare** he has a reputation for *ou* of being miserly, he is reputed to be miserly. ◆ **réputé, e** *adj* (**a**) *(célèbre)* reputable, renowned. **hautement ~** of great repute *ou* renown; **~ pour** renowned *ou* famous for. (**b**) *(prétendu)* **remède ~ infaillible** cure which is reputed *ou* supposed *ou* said to be infallible.

requérir [ʀəkeʀiʀ] (**21**) *vt (exiger)* to call for, require; *(solliciter)* to request; *police* to call on; *(Jur)* *peine* to call for, demand.

requête [ʀəkɛt] *nf (Jur)* petition; *(supplique)* request, petition. **adresser une ~ à un juge** to petition a judge; **à** *ou* **sur la ~ de qn** at sb's request.

requiem [ʀekɥijɛm] *nm inv* requiem.

requin [ʀ(ə)kɛ̃] *nm (Zool, fig)* shark. *(fig)* **les ~s de la finance** the sharks of the business world.

requinquer * [ʀ(ə)kɛ̃ke] (**1**) **1** *vt* to pep up *, buck up *. **2 se ~** *vpr* to perk up *.

requis, e [ʀəki, iz] *adj conditions* requisite, required. *(réquisitionnés)* **les ~** labour conscripts *(civilians)*.

réquisitionner [ʀekizisjɔne] (**1**) *vt biens* to requisition, commandeer; *hommes* to requisition, conscript. ◆ **réquisition** *nf* requisition; conscription.

réquisitoire [ʀekizitwaʀ] *nm (plaidoirie)* closing speech for the prosecution; *(fig)* indictment *(contre* of).

rescapé, e [ʀɛskape] **1** *adj personne* surviving. **2** *nm, f* survivor *(de* of).

rescousse [ʀɛskus] *nf:* **venir à la ~** to come to the rescue; **appeler qn à la ~** to call on *ou* to sb for help.

réseau, *pl* **~x** [ʀezo] *nm (gén, fig)* network. **~ fluvial** river system, network of rivers; **~ d'espionnage** spy network *ou* ring; **~ express régional** high-speed suburban branch of the Paris *métro*; **~ d'intrigues** web of intrigue; **~ d'habitudes** pattern of habits.

réservation [ʀezɛʀvasjɔ̃] *nf (à l'hôtel)* reservation; *(des places)* reservation, booking. *(Tourisme)* **~ de groupes** group booking; **bureau de ~** booking office.

réserve [ʀezɛʀv(ə)] *nf* (**a**) *(provision)* reserve. **faire des ~s de sucre** to get in *ou* lay in a stock of *ou* reserves of sugar; **mettre qch en ~** to put sth by, put sth in reserve; **avoir/tenir qch en ~** *(gén)* to have/keep sth in reserve; *(Comm)* to have/keep sth in stock. (**b**) *(restriction)* reservation, reserve. **émettre des ~s sur qch** to have reservations *ou* reserves about sth; **sous toutes ~s** *publier* with all reserve; *dire* with reservations; **sous ~ de** subject to; **sans ~** *admiration* unreserved; *approuver* unreservedly. (**c**) *(prudence, discrétion)* reserve. (**d**) *(Mil)* **la ~** the reserve; **armée de ~** reserve army. (**e**) *(territoire)* *[nature, animaux]* reserve; *[Indiens]* reservation. **~ de pêche/chasse** fishing/ hunting preserve; **~ naturelle** nature reserve *ou* sanctuary.

(f) *[bibliothèque]* reserve collection. (g) *(entrepôt)* storehouse, storeroom.

réserver [ʀezɛʀve] (1) **1** *vt* (a) *(mettre à part)* *(gén)* to keep, save, reserve; *marchandises* to put aside *ou* on one side *(à, pour* for*)*. ~ **le meilleur pour la fin** to keep *ou* save the best till last. (b) *(louer) place, table* to book, reserve. (c) *(fig: destiner) accueil, châtiment* to have in store, reserve *(à* for*)*. **nous ne savons pas ce que l'avenir nous réserve** we don't know what the future has in store for us *ou* him; **il lui était réservé de mourir jeune** he was destined to die young. (d) *(retarder) réponse, opinion* to reserve. **2 se ~** *vpr*: **se ~ le meilleur morceau** to keep *ou* save *ou* reserve the best bit for o.s.; **se ~ pour plus tard** to save *ou* reserve o.s. for later; **se ~ pour une autre occasion** to wait for another opportunity; **se ~ le droit/la possibilité de faire qch** to reserve the right to do sth/the possibility of doing sth. ◆ **réservé, e** *adj place* reserved *(à* for*)*; *personne, caractère* reserved. **pêche ~e** private fishing; **les médecins sont très ~s à son sujet** the doctors are very guarded *ou* cautious in their opinions about him; **tous droits ~s** all rights reserved; **voie ~e aux autobus** bus lane.

réserviste [ʀezɛʀvist(ə)] *nm* reservist.

réservoir [ʀezɛʀvwaʀ] *nm (cuve)* tank; *(plan d'eau)* reservoir; *[poissons]* fishpond; *[usine à gaz]* gasometer, gasholder.

résider [ʀezide] (1) **1** *vi [personne]* to live, reside; *[problème]* to lie, reside *(dans* in*)*. ◆ **résidant, e** *adj* resident. ◆ **résidence** *nf (gén)* residence. **changer de ~** to move (house); **en ~ surveillée** under house arrest; *(Diplomatie)* **la ~** the residency; **~ principale** main home; **~ secondaire** second home; **~ universitaire** (university) hall(s) of residence, residence hall *(US)*, dormitory *(US)*. ◆ **résident, e** *nm, f (étranger)* foreign national *ou* resident; *(diplomate)* resident. **ministre ~** resident minister; **avoir le statut de ~ permanent en France** to have permanent resident status in France. ◆ **résidentiel, -ielle** *adj* residential.

résidu [ʀezidy] *nm* (a) *(reste)* *(Chim, fig)* residue ; *(Math)* remainder. (b) *(déchets)* **~s** remnants, residue; **~s industriels** industrial waste. ◆ **résiduel, -elle** *adj* residual.

résigner (se) [ʀeziɲe] (1) *vpr* to resign o.s. *(à* to*)*. **il faudra s'y ~** we'll have to resign ourselves to it *ou* put up with it. ◆ **résignation** *nf* resignation *(à* to*)*. **avec ~** with resignation, resignedly. ◆ **résigné, e** *adj* resigned *(à* to*)*.

résilier [ʀezilje] (7) *vt contrat* to terminate. ◆ **résiliation** *nf* termination.

résine [ʀezin] *nf* resin. ◆ **résineux, -euse 1** *adj* resinous. **2** *nm* coniferous tree.

résistance [ʀezistɑ̃s] *nf* (a) *(gén)* resistance *(à* to*)*. **en appuyant, je sentis une ~** when I pressed I felt some resistance; **opposer une ~ farouche à un projet** to put up fierce resistance to a project, make a very determined stand against a project; **il a une grande ~** he has great resistance *ou* stamina; **coureur qui a de la ~** runner who has lots of staying power; **ça offre une grande ~ au feu/aux chocs** it is very heat-/shock-resistant. (b) *(Élec) (mesure)* resistance; *[réchaud, radiateur]* element. ◆ **résistant, e 1** *adj personne* robust, tough; *plante* hardy; *tissu* strong, hard-wearing; *couleur* fast; *métal* resistant, strong. **~ à la chaleur** heatproof, heat-resistant. **2** *nm, f (Hist)* (French) Resistance worker *ou* fighter. ◆ **résister** (1) **~ à** *vt indir (gén)* to resist; *fatigue, sécheresse* to stand up to, withstand; *douleur* to stand up to; *attaque* to hold out against. **~ au courant d'une rivière** to hold one's own against the current of a river; **~ à l'épreuve du temps** to stand the test of time; **le plancher ne pourra pas ~ au poids** the floor won't support *ou*

take the weight; **ça n'a pas résisté longtemps** it didn't resist *ou* hold out for long; **couleur qui résiste au lavage** colour which is fast in the wash; **cette vaisselle résiste au feu** this crockery is heat-resistant *ou* heatproof; **ça ne résiste pas à l'analyse** it does not stand up to analysis.

résolu, e [ʀezɔly] *adj personne, air* resolute. **~ à faire** resolved *ou* determined to do, set on doing. ◆ **résolument** *adv* resolutely. ◆ **résolution** *nf (gén, Pol: décision)* resolution; *(énergie)* resolve, resolution; *(solution)* solution. **prendre la ~ de faire** to make a resolution to do, resolve to do, make up one's mind to do.

résonner [ʀezɔne] (1) *vi [son]* to resonate, reverberate, resound; *[salle]* to be resonant; *[objet]* to resound. **ça résonne** the noise resonates *ou* reverberates *ou* echoes; **~ de** to resound *ou* ring *ou* resonate with. ◆ **résonance** *nf (gén, Élec, Phys, Phon)* resonance; *(fig)* echo; **être en ~** to be resonating. ◆ **résonateur** *nm* resonator. ◆ **résonnant, e** *adj* resonant.

résorber [ʀezɔʀbe] (1) **1** *vt (Méd)* to resorb; *chômage* to bring down, reduce (gradually); *surplus* to absorb; *inflation* to curb. **2 se ~** *vpr* to be resorbed; to be brought down *ou* reduced; to be absorbed. ◆ **résorption** *nf* resorption; gradual reduction *(de* in*)*; absorption.

résoudre [ʀezudʀ(ə)] (51) **1** *vt* (a) *problème etc* to solve; *difficultés* to resolve, settle, sort out. (b) *(décider) exécution* to decide on, determine on. **~ de faire qch** to decide *ou* resolve to do sth, make up one's mind to do sth; **~ qn à faire qch** to induce sb to do sth. **2 se ~** *vpr* (a) **se ~ à faire qch** *(se décider)* to resolve *ou* decide to do sth, make up one's mind to do sth; *(se résigner)* to resign *ou* reconcile o.s. to doing sth; **il n'a pas pu se ~ à la quitter** he couldn't bring himself to leave her. (b) **se ~ en pluie** to resolve into rain.

respect [ʀɛspɛ] *nm* (a) respect *(de, pour* for*)*. **il n'a aucun ~ pour le bien d'autrui** he has no respect *ou* consideration *ou* regard for other people's property; **sauf votre ~** with all due respect; **~ de soi** self-respect. (b) *(formule de politesse)* **présentez mes ~s à votre femme** give my regards *ou* pay my respects to your wife; **mes ~s, mon colonel** good day to you, sir. (c) **tenir qn en ~** *(avec une arme)* to keep sb at a respectful distance *ou* at bay. ◆ **respectabilité** *nf* respectability. ◆ **respectable** *adj (honorable)* respectable; *(important)* respectable, sizeable. ◆ **respecter** (1) **1** *vt* to respect, have respect for. **se faire ~** to be respected *(par* by*)*, command respect *(par,* from*)*; **la jeunesse ne respecte rien** young people show no respect for anything *ou* do not respect anything; **l'ordre alphabétique** to keep things in alphabetical order; **faire ~ la loi** to enforce the law; **~ les termes d'un contrat** to abide by *ou* respect the terms of a contract. **2 se ~** *vpr* to respect o.s. *(hum)* **tout professeur qui se respecte** any self-respecting teacher.

respectif, -ive [ʀɛspɛktif, iv] *adj* respective. ◆ **respectivement** *adv* respectively.

respectueux, -euse [ʀɛspɛktɥø, øz] *adj* respectful *(envers* of, *de* of*)*. **se montrer ~ du bien d'autrui** to show respect *ou* consideration for other people's property; **~ de la loi** respectful of the law, law-abiding; **veuillez agréer mes salutations ~euses** yours respectfully. ◆ **respectueusement** *adv* respectfully.

respirer [ʀɛspiʀe] (1) **1** *vi* (a) *(lit, Bio)* to breathe. **~ par le nez** to breathe through one's nose; **~ profondément** to breathe deeply, take a deep breath. (b) *(fig) (se détendre)* to get one's breath, have a break; *(se rassurer)* to breathe again. **2** *vt* (a) *(inhaler)* to breathe (in), inhale. **faire ~ qch à qn** to make sb inhale sth. (b) *calme, bonheur* to radiate; *honnêteté* to exude, emanate; *joie* to glow with. ◆ **respirable** *adj (lit, fig)* breathable. ◆ **respirateur** *nm:* ~ **(artificiel)** *(gén)* respirator; *(pour malade dans le coma)* ventilator. ◆ **respiration** *nf (fonction)* breathing, respiration; *(souffle)* breath. **avoir la** ~ **difficile** to have difficulty (in) breathing; **retenir sa** ~ to hold one's breath; **faites 3** ~**s complètes** breathe in and out 3 times. ◆ **respiratoire** *adj* breathing, respiratory.

resplendir [ʀɛsplɑ̃diʀ] (2) *vi (gén, fig)* to shine; *[astre]* to beam; *[surface métallique]* to gleam; *[lac, neige]* to glisten, glitter. ~ **ou être resplendissant de bonheur** to be aglow *ou* radiant with happiness; **soleil resplendissant** radiant *ou* beaming sun.

responsable [ʀɛspɔ̃sabl(ə)] **1** *adj* **(a)** *(de dégâts)* liable, responsible *(de* for); *(de délits)* responsible *(de* for); *(moralement)* responsible, accountable *(de* for, *devant qn* to sb). **civilement** ~ liable in civil law. **(b)** *(chargé de)* ~ **de** responsible for, in charge of. **(c)** *(coupable)* responsible. **les freins défectueux sont** ~**s (de l'accident)** the faulty brakes are to blame *ou* are responsible for the accident. **(d)** *(sérieux) attitude, étudiant* responsible. **agir de manière** ~ to behave responsibly. **2** *nmf* **(a)** *(coupable)* **le** ~ the person responsible *ou* who is to blame, the culprit; **le seul** ~ **est l'alcool** alcohol alone is to blame. **(b)** *(chef) [service]* person in charge; *[parti, syndicat]* official. **des** ~**s de l'industrie** representatives *ou* leaders of industry; ~ **politique** political leader. ◆ **responsabiliser** (1) *vt:* ~ **qn** to make sb aware of his responsibilities. ◆ **responsabilité** *nf (gén)* responsibility *(de* for). **de lourdes** ~**s** heavy responsibilities; **avoir la** ~ **de qch** to be responsible for sth; **avoir la** ~ **de qn** to take *ou* have responsibility for sb; **avoir un poste à** ~ to have *ou* hold a position of responsibility; ~ **civile** civil liability.

resquiller [ʀɛskije] (1) *vi (dans l'autobus)* to sneak a free seat; *(au cinéma)* to get in on the sly, sneak in; *(ne pas faire la queue)* to jump the queue. ◆ **resquilleur, -euse** *nm, f (dans une queue)* queue-jumper; *(dans l'autobus)* fare-dodger.

ressac [ʀəsak] *nm:* **le** ~ *(mouvement)* the backwash, the undertow; *(vague)* the surf.

ressaisir [ʀ(ə)seziʀ] (2) **1** *vt* **(a)** *objet* to catch hold of again; *fuyard* to recapture; *prétexte* to seize on again. **(b)** *[peur]* to grip (once) again; *[désir]* to take hold of again. **2 se** ~ *vpr* **(a)** to regain one's self-control; *[athlète]* to rally, recover. **ressaisissez-vous!** pull yourself together! **(b) se** ~ **de** *pouvoir* to seize again. ◆ **ressaisissement** *nm* recovery.

ressasser [ʀ(ə)sase] (1) *vt pensées* to keep rehearsing *ou* turning over; *conseil* to keep trotting out.

ressembler [ʀ(ə)sɑ̃ble] (1) **1** ~ **à** *vt indir* to resemble, be *ou* look like. **à quoi ressemble-t-il?** * what does he look like?, what's he like?; **ça ne ressemble à rien!** * *(attitude)* it makes no sense at all; *(peinture)* it's like nothing on earth!; **à quoi ça ressemble de crier comme ça!** * what do you mean by shouting like that!; **cela lui ressemble bien de dire ça** it's just like him *ou* it's typical of him to say that. **2 se** ~ *vpr* to look *ou* be alike, resemble each other. **ils se ressemblent comme deux gouttes d'eau** they're as like as two peas (in a pod). ◆ **ressemblance** *nf (visuelle)* resemblance, likeness; *(de composition)* similarity. **avoir une** ~ **avec qch** to bear a resemblance *ou* likeness to sth. ◆ **ressemblant, e** *adj photo* lifelike, true to life.

ressemeler [ʀ(ə)səmle] (4) *vt* to resole. ◆ **ressemelage** *nm* resoling.

ressentiment [ʀ(ə)sɑ̃timɑ̃] *nm* resentment *(contre* against, *de* at). **éprouver du** ~ to feel resentful *(envers* towards).

ressentir [ʀ(ə)sɑ̃tiʀ] (16) **1** *vt (gén)* to feel; *sensation* to experience. **2 se** ~ *vpr:* **se** ~ **de** *[travail, qualité]* to show the effects of; *[personne]* to feel the effects of.

resserre [ʀ(ə)sɛʀ] *nf (cabane)* shed; *(réduit)* storeroom.

resserrer [ʀ(ə)seʀe] (1) **1** *vt (gén)* to tighten; *amitié* to strengthen; *crédits* to squeeze. **2 se** ~ *vpr [étreinte]* to tighten; *[liens affectifs]* to grow stronger; *[groupe]* to draw in; *[pores, mâchoire]* to close; *[vallée]* to narrow. **le filet se resserrait autour de lui** the net was closing in on him. ◆ **resserré, e** *adj vallée* narrow. **maison** ~**e entre des immeubles** house squeezed between high buildings. ◆ **resserrement** *nm* **(a)** *(action)* strengthening; narrowing. **le** ~ **du crédit** the tightening of *ou* squeeze on credit. **(b)** *(partie étroite)* narrow part.

resservir [ʀ(ə)sɛʀviʀ] (14) **1** *vt plat* to serve (up) again *(à* to); *dîneur* to give a second helping to *(de, en* of); *(fig) histoire* to trot out again *(péj)*. **2** *vi [vêtement, outil]* to serve again, do again, be useful again. **3 se** ~ *vpr [dîneur]* to help o.s. again *(de* to), take another helping *(de* of). **se** ~ **de** *outil* to use again.

ressort [ʀ(ə)sɔʀ] *nm* **(a)** *(de métal)* spring. ~ **à boudin** spiral spring; **faire** ~ to spring back; **à** ~ spring-loaded. **(b)** *(énergie)* spirit. **avoir du** ~ to have spirit. **(c)** *(littér: motivation)* **les** ~**s qui le font agir** the motivating forces behind his actions. **(d)** *(Jur: circonscription)* jurisdiction. *(compétence)* **être du** ~ **de** to fall within the competence of; *(fig)* **ce n'est pas de mon** ~ this is not my responsibility.

ressortir [ʀ(ə)sɔʀtiʀ] (2) **1** *vi (avec aux être)* **(a)** *(à nouveau) [personne]* to go out again, leave again; *[objet]* to come out again. **souvenirs qui ressortent** memories which resurface; **ce film ressort sur nos écrans** this film is showing again *ou* has been re-released. **(b)** *(contraster) [détail, qualité]* to stand out. **faire** ~ **qch** to make sth stand out, bring out sth. **2** ~ **de** *vt indir (résulter)* to emerge from, be the result of. **3** ~ **à** *vt indir (Jur)* to come under the jurisdiction of. **4** *vt (avec aux avoir)* *vêtements, outil etc* to take *ou* bring out again; *film* to re-release, bring out again; *(Comm) modèle* to bring out again. *(fig)* ~ **un vieux projet d'un tiroir** to get out an old plan again, disinter an old plan.

ressortissant, e [ʀ(ə)sɔʀtisɑ̃, ɑ̃t] *nm, f* national. ~ **français** French national *ou* citizen.

ressouder [ʀ(ə)sude] (1) **1** *vt objet* to solder together again; *amitié* to patch up. **2 se** ~ *vpr [os]* to knit, mend.

ressource [ʀ(ə)suʀs(ə)] *nf* **(a)** ~**s** *(gén)* resources; *[art, technique]* possibilities; *[finances personnelles]* means; **famille sans** ~**s** family with no means of support *ou* no resources; ~**s en hommes** manpower resources; **être à bout de** ~**s** to have exhausted all the possibilities, be at the end of one's resources; **homme de** ~**(s)** man of resource, resourceful man. **(b)** *(recours)* **n'ayant pas la** ~ **de lui parler** having no means *ou* possibility of speaking to him; **sa seule** ~ **était de** the only way *ou* course open to him was to; **vous êtes ma dernière** ~ you are my last resort; **en dernière** ~ as a last resort. **(c)** **avoir de la** ~ *[sportif, cheval]* to have strength in reserve.

ressouvenir (se) [ʀ(ə)suvniʀ] (22) *vpr:* **se** ~ **de** to remember, recall; **faire se** ~ **qn de qch** to remind sb of sth.

ressusciter [ʀesysite] (1) **1** *vi (Rel)* to rise (from the dead); *(fig)* to come back to life, revive. **2** *vt (Rel)* to raise (from the dead); *(fig)* to bring back to life, revive; *mourant* to resuscitate; *(péj) passé, coutume* to resurrect *(péj)*.

restant, e [ʀɛstɑ̃, ɑ̃t] **1** *adj* remaining. **2** *nm* **(a)** *(l'autre partie)* **le** ~ the rest, the remainder. **(b)** *(ce* *qui est en trop)* **faire une écharpe dans un ~ de tissu** to make a scarf out of some left-over material.

restaurant [ʀɛstɔʀɑ̃] *nm* restaurant. **on va au ~?** shall we have a meal out?; **~ d'entreprise** staff canteen *ou* dining room; **~ libre-service** self-service restaurant, cafeteria; **~ rapide** fast-food restaurant; **~ universitaire** university refectory *ou* canteen *ou* cafeteria.

restaurer [ʀɛstɔʀe] (1) **1** *vt tableau, paix* to restore; *(nourrir)* to feed. **2 se ~** *vpr* to have sth to eat. ◆ **restaurateur, -trice** *nm, f* **(a)** *(Art, Pol)* restorer. **(b)** *(aubergiste)* restaurant owner. ◆ **restauration** *nf* **(a)** *(Art, Pol)* restoration *[ville, bâtiment]* restoration, rehabilitation; *(Hist)* **la R~** the Restoration. **(b)** *(hôtellerie)* catering. **la ~ rapide** the fast-food industry *ou* trade.

reste [ʀɛst(ə)] *nm* **(a)** *(l'autre partie)* **le ~** the rest; **le ~ du lait** the rest *ou* remainder *ou* remains of the milk, what is left of the milk. **(b)** *(ce qui est en trop)* **il y a un ~ de fromage** there's some cheese left over; **s'il y a un ~ de laine** if there's some spare wool *ou* some wool to spare; **un ~ de tendresse le poussa à rester** a last trace *ou* a remnant of tenderness moved him to stay. **(c) les ~s** *(nourriture)* the left-overs; *(dépouille mortelle)* the (mortal) remains; **les ~s de** the remains of, what is left of. **(d)** *(Math: différence)* remainder. **(e) avoir de l'argent/du temps de ~** to have money/time left over *ou* in hand *ou* to spare; **il ne voulait pas être en ~ avec eux** he didn't want to be outdone by them *ou* indebted to them; **au ~, du ~** besides, moreover; **partir sans demander son ~** to leave without further ado; **pour le ~** (as) for the rest; **et (tout) le ~** and everything else, and all the rest.

rester [ʀɛste] (1) **1** *vi* **(a)** *(dans un lieu)* to stay, remain; *(*: habiter)* to live. **~ à la maison** to stay *ou* remain indoors; **~ (à) dîner** to stay for *ou* to dinner; **je ne peux ~ que 10 minutes** I can only stay *ou* stop * 10 minutes; **un os lui est resté dans la gorge** a bone was caught *ou* got stuck in his throat; **~ à regarder la télévision** to stay watching television; **naturellement ça reste entre nous** of course we shall keep this to ourselves *ou* this is just between ourselves; *[nerveux]* **il ne peut pas ~ en place** he can't keep still. **(b)** *(dans un état)* to stay, remain. **~ sans rien dire** to stay *ou* keep *ou* remain silent; **~ dans l'ignorance** to remain in ignorance; **~ debout** to stand, remain standing; *(ne pas se coucher)* to stay up; **je suis resté assis toute la journée** I spent the whole day sitting; **ne reste pas là les bras croisés** don't just stand there with your arms folded; **~ en carafe** ⁑ to be left stranded. **(c)** *(subsister)* to be left, remain. **rien ne reste de l'ancien château** nothing is left *ou* remains of the old castle; **le seul parent qui leur reste** their only remaining relative; **l'argent qui leur reste** the money they have left; **10 km restaient à faire** there were still 10 km to go. **(d)** *(durer)* *[sentiments, œuvre]* to last, live on. **le surnom lui est resté** the nickname stayed with him, the nickname stuck. **(e) ~ sur une impression** to retain an impression; **je suis resté sur ma faim** *(après un repas)* I still felt hungry; *(à la fin d'une histoire)* I was left unsatisfied, I was left hanging *; **ça m'est resté sur le cœur** I still feel sore about it *, it still rankles with me. **(f) ils en sont restés à des discussions préliminaires** they have got no further than *ou* they are still at the stage of preliminary discussions; **où en étions-nous restés?** where did we leave off?; **restons-en là** let's leave off there, let's leave it at that. **(g)** *(*: mourir)* **y ~** to meet one's end.

2 *vb impers:* **il reste encore un peu de pain** there's still a little bread left; **il me reste à faire ceci** I still have this to do; **il reste beaucoup à faire** much remains *ou* there's a lot left to do *ou* to be done; **il ne me reste que toi** you're all I have left; **il ne**

me reste qu'à vous remercier it only remains for me to thank you; **il restait à faire 50 km** there were 50 km still *ou* left to go; **reste à savoir si** it remains to be seen whether; **il n'en reste pas moins que** the fact remains (nonetheless) that.

restituer [ʀɛstitɥe] (1) *vt objet volé* to return, restore *(à qn* to sb); *somme d'argent* to return, refund *(à qn* to sb); *texte reconstitué* to restore; *(Tech) énergie, chaleur* to release; *sons* to reproduce. ◆ **restitution** *nf* return; restoration; release; reproduction. **la ~ des objets volés** the return *ou* restitution of the stolen goods.

restreindre [ʀɛstʀɛ̃dʀ(ə)] (52) **1** *vt (gén)* to restrict, limit; *dépenses* to cut down. **2 se ~** *vpr* **(a)** *(dans ses dépenses)* to cut down. **(b)** *[production]* to decrease, go down; *[espace]* to decrease, diminish; *[ambition, champ d'action]* to narrow; *[sens d'un mot]* to become more restricted. ◆ **restreint, e** *adj* limited, restricted *(à* to).

restriction [ʀɛstʀiksjɔ̃] *nf* **(a)** *(limitation)* restriction, limiting, limitation. **~s** restrictions. **(b)** *(condition)* qualification. *(réticence)* **~ (mentale)** mental reservation; **approuver qch sans ~s** to give one's unqualified approval to sth, accept sth without reservation. ◆ **restrictif, -ive** *adj* restrictive.

restructurer [ʀəstʀyktyʀe] (1) *vt* to restructure. ◆ **restructuration** *nf* restructuring.

résultat [ʀezylta] *nm (gén)* result. **cette tentative a eu des ~s désastreux** this attempt had disastrous results *ou* a disastrous outcome; **c'est un ~ remarquable** it's a remarkable result *ou* achievement; **~s sportifs** sports results. ◆ **résultante** *nf (Sci)* resultant; *(fig: conséquence)* outcome, result, consequence. ◆ **résulter** (1) **1** *vi:* **~ de** to result from; **rien de bon ne peut en ~** no good can come of it *ou* result from it. **2** *vb impers:* **il résulte de tout ceci que** the result of all this is that; **qu'en résultera-t-il?** what will be the result? *ou* outcome?

résumer [ʀezyme] (1) **1** *vt (abréger)* to summarize; *(récapituler, aussi Jur)* to sum up; *(reproduire en petit)* to epitomize, typify. **2 se ~** *vpr* **(a)** *[personne]* to sum up (one's ideas). **(b)** *(se réduire à)* **se ~ à** to amount to, come down to, boil down to. ◆ **résumé** *nm* summary, résumé. **en ~** *(en bref)* in short, in brief; *(pour conclure)* to sum up; *(en miniature)* in miniature.

resurgir [ʀ(ə)syʀʒiʀ] (2) *vi* to reappear, re-emerge.

résurrection [ʀezyʀɛksjɔ̃] *nf (Rel)* resurrection; *(fig)* revival.

rétablir [ʀetabliʀ] (1) **1** *vt (gén)* to restore; *fait, vérité* to re-establish. **~ qn dans son emploi** to reinstate sb in *ou* restore sb to his post; *(guérir)* **~ qn** to restore sb to health, bring about sb's recovery. **2 se ~** *vpr [malade]* to recover; *[calme]* to return, be restored; *(faire un rétablissement)* to pull o.s. up *(onto a ledge etc)*. ◆ **rétablissement** *nm (action)* restoring; re-establishment; *(guérison)* recovery. *(Sport)* **faire un ~** to do a pull-up *(onto a ledge etc)*.

rétamer [ʀetame] (1) *vt* **(a)** *casseroles* to re-coat, re-tin. **(b)** (⁑) *(fatiguer)* to wear out *; *(rendre ivre)* to knock out ⁑; *(démolir)* to wipe out; *(au jeu)* to clean out ⁑. **se ~** *(par terre)* to take a dive *, crash to the ground.

retape ⁑ [ʀ(ə)tap] *nf:* **faire (de) la ~** to tout for business.

retaper [ʀ(ə)tape] (1) **1** *vt* **(a)** (*) *maison, vêtement* to do up; *voiture* to fix up; *lit* to straighten; *malade* to set up (again), buck up *. **(b)** *(dactylographier)* to retype, type again. **2 se ~** *vpr* **(a)** (*: guérir)* to get back on one's feet. **(b)** (⁑: à nouveau)* to do again. **se ~ un verre** to have o.s. another drink *.

retapisser [ʀ(ə)tapise] (1) *vt* to re-paper.

retard [R(ə)taR] *nm* (**a**) *[personne attendue]* lateness. **être/mettre qn en ~** to be/make sb late; *(Scol)* **il a eu quatre ~s** he was late four times; **vous avez 2 heures de ~** you're 2 hours late; **après plusieurs ~s** after being late several times. (**b**) *[train etc]* delay. **en ~ sur l'horaire** behind schedule; **léger ~** slight delay; **combler son ~** to make up for the delay; *(Sport)* **être en ~ (de 2 km) sur le peloton** to be (2 km) behind the pack. (**c**) *[montre]* **cette montre a du ~** this watch is slow; **la pendule prend du ~** the clock goes slow; **prendre un ~ de 3 minutes par jour** to lose 3 minutes a day. (**d**) *(sur des délais)* delay. **paiement en ~** *(effectué)* late payment; *(non effectué)* overdue payment; **il est toujours en ~ sur les autres pour payer** he is always behind the others *ou* later than the others in paying; **sans ~** without delay. (**e**) *(sur un programme)* delay. **en ~ sur le programme** behind schedule; **j'ai du courrier en ~** I'm behind *ou* behind-hand with my mail, I have a backlog of mail; **il doit combler son ~ en anglais** he has a lot of ground to make up in English. (**f**) *(infériorité)* *[peuple, pays]* backwardness. **il est en ~ pour son âge** he's backward for his age; **~ de croissance** slow development; **pays qui a un siècle de ~ économique** country whose economy is a century behind; **~ industriel** industrial backwardness; **~ mental** backwardness; **être en ~ sur son temps** to be behind the times. (**g**) *(Aut)* **~ à l'allumage** retarded ignition.
◆ **retardataire** **1** *adj arrivant* late; *théorie* obsolete, outmoded. **2** *nmf* latecomer. ◆ **retardement** *nm*: **à ~** *dispositif* delayed action; *(Phot)* *mécanisme* self-timing; *comprendre* after the event; **bombe à ~** time bomb.

retarder [R(ə)taRde] (**1**) **1** *vt* (**a**) *(mettre en retard)* *(gén)* to delay; *opération, automobiliste* to hold up; *programme* to hinder, set back. **ne te retarde pas** don't make yourself late; **ça l'a retardé dans ses études** this has set him back in *ou* hindered him in his studies. (**b**) *(remettre)* *opération* to delay; *date* to put back. **~ son départ d'une heure** to put back one's departure by an hour, delay one's departure for an hour. (**c**) *montre* to put back. **~ l'horloge d'une heure** to put the clock back an hour. **2** *vi [montre]* to be slow; *(d'habitude)* to lose. **je retarde de 10 minutes** I'm 10 minutes slow; *(fig)* *[personne]* **~ (sur son époque)** to be behind the times, be out of touch. ◆ **retardé, e** *adj enfant* backward.

retéléphoner [R(ə)telefɔne] (**1**) *vi* to phone again, call back.

retenir [RətniR] (**22**) **1** *vt* (**a**) *(empêcher de tomber, de passer etc)* to hold back; *chien* to check; *cheval* to rein in, hold back. **la timidité le retenait** shyness held him back; **~ qn de faire qch** to keep sb from doing sth, stop sb doing sth. (**b**) *(garder)* *personne* to keep. **~ qn à dîner** to have sb stay for dinner, keep sb for dinner; **j'ai été retenu** I was kept back *ou* detained *ou* held up; **~ qn prisonnier** to hold sb prisoner. (**c**) *humidité, odeur, chaleur* to retain. (**d**) *(fixer)* *[clou, nœud etc]* to hold. *(fig)* **~ l'attention de qn** to hold sb's attention. (**e**) *(réserver)* *place, table* to book, reserve. (**f**) *(se souvenir de)* *leçon, nom* to remember; *impression* to retain. **j'en retiens qu'il est borné** the thing that stands out *ou* that sticks in my mind *ou* the thing I've learnt is that he's narrow-minded; **celui-là, je le retiens!** * I'll remember him all right!, I shan't forget him in a hurry! * (**g**) *(réprimer)* *larmes, cri* to hold *ou* choke back *ou* in; *colère* to hold back, restrain. **~ son souffle** to hold one's breath; **il ne put ~ un sourire** he could not hold back *ou* suppress a smile, he could not help smiling. (**h**) *(garder)* *salaire* to stop, withhold; *bagages d'un client* to retain; *(prélever)* *somme d'argent* to deduct, keep back. *(Math)* **je pose 4 et je retiens 2** put down 4 and carry 2.

(**i**) *(accepter)* *proposition, plan* to accept; *nom, candidature* to retain, accept.
2 se ~ *vpr* *(s'accrocher)* to hold o.s. back; *(se contenir)* to restrain o.s.; *(besoins naturels)* to hold on. **se ~ de pleurer** to stop o.s. crying; **se ~ à qch** to hold *ou* cling on to sth.

rétention [Retɑ̃sjɔ̃] *nf* *(Jur, Méd)* retention.

retentir [R(ə)tɑ̃tiR] (**2**) *vi [sonnerie]* to ring. **~ de** to ring *ou* resound with; *(affecter)* **~ sur** to have an effect upon, affect. ◆ **retentissant, e** *adj voix* ringing; *claque, bruit, succès* resounding; *scandale* tremendous; *discours* which causes a great stir.
◆ **retentissement** *nm [nouvelle, œuvre]* stir, effect. *(répercussions)* **~s** repercussions.

retenue [Rətny] *nf* (**a**) *(prélèvement)* deduction, stoppage *.* (**b**) *(modération)* self-control, (self-) restraint; *(réserve)* reserve. **avoir de la ~** to be reserved; **sans ~** without restraint, unrestrainedly. (**c**) *(Math)* **n'oublie pas la ~** don't forget what to carry (over). (**d**) *(Scol)* detention. **être en ~** to be in detention, be kept in.

réticence [Retisɑ̃s] *nf* reluctance. **~s** hesitations, reservations; **avec ~** reluctantly; **sans ~** without (any) hesitation *ou* reservation(s). ◆ **réticent, e** *adj (hésitant)* hesitant, reluctant; *(réservé)* reticent, reserved.

rétif, -ive [Retif, iv] *adj animal* stubborn; *personne* rebellious, restive.

rétine [Retin] *nf* retina.

retirer [R(ə)tiRe] (**1**) **1** *vt* (**a**) *(lit, fig: enlever)* *manteau etc* to take off, remove; *candidature* to withdraw; *plainte* to withdraw, take back. **il retira vite sa main** he quickly took away *ou* removed *ou* withdrew his hand; **~ qch à qn** *(gén)* to take sth away from sb; *emploi, amitié* to deprive sb of sth; **je retire ce que j'ai dit** I take back what I said; **retire-lui ses chaussures** take his shoes off (for him); **~ son permis de conduire à qn** to disqualify sb from driving; **~ à qn sa confiance** to withdraw one's confidence in sb. (**b**) *(faire sortir)* to take out, remove *(de* from). **~ un bouchon** to pull out *ou* take out *ou* remove a cork; **je ne peux pas ~ la clef de la serrure** I can't get the key out of the lock; **on ne peut pas lui ~ ça de la tête** one can't get it out of his head. (**c**) *bagages, billets réservés* to collect, pick up; *argent en dépôt* to withdraw, take out; *gage* to redeem. *(Comm)* **votre commande est prête à être retirée** your order is now awaiting collection *ou* ready for collection. (**d**) *(obtenir)* **~ des avantages de qch** to get *ou* gain *ou* derive advantages from sth; **il n'en a retiré que des ennuis** it brought him nothing but worry. (**e**) *(extraire)* *minerai, huile* to obtain.
2 se ~ *vpr* *(partir)* to retire, withdraw; *(se coucher)* to retire (to bed); *(prendre sa retraite)* to retire; *(ôter sa candidature)* to withdraw, stand down *(en faveur de* in favour of); *(pour laisser passer qn etc)* to move out of the way; *(Mil)* *[troupes]* to withdraw; *[marée]* to recede, go back, ebb; *[eaux d'inondation]* to recede, go down. **se ~ de compétition etc** to withdraw from.
◆ **retiré, e** *adj lieu* remote, out-of-the-way; *vie* secluded. **il vivait ~ du reste du monde** he lived withdrawn *ou* cut off from the rest of the world; **~ des affaires** retired from business.

retombée [R(ə)tɔ̃be] *nf* (**a**) *(fig: gén pl)* *(répercussions)* consequences, effects; *[invention etc]* spin-off. **~s** *[bombe]* fallout. (**b**) *(Archit)* spring, springing.

retomber [R(ə)tɔ̃be] (**1**) *vi* (**a**) *(à nouveau)* *[personne, neige]* to fall again. **~ dans** *erreur, guerre* to lapse into; *oubli* to sink into; **~ en enfance** to lapse into second childhood; **~ amoureux/malade** to fall in love/fall ill again. (**b**) *(redescendre)* *[fusée, personne]* to land; *[chose lancée, liquide]* to come down; *[capot]* to fall back down; *[conversation, intérêt]* to fall away. *(lit, fig)* **~ sur ses pieds** to fall *ou* land on one's feet; *(fig)* **ça lui est retombé sur le nez** it has rebounded on him; **se laisser ~ sur son oreiller** to fall back *ou* sink back onto one's pillow. **(c)** *(pendre)* *[cheveux, rideaux]* to fall, hang (down) *(sur* onto). **(d)** *[responsabilité]* **~ sur qn** to fall *ou* land on sb; **les frais retombèrent sur nous** we were landed * *ou* saddled * with the expense; **faire ~ sur qn la responsabilité de qch** to pass the responsibility for sth on to sb.

rétorquer [ʀetɔʀke] (1) *vt* to retort.

rétorsion [ʀetɔʀsjɔ̃] *nf (Jur, Pol)* retortion, retaliation.

retoucher [ʀ(ə)tuʃe] (1) **1** *vt* **(a)** *photo, peinture* to touch up; *vêtement, texte* to alter, make alterations to. **(b)** *(toucher de nouveau)* to touch again; *(blesser de nouveau)* to hit again. **2** *vi*: **~ à qch** to touch sth again. ◆ **retouche** *nf [texte, vêtement]* alteration. **faire une ~** *ou* **des ~s à une photo** to touch up a photograph.

retour [ʀ(ə)tuʀ] **1** *nm* **(a)** *(gén, Comm, Tech)* return; *(Tennis)* return; *(billet)* return (ticket). **être sur le (chemin du) ~** to be on one's way back; **pendant le ~** on the way *ou* journey back, during the return journey; **à leur ~ (d'Afrique), ils trouvèrent la maison vide** when they got back *ou* on their return (from Africa) they found the house empty; **de ~ à la maison** back home; **le ~ à une vie normale** the return *ou* reversion to (a) normal life; **le ~ (périodique) de ce phénomène/thème** the recurrence of this phenomenon/theme; **on prévoit un ~ du froid** a return of the cold weather is forecast; **un ~ offensif de la grippe** a renewed outbreak of flu; **~ à l'envoyeur** return to sender. **(b)** **en ~** in return; **choc** *ou* **effet en ~** backlash; **c'est un juste ~ des choses** it's poetic justice; **par ~ (du courrier)** by return (of post); **sans ~** *partir* for ever; *voyage* final; **faire un ~ sur soi-même** to take stock of o.s., do some soul-searching. **2** : **~ d'âge** change of life; **~ en arrière** *(Littérat, Ciné)* flashback; *(souvenir)* look back; *(mesure rétrograde)* retreat; **~ de flamme** blowback; **~ en force** return in strength; **~ de manivelle** *(lit)* kick; *(fig)* backlash.

retournement [ʀ(ə)tuʀnəmã] *nm [situation, opinion publique]* reversal *(de* of), turnaround *(de* in).

retourner [ʀ(ə)tuʀne] (1) **1** *vt (avec aux avoir)* **(a)** *(dans l'autre sens)* caisse to turn upside down; *matelas* to turn (over); *carte* to turn up *ou* over; *viande, omelette* to turn over. **~ un tableau contre le mur** to turn a picture against the wall; *(fig)* **elle l'a retourné comme une crêpe *** she soon changed his mind for him; **~ la situation** to reverse the situation, turn the situation round. **(b)** *(en remuant)* foin, terre to turn over; salade to toss. **~ qch dans sa tête** to turn sth over in one's mind; *(fig)* **~ le couteau dans la plaie** to twist the knife in the wound. **(c)** *(mettre l'intérieur à l'extérieur)* sac, gant to turn inside out; *(Couture)* col to turn. *(fig)* **~ sa veste** to turn one's coat; **son col est retourné** *(par mégarde)* his collar is turned up. **(d)** *(dans le sens opposé)* phrase to turn round; *argument* to turn back *(contre* against); *compliment, critique* to return. **il retourna le pistolet contre lui-même** he turned the gun on himself. **(e)** *(renvoyer)* marchandise, lettre to return, send back. **(f)** *(fig*: boulverser)* pièce, maison to turn upside down; *personne* to shake. **ce spectacle m'a retourné *** the sight of this shook me *ou* gave me quite a turn *.

2 *vi (avec aux être)* to return, go back *(à, chez* to). **~ sur ses pas** to turn back, retrace one's steps. **3** *vb impers* : **nous voudrions bien savoir de quoi il retourne** we should really like to know what is going on *ou* what it's all about.

4 **se ~** *vpr* **(a)** *[personne couchée]* to turn over; *[véhicule]* to turn over, overturn. **se ~ dans son lit** to toss and turn in bed; **il doit se ~ dans sa tombe** he must be turning in his grave; *(fig)* **lais-**

sez-lui le temps de se ~ give him time to sort himself out *ou* turn himself round *ou* find his feet; *(fig)* **il sait se ~** he knows how to cope. **(b)** *(tourner la tête)* to turn round; *(tourner les yeux)* to look back. **(c)** *(fig)* *[situation]* to be reversed, be turned round. **se ~ contre qn** *[personne]* to turn against sb; *[situation]* to backfire on sb, rebound on sb; *(Jur: poursuivre)* to take (court) action *ou* proceedings against sb; **il ne savait vers qui se ~** he didn't know who to turn to. **(d)** *(tordre)* **pouce** to wrench, twist. **(e)** *(partir)* **s'en ~** to go back.

retracer [ʀ(ə)tʀase] (3) *vt vie, histoire* to relate, recount; *trait effacé* to redraw, draw again.

rétracter [ʀetʀakte] (1) **1** *vt griffe* to draw in, retract; *parole* to retract, withdraw, take back. **2** **se ~** *vpr [griffe, antenne]* to retract; *(se dédire)* to retract, withdraw one's statement. **je ne veux pas avoir l'air de me ~** I don't want to appear to back down. ◆ **rétractation** *nf* retraction, withdrawal. ◆ **rétractile** *adj* retractile. ◆ **rétraction** *nf* retraction.

retrait [ʀ(ə)tʀɛ] *nm* **(a)** *[mer]* ebb; *[eaux, glacier]* retreat; *[troupes, candidat, somme d'argent]* withdrawal; *[bagages]* collection; *[objet en gage]* redemption. **~ du permis de conduire** disqualification from driving. **(b)** **situé en ~** set back *(de* from); **se tenant en ~** standing back; *(fig)* **rester en ~** to stand aside.

retraite [ʀ(ə)tʀɛt] *nf* **(a)** *(fuite)* retreat. **~ aux flambeaux** torchlight procession. **(b)** *[travailleur]* *(état)* retirement; *(pension)* retirement pension. **être en ~** to be retired *ou* in retirement; **mettre qn à la ~** to pension sb off; **mise à la ~** retirement; **mettre qn à la ~ d'office** to make sb take compulsory retirement; **mise à la ~ d'office** compulsory retirement; **prendre sa ~** to retire, go into retirement; **prendre une ~ anticipée** to retire early; **~ complémentaire** supplementary pension. **(c)** *(littér: refuge)* retreat; *[animal]* lair; *[voleurs]* hideout, hiding place. **(d)** *(Rel)* retreat. **faire une ~** to be in retreat. ◆ **retraité, e 1** *adj personne* retired; *déchets* reprocessed. **2** *nm, f* (old age) pensioner.

retraitement [ʀ(ə)tʀɛtmã] *nm* reprocessing. **usine de ~ des déchets nucléaires** nuclear reprocessing plant. ◆ **retraiter** (1) *vt* to reprocess.

retranchement [ʀ(ə)tʀãʃmã] *nm (Mil)* entrenchment, retrenchment. *(fig)* **poursuivre qn jusque dans ses derniers ~s** to drive sb into a corner.

retrancher [ʀ(ə)tʀãʃe] (1) **1** *vt quantité, nombre* to take away, subtract; *somme d'argent* to deduct, dock, take off; *passage, mot* to take out, remove, omit *(de* from). *(littér)* **son argent le retranchait des autres** his money cut him off from other people. **2** **se ~** *vpr (Mil)* **se ~ derrière/dans** to entrench o.s. behind/in; **se ~ dans son mutisme/derrière la loi** to take refuge in silence/behind the law; **se ~ dans sa douleur** to draw back into one's pain, shut o.s. off with one's pain.

retranscrire [ʀ(ə)tʀãskʀiʀ] (39) *vt* to retranscribe. ◆ **retranscription** *nf* retranscription.

retransmettre [ʀ(ə)tʀãsmɛtʀ(ə)] (56) *vt* to broadcast, relay. ◆ **retransmission** *nf* broadcast. **~ en direct/différé** live/recorded broadcast.

rétrécir [ʀetʀesiʀ] (2) **1** *vt vêtement* to take in; *tissu* to shrink; *pupille* to contract; *rue, orifice* to make narrower; *bague* to tighten, make smaller; *esprit* to narrow. **faire ~ tissu** to shrink. **2** *vi*, **se ~** *vpr [tissu]* to shrink; *[pupille]* to contract; *[vallée]* to narrow, get narrower; *[esprit]* to grow narrow; *[cercle d'amis]* to grow smaller, dwindle. ◆ **rétrécissement** *nm [tricot]* shrinkage; *[pupille]* contraction; *[vallée]* narrowing.

rétribuer [ʀetʀibɥe] (1) *vt ouvrier* to pay. **~ le travail de qn** to pay sb for his work. ◆ **rétribution** *nf* payment.

rétro [ʀetʀo] **1** adj inv: **la mode ~** the pre-1940s fashions. **2** nm: **le ~** the pre-1940s style.

rétroactif, -ive [ʀetʀɔaktif, iv] adj retrospective; (Jur) retroactive. (Admin) **augmentation avec effet ~** backdated pay rise. ◆ **rétroaction** nf retrospective effect. ◆ **rétroactivement** adv (gén) retrospectively; (Jur) retroactively. ◆ **rétroactivité** nf retroactivity.

rétrofusée [ʀetʀɔfyze] nf retrorocket.

rétrograde [ʀetʀɔgʀad] adj idées, politique retrograde, reactionary; mouvement, sens backward, retrograde. (Billard) **effet ~** screw-back stroke.

rétrograder [ʀetʀɔgʀade] (1) **1** vi (Aut) to change down; (dans une hiérarchie) to regress, move down; (perdre son avance) to fall back; (reculer) to move back. **2** vt fonctionnaire to demote, downgrade.

rétroprojecteur [ʀetʀɔpʀɔʒɛktœʀ] nm overhead projector.

rétrospectif, -ive [ʀetʀɔspɛktif, iv] adj, nf retrospective. ◆ **rétrospectivement** adv in retrospect.

retrousser [ʀ(ə)tʀuse] (1) **1** vt jupe to hitch up, tuck up; manche to roll up; lèvres to curl up. (lit, fig) **~ ses manches** to roll up one's sleeves. **2 se ~** vpr [bords] to turn outwards. ◆ **retroussé, e** adj nez turned-up, retroussé; moustaches curled up.

retrouvailles [ʀ(ə)tʀuvaj] nfpl reunion.

retrouver [ʀ(ə)tʀuve] (1) **1** vt (a) (récupérer) objet, situation, chemin to find again; santé, calme to regain; secret, recette to rediscover; nom, date to think of, remember, recall. **on a retrouvé le corps** the body has been found; **une telle occasion ne se retrouvera jamais** an opportunity like this will never occur again ou crop up again; **une chienne n'y retrouverait pas ses petits** it's in absolute chaos. (b) (rencontrer) personne to meet (up with) again; (pour rendez-vous) to join, meet ou see again; endroit to be back in, see again; caractéristique, phénomène to find, encounter. **et que je ne te retrouve pas ici!** and don't let me catch ou find you here again!; **on retrouve chez Jacques le sourire de son père** you can see ou recognize his father's smile in Jacques; **je retrouve bien là mon fils!** that's my son all right!; **on retrouve sans cesse les mêmes tournures dans ses romans** you are constantly coming across ou meeting the same expressions in his novels.
2 se ~ vpr (a) (se réunir) to meet; (après une absence) to meet again. **on se retrouvera!** I'll get even with you!; **comme on se retrouve!** fancy ou imagine meeting ou seeing you here! (b) (dans même endroit, situation) to find o.s. back (dans in). (c) (*: finir) **il s'est retrouvé en prison/dans le fossé** he ended up ou landed (up) * in prison/in the ditch. (d) **s'y ~** (trouver son chemin) to find one's way; (*: rentrer dans ses frais) to break even; (*: tirer un profit) to make a profit; **on a de la peine à s'y ~, dans ces digressions** it's hard to find one's way through ou to make sense of these digressions; **je ne m'y retrouve plus** I'm completely lost.

rétroviseur [ʀetʀɔvizœʀ] nm rear-view mirror, (driving) mirror. **~ (d'aile)** wing mirror, side-view mirror (US).

Réunion [ʀeynjɔ̃] nf: **la ~, l'île de la ~** Réunion Island.

réunir [ʀeyniʀ] (2) **1** vt (a) objets to gather ou collect (together); preuves to put together; fonds to raise; pièces de collection to collect; tendances, styles to combine. (b) participants to gather, collect; membres d'un parti to call together, call a meeting of; amis, famille to entertain, have round, have in; personnes brouillées to bring together, reunite. (c) (raccorder) [couloir, fil] to join, link. **~ deux fils** to tie ou join two threads together; **~ à province** etc to unite to (à in). **2 se ~** vpr (a) (se rencontrer) to meet, get together. **se ~ entre amis** to have a friendly get-together. (b) [compagnies] to combine; [états] to unite; [fleuves] to merge. ◆ **réuni, e** adj: **~s** (pris ensemble) (put) together, combined; (Comm: associés) associated. ◆ **réunification** nf reunification. ◆ **réunifier** (7) vt to reunify. ◆ **réunion** nf (a) (action) collection, gathering; raising; combination; reunion. **~ d'une province à un État** union of a province with a state. (b) (séance) meeting. **dans une ~** at ou in a meeting; **~ cycliste** cycle rally; **~ hippique** gymkhana, horse show; **~ de famille** family gathering; **~ sportive** sports meeting; **~ syndicale** union meeting. ◆ **réunionite** * nf mania for meetings.

réussir [ʀeysiʀ] (2) **1** vi (a) [projet] to succeed, be a success, be successful; [culture] to thrive, do well; [manœuvre, ruse] to pay off. **tout lui réussit** everything goes ou comes right for him, everything works for him; **cela ne lui a pas réussi** that didn't do him any good. (b) [personne] to succeed, be successful; (à un examen) to pass; (dans les affaires, ses études) to do well (dans in). **ont-ils réussi?** did they succeed?, did they pull it off?; **il a réussi à son examen** he passed his exam; **il réussit bien en maths** he does well ou he's a success at maths; **~ à faire** to succeed in doing, manage to do. (c) [climat, aliment] **~ à qn** to agree with sb. **2** vt entreprise, plat to make a success of, make a good job of; but to bring off, pull off *; photo to manage successfully. **~ son coup** * to pull it off *; **elle a réussi son effet** she achieved the effect she wanted. ◆ **réussi, e** adj (gén) successful; mouvement good, well executed. **c'était très ~** it was a great success ou very successful. ◆ **réussite** nf (succès) success; (Cartes) patience. **faire une ~** ou **des ~s** to play patience.

réutiliser [ʀeytilize] (1) vt to re-use.

revaloir [ʀ(ə)valwaʀ] (29) vt: **je te revaudrai ça** (hostile) I'll pay you back for this; (reconnaissant) I'll repay you some day.

revaloriser [ʀ(ə)valɔʀize] (1) vt monnaie to revalue; salaire to raise; méthode to promote again. ◆ **revalorisation** nf revaluation; raising; fresh promotion.

revanche [ʀ(ə)vɑ̃ʃ] nf revenge; (Jeux, Sport) return match; (Boxe) return fight ou bout. **prendre sa ~ (sur qn)** to take one's revenge (on sb), get one's own back (on sb) *; **en ~** on the other hand.

rêvasser [ʀɛvase] (1) vi to daydream. ◆ **rêvasserie** nf: **~(s)** daydreaming.

rêve [ʀɛv] nm (lit, fig) dream; (éveillé) daydream. **faire des ~s** to dream, have dreams; **il est dans un ~** he's (day)dreaming; **voiture/silence de ~** dream car/silence; **son ~ de jeunesse** his youthful dream; **la femme de ses ~s** the woman of his dreams, his dream woman; **disparaître ou s'évanouir comme un ~** to vanish ou fade like a dream; **disparaître comme dans un ~** to disappear in a trice; **ça, c'est le ~** * that would be ideal, that would be (just) perfect.

revêche [ʀəvɛʃ] adj surly, sour-tempered.

réveil [ʀevɛj] nm (a) [dormeur] waking (up), wakening; (retour à la réalité) awakening; [nature, sentiment, souvenir] reawakening; [volcan] fresh stirrings; [douleur] return. **dès le ~, il chante** as soon as he's awake ou he wakes up he starts singing. (b) (Mil) reveille. (réveille-matin) alarm (clock).

réveiller [ʀeveje] (1) **1** vt dormeur to wake (up), waken; personne évanouie to bring round, revive; appétit, courage, sentiment to rouse, awaken; douleur (physique) to start up again; (mentale) to revive, reawaken. **2 se ~** vpr [dormeur] to wake (up), awake; [personne évanouie] to come round, come to, regain consciousness; [appétit, courage, sentiment] to be roused; [douleur, souvenir] to return; [nature] to reawaken; [volcan] to stir again. **se**

réveillant de sa torpeur rousing himself from his lethargy. ♦ **réveillé, e** *adj* awake; *(*: dégourdi)* bright. **à moitié ~** half asleep. ♦ **réveille-matin** *nm inv* alarm clock.

réveillon [Revεjɔ̃] *nm* Christmas Eve *ou* New Year's Eve dinner. ♦ **réveillonner** (1) *vi* to celebrate Christmas *ou* New Year's Eve *(with a dinner and a party)*.

révéler [Revele] (6) **1** *vt* (a) *secret* to disclose, give away, reveal; *opinion* to make known. (b) *aptitude, caractère* to reveal, display; *sentiments* to show. (c) *artiste [impresario]* to discover; *[œuvre]* to bring to fame. **2 se ~** *vpr [vérité, talent, tendance]* to be revealed, reveal itself; *(Rel)* to reveal o.s.; *[artiste]* to show *ou* display one's talent. **se ~ cruel** to show o.s. *ou* prove to be cruel; **se ~ difficile** to prove difficult. ♦ **révélateur, -trice 1** *adj indice* revealing. **c'est ~ d'un malaise** it reveals a malais ∴. **2** *nm* (Phot) developer; *(expérience)* revelation. ♦ **révélation** *nf* revelation; disclosure. **ce jeune auteur a été la ~ de l'année** this young author was the discovery of the year; **faire des ~s** to make disclosures *ou* revelations. ♦ **révélé, e** *adj (Rel)* revealed.

revenant, e [Rəvnɑ̃, ɑ̃t] *nm, f* ghost. **tiens, un ~! *** hello stranger! *

revendeur, -euse [R(ə)vɑ̃dœR, øz] *nm, f (détaillant)* retailer; *(d'occasion)* secondhand dealer.

revendiquer [R(ə)vɑ̃dike] (1) *vt droits* to claim, demand; *responsabilité* to claim; *explosion, attentat* to claim responsibility for. ♦ **revendicatif, -ive** *adj mouvement etc* of protest. ♦ **revendication** *nf (action)* claiming; *(demande)* claim, demand.

revendre [R(ə)vɑ̃dR(ə)] (41) *vt (d'occasion)* to resell; *(au détail)* to sell. *(davantage)* **j'en ai revendu 4** I sold more than 4; **avoir de l'énergie à ~** to have energy enough and to spare; **des tableaux, on en a à ~** pictures, we've got them by the score.

revenir [RəvniR] (22) **1** *vi* (a) *[personne] (repasser de nouveau)* to come back, come again; *(rentrer)* to come back, return; *[saison, mode, lettre]* to come back, return; *[fête, date]* to come (round) again; *[calme, soleil]* to return; *[thème, idée]* to recur, reappear. **cette expression revient souvent dans sa conversation** that expression often crops up in his conversation; **~ chez soi/du voyage/dans son pays** to come back *ou* return home/from a journey/to one's country; **~ en bateau/avion** to sail/fly back; **je reviens dans un instant** I'll be back in a minute, I'll be right back *. (b) **~ à** *études, sujet* to go back to, return to; *méthode* to revert to; **~ à la charge** to return to the attack; **revenons à nos moutons** let's get back to the subject; **nous y reviendrons dans un instant** we'll come back to that in a moment; **il n'y a pas à y ~** there's no going back on it; **~ en arrière** *(gén)* to go back; *(dans le temps)* **on ne peut pas ~ en arrière** you can't turn *ou* put back the clock. (c) **~ à** *(équivaloir à)* to come down to, amount to, boil down to; *(coûter)* to amount to, come to; **cela revient à dire que** that amounts to saying that; **cela revient au même** it amounts to *ou* comes to the same thing; **ça revient cher** it's expensive; **à combien est-ce que cela va vous ~?** how much will that cost you? (d) **~ à qn** *[souvenir oublié]* to come back to sb, recur to sb; *[courage, appétit, parole]* to come back to sb, return (to sb); *[prérogative, honneur]* to fall to sb; *[héritage]* to come *ou* go *ou* pass to sb; *[ragots]* to reach sb's ears; **il a une tête qui ne me revient pas** I don't like the look of him; **tout le mérite vous revient** all the credit goes to you, the credit is all yours; **il lui revient de décider** it's for him *ou* it's up to him to decide; **ce titre lui revient de droit** this title is his by right; **là-dessus, 100 F me reviennent** 100 francs of that comes to me. (e) **~ sur** *passé, problème* to go back over; *promesse*

to go back on; **ne revenons pas là-dessus** let's not go back over that. (f) **~ de** *maladie* to recover from, get over; *syncope* to come round from; *surprise* to get over; *illusions* to lose, shake off; *erreurs, théories* to leave behind, cast aside; **elle est revenue de tout** she's seen it all before; **crois-tu qu'il en reviendra?** do you think he'll pull through?; **il revient de loin** it was a close shave *ou* a near thing for him, he had a close shave; **je n'en reviens pas!** I can't get over it! (g) **~ à soi** to come round; **~ à la vie** to come back to life. (h) *(Culin)* **faire ~** to brown. **2 s'en ~** *vpr* to come back *(de* from).

revente [R(ə)vɑ̃t] *nf* resale.

revenu [Rəvny] *nm [particulier]* income; *[état]* revenue *(de* from); *[investissement]* yield, revenue *(de* from, on). **~ intérieur brut** gross domestic income; **~ national** gross national product; **~ net d'impôts** disposable income.

rêver [Reve] (1) **1** *vi* (a) *(gén, fig)* to dream *(de, à* of, about); *(rêvasser)* to daydream. **tu m'as appelé? — moi? tu rêves!** did you call me? — me? you must have been dreaming! *ou* you're imagining things!; **on croit ~!** * I can hardly believe it!, the mind boggles! * (b) *(désirer)* **~ de qch/de faire** to dream of sth/of doing; **~ de réussir** to long to succeed, long for success. **2** *vt (en dormant)* to dream; *(imaginer)* to dream up; *(désirer)* to dream of. **il se rêve conquérant** he dreams of being a conqueror. ♦ **rêvé, e** *adj* ideal, perfect.

réverbérer [ReveRbeRe] (6) *vt son* to send back, reverberate; *chaleur, lumière* to reflect. ♦ **réverbération** *nf* reverberation; reflection. ♦ **réverbère** *nm* street lamp *ou* light.

révérence [ReveRɑ̃s] *nf* (a) *[homme]* bow; *[femme]* curtsey. **faire une ~** to bow; to curtsey *(à qn* to sb); *(fig: partir)* **tirer sa ~** *(à qn)* to take one's leave (of sb). (b) *(respect)* reverence *(envers* for). ♦ **révérencieux, -ieuse** *adj* reverent.

révérend, e [ReveRɑ̃, ɑ̃d] *adj, nm* reverend. **le R~ Père Martin** Reverend Father Martin.

révérer [ReveRe] (6) *vt* to revere.

rêverie [RevRi] *nf (état)* daydreaming; *(rêve, chimère)* daydream.

révérifier [R(ə)veRifje] (7) *vt* to double-check.

revers [R(ə)vER] *nm* (a) *[papier, main]* back; *[étoffe]* wrong side; *[médaille]* reverse side. **prendre l'ennemi à ~** to take the enemy from *ou* in the rear; *(fig)* **c'est le ~ de la médaille** that's the other side of the coin; **d'un ~ de main** with the back of one's hand. (b) *(Tennis)* backhand. **faire un ~** to play a backhand shot. (c) *[veste]* lapel; *[pantalon]* turn-up, cuff (US); *[bottes]* top; *[manche]* (turned-back) cuff. (d) *(coup du sort)* setback. **~ (de fortune)** reverse (of fortune); **~ économiques** economic setbacks *ou* reverses.

reverser [R(ə)vERse] (1) *vt liquide* to pour out some more; *somme* to put back, pay back *(dans, sur* into).

réversible [ReveRsibl(ə)] *adj* reversible; *(Jur)* revertible *(sur* to). ♦ **réversion** *nf (Bio, Jur)* reversion.

revêtir [R(ə)vetiR] (20) **1** *vt* (a) *habit* to don, put on. (c) *caractère, importance, forme* to assume, take on. (c) **~ qn de** *habit* to array sb in; *autorité, dignité* to endow *ou* invest sb with; *(déguiser)* **~ qch de** to cloak sth in, cover sth with; **~ un document de sa signature** to append one's signature to a document. (d) *(enduire)* to coat; *route* to surface; *mur, sol* to cover *(de* with). **~ de plâtre** to plaster; **montagnes revêtues de neige** mountains covered in snow, snow-covered mountains. **2 se ~** *vpr (mettre)* **se ~ de** *habit* to array o.s. in, don, dress o.s. in; *neige, feuilles* to be covered in. ♦ **revêtement** *nm (enduit)* coating; *[route]* surface; *[mur extérieur]* facing; *[mur intérieur]* covering; *[sol]* floor-

ing, floor-covering. ~ **mural** wall-covering.
◆ **revêtu, e** *adj [personne]* ~ **de** dressed in, wearing.

rêveur, -euse [ʀɛvœʀ, øz] **1** *adj* air dreamy. **ça vous laisse** ~ * the mind boggles *, it makes you wonder. **2** *nm, f (lit, péj)* dreamer. ◆ **rêveusement** *adv* dreamily.

revigorer [ʀ(ə)vigɔʀe] (1) *vt [vent]* to invigorate; *[repas]* to revive, buck up *; *[discours]* to cheer. **ça revigore** it's bracing *ou* invigorating.

revirement [ʀ(ə)viʀmɑ̃] *nm (gén)* reversal *(de* of); *[goûts]* (abrupt) change *(de* in); *[opinions]* change, U-turn, turnaround *(de* in).

réviser [ʀevize] (1) *vt procès, règlement* to review; *opinion* to revise, reappraise; *comptes* to audit; *liste, leçons, manuscrit* to revise; *moteur* to overhaul, service; *montre* to service. ~ **en hausse/en baisse** *estimation* to revise up/down; **faire** ~ **sa voiture** to have one's car serviced. ◆ **révision** *nf (action)* review; reappraisal; auditing; revision; overhaul; servicing. *(Scol)* **faire ses** ~**s** to do one's revision; *(Aut)* **prochaine** ~ **après 10 000 km** next major service after 10,000 km.

revivifier [ʀ(ə)vivifje] (7) *vt* to revive.

revivre [ʀəvivʀ(ə)] (46) **1** *vi (être ressuscité)* to live again; *(être revigoré)* to come alive again; *[coutumes]* to be revived. **faire** ~ *(ressusciter)* to bring back *ou* restore to life; *(revigorer)* to revive, put new life into; *mode, époque* to revive. **2** *vt* to relive, live again.

révocation [ʀevɔkasjɔ̃] *nf [fonctionnaire]* removal (from office), dismissal; *[contrat]* revocation, repeal. *(Hist)* **la** ~ **de l'Édit de Nantes** the Revocation of the Edict of Nantes. ◆ **révocable** *adj* removable, dismissible; revocable.

revoici * [ʀ(ə)vwasi] *prép*, **revoilà** * [ʀ(ə)vwala] *prép*: ~ **Paul!** Paul's back (again)!, here's Paul again!; **le** ~ **qui se plaint!** there he goes complaining again!

revoir [ʀ(ə)vwaʀ] (30) *vt (a) (gén, fig)* to see again; *photos* to have another look at. **quand le revois-tu?** when are you seeing *ou* meeting him again?, when are you meeting again?; **au** ~ **Monsieur** goodbye Mr X; **dire au** ~ **à qn** to say goodbye to sb; **faire au** ~ **de la main** to wave goodbye; **ce n'est qu'un au** ~ it's only a temporary farewell *ou* parting. (**b**) *(réviser)* édition to revise; *(Scol)* leçons to revise, go over again.

révolter [ʀevɔlte] (1) **1** *vt* to revolt, outrage; *appal.* **2 se** ~ *vpr (s'insurger)* to revolt, rise up *(contre* against); *(protester)* to rebel *(contre* against); *(s'indigner)* to be revolted *ou* outraged *ou* appalled *(contre* by). ◆ **révoltant, e** *adj* revolting, outrageous, appalling. ◆ **révolte** *nf* revolt. **en** ~ **contre** in revolt *ou* up in arms against. ◆ **révolté, e 1** *adj* (**a**) rebellious, in revolt. (**b**) *(outré)* outraged, appalled. **2** *nm, f* rebel.

révolu, e [ʀevɔly] *adj* past. **des jours** ~**s** past *ou* bygone days, days gone by; *(Admin)* **âgé de 20 ans** ~**s** over 20 years of age; **après 2 ans** ~**s** when two full years had *(ou* have) passed.

révolution [ʀevɔlysjɔ̃] *nf (gén)* revolution. *[rue]* **être en** ~ to be in an uproar. ◆ **révolutionnaire** *adj, nmf* revolutionary. ◆ **révolutionner** (1) *vt (transformer radicalement)* to revolutionize; *(*: *bouleverser)* to stir up.

revolver [ʀevɔlvɛʀ] *nm (gén)* gun; *(à barillet)* revolver.

révoquer [ʀevɔke] (1) *vt fonctionnaire* to remove from office, dismiss; *contrat, édit* to revoke, repeal.

revue [ʀ(ə)vy] *nf* (**a**) *(gén, Mil: examen)* review. ~ **de presse** review of the press; *(lit, fig)* **passer en** ~ to pass in review. (**b**) *(magazine)* magazine; *(spécialisée)* journal; *(érudite)* review. (**c**) *(spectacle)*

(satirique) revue; *(de variétés)* variety show *ou* performance. ~ **à grand spectacle** revue spectacular.

révulser (se) [ʀevylse] (1) *vpr [visage]* to contort; *[yeux]* to roll upwards. ◆ **révulsif, -ive** *adj, nm* revulsant. ◆ **révulsion** *nf (Méd, fig)* revulsion.

rez-de-chaussée [ʀedʃose] *nm inv* ground floor, first floor *(US)*. **habiter un** ~ to live in a ground-floor flat *ou* in a first-floor apartment *(US)*.

rez-de-jardin [ʀedʒaʀdɛ̃] *nm inv* garden level. **appartement en** ~ garden flat *ou* apartment *(US)*.

rhabiller [ʀabije] (1) *vt*: ~ **qn** to dress sb again; *(lui racheter des habits)* to fit sb out again, reclothe sb. **2 se** ~ *vpr* to put one's clothes back on, dress (o.s.) again. **tu peux aller te** ~! ⚡ you've had it! *

rhapsodie [ʀapsɔdi] *nf* rhapsody.

rhésus [ʀezys] *nm (Méd)* Rhesus.

rhétorique [ʀetɔʀik] **1** *nf* rhetoric. **2** *adj* rhetorical.

Rhin [ʀɛ̃] *nm*: **le** ~ the Rhine.

rhinocéros [ʀinɔseʀɔs] *nm* rhinoceros.

rhinopharyngite [ʀinɔfaʀɛ̃ʒit] *nf* sore throat, throat infection.

Rhodes [ʀɔd] *n* Rhodes. **l'île de** ~ the island of Rhodes.

Rhodésie [ʀɔdezi] *nf* Rhodesia.

rhododendron [ʀɔdɔdɛ̃dʀɔ̃] *nm* rhododendron.

Rhône [ʀon] *nm*: **le** ~ *(fleuve, département)* the Rhone.

rhubarbe [ʀybaʀb(ə)] *nf* rhubarb.

rhumatisme [ʀymatism(ə)] *nm*: ~**(s)** rheumatism. ◆ **rhumatisant, e** *adj, nm, f* rheumatic. ◆ **rhumatismal, e,** *mpl* **-aux** *adj* rheumatic. ◆ **rhumatologie** *nf* rheumatology. ◆ **rhumatologiste** *nmf*, **rhumatologue** *nmf* rheumatologist.

rhume [ʀym] *nm* cold. **attraper un** ~ to catch a cold; ~ **de cerveau** head cold; ~ **des foins** hay fever.

riant, e [ʀijɑ̃, ɑ̃t] *adj paysage* smiling; *atmosphère, perspective* cheerful, pleasant, happy.

ribambelle [ʀibɑ̃bɛl] *nf*: ~ **de** *enfants* swarm *ou* herd *ou* flock of; *noms* string of.

ribouldingue * † [ʀibuldɛ̃g] *nf* spree, binge *. **faire la** ~ to go on the spree *ou* the binge *.

ricain, e ⚡ [ʀikɛ̃, ɛn] *adj*, **R**~**(e)** *nm(f) (péj)* Yank(ee) * *(péj)*.

ricaner [ʀikane] (1) *vi (méchamment)* to snigger; *(bêtement)* to giggle. ◆ **ricanement** *nm* snigger; giggle.

riche [ʀiʃ] **1** *adj (gén, fig)* rich; *personne* rich, wealthy, well-off. ~ **à millions** enormously wealthy; **faire un** ~ **mariage** to marry (into) money; **ce n'est pas un** ~ **cadeau** it's not much of a gift; **ça fait** ~ * it looks plush(y) * *ou* expensive *ou* posh *; **c'est une** ~ **idée** that's a great * *ou* grand idea; **il y a une documentation très** ~ **sur ce sujet** there is a wealth of *ou* a vast amount of information on this subject; ~ **en** *calories, gibier* rich in; ~ **de** *possibilités, espérances* full of; ~ **en protéines** with a high protein content, rich in protein; **alimentation** ~ **en protéines** high-protein diet; **je ne suis pas** ~ **en sucre** I'm not very well-off for sugar. **2** *nmf* rich *ou* wealthy person. **les** ~**s** the rich, the wealthy. ◆ **richard, e** * *nm, f (péj)* moneybags *. ◆ **richement** *adv* richly. ◆ **richesse** *nf* (**a**) *[personne, pays]* wealth; *[ameublement, décor]* richness; *[sol, texte, collection]* richness. **la** ~ **en calcium de cet aliment** the high calcium content of this food; **la** ~ **en pétrole du pays** the country's abundant *ou* vast oil resources; **la santé est une** ~ good health is a great blessing *ou* is a boon. (**b**) ~**s** *(argent)* riches, wealth; *(ressources)* wealth; *(fig: trésors)* treasures; ~**s naturelles** natural resources. ◆ **richissime** *adj* fabulously rich *ou* wealthy.

ricin [ʀisɛ̃] *nm* castor oil plant.

ricocher [ʀikɔʃe] (1) *vi [balle de fusil]* to rebound, ricochet; *[pierre etc]* to rebound; *(sur l'eau)* to bounce *(sur qch* off sth). ♦ **ricochet** *nm* rebound; ricochet; bounce. **faire** ~ to rebound *ou* ricochet *ou* bounce *(sur* off); *(fig)* to rebound; **faire des** ~s to skim pebbles.

rictus [ʀiktys] *nm (moqueur, cruel)* grin; *[animal, dément]* grimace.

ride [ʀid] *nf [peau, pomme]* wrinkle *(de* in); *[eau, sable]* ripple *(de* on, in), ridge *(de* in).

rideau, *pl* ~x [ʀido] *nm (gén, Théât)* curtain; *[boutique]* shutter; *[cheminée]* blower; *[classeur]* roll shutter; *[appareil-photo]* shutter. **tirer les** ~x to draw the curtains *ou* drapes *(US)*; ~ **de arbres** screen of; *pluie* sheet of; ~ **de fer** *[boutique]* metal shutter(s); *[théâtre]* (metal) safety curtain; *(Pol)* **le** ~ **de fer** the Iron Curtain.

rider [ʀide] (1) **1** *vt peau, fruit* to wrinkle; *eau* to ripple; *sable* to ruffle the surface of. **2 se** ~ *vpr* to become wrinkled; to become rippled.

ridicule [ʀidikyl] **1** *adj (gén)* ridiculous; *personne, vêtement* ludicrous, absurd; *prétentions* laughable; *quantité* ridiculously small. **se rendre** ~ to make o.s. (look) ridiculous, make a fool of o.s. **2** *nm* **(a) le** ~ *(grotesque)* ridicule; *(absurdité)* **le** ~ **de qch** the ridiculousness *ou* the absurdity of sth; **se donner le** ~ **de...** to be ridiculous enough to...; **tomber dans le** ~ to become ridiculous; **le** ~ **ne tue pas** ridicule never killed anyone; **tourner qn en** ~ to ridicule sb, make sb an object of ridicule. **(b)** *(travers)* ~s ridiculous *ou* silly ways, absurdities. ♦ **ridiculement** *adv* ridiculously. ♦ **ridiculiser** (1) **1** *vt* to ridicule, hold up to ridicule. **2 se** ~ *vpr* to make o.s. (look) ridiculous, make a fool of o.s.

rien [ʀjɛ̃] **1** *pron indéf* **(a)** *(avec ne)* nothing. **je n'ai** ~ **entendu** I didn't hear anything, I didn't hear a thing, I heard nothing; **il n'y a plus** ~ there's nothing left; **je ne crois plus à** ~ I don't believe in anything any more. **(b)** ~ **de** + *adj, ptp* nothing; ~ **de plus** nothing more *ou* else *ou* further; **il n'est** ~ **de tel qu'une bonne pêche** there's nothing like *ou* nothing to beat a good peach; ~ **de plus facile** nothing easier. **(c)** ~ **que la chambre coûte très cher** the room alone costs a great deal; **la vérité,** ~ **que la vérité** the truth and nothing but the truth; **je voudrais vous voir,** ~ **qu'une minute** could I see you just for a minute. **(d)** *(= quelque chose)* anything. **as-tu jamais lu** ~ **de plus drôle?** have you ever read anything funnier? **(e)** *(intensif)* ~ **au monde** nothing on earth *ou* in the world; ~ **du tout** nothing at all; ~ **de** ~ * nothing, absolutely nothing; **trois fois** ~ next to nothing. **(f)** *(Sport)* nil, nothing. ~ **partout** nothing all; *(Tennis)* **15 à** ~ 15 love. **(g)** *(avec avoir, être, faire)* **n'avoir** ~ **contre qn** to have nothing against sb; **il n'a** ~ **d'un dictateur** he's got nothing of the dictator about him; **n'être** ~ *[personne]* to be a nobody; *[chose]* to be nothing; **il ne nous est** ~ he's nothing to do with us; **n'être pour** ~ **dans une affaire** to have no hand in *ou* have nothing to do with an affair; **il n'en est** ~ it's not so at all, it's nothing of the sort; **élever 4 enfants, ça n'est pas** ~ bringing up 4 children is no mean feat; **il ne fait (plus)** ~ he doesn't work (any more); **il ne nous a** ~ **fait** he hasn't done anything to us; **cela ne lui fait** ~ he doesn't mind, it doesn't matter to him; **ça ne fait** ~ * it doesn't matter, never mind; ~ **à faire!** it's no good!, nothing doing! * **(h)** *(locutions)* ~ **à déclarer/signaler** nothing to declare/report; **je vous remercie — de** ~ * thank you — you're welcome *ou* don't mention it *ou* not at all; **c'est cela ou** ~ it's that or nothing; **c'est mieux que** ~ it's better than nothing; ~ **n'y fait!** nothing's any good!; **c'est à moi,** ~ **qu'à moi** it's mine and mine alone; **une blessure de** ~ **(du tout)** a trifling *ou* trivial injury, a mere scratch; **une fille de** ~ a

worthless girl; **cela ne nous gêne en** ~ **(du tout)** it doesn't bother us in any way *ou* in the least *ou* at all; **pour** ~ *(peu cher)* for a song, for next to nothing; *(inutilement)* for nothing; **ce n'est pas pour** ~ **que...** it is not without cause *ou* good reason that..., it's not for nothing that...; **il ne s'agit de** ~ **moins qu'un crime** it's nothing less than a crime.

2 *nm* **(a)** *(néant)* nothingness. **(b) un** ~ a mere nothing; **des** ~s trivia; **il a peur d'un** ~ every little thing *ou* anything *ou* the slightest thing frightens him; **avec un** ~ **d'ironie** with a hint *ou* touch of irony; **en un** ~ **de temps** in no time (at all), in next to no time; **c'est un** ~ **bruyant ici** it's a bit *ou* a shade *ou* a fraction noisy in here. **3** *adv* (‡) *(très)* not half *, really. **il fait** ~ **froid ici** it isn't half cold here *.

rieur, rieuse [ʀijœʀ, ʀijøz] **1** *adj personne* cheerful, merry; *expression* cheerful, laughing. **2** *nm, f:* **les** ~s people who are *(ou* were) laughing.

rigide [ʀiʒid] *adj armature* rigid, stiff; *muscle, carton* stiff; *règle, politique* strict, rigid. **livre à couverture** ~ hardback (book). ♦ **rigidement** *adv* strictly, rigidly. ♦ **rigidifier** (7) *vt (lit)* to make rigid *ou* stiff; *(fig)* to rigidify. ♦ **rigidité** *nf* rigidity, stiffness; strictness.

rigole [ʀigɔl] *nf (canal)* channel; *(filet d'eau)* rivulet; *(Agr: sillon)* furrow. ~ **d'irrigation** irrigation channel; ~ **d'écoulement** drain.

rigoler * [ʀigɔle] (1) *vi (rire)* to laugh; *(s'amuser)* to have fun, have a laugh *; *(plaisanter)* to joke. *(iro)* **tu me fais** ~ you make me laugh; **on a bien rigolé** we had great fun *ou* a good laugh *; **tu rigoles!** you're kidding! * *ou* joking!; **il ne faut pas** ~ **avec ce genre de maladie** you mustn't fool around with an illness like this *; **j'ai dit ça pour** ~ it was only a joke, I only said it in fun *ou* for a laugh *. ♦ **rigolade** * *nf:* **aimer la** ~ to like a bit of fun *ou* a laugh *; **il prend tout à la** ~ he thinks everything's a big joke *ou* laugh *, he makes a joke of everything; **c'est de la** ~ *(c'est facile)* it's child's play *ou* a cinch *; *(c'est une parodie)* it's a big joke *ou* farce; *(c'est un attrape-nigaud)* it's a complete con ‡. ♦ **rigolo, -ote** * **1** *adj personne, histoire* funny, killing *. **ce n'est pas** ~ it's no joke, it's not funny; **c'est** ~, **je n'avais jamais remarqué cela** that's funny, *ou* odd, I had never noticed that. **2** *nm, f (amusant)* comic, wag; *(péj: fumiste)* fraud, phoney.

rigueur [ʀigœʀ] *nf* **(a)** *[discipline, climat]* harshness, rigour. **les** ~s **du sort/de l'hiver** the rigours of fate/winter. **(b)** *[morale, personne]* strictness. **la politique de** ~ **du gouvernement** the government's austerity measures; **la** ~ **économique** economic austerity. **(c)** *[définition, classification]* strictness, rigour. **manquer de** ~ to lack rigour. **(d) tenir** ~ **à qn de n'être pas venu** to hold it against sb that he didn't come; **à la** ~ *(si nécessaire)* at a pinch, if need be; *(peut-être)* possibly; **il est de** ~ **d'envoyer un mot de remerciement** it is the done thing to send a note of thanks; **'tenue de soirée de** ~**'** 'evening dress', 'dress: formal'. ♦ **rigoureusement** *adv punir* harshly; *démontrer* rigorously; *appliquer* rigorously, strictly; *exact* rigorously; *interdit, vrai* strictly. ♦ **rigoureux, -euse** *adj (gén)* rigorous; *punition, climat* harsh; *moraliste, interdiction, définition* strict.

rime [ʀim] *nf* rhyme. **faire qch sans** ~ **ni raison** to do sth without either rhyme or reason. ♦ **rimer** (1) **1** *vi [mot]* to rhyme *(avec* with); *[poète]* to write verse. *(fig)* **cela ne rime à rien** it does not make sense, there's no sense *ou* point in it. **2** *vt* to put into verse.

rimmel [ʀimɛl] *nm* ® mascara.

rincer [ʀɛ̃se] (3) **1** *vt* to rinse (out). **se faire** ~ * *(par la pluie)* to get drenched *ou* soaked; *(au jeu)* to get cleaned out *. **2 se** ~ *vpr:* **se** ~ **la bouche**

to rinse out one's mouth; **se ~ l'œil ‡** to get an eyeful *. ◆ **rinçage** *nm (action)* rinsing (out). **cette machine à laver fait 3 ~s** this washing machine does 3 rinses. ◆ **rince-doigts** *nm inv (bol)* finger-bowl; *(en papier)* (disposable) finger wipe.

ring [ʀiŋ] *nm* (boxing) ring.

ringard, e * [ʀɛ̃gaʀ, aʀd(ə)] *adj (démodé)* corny *, rinky-dink * *(US)*. **c'est ~** it's corny * *ou* old hat *.

riper [ʀipe] (1) *vi* to slip. **faire ~** to slide along.

riposter [ʀipɔste] (1) **1** *vi* (**a**) *(répondre)* to answer back, retaliate. **~ à une insulte** to reply to an insult; **~ par une insulte** to retort *ou* retaliate with an insult. (**b**) *(contre-attaquer)* to counter-attack, retaliate. **~ à une attaque** to counter an attack *(par by)*. **2** *vt*: **~ que** to retort *ou* answer back that. ◆ **riposte** *nf (réponse)* retort, riposte; *(contre-attaque)* counter-attack, reprisal.

riquiqui * [ʀikiki] *adj inv* portion tiny, mean, stingy *; *vêtement, objet* tiny.

rire [ʀiʀ] (36) **1** *vi* (**a**) to laugh. **~ aux éclats** to roar with laughter, laugh one's head off; **~ bruyamment** to guffaw; **~ dans sa barbe** to laugh to o.s.; **~ jaune** to laugh on the other side of one's face; *(iro)* **laissez-moi ~!** don't make me laugh!, you make me laugh! *(iro)*; **c'est à mourir de ~** it's hilarious, it's awfully funny; **ça ne me fait pas ~** I don't find it funny; **nous avons bien ri** we had a good laugh *; **il a bien pris les choses en riant** *(avec bonne humeur)* he saw the funny side of it; *(à la légère)* he laughed it off; **rira bien qui rira le dernier** he who laughs last laughs longest *ou* best *(US)*. (**b**) *[yeux, visage]* to shine with happiness. (**c**) *(s'amuser)* to have fun, have a laugh *. **il aime bien ~** he likes a bit of fun *ou* a good laugh *. (**d**) *(plaisanter)* **vous voulez ~!** you must be joking!; **il a dit cela pour ~** he was only joking, he said it in fun; **il a fait cela pour ~** he did it for a joke *ou* laugh *; **c'était une bagarre pour ~** it wasn't a real fight.
2 ~ de *vt indir* to laugh at, scoff at. **il fait ~ de lui** he makes himself a laughing stock.
3 se ~ *vpr*: **se ~ de** *difficultés* to make light of; *menaces, personne* to laugh at.
4 *nm (façon, éclat)* laugh. **le ~** laughter; **un gros ~** a loud laugh, a guffaw; **un ~ moqueur** a mocking *ou* scornful laugh; *(TV, Rad)* **~s préenregistrés** *ou* **en boîte** * canned laughter; **un petit ~ de satisfaction** a little chuckle of satisfaction; **un petit ~ bête** a stupid giggle *ou* titter; **il y eut des ~s** there was laughter; **elle eut un ~ méchant** she gave a wicked laugh, she laughed wickedly.

ris [ʀi] *nm*: **~ de veau** calf sweetbread.

risée [ʀize] *nf*: **s'exposer à la ~ générale** to lay o.s. open to ridicule; **être la ~ de toute l'Europe** to be *ou* make o.s. the laughing stock of Europe.

risette [ʀizɛt] *nf*: **faire (une) ~ à qn** to give sb a nice *ou* little smile.

risible [ʀizibl(ə)] *adj (ridicule)* laughable, ridiculous, silly; *aventure* laughable, funny.

risque [ʀisk(ə)] *nm* (**a**) *(gén, Jur: danger)* risk. **le goût du ~** a taste for danger; **une entreprise pleine de ~s** a high-risk business; **prendre tous les ~s** to take any number of risks; **à cause du ~ d'incendie** because of the fire risk *ou* the risk of fire; **~ pour la santé** health hazard *ou* risk; *(Sociol)* **à ~ population** at risk; *(Fin)* **placement** risky; **à haut ~** high-risk; *(fig)* **ne prendre aucun ~** to play (it) safe, take no risks. (**b**) **ce sont les ~s du métier** that's an occupational hazard *(hum)*; **il n'y a pas de ~ qu'il refuse** there's no risk *ou* chance of his refusing; **au ~ de le mécontenter** at the risk of displeasing him; **c'est à tes ~s et périls** it's at your own risk.

risquer [ʀiske] (1) **1** *vt* (**a**) *réputation, vie* to risk. **~ le tout pour le tout** to risk *ou* chance the lot;

risquons le coup * let's chance it; **qui ne risque rien n'a rien** nothing ventured, nothing gained. (**b**) *prison, ennuis* to risk. **tu risques gros** you're taking a big risk; **tu risques qu'on te le vole** you risk having it stolen; **bien emballé, ce vase ne risque rien** packed like this the vase is quite safe *ou* won't come to any harm; **ce vieux chapeau ne risque rien** this old hat doesn't matter at all, it doesn't matter what happens to this old hat. (**c**) *allusion, regard* to venture, hazard. (**d**) **tu risques de le perdre** *(éventualité)* you might (well) *ou* could (well) lose it; *(probabilité)* you're likely to lose it; **avec ces embouteillages, il risque d'être en retard** with these traffic jams he's likely to be late, these traffic jams could well make him late; **pourquoi ~ de tout perdre?** why should we risk losing *ou* take the risk of losing everything?; **ça ne risque pas d'arriver!** there's no chance *ou* danger of that happening!, that's not likely to happen. **2 se ~** *vpr*: **se ~ dans** *grotte* to venture into; *entreprise* to venture (up)on, launch into; **se ~ à faire qch** to venture *ou* dare to do sth, have a try *ou* a go at doing sth. ◆ **risqué, e** *adj (hasardeux)* risky; *(licencieux)* risqué, daring. ◆ **risque-tout** *nmf inv* daredevil.

rissoler [ʀisɔle] (1) *vti (aussi: **faire ~**)* to brown.

ristourne [ʀistuʀn(ə)] *nf* rebate, discount. ◆ **ristourner** (1) *vt* to give a rebate of.

rite [ʀit] *nm (gén, Rel)* rite; *(fig: habitude)* ritual.

ritournelle [ʀituʀnɛl] *nf (Mus)* ritornello. *(fig)* **c'est toujours la même ~** it's always the same (old) story *ou* tune *ou* theme.

rituel, -elle [ʀitɥɛl] *adj, nm (gén)* ritual. ◆ **rituellement** *adv* ritually; *(invariablement)* invariably, unfailingly.

rivage [ʀivaʒ] *nm* shore.

rival, e, *mpl* **-aux** [ʀival, o] *adj, nm, f* rival. **sans ~** unrivalled. ◆ **rivaliser** (1) *vi*: **~ avec** *[personne]* to rival, compete *ou* vie with; *[chose]* to rival, hold its own against; **ils rivalisaient de générosité** they vied with each other *ou* they tried to outdo each other in generosity. ◆ **rivalité** *nf* rivalry.

rive [ʀiv] *nf [mer, lac]* shore; *[rivière]* bank.

river [ʀive] (1) *vt clou* to clinch; *plaques* to rivet together. **~ son clou à qn** * to shut sb up *; **~ qch au sol** to nail sth to the floor. ◆ **rivé, e** *adj*: **~ à** *(gén)* riveted to; *travail* tethered *ou* tied to; **~ sur place** rooted to the spot; **~ à la télé** * glued to the TV *.

riverain, e [ʀivʀɛ̃, ɛn] **1** *adj (d'un lac)* waterside. *(d'une route)* **les propriétés ~es** the houses along the road. **2** *nm, f* lakeside *(ou* riverside) resident. *[rue]* **les ~s** the residents of *ou* in the street ; **'interdit sauf aux ~s'** 'no entry except for access', 'residents only'.

rivet [ʀivɛ] *nm* rivet. ◆ **rivetage** *nm* riveting. ◆ **riveter** (4) *vt* to rivet (together).

rivière [ʀivjɛʀ] *nf (lit, fig)* river; *(Équitation)* water jump. **~ de diamants** diamond rivière.

rixe [ʀiks(ə)] *nf* brawl, fight, scuffle.

Riyad [ʀijad] *n* Riyadh.

riz [ʀi] *nm* rice. **~ brun** *ou* **complet** brown rice; **~ au lait** rice pudding. ◆ **rizière** *nf* paddy-field, ricefield.

robe [ʀɔb] *nf [femme, fillette]* dress, frock; *[magistrat, prélat]* robe; *[professeur]* gown; *[cheval, fauve]* coat; *(couleur) [vin]* colour. **~ bain de soleil** sundress; **~ de chambre** dressing gown; **pommes de terre en ~ de chambre** *ou* **des champs** jacket *ou* baked potatoes; **~ de grossesse** maternity dress; **~ de mariée** wedding dress *ou* gown; **~ du soir** evening dress *ou* gown.

robinet [ʀɔbinɛ] *nm* tap, faucet *(US)*. ◆ **robinetterie** *nf (installations)* taps; *(usine)* tap factory; *(commerce)* tap trade.

robot [ʀɔbo] *nm (lit, fig)* robot. ~ **ménager** food-processor; **avion** ~ remote-controlled aircraft. ◆ **robotique** *nf* robotics *(sg)*. ◆ **robotisation** *nf* automation. ◆ **robotiser** (1) *vt* to automate.

robuste [ʀɔbyst(ə)] *adj personne, voiture* robust, sturdy; *santé* robust, sound; *plante* robust, hardy; *foi* firm, strong. ◆ **robustesse** *nf* robustness; sturdiness; soundness; hardiness; firmness, strength.

roc [ʀɔk] *nm (lit, fig)* rock.

rocade [ʀɔkad] *nf (route)* bypass.

rocaille [ʀɔkɑj] *nf (cailloux)* loose stones; *(terrain)* rocky *ou* stony ground; *(jardin)* rockery, rock garden. ◆ **rocailleux, -euse** *adj terrain* rocky, stony; *voix* harsh, grating.

rocambolesque [ʀɔkɑ̃bɔlɛsk(ə)] *adj* fantastic, incredible.

roche [ʀɔʃ] *nf* rock. ◆ **rocher** *nm* rock. ◆ **rocheux, -euse** *adj* rocky. **paroi** ~**euse** rock face.

rock (and roll) [ʀɔk(ɛnʀɔl)] *nm (musique)* rock-'n'-roll; *(danse)* jive. ◆ **rocker** *nm (chanteur)* rock musician; *(admirateur)* rock fan.

roder [ʀɔde] (1) *vt moteur, spectacle etc* to run in, break in *(US)*; *soupape* to grind. **il faut ~ ce spectacle** we have to let this show get into its stride; *[personne]* **il n'est pas encore rodé** he is not yet broken in. ◆ **rodage** *nm* running in, breaking in *(US)*; grinding.

rôder [ʀɔde] (1) *vi (au hasard)* to roam *ou* wander about; *(de façon suspecte)* to lurk *ou* prowl about. ~ **autour d'un magasin** to hang *ou* lurk around a shop. ◆ **rôdeur, -euse** *nm, f* prowler.

rogne * [ʀɔɲ] *nf* anger. **être/se mettre en** ~ to be/get (hopping) mad *.

rogner [ʀɔɲe] (1) *vt ongle, page* to trim; *aile* to clip; *salaire* to cut *ou* whittle down. ~ **sur** *dépense* to cut down *ou* back on.

rognon [ʀɔɲɔ̃] *nm (Culin)* kidney.

rognures [ʀɔɲyʀ] *nfpl [métal, ongles]* clippings; *[viande]* scraps.

roi [ʀwa] *nm* king. **les R~s mages** the Magi, the Three Wise Men; **le R~-Soleil** the Sun King; **le jour des R~s** *(gén)* Twelfth Night; *(Rel)* Epiphany; **tirer les** ~**s** to eat Twelfth Night cake; **un des** ~**s de la presse** one of the press barons *ou* kings *ou* magnates *ou* tycoons; **X, le** ~ **des fromages** X, the leading *ou* first name in cheese(s); **c'est le** ~ **de la resquille!** * he's a master *ou* an ace at getting something for nothing; **tu es le** ~ **(des imbéciles)!** * you're the world's biggest idiot! *

roide [ʀwad], **roideur** [ʀwadœʀ], **roidir** [ʀwadiʀ] = **raide, raideur, raidir**.

roitelet [ʀwatlɛ] *nm (péj)* kinglet; *(Orn)* wren.

rôle [ʀol] *nm (a) (Théât, fig)* role, part. **premier/petit** ~ leading/minor role *ou* part; **jouer un** ~ to play a part, act a role; *(fig)* **il joue les seconds** ~**s** he plays second fiddle; **ce n'est pas mon** ~ **de vous sermonner mais...** it isn't my job *ou* place to lecture you but...; **la télévision a pour** ~ **de...** the role *ou* function of television is to... **(b)** *(registre)* roll, list.

ROM [ʀɔm] *nf (Ordin)* ROM.

romain, e [ʀɔmɛ̃, ɛn] **1** *adj (gén)* Roman. **2** *nm(f)* **R~(e)** Roman. **3** *nf:* **(laitue)** ~**e** cos (lettuce), romaine (lettuce) *(US)*; **(balance)** ~**e** steelyard.

roman¹ [ʀɔmɑ̃] *nm (livre)* novel; *(genre médiéval)* romance; *(fig: récit)* story. **ils ne publient que des** ~**s** they only publish novels *ou* fiction; *(lit, fig)* ~ **d'amour** love story; ~ **d'aventures** adventure story; ~ **de cape et d'épée** historical romance; ~ **de chevalerie** tale of chivalry; ~ **courtois** courtly romance; ~ **d'épouvante** horror story; ~ **d'espionnage** spy thriller *ou* story; ~**-feuilleton** *(lit)* serialized novel, serial; *(fig)* saga; ~**-photo** photo romance, photo love story; ~ **policier** detective

novel *ou* story; ~ **de science-fiction** science fiction novel; ~ **(de) série noire** thriller.

roman², e [ʀɔmɑ̃, an] *adj (Ling)* Romance, Romanic; *(Archit)* Romanesque.

romance [ʀɔmɑ̃s] *nf* sentimental ballad, lovesong.

romancer [ʀɔmɑ̃se] (3) *vt (sous forme de roman)* to make into a novel; *(agrémenter)* to romanticize.

romancier, -ière [ʀɔmɑ̃sje, jɛʀ] *nm, f* novelist.

romanesque [ʀɔmanɛsk(ə)] **1** *adj histoire* fabulous, fantastic; *amours, aventures* storybook; *personne, imagination* romantic; *mode littéraire* novelistic. **œuvres** ~**s** novels, fiction. **2** *nm [personne]* romantic side; *(imagination)* fancy.

romanichel, -elle [ʀɔmaniʃɛl] *nm, f* gipsy.

romantique [ʀɔmɑ̃tik] *adj, nmf* romantic. ◆ **romantisme** *nm* romanticism. **le** ~ the Romantic Movement.

romarin [ʀɔmaʀɛ̃] *nm* rosemary.

Rome [ʀɔm] *n* Rome.

rompre [ʀɔ̃pʀ(ə)] (41) **1** *vt (gén, fig)* to break; *fiançailles, pourparlers* to break off. ~ **l'équilibre** to upset the balance; ~ **le front de l'ennemi** to break through the enemy front; ~ **qn à un exercice** to break sb in to an exercise; ~ **des lances contre qn** to cross swords with sb; *(Mil)* ~ **les rangs** to fall out, dismiss. **2** *vi [corde]* to break, snap; *[digue]* to burst, break; *[fiancés]* to break it off; *(Boxe, Escrime)* to break. *(Mil)* ~ **le combat** to withdraw from the engagement; ~ **avec** *personne, habitude* to break with. **3 se** ~ *vpr [corde, branche]* to break, snap; *[digue]* to burst, break; *[veine]* to burst, rupture. **il va se** ~ **le cou** he's going to break his neck. ◆ **rompu, e** *adj* **(a)** *(fourbu)* exhausted, worn-out, tired out. **(b)** *(expérimenté)* ~ **à qch** experienced in sth; ~ **aux affaires** with wide business experience; ~ **aux privations** accustomed *ou* inured to hardship.

romsteck [ʀɔmstɛk] *nm (viande)* rumpsteak; *(tranche)* piece of rumpsteak.

ronce [ʀɔ̃s] *nf (branche)* bramble branch. *(buissons)* ~**s** brambles.

ronchonner * [ʀɔ̃ʃɔne] (1) *vi* to grumble, grouse *, grouch * *(après at)*. ◆ **ronchon** * **1** *adj* grumpy, grouchy *. **2** *nm* grumbler, grouch(er) *, grouser *. ◆ **ronchonnement** * *nm:* ~**(s)** grumbling, grousing *, grouching *.

rond, e [ʀɔ̃, ʀɔ̃d] **1** *adj* **(a)** *forme* round. **(b)** *(gras)* visage round, chubby, plump; *mollet, poitrine* (well-)rounded; *ventre, personne* plump, tubby. **(c)** *(net)* round. **chiffre** ~ round number *ou* figure; **ça fait 50 F tout** ~ it comes to a round 50 francs; **pour faire un compte** ~ to make a round figure; **être** ~ **en affaires** to be straight(forward) *ou* on the level * in business matters. **(d)** *(*: soûl)* drunk, tight *.
2 *nm* **(a)** *(cercle dessiné)* circle, ring; *(tranche)* slice; *(objet)* ring. ~ **de serviette** serviette *ou* napkin ring; **en** ~ in a circle *ou* ring. **(b)** *(*: sou)* ~**s** lolly ‡, cash; **il n'a pas le** ~ he hasn't got a penny *ou* a cent; **il n'a plus le** ~ he's broke *; **ça doit valoir des** ~**s!** that must cost a lot! *ou* a packet!
3 *adv:* **avaler qch tout** ~ to swallow sth whole.
4 *nf* **(a)** *[gardien, soldats]* rounds; *[policier]* beat, patrol, rounds; *(patrouille)* patrol. **faire sa** ~**e** to be on one's rounds *ou* on the beat *ou* on patrol. **(b)** *(danse)* round (dance), dance in a ring; *(danseurs)* circle, ring. **faites la** ~**e** dance round in a circle *ou* ring. **(c)** *(Mus:* note) semibreve, whole note *(US)*. **(d)** *(Écriture)* roundhand. **(e)** **à des kilomètres à la** ~**e** for miles around; **passer qch à la** ~**e** to pass sth round.
◆ **rondelet, -ette** *adj femme* plumpish; *somme* tidy. ◆ **rondelle** *nf (tranche)* slice; *(disque)* disc; *[boulon]* washer. ◆ **rondement** *adv (efficacement)*

briskly; *(franchement)* frankly. ◆ **rondeur** *nf* **(a)** *[forme]* *(gén)* roundness; *[bras, visage]* plumpness, chubbiness. *(hum)* les ~s **d'une femme** *(formes)* a woman's curves; *(embonpoint)* a woman's plumpness. **(b)** *(bonhomie)* friendly straightforwardness, easy-going directness. ◆ **rondin** *nm* log. ◆ **rondouillard, e** * *adj (péj)* tubby, podgy, pudgy *(US)*. ◆ **rond-point,** *pl* **ronds-points** *nm (carrefour)* roundabout, traffic circle *(US)*.

ronéoter [ʀɔneɔte] (1) *vt* to duplicate, roneo ®, mimeo. ◆ **ronéo** *nf* ® mimeo, roneo ®.

ronfler [ʀɔ̃fle] (1) *vi* **(a)** *[dormeur]* to snore; *[toupie]* to hum; *[poêle]* *(sourdement)* to hum; *(fort)* to roar; *[moteur]* *(sourdement)* to purr, throb; *(fort)* to roar. **faire ~ son moteur** to rev up one's engine. **(b)** *(*: dormir)* to snore away. ◆ **ronflant, e** *adj (péj)* promesse high-flown; *titre* pompous, grand(-sounding). ◆ **ronflement** *nm*: ~(s) snore(s); hum; roar; purr, throb. ◆ **ronfleur, -euse** *nm, f* snorer.

ronger [ʀɔ̃ʒe] (3) **1** *vi* *[souris, chagrin]* to gnaw *ou* eat away at; *[acide, vers]* to eat into; *[mer]* to wear away, eat into. ~ **un os** to gnaw (at) a bone; **rongé par les vers** worm-eaten; **rongé par la rouille** rust-eaten; *(lit, fig)* ~ **son frein** to champ at the bit; **rongé par la maladie** sapped by illness. **2 se ~** *vpr*: **se ~ les ongles** to bite one's nails; **se ~ les sangs** to worry o.s., eat one's heart out. ◆ **rongeur, -euse** *adj, nm* rodent.

ronronner [ʀɔ̃ʀɔne] (1) *vi* *[chat]* to purr; *[moteur]* to purr, hum. ◆ **ronronnement** *nm*: ~(s) purr; hum.

roquet [ʀɔkɛ] *nm (péj)* (nasty little) dog.

roquette [ʀɔkɛt] *nf (Mil)* rocket.

rosace [ʀɔzas] *nf [cathédrale]* rose window; *[plafond]* (ceiling) rose; *(Géom)* rosette.

rosaire [ʀɔzɛʀ] *nm* rosary.

rosâtre [ʀozatʀ(ə)] *adj* pinkish.

rosbif [ʀɔsbif] *nm*: **du ~** *(rôti)* roast beef; *(à rôtir)* roasting beef; **un ~** a joint of (roast) beef.

rose [ʀoz] **1** *nf (fleur)* rose; *(vitrail)* rose window; *(diamant)* rose diamond. **pas de ~s sans épines** no rose without a thorn; ~ **de Noël** Christmas rose; ~ **pompon** button rose; ~ **des sables** gypsum flower; ~ **trémière** hollyhock; ~ **des vents** compass card. **2** *nm (couleur)* pink. **3** *adj (gén)* pink; *(plein de santé)* rosy. ~ **bonbon** candy-pink; **tout n'est pas** ~ it's not all roses *ou* all rosy, it's not a bed of roses; **voir la vie en** ~ to see everything through rose-coloured spectacles.

rosé, e¹ [ʀoze] **1** *adj couleur* pinkish; **vin rosé**. **2** *nm* rosé (wine).

roseau, *pl* **~x** [ʀozo] *nm* reed.

rosée² [ʀoze] *nf* dew.

roseraie [ʀozʀɛ] *nf* rose garden.

rosette [ʀozɛt] *nf (nœud)* bow; *(insigne, Archit, Bot)* rosette.

rosier [ʀozje] *nm* rosebush, rose tree. ~ **nain/grimpant** dwarf/climbing rose.

rosir [ʀoziʀ] (2) *vti* to turn pink.

rosse [ʀɔs] **1** *nf* **(a)** *(† péj: cheval)* nag. **(b)** *(* péj)* *(homme)* beast *, swine ⁑; *(femme)* beast *, bitch ⁑. **2** *adj (péj)* horrid, nasty, rotten *. ◆ **rosserie** *nf* nastiness; *(propos)* nasty remark; *(acte)* nasty trick.

rosser [ʀɔse] (1) *vt* to thrash. **se faire ~** to get a (good) hiding *ou* a thrashing.

rossignol [ʀɔsiɲɔl] *nm* **(a)** *(Orn)* nightingale. **(b)** *(*: invendu)* unsaleable article. **(c)** *(clef)* picklock.

rot [ʀo] *nm* belch, burp *; *[bébé]* burp.

rotation [ʀotasjɔ̃] *nf* **(a)** *(mouvement)* rotation. **mouvement de** ~ rotating *ou* rotary movement. **(b)** *[matériel]* turnover; *[avions, bateaux]* frequency (of service); *[cultures, équipes de travail]* rotation. **par** ~ in rotation. ◆ **rotatif, -ive** **1** *adj* rotary. **2** *nf* rotary press. ◆ **rotatoire** *adj* rotary.

roter * [ʀɔte] (1) *vi* to burp *, belch.

rotin [ʀɔtɛ̃] *nm* rattan (cane). **chaise de** ~ cane chair.

rôtir [ʀotiʀ] (2) **1** *vt (Culin: aussi* **faire ~** *)* to roast. **agneau rôti** roast, lamb. **2** *vi (lit, fig)* to roast. **3 se ~** *vpr*: **se ~ au soleil** to bask in the sun. ◆ **rôti** *nm*: **du ~** roasting meat; *(cuit)* roast meat; **un ~** a joint. ◆ **rôtisserie** *nf (restaurant)* steakhouse, grill and griddle; *(boutique)* shop selling roast meat. ◆ **rôtisseur, -euse** *nm, f* seller of roast meat; steakhouse proprietor. ◆ **rôtissoire** *nf* (roasting) spit.

rotonde [ʀotɔ̃d] *nf (Archit)* rotunda.

rotophare [ʀotofaʀ] *nm (Aut)* revolving *ou* flashing light *(on police car etc)*.

rotor [ʀotɔʀ] *nm* rotor.

Rotterdam [ʀotɛʀdam] *n* Rotterdam.

rotule [ʀotyl] *nf (Anat)* kneecap. **être sur les ~s** * to be dead beat * *ou* all in.

rouage [ʀwaʒ] *nm [engrenage]* cog(wheel), gearwheel; *[montre]* part; *(fig)* cog. **les ~s** *[montre]* the works *ou* parts; *[organisme]* the workings; **les ~s de l'État** the wheels of State; **les ~s administratifs** the administrative machinery.

roublard, e * [ʀublaʀ, aʀd(ə)] *adj* crafty, wily, artful.

rouble [ʀubl(ə)] *nm* rouble.

roucouler [ʀukule] (1) **1** *vi [oiseau]* to coo; *[amoureux]* to bill and coo; *[chanteur]* to warble. **2** *vt (péj)* chanson to warble; **mots d'amour** to coo. ◆ **roucoulade** *nf ou* ◆ **roucoulement** *nm*: ~(s) cooing, warbling.

roue [ʀu] *nf (gén)* wheel; *[engrenage]* cog(wheel), (gear)wheel. ~ **à aubes** paddle wheel; ~ **de secours** spare wheel; **véhicule à deux ~s** two-wheeled vehicle; **faire la ~** *[paon]* to spread *ou* fan its tail; *[personne]* *(se pavaner)* to strut about; *(Gymnastique)* to do a cartwheel; **faire ~ libre** to freewheel; *(fig: ne pas se surmener)* **il s'est mis en ~ libre** * he's taking it easy.

roué, e [ʀwe] *adj* cunning, wily, sly.

rouer [ʀwe] (1) *vt* **(a)** ~ **qn de coups** to give sb a beating *ou* thrashing. **(b)** *(supplice)* to put on the wheel.

rouerie [ʀuʀi] *nf* cunning, wiliness, slyness; *(tour)* cunning *ou* wily *ou* sly trick.

rouet [ʀwɛ] *nm (à filer)* spinning wheel.

rouflaquettes * [ʀuflakɛt] *nfpl* sideburns.

rouge [ʀuʒ] **1** *adj (gén)* red; *(porté à l'incandescence)* **fer** red-hot. ~ **de colère/honte** red *ou* flushed with anger/shame; **devenir** ~ **comme une cerise** to blush, go red in the face; **il est** ~ **comme une pivoine** he's as red as a beetroot *ou* a lobster. **2** *nm (couleur)* red; *(vin)* red wine; *(fard)* rouge (†), blusher. ~ **à lèvres** lipstick; *(Pol)* **voter** ~ to vote Communist; *(Aut)* **le feu est au** ~ the lights are red; **le** ~ **lui monta aux joues** his cheeks flushed, he blushed, he went red in the face; **fer porté au** ~ red-hot iron. **3** *nmf (péj: communiste)* Red * *(péj)*, Commie * *(péj)*. ◆ **rougeâtre** *adj* reddish. ◆ **rougeaud, e** *adj* red-faced. ◆ **rougegorge,** *pl* **rouges-gorges** *nm* robin (redbreast).

rougeole [ʀuʒɔl] *nf*: **la** ~ (the) measles *(sg)*; **une** ~ a bout of measles.

rougeoyer [ʀuʒwaje] (8) *vi [feu]* to glow red; *[ciel]* to turn red. ◆ **rougeoiement** *nm* red *ou* reddish glow. ◆ **rougeoyant, e** *adj* ciel reddening; *cendres* glowing.

rouget [ʀuʒɛ] *nm*: ~ (**barbet**) red mullet; ~ (**grondin**) gurnard.

rougeur [ʀuʒœʀ] *nf (teinte)* redness; *(Méd: tache)* red blotch *ou* patch; *[visage]* redness. **sa** ~ **a trahi sa**

gêne her red face *ou* her blushes betrayed her embarrassment.

rougir [ʀuʒiʀ] (2) **1** *vi* (**a**) *[personne]* *(gén)* to go red, redden; *(émotion)* to flush; *(honte)* to blush *(de* with*)*. ~ **jusqu'aux oreilles** to go bright red, blush to the roots of one's hair; *(lit, fig)* **faire** ~ **qn** to make sb blush; **dire qch sans** ~ to say sth without blushing *ou* unblushingly. (**b**) *(fig: avoir honte)* ~ **de** to be ashamed of; **il ne rougit de rien** he is quite shameless, he has no shame; **j'en rougis pour lui** I blush for him, I'm ashamed for him. (**c**) *[ciel, tomate, feuille]* to go *ou* turn red, redden; *[métal]* to get red-hot. **2** *vt ciel, feuilles* to turn red; *métal* to make red-hot. ◆ **rougissant, e** *adj visage* blushing; *feuille, ciel* reddening. ◆ **rougissement** *nm (de honte etc)* blush; *(d'émotion)* flush.

rouille [ʀuj] **1** *nf* rust. **2** *adj inv* rust(-coloured), rusty. ◆ **rouillé, e** *adj métal* rusty, rusted; *mémoire, athlète* rusty; *muscles* stiff. **tout** ~ rusted over. ◆ **rouiller** (1) **1** *vi* to rust, go *ou* get rusty. **2** *vt métal, esprit* to make rusty. **3 se** ~ *vpr [métal]* to go *ou* get rusty, rust; *[athlète, mémoire]* to become rusty; *[muscles]* to get stiff.

roulade [ʀulad] *nf* (**a**) *(Mus)* roulade, run; *[oiseau]* trill. (**b**) *(Culin)* rolled meat. (**c**) *(Sport)* roll.

roulant, e [ʀulɑ̃, ɑ̃t] **1** *adj* (**a**) *meuble* on wheels. *(Rail)* **matériel** ~ rolling stock; **personnel** ~ train crews. (**b**) (*: drôle)* killing *. **2** *nf (arg Mil)* field kitchen.

roulé, e [ʀule] **1** *adj* (**a**) **être bien** ~ * to have a good *ou* shapely figure. (**b**) *bord de chapeau* curved; *bord de foulard, morceau de boucherie* rolled. (**c**) *(Ling)* rolled. **r** ~ trilled *ou* rolled r. **2** *nm (gâteau)* Swiss roll; *(pâte)* ≃ turnover; *(viande)* rolled meat. ◆ **roulé-boulé**, *pl* **roulés-boulés** *nm* roll.

rouleau, *pl* ~**x** [ʀulo] *nm (gén, Sport)* roll; *(outil, vague)* roller; *[machine à écrire]* platen, roller; *(pour se coiffer)* curler, roller. ~ **compresseur** steamroller, roadroller; ~ **à pâtisserie** rolling pin; ~ **de papier** roll of paper; **passer une pelouse au** ~ to roll a lawn.

roulement [ʀulmɑ̃] *nm* (**a**) *(rotation)* rotation. **travailler par** ~ to work on a rota system, work in rotation. (**b**) **avoir des** ~**s d'épaules/de hanches** to sway one's shoulders/wiggle one's hips; **faire des** ~**s d'yeux** to roll one's eyes. (**c**) *(circulation)* movement. **pneu usé par le** ~ tyre worn through use. (**d**) *(bruit)* *[train, camion]* rumble; *[charrette]* rattle. ~ **de tonnerre** rumble *ou* peal *ou* roll of thunder; ~ **de tambour** drum roll. (**e**) *[capitaux]* circulation. (**f**) ~ *(à billes)* ball bearings.

rouler [ʀule] (1) **1** *vt* (**a**) *meuble, tonneau* to roll along; *brouette* to wheel along, trundle along. ~ **qch dans la farine** to roll sth in flour; ~ **des projets dans sa tête** to turn plans over (and over) in one's mind. (**b**) *tapis, manches* to roll up; *cigarette* to roll; *ficelle* to wind up, roll up. ~ **qn dans une couverture** to wrap *ou* roll sb (up) in a blanket. (**c**) *(Culin)* pâte to roll out. (**d**) (*: duper)* to con *; *(sur le prix, le poids)* to diddle *, do * *(sur* over). **il s'est fait** ~ **dans la farine** * he was had *. (**e**) *épaules* to sway; *hanches* to wiggle; *yeux* to roll. **il a roulé sa bosse** he has knocked about the world *; *(Ling)* ~ **les 'r'** to roll one's r's.
2 *vi* (**a**) *[voiture, train]* to go, run; *[conducteur]* to drive. **cette voiture a très peu roulé** this car has a very low mileage; **les voitures ne roulent pas bien sur le sable** cars don't run well on sand; **le véhicule roulait à gauche** the vehicle was driving (along) on the left; ~ **au pas** *(prudence)* to go dead slow, go at a walking pace; *(dans un embouteillage)* to crawl along; ~ **à 80 km à l'heure** to do 80 km per hour, drive at 80 km per hour; **on a bien roulé** * we kept up a good speed; **ça roule bien** the traffic is flowing well; **il roule en Rolls** he drives around in a Rolls; *(fig: être à la solde de)*

~ **pour qn** * to work for sb. (**b**) *[bille, dé]* to roll. **une larme roula sur sa joue** a tear rolled down his cheek; **un coup de poing l'envoya** ~ **dans la poussière** a punch sent him rolling in the dust; **faire** ~ **boule** to roll; *cerceau* to roll along. (**c**) *[bateau]* to roll. (**d**) *[tambour]* to roll; *[tonnerre]* to roll, rumble, peal. (**e**) *(fig) [aventurier]* to knock about, drift around. *[conversation]* ~ **sur** to turn on, be centred on; ~ **sur l'or** to be rolling in money *, have pots of money *.
3 se ~ *vpr:* **se** ~ **par terre** to roll on the ground; *(fig)* to fall about * (laughing), roll on the ground with laughter *(US)*; **se** ~ **dans une couverture** to roll *ou* wrap o.s. up in a blanket; **se** ~ **en boule** to roll o.s. (up) into a ball.

roulette [ʀulɛt] *nf* (**a**) *[meuble]* castor. **ça a été comme sur des** ~**s** * it went very smoothly. (**b**) ~ **de dentiste** dentist's drill. (**c**) *(jeu)* roulette; *(instrument)* roulette wheel. ~ **russe** Russian roulette.

roulis [ʀuli] *nm* roll(ing). **il y a du** ~ the ship is rolling a lot.

roulotte [ʀulɔt] *nf* caravan, trailer *(US)*.

Roumanie [ʀumani] *nf* Rumania, Romania. ◆ **roumain, e** *adj, nm*, **R~(e)** *nm(f)* Rumanian, Romanian.

round [ʀund] *nm (Boxe)* round.

roupie [ʀupi] *nf (Fin)* rupee.

roupiller * [ʀupije] (1) *vi (dormir)* to sleep; *(faire un somme)* to have a snooze *ou* a kip * *ou* a nap; *(fig)* to doze, be half asleep. **je vais** ~ I'll be turning in *. ◆ **roupillon** * *nm* snooze, kip *, nap.

rouquin, e * [ʀukɛ̃, in] **1** *adj personne* red-haired; *cheveux* red, carroty *. **2** *nm, f* redhead.

rouspéter * [ʀuspete] (6) *vi* to grouse *, grouch * *(après* at). ◆ **rouspétance** * *nf* grousing *, grouching *. ◆ **rouspéteur, -euse** * **1** *adj* grumpy. **2** *nm, f* grouser *, grouch *.

roussir [ʀusiʀ] (2) **1** *vt [fer à repasser]* to scorch, singe; *[flamme]* to singe. *[chaleur]* ~ **l'herbe** to scorch the grass. **2** *vi* (**a**) *[feuilles]* to turn brown *ou* russet. (**b**) *(Culin)* **faire** ~ to brown. ◆ **rousse** *adj f V* **roux**. ◆ **rousseur** *nf [cheveux]* redness; *[feuilles]* russet colour. *(sur la peau)* ~**s** brown blotches, freckles. ◆ **roussi** *nm:* **ça sent le** ~! *(lit)* there's a smell of burning; *(fig* *)* I can smell trouble.

routage [ʀutaʒ] *nm* sorting and mailing. **entreprise de** ~ mailing firm *ou* service.

routard * [ʀutaʀ] *nm* (young) traveller *ou* globetrotter.

route [ʀut] *nf* (**a**) road. ~ **nationale/départementale** ≃ trunk *ou* main/secondary road ; **faire de la** ~ to do a lot of mileage; **accidents de la** ~ road accidents. (**b**) *(chemin à suivre)* way; *(Naut: cap)* course. **montrer la** ~ **à qn** to show the way to sb; **la** ~ **sera longue** *(gén)* it'll be a long journey; *(en voiture)* it'll be a long drive; **ce n'est pas ma** ~ it's not on my way. (**c**) *(ligne de communication)* route. ~ **aérienne/maritime** air/sea route; **la** ~ **de l'opium** the opium route *ou* trail. (**d**) *(fig)* path, road, way. **être sur la bonne** ~ *(dans la vie)* to be on the right road *ou* path; *(dans un problème)* to be on the right track. (**e**) *(locutions)* **faire** ~ **vers** *(gén)* to head towards *ou* for; *[bateau]* **en** ~ **pour** bound for; **faire** ~ **avec qn** to travel with sb; **prendre la** ~, **se mettre en** ~ to set off *ou* out; **en** ~ on the way; **en** ~! let's go!, let's be off!; *(hum)* **en** ~, **mauvaise troupe!** off we go!; **bonne** ~! I have a good journey! *ou* trip!; **mettre en** ~ *moteur* to start (up); *affaire* to set in motion, get under way; **mise en** ~ starting up; setting in motion; **carnet de** ~ travel diary; **tenir la** ~ *[voiture]* to hold the road; *[matériel]* to be well-made *ou* serviceable; *[plan]* to hold together. ◆ **routier, -ière 1** *adj* road. **2** nm (camionneur) long-distance lorry ou truck (US) driver; (restaurant) ≃ transport café, roadside café.

routine [ʀutin] nf routine. **visite de** ~ routine visit. ◆ **routinier, -ière** adj travail, vie humdrum, routine; personne routine-minded.

rouvrir vti, **se** ~ vpr [ʀuvʀiʀ] (18) to reopen, open again.

roux, rousse [ʀu, ʀus] **1** adj personne red-haired; cheveux red, auburn; (orangé) ginger; pelage, feuilles russet, reddish-brown. **2** nm (**a**) (couleur) red, auburn; ginger; russet, reddish-brown. (**b**) (Culin) roux. **3** nm, f redhead.

royal, e, mpl **-aux** [ʀwajal, o] adj (lit) royal; magnificence kingly, regal; repas, cadeau fit for a king; salaire princely; mépris majestic, regal; paix blissful. ◆ **royalement** adv vivre, traiter royally. **il s'en moque** ~ * he couldn't care less *; (iro) **il m'a offert 3 F d'augmentation** * he offered me a princely 3-franc rise (iro). ◆ **royaliste** adj, nmf royalist. ◆ **royaume** nm (lit) kingdom, realm; (fig) realm. **le R~-Uni (de Grande-Bretagne et d'Irlande du Nord)** the United Kingdom (of Great Britain and Northern Ireland). ◆ **royauté** nf (régime) monarchy; (fonction, dignité) kingship.

ruade [ʀɥad] nf kick (of a horse's hind legs). **lancer une** ~ to lash ou kick out.

ruban [ʀybɑ̃] nm (gén, fig) ribbon; [téléscripteur] tape; [ourlet] binding, tape. ~ **d'acier** steel band ou strip; ~ **adhésif** adhesive tape, sticky tape; ~ **de chapeau** hat band; ~ **isolant** insulating tape; (Ordin) ~ **perforé** paper tape.

rubéole [ʀybeɔl] nf German measles (sg), rubella.

rubis [ʀybi] **1** nm (pierre, couleur) ruby; [montre] jewel. **2** adj inv ruby(-coloured).

rubrique [ʀybʀik] nf (article) column; (titre, catégorie) heading, rubric.

ruche [ʀyʃ] nf (lit, fig) (bee)hive.

rude [ʀyd] adj (**a**) (au toucher) rough; (à l'ouïe) harsh. (**b**) métier, climat, adversaire tough; montée stiff. **être mis à** ~ **épreuve** [personne] to be severely tested, be put through the mill; [tissu] to get rough treatment; **il a été à** ~ **école** he learned life the hard way; **en faire voir de** ~**s à qn** to give sb a hard ou tough time. (**c**) (fruste) manières unpolished, crude; traits rugged; montagnards rugged, tough. (**d**) (bourru) personne harsh, hard; manières rough. (**e**) (intensif) gaillard, appétit hearty; peur, coup real. ◆ **rudement** adv (**a**) frapper hard; répondre harshly; traiter roughly, harshly. (**b**) (*) content, mauvais, cher terribly *, awfully *; travailler terribly ou awfully hard *. ~ **bien** terribly ou awfully well; **ça change** ~ it's a real change; **il est** ~ **plus généreux** he's a great deal ou darned sight * more generous; **j'ai eu** ~ **peur** I had a dreadful ou an awful scare ou fright. ◆ **rudesse** nf roughness; harshness; toughness; crudeness; ruggedness.

rudiments [ʀydimɑ̃] nmpl [discipline] rudiments; [théorie] principles. **avoir quelques** ~ **d'anglais** to have a smattering of English ou some basic knowledge of English. ◆ **rudimentaire** adj rudimentary.

rudoyer [ʀydwaje] (8) vt to treat harshly.

rue [ʀy] nf street. (péj: populace) **la** ~ the mob; ~ **à sens unique** one-way street; ~ **piétonnière** pedestrianized street; **être à la** ~ to be out on the street.

ruée [ʀɥe] nf rush; (péj) stampede, (mad) scramble. **la** ~ **vers l'or** the gold rush.

ruelle [ʀɥɛl] nf (rue) alley(-way).

ruer [ʀɥe] (1) **1** vi [cheval] to kick (out). (fig) ~ **dans les brancards** to rebel. **2 se** ~ vpr: **se** ~ **sur** to pounce on; **se** ~ **vers/dans** to dash ou rush towards/into; **se** ~ **à l'assaut** to hurl ou fling o.s. into the attack.

rugby [ʀygbi] nm Rugby (football), rugger *. ~ **à quinze** Rugby Union; ~ **à treize** Rugby League. ◆ **rugbyman,** pl **rugbymen** nm rugby player.

rugir [ʀyʒiʀ] (2) **1** vi (gén) to roar (de with); [vent] to howl, roar. **2** vt to roar out. ◆ **rugissement** nm roar; howl.

rugueux, -euse [ʀygø, øz] adj (gén) rough; (grossier) coarse; sol rugged, bumpy. ◆ **rugosité** nf roughness; coarseness; ruggedness, bumpiness; (aspérité) rough patch, bump.

ruine [ʀɥin] nf (lit, fig) ruin. (péj) ~ **(humaine)** (human) wreck; **en** ~ in ruins, ruined; **c'est la** ~ **de tous mes espoirs** that puts paid to ou that means the ruin of all my hopes; **menacer** ~ to be threatening to collapse; **tomber en** ~ to fall in ruins, (financièrement) **cette voiture est une vraie** ~ that car will ruin me. ◆ **ruiner** (1) **1** vt (lit, fig) to ruin. **ça ne va pas te** ~! * it won't break * ou ruin you! **2 se** ~ vpr to ruin ou bankrupt o.s.; (fig: dépenser trop) to spend a fortune. ◆ **ruineux, -euse** adj goût ruinously expensive; dépense ruinous.

ruisseau, pl ~**x** [ʀɥiso] nm (cours d'eau) stream, brook; (lit, fig: caniveau) gutter. **des** ~**x de larmes** floods of; lave, sang streams of.

ruisseler [ʀɥisle] (4) vi [liquide] to flow, stream; [mur] to run with water, stream (with water). ~ **de eau, lumière** etc to stream with. ◆ **ruissellement** nm: **le** ~ **de la pluie sur le mur** the rain streaming ou running ou flowing down the wall; ~ **de lumière** stream of light.

rumba [ʀumba] nf rumba.

rumeur [ʀymœʀ] nf (**a**) (nouvelle imprécise) rumour. **selon certaines** ~**s, elle...** rumour has it that she..., it is rumoured that she... (**b**) [vagues, vent] murmur, murmuring; [rue, conversation] hum; [émeute] hubbub. (**c**) (protestation) rumblings. ~ **de mécontentement** rumblings of discontent.

ruminer [ʀymine] (1) **1** vt (Zool) to ruminate; projet to ruminate ou chew over; chagrin to brood over; vengeance to ponder, meditate. **2** vi (Zool) to ruminate, chew the cud. ◆ **ruminant** nm ruminant. ◆ **rumination** nf rumination.

rumsteck [ʀɔmstɛk] nm = **romsteck**.

rupin, e ‡ [ʀypɛ̃, in] adj quartier ritzy ‡, plush(y) *; personne stinking ou filthy rich ‡.

rupture [ʀyptyʀ] nf (**a**) (annulation) [contrat] breach (de of); [relations diplomatiques] severance, rupture (de of); [pourparlers] breakdown (de of, in). (action) **la** ~ **des pourparlers entre les 2 pays** the breaking off of talks between the 2 countries; **après la** ~ **des négociations** after negotiations broke down ou were broken off. (**b**) (séparation amoureuse) break-up, split. (**c**) [câble, poutre] breaking; [digue] bursting; [organe] rupture; [tendon] tearing. **limite de** ~ breaking point; ~ **entre le passé et le présent** break between the past and the present; ~ **de rythme** (sudden) break in (the) rhythm; ~ **d'équilibre** (lit) loss of balance; (fig) upsetting of the balance; ~ **d'essieu** broken axle; **être en** ~ **de stock** to be out of stock. (**d**) (Ordin) ~ **de séquence** jump.

rural, e, mpl **-aux** [ʀyʀal, o] **1** adj country, rural. **2** nm, f country person.

ruse [ʀyz] nf (**a**) **la** ~ (pour gagner) cunning, craftiness, slyness; (pour tromper) trickery, guile. (**b**) (subterfuge) trick, ruse. (lit, fig) ~ **de guerre** stratagem, tactics. ◆ **rusé, e** adj personne cunning, crafty, sly. ◆ **ruser** (1) vi to use cunning, to use trickery.

rush [ʀœʃ] nm (afflux, Ciné) rush.

russe [ʀys] adj, nm, **R**~ nmf Russian. ◆ **Russie** nf Russia.

rustaud, e [ʀysto, od] **1** adj coarse. **2** nm, f country bumpkin, yokel.

rustine [ʀystin] *nf* ® rubber repair, patch *(for bicycle tyre)*.

rustique [ʀystik] **1** *adj (gén)* rustic; *vie* country; *(Agr)* hardy. **2** *nm (style)* rustic style.

rustre [ʀystʀ(ə)] **1** *nm (péj: brute)* lout, boor; *(†: paysan)* peasant. **2** *adj* boorish.

rut [ʀyt] *nm [mâle]* rut; *[femelle]* heat; *(période)* rutting *ou* heat period. **être en** ～ to be rutting; to be in *ou* on heat.

rutabaga [ʀytabaga] *nm* swede, rutabaga *(US)*.

rutiler [ʀytile] **(1)** *vi* to gleam, shine brightly.

◆ **rutilant, e** *adj* brightly shining, gleaming.
◆ **rutilement** *nm* gleam.

rythme [ʀitm(ə)] *nm* **(a)** *(Art, fig: cadence)* rhythm. *(Mus)* **au** ～ **de** to the beat *ou* rhythm of; *(Théât)* **pièce qui manque de** ～ play which lacks tempo, slow-moving play. **(b)** *(vitesse) (gén)* rate; *[vie, travail]* tempo, pace. ～ **cardiaque** (rate of) heartbeat; **à ce** ～**-là** at that rate; **suivre le** ～ to keep up (the pace); **au** ～ **de 1 000 par jour** at the rate of 1,000 a *ou* per day. ◆ **rythmé, e** *adj* rhythmic(al). ◆ **rythmer (1)** *vt* to give rhythm to, punctuate. ◆ **rythmique 1** *adj* rhythmic(al). **danse** ～ rhythmics *(sg)*. **2** *nf* rhythmics *(sg)*.

S

S, s [ɛs] *nm (lettre)* S, s. **en s** *route* zigzagging, winding; *barre* S-shaped.

s' [s] *V* **se, si¹.**

sa [sa] *adj poss V* **son¹.**

sabbat [saba] *nm (Rel)* Sabbath; *(*: bruit)* racket, row *.

sable [sɑbl(ə)] **1** *nm* sand. **de ~** *dune, vent* sand; *plage* sandy; **~s mouvants** quicksands; **mer de ~** sea of sand; **tempête de ~** sandstorm. **2** *adj inv* sandy, sand-coloured. ◆ **sablage** *nm [allée]* sanding; *[façade]* sandblasting. ◆ **sablé** *nm* shortbread biscuit *ou* cookie *(US)*. ◆ **sabler** (1) *vt* **(a)** *route* to sand; *façade* to sandblast. **(b)** ~ **le champagne** *(lit)* to drink *ou* have champagne; *(fig: fêter quelque chose)* to celebrate. ◆ **sableux, -euse** *ou* ◆ **sablonneux, -euse** *adj* sandy. ◆ **sablier** *nm (gén)* hourglass, sandglass; *(Culin)* egg timer. ◆ **sablière** *nf (carrière)* sand quarry.

sabord [sabɔʀ] *nm* scuttle *(Naut)*. ◆ **sabordage** *nm (Naut)* scuppering, scuttling; *(fig)* winding up, shutting down. ◆ **saborder** (1) **1** *vt navire, projet* to scupper, scuttle; *entreprise* to wind up, shut down. **2 se ~** *vpr (Naut)* to scupper *ou* scuttle one's ship; *[patron]* to wind up, shut down; *[candidat]* to write o.s. off, scupper o.s.

sabot [sabo] *nm (chaussure)* clog; *(Zool)* hoof; *(péj: machine)* useless heap *. **il travaille comme un ~** he's a hopeless worker; **~ de frein** brake shoe; **~ de Denver** Denver shoe.

saboter [sabɔte] (1) *vt* **(a)** *(Mil, Pol, fig)* to sabotage. **(b)** *(bâcler)* to make a (proper) mess of, botch; *(abîmer)* to mess up, ruin. ◆ **sabotage** *nm* **(a)** *(Mil, Pol, fig)* sabotage; *(acte)* act of sabotage. **(b)** *(bâclage)* botching. ◆ **saboteur, -euse** *nm, f* *(Mil, Pol)* saboteur; *(bâcleur)* shoddy worker, botcher.

sabre [sɑbʀ(ə)] *nm* sabre. **~ d'abordage** cutlass; **mettre ~ au clair** to draw one's sword. ◆ **sabrer** (1) *vt (Mil)* to sabre, cut down; *(*: recaler à l'examen)* to plough *; *(*: critiquer)* to tear to pieces; *(*: biffer)* to score out; *projet* to axe, chop *. **cette nouvelle m'a sabré (le moral)** I was really shattered by the news *.

sac [sak] **1** *nm* **(a)** *(gén)* bag; *(de grande taille, en toile)* sack; *(cartable)* (school) bag; *(à bretelles)* satchel. **(b)** *(contenu)* bag, bagful; sack, sackful. **(c)** *(*: argent)* ten francs. **(d)** *[ville]* sack(ing). **mettre à ~** *ville* to sack; *maison* to ransack. **2** *(locutions)* **mettre dans le même ~ *** to lump together; **l'affaire est dans le ~ *** it's in the bag *. **(f)** *(Anat)* sac. **2 :** ~ **de couchage** sleeping bag; **~ à dos** rucksack, knapsack; **~ à main** handbag, purse *(US)*; ~ **à provisions** shopping bag; *(en papier)* (paper) carrier; ~ **reporter** organizer bag; ~ **de voyage** overnight *ou* travelling bag.

saccade [sakad] *nf* jerk. **avancer par ~s** to move forward *ou* along in fits and starts *ou* jerkily; **rire par ~s** to give a jerky laugh. ◆ **saccadé, e** *adj* *gestes, style* jerky; *respiration* spasmodic, halting; *bruit* staccato; *sommeil* fitful.

saccager [sakaʒe] (3) *vt* **(a)** *(dévaster)* *pièce* to turn upside down; *jardin* to create havoc in, wreck. **saccagé par la grêle** devastated by the hail. **(b)** *(piller)* *ville* to sack, lay waste; *maison* to ransack. ◆ **saccage** *nm* havoc *(de* in).

saccharine [sakaʀin] *nf* saccharin(e).

sacerdoce [sasɛʀdɔs] *nm (Rel)* priesthood; *(fig)* calling, vocation. ◆ **sacerdotal, e,** *mpl* **-aux** *adj* priestly, sacerdotal.

sachet [saʃɛ] *nm [bonbons]* bag; *[poudre]* sachet; *[soupe]* packet. **de la soupe en ~** packet soup; ~ **de thé** tea bag.

sacoche [sakɔʃ] *nf (gén)* bag; *(pour outils)* toolbag; *[cycliste] (de selle)* saddlebag; *(de porte-bagages)* pannier; *[écolier]* (school)bag; *(à bretelles)* satchel.

sacquer * [sake] ◆ *vt* **(a)** *employé* to fire, give the sack * *ou* push ⚹ to. **se faire ~** to get the sack *, get fired *. **(b)** *élève (mauvaise note)* to give a lousy mark to ⚹; *(recaler)* to plough *, fail. **(c)** *(détester)* **je ne peux pas le ~** I can't stand him.

sacrer [sakʀe] (1) **1** *vt roi* to crown; *évêque* to consecrate. **2** *vi (* †)* to curse, swear. ◆ **sacraliser** (1) *vt* to regard as sacred, make sacred. ◆ **sacre** *nm [roi]* coronation; *[évêque]* consecration. *(Mus)* **le S~ du Printemps** the Rite of Spring. ◆ **sacré, e 1** *adj* **(a)** *(Rel)* sacred, holy; *art, droit, repas* sacred; *terreur* holy. **(b)** *(*) (maudit)* blasted *, confounded *, damned ⚹. *(considérable)* **c'est un ~ menteur** he's one heck * *ou* hell ⚹ of a liar; **ce ~ Paul a encore gagné** that devil Paul has gone and won again *. **2** *nm:* **le ~** the sacred. ◆ **sacrement** *nm* sacrament. ◆ **sacrément *** *adv froid etc* fearfully, damned ⚹. **ça m'a ~ plu** I liked it ever so much *.

sacrifice [sakʀifis] *nm (Rel, fig)* sacrifice. **faire le ~ de sa vie** to sacrifice one's life. ◆ **sacrifier** (7) **1** *vt (gén)* to sacrifice *(à* to, *pour* for); *(abandonner)* to give up; *(Comm)* *marchandises* to give away (at a knockdown price). **'prix ~s'** 'giveaway prices', 'rock bottom prices', 'prices slashed'. **2 ~ à** *vt indir* *mode* to conform to. **3 se ~** *vpr* to sacrifice o.s.

sacrilège [sakʀilɛʒ] **1** *adj (Rel, fig)* sacrilegious. **2** *nm* sacrilege. **3** *nmf* sacrilegious person.

sacripant [sakʀipɑ̃] *nm (†, hum)* rogue, scoundrel.

sacristie [sakʀisti] *nf (catholique)* sacristy; *(protestante)* vestry. ◆ **sacristain** *nm [sacristie]* sacristan; *[église]* sexton.

sacro-saint, e [sakʀosɛ̃, ɛ̃t] *adj (lit, iro)* sacrosanct.

sacrum [sakʀɔm] *nm* sacrum.

sadique [sadik] **1** *adj* sadistic. **2** *nmf* sadist. ◆ **sadiquement** *adv* sadistically. ◆ **sadisme** *nm* sadism.

sadomasochiste [sadɔmazɔʃist(ə)] **1** *adj* sadomasochistic. **2** *nmf* sadomasochist. ◆ **sadomasochisme** *nm* sadomasochism.

safari [safaʀi] *nm* safari. **faire un ~** to go on safari; **~-photo** photographic safari.

safran [safʀɑ̃] *nm, adj inv* saffron.

sagace [sagas] *adj (littér)* sagacious, shrewd. ◆ **sagacité** *nf* sagacity, shrewdness.

sagaie [sagɛ] *nf* assegai.

sage [saʒ] **1** *adj (avisé)* wise, sensible; *(chaste)* good, well-behaved; *(docile)* good, well-behaved; *(modéré)* *goûts etc* sober, moderate. ~ **comme une image** (as) good as gold. **2** *nm* wise man; *(Antiq)* sage. ◆ **sage-femme, pl sages-femmes** *nf* midwife. ◆ **sagement** *adv* wisely, sensibly; properly; moderately. **il est resté ~ assis** he sat quietly, he sat like a good child *(ou* boy). ◆ **sagesse** *nf* wisdom, (good) sense; properness; good behaviour; moderation.

Sagittaire [saʒitɛʀ] *nm:* **le ~** Sagittarius; **être (du) ~** to be Sagittarius *ou* a Sagittarian.

sagouin ‡ [sagwɛ̃] *nm (sale)* dirty *ou* filthy pig *; *(salopard)* swine ‡, slob ‡, bastard ‡; *(incompétent)* bungling idiot ‡.

Sahara [saaʀa] *nm:* **le ~** the Sahara (desert).

Sahel [saɛl] *nm:* **le ~** the Sahel.

saigner [seɲe] (1) **1** *vi* to bleed. **il saignait du nez** he had a nosebleed, his nose was bleeding. **2** *vt* to bleed. **~ qn à blanc** to bleed sb white. **3 se ~** *vpr:* **se ~ (aux quatre veines) pour qn** to bleed o.s. white for sb. ◆ **saignant, e** *adj plaie (lit)* bleeding; *(fig)* raw; *viande* rare, underdone; (‡) *critique* scathing, savage, biting; *mésaventure* damned nasty ‡. ◆ **saignée** *nf* (**a**) *(Méd)* bleeding. **faire une ~ à qn** to bleed sb, let sb's blood. (**b**) *[budget]* savage cut *(à, dans* in). **les ~s faites par la guerre** the heavy losses incurred by the war. (**c**) *(Anat)* **la ~ du bras** the bend of the arm. (**d**) *(sillon)* *[sol]* trench, ditch; *[mur]* groove. ◆ **saignement** *nm* bleeding. **~ de nez** nosebleed.

saillir[1] [sajiʀ] (13) *vi [corniche]* to jut out, stick out, project; *[menton, veine, muscle]* to protrude ; *[pommette]* to be prominent; *[yeux]* to bulge ◆ **saillant, e** *adj* jutting, projecting; protruding ; prominent; bulging; *événement* salient, outstanding. ◆ **saillie**[1] *nf* (**a**) *(aspérité)* projection. **faire ~** to project, jut out; **rocher qui s'avance en ~** rock which sticks *ou* juts out. (**b**) *(boutade)* witticism.

saillir[2] [sajiʀ] (2) **1** *vi (littér: jaillir)* to gush forth. **2** *vt (Zool)* to cover, serve. **saillie**[2] *nf (Zool)* covering, serving.

sain, saine [sɛ̃, sɛn] *adj* (**a**) *personne* healthy; *constitution, dents* healthy, sound. **~ et sauf** safe and sound. (**b**) *climat, nourriture* healthy, wholesome. **il est ~ de faire** it is good for you *ou* healthy to do. (**c**) *fondations, fruit* sound; *viande* good; *gestion* healthy. (**d**) *(moralement) personne* sane; *politique, jugement* sound, sane; *goûts* healthy; *lectures* wholesome. ◆ **sainement** *adv* healthily; soundly; wholesomely; sanely.

saindoux [sɛ̃du] *nm* lard.

saint, e [sɛ̃, sɛ̃t] **1** *adj* (**a**) *(sacré)* holy. **la ~e Famille** the Holy Family; **le vendredi ~** Good Friday; **le jeudi ~** Maundy Thursday; **le mardi ~** Tuesday of Holy Week; **le samedi ~** Easter Saturday; **toute la ~e journée** * the whole blessed day *; **avoir une ~e terreur de qch** * to have a holy terror of sth *. (**b**) *(devant prénom)* Saint. *(apôtre)* **~ Pierre** Saint Peter; *(église)* **S~-Pierre** Saint Peter's; *(fête)* **la S~-Pierre** the feast of Saint Peter; *(jour)* **à la S~-Pierre** on Saint Peter's day; **à la S~-Michel/ Martin** at Michaelmas/Martinmas. (**c**) *personne* saintly, godly; *action* pious, saintly, holy. **2** *nm, f (lit, fig)* saint; *(statue)* statue of a saint. **la fête de tous les ~s** All Saints' Day.

3 : ~-bernard *nm inv (chien)* St Bernard; *(fig)* good Samaritan; **S~-Domingue** Santo Domingo; **le S~- Esprit** the Holy Spirit *ou* Ghost; **~-frusquin** * clobber *, gear *; **et tout le ~-frusquin** * and the whole caboodle; **à la ~-glinglin** never in a month of Sundays; **attendre jusqu'à la ~-glinglin** to wait till the cows come home; **on ne va pas rester là jusqu'à la ~-glinglin** we're not going to hang around here forever *; **S~-e-Hélène** St Helena; **le S~-Laurent** the St Lawrence (river); *(péj)* **~e nitouche** (pious *ou* saintly) hypocrite; **~ patron** patron saint; **S~- Père** Holy Father; **S~-Pierre-et-Miquelon** Saint Pierre and Miquelon; **le ~ sacrement** the Blessed Sacrament; *(Rel, fig)* **le S~ des S~s** the Holy of Holies; **le S~ Suaire** the Holy Shroud; **le S~-Siège** the Holy See; **la S~-Sylvestre** New Year's Eve; **la S~e Vierge** the Blessed Virgin.

◆ **saintement** *adv* like a saint. ◆ **sainteté** *nf [personne]* saintliness; *[Évangile, Vierge]* holiness; *[lieu, mariage]* sanctity. **Sa S~ (le pape)** His Holiness (the Pope).

saisir [seziʀ] (2) **1** *vt* (**a**) *(prendre)* to take hold of, catch hold of; *(s'emparer de)* to seize, grab (hold of); *prétexte* to seize. **~ qn à la gorge** to grab *ou* seize sb by the throat; **~ une occasion au vol** to jump at the opportunity. (**b**) *mot, nom* to catch, get; *explications* to grasp, understand, get. (**c**) *[sentiment]* to take hold of, seize, grip; *[malaise]* to come over. *(surprendre)* **~ qn** to bring sb up with a start; **saisi de joie** overcome with joy; **saisi de panique** seized with panic, panic-stricken; **être saisi par** *horreur* to be gripped by, be transfixed with; *ressemblance, froid* to be struck by; **elle fut tellement saisie que...** she was so overcome that... (**d**) *(Jur) personne, chose* to seize; *juridiction* to submit *ou* refer to. **~ la Cour de Justice** to complain to the Court of Justice. (**e**) *(Culin)* to seal, fry briskly. (**f**) *(Ordin)* to capture, keyboard. **2 se ~** *vpr:* **se ~ de qch/qn** to seize *ou* grab sth/sb. ◆ **saisie** *nf [biens, journal]* seizure. *(Ordin)* **~ de données** data capture *ou* keyboarding; **~-arrêt** distraint. ◆ **saisissant, e** *adj spectacle* gripping; *ressemblance* startling, striking. ◆ **saisissement** *nm (froid)* sudden chill; *(émotion)* (rush of) emotion; *(surprise)* surprise.

saison [sɛzɔ̃] *nf* season; *(cure)* cure. **la belle ~** the summer months; **en cette ~** at this time of year; **en toutes ~s** all (the) year round; **temps de ~** seasonable weather; **la ~ des pluies** the rainy *ou* wet season; **la ~ littéraire/théâtrale** the literary/ theatre season; *(Tourisme)* **haute/basse ~** high/low *ou* off-season; **hors ~** *plante* out of season. ◆ **saisonnier, -ière** **1** *adj* seasonal. **2** *nm, f* seasonal worker.

saké [sake] *nm* sake.

salade [salad] *nf* (**a**) *(laitue)* lettuce; *(scarole)* curly endive; *(plat)* green salad. **~ de tomates** *etc* tomato *etc* salad; **~ niçoise** salade niçoise; **~ composée** mixed salad; **haricots en ~** bean salad. (**b**) (* *fig) (confusion)* tangle, muddle. *(mensonges)* **~s** stories *; *[représentant]* **vendre sa ~** to sell one's line. ◆ **saladier** *nm* salad bowl.

salaire [salɛʀ] *nm* (**a**) *(gén)* wage(s), salary, pay. **~ de famine** *ou* **de misère** starvation wage; **~ brut/net** gross/net wage, ≃ before-tax/tax-deducted *ou* disposable income. (**b**) *(fig: récompense, châtiment)* reward *(de* for).

salaison [salɛzɔ̃] *nf (procédé)* salting; *(aliment)* salt meat *(ou* fish).

salamandre [salamɑ̃dʀ(ə)] *nf (Zool)* salamander; *(poêle)* slow-combustion stove.

salami [salami] *nm* salami.

salarié, e [salaʀje] **1** *adj travailleur* salaried, wageearning; *travail* paid. **2** *nm, f* salaried employee, wage-earner.

salaud ‡ [salo] *nm* bastard, swine ‡.

sale [sal] *adj* (**a**) *(crasseux)* dirty. **~ comme un cochon** filthy (dirty). (**b**) *(ordurier)* dirty, filthy. (**c**) (*: *avant n : mauvais) (gén)* nasty; *temps, caractère* rotten *, foul, lousy *. **~ tour** dirty trick; **faire une ~ tête** * to be damned annoyed ‡.

salé, e [sale] **1** *adj* (**a**) *saveur, mer* salty; *amande, plat, beurre* salted; *gâteau (non sucré)* savoury; *(au goût ~)* salty; *(conservé au sel) poisson, viande* salt. (**b**) (*: *grivois)* spicy, juicy. (**c**) (*) *punition* stiff; *facture* steep. **2** *nm (nourriture)* salty food; *(porc salé)* salt pork. **préférer le ~ au sucré** to prefer savoury *ou* salty (US) foods to sweet. **3** *adv:* **manger ~** to like a lot of salt on one's food.

salement [salmɑ̃] *adv* dirtily; (‡: *très)* damned ‡. **j'ai eu ~ peur** I had a hell of a fright ‡, I was damned scared ‡.

saler [sale] (1) *vt* (**a**) *(lit)* to put salt in, salt. (**b**) (*) *client* to do *, fleece; *facture* to bump up *; *inculpé* to be tough on *.

saleté [salte] *nf* (**a**) *(malpropreté) [lieu, personne]* dirtiness; *(crasse)* dirt, filth. **il y a une ~ par terre** there's some dirt on the floor; **tu as fait des ~s** *ou* **de la ~ partout** you've made a mess all over the place. (**b**) (*) **de la ~ , une ~** *(objet)* rubbish, junk; *(nourriture)* rubbish, muck *; **ce réfrigérateur est une ~** *ou* **de la ~** this fridge is a load of old rubbish *; **acheter une ~** to buy some (old) junk *ou* rubbish *ou* trash. (**c**) (*) *(maladie)* nasty bug *; *(obscénité)* dirty *ou* filthy remark; *(méchanceté)* dirty *ou* filthy trick *; *(salaud)* nasty piece of work *, nasty character.

salière [saljɛʀ] *nf* saltcellar.

saligaud ‡ [saligo] *nm (malpropre)* dirty *ou* filthy pig *; *(salaud)* swine ‡, bastard ‡.

salin, e [salɛ̃, in] *adj* saline.

salir [saliʀ] (2) **1** *vt lieu* to (make) dirty, mess up. **~ qn** to soil *ou* tarnish sb's reputation. **2 se ~** *vpr [tissu]* to get dirty *ou* soiled; *[personne]* to get dirty, dirty o.s. *(lit, fig)* **se ~ les mains** to get one's hands dirty, dirty one's hands. ◆ **salissant, e** *adj étoffe* which shows the dirt; *travail* dirty, messy.

salive [saliv] *nf* saliva, spittle. ◆ **saliver** (1) *vi* to salivate; *[animal]*, *(péj)* to drool. **ça le faisait ~** *[nourriture]* it made his mouth water; *[spectacle]* it made him drool.

salle [sal] **1** *nf* (**a**) *[musée, café]* room; *[château]* hall; *[restaurant]* (dining) room; *[hôpital]* ward. (**b**) *(Ciné, Théât)* *(auditorium)* auditorium, theatre; *(public)* audience; *(cinéma)* cinema, movie theater *(US)*. **faire ~ comble** to have a full house, pack the house; **cinéma à plusieurs ~s** film-centre with several cinemas; **film projeté dans la ~ 3** film showing in cinema 3. **2 : ~ d'attente** waiting room; **~ de bain(s)** bathroom; **~ de classe** classroom; **~ de concert** concert hall; **~ d'eau** shower-room; *(Aviat)* **~ d'embarquement** departure lounge; **~ des fêtes** village hall; **~ à manger** *(pièce)* dining room; *(meubles)* dining room suite; **~ d'opération** operating theatre *ou* room *(US)*; **~ des professeurs** staff room; **~ de réanimation** *ou* **de réveil** recovery room; **~ de rédaction** (newspaper) office; **~ de séjour** living room; **~ de soins** treatment room; **~ de spectacle** theatre; cinema; **~ des ventes** sale-room, auction room.

salon [salɔ̃] **1** *nm* (**a**) *[maison]* lounge, sitting room; *[hôtel]* lounge; *[navire]* saloon, lounge. (**b**) *(hôtel)* *(pour les clients)* lounge; *(pour conférences)* function room. (**c**) *(meubles)* lounge *ou* living-room suite. **~ de jardin** set of garden furniture. (**d**) *(exposition)* exhibition, show. (**e**) *(cercle littéraire)* salon. *(hum)* **faire ~** to have a natter *. **2 : S~ de l'Auto** Motor *ou* Car Show; **~ de coiffure** hairdressing salon; **~ de thé** tearoom.

salopard ‡ [salɔpaʀ] *nm* bastard ‡, swine ‡.

salope ‡ [salɔp] *nf (méchante)* bitch ‡; *(dévergondée)* whore, tart ‡; *(sale)* slut.

saloper ‡ [salɔpe] (1) *vt (bâcler)* to botch, bungle; *(salir)* to mess up *, muck up *.

saloperie ‡ [salɔpʀi] *nf* (**a**) **de la ~** *(nourriture)* rubbish, muck *; *(objet)* trash, junk, rubbish; **acheter une ~** to buy some (old) trash *ou* junk *ou* rubbish. (**b**) *(maladie)* nasty bug *; *(action)* dirty trick *; *(obscénité)* dirty *ou* filthy remark. (**c**) *(crasse)* filth. **ça fait de la ~** *ou* **des ~s partout** it makes a mess everywhere.

salopette [salɔpɛt] *nf (gén)* dungarees; *[ouvrier]* overall(s); *(Ski)* salopette.

salpêtre [salpɛtʀ(ə)] *nm* saltpetre.

salsa [salsa] *nf* salsa.

salsifis [salsifi] *nm* salsify, oyster-plant.

saltimbanque [saltɛ̃bɑ̃k] *nmf* (travelling) acrobat.

salubre [salybʀ(ə)] *adj* healthy, salubrious. ◆ **salubrité** *nf* healthiness, salubrity. **~ publique** public health.

saluer [salɥe] (1) *vt (gén, fig)* to greet; *(Mil, Naut)* to salute. *(dire au revoir)* **~ qn** to take one's leave of sb; **~ qn de la main** to wave (one's hand) to sb (in greeting); **~ qn d'un signe de tête** to nod (a greeting) to sb; **saluez-le de ma part** give him my regards; **~ (le public)** to bow to the audience; **'je vous salue, Marie'** 'Hail, Mary'.

salut [saly] **1** *nm* (**a**) *(de la main)* wave (of the hand); *(de la tête)* nod (of the head); *(du buste)* bow; *(Mil, Naut)* salute. (**b**) *(sauvegarde)* safety. **mesures de ~ public** state security measures, measures to protect national security; **ancre** *ou* **planche de ~** sheet anchor. (**c**) *(Rel: rédemption)* salvation. **2** *excl* (**a**) (*) *(bonjour)* hi (there)! *, hello!; *(au revoir)* see you! *, bye! *. (**b**) *(littér)* **~ (à toi)** (all) hail (to thee).

salutaire [salytɛʀ] *adj (gén)* salutary; *air* healthy; *remède* beneficial. **ça m'a été ~** it did me good *ou* was good for me.

salutation [salytasjɔ̃] *nf* salutation, greeting. **veuillez agréer, Monsieur, mes ~s distinguées** yours faithfully *ou* truly.

Salvador [salvadɔʀ] *nm: le ~** El Salvador. ◆ **salvadorien, -ienne** *adj*, **S~(ne)** *nm(f)* Salvadorian.

salve [salv(ə)] *nf* salvo.

samba [sɑ̃mba] *nf* samba.

samedi [samdi] *nm* Saturday. **~ nous irons** on Saturday we'll go; **~ qui vient** this Saturday, next Saturday; **un ~ sur deux** every other *ou* second Saturday; **~ , le 18 décembre** Saturday December 18th; **le ~ 23 janvier** on Saturday January 23rd; **~ soir** Saturday evening *ou* night.

sanatorium [sanatɔʀjɔm] *nm* sanatorium, sanitarium *(US)*.

sanctifier [sɑ̃ktifje] (7) *vt* to sanctify, hallow, bless. ◆ **sanctification** *nf* sanctification. ◆ **sanctifié, e** *adj* blessed.

sanction [sɑ̃ksjɔ̃] *nf* (**a**) *(condamnation)* sanction, penalty; *(Scol)* punishment; *(fig: conséquence)* penalty *(de* for). **prendre des ~s contre qn** to take action against sb; **imposer des ~s contre qn** to impose sanctions on sb. (**b**) *(ratification)* sanction, approval. ◆ **sanctionner** (1) *vt (punir)* to punish; *(consacrer)* to sanction, approve.

sanctuaire [sɑ̃ktɥɛʀ] *nm* sanctuary.

sandale [sɑ̃dal] *nf* sandal. ◆ **sandalette** *nf* sandal.

sandow [sɑ̃do] *nm* ® *(attache)* luggage elastic; *(Aviat)* catapult.

sandwich [sɑ̃dwitʃ] *nm* sandwich. **(pris) en ~ (entre)** * sandwiched (between).

sang [sɑ̃] *nm (lit, fig)* blood. **animal à ~ froid/ chaud** cold-blooded/warm-blooded animal; **être en ~** to be bleeding; **du même ~** of the same flesh and blood; **avoir le ~ chaud** to be hot-blooded; **il a le jeu dans le ~** he's got gambling in his blood; **mon ~ n'a fait qu'un tour** *(peur)* my heart missed *ou* skipped a beat; *(colère)* I saw red; **se faire un ~ d'encre** * to be worried stiff *; **se ronger les ~s** to worry (o.s.), fret. ◆ **sang-froid** *nm inv* sangfroid, self-control. **garder/perdre son ~-~** to keep/ lose one's head; **faire qch de ~-~** to do sth in cold blood *ou* cold-bloodedly; **répondre avec ~-~** to reply coolly *ou* calmly. ◆ **sanglant, e** *adj (gén)* bloody; *insulte, défaite* savage.

sangle [sɑ̃gl(ə)] *nf (gén)* strap; *[selle]* girth. *[siège]* **~s** webbing. ◆ **sangler** (1) *vt cheval* to girth; *colis, corps* to strap up.

sanglier [sɑ̃glije] *nm* (wild) boar.

sanglot [sɑ̃glo] *nm* sob. ◆ **sangloter** (1) *vi* to sob.

sangsue [sɑ̃sy] *nf (lit, fig)* leech.

sanguin, e [sɑ̃gɛ̃, in] **1** adj caractère fiery; visage ruddy; (Anat) blood. **2** nf (Bot) blood orange; (dessin) red chalk drawing.

sanguinaire [sɑ̃ginɛR] adj personne bloodthirsty; combat bloody.

sanguinolent, e [sɑ̃ginɔlɑ̃, ɑ̃t] adj linge streaked with blood; plaie slightly bleeding.

sanitaire [sanitɛR] **1** adj (a) (Méd) services, mesures health; conditions sanitary. (b) (Plomberie) **l'installation** ~ the bathroom plumbing; **appareil** ~ bathroom ou sanitary appliance. **2** nmpl: **les** ~**s** (lieu) the bathroom; (appareils) the bathroom suite; (plomberie) the bathroom plumbing.

sans [sɑ̃] **1** prép **(a)** (gén) without. **je suis sorti** ~ **chapeau ni manteau** I went out without a hat or coat ou with no hat or coat; **repas à 60 F** ~ **le vin** meal at 60 francs exclusive of wine ou not including wine; **être** ~ **abri** to be homeless; **être** ~ **travail** ou ~ **emploi** to be unemployed ou out of work; **manger** ~ **fourchette/faim** to eat without a fork/without feeling hungry; **non** ~ **mal** not without difficulty; **marcher** ~ **chaussures** to walk barefoot; **marcher** ~ **but** to walk aimlessly; **il est** ~ **scrupules** he is unscrupulous, he has no scruples, he is devoid of scruples; **robe** ~ **manches** sleeveless dress; ~ **père** fatherless, with no father; **dictée** ~ **fautes** error-free dictation; **demain** ~ **faute** tomorrow without fail; **je le connais,** ~ **plus** I know him but no more than that. **(b)** (cause négative) but for. ~ **cette réunion, il aurait pu partir ce soir** if it had not been for ou were it not for ou but for this meeting he could have left tonight. **(c)** (avec infin ou subj) without. **vous n'êtes pas** ~ **savoir que** you must be aware that; **je n'irai pas** ~ **être invité** ou ~ **que je sois invité** I won't go without being invited ou unless I am invited; ~ **plus attendre** without further delay; **j'y crois** ~ **y croire** I believe it and I don't; **je ne suis pas** ~ **avoir des doutes** I have my doubts ou I am not without some doubts; **il ne se passe pas de jour** ~ **qu'il lui écrive** not a day passes without his writing to him; **il va** ~ **dire que** it goes without saying that. **(d)** (*) ~ **ça,** ~ **quoi** otherwise; if not; **sois sage,** ~ **ça...!** be good or else...!, be good — otherwise...! **2** adv (*) **votre parapluie! vous alliez partir** ~ your umbrella! you were going to go off without it. **3** : ~**-abri** nmf inv homeless person; ~**-emploi** nmf inv unemployed person; **les** ~**-emploi** nmpl the jobless, the unemployed, those out of work; ~ **faute** loc adv without fail; **faire un** ~ **fautes** (Équitation) to do a clear round; (fig: Pol etc) not to put a foot wrong; ~**-gêne** (adj inv) inconsiderate; (nm inv) lack of consideration (for others); (nmf inv) inconsiderate type; ~**-soin** (adj inv) careless; (nmf inv) careless person; ~**-le-sou** adj inv penniless; ~**-souci** adj inv carefree; ~**-travail** nmf inv = ~**-emploi**.

santé [sɑ̃te] nf health. **avoir la** ~ to be healthy, be in good health; **meilleure** ~ get well soon; (Admin) **services de** ~ health services; (en trinquant) **à votre** ~**!** cheers! *; **à la** ~ **de Paul!** here's to Paul!; **boire à la** ~ **de qn** to drink (to) sb's health.

saoul, e [su, sul] = **soûl**.

sape [sap] nf **(a)** (lit, fig: action) undermining, sapping; (tranchée) approach ou sapping trench. **(b)** (habits) ~**s** ⚹ gear *, clobber ⚹. ♦ **saper** (1) **1** vt (lit, fig) to undermine, sap. **2 se** ~ ⚹ vpr to do o.s. up *. **bien sapé** well turned out ou got up *. ♦ **sapeur** nm (Mil) sapper. ~**-pompier** fireman.

saphir [safiR] nm (pierre) sapphire; (aiguille) sapphire, needle.

sapin [sapɛ̃] nm (arbre) fir (tree); (bois) fir. ~ **de Noël** Christmas tree. ♦ **sapinière** nf fir plantation ou forest.

saquer * [sake] (1) vt = **sacquer** *.

sarabande [saRabɑ̃d] nf (danse) saraband; (*: tapage) racket, hullabaloo *. **faire la** ~ * to make a racket; ~ **de chiffres** jumble of figures.

sarbacane [saRbakan] nf (arme) blowpipe, blowgun; (jouet) peashooter.

sarcasme [saRkasm(ə)] nm (ironie) sarcasm; (remarque) sarcastic remark. ♦ **sarcastique** adj sarcastic.

sarcler [saRkle] (1) vt jardin to weed; mauvaise herbe to hoe. ♦ **sarclette** nf, **sarcloir** nm spud, weeding hoe.

sarcome [saRkom] nm sarcoma.

sarcophage [saRkɔfaʒ] nm (cercueil) sarcophagus.

Sardaigne [saRdɛɲ] nf Sardinia. ♦ **sarde** adj, nm, **S**~ nmf Sardinian.

sardine [saRdin] nf sardine.

sardonique [saRdɔnik] adj sardonic. ♦ **sardoniquement** adv sardonically.

sarment [saRmɑ̃] nm: ~ **(de vigne)** vine shoot.

sarrasin [saRazɛ̃] nm (Bot) buckwheat.

sas [sɑ] nm **(a)** (Espace, Naut) airlock; (écluse) lock. **(b)** (tamis) sieve, screen.

Satan [satɑ̃] nm Satan. ♦ **satané, e** * adj blasted *, confounded *. ♦ **satanique** adj satanic.

satellite [satelit] nm (lit, fig) satellite. ~ **de communication/de télécommunications/de radiodiffusion** communications / telecommunications / broadcast satellite. ♦ **satelliser** (1) vt fusée to put into orbit; pays to make into a satellite.

satiété [sasjete] nf satiety, satiation. **à** ~ manger to satiety ou satiation; répéter ad nauseam; **j'en ai à** ~ I've more than enough.

satin [satɛ̃] nm satin. ♦ **satiné, e** adj tissu, aspect satiny, satin-like; peinture with a silk finish. ♦ **satiner** (1) vt étoffe to put a satin finish on; photo to put a silk finish on.

satire [satiR] nf satire. ♦ **satirique** adj satirical. ♦ **satiriquement** adv satirically. ♦ **satiriser** (1) vt (gén) to satirize.

satisfaction [satisfaksjɔ̃] nf satisfaction; (désir) satisfaction, gratification. **je vois avec** ~ **que** I'm gratified to see that; **à la** ~ **de tous** to everybody's satisfaction; **leur fils ne leur a donné que des** ~**s** their son has been a (source of) great satisfaction to them; **donner** ~ **à qn/obtenir** ~ to give sb/get satisfaction (de qch for sth). ♦ **satisfaire** (60) **1** vt (gén) to satisfy; désir, besoin to satisfy, gratify; demande to satisfy, meet. ~ **l'attente de qn** to come up to sb's expectations; (Ind) **arriver à** ~ **la demande** to keep up with demand. **2** ~ **à** vt indir to satisfy; to gratify; to meet; promesse, condition to fulfil. **3 se** ~ vpr to be satisfied (de with); (euph) to relieve o.s. ♦ **satisfaisant, e** adj (acceptable) satisfactory; (qui fait plaisir) satisfying. ♦ **satisfait, e** adj satisfied. **être** ~ **de** décision to be satisfied with, be happy with ou about; soirée to be pleased with; ~ **de soi** self-satisfied.

saturer [satyRe] (1) vt **(a)** (gén, Sci) to saturate (de with). **saturé d'eau** terre waterlogged; (lit, fig) **j'en suis saturé** I've had my fill of it. **(b)** (Télec) **être saturé** [réseau] to be overloaded ou saturated; [standard] to be jammed; [lignes] to be engaged ou busy (US). ♦ **saturation** nf (gén, Sci) saturation (de of). **être à** ~ to be at saturation point.

Saturne [satyRn(ə)] **1** nm (Myth) Saturn. **2** nf (Astron) Saturn.

satyre [satiR] nm (*: obsédé) sex maniac; (Myth) satyr.

sauce [sos] nf (Culin) sauce; [salade] dressing; (jus de viande) gravy. ~ **blanche** etc white etc sauce; **à quelle** ~ **allons-nous être mangés?** I wonder what fate has in store for us; **mettre de la** ~ **dans un discours** to pad out ou add some padding to a speech; **mettre un exemple à toutes les** ~**s** to turn *ou* adapt an example to fit any case; **recevoir la ~ *** to get soaked *ou* drenched. ♦ **saucer** (3) *vt assiette* to wipe (the sauce off). **se faire ~ *** to get soaked *ou* drenched. ♦ **saucière** *nf* sauceboat; *[jus de viande]* gravy boat.

saucisse [sosis] *nf* sausage. **~ de Francfort** frankfurter. ♦ **saucisson** *nm* (slicing) sausage.

sauf¹, sauve [sof, sov] *adj personne* unharmed, unhurt; *honneur* saved, intact. ♦ **sauf-conduit,** *pl* **sauf-conduits** *nm* safe-conduct.

sauf² [sof] *prép (à part)* except; *(à moins de)* unless. **tout le monde ~ lui** everyone except *ou* but him; **~ si** except if, unless; **~ avis contraire** unless you hear otherwise *ou* to the contrary; **~ erreur de ma part** if I'm not mistaken.

sauge [soʒ] *nf (Culin)* sage; *(ornementale)* salvia.

saugrenu, e [sogʀəny] *adj* preposterous, ludicrous.

saule [sol] *nm* willow (tree). **~ pleureur** weeping willow.

saumâtre [somɑtʀ(ə)] *adj goût* brackish, briny; *(fig)* unpleasant.

saumon [somɔ̃] **1** *nm* salmon. **2** *adj inv* salmon pink.

saumure [somyʀ] *nf* brine.

sauna [sona] *nm* sauna.

saupoudrer [sopudʀe] (1) *vt (gén)* to sprinkle; *(Culin)* to dredge, dust, sprinkle *(de* with).

saut [so] *nm (lit, fig: bond)* jump, leap; *(Sport: épreuve, spécialité)* jumping. **faire qch au ~ du lit** to do sth on getting up *ou* getting out of bed; **faire un ~ chez qn** to pop over *ou* round to sb's (place) *, drop in on sb; **il a fait un ~ jusqu'à Bordeaux** he paid a flying visit to Bordeaux; **~ avec/sans élan** running/standing jump; **~ en hauteur** high jump; **~ en longueur** long jump; **~ en parachute** *(sport)* parachuting, parachute jumping; *(bond)* parachute jump; **~ à la perche** *(sport)* pole vaulting; *(bond)* (pole) vault; **~ périlleux** somersault. ♦ **saute** *nf:* **~ de humeur** sudden change of; *température* jump in; **~ de vent** (sudden) change of wind direction; *(TV)* **pour empêcher les ~s d'images** to stop the picture flickering, keep the picture steady. ♦ **sauté, e** *adj, nm* sauté.

sauter [sote] (1) **1** *vi* **(a)** *(gén, fig)* to jump, leap; *[oiseau]* to hop. **~ à pieds joints** to make a standing jump; **~ à cloche-pied** to hop; **~ à la corde** to skip *(with a rope)*; **~ en parachute** *(gén, Sport)* to parachute; *(en cas d'accident)* to bale out, bail out *(US)*, make an emergency (parachute) jump; **~ à la perche** to pole-vault; **il sauta de la table** he jumped *ou* leapt (down) off *ou* from the table; **~ en l'air** to jump *ou* leap *ou* spring up; *(de colère)* to hit the roof *; *(de peur)* to jump, start; **~ de joie** to jump for joy; **~ à la gorge/au cou de qn** to fly at sb's throat/into sb's arms; *(fig)* **~ sur une occasion** to jump *ou* leap at an opportunity; **~ d'un sujet à l'autre** to jump *ou* leap *ou* skip from one subject to another; **il m'a sauté dessus** he pounced on me, he leapt at me; **va faire tes devoirs, et que ça saute!** * go and do your homework and get a move on! * *ou* be quick about it!; **cela saute aux yeux** it sticks out a mile, it's (quite) obvious. **(b)** *[bouchon]* to pop *ou* fly off; *[chaîne de vélo]* to come off; *[bombe, pont]* to blow up, explode; *(Élec) [circuit]* to fuse; *[fusible]* to blow; (*) *[employé, ministère]* to get fired, get the sack *; *[projet]* to get kicked out ‡; *[cours]* to be cancelled. **(c)** **faire ~** *train, caserne* to blow up; *(Élec)* *plombs* to blow; *crêpe* to toss; *serrure* to break open; (*: *annuler)* to cancel; *(Culin)* to sauté, shallowfry; **faire ~ un enfant sur ses genoux** to bounce *ou* dandle a child on one's knee; *(Casino)* **faire ~ la banque** to break the bank; **se faire ~ la cer-**

velle * to blow one's brains out. **(d)** *(clignoter)* *[paupière]* to twitch; *[télévision]* to flicker. **2** *vt obstacle* to jump (over), leap (over); *page, repas* to skip, miss (out). *(fig)* **~ le pas** to take the plunge; **on la saute ici!** ‡ we're starving to death here! *

♦ **saute-mouton** *nm* leapfrog. ♦ **sauterelle** *nf* *(gén)* grasshopper; *(criquet)* locust. *(lit, fig)* **nuage** *ou* **nuée de ~s** plague *ou* swarm of locusts; **(grande) ~ *** beanpole. ♦ **sauterie** *nf* party. ♦ **sauteur, -euse** **1** *nm, f* jumper. **~ à la perche** pole-vaulter. **2** *nf (Culin)* high-sided frying pan.

sautiller [sotije] (1) *vi [oiseau]* to hop; *[enfant]* to skip; *(sur un pied)* to hop. ♦ **sautillant, e** *adj mouvement* hopping, skipping; *musique* bouncy, bouncing. ♦ **sautillement** *nm:* **~(s)** hopping, skipping.

sautoir [sotwaʀ] *nm (Bijouterie)* chain. **porter qch en ~** to wear sth (on a chain) round one's neck.

sauvage [sovaʒ] **1** *adj* **(a)** *(gén)* wild; *peuplade, combat* savage; *(fig: insociable)* unsociable. **vivre à l'état ~** to live wild. **(b)** *vente* unauthorized; *concurrence* unfair; *grève, école* unofficial; *urbanisation* unplanned. **faire du camping ~** *(illégal)* to camp on unauthorized sites; *(dans la nature)* to camp in the wild, camp rough. **2** *nmf (solitaire)* unsociable type, recluse; *(brute)* brute, savage; *(indigène)* savage. ♦ **sauvagement** *adv* savagely, wildly. ♦ **sauvagerie** *nf* savagery.

sauve [sov] *adj f* V **sauf¹**.

sauvegarde [sovgard(ə)] *nf (gén)* safeguard; *(Ordin)* backup. **sous la ~ de** under the protection of; *(Ordin)* **faire la ~ d'un programme** to save a program, make a backup of a program. ♦ **sauvegarder** (1) *vt (gén)* to safeguard; *(Ordin)* to save.

sauve-qui-peut [sovkipø] *nm inv (panique)* stampede, mad rush.

sauver [sove] (1) **1** *vt (gén)* to save; *(en portant secours)* to rescue *(de* from); *(en retirant des décombres)* meubles to salvage. **ce sont les illustrations qui sauvent le livre** it's the illustrations which save *ou* redeem the book; **~ la vie à** *ou* **de qn** to save sb's life; *(fig)* **~ les meubles** to salvage *ou* save sth from the wreckage *(fig)*; **~ la situation** to retrieve the situation; **~ les apparences** to keep up appearances; **~ la face** to save face; **il m'a sauvé la mise** he bailed me out, he got me out of a tight corner. **2 se ~** *vpr* **(a) se ~ de** *danger* to save o.s. from. **(b)** *(s'enfuir)* to run away *(de* from); (*: *partir)* to be off, get going; *[lait]* to boil over. ♦ **sauvetage** *nm* rescue; *(moral)* salvation; *[biens]* salvaging. **~ en montagne** mountain-rescue; **cours de ~** life-saving lessons; *(Écon)* **proposer un plan de ~ de la firme** to put forward a rescue plan for the firm. ♦ **sauveteur** *nm* rescuer. ♦ **sauveur** *adj m, nm* saviour.

sauvette * [sovɛt] *nf:* **à la ~** hastily, hurriedly; **vendre à la ~** to hawk *ou* peddle on the streets *(without authorization)*.

savane [savan] *nf* savannah.

savant, e [savɑ̃, ɑ̃t] **1** *adj (érudit)* learned, scholarly; *(habile)* clever, skilful; *chien, puce* performing. *(hum)* **c'est trop ~ pour moi** it's too learned *ou* highbrow for me. **2** *nm (sciences)* scientist; *(lettres)* scholar. ♦ **savamment** *adv* learnedly; skilfully, cleverly. *(par expérience)* **j'en parle ~** I speak knowingly.

savate * [savat] *nf (pantoufle)* worn-out old slipper; *(soulier)* worn-out old shoe. **être en ~s** to be in one's slippers.

saveur [savœʀ] *nf* flavour; *(fig)* savour.

Savoie [savwa] *nf* Savoy. ♦ **savoyard, e** *adj*, **S~(e)** *nm(f)* Savoyard.

savoir [savwaʀ] (32) **1** vt **(a)** adresse, nom, leçon to know; nouvelle to hear, learn of. **je la savais malade** I knew (that) she was ill, I knew her to be ill; **elle sait cela par** ou **de son boucher** she heard it from her butcher; **personne ne savait sur quel pied danser/où se mettre** nobody knew what to do/where to put themselves; **je crois ~ que** I believe ou understand that; **il ment — qu'en savez-vous?** he is lying — how do you know? ou what do you know about it?; **il nous a fait ~ que** he informed us ou let us know that; **ça finira bien par se ~** it will surely end up getting out ou getting known, it'll get out in the end. **(b)** (avec infin : être capable de) to know how to. **elle sait lire** she can read, she knows how to read; **~ plaire** to know how to please; **il sait parler aux enfants** he's good at talking to children; **elle saura bien se défendre** she'll be quite able to look after herself, she'll be quite capable of looking after herself; **~ y faire** ou **s'y prendre** to know how to go about things (the right way); **il faut ~ attendre** you have to learn to be patient; **je ne saurais pas vous répondre** I'm afraid I couldn't answer you. **(c)** (se rendre compte) to know. **il ne sait plus ce qu'il dit** he doesn't know ou realize what he's saying, he isn't aware of what he's saying; **il se savait très malade** he knew he was very ill; **sans le ~** unknowingly. **(d)** (locutions) **qui sait?** who knows?; **et que sais-je encore** and I don't know what else; **il nous a emmenés je ne sais où** he took us goodness knows where; **elle ne sait pas quoi faire pour l'aider** she's at a loss to know how to help him; **on ne sait jamais** you never know, you can never tell; **pas que je sache** not as far as I know, not to my knowledge; **sachons-le bien, si...** let's be quite clear, if...; **sachez que** you should know that, let me tell you that; (énumération) **à ~** that is, namely, i.e.; (hum) **la personne que vous savez** you-know-who; **vous n'êtes pas sans ~ que** you are not unaware (of the fact) that; **il ne savait à quel saint se vouer** he didn't know which way to turn; **elle ne savait où donner de la tête** she didn't know what to do first; **si j'avais su** had I known, if I had known. **2** nm learning, knowledge. **~-faire** know-how *; **~-vivre** savoir-faire, mannerliness; **avoir du ~-vivre** to know how to behave.

savon [savɔ̃] nm (matière) soap; (morceau) bar ou cake of soap. **~ à barbe/de Marseille** shaving/household soap; **~ en poudre** soap powder; **il m'a passé un ~** * he gave me a ticking-off * ou dressing-down *. ◆ **savonnage** nm soaping. ◆ **savonner** (1) vt to soap. ◆ **savonnette** nf bar ou cake of (toilet) soap. ◆ **savonneux, -euse** adj soapy.

savourer [savuʀe] (1) vt to savour. ◆ **savoureux, -euse** adj plat tasty, flavoursome; anecdote juicy, spicy.

Saxe [saks(ə)] nf Saxony.

saxophone [saksɔfɔn] nm saxophone. ◆ **saxophoniste** nmf saxophonist.

sbire [sbiʀ] nm (péj) henchman (péj).

scabreux, -euse [skabʀø, øz] adj (indécent) improper, shocking; (dangereux) risky.

scalp [skalp] nm (action) scalping; (chevelure) scalp. ◆ **scalper** (1) vt to scalp.

scalpel [skalpɛl] nm scalpel.

scandale [skɑ̃dal] nm **(a)** (fait choquant) scandal. **ce livre a fait ~** that book scandalized people ou provoked an uproar; **crier au ~** to cry out in indignation; **à ~** livre, couple controversial. **(b)** (tapage) scene, fuss. **faire un** ou **du ~** to make a scene, kick up a fuss *. ◆ **scandaleusement** adv se comporter scandalously, outrageously, shockingly; cher scandalously, prohibitively; laid, mauvais appallingly; sous-estimé, exagéré grossly. ◆ **scan-**

daleux, -euse adj scandalous, outrageous, shocking. ◆ **scandaliser** (1) vt to scandalize. **se ~ de qch** to be scandalized by sth.

scander [skɑ̃de] (1) vt vers to scan; nom, slogan to chant.

Scandinavie [skɑ̃dinavi] nf Scandinavia. ◆ **scandinave** adj, **S~** nmf Scandinavian.

scanner [skanɛʀ] nm body scanner. ◆ **scannographie** nf (science) (body) scanning. (photo) **~ du cerveau** brain scan.

scaphandre [skafɑ̃dʀ(ə)] nm [plongeur] diving suit; [cosmonaute] space-suit. **~ autonome** aqualung. ◆ **scaphandrier** nm (underwater) diver.

scarabée [skaʀabe] nm beetle.

scarlatine [skaʀlatin] nf scarlet fever.

scarole [skaʀɔl] nf curly endive.

sceau, pl **~x** [so] nm seal; (fig) stamp, mark. **sous le ~ du secret** under the seal of secrecy.

scélérat, e [seleʀa, at] **1** adj (†) villainous, wicked. **2** nm, f (†) villain, blackguard †. **petit ~!** * (you) little rascal!

sceller [sele] (1) vt pacte, sac to seal; (Constr) to embed. ◆ **scellement** nm sealing; embedding. ◆ **scellés** nmpl seals.

scénario [senaʀjo] nm (Ciné, fig: plan) scenario; (dialogues) screenplay, (film) script, scenario. (évolution possible) **il y a plusieurs ~s possibles** there are several possible scenarios; (fig) **ça s'est déroulé selon le ~ habituel** it followed the usual pattern. ◆ **scénariste** nmf (Ciné) scriptwriter.

scène [sɛn] nf **(a)** (gén) scene. (Théât) **dans la première ~** in the first scene, in scene one; **changement de ~** scene change; **la ~ se passe à Rome** the action takes place in Rome, the scene is set in Rome; **sur la ~ internationale** on the international scene; **j'ai assisté à toute la ~** I was present at ou during the whole scene; **~ de ménage** domestic fight ou scene; **faire une ~ (à qn)** to make a scene. **(b)** (estrade) stage. **en ~, sur ~** on stage; (le théâtre) **la ~** the stage; **mettre en ~** personnage to present; pièce de théâtre to stage, direct; film to direct.

sceptique [sɛptik] **1** adj sceptical. **2** nmf sceptic. ◆ **scepticisme** nm scepticism. ◆ **sceptiquement** adv sceptically.

sceptre [sɛptʀ(ə)] nm (lit, fig) sceptre.

schéma [ʃema] nm (diagramme) diagram, sketch; (résumé) outline. **~ de montage** assembly diagram ou instructions. ◆ **schématique** adj dessin diagrammatic(al), schematic; (péj) conception oversimplified. ◆ **schématiquement** adv diagrammatically, schematically. **expliquer qch ~** to outline sth; **très ~, voici de quoi il s'agit...** briefly this is what it's all about... ◆ **schématisation** nf schematization; (péj) (over)simplification. ◆ **schématiser** (1) vt to schematize; (péj) to (over)simplify.

schisme [ʃism(ə)] nm (Rel) schism; (Pol) split.

schiste [ʃist(ə)] nm schist.

schizophrène [skizɔfʀɛn] adj, nmf schizophrenic. ◆ **schizophrénie** nf schizophrenia.

schnoque ‡ [ʃnɔk] nm: **vieux ~** old fathead ‡.

sciage [sjaʒ] nm [bois, métal] sawing.

sciatique [sjatik] **1** nf sciatica. **2** adj sciatic.

scie [si] nf **(a)** saw. **couteau-~** saw-edged knife, knife with a saw-edged blade; **~ à découper** fretsaw; **~ électrique** power saw; **~ à métaux** hacksaw; **~ à ruban** bandsaw; **~ sauteuse** jigsaw. **(b)** (péj) (chanson) catch-tune; (personne) bore.

sciemment [sjamɑ̃] adv knowingly, wittingly, on purpose.

science [sjɑ̃s] nf **(a)** (domaine) science. **~s appliquées/humaines** applied/social sciences; (Scol) **~s naturelles** biology; **les ~s de la vie** the life

sciences. (**b**) *(art)* art. **sa ~ des couleurs** his skill *ou* technique in the use of colour. (**c**) *(érudition)* knowledge. **avoir la ~ infuse** to have innate knowledge. ◆ **science-fiction** *nf* science fiction.
◆ **scientifique 1** *adj* scientific. **2** *nmf* scientist.
◆ **scientifiquement** *adv* scientifically.

scier [sje] (7) *vt (gén)* to saw; *bûche* to saw (up); *partie en trop* to saw off. **ça m'a scié!** * it bowled me over!, it staggered me! ◆ **scierie** *nf* sawmill.
◆ **scieur** *nm* sawyer.

scinder *vt*, **se ~** *vpr* [sɛ̃de] (1) to split (up) (**en** in, into).

scintiller [sɛ̃tije] (1) *vi [diamant, lumières]* to sparkle, glitter; *[étoile]* to twinkle; *[yeux]* to sparkle, glitter *(de* with); *[goutte d'eau]* to glisten; *[esprit]* to sparkle, scintillate. ◆ **scintillement** *nm:* ~(**s**) sparkling; glittering; twinkling; glistening; scintillating.

scission [sisjɔ̃] *nf* split, scission. **faire ~** to split away, secede. ◆ **scissionniste** *adj, nmf* secessionist.

sciure [sjyʀ] *nf:* ~ (**de bois**) sawdust.

sclérose [skleʀoz] *nf (Méd)* sclerosis; *(fig)* ossification. ~ **en plaques** multiple sclerosis. ◆ **scléroser (se)** (1) *vpr (Méd)* to become sclerosed, sclerose; *(fig)* to become ossified.

scolaire [skɔlɛʀ] *adj (gén)* school; *(péj)* schoolish. **ses succès ~s** his success in *ou* at school, his scholastic achievements; **progrès ~s** academic progress. ◆ **scolarisation** *nf* schooling. **taux de ~** percentage of children in full-time education.
◆ **scolariser** (1) *vt* to provide with schooling, send to school. ◆ **scolarité** *nf (gén)* schooling; *(âge limite)* school-leaving age. **pendant mes années de ~** during my school years; ~ **obligatoire** compulsory school attendance, compulsory schooling; *(Univ)* **service de la ~** registrar's office.

scoliose [skɔljoz] *nf* curvature of the spine, scoliosis.

sconse [skɔ̃s] *nm* skunk (fur).

scoop * [skup] *nm (Presse)* scoop.

scooter [skutœʀ] *nm* (motor) scooter.

scorbut [skɔʀbyt] *nm* scurvy.

score [skɔʀ] *nm (gén, Sport)* score. *(Pol)* **faire un bon/ mauvais ~** to have a good/bad result.

scories [skɔʀi] *nfpl (Ind)* slag; *(Géol)* (volcanic) scoria.

scorpion [skɔʀpjɔ̃] *nm* (**a**) *(Zool)* scorpion. (**b**) *(Astron)* **le S~** Scorpio, the Scorpion; **être (du) S~** to be Scorpio.

scotch [skɔtʃ] *nm* (**a**) *(boisson)* scotch (whisky). (**b**) ® *(adhésif)* sellotape ®, Scotchtape ® *(US)*.

scout, e [skut] *adj, nm* (boy) scout. ◆ **scoutisme** *nm (mouvement)* (boy) scout movement; *(activités)* scouting.

scribe [skʀib] *nm (Hist)* scribe. ◆ **scribouillard, e** *nm, f (péj)* penpusher *(péj)*.

script [skʀipt] *nm:* *(écriture)* ~ printing. ◆ **script-girl**, *pl* **script-girls** *nf* continuity girl.

scrupule [skʀypyl] *nm* scruple. **avoir des ~s à faire qch** to have scruples *ou* misgivings *ou* qualms about doing sth; **sans ~s** *personne* unscrupulous, without scruples; *agir* without scruple, unscrupulously; **par un ~ d'honnêteté** in scrupulous regard for honesty. ◆ **scrupuleusement** *adv* scrupulously. ◆ **scrupuleux, -euse** *adj* scrupulous. **peu ~** unscrupulous.

scrutateur, -trice [skʀytatœʀ, tʀis] **1** *adj regard* searching. **2** *nm (Pol)* scrutineer, teller, canvasser *(US)*.

scruter [skʀyte] (1) *vt* to scrutinize, examine; *pénombre* to peer into, search.

scrutin [skʀytɛ̃] *nm (vote)* ballot; *(élection)* poll; *(système)* (election) system. **au ~ secret** by secret

ballot; **au 3ᵉ tour de ~** on *ou* at the third ballot *ou* round; **dépouiller le ~** to count the votes; **le jour du ~** polling day; ~ **majoritaire** election on a majority basis; ~ **proportionnel** voting using the system of proportional representation; ~ **uninominal** uninominal system.

sculpter [skylte] (1) *vt marbre* to sculpture, sculpt; *bois* to carve *(dans* out of). ◆ **sculpteur** *nm (homme)* sculptor; *(femme)* sculptress. ~ **sur bois** woodcarver. ◆ **sculptural, e**, *mpl* **-aux** *adj (Art)* sculptural; *beauté* statuesque. ◆ **sculpture** *nf* sculpture. ~ **sur bois** woodcarving.

se [s(ə)] *pron* (**a**) *(réfléchi)* (sg) *(indéfini)* oneself; *(mâle)* himself; *(femelle)* herself; *(non animé)* itself; (pl) themselves; ~ **regarder dans la glace** to look at o.s. in the mirror; ~ **raser/laver** to shave/wash; ~ **mouiller/salir** to get wet/dirty. (**b**) *(réciproque)* each other, one another. **deux personnes qui s'aiment** two people who love each other *ou* one another. (**c**) *(possessif)* ~ **casser la jambe** to break one's leg; **il ~ lave les mains** he is washing his hands. (**d**) *(passif)* **cela ne ~ fait pas** that's not done; **cela ~ répare facilement** it can easily be repaired again; **l'anglais ~ parle dans le monde entier** English is spoken throughout the world; **cela ~ vend bien** it sells well. (**e**) *(impersonnel)* **il ~ peut que** it may be that; **comment ~ fait-il que...?** how is it that...? (**f**) *(changement)* **s'améliorer** to get better; ~ **boucher** to become *ou* get blocked; *V aussi le verbe en question.*

séance [seɑ̃s] *nf* (**a**) *[conseil municipal]* meeting, session; *[tribunal, parlement]* session, sitting; *[comité]* séance. **être en ~** to be in session, sit; ~ **extraordinaire** extraordinary meeting. (**b**) *(période)* session. ~ **de gymnastique** gymnastics session; ~ **de pose** sitting. (**c**) *(Théât)* performance. ~ **de cinéma** film show; *(Ciné)* **première/dernière ~** first/ last showing. (**d**) ~ **tenante** forthwith.

séant¹ [seɑ̃] *nm (hum)* posterior *(hum)*. **se mettre sur son ~** to sit up.

séant², e [seɑ̃, ɑ̃t] *adj (convenable)* seemly, fitting.

seau, *pl* ~**x** [so] *nm (récipient)* bucket, pail; *(contenu)* bucket(ful), pail(ful). **il pleut à ~x** it's pouring down in buckets *; ~ **hygiénique** slop pail.

sébile [sebil] *nf* (offering) bowl.

sec, sèche¹ [sɛk, sɛʃ] **1** *adj (gén, fig)* dry; *raisins, figue* dried; *(maigre) bras, personne* thin; *cœur* hard, cold; *réponse* curt; *(sans eau)* almost neat, straight. *(fig)* **avoir la gorge sèche** * to be parched *ou* dry; **il est ~ comme un coup de trique** * he's as thin as a rake; *(Sport)* **placage** ~ hard tackle; **bruit** ~ sharp snap; **je suis ~ sur ce sujet** * I draw a blank on that subject. **2** *adv frapper, boire* hard. **démarrer ~** *(sans douceur)* to start (up) with a jolt *ou* jerk; *(fig)* **ça démarre ~ ce soir** it's getting off to a good start this evening; **aussi ~** ⁂ straight off, straight away. **3** *nm:* **au ~** *conserver* in a dry place; *rester* in the dry; ~ ⁂ *[torrent, puits]* to be dry *ou* dried-up; *(*⁎*: sans argent) [personne]* to be broke *; *[caisse]* to be empty; **mettre à ~ un étang** to drain a pond.

sécateur [sekatœʀ] *nm* (pair of) secateurs, (pair of) pruning shears.

sécession [sesesjɔ̃] *nf* secession. **faire ~** to secede.
◆ **sécessionniste** *adj, nmf* secessionist.

sèche² * [sɛʃ] *nf (cigarette)* fag *, cigarette.

sécher [seʃe] (6) **1** *vt* (**a**) *(gén)* to dry; *flaque* to dry (up). **se ~ au soleil** to dry o.s. in the sun. (**b**) *(arg Scol) cours* to skip *. **2** *vi* (**a**) *[surface, peinture]* to dry (off); *[pâte, éponge]* to dry (out); *[linge]* to dry; *[fleur]* to dry up *ou* out. **faire ~** *ou* **laisser ~ qch** to leave sth to dry (off *ou* out); *fruits, viande* to dry sth; **'faire ~ à plat'** 'dry flat'; **le caoutchouc a séché** the rubber has dried up *ou* gone dry. (**b**) *(arg Scol) (rester sec)* to be stumped *, dry up *; *(être absent)* to skip classes. ◆ **sèche-cheveux** *nm* *inv* hair-drier. ◆ **sèche-linge** *nm inv* drying cabinet; *(machine)* tumble-dryer. ◆ **sèche-mains** *nm inv* hand-dryer *ou* blower. ◆ **sèchement** *adv (gén)* drily; *[répondre]* curtly. ◆ **sécheresse** *nf (gén)* dryness; *[réponse]* curtness; *[cœur]* coldness, hardness; *(absence de pluie)* drought. ◆ **séchoir** *nm (local)* drying shed; *(appareil)* drier; *(pliant)* clotheshorse. ~ **à cheveux** hair-drier; ~ **à tambour** tumble-dryer.

second, e[1] [s(ə)gɔ̃, ɔ̃d] **1** *adj* (a) *(gén)* second. **en ~ lieu** second(ly), in the second place; **il a obtenu ces renseignements de ~e main** he got this information secondhand; *[chercheur]* **travailler sur des ouvrages de ~e main** to work from secondary sources; ~ **chapitre, chapitre ~** chapter two; **de ~ choix** *(péj)* low-quality, low-grade; *(Comm)* class two; **articles de ~ choix** seconds; **voyager en ~e classe** to travel second-class; **passer en ~** to come second; **commander en ~** to be second in command; **jouer les ~s rôles** *(Ciné)* to play minor parts *ou* supporting roles; *(fig: en politique etc)* to play second fiddle *(auprès de* to); **chez lui, c'est une ~e nature** with him it's second nature; **doué de ~e vue** gifted with second sight; **être dans un état ~** to be in a sort of trance. (b) *(dérivé)* cause secondary. **2** *nm, f* second. *(Alpinisme)* ~ **(de cordée)** second (on the rope). **3** *nm* (a) *(adjoint)* second in command; *(Naut)* first mate; *(en duel)* second. (b) *(étage)* second floor, third floor *(US)*. **4** *nf (transport)* second class; *(billet)* second-class ticket; *(Scol)* ≃ fifth form, tenth grade *(US)*; *(Aut)* second (gear).

secondaire [s(ə)gɔ̃dɛʀ] **1** *adj (gén)* secondary. *(gén, Méd)* **effets ~s** side effects. **2** *nm (Scol)* **le ~** secondary (school) *ou* high-school *(US)* education.

seconde[2] [s(ə)gɔ̃d] *nf (gén, Géom)* second.

seconder [s(ə)gɔ̃de] (1) *vt (lit, fig)* to assist, aid, help.

secouer [s(ə)kwe] (1) **1** *vt* (a) *(lit)* to shake; *poussière, paresse, oppression* to shake off; *tapis* to shake (out). ~ **la tête** *(pour dire oui)* to nod (one's head); *(pour dire non)* to shake one's head; **on est drôlement secoué** *(dans un autocar)* you're terribly shaken about; *(dans un bateau)* you're terribly tossed about. (b) *[deuil, professeur]* ~ **qn** to shake sb up; ~ **les puces à qn*** *(réprimander)* to give sb a ticking-off * *ou* telling-off; *(stimuler)* to give sb a good shake(-up). **2 se ~** *vpr (lit)* to shake o.s.; *(*: faire un effort)* to shake o.s. up; *(*: se dépêcher)* to get a move on.

secours [s(ə)kuʀ] *nm* (a) *(aide)* help, aid, assistance. **crier au ~** to shout *ou* call (out) for help; **au ~!** help!; **porter ~ à qn** to give sb help *ou* assistance; *(en montagne etc)* to rescue sb; ~ **aux blessés** aid *ou* assistance for the wounded; **le ~ en mer** sea rescue; **équipe de ~** rescue party *ou* team; **cela m'a été d'un grand ~** this has been a *ou* of great help to me; **sortie de ~** emergency exit; **roue de ~** spare wheel. (b) *(Mil)* **le, les ~** relief. (c) *(aumône)* **un ~, des ~** aid. ◆ **secourable** *adj* **personne** helpful. ◆ **secourir** (11) *vt* to help, assist, aid. ◆ **secourisme** *nm* first aid. ◆ **secouriste** *nmf* first-aid worker.

secousse [s(ə)kus] *nf (choc)* jerk, jolt; *(traction)* tug, pull; *(morale)* jolt, shock. **sans une ~** smoothly; ~ **(électrique)** (electric) shock; ~ **sismique** earth tremor; ~ **politique** political upheaval.

secret, -ète [səkʀɛ, ɛt] **1** *adj (gén)* secret; *(renfermé)* **personne** reserved. **garder qch ~** to keep sth secret *ou* dark; **des informations classées ~ètes** classified information.
2 *nm* (a) secret. ~ **de fabrication/d'État/de Polichinelle** trade/state *ou* official/open secret; **ce n'est un ~ pour personne que...** it's no secret that...; **une sauce dont il a le ~** a sauce of which he (alone) has the secret; **mettre qn dans le ~** to let sb into

ou in on the secret, let sb in on it *; **être dans le ~ des dieux** to share the secrets of the powers that be; **faire ~ de tout** to be secretive about everything; **en ~** secretly; *(Prison)* **au ~** in solitary confinement. (b) *(discrétion, silence)* secrecy. **promettre le ~ (absolu)** to promise (absolute) secrecy; **le ~ professionnel** professional secrecy; **le gouvernement a gardé le ~ sur les négociations** the government has maintained silence *ou* remained silent about the negotiations. ◆ **secrètement** *adv* secretly.

secrétaire [s(ə)kʀetɛʀ] **1** *nmf (gén)* secretary. ~ **médicale/commerciale** medical/business *ou* commercial secretary; ~ **de direction** executive secretary; ~ **d'État** junior minister *(de* in); *(US Pol: ministre des Affaires étrangères)* Secretary of State, State Secretary; **le ~ d'État américain au Trésor** the Treasury Secretary; ~ **général** secretary-general. **2** *nm (meuble)* writing desk, secretaire, secretary *(US)*. ◆ **secrétariat** *nm* (a) *(travail)* secretarial work. **école de ~** secretarial college. (b) *(bureaux d'une école)* (secretary's) office; *(d'une firme)* secretarial offices; *(d'un organisme)* secretariat. (c) *(personnel)* secretarial staff. (d) ~ **d'État** *(fonction)* post of junior minister; *(bureau)* junior minister's office.

sécréter [sekʀete] (6) *vt (Bio)* to secrete; *ennui* to exude. ◆ **sécrétion** *nf* secretion.

secte [sɛkt(ə)] *nf* sect. ◆ **sectaire** *adj, nmf* sectarian. ◆ **sectarisme** *nm* sectarianism.

secteur [sɛktœʀ] *nm* (a) *(gén, Mil)* sector; *(Admin)* district; *(gén: zone)* area; *[agent de police]* beat; *(fig) (domaine)* area; *(partie)* part. **dans le ~ *** *(ici)* round here; *(là-bas)* round there; **changer de ~ *** to move elsewhere; *(Scol)* ~ **géographique** *ou* **de recrutement scolaire** catchment area. (b) *(Élec) (zone)* local supply area. *(circuit)* **le ~** the mains (supply). (c) *(Écon)* ~ **public/privé** public *ou* state/private sector; ~ **d'activité** branch of industry; ~ **primaire/secondaire/tertiaire** primary/manufacturing *ou* secondary/tertiary industry. ◆ **sectorisation** *nf* division into sectors. ◆ **sectoriser** (1) *vt* to divide into sectors, sector.

section [sɛksjɔ̃] *nf (gén)* section; *(Admin)* section, department; *(en autobus)* fare stage; *(Mil)* platoon. ◆ **sectionnement** *nm* severance. ◆ **sectionner** (1) **1** *vt* to sever. **2 se ~** *vpr* to be severed.

séculaire [sekylɛʀ] *adj (très vieux)* age-old. **forêts 4 fois ~s** 4-century-old forests.

séculier, -ière [sekylje, jɛʀ] *adj* secular.

sécuriser [sekyʀize] (1) *vt* : ~ **qn** to give (a feeling of) security to sb, make sb feel secure. ◆ **sécurisant, e** *adj* **climat** of security, reassuring. **attitude ~e** reassuring attitude, attitude which makes one feel secure.

sécurité [sekyʀite] *nf (absence de danger)* safety; *(absence de troubles)* security. **être en ~** to be safe, be secure; **la ~ de l'emploi** security of employment, job security; **mesures de ~** strict security measures; *(contre accident)* safety measures; *(contre attentat)* security measures; **de ~ dispositif** safety; *(Aut)* **(porte à) ~ enfants** childproof (door) lock, child lock; **la ~ routière** road safety; **la S~ sociale** ≃ Social Security.

sédatif, -ive [sedatif, iv] *adj, nm* sedative.

sédentaire [sedɑ̃tɛʀ] *adj* sedentary. ◆ **sédentariser** (1) *vt* to settle.

sédiment [sedimɑ̃] *nm* sediment. ◆ **sédimentaire** *adj* sedimentary. ◆ **sédimentation** *nf* sedimentation.

séditieux, -euse [sedisjø, øz] **1** *adj* **troupes** insurrectionary; **propos** seditious. **2** *nm, f* insurrectionary. ◆ **sédition** *nf* insurrection; sedition.

séduire [seduiʀ] (38) *vt* (a) *(abuser de)* to seduce. (b) *[femme]* to charm, captivate; *[charlatan]* to win over, charm; *[style, qualité, projet]* to appeal to. ◆ **séducteur, -trice 1** *adj* seductive. **2** *nm* seducer; *(péj: Don Juan)* womanizer *(péj)*. **3** *nf* seductress. ◆ **séduction** *nf* (**a**) seduction, seducing; charming; captivation; winning over. (**b**) *(attirance)* appeal; charm. **les ~s de la vie estudiantine** the attractions *ou* appeal of student life. ◆ **séduisant, e** *adj femme, beauté* enticing, seductive; *homme, visage* (very) attractive; *projet* appealing, attractive.

segment [sɛgmɑ̃] *nm (gén)* segment. ◆ **segmentation** *nf* segmentation. ◆ **segmenter** *vt*, **se ~** (**1**) *vpr* to segment.

ségrégation [segRegasjɔ̃] *nf* segregation. ◆ **ségrégatif, -ive** *adj* segregative. ◆ **ségrégationnisme** *nm* racial segregation, segregationism. ◆ **ségrégationniste** *adj, nmf* segregationist.

seiche [sɛʃ] *nf (Zool)* cuttlefish.

seigle [sɛgl(ə)] *nm* rye.

seigneur [sɛɲœR] *nm* lord. *(Rel)* **le S~** the Lord; **se montrer grand ~ avec qn** to behave in a lordly fashion towards sb. ◆ **seigneurial, e,** *mpl* **-aux** *adj château* seigniorial; *allure* lordly, stately. ◆ **seigneurie** *nf* (**a**) **votre/sa S~** your/his Lordship. (**b**) *(terre)* seigniory.

sein [sɛ̃] *nm (mamelle)* breast; *(littér, fig) (giron)* bosom *(littér)*; *(matrice)* womb. **donner le ~ à un bébé** to breast-feed (a baby); **dans le ~ de la terre** in the bosom of the earth; **au ~ de** *équipe* within; *bonheur, flots* in the midst of.

Seine [sɛn] *nf:* **la ~** the Seine.

séisme [seism(ə)] *nm (Géog)* earthquake.

seize [sɛz] *adj inv, nm* sixteen; *V* **six.** ◆ **seizième** *adj, nmf* sixteenth. ◆ **seizièmement** *adv* in the sixteenth place.

séjour [seʒuR] *nm* (**a**) *(arrêt)* stay. **faire un ~ forcé** to have an enforced stay. (**b**) *(salon)* living room. (**c**) *(littér: endroit)* abode *(littér)*, dwelling place. ◆ **séjourner** (**1**) *vi [personne]* to stay; *[neige, eau]* to lie.

sel [sɛl] *nm (gén, Chim)* salt; *(humour)* wit; *(piquant)* spice. **~s de bain** bath salts; **~ fin** *ou* **de table** table salt; **~ gemme** rock salt.

select * [selɛkt] *adj inv* posh *.

sélectionner [selɛksjɔne] (**1**) *vt* to select, pick. *[joueur international]* **3 fois sélectionné** capped *ou* selected 3 times. ◆ **sélecteur** *nm* selector. ◆ **sélectif, -ive** *adj* selective. ◆ **sélection** *nf* selection; *(Scol, Univ)* selective entry *ou* admission *(US)*. **faire une ~ parmi** to make a selection from among; **épreuve de ~** (selection) trial. ◆ **sélectionné, e 1** *adj* specially selected. **2** *nm, f* selected player *ou* competitor. ◆ **sélectionneur, -euse** *nm, f (Sport)* selector. ◆ **sélectivement** *adv* selectively.

self [sɛlf] **1** *nm* (*: restaurant)* self-service (restaurant), cafeteria. **2** *nf (Élec) (propriété)* self-induction; *(bobine)* self-induction coil.

self-made-man [sɛlfmɛdman] *nm, pl* **self-mademen** [sɛlfmɛdmɛn] self-made man.

self-service, *pl* **self-services** [sɛlfsɛRvis] *nm* self-service (restaurant), cafeteria.

selle [sɛl] *nf* (**a**) saddle. **se mettre en ~** to mount, get into the saddle. (**b**) *(Méd)* **~s** stools, motions; **êtes-vous allé à la ~?** have you had a motion? ◆ **seller** (**1**) *vt* to saddle. ◆ **sellerie** *nf* saddlery. ◆ **sellier** *nm* saddler.

sellette [sɛlɛt] *nf (support)* stand. *(fig)* **être/mettre qn sur la ~** to be/put sb in the hot seat.

selon [s(ə)lɔ̃] *prép (conformément à)* in accordance with; *(en fonction de, suivant l'opinion de)* according to. **vivre ~ ses moyens** to live according to one's means; **c'est ~ le cas** it all depends on the individual case; **~ moi** in my opinion, to my mind, according to me; **~ toute vraisemblance** in all

probability; **~ que** according to *ou* depending on whether.

semailles [s(ə)maj] *nfpl (opération)* sowing; *(période)* sowing period; *(graine)* seed, seeds.

semaine [s(ə)mɛn] *nf (gén)* week; *(salaire)* week's *ou* weekly pay. **en ~** during the week, on weekdays; **dans 2 ~s** in 2 weeks *ou* a fortnight; **~ publicitaire** publicity week; **la ~ sainte** Holy Week; **il te le rendra la ~ des quatre jeudis** he'll never give it back to you in a month of Sundays; **faire la ~ anglaise** to work *ou* do a five-day week; **officier de ~** officer on duty *(for the week)*.

sémantique [semɑ̃tik] **1** *adj* semantic. **2** *nf* semantics *(sg)*.

sémaphore [semafɔR] *nm (Naut)* semaphore.

semblable [sɑ̃blabl(ə)] **1** *adj* (**a**) *(similaire)* similar. **~ à** like, similar to. (**b**) *(tel)* such. **de ~s erreurs sont inacceptables** such errors *ou* errors of this kind are unacceptable. (**c**) *(qui se ressemblent) [jumeaux, objets]* **être ~s** to be alike. **2** *nm* fellow creature, fellow man. *(péj)* **toi et tes ~s** you and your kind *(péj)*, you and people like you *(péj)*.

semblant [sɑ̃blɑ̃] *nm* (**a**) **un ~ de** *calme, vie, vérité* a semblance of; *soleil* a glimmer of; **un ~ de réponse** some vague attempt at a reply, a sort of a reply *. (**b**) **faire ~ de faire qch** to pretend to do sth; **il fait ~** he's pretending.

sembler [sɑ̃ble] (**1**) **1** *vb impers:* **il semble** it seems; **il me semble que** *(j'estime)* it seems *ou* appears to me that, it looks to me as though; *(je crois)* I think that, I have a feeling that; **comme bon te semble** as you see fit, as you think best; **prenez ce que bon vous semble** take what you please *ou* wish; **il me semble revoir mon grand-père** it's as though I see my grandfather again. **2** *vi* to seem *(à qn* to sb). **il semblait content** he seemed (to be) *ou* appeared happy; **vous me semblez pessimiste** you sound *ou* seem *ou* look pessimistic.

semelle [s(ə)mɛl] *nf* sole. **~s intérieures** insoles; **~s compensées** platform soles; **leur viande était de la vraie ~** * their meat was like leather; **il n'a pas reculé d'une ~** he hasn't moved back an inch; **il ne m'a pas quitté d'une ~** he never left me by so much as an inch.

semence [s(ə)mɑ̃s] *nf (Agr, fig)* seed; *(sperme)* seed; *(clou)* tack. **blé de ~** seed corn.

semer [s(ə)me] (**5**) *vt* (**a**) *graines, peur* to sow; *clous* to scatter, strew; *faux bruits* to spread. (**b**) (*: perdre)* to lose; *poursuivant* to shake off. ◆ **semé, e** *adj:* **~ de** *pièges* bristling with; *difficultés* plagued with; *anecdotes* interspersed *ou* sprinkled with; *arbres* dotted with; *fleurs, diamants, étoiles* studded with; **la vie est ~e de joies et de peines** life is strewn with joys and troubles. ◆ **semeur, -euse** *nm, f* sower.

semestre [s(ə)mɛstR(ə)] *nm (période)* half-year, six-month period; *(loyer)* half-yearly rent; *(Univ)* semester. **payé par ~** paid half-yearly; **le premier ~** the first half of the year. ◆ **semestriel, -elle** *adj* half-yearly, six-monthly; semestral.

semi- [səmi] *préf inv* semi-. **~-automatique** semiautomatic; **~-circulaire** semicircular; **~-conducteur, -trice** *(adj)* semiconducting; *(nm)* semiconductor; **~-conserve** *nf* semi-preserve; **~-fini, e** semifinished; **~-remorque** *(nf : remorque)* trailer, semitrailer *(US)*; *(nm : camion)* articulated lorry, trailer truck *(US)*.

sémillant, e [semijɑ̃, ɑ̃t] *adj (vif)* vivacious, *(fringant)* dashing.

séminaire [seminɛR] *nm (Rel)* seminary; *(Univ)* seminar. ◆ **séminariste** *nm* seminarist.

semis [s(ə)mi] *nm (plante)* seedling; *(opération)* sowing; *(terrain)* seedbed.

semonce [səmɔ̃s] *nf* reprimand. *(Naut, fig)* **coup de ~** shot across the bows.

semoule [s(ə)mul] *nf* semolina.

sempiternel, -elle [sɛpitɛʀnɛl] *adj* eternal, never-ending.

sénat [sena] *nm* senate. ◆ **sénateur** *nm* senator. ◆ **sénatorial, e,** *mpl* **-aux** *adj* senatorial.

Sénégal [senegal] *nm* Senegal. ◆ **sénégalais, e** *adj*, **S~(e)** *nm(f)* Senegalese.

sénile [senil] *adj* senile. ◆ **sénilité** *nf* senility.

sens [sɑ̃s] *nm* (**a**) *(instinct, conscience)* sense. **les 5 ~** the 5 senses; **reprendre ses ~** to regain consciousness; **avoir le ~ des réalités** to be a realist; **avoir le ~ de l'orientation** to have a (good) sense of direction. (**b**) *(raison, avis)* sense. **c'est plein de ~** it is very sensible; **cela n'a pas de ~** that doesn't make (any) sense; **~ commun** common sense; **à mon ~** to my mind, in my opinion, the way I see it. (**c**) *(signification)* meaning. **au ~ propre/figuré** in the literal/figurative sense *ou* meaning; **dépourvu de ~** meaningless; **en un ~** in a way *ou* sense; **en ce ~ que** in the sense that. (**d**) *(direction)* direction. **aller dans le mauvais ~** to go in the wrong direction, go the wrong way; **dans le ~ de la longueur/largeur** lengthwise *ou* lengthways/widthwise; **dans le ~ (du bois)** with the grain (of the wood); **venir en ~ contraire** to come from the opposite direction; **dans le ~ des aiguilles d'une montre** clockwise; **dans le ~ contraire des aiguilles d'une montre** anticlockwise, counterclockwise *(US)*; **dans le ~ de la marche** facing the engine; **il a retourné la boîte dans tous les ~** he turned the box this way and that; *(lit, fig)* **mettre ~ dessus dessous** to turn upside down. (**e**) *(ligne directrice)* line. **il a agi dans le même ~** he acted along the same lines; **j'ai donné des directives dans ce ~** I've given instructions to that effect *ou* end. (**f**) *(Aut)* **être en ~ giratoire** to form a roundabout *ou* traffic circle *(US)*; **~ interdit** *ou* **unique** one-way street; **'~ interdit'** 'no entry'; **à ~ unique** *(Aut)* one-way; *(fig: concession)* one-sided.

sensation [sɑ̃sɑsjɔ̃] *nf* feeling, sensation. **j'ai la ~ de l'avoir déjà vu** I have a feeling I've seen him before; **faire ~** to cause *ou* create a sensation; **roman à ~** sensational novel; **la presse à ~** the gutter press. ◆ **sensationnel, -elle** *adj* (*: merveilleux*) fantastic *, terrific *, sensational *; *(qui fait sensation)* sensational.

sensé, e [sɑ̃se] *adj* sensible.

sensibiliser [sɑ̃sibilize] (**1**) *vt*: **~ qn** to make sb sensitive *ou* alive (*à* to); **~ l'opinion publique au problème de** to heighten public awareness of the problem of, make the public aware of the problem of. ◆ **sensibilisation** *nf*: **la ~ de l'opinion publique à ce problème est récente** public opinion has only become sensitive *ou* alive to this problem in recent years; *(Pol)* **campagne de ~** awareness *ou* consciousness-raising campaign.

sensible [sɑ̃sibl(ə)] *adj* (**a**) *personne, blessure, balance etc* sensitive (*à* to). **pas recommandé aux personnes ~s** not recommended for people of (a) nervous disposition; **elle a le cœur ~** she is tenderhearted; **être ~ au froid** to feel the cold, be sensitive to the cold. (**b**) *(perceptible)* *(gén)* perceptible (*à* to); *progrès, différence* appreciable, noticeable. ◆ **sensibilité** *nf* *(gén, Tech)* sensitivity. ◆ **sensiblement** *adv* *(presque)* approximately, more or less; *(notablement)* appreciably, noticeably, markedly. ◆ **sensiblerie** *nf* *(sentimentalité)* sentimentality, mawkishness; *(impressionnabilité)* squeamishness.

sensitif, -ive [sɑ̃sitif, iv] **1** *adj* *(Anat)* sensory. **2** *nf* *(Bot)* sensitive plant.

sensoriel, -elle [sɑ̃sɔʀjɛl] *adj* sensory.

sensuel, -elle [sɑ̃sɥɛl] *adj* sensuous; *(sexuellement)* sensual. ◆ **sensualité** *nf* sensuousness; sensuality. ◆ **sensuellement** *adv* sensuously; sensually.

sentence [sɑ̃tɑ̃s] *nf* *(verdict)* sentence; *(adage)* maxim. ◆ **sentencieux, -euse** *adj* sententious.

senteur [sɑ̃tœʀ] *nf* scent, perfume.

senti, e [sɑ̃ti] *adj*: **bien ~** *sentiment, discours* heartfelt; *mots* well-chosen; **quelques vérités bien ~es** a few home truths.

sentier [sɑ̃tje] *nm* *(lit)* (foot)path; *(fig)* path. *(lit, fig)* **hors des ~s battus** off the beaten track; *(lit, fig)* **sur le ~ de la guerre** on the warpath.

sentiment [sɑ̃timɑ̃] *nm* (**a**) *(émotion, opinion)* feeling. **~ de culpabilité** guilt *ou* guilty feeling; **prendre qn par les ~s** to appeal to sb's feelings. (**b**) *(sensibilité)* **le ~** feeling, emotion; *(péj)* **faire du ~** to sentimentalize, be sentimental. (**c**) *(conscience)* **avoir le ~ de** to be aware of; **avoir le ~ que qch va arriver** to have a feeling that sth is going to happen. (**d**) *(formules de politesse)* **recevez, Monsieur, mes ~s distingués** yours faithfully, yours truly *(US)*; **transmettez-lui nos meilleurs ~s** give him our best wishes. ◆ **sentimental, e,** *mpl* **-aux 1** *adj* *(gén)* sentimental; *(péj)* soppy *; *aventure* love. **~ à des problèmes ~aux** he has problems with his love life. **2** *nm, f* sentimentalist. ◆ **sentimentalement** *adv* sentimentally. ◆ **sentimentalité** *nf* sentimentality.

sentinelle [sɑ̃tinɛl] *nf* sentry. **être en ~** *(Mil)* to be on sentry duty; *(fig)* to stand guard *ou* keep watch at the window.

sentir [sɑ̃tiʀ] (**16**) **1** *vt* (**a**) *(par l'odorat)* to smell; *(au goût)* to taste; *(au toucher, contact)* to feel. **il ne peut pas ~ la différence** he can't tell (*ou* taste *ou* smell) the difference; **elle sentit une odeur de brûlé** she smelt *ou* smelled *(US)* burning; *(fatigue)* **je ne sens plus mes jambes** my legs are dropping off *, my legs are folding under me *(US)*; **il ne peut pas le ~ *** he can't stand *ou* bear (the sight of) him. (**b**) *(dégager une odeur)* to smell. **~ bon/mauvais** to smell good *ou* nice/bad; **~ des pieds** to have smelly feet; **ce thé sent le jasmin** *(goût)* this tea tastes of jasmine; *(odeur)* this tea smells of jasmine; **la pièce sent le renfermé/le moisi** the room smells stale/musty; **ça ne sent pas la rose! *** it's not a very nice smell, is it? (**c**) *(fig: dénoter)* *autoritarisme, hypocrisie* to smack of. **ça sent le piège** there's a trap *ou* catch in it; **ça sent la pluie** it looks *ou* feels like rain; **ça sent l'orage** there's a storm in the air; **ça sent le roussi *** there's going to be trouble. (**d**) *changement, fatigue* to feel, be aware *ou* conscious of; *beauté de qch* to appreciate; *danger, difficulté* to sense. **~ que** to feel *ou* be aware *ou* conscious that; *(pressentir)* to sense that; **il ne sent pas sa force** he doesn't know *ou* realize his own strength. (**e**) **faire ~ son autorité** to make one's authority felt; **faire ~ la beauté de qch** to bring out *ou* demonstrate *ou* show the beauty of sth; **les effets commencent à se faire ~** the effects are beginning to be felt *ou* to make themselves felt.

2 se ~ *vpr* (**a**) **se ~ mieux** *etc* to feel better *etc*; **se ~ revivre** to feel o.s. coming alive again; **il ne se sent pas le courage de lui dire** he doesn't feel brave enough to tell him. (**b**) *(effet, changements)* to be felt, show. (**c**) **ne pas se ~ de joie** to be beside o.s. with joy; **il ne se sent plus! *** he's off his head! *ou* out of his mind! *

seoir [swaʀ] (**26**) **1** *vi*: **~ à qn** to become sb. **2** *vb impers*: **il sied de/que** it is proper *ou* fitting to/that.

Séoul [seul] *n* Seoul.

séparer [separe] (**1**) **1** *vt* *(gén)* to separate (*de* from); *combattants* to pull apart, part; *questions, aspects* to distinguish between. **~ l'écorce du tronc** to pull the bark off *ou* away from the trunk; **~ qch en 2** to split *ou* divide sth in 2; **~ les cheveux par une raie** to part one's hair; **ils avaient séparé l'enfant de sa mère** they had separated *ou* parted

the child from its mother; **un seul obstacle le séparait du but** only one obstacle stood between him and his goal; *(fig)* **tout les séparait** they were worlds apart, they had nothing in common. **2 se ~** *vpr* **(a) se ~ de** *employé, objet* to part with. **(b)** *(s'écarter)* to divide, part *(de* from); *(se détacher)* to split off, separate off *(de* from). **le premier étage de la fusée s'est séparé** the first stage of the rocket has split off *ou* separated (off); **le fleuve se sépare en deux** the river divides in(to) two. **(c)** *[adversaires]* to separate, break apart; *[manifestants]* to disperse; *[assemblée]* to break up; *[convives]* to leave each other, part; *[époux]* to part, split up, separate. **se ~ de sa femme** to part *ou* separate from one's wife.
◆ **séparable** *adj* separable *(de* from). ◆ **séparation** *nf* **(a)** *(gén, Jur, Pol)* separation. **au moment de la ~** *[manifestants]* when they dispersed; *[convives]* when they parted; **mur de ~** separating *ou* dividing wall; **~ de corps** legal separation; **des ~s déchirantes** heartrending partings. **(b)** *(cloison)* division, partition. *(fig)* **faire une ~ nette entre 2 problèmes** to draw a clear dividing line between 2 problems. ◆ **séparatisme** *nm* separatism. ◆ **séparatiste** *adj, nmf* separatist. ◆ **séparé, e** *adj sons, notions* separate; *personnes (Jur: désuni)* separated; *(gén: éloigné)* apart. **vivre ~** to live apart *(de* from). ◆ **séparément** *adv* separately.

sept [sɛt] *adj inv, nm inv* seven; *V* **six.**

septante [sɛptɑ̃t] *adj inv (†ou dial)* seventy.

septembre [sɛptɑ̃bʀ(ə)] *nm* September. **arriver le premier ~** to arrive on the first of September; **en ~** in September; **à la mi-~** in mid-September; **vers la fin de ~** in late September; **en ~ prochain/ dernier** next/last September.

septennat [sɛptena] *nm [président]* seven-year term (of office).

septentrional, e, *mpl* **-aux** [sɛptɑ̃tʀijɔnal, o] *adj* northern.

septicémie [sɛptisemi] *nf* blood poisoning, septicaemia.

septième [sɛtjɛm] *adj, nmf* seventh. **le ~ art** the cinema; **être au ~ ciel** to be in (the) seventh heaven; *V* **sixième.** ◆ **septièmement** *adv* seventhly; *V* **sixièmement.**

septuagénaire [sɛptyaʒenɛʀ] **1** *adj* septuagenarian, seventy-year-old. **2** *nmf* septuagenarian, seventy-year-old man *(ou* woman).

sépulcre [sepylkʀ(ə)] *nm* sepulchre. ◆ **sépulcral, e,** *mpl* **-aux** *adj* sepulchral.

sépulture [sepyltyʀ] *nf (tombeau)* burial place.

séquelles [sekɛl] *nfpl [maladie]* after-effects; *[guerre]* aftermath.

séquence [sekɑ̃s] *nf* sequence.

séquestrer [sekɛstʀe] (1) *vt personne* to confine illegally. ◆ **séquestration** *nf* illegal confinement. ◆ **séquestre** *nm:* **mettre sous ~** to sequester.

séquoia [sekɔja] *nm* sequoia, redwood.

sérail [seʀaj] *nm* seraglio.

séraphin [seʀafɛ̃] *nm* seraph.

serein, e [səʀɛ̃, ɛn] *adj ciel* serene, clear; *visage* serene, calm; *jugement* calm, dispassionate. ◆ **sereinement** *adv* serenely; clearly; calmly; dispassionately. ◆ **sérénissime** *adj* Serene. ◆ **sérénité** *nf* serenity; clarity; calmness; dispassionateness.

sérénade [seʀenad] *nf* **(a)** *(Mus)* serenade. **donner une ~ à qn** to serenade sb. **(b)** *(* hum: vacarme) racket, hullabaloo *.

serf, serve [sɛʀf, sɛʀv(ə)] *nm, f* serf.

sergent [sɛʀʒɑ̃] *nm (Mil)* sergeant. **~-chef** staff sergeant; **~ de ville †** policeman; **~-major** ≃ quartermaster sergeant.

série [seʀi] *nf* **(a)** *[objets, timbres]* set; *[ennuis]* series, string *. *(beaucoup)* **(toute) une ~ de *...** a (whole) series *ou* string * of...; **ouvrages de ~ noire** crime thrillers. **(b)** *(catégorie) (Naut)* class; *(Sport)* rank; *(éliminatoire)* qualifying heat *ou* round. **film de ~ B B** (grade) film *ou* movie. **(c)** *(Ind, fig)* **fabrication en ~** mass production; **article de ~** standard article. **(d)** *(Chim, Math, Mus, Phon)* series. *(Élec)* **monté en ~** connected in series.

sérieux, -euse [seʀjø, øz] **1** *adj* **(a)** *personne (ne plaisantant pas)* serious, earnest; *(réfléchi)* serious-minded; *(digne de confiance)* reliable, dependable; *(moralement) jeune fille* responsible, trustworthy. **~ comme un pape** sober as a judge; **ce n'est vraiment pas ~!** it's not taking a very responsible *ou* serious attitude. **(b)** *acquéreur, promesses, menace* genuine, serious. **non, il était ~** no, he was serious *ou* he meant it; **'pas ~ s'abstenir'** 'only genuine inquirers need apply'. **(c)** *conversation, situation, maladie, études* serious; *travail, artisan* careful, painstaking. **(d)** *(intensif) raison, avance, chances* strong, good; *coup* serious; *différence* serious, considerable. **2** *nm* seriousness; earnestness; serious-mindedness; reliability; dependability; trustworthiness; carefulness; genuineness. **garder son ~** to keep a straight face; **(se) prendre au ~** to take (o.s.) seriously. ◆ **sérieusement** *adv* seriously; responsibly; genuinely; considerably. **il l'a dit ~** he meant it seriously, he was in earnest.

serin [s(ə)ʀɛ̃] *nm (Orn)* canary.

seriner [s(ə)ʀine] (1) *vt (péj)* **~ qch à qn** to drum *ou* din sth into sb.

seringue [s(ə)ʀɛ̃g] *nf* syringe.

serment [sɛʀmɑ̃] *nm* **(a)** *(solennel)* oath. **faire un ~** to take an oath; **sous ~** on oath; **sous ~** under oath. **(b)** *(promesse)* pledge. **des ~s (d'amour)** vows *ou* pledges of love; **je te fais le ~ de venir** I swear to you that I'll come.

sermon [sɛʀmɔ̃] *nm (Rel, fig)* sermon. ◆ **sermonner** (1) *vt:* **~ qn** to lecture sb, sermonize sb.

serpe [sɛʀp(ə)] *nf* billhook, bill. **visage taillé à coups de ~** craggy *ou* rugged face.

serpent [sɛʀpɑ̃] *nm (Zool)* snake, serpent; *(Mus)* bass horn; *(fig: ruban)* ribbon. *(Écon)* **le ~ (monétaire)** the (currency) snake; **~ à sonnettes** rattlesnake. ◆ **serpenter** (1) *vi [rivière, chemin]* to snake, meander, wind; *[vallée]* to wind. ◆ **serpentin** *nm (ruban)* streamer; *(Chim)* coil.

serpillière [sɛʀpijɛʀ] *nf* floorcloth.

serpolet [sɛʀpɔlɛ] *nm* wild thyme.

serre [sɛʀ] *nf* **(a)** *(Agr) (gén)* greenhouse, glasshouse; *(attenant à une maison)* conservatory. **effet de ~** greenhouse effect; **~ chaude** hothouse. **(b)** *(griffe)* talon, claw.

serrer [seʀe] (1) **1** *vt* **(a)** *(avec la main)* to grip, hold tight. **~ qn dans ses bras** to clasp sb in one's arms; **~ la main à qn** *(la donner à qn)* to shake sb's hand, shake hands with sb; *(presser)* to squeeze *ou* press sb's hand; **se ~ la main** to shake hands; **~ qn à la gorge** to grab sb by the throat. **(b)** *poing, mâchoires* to clench; *lèvres* to set. **les lèvres serrées** with tight lips; **avoir la gorge serrée** to be choked by emotion; **cela serre le cœur** it wrings your heart; **~ les dents** *(lit)* to clench one's teeth; *(fig)* to grit one's teeth. **(c)** *[chaussures, vêtements] (comprimer)* to be too tight; *(mouler)* to fit tightly. **(d)** *vis* to tighten; *joint* to clamp; *robinet* to turn off tight; *nœud, ceinture* to tighten, pull tight. **~ qch dans un étau** to grip sth in a vice; **~ le frein à main** to put on the handbrake; **~ la vis à qn *** to crack down harder on sb *. **(e)** *véhicule, piéton (par derrière)* to keep close behind; *(latéralement)* to squeeze *(contre* up against). **~ qn dans un coin** to wedge sb in a corner; **~ le trottoir** to hug the kerb; *(fig)* **~ une question de plus près** to study a question more closely; *(Naut)* **~ la côte**

to sail close to the shore, hug the shore. **(f)** *(rapprocher) objets, mots* to close up, put close together; *convives* to squeeze up *ou* together. *(Mil)* ~ **les rangs** to close ranks. **(g)** *(†: ranger)* to put away.
2 *vi (Aut)* ~ **à droite** to move in to the right.
3 se ~ *vpr:* **se** ~ **contre qn** to huddle (up) against sb; *(tendrement)* to cuddle *ou* snuggle up to sb; **se** ~ **autour du feu** to squeeze *ou* crowd round the fire; **serrez-vous un peu** squeeze up a bit; **son cœur se serra** he felt a pang of anguish; **se** ~ **les coudes** ‡ to back one another up; **se** ~ **la ceinture** to tighten one's belt.
◆ **serrage** *nm [vis]* tightening; *[joint]* clamping.
◆ **serré, e 1** *adj* **(a)** *vêtement* tight. **(b)** *spectateurs* (tightly) packed. **(c)** *tissu* closely woven; *réseau, herbe* dense; *mailles, écriture* close. **(d)** *(bloqué)* **trop** ~ too tight; **pas assez** ~ not tight enough. **(e)** *(contracté)* **avoir le cœur** ~ to feel a pang of anguish; **avoir la gorge** ~**e** to feel a tightening *ou* a lump in one's throat. **(f)** *discussion* closely conducted, closely argued; *lutte, match* tight, close-fought; *budget* tight. **2** *adv:* **écrire** ~ to write a cramped hand; *(fig)* **jouer** ~ to play a tight game. ◆ **serrement** *nm:* ~ **de main** handshake; ~ **de cœur** pang of anguish.

serrure [seʀyʀ] *nf* lock. ~ **à pompe** spring lock; ~ **de sûreté** safety lock; ~ **trois points** three-point security lock. ◆ **serrurerie** *nf (métier)* locksmith's trade; *(travail)* ironwork. ◆ **serrurier** *nm* locksmith.

sertir [seʀtiʀ] (2) *vt bijou* to set.

sérum [seʀɔm] *nm* serum. *(fig)* ~ **de vérité** truth drug.

servant [seʀvɑ̃] *nm (Rel, Mil)* server. ◆ **servante** *nf* (maid) servant.

serveur [seʀvœʀ] *nm* **(a)** *[restaurant]* waiter; *[bar]* barman. **(b)** *(Tennis)* server; *(Cartes)* dealer. **(c)** *(Ordin)* **centre** ~ service centre. ◆ **serveuse** *nf* waitress; barmaid.

serviable [seʀvjabl(ə)] *adj* obliging, willing to help. ◆ **serviabilité** *nf* obligingness.

service [seʀvis] **1** *nm* **(a)** *(travail)* duty. **heures de** ~ hours of service *ou* duty; **prendre son/être de** ~ to come on/be on duty; **pompier de** ~ duty fireman, fireman on duty; *(Admin, Mil)* **être en** ~ **commandé** to be acting under orders, be on an official assignment; **avoir 25 ans de** ~ to have completed 25 years' service. **(b)** *(gén, Écon: prestations)* ~**s** services; *(Écon)* **les** ~**s** the service industries; **offrir ses** ~**s à qn** to offer sb one's services. **(c)** *(domesticité)* (domestic) service. **entrer en** ~ **chez qn** to go into service with sb; **être au** ~ **de** to be in the service of; **escalier de** ~ backstairs, servants' stairs; **entrée de** ~ service *ou* tradesman's entrance. **(d)** *(Mil)* **le** ~ **(militaire)** military *ou* national service; **faire son** ~ to do one's military *ou* national service; ~ **armé** combatant service. **(e)** *(organisme public)* service; *(section)* department, section. **les** ~**s postaux** the postal services; ~ **des achats/des urgences** buying/casualty department; ~ **de réanimation** intensive care unit; **les** ~**s publics** the (public) utilities. **(f)** *(Rel)* service. ~ **funèbre** funeral service. **(g)** *(faveur, aide)* service. **rendre un** ~ **à qn** to do sb a favour *ou* a service; **rendre** ~ **à qn** *(aider)* to do sb a service *ou* a good turn; *(s'avérer utile)* to come in useful *ou* handy for sb, be of use to sb; **il aime rendre** ~ he likes to be helpful; **rendre un mauvais** ~ **à qn** to do sb a disservice; **qu'y a-t-il pour votre** ~? how can I be of service to you?; **je suis à votre** ~ I am at your service. **(h)** *(au restaurant)* service; *(pourboire)* service (charge). ~ **compris/non compris** service included/not included, inclusive/exclusive of service; **premier/deuxième** ~ first/second sitting. **(i)** *[vaisselle, linge]* service, set. ~

à liqueurs set of liqueur glasses. **(j)** *(fonctionnement)* **mettre en** ~ to put *ou* bring into service, bring on stream *ou* line; **entrer en** ~ to come on stream *ou* line *ou* into service; **hors de** ~ out of order *ou* commission. **(k)** *(transport)* service. ~ **d'autobus/d'hiver** bus/winter service; **le** ~ **est interrompu sur la ligne 3** (the) service is suspended on line 3. **(l)** *(Tennis)* service. **être au** ~ to have the service. **2 :** ~ **après-vente** after-sales service; ~ **d'ordre** *(policiers)* police patrol; *(manifestants)* team of stewards *(responsible for crowd control etc)*; ~**s secrets** secret service.

serviette [seʀvjɛt] *nf* **(a)** ~ **(de toilette)** (hand) towel; ~ **(de table)** serviette, (table) napkin; ~ **de bain** bath towel; ~**-éponge** towel; ~ **périodique** sanitary towel. **(b)** *(cartable)* briefcase.

servile [seʀvil] *adj homme, obéissance* servile, cringing; *imitation* slavish. ◆ **servilement** *adv* servilely, cringingly; slavishly. ◆ **servilité** *nf* servility; slavishness.

servir [seʀviʀ] (14) **1** *vt* **(a)** *(être au service de)* to serve. ~ **qn** *(dans un magasin)* to attend to *ou* serve sb; *(au restaurant)* to wait on *ou* serve sb; ~ **la messe** to serve mass; **elle aime se faire** ~ she likes to be waited on; **le boucher m'a bien servi** *(en qualité)* the butcher has sold me good meat; *(en quantité)* the butcher has given me a good amount for my money; **'Madame est servie'** 'dinner is served'; **il sert dans un café** he is a waiter in a café; **ils voulaient la pluie, ils ont été servis!** they wanted rain — well, they've got what they asked for *ou* wanted!; **en fait d'ennuis, elle a été servie** as regards troubles, she's had her share (and more) *ou* she's had more than her fair share. **(b)** *plat* to serve. ~ **qch à qn** to serve sb with sth, help sb to sth; **'~ frais'** 'serve cool'; ~ **à boire à qn** to serve a drink to sb; **à table, c'est servi!** come and sit down now, it's ready!; **il nous sert toujours les mêmes plaisanteries** he always trots out the same old jokes *ou* treats us to the same old jokes. **(c)** *(aider) personne, ambitions* to serve (well), aid. **sa prudence l'a servi** his caution served him well *(auprès de* with); **il a été servi par une bonne mémoire** he was aided by a good memory. **(d)** *(être utile)* ~ **à** *personne* to be of use *ou* help to; *usage* to be of use in, be useful for; ~ **à faire** to be used for doing; **ça m'a servi à réparer le lit** I used it to mend the bed; **cela ne sert à rien** it's no use, it's useless; **cela ne sert à rien de pleurer** it's no use *ou* there's no point crying, crying doesn't help; **à quoi sert cet objet?** what is this object used for?; **à quoi servirait de réclamer?** what use would complaining be?, what would be the point of complaining? **(e)** ~ **de qch** *[objet]* to serve as sth, be used as sth; *[personne]* **elle lui a servi d'interprète** she acted as his interpreter; ~ **de leçon à qn** to be a lesson to sb. **(f)** *(verser)* to pay. ~ **des intérêts à qn** to pay sb interest. **(g)** *(Cartes)* to deal; *(Tennis)* to serve; *(Mil)* canon to serve.
2 se ~ *vpr* **(a)** *(distribution)* to help o.s. *(chez un fournisseur)* **se** ~ **chez X** to shop at X's. **(b)** **se** ~ **de qch** to use sth; **se** ~ **de ses relations** to make use of *ou* use one's contacts; **il s'est servi de moi** he used me.

serviteur [seʀvitœʀ] *nm (gén)* servant.

servitude [seʀvityd] *nf* **(a)** *(esclavage)* servitude. **(b)** *(gén pl: contrainte)* constraint.

servofrein [seʀvɔfʀɛ̃] *nm (Tech)* servo(-assisted) brake.

ses [se] *adj poss* V **son**[1].

session [sesjɔ̃] *nf (Jur, Parl)* session, sitting. ~ **(d'examen)** university exam session.

seuil [sœj] *nm (marche)* doorstep; *(entrée)* doorway, threshold †; *(fig)* threshold; *(Géog, Tech)* sill. *(fig)*

au ~ de la mort on the threshold *ou* brink of death.

seul, e [sœl] **1** *adj* **(a)** *(non accompagné)* alone, on one's *(ou* its *etc)* own, by oneself *(ou* itself *etc); (isolé)* lonely. **ils se retrouvèrent enfin ~s** they were alone (together) *ou* on their own *ou* by themselves at last; **une femme ~e peut très bien se débrouiller** a woman on her own *ou* a single woman can manage perfectly well. **(b)** *(avant n: unique)* **un ~ livre** *(et non plusieurs)* one book, a single book; *(à l'exception de tout autre)* only one book; **le ~ homme** the one man, the only man, the sole man; **pour cette ~e raison** for this reason alone *ou* only, for this one reason; **une ~e fois** only once. **(c)** *(en apposition)* only, alone. **~ le résultat compte** the result alone counts, only the result counts. **(d)** *(locutions)* **~ et unique** one and only; **c'est la ~e et même personne** it's one and the same person; **d'un ~ coup** *(subitement)* suddenly; *(ensemble, à la fois)* in *ou* at one go; **d'un ~ tenant** *terrain* all in one piece; **vous êtes ~ juge** you alone can judge; **à ~e fin de** with the sole purpose of; **du ~ fait que...** by the mere *ou* very fact that...; **parler à qn ~ à ~** to speak to sb in private *ou* privately *ou* alone; **se retrouver ~ à ~ avec qn** to find o.s. alone with sb; *(fig)* **comme un ~ homme** as one man; **d'une ~e voix** with one voice.

2 *adv* parler, rire to oneself; *vivre* alone, by oneself, on one's own. *(sans aide)* **faire qch (tout) ~** to do sth (all) on one's own *ou* unaided *ou* single-handed.

3 *nm, f*: **un ~** *(gén)* only one; **le ~ que j'aime** the only one I love; **il n'en reste pas un ~** there isn't a single one left.

seulement [sœlmɑ̃] *adv* **(a)** *(gén)* only; *(exclusivement)* only, solely; *(toutefois)* only, but. **nous serons ~ 4** there will be only 4 of us; **on ne vit pas ~ de pain** you can't live on bread alone *ou* only *ou* solely on bread; **ce n'est pas ~ sa maladie qui le déprime** it's not only *ou* just his illness that depresses him; **il vient ~ d'entrer** he's only just (now) come in; **c'est bien, ~ c'est cher** it's fine only *ou* but it's expensive. **(b)** *(locutions)* **non ~ il a plu, mais (encore) il a fait froid** it didn't only rain but it was cold too; **on ne nous a pas ~ donné un verre d'eau** we were not even given a glass of water, we were not given so much as a glass of water; **si ~** if only.

sève [sɛv] *nf* sap.

sévère [sevɛʀ] *adj (gén)* severe; *juge, climat* harsh; *parent, ton* stern. ◆ **sévèrement** *adv* severely; harshly; sternly. ◆ **sévérité** *nf* severity; harshness; sternness.

sévices [sevis] *nmpl* (physical) cruelty, ill treatment.

Séville [sevil] *n* Seville.

sévir [seviʀ] (2) *vi* **(a)** *(punir)* to act ruthlessly. **~ contre** to deal ruthlessly with. **(b)** *[fléau, doctrine]* to rage, hold sway; *[pauvreté]* to be rampant *ou* rife. **il sévit à la télé depuis 20 ans** he's been doing his worst on TV for 20 years now *(hum)*.

sevrer [səvʀe] (5) *vt nourrisson* to wean. *(fig)* **~ qn de qch** to deprive sb of sth. ◆ **sevrage** *nm* weaning.

sexe [sɛks(ə)] *nm* sex; *(organes)* sex organs. **enfant du ~ masculin** child of male sex, male child; **le beau ~** the fair sex. ◆ **sexisme** *nm* sexism. ◆ **sexiste** *adj, nmf* sexist. ◆ **sexualité** *nf* sexuality. ◆ **sexué, e** *adj* sexual. ◆ **sexuel, -elle** *adj (gén)* sexual; *éducation, hormone, organe* sexual, sex. ◆ **sexuellement** *adv* sexually. **maladie ~ transmissible** sexually transmitted disease. ◆ **sexy** * *adj inv* sexy *.

sextant [sɛkstɑ̃] *nm* sextant.

seyant, e [sɛjɑ̃, ɑ̃t] *adj vêtement* becoming.

Seychelles [seʃɛl] *nfpl*: **les ~** the Seychelles.

shah [ʃa] *nm* shah.

shaker [ʃɛkœʀ] *nm* cocktail shaker.

shakespearien, -ienne [ʃɛkspiʀjɛ̃, jɛn] *adj* Shakespearian.

shampooing [ʃɑ̃pwɛ̃] *nm* shampoo. **faire un ~ à qn** to shampoo sb's hair; **~ colorant** tint, rinse. ◆ **shampooiner** (1) *vt* to shampoo. ◆ **shampooineur, -euse 1** *nm, f* (hairdressing) junior. **2** *nf* carpet shampooing-machine.

shérif [ʃeʀif] *nm* sheriff.

shetland [ʃɛtlɑ̃d] *nm* **(a)** *(laine)* Shetland wool; *(tricot)* Shetland pullover. **(b) les îles S~** the Shetland Islands.

shooter [ʃute] (1) **1** *vi (Ftbl)* to shoot, make a shot. **2 se ~** *vpr (arg)* to mainline *. ◆ **shoot** *nm* shot.

shopping [ʃɔpiŋ] *nm* shopping. **faire du ~** to go shopping.

short [ʃɔʀt] *nm*: **~(s)** pair of shorts, shorts.

si¹ [si] **1** *conj* **(a)** *(hypothèse)* if. **~ j'avais de l'argent** if I had any money, had I any money; **~ j'étais riche** if I were rich; **~ j'avais su!** if I had only known!, had I only *ou* but known!; **et s'il refusait?** and what if he refused?; **~ tu lui téléphonais?** how *ou* what about phoning him?, supposing you phoned him? **(b)** *(répétition)* if, when. **~ je sors sans parapluie, il pleut** if *ou* when(ever) I go out without an umbrella, it always rains. **(c)** *(opposition)* while. **~ lui est aimable, sa femme est arrogante** while *ou* whereas he is very pleasant, his wife is arrogant. **(d)** *(exposant un fait)* **c'est un miracle ~ la voiture n'a pas pris feu** it's a miracle (that) the car didn't catch fire; **excusez-nous ~ nous n'avons pas pu venir** please excuse us for not being able to come. **(e)** *(interrogation indirecte)* if, whether. **il se demande ~ elle viendra** he is wondering whether *ou* if she will come; **vous imaginez s'ils étaient fiers!** you can imagine how proud they were!; **~ je veux y aller! quelle question!** do I want to go! what a question! **(f)** **qui peut le savoir, ~ ce n'est lui?** who will know if not him? *ou* apart from him? *ou* but him?; **~ ce n'était la crainte de les décourager** if it were not *ou* were it not for the fear of putting them off; **une des plus belles, ~ ce n'est la plus belle** one of the most beautiful, if not the most beautiful; **elle va bien, ~ ce n'est qu'elle est fatiguée** she's quite well apart from the fact that she is tired. **(g)** *(locutions)* **il te répondra ~ tant est qu'il le sache** he'll tell you, that is if he knows; **s'il te** *ou* **vous plaît** please; **~ je ne me trompe** if I'm not mistaken, unless I'm mistaken; **~ j'ose dire** if I may say so, if I may put it like that; **~ l'on peut dire** in a way, as it were, so to speak; **~ l'on veut** in a way; **~ c'est ça *, je m'en vais** if that's how it is, I'm off *. **2** *nm inv* if. **avec des ~ on mettrait Paris en bouteille** if ifs and ands were pots and pans there'd be no need for tinkers.

si² [si] *adv* **(a)** *(affirmatif)* **vous ne venez pas? — ~/ mais ~** aren't you coming? — yes I am/of course I am; **~, ~, il faut venir** oh but you must come!; **il n'a pas voulu, moi ~** he didn't want to, but I did. **(b)** *(tellement)* so. **un ami ~ gentil** such a kind friend; **j'ai ~ faim** I'm so hungry. **(c) ~ bien que** so that. **(d)** *(concessif)* however. **~ bête qu'il soit, il comprendra** stupid as he is *ou* however stupid he is he will understand; **~ peu que ce soit** however little it may be. **(e)** *(égalité)* as, so. **elle n'est pas ~ timide que vous croyez** she's not so *ou* as shy as you think.

si³ [si] *nm inv (Mus)* B; *(en chantant)* ti, te, si.

siamois, e [sjamwa, waz] **1** *adj* Siamese. **2** *nm, f pl*: **~, ~es** Siamese twins. **3** *nm (chat)* Siamese.

Sibérie [sibeʀi] *nf* Siberia. ◆ **sibérien, -ienne** *adj,* **S~(ne)** *nm(f)* Siberian.

sic [sik] *adv* sic.

Sicile [sisil] *nf* Sicily. ◆ **sicilien, -ienne** *adj, nm,* **S~(ne)** *nm(f)* Sicilian.

sida, SIDA [sida] *nm (abrév de* **syndrome immuno-déficitaire acquis***)* aids, AIDS.

sidéral, e, *mpl* **-aux** [sideʀal, o] *adj* sidereal.

sidérer * [sideʀe] (6) *vt* to stagger, shatter *.

sidérurgie [sideʀyʀ3i] *nf (fabrication)* iron and steel metallurgy; *(industrie)* iron and steel industry. ◆ **sidérurgique** *adj procédé* (iron and) steel-making. ◆ **sidérurgiste** *nmf* (iron and) steel worker.

siècle [sjɛkl(ə)] *nm* century; *(époque)* age, century. **être de son ~/d'un autre ~** to live with the times/ be behind the times; **le ~ de Périclès** the age of Pericles; **il y a des ~s que nous ne nous sommes vus** * it's years *ou* ages since we last saw each other.

siège [sjɛ3] *nm* **(a)** *(objet)* seat. **~ de jardin** garden chair; **prenez un ~** take a seat; **~ éjectable** ejector seat. **(b)** *(Méd: postérieur)* seat. **(c)** *(Pol: fonction)* seat. **(d)** *(Jur) [magistrat]* bench. **(e)** *[firme]* head office; *[parti]* headquarters; *[assemblée]* seat. **~ social** registered office; **~ épiscopal** episcopal see. **(f)** *[maladie, rébellion]* seat; *[faculté, sensation]* centre. **(g)** *[place forte]* siege. *(lit, fig)* **faire le ~ de** to lay siege to; **lever le ~** *(lit)* to raise the siege; *(fig)* to get up and go. ◆ **siéger** (3) *et* (6) *vi [assemblée]* to sit. **voilà où siège le mal** that's where the trouble lies.

sien, sienne [sjɛ̃, sjɛn] **1** *pron poss:* **le ~, la sienne, les ~s, les siennes** *[homme]* his (own); *[femme]* hers, her own; *[chose]* its own; *(indéf)* one's own; **ce sac est le ~** this bag is hers; **mes enfants sont sortis avec les 2 ~s** my children have gone out with his *(ou* her*)* 2. **2** *nm* **(a)** **y mettre du ~** to give and take. **(b)** **les ~s** *(famille)* one's family; *(partisans)* one's own people. **3** *nf*: **il a encore fait des siennes** * he has (gone and) done it again *. **4** *adj poss (littér)* **un ~ cousin** a cousin of his *(ou* hers*)*; **faire sienne une théorie** to adopt a theory, make a theory one's own.

Sienne [sjɛn] *n* Siena.

Sierra Leone [sjɛʀaleɔn] *nf* Sierra Leone.

sieste [sjɛst(ə)] *nf (gén)* nap, snooze; *(en Espagne etc)* siesta. **faire la ~** to have a nap *ou* siesta.

siffler [sifle] (1) **1** *vi (gén, fig)* to whistle; *(avec un sifflet)* to blow one's *ou* a whistle; *[gaz, serpent]* to hiss; *[respiration]* to wheeze. **2** *vt* **(a)** *(appeler)* chien to whistle for; *(pour infraction)* to blow one's whistle at; *départ, faute* to blow one's whistle for. *(Ftbl)* **~ la fin du match** to blow the final whistle, blow for time. **(b)** *acteur, pièce* to hiss, boo. **se faire ~** to get hissed *ou* booed. **(c)** *chanson* to whistle. **(d)** (‡: *avaler*) **~** to guzzle *, knock back ‡. ◆ **sifflant, e** *adj sonorité* whistling; *toux* wheezing; *prononciation* hissing, whistling. **(consonne)** **~e** sibilant. ◆ **sifflement** *nm*: **~(s)** whistling; hissing; wheezing; **un ~ a** whistle; **~ d'oreilles** whistling in the ears. ◆ **sifflet** *nm* whistle. *(huées)* **~s** hissing, booing, cat calls. ◆ **siffleur, -euse 1** *adj merle* whistling; *serpent* hissing. **2** *nm, f* whistler; hisser, booer. ◆ **sifflotement** *nm* whistling. ◆ **siffloter** (1) *vti* to whistle.

sigle [sigl(ə)] *nm* (set of) initials, acronym.

sigma [sigma] *nm* sigma.

signal, *pl* **-aux** [siɲal, o] *nm* signal. **donner le ~ de** *(lit)* to give the signal for; *(fig: déclencher)* to be the signal *ou* sign for, signal; **à mon ~ tous se levèrent** when I gave the signal *ou* sign everyone got up; **~ de détresse** distress signal; *(Aut)* **signaux (lumineux)** traffic signals *ou* lights; *(Rail)*

~ automatique automatic signal; **tirer le ~ d'alarme** to pull the alarm. ◆ **signalé, e** *adj service* signal. ◆ **signalement** *nm* description, particulars. ◆ **signaler** (1) **1** *vt (être l'indice de)* to indicate, be a sign of; *(avertir)* to signal; *(mentionner)* to indicate; *fait, vol* to report; *erreur, détail* to point out. **signalez que vous allez tourner à droite** indicate *ou* signal that you are turning right; **rien à ~** nothing to report; **~ qn à l'attention de qn** to bring sb to sb's attention; **nous vous signalons que...** we would point out to you that...; **nous vous signalons qu'il...** for your information, he... **2 se ~** *vpr (s'illustrer)* to distinguish o.s., stand out; *(attirer l'attention)* to draw attention to o.s. **se ~ à l'attention de qn** to attract sb's attention, bring o.s. to sb's attention.

signaliser [siɲalize] (1) *vt route* to put up (road) signs on; *voie* to put signals on. ◆ **signalisation** *nf* **(a)** *(action)* erection of (road)signs *(ou* signals) *(de* on). **erreur de ~** signposting *(ou* signalling) error; **panneau de ~** roadsign; **moyens de ~** means of signalling. **(b)** *(signaux)* signals. **~ routière** roadsigns.

signature [siɲatyʀ] *nf (action)* signing; *(marque)* signature. ◆ **signataire** *nmf* signatory.

signe [siɲ] **1** *nm* **(a)** *(gén)* sign. **un ~ de tête affirmatif/négatif** a nod/a shake of the head; **c'est un ~ de pluie** it's a sign it's going to rain; **c'est bon/ mauvais ~** it's a good/bad sign; *(lit, fig)* **ne pas donner ~ de vie** to give no sign of life; **donner des ~s de fatigue** to show signs of tiredness; **en ~ de respect** as a sign *ou* mark *ou* token of respect; **'~s particuliers: néant'** 'special peculiarities: none'; *(fig)* **rencontre placée sous le ~ de l'amitié franco-britannique** meeting where the keynote *ou* where the dominant theme was Franco-British friendship. **(b)** **faire ~ à qn** *(lit)* to make a sign to sb, sign to sb *(de faire* to do); *(fig: contacter)* to get in touch with sb, contact sb; **faire ~ du doigt à qn** to beckon (to) sb with one's finger; *(de la tête)* **faire ~ que oui** to nod in agreement; **faire ~ que non** to shake one's head. **2 :** **~ de croix/du zodiaque** *etc* sign of the cross/of the Zodiac *etc*; **~s extérieurs de richesse** outward signs of wealth; *(clin d'œil)* **~ d'intelligence** knowing look; **~ de ponctuation** punctuation mark; **~ (typographique)** character; **~ précurseur** omen, portent; **~ de ralliement** rallying symbol.

signer [siɲe] (1) **1** *vt* to sign. **tableau non signé** unsigned painting; *(fig)* **c'est signé!** * it's absolutely characteristic, it's written all over it! * **2 se ~** *vpr (Rel)* to cross o.s.

signet [siɲɛ] *nm* bookmark.

signifier [siɲifje] (7) *vt* **(a)** *(avoir pour sens)* to mean, signify. **bonté ne signifie pas forcément faiblesse** kindness does not necessarily mean *ou* signify *ou* imply weakness; **qu'est-ce que cela signifie?** what's the meaning of this? **(b)** *(faire connaître)* to make known; *(Jur)* to serve notice of *(à* on), notify *(à* to). **~ sa volonté à qn** to make one's wishes known to sb, inform sb of one's wishes; **~ son congé à qn** to give sb his notice.

silence [silɑ̃s] *nm* **(a)** silence. *(lit, fig)* **garder le ~** to keep silent *(sur* on); **faire ~** to be silent; **passer qch sous ~** to pass over sth in silence; **en ~** in silence; **sortez vos cahiers et en ~!** get out your books and no talking!; **un ~ de mort** a deathly hush *ou* silence. **(b)** *(dans la conversation, un récit)* pause; *(Mus)* rest. **à son entrée il y eut un ~** there was a hush when he came in. **(c)** *(paix)* silence, stillness. ◆ **silencieusement** *adv* silently; noiselessly. ◆ **silencieux, -euse 1** *adj (gén)* silent; *(paisible)* still; *moteur* noiseless. **2** *nm* (Tech) silencer.

silex [silɛks] *nm* flint.

silhouette [silwɛt] nf (profil) outline, silhouette; (allure, dessin) figure. ~s de tir figure targets.

silice [silis] nf silica.

silicium [silisjɔm] nm silicon.

silicone [silikɔn] nf silicone.

sillage [sijaʒ] nm [bateau] wake; [avion] slipstream. (lit, fig) dans son ~ in his (ou its etc) wake ou trail.

sillon [sijɔ̃] nm (Agr, fig) furrow; [disque] groove. ◆ **sillonner** (1) vt [bateau, routes] to cut across, cross; [rides, ravins] to furrow. ~ les routes to travel the roads.

silo [silo] nm silo.

simagrées [simagʀe] nfpl fuss. faire des ~ to make a fuss ou a to-do *.

simiesque [simjɛsk(ə)] adj (V singe) monkey-like; ape-like.

similaire [similɛʀ] adj similar. ◆ **similarité** nf similarity. ◆ **simili** préf imitation. ◆ **similitude** nf similarity.

simple [sɛ̃pl(ə)] **1** adj (a) (non complexe) simple; (non multiple) billet, fleur single; (facile) straightforward. en ~ épaisseur in a single thickness; réduit à sa plus ~ expression reduced to a minimum; ~ comme bonjour * easy as pie *. (b) (modeste) plain, simple. il a su rester ~ he has managed to stay unaffected ou simple; (hum) dans le plus ~ appareil in one's birthday suit. (c) (naïf) simple. ~ d'esprit (adj) simple-minded; (nmf) simpleton. (d) (restrictif) simple. un ~ particulier an ordinary citizen; un ~ soldat a private; une ~ formalité a simple ou mere formality; un ~ regard la déconcertait just a ou a mere ou simple look would upset her. **2** nm (a) passer du ~ au double to double. (b) († Bot) simple †. (c) (Tennis) singles. ~ dames ladies' singles. ◆ **simplement** adv simply; straightforwardly; plainly; unaffectedly. je veux ~ dire que... I simply ou merely ou just want to say that... ◆ **simplet, -ette** adj personne simple; raisonnement simplistic. ◆ **simplicité** nf simplicity; straightforwardness; plainness; unaffectedness; (naïveté) simpleness. ◆ **simplification** nf simplification. ◆ **simplifier** (7) vt (gén, Math) to simplify. trop ~ to oversimplify. ◆ **simpliste** adj (péj) simplistic.

simuler [simyle] (1) vt (gén, Tech, Ordin) to simulate; sentiment, attaque to feign, sham. ~ une maladie to feign illness, pretend to be ill. ◆ **simulacre** nm (action simulée) enactment. (péj) un ~ de justice a pretence of justice; un ~ de procès a sham trial, a mockery of a trial. ◆ **simulateur, -trice 1** nm, f shammer, pretender; (Mil: faux malade) malingerer. **2** nm: ~ de vol flight simulator. ◆ **simulation** nf simulation, feigning. c'est de la ~ it's all sham, it's all put on. ◆ **simulé, e** adj feigned, sham.

simultané, e [simyltane] adj simultaneous. ◆ **simultanéité** nf simultaneity. ◆ **simultanément** adv simultaneously.

Sinaï [sinai] nm: le ~ Sinai.

sinapisme [sinapism(ə)] nm mustard plaster.

sincère [sɛ̃sɛʀ] adj (gén) sincere; partisan, sentiment sincere, genuine, true. ◆ **sincèrement** adv sincerely; genuinely; truly; (pour parler franchement) honestly, really. ◆ **sincérité** nf sincerity; genuineness.

sinécure [sinekyʀ] nf sinecure. ce n'est pas une ~ * it's not exactly a rest cure.

Singapour [sɛ̃gapuʀ] nm Singapore.

singe [sɛ̃ʒ] nm (Zool) monkey; (de grande taille) ape; (personne laide) horror; (enfant espiègle) monkey. faire le ~ to monkey about; malin comme un ~ as crafty ou artful as a monkey. ◆ **singer** (3) vt attitude to ape, mimic, take off; sentiments to feign. ◆ **singeries** nfpl (pitreries) antics, clowning;

(simagrées) airs and graces. faire des ~ to clown about, play the fool.

singulier, -ière [sɛ̃gylje, jɛʀ] **1** adj (Ling) singular; (étonnant) remarkable, singular. **2** nm (Ling) singular. ◆ **singulariser** (1) **1** vt to mark out, make conspicuous. **2** se ~ vpr to call attention to o.s., make o.s. conspicuous. ◆ **singularité** nf (a) remarkable nature; singularity. (b) (exception) peculiarity. ◆ **singulièrement** adv remarkably, singularly; peculiarly; (en particulier) particularly, especially.

sinistre [sinistʀ(ə)] **1** adj sinister, ominous. (avant n: intensif) un ~ imbécile an utter idiot. **2** nm (catastrophe) disaster; (incendie) blaze; (Assurances: cas) accident. déclarer un ~ to put in ou submit an accident claim. ◆ **sinistré, e 1** adj (disaster-)stricken. le département du Gard a été déclaré zone ~e après les incendies the department of the Gard was declared a disaster area after the fires. **2** nm, f disaster victim. ◆ **sinistrement** adv in a sinister way.

sinon [sinɔ̃] conj (a) (sauf) except, other than. à quoi sert cette manœuvre ~ à nous intimider? what is the purpose of this manoeuvre other than ou if not to intimidate us?; je ne sais pas grand-chose, ~ qu'il a démissionné I don't know much about it, except that ou only that he has resigned. (b) (concession) if not. il avait leur approbation, ~ leur enthousiasme he had their approval, if not their enthusiasm. (c) (autrement) otherwise, or else. (menace) fais-le, ~... do it, or else...

sinueux, -euse [sinɥø, øz] adj route winding; rivière winding, meandering; ligne sinuous; pensée tortuous. ◆ **sinuosité** nf (aspect) winding; (courbe) curve, loop.

sinus [sinys] nm (Anat) sinus; (Math) sine. ◆ **sinusite** nf sinusitis. ◆ **sinusoïdal, e,** mpl **-aux** adj sinusoidal. ◆ **sinusoïde** nf sinusoid.

sionisme [sjɔnism(ə)] nm Zionism. ◆ **sioniste** adj, nmf Zionist.

siphon [sifɔ̃] nm (tube, bouteille) siphon; [évier, W.-C.] U-bend; (Spéléologie) sump. ◆ **siphonné, e ✳** adj cracked ✳. ◆ **siphonner** (1) vt to siphon.

sire [siʀ] nm (a) (au roi) S~ Sire. (b) (seigneur) lord. (c) triste ~ unsavoury individual.

sirène [siʀɛn] nf (a) (Myth, fig) siren, mermaid. (b) [bateau, ambulance] siren; [usine] hooter, siren (US). (incendie) ~ d'alarme fire alarm.

sirop [siʀo] nm (pharmaceutique) syrup, mixture; (pour boisson) syrup, squash, cordial. ~ de menthe mint cordial ou beverage (US); ~ d'érable maple syrup.

siroter [siʀɔte] (1) vt to sip.

sirupeux, -euse [siʀypø, øz] adj (lit, péj) syrupy.

sis, sise [si, siz] adj (Admin, Jur) located.

sismique [sismik] adj seismic. ◆ **sismographe** nm seismograph.

site [sit] nm (environnement) setting; (endroit pittoresque) beauty spot; (Constr: emplacement) site. ~ naturel natural site; un ~ classé a conservation area; la protection des ~s the conservation of places of interest.

sitôt [sito] **1** adv: ~ (après qu'elle fut) couchée, elle s'endormit as soon as ou immediately she was in bed she fell asleep, she was no sooner in bed than she fell asleep; ~ dit, ~ fait no sooner said than done; ~ qu'il sera guéri as soon as he is better; ~ après la guerre straight ou right (US) ou immediately after the war; il ne reviendra pas de ~ he won't be back for quite a while ou for (quite) some time; (hum) he won't be back in a hurry. **2** prép: ~ les vacances, elle partait she went away as soon as the holidays started.

situation [sitɥasjɔ̃] nf (circonstances) situation; (emplacement) situation, position, location;

(emploi) job, position, situation; *(Fin: état)* statement of finances. **être en ~ de faire** to be in a position to do; **~ de fait** de facto situation; **~ de famille** marital status; **dans une ~ désespérée** in a desperate plight; **se faire une belle ~** to work up to a good position.

situer [sitye] (1) **1** *vt (construire)* to site, situate, locate; *(par la pensée: localiser)* to set, place; *(*: catégoriser)* *personne* to place, pin down. **2 se ~** *vpr* **(a)** *(emploi réfléchi)* to place o.s. *(par rapport à* in relation to). **(b)** *(dans l'espace)* to be situated; *(dans le temps)* to take place; *(par rapport à des notions)* to stand. **bien/mal situé** well/ badly situated; **l'action se situe à Paris** the action is set *ou* takes place in Paris; **la hausse des prix se situera entre 5% et 10%** prices will rise between 5% and 10%.

six [sis], *devant consonne* [si], *devant voyelle ou h muet* [siz] **1** *adj cardinal inv* six. **~ mille** six thousand; **les ~ huitièmes de cette somme** six eighths of this sum; **il a ~ ans** he is six (years old); **un enfant de ~ ans** a six-year-old (child), a child of six; **un objet de ~ F** a six-franc article; **à ~ faces** six-sided; **il est trois heures moins ~** it is six minutes to three; **cinq fois sur ~** five times out of six; **tous les ~** all six of them; **ils ont porté la table à eux ~** the six of them carried the table; **ils viennent à ~ pour déjeuner** there are six coming to lunch; **on peut s'asseoir à ~ autour de cette table** this table can seat six (people); **se battre à ~ contre un** to fight six against one; **entrer ~ par ~** to come in six at a time *ou* six by six; **se mettre en rangs par ~** to form rows of six.
2 *adj ordinal inv* sixth, six. **arriver le ~ septembre** to arrive on the sixth of September *ou* (on) September (the) sixth; **Louis ~** Louis the Sixth; **page ~** page six; **il habite au numéro ~** he lives at number six; **il est ~ heures du soir** it's six in the evening *ou* p.m.
3 *nm inv* six. **quarante-~** forty-six; **quatre et deux font ~** four and two are *ou* make six; **il fait mal ses ~** he writes his sixes badly; *(numéro)* **le ~ rue de Paris** number six; **il habite ~ rue de Paris** he lives at six Rue de Paris; **nous sommes le ~ aujourd'hui** it's the sixth today; *(Cartes)* **le ~ de cœur** the six of hearts; *(Dominos)* **le ~ et deux** the six-two; **la facture est datée du ~** the bill is dated the 6th.
4 : *(Mus)* **~-huit** *nm inv* six-eight (time); **mesure à ~-huit** bar in six-eight (time); *(Naut)* **~-mâts** *nm inv* six-master.
♦ **sixième 1** *adj* sixth. **vingt-~** twenty-sixth; **dans le ~ (arrondissement)** in the sixth arrondissement *(in Paris)*; **au ~ (étage)** on the sixth floor. **2** *nmf (gén)* sixth (person). **se classer ~** to come sixth. **3** *nm (portion)* sixth. **calculer le ~ d'un nombre** to work out the sixth of a number; **recevoir le ~ d'une somme** to receive a sixth of a sum; **(les) deux ~s du budget** two sixths of the budget. **4** *nf (Scol)* first form, sixth grade *(US)*. **entrer en (classe de) ~** ≃ to go into the first form *ou* sixth grade *(US)*; **élève de ~** ≃ first form *ou* sixth grade *(US)* pupil. ♦ **sixièmement** *adv* in the sixth place, sixthly.

skaï [skaj] ® *nm* Skai (fabric) ®, leatherette.

sketch, *pl* **sketches** [skɛtʃ] *nm (variety)* sketch.

ski [ski] *nm (objet)* ski; *(sport)* skiing. **~ acrobatique** hot-dogging, free-styling; **~ alpin** Alpine skiing; **~ de fond** cross-country skiing, ski touring *(US)*, langlauf; **~ nautique** water-skiing; **~ hors piste** off-piste skiing; **faire du ~** to ski, go skiing; **chaussures de ~** ski boots. ♦ **skier** (7) *vi* to ski. ♦ **skieur, -euse** *nm, f* skier.

skipper [skipœʀ] *nm (course à la voile)* skipper.

slalom [slalɔm] *nm* slalom; *(fig)* zigzag. ♦ **slalomer** (1) *vi (Ski)* to slalom; *(fig: obstacles)* to zigzag. ♦ **slalomeur, -euse** *nm, f* slalom skier.

slave [slav] **1** *adj* Slavic, Slavonic. **2** *nmf*: **S~** Slav.

slip [slip] *nm* briefs, pants. **~ de bain** *[homme]* (bathing) trunks; *(du bikini)* bikini briefs; **2 ~s** 2 pairs of briefs *ou* pants.

slogan [slɔgã] *nm* slogan.

slow [slo] *nm* slow number.

smala * [smala] *nf (troupe)* tribe *.

smicard, e * [smikaʀ, aʀd(ə)] *nm, f* minimum wage earner.

smoking [smɔkiŋ] *nm (costume)* dinner suit; *(veston)* dinner jacket, tuxedo *(US)*.

snack(-bar) [snak(baʀ)] *nm* snack bar.

snob [snɔb] **1** *nmf* snob. **2** *adj* snobbish, snobby, posh *. ♦ **snober** (1) *vt*: **~ qn** to snub sb, give sb the cold shoulder. ♦ **snobisme** *nm* snobbishness, snobbery.

sobre [sɔbʀ(ə)] *adj personne* sober, temperate, abstemious; *style* sober. **~ de paroles** sparing of words; **~ comme un chameau** as sober as a judge. ♦ **sobrement** *adv* soberly, temperately; frugally. ♦ **sobriété** *nf* sobriety, temperance; frugality.

sobriquet [sɔbʀikɛ] *nm* nickname.

sociable [sɔsjabl(ə)] *adj caractère* sociable; *milieu* hospitable. ♦ **sociabilité** *nf* sociability; hospitality.

social, e, *mpl* **-aux** [sɔsjal, o] *adj (gén)* social. **prestations ~es** social security benefits. ♦ **social-démocrate,** *mpl* **sociaux-démocrates** *adj, nmf* Social Democrat. ♦ **social-démocratie** *nf, pl* **social-démocraties** social democracy. ♦ **socialement** *adv* socially. ♦ **socialisation** *nf* socialization. ♦ **socialiser** (1) *vt* to socialize. ♦ **socialisme** *nm* socialism. ♦ **socialiste** *adj, nmf* socialist.

société [sɔsjete] *nf* **(a)** *(groupe)* society. **la ~** society; **la bonne/haute ~** polite/high society; **la ~ de consommation** the consumer society. **(b)** *(club)* *(littéraire)* society; *(sportive)* club. **la S~ protectrice des animaux** ≃ the Royal Society for the Prevention of Cruelty to Animals, the American Society for the Prevention of Cruelty to Animals *(US)*. **(c)** *(Comm)* company, firm. **~ par actions/ anonyme** joint stock/limited company. **(d)** *(assemblée)* company, gathering. **une ~ d'artistes** a company *ou* gathering of artists; **toute la ~ se leva** the whole company rose. **(e)** *(compagnie)* company. **rechercher la ~ de qn** to seek sb's company. ♦ **sociétaire** *nmf* member *(of a society)*.

socio- [sɔsjɔ] *préf* socio. **~-éducatif/-économique** *etc* socioeducational/economic *etc*.

sociologie [sɔsjɔlɔʒi] *nf* sociology. ♦ **sociologique** *adj* sociological. ♦ **sociologiquement** *adv* sociologically. ♦ **sociologue** *nmf* sociologist.

socle [sɔkl(ə)] *nm [statue]* plinth, pedestal; *[lampe]* base.

socquette [sɔkɛt] *nf* ankle sock.

soda [sɔda] *nm* fizzy drink. **~ à l'orange** orangeade.

sodium [sɔdjɔm] *nm* sodium.

sœur [sœʀ] *nf (gén, Rel)* sister. **avec un dévouement de ~** with a sister's *ou* with sisterly devotion; **et ta ~? ‡** get lost ‡; **~ Jeanne** Sister Jeanne; **mis en pension chez les ~s** sent to a convent (boarding) school.

sofa [sɔfa] *nm* sofa.

Sofia [sɔfja] *n* Sofia.

soft(ware) [sɔft(wɛʀ)] *nm* software.

soi [swa] **1** *pron pers (gén)* oneself. **n'aimer que ~** to love only oneself; **il faut regarder devant ~** you must look in front of you; **rester chez ~** to stay at home; *(faire un effort)* **prendre sur ~** to take a grip on o.s.; **prendre sur ~ de faire qch** to take it upon o.s. to do sth; **il n'agit que pour ~** he is only acting for himself; **se rendre service entre ~** to help each other *ou* one another (out); **cela**

va de ~ it's obvious, it stands to reason, it goes without saying (*que* that); (*intrinsèquement*) **en** ~ in itself; **~-même** oneself; **le respect de ~-même** self-respect; (*hum*) **Monsieur X?** — **~-même!** Mr X? — in person! **2** *nm* (*Philos*) self; (*Psych*) id. ◆ **soi-disant 1** *adj inv:* **un** ~ **poète** a so-called *ou* would-be poet. **2** *adv* supposedly. **il était** ~ **parti** he had supposedly left, he was supposed to have left.

soie [swa] *nf* (*Tex*) silk; [*sanglier etc*] bristle. ◆ **soie-rie** *nf* (*tissu*) silk; (*commerce*) silk trade.

soif [swaf] *nf* (**a**) (*lit*) **avoir** ~ to be thirsty; **le sel donne** ~ salt makes you thirsty, salt gives one a thirst; **jusqu'à plus** ~ * till one can take no more. (**b**) (*fig: désir*) ~ **de qch** thirst *ou* craving for sth; ~ **de faire qch** craving to do sth.

soigné, e [swaɲe] *adj* (**a**) *personne, tenue, chevelure* tidy, well-groomed, neat; *ongles* well-groomed, well-kept; *mains* well-cared-for; *travail, présentation* neat, careful, meticulous; *jardin* well-kept, neat; *repas* carefully-prepared. **peu** ~ *personne* untidy; *cheveux* unkempt, untidy. (**b**) (**: intensif*) note massive *, whopping *; *punition* stiff *. **avoir un rhume** ~ to have a whopper * of a cold.

soigner [swaɲe] (1) **1** *vt* (**a**) [*médecin*] to treat; [*infirmière*] to look after, nurse. **se faire** ~ to have treatment; ~ **les blessés** to tend *ou* nurse the injured; **il faut te faire** ~! * you need your head examined! * (**b**) *plantes, invité, ongles* to look after, take (good) care of; *tenue, travail, repas* to take care over. **2 se** ~ *vpr* (*lit, fig*) [*personne*] to take good care of o.s., look after o.s. **cette maladie se soigne** this disease can be treated. ◆ **soigneur** *nm* (*Boxe*) second; (*Cyclisme, Ftbl*) trainer.

soigneux, -euse [swaɲø, øz] *adj personne* tidy, neat; *travail* careful, meticulous. ~ **de sa personne/ de ses vêtements** careful about one's appearance/ with one's clothes. ◆ **soigneusement** *adv* tidily, neatly; carefully, meticulously. ~ **préparé** carefully prepared.

soin [swɛ̃] *nm* (**a**) (*application*) care; (*ordre et propreté*) tidiness, neatness. **sans** ~ (*adj*) careless; untidy; (*adv*) carelessly; untidily; **avec (grand)** ~ with (great) care, (very) carefully. (**b**) (*charge*) care. **confier à qn le** ~ **de faire** to entrust sb with the job of doing; **je vous laisse ce** ~ I leave this to you, I leave you to take care of this; **son premier** ~ **fut de faire...** his first concern was to do... (**c**) **~s** care; (*traitement*) attention, treatment; **les ~s du ménage** the care of the home; **les ~s du visage** face-care, care of the complexion; **~s médicaux** medical *ou* health care; **~s dentaires** dental treatment; **le blessé a reçu les premiers ~s** the injured man has been given first aid; **confier qn/qch aux (bons) ~s de** to leave sb/sth in the hands *ou* care of; (*sur lettre*) **aux bons ~s de** care of, c/o; **être aux petits ~s pour qn** to wait on sb hand and foot. (**d**) **avoir** *ou* **prendre** ~ **de faire** to take care to do; **avoir** *ou* **prendre** ~ **de qn/qch** to take care of *ou* look after sb/sth; **prenez** ~ **d'éteindre** take care *ou* be sure to turn out the lights.

soir [swaʀ] *nm* evening. **journal du** ~ evening paper; **5 heures du** ~ 5 (o'clock) in the afternoon *ou* evening, 5 p.m.; **11 heures du** ~ 11 (o'clock) at night, 11 p.m.; **le** ~ in the evening; **j'y vais ce** ~ I'm going this evening *ou* tonight; **hier** ~ last night, yesterday evening; **demain** ~ tomorrow evening *ou* night; **la veille au** ~ the previous evening, in the evening of the previous day. ◆ **soi-rée** *nf* (*soir*) evening; (*réception*) party; (*Théât*) evening performance. ~ **dansante** dance.

soit [swa] **1** *adv* (*oui*) very well, well and good. **2** *conj* (**a**) (*d'alternative*) ~ **l'un** ~ **l'autre** (either) one or the other; ~ **avant** ~ **après** (either) before or after; ~ **qu'il soit fatigué**, ~ **qu'il en ait assez** whether he is tired or whether he has had enough.

(**b**) (*à savoir*) that is to say. (**c**) (*Math: posons*) ~ **un rectangle ABCD** let ABCD be a rectangle.

soixante [swasɑ̃t] *adj inv, nm inv* sixty. **les années** ~ the sixties, the 60s; ~ **et un** six-ty-one; ~ **et unième** sixty-first; ~**-dix** seventy; ~**-dixième** seventieth; ~ **et onze** seventy-one; (*jeu, rue*) **le (numéro)** ~ number sixty. ◆ **soixantaine** *nf* (**a**) (*environ soixante*) sixty or so, (round) about sixty, sixty-odd *. **la** ~ **de spectateurs qui étaient là** the sixty or so the sixty-odd * people there; **ils étaient une bonne** ~ there were a good sixty of them; **ça doit coûter une** ~ **de mille (francs)** that must cost sixty thousand or so francs *ou* (round) about sixty thousand francs. (**b**) (*soixante*) sixty. (**c**) (*âge*) sixty. **d'une** ~ **d'années** *personne* of about sixty; *arbre* sixty or so years old; **elle a la** ~ she is sixtyish *ou* in her sixties. ◆ **soixantième** *adj*, *nmf* sixtieth.

soja [sɔʒa] *nm* (*plante*) soya.

sol[1] [sɔl] **1** *nm* (*gén*) ground; (*d'une maison*) floor; (*Agr, Géol*) soil. **sur le** ~ **français** on French soil; **vitesse au** ~ ground speed; **exercices au** ~ floor exercises. **2** : (*Mil*) ~**-air** *adj inv* ground-to-air; ~**-~** *adj inv* ground-to-ground.

sol[2] [sɔl] *nm inv* (*Mus*) G; (*en chantant*) so(h).

solaire [sɔlɛʀ] **1** *adj* (*Astrol, Astron*), *énergie, panneaux* solar; *crème* sun. **2** *nm* (*énergie*) **le** ~ solar energy.

soldat [sɔlda] *nm* (*gén*) soldier. **simple** ~ private; ~ **d'infanterie** infantryman; **le S~ inconnu** the Unknown Soldier *ou* Warrior; ~ **de plomb** tin soldier.

solde[1] [sɔld(ə)] *nf* (*salaire*) pay. (*péj*) **être à la** ~ **de** to be in the pay of.

solde[2] [sɔld(ə)] *nm* (**a**) (*Fin*) balance; (*à payer*) balance outstanding. ~ **créditeur** credit balance; **pour** ~ **de tout compte** in settlement. (**b**) (*article en*) ~ sale(s) article; ~ **de lainages** sale of woollens, woollen sale; **acheter qch en** ~ to buy sth at sale price; **les ~s** the sales.

solder [sɔlde] (1) **1** *vt* (**a**) *compte (arrêter)* to wind up; (*acquitter*) to settle, balance. (**b**) *marchandises* to sell (off) at sale price. **je vous le solde à 40 F** I'll let you have it for 40 francs. **2 se** ~ *vpr* (*Fin*) **se** ~ **par un bénéfice** to show a profit; (*fig*) **se** ~ **par un échec** to end in failure.

sole [sɔl] *nf* (*poisson*) sole.

solécisme [sɔlesism(ə)] *nm* solecism (*in language*).

soleil [sɔlɛj] *nm* (**a**) (*astre*) sun; (*lumière*) sunshine, sunlight; (*chaleur*) sunshine. **le** ~ **levant/couchant/ de minuit** the rising/setting/midnight sun; **se mettre au** ~ to go out into the sun(shine) *ou* sunlight; **il fait du** ~ the sun is shining, it's sunny; **il fait un** ~ **de plomb** the sun is blazing down; **des jours sans** ~ sunless days. (**b**) (*feu d'artifice*) Catherine wheel; (*acrobatie*) grand circle; (*fig: culbute*) somersault; (*fleur*) sunflower. (**c**) (*locutions*) **rien de nouveau sous le** ~ there's nothing new under the sun; **avoir du bien au** ~ to be the owner of property; (*fig*) **se faire une place au** ~ to find o.s. a place in the sun.

solennel, -elle [sɔlanɛl] *adj* (*gén*) solemn; *promesse, ton, occasion* solemn, formal; *séance* ceremonious. ◆ **solennellement** *adv* solemnly; ceremoniously. ◆ **solennité** *nf* solemnity.

Solex [sɔlɛks] *nm* ® ≃ moped.

solfège [sɔlfɛʒ] *nm* musical theory.

solidaire [sɔlidɛʀ] *adj* (**a**) [*personnes*] **être ~s** to show solidarity, stand *ou* stick together; **être** ~ **de** to stand by, back, support. (**b**) *mécanismes* interdependent. **cette pièce est** ~ **de l'autre** this part is firmly *ou* immovably attached to the other. (**c**) (*Jur*) *engagement* binding all parties; *débiteurs* jointly liable. ◆ **solidairement** *adv* jointly. ◆ **se solidariser** (1) *vpr:* **se** ~ **avec** to show solidarity with. ◆ **solidarité** *nf* solidarity; interdependence; joint liability. **faire une grève de** ~ to come out in sympathy *ou* stop work in sympathy with the strikers.

solide [sɔlid] **1** *adj* (**a**) *(non liquide)* solid. (**b**) *(robuste) objet, muscles* solid, sturdy, strong; *qualité, connaissances, santé, esprit* sound; *personne* sturdy; *(sérieux)* reliable, solid. **c'est du** ~ it's solid stuff; **être** ~ **sur ses jambes** to be steady on one's legs; **cela ne repose sur rien de** ~ it has no solid *ou* sound foundation; **avoir la tête** ~ *(lit)* to have a hard head; *(fig: équilibré)* to have a good head on one's shoulders. (**c**) *coup de poing* hefty *; *revenus* substantial; *repas* (good) solid. **2** *nm (Géom, Phys)* solid. ◆ **solidement** *adv fixer* firmly; *fabriquer* solidly; *s'installer* securely. ◆ **solidification** *nf* solidification. ◆ **solidifier** *vt*, **se** ~ *vpr* (**7**) to solidify. ◆ **solidité** *nf* solidity; sturdiness; soundness; reliability.

soliloque [sɔlilɔk] *nm* soliloquy.

soliste [sɔlist(ə)] *nmf* soloist.

solitaire [sɔlitɛʀ] **1** *adj (gén)* solitary, lonely; *caractère* solitary. **un passant** ~ a solitary *ou* lone passer-by. **2** *nmf (ermite)* recluse, hermit; *(fig: ours)* lone wolf, loner. **travailler en** ~ to work on one's own. **3** *nm (sanglier)* old boar; *(diamant)* solitaire; *(jeu)* solitaire. ◆ **solitude** *nf* (**a**) *(tranquillité)* solitude; *(manque de compagnie)* loneliness, lonesomeness *(US)*; *[endroit]* loneliness. (**b**) *(désert)* solitude.

solliciter [sɔlisite] (**1**) *vt faveur, audience* to seek, request, solicit *(de qn* from sb); *poste* to seek; *curiosité* to appeal to; *attention* to attract, entice; *cheval, voiture* to coax forward. **il est très sollicité** he's very much in demand; **les attractions qui sollicitent le touriste** the attractions that are there to tempt *ou* entice the tourist. ◆ **sollicitation** *nf (démarche)* entreaty, appeal; *(tentation)* temptation, solicitation. ◆ **solliciteur, -euse** *nm, f* supplicant.

sollicitude [sɔlisityd] *nf* concern, solicitude.

solo [sɔlo] *adj inv, nm* solo.

solstice [sɔlstis] *nm* solstice.

soluble [sɔlybl(ə)] *adj problème* soluble, solvable. **café** ~ instant coffee. ◆ **solubilité** *nf* solubility.

solution [sɔlysjɔ̃] *nf (réponse)* solution *(de* to); *(Math, Chim)* solution. **c'est une** ~ **de facilité** that's an easy answer *ou* the easy way out; ~ **de continuité** solution of continuity.

solvable [sɔlvabl(ə)] *adj (Fin)* solvent, creditworthy. ◆ **solvabilité** *nf* solvency, creditworthiness.

solvant [sɔlvɑ̃] *nm (Chim)* solvent.

Somalie [sɔmali] *nf (région)* Somaliland; *(État)* Somalia. ◆ **somalien, -ienne** *adj*, **S~(ne)** *nm(f)* Somalian.

sombre [sɔ̃bʀ(ə)] *adj* (**a**) *(foncé)* dark. **il fait** ~ it's dark; **bleu** ~ dark blue. (**b**) *pensées, avenir* sombre, gloomy, dark, dismal. (**c**) ~ **idiot** utter idiot; **une** ~ **histoire d'enlèvement** a murky story of abduction. ◆ **sombrement** *adv* darkly; sombrely, gloomily, dismally.

sombrer [sɔ̃bʀe] (**1**) *vi [bateau]* to sink, go down, founder; *[raison]* to give way; *[empire]* to founder. ~ **dans le désespoir** to sink into despair; ~ **corps et biens** to go down with all hands.

sommaire [sɔmɛʀ] **1** *adj exposé, réponse* brief, summary; *examen* cursory; *réparation, repas* basic; *tenue, décoration* scanty; *justice* summary. **2** *nm* summary. ◆ **sommairement** *adv* briefly; summarily; cursorily; basically; scantily.

sommation [sɔmɑsjɔ̃] *nf (Jur)* summons; *(injonction)* demand; *(Mil)* warning.

somme¹ [sɔm] *nm* nap, snooze. **faire un** ~ to have a nap *ou* a snooze.

somme² [sɔm] *nf (Math)* sum; *(quantité)* amount. **la** ~ **totale** the grand total, the total sum; **faire la** ~ **de** to add up; ~ **(d'argent)** sum *ou* amount (of money); **en** ~ in sum, in short; ~ **toute** when all's said and done.

sommeil [sɔmɛj] *nm (gén, fig)* sleep; *(envie de dormir)* drowsiness, sleepiness. **avoir** ~ to be *ou* feel sleepy; **8 heures de** ~ 8 hours' sleep; ~ **de plomb** heavy *ou* deep sleep; **premier** ~ first hours of sleep; **nuit sans** ~ sleepless night; **laisser une affaire en** ~ to leave a matter (lying) dormant, leave a matter in abeyance; *(littér)* **le** ~ **éternel** eternal rest. ◆ **sommeiller** (**1**) *vi [personne]* to doze; *[qualité, nature]* to lie dormant.

sommelier [sɔməlje] *nm* wine waiter.

sommer [sɔme] (**1**) *vt*: ~ **qn de faire** to charge *ou* enjoin sb to do.

sommet [sɔmɛ] *nm* (**a**) *(gén)* top; *[montagne]* summit; *[vague]* crest; *[crâne]* crown; *[angle]* vertex. **les** ~**s de la gloire** the summits *ou* heights of fame. (**b**) *(montagne)* summit, mountain top.

sommier [sɔmje] *nm* bedsprings; *(avec pieds)* divan base, box springs *(US)*. ~ **à lattes** slatted bed base.

sommité [sɔmite] *nf* leading light *(de* in).

somnambule [sɔmnɑ̃byl] *nmf* sleepwalker, somnambulist. ◆ **somnambulisme** *nm* sleepwalking, somnambulism.

somnifère [sɔmnifɛʀ] **1** *nm* sleeping drug, soporific; *(pilule)* sleeping pill *ou* tablet. **2** *adj* soporific.

somnolence [sɔmnɔlɑ̃s] *nf* sleepiness, drowsiness, somnolence. ◆ **somnolent, e** *adj* sleepy, drowsy, somnolent. ◆ **somnoler** (**1**) *vi (lit)* to doze; *(fig)* to lie dormant.

somptueux, -euse [sɔ̃ptɥø, øz] *adj habit, résidence* sumptuous, magnificent; *train de vie* lavish; *cadeau* handsome; *repas* sumptuous, lavish. ◆ **somptuesement** *adv* sumptuously, magnificently; lavishly; handsomely. ◆ **somptuosité** *nf* sumptuousness, magnificence; lavishness; handsomeness.

son¹ [sɔ̃], **sa** [sa], **ses** [se] *adj poss* (**a**) *[homme]* his; *[femme]* her; *[objet]* its. **Sa Majesté** *(roi)* His Majesty; *(reine)* Her Majesty; **ce n'est pas** ~ **genre** he *(ou* she) is not that sort, it's not like him *(ou* her); *(emphatique)* ~ **jardin à lui est une vraie jungle** his *ou* her own garden is a real jungle; **à sa vue, elle poussa un cri** she screamed at the sight of him *(ou* her) *ou* on seeing him *(ou* her); **un de ses amis** one of his *(ou* her) friends, a friend of his *(ou* hers); ~ **idiote de sœur** * that stupid sister of his *(ou* hers); **ça a** ~ **importance** that has its *ou* a certain importance. (**b**) *(à valeur d'indéfini)* one's. **faire ses études** to study; **être satisfait de sa situation** to be satisfied with one's situation; **chacun selon ses possibilités** each according to his *(own)* capabilities. (**c**) *(*: valeur intensive)* **il doit gagner** ~ **million par an** he must be earning a million a year; **il a passé tout** ~ **dimanche à travailler** he spent the whole of *ou* all Sunday working.

son² [sɔ̃] *nm (gén, Ling, Phys)* sound. **défiler au** ~ **d'une fanfare** to march past to the music of a band; **le** ~ **d'une cloche** the sound *ou* ringing of a bell; *(fig)* **entendre un autre** ~ **de cloche** to hear another side of the story; *(spectacle)* ~ **et lumière** son et lumière (display).

son³ [sɔ̃] *nm (Agr)* bran.

sonate [sɔnat] *nf* sonata.

sonde [sɔ̃d] *nf (Naut)* sounding line; *(Tech: de forage)* borer, drill; *(Méd)* probe; *(à canal central)* catheter; *(d'alimentation)* feeding tube; *(Mét)* sonde; *(spatiale)* probe. **mettre une** ~ **à qn** to put a catheter in sb. ◆ **sondage** *nm* boring, drilling; sounding; probing; catheterization. ~ **(d'opinion)** (opinion) poll. ◆ **sonder** (1) *vt* (**a**) *(Naut)* to sound; *(Mét)* to probe; *terrain* to bore, drill; *plaie* to probe; *vessie, malade* to catheterize. (**b**) *personne (gén)* to sound out; *(par sondage d'opinion)* to poll; *avenir* to probe.

songer [sɔ̃ʒe] (3) **1** *vi (littér)* to dream. **2** *vt*: ~ **que** *(réfléchir)* to reflect *ou* consider that; *(imaginer)* to imagine that; **songe que...** remember that... **3** ~ **à** *vt indir (évoquer)* to think over, reflect upon; *(s'occuper de)* to think of. **songez-y** think it over, consider it; ~ **à faire qch** to contemplate doing sth, think of doing sth. ◆ **songe** *nm (littér)* dream. ◆ **songerie** *nf (littér)* reverie. ◆ **songeur, -euse 1** *adj* pensive. **cela me laisse** ~ I just don't know what to think. **2** *nm, f* dreamer.

sonner [sɔne] (1) **1** *vt* (**a**) *cloche* to ring; *glas* to sound, toll; *clairon, réveil, retraite* to sound; *infirmière* to ring for. ~ **l'alarme** to sound the alarm; **la pendule sonne 3 heures** the clock strikes 3 (o'clock); **on ne t'a pas sonné!** * nobody asked you!; **se faire** ~ **les cloches** * to get a good telling-off *; ~ **les cloches à qn** * to give sb a telling-off *. (**b**) (*: *étourdir*) *[chute]* to knock out; *[nouvelle]* to stagger *, take aback. **2** *vi [cloches, téléphone]* to ring; *[réveil]* to ring, go off; *[clairon]* to sound; *[glas]* to sound, toll; *[heure]* to strike; *[clefs, monnaie]* to jangle, jingle. ~ **creux** *(lit)* to sound hollow; *(fig)* to ring hollow; ~ **faux** *(lit)* to sound out of tune; *(fig)* to ring false; *(fig)* ~ **bien/mal** to sound good/bad; ~ **à toute volée** to peal out; **on a sonné** the bell has just gone, sb just rang (the bell). **3** ~ **de** *vt indir clairon, cor* to sound. ◆ **sonnant, e** *adj*: **à 4 heures** ~**(es)** on the stroke of 4. ◆ **sonné, e** *adj* (**a**) **il est midi** ~ it's gone *ou* past twelve; **avoir trente ans bien** ~**s** * to be on the wrong side of thirty *. (**b**) (*: *fou*) cracked *. (**c**) (*: *assommé*) groggy. ◆ **sonnerie** *nf* (**a**) *(son)* *[cloche]* ringing; *[téléphone]* bell; *[clairon]* sound. (**b**) *(Mil: air)* call. (**b**) *(mécanisme)* *[réveil]* alarm (mechanism); *[pendule]* chimes; *(sonnette)* bell. ◆ **sonnette** *nf* bell. ~ **de nuit** night-bell; ~ **d'alarme** alarm bell; *(fig)* **tirer la** ~ **d'alarme** to set off *ou* sound the alarm (bell). ◆ **sonneur** *nm*: ~ **(de cloches)** bell ringer.

sonore [sɔnɔr] *adj objet* resonant; *voix* resonant, ringing, sonorous; *baiser, gifle* resounding; *salle, voûte* echoing; *(Ling)* voiced; *(Acoustique)* vibrations sound. **onde** ~ sound wave; **fond** ~ background noise; **bande** ~ sound track. ◆ **sonorisation** *nf* **ou** ◆ **sono** * *nf (équipement)* *[salle de conférences]* public address system, P.A. system; *[discothèque]* sound system. **la** ~ **est trop forte** the sound's too loud. ◆ **sonorité** *nf [instrument de musique]* tone; *[salle]* acoustics *(pl)*; *[grotte]* resonance. ~**s** tones.

sophistiqué, e [sɔfistike] *adj (gén)* sophisticated.

soporifique [sɔpɔrifik] *adj, nm* soporific.

soprano [sɔprano] *nmf* soprano.

sorbet [sɔrbɛ] *nm* water ice, sorbet, sherbet *(US)*. ◆ **sorbetière** *nf* ice cream churn.

sorcellerie [sɔrsɛlri] *nf* witchcraft, sorcery. **c'est de la** ~ **!** it's magic! ◆ **sorcier** *nm (lit)* sorcerer. **il ne faut pas être** ~ **pour...** you don't have to be a wizard to... ◆ **sorcière** *nf* witch, sorceress, *(fig péj)* (old) witch, (old) hag.

sordide [sɔrdid] *adj quartier* sordid, squalid; *action* base, sordid; *gains* sordid. ◆ **sordidement** *adv* sordidly; squalidly; basely.

Sorlingues [sɔrlɛ̃g] *nfpl*: **les (îles)** ~ the Scilly Isles, the Isles of Scilly, the Scillies.

sornettes † [sɔrnɛt] *nfpl* twaddle, balderdash. ~**!** fiddlesticks!

sort [sɔr] *nm* (**a**) *(condition)* lot, fate. **envier le** ~ **de qn** to envy sb's lot. (**b**) *(destinée)* fate. **le (mauvais)** ~ fate; **abandonner qn à son triste** ~ to abandon sb to his sad fate; **faire un** ~ **à un plat** * to polish off a dish *. (**c**) *(hasard)* fate. **le** ~ **est tombé**

sur lui he was chosen by fate, it fell to his lot; **tirer (qch) au** ~ to draw lots (for sth). (**d**) *(sorcellerie)* curse, spell. **jeter un** ~ **sur** to put a curse *ou* spell on.

sortable * [sɔrtabl(ə)] *adj*: **tu n'es pas** ~**!** you're not presentable!

sorte [sɔrt(ə)] *nf* (**a**) *(espèce)* sort, kind. **toutes** ~**s de gens** all kinds *ou* sorts of people; **une** ~ **de** a sort *ou* kind of; *(péj)* **une** ~ **de médecin** a doctor of sorts. (**b**) **accoutré de la** ~ dressed in that fashion *ou* way; **il n'a rien fait de la** ~ he did nothing of the kind *ou* no such thing; **de** ~ **à** so as to, in order to; **en quelque** ~ in a way, as it were; **de (telle)** ~ **que** *(de façon à ce que)* so that, in such a way that; *(si bien que)* so much so that; **faites en** ~ **d'avoir fini demain** see to it *ou* arrange it so that you will have finished tomorrow; **faire en** ~ **que** to see to it that.

sortie [sɔrti] *nf* (**a**) *(action)* *[personne]* leaving, exit; *[véhicule]* departure; *(Théât)* exit. **à sa** ~ when he went out *ou* left; **il a fait une** ~ **discrète** he made a discreet exit, he left discreetly; **faire une** ~ *(Mil)* to make a sortie; **à la** ~ **de l'école** after school; **c'est sa première** ~ **depuis sa maladie** it's his first day *ou* time out since his illness. (**b**) *(promenade etc)* outing; *(le soir: au théâtre etc)* evening *ou* night out. **jour de** ~ *[domestique]* day off; *[pensionnaire]* day out; *(Scol)* ~ **éducative** *ou* **scolaire** school (educational) outing, school visit, field trip. (**c**) *(lieu)* exit, way out. *(lit, fig)* *(porte de)* ~ way out; ~ **de secours** emergency exit; ~ **des artistes** stage door; **attention,** ~ **d'usine/de garage** caution, factory/garage entrance *ou* exit; ~ **de camions** vehicle exit; **garé devant la** ~ **de l'école** parked in front of the school gates *ou* entrance; **les** ~**s de Paris** the roads out of Paris. (**d**) *(paroles) (indignée)* outburst; *(drôle)* sally; *(incongrue)* odd remark. (**e**) *(Comm)* *[voiture, modèle]* launching; *[livre]* appearance; *[disque, film]* release; *(pour l'exportation)* export. ~ **(de capitaux)** outflow (of capital). (**f**) *(somme dépensée)* outlay. ~**s** outgoings. (**g**) *(Ordin)* output, readout. ~ **sur imprimante** printout. (**h**) *(Sport)* ~ **en touche** going into touch; *[gardien de but]* **faire une** ~ to leave the goal mouth, come out of goal; **lors de la dernière** ~ **de l'équipe de France contre l'Angleterre** when France last played a match against England, during the last French-English encounter *ou* match. (**i**) ~ **de bain** bathrobe.

sortilège [sɔrtilɛʒ] *nm* (magic) spell.

sortir [sɔrtir] (16) **1** *vi (avec aux être)* (**a**) *[personne]* *(aller)* to go out, leave; *(venir)* to come out, leave; *(à pied)* to walk out; *(le soir)* to go out; *(Ordin)* to exit, log out; *(Théât)* to exit, leave (the stage). ~ **acheter du pain** to go out to buy some bread *ou* for some bread; **faites** ~ **ces gens** make these people go *ou* leave, get these people out; **sors (d'ici)!** get out (of here)!; **laisser** ~ **qn** to let sb out, let sb leave. (**b**) *[objet] (gén)* to come out; *[disque, film]* to be released; *(à la loterie)* to come up *ou* out. *(Comm)* **tout ce qui sort (du pays) doit être déclaré** everything going out *ou* leaving (the country) must be declared. (**c**) *(dépasser)* to stick out; *(pousser)* *[plante]* to come up; *[dent]* to come through. (**d**) *(quitter)* ~ **de** *lieu* to go *ou* come out of, leave; *indifférence* to overcome; *silence* to break out of; ~ **de l'eau** to come out of the water; ~ **du lit** to get out of bed, get up; *[fleuve]* ~ **de son lit** to overflow its banks; ~ **des rails** to go off the rails; **la voiture est sortie de la route** the car left *ou* came off the road; *(Sport)* ~ **en touche** to go into touch. (**e**) *(passé immédiat)* **on sortait de l'hiver** it was getting near the end of winter; **il sort d'ici/du lit** he's just left/just got up. (**f**) *(s'écarter de)* ~ **de** *légalité, limites* to go beyond, overstep; *compétences* to be outside; ~ **du sujet** to go *ou* get off the subject; *[balle]* ~ **du jeu** to go out of play;

cela sort de l'ordinaire that's out of the ordinary; il n'y a pas à ~ de là, nous avons besoin de lui there's no getting away from it *ou* round it — we need him; il ne veut pas ~ de là he won't budge. **(g)** *(provenir de)* ~ de *lieu, bonne famille* to come from; il sort du Lycée X he was educated at the Lycée X; officier sorti du rang officer who has come up through the ranks *ou* risen from the ranks; sait-on ce qui sortira de ces entrevues! who knows what'll come (out) of these talks!; de la fumée sortait par les fenêtres smoke was pouring out of the windows; *(lit, fig)* d'où sors-tu! where have you been! **(h)** *(locutions)* ~ de ses gonds *(lit)* to come off its hinges; *(fig)* to fly off the handle; je sors d'en prendre * I've had quite enough thank you *(iro)*; il est sorti d'affaire he has got over it; on n'est pas sorti de l'auberge * we're not out of the wood yet; se croire sorti de la cuisse de Jupiter * to think a lot of o.s.; ça me sort par les yeux (et les oreilles) * I've had more than I can take (of it); cela lui est sorti de la mémoire that slipped his mind; cela m'est sorti de la tête it went right out of my head.

2 *vt (avec aux avoir) (gén)* to take out; *(expulser)* to throw out; *(mettre en vente)* to bring out; *film* to release; *(Aviat)* train d'atterrissage to lower. ~ qch de sa poche to take *ou* bring *ou* pull sth out of one's pocket; *(lit, fig)* il faut le ~ de là we have to get him out of there; *(dire)* qu'est-ce qu'il va encore nous ~? * what will he come out with next? *

3 se ~ *vpr*: se ~ d'une situation difficile to manage to get out of a difficult situation; tu crois qu'il va s'en ~? *(travail)* do you think he'll ever see the end of it?; *(procès, maladie)* do you think he'll come through all right?

4 *nm*: au ~ de l'hiver as winter draws *(ou* drew) to a close; au ~ de la réunion at the end of the meeting, when the meeting broke up.

S.O.S. [ɛsoɛs] *nm* SOS. *(Aviat, Naut)* lancer un ~ to put out an SOS; ~ médecins/dépannage *etc* emergency medical/repair *etc* service.

sosie [sozi] *nm* double *(person).*

sot, sotte [so, sɔt] *adj* silly, foolish, stupid. ◆ **sottement** *adv* foolishly, stupidly. ◆ **sottise** *nf* stupidity, foolishness; *(parole, action)* silly *ou* foolish remark *(ou* action).

sou [su] *nm (monnaie)* sou; *(fig)* penny. machine à ~s *(jeu)* one-armed bandit, fruit-machine; *(distributeur)* slot machine; économiser ~ à *ou* par ~ to save penny by penny; il est sans le ~ he's penniless; il n'a pas pour un ~ de bon sens he hasn't an ounce of common sense (in him); il n'est pas menteur pour un ~ he isn't the least bit untruthful; propre comme un ~ neuf (as) neat as a new pin, spick and span; un ~ est un ~ every penny counts.

soubassement [subɑsmɑ̃] *nm [maison]* base.

soubresaut [subʀəso] *nm (cahot)* jolt; *(de peur)* start; *(d'agonie)* convulsive movement. avoir un ~ to give a start; to make a convulsive movement.

soubrette [subʀɛt] *nf (†, hum)* maid.

souche [suʃ] *nf* **(a)** *[arbre]* stump; *[vigne]* stock. rester planté comme une ~ to stand stock-still. **(b)** *[famille]* founder. de vieille ~ of old stock. **(c)** *(Ling)* root. **(d)** *[microbes]* colony, clone. **(e)** *(talon)* counterfoil, stub. carnet à ~s counterfoil book.

souci [susi] *nm* **(a)** *(tracas)* worry. donner du ~ à, se faire du ~ to worry; être sans ~ to be free of worries *ou* care(s); ~s d'argent money worries. **(b)** *(préoccupation)* concern *(de* for). avoir ~ du bien-être de son prochain to have concern for the well-being of one's neighbour; c'est le cadet de mes ~s that's the least of my worries. **(c)** *(fleur)* marigold. ◆ **se soucier** (7) *vpr*: se ~ de *chose*

to care about; *personne* to care about, show concern for; il s'en soucie comme de l'an quarante * he doesn't give *ou* care a *fig* (about it) *, he couldn't care less (about it). ◆ **soucieux, -euse** *adj (inquiet)* concerned, worried. peu ~ unconcerned; être ~ de qch to be concerned *ou* preoccupied about sth; être ~ de faire to be anxious to do. ◆ **soucieusement** *adv* with concern.

soucoupe [sukup] *nf* saucer. ~ volante flying saucer.

soudain, e [sudɛ̃, ɛn] **1** *adj (gén)* sudden; *mort* sudden, unexpected. **2** *adv (tout à coup)* suddenly, all of a sudden. ◆ **soudainement** *adv* suddenly. ◆ **soudaineté** *nf* suddenness.

Soudan [sudɑ̃] *nm*: le ~ (the) Sudan. ◆ **soudanais, e** *adj*, **S~(e)** *nm(f)* Sudanese.

soude [sud] *nf (industrielle)* soda. ~ caustique caustic soda.

souder [sude] (1) **1** *vt métal* to solder; *(soudure autogène)* to weld; *os* to knit; *organismes* to fuse (together); *êtres* to bind together. soudé au sol glued to the spot. **2** se ~ *vpr [os]* to knit together. ◆ **soudeur** *nm* solderer; welder. ◆ **soudure** *nf (opération)* soldering; welding; knitting; *(endroit)* soldered joint; weld; *(substance)* solder. ~ à l'arc arc welding; ~ autogène welding; faire la ~ (entre) to bridge the gap (between).

soudoyer [sudwaje] (8) *vt* to bribe, buy over.

souffle [sufl(ə)] *nm* **(a)** *(expiration)* (en soufflant) blow, puff; *(en respirant)* breath. murmurer un nom dans un ~ to breathe a name; le dernier ~ d'un agonisant the last breath of a dying man. **(b)** *(respiration)* breathing; *(capacité)* breath. ~ régulier regular breathing; manquer de ~ to be short of breath; avoir le ~ court to be short-winded; reprendre son ~ to get one's breath back, regain one's breath; n'avoir plus de ~ , être à bout de ~ to be out of breath; *(lit)* avoir le ~ coupé to be winded; *(fig)* il en a eu le ~ coupé it took his breath away; c'est à vous couper le ~ it's enough to take your breath away *ou* to make you gasp. **(c)** *[ventilateur, explosion]* blast. **(d)** *(vent)* puff *ou* breath of air, puff of wind. un ~ d'air a slight breeze. **(e)** *(inspiration)* inspiration. **(f)** ~ au cœur cardiac *ou* heart murmur.

souffler [sufle] (1) **1** *vi* **(a)** *[vent, personne]* to blow. le vent soufflait en rafales the wind was blowing in gusts. **(b)** *(respirer avec peine)* to puff (and blow). **(c)** *(se reposer)* to get one's breath back. laisser ~ qn to give sb a breather, let sb get his breath back. **2** *vt* **(a)** *bougie, feu* to blow out. **(b)** ~ de la fumée au nez de qn to blow smoke in(to) sb's face. **(c)** *(*: prendre)* to pinch *, nick ⚓. **(d)** *[bombe, explosion]* to destroy. **(e)** *conseil, réponse* to whisper *(à* qn to sb). *(Théât)* ~ son rôle à qn to prompt sb; ne pas ~ mot not to breathe a word. **(f)** *(*: étonner)* to flabbergast *, stagger. **(g)** *(Tech)* ~ le verre to blow glass. ◆ **soufflant, e 1** *adj (*: étonnant)* staggering, stunning. **2** *nm (radiateur)* fan heater. ◆ **soufflé, e 1** *adj (Culin)* soufflé. ◆ **soufflerie** *nf [orgue, forge]* bellows; *(d'aération)* ventilating fan; *(Ind)* blowing engine; *(Aviat)* wind tunnel. ◆ **soufflet** *nm* **(a)** *[forge, appareil photo]* bellows *(pl)*; *(Rail)* vestibule; *(Couture)* gusset. **(b)** *(gifle)* slap (in the face). ◆ **souffleur, -euse** *nm, f (Théât)* prompter. ~ de verre glassblower.

souffrir [sufʀiʀ] (18) **1** *vi (gén, fig)* to suffer *(de* from). il souffre beaucoup he is suffering a great deal, he is in great pain; faire ~ qn *(physiquement)* to hurt sb; *(moralement)* to make sb suffer; *[événement]* to cause sb pain; ça fait ~ it hurts, it is painful; ~ de l'estomac to have stomach trouble; je souffre de le voir si affaibli it pains *ou* grieves me to see him so weakened; j'en souffrais pour lui I felt bad for him. **2** vt (**a**) *pertes, mépris, tourments* to endure, suffer. ~ **le martyre** to go through agonies. (**b**) *(supporter)* to bear. **il ne peut pas** ~ **les épinards/cet individu** he can't stand *ou* bear spinach/that individual. (**c**) *(permettre) retard, exception* to admit of, allow of. ~ **que** *ou* permit that; **je ne souffrirai pas que mon fils en pâtisse** I will not allow my son to suffer from it.

♦ **souffrance** nf (**a**) *(douleur)* suffering. (**b**) **être en** ~ *[colis]* to be awaiting delivery, be held up; *[dossier]* to be pending. ♦ **souffrant, e** adj *personne* unwell. **l'humanité** ~**e** suffering humanity. ♦ **souffre-douleur** nmf inv scapegoat, underdog. ♦ **souffreteux, -euse** adj sickly.

soufre [sufʀ(ə)] nm sulphur. *(fig)* **sentir le** ~ to smack of heresy.

souhait [swɛ] nm wish. **les** ~**s de bonne année** New Year greetings; **à tes** ~**s!** bless you!; **tout marchait à** ~ everything went as well as one could wish *ou* went perfectly. ♦ **souhaitable** adj desirable. ♦ **souhaiter** (1) vt *réussite, changements* to wish for. ~ **que** to hope that; **je souhaite réussir** I hope to succeed; **je souhaiterais vous aider** I wish I could help you; ~ **à qn le bonheur** to wish sb happiness; **je vous souhaite bien des choses** all good wishes; ~ **la bonne année/bonne chance à qn** to wish sb a happy New Year/luck.

souiller [suje] (1) vt *(littér) vêtement, atmosphère* to dirty; *réputation, âme* to soil, dirty, sully, tarnish. **souillé de boue** spattered with mud; *(fig)* ~ **ses mains** to stain one's hands. ♦ **souillon** nf slattern, slut. ♦ **souillure** nf *(lit, fig)* stain.

souk [suk] nm *(lit)* souk. *(fig)* **c'est le** ~ **ici!** * it's like a cattle market in here.

soûl, soûle [su, sul] **1** adj drunk. ~ **comme un Polonais** * (as) drunk as a lord, blind drunk *. **2** nm: **manger tout son** ~ to eat one's fill; **elle a ri tout son** ~ she laughed till she could laugh no more.

soulager [sulaʒe] (3) **1** vt *(gén)* to relieve *(de* of); *douleur* to relieve, soothe; *conscience* to ease. **buvez, ça vous soulagera** drink this — it'll give you relief *ou* make you feel better. **2 se** ~ vpr to find relief; *(apaiser sa conscience)* to ease one's conscience; *(*: euph)* to relieve o.s. ♦ **soulagement** nm relief.

soûler [sule] (1) **1** vt: ~ **qn** *[personne]* to get sb drunk; *[boisson]* to make sb drunk; *[fatigue, vitesse etc]* to make sb's head spin *ou* reel; ~ **qn de théories, promesses** to intoxicate sb with, make sb's head spin *ou* reel with. **2 se** ~ vpr to get drunk. *(fig)* **se** ~ **de** *bruit, vent* to intoxicate o.s. with. ♦ **soûlard, e** ‡ nm, f *ou* **soûlaud, e** ‡ nm, f drunkard. ♦ **soûlerie** nf *(péj)* drunken binge.

soulever [sulve] (5) **1** vt (**a**) *poids* to lift (up); *poussière* to raise. **cela me soulève le cœur** it makes me feel sick; **le bateau soulevait de grosses vagues** the boat was sending up great waves. (**b**) *foule* to stir up, rouse; *enthousiasme, colère* to arouse; *protestations, applaudissements* to raise; *difficultés, problème* to raise, bring up. **2 se** ~ vpr *[malade]* to lift o.s. up; *[véhicule, couvercle, rideau]* to lift; *[vague]* to swell (up); *[rebelles]* to rise up. **à cette vue, son cœur se souleva** his stomach turned at the sight. ♦ **soulèvement** nm *(révolte)* uprising; *(Géol)* upthrust.

soulier [sulje] nm shoe. ~**s montants** boots; **être dans ses petits** ~**s** to feel awkward.

souligner [suliɲe] (1) vt *(lit)* to underline; *silhouette* to emphasize; *détail, problème* to underline, stress, emphasize.

soumettre [sumɛtʀ(ə)] (56) **1** vt (**a**) *(asservir, astreindre) (gén)* to subject *(à* to); *rebelles* to put down, subdue, subjugate. (**b**) *idée, cas* to submit *(à* to). **2 se** ~ vpr *(gén)* to submit *(à* to). **se** ~

à un régime to submit *ou* subject o.s. to a diet. ♦ **soumis, e** adj submissive. ♦ **soumission** nf submission *(à* to). **faire sa** ~ to submit.

soupape [supap] nf valve. *(lit, fig)* ~ **de sûreté** safety valve.

soupçon [supsɔ̃] nm (**a**) *(suspicion)* suspicion. **avoir des** ~**s** to have one's suspicions; **au-dessus de tout** ~ above suspicion; **difficultés dont il n'avait pas** ~ difficulties of which he had no inkling *ou* no suspicion. (**b**) *[assaisonnement, maquillage, vulgarité]* hint, touch, suggestion; *[vin, lait]* drop. ♦ **soupçonner** (1) vt to suspect *(de* of). **vous ne soupçonnez pas ce que ça demande comme travail** you haven't an inkling *ou* you've no idea how much work that involves. ♦ **soupçonneux, -euse** adj suspicious.

soupe [sup] nf *(Culin)* soup; *(* *: Ski)* porridge *. ~ **aux légumes** vegetable soup; **à la** ~!‡ grub's up!‡; **il est** ~ **au lait** he's very quick-tempered; ~ **populaire** *(lit)* soup kitchen; *(fig)* **être réduit à la** ~ **populaire** to be on one's uppers *.

souper [supe] **1** nm supper. **2** vi (1) to have supper. **j'en ai soupé de ces histoires!** * I'm sick and tired * of all this fuss!

soupeser [supəze] (5) vt *(lit)* to weigh in one's hands; *(fig)* to weigh up.

soupière [supjɛʀ] nf (soup) tureen.

soupir [supiʀ] nm (**a**) sigh. ~ **de soulagement** sigh of relief; **pousser un** ~ **de soulagement** to heave a sigh of relief. (**b**) *(Mus)* crotchet rest, quarter (-note) rest *(US)*. ♦ **soupirant** nm suitor. ♦ **soupirer** (1) vi *(lit)* to sigh. *(littér)* ~ **après qch** to sigh *ou* yearn for sth.

soupirail, pl **-aux** [supiʀaj, o] nm (small) basement window.

souple [supl(ə)] adj *membres* supple; *tige* pliable, supple; *lentilles cornéennes* soft; *caractère, discipline* flexible; *silhouette, démarche, taille* lithe. ♦ **souplesse** nf suppleness; pliability; flexibility; litheness. **faire qch en** ~ to do sth smoothly; **un démarrage en** ~ a smooth start.

source [suʀs] nf (**a**) *(point d'eau)* spring; *(début de cours d'eau)* source. ~ **thermale** thermal spring; **prendre sa** ~ **dans** to have its source in. (**b**) *(fig)* source. ~ **de** *ridicule, chaleur etc* source of; **l'argent est la** ~ **de tous nos maux** money is the root of all our ills; **tenir qch de** ~ **sûre** to have sth on good authority, get sth from a reliable source; **de** ~ **autorisée** from an official source; *(Ordin)* **langage/programme** ~ source language/program.

sourcil [suʀsi] nm (eye)brow. ♦ **sourciller** (1) vi: **il n'a pas sourcillé** he didn't turn a hair *ou* bat an eyelid. ♦ **sourcilleux, -euse** adj *(pointilleux)* finicky.

sourd, e [suʀ, suʀd(ə)] **1** adj (**a**) *personne* deaf. **être** ~ **comme un pot** * to be as deaf as a post; **faire la** ~**e oreille** to turn a deaf ear; ~ **à** *conseils* deaf to; *vacarme* oblivious to. (**b**) *son* muffled, muted; *couleur* toned-down, subdued; *(Phonétique) consonne* voiceless; *douleur* dull; *désir, inquiétude* muted, gnawing; *hostilité* veiled; *lutte, manigances* silent, hidden. **2** nm, f deaf person. **les** ~**s** the deaf; **taper comme un** ~ to bang with all one's might; **crier comme un** ~ to yell at the top of one's voice. ♦ **sourdement** adv *(avec un bruit assourdi)* dully; *(secrètement)* silently. ♦ **sourdine** nf mute. **jouer en** ~ to play softly *ou* quietly; *(fig)* **mettre une** ~ **à** *enthousiasme* to damp; *prétentions* to tone down. ♦ **sourd-muet**, f **sourde-muette 1** adj deaf-and-dumb. **2** nm, f deaf-mute.

sourdre [suʀdʀ(ə)] vi *[source]* to rise.

souriant, e [suʀjɑ̃, ɑ̃t] adj *visage* smiling; *personne* cheerful; *(fig) pensée, philosophie* benign, agreeable.

souricière [suʀisjɛʀ] nf *(lit)* mousetrap; *(fig)* trap.

sourire [suʀiʀ] **1** *nm* smile. **avec le ~** *(accueillir qn)* with a smile; *(travailler)* cheerfully; **gardez le ~!** keep smiling!; **faire un ~ à qn** to give sb a smile. **2** (36) *vi* to smile *(à qn* at sb). **faire ~ qn** to make sb smile; **cette idée ne me sourit guère** that idea doesn't appeal to me, I don't fancy that idea *;* **la chance lui souriait** luck smiled on him.

souris [suʀi] *nf* **(a)** *(Zool)* mouse. **~ blanche** white mouse; *(fig: pour espionner)* **je voudrais bien être une petite ~** I wish I were a fly on the wall. **(b)** *(:* **femme)** bird *, chick * (US).

sournois, e [suʀnwa, waz] *adj personne, regard, air* deceitful, sly, shifty; *méthode, propos* sly, underhand. ◆ **sournoisement** *adv* deceitfully; slyly; shiftily; in an underhand manner. ◆ **sournoiserie** *nf* deceitfulness; slyness; shiftiness; underhand manner.

sous [su] **1** *prép* **(a)** *(position)* under, underneath, beneath. **s'abriter ~ un arbre** to shelter under *ou* underneath *ou* beneath a tree; **se promener ~ la pluie** to take a walk in the rain; **le pays était ~ la neige** the country was covered with *ou* in snow; **dormir ~ la tente** to sleep under canvas *ou* in a tent; **~ terre** underground, under the ground; **cela s'est passé ~ nos yeux** it happened before *ou* under our very eyes; **~ le feu de l'ennemi** under enemy fire; **~ une apparence paisible** beneath his *(ou* her *etc)* peaceful exterior. **(b)** *(à l'époque de)* under, during; *(dans un délai de)* within. **~ le règne de** under *ou* during the reign of; **~ peu** shortly, before long; **~ huitaine** within the *ou* a week. **(c)** *(cause, dépendance etc)* under. **~ l'influence/les ordres/la direction de** under the influence/orders/management of; **~ l'empire de la terreur** in the grip of terror; **elle est encore ~ le coup de l'émotion** she's still in a state of shock; **examiner une question ~ tous ses angles** to look at a question from every angle; **~ certaines conditions** on certain conditions; **voir qch ~ un jour nouveau** to see sth in a new light; **~ ce rapport** on that score, in this respect; **il a été peint ~ les traits d'un berger** he was painted as a shepherd *ou* in the guise of a shepherd; **l'affaire est ~ sa responsabilité** the affair is his responsibility. **(d)** *(Méd)* **~ anesthésie** under anaesthetic; **malade ~ perfusion** patient on the drip. **(e)** *(Tech)* **(emballé) ~ plastique** plastic-wrapped; **~ tube** **(emballé)** in (a) tube; **(emballé) ~ vide** vacuum-packed.
2 *préf* **(a)** *(infériorité)* **c'est du ~-art** it's pseudo-art ; **~-homme** subhuman. **(b)** *(subordination)* sub-. **~-directeur** assistant *ou* sub-manager; **~-chef de bureau** deputy chief clerk; **~-officier** non-commissioned officer, N.C.O.; **~-secrétaire d'État** Undersecretary of State; **~-louer** to sublet; **~-titrer** to subtitle; **~-agence** sub-branch. **(c)** *(insuffisance)* under. **~-alimenté** undernourished, underfed; **~-employer** to underuse; **~-équipé** underequipped; **~-équipement** lack of equipment; **~-développement** underdevelopment; **pays ~-développés** underdeveloped *ou* developing *ou* emergent countries; **~-évaluer** to underestimate, underrate; **~-peuplé** underpopulated; **~-peuplement** underpopulation.
◆ **sous-bois** *nm inv* undergrowth. ◆ **sous-entendre** (41) *vt* to imply, infer. ◆ **sous-entendu, e 1** *adj* implied, understood. **2** *nm* innuendo, insinuation. ◆ **sous-estimer** *vt* to underestimate, underrate. ◆ **sous-fifre** * *nm* underling. ◆ **sous-jacent, e** *adj* underlying. ◆ **sous-main** *nm inv* desk blotter. *(fig)* **en ~-main** secretly. ◆ **sous-marin, e 1** *adj chasse* underwater; *faune* submarine. **2** *nm* submarine. ◆ **sous-sol** *nm* [terre] subsoil, substratum; [maison] basement. **les richesses de notre ~-sol** our mineral resources. ◆ **sous-tendre** *vt* *(Géom)* to subtend; *(fig)* to underlie. ◆ **sous-vêtement** *nm* undergarment. **~-vêtements** underwear, undergarments.

souscrire [suskʀiʀ] (39) **1 ~ à** *vt indir (Fin, fig)* to subscribe to. **~ pour 100 F à qch** to subscribe 100 francs to sth. **2** *vt (Comm)* billet to sign. ◆ **souscripteur, -trice** *nm, f* subscriber *(de* to). ◆ **souscription** *nf* subscription. **ouvrir une ~ en faveur de...** to start a fund in aid of...

soussigné, e [susiɲe] *adj, nm, f* undersigned. **je ~ X déclare que...** I the undersigned, X, certify that...

soustraire [sustʀɛʀ] (50) **1** *vt (défalquer)* to subtract, take away *(de* from); *(dérober)* to remove, abstract; *(cacher)* to conceal, shield *(à* from). **2 se ~** *vpr:* **se ~ à** *devoir* to shirk; *autorité* to elude, escape from; *curiosité* to conceal o.s. from. ◆ **soustraction** *nf (Math)* subtraction; *(vol)* removal, abstraction.

soutane [sutan] *nf* cassock, soutane.

soute [sut] *nf [navire]* hold. **~ (à bagages)** baggage hold; **~ à charbon** coal-bunker; **~ à mazout** oil-tank.

souteneur [sutnœʀ] *nm* procurer.

soutenir [sutniʀ] (22) **1** *vt* **(a)** *(physiquement)* to support, hold up; *[médicament etc]* to sustain. **(b)** *parti, candidat* to support, back; *famille* to support. *(moralement)* **il m'a beaucoup soutenu** he was a real support *ou* prop to me; **elle soutient les enfants contre leur père** she takes the children's part *ou* she stands up for the children against their father. **(c)** *attention, effort* to keep up, sustain; *réputation* to keep up, maintain. **(d)** *assaut, choc* to stand up to, withstand; *regard* to bear, support. **~ la comparaison avec** to bear *ou* stand comparison with. **(e)** *opinion* to uphold, support. *(Univ)* **~ sa thèse** to attend one's viva; **~ que** to maintain that. **2 se ~** *vpr (sur ses jambes)* to hold o.s. up, support o.s.; *(s'entraider)* to stand by each other. *(fig)* **ça peut se ~** it's a tenable point of view. ◆ **soutenu, e** *adj style* elevated; *effort* sustained, unflagging; *marché* buoyant.

souterrain, e [sutɛʀɛ̃, ɛn] **1** *adj* underground, subterranean. **2** *nm* underground *ou* subterranean passage.

soutien [sutjɛ̃] *nm* support. *(Scol)* **cours de ~** remedial course; **~ en français** extra teaching in French. ◆ **soutien-gorge**, *pl* **soutiens-gorge** *nm* bra.

soutirer [sutiʀe] (1) *vt* **(a)** **~ qch à qn** *argent* to squeeze *ou* get sth out of sb; *promesse* to extract sth from sb. **(b)** *vin* to decant.

souvenir [suvniʀ] **1** *nm* **(a)** *(réminiscence)* memory, recollection; *(fait de se souvenir)* recollection, remembrance. **mauvais ~** bad memory; **vague ~** vague *ou* dim recollection; **~s d'enfance** childhood memories; **avoir le ~ de qch** to have a memory of sth, remember sth; **je n'ai pas ~ d'avoir...** I have no recollection of having...; **en ~ de personne disparue** in memory *ou* remembrance of; *occasion* in memory of. **(b)** *(mémoire)* memory. **(c)** *(objet)* keepsake, memento; *(trace, pour touristes)* souvenir. **magasin de ~s** souvenir shop. **(d)** *(formules de politesse)* *amical* **~** yours (ever); **mon bon ~ à X** remember me to X, (my) regards to X.
2 se ~ (22) *vpr:* **se ~ de qn** to remember sb; **se ~ de qch/d'avoir fait qch/que...** to remember *ou* recall *ou* recollect sth/doing sth/that...; **il s'en souviendra!** he won't forget it!; **souvenez-vous qu'il est très puissant** bear in mind *ou* remember that he is very powerful; **souviens-toi de ta promesse!** remember your promise!; **tu m'as fait me ~ que...** you have reminded me that...
3 *vb impers (littér)* **il me souvient d'avoir fait** I recollect *ou* recall *ou* remember having done.

souvent [suvɑ̃] *adv* often. **le plus ~** more often than not; **peu ~** seldom.

souverain, e [suvʀɛ̃, ɛn] **1** adj (Pol) sovereign; juge, mépris supreme. **le ~ pontife** the Supreme Pontiff; **remède ~ contre qch** sovereign remedy against sth. **2** nm, f (Pol, fig) sovereign. ◆ **souverainement** adv (intensément) supremely, intensely; (en tant que souverain) with sovereign power. ◆ **souveraineté** nf sovereignty.

soviet [sɔvjɛt] nm soviet. **le S~ suprême** the Supreme Soviet; **les S~s** the Soviets. ◆ **soviétique 1** adj Soviet. **2** nmf: **S~** Soviet citizen.

soyeux, -euse [swajø, øz] **1** adj silky. **2** nm (Lyons) silk manufacturer.

spacieux, -euse [spasjø, øz] adj spacious, roomy.

sparadrap [spaʀadʀa] nm adhesive ou sticking plaster, band-aid ® (US).

spartiate [spaʀsjat] adj, **S~** nmf Spartan.

spasme [spasm(ə)] nm spasm. ◆ **spasmodique** adj spasmodic.

spatial, e, mpl **-aux** [spasjal, o] adj spatial; (Espace) space.

spationaute [spasjonot] nmf astronaut, spaceman, spacewoman.

spatule [spatyl] nf spatula.

speaker [spikœʀ] nm, **speakerine** [spikʀin] nf (Rad, TV) (annonceur) announcer; (journaliste) newscaster, newsreader.

spécial, e, mpl **-aux** [spesjal, o] adj (gén) special; (bizarre) peculiar. ◆ **spécialement** adv (particulièrement) especially, particularly; (exprès) specially.

spécialiser (se) [spesjalize] (1) vpr to specialize (dans in). ◆ **spécialisation** nf specialization. ◆ **spécialisé, e** adj travail, personne specialized. **être ~ dans** [personne] to be a specialist in; [firme] to specialize in. ◆ **spécialiste** nmf (gén, Méd) specialist. ◆ **spécialité** nf (gén, Culin) speciality; (Univ etc: branche) specialism, special field. **il a a ~ de faire...** * he has a special ou particular knack of doing...

spécieux, -euse [spesjø, øz] adj specious.

spécifier [spesifje] (7) vt to specify, state. ◆ **spécification** nf specification. ◆ **spécificité** nf specificity. ◆ **spécifique** adj specific. ◆ **spécifiquement** adv (tout exprès) specifically; (typiquement) typically.

spécimen [spesimɛn] nm (gén) specimen; (publicitaire) specimen copy, sample copy.

spectacle [spɛktakl(ə)] nm (a) (vue) sight; (grandiose) spectacle. **au ~ de** at the sight of; (péj) **se donner en ~ (à qn)** to make a spectacle ou an exhibition of o.s. (in front of sb); **assister à un ~ imprévu** to see a happening. (b) (Ciné, Théât) (représentation) show. (branche) **le ~** show business, entertainment; (rubrique) ' **~s**' 'entertainment'; **aller au ~** to go to a show. ◆ **spectaculaire** adj spectacular, dramatic. ◆ **spectateur, -trice** nm, f [événement] onlooker, witness; (Sport) spectator; (Ciné, Théât) member of the audience. **les ~s** the audience.

spectre [spɛktʀ(ə)] nm (fantôme) ghost; (fig) spectre; (Phys) spectrum. ◆ **spectral, e,** mpl **-aux** adj (gén) spectral. ◆ **spectroscopie** nf spectroscopy.

spéculer [spekyle] (1) vi (Philos) to speculate (sur on, about); (Fin) to speculate (sur in). (fig: tabler sur) **~ sur** to bank on, rely on. ◆ **spéculateur, -trice** nm, f speculator. ◆ **spéculatif, -ive** adj (Fin, Philos) speculative. ◆ **spéculation** nf speculation.

spéléologie [speleɔlɔʒi] nf (étude) speleology; (exploration) potholing. ◆ **spéléologique** adj speleological; potholing. ◆ **spéléologue** nmf speleologist; potholer.

sperme [spɛʀm(ə)] nm semen, sperm.

sphère [sfɛʀ] nf (Astron, fig) sphere. ◆ **sphérique** adj spherical.

sphincter [sfɛ̃ktɛʀ] nm sphincter.

sphinx [sfɛ̃ks] nm sphinx.

spirale [spiʀal] nf spiral.

spirite [spiʀit] adj, nmf spiritualist. ◆ **spiritisme** nm spiritualism, spiritism. ◆ **spiritualité** nf spirituality.

spirituel, -elle [spiʀityɛl] adj (a) (fin) witty. (b) (Philos, Rel, gén) spiritual. **concert ~** concert of sacred music. ◆ **spirituellement** adv wittily; spiritually.

spiritueux [spiʀityø] nm (alcool) spirit.

splendeur [splɑ̃dœʀ] nf (gén) splendour. **c'est une ~** it is quite magnificent ou splendid; (iro) **dans toute sa ~** in all its splendour ou glory. ◆ **splendide** adj splendid, magnificent. ◆ **splendidement** adv splendidly, magnificently.

spolier [spolje] (7) vt to despoil. ◆ **spoliation** nf despoilment (de of).

spongieux, -euse [spɔ̃ʒjø, øz] adj spongy.

sponsor [spɔ̃sɔʀ] nm sponsor.

spontané, e [spɔ̃tane] adj spontaneous. ◆ **spontanéité** nf spontaneity. ◆ **spontanément** adv spontaneously.

sporadique [spɔʀadik] adj sporadic. ◆ **sporadiquement** adv sporadically.

sport [spɔʀ] **1** nm sport. **~s d'équipe** team sports; **faire du ~** to do sport; **aller aux ~s d'hiver** to go on a winter sports holiday, go winter sporting; **voiture** etc **de ~** sports car etc; **il va y avoir du ~!** * we'll see some fun! * ou action! * **2** adj inv vêtement casual. ◆ **sportif, -ive 1** adj épreuve, résultats sports; pêche competitive; jeunesse, allure athletic; mentalité sporting, sportsmanlike. **2** nm sportsman. **3** nf sportswoman. ◆ **sportivement** adv sportingly. ◆ **sportivité** nf sportsmanship.

spot [spɔt] nm (Phys) light spot; (Théât etc) spotlight, spot. **~ (publicitaire)** commercial, advert *.

square [skwaʀ] nm public garden(s).

squash [skwaʃ] nm squash.

squelette [skəlɛt] nm (lit, fig) skeleton. ◆ **squelettique** adj personne, arbre scrawny, skeleton-like; exposé sketchy, skimpy; (Anat) skeletal; effectifs minimal. **d'une maigreur ~** all skin and bone.

Sri Lanka [sʀilɑ̃ka] nf Sri Lanka. ◆ **sri-lankais, e** adj, **Sri-Lankais(e)** nm(f) Sri-Lankan.

stable [stabl(ə)] adj (gén) stable; position, échelle steady. ◆ **stabilisateur, -trice 1** adj stabilizing. **2** nm [véhicule] anti-roll device; [navire, vélo] stabilizer; [avion] (horizontal) tailplane; (vertical) fixed fin; (Chim) stabilizer. ◆ **stabilisation** nf stabilization. ◆ **stabiliser** vt, **se ~** vpr (1) to stabilize. ◆ **stabilité** nf stability.

stade [stad] nm (a) (sportif) stadium. (b) (période) stage.

staff [staf] nm (a) (personnel) staff. (b) (plâtre) staff.

stage [staʒ] nm (période) training period; (cours) training course. **~ de formation (professionnelle)** vocational (training) course; **faire un ~** to go on a (training) course; [employé] **faire un ~ d'informatique** (gén) to go on a computing course; (pris sur le temps de travail) to have in-service ou in-house training in computing. ◆ **stagiaire** nmf, adj trainee.

stagner [stagne] (1) vi (lit, fig) to stagnate. ◆ **stagnant, e** adj stagnant. ◆ **stagnation** nf stagnation.

stalactite [stalaktit] nf stalactite.

stalagmite [stalagmit] nf stalagmite.

stand [stɑ̃d] nm [exposition] stand; [foire] stall. **~ (de tir)** (Sport) shooting range; (Mil) firing range; **~ de ravitaillement** pit.

standard [stɑ̃daʀ] **1** *nm (norme)* standard; *(Téléc)* switchboard. ~ **de vie** standard of living. **2** *adj inv* standard. ◆ **standardisation** *nf* standardization. ◆ **standardiser** (1) *vt* to standardize. ◆ **standardiste** *nmf* switchboard operator.

standing [stɑ̃diŋ] *nm* standing. **immeuble de grand** ~ block of luxury flats *ou* apartments *(US)*.

star [staʀ] *nf (Ciné)* star. ◆ **starlette** *nf* starlet.

starter [staʀtɛʀ] *nm (Aut)* choke. **mettre le** ~ to pull the choke out.

station [stasjɔ̃] *nf* **(a)** ~ **(de métro)** (underground *ou* subway *(US)*) station; ~ **(d'autobus)** (bus) stop; ~ **de chemin de fer)** halt; ~ **de taxis** taxi rank. **(b)** *(poste, lieu)* station. ~ **orbitale** orbiting station; ~ **de radio** radio station, network; ~-**service** service *ou* petrol *ou* filling station, gas station *(US)*; ~ **spatiale** space station. **(c)** *(de vacances)* resort. ~ **balnéaire** sea *ou* seaside resort; ~ **thermale** thermal spa. **(d)** *(posture)* posture, stance. **la** ~ **debout** an upright posture *ou* stance. **(e)** *(halte)* stop. ◆ **stationnaire** *adj* stationary.

stationner [stasjɔne] (1) *vi (être garé)* to be parked; *(se garer)* to park. ◆ **stationnement** *nm (Aut)* parking. '~ **interdit**' 'no parking'; *(sur autoroute)* 'no stopping'.

statique [statik] *adj* static. ◆ **statiquement** *adv* statically.

statistique [statistik] **1** *nf· (science)* statistics *(sg)*. *(données)* **des** ~**s** statistics; **une** ~ a statistic. **2** *adj* statistical. ◆ **statisticien, -ienne** *nm, f* statistician. ◆ **statistiquement** *adv* statistically.

statue [staty] *nf* statue. ◆ **statuette** *nf* statuette.

statuer [statɥe] (1) *vi* to give a verdict. ~ **sur** to rule on; ~ **sur le cas de qn** to decide sb's case.

statu quo [statykwo] *nm* status quo.

stature [statyʀ] *nf* stature.

statut [staty] *nm (position)* status. *(règlement)* ~**s** statutes. ◆ **statutaire** *adj* statutory. ◆ **statutairement** *adv* in accordance with the statutes *ou* regulations, statutoriiy.

stencil [stɛnsil] *nm (Typ)* stencil.

sténo(dactylo) [steno(daktilo)] *nf (personne)* shorthand typist; *(travail)* shorthand typing. ◆ **sténo(graphie)** *nf* shorthand. **prendre une lettre en** ~ to take a letter (down) in shorthand. ◆ **sténographier** (7) *vt* to take down in shorthand. ◆ **sténographique** *adj* shorthand.

stentor [stɑ̃tɔʀ] *nm:* **une voix de** ~ a stentorian voice.

steppe [stɛp] *nf* steppe.

stère [stɛʀ] *nm* stere.

stéréo [steʀeo] *nf, adj* stereo. ◆ **stéréophonie** *nf* stereophony. ◆ **stéréophonique** *adj* stereophonic.

stéréotype [steʀeotip] *nm (lit, fig)* stereotype. ◆ **stéréotypé, e** *adj* stereotyped.

stérile [steʀil] *adj (gén)* sterile; *terre* barren; *discussion, effort* fruitless. ◆ **stérilet** *nm* coil, loop. ◆ **stérilisateur** *nm* sterilizer. ◆ **stérilisation** *nf* sterilization. ◆ **stériliser** (1) *vt* to sterilize. ◆ **stérilité** *nf* sterility; barrenness; fruitlessness.

sternum [stɛʀnɔm] *nm* breastbone, sternum.

stéthoscope [stetoskɔp] *nm* stethoscope.

steward [stiwaʀt] *nm (Aviat)* steward, flight attendant.

stick [stik] *nm [colle etc]* stick. **déodorant en** ~ stick deodorant.

stigmate [stigmat] *nm (marque)* mark. *(Rel)* ~**s** stigmata. ◆ **stigmatisation** *nf* stigmatization. ◆ **stigmatiser** (1) *vt* to stigmatize.

stimuler [stimyle] (1) *vt* to stimulate. ◆ **stimulant, e** *adj* stimulating. **2** *nm (physique)* stimulant; *(intellectuel)* stimulus, spur, incentive. ◆ **stimulateur** *nm:* ~ **cardiaque** pacemaker.

◆ **stimulation** *nf* stimulation. ◆ **stimulus,** *pl* **stimuli** *nm* stimulus.

stipuler [stipyle] (1) *vt* to stipulate. ◆ **stipulation** *nf* stipulation.

stock [stɔk] *nm* stock. ◆ **stockage** *nm (Comm)* stocking. **le** ~ **des déchets radio-actifs** the storage *ou* stockpiling of nuclear waste. ◆ **stocker** (1) *vt (Comm)* to stock; *(péj)* to stockpile.

Stockholm [stɔkɔlm] *n* Stockholm.

stoïque [stɔik] *adj* stoical, stoic. ◆ **stoïquement** *adv* stoically.

stomacal, e, *mpl* **-aux** [stɔmakal, o] *adj* stomach, gastric.

stop [stɔp] **1** *excl* stop. **2** *nm (panneau)* stop *ou* halt sign; *(feu arrière)* brake-light. **faire du** ~ * to hitch-hike, hitch *; **faire le tour de l'Europe en** ~ to hitch round Europe. ◆ **stoppage** *nm* invisible mending. ◆ **stopper** (1) **1** *vti* to halt, stop. **2** *vt (Couture) bas* to mend. **faire** ~ **un vêtement** to get a garment (invisibly) mended. ◆ **stoppeur, -euse** *nm, f* **(a)** *(Couture)* invisible mender. **(b)** *(*: auto-stoppeur)* hitchhiker.

store [stɔʀ] *nm [fenêtre]* blind, shade; *(voilage)* net curtain; *[magasin]* awning, shade. ~ **vénitien** Venetian blind.

strabisme [stʀabism(ə)] *nm* squint.

strapontin [stʀapɔ̃tɛ̃] *nm* jump seat, foldaway seat.

Strasbourg [stʀazbuʀ] *n* Strasbourg.

stratagème [stʀataʒɛm] *nm* stratagem.

strate [stʀat] *nf* stratum.

stratège [stʀatɛʒ] *nm (Mil, fig)* strategist. ◆ **stratégie** *nf* strategy. ◆ **stratégique** *adj* strategic.

stratifier [stʀatifje] (7) *vt* to stratify. ◆ **stratification** *nf* stratification.

stratosphère [stʀatosfɛʀ] *nf* stratosphere.

stress [stʀɛs] *nm (gén, Méd)* stress. ◆ **stressant, e** *adj situation* stress-inducing, stressful. ◆ **stresser** (1) *vt* to cause stress in. **la femme stressée d'aujourd'hui** today's stress-ridden woman; **cette réunion m'a complètement stressé** this meeting made me feel very tense.

strict, e [stʀikt(ə)] *adj discipline, maître, sens* strict; *costume* plain; *interprétation* literal. **c'est la** ~**e vérité** it is the plain *ou* simple truth; **c'est son droit le plus** ~ it is his most basic right; **le** ~ **nécessaire/ minimum** the bare essentials/minimum; **dans la plus** ~**e intimité** strictly in private. ◆ **strictement** *adv* strictly; plainly.

strident, e [stʀidɑ̃, ɑ̃t] *adj* shrill, strident.

strie [stʀi] *nf (de couleur)* streak; *(en relief)* ridge; *(en creux)* groove; *(Anat, Géol)* stria. ◆ **strier** (7) *vt* to streak; to ridge; to striate.

stroboscope [stʀoboskɔp] *nm* stroboscope. ◆ **stroboscopique** *adj* stroboscopic, strobe. **lumière** ~ strobe lighting.

strophe [stʀof] *nf* verse, stanza.

structure [stʀyktyʀ] *nf* structure. ~**s d'accueil** reception facilities. ◆ **structural, e,** *mpl* **-aux** *adj* structural. ◆ **structuralement** *adv* structurally. ◆ **structurel, -elle** *adj* structural. ◆ **structurer** (1) *vt* to structure.

stuc [styk] *nm* stucco.

studieux, -euse [stydjø, øz] *adj personne* studious; *vacances* study. ◆ **studieusement** *adv* studiously.

studio [stydjo] *nm (d'artiste, de prise de vues)* studio; *(auditorium)* film theatre, arts cinema; *(d'habitation)* bedsitter, studio apartment *(US)*. ~ **à louer** bedsitter to let, studio apartment for rent *(US)*.

stupéfaire [stypefɛʀ] (60) *vt* to stun, astound, dumbfound. ◆ **stupéfaction** *nf* stupefaction, amazement. ◆ **stupéfait, e** *adj* stunned, dumbfounded, astounded *(de qch* at sth).

stupéfier [stypefje] (7) *vt* to stun, stagger, astound. ◆ **stupéfiant, e** **1** *adj* stunning, astounding, staggering. **2** *nm* drug, narcotic. ◆ **stupeur** *nf* astonishment, amazement; *(Méd)* stupor.

stupide [stypid] *adj (inepte)* stupid, silly, foolish; *(hébété)* stunned. ◆ **stupidement** *adv* stupidly. ◆ **stupidité** *nf* stupidity; *(parole, acte)* stupid *ou* silly *ou* foolish remark *(ou* action).

style [stil] *nm* **(a)** *(genre, classe)* style. **meubles de** ~ period furniture. **(b)** *(pointe)* style, stylus. **(c)** *(Ling)* ~ **direct/indirect** direct/indirect *ou* reported speech; ~ **journalistique** journalistic style, journalese *(péj);* ~ **télégraphique** telegraphese. ◆ **styler** (1) *vt domestique etc* to train. **(bien) stylé** well-trained. ◆ **stylisation** *nf* stylization. ◆ **styliser** (1) *vt* to stylize.

stylo [stilo] *nm* pen. ~(-**bille** *ou* **à bille**) ball-point (pen); ~ **(à encre)** (fountain) pen.

su [sy] *nm:* **au** ~ **de** with the knowledge of.

suaire [sɥɛʀ] *nm (littér)* shroud.

suant, e ✻ [sɥɑ̃, ɑ̃t] *adj (ennuyeux)* deadly (dull) ✻.

suave [sɥav] *adj personne, manières* suave, smooth; *musique, parfum* sweet; *couleurs* mellow; *formes* smooth. ◆ **suavement** *adv s'exprimer* suavely. ◆ **suavité** *nf* suavity; smoothness, sweetness; mellowness.

subalterne [sybaltɛʀn(ə)] **1** *adj rôle* subordinate, subsidiary; *employé, poste* junior. **officier** ~ subaltern. **2** *nmf* subordinate, inferior.

subconscient, e [sypkɔ̃sjɑ̃, ɑ̃t] *adj, nm* subconscious.

subdiviser [sybdivize] (1) **1** *vt* to subdivide *(en* into). **2 se** ~ *vpr* to be subdivided *(en* into). ◆ **subdivision** *nf* subdivision.

subir [sybiʀ] (2) *vt attaque, critique* to undergo, suffer, be subjected to; *perte, défaite* to suffer, sustain; *corvée, importun* to put up with, endure; *examen, modifications* to undergo, go through; *peine de prison, opération* to undergo; *charme* to be subject to, be under the influence of; *influence* to be under. ~ **les effets de qch** to experience the effects of sth; **faire** ~ **à qn** *torture* to subject sb to; *défaite* to inflict upon sb; *influence* to exert over sb; *examen* to put sb through.

subit, e [sybi, it] *adj* sudden. ◆ **subitement** *adv* suddenly, all of a sudden.

subjectif, -ive [syb3ɛktif, iv] *adj* subjective. ◆ **subjectivement** *adv* subjectively. ◆ **subjectivité** *nf* subjectivity.

subjonctif, -ive [syb3ɔ̃ktif, iv] *adj, nm* subjunctive.

subjuguer [syb3yge] (1) *vt auditoire* to captivate, enthrall; *esprits* to render powerless; *vaincu* to subjugate.

sublime [syblim] *adj* sublime. ◆ **sublimation** *nf* sublimation. ◆ **sublimement** *adv* sublimely. ◆ **sublimer** (1) *vt* to sublimate.

submerger [sybmɛʀ3e] (3) *vt terres* to flood, submerge; *barque* to submerge. ~ **qn** *[foule]* to engulf sb; *[ennemi, émotion]* to overcome *ou* overwhelm sb; **submergé de** *travail, commandes* snowed under *ou* swamped with. ◆ **submersible** *adj, nm* submarine. ◆ **submersion** *nf* flooding, submersion.

subordonner [sybɔʀdɔne] (1) *vt:* ~ **qn/qch à** to subordinate sb/sth to; *(faire dépendre de)* **leur départ est subordonné au résultat des examens** their departure is subject to *ou* depends on the exam results. ◆ **subordination** *nf* subordination. ◆ **subordonné, e** **1** *adj* subordinate *(à* to). *(Ling)* **proposition** ~**e** dependent *ou* subordinate clause. **2** *nm, f* subordinate. **3** *nf (Ling)* dependent *ou* subordinate clause.

suborner [sybɔʀne] (1) *vt témoins* to bribe; *jeune fille* to seduce.

subreptice [sybʀɛptis] *adj* surreptitious. ◆ **subrepticement** *adv* surreptitiously.

subside [sypsid] *nm* grant. ~**s** allowance.

subsidiaire [sypsidjɛʀ] *adj* subsidiary. ◆ **subsidiairement** *adv* subsidiarily.

subsistance [sybzistɑ̃s] *nf* subsistence. **assurer la** ~ **de qn** to support *ou* maintain *ou* keep sb; **ma** ~ **était assurée** I had enough to live on; **moyen de** ~ means of subsistence. ◆ **subsistant, e** *adj* remaining. ◆ **subsister** (1) *vi (ne pas périr)* to live on, survive; *(se nourrir)* to subsist; *[doute, vestiges]* to remain, subsist.

substance [sypstɑ̃s] *nf* substance. **en** ~ in substance; ~ **alimentaire** food. ◆ **substantiel, -elle** *adj* substantial. ◆ **substantiellement** *adv* substantially.

substantif [sypstɑ̃tif] *nm* noun, substantive.

substituer [sypstitɥe] (1) **1** *vt:* ~ **qch/qn à** to substitute sth/sb for. **2 se** ~ *vpr:* **se** ~ **à qn** *(en évinçant)* to substitute o.s. for sb; *(en le représentant)* to substitute for sb. ◆ **substitut** *nm (magistrat)* deputy public prosecutor; *(succédané)* substitute *(de* for). *(Psych)* ~ **maternel** surrogate mother. ◆ **substitution** *nf (intentionnelle)* substitution *(à* for); *(accidentelle)* mix-up *(de* of, in).

subterfuge [syptɛʀfy3] *nm* subterfuge.

subtil, e [syptil] *adj (sagace) esprit, réponse* subtle; *distinction* subtle, fine, nice. ◆ **subtilement** *adv* subtly. ◆ **subtilité** *nf* subtlety; nicety.

subtiliser [syptilize] (1) *vt* to spirit away *(hum).* ◆ **subtilisation** *nf* spiriting away.

subvenir [sybvəniʀ] (22) ~ **à** *vt indir besoins* to provide for, meet; *frais* to meet, cover. ~ **à ses besoins** to support o.s.

subvention [sybvɑ̃sjɔ̃] *nf (gén)* grant; *(aux agriculteurs, à un théâtre)* subsidy. ◆ **subventionner** (1) *vt* to grant funds to; to subsidize.

subversion [sybvɛʀsjɔ̃] *nf* subversion. ◆ **subversif, -ive** *adj* subversive.

suc [syk] *nm (gén, Anat)* juice.

succédané [syksedane] *nm* substitute *(de* for).

succéder [syksede] (6) **1** ~ **à** *vt indir (gén)* to succeed, follow; *roi* to succeed; *titres* to succeed to. **2 se** ~ *vpr* to follow *ou* succeed one another.

succès [syksɛ] *nm (gén)* success; *(livre)* bestseller; *(disque)* hit; *(film, pièce)* box-office success, hit. *(conquête)* ~ **(féminin)** conquest; **avoir du** ~ to be a success, be successful *(auprès de* with); **avec** ~ successfully; **sans** ~ unsuccessfully, without success; **à** ~ *auteur* successful; **film à** ~ hit film ✻, blockbuster, box-office success; **chanson à** ~ hit (song).

succession [syksesjɔ̃] *nf (gén)* succession; *(Jur: patrimoine)* estate, inheritance. **prendre la** ~ **de** *directeur* to succeed, take over from; *roi* to succeed; *maison de commerce* to take over. ◆ **successeur** *nm* successor. ◆ **successif, -ive** *adj* successive. ◆ **successivement** *adv* successively.

succinct, e [syksɛ̃, ɛ̃t] *adj écrit* succinct; *repas* frugal. **soyez** ~ be brief. ◆ **succinctement** *adv* succinctly; frugally.

succion [syksjɔ̃] *nf* suction. **bruit de** ~ sucking noise.

succomber [sykɔ̃be] (1) *vi (mourir)* to die, succumb. ~ **sous le nombre** to be overcome by numbers; ~ **à** *tentation, fatigue etc* to succumb to.

succulent, e [sykylɑ̃, ɑ̃t] *adj* delicious, succulent.

succursale [sykyʀsal] *nf (Comm)* branch.

sucer [syse] (3) *vt* to suck. ◆ **sucette** *nf (bonbon)* lollipop; *(tétine)* dummy.

sucre [sykʀ(ə)] *nm (substance)* sugar; *(morceau)* lump of sugar. **cet enfant n'est pas en** ~ **quand même!** for goodness sake, the child won't break!; **être tout** ~ **tout miel** to be all sweetness and light;

~ **de canne** cane sugar; ~ **cristallisé** (coarse) granulated sugar; ~ **en morceaux** lump sugar; ~ **d'orge** *(substance)* barley sugar; *(bâton)* stick of barley sugar; ~ **en poudre,** ~ **semoule** caster sugar. ◆ **sucré, e 1** *adj fruit, saveur* sweet; *jus de fruits* sweetened; *(péj) ton* sugary, honeyed. **trop** ~ too sweet; **bien** ~ well-sweetened; **non** ~ unsweetened. **2** *nm:* **le** ~ sweet things. ◆ **sucrer** (1) **1** *vt* (**a**) *boisson* to sugar, put sugar in, sweeten. ~ **les fraises** ✱ to be a bit doddery ✱. (**b**) (✱: *supprimer*) *argent, avantage* to stop. **2 se** ~ *vpr (lit)* to help o.s. to sugar; (✱ *fig: s'enrichir*) to line one's pocket(s) ✱. ◆ **sucrerie** *nf* (**a**) ~**s** sweets, sweet things; **aimer les** ~**s** to have a sweet tooth. (**b**) *(usine)* sugar house; *(raffinerie)* sugar refinery. ◆ **sucrier, -ière 1** *adj industrie, betterave* sugar; *région* sugar-producing. **2** *nm* (**a**) *(récipient)* sugar basin *ou* bowl. ~ **(verseur)** sugar shaker. (**b**) *(industriel)* sugar producer.

sud [syd] **1** *nm* south. **vent du** ~ south(erly) wind; **regarder vers le** ~ to look south(wards) *ou* towards the south; **au** ~ **de** (to the) south of; **l'Europe du** ~ Southern Europe; **le S**~ **de la France** the South of France. **2** *adj inv région, partie* southern; *entrée* south; *côte* south(ern); *côté* south(ward); *direction* southward, southerly *(Mét).* **3** : ~**-africain** *etc* South African *etc*; ~**-est/-ouest** south-east/-west. ◆ **sudiste** *(Hist US)* **1** *nmf* Southerner. **2** *adj* Southern.

Suède [syεd] **1** *nf* Sweden. **2** *nm (peau)* **s** ~ suede. ◆ **suédine** *nf* suedette. ◆ **suédois, e 1** *adj, nm* Swedish. **2** *nm(f):* **S**~**(e)** Swede.

suer [sɥe] (1) **1** *vi (transpirer)* to sweat; *(fig: peiner)* to sweat ✱ *(sur* over). ~ **à grosses gouttes** to sweat profusely; **faire** ~ **qn** *(lit)* to make sb sweat; **tu me fais** ~ ✱ you're a pain (in the neck) ✱; **on se fait** ~ **ici** ✱ what a drag it is here ✱. **2** *vt sueur* to sweat; *humidité* to ooze; *pauvreté* to exude. ~ **sang et eau pour faire qch** to sweat blood to get sth done. ◆ **suée** ✱ *nf* sweat. **prendre une bonne** ~ to work up a good sweat ✱; **quelle** ~**!** what a drag! ✱ *ou* pain! ✱ ◆ **sueur** *nf* sweat. **en** ~ in a sweat, sweating; **j'en avais des** ~**s froides** I was in a cold sweat.

suffire [syfiʀ] (37) **1** *vi* to be enough, be sufficient, suffice. ~ **à besoins** to meet; *personne* to be enough for; **5 hommes me suffisent (pour ce travail)** 5 men will do me *ou* will be sufficient (for me) (for this job); **il ne peut** ~ **à tout** he can't manage (to do) everything, he can't cope with everything; **ça suffit** that's enough, that'll do; **ça ne te suffit pas de l'avoir cassé?** isn't it enough for you to have broken it? **2** *vb impers:* **il suffit de s'inscrire pour devenir membre** enrolling is enough *ou* sufficient to become a member, you just *ou* only have to enrol to become a member; **il suffit d'un rien pour l'inquiéter** it only takes the smallest thing to worry him, the smallest thing is enough to worry him; **il suffit d'une fois** once is enough. **3 se** ~ *vpr (Écon)* **se** ~ **(à soi-même)** to be self-sufficient. ◆ **suffisamment** *adv* sufficiently, enough. ~ **fort** sufficiently strong, strong enough; **être** ~ **vêtu** to have sufficient *ou* enough clothes on, be adequately dressed; ~ **de nourriture** sufficient *ou* enough food. ◆ **suffisance** *nf* (**a**) *(vanité)* self-importance, bumptiousness. (**b**) **avoir qch en** ~ to have sth in plenty, have a sufficiency of sth. ◆ **suffisant, e** *adj* (**a**) *(adéquat)* sufficient; *(Scol) résultats* satisfactory. **c'est** ~ **pour qu'il se mette en colère** it's enough to make him lose his temper; **je n'ai pas la place** ~**e** I haven't got sufficient *ou* enough room; **500 F, c'est amplement** ~ 500 francs is more than enough. (**b**) *(prétentieux)* self-important, bumptious. **faire le** ~ to give o.s. airs and graces.

suffixe [syfiks(ə)] *nm* suffix.

suffoquer [syfoke] (1) **1** *vi (lit)* to choke, suffocate, stifle *(de* with). *(fig)* ~ **de** to choke with. **2** *vt [fumée]* to suffocate, choke, stifle; *[colère, joie]* to choke; *(étonner) [nouvelle]* to stagger. ◆ **suffocant, e** *adj* suffocating, stifling; staggering. ◆ **suffocation** *nf (sensation)* suffocating feeling.

suffrage [syfʀaʒ] *nm (Pol: voix)* vote; *(approbation)* approval, approbation. ~**s exprimés** valid votes; ~ **universel** universal suffrage *ou* franchise; **le parti obtiendra peu de/beaucoup de** ~**s** the party will poll badly/heavily; **remporter tous les** ~**s** to meet with universal approval *ou* approbation.

suggérer [sygʒeʀe] (6) *vt (gén)* to suggest; *solution* to suggest, put forward. **j'ai suggéré d'aller** *ou* **que nous allions au cinéma** I suggested going *ou* that we went to the cinema.

suggestion [sygʒεstjɔ̃] *nf* suggestion. ◆ **suggestif, -ive** *adj* suggestive.

suicide [sɥisid] *nm (lit, fig)* suicide. ◆ **suicidaire** *adj (lit, fig)* suicidal. ◆ **suicidé, e** *nm, f (personne)* suicide. ◆ **se suicider** (1) *vpr* to commit suicide.

suie [sɥi] *nf* soot.

suif [sɥif] *nm* tallow.

suinter [sɥɛ̃te] (1) *vi* to ooze. ◆ **suintement** *nm:* ~**(s)** oozing.

Suisse [sɥis] **1** *nf (pays)* Switzerland. ~ **romande** French-speaking Switzerland. **2** *nmf (habitant)* Swiss. **3** *adj:* **s**~ Swiss. **4** *nm:* **s**~ *((bedeau)* ≃ verger; *(fromage)* **(petit-)**~ petit-suisse. ◆ **Suissesse** *nf* Swiss (woman).

suite [sɥit] *nf* (**a**) *(escorte)* retinue, suite. (**b**) *(nouvel épisode)* continuation, following episode; *(second roman, film)* sequel; *(rebondissement d'une affaire)* follow-up; *(reste)* remainder, rest. **la** ~ **au prochain numéro** to be continued (in the next issue); ~ **et fin** concluding *ou* final episode; **la** ~ **des événements devait lui donner raison** what followed was to prove him right; **attendons la** ~ let's see what comes next. (**c**) *(aboutissement)* result. *(prolongements)* ~**s** *[maladie]* after-effects; *[accident]* results; *[incident]* consequences, repercussions; **la** ~ **logique de** the logical result of. (**d**) *(succession) (Math)* series; *(Ling)* sequence. ~ **de maisons etc** succession *ou* string *ou* series of; *événements* train of; *(Comm)* **article sans** ~ discontinued line. (**e**) *(cohérence)* coherence. **des propos sans** ~ disjointed talk; **avoir de la** ~ **dans les idées** to show great single-mindedness *ou* singleness of purpose, not to be easily put off. (**f**) *(appartement)* suite. (**g**) *(Mus)* suite. (**h**) *(locutions)* **(comme)** ~ **à votre lettre** further to your letter; **à la** ~ *(successivement)* one after the other; *(derrière)* **mettez-vous à la** ~ join on at the back; **à la** ~ **de** *(derrière)* behind; *(en conséquence de)* **à la** ~ **de sa maladie** following his illness; **de** ~ *(immédiatement)* at once; **pendant 3 jours de** ~ (for) 3 days on end *ou* in a row *ou* running; **par** ~ **de** owing to, as a result of; *(par conséquent)* **par** ~ consequently, therefore; **par la** ~, **dans la** ~ afterwards, subsequently; **donner** ~ **à** to follow up; **faire** ~ **à** to follow; **prendre la** ~ **de** *firme, directeur* to succeed, take over from.

suivant¹, e [sɥivɑ̃, ɑ̃t] **1** *adj* following, next. **le mardi** ~ the following *ou* next Tuesday; **pas jeudi prochain, le** ~ not Thursday *ou* Thursday coming ✱, the one after (that); **voir page** ~**e** see next page; **faites l'exercice** ~ do the following exercise. **2** *nm, f* following (one), next (one). **(au)** ~ **!** next (please)!

suivant² [sɥivɑ̃] *prép (selon)* according to. ~ **l'usage** in keeping with the custom; ~ **l'expression** as the saying goes; ~ **les jours** according to *ou* depending on the day; **découper** ~ **le pointillé** cut (out) along the dotted line; ~ **que** according to whether.

suivi, e [sɥivi] **1** *adj travail* steady; *correspondance* regular; *qualité* consistent; *conversation, politique* consistent; *(Comm) article* in general production. **très ~ cours** well-attended; *mode* widely adopted; *feuilleton* widely followed. **2** *nm:* **assurer le ~ de** *affaire* to follow through; *produit en stock* to go on stocking.

suivisme [sɥivism(ə)] *nm (Pol)* follow-my-leader attitude. ◆ **suiviste** *adj attitude, politique* follow-my-leader.

suivre [sɥivʀ(ə)] **(40) 1** *vt* **(a)** *(espace, temps, série)* to follow. **il me suit comme mon ombre** he follows me about like my shadow; **je ne peux pas vous ~** I can't keep up (with you); *(iro)* **certains députés, suivez mon regard, ont...** certain deputies, without mentioning any names, have...; **~ qn de près** *[garde du corps]* to stick close to sb; *[voiture]* to follow close behind sb; **~ qn à la trace** to follow sb's tracks; **faire ~ qn** to have sb followed; **suivez le guide!** this way, please!; **suivez la N7 sur 10 km** keep to *ou* follow the N7 (road) for 10 km ; *(Police)* **une piste** to follow up a clue. **(b)** *exemple, instinct, conseil* to follow. **~ un traitement** to follow a course of treatment; **~/faire ~ un régime** to be/ put on a diet; **l'enquête suit son cours** the inquiry is running *ou* taking its course; **~ le mouvement** to follow the crowd, follow the general trend. **(c)** *(Scol)* *(être inscrit à)* to attend, go to; *(être attentif à)* to follow, attend to; *(assimiler) programme* to keep up with. **(d)** *affaire, match* to follow; *feuilleton, actualité* to follow, keep up with. **~ un élève** to follow *ou* monitor the progress of a pupil; **il est suivi par un médecin** he's having treatment from a doctor; **à ~** to be continued. **(e)** *(Comm) article* to (continue to) stock. **(f)** *(comprendre) argument, personne* to follow. **jusqu'ici je vous suis** I'm with you *ou* I follow you so far.
2 *vi* **(a)** *[élève]* *(être attentif)* to attend, pay attention; *(assimiler le programme)* to keep up, follow. **(b)** **faire ~ son courrier** to have one's mail forwarded; **'faire ~'** 'please forward'. **(c)** *(venir après)* to follow. **ce qui suit** what follows.
3 *vb impers:* **il suit que...** it follows that...; **comme suit** as follows.
4 se ~ *vpr [personnes, événements]* to follow one behind the other; *[pages, nombres]* to be in the (right) order; *[argument, pensée]* to be coherent, be consistent. **3 démissions qui se suivent** 3 resignations running *ou* in a row *ou* in quick succession.

sujet, -ette [syʒɛ, ɛt] **1** *adj:* **~ à maladie etc** liable to, subject to, prone to; **~ à faire** liable *ou* prone to do; **il n'est pas ~ à faire des imprudences** he is not one to do anything imprudent; **~ à caution** *nouvelle* unconfirmed; *moralité* questionable. **2** *nm, f (gouverné)* subject. **3** *nm* **(a)** *(matière)* subject *(de* for). **~ de conversation** topic of conversation, subject (for conversation); **c'était devenu un ~ de plaisanterie** it had become a standing joke *ou* sth to joke about; **~ d'examen** examination question. **(b)** *(motif)* **~ de** *mécontentement etc* cause for, ground(s) for; **avoir ~ de faire** to have cause *ou* grounds for doing; **ayant tout ~ de croire à sa bonne foi** having every reason to believe in his good faith. **(c)** *(individu) (Scol)* **brillant ~** brilliant pupil; **un mauvais ~** *(enfant)* a bad boy; *(jeune homme)* a bad lot. **(d)** *(Ling, Mus, Philos)* subject. **(e)** *(à propos de)* **au ~ de** about, concerning; **à ce ~, je voulais vous dire que...** on that subject I wanted to tell you that...

sujétion [syʒesjɔ̃] *nf (asservissement)* subjection; *(contrainte)* constraint.

sulfamides [sylfamid] *nmpl* sulpha drugs.

sulfate [sylfat] *nm* sulphate.

sulfure [sylfyʀ] *nm* sulphide. ◆ **sulfureux, -euse** *adj* sulphurous. ◆ **sulfurique** *adj* sulphuric. ◆ **sulfurisé, e** *adj:* **papier ~** greaseproof paper.

sultan [syltɑ̃] *nm* sultan. ◆ **sultane** *nf (épouse)* sultana; *(canapé)* (sort of) couch.

Sumatra [symatʀa] *nf* Sumatra.

summum [sɔmɔm] *nm* height.

super [sypɛʀ] **1** *nm:* **~(carburant)** super, four-star (petrol), premium *(US)*. **2** *préf (*) ~ **chic** ultra-chic *ou* smart, fantastically smart *; **3** *adj inv (*) terrific *, great *, fantastic *, super *.

superbe [sypɛʀb(ə)] *adj (gén)* superb, magnificent. ◆ **superbement** *adv* superbly, magnificently.

superbénéfice [sypɛʀbenefis] *nm* immense profit.

supercherie [sypɛʀʃəʀi] *nf* trick. **la ~** trickery.

superficie [sypɛʀfisi] *nf (gén)* area.

superficiel, -ielle [sypɛʀfisjɛl] *adj (gén)* superficial; *esprit* shallow; *blessure* superficial, skin-deep; *(sans valeur) solution* cosmetic. ◆ **superficiellement** *adv* superficially.

superflu, e [sypɛʀfly] **1** *adj* superfluous. **2** *nm:* **le ~** *(excédent)* the surplus; *(accessoire)* the superfluity.

super-grand [sypɛʀgʀɑ̃] *nm* superpower.

supérieur, e [sypeʀjœʀ] *adj* **(a)** *(les plus importants) niveaux, branches, classes etc* upper; *planètes* superior; *animaux, végétaux* higher; *vitesse, nombre* higher, greater. **la partie ~e de l'objet** the upper *ou* top part of the object; **montez à l'étage ~** go to the next floor up *ou* to the floor above; **mâchoire/ lèvre ~e** upper jaw/lip; *(Rel)* **Père ~** Father Superior. **(b)** *(plus important) (gén)* higher; *intelligence, qualité* superior; *quantité, somme* larger. **forces ~es en nombre** forces superior in number; **~ à** *nombre* greater *ou* higher than, above; *production* superior to; **intelligence ~e à la moyenne** above-average *ou* higher than average intelligence; **hiérarchiquement ~ à qn** above sb in the hierarchy. **(c)** *(hautain)* superior. **(d)** *(à la hauteur)* **~ à sa tâche** more than equal to the task; **restant ~ à la situation** remaining master of *ou* in control of the situation. **2** *nm, f* **(a)** superior. **~ hiérarchique** immediate superior, senior. **(b)** *(Univ)* **le ~** higher education. ◆ **supérieurement** *adv* exceptionally well. **~ doué** exceptionally gifted. ◆ **supériorité** *nf (gén)* superiority. **nous avons la ~ du nombre** we outnumber them.

superlatif, -ive [sypɛʀlatif, iv] *adj, nm* superlative.

supermarché [sypɛʀmaʀʃe] *nm* supermarket.

superposer [sypɛʀpoze] **(1) 1** *vt objets* to superpose *(à on)*; *clichés, (fig) visions* to superimpose. **2 se ~** *vpr* to be superposed; to be superimposed (on one another). ◆ **superposition** *nf* superposition; superimposition.

superproduction [sypɛʀpʀɔdyksjɔ̃] *nf (Ciné)* spectacular.

superprofit [sypɛʀpʀɔfi] *nm* immense profit.

superpuissance [sypɛʀpɥisɑ̃s] *nf* superpower.

supersonique [sypɛʀsɔnik] *adj* supersonic.

superstition [sypɛʀstisjɔ̃] *nf* superstition. ◆ **superstitieusement** *adv* superstitiously. ◆ **superstitieux, -euse** *adj* superstitious.

superstructure [sypɛʀstʀyktyʀ] *nf (gén)* superstructure.

superviser [sypɛʀvize] **(1)** *vt* to supervise, oversee. ◆ **supervision** *nf* supervision.

supplanter [syplɑ̃te] **(1)** *vt* to supplant.

suppléance [sypleɑ̃s] *nf (poste)* supply post; *(action)* temporary replacement. ◆ **suppléant, e 1** *adj (gén)* deputy, substitute *(US)*; *professeur ~* supply substitute teacher; *(juge)* deputy (judge); *(Pol)* deputy; *(médecin)* locum.

suppléer [syplee] (1) **1** vt (**a**) (ajouter) to supply. (**b**) lacune to fill; défaut to make up for. (**c**) (remplacer) (gén) to replace; professeur to stand in for; juge to deputize for. **2** ~ **à** vt indir défaut, manque to make up for, compensate for; qualité, faculté to substitute for.

supplément [syplemɑ̃] nm (gén) supplement; (au restaurant) extra charge; (dans le train) excess fare. **un** ~ **de travail** extra ou additional work; **un** ~ **d'information** supplementary ou additional information; ~ **de prix** additional charge, surcharge; **payer un** ~ **pour excès de bagages** to pay extra for excess luggage; **le fromage est en** ~ cheese is extra. ♦ **supplémentaire** adj crédits, retards additional, further; travail additional, extra; trains relief; angle supplementary.

suppliant, e [syplijɑ̃, ɑ̃t] **1** adj beseeching, imploring. **2** nm, f suppliant, supplicant. ♦ **supplication** nf (gén) plea, entreaty; (Rel) supplication.

supplice [syplis] nm (**a**) (peine) **le** ~ torture; **un** ~ a form of torture; **le** ~ **de la roue** (torture on) the wheel; ~ **chinois** Chinese torture; ~ **de Tantale** torment of Tantalus. (**b**) (souffrance) torture. ~**s moraux** moral tortures ou torments; **le** ~ **de l'incertitude** the ordeal ou torture of uncertainty; **être au** ~ (appréhension) to be in agonies; (douleur) to be in misery; **mettre qn au** ~ to torture sb. ♦ **supplicié, e** nm, f torture victim. ♦ **supplicier** (7) vt (lit, fig) to torture.

supplier [syplije] (7) vt to beseech, implore, entreat (de faire to do). **n'insistez pas, je vous en supplie** I beg of you not to insist.

supplique [syplik] nf petition.

supporter[1] [sypɔʀte] (1) vt (**a**) (soutenir) to support, hold up. (**b**) (subir, endurer) (gén) to bear; conséquences, malheur to suffer; maladie, solitude to endure; conduite to tolerate, put up with. **elle supporte tout de son fils** she puts up with ou takes anything from her son; **je ne peux pas** ~ **l'hypocrisie** I can't bear ou abide hypocrisy; **je ne peux pas les** ~ I can't bear ou stand them; **je ne supporte pas qu'elle fasse cela** I won't stand for ou tolerate her doing that; **on supporte un gilet, par ce temps** * you can do with a cardigan in this weather. (**c**) (résister à) température, épreuve to withstand. **verre qui supporte la chaleur** heatproof ou heat-resistant glass; **il a bien supporté l'opération** he took the operation well; **il ne supporte pas l'alcool** he can't take alcohol; **il ne supporte pas la chaleur/les épinards** heat/spinach doesn't agree ou disagrees with him, he can't stand ou bear the heat/spinach; **lait facile à** ~ easily-digested milk. ♦ **support** nm (**a**) (soutien) (gén) support; (béquille) prop. (**b**) (moyen) medium. ~ **publicitaire** advertising medium; **conférence faite à l'aide d'un** ~ **écrit** lecture given with the help of a written text; ~ **audio-visuel** audio-visual aids; ~ **visuel** visual aids, visuals *. ♦ **supportable** adj douleur, chaleur bearable ; conduite tolerable.

supporter[2] [sypɔʀtɛʀ] nm (Sport) supporter.

supposer [sypoze] (1) vt (**a**) (présumer) to suppose, assume. **à** ~ **que** supposing ou assuming (that); **je suppose que tu es contre** I take it ou I assume ou I suppose you are against it. (**b**) (présupposer) to presuppose; (suggérer) to imply. **ta réponse suppose que tu n'as rien compris** your reply implies ou indicates that you haven't understood a thing. ♦ **supposé, e** adj auteur supposed; nombre estimated; (Jur) meurtrier alleged. ♦ **supposition** nf supposition, assumption.

suppositoire [sypozitwaʀ] nm suppository.

supprimer [sypʀime] (1) **1** vt objet, obstacle to remove (de from); mot, paragraphe to delete (de from); trains to cancel; permis de conduire to withdraw, take away (de from); emplois, témoin gênant to do away with; douleur, fatigue to eliminate; loi,

concurrence to abolish; publication, effets nocifs to suppress; abus to put an end to; allocation to stop. ~ **qch à qn** to deprive sb of sth; ~ **qch de son alimentation** to cut sth out of one's diet, eliminate sth from one's diet; **cette technique supprime des opérations inutiles** this technique does away with ou cuts out some unnecessary operations. **2 se** ~ vpr to do away with o.s., take one's own life. ♦ **suppression** nf removal; deletion; cancellation; withdrawal; elimination; abolition; suppression. **faire des** ~**s dans un texte** to make some deletions in a text; **7 000** ~**s d'emploi** 7,000 jobs axed ou lost.

suppurer [sypyʀe] (1) vi to suppurate. ♦ **suppuration** nf suppuration.

supputer [sypyte] (1) vt to calculate. ♦ **supputation** nf calculation.

supra... [sypʀa] préf supra...

suprême [sypʀɛm] **1** adj (gén) supreme. **2** nm (Culin) supreme. ♦ **suprématie** nf supremacy. ♦ **suprêmement** adv supremely.

sur[1] [syʀ] **1** prép (**a**) (position) on, upon; (sur le haut de) on (top of); (avec mouvement) on, onto; (dans) on, in; (par-dessus) over; (au-dessus) above. **il y a un sac** ~ **la table** there's a bag on the table; ~ **ma route** on my way; **elle rangea ses chapeaux** ~ **l'armoire** she put her hats away on top of the wardrobe; **elle a jeté son sac** ~ **la table** she threw her bag onto the table; **une chambre (qui donne)** ~ **la rue** a room that looks out onto the street; **il n'est jamais monté** ~ **un bateau** he's never been in ou on a boat; ~ **la place** in the square; **lire qch** ~ **le journal** to read sth in the paper; **un pont** ~ **la rivière** a bridge across ou on ou over the river; **l'avion est passé** ~ **nos têtes** the aircraft flew over ou above our heads; **retire tes livres de** ~ **la table** take your books (from) off the table; **je n'ai pas d'argent** ~ **moi** I haven't (got) any money on ou with me; **elle a acheté des poires** ~ **le marché** she bought pears at the market; **s'étendre** ~ **3 km** to spread over 3 kms; **travaux** ~ **5 km** roadworks for 5 kms; (fig) **vivre les uns** ~ **les autres** to live one on top of the other.
(**b**) (direction) to, towards. **tourner** ~ **la droite** to turn (to the) right; **l'église est** ~ **votre gauche** the church is on ou to your left; **fermez bien la porte** ~ **vous** be sure and close the door behind ou after you.
(**c**) (temps) **il est arrivé** ~ **les 2 heures** he came (at) about ou (at) around 2; **il va** ~ **ses quinze ans** he's getting on for ou going on (US) fifteen; **l'acte s'achève** ~ **une réconciliation** the act ends with a reconciliation; **il est** ~ **le départ** he's just going, he's (just) about to leave; ~ **ce, il est sorti** whereupon ou upon which he went out; ~ **ce, il faut que je vous quitte** and now I must leave you; **boire du café** ~ **de la bière** to drink coffee on top of beer; ~ **une période de 3 mois** over a period of 3 months; **juger les résultats** ~ **une année** to assess the results over a year.
(**d**) (cause) on, by. ~ **commande** by order; ~ **présentation d'une pièce d'identité** on presentation of identification; ~ **la recommandation de X** on X's recommendation.
(**e**) (manière) on. **ils vivent** ~ **son traitement** they live on ou off his salary; **ne le prends pas** ~ **ce ton** don't take it like that; **chanter qch** ~ **l'air de** to sing sth to the tune of.
(**f**) (sujet) on, about. **causerie** ~ **la Grèce** talk on ou about Greece; **être** ~ **un travail** to be occupied with a job, be (in the process of) doing a job; **être** ~ **une bonne affaire/une piste** to be on to a bargain/on a trail.
(**g**) (proportion) out of, in; (mesure) by; (accumulation) after. ~ **12 verres, 6 sont ébréchés** out of 12 glasses 6 are chipped; **un homme** ~ **10** one man in (every) ou out of 10; (note) **9** ~ **10** 9 out

of 10; **la cuisine fait 2 mètres ~ 3** the kitchen is *ou* measures 2 metres by 3; **un vendredi ~ trois** every third Friday; **un jour ~ deux** every other day; **faire faute ~ faute** to make one mistake after another.
(h) *(influence)* over, on. **elle ne peut rien ~ lui** she has no control over him; **savoir prendre ~ soi** to keep a grip on o.s.; **prendre ~ soi de faire qch** to take it upon o.s. to do sth.
2 *préf* over. **~excité** overexcited; **~production** overproduction.
3 : **~-le-champ, ~ l'heure** *(littér)* adv immediately, at once, straightaway, right away *(US)*.

sur², e [syʀ] adj *(aigre)* sour.

sûr, e [syʀ] adj **(a)** *(certain)* certain, sure *(de* of, about). **il est ~ de son fait** he's sure *ou* confident he'll do it; **~ de soi** self-assured, self-confident; **j'en étais ~!** I knew it!, just as I thought!; **j'en suis ~ et certain** I'm positive (about it), I'm absolutely sure *ou* certain (of it); **la chose est ~e** that's certain, that's for sure *ou* certain. **(b)** *(sans danger)* safe. **peu ~** unsafe; **le plus ~ est de...** the safest thing is to...; **en lieu ~** in a safe place. **(c)** *(digne de confiance)* *(gén)* reliable; *personne, firme* trustworthy; *instinct, raisonnement* sound; *remède, moyen* safe, sure. **avoir la main ~e** to have a steady hand; **peu ~** *(gén)* unreliable; *allié* untrustworthy; *méthode* unsafe; *bases* unsound.

surabonder [syʀabɔ̃de] **(1)** *vi* to be overabundant, be superabundant. ◆ **surabondance** *nf* overabundance, superabundance. ◆ **surabondant, e** *adj* overabundant, superabundant.

suranné, e [syʀane] *adj* outmoded, outdated.

surarmement [syʀaʀməmɑ̃] *nm* massive stock of weapons.

surcharger [syʀʃaʀʒe] **(3)** *vt voiture* to overload. **~ qn de travail** to overload *ou* overburden sb with work; **je suis surchargé de travail** I'm overloaded *ou* snowed under with work; **manuscrit surchargé de corrections** manuscript covered *ou* littered with corrections. ◆ **surcharge** *nf* **(a)** *(action)* overloading; *(poids en excédent)* extra load, excess load. **une tonne de ~** an extra *ou* excess load of a ton; **prendre des passagers en ~** to take on excess passengers; **une ~ de travail** extra work. **(b)** *[document]* alteration; *[timbre-poste, voyage, hôtel]* surcharge.

surchauffer [syʀʃofe] **(1)** *vt pièce* to overheat; *(Phys, Tech)* to superheat.

surchoix [syʀʃwa] *adj inv* top-quality.

surclasser [syʀklɑse] **(1)** *vt* to outclass.

surcroît [syʀkʀwa] *nm*: **donner un ~ de travail** to give extra *ou* additional work; **par (un) ~ d'honnêteté** through an excess of honesty; **pour ~ de malheur...** to add to his *(ou* her *etc)* misfortune...; **avare et paresseux de ou par ~** miserly and idle to boot.

surdité [syʀdite] *nf* deafness.

surdoué, e [syʀdwe] **1** *adj enfant* gifted, exceptional *(US)*. **2** *nm, f* gifted *ou* exceptional child.

sureau, pl ~x [syʀo] *nm* elder (tree).

sureffectifs [syʀefɛktif] *nmpl* overmanning.

surélever [syʀɛlve] **(5)** *vt* to raise, heighten *(de* by). **rez-de-chaussée surélevé** raised ground floor.

sûrement [syʀmɑ̃] *adv* **(a)** *progresser* in safety; *attacher* securely; *fonctionner* safely. **(b)** *(certainement)* certainly. **viendra-t-il? — ~!/~ pas!** will he be coming? — certainly!/certainly not!; **il viendra ~** he'll certainly come, he's sure to come.

surenchère [syʀɑ̃ʃɛʀ] *nf (sur prix fixé)* overbid; *(enchère plus élevée)* higher bid. **une ~ de violence** an increasing build-up of violence; *(fig)* **faire de la ~** to use outbidding tactics. ◆ **surenchérir (2)** *vi* to bid higher *(sur* than); *(élection etc)* to try to

outmatch *ou* outbid each other *(de* with). **~ sur qn** to bid higher than sb, outbid sb.

surestimer [syʀɛstime] **(1)** *vt importance* to overestimate; *maison à vendre* to overvalue. ◆ **surestimation** *nf* overestimation; overvaluation.

sûreté [syʀte] *nf* **(a)** *(sécurité)* safety; *(précaution)* precaution. **la ~ de l'État** state security; **pour plus de ~** as an extra precaution, to be on the safe side; **être en ~** to be in safety, be safe; **mettre en ~** to put in a safe *ou* secure place; **serrure** *etc* **de ~** safety lock *etc*. **(b)** *(exactitude)* *(gén)* reliability; *[coup d'œil, geste]* steadiness; *[jugement]* soundness. **il a une grande ~ de main** he has a very sure hand; **~ d'exécution** sureness of touch. **(c)** *(dispositif)* safety device. **(d)** *(garantie)* assurance, guarantee. **(e)** *(Police)* **la S~ (nationale)** the (French) criminal investigation department, ≃ the CID *(Brit)*, ≃ the FBI *(US)*.

surévaluer [syʀevalɥe] **(1)** *vt* to overvalue.

surexciter [syʀɛksite] **(1)** *vt* to overexcite. ◆ **surexcitation** *nf* overexcitement.

surf [sœʀf] *nm* surfing, surfboarding. **faire du ~** to go surfing *ou* surfboarding.

surface [syʀfas] *nf (gén)* surface; *[champ, chambre]* surface area. **faire ~** to surface; *(lit, fig)* **refaire ~** to resurface; **de ~** *politesse* superficial; *modifications* cosmetic; *grammaire* surface; **en ~** *nager* at the surface, near the surface; *apprendre* superficially; *(Ftbl)* **~ de but** goal area; *(Ftbl)* **~ de réparation** penalty area.

surfait, e [syʀfɛ, ɛt] *adj* overrated.

surfin, e [syʀfɛ̃, in] *adj* superfine.

surgelé, e [syʀʒəle] *adj* deep-frozen. **(aliments) ~s** (deep-)frozen food. ◆ **surgeler (5)** *vt* to deep-freeze, fast-freeze.

surgir [syʀʒiʀ] **(2)** *vi (lit)* to appear suddenly; *[difficultés]* to arise, crop up. *[plante, immeuble]* **~ de terre** to shoot up, spring up.

surhomme [syʀɔm] *nm* superman. ◆ **surhumain, e** *adj* superhuman.

Surinam [syʀinam] *nm* Surinam.

surinfection [syʀɛ̃fɛksjɔ̃] *nf* additional infection.

surir [syʀiʀ] **(2)** *vi [lait, vin]* to turn *ou* go sour.

surlendemain [syʀlɑ̃dmɛ̃] *nm*: **le ~ de son arrivée** two days after his arrival; **il est mort le ~** he died two days later.

surligneur [syʀliɲœʀ] *nm* highlighter (pen).

surmener [syʀməne] **(5)** *vt* to overwork, overtax. **2 se ~** *vpr* to overwork, overtax (o.s.). ◆ **surmenage** *nm (action)* overworking, overtaxing; *(état)* overwork. **le ~ intellectuel** mental fatigue, brain-fag *.

surmonter [syʀmɔ̃te] **(1) 1** *vt (dans l'espace)* to surmount, top; *(vaincre)* to overcome, get over, surmount. **2 se ~** *vpr* to master o.s., control o.s.

surnager [syʀnaʒe] **(3)** *vi [objet]* to float (on the surface); *[souvenir]* to linger on.

surnaturel, -elle [syʀnatyʀɛl] **1** *adj (gén)* supernatural; *ambiance inquiétante* uncanny, eerie. **2** *nm*: **le ~** the supernatural.

surnom [syʀnɔ̃] *nm* nickname; *(d'un héros)* name.

surnombre [syʀnɔ̃bʀ(ə)] *nm*: **en ~** too many; **j'étais en ~** I was one too many; **ils ont fait sortir les spectateurs en ~** they asked the excess spectators to leave.

surnommer [syʀnɔme] **(1)** *vt*: **~ qn 'le gros'** to nickname sb 'fatty'; **le roi Richard surnommé 'le Courageux'** King Richard known as *ou* named 'the Brave'.

surnoter [syʀnɔte] **(1)** *vt (Scol)* to overmark, overgrade *(US)*.

surpasser [syʀpase] **(1) 1** *vt (gén)* to surpass; *rival* to surpass, outdo *(en* in). **2 se ~** *vpr* to surpass o.s., excel o.s.

surpeuplé, e [syʀpœple] *adj* overpopulated.
◆ **surpeuplement** *nm* overpopulation.

surplis [syʀpli] *nm* surplice.

surplomb [syʀplɔ̃] *nm* overhang. **en** ~ overhanging. ◆ **surplomber** (1) *vt* to overhang.

surplus [syʀply] *nm* (a) (*gén, Comm*) surplus. **marchandises en** ~ surplus goods; **il me reste un** ~ **de clous** I've got some nails left over *ou* some surplus nails; **avec le** ~ **(du bois)** with the leftover *ou* surplus (wood). (b) (*d'ailleurs*) **au** ~ moreover, what is more.

surpopulation [syʀpɔpylɑsjɔ̃] *nf* overpopulation.

surprendre [syʀpʀɑ̃dʀ(ə)] (58) *vt* (a) *ennemi* to surprise; *voleur* to surprise, catch in the act; (*par visite imprévue*) to catch unawares *ou* on the hop *. se ~ à faire qch* to find o.s. doing sth; **je vais aller le ~ au travail** I'm going to drop in (unexpectedly) on him at work. (b) *secret* to discover; *conversation* to overhear; *regard* to intercept. (c) *[pluie, marée, nuit]* to catch out. **se laisser ~ par la nuit** to be overtaken by nightfall. (d) (*étonner*) to amaze, surprise. ◆ **surprenant, e** *adj* amazing, surprising. ◆ **surpris, e¹** *adj* surprised. ~ **de qch** surprised *ou* amazed at sth. ◆ **surprise²** *nf* (*gén*) surprise. **avoir la ~ de voir que** to be surprised to see that; **prix sans** ~**s** (all-)inclusive price; **par** ~ *attaquer* by surprise; **il m'a pris par** ~ he caught me off guard *ou* unawares, he caught me on the hop *; **visite-/attaque-**~ surprise visit/attack; **grève-**~ unofficial strike; *[homme politique]* **voyage-**~ surprise *ou* unexpected trip *ou* visit. ◆ **surprise-partie, pl surprises-parties** *nf* party.

surproduction [syʀpʀɔdyksjɔ̃] *nf* overproduction.

surpuissant, e [syʀpɥisɑ̃, ɑ̃t] *adj voiture, moteur* ultra-powerful.

surréalisme [syʀʀealism(ə)] *nm* surrealism. ◆ **surréaliste 1** *adj* (*Art*) surrealist; (*bizarre*) surrealistic. **2** *nmf* surrealist.

sursaut [syʀso] *nm* start, jump. (*fig*) ~ **d'énergie** (sudden) burst *ou* fit of energy; **se réveiller en** ~ to wake up with a start *ou* jump. ◆ **sursauter** (1) *vi* to start, jump, give a start. **faire** ~ **qn** to make sb start *ou* jump, startle sb.

surseoir [syʀswaʀ] (26) ~ **à** *vt indir publication* to defer, postpone; (*Jur*) *jugement etc* to stay. ~ **à l'exécution d'un condamné** to grant a reprieve to a condemned man. ◆ **sursis** *nm* [*condamnation à mort*], (*fig*) reprieve. **peine avec** ~ suspended *ou* deferred sentence; **il a eu 2 ans avec** ~ he was given a 2-year suspended *ou* deferred sentence; ~ (**d'incorporation**) deferment. ◆ **sursitaire** *adj* (*Mil*) deferred.

surtaxe [syʀtaks(ə)] *nf* surcharge. ◆ **surtaxer** (1) *vt* to surcharge.

surtout [syʀtu] *adv* (*avant tout*) above all; (*spécialement*) especially, particularly. **j'aime** ~ **les romans** I particularly like novels, I like novels above all; **dernièrement, j'ai** ~ **lu des romans** I have read mostly *ou* mainly novels of late; ~ **que** * especially as *ou* since; ~ **pas (maintenant)** certainly not (now); ~ **ne vous mettez pas en frais** please *ou* above all don't go to any expense.

surveiller [syʀveje] (1) **1** *vt* (*gén*) to watch, keep an eye on; *prisonnier, malade, territoire* to (keep) watch over; *locaux, ennemi* to keep watch on; *études de qn* to supervise; *réparation* to supervise; oversee; (*Scol*) *examen* to invigilate. ~ **qn du coin de l'œil** to keep half an eye on sb; ~ **sa ligne** to watch one's figure. **2 se** ~ *vpr* to keep a check *ou* a watch on o.s. ◆ **surveillance** *nf* watch; supervision; invigilation. **sous la** ~ **de la police** under police surveillance; (*lit, fig*) **mettre qch sous haute** ~ to keep a close *ou* tight watch on sth; **société de** ~ security firm; **mission de** ~ surveillance mission; ~ **médicale** medical supervision.

◆ **surveillant, e** *nm, f [prison]* warder, guard (*US*); *[usine, chantier]* supervisor, overseer; *[magasin]* shopwalker; *[hôpital]* nursing officer; (*Scol*) (*pion*) supervisor; (*aux examens*) invigilator. (*Scol*) ~ **d'internat** supervisor of boarders.

survenir [syʀvəniʀ] (22) *vi [événement]* to take place; *[incident, retards]* to occur, arise.

survêtement [syʀvɛtmɑ̃] *nm* (*sportif*) tracksuit; *[skieur]* overgarments.

sur-vitrage [syʀvitʀaʒ] *nm* double-glazing.

survivre [syʀvivʀ(ə)] (46) *vi* (*lit, fig*) to survive. ~ **à** *accident, humiliation* to survive; *personne, époque* to outlive; **se** ~ **dans** *œuvre, enfant* to live on in. ◆ **survie** *nf* survival. (*Rel*) **la** ~ afterlife; **équipement** *etc* **de** ~ survival equipment *etc*. ◆ **survivance** *nf* survival. ◆ **survivant, e 1** *adj* surviving. **2** *nm, f* survivor.

survoler [syʀvɔle] (1) *vt* (*lit*) to fly over; *livre* to skim *ou* skip through; *question* to skim over. ◆ **survol** *nm*: **le** ~ **de** flying over; skimming *ou* skipping through; skimming over.

survolté, e [syʀvɔlte] *adj* (a) (*surexcité*) worked up, over-excited. (b) (*Élec*) stepped up, boosted.

sus [sy(s)] *adv* (*Admin*) **en** ~ in addition (*de* to).

susceptible [syseptibl(ə)] *adj* (a) (*ombrageux*) touchy, thin-skinned, sensitive. (b) **être** ~ **de faire qch** (*aptitude*) to be in a position *ou* be able to do sth; (*éventualité*) to be likely *ou* liable to do sth; ~ **d'être démontré** susceptible of proof ; **texte** ~ **d'améliorations** text open to improvement *ou* that can be improved upon; **il est** ~ **de gagner** he may well win, he is liable to win. ◆ **susceptibilité** *nf* touchiness, sensitiveness. ~**s** susceptibilities, sensibilities.

susciter [sysite] (1) *vt intérêt* to arouse; *passions* to arouse, incite; *controverse* to give rise to, provoke; *obstacles* to create.

suspect, e [syspɛ(kt), ɛkt(ə)] **1** *adj individu, conduite* suspicious; *opinion, citoyen* suspect. **être** ~ **de qch** to be suspected of sth. **2** *nm, f* suspect. ◆ **suspecter** (1) *vt personne* to suspect (*de faire of* doing); *bonne foi* to suspect, have (one's) suspicions about, question.

suspendre [syspɑ̃dʀ(ə)] (41) **1** *vt* (a) *vêtements* to hang up (*à* on); *lampe* to hang, suspend (*à* from); *hamac* to sling (up). (b) (*interrompre*) (*gén*) to suspend; *récit* to break off; *séance* to adjourn. (c) *jugement* to suspend, defer; *décision* to postpone, defer. (d) *fonctionnaire, joueur* to suspend. ~ **qn de ses fonctions** to suspend sb from office. **2 se** ~ *vpr*: **se** ~ **à qch** to hang from sth. ◆ **suspendu, e** *adj* (a) ~ **à qch** *vêtement, lustre* hanging *ou* suspended from sth; (*fig*) **être** ~ **aux lèvres de qn** to hang upon sb's every word; (*fig*) **chalets** ~**s au-dessus d'une gorge** chalets suspended *ou* perched over a gorge. (b) (*Aut*) **voiture bien/mal** ~**e** car with good/poor suspension.

suspens [syspɑ̃] *nm*: **en** ~ *affaire, projet* in abeyance; *poussière* in suspension; (*dans l'incertitude*) in suspense; **tenir les lecteurs en** ~ to keep the reader in suspense; **en** ~ **dans l'air** suspended in the air.

suspense [syspɑ̃s] *nm [film, roman]* suspense. **un moment de** ~ a moment's suspense; **film à** ~ suspense film, thriller.

suspension [syspɑ̃sjɔ̃] **1** *nf* (a) (*action: V* **suspendre**) hanging; suspending; breaking off; adjournment; suspension, deferment; postponement. (b) (*Aut*) suspension. (c) (*lustre*) chandelier. (d) (*Chim*) suspension. (e) **en** ~ *poussière* in suspension; **en** ~ **dans l'air** suspended in the air. **2** : ~ **d'armes** suspension of fighting; ~ **de paiement** suspension of payment(s); ~ **de séance** adjournment.

suspicion [syspisjɔ̃] *nf* suspicion.

susurrer [sysyʀe] (1) *vti* to whisper, murmur.

suture [sytyʀ] *nf* suture. ◆ **suturer** (1) *vt* to suture *(Méd)*, stitch up.

suzerain, e [syzʀɛ̃, ɛn] *adj, nm, f* suzerain. ◆ **suzeraineté** *nf* suzerainty.

svelte [svɛlt(ə)] *adj* slender. ◆ **sveltesse** *nf* slenderness.

Swaziland [swazilɑ̃d] *nm* Swaziland.

sweater [switœʀ] *nm* sweater.

sweat-shirt, *pl* **sweat-shirts** [switʃœʀt] *nm* sweatshirt.

sycomore [sikɔmɔʀ] *nm* sycamore (tree).

syllabe [silab] *nf* syllable. ◆ **syllabique** *adj* syllabic.

syllogisme [silɔʒism(ə)] *nm* syllogism.

sylviculture [silvikyltyʀ] *nf* forestry. ◆ **sylvicole** *adj* forestry.

symbole [sɛ̃bɔl] *nm (gén)* symbol. ◆ **symbolique** *adj (gén)* symbolic(al); *(fig: très modique)* token, nominal; *(sans valeur)* solution cosmetic. **geste** ~ symbolic *ou* token gesture. ◆ **symboliquement** *adv* symbolically. ◆ **symbolisation** *nf* symbolization. ◆ **symboliser** (1) *vt* to symbolize.

symétrie [simetʀi] *nf (gén)* symmetry *(par rapport à* in relation to). ◆ **symétrique** *adj* symmetrical *(de* to, *par rapport à* in relation to). ◆ **symétriquement** *adv* symmetrically.

sympa * [sɛ̃pa] *adj inv (abrév de* **sympathique)** nice, friendly. **sois** ~, **prête-le-moi** be a pal * and lend it to me.

sympathie [sɛ̃pati] *nf (a) (inclination)* liking; *(affinité)* fellow feeling, warmth, friendship. **j'ai beaucoup de** ~ **pour lui** I have a great liking for him, I like him a great deal; **des relations de** ~ **les unissaient** they were united by a fellow feeling. **(b)** *(compassion)* sympathy. **croyez à notre** ~ you have our deepest sympathy. ◆ **sympathique** *adj* **(a)** *(agréable)* nice, friendly; *ambiance* pleasant; *plat* good; *appartement* nice, pleasant. **je le trouve** ~ I like him, I find him likeable *ou* friendly *ou* nice. **(b)** *(Anat)* sympathetic. ◆ **sympathiquement** *adv* sympathetically; in a friendly manner. ◆ **sympathisant, e** *nm, f (Pol)* sympathizer. ◆ **sympathiser** (1) *vi (bien s'entendre)* to get on (well) *(avec* with); *(se prendre d'amitié)* to make friends *(avec* with). *(fréquenter)* **ils ne sympathisent pas avec les voisins** they don't have much contact with the neighbours; **ils ont tout de suite sympathisé** they took to each other immediately.

symphonie [sɛ̃fɔni] *nf* symphony. ◆ **symphonique** *adj* symphonic; *orchestre* symphony.

symposium [sɛ̃pozjɔm] *nm* symposium.

symptôme [sɛ̃ptom] *nm (Méd)* symptom; *(signe)* sign, symptom. ◆ **symptomatique** *adj (Méd)* symptomatic; *(révélateur)* significant. ~ **de** symptomatic of.

synagogue [sinagɔg] *nf* synagogue.

synchronie [sɛ̃kʀɔni] *nf* synchrony. ◆ **synchronique** *adj* synchronic. ◆ **synchronisation** *nf* synchronization. ◆ **synchronisé, e** *adj* synchronized. ◆ **synchroniser** (1) *vt* to synchronize. ◆ **synchronisme** *nm [oscillations, dates]* synchronism; *(Philos)* synchronicity. *(fig)* **avec un** ~ **parfait** with perfect synchronization.

syncope [sɛ̃kɔp] *nf* **(a)** *(évanouissement)* blackout, fainting fit. **tomber en** ~ to faint, pass out. **(b)** *(Mus)* syncopation. ◆ **syncopé, e** *adj (Mus)* syncopated.

syndic [sɛ̃dik] *nm:* ~ **(d'immeuble)** managing agent.

syndicat [sɛ̃dika] *nm [travailleurs]* (trade) union; *[employeurs]* union, syndicate; *[producteurs agricoles]* union; *(non professionnel)* association. ~ **d'initiative** tourist (information) office *ou* bureau; ~ **de propriétaires** *(gén)* association of property owners; *(d'un même immeuble)* householders' association. ◆ **syndical, e,** *mpl* **-aux** *adj* (trade-) union. **conseil** ~ **d'un immeuble** ≃ management committee of a block of flats *ou* an apartment house *(US)*. ◆ **syndicalisation** *nf* union membership. ◆ **syndicalisme** *nm (mouvement)* trade unionism; *(doctrine politique)* syndicalism. *(activité)* **faire du** ~ to participate in unionist activities. ◆ **syndicaliste** **1** *nmf (responsable d'un syndicat)* (trade-)union official, trade unionist; *(doctrinaire)* syndicalist. **2** *adj chef* trade-union; *doctrine* unionist. ◆ **syndiqué, e** **1** *adj:* **être** ~ to be a union member; **travailleurs non** ~**s** non-union *ou* non-unionized workers. **2** *nm, f* union member. ◆ **syndiquer** (1) **1** *vt* to unionize. **2 se** ~ *vpr (se grouper)* to form a trade union, unionize; *(adhérer)* to join a trade union.

syndrome [sɛ̃dʀom] *nm* syndrome. ~ **immuno-déficitaire acquis** acquired immuno-deficiency syndrome.

synode [sinɔd] *nm* synod.

synonyme [sinɔnim] **1** *adj* synonymous *(de* with). **2** *nm* synonym. ◆ **synonymie** *nf* synonymy.

syntagme [sɛ̃tagm(ə)] *nm* (word) group, phrase, syntagm. ~ **nominal** nominal group, noun phrase; ~ **verbal** verb phrase.

syntaxe [sɛ̃taks(ə)] *nf* syntax. ◆ **syntactique** *adj ou* ◆ **syntaxique** *adj* syntactic.

synthèse [sɛ̃tɛz] *nf* synthesis. **faire la** ~ **de qch** to synthesize sth. ◆ **synthétique** *adj* synthetic. ◆ **synthétiquement** *adv* synthetically. ◆ **synthétiser** (1) *vt* to synthesize. ◆ **synthétiseur** *nm* synthesizer. *(Ordin)* ~ **de (la) parole** speech synthesizer.

syphilis [sifilis] *nf* syphilis. ◆ **syphilitique** *adj, nmf* syphilitic.

Syrie [siʀi] *nf* Syria. ◆ **syrien, -ienne** *adj,* **S**~**(ne)** *nm(f)* Syrian.

système [sistɛm] *nm (gén)* system. ~ **métrique/nerveux** metric/nervous system; ~ **de gestion de bases de données** database management system; ~ **de traitement de texte** word-processing package; *(institution etc)* **faire partie du** ~ to be part of the system; **il connaît le** ~ he knows the system; **il me tape sur le** ~ * he gets on my nerves *; **le** ~ **D** * resourcefulness. ◆ **systématique** *adj (gén)* systematic. **il est trop** ~ he's too rigid *ou* dogmatic in his thinking. ◆ **systématiquement** *adv* systematically. ◆ **systématisation** *nf* systematization. ◆ **systématiser** (1) **1** *vt* to systematize. **2 se** ~ *vpr* to become the rule.

T

T, t [te] *nm (lettre)* T, t. **en T** *table etc* T-shaped; **équerre en T** T-square.

t' [t(ə)] *V* **te, tu.**

ta [ta] *adj poss V* **ton¹.**

tabac [taba] **1** *nm* (**a**) *(produit)* tobacco; *(couleur)* buff, tobacco (brown); *(magasin)* tobacconist's (shop). **~ blond** light *ou* mild *ou* Virginia tobacco; **~ brun** dark tobacco; **~ à priser** snuff. (**b**) (*) **passer qn à ~** to beat sb up; *(arg Théât)* **faire un ~** to be a great hit; **c'est toujours le même ~** it's always the same old thing. **2** *adj inv* buff, tobacco (brown). ◆ **tabagie** *nf* smoke den. ◆ **tabagisme** *nm* addiction to smoking, nicotine addiction.

tabasser * [tabase] (1) **1** *vt*: **~ qn** to beat sb up; **se faire ~** to be given a beating, get one's face smashed in * *(par* by). **2 se ~** *vpr* to have a punch-up *.

tabatière [tabatjɛʀ] *nf* (**a**) *(boîte)* snuffbox. (**b**) *(lucarne)* skylight.

tabernacle [tabɛʀnakl(ə)] *nm* tabernacle.

table [tabl(ə)] **1** *nf* (**a**) *(meuble)* table. *(fig)* **faire ~ rase** to make a clean sweep *(de* of). (**b**) *(pour le repas)* table. **être à ~** to be having a meal, be at table; **nous étions 8 à ~** *ou* round the table; **à ~!** come and eat!; **mettre la ~** to lay *ou* set the table; **se mettre à ~** to sit down to eat, sit down at the table; *(arg Police)* to talk, come clean ‡; **toute la ~ éclata de rire** the whole table burst out laughing; **avoir une bonne ~** to keep a good table; **aimer (les plaisirs de) la ~** to enjoy one's food. (**c**) *(gén, Math: liste)* table. **~ alphabétique** alphabetical table. (**d**) *(Géol: plateau)* tableland, plateau. **2** : **~ basse** coffee table, occasional table; **~ de conférence** conference table; **~ de cuisson** cooking surface; **~ à dessin** drawing board; **~ d'écoute** wire-tapping set; **mettre qn sur ~ d'écoute** to tap sb's phone; **~ des matières** (table of) contents; **~ de nuit** bedside table; **~ d'opération** operating table; **~ d'orientation** viewpoint indicator; **~ à repasser** ironing board; *(lit, fig)* **~ ronde** round table; **~ roulante** trolley; *(Ordin)* **~ traçante** (graph) plotter; **~ de travail** work table *ou* desk.

tableau, *pl* **~x** [tablo] *nm* (**a**) *(peinture)* painting; *(reproduction, gravure)* picture. *(lit, fig)* **~ de chasse** *[chasseur]* bag; *(fig)* tally; **ajouter qch à son ~ de chasse** to add sth to one's list of successes; **~ de maître** masterpiece. (**b**) *(fig) (scène)* picture, scene; *(description)* picture. **un ~ tragique** a tragic picture *ou* scene; **pour compléter le ~** * to cap it all; **gagner sur les 2/sur tous les ~x** to win on both/all counts. (**c**) *(Théât)* scene. (**d**) *(Scol)* **~ (noir)** (black)board. (**e**) *(panneau) (gén)* board; *[fusibles]* box; *[clefs]* rack, board. **~ des horaires** timetable; **~ d'affichage** notice board; **~ de bord** dashboard, instrument panel; **~ électronique** tote board; **~ d'honneur** merit *ou* prize list, honor roll *(US)*; **~ de service** duty roster. (**f**) *(carte, graphique)* table, chart; *(Ordin: fait par tableur)* spreadsheet; *(Admin: liste)* register, roll, list. **présenter qch sous forme de ~** to show sth in tabular form.

tablée [table] *nf* table *(of people)*.

tabler [table] (1) *vi*: **~ sur qch** to count *ou* reckon *ou* bank on sth.

tablette [tablɛt] *nf* (**a**) *[chocolat]* bar; *[chewing-gum]* stick; *[métal]* block. (**b**) *[lavabo, étagère]* shelf; *[secrétaire]* flap. (**c**) *(Hist: pour écrire)* tablet. *(hum)* **marquer qch sur ses ~s** to make a note of sth. (**d**) *(Ordin)* tablet.

tableur [tablœʀ] *nm (Ordin)* spreadsheet (program).

tablier [tablije] *nm* (**a**) *(gén)* apron; *[ménagère] (sans manches)* apron, pinafore; *(avec manches)* overall; *[écolier]* overall, smock. (**b**) *[pont]* roadway. (**c**) *[cheminée]* (flue-)shutter; *[magasin]* (iron *ou* steel) shutter.

tabou [tabu] *nm, adj* taboo.

tabouret [tabuʀɛ] *nm* stool; *(pour les pieds)* footstool.

tac [tak] *nm* (**a**) *(bruit)* tap. (**b**) **il lui a répondu du ~ au ~** he came back at him immediately *ou* quick as a flash. (**c**) *(jeu)* type of national lottery played in France.

tache [taʃ] *nf* (**a**) *[fruit]* mark; *[plumage, pelage]* spot; *[peau]* blotch, mark. **~ de rousseur** freckle ; *(fig)* **faire ~** to jar, stick out like a sore thumb. (**b**) *(salissure)* stain, mark. **~ d'encre** *(sur les doigts)* ink stain; *(sur le papier)* ink blot *ou* blotch; **~ d'huile** oily mark, oil stain; *(fig)* **faire ~ d'huile** to spread, gain ground; **~ de sang** bloodstain; **sa robe n'avait pas une ~** her dress was spotless. (**c**) *(sur réputation)* blot, stain. **sans ~** *conduite* spotless, unblemished. (**d**) *(impression visuelle)* patch, spot. **~ de couleur/d'ombre** patch of colour/shadow. (**e**) *(Peinture)* spot, dot, blob.

tâche [taʃ] *nf (travail)* task, work; *(mission)* task, job. **s'atteler à une ~** to get down to work, get stuck in *; **mourir à la ~** to die in harness; **à la ~ payer** by the piece; **travail à la ~** piecework.

tacher [taʃe] (1) **1** *vt* (**a**) *[encre, vin]* to stain; *[graisse]* to mark, stain. **taché de sang** bloodstained. (**b**) *(colorer)* pré, robe to spot, dot; *peau, fourrure* to spot, mark. (**c**) *réputation* to stain. **2 se ~** *vpr* *[personne]* to get stains on one's clothes; *[tissu]* to get stained *ou* marked; *(s'abîmer) [fruits]* to become marked.

tâcher [taʃe] (1) *vi*: **~ de faire** to try to do; **tâchez de venir avant samedi** try to *ou* try and come before Saturday; **et tâche de ne pas recommencer** * and see to it that *ou* mind it doesn't happen again.

tacheter [taʃte] (4) *vt* to spot, dot, speckle.

tacite [tasit] *adj* tacit. ◆ **tacitement** *adv* tacitly.

taciturne [tasityʀn(ə)] *adj* taciturn, silent.

tacot * [tako] *nm (voiture)* banger *, crate *.

tact [takt] *nm* tact. **avoir du ~** to have tact, be tactful; **avec ~** tactfully; **sans ~** *(adj)* tactless; *(adv)* tactlessly.

tactile [taktil] *adj* tactile.

tactique [taktik] **1** *adj* tactical. **2** *nf (gén)* tactics.

Tahiti [taiti] *nf* Tahiti. ◆ **tahitien, -ienne** *adj*, **T~(ne)** *nm(f)* Tahitian.

taie [tɛ] *nf* (**a**) **~ (d'oreiller)** pillowcase, pillowslip; **~ de traversin** bolster case. (**b**) *(Méd)* opaque spot.

taillader [tɑjade] (1) *vt* to slash, gash. ◆ **taillade** *nf* slash, gash, cut, wound.

taille¹ [tɑj] (**a**) *(hauteur)* *[personne, cheval, objet]* height. **homme de haute/petite ~** tall/short man; **ils sont de la même ~** they are the same height. (**b**) *(grosseur)* size. **de petite/moyenne ~** small-/medium-sized; **c'est de la ~ d'un crayon** it's the size of a pencil. (**c**) *(Comm: mesure)* size. **la ~ 40** size 40; **ce pantalon n'est pas à sa ~** these trousers aren't his size; **si je trouvais qn de ma ~** if I found sb my size. (**d**) *(fig)* **c'est un poste à sa ~** it's a job in keeping with *ou* which matches his capabilities; **il a trouvé un adversaire à sa ~** he's met his match; **être de ~ à faire** to be up to doing, be quite capable of doing; **il n'est pas de ~** *(face à un concurrent)* he doesn't measure up; **de ~ erreur, enjeu** considerable, sizeable. (**e**) *(ceinture)* waist. **avoir la ~ fine** to have a slim waist, be slim-waisted; **avoir la ~ mannequin** to have a perfect figure; **ils se tenaient par la ~** they had their arms round each other's waist; **pantalon (à) ~ basse** low-waisted trousers, hipsters.

taille² [tɑj] *nf (action: V* **tailler**) cutting; carving; engraving; pruning; trimming; clipping. *(résultat)* **de ~ hexagonale** with a six-sided cut. ◆ **taille-crayon(s)** *nm inv* pencil sharpener.

tailler [tɑje] (1) **1** *vt* (**a**) *pierre* to cut; *bois* to carve; *verre* to engrave; *crayon* to sharpen; *tissu* to cut (out); *arbre* to prune, cut back; *haie* to trim, clip, cut; *barbe* to trim. **~ qch en biseau** to bevel sth; **~ qch en pointe** to cut *ou* sharpen sth to a point. (**b**) *vêtement* to make; *statue* to carve; *tartines* to cut, slice. *(fig)* **il a un rôle taillé à sa mesure** this role is tailor-made for him; **~ une bavette *** to have a natter *; **~ une armée en pièces** to hack an army to pieces; **il se ferait ~ en pièces pour elle** he'd go through fire *ou* he'd suffer tortures for her. **2** *vi:* **~ dans la chair** to cut into the flesh. **3 se ~** *vpr* (**a**) (‡: *partir*) to beat it ‡, clear off ‡. (**b**) **se ~ un franc succès** to be a great success; **se ~ la part du lion** to take the lion's share; **se ~ un empire** to carve out an empire for o.s. ◆ **taillé, e** *adj personne* **bien ~** well-built; **il est ~ en athlète** he has an athletic build; *(fig)* **être ~ pour qch/pour faire qch** to be cut out for sth/to do sth. ◆ **tailleur** *nm* (**a**) *(couturier)* tailor. **en ~ assis** cross-legged. (**b**) *(costume)* (woman's) suit. (**c**) **~ de pierre(s)** stone-cutter.

taillis [tɑji] *nm* copse, coppice, thicket.

tain [tɛ̃] *nm [miroir]* silvering. **glace sans ~** two-way mirror.

taire [tɛʀ] (54) **1 se ~** *vpr* (**a**) *[personne]* to be silent *ou* quiet, say nothing; **se ~** *[bruit]* to disappear. **ils ne voulaient pas se ~** they wouldn't stop talking *ou* keep quiet; **l'orchestre s'était tu** the orchestra had fallen silent. (**b**) *(être discret)* to keep quiet, remain silent *(sur qch* about sth). **tais-toi! *** *(ne m'en parle pas)* don't talk to me about it! **2** *vt fait, vérité* to hush up, not to tell; *raisons* to conceal, say nothing about; *chagrin* to stifle, keep to o.s. **une personne dont je tairai le nom** a person who shall remain nameless *ou* whose name I shan't mention *ou* reveal. **3** *vi:* **faire ~** *opposition* to silence; *craintes, désirs* to stifle, suppress; **fais ~ les enfants** make the children keep *ou* be quiet, make the children shut up *.

Taiwan [tajwan] *n* Taiwan.

talc [talk] *nm* talcum powder, talc.

talent [talɑ̃] *nm* talent. *(hum)* **montrez-nous vos ~s *** show us what you can do; **avoir du ~** to have talent, be talented; **encourager les jeunes ~s** to encourage young talent; *(iro)* **il a le ~ de se faire des ennemis** he has a gift for making enemies. ◆ **talentueux, -euse** *adj* talented.

taler [tale] (1) *vt fruits* to bruise.

talisman [talismɑ̃] *nm* talisman.

talkie-walkie [tɔkiwɔki] *nm* walkie-talkie.

taloche * [talɔʃ] *nf* clout, cuff. ◆ **talocher *** (1) *vt* to clout, cuff.

talon [talɔ̃] *nm (gén, Anat)* heel; *[chèque]* stub, counterfoil; *(Cartes)* talon. **tourner les ~s** to turn on one's heel and leave; **être sur les ~s de qn** to be (hot) on sb's heels; **~ d'Achille** Achilles' heel; **~-minute** heel bar, on-the-spot shoe repairs. ◆ **talonner** (1) *vt fugitifs* to follow (hot) on the heels of; *débiteur* to hound; *cheval* to kick; *[faim]* to gnaw at. *(Rugby)* **~ (le ballon)** to heel (the ball). ◆ **talonneur** *nm (Rugby)* hooker.

talquer [talke] (1) *vt* to put talcum powder *ou* talc on.

talus [taly] *nm [route]* embankment; *[rivière]* bank.

tambouille * [tɑ̃buj] *nf* grub *. **faire la ~** to cook the grub *.

tambour [tɑ̃buʀ] *nm* (**a**) *(instrument)* drum. **~ de basque** tambourine; **~ battant** briskly; **sans ~ ni trompette** without any fuss, unobtrusively; **il est parti sans ~ ni trompette** he left quietly, he slipped away unobtrusively. (**b**) *(musicien)* drummer. **~-major** drum major. (**c**) *(à broder)* embroidery hoop. (**d**) *(porte)* *(sas)* tambour; *(à tourniquet)* revolving door. (**e**) *[machine, à laver]* drum; *[moulinet]* spool. **~ de frein** brake drum. ◆ **tambourin** *nm* tambourine. ◆ **tambouriner** (1) **1** *vi [personne, pluie]* to drum *(sur* on). **2** *vt musique* to drum out; *(fig)* *nouvelle* to broadcast.

tamis [tami] *nm (gén)* sieve; *(à sable)* riddle, sifter. **passer au ~** *farine, plâtre* to sieve; *sable* to riddle, sift; *personne* to screen; *dossier* to sift through. ◆ **tamisage** *nm* sieving; riddling, sifting; filtering. ◆ **tamiser** (1) *vt farine* to sieve; *sable* to riddle, sift; *(fig)* *lumière* to filter. ◆ **tamisé, e** *adj terre* sifted, sieved; *lumière (artificielle)* subdued; *(du jour)* soft, softened.

Tamise [tamiz] *nf:* **la ~** the Thames.

tampon [tɑ̃põ] *nm* (**a**) *(pour boucher)* *(gén)* plug; *(en coton)* wad; *(pour nettoyer une plaie)* swab; *(pour étendre un liquide, un vernis)* pad. **~ buvard** blotter; **~ encreur** inking-pad; **~ à récurer** scouring pad; **rouler qch en ~** to roll sth (up) into a ball. (**b**) *(timbre)* stamp. **le ~ de la poste** the postmark. (**c**) *(Rail, fig: amortisseur)* buffer. **état ~** buffer state. ◆ **tamponner** (1) **1** *vt* (**a**) *(essuyer)* to mop up, dab; *yeux* to dab (at). (**b**) *(collision)* to ram (into), crash into. (**c**) *(avec un timbre)* to stamp. **faire ~ un reçu** to have a receipt stamped. **2 se ~** *vpr* (**a**) *[trains]* to crash into each other, ram each other. (**b**) **se ~ de qch** ‡ not to give a damn about sth ‡.

tam-tam, *pl* **tams-tams** [tamtam] *nm* tomtom. **faire du ~** *autour de* ‡ *affaire* to make a lot of fuss *ou* a hullaballoo about.

tancer [tɑ̃se] (3) *vt (littér)* to scold, berate *(littér)*.

tandem [tɑ̃dɛm] *nm (bicyclette)* tandem; *(fig: duo)* pair, duo.

tandis [tɑ̃di] *conj:* **~ que** *(simultanéité)* while; *(opposition)* whereas, while.

tangage [tɑ̃gaʒ] *nm (Naut)* pitching.

tangent, e [tɑ̃ʒɑ̃, ɑ̃t] **1** *adj (Géom)* tangent, tangential *(à* to). *(*: juste)* **c'était ~** it was a close thing, it was touch-and-go; **il était ~** he was a borderline case; **il a eu son examen mais c'était ~** he passed his exam by the skin of his teeth *ou* but it was a near thing. **2** *nf (Géom)* tangent. **prendre la ~e *** *(partir)* to make off *, make o.s. scarce; *(éluder)* to dodge the issue.

tangible [tɑ̃ʒibl(ə)] *adj* tangible.

tango [tɑ̃go] *nm* tango.

tanguer [tɑ̃ge] (1) *vi [navire, avion]* to pitch; *(fig)* to reel.

tanière [tanjɛʀ] *nf (lit, fig)* den, lair.

tank [tɑ̃k] *nm* tank.

tanker [tɑ̃kɛʀ] *nm* tanker.

tanner [tane] (1) *vt cuir* to tan; *visage* to weather. ~ **le cuir à qn** ‡ to tan sb's hide *; ~ **qn** * to pester sb. ◆ **tannage** *nm* tanning. ◆ **tannant, e** * *adj (ennuyeux)* maddening *. ◆ **tannerie** *nf (endroit)* tannery; *(activité)* tanning. ◆ **tanneur** *nm* tanner.

tant [tɑ̃] *adv* (**a**) *(intensité: avec vb)* so much. **il mange ~!** he eats so much! *ou* such a lot!; **vous m'en direz ~!** is that really so! (**b**) *(quantité)* ~ **de** *temps, eau* so much; *arbres, gens* so many; *habileté* such, so much; ~ **de fois** so many times, so often. (**c**) *(avec adj, participe)* so. **il est rentré ~ le ciel était menaçant** he went home (because) the sky looked so overcast; **cet enfant ~ désiré** this child they had longed for so much; ~ **il est vrai que...** since..., as... ; **le jour ~ attendu** the long-awaited day. (**d**) *(quantité imprécise)* so much. **gagner ~ par mois** to earn so much a month; ~ **pour cent** so many per cent. (**e**) *(comparaison)* **ce n'est pas ~ leur maison qui me plaît que leur jardin** it's not so much their house that I like as their garden; **il criait ~ qu'il pouvait** he shouted as much as he could *ou* for all he was worth; ~ **filles que garçons** both girls and boys, girls as well as boys, girls and boys alike. (**f**) ~ **que** *(aussi longtemps que)* as long as; *(pendant que)* while; ~ **qu'elle aura de la fièvre** while *ou* as long as she has a temperature; ~ **que vous y êtes** * while you are about it. (**g**) ~ **bien que mal** so-so, after a fashion; **s'il est ~ soit peu intelligent** if he is at all *ou* in the least bit intelligent; ~ **mieux** so much the better, that's fine; ~ **mieux pour lui** good for him; ~ **pis** *(conciliant)* never mind, (that's) too bad; *(indifférent)* (that's just) too bad; ~ **pis pour lui** (that's just) too bad for him; ~ **et si bien que** to such an extent that, so much so that; **il y en a ~ et plus** *[eau]* there is ever so much; *[objets]* there are ever so many; **il a protesté ~ et plus** he protested for all he was worth; ~ **qu'à payer, on va payer maintenant** we might *ou* may as well pay now; ~ **qu'à marcher, allons en forêt** if we have to walk let's go to the forest; ~ **que ça?** * that much?, as much as that?; **pas ~ que ça** * not that much; ~ **s'en faut** far from it.

tante [tɑ̃t] *nf (parente)* aunt, aunty *; *(‡: homosexuel)* poof ‡, queer ‡.

tantinet * [tɑ̃tinɛ] *nm:* **un ~ fatigant** a tiny *ou* weeny * bit tiring.

tantôt [tɑ̃to] *adv* (**a**) *(cet après-midi)* this afternoon. (**b**) *(parfois)* ~ **à pied**, ~ **en voiture** sometimes on foot, sometimes by car.

Tanzanie [tɑ̃zani] *nf* Tanzania. ◆ **tanzanien, -ienne** *adj*, **T~(ne)** *nm(f)* Tanzanian.

taon [tɑ̃] *nm* horsefly, gadfly.

tapage [tapaʒ] *nm* (**a**) *(vacarme)* din, uproar, row. **faire du ~** to create a din *ou* an uproar, make a row; ~ **nocturne** disturbance of the peace *(at night)*. (**b**) *(battage)* fuss, talk *(autour de* about, over). ◆ **tapageur, -euse** *adj* (**a**) *(bruyant)* noisy, rowdy. (**b**) *publicité* obtrusive; *toilette* flashy, loud, showy.

tapant, e * [tapɑ̃, ɑ̃t] *adj:* **à 8 heures ~(es)** at 8 o'clock sharp *ou* on the dot *.

tape [tap] *nf (coup)* slap.

taper [tape] (1) **1** *vt* (**a**) *tapis* to beat; *enfant* to slap, clout; *porte* to bang, slam. ~ **un coup à la porte** to knock once at the door, give a knock at the door. (**b**) ~ **(à la machine)** *lettre* to type (out); **elle tape 60 mots par minute** her typing speed is 60 words a minute; **tapé à la machine** typed, typewritten. (**c**) *(‡: emprunter)* ~ **qn** *(de 10 F)* to touch sb * (for 10 francs), cadge (10 francs) off sb *. **2** *vi* (**a**) ~ **sur** *clou* to hit; *table* to bang *ou* rap on; ~ **sur qn** * *(coups)* to thump sb *; *(critiques)* to run sb down *; ~ **à la porte** to knock on the door; ~ **dans un ballon** to kick a ball about; ~ **dur** to

hit hard. (**b**) *(‡: entamer)* ~ **dans** *provisions, caisse* to dig into *. (**c**) *[soleil]* to beat down. (**d**) ~ **des pieds** to stamp one's feet; ~ **des mains** to clap one's hands; *(fig)* **se faire ~ sur les doigts** * to be rapped over the knuckles; **il a tapé à côté** * he was wide of the mark; ~ **sur les nerfs de qn** * to get on sb's nerves *; ~ **dans l'œil de qn** * to take sb's fancy *; ~ **dans le tas** *(bagarre)* to pitch into the crowd; *(repas)* to tuck in *, dig in *. **3 se ~** *vpr* (**a**) *(‡: s'envoyer) repas* to put away *; *marche* to do; *corvée* to get landed with *. (**b**) **c'est à se ~ la tête contre les murs** it's enough to drive you up the wall *; **se ~ la cloche** * to feed one's face *. ◆ **tape-à-l'œil 1** *adj inv* flashy, showy. **2** *nm* show, flash *.

tapette [tapɛt] *nf* (**a**) *(pour tapis)* carpet beater; *(pour mouches)* flyswatter; *(pour souris)* mousetrap. (**b**) *(langue)* **elle a une (bonne) ~** she's a real chatterbox *. (**c**) *(‡: homosexuel)* poof ‡, queer *.

tapeur, -euse * [tapœʀ, øz] *nm, f (emprunteur)* cadger *.

tapin ‡ [tapɛ̃] *nm:* **faire le ~** to be on the game ‡ , be a prostitute.

tapinois [tapinwa] *nm:* **en ~** furtively.

tapioca [tapjɔka] *nm* tapioca.

tapir (se) [tapiʀ] (2) *vpr (se blottir)* to crouch; *(se cacher)* to hide away; *(s'embusquer)* to lurk.

tapis [tapi] *nm* (**a**) *(gén, fig)* carpet; *(petit)* rug; *(natte, dans un gymnase)* mat; *(sur un meuble)* cloth. ~ **vert** *(tissu)* green baize; *(table de jeu)* gambling table; ~**-brosse** doormat; ~ **roulant** *(pour colis etc)* conveyor belt; *(pour piétons)* moving walkway, travelator; *(pour bagages)* carousel. (**b**) **aller au ~** to go down for the count; **envoyer qn au ~** to floor sb; **mettre sur le ~** *affaire* to lay on the table, bring up for discussion; **revenir sur le ~** to come back up for discussion. ◆ **tapisser** (1) *vt* (**a**) *[personne] (de papier peint)* to (wall)paper; *(de tentures)* to hang, cover; *(d'affiches)* to plaster, cover *(de* with). (**b**) *[tenture, papier]* to cover, line; *[mousse, neige]* to carpet, cover; *(Anat, Bot)* to line. **tapissé de lierre** ivy-clad, covered in ivy. ◆ **tapisserie** *nf* (**a**) *(tenture)* tapestry; *(papier peint)* wallpaper, wall covering; *(activité)* tapestry-making. **faire de la ~** to do tapestry work; *[danseur]* **faire ~** to sit out. (**b**) *(broderie)* tapestry; *(activité)* tapestrywork. ◆ **tapissier, -ière** *nm, f (fabricant)* tapestry-maker; *(commerçant)* upholsterer; *(décorateur)* interior decorator.

taquin, e [takɛ̃, in] **1** *adj* teasing. **il est ~** he is a tease *ou* teaser. **2** *nm, f* tease, teaser. ◆ **taquiner** (1) *vt [personne]* to tease; *[faim, douleur]* to bother, worry. ◆ **taquinerie** *nf:* ~**(s)** teasing.

tarabiscoté, e [taʀabiskɔte] *adj* (over-)ornate, fussy.

tarabuster [taʀabyste] (1) *vt [personne]* to badger, pester; *[fait, idée]* to bother, worry.

tarama [taʀama] *nm* taramasalata.

taratata [taʀatata] *excl* nonsense!, rubbish!

tard [taʀ] **1** *adv* late. **il se fait ~** it's getting late; ~ **dans la matinée** late in the morning, in the late morning; **plus ~** later (on); **jeudi au plus ~** on Thursday at the latest; **pas plus ~ qu'hier** only yesterday; **pas plus ~ que la semaine dernière** just *ou* only last week, as recently as last week; **remettre qch à plus ~** to put sth off till later (on). **2** *nm:* **sur le ~** *(dans la vie)* late (on) in life. ◆ **tarder** (1) **1** *vi* (**a**) *(différer, traîner)* to delay. ~ **à entreprendre qch** to put off *ou* delay starting sth; **ne tardez pas (à le faire)** don't be long doing it; ~ **en chemin** to loiter on the way; **sans (plus) ~** without (further) delay. (**b**) *[réaction, moment, lettre]* to be a long time coming. **ça n'a pas tardé** it wasn't long (in) coming; **ils ne vont pas ~** they won't be long (now); **il n'a pas tardé à s'en apercevoir** it didn't take him long to notice, he noticed soon enough; **l'élève ne tarda pas à dépasser le maître** the pupil soon outstripped the teacher. **2** *vb impers*: **il me tarde de le revoir** I am longing *ou* I can't wait to see him again. ◆ **tardif, -ive** *adj (gén)* late; *regrets, remords* belated. ◆ **tardivement** *adv* rentrer late; *s'apercevoir* belatedly.

tare [taʀ] *nf* **(a)** *(contrepoids)* tare. **faire la ~** to allow for the tare. **(b)** *[personne]* defect *(de* in, of); *[système]* flaw *(de* in), defect *(de* of). ◆ **taré, e 1** *adj régime* tainted, corrupt; *enfant* sickly, with a defect. **2** *nm, f (Méd)* degenerate; *(péj)* cretin *.

targette [taʀʒɛt] *nf* bolt *(on a door)*.

targuer (se) [taʀge] (1) *vpr*: **se ~ de qch/de faire qch** to boast about sth/that one can do sth, pride *ou* preen o.s. on sth/on doing sth.

tarif [taʀif] *nm (tableau)* price list, tariff; *(barème)* rate, tariff; *(taux)* rate. **les ~s postaux vont augmenter** postage rates are going up; **quels sont vos ~s?** *(réparateur)* how much do you charge?; *(profession libérale)* what are your fees?, what fee do you charge?; **voyager à plein ~/à ~ réduit** to travel at full/ reduced fare; *(hum)* **50 F d'amende, c'est le ~!** * a 50-franc fine is what you get! ◆ **tarifaire** *adj* tariff. ◆ **tarifer** (1) *vt* to fix the price *ou* rate for. **marchandises tarifées** fixed-price goods. ◆ **tarification** *nf* fixing of a price scale *(de* for).

tarir [taʀiʀ] (2) **1** *vi (gén)* to dry up; *[imagination, puits]* to run dry, dry up. **il ne tarit pas sur ce sujet** he can't stop talking about that. **2** *vt (lit, fig)* to dry up. **3 se ~** *vpr* to run dry, dry up. ◆ **tarissement** *nm* drying up.

tartare [taʀtaʀ] **1** *adj (Hist)* Tartar; *(Culin)* tartar(e). **2** *nmf*: **T~** Tartar.

tarte [taʀt(ə)] **1** *nf (Culin)* tart; *(: gifle)* clout. **c'est pas de la ~** * it's no easy matter. **2** *adj inv* (*)* *(bête)* daft *, stupid; *(laid)* plain-looking. ◆ **tartelette** *nf* tartlet, tart.

tartine [taʀtin] *nf* **(a)** slice of bread; *(beurrée)* slice of bread and butter. **(b)** *(*fig: lettre, article)* screed. ◆ **tartiner** (1) *vt pain* to spread *(de* with); *beurre* to spread. **fromage à ~** cheese spread.

tartre [taʀtʀ(ə)] *nm [dents]* tartar; *[chaudière]* fur.

tas [tɑ] *nm* **(a)** *(amas)* pile, heap. **mettre en ~** to put into a heap, heap *ou* pile up; **~ de fumier** manure heap. **(b)** *(*: beaucoup de)* **un ~ des ~ de** loads of *, heaps of *, lots of; **un ~ de mensonges** a pack of lies; **~ de crétins** * you load of idiots! * **(c)** *tirer dans le ~* to fire into the crowd; **dans le ~, il n'y en a que 3 de bons** out of that lot there are only 3 that are any good; **j'ai acheté des cerises, tape** *ou* **pioche dans le ~** I've bought some cherries so dig in * *ou* so help yourself; **former qn sur le ~** to train sb on the job; **formation sur le ~** on-the-job training, in-house training.

Tasmanie [tasmani] *nf* Tasmania.

tasse [tɑs] *nf* cup. **~ à thé** teacup; **~ de thé** cup of tea; *(fig)* **boire une ~** * *(en nageant)* to swallow a mouthful.

tasser [tɑse] (1) **1** *vt (gén)* to pack; *passagers* to pack, cram; *sol* to pack down. **2 se ~** *vpr* **(a)** *[terrain]* to settle, sink, subside; *[vieillard]* to shrink. **(b)** *(se serrer)* to bunch *ou* squeeze up. **(c)** (*)* **ça va se ~** things will settle down. ◆ **tassé, e** *adj*: **bien ~** * *(fort)* whisky stiff; *(bien rempli)* verre well-filled; **café bien ~** good strong coffee, coffee that is good and strong; **3 kilos bien ~s** a good 3 kilos. ◆ **tassement** *nm* **(a)** *(packing;* settling, subsidence. **~ de la colonne (vertébrale)** compression of the spinal cord. **(b)** *(diminution)* **un ~ de l'activité économique** a downturn *ou* a slowing down in economic activity.

tata [tata] *nf (*: tante)* auntie *; *(:: homosexuel)* poof *, queer *.

tâter [tɑte] (1) **1** *vt (palper)* to feel; *(fig: sonder)* to sound out. **marcher en tâtant les murs** to feel *ou* grope one's way along the walls; *(fig)* **~ le terrain** to see how the land lies. **2** *vi*: **~ de** *(gén)* to try; *mets* to taste; *prison* to sample. **3 se ~** *vpr* to feel o.s.; *(*: hésiter)* to be in two minds.

tatillon, -onne [tatijɔ̃, ɔn] *adj* finicky, pernickety.

tâtonner [tɑtɔne] (1) *vi (lit, fig)* to grope around; *(par méthode)* to proceed by trial and error. ◆ **tâtonnement** *nm*: **~(s)** trial and error, experimentation. ◆ **tâtons** *adv (lit, fig)* **avancer à ~** to grope along; **chercher qch à ~** to grope *ou* feel around for sth.

tatouage [tatwaʒ] *nm (action)* tattooing; *(dessin)* tattoo. ◆ **tatouer** (1) *vt* to tattoo.

taudis [todi] *nm* hovel. **quartier de ~** slum area.

taule * [tol] *nf (prison)* nick *, clink *. **il a fait de la ~** he's done time, he has been inside *. ◆ **taulard, -arde** * *nm, f (arg crime)* convict, con *(arg)*.

taupe [top] *nf (animal, fig: espion)* mole; *(fourrure)* moleskin. *(péj)* **vieille ~** old crone. ◆ **taupinière** *nf* molehill.

taureau, *pl* **~x** [tɔʀo] *nm (Zool)* bull. *(Astron)* **le T~** Taurus, the Bull; *(fig)* **prendre le ~ par les cornes** to take the bull by the horns; **être (du) T~** to be Taurus *ou* a Taurean.

tautologie [tɔtɔlɔʒi] *nf* tautology. ◆ **tautologique** *adj* tautological.

taux [to] *nm (gén, Fin, Statistique)* rate; *[infirmité]* degree; *[cholestérol]* level. **~ de change** exchange rate, rate of exchange.

taverne [tavɛʀn(ə)] *nf* inn, tavern.

taxe [taks(ə)] *nf (impôt)* tax; *(à la douane)* duty. **toutes ~s comprises** inclusive of tax; **~ à la valeur ajoutée** value added tax, VAT. ◆ **taxable** *adj (gén)* taxable; *(à la douane)* liable to duty, dutiable. ◆ **taxation** *nf* taxing, taxation; fixing the price. ◆ **taxer** (1) *vt* **(a)** *(imposer)* to tax; *(à la douane)* to impose *ou* put duty on. **(b)** *produit* to fix the price of. **(c)** **~ qn de qch** *(qualifier de)* to call sb sth; *(accuser de)* to accuse sb of sth.

taxi [taksi] *nm (voiture)* taxi, (taxi)cab; *(*: chauffeur)* cabby *, taxi driver.

taximètre [taksimɛtʀ(ə)] *nm* (taxi)meter.

taxiphone [taksifɔn] *nm* pay phone, public (tele)phone.

Tchad [tʃad] *nm*: **le ~** Chad; **le lac ~** Lake Chad. ◆ **tchadien, -ienne** *adj*, **T~(ne)** *nm(f)* Chad.

tchao [tʃao] *excl* bye!, cheerio!

Tchécoslovaquie [tʃekɔslɔvaki] *nf* Czechoslovakia. ◆ **tchécoslovaque** *adj* Czechoslovak(ian). ◆ **tchèque** *adj, nm*, **T~** *nmf* Czech.

tchin-(tchin) * [tʃin(tʃin)] *excl* cheers!

te [t(ə)] *pron (réfléchi)* yourself.

technicolor [tɛknikɔlɔʀ] *nm* technicolor.

technique [tɛknik] **1** *nf* technique. **2** *adj* technical. ◆ **technicien, -ienne** *nm, f* technician. ◆ **technicité** *nf* technical nature. ◆ **technico-commercial, e** *mpl* **-aux** *adj*: *(agent)* **~** technical salesman. ◆ **techniquement** *adv* technically.

technocrate [tɛknɔkʀat] *nmf* technocrat. ◆ **technocratie** *nf* technocracy. ◆ **technocratique** *adj* technocratic. ◆ **technologie** *nf* technology. **~ de pointe** *ou* **avancée** frontier *ou* leading-edge *ou* advanced *ou* high technology. ◆ **technologique** *adj* technological. ◆ **technologue** *nmf* technologist.

teck [tɛk] *nm* teak.

teckel [tekɛl] *nm* dachshund.

Téhéran [teeʀɑ̃] *n* Teheran.

teigne [tɛɲ] *nf (Méd)* ringworm; *(péj: personne)* pest.

teindre [tɛ̃dʀ(ə)] (52) **1** *vt* to dye. **2 se ~** *vpr*: **se ~ (les cheveux)** to dye one's hair. ◆ **teint** *nm* *(permanent)* complexion, colouring; *(momentané)* colour. ◆ **teinte** *nf (nuance)* shade, tint; *(couleur)* colour; *(fig)* tinge, hint. ◆ **teinter** (1) *vt (gén)* to tint; *bois* to stain; *(fig)* to tinge. ◆ **teinture** *nf (colorant)* dye; *(action)* dyeing; *(Pharm)* tincture. *(fig)* une ~ de maths a smattering of maths. ◆ **teinturerie** *nf (métier)* dyeing; *(magasin)* (dry) cleaner's. ◆ **teinturier, -ière** *nm, f (qui nettoie)* dry cleaner; *(qui teint)* dyer.

tel, telle [tɛl] **1** *adj* (a) *(similitude, quantité)* such; *(dans comparaison)* like. **une telle ignorance/réponse** such ignorance/such an answer; ~ **père**, ~ **fils** like father like son; **as-tu jamais rien vu de ~?** have you ever seen such a thing? *ou* **anything like it?; en tant que ~, comme** ~ as such; ~ **il était enfant,** ~ **je le retrouve** so he was as a child and so he has remained; *(littér)* **le lac** ~ **un miroir** the lake like a mirror. (b) *(indéfini)* such-and-such. **venez** ~ **jour** come on such-and-such a day; **telle quantité d'alcool** a given quantity of alcohol; **telle ou telle personne** vous dira que someone or other will tell you that. (c) ~ **que** like, such as; **il est resté** ~ **que je le connaissais** he is still the same *ou* just as he used to be; **un homme** ~ **que lui** a man like him, such a man; ~ **que je le connais, il ne viendra pas** if I know him, he won't come; ~ **que vous me voyez, j'ai 72 ans** you wouldn't think it to look at me but I'm 72; **les métaux** ~**s que l'or et le platine** metals like *ou* such as gold and platinum; **laissez tous ces dossiers** ~**s quels** *ou* ~**s que *** leave all those files as they are *ou* as you find them; *(sur objet en solde)* **'à vendre** ~ **quel'** 'sold as seen', 'sold as is'. (d) *(conséquence)* **de telle façon que** in such a way that; **de telle sorte que** so that; **à telle(s) enseigne(s) que** so much so that. **2** *pron indef:* ~ **vous dira oui,** ~ **autre...** one will say yes, another...; ~ **ou** ~ somebody (or other); ~ **est pris qui croyait prendre** (it's) the biter bitten.

télé * [tele] *nf (abrév de* **télévision)** (a) *(organisme)* TV. **il travaille à la** ~ he works on TV. (b) *(programmes)* TV. **qu'est-ce qu'il y a à la** ~ **ce soir?** what's on TV *ou* telly * tonight?; **la** ~ **du matin** breakfast TV. (c) *(chaîne)* TV channel. (d) *(poste)* TV. **allume la** ~ turn on the TV *ou* the telly *.

téléboutique [telebutik] *nf* telephone shop.

télécommande [telekɔmɑ̃d] *nf* remote control. ◆ **télécommander** (1) *vt (Tech)* to operate by remote control. *(fig)* **ça a été télécommandé** it was initiated from elsewhere.

télécommunications [telekɔmynikɑsjɔ̃] *nfpl* telecommunications.

télécopie [telekɔpi] *nf* facsimile transmission, fax, telefax. **transmettre par** ~ to send by fax *ou* facsimile. ◆ **télécopieur** *nm* facsimile *ou* fax machine.

télédiffusion [teledifyzjɔ̃] *nf* television broadcasting. ◆ **télédiffuser** (1) *vt* to broadcast by television.

téléenseignement [teleɑ̃sɛɲmɑ̃] *nm* television teaching, teaching by television.

téléférique [teleferik] *nm (installation)* cableway; *(cabine)* cable-car.

téléfilm [telefilm] *nm* television *ou* TV film.

télégramme [telegram] *nm* telegram, wire, cable.

télégraphe [telegraf] *nm* telegraph. ◆ **télégraphie** *nf* telegraphy. ◆ **télégraphier** (7) **1** *vt message* to telegraph, wire, cable. **2** *vi:* ~ **à qn** to wire *ou* cable sb. ◆ **télégraphique** *adj fils* telegraph; *alphabet* Morse; *message, adresse, (fig) style* telegraphic. ◆ **télégraphiste** *nmf (messager)* telegraph boy.

téléguidage [telegidaʒ] *nm* radio control. ◆ **téléguider** (1) *vt (Tech)* to radio-control. *(fig)* **ça a été téléguidé** it was initiated from elsewhere.

téléinformatique [teleɛ̃fɔrmatik] *nf* remote-access computing.

télématique [telematik] **1** *adj* telematic. **2** *nf* telematics *(sg)*.

téléobjectif [teleɔbʒɛktif] *nm* telephoto lens.

télépathie [telepati] *nf* telepathy. ◆ **télépathique** *adj* telepathic.

téléphone [telefɔn] *nm (système)* telephone; *(appareil)* (tele)phone. **avoir le** ~ to be on the (tele)phone; ~ **arabe** bush telegraph; ~ **automatique** automatic telephone system; ~ **à carte (magnétique)** cardphone; *(Pol)* **le** ~ **rouge** the hot line; ~ **sans fil** cordless (tele)phone. ◆ **téléphoner** (1) **1** *vt* to (tele)phone. **téléphone-lui de venir** phone *ou* call him and tell him to come. **2** *vi* to phone, be on the phone. ~ **à qn** to telephone sb, phone *ou* ring *ou* call sb (up). ◆ **téléphonique** *adj* telephone. ◆ **téléphoniste** *nmf* (telephone) operator.

téléprompteur [teleprɔ̃ptœr] *nm* teleprompter.

téléreportage [teler(ə)pɔrtaʒ] *nm (activité)* television reporting. **un** ~ a television report; **le car de** ~ the outside-broadcast coach.

télescope [teleskɔp] *nm* telescope. ◆ **télescopique** *adj (gén)* telescopic.

télescoper [teleskɔpe] (1) **1** *vt véhicule* to smash up; *faits, idées* to mix up, jumble together. **2 se** ~ *vpr [véhicules]* to telescope, concertina; *[souvenirs]* to become confused *ou* mixed up. ◆ **télescopage** telescoping, concertinaing.

téléscripteur [teleskriptœr] *nm* teleprinter.

télésiège [telesjɛʒ] *nm* chairlift.

téléski [teleski] *nm* (ski) lift, (ski) tow.

téléspectateur, -trice [telespɛktatœr, tris] *nm, f* (television *ou* TV) viewer. **les** ~**s** the viewing audience, the viewers.

Télétel [teletɛl] *nm* ® electronic telephone directory.

télétexte [teletɛkst] *nm* teletext, viewdata.

télétraitement [teletrɛtmɑ̃] *nm* remote processing.

télétransmission [teletrɑ̃smisjɔ̃] *nf* remote transmission.

télétype [teletip] *nm* teleprinter.

télévision [televizjɔ̃] *nf* (a) *(organisme, technique)* television. **la** ~ **par satellite** satellite television; **la** ~ **câblée** *ou* **par câble** cable television, cable vision *(US)*; **il travaille pour la** ~ **allemande** he works for German television. (b) *(programmes)* television. **à la** ~ on television; **regarder la** ~ to watch television; **la** ~ **du matin** breakfast television. (c) *(chaîne)* television channel. **les** ~**s étrangères** foreign channels. (d) *(poste)* television (set). ◆ **téléviser** (1) *vt* to televise. ◆ **téléviseur** *nm* television (set). ◆ **télévisuel, -elle** *adj* television.

télex [telɛks] *nm* telex. **envoyer par** ~ to telex. ◆ **télexer** (1) *vt* to telex. ◆ **télexiste** *nmf* telex operator.

tellement [tɛlmɑ̃] *adv* (a) *(si)* so; *(avec comp)* so much. **il est** ~ **gentil** he's so (very) nice *(que* that); ~ **mieux** so much better *(que l'autre* than the other). (b) *(tant)* so much. ~ **de gens** so many people; ~ **de temps** so much time, so long; **on ne le comprend pas,** ~ **il parle vite** he talks so quickly (that) you can't understand him; **il dort à peine,** ~ **il travaille** he hardly sleeps, he works so much *ou* hard. (c) *(avec nég)* **pas** ~ **fort** not (all) that strong, not so (very) strong; **il ne travaille pas** ~ he doesn't work (all) that much *ou* so (very) much; **tu aimes le cinéma? — pas** ~ do you like the cinema? — not (all) that much *ou* — not (very) much; **on ne la voit plus** ~ we don't really see (very) much of her any more.

téméraire [temeʀɛʀ] *adj action, personne* rash, reckless, foolhardy; *jugement* rash. ◆ **témérairement** *adv* rashly; recklessly; foolhardily. ◆ **témérité** *nf* rashness; recklessness; foolhardiness.

témoignage [temwaɲaʒ] *nm* (**a**) *(gén, Jur)* testimony, evidence; *(fig: récit, reportage)* account, testimony. **ces ~s sont contradictoires** these are contradictory pieces of evidence; **porter ~ de qch** to testify to sth, bear witness to sth. (**b**) *(preuve)* ~ **de bonne conduite** evidence *ou* proof of; *confiance* expression of; ~ **d'amitié** *(geste)* expression of friendship: *(cadeau)* token *ou* mark *ou* sign of friendship; **en ~ de ma reconnaissance** as a token *ou* mark of my gratitude; **en ~ de quoi...** in witness whereof...

témoigner [temwaɲe] (1) **1** *vi (Jur)* to testify, give evidence. **2** *vt* (**a**) *goût, intérêt* to show, display. (**b**) ~ **que** *[témoin]* to testify that; *[attitude, situation]* to attest *ou* reveal *ou* show that. **3** ~ **de** *vt indir [conduite, évolution]* to attest, show. *[personne]* **je peux en ~** I can testify to that, I can bear witness to that.

témoin [temwɛ̃] **1** *nm* (**a**) *(gén, Jur)* witness; *[duel]* second. ~ **oculaire** eyewitness; ~ **à charge/à décharge** witness for the prosecution/for the defence; **être ~ de** to witness, be a witness to; **prendre qn à ~ (de qch)** to call sb to witness (to *ou* of sth); **laisser qch sans ~** to do sth unwitnessed; **que Dieu m'en soit ~** as God is my witness. (**b**) *(preuve)* evidence, testimony. **les ~s d'une époque révolue** the surviving evidence of a bygone age. (**c**) *(Sport)* baton. **passer le ~** to hand on *ou* pass the baton. **2** *adj sujet, échantillon* control. **appartement ~** show-flat, model apartment *(US)*; **réalisation ~** pilot *ou* test development; **lampe ~** warning light.

tempe [tɑ̃p] *nf (Anat)* temple.

tempérament [tɑ̃peʀamɑ̃] *nm* (**a**) *(physique)* constitution; *(caractère)* disposition, temperament, nature. (**b**) *(Comm)* **vente à ~** sale on deferred (payment), terms; **acheter qch à ~** to buy sth on hire purchase *ou* on an installment plan *(US)*.

tempérance [tɑ̃peʀɑ̃s] *nf* temperance. ◆ **tempérant, e** *adj* temperate.

température [tɑ̃peʀatyʀ] *nf* temperature. **avoir** *ou* **faire de la ~** to have a temperature; **prendre la ~ de** *malade* to take the temperature of; *auditoire, public* to gauge the temperature of.

tempérer [tɑ̃peʀe] (16) *vt climat, ardeur, sévérité* to temper; *douleur* to soothe, ease. ◆ **tempéré, e** *adj climat* temperate.

tempête [tɑ̃pɛt] *nf (lit, fig)* storm. ~ **de sable** sandstorm; **vent qui souffle en ~** gale force wind; **une ~ dans un verre d'eau** a storm in a teacup; **une ~ d'applaudissements** a storm of applause, thunderous applause. ◆ **tempêter** (1) *vi* to rant and rave, rage. ◆ **tempétueux, -euse** *adj* tempestuous, stormy.

temple [tɑ̃pl(ə)] *nm (Hist, littér)* temple; *(protestant)* (Protestant) church.

temporaire [tɑ̃pɔʀɛʀ] *adj* temporary. ◆ **temporairement** *adv* temporarily.

temporel, -elle [tɑ̃pɔʀɛl] *adj* (**a**) *(Rel) (non spirituel)* worldly, temporal; *(non éternel)* temporal. (**b**) *(Ling, Philos)* temporal.

temporiser [tɑ̃pɔʀize] (1) *vi* to temporize, delay, stall, play for time. ◆ **temporisateur, -trice 1** *adj* temporizing, delaying, stalling. **2** *nm, f* temporizer. ◆ **temporisation** *nf* temporization, delaying, stalling, playing for time.

temps¹ [tɑ̃] *nm* (**a**) *(durée)* **le ~** time; **il a mis beaucoup de ~ à se préparer** he took a long time to get ready; **avec le ~** with *ou* in time; **la jeunesse n'a qu'un ~** youth will not endure; **travailler à plein ~/à ~ partiel** to work full-time/part-time; **peu de**

~ **avant/après** shortly before/after, a short while *ou* time before/after; **dans quelque ~** before too long, in a (little) while; **pour un ~** for a time *ou* while; **durant (tout) ce ~ (là)** all this time; **je ne le vois plus depuis quelque ~** I haven't seen him for a (little) while *ou* some (little) time.
(**b**) *(portion de temps)* time. ~ **d'arrêt** pause, halt; **marquer un ~ d'arrêt** to pause (momentarily); ~ **mort** *(dans le travail)* slack period; *(dans la conversation)* lull; **s'accorder un ~ de réflexion** to give o.s. time for reflection; **la plupart du ~** most of the time; **avoir le ~ (de faire)** to have time (to do); **il avait du ~ devant lui** he had time to spare; **prendre le ~ de vivre** to make time to enjoy o.s.; **prenez votre ~** take your time; **passer son ~ à lire** to spend one's time reading; **donnez-moi le ~ de m'habiller** just give me time *ou* a moment to get dressed; **je me suis arrêté juste le ~ de prendre un verre** I stopped just long enough for a drink; **le ~ perdu ne se rattrape jamais** time and tide wait for no man; *[soldat, prisonnier]* **faire son ~** to serve one's time; *(fig) [personne]* **il a fait son ~** he has had his day.
(**c**) *(moment précis)* time. **il est grand ~ qu'il parte** it's high time he went, it's time for him to go; **le ~ est venu de...** the time has come to...; **il était ~! (pas trop tôt)** none too soon!, not before time!; *(c'était juste)* it came in the nick of time!; **il n'est plus ~ de se lamenter** the time for bemoaning one's lot is past *ou* over.
(**d**) *(époque)* time, times, days. **en ~ de guerre** in wartime; **en ~ de crise** in times of crisis; **par les ~ qui courent** these days, nowadays; **c'était le bon ~** those were the good times, those were the days; **dans le ~** at one time; **dans le bon vieux ~** in the good old days; **en ce ~ là** at that time; **en ~ normal** in normal circumstances; **les premiers ~** at the beginning, at first; **ces derniers ~** lately, recently, latterly; **dans un premier ~** at first; **dans un deuxième ~** subsequently; **au ~ des Tudors** in Tudor times, in the days of the Tudors; **de mon ~** in my day *ou* time; **dans mon jeune ~** in my younger days; **être de son ~** to move with *ou* keep up with the times; **les jeunes de notre ~** young people of our time *ou* (of) today; **le ~ des vacances** holiday time.
(**e**) *(Mus)* beat; *(Gym) [mouvement]* stage. ~ **fort/faible** strong/weak beat; *(fig)* **les ~ forts d'un roman** the powerful moments of a novel; **à deux/trois ~** in double/triple time.
(**f**) *(Ling) [verbe]* tense. ~ **simple/composé** simple/compound tense.
(**g**) *(Tech)* stroke. **moteur à 4 ~** 4-stroke engine.
(**h**) *(Sport) [coureur]* time.
(**i**) *(locutions)* **à ~** in time; **de ~ en ~, de ~ à autre** from time to time, now and again; **de tout ~** from time immemorial; **au ~ où** in the days when, at the time when; **en ~ voulu** *ou* **utile** in due time *ou* course; **à ~ perdu** in one's spare time; **cela fait passer le ~** it passes the time; **le ~ c'est de l'argent** time is money.

temps² [tɑ̃] *nm (conditions atmosphériques)* weather. **quel ~ fait-il?** what's the weather like?; **il fait beau/mauvais ~** the weather's fine/bad; **avec le ~ qu'il fait!** in this weather!, with the weather we are having!; ~ **de chien** * rotten * *ou* lousy * weather; **le ~ est lourd aujourd'hui** it's close today; *(fig)* **prendre le ~ comme il vient** to take things as they come.

tenable [t(ə)nabl(ə)] *adj:* **ce n'est pas ~** it's unbearable.

tenace [tənas] *adj* (**a**) *(persistant) (gén)* stubborn, persistent; *volonté* tenacious, stubborn. (**b**) *colle* firmly adhesive, strong. ◆ **tenacement** *adv* stubbornly; persistently; tenaciously. ◆ **ténacité** *nf* stubbornness; persistence; tenacity.

tenaille [t(ə)nɑj] *nf*: ~**(s)** *[menuisier]* pliers, pincers; *[forgeron]* tongs; *(Mil)* **prendre en** ~ to catch in a pincer movement.

tenailler [tənɑje] **(1)** *vt [inquiétude]* to torture, torment. **la faim le tenaillait** he was gnawed by hunger.

tenancier [tənɑ̃sje] *nm [bar]* manager. ♦ **tenancière** *nf [bar]* manageress.

tenant [tənɑ̃] *nm* **(a)** *[doctrine]* supporter, upholder *(de* of); *(Sport) [coupe]* holder. **le** ~ **du titre** the title holder, the reigning champion. **(b)** **les** ~**s et (les) aboutissants d'une affaire** the ins and outs of a question; **d'un (seul)** ~ **terrain** all in one piece.

tendance [tɑ̃dɑ̃s] *nf* **(a)** *(inclination, Psych)* tendency. ~ **à l'exagération** tendency to exaggerate. **(b)** *(opinions) [parti, artiste]* leanings; *[livre]* drift, tenor. **quelle est sa** ~ **(politique)?** what are his (political) leanings? *ou* sympathies? **(c)** *(évolution) [art, économie, public]* trend. ~ **à la hausse** upward trend. **(d)** **avoir** ~ **à faire qch** to have a tendency *ou* tend *ou* be inclined to do sth.

tendancieux, -ieuse [tɑ̃dɑ̃sjø, jøz] *adj* tendentious.

tendon [tɑ̃dɔ̃] *nm* tendon, sinew. ~ **d'Achille** Achilles' tendon.

tendre[1] [tɑ̃dʀ(ə)] **(41) 1** *vt* **(a)** *(raidir) corde* to tighten, tauten; *ressort* to set; *muscles* to tense, brace; *pièce de tissu* to stretch, pull *ou* draw tight. **(b)** *(installer) tenture* to hang; *piège, filet* to set. ~ **une bâche sur une remorque** to stretch *ou* pull a tarpaulin over a trailer; ~ **un fil entre deux points** to stretch a thread between two points; ~ **une pièce de tissu** to hang a room with material. **(c)** *(avancer) cou* to crane; *joue* to offer; *main* to hold out; *bras* to stretch out *(à* to). ~ **une main secourable** to hold out *ou* offer a helping hand; ~ **l'oreille** to prick up one's ears. **(d)** ~ **qch à qn** *(donner)* to hold sth out to sb; *(offrir)* to offer sth to sb; *(fig)* ~ **une perche à qn** to throw sb a line. **2 se** ~ *vpr [corde]* to become taut, tighten; *[rapports]* to become strained. **3** *vi*: ~ **à qch/à faire** *(avoir tendance à)* to tend towards sth/to do; *(viser à)* to aim at sth/to do; *(Math)* ~ **vers l'infini** to tend towards infinity.

tendre[2] [tɑ̃dʀ(ə)] *adj* **(a)** *peau, pierre* soft; *haricots, viande* tender. **l'herbe** ~ the sweet grass; **depuis sa plus** ~ **enfance** from his earliest days; **c'est** ~ **comme la rosée** it melts in the mouth. **(b)** *(affectueux) ami, amour, regard* fond, tender, loving. **ne pas être** ~ **pour qn** to be hard on sb. **(c)** *couleurs* soft, delicate. ♦ **tendrement** *adv* tenderly; lovingly; fondly. ♦ **tendresse** *nf* tenderness; fondness. ~ **maternelle** maternal love; **combler qn de** ~**s** to overwhelm sb with tenderness *ou* with tokens of (one's) love; **n'avoir aucune** ~ **pour** to have no fondness for. ♦ **tendreté** *nf [viande]* tenderness; *[bois, métal]* softness.

tendu, e [tɑ̃dy] *adj corde, toile* tight, taut; *muscles* tensed, braced; *ressort* set; *(Ling) voyelle, prononciation* tense; *rapports* strained, fraught; *personne* tense, strained; *situation* tense, fraught. **les bras** ~**s** with arms outstretched; ~ **de velours, soie** hung with.

ténèbres [tenɛbʀ(ə)] *nfpl* darkness, gloom. ♦ **ténébreux, -euse** *adj (obscur)* dark, gloomy; *(mystérieux)* dark; *époque* obscure.

teneur [tənœʀ] *nf (gén)* content; *[lettre]* content, terms; *[solution]* content.

tenir [t(ə)niʀ] **(22) 1** *vt* **(a)** *(maintenir) (avec les mains, une ficelle)* to hold; *(en position)* to hold, keep; *(dans un état)* to keep; *(Mus)* note to hold. ~ **les yeux fermés** to keep one's eyes shut; **une robe qui tient chaud** a dress which keeps you warm; **elle tient ses enfants très propres** she keeps her children very neat; ~ **qch en place** to hold *ou* keep sth in place; **ses affaires le tiennent** he is tied *ou* tied

up *(US)* by his business; **l'envie me tenait de...** I was gripped by the desire to... **(b)** *voleur,* (*) *rhume etc* to have, have caught; have; *vérité, preuve* to hold, have. *(menace)* **si je le tenais!** if I could get my hands on him! *ou* lay hands on him!; **nous le tenons** we've got him; **nous tenons un bon filon** we're on to a good thing; **mieux vaut** ~ **que courir** a bird in the hand is worth two in the bush. **(c)** *(avec autorité) enfant, classe* to have *ou* keep under control; *pays* to have under one's control. **(d)** *(gérer) hôtel, magasin* to run, keep; *registre* to keep; *(Comm) marchandise* to stock, keep; *conférence, emploi* to hold; *maison, ménage* to keep. **(e)** ~ **de qn** *renseignement, bijou* to have (got) from sb; **il tient cela de son père** he gets that from his father. **(f)** *(occuper) place, largeur* to take up. **tu tiens trop de place!** you are taking up too much room!; *(Aut)* **il ne tenait pas sa droite** he was not keeping to the right. **(g)** *(contenir) [récipient]* to hold. **(h)** *(résister) [souliers]* ~ **l'eau** to keep out the water; *(Naut)* ~ **la mer** to be seaworthy; *(Aut)* ~ **la route** to hold the road. **(i)** *promesse* to keep; *pari (accepter)* to take on; *(respecter)* to keep to, honour. **(j)** *discours* to give; *langage* to use. ~ **des propos désobligeants à l'égard de qn** to make *ou* pass offensive remarks about sb, say offensive things about sb; **si tu tiens ce raisonnement** if this is the view you hold *ou* take, if this is how you think. **(k)** ~ **qn/qch pour** to regard sb/sth as, consider sb/sth (as), hold sb/sth to be; ~ **pour certain que...** to regard it as certain that... **(l) tiens!** *(en donnant)* take this, here (you are); *(de surprise)* ah!; *(pour attirer l'attention)* look!; **tiens, tiens** * well, well!, fancy that!; **tenez, ça m'écœure** you know, that sickens me.

2 *vi* **(a)** *[objet, fixe, nœud]* to hold; *[échafaudage]* to stay up, hold (up). **l'armoire tient au mur** the cupboard is held *ou* fixed to the wall; **ce chapeau ne tient pas sur ma tête** this hat won't stay on (my head); ~ **debout** *[objet]* to be upright, be standing; *[personne]* to be standing; **son histoire ne tient pas debout** his story doesn't make sense *ou* doesn't hold together *ou* doesn't hold water; **il tient bien sur ses jambes** he is very steady on his legs; **cet enfant ne tient pas en place** this child cannot keep *ou* stay still. **(b)** *(être valable)* to be on. **il n'y a pas de bal qui tienne** there's no question of going to any dance; **ça tient toujours, notre pique-nique?** * is our picnic still on? *, does our picnic still stand? **(c)** *(Mil, gén: résister)* ~ **(bon ou ferme)** to hold *ou* stand firm; **je n'ai pas pu** ~ *(chaleur)* I couldn't stand it; *(colère)* I couldn't contain myself. **(d)** *(être contenu dans)* ~ **dans** to fit in(to); **nous tenons à 4 à cette table** this table seats 4, we can get 4 round this table; **son discours tient en quelques pages** his speech is just a few pages long; **ma réponse tient en un seul mot: non** my answer is just one word long: no. **(e)** *[accord, beau temps]* to hold; *[couleur]* to be fast; *[mariage]* to last; *[fleurs]* to last (well); *[mise en plis]* to hold, stay in.

3 ~ **à** *vt indir* **(a)** *(aimer) réputation* to value, care about; *objet, personne* to be attached to, be fond of; *vie* to care about. **un peu de vin? — je n'y tiens pas** would you like some wine? — not really, not particularly. **(b)** *(vouloir)* **il tient beaucoup à vous connaître** he is very anxious to meet you *ou* keen *ou* eager to meet you; **il tient à ce que nous sachions...** he insists *ou* is anxious that we should know...; **si vous y tenez** if you really want to, if you insist. **(c)** *(avoir pour cause)* to be due to, stem from. **ça tient au climat** it's because of the climate, it's due to the climate.

4 ~ **de** *vt indir (ressembler à) parent* to take after. **il a de qui** ~ it runs in the family; **sa réussite tient du prodige** his success is something of a miracle.

5 *vb impers* to depend. **il ne tient qu'à elle** it's up to her, it depends on her; **à quoi cela tient-il qu'il**

n'écrive pas? how is it *ou* why is it that he doesn't write?; **qu'à cela ne tienne** never mind (that), that needn't matter; **cela tient à peu de chose** it's touch and go, it's in the balance.
6 se ~ *vpr* (a) **se ~ la tête** to hold one's head; **se ~ par la main** to hold hands; **se ~ à qch** to hold on to sth; **il se tenait le ventre de douleur** he was clutching *ou* holding his stomach in pain; **se ~ debout/couché/à genoux** to be standing (up)/lying (down)/kneeling (down); **tenez-vous prêts à partir** be ready to leave; **elle se tenait à sa fenêtre** she was standing at her window; **tiens-toi tranquille** keep still; **tiens-toi bien** *ou* **droit** *(debout)* stand up straight; *(assis)* sit up (straight). (b) *(se conduire)* to behave. **tiens-toi bien!** behave yourself! (c) *(réunion etc: avoir lieu)* to be held. (d) *[faits etc] (être liés)* to hang *ou* hold together. (e) *(se retenir)* **il ne peut se ~ de rire** he can't help laughing; **il ne se tenait pas de joie** he couldn't contain his joy; **se ~ à quatre pour ne pas faire qch** to struggle to stop o.s. (from) doing sth. (f) **s'en ~ à qch** *(se limiter à)* to confine o.s. to sth; *(se satisfaire de)* to content o.s. with; **nous nous en tiendrons là pour aujourd'hui** we'll leave it at that for today; **il aimerait savoir à quoi s'en ~** he'd like to know where he stands; **je sais à quoi m'en ~ sur son compte** I know exactly who I'm dealing with. (g) *(se considérer)* **il ne se tient pas pour battu** he doesn't consider himself beaten; **tenez-vous-le pour dit** consider yourself told *ou* warned once and for all.
tennis [tenis] **1** *nm* (a) *(sport)* tennis. **~ sur gazon/terre battue** lawn/hard-court tennis; **~ de table** table tennis. (b) *(terrain)* (tennis) court. **2** *nmpl (chaussures)* gym shoes, sneakers; *(pour jouer au tennis)* tennis shoes. ◆ **tennisman,** *pl* **tennismen** *nm* tennis player. ◆ **tenniswoman,** *pl* **tenniswomen** *nf* tennis player.
ténor [tenɔR] **1** *nm (Mus)* tenor; *(fig)* big name *(de* in). **2** *adj* tenor.
tension [tɑ̃sjɔ̃] *nf* (a) *[ressort etc]* tension. (b) *(Élec)* voltage, tension. **à haute/basse ~** high-/low-voltage *ou* tension; **sous ~** *(lit)* live; *(fig)* under stress; **chute de ~** voltage, drop; **mettre un appareil sous ~** to switch on a piece of equipment. (c) *(Méd)* **~ (artérielle)** blood pressure; **avoir de la ~** to have (high) blood pressure; *(fig)* **~ nerveuse** nervous tension; *(fig)* **~ d'esprit** sustained mental effort. (d) *(fig) [relations]* tension *(de* in); *[situation]* tenseness *(de* of). ◆ **tensiomètre** *nm* tensiometer.
tentacule [tɑ̃takyl] *nm (Zool, fig)* tentacle. ◆ **tentaculaire** *adj (Zool)* tentacular; *(fig)* sprawling.
tente [tɑ̃t] *nf (gén)* tent. **coucher sous la ~** to sleep under canvas, sleep out, camp out; **~ à oxygène** oxygen tent.
tenter [tɑ̃te] **(1)** *vt* (a) *(séduire)* to tempt. **se laisser ~** to yield to temptation; **~ le diable** to tempt fate, ask for trouble. (b) *(essayer)* to try, attempt. **~ l'impossible pour...** to attempt the impossible to...; **~ le tout pour le tout** to risk one's all; **~ sa chance** to try one's luck; **~ le coup** * to have a go *, give it a try; **~ de faire** to attempt *ou* try to do. ◆ **tentant, e** *adj (gén)* tempting; *offre, projet* attractive, enticing. ◆ **tentateur, -trice 1** *adj (gén)* tempting; *beauté* alluring, enticing. **2** *nm* tempter. **3** *nf* temptress. ◆ **tentation** *nf* temptation. ◆ **tentative** *nf (gén)* attempt, endeavour; *(sportive, style journalistique)* bid, attempt. **~ de meurtre** *(gén)* murder attempt; *(Jur)* attempted murder.
tenture [tɑ̃tyR] *nf (tapisserie)* hanging; *(rideau)* curtain. **~ murale** wall covering.
tenu, e¹ [t(ə)ny] *adj* (a) **bien/mal ~** *enfant* well/poorly turned out; *maison* well/poorly kept *ou* looked after. (b) *(surveillé)* **leurs filles sont très ~es** their daughters are kept on a tight rein. (c) *(obligé)* **être ~ de faire** to be obliged to do, have to do;

être ~ au secret professionnel to be bound by professional secrecy.
tenue² [t(ə)ny] *nf* (a) *[maison]* upkeep, running; *[magasin]* running; *[classe]* handling, control; *[séance]* holding. **la ~ des livres de comptes** the book-keeping. (b) *(conduite)* (good) manners, good behaviour. **un peu de ~!** behave yourself!, watch your manners!; *(Fin)* **la bonne ~ du franc face au dollar** the good performance of the franc against the dollar. (c) *(qualité)* [journal] standard, quality. **publication de haute ~** quality publication. (d) *(maintien)* posture. (e) *(apparence)* appearance; *(vêtements)* dress, clothes; *(uniforme)* uniform. **~ d'intérieur** indoor clothes; **en ~ légère** *(d'été)* wearing light clothing. *(osée)* scantily dressed; **en grande ~** in full dress (uniform); **les policiers en ~** uniformed policemen, policemen in uniform; **~ de combat/de soirée** battle/evening *ou* formal dress; **'~ de soirée de rigueur'** ≃ 'black tie'. (f) *(Aut)* **~ de route** road holding.
ténu, e [teny] *adj* point, *fil* fine; *brume, voix* thin; *raisons, voix* tenuous.
ter [tɛR] *adj (numéro)* **10 ~** (number) 10 B.
térébenthine [teRebɑ̃tin] *nf* turpentine.
tergal [tɛRgal] *nm* ® Terylene ®.
tergiverser [tɛRʒivɛRse] **(1)** *vi* to procrastinate. ◆ **tergiversations** *nfpl* procrastinations.
terme [tɛRm(ə)] *nm* (a) *(mot)* term. **en ~s clairs** in clear terms; **en d'autres ~s** in other words. (b) *[équation, contrat]* term. (c) *(date limite)* time limit, deadline; *[vie, voyage, récit]* end, term. **arriver à ~** *[délai]* to expire; *[opération]* to reach its conclusion; *[paiement]* to fall due; **mettre un ~ à qch** to put an end *ou* a stop to sth; **mener qch à ~** to bring sth to completion; **à court/long ~** *emprunt, projet* short-/long-term; *(Bourse)* **marché à ~** † forward market. (d) *(Méd)* **à ~** *accouchement* full-term; *naître* to be born at term; **avant ~** *naître* prematurely; **un bébé né 2 mois avant ~** a baby born 2 months premature. (e) *[loyer] (date)* term; *(période)* quarter (year); *(somme)* (quarterly) rent. (f) *(relations)* **~s** terms; **en bons/mauvais ~s avec qn** on good/bad terms with sb.
terminer [tɛRmine] **(1) 1** *vt* (a) *séance* to bring to an end *ou* to a close, terminate; *travail* to finish (off), complete; *repas, récit* to finish, end. **~ un repas par un café** to finish off *ou* end a meal with a coffee; **j'en ai terminé avec eux** I am *ou* have finished with them, I have done with them; **pour ~ je dirais que...** in conclusion *ou* to conclude I would say that.... (b) *(dernier élément)* **le café termina le repas** the meal finished *ou* ended with coffee; **un bourgeon termine la tige** the stalk ends in a bud. **2 se ~** *vpr (gén)* to end *(par* with, *en* in); *[repas, vacances]* to (come to an) end. **se ~ en pointe** to end in a point. ◆ **terminaison** *nf* ending. ◆ **terminal, e,** *mpl* **-aux 1** *adj élément, bourgeon, phase de maladie* terminal. *(Scol)* **classe ~e** final year, ≃ upper sixth (form), senior year *(US)*; **malade au stade ~** terminally ill patient. **2** *nm (aérogare)* (air) terminal; *[pétrole, marchandises]* terminal; *(ordinateur)* terminal. **~ intelligent/passif** smart *ou* intelligent/dumb terminal. **3 terminale** *nf (Scol)* V **1**
terminologie [tɛRminɔlɔʒi] *nf* terminology.
terminus [tɛRminys] *nm* terminus.
termite [tɛRmit] *nm* termite, white ant. ◆ **termitière** *nf* ant-hill.
terne [tɛRn(ə)] *adj (gén)* dull, drab; *regard* lifeless.
ternir [tɛRniR] **(2) 1** *vt* *métal* to tarnish; *glace* to dull; *réputation* to stain, tarnish. **2 se ~** *vpr* to become tarnished; to become dull.
terrain [tɛRɛ̃] *nm* **1** (a) *(relief)* ground; *(sol)* soil, ground; *(Géol: formation)* formation. **~ lourd** heavy soil *ou* ground. (b) *(Ftbl, Rugby)* pitch, field;

(avec les installations) ground; *(Courses, Golf)* course; *(Basketball)* basketball court. **sur le** ~ on the field; **disputer un match sur** ~ **adverse/sur son propre** ~ to play an away/a home match. **(c)** *(parcelle)* plot (of land), piece of land; *(à bâtir)* site. **maison avec 2 hectares de** ~ house with 2 hectares of land; **le prix du** ~ the price of land. **(d)** *(Mil) (lieu d'opérations)* terrain; *(gagné ou perdu)* ground. *(lit, fig)* **gagner/perdre du** ~ to gain/lose ground; **reconnaître le** ~ *(lit)* to reconnoitre the terrain; *(fig)* to see how the land lies; *(fig)* **tâter le** ~ to test the ground; **préparer/déblayer le** ~ to prepare/clear the ground; *(Sociol etc)* **sur la** ~ in the real world, in the field. **(e)** *(fig: sujet)* ground. **être sur son** ~ to be on home ground *ou* territory; **trouver un** ~ **d'entente** to find common ground *ou* an area of agreement; **je ne le suivrai pas sur ce** ~ I can't go along with him there *ou* on that; **sur un** ~ **glissant** on slippery *ou* dangerous ground. **(f)** *[épidémie]* breeding ground. **2** : ~ **d'aviation** airfield; ~ **de camping** campsite, camping ground; ~ **de sport** sports ground; **un** ~ **vague** a piece of *ou* some waste ground.

terrasse [tɛʀas] *nf [parc, appartement]* terrace; *(sur le toit]* terrace roof; *[café]* terrace, pavement (area). **à la** ~ **(du café)** at the terrace of the café, outside (the café).

terrasser [tɛʀase] *(1)* *vt* **(a)** *[adversaire]* to floor, bring down; *[fatigue]* to overcome; *[attaque]* to bring down; *[émotion]* to overwhelm; *[maladie]* to strike down. **(b)** *(Tech)* to excavate, dig out. ◆ **terrassement** *nm (action)* excavation. *(remblais)* ~**s** excavations, earthworks; *[voie ferrée]* embankments. ◆ **terrassier** *nm* unskilled road worker, navvy.

terre [tɛʀ] **1** *nf* **(a) la** ~ *(planète)* the earth; *(monde)* the world; **parcourir la** ~ **entière** to travel the world over *ou* all over the globe; **sur la** ~ on (the) earth, in the world; *(fig)* **redescendre sur** ~ to come back to earth. **(b)** *(sol)* ground; *(matière)* earth, soil; *(pour poterie)* clay. **vase en** ~ clay vase; **à** *ou* **par** ~ *(poser)* (down) on the ground; **jeter** *ou* **mettre qn en** ~ to bury sb; **(5 mètres) sous** ~ (5 metres) underground; *(fig: de honte)* **j'aurais voulu rentrer sous** ~ I wished the earth would swallow me up. **(c)** *(étendue, campagne)* land. **une langue de** ~ a strip *ou* tongue of land; **aimer la** ~ to love the land; **des** ~**s à blé** corn-growing land; **lopin de** ~ piece *ou* patch *ou* plot of land. **(d)** *(opp à mer)* land. **sur la** ~ **ferme** on dry land; *(Naut)* **aller à** ~ to go ashore; **dans les** ~**s** inland; **voyager par voie de** ~ to travel by land *ou* overland. **(e)** *(domaine)* **la** ~ land; **une** ~ an estate. **(f)** *(pays)* land, country. **la T**~ promise the Promised Land. **(g)** *(Élec)* earth, ground *(US)*. **mettre à la** ~ to earth, ground *(US)*.

2 : **la** ~ **Adélie** the Adélie Coast, Adélie Land; ~ **battue** hard-packed surface; **politique de la** ~ **brûlée** scorched earth policy; ~ **de bruyère** heathpeat; ~ **cuite** *(pour tuiles)* baked clay; *(pour statuettes)* terracotta; **la T**~ **de Feu** Tierra del Fuego; ~ **glaise** clay; **la T**~ **Sainte** the Holy Land. ◆ **Terre-Neuve 1** *nf* Newfoundland. **2** *nm inv*: **t**~**-n**~ *(chien)* Newfoundland terrier. ◆ **terre-plein**, *pl* **terre-pleins** *nms (Mil)* terreplein; *(Constr)* platform; *(sur chaussée)* central reservation, center divider strip *(US)*. ◆ **terre-à-terre** *adj inv* esprit down-to-earth, matter-of-fact.

terreau [tɛʀo] *nm* compost. ~ **de feuilles** leaf mould.

terrer (se) [tɛʀe] *(1)* *vpr [criminel, renard]* *(en fuite)* to crouch down; *(dans une tanière)* to go to ground *ou* earth; *[timide, insociable]* to hide (o.s.) away.

terrestre [tɛʀɛstʀ(ə)] *adj* faune, transports land; surface earth's, terrestrial; biens, plaisirs, vie earthly, terrestrial.

terreur [tɛʀœʀ] *nf* terror. **avec** ~ with terror *ou* dread; **vaines** ~**s** empty fears; *(*hum)* **jouer les** ~**s** to play the tough guy *.

terreux, -euse [tɛʀø, øz] *adj* goût earthy; sabots muddy; mains, salade dirty; teint sallow.

terrible [tɛʀibl(ə)] *adj* (*: excellent) terrific *, tremendous *; *(horrible)* terrible, dreadful, awful. **c'est** ~ **ce qu'il peut manger** * it's incredible what he can eat *; **ce film n'est pas** ~ * this film is nothing special. ◆ **terriblement** *adv* terribly, dreadfully, awfully.

terrien, -ienne [tɛʀjɛ̃, jɛn] **1** *adj* propriétaire landed; origine country. **2** *nm (paysan)* countryman; *(habitant de la Terre)* Earthman; *(non-marin)* landsman. **3** *nf* countrywoman; Earthwoman; landswoman.

terrier [tɛʀje] *nm* **(a)** *[lapin]* burrow, hole. **(b)** *(chien)* terrier.

terrifier [tɛʀifje] *(7)* *vt* to terrify. ◆ **terrifiant, e** *adj (effrayant)* terrifying; progrès, appétit fearsome, incredible.

terrine [tɛʀin] *nf (récipient)* terrine; *(pâté)* pâté.

territoire [tɛʀitwaʀ] *nm (gén, Pol, Zool)* territory; *[commune]* area; *[évêque, juge]* jurisdiction. ~**s d'outre-mer** (French) overseas territories. ◆ **territorial, e**, *mpl* **-aux 1** *adj* territorial. **2** *nf* Territorial Army.

terroir [tɛʀwaʀ] *nm (Agr)* soil. **accent du** ~ country *ou* rural accent.

terroriser [tɛʀɔʀize] *(1)* *vt* to terrorize. ◆ **terrorisme** *nm* terrorism. ◆ **terroriste** *adj, nmf* terrorist.

tertiaire [tɛʀsjɛʀ] *adj (Géol, Méd)* tertiary. *(Écon) (secteur)* ~ service industries, tertiary sector.

tertio [tɛʀsjo] *adv* third(ly).

tertre [tɛʀtʀ(ə)] *nm* mound.

tes [te] *adj poss* V **ton¹**.

tesson [tesɔ̃] *nm*: ~ **(de bouteille)** shard, piece of broken bottle.

test [tɛst] **1** *nm (gén)* test. **faire passer un** ~ **à qn** to give sb a test, put sb through a test; **le** ~ **du SIDA** the test for AIDS. **2** *adj*: région-~ test area. ◆ **tester¹** *(1)* *vt* to test.

testament [tɛstamɑ̃] *nm (Jur)* will, testament; *(fig)* legacy. **ceci est mon** ~ this is my last will and testament; *(Rel)* **Ancien/Nouveau T**~ Old/New Testament. ◆ **testamentaire** *adj*: dispositions ~**s** provisions of a will. ◆ **testateur** *nm* testator. ◆ **testatrice** *nf* testatrix. ◆ **tester²** *(1)* *vi* to make (out) one's will.

testicule [tɛstikyl] *nm* testicle.

tétanos [tetanos] *nm (Méd)* tetanus, lockjaw; *(Physiol)* tetanus. **vaccin contre le** ~ tetanus vaccine.

têtard [tɛtaʀ] *nm* tadpole.

tête [tɛt] **1** *nf* **(a)** *[homme, animal, objet, plante]* head; *(chevelure)* hair. **être** ~ **nue** to be bareheaded; **avoir la** ~ **sale** to have dirty hair; **de la** ~ **aux pieds** from head to foot; **gagner d'une** ~ to win by a head; **20** ~**s de bétail** 20 head of cattle; **50 F par** ~ ~ 50 francs a head *ou* apiece *ou* per person. **(b)** *(fig: vie)* head, neck. **risquer sa** ~ to risk one's neck. **(c)** *(visage)* face. **il a une** ~ **sympathique** he has a friendly face; **faire une drôle de** ~ to pull a (wry *ou* long) face; **faire la** ~ to sulk, have the sulks *; **c'est une** ~ **à claques** * he has got the sort of face you itch to smack. **(d)** *(début) [train, procession]* front, head; *(Mil) [colonne]* head; *[page, liste, classe]* top, head. **en** ~ **de phrase** at the beginning of the sentence; *(Rail)* **monter en** ~ to get on at the front; *[coureur etc]* **être en/prendre la** ~ to be in/take the lead; **être en** ~ *ou* **à la** ~ **de qch** to be at the head of sth, head (up) sth. **(e)** *(facultés*

mentales) **avoir (toute) sa ~** to have (all) one's wits about one; **n'avoir rien dans la ~** to be empty-headed; **où ai-je la ~?** whatever am I thinking of?; **avoir une petite ~** to be dim-witted; **~ sans cervelle** *ou* **en l'air** *ou* **de linotte** scatterbrain; **avoir la ~ sur les épaules** to be level-headed; **femme de ~** capable woman; **calculer qch de ~** to work sth out in one's head; **je n'ai plus le nom en ~** I can't recall the name, the name has gone (clean) out of my head; **chercher qch dans sa ~** to search one's memory for sth; **mettre qch dans la ~ de qn** to put *ou* get sth into sb's head; **se mettre dans la ~ que** *(s'imaginer)* to get it into one's head that; **se mettre dans la ~ en ~ de faire qch** *(se décider)* to take it into one's head to do sth; **avoir la ~ ailleurs** to have one's mind elsewhere; **se creuser la ~** to rack one's brains; **ils ne se sont pas cassé la ~!** they didn't exactly overexert themselves!; **n'en faire qu'à sa ~** to do (exactly) as one pleases; **faire qch à ~ reposée** to do sth in a more leisurely moment; **c'est lui la ~ du complot** he's the leader of the plot. **(f)** *(tempérament)* **avoir la ~ chaude/froide/dure** to be hot-/cool-/thick-headed; **il fait sa mauvaise ~** he's being awkward; **c'est une forte ~** he's a rebel. **(g)** *(Ftbl)* header. **faire une ~** to head the ball. **(h)** *(locutions)* **marcher la ~ haute** to walk with one's head held high; **avoir la ~ basse** to hang one's head; *(lit, fig)* **courir ~ baissée** to rush head-long *(dans* into*)*; **garder la ~ froide** to keep a cool head, remain cool; **tomber la ~ la première** to fall headfirst; **jeter** *ou* **lancer à la ~ de qn que...** to hurl in sb's face that...; **en avoir par-dessus la ~** to be fed up to the back teeth *; **j'en donnerais ma ~ à couper** I would stake my life on it; **ne plus savoir où donner de la ~** not to know which way to turn; **tenir ~ à** to stand up to; **mettre la ~ de qn à prix** to put a price on sb's head; **se trouver à la ~ d'une petite fortune** to find o.s. the owner *ou* possessor of a small fortune.
2 *(Théât)* **~ d'affiche** top of the bill; *(Aut)* **~ de bielle** big end; **~ chercheuse** wild adventurer; **~ chaude** hot-head; **~ chercheuse** homing device; *(Aut)* **~ de Delco** ® distributor cap; *(Ordin)* **~ d'écriture** writing head; **~ d'épingle** pinhead; **~ de lard** * *ou* **de mule** * pigheaded so and so *; **~ de lecture** *[pick-up]* pickup head; *[magnétophone]* play-back head; *(Ordin)* reading head; *(Ordin)* **~ de lecture-écriture** read-write head; **~ de ligne** terminus, end of the line *(Rail)*; **~ de mort** *(emblème)* death's-head; *[pavillon]* skull and crossbones, Jolly Roger; *(Culin)* Gouda cheese; **~ nucléaire** nuclear warhead; **~ de pont** *(fleuve)* bridgehead; *(mer)* beachhead; **~ de Turc** whipping boy, Aunt Sally.
♦ **tête-bêche** *adv* head to foot *ou* tail. ♦ **tête-de-nègre** *nm inv* dark brown. ♦ **tête-à-queue** *nm inv (Aut)* spin. ♦ **tête-à-tête** *nm inv (conversation)* tête-a-tête, private conversation. **en ~-~-~** **~** alone together; **dîner en ~-~-~** intimate dinner for two.

téter [tete] **(6)** *vt lait, pouce* to suck; *biberon, sein, pipe* to suck at. **~ sa mère** to suck at one's mother's breast; **donner à ~ à un bébé** to feed a baby. ♦ **tétée** *nf (action)* sucking; *(repas)* feed, nursing *(US)*; *(moment)* feeding *ou* nursing time. ♦ **tétine** *nf [vache, biberon]* teat; *(sucette)* dummy, pacifier *(US)*. ♦ **téton** * *nm* breast.

têtu, e [tety] *adj* stubborn, pigheaded.

texte [tɛkst(ə)] *nm (gén)* text; *(morceau choisi)* passage, piece; *(énoncé de devoir)* subject, topic. **erreur dans le ~** textual error; *(Théât)* **apprendre son ~** to learn one's lines; **amender un ~ de loi** to amend a law. ♦ **textuel, -elle** *adj traduction* literal, word for word; *citation* verbatim, exact; *analyse, sens* textual. ♦ **textuellement** *adv* literally, word for word; exactly, verbatim. **il me l'a dit ~** those were his very words.

textile [tɛkstil] **1** *nm* **(a)** *(matière)* textile. **~s synthétiques** synthetic *ou* man-made fibres. **(b)** *(Ind)* **le ~** the textile industry, textiles. **2** *adj* textile.

texture [tɛkstyʀ] *nf (lit, fig)* texture.

Thaïlande [tailɑ̃d] *nf* Thailand. ♦ **thaïlandais, e** **1** *adj* Thai. **2** *nm, f:* **T~(e)** Thai, Thailander. ♦ **thaï** *adj inv, nm* Thai.

thé [te] **1** *nm* tea; *(plante)* tea plant; *(réunion)* tea party. **~ à la menthe** mint tea. **2** *adj inv:* **rose ~** tea rose.

théâtre [teɑtʀ(ə)] *nm* **(a)** **le ~** *(technique)* the theatre; *(profession)* the stage *ou* theatre; **faire du ~** to be on the stage, be an actor; **s'intéresser au ~** to be interested in drama *ou* the theatre; **je n'aime pas le ~ à la télévision** I do not like televised stage dramas *ou* stage productions on television; **~ d'essai** experimental theatre *ou* drama; **~ d'amateurs** amateur dramatics *ou* theatricals; **roman adapté pour le ~** novel adapted for the stage *ou* the theatre. **(b)** *(lieu)* theatre. **~ de marionnettes/de verdure** puppet/open-air theatre; **il ne va jamais au ~** he never goes to the theatre, he is not a theatregoer; **le ~ était plein** there was a full house. **(c)** **homme de ~** man of the theatre *ou* stage; **accessoires de ~** stage props; **directeur de ~** theatre *ou* theatrical *ou* stage director; **troupe de ~** theatre *ou* drama company. **(d)** *(genre littéraire)* theatre. **le ~ de Sheridan** Sheridan's plays *ou* dramatic works, the theatre of Sheridan; **le ~ classique** the classical theatre, classical drama; **le ~ de boulevard** light comedies. **(e)** *(fig péj) (exagération)* theatricals, histrionics; *(simulation)* playacting. **(f)** *[crime]* scene. *(Mil)* **le ~ des opérations** the theatre of operations.
♦ **théâtral, e,** *mpl* **-aux** *adj* **(a)** *œuvre* theatrical, dramatic; *rubrique, saison* theatre; *représentation* stage, theatrical. **(b)** *(péj) attitude* theatrical, histrionic, dramatic. ♦ **théâtralement** *adv (lit)* theatrically; *(péj)* histrionically.

théière [tejɛʀ] *nf* teapot.

thème [tɛm] *nm* **(a)** *(sujet)* theme. **(b)** *(Scol: traduction)* prose (composition).

théologie [teɔlɔʒi] *nf* theology. ♦ **théologien** *nm* theologian, theologist. ♦ **théologique** *adj* theological.

théorème [teɔʀɛm] *nm* theorem.

théorie [teɔʀi] *nf* theory. **en ~** in theory. ♦ **théoricien, -ienne** *nm, f* theoretician, theorist. ♦ **théorique** *adj* theoretical. ♦ **théoriquement** *adv* theoretically.

thérapeutique [teʀapøtik] **1** *adj* therapeutic. **2** *nf (science)* therapeutics *(sg)*; *(traitement)* therapy.

thermal, e, *mpl* **-aux** [tɛʀmal, o] *adj:* **cure ~e** water cure; **établissement ~** hydropathic *ou* water-cure establishment; **source ~e, eaux ~es** thermal *ou* hot springs; **station ~e** spa.

thermique [tɛʀmik] *adj unité* thermal; *énergie* thermic. **centrale ~** power station.

thermoélectrique [tɛʀmoelɛktʀik] *adj* thermoelectric(al).

thermomètre [tɛʀmɔmɛtʀ(ə)] *nm* thermometer. **~ médical** clinical thermometer; *(fig)* **le ~ de l'opinion publique** the barometer *ou* gauge of public opinion.

thermonucléaire [tɛʀmɔnykleɛʀ] *adj* thermonuclear.

thermos [tɛʀmos] *nm ou nf* (®: *aussi* **bouteille ~**) vacuum *ou* Thermos ® flask *ou* bottle *(US)*.

thermostat [tɛʀmɔsta] *nm* thermostat.

thésauriser [tezɔʀize] **(1)** **1** *vi* to hoard money. **2** *vt* to hoard (up).

thèse [tɛz] *nf (gén)* thesis; *(Univ)* ≈ Ph.D. thesis; *(Police: théorie)* theory, possibility. **écarter la ~ du suicide** to rule out the theory of suicide.

thon [tɔ̃] *nm* tunny (fish), tuna(-fish).

thorax [tɔraks] *nm* thorax. ◆ **thoracique** *adj cavité* thoracic. **cage ~** rib-cage; **capacité ~** respiratory *ou* vital capacity.

thrombose [trɔ̃boz] *nf* thrombosis.

thym [tɛ̃] *nm* thyme.

thyroïde [tiroid] *adj, nf* thyroid. ◆ **thyroïdien, -ienne** *adj* thyroid.

tiare [tjar] *nf* tiara.

Tibet [tibɛ] *nm* Tibet. ◆ **tibétain, e** *adj, nm,* **T~(e)** *nm(f)* Tibetan.

tibia [tibja] *nm* shinbone, tibia.

tic [tik] *nm (nerveux)* twitch, tic; *(manie)* habit, mannerism. **c'est un ~** *(manie)* it's a habit with him; *(geste)* it's a tic he has.

ticket [tikɛ] *nm* ticket. **~ de caisse** sales slip *ou* receipt; **~ de quai** platform ticket; **~ de rationnement** (ration) coupon; **~-repas** *ou* **-restaurant** luncheon voucher.

tic-tac [tiktak] *nm* ticking, tick-tock. **faire ~** to tick, go tick tock.

tiède [tjɛd] **1** *adj liquide, foi, accueil* lukewarm; *vent, temps* mild, warm. **2** *nmf (péj)* lukewarm *ou* halfhearted individual. **3** *adv:* **boire qch ~** to drink sth when it's lukewarm *ou* not very hot *ou* not very cold. ◆ **tièdement** *adv (péj)* in a lukewarm way, half-heartedly. ◆ **tiédeur** *nf* lukewarmness, half-heartedness; mildness, warmth. ◆ **tiédir** (2) **1** *vi* (a) *(devenir moins chaud)* to cool down; *(se réchauffer)* to grow warm(er). **faire ~ de l'eau** to warm *ou* heat up some water. (b) *[foi, ardeur]* to cool (off). **2** *vt [soleil]* to warm (up); *[air frais]* to cool (down).

tien, tienne [tjɛ̃, tjɛn] **1** *pron poss:* **le ~, la tienne, les ~s, les tiennes** yours, your own; **à la tienne!** * your (good) health!, cheers! * **2** *nm:* **le ~** what's yours; **les ~s** *(famille)* your family; *(groupe)* your set. **3** *adj poss:* **un ~ cousin** a cousin of yours; *V* **sien.**

tiens [tjɛ̃] *excl V* **tenir; un ~ vaut mieux que deux tu l'auras** a bird in the hand is worth two in the bush.

tiers, tierce [tjɛr, tjɛrs(ə)] **1** *adj* third. **une tierce personne** a third party; **le T~-Monde** the Third World; **le T~-État** the third estate. **2** *nm* (a) *(fraction)* third. **j'ai lu le** *ou* **un ~/les deux ~ du livre** I have read a third/two thirds of the book; **les deux ~ des gens pensent que** the majority of people think that. (b) *(personne)* third party. **3** *nf (Mus)* third; *(Cartes, Escrime)* tierce. ◆ **tiercé** *nm* tiercé, *French system of forecast betting on three horses.*

tif ⚓ [tif] *nm* hair. **~s** hair.

tige [tiʒ] *nf [fleur]* stem; *[céréales]* stalk; *[botte, chaussette]* leg (part); *(en métal)* shaft.

tignasse * [tiɲas] *nf* shock of hair, mop (of hair).

tigre [tigr(ə)] *nm* tiger. ◆ **tigré, e** *adj (tacheté)* spotted; *(rayé)* striped, streaked. ◆ **tigresse** *nf* tigress.

tilleul [tijœl] *nm (arbre)* lime (tree); *(infusion)* lime tea.

tilt [tilt] *nm (billard électrique)* electronic billiards. **faire ~** *(lit)* to mark the end of the game; *(fig: échouer)* to fail; *(fig: inspirer)* **ce mot a fait ~ dans mon esprit** this word rang a bell (in my mind).

timbale [tɛ̃bal] *nf* (a) *(Mus)* **les ~s** the timpani, the kettledrums. (b) *(gobelet)* (metal) cup *ou* tumbler; *(Culin)* timbale. ◆ **timbalier** *nm* timpanist.

timbre [tɛ̃br(ə)] *nm* (a) *(objet, vignette)* stamp. **~(-poste)** (postage) stamp; **~ fiscal** excise *ou* revenue stamp. (b) *(marque)* stamp; *(cachet de la poste)* post-

mark. (c) *(son)* timbre, tone. (d) *(sonnette)* bell. ◆ **timbrage** *nm* stamping; postmarking. **dispensé de ~** postage paid. ◆ **timbré, e** * **1** *adj (fou)* cracked *, dotty *, nuts *, loony *. **2** *nm, f* (* *fou)* loony *, nut-case ⚓. ◆ **timbrer** (1) *vt (apposer un cachet sur) acte* to stamp; *lettre* to postmark; *(affranchir)* to stamp, put a stamp on.

timide [timid] *adj (timoré)* timid, timorous; *(emprunté) amoureux* shy, timid, bashful. **faussement ~** coy; **c'est un grand ~** he's very shy; **une ~ amélioration de l'économie** a slight *ou* faint improvement in the economy. ◆ **timidement** *adv* timidly; timorously; shyly; bashfully. ◆ **timidité** *nf* timidity; timorousness; shyness; bashfulness.

timonier [timɔnje] *nm (Naut)* helmsman, steersman.

timoré, e [timɔre] *adj* timorous.

tintamarre [tɛ̃tamar] *nm* din, racket. **faire du ~** to make a din *ou* racket.

tinter [tɛ̃te] (1) *vi [cloche]* to ring, chime; *[clochette]* to tinkle; *[objets métalliques]* to jingle, chink; *[verres]* to chink. **faire ~** *cloche* to ring; *verres* to make chink; **les oreilles me tintent** my ears are ringing. ◆ **tintement** *nm:* **~(s)** ringing; chiming; tinkling; jingling; chinking.

tintin ⚓ [tɛ̃tɛ̃] *excl* nothing doing! *, no go! *. **faire ~** to go without.

tintouin * [tɛ̃twɛ̃] *nm* bother.

tique [tik] *nf (parasite)* tick.

tiquer [tike] (1) *vi* to pull *ou* make a face, raise an eyebrow. **sans ~** without turning a hair.

tir [tir] *nm* (a) *(Sport)* shooting. **~ au pistolet** pistol shooting; **~ à l'arc** archery. (b) *(action)* firing. **déclencher le ~** to open the firing. (c) *(trajectoire)* fire. **régler le ~** to regulate the fire; **~ groupé** grouped fire; *(fig)* combined attack; **angle de ~** angle of fire. (d) *(rafales)* fire. **un ~** *ou* **des ~s de barrage/d'artillerie** barrage/artillery fire. (e) *(Boules, Ftbl)* shot. (f) *(stand)* **~ (forain)** shooting gallery, rifle range.

tirade [tirad] *nf* soliloquy.

tirage [tiraʒ] *nm* (a) *(Phot) (action)* printing; *(photo)* print. (b) *[journal]* circulation; *[livre]* edition. **quel est le ~ de cet ouvrage?** how many copies of this work were printed?; **~ de 2 000 exemplaires** run *ou* impression of 2,000 copies; **~ à part** off-print. (c) *[cheminée]* draught. (d) *(Loterie)* draw. **le ~ des numéros gagnants** the draw for the winning numbers; **procéder par ~ au sort** to draw lots. (e) (*: *désaccord)* friction.

tirailler [tiraje] (1) **1** *vt* (a) *corde, manche* to pull at, tug at. (b) *[douleurs]* to gnaw at, stab at; *[doutes]* to plague. **tiraillé entre plusieurs possibilités** torn between several possibilities. **2** *vi (Mil)* to fire. ◆ **tiraillement** *nm (douleur)* gnawing *ou* stabbing pain; *(doute)* doubt. **~(s)** *(conflit)* friction; *(sur une corde)* tugging. ◆ **tirailleur** *nm (Mil, fig)* skirmisher.

tirant [tirã] *nm:* **~ d'eau** draught, draft *(US)*; **avoir 6 mètres de ~ d'eau** to draw 6 metres of water.

tire[1] ⚓ [tir] *nf (voiture)* car.

tire[2] [tir] *nf:* **voleur à la ~** pick-pocket; *V aussi* **tirer.**

tiré, e[1] [tire] *adj traits, visage* drawn, haggard. **~ à quatre épingles** done up *ou* dressed up to the nines *; *(fig)* **~ par les cheveux** far-fetched.

tirée[2] * [tire] *nf (trajet)* long haul *ou* trek. *(quantité)* **une ~ de** a load * of, heaps * of.

tirelire [tirlir] *nf* (a) moneybox, piggy bank. (b) (⚓) *(tête)* nut *; *(visage)* face.

tirer [tire] (1) **1** *vt* (a) *poignée, corde* to pull; *manche, robe* to pull down; *chaussette* to pull up; *véhicule, charge* to pull, draw; *remorque, navire* to tow. **~ qn par la manche** to tug at sb's sleeve; **~ qn à**

l'écart to draw sb aside; **ne tire pas** don't pull; ~ **les cheveux à qn** to pull sb's hair. (**b**) *rideaux* to draw, pull; *tiroir* to pull open; *verrou* to slide to, shoot. **tire la porte** pull the door to. (**c**) *vin, idée etc* to draw; *épée* to draw, pull out; *plaisir* to draw, get, derive; *jus, substance* to extract; *mot, citation, passage* to take (*de* from). ~ **un son d'un instrument** to get a sound out of *ou* draw a sound from an instrument; ~ **un objet d'un tiroir** to pull an object out of a drawer; ~ **son chapeau à qn** to raise one's hat to sb; ~ **de l'argent d'une activité** to make *ou* get money from an activity; ~ **son origine de qch** to have sth as its origin; ~ **son nom de qch** to take its name from sth; ~ **qn du sommeil** to arouse sb from sleep; ~ **qn du lit** to get *ou* drag sb out of bed; **on ne peut rien en** ~ *(enfant têtu)* you can't do anything with him; *(qui refuse de parler)* you can't get anything out of him; **encore une heure à** ~ **avant la fin** * another hour to get through before the end. (**d**) *(délivrer)* ~ **qn de** *prison etc* to get sb out of; *misère* to rescue sb from; ~ **qn du doute** to remove *ou* dispel sb's doubts; ~ **qn de l'erreur** to disabuse sb; **il faut le** ~ **de là** we'll have to help him out. (**e**) *numéro* to draw; *carte* to take, draw. (**f**) *(Phot, Typ)* to print. **se faire** ~ **le portrait** * to have one's picture taken. (**g**) *(tracer) trait* to draw; *plan* to draw up. (**h**) *coup de feu* to fire; *feu d'artifice* to set off; *gibier* to shoot. **il a tiré plusieurs coups de revolver sur l'agent** he shot *ou* fired at the policeman several times; ~ **le canon** to fire the cannon. (**i**) *chèque* to draw. ~ **de l'argent sur son compte** to draw money out of one's account, withdraw money from one's account.

2 *vi* (**a**) *(faire feu)* to fire, shoot; *(Ftbl)* to shoot; *(Boules)* to throw. ~ **à vue** to shoot on sight; ~ **à balles/à blanc** to fire bullets/blanks; **apprendre à** ~ to learn to shoot. (**b**) *(Presse)* ~ **à 10 000 exemplaires** to have a circulation of 10,000. (**c**) *[cheminée]* to draw; *[voiture]* to pull. (**d**) ~ **au flanc** * to skive *, shirk; ~ **dans les jambes** *ou* **pattes** * **de qn** to make life difficult for sb.

3 ~ **sur** (**a**) *corde, poignée* to pull *ou* tug at. *(fig)* ~ **sur la ficelle** * to push one's luck *, go too far, overstep the mark. (**b**) *couleur* to border on, verge on; *âge* to be getting on for *ou* going on *(US)* ou verging on. (**c**) *(faire feu sur)* to shoot at, fire at. (**d**) *pipe* to pull at, draw on; *cigarette* to puff at, draw on.

4 ~ *vt indir* ~ **à sa fin** to be drawing to a close; ~ **à conséquence** to matter.

5 se ~ *vpr* (**a**) **se** ~ **de** *danger, situation* to get (o.s.) out of; *travail, examen* to manage, cope with, get through; **s'en** ~ * *[malade]* to pull through; *[délinquant]* to get off with it; *(financièrement)* to manage, get by; **il s'en est bien tiré** *(procès)* he got off lightly; *(épreuve)* he coped well with it, he made a good job of it; **il s'en est tiré avec une amende** he got off with a fine. (**b**) (*: *déguerpir*) to push off, clear off *. (**c**) (*: *toucher à sa fin*) to drag towards its close. (**d**) *[traits, visage]* to become drawn.

◆ **à tire d'ailes** *loc adv* voler swiftly. ◆ **tire-bouchon,** *pl* **tire-bouchons** *nm* corkscrew. **en** ~ corkscrew; **cochon avec la queue en** ~ pig with a corkscrew *ou* curly tail; **pantalon en** ~ crumpled trousers. ◆ **tire-fesses** * *nm inv* ski tow. ◆ **tire-au-flanc** *nmf inv* skiver *, shirker. ◆ **à tire-larigot** * *loc adv* to one's heart content.

tiret [tiʀɛ] *nm (trait)* dash; *(en fin de ligne)* hyphen.

tireur [tiʀœʀ] *nm* (**a**) ~ **isolé** sniper; ~ **d'élite** marksman, sharpshooter; **c'est un bon** ~ he is a good shot. (**b**) *(Fin)* drawer.

tireuse [tiʀøz] *nf* (**a**) ~ **de cartes** fortuneteller. (**b**) *(pompe)* (hand) pump. **bière/vin à la** ~ hand-drawn beer/wine.

tiroir [tiʀwaʀ] *nm* drawer. ◆ **tiroir-caisse,** *pl* **tiroirs-caisses** *nm* till, cash register.

tisane [tizan] *nf* herb(al) tea. ~ **de menthe** mint tea.

tison [tizɔ̃] *nm* brand. ◆ **tisonner** (1) *vt* to poke. ◆ **tisonnier** *nm* poker.

tisser [tise] (1) *vt (lit, fig)* to weave; *[araignée]* to spin. ◆ **tissage** *nm* weaving. ◆ **tisserand, e** *nm, f ou* ◆ **tisseur, -euse** *nm, f* weaver.

tissu [tisy] *nm (Tex)* cloth, fabric, material; *(Anat)* tissue. *(péj)* **un** ~ **de** *mensonges, intrigues* a web of; *obscénités, inepties* a jumble *ou* farrago of. *(Sociol)* **le** ~ **industriel/urbain** the industrial/urban fabric. ◆ **tissu-éponge,** *pl* **tissus-éponge** *nm* (terry) towelling.

titre [titʀ(ə)] *nm* (**a**) *[livre etc]* title; *[chapitre]* heading, title. *(Presse)* **les (gros)** ~**s** the headlines. (**b**) *(honorifique, sportif etc)* title; *(appellation)* title, name. ~ **de noblesse** title; *(Admin)* **en** ~ titular. (**c**) *(document)* title. ~ **de pension** pension book; ~ **de propriété** title deed; ~ **de transport** ticket. (**d**) *(Bourse)* security. ~**s** securities, stocks; ~ **au porteur** bearer bond (*ou* share); ~**s d'État** government securities. (**e**) *(diplôme)* qualification. ~**s universitaires** academic *ou* university qualifications; **avoir les** ~**s requis** to be fully qualified, have all the necessary qualifications. (**f**) *(littér: prétentions)* **ses** ~**s de gloire** his claims to fame. (**g**) *[or, argent]* fineness; *[solution]* titre. ~ **d'alcool** alcohol content. (**h**) **à ce** ~ *(en cette qualité)* as such; *(pour cette raison)* therefore; **à quel** ~? on what grounds?; **au même** ~ in the same way (*que* as); **à aucun** ~ on no account; **à double** ~ on two accounts; **à** ~ **privé/personnel** in a private/personal capacity; **à** ~ **permanent/provisoire** on a permanent/temporary basis; **à** ~ **exceptionnel** in exceptional cases; **à** ~ **d'ami** as a friend; **à** ~ **gratuit** *ou* **gracieux** free of charge; **à** ~ **d'exemple** as an example, by way of example; **à** ~ **indicatif** for information only; **à** ~ **d'indemnité** by way of indemnity, as an indemnity. ◆ **titré, e** *adj personne* titled. ◆ **titrer** (1) *vt* (**a**) *(ennoblir)* to confer a title on. (**b**) *(Presse)* to run as a headline. (**c**) *(Chim)* solution to titrate. ~ **10 °** to be 10° proof *(on the Gay Lussac scale).*

tituber [titybe] (1) *vi* to stagger *ou* totter *ou* stumble (along); *(d'ivresse)* to reel (along).

titulaire [titylɛʀ] **1** *adj professeur* tenured. **être** ~ to have tenure; **être** ~ **de** *poste, permis* to hold. **2** *nmf [poste]* incumbent; *[carte]* holder. ◆ **tituiariser** (1) *vt* to give tenure to. **être titularisé** to get *ou* be given tenure.

toast [tost] *nm (pain)* slice *ou* piece of toast; *(discours)* toast. **porter un** ~ **en l'honneur de qn** to toast sb.

toboggan [tɔbɔɡɑ̃] *nm (jeu)* slide; *(traîneau)* toboggan; *(Aut)* flyover, overpass *(US)*.

toc [tɔk] **1** *excl (bruit)* **toc toc!** knock knock!, rat-a-tat! **2** *nm*: **c'est du** ~ * *(faux)* it's a fake; *(camelote)* it's rubbish *ou* trash; **en** ~ imitation, fake.

tocsin [tɔksɛ̃] *nm* alarm (bell), tocsin.

toge [tɔʒ] *nf (Hist)* toga; *(Jur, Scol)* gown.

Togo [tɔɡo] *nm* Togo. ◆ **togolais, e** *adj,* **T**~(**e**) *nm(f)* Togolese.

tohu-bohu [tɔybɔy] *nm* hubbub.

toi [twa] *pron pers* (**a**) *(sujet, objet)* you. **si j'étais** ~ if I were you; **il a accepté,** ~ **non** he accepted but you didn't *ou* but not you; ~, **tu n'as pas à te plaindre** you have no cause to complain; ~, **je te connais** I know you. (**b**) *(avec vpr)* **assieds-**~ sit down; **tais-**~! you be quiet! (**c**) *(avec prép)* **cette maison est-elle à** ~? is this house yours?; **tu n'as même pas une chambre à** ~ **tout seul?** you haven't even a room of your own? *ou* a room to yourself?

toile [twal] **1** *nf* (**a**) *(tissu)* cloth; *(grossière)* canvas; *(pour pneu)* canvas. **grosse ~** (rough *ou* coarse) canvas; **~ de lin/coton** linen/cotton (cloth); **en ~, de ~** *draps* linen; *pantalon* (heavy) cotton; *sac* canvas; **~ imprimée** printed cotton. (**b**) *(morceau)* piece of cloth. (**: draps)* **se mettre dans les ~s** to hit the hay * *ou* the sack *. (**c**) *(Art) (support)* canvas; *(œuvre)* canvas, painting. (**d**) *[araignée]* web. **la ~ de l'araignée** the spider's web; **plein de ~s d'araignées** full of cobwebs. (**e**) (**: film)* film, movie *(surtout US)*. **2** : **~ cirée** oilcloth; **~ émeri** emery cloth; *(Théât, fig)* **~ de fond** backdrop; **~ goudronnée** tarpaulin; **~ de jute** hessian; **~ à matelas** ticking; **~ de tente** tent canvas.

toilette [twalɛt] *nf* (**a**) *(action)* washing; *[voiture]* cleaning; *(chien)* grooming. **faire sa ~** to have a wash, get washed; *[chat]* to wash itself; **~ intime** intimate hygiene; **elle passe des heures à sa ~** she spends hours getting ready *ou* washing and dressing; **la ~ des enfants prend toujours du temps** it always takes a long time for the children washed *ou* ready; **nécessaire de ~** toilet bag; **faire la ~ de voiture** to clean; *chien* to groom; *[animal]* **faire sa ~** to wash itself. (**b**) *(meuble)* washstand. (**c**) *(vêtements)* clothes; *(costume)* outfit. **en ~ de bal** dressed for a dance; **~ de mariée** wedding *ou* bridal dress *ou* gown. (**d**) *(W.-C.)* **~s** toilet; *(publiques)* public conveniences *ou* lavatory, restroom *(US)*; **aller aux ~s** to go to the toilet.

toiser [twaze] (**1**) *vt* to look up and down, eye scornfully (up and down).

toison [twazɔ̃] *nf* (**a**) *[mouton]* fleece. (**b**) *(chevelure)* *(épaisse)* mop; *(longue)* mane. (**c**) *(poils)* abundant growth.

toit [twa] *nm* *(lit)* roof; *(fig: maison)* home, roof. **habiter sous les ~s** to live under the eaves; *(fig)* **crier qch sur les ~s** to shout sth from the rooftops; **voiture à ~ ouvrant** car with a sunroof; **vivre sous le ~ paternel** to live in the parental home. ◆ **toiture** *nf* roof, roofing.

Tokyo [tokjo] *n* Tokyo.

tôle [tol] *nf* *(matériau)* sheet metal; *(morceau)* steel *(ou* iron) sheet. **~ ondulée** corrugated iron.

tolérer [tɔleʀe] (**6**) *vt* *(gén, Méd, Tech)* to tolerate; *comportement* to put up with; *douleur* to bear, endure, stand; *excédent de bagages etc* to allow. **il ne tolère pas qu'on le contredise** he won't stand (for) *ou* tolerate being contradicted. ◆ **tolérable** *adj* tolerable, bearable. ◆ **tolérance** *nf* tolerance. **c'est une ~, pas un droit** it is tolerated rather than allowed as of right; *(Douane)* **il y a une ~ de 200 cigarettes** there's an allowance of 200 cigarettes. ◆ **tolérant, e** *adj* tolerant.

tôlerie [tolʀi] *nf* *(commerce)* sheet metal trade; *(atelier)* sheet metal workshop; *(carcasse)* plates, steelwork. ◆ **tôlier** *nm* sheet metal worker. **~ en voitures** panel beater.

tollé [tɔle] *nm*: **~ (général)** general outcry.

tomahawk [tɔmaok] *nm* tomahawk.

tomate [tɔmat] *nf* tomato. **~s farcies** stuffed tomatoes; *(fig)* **il va recevoir des ~s** he'll have a hostile reception, he'll get booed.

tombe [tɔ̃b] *nf* *(gén, fig)* grave; *(avec monument)* tomb; *(pierre)* gravestone, tombstone. **suivre qn dans la ~** to follow sb to the grave. ◆ **tombale** *adj f*: **pierre ~** tombstone. ◆ **tombeau**, *pl* **~x** *nm* *(lit)* tomb; *(fig)* grave. **mettre au ~** to commit to the grave, entomb; **mise au ~** entombment; *(secret)* **je serai un vrai ~** my lips are sealed, I'll be as silent as the grave; **à ~ ouvert** at breakneck speed.

tombée [tɔ̃be] *nf*: **(à) la ~ de la nuit** (at) nightfall; **(à) la ~ du jour** (at) the close of the day.

tomber [tɔ̃be] (**1**) **1** *vi (avec aux être)* (**a**) *[personne, objet]* to fall (over *ou* down). **~ de vélo/d'un arbre**

to fall off one's bike/down from a tree; **~ par terre** to fall down, fall to the ground; **~ raide mort** to fall down *ou* drop (down) dead; **~ à genoux** to fall on(to) one's knees; *(fig)* **~ aux pieds de qn** to fall at sb's feet; **faire ~ qn/qch** to knock sb/sth over *ou* down; **faire ~** *(en lâchant)* to drop; **~ de fatigue** to drop from exhaustion; **~ de sommeil** to be falling asleep on one's feet; *(fig)* **~ (bien) bas** to sink (very) low; **la nouvelle vient de ~** the news has just broken *ou* come through. (**b**) *[feuilles, lumière, nuit]* to fall; *[cheveux]* to fall (out); *[pluie]* to fall, come down; *[foudre]* to strike; *[brouillard]* to come down. **il tombe de la neige** snow is falling. (**c**) *[soldat, régime, garnison]* to fall. **faire ~ le gouvernement** to bring down the government. (**d**) *[température, prix, nombre]* to drop, fall; *[vent, fièvre]* to drop; *[baromètre]* to fall; *[jour]* to draw to a close; *[voix]* to drop, fall away; *[colère, conversation]* to die down; *[enthousiasme]* to fall away. **le dollar est tombé à 5 F** the dollar has fallen *ou* dropped to 5 francs; **faire ~ vent, prix etc** to bring down. (**e**) *[obstacle, objection]* to disappear; *[projet]* to fall through. (**f**) *[draperie, robe, chevelure]* to fall, hang; *[moustaches, épaules]* to droop. **ce pantalon tombe bien** these trousers hang well. (**g**) *[date, choix, sort]* to fall (sur on). **Noël tombe un mardi** Christmas falls on a Tuesday; **et il a fallu que ça tombe sur moi** it (just) had to be me. (**h**) *(inopinément)* **il est tombé en pleine réunion** he walked in right in the middle of a meeting. (**i**) *(devenir: V aussi noms etc en question)* **~ malade** etc to fall ill etc. (**j**) *(se trouver: V aussi noms en question)* **~ dans un piège** etc to fall into a trap etc. (**k**) **laisser ~** *objet, (*)* amis, métier, activité to drop; *fiancé* to jilt; *vieux parents* to let down. **laisse ~!** * *(gén)* forget it! *; (nuance d'irritation)* give it a rest! *; **se laisser ~ dans un fauteuil** to drop *ou* fall into an armchair. (**l**) *(locutions)* **bien/mal ~** *(avoir de la chance/malchance)* to be lucky/unlucky; *(se produire)* to come at the right/wrong moment; **~ de Charybde en Scylla** to jump out of the frying pan into the fire; **~ juste** *(en devinant)* to be right; *[calculs]* to come out right; **~ de haut** to be bitterly disappointed; **il n'est pas tombé de la dernière pluie** he wasn't born yesterday; **ce n'est pas tombé dans l'oreille d'un sourd** it didn't fall on deaf ears; **il est tombé sur la tête!** * he's got a screw loose! *; *[aubaine]* **~ du ciel** to be heaven-sent; **~ des nues** to be completely taken aback; *[projet]* **~ à l'eau** to fall through; *[plaisanterie]* **~ à plat** to fall flat; **cela tombe sous le sens** it's obvious, it stands to reason.

2 ~ sur *vt indir (avec aux être)* (**a**) *ami* to run into; *détail* to come across *ou* upon. (**b**) *[regard]* to fall *ou* light upon; *[conversation]* to come round to. (**c**) *(*: attaquer, critiquer)* to go for *. **ils nous sont tombés dessus à 8 contre 3** 8 of them laid into the 3 of us; *(*: s'inviter)* **il nous est tombé dessus hier** he landed on us yesterday.

3 *vt (avec aux avoir)*: **~ la veste** * to slip off one's jacket.

tombereau, *pl* **~x** [tɔ̃bʀo] *nm* *(charrette)* tipcart; *(contenu)* cartload.

tombola [tɔ̃bɔla] *nf* tombola, raffle.

Tombouctou [tɔ̃buktu] *n* Timbuktu.

tome [tɔm] *nm* *(division)* part, book; *(volume)* volume.

ton¹ [tɔ̃], **ta** [ta], **tes** [te] *adj poss* your, your own.

ton² [tɔ̃] *nm* (**a**) *(hauteur de la voix)* pitch; *(timbre)* tone. **~ aigu** shrill pitch; **~ nasillard** nasal tone; **hausser/baisser le ~** to raise/lower one's voice; *(fig)* **il devra changer de ~** he'll have to sing a different tune; **ne le prenez pas sur ce ~** don't take it that way *ou* like that; *(fig)* **dire qch sur tous les**

~s to say sth in every possible way. (**b**) *(Mus)* *(intervalle)* tone; *(clef)* key. **donner le ~** to give the pitch; **être dans le ~** to be in tune. (**c**) *(Ling)* tone. (**d**) *(manière de s'exprimer)* tone. **des plaisanteries de bon ~** jokes in good taste; **il est de bon ~ de faire** it is good form to do; **être dans le ~** to fit in; **donner le ~** to set the tone; *(mode)* to set the fashion. (**e**) *(couleur)* shade, tone. **être dans le ~** to tone in, match; **la ceinture n'est pas du même ~ que la robe** the belt does not match the dress. ◆ **tonalité** *nf (gén)* tone; *(Mus: système)* tonality; *(Mus: clef)* key; *(Téléc)* dialling tone.

tondre [tɔ̃dʀ(ə)] (41) *vt* (**a**) *mouton,* *(hum)* personne to shear; *gazon* to mow; *haie* to clip, cut; *caniche* to clip; *cheveux* to crop. (**b**) *(*: escroquer)* to fleece. **il ne faut pas te faire ~ la laine sur le dos** you shouldn't just allow people to fleece you *ou* to get the better of you. ◆ **tondeuse** *nf (à cheveux)* clippers; *(pour les moutons)* shears. **~ (à gazon)** (lawn)mower. ◆ **tondu, e** *adj cheveux, pelouse* closely-cropped.

tongs [tɔ̃g] *nfpl (sandales)* flip-flops, thongs *(US)*.

tonifier [tɔnifje] (7) *vt muscles* to tone up; *esprit* to invigorate, stimulate. ◆ **tonifiant, e** *adj air* bracing, invigorating; *lotion* toning; *lecture* invigorating, stimulating. ◆ **tonique** **1** *adj boisson* tonic; *lotion* toning; *air, froid* invigorating, bracing; *lecture* invigorating, stimulating; *(Ling)* tonic. **2** *nm (Méd, fig)* tonic; *(lotion)* toning lotion.

tonitruant, e [tɔnitʀɥɑ̃, ɑ̃t] *adj voix* thundering, booming.

tonnage [tɔnaʒ] *nm* tonnage.

tonnant, e [tɔnɑ̃, ɑ̃t] *adj voix* thunderous, thundering.

tonne [tɔn] *nf* (metric) ton, tonne. **des ~s de *** tons of *, loads of *.

tonneau, *pl* **~x** [tɔno] *nm* (**a**) *(récipient)* barrel, cask. (**b**) *(Aviat)* hestitation flick roll; *(Aut)* somersault. **faire un ~** to somersault, roll over. (**c**) *(Naut)* ton. ◆ **tonnelet** *nm* keg, (small) cask. ◆ **tonnelier** *nm* cooper.

tonnelle [tɔnɛl] *nf* bower, arbour.

tonner [tɔne] (1) **1** *vi [canon]* to thunder, boom, roar; *[personne]* to thunder, rage, inveigh *(contre* against). **2** *vb impers:* **il tonne** it is thundering.

tonnerre [tɔnɛʀ] **1** *nm* (**a**) thunder. **le ~ gronde** there is a rumble of thunder; **un bruit de ~** a noise like thunder, a thunderous noise; **un ~ d'applaudissements** thunderous applause, a thunder of applause. (**b**) **du ~ *** terrific *, fantastic *, stupendous, great *. **2** *excl:* **~! *** hell's bells! *

tonsure [tɔ̃syʀ] *nf (Rel)* tonsure; *(*: calvitie)* bald patch.

tonte [tɔ̃t] *nf [moutons]* shearing; *[haie]* clipping; *[gazon]* mowing; *(époque)* shearing-time.

tonton * [tɔ̃tɔ̃] *nm* uncle.

tonus [tɔnys] *nm (musculaire)* tone; *(fig: dynamisme)* energy, dynamism.

top [tɔp] **1** *nm* (**a**) *(signal électrique)* pip. *(Rad)* **au 4° ~** at the 4th pip *ou* stroke. (**b**) *(Courses)* **donner le ~** to give the starting signal; **attention, ~, partez!, ~ départ!** on your marks, get set, go! **2** *adj:* **~ secret** top secret; *[athlète, chercheur]* **être au ~ niveau** to be a top level athlete *(ou* researcher etc).

topaze [tɔpaz] **1** *nf* topaz. **2** *adj inv (couleur)* topaz.

topinambour [tɔpinɑ̃buʀ] *nm* Jerusalem artichoke.

topo * [tɔpo] *nm (exposé)* spiel *.

topographie [tɔpɔgʀafi] *nf* topography. ◆ **topographique** *adj* topographic(al).

toquade [tɔkad] *nf (péj) (pour qn)* infatuation; *(pour qch)* fad, craze.

toque [tɔk] *nf [femme]* fur hat; *[juge, jockey]* cap. **~ de cuisinier** chef's hat.

toqué, e * [tɔke] **1** *adj* crazy *, cracked *, nuts * *(de* about). **2** *nm, f* loony ‡, nutcase *.

torche [tɔʀʃ(ə)] *nf* torch. **~ électrique** (electric) torch, flashlight *(US)*; *(Parachutisme)* **se mettre en ~** to candle. ◆ **torchère** *nf (Ind)* flare.

torcher * [tɔʀʃe] *vt* to wipe.

torchis [tɔʀʃi] *nm* cob *(for walls)*.

torchon [tɔʀʃɔ̃] *nm* (**a**) *(gén)* cloth; *(pour épousseter)* duster; *(à vaisselle)* tea towel, dish towel. **le ~ brûle entre eux** they're at daggers drawn. (**b**) *(péj) (devoir mal présenté)* mess; *(mauvais journal)* rag.

tordant, e * [tɔʀdɑ̃, ɑ̃t] *adj* killing *, screamingly funny *, hilarious. **il est ~** he's a scream * *ou* a kill *.

tordre [tɔʀdʀ(ə)] (41) **1** *vt (gén)* to wring; *(pour essorer)* to wring (out); *barre de fer, bras* to twist; *cuiller* to bend; *(déformer) visage* to contort, twist. **je vais lui ~ le cou** I'll wring his neck (for him). **2 se ~** *vpr* (**a**) *[personne] (de douleur, de rire)* to be doubled up *(de* with). **se ~ le bras** to sprain *ou* twist one's arm. (**b**) *[barre]* to bend; *[roue]* to buckle, twist. ◆ **tordu, e 1** *adj jambes* bent, crooked; *tronc* twisted; *barre* bent; *roue* buckled, twisted; *idée, raisonnement* weird, twisted; *esprit* warped. *(péj)* **être ~** ‡ to be round the bend *. **2** *nm, f* (‡: fou) nutcase *; *(crétin)* twit ‡.

toréador [tɔʀeadɔʀ] *nm* toreador, bullfighter.

tornade [tɔʀnad] *nf* tornado.

Toronto [tɔʀɔ̃to] *n* Toronto. ◆ **torontois, e** *adj,* **T~(e)** *nm(f)* Torontonian.

torpeur [tɔʀpœʀ] *nf* torpor.

torpille [tɔʀpij] *nf (Mil, Zool)* torpedo. ◆ **torpillage** *nm* torpedoing. ◆ **torpiller** (1) *vt* to torpedo. ◆ **torpilleur** *nm* torpedo boat.

torréfier [tɔʀefje] (7) *vt café* to roast.

torrent [tɔʀɑ̃] *nm (lit, fig)* torrent. **il pleut à ~s** the rain is coming down in torrents; *(fig)* **des ~s de** streams *ou* floods of. ◆ **torrentiel, -elle** *adj* torrential.

torride [tɔʀid] *adj région* torrid; *chaleur* scorching.

torsade [tɔʀsad] *nf [fils]* twist. ◆ **torsader** (1) *vt* to twist.

torse [tɔʀs(ə)] *nm (gén)* chest; *(Anat, Sculp)* torso. **~ nu** stripped to the waist.

torsion [tɔʀsjɔ̃] *nf (action)* twisting; *(Phys, Tech)* torsion. **exercer une ~ sur qch** to twist sth.

tort [tɔʀ] *nm* (**a**) *(action blâmable)* fault. **il a le ~ d'être trop jeune** his trouble is that he's too young; **ils ont tous les ~s de leur côté** the fault *ou* wrong is entirely on their side, they're entirely at fault *ou* in the wrong; **avoir des ~s envers qn** to have wronged sb; **regretter ses ~s** to be sorry for one's wrongs; **vous avez refusé? c'est un ~** did you refuse? — you were wrong (to do so); **tu ne le savais pas? c'est un ~** you didn't know? — you should have *ou* that was a mistake. (**b**) *(préjudice)* wrong. **faire (du) ~ à qn** to harm sb, do sb harm; **ça va faire du ~ aux produits laitiers** it will harm *ou* be harmful to *ou* be detrimental to the dairy industry. (**c**) **à ~** wrongly; **c'est à ~ qu'on l'avait dit malade** he was wrongly *ou* mistakenly said to be ill; **à ~ ou à raison** rightly or wrongly; **dépenser à ~ et à travers** to spend wildly; **parler à ~ et à travers** to talk wildly. (**d**) **être/se mettre dans son ~** to be/put o.s. in the wrong; **être en ~** to be in the wrong *ou* at fault; **avoir ~** to be wrong *(de faire* to do); **donner ~ à qn** *[témoin]* to lay the blame on sb, blame sb; *[événements]* to show sb to be wrong, prove sb wrong.

torticolis [tɔʀtikɔli] *nm* stiff neck.

tortiller [tɔʀtije] (1) **1** *vt mouchoir* to twist; *moustache* to twirl. **2** *vi:* **~ des hanches** to wiggle one's hips; **il n'y a pas à** ~ * there's no wriggling round it. **3 se** ~ *vpr [serpent]* to writhe; *[ver, personne]* to wiggle, squirm.

tortionnaire [tɔʀsjɔnɛʀ] *nm* torturer.

tortue [tɔʀty] *nf (Zool)* tortoise; *(fig)* slowcoach, slowpoke *(US)*, tortoise. ~ **d'eau** terrapin; ~ **de mer** turtle; **avancer comme une** ~ to crawl along at a snail's pace.

tortueux, -euse [tɔʀtɥø, øz] *adj chemin, rivière* winding; *discours* tortuous; *manœuvres* devious.

torture [tɔʀtyʀ] *nf:* ~**(s)** torture. ♦ **torturer** (1) *vt* to torture. **se** ~ **l'esprit** to rack *ou* cudgel one's brains.

tory [tɔʀi] *nmf* Tory.

Toscane [tɔskan] *nf* Tuscany.

tôt [to] *adv* **(a)** *(de bonne heure)* early. **il se lève** ~ he is an early riser, he gets up early; ~ **dans la matinée** early in the morning, in the early morning; **l'avenir appartient à ceux qui se lèvent** ~ the early bird catches the worm. **(b)** *(vite)* soon, early. **il est un peu** ~ **pour le juger** it's a little too soon *ou* early to judge him; ~ **ou tard** sooner or later; **il a eu** ~ **fait de s'en apercevoir!** he was quick to notice it!, it wasn't long before he noticed it!; **si seulement vous me l'aviez dit plus** ~! if only you had told me sooner! *ou* earlier!; **ce n'est pas trop** ~! it's not a moment too soon!, it's not before time!; **il n'était pas plus** ~ **parti que la voiture est tombée en panne** no sooner had he set off than the car broke down. **(c) venez le plus** ~ **possible** come as early *ou* as soon as you can; **le plus** ~ **sera le mieux** the sooner the better; **il peut venir jeudi au plus** ~ Thursday is the earliest *ou* soonest he can come.

total, e, *mpl* **-aux** [tɔtal, o] **1** *adj (gén)* total; *ruine, désespoir* utter, total; *pardon* absolute. **grève** ~**e** all-out strike. **2** *adv:* ~, **il a tout perdu** * the net result *ou* outcome was that he lost everything. **3** *nm* total. **le** ~ **de la population** the total (number of the) population; *(fig)* **si on fait le** ~ if you add it all up *ou* together; **au** ~ *(lit)* in total; *(fig)* on the whole, all in all. ♦ **totalement** *adv* totally. ♦ **totalisation** *nf* adding up, addition. ♦ **totaliser** (1) *vt* to total. ♦ **totalitaire** *adj (Pol)* régime totalitarian. ♦ **totalitarisme** *nm* totalitarianism. ♦ **totalité** *nf* **(a)** *(gén)* **la** ~ **de** all of; **la** ~ **de son salaire** his whole *ou* entire salary, all of his salary; **vendu en** ~ **aux États-Unis** all sold to the USA; **pris dans sa** ~ taken as a whole *ou* in its entirety. **(b)** *(Philos)* totality.

totem [tɔtɛm] *nm (gén)* totem; *(poteau)* totem pole.

toubib * [tubib] *nm* doctor, doc *.

toucan [tukã] *nm* toucan.

touchant¹ [tuʃã] *prép* concerning, about.

touchant², e [tuʃã, ãt] *adj (émouvant)* touching, moving.

touche [tuʃ] *nf* **(a)** *[piano etc]* key; *[guitare]* fret. *(Ordin)* ~ **de fonction/programmable** function/user-defined key. **(b)** *(de couleur)* touch, stroke; *(d'ironie)* touch. **une** ~ **de gaieté** a touch *ou* note of gaiety; **avec une** ~ **d'humour** with a hint *ou* suggestion *ou* touch of humour. **(c)** *(Pêche)* bite; *(Escrime)* hit. **faire une** ~ *(lit)* to have a bite; *(*: flirter)* to make a hit. **(d)** *(Ftbl, Rugby)* (ligne) touchline; *(sortie)* touch; *(remise en jeu)* (Ftbl) throw-in; *(Rugby)* line-out. **sortir en** ~ to go into touch; **rester sur la** ~ *(lit)* to stay on the touch-lines; *(fig)* to be left on the sidelines. **(e)** *(*: allure)* look, appearance. **quelle drôle de** ~! what a sight! *, what does he *(ou* she *etc)* look like! *

touche-à-tout [tuʃatu] *nmf inv (gén enfant)* (little) meddler; *(inventeur)* dabbler.

toucher [tuʃe] (1) **1** *vt* **(a)** *(gén)* to touch; *(pour palper)* tissu etc to feel. ~ **qch du doigt** to touch sth with one's finger; **je n'avais pas touché une**

raquette **depuis 6 mois** I hadn't had a racket in my hands for 6 months; **il ne faut pas que ça touche** (le mur) it mustn't touch (the wall); ~ **le fond** *(lit)* to touch the bottom; *(fig) [récession, productivité]* to bottom out; *(fig)* ~ **le fond de l'abîme** to be utterly destitute, be in abject poverty; ~ **le fond du désespoir** to be in the depths of despair; ~ **terre** to land; **l'avion toucha le sol** the plane touched down *ou* landed. **(b)** *(jouxter)* to adjoin. **son jardin touche le nôtre** his garden (ad)joins ours *ou* is adjacent to ours. **(c)** *adversaire, objectif* to hit. **touché d'une balle en plein cœur** hit by a bullet in the heart. **(d)** *(contacter)* to reach, get in touch with, contact. **(e)** *(faire escale à)* port to put in at, call at. **(f)** *salaire* to draw, get, be paid; *prime* to get, receive; *chèque* to cash; *gros lot* to win. **(g)** *(émouvoir) [drame, deuil]* to affect, shake; *[cadeau, bonté]* to touch, move; *[reproche]* to have an effect on. ~ **qn au vif** to cut sb to the quick. **(h)** *(concerner) [problème]* to affect, concern. **touché par la dévaluation** affected *ou* hit by devaluation. **(i) je vais lui en** ~ **un mot** I'll have a word with him about it, I'll mention it to him; **touchons du bois!** * touch wood! *, knock on wood! * *(US)* , let's keep our fingers crossed! **2 se** ~ *vpr [lignes, cercles]* to touch; *[terrains]* to be adjacent (to each other), adjoin. **3** ~ **à** *vt indir* **(a)** *objet* to touch; *économies* to break into, touch. ~ **à tout** *(lit)* to meddle with everything; *(faire plusieurs métiers)* to dabble in everything; **on n'a pas touché au fromage** we haven't touched the cheese, the cheese has been left untouched. **(b)** *(malmener)* enfant to touch, lay a finger on; *réputation* to question. **(c)** *(modifier)* règlement to meddle with; *mécanisme* to tamper with; *monument* to touch. *(Pol)* ~ **aux intérêts d'un pays** to interfere with a country's interests. **(d)** *(concerner)* intérêts to affect; *problème, domaine* to touch, have to do with. **(e)** *(aborder)* période, but to near, approach; *sujet* to broach, come onto; *activité* to try one's hand at. *(fig)* **sans avoir l'air d'y** ~ looking as if butter wouldn't melt in his mouth; **l'hiver touche à sa fin** winter is nearing its end *ou* is drawing to a close. **(f)** *(être en contact avec)* to touch; *(être contigu à)* to border on, adjoin. **cela touche à la folie** that verges *ou* borders on madness. **4** *nm (sens)* (sense of) touch; *(impression produite)* feel. **doux au** ~ soft to the touch.

touffe [tuf] *nf [herbe, poils]* tuft; *[arbres, fleurs]* clump (de of).

touffu, e [tufy] *adj barbe* bushy; *arbres* leafy; *haie, bois* thick; *roman, style* dense.

touiller * [tuje] (1) *vt* to stir.

toujours [tuʒuʀ] *adv* **(a)** *(continuité)* always; *(répétition)* forever, always. ~ **à l'heure** always on time; **la vie se déroule** ~ **pareille** life goes on the same as ever *ou* forever the same; **il est** ~ **en train de critiquer** he is always *ou* forever criticizing, keeps on criticizing; **comme** ~ as ever, as always; **les jeunes veulent** ~ **plus d'indépendance** young people want more and more *ou* still more independence; **ce sont des amis de** ~ they are lifelong friends; **il est parti pour** ~ he's gone forever *ou* for good. **(b)** *(encore)* still. **il travaille** ~ he is still working; **j'espère** ~ **qu'elle viendra** I keep hoping *ou* I'm still hoping she'll come; **ils n'ont** ~ **pas répondu** they still haven't replied, they have not yet replied. **(c)** *(intensif)* anyway, anyhow. **écrivez** ~, **il vous répondra peut-être** write anyway *ou* anyhow, he (just) might answer you; **où est-elle? — pas chez moi** ~! not at my place anyway! *ou* at any rate!; **je trouverai** ~ **(bien) une excuse** I can always think up an excuse; **tu trouveras** ~ **(bien) une poste** you're sure *ou* bound to find a post office; **tu peux** ~ **courir!** * you've got some hope! *(iro)*; **vous pouvez** ~ **crier, il n'y a per-**

sonne shout as much as you like, there's no one about; ~ **est-il que** the fact remains that, that does not alter the fact that.

toupet [tupɛ] *nm* (a) ~ **(de cheveux)** quiff, tuft (of hair). (b) (*: culot*) sauce *, nerve, cheek. **avoir du** ~ to have a nerve *ou* a cheek.

toupie [tupi] *nf (jouet)* (spinning) top. **vieille ~ ⁑** silly old trout ⁑.

tour¹ [tuʀ] *nf* (a) tower; *(immeuble)* tower block, high-rise block. ~ **de contrôle** control tower; *(fig péj)* **c'est une vraie ~, il est gros comme une ~** he is massive *ou* enormous. (b) *(Échecs)* castle, rook.

tour² [tuʀ] *nm* (a) *(parcours, exploration)* **faire le ~ de** *parc etc* to go round; *possibilités* to explore; *magasins* to go round, look round; *problème* to consider from all angles; ~ **de ville** *(pour touristes)* city tour; **si on faisait le ~?** shall we go round (it)?; **faire le ~ du cadran** *[aiguille]* to go round the clock; *[dormeur]* to sleep (right) round the clock; **faire le ~ du monde** to go round the world; **faire un ~ d'Europe** to tour Europe; ~ **d'horizon** (general) survey; ~ **de chant** song recital; ~ **de piste** *(Sport)* lap; *(Cirque)* circuit; **la bouteille a fait le ~ de la table** the bottle went round the table; *(dans un débat)* **procéder à un ~ de table** to seek the views of all those seated round the table. (b) *(excursion)* trip, outing; *(balade) (à pied)* walk, stroll; *(en voiture)* run, drive. **faire un ~ de manège** to have a ride on a merry-go-round; **faire un ~ en ville** to go for a walk round town; **je vais te faire faire le ~ du propriétaire** I'll show you over *ou* round the place. (c) *(succession)* turn, go. ~ **de garde** spell *ou* turn of duty; **c'est votre ~** it's your turn; **à ton ~ (de jouer)** *(gén)* (it's) your turn *ou* go; *(Échecs, Dames)* (it's) your move; **attendre son ~** to wait one's turn; **chacun son ~** everyone will have his turn; **nous le faisons chacun à notre ~** *ou* **à ~** *ou* **à ~ de rôle** we take turns at it; **à qui le ~?** whose turn *ou* go is it?, who is next? (d) *(Pol)* ~ **(de scrutin)** ballot; **au premier ~** in the first ballot *ou* round. (e) *[partie du corps]* measurement; *[tronc, colonne]* girth; *[visage]* contour, outline; *[surface]* circumference; *[bouche]* outline. ~ **de taille** *etc* waist *etc* measurement; **la table fait 3 mètres de ~** the table measures 3 metres round (the edge). (f) *(rotation)* turn; *(Tech)* revolution. **un ~ de vis** a (turn of a) screw; *(fig)* **donner un ~ de vis au crédit** to freeze credit, put a squeeze on credit; **donner un ~ de vis aux libertés** to crack down *ou* clamp down on freedom; *(Aut)* **régime de 2 000 ~s** speed of 2,000 revs *ou* revolutions; **donner un ~ de clef** to turn the key, give the key a turn; **faire un ~ sur soi-même** to spin round once; **souffrir d'un ~ de reins** to suffer from a sprained *ou* strained back; **à ~ de bras** *frapper* with all one's strength; *produire* prolifically; *critiquer* with a vengeance. (g) *(disque)* **un 33 ~s** an LP; **un 45 ~s** a single; **un 78 ~s** a 78. (h) *(tournure)* *[situation, conversation]* turn, twist. ~ **d'esprit** turn *ou* cast of mind; ~ **(de phrase)** turn of phrase. (i) *[acrobate]* feat, stunt; *[jongleur, escroc, plaisantin]* trick. ~ **d'adresse/de cartes** skilful/card trick; ~ **de force** *(lit)* feat of strength; *(fig)* amazing feat; **en un ~ de main** in next to no time; **et le ~ est joué!** and there you have it!; **par un ~ de passe-passe** by sleight of hand; **c'est un ~ à prendre** it's just a knack one picks up; **avoir plus d'un ~ dans son sac** to have more than one trick up one's sleeve; **jouer un ~ à qn** to play a trick on sb; **un ~ de cochon** * a dirty *ou* lousy trick *. (j) *(Tech)* lathe. ~ **de potier** potter's wheel.

tourbe [tuʀb(ə)] *nf* peat. ◆ **tourbeux, -euse** *adj* peaty. ◆ **tourbière** *nf* peat bog.

tourbillon [tuʀbijɔ̃] *nm (dans l'eau)* whirlpool; *(de vent)* whirlwind; ~ **de fumée/neige** swirl *ou* eddy of smoke/snow; ~ **de plaisirs** whirl of pleasure; **le ~ de la vie** the hurly-burly *ou* hustle and bustle of life. ◆ **tourbillonnement** *nm* whirling, swirling, eddying. ◆ **tourbillonner** (1) *vi [poussière etc]* to whirl, swirl, eddy; *[danseurs, idées]* to swirl *ou* whirl round.

tourelle [tuʀɛl] *nf (gén)* turret; *[sous-marin]* conning tower.

tourisme [tuʀism(ə)] *nm:* **le ~** tourism; **faire du ~** to go touring *ou* sightseeing; **le ~ d'hiver** the winter tourist trade *ou* industry; **avion/voiture de ~** private plane/car; **office du ~** tourist office; **agence de ~** tourist agency. ◆ **touriste** *nmf* tourist. ◆ **touristique** *adj (gén)* tourist; *région* with great tourist attractions, popular with (the) tourists, touristic *(péj)*.

tourment [tuʀmɑ̃] *nm* agony, torment.

tourmente [tuʀmɑ̃t] *nf (lit)* storm, gale; *(fig)* storm, turmoil. ~ **de neige** blizzard.

tourmenter [tuʀmɑ̃te] (1) **1** *vt (gén)* to torment; *[remords, doute]* to rack, plague. ~ **qn de questions** to plague *ou* harass sb with questions; **ce qui me tourmente dans cette affaire** what worries *ou* bothers me in this business. **2 se** ~ *vpr* to fret, worry (o.s.). ◆ **tourmenté, e** *adj personne, visage* tormented, tortured; *formes* tortured; *vie, mer* stormy.

tournage [tuʀnaʒ] *nm (Ciné)* shooting; *(Menuiserie)* turning.

tournant, e [tuʀnɑ̃, ɑ̃t] **1** *adj fauteuil* swivel; *scène* revolving; *(Mil) mouvement* encircling; *escalier* spiral. **2** *nm (virage)* bend; *(changement)* turning point. *(fig)* **décisif** watershed; **cette entreprise a bien su prendre le ~** this company has managed the change *ou* switch well; **avoir qn au ~** * to get even with sb; **attendre qn au ~** * to wait for the chance to catch sb out.

tourné, e¹ [tuʀne] *adj* (a) **bien ~** *personne, jambes* shapely; *taille* neat, trim; *compliment* well-turned; *article, lettre* well-worded, well-phrased; **mal ~** *lettre* badly worded *ou* phrased; **avoir l'esprit mal ~** to have a dirty mind. (b) *lait, vin* sour. (c) *(Menuiserie)* turned.

tournebouler * [tuʀnəbule] (1) *vt personne* to put in a whirl.

tournebroche [tuʀnəbʀɔʃ] *nm* roasting jack *ou* spit, rotisserie.

tourne-disque, *pl* **tourne-disques** [tuʀnə disk(ə)] *nm* record player.

tournedos [tuʀnədo] *nm* tournedos.

tournée² [tuʀne] *nf* (a) *[conférencier, artiste]* tour; *[inspecteur, livreur]* round. **être en ~** to be on tour; **to be on one's rounds; faire la ~ des magasins** to do the rounds of, go round; **faire la ~ des grands ducs** to go out on a spree. (b) *(consommations)* round (of drinks). **c'est la ~ du patron** the drinks are on the house.

tournemain [tuʀnəmɛ̃] *nm:* **en un ~** in next to no time.

tourner [tuʀne] (1) **1** *vt* (a) *clef, regard etc* to turn; *sauce* to stir; *page* to turn (over). ~ **et retourner** to turn over and over; **quand il m'a vu, il a tourné la tête** when he saw me he looked away *ou* he turned his head away; *(lit, fig)* ~ **le dos à** to turn one's back on; **le dos tourné à la fenêtre** with one's back to the window; **dès que j'ai le dos tourné** as soon as my back is turned; ~ **ses pensées/ efforts vers** to turn *ou* bend one's thoughts/efforts towards *ou* to. (b) *armée* to turn, outflank; *obstacle* to round; *difficulté* to get round *ou* past. (c) *phrase, compliment* to turn; *demande, lettre* to phrase, express. (d) *(Ciné) scène* to shoot, film; *film (faire les prises de vue)* to shoot; *(en être producteur ou*

acteur) to make. **ils ont dû ~ en studio** they had to do the filming in the studio; **scène tournée en extérieur** scene shot on location. **(e)** *bois, ivoire* to turn; *pot* to throw. **(f)** *(locutions)* **~ qch en ridicule** to make sth a laughing stock, ridicule sth, hold sth up to ridicule; **il a tourné l'incident en plaisanterie** he made a joke out of the incident; **il tourne tout à son avantage** he turns everything to his (own) advantage; *(fig)* **~ la page** to turn over a new leaf; *(lit, fig)* **se ~ les pouces** to twiddle one's thumbs; **~ la tête à qn** *[vin]* to go to sb's head; *[succès]* to go to *ou* turn sb's head.
2 *vi* **(a)** *(gén)* to turn; *[aiguilles]* to go round; *(Tech)* *[roue]* to revolve; *[toupie]* to spin; *[taximètre]* to tick away; *[usine, moteur]* to run. **~ sur soi-même** to turn round on o.s.; *(très vite)* to spin round; **l'heure tourne** time is passing *ou* is going by *ou* on; **j'ai vu tout ~** my head began to spin *ou* swim; **faire ~ le moteur** to run the engine; **~ au ralenti** to tick over. **(b)** *[programme d'ordinateur]* to work. **arriver à faire ~ un programme** to get a program working *ou* to work. **(c)** **~ autour de** *(gén)* to turn *ou* go round; *[terre, roue]* to revolve *ou* go round; *[prix]* to be around *ou* about; *[oiseau, mouches]* to fly round; **~ autour de qn** *(péj: importuner)* to hang round sb; *(par curiosité)* to hover round sb; *[enquête, conversation]* **~ autour de qch** to centre on sth. **(d)** *(changer)* *[vent, opinion]* to turn, shift, veer (round); *[chemin, promeneur]* to turn; *[chance]* to turn. **bien/mal ~** to turn out well/badly; **ça va mal ~ *** that'll lead to trouble, it'll turn nasty; **~ au froid/au rouge** to turn cold/red; **~ à l'avantage de qn** to turn to sb's advantage; **~ à la bagarre** to turn *ou* degenerate into a fight; **sa bronchite a tourné en pneumonie** his bronchitis has turned *ou* developed into pneumonia; **~ au drame** to take a dramatic turn. **(e)** *[lait]* to turn (sour); *[poisson, viande]* to go off, go bad; *[fruits]* to go rotten *ou* bad. **faire ~** to turn sour. **(f)** *(locutions)* **~ à l'aigre** to turn sour; **~ court** to come to a sudden end; **~ de l'œil *** to pass out, faint; **~ en rond** *(lit)* to walk round and round; *[discussion]* to go round in circles; **~ rond** to run smoothly; **elle ne tourne pas rond *** she must be a bit touched *; **qu'est-ce qui ne tourne pas rond? *** what's the matter?, what's wrong?, what's up? *; **~ autour du pot *** to beat about the bush; **il tourne comme un ours** *ou* **comme une bête en cage** he paces about like a caged animal; *(Spiritisme)* **faire ~ les tables** to do table-turning; **faire ~ qn en bourrique** to drive sb round the bend *.
3 se ~ *vpr (lit, fig)* **se ~ vers** to turn to; **se ~ contre qn** to turn against sb; **tourne-toi (de l'autre côté)** turn round *ou* the other way.

tournesol [tuʀnəsɔl] *nm* sunflower.

tourneur [tuʀnœʀ] *nm (Tech)* turner.

tournevis [tuʀnəvis] *nm* screwdriver.

tourniquet [tuʀnikɛ] *nm (barrière)* turnstile; *(porte)* revolving door; *(d'arrosage)* sprinkler hose; *(présentoir)* revolving stand; *(Méd)* tourniquet.

tournis * [tuʀni] *nm*: **donner le ~ à qn** to make sb feel dizzy *ou* giddy.

tournoi [tuʀnwa] *nm* tournament.

tournoyer [tuʀnwaje] (8) *vi [eau, fumée]* to whirl, swirl, eddy; *[oiseaux]* to wheel (round); *[feuilles mortes]* to swirl around. **faire ~** to whirl sth round. ◆ **tournoiement** *nm*: **~(s)** whirling; swirling; eddying; wheeling.

tournure [tuʀnyʀ] *nf* **(a)** *(tour de phrase)* turn of phrase; *(forme)* form. **~ négative** negative form. **(b)** *[événements]* turn. **la situation a pris une mauvaise/meilleure ~** the situation took a turn for the worse/for the better; **prendre ~** to take shape. **(c)** **~ d'esprit** turn *ou* cast of mind.

tourteau, *pl* **~x** [tuʀto] *nm* (sort of) crab.

tourterelle [tuʀtəʀɛl] *nf* turtledove.

Toussaint [tusɛ̃] *nf*: **la ~** All Saints' Day.

tousser [tuse] (1) *vi [personne]* to cough; *[moteur]* to splutter, cough, hiccup. ◆ **toussoter** (1) *vi* to cough, have a slight cough. ◆ **toussotement** *nm* (slight) coughing.

tout [tu], **toute** [tut], *mpl* **tous** [tu] *(adj)* *ou* [tus] *(pron)*, *fpl* **toutes** [tut] **1** *adj* **(a)** *(complet)* all (of), the whole (of). **~ le, toute la** all (the), the whole (of the); **lire ~ Balzac** to read the whole of *ou* all of Balzac; **il a plu toute la nuit/toute une nuit** it rained the whole (of the) night *ou* all night (long)/for a whole night; **~ le monde** everybody, everyone; **~ le reste** (all) the rest; **~ le temps** all the time; **toute la France** the whole of *ou* all France; **donner toute satisfaction** to give complete satisfaction; **en toute franchise** in all sincerity; **c'est toute une affaire** it's quite a business. **(b)** *(tout à fait)* quite. **c'est ~ le contraire** it's quite the opposite *ou* the very opposite; **lui ~ le premier** him *ou* he first of all; **c'est ~ autre chose** that's quite another matter; **avec toi c'est ~ l'un ou ~ l'autre** with you it's either all black or all white; **c'est ~ le portrait de son père** he is the spitting image of his father. **(c)** *(seul)* only. **c'est ~ l'effet que cela lui fait** that's all the effect *ou* the only effect it has on him; **c'est là ~ le problème** that's the whole problem; **cet enfant est toute ma joie** this child is all my joy. **(d)** *(n'importe quel)* any, all. **toute personne** any person, anyone; **toute trace d'agitation a disparu** all *ou* any trace of agitation has gone; **il me dérange à ~ instant** he keeps on disturbing me, he's constantly *ou* continually disturbing me; **ça peut se produire à ~ instant** it can happen (at) any time *ou* moment; **à ~ âge** at any age, at all ages; **pour ~ renseignement, téléphoner...** for all information, ring...; *(véhicule)* **~ terrain** all-purpose *ou* all-roads vehicle. **(e)** *(complètement)* **il était ~ à son travail** he was entirely taken up by his work; **habillé ~ en noir** dressed all in black; **un style ~ en nuances** a very subtle style, a style full of nuances. **(f)** **tous, toutes** *(l'ensemble)* all, every; **toutes les personnes** all the people, everyone; **courir dans tous les sens** to run in all directions *ou* in every direction; **film pour tous publics** film suitable for all audiences; **toutes sortes de** all sorts of, every kind of; **tous azimuts** *attaquer* on all fronts. **(g)** **tous** *ou* **toutes les** *(chaque)* every; **tous les ans** every year; **tous les deux jours** every other *ou* second *ou* alternate day, every two days; **tous les 10 mètres** every 10 metres; **tous les trente-six du mois** once in a blue moon; **tous (les) deux** both (of them), the two of them; **tous (les) 3/4** all 3/4 (of them). **(h)** *(locutions)* **en ~ bien ~ honneur** with the most honourable (of) intentions; **à ~ bout de champ** every now and then; **en ~ cas** anyway, in any case, at any rate; **un chacun** every one of us; **de ~ côté** *chercher* on all sides, everywhere; **à tous égards** in every respect; **en ~ état de cause, de toute façon** in any case, anyway, anyhow; **il s'est enfui à toutes jambes** he ran away as fast as his legs could carry him, he showed a clean pair of heels; **en tous lieux** everywhere; **faire ~ son possible** to do one's utmost; **toutes proportions gardées** relatively speaking, making due allowances; **à ~ propos** every other minute; **de ~ cœur** wholeheartedly; **de toute beauté** most beautiful, of the utmost beauty; **de ~ temps, de toute éternité** from time immemorial, since the beginning of time; **ce n'est pas un travail de ~ repos** it's not an easy job; **c'est un placement de ~ repos** it's an absolutely secure investment; **à ~ prix** at all costs; **à toute vitesse** at full *ou* top speed; **il a une**

patience/un courage à toute épreuve his patience/courage will stand any test, he has limitless patience/unshakeable courage; **selon toute apparence** to all appearances.

2 *pron indéf* (**a**) *(gén)* everything, all; *(n'importe quoi)* anything. **il a ~ organisé** he organized everything, he organized it all; **il vend de ~** he sells anything and everything; **c'est ~ ou rien** it's all or nothing.

(**b**) **tous, toutes** all; **vous tous** all of you; **tous ensemble** all together; **film pour tous** film suitable for all audiences.

(**c**) **~ ce qui, ~ ce que: ~ ce que je sais, c'est qu'il est parti** all I know is that he's gone; **ne croyez pas ~ ce qu'il raconte** don't believe everything *ou* all he tells you; **~ ce qui lui appartient** everything *ou* all that belongs to him; **~ ce qui brille n'est pas or** all that glitters is not gold; **il a été ~ ce qu'il y a de gentil** he was most kind, he couldn't have been kinder.

(**d**) *(locutions)* **~ est bien qui finit bien** all's well that ends well; **... et ~ et ~ *** ... and all that sort of thing, ... and so on and so forth; **~ est là** that's the whole point; **c'est ~ dire** that's all; **c'est ~ dire** I need say no more; **et ce n'est pas ~!** and that's not all!, and there's more to come; **ce n'est pas ~ de partir, il faut arriver** it's not enough to set off, one must arrive as well; **il y avait des gens ~ ce qu'il y a de plus distingué** there were the most distinguished people there; **à ~ prendre, ~ bien considéré** all things considered, taking everything into consideration; *(Comm)* **~ compris** inclusive, all-in; **avoir ~ d'un brigand** to be an absolute *ou* a real outlaw; **en ~** in all; **en ~ et pour ~** all in all.

3 *adv* (**a**) *(tout à fait)* very, quite; *surpris, déçu* very, most; *cru* quite, completely. **les toutes premières années** the very first *ou* early years; **c'est une ~ autre histoire** that's quite another story; **c'est ~ naturel** it's perfectly *ou* quite natural; **la ville ~ entière** the whole town; **~ nu** stark naked; **~ neuf** brand new.

(**b**) *(quoique)* **~ médecin qu'il soit** even though *ou* although he is a doctor; **toute malade qu'elle se dise** however *ou* no matter how ill she says she is.

(**c**) *(intensif)* **~ près** very near *ou* close; **~ là-bas/au bout** right over there/at the end; **~ simplement** quite simply; **je le sais ~ autant que toi** I know it as well as you do, I'm as aware of it as you are; **j'aime ça ~ aussi peu que lui** I like that as little as he does; **parler ~ bas** to speak very low; **il était ~ en sueur** he was in a lather of sweat *ou* running with sweat; **elle était ~ en larmes** she was in floods of tears; **le jardin est ~ en fleurs** the garden is a mass of flowers.

(**d**) **~ en** + *participe présent:* **~ en marchant** as *ou* while you walk, while walking; **~ en prétendant le contraire il voulait être élu** (al)though he pretended otherwise he wanted to be elected.

(**e**) *(avec n)* **être ~ yeux/oreilles** to be all eyes/ears; **être ~ sucre ~ miel** to be all sweetness and light; **~ laine** all wool; **être ~ feu ~ flammes** to be fired with enthusiasm.

(**f**) *(déjà)* **~ prêt, ~ préparé** ready-made; **formules toutes faites** ready-made *ou* set *ou* standard phrases; **idées toutes faites** preconceived ideas; **vendu ~ cuit** sold ready-cooked *ou* pre-cooked; **c'est du ~ cuit *** it's a cinch * *ou* a pushover *; **c'est ~ vu *** it's a foregone conclusion, it's a dead cert *.

(**g**) *(locutions)* **~ à coup** all of a sudden, suddenly; **~ à fait** quite, entirely; **~ à l'heure** *(futur)* in a moment; *(passé)* a moment ago; **~ de suite** straightaway, at once, immediately; **~ au plus at** the (very) most; **~ au moins** at (the very) least; **~ d'abord** first of all, in the first place; **~ de même**

(en dépit de cela) all the same, for all that; *(très)* quite, really; *(indignation)* **~ de même!** well really!; **il est gentil ~ plein *** he is really very *ou* really awfully * nice; **~ nouveau ~ beau** (just) wait till the novelty wears off; **c'est ~ comme *** it comes to the same thing really; **c'est ~ un** it's all one, it's one and the same thing.

4 *nm* (**a**) *(ensemble)* whole. **vendre le ~** to sell the (whole) lot.

(**b**) **le ~ est qu'il parte à temps** the main *ou* most important thing is that he leaves in time; **il avait changé du ~ au ~** he had changed completely; **ce n'est pas le ~ *, il faut se dépêcher** this isn't good enough, we'll have to hurry; **(pas) du ~** not at all; **il n'y a plus du ~ de pain** there's no bread left at all.

◆ **tout-à-l'égout** *nm inv* mains drainage. ◆ **tout-petit,** *pl* **tout-petits** *nm* toddler, tiny tot. ◆ **toute-puissance** *nf* omnipotence. ◆ **tout-puissant,** *f* **toute-puissante** **1** *adj* omnipotent, all-powerful. **2** *nm:* **le T~-P~** the Almighty. ◆ **tout-venant** *nm inv* *(charbon)* raw coal. *(articles, marchandises)* **le ~** the run-of-the-mill *ou* ordinary stuff.

toutefois [tutfwa] *adv* however.

toutou * [tutu] *nm* doggie *, bow-wow *. **obéir à qn comme un ~** to obey sb as meekly as a lamb.

toux [tu] *nf* cough.

toxique [tɔksik] **1** *adj* toxic, poisonous. **2** *nm* toxin, poison. ◆ **toxicologie** *nf* toxicology. ◆ **toxicologique** *adj* toxicological. ◆ **toxicologue** *nmf* toxicologist. ◆ **toxicomane** *nmf* drug addict. ◆ **toxicomanie** *nf* drug addiction. ◆ **toxine** *nf* toxin.

trac [tʀak] *nm* *(Théât, en public)* stage fright; *(aux examens etc)* nerves. **avoir le ~** to get stage fright; to get nerves; **donner le ~ à qn** to give sb a fright.

tracas [tʀaka] *nm* worry. **donner du** *ou* **des ~ à qn** to give sb trouble, worry sb. ◆ **tracasser** (1) **1** *vt* *(gén)* to worry, bother; *[administration]* to harass, bother. **2 se ~** *vpr* to worry, fret.

trace [tʀas] *nf* (**a**) *(gén, fig: marque)* mark; *(empreinte d'animal, de pneu)* tracks; *(vestige de civilisation)* trace; *(indice)* sign. **~s de pas** footprints; **~s de doigt** finger marks; **~s d'effraction** signs of a break-in. (**b**) *(quantité minime)* *[poison, substance]* trace. **sans une ~ d'accent étranger** without a *ou* any trace of a foreign accent. (**c**) *disparaître sans laisser de* **~s** *[personne]* to disappear without trace; *[tache]* to disappear completely without leaving a mark; **il n'y avait pas ~ des documents** there was no trace of the documents; **être sur la ~ de** to be on the track of; **perdre la ~ d'un fugitif** to lose track of *ou* lose the trail of a fugitive; *(fig)* **marcher sur les ~s de qn** to follow in sb's footsteps.

tracé [tʀase] *nm* (**a**) *(plan)* layout, plan. (**b**) *(parcours)* *[autoroute]* route; *[rivière]* line, course; *[côte, crête]* line. (**c**) *(graphisme)* line.

tracer [tʀase] (3) *vt* *(dessiner)* *ligne, plan* to draw; *courbe graphique* to plot; *(écrire)* to write, trace; *(frayer)* *route* to open up. *(fig)* **~ la voie à qn** to show sb the way. ◆ **traceur** *nm* *(Ordin)* **~ de courbes** (graph) plotter.

trachée [tʀaʃe] *nf:* **~(-artère)** windpipe.

tract [tʀakt] *nm* leaflet.

tractation [tʀaktɑsjɔ̃] *nf* dealings, bargaining, negotiation.

tracter [tʀakte] (1) *vt* to tow.

tracteur [tʀaktœʀ] *nm* tractor.

traction [tʀaksjɔ̃] *nf* *(gén)* traction. *(Aut)* **~ avant** car with front-wheel drive.

tradition [tʀadisjɔ̃] *nf* *(gén)* tradition. **il est de ~ que** it is a tradition *ou* traditional that. ◆ **traditionnel, -elle** *adj* traditional; *(*: habituel)* sa

~elle robe noire * her good old * *ou* usual black dress. ◆ **traditionnellement** *adv* traditionally; *(habituellement)* as usual.

traduire [tʀadɥiʀ] (38) **1** *vt* (**a**) *texte, auteur* to translate *(en* into); *sentiment* to convey, render, express. **cela traduit notre inquiétude** this shows *ou* conveys our anxiety. (**b**) **~ qn en justice** to bring sb before the courts. **2 se** ~ *vpr* to be translated. **ça va se ~ par une augmentation des impôts** the visible outcome will be an increase in taxes, it will be translated into an increase in taxes. ◆ **traducteur, -trice** *nm, f* translator. ◆ **traduction** *nf* translation; expression. **la ~ de ce texte en anglais** the translation *of ou* translating this text into English; **~ littérale** literal translation. ◆ **traduisible** *adj* translatable.

trafic [tʀafik] *nm* (**a**) *(péj)* traffic; *(†: commerce)* trade *(de* in). **~ d'armes** arms dealing, gunrunning; **~ de la drogue** drug trafficking. (**b**) *(activités suspectes)* dealings; *(*: micmac)* funny business *, goings-on *. (**c**) *(Aut, Aviat, Rail)* traffic. ◆ **trafiquant, e** *nm, f (péj)* trafficker. **~ d'armes** arms dealer, gunrunner. ◆ **trafiquer** (1) **1** *vi (péj)* to traffic, trade (illicitly). **2** *vt (*: péj)* vin to doctor *; moteur* to tamper *ou* fiddle with.

tragédie [tʀaʒedi] *nf (gén, Théât)* tragedy. ◆ **tragédien, -ienne** *nm, f* tragic actor *ou* actress. ◆ **tragique 1** *adj (Théât, fig)* tragic. **ce n'est pas ~** it's not the end of the world. **2** *nm (auteur)* tragic author; *(tragédie)* **le ~** tragedy. **prendre qch au ~** to make a tragedy out of sth. ◆ **tragiquement** *adv* tragically.

trahir [tʀaiʀ] (2) *vt ami, patrie* to betray; *secret, émotion* to betray, give away. **sa rougeur l'a trahie** her blushes gave her away *ou* betrayed her; **ses nerfs l'ont trahi** his nerves failed him; **ces mots ont trahi ma pensée** those words misrepresented my thoughts. ◆ **trahison** *nf (gén)* betrayal, treachery; *(Jur, Mil: crime)* treason.

train [tʀɛ̃] *nm* (**a**) *(Rail)* train. **~ omnibus/direct** slow *ou* stopping/fast *ou* non-stop train; **~ de marchandises/voyageurs** goods/passenger train; **~ auto-couchettes** car-sleeper train; ≃ Motorail; **à grande vitesse** high-speed train; **il est dans ce ~** he's on *ou* aboard this train; **mettre qn dans le ~ *ou* au ~** to see sb to the train; **prendre le ~** to take the train; **prendre le ~ en marche** *(lit)* to get on the moving train; *(fig)* to jump on the bandwagon. (**b**) *(allure)* pace. **aller son petit ~** to go along at one's own pace; **aller bon ~** *[affaire, voiture]* to make good progress; *[commentaires]* to be rife; *(fig: dépenser beaucoup)* **mener grand ~** to live in grand style, spend money like water; **il allait à un ~ d'enfer** he was going flat out, he was racing along; **au ~ où il travaille** (at) the rate he is working; **au *ou* du ~ où vont les choses** at this rate. (**c**) **être en ~** *(en forme)* to be in good form; *(gai)* to be in good spirits; **mettre un travail en ~** to get a job under way *ou* started; **mise en ~** *[travail]* starting (up), start; *(exercices de gym)* warm-up; **elle ne se sent pas très en ~** she doesn't feel too good *ou* too bright *. (**d**) **être en ~ de faire qch** to be doing sth; **être en ~ de manger** to be (busy) eating. (**e**) *(ensemble) [bateaux, mulets]* train, line; *[réformes, mesures]* set, batch. **~ de pneus** set of (four) tyres; *(Aut)* **~ avant/arrière** front/rear wheel-axle unit; *[animal]* **~ de devant** forequarters; **~ de derrière** hindquarters; **~ d'atterrissage** undercarriage, landing gear. (**f**) **~ de vie** style of living, life style; **le ~ de vie de l'État** the government's rate of expenditure.

traînant, e [tʀɛnɑ̃, ɑ̃t] *adj voix* drawling; *démarche* shuffling.

traînard, e [tʀɛnaʀ, aʀd(ə)] *nm, f (péj) (gén)* slowcoach *; (toujours en queue d'un groupe)* straggler.

traîne [tʀɛn] *nf [robe]* train. *(fig)* **être à la ~** *(en remorque)* to be in tow; *(*: en retard)* to lag behind.

traîneau, *pl* **~x** [tʀɛno] *nm* sleigh, sledge, sled *(US)*.

traînée [tʀɛne] *nf (sur le sol)* trail, tracks; *(sur un mur, dans le ciel)* streak. **se répandre comme une ~ de poudre** to spread like wildfire.

traîner [tʀɛne] (1) **1** *vt objet lourd, personne* to drag (along). **~ les pieds** to drag one's feet, shuffle along; **~ la jambe** to limp, hobble; **~ qn dans la boue** to drag sb through the mud; *(fig)* **un boulet** to have a millstone round one's neck; **elle est obligée de ~ ses enfants partout** she has to trail *ou* drag her children along (with her) everywhere; **elle traîne un mauvais rhume** she has a bad cold she can't get rid of. **2** *vi* (**a**) *[personne] (rester en arrière)* to lag *ou* trail behind; *(aller lentement)* to dawdle; *(péj: errer, s'attarder)* to hang about. **en chemin** to dawdle on the way. (**b**) *[chose] (être éparpillé)* to lie about *ou* around. **des idées qui traînent partout** ideas that float around everywhere; **elle attrape tous les microbes qui traînent** *ou* **tout ce qui traîne** she catches anything that's going. (**c**) *[conversation, procès, maladie]* **~ (en longueur)** to drag on; **ça n'a pas traîné *** that wasn't long coming!; **faire ~ qch** to drag sth out; **doctrine où traînent des relents de fascisme** doctrine with a lingering whiff of fascism about it. (**d**) *[robe]* to trail. **~ par terre** to trail *ou* hang *ou* drag on the ground. **3 se** ~ *vpr* (**a**) *[personne]* to drag o.s. (about *ou* along); *[train, voiture]* to crawl along. **se ~ par terre** to crawl on the ground; *(fig)* **se ~ aux pieds de qn** to grovel at sb's feet. (**b**) *[conversation, journée, hiver]* to drag on.

training [tʀɛniŋ] *nm* (**a**) *(entraînement)* training. (**b**) *(chaussures)* trainer. *(®: survêtement)* **T~tracksuit** top.

train-train [tʀɛ̃tʀɛ̃] *nm* humdrum routine.

traire [tʀɛʀ] (50) *vt vache* to milk; *lait* to draw.

trait [tʀɛ] *nm* (**a**) *(ligne)* line. **faire un ~** to draw a line; *(fig)* **tirer un ~ sur son passé** to make a complete break with one's past; **~ de plume/de crayon** stroke of the pen/of the pencil; **~ d'union** *(Typ)* hyphen; *(fig)* link; **biffer qch d'un ~** to score *ou* cross sth out; *(lit, fig)* **à grands ~s** roughly; *(fig)* **ça lui ressemble ~ pour ~** that's just *ou* exactly like him. (**b**) *(caractéristique)* feature, trait; *(acte)* act. **avoir des ~s de ressemblance avec** to have certain features in common with; **~ de courage** act of courage. (**c**) *(physionomie)* **~s** features. (**d**) *(†: projectile)* arrow, dart; *(littér: critique)* taunt, gibe. **filer comme un ~** to be off like an arrow *ou* a shot; **~ d'esprit** flash *ou* shaft of wit; **~ de génie** brainwave, flash of genius. (**e**) *(courroie)* trace. **animal de ~** draught animal. (**f**) *(gorgée)* draught, draft *(US)*, gulp. **d'un ~** *dire* in one breath; *boire* in one gulp; *dormir* uninterruptedly, without a break. (**g**) *(rapport)* **avoir ~ à** to relate to, be connected with, have to do with, concern.

traite [tʀɛt] *nf* (**a**) *(trafic)* **~ des Noirs** slave trade. (**b**) *(Comm: billet)* draft, bill. (**c**) *(parcours)* stretch. **d'une (seule) ~** *parcourir* in one go, without stopping on the way; *dire* in one breath, *boire* in one gulp; *dormir* uninterruptedly, without waking. (**d**) *[vache]* milking.

traité [tʀete] *nm (livre)* treatise; *(convention)* treaty.

traitement [tʀetmɑ̃] *nm* (**a**) *[personne]* treatment; *(Méd)* course of treatment. **mauvais ~s** ill-treatment; **être en ~** to be having treatment *(à l'hôpital* in hospital). (**b**) *(rémunération)* salary, wage; *(Rel)* stipend. (**c**) *[matières premières]* processing, treating. *(Ordin)* **~ de texte** *(technique)* wordprocessing; *(logiciel)* word-processing package; **machine *ou* système de ~ de texte** *(dédié)* word processor.

traiter [tʀete] (1) **1** *vt* (**a**) *personne, animal* to treat; *(Méd)* to treat; *(†)* *invités* to entertain. **~ qn bien/**

mal to treat sb well/badly; ~ **qn durement** to be hard with *ou* on sb; ~ **qn en enfant** to treat sb as *ou* like a child; **se faire** ~ **pour** to undergo treatment for, be treated for. **(b)** *(qualifier)* to call. ~ **qn de menteur** to call sb a liar. **(c)** *question* to treat, deal with; *(Art) thème* to treat; *(Comm) affaire* to handle, deal with. **(d)** *(Tech)* to treat, process. **non traité** untreated. **2** ~ **de** *vt indir sujet, problème* to deal with, treat of. **3** *vi (négocier)* to negotiate, make *ou* do * a deal.

traiteur [tʀɛtœʀ] *nm* caterer.

traître, traîtresse [tʀɛtʀ(ə), tʀɛtʀɛs] **1** *adj (lit, fig)* treacherous. **ne pas dire un** ~ **mot** not to breathe a (single) word. **2** *nm (gén)* traitor; *(Théât)* villain. **prendre/attaquer qn en** ~ to take/attack sb off-guard, play an underhand trick/make an insidious attack on sb. **3** *nf* traitress. ◆ **traîtreusement** *adv* treacherously. ◆ **traîtrise** *nf*: **la** ~ treacherousness; **une** ~ a treachery.

trajectoire [tʀaʒɛktwaʀ] *nf* trajectory.

trajet [tʀaʒɛ] *nm (à parcourir)* distance; *(itinéraire)* route; *(voyage)* journey; *(par mer)* voyage; *(Anat) [nerf, artère]* course. **quel** ~ **il a parcouru depuis son dernier roman!** what a distance *ou* a long way he has come since his last novel!

tralala * [tʀalala] *nm (luxe, apprêts)* fuss.

trame [tʀam] *nf [tissu]* weft, woof; *[roman]* framework; *[vie]* web; *(Géog)* network, system. **la** ~ **urbaine** the urban network *ou* system; **usé jusqu'à la** ~ threadbare.

tramer [tʀame] **(1)** *vt évasion* to plot; *complot* to hatch. **il se trame qch** there's sth brewing.

trampoline [tʀɑ̃pɔlin] *nm* trampoline. **faire du** ~ to go *ou* do trampolining.

tramway [tʀamwɛ] *nm (moyen de transport)* tram(way); *(voiture)* tram(car), streetcar *(US)*.

tranchant, e [tʀɑ̃ʃɑ̃, ɑ̃t] **1** *adj* **(a)** *couteau, arête* sharp. **du côté** ~ with the sharp *ou* cutting edge. **(b)** *personne* sharp, cutting. **2** *nm* sharp *ou* cutting edge.

tranche [tʀɑ̃ʃ] *nf* **(a)** *[pain, jambon]* slice; *[bacon]* rasher. ~ **de bœuf** beefsteak; **couper en** ~**s** to slice. **(b)** *(bord) [livre, planche]* edge. **(c)** *(section) [crédit, prêt]* instalment; *(Admin) [revenus]* bracket. *(Admin)* ~ **d'âge/de salaires** age/wage bracket; **la première** ~ **des travaux** the first phase of the work; ~ **de temps** period of time; **une** ~ **de vie** a part of sb's life.

trancher [tʀɑ̃ʃe] **(1)** **1** *vt* **(a)** *corde* to cut, sever. ~ **le cou à qn** to cut off sb's head; ~ **la gorge à qn** to cut *ou* slit sb's throat. **(b)** *discussion* to conclude, bring to a close; *question, difficulté* to settle, decide. ~ **court** *ou* **net** to bring things to an abrupt conclusion; **il faut** ~ we have to take a decision. **2** *vi [couleur]* to stand out clearly *(sur, avec* against*)*; *[trait, qualité]* to contrast strongly *ou* sharply *(sur, avec* with*)*. ◆ **tranché, e¹** *adj couleurs* clear, distinct; *limite* clear-cut, definite; *opinion* clear-cut, cut-and-dried. ◆ **tranchée²** *nf (fossé)* trench.

tranquille [tʀɑ̃kil] *adj* **(a)** *(calme)* quiet, tranquil *(littér)*; *(paisible)* peaceful. **aller d'un pas** ~ to walk calmly; **se tenir** ~ to be quiet; **nous étions bien** ~**s** we were having a nice quiet *ou* peaceful time; **j'aime être** ~ I like (to have) some peace; **laisser qn** ~ to leave sb alone, to leave sb in peace; **laisser qch** ~ to leave sth alone *ou* in peace. **(b)** *(rassuré)* **être** ~ to be easy in one's mind; **tu peux être** ~ you needn't worry; **pour avoir l'esprit** ~ to set one's mind at rest *ou* at ease; **avoir la conscience** ~ to be at peace with one's conscience, have a clear conscience; **tu peux être** ~ **que...** you may be sure that..., rest assured that... **(c)** *(emploi adverbial)* (*: facilement)* easily. **il l'a fait en 3 heures** ~ he did it in 3 hours easily

ou no trouble; *(sans risques)* **tu peux y aller** ~ you can go there quite safely. ◆ **tranquillement** *adv* quietly; tranquilly; peacefully. ◆ **tranquillisant, e 1** *adj nouvelle* reassuring; *effet, produit* soothing, tranquillizing. **2** *nm (Méd)* tranquillizer. ◆ **tranquilliser (1)** *vt*: ~ **qn** to reassure sb; **se** ~ to set one's mind at rest. ◆ **tranquillité** *nf* quietness; tranquillity; peacefulness. **en toute** ~ *agir* without being bothered *ou* disturbed; *partir* with complete peace of mind; **troubler la** ~ **publique** to disturb the peace; **travailler dans la** ~ to work in peace (and quiet); ~ **(d'esprit)** peace of mind; ~ **matérielle** material security.

trans... [tʀɑ̃z] *préf* trans...

transaction [tʀɑ̃zaksjɔ̃] *nf (Comm)* transaction.

transatlantique [tʀɑ̃zatlɑ̃tik] **1** *adj* transatlantic. **course** ~ transatlantic race. **2** *nm (paquebot)* transatlantic liner; *(fauteuil)* deckchair.

transbahuter * [tʀɑ̃zbayte] **(1)** *vt* to shift, lug along *.

transborder [tʀɑ̃sbɔʀde] **(1)** *vt (Naut)* to tran(s)-ship; *(Rail)* to transfer. ◆ **transbordement** *nm* tran(s)shipment; transfer. ◆ **transbordeur** *nm*: **pont** ~ transporter bridge.

transcendance [tʀɑ̃sɑ̃dɑ̃s] *nf* transcendence. ◆ **transcendant, e** *adj (sublime)* transcendent; *(Philos, Math)* transcendental. ◆ **transcendantal, e, mpl -aux** *adj* transcendental. ◆ **transcender (1)** **1** *vt* to transcend. **2 se** ~ *vpr* to transcend o.s.

transcrire [tʀɑ̃skʀiʀ] **(39)** *vt (copier)* to copy out; *(Mus, Ling)* to transcribe. ◆ **transcription** *nf* copying out; transcription.

transe [tʀɑ̃s] *nf* **(a)** *(état second)* trance. **être/ entrer en** ~ to be in/to go into a trance. **(b)** *(affres)* ~**s** agony; **dans les** ~**s** in agony; **dans les** ~**s de l'attente** in agonies of anticipation.

transférer [tʀɑ̃sfeʀe] **(6)** *vt* to transfer. ◆ **transfert** *nm* transfer; *(Psych)* transference.

transfigurer [tʀɑ̃sfiɡyʀe] **(1)** *vt* to transfigure.

transformer [tʀɑ̃sfɔʀme] **(1)** **1** *vt (gén)* to change, alter; *(radicalement)* to transform; *magasin, essai de rugby* to convert; *matière première* to convert, process. **le bonheur l'a transformé** happiness has transformed him *ou* made a new man of him; ~ **qch en** to turn *ou* convert sth into; **elle a fait** ~ **son manteau en veste** she's had her coat made *ou* converted into a jacket. **2 se** ~ *vpr [embryon]* to be transformed, transform itself; *[énergie, matière]* to be converted; *[personne, pays]* to change, alter; *(radicalement)* to be transformed *(en* into*)*. ◆ **transformable** *adj structure, canapé* convertible; *aspect* transformable. ◆ **transformateur** *nm* transformer. ◆ **transformation** *nf* change; alteration; transformation; conversion; processing. **industries de** ~ processing industries.

transfuge [tʀɑ̃sfyʒ] *nmf (Mil, Pol)* renegade.

transfusion [tʀɑ̃sfyzjɔ̃] *nf*: ~ **(sanguine)** (blood) transfusion.

transgresser [tʀɑ̃sɡʀese] **(1)** *vt règle* to infringe, contravene; *ordre* to disobey, go against. ~ **la loi** to break the law. ◆ **transgression** *nf* infringement, contravention; disobedience; breaking.

transiger [tʀɑ̃ziʒe] **(3)** *vi* to compromise *(avec* with*)*.

transir [tʀɑ̃ziʀ] **(2)** *vt [froid]* to chill to the bone, numb; *[peur]* to paralyze, numb. ◆ **transi, e** *adj* numb (with cold).

transistor [tʀɑ̃zistɔʀ] *nm* transistor. ◆ **transistoriser (1)** *vt* to transistorize. **transistorisé** transistorized.

transit [tʀɑ̃zit] *nm* transit. **en** ~ in transit; **de** ~ transit. ◆ **transiter (1)** *vti* to pass in transit.

transitif, -ive [tʀɑ̃zitif, iv] *adj* transitive.

transition [tʀɑ̃zisjɔ̃] *nf* transition. **de** ~ *période, mesure* transitional; **sans** ~ without any transition.

transitoire [tʀɑ̃zitwaʀ] *adj* transitional.

translucide [tʀɑ̃slysid] *adj* translucent.

transmettre [tʀɑ̃smɛtʀ(ə)] (56) *vt* (a) (*lit, fig: léguer*) to transmit, pass on; *biens* to hand down; *fonctions, titre* to hand over. (b) *message* to pass on; *lettre* to send on, forward; (*Téléc*) to transmit, send; (*Rad, TV*) to broadcast. (c) (*Sport*) *ballon* to pass; *témoin, flambeau* to hand over, pass on. (d) (*Sci*) *énergie, impulsion* to transmit; (*Méd*) *maladie* to pass on, transmit. ◆ **transmetteur** *nm* transmitter. ◆ **transmissible** *adj* transmissible, transmittable; *maladie* communicable. **maladie sexuellement** ~ sexually transmitted disease. ◆ **transmission** *nf* transmission; passing on; handing down; handing over; sending on, forwarding; broadcasting. (*Pol*) ~ **des pouvoirs** handing over *ou* transfer of power; (*Ordin*) ~ **de données** data transmission; (*Mil: service*) **les** ~**s** ≃ the Signals (corps); ~ **de pensée** thought transfer, telepathy.

transparaître [tʀɑ̃spaʀɛtʀ(ə)] (57) *vi* to show (through). ◆ **transparence** *nf* transparency, transparence; limpidity, clearness; openness. **regarder qch par** ~ to look at sth against the light; **voir qch par** ~ to see sth showing through; **la** ~ **de cette allusion** the transparency of this allusion; **société dotée de la** ~ **fiscale** ≃ partnership. ◆ **transparent, e** *adj* (*lit, fig*) transparent; *eau, ciel, yeux* transparent, limpid, clear; (*sans secret*) *négociation, comptes* open.

transpercer [tʀɑ̃spɛʀse] (3) *vt* (*lit, fig*) to go through, pierce; (*d'un coup de couteau*) to stab. ~ **qn du regard** to give sb a piercing look; **je suis transpercé (par la pluie)** I'm soaked through *ou* drenched (by the rain).

transpirer [tʀɑ̃spiʀe] (1) *vi* (a) (*lit*) to perspire, sweat. **il transpire des mains** his hands perspire *ou* sweat, he has sweaty hands; ~ **à grosses gouttes** to be running *ou* streaming with sweat; ~ **sur un devoir** * to sweat over an exercise *. (b) [*secret*] to come to light, leak out, transpire. ◆ **transpiration** *nf* perspiration. **être en** ~ to be perspiring *ou* sweating *ou* in a sweat.

transplanter [tʀɑ̃splɑ̃te] (1) *vt* (*Bot, Méd, fig*) to transplant. ◆ **transplantation** *nf* (*action*) transplantation; (*Méd: intervention*) transplant. ~ **cardiaque** heart transplant.

transport [tʀɑ̃spɔʀ] *nm* (a) (*action*) (*gén*) carrying; (*par véhicule*) transport(ation), conveyance. **un train se chargera du** ~ **des bagages** the luggage will be taken *ou* transported by train; **endommagé pendant le** ~ damaged in transit; ~ **par train** rail transport(ation); **frais de** ~ transportation costs. (b) **les** ~**s** transport; ~**s publics** *ou* **en commun** public transport; ~**(s) routier(s)** road haulage *ou* transport; ~**s aériens** air transport; **mal des** ~**s** travel-sickness, motion sickness (*US*); **entreprise de** ~**s** haulage company. (c) (*émotion*) transport. **avec des** ~**s de joie** with transports of delight; ~ **au cerveau** seizure, stroke.

transporter [tʀɑ̃spɔʀte] (1) **1** *vt* (a) (*gén, fig*) to carry; (*avec véhicule*) to transport, carry, convey; *énergie, son* to carry. **transporté d'urgence à l'hôpital** rushed to hospital; **ils ont dû** ~ **le matériel à bras** they had to move the equipment by hand; **cette musique nous transporte dans un autre monde** this music transports us into another world. (b) (*exalter*) to carry away, send into raptures. ~ **qn de joie** to send sb into raptures; **être transporté de joie** to be in transports of delight, be carried away with delight. **2 se** ~ *vpr* (*littér: se déplacer*) to betake o.s., repair (*à, dans* to). ◆ **transporteur** *nm* (*entrepreneur*) haulage contractor, carrier; (*appareil*) conveyor. ~ **aérien**

airline company; ~ **routier** road haulage contractor.

transposer [tʀɑ̃spoze] (1) *vti* to transpose. ◆ **transposition** *nf* transposition.

transvaser [tʀɑ̃svaze] (1) *vt* to decant.

transversal, e, *mpl* **-aux** [tʀɑ̃svɛʀsal, o] *adj coupe, barre* cross; *mur, rue* which runs across; *vallée* transverse. ◆ **transversalement** *adv* across, crosswise.

trapèze [tʀapɛz] *nm* (a) (*Géom*) trapezium, trapezoid (*US*). (b) (*Sport*) trapeze. ~ **volant** flying trapeze. ◆ **trapéziste** *nmf* trapeze artist.

trappe [tʀap] *nf* trap door; (*Tech*) hatch; (*pour parachute*) exit door; (*piège*) trap.

trappeur [tʀapœʀ] *nm* trapper, fur trader.

trapu, e [tʀapy] *adj* (a) *personne* squat, stocky, thickset; *maison* squat. (b) (*arg Scol*) *élève* brainy *; *problème* tough, hard, stiff. ~ **en maths** terrific at maths *.

traquenard [tʀaknaʀ] *nm* (*lit*) trap; (*fig*) pitfall, trap.

traquer [tʀake] (1) *vt gibier, fugitif* to track down, hunt down; *abus* to hunt down; *débiteur, vedette* to hound, pursue. **bête traquée** hunted animal. ◆ **traque** *nf*: **la** ~ (**du gibier**) the tracking (of game).

traumatiser [tʀomatize] (1) *vt* to traumatize. ◆ **traumatisme** *nm* traumatism.

travail, *pl* **-aux** [tʀavaj, o] *nm* (a) (*activité*) **le** ~ work; ~ **manuel/scolaire** manual/school work; **c'est le** ~ **de l'électricien** that's the electrician's job; **observer qn au** ~ to watch sb at work, watch sb working; **séance de** ~ working session; **avoir du** ~/**beaucoup de** ~ to have (some) work/a lot of work to do; **se mettre au** ~ to set to *ou* get down to work. (b) (*tâche*) **un** ~ work, a job; **c'est un** ~ **de spécialiste** (*difficile à faire*) it's work for a specialist, it's a specialist's job; (*bien fait*) it's the work of a specialist; **commencer un** ~ to start a piece of work *ou* a job; **un** ~ **de Romain** a Herculean task. (c) ~**aux** work; ~**aux pratiques/ scientifiques/de réparation/de plomberie** practical/scientific/repair/plumbing work; ~**aux d'approche** (*Mil*) sapping *ou* approach works; (*pour faire la cour*) initial overtures (*auprès de* to); (*pour demander qch*) preliminary manœuvres *ou* moves (*auprès de* with); **faire faire des** ~**aux dans la maison** to have some work *ou* some jobs done in the house; **les** ~**aux des champs** farm work; **les** ~**aux pénibles** the heavy work *ou* tasks; ~**aux ménagers** housework; (*Scol*) ~**aux manuels** handicrafts; (*Admin*) ~**aux publics** civil engineering; (*Comm*) '**pendant les** ~**aux**' 'during alterations'; **attention!** ~**aux!** caution! work in progress!; (*sur la route*) road works ahead!; ~**aux d'utilité collective** community work, ≃ YTS. (d) (*métier*) **le** ~ work; **un** ~ a job, an occupation; **être sans** ~ to be out of work *ou* without a job *ou* unemployed; **accident du** ~ industrial accident; ~ **d'équipe/en usine** team/factory work; ~ **à la pièce** piecework; ~ **à la chaîne** assembly line *ou* production line work; ~ **au noir** * moonlighting *; **cesser le** ~ to stop work, down tools; **reprendre le** ~ to go back to work. (e) (*Écon: opposé au capital*) labour. **le monde du** ~ the workers. (f) [*pierre, bois, cuir*] (*façonnage*) working; (*facture*) work. **dentelle d'un** ~ **très fin** finely-worked lace; **c'est un très joli** ~ it's a very nice piece of handiwork *ou* craftsmanship *ou* work. (g) [*machine, organe*] work. ~ **musculaire** work of the muscles. (h) [*gel, érosion*] work; [*bois*] warp, warping; [*vin, cidre*] working. **le** ~ **du temps** the work of time. (i) (*Phys*) work. **unité de** ~ unit of work. (j) (*Méd*) [*femme*] labour; **femme en** ~ woman in labour. **entrer en** ~ to go into *ou* start labour; **salle de** ~ labour ward. (k) ~**aux forcés** hard labour; **c'est un** ~ **de forçat** it's hard labour;

(fig) **dans cette entreprise c'est vraiment les ~aux forcés** it's real slave labour in this company.

travaillé, e [tʀavaje] *adj bois, cuivre* worked, wrought; *style* polished; *meuble, ornement* finely-worked. *(tourmenté)* ~ **par** tormented by.

travailler [tʀavaje] **(1) 1** *vi* **(a)** *(gén)* to work; *[artiste] (s'exercer)* to practise, train. **commencer à/finir de** ~ to start/stop work; **je vais** ~ **un peu** I'm going to do some work; **faire** ~ **sa tête** to set one's mind to work; **fais** ~ **ta tête!** use your head!; **faire** ~ **ses bras** to exercise one's arms; **va** ~ (go and) get on with your work; ~ **à domicile** to work at home; ~ **au noir** to moonlight, do moonlighting; **sa femme travaille** his wife works *ou* goes out to work; **le temps travaille pour/contre eux** time is on their side/against them; ~ **sans filet** *(lit)* to work without a safety net; *(fig)* to work in the dark, work without any backup. **(b)** *[métal, bois]* to warp; *[vin, imagination]* to work. **2** *vt* **(a)** *(façonner) verre, cuir* to work; *discipline, style* to work on. ~ **la terre** to work the land; *(Culin)* ~ **la pâte** to work the mixture; ~ **le chant/piano** to practise singing/the piano; ~ **les esprits** to work on people's minds. **(b)** *[doutes]* to distract, worry; *[douleur]* to distract, torment. **cette idée le travaille** this idea is on his mind *ou* is preying on his mind. **3** ~ **à** *vt indir projet* to work on; *but* to work for. ~ **à la perte de qn** to work towards sb's downfall.

travailleur, -euse [tʀavajœʀ, øz] **1** *adj* hardworking, painstaking, diligent. **2** *nm, f* worker. **les ~s** the workers, working people; **~s étrangers** immigrant workers; ~ **agricole** agricultural *ou* farm worker; ~ **de force** labourer; ~ **indépendant** self-employed person, freelance worker; ~ **au noir** moonlighter.

travailliste [tʀavajist(ə)] **1** *adj* Labour. **2** *nmf* Labour Party member. **il est** ~ he is Labour; **les ~s** Labour, the Labour Party.

travée [tʀave] *nf* **(a)** *(section) [mur]* bay; *[pont]* span. **(b)** *(rangée)* row (of benches *ou* seats).

travers¹ [tʀavɛʀ] *nm (défaut)* failing, fault, shortcoming.

travers² [tʀavɛʀ] *nm* **(a) en** ~ across, crosswise; **en** ~ **de** across; **le véhicule se mit en** ~ **de la route** the vehicle stopped sideways on *ou* stopped across the road; **se mettre en** ~ **des projets de qn** to stand in the way of sb's plans; **en** ~, **par le** ~ *navire* abeam, on the beam. **(b) au** ~ **(de)** through; **le vent passe au** ~ the wind comes (right) through; *(fig)* **passer au** ~ to escape. **(c) de** ~ *nez* crooked; **comprendre de** ~ to misunderstand; **marcher de** ~ *(lit)* to stagger *ou* totter along; *(fig)* to be going wrong; **il répond toujours de** ~ he never gives a straight *ou* proper answer; **elle a mis son chapeau de** ~ she has put her hat on crooked; **il a l'esprit un peu de** ~ he's slightly odd; **il l'a regardé de** ~ he looked askance at him, he gave him a funny look; **il a avalé sa soupe de** ~ his soup has gone down the wrong way; **prendre qch de** ~ to take sth the wrong way, take sth amiss. **(d) à** ~ *(lit, fig)* through; *campagne* across, through; **à** ~ **le grillage/les siècles** through the fence/the centuries; **à** ~ **champs** through *ou* across the fields; *(lit, fig)* **passer à** ~ **(les mailles du filet)** to slip through the net. **(e)** *[boucherie]* ~ **(de porc)** sparerib of pork.

traverse [tʀavɛʀs(ə)] *nf (Rail)* sleeper; *(barre transversale)* strut, crosspiece.

traversée [tʀavɛʀse] *nf (gén)* crossing. **la** ~ **de la ville en voiture** going through *ou* crossing the town by car; **faire la** ~ **d'un fleuve à la nage** to swim across a river.

traverser [tʀavɛʀse] **(1)** *vt* **(a)** *rue, pont, mer* to cross; *forêt, tunnel, (fig) crise* to go through. ~ **une rivière à la nage** to swim across a river; ~ **(une rivière) à gué** to ford a river; ~ **la foule** to make

one's way through the crowd. **(b)** *[pont, route]* to cross, run across; *[tunnel]* to cross under; *[barre, trait]* to run across; *[projectile, infiltration]* to go *ou* come through. ~ **qch de part en part** to go right through sth; **une idée lui traversa l'esprit** an idea passed through his mind *ou* occurred to him.

traversin [tʀavɛʀsɛ̃] *nm [lit]* bolster.

travestir [tʀavɛstiʀ] **(2)** *vt personne* to dress up; *vérité, paroles* to travesty, misrepresent, parody. ◆ **travesti** *nm (acteur)* drag artist; *(Psych: homosexuel)* transvestite; *(déguisement)* fancy dress.

trébucher [tʀebyʃe] **(1)** *vi (lit, fig)* to stumble. **faire** ~ **qn** to trip sb up; ~ **sur** *ou* **contre** *pierre* to stumble over, trip against; *mot* to stumble over.

trèfle [tʀɛfl(ə)] *nm* **(a)** *(Bot)* clover; *(Cartes)* clubs. ~ **à quatre feuilles** four-leaf clover; **le 8 de** ~ the 8 of clubs; *(emblème de l'Irlande)* **le** ~ the shamrock; *(Rugby)* **l'équipe du** ~ the Irish team.

tréfonds [tʀefɔ̃] *nm:* **le** ~ **de** the inmost depths of; **dans le** ~ **de mon cœur** deep down in my heart.

treillage [tʀejaʒ] *nm (sur un mur)* lattice work, trellis(work); *(clôture)* trellis fence.

treille [tʀɛj] *nf (tonnelle)* vine arbour; *(vigne)* climbing vine.

treillis [tʀeji] *nm* **(a)** *(en bois)* trellis; *(en métal)* wiremesh; *(Constr)* lattice work. **(b)** *(Tex)* canvas; *(Mil: tenue)* combat uniform.

treize [tʀɛz] *adj inv, nm inv* thirteen. ~ **à la douzaine** baker's dozen; *V* **six.** ◆ **treizième** *adj, nmf* thirteenth; *V* **sixième.** ◆ **treizièmement** *adv* in the thirteenth place.

tréma [tʀema] *nm* dieresis. **i** ~ i dieresis.

tremble [tʀɑ̃bl(ə)] *nm* aspen.

tremblement [tʀɑ̃bləmɑ̃] *nm (frisson)* shiver. **~(s)** trembling; **avec des ~s dans la voix** with a trembling *ou* quavering *ou* shaky voice; **tout le** ~ * the whole caboodle *; ~ **de terre** earthquake; **léger** ~ **de terre** earth tremor.

trembler [tʀɑ̃ble] **(1)** *vi* to tremble; *(de froid, fièvre)* to shiver, shake *(de* with); *[feuille]* to flutter; *[lumière]* to flicker; *[voix]* to quaver. **tremblant de tout son corps** shaking *ou* trembling all over; **faire** ~ **le sol** to make the ground tremble; **la terre a tremblé** there has been an earth tremor; *(fig: avoir peur)* ~ **pour qn/qch** to fear for *ou* tremble for sb/sth. ◆ **tremblote** * *nf:* **avoir la** ~ *(froid)* to have the shivers *; (peur)* to have the jitters *; (vieillesse)* to have the shakes *. ◆ **tremblotement** *nm:* **~(s)** trembling. ◆ **trembloter** **(1)** *vi* to tremble *ou* shake *ou* flutter *ou* flicker slightly.

trémolo [tʀemɔlo] *nm [instrument]* tremolo; *[voix]* quaver, tremor. **avec des ~s dans la voix** with a quaver *ou* tremor in one's voice.

trémousser (se) [tʀemuse] **(1)** *vpr (sur sa chaise)* to jig about, wriggle; *(en marchant)* to wiggle.

trempe [tʀɑ̃p] *nf* **(a)** *[acier] (processus)* quenching; *(qualité)* temper. **(b)** *[personne, âme]* calibre. **(c)** (*) *(gifle)* slap; *(raclée)* hiding *.

tremper [tʀɑ̃pe] **(1) 1** *vt* **(a)** *[pluie]* to soak, drench. **se faire** ~ to get drenched. **(b)** *(plus gén* **faire** ~) *linge* to soak; *aliments* to soak, steep; *papier* to damp, wet; *tiges de fleurs* to stand in water. **(c)** *(plonger)* to dip *(dans* into, in). ~ **sa main dans l'eau** to dip one's hand in the water. **(d)** *(Tech) métal, lame* to quench; *(littér) caractère* to steel, strengthen. **2** *vi* **(a)** *[tige de fleur]* to stand in water; *[linge, graines]* to soak. **faire** ~ to soak, steep. **(b)** *(péj)* ~ **dans** *crime* to take part in, have a hand in, be involved in. **3 se** ~ *vpr (bain rapide)* to have a quick dip; *(se mouiller)* to get (o.s.) soaked, get drenched. ◆ **trempé, e** *adj (mouillé)* soaked, drenched. ~ **de sueur** bathed in perspiration; ~ **jusqu'aux os** wet through, soaked to the skin. **(b)** *(Tech)* tempered. ◆ **trempette** * *nf (baignade)* (quick) dip. **faire** ~ to have a (quick) dip.

tremplin [tʀɑ̃plɛ̃] nm [piscine] diving-board, springboard; [gymnase] springboard; [ski] ski-jump; (fig) springboard.

trente [tʀɑ̃t] adj inv, nm inv thirty. **il y en a ~-six modèles** * there are umpteen * models; **il n'y a pas ~-six possibilités** * there aren't all that many choices; **tous les ~-six du mois** once in a blue moon; **voir ~-six chandelles** * to see stars; **se mettre sur son ~ et un** * to put on one's Sunday best; V **six, soixante.** ♦ **trentaine** nf about thirty, thirty or so; V **soixantaine.** ♦ **trentième** adj, nmf thirtieth; V **sixième, soixantième.**

trépan [tʀepɑ̃] nm trepan. ♦ **trépanation** nf trepanation. ♦ **trépaner** (1) vt to trepan.

trépas [tʀepɑ] nm (littér) demise, death. ♦ **trépassé, e** adj, nm, f (littér) deceased. ♦ **trépasser** (1) vi (littér) to pass away.

trépider [tʀepide] (1) vi to vibrate, reverberate. ♦ **trépidant, e** adj vibrating; rythme pulsating; vie hectic, busy. ♦ **trépidation** nf vibration, reverberation.

trépied [tʀepje] nm tripod.

trépigner [tʀepiɲe] (1) vi to stamp one's feet (de with). ♦ **trépignement** nm: ~(s) stamping (of feet).

très [tʀɛ] adv very; (avec ptp) (very) much. ~ **difficile** very ou most difficult; ~ **admiré** greatly ou highly ou (very) much admired; ~ **peu de gens** very few people; **avoir** ~ **peur** to be very much afraid ou very frightened; **c'est** ~ **nécessaire** it's most essential; **ils sont** ~ **amis** they are great friends; **il est** ~ **en avant** (sur le chemin) he is well ou a long way ahead; **un jeune homme** ~ **comme il faut** a well brought-up young man, a very respectable young man; ~ **bien, si vous insistez** all right ou very well, if you insist.

trésor [tʀezɔʀ] nm (a) (gén, fig) treasure. **découvrir un** ~ to find some treasure ou a treasure-trove; **chasse au** ~ treasure hunt; **des ~s de** renseignements, patience a wealth of; **dépenser des ~s d'ingéniosité** to expend boundless ingenuity. (b) (musée) treasure-house, treasury. (c) (Fin) [roi, état] exchequer, finances. (service) **T~** (public) public revenue department. ♦ **trésorerie** nf (bureaux) [Trésor public] public revenue office; [firme] accounts department; (gestion) accounts; (argent disponible) finances, funds. ♦ **trésorier, -ière** nm, f treasurer. (Admin) ~-**payeur général** paymaster.

tressaillir [tʀesajiʀ] (13) vi (a) (de plaisir) to thrill, quiver; (de peur) to shudder, shiver; (de douleur) to wince. **son cœur tressaillait** his heart was fluttering. (b) (sursauter) to start, give a start. **faire** ~ **qn** to startle sb, make sb jump. (c) (s'agiter) [personne, animal] to quiver, twitch; [plancher, véhicule] to shake, vibrate. ♦ **tressaillement** nm thrill, quiver; shudder; wince; start; twitch; vibration.

tressauter [tʀesote] (1) vi (a) (sursauter) to start, give a start. **faire** ~ **qn** to startle sb, make sb jump. (b) (être secoué) [voyageurs] to be jolted ou tossed about; [objets] to shake about, jump about. ♦ **tressautement** nm start; jump; jolt.

tresser [tʀese] (1) vt cheveux, rubans to plait, braid; paille to plait; panier, guirlande to weave; câble to twist. ♦ **tressage** nm plaiting; braiding; weaving; twisting. ♦ **tresse** nf (cheveux) plait, braid; (cordon) braid.

tréteau, pl -**x** [tʀeto] nm trestle. (Théât fig) **les ~x** the boards, the stage.

treuil [tʀœj] nm winch, windlass.

trêve [tʀɛv] nf (Mil, Pol) truce; (fig: répit) respite, rest. ~ **de plaisanteries** enough of this joking; **sans** ~ unremittingly, unceasingly, relentlessly.

tri [tʀi] nm (gén) sorting out; [fiches] sorting; [volontaires] selection; [wagons] marshalling, shunting; [lentilles] picking over; (calibrage) grading; (tamisage) sifting. **faire le** ~ **de** to sort out; to sort; to select; to marshal; to pick over; to grade; to sift; (Poste) **le (bureau de)** ~ the sorting office. ♦ **triage** nm = **tri**; V **gare.**

tri... [tʀi] préf tri...

triangle [tʀijɑ̃gl(ə)] nm (Géom, Mus) triangle. **en** ~ in a triangle. ♦ **triangulaire 1** adj (gén) triangular; débat, tournoi three-cornered. **2** nf: (élection) ~ three-cornered (election) contest ou fight.

triathlon [tʀi(j)atlɔ̃] nm triathlon.

tribal, e, mpl -**aux** [tʀibal, o] adj tribal.

tribord [tʀibɔʀ] nm starboard. **à** ~ to starboard.

tribu [tʀiby] nf tribe.

tribulations [tʀibylɑsjɔ̃] nfpl tribulations, troubles.

tribunal, pl -**aux** [tʀibynal, o] nm court. ~ **pour enfants/de police** juvenile/police court; ~ **militaire** military tribunal; **porter une affaire devant les ~aux** to bring a case before the courts; (fig) **le** ~ **des hommes** the justice of men.

tribune [tʀibyn] nf (a) (pour le public) gallery; (sur un stade) stand. ~ **d'honneur** grandstand. (b) (pour un orateur) platform, rostrum. (c) (fig: débat) forum. ~ **libre d'un journal** opinion column of a newspaper.

tribut [tʀiby] nm (lit, fig) tribute.

tributaire [tʀibytɛʀ] adj: (dépendant) **être** ~ **de** to be dependant ou reliant on.

tricentenaire [tʀisɑ̃tnɛʀ] **1** adj three-hundred-year-old. **2** nm tercentenary, tricentennial.

tricher [tʀiʃe] (1) vi (gén) to cheat. ~ **sur son âge** to lie about ou cheat over one's age. ♦ **triche** * nf cheating. ♦ **tricherie** nf: **la** ~ cheating; **une** ~ a trick. ♦ **tricheur, -euse** nm, f cheater, cheat.

tricolore [tʀikɔlɔʀ] adj three-coloured. **le drapeau** ~ the (French) tricolour; (Sport) **l'équipe** ~ * the French team.

tricot [tʀiko] nm (a) (vêtement) jumper, sweater. ~ **de corps** vest, undershirt (US); **emporte des ~s** take some woollens ou woollies * with you. (b) (technique) knitting; (Comm) knitwear. **faire du** ~ to knit. (c) (tissu) knitted fabric. **en** ~ knitted. ♦ **tricoter** (1) vti to knit.

tricycle [tʀisikl(ə)] nm tricycle.

trident [tʀidɑ̃] nm trident.

triennal, e, mpl -**aux** [tʀienal, o] adj prix, foire triennal, three-yearly; mandat, plan three-year; président elected ou appointed for three years. (Agr) **assolement** ~ 3-year rotation of crops.

trier [tʀije] (7) vt (classer) to sort (out); (sélectionner) to select, pick; (en calibrant) to grade; (en tamisant) to sift. (fig) **trié sur le volet** hand-picked. ♦ **trieur, -euse 1** nm, f (personne) sorter; grader. **2** nm (machine) sorter. **3** **trieuse** nf (machine) (gén) sorter; [ordinateur, photocopieur] sorting machine.

trigométrie [tʀigɔmetʀi] nf trigonometry.

trilatéral, e, mpl -**aux** [tʀilateʀal, o] adj (Géom) trilateral, three-sided; (Écon) accords tripartite. **la (commission)** ~**e** the Trilateral Commission.

trilingue [tʀilɛ̃g] adj secrétaire trilingual. **elle est** ~ she is trilingual, she speaks three languages.

trille [tʀij] nm [oiseau, flûte] trill.

trilogie [tʀilɔʒi] nf trilogy.

trimaran [tʀimaʀɑ̃] nm trimaran.

trimbal(l)er [tʀɛ̃bale] (1) **1** vt (*) bagages to lug * ou cart * around; (péj) personne to trail along. **2 se** ~ ‡ vpr to trail along.

trimer * [tʀime] (1) vi to slave away. **faire** ~ **qn** to drive sb hard, keep sb hard at it *.

trimestre [tʀimɛstʀ(ə)] nm (a) (période) quarter; (Scol) term. (b) (loyer) quarter, quarter's rent;

(frais de scolarité) term's fees; *(salaire)* quarter's income. ◆ **trimestriel, -elle** *adj publication* quarterly; *paiement* three-monthly, quarterly; *(Scol) bulletin, examen* end-of-term.

tringle [tʀɛ̃gl(ə)] *nf* rod. ~ **à rideaux** curtain rod *ou* rail.

trinité [tʀinite] *nf* (**a**) trinity. **à la T~** on Trinity Sunday; **la Sainte T~** the Holy Trinity. (**b**) *(Géog)* **T~ et Tobago** Trinidad and Tobago; **(l'île de) la T~** Trinidad.

trinquer [tʀɛ̃ke] (**1**) *vi* (**a**) *(porter un toast)* to clink glasses. ~ **à qch** to drink to sth. (**b**) *(*: écoper)* to cop it ‡, take the rap *. **il a trinqué pour les autres** he took the rap for the others *.

triomphe [tʀijɔ̃f] *nm (gén)* triumph; *[maladie, mode]* victory. **en** ~ in triumph; **air de** ~ air of triumph, triumphant air; **remporter un** ~ to have *ou* be a triumphant success. ◆ **triomphal, e,** *mpl* **-aux** *adj succès* triumphal; *entrée, air* triumphant. ◆ **triomphalement** *adv* saluer in triumph; *annoncer* triumphantly. ◆ **triomphant, e** *adj* triumphant. ◆ **triomphateur, -trice** *nm, f* triumphant victor. ◆ **triompher** (**1**) *vi* (**a**) *(gén, Mil)* to triumph; *[raison]* to prevail, be triumphant; *[maladie]* to claim its victim. **faire** ~ **une cause** to bring *ou* give victory to a cause. (**b**) *(crier victoire)* to exult, rejoice. **2** ~ **de** *vt indir (gén)* to triumph over; *peur, timidité* to conquer, overcome.

tripatouiller * [tʀipatuje] (**1**) *vt (péj) (toucher)* to fiddle about with *; *(truquer)* to fiddle *.

tripes [tʀip] *nfpl (Culin)* tripe; *(*: intestins)* guts *. **rendre ~s et boyaux** to be as sick as a dog *. ◆ **triperie** *nf (boutique)* tripe shop; *(commerce)* tripe trade. ◆ **tripier, -ière** *nm, f* tripe butcher.

tripette * [tʀipɛt] *nf*: **ça ne vaut pas** ~ that's a load of rubbish *.

triple [tʀipl(ə)] *adj* (**a**) triple. *(péj)* ~ **menton** row of chins; *(Sport)* ~ **saut** triple jump; **au** ~ **galop** hell for leather *; **faire qch en** ~ **exemplaire** to make three copies of sth, do sth in triplicate; **l'inconvénient en est** ~, **il y a un** ~ **inconvénient** there are three disadvantages, the disadvantages are threefold; **prendre une** ~ **dose (de)** to take a triple dose (of). (**b**) *(intensif)* **c'est un** ~ **idiot** he is a prize idiot; ~ **idiot!** you great idiot! *ou* fool! **2** *nm*: **manger le** ~ **(de qn)** to eat three times as much (as sb); **9 est le** ~ **de 3** 9 is three times 3; **c'est le** ~ **du prix normal** it's three times *ou* treble the normal price. ◆ **triplé, e 1** *nm* (**a**) *(Courses de chevaux)* betting on 3 different horses in 3 different races. (**b**) *(Sport) [athlète]* triple success. *(fig iro)* **c'est un beau** ~! that's a fine catalogue of disasters. **2** ~**(e)s** *nm(f)pl (bébés)* triplets. ◆ **triplement 1** *adv (pour trois raisons)* in three ways; *(à un degré triple)* trebly. **2** *nm* trebling, tripling *(de* of); threefold increase *(de* in). ◆ **tripler** (**1**) **1** *vt* to treble, triple. **2** *vi* to triple, treble, increase threefold *(de* in).

triporteur [tʀipɔʀtœʀ] *nm* delivery tricycle.

tripot [tʀipo] *nm (péj)* dive *, joint *.

tripoter * [tʀipɔte] (**1**) *(péj)* **1** *vt* to fiddle with. **se** ~ **le nez** to fiddle with one's nose. **2** *vi (fouiller)* to root about, rummage about *(dans* in). *(trafiquer)* ~ **dans qch** to get involved in sth. ◆ **tripotage** * *nm (manigances)* ~**(s)** jiggery-pokery *. ◆ **tripotée** * *nf* (**a**) *(correction)* belting ‡, hiding *. (**b**) *(grand nombre)* **une** ~ **de...** loads of *...; lots of... ◆ **tripoteur, -euse** * *nm, f (affairiste)* shark *, shady dealer *.

trique [tʀik] *nf* cudgel. **mener qn à la** ~ to bully sb along, drive sb like a slave; **donner des coups de** ~ **à** to cudgel, thrash; **sec comme un coup de** ~ as skinny as a rake.

trisomie 21 [tʀizɔmivɛ̃teœ̃] *nf* = **mongolisme**.

triste [tʀist(ə)] *adj* (**a**) *(gén)* sad; *personne, sort* unhappy; *regard, sourire* sorrowful; *nécessité, devoir* painful; *pensée* gloomy; *couleur, temps, paysage* dreary, dismal, miserable. **chanson** ~ sad *ou* melancholy song; **il est** ~ **comme un bonnet de nuit** he's as miserable as sin; **faire** ~ **figure** *ou* **mine** to give a cool reception to, greet unenthusiastically; **être dans un** ~ **état** to be in a sad *ou* sorry state. (**b**) *(péj: lamentable)* résultats wretched, deplorable; *personne, réputation, affaire* sorry. **un** ~ **sire** *ou* **personnage** an unsavoury *ou* dreadful individual. ◆ **tristement** *adv* sadly; sorrowfully; gloomily. **se rendre** ~ **célèbre par ses crimes** to gain an unenviable reputation because of one's crimes. ◆ **tristesse** *nf (gén)* sadness; *[pensée]* gloominess; *[paysage]* bleakness, dreariness; *(chagrin)* sorrow.

triton [tʀitɔ̃] *nm (Zool)* triton.

triturer [tʀityʀe] (**1**) *vt* pâte to knead; *objet* to manipulate. **se** ~ **la cervelle** * to rack *ou* cudgel one's brains.

trivial, e, *mpl* **-aux** [tʀivjal, o] *adj (vulgaire)* coarse, crude; *(littér: ordinaire)* mundane, commonplace. ◆ **trivialement** *adv* coarsely, crudely; in a mundane *ou* commonplace way. ◆ **trivialité** *nf* coarseness, crudeness; mundane *ou* commonplace nature; *(remarque)* coarse *ou* crude remark.

troc [tʀɔk] *nm (échange)* exchange; *(système)* barter. **faire un** ~ **avec qn** to make an exchange with sb.

troène [tʀɔɛn] *nm* privet.

troglodyte [tʀɔglɔdit] *nm* cave dweller.

trogne * [tʀɔɲ] *nf (péj: visage)* mug ‡ *(péj)*, face.

trognon [tʀɔɲɔ̃] *nm [fruit]* core; *[chou]* stalk, core. **il s'est fait avoir jusqu'au** ~ ‡ he was well and truly had *; **mon petit** ~ * sweetie pie *.

trois [tʀwɑ] *adj, nm* three. *[égratignure, cadeau]* **c'est** ~ **fois rien** it's nothing at all, it's hardly anything; **ça coûte** ~ **fois rien** it costs next to nothing; **en** ~ **coups de cuiller à pot** * in next to no time; **à** ~ **dimensions** three-dimensional; *(travail)* **faire les** ~-**huit** to operate three eight-hour shifts; *V* **six.** ◆ **trois étoiles** *nm inv* three-star hotel *(ou* restaurant). ◆ **trois-mâts** *nm inv* three-master. ◆ **trois-pièces** *nm inv (complet)* three-piece suit; *(appartement)* three-room flat *ou* apartment *(US)*. ◆ **trois-portes** *nf inv (Aut)* two-door hatchback. ◆ **trois-quarts 1** *nmpl* three-quarters. **manteau** ~-~ three-quarter (length) coat; **les** ~-~ **du travail** three-quarters of the work; **aux** ~-~ **détruit** almost totally destroyed. **2** *nm inv (Rugby)* three-quarter. ◆ **troisième 1** *adj, nmf* third. **le** ~ **âge** *(période)* the years of retirement; *(groupe social)* senior citizens; *V* **sixième.** *(Scol)* **(classe de)** ~ fourth form *ou* year, 8th grade *(US)*. ◆ **troisièmement** *adv* third(ly), in the third place.

trolleybus [tʀɔlɛbys] *nm* trolley bus.

trombe [tʀɔ̃b] *nf (Mét)* waterspout. *(fig: pluie)* **des** ~**s d'eau** a cloudburst, a downpour; **entrer en** ~ to sweep in like a whirlwind.

trombine ‡ [tʀɔ̃bin] *nf (visage)* face, mug ‡ *(péj)*; *(tête)* nut *.

trombone [tʀɔ̃bɔn] *nm* (**a**) *(Mus) (instrument)* trombone; *(artiste)* trombonist, trombone (player). ~ **à coulisse/à pistons** slide/valve trombone; ~ **basse** bass trombone. (**b**) *(agrafe)* paper clip.

trompe [tʀɔ̃p] *nf* (**a**) *(Mus)* horn. ~ **de chasse** hunting horn. (**b**) *[éléphant]* trunk; *[insecte]* proboscis. *(Anat)* ~ **d'Eustache** Eustachian tube.

tromper [tʀɔ̃pe] (**1**) **1** *vt* (**a**) *(duper) (gén)* to deceive *(sur* about, over); *(sans le faire exprès)* to mislead; *poursuivant, vigilance* to elude; *époux* to be unfaithful to, deceive. **mari trompé** husband who has been deceived; **cette manœuvre les a trompés** this move tricked *ou* fooled them; **les apparences trompent** appearances are deceptive *ou* misleading; **c'est ce qui vous trompe** that's where you are mistaken *ou* wrong; **c'est un signe qui ne trompe pas** it's a clear *ou* an unmistakable sign. (**b**) *attente* to while away; *faim, soif* to stave off; *espoirs* to fall short of, fail to come up to, disappoint. **pour ~ le temps** to kill *ou* pass time, to while away the time. **2 se ~** *vpr* to make a mistake, be mistaken. **se ~ de 5 F dans un calcul** to be 5 francs out *ou* off *(US)* in one's calculations; **on pourrait s'y ~** you'd hardly know the difference; **si je ne me trompe** if I am not mistaken; **se ~ de route** to take the wrong road; **se ~ de jour** to get the day wrong, make a mistake about the day. ◆ **trompe-l'œil** *nm inv (Art)* trompel'œil; *(fig)* eye-wash *. ◆ **tromperie** *nf (duperie)* deception, deceit. ◆ **trompeur, -euse 1** *adj personne, paroles* deceitful; *apparences* deceptive, misleading; *distance, profondeur* deceptive. **2** *nm, f* deceiver. ◆ **trompeusement** *adv* deceitfully; deceptively.

trompette [tʀɔ̃pɛt] **1** *nf* trumpet. **2** *nm* trumpeter, trumpet (player); *(Mil)* bugler. ◆ **trompettiste** *nmf* trumpet player, trumpeter.

tronc [tʀɔ̃] *nm (gén)* trunk; *(pour aumônes)* (collection) box. *(Scol)* ~ **commun** common-core syllabus.

tronche ⁑ [tʀɔ̃ʃ] *nf (visage)* mug ⁑ *(péj)*, face; *(tête)* nut *.

tronçon [tʀɔ̃sɔ̃] *nm* section. ◆ **tronçonner** (1) *vt* to cut into sections. ◆ **tronçonneuse** *nf* chain saw.

trône [tʀon] *nm* throne. **monter sur le ~** to come to *ou* ascend the throne. ◆ **trôner** (1) *vi [roi, invité]* to sit enthroned; *[chose]* to sit imposingly.

tronquer [tʀɔ̃ke] (1) *vt colonne* to truncate; *texte* to truncate, curtail, cut down, shorten.

trop [tʀo] **1** *adv* (**a**) *(devant adv, adj)* too; *(avec vb)* *(gén)* too much; *attendre, durer* (for) too long. **il a ~ bu** he has had too much to drink, he has drunk too much; **un ~ grand effort l'épuiserait** too great an effort would exhaust him; **c'est ~ loin pour que j'y aille à pied** it's too far for me to walk there; **c'est ~ beau pour être vrai** it's too good to be true; **elle en a déjà bien** *ou* **beaucoup** *ou* **par ~ dit** she has said far *ou* much too much already; **vous êtes ~ (nombreux)/~ peu (nombreux)** there are too many/too few of you; **une ~ forte dose** an overdose; **insister ~** to be overinsistent *ou* too pressing; **c'est ~ chauffé** it's overheated. (**b**) *de pain, eau* too much; *objets* too many; *gentillesse, sévérité* excessive; **s'il te reste ~ de dollars, vends-les-moi** if you have dollars left over *ou* to spare, sell them to me; **nous avons ~ de personnel/de travail** we are overstaffed/overworked; **il y a ~ de monde dans la salle** the hall is overcrowded *ou* overfull. (**c**) *(superl, intensif)* too, so (very). **c'est ~ bête/drôle** how stupid/funny, it's too stupid/funny for words; **nous n'avons pas ~ de place chez nous** we haven't got (so) very much room *ou* (all) that much room at our place; **vous êtes ~ aimable** you are too *ou* most kind; **il n'aime pas ~ ça** * he isn't too keen *ou* overkeen (on it), he doesn't like it overmuch *ou* (all) that much; **je ne le sais que ~** I know only too well; **c'est ~!** that's going too far!, enough is enough!; **cela ne va pas ~ bien** things are not going so *ou* terribly well; **je n'en sais ~ rien** I don't really know. (**d**) **de ~, en ~: il y a une personne de ~** *ou* **en ~ dans l'ascenseur** there is one person too many in the lift; **s'il y a du pain en ~, j'en emporterai** if there is any bread (left) over *ou* any bread extra *ou* any surplus bread I'll take some away; **il m'a rendu 2 F de ~** he gave me back 2 francs too much; **l'argent versé en ~** the excess payment; **il pèse 3 kg de ~** he is 3 kg overweight; **si je suis**

de ~, je peux m'en aller! if I'm in the way *ou* not welcome I can always leave!; **cette remarque est de ~** that remark is uncalled for; **il a bu un verre de ~** he's had a drink too many. **2** *nm (excédent)* excess, surplus; *(reste)* extra. **le ~ d'importance accordé à** the excessive importance attributed to. ◆ **trop-perçu**, *pl* **trop-perçus** *nm* excess (tax) payment. ◆ **trop-plein**, *pl* **trop-pleins** *nm* excess; *(d'eau)* overflow. ~ **d'énergie** surplus *ou* boundless energy.

trophée [tʀɔfe] *nm* trophy.

tropique [tʀɔpik] *nm* tropic. ~ **du cancer/capricorne** tropic of Cancer/Capricorn; **les ~s** the tropics; **vivre sous les ~s** to live in the tropics. ◆ **tropical, e**, *mpl* **-aux** *adj* tropical.

troquer [tʀɔke] (1) *vt*: ~ **qch contre qch d'autre** to swap sth for sth else; *(Écon)* to barter *ou* exchange *ou* trade sth for sth else.

troquet ⁑ [tʀɔkɛ] *nm* small café.

trot [tʀo] *nm* trot. **petit/grand ~** jog/full trot; **course de ~** trotting race; *(fig)* **au ~** * at the double. ◆ **trotte** * *nf*: **il y a ~ (d'ici au village)** it's a fair distance (from here to the village). ◆ **trotter** (1) *vi [cheval, cavalier]* to trot; *[personne] (à petits pas)* to trot along; *(beaucoup)* to run around; *[souris, enfants]* to scurry *ou* scamper (about); *[bébé]* to toddle along. **un air/une idée qui vous trotte dans la tête** a tune/an idea which keeps running through your head. ◆ **trotteur, -euse 1** *nm, f (cheval)* trotter, trotting horse. **2** *nm (chaussure)* flat shoe. **3** *nf (aiguille)* (sweep) second hand. ◆ **trottiner** (1) *vi [cheval]* to jog along; *[personne]* to trot along; *[souris]* to scurry *ou* scamper along; *[bébé]* to toddle along. ◆ **trottinette** *nf* (child's) scooter.

trottoir [tʀɔtwaʀ] *nm* pavement, sidewalk *(US)*. ~ **roulant** moving walkway, travellator; *(péj)* **faire le ~** * to walk the streets, be on the game *.

trou [tʀu] *nm* (**a**) *(lit)* hole. ~ **d'aération** airhole, air vent; ~ **d'air** air pocket; ~ **de la serrure** the keyhole; *(Théât)* ~ **du souffleur** the prompt box; *(fig: désespoir)* **c'était le ~ noir** I *(ou* he *etc)* was in the depths of despair; **faire un ~** *(gén)* to dig *ou* make a hole; *(déchirure)* to tear a hole; *(usure)* to wear a hole *(dans* in). (**b**) *(moment de libre)* gap; *(déficit)* deficit. **un ~ dans ses économies** a hole in his savings; **j'ai eu un ~ (de mémoire)** my memory failed me for a moment, my mind went blank; *[professeur]* **j'ai un ~** *ou* **une heure de ~** I have a free period *ou* an hour's free time. (**c**) *(péj: localité)* place, hole * *(péj)*, dump * *(péj)*. **il n'est jamais sorti de son ~** he has never been out of his own backyard.

troubadour [tʀubaduʀ] *nm* troubadour.

troublant, e [tʀublɑ̃, ɑ̃t] *adj (gén)* disturbing.

trouble¹ [tʀubl(ə)] **1** *adj* (**a**) *eau* unclear, cloudy; *regard, image* blurred, misty; *photo* blurred, out of focus. (**b**) *affaire* shady, murky; *personnage, rôle* fishy, suspicious; *désir* dark. **2** *adv*: **voir ~** to have blurred vision.

trouble² [tʀubl(ə)] *nm* (**a**) *(remue-ménage)* tumult, turmoil; *(désunion)* discord, trouble. *(émeute)* **~s** unrest, disturbances, troubles; **~s politiques** political unrest *ou* disturbances *ou* upheavals. (**b**) *(émoi)* (inner) turmoil, agitation; *(inquiétude)* distress; *(gêne, perplexité)* confusion, embarrassment. **semer le ~ dans l'esprit des gens** to sow confusion in the peoples' minds. (**c**) *(gén pl: Méd)* disorder. **~s psychiques** psychological trouble *ou* disorders; **~s du comportement** behavioural problems; **~s du langage** speech difficulties.

trouble-fête [tʀubləfɛt] *nmf inv* spoilsport, killjoy.

troubler [tʀuble] (1) **1** *vt* (**a**) *ordre etc* to disturb, disrupt; *esprit* to cloud. **en ces temps troublés** in these troubled times. (**b**) *personne (impressionner)* to disturb; *(inquiéter, gêner)* to trouble, bother. (**c**) *(brouiller)* eau to make cloudy; *atmosphère, ciel* to cloud. **les larmes lui troublaient la vue** tears clouded *ou* blurred her vision. **2 se ~ *vpr*** (**a**) *[eau]* to cloud, become cloudy; *[temps, ciel]* to become cloudy *ou* overcast. (**b**) *[personne]* to become flustered. **sans se ~** unperturbed.

trouer [tʀue] (1) *vt* (**a**) *(transpercer)* to pierce; *vêtement (usure)* to wear a hole in; *(déchirure)* to tear a hole in; *(brûlure)* to burn a hole in. **sac troué** bag with a hole *ou* with holes in it; **tout troué** full of holes; **corps troué comme une passoire** body riddled with bullets; **~ la peau à qn ‡** to put a bullet into sb; **~ qch de part en part** to pierce sth through. (**b**) *(fig: traverser)* silence, nuit to pierce. ◆ **trouée** *nf [haie, nuages]* gap, break; *(Mil)* breach *(dans* in).

troufion * [tʀufjɔ̃] *nm* soldier.

trouille ‡ [tʀuj] *nf:* **avoir la ~** to be scared stiff; **flanquer la ~ à qn** to put the wind up sb *. ◆ **trouillard, e ‡** **1** *adj* chicken *, yellow-bellied ‡. **2** *nm, f* chicken, yellowbelly ‡.

troupe [tʀup] *nf* (**a**) *(Mil)* troop. **la ~** *(l'armée)* the army; *(les simples soldats)* the troops, the rank and file. (**b**) *[chanteurs, danseurs]* troupe. *[acteurs]* ~ **(de théâtre)** (theatrical) company. (**c**) *[gens, animaux]* band, group, troop.

troupeau, *pl* ~**x** [tʀupo] *nm [bœufs, chevaux] (dans un pré)* herd; *(transhumant)* drove; *[éléphants, buffles, etc]* herd; *[moutons]* flock; *[oies]* gaggle; *(péj) [touristes]* herd *(péj)*.

trousse [tʀus] *nf* (**a**) *(étui) (gén)* case, kit; *[médecin]* instrument case; *[écolier]* pencil case *ou* wallet. **~ de maquillage** make-up *ou* vanity case; **~ à outils** toolkit; **~ de toilette** *(sac)* toilet bag, sponge bag; *(mallette)* travelling case. (**b**) **aux ~s de** (hot) on the heels of, on the tail of.

trousseau, *pl* ~**x** [tʀuso] *nm* (**a**) **~ de clefs** bunch of keys. (**b**) *[mariée]* trousseau; *[écolier]* outfit.

trouvaille [tʀuvɑj] *nf (objet)* find; *(fig: idée, métaphore, procédé)* brainwave, stroke of inspiration; *mot* coinage.

trouver [tʀuve] (1) **1** *vt* (**a**) *(en cherchant)* to find; *(par hasard)* to find, come upon *ou* across; *difficultés* to meet with, come up against. **~ un emploi à qn** to find sb a job, find a job for sb; **je ne le trouve pas** I can't find it; **où peut-on le ~?** where can he be found?, where is he to be found?; **aller/venir ~ qn** to go/come and see sb; *(énigme)* **comment as-tu fait pour ~?** how did you manage to find out?, how did you work it out?; **j'ai trouvé!** I've got it!; **formule bien trouvée** clever *ou* happy phrase; **où est-il allé ~ ça?** where (on earth) did he get that idea from?, whatever gave him that idea? (**b**) *(avec à + infin)* **~ à redire (à tout)** to find fault with everything, find sth to criticize (in everything); **~ à manger** to find sth to eat; **~ à se distraire** to find a way to amuse o.s.; **on ne peut rien ~ à redire là-dessus** there's nothing to say *ou* you can say to that. (**c**) *(éprouver)* **~ du plaisir à qch/à faire qch** to take pleasure in sth/in doing sth; **~ de la difficulté à faire** to find *ou* have difficulty (in) doing. (**d**) *(estimer)* **~ que** to find *ou* think that; **je le trouve fatigué** I think he looks tired, I find him tired-looking; **vous trouvez?** (do) you think so?; **il a trouvé bon de nous écrire** he thought *ou* saw fit to write to us. (**e**) *(locutions)* **il a trouvé à qui parler** he met his match; **~ son maître** to find one's master; **cet objet n'avait pas trouvé preneur** the object had had no takers; **~ la mort** to meet one's death; **je la trouve mauvaise!** * I think it's a bit off *, I don't like it at all; **~ le sommeil** to get to sleep; **~ chaussure à son pied** to find a suitable match; **il a trouvé son compte dans cette affaire** he got some-

thing out of this bit of business; **il a trouvé le moyen de s'égarer** he managed *ou* contrived to get (himself) lost.

2 se ~ *vpr* (**a**) *(être dans une situation) [personne]* to find o.s; *[chose]* to be; *(être situé) [personne, chose]* to be. **où se trouve la poste?** where is the post office?; **je ne se trouve pas sur la carte** it isn't *ou* doesn't appear on the map; **ça ne se trouve pas sous le pas** *ou* **le sabot d'un cheval** it's not easy to find *ou* to come by; **je me trouvais près de l'entrée** I was (standing *ou* sitting *etc*) near the entrance; **je me suis trouvé dans l'impossibilité de répondre** I found myself unable to reply. (**b**) *(se sentir)* to feel. **se ~ bien** *(dans un fauteuil etc)* to feel comfortable; *(dans une atmosphère)* to feel happy *ou* at ease; *(santé)* **se ~ bien/mieux** to feel well/better; **se ~ mal** to faint, pass out; **se ~ bien/mal d'avoir fait qch** to be pleased/displeased at having done sth, have reason to be glad to/to regret having done sth. (**c**) *(coïncidence)* **se ~ être/avoir...** to happen *ou* to come by; **elles se trouvaient avoir le même chapeau** it turned out that they had *ou* they happened to have the same hat.

3 *vpr impers* (**a**) *(le fait est)* **il se trouve que c'est moi** it happens *ou* it turns out to be me, it's me as it happens; **il se trouvait que j'étais là** I happened to be there; **comme il se trouve parfois** as is sometimes the case, as sometimes happens. (**b**) *(il y a)* **il se trouve toujours des gens pour dire...** you'll always find people who will say... (**c**) (*) **ils sont sortis, si ça se trouve** they may well be out, they're probably out.

truand [tʀyɑ̃] *nm (gangster)* gangster; *(escroc)* crook. ◆ **truander ‡** (1) *vt* to swindle, do ‡.

trublion [tʀyblijɔ̃] *nm* troublemaker, agitator.

truc * [tʀyk] *nm* (**a**) *(moyen)* way, trick; *(tour, artifice)* trick; *(dispositif)* thingummy *, whatsit *. **trouver le ~ (pour faire)** to find a way (of doing). (**b**) *(chose, idée)* thing. **j'ai pensé (à) un ~** I've thought of sth, I've had a thought; **il y a un tas de ~s à faire** there's a heap of things to do *; **méfie-toi de ces ~s-là** be careful of those things. (**c**) *(personne)* **(Machin) ~** what's-his-(*ou* -her-) name *. ◆ **trucage** *nm* = **truquage.**

truchement [tʀyʃmɑ̃] *nm:* **par le ~ de qn** through (the intervention of) sb; **par le ~ de qch** by means of sth.

truculent, e [tʀykylɑ̃, ɑ̃t] *adj* colourful. ◆ **truculence** *nf* colourfulness.

truelle [tʀyɛl] *nf* trowel.

truffe [tʀyf] *nf (Culin)* truffle; *(nez du chien)* nose. ◆ **truffer** (1) *vt* to garnish with truffles. *(fig)* **truffé de** *citations* peppered *ou* larded with; *pièges* bristling with; *fautes* packed full of, riddled with.

truie [tʀɥi] *nf (Zool)* sow.

truite [tʀɥit] *nf* trout.

truquer [tʀyke] (1) *vt (gén)* to fix *; *élections* to rig; *comptes* to fiddle *. ◆ **truquage** *nm* (**a**) fixing; rigging *; fiddling *. (**b**) *(Ciné)* special effect.

trust [tʀœst] *nm (Écon: cartel)* trust; *(grande entreprise)* corporation. ◆ **truster** (1) *vt (lit, fig)* to monopolize.

tsar [dzaʀ] *nm* tsar.

tsé-tsé [tsetse] *nf:* **(mouche) ~** tsetse fly.

tsigane [tsigan] **1** *adj* (Hungarian) gypsy, tzigane. **2** *nmf:* **T~** (Hungarian) Gypsy, Tzigane.

tu [ty] *pron pers* you *(used to address a child, close relation or friend)*; *(Rel)* thou †. **dire ~ à qn** to address sb as 'tu'; **être à ~ et à toi avec qn** * to be on first-name terms with sb.

tuant, e [tɥɑ̃, ɑ̃t] *adj (fatigant)* exhausting; *(énervant)* exasperating.

tuba [tyba] *nm (Mus)* tuba; *(Sport)* snorkel, breathing tube.

tubage [tybaʒ] *nm (Méd)* intubation, cannulation.

tube [tyb] *nm* (**a**) *(gén)* tube; *(canalisation)* pipe. ~ **à essai** test tube; *(TV)* ~-**image** cathode ray tube; *(Élec)* ~ **au néon** neon tube; *(Élec, TV, Ordin)* ~ **cathodique** cathode ray tube; ~ **de rouge (à lèvres)** lipstick; ~ **digestif** digestive tract. (**b**) (*: *chanson à succès)* hit song (*ou* record). (**c**) *(locutions)* *[moteur]* **marcher à pleins ~s** * to be running full throttle; *(fig)* **délirer à pleins ~s** * to be raving mad *, be off one's head *.

tubercule [tybɛʀkyl] *nm* (*Anat, Méd)* tubercle; (*Bot)* tuber.

tuberculose [tybɛʀkyloz] *nf* tuberculosis. ◆ **tuberculeux, -euse 1** *adj* tuberculous, tubercular. **être ~** to have tuberculosis *ou* TB. **2** *nm, f* tuberculosis *ou* tubercular *ou* TB patient.

tubulure [tybylyʀ] *nf* (*tube)* pipe. ◆ **tubulaire** *adj* tubular.

tuer [tɥe] (**1**) **1** *vt* (*gén)* to kill; (*à la chasse)* to shoot; *(fig: exténuer)* to exhaust, wear out. ~ **qn à coups de couteau** to stab *ou* knife sb to death; ~ **qn d'une balle** to shoot sb dead; **l'alcool tue** alcohol can kill *ou* is a killer; **cet enfant me tuera** this child will be the death of me; ~ **la poule aux œufs d'or** to kill the goose that lays the golden eggs; ~ **qch dans l'œuf** to nip sth in the bud; ~ **le temps** to kill time. **2 se** ~ *vpr* (*accident)* to be killed; *(suicide)* to kill o.s. **se ~ à travailler** to work o.s. to death, kill o.s. with work; **se ~ à répéter qch à qn** to wear o.s. out repeating sth to sb. ◆ **tué, e** *nm, f* person killed. **les ~s** the dead. ◆ **tuerie** *nf* (*carnage)* slaughter, carnage. ◆ **tue-tête** *adv*: **crier à ~** to shout at the top of one's voice, shout one's head off *. ◆ **tueur, -euse 1** *nm, f* killer. ~ **(à gages)** hired *ou* contract killer, hitman *. **2** *nm* (*d'abattoir)* slaughterman, slaughterer.

tuile [tɥil] *nf* (**a**) (*Constr)* tile. (**b**) (*: *malchance)* blow. **quelle ~!** what a blow! (**c**) (*Culin)* wafer.

tulipe [tylip] *nf* tulip. ◆ **tulipier** *nm* tulip tree.

tuméfié, e [tymefje] *adj* puffed-up, swollen.

tumeur [tymœʀ] *nf* tumour.

tumulte [tymylt(ə)] *nm* (**a**) (*bruit)* *[foule, rue]* commotion; *[voix]* hubbub; *[acclamations]* thunder, tumult. (**b**) (*agitation)* *[affaires]* hurly-burly; *[passions]* turmoil, tumult. ◆ **tumultueux, -euse** *adj* *séance, époque* stormy, turbulent; *foule* turbulent, agitated; *passion* tumultuous, turbulent.

tuner [tynɛʀ] *nm* (*amplificateur)* tuner.

tunique [tynik] *nf* tunic.

Tunisie [tynizi] *nf* Tunisia. ◆ **tunisien, -ienne** *adj,* **T~(ne)** *nm(f)* Tunisian.

tunnel [tynɛl] *nm* tunnel. **le ~ sous la Manche** the Chunnel, the Channel Tunnel.

turban [tyʀbɑ̃] *nm* turban.

turbine [tyʀbin] *nf* turbine.

turboréacteur [tyʀbɔʀeaktœʀ] *nm* turbojet (engine).

turbulent, e [tyʀbylɑ̃, ɑ̃t] *adj* *enfant* boisterous; (*Sci)* turbulent. ◆ **turbulence** *nf* (*Sci: remous)* ~(**s**) turbulence.

turc, turque [tyʀk(ə)] **1** *adj* Turkish. **2** *nm* (**a**) (*personne)* **T~** Turk; *(fig)* **jeune T~** Young Turk. (**b**) (*Ling)* Turkish. **3** *nf*: **Turque** Turkish woman.

turfiste [tyʀfist(ə)] *nmf* racegoer.

turlupiner * [tyʀlypine] (**1**) *vt* to bother, worry.

turne [tyʀn(ə)] *nf* (*arg Scol: chambre)* room.

Turquie [tyʀki] *nf* Turkey.

turquoise [tyʀkwaz] *nf, adj inv* turquoise.

tutelle [tytɛl] *nf* (*Jur)* *[mineur, aliéné]* guardianship. **mettre qn en ~** to put sb in the care of a guardian; **sous la ~ de qn** (*dépendance)* under sb's supervision; (*protection)* in sb's tutelage *ou* guardianship; **sous ~ administrative/de l'État** under administrative/state supervision; **territoires sous ~** trust territories.

tuteur, -trice [tytœʀ, tʀis] **1** *nm, f* (*Jur)* guardian. **2** *nm* (*Agr)* stake, support, prop.

tutorat [tytɔʀa] *nm* (*Scol)* pastoral care, guidance (teaching); (*Univ)* student counselling.

tutoyer [tytwaje] (**8**) *vt*: ~ **qn** to address sb as 'tu', ≈ be on first-name terms with sb. ◆ **tutoiement** *nm* use of (the familiar) 'tu'.

tutu [tyty] *nm* tutu, ballet skirt.

tuyau, *pl* ~**x** [tɥijo] *nm* (**a**) (*gén, rigide)* pipe, length of piping; (*flexible)* length of rubber (*ou* plastic *etc*) tubing; *[pipe]* stem. ~ **d'arrosage** hosepipe, garden hose; ~ **de cheminée** chimney pipe; ~ **d'échappement** exhaust (pipe); *(fig)* **il me l'a dit dans le ~ de l'oreille** * he whispered it to me. (**b**) (*: *conseil)* tip. ◆ **tuyauter** * (**1**) *vt*: ~ **qn** (*conseiller)* to give sb a tip; (*mettre au courant)* to put sb in the know *. ◆ **tuyauterie** *nf*: ~(**s**) piping; *[orgue]* pipes.

tweed [twid] *nm* tweed.

twist [twist] *nm* (*danse)* twist.

tympan [tɛ̃pɑ̃] *nm* (*Anat)* eardrum.

type [tip] **1** *nm* (**a**) (*modèle)* type. **une pompe du ~ réglementaire** a regulation-type pump; **avoir le ~ oriental** to be Oriental-looking, have Oriental looks; **ce** *ou* **il n'est pas mon ~** * he is not my type *ou* sort; **c'est le ~ (parfait** *ou* **même) de l'intellectuel** he's a perfect example *ou* he's the epitome of the intellectual. (**b**) (*: *individu)* bloke *, guy *. **quel sale ~!** what a nasty customer! **2** *adj inv* typical, classic; (*Statistique)* standard. **l'exemple ~** the typical *ou* classic example.

typhoïde [tifɔid] *adj* typhoid. **la (fièvre) ~** typhoid (fever).

typhon [tifɔ̃] *nm* typhoon.

typhus [tifys] *nm* typhus (fever).

typique [tipik] *adj* typical. **sa réaction est ~** his reaction is typical (of him). ◆ **typiquement** *adv* typically.

typographe [tipɔgʀaf] *nmf* typographer. ◆ **typographie** *nf* typography. ◆ **typographique** *adj* *opérations, art* typographic(al). **erreur ~** typographic(al) *ou* printer's error, misprint.

typologie [tipɔlɔʒi] *nf* typology.

tyran [tiʀɑ̃] *nm* (*lit, fig)* tyrant. ◆ **tyrannie** *nf* tyranny. **exercer sa ~ sur qn** to tyrannize sb. ◆ **tyrannique** *adj* tyrannical. ◆ **tyranniser** (**1**) *vt* to tyrannize.

U

U, u [y] *nm (lettre)* U, u.

Ukraine [ykʀɛn] *nf* Ukraine. ◆ **ukrainien, -ienne** *adj, nm,* **U~(ne)** *nm(f)* Ukrainian.

ulcère [ylsɛʀ] *nm* ulcer. ◆ **ulcération** *nf* ulceration. ◆ **ulcérer** (6) **1** *vt (révolter)* to sicken, appal; *(Méd)* to ulcerate. **être ulcéré (par l'attitude de qn)** to be sickened *ou* appalled (by sb's attitude); **plaie ulcérée** festering *ou* ulcerated wound. **2** s' ~ *vpr* to ulcerate. ◆ **ulcéreux, -euse** *adj* ulcerated, ulcerous.

ultérieur, e [ylteʀjœʀ] *adj* later, subsequent, ulterior. **à une date ~e** at a later *ou* subsequent date. ◆ **ultérieurement** *adv* later, subsequently.

ultimatum [yltimatɔm] *nm* ultimatum. **envoyer** *ou* **adresser un ~ à qn** to present sb with an ultimatum.

ultime [yltim] *adj* ultimate, final.

ultra [yltʀa] *préf* ultra. **~-rapide** *etc* ultrafast *etc*; *(Aviat)* ~ **léger motorisé** *nm* ultra-light.

ultra-confidentiel, -ielle [yltʀakɔ̃fidɑ̃sjɛl] *adj* top secret.

ultramoderne [yltʀamɔdɛʀn(ə)] *adj (gén)* ultramodern; *équipement* high tech, state-of-the-art.

ultra(-)son [yltʀasɔ̃] *nm* ultrasonic sound. **les ~s** ultrasonic sound, ultrasonics. ◆ **ultra (-)sonique** *adj* ultrasonic.

ultra(-)violet [yltʀavjɔlɛ] **1** *adj* ultraviolet. **2** *nm* ultraviolet ray.

un, une [œ̃, yn] **1** *adj indéf* **(a)** a, an *(devant voyelle)*; *(un, une quelconque)* some; *(avec noms abstraits)* non *traduit.* **ne venez pas ~ dimanche** don't come on a Sunday; **retrouvons-nous dans ~ café** let's meet in a café *ou* in some café (or other); ~ **jour sur deux** every other day; **une semaine sur trois one** week in every three, every third week; ~ **jour, tu comprendras** one day *ou* some day you'll understand; **avec une grande sagesse** with great wisdom; **cet enfant sera ~ Paganini** this child will be another Paganini; **Monsieur Un tel** Mr So-and-So; ~ **certain Mr X** a (certain) Mr X, one Mr X. **ce n'est pas ~ génie** he's no genius. **(b)** *(intensif)* **elle a fait une de ces scènes!** she made a dreadful scene! *ou* such a scene!; **j'ai une de ces faims!** I'm so hungry!; **il est d'~ sale!** he's so dirty!
2 *pron* **(a)** one. **prêtez-m'en ~** lend me one (of them); **j'en connais ~ qui sera content!** I know someone *ou* somebody *ou* one person who'll be pleased! **(b)** *(avec art déf)* **l' ~** one; **les ~s** some; **l'une et l'autre solution sont acceptables** either solution is acceptable, both solutions are acceptable; **ils se regardaient l' ~ l'autre** they looked at one another *ou* at each other; *(à tout prendre)* **l' ~ dans l'autre** on balance, by and large; *(loc)* **à la une, à la deux, à la trois** with a one and a two and a three.
3 *adj* one. ~ **seul** one only, only one; **pas ~ (seul)** not one; *(emphatique)* not a single one; ~ **à ~, ~ par ~** one by one, one after another; **sans ~ sou ***penniless, broke *.
4 *nm, f* one. **j'ai tiré le (numéro) ~** I picked (number) one. **(d'abord) et d'une! *** for a start!; **il n'a fait ni une ni deux, il a accepté** he accepted without a second's hesitation; *(TV)* **la une** channel one; *(Presse)* **la une** the front page, page one; *(Presse)*

---

sur cinq colonnes à la une in banner headlines on the front page.

unanime [ynanim] *adj* unanimous. ◆ **unanimement** *adv* unanimously. ◆ **unanimité** *nf* unanimity. **élu à l' ~** elected unanimously; **cette décision a fait l' ~** this decision was approved unanimously; **il y a ~ pour dire que** the unanimous opinion is that, everybody agrees that.

uni, e [yni] *adj* **(a)** *tissu* plain, self-coloured; *couleur* plain. **(b)** *couple, amis* close; *famille* close (-knit). **présenter ~ contre** to present a united front to. **(c)** *surface* smooth, even.

unicité [ynisite] *nf* uniqueness, unicity.

unième [ynjɛm] *adj:* **vingt/trente et ~** twenty-/ thirty-first.

unifier [ynifje] (7) **1** *vt (gén)* to unify. **2** s' ~ *vpr [pays]* to become unified. ◆ **unificateur, -trice** *adj* unifying. ◆ **unification** *nf* unification.

uniforme [ynifɔʀm(ə)] **1** *adj (gén)* uniform; *surface* even. **2** *nm (vêtement)* uniform. **en (grand) ~** in (dress) uniform, in full regalia. ◆ **uniformément** *adv* uniformly; evenly. ◆ **uniformisation** *nf* standardization. ◆ **uniformiser** (1) *vt (standardiser)* to standardize; *teinte* to make uniform. ◆ **uniformité** *nf* uniformity; evenness.

unijambiste [yniʒɑ̃bist(ə)] **1** *adj* one-legged. **2** *nmf* one-legged man *(ou* woman).

unilatéral, e, *mpl* **-aux** [ynilateʀal, o] *adj* unilateral. ◆ **unilatéralement** *adv* unilaterally.

unilingue [ynilɛ̃g] *adj* unilingual.

union [ynjɔ̃] **1** *nf (alliance, mariage)* union; *(groupe)* association, union; *[éléments, couleurs]* combination, blending. *(fig)* **ils ont fait l' ~ sacrée** they presented a united front; **l' ~ fait la force** strength through unity. **2 :** ~ **de consommateurs** consumers' association; **U~ des Républiques Socialistes Soviétiques** Union of Soviet Socialist Republics; **l'U~ Soviétique** the Soviet Union.

Uniprix [ynipʀi] *nm* ® department store *(for inexpensive goods),* ≃ Woolworth's ®, five and ten *(US).*

unique [ynik] *adj* **(a)** *(seul)* only. **mon ~ espoir** my only *ou* sole *ou* one hope; **fils ~** only son; **route à voie ~** single-lane road; **tiré par un cheval ~** drawn by only one *ou* by a single horse; ~ **en France** unique *ou* the only one of its kind in France; **deux aspects d'un même et ~ problème** two aspects of one and the same problem; *(dans un cinéma)* **'places: prix ~ 30 francs'** 'all seats 30 F'. **(b)** *(après n: exceptionnel)* livre, talent unique. ~ **en son genre** unique of its kind; ~ **au monde** absolutely unique. **(c)** *(*: impayable)* priceless *. ◆ **uniquement** *adv* **(a)** *(exclusivement)* only, solely. **pas ~ not** only *ou* not just that; ~ **à l'argent** he thinks only of money. **(b)** *(simplement)* only, merely, just. **c'était ~ par curiosité** it was only *ou* just *ou* merely out of curiosity.

unir [yniʀ] (2) **1** *vt* **(a)** *(associer)* to unite *(à* with). **le sentiment qui les unit** the feeling which binds them together *ou* unites them; ~ **en mariage** to unite *ou* join in marriage. **(b)** *(combiner)* couleurs, qualités to combine *(à* with). **(c)** *(relier)* continents, villes to link, join up. **2** s' ~ *vpr (s'associer)* to unite *(à, avec* with, *contre* against); *(se marier)* to be joined in marriage; *(se combiner)* to combine (*à, avec* with).

unisexe [ynisɛks] *adj inv* unisex.

unisson [ynisɔ̃] *nm (Mus)* unison. **à l' ~** *chanter* in unison; *(fig) penser* with one mind, identically.

unitaire [ynitɛʀ] *adj (Comm, Math, Phys)* unitary; *(Pol)* unitarian. **prix ~** unit price.

unité [ynite] *nf* (a) *(cohésion)* unity. **~ de vues** unity of views. (b) *(gén, Comm, Math: élément)* unit. **~ de mesure** unit of measure; **~ monétaire** monetary unit; **prix de vente à l' ~** unit selling price; **nous ne les vendons pas à l' ~** we don't sell them singly *ou* individually. (c) *(troupe)* unit; *(bateau)* ship. **~ mobile de police** police mobile unit; **~ de réanimation** resuscitation unit. (d) *(Univ)* **~ de formation et de recherches** university department. (e) *(Ordin)* **~ centrale** mainframe, central processing unit; **~ de commande** control unit; **~ de (lecteur de) disquettes** disk drive unit. (f) *(*: 10 000 F)* ten thousand francs.

univers [ynivɛʀ] *nm (gén)* universe. ◆ **universalité** *nf* universality. ◆ **universel, -elle** *adj (gén)* universal; **esprit ~** polymath; **un produit de réputation ~le** a world-famous product. ◆ **universellement** *adv* universally.

universitaire [ynivɛʀsitɛʀ] **1** *adj vie, restaurant* university; *études, milieux, diplôme* university, academic. **2** *nmf* academic.

université [ynivɛʀsite] *nf* university. **~ d'été** summer school.

uranium [yʀanjɔm] *nm* uranium.

urbain, e [yʀbɛ̃, ɛn] *adj* (a) *(de la ville)* urban, city. (b) *(littér: poli)* urbane. ◆ **urbanisation** *nf* urbanization. ◆ **urbaniser** (1) **1** *vt* to urbanize. **2 s' ~** *vpr* to become urbanized. ◆ **urbanisme** *nm* town planning. ◆ **urbaniste** *nmf* town planner. ◆ **urbanité** *nf (littér)* urbanity.

urée [yʀe] *nf* urea. ◆ **urémie** *nf* uraemia.

urgence [yʀʒɑ̃s] *nf* (a) *[décision, situation]* urgency. **y a-t-il ~ à ce que nous fassions...?** is it urgent for us to do...?; **d' ~** *mesures, situation* emergency; **faire qch d' ~** to do sth as a matter of urgency; **transporté d' ~ à l'hôpital** rushed to hospital; **à envoyer d' ~** to be sent immediately, for immediate dispatch; **le patron l'a convoqué d'~** the boss requested to see him urgently *ou* immediately. (b) *(cas urgent)* emergency. **salle des ~s** emergency ward. ◆ **urgent, e** *adj* urgent. **rien d' ~** nothing urgent; **l' ~ est de** the most urgent thing is to; **c'est plus qu' ~** it's desperately urgent. ◆ **urger** * (3) *vi:* **ça urge!** it's urgent!

urine [yʀin] *nf:* **~(s)** urine. ◆ **uriner** (1) *vi* to urinate. ◆ **urinoir** *nm* (public) urinal.

urne [yʀn(ə)] *nf* (a) *(Pol)* **~ (électorale)** ballot box; **aller aux ~s** to vote, go to the polls. (b) *(vase)* urn.

urticaire [yʀtikɛʀ] *nf* nettle rash, hives, urticaria.

Uruguay [yʀygwɛ] *nm* Uruguay. ◆ **uruguayen, -enne** *adj,* **U~(ne)** *nm(f)* Uruguayan.

us [ys] *nmpl:* **~ (et coutumes)** (habits and) customs.

usage [yzaʒ] *nm* (a) *(utilisation)* use. **perdre l' ~ de ses yeux/membres** to lose the use of one's eyes/limbs; **perdre l' ~ de la parole** to lose the power of speech; **outil à ~s multiples** multipurpose tool; **faire ~ de** *(gén)* to use, make use of; *droit* to exercise; **faire un bon/mauvais ~ de qch** to put sth to good/bad use; **avoir l' ~ de qch** to have the use of sth; **ces souliers ont fait de l'~** I've *(ou* we've *etc)* had good use out of these shoes; **à l' ~** with use; **à l' ~ de** for; **en ~** in use. (b) *(coutume, habitude)* custom. **c'est l' ~** it's the custom, it's what's

done; **entrer dans l' ~ (courant)** *[objet, mot]* to come into common *ou* current use; *[mœurs]* to become common practice; **contraire aux ~s** contrary to common practice *ou* to custom; **il était d' ~ de** it was customary *ou* a custom *ou* usual to; **formule d' ~** set formula; **après les compliments d' ~** after the usual *ou* customary compliments. (c) *(Ling)* **l' ~** usage; **l' ~ écrit** written usage. ◆ **usagé, e** *adj* worn, old. ◆ **usager, -ère** *nm, f* user. **~ de la route** roaduser.

user [yze] (1) **1** *vt* (a) *(détériorer)* *outil, roches* to wear away; *vêtements, personne* to wear out; *nerfs* to wear down. (b) *(consommer)* *(gén)* to use; *essence, charbon* to use, burn. **il use 2 paires de chaussures par mois** he goes through 2 pairs of shoes (in) a month. **2** *vi (littér)* **en ~ bien/mal avec qn** to deal well/badly by sb, treat sb well/ badly. **3 ~ de** *vt indir (gén)* to make use of, use; *droit* to exercise. **il en a usé et abusé** he has used and abused it. **4 s' ~** *vpr [tissu]* to wear out. **s' ~ les yeux** to strain one's eyes (**à faire** by doing). ◆ **usé, e** *adj* (a) *objet* worn; *(fig) personne* worn-out. **~ jusqu'à la corde** threadbare. (b) *(banal) thème* hackneyed, trite; *plaisanterie* well-worn, stale.

usine [yzin] *nf (gén)* factory; *(importante)* plant; *(textile)* mill; *(métallurgique)* works. **~ automatisée** automated factory; **~ à gaz** gasworks. ◆ **usiner** (1) *vt (traiter)* to machine; *(fabriquer)* to manufacture.

usité, e [yzite] *adj* in common use, common.

ustensile [ystɑ̃sil] *nm (gén)* implement. **~ (de cuisine)** (kitchen) utensil.

usuel, -elle [yzɥɛl] **1** *adj objet* everyday, ordinary; *mot* everyday; *nom* common. **2** *nm (livre)* book on the open shelf.

usufruit [yzyfʀɥi] *nm* usufruct. ◆ **usufruitier, -ière** *adj, nm, f* usufructuary.

usure¹ [yzyʀ] *nf* (a) *(processus)* *[vêtement]* wear (and tear); *[roche]* wearing away; *[forces]* wearing out. **on l'aura à l' ~** we'll wear him down in the end. (b) *(état)* *[objet]* worn state.

usure² [yzyʀ] *nf (intérêt)* usury. ◆ **usuraire** *adj* usurious. ◆ **usurier, -ière** *nm, f* usurer.

usurper [yzyʀpe] (1) *vt* to usurp. ◆ **usurpateur, -trice** **1** *adj* usurping. **2** *nm, f* usurper. ◆ **usurpation** *nf* usurpation.

ut [yt] *nm (Mus)* (the note) C.

utérus [yteʀys] *nm* womb.

utile [ytil] *adj (gén)* useful, helpful (**à qn** to *ou* for sb). **livre ~ à lire** useful book to read; **cela vous sera ~** that'll be of use to you; **ton parapluie m'a été bien ~ ce matin** your umbrella came in very handy this morning; **est-il vraiment ~ que j'y aille** do I really need to go?; **puis-je vous être ~?** can I be of help?, can I do anything for you? ◆ **utilement** *adv* profitably, usefully.

utiliser [ytilize] (1) *vt (gén)* to use, make use of. ◆ **utilisable** *adj* usable. ◆ **utilisateur, -trice** *nm, f* user. *(Ordin)* **~ final** end user. ◆ **utilisation** *nf* use.

utilitaire [ytilitɛʀ] **1** *adj* utilitarian. **2** *nm (Ordin)* utility.

utilité [ytilite] *nf (caractère utile)* usefulness; *(utilisation possible)* use. **cet outil peut avoir son ~** this tool has its uses *ou* may come in handy *ou* useful; **d'aucune ~** (of) no use *ou* help, useless; **déclaré d' ~ publique** state-approved.

utopie [ytɔpi] *nf* utopian view (*ou* idea *etc*). **c'est de l' ~** that's sheer utopianism. ◆ **utopique** *adj* utopian.

V

V, v [ve] *nm (lettre)* V, v. **en V** V-shaped.

vacance [vakɑ̃s] **1** *nf (Admin: poste)* vacancy. **2** *nfpl*: ~**s** holidays, vacation *(US)*. **les** ~**s de Noël** the Christmas holidays *ou* vacation; **partir/être en** ~**s** to go/be away on holiday *ou* on vacation; **prendre ses** ~**s en une fois** to take (all) one's holiday(s) *ou* vacation at once; **j'ai besoin de** ~**s** I need a holiday *ou* vacation; ~**s de neige** winter sports holiday *ou* vacation; **lieu de** ~**s** holiday place. ◆ **vacancier, -ière** *nm, f* holiday-maker, vacationist *(US)*, vacationer *(US)*.

vacant, e [vakɑ̃, ɑ̃t] *adj (gén)* vacant; *appartement* unoccupied.

vacarme [vakaʀm(ə)] *nm* din, racket, row. **faire du** ~ to make a din.

vaccin [vaksɛ̃] *nm (substance)* vaccine; *(vaccination)* vaccination, inoculation. **faire un** ~ **à qn** to give sb a vaccination *ou* inoculation. ◆ **vaccination** *nf* vaccination, inoculation. ◆ **vacciner** (1) *vt (Méd)* to vaccinate, inoculate *(contre* against). **se faire** ~ to have a vaccination, get vaccinated.

vache [vaʃ] **1** *nf* **(a)** *(Zool)* cow; *(cuir)* cowhide. ~ **laitière** dairy cow. **(b)** (‡: *méchant) (femme)* bitch ‡, cow ‡; *(homme)* swine ‡. **(c)** ~ **à eau** canvas waterbag. **(d)** *(locutions)* **période de** ~**s grasses/ maigres** good *ou* prosperous/lean *ou* hard times; **c'est une** ~ **à lait** * he's a mug * *ou* sucker *; **il parle français comme une** ~ **espagnole** he absolutely murders the French language; **manger de la** ~ **enragée** to go through hard *ou* lean times; **faire un coup en** ~ **à qn** to do the dirty on sb ‡; **ah la** ~‼ *(douleur, indignation)* hell! ‡, damn! ‡; **une** ~ **de surprise** ‡ a hell of a surprise ‡. **2** *adj* (‡: *méchant)* rotten *, mean. ◆ **vachement** ‡ *adv* **(a)** *crier etc* like mad *. ~ **bon/ difficile** damned * good/hard. **(b)** *(méchamment)* in a rotten * *ou* mean way. ◆ **vacher** *nm* cowherd. ◆ **vacherie** *nf* **(a)** (‡: *méchanceté)* rottenness *, meanness. **une** ~ *(action)* a dirty trick *; *(remarque)* a nasty remark. **(b)** (‡: *intensif)* **c'est de la** ~ it's rubbish *ou* junk *; **quelle** ~ **de temps** *etc*! what damned ‡ awful weather *etc*!

vaciller [vasije] (1) *vi* **(a)** *(lit) [personne, mur]* to sway (to and fro); *[blessé, ivrogne]* to totter, reel, stagger; *[bébé, meuble]* to wobble. ~ **sur ses jambes** to stand shakily *ou* unsteadily on one's legs; **s'avancer en vacillant** to totter *ou* reel along. **(b)** *[lumière]* to flicker; *[voix]* to shake; *[résolution, courage]* to falter, waver; *[raison, santé, mémoire]* to be shaky, be failing. ◆ **vacillant, e** *adj démarche* shaky, wobbly; *flamme* flickering; *santé, mémoire, raison* shaky, failing; *courage* wavering, faltering; *caractère* indecisive. ◆ **vacillement** *nm*: ~**(s)** swaying; wobbling; flickering; faltering, wavering.

vadrouille * [vadʀuj] *nf* ramble. **être en** ~ to be out on a ramble. ◆ **vadrouiller** * (1) *vi* to be out on a ramble.

va-et-vient [vaevjɛ̃] *nm inv [personnes etc]* comings and goings, to-ings and fro-ings; *[piston]* to and fro (motion), backwards and forwards motion. **faire le** ~ to go to and fro between; *(Élec)* **(interrupteur de)** ~ two-way switch.

vagabond, e [vagabɔ̃, ɔ̃d] **1** *adj peuple, vie* wandering; *imagination, humeur* restless. **2** *nm, f (péj:*

rôdeur) tramp, vagrant, vagabond. ◆ **vagabondage** *nm* wandering, roaming; *(Jur, péj)* vagrancy. **le** ~ **de son imagination** the rovings of his imagination. ◆ **vagabonder** (1) *vi [personne, imagination]* to roam, wander.

vagin [vaʒɛ̃] *nm* vagina.

vagir [vaʒiʀ] (2) *vi [bébé]* to cry, wail. ◆ **vagissement** *nm* cry, wail.

vague¹ [vag] **1** *adj (gén)* vague; *idée* hazy; *regard* faraway; *robe, manteau* loose(-fitting). **un** ~ **cousin** some sort of distant cousin; **il avait un** ~ **diplôme** he had a degree of sorts *ou* some kind of degree. **2** *nm* vagueness. **il est resté dans le** ~ he kept it all rather vague; **regarder dans le** ~ to gaze (vacantly) into space; **avoir du** ~ **à l'âme** to feel vaguely melancholic. ◆ **vaguement** *adv* vaguely.

vague² [vag] *nf (lit, fig)* wave. ~**(s) de fond** ground swell; ~ **d'enthousiasme** wave *ou* surge of enthusiasm; **premières** ~**s de touristes** first influxes of tourists; ~ **de chaleur** heatwave; ~ **de froid** cold spell *ou* snap; ~ **de criminalité** crime wave.

vaillant, e [vajɑ̃, ɑ̃t] *adj* **(a)** *(courageux)* brave, courageous; *(au combat)* valiant, gallant. **(b)** *(vigoureux)* vigorous, robust. **je ne me sens pas très** ~ I don't feel particularly great today *. ◆ **vaillamment** *adv* bravely, courageously; valiantly, gallantly. ◆ **vaillance** *nf* courage, bravery; valour, gallantry.

vain, e [vɛ̃, vɛn] *adj* **(a)** *promesse, espoir* vain, empty; *tentative, attente* vain, futile, fruitless; *regrets, discussion* vain, useless, idle. **en** ~ in vain; **son sacrifice n'aura pas été** ~ his sacrifice will not have been in vain; **il est** ~ **d'essayer de...** it is futile to try to... **(b)** *(vaniteux)* vain. ◆ **vainement** *adv* vainly.

vaincre [vɛ̃kʀ(ə)] (42) *vt rival* to defeat, beat; *ennemi* to defeat, vanquish, conquer; *obstacle etc* to overcome; *timidité, sentiment, maladie* to overcome, triumph over, conquer. **nous vaincrons** we shall overcome. ◆ **vaincu, e** *adj* beaten, defeated, vanquished. **s'avouer** ~ to admit defeat, confess o.s. beaten; **les** ~**s** the vanquished, the defeated. ◆ **vainqueur** **1** *nm (à la guerre)* conqueror, victor; *(en sport)* winner. **2** *adj m* victorious, triumphant.

vaisseau, *pl* ~**x** [vɛso] *nm* **(a)** *(Naut)* ship, vessel. ~ **amiral** flagship; ~ **de guerre** warship; *(Aviat)* ~ **spatial** spaceship. **(b)** *(Anat)* vessel.

vaisselle [vɛsɛl] *nf (plats)* crockery; *(plats à laver)* dishes; *(lavage)* washing-up, dishes. **faire la** ~ to wash up, do the washing-up *ou* the dishes. ◆ **vaisselier** *nm* dresser.

val, *pl* ~**s** *ou* **vaux** [val, vo] *nm* valley.

valable [valabl(ə)] *adj contrat, passeport, raison, motif* valid; *œuvre, solution, équipements* decent, worthwhile. *(Comm)* **offre** ~ **une semaine** firm offer for a week. ◆ **valablement** *adv* validly. **pour en parler** ~**...** to be able to say anything worthwhile *ou* valid about it...

valdinguer ‡ [valdɛ̃ge] (1) *vi*: **aller** ~ *[personne]* to go sprawling; *[objet]* to come crashing down; **envoyer** ~ **qch** to send sth flying *.

Valence [valɑ̃s] *n (en Espagne)* Valencia; *(en France)* Valence.

valet [valɛ] *nm* *(domestique)* (man)servant; *(Cartes)* jack, knave. **~ de chambre** manservant, valet; **~ de ferme** farmhand; **~ de pied** footman; *(cintre)* **~ (de nuit)** valet.

valeur [valœʀ] *nf* **(a)** *(prix)* value, worth; *(Fin)* *[devise, action]* value, price. **~ marchande/vénale** market/monetary value; **prendre/perdre de la ~** to go up/down in value, lose/gain in value; **ça a beaucoup de/n'a aucune ~** it is worth a lot/worthless. **(b)** *(titre boursier)* security. **~s (boursières)** securities, stocks and shares; **~s (mobilières)** transferable securities; **~s disponibles** liquid assets; **~s de tout repos** *ou* **de père de famille** gilt-edged *ou* blue-chip securities. **(c)** *(qualité)* *[personne]* worth, merit; *[roman]* value, merit; *[science, théorie]* value. **acteur de ~** actor of considerable merit; **juger qn/qch à sa (juste) ~** to judge sb/sth at his/its true value *ou* worth; **~s morales** moral values. **(d)** *(mesure)* value. **~ relative/absolue d'un terme** relative/absolute value of a term; **en ~ absolue/relative** in absolute/relative terms; **donnez-lui la ~ d'une cuiller à café** give him the equivalent of a teaspoonful, give him a teaspoon's worth. **(e)** *(locutions)* **objets de ~** valuables, articles of value; **sans ~** *objet* valueless, worthless; *témoignage* invalid, valueless; **mettre en ~** *terrain* to exploit; *détail* to bring out, highlight; *objet décoratif* to set off; **mettre qn en ~** *[conversation, esprit]* to show sb to advantage, bring out sb's personal qualities; **se mettre en ~** to show o.s. off to advantage.

valeureux, -euse [valœʀø, øz] *adj* valorous. ◆ **valeureusement** *adv* valorously.

valide [valid] *adj* **(a)** *(non blessé)* able, able-bodied; *(en bonne santé)* fit, well; *membre* good. **(b)** *billet, carte d'identité* valid. ◆ **valider** (1) *vt passeport, billet* to validate; *document* to authenticate. ◆ **validation** *nf* validation; authentication. ◆ **validité** *nf* validity.

valise [valiz] *nf* (suit)case, bag. *(lit, fig)* **faire ses ~s** to pack one's bags; **la ~ (diplomatique)** the diplomatic bag.

vallée [vale] *nf* valley. ◆ **vallon** *nm* small valley. ◆ **vallonné, e** *adj* undulating. ◆ **vallonnement** *nm* undulation.

valoir [valwaʀ] (29) **1** *vi* **(a)** *[objet]* **~ qch** to be worth sth; **ça vaut combien?** how much is it (worth)?; **ça vaut 10 F** it's worth 10 francs; **~ cher** to be worth a lot, be expensive; **acompte à ~ sur...** deposit to be deducted from...; **cette montre vaut-elle plus cher que l'autre? — elles se valent à peu près** is this watch worth more than the other one? — they are worth about the same (amount). **(b)** *(qualité)* **que vaut cet auteur/cette pièce?** is this author/this play any good?; **ils ne valent pas mieux l'un que l'autre** there's nothing to choose between them, they are two of a kind; **il ne vaut pas cher!** *ou* **pas grand-chose!** he's a bad lot; **il a conscience de ce qu'il vaut** he is aware of his worth, he knows his value *ou* worth; **ça ne vaut rien** *ou* **pas un clou** * *(gén)* it's no good *(pour* for); *[marchandise]* it's rubbish; *[argument]* it's worthless; *[outil]* it's useless *ou* no use; **ne faire rien qui vaille** to do nothing useful *ou* worthwhile *ou* of any use; **cela ne me dit rien qui vaille** I don't like the look of that, it seems rather ominous to me. **(c)** *(s'appliquer)* to hold, apply, be valid. **ceci ne vaut que dans certains cas** this only holds *ou* applies *ou* is only valid in certain cases. **(d)** *(être aussi bon)* **~ qn/qch** to be as good as sb/sth; *(revenir au même)* **~ qch** to be equivalent to sth, be worth sth; **rien ne vaut la mer** there's nothing like *ou* nothing to beat the sea; **cette méthode en vaut une autre** it's as good a method as any (other); *(en mal)* **ces deux frères se valent** these two brothers are two of a kind; **ça se vaut** * it's six of one and half a dozen of the other *. **(e)**

(justifier) to be worth. **le musée valait le détour/ d'être vu** the museum was worth the detour/was worth seeing; **cela vaut la peine** *ou* **le coup** * it's worth it, it's worth the trouble. **(f)** **faire ~** *domaine* to exploit; *droits* to assert; *fait, argument* to emphasize; *(mettre en vedette) caractéristique* to highlight, bring out; *personne* to show off to advantage ; **je lui fis ~ que...** I impressed upon him that..., I pointed out to him that... **(g)** **cet auteur/ce film ne vaut pas un clou** * this author/this film is a dead loss * *ou* is a waste of time *; **il vaut/vaudrait mieux refuser, mieux vaut/vaudrait refuser** it is better/ would be better to refuse; **il vaudrait mieux que vous refusiez** you had better refuse, you would do better to refuse; **mieux vaut trop de travail que pas assez** too much work is better than not enough.

2 *vt*: **ceci lui a valu des reproches** *etc* this earned *ou* brought him reproaches *etc*; **qu'est ce qui nous vaut l'honneur de cette visite?** to what do we owe the honour of this visit?

valoriser [valɔʀize] (1) *vt (Écon) région* to develop (the economy of); *produit* to enhance the value of. ◆ **valorisation** *nf* (economic) development; enhanced value.

valse [vals(ə)] *nf (danse)* waltz; *(fig: carrousel)* musical chairs. **la ~ des étiquettes** constant price rises; **~-hésitation** pussyfooting *. ◆ **valser** (1) *vi* **(a)** *(danser)* to waltz. **(b)** *(* *fig)* **envoyer ~** qch/qn to send sth/sb flying; **il est allé ~ contre le mur** he went flying against the wall; **faire ~ l'argent** to spend money like water. ◆ **valseur, -euse** *nm, f* waltzer.

valve [valv(ə)] *nf* valve.

vampire [vɑ̃piʀ] *nm (gén)* vampire; *(Zool)* vampire bat.

van [vɑ̃] *nm (véhicule)* horse-box, horse trailer *(US)*.

vandale [vɑ̃dal] *adj, nmf* vandal, hooligan. ◆ **vandalisme** *nm* vandalism, hooliganism.

vanille [vanij] *nf* vanilla.

vanité [vanite] *nf* **(a)** *(amour-propre)* pride, vanity, conceit; *(frivolité)* shallowness, superficiality. **sans ~ without false modesty; tirer ~ de** to pride o.s. on. **(b)** *(futilité)* *[promesse, espoir]* emptiness, vanity; *[tentative]* futility, fruitlessness; *[regrets, discussion]* uselessness, idleness. ◆ **vaniteusement** *adv* vainly, conceitedly. ◆ **vaniteux, -euse** *adj* vain, conceited.

vanne [van] *nf (canalisation)* gate; *[écluse, digue]* (sluice) gate.

vanner [vane] (1) *vt* **(a)** *(Agr)* to winnow. **(b)** *(‡: fatiguer)* to exhaust, do in *. **je suis vanné** I'm dead-beat *.

vannerie [vanʀi] *nf* basketwork. ◆ **vannier** *nm* basket maker.

vantail, *pl* **-aux** [vɑ̃taj, o] *nm [porte]* leaf. **porte à double ~** Dutch door.

vanter [vɑ̃te] (1) **1** *vt* *auteur, endroit, qualités* to praise, speak highly of, speak in praise of; *méthode, avantages, marchandises* to vaunt. **film dont on vante les mérites** much-praised film. **2 se ~** *vpr* **(a)** *(fanfaronner)* to boast, brag. **sans me ~** without false modesty, without wishing to boast *ou* brag. **(b)** *(se targuer)* **se ~ de** qch/d'avoir fait qch to pride o.s. on sth/on having done sth; **il se vante de (pouvoir) faire...** he boasts he can do...; **il n'y a pas de quoi se ~** there's nothing to be proud of *ou* to boast about. ◆ **vantard, e 1** *adj* boastful, bragging, boasting. **2** *nm, f* braggart, boaster. ◆ **vantardise** *nf (caractère)* boastfulness; *(propos)* boast.

va-nu-pieds [vanypje] *nmf inv (péj)* tramp, beggar.

vapes ‡ [vap] *nfpl*: **tomber dans les ~** to fall into a dead faint, pass out; **être dans les ~** *(évanoui)*

to be out cold *; *(drogué, après un choc)* to be woozy *
ou in a daze.

vapeur [vapœʀ] **1** *nf* **(a)** *(brouillard)* haze, vapour;
(Chim: émanation) vapour. *(nocives)* ~s fumes; ~s
d'essence petrol *ou* gasoline *(US)* fumes; ~ **(d'eau)**
steam, (water) vapour; **machine** *etc* **à** ~ steam
engine *etc*; **(cuit à la)** ~ steamed; **aller à toute** ~
to go full steam ahead. **(b)** *(†: malaises)* ~s
vapours †; **avoir ses** ~s *(bouffées de chaleur)* to have
hot flushes; *(†: malaise)* to have the vapours †.
2 *nm (bateau)* steamship, steamer.

vaporeux, -euse [vapoʀø, øz] *adj tissu* filmy;
atmosphère misty, vaporous; *cheveux* gossamer.

vaporiser [vapoʀize] (1) **1** *vt* to spray. **2 se** ~
vpr (Phys) to vaporize. ◆ **vaporisateur** *nm* spray.

vaquer [vake] (1) **1** ~ **à** *vt indir* to attend to, see
to. ~ **à ses occupations** to go about one's business. **2** *vi (Admin: être en vacances)* to be on vacation.

varappe [vaʀap] *nf* rock-climbing.

varech [vaʀɛk] *nm* wrack, kelp.

vareuse [vaʀøz] *nf [marin]* pea jacket; *(d'uniforme)*
tunic.

varice [vaʀis] *nf* varicose vein. **bas à** ~s support
stockings.

varicelle [vaʀisɛl] *nf* chickenpox.

varier [vaʀje] (7) *vti* to vary. ◆ **variable 1** *adj*
(gén) variable; *temps* changeable, unsettled;
humeur changeable. **le baromètre est au** ~ the
barometer reads 'change'; **les réactions sont très**
~s reactions are very varied *ou* vary greatly. **2**
nf variable. ◆ **variante** *nf (gén)* variant *(de* of).
◆ **variateur** *nm: (Élec)* ~ **(électronique)** dimmer.
◆ **variation** *nf* variation *(de* in). ◆ **varié, e** *adj*
(a) *(non monotone)* style, paysage, menu varied. **un**
travail très ~ a very varied job. **(b)** *(divers)* sujets,
objets, produits various. **hors-d'œuvre** ~s selection
of hors d'œuvres; **on rencontre les opinions les**
plus ~es you come across the most varied *ou*
diverse opinions on the subject. ◆ **variété** *nf*
(gén) variety. *(Music-hall)* **(spectacle de)** ~s variety
show.

variole [vaʀjɔl] *nf* smallpox.

Varsovie [vaʀsɔvi] *n* Warsaw.

vase¹ [vɑz] *nm* vase, bowl. *(fig)* **en** ~ **clos** in isolation *ou* seclusion; ~s **communicants** communicating vessels; ~ **de nuit** chamberpot.

vase² [vɑz] *nf* silt, mud, sludge.

vaseline [vazlin] *nf* vaseline, petroleum jelly.

vaseux, -euse [vazø, øz] *adj* **(a)** *(*)* *(fatigué)*
woozy *, in a daze *; *(confus)* raisonnement
woolly *, hazy. **(b)** *(boueux)* silty, muddy, sludgy.

vasistas [vazistɑs] *nm* fanlight.

vasque [vask(ə)] *nf (bassin, lavabo)* basin; *(coupe)*
bowl.

vassal, e, *mpl* **-aux** [vasal, o] *nm, f (Hist, fig)* vassal.

vaste [vast(ə)] *adj (gén)* vast, huge, immense. **c'est**
une ~ **fumisterie** * it's a huge *ou* gigantic hoax
ou joke *ou* farce.

va-t-en-guerre [vatɑ̃gɛʀ] *nm inv* warmonger.

Vatican [vatikɑ̃] *nm:* **le** ~ the Vatican.

va-tout [vatu] *nm:* **jouer son** ~ to stake *ou* risk one's
all.

vaudeville [vodvil] *nm* vaudeville, light comedy.
(fig) **ça tourne au** ~ it's turning into a farce.

vaudou [vodu] **1** *nm:* **le (culte du)** ~ voodoo. **2**
adj inv voodoo.

vau-l'eau [volo] *adv:* **aller à** ~ to be on the road
to ruin.

vaurien, -ienne [voʀjɛ̃, jɛn] *nm, f (voyou)* good-
for-nothing; *(garnement)* little devil *.

vautour [votuʀ] *nm (Zool, fig)* vulture.

vautrer (se) [votʀe] (1) *vpr:* **se** ~ **dans** boue, vice
to wallow in; *fauteuil* to loll *ou* slouch in; **se** ~
sur *tapis* to sprawl on; **vautré dans l'herbe** sprawling *ou* sprawled in the grass.

va-vite * [vavit] *adv:* **à la** ~ in a rush *ou* hurry.

veau, *pl* **-x** [vo] *nm* **(a)** *(Zool)* calf; *(Culin)* veal;
(cuir) calfskin. **côte de** ~ veal chop; **foie de** ~ calf's
liver. **(b)** *(* péj) (personne)* sheep; *(voiture)* tank *
(péj).

vecteur [vɛktœʀ] *nm (Math)* vector; *(Bio: d'un virus)*
carrier, vector.

vécu, e [veky] **1** *adj* real(-life). **2** *nm:* **le** ~ real-
life experience.

vedette [vədɛt] *nf* **(a)** *[spectacle]* star. **une** ~ **de la**
politique a leading light *ou* figure in politics; **pro-**
duit-~ leading product; **avoir la** ~ *[artiste]* to top
the bill, have star billing; *[événement, criminel]* to
be in the spotlight, make the headlines; *[orateur*
etc] to be in the limelight; **mettre qn en** ~ *(Ciné)*
to give sb star billing; *(fig)* to push sb into the
limelight, put the spotlight on sb; *(fig)* **ravir la**
~ to steal the show *(à qn* from sb); **en** ~ **amé-**
ricaine as a special guest star. **(b)** *(embarcation)*
launch; *(Mil)* patrol boat; *(munie de canons)* gunboat. ◆ **vedettariat** *nm (état)* stardom; *(vedettes)*
stars *(pl)*.

végétal, e, *mpl* **-aux** [veʒetal, o] **1** *adj graisses,*
teintures vegetable; *biologie, cellules* plant. **2** *nm*
vegetable, plant.

végétalien, -ienne [veʒetaljɛ̃, jɛn] *adj, nm, f*
vegan.

végétarien, -ienne [veʒetaʀjɛ̃, jɛn] *adj, nm, f*
vegetarian.

végéter [veʒete] (6) *vi (péj) [personne]* to vegetate;
[affaire] to stagnate; *(Agr) (être chétif)* to grow
poorly, be stunted. ◆ **végétatif, -ive** *adj* veg-
etative. ◆ **végétation** *nf* **(a)** *(Bot)* vegetation. **(b)**
(Méd) ~s adenoids.

véhémence [veemɑ̃s] *nf* vehemence. ◆ **véhé-**
ment, e *adj* vehement.

véhicule [veikyl] *nm* **(a)** *(Aut)* vehicle. ~ **auto-**
mobile/utilitaire motor/commercial vehicle; ~ **tout**
terrain all-purpose *ou* all-roads vehicle. **(b)** *[pen-*
sée] vehicle, medium. ◆ **véhiculer** (1) *vt (Aut)*
to convey, transport; *substance, idées* to convey.

veille [vɛj] *nf* **(a)** *(état)* wakefulness. **en état de** ~
in waking state, awake. **(b)** *(garde)* (night) watch.
(c) *(jour précédent)* **la** ~ the day before; **la** ~ **au**
soir the previous evening, the evening before;
la ~ **de cet examen** the day before that exam;
la ~ **de Noël/du jour de l'an** Christmas/New Year's
Eve; **la** ~ **de sa mort** on the eve of his death,
on the day before his death. **(d)** *(fig)* **à la** ~ **de**
guerre on the eve of; **être à la** ~ **de faire qch** to
be on the brink *ou* point of doing sth.

veiller [veje] (1) **1** *vi ne pas se coucher* to stay up,
sit up; *(être de garde)* to be on watch; *(rester vigilant)*
to be watchful; *(faire la veillée)* to spend the evening in company. **2** *vt mort, malade* to watch over,
sit up with. *(fig: obscurité)* **on veille les morts ici!**
it's pitch dark in here. **3** *vt indir* **(a)** ~ **à** *intérêts,*
approvisionnement etc to attend to, see to, look
after. ~ **à ce que...** to see to it that..., make sure
that...; ~ **au grain** to keep an eye open for
trouble. **(b)** ~ **sur** to watch over, keep a watchful
eye on. ◆ **veillée** *nf (réunion)* evening gathering
ou meeting. ~ **(funèbre)** wake, watch. ◆ **veilleur**
nm **(a)** ~ **(de nuit)** (night) watchman. **(b)** *(Mil)*
look-out. ◆ **veilleuse** *nf (lampe)* night light; *(Aut)*
sidelight. *(fig)* **mettre qch en** ~ to so-pedal on
sth; **mets-la en** ~! ‡ belt up! ‡

veine [vɛn] *nf* **(a)** *(gén, Anat, Méd)* vein; *[houille]*
seam, vein; *[minerai de fer]* lode, vein. **(b)** *(fig:*
inspiration) inspiration. **de la même** ~ in the same
vein; **être en** ~ to be inspired; **être en** ~ **de**

patience to be in a patient mood *ou* frame of mind. **(c)** *(*: chance)* luck. **c'est une** ~ that's a bit of luck; **coup de** ~ stroke of luck; **pas de** ~! hard *ou* bad *ou* rotten * luck!; **avoir de la** ~ to be lucky; **il n'a pas eu de** ~ **aux examens** his luck was out at the exams; *(iro)* **c'est bien ma** ~ that's just my (rotten *) luck. ◆ **veinard, e** * **1** *adj* lucky. **2** *nm, f* lucky devil *. ◆ **veiner** (1) *vt (donner l'aspect du bois)* to grain; *(donner l'aspect du marbre)* to vein.

velcro [vɛlkʀo] *nm* ® velcro.

vêler [vele] (1) *vi* to calve. ◆ **vêlage** *nm* calving.

vélin [velɛ̃] *nm* vellum.

véliplanchiste [veliplɑ̃ʃist(ə)] *nmf* windsurfer.

velléité [veleite] *nf* vague desire, vague impulse. ◆ **velléitaire** **1** *adj* irresolute, wavering. **2** *nmf* waverer.

vélo [velo] *nm* bike, cycle. ~ **de course** racing cycle; ~ **d'appartement** exercise bike; ~-**cross** *(Sport)* stunt-riding; *(vélo)* stunt bike; **faire du** ~-**cross** to go stunt-riding. **venir en** ~ to come by bike; **il sait faire du** ~ he can ride a bike; **je fais beaucoup de** ~ I cycle a lot, I do a lot of cycling. ◆ **vélodrome** *nm* velodrome. ◆ **vélomoteur** *nm* small motorbike *(under 125 cc)*.

vélocité [velosite] *nf* swiftness.

véloski [veloski] *nm* skibob.

velours [v(ə)luʀ] *nm* **(a)** *(tissu)* velvet. ~ **côtelé** corduroy, cord. **(b)** *(velouté) (gén)* velvet; *[pêche]* bloom. **peau de** ~ velvet(y) skin.

velouté, e [velute] **1** *adj joues, crème, vin* smooth, velvety; *lumière, voix* mellow. **2** *nm* **(a)** *(douceur)* velvetiness, smoothness. **(b)** *(sauce)* velouté sauce; *(potage)* velouté. ~ **de tomates** cream of tomato soup.

velu, e [vəly] *adj* hairy.

venaison [vənɛzɔ̃] *nf* venison.

vénal, e, *mpl* **-aux** [venal, o] *adj* venal. ◆ **vénalité** *nf* venality.

vendange [vɑ̃dɑ̃ʒ] *nf*: ~**(s)** grape harvest, vintage; **faire la** ~ to harvest *ou* pick the grapes. ◆ **vendanger** (3) **1** *vt vigne* to harvest *ou* pick grapes from; *raisins* to pick, harvest. **2** *vi* to harvest *ou* pick the grapes. ◆ **vendangeur, -euse** *nm, f* grape-picker.

vendetta [vɑ̃deta] *nf* vendetta.

vendre [vɑ̃dʀ(ə)] (41) **1** *vt* **(a)** *(lit, fig)* to sell *(à* to). ~ **qch à qn** to sell sb sth *ou* sth to sb; **il m'a vendu un tableau 900 F** he sold me a picture for 900 francs; **il vend cher** he is expensive *ou* dear, his prices are high; ~ **qch aux enchères** to sell sth by auction; **maison à** ~ house for sale. **(b)** *(*: trahir)* to sell. **(c)** *(locutions)* ~ **chèrement sa vie** to sell one's life dearly; ~ **la peau de l'ours (avant de l'avoir tué)** to count one's chickens (before they are hatched); ~ **la mèche** * to give the game *ou* show away *.
2 se ~ *vpr* **(a)** *[marchandise]* **se** ~ **à la pièce/douzaine** to be sold singly/by the dozen; **ça se vend bien/comme des petits pains** that sells well/like hot cakes. **(b)** *(péj: se laisser corrompre)* to sell o.s. ◆ **vendeur, -euse** *nm, f (gén)* salesman *(ou* saleswoman), salesclerk *(US)*, shop *ou* sales assistant; *(Jur)* vendor, seller. ~ **de journaux** news vendor; **je ne suis pas** ~ I'm not selling; **il serait** ~ he'd be ready *ou* willing to sell. ◆ **vendu** *nm (péj)* Judas.

vendredi [vɑ̃dʀədi] *nm* Friday. ~ **saint** Good Friday; *V* **samedi**.

vénéneux, -euse [venenø, øz] *adj* poisonous.

vénérer [veneʀe] (6) *vt* to venerate, revere. ◆ **vénérable** *adj* venerable. ◆ **vénération** *nf* veneration, reverence.

Venezuela [venezɥela] *nm* Venezuela. ◆ **vénézuélien, -ienne** [venezɥeljɛ̃, jɛn] *adj*, **V~(ne)** *nm(f)* Venezuelan.

vengeance [vɑ̃ʒɑ̃s] *nf* vengeance, revenge. **ce forfait crie** ~ this crime cries out for revenge; **de petites** ~**s** petty acts of vengeance *ou* revenge. ◆ **venger** (3) **1** *vt* to avenge *(de qch* for sth). **2 se** ~ *vpr* to take (one's) revenge *ou* vengeance, to avenge o.s. **se** ~ **de qn** to take revenge on sb; **se** ~ **de qch** to take one's revenge for sth. ◆ **vengeur, -geresse 1** *adj personne* (re)vengeful; *bras, lettre* avenging. **2** *nm, f* avenger.

véniel, -elle [venjɛl] *adj* venial.

venin [vənɛ̃] *nm (lit, fig)* venom. ◆ **venimeux, -euse** *adj (lit, fig)* venomous.

venir [v(ə)niʀ] (22) **1** *vi* **(a)** *[personne]* to come. **il vint vers moi** he came up to me *ou* towards me; **ils sont venus en voiture** they came by car, they drove (here); **je viens!** I'm coming!, I'm on my way!; **je viens dans un instant** I'll be there in a moment; **le voisin est venu** the man from next door came round *ou* called; **il vient chez nous tous les jeudis** he comes (round) to our house *ou* to us every Thursday. **(b)** **faire** ~ *médecin* to call, send for; **tu nous as fait** ~ **pour rien** you got us to come *ou* you made us come for nothing; **faire** ~ **son vin de Provence** to get one's wine sent from Provence. **(c)** *(fig)* to come. **le bruit est venu jusqu'à nous que...** word has reached us *ou* come to us that...; **ça ne me serait pas venu à l'idée** *ou* **à l'esprit** that would never have occurred to me *ou* entered my head, I should never have thought of that; **une idée m'est venue (à l'esprit)** an idea crossed my mind, an idea occurred to me; **la semaine qui vient** the coming week; **cette plante vient bien** this plant is coming along *ou* is doing well *ou* nicely; **les années à** ~ the years to come, future years. **(d)** ~ **de** *(provenance, cause)* to come from; *(Ling)* to derive from; **l'épée lui vient de son oncle** the sword has been passed down to him by his uncle; **ces troubles viennent du foie** this trouble stems *ou* comes from the liver; **d'où vient cette hâte soudaine?** what's the reason for this sudden haste?, how come * *ou* why this sudden haste?; **ça vient de ce que...** it comes *ou* results *ou* stems from the fact that... **(e)** *(atteindre)* ~ **(jusqu')à** *(vers le haut)* to come up to, reach (up to); *(vers le bas)* to come down to, reach (down to); *(en longueur, en superficie)* to come out to, reach; **l'eau nous vient aux genoux** the water comes up to *ou* reaches (up to) our knees, we are knee-deep in (the) water; ~ **au monde** to come into the world, be born; ~ **à bout de** *travail, gâteau* to get through; *adversaire* to get the better of, overcome; **je n'en viendrai jamais à bout** I'll never manage it, I'll never get through it, I'll never see the end of it. **(f)** **en** ~ **à**: **j'en viens maintenant à votre question** I shall now come *ou* turn to your question; **venons-en au fait** let's get to the point; **j'en viens à la conclusion que...** I have come to *ou* reached the conclusion that...; **j'en viens à leur avis** I'm coming round to their opinion; **j'en viens à me demander si...** I'm beginning to wonder if...; **comment les choses en sont-elles venues là?** how did things come to this? *ou* get to this stage?; **en** ~ **aux mains** to come to blows; **où voulez-vous en** ~? what are you getting *ou* driving at?
2 *vb aux* **(a)** *(se déplacer pour)* **je suis venu travailler** I have come to work; **il va** ~ **la voir** he's going to come *ou* and see her; **viens m'aider** come and help me; **ne viens pas te plaindre!** don't (you) come and complain *ou* come complaining. **(b)** *(passé récent)* **il vient d'arriver** he has just arrived; **elle venait de se lever** she had just got up. **(c)** *(éventualité)* **s'il venait à mourir** if he were to die *ou* if he should (happen to) die.
3 *vb impers* **(a)** **il vient beaucoup d'enfants** a lot of children are coming; **il lui est venu des boutons** he came out in spots; **il ne lui viendrait pas à l'idée**

que… it wouldn't occur to him *ou* cross his mind *ou* enter his head that…; **il vient une heure où…** the hour comes when… (**b**) *(éventualité)* **s'il vient à pleuvoir** if it should (happen to) rain.
4 s'en ~ *vpr (littér)* to come.

Venise [vəniz] *n* Venice.

vent [vɑ̃] *nm* (**a**) wind. ~ **du nord** North wind; ~ **coulis** draught; **un** ~ **de révolte** a wind of revolt; *(Naut)* ~ **contraire** headwind; **au** ~/**sous le** ~ (**de**) to windward/to leeward (of); **bon** ~! *(Naut)* fair journey!; (**: fichez le camp)* good riddance!; **être en plein** ~ to be exposed to the wind; **il y a** *ou* **il fait du** ~ it is windy; **coup de** ~ gust of wind. (**b**) *(Méd)* **avoir des** ~**s** to have wind. (**c**) *(locutions) (lit, fig)* **observer d'où vient le** ~ to see how the wind blows; **le** ~ **est à l'optimisme** there is optimism in the air; *(fig)* **il a le** ~ **en poupe** he has the wind in his sails; **à tous les** ~ **s, aux quatre** ~**s** to the four winds; **être dans le** ~ * to be with it * *ou* hip *, be trendy *; **jeune fille dans le** ~ * trendy *ou* with it * girl *; *(péj)* **c'est du** ~ * it's all wind *ou* hot air *; **avoir** ~ **de** to get wind of; **quel bon** ~ **vous amène?** to what do I *(ou* we) owe the pleasure of seeing you?; **elle l'a fait contre** ~**s et marées** she did it against all the odds *ou* despite all the obstacles.

ventail, *pl* -**aux** [vɑ̃taj, o] *nm* ventail.

vente [vɑ̃t] *nf* sale. **bureau/promesse de** ~ sales office/agreement; **être en** ~ **libre** *(gén)* to be freely sold, have no sales restrictions; **en** ~ **chez votre libraire** available *ou* on sale at your local bookshop; **mettre en** ~ *produit* to put on sale; *maison* to put up for sale; **nous n'en avons pas la** ~ we have no demand *ou* sale for that; **la livre vaut 10 F à la** ~ the selling rate for sterling is 10 francs ; ~ **(aux enchères)** (auction) sale, auction; ~ **de charité** charity bazaar, jumble sale, sale of work; ~ **par correspondance** mail-order; ~ **à domicile** door-to-door selling; ~ **à tempérament** hire purchase, installment plan *(US)*.

venter [vɑ̃te] (1) *vb impers:* **il vente** the wind blows. ◆ **venté, e** *adj* windswept, windy.

ventiler [vɑ̃tile] (1) *vt* (**a**) *(aérer)* to ventilate. (**b**) *total* to break down; *crédits, travail* to allocate. (**c**) *(répartir)* touristes, élèves to divide up (into groups). ◆ **ventilateur** *nm (gén)* fan; *(dans un mur, une fenêtre)* ventilator, fan. ◆ **ventilation** *nf* ventilation; breaking down; allocation. *(Méd)* ~ **respiratoire** respiratory ventilation.

ventouse [vɑ̃tuz] *nf (Méd)* cupping glass; *(Zool)* sucker; *(dispositif adhésif)* suction pad; *(pour déboucher)* plunger. **faire** ~ to cling, adhere.

ventre [vɑ̃tr(ə)] *nm* (**a**) *(abdomen)* stomach, tummy *. **être étendu sur le** ~ to be lying on one's stomach *ou* front; **avoir/prendre du** ~ to have/be getting rather a paunch; *(fig)* **passer sur le** ~ **de qn** to ride roughshod over sb; **courir** ~ **à terre** to run at top speed. (**b**) *(estomac)* stomach. **avoir le** ~ **creux** to have an empty stomach; **avoir le** ~ **plein** to be full; **avoir mal au** ~ to have stomach ache *ou* (a) tummy ache *; *(fig)* **ça me ferait mal au** ~ ‡ it would make me sick; *(fig)* **voyons ce que ça a dans le** ~ * let's see what's inside it; *(courage)* **il n'a rien dans le** ~ * he's got no guts *. (**c**) *(utérus)* womb. (**d**) *[animal]* (under)belly; *[vase]* bulb; *[bateau, avion]* belly. ◆ **ventricule** *nm* ventricle. ◆ **ventriloque** *nmf* ventriloquist. ◆ **ventripotent, e** *adj* potbellied. ◆ **ventru, e** *adj personne* potbellied; *objet* bulbous.

venu, e [v(ə)ny] *adj* (**a**) **être bien** ~ **de faire** to have (good) grounds for doing; **être mal** ~ **de faire** to have no grounds for doing, be in no position to do. (**b**) **bien** ~ *remarque* timely, apposite; **mal** ~ *question* untimely, inapposite; **sa remarque était plutôt mal** ~**e** his remark was rather out of place *ou* uncalled-for; **il serait mal** ~ **de lui poser cette**

question it would be unseemly to ask him this question. (**c**) **bien** ~ *enfant* sturdy; *plante* sturdy, well-developed, fine. (**d**) *(arrivé)* **tard** ~ late; **tôt** ~ early. ◆ **venue** *nf* coming. **lors de ma** ~ **au monde** when I came into the world.

vêpres [vɛpR(ə)] *nfpl* vespers.

ver [vɛR] *nm* (**a**) *(gén)* worm; *(larve)* grub; *[viande, fruits]* maggot. *[bois]* ~**s** woodworm; ~ **luisant** glow-worm; ~ **à soie** silkworm; ~ **solitaire** tapeworm; ~ **de terre** earthworm; **tirer les** ~**s du nez à qn** * to worm information out of sb.

véracité [veRasite] *nf* veracity, truthfulness.

véranda [veRɑ̃da] *nf* veranda(h).

verbal, e, *mpl* -**aux** [vɛRbal, o] *adj (gén)* verbal. **groupe** ~ verb phrase. ◆ **verbalement** *adv* verbally.

verbaliser [vɛRbalize] (1) *vi:* **l'agent a dû** ~ the officer had to book * *ou* report him *(ou* me *etc)*.

verbe [vɛRb(ə)] *nm* (**a**) *(Gram)* verb. ~ **d'action/ d'état** verb of action/state; ~ **fort** strong verb; ~ **à particule** phrasal verb. (**b**) *(Rel, littér: langage)* **le** ~ the word; **avoir le** ~ **haut** to speak in a high and mighty tone.

verbiage [vɛRbjaʒ] *nm* verbiage.

verdâtre [vɛRdɑtR(ə)] *adj* greenish.

verdeur [vɛRdœR] *nf* (**a**) *(jeunesse)* vigour, vitality. (**b**) *[fruit]* tartness, sharpness; *[vin]* acidity. (**c**) *[langage]* forthrightness.

verdict [vɛRdik(t)] *nm (Jur, gén)* verdict.

verdir [vɛRdiR] (2) *vti* to turn green.

verdoyant, e [vɛRdwajɑ̃, ɑ̃t] *adj* green, verdant *(littér)*.

verdure [vɛRdyR] *nf (végétation)* greenery; *(légumes verts)* green vegetables.

véreux, -euse [veRø, øz] *adj* (**a**) *aliment* maggoty, worm-eaten. (**b**) *financier, affaire* dubious, shady.

verge [vɛRʒ(ə)] *nf (baguette)* rod; *(Anat)* penis.

verger [vɛRʒe] *nm* orchard.

verglas [vɛRgla] *nm* (black) ice *(on road etc)*. ◆ **verglacé, e** *adj* icy, iced-over.

vergogne [vɛRgɔɲ] *nf:* **sans** ~ *(adj)* shameless; *(adv)* shamelessly.

vergue [vɛRg(ə)] *nf (Naut)* yard.

véridique [veRidik] *adj récit, témoin* truthful, veracious; *repentir* genuine, authentic.

vérifier [veRifje] (7) *vt* (**a**) *(contrôler) (gén)* to check, verify; *(Fin)* comptes to audit. **cela a été vérifié et revérifié** it has been checked and doublechecked. (**b**) *(confirmer, prouver)* to establish *ou* confirm (the truth of), prove to be true; *soupçons, conjecture* to bear out, confirm. **cet accident a vérifié mes craintes** this accident has borne out *ou* confirmed my fears; **ça peut se** ~ **tous les jours** it is borne out every day. ◆ **vérifiable** *adj* verifiable. ◆ **vérificateur, -trice 1** *adj* checking, verifying. **2** *nm, f* controller, checker, inspector. **3** *nf (Tech)* verifier. ◆ **vérification** *nf* (**a**) *(contrôle)* check; *(action)* checking; verification; auditing. ~ **faite** on checking; ~ **d'identité** identity check. (**b**) *(preuve)* proof; *(confirmation)* confirmation.

vérin [veRɛ̃] *nm* jack.

véritable [veRitabl(ə)] *adj (gén)* real; *raisons, sentiment, ami* true, genuine; *cuir, perles* genuine. **sous son jour** ~ in its *(ou* his *etc)* true light; **un** ~ **coquin** a real *ou* a downright rogue; **c'est une** ~ **folie** it's absolute *ou* sheer madness. ◆ **véritablement** *adv* really; truly; genuinely. **il l'a** ~ **fait** he actually *ou* really did it; **c'est** ~ **délicieux** it's absolutely *ou* positively *ou* really delicious.

vérité [veRite] *nf* (**a**) **la** ~ *(connaissance du vrai)* truth; *(conformité aux faits)* the truth; **nul n'est dépositaire de la** ~ no one has a monopoly of truth; **c'est l'entière** ~ it is the whole truth; **dire la** ~ to tell *ou* speak the truth; **la** ~**, c'est qu'il est paresseux**

the truth (of the matter) is, he's lazy. **(b)** *(ressemblance)* *[portrait]* lifelikeness, trueness to life; *[tableau]* trueness to life. **(c)** *(sincérité)* truthfulness, sincerity. **un air de** ~ an air of sincerity *ou* truthfulness, a truthful *ou* sincere look. **(d)** *(fait vrai)* truth. **~s éternelles/premières** eternal/first truths. **(e) c'est (bien) peu de chose, en** ~ it's really *ou* actually nothing very much; **à la** ~ *ou* **en** ~ **il préfère s'amuser** to tell the truth *ou* to be honest he prefers to enjoy himself.

verlan [vɛʀlɑ̃] *nm* (back) slang.

vermeil, -eille [vɛʀmɛj] **1** *adj* *tissu* vermilion, bright red; *bouche* ruby, cherry; *teint* rosy. **2** *nm* *(métal)* vermeil.

vermicelle [vɛʀmisɛl] *nm*: ~**(s)** vermicelli.

vermifuge [vɛʀmifyʒ] *adj, nm* vermifuge. **poudre** ~ worm powder.

vermillon [vɛʀmijɔ̃] *adj inv, nm* vermilion.

vermine [vɛʀmin] *nf (lit, fig)* vermin.

vermoulu, e [vɛʀmuly] *adj* worm-eaten.

vernir [vɛʀniʀ] **(2)** *vt* to varnish; *poterie* to glaze. ◆ **verni, e** *adj* **(a)** *bois* varnished; *(luisant)* shiny, glossy. **souliers** ~**s** patent (leather) shoes. **(b)** *(*: *chanceux)* lucky. ◆ **vernis** *nm* varnish; glaze; *(éclat)* shine, gloss. ~ **(à ongles)** nail varnish *ou* polish; **un** ~ **de culture** a veneer of culture. ◆ **vernissage** *nm* **(a)** varnishing; glazing. **(b)** *(exposition)* private viewing, preview *(at art gallery)*.

vérole ⚥ [veʀɔl] *nf* pox ⚥.

verre [vɛʀ] **1** *nm* **(a)** *(substance)* glass. **cela se casse comme du** ~ it's as brittle as glass. **(b)** *[vitre, cadre]* glass; *[lunettes]* lens. **mettre qch sous** ~ to put sth under glass; **porter des** ~**s** to wear glasses. **(c)** *(récipient, contenu)* glass. ~ **à bière** beer glass; ~ **de bière** glass of beer. **(d)** *(boisson)* drink. **boire** *ou* **prendre un** ~ to have a drink; **un petit** ~ * a quick one *, a dram *; **avoir bu un** ~ **de trop** *, **avoir un** ~ **dans le nez** * to have had one too many *, have had a drop too much *. **2** : ~ **blanc** plain glass; ~**s de contact (souples/durs)** (soft/hard) contact lenses; ~**s correcteurs (de la vue)** corrective lenses; ~ **à dents** tooth mug *ou* glass; ~ **dépoli** frosted glass; ~**s fumés** tinted lenses; ~ **incassable** unbreakable glass; ~ **de montre** watch glass; ~ **à pied** stemmed glass. ◆ **verrerie** *nf (usine)* glassworks, glass factory; *(objets)* glassware; *(commerce)* glass trade *ou* industry. ◆ **verrier** *nm (ouvrier)* glassworker; *(artiste)* glass artist. ◆ **verrière** *nf (fenêtre)* window; *(toit vitré)* glass roof; *(paroi vitrée)* glass wall. ◆ **verroterie** *nf*: **bijoux en** ~ glass jewellery.

verrou [vɛʀu] *nm* **(a)** *[porte]* bolt. **mettre le** ~ to bolt the door; **mettre qn sous les** ~**s** to put sb behind bars *ou* under lock and key; **être sous les** ~**s** to be behind bars; *(fig)* **faire sauter le** ~ to break the deadlock. **(b)** *(Ordin)* lock. ◆ **verrouillage** *nm (action)* bolting; locking; *(dispositif)* locking mechanism. *(Aut)* ~ **automatique des portes** central (door) locking. ◆ **verrouiller** **(1)** *vt porte* to bolt; *culasse* to lock; *(Ordin)* to lock. *(lit, fig)* **ses parents le verrouillent** his parents keep him locked in.

verrue [vɛʀy] *nf* wart. ~ **plantaire** verruca.

vers¹ [vɛʀ] *prép* **(a)** *(direction)* toward(s), to. **en allant** ~ **la gare** going to *ou* towards the station; **il tendit la main** ~ **la bouteille** he reached out for the bottle, he stretched out his hand toward(s) the bottle. **(b)** *(approximation)* around, about. **c'est** ~ **Aix que nous avons eu une panne** it was (somewhere) near Aix *ou* round about Aix that we broke down; ~ **quelle heure doit-il venir?** (at) around *ou* (at) about what time is he due?; **il était** ~ **(les) 3 heures** it was about *ou* around 3; ~ **le début du siècle** toward(s) *ou* about the turn of the century.

vers² [vɛʀ] *nm* **(a)** *(sg: ligne)* line. **au 3e** ~ in line 3, in the 3rd line. **(b)** *(pl: poésie)* verse. **traduction en** ~ verse translation; **faire** *ou* **écrire des** ~ to write verse; ~ **blancs/libres** blank/free verse.

versant [vɛʀsɑ̃] *nm [vallée]* side; *[massif]* slopes.

versatile [vɛʀsatil] *adj* fickle, changeable. ◆ **versatilité** *nf* fickleness, changeability.

verse [vɛʀs(ə)] *adv*: **à** ~ in torrents; **il pleut à** ~ it is pouring down.

versé, e [vɛʀse] *adj*: ~/**peu** ~ **dans qch** (well-) versed/ill-versed in sth.

Verseau [vɛʀso] *nm (Astron)* **le** ~ Aquarius, the Water-carrier; **être (du)** ~ to be Aquarius *ou* an Aquarian.

versement [vɛʀsəmɑ̃] *nm* payment *(sur un compte* into an account); *(échelonné)* instalment. ~ **en espèces** cash deposit; ~ **à une œuvre** donation to a charity.

verser [vɛʀse] **(1)** **1** *vt* **(a)** *liquide, grains* to pour, tip *(dans into, sur onto)*; *(servir)* thé *etc* to pour (out), *(dans into)*. **verse-toi à boire** pour yourself a drink. **(b)** *larmes, sang, clarté* to shed. **(c)** *(classer)* ~ **une pièce à un dossier** to add an item to a file. **(d)** *(payer)* to pay. ~ **qch à qn** to pay sb sth; ~ **une somme à un compte** to pay a sum of money into an account; ~ **des arrhes** to put down *ou* pay a deposit. **(e)** *(incorporer)* ~ **qn dans** to assign *ou* attach sb to. **2** *vi* **(a)** *[véhicule]* to overturn. **il va nous faire** ~ **dans le fossé** he'll tip us into the ditch. **(b)** ~ **dans** *sentimentalité* to lapse into. ◆ **verseur, -euse** **1** *adj*: **bec** ~ *(pouring)* lip; **bouchon** ~ pour-through stopper. **2** *nm* pourer.

verset [vɛʀsɛ] *nm (Rel)* verse.

version [vɛʀsjɔ̃] *nf* **(a)** *(traduction)* translation *(into the mother tongue)*, unseen (translation). ~ **anglaise** English unseen (translation), translation from English. **(b)** *(variante)* version. **film en** ~ **originale** film in the original language *ou* version; **film italien en** ~ **française** Italian film dubbed in French; *(Aut)* ~ **4 portes** 4-door model. **(c)** *(interprétation)* version. **donner sa** ~ **des faits** to give one's (own) version of the facts.

verso [vɛʀso] *nm* back. **au** ~ on the back (of the page); **'voir au** ~**'** 'see over(leaf)'.

vert, verte [vɛʀ, vɛʀt(ə)] **1** *adj* **(a)** *(couleur)* green. ~ **de peur** green with fear. **(b)** *céréale, fruit* unripe, green; *vin* young; *bois* green. **(c)** *vieillard* sprightly, spry. **(d)** *réprimande* sharp, stiff. **(e)** *propos* spicy, saucy. **il en a dit des vertes (et des pas mûres)** * he said some pretty spicy *ou* saucy things. **(f)** *(de la campagne)* **tourisme** ~ country holidays; **classe** ~**e** school camp; **l'Europe** ~**e** European agriculture. **2** *nm* **(a)** *(couleur)* green; *(Golf)* green. ~ **olive** *etc* olive *etc* (-green); **mettre un cheval au** ~ to put a horse out to grass *ou* to pasture; *[gangster]* **se mettre au** ~ to hole up * in the country. **(b)** *(Pol: écologistes)* **les V~s** the Greens. ◆ **vert-de-gris** **1** *nm inv* verdigris. **2** *adj inv* grey(ish)-green. ◆ **vertement** *adv* *réprimander* sharply.

vertèbre [vɛʀtɛbʀ(ə)] *nf* vertebra. ◆ **vertébral, e**, *mpl* **-aux** *adj* vertebral. ◆ **vertébré, e** *adj, nm* vertebrate.

vertical, e, *mpl* **-aux** [vɛʀtikal, o] **1** *adj (gén)* vertical; *position du corps* upright. **2** *nf (ligne)* vertical line. *(direction)* **la** ~**e** the vertical; **à la** ~**e** *s'élever* vertically. ◆ **verticalement** *adv* *monter* vertically, straight up; *descendre* vertically, straight down. ◆ **verticalité** *nf* verticalness, verticality.

vertige [vɛʀtiʒ] *nm* **(a)** *(peur du vide)* **le** ~ vertigo; **avoir le** ~ to suffer from vertigo, get dizzy *ou* giddy; **être pris de** ~ to feel dizzy *ou* giddy, have a fit of vertigo; **cela me donne le** ~ it makes me feel dizzy *ou* giddy, it gives me vertigo. **(b)** *(étourdissement)* dizzy *ou* giddy spell *ou* turn. **(c)** *(fig: égarement)* fever. **gagné par le** ~ **de l'expansion**...

having caught the expansion fever... ◆ **vertigineusement** *adv*: ~ **haut** vertiginously *ou*
breathtakingly high, of a dizzy height; **les prix
montent** ~ prices are rising at a dizzy *ou* breathtaking rate, prices are rocketing. ◆ **vertigineux,
-euse** *adj (gén)* breathtaking; *précipice* breathtakingly high; *hauteur* dizzy, giddy.

vertu [vɛʀty] *nf (gén: morale)* virtue; *(littér) (pouvoir)*
virtue *(littér)*, power; *(courage)* courage, bravery.
en ~ **de** in accordance with. ◆ **vertueusement**
adv virtuously. ◆ **vertueux, -euse** *adj* virtuous.

verveine [vɛʀvɛn] *nf (plante)* vervain, verbena;
(tisane) verbena tea; *(liqueur)* vervain liqueur.

vésicule [vezikyl] *nf* vesicle. **la** ~ **(biliaire)** the gall-
bladder.

vespa [vɛspa] *nf* ® Vespa ®.

vespasienne [vɛspazjɛn] *nf* urinal.

vessie [vesi] *nf* bladder. **prendre des** ~**s pour des
lanternes** to believe that the moon is made of
green cheese.

veste [vɛst(ə)] *nf* jacket. ~ **droite/croisée** single-/
double-breasted jacket; ~ **de pyjama** pyjama jacket *ou* top; **retourner sa** ~ * to turn one's coat;
ramasser une ~ * *(gén)* to come a cropper *; *(dans
une élection)* to be beaten hollow.

vestiaire [vɛstjɛʀ] *nm [théâtre, restaurant]* cloakroom; *[stade, piscine]* changing-room. **(armoire-)** ~
locker.

vestibule [vɛstibyl] *nm* hall, vestibule.

vestige [vɛstiʒ] *nm (objet)* relic; *(fragment)* trace;
[coutume, gloire] vestige, remnant, relic. ~**s** *[ville]*
remains, vestiges; *[passé]* vestiges, remnants,
relics.

vestimentaire [vɛstimɑ̃tɛʀ] *adj*: **élégance** ~ sartorial elegance; **fantaisies** ~**s** eccentricities of
dress; **détails** ~**s** details of one's dress.

veston [vɛstɔ̃] *nm* jacket.

vêtement [vɛtmɑ̃] *nm (a)* *(article d'habillement)* garment, item *ou* article of clothing. *(tenue)* **son** ~
his clothes; *(Comm: industrie)* **le** ~ the clothing
industry. **(b)** ~**s** clothes; ~**s de sport** sports
clothes; *(dans magasin)* sportswear; ~**s de dessous**
underclothes.

vétéran [veteʀɑ̃] *nm (Mil)* veteran; *(fig)* veteran,
old hand *.

vétérinaire [veteʀinɛʀ] **1** *nm* vet, veterinary surgeon, veterinarian *(US)*. **2** *adj* veterinary.

vétille [vetij] *nf* trifle, triviality.

vêtir [vetiʀ] **(20)** **1** *vt (habiller)* to clothe, dress.
2 se ~ *vpr* to dress (o.s.). ◆ **vêtu, e** *adj* dressed.
bien/mal ~ well-/badly-dressed; ~ **de** dressed in,
wearing.

vétiver [vetivɛʀ] *nm* vetiver.

veto [veto] *nm (Pol, gén)* veto. **opposer son** ~ **à qch**
to veto sth; **je mets mon** ~ **!** I veto that; **droit de**
~ right of veto.

vétuste [vetyst(ə)] *adj* ancient, dilapidated.
◆ **vétusté** *nf* dilapidation.

veuf, veuve [vœf, vœv] **1** *adj* widowed. **il est deux
fois** ~ he has been twice widowed, he is a widower twice over. **2** *nm* widower. **3** *nf (gén)* widow.
◆ **veuvage** *nm [femme]* widowhood; *[homme]*
widowerhood.

vexer [vɛkse] **(1)** **1** *vt* to hurt, upset. **être vexé
par qch** to be hurt by sth, be upset at sth. **2 se**
~ *vpr* to be hurt *(de* by), be upset *(de* at).
◆ **vexant, e** *adj (contrariant)* annoying; *(blessant)*
paroles hurtful *(pour* to). ◆ **vexation** *nf* humiliation.

via [vja] *prép* via.

viabilité [vjabilite] *nf* **(a)** *[chemin]* practicability.
avec/sans ~ **terrain** with/without services (laid on),
serviced/unserviced. **(b)** *[entreprise]* viability.
◆ **viable** *adj* situation, enfant viable.

viaduc [vjadyk] *nm* viaduct.

viager, -ère [vjaʒe, ɛʀ] **1** *adj*: **rente** ~**ère** life annuity. **2** *nm (rente)* life annuity; *(bien)* property mort-
gaged for a life annuity. **mettre un bien en** ~ to sell
a property in return for a life annuity.

viande [vjɑ̃d] *nf* meat. ~ **rouge/blanche** red/white
meat; ~ **de boucherie** (butcher's *ou* fresh) meat;
~ **hachée** minced meat, hamburger *(US)*.

vibrer [vibʀe] **(1)** *vi (gén, Phys)* to vibrate; *[voix]*
to quiver, be vibrant *ou* resonant; *[personne]* to
thrill *(de* with), be stirred *(de* by). **faire** ~ *objet*
to vibrate; *auditoire* to stir, thrill; ~ **d'enthousiasme** to be vibrant with enthusiasm. ◆ **vibrant,
e** *adj membrane* vibrating; *voix* vibrant, resonant;
discours, nature emotive. ~ **de** vibrant with.
◆ **vibration** *nf (gén, Phys)* vibration. ◆ **vibratoire**
adj vibratory.

vicaire [vikɛʀ] *nm [paroisse]* curate. *[évêque]* ~ **général** vicar-general.

vice [vis] *nm* **(a)** *(moral)* vice. **vivre dans le** ~ to live
a life of vice. **(b)** *(défectuosité)* fault, defect; *(Jur)*
defect. ~ **de construction** fault *ou* defect in
construction; ~ **de forme** legal flaw *ou* irregularity; ~ **caché** latent defect.

vice- [vis] *préf* vice-. ~**-amiral** *nm*, *pl* ~**-~aux** vice-
admiral; ~**-président, e** *nm, f, mpl* ~**-~s** vice-pres-
ident, vice-chairman; ~**-roi** *nm*, *pl* ~**-~s** viceroy.

vice versa [visevɛʀsa] *adv* vice versa.

vicier [visje] **(7)** *vt atmosphère* to pollute, taint; *sang*
to contaminate, taint; *rapports* to taint. ◆ **vicieu-
sement** *adv* pervertedly. ◆ **vicieux, -euse 1** *adj
personne, penchant* perverted, depraved; *cheval* restive, unruly; *attaque, balle* well-disguised, nasty *;
prononciation, expression incorrect, wrong. **2** *nm, f*
pervert.

vicinal, e, *mpl* **-aux** [visinal, o] *adj*: **chemin** ~ by-
road, byway.

vicissitudes [visisityd] *nfpl (gén)* vicissitudes.

vicomte [vikɔ̃t] *nm* viscount. ◆ **vicomtesse** *nf* vis-
countess.

victime [viktim] *nf (gén)* victim; *[accident]* casualty,
victim; *(Jur)* aggrieved party, victim. **être** ~ **de**
to be the victim of.

victoire [viktwaʀ] *nf (gén)* victory; *(Sport)* win, victory. ~ **aux points** win on points; **crier** ~ to crow
(over one's victory). ◆ **victorieusement** *adv* victoriously; triumphantly. ◆ **victorieux, -euse** *adj
armée* victorious; *équipe* winnning, victorious; *air*
triumphant.

victuailles [viktɥɑj] *nfpl* provisions.

vidange [vidɑ̃ʒ] *nf* **(a)** *[réservoir]* emptying; *(Aut)*
oil change. *(Aut)* **faire la** ~ to change the oil. **(b)**
(dispositif) *[lavabo]* waste outlet. ◆ **vidanger (3)**
vt réservoir to empty; *liquide* to empty out.

vide [vid] **1** *adj (lit, fig)* empty; *appartement* empty,
vacant. **avoir l'estomac** *ou* **le ventre** ~ to have an
empty stomach; *(Comm)* **bouteilles** ~**s** empty
bottles, empties *; **sa vie était** ~ his life was empty *ou* a void; ~ **de** *(gén)* empty *ou* (de)void of;
~ **de sens** *mot* meaningless; **les rues** ~**s de voitures**
the streets empty *ou* devoid of cars. **2** *nm* **(a)**
(absence d'air) vacuum. **sous** ~ under vacuum;
emballé sous ~ vacuum-packed; **emballage sous**
~ vacuum packing. **(b)** *(trou)* *(entre objets)* gap,
empty space; *(Archit)* void. *(Constr)* ~ **sanitaire**
underfloor space. **(c)** *(abîme)* drop. *(l'espace)* **le** ~
the void; **être au-dessus du** ~ to be over *ou* above
a drop; **tomber dans le** ~ to fall into empty space
ou into the void; **avoir peur du** ~ to be afraid of
heights, have no head for heights. **(d)** *(néant)*
emptiness. **le** ~ **de l'existence** the emptiness of
life; **regarder dans le** ~ to gaze *ou* stare into space
ou emptiness. **(e)** *(fig: manque)* **un** ~ **douloureux
dans son cœur** an aching void in one's heart; ~
juridique gap in the law. **(f)** *(loc)* **faire le** ~ **autour**

de soi to isolate o.s.; **faire le ~ dans son esprit** to make one's mind a blank; **parler dans le ~** *(sans objet)* to talk vacuously; *(personne n'écoute)* to waste one's breath; *[camion]* **repartir à ~** to go off again empty.

vidéo [video] **1** *adj inv* video. **caméra/jeu ~** video camera/game. **2** *nf* video.

vidéocassette [videokasɛt] *nf* video cassette.

vidéoclip [videɔklip] *nm (chanson)* video.

vidéoclub [videɔklœb] *nm* videoclub.

vidéodisque [videɔdisk(ə)] *nm* videodisk.

vidéothèque [videɔtɛk] *nf* video library.

vider [vide] **(1) 1** *vt* **(a)** *récipient, meuble, pièce* to empty; *étang, citerne* to empty, drain; *contenu* to empty (out). **~ un appartement de ses meubles** to empty *ou* clear a flat of its furniture; **il vida son verre** he emptied *ou* drained his glass; **ils ont vidé tous les tiroirs** they cleaned out *ou* emptied all the drawers. **(b)** *poisson, poulet* to gut, clean out; *pomme* to core. **(c)** *querelle* to settle. **(d)** *cavalier* to throw. **~ les étriers** to leave the stirrups. **(e)** *(*: expulser)* to throw out *, chuck out * *(de* of). **(f)** *(*: épuiser)* to wear out. **(g)** *(locutions)* **~ son sac *** to come out with it *; **~ l'abcès** to root out the evil; **~ son cœur** to pour out one's heart; **~ les lieux** to quit *ou* vacate the premises. **2 se ~** *vpr* to empty. ◆ **vide-ordures** *nm inv* (rubbish) chute. ◆ **vide-poches** *nm inv* tidy; *(Aut)* glove compartment.

vie [vi] *nf* **(a)** *(gén)* life. **être en ~** to be alive; **être bien en ~** to be well and truly alive, be alive and kicking *; **donner la ~** to give birth *(à* to); **plein de ~** full of life; **rappeler qn à la ~** to bring sb back to life; **attends de connaître la ~ pour juger** wait until you know (something) about life before you pass judgment; **sa présence met de la ~ dans la maison** he brings some life *ou* a bit of life into the house. **(b)** *(activités)* life. **dans la ~ courante** in everyday life; **(mode de) ~** way of life, life style; **la ~ de garçon** a bachelor's life *ou* existence; **la ~ d'un professeur n'est pas toujours drôle** a teacher's life *ou* the life of a teacher isn't always fun; **la ~ des animaux** animal life; **~ de bohème** bohemian way of life *ou* life style; **mener la ~ de château** to live a life of luxury. **(c)** *(moyens matériels)* living. **(le coût de) la ~** the cost of living; **la ~ chère** the high cost of living. **(d)** *(durée)* life(time). **toute sa ~** all his life; **ça n'arrive qu'une seule fois dans la ~** it only happens once in a lifetime. **(e)** *(biographie)* life (story). **elle m'a raconté sa ~** she told me her life story *ou* the story of her life. **(f)** *(locutions)* **à ~, pour la ~** for life; **passer de ~ à trépas** to pass on; **faire passer qn de ~ à trépas** to dispatch sb into the next world; **une question de ~ ou de mort** a matter of life and death; **c'était la belle ~!** those were the days!; **il a la belle ~** he has an easy *ou* cushy * life; **c'est la belle ~!** this is the life!; **ce n'est pas une ~!** it's a rotten * *ou* hard life!; **c'est une ~ de chien!** * it's a rotten *ou* a dog's life! *; **c'est la ~!** that's life!; **jamais de ma ~** never in my life; **jamais de la ~!** never!, not on your life! *; **être entre la ~ et la mort** to be at death's door; **avoir la ~ dure** *[personne]* to have nine lives; *[superstitions]* to die hard; **mener la ~ dure à qn** to give sb a hard time of it; **sans ~** *(mort)* lifeless; *(évanoui)* unconscious; *(amorphe)* lifeless, listless; **refaire sa ~ (avec qn)** to make a new life (with sb); **faire la ~** *(se débaucher)* to live it up, lead a life of pleasure; *(*: faire une scène)* to kick up * a row, make a scene; **laisser la ~ sauve à qn** to spare sb's life; **voir la ~ en rose** to see life through rose-coloured glasses, take a rosy view of life.

vieillesse [vjɛjɛs] *nf [personne]* old age; *[chose]* age, oldness. **aide à la ~** help for the old *ou* the elderly *ou* the aged. ◆ **vieil, vieille** *V* **vieux.** ◆ **vieillard**

nm old man. **les ~s** the elderly, old people. ◆ **vieillerie** *nf* old-fashioned thing. ◆ **vieillir (2) 1** *vi* *(prendre de l'âge)* to grow old *ou* get old; *(paraître plus vieux)* to age; *[mot, doctrine]* to become (out)dated; *[vin, fromage]* to age. **je la trouve très vieillie** I find she has aged a lot. **2** *vt*: **~ qn** *[coiffure, maladie]* to age sb, put years on sb; *(par fausse estimation)* to make sb older than he (really) is. **3 se ~** *vpr* to make o.s. older. ◆ **vieillissant, e** *adj* ageing. ◆ **vieillissement** *nm [personne, vin]* ageing; *[doctrine, œuvre]* becoming (out)dated. ◆ **vieillot, -otte** *adj (démodé)* antiquated, quaint.

Vienne [vjɛn] *n (en Autriche)* Vienna.

vierge [vjɛrʒ(ə)] **1** *nf* **(a)** virgin. **la (Sainte) V~** the (Blessed) Virgin; **la V~ (Marie)** the Virgin (Mary). **(b)** *(Astron)* **la V~** Virgo, the Virgin; **être de la V~** to be Virgo *ou* a Virgoan. **2** *adj* **(a)** *personne* virgin. **être ~** to be a virgin. **(b)** *feuille de papier* blank, virgin; *film* unexposed; *bande magnétique, disquette d'ordinateur* blank; *casier judiciaire* clean; *terre, neige* virgin. **(c)** **~ de** free from.

Viet-Nam, Vietnam [vjɛtnam] *nm* Vietnam. **~ du Nord/du Sud** North/South Vietnam. ◆ **vietnamien, -ienne** *adj, nm,* **V~(ne)** *nm (f)* Vietnamese.

vieux [vjø], *f* **vieille** [vjɛj], *msg* **vieil** [vjɛj] *devant voyelle ou h muet, mpl* **vieux** [vjø] **1** *adj* **(a)** *(âgé)* old. **très ~** ancient, very old; **la vieille génération** the older generation; **les vieilles gens** old people, old folk, the aged *ou* elderly; **il est plus ~ que moi** he is older than I am; **~ comme le monde** as old as the hills; **il commence à se faire ~** he is getting on (in years), he's beginning to get old; **sur ses ~ jours** in his old age; **il n'a pas fait de ~ os** he didn't last *ou* live long. **(b)** *(de longue date)* ami, habitude old, long-standing; *coutumes, famille* old, ancient. **de vieille race** of ancient lineage; **connaître qn de vieille date** to have known sb for a very long time. **(c)** *(précédent)* old, former, previous. **ma vieille voiture était plus rapide que la nouvelle** my old *ou* previous car was quicker than the new one; **il est de la vieille école** he belongs to the old school; **dans le bon ~ temps** in the good old days *ou* times. **(d)** *(expérimenté)* marin, soldat old, seasoned. **un ~ renard** a sly old dog *ou* fox; **un ~ routier de la politique** a wily old politician.

2 *nm* **(a)** old man. **les ~** the old *ou* aged *ou* elderly, old people, old folk *; **un ~ de la vieille *** one of the old brigade; *(père)* **le ~** ⚥ my old man ⚥; *(parents)* **ses ~** ⚥ his folks *; **mon ~** * old man * *ou* chap * *ou* boy * *ou* buddy * *(US)*. **(b)** **préférer le ~ au neuf** to prefer old things to new.

3 *nf* old woman. *(mère)* **la vieille** ⚥ my old woman ⚥ *ou* lady ⚥; **ma vieille** * old girl *; *(à un homme)* old man * *ou* chap * *ou* boy *.

4 *adv* **vivre** to a ripe old age; **s'habiller** old.

5 : **vieille bique** ⚥ old bag ⚥; *(hum)* **vieille branche** old bean *; **vieille fille** spinster, old maid; **~ garçon** bachelor; **~ gâteux** old dodderer *; **~ jeton *** *ou* **schnock *** old misery *; **~ jeu** *adj inv* old-fashioned, old hat; **vieille noix *** (silly) old twit ⚥ *ou* fathead ⚥.

vif, vive¹ [vif, viv] **1** *adj* **(a)** *personne (plein de vie)* lively, vivacious; *(alerte)* sharp, quick; *rythme* lively; *imagination, intelligence* lively, keen. **il a l'œil ~** he has a sharp *ou* keen eye; **à l'esprit ~** quick-witted; **eau vive** running water. **(b)** *(emporté)* personne sharp, brusque, quick-tempered; *ton, propos* sharp, brusque, curt. **(c)** *(profond)* émotion, plaisir, déception etc keen, intense; *souvenirs, impression* vivid; *satisfaction* deep, great; *critiques, réprobation* strong, severe; *impatience* great; *penchant* strong; *lumière, éclat* bright, brilliant; *couleur* vivid, brilliant; *froid* biting, bitter; *douleur* sharp; *vent* keen. **à vive allure** at a brisk pace; **avec mes plus ~s remerciements** with my most profound thanks; **c'est avec un ~ plaisir que...** it is with very great pleasure that...; **l'air ~ les revigorait** the bracing *ou* sharp air gave them new life. **(d)** *(à nu) pierre* bare; *joints* dry; *(acéré) arête* sharp. **(e)** *(locutions)* **brûler ~ qn** to burn sb alive; **de vive voix** *renseigner, remercier* personally, in person. **2** nm **(a)** **à ~** *chair* bared; *plaie* open; **avoir les nerfs à ~** to be on edge; **piqué au ~** cut *ou* hurt to the quick; **couper dans le ~** to cut into the living flesh; **entrer dans le ~ du sujet** to get to the heart of the matter; **prendre qn en photo sur le ~** to photograph sb in a real-life situation; **faire un reportage sur le ~** to do a live *ou* on-the-spot broadcast; **les réactions de qn sur le ~** sb's instant *ou* on-the-spot reactions. **(b)** *(Pêche)* live bait. **pêcher au ~** to fish with live bait. **(c)** *(Jur: personne)* living person. **donation entre ~s** donation inter vivos.

vigie [viʒi] *nf (matelot)* look-out, watch; *(poste)* look-out post.

vigilant, e [viʒilɑ̃, ɑ̃t] *adj personne, œil* vigilant, watchful; *soins* vigilant. ◆ **vigilance** *nf* vigilance; watchfulness.

vigile [viʒil] *nm (Hist)* watch; *(veilleur de nuit)* (night) watchman; *[police privée]* vigilante.

vigne [viɲ] *nf (plante)* vine; *(vignoble)* vineyard. **~ vierge** Virginia creeper. ◆ **vigneron, -onne** *nm, f* wine grower. ◆ **vignoble** *nm* vineyard.

vignette [viɲɛt] *nf (Art: motif)* vignette; *(illustration)* illustration; *(Comm: timbre)* label. *(Aut)* **la ~** ≃ the (road) tax disc, (annual) licence tag *(US)*.

vigoureux, -euse [viguʀø, øz] *adj (gén)* vigorous, robust; *bras, mains* strong, powerful; *style* vigorous, energetic; *résistance* vigorous, strenuous. ◆ **vigoureusement** *adv* vigorously. ◆ **vigueur** *nf* **(a)** vigour; robustness; strength; energy. **(b)** **en ~** *loi* in force; *formule* current, in use; **entrer en ~** to come into force *ou* effect; **en ~ depuis hier** in force as of *ou* from yesterday; **cesser d'être en ~** to cease to apply.

vil, e [vil] *adj* **(a)** *(méprisable)* vile, base. **(b)** **à ~ prix** at a very low price.

vilain, e [vilɛ̃, ɛn] **1** *adj* **(a)** *(laid) personne* ugly (-looking); *vêtement* ugly, unattractive; *couleur* nasty. **le V~ petit canard** the Ugly Duckling. **(b)** *temps* nasty, bad, lousy ***; *odeur, blessure, affaire* nasty, bad. **(c)** *(méchant) enfant, conduite* naughty; *action, pensée* wicked. **jouer un ~ tour à qn** to play a nasty *ou* mean trick on sb; **c'est un ~ monsieur** he's a nasty customer. **2** nm **(a)** *(Hist)* villain. **(b)** *(*)* **il va y avoir du ~** it's going to turn nasty.

vilebrequin [vilbʀəkɛ̃] *nm (outil)* (bit-)brace; *(Aut)* crankshaft.

villa [vila] *nf* villa, (detached) house.

village [vilaʒ] *nm* village. **~ de toile** tent village. ◆ **villageois, e 1** *adj* village. **2** *nm, f* villager.

ville [vil] **1** *nf* **(a)** town; *(plus importante)* city. **en ~, à la ~** in town, in the city; **aller en ~** to go into town; **les gens de la ~** townspeople; *(vie)* **aimer la ~** to like town *ou* city life; *(quartier)* **la vieille ~** the old (part of) town. **(b)** *(municipalité)* ≃ local authority, town *ou* city council. **2** : **~ champignon** mushroom town; **~ d'eaux** spa (town); **~ satellite** satellite town.

villégiature [vileʒjatyʀ] *nf* : **aller en/être en ~ quelque part** to go on/be on holiday *ou* vacation *(US)* somewhere; **(lieu de) ~** (holiday *ou* vacation *(US)*) resort.

vin [vɛ̃] *nm* wine. **~ chaud** mulled wine; **~ cuit** liqueur wine; *(réunion)* **~ d'honneur** reception *(where wine is served)*; **être entre deux ~s** to be tipsy.

vinaigre [vinɛgʀ(ə)] *nm* vinegar. **tourner au ~ *** to turn sour. ◆ **vinaigré, e** *adj*: **trop ~** with too much *etc* vinegar. ◆ **vinaigrette** *nf* French dressing, vinaigrette, oil and vinegar dressing.

vindicatif, -ive [vɛ̃dikatif, iv] *adj* vindictive.

vingt [vɛ̃] *([vɛ̃t] en liaison et dans les nombres de 22 à 29) adj inv, nm inv* twenty. **je te l'ai dit ~ fois** I've told you a hundred times; **il n'avait plus ses jambes de ~ ans** he no longer had the legs of a young man; **il mérite ~ sur ~** he deserves full marks; **~-quatre heures sur ~-quatre** round the clock, twenty-four hours a day; *V* **six, soixante.** ◆ **vingtaine** *nf*: **une ~** about twenty, twenty or so, (about) a score. ◆ **vingtième** *adj, nmf* twentieth. ◆ **vingtièmement** *adv* in the twentieth place.

vinicole [vinikɔl] *adj industrie* wine; *région* wine-growing, wine-producing; *établissement* wine-making.

vinyle [vinil] *nm* vinyl.

viol [vjɔl] *nm [femme]* rape; *[temple]* violation, desecration.

violacé, e [vjɔlase] *adj* purplish, mauvish.

violent, e [vjɔlɑ̃, ɑ̃t] *adj (gén)* violent; *effort* violent, strenuous, urgent. ◆ **violemment** *adv* violently. ◆ **violence** *nf* violence. **commettre des ~s contre qn** to assault sb, commit acts of violence against sb; **se faire ~** to force o.s.; **faire ~ à** to do violence to. ◆ **violenter** (1) *vt femme* to assault (sexually).

violer [vjɔle] (1) *vt (gén)* to violate; *promesse* to break; *temple* to desecrate; *femme* to rape. ◆ **violation** *nf (gén)* violation; *[promesse]* breaking; *[sépulture]* desecration. *(Jur)* **~ de domicile** forcible entry *(into a person's home)*; **~ du secret professionnel** breach *ou* violation of professional secrecy.

violet, -ette [vjɔlɛ, ɛt] **1** *adj* purple; *(pâle)* violet. **2** nm *(couleur)* purple; *(pâle)* violet. **3** *nf (Bot)* violet.

violon [vjɔlɔ̃] *nm* **(a)** *(instrument, musicien)* violin, fiddle ***. *(personne)* **premier ~** leader. **(b)** *(*: prison)* cells *(pl)*, jug *‡*. **(c)** **~ d'Ingres** (artistic) hobby. ◆ **violoniste** *nmf* violonist, violin-player, fiddler ***.

violoncelle [vjɔlɔ̃sɛl] *nm* cello. ◆ **violoncelliste** *nmf* cellist, cello-player.

vipère [vipɛʀ] *nf* adder, viper. **langue de ~** viper's tongue.

virage [viʀaʒ] *nm [véhicule, coureur]* turn; *[politique]* change in policy *ou* direction; *(Aut: tournant)* bend, turn *(US)*. **prendre un ~ à la corde** to hug the bend; *(Ski)* **~ parallèle** parallel turn; **~ en épingle à cheveux** hairpin bend; **~ relevé** banked corner; **un ~ à 180 degrés de la politique française** a U-turn in French politics.

virée * [viʀe] *nf (en voiture)* drive, run; *(à pied)* walk; *(en vélo)* run; *(de plusieurs jours)* trip, tour; *(dans les cafés etc)* tour. **faire une ~** to go for a run *(ou* walk, drive *etc)*.

virement [viʀmɑ̃] *nm*: **~ (bancaire)** credit transfer; **~ postal** ≃ (National) Giro transfer.

virer [viʀe] (1) **1** *vi* **(a)** *(changer de direction)* to turn. **~ sur l'aile** to bank; **~ de bord** to tack. **(b)** *[couleur]* to turn, change; *(Phot) [épreuves]* to tone; *(Méd) [cuti-réaction]* to come up positive. **bleu qui vire au violet** blue which is turning purple *ou* changing to purple; **~ à l'aigre** to turn sour; *[temps]* **~ au froid/au beau** to turn cold/fine *ou* fair. **2** *vt* **(a)** *(Fin)* to transfer *(à un compte* (in)to an account). **(b)** *(*: expulser)* to kick out ***, chuck out ***. **se faire ~** to get (o.s.) kicked ** ou* chucked out ***. **(c)** *(Méd)* **il a viré sa cuti** he gave a positive skin test.

virevolter [viʀvɔlte] (1) *vi [danseuse]* to twirl around; *[cheval]* to do a demivolt. ◆ **virevolte** *nf* twirl; demivolt.

virginité [viʀʒinite] *nf [femme]* virginity, maidenhood; *[âme]* purity.

virgule [viʀgyl] *nf (ponctuation)* comma; *(Math)* (decimal) point. **5 ~ 2** 5 point 2; **~ flottante** floating decimal.

viril, e [viʀil] *adj attribut* male, masculine; *attitude, traits* manly, virile; *prouesses* virile. ♦ **virilement** *adv* in a manly *ou* virile way. ♦ **virilité** *nf* masculinity; manliness; virility.

virtuel, -elle [viʀtɥɛl] *adj* (*gén*) potential; (*Philos, Phys*) virtual. ♦ **virtuellement** *adv* (*en puissance*) potentially; (*pratiquement*) virtually.

virtuose [viʀtɥoz] *nmf* (*Mus*) virtuoso; (*fig: artiste*) master, virtuoso. ♦ **virtuosité** *nf* virtuosity.

virulence [viʀylɑ̃s] *nf* virulence. ♦ **virulent, e** *adj* virulent.

virus [viʀys] *nm* (*lit*) virus. (*fig*) **le ~ du jeu** the gambling bug.

vis [vis] *nf* screw. **escalier à ~** spiral staircase; **~ sans fin** worm, endless screw; (*Aut*) **~ platinées** (contact) points.

visa [viza] *nm* (*gén*) stamp; [*passeport*] visa. **~ de censure** (censor's) certificate; (*fig*) **~ pour...** passport to...; (*Fin*) **carte ~** ® Visa ® card.

visage [vizaʒ] *nm* face. **au ~ pâle** pale-faced; **V~ pâle** paleface; **agir à ~ découvert** to act openly; **faire bon ~ à qn** to put on a show of friendliness for sb. ♦ **visagiste** *nmf* beautician.

vis-à-vis [vizavi] **1** *prép*: **~ de** (*en face de*) opposite, vis-à-vis; (*comparé à*) beside, vis-à-vis, next to; (*envers*) towards, vis-à-vis; **sincère ~ de soi-même** frank with o.s.; **j'en ai honte ~ de lui** I'm ashamed of it in front of *ou* before him. **2** *adv* (*face à face*) face to face. **se faire ~** to be facing *ou* opposite each other. **3** *nm inv* (*personne*) person opposite; (*maison*) house opposite. **immeuble sans ~** building with an open *ou* unimpeded outlook.

viscères [visɛʀ] *nmpl* intestines. ♦ **viscéral, e,** *mpl* **-aux** *adj* (*Anat*) visceral; *peur* visceral, deep-seated, deep-rooted. ♦ **viscéralement** *adv*: **détester ~ qch** to have a gut * *ou* visceral hatred of sth; **~ jaloux** pathologically jealous.

viscose [viskoz] *nf* viscose.

viscosité [viskozite] *nf* viscosity.

viser [vize] **1** *vt* (**a**) *cible, effet, carrière* to aim at. (**b**) (*concerner*) [*mesure, remarque*] to be aimed at, be directed at. **cette mesure vise tout le monde** this measure applies to everyone; **se sentir visé** to feel one is being got at *. (**c**) (‡: *regarder*) to take a look at. (**d**) (*Admin*) *passeport* to visa; *document* to stamp. **faire ~ un passeport** to have a passport visaed. **2** *vi* [*tireur*] to aim, take aim. **~ juste** to aim accurately; **~ à la tête** to aim for the head; (*fig: ambitionner*) **~ haut** to set one's sights high, aim high. **3** **~ à** *vt indir*: **~ à qch/à faire** [*personne*] to aim at sth/at doing *ou* to do; [*mesures*] to be aimed at sth/at doing. ♦ **visée** *nf* (**a**) (*avec une arme*) aiming. **pour faciliter la ~** to help one's aim, help in taking aim. (**b**) (*desseins*) **~s** aim, design; **avoir des ~s sur** to have designs on. ♦ **viseur** *nm* [*arme*] sights; [*caméra, appareil photo*] viewfinder; (*Astron: lunette*) telescopic sight.

visible [vizibl(ə)] *adj* (*lit*) *embarras* obvious, evident, visible; *progrès* clear, perceptible. **il est ~ que...** it is obvious *ou* apparent *ou* clear that...; **Monsieur est-il ~?** is Mr X seeing *ou* is Mr X receiving visitors?; **elle n'est pas ~ le matin** she's not at home to visitors in the morning. ♦ **visibilité** *nf* visibility. **sans ~** *pilotage, virage* blind. ♦ **visiblement** *adv* visibly, obviously, clearly.

visière [vizjɛʀ] *nf* [*casquette*] peak; (*en celluloïd*) eyeshade; [*armure*] visor.

vision [vizjɔ̃] *nf* (**a**) (*vue*) (eye)sight, vision. **champ de ~** field of view *ou* vision; **~ nette** clear vision; **porter des lunettes pour la ~ de loin** to wear glasses for seeing at a distance. (**b**) (*conception*) vision. (**c**) (*apparition*) vision. **tu as des ~s** * you're seeing things. ♦ **visionnaire** *adj, nmf* visionary. ♦ **visionner** (1) *vt* to view. ♦ **visionneuse** *nf* (*Ciné, Phot*) viewer.

visite [vizit] *nf* (**a**) (*action*) [*pays etc*] visiting; [*bagages*] examination, inspection. **heures de ~** visiting hours; **la ~ du château a duré 2 heures** it took 2 hours to go round the castle. (**b**) (*tournée*) (*gén*) visit; [*ami, représentant*] visit, call; [*inspecteur*] visit, inspection. **~ guidée** guided tour; **en ~ officielle en France** on an official visit to France; **rendre ~ à qn** to pay sb a visit, call on sb, visit sb; **avoir la ~ de qn** to have a visit from sb. (**c**) (*visiteur*) visitor. **nous attendons de la ~ ou des ~s** we are expecting visitors *ou* company *ou* guests. (**d**) (*Méd*) **~ médicale** medical examination; **~ (à domicile)** (house)call, visit; **~ de contrôle** follow-up visit; **la ~** (*chez le médecin*) (medical) consultation; (*Mil*) sick parade; [*recrue etc*] **passer à la ~ (médicale)** to have a medical *ou* physical (*US*) examination. ♦ **visiter** (1) *vt* (**a**) *pays* to visit; *château* to go round, visit; *maison à vendre* to go *ou* look over, view. **il nous a fait ~ la maison** he showed us round the house. (**b**) *bagages* to examine, inspect; *recoins* to search (in); *navire* to inspect; (*hum*) *coffre-fort* to visit. (**c**) [*médecin, représentant*] to visit, call on. ♦ **visiteur, -euse** *nm, f* visitor.

vison [vizɔ̃] *nm* mink; (*manteau*) mink (coat).

visqueux, -euse [viskø, øz] *adj* (*gén*) viscous; *surface* sticky; (*fig*) *personne, manière* smarmy, slimy.

visser [vise] (1) *vt* (**a**) to screw on. **ce n'est pas bien vissé** it's not screwed down *ou* up properly; (*fig*) **rester vissé sur sa chaise** to be rooted *ou* glued to one's chair. (**b**) (*: surveiller*) *élève, employé* to keep a tight rein on.

visu [vizy] *adv*: **de ~** with one's own eyes.

visuel, -elle [vizɥɛl] **1** *adj* (*gén*) visual. **troubles ~s** eye trouble. **2** *nm* (*Ordin*) visual display unit, VDU. **~ graphique** graphical display unit. ♦ **visuellement** *adv* visually.

vital, e, *mpl* **-aux** [vital, o] *adj* vital. ♦ **vitalité** *nf* vitality.

vitamine [vitamin] *nf* vitamin. ♦ **vitaminé, e** *adj* with added vitamins.

vite [vit] *adv* (**a**) (*rapidement*) quickly, fast; (*en hâte*) in a rush *ou* hurry. **c'est ~ fait** it doesn't take long, it's done in a jiffy *; **ça ne va pas ~** it's slow work; **fais ~!** be quick about it!; **le temps passe ~** time flies; **vous allez un peu ~ en besogne** * you're working too fast, you're a bit too quick off the mark; **aller plus ~ que la musique** to jump the gun. (**b**) (*tôt*) soon, in no time. **on a ~ fait de dire que...** it's easy to say that...; **il eut ~ fait de découvrir que...** he soon *ou* quickly discovered that..., he discovered in no time that...; (*toute de suite*) quick. **lève-toi ~!** get up quick!; **eh, pas si ~!** hey, not so fast!, hey, hold on (a minute)!; **il faut le prévenir au plus ~** he must be warned as quickly *ou* as soon as possible; **~! un médecin** quick! a doctor; **et plus ~ que ça!** and get a move on! *, and be quick about it!

vitesse [vitɛs] *nf* (**a**) (*promptitude*) speed, quickness. **en ~** (*rapidement*) quickly; (*en hâte*) in a hurry *ou* rush; **faites-moi ça en ~** do this for me quickly; **faites-moi ça, et en ~!** do this for me and be quick about it!; **écrire un petit mot en ~** to scribble a hasty note; **à toute ~, en quatrième ~** at full *ou* top speed. (**b**) [*véhicule, courant*] speed. **~ acquise** momentum; **~ de croisière** cruising speed; **à quelle ~ allait-il?** what speed was he going at *ou* doing?; **faire de la ~** to go *ou* drive fast; **prendre de la ~** to pick up *ou* gather speed; **gagner qn de ~** (*lit*) to beat sb; (*fig*) to beat sb to it; **il est parti à la ~ grand V** * he went tearing off *, he left like a bullet from a gun; (*Rail*) **expédier un colis en petite/grande ~** to send a parcel by slow/express goods service. (**c**) (*Aut*) gear. **changer de ~** to change gear; **en 2e/4e ~** in 2nd/4th gear; **passer les ~s** to go *ou* run through the gears.

viticole [vitikɔl] *adj industrie* wine; *région* wine-growing *ou* -producing; *établissement* wine-making. ◆ **viticulteur** *nm* wine grower. ◆ **viticulture** *nf* wine growing.

vitre [vitʀ(ə)] *nf [fenêtre, vitrine]* (window) pane; *[voiture]* window. **les camions font trembler les ~s** the lorries make the window panes *ou* the windows rattle; **casser une ~** to break a window (pane); *(Aut)* **la ~ arrière** the rear window. ◆ **vitrage** *nm (vitres)* windows; *(cloison)* glass partition. **double ~** double glazing. ◆ **vitrail**, *pl* **-aux** *nm* stained-glass window. ◆ **vitré, e** *adj* glass. ◆ **vitrer** (1) *vt* to glaze, put glass in. ◆ **vitrerie** *nf (activité)* glaziery, glazing; *(marchandise)* glass. ◆ **vitreux, -euse** *adj (Anat, Géol)* vitreous; *yeux* glassy, dull; *eau* dull. ◆ **vitrier** *nm* glazier.

vitrifier [vitʀifje] (7) *vt (par fusion)* to vitrify; *(par enduit)* to glaze, put a glaze on; *parquet* to seal, varnish. ◆ **vitrification** *nf* vitrification; glazing.

vitrine [vitʀin] *nf* **(a)** *(devanture)* (shop) window. **en ~** in the window. **(b)** *(armoire)* display cabinet.

vitriol [vitʀijɔl] *nm* vitriol.

vitupérer [vitypeʀe] (6) *vi* to vituperate *(contre* against), rant and rave *(contre* about). ◆ **vitupérations** *nfpl* vituperations.

vivable [vivabl(ə)] *adj personne* livable-with *; milieu, monde* fit to live in. **ce n'est pas ~!** it's unbearable! *ou* intolerable!

vivace [vivas] *adj arbre* hardy; *préjugé* inveterate, indestructible. **plante ~** (hardy) perennial.

vivacité [vivasite] *nf* **(a)** *(rapidité, vie) [personne]* liveliness, vivacity; *[intelligence]* sharpness, quickness, keenness; *[mouvement]* liveliness. **~ d'esprit** quick-wittedness. **(b)** *(brusquerie)* **~ d'humeur** brusqueness, quick-temperedness. **(c)** *[lumière]* brightness, brilliance; *[couleur]* vividness; *[froid]* bitterness; *[douleur]* sharpness. **(d)** *[émotion]* keenness, intensity; *[souvenir, impression]* vividness.

vivant, e [vivɑ̃, ɑ̃t] **1** *adj* **(a)** *(en vie)* living. **il est encore ~** he's still alive *ou* living; **expériences sur des animaux ~s** experiments on live *ou* living animals. **(b)** *(plein de vie)* enfant, rue, récit lively; *portrait* lifelike. **c'est le portrait ~ de sa mère** he's the (living) image of his mother. **(c)** *(en usage)* expression, croyance living. **expression très ~e** expression which is still very much alive. **2** *nm* **(personnes)** **les ~s** the living; *(vie)* **de son ~** in his lifetime, while he was alive.

vivats [viva] *nmpl* cheers.

vive² [viv] *excl:* **~ le roi!** long live the king!; **vivent les vacances!** three cheers for *ou* hurrah for the holidays!

vivement [vivmɑ̃] *adv* **(a)** *(avec brusquerie)* sharply, brusquely. **(b)** *regretter* deeply, greatly; *désirer* keenly. **s'intéresser ~ à** to take a keen *ou* deep interest in. **(c)** *éclairer etc* brilliantly, vividly, brightly. **(d)** *(souhait)* **~ les vacances!** roll on the holidays! *;* **~ que ce soit fini!** I'll be glad when it's all over!

viveur [vivœʀ] *nm* high liver.

vivier [vivje] *nm (étang)* fishpond; *(réservoir)* fish-tank.

vivifier [vivifje] (7) *vt* to invigorate. ◆ **vivifiant, e** *adj air* invigorating, bracing.

vivisection [viviseksjɔ̃] *nf* vivisection.

vivoter [vivɔte] (1) *vi [personne]* to rub *ou* get along (somehow), live from hand to mouth.

vivre [vivʀ(ə)] (46) **1** *vi* **(a)** *(être vivant)* to live, be alive. **il avait cessé de ~** he was dead; **~ vieux/ centenaire** to live a ripe old age/to be a hundred; **ce manteau a vécu *** this coat is finished *ou* has had its day; **il fait bon ~** it's good to be alive, it's a good life. **(b)** *(habiter)* to live. **~ à Londres** to live in London; **~ avec qn** to live with sb. **(c)** *(se comporter)* to live. **se laisser ~** to take life as

it comes; **être facile/difficile à ~** to be easy/difficult to live with *ou* to get on with. **(d)** *(exister)* to live. **on vit bien en France** life is good in France; **il a beaucoup vécu** he has seen a lot of life; **elle ne vit plus depuis que son fils est pilote** she lives on her nerves since her son became a pilot. **(e)** *(subsister)* to live; *de laitages, de son traitement* to live on. **avoir (juste) de quoi ~** to have (just) enough to live on; **travailler pour ~** to work for a living; **faire ~ qn** to provide (a living) for sb, support sb; **~ de l'air du temps** to live on air. **(f)** *[idée, rue]* to be alive; *[portrait]* to be lifelike *ou* lively. **2** *vt:* **~ des jours heureux** to live through *ou* spend happy days; **nous vivons des temps troublés** we are living in *ou* through troubled times; **il vivait une belle aventure** he was living out an exciting adventure; **~ sa vie** to live one's own life, live as one pleases *ou* sees fit. **3** *nm:* **le ~ et le couvert** board and lodging. **4** *nmpl:* **les ~s** supplies, provisions.

vlan, v'lan [vlɑ̃] *excl* wham!, bang!

vocabulaire [vɔkabylɛʀ] *nm* vocabulary. *(péj)* **quel ~!** what language!

vocal, e, *mpl* **-aux** [vɔkal, o] *adj* vocal. ◆ **vocalement** *adv* vocally.

vocation [vɔkɑsjɔ̃] *nf* vocation. **avoir la ~ de l'enseignement** to be cut out to be a teacher, have a vocation for teaching; **la ~ industrielle du Japon** the industrial vocation of Japan.

vociférer [vɔsifeʀe] (6) **1** *vi* to utter cries of rage, vociferate. **~ contre qn** to scream at sb. **2** *vt* to shout (out), scream. ◆ **vocifération** *nf* cry of rage, vociferation.

vodka [vɔdka] *nf* vodka.

vœu, *pl* **~x** [vø] *nm* **(a)** *(promesse)* vow. **faire (le) ~ de faire** to vow to do, make a vow to do. **(b)** *(souhait)* wish. **faire un ~** to make a wish; **tous nos ~x (de bonheur)** all good wishes for your happiness; **meilleurs ~x** best wishes.

vogue [vɔg] *nf* fashion, vogue. **être en ~** to be in fashion *ou* vogue; **c'est la grande ~ maintenant** it's all the rage now.

voguer [vɔge] (1) *vi (littér)* to sail; *[pensées]* to drift, wander. **~ au fil de l'eau** to float *ou* drift along.

voici [vwasi] *prép* **(a)** here *ou* this is; *(pl)* here *ou* these are. **~ mon bureau** here is *ou* this is my office; **~ vos livres** here *ou* these are your books; **~ la pluie** here comes the rain; **me** *etc* **~** here I am *etc*; **les ~ prêts à partir** they're ready to leave; **la maison que ~** this (particular) house; **M. Dupont, que ~** Mr Dupont here; **il m'a raconté l'histoire que ~** he told me the following story; **~ qu'il se met à pleuvoir maintenant** and now it's starting to rain; **~ pourquoi je l'avais supprimé** that was why I'd eliminated it. **(b)** *(il y a)* **~ 5 ans que je ne l'ai pas vu** it's 5 years (now) since I last saw him, I haven't seen him for the past 5 years; **il est parti ~ une heure** he left an hour ago, it's an hour since he left.

voie [vwa] *nf* **(a)** *(chemin)* way; *(Admin: route, rue)* road; *(itinéraire)* route. **par la ~ des airs** by air; **~ d'accès** access; **~s de communication** communication routes; **~ express** motorway, freeway *(US)* , express way; **~ à double sens** two-way road; **~s navigables** waterways; **la ~ publique** the public highway; **~ de raccordement** slip road; **~ sans issue** no through road, cul-de-sac. **(b)** *(partie d'une route)* lane. **route à ~ unique** single-lane *ou* single-track road; **route à 3/4 ~s** 3-/4-lane road; **~ réservée aux autobus** bus lane; **~ à contresens** contraflow lane; *(Rail)* **~(s)** track, line. **~ ferrée** railway *ou* railroad *(US)* line; **~ de garage** siding; *(fig)* **mettre sur une ~ de garage** *affaire* to shelve; *personne* to shunt to one side; **ligne à ~ unique** single-track line; **ligne à ~ étroite** narrow-gauge line; **le train est annoncé sur la ~ 2** the train will arrive at platform 2. **(d)** *(Anat)* **~s digestives** *etc* digestive *etc* tract; **par ~ orale** orally. **(e)** *(fig)* way. **la ~ du bien** the path of good; **montrer la ~ to** show the way; **l'affaire est en bonne ~** the matter is shaping *ou* going well; **mettre qn sur la ~** to put sb on the right track. **(f)** *(filière)* **par des ~s détournées** by devious *ou* roundabout means; **par la ~ hiérarchique/diplomatique** through official/diplomatic channels; **par ~ de conséquence** in consequence, as a result. **(g) en ~ d'exécution** in (the) process of being carried out; **pays en ~ de développement** developing country; **en ~ de guérison** getting better, on the road to recovery; **en ~ d'achèvement** (well) on the way to completion, nearing completion. **(h) ~ d'eau** leak; **se livrer à des ~s de fait sur qn** to assault sb; **la ~ lactée** the Milky Way.

voilà [vwala] **1** *prép* **(a)** *(même sens que voici)* here *ou* this is; *(pl)* here *ou* these are; *(opposé à voici)* there *ou* that is; *(pl)* there *ou* those are. **~ mon frère** this is *ou* here is my brother; **voici mon frère et ~ ma sœur** this is my brother and that is my sister, here is my brother and there is my sister; **voici mes valises et ~ les vôtres** here *ou* these are my bags and there *ou* those are yours; **~ le printemps** here comes spring; **le ~, c'est lui** there he is, that's him; **le ~ prêt à partir** he's ready to leave; **ce dont il s'agit** that's *ou* this is what it's all about; **~ comment il faut faire** that's how it's done; **l'homme que ~** that man (there); **M. Dupont que ~** Mr Dupont there; **il m'a raconté l'histoire que ~** he told me the following story; **qu'il se met à pleuvoir** it's starting to rain, here comes the rain; **~ qui est louche** that's a bit odd *ou* suspicious. **(b)** *(il y a)* **~ 5 ans que je ne l'ai pas vu** it's 5 years since I last saw him, I haven't seen him for the past 5 years; **il est parti ~ une heure** he left an hour ago, it's an hour since he left. **(c)** *(locutions)* **en ~ une histoire/blague!** what a story/joke!; **en ~ assez!** that's enough!, that'll do!; **veux-tu de l'argent? — en ~** do you want some money? — here's some *ou* here you are; **~ le hic** there's *ou* that's the hitch; **~ tout** that's all; **~ bien les Français!** how like the French!, isn't that just like the French!, that's the French all over! * **2** *excl:* **~! j'arrive!** there — I'm coming!; **ah! ~! je comprends!** oh, (so) that's it; **~! ça devait arriver!** there you are, it was bound to happen!; **~, je vais vous expliquer** right (then), I'll explain to you.

voilage [vwalaʒ] *nm* *(rideau)* net curtain. *(tissu)* **acheter du ~** to buy some net.

voile¹ [vwal] *nf* **(a)** *[bateau]* sail. **faire ~ vers** to sail towards; **toutes ~s dehors** with full sail on; **mettre les ~s ⚹** to clear off ⚹, push off ⚹. **(b)** *(sport)* sailing, yachting. **faire de la ~** to sail, go sailing *ou* yachting.

voile² [vwal] *nm* **(a)** *(gén)* veil. *(Rel)* **prendre le ~** to take the veil; **sous le ~ de** under the veil of; **~ de brume** veil of mist; **avoir un ~ devant les yeux** to have a film before one's eyes. **(b)** *(tissu)* net. **~ de tergal** ® Terylene ® net. **(c)** *(Méd)* **~ au poumon** shadow on the lung; *(Anat)* **~ du palais** soft palate, velum. **(d)** *(Phot)* fog. **un ~ sur la photo** a shadow on the photo. ◆ **voilé, e** *adj* **(a)** *femme, allusion* veiled. **accusation à peine ~e** thinly disguised accusation. **(b)** *lumière, ciel, contour* misty, hazy; *éclat* dimmed; *regard* misty; *photo* fogged. **avoir la voix ~e** to have a husky voice. ◆ **voiler¹** (1) **1** *vt* (*lit, fig*) to veil. **2 se ~** *vpr* **(a)** *[musulmane]* **se ~ le visage** to wear a veil; *(fig)* **se ~ la face** to hide one's face. **(b)** *[horizon, soleil, regard]* to mist over; *[ciel]* to grow hazy *ou* misty. ◆ **voilette** *nf* (hat) veil.

voiler² *vt*, **se ~** *vpr* [vwale] (1) *[roue]* to buckle; *[planche]* to warp.

voilier [vwalje] *nm* sailing ship; *(de plaisance)* sailing dinghy *ou* boat, yacht. ◆ **voilure** *nf* *[bateau]* sails. **une ~ de 1 000m²** 1,000m² of sail.

voir [vwaʀ] (30) **1** *vt* **(a)** to see. **on n'y voit rien** you can't see a thing; **c'est un film à ~** it's a film worth seeing; **il a vu du pays** he has been around *ou* knocked about a bit; **~ qn faire qch** to see sb do sth; **j'ai vu bâtir ces maisons** I saw these houses being built; **je l'ai vu naître** I've known him since he was born; **le pays qui l'a vu naître** his native country; **il a vu deux guerres** he has lived through *ou* seen two wars; **à le ~ si joyeux/triste** seeing him look so happy/sad; *(fig)* **on commence à y ~ plus clair** things are beginning to come clear. **(b)** *(se représenter)* to see. **je le vois mal habitant la banlieue** I (somehow) can't see *ou* imagine him living in the suburbs; **ne ~ que par qn** to see only *ou* see everything through sb's eyes; **~ la vie en rose/les choses en noir** to take a rosy/black view of things; **~ loin** to see ahead; **~ le problème sous un autre jour** to see *ou* view the problem in a different light; **on n'en voit pas le bout** there seems to be no end to it; **façon de ~** view of things, outlook; **il a vu petit/grand** he planned things on a small/big scale; **ne ~ que son intérêt** to consider only one's own interest. **(c)** *(étudier)* *problème, dossier* to look at; *leçon* to look *ou* go over; *circulaire* to see, read. **je verrai** I'll have to see, I'll think about it; **c'est à vous de ~** it's up to you to see *ou* decide. **(d)** *(découvrir)* to see, find (out). **aller ~ s'il y a quelqu'un** to go and see *ou* go and find out if there is anybody there; **vous verrez que ce n'est pas leur faute** you will see *ou* find that it's not their fault; **c'est à ~** *(à prouver)* that remains to be seen; *(attendons)* **on verra bien** let's wait and see. **(e)** *(rendre visite à)* *médecin, avocat* to see. **aller ~ qn** *(gén)* to go and see sb; *ami* to call on *ou* visit sb. **(f)** *(faire l'expérience de)* **il en a vu de dures** *ou* **de toutes les couleurs** he has been through the mill *ou* through some hard times; **en faire ~ (de dures) à qn** to give sb a hard time; **j'en ai vu d'autres!** I've been through *ou* seen worse!; **on n'a jamais vu ça!** did you ever see *ou* hear the like?; **il ne voit pas ce que vous voulez dire** he doesn't see *ou* grasp what you mean. **(g)** **laisser ~, faire ~** to show; **faites-moi ~ ce dessin** let me see *ou* show me this picture; **elle ne peut pas le ~ ⚹** she can't stand him; **se faire mal ~ (de qn)** to be frowned on (by sb); **se faire bien ~ (de qn)** to make o.s. popular (with sb); **vous aurez du mal à lui faire ~ que...** you will find it difficult to make him see *ou* realise that... **(h)** *(locutions)* **voyons** *(réflexion)* let's see now; *(irritation)* come (on) now, come, come; **dis-moi ~** tell me; **je voudrais t'y ~** I'd like to see you try; **essaie ~! *** just you try it!; **c'est ce que nous verrons** we'll see about that; **regarde ~ ce qu'il a fait *** just look what he has done!; **pour ~** just to see; **c'est tout vu** it's a foregone conclusion; **qu'il aille se faire ~!** he can go to hell!; **il ferait beau ~ qu'il...** it would be a fine thing if he...; **cela n'a rien à ~ avec...** this has got nothing to do with...; **n'y ~ que du feu** to be completely hoodwinked *ou* taken in; *(être ivre)* **~ double** to see double; **~ trente-six chandelles** to see stars; **ne pas ~ plus loin que le bout de son nez** to see no further than the end of one's nose; **~ venir** to wait and see; **je te vois venir *** I can see what you're leading up to *ou* getting at.

2 ~ à *vt indir* to make sure that, see (to it) that. **voyez à être à l'heure** see *ou* make sure that you are on time.

3 se ~ *vpr* **(a)** *(être visible)* *[tache etc]* to show. **cela se voit!** that's obvious! **(b) se ~ forcé de** to find o.s. forced to; **cela se voit tous les jours** it happens *ou* can be seen *ou* found every day; **il s'est vu**

interdire l'accès he found himself *ou* he was refused admission.

voire [vwaʀ] *adv* or even, indeed.

voirie [vwaʀi] *nf (enlèvement des ordures)* refuse collection; *(entretien des routes)* highway maintenance.

voisin, e [vwazɛ̃, in] **1** *adj* (**a**) *(proche)* neighbouring; *(adjacent)* next. **les rues ~es** the neighbouring streets; **une maison ~e de l'église** a house next to *ou* adjoining the church. (**b**) *idées, espèces, cas* connected. **~ de** akin to, related to; **dans un état ~ de la folie** in a state bordering on *ou* akin to madness. **2** *nm, f* neighbour. **nos ~s d'à-côté** our next-door neighbours, the people next door; **mon ~ de dortoir** the person in the bed next to mine (in the dormitory); *(pays)* **notre ~ allemand** our neighbour, Germany, our German neighbours. ♦ **voisinage** *nm* (**a**) *(voisins)* neighbourhood. **être en bon ~ avec qn** to be on neighbourly terms with sb. (**b**) *(environs)* vicinity; *(proximité)* proximity, closeness. **les villages du ~** the villages in the vicinity; **le ~ de la montagne** the proximity *ou* closeness of the mountains. ♦ **voisiner** (1) *vi*: **~ avec qch** to be (placed) side by side with sth.

voiture [vwatyʀ] *nf* (**a**) *(automobile)* car, motor car, automobile *(US)*. **~ particulière** private car; **~ école** driving school car; **~ piégée** car bomb, booby-trapped car; **~ de location** hired *ou* rented car; **~ de sport** sportscar; **~ de tourisme** saloon, sedan *(US)*. (**b**) *(wagon)* carriage, coach, car *(US)*. **~-bar** buffet car; **~-couchette** couchette; **~-restaurant** dining car; **en ~!** all aboard! (**c**) *(attelée ou poussée)* *(pour marchandises)* cart; *(pour voyageurs)* carriage, coach. **~ à bras** handcart; **~ d'enfant** pram, perambulator, baby carriage *(US)*; **~ d'infirme** wheelchair, invalid carriage; **~ de pompiers** fire engine; **~-radio** radio car.

voix [vwa] *nf* (**a**) voice. **à ~ basse/haute** in a low *ou* hushed/loud voice; **à haute et intelligible ~** loud and clear; **rester sans ~** to be speechless *(devant* before, at*)*; *[chien]* **donner de la ~** to bay, give tongue; **la ~ du sang** the call of the blood. (**b**) *(opinion)* voice; *(Pol: suffrage)* vote. **mettre qch aux ~** to put sth to the vote; **avoir ~ consultative** to have consultative powers *ou* a consultative voice; **donner sa ~ à qn** to vote for sb; **le parti obtiendra peu de/beaucoup de ~ en Écosse** the party will poll badly/heavily in Scotland; **avoir ~ au chapitre** to have a say in the matter. (**c**) *(Mus)* voice. **chanter à 2/3 ~** to sing in 2/3 parts; **chanter d'une ~ juste** to sing in tune; **être en ~** to be in good voice. (**d**) *(Ling)* voice.

vol¹ [vɔl] *nm* (**a**) *(gén)* flight. **faire un ~ plané** *[oiseau]* to glide through the air; *(fig: tomber)* to fall flat on one's face; **~ régulier** scheduled flight; **il y a 8 heures de ~ entre...** it's an 8-hour flight between...; **conditions de ~** flying conditions; **~ libre** hang-gliding; **~ à voile** gliding. (**b**) **un ~ de perdrix** a covey *ou* flock of partridges; **~ de moucherons** a cloud of gnats. (**c**) *(locutions)* **en (plein) ~** in (full) flight; **prendre son ~** to take wing, fly off *ou* away; **attraper au ~** *autobus* to leap onto as it moves off; *ballon* to catch as it flies past, catch in midair; *occasion* to leap at, seize; **à ~ d'oiseau** as the crow flies. ♦ **voler¹** (1) *vi (lit, fig)* to fly. **~ de ses propres ailes** to fend for o.s.; **~ en éclats** to fly *ou* smash into pieces; **~ au vent** to fly in the wind, float on the wind; **~ vers qn/ au secours de qn** to fly to sb/to sb's assistance; **~ dans les plumes de qn *** to fly at sb.

vol² [vɔl] *nm* theft. *(fig)* **c'est du ~!** it's daylight robbery!; **~ à l'arraché** bagsnatching; **~ à l'étalage** shoplifting; **~ à main armée** armed robbery; **~ à la tire** pickpocketing. ♦ **voler²** (1) *vt* **~ qch à qn** to steal sth from sb; **se faire ~ ses bagages** to have one's luggage stolen; *(fig)* **il ne l'a pas volé!**

he asked for it! (**b**) **~ qn** to rob sb; **~ les clients sur le poids** to cheat customers over (the) weight, give customers short measure; **on n'est pas volé *** you get your money's worth all right *. ♦ **voleur, -euse 1** *adj*: **être ~** *(gén)* to be light-fingered, be (a bit of) a thief; *[commerçant]* to be a cheat *ou* swindler, be dishonest; *[animal]* to be a thief. **2** *nm, f (malfaiteur)* thief; *(commerçant)* swindler. **~ de grand chemin** highwayman; **au ~!** stop thief!

volage [vɔlaʒ] *adj époux* flighty, fickle.

volaille [vɔlɑj] *nf*: **une ~** a fowl; **la ~** poultry. ♦ **volailler** *nm* poulterer.

volant¹ [vɔlɑ̃] *nm* (**a**) *(Aut)* steering wheel. **prendre le ~** to take the wheel; **un brusque coup de ~** a sharp turn of the wheel; **as du ~** crack *ou* ace driver; **la femme au ~** the woman driver, women drivers. (**b**) *(Tech) (régulateur)* flywheel; *(de commande)* (hand)wheel. (**c**) *[rideau, robe]* flounce. **jupe à ~s** flounced skirt. (**d**) *(Badminton)* shuttlecock.

volant², e [vɔlɑ̃, ɑ̃t] *adj* flying. *(Aviat)* **le personnel ~** the flight *ou* flying staff.

volatil, e¹ [vɔlatil] *adj (Chim)* volatile. ♦ **volatiliser** (1) **1** *vt (Chim)* to volatilize. **2 se ~** *vpr (Chim)* to volatilize; *(fig)* to vanish (into thin air).

volatile² [vɔlatil] *nm (volaille)* fowl; *(oiseau)* bird.

vol-au-vent [vɔlovɑ̃] *nm inv* vol-au-vent.

volcan [vɔlkɑ̃] *nm (Géog)* volcano; *(personne)* spitfire; *(situation)* powder keg, volcano. ♦ **volcanique** *adj (lit, fig)* volcanic.

volée [vɔle] *nf* (**a**) **~ de moineaux** flock *ou* flight of; *enfants* swarm of; *flèches* flight *ou* volley of; *coups* volley of; **recevoir une bonne ~** to get a sound thrashing *ou* beating. (**b**) *(Ftbl, Tennis)* volley. **de ~** on the volley. (**c**) **~ d'escalier** flight of stairs. (**d**) **jeter qch à la ~** to fling sth about; **semer à la ~** to sow broadcast; **à toute ~** *gifler, lancer* vigorously, with full force; **les cloches sonnaient à toute ~** the bells were pealing out.

voler [vɔle] V **vol¹**, **vol²**.

volet [vɔlɛ] *nm* (**a**) *(persienne)* shutter; *(Aut: panneau articulé)* flap. (**b**) *[triptyque]* volet, wing; *[carte]* section; *[reportage]* part. (**c**) *(fig: aspect)* facet.

voleter [vɔlte] (4) *vi* to flutter about.

voleur, -euse [vɔlœʀ, øz] V **vol²**.

volière [vɔljɛʀ] *nf (cage)* aviary. *(fig)* **c'est une ~** it's a proper henhouse *.

volley-ball [vɔlɛbɔl] *nm* volleyball. ♦ **volleyeur, -euse** *nm, f* volleyball player.

volontaire [vɔlɔ̃tɛʀ] **1** *adj* (**a**) *(voulu) (gén)* voluntary; *oubli* intentional. (**b**) *(décidé) personne* self-willed; *expression, menton* determined. **2** *nmf (Mil, gén)* volunteer. ♦ **volontairement** *adv (de son plein gré)* voluntarily, of one's own free will; *(exprès)* intentionally, deliberately; *(d'une manière décidée)* determinedly. **il a dit ça ~** he said it on purpose *ou* deliberately. ♦ **volontariste** *adj, nmf* voluntarist.

volonté [vɔlɔ̃te] *nf* (**a**) *(intention)* wish, will. **manifester sa ~ de faire qch** to show one's intention of doing sth; **respecter la ~ de qn** to respect sb's wishes; **la ~ nationale** the will of the nation; **~ de puissance/de réussir** will for power/to succeed. (**b**) **bonne ~** goodwill, willingness; **mauvaise ~** unwillingness; **il fait preuve de bonne/mauvaise ~** his attitude is positive/negative; **il y met de la mauvaise ~** he does it unwillingly *ou* grudgingly *ou* with a bad grace; **faire appel aux bonnes ~s pour construire qch** to appeal to volunteers to construct sth; **avec la meilleure ~ du monde** with the best will in the world. (**c**) *(énergie)* willpower, will. **une ~ de fer** a will of iron; **réussir à force de ~** to succeed through sheer willpower *ou* determination. (**d**) **à ~** at will; **servez-vous de pain à ~** take as much bread as you like; **'sucrer à**

~' 'sweeten to taste'; **il en fait toujours à sa ~** he always does as he pleases *ou* likes, he always suits himself.

volontiers [vɔlɔ̃tje] *adv* (**a**) *(de bonne grâce)* with pleasure, gladly, willingly. **voulez-vous dîner chez nous? — ~** would you like to eat with us? — I'd love to *ou* with pleasure. (**b**) *(naturellement)* readily. **on croit ~ que...** people readily believe that...

volt [vɔlt] *nm* volt. ◆ **voltage** *nm* voltage.

volte-face [vɔltəfas] *nf inv* (**a**) *(lit)* **faire ~** to turn round. (**b**) *(fig)* volte-face, about-turn.

voltige [vɔltiʒ] *nf (Équitation)* trick riding; *(Aviat)* aerobatics. *(Gym)* **faire de la ~** to do acrobatics.

voltiger [vɔltiʒe] (3) *vi* to flutter about.

volubile [vɔlybil] *adj* voluble. ◆ **volubilité** *nf* volubility.

volubilis [vɔlybilis] *nm* convolvulus, morning glory.

volume [vɔlym] *nm (gén)* volume. *[gros objets]* **faire du ~** to be bulky, take up space. ◆ **volumineux, -euse** *adj* voluminous, bulky.

volupté [vɔlypte] *nf* sensual *ou* voluptuous pleasure. ◆ **voluptueusement** *adv* voluptuously. ◆ **voluptueux, -euse** *adj* voluptuous.

volute [vɔlyt] *nf (Archit)* volute; *[fumée]* curl.

vomir [vɔmiʀ] (2) *vt* (**a**) *aliments* to vomit, bring up; *flammes, injures* to spew out; *(fig: détester)* to loathe, abhor. (**b**) *(emploi absolu)* to be sick, vomit. **il a vomi partout** he was sick everywhere; **avoir envie de ~** to want to be sick; *(fig)* **c'est à ~** it's enough to make you sick. ◆ **vomi** *nm* vomit. ◆ **vomissement** *nm:* ~(**s**) vomiting.

vorace [vɔʀas] *adj* voracious. ◆ **voracement** *adv* voraciously. ◆ **voracité** *nf* voracity, voraciousness.

vos [vo] *adj poss* V **votre**.

voter [vɔte] (1) **1** *vi* to vote. **2** *vt projet de loi* to vote for; *loi* to pass; *crédits* to vote. **~ la censure** to pass a vote of censure; **ne pas ~ amendement** to pass out. ◆ **votant, e** *nm, f* voter. ◆ **vote** *nm* (**a**) *(action) (gén)* voting *(de* for); *[loi]* passing. (**b**) *(suffrage)* vote; *(ensemble des votants)* voters. **~ de confiance** vote of confidence; **~ à main levée** vote by a show of hands; **~ secret/par correspondance/ par procuration** secret/postal/proxy vote.

votre [vɔtʀ(ə)], *pl* **vos** [vo] *adj poss* your; V **son¹, ton¹.**

vôtre [vɔtʀ(ə)] **1** *pron poss:* **le ~, la ~, les ~s** yours, your own; **à la (bonne) ~ !** your (good) health!, cheers! * **2** *nmf* (**a**) **j'espère que vous y mettrez du ~** I hope you'll pull your weight. (**b**) **les ~s** your family; *(péj)* **vous et tous les ~s** you and your ilk *ou* all those like you; **nous pourrons être des ~s ce soir** we shall be able to join you tonight; V **sien. 3** *adj poss* yours; V **sien.**

vouer [vwe] (1) *vt temps, argent* to devote; *amour, fidélité* to vow; *(Rel)* to dedicate (à to). **se ~ à une cause** to dedicate o.s. *ou* devote o.s. to a cause; **projet voué à l'échec** plan doomed to *ou* destined for failure.

vouloir [vulwaʀ] (31) **1** *vt* (**a**) *(gén)* to want. **je veux de vous une réponse** I want an answer from you; *[vendeur]* **j'en veux 10 F** I want 10 francs for it; **je veux que tu te laves les mains/que tes mains soient lavées** I want you to wash your hands/your hands to be washed; **que lui voulez-vous?** what do you want with him?; **qu'il le veuille ou non** whether he likes *ou* wants it or not; **il veut absolument venir** he is absolutely set on coming, he is determined to come.
(**b**) *(sens affaibli: désirer)* **voulez-vous à boire?** would you like *ou* do you want a drink?; **je voudrais/ j'aurais voulu du pain** I would like/I would have liked some bread; **je voudrais bien y aller** I'd love to go; **je voulais vous dire** I meant to tell you;

elle voulut se lever mais retomba she tried to get up but fell back; **je voulais vous dire/lui écrire** I meant to tell you/to write to him; **ça va comme tu veux?** * is everything going all right *ou* O.K. (for you)? *; **~ du bien à qn** to wish sb well; **je voudrais que vous voyiez sa tête!** I wish you could see his face!; **si tu veux** if you like; **s'il voulait, il pourrait être ministre** if he wanted (to), he could be a minister; **comme vous voulez** as you like *ou* wish *ou* please.
(**c**) *(consentir)* **ils ne voulurent pas nous recevoir** they wouldn't see us, they weren't willing to see us; **le moteur ne veut pas partir** the engine won't start; **il joue bien quand il veut** he plays well when he wants to *ou* has a mind (to); **voudriez-vous avoir l'obligeance de** would you be so kind as to; **veuillez croire à toute ma sympathie** please accept my deepest sympathy; **voulez-vous me prêter ce livre?** will you lend me this book?; **voudriez-vous fermer la fenêtre?** would you mind closing the window?; **veux-tu (bien) te taire!** will you be quiet!; **veuillez quitter la pièce immédiatement** please leave the room at once; **je veux bien le faire/qu'il vienne** *(volontiers)* I'm happy *ou* I'll be happy to do it/for him to come; *(s'il le faut vraiment)* I don't mind doing it/if he comes; **moi je veux bien le croire mais...** I'm quite willing *ou* prepared to believe him but...; **moi je veux bien, mais...** fair enough *, but...
(**d**) *[choses] (requérir)* to want, require. **ces plantes veulent de l'eau** these plants want *ou* need water; **l'usage veut que...** custom requires that...; **le hasard voulut que...** chance decreed that..., as fate would have it...
(**e**) *(s'attendre à)* to expect. **comment voulez-vous que je sache?** how do you expect me to know?, how should I know?; **et vous voudriez que nous acceptions?** and you expect us to agree?, and you would have us agree?
(**f**) **en ~ à qn** to have sth against sb, have a grudge against sb; **en ~ à qn de qch** to hold sth against sb; **il m'en veut d'avoir fait cela** he holds a grudge against me for having done that; **ne m'en veuillez pas** don't hold it against me; **tu ne m'en veux pas?** no hard feelings?; **en ~ à qch** to be after sth; **il en veut à mon argent** he is after my money.
(**g**) **~ dire** *(signifier)* to mean; **qu'est-ce que cela veut dire?** what does that mean?
(**h**) *(locutions)* **que voulez-vous (qu'on y fasse)!** what can we do?, what can *ou* do you expect!; **je veux être pendu si...** I'll be hanged *ou* damned if...; **sans le ~** unintentionally, inadvertently; **tu l'as voulu** you asked for it; **tu l'auras voulu** it'll have been your own fault; **il y a eu des discours en veux-tu en voilà** there were speeches galore; **elle fait de lui ce qu'elle veut** she twists him round her little finger.
2 ~ de *vt indir:* **~ de qn/qch** to want sb/sth; **on ne veut plus de lui au bureau** they don't want him *ou* won't have him in the office any more; **il en veut** *(lit) (gâteau)* he wants some; *(fig: il veut réussir)* he's dead keen *, he wants to win.
3 *nm* will. **bon ~** goodwill; **mauvais ~** ill will, reluctance; **attendre le bon ~ de qn** to wait on sb's pleasure.

voulu, e [vuly] *adj* (**a**) *(requis)* required, requisite. **l'argent ~** the required *ou* requisite money, the money required. (**b**) *(volontaire)* deliberate, intentional. **c'est ~** * it's done on purpose, it's intentional *ou* deliberate.

vous [vu] **1** *pron pers* (**a**) you. **si j'étais ~** if I were you; **eux ont accepté, ~ pas** they accepted but you didn't *ou* but not you; **~ parti** once you've gone; **qui l'a vu?, ~?** who saw him?, (did) you? *ou* was it you?; **pourquoi ne le ferais-je pas: ~ l'avez bien fait, ~!** why shouldn't I do it — you did (it)!; **~ tous qui m'écoutez** all of you listening to me;

cette maison est-elle à ~? does this house belong to you?, is this house yours? *ou* your own?; **vous ne pensez qu'à** ~ you think only of yourself (*ou* yourselves). (**b**) *(dans comparaisons)* you. **il est aussi fort que** ~ he is as strong as you (are); **je vais faire comme** ~ I'll do the same as you (do). (**c**) *(avec vpr)* ~ **êtes-~ bien amusé(s)?** did you have a good time?; **je crois que** ~ ~ **connaissez** I believe you know each other; **servez-~ donc** do help yourself (*ou* yourselves); **ne** ~ **disputez pas** don't fight. **2** *nm:* **le** ~ the 'vous' form; **dire** ~ **à qn** to call sb 'vous'.

voûte [vut] *nf (Archit)* vault; *(porche)* archway. **la** ~ **céleste** the vault *ou* canopy of heaven; ~ **plantaire** arch of the foot. ◆ **voûter** (1) *vt* (**a**) *(Archit)* to arch, vault. (**b**) *personne, dos* to make stooped. **dos voûté** bent back; **il s'est voûté** he has become stooped.

vouvoyer [vuvwaje] (8) *vt:* ~ **qn** to address sb as 'vous'. ◆ **vouvoiement** *nm* addressing sb as 'vous'.

vox populi [vɔkspɔpyli] *nf* vox populi, voice of the people.

voyage [vwajaʒ] *nm* journey, trip; *(par mer)* voyage. *(action)* **le** ~, **les** ~**s** travelling; **les** ~**s de Gulliver** Gulliver's Travels; **il revient de** ~ he's just come back from a journey *ou* a trip; **il est en** ~ he's away; **au moment de partir en** ~ just as he was setting off on his journey *ou* travels; **frais/ souvenirs de** ~ travel expenses/souvenirs; ~ **d'affaires** *etc* business *etc* trip; ~ **de noces** honeymoon; ~ **organisé** package tour *ou* holiday. ◆ **voyager** (3) *vi* to travel. **cette malle a beaucoup voyagé** this trunk has travelled a great deal *ou* has done a lot of travelling. ◆ **voyageur, -euse** **1** *adj tempérament* wayfaring. **2** *nm, f* traveller. ~ **de commerce** commercial traveller, sales representative. ◆ **voyagiste** *nm* tour operator.

voyant, e [vwajɑ̃, ɑ̃t] **1** *adj couleurs* loud, gaudy, garish. **2** *nm (signal)* ~ **(lumineux)** light; ~ **d'huile** oil warning light. **3** *nf:* ~**e (extra-lucide)** clairvoyant.

voyelle [vwajɛl] *nf* vowel.

voyeur, -euse [vwajœʀ, øz] *nm, f (péj)* peeping Tom, voyeur.

voyou [vwaju] **1** *nm (enfant)* rascal; *(délinquant)* lout, hoodlum, hooligan. **2** *adj inv air* loutish.

vrac [vʀak] *adv:* **en** ~ *(sans emballage) (au détail)* loose; *(en gros)* in bulk *ou* quantity; *(fig: en désordre)* in a jumble.

vrai, vraie [vʀɛ] **1** *adj (gén)* true; *(réel)* real; *(authentique)* genuine. **c'est dangereux, c'est** ~, **mais...** it's dangerous, it's true *ou* certainly, but...; **il n'en est pas moins** ~ **que** it's nonetheless *ou* nevertheless true that; **ce n'est que trop** ~ it's only too true; **ce sont ses** ~**s cheveux** that's his real *ou* own hair; **un** ~ **Picasso** a real *ou* genuine Picasso; **son** ~ **nom est Charles** his real *ou* true name is Charles; **un** ~ **de** ~ * the real thing, the genuine article; **c'est un** ~ **fou!** he's really mad!, he's downright mad!; **c'est une vraie mère pour moi** she's a real mother to me. **2** *nm:* **le** ~ the truth; **il y a du** ~ **dans ce qu'il dit** there's some truth in what he says; **être dans le** ~ to be right. **3** *adv:* **il dit** ~ he's right, what he says is right *ou* true; **à dire** ~, **à** ~ **dire** to tell (you) the truth, in (actual) fact; **pour de** ~ * for real *; *[décor, perruque]* **faire** ~ to look real *ou* like the real thing. ◆ **vraiment**

adv (gén) really. **nous voulons** ~ **la paix** we really (and truly) want peace; **il est** ~ **idiot** he's a real idiot.

vraisemblable [vʀɛsɑ̃blabl(ə)] *adj hypothèse* likely; *intrigue* plausible, convincing. **peu** ~ *histoire* improbable, unlikely; **il est** ~ **que** it's likely *ou* probable that. ◆ **vraisemblablement** *adv* in all likelihood *ou* probability, probably. ◆ **vraisemblance** *nf [hypothèse]* likelihood; *[situation romanesque]* plausibility. **selon toute** ~ in all likelihood *ou* probability.

vrille [vʀij] *nf (Tech)* gimlet; *(spirale)* spiral; *(Aviat)* (tail)spin. **escalier en** ~ spiral staircase.

vrombir [vʀɔ̃biʀ] (2) *vi [moteur]* to hum, roar. **faire** ~ **son moteur** to rev one's engine. ◆ **vrombissement** *nm:* ~**(s)** humming.

vroum [vʀum] *excl* brum! brum!

vu, vue¹ [vy] **1** *adj* (**a**) *(*: compris)* **c'est** ~? all right?, got it? *, understood?; **c'est tout** ~ it's a foregone conclusion. (**b**) *(considéré)* **bien** ~ *personne* well thought of; *chose* good form; **mal** ~ *personne* poorly thought of; *chose* bad form. **2** *nm:* **au** ~ **et au su de tous** openly and publicly. **3** *prép* in view of. ~ **la situation** in view of *ou* considering *ou* given the situation. **4** *conj* (*) ~ **que** in view of the fact that, seeing *ou* considering that.

vue² [vy] *nf* (**a**) *(sens)* (eye)sight. **il a la** ~ **basse** he is short-sighted *ou* near-sighted *(US)*; **don de seconde** *ou* **double** ~ gift of second sight. (**b**) *(regard)* **détourner la** ~ to look away; **s'offrir à la** ~ **de tous** to present o.s. for all to see; *(lit, fig)* **perdre de** ~ to lose sight of; **il lui en a mis plein la** ~ * he dazzled him (*ou* her). (**c**) *(panorama)* view. **avec** ~ **imprenable** with an open *ou* unobstructed view *ou* outlook; **cette pièce a** ~ **sur la mer** this room looks out onto the sea. (**d**) *(spectacle)* sight. **la** ~ **du sang l'a fait s'évanouir** the sight of the blood made him faint; **à sa** ~ **elle s'est mise à rougir** when she saw him she began to blush. (**e**) *(image)* view; *(photo)* photograph, photo. **un film de 36** ~**s** a 36-exposure film. (**f**) *(conception)* view. **c'est une** ~ **de l'esprit** that's a purely theoretical view; ~**s** *(opinion)* views; *(projet)* plans; *(sur qn ou ses biens)* designs (*sur* on). (**g**) *(locutions)* **je le connais de** ~ I know him by sight; **à** ~ *payable etc* at sight; *atterrir* visually; *atterrissage* visual; **à** ~ **d'œil** *diminuer etc* before one's very eyes; **à** ~ **de nez** * roughly, at a rough guess; **en** ~ *(lit, fig: proche)* in sight; *(en évidence)* **(bien) en** ~ conspicuous; *(célèbre)* **très en** ~ very much in the public eye; **avoir un poste en** ~ to have one's sights on a job; **avoir un collaborateur en** ~ to have an associate in mind; **avoir en** ~ **de faire** to have it in mind to do, plan to do; **il a acheté une maison en** ~ **de son mariage** he has bought a house with his marriage in mind; **il a dit cela en** ~ **de le décourager** he said that with the idea of *ou* with a view to discouraging him.

vulgaire [vylgɛʀ] *adj (grossier)* vulgar, coarse; *(commun)* common. **de la** ~ **matière plastique** ordinary plastic, common or garden plastic. ◆ **vulgairement** *adv* vulgarly, coarsely. ◆ **vulgarisation** *nf* popularization. ◆ **vulgariser** (1) *vt* to popularize. ◆ **vulgarité** *nf* vulgarity, coarseness. **des** ~**s** vulgarities.

vulnérable [vylneʀabl(ə)] *adj* vulnerable. ◆ **vulnérabilité** *nf* vulnerability.

vulve [vylv(ə)] *nf* vulva.

WXYZ

W, w [dubləve] *nm (lettre)* W, w.

wagon [vagɔ̃] *nm (de marchandises)* truck, wagon, freight car *(US); (de voyageurs)* carriage, car *(US); (contenu)* truckload, wagonload. **~ à bestiaux** cattle truck; **~-citerne** *nm, pl* **~s-~s** tanker, tank wagon; **~ frigorifique** refrigerated van; **~-lit** *nm, pl* **~s- ~s** sleeper, Pullman *(US);* **~-restaurant** *nm, pl* **~s-~s** restaurant *ou* dining car. ◆ **wagonnet** *nm* small truck.

walkman [wɔkman] *nm*®walkman®, personal stereo.

wallon, -onne [walɔ̃, ɔn] *adj, nm,* **W~(ne)** *nm (f)* Walloon.

X, x [iks] *nm (lettre)* X, x. **ça fait x temps que je ne l'ai pas vu** * I haven't seen him for n months; **je te l'ai dit x fois** I've told you innumerable times; **plainte contre X** action against person or persons unknown; **Monsieur X** Mr X; **film classé X** 18 film.

Y, y¹ [igRɛk] *nm (lettre)* Y, y.
y² [i] **1** *adv* there. **restez-~** stay there; **il avait une feuille de papier et il ~ dessinait un bateau** he had a sheet of paper and he was drawing a ship on it; **j' ~ suis, j' ~ reste** here I am and here I stay. **2** *pron pers* it. **elle s' ~ connaît** she knows all about it, she's an expert; **il faudra vous ~ faire** you'll just have to get used to it; **je n' ~ suis pour rien** it is nothing to do with me; **ça ~ est! c'est fait!** that's it, it's done!

yacht [jɔt] *nm* yacht. **~-club** yacht club.

yaourt [jauR(t)] *nm* yog(h)urt. ◆ **yaourtière** *nf* yoghurt maker.

Z, z [zɛd] *nm (lettre)* Z, z.
Zaïre [zaiR] *nm* Zaire. ◆ **zaïrois, oise** *adj,* **Z~(e)** *nm(f)* Zairese.
Zambèze [zɑ̃bɛz] *nm:* **le ~** the Zambezi.
Zambie [zɑ̃bi] *nf* Zambia.
zèbre [zɛbR(ə)] *nm (Zool)* zebra; *(*: individu)* bloke *, guy *. **courir comme un ~** to run like a hare *ou* the wind.
zébrer [zebRe] (6) *vt* to stripe, streak *(de* with).
zébu [zeby] *nm* zebu.
zèle [zɛl] *nm* zeal. *(péj)* **faire du ~** to be overzealous, overdo it. ◆ **zélé, e** *adj* zealous.
zénith [zenit] *nm (lit, fig)* zenith.
zéro [zeRo] **1** *nm* **(a)** *(gén, Math)* zero, nought; *(compte à rebours)* zero; *(dans un numéro de téléphone)* O, zero *(US).* **recommencer à ~** to start from scratch again, go back to square one; **taux de croissance ~** zero growth; **3 degrés au-dessus de ~** 3 degrees above freezing (point) *ou* above zero. **(b)** *(Rugby, Ftbl)* nil, zero, nothing *(US); (Tennis)* love. **~ à ~ ou ~ partout à la mi-temps** no score at half time; **gagner par 2 (buts) à ~** to win by 2 goals to nil *ou* zero. **(c)** *(Scol)* zero, nought. **~ de conduite** bad mark for behaviour *ou* conduct; *(fig)* **mais en cuisine, ~ (pour la question)** * but as far as cooking goes he's *(ou* she's)

wassingue [wasɛ̃g] *nf* floorcloth.
water-polo [watɛRpolo] *nm* water polo.
waters [watɛR] *nmpl* toilet, lavatory, restroom *(US).* **où sont les ~?** where is the toilet?
watt [wat] *nm* watt.
week-end, pl week-ends [wikɛnd] *nm* weekend. **partir en ~** to go away for the weekend; **partir en ~ prolongé** to go away on *ou* for a long weekend.
western [wɛstɛRn] *nm* western.
whisky, pl ~ies [wiski] *nm* whisky. **~ américain** bourbon.
white-spirit [wajtspiRit] *nm* white-spirit.

xénophobe [ksenɔfɔb] **1** *adj* xenophobic. **2** *nmf* xenophobe. ◆ **xénophobie** *nf* xenophobia.
xérès [gzeRɛs] *nm (vin)* sherry.
xylophène [ksilɔfɛn] *nm*®woodworm and pesticide fluid.
xylophone [ksilɔfɔn] *nm* xylophone.

Yemen [jemɛn] *nm:* **le ~** the Yemen. ◆ **yéménite** *adj,* **Y~** *nmf* yemenite.
yen [jɛn] *nm (Fin)* yen.
yeux [jø] *nmpl de* **oeil.**
yoga [jɔga] *nm* yoga. **faire du ~** to do yoga.
yoghourt [jɔguR(t)] *nm* = **yaourt.**
Yougoslavie [jugɔslavi] *nf* Yugoslavia. ◆ **yougoslave** *adj,* **Y~** *nmf* Yugoslav(ian).
youpi [jupi] *excl* yippee.
youyou [juju] *nm* dinghy.
yo-yo [jojo] *nm inv* yo-yo.
yucca [juka] *nm* yucca.

useless *ou* a dead loss *. **(d)** *(*: personne)* nonentity, dead loss *, washout *. **2** *adj:* **~ heure** *(gén)* midnight; *(heure GMT)* zero hour; **il a fait ~ faute** he didn't make any mistakes; **ça m'a coûté ~ franc ~ centime** * I got it for precisely *ou* exactly nothing.
zeste [zɛst(ə)] *nm:* **~ de citron** piece of lemon peel.
zézayer [zezeje] (8) *vi* to lisp. ◆ **zézaiement** *nm* lisp.
zibeline [ziblin] *nf* sable.
zig * [zig] *nm,* **zigomar** * [zigɔmaR] *nm,* **zigoto** * [zigoto] *nm* bloke *, guy *.
zigouiller * [ziguje] **1** *vt* to do in *.
zigzag [zigzag] *nm* zigzag. **route en ~** winding *ou* zigzagging road. ◆ **zigzaguer** **1** *vi* to zigzag (along).
Zimbabwe [zimbabwe] *nm* Zimbabwe.
zinc [zɛ̃g] *nm (métal)* zinc; *(*: avion)* plane; *(*: comptoir)* bar, counter. ◆ **zinguer** (1) *vt* *toiture* to cover with zinc; *acier* to coat with zinc.
zinzin * [zɛ̃zɛ̃] **1** *adj* cracked *, nuts *, barmy *. **2** *nm* what's-it *.
zip [zip] *nm* zip.
zizanie [zizani] *nf* ill-feeling, discord.
zizi * [zizi] *nm* willy *.
zodiaque [zɔdjak] *nm* zodiac.

zombi [zɔ̃bi] *nm* zombie.

zona [zona] *nm* shingles *(sg)*.

zonard ⁑ [zonaʀ] *nm (marginal)* dropout *.

zone [zon] *nf* zone, area. ~ **bleue** ≃ restricted parking zone *ou* area; ~ **dangereuse** danger zone; ~ **franche** free zone; ~ **franc** franc area; ~ **industrielle** industrial park *ou* estate; ~ **piétonnière** pedestrian precinct; *(fig)* **de deuxième/troisième** ~ second-/third-rate; *(bidonville)* **la** ~ the slum belt.

zoo [zoo] *nm* zoo. ◆ **zoologie** *nf* zoology. ◆ **zoologique** *adj* zoological. ◆ **zoologiste** *nmf ou* ◆ **zoologue** *nmf* zoologist.

zoom [zum] *nm (objectif)* zoom lens; *(effet)* zoom.

zouave [zwav] *nm* Zouave, zouave. **faire le** ~ * to play the fool, fool around.

zozoter [zɔzɔte] (1) *vi* to lisp.

zut * [zyt] *excl (c'est embêtant)* dash (it)! *; *(tais-toi)* (do) shut up! *

A, a¹ [eɪ] *n* A, a *m*; *(Mus)* la *m*. **to know sth from A to Z** connaître qch de A à Z; *(houses)* **24a** le 24 bis; *(Aut)* **on the A4** ≃ sur la nationale 4. ◆ **A-1,** *(US)* **A number 1** *adj* champion *. ◆ **ABC** *n* abc *m*, alphabet *m*; **as easy as ABC** simple comme bonjour. ◆ **A-bomb** *n* bombe *f* atomique. ◆ **A-levels** *npl* ≃ baccalauréat *m*.

a² [eɪ, ə], **an** *indef art* un, une. **~ tree** un arbre; **an apple** une pomme; **he smokes ~ pipe** il fume la pipe; **~ third of the book** le tiers du livre; **~ woman hates violence** les femmes détestent la violence; **she was ~ doctor** elle était médecin; **as ~ soldier** en tant que soldat; **my uncle, ~ sailor** mon oncle, qui est marin; **what ~ pleasure!** quel plaisir!; **I have heard of ~ Mr Martin** j'ai entendu parler d'un certain M. Martin; **they are of ~ size** ils sont de la même grandeur; **at ~ blow** d'un seul coup; **£4 ~ person** 4 livres par personne; **3 francs ~ kilo** 3 F le kilo; **twice ~ month** deux fois par mois; **80 km an hour** 80 kilomètres-heure.

aback [ə'bæk] *adv*: **to be taken ~** être interloqué *(by* par), en rester tout interdit.

abacus ['æbəkəs] *n* boulier *m* (compteur).

abandon [ə'bændən] **1** *vt (gen)* abandonner; *right* renoncer à; *lawsuit* se désister de. **to ~ ship** abandonner le navire. **2** *n*: **with** *(gay)* **~** avec (une belle) désinvolture. ◆ **abandoned** *adj* abandonné; *(dissolute)* débauché.

abase [ə'beɪs] *vt* abaisser; *(humiliate)* humilier. **to ~ o.s. so far as to do** s'abaisser jusqu'à faire.

abashed [ə'bæʃt] *adj* confus.

abate [ə'beɪt] *vi [storm, emotions, pain]* s'apaiser; *[flood, fever, noise]* baisser; *[pollution]* diminuer; *[wind]* se modérer. ◆ **abatement** *n [noise, pollution]* suppression *f*, réduction *f*.

abattoir ['æbətwɑ:'] *n* abattoir *m*.

abbey ['æbɪ] *n* abbaye *f*.

abbot ['æbət] *n* abbé *m*, supérieur *m*.

abbreviate [ə'bri:vɪeɪt] *vt* abréger. ◆ **abbreviation** *n* abréviation *f*.

abdicate ['æbdɪkeɪt] **1** *vt right* abdiquer; *responsibility, post* se démettre de. **to ~ the throne** abdiquer. **2** *vi* abdiquer. ◆ **abdication** *n [monarch]* abdication *f*.

abdomen ['æbdəmen] *n* abdomen *m*. ◆ **abdominal** [æb'dɒmɪnl] *adj* abdominal.

abduct [æb'dʌkt] *vt* enlever, kidnapper. ◆ **abduction** *n* enlèvement *m*. ◆ **abductor** *n* ravisseur *m*.

abed † [ə'bed] *adv* au lit. **to lie ~** rester couché.

aberrant [ə'ber(ə)nt] *adj* aberrant, anormal. ◆ **aberration** *n* aberration *f*.

abet [ə'bet] *vt* encourager *(sb in a crime* qn à commettre un crime).

abeyance [ə'be(ɪ)əns] *n* suspension *f* temporaire. **to be in ~** rester en suspens.

abhor [əb'hɔ:'] *vt* abhorrer, avoir en horreur. ◆ **abhorrence** *n* horreur *f* (*of* de). ◆ **abhorrent** *adj* odieux *(to* à).

abide [ə'baɪd] *vt* **I can't ~ her** je ne peux pas la supporter; **I can't ~ living here** je ne supporte pas de vivre ici. ◆ **abide by** *vt fus rule, decision* se conformer à; *promise* rester fidèle à; *resolve* s'en tenir à. ◆ **abiding** *adj* éternel.

ability [ə'bɪlɪtɪ] *n* aptitude *f (to do* à faire), compétence *f (in* en; *to do* pour faire); *(skill)* talent *m*, don *m*. **to the best of one's ~** de son mieux; **a person of great ~** une personne très douée; **a certain artistic ~** un certain talent artistique.

abject ['æbdʒekt] *adj person, action* abject; *state* misérable; *apology* servile; *poverty* extrême. ◆ **abjectly** *adv* abjectement; avec servilité.

abjure [əb'dʒʊə'] *vt* renoncer (publiquement) à.

ablaze [ə'bleɪz] *adj, adv:* **to be ~** flamber; **~ with** *anger* enflammé de; *light* resplendissant de.

able ['eɪbl] *adj (having means)* capable *(to do* de faire); *(clever)* capable, compétent; *(physically)* valide. **to be ~ to do** *(be capable of)* pouvoir faire; *(know how to)* savoir faire; **~ to pay** en mesure de payer; **you are better ~ to do it** *(easier for you)* vous êtes mieux à même de le faire; *(better qualified)* vous êtes mieux désigné pour le faire; **I was ~ to catch the bus** j'ai réussi à attraper l'autobus. ◆ **able-bodied** *adj* robuste. ◆ **able(-bodied) seaman** *n* matelot breveté. ◆ **ably** *adv* habilement, de façon très compétente.

abnormal [æb'nɔ:m(ə)l] *adj* anormal. ◆ **abnormality** *n (state)* caractère anormal; *(instance: gen, Bio, Psych)* anomalie *f*; *(Med)* malformation *f*. ◆ **abnormally** *adv formed* d'une manière anormale; *long, quiet etc* exceptionnellement.

aboard [ə'bɔ:d] **1** *adv (Aviat, Naut)* à bord. **to go ~** monter à bord; **to take ~** embarquer; **all ~!** *(Rail)* en voiture!; *(Naut)* tout le monde à bord! **2** *prep (Aviat, Naut)* à bord de. **~ ship** à bord; **~ the train** dans le train.

abode [ə'bəʊd] *n* demeure *f*; *(Jur)* domicile *m*.

abolish [ə'bɒlɪʃ] *vt death penalty, law* abolir; *practice, custom, ignorance* supprimer. ◆ **abolishment** or ◆ **abolition** *n* abolition *f*; suppression *f*.

abominable [ə'bɒmɪnəbl] *adj* abominable. ◆ **abominably** *adv* abominablement.

abominate [ə'bɒmɪneɪt] *vt* abominer, exécrer. ◆ **abomination** *n* abomination *f*.

aborigine [ˌæbə'rɪdʒɪnɪ] *n* aborigène *mf*. ◆ **aboriginal** *adj, n* aborigène *(mf)*.

abort [ə'bɔ:t] **1** *vi (Med, fig)* avorter; *(Mil, Space)* échouer. **2** *vt (Med, fig)* faire avorter; *(Mil, Space)* abandonner (pour raisons de sécurité); *(Comput)* abandonner; * * fig) deal faire capoter. ◆ **abortion** *n (Med)* avortement *m*; **to have an ~ion** avorter; **to get an ~ion** se faire avorter. ◆ **abortionist** *n* avorteur *m*, -euse *f*. ◆ **abortive** *adj plan, invasion, coup* manqué, raté; *attempt* infructueux. ◆ **abortively** *adv* en vain.

abound [ə'baʊnd] *vi* abonder *(in* en).

about [ə'baʊt] **1** *adv* **(a)** *(approximately)* vers, à peu près, environ. **~ 11 o'clock** vers 11 heures; **it's ~ 11 o'clock** il est environ 11 heures; **it's ~ time to go** il est presque temps de partir; **there are ~ 30** il y en a une trentaine; **she's ~ as old as you are** elle a à peu près de votre âge; **I've had ~ enough!** * je commence à en avoir marre! * **(b)** *(here and there)* çà et là, ici et là, de tous côtés. **shoes lying ~** des chaussures dans tous les coins or traînant çà et là. **(c)** *(near)* près, par ici, par là. **there was nobody ~** il n'y avait personne; **he's somewhere ~** il est par ici quelque part; **there's**

a lot of flu ~ il y a beaucoup de cas de grippe en ce moment. **(d)** *(all round)* autour. **to glance** ~ jeter un coup d'œil autour de soi. **(e)** *(opposite direction)* à l'envers. *(fig)* **it's the other way** ~ c'est tout le contraire; *(Mil)* ~ **turn!** demi-tour, marche!; *(Naut)* **to go** ~ virer de bord. **(f) to be** ~ **to do** être sur le point de faire, aller faire. **2** *prep* **(a)** *(concerning)* au sujet de, à propos de. **I heard nothing** ~ **it** je n'en ai pas entendu parler; **what is it** ~? de quoi s'agit-il?; **I know what it's all** ~ je sais de quoi il retourne; **to speak** ~ **sth** parler de qch; **how** ~ * *or* **what** ~ * **going to the pictures?** si on allait au cinéma? **(b)** *(near to)* vers, près de; *(somewhere in)* en, dans. ~ **here** par ici, près d'ici; ~ **the house** quelque part dans la maison; **to wander** ~ **the town/the streets** errer dans la ville/par les rues. **(c)** *(occupied with)* **what are you** ~? que faites-vous?; **while we're** ~ **it** pendant que nous y sommes; **mind what you're** ~! faites un peu attention!; **how does one go** ~ **it?** comment est-ce qu'on s'y prend? **(d)** *(with, on)* **I've got it** ~ **me somewhere** je l'ai quelque part sur moi; **there is something interesting** ~ **him** il a un côté intéressant. **(e)** *(round)* ~ autour de. ◆ **about-face** *or* ◆ **about-turn 1** *n* *(Mil)* demi-tour *m*; *(fig)* volte-face *f*; **2** *vi* faire un demi-tour ; faire volte-face.

above [ə'bʌv] **1** *adv* **(a)** *(overhead, higher up)* au-dessus, en haut. **from** ~ d'en haut; **the flat** ~ l'appartement au-dessus *or* du dessus; *(fig)* **a warning from** ~ un avertissement (venu) d'en haut. **(b)** *(more)* **boys of 6 and** ~ les garçons à partir de 6 ans. **(c)** *(earlier: in document etc)* ci-dessus, plus haut. **the address** ~ l'adresse ci-dessus. **2** *prep* **(a)** *(higher or better than)* au-dessus de. ~ **all** surtout. **(b)** *(more than)* plus de. **children** ~ **7 years of age** les enfants de plus de 7 ans *or* au-dessus de 7 ans; **over and** ~ **the cost of...** en plus de ce que coûte... **to get** ~ **o.s.** avoir des idées de grandeur; ~ **one's means** au-delà de *or* au-dessus de ses moyens; **that is quite** ~ **me** * c'est trop compliqué pour moi; **he is** ~ **such behaviour** il est au-dessus d'une pareille conduite; **he's not** ~ **stealing** il irait jusqu'à voler; **he's not** ~ **playing with the children** il ne dédaigne pas de jouer avec les enfants. **3** *adj* *(in text)* ci-dessus mentionné. ◆ **aboveboard 1** *adj person, action* régulier, correct; **it's all quite** ~**board** *(not unfair)* c'est franc jeu; *(not illegal)* c'est régulier; **2** *adv* cartes sur table, ouvertement. ◆ **aboveground** *adv* au-dessus du sol, à la surface; *(US fig)* déclaré. ◆ **above-mentioned** *adj* ci-dessus mentionné. ◆ **above-named** *adj* susnommé.

abrasion [ə'breɪʒ(ə)n] *n* frottement *m*; *(Med)* écorchure *f*; *(Geol)* érosion *f*; *(Tech)* abrasion *f*. ◆ **abrasive** *adj substance* abrasif; *voice* caustique; *wit* corrosif.

abreast [ə'brest] *adv* de front. **3** ~ **3** de front; *(Naut)* **in line** ~ en ligne de front; ~ **of** *(at level of)* à la hauteur de; *(aware of)* au courant de; **to be** ~ **of the times** marcher avec son temps.

abridge [ə'brɪdʒ] *vt book, edition, speech* abréger; *interview* écourter; *text* réduire. ◆ **abridgement** *n (short version)* abrégé *m*.

abroad [ə'brɔːd] *adv* **(a)** *(in foreign land)* à l'étranger. **news from** ~ nouvelles de l'étranger. **(b)** *(far and wide)* au loin; *(in all directions)* de tous côtés, dans toutes les directions. **there is a rumour** ~ **that...** le bruit circule que...

abrupt [ə'brʌpt] *adj person, conduct* brusque; *turn* soudain; *style, speech* heurté; *slope* raide. ◆ **abruptly** *adv turn, move* brusquement; *speak, behave* avec brusquerie; *rise* en pente raide. ◆ **abruptness** *n [person]* brusquerie *f*; *[departure]* soudaineté *f*; *(steepness)* raideur *f*.

abscess ['æbsɪs] *n* abcès *m*.

abscond [əb'skɒnd] *vi* s'enfuir *(from* de). ◆ **absconder** *n* évadé(e) *m(f)*. **to be an** ~**er** être en cavale *.

abseil ['æpsaɪl] **1** *vi* descendre en rappel. **2** *n* rappel *m*.

absence ['æbs(ə)ns] *n* **(a)** absence *f*. *(Jur)* **sentenced in his** ~ condamné par contumace. **(b)** *(lack)* manque *m*, défaut *m*. **in the** ~ **of information** faute de renseignements.

absent ['æbs(ə)nt] **1** *adj* absent; *(absent-minded)* distrait. *(Mil)* ~ **without leave** absent sans permission. **2** [æb'sent] *vt:* **to** ~ **o.s.** s'absenter *(from* de). ◆ **absentee 1** *n* absent(e) *m(f)*; *(habitual)* absentéiste *mf*; **2** *adj* absentéiste. ◆ **absenteeism** *n* absentéisme *m*. ◆ **absently** *adv* distraitement. ◆ **absent-minded** *adj person* distrait; *air, manner* absent, distrait. ◆ **absent-mindedly** *adv* d'un air distrait *or* absent. ◆ **absent-mindedness** *n* distraction *f*, absence *f*.

absolute ['æbs(ə)luːt] **1** *adj (gen)* absolu. **the divorce was made** ~ le jugement en divorce a été prononcé; **it's an** ~ **scandal** c'est un véritable scandale; ~ **idiot** * parfait crétin *; **it's an** ~ **fact that...** c'est un fait indiscutable que...; ~ **proof** preuve *f* irréfutable. **2** *n* absolu *m*. ◆ **absolutely** *adv* absolument.

absolution [ˌæbsə'luːʃ(ə)n] *n* absolution *f*.

absolve [əb'zɒlv] *vt (from sin etc)* absoudre *(from, of* de); *(Jur)* acquitter *(of* de); *(from obligation, oath)* délier *(from* de).

absorb [əb'sɔːb] *vt (lit, fig)* absorber; *sound, shock* amortir. **to become** ~**ed in one's work/in a book** s'absorber dans son travail/dans la lecture d'un livre; **to be** ~**ed in a book** être plongé dans un livre; **to be completely** ~**ed in one's work** être tout entier à son travail. ◆ **absorbed** *adj* absorbé *(in* dans). ◆ **absorbency** *n* pouvoir absorbant; *(Chem, Phys)* absorptivité *f*. ◆ **absorbent** *adj* absorbant; *(US)* ~**ent cotton** coton *m* hydrophile. ◆ **absorbing** *adj book, film* captivant; *work* absorbant. ◆ **absorption** *n* absorption *f*.

abstain [əb'steɪn] *vi* s'abstenir *(from* de; *from doing* de faire); *(be teetotaller)* s'abstenir complètement des boissons alcoolisées. ◆ **abstainer** *n (Pol)* abstentionniste *mf*; *(teetotaller)* personne *f* qui s'abstient de toute boisson alcoolisée.

abstemious [əb'stiːmɪəs] *adj* frugal. ◆ **abstemiousness** *n* frugalité *f*.

abstention [əb'stenʃ(ə)n] *n* abstention *f (from* de).

abstinent ['æbstɪnənt] *adj* sobre, tempérant. ◆ **abstinence** *n* abstinence *f*.

abstract ['æbstrækt] **1** *adj* abstrait. **2** *n (summary)* résumé *m*; *(work of art)* œuvre abstraite. **in the** ~ dans l'abstrait. **3** [æb'strækt] *vt (remove)* retirer *(from* de); *(summarize)* résumer. ◆ **abstracted** *adj* préoccupé. ◆ **abstraction** *n (removing)* extraction *f*; *(abstract concept)* abstraction *f*.

abstruse [æb'struːs] *adj* abstrus.

absurd [əb'sɜːd] *adj, n* absurde *(m)*. ◆ **absurdity** *n* absurdité *f*. ◆ **absurdly** *adv* absurdement.

abundant [ə'bʌndənt] *adj* abondant. **there is** ~ **proof that he is guilty** les preuves de sa culpabilité abondent. ◆ **abundance** *n* abondance *f*; **in abundance** en abondance. ◆ **abundantly** *adv supply etc* abondamment; *grow* à foison; *clear* tout à fait; **he made it** ~**ly clear to me that...** il m'a bien fait comprendre que...

abuse [ə'bjuːz] **1** *vt privilege* abuser de; *person (insult)* injurier; *(ill-treat)* maltraiter. **2** [ə'bjuːs] *n (gen)* abus *m*; *(curses, insults)* insultes *fpl*, injures *fpl*; *(ill-treatment)* mauvais traitements *mpl (of* infligés à). **child** ~ mauvais traitements infligés aux enfants. ◆ **abusive** *adj language* injurieux, offensant; *person* grossier.

abut [əˈbʌt] *vi*: **to ~ on** être contigu à.

abysmal [əˈbɪzm(ə)l] *adj ignorance* sans bornes; *mistake* énorme; *work* exécrable. ◆ **abysmally** *adv* abominablement, atrocement.

abyss [əˈbɪs] *n* abîme *m*, gouffre *m*.

acacia [əˈkeɪʃə] *n* acacia *m*.

academic [ˌækəˈdemɪk] **1** *adj affairs, career* universitaire; *freedom* de l'enseignement; *progress* scolaire; *(scholarly) style, approach* intellectuel; *(theoretical)* théorique. *(US)* ~ **advisor** directeur *m*, -trice *f* des études; ~ **standards** niveaux *mpl* d'instruction; ~ **year** année *f* universitaire; **that's quite** ~ ça n'a aucun intérêt pratique; **it's ~ now** ça n'a plus d'importance. **2** *n (person)* universitaire *mf*.

academy [əˈkædəmɪ] *n* académie *f*; *(Scol etc)* école *f*, collège *m*. **the Royal A~** l'Académie Royale *(de Londres)*; *(military)* ~ école militaire. ◆ **academician** *n* académicien(ne) *m(f)*.

accede [ækˈsiːd] *vi*: **to ~ to a request** agréer une demande; **to ~ to the throne** monter sur le trône.

accelerate [ækˈseləreɪt] **1** *vt movement* accélérer; *work* activer; *events* précipiter. **2** *vi (esp Aut)* accélérer. ◆ **acceleration** *n* accélération *f*. ◆ **accelerator** *n* accélérateur *m*.

accent [ˈæks(ə)nt] **1** *n (all senses)* accent *m*. **2** [ækˈsent] *vt* accentuer. ◆ **accentuate** *vt* accentuer. ◆ **accentuation** *n* accentuation *f*.

accept [əkˈsept] *vt (gen)* accepter; *goods* prendre livraison de. **I ~ that...** je conviens que... ◆ **acceptable** *adj gift, suggestion* acceptable; **the money was most ~able** l'argent était vraiment le bienvenu. ◆ **acceptance** *n* acceptation *f*. ◆ **accepted** *adj fact, method, principle* reconnu; *idea* répandu; *behaviour, pronunciation* admis; *sense, meaning* usuel.

access [ˈækses] **1** *n* accès *m (to sth* à qch; *to sb* auprès de qn); *(Jur: in divorce)* droit *m* de visite; *(Comput)* **random** ~ accès aléatoire. **2** *adj*: *(Comput)* ~ **time** temps *m* d'accès; ~ **road** route *f* d'accès; *(to motorway)* bretelle *f* d'accès. ◆ **accessibility** *n* accessibilité *f*. ◆ **accessible** *adj* accessible *(to* à).

accession [ækˈseʃ(ə)n] *n [monarch]* avènement *m*.

accessory [ækˈsesərɪ] **1** *adj* accessoire, auxiliaire. **2** *n* **(a)** *(Dress, Theat, Comm etc)* accessoire *m*. **toilet accessories** objets *mpl* de toilette. **(b)** *(Jur)* complice *mf (before the fact* par instigation; *after the fact* par assistance).

accident [ˈæksɪd(ə)nt] **1** *n* accident *m*. **by ~** *injure etc* accidentellement; *meet etc* par hasard. **2** *adj statistics etc* des accidents; *insurance* contre les accidents. ~ **prevention** prévention *f* des accidents; *(Aut)* prévention routière. ◆ **accidental** *adj death* accidentel; *meeting* fortuit; *effect, benefit* accessoire. ◆ **accidentally** *adv meet etc* par hasard; *injure etc* accidentellement; **it was done quite ~ally** on ne l'a pas fait exprès. ◆ **accident-prone** *adj* prédisposé aux accidents.

acclaim [əˈkleɪm] **1** *vt (applaud)* acclamer; *(proclaim)* proclamer. **2** *n* acclamations *fpl*. ◆ **acclamation** *n* acclamation *f*.

acclimatize [əˈklaɪmətaɪz], *(US)* **acclimate** [əˈklaɪmət] **1** *vt* acclimater *(to* à); *(fig)* accoutumer *(to* à). **2** *vi (also* **become ~d)** s'acclimater; *(fig)* s'accoutumer. ◆ **acclimatization**, *(US)* **acclimation** *n* acclimatation *f*; *(fig)* accoutumance *f (to* à).

accommodate [əˈkɒmədeɪt] *vt* **(a)** *(lodge) [landlady, town council]* loger; *[car, house]* contenir; *[hotel]* recevoir. **(b)** *(supply)* fournir *(sb with sth* qch à qn); *demand* accéder à. **to ~ sb with a loan** consentir un prêt à qn. **(c)** *(reconcile) differences* concilier; *(adapt) plans, wishes* adapter *(to* à). ◆ **accommodating** *adj* accommodant, obligeant.

accommodation [əˌkɒməˈdeɪʃ(ə)n] **1** *n* **(a)** *(also US ~s)* logement *m*. **'~ (to let)'** 'chambres *fpl* à louer'; **we have no ~ available** nous n'avons pas de place; **there is no ~ for children** on n'accepte pas les enfants. **(b)** *(compromise)* compromis *m*. **2** *adj*: ~ **address** adresse utilisée pour la correspondance; ~ **bureau** agence *f* de logement; ~ **officer** responsable *mf* de l'hébergement; *(US)* ~ **train** (train *m*) omnibus *m*.

accompany [əˈkʌmp(ə)nɪ] *vt* accompagner *(Mus: on* à). **accompanied by** accompagné de. ◆ **accompaniment** *n* accompagnement *m*. ◆ **accompanist** *n* accompagnateur *m*, -trice *f*.

accomplice [əˈkʌmplɪs] *n* complice *mf (in a crime* d'un crime).

accomplish [əˈkʌmplɪʃ] *vt* accomplir, exécuter; *task, mission* accomplir, achever; *desire* réaliser; *aim* arriver à; *journey* effectuer. ◆ **accomplished** *adj* accompli. ◆ **accomplishment** *n (achievement)* œuvre accomplie; *(skill)* talent *m*; *(completion)* réalisation *f*, accomplissement *m*.

accord [əˈkɔːd] **1** *vt* accorder *(to* à). **2** *vi* s'accorder *(with* avec). **3** *n* **(a)** *(agreement)* consentement *m*, accord *m*. **of his own** ~ de lui-même, de son propre chef; **with one** ~ d'un commun accord. **(b)** *(treaty)* traité *m*. ◆ **accordance** *n* accord *m (with* avec); **in ~ance with** conformément à.

according [əˈkɔːdɪŋ] *adv*: ~ **to** selon, suivant; **everything went** ~ **to plan** tout s'est passé comme prévu; ~ **to what he says** d'après ce qu'il dit; ~ **to him** selon lui. ◆ **accordingly** *adv* **(a)** *(and so)* en conséquence; **(b)** **to act** ~**ly** faire le nécessaire.

accordion [əˈkɔːdɪən] *n* accordéon *m*. ◆ **accordionist** *n* accordéoniste *mf*.

accost [əˈkɒst] *vt* accoster.

account [əˈkaʊnt] **1** *n* **(a)** *(reckoning, bill)* compte *m*. **put it on my** ~ vous le mettrez sur mon compte; **in ~ with** en compte avec; **to ~ rendered** facture non payée; **on ~** à compte; **to pay £50 on** ~ verser un acompte de 50 livres; *(Advertising)* **they have the Michelin** ~ ce sont eux qui détiennent la publicité de Michelin; **to keep the ~s** tenir la comptabilité *or* les comptes. **(b)** *(benefit)* profit *m*, avantage *m*. **to turn sth to** ~ mettre qch à profit. **(c)** *(report)* compte rendu *m*. **to give an** ~ **of** faire le compte rendu de; **to call sb to** ~ **for having done** demander des comptes à qn pour avoir fait; **he gave a good** ~ **of himself** il s'en est bien tiré; **by all ~s** d'après l'opinion générale; **by her own** ~ d'après ce qu'elle dit. **(d)** *(phrases)* **of no** ~ sans importance; **to take sth into** ~ tenir compte de qch; **on** ~ **of** à cause de; **on no** ~ en aucun cas, sous aucun prétexte; **on her** ~ à cause d'elle, pour elle. **2** *adj*: ~ **book** livre *m* de comptes; ~**s department** (service *m* de) comptabilité *f*. **3** *vt* estimer, juger. **to ~ o.s. lucky** s'estimer heureux.

◆ **account for** *vt fus expenses* rendre compte de; *one's conduct* justifier; *circumstances* expliquer; *(Hunting etc: kill)* tuer. **there's no ~ing for tastes** chacun son goût; **everyone is ~ed for** on n'a oublié personne; *(after air crash etc)* tous les passagers ont été retrouvés.

◆ **accountability** *n* responsabilité *f*. ◆ **accountable** *adj*: **to be ~able for sth** avoir à répondre de qch *(to sb* devant qn). ◆ **accountancy** *n* comptabilité *f*. ◆ **accountant** *n* comptable *mf*; ~**ant's office** agence *f* comptable. ◆ **accounting** *n* comptabilité *f*.

accoutrements [əˈkuːtrəmənts], *(US)* **accouterments** [əˈkuːtərments] *npl (gen)* attirail *m*; *(Mil)* équipement *m*.

accredit [əˈkredɪt] *vt* accréditer *(to* auprès de).

accretion [əˈkriːʃ(ə)n] *n* accroissement *m*.

accrue [əˈkruː] *vi [money, advantages]* revenir *(to* à); *[interest]* courir.

accumulate [əˈkjuːmjʊleɪt] **1** vt accumuler. **2** vi s'accumuler. ◆ **accumulation** n (act) accumulation f; (heap of objects etc) tas m. ◆ **accumulator** n accumulateur m.

accurate [ˈækjʊrɪt] adj figures, clock exact; report, story, shot précis; aim, judgment, assessment juste; memory, translation fidèle. ◆ **accuracy** n exactitude f; précision f; justesse f; fidélité f. ◆ **accurately** adv exactement; avec précision; avec justesse; fidèlement.

accursed, accurst [əˈkɜːst] adj (liter) (damned) maudit; (hateful) détestable, exécrable.

accusative [əˈkjuːz(ə)tɪv] adj, n accusatif (m). **in the** ~ à l'accusatif.

accuse [əˈkjuːz] vt accuser (of de; of doing de faire). ◆ **accusal** or ◆ **accusation** n accusation f. ◆ **accused** n accusé(e) m(f). ◆ **accuser** n accusateur m, -trice f. ◆ **accusing** adj accusateur. ◆ **accusingly** adv d'une manière accusatrice.

accustom [əˈkʌstəm] vt habituer, accoutumer (to à; to doing à faire). ◆ **accustomed** adj (a) (used) habitué, accoutumé (to à; to do, to doing à faire). **to become** ~**ed to** s'habituer or s'accoutumer à; **I am not** ~**ed to such treatment** je n'ai pas l'habitude qu'on me traite (subj) de cette façon. **(b)** (usual) kindness etc habituel, coutumier.

ace [eɪs] n as m (also fig: of sportsman etc). (fig) **to keep an** ~ **up one's sleeve**, (US) **to have an** ~ **in the hole** avoir une carte maîtresse; (fig) **to play one's** ~ jouer sa meilleure carte; **within an** ~ **of** à deux doigts de.

acerbity [əˈsɜːbɪtɪ] n âpreté f, aigreur f.

acetate [ˈæsɪteɪt] n acétate m.

acetic [əˈsiːtɪk] adj acétique.

acetone [ˈæsɪtəʊn] n acétone f.

acetylene [əˈsetɪliːn] **1** n acétylène m. **2** adj: ~ **burner** chalumeau m à acétylène; ~ **welding** soudure f autogène.

ache [eɪk] **1** vi faire mal, être douloureux. **my head** ~**s** j'ai mal à la tête; **to be aching all over** (after exercise) être courbaturé; (from illness) avoir mal partout; **it makes my heart** ~ cela me fend le cœur; (fig) **to be aching to do** mourir d'envie de faire. **2** n douleur f, souffrance f. **stomach** ~ mal m de ventre; **I've got stomach** ~ j'ai mal au ventre; **all his** ~**s and pains** toutes ses douleurs. ◆ **aching** adj douloureux; tooth, limb malade; **to have an aching heart** avoir le cœur gros.

achieve [əˈtʃiːv] vt aim atteindre, arriver à; success obtenir; fame parvenir à. **I feel I've** ~**d sth** je crois que j'ai fait qch d'utile. ◆ **achievement** n réussite f, exploit m; (Scol) **the level of** ~**ment** le niveau des élèves.

acid [ˈæsɪd] **1** n acide m; (*: LSD) acide *. **2** adj acide; (fig) person revêche; voice aigre; remark mordant. ~ **rain** pluies fpl acides; (fig) ~ **test** épreuve décisive. ◆ **acidity** n acidité f.

acknowledge [əkˈnɒlɪdʒ] vt (a) avouer, admettre (that que); child, error reconnaître. **to** ~ **sb as leader** reconnaître qn pour chef. **(b)** greeting répondre à; (also ~ **receipt of**) letter, parcel accuser réception de; sb's action, services, help manifester sa gratitude pour; source of quotation etc mentionner; applause, cheers saluer pour répondre à. **I smiled at him but he didn't even** ~ **me** je lui ai souri mais il a fait comme s'il ne me voyait pas. ◆ **acknowledged** adj reconnu. ◆ **acknowledgement** n (money) reçu m; (letter) accusé m de réception; (in preface etc) remerciements mpl. **in** ~**ment of your help** en reconnaissance de votre aide.

acme [ˈækmɪ] n point m culminant.

acne [ˈæknɪ] n acné f.

acorn [ˈeɪkɔːn] n (Bot) gland m.

acoustic [əˈkuːstɪk] adj acoustique. ◆ **acoustics** n (sg or pl) acoustique f.

acquaint [əˈkweɪnt] vt aviser (sb with sth qn de qch), renseigner (sb with sth qn sur qch). **to** ~ **sb with the situation** mettre qn au courant de la situation; **to be** ~**ed with** person, subject connaître; fact savoir, être au courant de; **to become** ~**ed with** person faire la connaissance de; facts prendre connaissance de. ◆ **acquaintance** n connaissance f; **to make sb's** ~**ance** faire la connaissance de qn; **to improve upon** ~**ance** gagner à être connu; **old** ~**ances** de vieilles connaissances; **she's an** ~**ance of mine** c'est une de mes relations.

acquiesce [ˌækwɪˈes] vi consentir, acquiescer (in à). ◆ **acquiescence** n consentement m. ◆ **acquiescent** adj consentant.

acquire [əˈkwaɪəʳ] vt knowledge, money, fame acquérir; language apprendre; habit prendre; reputation se faire; car, house faire l'acquisition de. **to** ~ **a taste for** prendre goût à. ◆ **acquired** adj characteristic acquis; taste qui s'acquiert. ◆ **acquirement** n acquisition f (of de); (skill) connaissance f.

acquisition [ˌækwɪˈzɪʃ(ə)n] n acquisition f. ◆ **acquisitive** adj (for money) âpre au gain; (greedy) avide (of de). ◆ **acquisitiveness** n instinct m de possession.

acquit [əˈkwɪt] vt (a) (Jur) acquitter (of de). **(b) to** ~ **o.s. well** bien s'en tirer. ◆ **acquittal** n acquittement m.

acre [ˈeɪkəʳ] n ≃ demi-hectare m. **a few** ~**s of land** quelques hectares de terrain; (fig) ~**s of** * des kilomètres et des kilomètres.

acrid [ˈækrɪd] adj smell âcre; remark acerbe.

Acrilan [ˈækrɪlæn] n ® Acrilan m ®.

acrimonious [ˌækrɪˈməʊnɪəs] adj acrimonieux. ◆ **acrimony** n acrimonie f.

acrobat [ˈækrəbæt] n acrobate mf. ◆ **acrobatic** adj acrobatique. ◆ **acrobatics** npl (gymnast etc) acrobatie f; (child etc) acrobaties fpl.

acronym [ˈækrənɪm] n acronyme m.

across [əˈkrɒs] **1** prep (a) (from one side to other of) d'un côté à l'autre de. **bridge** ~ **the river** pont sur le fleuve; **to walk** ~ **the road** traverser la route. **(b)** (on other side of) de l'autre côté de. **the shop** ~ **the road** le magasin d'en face, le magasin de l'autre côté de la rue; **lands** ~ **the sea** terres d'outre-mer. **(c)** (crosswise over) en travers de, à travers. **to go** ~ **the fields** or ~ **country** aller à travers champs; **plank** ~ **a door** planche en travers d'une porte; ~ **his chest** sur la poitrine. **2** adv: **the river is 5 km** ~ le fleuve a 5 km de large; **to help sb** ~ aider qn à traverser; (fig) **to get sth** ~ **to sb** faire comprendre qch à qn; ~ **from** en face de.

acrylic [əˈkrɪlɪk] adj,n acrylique (m).

act [ækt] **1** n (a) (deed) acte m. **in the** ~ **of doing** en train de faire; **caught in the** ~ pris en flagrant délit; **A**~**s of the Apostles** Actes des Apôtres. **(b)** (Jur: ~ **of Parliament**) loi f. (c) (play) acte m; (in circus etc) numéro m. **he's just putting on an** ~ il joue la comédie; **to get in on the** ~ * (parvenir à) participer aux opérations; **to get one's** ~ **together** * se reprendre en main.
2 vi (a) (gen) agir. **to** ~ **like a fool** agir comme un imbécile; (drug) **to** ~ **on sth** agir sur qch; **the table** ~**s as a desk** la table sert de bureau; **he** ~**s as my assistant** il me sert d'assistant. **(b)** (Theat) jouer. **have you ever** ~**ed before?** avez-vous déjà fait du théâtre?; (fig) **she's only** ~**ing** elle joue la comédie.
3 vt (Theat) part jouer. (Theat, fig) **to** ~ **the part of** tenir le rôle de; (fig) **to** ~ **the fool** * faire l'idiot. ◆ **act out** vt sep event faire un récit mimé de; fantasies revivre. ◆ **act up** * vi (person) se conduire mal; (car etc) faire des caprices. ◆ **act (up)on** vt fus advice suivre, se conformer à; order exécuter.

I ~**ed (up)on your letter** j'ai fait le nécessaire quand j'ai reçu votre lettre.

acting ['æktɪŋ] **1** *adj* suppléant, par intérim. **2** *n*: **his** ~ **is very good** il joue très bien; **I like his** ~ j'aime son jeu; **he has done some** ~ il a fait du théâtre (*or* du cinéma).

action ['æk∫(ə)n] **1** *n* **(a)** action *f*. **to put into** ~ **plan** mettre à exécution; *principles, suggestion* mettre en action; *machine* mettre en marche; **the time has come for** ~ il est temps d'agir; **they want a piece of the** ~ * ils veulent être dans le coup; **to take** ~ agir; **to go into** ~ passer à l'action; **out of** ~ *machine etc* en dérangement, détraqué; *person* hors de combat; **to put out of** ~ *machine* mettre hors d'usage, détraquer; *person* mettre hors de combat. **(b)** *(deed)* acte *m*, action *f*. **to suit the** ~ **to the word** joindre le geste à la parole; ~**s speak louder than words** les actes sont plus éloquents que les paroles. **(c)** *(Jur)* procès *m*, action *f* en justice. **to bring an** ~ **against sb** intenter une action *or* un procès contre qn. **(d)** *(Tech)* mécanisme *m*; *[clock etc]* mécanique *f*. **(e)** *(Mil)* combat *m*, engagement *m*. **to go into** ~ *[unit, person]* aller au combat; *[army]* engager le combat; **to see** ~ combattre; **killed in** ~ tué à l'ennemi. **2** *adj*: *(TV)* ~ **replay** répétition immédiate *(d'une séquence)*; ~ **stations!** à vos postes! **3** *vt (Admin)* exécuter. ♦ **actionable** *adj (Jur) claim* recevable; *person* passible de poursuites. ♦ **action-packed** *adj film* plein d'action.

activate ['æktɪveɪt] *vt* activer.

active ['æktɪv] *adj person, life, imagination* actif; *file, case* en cours; *volcano* en activité. **to take an** ~ **part in** prendre une part active à; **we're giving it** ~ **consideration** nous l'examinons sérieusement; *(Mil)* **on** ~ **service** en campagne; **on the** ~ **list** en activité; *(Gram)* **in the** ~ à l'actif. ♦ **actively** *adv* activement. ♦ **activist** *n* militant(e) *m(f)*. ♦ **activity** *n (gen)* activité *f*; *[town, port]* mouvement *m*; **activity holiday** vacances *fpl* actives.

actor ['æktə'] *n* acteur *m*. ♦ **actress** *n* actrice *f*.

actual ['æktʊəl] *adj figures, result* réel, véritable; *example* concret; *fact* positif. **in** ~ **fact** en fait; **his** ~ **words were...** il a dit très exactement... ♦ **actuality** *n* réalité *f*. ♦ **actually** *adv* **(a)** *(in reality)* effectivement, véritablement, en fait; **the person** ~**ly in charge is...** la personne véritablement responsable *or* responsable en fait, c'est...; ~**ly I don't know him** à vrai dire *or* en fait, je ne le connais pas; **what did he** ~**ly say?** qu'est-ce qu'il a dit exactement *or* au juste? **(b)** *(even: often showing surprise)* vraiment; **it's** ~**ly taking place now** ça se produit en ce moment même.

actuary ['æktjʊərɪ] *n* actuaire *mf*.

actuate ['æktjʊeɪt] *vt* faire agir. ~**d by** animé de.

acumen ['ækjʊmen] *n* flair *m*. **business** ~ sens *m* aigu des affaires.

acupuncture ['ækjʊpʌŋkt∫ə'] *n* acupuncture *f*. ♦ **acupuncturist** *n* acupuncteur *m*.

acute [ə'kjuːt] *adj pain, accent, angle* aigu (*f* -guë); *remorse* intense; *shortage, situation* critique, grave; *person, mind* pénétrant, perspicace; *hearing* fin. ♦ **acutely** *adv* **(a)** *(intensely) suffer* vivement, intensément; ~**ly aware that** profondément conscient du fait que; **(b)** *(shrewdly) observe* avec perspicacité.

ad [æd] *n abbr of* **advertisement**.

Adam ['ædəm] *n* Adam *m*. ~**'s apple** pomme *f* d'Adam; **I don't know him from** ~ * je ne le connais ni d'Ève ni d'Adam.

adamant ['ædəmənt] *adj* inflexible.

adapt [ə'dæpt] **1** *vt* adapter (*to* à, *for* pour). **2** *vi* s'adapter. ♦ **adaptability** *n* faculté *f* d'adaptation. ♦ **adaptable** *adj* adaptable; **he's very** ~**able** il s'adapte à tout. ♦ **adaptation** *n* adaptation *f*

(of de, *to* à). ♦ **adapter** *or* ♦ **adaptor** *n (person)* adaptateur *m*, -trice *f*; *(device)* adaptateur *m*; *(Elec)* prise *f* multiple.

add [æd] *vt* **(a)** ajouter (*to* à, *that* que). ~ **some more pepper** rajoutez un peu de poivre; **to** ~ **insult to injury** porter l'insulte à son comble; ~**ed to which...** ajoutez à cela que...; **an** ~**ed advantage** un avantage supplémentaire. **(b)** *(Math) figures* additionner; *column of figures* totaliser. ♦ **add in** *vt sep* inclure, ajouter. ♦ **add to** *vt fus* ajouter à, accroître. ♦ **add together** *vt sep* additionner. ♦ **add up 1** *vi (fig)* **it all** ~**s up** * tout s'explique; **it doesn't** ~ **up** * il y a qch qui cloche *. **2** *vt sep figures* additionner; *column of figures* totaliser; *advantages, reasons* faire la somme de. ♦ **add up to** *vt fus [figures]* s'élever à; *(* *fig: mean)* signifier. ♦ **adding machine** *n* machine *f* à calculer; ~**-free** sans additif.

adder ['ædə'] *n* vipère *f*.

addict ['ædɪkt] *n* intoxiqué(e) *m(f)*. **heroin** ~ héroïnomane *mf*; **he's an** ~ il ne peut plus s'en passer; **he's a yoga** ~ * c'est un fanatique du yoga. ♦ **addicted** *adj* adonné (*to* à); **to become** ~**ed to** s'adonner à; **he's** ~**ed to cigarettes** c'est un fumeur invétéré. ♦ **addiction** *n* penchant *m* très fort (*to* pour); *(Med)* dépendance *f* (*to* à). ♦ **addictive** *adj* qui crée une dépendance.

Addis Ababa ['ædɪs'æbəbə] *n* Addis-Abeba.

addition [ə'dɪ∫(ə)n] *n (Math etc)* addition *f*; *(fact of adding)* adjonction *f*; *(increase)* augmentation *f (to* de); *(to tax, income, profit)* surcroît *m (to* de). **in** ~ de plus; **in** ~ **to** en plus de; **there's been an** ~ **to the family** la famille s'est agrandie; **this is a welcome** ~ **to the series** ceci enrichit la série. ♦ **additional** *adj* additionnel; *(extra)* de plus, supplémentaire. ♦ **additionally** *adv* de plus, en sus.

address [ə'dres] **1** *n* **(a)** *(US)* ['ædres] *(on letter etc, also Comput)* adresse *f*. **(b)** *(talk)* discours *m*, allocution *f*. **2** *vt* **(a)** *(direct) letter, speech, writing* adresser (*to* à). **this is** ~**ed to you** *[letter etc]* ceci vous est adressé; *[words, comment]* ceci s'adresse à vous; **to** ~ **o.s. to sth** se mettre à qch. **(b)** *(speak to)* s'adresser à. **he** ~**ed the meeting** il a pris la parole (devant l'assistance); **don't** ~ **me as 'Colonel'** ne m'appelez pas 'Colonel'. ♦ **addressee** *n* destinataire *mf*.

adenoids ['ædɪnɔɪdz] *npl* végétations *fpl* (adénoïdes). ♦ **adenoidal** *adj*: **in an adenoidal voice** en parlant du nez.

adept ['ædept] **1** *n* expert *m* (*in, at* en). **2** [ə'dept] *adj* expert (*in, at* à, en, dans; *at doing* à faire).

adequate ['ædɪkwɪt] *adj amount, supply, reward, description* suffisant (*for* pour, *to do* pour faire); *tool etc* adapté (*to* à); *essay, performance* satisfaisant; *person* compétent. ♦ **adequately** *adv warm* suffisamment; *do etc* convenablement.

adhere [əd'hɪə'] *vi* adhérer (*to* à). **to** ~ **to** *party* adhérer à; *rule* obéir à; *promise* tenir; *resolve* persister dans. ♦ **adherence** *n* adhésion *f (to* à). ♦ **adherent** *n* adhérent(e) *m(f)*; *(Rel)* adepte *mf*. ♦ **adhesion** *n* adhérence *f*. ♦ **adhesive** *adj*, *n* adhésif *(m)* ; **adhesive plaster** pansement adhésif; **adhesive tape** *(Med)* sparadrap *m*; *(stationery)* ruban adhésif.

adieu [ə'djuː] *n, excl* adieu *m*.

ad infinitum [,ædɪnfɪ'naɪtəm] *adv* à l'infini.

adjacent [ə'dʒeɪs(ə)nt] *adj (gen)* voisin (*to* de); *(Math)* adjacent.

adjective ['ædʒektɪv] *n* adjectif *m*. ♦ **adjectival** *adj* adjectival.

adjoin [ə'dʒɔɪn] *vt* être contigu à. ♦ **adjoining** *adj* voisin.

adjourn [ə'dʒɜːn] **1** *vt* ajourner, reporter (*to, until* à; *for a month* à un mois); *(Jur) case* renvoyer (*to* à). **to ~ a meeting** *(break off)* suspendre la séance; *(close)* lever la séance. **2** *vi (break off)* suspendre la séance; *(close)* lever la séance; *[Parliament]* s'ajourner. **to ~ to the drawing room** passer au salon. ◆ **adjournment** *n* ajournement *m*; renvoi *m*; suspension *f*.

adjudicate [ə'dʒuːdɪkeɪt] *vt case, competition* juger; *claim* décider. ◆ **adjudication** *n* jugement *m*; décision *f*. ◆ **adjudicator** *n* juge *m*.

adjunct ['ædʒʌŋkt] *n* accessoire *m*.

adjust [ə'dʒʌst] **1** *vt speed, tool, lever* ajuster; *machine, brakes* régler; *production, terms* ajuster; *wages, prices* rajuster; *(correct) figures* rectifier; *differences* régler; *clothes* rajuster. **2** *vi [person] (to circumstances)* s'adapter; *(to new demands)* faire face à; *[machine]* se régler. ◆ **adjustable** *adj height, tool* ajustable, réglable; *shape* ajustable; *rate, hours* flexible; **~ spanner** clé *f* universelle. ◆ **adjustment** *n (to height, speed)* ajustage *m*, réglage *m*; *(to machine)* réglage *m*; *(to plan, terms)* ajustement *m*; *(to wages, prices)* rajustement *m*; **to make ~ments** *(to circumstances)* s'adapter.

ad lib [æd'lɪb] **1** *adv continue* à volonté. **there was food ~** il y avait à manger à discrétion. **2 ad-lib** *n* improvisation *f*. **3** *adj* improvisé. **4 ad-lib** *vti* improviser.

adman * ['ædmæn] *n* publicitaire *m*.

admass ['ædmæs] **1** *n* masses *fpl*. **2** *adj* de masse.

admin * ['ædmɪn] *n abbr of* **administration.**

administer [əd'mɪnɪstə^r] *vt (gen)* administrer *(to* à); *funds* gérer. **to ~ an oath to sb** faire prêter serment à qn. ◆ **administration** *n* administration *f*; *[funds]* gestion *f*; *(Pol)* **under previous administrations** sous des gouvernements précédents. ◆ **administrative** *adj* administratif. ◆ **administrator** *n* administrateur *m*, -trice *f*.

admiral ['ædm(ə)rəl] *n* amiral *m* (d'escadre). **A~ of the Fleet** ≃ Amiral *m* de France. ◆ **Admiralty Board** *n (Brit)* ≃ ministère *m* de la Marine.

admire [əd'maɪə^r] *vt* admirer. ◆ **admirable** ['ædm(ə)rəbl] *adj* admirable. ◆ **admirably** *adv* admirablement. ◆ **admiration** *n* admiration *f (of, for* pour); **to be the admiration of** faire l'admiration de. ◆ **admirer** *n* admirateur *m*, -trice *f*; *(†: suitor)* soupirant † *m*. ◆ **admiring** *adj* admiratif. ◆ **admiringly** *adv* avec admiration.

admissible [əd'mɪsəbl] *adj plan* acceptable; *evidence* recevable.

admission [əd'mɪʃ(ə)n] *n* **(a)** *(entry)* admission *f*, entrée *f (to* à). **~ free** entrée gratuite; **to gain ~ to person** trouver accès auprès de; *place* être admis dans. **(b)** *(confession)* aveu *m*. **by one's own ~** de son propre aveu.

admit [əd'mɪt] *vt* **(a)** *(let in)* laisser entrer. **children not ~ted** entrée interdite aux enfants; **this ticket ~s 2** ce billet est valable pour 2 personnes. **(b)** *(acknowledge)* reconnaître, admettre *(that* que); *[criminal]* avouer *(that* que); *crime* reconnaître avoir commis; *one's guilt* reconnaître. **I must ~ that...** je dois avouer *or* admettre que...; **I was wrong I ~** j'ai eu tort, j'en conviens. ◆ **admit of** *vt fus* admettre, permettre. ◆ **admit to** *vt fus crime* reconnaître avoir commis. **to ~ to having done** reconnaître avoir fait; **to ~ to a feeling of** avouer avoir un sentiment de. ◆ **admittance** *n* droit *m* d'entrée, admission *f (to sth* à qch); accès *m (to sth* à qch; *to sb* auprès de qn); **I gained ~tance** on m'a laissé entrer ; **no ~tance except on business** accès interdit à toute personne étrangère au service. ◆ **admittedly** *adv*: **~tedly this is true** je reconnais *or* il faut reconnaître que c'est vrai.

admonish [əd'mɒnɪʃ] *vt (reprove)* réprimander *(for doing* pour avoir fait; *about, for* pour, à propos de); *(warn)* avertir *(against doing* de ne pas faire);

(exhort) exhorter *(to do* à faire). ◆ **admonition** *n* réprimande *f*; avertissement *m*.

ad nauseam [ˌæd'nɔːsɪæm] *adv* à satiété.

ado [ə'duː] *n*: **much ~ about nothing** beaucoup de bruit pour rien; **without more ~** sans plus de cérémonies.

adolescent [ˌædə(ʊ)'lesnt] *adj, n* adolescent(e) *m(f)*. ◆ **adolescence** *n* adolescence *f*.

adopt [ə'dɒpt] *vt child, method, (Pol) motion* adopter; *candidate, career* choisir. ◆ **adopted** *adj child* adopté; *country* d'adoption; *son, family* adoptif. ◆ **adoption** *n* adoption *f*; choix *m*. ◆ **adoptive** *adj parent, child* adoptif; *country* d'adoption.

adore [ə'dɔː^r] *vt* adorer. ◆ **adorable** *adj* adorable. ◆ **adoration** *n* adoration *f*. ◆ **adoringly** *adv* avec adoration.

adorn [ə'dɔːn] *vt room* orner; *dress* parer *(with* de). **to ~ o.s.** se parer. ◆ **adornment** *n* ornement *m*; parure *f*.

adrenalin(e) [ə'drenəlɪn] *n* adrénaline *f*. *(fig)* **he felt the ~ rising** il a senti son pouls s'emballer.

Adriatic (Sea) [ˌeɪdrɪ'ætɪk('siː)] *n* (mer *f*) Adriatique *f*.

adrift [ə'drɪft] *adv, adj (Naut)* à la dérive. **to turn ~ boat** abandonner à la dérive; *(fig) person* laisser se débrouiller tout seul; **to come ~** * *[wire etc]* se détacher; *[plans]* tomber à l'eau.

adroit [ə'drɔɪt] *adj* adroit. ◆ **adroitly** *adv* adroitement. ◆ **adroitness** *n* adresse *f*.

adulate ['ædjʊleɪt] *vt* aduler. ◆ **adulation** *n* adulation *f*.

adult ['ædʌlt] **1** *n* adulte *mf*. *(Cine etc)* **~s only** interdit aux moins de 18 ans. **2** *adj person, animal* adulte; *film, book, classes* pour adultes. **~ education** enseignement *m* pour adultes.

adulterate [ə'dʌltəreɪt] *vt* frelater.

adultery [ə'dʌltərɪ] *n* adultère *m*. ◆ **adulterous** *adj* adultère.

advance [əd'vɑːns] **1** *n* **(a)** *(gen, Mil)* avance *f*; *[ideas, science]* progrès *m*. **to make ~s in technology** faire des progrès *mpl* en technologie; **to make ~s to sb** faire des avances *fpl* à qn; **in ~ prepare, thank, book** à l'avance; *decide, announce* d'avance; **to be in ~ of one's time** être en avance sur son époque; **a week in ~** une semaine à l'avance; **luggage in ~** bagages enregistrés. **(b)** *(sum of money)* avance *f (on* sur). **2** *adj payment* anticipé; *copy of speech etc* distribué à l'avance. **~ guard** avant-garde *f*; **~ notice** préavis *m*; *(Mil)* **~ party** avant-garde *f*; **~ post** poste avancé. **3** *vt (gen)* avancer; *work* faire avancer; *cause* promouvoir. **4** *vi* avancer, s'avancer *(on* sur, *towards* vers); *[troops]* se porter en avant; *[work, civilization, mankind]* progresser, faire des progrès. **he ~d upon me** il est venu vers *or* a marché sur moi.

◆ **advanced** *adj ideas, age, child* avancé; *studies, class* supérieur; *work* poussé; *technology, equipment* de pointe; **~d mathematics** hautes études *fpl* mathématiques. ◆ **advancement** *n* avancement *m*.

advantage [əd'vɑːntɪdʒ] *n* avantage *m*. **to have an ~ over sb** avoir un avantage sur qn; **to have the ~ of numbers** avoir l'avantage du nombre; **to take ~ of** *occasion* profiter de; *person* exploiter; **to turn sth to ~** tourner qch à son avantage; **I find it to my ~** j'y trouve mon compte; **it is to his ~ to do it** c'est son intérêt de le faire; **this dress shows her off to ~** cette robe l'avantage. ◆ **advantageous** *adj* avantageux *(to* pour).

advent ['ædvənt] *n* avènement *m*. *(Rel)* **A~** l'Avent *m*.

adventure [əd'ventʃə^r] **1** *n* aventure *f*. **2** *adj story, film* d'aventures; **~ playground** aire *f* de jeux. ◆ **adventurer** *n* aventurier *m*. ◆ **adventuress** *n* aventurière *f*. ◆ **adventurous** *adj* aventureux.

adverb ['ædvɜ:b] *n* adverbe *m*. ♦ **adverbial** *adj* adverbial.

adversary ['ædvəs(ə)rɪ] *n* adversaire *mf*.

adverse ['ædvɜ:s] *adj factor, report, circumstances* défavorable; *wind* contraire. ♦ **adversity** *n* adversité *f*.

advert * ['ædvɜ:t] *n abbr of* **advertisement**.

advertise ['ædvətaɪz] **1** *vt (Comm etc) goods* faire de la publicité *or* de la réclame pour. **I've seen that ~d on television** j'ai vu une publicité pour ça à la télévision; **to ~ a flat for sale** mettre une annonce pour vendre un appartement; **try not to ~ the fact that...** essaie de ne pas trop laisser voir que...; **don't ~ your ignorance!** inutile d'afficher votre ignorance! **2** *vi (Comm)* faire de la publicité *or* de la réclame. **it pays to ~** la publicité paie; **to ~ for a flat** faire paraître une annonce pour trouver un appartement. ♦ **advertiser** *n* annonceur *m* (publicitaire). ♦ **advertising 1** *n* publicité *f*; **2** *adj (gen)* publicitaire; *agency* de publicité.

advertisement [əd'vɜ:tɪsmənt] *n* **(a)** *(Comm)* réclame *f*, publicité *f*; *(TV)* spot *m* publicitaire. *(Cine, Press, Rad, TV)* **~s** publicité *f*; *(TV)* **during the ~s** pendant que passait la publicité; **he's not a good ~ for his school** il ne constitue pas une bonne réclame pour son école. **(b)** *(private: in paper etc)* annonce *f*. **~ column** petites annonces; **to put an ~ in a paper** mettre une annonce dans un journal.

advice [əd'vaɪs] *n* avis *m*, conseils *mpl*; *(Comm: notification)* avis. **a piece of ~** un avis, un conseil; **to seek ~ from sb** demander conseil à qn; **to take medical ~** consulter un médecin; **to follow sb's ~** suivre le(s) conseil(s) de qn.

advise [əd'vaɪz] *vt* **(a)** *(give advice to)* conseiller *(sb on/about sth* qn sur/à propos de qch*)*. **to ~ sb to do** conseiller à qn de faire; **to ~ sb against sth** déconseiller qch à qn; **to ~ sb against doing** conseiller à qn de ne pas faire; **you would be well/ill ~d to do that** vous feriez bien de/vous auriez tort de faire cela. **(b)** *(recommend) course of action* recommander. **(c)** *(inform)* aviser *(sb of sth* qn de qch*)*. ♦ **advisability** *n* opportunité *f (of* de, *of doing* de faire). ♦ **advisable** *adj* recommandé, conseillé; **I do not think it advisable for you to come** je ne vous conseille pas de venir. ♦ **advisedly** *adv* en toute connaissance de cause. ♦ **adviser, advisor** *n* conseiller *m*, -ère *f*. ♦ **advisory** *adj* consultatif; **in an advisory capacity** à titre consultatif.

advocate ['ædvəkɪt] **1** *n* **(a)** *[cause etc]* défenseur *m*, avocat(e) *m(f)*. **to be an ~ of** être partisan de. **(b)** *(Scot Jur)* avocat *m* (plaidant). **2** ['ædvəkeɪt] *vt* recommander, préconiser.

Aegean (Sea) [i:'dʒi:ən('si:)] *n* mer *f* Égée.

aegis ['i:dʒɪs] *n*: **under the ~ of** sous l'égide *f* de.

aeons ['i:ənz] *npl* éternités *fpl*.

aerate ['ɛəreɪt] *vt liquid* gazéifier; *blood* oxygéner; *room* aérer; *soil* retourner. **~d water** eau *f* gazeuse.

aerial ['ɛərɪəl] **1** *adj* aérien. **~ railway** téléphérique *m*. **2** *n (Telec etc)* antenne *f*.

aero... ['ɛərəʊ] *pref* aéro... ♦ **aerobatics** *npl* acrobatie *f* aérienne. ♦ **aerobics** *n* aérobic *m*. ♦ **aerodrome** *n* aérodrome *m*. ♦ **aerodynamic** *adj* aérodynamique. ♦ **aerodynamics** *nsg* aérodynamique *f*. ♦ **aero-engine** *n* aéromoteur *m*. ♦ **aerogramme** *n* aérogramme *m*. ♦ **aeronaut** *n* aéronaute *mf*. ♦ **aeronautic(al)** *adj* aéronautique. ♦ **aeronautics** *nsg* aéronautique *f*. ♦ **aeroplane** *n* avion *m*. ♦ **aerosol 1** *n (system)* aérosol *m*; *(spray)* bombe *f*; **2** *adj* en bombe. ♦ **aerospace** *adj*: **~space industry** industrie aérospatiale.

aesthete ['i:sθi:t] *n* esthète *mf*. ♦ **aesthetic(al)** *adj* esthétique. ♦ **aesthetically** *adv* esthétiquement. ♦ **aestheticism** *n* esthétisme *m*. ♦ **aesthetics** *nsg* esthétique *f*.

afar [ə'fɑ:ʳ] *adv* au loin. **from ~** de loin.

affable ['æfəbl] *adj* affable. ♦ **affability** *n* affabilité *f*. ♦ **affably** *adv* avec affabilité.

affair [ə'fɛəʳ] *n (gen)* affaire *f*; *(love ~)* liaison *f (with* avec*)*. **the Suez ~** l'affaire de Suez; **this is not her ~** ce n'est pas son affaire, cela ne la regarde pas; **state of ~s** situation *f*; **~s of state** affaires d'État.

affect [ə'fekt] *vt* **(a)** *(have effect on) result* avoir un effet sur, modifier; *decision* influer sur; *(harm) person* atteindre, toucher; *health, conditions* détériorer; *(concern)* concerner, toucher; *(move)* affecter. **don't let it ~ you** ne te laisse pas décourager par ça. **(b)** *[disease]* attaquer, atteindre; *[drug]* agir sur. **(c)** *(feign)* affecter, feindre. ♦ **affectation** *n* affectation *f*. ♦ **affected** *adj* affecté. ♦ **affectedly** *adv* avec affectation.

affection [ə'fekʃ(ə)n] *n* affection *f (for* pour*)*. **I have a great ~ for her** j'ai beaucoup d'affection pour elle. ♦ **affectionate** *adj* affectueux; *(letter-ending)* **your ~ate daughter** votre fille affectionnée. ♦ **affectionately** *adv* affectueusement; **yours ~ately** (bien) affectueusement à vous.

affidavit [ˌæfɪ'deɪvɪt] *n (Jur)* déclaration *f* par écrit sous serment. **to swear an ~ to the effect that** déclarer sous serment que.

affiliate [ə'fɪlɪeɪt] *vt* affilier *(to, with* à*)*. **~d company** filiale *f*. ♦ **affiliation** *n* affiliation *f*.

affinity [ə'fɪnɪtɪ] *n (gen)* affinité *f (with, to* avec; *between* entre*)*. *[people]* **there is a certain ~ between them** ils ont des affinités.

affirm [ə'fɜ:m] *vt* affirmer *(that* que*)*. ♦ **affirmation** *n* affirmation *f*. ♦ **affirmative** *adj, n* affirmatif *(m)*; **in the ~ative** *(Gram)* à l'affirmatif; *answer* affirmativement; *(US)* **~ative action** mesures *fpl* anti-discriminatoires en faveur des minorités. ♦ **affirmatively** *adv* affirmativement.

affix [ə'fɪks] **1** *vt seal, signature* apposer *(to* à*)*; *stamp* coller *(to* à*)*. **2** ['æfɪks] *n* affixe *m*.

afflict [ə'flɪkt] *vt* affliger. **~ed with** affligé de. ♦ **affliction** *n* affliction *f*.

affluent ['æfluənt] *adj person* riche; *society* d'abondance. ♦ **affluence** *n (wealth)* richesse *f*; *(plenty)* abondance *f*.

afford [ə'fɔ:d] *vt* **(a)** *(gen)* avoir les moyens *(to do* de faire*)*; *object, time* s'offrir, se payer *. **he can't ~ (to make) a mistake** il ne peut pas se permettre (de faire) une erreur; **I can't ~ the time to do it** je n'ai pas le temps de le faire. **(b)** *(provide) opportunity* procurer; *pleasure* procurer.

afforestation [æˌfɒrɪs'teɪʃ(ə)n] *n* (re)boisement *m*.

affray [ə'freɪ] *n* échauffourée *f*.

affront [ə'frʌnt] **1** *vt (insult)* faire un affront à; *(face)* affronter. **2** *n* affront *m*.

Afghanistan [æf'gænɪstæn] *n* Afghanistan *m*. ♦ **Afghan 1** *adj* afghan; **2** Afghan(e) *m(f)*.

afield [ə'fi:ld] *adv*: **far ~** très loin; **further ~** plus loin.

afloat [ə'fləʊt] *adv* à flot *(also fig)*; *(Naut: on board ship)* en mer. **to stay ~** *[ship]* rester à flot; *[person]* *(in water)* surnager; *(fig)* rester à flot.

afoot [ə'fʊt] *adv*: **there is sth ~** il se prépare qch; **there is a plan ~ to do** on envisage de faire.

afraid [ə'freɪd] *adj*: **to be ~ of sb/sth** avoir peur de qn/qch, craindre qn/qch; **don't be ~** n'ayez pas peur, ne craignez rien; **I am ~ of hurting him** j'ai peur *or* je crains de lui faire mal; **I am ~ he will hurt me** je crains *or* j'ai peur qu'il (ne) me fasse mal; **I am ~ to go** je n'ose pas y aller, j'ai peur d'y aller; **he is not ~ of work** le travail ne lui fait pas peur; *(regret)* **I'm ~ I can't do it** je regrette *or* je suis désolé, mais je ne pourrai pas le faire; **I'm ~ that...** je regrette de vous dire que...; **I'm ~ not/so** hélas non/oui; **there are too many people, I'm ~** je regrette, mais il y a trop de monde.

afresh [ə'freʃ] *adv* de nouveau. **to start ~** recommencer.

Africa ['æfrɪkə] *n* Afrique *f*. ♦ **African 1** *n* African(e) *m(f)*; **2** *adj* (*gen*) africain; *elephant* d'Afrique.

Afrikaans [,æfrɪ'kɑːns] *n* afrikaans *m*. ♦ **Afrikaaner** *n* Afrikander *mf*.

afro * ['æfrəʊ] *adj* afro * *inv*.

Afro- ['æfrəʊ] *pref*: **~-American** afro-américain; **~-Asian** afro-asiatique.

aft [ɑːft] *adv* (*Naut*) sur *or* à *or* vers l'arrière.

after ['ɑːftəʳ] **1** *prep* après. **~ dinner** après le dîner; **the day ~ tomorrow** après-demain; **shortly ~ 10 o'clock** peu après 10 heures; **it was ~ 2 o'clock** il était plus de 2 heures; *(US)* **it was 20 ~ 3** il était 3 heures 20; **~ all** après tout; **~ hours** * après la fermeture; **~ seeing her** après l'avoir vue; **~ you** après vous; **~ you with the salt** * passez-moi le sel, s'il vous plaît; **to run ~ sb** courir après qn; **he shut the door ~ her** il a refermé la porte sur elle; **shut the door ~ you** fermez la porte (derrière vous); **day ~ day** jour après jour; **for kilometre ~ kilometre** sur des kilomètres et des kilomètres; **you tell me lie ~ lie** tu me racontes mensonge sur mensonge; **time ~ time** maintes et maintes fois; **they went out one ~ the other** ils sont sortis *(individually)* les uns après les autres *or (in a line)* à la file; *(according to)* **~ El Greco** d'après Le Gréco; **she takes ~ her mother** elle tient de sa mère; **to name a child ~ sb** donner à un enfant le nom de qn; **to be ~ sb/sth** chercher qn/qch; *(after loss, robbery etc)* rechercher qn/qch; **the police are ~ him** il est recherché par la police; **what are you ~?** *(want)* qu'est-ce que vous désirez?; *(thinking of)* où voulez-vous en venir?; *(nagging)* **she's always ~ her children** * elle est toujours après ses enfants *.

2 *adv* après, ensuite. **for years ~** pendant des années après cela; **soon ~** bientôt après; **the week ~** la semaine d'après, la semaine suivante.

3 *conj* après (que). **~ he had closed the door, she spoke** après qu'il eut fermé la porte, elle parla; **~ he had closed the door, he spoke** après avoir fermé la porte, il a parlé.

4 *adj*: **in ~ life** *or* **~ years** plus tard (dans la vie).

5 *npl* (*dessert*) **~s** * dessert *m*.

♦ **afterbirth** *n* placenta *m*. ♦ **aftercare** *n* [*convalescent*] post-cure *f*; [*ex-prisoner*] assistance *f* (aux anciens détenus). ♦ **after-dinner drink** *n* digestif *m*. ♦ **after-dinner speaker** *n* orateur *m* (de fin de banquet). ♦ **after-effect** *n* [*events etc*] suite *f*, répercussion *f*; [*treatment*] réaction *f*; [*illness*] séquelle *f*; (*Psych*) after-effect *m*. ♦ **afterlife** *n* vie future. ♦ **after-lunch** *adj*: **to have an ~-lunch nap** faire la sieste. ♦ **aftermath** *n* suites *fpl*, séquelles *fpl*. ♦ **afternoon 1** *n* après-midi *m or f*; **in the ~noon** l'après-midi; **at 3 o'clock in the ~noon** à 3 heures de l'après-midi; **on Sunday ~noon(s)** le dimanche après-midi; **on the ~noon of December 2nd** l'après-midi du 2 décembre, le 2 décembre dans l'après-midi; **good ~noon!** *(on meeting sb)* bonjour!; *(on leaving sb)* au revoir!; **2** *adj lecture, class, train, meeting* (de) l'après-midi; **~noon performance** matinée *f*; **~noon tea** thé *m* (de cinq heures). ♦ **after-sales service** *n* service *m* après-vente. ♦ **after-shave** *n* lotion *f* après-rasage. ♦ **aftertaste** *n* arrière-goût *m*. ♦ **afterthought** *n* pensée *f* après coup; **I had an ~thought** cela m'est venu après coup; **I had ~thoughts about my decision** j'ai eu après coup des doutes sur ma décision; **added as an ~thought** ajouté après

coup. ♦ **afterwards** *adv* après, plus tard, par la suite.

again [ə'gen] *adv* de nouveau, encore une fois, une fois de plus. **here we are ~!** nous revoilà!; **~ and ~, time and ~** maintes et maintes fois; **I've told you ~ and ~** je te l'ai dit et répété; **she is home ~** elle est rentrée chez elle; **what's his name ~?** comment s'appelle-t-il déjà?; **to begin ~** recommencer; **I won't do it ~** je ne le ferai plus; **never ~** plus jamais; **never ~!** c'est bien la dernière fois!; *(iro)* **not ~!** encore! *(iro)*; **as much ~** deux fois autant; **then ~, and ~** d'autre part, d'un autre côté; **~ it is not certain that** et d'ailleurs il n'est pas sûr que.

against [ə'genst] *prep* (**a**) *(opposition etc)* contre. **to be ~ capital punishment** être contre la peine de mort; **I'm ~ helping him at all** je ne suis pas d'avis qu'on l'aide *(subj)*; **I've got nothing ~ him** je n'ai rien contre lui; **to be dead ~ sth** s'opposer absolument à qch; *(Pol)* **to run ~ sb** se présenter contre qn; **now we're up ~ it!** nous voici au pied du mur!, c'est maintenant qu'on va s'amuser! *;* **~ my will** malgré moi; **to work ~ the clock** travailler contre la montre; (**as**) **~** contre, en comparaison de; **~ that, it might be said...** en revanche *or* par contre on pourrait dire... (**b**) *(support, impact)* contre. **to lean ~ a wall** s'appuyer contre un mur; **to hit one's head ~ the mantelpiece** se cogner la tête contre la cheminée; **the truck ran ~ a tree** le camion s'est jeté sur un arbre. (**c**) *(in contrast to)* sur. **~ the light** à contre-jour; **the trees stood out ~ the sunset** les arbres se détachaient sur le couchant; **it shows up ~ the white background** cela ressort sur le fond blanc. (**d**) **tickets are available ~ this voucher** on peut obtenir des billets contre remise de ce bon.

age [eɪdʒ] **1** *n* (**a**) âge *m*. **what's her ~?, what is she?** quel âge a-t-elle?; **he is 10 years of ~** il a 10 ans; **you don't look your ~** vous ne faites pas votre âge; **of an ~** du même âge; **to come of ~** atteindre sa majorité; **to be of ~** être majeur; **to be under ~** être mineur; **~ of consent** âge à partir duquel les rapports sexuels entre parties consentantes sont licites. (**b**) **I haven't seen him for ~s** il y a une éternité que je ne l'ai vu; **she stayed for ~s** elle est restée un temps fou. **2** *vti* vieillir. **3** *adj*: **~ bracket, ~ group** tranche *f* d'âge; **the 40-50 ~ group** la tranche d'âge de 40 à 50 ans, les 40 à 50 ans; **~ limit** limite *f* d'âge.

♦ **aged** [eɪdʒd] **1** *adj* (**a**) âgé de; **a boy ~d 10** un garçon (âgé) de 10 ans; (**b**) ['eɪdʒɪd] *(old)* âgé, vieux; **2** *npl*: **the ~d** les personnes âgées; **the ~d and infirm** les gens âgés et infirmes. ♦ **ageing 1** *adj person* vieillissant; *hairstyle, dress* qui fait paraître vieux; **2** *n* vieillissement *m*. ♦ **ageless** *adj* toujours jeune. ♦ **age-old** *adj* séculaire.

agency ['eɪdʒ(ə)nsɪ] *n* (**a**) agence *f*. **tourist ~** agence de tourisme. (**b**) **through the ~ of friends** par l'intermédiaire *m* d'amis, grâce à des amis. ♦ **agent** *n* (*gen*) agent *m* (*of, for* de); *(dealer)* **the Citroën ~** le concessionnaire Citroën.

agenda [ə'dʒendə] *n* ordre du jour. **on the ~** à l'ordre du jour.

agglomeration [ə,glɒmə'reɪʃ(ə)n] *n* agglomération *f*.

aggravate ['æɡrəveɪt] *vt* aggraver; *(annoy)* exaspérer, agacer. ♦ **aggravating** *adj* exaspérant, agaçant. ♦ **aggravation** *n* aggravation *f*; *(annoyance)* exaspération *f*, agacement *m*.

aggregate ['æɡrɪɡɪt] **1** *n* ensemble *m*, total *m*. **in the ~** dans l'ensemble; *(Sport)* **on ~** ≃ au total des points *(dans le groupe de sélection)*. **2** *adj* global, total.

aggression [ə'ɡreʃ(ə)n] *n* agression *f*; *(aggressiveness)* agressivité *f*. ♦ **aggressive** *adj* agressif. ♦ **aggressively** *adv* d'une manière agressive, agressivement. ◆ **aggressiveness** n agressivité f. ◆ **aggressor** n agresseur m.

aggrieved [əˈgriːvd] adj chagriné (at, by par).

aggro * [ˈægrəʊ] (n abbr of **aggression**) (emotion) agressivité f; (physical violence) grabuge * m.

aghast [əˈgɑːst] adj atterré (at de).

agile [ˈædʒaɪl] adj agile. ◆ **agility** n agilité f.

agitate [ˈædʒɪteɪt] **1** vt agiter. **2** vi (Pol etc) mener une campagne (for en faveur de; against contre). ◆ **agitated** adj agité. ◆ **agitation** n agitation f; (campaign) campagne f (for pour; against contre). ◆ **agitator** n agitateur m, -trice f.

agnostic [ægˈnɒstɪk] adj, n agnostique (mf). ◆ **agnosticism** n agnosticisme m.

ago [əˈgəʊ] adv: a week ~ il y a huit jours; how long ~? il y a combien de temps?; a little while ~ tout à l'heure; as long ~ as 1950 déjà en 1950.

agog [əˈgɒg] adj: to be (all) ~ être en émoi; to be ~ to do brûler de faire; ~ for news impatient d'avoir des nouvelles.

agonize [ˈægənaɪz] vi: to ~ over sth se tourmenter à propos de qch. ◆ **agonized** adj déchirant. ◆ **agonizing** adj situation angoissant; cry déchirant; **agonizing reappraisal** révision déchirante.

agony [ˈægənɪ] **1** n (mental pain) angoisse f; (physical pain) douleur f atroce. **death** ~ agonie f; **to suffer agonies, to be in** ~ souffrir le martyre; **to be in an** ~ **of impatience** se mourir d'impatience. **2** adj: ~ **aunt** journaliste qui tient la rubrique du courrier du cœur; ~ **column** courrier m du cœur.

agrarian [əˈgrɛərɪən] adj agraire.

agree [əˈgriː] **1** vt (a) (consent) consentir (to do à faire), accepter (to do de faire); (accept) statement, report accepter (la véracité de); (fix) price, date se mettre d'accord sur. (b) (admit) reconnaître, admettre (that que). (c) (come to agreement) convenir (to do de faire), se mettre d'accord (to do pour faire); (be of same opinion) être d'accord (that que). **everyone** ~s that we should stay tout le monde s'accorde à reconnaître que nous devrions rester; **it was** ~d c'était convenu; **to** ~ **to differ** rester sur ses positions.

2 vi (a) (be in agreement) être d'accord (with avec), être du même avis (with que). **they all** ~d in finding the play dull tous ont été d'accord pour trouver la pièce ennuyeuse; **she** ~s with me that it is unfair elle trouve comme moi que c'est injuste; **I quite** ~ je suis tout à fait d'accord; **I can't** ~ **with you there** je ne suis absolument pas d'accord avec vous sur ce point. (b) (come to terms) se mettre d'accord (with sb avec qn; about, on sth sur qch); (get on well) s'entendre (bien). (c) (consent) consentir (to sth à qch; to doing à faire). **to** ~ **to a proposal** accepter une proposition; **I** ~ **to your going** je consens à ce que vous y alliez. (d) [ideas, stories] concorder (with avec). (e) (Gram) s'accorder (with avec). (f) (suit the health of) réussir à. **onions don't** ~ **with me** les oignons ne me réussissent pas.

◆ **agreeable** adj (pleasant) person agréable; (willing) to be ~**able to (doing) sth** consentir volontiers à (faire) qch. ◆ **agreeably** adv agréablement. ◆ **agreed** adj (a) to be ~d être d'accord (about au sujet de; on sur); (b) time, place, amount convenu; **it's all** ~d c'est tout décidé; **it's** ~d that il est convenu que + indic; ~d! entendu!, d'accord! ◆ **agreement** n (all senses) accord m; **to be in** ~ment on être d'accord sur; **to come to an** ~ment parvenir à un accord; **by mutual** ~ment d'un commun accord; (without quarrelling) à l'amiable.

agribusiness [ˈægrɪˌbɪznɪs] n agro-industries fpl.

agriculture [ˈægrɪkʌltʃər] n agriculture f. **Ministry of A**~ ministère m de l'Agriculture. ◆ **agricultural** adj (gen) agricole; engineer, expert agronome; **agricultural college** école f d'agriculture. ◆ **agri-**

cultur(al)ist n (scientist) agronome mf; (farmer) agriculteur m.

aground [əˈgraʊnd] adj échoué. **to run** ~ s'échouer.

ahead [əˈhed] adv (a) (in space) en avant, devant. **to draw** ~ gagner de l'avant; **I'll go on** ~ moi, je vais en avant; (lit, fig) **to get** ~ prendre de l'avance. (b) (in time) book, plan à l'avance. **of time** decide, announce d'avance; arrive, be ready avant l'heure, en avance; **2 hours** ~ **of the next car** en avance de 2 heures sur la voiture suivante; **he's 2 hours** ~ **of you** il a 2 heures d'avance sur vous; (fig) ~ **of one's time** en avance sur son époque; **to plan** ~ faire des projets à l'avance; **to think** ~ penser à l'avenir.

ahoy [əˈhɔɪ] excl ohé! **ship** ~! ohé du navire!

aid [eɪd] **1** n (a) (help) aide f. **with the** ~ **of sb** avec l'aide de; sth à l'aide de; **in** ~ **of the blind** au profit des aveugles; (fig) **what is the meeting in** ~ **of?** * c'est dans quel but, cette réunion? (b) (helper) aide mf, assistant(e) m(f); (apparatus) aide f, moyen m. **audio-visual** ~s support audio-visuel, moyens audio-visuels; **teaching** ~s outils mpl pédagogiques. **2** vt person aider (to do à faire); progress, recovery contribuer à. (Jur) **to** ~ **and abet sb** être complice de qn.

aide [eɪd] n aide mf.

AIDS, aids [eɪdz] n (abbr of **acquired immune deficiency syndrome**) SIDA m.

ailing [ˈeɪlɪŋ] adj souffrant; company qui périclite. ◆ **ailment** n ennui m de santé.

aim [eɪm] **1** n (a) **to miss one's** ~ manquer son coup; **to take** ~ viser (at sb/sth qn/qch); **his** ~ **is bad** il vise mal. (b) (purpose) but m. **with the** ~ **of doing** dans le but de faire; **her** ~ **is to do** elle a pour but de faire. **2** vt gun braquer (at sur); missile pointer (at sur); stone lancer (at sur); blow décocher (at à); remark diriger (at contre). **3** vi viser. **to** ~ **at sth** viser qch; **to** ~ **at doing** or **to do** viser à faire; (less formally) avoir l'intention de faire. ◆ **aimless** adj sans but. ◆ **aimlessly** adv wander sans but; stand around sans trop savoir que faire; chat, kick ball about pour passer le temps.

air [ɛər] **1** n (a) air m. **to go out for a breath of (fresh)** ~ sortir prendre l'air; **by** ~ par avion; **to throw sth (up) into the** ~ jeter qch en l'air; **the balloon rose up into the** ~ le ballon s'est élevé (dans les airs); (fig) **there's sth in the** ~ il se prépare qch; **it's still all in the** ~ ce ne sont encore que des projets en l'air; **all her plans were up in the** ~ (vague) tous ses projets étaient vagues; (destroyed) tous ses projets étaient tombés à l'eau; **to be up in the** ~ **about** * être (angry) en rogne * or (excited) très excité à l'idée de; **I can't live on** ~ je ne peux pas vivre de l'air du temps; **to walk on** ~ être aux anges. (b) (Rad, TV) **on the** ~ à l'antenne; **you're on the** ~ vous avez l'antenne; **he's on the** ~ **every day** il parle à la radio tous les jours; **the station is on the** ~ la station émet; **the programme goes on the** ~ **every week** l'émission passe (sur l'antenne) toutes les semaines; **to go off the** ~ quitter l'antenne. (c) (manner) air m. **with an** ~ **of bewilderment** d'un air perplexe; **she has an** ~ **about her** elle a de l'allure; **to put on** ~s se donner de grands airs; ~s **and graces** minauderies fpl. (d) (Mus) air m.

2 vt linen, room, bed aérer; anger exhaler; opinion faire connaître; idea mettre sur le tapis.

3 adj bubble d'air; hole d'aération; cushion, mattress pneumatique; pressure, current atmosphérique; (Mil) superiority, base aérien. ~ **bed** matelas m pneumatique; ~ **brake** (Aut) frein m à air comprimé; (Aviat) aérofrein m; ~ **force** armée f de l'air; ~ **freight** par voie aérienne; ~ **lane** couloir aérien; ~ **letter** lettre f par avion; ~ **pocket** trou m d'air; ~ **pump** compresseur m; ~ **rifle**

carabine *f* à air comprimé; ~ **show** *(Comm etc)* salon *m* de l'aéronautique; *(flying display)* meeting *m* d'aviation; ~ **space** espace *m* aérien; ~ **terminal** aérogare *f*; ~ **traffic control** contrôle *m* de la navigation aérienne; ~ **traffic controller** contrôleur *m*, -euse *f* de la navigation aérienne.
♦ **airborne** *adj*: ~borne **troops** troupes aéroportées; **the plane was** ~borne l'avion avait décollé.
♦ **airbrush** *n* aérographe *m*. ♦ **airbus** *n* airbus *m*. ♦ **air-conditioned** *adj* climatisé. ♦ **air-conditioner** *n* climatiseur *m*. ♦ **air-conditioning** *n* climatisation *f*. ♦ **air-cooled** *adj* à refroidissement par air. ♦ **aircraft** *n (pl inv)* avion *m*. ♦ **aircraft-carrier** *n* porte-avions *m inv*. ♦ **aircrew** *n* équipage *m (d'un avion)*. ♦ **airdrome** *n* aérodrome *m*. ♦ **airdrop** 1 *vt* parachuter; 2 *n* parachutage *m*. ♦ **airfield** *n* terrain *m* d'aviation. ♦ **airgun** *n* fusil *m* à air comprimé. ♦ **air-hostess** *n* hôtesse *f* de l'air. ♦ **airily** *adv* d'un ton dégagé, avec désinvolture. ♦ **airing** *n [linen]* aération *f*; **to give an idea an** ~ing mettre une idée sur le tapis. ♦ **airing cupboard** *n* placard-séchoir *m*. ♦ **airless** *adj room* privé d'air. ♦ **airlift** 1 *n* pont aérien; 2 *vt* évacuer *(or amener etc)* par pont aérien. ♦ **airline** *n (Aviat)* compagnie *f* d'aviation. ♦ **airliner** *n* avion *m* (de ligne). ♦ **airlock** *n [spacecraft, caisson etc]* sas *m*; *(in pipe)* bouchon *m* d'air. ♦ **airmail** 1 *n*: **by** ~**mail** par avion; 2 *adj letter, edition* par avion; 3 *vt* expédier par avion. ♦ **airman** *n* aviateur *m*; *(in Air Force)* soldat *m* (de l'armée de l'air). ♦ **airplane** *n* avion *m*. ♦ **airport** *n* aéroport *m*. ♦ **air-raid** *n* attaque aérienne, raid aérien. ♦ **air-sea rescue** *n* sauvetage *m* en mer *(par hélicoptère etc)*. ♦ **airship** *n* (ballon *m*) dirigeable *m*. ♦ **airsick** *adj*: **to be** ~**sick** avoir le mal de l'air. ♦ **airstrip** *n* piste *f* d'atterrissage. ♦ **airtight** *adj* hermétique, étanche (à l'air). ♦ **air-to-air** *adj* avion-avion *inv*. ♦ **air-to-ground** *or* ♦ **air-to-surface** *adj* air-sol *inv*. ♦ **airwaves** *npl* ondes *fpl* (hertziennes). ♦ **airway** *n (route)* voie aérienne; *(company)* compagnie *f* d'aviation. ♦ **airwoman** *n* aviatrice *f*; *(in Air Force)* auxiliaire *f* (de l'armée de l'air). ♦ **airworthiness** *n* navigabilité *f*. ♦ **airworthy** *adj* en état de navigation. ♦ **airy** *adj room* clair; *manner* désinvolte, dégagé; *promise* en l'air. ♦ **airy-fairy** * *adj* farfelu.

aisle [aɪl] *n [church]* nef latérale; *(between pews)* allée centrale; *[theatre]* allée *f*; *[train, coach]* couloir *m* (central).

ajar [ə'dʒɑːʳ] *adj* entrouvert.

akimbo [ə'kɪmbəʊ] *adj*: **with arms** ~ les poings sur les hanches.

akin [ə'kɪn] *adj*: ~ **to** qui tient de, qui ressemble à.

alabaster ['æləbɑːstəʳ] *n* albâtre *m*.

alacrity [ə'lækrɪtɪ] *n* empressement *m*.

alarm [ə'lɑːm] 1 *n (gen)* alarme *f*; *(clock)* réveil *m*. **to raise the** ~ donner l'alarme *or* l'alerte. 2 *vt person* alarmer; *animal, bird* effaroucher. **to become** ~**ed** prendre peur. 3 *adj bell, signal, call* d'alarme. ~ **clock** réveil *m*, réveille-matin *m inv*.
♦ **alarming** *adj* alarmant. ♦ **alarmingly** *adv* d'une manière alarmante. ♦ **alarmist** *adj, n* alarmiste *(mf)*.

alas [ə'læs] *excl* hélas!

Albania [æl'beɪnɪə] *n* Albanie *f*. ♦ **Albanian** 1 *adj* albanais; 2 *n* Albanais(e) *m(f)*.

albatross ['ælbətrɒs] *n* albatros *m*.

albino [æl'biːnəʊ] *n* albinos *mf*. ~ **rabbit** lapin *m* albinos.

album ['ælbəm] *n* album *m*. **photo/stamp** ~ album de photos/de timbres.

albumen, albumin ['ælbjʊmɪn] *n* albumen *m*; *(Physiol)* albumine *f*.

alchemy ['ælkɪmɪ] *n* alchimie *f*. ♦ **alchemist** *n* alchimiste *m*.

alcohol ['ælkəhɒl] *n* alcool *m*. ♦ **alcoholic** 1 *adj (gen)* alcoolique; *drink* alcoolisé; 2 *n* alcoolique *mf*. ♦ **alcoholism** *n* alcoolisme *m*.

alcove ['ælkəʊv] *n* alcôve *f*.

alder ['ɔːldəʳ] *n* aulne *m*.

alderman ['ɔːldəmən] *n* ≈ conseiller *m*, -ère *f* municipal(e).

ale [eɪl] *n* bière *f*, ale *f*.

alert [ə'lɜːt] 1 *n* alerte *f*. **to give the** ~ donner l'alerte; **on the** ~ *person* sur le qui-vive; *troops* en état d'alerte. 2 *adj (watchful)* vigilant; *(bright)* alerte, vif; *(child)* éveillé. 3 *vt* alerter *(to* sur*)*. **we are now** ~**ed to...** notre attention est maintenant éveillée sur... ♦ **alertness** *n* vigilance *f*; esprit éveillé.

alfalfa [æl'fælfə] *n* luzerne *f*.

alfresco [æl'freskəʊ] *adj, adv* en plein air.

algae ['ældʒiː] *npl* algues *fpl*.

algebra ['ældʒɪbrə] *n* algèbre *f*.

Algeria [æl'dʒɪərɪə] *n* Algérie *f*. ♦ **Algiers** *n* Alger.

ALGOL ['ælgɒl] *n (Comput)* ALGOL *m*.

alias ['eɪlɪæs] 1 *adv* alias. 2 *n* faux nom *m*.

alibi ['ælɪbaɪ] *n* alibi *m*.

alien ['eɪlɪən] 1 *n (foreign)* étranger *m*, -ère *f*; *(non-human)* extra-terrestre *mf*. 2 *adj* étranger *(to* à*)*; extra-terrestre. ♦ **alienate** *vt* aliéner; **this has** ~**ated his friends** ceci a aliéné ses amis; **she has** ~**ated her friends** elle s'est aliéné ses amis *(by doing* en faisant*)*. ♦ **alienation** *n* aliénation *f*.

alight[1] [ə'laɪt] *vi [person]* descendre *(from* de*)*; *[bird]* se poser *(on* sur*)*.

alight[2] [ə'laɪt] *adj, adv fire* allumé; *building* en feu. **to set sth** ~ mettre le feu à qch.

align [ə'laɪn] 1 *vt* aligner *(on, with* sur*)*. **non-**~**ed** non-aligné. 2 *vi [persons]* s'aligner; *[object]* être aligné. ♦ **alignment** *n* alignement *m*.

alike [ə'laɪk] 1 *adj* semblable. **to be** ~ se ressembler; **it's all** ~ **to me** cela m'est tout à fait égal. 2 *adv dress, treat* de la même façon. **winter and summer** ~ été comme hiver; **they think** ~ ils sont souvent du même avis.

alimentary [ælɪ'mentərɪ] *adj* alimentaire. ~ **canal** tube *m* digestif.

alimony ['ælɪmənɪ] *n (Jur)* pension *f* alimentaire.

alive [ə'laɪv] *adj (living)* vivant, en vie. **to bury sb** ~ enterrer qn vivant; **to burn** ~ brûler vif; **it's good to be** ~ il fait beau vivre; **no man** ~ personne au monde; **as well as anyone** ~ aussi bien que n'importe qui; **to keep** ~ *person* maintenir en vie; *tradition* préserver; *memory* garder; **to stay** ~ rester en vie, survivre; **to** ~ **to** *honour* sensible à; *danger* conscient de; ~ **and kicking** * *(living)* bien en vie; *(energy)* plein de vie; **look** ~! * remuez-vous! *; ~ **with insects** grouillant d'insectes.

alkali ['ælkəlaɪ] *n* base *f*. ♦ **alkaline** *adj* basique.

all [ɔːl] 1 *adj* tout. ~ **the country** tout le pays, pays tout entier; ~ **my life** toute ma vie; ~ **the others** tous *(or* toutes*)* les autres; ~ **you boys** vous *(tous)* les garçons; ~ **three** tous les trois; ~ **three men** les trois hommes; ~ **day** toute la journée; ~ **that** tout cela; **why me of** ~ **people?** pourquoi moi?; **with** ~ **(possible) care** avec tout le soin possible.
2 *pron* **(a)** tout *m*. ~ **is well** tout va bien; **that is** ~ c'est tout; **if that's** ~ **then it's not important** s'il n'y a que cela, ce n'est pas important; **and I don't know what** ~ * et je ne sais quoi encore; ~ **of it was lost** (le) tout a été perdu; **he drank** ~ **of it** il a tout bu, il l'a bu en entier; ~ **of Paris** Paris tout entier; **that is** ~ **he said** c'est tout ce qu'il a dit; ~ **that is in the box** tout ce qui est dans la boîte; **bring it** ~ apportez le tout. **(b)** *(pl)* tous *mpl*, toutes *fpl*. **we** ~ **sat down** nous nous sommes tous assis *(or* toutes assises*)*; ~ **of the boys came**

tous les garçons sont venus, les garçons sont tous venus; **one and** ~ tous sans exception; ~ **who knew him** tous ceux qui l'ont connu; **the score was two** ~ le score était *(Tennis)* deux partout *or (other sports)* deux à deux. **(c)** *(in phrases)* **if she comes at** ~ si tant est qu'elle vienne; **very rarely if at** ~ très rarement (si tant est); **I don't know at** ~ je n'en sais rien; **if there is any water at** ~ si seulement il y a de l'eau; **if at** ~ **possible** dans la mesure du possible; **not at** ~ pas du tout; *(after thanks)* il n'y a pas de quoi; **it was** ~ **I could do not to laugh** c'est à peine *or* tout juste si j'ai pu m'empêcher de rire; **it's not as bad as** ~ **that** ce n'est pas si mal que ça; **that's** ~ **very well but...** tout cela est bien beau mais...; **taking it** ~ **in** ~ à tout prendre; **she is** ~ **in** ~ **to him** elle est tout pour lui; ~ **but** presque; **he** ~ **but lost it** il a bien failli le perdre; **for** ~ **I know** autant que je sache; **for** ~ **his wealth he was unhappy** malgré sa fortune il était malheureux; **for** ~ **he may say** quoi qu'il en dise; **once and for** ~ une fois pour toutes; **most of** ~ surtout.

3 *adv* **(a)** tout, tout à fait. ~ **of a sudden** tout à coup, soudain; ~ **too soon it was time to go** malheureusement il a bientôt fallu partir; ~ **dressed** ~ **in white** habillé tout en blanc; ~ **along the road** tout le long de la route; **I feared that** ~ **along** je l'ai craint depuis le début; **he won the race** ~ **the same** il a néanmoins *or* tout de même gagné la course; **it's** ~ **the same** *or* ~ **one to me** cela m'est tout à fait égal; ~ **over** *(everywhere)* partout, d'un bout à l'autre; *(finished)* fini; **to be** ~ **for sth** * être tout à fait en faveur de qch; **to be** ~ **there** * avoir toute sa tête; **she's not quite** ~ **there** * il lui manque une case *; **it is** ~ **up with him** * il est fichu *; ~ **the better!** tant mieux!; ~ **the more so since...** d'autant plus que... **(b)** ~ **right** (très) bien; *(in approval, exasperation)* ça va! *; *(in agreement)* entendu!, c'est ça!; **it's** ~ **right** ça va *, tout va bien; **he's** ~ **right** *(doubtful)* il n'est pas mal *; *(approving)* c'est un type bien *; *(reassuring)* il est très bien; *(healthy)* il va bien; *(safe)* il est sain et sauf; **I'm** ~ **right Jack** * moi en tout cas je suis peinard *; *(comfortably off)* **we're** ~ **right for the rest of our lives** nous sommes tranquilles pour le restant de nos jours.

4 *n* : **my** ~ tout ce que j'ai.
◆ **all-American** *adj* cent pour cent américain.
◆ **all-day** *adj* qui dure toute la journée. ◆ **all-embracing** *adj* compréhensif. ◆ **all-important** *adj* de la plus haute importance, capital. ◆ **all-in** *adj (exhausted)* éreinté; *(inclusive) price* net; *cost* tout compris; *insurance policy* tous risques *inv*; *tariff* inclusif. ◆ **all-night** *adj*: ~**-night service** permanence *f* de nuit. ◆ **all-out** **1** *adj effort* maximum, *strike, war* total; **2** *adv*: **to go** ~**-out** aller à la limite de ses forces. ◆ **allover** *adj* (qui est) sur toute la surface. ◆ **all-powerful** *adj* tout-puissant. ◆ **all-purpose** *adj* qui répond à tous les besoins; *knife, spanner* universel. ◆ **all-round** *adj sportsman* complet; *improvement* général, sur toute la ligne. ◆ **all-rounder** *n*: **to be a good** ~**-rounder** être bon en tout. ◆ **allspice** *n* poivre *m* de la Jamaïque. ◆ **all-star** *adj (Theat)* ~**-star show** plateau *m* de vedettes. ◆ **all-time** *adj record* sans précédent; **an** ~**-time low** un record de médiocrité. ◆ **all-weather** *adj* de toute saison, tous temps *inv*. ◆ **all-the-year-round** *adj sport* que l'on pratique toute l'année; *resort* ouvert toute l'année.

Allah ['ælə] *n* Allah *m*.

allay [ə'leɪ] *vt (gen)* apaiser. **to** ~ **suspicion** dissiper les soupçons.

allege [ə'ledʒ] *vt* alléguer, prétendre *(that* que). **to** ~ **illness** prétexter *or* alléguer une maladie; **he is** ~**d to have said** il aurait dit. ◆ **allegation** *n* allégation *f*. ◆ **alleged** *adj reason* allégué; *thief,*

author présumé. ◆ **allegedly** *adv* à ce que l'on prétend.

allegiance [ə'li:dʒ(ə)ns] *n* allégeance *f (to* à).

allegory ['ælɪgərɪ] *n* allégorie *f*. ◆ **allegoric(al)** *adj* allégorique.

allergy ['ælədʒɪ] *n* allergie *f (to* à). ◆ **allergic** *adj* allergique *(to* à). ◆ **allergist** *n* allergologue *mf*.

alleviate [ə'li:vɪeɪt] *vt pain* soulager; *sorrow* adoucir; *thirst* apaiser.

alley ['ælɪ] **1** *n (between buildings: also* ~ **way)** ruelle *f*; *(in garden)* allée *f*. **this is right up my** ~ * *(my speciality)* c'est tout à fait mon rayon; *(just what I wanted)* c'est tout à fait ce que j'espérais. **2** *adj*: ~ **cat** chat *m* de gouttière.

alliance [ə'laɪəns] *n* alliance *f*.

allied ['ælaɪd] *adj (gen, Pol)* allié *(to* à, *with* avec); *(Bio)* de la même famille *or* espèce. **history and** ~ **subjects** l'histoire et sujets apparentés.

alligator ['ælɪgeɪtəʳ] *n* alligator *m*.

alliteration [ə,lɪtə'reɪʃ(ə)n] *n* allitération *f*.

allocate ['æləkeɪt] *vt money, task* allouer, attribuer *(to sb* à qn); *money* affecter *(to sth* à qch). ◆ **allocation** *n* allocation *f*.

allot [ə'lɒt] *vt* attribuer, assigner *(sth to sb* qch à qn). **in the time** ~**ted** dans le temps qui est assigné. ◆ **allotment** *n* parcelle *f* de terre *(louée pour la culture)*.

allow [ə'laʊ] *vt* **(a)** *(permit)* permettre *(sb sth* qch à qn; *sb to do* à qn de faire), autoriser *(sb to do* qn à faire); *(tolerate)* tolérer *(sb to do* que qn fasse). **she was not** ~**ed to do it** elle n'était pas autorisée à le faire; **to** ~ **sb in** *etc* permettre à qn d'entrer *etc*; **to** ~ **sth to happen** laisser se produire qch; **smoking/dogs not** ~**ed** interdit de fumer/aux chiens. **(b)** *(grant) money* accorder, allouer; *(Jur)* accorder. **to** ~ **sb a discount** consentir une remise à qn; ~ **an hour to cross the city** comptez une heure pour traverser la ville; ~ **5 cm for shrinkage** prévoyez 5 cm de plus pour le cas où le tissu rétrécirait. **(c)** *(concede)* admettre, reconnaître *(that* que); *claim* admettre. ~**ing that...** en admettant que... + *subj*.
◆ **allow for** *vt fus* tenir compte de. ~**ing for the circumstances** compte tenu des circonstances; **to** ~ **for all possibilities** parer à toute éventualité. ◆ **allow of** *vt fus* admettre, souffrir.

allowable [ə'laʊəbl] *adj* permis, admissible; *(Tax) expenses* déductible.

allowance [ə'laʊəns] *n* **(a)** *(money given to sb)* pension *f*, rente *f*; *(for lodgings, food etc)* indemnité *f*, *(Admin)* allocation *f*; *(from separated husband)* pension *f* alimentaire; *(salary)* appointements *mpl*; *(food)* ration *f*. **rent** ~ allocation de logement; **she has a dress** ~ *(from father)* elle reçoit une certaine somme pour ses vêtements; *(from employers)* elle touche une allocation vestimentaire. **(b)** *(Comm, Fin: discount)* réduction *f*, rabais *m*. **tax** ~**s** sommes *fpl* déductibles. **(c)** **you must learn to make** ~**s** tu dois apprendre à faire la part des choses; **to make** ~ **(s) for** *(excuse) person, fault* se montrer indulgent envers; *(allow for) shrinkage etc* tenir compte de.

alloy ['ælɔɪ] *n* alliage *m*. *(Aut)* ~ **wheels** roues *fpl* en alliage léger.

allude [ə'lu:d] *vi* faire allusion *(to* à).

allure [ə'ljʊəʳ] **1** *vt* attirer. **2** *n* charme *m*, attrait *m*. ◆ **alluring** *adj* attrayant, séduisant.

allusion [ə'lu:ʒən] *n* allusion *f*.

alluvial [ə'lu:vɪəl] *adj ground* alluvial; *deposit* alluvionnaire.

ally [ə'laɪ] **1** *vt*: **to** ~ **o.s. with** s'allier avec. **2** ['ælaɪ] *n* allié(e) *m(f)*.

almanac ['ɔ:lmənæk] *n* almanach *m*.

almighty [ɔ:l'maɪtɪ] **1** *adj* **(a)** *(Rel)* tout-puissant. **A~ God** Dieu Tout-Puissant. **(*)** *row, scandal* formidable, fantastique. **an ~ din *** un vacarme du diable. **2** n: **the A~** le Tout-Puissant.

almond ['ɑːmənd] n amande f; **(~tree)** amandier m. ◆ **almond-shaped** adj en amande.

almost ['ɔːlməʊst] adv presque. **it is ~ midnight** il est presque or bientôt minuit; **he ~ fell** il a failli tomber.

alms [ɑːmz] n aumône f. **to give ~** faire l'aumône; **~ box** tronc m pour les pauvres.

aloft [ə'lɒft] adv **(up ~)** en l'air; (Naut) dans la mâture.

alone [ə'ləʊn] adj, adv seul. **all ~** tout(e) seul(e); **leave them ~ together** laissez-les seuls ensemble; **he ~ could tell you** lui seul pourrait vous le dire; **we are not ~ in thinking** nous ne sommes pas les seuls à penser; **he lives on bread ~** il ne vit que de pain; **to let** or **leave ~ person** laisser tranquille; book etc ne pas toucher à; business, scheme ne pas se mêler de; **he can't read, let ~ write** il ne sait pas lire, encore moins écrire.

along [ə'lɒŋ] **1** adv: **come ~!** venez donc!; (remonstrating) allons, allons!; **she'll go ~ tomorrow** elle viendra demain; **come ~ with me** venez avec moi; **bring your friend ~** amène ton camarade (avec toi); **~ here** dans cette direction-ci, par ici; **get ~ with you! *** (go away) fiche le camp! *; (you can't mean it) allons donc!; **all ~** (space) d'un bout à l'autre; (time) depuis le début. **2** prep le long de. **to walk ~ the beach** se promener le long de la plage; **the trees ~ the road** les arbres qui sont au bord de la route; **somewhere ~ the way** quelque part en chemin; (fig: at some time) à un moment donné; **~ the lines suggested** conformément à la ligne d'action proposée.
◆ **alongside 1** prep (along) le long de; (beside) à côté de; **to come ~side the quay** accoster le quai; **the railway runs ~side the beach** la ligne de chemin de fer longe la plage; **2** adv (Naut) bord à bord. **to come ~side** accoster.

aloof [ə'luːf] adj distant (towards à l'égard de). ◆ **aloofness** n réserve f, attitude f distante.

aloud [ə'laʊd] adv read à haute voix; think, wonder tout haut.

alphabet ['ælfəbet] n alphabet m. ◆ **alphabetic(al)** adj alphabétique. ◆ **alphabetically** adv par ordre alphabétique. ◆ **alphabetize** vt classer par ordre alphabétique.

Alps [ælps] npl Alpes fpl. ◆ **alpine** adj des Alpes, alpestre; alpine hut (chalet-)refuge m. ◆ **alpinism** n alpinisme m. ◆ **alpinist** n alpiniste mf.

already [ɔːl'redɪ] adv déjà.

alright ['ɔːl,raɪt] = **all right**; V all **3b**.

Alsatian [æl'seɪʃ(ə)n] n (dog) chien m loup, berger m allemand.

also ['ɔːlsəʊ] adv **(a)** (too) aussi, également. **her cousin ~ came** son cousin aussi est venu or est venu également. **(b)** (moreover) de plus, en outre, également. **~ I must explain** de plus or en outre, je dois expliquer, je dois également expliquer. ◆ **also-ran** n (Horse-racing) cheval non classé; (*: person) perdant(e) m(f).

altar ['ɒltər] n autel m.

alter ['ɒltər] **1** vt **(a)** (gen) changer, modifier; plans modifier; painting, poem, speech etc remanier; garment retoucher; (stronger) transformer. **to ~ one's attitude** changer d'attitude (to envers); **that ~s the case** voilà qui change tout; **to ~ sth for the better/worse** changer qch en mieux/en mal. **(b)** (falsify) date, evidence falsifier; text altérer. **2** vi changer. ◆ **alteration** n **(a)** (act of altering) changement m, modification f, remaniement m, retouchage m, transformation f; **timetable subject to ~ation** horaire sujet à des modifications; **(b)** (to plan, rules etc) modification f, changement m (to, in apporté à); (to painting etc) retouche f

(major) remaniement m; (to garment) retouche, (major) transformation f; (Archit) transformation (to apportée à); **they're having ~ations made to their house** ils font des travaux dans leur maison.

altercation [ˌɒltəˈkeɪʃ(ə)n] n altercation f.

alter ego ['æltər'iːgəʊ] n alter ego m.

alternate [ɒl'tɜːnɪt] **1** adj (by turns) alterné; (every second) tous les deux. **on ~ days** tous les deux jours, un jour sur deux; **they work on ~ days** ils travaillent un jour sur deux à tour de rôle. **2** ['ɒltɜːneɪt] vt faire alterner; crops alterner. **3** vi (occur etc in turns) alterner (with avec); (change over regularly) se relayer. ◆ **alternately** adv alternativement, tour à tour; **~ly with** en alternance avec. ◆ **alternating** adj alternant; (Elec) alternatif.

alternative [ɒl'tɜːnətɪv] **1** adj possibility, answer autre; (Philos) proposition alternatif; (Mil) position de repli; (non-traditional) medicine parallèle, alternatif; (Tech) de rechange. **~ proposal** contre-proposition f; **the only ~ method** la seule autre méthode; **~ theatre** anti-théâtre m; (Aut) **~ route** itinéraire m de délestage. **2** n (choice) (between two) alternative f, choix m; (among several) choix; (solution) (only one) alternative, seule autre solution; (one of several) autre solution. **she had no ~ but to accept** elle n'avait pas d'autre solution que d'accepter; **there is no ~** il n'y a pas le choix. ◆ **alternatively** adv comme alternative.

although [ɔːl'ðəʊ] conj bien que + subj, quoique + subj. **~ it's raining** bien qu'il pleuve, malgré la pluie; **even ~ he might agree to go** quand bien même il accepterait d'y aller.

altimeter ['æltɪmiːtər] n altimètre m.

altitude ['æltɪtjuːd] n altitude f. **at these ~s** à cette altitude.

alto ['æltəʊ] n (female) contralto m; (male) haute-contre f; (instrument) alto m. **~ saxophone** saxophone m alto.

altogether [ˌɔːltəˈgeðər] **1** adv **(a)** (wholly) entièrement, tout à fait, complètement. **it is ~ out of the question** il n'en est absolument pas question. **(b)** (on the whole) somme toute, tout compte fait. **~ it wasn't very pleasant** somme toute ce n'était pas très agréable. **(c)** (with everything included) en tout. **what do I owe you ~?** je vous dois combien en tout?; **taken ~** à tout prendre. **2** n (hum) **in the ~ ‡** tout nu, à poil ‡.

altruism ['æltrʊɪz(ə)m] n altruisme m. ◆ **altruist** n altruiste mf. ◆ **altruistic** adj altruiste.

aluminium [ˌæljʊ'mɪnɪəm], (US) **aluminum** [ə'luːmɪnəm] n aluminium m.

alveolar [æl'vɪələr] adj alvéolaire.

always ['ɔːlweɪz] adv toujours. **as ~** comme toujours; **for ~** pour toujours; **office ~ open** bureau ouvert en permanence.

amalgam [ə'mælgəm] n amalgame m. ◆ **amalgamate 1** vt metals amalgamer; companies fusionner. **2** vi s'amalgamer; fusionner. ◆ **amalgamation** n amalgamation f; fusion f.

amanuensis, pl **-enses** [əˌmænjʊ'ensɪs, ensiːz] n secrétaire mf.

amass [ə'mæs] vt amasser.

amateur ['æmətər] **1** n amateur m. **2** adj painter, player, sport amateur inv; photography etc d'amateur; (pej) work d'amateur. **~ dramatics** théâtre m amateur; **~ status** statut m d'amateur. ◆ **amateurish** adj (pej) d'amateur.

amaze [ə'meɪz] vt stupéfier, ébahir. ◆ **amazed** adj ébahi; **to be ~d at (seeing) sth** être stupéfait or stupéfié de (voir) qch. ◆ **amazement** n stupéfaction f, ébahissement m. ◆ **amazing** adj stupéfiant, ahurissant; bargain, offer sensationnel. ◆ **amazingly** adv étonnamment; **amazingly enough, he...** chose étonnante or par miracle, il...

Amazon ['æməz(ə)n] *n (river)* Amazone *m; (woman)* Amazone *f.* ◆ **Amazonia** *n (Geog)* Amazonie. ◆ **Amazonian** *adj* amazonien.

ambassador [æm'bæsədə^r] *n (lit, fig)* ambassadeur *m.* French ~ ambassadeur de France; ~-at-large ambassadeur extraordinaire. ◆ **ambassadorial** *adj* d'ambassadeur. ◆ **ambassadress** *n* ambassadrice *f.*

amber ['æmbə^r] **1** *n* ambre *m.* **2** *adj (colour)* couleur d'ambre *inv.* (Aut) ~ **light** feu *m* orange. ◆ **ambergris** *n* ambre *m* gris.

ambidextrous [,æmbɪ'dekstrəs] *adj* ambidextre.

ambiguous [æm'bɪgjʊəs] *adj phrase* ambigu *(f -uë); past* équivoque. ◆ **ambiguity** *n* ambiguïté *f.* ◆ **ambiguously** *adv* de façon ambiguë.

ambition [æm'bɪʃ(ə)n] *n* ambition *f.* **it is my ~ to do** mon ambition est de faire. ◆ **ambitious** *adj* ambitieux; **to be ambitious to do** ambitionner de faire. ◆ **ambitiously** *adv* ambitieusement.

ambivalent [æm'bɪvələnt] *adj* ambivalent. ◆ **ambivalence** *n* ambivalence *f.*

amble ['æmbl] *vi [horse]* aller l'amble; *[person]* aller d'un pas tranquille *or* sans se presser.

ambulance ['æmbjʊləns] **1** *n* ambulance *f.* **2** *adj*: ~ **driver** ambulancier *m,* -ière *f.*

ambush ['æmbʊʃ] **1** *n* embuscade *f,* guet-apens *m.* **to lie in ~** se tenir en embuscade; **to lie in ~ for sb** tendre une embuscade à qn. **2** *vt* tendre une embuscade à.

ameliorate [ə'mi:lɪəreɪt] **1** *vt* améliorer. **2** *vi* s'améliorer. ◆ **amelioration** *n* amélioration *f.*

amen ['ɑ:'men] *excl* amen.

amenable [ə'mi:nəbl] *adj* maniable, conciliant. ~ **to argument** prêt à se laisser convaincre; ~ **to kindness** sensible à la douceur; ~ **to reason** raisonnable; ~ **to treatment** guérissable.

amend [ə'mend] *vt law, document* amender; *text, wording* modifier; *habits* réformer. ◆ **amendment** *n* amendement *m.* ◆ **amends** *npl*: **to make ~s** *(apologize)* faire amende honorable; *(by doing sth)* se racheter; **to make ~s to sb for sth** *(apologize)* s'excuser auprès de qn de qch; *(compensate)* dédommager qn de qch.

amenity [ə'mi:nɪtɪ] **1** *n (gen)* agrément *m.* **amenities** *[town etc]* aménagements *mpl; (courtesies)* politesses *fpl.* **2** *adj*: *(Brit Med)* ~ **bed** lit 'privé' (dans un hôpital).

America [ə'merɪkə] *n* Amérique *f.* ◆ **American** **1** *adj* américain; ~**n English** anglais américain; ~**n Indian** ~ Indien(ne) *m(f)* d'Amérique; *(adj)* des Indiens d'Amérique; *(Ling)* américain *m.* **2** *n* Américain(e) *m(f); (Ling)* américain *m.* ◆ **americanism** *n* américanisme *m.* ◆ **americanize** *vt* américaniser.

amethyst ['æmɪθɪst] **1** *n* améthyste *f.* **2** *adj (colour)* violet d'améthyste *inv.*

amiable ['eɪmɪəbl] *adj* aimable. ◆ **amiability** *n* amabilité *f (to, towards* envers). ◆ **amiably** *adv* aimablement.

amicable ['æmɪkəbl] *adj* amical; *(Jur) settlement* à l'amiable. ◆ **amicably** *adv* amicalement; *(Jur)* à l'amiable.

amid(st) [ə'mɪd(st)] *prep* parmi, au milieu de. ◆ **amidships** *adv* au milieu du navire.

amiss [ə'mɪs] **1** *adv*: **to take sth ~** prendre qch de travers, s'offenser de qch; **nothing comes ~ to him** il tire parti de tout; **a little courtesy wouldn't come ~** un peu de politesse ne ferait pas de mal. **2** *adj*: **there's sth ~** il y a qch qui ne va pas; **to say sth ~** dire qch mal à propos.

ammonia [ə'məʊnɪə] *n (gas)* ammoniac *m; (liquid)* ammoniaque *f.*

ammunition [,æmjʊ'nɪʃ(ə)n] **1** *n* munitions *fpl.* **2** *adj*: ~ **belt** ceinturon *m;* ~ **dump** dépôt *m* de munitions.

amnesia [æm'ni:zɪə] *n* amnésie *f.*

amnesty ['æmnɪstɪ] **1** *n* amnistie *f.* **under an ~** en vertu d'une amnistie. **2** *vt* amnistier.

amoeba [ə'mi:bə] *n* amibe *f.* ◆ **amoebic** *adj* amibien.

amok [ə'mɒk] *adv* = **amuck.**

among(st) [ə'mʌŋ(st)] *prep* entre, parmi. **this is ~ the things we must do** ceci fait partie des choses que nous avons à faire; ~ **yourselves** entre vous; ~ **other things** entre autres (choses); **to count sb ~ one's friends** compter qn parmi *or* au nombre de ses amis; ~ **friends** entre amis.

amoral [eɪ'mɒrəl] *adj* amoral.

amorous ['æmərəs] *adj* amoureux. ◆ **amorously** *adv* amoureusement.

amorphous [ə'mɔ:fəs] *adj* amorphe.

amount [ə'maʊnt] *n* **(a)** *(total)* montant *m; (sum of money)* somme *f.* **the ~ of a bill** le montant d'une facture; **there is a small ~ still to pay** il reste une petite somme à payer. **(b)** *(quantity)* quantité *f.* **an enormous ~ of, any ~ of** énormément de; **any ~ of time** tout le temps qu'il faut. ◆ **amount to** *vt fus [sums, debts]* s'élever à; *(fig)* revenir à, représenter. **it ~s to stealing/a change in policy** cela revient à du vol/un changement de politique; **this ~s to very little** cela ne représente pas grand-chose; **he will never ~ to much** il ne fera jamais grand-chose.

amp(ère) ['æmp(ɛə^r)] *n* ampère *m.* **a 13-amp plug** une fiche de 13 ampères.

ampersand ['æmpəsænd] *n* esperluète *f.*

amphetamine [æm'fetəmi:n] *n* amphétamine *f.*

amphibian [æm'fɪbɪən] **1** *adj* amphibie. **2** *n (Zool)* amphibie *m; (car/tank etc)* voiture *f*/char *m* amphibie. ◆ **amphibious** *adj* amphibie.

amphitheatre, *(US)* **amphitheater** ['æmfɪ,θɪətə^r] *n (gen)* amphithéâtre *m; (in mountains)* cirque *m.*

ample ['æmpl] *adj* **(a)** *(enough) money etc* bien *or* largement assez de; *reason, motive* solide; *means, resources* gros. **there is ~ room for** il y a largement la place pour; *(fig)* **there is ~ room for improvement** il y a encore bien des progrès à faire; **to have ~ time** avoir largement le temps *(to do* de *or* pour faire). **(b)** *(large) garment* ample. ◆ **amply** *adv* amplement.

amplify ['æmplɪfaɪ] *vt sound, story* amplifier; *statement, idea* développer. ◆ **amplification** *n* amplification *f.* ◆ **amplifier** *n* amplificateur *m.*

amputate ['æmpjʊteɪt] *vt* amputer. **to ~ sb's leg** amputer qn de la jambe. ◆ **amputation** *n* amputation *f.*

Amsterdam ['æmstədæm] *n* Amsterdam *m.*

amuck [ə'mʌk] *adv*: **to run ~** être pris d'un accès de folie meurtrière; *[crowd]* se déchaîner.

amuse [ə'mju:z] *vt* **(a)** *(cause mirth to)* amuser, divertir, faire rire. **it ~d us** cela nous a fait rire; **to be ~d at** *or* **by** s'amuser de; **he was not ~d** il n'a pas trouvé ça drôle. **(b)** *(entertain)* amuser, distraire. ~ **o.s.** with sth/by doing s'amuser avec qch/à faire; **you'll have to ~ yourselves** il va vous falloir trouver de quoi vous distraire *or* vous occuper. ◆ **amusement 1** *n* **(a)** amusement *m;* **to my ~ment** à mon grand amusement; **look of ~ment** regard amusé; **to hide one's ~ment** dissimuler son envie de rire; **(b)** *(diversion)* distraction *f,* amusement *m;* **a town with plenty of ~ments** une ville qui offre beaucoup de distractions; **2** *adj*: ~**ment arcade** galerie *f* de jeux; ~**ment park** parc *m* d'attractions. ◆ **amusing** *adj* amusant, drôle. ◆ **amusingly** *adv* d'une manière amusante.

an [æn, ən, n] *indef art* V **a**².

anachronism [ə'nækrənɪzəm] *n* anachronisme *m*.
♦ **anachronistic** *adj* anachronique.

anaemia [ə'niːmɪə] *n* anémie *f*. ♦ **anaemic** *adj* anémique.

anaesthesia [ˌænɪs'θiːzɪə] *n* anesthésie *f*. ♦ **anaesthetic** [ˌænɪs'θetɪk] **1** *n* anesthésique *m*; **under the anaesthetic** sous anesthésie. **2** *adj* anesthésique. ♦ **anaesthetist** [æ'niːsθɪtɪst] *n* anesthésiste *mf*. ♦ **anaesthetize** [æ'niːsθɪtaɪz] *vt* anesthésier.

anagram ['ænəgræm] *n* anagramme *f*.

analgesia [ˌænæl'dʒiːzɪə] *n* analgésie *f*. ♦ **analgesic** *adj*, *n* analgésique *(m)*.

analog, analogue ['ænəlɒg] *n* analogue *m*. ~ **computer** calculateur *m* analogique. ♦ **analogic(al)** *adj* analogique. ♦ **analogous** *adj* analogue *(to, with* à). ♦ **analogy** *n* analogie *f*.

analyse, *(US)* **analyze** ['ænəlaɪz] *vt* analyser, faire l'analyse de; *(Psych)* psychanalyser. ♦ **analysis** *pl* **analyses** *n* analyse *f*; *(Psych)* psychanalyse *f*; **in the last** *or* **final analysis** en dernière analyse. ♦ **analyst** *n* *(Psych)* (psych)analyste *mf*. ♦ **analytic(al)** *adj* analytique.

anarchy ['ænəkɪ] *n* anarchie *f*. ♦ **anarchic(al)** *adj* anarchique. ♦ **anarchism** *n* anarchisme *m*. ♦ **anarchist** *n* anarchiste *mf*.

anathema [ə'næθɪmə] *n* anathème *m*. **it was ~ to him** il l'avait en abomination.

anatomy [ə'nætəmɪ] *n (Sci)* anatomie *f*; *[country etc]* structure *f*. **he had spots all over his ~** il avait des boutons partout. ♦ **anatomical** *adj* anatomique. ♦ **anatomist** *n* anatomiste *mf*.

ancestor ['ænsɪstə'] *n* ancêtre *m*. ♦ **ancestral** *adj* ancestral; **ancestral home** château ancestral. ♦ **ancestry** *n* ascendance *f*; *(ancestors collectively)* ancêtres *mpl*.

anchor ['æŋkə'] **1** *n* ancre *f*. **to be at ~** être à l'ancre. **2** *vt (Naut)* mettre à l'ancre; *(fig)* ancrer. **3** *vi (Naut)* jeter l'ancre. **4** *adj:* ~ **man** *(Rad, TV)* présentateur-réalisateur *m*; *(in team, organization)* pilier *m*. ♦ **anchorage** *n* ancrage *m*; *(Aut)* ~**age point** point *m* d'ancrage.

anchovy ['æntʃəvɪ] *n* anchois *m*.

ancient ['eɪnʃ(ə)nt] **1** *adj* **(a)** *world, painting* antique; *document, custom, history* ancien; *monument* historique; *rock etc* très vieux. **in ~ days** dans les temps anciens; **~ Rome** la Rome antique. **(b)** *person* très vieux; *clothes, object* antique, très vieux. **this is positively ~** cela remonte à Mathusalem. **2** *n:* **the ~s** les anciens *mpl*.

ancillary [æn'sɪlərɪ] *adj (gen)* auxiliaire. ~ **to** subordonné à; ~ **workers** personnel *m* des services auxiliaires.

and [ænd, ənd, nd, ən] *conj* et. **his table ~ chair** sa table et sa chaise; **~?** et alors?; **on Saturday ~/ or Sunday** *(Admin)* samedi et/ou dimanche; *(gen)* samedi ou dimanche ou les deux; **three hundred ~ ten** trois cent dix; **two thousand ~ eight** deux mille huit; **two pounds ~ six pence** deux livres (et) six pence; **an hour ~ twenty minutes** une heure vingt (minutes); **five ~ three quarters** cinq trois quarts; **try ~ come** tâchez de venir; **for hours ~ hours** pendant des heures et des heures; **I rang ~ rang** j'ai sonné et resonné; **he talked ~ talked** il a parlé pendant des heures; **~ so on, ~ so forth** et ainsi de suite; **uglier ~ uglier** de plus en plus laid; **eggs ~ bacon** œufs au bacon; **summer ~ winter (alike)** été comme hiver.

Andes ['ændiːz] *npl:* **the ~** les Andes *fpl*.

Andorra [ˌæn'dɔːrə] *n* Andorre.

anecdote ['ænɪkdəʊt] *n* anecdote *f*. ♦ **anecdotal** *adj* anecdotique.

anemia *etc* = **anaemia** *etc*.

anemone [ə'nemənɪ] *n* anémone *f*.

anesthesia *etc* = **anaesthesia** *etc*.

aneurism ['ænjʊrɪz(ə)m] *n* anévrisme *m*.

anew [ə'njuː] *adv* de nouveau. **to begin ~** recommencer.

angel ['eɪn(d)ʒ(ə)l] *n* ange *m*. **be an ~ and fetch me my gloves** apporte-moi mes gants, tu seras un ange. ♦ **angelic** *adj* angélique.

angelica [æn'dʒelɪkə] *n* angélique *f*.

angelus ['ændʒɪləs] *n (prayer, bell)* angélus *m*.

anger ['æŋgə'] **1** *n* colère *f*. **in ~** sous le coup de la colère. **2** *vt* mettre en colère

angina [æn'dʒaɪnə] *n* angine *f*; *[heart]* angine de poitrine.

angle¹ ['æŋgl] **1** *n (also Math)* angle *m*. **at an ~ of** formant un angle de; **at an ~** en biais *(to* par rapport à); **cut at an ~** coupé en biseau; **to study a topic from every ~** étudier un sujet sous tous les angles; **from the parents'** ~ du point de vue des parents; **let's have your ~ on it *** dites-nous votre point de vue là-dessus. **2** *vt lamp* diriger la lumière de *(towards* sur); *(*) information, report* présenter sous un certain angle. ♦ **Anglepoise** ® **lamp** *n* lampe *f* d'architecte.

angle² ['æŋgl] *vi (lit)* pêcher à la ligne. **to ~ for** *trout* pêcher; *compliments* chercher; **to ~ for an invitation** chercher à se faire inviter. ♦ **angler** *n* pêcheur *m*, -euse *f* (à la ligne). ♦ **angling** *n* pêche *f* (à la ligne).

Anglican ['æŋglɪkən] *adj*, *n* anglican(e) *m(f)*. ♦ **Anglicanism** *n* anglicanisme *m*.

anglicism ['æŋglɪsɪz(ə)m] *n* anglicisme *m*. ♦ **anglicist** *n* angliciste *mf*. ♦ **anglicize** *vt* angliciser.

Anglo- ['æŋgləʊ] *pref* anglo-. **~-French** *adj* anglo-français; **~-Catholic** *adj*, *n* anglo-catholique *(mf)*; **~-Saxon** *n*, *adj* anglo-saxon *(m)*.

anglophile ['æŋgləʊfaɪl] *adj*, *n* anglophile *(mf)*.

anglophobe ['æŋgləʊfəʊb] *adj*, *n* anglophobe *(mf)*.

Angola [æŋ'gəʊlə] *n* Angola. ♦ **Angolan 1** *adj* angolais ; **2** *n* Angolais(e) *m(f)*.

angora [æŋ'gɔːrə] **1** *n* angora *m*. **2** *adj* angora *inv*.

angry ['æŋgrɪ] *adj person* en colère *(with sb* contre qn, *at sth* à cause de qch, *about sth* à propos de qch); *(annoyed)* irrité, fâché *(with sb* contre qn, *at sth* de qch, *about sth* à cause de qch); *look, reply* irrité, plein de colère; *(fig) sea* mauvais; *wound* enflammé. **to get ~** se fâcher, se mettre en colère; **to make sb ~** mettre qn en colère; **he was ~ at being dismissed** il était furieux qu'on l'ait renvoyé; **you won't be ~ if I tell you?** vous n'allez pas vous fâcher si je vous le dis?; **an ~ mark on his forehead** une vilaine meurtrissure au front. ♦ **angrily** *adv leave* en colère; *talk* avec colère, avec emportement.

anguish ['æŋgwɪʃ] *n* angoisse *f*. ♦ **anguished** *adj* angoissé.

angular ['æŋgjʊlə'] *adj* anguleux.

animal ['ænɪməl] **1** *n* animal *m*; *(*pej: person)* brute *f*. **2** *adj (gen)* animal. ~ **husbandry** élevage *m*; ~ **kingdom** règne animal; ~ **lover** personne *f* qui aime les animaux; ~ **rights** les droits des animaux; ~ **spirits** entrain *m*.

animate ['ænɪmɪt] **1** *adj* animé. **2** ['ænɪmeɪt] *vt* animer. ♦ **animated** *adj* animé; **to become ~d** s'animer; ~**d cartoon** dessin(s) animé(s). ♦ **animatedly** *adv talk* d'un ton animé, avec animation; *behave* avec entrain. ♦ **animation** *n (gen, Cine)* animation *f*; *[person]* entrain *m*. ♦ **animator** *n (Cine)* animateur *m*, -trice *f*.

animism ['ænɪmɪz(ə)m] *n* animisme *m*. ♦ **animist** *adj*, *n* animiste *mf*.

animosity [ˌænɪ'mɒsɪtɪ], **animus** ['ænɪməs] *n* animosité *f* *(against, towards* contre).

aniseed ['ænɪsiːd] **1** *n* graine *f* d'anis. **2** *adj* à l'anis.

ankle ['æŋkl] **1** n (Anat) cheville f. **2** adj: ~ **sock** socquette f; ~ **strap** bride f. ◆ **anklebone** n astragale m. ◆ **anklet** n bracelet m de cheville.

annals ['æn(ə)lz] npl annales fpl.

annex [ə'neks] **1** vt annexer. **2** ['æneks] n (also **annexe**) annexe f. ◆ **annexation** n annexation f (of de).

annihilate [ə'naɪəleɪt] vt army, fleet anéantir; effect, argument annihiler. ◆ **annihilation** n anéantissement m.

anniversary [ˌænɪ'vɜːs(ə)rɪ] **1** n anniversaire m (d'une date). **2** adj: ~ **dinner** dîner commémoratif.

Anno Domini ['ænəʊ'dɒmɪnaɪ] (abbr **A.D.**): **in 53** ~ en 53 après Jésus-Christ (abbr ap. J.-C.); **it's just** ~ * c'est le poids des ans (hum).

annotate ['ænəʊteɪt] vt annoter. ◆ **annotation** n annotation f.

announce [ə'naʊns] vt (gen) annoncer. **to** ~ **the birth/death of** faire part de la naissance de/du décès de; **it is** ~d **from London** on apprend de Londres. ◆ **announcement** n (gen) annonce f; (esp Admin) avis m; [birth, marriage, death] avis; (privately inserted or circulated) faire-part m inv. ◆ **announcer** n (Rad, TV) (linking programmes) speaker(ine) m(f); (within a programme) présentateur m, -trice f.

annoy [ə'nɔɪ] vt (vex) agacer, ennuyer, contrarier; (deliberately irritate) agacer, énerver; (inconvenience) ennuyer. **to be/get** ~ed **with sb** être/se mettre en colère contre qn; **to be** ~ed **about** or **over sth** être contrarié par qch; **to be** ~ed **with sb about sth** être mécontent de qn à propos de qch; **to get** ~ed **with a machine** se mettre en colère or s'énerver contre une machine; **don't get** ~ed! ne vous fâchez pas!; **I am very** ~ed **that he hasn't come** je suis très ennuyé or contrarié qu'il ne soit pas venu. ◆ **annoyance** n (a) contrariété f, mécontentement m; **with a look of** ~ance d'un air contrarié; **to his great** ~ance à son grand mécontentement; (b) (cause of ~ance) ennui m. ◆ **annoying** adj agaçant, énervant; (stronger) ennuyeux, fâcheux. ◆ **annoyingly** adv d'une façon agaçante etc.

annual ['ænjʊəl] **1** adj annuel. ~ **general meeting** assemblée générale annuelle. **2** n (Bot) plante annuelle; (book) publication annuelle; (children's) album m. ◆ **annually** adv annuellement, tous les ans; **£5** ~**ly** 5 livres par an.

annuity [ə'njuːɪtɪ] n (income) rente f; (for life) rente viagère; (investment) viager m.

annul [ə'nʌl] vt (gen) annuler; law abroger. ◆ **annulment** n annulation f; abrogation f.

Annunciation [əˌnʌnsɪ'eɪʃ(ə)n] n Annonciation f.

anode ['ænəʊd] n anode f.

anodyne ['ænəʊ'daɪn] adj (Med) analgésique; (fig) apaisant.

anoint [ə'nɔɪnt] vt oindre (with de). **to** ~ **sb king** sacrer qn.

anomalous [ə'nɒmələs] adj anormal. ◆ **anomaly** n anomalie f.

anon [ə'nɒn] adj abbr of **anonymous**.

anonymous [ə'nɒnɪməs] adj anonyme. **to remain** ~ garder l'anonymat. ◆ **anonymity** [ænə'nɪmɪtɪ] n anonymat m. ◆ **anonymously** adv anonymement.

anorak ['ænəræk] n anorak m.

anorexia [ænə'reksɪə] n anorexie f. ~ **nervosa** anorexie mentale. ◆ **anorexic** adj, n anorexique (mf).

another [ə'nʌðəʳ] **1** adj (a) (one more) un... de plus, encore un. ~ **10** 10 de plus, encore 10; **not** ~ **minute!** pas une minute de plus!; **without** ~ **word** sans ajouter un mot; **and** ~ **thing,** ... et de plus, ... , et d'ailleurs, ... ; **in** ~ **20 years** dans 20 ans d'ici. (b) (similar) un autre, un second. **there is**

not ~ **book like it** ce livre est unique dans son genre; ~ **Hitler** un second Hitler. (c) (different) un autre. **that's quite** ~ **matter** c'est une tout autre question. **2** pron (a) un(e) autre, encore un(e). **many** ~ bien d'autres. (b) **one** ~ = **each other**; V **each**.

answer ['ɑːnsəʳ] **1** n (a) (reply) réponse f; (to prayer) exaucement m (to de). **there's no** ~ (gen) on ne répond pas; (Telec) ça ne répond pas; **in** ~ **to your letter** en réponse à votre lettre; **she's always got an** ~ elle a réponse à tout; (hum) **it's the** ~ **to a maiden's prayer** * c'est ce dont j'ai toujours rêvé; **the poor man's** ~ **to caviar** le caviar du pauvre. (b) (solution) solution f. **there is no easy** ~ c'est un problème difficile à résoudre. **2** vt (a) question répondre à; charge, argument réfuter. ~ **me** répondez-moi; **to** ~ **the bell** or **door** aller ouvrir; **to** ~ **the phone** répondre (au téléphone). (b) description, need répondre à; prayer exaucer; problem résoudre. **it** ~s **the purpose** cela fait l'affaire. **3** vi répondre.

◆ **answer back** vi répondre (avec impertinence) (to à). ◆ **answer for** vt fus sb's safety etc répondre de; truth of sth garantir. **he has a lot to** ~ **for** il a bien des comptes à rendre. ◆ **answer to** vt fus name, description répondre à.

◆ **answerable** adj (a) question susceptible de réponse; charge, argument réfutable; problem soluble; (b) (responsible) responsable (to sb devant qn, for sth de qch); **I am** ~**able to no one** je n'ai de comptes à rendre à personne. ◆ **answerback code** n indicatif m. ◆ **answering machine** n répondeur m automatique. ◆ **answering service** n permanence f téléphonique.

ant [ænt] n fourmi f. ◆ **anteater** n fourmilier m. ◆ **anthill** n fourmilière f.

antagonize [æn'tægənaɪz] vt éveiller l'hostilité de, contrarier. **I don't want to** ~ **him** je ne veux pas le contrarier or me le mettre à dos. ◆ **antagonism** n antagonisme m (between entre), opposition f (to à). ◆ **antagonist** n antagoniste mf. ◆ **antagonistic** adj opposé (to sth à qch).

Antarctic [ænt'ɑːktɪk] **1** n Antarctique m. **2** adj antarctique. ~ **Circle/Ocean** cercle m/océan m Antarctique. ◆ **Antarctica** n Antarctique m.

ante... ['æntɪ] pref anté..., anti... ◆ **antechamber** n antichambre f. ◆ **antedate** vt document antidater; event précéder. ◆ **antediluvian** adj antédiluvien. ◆ **antenatal** adj prénatal; ~**natal clinic** service m de consultation prénatale. ◆ **anteroom** n antichambre f.

antecedent [ˌæntɪ'siːd(ə)nt] **1** adj antérieur (to à). **2** n antécédent m.

antelope ['æntɪləʊp] n antilope f.

antenna, pl **-ae** [æn'tenə, iː] n antenne f.

anterior [æn'tɪərɪəʳ] adj antérieur (to à).

anthem ['ænθəm] n motet m.

anthology [æn'θɒlədʒɪ] n anthologie f. ◆ **anthologist** n anthologiste mf.

anthracite ['ænθrəsaɪt] n anthracite m.

anthropoid ['ænθrəʊpɔɪd] adj, n anthropoïde (m).

anthropology [ˌænθrə'pɒlədʒɪ] n anthropologie f. ◆ **anthropological** adj anthropologique. ◆ **anthropologist** n anthropologiste mf.

anti... ['æntɪ] pref anti..., contre... **he's rather** ~ * il est plutôt contre. ◆ **anti-abortionist** n adversaire m de l'avortement. ◆ **anti-aircraft** adj gun antiaérien. ◆ **antiballistic** adj missile antibalistique. ◆ **antibiotic** adj, n antibiotique m. ◆ **antibody** n anticorps m. ◆ **Antichrist** n Antéchrist m. ◆ **anticlerical** adj anticlérical. ◆ **anticlimax** n [style, thought] chute f (dans le trivial); **it was an** ~**climax** cela n'a pas répondu à l'attente; **what an** ~**climax!** quelle retombée! ◆ **anticlockwise** adv dans le sens inverse des aiguilles d'une montre. ♦ **anticyclone** n anticyclone m. ♦ **antidote** n antidote m (for, to à, contre). ♦ **antiestablishment** adj contestataire. ♦ **antifreeze** n antigel m. ♦ **antigen** n antigène m. ♦ **antihistamine** n antihistaminique m. ♦ **anti-lock** adj: ~-lock device dispositif m anti-blocage. ♦ **antipodes** [æn'tɪpədiːz] npl antipodes mpl; **the A~podes** les Antipodes, l'Australie et la Nouvelle-Zélande. ♦ **anti-rust** adj antirouille inv. ♦ **antisemitic** adj antisémite, antisémitique. ♦ **antisemitism** n antisémitisme m. ♦ **antisepsis** n antisepsie f. ♦ **antiseptic** adj, n antiseptique (m). ♦ **anti-skid** adj antidérapant. ♦ **antislavery** adj antiesclavagiste. ♦ **antisocial** adj tendency, behaviour antisocial; **don't be ~social** * ne sois pas si sauvage. ♦ **anti-tank** adj antichar. ♦ **antitheft** adj: ~-theft device (Aut) antivol m; (gen) dispositif m antivol. ♦ **antithesis**, pl **-eses** n (direct opposite) opposé m, contraire m (to, of de); (contrast) antithèse f. ♦ **antivivisectionist** n adversaire mf de la vivisection.

antic ['æntɪk] n [child, animal] cabriole f; [clown] bouffonnerie f. (pej) **all his ~s** tout le cinéma * qu'il a fait.

anticipate [æn'tɪsɪpeɪt] vt **(a)** (expect, foresee) prévoir, s'attendre à; attack, events anticiper sur; question prévoir. **we don't ~ any trouble** nous ne prévoyons pas d'ennuis; **I ~ that he will come je** m'attends à ce qu'il vienne; **I ~ seeing him tomorrow** je pense le voir demain; **as ~d** comme prévu. **(b)** (use etc before due time) pleasure savourer à l'avance; event, profits, income anticiper sur; grief, pain souffrir à l'avance; success escompter; wishes, objections, command, needs aller au-devant de. **they ~d Columbus' discovery of America** ils ont découvert l'Amérique avant Christophe Colomb. ♦ **anticipation** n: **in anticipation** par anticipation; (Comm) **thanking you in anticipation** avec mes remerciements anticipés; **in anticipation of** en prévision de; **with growing anticipation** avec une impatience grandissante.

antimony ['æntɪmənɪ] n antimoine m.

antipathetic [ˌæntɪpə'θetɪk] adj antipathique (to à). ♦ **antipathy** [æn'tɪpəθɪ] n antipathie f.

antiquarian [ˌæntɪ'kwɛərɪən] **1** adj d'antiquaire. ~ **bookseller** libraire mf spécialisé(e) dans le livre ancien. **2** n amateur m d'antiquités; (Comm) antiquaire mf. ♦ **antiquary** n (Comm) antiquaire mf.

antiquated ['æntɪkweɪtɪd] adj vieillot; person vieux jeu inv; building vétuste.

antique [æn'tiːk] **1** adj (very old) ancien; (premedieval) antique; (*: hum) antédiluvien *. **2** n (sculpture, ornament etc) objet m d'art (ancien); (furniture) meuble m ancien. ~ **dealer** antiquaire mf; ~ **shop** magasin m d'antiquités; **it's a genuine ~** c'est un objet (or un meuble) d'époque. ♦ **antiquity** n antiquité f.

antirrhinum [ˌæntɪ'raɪnəm] n gueule-de-loup f.

antler ['æntlər] n merrain m. **the ~s** les bois mpl.

antonym ['æntənɪm] n antonyme m.

anus ['eɪnəs] n anus m.

anvil ['ænvɪl] n enclume f.

anxiety [æŋ'zaɪətɪ] n (anxiousness: also Psych) anxiété f. **deep ~** angoisse f; **this is a great ~ to me** ceci m'inquiète énormément; **in his ~ to be gone** dans son souci de partir au plus vite; **his biggest ~ was** son plus grand sujet d'inquiétude était; ~ **to do well** grand désir m de réussir.

anxious ['æŋ(k)ʃəs] adj **(a)** (troubled) anxieux, (très) inquiet, angoissé. **to be over-~** être d'une anxiété maladive; **she is ~ about my health** mon état de santé la préoccupe or l'inquiète beaucoup. **(b)** (causing anxiety) news inquiétant, angoissant; moment d'anxiété. **(c)** (desirous) anxieux, impatient (for de). ~ **to start** pressé or impatient de

commencer; **he is ~ to see you** il tient beaucoup à vous voir; **I am ~ that he should do it** je tiens beaucoup à ce qu'il le fasse; **I am not very ~ to do** j'ai peu envie de faire. ♦ **anxiously** adv (with concern) avec inquiétude, anxieusement; (eagerly) avec impatience.

any ['enɪ] **1** adj **(a)** (neg etc) **I haven't ~ money/books** je n'ai pas d'argent/de livres; **without ~ difficulty** sans la moindre difficulté. **(b)** (interrog etc) **have you ~ butter?** avez-vous du beurre?; **can you see ~ birds?** voyez-vous des oiseaux?; **are there ~ others?** y en a-t-il d'autres?; **if you see ~ children** si vous voyez des enfants; **if you have ~ money** si vous avez de l'argent. **(c)** (no matter which) n'importe quel, quelconque; (each and every) tout. **take ~ two points** prenez deux points quelconques; **take ~ dress you like** prenez n'importe quelle robe; **come at ~ time** venez à n'importe quelle heure; ~ **day now** d'un jour à l'autre; **at ~ hour of the day** à toute heure du jour; ~ **amount or number of** n'importe quelle quantité de; (fig: a lot) beaucoup de; ~ **person who** toute personne qui.
2 pron **(a)** **I haven't ~** je n'en ai pas; **I have hardly ~ left** il ne m'en reste presque plus; **have you got ~?** en avez-vous? **(b)** **if ~ of you can sing** si quelqu'un parmi vous sait chanter; **few, if ~** peu de gens, et peut-être même personne; ~ **of those books will do** n'importe lequel de ces livres fera l'affaire.
3 adv: **I can't hear him ~ more** je ne l'entends plus; **not ~ further** pas plus loin; **not ~ longer** pas plus longtemps; **they didn't behave ~ too well** ils ne se sont pas tellement bien conduits; **are you feeling ~ better?** vous sentez-vous un peu mieux?; **do you want ~ more soup?** voulez-vous encore de la soupe?; **it didn't help them ~** * cela ne leur a pas servi à grand-chose.

anybody ['enɪbɒdɪ] pron **(a)** (neg etc) **I can't see ~** je ne vois personne; **there is hardly ~ there** il n'y a presque personne; **without ~ seeing him** sans que personne le voie. **(b)** (interrog etc) quelqu'un. **did ~ see you?** est-ce que quelqu'un t'a vu?; ~ **want my sandwich?** * quelqu'un veut mon sandwich? **(c)** (no matter who) **could tell you** n'importe qui pourrait vous le dire; ~ **would have thought he had lost** on aurait pu croire qu'il avait perdu; **bring ~ you like** amenez qui vous voudrez; ~ **who had heard him speak** quiconque l'a entendu parler; ~ **with any sense would know that!** le premier venu saurait cela pourvu qu'il ait un minimum de bon sens!; ~ **but Robert** n'importe qui d'autre que Robert; ~ **else would have refused** un autre aurait refusé; **bring ~ else you like** amenez n'importe qui d'autre; **is there ~ else I can talk to?** est-ce qu'il y a quelqu'un d'autre à qui je puisse parler?; **work harder if you want to be ~** il faut travailler plus si vous voulez devenir quelqu'un; **he's not just ~** ce n'est pas n'importe qui.

anyhow ['enɪhaʊ] adv **(a)** (any way whatever) **do it ~ you like** faites-le comme vous voulez; **I couldn't get in ~** je n'avais aucun moyen d'entrer; **I finished my essay ~** j'ai fini ma dissertation n'importe comment or à la va-vite; **the books were all ~ * on the floor** les livres étaient tous en désordre or en vrac or n'importe comment par terre. **(b)** (in any case) en tout cas, de toute façon, quand même. **whatever you say, they'll do it ~** vous pouvez dire ce que vous voulez, ils le feront de toute façon or quand même; **you can try ~** vous pouvez toujours essayer.

anyone ['enɪwʌn] pron = **anybody**.

anyplace * ['enɪpleɪs] adv (US) = **anywhere**.

anything ['enɪθɪŋ] pron **(a)** (neg etc) **we haven't seen ~** nous n'avons rien vu; **hardly ~** presque rien; **this is ~ but pleasant** ceci n'a vraiment rien

d'agréable; *(reply to question)* ~ **but!** pas du tout!
(b) *(interrog etc)* **did you see** ~? avez-vous vu
quelque chose?; **is there** ~ **in this idea?** peut-on
tirer quoi que ce soit de cette idée?; **can** ~ **be
done?** peut-on faire quelque chose?; ~ **else?** c'est
tout?; **is there** ~ **more tiring than...** y a-t-il rien
de plus fatigant que...; ~ **between 15 and 20 apple
trees** quelque chose comme 15 ou 20 pommiers;
if ~ **it's an improvement** ce serait plutôt une amélioration. **(c)** *(no matter what)* **say** ~ **(at all)** dites
n'importe quoi; **take** ~ **you like** prenez ce que
vous voudrez; ~ **else would disappoint her** s'il en
était autrement, elle serait déçue; **I'll try** ~ **else**
j'essaierai n'importe quoi d'autre; **I'd give** ~ **to
know the secret** je donnerais n'importe quoi pour
connaître le secret; *(intensive)* **he ran** *etc* **like** ~ *
il a drôlement * couru *etc.*
anyway ['enɪweɪ] *adv* = **anyhow (b)**.
anywhere ['enɪwɛə'] *adv* **(a)** *(affirmative)* n'importe
où, partout. **I'd live** ~ **in France** j'habiterais n'importe où en France; **put it down** ~ pose-le n'importe où; **you can find that soap** ~ ce savon se
trouve partout; **go** ~ **you like** allez où vous voulez; ~ **you go it's the same** où que vous alliez c'est
la même chose; ~ **else** partout ailleurs. **(b)** *(neg)*
nulle part. **they didn't go** ~ ils ne sont allés nulle
part; **not** ~ **else** nulle part ailleurs; *(fig)* **it won't
get you** ~ cela ne vous mènera à rien. **(c)** *(interrog)*
quelque part. **have you seen it** ~? l'avez-vous vu
quelque part?
aorta [eɪ'ɔːtə] *n* aorte *f.*
apace [ə'peɪs] *adv* rapidement.
apart [ə'pɑːt] *adv* **(a)** *(separated)* **2 houses a long way**
~ 2 maisons à une grande distance l'une de
l'autre; **birthdays 2 days** ~ anniversaires à 2 jours
d'intervalle; **to stand with one's feet** ~ se tenir
les jambes écartées. **(b)** *(on one side)* à part, à
l'écart. **to hold o.s.** ~ se tenir à l'écart *(from* de);
~ **from these difficulties** en dehors de à part
ces difficultés, ces difficultés mises à part; ~ **from
the fact that** outre que. **(c)** *(separately)* séparément.
they are living ~ ils sont séparés; **he lives** ~ **from
his wife** il est séparé de sa femme; **to tell** ~ distinguer l'un(e) de l'autre; **to keep** ~ séparer; **to
come** ~ *[two objects]* se séparer, se détacher; *[small
object]* se défaire; *[furniture]* se démonter; *(break)*
s'en aller en morceaux; **to take** ~ démonter; *(fig)*
they are in a class ~ ils sont tout à fait à part.
apartheid [ə'pɑːteɪt] *n* apartheid *m.*
apartment [ə'pɑːtmənt] *n* **(a)** *(Brit: room)* pièce *f.*
a 5- ~ **house** une maison de 5 pièces; '~**s'**
'chambres *fpl* à louer'; **furnished** ~**(s)** meublé *m.*
(b) *(US: flat)* appartement *m*, logement *m.* ~ **building**, ~ **house** immeuble *m (de résidence).*
apathy ['æpəθɪ] *n* apathie *f*, indifférence *f.* ◆ **apathetic** *adj* apathique.
ape [eɪp] **1** *n* (grand) singe *m.* **2** *vt* singer.
aperient [ə'pɪərɪənt] *adj, n* laxatif *(m).*
aperitif [ə'perɪtɪv] *n* apéritif *m.*
aperture ['æpətjʊə'] *n* ouverture *f (also Phot).*
apex ['eɪpeks] *n* sommet *m.*
aphid ['eɪdɪd] *n* puceron *m (des plantes).*
aphis, *pl* **aphides** ['eɪfɪs,'eɪfɪdiːz] *n* aphis *m.*
aphorism ['æfərɪz(ə)m] *n* aphorisme *m.*
aphrodisiac [,æfrəʊ'dɪzɪæk] *n* aphrodisiaque *m.*
apiary ['eɪpɪərɪ] *n* rucher *m.*
apiece [ə'piːs] *adv* chacun(e).
aplomb [ə'plɒm] *n* sang-froid *m.*
Apocalypse [ə'pɒkəlɪps] *n* Apocalypse *f.* ◆ **apocalyptic** *adj* apocalyptique.
Apocrypha [ə'pɒkrɪfə] *npl* apocryphes *mpl.*
◆ **apocryphal** *adj* apocryphe.
apogee ['æpəʊdʒiː] *n* apogée *m.*
apolitical [,eɪpə'lɪtɪk(ə)l] *adj* apolitique.

apologetic [ə,pɒlə'dʒetɪk] *adj* smile *etc* d'excuse.
she was very ~ **for not coming/about her mistake**
elle s'est beaucoup excusée de n'être pas venue/
de son erreur. ◆ **apologetically** *adv* en s'ex-
cusant, pour s'excuser.
apologize [ə'pɒlədʒaɪz] *vi* s'excuser *(to sb for sth*
de qch auprès de qn; *for having done* d'avoir fait).
to ~ **profusely** se confondre en excuses.
apology [ə'pɒlədʒɪ] *n* **(a)** *(regrets)* excuses *fpl.* **to
make an** ~ **for sth/for having done** faire ses excuses
pour qch/pour avoir fait; **to send one's apologies**
envoyer une lettre d'excuse; *(pej)* **it was an** ~ **for
a bed** comme lit c'était plutôt minable *. **(b)**
(defence: for beliefs etc) apologie *f (for* de).
apoplexy ['æpəpleksɪ] *n* apoplexie *f.* ◆ **apoplectic**
adj apoplectique; **apoplectic fit** attaque *f* d'apoplexie.
apostle [ə'pɒsl] *n* apôtre *m.* **A~s' Creed** Credo *m.*
◆ **apostolic** *adj* apostolique.
apostrophe [ə'pɒstrəfɪ] *n* apostrophe *f.*
appal, *(US)* **appall** [ə'pɔːl] *vt* consterner; *(stronger)*
épouvanter. ◆ **appalling** *adj* destruction épouvantable; *ignorance* consternant. ◆ **appallingly** *adv*
épouvantablement.
apparatchik [,æpə'rættʃiːk] *n* apparatchik *m.*
apparatus [,æpə'reɪtəs] *n* *(for heating etc: also Anat)*
appareil *m;* *[laboratory]* instruments *mpl;* *[gym]*
agrès *mpl;* *[filming, camping etc]* équipement *m.*
apparent [ə'pær(ə)nt] *adj* **(a)** *(obvious)* évident,
apparent, manifeste. **(b)** *(not real)* apparent. **his**
~ **weakness** son air de faiblesse. ◆ **apparently**
adv apparemment; *(according to rumour)* à ce qu'il
paraît.
apparition [,æpə'rɪʃ(ə)n] *n* apparition *f.*
appeal [ə'piːl] **1** *vi* **(a)** *(request publicly)* lancer un
appel *(on behalf of* en faveur de; *for sb* pour qn;
for sth pour obtenir qch). *(Fin)* **to** ~ **for funds** faire
un appel de fonds; **he** ~**ed for silence** il a demandé
le silence; *(Pol)* **to** ~ **to the country** en appeler
au pays. **(b)** *(beg)* faire appel *(to sb's generosity* à
la générosité de qn). **to** ~ **to sb for money/help**
demander de l'argent/des secours à qn; **I** ~ **to
you!** je vous en supplie! **(c)** *(Jur)* se pourvoir en
appel. **to** ~ **to the supreme court** se pourvoir en
cassation; **to** ~ **against** *judgment* appeler de; *decision* faire opposition à. **(d)** *(attract)* **to** ~ **to** plaire
à; **it doesn't** ~ **to me** cela ne me dit rien *; **it** ~**s
to the imagination** cela parle à l'imagination.
2 *n* **(a)** *(public call)* appel *m.* **for funds** ~ appel
de fonds; **he made a public** ~ **for the blind** il a lancé
un appel au profit des aveugles. **(b)** *(by individual:
for help etc)* appel *m (for* à); *(for money)* demande
f (for de). **with a look of** ~ d'un air suppliant. **(c)**
(Jur) appel *m.* **acquitted on** ~ acquitté en seconde
instance; **A~ Court** cour *f* d'appel. **(d)** *(attraction)*
[person, object] attrait *m,* charme *m; [plan, idea]*
intérêt *m.*
◆ **appealing** *adj* *(moving)* émouvant; *look* pathétique; *(begging)* suppliant; *(attractive)* attirant.
◆ **appealingly** *adv* de façon émouvante; d'un air
suppliant; *(charmingly)* avec beaucoup de charme.
appear [ə'pɪə'] *vi* **(a)** *[person, sun etc]* apparaître, se
montrer; *[ghost, vision]* apparaître, se manifester
(to sb à qn); *[publication]* paraître. *(Theat)* **to** ~ **in
'Hamlet'** jouer dans 'Hamlet'; **to** ~ **as Hamlet**
jouer Hamlet; **to** ~ **on TV** passer à la télévision.
(b) *(arrive)* arriver, se présenter. **he** ~**ed from nowhere** il est apparu comme par miracle. **(c)** *(Jur
etc)* comparaître *(before* devant). **to** ~ **on a charge
of** être jugé pour; **to** ~ **for sb** plaider pour qn.
(d) *(seem: physical aspect)* paraître, avoir l'air. **they**
~ **(to be) ill** ils ont l'air malades. **(e)** *(seem: on
evidence)* paraître *(that* que + *indic).* **so it** ~**s, so
it would** ~ c'est ce qu'il paraît, *(iro)* on dirait! **(f)**
(seem: by surmise) sembler *(that* gen + *subj),*
sembler bien *(that* que + *indic).* **there** ~**s to be**

a mistake il semble qu'il y ait une erreur; **it ~s he did say that** il semble bien qu'il a dit cela; **it ~s to me they are mistaken** il me semble qu'ils ont tort; **how does it ~ to you?** qu'en pensez-vous?

appearance [əˈpɪər(ə)ns] n (**a**) *(act)* apparition f ; *(arrival)* arrivée f; *(Jur)* comparution f; *[publication]* parution f. **to make a personal ~** apparaître en personne; **to put in an ~** faire acte de présence; *(Theat)* **in order of ~** par ordre d'entrée en scène. (**b**) *(look)* apparence f; *[house etc]* aspect m. **his ~ worried us** la mine qu'il avait nous a inquiétés; **~s are deceptive, you shouldn't go by ~s** il ne faut pas se fier aux apparences; **in order to keep up ~s** pour sauver les apparences; **to all ~s** selon toute apparence.

appease [əˈpiːz] vt apaiser. ◆ **appeasement** n apaisement m.

append [əˈpend] vt *document* joindre; *signature* apposer. ◆ **appendage** n appendice m.

appendix, pl **-ices** [əˈpendɪks,-ɪsiːz] n (**a**) *(Anat)* appendice m. **to have one's ~ out** se faire opérer de l'appendicite. (**b**) *[book]* appendice m; *[document]* annexe f. ◆ **append(ic)ectomy** n appendicectomie f. ◆ **appendicitis** n appendicite f.

appertain [ˌæpəˈteɪn] vi se rapporter (*to* à).

appetite [ˈæpɪtaɪt] n appétit m; *(fig)* goût m (*for* pour). **to have a good ~** avoir bon appétit. ◆ **appetizer** n *(drink)* apéritif m; *(food)* amuse-gueule * m inv. ◆ **appetizing** adj appétissant.

applaud [əˈplɔːd] vt *person, victory* applaudir; *decision, efforts* approuver. ◆ **applause** n applaudissements mpl.

apple [ˈæpl] **1** n pomme f; *(~ tree)* pommier m. **he's the ~ of my eye** je tiens à lui comme à la prunelle de mes yeux; *(US)* **the big A~** * New York. **2** adj: **~ blossom** fleur f de pommier; **~ core** trognon m de pomme; **~ orchard** champ m de pommiers; **~ pie** tourte f aux pommes; **in ~ pie order** en ordre parfait; **~ sauce** compote f de pommes; **~ tart** tarte f aux pommes; *(individual)* tartelette aux pommes.

apply [əˈplaɪ] **1** vt *paint, ointment, dressing* appliquer, mettre (*to* sur); *theory, rule, law* appliquer (*to* à). **to ~ a match to sth** allumer qch avec une allumette; **to ~ the brakes** actionner les freins; **to ~ one's mind** or **o.s. to (doing) sth** s'appliquer à (faire) qch; **applied sciences** sciences appliquées. **2** vi s'adresser (*to sb for sth* à qn pour obtenir qch). **~ at the office** adressez-vous au bureau. ◆ **apply for** vt fus *scholarship, money, assistance* demander. **to ~ for a job** faire une demande d'emploi (*to sb* auprès de qn); **to ~ for a divorce** formuler une demande en divorce. ◆ **apply to** vt fus s'appliquer à. **this does not ~ to you** ceci ne s'applique pas à vous. ◆ **appliance** n appareil m; *(smaller)* dispositif m. ◆ **applicable** adj applicable (*to* à). ◆ **applicant** n *(for job)* candidat(e) m(f) (*for* à); *(Admin: for benefits etc)* demandeur m, -euse f. ◆ **application** n (**a**) *(act of applying)* application f (*to* à); *(request)* demande f; **application for membership** demande d'adhésion; **application for a job** demande d'emploi, candidature f à un poste; **on application** sur demande; **details may be had on application to the secretary** s'adresser au secrétaire pour tous renseignements; **application form** formulaire m de demande; *(for job)* formulaire de demande d'emploi; *(Univ)* dossier d'inscription; **application software** logiciels mpl d'application. (**b**) *(diligence)* application f, attention f. ◆ **applicator** n applicateur m.

appliqué [æˈpliːkeɪ] **1** vt coudre (en application). **2** n *(~ work)* travail m d'application.

appoint [əˈpɔɪnt] vt nommer (*sb to a post* qn à un emploi or poste); *(fix)* date, place fixer; *(ordain)*

prescrire (*that* que + subj). **at the ~ed time** à l'heure dite or convenue; **to ~ sb manager** nommer qn directeur; **to ~ a new secretary** engager une nouvelle secrétaire; **a well-~ed house** une maison bien aménagée. ◆ **appointee** n candidat m retenu; *(esp US)* délégué m (or ambassadeur m etc) nommé pour des raisons politiques.

appointment [əˈpɔɪntmənt] n (**a**) *(arrangement to meet)* rendez-vous m. **to make an ~ with sb** prendre rendez-vous avec qn; **to keep an ~** aller à un rendez-vous; **have you an ~?** avez-vous pris rendez-vous?; **to meet sb by ~** rencontrer qn sur rendez-vous. (**b**) *(act of appointing)* nomination f (*to a post* à un emploi or poste); *(office assigned)* poste m; *(posting)* affectation f. *(Comm)* **'By ~ to Her Majesty the Queen'** 'fournisseur de S.M. la Reine'; *(Press)* **' ~s (vacant)'** 'offres fpl d'emploi'; **~s bureau** agence f de placement.

apposite [ˈæpəzɪt] adj juste, pertinent. ◆ **apposition** n apposition f.

appraise [əˈpreɪz] vt évaluer, estimer. ◆ **appraisal** n évaluation f, estimation f.

appreciate [əˈpriːʃɪeɪt] **1** vt (**a**) *(be aware of)* difficulty, fact, sb's attitude se rendre compte de, être conscient de. **to ~ sth at its true value** estimer qch à sa juste valeur; **yes, I ~ that** oui, je m'en rends bien compte. (**b**) *(value)* music, person apprécier; honour être sensible à; *sb's help, work, kindness* être reconnaissant de. **he felt that nobody ~d him** il ne se sentait pas apprécié à sa juste valeur. **2** vi *[currency]* monter; *[object, property]* prendre de la valeur. ◆ **appreciable** adj appréciable. ◆ **appreciably** adv de façon appréciable. ◆ **appreciation** n estimation f; *(gratitude)* reconnaissance f; *(Art etc: critique)* critique f; *(Fin)* hausse f; **in appreciation of...** en remerciement de... ◆ **appreciative** adj *person* sensible (*of* à); *(admiring)* admiratif; *comment* élogieux; **an appreciative glance** un regard connaisseur or admiratif.

apprehend [ˌæprɪˈhend] vt *(arrest)* appréhender, arrêter; *(fear)* redouter, appréhender. ◆ **apprehension** n *(fear)* appréhension f; *(arrest)* arrestation f. ◆ **apprehensive** adj plein d'appréhension. ◆ **apprehensively** adv avec appréhension.

apprentice [əˈprentɪs] **1** n apprenti(e) m(f). **~ plumber, plumber's ~** apprenti plombier. **2** vt mettre en apprentissage (*to sb* chez qn). **to be ~d to** être en apprentissage chez. ◆ **apprenticeship** n apprentissage m.

apprise [əˈpraɪz] vt informer (*sb of sth* qn de qch).

appro * [ˈæprəʊ] n *(Comm)* abbr of **approval**.

approach [əˈprəʊtʃ] **1** vi *[person, vehicle]* (s')approcher; *[date, season, death, war]* approcher, être proche. **2** vt place s'approcher de, s'avancer vers; *topic* aborder; *(fig)* perfection etc atteindre presque à. **it all depends on how one ~es it** tout dépend de la façon dont on s'y prend; **to ~ sb about sth** s'adresser à qn à propos de qch; **a man ~ed me in the street** un homme m'a abordé dans la rue; **I saw him ~ing me** je l'ai vu qui venait vers moi; **she is ~ing 30** elle approche de la trentaine; **it was ~ing midnight** il était près de or presque minuit. **3** n *[person, vehicle]* approche f. **at the ~ of** à l'approche de; **his ~ to the problem** sa façon d'aborder le problème; **a new ~ to teaching French** une nouvelle façon d'enseigner le français; **to make ~es to sb** faire des avances à qn; **to make an ~ to sb** faire une proposition à qn; **all the ~es to the town** tous les abords mpl or toutes les approches de la ville; **the ~ to the top of the hill** le chemin qui mène au sommet de la colline; **the station ~** les abords de la gare.

4 *adj: (Aviat)* ~ **lights** balisage *m*; ~ **road** *(gen)* route *f* d'accès; *(to motorway)* voie *f* de raccordement.
♦ **approachable** *adj* approchable. ♦ **approaching** *adj* date, car qui approche; *oncoming car* venant en sens inverse.

approbation [ˌæprəˈbeɪʃ(ə)n] *n* approbation *f*. **a nod of** ~ un signe de tête approbateur.

appropriate [əˈprəʊprɪɪt] **1** *adj moment, decision, ruling* opportun; *remark* opportun, juste; *word* juste, propre; *name* bien choisi; *authority, department* compétent. ~ **for** *or* **to** propre à, approprié à; **it would not be** ~ **for me to comment** ce n'est pas à moi de faire des commentaires; **he is the** ~ **person to ask** c'est à lui qu'il faut le demander. **2** [əˈprəʊprɪeɪt] *vt* s'approprier. ♦ **appropriately** *adv speak, comment* pertinemment; *design* convenablement; *situated* au bon endroit; ~**ly named** au nom bien choisi. ♦ **appropriation** *n (act: also Jur)* appropriation *f*; *(funds assigned)* dotation *f*; *(US Pol)* crédit *m* budgétaire.

approve [əˈpruːv] *vt (gen)* approuver; *decision* ratifier; *request* agréer. ♦ **approve of** *vt fus behaviour, idea* approuver, être partisan de; *person* avoir bonne opinion de. **she doesn't** ~ **of drinking** elle n'approuve pas qu'on boive; **he doesn't** ~ **of me** il désapprouve ma façon d'être; **we** ~ **of our new neighbours** nos nouveaux voisins nous plaisent. ♦ **approval** *n* approbation *f*, assentiment *m*; *(Comm)* **on approval** sous condition, à l'essai; **a nod of approval** un signe de tête approbateur; **has it got your approval?** l'approuvez-vous? ♦ **approving** *adj* approbateur. ♦ **approvingly** *adv* d'un air *or* d'un ton approbateur.

approximate [əˈprɒks(ɪ)mɪt] **1** *adj* approximatif. ~ **to** proche de. **2** [əˈprɒksɪmeɪt] *vi* s'approcher *(to* de). ♦ **approximately** *adv* approximativement. ♦ **approximation** *n* approximation *f*.

apricot [ˈeɪprɪkɒt] *n* abricot *m*; *(~ tree)* abricotier *m*.

April [ˈeɪpr(ə)l] **1** *n* avril *m*; *for phrases V* **September**. **2** *adj:* **to make an** ~ **fool of sb** faire un poisson d'avril à qn; ~ **Fools' Day** le premier avril; ~ **showers** ≃ giboulées *fpl* de mars.

apron [ˈeɪpr(ə)n] **1** *n* tablier *m*; *(Aviat)* aire *f* de stationnement. **2** *adj:* **tied to his mother's** ~ **strings** pendu aux jupes de sa mère; *(Theat)* ~ **stage** avant-scène *f*.

apropos [ˌæprəˈpəʊ] *adj, adv* à propos *(of* de).

apse [æps] *n* abside *f*.

apt [æpt] *adj* **(a)** *person* enclin, porté, disposé *(to do* à faire); *thing* susceptible *(to do* de faire). **one is** ~ **to believe that...** on a tendance à croire que...; **he's** ~ **to be out in the afternoons** il a tendance à ne pas être chez lui l'après-midi. **(b)** *comment, reply* approprié, juste; *pupil* doué. ♦ **aptitude** *n* aptitude *f (for* à), disposition *f (for* pour). ♦ **aptly** *adv answer* avec justesse; *behave* avec propos; ~**ly named** bien nommé. ♦ **aptness** *n* à-propos *m*, justesse *f*.

aqualung [ˈækwəlʌŋ] *n* scaphandre *m* autonome.

aquamarine [ˌækwəməˈriːn] **1** *n* aigue-marine *f*. **2** *adj (colour)* bleu vert *inv*.

aquaplane [ˈækwəpleɪn] *vi (Sport)* faire de l'aquaplane; *(Aut)* faire de l'aquaplaning.

aquarium [əˈkwɛərɪəm] *n* aquarium *m*.

Aquarius [əˈkwɛərɪəs] *n* le Verseau.

aquatic [əˈkwætɪk] *adj animal, plant* aquatique; *sport* nautique.

aqueduct [ˈækwɪdʌkt] *n* aqueduc *m*.

aquiline [ˈækwɪlaɪn] *adj* aquilin.

Arab [ˈærəb] **1** *n* Arabe *mf*; *(horse)* (cheval *m*) arabe *m*. **2** *adj* arabe. ♦ **Arabia** *n* Arabie *f*. ♦ **Arabian** *adj* arabe; *desert, sea* d'Arabie; ~**ian Gulf** golfe *m* Arabique; **the** ~**ian Nights** les Mille et Une Nuits.

♦ **Arabic 1** *n* arabe *m*; **written** ~ l'arabe littéral; **2** *adj* arabe; ~**ic numerals** chiffres *mpl* arabes.

arable [ˈærəbl] *adj* arable.

arbitrary [ˈɑːbɪtrərɪ] *adj* arbitraire. ♦ **arbitrarily** *adv* arbitrairement.

arbitrate [ˈɑːbɪtreɪt] *vti* arbitrer. ♦ **arbitration 1** *n* arbitrage *m*; **to go to arbitration** recourir à l'arbitrage; **2** *adj:* **arbitration tribunal** instance *f* chargée d'arbitrer les conflits sociaux. ♦ **arbitrator** *n* arbitre *m (Ind, Jur)*.

arc [ɑːk] **1** *n* arc *m*. **2** *adj:* ~ **light** lampe *f* à arc, *(Cine, TV)* sunlight *m*; ~ **welding** soudure *f* à l'arc voltaïque.

arcade [ɑːˈkeɪd] *n (arches)* arcade *f*; *(shopping precinct)* galerie *f* marchande.

arch¹ [ɑːtʃ] **1** *n [church etc]* arc *m*, voûte *f*; *[bridge etc]* arche *f*; *[eyebrows]* arcade *f*; *[foot]* voûte *f* plantaire. **2** *vt* arquer. ~**ed** *foot, back* cambré ; *window* cintré. ♦ **archway** *n* voûte *f* (d'entrée), porche *m*.

arch² [ɑːtʃ] *adj (teasing)* coquin.

arch³ [ɑːtʃ] **1** *adj (gen)* grand, par excellence. **an** ~ **traitor/villain** un grand traître/scélérat; **the** ~ **villain** le principal scélérat. **2** *pref* arch(i)... ♦ **archangel** [ˈɑːkˌeɪn(d)ʒ(ə)l] *n* archange *m*. ♦ **archbishop** *n* archevêque *m*. ♦ **archduke** *n* archiduc *m*. ♦ **arch-enemy** *n* ennemi *m* par excellence. ♦ **arch-priest** *n* archiprêtre *m*.

archaeology [ˌɑːkɪˈɒlədʒɪ] *n* archéologie *f*. ♦ **archaeological** *adj* archéologique. ♦ **archaeologist** *n* archéologue *mf*.

archaic [ɑːˈkeɪɪk] *adj* archaïque. ♦ **archaism** *n* archaïsme *m*.

archeology *etc (US)* = **archaeology** *etc*.

archer [ˈɑːtʃəʳ] *n* archer *m*. ♦ **archery** *n* tir *m* à l'arc.

archetype [ˈɑːkɪtaɪp] *n* archétype *m*. ♦ **archetypal** *adj* archétype.

archipelago [ˌɑːkɪˈpelɪgəʊ] *n* archipel *m*.

architect [ˈɑːkɪtekt] *n* architecte *m*. ♦ **architectural** *adj* architectural. ♦ **architecture** *n* architecture *f*.

archives [ˈɑːkaɪvz] *npl* archives *fpl*. ♦ **archivist** *n* archiviste *mf*.

Arctic [ˈɑːktɪk] **1** *adj* arctique. *(fig: very cold)* **a**~ glacial; ~ **Circle/Ocean** cercle *m*/océan *m* Arctique. **2** *n:* **the** ~ l'Arctique *m*.

ardent [ˈɑːdənt] *adj* ardent; *admirer* fervent. ♦ **ardently** *adv* ardemment.

ardour, *(US)* **ardor** [ˈɑːdəʳ] *n* ardeur *f*.

arduous [ˈɑːdjʊəs] *adj* ardu. ♦ **arduously** *adv* laborieusement. ♦ **arduousness** *n* difficulté *f*.

area [ˈɛərɪə] **1** *n* **(a)** *(surface measure)* aire *f*, superficie *f*. **an** ~ **of 800 m²** une superficie de 800 m², 800 m² de superficie. **(b)** *(region)* région *f*; *(Mil, Pol)* territoire *m* ; *(smaller)* secteur *m*, zone *f*; *(fig: of knowledge, enquiry)* domaine *m*, champ *m*. ~ **of outstanding natural beauty** site *m* naturel; **the** ~**s of disagreement** les zones *fpl* de désaccord; *(fig)* **in this** ~ à ce propos; *dining/sleeping* ~ coin *m* salle-à-manger/chambre. **2** *adj:* ~ **code** *(Brit Post)* code *m* postal; *(US Telec)* indicatif *m* de zone ; ~ **manager** directeur régional; ~ **office** agence régionale.

arena [əˈriːnə] *n* arène *f*.

Argentina [ˌɑːdʒ(ə)nˈtiːnə] *n (also* **the Argentine)** Argentine *f*. ♦ **Argentinian 1** *n* Argentin(e) *m(f)* ; **2** *adj* argentin.

argue [ˈɑːgjuː] **1** *vi* **(a)** *(dispute)* se disputer *(with sb* avec qn, *about sth* au sujet de qch). **don't** ~! pas de discussion! **(b)** *(reason)* argumenter *(about* sur; *against sb* contre qn). **he** ~**d against going** il a donné les raisons qu'il avait de ne pas vouloir y aller; **to** ~ **from sth** tirer argument de qch. **(c)**

[fact, evidence] témoigner *(against* contre, *in favour of* en faveur de). **2** *vt* (**a**) **to ~ sb into/out of doing** persuader/dissuader qn de faire. (**b**) *(debate)* case discuter, débattre; *(maintain)* soutenir, affirmer *(that* que). **a well-~d case** un cas étayé de bons arguments; **to ~ the toss** * discuter le coup *. (**c**) *(show evidence of)* dénoter, indiquer. **it ~s a certain lack of feeling** cela dénote *or* indique une certaine insensibilité. ◆ **arguable** *adj*: **it is arguable that** on peut soutenir que. ◆ **arguably** *adv*: **it is arguably...** on peut soutenir que c'est...

argument ['ɑːgjʊmənt] *n* (**a**) *(debate)* discussion *f*, débat *m*. **one side of the ~** une seule version de l'affaire; **for ~'s sake** à titre d'exemple; **it is open to ~ that** on peut soutenir que. (**b**) *(dispute)* dispute *f*, discussion *f*. **to have an ~** se disputer *(with sb* avec qn). (**c**) *(reasons)* argument *m*. **his ~ is that...** il soutient que... ◆ **argumentative** *adj* raisonneur, ergoteur *(pej)*.

argy-bargy * ['ɑːdʒɪ'bɑːdʒɪ] *n* discutailleries * *fpl*.

aria ['ɑːrɪə] *n* aria *f*.

arid ['ærɪd] *adj* aride. ◆ **aridity** *n* aridité *f*.

Aries ['ɛəriːz] *n* le Bélier.

aright [ə'raɪt] *adv* bien, correctement.

arise [ə'raɪz] *pret* **arose**, *ptp* **arisen** [ə'rɪzn] *vi* (**a**) *[difficulty]* survenir, surgir; *[question]* se présenter, se poser; *[cry]* s'élever; *[occasion]* se présenter. **should the need ~** en cas de besoin. (**b**) *(result)* résulter, provenir *(from* de). (**c**) *(†: rise)* se lever.

aristocracy [ˌærɪs'tɒkrəsɪ] *n* aristocratie *f*. ◆ **aristocrat** ['ærɪstəkræt] *n* aristocrate *mf*. ◆ **aristocratic** [ˌærɪstə'krætɪk] *adj* aristocratique.

arithmetic [ə'rɪθmətɪk] *n* arithmétique *f*. ◆ **arithmetical** *adj* arithmétique.

ark [ɑːk] *n* arche *f*. **Noah's ~** l'arche de Noé; *(fig)* **it's out of the ~** * ça date du déluge.

arm¹ [ɑːm] *n* (gen) bras *m*; *[garment]* manche *f*; *[spectacle frames]* branche *f*. **in one's ~s** dans ses bras; **he had a coat over his ~** il avait un manteau sur le bras; **take my ~** prenez mon bras; **on her husband's ~** au bras de son mari; **to put one's ~ round sb** passer son bras autour des épaules de qn; **~ in ~** bras dessus bras dessous; **within ~'s reach** à portée de la main; **at ~'s length** à bout de bras; *(fig)* à distance; **to cost an ~ and a leg** * coûter les yeux de la tête *; **the (long) ~ of the law** le bras de la justice; *(fig)* **to have a long ~** avoir le bras long. ◆ **armband** *n* brassard *m*. ◆ **armchair 1** *n* fauteuil *m*; **2** *adj*: **~chair general** *etc* général *m etc* en chambre. ◆ **armful** *n* brassée *f*. ◆ **armhole** *n* emmanchure *f*. ◆ **armlet** *n* brassard *m*. ◆ **armpit** *n* aisselle *f*. ◆ **armrest** *n* accoudoir *m*. ◆ **arm-twisting** * *n* pressions *fpl* directes *(fig)*. ◆ **arm-wrestling** *n* bras *m* de fer.

arm² [ɑːm] **1** *n* (**a**) *(weapon)* arme *f*. **under ~s** sous les armes; **in ~s** armé; **to ~s!** aux armes!; **to be up in ~s against** sb, *the authorities* être en rébellion ouverte contre; *decision etc* partir en guerre contre; **she was up in ~s about it** cela la mettait hors d'elle-même. (**b**) *(Her)* **~s** armes *fpl*. **2** *adj*: **~s control** contrôle *m* des armements; **~s factory** fabrique *f* d'armes; **~s manufacturer** fabricant *m* d'armes; **~s race** course *f* aux armements. **3** *vt* *person, nation* armer; *missile* munir d'une (tête d')ogive.
4 *vi* (s')armer *(against* contre).
◆ **armaments** *npl* armement *m*; **~aments race** course *f* aux armements. ◆ **armed** *adj* *(lit, fig)* armé *(with* de); *missile* muni d'une (tête d')ogive; *conflict, neutrality* armé; **~ed to the teeth** armé jusqu'aux dents; **the ~ed forces** les (forces) armées *fpl*; **~ed robbery** vol *m* à main armée.

Armenia [ɑː'miːnɪə] *n* Arménie *f*. ◆ **Armenian 1** *adj* arménien; **2** *n* Arménien(ne) *m(f)*.

armistice ['ɑːmɪstɪs] *n* armistice *m*. *(Brit)* **A~ Day** le onze novembre.

armour, *(US)* **armor** ['ɑːməʳ] *n* (**a**) *[knight]* armure *f*. **in full ~** armé de pied en cap. (**b**) *(Mil: ~-plating)* blindage *m*; *(vehicles)* blindés *mpl*; *(forces)* forces blindées. ◆ **armour-clad** *or* ◆ **armour-plated** *adj* blindé. ◆ **armoured car** *n* voiture blindée. ◆ **armour-piercing** *adj* *shell, bullet* perforant. ◆ **armour-plate** *n* *or* ◆ **armour-plating** *n* *(Mil)* blindage *m*; *(Naut)* cuirasse *f*. ◆ **armoury** *n* dépôt *m* d'armes; *(US: factory)* fabrique *f* d'armes.

army ['ɑːmɪ] **1** *n* armée *f* (de terre); *(fig)* foule *f*, armée. **to be in the ~** être dans l'armée, être militaire; **to join the ~** s'engager; **to go into the ~** *[professional]* devenir militaire *m* (de carrière); *[conscript]* partir au service. **2** *adj* *life, nurse, uniform* militaire. **~ corps** corps *m* d'armée; **~ officer** officier *m* (de l'armée de terre).

aroma [ə'rəʊmə] *n* arôme *m*. ◆ **aromatic** *adj* aromatique.

arose [ə'rəʊz] *pret of* **arise**.

around [ə'raʊnd] **1** *adv* (**a**) *(round)* autour. **all ~** tout autour, de tous côtés; **for miles ~** sur un rayon de plusieurs kilomètres. (**b**) *(nearby)* dans les parages. **he is somewhere ~** il est dans les parages; **is he ~?** * est-ce qu'il est là?; **there's a lot of flu ~** il y a beaucoup de cas de grippe en ce moment; **he's been ~** * *(travelled)* il a pas mal roulé sa bosse *; *(experienced)* il n'est pas né d'hier; **it's been ~ * for 20 years** ça existe depuis 20 ans. **2** *prep* (**a**) *(round)* autour de. **~ the fire** autour du feu; **to go ~ an obstacle** contourner un obstacle; **the country ~ the town** les environs *mpl* *or* alentours *mpl* de la ville; **~ the corner** après le coin. (**b**) *(about)* **to wander ~ the city** errer dans la ville; **they are somewhere ~ the house** ils sont quelque part dans la maison. (**c**) *(approximately)* environ, à peu près, vers. **~ 2 kilos** environ *or* à peu près 2 kilos; **~ 10 o'clock/1890** vers 10 heures/1890.

arouse [ə'raʊz] *vt* (**a**) *(awaken)* réveiller; *(stir to action)* pousser à agir. **that ~d him to protest** cela l'a poussé à protester. (**b**) *(cause)* *suspicion, curiosity etc* éveiller; *contempt, anger* provoquer. ◆ **arousal** *n* excitation *f* sexuelle.

arrange [ə'reɪn(d)ʒ] **1** *vt* (**a**) *(order)* *room, clothing, hair, flowers* arranger; *(Mus)* arranger *(for* pour); *books, objects* ranger, mettre en ordre. **room ~d as a laboratory** pièce aménagée en laboratoire. (**b**) *(decide on)* *meeting* arranger, organiser; *date* fixer; *plans, programme* arrêter, convenir de. **it was ~d that** il a été arrangé *or* décidé *or* convenu que; **I have sth ~d for tonight** j'ai qch de prévu pour ce soir; **to ~ a marriage** faire un mariage. **2** *vi* s'arranger *(to do* pour faire; *for sb to do* pour que qn fasse; *with sb about sth* avec qn au sujet de qch). **to ~ for sb's luggage to be sent up** faire monter les bagages de qn; **to ~ with sb to do** s'entendre avec qn pour faire.

arrangement [ə'reɪn(d)ʒmənt] *n* (gen: also Mus) arrangement *m*; *(something decided)* décision *f*, arrangement. **larger sizes by ~** tailles supérieures sur demande; **price by ~** prix *m* à débattre; **by ~ with Covent Garden** avec l'autorisation *f* de Covent Garden; *(plans, preparations)* **~s** mesures *fpl*, dispositions *fpl*, préparatifs *mpl*; **the ~s we made** les dispositions que nous avons prises; **to make ~s to do** s'arranger pour faire; **to make ~s for a holiday** faire des préparatifs *mpl* pour des vacances; **to make ~s for sth to be done** prendre des mesures *fpl or* dispositions *fpl* pour faire faire qch.

array [ə'reɪ] **1** *vt*: **~ed in** revêtu de. **2** *n* *[objects]* ensemble impressionnant; *[people]* assemblée *f*; *(Comput)* tableau *m*.

arrears [ə'rɪəz] *npl* arriéré *m*. **rent in** ~ (loyer) arriéré; **to get into** ~ s'arriérer; **to be 3 months in** ~ **with the rent** devoir 3 mois de loyer.

arrest [ə'rest] **1** *vt* (**a**) *[police etc]* arrêter. (**b**) *growth etc (stop)* arrêter; *(hinder)* entraver; *(retard)* retarder; *disease* enrayer. ~**ed development** *(Med)* arrêt *m* de croissance; *(Psych)* atrophie *f* de la personnalité. **2** *n [police etc]* arrestation *f*. **under** ~ en état d'arrestation; *(Mil)* aux arrêts; **to put sb under** ~ arrêter qn; *(Mil)* mettre qn aux arrêts; **to make an** ~ procéder à une arrestation. ◆ **arresting** *adj (fig)* frappant, saisissant.

arrival [ə'raɪv(ə)l] *n* (**a**) *(gen)* arrivée *f*; *(Comm) [goods in bulk]* arrivage *m*. **on** ~ à l'arrivée. (**b**) *(consignment)* arrivage *m*. *(person)* **the first** ~ le premier arrivé; **a new** ~ un nouveau venu; *(baby)* un(e) nouveau-né(e).

arrive [ə'raɪv] *vi* arriver (*at* à); *(succeed)* arriver, réussir. **to** ~ **on the scene** arriver; **the moment has** ~**d when we must go** le moment est venu pour nous de partir. ◆ **arrive at** *vt fus decision, solution* aboutir à, parvenir à; *perfection* atteindre. **to** ~ **at a price** *[one person]* fixer un prix; *[2 people]* se mettre d'accord sur un prix; **they finally** ~**d at the idea of doing** ils en sont finalement venus à l'idée de faire.

arrogant ['ærəgənt] *adj* arrogant. ◆ **arrogance** *n* arrogance *f*.

arrow ['ærəʊ] **1** *n* flèche *f*. **2** *vt route, direction* flécher; *item on list etc* cocher. ◆ **arrowhead** *n* pointe *f* de flèche.

arsenal ['ɑ:sɪnl] *n* arsenal *m*.

arsenic ['ɑ:snɪk] *n* arsenic *m*.

arson ['ɑ:sn] *n* incendie *m* volontaire. ◆ **arsonist** *n* incendiaire *mf*.

art [ɑ:t] **1** *n* art *m*. ~ **for** ~'**s sake** l'art pour l'art; **to study** ~ *(gen)* faire des études d'art; *(Univ)* faire les beaux-arts; ~**s and crafts** artisanat *m* (d'art); *(Univ)* **Faculty of A**~**s** faculté *f* des Lettres; **he's doing A**~**s** il fait des lettres. **2** *adj*: ~ **collection** collection *f* de tableaux (*or* d'objets d'art *etc*); ~ **college** ≃ école *f* des beaux-arts; ~ **exhibition** exposition *f* (de peinture *or* de sculpture); ~ **form** moyen *m* d'expression artistique; ~ **gallery** *(museum)* musée *m* d'art; *(shop)* galerie *f* (de tableaux *or* d'art); ~ **paper** papier couché; ~ **school** école *f* des beaux-arts; *(Univ)* **A**~**s degree** licence *f* ès lettres; ~ **student** étudiant(e) *m(f)* des arts *or* en beaux-arts; **A**~**s student** étudiant(e) *m(f)* en *or* de Lettres.

◆ **artful** *adj* rusé, astucieux; **he's an** ~**ful one** * c'est un petit malin *; ~**ful dodger** roublard(e) * *m(f)*. ◆ **artfully** *adv (cunningly)* astucieusement; *(skilfully)* habilement. ◆ **artfulness** *n (cunning)* astuce *f*; *(skill)* habileté *f*. ◆ **artless** *adj* naturel. ◆ **artlessly** *adv* ingénument. ◆ **arty** * *adj person* qui a le genre artiste *or* bohème; *clothes* de style bohème; *decoration, style* (d'un art) apprêté. ◆ **art(s)y-craft(s)y** * *adj (pej) object, style* exagérément artisanal; *person* qui affiche un genre artiste *or* bohème.

artefact ['ɑ:tɪfækt] *n* objet *m* fabriqué.

artery ['ɑ:təri] *n* artère *f (also fig: road)*. ◆ **arterial** *adj (Anat)* artériel; **arterial road** route *f* à grande circulation. ◆ **arteriosclerosis** *n* artériosclérose *f*.

artesian [ɑ:'ti:zɪən] *adj*: ~ **well** puits *m* artésien.

arthritis [ɑ:'θraɪtɪs] *n* arthrite *f*. ◆ **arthritic** *adj, n* arthritique *(mf)*.

artichoke ['ɑ:tɪtʃəʊk] *n (globe* ~) artichaut *m*; *(Jerusalem* ~) topinambour *m*.

article ['ɑ:tɪkl] *n (Admin, Jur, Gram, Press etc)* article *m*; *(Comm)* article, marchandise *f*; *(object)* objet *m*. ~**s of clothing** vêtements *mpl*; ~ **of food** denrée *f*; ~**s of value** objets de valeur.

articulate [ɑ:'tɪkjʊlɪt] **1** *adj speech* bien articulé; *person* qui s'exprime bien; *book* clair; *(Anat)* articulé. **2** [ɑ:'tɪkjʊleɪt] *vti* articuler. **to** ~ **a plan** expliquer clairement un plan; ~**d lorry** semi-remorque *m*. ◆ **articulately** *adv* avec facilité. ◆ **articulation** *n* articulation *f*.

artifact ['ɑ:tɪfækt] *n* = **artefact**.

artifice ['ɑ:tɪfɪs] *n (stratagem)* artifice *m*; *(cunning)* adresse *f*.

artificial [ˌɑ:tɪ'fɪʃ(ə)l] *adj* artificiel *(also fig)*. ~ **intelligence** intelligence *f* artificielle; ~ **teeth** fausses dents; **it was a very** ~ **situation** la situation manquait de naturel. ◆ **artificiality** *n* manque *m* de naturel. ◆ **artificially** *adv* artificiellement.

artillery [ɑ:'tɪlərɪ] *n* artillerie *f*.

artisan ['ɑ:tɪzæn] *n* artisan *m*.

artist ['ɑ:tɪst] *n* artiste *mf*. ◆ **artiste** *n (Cine, Theat, TV)* artiste *mf*. ◆ **artistic** *adj arrangement, activity, sense* artistique; *temperament* artiste; *person* qui a un sens artistique très développé. ◆ **artistically** *adv* artistiquement, avec art. ◆ **artistry** *n* art *m*, talent *m* artistique.

Aryan ['ɛərɪən] *adj* aryen.

as [æz, əz] **1** *conj* (**a**) *(when, while)* comme, alors que, tandis que, pendant que. ~ **she was resting she heard it** tandis qu'elle or comme elle se reposait elle l'entendit; **I saw him** ~ **he came out** je l'ai vu comme *or* au moment où il sortait; **he got deafer** ~ **he got older** il devenait plus sourd à mesure qu'il vieillissait. (**b**) *(since, because)* comme, puisque. (**c**) *(in comparisons)* **as tall** ~ aussi grand que; **not so** *or* **not as tall** ~ pas aussi *or* pas si grand que; **as much** ~ autant que; **twice as rich** ~ deux fois plus riche que; **by day (as well)** ~ **by night** de jour comme de nuit. (**d**) *(concessive)* **big** ~ **the box is...** si grande que soit la boîte...; **try** ~ **he would, he couldn't do it** il a eu beau essayer, il n'y est pas arrivé. (**e**) *(manner)* comme. **do** ~ **you like** faites comme vous voudrez; **M** ~ **in Marcel** M comme Marcel; ~ **usual** comme d'habitude; ~ **often happens** comme il arrive souvent; ~ **is her brother** comme son frère, ainsi que son frère, de même que son frère; ~ **it were** pour ainsi dire; ~ **it is, I can't come** les choses étant ce qu'elles sont, je ne peux pas venir; **leave it** ~ **it is** laisse ça tel quel. (**f**) *such people* ~ **knew him** les gens qui le connaissaient; **such a book** ~ **you gave him** un livre comme celui que tu lui as donné; **the same day** ~ le même jour que; **a man such** ~ **he is** un homme tel que lui; ~ **if**, ~ **though** comme (si); ~ **if he'd been drinking** comme s'il avait bu; **he rose** ~ **if to go out** il s'est levé comme pour sortir; ~ **for**, ~ **to**, ~ **regards** quant à; ~ **of yesterday** depuis hier; ~ **of today** à partir d'aujourd'hui. (**g**) **so** ~ **to** + *infin* pour, de façon à, afin de + *infin*. **2** *adv* aussi, si. ~ **tall as** aussi grand que; **not** ~ **tall as** pas si *or* pas aussi grand que. **3** *prep* (**a**) *(in the capacity of)* comme, en tant que. **sold** ~ **a slave** vendu comme esclave; ~ **a bachelor he...** en tant que célibataire il...; **Olivier** ~ **Hamlet** Olivier dans le rôle de Hamlet. (**b**) **to treat sb** ~ **a child** traiter qn comme un enfant *or* en enfant; **to acknowledge sb** ~ **leader** reconnaître qn pour chef.

asbestos [æz'bestəs] *n* amiante *f*. ~ **mat** plaque *f* d'amiante. ◆ **asbestosis** *n* asbestose *f*.

ascend [ə'send] **1** *vi* monter; *(esp Rel)* s'élever *(to* à, jusqu'à). **2** *vt ladder* monter à; *mountain* gravir, faire l'ascension de; *river* remonter; *staircase* monter; *throne* monter sur. ◆ **ascendancy** *n* ascendant *m (over* sur). ◆ **ascendant** *adj, n* ascendant *(m)*. ◆ **ascension** *n* ascension *f*. ◆ **ascent** *n* ascension *f*, *(in rank)* montée *f*.

ascertain [ˌæsə'teɪn] *vt* établir *(that* que); *truth, what happened* établir; *sb's age, name, address etc* vérifier.

ascetic [ə'setɪk] **1** adj ascétique. **2** n ascète mf.
♦ **asceticism** n ascétisme m.

ascribe [ə'skraɪb] vt virtue, work attribuer (to à); fault imputer (to à).

aseptic [eɪ'septɪk] adj aseptique.

asexual [æ'seksjʊəl] adj asexué.

ash¹ [æʃ] n (~ tree) frêne m.

ash² [æʃ] **1** n cendre f. ~es to ~es, dust to dust tu es poussière et tu retourneras en poussière. **2** adj: ~ blond(e) blond cendré inv; A~ Wednesday mercredi m des Cendres. ♦ **ashcan** n boîte f à ordures, poubelle f. ♦ **ashen** adj face terreux. ♦ **ashman** n (US) éboueur m. ♦ **ashtray** n cendrier m.

ashamed [ə'ʃeɪmd] adj honteux, confus. **to be** or **feel** ~ **(of o.s.)** avoir honte; **to be** ~ **of** avoir honte de; **I am** ~ **to say** à ma honte je dois dire.

ashore [ə'ʃɔːʳ] adv à terre; (to the shore) vers la rive, vers le rivage. **to go** ~ descendre à terre; **to put sb** ~ débarquer qn.

Asia ['eɪʃə] n Asie f. ♦ **Asian** or ♦ **Asiatic 1** adj asiatique ; **2** n Asiatique mf.

aside [ə'saɪd] **1** adv de côté, à l'écart, à part. **to put sth** ~ mettre qch de côté; **to take sb** ~ prendre qn à part; **joking** ~ plaisanterie or blague * à part; ~ **from** à part. **2** n (esp Theat) aparté m. **in an** ~ en aparté.

asinine ['æsɪnaɪn] adj stupide, idiot.

ask [ɑːsk] **1** vt (**a**) (inquire) demander (sb sth qch à qn). **to** ~ **sb about sth** interroger qn or poser des questions à qn au sujet de qch; **to** ~ **(sb) a question** poser une question (à qn); ~ **him if he has seen her** demande-lui s'il l'a vue; **don't** ~ **me!** * allez savoir! *; **I** ~ **you!** * je vous demande un peu! * (**b**) (request) demander (sb to do à qn de faire; that sth be done que qch soit fait; sb for sth qch à qn). **he** ~**ed to go on the picnic** il a demandé s'il pouvait se joindre au pique-nique; **that's** ~**ing a lot!** c'est beaucoup en demander!; (Comm) **he is** ~**ing £80,000 for the house** il demande 80 000 livres or veut 80 000 livres pour la maison; ~**ing price** prix m de départ. (**c**) (invite) inviter (sb to sth qn à qch; sb to do qn à faire). **to** ~ **sb in/out** etc inviter qn à entrer/sortir etc. **2** vi demander. **to** ~ **about sth** s'informer de qch, se renseigner sur qch; **it's there for the** ~**ing** il suffit de le demander (pour l'obtenir).
♦ **ask after** vt fus person demander des nouvelles de; sb's health s'informer de. ♦ **ask along** vt sep inviter. ♦ **ask back** vt sep (for a second visit) réinviter; (on reciprocal visit) rendre son invitation à.
♦ **ask for** vt fus help, permission, money demander; person demander à voir. **he** ~**ed for his pen back** il a demandé qu'on lui rende son stylo; **they are** ~**ing for trouble** * ils cherchent les ennuis or les embêtements *; **she was** ~**ing for it!** * elle l'a bien cherché! *

askance [ə'skɑːns] adv: **to look** ~ **at** (sideways) regarder de côté; (suspiciously/disapprovingly) regarder d'un air soupçonneux/d'un œil désapprobateur.

askew [ə'skjuː] adv de travers. (US fig) **something is** ~ il y a quelque chose qui ne tourne pas rond.

asleep [ə'sliːp] adj endormi. **to be** ~ dormir, être endormi; **to be fast** or **sound** ~ dormir profondément or à poings fermés; **my finger is** ~ j'ai le doigt engourdi; **to fall** ~ s'endormir.

asparagus [əs'pærəgəs] n (Bot) asperge f; (Culin) asperges. ~ **fern** asparagus m; ~ **tips** pointes fpl d'asperges.

aspect ['æspekt] n (**a**) (gen; also Gram) aspect m. **to study every** ~ **of a question** étudier une question sous tous ses aspects; **seen from this** ~ vu sous cet angle. (**b**) [building etc] exposition f. **house with a southerly** ~ maison exposée au midi.

asperity [æs'perɪtɪ] n rudesse f.

aspersion [əs'pɜːʃ(ə)n] n calomnie f. **to cast** ~**s on sth/sb** dénigrer qch/qn.

asphalt ['æsfælt] **1** n asphalte m. **2** vt asphalter. **3** adj asphalté.

asphyxia [æs'fɪksɪə] n asphyxie f. ♦ **asphyxiate 1** vt asphyxier ; **2** vi s'asphyxier. ♦ **asphyxiation** n asphyxie f.

aspic ['æspɪk] n: **chicken in** ~ aspic m de volaille.

aspidistra [ˌæspɪ'dɪstrə] n aspidistra m.

aspirate ['æsp(ə)rɪt] **1** n aspirée f. **2** adj aspiré.

aspire [əs'paɪəʳ] vi aspirer (to sth à qch; to do à faire). **we can't** ~ **to that** nos prétentions ne vont pas jusque-là. ♦ **aspiration** n aspiration f. ♦ **aspiring** adj ambitieux.

aspirin ['æsprɪn] n aspirine f.

ass [æs] n (Zool) âne m; (fool) idiot(e) m(f), imbécile mf. **to make an** ~ **of o.s.** se rendre ridicule; **don't be an** ~! (action) ne fais pas l'imbécile!; (speech) ne dis pas de sottises!

assail [ə'seɪl] vt assaillir (with de). ♦ **assailant** n agresseur m.

assassin [ə'sæsɪn] n assassin m (Pol etc). ♦ **assassinate** vt assassiner. ♦ **assassination** n assassinat m.

assault [ə'sɔːlt] **1** n (Mil) assaut m (on de); (Jur) agression f. **the** ~ **on the man** l'agression dont l'homme a été victime; ~ **and battery** coups mpl et blessures fpl. **2** vt (Jur) agresser; (sexually) violenter; (Mil) donner l'assaut à. **3** adj: (Mil) ~ **course** parcours m du combattant.

assemble [ə'sembl] **1** vt objects, ideas assembler; people rassembler; (Tech) machine monter. **2** vi s'assembler; se rassembler; se monter.
♦ **assemblage** n [things] collection f; [people] assemblée f. ♦ **assembler** n (Comput) assembleur m. ♦ **assembly 1** n (**a**) (meeting) assemblée f; (Scol) réunion f de tous les élèves de l'établissement. **in open assembly** en séance publique; **the general assembly of the U.N.** l'assemblée générale de l'ONU; (**b**) (Tech) montage m; **the engine assembly** le bloc moteur; (Comput) assemblage m ; **2** adj: **assembly language** (Comput) langage m d'assemblage; **assembly line** chaîne f de montage.

assent [ə'sent] **1** n assentiment m. **2** vi donner son assentiment (to à).

assert [ə'sɜːt] vt affirmer, soutenir (that que); one's innocence protester de; claim défendre; one's rights faire valoir. ♦ **assertion** n affirmation f, assertion f. ♦ **assertive** adj assuré.

assess [ə'ses] vt (gen) estimer, évaluer; payment, damages, tax déterminer le montant de; rateable property calculer la valeur imposable de; situation, time, amount évaluer; candidate juger (la valeur de). ♦ **assessment** n estimation f; évaluation f; détermination f (du montant); calcul m (de la valeur imposable); jugement m (of sur); (Educ) contrôle m des connaissances; (on pupil's report) appréciation f du professeur; (Scol, Univ) **continuous** ~**ment** contrôle m continu. ♦ **assessor** n [property] expert m; (US) ~**or of taxes** contrôleur m des contributions directes.

asset ['æset] n: ~**s** (Fin) actif m; (gen) biens mpl; ~**s and liabilities** actif et passif m; (fig) **his greatest** ~ son meilleur atout. ♦ **asset-stripper** n spécialiste de la cannibalisation. ♦ **asset-stripping** cannibalisation f (d'une compagnie).

assiduous [ə'sɪdjʊəs] adj assidu. ♦ **assiduity** n assiduité f. ♦ **assiduously** adv assidûment.

assign [ə'saɪn] vt task, office, date assigner (to à); meaning attribuer (to à); employee affecter (to à); (Jur) property, right céder (to sb à qn). ♦ **assignation** n (appointment) rendez-vous m inv. ♦ **assignment** n (task) mission f.

assimilate [ə'sɪmɪleɪt] vt assimiler (to à). ♦ **assimilation** n assimilation f.

assist [ə'sɪst] **1** vt aider, assister (to do, in doing à faire). **to ~ sb in/out** etc aider qn à entrer/sortir etc; **~ed by** avec le concours de; (Travel) **~ed passage** billet subventionné. **2** vi aider, prêter secours (in à).
♦ **assistance** n assistance f; **to come to sb's ~ance** venir à l'aide de qn; **can I be of ~ance?** puis-je vous aider? ♦ **assistant 1** n aide mf, auxiliaire mf; (foreign language ~) (Scol) assistant(e) m(f); (Univ) lecteur m, -trice f; **2** adj adjoint; **~ant librarian** bibliothécaire mf adjoint(e); (Scol) **~ant master** or **mistress** professeur m (qui n'a pas la responsabilité d'une section); [primary school] instituteur m, -trice f.

assizes [ə'saɪzɪz] npl (Jur) assises fpl.

associate [ə'səʊʃɪɪt] **1** adj associé, allié. **2** n (a) associé(e) m(f), collègue mf; (accomplice) complice mf. (b) [a society] associé m; [learned body] (membre m) correspondant m. **3** [ə'səʊʃɪeɪt] vt associer (with avec). (in undertaking etc) **to be ~ed with sth** être associé à qch; **I should like to ~ myself with what has been said** je voudrais me faire l'écho de cette opinion; **I don't wish to be ~d with it** je le préfère que mon nom ne soit pas mêlé à ceci. **4** vi: **to ~ with sb** fréquenter qn.
♦ **association** [ə,səʊsɪ'eɪʃ(ə)n] **1** n (most senses) association f; **full of historic associations** riche en souvenirs historiques ; **2** adj: **association football** football m (association).

assorted [ə'sɔːtɪd] adj assorti. **well-/ill-~** bien/mal assortis; **in ~ sizes** de différentes tailles.
♦ **assortment** n [objects] assortiment m; **this shop has a good assortment** ce magasin a un grand choix; **an assortment of people** des gens (très) divers.

assuage [ə'sweɪdʒ] vt calmer.

assume [ə'sjuːm] vt (a) (suppose) supposer, présumer, admettre. **let us ~ that** admettons or supposons que + subj; **you resigned, I ~** vous avez démissionné, je suppose or présume; **you are assuming a lot** vous faites bien des suppositions. (b) (take) (gen) prendre; responsibility, burden, role assumer; title, right, authority s'approprier; name, air, attitude adopter; innocence, indifference affecter un air de. **to ~ control of** prendre en main la direction de; **under an ~d name** sous un nom d'emprunt. ♦ **assumption** n (a) (supposition) supposition f, hypothèse f; **on the assumption that** en supposant que + subj; **to go on the assumption that** présumer que; (b) [power etc] appropriation f; [indifference] affectation f; (Rel) **A~** Assomption f.

assure [ə'ʃʊəʳ] vt (all senses) assurer (sb of sth qn de qch). ♦ **assurance** n (all senses) assurance f; **in the assurance that** avec l'assurance que; **you have my assurance that** je vous promets formellement que. ♦ **assuredly** adv assurément.

aster ['æstəʳ] n aster m.

asterisk ['æst(ə)rɪsk] n astérisque m.

astern [ə'stɜːn] adv (Naut) à or sur l'arrière.

asteroid ['æstərɔɪd] n astéroïde m.

asthma ['æsmə] n asthme m. ♦ **asthmatic** adj, n asthmatique (mf).

astigmatism [æs'tɪgmətɪz(ə)m] n astigmatisme m. ♦ **astigmatic** adj astigmate.

astonish [ə'stɒnɪʃ] vt étonner; (stronger) ahurir. **you ~ me!** non! pas possible! ♦ **astonished** adj étonné, stupéfait; **I am ~ed that** cela m'étonne or m'ahurit que + subj. ♦ **astonishing** adj étonnant; ahurissant. ♦ **astonishingly** adv incroyablement. ♦ **astonishment** n étonnement m; ahurissement m; **look of ~ment** regard stupéfait; **to my ~ment** à mon grand étonnement.

astound [ə'staʊnd] vt stupéfier, abasourdir. ♦ **astounded** adj abasourdi, ébahi. ♦ **astounding** adj stupéfiant, ahurissant.

astrakhan [,æstrə'kæn] n astrakan m.

astray [ə'streɪ] adv: **to go ~** s'égarer; **to lead sb ~** détourner qn du droit chemin.

astride [ə'straɪd] **1** adv à califourchon, à cheval. **2** prep à califourchon or à cheval sur.

astringent [əs'trɪn(d)ʒənt] **1** adj astringent; (fig) dur. **2** n astringent m.

astrology [əs'trɒlədʒɪ] n astrologie f. ♦ **astrologer** n astrologue m. ♦ **astrological** adj astrologique.

astronaut ['æstrənɔːt] n astronaute mf.

astronomy [əs'trɒnəmɪ] n astronomie f. ♦ **astronomer** n astronome m. ♦ **astronomic(al)** adj (lit, fig) astronomique.

astrophysics ['æstrə(ʊ)'fɪzɪks] nsg astrophysique f. ♦ **astrophysicist** n astrophysicien(ne) m(f).

Astroturf ['æstrəʊtɜːf] n ® gazon m artificiel.

astute [əs'tjuːt] adj fin, astucieux. ♦ **astutely** adv avec finesse, astucieusement. ♦ **astuteness** n finesse f, astuce f.

asylum [ə'saɪləm] n asile m.

at [æt] prep (a) (place) à. **~ the table** à la table; **~ my brother's** chez mon frère; **~ the baker's** chez le boulanger; **~ home** à la maison, chez soi; **to dry o.s. ~ the fire** se sécher devant le feu; **to stand ~ the window** se tenir à or devant la fenêtre. (b) (time) à. **~ 10 o'clock** à 10 heures; **3 ~ a time** 3 par 3, 3 à la fois, (stairs) 3 à 3; **~ a time like this** à un moment pareil; **~ my time of life** à mon âge. (c) (activity) **to play ~ football** jouer au football; **while we are ~ it** * pendant que nous y sommes; **let me see you ~ it again!** * que je t'y reprenne!; **they are ~ it all day** * ils font ça toute la journée; **she was (on) ~ her husband to buy a new car** * elle a harcelé son mari pour qu'il achète (subj) une nouvelle voiture; **he's always (on) ~ me** * il est toujours après moi *; **good ~ languages** bon en langues; **~ war** en guerre. (d) (manner) **~ full speed** à toute allure; **~ 80 km/h** à 80 km/h; **he drove ~ 80 km/h** il faisait du 80 (à l'heure). (e) (cause) **surprised ~** étonné de; **annoyed ~** contrarié par; **angry ~** en colère contre. (f) (rate, value, price) à, dans, en. **he sells them ~ 2 francs a kilo** il les vend 2 F le kilo; **let's leave it ~ that** restons-en là!; **~ a stroke of bad luck** quel mauvais coup; **he's only a teacher and a poor one ~ that** ce n'est qu'un professeur et encore assez piètre. ♦ **at-home** n réception f (chez soi).

ate [et, (US) eɪt] pret of **eat**.

atheism ['eɪθɪɪz(ə)m] n athéisme m. ♦ **atheist** n athée mf. ♦ **atheistic(al)** adj athée.

Athens ['æθɪnz] n Athènes.

athlete ['æθliːt] n (in competitions) athlète mf. (gen) **he's a fine ~** il est très sportif; (Med) **~'s foot** mycose f. ♦ **athletic** [æθ'letɪk] adj activity athlétique; meeting sportif, d'athlétisme; person (sporty) sportif; (muscular) athlétique; (US Scol, Univ) **~ coach** entraîneur m (sportif). ♦ **athletics** nsg (Brit) athlétisme m; (US) sport m.

Atlantic [ət'læntɪk] adj winds, currents de l'Atlantique. **the ~ (Ocean)** l'Atlantique m, l'océan m Atlantique; **~ liner** transatlantique m.

atlas ['ætləs] n atlas m.

atmosphere ['ætməsfɪəʳ] n atmosphère f. ♦ **atmospheric** [,ætməs'ferɪk] adj atmosphérique. ♦ **atmospherics** nsg (Telec) parasites mpl.

atom ['ætəm] **1** n atome m. (fig) **smashed to ~s** réduit en miettes; **not an ~ of truth** pas un grain de vérité. **2** adj: **~ bomb** n bombe f atomique. ♦ **atomic** adj atomique; **~ reactor** réacteur m nucléaire. ♦ **atomize** vt atomiser. ♦ **atomizer** n atomiseur m.

atone [əˈtəʊn] *vi*: **to ~ for** *sin* expier; *mistake* réparer. ◆ **atonement** *n* expiation *f* (*Rel*); réparation *f*.

atrocious [əˈtrəʊʃəs] *adj* atroce. ◆ **atrociously** *adv* atrocement. ◆ **atrocity** [əˈtrɒsɪtɪ] *n* atrocité *f*.

atrophy [ˈætrəfɪ] **1** *n* atrophie *f*. **2** *vi* s'atrophier. **3** *vt* atrophier.

attach [əˈtætʃ] *vt* (*gen*) attacher (**to** à); *document* joindre (**to** à); *troops* affecter (**to** à); *employee* attacher (**to** à). **the ~ed letter** la lettre ci-jointe; **to ~ credence to** ajouter foi à; **to ~ o.s. to a group** se joindre à un groupe; (*fond of*) **to be ~ed to sb/sth** être attaché à qn/qch; **he's ~ed** * (*married etc*) il n'est pas libre. ◆ **attaché** [əˈtæʃeɪ] *n* attaché(e) *m(f)*; **~é case** mallette *f*, attaché-case *m*. ◆ **attachment** *n* (*for tool etc: accessory*) accessoire *m*; (*affection*) attachement *m* (**to** à); (*temporary transfer*) stage *m* (**to** chez).

attack [əˈtæk] **1** *n* (**a**) (*gen, Mil, Sport*) attaque *f* (**on** contre). **to return to the ~** revenir à la charge; **~ on sb's life** attentat *m* contre qn; (*fig*) **to leave o.s. open to ~** prêter le flanc à la critique; **to be under ~** (*Mil*) être attaqué (*from* par); (*fig*) être en butte aux attaques (*from* de). (**b**) (*Med*) crise *f*. **~ of fever** accès *m* de fièvre; **an ~ of migraine** une migraine. **2** *vt person, enemy* attaquer; *task, problem* s'attaquer à; (*Chem*) *metal* attaquer. ◆ **attacker** *n* attaquant(e) *m(f)*, agresseur *m*.

attain [əˈteɪn] *vt* (**a**) *aim, rank, age* atteindre, parvenir à. (**b**) (*also* ~ **to**) *knowledge* acquérir; *happiness* atteindre à; *perfection etc* toucher à; *power, prosperity* parvenir à. ◆ **attainable** *adj* accessible (*by* à), à la portée (*by* de). ◆ **attainment** *n* réussite *f*, résultat *m* obtenu.

attempt [əˈtem(p)t] **1** *vt* essayer, tenter (**to do** de faire); *task* entreprendre. **~ed escape/murder** *etc* tentative *f* d'évasion/de meurtre *etc*; **to ~ suicide** tenter de se suicider. **2** *n* tentative *f* (*at sth* de qch), effort *m*; (*unsuccessful*) essai *m*. **an ~ at escape** une tentative d'évasion; **first ~** coup *m* d'essai; **to make an ~ at doing** essayer de faire; **to be successful at the first ~** réussir du premier coup; **to make an ~ on the record** essayer de battre le record; **it was a good ~ on his part** il a vraiment essayé; **~ on sb's life** attentat *m* contre qn.

attend [əˈtend] **1** *vt* (**a**) *meeting, lecture* assister à; *classes, course* suivre; *church, school* aller à. **the meeting was well ~ed** il y avait beaucoup de monde à la réunion. (**b**) (*lady-in-waiting*) accompagner; (*doctor*) soigner. **method ~ed by great risks** méthode qui comporte de grands risques. **2** *vi* (*pay attention*) faire attention (**to** à); (*be present*) être présent *or* là.
◆ **attend to** *vt fus* *speech, lesson* faire attention à; *advice* prêter attention à; *business, customer* s'occuper de.
◆ **attendance 1** *n* (*being present*) présence *f*; (*number of people present*) assistance *f*; **he was in ~ance on the queen** il escortait la reine; **to be in ~ance** être de service; (*Med*) **~ance on a patient** visites *fpl* à un malade; **2** *adj*: (*Brit Jur*) **~ance centre** prison *f* de week-end; (*Scol*) **~ance officer** ≈ inspecteur *m* (chargé de faire respecter l'obligation scolaire). ◆ **attendant 1** *n* [*museum etc*] gardien(ne) *m(f)*; (*US: in hospital*) garçon *m* de salle; (*servant*) serviteur *m*; **the prince and his ~ants** le prince et sa suite ; **2** *adj* qui accompagne (qch); **the ~ant rise in prices** la hausse des prix correspondant; **old age and its ~ant ills** la vieillesse et les infirmités qui l'accompagnent.

attention [əˈtenʃ(ə)n] **1** *n* attention *f*. **to pay ~ to** faire attention à; **to call (sb's) ~ to sth** attirer l'attention (de qn) sur qch; **it has come to my ~ that** j'ai appris que; **for the ~ of** à l'attention de; **it needs daily ~** il faut s'en occuper tous les jours; (*kindness*) **~s** attentions *fpl*; (*Mil*) **~!** garde-

à-vous!; **to stand at/come to ~** être/se mettre au garde-à-vous; **to jump** *or* **spring to ~** se mettre vivement au garde-à-vous. **2** *adj*: **his ~ span is too short** il ne peut pas se concentrer assez longtemps.
◆ **attention-seeking** *adj* cherchant à se faire remarquer. ◆ **attentive** *adj* prévenant (*to sb* envers qn); soucieux (*to sth* de qch); *audience, spectator* attentif; **attentive to sb's advice** attentif aux conseils de qn. ◆ **attentively** *adv* attentivement. ◆ **attentiveness** *n* attention *f*.

attenuate [əˈtenjʊeɪt] *vt* atténuer.

attest [əˈtest] *vt* attester. ◆ **attestation** *n* attestation *f* (*that* que).

attic [ˈætɪk] *n* grenier *m*. **~ room** mansarde *f*.

attire [əˈtaɪəʳ] **1** *vt* vêtir (*in* de). **2** *n* vêtements *mpl*.

attitude [ˈætɪtjuːd] *n* attitude *f* (*towards* envers, à l'égard de). **~ of mind** état *m* d'esprit; **if that's your ~** si c'est ainsi que vous le prenez. ◆ **attitudinize** *vi* se donner des attitudes.

attorney [əˈtɜːnɪ] *n* mandataire *m*; (*US: lawyer*) avoué *m*. **A~ General** (*Brit*) ≃ Procureur général; (*US*) ≃ Ministre *m* de la Justice.

attract [əˈtrækt] *vt* attirer. ◆ **attraction** *n* [*magnet*] attraction *f*; [*plan*] attrait *m*; [*person, place*] attraits, charmes *mpl*. ◆ **attractive** *adj* *person, manner* attrayant, attirant; *price, idea, offer* attrayant, intéressant. ◆ **attractively** *adv* d'une manière attrayante; **~ively dressed woman** femme élégamment habillée.

attribute [əˈtrɪbjuːt] **1** *vt* attribuer (*to* à). **2** [ˈætrɪbjuːt] *n* attribut *m*; (*Gram*) attribut *m*. ◆ **attributable** *adj* attribuable (*to* à). ◆ **attribution** *n* attribution *f*. ◆ **attributive 1** *adj* attributif; (*Gram*) attributif ; **2** *n* attribut *m*; (*Ling*) attribut *m*.

attrition [əˈtrɪʃ(ə)n] *n* usure *f* (*par frottement*). **war of ~** guerre *f* d'usure.

attuned [əˈtjuːnd] *adj*: **~ to** *person* habitué à; *methods, tastes* en accord avec.

aubergine [ˈəʊbəʒiːn] *n* aubergine *f*.

auburn [ˈɔːbən] *adj* auburn *inv*.

auction [ˈɔːkʃ(ə)n] **1** *n* (vente *f* aux) enchères *fpl*. **2** *vt* vendre aux enchères. **3** *adj*: **~ bridge** bridge *m* aux enchères; **~ room** salle *f* des ventes; **~ sale** (vente *f* aux) enchères *fpl*. ◆ **auctioneer** *n* commissaire-priseur *m*.

audacious [ɔːˈdeɪʃəs] *adj* audacieux. ◆ **audacity** *n* audace *f*.

audible [ˈɔːdɪbl] *adj* *words* audible, perceptible; *voice* distinct. **she was hardly ~** on l'entendait à peine; **there was ~ laughter** des rires se firent entendre. ◆ **audibility** *n* audibilité *f*. ◆ **audibly** *adv* distinctement.

audience [ˈɔːdɪəns] **1** *n* (**a**) (*Theat*) spectateurs *mpl*, public *m*; [*speaker*] auditoire *m*; (*Mus, Rad*) auditeurs *mpl*; (*TV*) téléspectateurs *mpl*. **the whole ~** applauded toute la salle a applaudi; **those in the ~** les gens dans la salle. (**b**) (*formal interview*) audience *f*. **2** *adj*: **~ participation** participation *f* de l'assistance (*à ce qui se passe sur scène*); (*Rad, TV*) **~ rating** indice *m* d'audience; **~ research** études *fpl* d'opinion.

audio [ˈɔːdɪəʊ] **1** *adj equipment* acoustique. **~ system** système *m* audio. **2** *n* (*) partie *f* son. ◆ **audiotyping** *n* audiotypie *f*. ◆ **audiotypist** *n* audiotypiste *mf*. ◆ **audio-visual** *adj* audio-visuel. **~-visual aids** (support *m*) audio-visuel *m*.

audit [ˈɔːdɪt] **1** *n* vérification *f* des comptes. **2** *vt* *accounts* vérifier; (*US Univ*) *lecture course* assister comme auditeur libre à. ◆ **auditor** *n* expert-comptable *m*, vérificateur *m* (de comptes).

audition [ɔːˈdɪʃ(ə)n] **1** *n* audition *f*. **2** *vti* auditionner (*for a part* pour un rôle).

auditorium [ˌɔːdɪˈtɔːrɪəm] n salle f.

aught [ɔːt] n: **for ~ I know** (pour) autant que je sache; **for ~ I care** pour ce que cela me fait.

augment [ɔːgˈment] vti augmenter (by de). ◆ **augmentation** n augmentation f.

augur [ˈɔːgəʳ] **1** vi: **to ~ well/ill** être de bon/de mauvais augure (for pour). **2** vt présager. ◆ **augury** n augure m.

August [ˈɔːgəst] n août m; for phrases V **September**.

august [ɔːˈgʌst] adj auguste.

auk [ɔːk] n pingouin m.

aunt [ɑːnt] n tante f. **yes ~ oui, ma tante; A~ Sally** (game) jeu m de massacre; (person) tête f de Turc. ◆ **auntie** *, **aunty** * n tata * f.

au pair [ˈəʊpɛə] **1** adj, adv au pair. **2** n jeune fille f au pair.

aura [ˈɔːrə] n (lit) aura f; (fig: of place) atmosphère f. **he has an ~ of** il donne une impression de.

aurora borealis [ɔːˈrɔːrəbɔːrɪˈeɪlɪs] n aurore f boréale.

auspices [ˈɔːspɪsɪz] npl: **under the ~ of** sous les auspices mpl de. ◆ **auspicious** [ɔːsˈpɪʃəs] adj sign de bon augure; occasion propice; start bon. ◆ **auspiciously** adv sous d'heureux auspices; **to start ~ly** prendre un bon départ.

Aussie * [ˈɒzɪ] = **Australian**.

austere [ɒsˈtɪəʳ] adj austère. ◆ **austerely** adv avec austérité. ◆ **austerity** n austérité f; **years of austerity** années fpl de restrictions.

Australasia [ˌɔːstrəˈleɪsjə] n Australasie f. ◆ **Australasian 1** n habitant(e) m(f) d'Australasie; **2** adj d'Australasie.

Australia [ɒsˈtreɪlɪə] n Australie f. ◆ **Australian 1** n Australien(ne) m(f) ; **2** adj australien.

Austria [ˈɒstrɪə] n Autriche f. ◆ **Austrian 1** n Autrichien(ne) m(f) ; **2** adj autrichien.

authentic [ɔːˈθentɪk] adj authentique. ◆ **authenticate** vt établir l'authenticité de. ◆ **authenticity** n authenticité f.

author [ˈɔːθəʳ] **1** n auteur m. **2** vt être l'auteur de. ◆ **authoress** n femme f auteur.

authority [ɔːˈθɒrɪtɪ] n (power) autorité f; (permission) autorisation f. **I'm in ~ here** c'est moi qui commande ici; **to be in ~ over sb** avoir autorité sur qn; **those in ~** ceux qui nous gouvernent; **he did it without ~, he had no ~ to do it** il l'a fait sans autorisation; **he has no ~ to do it** il n'a pas le droit de le faire; **on her own ~** de sa propre autorité; **the proper authorities** les autorités compétentes; **the health authorities** les services mpl de la santé publique; [person, book] **to be an ~** faire autorité (on en matière de); **I have it on good ~ that...** je sais de source sûre que... ◆ **authoritarian** adj autoritaire. ◆ **authoritative** adj opinion, source autorisé; person autoritaire; treatise, edition qui fait autorité. ◆ **authorization** n autorisation f (of, for pour; to do de faire). ◆ **authorize** vt autoriser (sb to do qn à faire); **authorized dealer** distributeur m agréé; **the Authorized Version** la Bible de 1611.

autism [ˈɔːtɪz(ə)m] n autisme m. ◆ **autistic** adj autistique.

auto [ˈɔːtəʊ] n (US) auto f. **~ worker** ouvrier m de l'industrie automobile. ◆ **autocade** n cortège m d'automobiles.

auto... [ˈɔːtəʊ] pref auto... ◆ **auto-immune** adj disease auto-immune. ◆ **autopilot** n pilote m automatique. ◆ **auto-teller** n distributeur m automatique de billets. ◆ **autotimer** n [oven] programmateur m (de four).

autobiography [ˌɔːtəʊbaɪˈɒgrəfɪ] n autobiographie f. ◆ **autobiographic(al)** adj autobiographique.

autocrat [ˈɔːtəʊˈkræt] n autocrate m. ◆ **autocratic** adj autocratique.

autocue [ˈɔːtəʊˈkjuː] n autocue m or f.

autocycle [ˈɔːtəʊˈsaɪkl] n cyclomoteur m; (bigger) vélomoteur m.

autograph [ˈɔːtəgrɑːf] **1** n autographe m. **2** adj: **~ album** m d'autographes; **~ hunter** collectionneur m, -euse f d'autographes. **3** vt dédicacer.

automat [ˈɔːtəmæt] n cafétéria f à distributeurs automatiques.

automatic [ˌɔːtəˈmætɪk] **1** adj automatique. (Comput) **~ data processing** traitement m automatique de l'information; **on ~ pilot** en pilotage automatique. **2** n (gun) automatique m; (car) voiture f (à transmission) automatique. ◆ **automatically** adv automatiquement. ◆ **automation** n automatisation f. ◆ **automaton**, pl **-ta** [ɔːˈtɒmət(ə)n, tə] n automate m.

automobile [ˈɔːtəməbiːl] n automobile f, auto f.

automotive [ˌɔːtəˈməʊtɪv] adj (Aut) (de l') automobile; (self-propelled) automoteur.

autonomy [ɔːˈtɒnəmɪ] n autonomie f. ◆ **autonomous** adj autonome.

autopsy [ˈɔːtɒpsɪ] n autopsie f.

autosuggestion [ˈɔːtəʊsəˈdʒestʃ(ə)n] n autosuggestion f.

autumn [ˈɔːtəm] **1** n automne m. **in ~** en automne. **2** adj d'automne. **~ leaves** feuilles mortes. ◆ **autumnal** adj d'automne.

auxiliary [ɔːgˈzɪlɪərɪ] **1** adj auxiliaire. (US) **~ police** corps m de policiers auxiliaires volontaires. **2** n (person) auxiliaire mf; (verb) auxiliaire m.

avail [əˈveɪl] **1** vt: **to ~ o.s. of** opportunity profiter de; right user de; service utiliser. **2** n: **to no ~** sans résultat; **it is of no ~** cela ne sert à rien. ◆ **availability** n disponibilité f. ◆ **available** adj disponible; **to make sth ~able to sb** mettre qch à la disposition de qn; **every ~able means** tous les moyens possibles; **he is not ~able just now** il n'est pas libre en ce moment; **he is not ~able for comment** il se refuse à toute déclaration.

avalanche [ˈævəlɑːnʃ] **1** n avalanche f. **2** adj precautions anti-avalanche inv. **'avalanche warning'** (on sign) 'risque d'avalanches'.

avant-garde [ˌævɒŋˈgɑːd] **1** n avant-garde f. **2** adj d'avant-garde.

avarice [ˈævərɪs] n avarice f. ◆ **avaricious** adj avare.

avenge [əˈven(d)ʒ] vt venger. **to ~ o.s. on** se venger de. ◆ **avenger** n vengeur m. ◆ **avenging** adj vengeur (f -geresse).

avenue [ˈævənjuː] n avenue f; (fig) route f.

aver [əˈvɜːʳ] vt déclarer.

average [ˈævərɪdʒ] **1** n moyenne f. **on ~** en moyenne; **above/below ~** au-dessus/en-dessous de la moyenne. **2** adj moyen. **3** vt (find the ~ of) établir or faire la moyenne de; (reach an ~ of) atteindre la moyenne de. **we ~ 8 hours' work** or **our working hours ~ (out at) 8 per day** nous travaillons en moyenne 8 heures par jour; **the sales ~ 200 copies a month** la vente moyenne est de 200 exemplaires par mois; (Aut) **we ~d 50 the whole way** nous avons fait (du) 50 de moyenne pendant tout le trajet.

averse [əˈvɜːs] adj opposé (to à). **to be ~ to doing** répugner à or (less formal) avoir horreur de faire; **I am not ~ to an occasional drink** je ne refuse pas un verre de temps en temps. ◆ **aversion** n aversion f, répugnance f. **to take an aversion to** se mettre à détester; **my greatest** or **pet aversion** ce que je déteste le plus.

avert [əˈvɜːt] vt danger, accident prévenir, éviter; blow, eyes, thoughts détourner (from de).

aviary [ˈeɪvɪ(ə)rɪ] n volière f.

aviation [ˌeɪvɪˈeɪʃ(ə)n] n aviation f. ~ **fuel** kérosène m; ~ **glasses** lunettes fpl sport; ~ **industry** aéronautique f. ◆ **aviator** n aviateur m, -trice f.

avid [ˈævɪd] adj avide (for de). ◆ **avidity** n avidité f. ◆ **avidly** adv avidement.

avocado [ˌævəˈkɑːdəʊ] n: ~ **(pear)** avocat m (fruit).

avoid [əˈvɔɪd] vt (gen) éviter (doing de faire). **to** ~ **tax** (legally) se soustraire à l'impôt; (illegally) frauder le fisc; ~ **being seen** évitez qu'on ne vous voie; **to** ~ **sb's eye** fuir le regard de qn; **to** ~ **notice** échapper aux regards; **I can't** ~ **going now** je ne peux plus me dispenser d'y aller; ~ **it like the plague** il faut fuir cela comme la peste. ◆ **avoidable** adj évitable. ◆ **avoidance** n: **his** ~**ance of me** le soin qu'il met à m'éviter; **tax** ~**ance** fraude f fiscale.

avoirdupois [ˌævədəˈpɔɪz] n système m des poids commerciaux; (*: overweight) embonpoint m.

avow [əˈvaʊ] vt avouer. **he is an** ~**ed atheist** il avoue être athée; ~**ed enemy** ennemi déclaré. ◆ **avowal** n aveu m. ◆ **avowedly** adv de son propre aveu.

await [əˈweɪt] vt attendre. **long-**~**ed** longtemps attendu.

awake [əˈweɪk] pret **awoke** or ~**d**, ptp **awoken** or ~**d** **1** vi s'éveiller, se réveiller. (fig) **to** ~ **to sth** prendre conscience de qch; **to** ~ **to the fact that** se rendre compte que. **2** vt person éveiller, réveiller; suspicion, hope, curiosity éveiller; memories réveiller. **3** adj (a) (not asleep) éveillé, réveillé. **he was still** ~ il ne s'était pas encore endormi; **to lie** ~ ne pas pouvoir dormir; **to stay** ~ **all night** (deliberately) veiller toute la nuit; (involuntarily) passer une nuit blanche; **it kept me** ~ cela m'a empêché de dormir. (b) (alert) en éveil, vigilant. **to be** ~ **to** avoir conscience de. ◆ **awaken** vti = **awake**. ◆ **awakening 1** n réveil m; **a rude** ~**ning** un réveil brutal ; **2** adj interest naissant.

award [əˈwɔːd] **1** vt prize etc décerner (to à); money attribuer (to à); dignity, honour conférer (to à); damages accorder (to à). **2** n prix m; (for bravery) récompense f; (scholarship) bourse f. ◆ **award-winner** n (person) lauréat(e) m(f); (book etc) livre etc primé. ◆ **award-winning** adj primé.

aware [əˈwɛəʳ] adj (a) (conscious) conscient (of de); (informed) au courant (of de). **to become** ~ **of sth/that sth is happening** prendre conscience or se rendre compte de qch/que qch se passe; **to be** ~ **of/that** être conscient de/que; **I am quite** ~ **of it** je m'en rends bien compte; **as far as I am** ~ autant que je sache; **not that I am** ~ **of** pas que je sache; **to make sb** ~ **of sth** rendre qn conscient de qch. (b) (knowledgeable) informé. **politically** ~ politisé; **socially** ~ au courant des problèmes sociaux. ◆ **awareness** n conscience f (of de). ~**ness programme** programme m de sensibilisation.

awash [əˈwɒʃ] adj inondé (with de).

away [əˈweɪ] **1** adv (a) au loin, loin. ~ **from** loin de; **far** ~ au loin, très loin; **the lake is 3 km** ~ le lac est à 3 km de distance or à une distance de 3 km; ~ **back** (distance) très loin derrière; ~ **back in prehistoric times** dans les temps reculés de la préhistoire; ~ **back in 1600** il y a bien longtemps en 1600; ~ **back in the 40s** il y a longtemps déjà dans les années 40; ~ **over there** là-bas au loin, loin là-bas. (b) (absent) **he's** ~ **just now** il n'est pas là en ce moment; **he is** ~ **in London** il

est (parti) à Londres; **when I have to be** ~ lorsque je dois m'absenter; **she was** ~ **before I could speak** elle était partie avant que j'aie pu parler; ~ **with you!** allez-vous-en! (c) (continuously) sans arrêt. **to work** ~ travailler sans arrêt. (d) (loss etc) **to gamble** ~ **one's money** perdre son argent au jeu; **the snow has melted** ~ la neige a fondu complètement. **2** adj (Sport) ~ **match** match m à l'extérieur.

awe [ɔː] **1** n crainte f révérentielle. **to be in** ~ **of sb** être intimidé par qn. **2** vt inspirer un respect mêlé de crainte à. ◆ **awed** adj respectueux et intimidé. ◆ **awe-inspiring** or ◆ **awesome** adj impressionnant, imposant. ◆ **awe-struck** adj (frightened) frappé de terreur; (astounded) stupéfait.

awful [ˈɔːf(ə)l] adj affreux, terrible; (stronger) épouvantable; (imposing) imposant. **an** ~ **lot of** cars, dogs, people un nombre incroyable de; butter, flowers une quantité incroyable de. ◆ **awfully** adv vraiment, très, terriblement; **thanks** ~**ly** * merci infiniment; ~**ly sorry** vraiment désolé; **an** ~**ly big house** une très grande maison.

awhile [əˈwaɪl] adv (pendant) quelque temps. **wait** ~ attendez un peu.

awkward [ˈɔːkwəd] adj (a) tool, shape peu commode; path difficile; (Aut) bend difficile à négocier; problem, task, question, situation délicat; silence embarrassé. **at an** ~ **time** au mauvais moment; **an** ~ **moment** (embarrassing) un moment gênant; **he's an** ~ **customer** * c'est un type pas facile *; **it's a bit** ~ (inconvenient) ce n'est pas très commode; (annoying) c'est un peu ennuyeux; **he's being** ~ **about it** il ne se montre pas très coopératif à ce sujet. (b) (clumsy) person, movement maladroit; style gauche. **the** ~ **age** l'âge ingrat. ◆ **awkwardly** adv speak d'un ton embarrassé; behave, handle, move maladroitement, peu élégamment; place à un endroit difficile; express gauchement. ◆ **awkwardness** n [person, movement] maladresse f; [situation etc] côté m délicat; (embarrassment) embarras m.

awl [ɔːl] n alêne f, poinçon m.

awning [ˈɔːnɪŋ] n (Naut) taud m; [shop] banne f; [hotel door] marquise f; [tent] auvent m; (in garden) vélum m.

awoke(n) [əˈwəʊk(ən)] pret (ptp) of **awake**.

awry [əˈraɪ] adv de travers. **to go** ~ [plan etc] s'en aller à vau-l'eau; [undertaking] mal tourner.

ax (US), **axe** [æks] **1** n hache f. (fig) **I've no** ~ **to grind** ce n'est pas mon intérêt personnel que j'ai en vue; (fig) **when the** ~ **fell** quand le coup fut porté. **2** vt **to** ~ **expenditure** réduire les dépenses, faire or opérer des coupes sombres dans le budget; **to** ~ **sb** mettre qn à la porte (pour raisons économiques).

axiom [ˈæksɪəm] n axiome m. ◆ **axiomatic** adj axiomatique; (clear) évident.

axis, pl **axes** [ˈæksɪs, ˈsiːz] n axe m (Geom etc).

axle [ˈæksl] **1** n [wheel] axe m; (Aut) ~-**tree** essieu m. **front/rear** ~ essieu avant/arrière. **2** adj: ~ **grease** graisse f à essieux; ~ **pin** clavette f d'essieu.

ay(e) [aɪ] **1** particle oui. **2** n oui m. (in voting) **the** ~**s and noes** les voix fpl pour et contre; **the** ~**s have it** les oui l'emportent.

azalea [əˈzeɪlɪə] n azalée f.

azure [ˈeɪʒəʳ] **1** n azur m. **2** adj d'azur.

B

B, b [biː] n B, b m; (Mus) si m. (house numbers) **24b** le 24 ter.

babble ['bæbl] **1** n [voices] rumeur f; [baby, stream] gazouillement m. **2** vi (indistinctly) bredouiller; (chatter) bavarder; [baby, stream] gazouiller. **3** vt bredouiller. ◆ **babbling** adj babillard.

babe [beɪb] n bébé m, petit(e) enfant m(f). ~ **in arms** enfant au berceau.

babel ['beɪbəl] n brouhaha m.

baboon [bə'buːn] n babouin m.

baby ['beɪbɪ] **1** n bébé m. ~ **of the family** benjamin(e) m(f); **don't be such a** ~! ne fais pas l'enfant!; (fig) **he was left holding the** ~ tout lui est retombé dessus; (fig) **to throw out the** ~ **with the bathwater** jeter le bébé avec l'eau du bain; **come on,** ~! * (to woman) viens ma belle!; (to man) viens mon gars! *; **the new system is his** ~ le nouveau système est son affaire. **2** vt (*) person dorloter. **3** adj clothes etc de bébé; rabbit etc bébé-. ~ **boom** baby boom m; ~ **boy** petit garçon; ~ **girl** petite fille; (US) ~ **carriage** voiture f d'enfant; ~ **face** visage m poupin; ~ **grand (piano)** (piano m) demi-queue m; ~ **linen** layette f; ~ **scales** pèse-bébé m; ~ **seat** siège m pour bébés; ~ **talk** langage m de bébé. ◆ **baby-batterer** n bourreau m d'enfants. ◆ **baby-battering** n mauvais traitements infligés aux enfants. ◆ **babyhood** n petite enfance f. ◆ **babyish** adj clothes etc de bébé; behaviour, speech puéril. ◆ **baby-minder** n nourrice f (gardant les enfants dont les mères travaillent). ◆ **baby-sit** vi garder les bébés or les enfants. ◆ **baby-sitter** n baby-sitter mf. ◆ **baby-sitting** n baby-sitting m; **to go** ~**-sitting** faire du baby-sitting. ◆ **baby-walker** n trotte-bébé m inv.

baccalaureate [ˌbækə'lɔːrɪɪt] n (US) licence f.

baccara(t) ['bækərɑː] n baccara m.

bachelor ['bætʃ(ə)ləʳ] n, adj célibataire (m). **B~ of Arts/of Science/of Law** licencié(e) m(f) ès lettres/ès sciences/en droit; ~ **flat** garçonnière f; ~ **girl** célibataire f.

bacillus, pl **bacilli** [bə'sɪləs, bə'sɪlɪ] n bacille m.

back [bæk] **1** n **(a)** [person, animal, book] dos m; [chair] dossier m. **to fall on one's** ~ tomber à la renverse; (fig) **behind his mother's** ~ derrière le dos de sa mère; (lit, fig) ~ **to** ~ dos à dos; **with one's** ~ **to the light** le dos à la lumière; **he had his** ~ **to the houses** il tournait le dos aux maisons; **he stood with his** ~ **(up) against the wall** il était adossé au mur; (fig) **to have one's** ~ **to the wall** être au pied du mur; **to put one's** ~ **into doing** mettre toute son énergie à faire; **to put sb's** ~ **up** faire enrager qn; **to get off sb's** ~ laisser qn en paix. **(b)** (as opp to front) (gen) dos m, derrière m; [hand, hill, medal] revers m; [record] deuxième face f; [dress] dos; [head, house] derrière m; [page, cheque] verso m; [material] envers m. ~ **to front** (sens) devant derrière; **at the** ~ **of the book** à la fin du livre; **to have an idea at the** ~ **of one's mind** avoir une idée derrière la tête; **in the** ~ **(of a car)** à l'arrière (d'une voiture); (US) **in** ~ **of the house** derrière la maison; **I know Paris like the** ~ **of my hand** je connais Paris comme ma poche. **(c)** (furthest from front) [cupboard, garden, stage] fond m. **at the very** ~ tout au fond; **at the** ~ **of beyond** * au diable vauvert *. **(d)** (Ftbl etc) arrière m.

2 adj **(a)** (not front) seat, wheel arrière inv; door, garden de derrière; (Ling) vowel postérieur. (fig) **to enter through the** ~ **door** entrer par la petite porte; ~**room** chambre f du fond; (fig) **the** ~**room boys** * ceux qui restent dans la coulisse; (fig) **to take a** ~ **seat** * passer au second plan; (fig) **he's a** ~**seat driver** * il est toujours à donner des conseils au conducteur; ~ **streets** (lit) petites rues; **he grew up in the** ~ **streets of Leeds** il a grandi dans les quartiers pauvres de Leeds; ~ **tooth** molaire f; ~ **number** [magazine etc] vieux numéro; (fig) **to be a** ~ **number** * ne plus être dans le coup. **(b)** (overdue) taxes arriéré. ~ **pay** rappel m de salaire or (Mil) de solde; ~ **rent** arriéré m de loyer. **3** adv **(a)** (to the rear) en arrière, à or vers l'arrière. **(stand)** ~! rangez-vous!, reculez!; **far** ~ loin derrière; **the house stands** ~ **from the road** la maison est en retrait par rapport à la route; ~ **and forth** en allant et venant; (in mechanism) par un mouvement de va-et-vient. **(b)** (in return) **to give** ~ rendre. **(c)** (again: often re-+vb in French) **to come** ~ revenir; **to be** ~ être de retour, être rentré; **he's not** ~ **yet** il n'est pas encore rentré or revenu; **he went to Paris and** ~ il a fait le voyage de Paris aller et retour; **to go there and** ~ faire l'aller et retour. **(d)** (in time phrases) **as far** ~ **as 1800** déjà en 1800; **a week** ~ il y a une semaine.

4 vt **(a)** (support) wall, map renforcer; book endosser; picture maroufler; (fig) singer accompagner; person soutenir; candidate pistonner *; (finance) person, enterprise financer; bill endosser. **(b)** (bet on) horse parier sur. **to** ~ **a horse each way** jouer un cheval gagnant et placé; **to** ~ **a loser** (Sport, fig) parier sur un perdant; (Comm) mal placer son argent. **(c)** (reverse) horse, cart faire reculer; train refouler. **he** ~**ed the car out** il a sorti la voiture en marche arrière; **to** ~ **the oars** culer.

5 vi [person, animal] reculer; [vehicle] faire marche arrière. **to** ~ **in/out** etc [vehicle] entrer/sortir etc en marche arrière; [person] entrer/sortir etc à reculons.

◆ **back away** vi reculer (from devant). ◆ **back down** vi (fig) se dégonfler *. ◆ **back off** vi ne pas insister; (US: withdraw) tirer son épingle du jeu. ◆ **back on to** vt fus [house etc] donner par derrière sur. ◆ **back out** vi (of duty) se dérober (of à); (of deal) se dégager (of de). ◆ **back up 1** vi (Aut) faire marche arrière. **2** vt sep (support) soutenir; (reverse) vehicle faire reculer. (Comput) **to** ~ **up a file** sauvegarder un fichier.

◆ **backache** n mal m de or aux reins. ◆ **backbencher** n membre m du Parlement sans portefeuille; **the** ~**benchers** le gros des députés. ◆ **backbiting** n médisance f. ◆ **backbone** n colonne vertébrale; [fish] arête centrale; **English to the** ~**bone** anglais jusqu'à la moelle (des os); **to be the** ~**bone of an organisation** être le pivot d'une organisation; **he's got no** ~**bone** c'est un mollusque. ◆ **back-breaking** adj work éreintant. ◆ **backchat** * n impertinence f. ◆ **backcloth** n toile f de fond. ◆ **backcomb** vt crêper. ◆ **backdate** vt cheque etc antidater; (increase etc) ~**dated to** avec rappel à compter de. ◆ **backdrop** n = backcloth. ◆ **backer** n (supporter) partisan m; [play etc] commanditaire m. ◆ **backfire** vi (Aut) avoir un raté (d'allumage); [plan etc] échouer. ◆ **back-**

gammon n trictrac m. ◆ **background** V below.
◆ **backhand** **1** adj blow en revers; writing penché
à gauche ; **2** n (Tennis) revers m. ◆ **backhanded**
adj (fig) action déloyal; compliment équivoque.
◆ **backing** n (gen, Fin, Pol) soutien m; (Mus)
accompagnement m; [picture] marouflage m.
◆ **backkitchen** n arrière-cuisine f. ◆ **backlash**
n (fig) réaction f (brutale). ◆ **backlog** n [rent etc]
arriéré m; ~**log of work** accumulation f de travail
(en retard). ◆ **backpacking** n: to go ~**packing**
faire de la randonnée (sac au dos). ◆ **backpedal**
vi pédaler en arrière; (fig) faire marche arrière
(fig). ◆ **backrest** n dossier m. ◆ **back-shop** n
arrière-boutique f. ◆ **backside** n arrière m; (*:
buttocks) postérieur * m. ◆ **backslapping** * n
grandes démonstrations d'amitié. ◆ **backslide**
vi ne pas tenir bon. ◆ **backspace** vi (Typ) rappeler le chariot. ◆ **backstage** adv, adj dans les
coulisses. ◆ **backstairs** **1** n escalier m de service ; **2** adj (fig) gossip, plot d'antichambre.
◆ **backstroke** n (Swim) dos m crawlé. ◆ **back-
to-back** adj: ~-**to**-~ **houses** maisons adossées les
unes aux autres. ◆ **backtrack** vi faire marche
arrière (fig). ◆ **backup** **1** n appui m; (reserves)
réserves fpl; [personne] remplaçants mpl ; **2** adj
vehicle etc supplémentaire; person remplaçant; ~**up**
(file) sauvegarde f. ◆ **backward** V below. ◆ **backwash** n (lit, fig) remous m (from provoqué par).
◆ **backwater** n [river] bras mort; (fig) petit coin
tranquille; (pej) trou perdu (pej). ◆ **backwoods**
npl région (forestière) inexploitée; (pej) **in the**
~**woods** en plein bled *. ◆ **backyard** n arrière-
cour f; (US) jardin m (de derrière).

background ['bækgraʊnd] **1** n (**a**) [picture, fabric]
fond m; [photograph] arrière-plan m; (Theat)
arrière m du décor; (fig) arrière-plan. **in the** ~
dans le fond, à l'arrière-plan; **on a blue** ~ sur
fond bleu; **to keep sb in the** ~ tenir qn à l'écart.
(**b**) (circumstances etc) antécédents mpl; (Soc) milieu
m (socioculturel); (Pol) climat m politique; (basic
knowledge) éléments mpl de base; (experience) formation f. **family** ~ milieu familial; **what is his** ~?
(social) de quel milieu est-il?; (professional) qu'est-
ce qu'il a comme formation?; (to case etc) **to fill
in the** ~ compléter la documentation; **what is the**
~ **to these events?** quel est le contexte de ces
événements? **2** adj music, noise de fond. ~ **reading**
lectures générales (autour du sujet).

backward ['bækwəd] **1** adj look, step en arrière;
(retarded) retardé; (reluctant) lent, peu disposé (in
doing à faire). **2** adv (also ~**s**) look en arrière; fall
à la renverse. **to walk** ~ **and forwards** aller et
venir; **to walk** ~ marcher à reculons; **I know the
poem** ~ * je sais le poème sur le bout des doigts;
I know this road ~ * je connais cette route comme
ma poche. ◆ **backward-looking** adj project rétrograde. ◆ **backwardness** n (Med) retard m mental; (Econ) état m arriéré; (reluctance, shyness)
manque m d'empressement (in doing à faire).

bacon ['beɪkən] n bacon m. **fat** ~ lard m; ~ **and
eggs** œufs mpl au jambon; (fig) **to bring home the**
~ * décrocher la timbale *. ◆ **bacon-slicer** n
coupe-jambon m inv.

bacteria [bæk'tɪərɪə] n (pl of **bacterium**) bactéries fpl.
◆ **bacterial** adj bactérien. ◆ **bacteriological** adj
bactériologique. ◆ **bacteriologist** n bactériologiste mf. ◆ **bacteriology** n bactériologie f.

bad [bæd] **1** adj, comp **worse**, superl **worst** (gen) mauvais; person méchant; child, dog vilain; tooth carié;
coin, money faux; mistake, accident, wound grave. ~
language gros mots; **he's a** ~ **lot** * c'est un sale
type *; **it was a** ~ **thing to do** ce n'était pas bien
de faire cela; **you** ~ **boy!** vilain!; **it is not so** ~
ce n'est pas si mal; **too** ~! (indignant) c'est un peu
fort!; (sympathetic) quel dommage!; **it's too** ~ **of
you** ce n'est vraiment pas bien de votre part; **how
is he? — not so** ~ comment va-t-il? — pas trop

mal; ~ **for the health** mauvais pour la santé; **this
is** ~ **for you** cela ne vous vaut rien; (Med) **to feel**
~ se sentir mal; **I feel very** ~ **about it** * ça m'embête *; **from** ~ **to worse** de mal en pis; **business
is** ~ les affaires vont mal; **she speaks** ~ **English**
elle parle un mauvais anglais; **to go** ~ [food] se
gâter; [milk] tourner; [bread etc] moisir; [teeth] se
carier; (fig) ~ **blood** animosité f; **it's a** ~ **business**
(sad) c'est une triste affaire ; (unpleasant) c'est une
mauvaise histoire; **a** ~ **cold** un gros rhume; **to
come to a** ~ **end** mal finir; ~ **headache** violent
mal m de tête; **her** ~ **leg** sa jambe malade; (Ling)
in a ~ **sense** dans un sens péjoratif; **there is a** ~
smell ça sent mauvais; **it wouldn't be a** ~ **thing
(to do)** ce ne serait pas une mauvaise idée (de
faire); **to have a** ~ **time of it** (poverty) manger de
la vache enragée; (pain) avoir très mal; (trouble)
être dans une mauvaise passe; **to be in a** ~ **way**
(in a fix) être dans le pétrin; (very ill) être très mal.
2 n: **the** ~ le mauvais; **he's gone to the** ~ * il a
mal tourné. **3** adv: **he's got it** ~ (hobby etc) c'est
une marotte chez lui; (person) il l'a dans la peau *.
◆ **baddie** ⁑ n méchant m *. ◆ **baddish** adj pas
fameux. ◆ **badly** adv (**worse**, **worst**) (**a**) mal; **he
did** ~**ly** ça a mal marché (pour lui); **things are
going** ~**ly** les choses vont mal; **he took it** ~**ly** il
a mal pris la chose; **to be** ~**ly off** être dans la
gêne; **he is** ~**ly off for space** il manque de place;
(**b**) (seriously) wound grièvement; ~**ly defeated** battu à plate couture; **the** ~**ly disabled** les grands
invalides; (**c**) (very much) **to want sth** ~**ly** avoir
grande envie de qch; **I need it** ~**ly** j'en ai absolument besoin; **he** ~**ly needs a beating** * il a
sérieusement besoin d'une correction. ◆ **badmannered** adj mal élevé. ◆ **bad-mouth** * (US)
vt débiner *. ◆ **badness** n (wickedness) méchanceté f. ◆ **bad-tempered** adj: **to be** ~-**tempered**
avoir mauvais caractère; (in bad temper) être de
mauvaise humeur.

bade [bæd, beɪd] pret of **bid**.

badge [bædʒ] n (gen, also Mil) insigne m; [an order,
police] plaque f; (sew-on, stick-on) badge m; (fig)
signe m (distinctif). **his** ~ **of office** l'insigne de sa
fonction.

badger ['bædʒəʳ] **1** n blaireau m (animal). **2** vt harceler (sb to do qn pour qu'il fasse; with de).

badminton ['bædmɪntən] n badminton m.

baffle ['bæfl] vt person déconcerter; pursuers
semer *; description défier. ◆ **baffling** adj déconcertant.

bag [bæg] **1** n sac m. ~**s** (luggage) bagages mpl,
valises fpl; ~**s of** * des masses de *; **paper** ~ sac
en papier; ~**s under the eyes** * poches fpl sous
les yeux; **with** ~ **and baggage** avec armes et
bagages; **the whole** ~ **of tricks** * tout le bataclan *;
(fig) **it's in the** ~ * c'est dans le sac *; (pej) **she's
an old** ~ ⁑ (ugly) c'est un vieux tableau *; (grumpy)
c'est une vieille teigne. **2** vt (**a**) (Hunting) tuer;
(*: get, grab) empocher. **I** ~**s that!** ⁑ c'est à moi!
(**b**) (~ **up**) flour, goods mettre en sac. **3** vi [garment]
goder. ◆ **bagful** n sac m plein. ◆ **baggy** adj jacket
flottant; trousers ample, (pej) trop ample. ◆ **bagpipes** npl cornemuse f. ◆ **bag-snatching** n: **to
be accused of** ~-**snatching** être accusé d'avoir
arraché son sac à qn.

bagel ['beɪgl] n petit pain en couronne.

baggage ['bægɪdʒ] **1** n bagages mpl; (Mil) équipement m. **2** adj: (esp US) ~ **car** fourgon m; ~
check bulletin m de consigne; (US) ~ **checkroom**
consigne f; ~ **elastic** pieuvre f; ~ **handler** bagagiste
m; ~ **reclaim** livraison f des bagages; ~ **room**
consigne f.

Baghdad [bæg'dæd] n Baghdâd, Bagdad.

Bahamas [bə'hɑːməz] npl: **the** ~ les Bahamas fpl.

Bahrain [bɑː'reɪn] n Bahreïn m.

bail¹ [beɪl] **1** *n (Jur)* caution *f*. **on** ~ sous caution; **to free** *or* **release sb on** ~ mettre qn en liberté provisoire sous caution; **to stand** ~ **for sb** se porter garant de qn; **to ask for** ~ demander la mise en liberté sous caution. **2** *vt* (~ **out**) *(Jur)* faire mettre en liberté provisoire sous caution; *(fig)* sortir d'affaire.

bail² [beɪl] *vt*: **to** ~ **out** *boat* écoper; *water* vider.

bailiff ['beɪlɪf] *n (Jur)* huissier *m*; *[estate]* régisseur *m*.

bait [beɪt] **1** *n* appât *m*; *(fig)* appât, leurre *m*. *(lit, fig)* **to swallow the** ~ mordre à l'hameçon. **2** *vt hook, trap* appâter; *(torment) animal, person* tourmenter.

baize [beɪz] *n* serge *f*; *(Snooker)* tapis *m*. ~ **door** porte matelassée.

bake [beɪk] **1** *vt (Culin)* faire cuire au four; *bricks etc* cuire. **to** ~ **a cake** *(make)* faire un gâteau; *(actually cook)* faire cuire un gâteau; ~**d potatoes** pommes *fpl* de terre au four; ~**d beans** haricots blancs à la sauce tomate.
2 *vi [bread, cakes]* cuire (au four). **she** ~**s every Tuesday** elle fait du pain *(or* de la pâtisserie *etc)* tous les mardis. ◆ **baker** *n* boulanger *m*, -ère *f*; ~**r's shop** boulangerie *f*; ~**r's dozen** treize à la douzaine. ◆ **bakery** *or* ◆ **bakehouse** *n* boulangerie(-pâtisserie) *f*. ◆ **baking 1** *n* cuisson *f*; **the bread is our own baking** nous faisons le pain nous-mêmes; **2** *adj*: **baking dish** plat *m* allant au four; **baking powder** ≃ levure alsacienne; **baking sheet** *or* **tray** plaque *f* à gâteau; **baking soda** bicarbonate *m* de soude; **baking-tin** *[cakes]* moule *m* (à gâteaux); *[tarts]* tourtière *f*; **it's baking (hot)!** * il fait une de ces chaleurs!

balaclava [ˌbælə'klɑːvə] *n*: ~ **(helmet)** passe-montagne *m*.

balance ['bæləns] **1** *n* **(a)** *(equilibrium)* équilibre *m*; *(scales)* balance *f*. *(fig)* **to hang in the** ~ être en balance; *(fig)* **to hold the** ~ faire pencher la balance; **to keep/lose one's** ~ garder/perdre son équilibre; *(lit, fig)* **off** ~ mal équilibré; **to throw sb off** ~ *(lit)* faire perdre l'équilibre à qn; *(fig)* couper le souffle à qn; **the** ~ **of power** l'équilibre des forces; **to strike a** ~ trouver le juste milieu; **on** ~ tout compte fait; *(Jur)* **when the** ~ **of his mind was disturbed** alors qu'il n'était pas responsable de ses actes; **a nice** ~ **of humour and pathos** un délicat dosage d'humour et de pathétique. **(b)** *(Comm, Fin)* solde *m*; **(bank** ~) solde *m* (d'un compte); *(remainder: of holidays etc)* reste *m*. **credit** ~, ~ **in hand** solde créditeur; ~ **carried forward** solde reporté *or* à reporter; *(Econ)* ~ **of trade/payments** balance commerciale/des paiements; **sterling** ~**s** balances sterling.
2 *adj*: ~ **sheet** bilan *m*.
3 *vt* **(a)** tenir en équilibre; *(fig: counterbalance)* équilibrer, compenser. *[2 objects]* **they** ~ **each other** ils se font contrepoids. **(b)** *(weigh up)* balancer, peser; *arguments, solutions* comparer. **this must be** ~**d against that** il faut peser le pour et le contre. **(c)** *account* balancer; *budget* équilibrer. **to** ~ **the books** dresser le bilan; **to** ~ **the cash** faire la caisse.
4 *vi [acrobat etc]* se maintenir en équilibre; *[scales, accounts]* être en équilibre; *[waver]* balancer *(between* entre). **to** ~ **on one foot** se tenir en équilibre sur un pied.
◆ **balanced** *adj person, diet* équilibré; *views* sensé, mesuré. ◆ **balancing** *adj*: *(fig)* **to do a balancing act** jongler *(fig)*.

balcony ['bælkənɪ] *n* balcon *m*; *(Theat)* fauteuils *mpl* de deuxième balcon.

bald [bɔːld] *adj person* chauve; *tyre* lisse; *lie* flagrant, non déguisé. ~ **patch** *[person]* (petite) tonsure *f*; *[animal]* place *f* dépourvue de poils; *[carpet etc]*

coin *m* pelé; **a** ~ **statement** une simple exposition de faits. ◆ **bald-headed** *adj* chauve. ◆ **balding** *adj* qui devient chauve. ◆ **baldly** *adv* abruptement. ◆ **baldness** *n [person]* calvitie *f*; *[tyre]* état *m* lisse.

balderdash ['bɔːldədæʃ] *n* balivernes *fpl*.

bale¹ [beɪl] *n* balle *f* *(de coton etc)*.

bale² [beɪl] *vi*: **to** ~ **out** *(Aviat)* sauter (en parachute).

Balearic [ˌbælɪ'ærɪk] *adj*: **the** ~ **Islands** les (îles *fpl*) Baléares *fpl*.

baleful ['beɪlf(ʊ)l] *adj* sinistre. **to give sb/sth a** ~ **look** regarder qn/qch d'un œil torve. ◆ **balefully** *adv* sinistrement; *look* d'un œil torve.

balk [bɔːk] **1** *vt person, plan* contrecarrer. **2** *vi [person]* regimber *(at* contre); *[horse]* se dérober *(at* devant).

Balkan ['bɔːlkən] *n*: **the** ~**s** les Balkans *mpl*.

ball¹ [bɔːl] *n* **(a)** *(gen)* balle *f*; *(inflated: Ftbl etc)* ballon *m*; *(Billiards)* bille *f*, boule *f*; *(Croquet)* boule. **as round as a** ~ rond comme une boule; **cat curled up in a** ~ chat pelotonné (en boule); *(fig)* **to keep the** ~ **rolling** soutenir la conversation *(or* l'intérêt *etc)*; **to start the** ~ **rolling** * faire démarrer une affaire *(or* une conversation *etc)*; *(fig)* **the** ~ **is in your court** (c'est) à vous de jouer; **to be on the** ~ * *(competent)* être à la hauteur; *(alert)* ouvrir l'œil et le bon *; ~ **of fire** globe *m* de feu; *(fig)* **he's a real** ~ **of fire** * il est débordant d'activité; ~ **of the foot** plante *f* du pied; ~ **and chain** boulet *m*. **(b)** *[wool, string]* pelote *f*, peloton *m*. **(c)** *[meat, fish]* boulette *f*; *[potato]* croquette *f*. ◆ **ball bearings** *npl* roulement *m* à billes. ◆ **ballcock** *n* robinet *m* à flotteur. ◆ **ball game** *n (US)* partie *f* de baseball; **it's a whole new** ~ **game** * c'est une toute autre histoire. ◆ **ballpark** *n (US)* stade *m* de baseball; ~**park figure** * chiffre approximatif. ◆ **ballpoint (pen)** *n* stylo *m* à bille.

ball² [bɔːl] *n (dance)* bal *m*. *(fig)* **to have a** ~ * faire la bringue *. ◆ **ballroom** *n* salle *f* de bal; ~**room dancing** danse *f* (de salon).

ballad ['bæləd] *n (Mus)* romance *f*; *(Literat)* ballade *f*.

ballast ['bæləst] *n (Naut etc)* lest *m*.

ballerina [ˌbælə'riːnə] *n* ballerine *f*.

ballet ['bæleɪ] **1** *n* ballet *m*. **2** *adj*: ~ **dancer** danseur *m*, -euse *f* de ballet.

ballistic [bə'lɪstɪk] *adj* balistique. ~ **missile** engin *m* balistique. ◆ **ballistics** *nsg* balistique *f*.

balloon [bə'luːn] **1** *n* ballon *m*. **to go up in a** ~ monter en ballon; *(fig)* **the** ~ **went up** * l'affaire a éclaté; **weather** ~ ballon-sonde *m*. **2** *adj*: ~ **glass** verre *m* ballon; ~ **tyre** pneu *m* ballon. **3** *vi*: **to go** ~**ing** faire une *or* des ascension(s) en ballon. ◆ **balloonist** *n* aéronaute *mf*.

ballot ['bælət] **1** *n (Pol etc)* scrutin *m*; *(drawing lots)* tirage *m* au sort. **first** ~ premier tour de scrutin. **2** *vi (Pol etc)* voter au scrutin secret; *(draw lots)* tirer au sort. **3** *vt members* faire voter. **4** *adj*: ~ **box** urne *f* (électorale); ~ **paper** bulletin *m* de vote.

ballyhoo * [ˌbælɪ'huː] *n* balivernes *fpl*.

balm [bɑːm] *n* baume *m*. ◆ **balmy** *adj (mild)* doux; *(*: silly)* timbré *.

baloney * [bə'ləʊnɪ] *n* balivernes *fpl*.

balsa ['bɔːlsə] *n*: ~ **(wood)** balsa *m*.

Baltic ['bɔːltɪk] *adj port* de la Baltique; *state* balte. **the** ~ **(Sea)** la (mer) Baltique.

balustrade [ˌbæləs'treɪd] *n* balustrade *f*.

bamboo [bæm'buː] *n* bambou *m*. ~ **shoots** pousses *fpl* de bambou.

bamboozle * [bæm'buːzl] *vt (deceive)* avoir *, embobiner *; *(perplex)* déboussoler *.

ban [bæn] **1** n interdit m. **2** vt (gen) interdire (sth qch, sb from doing à qn de faire); person exclure (from de).

banal [bə'nɑːl] adj banal. ◆ **banality** n banalité f.

banana [bə'nɑːnə] **1** n banane f; (tree) bananier m. **2** adj: ~ **boat** bananier m (cargo); ~ **republic** république f bananière; ~ **skin** peau f de banane.

band¹ [bænd] n (gen) bande f; [cigar] bague f; [hat] ruban m; [gramophone record] plage f. **elastic** ~ élastique m.

band² [bænd] n **(a)** (group) bande f, troupe f. **(b)** (Mus) orchestre m; (Mil) fanfare f. ◆ **band together** vi former une bande. ◆ **bandsman** n musicien m. ◆ **bandstand** n kiosque m (à musique). ◆ **bandwagon** n: (fig) **to climb on the** ~**wagon** prendre le train en marche *.

bandage ['bændɪdʒ] **1** n (strip) bande f; (dressing) bandage m; (of gauze) pansement m; [blindfolding] bandeau m. **2** vt (~ **up**) limb bander; wound mettre un pansement or un bandage sur.

Band-Aid ['bændeɪd] n ® pansement m adhésif.

bandan(n)a [bæn'dænə] n foulard m (à pois).

bandit ['bændɪt] n bandit m. ◆ **banditry** n banditisme m.

bandolier [ˌbændə'lɪər] n cartouchière f.

bandy¹ ['bændɪ] vt ball, reproaches se renvoyer; blows, jokes échanger. **to** ~ **words** discuter. ◆ **bandy about** vt sep story, report faire circuler. **to** ~ **sb's name about** parler de qn.

bandy² ['bændɪ] adj leg arqué; (also ~**-legged**) person bancal; horse arqué.

bane [beɪn] n: **he's the** ~ **of my life** * il m'empoisonne la vie *. ◆ **baneful** adj funeste.

bang¹ [bæŋ] **1** n (noise) [gun, explosives] détonation f, fracas m; (Aviat) bang m (supersonique); [door] claquement m; (blow) coup m (violent). **2** excl pan! **3** adv (*) **to go** ~ éclater; ~ **in the middle** en plein milieu; **his answer was** ~ **on** sa réponse est tombée pile; ~ **on time** à l'heure pile; ~ **went a £10 note!** et pan, voilà un billet de 10 livres fichu! * **4** vt frapper violemment. **to** ~ **one's fist on the table** frapper la table du poing; **to** ~ **one's head against sth** se cogner la tête contre qch; (fig) **you're** ~**ing your head against a brick wall** tu perds ton temps!; **to** ~ **the door** (faire) claquer la porte. **5** vi [door] claquer, battre; [fireworks] éclater; [gun] détoner. **to** ~ **on the door** donner de grands coups dans la porte; **to** ~ **into sth** heurter qch; **to** ~ **about** or **around** faire du bruit.

◆ **bang down** vt sep poser brusquement; lid rabattre violemment. (Telec) **to** ~ **down the receiver** raccrocher brutalement. ◆ **bang together** vt sep objects cogner l'un(e) contre l'autre. **I could have** ~**ed their heads together!** * j'en aurais pris un pour taper sur l'autre!

bang² [bæŋ] n [hair] (also US **bangs**) frange f (droite).

banger * ['bæŋər] n **(a)** (sausage) saucisse f. ~**s and mash** saucisses à la purée. **(b)** (old car) (vieux) tacot * m.

Bangkok [bæŋ'kɒk] n Bangkok.

Bangladesh ['bæŋglə'deʃ] n Bangladesh m.

bangle ['bæŋgl] n bracelet m (rigid) jonc m.

bang-up ‡ ['bæŋʌp] adj (US) formidable, impec *.

banish ['bænɪʃ] vt person exiler (from de; to en, à), bannir (from de); cares bannir. ◆ **banishment** n bannissement m, exil m.

banister ['bænɪstər] n = **bannister**.

banjo ['bændʒəʊ] n banjo m.

bank¹ [bæŋk] **1** n **(a)** (mound) [earth, snow] talus m; (embankment) remblai m; (on road, racetrack) bord relevé m; [sand, sea, river] banc m. **(b)** (edge) [river, lake] bord m, rive f; [canal] bord. [Paris] **the Left B~** la Rive gauche. **2** vt (~ **up**) road relever

(dans un virage); earth amonceler; fire couvrir. **3** vi (Aviat) virer (sur l'aile).

bank² [bæŋk] n [oars, switches] rangée f.

bank³ [bæŋk] **1** n (Fin, Betting, Med) banque f. **the B~ of France** la Banque de France; **it is as safe as the B~ of England** ça ne court aucun risque; **to break the** ~ faire sauter la banque. **2** adj: ~ **account** compte m en banque; ~ **balance** état m de compte (bancaire); ~ **book** livret m de banque; ~ **card** carte f d'identité bancaire; ~ **charges** frais mpl de banque; ~ **clerk** employé(e) m(f) de banque; ~ **holiday** jour férié; ~**note** billet m de banque; ~ **rate** taux m d'escompte; ~ **statement** relevé m de compte. **3** vt déposer en banque. **4** vi: **to** ~ **with Lloyds** avoir un compte à la Lloyds; **where do you** ~? quelle est votre banque?

◆ **bank (up)on** vt fus (fig) compter sur.
◆ **banker** n banquier m; ~**er's card** carte f d'identité bancaire; ~**er's order** ordre m de virement bancaire (pour paiements réguliers). ◆ **banking 1** n: **to study** ~**ing** faire des études bancaires; **he's in** ~**ing** il est banquier; **2** adj: ~**ing hours** heures fpl d'ouverture des banques; ~**ing house** banque f. ◆ **bankrupt 1** n failli(e) m(f); **2** adj (Jur) failli; (*fig: penniless) fauché *; **to go** ~**rupt** faire faillite; **to be** ~**rupt** être en faillite; **3** vt mettre en faillite; (*: fig) ruiner. ◆ **bankruptcy 1** n faillite f; **2** adj: **B~ruptcy Court** ≃ tribunal m de commerce; ~**ruptcy proceedings** procédure f de faillite.

banner ['bænər] n bannière f. (Press) ~ **headline** manchette f.

bannister ['bænɪstər] n rampe f (d'escalier). **to slide down the** ~**(s)** descendre sur la rampe.

banns [bænz] npl bans mpl (de mariage). **to call the** ~ publier les bans.

banquet ['bæŋkwɪt] n banquet m; (fig: lavish meal) festin m. ◆ **banquet(ing) hall** n salle f des banquets.

banshee ['bænʃiː] n fée f (aux cris funestes).

bantam ['bæntəm] n coq m nain, poule f naine.

banter ['bæntər] **1** n badinage m. **2** vi badiner. ◆ **bantering** adj badin.

baptize [bæp'taɪz] vt baptiser. ◆ **baptism** n baptême m. ◆ **baptismal** adj baptismal. ◆ **baptist** n, adj (Rel) B~ baptiste (mf).

bar¹ [bɑːr] **1** n **(a)** (slab) [metal] barre f; [wood] planche f; [gold] lingot m; [chocolate] tablette f. ~ **of soap** savonnette f. **(b)** (rod) [window, cage] barreau m; [grate, door, also Sport] barre f. **behind** ~**s** sous les verrous; **to be a** ~ **to progress** faire obstacle au progrès. **(c)** (Jur) barreau m. **to be called** or (US) **admitted to the** ~ s'inscrire au barreau; **the prisoner at the** ~ l'accusé(e) m(f). **(d)** (in hotel etc) bar m; (at open-air shows etc) buvette f; (counter) comptoir m. **to have a drink at the** ~ prendre un verre au comptoir; (Comm) **stocking** ~ rayon m des bas. **(e)** (Mus) mesure f. **the opening** ~**s** les premières mesures.

2 vt **(a)** road barrer; door mettre la barre à. **to** ~ **sb's way** barrer le passage à qn, couper la route à qn; (lit, fig) **to** ~ **the door against sb** barrer la porte à qn; **five-**~**red gate** barrière f à cinq barreaux. **(b)** (exclude) person exclure (from de); action, thing défendre.

◆ **barbell** n (US) barre f à disques. ◆ **bar code** n code m barres. ◆ **barmaid** n serveuse f (de bar). ◆ **barman** or ◆ **bartender** n barman m.

bar² [bɑːr] prep sauf. ~ **none** sans exception.

barb [bɑːb] n [fish hook] barbillon m; [arrow] barbelure f; [feather] barbe f; (fig) [wit etc] trait m.
◆ **barbed** adj arrow barbelé; words, wit acéré; ~(**ed**) **wire** fil m de fer barbelé; ~(**ed**)-**wire fence** haie f barbelée.

Barbados [bɑː'beɪdɒs] n Barbade f.

barbarian [bɑːˈbɛərɪən] *adj, n* barbare *(mf)*. ◆ **barbaric** *adj* barbare, de barbare. ◆ **barbarism** *n* (*Ling*) barbarisme *m*. ◆ **barbarity** *n* barbarie *f*. ◆ **barbarous** *adj* barbare. ◆ **barbarously** *adv* cruellement.

barbecue [ˈbɑːbɪkjuː] **1** *n* barbecue *m*. **2** *vt steak* griller au charbon de bois; *animal* rôtir tout entier. **3** *adj*: ~ **sauce** sauce *f* barbecue.

barber [ˈbɑːbəʳ] *n* coiffeur *m (pour hommes)*. ~'**s pole** enseigne *f* de coiffeur.

barbiturate [bɑːˈbɪtjʊrɪt] *n* barbiturique *m*. ~ **poisoning** dose *f* excessive de barbituriques.

Barcelona [ˌbɑːsɪˈləʊnə] *n* Barcelone.

bard¹ [bɑːd] *n* barde *m*; *(poet)* poète *m*.

bard² [bɑːd] *vt (Culin)* barder.

bare [bɛəʳ] **1** *adj (gen)* nu; *hill* pelé; *countryside, tree, style* dépouillé; *(Elec) wire* dénudé; *cupboard, room* vide; *wall* nu. **with his ~ hands** à mains nues; ~ **patch** *[grass]* place pelée; *[carpet]* coin pelé; **with his head** ~ nu-tête *inv*; **to sleep on** ~ **boards** coucher sur la dure; **to lay** ~ mettre à nu; ~ **statement of facts** simple énoncé *m* des faits; **the** ~ **necessities/minimum** le strict nécessaire/minimum; **to earn a** ~ **living** gagner tout juste de quoi vivre; ~ **majority** faible majorité *f*. **2** *vt* mettre à nu. **to** ~ **one's teeth** montrer les dents *(at* à); **to** ~ **one's head** se découvrir (la tête). ◆ **bareback** *adv* à cru. ◆ **barefaced** *adj* éhonté. ◆ **barefoot(ed)** *adv* nu-pieds; *adj* aux pieds nus. ◆ **bareheaded** *adv* nu-tête *inv*; *adj* nu-tête *inv*; *woman* en cheveux. ◆ **barelegged** *adj* aux jambes nues. ◆ **barely** *adv* à peine. ◆ **bareness** *n [person]* nudité *f*; *[room]* dénuement *m*.

bargain [ˈbɑːgɪn] **1** *n* (**a**) *(transaction)* marché *m*, affaire *f*. **to make a** ~ conclure un marché *(with* avec); **it's a** ~! * c'est convenu!; **a bad** ~ une mauvaise affaire; *(fig)* **into the** ~ par-dessus le marché. (**b**) *(good buy)* occasion *f*. **it's a (real)** ~! c'est une véritable occasion! **2** *adj offer, price* avantageux. ~ **basement** coin *m* des (bonnes) affaires; ~ **hunter** chercheur *m*, -euse *f* d'occasions; ~ **sale** soldes *mpl*. **3** *vi*: **to** ~ **with sb** *(haggle)* marchander avec qn; *(negotiate)* négocier avec qn; *(fig)* **I did not** ~ **for that** je ne m'attendais pas à cela; **I got more than I** ~**ed for** j'ai eu du fil à retordre. ◆ **bargaining 1** *n* marchandage *m*; **2** *adj*: **that gives us more** ~**ing power** ceci nous donne plus d'atouts dans les négociations.

barge [bɑːdʒ] **1** *n* (*on river, canal*) chaland *m*; *(large)* péniche *f*; *(with sail)* barge *f*; *[admiral]* vedette *f*; *(ceremonial)* barque *f*. **2** *adj*: **I wouldn't touch it with a** ~ **pole** * *(revolting)* je n'y toucherais pas avec des pincettes; *(risky)* je ne m'y frotterais pas. **3** *vi*: **to** ~ **into a room** faire irruption dans une pièce, entrer sans façons dans une pièce. ◆ **barge in** *vi (enter)* faire irruption; *(interrupt)* interrompre; *(interfere)* se mêler de ce qui ne vous regarde pas. ◆ **bargee** *or* ◆ **bargeman** *n* batelier *m*, marinier *m*.

baritone [ˈbærɪtəʊn] **1** *n* baryton *m*. **2** *adj* de baryton.

barium [ˈbɛərɪəm] *n*: ~ **meal** sulfate *m* de baryum.

bark¹ [bɑːk] **1** *n [tree]* écorce *f*. **to strip the** ~ **off a tree** écorcer un arbre. **2** *vt*: **to** ~ **one's shins** s'écorcher les jambes.

bark² [bɑːk] **1** *n [dog]* aboiement *m*; *[fox]* glapissement *m*. **the** ~ **of a gun** un coup de canon; **his** ~ **is worse than his bite** il fait plus de bruit que de mal. **2** *vi [dog]* aboyer *(at* après); *[fox]* glapir; *[gun]* aboyer, tonner; *(speak sharply)* crier. *(fig)* **to** ~ **up the wrong tree** faire fausse route. ◆ **bark out** *vt sep order* glapir.

barker *n [fairground]* bonimenteur *m*. ◆ **barking 1** *n* aboiements *mpl*; **2** *adj*: ~**ing cough** toux *f* sèche.

barley [ˈbɑːlɪ] **1** *n* orge *f*. **2** *adj*: ~ **sugar** sucre *m* d'orge; ~ **water** orgeat *m*.

bar mitzvah [bɑːˈmɪtsvə] *n* bar-mitzva *f*.

barmy * [ˈbɑːmɪ] *adj* timbré *.

barn [bɑːn] *n* grange *f*; *(US) [horses]* écurie *f*; *[cattle]* étable *f*; *(huge house)* énorme bâtisse *f*. ~ **dance** soirée *f* de danses paysannes. ◆ **barnyard** *n* basse-cour *f*; ~**yard fowls** volaille *f*.

barnacle [ˈbɑːnəkl] *n* anatife *m*.

barney * [ˈbɑːnɪ] *n* prise *f* de bec.

barometer [bəˈrɒmɪtəʳ] *n* baromètre *m*. ◆ **barometric** *adj* barométrique.

baron [ˈbærən] *n* baron *m*; *(fig)* magnat *m*. ◆ **baroness** *n* baronne *f*. ◆ **baronet** *n* baronnet *m*. ◆ **baronial hall** *n* demeure *f* seigneuriale.

baroque [bəˈrɒk] *adj, n* baroque *(m)*.

barrack¹ [ˈbærək] **1** *n*: ~**s** caserne *f*; **in** ~**s** à la caserne. **2** *adj*: ~ **square** cour *f* de caserne. ◆ **barrack room 1** *n* chambrée *f*; **2** *adj language* de caserne; *(fig)* **to be a** ~-**room lawyer** se promener toujours avec le code sous le bras.

barrack² [ˈbærək] *vt* chahuter.

barracuda [ˌbærəˈkjuːdə] *n* barracuda *m*.

barrage [ˈbærɑːʒ] **1** *n* (**a**) *[river]* barrage *m*. (**b**) *(Mil)* tir *m* de barrage; *[questions]* pluie *f*; *[words]* flot *m*. **2** *adj*: ~ **balloon** ballon *m* de barrage.

barrel [ˈbærəl] **1** *n* (**a**) *[wine, beer]* tonneau *m*; *[cider]* futaille *f*; *[herring]* caque *f*; *[oil, tar]* baril *m*. (**b**) *[firearm, key]* canon *m*; *[fountain pen]* corps *m*. **to give sb both** ~**s** * lâcher ses deux coups sur qn *. **2** *adj*: ~ **organ** orgue *m* de Barbarie.

barren [ˈbær(ə)n] *adj* stérile; *(fig)* aride. ◆ **barrenness** *n* stérilité *f*.

barrette [bæˈret] *n (US)* barrette *f*.

barricade [ˌbærɪˈkeɪd] **1** *n* barricade *f*. **2** *vt* barricader.

barrier [ˈbærɪəʳ] **1** *n* barrière *f*; *(in station)* portillon *m* (d'accès); *(fig)* obstacle *m (to* à). **2** *adj*: ~ **cream** crème *f* isolante.

barring [ˈbɑːrɪŋ] *prep* excepté, sauf.

barrister [ˈbærɪstəʳ] *n* avocat *m*.

barrow¹ [ˈbærəʊ] *n (wheel~)* brouette *f*; *(coster's)* voiture *f* des quatre saisons; *(Rail: luggage* ~*)* diable *m*; *(Min)* wagonnet *m*. ◆ **barrow-boy** *n* marchand *m* des quatre saisons.

barrow² [ˈbærəʊ] *n (Archeol)* tumulus *m*.

barter [ˈbɑːtəʳ] **1** *n* échange *m*, troc *m*. **2** *vt* échanger, troquer *(for* contre). ◆ **barter away** *vt sep rights* vendre *(for* pour).

basalt [ˈbæsɔːlt] *n* basalte *m*.

base¹ [beɪs] **1** *n (gen; also Mil)* base *f*; *[tree]* pied *m*; *(of paint:* ~ **coat)** première couche *f*. **2** *adj camp, rate* de base. **3** *vt opinion* baser *(on* sur); *troops* baser *(at* à). **post** ~**d on London** poste centré sur Londres; **London-** ~**d** dont le centre d'opérations est Londres; **I am** ~**d on Glasgow** j'opère à partir de Glasgow. ◆ **baseball** *n* base-ball *m*. ◆ **baseless** *adj* sans fondement.

base² [beɪs] *adj* (**a**) *(vile: gen)* bas; *behaviour, motive* ignoble; *metal* vil. (**b**) *(US)* = **bass¹**. ◆ **basely** *adv* bassement; ignoblement. ◆ **baseness** *n* bassesse *f*.

basement [ˈbeɪsmənt] *n* sous-sol *m*.

bash [bæʃ] **1** *n* coup *m*. **the bumper has had a** ~ le pare-choc est cabossé; **I'll have a** ~ **(at it)** * je vais essayer un coup *. **2** *vt* frapper, cogner. **to** ~ **sb on the head** assommer qn. ◆ **bash in** *vt sep door* enfoncer; *car* cabosser; *cover* défoncer. **to** ~ **sb's head in** défoncer le crâne à qn *. ◆ **bash up** vt sep car bousiller *; person tabasser *.

bashful ['bæʃf(ʊ)l] adj timide. ◆ **bashfully** adv timidement. ◆ **bashfulness** n timidité f.

basic ['beɪsɪk] **1** adj (fundamental) principle, problem, French fondamental; salary, vocabulary de base; (elementary) rules, precautions élémentaire. **2** n: the ~s l'essentiel m. ◆ **basically** adv au fond, essentiellement.

BASIC ['beɪsɪk] n (Comput) BASIC m.

basil ['bæzl] n (Bot) basilic m.

basilica [bə'zɪlɪkə] n basilique f.

basin ['beɪsn] n (gen) cuvette f, bassine f; (for food) saladier m ; (smaller) bol m; (wash~) cuvette, (plumbed in) lavabo m; [fountain] vasque f; [river] bassin m.

basis, pl **bases** ['beɪsɪs, 'beɪsɪːz] n base f. on that ~ dans ces conditions; on the ~ of what you've told me par suite de ce que vous m'avez dit.

bask [baːsk] vi (in sun) se dorer (in à). to ~ in sb's favour jouir de la faveur de qn.

basket ['baːskɪt] **1** n (gen) corbeille f; (one-handled; also for bicycle etc) panier m. **2** adj: ~ **chair** chaise f en osier. ◆ **basketball** n basket(-ball) m. ◆ **basketwork** n vannerie f.

Basque [bæsk] **1** n Basque mf; (Ling) basque m. **2** adj basque. ~ **Country** Pays m basque.

bass[1] [beɪs] (Mus) **1** (part, singer) n basse f ; (double bass) contrebasse f. **2** adj bas; clef de fa. ~ **baritone** baryton-basse m; ~ **drum** grosse caisse.

bass[2] [bæs] n (freshwater) perche f; (sea) bar m.

basset ['bæsɪt] n: ~ (**hound**) basset m.

bassoon [bə'suːn] n basson m.

bastard ['baːstəd] **1** n bâtard(e) m(f); (‡ pej) salaud ‡ m. **poor** ~ ‡ pauvre type *. **2** adj child bâtard; language abâtardi.

baste [beɪst] vt (Culin) arroser; (Sewing) bâtir.

bat[1] [bæt] n (Zool) chauve-souris f. (fig) to have ~s in the belfry * avoir une araignée au plafond *.

bat[2] [bæt] **1** n (Baseball, Cricket) batte f; (Table Tennis) raquette f. (fig) off one's own ~ de sa propre initiative. **2** vi manier la batte.

bat[3] [bæt] vt: he didn't ~ an eyelid il n'a pas sourcillé; without ~ting an eyelid sans sourciller.

batch [bætʃ] n [loaves] fournée f; [people] groupe m; [letters] paquet m; [goods] lot m. (Comput) ~ **processing** traitement m par lots.

bated ['beɪtəd] adj: with ~ **breath** en retenant son souffle.

bath [baːθ] **1** n, pl ~s [baːðz] (gen) bain m; (~tub) baignoire f. to have a ~ prendre un bain; to give sb a ~ donner un bain à qn; room with ~ chambre f avec salle de bains; ~s (washing) (établissement m de) bains-douches mpl; (swimming) piscine f. **2** vt donner un bain à. **3** vi prendre un bain. **4** adj towel, sheet, salts de bain.
◆ **bathchair** n fauteuil roulant. ◆ **bathmat** n tapis m de bain.
◆ **bathrobe** n peignoir m de bain. ◆ **bathroom** **1** n salle f de bains ; **2** adj: ~room cabinet armoire f de toilette; ~room scales pèse-personne m.
◆ **bathtub** n baignoire f. ◆ **bathwater** n eau f du bain.

bathe [beɪð] **1** vt baigner; wound laver. ~d in sweat en nage; ~d in light baigné de lumière. **2** vi se baigner (dans la mer etc); (US) prendre un bain (dans une baignoire). **3** n: to have a ~ se baigner.
◆ **bather** n baigneur m, -euse f. ◆ **bathing** **1** n baignade f ; **2** adj: bathing beauty belle baigneuse; bathing cap bonnet m de bain; bathing costume or suit or trunks maillot m (de bain).

baton ['bætən] n (Mil, Mus, French Police) bâton m; (Brit Police) matraque f; [relay race] témoin m. ~ **charge** charge f à la matraque.

bats ‡ [bæts] adj toqué *, timbré *.

batsman ['bætsmən] n (Cricket) batteur m.

battalion [bə'tælɪən] n (Mil, fig) bataillon m.

batten[1] ['bætn] n (Carpentry) latte f.

batten[2] ['bætn] vi s'engraisser (on sb aux dépens de qn; on sth de qch).

batter[1] ['bætə'] **1** n (Culin) (for frying) pâte f à frire; (for pancakes) pâte à crêpes. **fried fish in** ~ poisson frit (enrobé de pâte à frire). **2** vt battre; baby martyriser. **3** vi: to ~ **at the door** cogner à la porte à coups redoublés.
◆ **batter down, batter in** vt sep défoncer.
◆ **battered** adj hat, car cabossé; face meurtri; furniture, house délabré; ~ed babies enfants martyrs.
◆ **battering** adj: ~ing ram bélier m.

batter[2] ['bætə'] n (US Sport) batteur m.

battery ['bætərɪ] **1** n (a) (guns) batterie f. (b) [torch, radio] pile f; [vehicle] accumulateurs mpl. (c) (row of similar objects) batterie f; [questions etc] pluie f. (d) (Agr) batterie f. **2** adj radio à piles; farming intensif; ~ **hen** poule f en batterie; (Elec) ~ **charger** chargeur m.

battle ['bætl] **1** n bataille f, combat m; (fig) lutte f, combat (for sth pour obtenir qch; to do pour faire). **killed in** ~ tué à l'ennemi; (fig) **to fight sb's** ~s se battre à la place de qn; **we are fighting the same** ~ nous nous battons pour la même cause; ~ **royal** bataille en règle; **that's half the** ~ * c'est déjà pas mal *. **2** adj cry de guerre; zone de combat. ~ **dress** tenue f de campagne. **3** vi se battre, lutter (for sth pour obtenir qch; to do pour faire). ◆ **battle-axe** * n (woman) virago f.
◆ **battlefield** or ◆ **battleground** n champ m de bataille. ◆ **battlements** npl remparts mpl.
◆ **battle-scarred** adj marqué par les combats.
◆ **battleship** n cuirassé m.

bauble ['bɔːbl] n babiole f.

baulk [bɔːlk] = **balk**.

bauxite ['bɔːksaɪt] n bauxite f.

Bavaria [bə'vɛərɪə] n Bavière f. ◆ **Bavarian 1** n Bavarois(e) m(f); **2** adj bavarois.

bawdy ['bɔːdɪ] adj paillard.

bawl [bɔːl] vti brailler (at contre). ◆ **bawl out** ‡ vt sep (scold) engueuler ‡.

bay[1] [beɪ] n (Geog: gen) baie f. the B~ of Biscay le golfe de Gascogne.

bay[2] [beɪ] n (~ tree) laurier(-sauce) m. ~ **leaf** feuille f de laurier.

bay[3] [beɪ] n (for parking) lieu m de stationnement (autorisé). ~ **window** fenêtre f en saillie.

bay[4] [beɪ] **1** n: to be at ~ être aux abois; to keep sb/sth at ~ tenir qn/qch en échec. **2** vi [dog] aboyer (at à, après).

bay[5] [beɪ] adj horse bai.

bayonet ['beɪənɪt] **1** n baïonnette f. **2** vt passer à la baïonnette. **3** adj charge à la baïonnette.

bayou ['baɪjuː] n (US) bayou m, marécages mpl.

bazaar [bə'zaː'] n (market; shop) bazar m; (sale of work) vente f de charité.

bazooka [bə'zuːkə] n bazooka m.

be [biː] pret **was**, **were**, ptp **been 1** copulative vb (a) être. **he is a soldier** il est soldat; **she is an Englishwoman** c'est une Anglaise, elle est anglaise; **who is that?** — **it is me!** qui est-ce? — c'est moi!; ~ **good** sois sage. (b) (health) aller. **how are you?** comment allez-vous?; **I am better** je vais mieux; **she is well** elle va bien. (c) (age) **how old is he?** quel âge a-t-il?; **he is 3** il a 3 ans; **I would take her to** ~ 40 je lui donnerais 40 ans. (d) (cost) coûter. **how much is it?** combien cela coûte-t-il?, ça fait combien? *; **it is 10 francs** cela coûte 10F. (e) (Math) faire. **2 and 2 are 4** 2 et 2 font 4.

2 *aux vb* (**a**) (+ *prp* = *continuous tense*) **what are you doing?** — **I am reading a book** qu'est-ce que vous faites? — je lis *or* je suis en train de lire un livre; **what have you been doing this week?** qu'avez-vous fait cette semaine?; **I have been waiting for you for an hour** je t'attends depuis une heure. (**b**) (+ *ptp* = *passive*) être. **he was killed** il a été tué, on l'a tué; **he is to ~ pitied** il est à plaindre; **the car is to ~ sold** la voiture doit être vendue; **peaches are sold by the kilo** les pêches se vendent au kilo. (**c**) (*in tag questions, short answers*) **he's always late, isn't he?** — **yes, he is** il est toujours en retard, n'est-ce pas? — oui, toujours; **it's all done, is it?** tout est fait, alors? (**d**) (+ *to* + *infin*) **he is to do it** il doit le faire; **they are to ~ married** ils vont se marier; **she was never to return** elle ne devait jamais revenir; **the telegram was to warn us** le télégramme était pour nous avertir; **I am not to speak to him** je ne dois pas lui parler, on m'a défendu de lui parler; **I wasn't to tell you** je ne devais pas vous le dire; **it is not to ~ opened** il est interdit de l'ouvrir. (**e**) (*modal 'were'*) **if we were in London** si nous étions à Londres; **if I were to tell him** et à supposer (même) que je lui dise; **if I were you** à votre place, si j'étais vous.
3 *vi* (**a**) être, exister. **to ~ or not to ~** être ou ne pas être; **the best artist that ever was** le meilleur peintre qui ait jamais existé; **that may ~** cela se peut; **~ that as it may** quoi qu'il en soit; **how is it that...?** comment se fait-il que + *indic or subj*; **let me ~** laissez-moi tranquille; **the bride-/mother-to-be** la future mariée/maman. (**b**) **there is, there are** il y a; **there was once a castle here** il y avait autrefois un château ici; **there will ~ dancing** on dansera; **there were three of us** nous étions trois; **there is no knowing...** il est impossible de savoir...; **let there ~ light** que la lumière soit. (**c**) (*presenting, pointing out*) **here is, here are** voici; **there is, there are** voilà; **there he was, sitting at the table** il était là, assis à la table. (**d**) (*come, go: esp in perfect tense*) aller, venir, être. **I have been to see my aunt** je suis allé voir ma tante; **I have already been to Paris** j'ai déjà été *or* je suis déjà allé à Paris; **he has been and gone** il est venu et reparti.
4 *impers vb* (**a**) (*time*) être. **it is morning** c'est le matin; **it is 6 o'clock** il est 6 heures; **it is the 14th June today** nous sommes *or* c'est aujourd'hui le 14 juin; **it is a long time since I saw you** il y a longtemps que je ne vous ai vu; **it is you who did it** c'est vous qui l'avez fait; **were it not that** si ce n'était que; **were it not for my friendship for him** sans mon amitié pour lui; **had it not been for him we...** sans lui, nous...; **as it were** pour ainsi dire. (**b**) (*weather etc*) faire. **it is fine/cold** il fait beau/froid; **it is windy** il fait du vent.
◆ **be-all** *n*: **the ~-all and end-all** le but suprême (*of* de). ◆ **being** *n* (**a**) existence *f*; **to come into ~ing** [*idea*] prendre naissance; [*society*] être créé; **to bring into ~ing** faire naître; **then in ~ing** qui existait alors; (**b**) être *m*; **human ~ings** êtres humains; **all my ~ing revolts at** tout mon être se révolte à.

beach [biːtʃ] **1** *n* [*sea*] plage *f*; (*shore*) grève *f*; [*lake*] rivage *m*. **2** *vt* échouer. **3** *adj*: **~ ball** ballon *m* de plage; **~ buggy** buggy *m*; **~ umbrella** parasol *m*. ◆ **beachcomber** *n* ramasseur *m* d'épaves. ◆ **beachhead** *n* tête *f* de pont. ◆ **beachwear** *n* tenue *f* de plage.

beacon ['biːk(ə)n] *n* (*gen, fig*) phare *m*; (*Aviat, Naut*) balise *f*; (*on hills*) feu *m* (d'alarme). **Belisha ~** lampadaire *m* (*indiquant un passage clouté*).

bead [biːd] *n* (*gen*) perle *f*; [*rosary*] grain *m*; [*dew*] perle, [*sweat*] goutte *f*. (**string of**) **~s** collier *m*. ◆ **beady-eyed** *adj* (*glittering*) aux yeux en boutons de bottines; (*pej*) aux yeux de fouine.

beak [biːk] *n* bec *m*; (***: *nose*) nez *m* crochu.

beaker ['biːkə'] *n* gobelet *m*; (*Chem*) vase *m* à bec.

beam [biːm] **1** *n* (**a**) (*Archit*) poutre *f*. (**b**) (*Naut*) **on the port ~** à bâbord. (**c**) [*light, sunlight*] rayon *m*, trait *m*; [*headlight, searchlight, etc*] faisceau *m* (lumineux); (*Phys*) faisceau; (*Aviat, Naut*) chenal *m* de radio-guidage. (*fig*) **to be on (the) ~** * être sur la bonne voie; (*fig*) **to be off (the) ~** * dérailler *. (**d**) (*smile*) sourire *m* épanoui. **2** *vi* [*sun*] rayonner. **she ~ed** son visage s'est épanoui en un large sourire; **she ~ed at me** elle a levé vers moi un visage épanoui; **face ~ing with joy** visage rayonnant de joie. **3** *vt* (*Rad, Telec*) *message* transmettre par émission dirigée; *programme* diffuser (*to* à l'intention de). ◆ **beam-ends** *npl*: **on one's ~-ends** * dans la gêne.

bean [biːn] *n* haricot *m*; (*green ~*) haricot vert; (*broad ~*) fève *f*; [*coffee*] grain *m*. **full of ~s** * en pleine forme; **he hasn't a ~** * il n'a pas le sou. ◆ **beanbag** *n* (*for throwing*) balle lestée; (*chair*) sacco *m*. ◆ **beanpole** *n* (*lit, fig*) perche *f*. ◆ **beanshoots** *or* ◆ **beansprouts** *npl* germes *mpl* de soja.

bear¹ [bɛə'] *pret* **bore**, *ptp* **borne 1** *vt* (**a**) (*carry*) *burden, message, signature, name* porter. **to ~ away** emporter; **to ~ back** rapporter; **to ~ no relation to** être sans rapport avec; **he bore himself like a soldier** (*carried himself*) il avait une allure militaire *or* de soldat; (*conducted himself*) il se comportait en soldat; **it was borne in on me that...** il m'est apparu de plus en plus évident que...; **the love he bore her** l'amour qu'il lui portait; **to ~ sb ill-will** *or* **a grudge** garder rancune à qn. (**b**) (*support*) *weight* supporter; *comparison* soutenir; *responsibility* assumer; (*endure*) supporter, tolérer. **I cannot ~ that man** je ne peux pas souffrir cet homme; **she cannot ~ being laughed at** elle ne supporte pas qu'on se moque (*subj*) d'elle. (**c**) (*produce*) *child* donner naissance à; *crop* produire; (*Fin*) *interest* rapporter. (*lit, fig*) **to ~ fruit** porter des fruits. **2** *vi* (**a**) **to ~ right** prendre à droite; **~ towards the church** allez vers l'église; **~ north at the windmill** prenez la direction nord au moulin. (**b**) [*ice etc*] porter, supporter. (**c**) [*fruit tree etc*] donner, produire. (**d**) **to bring to ~** *pressure* exercer (*on* sur qch); *gun* pointer (*on* sur); *energy* consacrer (*on* à); **to bring one's mind to ~ on sth** porter son attention sur qch.
◆ **bear down** *vi* [*ship*] venir (*on* sur); (*fig*) [*person*] foncer (*on* sur); (*press*) appuyer fermement, peser (*on* sur). ◆ **bear out** *vt sep suspicions* confirmer; *statement* corroborer. **to ~ sb out** corroborer ce que qn dit. ◆ **bear up** *vi* ne pas se laisser abattre, tenir le coup *. **~ up!** * courage!; **how are you?** — **~ing up!** * comment ça va? — on fait aller *. ◆ **bear with** *vt fus* supporter patiemment. **~ with me** je vous demande un peu de patience.
◆ **bearable** *adj* supportable, tolérable. ◆ **bearer** *n* [*letter, coffin, title, cheque*] porteur *m*, -euse *f*; [*passport*] titulaire *mf*; (*servant*) serviteur *m*.
◆ **bearing** *n* (**a**) (*posture*) maintien *m*; **noble ~ing** maintien noble; (**b**) (*relation*) rapport *m*; **to have a ~ing on** avoir un rapport avec; (**c**) **to take a compass ~ing** prendre un relèvement au compas; **to take a ship's ~ings** faire le point; (*fig*) **to get one's ~ings** se repérer; (*fig*) **to lose one's ~ings** être désorienté; (**d**) (*Tech*) palier *m*, coussinet *m*.

bear² [bɛə'] **1** *n* ours(e) *m(f)*; (*St Ex*) baissier *m*. **like a ~ with a sore head** * d'une humeur massacrante; (*Astron*) **the Great B~** la Grande Ourse. **2** *adj*: **~ cub** ourson *m*; (*fig*) **~ garden** pétaudière *f*.

beard [bɪəd] **1** *n* barbe *f*. **to have a ~** porter la barbe; **a man with a ~** un (homme) barbu. **2** *vt* braver. (*fig*) **to ~ the lion in his den** aller braver le lion dans sa tanière. ◆ **bearded** *adj* barbu; **a ~ed man** un barbu; **the ~ed lady** la femme à barbe. ◆ **beardless** *adj* imberbe.

bearish ['bɛərɪʃ] *adj (St Ex)* ~ **tendency** tendance *f* baissière *or* à la baisse.

beast [biːst] *n* bête *f*, animal *m*; *(cruel person)* brute *f*; *(*: disagreeable)* chameau * *m*. **the king of the ~s** le roi des animaux; ~ **of burden** bête de somme; *(Agr)* ~**s** bétail *m*; *[greedy person]* **to make a ~ of o.s.** se goinfrer. ◆ **beastly** *adj person, conduct* brutal; *language* obscène; *food, sight* dégoûtant; *(*: less strong) weather, person* infect *; *child, trick, business* sale *(before n).*

beat [biːt] *(vb: pret* **beat**, *ptp* **beaten) 1** *n* (**a**) *[heart, drums]* battement *m*; *(Mus)* temps *m*; *[conductor]* battement; *(Jazz)* rythme *m*. *(Mus)* **strong** ~ temps fort. (**b**) *[policeman, sentry]* ronde *f*. **on the** ~ faisant sa *(etc)* ronde.
2 *adj* (**a**) *(*: **dead-**~) éreinté, claqué *. (**b**) **the** ~ * **generation** la génération beatnik.
3 *vt* (**a**) *(strike)* battre. **to** ~ **sb with a stick** donner des coups de bâton à qn; **to** ~ **a drum** battre du tambour; **to** ~ **a retreat** battre en retraite; ~ **it!** ‡ fiche le camp! *; **to** ~ **one's breast** se frapper la poitrine; **to** ~ **time** battre la mesure; **off the** ~**en track** hors des sentiers battus. (**b**) *(defeat)* battre, vaincre. **to be** ~**en** être vaincu; **to** ~ **sb to the top of a hill** arriver au sommet d'une colline avant qn; *(fig)* **to** ~ **sb to it** * devancer qn; **to** ~ **sb hollow** battre qn à plates coutures; **coffee** ~**s tea any day** * le café vaut tout le thé du monde; **that** ~**s me, that's got me** ~**en** *or* ~ * ça me dépasse complètement; **it** ~**s me how...** ça me dépasse que * + *subj*; **that takes some** ~**ing!** *, **can you** ~ **it!** * faut le faire! *.
4 *vi (gen)* battre. **to** ~ **at the door** cogner à la porte; **he doesn't** ~ **about the bush** il n'y va pas par quatre chemins; *(Naut)* **to** ~ **(to windward)** louvoyer au plus près.
◆ **beat back** *vt, sep* repousser. ◆ **beat down 1** *vi [sun]* taper *. **the rain was** ~**ing down** il pleuvait à torrents. **2** *vt sep prices* faire baisser; *person* faire baisser ses prix à. **I** ~ **him down to £2** je l'ai fait descendre à 2 livres. ◆ **beat in** *vt sep door* défoncer. **to** ~ **sb's brains in** défoncer le crâne à qn *. ◆ **beat off** *vt sep* repousser. ◆ **beat out** *vt sep fire* étouffer; *metal* marteler; *rhythm* marquer.
◆ **beat up** *vt sep eggs, cream* battre; *(assault) person* passer à tabac; *(find) recruits, customers* racoler. ◆ **beater** *n (carpet* ~*)* tapette *f*; *(egg whisk)* fouet *m*; *(rotary)* batteur *m*. ◆ **beating** *n* (**a**) *(whipping)* correction *f*; **to give/get a** ~**ing** flanquer/recevoir une correction; (**b**) *[drums, wings, heart]* battement *m*; (**c**) *(defeat)* défaite *f*; **the car takes a** ~**ing on that road** * la voiture en voit de dures * sur cette route. ◆ **beatnik** *n, adj* beatnik *(mf)*. ◆ **beat-up** * *adj* bousillé *.

beatify [biːˈætɪfaɪ] *vt* béatifier. ◆ **beatific** [ˌbiːəˈtɪfɪk] *adj* béatifique; *smile* béat.

beauty ['bjuːtɪ] **1** *n* beauté *f*. ~ **is only skin-deep** la beauté n'est pas tout; ~ **is in the eye of the beholder** il n'y a pas de laides amours; **the** ~ **of it is that** *... ce qui est formidable, c'est que *...; **she is no** ~ * ce n'est pas une beauté; B~ **and the Beast** la Belle et la Bête; **isn't this car a** ~! * quelle merveille que cette voiture!
2 *adj* *cream, preparations, salon* de beauté. ~ **competition** *or* **contest** concours *m* de beauté; ~ **queen** reine *f* de beauté; **you need your** ~ **sleep** tu as besoin de bien dormir; ~ **specialist** esthéticien(ne) *m(f)*; ~ **spot** *(on skin)* grain *m* de beauté; *(in countryside)* site *m* superbe; *(in tourist guide etc)* site *m* touristique; ~ **treatment** soins *mpl* de beauté.
◆ **beauteous** *adj (liter)* = **beautiful**. ◆ **beautician** *n* esthéticien(ne) *m(f)*. ◆ **beautiful** *adj (gen)* beau *(f* belle*)*; *weather, dinner* magnifique. ◆ **beautifully** *adv (very well) work, sew* à la perfection; *fit, adapt* parfaitement; *(pleasantly) hot, calm* merveilleusement. ◆ **beautify** *vt* embellir.

beaver ['biːvəʳ] *n* castor *m*. **to work like a** ~ travailler d'arrache-pied.

becalmed [brˈkɑːmd] *adj* encalminé.

became [brˈkeɪm] *pret of* **become**.

because [brˈkɒz] *conj (gen)* parce que. **the more surprising** ~ d'autant plus surprenant que; ~ **he lied, he was punished** il a été puni pour avoir menti; ~ **of** à cause de, en raison de.

beck [bek] *n*: **to be at sb's** ~ **and call** être (constamment) à la disposition de qn; **to have sb at one's** ~ **and call** faire marcher qn au doigt et à l'œil.

beckon ['bek(ə)n] *vti* faire signe *(to sb* à qn; *to do* de faire*)*. **he** ~**ed me in/over** *etc* il m'a fait signe d'entrer/d'approcher *etc*.

become [brˈkʌm] *pret* **became**, *ptp* **become 1** *vi* devenir. **to** ~ **famous** devenir célèbre; **to** ~ **a doctor** devenir *or* se faire médecin; **to** ~ **thin** maigrir; **to** ~ **accustomed to** s'accoutumer à; ~ **what has** ~ **of him?** qu'est-il devenu? **3** *vt*: **it does not** ~ **him** cela ne lui sied pas. ◆ **becoming** *adj behaviour* bienséant; *clothes* seyant.

bed [bed] **1** *n* (**a**) lit *m*. **room with 2** ~**s** chambre *f* à 2 lits; **to go to** ~ se coucher; **to go to** ~ **with sb** * coucher avec qn *; **to get out of** ~ se lever; *(fig)* **to get out of** ~ **on the wrong side** se lever du pied gauche; **to put to** ~ *person* coucher; *newspaper* boucler; **to make the** ~ faire le lit; **to be in** ~ être couché; *(through illness)* garder le lit; **to give sb a** ~ **for the night** loger qn pour la nuit; **before** ~ avant de se coucher; ~ **of sickness** lit de douleur; '~ **and breakfast'** 'chambres'; **to book in for** ~ **and breakfast** prendre une chambre avec le petit déjeuner; **we stayed at** ~**-and-breakfast places** nous avons pris une chambre chez des particuliers; ~ **and board** le vivre et le couvert; **it's not a** ~ **of roses** ce n'est pas une partie de plaisir; ~ **of nails** lit à clous. (**b**) *(layer) [coal, ore]* gisement *m*; *[clay]* couche *f*; *[coral, oysters]* banc *m*; *[mortar]* bain *m*. (**c**) *(bottom) [sea]* fond *m*; *[river]* lit *m*. (**d**) *[vegetables]* planche *f*; *(square)* carré *m*; *[flowers]* parterre *m*; *(strip)* plate-bande *f*. **2** *adj*: ~ **bath** grande toilette *f* (d'un malade); ~ **jacket** liseuse *f*; ~ **linen** draps *mpl* de lit (et taies *fpl* d'oreillers).
◆ **bed down** *vi* (aller) se coucher; *(spend nights)* coucher. ◆ **bed out** *vt sep plants* repiquer. ◆ **bed-bug** *n* punaise *f*. ◆ **bedclothes** *npl* couvertures *fpl* et draps *mpl* (de lit). ◆ **bedcover** *n* couvre-lit *m*. ◆ **bedding** *n* literie *f*; *(Mil etc)* matériel *m* de couchage; *[animals]* litière *f*. ◆ **bedfellow** *n*: **they are strange** ~**fellows** ils forment une drôle de paire. ◆ **bedhead** *n* tête *f* de lit. ◆ **bedpan** *n* bassin *m* (hygiénique). ◆ **bedpost** *n* colonne *f* de lit. ◆ **bedridden** *adj* alité, cloué au lit. ◆ **bedrock** *n (Geol)* soubassement *m*; *(fig)* base *f*. ◆ **bedroom 1** *n* chambre *f* (à coucher) ; **2** *adj*: *(Theat)* ~**room farce** comédie *f* de boulevard; ~**room slipper** pantoufle *f*; ~**room suite** chambre *f* à coucher *(mobilier)*. ◆ **bedsettee** *n* divan-lit *m*. ◆ **bedside 1** *n*: **at his** ~**side** à son chevet ; **2** *adj book, lamp* de chevet; ~**side rug** descente *f* de lit; *[doctor]* **he has a good** ~**side manner** il sait parler à ses malades. ◆ **bedsitter** *or* ◆ **bed-sitting room** *or* ◆ **bedsit** * *n* chambre meublée. ◆ **bedsocks** *npl* chaussettes *fpl* (de lit). ◆ **bedsore** *n* escarre *f*. ◆ **bedspread** *n* dessus-de-lit *m inv*. ◆ **bedstead** *n* bois *m* de lit. ◆ **bedtime 1** *n*: **it is** ~**time** c'est l'heure d'aller se coucher; **his** ~**time is 7 o'clock** il se couche à 7 heures; **it's past your** ~**time** tu devrais être déjà couché ; **2** *adj*: **to tell a child a** ~**time story** raconter une histoire à un enfant avant qu'il ne s'endorme. ◆ **bedwetting** *n* incontinence *f* nocturne.

bedeck [brˈdek] *vt* parer *(with* de*)*.

bedevil [br'devl] *vt* embrouiller. ~led by *person* accablé par; *plan* qui a souffert de.

bedlam ['bedləm] *n* ramdam ‡ *m*, chahut * *m*.

bedraggled [br'drægld] *adj clothes, person* débraillé; *hair* embroussaillé; *(wet)* trempé.

bee [bi:] *n* (**a**) abeille *f*. **to have a ~ in one's bonnet** * avoir une idée fixe *(about* en ce qui concerne); **like ~s round a honeypot** comme des mouches sur un pot de confiture. (**b**) **to have a sewing ~** se réunir pour coudre. ◆ **beehive** *n* ruche *f*. ◆ **beekeeper** *n* apiculteur *m*, -trice *f*. ◆ **beeline** *n*: **to make a ~line for** filer droit sur. ◆ **beeswax** *n* cire *f* d'abeille.

beech [bi:tʃ] *n* hêtre *m*. ◆ **beechnut** *n* faine *f*.

beef [bi:f] **1** *n* (*Culin*) bœuf *m*. **roast ~** rosbif *m*. **2** *adj*: ~ **cattle** bœufs *mpl* de boucherie; ~ **olive** paupiette *f* de bœuf; ~ **tea** bouillon *m* (de viande). **3** *vi* (‡: *complain*) râler * *(about* contre). ◆ **beefburger** *n* hamburger *m*. ◆ **beefeater** *n* hallebardier *m* (*de la Tour de Londres*). ◆ **beefsteak** *n* bifteck *m*, steak *m*. ◆ **beefy** * *adj* costaud * *f inv*.

been [bi:n] *ptp of* **be**.

beep [bi:p] **1** *n* bip *m*. **2** *vi* faire bip.

beer [bɪəʳ] **1** *n* bière *f*. **life's not all ~ and skittles** tout n'est pas qu'une partie de rigolade * en ce monde. **2** *adj*: ~ **bottle** canette *f*; ~ **can** boîte *f* de bière; ~ **glass** bock *m*, chope *f*.

beet [bi:t] **1** *n* betterave *f*. **2** *adj sugar* de betterave. ◆ **beetroot** *n* betterave *f* (*potagère*).

beetle ['bi:tl] **1** *n* (*gen*) scarabée *m*; *(Zool)* coléoptère *m*. **there's a huge ~ in the bath!** il y a un énorme cafard dans la baignoire! **2** *vi* (‡) **to ~ in/out** *etc* entrer/sortir *etc* en vitesse. ◆ **beetle-browed** *adj* aux sourcils broussailleux.

befall [br'fɔ:l] *pret* **befell**, *ptp* **befallen** **1** *vi* arriver, advenir. **2** *vt* arriver à.

befit [br'fɪt] *vt* (*impers*) convenir à. **it ill ~s him** il lui sied mal *(to do* de faire). ◆ **befitting** *adj* convenable.

before [br'fɔ:ʳ] **1** *prep* (**a**) *(time, order, rank)* avant. ~ **Christ** avant Jésus-Christ; **the year ~ last** il y a deux ans; **not ~ next week** pas avant la semaine prochaine; ~ **then** avant, auparavant; ~ **now** déjà; ~ **long** avant peu, d'ici peu; ~ **doing** avant de faire. (**b**) *(place, position)* devant. **he stood ~ me** il était là devant moi; **the question ~ us** la question qui nous occupe; **the task ~ him** la tâche qu'il a devant lui; **to appear ~ a judge** comparaître devant un juge. (**c**) *(rather than)* plutôt que. **to put death ~ dishonour** préférer la mort au déshonneur; **he would die ~ betraying...** il mourrait plutôt que de trahir...

2 *adv* (**a**) *(time)* avant, auparavant. **the day ~** la veille; **the evening ~** la veille au soir; **the week ~** la semaine d'avant *or* précédente; **I have read it ~** je l'ai déjà lu; **it has never happened ~** cela n'est jamais arrivé jusqu'ici; **it had never happened ~** cela n'était jamais arrivé jusqu'alors; **long ~** longtemps auparavant; **to continue as ~** faire comme par le passé. (**b**) *(place)* en avant, devant. (**c**) *(order)* avant. **that chapter and the one ~** ce chapitre et celui d'avant.

3 *conj* (**a**) *(time)* avant de + *infin*, avant que + ne + *subj*. **I did it ~ going out** je l'ai fait avant de sortir; **go and see him ~ he goes** allez le voir avant son départ *or* avant qu'il ne parte; **it will be 6 weeks ~ the boat returns** le bateau ne reviendra pas avant 6 semaines; ~ **I forget...** avant que je n'oublie *(subj)*... (**b**) *(rather than)* plutôt que de + *infin*. **he will die ~ he surrenders** il mourra plutôt que de se rendre.

◆ **beforehand** *adv* à l'avance.

befriend [br'frend] *vt* donner son amitié à.

befuddled [br'fʌdld] *adj* (*confused*) embrouillé; *(tipsy)* éméché.

beg [beg] **1** *vt* (**a**) *money, food* mendier; *favour* solliciter. **to ~ sb's pardon** demander pardon à qn; **I ~ your pardon** *(apologizing)* je vous demande pardon; *(not having heard)* pardon?; **I ~ to state that** je me permets de faire remarquer que; **I ~ to differ** permettez-moi d'être d'un autre avis; **I ~ to inform you that** j'ai l'honneur de vous faire savoir que; **to ~ leave to do** solliciter l'autorisation de faire; **to ~ sb to do** supplier qn de faire; **I ~ you!** je vous en supplie! (**b**) **this ~s the question** c'est présumer la question résolue. **2** *vi* mendier. **to ~ for money** mendier; **to ~ for food** mendier de la nourriture; **to ~ for help** demander de l'aide; *[dog]* **to sit up and ~** faire le beau; **it's going ~ging** * personne n'en veut.

◆ **beg off** * *vi* se faire excuser *(from* de).

◆ **beggar** **1** *n* mendiant(e) *m(f)*; ~**gars can't be choosers** nécessité fait loi; ~**gar's opera** opéra *m* de quat' sous; **poor ~gar!** * pauvre diable! *; **a lucky ~gar** un veinard *; **a queer little ~gar** * un drôle de petit bonhomme; **2** *vt* *(fig: ruin)* ruiner; **to ~gar description** défier toute description.

◆ **beggarly** *adj amount, meal* piètre (*before n*); *wage* dérisoire. ◆ **beggar-my-neighbour** *n* bataille *f* (*Cartes*).

began [br'gæn] *pret of* **begin**.

beget [br'get] *pret* **begot**, *ptp* **begotten** *vt* engendrer.

begin [br'gɪn] *pret* **began**, *ptp* **begun** **1** *vt* commencer *(to do, doing* à faire, de faire), se mettre *(to do, doing* à faire); *work, song, bottle, book* commencer; *conversation* engager; *quarrel, rumour* faire naître; *reform, war, series of events* déclencher; *fashion* lancer; *custom, policy* inaugurer. **to ~ a journey** partir en voyage; **he began the day with a glass of milk** il a bu un verre de lait pour bien commencer la journée; **to ~ life as** débuter dans la vie comme; **that doesn't even ~ to compare with...** c'est loin d'être comparable à...; **it soon began to rain** il n'a pas tardé à pleuvoir; **to ~ again** recommencer *(to do* à faire).

2 *vi* commencer (*with* par; *by doing* par faire), s'y mettre; *[river]* prendre sa source; *[road]* partir (*at* de); *[political party, movement, custom]* commencer, naître. **to ~ at the beginning** commencer par le commencement; **it's ~ning rather well** cela s'annonce plutôt bien; **just where the hair ~s** à la naissance des cheveux; **before October ~s** avant le début d'octobre; **to ~ again** recommencer; *[classes]* reprendre; **~ning from Monday** à partir de lundi; **he began in the sales department** il a débuté dans le service des ventes; **he began as a Marxist** il a commencé par être marxiste; **he began with the intention of writing a thesis** au début son intention était d'écrire une thèse; **to ~ with, there were only 3 of them** d'abord, ils n'étaient que 3; ~ **on a new page** prenez une nouvelle page; **to ~ on sth** commencer qch; **since the world began** depuis que le monde est monde. ◆ **beginner** *n* débutant(e) *m(f)*; **it's just ~ner's luck** aux innocents les mains pleines. ◆ **beginning** *n* commencement *m*, début *m*; **to make a ~ning** commencer, débuter; **the ~ning of the academic year** la rentrée (universitaire *or* scolaire); **in the ~ning** au commencement, au début; **to start again at** *or* **from the ~ning** recommencer au commencement; **the ~ning of negotiations** l'ouverture *f* des négociations; **the ~ning of the end** le commencement de la fin; **the ~ning of science** les rudiments *mpl* de la science; **the shooting was the ~ning of the rebellion** la fusillade a été à l'origine de la révolte; **fascism had its ~nings...** le fascisme prit naissance...

begone [br'gɒn] *excl* partez!

begonia [br'gəʊnɪə] *n* bégonia *m*.

begot(ten) [bɪ'gɒt(n)] *pret (ptp)* of **beget**.

begrudge [bɪ'grʌdʒ] *vt* = **grudge**.

beguile [bɪ'gaɪl] *vt (deceive)* tromper; *(entertain)* distraire; *(charm)* captiver. ◆ **beguiling** *adj* séduisant.

begun [bɪ'gʌn] *ptp* of **begin**.

behalf [bɪ'hɑːf] *n*: **on ~ of sb** *attend, accept* de la part de qn, pour qn; *plead* en faveur de qn; **he was worried on my ~** il s'inquiétait pour moi.

behave [bɪ'heɪv] *vi (~ o.s.) (conduct o.s.)* se conduire; *(conduct o.s. well)* bien se tenir; *[child]* être sage; *[machine]* marcher. **to ~ well towards sb** bien agir envers qn; **~ yourself!** tiens-toi bien! ◆ **behaviour,** *(US)* **behavior** *n* conduite *f*, comportement *m (to, towards* envers); *[machine]* fonctionnement *m*; **to be on one's best behaviour** se conduire de son mieux; *[child]* se montrer d'une sagesse exemplaire. ◆ **behavio(u)ral** *adj sciences, studies* behavioriste; *pattern* de comportement; **behavioural problems** troubles *mpl* du comportement. ◆ **behavio(u)rism** *n* behaviorisme *m*. ◆ **behavio(u)rist** *adj, n* behavioriste *(mf)*.

behead [bɪ'hed] *vt* décapiter.

beheld [bɪ'held] *pret, ptp* of **behold**.

behest [bɪ'hest] *n*: **at the ~ of** sur l'ordre de.

behind [bɪ'haɪnd] **1** *adv come* derrière; *stay, look* en arrière. **to leave ~** laisser derrière soi; **to be ~ with sth** être en retard dans qch. **2** *prep* derrière. **from ~ the door** de derrière la porte; **walk close ~ me** suivez-moi de près; *(fig)* **to put sth ~ one** oublier qch, refuser de penser à qch; *(fig)* **what is ~ this?** qu'y a-t-il là-dessous?; **he is ~ the other pupils** il est en retard sur les autres élèves; **~ time** en retard; **~ the times** en retard sur son temps. **3** *n (*: buttocks)* derrière *m*, postérieur * *m*. ◆ **behindhand** *adv, adj* en retard *(with sth* dans qch).

behold [bɪ'həʊld] *pret, ptp* **beheld** *vt* voir, apercevoir. **behold!** voici!

beholden [bɪ'həʊld(ə)n] *adj* redevable *(to* à*, for* de).

behove [bɪ'həʊv], *(US)* **behoove** [bɪ'huːv] *impers vt* incomber *(sb to do* à qn de faire).

beige [beɪʒ] *adj, n* beige *(m)*.

Beijing ['beɪ'dʒɪŋ] *n* Pékin.

Beirut [beɪ'ruːt] *n* Beyrouth.

bejewelled, *(US)* **bejeweled** [bɪdʒuː'əld] *adj* couvert de bijoux.

belabour, *(US)* **belabor** [bɪ'leɪbəʳ] *vt* rouer de coups.

belated [bɪleɪtɪd] *adj* tardif. ◆ **belatedly** *adv* tardivement.

belch [beltʃ] **1** *vi* faire un renvoi. **2** *vt (~ forth)** smoke etc* vomir. **3** *n* renvoi *m*.

beleaguered [bɪ'liːgəd] *adj city* assiégé; *army* cerné.

Belfast ['belfɑːst] *n* Belfast.

belfry ['belfrɪ] *n* beffroi *m*.

Belgium ['beldʒəm] *n* Belgique *f*. ◆ **Belgian 1** *n* Belge *mf*; **2** *adj* belge.

Belgrade [bɛl'greɪd] *n* Belgrade.

belie [bɪ'laɪ] *vt* démentir.

belief [bɪ'liːf] *n* **(a)** croyance *f (in* en, à*). **~ in God/ in ghosts** croyance en Dieu/aux revenants; **beyond ~** *(adj)* incroyable; **wealthy beyond ~** incroyablement riche. **(b)** conviction *f*. **in the ~ that** persuadé que; **it is my ~ that** je suis convaincu que; **to the best of my ~** autant que je sache.

believe [bɪ'liːv] **1** *vt statement, evidence, person* croire *(that* que). **I don't ~ a word of it** je n'en crois pas un mot; **don't you ~ it!** ne va pas croire ça!; **he could hardly ~ his eyes** il en croyait à peine ses yeux; **if he is to be ~d** à l'en croire; **I ~ I'm right** je crois avoir raison; **I don't ~ he will come** je ne crois pas qu'il viendra *or* qu'il vienne; **he is ~d to be ill** on le croit malade; **I ~ so/not** je crois que oui/non. **2** *vi* croire. **to ~ in** *God* croire en; *ghosts, promises, antibiotics* croire à; *friend* avoir confiance en; *method* être partisan de; **I don't ~ in borrowing** je ne suis pas d'avis qu'il faille faire des emprunts. ◆ **believable** *adj* croyable. ◆ **believer** *n (Rel)* croyant(e) *m(f)*; *(gen)* **he is a great ~er** il est très partisan de.

belittle [bɪ'lɪtl] *vt* déprécier.

Belize [bɛ'liːz] *n* Bélize *m*.

bell [bel] *n [church, school, cows]* cloche *f*; *(hand~)* clochette *f*; *[toys, cats etc]* grelot *m*; *[goats, sheep]* clochette *f*; *[door]* sonnette *f*; *(electric, also telephone)* sonnerie *f*; *[cycle, typewriter]* timbre *m*. **there's the ~!** on sonne!; *(Naut)* **eight ~s** huit coups piqués. ◆ **bell-bottomed** *adj*: **~-bottomed trousers** pantalon *m* de marine. ◆ **bellboy** *or* ◆ **bellhop** *n* groom *m*. ◆ **bell-push** *n* bouton *m* de sonnette. ◆ **bell-ringer** *n* sonneur *m*. ◆ **bell-tent** *n* tente *f* conique. ◆ **bell-tower** *n* clocher *m*.

belladonna [ˌbelə'dɒnə] *n* belladone *f*.

belle [bel] *n* beauté *f*. **the ~ of the ball** la reine du bal.

bellicose ['belɪkəʊs] *adj* belliqueux.

belligerent [bɪ'lɪdʒər(ə)nt] *adj, n* belligérant(e) *m(f)*. ◆ **belligerence** *or* ◆ **belligerency** *n* belligérance *f*.

bellow ['beləʊ] **1** *vi [animals]* mugir; *[person]* brailler, beugler * *(with* de). **2** *vt (~ out)** song, order* brailler, beugler *. **3** *n* mugissement *m*; beuglement * *m*.

bellows ['beləʊz] *npl [forge, organ]* soufflerie *f*; *[fire]* soufflet *m*.

belly ['belɪ] **1** *n* ventre *m*. **2** *vi (~ out)* se gonfler. **3** *adj*: **~ button** nombril *m*; **~ dancer** danseuse orientale; **~ laugh** gros rire gras. ◆ **bellyache 1** *n* mal *m* de *or* au ventre ; **2** *vi (*: complain)* ronchonner *. ◆ **bellyflop** *n (Swimming)* plat-ventre *m*. ◆ **bellyful** *n*: **he had had a ~ful** *il en avait plein le dos *. ◆ **belly-landing ** *n (Aviat)* atterrissage *m* sur le ventre.

belong [bɪ'lɒŋ] *vi* appartenir *(to* à). **this book ~s to me** ce livre m'appartient, ce livre est à moi; **the lid ~s to this box** le couvercle va avec cette boîte; **to ~ to a society** faire partie *or* être membre d'une société; **to ~ to a town** *[native]* être originaire d'une ville; *[inhabitant]* habiter une ville; **to feel that one doesn't ~** se sentir étranger; **to ~ together** aller ensemble; **put it back where it ~s** remets-le à sa place. ◆ **belongings** *npl* affaires *fpl*, possessions *fpl*; **personal ~ings** objets personnels.

beloved [bɪ'lʌvɪd] *adj, n* bien-aimé(e) *m(f)*.

below [bɪ'ləʊ] **1** *prep (under)* sous; *(lower than)* au-dessous de. **~ the bed** sous le lit; **on the bed and ~ it** sur le lit et en dessous; **skirt well ~ the knee** jupe bien au-dessous du genou; **~ average** au-dessous de la moyenne; **the Thames ~ Oxford** la Tamise en aval d'Oxford. **2** *adv* en bas, en dessous, plus bas; *(Naut)* en bas. **the tenants ~** les locataires du dessous; **they live 2 floors ~** ils habitent 2 étages en dessous; **voices from ~** des voix venant d'en bas; **the road ~** la route en contrebas; *(on earth)* **here ~** ici-bas; *(in hell)* **down ~** en enfer; *[documents]* **see ~** voir ci-dessous.

belt [belt] **1** *n* **(a)** *(gen)* ceinture *f*; *(Tech)* courroie *f*; *(corset)* gaine *f*. *(shoulder)* ~ baudrier *m*; **that was below the ~** c'était un coup bas; **he's got 10 years' experience under his ~** il a 10 ans d'expérience à son acquis; *(fig)* **to tighten one's ~** se serrer la ceinture; *(Judo)* **to be a Black B~** être ceinture noire. **(b)** *(Geog)* zone *f*; *(Agr)* région *f*. **industrial ~** zone industrielle; **the cotton ~** la

région de culture du coton. **2** vt (thrash) administrer une correction à. **she ~ed him one in the eye** ‡ elle lui a flanqué un gnon ‡ dans l'œil. **3** vi (‡: rush) **to ~ in/out/across** etc entrer/sortir/ traverser etc à toutes jambes.
♦ **belt out** * vt sep song chanter à pleins poumons.
♦ **belt up** vi (**a**) (seat belts) attacher sa ceinture. (**b**) (‡: quiet) la boucler ‡. **~ up!** boucle-la! ‡
♦ **beltway** n (US) périphérique m.

bemoan [bɪ'məʊn] vt pleurer, déplorer.

bemuse [bɪ'mjuːz] vt stupéfier, hébéter.

bench [ben(t)ʃ] **1** n (gen, Parl) banc m; (in tiers) gradin m; (padded) banquette f; [workshop, factory] établi m. **to be on the B~** (permanent office) être juge (or magistrat); (when in court) siéger au tribunal. **2** adj: **~ mark** (Surv) repère m de nivellement; (fig: reference point) point m de référence, repère; (Comput) jeu m d'essai.

bend [bend] (vb: pret, ptp **bent**) **1** n [river, tube, pipe] coude m; [arm, knee] pli m; [road] coude, virage m. **~s for 8 km** virages sur 8 km; [car] **to take a ~** prendre un virage; (fig) **round the ~** ‡ cinglé *; (Med) **the ~s** * la maladie des caissons.
2 vt (**a**) back, body, head, branch, rail courber; leg, arm plier; bow bander; (fig *) rule faire une entorse à. **to ~ at right angles** couder; **to ~ out of shape** fausser; **to go down on ~ed knee** se mettre à genoux. (**b**) **to be bent on doing** vouloir absolument faire.
3 vi [person] se courber; [branch, instrument etc] être courbé; [river, road] faire un coude. **to ~ backward/forward** se pencher en arrière/en avant.
♦ **bend back** vt sep replier, recourber. ♦ **bend down** vi se courber. ♦ **bend over 1** vi se pencher. (fig) **to ~ over backwards to help sb** * se mettre en quatre pour aider qn. **2** vt sep plier.

beneath [bɪ'niːθ] **1** prep (under) sous; (lower than) au-dessous de. **~ the table** sous la table; **town ~ the castle** ville (située) au-dessous du château; **it is ~ my notice** cela ne mérite pas mon attention; **it is ~ her to interfere** elle ne daignerait pas intervenir. **2** adv: **the flat ~** l'appartement au-dessous or du dessous.

benediction [ˌbenɪ'dɪkʃ(ə)n] n bénédiction f.

benefactor ['benɪfæktə'] n bienfaiteur m. ♦ **benefactress** n bienfaitrice f.

benefice ['benɪfɪs] n bénéfice m (Rel).

beneficent [bɪ'nefɪs(ə)nt] adj person bienfaisant; thing salutaire. ♦ **beneficence** n bienfaisance f.

beneficial [ˌbenɪ'fɪʃ(ə)l] adj salutaire (to pour). **~ to the health** bon pour la santé. ♦ **beneficially** adv avantageusement.

beneficiary [ˌbenɪ'fɪʃ(ə)rɪ] n bénéficiaire mf.

benefit ['benɪfɪt] **1** n (**a**) (advantage) avantage m. **for the ~ of your health** dans l'intérêt de votre santé; **it is for his ~ that...** c'est pour lui que...; **it is to your ~** c'est dans votre intérêt; **it wasn't (of) much ~ to me** cela ne m'a pas beaucoup aidé; **he's just crying for your ~** * il pleure pour se faire remarquer; **to give sb the ~ of the doubt** laisser à qn le bénéfice du doute; **the ~s of a good education** les bienfaits mpl or les avantages mpl d'une bonne éducation. (**b**) (money) allocation f, prestation f. **unemployment ~** allocation de chômage. **2** vt faire du bien à, profiter à. **3** vi gagner (from, by doing à faire). **he will ~ from a holiday** des vacances lui feront du bien. **4** adj (Sport) **~ match** match m au profit d'un joueur.

Benelux ['benɪlʌks] adj: **the ~ countries** les pays mpl du Bénélux.

benevolent [bɪ'nevələnt] adj (kind) bienveillant (to envers); (charitable) bienfaisant, charitable (to envers); society de bienfaisance. ♦ **benevolence** n (kindness) bienveillance f; (generosity) bienfaisance f.

benign [bɪ'naɪn], **benignant** [bɪ'nɪgnənt] adj bienveillant; (Med) bénin.

bent¹ [bent] (pret, ptp of **bend**) adj wire, pipe tordu; (‡: dishonest) véreux; (‡: homosexual) homosexuel.
♦ **bentwood** adj hatstand en bois courbé; chair bistrot inv.

bent² [bent] n (aptitude) dispositions fpl (for pour); (liking) penchant m (for pour). **to follow one's ~** suivre son inclination f.

benumbed [bɪ'nʌmd] adj limb engourdi; person (cold, fear) transi; (shock) paralysé.

Benzedrine ['benzɪdriːn] n ® benzédrine f.

benzine ['benziːn] n benzine f.

bequeath [bɪ'kwiːð] vt léguer (to à). ♦ **bequest** n legs m.

berate [bɪ'reɪt] vt réprimander.

bereave [bɪ'riːv] pret, ptp **bereft** vt (deprive) priver (of de). ♦ **bereaved 1** adj endeuillé ; **2** n: **the ~d** la famille du disparu. ♦ **bereavement** n deuil m; **owing to a recent ~ment** en raison d'un deuil récent.

beret ['bereɪ] n béret m.

Berlin [bɜː'lɪn] n Berlin. **East/West ~** Berlin Est/ Ouest.

berm [bɜːm] n (US Aut) accotement m, bas-côté m.

Bermuda [bɜː'mjuːdə] n Bermudes fpl. **~ shorts** bermuda m.

Bern [bɜːn] n Berne.

berry ['berɪ] n baie f.

berserk [bə'sɜːk] adj fou furieux (f folle furieuse). **to go ~** (lit) devenir fou furieux; (fig: with anger) se mettre en rage.

berth [bɜːθ] **1** n (**a**) (in plane, train, ship) couchette f. (easy job) **a soft ~** ‡ une bonne planque ‡. (**b**) (place for ship) poste m d'amarrage. (fig) **to give sb a wide ~** éviter qn à tout prix. **2** vi s'amarrer. **3** vt amarrer.

beryl ['berɪl] n béryl m.

beseech [bɪ'siːtʃ] pret, ptp **besought** vt implorer (sb to do qn de faire). ♦ **beseeching** adj implorant. ♦ **beseechingly** adv d'un air implorant.

beset [bɪ'set] pret, ptp **beset** vt [difficulties, doubts] assaillir; [temptations] entourer. **enterprise ~ with difficulties** entreprise hérissée de difficultés. ♦ **besetting** adj: **his ~ting sin** son plus grand défaut.

beside [bɪ'saɪd] prep (at the side of) à côté de, auprès de; (compared with) à côté de, comparé à. **that's ~ the point** cela n'a rien à voir avec la question; **it's quite ~ the point to suggest that...** il est tout à fait inutile de suggérer que...; **to be ~ o.s.** (with anger) être hors de soi; (with excitement) ne plus se posséder; **~ himself with joy** fou de joie.

besides [bɪ'saɪdz] **1** adv (**a**) (in addition) en outre, en plus. **many more ~** bien d'autres encore; **there is nothing ~** il n'y a rien de plus or d'autre. (**b**) (moreover) d'ailleurs, du reste, en outre. **2** prep (**a**) (in addition to) en plus de. **others ~ ourselves** d'autres que nous; **there were 3 of us ~ Mary** nous étions 3 sans compter Marie; **~ which...** et par-dessus le marché... (**b**) (except) excepté, hormis, en dehors de. **no one ~ you** personne en dehors de vous, personne d'autre que vous; **who ~ them** qui si ce n'est eux.

besiege [bɪ'siːdʒ] vt assiéger; (fig) assaillir.

besom ['biːzəm] n balai m de bouleau.

besotted [bɪ'sɒtɪd] adj (drunk) hébété (with de); (infatuated) entiché (with de).

besought [bɪ'sɔːt] pret, ptp of **beseech**.

bespatter [bɪ'spætə'] vt éclabousser (with de).

bespectacled [bɪ'spektɪkld] adj à lunettes.

bespoke [bɪ'spəʊk] adj garment fait sur commande; tailor à façon.

best [best] **1** adj (superl of **good**) le meilleur, la meilleure. **the ~ pupil in the class** le meilleur élève de la classe; **the ~ thing about her is...** ce qu'il y a de meilleur chez elle c'est...; **the ~ thing to do is to wait** le mieux c'est d'attendre; **the ~ years of one's life** les plus belles années de sa vie; **in one's ~ clothes** vêtu de ses plus beaux vêtements; **may the ~ man win!** que le meilleur gagne!; **her ~ friend** sa meilleure amie; (biggest) **the ~ part of** la plus grande partie de; **for the ~ part of an hour** pendant près d'une heure; (on product) **~ before...** à consommer de préférence avant...; **~ man** (at wedding) garçon m d'honneur.
2 n: **to do one's ~** faire tout son possible (to do pour faire); **do the ~ you can** faites de votre mieux; **to get the ~ out of it** tirer le maximum de; **to get the ~ of it** l'emporter; **he wants the ~ of both worlds** il veut tout avoir; **to make the ~ of sth** profiter au maximum de qch; **to make the ~ of a bad job** faire contre mauvaise fortune bon cœur; **the ~ of it is that...** le plus beau de l'affaire c'est que...; **it's all for the ~** c'est pour le mieux; **to the ~ of my knowledge/recollection** etc autant que je sache/que je me souvienne etc; **to look one's ~** être resplendissant; [woman] être en beauté; (on form) **to be at one's ~** être en pleine forme *; **that is Racine at his ~** voilà du meilleur Racine; **even at the ~ of times he's not very patient but...** il n'est jamais particulièrement patient mais...; **at ~** au mieux; **he can sing with the ~ of them** il sait chanter comme pas un *.
3 adv (superl of **well**) le mieux, le plus. **the ~ dressed** le mieux habillé; **the ~ loved** le plus aimé; **I like strawberries ~** je préfère les fraises; **as ~ I can** or **could** de mon mieux; **to think it ~ to do** croire qu'il vaudrait mieux faire; **do as you think ~** faites pour le mieux; **you know ~** c'est vous le mieux placé pour en décider; **you had ~ go** tu ferais mieux de t'en aller.
4 vt battre, l'emporter sur.
◆ **bestseller** n (book, goods) best-seller m; (author) auteur m à succès.

bestial ['bestɪəl] adj bestial. ◆ **bestiality** n bestialité f.

bestow [bɪ'stəʊ] vt (gen) accorder (on à); title conférer (on à).

bet [bet] pret, ptp **bet** or **betted 1** vi parier (against contre; on sur; with avec). **to ~ 10 to 1** parier (à) 10 contre 1; **to ~ on horses** parier or jouer aux courses; **to ~ on a horse** jouer un cheval. **2** vt (fig) **I ~ he'll come!** * je te parie qu'il viendra!; **you ~!** * tu parles! *; **~ you can't!** * chiche! *; **you can ~ your life that *...** tu peux parier tout ce que tu veux que... **3** n pari m (on sur). ◆ **better¹** or ◆ **bettor** n parieur m, -euse f; (at races) turfiste mf. ◆ **betting 1** n paris mpl. **the ~ was 2 to 1** la cote était 2 contre 1; (fig) **the ~ting is that...** il y a des chances que...; **2** adj: **~ting shop** bureau m de P.M.U.; **~ting slip** ≃ P.M.U. m.

beta-blocker ['bi:tə'blɒkər] n bêta-bloquant m.

betel ['bi:t(ə)l] n bétel m.

bethink [bɪ'θɪŋk] pret, ptp **bethought** vt: **to ~ o.s. of sth/to do/that...** s'aviser de qch/de faire/que...

betimes [bɪ'taɪmz] adv (early) tôt; (quickly) promptement.

betoken [bɪ'təʊk(ə)n] vt être signe de.

betray [bɪ'treɪ] vt (gen) trahir; (disclose) age, fears etc révéler (to à), trahir. **to ~ sb to the police** livrer qn à la police; **his speech ~ed the fact that...** on devinait à l'écouter que... ◆ **betrayal** n trahison f; **~al of trust** abus m de confiance.

betrothal [bɪ'trəʊð(ə)l] n (liter) fiançailles fpl (to avec). ◆ **betrothed** adj, n fiancé(e) m(f).

better² ['betər] **1** adj (comp of **good**) meilleur (than que). **she is ~ at dancing than at singing** elle danse mieux qu'elle ne chante; **he's a ~ man than his**

brother il est mieux que son frère; (hum) **you're a ~ man than I am!** vous êtes plus doué que moi! *; **he's no ~ than a thief** c'est un voleur ni plus ni moins; **he's no ~ than he should be!** ce n'est pas l'honnêteté qui l'étouffe! *; (Med) **he is much ~ now** il va bien mieux maintenant; **to get ~** (gen) s'améliorer; (Med) se remettre (from de); **~ and ~!** de mieux en mieux!; **that's ~!** voilà qui est mieux!; **it couldn't be ~** ça ne pourrait pas mieux tomber; **it would be ~ to stay at home** il vaudrait mieux rester à la maison; **a ~ class of hotel** un hôtel de catégorie supérieure; **his ~ nature** ses bons sentiments; **to go one ~ than sb** damer le pion à qn; **the ~ part of a year** près d'un an; **to hope for ~ things** espérer mieux.
2 adv (comp of **well**) mieux (than que). **he sings ~ than he dances** il chante mieux qu'il ne danse; **all the ~, so much the ~** tant mieux (for pour); **he was all the ~ for it** il s'en est trouvé mieux; **it would be all the ~ for a drop of paint** un petit coup de peinture ne lui ferait pas de mal; **they are ~ off than we are** (richer) ils ont plus d'argent que nous; (more fortunate) ils sont dans une meilleure position que nous; **he is ~ off at his sister's** il est mieux chez sa sœur; **I had ~ go** il faudrait que je m'en aille; **hadn't you ~ speak to him?** ne vaudrait-il pas mieux que tu lui parles (subj)?; **~ dressed** mieux habillé; **~ known** plus connu.
3 n: **a change for the ~** une amélioration, un changement en mieux; **for ~ or worse** pour le meilleur ou pour le pire; **to get the ~ of sb** triompher de qn; **one's ~s** ses supérieurs mpl.
4 vt sb's achievements dépasser; record, score améliorer. **to ~ o.s.** améliorer sa condition.

between [bɪ'twi:n] **1** prep (gen) entre. **no one can come ~ us** personne ne peut nous séparer; **~ the wars** entre les deux guerres; **the ferry goes ~ Dover and Calais** le ferry fait la navette entre Douvres et Calais; **~ here and London** d'ici (à) Londres; **~ now and next week** d'ici la semaine prochaine; **the match ~ A and B** le match qui oppose A à B; **they have 5 oranges ~ them** ils ont 5 oranges en tout; **~ ourselves, he...** entre nous, il...; **the 2 boys managed to lift the box ~ them** à eux deux les garçons sont arrivés à soulever la caisse. **2** adv au milieu, dans l'intervalle. **few and far ~** très espacés, très rares; **rows of trees with grass in ~** des rangées d'arbres séparées par de l'herbe.

betwixt [bɪ'twɪkst] adv: **~ and between** entre les deux.

bevel ['bev(ə)l] **1** n (~ edge) biseau m; (tool: ~ square) fausse équerre f. **2** vt biseauter.

beverage ['bevərɪdʒ] n boisson f.

bevy ['bevɪ] n bande f, troupe f.

bewail [bɪ'weɪl] vt se lamenter sur.

beware [bɪ'wɛər] vti: **to ~ (of)** prendre garde (sb/sth à qn/à qch; doing de faire), se garder (doing de faire), se méfier (sth de qch); **~ of falling** prenez garde de tomber; **~ of listening to him** gardez-vous de l'écouter; **'~ of the dog!'** 'attention, chien méchant'; **' ~ of pickpockets!'** 'attention aux pickpockets!'; **' ~ of imitations'** 'se méfier des contrefaçons'.

bewilder [bɪ'wɪldər] vt dérouter; (stronger) confondre. ◆ **bewildered** adj person dérouté, ahuri; look perplexe. ◆ **bewildering** adj déroutant; (stronger) ahurissant. ◆ **bewilderingly** adv d'une façon déroutante or ahurissante. ◆ **bewilderment** n confusion f; (stronger) ahurissement m.

bewitch [bɪ'wɪtʃ] vt ensorceler; (fig) charmer. ◆ **bewitching** adj charmant. ◆ **bewitchingly** adv d'une façon séduisante; **~ingly beautiful** belle à ravir.

beyond [brɪ'jɒnd] **1** *prep (in space)* au-delà de, de l'autre côté de; *(in time)* plus de; *(exceeding)* au-dessus de; *(except)* sauf. **this work is quite ~ him** ce travail le dépasse complètement; **it's ~ me *** why he hasn't left her ça me dépasse * qu'il ne l'ait pas quittée; **~ my reach** hors de ma portée; **he is ~ caring** il ne s'en fait plus du tout; **that's ~ a joke** cela dépasse les bornes; **~ his means** au-dessus de ses moyens; **he gave her no answer ~ a grunt** il ne lui a répondu que par un grogne-ment. **2** *adv* au-delà, plus loin, là-bas. **the room ~** la pièce d'après; **the lands ~** les terres loin-taines.

bezique [brɪ'zi:k] *n* bésigue *m*.

bi... [baɪ] *pref* bi... ◆ **biannual** *adj* semestriel. ◆ **bicentenary** *adj*, *n* bicentenaire *(m)*. ◆ **bien-nial** *adj* biennal. ◆ **bifocals** *npl* verres *mpl* à double foyer. ◆ **bilateral** *adj* bilatéral. ◆ **bilin-gual** *adj* bilingue. ◆ **bimonthly** *adj* bimensuel. ◆ **biped** *adj*, *n* bipède *(m)*. ◆ **biplane** *n* biplan *m*. ◆ **bisexual** *adj (Bio)* bisexué; *(Psych)* (sexuel-lement) ambivalent. ◆ **biweekly** *adj* bihebdo-madaire.

bias ['baɪəs] **1** *n* **(a)** *(inclination)* tendance *f (towards* à); *(prejudice)* préjugé *n (towards* pour ; *against* contre). **(b)** *(Sewing)* **on the ~** dans le biais; **~ binding** biais *m (ruban)*. **2** *vt* influencer; *(pej)* pré-venir *(towards* en faveur de; *against* contre). ◆ **bias(s)ed** *adj* partial; **to be ~(s)ed against** avoir un préjugé contre.

bib [bɪb] *n [child]* bavoir *m*; *[apron]* bavette *f*. **in her best ~ and tucker *** sur son trente et un.

Bible ['baɪbl] **1** *n* Bible *f*. **2** *adj oath* sur la Bible; **story** tiré de la Bible. **~ thumper *** évangéliste *m* de carrefour. ◆ **biblical** ['bɪblɪk(ə)l] *adj* biblique.

bibliography [ˌbɪblɪ'ɒgrəfɪ] *n* bibliographie *f*. ◆ **bibliographer** *n* bibliographe *mf*. ◆ **biblio-graphic(al)** *adj* bibliographique. ◆ **biblioma-niac** *n* bibliomane *mf*.

bibulous ['bɪbjʊləs] *adj* adonné à la boisson; *look* aviné; *evening* bien arrosé.

bicarbonate [baɪ'kɑːbənɪt] *n*: **~ of soda** bicarbo-nate *m* de soude.

biceps ['baɪseps] *n* biceps *m*.

bicker ['bɪkər] *vi* se chamailler *. ◆ **bickering** *n* chamailleries * *fpl*.

bicycle ['baɪsɪkl] **1** *n* bicyclette *f*, vélo *m*. **to ride a ~** faire de la bicyclette *or* du vélo. **2** *adj bell*, *chain* de bicyclette; *pump* à bicyclette; *path* cyclable; *race* cycliste. **~ clip** pince *f* de cycliste. **~ rack** râtelier *m* à bicyclettes. **~ shed** abri *m* à bicyclettes.

bid [bɪd] *pret* **bade** *or* **bid**, *ptp* **bidden** *or* **bid** **1** *vt* **(a)** *(command)* ordonner *(sb to do* à qn de faire). **(b)** *(say)* dire. **to ~ sb good morning** dire bonjour à qn; **to ~ sb welcome** souhaiter la bienvenue à qn. **(c)** *(offer)* *amount* offrir; *(at auction)* faire une enchère de; *(Cards)* demander. **2** *vi* faire une offre *or (at auction)* une enchère *(for* pour). **to ~ against sb** renchérir sur qn; **to ~ for power** viser le pouvoir; **to ~ fair to do** promettre de faire. **3** *n* **(a)** offre *f*; *(at auction)* enchère *f*; *(Cards)* demande *f*. **'no ~'** 'parole'. **(b)** *(attempt)* tentative *f*. **suicide ~** tentative de suicide; **to make a ~ for power/ freedom** tenter de s'emparer du pouvoir/ de s'évader. ◆ **biddable** *adj child* docile; *(Cards)* *suit* demandable. ◆ **bidder** *n* enchérisseur *m*, offrant *m*; **the highest ~der** le plus offrant. ◆ **bid-ding** *n* **(a)** *(at sale, also Cards)* enchère(s) *f(pl)*; **the ~ding is closed** l'enchère est faite; **(b)** **I did his ~ding** j'ai fait ce qu'il m'a dit.

bide [baɪd] *vt*: **to ~ one's time** attendre le bon moment.

bidet ['bi:deɪ] *n* bidet *m*.

bier [bɪər] *n* bière *f (pour enterrement)*.

biff * [bɪf] *vt* flanquer * un coup de poing à.

big [bɪg] **1** *adj (in height, age)* *person*, *building*, *tree* grand; *(in bulk, amount)* *fruit*, *parcel*, *book*, *lie* gros *(f* grosse). **my ~ brother** mon grand frère, mon frère aîné; *(Aut)* **~ end** tête *f* de bielle; **a ~ man** un homme grand et fort; *(important)* un grand homme, un homme marquant; *(Pol)* **the B~ Four** les quatre Grands; **~ game** gros gibier; **~ game hunter** chasseur *m* de gros gibier; **~ game hunting** chasse *f* au gros gibier; **~ toe** gros orteil; **~ top** *(circus)* cirque *m*; *(main tent of it)* grand chapiteau *m*; **to grow ~** *or* **~ger** grandir *(or* grossir*)*; **to look ~** faire l'important; **~ noise ***, **~ shot *** grosse légume *; **the B~ Bang** le big bang; **~ business** les grandes entreprises; **to have ~ ideas** voir grand; **what's the ~ idea? *** ça ne va pas, non? *; **to do things in a ~ way** faire les choses en grand; **that's rather a ~ word** c'est un bien grand mot; **~ talk** beaux discours *(pej)*; **he's too ~ for his boots** il a des prétentions; **he's got a ~ head *** il est crâneur *; **he's got a ~ mouth *** il ne sait pas se taire; **why can't you keep your ~ mouth shut! *** tu aurais mieux fait de la boucler! ⚡; **to make the ~ time *** réussir; *(iro)* **~ deal! *** tu parles! *; *(iro)* **that's ~ of you!** quelle générosité! **2** *adv*: **to talk ~ *** fanfaronner, se faire mousser *; **to go over ~ *** avoir un succès monstre *; **his speech went down ~ * with his audience** ses auditeurs ont été emballés * par son discours. ◆ **big-boned** *adj* fortement charpenté. ◆ **big-head *** *n* crâneur * *m*, -euse * *f*. ◆ **bigheaded *** *adj* crâneur *. ◆ **big-hearted** *adj* au grand cœur; **to be ~-hearted** avoir du cœur. ◆ **bigmouth *** *n* hâbleur *m*, -euse *f*. ◆ **big-sounding** *adj idea*, *plan* *etc* prétentieux; *name* ronflant. ◆ **bigwig** ⚡ *n* grosse légume * *f*.

bigamy ['bɪgəmɪ] *n* bigamie *f*. ◆ **bigamist** *n* bigame *mf*. ◆ **bigamous** *adj* bigame.

bigot ['bɪgət] *n (Rel)* bigot(e) *m(f)*; *(Pol etc)* fana-tique *mf*. ◆ **bigoted** *adj* bigot; fanatique. ◆ **big-otry** *n* bigoterie *f*; fanatisme *m*.

bike [baɪk] **1** *n* (*) vélo *m*; *(motorbike)* moto *f*. **2** *vi* (⚡) aller à vélo.

bikini [brɪ'ki:nɪ] *n* bikini *m*.

bilberry ['bɪlb(ə)rɪ] *n* myrtille *f*.

bile [baɪl] *n (Anat)* bile *f*; *(anger)* mauvaise humeur *f*. **~ stone** calcul *m* biliaire.

bilge [bɪldʒ] *n (water)* eau *f* de cale; *(*: nonsense)* idioties *fpl*.

bilious ['bɪlɪəs] *adj* bilieux. **~ attack** crise *f* de foie. ◆ **biliousness** *n* affection *f* hépatique.

bill¹ [bɪl] **1** *n* **(a)** *(account)* facture *f*; *[hotel, also gas etc]* note *f*; *[restaurant]* addition *f*. **have you paid the milk ~?** as-tu payé le lait?; **a pile of ~s in the post** une pile de factures dans le courrier; **may I have the ~ please** l'addition *(or* la note*)* s'il vous plaît. **(b)** **~ of fare** menu *m*, carte *f (du jour)*; **~ of indictment** acte *m* d'accusation; **~ of lading** connaissement *m*; **~ of rights** déclaration *f* des droits; **~ of exchange** lettre *f* de change; **~ of sale** acte *m* de vente. **(c)** *(US: banknote)* billet *m (de* banque). **5-dollar ~** billet de 5 dollars. **(d)** *(Parl)* projet *m* de loi. **(e)** *(poster)* placard *m*; *(Theat etc)* affiche *f*. **to top the ~** être en tête d'affiche. **2** *vt* **(a)** *goods* facturer. **to ~ sb for sth** envoyer la facture de qch à qn. **(b)** **he is ~ed to play Hamlet** il est à l'affiche dans le rôle de Hamlet. ◆ **billboard** *n* panneau *m* d'affichage. ◆ **billfold** *n* portefeuille *m*. ◆ **billing¹** *n (Theat)* **to get top/ second ~ing** figurer en tête d'affiche/en deuxième place à l'affiche. ◆ **billposter** *or* ◆ **billsticker** *n* colleur *m* d'affiches.

bill² [bɪl] **1** *n [bird]* bec *m*. **2** *vi*: **to ~ and coo** rou-couler. ◆ **billing²** *n*: **~ing and cooing** roucoule-ments *mpl (d'amoureux)*.

billet ['bɪlɪt] *(Mil)* **1** *n* cantonnement *m* (chez l'habitant). **2** *vt* cantonner *(on sb* chez qn).

billhook ['bɪlhuk] *n* serpette *f*.

billiard ['bɪljəd] **1** *n*: ~**s** (jeu *m* de) billard *m*. **2** *adj*: ~ **ball/cue** boule *f*/queue *f* de billard; ~**(s) saloon** (café-)billard *m*; ~ **table** (table *f* de) billard *m*.

billion ['bɪljən] *n (Brit)* billion *m*; *(US)* milliard *m*.

billow ['bɪləʊ] **1** *n* flot *m*. **2** *vi [sea]* se soulever; *[sail]* se gonfler; *[cloth]* onduler.

billy can ['bɪlɪkæn] *n* gamelle *f*.

billy goat ['bɪlɪgəʊt] *n* bouc *m*.

billy-ho * ['bɪlɪ(hə)ʊ] *n*: **like** ~ *laugh* à gorge déployée; *run* à toutes jambes.

bimbo ⚇ ['bɪmbəʊ] *n* minette * *f* (superficielle).

bin [bɪn] *n [coal, corn]* coffre *m*; *[bread]* boîte *f*; *(larger)* huche *f*; *[wine]* casier *m* (à bouteilles); *(dust* ~, *rubbish* ~) boîte *f* à ordures, poubelle *f*.

binary ['baɪnərɪ] *adj* binaire.

bind [baɪnd] *pret, ptp* **bound 1** *vt* **(a)** *(fasten) thing* attacher; *2 or more things* attacher, lier; *person, animal* lier, attacher *(to* à); *prisoner* ligoter; *(Culin)* lier. **bound hand and foot** pieds et poings liés. **(b)** *(encircle)* entourer *(with* de); *artery* ligaturer; *wound* bander; *material, hem* border *(with* de); *book* relier *(in* en). **(c)** *(oblige)* obliger *(sb to do* qn à faire). **2** *vi* **(a)** *[agreement]* engager. **(b)** (⚇: *complain)* rouspéter *. **3** *n* (⚇: *nuisance)* scie * *f*.
◆ **bind over** *vt sep (Jur)* mettre en liberté conditionnelle. ◆ **bind together** *vt sep sticks* lier; *(fig) people* unir. ◆ **bind up** *vt sep wound* bander. **to be totally bound up with** *person* se dévouer entièrement à; *work, hobby* se donner corps et âme à; **it's all bound up with whether...** tout dépend si...
◆ **binder** *n (Agr)* lieuse *f*; *(for papers)* classeur *m*; *(Med etc)* bandage *m*. ◆ **binding 1** *n [book]* reliure *f*; *[skis]* fixation *f*; *(tape)* extra-fort *m*; **2** *adj rule* obligatoire; *agreement, promise* qui lie; **to be** ~**ing on sb** lier qn. ◆ **bindweed** *n* liseron *m*.

binge ⚇ [bɪn(d)ʒ] *n*: **to have a** ~ faire la bombe *.

bingo ['bɪngəʊ] *n* loto *m* (joué collectivement pour de l'argent).

binoculars [bɪ'nɒkjʊləz] *npl* jumelles *fpl*.

biochemistry ['baɪə(ʊ)'kemɪstrɪ] *n* biochimie *f*. ◆ **biochemical** *adj* biochimique. ◆ **biochemist** *n* biochimiste *mf*.

biodegradable ['baɪəʊdɪ'greɪdəbl] *adj* biodégradable.

bioengineering [ˌbaɪəʊˌendʒɪ'nɪərɪŋ] *n* bioingénierie *f*.

biography [baɪ'ɒgrəfɪ] *n* biographie *f*. ◆ **biographer** *n* biographe *mf*. ◆ **biographic(al)** *adj* biographique.

biology [baɪ'ɒlədʒɪ] *n* biologie *f*. ◆ **biologist** *n* biologiste *mf*. ◆ **biological** *adj reason, warfare* biologique; *soap powder* aux enzymes.

biomass ['baɪəʊmæs] *n* biomasse *f*.

bionic [baɪ'ɒnɪk] *adj* bionique.

biophysics [ˌbaɪəʊ'fɪzɪks] *nsg* biophysique *f*. ◆ **biophysical** *adj* biophysique. ◆ **biophysicist** *n* biophysicien(ne) *m(f)*.

biopsy ['baɪɒpsɪ] *n* biopsie *f*.

biorhythm ['baɪəʊrɪð(ə)m] *n* biorythme *m*.

biotechnology [ˌbaɪəʊtek'nɒlədʒɪ] *n* biotechnologie *f*.

birch [bɜːtʃ] **1** *n (tree, wood)* bouleau *m*; *(for whipping)* verge *f*, fouet *m*. **2** *vt* fouetter. ◆ **birching** *n* peine *f* du fouet.

bird [bɜːd] **1** *n* oiseau *m*; *(game)* pièce *f* de gibier (à plume); *(Culin)* volaille *f*; (⚇: *fellow)* type * *m*; (⚇: *girl)* nana * *f*. ~ **of passage/prey** oiseau de passage/proie; ~**'s nest** nid *m* d'oiseau; **a** ~ **in the**

hand is worth two in the bush un tiens vaut mieux que deux tu l'auras; **they're** ~**s of a feather** ils sont à mettre dans le même sac; **a little** ~ **told me** * mon petit doigt me l'a dit; **to give sb the** ~ ⚇ envoyer paître qn ⚇; **that's strictly for the** ~**s** ⚇ ça c'est bon pour les imbéciles. **2** *adj*: ~ **bath** vasque *f* pour les oiseaux; ~ **brain** tête *f* de linotte; ~ **cage** cage *f* à oiseaux; ~ **call** cri *m* d'oiseau; **to go** ~ **nesting** aller dénicher les oiseaux; ~ **sanctuary** réserve *f* d'oiseaux; **a** ~**'s eye view of Paris** Paris (vu) à vol d'oiseau; *(fig)* ~**'s-eye view** vue *f* d'ensemble; ~ **watcher** ornithologue *mf* amateur; **to go** ~ **watching** aller observer les oiseaux.

Biro ['baɪ(ə)rəʊ] *n* ® ≃ (pointe *f*) Bic *m* ®.

birth [bɜːθ] **1** *n [baby, idea etc]* naissance *f*; *(childbirth)* accouchement *m*. **during the** ~ pendant l'accouchement; **to give** ~ **to** *[woman]* donner naissance à; *[animal]* mettre bas; **from** ~, **by** ~ de naissance; **of good** ~ de bonne famille. **2** *adj*: ~ **certificate** acte *m* de naissance; ~ **control** régulation *f* des naissances; ~ **pill** pilule *f* (anticonceptionnelle); ~ **rate** (taux *m* de) natalité *f*.
◆ **birthday 1** *n* anniversaire *m* ; **2** *adj cake, card, present* d'anniversaire; **she is having a** ~**day party** on a organisé une petite fête pour son anniversaire; *(hum)* **in one's** ~**day suit** * dans le costume d'Adam *(or* d'Ève) *. ◆ **birthmark** *n* tache *f* de vin *(sur la peau)*. ◆ **birthplace** *n (gen, Admin)* lieu *m* de naissance; *(house)* maison natale; *(fig: of civilisation etc)* berceau *m*. ◆ **birthright** *n* droit *m* acquis en naissant.

biscuit ['bɪskɪt] **1** *n (Brit)* petit gâteau sec, biscuit *m*; *(US)* petit pain au lait. **he takes the** ~! ⚇ il est marrant! ⚇ **2** *adj (colour)* biscuit *inv*.

bisect [baɪ'sekt] *vt* couper en deux (parties égales).

bishop ['bɪʃəp] *n* évêque *m*; *(Chess)* fou *m*. ◆ **bishopric** *n* évêché *m*.

bismuth ['bɪzməθ] *n* bismuth *m*.

bison ['baɪsn] *n* bison *m*.

bit¹ [bɪt] **1** *pret of* **bite**. **2** *n* **(a)** *[horse]* mors *m*. **to take the** ~ **between one's teeth** prendre le mors aux dents. **(b)** *[tool]* mèche *f*.

bit² [bɪt] **1** *n [bread]* morceau *m*; *[paper, string]* bout *m*; *[book, talk etc]* passage *m*; *(Comput)* bit *m*. **a** ~ **of** *(gen)* un peu de; **a** ~ **of garden** un bout de jardin; **a tiny little** ~ un tout petit peu; **a** ~ **of advice** un petit conseil; **a** ~ **of news** une nouvelle; **a** ~ **of luck** une chance; **he's got a** ~ **of money put aside** il a un peu d'argent en réserve; **the** ~ **of money he had left** le peu d'argent qui lui restait; **a** ~**/a little** ~**/a good** ~ **late** un peu/un petit peu/ très en retard; **a good** ~ **bigger** bien *or* beaucoup plus grand; **I'm a** ~ **of a socialist** * je suis plutôt socialiste; **it was a** ~ **of a shock** ça nous a plutôt fait un choc; **not a** ~ pas du tout; **bring all your** ~**s and pieces** apporte toutes tes petites affaires; **in** ~**s and pieces** *(broken)* en morceaux, en miettes; *(dismantled)* en pièces détachées; *(fig) plan, scheme* en ruines; **to come to** ~**s** *(break)* s'en aller en morceaux; *(dismantle)* se démonter; *(fig)* **he went to** ~**s** * il a craqué *; ~ **by** ~ petit à petit; **to do one's** ~ fournir sa part d'effort; **when it comes to the** ~ en fin de compte; *(of time)* **after a good** ~ après un bon bout de temps *; **wait a** ~ attendez un instant; **to pay a good** ~ **for sth** payer qch assez cher. **2** *adj (Theat)* ~ **part** petit rôle. ◆ **bitty** * *adj* décousu.

bitch [bɪtʃ] **1** *n [dog]* chienne *f*; *[canines generally]* femelle *f*; (⚇ *pej: woman)* garce ⚇ *f*. **terrier** ~ terrier *m* femelle. **2** *vi* (⚇: *complain)* râler * *(about* contre).
◆ **bitchy** * *adj* rosse *, vache *.

bite [baɪt] *vb: pret* **bit**, *ptp* **bitten 1** *n [dog, snake etc]* morsure *f*; *[insect]* piqûre *f*; *(Fishing)* touche *f*; *(piece bitten off)* bouchée *f*; *(something to eat)* morceau *m*. **in two** ~**s** en deux bouchées; **there's not a** ~ **to eat** il n'y a rien à manger; **come and have**

a ~ venez manger un morceau. **2** vt (gen) mordre; [insect] piquer. **to ~ one's nails** se ronger les ongles; **to ~ one's tongue/fingers** se mordre la langue/les doigts; **to ~ the dust** mordre la poussière; (fig) **to ~ the hand that feeds you** être d'une ingratitude monstrueuse; **once bitten twice shy** chat échaudé craint l'eau froide; **to be bitten with ‡ the desire to do** mourir d'envie de faire; **what's biting you?** ‡ qu'est-ce que tu as à râler? * **3** vi (gen) mordre; [insect] piquer; [cogs] s'engrener. **to ~ into sth** [person] mordre (dans) qch; [acid] mordre sur qch.

♦ **bite off** vt sep couper d'un coup de dents. **she bit off a piece of apple** elle a mordu dans la pomme; (fig) **he has bitten off more than he can chew** il a eu les yeux plus grands que le ventre; (fig) **to ~ sb's head off** * rembarrer qn (brutalement). ♦ **bite through** vt fus lip mordre (de part en part); thread couper avec les dents.

♦ **biting** adj cold perçant; wind cinglant; wit, remarks mordant. ♦ **bitingly** adv speak d'un ton mordant.

bitter ['bɪtəʳ] **1** adj (**a**) taste amer, âpre. (fig) **it was a ~ pill to swallow** la pilule était amère; ~ **lemon** Schweppes m ® au citron; ~ **orange** (fruit) orange f amère. (**b**) weather glacial; winter rude. (**c**) person, reproach, tears amer; critic, criticism acerbe; fate, sorrow, suffering cruel; hatred acharné; opposition, protest violent; remorse cuisant. **to the ~ end** jusqu'au bout; **I feel very ~ about the whole business** toute cette histoire m'a rempli d'amertume. **2** n (Brit: beer) bière anglaise (pression). (drink) ~**s** bitter m.

♦ **bitterly** adv speak, complain, weep amèrement; criticize, reproach âprement; oppose, resist avec acharnement; disappointed cruellement; jealous profondément; (Met) **it was ~ly cold** il faisait un froid de loup. ♦ **bitterness** n amertume f.

♦ **bittersweet** adj aigre-doux.

bitumen ['bɪtjʊmɪn] n bitume m.

bivouac ['bɪvʊæk] **1** n bivouac m. **2** vi bivouaquer.

bizarre [bɪ'zɑːʳ] adj bizarre.

blab [blæb], **blabber** ['blæbə] **1** vi (tell secret) tout raconter; (chatter) jaser. **2** vt (~ out) aller raconter.

black [blæk] **1** adj (lit, fig) noir. ~ **and blue** couvert de bleus; ~ **art(s)**, ~ **magic** magie noire; ~ **beetle** cafard m; (Aviat) ~ **box** boîte noire; **the B~ Country** le Pays Noir (de l'Angleterre); **the B~ Death** la peste noire; ~ **economy** économie noire; ~ **eye** œil m au beurre noir; **to give sb a ~ eye** pocher l'œil à qn; ~ **Forest** Forêt-Noire; ~ **hole** trou noir; ~ **gold** or noir; ~ **ice** verglas m; B~ **Maria** * panier m à salade *; **on the ~ market** au marché noir; ~ **marketeer** profiteur m, -euse f; ~ **mass** messe noire; **the B~ Prince** le Prince Noir; ~ **pudding** boudin m; B~ **Sea** mer Noire; ~ **sheep (of the family)** brebis galeuse (de la famille); (accident) ~ **spot** point noir (Aut); '~ **tie'** (on invitation) 'smoking'; ~ **man** Noir m; ~ **woman** Noire f; **the ~ Americans** les Noirs américains; '~ **is beautiful'** ≃ 'nous sommes fiers d'être noirs'; **B~ Power** (movement) Black Power m; **it is as ~ as pitch** il fait noir comme dans un four; **his hands were ~** il avait les mains noires; (fig) **he looked as ~ as thunder** il avait l'air furibond; **you can scream till you're ~ in the face but...** tu peux toujours t'égosiller, mais...; **a ~ deed** un crime; **things are looking ~** les choses se présentent très mal; **a ~ day on the roads** une sombre journée sur les routes; **a ~ day for England** un jour bien triste or (stronger) un jour de deuil pour l'Angleterre; (during strike) **to declare a cargo ~** boycotter une cargaison; ~ **goods** marchandises boycottées. **2** n (colour) noir m; (person) Noir(e) m(f); (darkness) obscurité f. **dressed in ~** habillé de noir; **there it is in ~ and white** c'est écrit noir sur blanc; **two ~s don't make a white** la faute de l'un n'excuse

pas celle de l'autre; **to swear that ~ is white** [obstinate person] se refuser à l'évidence; [liar] mentir effrontément.

3 vt (gen) noircir; shoes cirer; (Ind) goods, firm boycotter. **to ~ sb's eye (for him)** pocher l'œil à qn.

♦ **black out 1** vi (Med) s'évanouir. **2** vt sep (in wartime) town, building faire le black-out dans; [power cut] plonger dans l'obscurité totale; (Theat) stage faire l'obscurité sur.

♦ **black-ball 1** n vote m contraire; **2** vt black-bouler. ♦ **blackberry 1** n mûre f; (bush) mûrier m ; **2** vi: **to go ~berrying** aller cueillir des mûres. ♦ **blackbird** n merle m. ♦ **blackboard** n tableau m (noir). ♦ **blackcurrant** n cassis m. ♦ **blacken** vti noircir. ♦ **blackguard** ['blægɑːd] n fripouille f. ♦ **blackguardly** adj ignoble. ♦ **blackhead** n point noir (sur la peau). ♦ **black-hearted** adj mauvais. ♦ **blacking** n [shoes] cirage m (noir); [stoves] pâte f à noircir; [cargo etc] boycottage m. ♦ **blackish** adj tirant sur le noir, noirâtre (pej). ♦ **blackjack** n (flag) pavillon noir (des pirates); (weapon) matraque f; (Cards) vingt-et-un m. ♦ **blacklead** vt frotter à la mine de plomb. ♦ **blackleg** (Ind) **1** n jaune m ; **2** vi briser la grève. ♦ **blacklist 1** liste noire ; **2** vt person mettre sur la liste noire; book mettre à l'index. ♦ **blackmail 1** n chantage m; **2** vt faire chanter; **to ~mail sb into doing** forcer qn par le chantage à faire. ♦ **blackmailer** n maître-chanteur m. ♦ **blackness** n [colour, substance] couleur noire, noirceur f; (darkness) obscurité f; (dirtiness) saleté f. ♦ **blackout** n [lights] panne f d'électricité; (during war) black-out m; (amnesia) trou m de mémoire; (fainting) évanouissement m. ♦ **blackshirt** n (Pol) chemise noire (fasciste). ♦ **blacksmith** n (shoes horses) maréchal-ferrant m; (forges iron) forgeron m.

bladder ['blædə] n vessie f; (Bot) vésicule f.

blade [bleɪd] n [knife, tool, weapon, razor] lame f; [chopper, guillotine] couperet m; [tongue] dos m; [oar] plat m; [spade] fer m; [propeller] pale f; [windscreen wiper] caoutchouc m; [grass] brin m.

blah ‡ [blɑː] n blablabla * m.

blame [bleɪm] **1** vt (a fix responsibility on) **to ~ sb for sth**, **to ~ sth on sb** * rejeter la responsabilité de qch sur qn, mettre qch sur le dos de qn *; **I'm not to ~** ce n'est pas ma faute; **you have only yourself to ~** tu t'as bien cherché; **whom/what are we to ~ for this accident?** à qui/à quoi attribuer cet accident? (**b**) (censure) reprocher (sb for doing à qn de faire; sb for sth qch à qn), blâmer (sb for doing qn de faire; sb for sth qn de qch). **to ~ o.s. for sth/for having done** se reprocher qch/d'avoir fait; **he was greatly to ~ for doing that** il a eu grand tort de faire cela. **2** n (**a**) (responsibility) responsabilité f. **to put** or **lay the ~ for sth on sb** rejeter la responsabilité de qch sur qn. (**b**) (censure) blâme m. ♦ **blamable** adj blâmable. ♦ **blameless** adj irréprochable. ♦ **blamelessly** adv d'une manière irréprochable. ♦ **blameworthy** adj blâmable.

blanch [blɑːn(t)ʃ] **1** vt vegetables blanchir; almonds monder. **2** vi [person] blêmir.

blancmange [blə'mɒnʒ] n blanc-manger m.

bland [blænd] adj air, flavour doux; manner affable. ♦ **blandly** adv avec affabilité.

blandishments ['blændɪʃmənts] npl flatteries fpl.

blank [blæŋk] **1** adj paper, page blanc; cheque en blanc; cartridge à blanc; wall aveugle; silence, darkness profond; refusal, denial absolu; life etc dépourvu d'intérêt, vide; face, look (expressionless) sans expression, vide; (puzzled) déconcerté, dérouté. (fig) **to give sb a ~ cheque (to do)** donner à qn carte blanche (pour faire); ~ **space** blanc m, espace m vide; ~ **form** formulaire m (à remplir); (on form) **please leave ~** laisser en blanc s.v.p.; **a look of ~ astonishment** un regard ébahi;

blanket

his mind went ~ il a eu un passage à vide; ~ **verse** vers *mpl* blancs. **2** *n* (**a**) (*void*) blanc *m*, espace *m* vide. **she left several ~s in her answers** elle a laissé plusieurs de ses réponses en blanc; **my mind was a ~** j'avais la tête vide. (**b**) (~ *form*) formulaire *m*, fiche *f*; [*coin, medal, record*] flan *m*. (*fig*) **to draw a ~** faire chou blanc. ◆ **blankly** *adv* *say, announce* carrément; *look* (*expressionlessly*) sans expression; (*without understanding*) sans comprendre.

blanket ['blæŋkɪt] **1** *n* couverture *f*; [*snow etc*] couche *f*; [*fog*] nappe *f*; [*smoke*] nuage *m*. **2** *adj statement, condemnation etc* global. [*insurance policy*] **to give ~ cover** être tous risques.

blare [blɛəʳ] **1** *n* vacarme *m*. **2** *vi* [*music, horn etc*] retentir; [*loud voice*] claironner; [*radio*] beugler. **3** *vt music* faire retentir.

blarney * ['blɑːnɪ] *n* boniment * *m*.

blasé ['blɑːzeɪ] *adj* blasé.

blaspheme [blæs'fiːm] *vti* blasphémer (*against* contre). ◆ **blasphemer** *n* blasphémateur *m*, -trice *f*. ◆ **blasphemous** ['blæsfɪməs] *adj* *person* blasphémateur; *words* blasphématoire. ◆ **blasphemously** *adv* avec impiété. ◆ **blasphemy** ['blæsfɪmɪ] *n* blasphème *m*.

blast [blɑːst] **1** *n* (**a**) (*sound*) [*bomb, quarrying*] explosion *f*; [*space rocket*] grondement *m*; [*trumpets etc*] fanfare *f*; [*whistle, carhorn*] coup *m* strident. **~ on the siren** coup *m* de sirène; **to blow a ~ on the bugle** donner un coup de clairon; **the radio was going at full ~** la radio marchait à plein volume. (**b**) (*explosion*) explosion *f*; (*shock wave*) [*bomb, furnace etc*] souffle *m*. (*lit, fig*) **at full ~** à plein; **~ of air/steam** jet *m* d'air/de vapeur; **~ of wind** coup *m* de vent, rafale *f*; (*wind*) **the icy ~** le souffle glacé (du vent). (**c**) (*US*) fête *f*, foire *f*. **2** *adj*: **~ furnace** haut fourneau *m*. **3** *vt rocks* faire sauter; [*lightning*] foudroyer; *hopes, future* anéantir. **4** *excl* (*) la barbe! * ~ **him!** il est embêtant! *
◆ **blast off** *vi* [*rocket etc*] être mis à feu.
◆ **blasted** * *adj* fichu * (*before n*). ◆ **blasting** *n* (*Tech*) minage *m*; **'~ing in progress'** 'attention, tir de mines'. ◆ **blast-off** *n* (*Space*) lancement *m*.

blatant ['bleɪt(ə)nt] *adj* *injustice, lie etc* criant, flagrant; *bully, social climber* éhonté; *coward, thief, liar* fieffé (*before n*). ◆ **blatantly** *adv* d'une manière flagrante.

blather ['blæðəʳ] *vi* raconter des bêtises.

blaze[1] [bleɪz] **1** *n* (*fire*) feu *m*, flambée *f*; (*conflagration*) incendie *m*; [*gems, beauty etc*] éclat *m*. **~ of light** torrent *m* de lumière; **~ of colour** flamboiement *m* de couleur(s); **a ~ of anger** une explosion de colère; **go to ~s!** * va te faire voir! *; **how the ~s!** * comment diable!; **like ~s** * comme un fou (*f* une folle). **2** *vi* [*fire*] flamber; [*sun, colour*] flamboyer; [*jewel, light*] resplendir; [*anger*] éclater. **blazing with colour** resplendissant de couleur.
◆ **blaze away** *vi* [*soldiers, guns*] maintenir un feu nourri (*at* contre). ◆ **blaze up** *vi* [*fire*] s'enflammer; [*person, anger*] éclater.
◆ **blazing** *adj* (**a**) *building etc* en feu, en flammes; *torch* enflammé; *sun* éclatant, ardent; (*fig*) *eyes* qui jette des éclairs; *jewel* étincelant; *colour* très vif; (**b**) (*: angry*) furibard *; (**c**) (*fig*) *indiscretion, lie* flagrant.

blaze[2] [bleɪz] **1** *n* (*mark*) [*horse etc*] étoile *f*; [*tree*] marque *f*. **2** *vt*: **to ~ a trail** (*lit*) frayer un chemin; (*fig*) montrer la voie.

blazer ['bleɪzəʳ] *n* blazer *m*.

bleach [bliːtʃ] **1** *n* décolorant *m*; (*liquid*) eau *f* oxygénée. (**household**) **~** eau de Javel. **2** *vt linen, bones etc* blanchir; *hair* décolorer. **to ~ one's hair** se décolorer (les cheveux). ◆ **bleach out** *vt sep colour* enlever.

bleak [bliːk] *adj* *country, landscape* exposé au vent, désolé; *room* nu, austère; *weather, wind* froid; *existence* sombre; *prospect* lugubre; *smile* triste. **things look rather ~ for him** les choses se présentent plutôt mal pour lui. ◆ **bleakly** *adv* *look* sombrement; *speak* d'un ton morne. ◆ **bleakness** *n* aspect désolé; austérité *f*; froid *m*; aspect sombre; tristesse *f*.

bleary ['blɪərɪ] *adj* *eyes* (*from sleep, fatigue*) voilé; (*from illness*) chassieux; (*from tears*) larmoyant. ◆ **bleary-eyed** *adj* aux yeux voilés *etc*.

bleat [bliːt] **1** *vi* bêler; (*: complain*) se plaindre (*about* de). **2** *n* bêlement *m*.

bleed [bliːd] *pret, ptp* **bled** [bled] **1** *vi* saigner. **his nose is ~ing** il saigne du nez; **he is ~ing to death** il perd tout son sang; (*iro*) **my heart ~s for you** tu me fends le cœur. **2** *vt brakes, radiator* purger; *person* saigner. **to ~ sb white** saigner qn à blanc.
◆ **bleeding 1** *n* saignement *m*; (*more serious*) hémorragie *f*; **2** *adj wound* saignant; *person* qui saigne; (*fig*) *heart* brisé.

bleep [bliːp] **1** *n* (*Rad, TV*) top *m*; [*pocket call radio*] bip *m*. **2** *vi* émettre des signaux. **3** *vt* biper.
◆ **bleeper** *n* bip *m*.

blemish ['blemɪʃ] *n* défaut *m*; (*on fruit, reputation*) tache *f*.

blench [blen(t)ʃ] *vi* (*flinch*) sursauter; (*turn pale*) blêmir. **without ~ing** sans broncher.

blend [blend] **1** *n* (*gen*) mélange *m*; [*qualities*] alliance *f*. **excellent ~ of tea** thé *m* d'excellente qualité; [*coffee*] **Brazilian ~** café *m* du Brésil; **own ~'** 'mélange (spécial de la) maison'. **2** *vt* (*gen*) mélanger (*with* à, avec); *qualities* joindre (*with* à); *colours, styles* fondre. **3** *vi* (~ **in**) (*gen*) se mélanger (*with* à, avec); [*voices, perfumes*] se confondre; [*styles*] se marier; [*ideas, political parties, races*] fusionner; [*colours*] (*shade in*) se fondre; (*go together*) aller bien ensemble. ◆ **blender** *n* (*Tech*) malaxeur *m*; (*Culin*) mixeur *m*.

bless [bles] *pret, ptp* **blessed** [blest] *or* **blest** *vt* bénir. **God ~ the king!** Dieu bénisse le roi!; **I was never ~ed with children** je n'ai jamais connu le bonheur d'avoir des enfants; (*iro*) **she'll ~ you for this!** elle va te bénir!; **~ you!** vous êtes un ange!; (*sneezing*) à vos souhaits!; **and Paul, ~ his heart, had no idea that...** et ce brave Paul dans son innocence ne savait pas que...; **~ his little heart!** qu'il est mignon!; **~ my soul!** *, **well I'm blest!** * ça alors! * ◆ **blessed** ['blesɪd] *adj* (**a**) (*Rel*) (*holy*) béni, saint; (*happy*) bienheureux; **B~ed Virgin** Sainte Vierge; **B~ed Sacrament** Saint Sacrement; **the B~ed Antony Bennet** le bienheureux Antony Bennet; (**b**) (*) fichu * (*before n*), satané (*before n*); **that ~ed child** ce fichu * gosse; **the whole ~ed day** toute la sainte journée; **every ~ed evening** tous les soirs que le bon Dieu fait *. ◆ **blessing** *n* (**a**) (*prayer*) bénédiction *f*; **with God's ~ing** par la grâce de Dieu; **the plan had his ~ing** * il avait donné sa bénédiction à ce projet; (*at meal*) **to ask a ~ing** dire le bénédicité; (**b**) (*benefit*) bienfait *m*; **the ~ings of civilization** les bienfaits *or* les avantages *mpl* de la civilisation; **what a ~ing that...** quelle chance que... + *subj*; **this rain has been a real ~ing** * cette pluie a été une vraie bénédiction *; **it was a ~ing in disguise** c'était malgré les apparences un bien.

blew [bluː] *pret of* **blow**[1].

blight [blaɪt] **1** *n* [*cereals, rose*] rouille *f*; [*potato*] mildiou *n*; [*fruit trees*] cloque *f*; (*fig*) fléau *m*. **urban ~** dégradation urbaine. **2** *vt plants* rouiller; *hopes* anéantir; *career, life, future* gâcher.

blighter * ['blaɪtəʳ] *n* type * *m*, bonne femme. **silly ~** imbécile *mf*; **lucky ~!** quel(le) veinard(e) *!; **you ~!** espèce de chameau! *

blimey * ['blaɪmɪ] *excl* mince alors! *

blind [blaɪnd] **1** adj person, obedience aveugle; corner, flying sans visibilité; passage sans issue; door, window faux. **a ~ man/woman** un/une aveugle; **~ man's buff** colin-maillard m; **a ~ boy** un jeune aveugle; **~ in one eye** borgne; **as ~ as a bat** myope comme une taupe *; **it was approaching on his ~ side** cela approchait dans son angle mort; **~ spot** (Med) point m aveugle; (Aut, Aviat) angle m mort; (fig) **that was his ~ spot** sur ce point il refusait d'y voir clair; **she was ~ to his faults** elle ne voyait pas ses défauts; **to turn a ~ eye to** fermer les yeux sur; **~ alley** impasse f; **a ~-alley job** une situation sans avenir; **~ date** rencontre arrangée; **not a ~ bit of use ‡** qui ne sert strictement à rien. **2** vt aveugler; (fig) aveugler (to sur). **the war-~ed** les aveugles mpl de guerre. **3** n (**a**) **the ~** les aveugles mpl; **it's the ~ leading the ~** c'est comme l'aveugle qui conduit l'aveugle. (**b**) [window] store m. (**c**) (pretence) feinte f, masque m. (**d**) **to go on a ~ ‡** (aller) se soûler la gueule ‡. **4** adv fly sans visibilité. **~ drunk ‡** complètement rond *.
◆ **blindfold 1** vt bander les yeux à or de ; **2** n bandeau m; **3** adj aux yeux bandés ; **4** adv les yeux bandés. ◆ **blinding** adj aveuglant. ◆ **blindly** adv aveuglément. ◆ **blindness** n cécité f; (fig) ~**ness to the truth** refus m de voir la vérité.

blink [blɪŋk] **1** n clignotement m (des yeux). **my telly's on the ~** ma télé est détraquée. **2** vi cligner des yeux; [light] vaciller. **3** vt: **to ~ one's eyes** cligner des yeux; **to ~ back the tears** refouler les larmes (d'un battement de paupières).
◆ **blinkers** npl [horse] œillères fpl; (Aut) feux mpl de détresse. ◆ **blinking** * adj fichu * (before n); ~**ing idiot** espèce f d'idiot.

bliss [blɪs] n (Rel) béatitude f; (gen) félicité f. **what ~! *, it's ~! *** c'est merveilleux!, c'est divin!
◆ **blissful** adj (Rel, gen) bienheureux; (*) divin, merveilleux. ◆ **blissfully** adv smile d'un air béat; happy, unaware parfaitement.

blister ['blɪstə'] **1** n [skin] ampoule f; [paint] boursouflure f; [metal, skin] soufflure f; (‡ pej: person) plaie * f. **2** vi former une or des ampoule(s); [paint] se boursoufler. ◆ **blistering** adj heat, day étouffant; sun brûlant; attack cinglant. ◆ **blister-pack** n (Comm: for pills) plaquette f; (for display) emballage m pelliculé.

blithe [blaɪð] adj joyeux. ◆ **blithely** adv joyeusement.

blithering * ['blɪð(ə)rɪŋ] adj: **~ idiot** espèce f d'idiot(e).

blitz [blɪts] **1** n (Mil) attaque f éclair inv; (Aviat) bombardement m (aérien). **the B~** le Blitz; (fig) **to have a ~ on sth** s'attaquer à qch. **2** vt bombarder. ◆ **blitzkrieg** n guerre-éclair f.

blizzard ['blɪzəd] n tempête f de neige.

bloated ['bləʊtɪd] adj (gen) gonflé; face bouffi; stomach ballonné; (with pride etc) bouffi (with de).

bloater ['bləʊtə'] n (hareng m) bouffi m.

blob [blɒb] n (drop) grosse goutte f; (spot, stain) tache f.

bloc [blɒk] n bloc m (Pol). **en ~** en bloc.

block [blɒk] **1** n (**a**) [stone] bloc m; [wood] bille f; [butcher, blacksmith, executioner] billot m; [chocolate] plaque f. (toys) **~s** (jeu m de) cubes mpl. (**b**) [buildings] pâté m (de maisons). **a ~ of flats, an apartment ~** un immeuble; **to walk round the ~** faire le tour du pâté de maisons; (US) **3 ~s away** 3 rues plus loin. (**c**) [prison, hospital] quartier m, pavillon m; [factory] bâtiment m. (**d**) (obstruction) [traffic] embouteillage m, encombrement m; [pipe] obstruction f; (Med, Psych) blocage m. (**e**) (unit) [tickets] série f; [shares] tranche f; [seats] groupe m. (**f**) (Tech) **~ and tackle** palan m. **2** adj:

in ~ capitals or **letters** en majuscules fpl d'imprimerie. **3** vt (gen) bloquer; pipe etc boucher; (Ftbl) opponent gêner. **to ~ sb's way** barrer le chemin à qn.
◆ **block off** vt sep part of road etc interdire; (accidentally) obstruer. ◆ **block out** vt sep (**a**) (obscure) view boucher; (censor) passage caviarder. (**b**) (sketch roughly) scheme ébaucher. ◆ **block up** vt sep gangway encombrer; pipe bloquer; window, entrance murer, condamner; hole boucher, bloquer. ◆ **blockade 1** n blocus m; **2** vt bloquer. ◆ **blockage** n (gen) obstruction f; (Med, Psych) blocage m; (fig) bouchon m. ◆ **blockbuster** * n bombe f de gros calibre; (film, TV series) superproduction f ; (argument) argument m massue inv. ◆ **blockhead** * n imbécile mf. ◆ **blockhouse** n blockhaus m.

bloke * [bləʊk] n type * m.

blond(e) [blɒnd] adj, n blond(e) m(f).

blood [blʌd] **1** n sang m. **till the ~ comes** jusqu'au sang; **it's like trying to get ~ out of a stone** c'est comme si on parlait à un mur; **bad ~** désaccord m; **his ~ will be on your head** vous aurez sa mort sur la conscience; **my ~ was boiling** je bouillais (de rage); **his ~ is up** il est très monté; **he's out for ~ *** il cherche qn sur qui passer sa colère; **she is out for his ~ *** elle veut sa peau *; **his ~ ran cold** son sang s'est figé or s'est glacé dans ses veines; **~ is thicker than water** la voix du sang est la plus forte; **it's in his ~** il a cela dans le sang; **of Irish ~** de sang irlandais; (fig) **new ~** sang nouveau.
2 adj temperature du sang; group, plasma, transfusion sanguin. **~ bank** banque f du sang; **~ bath** massacre m; **~ blister** pinçon m; **~ brother** frère m de sang; **~ cell** cellule m sanguine; **~ corpuscle** globule m sanguin; **~ count** numération f globulaire; **~ donor** donneur m, -euse f de sang; **~ grouping** recherche f du groupe sanguin; **~ heat** température f du sang; **~ lust** soif f de sang; **~ money** prix m du sang; **~ orange** (orange f) sanguine f; **~ poisoning** empoisonnement m du sang; **~ pressure** tension f (artérielle); **to have high/low ~ pressure** faire de l'hypertension/ hypotension; **to take sb's ~ pressure** prendre la tension de qn; **his ~ pressure went up** sa tension a monté; (fig) **il a failli avoir une attaque; ~ relation** parent(e) m(f) par le sang; **~ sports** sports mpl sanguinaires; **~ test** analyse f du sang; **~ vessel** vaisseau m sanguin.
◆ **blood-and-thunder** adj novel à sensation; **a ~-and-thunder play** or film un sombre mélodrame. ◆ **bloodcurdling** adj à vous figer le sang. ◆ **bloodhound** n limier m. ◆ **bloodless** adj complexion anémié; victory sans effusion de sang. ◆ **bloodlessly** adv sans effusion de sang. ◆ **bloodletting** n saignée f (Med). ◆ **blood-red** adj rouge sang inv. ◆ **bloodshed** n effusion f de sang. ◆ **bloodshot** adj injecté (de sang); **to become ~shot** s'injecter. ◆ **bloodstain** n tache f de sang. ◆ **bloodstained** adj taché de sang, ensanglanté. ◆ **bloodstock** n bêtes fpl de sang. ◆ **bloodstream** n sang m, système m sanguin. ◆ **bloodthirsty** adj sanguinaire.

bloody ['blʌdɪ] **1** adj (**a**) hands, weapon taché de sang, ensanglanté; battle sanglant; nose en sang. (**b**) (‡) foutu ‡ (before n). **it's a ~ nuisance** ce que c'est emmerdant ‡. **2** adv (‡) vachement ‡. **not ~ likely!** tu te fous de moi! ‡ ◆ **bloody-minded ‡** adj mauvais coucheur. ◆ **bloody-mindedness** n: **out of sheer ~-mindedness ‡** (rien que) pour emmerder le monde ‡.

bloom [bluːm] **1** n (**a**) (flower) fleur f. **in ~** flower éclos; tree en fleurs; **in full ~** flower épanoui; tree en pleine floraison. (**b**) [fruit, skin] velouté m. **2** vi [flower] éclore; [tree] fleurir; [person] être flo-

rissant. ~**ing with health** resplendissant de santé.
◆ **bloomer** n (**a**) (‡: mistake) gaffe f; (**b**) (Dress)
~**ers** culotte f bouffante. ◆ **blooming** * adj
fichu * (before n).

blossom ['blɒsəm] **1** n fleurs fpl; (one flower) fleur
f. **a spray of** ~ une petite branche fleurie; **peach**
~ fleur de pêcher. **2** vi fleurir; (fig) s'épanouir.
(fig) **to** ~ (**out**) **into** devenir.

blot [blɒt] **1** n tache f. **a** ~ **on his character** une
tache à sa réputation; **to be a** ~ **on the landscape**
déparer le paysage. **2** vt (spot with ink) tacher
d'encre. (fig) **to** ~ **one's copybook** faire un accroc
à sa réputation. (**b**) (dry) ink, page sécher.
◆ **blot out** vt sep words rayer; memories effacer;
[fog etc] view masquer; (destroy) city annihiler.
◆ **blotter** n buvard m; (desk pad) sous-main m inv;
(US: record) registre m. ◆ **blotting paper** n
(papier m) buvard m.

blotch [blɒtʃ] **1** n tache f. **2** vt tacher. ◆ **blotchy**
adj face marbré; paint couvert de taches.

blotto ‡ ['blɒtəʊ] adj bourré ‡, rond ‡.

blouse [blaʊz] n chemisier m.

blouson ['bluːzɒn] n blouson m.

blow¹ [bləʊ] pret **blew**, ptp **blown** **1** vt (**a**) [wind]
ship pousser; leaves chasser. **the wind blew the ship
off course** le vent a fait dévier le navire; **the wind
blew the door open** un coup de vent a ouvert la
porte. (**b**) fire souffler sur; bellows faire marcher;
egg vider. **to** ~ **one's nose** se moucher. (**c**) bubbles
faire; glass souffler; kiss envoyer. (**d**) trumpet, horn
jouer de, souffler dans. **to** ~ **a whistle** siffler; **to**
~ **one's own trumpet** chanter ses propres
louanges. (**e**) fuse, safe faire sauter. **to** ~ **a gasket**
griller un joint de culasse; **the whole plan has been
~n sky-high** tout le projet a sauté; **I blew £5 on
a new hat** j'ai claqué * 5 livres pour un nouveau
chapeau. (**f**) (*: spoil) rater, gâcher. (**g**) (phrases)
to ~ **one's top** ‡ piquer une colère *; **to** ~ **the
gaff** ‡ vendre la mèche; **he realized he was
~n** ‡ il a compris qu'il était brûlé *; ~ **the
expense!** * tant pis pour la dépense!; **well, I'm
~ed!** * ça alors! *; ~ **it!** * la barbe! *, zut! *
2 vi (**a**) [wind, person, animal] souffler. **to** ~ **on one's
fingers/one's soup** souffler dans ses doigts/sur sa
soupe; **it was** ~**ing a gale** le vent soufflait en tempête; **it's** ~**ing great guns** * il fait un vent à décor-
ner les bœufs *; (fig) **to see which way the wind
~s** regarder de quel côté souffle le vent; **to** ~
hot and cold [person] souffler le chaud et le froid;
[enthusiasm] avoir des hauts et des bas; **the door
blew open** un coup de vent a ouvert la porte;
his hat blew out of the window son chapeau s'est
envolé par la fenêtre. (**b**) [trumpet] sonner;
[whistle] retentir; [foghorn] mugir. **when the
whistle** ~**s** au coup de sifflet. (**c**) [fuse, light bulb]
sauter; [tyre] éclater.
◆ **blow down** **1** vi [tree etc] être abattu par le
vent. **2** vt sep [person] abattre (en soufflant);
[wind] faire tomber. ◆ **blow in** **1** vi (*: arrive)
débarquer *. **2** vt sep door, window enfoncer. **look
what the wind's** ~**n in!** * regardez qui s'amène!
◆ **blow off** **1** vi [hat] s'envoler. **2** vt sep hat emporter. **that blew the lid off the whole business** * c'est
cela qui a fait découvrir le pot aux roses; **to** ~
off steam lâcher de la vapeur; (*: fig) se
défouler *. ◆ **blow out** **1** vi [lamp] s'éteindre;
[tyre] éclater; [fuse] sauter. **2** vt sep lamp éteindre;
candle souffler; one's cheeks gonfler. **to** ~ **one's
brains out** se brûler la cervelle. ◆ **blow over**
1 vi [storm, dispute] passer. **2** vt sep tree renverser.
◆ **blow up** **1** vi [bomb] exploser; (*: get angry)
sauter au plafond; [wind] se lever; [storm] (gather)
se préparer; (begin) éclater; [affair, crisis] se
déclencher. **2** vt sep building faire sauter; tyre gonfler; photo agrandir; event exagérer; (‡: reprimand)
passer un (bon) savon à *.

◆ **blow dryer** n sèche-cheveux m inv. ◆ **blow-
dry** n brushing m. ◆ **blower** n (loudspeaker)
haut-parleur m; (telephone) téléphone m. ◆ **blowfly** n mouche f à viande. ◆ **blowhole** n évent
m. ◆ **blowlamp** n lampe f à souder. ◆ **blow-out**
n [tyre] (Elec) court-circuit m; (‡:
feast) gueuleton ‡ m. ◆ **blowtorch** n lampe f à
souder. ◆ **blow-up** n explosion f; (‡: quarrel)
engueulade ‡ f; (Phot *) agrandissement m.
◆ **blowy** adj éventé.

blow² [bləʊ] n (gen) coup m; (with fist) coup de
poing. **to come to** ~**s** en venir aux mains; **at one
~ du premier coup; **he gave me a ~**-by-**~ **account**
il ne m'a fait grâce d'aucun détail; **it was a terrible
~ **for him cela a été un coup terrible pour lui.

blowzy ['blaʊzɪ] adj hair mal peigné; woman
débraillé.

blubber ['blʌbəʳ] **1** n [whale] blanc m de baleine.
2 vi (cry) pleurer comme un veau.

bludgeon ['blʌdʒ(ə)n] **1** n matraque f. **2** vt matraquer. (fig) **he** ~**ed me into doing it** il m'a forcé
la main (pour que je le fasse).

blue [bluː] **1** adj (**a**) bleu. ~ **with cold** bleu de froid;
you may talk till you are ~ **in the face** * tu peux
toujours parler; ~ **baby** enfant bleu; ~ **blood** sang
bleu; ~ **cheese** (fromage m) bleu m; ~ **jeans** blue-
jean m; ~ **whale** baleine bleue; **once in a** ~ **moon** *
tous les trente-six du mois; **like a** ~ **streak** * au
triple galop; **to have a** ~ **fit** ‡ piquer une crise *;
(fig) **to feel** ~ * avoir le cafard *; **to be in a** ~ **funk** *
avoir la frousse *. (**b**) (obscene) joke grivois; book,
film porno * inv.
2 n (colour) bleu m. **the** ~ (sky) l'azur m; (sea) les
flots mpl; (fig) **to come out of the** ~ être complètement inattendu; **to go off into the** ~ (into the sky)
disparaître dans le ciel; (into the unknown) partir
à l'aventure; (out of touch) disparaître de la circulation *; **the** ~**s** * (depression) le cafard *; (Mus)
le blues; (Univ) **he is a rugby** ~ il a représenté
son université au rugby.
3 vt (*: squander) gaspiller, claquer ‡.
◆ **bluebell** n jacinthe f des bois. ◆ **bluebird** n
oiseau m bleu. ◆ **bluebottle** n mouche f bleue.
◆ **blue-eyed** adj aux yeux bleus; (fig) **the** ~**-eyed
boy** le chouchou *. ◆ **blueprint** n (fig) plan m,
schéma m directeur (for de). ◆ **bluestocking** n
bas-bleu m.

bluff¹ [blʌf] **1** adj person direct. **2** n (headland) falaise
f avancée.

bluff² [blʌf] **1** vti bluffer *. **2** n bluff * m. **to call
sb's** ~ prouver que qn bluffe *. ◆ **bluffer** n bluffeur * m, -euse * f.

blunder ['blʌndəʳ] **1** n gaffe f; (error) grosse faute.
2 vi (make mistake) faire une gaffe or une grosse
faute. **to** ~ **in/out** etc entrer/sortir etc à l'aveuglette; **to** ~ **against** or **into sth** se cogner contre
qch. ◆ **blunderer** n gaffeur m, -euse f. ◆ **blun-
dering** adj maladroit.

blunt [blʌnt] **1** adj (**a**) blade, knife, point, needle
émoussé; pencil mal taillé. (Jur) **with a** ~ **instrument** avec un instrument contondant. (**b**) (outspoken) person, speech carré, brusque (slightly pej);
fact brutal. **he was very** ~ il n'a pas mâché ses
mots. **2** vt blade, pencil etc émousser; palate, feelings
blaser. ◆ **bluntly** adv speak carrément. ◆ **bluntness** n état émoussé etc; (outspokenness) franc-parler m, brusquerie f (slightly pej).

blur [blɜːʳ] **1** n (vague form) masse f confuse, tache
f floue; (mist: on mirror etc) buée f. **2** vt shining
surface embuer, troubler; inscription, view, outline
estomper. **eyes** ~**red with tears** yeux voilés de
larmes. ◆ **blurred** adj (TV, Phot etc) flou; eyesight
troublé.

blurb [blɜːb] n (gen) baratin * m publicitaire; (on
book jacket) texte m de présentation or de couverture.

blurt [blɜːt] vt (~ **out**) word lâcher; information laisser échapper.

blush [blʌʃ] **1** vi rougir (with de). **I** ~ **for him** j'ai honte pour lui; **I** ~ **to say so** je rougis de le dire. **2** n rougeur f. **with a** ~ en rougissant; **without a** ~ sans rougir. ◆ **blusher** n fard m à joues. ◆ **blushing** adj (with shame) le rouge au front; (from embarrassment) le rouge aux joues; bride rougissant.

bluster ['blʌstə'] vi [wind, storm] faire rage; [person] (rage) tempêter, fulminer (at sb contre qn); (boast) fanfaronner. ◆ **blustering 1** adj fanfaron ; **2** n fanfaronnades fpl. ◆ **blustery** adj wind qui souffle en rafales; weather, day à bourrasques.

boa ['bəuə] n boa m. ~ **constrictor** boa constricteur m.

boar [bɔː'] n (wild) sanglier m; (male pig) verrat m. ~'**s head** hure f. ◆ **boarhound** n vautre m.

board [bɔːd] **1** n **(a)** (piece of wood) planche f. (Theat) **the** ~**s** les planches, la scène; (fig) **above** ~ tout ce qu'il y a de plus régulier; (fig) **across the** ~ (adv) systématiquement; (adj) de portée générale. **(b)** (meals) pension f. ~ **and lodging** (chambre f avec) pension; **full** ~ pension complète. **(c)** (group of officials) conseil m, commission f. ~ **of directors** conseil d'administration; **he has a seat on the** ~ il siège au conseil d'administration; (Brit) **B**~ **of Trade** ministère m du Commerce; **medical** ~ commission f médicale; (Mil) conseil de révision; ~ **of inquiry** commission f d'enquête; ~ **of examiners** jury m (d'examen). **(d)** (Aviat, Naut) **to go on** ~ monter à bord (a ship etc d'un navire etc); **to take on** ~ embarquer; (fig) prendre note de; **on** ~ **(ship)** à bord; **to go by the** ~ [plan, attempt] échouer; [business] aller à vau-l'eau; [principles, dreams] être abandonné. **(e)** (cardboard) carton m; (for games) tableau m. **2** adj decision, meeting du conseil d'administration. ~ **game** jeu m de société; ~ **room** salle f de conférence; ~ **walk** passage m en planches. **3** vt **(a)** ship, plane monter à bord de; train, bus monter dans; (Naut) (in attack) monter à l'abordage de, prendre à l'abordage; (for inspection) arraisonner. **(b)** (lodge) prendre en pension. **4** vi: **to** ~ **with sb** être en pension chez qn.

◆ **board out** vt sep person mettre en pension (with chez). ◆ **board up** vt sep window boucher, clouer des planches en travers de.

◆ **boarder** n pensionnaire mf. ◆ **boarding** adj: ~**ing card** or **pass** carte f d'embarquement; ~**ing house** pension f (de famille); ~**ing school** pension f, pensionnat m; **to send a child to** ~**ing school** mettre un enfant en pension.

boast [bəust] **1** n fanfaronnade f. **it is their** ~ **that they succeeded** ils se vantent d'avoir réussi. **2** vi se vanter (about, of de). **3** vt (être fier de) posséder.

◆ **boaster** n vantard(e) m(f). ◆ **boastful** adj vantard. ◆ **boastfully** adv en se vantant. ◆ **boasting** n vantardise f.

boat [bəut] **1** n (gen) bateau m; (small, light) embarcation f; (ship) navire m; (rowing ~) barque f, canot m; (ship's ~) canot, chaloupe f; (sailing ~) voilier m; (barge) péniche f. **to go by** ~ prendre le bateau; **to cross by** ~ traverser en bateau; (fig) **we're all in the same** ~ nous sommes tous logés à la même enseigne. **2** vi: **to go** ~**ing** aller faire une partie de canot. **3** adj: ~ **hook** gaffe f; ~ **people** gens mpl de la mer (réfugiés du Vietnam etc); ~ **race** course f d'aviron; ~ **train** train qui assure la correspondance avec le ferry.

◆ **boatbuilder** n constructeur m de bateaux. ◆ **boatbuilding** n construction f de bateaux. ◆ **boater** n (hat) canotier m. ◆ **boathouse** n abri m à bateaux. ◆ **boating 1** n canotage m; **2** adj club, accident de canotage; holiday, trip en bateau.

◆ **boatload** or ◆ **boatful** n [goods etc] cargaison f; [people] plein bateau m. ◆ **boatswain** ['bəusn] n maître m d'équipage. ◆ **boatyard** n chantier m de construction de bateaux.

bob¹ [bɒb] **1** vi monter et descendre. **to** ~ **up and down** (in the air) pendiller; (in water) danser sur l'eau; **he** ~**bed** * **up again in London** il s'est repointé * à Londres. **2** n (curtsy) petite révérence f.

bob² * † [bɒb] n, pl inv (Brit) shilling m.

bob³ [bɒb] **1** n (haircut) coiffure courte; (straight) coiffure à la Jeanne d'Arc. **2** vt couper court.

bob⁴ [bɒb] n (~**sled**, ~**sleigh**) bobsleigh m.

bobbin ['bɒbɪn] n (gen) bobine f; [lace] fuseau m.

bobby * ['bɒbɪ] n (policeman) flic * m.

bod ⁑ [bɒd] n type * m; (US) corps m.

bode [bəud] vi: **to** ~ **well/ill** être de bon/mauvais augure (for pour).

bodice ['bɒdɪs] n corsage m (d'une robe).

bodkin ['bɒdkɪn] n grosse aiguille f.

body ['bɒdɪ] **1** n **(a)** corps m. **(dead)** ~ cadavre m, corps; **just enough to keep** ~ **and soul together** juste assez pour subsister; **he's a pleasant little** ~ c'est un gentil petit bonhomme; ~ **of troops** corps de troupes; **the main** ~ **of the army** le gros de l'armée; **the great** ~ **of readers** la masse des lecteurs; **a large** ~ **of people** une masse de gens; **in a** ~ en masse; **the** ~ **politic** le corps politique; **legislative** ~ corps législatif; **a large** ~ **of water** une grande masse d'eau; (Phys) **heavenly** ~ corps céleste. **(b)** [car] carrosserie f; [plane] fuselage m; [ship] coque f; [camera] boîtier m; [speech, document] fond m. **in the** ~ **of the hall** au centre de la salle. **(c)** [wine, paper] corps m. **to give one's hair** ~ donner du volume à ses cheveux. **2** adj: ~ **stocking** body m; ~ **warmer** gilet matelassé.

◆ **bodily 1** adv carry dans ses bras; lift à bras-le-corps ; **2** adj need, comfort matériel; pain physique; **bodily harm** blessure f. ◆ **bodybuilder** n (food) aliment m énergétique; (person) culturiste mf. ◆ **body-building** n culturisme m. ◆ **bodyguard** n (group) gardes mpl du corps; (person) garde m du corps. ◆ **bodywork** n (Aut) carrosserie f.

boffin * ['bɒfɪn] n chercheur m (scientifique).

bog [bɒg] n marécage m; [peat] tourbière f; (⁑: lavatory) W.-C. mpl. ◆ **bog down** vt sep: **to get** ~**ged down** s'enliser (in dans). ◆ **boggy** adj marécageux, tourbeux.

bogey ['bəugɪ] n (frightening) épouvantail m, démon m; (bugbear) bête f noire. (fig) **it is a** ~ **for them** cela leur fait peur. ◆ **bogeyman** n croquemitaine m.

boggle ['bɒgl] vi (be amazed) être ahuri (at par); (hesitate) hésiter (at à). **the mind** ~**s!** c'est ahurissant!; **his mind** ~**d when he heard the news** la nouvelle l'a plongé dans l'ahurissement.

Bogota [,bəugə'tɑː] n Bogota.

bogus ['bəugəs] adj faux (before n), simulé.

bohemian [bə(u)'hiːmɪən] adj, n (gipsy) bohémien(ne) m(f); (artist, writer etc) bohème mf.

boil¹ [bɔɪl] n (Med) furoncle m.

boil² [bɔɪl] **1** vi **(a)** [water etc] bouillir. **the kettle is** ~**ing** l'eau bout (dans la bouilloire); **to** ~ **fast/gently** bouillir à gros bouillons/à petits bouillons; **to let the kettle** ~ **dry** laisser s'évaporer complètement l'eau de la bouilloire. **(b)** [sea] bouillonner; [person] bouillir (with de). **2** vt water faire bouillir; food (faire) cuire à l'eau, (faire) bouillir. **3** n: **on the** ~ bouillant, qui bout; **off the** ~ qui ne bout plus.

◆ **boil away** vi s'évaporer. ◆ **boil down 1** vi (fig) revenir (to à). **2** vt sep sauce etc faire réduire; text réduire. ◆ **boil over** vi déborder. ◆ **boil up** *vi [milk]* monter. **they are ~ing up** * **for a row** (*or confrontation etc*) le torchon brûle!

◆ **boiled** *adj bacon, beef* bouilli; *ham* cuit; *egg* à la coque; *vegetables* cuit à l'eau; *potatoes* à l'anglaise, à l'eau; *sweet* à sucer. ◆ **boiler 1** *n (gen)* chaudière *f*; *(for clothes)* lessiveuse *f*; *(pan)* casserole *f*; **2** *adj*: *~***er house** bâtiment *m* des chaudières; *~***er room** salle *f* des chaudières; *(Naut)* chaufferie *f*; *~***er suit** bleu(s) *m(pl)* de travail. ◆ **boilermaker** *n* chaudronnier *m*. ◆ **boilermaking** *n* grosse chaudronnerie *f*. ◆ **boiling** *adj water, oil* bouillant; *beef* pour pot-au-feu; *chicken* à faire au pot; **at** *~***ing point** *(lit)* au point d'ébullition; *(fig)* à ébullition; **it's** *~***ing (hot)** il fait une chaleur terrible; **I'm** *~***ing hot** * je crève * de chaleur!; **he is** *~***ing (with rage)** il bout de colère.

boisterous ['bɔɪst(ə)rəs] *adj sea, meeting* houleux; *wind* violent; *person, evening* (gai et) bruyant. ◆ **boisterously** *adv* bruyamment.

bold [bəʊld] *adj* **(a)** *(brave) person, action, look* hardi, audacieux, intrépide. **to grow** *~* s'enhardir. **(b)** *(impudent)* hardi, effronté. **to be** *~* **enough to do** avoir l'audace de faire; **as** *~* **as brass** d'une impudence peu commune. **(c)** *(Art, Literat: striking)* hardi, vigoureux. **to paint in** *~* **strokes** avoir une touche puissante; *~* **type** caractères *mpl* gras. ◆ **boldly** *adv* hardiment, avec audace; effrontément; avec vigueur. ◆ **boldness** *n* hardiesse *f*, audace *f*; effronterie *f*; vigueur *f*.

bolero [*(Mus)* bə'lɛərəʊ, *(Dress)* 'bɒlərəʊ] *n* boléro *m*.

Bolivia [bə'lɪvɪə] *n* Bolivie *f*. ◆ **Bolivian 1** *n* Bolivien(ne) *m(f)*; **2** *adj* bolivien.

bollard ['bɒləd] *n* borne *f*.

boloney ‡ [bə'ləʊnɪ] *n* idioties *fpl*.

Bolshevik ['bɒlʃəvɪk], **Bolshevist** ['bɒlʃəvɪst] **1** *n* Bolchevique *mf*. **2** *adj* bolchevique. ◆ **Bolshevism** *n* bolchevisme *m*. ◆ **bolshie** * *adj (Pol)* rouge; *(gen)* querelleur.

bolster ['bəʊlstə'] **1** *n* traversin *m*. **2** *vt* (*~***up**) soutenir (*with* par).

bolt [bəʊlt] **1** *n* **(a)** *[door, window]* verrou *m*; *[lock]* pêne *m*; *(for nut)* boulon *m*; *[cloth]* rouleau *m*; *(lightning)* éclair *m*. *(fig)* **a** *~* **from the blue** un coup de tonnerre dans un ciel bleu. **(b)** *(dash)* **he made a** *~* **for the door** il a fait un bond vers la porte; **to make a** *~* **for it** * se sauver à toutes jambes. **2** *adv*: *~* **upright** droit comme un piquet. **3** *vi* **(a)** *(run away) [horse]* s'emballer; *[person]* se sauver. **(b)** *(move quickly)* se précipiter. **to** *~* **in/out** *etc* entrer/sortir *etc* comme un ouragan. **4** *vt* **(a)** *food* engouffrer. **(b)** *door, window* verrouiller. *~* **the door!** mettez les verrous! **(c)** *(Tech: ~* **together)** *beams* boulonner.

bomb [bɒm] **1** *n* bombe *f*; *(US* *: film etc)* fiasco *m*, bide *m*. **the B~** la bombe atomique. **letter/parcel** *~* lettre *f*/paquet *m* piégé(e); **his party went like a** *~* * sa réception a été (un succès) du tonnerre *; **this car goes like a** *~* * elle file, cette bagnole *; **it cost a** *~* * cela a coûté les yeux de la tête. **2** *adj*: *~* **crater** entonnoir *m*; *~* **disposal squad** équipe *f* de déminage; *~* **disposal expert** artificier *m*; *~* **scare** alerte *f* à la bombe; *~* **shelter** abri *m* (anti-aérien); *~* **site** lieu *m* bombardé. **3** *vt town* bombarder. **4** *vi (US* *: fail)* être un fiasco *or* un bide *.

◆ **bomb out** *vt sep house* détruire par un bombardement. **the family was** *~***ed out** la famille a dû abandonner sa maison bombardée.

◆ **bomber** *n (aircraft)* bombardier *m*; *(terrorist)* plastiqueur *m*. ◆ **bombing 1** *n* bombardement *m*; *[terrorists]* attentat *m* au plastic *or* à la bombe; **2** *adj raid, plane* de bombardement. ◆ **bombproof** *adj* blindé. ◆ **bombshell** *n (Mil)* obus *m*; *(fig)* **to come like a** *~***shell** faire l'effet d'une bombe; **she's a real** *~***shell!** * c'est une fille sensass! *

bombard [bɒm'bɑːd] *vt* bombarder (*with* de). ◆ **bombardment** *n* bombardement *m*.

bombast ['bɒmbæst] *n (pej)* grandiloquence *f*. ◆ **bombastic** *adj* grandiloquent. ◆ **bombastically** *adv* avec grandiloquence.

bona fide ['bəʊnə'faɪdɪ] *adj traveller* véritable; *offer* sérieux. ◆ **bona fides** *n* bonne foi *f*.

bonanza [bə'nænzə] *n (money etc)* filon *m*, mine *f* d'or; *(boon)* aubaine *f*.

bond [bɒnd] **1** *n* **(a)** *(agreement)* engagement *m*. **to enter into a** *~* s'engager (*to do* à faire). **(b)** *(link)* lien(s) *m(pl)*. *~***s** *(chains)* fers *mpl*, chaînes *fpl*; *(fig: ties)* liens. **(c)** *(Fin)* bon *m*, titre *m*. **(d)** *(Comm)* **to put sth into** *~* entreposer qch en douane. **(e)** *(adhesion between surfaces)* adhérence *f*. **2** *vt bricks* liaisonner; *[strong glue]* coller, souder. *~***ed warehouse** entrepôt *m* des douanes. ◆ **bondage** *n* esclavage *m*. ◆ **bondsman** *n* esclave *m*.

bone [bəʊn] **1** *n (gen)* os *m*; *[fish]* arête *f*; *[corset]* baleine *f*. **chilled to the** *~* glacé jusqu'à la moelle (des os); **I feel it in my** *~***s** j'en ai le pressentiment; *~* **of contention** pomme *f* de discorde; **to have a** *~* **to pick with sb** avoir un compte à régler avec qn; **he made no** *~***s about saying what he thought** il n'a pas hésité à dire ce qu'il pensait; **there are no** *~***s broken** il n'y a rien de cassé; *(fig)* **il n'y a rien de grave. (made) of** *~* en os. **2** *adj buttons etc* en os. *~* **china** porcelaine *f* tendre; *~* **meal** engrais *m* (de cendres d'os). **3** *vt meat, fowl* désosser; *fish* ôter les arêtes de.

◆ **bone up** ‡ *vt sep*, **bone up on** ‡ *vt fus* potasser *.

◆ **boned** *adj meat* désossé; *fish* sans arêtes; *corset* baleiné. ◆ **bone-dry** *adj* absolument sec. ◆ **bonehead** ‡ *n* crétin(e) *m(f)*. ◆ **bone-idle** * *or* ◆ **bone-lazy** * *adj* fainéant. ◆ **bone-shaker** * *n (car)* vieille guimbarde *f*. ◆ **bony** *adj tissue* osseux; *knee, person* anguleux; *fish* plein d'arêtes; *meat* plein d'os.

bonfire ['bɒnfaɪə'] *n* feu *m* (de joie); *(for rubbish)* feu (de jardin).

bonkers ‡ ['bɒŋkəz] *adj* cinglé *.

Bonn [bɒn] *n* Bonn.

bonnet ['bɒnɪt] *n* bonnet *m*; *(Brit)* *[car]* capot *m*.

bonny ['bɒnɪ] *adj (esp Scot)* joli.

bonus ['bəʊnəs] *n* prime *f*, gratification *f*. *~* **of 500 francs** 500 F de prime; *(fig)* **as a** *~* en prime; *(Fin)* *~* **issue** émission *f* d'actions gratuites.

boo [buː] **1** *excl* hou!, peuh! **he wouldn't say** *~* **to a goose** * il n'ose jamais ouvrir le bec *. **2** *vti* huer. **to be** *~***ed off the stage** sortir de scène sous les huées. **3** *n*: *~***s** *(also* *~***ing)** huées *fpl*.

boob ‡ [buːb] **1** *n (mistake)* gaffe *f*; *(breast)* sein *m*, nichon ‡ *m*. **2** *vi* gaffer. ◆ **boobtube** *n (US: TV)* télé *f*; *(Dress)* bustier *m* (en forme de tube).

booby ['buːbɪ] **1** *n* nigaud(e) *m(f)*. **2** *adj*: *~* **prize** prix *m* de consolation *(décerné au dernier)*; *~* **trap** traquenard *m*; *(Mil)* objet *m* piégé.

book [bʊk] **1** *n* livre *m*, bouquin * *m*; *[Bible etc]* livre; *(exercise* *~)* cahier *m*; *(libretto)* livret *m*; *[samples etc]* album *m*; *[tickets etc]* carnet *m*; *[matches]* pochette *f*. **(account)** *~***s** livre *m* de comptes, **to keep the** *~***s** tenir la comptabilité; **to be on the** *~***s of an organization** être inscrit à une organisation; **to take one's name off the** *~***s** donner sa démission; *(Betting)* **to make (a)** *~* inscrire les paris; **to bring sb to** *~* obliger qn à rendre des comptes; **by the** *~* selon les règles; **to go by the** *~*, **to stick to the** *~* appliquer strictement le règlement; **to be in sb's good/bad** *~***s** être bien/mal vu de qn; *(fig)* **in my** *~* * à mon avis; **that's one for the** *~* ! * c'est à marquer d'une pierre blanche! **2** *adj*: *~* **club** club *m* du livre; *~* **learning** connaissances *fpl* livresques; *~* **lover** bibliophile *mf*; *~*

post tarif *m* imprimés *inv*; ~ **token** bon-cadeau *m* (*négociable en librairie*).

3 *vt* (**a**) *seat* louer; *room, sleeper* retenir, réserver; *ticket* prendre. (*Theat*) **we're fully ~ed** on joue à guichets fermés; **the hotel is fully ~ed** l'hôtel est complet; **I'm ~ed for lunch** * je suis pris à déjeuner; (*Rail*) **to ~ sb through to Birmingham** assurer à qn une réservation jusqu'à Birmingham. (**b**) (*Comm, Fin*) *order* inscrire, enregistrer. (**c**) (*Police*) *driver etc* donner un procès-verbal *or* P.-V. * à; (*Ftbl*) *player* prendre le nom de. **to be ~ed for speeding** attraper une contravention pour excès de vitesse.

◆ **book in 1** *vi* (*at hotel etc*) prendre une chambre. **2** *vt sep person* réserver une chambre *etc* à. ◆ **book up** *vt sep* retenir, réserver. **the tour is ~ed up** on ne prend plus d'inscriptions pour l'excursion; **the hotel is ~ed up** l'hôtel est complet; **I'm very ~ed up** * je suis très pris.

◆ **bookable** *adj seat etc* qu'on peut retenir; **all seats ~able in advance** toutes les places peuvent être retenues à l'avance; **seats ~able from 6th June** location ouverte dès le 6 juin. ◆ **bookbinder** *n* relieur *m*, -euse *f*. ◆ **bookcase** *n* bibliothèque *f* (*meuble*). ◆ **bookends** *npl* presse-livres *m inv*. ◆ **bookie** * *n* bookmaker *m*. ◆ **booking 1** *n* réservation *f*; **2** *adj*: **~ing clerk** préposé(e) *m(f)* aux réservations; **~ing office** (bureau *m* de) location *f*. ◆ **bookish** *adj* qui aime les livres. ◆ **bookkeeper** *n* comptable *mf*. ◆ **bookkeeping** *n* comptabilité *f*. ◆ **booklet** *n* petit livre, brochure *f*. ◆ **bookmaker** *n* bookmaker *m*. ◆ **bookmark** *n* signet *m*. ◆ **bookmobile** *n* (*US*) bibliobus *m*. ◆ **bookplate** *n* ex-libris *m inv*. ◆ **bookrest** *n* support *m* à livres. ◆ **bookseller** *n* libraire *mf*. ◆ **bookshelf** *n* rayon *m* (de bibliothèque). ◆ **bookshop** *n* librairie *f*. ◆ **bookstall** *n* [*station etc*] kiosque *m* à journaux; [*secondhand ~s*] étalage *m* de bouquiniste. ◆ **bookstore** *n* librairie *f*. ◆ **bookworm** *n* rat *m* de bibliothèque.

boom¹ [buːm] *n* (**a**) (*across river etc*) barrage *m*. (**b**) [*mast*] gui *m*; [*crane*] flèche *f*; [*microphone, camera*] perche *f*.

boom² [buːm] **1** *n* (*sound*) [*sea, waves, wind*] mugissement *m*; [*guns, thunder, voices, storm*] grondement *m*; [*organ*] ronflement *m*. **sonic ~** bang *m* supersonique. **2** *vi* [*wind*] mugir; [*thunder, sea, guns*] gronder; [*organ*] ronfler; [*voice*] retentir; [*person*] tonitruer. **3** *vt* (**~ out**) dire d'une voix tonitruante. ◆ **booming** *adj sound, noise* retentissant; *voice* tonitruant.

boom³ [buːm] **1** *vi* [*trade*] être en expansion; [*business, sales*] être en plein essor; [*books, goods*] se vendre comme des petits pains; [*prices*] être en forte hausse. **2** *n* [*business, prices, shares*] montée *f* en flèche, forte hausse *f*; [*product*] popularité *f*; [*sales*] progression *f*; (*Econ*: ~ **period**) boom *m*. **~ town** ville *f* en plein développement.

boomerang ['buːməræŋ] **1** *n* boomerang *m*. **2** *vi* faire boomerang.

boon [buːn] **1** *n* (*godsend*) bénédiction * *f*; (*good luck*) aubaine *f*. **2** *adj*: **~ companion** joyeux compère.

boor [buə^r] *n* rustre *m*. ◆ **boorish** *adj* rustre, grossier. ◆ **boorishly** *adv behave* en rustre; *speak* grossièrement. ◆ **boorishness** *n* rudesse *f*, manque *m* de savoir-vivre.

boost [buːst] **1** *n*: **to give sb a ~ (up)** (*help him up*) soulever qn par derrière *or* par en dessous; (*raise his morale*) remonter le moral à qn; (*do publicity for him*) faire du battage pour qn. **2** *vt* (*Elec*) survolter; *engine* suralimenter; *spacecraft* propulser; *price* faire monter; *output, productivity* accroître; *sales* augmenter; *product* promouvoir; *the economy* donner du tonus à; *confidence etc* renforcer. ◆ **booster** *n* (*Elec*) survolteur *m*; (*Rad*) amplifi-

cateur *m*; (*~er rocket*) booster *m*; (*~er shot, ~er dose*) (piqûre *f* de) rappel *m*.

boot¹ [buːt] *n*: **to ~** par-dessus le marché.

boot² [buːt] **1** *n* (**a**) (*gen*) botte *f*; (*ankle ~*) bottillon *m*; (*soldier*) brodequin *m*; (*workman etc*) grosse chaussure (montante). (*fig*) **the ~ is on the other foot** les rôles sont renversés; **to give sb the ~** * flanquer * qn à la porte. (**b**) [*car*] coffre *m*. **2** *vt*: **to ~ sb out** flanquer * qn à la porte. ◆ **boot up** *vi* démarrer.

◆ **bootee** *n* petit chausson. ◆ **bootlace** *n* lacet *m* (de chaussure). ◆ **bootleg** * **1** *vi* faire la contrebande de l'alcool; **2** *adj* de contrebande. ◆ **bootlegger** *n* bootlegger *m*. ◆ **bootlicker** *n* lèche-bottes * *mf inv*. ◆ **bootmaker** *n* bottier *m*. ◆ **bootpolish** *n* cirage *m*. ◆ **bootstrap** *n*: **to pull o.s. up by one's (own) ~straps** se faire tout seul.

booth [buːð] *n* [*fair*] baraque *f* (foraine); [*language lab, telephone etc*] cabine *f*; (*voting ~*) isoloir *m*.

booty ['buːtɪ] *n* butin *m*.

booze * [buːz] **1** *n* alcool *m* (*boissons*). **to buy some ~** acheter à boire. **2** *vi* biberonner *. ◆ **boozer** ⚥ *n* (*drunkard*) pochard(e) ⚥ *m(f)*; (*pub*) bistro * *m*. ◆ **booze-up** ⚥ *n* partie *f* de soûlographie * *f*. ◆ **boozy** ⚥ *adj person* qui a la dalle en pente ⚥; *evening* où l'on boit beaucoup.

borage ['bɒrɪdʒ] *n* bourrache *f*.

borax ['bɔːræks] *n* borax *m*. ◆ **boracic** *adj* borique.

Bordeaux [bɔː'dəʊ] *n* (*wine*) bordeaux *m*.

border ['bɔːdə^r] **1** *n* (**a**) [*lake, carpet, dress*] bord *m*; [*woods*] lisière *f*; [*picture*] bordure *f*; (*in garden*) bordure. (**b**) (*frontier*) frontière *f*. **to escape over the ~** s'enfuir en passant la frontière; (*Brit*) **the B~s** la région frontière du sud-est de l'Écosse. **2** *adj town, state* frontière *inv*; *patrol* frontalier. **~ dispute** différend *m* sur une question de frontière(s); **~ incident** incident *m* de frontière; **~ raid** incursion *f*; **~ town** ville *f* frontière. **3** *vt* [*trees etc*] border.

◆ **border (up)on** *vt fus* [*country*] être limitrophe de; [*estate*] toucher; (*fig: come near to being*) être voisin de, frôler. ◆ **borderer** *n* frontalier *m*, -ière *f*. ◆ **borderland** *n* (*fig*) **on the ~ land** of aux frontières de. ◆ **borderline** *n* ligne *f* de démarcation; **~line case** cas *m* limite.

bore¹ [bɔː^r] **1** *vt hole, tunnel* percer; *well, rock* forer. **to ~ one's way through** se frayer un chemin en creusant à travers. **2** *n* [*tube, gun*] calibre *m*. **a 12-~ shotgun** un fusil de (calibre) 12. ◆ **borehole** *n* trou *m* de sonde.

bore² [bɔː^r] **1** *n* (*person*) raseur * *m*, -euse * *f*; (*event, situation*) ennui *m*, corvée *f*. **2** *vt* ennuyer, raser *. ◆ **bored** *adj person* qui s'ennuie; *look* d'ennui; **to be ~d stiff** *or* **to death** *or* **to tears** s'ennuyer ferme *or* à mourir; **he was ~d with reading** il en avait assez de lire. ◆ **boredom** *n* ennui *m*. ◆ **boring** *adj* ennuyeux, rasant *.

bore³ [bɔː^r] *pret of* **bear¹**.

bore⁴ [bɔː^r] *n* (*tidal wave*) mascaret *m*.

born [bɔːn] *adj* né. **to be ~** naître; **to be ~ again** renaître; **he was ~ in 1920** il est né *or* il naquit en 1920; **3 sons ~ to her** 3 fils nés d'elle; **every baby ~ into the world** tout enfant qui vient au monde; **a Parisian ~ and bred** un Parisien de souche; **he wasn't ~ yesterday** * il n'est pas né de la dernière pluie; **in all my ~ days** * de toute ma vie; **poets are ~, not made** on naît poète, on ne le devient pas; **a ~ poet** un poète né; **~ fool** parfait idiot; **misfortunes ~ of war** malheurs dus à la guerre; **Chicago-~** natif de Chicago, né à Chicago; **Australian-~** d'origine australienne.

borne [bɔːn] *ptp of* **bear¹**.

Borneo ['bɔːnɪəʊ] *n* Bornéo *f*.

borough ['bʌrə] n municipalité f; (in London) ≃ arrondissement m; (Brit Parl) circonscription f électorale urbaine.

borrow ['bɒrəʊ] vt emprunter (from à). **a ~ed word** un mot d'emprunt; (Math) ~ **10** ≃ j'ajoute 10. ◆ **borrower** n emprunteur m, -euse f. ◆ **borrowing** n emprunt m.

Borstal ['bɔːstl] n (Brit) maison f de redressement.

bosh * [bɒʃ] n blague(s) * f(pl), bêtises fpl.

bos'n ['bəʊsn] n = **bosun**.

bosom ['bʊzəm] n [person] poitrine f, seins mpl; [dress] corsage m; (fig) sein. **in the ~ of the family** au sein de la famille; ~ **friend** ami(e) m(f) intime.

boss * [bɒs] **1** n patron(ne) m(f), chef m; [gang etc] caïd ‡ m. **2** vt mener. ◆ **boss about** *, **boss around** * vt sep mener à la baguette, régenter. ◆ **bossy** * adj autoritaire.

boss-eyed [bɒs'aɪd] adj qui louche.

bosun ['bəʊsn] n maître m d'équipage.

botany ['bɒtənɪ] n botanique f. ~ **wool** laine f mérinos. ◆ **botanic(al)** adj botanique. ◆ **botanist** n botaniste mf. ◆ **botanize** vi herboriser.

botch [bɒtʃ] vt (~ **up**) (repair) rafistoler *; (bungle) saboter, bousiller *.

both [bəʊθ] **1** adj les deux, l'un(e) et l'autre. ~ **(the) books are his** les deux livres sont à lui; **you can't have it ~ ways** * il faut choisir.
2 pron tous or toutes (les) deux, l'un(e) et l'autre. ~ **(of them) were there, they were ~ there** ils étaient là tous les deux; ~ **of us agree** nous sommes d'accord tous les deux; ~ **alike** l'un comme l'autre.
3 adv: ~ **this and that** non seulement ceci mais aussi cela, aussi bien ceci que cela; ~ **you and I saw him** nous l'avons vu vous et moi, vous et moi (nous) l'avons vu; ~ **Paul and I came** Paul et moi sommes venus tous les deux; **she was ~ laughing and crying** elle riait et pleurait à la fois.

bother ['bɒðər] **1** vt (annoy) ennuyer, embêter *; (pester) harceler; (worry) inquiéter, ennuyer. **don't ~ me!** laisse-moi tranquille!; **I'm sorry to ~ you** excusez-moi de vous déranger; **does it ~ you if I smoke?** ça vous dérange que je fume subj or si je fume?; **to ~ o.s.** or **one's head about sth** se tracasser au sujet de qch; **to get (all hot and) ~ed** * se mettre dans tous ses états (about au sujet de); **I can't be ~ed going out** or **to go out** je n'ai pas le courage de sortir; **his leg ~s him** sa jambe ne lui fait pas mal * souffrir.
2 vi se donner la peine (to do de faire). **you needn't ~ to come** ce n'est pas la peine de venir; **don't ~ about me/about my lunch** ne vous occupez pas de moi/de mon déjeuner; **please don't ~** ce n'est pas la peine.
3 n ennui m, barbe * f. **what a ~ it all is!** quel ennui or quelle barbe * que tout cela!; (excl) **bother!** zut *, la barbe! *; **she's having a spot of ~ with the car** on a eu un petit embêtement * avec la voiture.
◆ **botheration** * excl zut! * ◆ **bothersome** adj ennuyeux, embêtant *.

Botswana [bɒt'swɑːnə] n Botswana m.

bottle ['bɒtl] **1** n bouteille f; (small) flacon m; (wide-mouthed) bocal m; (of stone) cruche f; (for beer) canette f; (baby's ~) biberon m. **wine ~** bouteille à vin; ~ **of wine** bouteille de vin; **to take to the ~** * se mettre à boire. **2** adj: ~ **bank** conteneur m (pour le verre usagé); ~ **party** surprise-party f où chacun apporte une bouteille; ~ **rack** casier m à bouteilles. **3** vt wine mettre en bouteilles; fruit mettre en bocaux.
◆ **bottle up** vt sep feelings etc refouler.
◆ **bottlebrush** n rince-bouteilles m inv.
◆ **bottled** adj beer en canette; wine en bouteilles;

fruit en bocaux. ◆ **bottle-fed** adj nourri au biberon. ◆ **bottle-green** adj vert bouteille inv. ◆ **bottleneck** n [road] rétrécissement m de la chaussée; [traffic] bouchon m; [production etc] goulet m d'étranglement. ◆ **bottle-opener** n ouvre-bouteille(s) m.

bottom ['bɒtəm] **1** n [box] (outside) bas m; (inside) fond m; [well, garden, sea] fond m; [dress, heap, page] bas m; [tree, hill] pied m; [table] bout m; [chair] siège m; [ship] carène f; (buttocks) derrière m; (fig: origin) base f, fondement m. **at the ~ of page 10** en or au bas de la page 10; **at the ~ of the hill** au pied or au bas de la colline; **the name at the ~ of the list** le nom en bas de la liste; **he's at the ~ of the list** il est en queue de liste; **to be ~ of the class** être le dernier de la classe; ~**s up!** ‡ cul sec!; **from the ~ of my heart** du fond de mon cœur; **at ~** au fond; **to knock the ~ out of an argument** démolir un argument; **the ~ fell out of his world** * son monde s'est effondré; (fig) **to be at the ~ of sth** être à l'origine de qch; **we can't get to the ~ of it** impossible de découvrir le fin fond de cette histoire.
2 adj shelf du bas, inférieur; step, gear premier; part of garden etc du fond. (fig) **her ~ drawer** son trousseau; ~ **half** [box] partie f inférieure; [class, list] deuxième moitié f; **the ~ line** (Fin) le résultat financier; (fig) l'essentiel.
◆ **bottomless** adj pit sans fond; mystery insondable; supply inépuisable. ◆ **bottommost** adj le plus bas.

botulism ['bɒtjʊlɪz(ə)m] n botulisme m.

bouclé [buː'kleɪ] adj en bouclette.

bougainvill(a)ea [ˌbuːgən'vɪlɪə] n bougainvillée f.

bough [baʊ] n rameau m, branche f.

bought [bɔːt] pret, ptp of **buy**.

boulder ['bəʊldər] n rocher m (rond), grosse pierre.

bounce [baʊns] **1** vi [ball] rebondir; [child, car] faire des bonds; (*) [cheque] être sans provision. [person] **to ~ in/out** etc entrer/sortir etc avec entrain. **2** vt ball faire rebondir; (*) cheque refuser; (‡) rowdy customer vider ‡, flanquer * à la porte. **3** n [ball] rebond m. (fig) **he's got plenty of ~** * il est très dynamique.
◆ **bouncer** ‡ n videur ‡ m. ◆ **bouncing** adj: **bouncing baby** beau bébé m (florissant de santé). ◆ **bouncy** adj ball, mattress élastique; hair vigoureux; person dynamique.

bound¹ [baʊnd] **1** n: ~**s** limite(s) f(pl), bornes fpl; **to know no ~s** être sans bornes; **to keep within ~s** rester dans la juste mesure; **within the ~s of possibility** dans les limites du possible; **out of ~s** dont l'accès est interdit; (Scol) défendu aux élèves. **2** vt: ~**ed by** borné or limité par.
◆ **boundless** adj space infini; trust illimité; devotion sans bornes.

bound² [baʊnd] **1** n bond m, saut m. **2** vi [person, horse] bondir, faire un bond or des bonds. **to ~ in/away** etc entrer/partir etc d'un bond; **the horse ~ed over the fence** le cheval a sauté la barrière (d'un bond).

bound³ [baʊnd] (pret, ptp of **bind**) adj (a) prisoner lié, attaché. (b) book relié. (c) **I am ~ to confess** je suis forcé d'avouer; **you're ~ to do it** (obliged to) vous êtes tenu or obligé de le faire; (sure to) vous le ferez sûrement; **it was ~ to happen** cela devait arriver, c'était à prévoir. (d) (destined) ~ **for** person en route pour; parcel, train à destination de; ship, plane en route pour; (about to leave) en partance pour; **where are you ~ for?** où allez-vous?; **Australia-~** à destination de l'Australie.
◆ **bounden** adj duty impérieux.

boundary ['baʊnd(ə)rɪ] n limite f, frontière f; (Sport) limites fpl du terrain.

bounty ['baʊntɪ] n (generosity) générosité f; (gift) don m; (Mil) prime f. ◆ **bounteous** or ◆ **bountiful** adj harvest abondant; rain bienfaisant; person généreux.

bouquet ['bʊkeɪ] n bouquet m.

bourbon ['bɜːbən] n (whisky) bourbon m.

bourgeois ['bʊəʒwɑː] adj, n bourgeois(e) m(f). ◆ **bourgeoisie** n bourgeoisie f.

bout [baʊt] n (a) [fever, malaria etc] accès m; [rheumatism] crise f. **a ~ of flu** une grippe; **he's had several ~s of illness** il a été malade plusieurs fois; **a ~ of work** une période de travail intensif; **drinking ~** beuverie f. (b) (Boxing, Wrestling) combat m; (Fencing) assaut m.

boutique [buːˈtiːk] n boutique f (de mode etc).

bovine ['bəʊvaɪn] adj bovin.

bow¹ [bəʊ] **1** n (weapon) arc m; (Mus) archet m; [rainbow etc] arc; (knot) nœud m. **2** adj: **~ tie** nœud m papillon; **~ window** fenêtre f en saillie. ◆ **bowlegged** adj aux jambes arquées. ◆ **bowstring** n corde f.

bow² [baʊ] **1** n salut m. **to make one's ~ (as a pianist etc)** faire ses débuts (de pianiste etc); **to take a ~** saluer. **2** vi (a) (in greeting) saluer, incliner la tête. **to ~ to sb** saluer qn; **~ing and scraping** salamalecs mpl. (b) **(~ down)** [branch etc] fléchir, se courber; [person] se courber; (fig: submit) s'incliner (before, to devant; under sous). **3** vt back courber; head pencher. **to ~ one's back** courber le dos; **to ~ one's knee** fléchir le genou. ◆ **bow out** vi (fig) tirer sa révérence.

bow³ [baʊ] n [ship] ~(s) avant m, proue f. **in the ~s** à l'avant, en proue; **on the port ~** par bâbord devant.

bowdlerize ['baʊdləraɪz] vt expurger.

bowels ['baʊəlz] npl intestins mpl. **~ of the earth** entrailles fpl de la terre.

bowl¹ [bəʊl] n bol m, jatte f; (for water, washing up) cuvette f; (for fruit) coupe f; (for salad) saladier m; (for punch) bol; (for sugar) sucrier m; [spoon] creux m; [lamp] globe m; [lavatory, sink] cuvette f.

bowl² [bəʊl] **1** n boule f. (game) ~s (Brit) (jeu m de) boules f; (US: skittles) bowling m. **2** vi (a) **to go ~ing** jouer aux boules (or au bowling). (b) [person, car] **to go ~ing down the street** descendre la rue à bonne allure. **3** vt bowl, ball lancer; hoop faire rouler; (Cricket) ball servir; batsman **(~ out)** mettre hors jeu. ◆ **bowl down** * vt sep renverser. ◆ **bowl over** vt sep renverser. (fig) **to be ~ed over by** (surprise) rester stupéfait devant; (emotion) être bouleversé par. ◆ **bowler** n joueur m, -euse f de boules (or de bowling); (Cricket) lanceur m, -euse f (de la balle); (hat) (chapeau m) melon m. ◆ **bowling 1** n (Brit) jeu m de boules; (US) bowling m; **2** adj: ~ing alley bowling m; ~ing green terrain m de boules (sur gazon); ~ing match concours m de boules (or de bowling).

box¹ [bɒks] **1** n (a) boîte f; (crate; also for cash) caisse f; (cardboard ~) carton m. (TV) **on the ~** * à la télé *. (b) (Theat) loge f; (Jur) [jury, press] banc m; [witness] barre f; [stable] box m. **2** adj: ~ calf box(-calf) m; ~ **number** numéro m d'annonce; ~ **office** bureau m de location; **it's good ~ office** cela fait recette; ~-**office attraction** or **success** spectacle m à (grand) succès; ~ **room** (cabinet m de) débarras m. **3** vt goods mettre en boîte or en caisse etc. (Naut) **to ~ the compass** réciter les aires du vent. ◆ **box in** vt sep bath, sink encastrer. (fig) **to feel ~ed in** se sentir confiné or à l'étroit. ◆ **Boxing Day** n le lendemain de Noël.

box² [bɒks] **1** vi (Sport) faire de la boxe. **2** vt (Sport) boxer avec. **to ~ sb's ears** gifler qn. **3** n: **a ~ on the ear** une gifle. ◆ **boxer** n (Sport) boxeur m;

(dog) boxer m; ~**er shorts** npl boxer short m. ◆ **boxing 1** n boxe f; **2** adj gloves, match de boxe; ~**ing ring** ring m.

box³ [bɒks] n (~ wood) buis m.

boy [bɔɪ] n garçon m. **little ~** petit garçon, garçonnet m; **English ~** petit or jeune Anglais m; **come, my ~** viens ici, mon petit or mon grand; **the Jones ~** le petit Jones; **when I was a ~** quand j'étais petit or enfant; ~**s will be ~s!** les garçons, on ne les changera jamais!; **he was as much a ~ as ever** il était toujours aussi gamin; **my dear ~** mon cher (ami); **a night out with the ~s** une sortie avec les copains *; (excl) ~! * bigre! * ◆ **boyfriend** n petit ami. ◆ **boyhood** n enfance f, adolescence f. ◆ **boyish** adj behaviour d'enfant, de garçon; (pej) puéril; smile, look gamin; girl garçonnier.

boycott ['bɔɪkɒt] **1** vt boycotter. **2** n boycottage m.

bra [brɑː] n soutien-gorge m.

brace [breɪs] **1** n (a) (gen) attache f; (Med) appareil m orthopédique; (dental) appareil (dentaire or orthodontique); (Constr) entretoise f. (Brit Dress) ~**s** bretelles fpl; ~ **and bit** vilebrequin m (à main). (b) (pl inv: pair) [animals etc] paire f. **2** vt (support) soutenir, consolider; beam armer. **to ~ o.s.** s'arcbouter; (fig) rassembler ses forces (to do pour faire); ~ **yourself for the news!** tenez-vous bien que je vous raconte (subj) la nouvelle! ◆ **bracing** adj air, climate tonifiant; wind vivifiant.

bracelet ['breɪslɪt] n bracelet m.

bracken ['bræk(ə)n] n fougère f.

bracket ['brækɪt] **1** n (a) (angled support) support m; (for shelf) tasseau m; (shelf itself) (petite) étagère f; (for lamp) fixation f. ~ **lamp** applique f. (b) (Typ) (round) parenthèse f; (square) crochet m; (Mus, Typ) **brace** ~ accolade f; **in** ~**s** entre parenthèses; **the lower income** ~ la tranche des petits revenus. **2** vt (Typ) mettre entre parenthèses etc; (fig: ~ together) names, persons mettre dans le même groupe; candidates etc mettre ex aequo. (Scol, Sport etc) ~**ed first** premiers ex aequo.

brackish ['brækɪʃ] adj saumâtre.

bradawl ['brædɔːl] n poinçon m (de menuisier).

brag [bræg] vti se vanter (about, of de; about or of doing de faire; that one has done d'avoir fait). ◆ **braggart** n vantard(e) m(f). ◆ **bragging 1** n vantardise f; **2** adj vantard.

braid [breɪd] **1** vt hair tresser. **2** n (on dress) ganse f; (Mil) galon m; [hair] tresse f.

Braille [breɪl] n, adj braille (m) inv.

brain [breɪn] **1** n (Anat, fig) cerveau m. ~**s** (Anat, Culin) cervelle f; (fig) **he's got that on the ~** * il ne pense qu'à ça! *; **his ~ reeled** la tête lui a tourné; **he's got ~s** il est intelligent; **he's the ~(s) of the family** c'est le cerveau de la famille. **2** adj (Med) disease, operation cérébral. ~ **damage** lésions cérébrales; (Med) ~ **dead** dans un coma dépassé; ~ **drain** exode m des cerveaux; ~**s trust** réuniondébat f; (US) ~ **trust** brain-trust m. **3** vt (*: knock out) assommer. ◆ **brain-child** n invention f personnelle. ◆ **brainless** adj sans cervelle, stupide. ◆ **brainstorm** n (Med) congestion cérébrale; (fig) idée f géniale; (pej) moment m d'aberration. ◆ **brainstorming** n remue-méninges m (hum), brain-storming m. ◆ **brainwash** vt faire un lavage de cerveau à; (fig) **he was ~washed into believing that...** on a réussi à lui faire croire que... ◆ **brainwashing** n lavage m de cerveau; [the public etc] bourrage m de crâne *. ◆ **brainwave** n idée f géniale. ◆ **brainwork** n travail m intellectuel. ◆ **brainy** * adj intelligent, doué.

braise [breɪz] vt (Culin) braiser.

brake¹ [breɪk] n (vehicle) break m.

brake² [breɪk] **1** n (Aut etc) frein m. (fig) **to act as a ~ on** mettre un frein à. **2** vi freiner. **3** adj pedal, drum, lining de frein. **~ fluid** liquide m de freins; **~ light** feu m de stop; **~ pad** plaquette f de frein. ◆ **braking 1** n freinage m ; **2** adj distance, power de freinage.

bramble ['bræmbl] n (thorny shrub) roncier m; (blackberry bush) mûrier m sauvage; (berry) mûre f (sauvage).

bran [bræn] n son m (de blé). **~ mash** son mouillé.

branch [brɑ:n(t)ʃ] **1** n (**a**) (gen: lit, fig) branche f; [river] bras m; [mountain chain] ramification f; [road, pipe, railway] embranchement m; (Ling) rameau m; (Admin) section f. (Mil) **their ~ of the service** leur arme f. (**b**) [store, company] succursale f; [bank] agence f. **2** adj (Rail) **~ line** ligne f secondaire; **~ office** succursale f (locale). **3** vi se ramifier. **the road ~es off the main road** la route quitte la grand-route. ◆ **branch out** vi [businessman, company] étendre ses activités (into à).

brand [brænd] **1** n (**a**) (Comm: of goods) marque f. (**b**) (mark) [cattle, property] marque f; [prisoner] flétrissure f. (**c**) (burning wood) tison m. **2** vt cattle, property marquer (au fer rouge). **~ed goods** produits mpl de marque; (fig: stigmatize) **to ~ sb a criminal** flétrir qn du nom de criminel. **3** adj: **~ image** image f de marque; **~ name** (nom m de) marque f. ◆ **branding-iron** n fer m à marquer. ◆ **brand-new** adj flambant neuf (f flambant neuve).

brandish ['brændɪʃ] vt brandir.

brandy ['brændɪ] n cognac m. **~ and soda** fine f à l'eau; **plum ~** eau-de-vie f de prune.

brash [bræʃ] adj (reckless) impétueux; (impudent) effronté; (tactless) indiscret.

Brasilia [brə'zɪlɪə] n Brasilia.

brass [brɑ:s] **1** n (**a**) (metal) cuivre m (jaune); (‡: money) pognon ‡ m. (**b**) (tablet) plaque f (en cuivre); (object/ornament) objet m/ornement m en cuivre. **to clean the ~** astiquer les cuivres; (Mus) **the ~** les cuivres mpl; (Mil) **the (top) ~ *** les huiles * fpl. **2** adj ornament etc en or de cuivre. **~ band** fanfare f; **it's not worth a ~ farthing *** cela ne vaut pas un clou *; (Mil) **~ hat *** huile * f; **he's got a ~ neck *** il a du toupet *; **~ plate** plaque f de cuivre; (object) décalque m par frottement; (object) décalque. **to get down to ~ tacks *** en venir aux choses sérieuses. ◆ **brassware** n chaudronnerie f d'art. ◆ **brassy** adj cuivré.

brassière ['bræsɪəʳ] n soutien-gorge m; (strapless) bustier m.

brat [bræt] n (pej) moutard * m, gosse * mf.

bravado [brə'vɑ:dəʊ] n bravade f.

brave [breɪv] **1** adj courageux, brave. **be ~!** du courage!; **be ~ and tell her** prends ton courage à deux mains et va lui dire; (iro) **it's a ~ new world!** on n'arrête pas le progrès! **2** vt braver. **to ~ it out** faire face à la situation. ◆ **bravely** adv courageusement, bravement. ◆ **bravery** n courage m.

bravo ['brɑ:'vəʊ] excl, n bravo (m).

bravura [brə'vʊərə] n bravoure f.

brawl [brɔ:l] **1** vi se bagarrer *. **2** n rixe f, bagarre f. ◆ **brawling 1** adj bagarreur*; **2** n rixe f, bagarre f.

brawn [brɔ:n] n muscle m; (Culin) fromage m de tête. ◆ **brawny** adj arm musculeux; person musclé.

bray [breɪ] **1** n braiement m. **2** vi braire.

brazen ['breɪzn] **1** adj (~-faced) effronté. **2** vt: **to ~ it out** payer d'effronterie. ◆ **brazenly** adv effrontément.

brazier ['breɪzɪəʳ] n brasero m.

Brazil [brə'zɪl] n Brésil m. **~ nut** noix f du Brésil. ◆ **Brazilian 1** n Brésilien(ne) m(f); **2** adj brésilien, du Brésil.

breach [bri:tʃ] **1** n (**a**) (law, secrecy) violation f; [rules] infraction f (of à); [friendship, manners] manquement m (of à). **~ of contract** rupture f de contrat; **~ of the peace** attentat m à l'ordre public; **~ of promise** violation de promesse de mariage; **~ of trust** abus m de confiance. (**b**) (gap: in wall etc) brèche f; (estrangement) brouille f (between entre). **2** vt wall ouvrir une brèche dans; enemy lines, defences percer.

bread [bred] **1** n pain m; (‡: money) fric ‡ m. **~ and milk** pain au lait; **~ and butter** tartine f (beurrée or de beurre); (fig) **it's his ~ and butter** c'est son gagne-pain; **he knows which side his ~ is buttered** il sait où est son intérêt; **to put sb on ~ and water** mettre qn au pain et à l'eau; (Rel) **the ~ and wine** les (deux) espèces fpl. **2** adj: **to be on the ~ line *** être sans le sou; **~ sauce** sauce f à la mie de pain. ◆ **bread-and-butter letter** n lettre f de remerciements (pour hospitalité reçue). ◆ **breadbasket** n corbeille f à pain. ◆ **breadbin** n boîte f à pain, (larger) huche f à pain. ◆ **breadboard** n planche f à pain. ◆ **breadcrumbs** npl miettes fpl de pain; (Culin) chapelure f; **fried in ~crumbs** pané. ◆ **breadfruit** n fruit m de l'arbre à pain. ◆ **breadknife** n couteau m à pain. ◆ **breadwinner** n soutien m (de famille).

breadth [bretθ] n largeur f (also fig: of thought etc). **this field is 100 metres in ~** ce champ a 100 mètres de large. ◆ **breadthwise** adv dans la or en largeur.

break [breɪk] (vb: pret **broke,** ptp **broken**) **1** n (**a**) (gen) cassure f; [relationship] rupture f, brouille f; [wall] trouée f; [line, conversation, transmission] interruption f; [journey] arrêt m; (Scol) récréation f. **to take a ~** (few minutes) s'arrêter cinq minutes; (holiday) prendre des vacances; (change) se changer les idées; **6 hours without a ~** 6 heures de suite; (Elec) **~ in circuit** rupture f de circuit; **a ~ in the clouds** une éclaircie; **a ~ in the weather** un changement de temps; **with a ~ in her voice** d'une voix entrecoupée; **at ~ of day** au point du jour; **to make a ~ for it *** (escape) prendre la fuite; **to have a good/bad ~ *** avoir une période de veine/de déveine *; **give me a ~! *** donnez-moi ma chance! (**b**) (vehicle) break m.

2 vt (**a**) (gen) casser; (into small pieces) briser; stick casser, rompre; bone, limb casser, fracturer; skin écorcher. **to ~ one's leg/back** se casser la jambe/la colonne vertébrale; (fig) **to ~ the back of a task** faire le plus dur d'une tâche; **to ~ open** door enfoncer; packet ouvrir; lock, safe fracturer; (fig) **to ~ new ground** faire œuvre de pionnier; **to ~ cover** [animal] débusquer; [hunted person] sortir à découvert; **to ~ ranks** rompre les rangs; (Aviat) **to ~ the sound barrier** franchir le mur du son; (Sport etc) **to ~ a record** battre un record; **to ~ one's heart over sth** avoir le cœur brisé par qch; **to ~ sb's heart** briser le cœur à or de qn; (lit, fig) **to ~ the ice** briser la glace. (**b**) promise manquer à; vow rompre; treaty, law, the sabbath violer; commandment désobéir à. **to ~ faith with sb** manquer de parole à qn; **to ~ an appointment with sb** faire faux bond à qn. (**c**) health détériorer; strike, rebellion, courage, spirit abattre; horse dresser. **to ~ sb** (morally) causer la perte de qn; (financially) ruiner qn; **to ~ sb of a habit** faire perdre une habitude à qn; (Betting) **to ~ the bank** faire sauter la banque. (**d**) silence, spell, fast rompre; journey interrompre; (Elec) couper. (**e**) fall, blow amortir. **the wall ~s the force of the wind** le mur coupe le vent. (**f**) news annoncer (to à). **try to ~ it to her gently** essayez de le lui annoncer avec ménagement.

3 vi (a) (gen) se casser, se briser; [stick, rope] se casser, se rompre; [bone, limb] se casser, se fracturer; [wave] déferler; [clouds] se dissiper; [ranks] se rompre; [heart] se briser. **to ~ into little pieces** se casser en mille morceaux; (fig) **to ~ with a friend** rompre avec un ami; **to ~ even** [individual] s'y retrouver; [company] atteindre l'équilibre financier; **to ~ free** or **loose** se libérer (from de); **to ~ for lunch** faire une pause pour le déjeuner. (b) [dawn, day] poindre; [news, story, storm] éclater. (c) [health, weather] se détériorer; [heatwave etc] toucher à sa fin; [voice] (boy's) muer; (in emotion) se briser (with de). **he broke under torture** il a craqué sous la torture; **his spirit broke** son courage l'a abandonné.

◆ **break away 1** vi (gen) se détacher (from de); (Ftbl, Racing) s'échapper. **to ~ away from routine** sortir de la routine. **2** vt sep détacher (from de). ◆ **break down 1** vi [vehicle, machine] tomber en panne; [health] se détériorer; [argument] s'effondrer; [resistance] céder; [negotiations, plan] échouer; (weep) éclater en sanglots. **2** vt sep (a) (demolish) démolir; door enfoncer; opposition briser. (b) (analyse: gen) décomposer (into en); accounts détailler; sales figures, costs ventiler; (Chem) substance décomposer. ◆ **break in 1** vi (a) (interrupt) interrompre. **to ~ in on sb/sth** interrompre qn/qch. (b) [burglar] entrer par effraction. **2** vt sep (a) door enfoncer. (b) horse dresser; (US) engine, car roder. **it will take you 6 months before you're broken in** * vous mettrez 6 mois à vous faire au métier. ◆ **break into** vt fus house entrer par effraction dans; safe, cashbox forcer; savings, new box entamer. **he broke into a long explanation** il s'est lancé dans une longue explication; **to ~ into a trot** se mettre à trotter. ◆ **break off 1** vi (a) [twig etc] se détacher net. (b) (stop) s'arrêter (doing de faire). **to ~ off from work** interrompre le travail; **to ~ off with sb** rompre avec qn. **2** vt sep piece of chocolate casser, détacher; engagement, negotiations rompre; habit se défaire de; work interrompre. ◆ **break out** vi (a) [epidemic, fire, storm, war] éclater. **to ~ out into a sweat** commencer à suer. (b) (escape) s'évader (of de). ◆ **break through 1** vi (Mil) faire une percée; [sun] percer (les nuages). **2** vt fus defences, obstacles, sb's reserve percer; crowd se frayer un passage à travers; sound barrier franchir. ◆ **break up 1** vi [ice] craquer; [road] être défoncé; [ship in storm] se disloquer; [partnership] prendre fin; [marriage] se briser; [health, weather] se détériorer; [clouds, crowd, group, meeting] se disperser; [friends] se quitter; [school, college] entrer en vacances. **the schools ~ up tomorrow** les vacances (scolaires) commencent demain. **2** vt sep object mettre en morceaux; house démolir; ground ameublir; road défoncer; coalition briser; empire démembrer; marriage désunir; crowd, meeting disperser. ◆ **breakable 1** adj cassable, fragile; **2** n: **~ables** objets mpl fragiles. ◆ **breakage** n casse f, bris m; **to pay for ~ages** payer la casse. ◆ **breakaway 1** n [group, movement] rupture f; (Sport) échappée f; (Boxing) dégagement m; **2** adj group, movement séparatiste, dissident; state dissident. ◆ **break-down 1** n (a) [machine, vehicle, electricity] panne f; [communications etc] rupture f; [railway system etc] interruption f (subite) de service; (in health) délabrement m; (mental) dépression nerveuse; (analysis) analyse f; (into categories etc) décomposition f (into en); **2** adj: **~down gang/service** équipe f/ service m de dépannage; **~down truck** dépanneuse f. ◆ **breaker** n (a) (wave) brisant m; (b) **to send to ◊he ~er's** ship envoyer à la démolition; car envoyer à la casse. ◆ **break-even** adj: **~-even point** seuil m de rentabilité. ◆ **breakfast** ['brekfəst] **1** n petit déjeuner m; **2** vi déjeuner (off, on de); **3** adj: **~fast cereals** céréales fpl, flo-

cons mpl d'avoine (or de maïs etc); **~fast cup** déjeuner m (tasse); **~fast room** petite salle à manger; **~fast TV** la télévision du matin. ◆ **break-in** n cambriolage m. ◆ **breaking 1** n [cup, chair, seal] bris m; [bone, limb] fracture f; [promise] manquement m (of à); [treaty, law] violation f (of de); [commandment] désobéissance f (of à); [silence, spell] rupture f; [journey] interruption f (of de); (Jur) **~ing and entering** effraction f; **2** adj: **at ~ing point** rope, political situation au point de rupture; person, sb's patience à bout. ◆ **breakneck** adj: **at ~neck speed** à fond de train. ◆ **breakout** n évasion f (de prison). ◆ **break point** n point m d'avantage. ◆ **breakthrough** n (Mil) percée f; [research etc] découverte f sensationnelle. ◆ **break-up** n [ship] dislocation f; [ice, political party] débâcle f; [friendship] rupture f; [empire] démembrement m. ◆ **breakwater** n brise-lames m inv.

bream [bri:m] n brème f.

breast [brest] **1** n [woman] sein m; (chest) poitrine f; (Culin) [chicken etc] blanc m. **2** vt hill atteindre le sommet de. ◆ **breast-fed** adj nourri au sein. ◆ **breast-feed** vti allaiter. ◆ **breast-feeding** n allaitement m au sein. ◆ **breast-pocket** n poche f de poitrine. ◆ **breast-stroke** n: **to swim ~-stroke** nager la brasse.

breath [breθ] n haleine f, souffle m. **bad ~** mauvaise haleine; **to get one's ~ back** reprendre haleine; **out of ~** essoufflé, hors d'haleine; **to take a deep ~** respirer à fond; **to take sb's ~ away** couper le souffle à qn; **save your ~!** inutile de gaspiller ta salive!; **to be short of ~** avoir le souffle court; **under one's ~** tout bas; **all in one ~** tout d'un trait; **in the same ~** dans la même seconde; **with one's dying ~** en mourant; **there wasn't a ~ of air** or **wind** il n'y avait pas un souffle d'air; **to go out for a ~ of air** sortir prendre l'air. ◆ **breathalyse**, (US) **breathalyze** vt faire subir l'alcootest à. ◆ **breathalyser**, (US) **breathalyzer** n alcootest m. ◆ **breathless** adj (from exertion) hors d'haleine; (through illness) qui a de la peine à respirer; (with excitement) le souffle coupé par l'émotion; silence ému. ◆ **breathlessly** adv en haletant; (fig) en grande hâte. ◆ **breathtaking** adj stupéfiant, à vous couper le souffle.

breathe [bri:ð] **1** vi respirer. **to ~ deeply** or **hard** (after running) souffler (fort); (in illness) respirer péniblement; **to ~ freely, to ~ again** (pouvoir) respirer; **she is still breathing** elle vit encore. **2** vt air respirer; sigh laisser échapper; prayer murmurer. **to ~ air into sth** insuffler de l'air dans qch; **don't ~ a word (about it)!** n'en dis rien à personne! ◆ **breathe in** vi, vt sep aspirer, inspirer. ◆ **breathe out** vi, vt sep expirer. ◆ **breather** * n moment m de répit; **to give sb a ~r** laisser souffler qn; **to go out for a ~r** sortir prendre l'air. ◆ **breathing 1** n respiration f; **heavy breathing** respiration bruyante; **2** adj apparatus respiratoire; **a breathing space** un moment de répit.

bred [bred] (pret, ptp of **breed**) adj: **well-/ill-~** bien/ mal élevé.

breech [bri:tʃ] **1** n [gun] culasse f. **2** adj: **~ birth** accouchement m par le siège.

breeches ['brɪtʃɪz] npl (riding ~) culotte f (de cheval); (knee ~) haut-de-chausses m. **his wife wears the ~** c'est sa femme qui porte la culotte.

breed [bri:d] pret, ptp **bred 1** vt animals élever, faire l'élevage de; hate, suspicion faire naître, engendrer. **to ~ sth in/out** faire acquérir/perdre qch (par la sélection). **2** vi se reproduire, se multiplier. **3** n race f, espèce f; (fig) espèce. ◆ **breeder** n (a) (Phys: **~er reactor**) sur(ré)générateur m; (b) (Agr etc: person) éleveur m, -euse f. ◆ **breeding** n (a) (Agr) élevage m; (reproduction) reproduction f;

~**ing season** saison *f* des accouplements; **(b) (good)** ~**ing** (bonne) éducation *f*, savoir-vivre *m*.

breeze [briːz] **1** *n (wind)* brise *f*. **gentle** ~ petite brise; **stiff** ~ vent frais. **2** *vi:* **to** ~ **in/out** entrer/sortir *(jauntily)* d'un air dégagé *or (briskly)* en coup de vent. ♦ **breezily** *adv (jauntily)* d'un air dégagé; *(briskly)* brusquement; *(jovially)* jovialement. ♦ **breezy** *adj weather, day* frais; *corner, spot* éventé; *person (jaunty)* dégagé; *(brisk)* brusque; *(jovial)* jovial.

breeze-block ['briːzblɒk] *n* parpaing *m*.

Bren gun ['bren gʌn] *n* fusil *m* mitrailleur.

brethren ['breðrɪn] *npl (Rel)* pl of **brother**.

Breton ['bretən] **1** *adj* breton. **2** *n* Breton(ne) *m(f); (Ling)* breton *m*.

brevity ['brevɪtɪ] *n* brièveté *f; (conciseness)* concision *f*.

brew [bruː] **1** *n* décoction *f*. **witch's** ~ brouet *m* de sorcière. **2** *vt beer* brasser; *tea, scheme, mischief* préparer. **3** *vi [brewer]* brasser; *[beer]* fermenter; *[tea]* infuser; *[storm]* se préparer; *[plot]* se tramer. **there's trouble** ~**ing** il y a de l'orage dans l'air *(fig);* **sth's** ~**ing** il se trame qch. ♦ **brew up** *vi* **(a)** (*: *make tea)* faire du thé. **(b)** *[storm, dispute]* se préparer. ♦ **brewer** *n* brasseur *m*. ♦ **brewery** *n* brasserie *f (fabrique)*. ♦ **brewing** *n* brassage *m*.

briar ['braɪər] *n* = **brier**.

bribe [braɪb] **1** *n* pot-de-vin *m*. **to take/offer a** ~ accepter/offrir un pot-de-vin *(from sb* de qn; *to* à). **2** *vt* suborner, soudoyer; *witness* suborner. **to** ~ **sb to do sth** soudoyer qn pour qu'il fasse qch. ♦ **bribery** *n* corruption *f*.

brick [brɪk] *n* brique *f; (toy)* cube *m (de construction).* **you can't make** ~**s without straw** à l'impossible nul n'est tenu; **he came down on me like a ton of** ~**s** * il m'a passé un de ces savons! *; **you might as well talk to a** ~ **wall** * autant parler à un mur; **to come up against a** ~ **wall** se heurter à un mur; **a** ~ **of ice cream** une glace pour plusieurs personnes; **he's a** ~ * il est sympa *. ♦ **brick in, brick up** *vt sep* murer.
♦ **brickbat** *n (fig)* critique *f*. ♦ **brick-built** *adj* en brique(s). ♦ **bricklayer** *n* ouvrier-maçon *m*.
♦ **brick-red** *adj* (rouge) brique *inv*. ♦ **brickwork** *n* briquetage *m*. ♦ **brickworks** *npl* briqueterie *f*.

bride [braɪd] *n (future or jeune)* mariée *f*. **the** ~ **and groom** les mariés. ♦ **bridal** *adj feast* de noce; *procession* nuptial; *veil, gown* de mariée; *suite* réservé aux jeunes mariés. ♦ **bridegroom** *n (futur or jeune)* marié *m*. ♦ **bridesmaid** *n* demoiselle *f* d'honneur.

bridge¹ [brɪdʒ] **1** *n (gen)* pont *m (across* sur); *(Naut)* passerelle *f* (de commandement); *[nose]* arête *f; (Dentistry)* bridge *m*. **2** *vt river* construire un pont sur. *(fig)* **to** ~ **a gap** établir un rapprochement *(between* entre); *(in knowledge)* combler une lacune *(in* dans); *(in budget)* combler un trou *(in* dans). ♦ **bridge-building** *n (fig)* efforts *mpl* de rapprochement. ♦ **bridgehead** *n* tête *f* de pont. ♦ **bridging** *adj:* **bridging loan** prêt-relais *m*.

bridge² [brɪdʒ] *n (Cards)* bridge *m*. ♦ **bridge-player** *n* bridgeur *m, -euse f*.

bridle ['braɪdl] **1** *n* bride *f*. ~ **path** sentier *m (pour chevaux).* **2** *vt* mettre la bride à. **3** *vi (in anger)* regimber; *(in scorn)* lever le menton *(de mépris).*

brief [briːf] **1** *adj life, meeting* bref; *interval, period, stay* court; *speech* bref, concis, laconique *(pej); account* sommaire. **in** ~ *or* **to be** ~, **he didn't come** bref *or* en deux mots, il n'est pas venu. **2** *n* **(a)** *(Jur)* dossier *m,* affaire *f. (fig)* **I hold no** ~ **for him** je ne prends pas sa défense; **to have a watching** ~ **for** veiller (en justice) aux intérêts de. **(b)** *(Mil: instructions)* briefing *m; (gen)* instructions *fpl.* **his** ~ **is to...** la tâche qui lui a été assignée consiste à... **(c)** *(Dress)* ~**s** slip *m*. **3** *vt barrister* confier une

cause à; *pilots, soldiers* donner des instructions à; *person (give orders to)* donner des instructions à; *(bring up to date)* mettre au courant *(on sth* de qch). ♦ **briefcase** *n* serviette *f*. ♦ **briefing** *n* briefing *m*. ♦ **briefly** *adv visit* en coup de vent; *reply* laconiquement; *speak* brièvement. ♦ **briefness** *n* brièveté *f;* courte durée *f;* concision *f,* laconisme *m*.

brier ['braɪər] *n* (racine *f* de) bruyère *f;* (~ *pipe)* pipe *f* de bruyère.

brigade [brɪ'geɪd] *n* brigade *f*. **one of the old** ~ un vieux de la vieille *. ♦ **brigadier** *n* général *m* de brigade. *(US)* **brigadier-general** *(Mil)* général *m* de brigade; *(Aviat)* général *m* de brigade aérienne.

brigand ['brɪgənd] *n* brigand *m*.

bright [braɪt] *adj* **(a)** *eyes, star, gem* brillant; *light, fire* vif; *sunshine* éclatant; *day, weather, room* clair; *colour* vif, éclatant; *metal* poli. *(Met)* **to become** ~**(er)** s'éclaircir; *(Met)* ~ **intervals** éclaircies *fpl;* **the outlook is** ~**er** *(Met)* on prévoit une amélioration (du temps); *(fig)* l'avenir se présente mieux. **(b)** *(cheerful) person* gai, animé; *face, expression* gai, radieux; *prospects, future* brillant, splendide. **as** ~ **as a button** gai comme un pinson; ~ **and early** de bon matin; **to look on the** ~ **side** essayer d'être optimiste. **(c)** *(intelligent) person* intelligent, doué; *child* éveillé. **he's a** ~ **spark** * il est vraiment futé.

♦ **brighten** **1** *vt (~ up) metal* faire reluire; *colour* aviver; *room, person* égayer; *prospects, situation* améliorer; **2** *vi [weather, sky]* se dégager; *[eyes, expression]* s'éclairer; *[person]* s'animer; *[prospects, future]* s'améliorer. ♦ **brightly** *adv shine* avec éclat; *behave* gaiement; *say* avec animation; **the sun shone** ~**ly** le soleil brillait d'un vif éclat.
♦ **brightness** *n (gen)* éclat *m; [light]* intensité *f; (intelligence)* intelligence *f*.

brill * [brɪl] *adj* sensass * *inv,* super * *inv*.

brilliant ['brɪljənt] *adj light* éclatant; *person, idea, wit* brillant. ♦ **brilliance** *n* éclat *m; [person]* intelligence *f* supérieure. ♦ **brilliantly** *adv shine* avec éclat; *suggest etc* brillamment.

Brillo ['brɪləʊ] *adj* ®: ~ **pad** ≃ tampon *m* Jex ®.

brim [brɪm] *n* bord *m*. ♦ **brim over** *vi (lit, fig)* déborder *(with* de). ♦ **brimful** *adj* plein à déborder; *(fig)* débordant *(with* de).

brine [braɪn] *n* eau *f* salée; *(Culin)* saumure *f*.

bring [brɪŋ] *pret, ptp* **brought** *vt object, news, information* apporter; *person, animal, vehicle, storm, consequences* amener; *evidence* fournir. **to** ~ **sb up/down etc** faire monter/faire descendre *etc* qn (avec soi); **to** ~ **sth up/down** monter/descendre qch; **it brought him a good income** cela lui rapportait bien; *(Jur)* **to** ~ **an action against sb** intenter un procès à qn; **to** ~ **luck** porter bonheur; **to** ~ **tears to sb's eyes** faire venir les larmes aux yeux de qn; **to** ~ **sth (up)on o.s.** s'attirer qch; **to** ~ **sth to a close** *or* **an end** mettre fin à qch; **to** ~ **sth to light** mettre qch en lumière; **he brought him to understand that...** il l'a amené à comprendre que...; **I cannot** ~ **myself to speak to him** je ne peux me résoudre à lui parler.

♦ **bring about** *vt sep* **(a)** *reforms, review* amener, provoquer; *war, accident* causer, provoquer. **(b)** *boat* faire virer de bord. ♦ **bring along** *vt sep object* apporter; *person, car* amener. ♦ **bring back** *vt sep* **(a)** *person* ramener; *object* rapporter; *spacecraft* récupérer. **(b)** *(call to mind)* rappeler (à la mémoire). ♦ **bring down** *vt sep kite etc* ramener au sol; *plane* faire atterrir; *animal, bird, enemy plane* descendre; *tree, opponent* abattre; *dictator, government* faire tomber; *temperature, prices* faire baisser; *swelling* réduire. **the play brought the house down** * la pièce a fait crouler la salle sous les applaudissements. ♦ **bring forward** *vt sep person* faire avancer; *chair etc* avancer; *witness* produire; *evi-*

dence avancer; *(advance time of) meeting* avancer; *(Book-keeping) figure* reporter. ◆ **bring in** *vt sep person* faire entrer; *chair* rentrer; *police, troops* faire intervenir; *fashion* lancer; *custom, legislation* introduire; *income, interest* rapporter; *[jury] verdict* rendre; *(Parl) bill* présenter. ◆ **bring off** *vt sep people from wreck* sauver; *plan, aim* réaliser; *deal* mener à bien; *attack, hoax* réussir. **he didn't ~ it off** il n'a pas réussi son coup. ◆ **bring on** *vt sep illness, quarrel* provoquer, causer; *crops, flowers* faire pousser; *(Theat) person* amener; *thing* apporter sur la scène. ◆ **bring out** *vt sep person* faire sortir; *object* sortir; *meaning, colour* faire ressortir; *qualities* mettre en valeur; *book* publier, faire paraître; *new product* lancer. ◆ **bring round** *vt sep person* amener; *object* apporter; *conversation* ramener *(to* sur); *unconscious person* ranimer; *(convert)* convertir *(to* à). ◆ **bring together** *vt sep people (introduce)* faire se rencontrer; *(reconcile)* réconcilier. ◆ **bring up** *vt sep person* faire monter; *object* monter; *(vomit)* vomir, rendre; *(mention) fact, problem* mentionner; *question* soulever; *(rear) child, animal* élever. **well brought-up** *man* élevé; **to ~ sb up short** arrêter qn net; **to ~ sb up before a court** faire comparaître qn devant un tribunal.
◆ **bring-and-buy sale** *n* vente *f* de charité.

brink [brɪŋk] *n* bord *m*. **on the ~ of (doing) sth** à deux doigts de (faire) qch. ◆ **brinkmanship** * *n* stratégie *f* du bord de l'abîme.

brisk [brɪsk] *adj person, voice* vif, animé; *(abrupt)* brusque; *movement* vif, rapide; *attack* vigoureux; *trade, trading* actif; *air* frais. **at a ~ pace** d'un bon pas; **business is ~** les affaires marchent (bien). ◆ **briskly** *adv move* vivement; *walk* d'un bon pas; *speak* brusquement; *act* sans tarder; *sell* très bien. ◆ **briskness** *n* vivacité *f*; animation *f*; brusquerie *f*; rapidité *f*; activité *f*; fraîcheur *f*.

bristle ['brɪsl] **1** *n [beard, brush, plant]* poil *m*; *[boar etc]* soie *f*. **brush with nylon ~s** brosse en nylon; **pure ~ brush** brosse pur sanglier *inv*. **2** *vi [animal, hair, person]* se hérisser *(at* à). **bristling with pins, difficulties** hérissé de; *policemen* grouillant de. ◆ **bristly** *adj chin* qui pique; *hair, beard* hérissé.

Britain ['brɪtn] *n*: **(Great) ~** Grande-Bretagne *f*. ◆ **Briticism** *n* anglicisme *m*. ◆ **British 1** *adj economy, team* britannique, anglais; *ambassador* de Grande-Bretagne; **the British Commonwealth** le Commonwealth; **British English** l'anglais d'Angleterre; **British Isles** îles *fpl* Britanniques ; **2** *n*: **the British** les Britanniques *mpl*, les Anglais *mpl*. ◆ **Britisher** *or* ◆ **Briton** *n* Britannique *mf*, Anglais(e) *m(f)*.

Brittany ['brɪtənɪ] *n* Bretagne *f*.

brittle ['brɪtl] *adj* cassant, fragile.

broach [brəʊtʃ] *vt* entamer.

broad [brɔːd] *adj face, smile* large; *hint* transparent; *mind, ideas* large, libéral; *accent* prononcé. **to grow ~(er)** s'élargir; **to make ~(er)** élargir; **~ bean** fève *f*; *(fig)* **he's got a ~ back** il a bon dos; **the lake is 200 metres ~** le lac a 200 mètres de largeur *or* de large; *(fig)* **it's as ~ as it is long** c'est du pareil au même *; **in ~ daylight** au grand jour; **the ~ outlines** les grandes lignes; **in the ~est sense** au sens le plus large. ◆ **broadcast** *V below*. ◆ **broaden** **(~ out) 1** *vt* élargir. **2** *vi* s'élargir. ◆ **broadly** *adv*: **~ly (speaking)** en gros. ◆ **broad-minded** *adj* qui a les idées (très) larges. ◆ **broad-mindedness** *n* largeur *f* d'esprit. ◆ **broadness** *n* largeur *f*. ◆ **broadsheet** *n* placard *m*. ◆ **broad-shouldered** *adj* large d'épaules. ◆ **broadside** *n (Naut)* bordée *f*; *(fig: insults etc)* bordée d'injures *etc*; **~side on** par le travers. ◆ **broadways** *or* ◆ **broadwise** *adv* en largeur.

broadcast ['brɔːdkɑːst] *pret, ptp* **broadcast 1** *vt (Rad)* (radio)diffuser, émettre; *(TV)* téléviser,

émettre. *(fig)* **don't ~ it!** * ne va pas le crier sur les toits! **2** *vi [station]* émettre; *[actor, interviewee]* participer à une émission; *[interviewer]* faire une émission. **3** *n* émission *f*. **4** *adj (Rad)* (radio)diffusé; *(TV)* télévisé. ◆ **broadcaster** *n* personnalité *f* de la radio *or* de la télévision. ◆ **broadcasting** *n (Rad)* radiodiffusion *f*; *(TV)* télévision *f*; *(broadcasts)* émissions *fpl*.

brocade [brə(ʊ)'keɪd] *n* brocart *m*.

broccoli ['brɒkəlɪ] *n* brocoli *m*.

brochure ['brəʊʃjʊəʳ] *n (Scol etc)* prospectus *m*; *(Tourism)* brochure *f*, dépliant *m*.

brogue [brəʊg] *n (shoe)* chaussure *f* de marche; *(accent)* accent *m* irlandais.

broil [brɔɪl] *vti (also fig)* griller.

broke [brəʊk] *(pret of* **break***) adj (*: penniless)* à sec *, fauché *. **to go ~** * faire faillite.

broken ['brəʊk(ə)n] *(ptp of* **break***) adj* **(a)** *window, rib* cassé; *neck, leg* fracturé, cassé; *heart, marriage* brisé; *promise* rompu, violé; *appointment* manqué. **~ bones** fractures *fpl*; **~ home** foyer brisé; **he is a ~ reed** on ne peut jamais compter sur lui; **a spell of ~ weather** un temps variable. **(b)** *(uneven) ground* accidenté; *road* défoncé; *surface* raboteux; *line* brisé; *coastline* dentelé. **(c)** *(interrupted) journey* interrompu; *sleep (disturbed)* interrompu; *(restless)* agité; *gestures* incohérent; *voice* brisé; *words* haché. **to speak ~ English** parler un mauvais anglais; **~ nights** mauvaises nuits. **(d)** *(spoilt) health* délabré; *spirit* abattu. **he is a ~ man** il est brisé. ◆ **broken-down** *adj car* en panne; *machine* détraqué; *house* délabré, en ruines. ◆ **broken-hearted** *adj* au cœur brisé. ◆ **brokenly** *adv say* d'une voix entrecoupée; *sob* par à-coups.

broker ['brəʊkəʳ] *n* courtier *m*.

brolly * ['brɒlɪ] *n (Brit)* pépin * *m*, parapluie *m*.

bromide ['brəʊmaɪd] *n* bromure *m*; *(fig)* banalité *f* euphorisante.

bronchial ['brɒŋkɪəl] *adj infection* des bronches. **~ tubes** bronches *fpl*.

bronchitis [brɒŋ'kaɪtɪs] *n* bronchite *f*.

bronze [brɒnz] **1** *n* bronze *m*. **2** *vi* se bronzer. **3** *vt skin* faire bronzer. **4** *adj (made of ~)* en bronze; *(colour)* bronze *inv*. **B~ Age** âge *m* du bronze. ◆ **bronzed** *adj* bronzé.

brooch [brəʊtʃ] *n* broche *f (bijou)*.

brood [bruːd] **1** *n* nichée *f*. **2** *vi [storm, danger]* couver; *[person]* broyer du noir. *[person]* **to ~ on** *misfortune* remâcher; *plan* ruminer; *the past* ressasser. ◆ **broody** *adj person* distrait; *(depressed)* cafardeux *. **~ hen** couveuse *f*.

brook¹ [brʊk] *n (stream)* ruisseau *m*.

brook² [brʊk] *vt (tolerate)* souffrir, admettre.

broom [brʊm] *n* **(a)** *(Bot)* genêt *m*. **(b)** *(brush)* balai *m*. *(fig)* **this firm needs a new ~** cette compagnie a besoin de sang nouveau. ◆ **broomstick** *n* (manche *m* à) balai *m*.

broth [brɒθ] *n* bouillon *m* de viande et de légumes.

brothel ['brɒθl] *n* bordel ‡ *m*.

brother ['brʌðəʳ] **1** *n (gen, Rel)* frère *m*; *(in trade unions etc)* camarade *m*. *adj*: **his ~ officers** ses compagnons *mpl* d'armes. ◆ **brotherhood** *n* fraternité *f*; *(association)* confrérie *f*. ◆ **brother-in-law** *n* beau-frère *m*. ◆ **brotherly** *adj* fraternel.

brought [brɔːt] *pret, ptp of* **bring**.

brow [braʊ] *n (forehead)* front *m*; *(arch above eye)* arcade *f* sourcilière; *(eyebrow)* sourcil *m*; *[hill]* sommet *m*; *[cliff]* bord *m*. ◆ **browbeat** *(pret* **browbeat**, *ptp* **browbeaten***) vt* intimider, brusquer; **to ~ sb into doing sth** forcer qn à faire qch par l'intimidation.

brown [braʊn] **1** *adj (gen)* brun; *hair* châtain; *shoes, material, leather* marron *inv*; *(tanned)* bronzé, bruni; *(dusky-skinned)* brun de peau. **~ ale** bière brune;

~ **bread** pain bis; ~ **bear** ours brun; ~ **paper** papier *m* d'emballage; ~ **rice** riz complet; **in a** ~ **study** plongé dans ses pensées; ~ **sugar** cassonade *f*, sucre brun; **to go** ~ *[person]* brunir; *[leaves]* roussir; **as** ~ **as a berry** tout bronzé. **2** *n* brun *m*, marron *m*. **3** *vt [sun]* bronzer, brunir; *(Culin) meat, potatoes* faire dorer; *sauce* faire roussir. **to be** ~**ed off ‡** en avoir marre *. ♦ **brownie** *n* lutin *m*; B~**ie (Guide)** jeannette *f*. ♦ **brownish** *adj* qui tire sur le brun, brunâtre *(pej)*. ♦ **brownout** *n (US Elec)* panne *f* partielle. ♦ **brownstone (house)** *n (US)* bâtiment *m* de grès brun.

browse [braʊz] *vi [animal]* brouter; *[person in bookshop]* feuilleter les livres; *(in other shops)* regarder.

bruise [bruːz] **1** *vt person* faire un bleu à; *fruit* abîmer, taler; *lettuce* froisser. **to** ~ **one's foot** se faire un bleu au pied; **to be** ~**d all over** être couvert de bleus. **2** *n [person]* bleu *m*, ecchymose *f*; *[fruit]* talure *f*. **body covered with** ~**s** corps couvert d'ecchymoses. ♦ **bruiser** * *n* malabar * *m*.

brunch [brʌn(t)ʃ] *n* (grand) petit déjeuner *m*.

brunt [brʌnt] *n*: **the** ~ *[attack, blow]* le choc; *[argument, displeasure]* le poids; *[work, expense]* le (plus) gros; **he bore the** ~ **of it all** c'est lui qui a porté le poids de l'affaire.

brush [brʌʃ] **1** *n* **(a)** *(gen)* brosse *f*; *(paint ~)* pinceau *m*, brosse; *(broom)* balai *m*; *(hearth ~ etc)* balayette *f*; *(scrubbing ~)* brosse (dure); *(shaving ~)* blaireau *m*. **hair/shoe** ~ brosse à cheveux/à chaussures; **give your coat a** ~ donne un coup de brosse à ton manteau. **(b)** *(light touch)* effleurement *m*. **to have a** ~ **with the law** avoir des démêlés *mpl* avec la police; *(quarrel)* **to have a** ~ **with sb** avoir un accrochage avec qn. **(c)** *(undergrowth)* broussailles *fpl*. **2** *vt* **(a)** *carpet* balayer; *clothes, hair etc* brosser. **to** ~ **one's teeth** se laver les dents; **to** ~ **one's hair** se brosser les cheveux; **hair** ~**ed back** cheveux ramenés en arrière. **(b)** *(touch lightly)* effleurer; *the ground* raser. **(c)** *(Tex) wool* gratter. ~**ed cotton** pilou *m*; ~**ed nylon** nylon gratté. **3** *vi*: **to** ~ **against sb/sth** effleurer *or* frôler qn/qch; **to** ~ **past sb/sth** frôler qn/qch en passant.

♦ **brush aside** *vt sep objections* balayer; *objector* repousser. ♦ **brush away** *vt sep mud, dust (on clothes)* brosser; *(on floor)* balayer; *tears* essuyer; *insects* chasser. ♦ **brush down** *vt sep person, garment* donner un coup de brosse à; *horse* brosser. ♦ **brush off** *vt sep mud, snow, fluff* enlever; *insect* balayer. ♦ **brush up** *vt sep crumbs, dirt* ramasser avec une brosse *or* à la balayette; *(*: revise)* se remettre à, réviser.

♦ **brush-off ‡** *n*: **to give sb the** ~**-off ‡** envoyer promener * qn; **to get the** ~**-off ‡** se faire envoyer promener *. ♦ **brush-stroke** *n* coup *m* de pinceau. ♦ **brushwood** *n (undergrowth)* broussailles *fpl*; *(cuttings)* brindilles *fpl*. ♦ **brushwork** *n (Art)* facture *f*.

brusque [bruːsk] *adj* brusque. ♦ **brusquely** *adv* avec brusquerie. ♦ **brusqueness** *n* brusquerie *f*.

Brussels ['brʌslz] *n* Bruxelles. ~ **sprouts** choux *mpl* de Bruxelles.

brute [bruːt] **1** *n (animal)* brute *f*, bête *f*; *(person)* brute. **this machine is a** ~! * quelle vache que cette machine! ‡ **2** *adj strength, passion* brutal; *matter* brut. **by (sheer)** ~ **force** par la force. ♦ **brutal** *adj* brutal, cruel. ♦ **brutality** *n* brutalité *f*. ♦ **brutally** *adv* brutalement. ♦ **brutish** *adj (animal-like)* bestial; *(unfeeling)* grossier.

bubble ['bʌbl] **1** *n* bulle *f*; *(in hot liquid)* bouillon *m*; *(in paint)* boursouflure *f*. **to blow** ~**s** faire des bulles; **soap** ~ bulle de savon. **2** *adj*: ~ **bath** bain moussant. **3** *vi [liquid]* bouillonner; *[champagne]* pétiller; *[gas]* barboter; *(gurgle)* faire glouglou, glouglouter. **to** ~ **out** sortir en gros bouillons; **to** ~ **up** monter en bouillonnant; *(lit, fig)* **to** ~ **over**

déborder *(with* de*)*. ♦ **bubble-car** *n* petite voiture *(à toit transparent)*. ♦ **bubble-gum** *n* chewing-gum *m* (qui fait des bulles).

bubonic [bjuːˈbɒnɪk] *adj* bubonique.

buccaneer [ˌbʌkəˈnɪəʳ] *n* boucanier *m*.

Bucharest [buːkəˈrɛst] *n* Bucarest.

buck [bʌk] **1** *n* **(a)** *(Zool)* mâle *m*. **(b)** *(US *)* dollar *m*. **(c) to pass the** ~ refiler * la responsabilité aux autres. **(d)** *(Gymnastics)* cheval *m* d'arçons. **2** *adj rabbit* mâle. **3** *vi [horse]* lancer une ruade. *(US)* **to** ~ **for sth *** rechercher qch.

♦ **buck up *** **1** *vi (hurry up)* se grouiller *; *(cheer up)* se secouer. **2** *vt sep* remonter le moral de. ♦ **bucked ‡** *adj* tout content. ♦ **buckshot** *n* chevrotines *fpl*. ♦ **buckskin** *n* peau *f* de daim. ♦ **buck-toothed** *adj*: **to be** ~**-toothed** avoir des dents de lapin.

bucket ['bʌkɪt] **1** *n (gen)* seau *m*; *[dredger etc]* godet *m*. ~ **of water** seau d'eau; **chain of** ~**s** pompe *f* à chapelet; **to weep** ~**s *** pleurer toutes les larmes de son corps. **2** *vi*: **the rain is** ~**ing (down) ‡** il pleut à seaux, il tombe des cordes *. **3** *adj*: ~ **seat** (siège-)baquet *m*; ~ **shop** agence vendant des billets d'avion à prix réduit. ♦ **bucketful** *n* plein seau; **I've had a** ~**ful ‡** j'en ai ras le bol ‡ *(of* de*)*.

buckle ['bʌkl] **1** *n* boucle *f*. **2** *vt* **(a)** *belt* boucler, attacher. **(b)** *wheel* voiler; *metal* gauchir. **3** *vi* **(a)** se boucler. **(b)** se voiler; gauchir. ♦ **buckle down *** *vi* se coller au boulot *. **to** ~ **down to a job** s'atteler à un boulot *. ♦ **buckle on** *vt sep armour* revêtir; *sword* ceindre.

buckram ['bʌkrəm] *n* bougran *m*.

buckshee * [bʌkˈʃiː] *adj, adv* gratis *(inv)*.

bud [bʌd] **1** *n [tree, plant]* bourgeon *m*; *[flower]* bouton *m*. **in** ~ *tree* bourgeonnant; *flower* en bouton. **2** *vi [tree]* bourgeonner; *[flower]* former des boutons. ♦ **budding** *adj plant* bourgeonnant; *flower* en bouton; *poet etc* en herbe; *passion* naissant.

Budapest [ˌbjuːdəˈpɛst] *n* Budapest.

Buddha ['bʊdə] *n* Bouddha *m*. ♦ **Buddhism** *n* bouddhisme *m*. ♦ **Buddhist 1** *n* Bouddhiste *mf*; **2** *adj monk* bouddhiste; *religion* bouddhique.

buddy * ['bʌdɪ] *n (US)* copain * *m*, copine * *f*.

budge [bʌdʒ] **1** *vi* bouger; *(fig)* changer d'avis. **2** *vt* faire bouger; *(fig)* faire changer d'avis. ♦ **budge over ***, **budge up *** *vi* se pousser.

budgerigar ['bʌdʒərɪgɑːʳ] *n* perruche *f*.

budget ['bʌdʒɪt] **1** *n* budget *m*. **2** *adj* **(a)** *(Econ) spending, credit* budgétaire. *(Comm)* ~ **account** compte-crédit *m*; ~ **cuts** compressions *fpl* budgétaires; ~ **deficit** déficit *m* budgétaire; *(Parl)* ~ **day** jour *m* de la présentation du budget; *(US Comm)* ~ **plan** système *m* de crédit; ~ **surplus** excédent *m* budgétaire. **(b)** *(cut-price)* pour petits budgets, économique. **3** *vi* dresser un budget. **to** ~ **for sth** *(Econ)* porter qch au budget; *(gen)* inscrire qch à son budget. **4** *vt* budgétiser.

♦ **budgetary** *adj* budgétaire; ~**ary year** exercice *m* budgétaire.

budgie * ['bʌdʒɪ] *n abbr of* **budgerigar**.

Buenos Aires ['bweɪnɒsˈaɪrɪz] *n* Buenos Aires.

buff¹ [bʌf] **1** *n (for polishing)* polissoir *m*; *(colour)* (couleur *f*) chamois *m*. **in the** ~ **‡** à poil ‡. **2** *adj (~-coloured)* (couleur) chamois *inv*. **3** *vt metal* polir.

buff² * [bʌf] *n (enthusiast)* mordu(e) * *m(f)*. **film** ~ mordu(e) * du cinéma.

buffalo, *pl* ~ *or* ~**es** ['bʌfələʊ, z] *n (wild ox)* buffle *m*, bufflesse *f*; *(esp in US)* bison *m*.

buffer ['bʌfəʳ] **1** *n (gen, also Rail)* tampon *m*; *(US Aut)* pare-chocs *m inv*; *(Comput)* mémoire *f* tampon. **2** *adj*: ~ **state** état *m* tampon.

buffet¹ ['bʌfɪt] **1** n gifle f. (fig) the ~s of fate les coups mpl du sort. **2** vt [waves] battre, ballotter; [wind] secouer. ◆ **buffeting 1** n [wind, rain etc] assaut m ; **2** adj wind violent.

buffet² ['bʊfeɪ] **1** n buffet m (repas). (in menu) **cold** ~ viandes froides. **2** adj (Rail) ~ **car** voiture-buffet f, buffet m; ~ **lunch** lunch m; ~ **supper** souper-buffet m.

buffoon [bə'fu:n] n bouffon m. ◆ **buffoonery** n bouffonneries fpl.

bug [bʌg] **1** n (a) punaise f; (*: any insect) insecte m, bestiole * f; (*: germ) microbe m. **the flu** ~ le virus de la grippe. (b) (*: microphone) micro m (caché). (c) (Comput) défaut m. **2** vt (a) (*) phone brancher sur table d'écoute; room etc poser des micros dans. (b) (*: annoy) embêter *. ◆ **bugbear** n épouvantail m, cauchemar m. ◆ **bug-eyed** ⁎ adj aux yeux à fleur de tête. ◆ **bugging** * adj: ~ging **device** appareil m d'écoute (clandestine). ◆ **bug-ridden** adj infesté de punaises.

buggy ['bʌgɪ] n (for beach) buggy m; (for moon) jeep f lunaire; (⁎: car) bagnole * f. (**baby**) ~ (Brit: push chair) poussette f; (US: pram) voiture f d'enfant.

bugle ['bju:gl] n clairon m. ~ **call** sonnerie f de clairon. ◆ **bugler** n (joueur m de) clairon m.

build [bɪld] (vb: pret, ptp **built**) **1** n [person] carrure f. **2** vt house, town bâtir, construire; bridge, ship, machine construire; temple bâtir, édifier; nest faire, bâtir; theory, plan, empire bâtir; (Games) words former. **the house is being built** la maison se bâtit; **to** ~ **sth into a wall** encastrer qch dans un mur; [person] **to be solidly built** être puissamment charpenté; **pine-built house** maison en bois de pin; **French-built ship** navire de construction française. ◆ **build in** vt sep wardrobe encastrer; safeguards intégrer (into à). ◆ **build on** vt sep ajouter (to à). ◆ **build up 1** vi [pressure] s'accumuler; [interest] monter. **2** vt sep (a) (establish) reputation bâtir; business créer, monter; theory échafauder; (increase) production, forces accroître; pressure accumuler; tension, excitement faire monter. (b) (cover with houses) area, land urbaniser. ◆ **builder** n [houses etc] (worker) maçon m; (owner) entrepreneur m; [ships, machines] constructeur m; (fig) fondateur m, -trice f; ~**er's labourer** ouvrier-maçon m. ◆ **building 1** n bâtiment m, construction f; (imposing) édifice m; (habitation or offices) immeuble m ; **2** adj: ~**ing block** (toy) cube m; (fig) composante f; ~**ing contractor** entrepreneur m (de bâtiment); ~**ing industry** (industrie f du) bâtiment m; ~**ing land** terrain m à bâtir; ~**ing materials** matériaux mpl de construction; ~**ing site** chantier m (de construction); ~**ing society** ≈ société f d'investissement immobilier; ~**ing workers** ouvriers mpl du bâtiment. ◆ **build-up** n [pressure, gas] accumulation f; (Mil) [troops] rassemblement m; [tension, excitement] montée f; (fig) **to give sb/sth a good** ~-**up** faire une bonne publicité pour qn/qch. ◆ **built-in** adj bookcase encastré; desire inné. ◆ **built-up** adj urbanisé; ~-**up area** agglomération f (urbaine).

bulb [bʌlb] n (a) [plant] bulbe m, oignon m. ~ **of garlic** tête f d'ail. (b) (Elec) ampoule f; [thermometer] cuvette f. ◆ **bulbous** adj bulbeux.

Bulgaria [bʌl'gɛərɪə] n Bulgarie f.

bulge [bʌldʒ] **1** n [surface, metal] bombement m; [cheek] gonflement m; [plaster] bosse f; [tyre] hernie f; [pocket, jacket] renflement m; [numbers] augmentation f temporaire; [sales, birth rate] poussée f. **the postwar** ~ l'explosion f démographique de l'après-guerre. **2** vi (~ **out**) (swell) bomber; (stick out) faire saillie; [plaster] être bosselé; [pocket, sack, cheek] être gonflé (with de). ◆ **bulging** adj forehead, wall bombé; stomach, eyes protubérant; pockets, suitcase bourré (with de).

bulk [bʌlk] n [thing] grosseur f, grandeur f; [person] corpulence f; (in food) fibre f (végétale). **the** ~ **of** [people, community] la plus grande partie de; [work] le plus gros de; **in** ~ (in large quantities) en gros; (not pre-packed) en vrac. ◆ **bulk-buying** n achat m en gros. ◆ **bulkiness** n [parcel, luggage] grosseur f; [person] corpulence f. ◆ **bulky** adj parcel, suitcase volumineux; book épais; person corpulent.

bull¹ [bʊl] **1** n (a) taureau m; (male of elephant etc) mâle m; (St Ex) haussier m. (fig) **to take the** ~ **by the horns** prendre le taureau par les cornes; **like a** ~ **in a china shop** comme un éléphant dans un magasin de porcelaine; **it's like a red rag to a** ~ ça lui (etc) fait monter la moutarde au nez; **to go at it like a** ~ **at a gate** foncer tête baissée. (b) (Mil sl) fourbissage m. **2** adj elephant etc mâle. ◆ **bulldog 1** n bouledogue m ; **2** adj: ~**dog clip** pince f (à dessin). ◆ **bulldoze** vt passer au bulldozer; (fig) **to** ~**doze sb into doing sth** * employer les grands moyens pour faire faire qch à qn. ◆ **bulldozer** n bulldozer m. ◆ **bullfight** n course f de taureaux, corrida f. ◆ **bullfighter** n matador m, torero m. ◆ **bullfighting** n courses fpl de taureaux; (art) tauromachie f. ◆ **bullfinch** n bouvreuil m. ◆ **bullfrog** n grosse grenouille f d'Amérique. ◆ **bullish** adj (St Ex) haussier. ◆ **bull-necked** adj au cou de taureau. ◆ **bullock** n bœuf m; (young) bouvillon m. ◆ **bullring** n arène f (pour courses de taureaux). ◆ **bull's-eye** n centre m (de la cible); **to hit the** ~'**s-eye** mettre dans le mille. ◆ **bullterrier** n bullterrier m.

bull² [bʊl] n (Rel) bulle f.

bullet ['bʊlɪt] n balle f. ~ **hole** trou m d'une balle; ~ **wound** blessure f par balle. ◆ **bulletheaded** adj à (la) tête ronde. ◆ **bulletproof 1** adj garment etc pare-balles inv; car etc blindé ; **2** vt blinder.

bulletin ['bʊlɪtɪn] n bulletin m.

bullion ['bʊljən] n (gold) or m en lingot(s); (silver) argent m en lingot(s).

bully ['bʊlɪ] **1** n brute f. **2** vt persécuter, brutaliser, brimer. **to** ~ **sb into doing sth** contraindre qn par la menace à faire qch. ◆ **bullying 1** adj brutal ; **⁎** n brimades fpl, brutalités fpl.

bully-beef ['bʊlɪbi:f] n corned-beef m.

bulrush ['bʊlrʌʃ] n jonc m.

bulwark ['bʊlwək] n rempart m.

bum [bʌm] **1** n (a) (*) (vagrant) clochard * m; (good-for-nothing) bon à rien m. (b) (⁎: bottom) derrière m. **2** vi (~ **about** or **around**) fainéanter. **3** vt: **to** ~ **a meal off sb** * taper * qn d'un repas.

bumblebee ['bʌmblbi:] n (Zool) bourdon m.

bumbling ['bʌmblɪŋ] adj empoté.

bumf [bʌmf] n (*: forms etc) paperasses fpl; (⁎: toilet paper) papier m de cabinets.

bump [bʌmp] **1** n (a) (blow) choc m, heurt m; (jolt) cahot m, secousse f; (Boat-racing) heurt m. (b) (swelling etc: on road, car, head etc) bosse f. ~ **of locality** * sens m de l'orientation. **2** vt car, boat heurter. **to** ~ **one's head** se cogner la tête (against contre). **3** vi: **to** ~ **along** cahoter; **to** ~ **into** [vehicle] entrer en collision avec, rentrer dans *; [person] se cogner contre; (*: meet) rencontrer par hasard, tomber sur; **the car** ~**ed up onto the pavement** la voiture a grimpé sur le trottoir. ◆ **bump off** ⁎ vt sep liquider *, supprimer. ◆ **bumper 1** n [car] pare-chocs m inv ; **2** adj crop exceptionnel. ◆ **bumping** adj: ~**ing cars** autos fpl tamponneuses. ◆ **bumpy** adj road bosselé, inégal; **we had a** ~**y flight/crossing** nous avons été très secoués pendant le vol/la traversée.

bumptious ['bʌm(p)ʃəs] adj suffisant, prétentieux.

bun [bʌn] n (Culin) petit pain au lait; [hair] chignon m. ◆ **bun-fight** * n thé m (servi pour un grand nombre de gens).

bunch [bʌn(t)ʃ] n *[flowers]* bouquet m; *[bananas]* régime m; *[feathers]* touffe f; *[radishes, asparagus]* botte f; *[twigs]* paquet m; *[keys]* trousseau m; *[ribbons]* nœud m, flot m; *[people]* groupe m, bande f. ~ **of grapes** grappe f de raisin; *[hair]* ~**es** couettes fpl; *(fig)* **the pick** or **the best of the** ~ le or la meilleur(e), les meilleur(e)s; **the best of a bad** ~ * le or la moins médiocre, les moins médiocres; **what a** ~! quelle équipe! * ◆ **bunch together 1** vi se grouper. **2** vt sep grouper.

bundle [bʌndl] **1** n *[clothes, goods]* paquet m, ballot m; *[hay]* botte f; *[letters, papers]* liasse f; *[linen]* paquet m; *[firewood]* fagot m; *[rods, sticks]* poignée f, paquet m. **he is a** ~ **of nerves** c'est un paquet de nerfs; **a** ~ **of mischief** un sac à malices; *(money)* **to make a** ~ * faire son beurre *. **2** vt **(a)** (~ **up)** *clothes* mettre en paquet; *papers* mettre en liasse. **(b) to** ~ **sth into a corner** fourrer qch dans un coin; **to** ~ **sb into the house** pousser qn dans la maison sans cérémonie; **he was** ~**d off to Australia** on l'a expédié * en Australie.

bung [bʌŋ] **1** n bonde f. **2** vt **(a)** (~**up)** *pipe etc* boucher, obstruer. ~**ed up** * *nose* bouché; *person* très enrhumé. **(b)** (⚇: *throw)* envoyer *, jeter.

bungalow [bʌŋgələʊ] n bungalow m, petit pavillon m. ◆ **bungaloid growth** n *(hum, pej)* extension f pavillonnaire.

bungle [bʌŋgl] vt bousiller *, saboter. ◆ **bungler** n bousilleur * m, -euse * f. ◆ **bungling 1** adj maladroit. **2** n gâchis m.

bunion [bʌnjən] n *(Med)* oignon m.

bunk [bʌŋk] n **(a)** *(bed)* couchette f. **(b) to do a** ~ ⚇ mettre les voiles *. **(c)** (⚇: *also* **bunkum)** blagues * fpl, baliverses fpl. ◆ **bunk-beds** npl lits mpl superposés. ◆ **bunk-up** * n: **to give sb a** ~-**up** * soulever qn par derrière or par en dessous.

bunker [bʌŋkər] n *[coal]* coffre m; *(Naut)* soute f (à charbon); *(Mil)* blockhaus m; *(Golf)* bunker m. *(nuclear)* ~ abri m anti-nucléaire.

bunny [bʌnɪ] n (~ **rabbit)** Jeannot m lapin; (~ **girl)** hôtesse f *(du Club Playboy).*

Bunsen [bʌnsn] n: ~ **burner** bec m Bunsen.

bunting [bʌntɪŋ] n *(flags etc)* drapeaux mpl, pavoisement m.

buoy [bɔɪ] n bouée f, balise f flottante. ◆ **buoy up** vt sep maintenir à flot; *(fig)* soutenir. ◆ **buoyancy** n *[ship, object]* flottabilité f; *[liquid]* poussée f; *(lightheartedness)* entrain m; ~**ancy aid** gilet m de sauvetage. ◆ **buoyant** adj *ship, object* flottable; *liquid* dans lequel les objets flottent; *person* plein d'entrain; *mood* optimiste; *step* léger; *(Fin) market* ferme. ◆ **buoyantly** adv *walk, float* légèrement; *answer* avec entrain, avec optimisme.

bur [bɜːʳ] n **(a)** *(Bot)* bardane f. **(b) to speak with a** ~ grasseyer.

burble [bɜːbl] vi *[stream]* murmurer; *[person]* marmonner.

burden [bɜːdn] **1** n fardeau m, charge f; *[taxes, years]* poids m. **to be a** ~ **to** être un fardeau pour; **to make sb's life a** ~ rendre la vie intenable à qn; **the** ~ **of the expense** les frais mpl à charge; **the** ~ **of proof lies with him** la charge de la preuve lui incombe; **the** ~ **of their complaint** leur principal sujet de plainte. **2** vt *person* accabler *(with* de); *object, memory, essay* surcharger *(with* de). ◆ **burdensome** adj pénible.

bureau [bjʊəˈrəʊ] n *(writing desk)* secrétaire m *(bureau); (chest of drawers)* commode f; *(office)* bureau m; *(government department)* service m *(gouvernemental).* ◆ **bureaucracy** n bureaucratie f. ◆ **bureaucrat** n bureaucrate mf. ◆ **bureaucratic** adj bureaucratique.

burg * [bɜːg] n *(US pej)* bled m, patelin m.

burger [bɜːgəʳ] n hamburger m.

burglar [bɜːgləʳ] **1** n cambrioleur m, -euse f. **2** adj: ~ **alarm** sonnerie f d'alarme. ◆ **burglarize** vt *(US)* cambrioler. ◆ **burglar-proof 1** vt *house* munir d'un dispositif d'alarme ; **2** adj *lock* incrochetable. ◆ **burglary** n cambriolage m. ◆ **burgle** vt cambrioler.

Burgundy [bɜːg(ə)ndɪ] n Bourgogne f. *(wine)* **b**~ bourgogne m.

burial [berɪəl] **1** n enterrement m. **2** adj: ~ **ground** cimetière m; ~ **place** lieu m de sépulture.

Burkina-Faso [bɜːˈkiːnəˈfæsəʊ] n Burkina Faso m.

burlesque [bɜːˈlesk] **1** n *(Literat)* burlesque m; *(US: striptease)* revue déshabillée *(souvent vulgaire); [book, poem etc]* parodie f; *[society, way of life]* caricature f. **2** vt tourner en ridicule; *(parody)* parodier.

burly [bɜːlɪ] adj de forte carrure. **a** ~ **policeman** un grand gaillard d'agent.

burn [bɜːn] *(vb: pret, ptp* **burned** or **burnt) 1** n *(gen)* brûlure f; *[space rocket]* (durée f de) combustion f. **2** vt *(gen)* brûler; *town, building* incendier; *meat, toast* laisser brûler. ~**t to a cinder** carbonisé; **to be** ~**t to death** or ~**t alive** être brûlé vif; **to** ~ **one's fingers** se brûler les doigts; ~**t offering** holocauste m; ~**t orange** orange foncé inv; **money** ~**s a hole in my pocket** l'argent me fond dans les mains; *(fig)* **to** ~ **one's boats** brûler ses vaisseaux; **to** ~ **the candle at both ends** brûler la chandelle par les deux bouts. **3** vi *(gen)* brûler; *[wound]* cuire. **you left all the lights** ~**ing** vous avez laissé toutes les lumières allumées; **a** ~**ing question** une question brûlante; **he was** ~**ing for revenge** il brûlait du désir de se venger. ◆ **burn down 1** vi *[house etc]* brûler complètement; *[fire, candle]* baisser. **2** vt sep *building* incendier. ◆ **burn off** vt sep *paint etc* brûler (au chalumeau). ◆ **burn out 1** vi *[fire, candle]* s'éteindre; *[light bulb]* griller. **2** vt sep: **to be** ~**t out** *[candle]* être mort; *[student]* être usé (à force de travail). ◆ **burn up 1** vi *[fire etc]* flamber, monter; *[rocket in atmosphere]* se désintégrer. **2** vt sep *rubbish* brûler. ~**ed up with envy** dévoré d'envie. ◆ **burner** n *[cooker]* brûleur m; *[lamp, science lab]* bec m (de gaz). ◆ **burning 1** adj *town, forest* en flammes, incendié; *fire, candle* allumé; *coals, faith* ardent; *feeling* cuisant; *thirst, fever, question, topic* brûlant; *indignation* violent; *words* véhément; **the** ~**ing bush** le buisson ardent; **with a** ~**ing face** *(shame)* le rouge au front; *(embarrassment)* le rouge aux joues; **it's a** ~**ing** * **shame that...** c'est un scandale que + subj ; **2** n *(setting, on fire)* incendie m; **there is a smell of** ~**ing** ça sent le brûlé or le roussi; **I could smell** ~**ing** je sentais une odeur de brûlé.

burnish [bɜːnɪʃ] vt brunir.

burp [bɜːp] **1** vi faire un rot *. **2** vt *baby* faire faire son rot * à. **3** n rot * m.

burr [bɜːʳ] n = **bur.**

burrow [bʌrəʊ] **1** n terrier m. **2** vi *[rabbits]* creuser un terrier; *[dog]* creuser. *[person]* **to** ~ **under** *(in earth)* se creuser un chemin sous; *(under blanket etc)* se réfugier sous.

bursar [bɜːsəʳ] n *[small institution]* économe mf; *[large institution]* administrateur m, -trice f. ◆ **bursary** n bourse f (d'études).

burst [bɜːst] *(vb: pret, ptp* **burst) 1** n *[shell, anger, indignation]* explosion f; *[laughter]* éclat m; *[affection, eloquence, enthusiasm]* élan m; *[activity]* vague f; *[applause]* salve f; *[flames]* jaillissement m. ~ **of rain** averse f; **to put on a** ~ **of speed** faire une pointe de vitesse; ~ **of gunfire** rafale f de tir. **2** vi **(a)** *[bomb, shell, boiler]* éclater; *[bubble, balloon, abscess]* crever; *[tyre]* (blow out) éclater; *(puncture)* crever. **to** ~ **open** *[door]* s'ouvrir violemment; *[container]* s'éventrer; *[sack etc]* **to be** ~**ing at the seams** être plein à crever *(with* de); **filled to** ~**ing point** rempli à craquer; **she's** ~**ing out of that dress**

elle éclate de partout dans cette robe; **to be ~ing with** *health, joy* déborder de; *impatience* brûler de; *pride* éclater de; **I was ~ing** * **to tell you** je mourais d'envie de vous le dire. (**b**) *(rush)* **to ~ in/out** *etc* entrer/sortir *etc* en trombe; **he ~ into/out of the room** il s'est précipité dans/hors de la pièce; **to ~ into tears** fondre en larmes; **to ~ out laughing** éclater de rire; **to ~ out singing/ crying** se mettre tout d'un coup à chanter/à pleurer; **to ~ into flames** prendre feu (soudain). **3** *vt balloon, bubble, tyre* crever; *bag* crever; *(by blowing)* faire éclater; *boiler* faire sauter. **to ~ open** *door* ouvrir violemment; *container* éventrer; **the river has ~ its banks** le fleuve a rompu ses digues; **to ~ a blood vessel** (se) rompre un vaisseau; *(fig: with anger etc)* en avoir une attaque *.

Burundi [bə'rʊndɪ] *n* Burundi *m*.

bury ['berɪ] *vt body, treasure, quarrel* enterrer; *(conceal)* enfouir; *[avalanche etc]* ensevelir; *(plunge) hands, knife* enfoncer, plonger (*in* dans). **he was buried at sea** son corps fut immergé en haute mer; *(fig)* **to ~ one's head in the sand** pratiquer la politique de l'autruche; *(fig)* **to ~ the hatchet** enterrer la hache de guerre; **to ~ one's face in one's hands** se couvrir la figure de ses mains; **village buried in the country** village enfoui en pleine campagne; **buried in thought** plongé dans une rêverie *or* dans ses pensées.

bus [bʌs] **1** *n* autobus *m*, bus * *m*; *(long-distance)* autocar *m*, car *m*. **2** *vi* (*) prendre l'autobus *or* le car. **3** *vt*: **to ~ children to school** transporter des enfants à l'école en car. **4** *adj driver, depot, service, ticket* d'autobus. **~ lane** couloir *m* d'autobus; **the house is on a ~ route** la maison est sur un trajet d'autobus; **~ service** réseau *m* *or* service *m* d'autobus; **~ shelter** abribus *m*; **~ station** gare *f* d'autobus; *[coaches]* gare routière; **~ stop** arrêt *m* d'autobus. ◆ **busload** *n* car entier (*of* de); **by the ~load**, **in ~loads** par cars entiers. ◆ **busman** *n* *(fig)* **to take a ~man's holiday** passer ses vacances à travailler; **the ~men's strike** la grève des employés des autobus. ◆ **bussing** *n* ramassage *m* scolaire *(comme mesure de déségrégation)*.

bush [bʊʃ] *n* *(shrub)* buisson *m*; *(thicket)* taillis *m*, fourré *m*. *[Africa, Australia]* **the ~** la brousse. ◆ **bushed** ⚏ *adj (exhausted)* crevé *, claqué *. ◆ **bushfighting** *n* guérilla *f*. ◆ **bushfire** *n* feu *m* de brousse. ◆ **bush telegraph** * *n* *(fig)* téléphone *m* arabe. ◆ **bushy** *adj* touffu.

business ['bɪznɪs] **1** *n* (**a**) *(commerce)* affaires *fpl*. **to be in ~** être dans les affaires; **to be in the grocery ~** être dans l'épicerie; **to be in ~ for o.s.** travailler pour son propre compte; **to set up in ~ as a butcher** s'établir boucher; **to do ~ with sb** faire des affaires avec qn; **to go out of ~** fermer; **to put out of ~** faire fermer; **~ is ~** les affaires sont les affaires; **on ~** pour affaires; *(fig)* **what's his line of ~?** * qu'est-ce qu'il fait (dans la vie)?; **to know one's ~** s'y connaître; **to get down to ~** passer aux choses sérieuses; **now we're in ~!** * tout devient possible!; **he means ~** * il ne plaisante pas; **to mix ~ with pleasure** joindre l'utile à l'agréable; **our ~ has doubled** notre chiffre d'affaires a doublé; **he gets a lot of ~ from the Americans** il travaille beaucoup avec les Américains. (**b**) *(commercial enterprise)* commerce *m*. **a grocery ~** un commerce d'alimentation. (**c**) *(task, duty)* affaire *f*. **it's all part of the day's ~** cela fait partie de la routine journalière; **to make it one's ~ to do** se charger de faire; **that's none of his ~** ce n'est pas son affaire, cela ne le regarde pas; **it's your ~ to do it** c'est à vous de le faire; **you've no ~ to do that** ce n'est pas à vous de faire cela; **mind your own ~** mêlez-vous de vos affaires *or* de ce qui vous regarde; **finding a flat is quite a ~** c'est toute une affaire de trouver

un appartement; **she made a terrible ~ of helping him** elle a fait toute une histoire * pour l'aider; **it's a bad ~** c'est une sale affaire *or* histoire; **I am tired of this protest ~** j'en ai assez de cette histoire de contestation; **there's some funny ~ going on** il se passe qch de louche.

2 *adj lunch, trip, meeting* d'affaires; *college, studies* commercial; *hours, day* ouvrable. **his ~ address** l'adresse *f* de son bureau; **~ associate** collègue *mf*; **~ centre** centre *m* d'affaires; **~ cycle** cycle *m* économique; **the ~ end of a knife** le côté opérant d'un couteau; **~ expenses** frais généraux; **~ girl** jeune femme *f* d'affaires; **~ manager** *(Comm, Ind)* directeur commercial; *(Cine, Sport, Theat)* manager *m*; **~ reply service** service-lecteurs *m*; **to have ~ sense** avoir du flair pour les affaires; **~ suit** complet *m* (veston).
◆ **businesslike** *adj person, method* pratique, efficace; *firm, transaction, manner* sérieux; **this is a very ~like knife!** * ça, c'est un couteau sérieux! *
◆ **businessman** *n* homme *m* d'affaires.
◆ **businesswoman** *n* femme *f* d'affaires.

busker ['bʌskə'] *n* musicien *m* ambulant.

bust¹ [bʌst] *n* *(Anat, Sculp)* buste *m*. **~ measurement** tour *m* de poitrine.

bust² * [bʌst] **1** *adj (broken)* fichu *, cassé. *(bankrupt)* **to go ~** faire faillite. **2** *vt* (**a**) = **burst 3**. (**b**) *(break)* casser. (**c**) (*) *(denounce)* choper *; *(of police: break up) crime ring* démanteler; *(arrest)* arrêter; *(search) place* perquisitionner. ◆ **bust up** ⚏ *vt sep marriage, friendship* briser, flanquer en l'air *.
◆ **bust-up** ⚏ *n* engueulade ⚏ *f*; **to have a ~-up ⚏ with sb** s'engueuler ⚏ avec qn *(et rompre)*.

bustle ['bʌsl] **1** *vi*: **to ~ about** s'affairer; **to ~ in/out** *etc* entrer/sortir *etc* d'un air affairé. **2** *n* remueménage *m inv*. ◆ **bustling** *adj person* empressé, affairé; *place* bruyant.

busy ['bɪzɪ] **1** *adj* (**a**) *(occupied) person* occupé *(with sth* à qch). **she's ~ cooking** elle est en train de faire la cuisine; **he's ~ playing with the children** il est occupé à jouer avec les enfants; **~ at his work** absorbé dans son travail. (**b**) *person (active)* énergique; *(having a lot to do)* affairé; *day* chargé; *period* de grande activité; *place street, town* animé. **as ~ as a bee** très occupé; **to keep o.s. ~** trouver à s'occuper; **to get ~** s'y mettre; **the shop is at its busiest in summer** c'est en été qu'il y a le plus d'affluence dans le magasin. (**c**) *(Telec) line* occupé. **~ signal** tonalité *f* occupé *inv*.
2 *vt*: **to ~ o.s.** s'occuper, s'appliquer *(doing* à faire; *with sth* à qch).
◆ **busily** *adv* activement; *(pej)* avec trop de zèle; **to be busily engaged in (doing) sth** être très occupé à (faire) qch. ◆ **busybody** *n* mouche *f* du coche.

but [bʌt] **1** *conj (gen)* mais. **never a week passes ~ she is ill** il ne se passe jamais une semaine qu'elle ne soit malade; *(fig)* **it never rains ~ it pours** un malheur n'arrive jamais seul.
2 *adv* seulement... que. **she's ~ a child** ce n'est qu'une enfant; **I cannot ~ think that...** je ne peux m'empêcher de penser que...; **you can ~ try** vous pouvez toujours essayer.
3 *prep* sauf, excepté. **they've all gone ~ me** ils sont tous partis sauf *or* excepté moi; **no one, ~ him** personne d'autre que lui; **anything ~ that** tout mais pas ça; **there was nothing for it ~ to jump** il n'y avait plus qu'à sauter; **the last house ~ one** l'avant-dernière maison; **the next house ~ one** la seconde maison à partir d'ici; **~ for you** sans vous; **it was all ~ *** c'était tout juste.
4 *n*: **no ~s about it!** il n'y a pas de mais (qui tienne)!

butane ['bju:teɪn] *n* butane *m*; *(US: for camping)* butagaz *m* ℝ. **~ gas** gaz *m* butane, butagaz *m* ℝ.

butcher ['bʊtʃə'] **1** *n* boucher *m*. **at the ~'s** chez le boucher; **~'s shop** boucherie *f*; **~ meat** viande *f* de boucherie. **2** *vt animal* tuer, abattre; *person* massacrer.

butler ['bʌtləʳ] *n* maître *m* d'hôtel.

butt¹ [bʌt] *n (barrel)* (gros) tonneau *m*.

butt² [bʌt] *n (end)* bout *m*; *[rifle]* crosse *f*. **cigarette** ~ mégot *m*.

butt³ [bʌt] *n (Shooting)* **the** ~**s** le champ de tir; **to be a** ~ **for ridicule** être un objet de risée, être en butte au ridicule; **the** ~ **of a practical joker** la victime d'un farceur.

butt⁴ [bʌt] **1** *n* coup *m* de tête; *[goat etc]* coup de corne. **2** *vt* donner un coup de tête *or* de corne à. ◆ **butt in** *vi* intervenir dans les affaires des autres; *(speaking)* dire son mot. **I don't want to** ~ **in** je ne veux pas m'immiscer dans la conversation.

butter ['bʌtəʳ] **1** *n* beurre *m*. **he looks as if** ~ **wouldn't melt in his mouth** on lui donnerait le bon Dieu sans confession. **2** *adj:* ~ **bean** (gros) haricot blanc; ~ **dish** beurrier *m*; ~ **knife** couteau *m* à beurre. **3** *vt bread etc* beurrer. ◆ **butter up** * *vt sep* passer de la pommade à * *(fig)*.
◆ **buttercup** *n* bouton *m* d'or. ◆ **butterfingered** *adj:* **he is** ~**-fingered** tout lui glisse des mains. ◆ **butterfingers** *n* maladroit(e) *m(f)*; *(excl)* ~**fingers!** espèce d'empoté(e)! * ◆ **butterfly** **1** *n* papillon *m*; **to have** ~ **flies in the stomach** * avoir le trac; **2** *adj net* à papillons; ~**fly nut** papillon *m (écrou)*; ~**fly stroke** brasse *f* papillon *inv*. ◆ **buttermilk** *n* babeurre *m*. ◆ **butterscotch** *n* caramel dur.

buttock ['bʌtək] *n* fesse *f*.

button ['bʌtn] **1** *n* bouton *m*. **chocolate** ~**s** pastilles *fpl* de chocolat. **2** *vt* (~ **up**) *garment* boutonner. **3** *vi* se boutonner. **4** *adj:* ~ **mushroom** (petit) champignon *m* de couche. ◆ **button-down** *adj collar* boutonné. ◆ **buttonhole** **1** *n* boutonnière *f*; **to wear a** ~**hole** avoir une fleur à sa boutonnière; **2** *vt person* accrocher *, attirer l'attention de. ◆ **button-through** *adj:* ~**-through dress** robe *f* chemisier.

buttress ['bʌtrɪs] **1** *n (Archit)* contrefort *m*; *(flying* ~*)* arc-boutant *m*. **2** *vt* arc-bouter; *(fig)* étayer.

buxom ['bʌksəm] *adj* bien en chair.

buy [baɪ] *pret, ptp* **bought** **1** *vt* acheter *(sth from sb* qch à qn; *sth for sb* qch pour *or* à qn); *petrol, tickets* prendre. **victory dearly bought** victoire chèrement payée; **he won't** ~ * **that explanation** il n'avalera * jamais cette explication; **all right, I'll** ~ **it** * bon, je marche *; *(die)* **he's bought it** ⁂ il y est resté *. **2** *n:* **a good/bad** ~ * une bonne/ mauvaise affaire.
◆ **buy back** *vt sep* racheter. ◆ **buy in** *vt sep* s'approvisionner en. ◆ **buy off** *vt sep person* acheter (le silence de). ◆ **buy out** *vt sep business partner* désintéresser. *(Mil)* **to** ~ **o.s. out** se racheter. ◆ **buy up** *vt sep* acheter tout ce qu'il y a de.
◆ **buyer** *n* acheteur *m*, -euse *f*; ~**er's market** marché *m* acheteur; **house** ~**ers** les gens *mpl* qui achètent un logement. ◆ **buying** *n* achat *m*; ~**ing power** pouvoir *m* d'achat.

buzz [bʌz] **1** *n* bourdonnement *m*; *(Rad etc: extraneous noise)* friture *f*. *(Telec)* **to give sb a** ~ * passer un coup de fil * à qn. **2** *adj:* ~ **saw** scie *f* mécanique; ~ **word** * mot *m* à la mode. **3** *vi [insect, ears]* bourdonner. *(fig)* ~**ing with** bourdonnant de. **4** *vt* **(a)** *person* appeler (par interphone); *(*: telephone)* passer un coup de fil * à. **(b)** *(Aviat) plane* frôler; *building* raser.
◆ **buzz off** ⁂ *vi* ficher le camp *.
◆ **buzzer** *n (phone)* interphone *m*; *(hooter)* sirène *f*; *(on timer)* sonnerie *f*. ◆ **buzzing** **1** *n* bourdonnement *m* ; **2** *adj insect* bourdonnant; *sound* confus.

buzzard ['bʌzəd] *n* buse *f*.

BVDS [ˌbiːviːˈdiːz] *npl (US)* sous-vêtements *mpl* (d'homme).

by [baɪ] **1** *adv* près. **close** *or* **hard** ~ tout près; **to go** *or* **pass** ~ passer; **he'll be** ~ **any minute** il sera là dans un instant; **we'll get** ~ **on** on y arrivera; **to put** *or* **lay** ~ mettre de côté; ~ **and** ~ bientôt, (un peu) plus tard; ~ **and large** généralement.
2 *prep* **(a)** *(close to)* à côté de, près de. ~ **the fire** près du feu; **the house** ~ **the church** la maison à côté de l'église; ~ **the sea** au bord de la mer; **I've got it** ~ **me** je l'ai sous la main; **(all)** ~ **himself** (tout) seul.
(b) *(through, along)* par. **I went** ~ **Dover** j'y suis allé par Douvres; **he came in** ~ **the window** il est entré par la fenêtre; *(fig)* ~ **the way,** ~ **the by(e)** à propos, au fait.
(c) *(past)* à côté de, devant. **I go** ~ **the church every day** je passe devant l'église tous les jours; **he went** ~ **me** il est passé à côté de moi.
(d) *(during)* ~ **day** le jour, de jour; ~ **night** la nuit, de nuit.
(e) *(not later than)* avant. **I'll be back** ~ **midnight** je rentrerai avant minuit *or* pas plus tard que minuit; ~ **tomorrow I'll be in France** d'ici demain je serai en France; ~ **1999** d'ici à 1999; ~ **the time I got there** lorsque je suis arrivé; ~ **30th September we had paid...** au 30 septembre nous avions payé... ; ~ **then I knew** à ce moment-là je savais déjà.
(f) *(amount)* à. **to sell** ~ **the metre/the kilo** vendre au mètre/au kilo; ~ **the hour** à l'heure; ~ **degrees** par degrés, graduellement; **one** ~ **one** un à un; **little** ~ **little** petit à petit, peu à peu.
(g) *(agent, cause)* par, de. **he was warned** ~ **his neighbour** il a été prévenu par son voisin; **killed** ~ **lightning** tué par la foudre; **a painting** ~ **Van Gogh** un tableau de Van Gogh; **surrounded** ~ **soldiers** entouré de soldats.
(h) *(method, means, manner)* par. ~ **land and sea** par terre et par mer; ~ **bus/car** en autobus/ voiture; ~ **rail** *or* **train** par le train, en train; ~ **electric light** à la lumière électrique; **made** ~ **hand** fait à la main; **to lead** ~ **the hand** conduire par la main; ~ **cheque** par chèque; **a daughter** ~ **his first wife** une fille de sa première femme.
(i) *(according to)* d'après, suivant, selon. ~ **what he says** d'après *or* selon ce qu'il dit; **to judge** ~ **appearances** juger d'après les apparences; ~ **my watch** à ma montre; **to do one's duty** ~ **sb** remplir son devoir envers qn; **to call sb** ~ **its proper name** appeler qch de son vrai nom; **it's all right** ~ **me** * je n'ai rien contre *.
(j) *(measuring difference)* de. **broader** ~ **a metre** plus large d'un mètre; **it missed me** ~ **10 centimetres** cela m'a manqué de 10 centimètres.
(k) *(Math, Measure)* **to divide** ~ diviser par; **room 3 metres** ~ **4** pièce de 3 mètres sur 4.
(l) *(points of compass)* **south** ~ **south-west** sud quart sud-ouest.
(m) *(in oaths)* par. ~ **all I hold sacred** par tout ce que j'ai de plus sacré; ~ **God!** * nom d'un chien! *
◆ **by-election** *n* élection (législative) partielle. ◆ **bygone** **1** *adj:* **in** ~**gone days** jadis ; **2** *n:* **let** ~**gones be** ~**gones** oublions le passé. ◆ **by-law** *n* arrêté *m* (municipal). ◆ **bypass** **1** *n* **(a)** *(road)* route *f* de contournement *m*; **the Carlisle** ~**pass** la route *f* qui contourne Carlisle; **(b)** *(Tech: pipe etc)* conduit *m* de dérivation; **(c)** *(Elec)* dérivation *f*; **(d)** *(Med)* ~**pass (operation)** pontage *m*; **2** *vt town, village* contourner, éviter; *pipe* éviter; *fluid, gas* laisser passer de; *supplier* se passer de; *procedure* omettre; *regulations* contourner; *(fig)* **he** ~**passed his foreman and went straight to the manager** il est allé trouver le directeur sans passer par le contremaître. ◆ **by-product** *n (Ind etc)* sous-produit *m*, dérivé *m*; *(fig)* conséquence *f*

(secondaire). ◆ **by-road** *n* chemin *m* de traverse.
◆ **bystander** *n* spectateur *m*, -trice *f*. ◆ **byway**
n chemin *m* (écarté). ◆ **byword** *n*: **his name was
a ~word for meanness** son nom était devenu
synonyme d'avarice.

bye * [baɪ] *excl (also* **bye-bye***)* salut! * ◆ **bye-law**
n = **by-law** *(V above)*.

byte [baɪt] *n (Comput)* octet *m*.

C

C, c [si:] n C, c m; (Mus) do m, ut m.

cab [kæb] **1** n (**a**) taxi m. **by ~** en taxi. (**b**) [truck, engine] cabine f. **2** adj: **~ rank** station f de taxis. ♦ **cabby** * or ♦ **cab-driver** or ♦ **cabman** n chauffeur m de taxi, taxi * m.

cabal [kə'bæl] n cabale f.

cabana [kə'bɑːnə] n (US) cabine f (de plage).

cabaret ['kæbəreɪ] n cabaret m.

cabbage ['kæbɪdʒ] **1** n chou m. **she's just a ~** * elle végète. **2** adj: **~ lettuce** laitue f pommée.

cabin ['kæbɪn] **1** n (hut) cabane f, hutte f; (on ship) cabine f; (driver's ~) cabine. **2** adj: **~ boy** mousse m; **~ cruiser** cruiser m; **~ trunk** malle-cabine f.

cabinet ['kæbɪnɪt] **1** n meuble m (de rangement); (glass-fronted) vitrine f; (filing ~) classeur m; (medicine ~) armoire f à pharmacie; (Parl) cabinet m. **2** adj (Parl) crisis, decision ministériel. **~ meeting** réunion f du cabinet; **~ minister** ministre m siégeant au cabinet. ♦ **cabinetmaker** n ébéniste m. ♦ **cabinetmaking** n ébénisterie f.

cable ['keɪbl] **1** n câble m. **by ~** par câble. **2** vt câbler (to à). **3** adj: **~ television** télévision f par câble; **~ release** (Phot) déclencheur m souple. ♦ **cablecar** n téléphérique m; (on rail) funiculaire m. ♦ **cablecast 1** n émission f de télévision par câble ; **2** vt transmettre par câble. ♦ **cablegram** n câblogramme m. ♦ **cable-laying 1** n pose f de câbles ; **2** adj: **~-laying ship** câblier m. ♦ **cable-railway** n funiculaire m. ♦ **cablevision** n télévision f par câble.

caboodle ⚹ [kə'buːdl] n: **the whole ~** tout le tremblement *.

cacao [kə'kɑːəʊ] n cacao m.

cache [kæʃ] n (place) cachette f. **a ~ of guns** des fusils cachés.

cachet ['kæʃeɪ] n cachet m.

cackle ['kækl] **1** n [hen] caquet m; (laugh) gloussement m; (talking) caquetage m. **2** vi caqueter; glousser.

cacophony [kæ'kɒfənɪ] n cacophonie f.

cactus, pl **-ti** ['kæktəs, taɪ] n cactus m.

cadaver [kə'deɪvəʳ] n cadavre m. ♦ **cadaverous** adj cadavérique.

caddie ['kædɪ] n caddie m.

caddy ['kædɪ] n (tea ~) boîte f à thé; (US: for shopping) caddie m.

cadence ['keɪd(ə)ns] n cadence f.

cadet [kə'det] n (Mil etc) élève m officier. **~ force** peloton m de préparation militaire; **~ school** école f militaire.

cadge [kædʒ] vt: **to ~ 10 francs from sb** taper * qn de 10 F; **to ~ lunch from sb** se faire inviter à déjeuner par qn; **to ~ a lift from sb** se faire emmener en voiture par qn; **he's always cadging** il est toujours à quémander. ♦ **cadger** n parasite m; [money] tapeur * m, -euse * f; [meals] pique-assiette mf inv.

cadre ['kædrɪ] n (Mil, fig) cadre m.

Caesarean, Caesarian [siːˈzɛərɪən] adj, n (Med) **~ (section)** césarienne f.

café ['kæfeɪ] n snack m. ♦ **cafeteria** n cafétéria f.

caffein(e) ['kæfiːn] n caféine f. **~-free** décaféiné.

caftan ['kæftæn] n caftan m.

cage [keɪdʒ] **1** n cage f; [elevator] cabine f; (Min) cage. **2** adj: **~ bird** oiseau m de volière. **3** vt (~ up) mettre en cage. **~d bird** oiseau m en cage.

cagey * ['keɪdʒɪ] adj peu communicatif, dissimulé (pej). **she is ~ about her age** elle n'aime pas avouer son âge.

cagoule [kə'guːl] n anorak m (long).

cahoots * [kə'huːts] npl: **in ~** de mèche * (with avec).

cairn [kɛən] n cairn m. ♦ **cairngorm** n quartz m fumé.

Cairo ['kaɪərəʊ] n Le Caire.

cajole [kə'dʒəʊl] vt cajoler. **to ~ sb into doing sth** faire faire qch à qn à force de cajoleries. ♦ **cajolery** n cajolerie f.

cake [keɪk] **1** n (**a**) gâteau m; (small) pâtisserie f; (fruit ~) cake m; (sponge ~ etc) génoise f. **it's selling like hot ~s** * cela se vend comme des petits pains; **it's a piece of ~** * c'est du gâteau *. (**b**) [chocolate] tablette f; [wax, tobacco] pain m. **~ of soap** savonnette f. **2** adj: **~ shop** pâtisserie f (magasin). **3** vi [mud] durcir, faire croûte; [blood] se coaguler. ♦ **caked** adj blood coagulé; mud séché; **clothes ~d with mud** vêtements raidis par la boue.

calamity [kə'læmɪtɪ] n calamité f. ♦ **calamitous** adj catastrophique.

calcify ['kælsɪfaɪ] **1** vt calcifier. **2** vi se calcifier. ♦ **calcification** n calcification f.

calcium ['kælsɪəm] n calcium m.

calculate ['kælkjʊleɪt] **1** vt cost, numbers, dates calculer; distance évaluer; chances estimer. **this was not ~d to reassure me** cela n'était pas fait pour me rassurer. **2** vi calculer, faire des calculs. **to ~ for sth** prévoir qch. ♦ **calculable** adj calculable. ♦ **calculated** adj action, decision, insult délibéré; risk pris en toute connaissance de cause. ♦ **calculating** adj (scheming) calculateur; **calculating machine** machine f à calculer. ♦ **calculation** n calcul m. ♦ **calculator** n calculatrice f. ♦ **calculus** n calcul m.

calendar ['kæləndəʳ] **1** n calendrier m. **university ~** ≈ livret m de l'étudiant. **2** adj: **~ month** mois m (de calendrier); **~ year** année f civile.

calf[1] [kɑːf] **1** npl **calves** (animal) veau m; (skin) veau; (for shoes, bags) box(-calf) m. **cow in ~** vache pleine; **elephant ~** éléphanteau m. **2** adj: **~ love** amour m juvénile.

calf[2], pl **calves** [kɑːf, kɑːvz] n (Anat) mollet m.

calibre, (US) **caliber** ['kælɪbəʳ] n (lit, fig) calibre m. ♦ **calibrate** vt calibrer. ♦ **calibration** n calibrage m.

calipers ['kælɪpəz] npl (Math) compas m; (leg-irons) appareil m orthopédique.

calisthenics [ˌkælɪs'θenɪks] nsg gymnastique f suédoise.

call [kɔːl] **1** n (**a**) (shout) appel m, cri m; [bird] cri; [duty] appel m; (Theat) (during play) appel n; (curtain ~) rappel m; (vocation) vocation f; (Bridge) annonce f. (telephone ~) coup m de téléphone, coup de fil *, communication f (Admin). **within ~** à portée de (la) voix; **a ~ for help** un appel au secours; (Telec) **to make a ~** téléphoner, donner or passer un coup de fil *; **I'd like a ~ at 7**

a.m. j'aimerais qu'on me réveille *(subj)* à 7 heures; **to be on ~** être de garde; **the ~ of the unknown** l'attrait *m* de l'inconnu; **the ~ of the sea** l'appel du large; **there's not much ~ for these articles** ces articles ne sont pas très demandés; **repayable on ~/at 3 months'** ~ remboursable sur demande/à 3 mois; **I have many ~s on my time** je suis très pris; **I have many ~s on my purse** j'ai beaucoup de dépenses; **there is no ~ for you to worry** vous n'avez pas besoin de vous inquiéter; **there was no ~ to say that** vous n'aviez aucune raison de dire cela. **(b)** *(visit: also Med)* visite *f*. **to make a ~ on sb** rendre visite à qn, aller voir qn; **I have several ~s to make** j'ai plusieurs visites à faire; **port of ~** (port *m* d') escale *f*.
2 *adj:* ~ **girl** call-girl *f*; *(Telec)* ~ **sign**, *(US)* ~ **letters** indicatif *m* (d'appel).
3 *vt* **(a)** *(gen)* appeler; *(Telec)* téléphoner à; *(waken)* réveiller; *(summon)* appeler, convoquer; *doctor, taxi* appeler, faire venir; *(Bridge)* annoncer, demander. **to ~ sb in/out** *etc* crier à qn d'entrer/de sortir *etc;* ~ **me at eight** réveillez-moi à huit heures; *(Rad)* **London ~ing** ici Londres; **duty ~s** le devoir m'appelle; **to ~ a meeting** convoquer une assemblée; **to ~ sb as a witness** *(Jur)* avoir qn comme témoin. **(b)** *(give name to)* appeler. **what are you ~ed?** comment vous appelez-vous?; **he is ~ed after his father** on lui a donné le nom de son père; **he ~s himself a colonel** il se prétend colonel; **are you ~ing me a liar?** dites tout de suite que je suis un menteur; **he ~ed her a liar** il l'a traitée de menteuse; **would you ~ French a difficult language?** diriez-vous que le français est difficile?; **I ~ that a shame** j'estime que c'est une honte; **what we ~ it £1?** disons 1 livre?; **let's ~ it a day!** * ça suffira (pour aujourd'hui)! **(c)** *(US Sport) game* arrêter, suspendre.
4 *vi* **(a)** *[person]* appeler, crier; *[birds]* pousser un cri. **to ~ (out) to sb** appeler qn; *(from afar)* héler qn. **(b)** *(visit:* ~ **in)** passer. **he was out when I ~ed** il n'était pas là quand je suis passé chez lui; *(Naut)* **to ~ (in) at Dover** faire escale à Douvres.
◆ **call aside** *vt sep person* prendre à part. ◆ **call away** *vt sep:* **to be ~ed away on business** être obligé de s'absenter pour affaires; **to be ~ed away from a meeting** devoir quitter une réunion *(pour affaires plus pressantes).* ◆ **call back** *vi, vt sep (Telec)* rappeler. ◆ **call for** *vt fus* **(a)** *(summon) person* appeler; *food, drink* demander; *courage* exiger. **that was not ~ed for** ce n'était pas justifié; **strict measures are ~ed for** des mesures strictes sont nécessaires. **(b)** *(collect) person, thing* passer prendre. ◆ **call in 1** *vi* = call 4b. **2** *vt sep* **(a)** *doctor* faire venir, appeler; *police* appeler. **he was ~ed in to arbitrate** on a fait appel à lui pour arbitrer. **(b)** *money, library books* faire rentrer; *banknotes* retirer de la circulation; *faulty machines etc* rappeler. ◆ **call off 1** *vi* se décommander. **2** *vt sep* **(a)** *appointment* annuler; *agreement, deal* résilier. **to ~ off a strike** annuler un ordre de grève. **(b)** *dog* rappeler. ◆ **call out 1** *vi* pousser un *or* des cri(s). **to ~ out for sth** demander qch à haute voix; **to ~ out to sb** héler qn. **2** *vt sep doctor, troops, fire brigade* appeler. **to ~ workers out (on strike)** donner la consigne de grève. ◆ **call round** *vi* passer *(to see sb* voir qn). ◆ **call up** *vt sep* **(a)** *(Mil)* appeler, mobiliser. **(b)** *(esp US: Telec)* rappeler. **(c)** *memories* évoquer. ◆ **call (up)on** *vt fus* **(a)** *person* rendre visite à. **(b) to ~ (up)on sb to do** *(invite)* inviter qn à faire; *(demand)* sommer qn de faire; **I now ~ (up)on Mr Brown to speak** je laisse maintenant la parole à M. Brown.
◆ **callbox** *n (Brit)* cabine *f* (téléphonique); *(US)* téléphone *m* de police-secours. ◆ **callboy** *n (Theat)* avertisseur *m*. ◆ **caller** *n (visitor)* visiteur *m*, -euse *f*; *(Telec)* demandeur *m*, -euse *f*. ◆ **call-in** *n (US Rad)* programme *m* à ligne ouverte.

◆ **calling-card** *n (US)* carte *f* de visite. ◆ **call-up 1** *n (Mil)* appel *m* (sous les drapeaux) ; **2** *adj:* ~**-up papers** feuille *f* de route.
calligraphy [kə'lɪgrəfɪ] *n* calligraphie *f*.
callipers ['kælɪpəz] *npl* = **calipers.**
callisthenics [ˌkælɪs'θenɪks] *n* = **calisthenics.**
callous ['kæləs] *adj* dur, sans cœur. ◆ **callously** *adv act, speak* avec dureté; *decide, suggest* cyniquement. ◆ **callousness** *n* dureté *f*, manque *m* de cœur.
callow ['kæləʊ] *adj* inexpérimenté, novice.
calm [kɑːm] **1** *adj* calme, tranquille. **keep ~!** du calme!; **to grow ~** se calmer; ~ **and collected** maître *(f* maîtresse*)* de soi. **2** *n* **(a)** *(period)* période *f* de calme *or* de tranquillité; *(after agitation)* accalmie *f*. **the ~ before the storm** le calme qui précède la tempête. **(b)** *(calmness)* calme *m*. **3** *vt* **(~ down)** calmer, apaiser.
◆ **calm down** *vi* se calmer.
◆ **calmly** *adv* calmement, avec calme. ◆ **calmness** *n* calme *m*.
Calor ['kælə'] *n ®:* ~ **gas** butane *m*, butagaz *m ®*.
calorie ['kælərɪ] *n* calorie *f*. **to be ~-conscious** * avoir la hantise des calories. ◆ **calorific** *adj* calorifique.
calumny ['kæləmnɪ] *n* calomnie *f*; *(Jur)* diffamation *f*.
calve [kɑːv] *vi* vêler.
calves [kɑːvz] *npl of* **calf.**
cam [kæm] *n (Tech)* came *f*. ~ **shaft** arbre *m* à cames.
camber ['kæmbə'] **1** *n [road]* bombement *m*. **2** *vt* bomber.
Cambodia [kæm'bəʊdɪə] *n* Cambodge *m*. ◆ **Cambodian 1** *adj* cambodgien ; **2** *n* Cambodgien(ne) *m(f)*.
camcorder ['kæmˌkɔːdə'] *n* caméscope *m*.
came [keɪm] *pret of* **come.**
camel ['kæm(ə)l] **1** *n* chameau *m*. **2** *adj (colour)* (de couleur) fauve *inv*. ◆ **camel-hair** *adj brush* en poil de chameau.
camellia [kə'miːlɪə] *n* camélia *m*.
cameo ['kæmɪəʊ] *n* camée *m*. *(Cine)* ~ **part** brève apparition (d'une grande vedette).
camera ['kæm(ə)rə] *n* **(a)** appareil *m* (photographique), appareil-photo *m*; *(movie ~)* caméra *f*. **(b)** *(Jur)* **in ~** à huis clos. ◆ **cameraman** *n* cameraman *m*, opérateur *m* de prise de vue. ◆ **camerawork** *n* prise *f* de vue.
Cameroon [kæmə'ruːn] *n* Cameroun *m*.
camomile ['kæmə(ʊ)maɪl] *n* camomille *f*.
camouflage ['kæməflɑːʒ] **1** *n* camouflage *m*. **2** *vt* camoufler.
camp¹ [kæmp] **1** *n* camp *m* ; *(less permanent)* campement *m*. **to go to ~** partir camper; *(fig)* **in the same ~** du même bord; **a foot in both ~s** un pied dans chaque camp.
2 *adj (US Scol)* ~ **counselor** animateur *m*, -trice *f* (de camp de vacances); *(fig)* ~ **follower** sympathisant(e) *m(f)*; ~**(ing) chair** chaise pliante (de camping); ~**(ing) ground** *or* **site** *(commercialized)* camping *m*; *(clearing etc)* endroit *m* où camper; *(with tent on it)* camp *m*; ~**(ing) stool** pliant *m*; ~**(ing) stove** réchaud *m* de camping.
3 *vi* camper. **to go ~ing** (aller) faire du camping.
◆ **camp out** *vi* camper *(also fig)*.
◆ **campbed** *n* lit *m* de camp. ◆ **camper** *n (person)* campeur *m*, -euse *f*; *(van)* camping-car *m*; *(US)* caravane pliante. ◆ **campfire** *n* feu *m* de camp.
◆ **camping** *n* camping *m* (activité); ~**ing gas** *®* *(Brit: gas)* butane *m*; *(US: stove)* camping-gaz *m inv*.
camp² * [kæmp] **1** *adj (affected)* maniéré; *(over-dramatic)* cabotin; *(homosexual) man* (qui fait)

pédé ‡; *manners, clothes* de pédé ‡; *(vulgar)* vulgaire. **2** *vt*: **to ~ it up** cabotiner.

campaign [kæm'peɪn] **1** *n* campagne *f*. *(Pol)* ~ **worker** membre *m* de l'état major *(d'un candidat)*. **2** *vi* faire campagne *(also fig: for* pour, *against* contre). ◆ **campaigner** *n (Mil)* old ~**er** vétéran *m*; *(fig)* a ~**er for/against sth** un(e) militant(e) *m(f)* pour/contre qch.

camphor ['kæmfə'] *n* camphre *m*. ◆ **camphorated** *adj* camphré.

campus ['kæmpəs] *n* campus *m*.

can¹ [kæn] *modal aux vb*: *neg* **cannot, can't**; *cond and pret* **could. (a)** *(am etc able to)* (je) peux *etc*. **he ~ lift the suitcase** il peut soulever la valise; **he will do what he ~** il fera ce qu'il pourra, il fera son possible; **he will help you all he ~** il vous aidera de son mieux; **he couldn't speak because he had a bad cold** il ne pouvait pas parler parce qu'il était très enrhumé; **he could have helped us** il aurait pu nous aider; **it could be true** cela pourrait être vrai; **you could be making a big mistake** tu es peut-être en train de faire une grosse erreur; **could you be hiding sth from us?** est-il possible que vous nous cachiez *(subj)* qch?; **he could have changed his mind** il aurait pu changer d'avis; **he could have forgotten** il a peut-être oublié; **you can't be serious!** vous ne parlez pas sérieusement!; **he can't have known about it** il est impossible qu'il l'ait su; **she can't be very clever** elle ne doit pas être très intelligente; **where CAN he be?** où peut-il bien être?; **as big as ~** *or* could be aussi grand que possible; **it ~ be very cold here** il arrive qu'il fasse très froid ici. **(b)** *(know how to)* (je) sais *etc*. **he ~ read and write** il sait lire et écrire; **he ~ speak Italian** il parle italien, il sait l'italien; **she could not swim** elle ne savait pas nager. **(c)** *(not translated)* **I ~ see you** je vous vois; **they could hear him** ils l'entendaient; **~ you smell it?** tu le sens? **(d)** *(have permission to)* (je) peux *etc*. **you ~ go** vous pouvez partir; **~ I have some milk?** — **yes, you ~** puis-je avoir du lait? — mais oui, bien sûr; **could I have a word with you?** est-ce que je pourrais vous parler un instant?; **I can't go out** je n'ai pas le droit de sortir.

◆ **can-do** * *adj (US) person, organization* dynamique.

can² [kæn] **1** *n [milk, oil, water]* bidon *m*; *[garbage]* boîte *f* à ordures, poubelle *f*; *(for foodstuffs)* boîte *f* (de conserve). **a ~ of fruit/beer** une boîte de fruits/bière. **2** *vt food* mettre en boîte(s) *or* en conserve.

◆ **canned** *adj fruit, salmon* en boîte, en conserve; *(*: *recorded) music* enregistré; *(*: *drunk)* rétamé ‡, soûl ; ~**ned goods** conserves *fpl*; *(Rad etc)* ~**ned laughter** rires préenregistrés. ◆ **cannery** *or* ◆ **canning factory** *n* conserverie *f (fabrique)*. ◆ **canning industry** *n* conserverie *f (industrie)*. ◆ **can-opener** *n* ouvre-boîtes *m inv*.

Canada ['kænədə] *n* Canada *m*. ◆ **Canadian 1** *adj* canadien ; **2** *n* Canadien(ne) *m(f)*.

canal [kə'næl] *n* canal *m*.

canary [kə'nɛərɪ] **1** *n (bird)* canari *m*. **2** *adj*: ~ **yellow** jaune canari *inv*. ◆ **Canary Islands** *npl* (îles *fpl*) Canaries *fpl*.

Canberra ['kænbərə] *n* Canberra.

cancel ['kæns(ə)l] *vt agreement, contract* résilier; *order, arrangement, meeting, debt* annuler; *cheque* faire opposition à; *taxi, appointment, party* décommander, annuler; *decree, will* révoquer; *train* annuler; *(permanently)* supprimer; *application* retirer; *(cross out)* barrer, biffer; *stamp* oblitérer; *(Math) figures* éliminer. ◆ **cancel out** *vt sep (Math)* noughts barrer; *amounts etc* annuler; *(fig)* neutraliser. **they ~ each other out** ils se neutralisent.

◆ **cancellation** *n* résiliation *f*; annulation *f*; révocation *f*; suppression *f*; retrait *m*; biffage *m*; oblitération *f*; *(Math)* élimination *f*; ~**lations will not be accepted after...** *(travel, hotel)* les réservations *or (Theat)* les locations ne peuvent être annulées après...; **I have 2** ~**lations for tomorrow** j'ai 2 personnes qui se sont décommandées pour demain.

cancer ['kænsə'] **1** *n* **(a)** cancer *m*. **lung** *etc* ~ **cancer** du poumon *etc*. **(b)** *(Astron, Geog)* **C~** Cancer *m*. **2** *adj*: ~ **patient** cancéreux *m*, -euse *f*; ~ **research** cancérologie *f*; *(in appeals)* la lutte contre le cancer; ~ **specialist** cancérologue *mf*. ◆ **cancerous** *adj* cancéreux. ◆ **cancer-producing** *adj* cancérigène.

candelabra [ˌkændɪ'lɑːbrə] *n* candélabre *m*.

candid ['kændɪd] *adj* franc, sincère. ◆ **candidly** *adv* franchement, sincèrement. ◆ **candidness** *or* ◆ **candour,** *(US)* **candor** *n* franchise *f*, sincérité *f*.

candidate ['kændɪdeɪt] *n* candidat(e) *m(f)*. ◆ **candidacy** *or* ◆ **candidature** *n* candidature *f*.

candied ['kændɪd] *adj* confit. ~ **peel** écorce confite.

candle ['kændl] **1** *n [wax]* bougie *f*; *[tallow]* chandelle *f*; *(in church)* cierge *m*. **the game is not worth the ~** le jeu n'en vaut pas la chandelle. **2** *adj*: ~ **grease** suif *m*. ◆ **candlelight 1** *n*: **by ~ light** à la lueur d'une bougie *etc* ; **2** *adj*: ~ **light dinner** dîner *m* aux chandelles. ◆ **Candlemas** *n* la Chandeleur. ◆ **candlestick** *n (flat)* bougeoir *m*; *(tall)* chandelier *m*. ◆ **candlewick** *n* chenille *f* (de coton).

candy ['kændɪ] *n* sucre *m* candi; *(US: sweets)* bonbon(s) *m(pl)*. ◆ **candy-floss** *n* barbe *f* à papa. ◆ **candy-striped** *adj* à rayures multicolores.

cane [keɪn] **1** *n (gen)* canne *f*; *[officer, rider]* badine *f*; *(for chairs, baskets)* rotin *m*, jonc *m*; *(for punishment)* trique *f*; *(Scol)* verge *f*. **2** *vt* donner des coups de trique à; *(Scol)* fouetter. **3** *adj*: ~ **chair** chaise cannée; ~ **sugar** sucre *m* de canne.

◆ **caning** *n*: **to get a caning** *(lit)* recevoir la trique *or (Scol)* le fouet; *(*: *fig)* recevoir une bonne volée.

canine ['kænaɪn] **1** *adj* canin. **2** *n (tooth)* canine *f*.

canister ['kænɪstə'] *n* boîte *f (en métal)*.

cannabis ['kænəbɪs] *n* cannabis *m*.

cannibal ['kænɪb(ə)l] *adj, n* cannibale *(mf)*, anthropophage *(mf)*. ◆ **cannibalism** *n* cannibalisme *m*, anthropophagie *f*. ◆ **cannibalize** *vt machine, car* démonter pour en réutiliser les pièces. ~**ized parts** pièces récupérées.

cannon ['kænən] **1** *n* canon *m*. **2** *adj*: ~ **fodder** * chair *f* à canown *. **3** *vi*: **to** ~ **into** *or* **against** *object* percuter; *person* se heurter contre. ◆ **cannonball** *n* boulet *m* de canon.

canoe [kə'nuː] **1** *n* canoë *m*. **2** *vi*: **to go** ~**ing** faire du canoë *or* du kayac. ◆ **canoeing** *n* canoë-kayac *m*. ◆ **canoeist** *n* canoéiste *mf*.

canon ['kænən] **1** *n (Mus, Rel, also gen: law etc)* canon *m*; *(cleric)* chanoine *m*. **2** *adj*: ~ **law** droit *m* canon. ◆ **canonization** *n* canonisation *f*. ◆ **canonize** *vt* canoniser.

canoodle ‡ † [kə'nuːdl] *vi* se faire des mamours *.

canopy ['kænəpɪ] *n [bed]* baldaquin *m*; *[throne etc]* dais *m*; *[tent etc]* marquise *f*.

cant¹ [kænt] *n (pej) (insincere talk)* paroles *fpl* hypocrites; *(clichés)* phrases toutes faites; *(jargon)* jargon *m*.

cant² [kænt] *vti (tilt)* pencher.

can't [kɑːnt] *abbr of* **cannot**; V **can¹**.

cantankerous [kæn'tæŋk(ə)rəs] *adj (ill-tempered)* acariâtre; *(aggressive)* hargneux.

canteen [kæn'tiːn] *n* **(a)** *(restaurant)* cantine *f*. **(b)** **a ~ of cutlery** une ménagère *(couverts de table)*.

canter ['kæntə^r] **1** n petit galop. **2** vi aller au petit galop.

Canterbury ['kæntəb(ə)rɪ] n Cantorbéry. **~ bell** campanule f.

cantilever ['kæntɪliːvə^r] n: **~ bridge** pont m cantilever inv.

canton ['kæntɒn] n canton m. ◆ **cantonal** adj cantonal.

canvas ['kænvəs] n toile f. **under ~** (in a tent) sous la tente; (Naut) sous voiles.

canvass ['kænvəs] **1** vt (**a**) (Pol) district faire du démarchage électoral dans; person solliciter le suffrage de; (US: scrutinize votes) pointer; (Comm) district prospecter; (gen) people sonder. **to ~ opinions** sonder l'opinion (about à propos de). (**b**) matter, question examiner à fond. **2** vi (Pol) solliciter des suffrages; (Comm) (door to door) faire du démarchage. **to ~ for sb** (Pol) solliciter des voix pour qn; (gen) faire campagne pour qn. ◆ **canvasser** n (Pol) agent électoral (qui sollicite les voix des électeurs); (US: checking votes) scrutateur m, -trice f; (Comm) démarcheur m. ◆ **canvassing** n (Pol) démarchage électoral (pour solliciter les suffrages); (when applying for job etc) **no ~ing allowed** ≃ s'abstenir de toute démarche personnelle.

canyon ['kænjən] n cañon m, gorge f.

cap [kæp] **1** n (**a**) (gen) casquette f; [baby, sailor] bonnet m; [officer] képi m; [soldier] calot m. (fig) **~ in hand** chapeau bas, humblement; **if the ~ fits, put it on** qui se sent morveux qu'il se mouche; (Sport) **he's got his ~ for England** il a été sélectionné pour l'équipe d'Angleterre. (**b**) [bottle] capsule f; [fountain pen] capuchon m; [radiator, tyre-valve] bouchon m; (Med: contraceptive) diaphragme m. (**c**) (for toy gun) amorce f. **2** vt bottle etc couvrir d'une capsule etc; sb's words renchérir sur; achievements surpasser. **he ~ped this story** il a trouvé une histoire encore meilleure que celle-ci; **to ~ it all *** pour couronner le tout. ◆ **capful** n: **one ~ful to 4 litres of water** une capsule pleine pour 4 litres d'eau.

capable ['keɪpəbl] adj person capable (of doing de faire); event, situation susceptible (of de); (competent) capable. ◆ **capability** n capacité f (to do, for doing de faire); **capabilities** moyens mpl. ◆ **capably** adv habilement, avec compétence.

capacity [kə'pæsɪtɪ] **1** n (**a**) (gen, Elec, Phys) capacité f; [factory] moyens mpl de production. **filled to ~** absolument plein; **the hall has a seating ~ of 400** la salle a 400 places assises; [machine, factory] **to work at full ~** produire à plein rendement. (**b**) (ability) aptitude f (for sth à qch; for doing à faire). **capacities** capacité(s) f(pl), moyens mpl. (**c**) [machine] potentiel m. (**d**) (legal power) pouvoir légal (to do de faire); (position) qualité f. **in my ~ as a doctor** en ma qualité de médecin; **in his official ~** dans l'exercice de ses fonctions; **in an advisory ~** à titre consultatif; **we must not employ him in any ~ whatsoever** il ne faut pas l'employer à quelque titre que ce soit. **2** adj: **there was ~ booking** on jouait à guichets fermés; **there was a ~ crowd** il n'y avait plus une place (de) libre. ◆ **capacious** adj d'une grande capacité.

cape¹ [keɪp] n (full length) cape f; (policeman's, cyclist's) pèlerine f.

cape² [keɪp] n (Geog) cap m. (in South Africa) **C~ Coloureds** métis sud-africains; **the C~ (of Good Hope)** le cap de Bonne Espérance; **C~ Town** Le Cap.

caper¹ ['keɪpə^r] **1** vi (**~ about**) [child] gambader; (fool around) faire l'idiot. **2** n (pej) **that was quite a ~ *** ça a été toute une histoire *.

caper² ['keɪpə^r] n (Culin) câpre f.

capillary [kə'pɪlərɪ] adj, n capillaire (m).

capital ['kæpɪtl] **1** adj (**a**) (gen, also Jur) capital. **~ offence** crime capital; **~ punishment** peine capitale; (excl) **~!** excellent!; **of ~ importance** d'une importance capitale; **~ A** A majuscule. (**b**) (Fin) **~ expenditure** dépense f d'investissement; **~ gains tax** impôt m sur les plus-values; **~ goods** biens mpl d'équipement; **~ reserves** réserves fpl et provisions fpl; **~ sum** capital m. **2** n (~ city) capitale f; (~ letter) majuscule f; (Fin) capital m. **~ invested** mise f de fonds; (fig) **to make ~ out of** tirer parti or profit de. ◆ **capital-intensive** adj industry etc à forte intensité de capital. ◆ **capitalism** n capitalisme m. ◆ **capitalist** adj, n capitaliste (mf). ◆ **capitalization** n capitalisation f. ◆ **capitalize 1** vt property, plant capitaliser; company constituer le capital social de (par émission d'actions); (Fin) **over-/ under-~ized** sur-/sous-capitalisé ; **2** vi (fig) **to ~ize on** tirer parti de.

capitulate [kə'pɪtjʊleɪt] vi capituler. ◆ **capitulation** n capitulation f.

cappucino [ˌkæpʊ'tʃiːnəʊ] n cappucino m.

caprice [kə'priːs] n caprice m. ◆ **capricious** adj capricieux, fantasque. ◆ **capriciously** adv capricieusement.

Capricorn ['kæprɪkɔːn] n Capricorne m.

capsicum ['kæpsɪkəm] n (sweet) poivron m; (hot) piment m.

capsize [kæp'saɪz] **1** vi [boat] chavirer; [object] se renverser. **2** vt faire chavirer; renverser.

capstan ['kæpstən] n cabestan m.

capsule ['kæpsjuːl] n capsule f.

captain ['kæptɪn] **1** n capitaine m. **~ of industry** capitaine d'industrie; (US Police) (precinct) **~ ≃** commissaire m (de police) de quartier. **2** vt team être le capitaine de; ship commander; (fig) diriger.

caption ['kæpʃ(ə)n] **1** n (Press) (heading) sous-titre m; (under illustration) légende f; (Cine) sous-titre m. **2** vt mettre une légende à; sous-titrer.

captious ['kæpʃəs] adj person chicanier; remark critique.

captivate ['kæptɪveɪt] vt captiver. ◆ **captivating** adj captivant.

captive ['kæptɪv] **1** n captif m, -ive f. **to take sb ~** faire qn prisonnier; **to hold ~** garder en captivité. **2** adj captif. **she had a ~ audience** son auditoire était bien obligé de l'écouter. ◆ **captivity** n captivité f; **in captivity** en captivité.

capture ['kæptʃə^r] **1** vt animal, soldier capturer; escapee reprendre; city s'emparer de; (fig) attention captiver; interest gagner; (Art) rendre; (Comput) saisir. **2** n [town, treasure, escapee] capture f; (Comput) saisie f. ◆ **captor** n (unlawful) ravisseur m; (lawful) personne f qui capture.

car [kɑː^r] n (Aut) voiture f, automobile f, auto f; (US Rail) wagon m, voiture; (tramcar) tramway m. **2** adj wheel etc de voiture; travel etc en voiture. **~ allowance** indemnité f de déplacements (en voiture); **~ bomb** voiture piégée; **~ chase** poursuite f; **~ radio** autoradio f; **~ transporter** (Aut) camion m or (Rail) wagon m pour transport d'automobiles; **~ wash** (place) lave-auto m. ◆ **car-ferry** n ferry m. ◆ **carhop** n (US: serving food) serveur m, -euse f; (parking cars) gardien m de parking. ◆ **car-park** n parking m. ◆ **carphone** n téléphone m de voiture. ◆ **carport** n auvent m (pour voiture). ◆ **car-sick** adj: **to be ~-sick** avoir le mal de la route. ◆ **car-worker** n (Ind) ouvrier m, -ière f de l'industrie automobile.

Caracas [kə'rækəs] n Caracas.

caramel ['kærəm(ə)l] n caramel m.

carat ['kærət] n carat m. **22 ~ gold** or m à 22 carats.

caravan ['kærəvæn] n (Aut) caravane f; [gipsy] roulotte f; (group: in desert etc) caravane f. **~ site** camping *m* pour caravanes. ◆ **caravanette** *n* auto-camping *f*.

caraway ['kærəweɪ] *n* cumin *m*.

carbohydrate [ˌkɑːbə(ʊ)'haɪdreɪt] *n* hydrate *m* de carbone. *(in diets etc)* ~s féculents *mpl*.

carbolic [kɑː'bɒlɪk] *adj*: ~ **acid** phénol *m*.

carbon ['kɑːbən] **1** *n* carbone *m*. **2** *adj*: ~ **copy** *[typing etc]* carbone *m*; *(fig)* réplique *f*; ~ **dating** datation *f* au carbone; ~ **dioxide** gaz *m* carbonique; ~ **fibre** fibre *f* de carbone; ~ **monoxide** oxyde *m* de carbone; ~ **paper** (papier *m*) carbone *m*. ◆ **carbonate** *n* carbonate *m*. ◆ **carbonic** *adj* carbonique. ◆ **carboniferous** *adj* carbonifère. ◆ **carbonization** *n* carbonisation *f*. ◆ **carbonize** *vt* carboniser.

carborundum [ˌkɑːbə'rʌndəm] *n* carborundum *m*.

carboy ['kɑːbɔɪ] *n* bonbonne *f*.

carbuncle ['kɑːbʌŋkl] *n* *(jewel)* escarboucle *f*; *(Med)* furoncle *m*.

carburet(t)or [ˌkɑːbjʊ'retəʳ] *n* carburateur *m*.

carcass ['kɑːkəs] *n* carcasse *f*.

carcinogen [kɑː'sɪnədʒen] *n* substance *f* cancérigène. ◆ **carcinogenic** *adj* cancérigène.

carcinoma [ˌkɑːsɪ'nəʊmə] *n* carcinome *m*.

card [kɑːd] **1** *n* *(gen)* carte *f*; *(index* ~*)* fiche *f*; *(cardboard)* carton *m*. **identity** ~ carte d'identité; **to play** ~s jouer aux cartes; *(fig)* **to play one's** ~s **well** manœuvrer habilement; **to put one's** ~s **on the table** jouer cartes sur table; **it's (quite) on the** ~s **that** *·*... il y a de grandes chances pour que... + *(subj)*; *(Ind etc)* **to get one's** ~s être mis à la porte; *(Ind etc)* **to ask for one's** ~s quitter son travail. **2** *adj*: ~ **game** *(e.g. bridge etc)* jeu *m* de cartes; *(game of cards)* partie *f* de cartes. **3** *vt* **(a)** *information* mettre sur fiches. **(b)** *(US: check)* **to** ~ **sb** demander à voir les pièces d'identité de qn. ◆ **cardboard 1** *n* carton *m* ; **2** *adj* de *or* en carton; ~**board box** (boîte *f* en) carton *m*. ◆ **card-carrying** *adj*: ~**-carrying member** membre *m*, adhérent(e) *m(f)*. ◆ **card-index** *n* fichier *m*. ◆ **card-phone** *n* téléphone *m* à carte. ◆ **card-player** *n* joueur *m*, -euse *f* de cartes. ◆ **cardsharp(er)** *n* tricheur *m*, -euse *f* *(professionnel)*. ◆ **card-table** *n* table *f* de jeu *or* à jouer. ◆ **card-trick** *n* tour *m* de cartes.

cardamom ['kɑːdəməm] *n* cardamome *f*.

cardiac ['kɑːdɪæk] *adj* cardiaque. ~ **arrest** arrêt *m* du cœur.

cardigan ['kɑːdɪgən] *n* cardigan *m*.

cardinal ['kɑːdɪnl] *adj, n* cardinal *(m)*.

cardiology [ˌkɑːdɪ'ɒlədʒɪ] *n* cardiologie *f*. ◆ **cardiological** *adj* cardiologique. ◆ **cardiologist** *n* cardiologue *mf*.

care [kɛəʳ] **1** *n* **(a)** *(heed)* attention *f*, soin *m*; *(charge)* charge *f*, garde *f*. **with the greatest** ~ avec le plus grand soin; *(on parcels)* '**with** ~ ' 'fragile'; **take** ~ **not to catch cold** faites attention de *or* à ne pas prendre froid; **take** ~ (fais) attention; *(as good wishes)* fais bien attention (à toi); **to take (great)** ~ **with sth** faire très attention à qch; **you should take more** ~ **with your work** vous devriez apporter plus d'attention à votre travail; **you should take more** ~ **of yourself** tu devrais faire plus attention (à ta santé); *(Jur)* **driving without due** ~ **and attention** conduite négligente; **he took** ~ **to explain why...** il a pris soin d'expliquer pourquoi...; **to take** ~ **of** s'occuper de; **to take good** ~ **of** *person* bien s'occuper de; *object* prendre grand soin de; *(threateningly)* **I'll take** ~ **of him!** je vais m'occuper de lui!; **he can take** ~ **of himself** il sait se débrouiller tout seul; **that can take** ~ **of itself** cela s'arrangera tout seul; **I leave** *or* **put it in your** ~ je vous le confie; *(on letters)* ~ **of** *(abbr* **c/o)** aux bons

soins de; **he was left in his aunt's** ~ on l'a laissé à la garde de sa tante; *(Sociol)* **children in** ~ enfants retirés de la garde de leurs parents. **(b)** *(anxiety)* souci *m*. **he hasn't a** ~ **in the world** il n'a pas le moindre souci; **the** ~**s of State** les responsabilités *fpl* de l'État.

2 *vi* **(a)** se soucier *(about* de), s'intéresser *(about* à). **money is all he** ~s **about** il n'y a que l'argent qui l'intéresse *(subj)*; **to** ~ **deeply about** *thing* être profondément concerné par; *person* être profondément attaché à; **not to** ~ **about** se moquer de; **he really** ~s **about this** c'est vraiment important pour lui; **I don't** ~ ça m'est égal; **as if I ~d!** je m'en fiche! *; **what do I** ~? qu'est-ce que cela peut me faire?; **for all I** ~ pour ce que cela me fait; **I couldn't** ~ **less** what people say je me fiche pas mal * de ce que les gens peuvent dire; **he doesn't** ~ **a damn** * il s'en fiche comme de l'an quarante *; **who** ~s! qu'est-ce que cela peut bien faire! **(b)** *(like)* vouloir, aimer. **would you** ~ **to sit down?** voulez-vous vous asseoir?; **I shouldn't** ~ **to meet him** je n'aimerais pas le rencontrer; **I don't much** ~ **for it** cela ne me dit pas grand-chose; **I don't** ~ **for him** il ne me plaît pas beaucoup; **would you** ~ **for a cup of tea?** voulez-vous (prendre) une tasse de thé?

◆ **care for** *vt fus invalid* soigner; *child* s'occuper de. **well-**~**d for** *invalid* qu'on soigne bien; *child* dont on s'occupe bien; *hands, hair* soigné; *garden* bien entretenu; *house* bien tenu.

◆ **carefree** *adj* insouciant. ◆ **careful**, ◆ **careless** V below. ◆ **caretaker 1** *n* gardien(ne) *m(f)*, concierge *mf* ; **2** *adj government* intérimaire. ◆ **careworn** *adj* rongé par les soucis. ◆ **caring** *adj parent* aimant; *teacher* bienveillant; *society* humanitaire; **a child needs a caring environment** un enfant a besoin d'être entouré d'affection; **the caring professions** les professions à vocation sociale.

career [kə'rɪəʳ] **1** *n* carrière *f*. **journalism is his** ~ il fait carrière dans le journalisme; **he is making a** ~ **(for himself) in advertising** il est en train de faire carrière dans la publicité. **2** *adj soldier, diplomat* de carrière. ~ **girl** jeune fille *f* qui veut faire une carrière; ~ **guidance** orientation professionnelle; ~s **officer,** *(US)* ~s **counselor** conseiller *m*, -ère *f* d'orientation professionnelle; ~ **prospects** possibilités *fpl* d'avancement. **3** *vi* (~ **along)** aller à toute allure. ◆ **careerist** *n* carriériste *mf*.

careful ['kɛəf(ʊ)l] *adj (painstaking) writer, worker* consciencieux, soigneux; *work* soigné; *(cautious)* prudent, circonspect; *(acting with care)* soigneux. **to be** ~ faire attention *(of,* with *sth* à qch; *to do* à faire); **(be)** ~ ! *(fais)* attention!; **be** ~ **not to let it fall** faites attention à ne pas le laisser tomber; **be** ~ **to shut the door** n'oubliez pas de fermer la porte; **be** ~ **what you do** faites attention à ce que vous faites; **be** ~ **(that) he doesn't hear you** faites attention à ce qu'il ne vous entende pas; **he was** ~ **to point out that** il a pris soin de faire remarquer que; **you can't be too** ~ *(gen)* on n'est jamais trop prudent; *(when double-checking sth)* deux précautions valent mieux qu'une; **he is very** ~ **with (his) money** il regarde à la dépense. ◆ **carefully** *adv (painstakingly) work, cut, choose* soigneusement, avec soin; *(cautiously) proceed, announce* prudemment, avec précaution; *reply* avec circonspection; *(fig)* **we must go** ~**ly here** il faut nous montrer prudents là-dessus. ◆ **carefulness** *n* soin *m*, attention *f*.

careless ['kɛəlɪs] *adj worker* qui manque de soin; *driver, driving* négligent. ~ **mistake** faute *f* d'inattention. ◆ **carelessly** *adv (inattentively)* négligemment, sans faire attention; *(in carefree way)* avec insouciance. ◆ **carelessness** *n* manque *m* de soin; négligence *f*; manque d'attention; *(carefreeness)* insouciance *f*.

caress [kə'res] **1** n caresse f. **2** vt caresser.

cargo ['kɑːgəʊ] n cargaison f. ~ **boat** cargo m.

Caribbean [ˌkærɪ'biːən] adj, n: **the ~ (Sea)** la mer des Antilles or des Caraïbes.

caricature ['kærɪkətjʊəʳ] **1** n caricature f. **2** vt caricaturer. ◆ **caricaturist** n caricaturiste mf.

caries ['kɛərɪːz] n carie f. ◆ **carious** adj carié.

carmine ['kɑːmaɪn] adj, n carmin (m).

carnage ['kɑːnɪdʒ] n carnage m.

carnal ['kɑːnl] adj (of the flesh) charnel; (sensual) sensuel; (sexual) sexuel.

carnation [kɑː'neɪʃ(ə)n] n œillet m.

carnival ['kɑːnɪv(ə)l] n carnaval m.

carnivore ['kɑːnɪvɔːʳ] n carnivore m. ◆ **carnivorous** [kɑː'nɪv(ə)rəs] adj carnivore.

carol ['kær(ə)l] n: **(Christmas)** ~ chant m de Noël.

carouse [kə'raʊz] vi faire ribote *. ◆ **carousal** n beuverie f.

carp¹ [kɑːp] n (fish) carpe f.

carp² [kɑːp] vi critiquer sans cesse. **to ~ at sb/sth** critiquer sans cesse qn/qch. ◆ **carping 1** adj person, manner chicanier; criticism mesquin; voice malveillant ; **2** n critique f (malveillante).

carpenter ['kɑːpɪntəʳ] n charpentier m; (joiner) menuisier m. ◆ **carpentry** n charpenterie f; menuiserie f.

carpet ['kɑːpɪt] **1** n tapis m; (fitted) moquette f. (fig) **to be on the ~** * [subject] être sur le tapis; [person scolded] être sur la sellette. **2** adj: ~ **slippers** pantoufles fpl; ~ **sweeper** (mechanical) balai m mécanique; (vacuum cleaner) aspirateur m. **3** vt floor recouvrir d'un tapis or d'une moquette; (*: scold) houspiller. ◆ **carpetbagger** * n profiteur m, -euse f. ◆ **carpeting** n moquette f.

carriage ['kærɪdʒ] n **(a)** (horse-drawn) voiture f (de maître), équipage m; (Rail) voiture, wagon m (de voyageurs). **(b)** [Comm: conveyance of goods] transport m. ~ **free** franco de port; ~ **paid** (en) port payé. **(c)** [person] (bearing) maintien m, port m. ◆ **carriage return** n retour-charriot m.

carrier ['kærɪəʳ] n **(a)** (company) entreprise f de transports; (truck owner etc) transporteur m. **by ~** (Aut) par camion; (Rail) par chemin de fer. **(b)** (on cycle etc) porte-bagages m inv; (~ **bag**) sac m (en plastique). **(c)** (Med) porteur m. **(d)** (aircraft ~) porte-avions m inv; (troop ~) (plane) appareil m transporteur (de troupes); (ship) transport m. ◆ **carrier-bag** n sac m (en plastique). ◆ **carrier-pigeon** n pigeon m voyageur.

carrion ['kærɪən] n charogne f.

carrot ['kærət] n carotte f. ◆ **carroty** adj hair carotte inv roux.

carry ['kærɪ] **1** vt **(a)** (gen) porter; goods, passengers transporter; identity card, cigarettes, money avoir (sur soi); umbrella, gun porter; message, news porter; [sea, river] emporter; [pillar] supporter, soutenir; [pipe] amener; [wire] conduire. **they carried the pipes under the street** ils ont fait passer les tuyaux sous la rue; (fig) **to ~ sth too far** pousser qch trop loin; **she carries herself very well** elle se tient très droite; **he carries himself like a soldier** il a le port d'un militaire; **to ~ in one's head** retenir dans sa tête; (Math) **and ~ 3** et je retiens 3; (fig) **to ~ coals to Newcastle** porter de l'eau à la rivière; **to ~ the can** * (devoir) payer les pots cassés; **he carries his life in his hands** il risque sa vie; **£5 won't ~ you far** on ne va pas loin avec 5 livres; **enough food to ~ us through the winter** assez de provisions pour nous durer tout l'hiver; **he can't ~ his liquor** l'alcool lui monte à la tête.
(b) consequences entraîner; (Fin) interest rapporter; responsibility, pay comporter. **it carries a penalty of** cela est passible d'une amende de.
(c) (Comm) goods stocker. **we don't ~ that article** nous ne faisons pas cet article.
(d) (win) gagner, remporter; fortress enlever; motion voter. **to ~ the day** l'emporter; (Mil) être vainqueur; **to ~ all before one** l'emporter sur tous les tableaux.
(e) [newspaper etc] story, details rapporter. **all the papers carried (the story of) the murder** tous les journaux ont parlé du meurtre.
(f) label porter; warning comporter.
2 vi [voice, sound] porter.

◆ **carry away** vt sep emporter. (fig) **to get carried away by sth** * s'emballer * or s'enthousiasmer pour qch. ◆ **carry back** vt sep things rapporter; person ramener; (fig: remind) reporter (to à). ◆ **carry forward** vt sep reporter (to à). ◆ **carry off** vt sep (gen) emporter, enlever; (kidnap) enlever; prizes remporter. **to ~ it off** (succeed) réussir (son coup). ◆ **carry on 1** vi continuer (with sth qch); (*: make a scene) faire des histoires *; (*: have an affair) avoir une liaison (with sb avec qn). **2** vt sep (conduct) business, trade diriger; correspondence entretenir; conversation soutenir; negotiations mener; (continue) continuer (doing à or de faire). ◆ **carry out** vt sep (lit) emporter; (fig) plan, order exécuter; idea mettre à exécution; one's duty, obligation s'acquitter de; experiment se livrer à; search, investigation, inquiry mener; reform effectuer; the law, regulations appliquer; promise tenir. ◆ **carry over** vt sep reporter (to à). ◆ **carry through** vt sep plan mener à bonne fin. **his courage carried him through** son courage lui a permis de surmonter l'épreuve.

◆ **carryall** n fourre-tout m inv (sac). ◆ **carrycot** n porte-bébé m. ◆ **carryings-on** npl façons fpl de se conduire. ◆ **carry-on** * n histoires * fpl; **what a ~-on about nothing!** * que d'histoires * pour rien! ◆ **carry-out** adj meal à emporter.

cart [kɑːt] **1** n (horse-drawn) charrette f; (tip ~) tombereau m; (hand ~) voiture f à bras; (US: for luggage, shopping) chariot m. (fig) **to put the ~ before the horse** mettre la charrue devant or avant les bœufs; (fig) **to be in the ~** * être dans le pétrin. **2** vt (in truck) transporter (par camion); (*: carry) shopping, books trimballer *. ◆ **carter** n camionneur m. ◆ **cart-horse** n cheval m de trait. ◆ **cart-load** n charretée f; tombereau m; voiturée f. ◆ **cart-track** n chemin m rural. ◆ **cartwheel** n: **to turn a ~wheel** faire la roue (en gymnastique etc).

cartilage ['kɑːtɪlɪdʒ] n cartilage m.

cartography [kɑː'tɒgrəfɪ] n cartographie f. ◆ **cartographer** n cartographe mf.

carton ['kɑːtən] n [yogurt, cream] pot m; [milk, squash] carton m; [ice cream] boîte f; [cigarettes] cartouche f.

cartoon [kɑː'tuːn] n [newspaper etc] dessin m (humoristique); (Cine, TV) dessin animé; (Art: sketch) carton m. ◆ **cartoonist** n [newspaper etc] caricaturiste mf; (Cine, TV) dessinateur m, -trice f de dessins animés.

cartridge ['kɑːtrɪdʒ] **1** n [rifle, pen] cartouche f; [camera] chargeur m. **2** adj: ~ **paper** papier m à cartouche, papier fort.

carve [kɑːv] vt tailler (in, out of dans); (sculpt) sculpter (in, out of dans); (Culin) découper. **to ~ one's initials on** graver ses initiales sur. ◆ **carve out** vt sep piece découper (from dans); land prendre (from à); statue, tool tailler (of dans). **to ~ out a career for o.s.** se tailler une carrière. ◆ **carve up** vt sep meat découper; (fig) country morceler; (*: disfigure) person amocher ⚓ (à coups de couteau); sb's face taillader. ◆ **carver** or ◆ **carving knife** n couteau m à découper.

Casablanca [kæsə'blæŋkə] n Casablanca.

cascade [kæs'keɪd] **1** n cascade f. **2** vi tomber en cascade.

cascara [kæs'kɑːrə] *n* cascara sagrada *f*.

case¹ [keɪs] **1** *n* (**a**) (*gen, also Gram, Med, Soc*) cas *m*. **is it the ~ that...?** est-il vrai que...?; **that's not the ~** ce n'est pas le cas; **if that's the ~** en ce cas, dans ce cas-là; **put the ~ that** admettons que + *subj*; **as the ~ may be** selon le cas; **a clear ~ of lying** un exemple manifeste de mensonge; **in ~ he comes** au cas où il viendrait; **in ~ of** en cas de; **(just) in ~** à tout hasard; **in any ~** en tout cas; **in this ~** dans *or* en ce cas; **in that ~** dans ce cas-là; **in the ~ in point** en l'occurrence; **here is a ~ in point** en voici un bon exemple; **in nine ~s out of ten** neuf fois sur dix; **that alters the whole ~** cela change tout; **he's a hard ~** c'est un dur *; **she's a real ~!** * c'est un cas * *or* un numéro! *

(**b**) (*Jur*) affaire *f*, procès *m*. **to try a ~** juger une affaire; **to win one's ~** (*Jur*) gagner son procès; (*fig*) avoir gain de cause; **the ~ for the defendant** les arguments *mpl* en faveur de l'accusé; **there is no ~ against...** il n'y a pas lieu à poursuites contre...; **he's working on the Smith ~** il s'occupe de l'affaire Smith.

(**c**) (*reasoning*) arguments *mpl*. **to make out a good ~ for sth** réunir *or* présenter de bons arguments en faveur de qch; **to make out a good ~ for doing** bien expliquer pourquoi il faudrait faire; **there is a strong ~ for/against...** il y a beaucoup à dire en faveur de/contre...; **a ~ of conscience** un cas de conscience; **to have a strong ~** avoir de solides arguments.

2 *adj* (*Jur, Med, Soc*) **~ file** dossier *m*; **~ history** (*Soc*) évolution *f* du cas social; (*Med*) antécédents médicaux; **to have a heavy ~ load** avoir beaucoup de dossiers (sur les bras).

◆ **case-hardened** *adj* endurci. ◆ **casework** *n* (*Soc*) travail *m* avec des cas individuels. ◆ **caseworker** *n* ≃ assistante *f* sociale, auxiliaire *mf* social(e).

case² [keɪs] *n* (*suitcase*) valise *f*; (*packing ~, crate*) caisse *f*; (*for lettuce etc*) cageot *m*; (*box*) boîte *f*; (*chest*) coffre *m*; (*for goods on display*) vitrine *f*; (*for jewels*) coffret *m*; (*for watch etc*) écrin *m*; (*for camera, violin etc*) étui *m*; (*covering*) enveloppe *f*; (*Tech*) boîte.

cash [kæʃ] **1** *n* (**a**) (*notes and coins*) argent *m*. **how much ~ is there in the till?** combien d'argent y a-t-il dans la caisse?; **paid in ~ and not by cheque** payé en espèces et non pas par chèque; **ready ~** (argent *m*) liquide *m*; **~ in hand** encaisse *f*. (**b**) (*immediate payment*) argent comptant; **to pay ~ (down)** payer comptant *or* cash *; **discount for ~** escompte *m* au comptant; **~ with order** payable à la commande; **~ on delivery** paiement *m* à la livraison. (**c**) (*: money in general*) argent *m*. **to be short of ~** être à court (d'argent); **I've no ~** je suis sans le rond *.

2 *adj* terms, sale, transaction au comptant; *payment, price* comptant *inv*; *prize* en espèces; *problems* d'argent. **~ card** carte *f* de retrait; **~ dispenser** distributeur *m* (automatique de billets); **~ flow** cash-flow *m*; **~ offer** offre *f* d'achat avec paiement comptant; **~ receipts** recettes *fpl* de caisse.

3 *vt* cheque encaisser; banknote changer. **to ~ sb a cheque** donner à qn de l'argent contre un chèque; [*bank*] payer un chèque à qn.

◆ **cash in** *vt sep* réaliser. ◆ **cash in on** * *vt fus* tirer profit de.

◆ **cash-and-carry** *n* libre-service *m* de gros. ◆ **cashbook** *n* livre *m* de caisse. ◆ **cashbox** *n* caisse *f*. ◆ **cashdesk** *n* [*shop, restaurant*] caisse *f*; [*cinema, theatre*] guichet *m*. ◆ **cash-register** *n* caisse *f* (enregistreuse).

cashew [kæ'ʃuː] *n* (**~ nut**) noix *f* de cajou.

cashier¹ [kæ'ʃɪər] *n* (*Fin etc*) caissier *m*, -ière *f*.

cashier² [kæ'ʃɪər] *vt* officer casser.

cashmere [kæʃ'mɪər] *n* cachemire *m*.

cashomat ['kæʃəʊmæt] *n* (*US*) distributeur *m* (automatique de billets).

casino [kə'siːnəʊ] *n* casino *m*.

cask [kɑːsk] *n* tonneau *m*, fût *m*.

casket ['kɑːskɪt] *n* (*gen*) coffret *m*; (*coffin*) cercueil *m*.

cassava [kə'sɑːvə] *n* manioc *m*.

casserole ['kæsərəʊl] **1** *n* (*utensil*) cocotte *f*; (*food*) ragoût *m* (en cocotte). **2** *vt* faire cuire à la cocotte.

cassette [kæ'set] **1** *n* (*Sound Recording*) cassette *f*; (*Phot*) cartouche *f*. **2** *adj*: **~ deck** platine *f* à cassettes; **~ player** lecteur *m* de cassettes; **~ recorder** magnétophone *m* à cassettes.

cassock ['kæsək] *n* soutane *f*.

cast [kɑːst] (*vb: pret, ptp* **cast**) **1** *n* (**a**) (*Fishing*) lancer *m*. (**b**) (*mould*) moule *m*; (*in plaster, metal etc*) moulage *m*; [*medallion etc*] empreinte *f*. (*Med*) **leg in a ~** jambe *f* dans le plâtre; **~ of features** traits *mpl* (du visage); **~ of mind** tournure *f* d'esprit. (**c**) (*Theat*) (*actors*) acteurs *mpl*; (*list on programme etc*) distribution *f*. (**d**) (*Med: squint*) strabisme *m*. **to have a ~ in one eye** loucher d'un œil.

2 *vt* (**a**) (*throw*) (*gen*) jeter; *net, fishing line, stone* lancer, jeter; *shadow, light* projeter; *horoscope* tirer; *doubt* émettre; *blame* rejeter. **to ~ a vote** voter; **to ~ one's eye(s) towards** porter ses regards du côté de. (**b**) (*shed*) se dépouiller de; *horseshoe* perdre. [*snake*] **to ~ its skin** muer. (**c**) (*Art, Tech*) *plaster, metal* couler; *statue* mouler. (**d**) (*Theat*) *play* distribuer les rôles de. **he was ~ as Hamlet** on lui a donné le rôle de Hamlet.

◆ **cast about, cast around** *vi*: **to ~ about for sth** chercher qch. ◆ **cast away** *vt sep* (*Naut*) **to be ~ away** être naufragé. ◆ **cast down** *vt sep* object jeter par terre; eyes baisser. **to be ~ down** (*depressed*) être abattu. ◆ **cast off 1** *vi* (*Naut*) larguer les amarres; (*Knitting*) arrêter les mailles. **2** *vt sep* (*Naut*) larguer les amarres de; (*Knitting*) arrêter; chains se libérer de. ◆ **cast on** (*Knitting*) **1** *vi* monter les mailles. **2** *vt sep* monter. ◆ **cast up** *vt sep* (*reproach*) reprocher (*sth to sb* qch à qn).

◆ **castaway** *n* naufragé(e) *m(f)*. ◆ **casting** *adj*: **to have a ~ing vote** avoir voix prépondérante. ◆ **cast-iron 1** *n* fonte *f*; **2** *adj* de *or* en fonte; (*fig*) case solide. ◆ **cast-off clothes** *or* ◆ **cast-offs** *npl* vêtements *mpl* dont on ne veut plus; (*pej*) vieilles nippes * *fpl*.

castanets [ˌkæstə'nets] *npl* castagnettes *fpl*.

caste [kɑːst] **1** *n* caste *f*. **2** *adj* mark de caste.

caster ['kɑːstər] *n* (*wheel*) roulette *f*. ◆ **caster sugar** *n* sucre *m* en poudre.

castigate ['kæstɪgeɪt] *vt* person châtier; book etc critiquer sévèrement.

castle ['kɑːsl] **1** *n* château *m* (fort); (*Chess*) tour *f*. **~s in the air** châteaux en Espagne. **2** *vi* (*Chess*) roquer.

castor¹ ['kɑːstər] *n* = **caster**.

castor² ['kɑːstər] *n*: **~ oil** huile *f* de ricin.

castrate [kæs'treɪt] *vt* (*Anat*) châtrer; (*fig*) text, film expurger. ◆ **castration** *n* castration *f*.

casual ['kæʒjʊl] **1** *adj* (**a**) (*by chance*) error fortuit; *fall, spark* accidentel; *meeting* de hasard; *glance* jeté au hasard; *walk, stroll* sans but précis; *caller* venu par hasard; *remark* fait en passant. **a ~ acquaintance (of mine)** qn que je connais un peu; **a ~ (love) affair** une aventure; **to have ~ sex** faire l'amour au hasard d'une rencontre. (**b**) (*informal*) *person, manners* sans-gêne *inv*; *tone, voice* désinvolte; *clothes* sport *inv*. **to sound ~** parler avec désinvolture; **he was very ~ about it** il a pris tout ça avec beaucoup de désinvolture. (**c**) *work* intermittent; *worker* temporaire. **~ conversation** conversation *f* à bâtons rompus; **~ labourer** (*on*

building sites) ouvrier *m* sans travail fixe; *(on a farm)* journalier *m*.
2 *n (shoes)* ~s chaussures *fpl* de sport.
◆ **casually** *adv (by chance)* par hasard, fortuitement; *(informally)* avec sans-gêne, avec désinvolture; *(mention)* en passant.

casualty ['kæʒjʊltɪ] **1** *n* **(a)** *(Mil) (dead)* mort(e) *m(f); (wounded)* blessé(e) *m(f).* **casualties** les morts *mpl* et blessés *mpl; (dead)* les pertes *fpl.* **(b)** *(accident victim)* victime *f; (accident)* accident *m.* **2** *adj:* ~ **department** service *m* des urgences; ~ **list** *(Mil)* état *m* des pertes; *(Aviat, gen)* liste *f* des victimes; ~ **ward** salle *f* de traumatologie.

cat [kæt] *n* chat(te) *m(f); (species)* félin *m; (* pej: woman)* rosse * *f.* **to let the** ~ **out of the bag** vendre la mèche; **the** ~**'s out of the bag** ce n'est plus un secret maintenant; **to fight like** ~ **and dog** s'entendre comme chien et chat; **to be like a** ~ **on hot bricks** être sur des charbons ardents; **when the** ~**'s away the mice will play** quand le chat n'est pas là les souris dansent; **that set the** ~ **among the pigeons** ça a été le pavé dans la mare.
◆ **cat-and-mouse** *adj:* **to play a** ~~-and-mouse **game with sb** jouer avec qn comme un chat avec une souris. ◆ **cat-burglar** *n* monte-en-l'air * *m inv.* ◆ **catcall** *n (Theat)* sifflet *m.* ◆ **catfish** *n* poisson-chat *m.* ◆ **catgut** *n (Mus, Sport)* boyau *m* (de chat); *(Med)* catgut *m.* ◆ **catlike 1** *adj* félin *m;* **2** *adv* comme un chat. ◆ **catnap** *n:* **to take a** ~nap faire un (petit) somme. ◆ **cat-o'nine-tails** *n* martinet *m.* ◆ **cat's-eyes** *npl (Aut)* cataphotes *mpl.* ◆ **cat's-paw** *n* dupe *f (qui tire les marrons du feu).* ◆ **catsuit** *n* combinaison-pantalon *f.* ◆ **cattiness** *n* méchanceté *f,* rosserie * *f.* ◆ **catty** *adj* méchant, rosse *; ~ty **remark** rosserie * *f;* **to be** ~ty **about sb/sth** dire des rosseries * de qn/qch.
◆ **catwalk** *n* passerelle *f.*

cataclysm ['kætəklɪz(ə)m] *n* cataclysme *m.*

catalogue, *(US)* **catalog** ['kætəlɒg] **1** *n* catalogue *m; [library]* fichier *m.* **2** *vt* cataloguer.

catalyst ['kætəlɪst] *n* catalyseur *m.*

catalytic [ˌkætə'lɪtɪk] *adj:* ~ **converter** pot *m* catalytique.

catamaran [ˌkætəmə'ræn] *n* catamaran *m.*

catapult ['kætəpʌlt] **1** *n (slingshot)* lance-pierres *m inv; (Aviat, Mil)* catapulte *f.* **2** *vt* catapulter.

cataract ['kætərækt] *n (Geog, Med)* cataracte *f.*

catarrh [kə'tɑːʳ] *n* catarrhe *m.*

catastrophe [kə'tæstrəfɪ] *n* catastrophe *f.* ◆ **catastrophic** [ˌkætə'strɒfɪk] *adj* catastrophique.

catch [kætʃ] *(vb: pret, ptp* **caught**) **1** *n (thing caught)* prise *f,* capture *f; (person caught)* capture; *(game)* jeu *m* de balle; *(Fishing)* pêche *f; (single fish)* prise; *(drawback)* attrape *f,* entourloupette * *f.* **where's the** ~? qu'est-ce qui se cache là-dessous?; **with a** ~ **in one's voice** d'une voix entrecoupée.
2 *adj:* ~ **question** colle * *f.*
3 *vt* **(a)** *(gen)* attraper; *fish, mice, thief* prendre, attraper. **to** ~ **sb by the arm** prendre *or* saisir qn par le bras; **you can usually** ~ **me** *(in)* **around noon** * en général on peut m'avoir * *or* me trouver vers midi; **to** ~ **sb doing sth** surprendre qn à faire qch; **if I** ~ **you at it again!** que je t'y reprenne!; **you won't** ~ **me doing that again** il n'y a pas de danger que je recommence *(subj);* **caught in the act** pris en flagrant délit; **caught in a storm** pris dans un orage; **to get caught by sb** se laisser attraper par qn; **I must** ~ **the train** il ne faut pas que je manque le train; **he caught his train** il a eu son train; **to** ~ **the post** arriver à temps pour la levée; **to** ~ **a programme** réussir à voir *(or* entendre*)* une émission; **to** ~ **one's foot in sth** se prendre le pied dans qch. **(b)** *(understand, hear)* saisir, comprendre. **(c)** *flavour* sentir; *sound* percevoir; *tune, disease* attraper; *attention* attirer. **to** ~ **a cold** attraper un rhume; **to** ~ **cold** prendre

froid; **to** ~ **one's death** ‡ attraper la crève ‡; **to** ~ **one's breath** retenir son souffle (un instant); **to** ~ **fire** prendre feu; **to** ~ **sight of** apercevoir; **you'll** ~ **it!** * tu vas prendre quelque chose! * **(d)** *(hit or snag)* **the branch caught my skirt, I caught my skirt on the branch** ma jupe s'est accrochée à la branche.
4 *vi [fire, wood, ice]* prendre. **her dress caught in the door/on a nail** sa robe s'est prise dans la porte/s'est accrochée à un clou.
◆ **catch at** *vt fus object* (essayer d')attraper; *opportunity* sauter sur. ◆ **catch on** *vi [fashion]* prendre; *[song]* marcher; *(understand)* comprendre *(to sth* qch). ◆ **catch out** *vt sep (catch sb napping)* prendre en défaut; *(catch sb in the act)* prendre sur le fait. **to** ~ **sb out in a lie** surprendre qn en train de mentir. ◆ **catch up 1** *vi (gen)* se rattraper; *(with news)* se remettre au courant. **to** ~ **up on one's work** se mettre à jour dans son travail; **to** ~ **up with sb** rattraper qn. **2** *vt sep* **(a)** *person* rattraper. **(b)** *(pick up quickly)* ramasser vivement. **(c)** **to be** *or* **get caught up in sth** *(in net etc)* être pris dans qch; *(in activity etc)* être pris dans *or* mêlé à qch.
◆ **catch-22** *adj:* **it's a** ~~-22 * **situation** il n'y a pas moyen de s'en sortir. ◆ **catch-as-catch-can** *n* catch *m.* ◆ **catcher** *n (Baseball)* attrapeur *m;* ~**er's mitt** gant *m* de baseball. ◆ **catching** *adj* contagieux. ◆ **catchment** *n:* ~**ment area** *[hospital]* circonscription *f* hospitalière; *[school]* aire *f* de recrutement. ◆ **catch-phrase** *n* cliché *m,* scie *f; (striking phrase)* slogan *m* accrocheur. ◆ **catchword** *n* slogan *m.* ◆ **catchy** *adj:* ~**y tune** air entraînant.

catechism ['kætɪkɪz(ə)m] *n* catéchisme *m.* ◆ **catechist** *n* catéchiste *mf.* ◆ **catechize** *vt* catéchiser.

category ['kætɪg(ə)rɪ] *n* catégorie *f.* ◆ **categoric(al)** *adj* catégorique. ◆ **categorically** *adv* catégoriquement. ◆ **categorize** *vt* classer par catégories.

cater ['keɪtəʳ] *vi (provide food)* préparer un *or* des repas *(for* pour). **to** ~ **for** *sb's needs* pourvoir à; *sb's tastes* satisfaire; **this magazine** ~s **for all ages** ce magazine s'adresse à tous les âges. ◆ **caterer** *n (providing meals)* traiteur *m; (providing supplies)* fournisseur *m (en alimentation).* ◆ **catering 1** *n (providing supplies)* approvisionnement *m; (providing meals)* restauration *f;* **the** ~**ing was done by...** le buffet a été confié à... ; **2** *adj:* ~**ing trade** restauration *f.*

caterpillar ['kætəpɪləʳ] **1** *n (Zool, Tech)* chenille *f.* **2** *adj vehicle* à chenilles. ~ **tractor** autochenille *f.*

caterwaul ['kætəwɔːl] *vi [cat]* miauler; *[person]* brailler. ◆ **caterwauling** *n* miaulement *m;* braillements *mpl.*

cathedral [kə'θiːdr(ə)l] *n* cathédrale *f.* ~ **city** évêché *m.*

catheter ['kæθɪtəʳ] *n (Med)* sonde *f* creuse.

cathode ['kæθəʊd] *n* cathode *f.* ~ **ray tube** tube *m* cathodique.

catholic ['kæθ(ə)lɪk] **1** *adj* **(a)** *(Rel)* C~ catholique; **the** C~ **Church** l'Église *f* catholique. **(b)** *(universal)* universel; *(broad-minded)* libéral. ~ **tastes** goûts *mpl* éclectiques; ~ **views** opinions libérales. **2** *n:* C~ catholique *mf.* ◆ **Catholicism** *n* catholicisme *m.*

catkin ['kætkɪn] *n (Bot)* chaton *m.*

cattle ['kætl] **1** *collective n* bétail *m,* bestiaux *mpl.* **herded like** ~ parqués comme du bétail. **2** *adj:* ~ **breeder** éleveur *m* (de bétail); ' ~ **crossing'** 'passage *m* de troupeaux'; ~ **shed** étable *f;* ~ **show** concours *m* agricole; ~ **truck** fourgon *m* à bestiaux. ◆ **cattleman** *n* bouvier *m.*

caucus ['kɔːkəs] *n (US: committee)* comité *m* électoral; *(pej)* coterie *f* politique.

caught [kɔːt] *pret, ptp of* **catch**.

cauldron ['kɔːldr(ə)n] n chaudron m.

cauliflower ['kɒlɪflaʊəʳ] **1** n chou-fleur m. **2** adj (Culin) ~ **cheese** chou-fleur m au gratin; (fig) ~ **ear** oreille f en chou-fleur.

cause [kɔːz] **1** n cause f. ~ **and effect** la cause et l'effet m; **the relation of** ~ **and effect** la relation de cause à effet; **to be the** ~ **of** être cause de; **she has no** ~ **to be angry** elle n'a aucune raison de se fâcher; **there's no** ~ **for anxiety** il n'y a pas de raison de s'inquiéter or pas de quoi s'inquiéter; **with** ~ à juste titre; **without good** ~ sans raison valable; ~ **for complaint** sujet m de plainte; **in the** ~ **of justice** pour (la cause de) la justice; **it's all in a good** ~ * c'est pour le bien de la communauté; **to plead sb's** ~ plaider la cause de qn. **2** vt causer. **to** ~ **trouble to sb** (problems) créer des ennuis à qn; (disturbance) déranger qn; **to** ~ **sb to do sth** faire faire qch à qn; **to** ~ **sth to be done** faire faire qch. ◆ **causal** adj causal. ◆ **causality** or ◆ **causation** n causalité f. ◆ **causative** adj causatif.

causeway ['kɔːzweɪ] n chaussée f.

caustic ['kɔːstɪk] adj caustique.

cauterize ['kɔːtəraɪz] vt cautériser.

caution ['kɔːʃ(ə)n] **1** n (gen) prudence f, circonspection f; (warning) avertissement m; (rebuke) réprimande f. (Aut) **proceed with** ~ avancez lentement. **2** vt avertir. (Police) **to** ~ **sb** informer qn de ses droits; **to** ~ **sb against sth/against doing sth** déconseiller qch à qn/à qn de faire qch. ◆ **cautionary** adj: ~**ary tale** récit m édifiant.

cautious ['kɔːʃəs] adj prudent, circonspect. **to be** ~ **about doing sth** longuement réfléchir avant de faire qch. ◆ **cautiously** adv prudemment, avec circonspection. ◆ **cautiousness** n prudence f, circonspection f.

cavalier [ˌkævə'lɪəʳ] **1** n cavalier m; (Hist) royaliste m. **2** adj cavalier.

cavalry ['kæv(ə)lrɪ] n cavalerie f.

cave [keɪv] **1** n caverne f, grotte f. **2** adj: ~ **painting** peinture f rupestre. **3** vi: **to go caving** faire de la spéléologie.
◆ **cave in** vi [floor, building] s'effondrer; [wall, beam] céder; (*: yield) se dégonfler *.
◆ **cave-in** n effondrement m. ◆ **caveman** n homme m des cavernes. ◆ **caving** n spéléologie f.

caveat ['kævɪæt] n avertissement m.

cavern ['kævən] n caverne f. ◆ **cavernous** adj darkness épais; eyes cave; voice caverneux; yawn profond.

caviar(e) ['kævɪɑːʳ] n caviar m.

cavil ['kævɪl] vi ergoter (about, at sur).

cavity ['kævɪtɪ] n cavité f. ~ **wall insulation** isolation f des murs creux.

cavort * [kə'vɔːt] vi faire des gambades.

caw [kɔː] **1** vi croasser. **2** n croassement m.

cayenne ['keɪen] n (pepper) (poivre m de) cayenne m.

cease [siːs] **1** vi cesser, s'arrêter. **2** vt cesser, arrêter (doing de faire). **to** ~ **fire** cesser le feu. ◆ **ceasefire** n cessez-le-feu m inv. ◆ **ceaseless** adj incessant. ◆ **ceaselessly** adv sans cesse, sans arrêt.

cedar ['siːdəʳ] n cèdre m.

cede [siːd] vt céder.

cedilla [sɪ'dɪlə] n cédille f.

ceiling ['siːlɪŋ] **1** n plafond m. **to hit the** ~ * (get angry) piquer une crise *; [prices] crever le plafond. **2** adj lamp, covering de plafond; price plafond inv.

celebrate ['selɪbreɪt] vt (gen) célébrer; event fêter; mass célébrer. **let's** ~! * il faut fêter ça!; (with drink) il faut arroser ça! * ◆ **celebrated** adj célèbre. ◆ **celebration** n (occasion) festivités fpl; (act) célébration f; **we must have a celebration** il faut fêter cela. ◆ **celebrity** n célébrité f.

celeriac [sə'lerɪæk] n céleri(-rave) m.

celery ['selərɪ] n céleri m (à côtes). **head/stick of** ~ pied m/côte f de céleri.

celestial [sɪ'lestɪəl] adj (lit, fig) céleste.

celibacy ['selɪbəsɪ] n célibat m. ◆ **celibate** adj, n célibataire (mf).

cell [sel] n (gen) cellule f; (Elec) élément m (de pile). ◆ **cellular** adj (Anat, Bio) cellulaire; blanket en cellular. ◆ **Celluloid** n ® celluloïd m ®.

cellar ['seləʳ] n [wine, coal] cave f; [food etc] cellier m.

cello ['tʃeləʊ] n violoncelle m. ◆ **cellist** n violoncelliste mf.

cellophane ['seləfeɪn] n ® cellophane f ®.

cellulose ['seljʊləʊs] n cellulose f.

Celsius ['selsɪəs] adj Celsius inv.

Celt [kelt, selt] n Celte mf. ◆ **Celtic** ['keltɪk, 'seltɪk] **1** adj celtique, celte; **2** n celtique m.

cement [sə'ment] **1** n ciment m. **2** vt cimenter. **3** adj: ~ **mixer** bétonnière f.

cemetery ['semɪtrɪ] n cimetière m.

cenotaph ['senətɑːf] n cénotaphe m.

censor ['sensəʳ] **1** n censeur m. **2** vt censurer. ◆ **censorship** n censure f.

censure ['senʃəʳ] **1** vt blâmer. **2** n blâme m.

census ['sensəs] n recensement m.

cent [sent] n (a) **per** ~ pour cent. (b) (money) cent m. **not a** ~ * pas un sou.

centenary [sen'tiːnərɪ] adj, n centenaire (m). ◆ **centenarian** adj, n centenaire (mf).

centennial [sen'tenəl] **1** adj (100 years old) centenaire m; (every 100 years) séculaire. **2** n centenaire m.

center ['sentəʳ] n (US) = **centre.**

centigrade ['sentɪgreɪd] adj centigrade.

centimetre, (US) **centimeter** ['sentɪˌmiːtəʳ] n centimètre m.

centipede ['sentɪpiːd] n mille-pattes m inv.

central ['sentr(ə)l] **1** adj central. **C~ America/Europe** Amérique/Europe centrale; **C~ African Republic** République f Centrafricaine; **C~ European** (habitant(e) m(f)) de l'Europe centrale; ~ **heating** chauffage central; (Comput) ~ **processing unit** (abbr **CPU**) unité f centrale (abbr **CU**); (Aut) ~ **reservation** bande médiane. **2** n (US) central m téléphonique. ◆ **centralization** n centralisation f. ◆ **centralize 1** vt centraliser ; **2** vi se centraliser. ◆ **centrally** adv: ~**ly heated** doté du chauffage central.

centre, (US) **center** ['sentəʳ] **1** n centre m. **in the** ~ au centre. **2** vt centrer. **3** vi tourner (on autour de). ◆ **centre-board** n dérive f (d'un bateau).
◆ **centre-fold** n double page f (détachable); (pinup) photo f de pin up (au milieu d'un magazine). ◆ **centre-forward** n avant-centre m. ◆ **centre-half** n demi-centre m.

centrifugal [sen'trɪfjʊg(ə)l] adj centrifuge. ◆ **centrifuge** n centrifugeuse f.

century ['sentjʊrɪ] n siècle m. **in the twentieth** ~ au vingtième siècle. ◆ **centuries-old** adj séculaire.

ceramic [sɪ'ræmɪk] **1** adj art céramique; vase en céramique. **2** n: ~**s** céramique f.

cereal ['sɪərɪəl] n (plant) céréale f; (grain) grain m (de céréale). **baby** ~ blédine f ®; **breakfast** ~ flocons mpl de céréales.

ceremony ['serɪmənɪ] n (event) cérémonie f; (pomp) cérémonies fpl, façons fpl. **to stand on** ~ faire des cérémonies or des façons; **without** ~ sans cérémonies. ◆ **ceremonial 1** adj rite cérémoniel; dress de cérémonie ; **2** *n* cérémonial *m*. ◆ **ceremonially** *adv* selon le cérémonial d'usage. ◆ **ceremonious** *adj* solennel; *(slightly pej)* cérémonieux. ◆ **ceremoniously** *adv* solennellement; *(slightly pej)* cérémonieusement.

cert ✻ [sɜːt] *n*: **it's a dead** ~ c'est sûr et certain ✻.

certain ['sɜːtən] *adj* **(a)** *(sure)* certain, sûr; *death, success* certain, inévitable; *remedy* infaillible. **he is** ~ **to go** il est certain qu'il ira; **that's for** ~ ✻ c'est sûr et certain ✻; **I cannot say for** ~ **that...** je ne peux pas affirmer que...; **I don't know for** ~ je n'en suis pas sûr; **I am** ~ **he didn't do it** je suis certain qu'il n'a pas fait cela; **be** ~ **to go** allez-y sans faute, ne manquez pas d'y aller; **you can be** ~ **of success** vous êtes sûr de réussir; **to make** ~ **of sth/that...** s'assurer de qch/que... **(b)** *(particular)* certain *(before n)*. **a** ~ **gentleman** un certain monsieur. ◆ **certainly** *adv* certainement, sans aucun doute; ~**ly!** bien sûr!; ~**ly not!** certainement pas!; **I shall** ~**ly be there** j'y serai sans faute; **you may** ~**ly leave** vous pouvez partir, bien sûr. ◆ **certainty** *n* certitude *f*.

certify ['sɜːtɪfaɪ] **1** *vt* **(a)** certifier *(that* que). **certified as a true copy** certifié conforme; **to** ~ **sb (insane)** déclarer qn atteint d'aliénation mentale. **(b)** *(Comm) goods* garantir. *(US)* **to send by certified mail** ≃ envoyer avec avis de réception. **2** *vi*: **to** ~ **to sth** attester qch. ◆ **certifiable** *adj* qu'on peut certifier; *(✻: mad)* bon à enfermer. ◆ **certificate** [sə'tɪfɪkɪt] *n (legal)* certificat *m*; *(academic)* diplôme *m*. ◆ **certificated** *adj* diplômé. ◆ **certification** *n* certification *f*.

certitude ['sɜːtɪtjuːd] *n* certitude *f*.

cervix ['sɜːvɪks] *n* col *m* de l'utérus. ◆ **cervical** *adj*: **cervical smear** frottis *m* vaginal.

cessation [se'seɪʃ(ə)n] *n* cessation *f*.

cesspit ['sespɪt] *n* fosse *f* à purin.

cesspool ['sespuːl] *n* fosse *f* d'aisance.

Chad [tʃæd] *n* Tchad *m*.

chafe [tʃeɪf] **1** *vt (rub)* frotter, frictionner; *(rub against)* frotter contre, gratter; *(wear through)* user (en frottant). *(from cold)* ~**d lips/hands** lèvres/mains gercées. **2** *vi* s'user, *(fig)* s'impatienter, s'irriter *(at, against* de).

chaff[1] [tʃɑːf] *n [grain]* balle *f*; *(cut straw)* menue paille *f*.

chaff[2] [tʃɑːf] *vt (tease)* taquiner.

chaffinch ['tʃæfɪn(t)ʃ] *n* pinson *m*.

chagrin ['ʃægrɪn] *n* vive déception, vif dépit. **much to my** ~ à mon vif dépit.

chain [tʃeɪn] **1** *n* **(a)** *(gen)* chaîne *f*. **in** ~**s** enchaîné; *[lavatory]* **to pull the** ~ tirer la chasse (d'eau). **(b)** *[mountains, atoms, shops]* chaîne *f*; *[ideas]* enchaînement *m*; *[events]* série *f*, suite *f*. *[people]* **to make a** ~ faire la chaîne. **2** *adj*: ~ **letters** chaîne *f* (de lettres); ~ **mail** cotte *f* de mailles; ~ **reaction** réaction *f* en chaîne; ~ **saw** tronçonneuse *f*; ~ **smoke** fumer cigarette sur cigarette; ~ **smoker** fumeur *m*, -euse *f* invétéré(e); ~ **store** grand magasin (à succursales multiples). **3** *vt* enchaîner; *dog* mettre à l'attache.

chair [tʃɛəʳ] **1** *n* **(a)** *(gen)* chaise *f*; *(arm*~*)* fauteuil *m*; *(seat)* siège *m*; *(Univ)* chaire *f*; *(wheel* ~*)* fauteuil roulant. **to take a** ~ s'asseoir. **dentist's** ~ fauteuil de dentiste; *(US: electric* ~*)* **to go to the** ~ passer à la chaise électrique; *(at meeting)* **to be in the** ~ présider; ~! ~! à l'ordre! **(b)** *(of committee)* président(e) *m(f)*. **2** *vt meeting* présider; *hero* porter en triomphe. ◆ **chairlift** *n* télésiège *m*. ◆ **chairman** *n* président *m (d'un comité etc)*. ◆ **chairmanship** *n* présidence *f*. ◆ **chairperson** ✻ *n* président(e) *m(f)*.

chalet ['ʃæleɪ] *n (gen)* chalet *m*; *[motel]* bungalow *m*.

chalice ['tʃælɪs] *n* calice *m*.

chalk [tʃɔːk] **1** *n* craie *f*. **a (piece of)** ~ une craie, un morceau de craie; **they're as different as** ~ **from cheese** c'est le jour et la nuit; **by a long** ~ de beaucoup, de loin; **not by a long** ~ loin de là. **2** *vt* écrire à la craie; *luggage* marquer à la craie. ◆ **chalk up** *vt sep achievement, victory* remporter. *(amount owed)* ~ **it up** mettez-le sur mon compte; **he** ~**ed it up to experience** il l'a mis au compte de l'expérience. ◆ **chalkpit** *n* carrière *f* de craie. ◆ **chalky** *adj* crayeux.

challenge ['tʃælɪn(d)ʒ] **1** *n* défi *m*; *(by sentry)* sommation *f*. **to put out a** ~ lancer un défi; **to take up the** ~ relever le défi; **the** ~ **of new ideas** la stimulation qu'offrent de nouvelles idées; **the** ~ **of the 20th century** le défi du XXᵉ siècle; **Smith's** ~ **for leadership** la tentative qu'a faite Smith pour s'emparer du pouvoir; **the job was a great** ~ **to him** il a pris cette tâche comme une gageure. **2** *vt* défier *(sb to do* qn de faire); *(Sport)* inviter *(sb to a game* qn à faire une partie); *statement* mettre en question, contester; *[sentry]* faire une sommation à; *juror, jury* récuser. **to** ~ **sb to a duel** provoquer qn en duel; **to** ~ **sb's authority to do** contester à qn le droit de faire; **to** ~ **the wisdom of a plan** mettre en question la sagesse d'un projet. ◆ **challenger** *n* provocateur *m*, -trice *f*; *(Sport)* challenger *m*. ◆ **challenging** *adj remark* provocateur; *look, tone* de défi; *book* stimulant; **this is a very challenging situation** cette situation est une véritable gageure.

chamber ['tʃeɪmbəʳ] **1** *n (hall)* chambre *f*; *(†: room)* pièce *f*; *(bed* ~*)* chambre. ~**s** *[barrister, judge, magistrate]* cabinet *m*; *[solicitor]* étude *f*; **C**~ **of Commerce** Chambre de commerce; *(Parl)* **the Upper/Lower C**~ la Chambre Haute/Basse; **the C**~ **of Horrors** la Chambre d'épouvante. **2** *adj*: ~ **music** musique *f* de chambre. ◆ **chambermaid** *n* femme *f* de chambre *(dans un hôtel)*. ◆ **chamberpot** *n* pot *m* de chambre.

chamberlain ['tʃeɪmbəlɪn] *n* chambellan *m*.

chameleon [kə'miːlɪən] *n* caméléon *m*.

chamois ['ʃæmwɑː] *n* **(a)** *(Zool)* chamois *m*. **(b)** ['ʃæmɪ] *(*~ *cloth)* chamois *m*. ~ **leather** peau *f* de chamois.

champ [tʃæmp] *vti* mâchonner. **to** ~ **at the bit** ronger son frein.

champagne [ʃæm'peɪn] *n* champagne *m*.

champion ['tʃæmpjən] **1** *n* champion(ne) *m(f)*. **world** ~ champion(ne) du monde; **skiing** ~ champion(ne) de ski. **2** *adj* sans rival, de première classe; *show animal* champion. ~ **swimmer** champion(ne) *m(f)* de natation. **3** *vt* défendre, soutenir. ◆ **championship** *n (Sport)* championnat *m*; *[cause etc]* défense *f*.

chance [tʃɑːns] **1** *n* **(a)** *(luck)* hasard *m*. **by** ~ par hasard; **have you a pen by (any)** ~? auriez-vous par hasard un stylo?; **a game of** ~ un jeu de hasard; **he left nothing to** ~ il n'a rien laissé au hasard. **(b)** *(possibility)* chances *fpl*, possibilité *f*. **he hasn't much** ~ **of winning** il n'a pas beaucoup de chances de gagner; **the** ~**s are that** il y a de grandes chances que + *subj*, il est très possible que + *subj*; **the** ~**s are against that happening** il y a peu de chances pour que cela arrive *(subj)*; **there is little** ~ **of his coming** il est peu probable qu'il vienne; **you'll have to take a** ~ **on his coming** vous verrez bien s'il vient ou non; **he's taking no** ~**s** il ne veut prendre aucun risque. **(c)** *(opportunity)* occasion *f*, chance *f*. **I had the** ~ **to go** *or* **of going** j'ai eu l'occasion d'y aller; **if there's a** ~ **of buying it** s'il y a une possibilité d'achat; **she was waiting for her** ~ elle attendait son heure; **now's your** ~! vas-y!, saute sur l'occasion!; **this is his big** ~ c'est le grand moment pour lui; **give him another** ~ laisse-lui encore sa chance; **he**

never had a ~ in life il n'a jamais eu sa chance dans la vie; **give me a ~ to show you...** donnez-moi la possibilité de vous montrer...
2 *adj error, remark* fortuit; *companion* rencontré par hasard; *discovery* accidentel; *meeting* de hasard.
3 *vt (happen)* **to ~ to do** faire par hasard; *(risk)* **to ~ doing** prendre le risque de faire; **to ~ it, to ~ one's arm** * risquer le coup *.
♦ **chance upon** *vt fus person* rencontrer par hasard; *thing* trouver par hasard.
♦ **chancy** * *adj* risqué.

chancel ['tʃɑːns(ə)l] *n* chœur *m* *(d'une église)*.

chancellor ['tʃɑːnsələ'] *n* chancelier *m*. **C~ of the Exchequer** Chancelier *m* de l'Échiquier.

chandelier [ˌʃændə'lɪə'] *n* lustre *m*.

chandler ['tʃɑːndlə'] *n*: **ship's ~** shipchandler *m*, marchand *m* de fournitures pour bateaux.

change [tʃeɪn(d)ʒ] **1** *n* **(a)** changement *m* *(from de, into* en). **a ~ for the better/worse** un changement en mieux/en pire; **~ in the weather** changement de temps; **just for a ~** pour changer un peu; **to have a ~ of heart** changer d'avis; **it makes a ~** * ça change un peu; **it will be a nice ~** cela nous fera un changement; **the ~ of life** le retour d'âge; **~ of address** changement d'adresse; **a ~ of clothes** des vêtements de rechange; **~ of air or scene** changement d'air; **she likes ~** elle aime le changement *or* la variété.
(b) *(money)* monnaie *f*. **small** *or* **loose ~** petite monnaie; **can you give me ~ of £1?** pouvez-vous me faire la monnaie d'une livre?; **you don't get much ~ from a fiver** il ne reste pas grand-chose d'un billet de cinq livres; *(fig)* **you won't get much ~ out of him** * tu perds ton temps avec lui.
2 *vt* **(a)** *(by substitution)* clothes, one's address, trains, one's name* changer de. **to ~ colour** changer de couleur; **to ~ hands** changer de main; **a sum of money ~d hands** une somme d'argent a été échangée; **to ~ the guard** faire la relève de la garde; *(Theat)* **to ~ the scene** changer le décor; **let's ~ the subject** parlons d'autre chose; **to ~ one's tune** changer de ton; **to ~ one's opinion** *or* **mind** changer d'avis; *(Aut)* **to ~ a wheel** changer une roue.
(b) *(exchange)* échanger *(sth for sth else* qch contre qch d'autre). **to ~ places (with sb)** changer de place (avec qn); *(fig)* **I wouldn't like to ~ places with you** je n'aimerais pas être à votre place; **to ~ ends** *(Tennis)* changer de côté; *(Ftbl etc)* changer de camp; **to ~ sides** changer de camp.
(c) *banknote, coin* faire la monnaie de, changer; *foreign currency* changer, convertir *(into* en).
(d) *(alter)* changer, transformer *(sth into sth else* qch en qch d'autre). **the witch ~d him into a cat** la sorcière l'a changé en chat.
3 *vi* **(a)** *(become different)* changer *(into* en). **you've ~d a lot** tu as beaucoup changé; **the prince ~d into a swan** le prince s'est changé en cygne.
(b) *(~ clothes)* se changer. **she ~d into an old skirt** elle s'est changée et a mis une vieille jupe.
(c) *(Rail etc)* changer. **all ~!** tout le monde descend!
♦ **change down** *vi (Aut)* rétrograder. ♦ **change over** *vi* passer *(from de, to* à); *[2 people, teams etc]* faire l'échange; *(Sport: change ends)* changer de côté. ♦ **change up** *vi (Aut)* monter les vitesses.
♦ **changeable** *adj person, character, colour* changeant; *weather* variable. ♦ **changeless** *adj rite* immuable; *character* inaltérable. ♦ **changeling** *n* enfant *mf* changé(e) *(substitué à un enfant volé)*.
♦ **change machine** *n* distributeur *m* de monnaie. ♦ **changeover** *n* changement *m* *(from de, to* à); *[guard]* relève *f*. ♦ **change purse** *n (US)* porte-monnaie *m inv.* ♦ **changing 1** *adj wind* variable; *expression* mobile ; **2** *n*: **the changing of the guard** la relève de la garde. ♦ **changing-room** *n* vestiaire *m*.

channel ['tʃænl] **1** *n (navigable passage)* chenal *m*; *(between land masses)* bras *m* de mer; *[irrigation]* rigole *f*; *(in street)* caniveau *m*; *(groove in surface)* rainure *f*; *(Archit)* cannelure *f*; *(TV)* chaîne *f*. **the (English) C~** la Manche; **he directed the conversation into a new ~** il a fait prendre à la conversation une nouvelle direction; **~ of communication** voie *f* de communication; **to go through the usual ~s** suivre la filière (habituelle). **2** *adj (Geog)* **the C~ Isles** *or* **Islands** les îles Anglo-Normandes; **the C~ tunnel** le tunnel sous la Manche.
3 *vt* canaliser *(into* dans, *towards* vers).

chant [tʃɑːnt] **1** *n (Mus)* chant *m*; *(Rel Mus)* psalmodie *f*; *[demonstrators, audience etc]* chant scandé. **2** *vt (gen)* chanter; *(recite)* réciter; *(Rel)* psalmodier; *[demonstrators etc]* scander. **3** *vi* chanter; psalmodier; scander des slogans.

chaos ['keɪɒs] *n* chaos *m*. ♦ **chaotic** *adj* chaotique.

chap¹ [tʃæp] **1** *n (in skin)* gerçure *f*. **2** *vi* se gercer.

chap² * [tʃæp] *n (man)* homme *m*, type * *m*. **old ~** mon vieux *; **a nice ~** un chic type *; **poor little ~** pauvre petit.

chapel ['tʃæp(ə)l] *n* chapelle *f*; *(nonconformist church)* église *f*, temple *m*. **~ of rest** chapelle ardente.

chaperon(e) ['ʃæpərəʊn] **1** *n* chaperon *m*. **2** *vt* chaperonner.

chaplain ['tʃæplɪn] *n (gen)* aumônier *m*; *(to nobleman etc)* chapelain *m*.

chapter ['tʃæptə'] *n* chapitre *m*. **in ~ 4** au chapitre 4; **to quote ~ and verse** citer ses références; **a ~ of accidents** une succession de mésaventures.

char¹ [tʃɑː'] *vt (burn black)* carboniser.

char² * [tʃɑː'] **1** *n (~lady, ~woman)* femme *f* de ménage. **2** *vi* faire des ménages.

character ['kærɪktə'] **1** *n (most senses)* caractère *m*; *(Literat, Theat)* personnage *m*. **he has the same ~ as his brother** il a le même caractère que son frère; **it's very much in ~ (for him)** cela lui ressemble tout à fait; **it takes ~ to do...** il faut avoir du caractère pour faire...; **he's quite a ~** c'est un numéro *; **he's a queer ~** c'est un type * curieux; **of good ~** qui a une bonne réputation; **Gothic ~s** caractères gothiques. **2** *adj*: **~ actor/actress** acteur *m*/actrice *f* de genre; **~ assassination** diffamation *f (destinée à ruiner la réputation d'une personne)*; **~ comedy** comédie *f* de caractère; **~ part** rôle *m* de composition; **~ sketch** portrait *m or* description *f* rapide.
♦ **characteristic 1** *adj* caractéristique, typique; **with (his) ~istic enthusiasm** avec l'enthousiasme qui le caractérise ; **2** *n* caractéristique *f*. ♦ **characteristically** *adv* d'une façon caractéristique, typiquement. ♦ **characterization** *n* caractérisation *f*; *(Theat)* représentation *f* des caractères; *(Literat)* peinture *f* des caractères. ♦ **characterize** *vt* caractériser. ♦ **characterless** *adj* sans caractère, fade.

charcoal ['tʃɑːkəʊl] **1** *n* charbon *m* de bois. **2** *adj sketch* au charbon; *(colour)* gris anthracite *inv.*

charge [tʃɑːdʒ] **1** *n* **(a)** *(Jur etc)* accusation *f*. **to bring a ~ against sb** porter plainte contre qn; **arrested on a ~ of murder** arrêté sous l'inculpation de meurtre. **(b)** *(Mil)* charge *f*, attaque *f*. **(c)** *(cost)* prix *m*. **to make a ~ for sth** faire payer qch; **is there a ~?** y a-t-il qch à payer?; **free of ~** gratuit; **at a ~ of...** moyennant...; **extra ~** supplément *m*; **~ for admission** droit *m* d'entrée; **~ for delivery** (frais *mpl* de) port *m*. **(d)** *(responsibility)* charge *f*, responsabilité *f*. **he took ~** il a assumé la responsabilité *(or* les fonctions *etc)*; **who takes ~ when...?** qui est-ce qui est responsable quand...?; **to take ~ of** se charger de; **to be in ~ of** avoir la garde de; **in his ~** à sa garde; **to put sb in ~ of sb/sth** charger qn de la garde de qn/qch; **leave sb in ~ of sb/sth** confier qn/qch à la garde

de qn; **the man in** ~ le responsable; **the nurse and her** ~**s** l'infirmière et ses malades. **(e)** *[firearm, battery etc]* charge *f*.
2 *adj:* ~ **account** compte *m*.
3 *vt* **(a) to** ~ **sb with sth** *(Jur)* inculper qn de qch; *(gen)* accuser qn de qch. **(b)** *(Mil)* charger. **(c)** *customer* faire payer; *amount* prendre, demander *(for* pour); *commission* prélever. **I** ~**d him £2 for this table** je lui ai fait payer cette table 2 livres; **how much do you** ~ **for mending shoes?** combien prenez-vous pour réparer des chaussures? **(d)** (~ **up)** *amount owed* mettre sur le compte *(to sb* de qn). **(e)** *firearm, battery* charger. **(f)** *(command)* **to** ~ **sb to do** sommer qn de faire.
4 *vi* **(a)** *(rush)* **to** ~ **in/out** entrer/sortir en coup de vent; **to** ~ **up/down** grimper/descendre à toute vitesse. **(b)** *[battery]* se recharger.
♦ **chargehand** *n* chef *m* d'équipe. ♦ **charger** *n* *[battery]* chargeur *m*; *(horse)* cheval *m* (de bataille).

chariot ['tʃærɪət] *n* char *m*.

charisma [kæ'rɪzmə] *n* charisme *m*, magnétisme *m*. ♦ **charismatic** *adj* charismatique, magnétique.

charity ['tʃærɪtɪ] *n* **(a)** charité *f*. ~ **begins at home** charité bien ordonnée commence par soi-même; **to live on** ~ vivre d'aumônes; **to collect for** ~ faire une collecte pour une œuvre charitable. **(b)** *(charitable society)* œuvre *f* de bienfaisance. ♦ **charitable** *adj* charitable; **charitable institution** fondation *f* charitable. ♦ **charitably** *adv* charitablement.

charm [tʃɑːm] **1** *n* charme *m*. **it worked like a** ~ ça a marché à merveille. **2** *adj:* ~ **bracelet** bracelet *m* à breloques. **3** *vt* charmer. **to lead a** ~**ed life** être béni des dieux; **to** ~ **sth out of sb** obtenir qch de qn par le charme. ♦ **charmer** *n* charmeur *m*, -euse *f*. ♦ **charming** *adj* charmant. ♦ **charmingly** *adv* d'une façon charmante.

chart [tʃɑːt] **1** *n* **(a)** *(map)* carte *f* (marine). **(b)** *(graph etc)* graphique *m*, tableau *m*; *(Med)* courbe *f*. **temperature** ~ feuille *f* or courbe *f* de température; **the** ~**s** le hit-parade. **2** *vt* route porter sur la carte; *sales, results* faire le graphique *or* la courbe de. **this graph** ~**s...** ce graphique montre...

charter ['tʃɑːtəʳ] **1** *n* **(a)** *(document)* charte *f*; *[society, organization]* statuts *mpl*. **(b)** *(hiring)* *[plane, coach etc]* affrètement *m*. **on** ~ sous contrat d'affrètement. **2** *adj:* ~ **flight** (vol *m* en) charter *m*; **by** ~ **flight** en charter; ~ **plane** charter *m*; ~ **train** train affrété. **3** *vt* plane etc affréter. ♦ **chartered** *adj:* ~**ed accountant** expert-comptable *m*; ~**ed surveyor** expert *m* immobilier.

chary ['tʃɛərɪ] *adj* circonspect. ~ **of praise** avare de compliments; **to be** ~ **of doing** hésiter à faire. ♦ **charily** *adv* avec circonspection.

chase [tʃeɪs] **1** *n* chasse *f*. **to give** ~ **to** donner la chasse à; **in** ~ **of** à la poursuite de. **2** *vt* poursuivre, donner la chasse à. **3** *vi:* **to** ~ **up/down** etc monter/descendre etc au grand galop; **to** ~ **after sb** courir après qn.
♦ **chase away, chase off** *vt sep* chasser, faire partir. ♦ **chase up** *vt sep* information rechercher; *sth already asked for* réclamer. **to** ~ **sb up for sth** rappeler à qn de donner qch; **I'll** ~ **it** *or* **him up for you** je vais essayer d'activer les choses.

chasm ['kæz(ə)m] *n* gouffre *m*, abîme *m*.

chassis ['ʃæsɪ] *n* châssis *m*.

chaste [tʃeɪst] *adj* chaste; *style* sobre. ♦ **chastely** *adv behave* chastement; *dress* avec sobriété. ♦ **chastity** *n* chasteté *f*.

chasten ['tʃeɪsn] *vt* *(punish)* châtier; *(subdue)* assagir. ♦ **chastening** *adj thought* qui fait réfléchir; **it had a very** ~**ing effect on him** cela l'a fait réfléchir *or* l'a assagi.

chastise [tʃæs'taɪz] *vt* *(punish)* châtier; *(beat)* battre, corriger. ♦ **chastisement** *n* châtiment *m*; correction *f*.

chat [tʃæt] **1** *n* causette *f*, petite conversation. **to have a** ~ bavarder, parler *(with, to* avec). **2** *adj* *(Rad/TV)* ~ **show** conversation *f* à bâtons rompus avec un(e) invité(e) célèbre. **3** *vi* bavarder, causer *(with* avec).
♦ **chat up** * *vt sep* girl baratiner *. ♦ **chatty** * *adj* person bavard; *style* familier; *letter* plein de bavardages.

chatter ['tʃætəʳ] **1** *vi* *[people]* bavarder, causer; *[children, monkeys, birds]* jacasser. **his teeth were** ~**ing** il claquait des dents. **2** *n* bavardage *m*; jacassement *m*. ♦ **chatterbox** *n* moulin *m* à paroles, bavard(e) *m(f)*.

chauffeur ['ʃəʊfəʳ] *n* chauffeur *m* (de maître).

chauvinism ['ʃəʊvɪnɪz(ə)m] *n* *(gen)* chauvinisme *m*; *(male* ~) machisme *m*.

chauvinist ['ʃəʊvɪnɪst] **1** *n* *(gen)* chauvin(e) *m(f)*; *(male* ~) macho *m*. **2** *adj* *(gen)* chauvin; *(male* ~) macho *inv*, machiste.

cheap [tʃiːp] **1** *adj* bon marché *inv*, peu cher; *tickets* à prix réduit; *fare* réduit; *money* bon marché; *(pej: poor quality)* de mauvaise qualité; *success, joke* facile. **on the** ~ à bon marché, pour pas cher; **it's** ~ **at the price** c'est bon marché à ce prix-là; *(fig)* les choses auraient pu être pires; ~**er** meilleur marché, moins cher; **it's** ~**er in the long run** cela revient moins cher à la longue; **this stuff is** ~ **and nasty** c'est de la camelote *; **his behaviour was very** ~ il s'est très mal conduit; **to feel** ~ avoir honte *(about* de). **2** *adv* bon marché; *(cut-price)* au rabais. ♦ **cheapen** *vt* baisser le prix de; *(fig)* déprécier; **to** ~**en o.s.** *[woman]* être facile; *(gen)* se déconsidérer. ♦ **cheapjack** *adj* de camelote. ♦ **cheaply** *adv* à bon marché, pour pas cher; **to get off** ~**ly** s'en tirer à bon compte. ♦ **cheapness** *n* bas prix *m*; *(fig)* médiocrité *f*. ♦ **cheapshot** * *vt (US)* débiner *, dénigrer.

cheat [tʃiːt] **1** *vt* tromper; *(swindle)* escroquer. **to** ~ **sb out of sth** escroquer qch à qn. **2** *vi* *(at games)* tricher *(at* à); *(defraud)* frauder. **3** *n* tricheur *m*, -euse *f*; *(crook)* escroc *m*. ♦ **cheating** **1** *n* tromperie *f*; escroquerie *f*; tricherie *f* ; **2** *adj* tricheur.

check¹ [tʃek] *n* *(US)* = **cheque**.

check² [tʃek] **1** *n* **(a)** *(setback)* *[movement]* arrêt *m* brusque; *[plans etc]* empêchement *m*; *(Mil)* revers *m*. **to hold** *or* **keep in** ~ tenir en échec; **to put a** ~ **on** mettre un frein à; **to act as a** ~ **upon** freiner. **(b)** *(examination)* *[papers, passport, ticket]* contrôle *m*; *[luggage]* vérification *f*; *(mark)* marque *f* de contrôle. **to keep a** ~ **on** surveiller; *(US)* ~**!** d'accord!, O.K.! *. **(c)** *(Chess)* **in** ~ en échec; *(excl)* ~**!** échec au roi! **(d)** *(receipt)* *[left luggage]* bulletin *m* de consigne; *(Theat)* contremarque *f*; *[restaurant]* addition *f*. **2** *vt* **(a)** *(examine)* figures, quality vérifier; *tickets, passports* contrôler. **to** ~ **a copy against the original** vérifier une copie sur l'original. **(b)** *(stop)* enemy arrêter; *advance* enrayer; *(restrain)* maîtriser. **to** ~ **o.s.** se contrôler. **(c)** *(rebuke)* réprimander.
♦ **check in 1** *vi* *(in hotel)* *(arrive)* arriver; *(register)* remplir une fiche (d'hôtel); *(Aviat)* se présenter à l'enregistrement. **2** *vt sep* luggage enregistrer.
♦ **check off** *vt sep* pointer, cocher. ♦ **check on** *vt fus* vérifier. ♦ **check out 1** *vi* *(from hotel)* régler sa note. **2** *vt sep* luggage retirer. ♦ **check over** *vt sep* examiner, vérifier. ♦ **check up** *vi* se renseigner, vérifier. **to** ~ **up on** *fact* vérifier; *person* se renseigner sur.
♦ **checker** *n* contrôleur *m*, -euse *f*; *(US: in supermarket)* caissier *m*, -ière *f*; *(US: in cloakroom)* préposé(e) *m(f)* au vestiaire. ♦ **check-in** *adj: (Aviat)* **your** ~**-in time is...** présentez-vous à l'enregistrement des bagages à... ♦ **checking** *adj: (US)* ~**ing account** compte *m* courant. ♦ **checklist** *n* liste

f de contrôle. ◆ **checkmate 1** *n (Chess)* échec et mat *m*; *(fig)* impasse *f* ; **2** *vt* faire échec et mat à; *(fig)* coincer. ◆ **check-out** *n (Comm)* caisse *f (dans un libre-service).* ◆ **checkpoint** *n* contrôle *m*. ◆ **checkroom** *n (US)* vestiaire *m*. ◆ **checkup** *n*: *(Med)* **to go for** *or* **have a ~up** se faire faire un bilan de santé.

check³ [tʃek] *n*: **~s** *(pattern)* carreaux *mpl*, damier *m*. ◆ **checked** *adj* à carreaux. ◆ **checkerboard** *n (US)* damier *m*. ◆ **checkered** *adj (US)* = **chequered**.

◆ **checkers** *npl (US)* jeu *m* de dames.

cheddar [ˈtʃedəʳ] *n (fromage m de)* cheddar *m*.

cheek [tʃi:k] **1** *n* **(a)** joue *f*. ~ **by jowl** côte à côte; ~ **by jowl with** tout près de; **to dance ~ to ~** danser joue contre joue; ~ **bone** pommette *f*. **(b)** *(*: *impudence)* toupet *m*, culot * *m*. **to have the ~ to do** avoir le toupet *or* le culot * de faire; **of all the ~!** quel culot! *, quel toupet! **2** *vt* être insolent avec. ◆ **cheekily** *adv* effrontément, avec insolence. ◆ **cheekiness** *n* effronterie *f*, toupet *m*, culot * *m*. ◆ **cheeky** *adj child* effronté, insolent, culotté *; *remark* impertinent.

cheep [tʃi:p] **1** *n [bird]* piaulement *m*. **2** *vi* piauler.

cheer [tʃɪəʳ] **1** *n*: **~s** acclamations *fpl*, hourras *mpl*; **to give three ~s for** acclamer; **three ~s for...!** un ban pour...!; **three ~s!** hourra!; **~s!** * *(drinking)* à la vôtre! *, à la tienne! *; *(goodbye)* au revoir!, tchao *! **2** *adj*: ~ **leader** meneur *m* (qui rythme les cris des supporters). **3** *vt* **(a)** **(~ up)** *(gladden)* égayer, dérider; *(comfort)* donner du courage à, remonter le moral à; *room* égayer. **(b)** *(applaud)* acclamer, applaudir. **4** *vi* applaudir, pousser des hourras.

◆ **cheer on** *vt sep person, team* encourager *(par des cris etc).* ◆ **cheer up 1** *vi* prendre courage, prendre espoir. ~ **up!** courage! **2** *vt sep* = **cheer 3a.** ◆ **cheerful** *adj person, smile, conversation* joyeux, gai; *place, colour* gai, riant; *prospect* attrayant; *news* réconfortant. ◆ **cheerfully** *adv* gaiement, joyeusement. ◆ **cheerfulness** *n* gaieté *f*. ◆ **cheerily** *adv* gaiement, joyeusement. ◆ **cheering 1** *n* acclamations *fpl*, hourras *mpl* ; **2** *adj news, sight* réconfortant, qui remonte le moral. ◆ **cheerio** * *excl (goodbye)* au revoir!, salut! *; *(your health)* à la vôtre! *, à la tienne! * ◆ **cheerless** *adj* morne, triste. ◆ **cheery** *adj* gai, joyeux.

cheese [tʃi:z] **1** *n (for photograph)* 'say ~' 'un petit sourire'. **2** *adj sandwich* au fromage. ~ **board** plateau *m* à *or* de fromage(s); ~ **dip** ≃ fondue *f*. ◆ **cheeseburger** *n* ≃ croque-monsieur *m*. ◆ **cheesecake** *n* flan *m* au fromage blanc. ◆ **cheesecloth** *n* toile *f* à beurre. ◆ **cheesed** *adj*: **to be ~d off** * en avoir marre * *(with* de). ◆ **cheeseparing 1** *n* économies *fpl* de bouts de chandelles ; **2** *adj* pingre.

cheetah [ˈtʃi:tə] *n* guépard *m*.

chef [ʃef] *n* chef *m* (de cuisine).

chemical [ˈkemɪk(ə)l] **1** *adj* chimique. **2** *n* produit *m* chimique. ◆ **chemically** *adv* chimiquement.

chemist [ˈkemɪst] *n (researcher etc)* chimiste *mf*; *(pharmacist)* pharmacien(ne) *m(f)*. ~**'s shop** pharmacie *f*. ◆ **chemistry** *n* chimie *f*.

chemotherapy [ˈki:məʊˈθerəpɪ] *n* chimiothérapie *f*.

cheque [tʃek] *n* chèque *m* *(for £10* de 10 livres). **bad ~** chèque sans provision; ~ **book** carnet *m* de chèques; ~ **card** carte *f* d'identité bancaire.

chequered [ˈtʃekəd] *adj* à carreaux, à damier, *(fig)* varié. **he had a ~ career** sa carrière a connu des hauts et des bas.

cherish [ˈtʃerɪʃ] *vt person, memory* chérir; *feelings, opinion* entretenir; *hope, illusions* caresser. ◆ **cherished** *adj* très cher.

cherry [ˈtʃerɪ] **1** *n* cerise *f*; *(~ tree)* cerisier *m*. **2** *adj pie, tart* aux cerises. ~ **brandy** cherry-brandy *m*; ~ **orchard** cerisaie *f*; ~ **red** (rouge) cerise *inv*.

cherub [ˈtʃerəb] *n* chérubin *m*. ◆ **cherubic** *adj* angélique.

chervil [ˈtʃɜ:vɪl] *n* cerfeuil *m*.

chess [tʃes] *n* échecs *mpl*. ◆ **chessboard** *n* échiquier *m*. ◆ **chessman** *n* pièce *f* (de jeu d'échecs). ◆ **chessplayer** *n* joueur *m*, -euse *f* d'échecs.

chest¹ [tʃest] *n (box)* coffre *m*, caisse *f*; *(tea ~)* caisse. ~ **of drawers** commode *f*.

chest² [tʃest] **1** *n (Anat)* poitrine *f*. **to get something off one's ~** * déballer * ce qu'on a sur le cœur. **2** *adj cold* de poitrine; *specialist* des voies respiratoires. ◆ **chesty** *adj person* fragile de la poitrine; *cough* de poitrine.

chestnut [ˈtʃesnʌt] **1** *n* châtaigne *f*, *(Culin)* châtaigne, marron *m*; *(~ tree)* châtaignier *m*, marronnier *m*; *(horse)* alezan *m*; *(old joke etc)* vieille histoire rabâchée. **2** *adj*: ~ **hair** cheveux châtains.

chew [tʃu:] *vt* mâcher, mastiquer. **to ~ tobacco** chiquer; **to ~ the cud** ruminer. ◆ **chew over** *vt sep facts, problem* ruminer. ◆ **chew up** *vt sep* mâchonner. ◆ **chewing** *adj*: ~**ing gum** chewing-gum *m*.

chic [ʃi:k] *adj, n* chic *(m) inv*.

Chicano [tʃɪˈkɑ:nəʊ] *n (US)* Mexicain(e)-Américain(e) *m(f)*.

chichi * [ˈʃi:ˌʃi:] *adj (US: too stylish)* trop recherché.

chick [tʃɪk] **1** *n (chicken)* poussin *m*; *(nestling)* oisillon *m*. **come here ~** * viens ici mon petit poulet. **2** *adj*: ~ **pea** pois *m* chiche. ◆ **chickweed** *n* mouron *m* des oiseaux.

chicken [ˈtʃɪkɪn] **1** *n* poulet *m*; *(very young)* poussin *m*. **she's no ~** * elle n'est plus toute jeune. **2** *adj*: ~ **farmer** éleveur *m* de volailles; ~ **farming** élevage *m* de volailles; ~ **liver** foie(s) *m(pl)* de volaille. ◆ **chicken out** ‡ *vi* se dégonfler *. ◆ **chicken-feed** *n (fig)* somme *f* dérisoire. ◆ **chicken-hearted** *adj* peureux. ◆ **chickenpox** *n* varicelle *f*. ◆ **chicken-wire** *n* grillage *m*.

chicory [ˈtʃɪkərɪ] *n [coffee]* chicorée *f*; *(for salads)* endive *f*.

chide [tʃaɪd] *vt* gronder.

chief [tʃi:f] **1** *n (gen)* chef *m*; *(boss)* patron *m*. **in ~** principalement, surtout; ~ **of staff** chef d'état-major. **2** *adj assistant, inspector* principal, en chef. **C~ Constable** ≃ directeur *m* (de police); ~ **of police** ≃ préfet *m* de police; *(US Pol)* **C~ of Staff** secrétaire *m* général (de la Maison-Blanche); ~ **priest** archiprêtre *m*. ◆ **chiefly** *adv* principalement, surtout. ◆ **chieftain** *n* chef *m* (de clan).

chiffon [ˈʃɪfɒn] *n* mousseline *f* de soie.

chilblain [ˈtʃɪlbleɪn] *n* engelure *f*.

child [tʃaɪld] **1** *n*, *pl* **children** [ˈtʃɪldr(ə)n] enfant *mf*. **don't be such a ~** ne fais pas l'enfant; **the ~ of his imagination** le produit de son imagination. **2** *adj labour* des enfants; *psychology, psychiatry* de l'enfant, infantile; *psychologist, psychiatrist* pour enfants. ~ **abuse** mauvais traitements à enfant; ~ **care** protection *f* de l'enfance; *(US)* ~ **care center** crèche *f*, garderie *f*; ~ **guidance centre** centre *m* psycho-pédagogique; ~ **minder** gardienne *f* d'enfants; ~ **prodigy** enfant *mf* prodige; **it's ~'s play** c'est un jeu d'enfant *(to sb* pour qn); ~ **welfare** protection *f* de l'enfance. ◆ **child-bearing** *n*: **constant ~-bearing** grossesses répétées; **of ~-bearing age** en âge d'avoir des enfants. ◆ **childbirth** *n* accouchement *m*; **in ~birth** en couches. ◆ **childhood** *n* enfance *f*; **in his ~hood he...** tout enfant il...; **to be in one's second ~hood** retomber en enfance. ◆ **childish** *adj behaviour* puéril *(pej)*; *ailment* infantile; *games* d'enfants; **don't be so ~ish** ne fais pas l'enfant. ◆ **childishly** *adv* comme un enfant. ◆ **childishness** *n* puérilité *f (pej)*.

◆ **childless** *adj* sans enfants. ◆ **childlike** *adj* d'enfant, innocent. ◆ **childproof** *adj door etc* sans danger pour les enfants; ~**proof (door) lock** serrure *f* de sécurité enfants.

Chile ['tʃɪlɪ] *n* Chili *m*.

chill [tʃɪl] **1** *n* froid *m*; *(fig)* froideur *f*; *(Med)* refroidissement *m*. **there's a** ~ **in the air** il fait un peu froid; **to take the** ~ **off** *wine* chambrer; *water* dégourdir; *room* réchauffer un peu; *(fig)* **to cast a** ~ **over** jeter un froid sur; **a** ~ **down one's spine** un frisson; **to catch a** ~ prendre froid. **2** *adj* (assez) froid. **3** *vt person* donner froid à; *wine, melon* faire rafraîchir; *meat* frigorifier, réfrigérer; *dessert* mettre au frais. ~**ed to the bone** *or* **marrow** transi jusqu'aux os *or* jusqu'à la moelle; **to** ~ **sb's blood** glacer le sang de qn. ◆ **chill(i)ness** *n (cold)* froid *m*; *(coolness)* fraîcheur *f*; *(fig)* froideur *f*. ◆ **chilling** *adj wind, look* froid; *thought* qui donne le frisson. ◆ **chilly** *adj person* frileux; *weather, wind* froid; *manner, look, smile* glacé, froid; *[person]* **to feel** ~**y** avoir froid; **it's rather** ~**y** il fait frais.

chilli ['tʃɪlɪ] *n* piment *m* (rouge).

chime [tʃaɪm] **1** *n* carillon *m*. **2** *vi [bells, voices]* carillonner; *[clock]* sonner. ◆ **chime in** *vi [person]* faire chorus.

chimney ['tʃɪmnɪ] **1** *n* cheminée *f*. **2** *adj:* ~ **breast** manteau *m* de (la) cheminée; ~ **corner** coin *m* du feu; ~**piece** (dessus *m* *or* tablette *f* de) cheminée *f*; ~ **pot** tuyau *m* de cheminée; ~ **stack** *[factory]* tuyau de cheminée (d'usine); ~ **sweep** ramoneur *m*.

chimpanzee [,tʃɪmpæn'ziː] *n* chimpanzé *m*.

chin [tʃɪn] *n* menton *m*. **keep your** ~ **up!** * courage! ◆ **chinstrap** *n* jugulaire *f*.

China ['tʃaɪnə] *n* Chine *f*. ~ **tea** thé *m* de Chine. ◆ **Chinatown** *n* le quartier chinois *(d'une ville)*. ◆ **Chinese 1** *adj* chinois; **Chinese People's Republic** République *f* populaire de Chine; **C**~ **leaves** bette *f*; **2** *n (person: pl inv)* Chinois(e) *m(f)*; *(Ling)* chinois *m*.

china ['tʃaɪnə] **1** *n* porcelaine *f*. **a piece of** ~ une porcelaine. **2** *adj* de *or* en porcelaine; *industry* de la porcelaine. ◆ **chinaware** *n* (objets *mpl* de) porcelaine *f*.

chink¹ [tʃɪŋk] *n (slit) [wall]* fente *f*; *[door]* entrebâillement *m*. *(fig)* **the** ~ **in the armour** le défaut de la cuirasse.

chink² [tʃɪŋk] **1** *n (sound)* tintement *m*. **2** *vt* faire tinter. **3** *vi* tinter.

chintz [tʃɪnts] *n* chintz *m*.

chip [tʃɪp] **1** *n* **(a)** *(gen: piece)* fragment *m*; *[wood, glass, stone]* éclat *m*; *[Electronics]* microplaquette *f*. **he's a** ~ **off the old block** c'est bien le fils de son père; **to have a** ~ **on one's shoulder** être aigri. **(b)** *(Culin)* ~**s** *(Brit)* frites *fpl*; *(US)* chips *fpl*. **(c)** *(Comput)* puce *f*. **(d)** *(break) [stone, crockery]* ébréchure *f*; *[furniture]* écornure *f*. **this cup has a** ~ cette tasse est ébréchée. **(e)** *(Poker etc)* jeton *m*. **he's had his** ~**s** * il est fichu *; **when the** ~**s are down** * dans les moments cruciaux. **2** *vt (damage) cup, plate* ébrécher; *furniture, stone* écorner; *varnish, paint* écailler; *(cut deliberately)* tailler. ~**ped potatoes** (pommes *fpl* de terre) frites *fpl*. ◆ **chip away, chip off 1** *vi [paint etc]* s'écailler. **2** *vt sep paint etc* enlever petit à petit. ◆ **chip in** * *vi (interrupt)* dire son mot; *(contribute)* contribuer. **he** ~**ped in with 10 francs** il y est allé de (ses) 10 F *. ◆ **chipboard** *n (US)* carton *m*; *(Brit)* bois aggloméré. ◆ **chippings** *npl* gravillons *mpl*.

chiropody [kɪ'rɒpədɪ] *n (science)* podologie *f*; *(treatment)* soins *mpl* du pied. ◆ **chiropodist** *n* pédicure *mf*.

chirp [tʃɜːp], **chirrup** ['tʃɪrəp] **1** *vi [birds]* pépier; *[crickets]* chanter. **2** *n* pépiement *m*; chant *m*. ◆ **chirpy** * *adj* gai.

chisel ['tʃɪzl] **1** *n (Tech)* ciseau *m*; *(for engraving)* burin *m*. **2** *vt* ciseler; buriner. **finely** ~**led features** traits finement ciselés; **to** ~ **sb out of sth** * carotter * qch à qn.

chit¹ [tʃɪt] *n:* **she's a mere** ~ **of a girl** ce n'est qu'une gamine *.

chit² [tʃɪt] *n (gen)* bulletin *m* de livraison; *(receipt)* reçu *m*; *(note)* note *f*.

chitchat ['tʃɪttʃæt] *n* bavardage *m*.

chivalry ['ʃɪv(ə)lrɪ] *n* **(a)** *(Hist)* chevalerie *f*. **(b)** *(quality)* générosité *f*, galanterie *f*. ◆ **chivalresque** *adj* chevaleresque. ◆ **chivalrous** *adj (courteous)* chevaleresque; *(gallant)* galant. ◆ **chivalrously** *adv* de façon chevaleresque; galamment.

chives [tʃaɪvz] *npl* ciboulette *f*.

chivvy * ['tʃɪvɪ] *vt* (~ **along**) pourchasser; *(pester)* harceler *(sb into doing* qn jusqu'à ce qu'il fasse*)*.

chlorate ['klɔːreɪt] *n* chlorate *m*.

chloride ['klɔːraɪd] *n* chlorure *m*.

chlorine ['klɔːriːn] *n* chlore *m*. ◆ **chlorinate** *vt water* javelliser; *(Chem)* chlorurer.

chloroform ['klɒrəfɔːm] **1** *n* chloroforme *m*. **2** *vt* chloroformer.

chlorophyll ['klɒrəfɪl] *n* chlorophylle *f*.

choc-ice ['tʃɒkaɪs] *n* esquimau *m (glace)*.

chock [tʃɒk] *n* cale *f*. ◆ **chock-a-block** *or* ◆ **chock-full** *adj container* plein à déborder *(with, of* de*)*; *room* plein à craquer *(with, of* de*)*.

chocolate ['tʃɒklɪt] **1** *n* chocolat *m*. **2** *adj egg* en chocolat; *biscuit, éclair* au chocolat; *(colour)* chocolat *inv*.

choice [tʃɔɪs] **1** *n* choix *m*. **a wide** ~ un grand choix; **to make one's** ~ faire son choix; **he had no** ~ il n'avait pas le choix; **he had no** ~ **but to obey** il ne pouvait qu'obéir; **it's Hobson's** ~ c'est à prendre ou à laisser; **from** ~ de préférence; **he did it from** ~ il a choisi de le faire; **this book would be my** ~ c'est ce livre que je choisirais. **2** *adj goods, fruit* de choix; *word, phrase* bien choisi.

choir ['kwaɪəʳ] *n* chœur *m*. **to sing in the** ~ faire partie du chœur. ◆ **choirboy** *n* jeune choriste *m*. ◆ **choirstall** *n* stalle *f* (du chœur).

choke [tʃəʊk] **1** *vt person* étrangler; *fire, flower* étouffer; (~ **up**) *pipe, tube* boucher. **street** ~**d with traffic** rue embouteillée. **2** *vi* étouffer, s'étrangler. **3** *n (Aut)* starter *m*. ◆ **choke back** *vt sep feelings, tears* refouler; *words* contenir. ◆ **choke off** * *vt sep suggestions etc* étouffer dans l'œuf; *discussion* empêcher; *person* envoyer promener *. ◆ **choker** *n (scarf)* foulard *m*; *(necklace)* collier *m* (de chien).

cholera ['kɒlərə] *n* choléra *m*.

cholesterol [kə'lestə,rɒl] *n* cholestérol *m*.

choose [tʃuːz] *pret* **chose**, *ptp* **chosen** **1** *vt* **(a)** *(select)* choisir; *(elect)* élire. *(Rel)* **the chosen (people)** les élus *mpl*; **there is nothing to** ~ **between them** ils se valent; **in a few well-chosen words** en quelques mots choisis. **(b)** décider, juger bon *(to do* de faire*)*. **he chose not to speak** il a jugé bon de se taire, il a préféré se taire. **2** *vi* choisir. **as you** ~ comme vous voulez; **if you** ~ si cela vous dit; **he'll do it when he** ~**s** il le fera quand il voudra; **to** ~ **between** faire un choix entre; **there's not too much to** ~ **from** il n'y a pas tellement de choix. ◆ **choos(e)y** * *adj* difficile (à satisfaire); **I'm** ~**y about the people I go out with** je ne sors pas avec n'importe qui.

chop¹ [tʃɒp] **1** *n* **(a)** *(Culin)* côtelette *f*. **pork** ~ côtelette de porc. **(b)** *(blow)* coup *m* (de hache *etc*).

to get the ~ ‡ se faire mettre à la porte. **2** *vt* wood couper; *meat, vegetables* hacher.
♦ **chop down** *vt sep tree* abattre. ♦ **chop off** *vt sep* trancher, couper. **they ~ped off his head** on lui a tranché la tête. ♦ **chop up** *vt sep wood* couper en morceaux; *(Culin)* hacher menu.
♦ **chopper** *n* hachoir *m*; *(Aviat *)* hélico* *m*.
♦ **chopping** *adj*: ~**ping board** planche *f* à hacher; ~**ping knife** hachoir *m* (couteau). ♦ **chopsticks** *npl* baguettes *fpl*.

chop² [tʃɒp] *vi*: **to ~ and change** changer constamment d'avis. ♦ **choppy** *adj lake* clapoteux; *sea* un peu agité; *wind* variable.

chopsuey [tʃɒp'suːɪ] *n* ragoût *m* (à la chinoise).

choral ['kɔːr(ə)l] *adj* choral. ~ **society** chorale *f*.

chord [kɔːd] *n (gen)* corde *f*; *(Mus)* accord *m*. *(fig)* **to touch the right ~** toucher la corde sensible.

chore [tʃɔːʳ] *n (everyday)* travail *m* de routine; *(unpleasant)* corvée *f*. **the ~s** les travaux du ménage; **to do the ~s** faire le ménage.

choreography [ˌkɒrɪ'ɒɡrəfɪ] *n* chorégraphie *f*. ♦ **choreographer** *n* chorégraphe *mf*.

chorister ['kɒrɪstəʳ] *n (Rel)* choriste *mf*.

chortle ['tʃɔːtl] **1** *vi* glousser, rire *(about* de). **2** *n* gloussement *m*.

chorus ['kɔːrəs] **1** *n* **(a)** *(musical work, people)* chœur *m*. **in ~** en chœur; **she's in the ~** *(at concert)* elle chante dans les chœurs; *(Theat)* elle fait partie de la troupe; **a ~ of objections** un concert de protestations. **(b)** *(part of song)* refrain *m*. **to join in the ~** reprendre le refrain. **2** *adj*: ~ **girl** girl *f*. **3** *vt song* chanter *or* réciter en chœur. **'yes' they ~sed** 'oui' répondirent-ils en chœur.

chose [tʃəʊz], **chosen** ['tʃəʊzn] *pret, ptp of* **choose**.

chow [tʃaʊ] *n* chow-chow *m*.

chowder ['tʃaʊdəʳ] *n* soupe épaisse de palourdes.

Christ [kraɪst] *n* (le) Christ, Jésus-Christ. **the ~ Child** l'enfant Jésus. ♦ **Christendom** *n* chrétienté *f*.

christen ['krɪsn] *vt (Rel)* baptiser; *(gen: name)* appeler; *(nickname)* surnommer. **he was ~ed Robert but everyone calls him Bob** son nom de baptême est Robert mais tout le monde l'appelle Bob. ♦ **christening** *n* baptême *m*.

Christian ['krɪstɪən] **1** *adj* chrétien; *(fig)* charitable. ~ **name** prénom *m*, nom *m* de baptême; ~ **scientist** scientiste *mf* chrétien(ne). **2** *n* chrétien(ne) *m(f)*. ♦ **Christianity** *n* christianisme *m*.

Christmas ['krɪsməs] **1** *n* Noël *m*. **at ~** à Noël. **2** *adj card, tree, present, cake* de Noël. ~ **box** étrennes *fpl*; ~ **Day** le jour de Noël; ~ **Eve** la veille de Noël; ~ **party** fête *f* or arbre *m* de Noël; **I got it in my ~ stocking** ≃ je l'ai trouvé sous l'arbre (de Noël); ~ **time** période *f* de Noël; **at ~ time** à Noël.

chromatic [krə'mætɪk] *adj* chromatique.

chrome [krəʊm] **1** *n* chrome *m*. **2** *adj fittings* chromé.

chromium ['krəʊmɪəm] *n* acier *m* chromé. ♦ **chromium-plated** *adj* chromé.

chromosome ['krəʊməsəʊm] *n* chromosome *m*.

chronic ['krɒnɪk] *adj disease, state* chronique; *liar, smoker etc* invétéré; *(*) weather, person* épouvantable.

chronicle ['krɒnɪkl] **1** *n* chronique *f*. *(fig)* **a ~ of disasters** une succession de catastrophes. **2** *vt* faire la chronique de.

chronology [krə'nɒlədʒɪ] *n* chronologie *f*. ♦ **chronological** *adj* chronologique; **in chronological order** par ordre chronologique. ♦ **chronologically** *adv* chronologiquement.

chronometer [krə'nɒmɪtəʳ] *n* chronomètre *m*.

chrysalis ['krɪsəlɪs] *n* chrysalide *f*.

chrysanthemum [krɪ'sænθ(ə)məm] *n* chrysanthème *m*.

chubby ['tʃʌbɪ] *adj* potelé. ~-**cheeked** joufflu.

chuck¹ [tʃʌk] *vt* **(a)** *(*: throw)* lancer, jeter; *(‡: ~ in *, ~ up *)* job, girlfriend laisser tomber *. **(b)** **he ~ed her under the chin** il lui a pris le menton. ♦ **chuck away** * *vt sep (throw out)* old clothes, books jeter, balancer *; *(waste)* money jeter par les fenêtres; *opportunity* laisser passer. ♦ **chuck out** * *vt sep useless article* jeter, balancer *; *person* vider *, sortir *.

chuck² [tʃʌk] *n* (~ steak) morceau *m* dans le paleron.

chuckle ['tʃʌkl] **1** *n* gloussement *m*, petit rire. **2** *vi* rire *(over, at* de), glousser.

chuffed ‡ [tʃʌft] *adj* tout content *(about* de).

chug [tʃʌɡ] *vi [machine]* souffler; *[train]* faire teuf-teuf. ♦ **chug along** *vi [train]* avancer en faisant teuf-teuf.

chum * [tʃʌm] *n* copain * *m*, copine * *f*. ♦ **chummy** * *adj* sociable; **she is very ~my with him** elle est très copine avec lui *.

chunk [tʃʌŋk] *n (gen)* gros morceau *m*; *[bread]* quignon *m*. ♦ **chunky** *adj person* trapu; *knitwear* de grosse laine.

Chunnel * ['tʃʌnl] *n*: **the ~** le tunnel sous la Manche.

church [tʃɜːtʃ] *n* église *f*. **to go to ~** aller à l'église *f*; **in ~** à l'église; **in the ~** dans l'église; **after ~** après l'office; *(for Catholics)* après la messe; **the C~ of England** l'Église anglicane; **he has gone into the C~** il est entré dans les ordres. ♦ **churchgoer** *n* pratiquant(e) *m(f)*. ♦ **church-hall** *n* salle *f* paroissiale. ♦ **churchyard** *n* cimetière *m* *(autour d'une église)*.

churlish ['tʃɜːlɪʃ] *adj (ill-mannered)* grossier; *(bad-tempered)* hargneux, de mauvaise humeur. ♦ **churlishly** *adv* grossièrement; avec humeur. ♦ **churlishness** *n* grossièreté *f*; mauvaise humeur *f*.

churn [tʃɜːn] **1** *n* baratte *f*; *(milk can)* bidon *m*. **2** *vt butter* baratter; *(~ up)* water battre. ♦ **churn out** *vt sep objects, letters, books* produire en série.

chute [ʃuːt] *n (for coal etc)* descente *f*; *(Sport, for toboggans)* piste *f*; *(Brit: children's slide)* toboggan *m*.

chutney ['tʃʌtnɪ] *n* condiment *m* (à base de fruits).

cicada [sɪ'kɑːdə] *n* cigale *f*.

cider ['saɪdəʳ] **1** *n* cidre *m*. **2** *adj apple, press* à cidre. ~ **vinegar** vinaigre *m* de cidre.

cigar [sɪ'ɡɑːʳ] **1** *n* cigare *m*. **2** *adj box etc* à cigares. ~ **case** étui *m* à cigares; ~ **lighter** allume-cigare *m inv*.

cigarette [ˌsɪɡə'ret] **1** *n* cigarette *f*. **2** *adj box, paper etc* à cigarettes; *ash* de cigarette. ~ **case** porte-cigarettes *m inv*; ~ **end** mégot *m*; ~ **holder** fume-cigarette *m inv*; ~ **lighter** briquet *m*.

cinch [sɪntʃ] *n*: **it's a ~ ‡** c'est du gâteau *.

cinder ['sɪndəʳ] **1** *n* cendre *f*. **burnt to a ~** *(gen)* réduit en cendres; *food* carbonisé. **2** *adj*: ~ **track** (piste *f*) cendrée *f*.

Cinderella [ˌsɪndə'relə] *n* Cendrillon *f*.

cinema ['sɪnəmə] *n* cinéma *m*. ♦ **cine-camera** *n* caméra *f*. ♦ **cine-film** *n* film *m*. ♦ **cine-projector** *n* projecteur *m* de cinéma.

cinnamon ['sɪnəmən] *n* cannelle *f*.

cipher ['saɪfəʳ] *n (numeral code)* chiffre *m*; *(zero)* zéro *m*. **he's a mere ~** c'est un zéro; **in ~** en chiffre, en code.

circle ['sɜːkl] **1** *n (gen)* cercle *m*; *(Theat)* balcon *m*. **to stand in a ~** faire (un) cercle; **an inner ~ of advisers** un groupe de proches conseillers; **in political ~s** dans les milieux *mpl* politiques; **to come full ~** revenir à son point de départ. **2** *vt (go round)* contourner; *(move round)* tourner autour de; *(draw ~ round)* entourer d'un cercle. **3** *vi (~ about or* around) [birds] décrire des cercles; [aircraft] tourner (en rond).

◆ **circular** 1 adj circulaire ; 2 n (letter) circulaire f; (as advertisement etc) prospectus m. ◆ **circularize** vt envoyer des circulaires or des prospectus à.

circuit ['sɜːkɪt] n (journey) tour m, circuit m; [judge, theatre company] tournée f; (group of cinemas etc) groupe m; (Elec, Sport) circuit. **to make a ~ of** faire le tour de; **to make a ~ round** faire un détour or un circuit autour de; (Jur) **he is on the eastern ~** il fait la tournée de l'est. ◆ **circuit-breaker** n disjoncteur m. ◆ **circuitous** adj route, method indirect; means détourné. ◆ **circuitously** adv reach en faisant un détour; (fig) indirectement.

circulate ['sɜːkjʊleɪt] 1 vi circuler. 2 vt faire circuler. ◆ **circulation** 1 n (gen) circulation f; [newspaper etc] tirage m; (Med) **he has poor circulation** il a une mauvaise circulation; (Fin) **to put into circulation** mettre en circulation; **to withdraw from circulation** retirer de la circulation; **in circulation** en circulation; **he's now back in circulation** * il est à nouveau dans le circuit * ; 2 adj (Press) **circulation manager** directeur m du service de la diffusion.

circumcise ['sɜːkəmsaɪz] vt circoncire. ◆ **circumcision** n circoncision f.

circumference [s(ə)'kʌmf(ə)r(ə)ns] n circonférence f.

circumflex ['sɜːk(ə)mfleks] n accent m circonflexe.

circumlocution [ˌsɜːkəmlə'kjuːʃ(ə)n] n circonlocution f.

circumnavigate [ˌsɜːkəm'nævɪgeɪt] vt cape doubler; globe faire naviguer tout autour de. ◆ **circumnavigation** n circumnavigation f.

circumscribe ['sɜːkəmskraɪb] vt circonscrire; powers limiter.

circumspect ['sɜːkəmspekt] adj circonspect. ◆ **circumspection** n circonspection f. ◆ **circumspectly** adv avec circonspection.

circumstance ['sɜːkəmstəns] n circonstance f. **in the present ~s** dans les circonstances actuelles, vu l'état des choses; **under no ~s** en aucun cas; (financial) **~s** situation financière; **in easy/poor ~s** dans l'aisance/la gêne. ◆ **circumstantial** adj report, statement circonstancié; **circumstantial evidence** preuve indirecte. ◆ **circumstantiate** vt confirmer en donnant des détails sur.

circus ['sɜːkəs] n (animals etc) cirque m; (in town) rond-point m.

cirrhosis [sɪ'rəʊsɪs] n cirrhose f.

cissy * ['sɪsɪ] n = **sissy**.

cistern ['sɪstən] n citerne f; [WC] chasse f d'eau.

citadel ['sɪtədl] n citadelle f.

cite [saɪt] vt citer. **to ~ as an example** citer en exemple; (Jur) **to ~ sb to appear** citer qn. ◆ **citation** n citation f.

citizen ['sɪtɪzn] n citoyen(ne) m(f); [town] habitant(e) m(f). **C~'s Band Radio** fréquence réservée au public. ◆ **citizenship** n citoyenneté f.

citrus ['sɪtr(ə)s] n citrus mpl. **~ fruits** agrumes mpl. ◆ **citric** adj citrique.

city ['sɪtɪ] 1 n (grande) ville f. [London] **the C~** la Cité (de Londres); **he's (something) in the C~** * il est dans les affaires. 2 adj (Press) editor, page, news financier. **~ centre** centre m (de la) ville; **~ dweller** citadin(e) m(f); **the ~ fathers** les élus mpl locaux; (US) **~ hall** hôtel m de ville; **~ planner** urbaniste mf; **~ planning** urbanisme m; **~ slicker** * citadin mielleux et habile.

civic ['sɪvɪk] adj rights, virtues civique; guard, authorities municipal. **~ centre** centre m administratif (municipal). ◆ **civics** n instruction f civique.

civil ['sɪvl] adj (a) law, war, marriage civil. **the American C~ War** la guerre de Sécession; **~ commotion**

émeute f; **~ defence** défense passive; **~ disobedience** résistance passive (à la loi); **~ engineer** ingénieur m des travaux publics; **~ engineering** travaux publics; **~ liberties** libertés fpl civiques; **~ rights movement** campagne f pour les droits mpl civiques; **~ servant** fonctionnaire mf; **~ service** fonction f publique, administration f. (b) (polite) civil, poli. ◆ **civilian** n, adj civil(e) m(f) (opposé à militaire). ◆ **civility** n civilité f. ◆ **civilization** n civilisation f. ◆ **civilize** vt civiliser. ◆ **civilized** adj civilisé; **to become ~ized** se civiliser. ◆ **civilly** adv poliment.

clad [klæd] adj habillé (in de).

claim [kleɪm] 1 vt property, prize, right revendiquer (from à); diplomatic immunity, damages réclamer (from à); attention demander, solliciter; (maintain) prétendre (that que). **to ~ acquaintance with sb** prétendre connaître qn.
2 n revendication f, réclamation f; (Insurance) demande f d'indemnité; (Min etc) concession f. **to lay ~ to** prétendre à; **there are many ~s on my time** mon temps est très pris; **there are many ~s on my purse** on fait beaucoup appel à ma bourse; **that's a big ~ to make!** la prétention est de taille!; **his ~ that he acted legally** son affirmation d'avoir agi d'une manière licite; (Insurance) **the ~s were all paid** les dommages ont été intégralement payés; (Ind) **a ~ for an extra £5 per week** une demande d'augmentation de 5 livres par semaine; **expenses ~** note f de frais. **his ~ to the throne** son titre or droit à la couronne.
3 adj: **~ form** (gen) formulaire m de demande; (for expenses) feuille f de note de frais.
◆ **claimant** n [throne] prétendant(e) m(f) (to à); [social benefits] demandeur m, -eresse f.

clairvoyant(e) [klɛə'vɔɪənt] 1 n voyant(e) m(f). 2 adj doué de seconde vue. ◆ **clairvoyance** n voyance f.

clam [klæm] n palourde f. **~ chowder** soupe f épaisse de palourdes. ◆ **clam up** * vi se taire. **he ~med up on me** il ne m'a plus dit un mot (làdessus).

clamber ['klæmbəʳ] vi grimper (avec difficulté). **to ~ over a wall** escalader un mur.

clammy ['klæmɪ] adj hand moite (et froid); wall suintant; climate humide.

clamour, (US) **clamor** ['klæməʳ] 1 n (shouts) clameurs fpl, vociférations fpl; (demands) revendications bruyantes. 2 vi: **to ~ for sth/sb** réclamer qch/qn à grands cris. ◆ **clamorous** adj crowd vociférant; demand impérieux.

clamp [klæmp] 1 n (gen) attache f; (bigger) crampon m; (Med) clamp m; (Carpentry) valet m d'établi; [stone, china] agrafe f; (Elec) serre-fils m inv; (on car wheel) sabot m (de Denver). 2 vt fixer (onto à); stones, china agrafer; carwheel mettre un sabot (de Denver) à. ◆ **clamp down on** * vt fus person serrer la vis à *; expenditure mettre un frein à; information supprimer; the press, opposition bâillonner. ◆ **clampdown** n (gen) répression f (on sth de qch, on sb contre qn); **a ~down on arms sales** un renforcement des restrictions sur les ventes d'armes.

clan [klæn] n clan m. ◆ **clannish** adj group fermé; person qui a l'esprit de clique.

clandestine [klæn'destɪn] adj clandestin.

clang [klæŋ] 1 n son m or (louder) fracas m métallique. 2 vi émettre un son métallique. **the gate ~ed shut** la grille s'est refermée bruyamment.
◆ **clanger** ‡ n gaffe f. ◆ **clangorous** adj noise métallique. ◆ **clangour,** (US) **clangor** n fracas m métallique.

clank [klæŋk] 1 n cliquetis m. 2 vi cliqueter.

clap [klæp] 1 n [hands] battement m; (action) tape f; (applause) applaudissements mpl. **a ~ on the back**

claret une tape dans le dos; **a ~ of thunder** un coup de tonnerre. **2** *vt* (**a**) frapper, taper; *dog* donner des tapes amicales à; *(applaud)* applaudir. **to ~ one's hands** battre des mains; **to ~ sb on the back** donner à qn une tape dans le dos; **he ~ped his hand over my mouth** il a mis sa main sur ma bouche. (**b**) mettre, jeter. **to ~ sb into prison** mettre qn en prison; **to ~ eyes on** voir. **3** *vi* applaudir. ◆ **clap on** *vt sep one's hat* enfoncer sur sa tête. **to ~ on the brakes** freiner brusquement. ◆ **clapped-out** * *adj person, car* crevé *; *horse* fourbu. ◆ **clapping** *n* applaudissements *mpl*. ◆ **claptrap** * *n* boniment * *m*.

claret ['klærət] *n* bordeaux *m* (rouge).

clarify ['klærɪfaɪ] *vt* clarifier. ◆ **clarification** *n* clarification *f*.

clarinet [ˌklærɪ'net] *n* clarinette *f*. ◆ **clarinettist** *n* clarinettiste *mf*.

clarity ['klærɪtɪ] *n* clarté *f*, précision *f*.

clash [klæʃ] **1** *vi [metallic objects]* s'entrechoquer; *[cymbals]* résonner; *[armies]* se heurter; *[interests, personalities]* être incompatible (*with* avec); *[colours]* jurer (*with* avec); *[two events, invitations etc]* tomber en même temps (*or* le même jour *etc*). **they ~ over the question of...** ils sont en désaccord total en ce qui concerne...; **the dates ~** les deux événements tombent le même jour. **2** *vt metallic objects* heurter bruyamment; *cymbals* faire résonner; *(Aut)* gears faire grincer. **3** *n (sound)* choc *m or* fracas *m* métallique; *[armies, weapons]* heurt *m*; *(between people, parties)* accrochage *m*; *(with police, troops)* échauffourée *f*; *[interests]* conflit *m*; *[colours]* discordance *f*; *[dates, events, invitations]* coïncidence *f* (fâcheuse). **a ~ with the police** une échauffourée avec la police; **a ~ of personalities** une incompatibilité de caractères.

clasp [klɑːsp] **1** *n (gen)* fermoir *m*; *[belt]* boucle *f*. **2** *adj*: **~ knife** grand couteau *m* pliant. **3** *vt* étreindre, serrer; *sb's hand* serrer. **to ~ one's hands (together)** joindre les mains; **to ~ sb in one's arms** serrer qn dans ses bras.

class [klɑːs] **1** *n (gen)* classe *f*. **~ of ship** type *m* de vaisseau; **they are just not in the same ~** il n'y a pas de comparaison (possible) entre eux; **in a ~ by itself** hors concours; **a good ~ (of) hotel** un très bon hôtel; **first ~ honours in history** ≈ licence *f* d'histoire avec mention très bien; **to give/attend a ~** faire/suivre un cours; **the French ~** la classe *or* le cours de français; **an evening ~** un cours du soir; *(US)* **the ~ of 1970** la promotion de 1970; **to have ~** avoir de la classe. **2** *vt* classer, classifier. **~ed as** classé comme. **3** *adj*: **~ distinction** distinction sociale; **~ war(fare)** lutte *f* des classes. ◆ **class-conscious** *adj* conscient des distinctions sociales; *(snobbish)* snob *inv*. ◆ **classmate** *n* camarade *mf* de classe. ◆ **classroom** *n* salle *f* de classe. ◆ **classy** * *adj object* chic *inv*; *person* ultra-chic *inv*.

classic ['klæsɪk] **1** *adj* classique. **it was ~!** * c'était le coup classique! * **2** *n (author, work)* classique *m*; *(Racing)* classique *f*. **to study ~s** étudier les humanités *fpl*; **a ~ of its kind** un classique du genre. ◆ **classical** *adj* classique; **~al scholar** humaniste *mf*. ◆ **classicism** *n* classicisme *m*.

classify ['klæsɪfaɪ] *vt* classifier. **classified advertisement** petite annonce *f*; **classified information** renseignements *mpl* secrets. ◆ **classifiable** *adj* qu'on peut classifier. ◆ **classification** *n* classification *f*.

clatter ['klætər] **1** *n* cliquetis *m*; *(louder)* fracas *m*. **the ~ of cutlery** le bruit de couverts entrechoqués. **2** *vi [keys, typewriter]* cliqueter; *[large falling object, cymbals]* résonner. **to ~ in/out** entrer/sortir bruyamment. **3** *vt* entrechoquer bruyamment.

clause [klɔːz] *n (Gram)* proposition *f*; *[contract, law, treaty]* clause *f*; *[will]* disposition *f*.

claustrophobia [ˌklɔːstrə'fəʊbɪə] *n* claustrophobie *f*. ◆ **claustrophobic** *adj person* claustrophobe; *feeling de* claustrophobie; *situation, atmosphere* claustrophobique.

claw [klɔː] **1** *n [cat, lion, small bird etc]* griffe *f*; *[bird of prey]* serre *f*; *[lobster etc]* pince *f*. **2** *vt (scratch)* griffer; *(rip)* déchirer avec ses griffes *or* ses serres; *(clutch)* agripper. ◆ **claw-hammer** *n* marteau *m* à pied-de-biche.

clay [kleɪ] **1** *n* argile *f*. **2** *adj*: **~ pigeon shooting** ball-trap *m*; **~ pipe** pipe *f* en terre.

clean [kliːn] **1** *adj (gen)* propre; *sheet of paper* blanc, neuf; *reputation, shape, line, cut, stroke* net; *joke, story* qui n'a rien de choquant; *contest, game* loyal. **to wipe sth ~** essuyer qch; **keep it ~** ne le salissez pas; *(fig)* pas d'inconvenances!; **as ~ as a new pin** propre comme un sou neuf; **to make a ~ breast of it** dire ce qu'on a sur la conscience; **to make a ~ sweep** faire table rase (*of* de); **~ living** une vie saine; *(Jur)* **a ~ record** un casier judiciaire vierge; **a ~ driving licence** un permis de conduire où n'est portée aucune contravention; **the doctor gave him a ~ bill of health** le médecin l'a trouvé en parfait état de santé; **he's ~** * *(carrying nothing incriminating)* il n'a rien sur lui; *(innocent)* il n'a rien fait.

2 *adv* complètement, tout à fait. **he got ~ away** il a décampé sans laisser de traces; **to cut ~ through sth** couper qch de part en part; **he jumped ~ over the fence** il a sauté la barrière sans la toucher; **the car went ~ through the hedge** la voiture est carrément passée à travers la haie; **to break off ~** casser net; **to come ~ about sth** ‡ tout dire sur qch.

3 *n*: **to give sth a good ~** bien nettoyer qch.

4 *vt clothes, room* nettoyer; *vegetables* laver; *blackboard* essuyer. **to ~ one's teeth** se brosser les dents; **to ~ one's nails** se nettoyer les ongles; **to ~ the windows** faire les vitres. ◆ **clean off** *vt sep (from blackboard)* essuyer; *(from floor, wall)* enlever. ◆ **clean out** *vt sep* nettoyer à fond; (*: *leave penniless etc*) ruiner, nettoyer *. ◆ **clean up 1** *vi* tout nettoyer; *(tidy)* remettre en ordre; (*: *make profit)* faire son beurre * (*on a deal* dans une affaire). **2** *vt sep room* nettoyer; *(fig) a town, television etc* épurer. **to ~ o.s. up** se laver, se débarbouiller. ◆ **clean-cut** *adj* bien délimité, net. ◆ **cleaner** *n (Comm)* teinturier *m*, -ière *f*; *(charwoman)* femme *f* de ménage; *(man: in office etc)* agent *m* de service; *(device)* appareil *m* de nettoyage; *(household ~er)* produit *m* d'entretien; *(stain-remover)* détachant *m*; **the ~er's shop** la teinturerie. ◆ **cleaning** *n* nettoyage *m*; *(housework)* ménage *m*; **~ing fluid** détachant *m*; **~ing woman** femme *f* de ménage. ◆ **clean-limbed** *adj* bien proportionné. ◆ **cleanliness** ['klenlɪnɪs] *n* (habitude *f* de la) propreté *f*. ◆ **clean-living** *adj* honnête. ◆ **cleanly** ['kliːnlɪ] **1** *adv* proprement, nettement; **2** ['klenlɪ] *adj* propre. ◆ **cleanness** *n* propreté *f*. ◆ **clean-out** *n* nettoyage *m* à fond. ◆ **clean-shaven** *adj*: **to be ~-shaven** n'avoir ni barbe ni moustache. ◆ **clean-up** *n [room]* nettoyage *m*; *[person]* débarbouillage *m*.

cleanse [klenz] *vt* nettoyer; *ditch, drain etc* curer; *(fig)* laver (*of* de); *soul etc* purifier. ◆ **cleanser** *n (detergent)* détergent *m*; *(for complexion)* démaquillant *m*. ◆ **cleansing 1** *adj*: **cleansing cream** crème *f* démaquillante; **cleansing department** service *m* de voirie; **2** *n* nettoyage *m*.

clear [klɪər] **1** *adj* (**a**) *piece of glass, plastic* transparent; *water, lake, stream* limpide; *sky, weather, complexion* clair; *photograph, outline* net; *honey* liquide; *majority, profit* net. **on a ~ day** par temps clair; **~ red** rouge vif; **~ soup** bouillon *m*; **he left with a ~ conscience** il est parti la conscience tranquille. (**b**) *sound* clair; *words* distinct. **you're not very ~**

je ne vous entends pas bien. **(c)** *explanation, account, style* clair; *reasoning* clair, lucide; *intelligence* pénétrant; *proof, sign, consequence, motive* évident, clair. **~ thinker** esprit *m* lucide; **I want to be quite ~ on this point** *(understand clearly)* je veux savoir exactement ce qu'il en est; *(explain unambiguously)* je veux bien me faire comprendre; **a ~ case of murder** un cas d'assassinat manifeste; **to make o.s. ~** se faire bien comprendre; **to make it ~ to sb that** bien faire comprendre à qn que; **I wish to make it ~ that** je tiens à préciser que; **as ~ as day** clair comme le jour; **it is ~ to me that** il me paraît hors de doute que. **(d)** *road, path* sans obstacles. **all ~!** *(Mil)* fin d'alerte!; **we had a ~ view** rien ne gênait la vue; **we were ~ of the town** nous étions hors de l'agglomération; **~ of debts** libre de dettes; **three ~ days** trois jours entiers.

2 *n*: **to send a message in ~** envoyer un message en clair; **in the ~** * *(above suspicion)* au-dessus de tout soupçon; *(no longer suspected)* blanchi de tout soupçon; *(out of danger)* hors de danger.

3 *adv* **(a)** *loud and* **~** très distinctement. **(b)** *entièrement*, complètement; **the thief got ~ away** le voleur a disparu sans laisser de traces. **(c)** **~ of** à l'écart de, à distance de; **to keep ~ of sth/sb** éviter qch/qn; **to stand ~** s'écarter; **stand ~ of the doors!** dégagez les portes!; **to get ~ of** *(go away from)* s'éloigner *or* s'écarter de; *(rid o.s. of)* se débarrasser de.

4 *vt* **(a)** *liquid* clarifier; *blood* dépurer; *bowels* purger; *situation, account* éclaircir. **to ~ the air** aérer; *(fig)* détendre l'atmosphère; **to ~ one's throat** s'éclaircir la voix; **to ~ one's head** se dégager le cerveau. **(b)** *canal, path, road, railway line* dégager; *pipe* déboucher; *land* défricher. **to ~ the table** débarrasser la table; *(fig)* **to ~ the decks** tout déblayer; **to ~ sth of rubbish** déblayer qch; **to ~ the way for** faire place à; *(fig)* ouvrir la voie à; **to ~ a way through** ouvrir un passage à travers; **to ~ a room** *(of people)* faire évacuer une salle; *(of things)* débarrasser une salle; *(Jur)* **to ~ the court** faire évacuer la salle; *(Ftbl)* **to ~ the ball** dégager le ballon. **(c)** *(find innocent etc)* person disculper *(of* de*)*. **to ~ o.s.** se disculper; **to ~ sb of suspicion** laver qn de tout soupçon; **you will have to be ~ed by our security department** il faudra que nos services de sécurité donnent *(subj)* le feu vert en ce qui vous concerne; **we've ~ed it with him** nous avons obtenu son accord. **(d)** *hedge, fence* franchir, sauter; *obstacle, rocks* éviter; *harbour* quitter. **he ~ed the gate by 10 cm** il a sauté la barrière avec 10 cm de marge; **raise the car till the wheel ~s the ground** soulevez la voiture jusqu'à ce que la roue ne touche *(subj)* plus le sol. **(e)** *cheque* compenser; *account, goods* liquider; *debt* s'acquitter de; *profit* gagner net; *(Customs)* goods dédouaner; *ship* expédier; *one's conscience* décharger; *doubts* dissiper. *(Comm)* **'half price to ~'** 'solde à moitié prix pour liquider'; **I've ~ed £100 on this business** cette affaire m'a rapporté 100 livres net.

5 *vi* *[weather]* s'éclaircir; *[sky]* se dégager; *[fog]* dissiper; *[face, expression]* s'éclairer.

◆ **clear away 1** *vi [mist etc]* se dissiper; *(clear the table)* desservir. **2** *vt sep* enlever. ◆ **clear off 1** *vi* (*) filer *, décamper. **2** *vt sep things on desk* enlever; *debts* s'acquitter de; *stock, goods* liquider. ◆ **clear out 1** *vi* (*) **~ off 1**. **2** *vt sep cupboard* vider; *room* débarrasser; *unwanted objects* enlever. **he ~ed everyone out of the room** il a fait évacuer la pièce. ◆ **clear up 1** *vi (tidy)* ranger; *[weather]* se lever. **2** *vt sep mystery, matter* éclaircir; *room, clothes* ranger. **to ~ up the mess** *(lit)* tout nettoyer; *(fig)* tout arranger.

◆ **clearance 1** *n [road, path, land]* déblaiement *m*; *[room, court]* évacuation *f*; *[cupboard, passage]* dégagement *m*; *[accused]* disculpation *f*; *[litter,*

objects, rubbish] enlèvement *m*; *[cheque]* compensation *f*; *(Customs)* dédouanement *m*; *(permission etc)* autorisation *f*; **sent to the Foreign Office for ~ance** soumis au ministère des Affaires étrangères pour contrôle; *(Aviat)* **~ance for takeoff** autorisation de décoller; **2 metre ~ance** espace *m* de 2 mètres ; **2** *adj*: **~ance sale** soldes *mpl*. ◆ **clearcut** *adj outline* net; *attitude, situation* précis. ◆ **clearheaded** *adj* lucide, perspicace. ◆ **clearing 1** *n (in forest)* clairière *f*; *[liquid]* clarification *f*; *[bowels]* purge *f*; *[rubbish, objects]* enlèvement *m*; *[land]* défrichement *m*; *[pipe etc]* débouchage *m*; *[road]* dégagement *m* ; **2** *adj*: **~ing bank** banque *f* (appartenant à une chambre de compensation); **~ing house** *(Banking)* chambre *f* de compensation; *(for documents etc)* bureau *m* central. ◆ **clearly** *adv (distinctly) see, state* clairement; *hear* distinctement; *understand* bien; *(obviously)* manifestement; **~ly visible** bien visible. ◆ **clearness** *n [air, glass]* transparence *f*; *[liquid]* limpidité *f*; *[sound, sight, print, thought etc]* clarté *f*, netteté *f*. ◆ **clear-sighted** *adj (fig)* clairvoyant. ◆ **clearway** *n* route *f* à stationnement interdit.

cleave [kli:v] *pret* **cleft** *or* **clove,** *ptp* **cleft** *or* **cloven** *vt* fendre. **in a cleft stick** dans une impasse; **cleft palate** palais *m* fendu. ◆ **cleavage** *n*: **a dress which showed her cleavage** * une robe qui laissait voir la naissance des seins. ◆ **cleaver** *n* couperet *m*.

clef [klef] *n (Mus)* clef *f*.

cleft [kleft] *n (in rock)* crevasse *f* (*V also* **cleave**).

clematis ['klemǝtɪs] *n* clématite *f*.

clement ['klemǝnt] *adj* clément. ◆ **clemency** *n* clémence *f*.

clench [klen(t)ʃ] *vt object* serrer dans ses mains; *fists, teeth* serrer.

clergy ['klɜ:dʒɪ] *collective n* clergé *m*. ◆ **clergyman** *n* ecclésiastique *m*.

clerical ['klerɪk(ǝ)l] *adj* **(a)** *(Rel)* clérical; *collar* de pasteur. **(b)** *(Comm etc)* job d'employé; *work, worker* de bureau. **~ error** erreur *f* d'écriture.

clerk [klɑ:k, *(US)* klɜ:rk] *n* employé(e) *m(f)* (de bureau, de commerce), commis *m*; *(US: shop assistant)* vendeur *m*, -euse *f*. **bank ~** employé(e) de banque; *(in hotel)* **desk ~** réceptionniste *mf*; *(Jur)* **C~ of the Court** greffier *m* (du tribunal); **~ of works** conducteur *m* de travaux.

clever ['klevǝʳ] *adj person* intelligent; *(smart)* astucieux; *book* intelligemment écrit; *play, film* intelligemment fait; *machine, invention, trick, explanation* ingénieux; *idea, joke, story* astucieux; *(skilful)* habile *(at doing* à faire*)*. **to be ~ at French** être fort en français; **~ with one's hands** adroit de ses mains; **he's very ~ with cars** il s'y connaît en voitures; **he was too ~ for me** il m'a eu *; **~ Dick** petit malin *m*. ◆ **cleverly** *adv* intelligemment, astucieusement; ingénieusement; habilement. ◆ **cleverness** *n* intelligence *f*; astuce *f*; ingéniosité *f*; habileté *f (at* à*)*.

clew [klu:] *n (US)* = **clue**.

click [klɪk] **1** *n* déclic *m*, petit bruit sec; *[tongue]* claquement *m*; *[wheel]* cliquet *m*. **2** *vi [lid, device]* faire un bruit sec; *[heels, typewriter]* cliqueter. **the door ~ed shut** la porte s'est refermée avec un déclic; *(fig)* **suddenly it ~ed** * j'ai compris tout à coup; *(fig)* **the product ~ed** * le produit a bien marché. **3** *vt*: **to ~ one's heels** claquer des talons; **to ~ one's tongue** faire claquer sa langue. ◆ **clicking** *n* cliquetis *m*.

client ['klaɪǝnt] *n* client(e) *m(f)*. ◆ **clientele** *n* clientèle *f*.

cliff [klɪf] *n [seashore]* falaise *f*; *[mountains]* escarpement *m*. ◆ **cliff-hanger** * *n* récit *m* (*or* situation *f etc*) à suspense.

climate ['klaɪmɪt] *n* climat *m*. **the ~ of opinion** les courants *mpl* de l'opinion. ◆ **climatic** *adj* climatique. ◆ **climatology** *n* climatologie *f*.

climax ['klaɪmæks] *n* point *m* culminant; *[career etc]* apogée *m*; *(sexual)* orgasme *m*. **to bring sth to/to come to a ~** porter qch à/atteindre son point culminant; **to work up to a ~** *[story, events]* tendre vers son point culminant; *[speaker]* amener le point culminant.

climb [klaɪm] **1** *vt (~ up) stairs, steps, slope* monter; *hill* grimper; *tree, ladder* monter sur *or* à; *rope* monter à; *cliff, wall* escalader; *mountain* faire l'ascension de. **2** *vi* **(a)** *(~ up: gen)* monter; *[persons, plants]* grimper; *[road, sun]* monter; *[aircraft, rocket]* monter, prendre de l'altitude. **(b) to ~ down sth** descendre de qch; **to ~ over sth** escalader qch; **to ~ into an aircraft** monter à bord d'un avion; **to ~ out of a hole** se hisser hors d'un trou; *(Sport)* **to go ~ing** faire de l'alpinisme; *(rock-~ing)* faire de la varappe. **3** *n [hill]* montée *f*, côte *f*; *(Alpinism, Aviat)* ascension *f*. ◆ **climb down** *vi* descendre; *(fig)* en rabattre.
◆ **climber** *n* grimpeur *m*, -euse *f*; *(mountaineer)* alpiniste *mf*; *(also* rock-~er*)* varappeur *m*, -euse *f*; *(social etc ~)* arriviste *mf*; *(plant)* plante *f* grimpante. ◆ **climbing** *n (Sport)* alpinisme *m*; *(also* rock- ~ing*)* varappe *f*; ~ing frame cage *f* à poules.

clinch [klɪntʃ] **1** *vt argument* consolider, confirmer; *bargain, deal* conclure. **that ~es it** comme ça c'est réglé. **2** *n (embrace)* **in a ~ ✱** enlacés.

cling [klɪŋ] *pret, ptp* **clung** *vi* **(a)** *(hold tight)* **to ~ to** *rope, sb's hand* se cramponner à; *opinion* maintenir envers et contre tout; *belief* se raccrocher à; **to ~ to one another** *(lovingly)* se tenir étroitement enlacés; *(fearfully)* se cramponner l'un à l'autre. **(b)** *(stick)* coller *(to* à*)*. ◆ **clingfilm** *n* scellofrais *m* ®. ◆ **clinging** *adj garment, person* collant; *odour* tenace.

clinic ['klɪnɪk] *n (nursing home; teaching session)* clinique *f; [G.P., hospital]* service *m* de consultation. ◆ **clinical** *adj (Med)* clinique; *thermometer* médical; *(fig) attitude, approach* objectif.

clink [klɪŋk] **1** *vt* faire tinter. **to ~ glasses with sb** trinquer avec qn. **2** *vi* tinter. **3** *n* tintement *m*.

clip¹ [klɪp] *n (paper ~)* trombone *m*; *(bulldog ~)* pince *f* à dessin; *(for tube)* collier *m*; *(cartridge ~)* chargeur *m*; *(brooch)* clip *m*. ◆ **clip on** *vt sep brooch* fixer *(to* sur*); document* attacher. ◆ **clip together** *vt sep* attacher. ◆ **clipboard** *n* écritoire *f* (panneau).

clip² [klɪp] **1** *vt* **(a)** *(cut: gen)* couper; *hedge* tailler; *sheep, dog* tondre; *ticket* poinçonner; *article from newspaper* découper. *(fig)* **to ~ sb's wings** rogner les ailes à qn; *(fig)* **in a ~ped voice** en détachant bien les syllabes. **(b)** *(✱: hit)* flanquer une taloche à ✱.
2 *n (Cine)* extrait *m*.
◆ **clipper** *n (Aviat, Naut)* clipper *m*. ◆ **clippers** *npl (for hair)* tondeuse *f; (for hedge)* sécateur *m; (for nails)* pince *f* à ongles. ◆ **clipping** *n [newspaper etc]* coupure *f* de presse.

clique [kli:k] *n* clique *f*, coterie *f*. ◆ **cliquey** *or* ◆ **cliquish** *adj* qui a l'esprit de clique.

cloak [kləʊk] **1** *n* grande cape *f*. **as a ~ for sth** pour cacher qch. **2** *vt (fig)* masquer, cacher. **~ed with mystery** empreint de mystère. ◆ **cloak-and-dagger** *adj* clandestin, mystérieux. ◆ **cloakroom** *n [coats etc]* vestiaire *m; (W.C.) (public)* toilettes *fpl; (in house)* cabinets *mpl;* ~**room ticket** numéro *m* de vestiaire.

clock [klɒk] **1** *n* **(a)** *(large)* horloge *f; (smaller)* pendule *f*. **by the church ~** à l'horloge *or* au clocher de l'église; **2 hours by the ~** 2 heures d'horloge; **round the ~** vingt-quatre heures d'affilée; **to work against the ~** travailler contre la montre. **(b)** *[taxi]* compteur *m*. *(Aut)* **50,000 miles on the ~** 50 000

milles au compteur. **2** *vt runner* chronométrer. **he ~ed 4 minutes for the mile** il a fait le mille en 4 minutes. **3** *vi:* **to ~ in** *or* **on** pointer (à l'arrivée); **to ~ out** *or* **off** pointer (à la sortie).
◆ **clock up** *vt sep work, distance* faire. ◆ **clock-golf** *n* jeu *m* de l'horloge. ◆ **clock-maker** *n* horloger *m*, -ère *f*. ◆ **clock-radio** *n* radio-réveil *m*. ◆ **clock-tower** *n* clocher *m*. ◆ **clock-watcher** *n:* **he's a terrible ~-watcher** il ne fait que guetter l'heure de sortie. ◆ **clock-wise** *adv, adj* dans le sens des aiguilles d'une montre. ◆ **clockwork** **1** *n:* **to go like ~work** aller comme sur des roulettes ; **2** *adj toy* mécanique.

clog [klɒg] **1** *n* sabot *m (chaussure)*. **2** *vt (~ up) pipe* boucher; *wheel, passage* bloquer. **3** *vi (~ up)* se boucher.

cloister ['klɔɪstə'] *n* cloître *m*. ◆ **cloistered** *adj:* ~**ed life** vie *f* monacale.

clone [kləʊn] **1** *n* clone *m*. **2** *vt* cloner. ◆ **cloning** *n* clonage *m*.

close¹ [kləʊs] **1** *adj* **(a)** *(near) date, relative* proche; *friend* intime; *resemblance* exact, fidèle; *connection* étroit; *contact* direct; *encounter* face à face. **house ~ to the shops** maison près *or* proche des magasins; **sit here ~ to me** asseyez-vous ici près de moi; **~ to tears** au bord des larmes; **at ~ quarters** tout près; **to have a ~ call ✱** *or* **shave ✱** l'échapper belle, y échapper de justesse; **that was ~!** on l'a échappé belle! **(b)** *[handwriting, rank, election, reasoning]* serré; *grain* fin; *account* proche de la vérité; *argument* précis; *control, surveillance* étroit; *questioning, investigation* serré, minutieux; *examination, study* attentif; *translation* fidèle; *silence* impénétrable; *(secretive) person* peu communicatif. **to keep a ~ watch on** surveiller de près; **~ combat** corps à corps *m;* **in ~ confinement** en détention surveillée; **she was very ~ to her brother** *(in age)* son frère et elle étaient d'âges très rapprochés; *(in friendship)* elle était très proche de son frère. **(c)** *(airless) room* mal aéré; *weather* lourd, étouffant. **it's very ~ in here** il n'y a pas d'air ici; **it's ~ today** il fait lourd aujourd'hui. **(d)** *(Sport)* **~ season** fermeture *f* de la chasse *(or* de la pêche*)*.
2 *adv* étroitement, de près. **to hold sb ~** serrer qn dans ses bras; **~ by** tout près, tout proche; **~ by, ~ to, ~ up(on)** tout près de; **~ to the ground** très bas, au ras du sol; **~ by us** tout à côté de nous; **~ at hand** tout près; **he followed ~ behind me** il me suivait de près; **~ together** serrés les uns contre les autres; **to come ~r together** se rapprocher.
3 *n [cathedral]* enceinte *f*.
◆ **close-cropped** *adj* coupé ras. ◆ **close-fisted** *adj* grippe-sou *inv*. ◆ **close-fitting** *adj* ajusté. ◆ **close-knit** *adj (fig)* très uni. ◆ **closely** *adv guard* étroitement; *grasp* en serrant fort; *resemble* beaucoup; *watch, follow, study* de près; *listen* attentivement; *connected* étroitement; **they are ~ly related** ils sont proches parents. ◆ **close-mouthed** *adj* taciturne. ◆ **closeness** *n [weave]* texture *f* serrée; *[friendship]* intimité *f; [resemblance etc]* fidélité *f; [pursuers]* proximité *f; [weather, atmosphere]* lourdeur *f; [room]* manque *m* d'air. ◆ **close-run** *adj:* ~-**run race** course très serrée. ◆ **close-set** *adj eyes* rapprochés. ◆ **closeshaven** *adj* rasé de près. ◆ **close-up** *n* gros plan *m;* **in ~-up** en gros plan.

close² [kləʊz] **1** *n (end)* fin *f*. **to come to a ~** se terminer; **to draw to a ~** tirer à sa fin; **to bring sth to a ~** mettre fin à qch. **2** *vt* **(a)** *(shut: gen)* fermer; *pipe, opening* boucher; *road* barrer. ~**d to traffic** interdit à la circulation; **the shop is ~d** le magasin est fermé; **the shop is ~d on Sundays** le magasin ferme le dimanche; **to ~ a gap between 2 objects** réduire l'intervalle qui sépare 2 objets; **to ~ ranks** serrer les rangs. **(b)** *(end) proceedings, discussion* terminer, mettre fin à; *account* arrêter,

clore; *bargain* conclure. **to ~ the meeting** lever la séance. **3** *vi* (**a**) *[door, box, lid]* fermer, se fermer; *[museum, shop]* fermer; *[eyes]* se fermer. **the door ~d** la porte s'est fermée; **the door ~s badly** la porte ferme mal; **the shop ~s on Sundays** le magasin ferme le dimanche; **his fingers ~d around the pencil** ses doigts se sont refermés sur le crayon; **to ~ with sb** se prendre corps à corps avec qn. (**b**) *(end)* *[meeting etc]* se terminer, prendre fin; *[speaker etc]* terminer. *(St Ex)* **shares ~d at 120p** les actions étaient cotées à 120 pence en clôture.
◆ **close down 1** *vi* *[business, shop]* fermer (définitivement); *(Rad, TV)* terminer les émissions. **2** *vt sep* fermer (définitivement). ◆ **close in 1** *vi* *[hunters etc]* se rapprocher; *[evening, night]* tomber ; *[darkness, fog]* descendre. **the days are closing in** les jours raccourcissent; **to ~ in on sb** cerner qn. **2** *vt sep area* clôturer. ◆ **close on** *vt fus competitor, goal* rattraper. ◆ **close up 1** *vi* *[people in line etc]* se rapprocher; *[wound]* se refermer. **2** *vt sep house, shop* fermer (complètement); *pipe, opening* boucher; *wound* refermer. ◆ **closed** *adj door, eyes* fermé; *road* barré; *pipe, opening etc* bouché; **'~d'** *(gen)* 'fermé'; *(Theat)* 'relâche'; **maths are a ~d book to me** je suis complètement rebelle aux maths; *(Ind)* **~d-circuit television** télévision *f* en circuit fermé; *(Ind)* **~d shop** atelier *m* qui n'admet que des travailleurs syndiqués; **~d-shop policy** exclusion *f* des travailleurs non syndiqués. ◆ **close-down** *n* *[shop etc]* fermeture *f* (définitive); *(Rad, TV)* fin *f* des émissions. ◆ **closing 1** *n* *(gen)* fermeture *f*; *[meeting]* clôture *f*; **2** *adj* final, dernier; **closing speech** discours *m* de clôture; **when is closing time?** à quelle heure est-ce qu'on ferme?; *(St Ex)* **closing price** cours *m* en clôture. ◆ **closure** *n* fermeture *f*; *(Parl)* **to move the closure** demander la clôture.

closet ['klɒzɪt] **1** *n* *(cupboard)* armoire *f*, placard *m*; *(for clothes)* penderie *f*; *(room)* cabinet *m*; *(W.C.)* cabinets *mpl*. **to come out of the ~** * sortir de l'anonymat. **2** *vt*: **he was ~ed with his father for several hours** son père et lui sont restés plusieurs heures enfermés à discuter.

clot [klɒt] **1** *n* *caillot m*; *(*: fool)* imbécile *mf*. **a ~ on the brain/in the lung** une embolie cérébrale/pulmonaire; **a ~ in the leg** une thrombose. **2** *vti* coaguler. **~ted cream** crème *f* en grumeaux.

cloth [klɒθ] **1** *n* (**a**) *(material)* tissu *m*, étoffe *f*; *[linen, cotton]* toile *f*; *[wool]* drap *m*; *(Bookbinding, Naut)* toile *f*. (**b**) *(tablecloth)* nappe *f*; *(duster)* chiffon *m*; *(dishcloth)* torchon *m*. **2** *adj*: **~ cap** casquette *f* (d'ouvrier).

clothe [kləʊð] *vt* habiller, vêtir (**in, with** de). ◆ **clothes 1** *npl* vêtements *mpl*; *(bed ~s)* draps *mpl* et couvertures *fpl*; **with one's ~s on** tout habillé; **with one's ~s off** déshabillé, tout nu; **to put on one's ~s** s'habiller; **to take off one's ~s** se déshabiller ; **2** *adj*: **~s basket** panier *m* à linge; **~s brush** brosse *f* à habits; **~s dryer** séchoir *m*, sèche-linge *m inv*; **~s hanger** cintre *m*; **~s horse** séchoir *m* à linge pliant; **~s line** corde *f* à linge; **~s peg** pince *f* à linge; **~s shop** magasin *m* d'habillement; *(US)* **~s tree** portemanteau *m*. ◆ **clothier** *n* *(clothes seller)* marchand *m* de confection; *(cloth dealer, maker)* drapier *m*. ◆ **clothing** *n* vêtements *mpl*; **an article of clothing** un vêtement; **clothing allowance** indemnité *f* vestimentaire.

cloud [klaʊd] **1** *n* *(Met)* nuage *m*; *[smoke, dust etc]* nuage *m*; *[insects, arrows etc]* nuée *f*; *[gas]* nappe *f*. **to have one's head in the ~s** être dans les nuages; **to be on ~ nine** ‡ être aux anges; *(fig)* **under a ~** *(under suspicion)* en butte aux soupçons, *(in disgrace)* en disgrâce. **2** *vt liquid* rendre trouble; *mirror* embuer; *mind* obscurcir. **~ed sky** ciel couvert; **to ~ the issue** brouiller les cartes *(fig)*. **3** *vi* (**~ over)** *[sky]* se couvrir (de nuages); *[face, expression]*

s'assombrir. ◆ **cloudburst** *n* déluge *m* de pluie. ◆ **cloud-cuckoo land** *n*: **she lives in ~-cuckoo land** elle plane complètement. ◆ **cloudiness** *n* *[sky]* aspect *m* nuageux; *[liquid]* aspect trouble; *[mirror]* buée *f*. ◆ **cloudless** *adj* sans nuages. ◆ **cloudy** *adj sky* couvert; *liquid* trouble; **it was ~y** le temps était couvert.

clout [klaʊt] **1** *n* (**a**) *(blow)* coup *m* de poing *(or* de canne *etc)*. (**b**) *(*: influence)* influence *f*, poids *m*. **2** *vt* donner un coup de poing *etc* à.

clove¹ [kləʊv] *n* clou *m* de girofle. **oil of ~s** essence *f* de girofle; **~ of garlic** gousse *f* d'ail.

clove² [kləʊv] *pret of* **cleave.**

cloven ['kləʊvn] **1** *ptp of* **cleave. 2** *adj*: **~ hoof** *[animal]* sabot *m* fendu; *[devil]* pied *m* fourchu.

clover ['kləʊvə'] *n* trèfle *m*. **to be in ~** * être comme un coq en pâte; **~leaf** *(Bot)* feuille *f* de trèfle; *(road intersection)* croisement *m* en trèfle.

clown [klaʊn] **1** *n* clown *m*. **2** *vi* (**~ about, ~ around)** faire le clown *or* le pitre. ◆ **clowning** *n* pitreries *fpl*.

cloy [klɔɪ] *vi* perdre son charme. ◆ **cloying** *adj* écœurant.

club [klʌb] **1** *n* (**a**) *(weapon)* matraque *f*; *(golf ~)* club *m*. *(Cards)* **~s** trèfles *mpl*; **the ace of ~s** l'as *m* de trèfle; **one ~** un trèfle; **he played a ~** il a joué trèfle. (**b**) *(society)* club *m*. **tennis ~** club de tennis; *(fig)* **join the ~!** * tu n'es pas le seul! **2** *adj*: *(US)* **~ car** wagon-restaurant *m*; **~ class** classe *f* club; **~ member** membre *m* du club; **~ sandwich** sandwich *m* à deux étages. **3** *vt person* matraquer. **to ~ sb with a rifle** assommer qn d'un coup de crosse. ◆ **club together** *vi* se cotiser *(to buy* pour acheter). ◆ **club-foot** *n* pied-bot *m*. ◆ **clubhouse** *n* pavillon *m*.

cluck [klʌk] **1** *vi* glousser. **2** *n* gloussement *m*.

clue [kluː] *n* *(gen)* indication *f*; *(police etc)* indice *m*; *[crosswords]* définition *f*. **to find the ~ to sth** découvrir la clef de qch; **to have a ~** être sur une piste; *(fig)* **I haven't a ~!** * je n'en ai pas la moindre idée! ◆ **clue up** ‡ *vt sep* renseigner *(on* sur). **he's very ~d up on politics** il est très calé * en politique. ◆ **clueless** * *adj* qui n'a pas la moindre idée.

clump¹ [klʌmp] *n* *[shrubs]* massif *m*; *[trees]* bouquet *m*; *[flowers, grass]* touffe *f*.

clump² [klʌmp] **1** *n* *(noise)* bruit *m* de pas lourds. **2** *vi* (**~ about)** marcher d'un pas lourd.

clumsy ['klʌmzɪ] *adj person, action, painting, forgery* maladroit; *tool etc* peu pratique; *shape, form* lourd; *(tactless) person, remark, apology, style* gauche, maladroit. ◆ **clumsily** *adv* maladroitement; gauchement. ◆ **clumsiness** *n* maladresse *f*; caractère *m* peu pratique; gaucherie *f*.

clung [klʌŋ] *pret, ptp of* **cling.**

clunk [klʌŋk] *n* bruit sourd.

clunker * ['klʌŋkə'] *n* *(US)* *(vieille)* guimbarde *f*.

cluster ['klʌstə'] **1** *n* *[flowers, blossom, fruit]* grappe *f*; *[bananas]* régime *m*; *[trees]* bouquet *m*; *[persons, houses, islands]* (petit) groupe *m*; *[stars]* amas *m*. **2** *vi* *[people]* se rassembler *(around* autour de); *[things]* former un groupe *etc (around* autour de).

clutch [klʌtʃ] **1** *n* (**a**) *(Aut)* embrayage *m*; *(~ pedal)* pédale *f* d'embrayage. **to let in the ~** embrayer; **to let out the ~** débrayer; **~ plate** disque *m* d'embrayage. (**b**) **to fall into sb's ~es** tomber sous les griffes de qn. **2** *vt (grasp)* empoigner, saisir; *(hold tightly)* serrer fort; *(hold on to)* se cramponner à. **3** *vi*: **to ~ at** essayer de saisir; *(fig)* **to ~ at a straw** se raccrocher à n'importe quoi.

clutter ['klʌtə'] **1** *n* désordre *m*, fouillis *m*. **in a ~** en désordre, en pagaille *. **2** *vt* (**~ up)** encombrer *(with* de).

co- [kəʊ] *pref* co-. ◆ **co-author** *n* co-auteur *m*.
◆ **co-driver** *n* (*in race*) copilote *m*; [*lorry*]
deuxième chauffeur *m*. ◆ **coeducation** *n* éducation *f* mixte. ◆ **coeducational** *adj* mixte.
◆ **coexist** *vi* coexister (*with* avec). ◆ **coexistence** *n* coexistence *f*. ◆ **co-pilot** *n* copilote *m*
(*Aviat*). ◆ **co-respondent** *n* co-défendeur *m*,
deresse *f* (d'un adultère). ◆ **co-star** *n* (*Cine*,
Theat) partenaire *mf*. ◆ **co-worker** *n* collègue *mf*
de travail.

coach [kəʊtʃ] **1** *n* (**a**) (*Rail*) voiture *f*, wagon *m*;
(*motor* ~) car *m*, autocar *m*; (*horse-drawn*) carrosse
m. (**b**) (*tutor*) répétiteur *m*, -trice *f*; (*Sport*) entraîneur *m*. **2** *vt* donner des leçons particulières à;
(*Sport*) entraîner. to ~ **sb for an exam** préparer
qn à un examen; **he had been** ~**ed in what to say**
on lui avait fait répéter ce qu'il aurait à dire.
3 *adj*: ~ **trip** excursion *f* en car. ◆ **coachman** *n*
cocher *m*. ◆ **coachwork** *n* carrosserie *f*.

coagulate [kəʊˈægjʊleɪt] **1** *vt* coaguler. **2** *vi* se
coaguler. ◆ **coagulant** *n* coagulant *m*. ◆ **coagulation** *n* coagulation *f*.

coal [kəʊl] **1** *n* charbon *m*; (*Ind*) houille *f*. (*fig*) **on
hot** ~**s** sur des charbons ardents. **2** *adj fire, dust*
de charbon; *box, stove, cellar* à charbon; *industry*
houiller. ~ **scuttle** seau *m* à charbon; ~ **shed**
réserve *f* à charbon. ◆ **coal-black** *adj* noir
comme du charbon. ◆ **coal-face** *n* front *m* de
taille. ◆ **coalfield** *n* bassin *m* houiller. ◆ **coal-
gas** *n* gaz *m* (de houille). ◆ **coalman** *or* ◆ **coal-
merchant** *n* charbonnier *m*. ◆ **coalmine** *n* houillère *f*, mine *f* de charbon. ◆ **coalminer** *n* mineur
m. ◆ **coal-mining** *n* charbonnage *m*.

coalesce [ˌkəʊəˈles] *vi* se grouper.

coalition [ˌkəʊəˈlɪʃ(ə)n] *n* coalition *f*.

coarse [kɔːs] *adj material, cloth, texture* grossier; *linen,
salt, sand* gros; *sandpaper* à gros grain; *skin* rude;
food fruste; *manners, language, joke* grossier; *laugh*
gras; *accent* vulgaire. ~ **red wine** gros rouge *m*.
◆ **coarse-grained** *adj* à gros grain. ◆ **coarsely**
adv grossièrement; grassement; vulgairement;
~**ly woven** de texture grossière. ◆ **coarsen 1** *vt*
rendre grossier *or* vulgaire *etc*; **2** *vi* devenir rude
or grossier *or* vulgaire *etc*. ◆ **coarseness** *n* caractère *m* grossier *or* rude; vulgarité *f*; grossièreté
f.

coast [kəʊst] **1** *n* côte *f*; (~ *line*) littoral *m*. **the
~ is clear** la voie est libre. **2** *vi* (*Aut, Cycling*) avancer (*or* descendre) en roue libre. ◆ **coastal** *adj*
côtier. ◆ **coaster** *n* (*Naut*) caboteur *m*; (*drip mat*)
dessous *m* de verre. ◆ **coastguard 1** *n* (*service*)
≃ gendarmerie *f* maritime; (*person*) membre *m*
de la gendarmerie maritime ; **2** *adj*: ~**guard station** (bureau *m* de la) gendarmerie maritime;
~**guard vessel** (vedette *f*) garde-côte.

coat [kəʊt] **1** *n* (*gen*) manteau *m*; [*animal*] pelage
m, poil *m*; [*horse*] robe *f*; [*paint, tar etc*] couche
f. ~ **of arms** armoiries *fpl*. **2** *vt* enduire, couvrir
(*with* de); (*with egg*) dorer. **his tongue was** ~**ed** il
avait la langue chargée. ◆ **coat-hanger** *n* cintre
m. ◆ **coating** *n* (*gen*) couche *f* (*on saucepan etc*)
revêtement *m*. ◆ **coatstand** *n* portemanteau *m*.

coax [kəʊks] *vt* enjôler. **to** ~ **sb into doing** amener
qn à force de cajoleries à faire; **to** ~ **sth out of
sb** obtenir qch de qn par des cajoleries.
◆ **coaxing** *n* cajolerie(s) *f(pl)*. ◆ **coaxingly** *adv*
d'un ton câlin *or* enjôleur.

cobalt ['kəʊbɒlt] *n* cobalt *m*.

cobble ['kɒbl] **1** *n* (~ **stone**) pavé *m* rond. **2** *vt*:
to ~ **together** bricoler. ◆ **cobbled** *adj*: ~**d street**
rue pavée.

cobbler ['kɒblə'] *n* cordonnier *m*.

COBOL ['kəʊbɒl] *n* (*Comput*) COBOL *m*.

cobra ['kəʊbrə] *n* cobra *m*.

cobweb ['kɒbweb] *n* toile *f* d'araignée.

Coca-Cola [ˌkəʊkə ˈkəʊlə] *n* ® coca-cola *m inv*.

cocaine [kəˈkeɪn] *n* cocaïne *f*.

cochineal ['kɒtʃɪniːl] *n* (*Culin*) colorant *m* rouge.

cock [kɒk] **1** *n* coq *m*. **the** ~ **of the walk** le roi (*fig*).
2 *vt gun* armer. **to** ~ **one's ear** dresser les oreilles;
(*fig*) dresser l'oreille; **to** ~ **a snook at** faire un pied
de nez à; (*fig*) faire fi de. **3** *adj*: ~ **bird** (oiseau
m) mâle *m*.
◆ **cock-a-doodle-doo** *n* cocorico *m*. ◆ **cock-a-
hoop 1** *adj* fier comme Artaban ; **2** *adv* d'un
air de triomphe. ◆ **cockamamie** * *adj* (*US*) farfelu. ◆ **cockand-bull** *adj*: ~-**and-bull story** histoire *f* à dormir debout. ◆ **cockcrow** *n*: **at** ~**crow**
au premier chant du coq. ◆ **cocked** *adj*: **to knock
sb into a** ~**ed hat** * battre qn à plate couture.
◆ **cockerel** *n* jeune coq *m*. ◆ **cock-eyed** *adj* (*:
cross-eyed*) qui louche; (*: crooked*) de traviole *;
(*: absurd*) absurde; (*: drunk*) soûl *. ◆ **cock-
fighting** *n* combats *mpl* de coqs. ◆ **cockiness**
n outrecuidance *f*. ◆ **cockpit** *n* [*aircraft*] poste *m*
de pilotage; [*racing car*] poste du pilote; (*fig*)
arènes *fpl*. ◆ **cockroach** *n* cafard *m*. ◆ **cocksure**
adj (trop) sûr de soi. ◆ **cocktail 1** *n* cocktail *m*
(*boisson*); **fruit** ~**tail** salade *f* de fruits; **prawn** ~**tail**
cocktail de crevettes ; **2** *adj*: ~**tail bar** bar *m* (*dans
un hôtel*); ~**tail cabinet** bar *m* (*meuble*); ~**tail party**
cocktail *m* (*réunion*). ◆ **cocky** *adj* trop sûr de soi,
outrecuidant.

cockade [kɒˈkeɪd] *n* cocarde *f*.

cockatoo ['kɒkətuː] *n* cacatoès *m*.

cocker ['kɒkə'] *n*: ~ (**spaniel**) cocker *m*.

cockle ['kɒkl] *n* (*Zool*) coque *f*. **it warmed the** ~**s
of his heart** cela lui a réchauffé le cœur.

cockney ['kɒknɪ] **1** *n* Cockney *mf* (*personne née dans
l'"East End" de Londres*); (*Ling*) cockney *m*. **2** *adj*
cockney, londonien.

cocoa ['kəʊkəʊ] *n* cacao *m*.

coconut ['kəʊkənʌt] **1** *n* noix *f* de coco. **2** *adj*:
~ **matting** tapis *m* de fibre; ~ **palm** cocotier *m*;
~ **shy** jeu *m* de massacre.

cocoon [kəˈkuːn] *n* cocon *m*.

cod [kɒd] *n*, *pl inv* morue *f*; (*Culin*) cabillaud *m* ;
(*salted, dried*) morue. **the C**~ **War** la guerre de la
morue. ◆ **cod-liver oil** *n* huile *f* de foie de
morue.

coddle ['kɒdl] *vt* dorloter; (*Culin*) cuire à feu doux.

code [kəʊd] **1** *n* (*all senses*) code *m*. **in** ~ en code;
~ **of practice** (*gen*) déontologie *f*.
2 *vt* coder.
3 *adj*: ~ **letter** chiffre *m*; ~ **name** nom *m* codé;
(*Tax*) ~ **number** ≃ indice *m* des déductions fiscales. ◆ **codify** *vt* codifier. ◆ **coding** *n* [*message*]
mise *f* en code; (*Comput*) codage *m*.

codeine ['kəʊdiːn] *n* codéine *f*.

codicil ['kɒdɪsɪl] *n* codicille *m*.

coefficient [ˌkəʊɪˈfɪʃ(ə)nt] *n* coefficient *m*.

coerce [kəʊˈɜːs] *vt* contraindre (*sb into doing* qn à
faire). ◆ **coercion** *n* contrainte *f*. ◆ **coercive** *adj*
coercitif.

coffee ['kɒfɪ] **1** *n* café *m*. **a** ~ un café; **black** ~
café noir; **white** ~, (*US*) ~ **with milk** café au lait;
one white ~, **please!** un (café-)crème s'il vous
plaît! **2** *adj*: ~ **bar** cafétéria *f*; ~ **bean** grain *m*
de café; ~ **break** pause-café *f*; ~ **cup** tasse *f* à café;
(*smaller; also measure*) tasse à moka; ~ **maker** cafetière *f*; ~ **percolator** cafetière *f* (*à pression*); ~ **pot**
n cafetière *f*; ~ **spoon** cuiller *f* à moka; ~ **table**
(petite) table *f* basse; **a** ~ **table book** un beau livre
grand format.

coffer ['kɒfə'] *n* coffre *m*.

coffin ['kɒfɪn] *n* cercueil *m*.

cog [kɒg] *n* dent *f* (d'engrenage). (*fig*) **a** ~ **in the wheel**
un simple rouage dans la machine.

cogent ['kəʊdʒ(ə)nt] *adj (compelling)* puissant; *(relevant)* pertinent. ◆ **cogency** *n* puissance *f.* ◆ **cogently** *adv* puissamment; pertinemment.

cogitate ['kɒdʒɪteɪt] *vti* méditer (*on* sur). ◆ **cogitation** *n* réflexion *f.*

cognac ['kɒnjæk] *n* cognac *m.*

cohabit [kəʊ'hæbɪt] *vi* cohabiter (*with* avec). ◆ **cohabitation** *n* cohabitation *f.*

coherent [kə(ʊ)'hɪərənt] *adj person, words* cohérent; *account, speech* facile à suivre; *behaviour* logique. ◆ **coherence** *n (fig)* cohérence *f.* ◆ **coherently** *adv* d'une façon cohérente.

coil [kɔɪl] **1** *vt* enrouler. **2** *vi [rope]* s'enrouler; *[snake]* se lover. **3** *n (roll: gen)* rouleau *m; (one loop)* spire *f; [snake, smoke]* anneau *m; [hair at back of head]* chignon *m. (contraceptive)* **the ~** le stérilet.

coin [kɔɪn] **1** *n* pièce *f* de monnaie. **a 10p ~** une pièce de 10 pence. **2** *vt money* frapper; *word* inventer. *(fig)* **he is ~ing money** il fait des affaires d'or; *(hum)* **to ~ a phrase** si je peux m'exprimer ainsi. ◆ **coin box** *n* cabine *f* téléphonique. ◆ **coin-op** * *n* laverie *f* automatique. ◆ **coin-operated** *adj* automatique.

coincide [,kəʊɪn'saɪd] *vi* coïncider (*with* avec). ◆ **coincidence** *n* coïncidence *f.* ◆ **coincidental** *adj* de coïncidence.

coke [kəʊk] *n* coke *m.*

Coke [kəʊk] *n* ® coca *m* ®.

colander ['kʌləndə^r] *n* passoire *f.*

cold [kəʊld] **1** *adj (lit, fig)* froid. **as ~ as ice** *(gen)* glacé; *room* glacial; **it's as ~ as charity** il fait un froid de canard *; **it's a ~ morning** il fait froid ce matin; **the tea's ~** le thé est froid; **I am ~** j'ai froid; **my feet are ~** j'ai froid aux pieds; *(fig)* **to have ~ feet** avoir la frousse *; **to get ~** *[weather, room]* se refroidir; *[food]* refroidir; *[person]* commencer à avoir froid; *(catch a chill)* attraper froid; **that's ~ comfort** ce n'est pas tellement réconfortant; **that leaves me ~** * ça ne me fait ni chaud ni froid; **in ~ blood** de sang-froid; **he was out ~** * il était sans connaissance; **~ cream** crème *f* de beauté; **~ sore** bouton *m* de fièvre; **~ start,** *(US)* **~ starting** démarrage *m* à froid; **to put into ~ storage** *food* mettre en chambre froide; *scheme* mettre en attente; **~ store** entrepôt *m* frigorifique; **the ~ war** la guerre froide. **2** *n* (**a**) *(Met etc)* froid *m.* **I am beginning to feel the ~** je commence à avoir froid; **I never feel the ~** je ne suis pas frileux; *(fig)* **to be left out in the ~** rester en plan *. (**b**) *(Med)* rhume *m.* **~ in the head** rhume de cerveau; **a bad ~** un gros rhume; **to have a ~** être enrhumé; **to get a ~** s'enrhumer. **3** *adv (US* *)* *(completely)* absolument; *(unexpectedly)* de façon complètement inattendue. ◆ **cold-blooded** *adj animal* à sang froid; *person* sans pitié. ◆ **cold-bloodedly** *adv* de sang froid. ◆ **cold-hearted** *adj* impitoyable. ◆ **coldly** *adv* avec froideur. ◆ **coldness** *n* froideur *f.* ◆ **cold-shoulder** * *vt* se montrer froid envers.

coleslaw ['kəʊlslɔ:] *n* salade *f* de chou cru.

colic ['kɒlɪk] *n* coliques *fpl; (diarrhoea)* colique.

colitis [kɒ'laɪtɪs] *n* colite *f.*

collaborate [kə'læbəreɪt] *vi* collaborer (*with sb in sth* avec qn à qch). ◆ **collaboration** *n* collaboration *f (in* à). ◆ **collaborator** *n* collaborateur *m,* -trice *f.*

collapse [kə'læps] **1** *vi [person, building, roof, floor]* s'écrouler, s'effondrer; *[beam]* fléchir; *[government]* tomber; *[prices, defences, civilization, society]* s'effondrer; *[scheme]* s'écrouler; *(*: *with laughter)* être plié en deux (de rire). **he ~d at work** il a eu un grave malaise à son travail. **2** *vt chair* plier; *paragraphs* comprimer. **3** *n écroulement m; [government]* chute *f.* ◆ **collapsible** *adj* pliant.

collar ['kɒlə^r] **1** *n* col *m; (separate) (for men)* faux-col *m; (for women)* collerette *f; [dogs]* collier *m; (on pipe etc)* bague *f.* **to get hold of sb by the ~** saisir qn au collet. **2** *vt (*) *person* accrocher *, intercepter *; *book, object* faire main basse sur. ◆ **collarbone** *n* clavicule *f.* ◆ **collarstud** *n* bouton *m* de col.

collate [kɒ'leɪt] *vt* collationner (*with* avec). ◆ **collation** *n* collation *f.*

collateral [kɒ'læt(ə)r(ə)l] *adj (parallel)* parallèle; *(corresponding)* concomitant; *(Jur, Med)* collatéral; *(subordinate)* accessoire. *(Fin)* **~ (security)** nantissement *m.*

colleague ['kɒli:g] *n* collègue *mf.*

collect [kə'lekt] **1** *vt* (**a**) *(assemble) valuables, wealth* accumuler; *facts, documents* rassembler, recueillir; *group of helpers* rassembler, réunir; *money, subscriptions* recueillir; *taxes, dues, fines* percevoir; *rents* encaisser. *(US)* **~ on delivery** livraison *f* contre remboursement; **the ~ed works of Milton** les œuvres *fpl* complètes de Milton; *(fig)* **to ~ one's thoughts** se recueillir. (**b**) *(pick up) books etc* ramasser; *[snake, railway company] luggage etc* prendre à domicile; *[ticket collector]* ramasser. *(Post)* **to ~ letters** faire la levée du courrier; **the rubbish is ~ed twice a week** les ordures sont enlevées deux fois par semaine. (**c**) *(as hobby) stamps* collectionner. **she ~s** * **poets** elle collectionne * les poètes. (**d**) *(call for) person, books, one's mail* passer prendre. **the bus ~s the children** l'autobus ramasse les enfants. **2** *vi* (**a**) *[people]* se rassembler; *[things]* s'amasser; *[dust, water]* s'accumuler. (**b**) **to ~ for the injured** faire la quête pour les blessés. **3** *adv (US Telec)* **to call ~** téléphoner en P.C.V. ◆ **collect call** *n (US Telec)* communication *f* en P.C.V. ◆ **collection** *n [information]* rassemblement *m; [taxes]* perception *f; [refuse]* enlèvement *m; [stamps etc]* collection *f; [miscellaneous objects]* amas *m,* ramassis *m (pej); (in church)* quête *f; (Post)* levée *f.* ◆ **collective 1** *adj* collectif; **~ive bargaining** ≈ convention *f* collective du travail ; **2** *n* association collective. ◆ **collectively** *adv* collectivement. ◆ **collectivism** *n* collectivisme *m.* ◆ **collector** *n [taxes]* percepteur *m; [stamps etc]* collectionneur *m,* -euse *f.*

college ['kɒlɪdʒ] *n (gen)* collège *m.* **~ of agriculture** institut *m* agronomique; **~ of art** école *f* des beaux-arts; **~ of domestic science** école d'enseignement ménager; **~ of education** *(for primary teachers)* ≈ école normale primaire; *(for secondary teachers)* ≈ centre pédagogique régional de formation des maîtres; **~ of music** conservatoire *m* de musique; **technical ~** collège technique; **to go to ~** faire des études supérieures; **C~ of Physicians/Surgeons** Académie *f* de médecine/de chirurgie.

collide [kə'laɪd] *vi* entrer en collision; *(less violently)* se heurter. **to ~ with** entrer en collision avec, heurter. ◆ **collision** *n* collision *f;* **to be on a collision course** être sur une route de collision.

collie ['kɒlɪ] *n* colley *m.*

collier ['kɒlɪə^r] *n* mineur *m.* ◆ **colliery** *n* mine *f* (de charbon), houillère *f.*

colloquial [kə'ləʊkwɪəl] *adj* familier, parlé. ◆ **colloquialism** *n* expression *f* familière. ◆ **colloquially** *adv* familièrement, dans la langue parlée.

collusion [kə'lu:ʒ(ə)n] *n* collusion *f.* **in ~ with** de connivence avec.

Cologne [kə'ləʊn] *n* Cologne *f.*

Colombia [kə'lɒmbɪə] *n* Colombie *f.* ◆ **Colombian 1** *adj* colombien ; **2** *n* Colombien(ne) *m(f).*

colon ['kəʊlən] *n (Anat)* côlon *m; (Gram)* deux-points *m inv.*

colonel ['kɜːnl] n colonel m. C~ Smith le colonel Smith.

colony ['kɒlənɪ] n colonie f. ◆ **colonial** adj colonial; Colonial Office ministère m des Colonies. ◆ **colonialism** n colonialisme m. ◆ **colonialist** adj, n colonialiste (mf). ◆ **colonist** n colon m. ◆ **colonization** n colonisation f. ◆ **colonize** vt coloniser.

Colorado beetle [ˌkɒləˈrɑːdəʊ 'biːtl] n doryphore m.

colossus [kəˈlɒsəs] n colosse m. ◆ **colossal** adj colossal.

colour, (US) **color** ['kʌləʳ] 1 n couleur f. what ~ is it? de quelle couleur est-ce?; to take the ~ out of sth décolorer qch; (fig) let's see the ~ of your money * fais voir la couleur de ton fric *; under (the) ~ of sous prétexte de; to change ~ changer de couleur; to lose (one's) ~ pâlir; to get one's ~ back reprendre des couleurs; he looks an unhealthy ~ il a très mauvaise mine; to have a high ~ avoir le teint vif; to paint sth in bright/dark ~s (lit) peindre qch de couleurs vives/sombres; (fig) peindre qch sous de belles couleurs/sous des couleurs sombres; to see sth in its true ~s voir qch sous son vrai jour; (gen, Mil, Naut) ~s couleurs fpl; to salute the ~s saluer le drapeau; (fig) he showed his true ~s il s'est révélé tel qu'il est vraiment; his ~ counted against him sa couleur jouait contre lui; it is not a question of ~ ce n'est pas une question de race. 2 adj film, slide, photograph en couleur; problem etc racial. ~ bar discrimination raciale; ~ scheme combinaison f de(s) couleurs; to choose a ~ scheme assortir les couleurs; (Press) ~ supplement supplément illustré; ~ television télévision f (en) couleur; ~ television (set) téléviseur m couleur inv. 3 vt (gen: lit, fig) colorer; (paint) peindre; (crayon) colorier; (dye) teindre; (tint) teinter. to ~ sth red colorer etc qch en rouge; ~ing book album m à colorier. 4 vi [person] rougir. ◆ **coloration** n coloration f. ◆ **colorcast** 1 n programme m (télévisé) en couleur; 2 vt téléviser en couleur. ◆ **colour-blind** adj daltonien. ◆ **colour-blindness** n daltonisme m. ◆ **coloured** 1 adj liquid coloré; drawing colorié; pencil de couleur; photograph etc en couleur; person, race de couleur; a highly ~ed tale un récit très coloré; a straw-~ed hat un chapeau couleur paille; muddy-~ed couleur de boue; 2 n: ~eds personnes fpl de couleur; (in South Africa) métis mpl. ◆ **colourfast** adj grand teint inv. ◆ **colourful** adj dress, tale coloré; personality pittoresque. ◆ **colouring** n coloration f; (complexion) teint m; high ~ing teint coloré. ◆ **colourless** adj incolore. ◆ **colourway** n coloris m.

colt [kəʊlt] n poulain m.

column ['kɒləm] n (all senses) colonne f. ◆ **columnist** n (Press) chroniqueur m, échotier m, -ière f.

coma ['kəʊmə] n coma m. in a ~ dans le coma. ◆ **comatose** adj comateux.

comb [kəʊm] 1 n peigne m. to run a ~ through one's hair se donner un coup de peigne. 2 vt (a) peigner. to ~ one's hair se peigner; to ~ sb's hair peigner qn. (b) (search) area, town ratisser; (~ through) file dépouiller.

combat ['kɒmbæt] 1 n combat m. on ~ duty en service commandé. 2 adj ~ car (véhicule m) blindé m léger de campagne; ~ jacket veste f de treillis; ~ troops troupes fpl de combat. 3 vti combattre (for pour, with, against contre). ◆ **combatant** adj, n combattant(e) m(f).

combine [kəmˈbaɪn] 1 vt projects, objectives combiner (with avec); qualities allier (with à); forces, efforts unir. to ~ business with pleasure joindre l'utile à l'agréable; ~d clock and radio combiné m radioréveil; their ~d wealth leurs richesses réunies; a ~d effort un effort conjugué; ~d forces forces alliées; ~d operation (Mil) opération f interarmes inv; (by allies) opération alliée; (fig) entreprise f faite en commun. 2 vi (gen) s'unir, s'associer; [parties] fusionner; [workers] se syndiquer; (Chem) se combiner; (fig) se liguer (against contre); [events] concourir (to à). 3 ['kɒmbaɪn] n association f; (Comm, Fin) trust m, cartel m; (Jur) corporation f; (~ harvester) moissonneuse-batteuse f. ◆ **combination** 1 n (gen) combinaison f; [events] concours m; (motorcycle) combination side-car m ; 2 adj: combination lock serrure f à combinaison.

combustion [kəmˈbʌstʃ(ə)n] n combustion f. ◆ **combustible** adj combustible.

come [kʌm] pret **came,** ptp **come** vi (a) (gen) venir; (arrive) venir, arriver; (have its place) venir, se trouver. ~ with me venez avec moi; ~ and see me soon venez me voir bientôt; he has ~ to mend the television il est venu réparer la télévision; he has ~ from Edinburgh il est venu d'Édimbourg; he has just ~ from Edinburgh il arrive d'Édimbourg; (originate from) to ~ from venir de; he has ~ a long way il est venu de loin; (fig) il a fait du chemin; they were coming and going all day ils n'ont fait qu'aller et venir toute la journée; (TV) the picture ~s and goes l'image saute; the pain ~s and goes la douleur est intermittente; to ~ running arriver en courant; to ~ home rentrer (chez soi or à la maison); to ~ for sb/sth venir chercher qn/qch, venir prendre qn/qch; I'll ~ after you je vous suis; coming! j'arrive!; (excl) ~, ~!, ~ now! voyons!; they came to a town ils sont arrivés à une ville, ils ont atteint une ville; help came in time les secours sont arrivés à temps; it came into my head that il m'est venu à l'esprit que; it came as a shock to him cela lui a fait un choc; it came as a surprise to him cela l'a (beaucoup) surpris; when it ~s to mathematics pour ce qui est des mathématiques; when it ~s to choosing quand il faut choisir; (fig) he will never ~ to much il ne sera or fera jamais grand-chose; the time will ~ when... il viendra un temps où...; May ~s before June mai vient avant or précède juin; July ~s after June juillet vient or suit juin; this passage ~s on page 10 ce passage se trouve à la page 10.
(b) (happen) arriver (to à), se produire. ~ what may quoi qu'il arrive (subj); nothing came of it il n'en est rien résulté; that's what ~s of disobeying! voilà ce que c'est que de désobéir!; no good will ~ of it il n'en sortira rien de bon; how do you ~ to be so late? comment se fait-il que vous soyez si en retard?
(c) (become) devenir, se trouver. his dreams came true ses rêves se sont réalisés; the handle has ~ loose le manche s'est desserré; it ~s less expensive to shop in town cela revient moins cher de faire ses achats en ville; that ~s naturally to him il est doué pour cela; everything came right in the end tout s'est arrangé à la fin; this dress ~s in 3 sizes cette robe existe en 3 tailles; I have ~ to believe him j'en suis venu à le croire; I came to admit he was wrong il a fini par reconnaître qu'il avait tort; now I ~ to think of it réflexion faite, quand j'y songe; (liter) it came to pass that il advint que (liter); to ~ undone se défaire; to ~ apart (come off) se détacher; (come unstuck) se décoller.
(d) (phrases) the life to ~ la vie future; the years to ~ les années à venir; if it ~s to that, you shouldn't have done it either à ce compte-là or à ce moment-là *, tu n'aurais pas dû le faire non plus; I've known him for 3 years ~ January cela fera 3 ans en janvier que je le connais; she is

coming * 6 elle va sur ses 6 ans; **she had it coming to her** * elle l'a *or* l'avait (bien) cherché; **to ~ between two people** (venir) se mettre entre deux personnes; **she's as clever as they** ~ * elle est futée comme pas une *; **you could see that coming** * on voyait venir ça de loin; **~ again?** * comment?, pardon?; **how ~?** * comment ça se fait?; **how ~ you can't find it?** * comment se fait-il que tu n'arrives (*subj*) pas à le trouver?

◆ **come about** *vi* se faire (*that* que + *subj*) arriver.

◆ **come across 1** *vi* (**a**) *(gen)* traverser; *(be received)* faire de l'effet. **his speech came across very well/badly** son discours a fait beaucoup d'effet/n'a pas fait d'effet; **his true feelings came across** ses vrais sentiments se faisaient sentir. (**b**) *(US *: keep promise etc)* s'exécuter, tenir parole. **2** *vt fus* *(find, meet)* tomber sur.

◆ **come along** *vi* (**a**) **~ along!** *(impatiently)* (allons *or* voyons) dépêchez-vous!; *(in friendly tone)* (allez) venez! (**b**) *(accompany)* venir. (**c**) *(progress)* faire des progrès. **how is your broken arm? — it's coming along quite well** comment va votre bras cassé? — il *or* ça se remet bien; **how are your lettuces/plans coming along?** où en sont vos laitues/projets?

◆ **come away** *vi (leave)* partir, s'en aller; *[button etc]* se détacher, partir. **~ away from there!** sors de là!, écarte-toi de là!

◆ **come back** *vi* revenir. **I asked her to ~ back with me** je lui ai demandé de me raccompagner; **to ~ back to what I was saying** pour en revenir à ce que je disais; **I'll ~ back to you on that one** * nous en reparlerons plus tard; **his name is coming back to me** son nom me revient (à la mémoire).

◆ **come by 1** *vi* passer (par là). **he came by yesterday** il est venu *or* passé (par là) hier. **2** *vt fus (obtain) object* se procurer; *idea, opinion* se faire.

◆ **come down** *vi* descendre *(from de, to* jusqu'à); *[buildings etc]* être démoli; *[prices]* baisser. **to ~ down in favour of sth** prendre position en faveur de qch; **to ~ down in the world** descendre dans l'échelle sociale; **he came down on me like a ton of bricks** * il m'est tombé dessus à bras raccourcis; **to ~ down with flu** attraper une grippe.

◆ **come forward** *vi* se présenter *(as* comme). **to ~ forward with** *help, money, suggestion* offrir; *answer* suggérer.

◆ **come in** *vi [person]* entrer; *[trains etc]* arriver; *[tide]* monter; *(in race)* arriver. **where does your brother ~ in?** et ton frère là-dedans?; **he came in fourth** il est arrivé quatrième; **the socialists came in at the last election** les socialistes sont arrivés au pouvoir aux dernières élections; **he has £5,000 coming in every year** il touche 5 000 livres chaque année; **to ~ in for** *criticism, reproach* être l'objet de, subir; *praise* recevoir; **to ~ into** *(inherit)* hériter de.

◆ **come off 1** *vi* (**a**) *[button]* se détacher; *[stains, marks]* partir. (**b**) *[event etc]* avoir lieu; *[plans etc]* se réaliser; *[attempts, experiments]* réussir. (**c**) *(acquit o.s.)* s'en tirer, s'en sortir. **he came off well by comparison with his brother** il s'en est très bien tiré en comparaison de son frère; **to ~ off best** gagner. **2** *vt fus:* **a button came off his coat** un bouton s'est détaché de son manteau; **he came off his bike** il est tombé de son vélo; **~ off it!** * et puis quoi encore?, vraiment?

◆ **come on 1** *vi* (**a**) *(follow)* suivre; *(continue to advance)* continuer d'avancer. (**b**) = **come along** (a). (**c**) = **come along** (c). (**d**) *(US *)* **he came on as a fine man** il a fait l'effet d'être un homme bien. (**e**) *(start) [illness]* se déclarer. **the rain came on** il s'est mis à pleuvoir; **I feel a cold coming on** je sens que je m'enrhume. (**f**) *(Theat) [actor]* entrer en scène. **'Hamlet' is coming on next week**

on donne 'Hamlet' la semaine prochaine. **2** *vt fus* = **come upon.**

◆ **come out** *vi [person, object, flowers, car, drawer]* sortir *(of* de); *[sun, stars]* paraître; *[spots, rash]* sortir; *[secret, news]* être divulgué; *[truth]* se faire jour; *[books, magazines, films]* paraître, sortir; *[qualities]* se manifester; *[stains]* s'en aller; *[dyes, colours]* *(run)* déteindre; *(fade)* se faner; *(Math) [problems]* se résoudre; *[division etc]* tomber juste. **to ~ out on strike** se mettre en grève; **the photo came out well** la photo est très bonne; **the total ~s out at 500** le total s'élève à 500; **he came out third in French** il s'est classé troisième en français; **to ~ out in a rash** avoir une poussée de boutons; **to ~ out for/against sth** se déclarer ouvertement pour/contre qch; **you never know what she's going to ~ out with next** * on ne sait jamais ce qu'elle va dire *or* sortir *.

◆ **come over 1** *vi* venir. **he came over to England for a few months** il est venu passer quelques mois en Angleterre; **he came over to our way of thinking** il s'est rangé à notre avis; **she came over faint** elle a failli s'évanouir; **his speech came over well** son discours a fait bonne impression. **2** *vt fus:* **a feeling of shyness came over her** la timidité la saisit; **what's ~ over you?** qu'est-ce qui vous prend?

◆ **come round** *vi* (**a**) faire le tour *or* un détour. **we had to ~ round by the farm** nous avons dû faire un détour par la ferme. (**b**) venir, passer. **do ~ round and see me one evening** passez me voir un de ces soirs. (**c**) *(recur regularly)* revenir périodiquement. **your birthday will soon ~ round again** ce sera bientôt à nouveau ton anniversaire. (**d**) *(change one's mind)* changer d'avis. (**e**) *(regain consciousness)* reprendre connaissance. (**f**) *(throw off bad mood etc)* **leave her alone, she'll soon ~ round** laissez-la tranquille, elle reviendra bientôt à d'autres sentiments.

◆ **come through 1** *vi (survive)* s'en tirer. *(Telec)* **the call came through** on a eu la communication. **2** *vt fus (survive) danger, war* se tirer indemne de; *illness* survivre à.

◆ **come through with** *vt fus (US)* **come up with.**

◆ **come to 1** *vi* = **come round (e). 2** *vt fus:* **how much does it ~ to?** cela fait combien?; **it ~s to much less per metre if you buy a lot** cela revient bien moins cher le mètre si vous en achetez beaucoup.

◆ **come together** *vi (assemble)* se rassembler; *(meet)* se rencontrer.

◆ **come under** *vt fus sb's influence, domination* tomber sous; *heading* être classé sous, se trouver sous.

◆ **come up** *vi* (**a**) monter. **he came up to me with a smile** il m'a abordé en souriant. (**b**) *[accused]* comparaître *(before* devant); *[law suit]* être entendu *(before* par); *[matters for discussion, question]* être soulevé. **he came up against total opposition to his plans** il s'est heurté à une opposition radicale à ses projets; **to ~ up against sb** entrer en conflit avec qn. (**c**) **the water came up to his knees** l'eau lui venait *or* arrivait jusqu'aux genoux; **my son ~s up to my shoulder** mon fils m'arrive à l'épaule; **his work has not ~ up to our expectation** son travail n'a pas répondu à notre attente.

◆ **come up with** *vt fus idea, plan* proposer, suggérer; *money, suggestion* offrir.

◆ **come upon** *vt fus (find, meet) object, person* tomber sur.

◆ **comeback** *n (Theat etc)* rentrée *f*; *(reaction)* réaction *f*; *(response)* réplique *f*. ◆ **comedown** * *n*: **it was rather a ~down for him to have to work** c'était assez humiliant pour lui d'avoir à travailler. ◆ **comer** *n*: **open to all ~rs** ouvert à tous; **the first ~r** le premier venu. ◆ **come-hither** * *adj*: **a ~-hither look** un regard aguichant. ◆ **come-on** * *n* attrape-nigaud *m*, truc * *m*. ◆ **comeup-**

pance * [ˌkʌmˈʌpəns] *n*: **he got his ~uppance** il a échoué (*or* perdu *etc*) et il ne l'a pas volé. ◆ **coming 1** *n* arrivée *f*, venue *f*; **coming and going** va-et-vient *m*; **comings and goings** allées *fpl* et venues; **2** *adj (future)* à venir, futur; *(next)* prochain; *(promising)* qui promet, d'avenir; **a coming politician** un homme politique d'avenir.

comedy [ˈkɒmɪdɪ] *n* comédie *f*. **low ~** farce *f*. ◆ **comedian** *n* (acteur *m*) comique *m*. ◆ **comedienne** *n* actrice *f* comique.

comely [ˈkʌmlɪ] *adj (liter)* beau, gracieux. ◆ **comeliness** *n* beauté *f*, grâce *f*.

comet [ˈkɒmɪt] *n* comète *f*.

comfort [ˈkʌmfət] **1** *n* **(a)** confort *m*, bien-être *m*. **to live in ~** vivre dans l'aisance; **every modern ~** tout le confort moderne; **he likes his ~s** il aime ses aises. **(b)** *(consolation)* consolation *f*, réconfort *m*. **to take ~ from sth** trouver du réconfort *or* une consolation dans qch; **you are a great ~ to me** vous êtes pour moi d'un grand réconfort; **if it's any ~ to you** si ça peut te consoler; **it is a ~ to know that...** il est consolant de savoir que...; **to take ~ from the fact/the knowledge that** trouver rassurant le fait que/de savoir que; **the fighting was too close for (my) ~** les combats étaient trop près pour mon goût. **2** *adj*: *(US)* **~ station** toilettes *fpl*. **3** *vt* consoler, soulager. ◆ **comfortable** *adj armchair, bed, win, majority* confortable; *temperature* agréable; *thought, idea, news* réconfortant; *income* très suffisant; **I am quite ~able here** je me trouve très bien ici; **to make o.s. ~able** *(in armchair etc)* s'installer confortablement; *(make o.s. at home)* se mettre à son aise; *(fig)* **I am not very ~able about it** cela m'inquiète un peu. ◆ **comfortably** *adv* confortablement; agréablement; *live* dans l'aisance; **they are ~ably off** ils sont à l'aise. ◆ **comforter** *n (person)* consolateur *m*, -trice *f (liter)*; *(scarf)* cache-nez *m inv*; *(dummy-teat)* tétine *f*; *(quilt)* édredon *m*. ◆ **comforting** *adj words, thoughts* consolant; *news* soulageant; **it is ~ing to think that...** il est réconfortant de penser que... ◆ **comfortless** *adj room* sans confort; *prospect* désolant. ◆ **comfy** * *adj chair, room* confortable; **are you comfy?** êtes-vous bien?

comic [ˈkɒmɪk] **1** *adj* comique. **~ opera** opéra *m* comique; **~ relief** moment *m* de détente comique; **~ verse** poésie *f* humoristique. **2** *n (person)* (acteur *m*) comique *m*, actrice *f* comique; *(magazine)* comic *m*. **~s**, **~ strip** bande dessinée. ◆ **comical** *adj* comique. ◆ **comically** *adv* comiquement.

comma [ˈkɒmə] *n* virgule *f*.

command [kəˈmɑːnd] **1** *vt* ordonner, commander *(sb to do* à qn de faire; *that que + subj)*; *army, ship* commander; *money, services, resources* disposer de; *respect etc* imposer. **that ~s a high price** cela se vend très cher. **2** *vi* commander. **3** *n (order)* ordre *m*; *(Mil)* commandement *m*. **at *or* by the ~ of** sur l'ordre de; **at the word of ~** au commandement; **to be in ~ of** être à la tête de; **to have/take ~ of** avoir/prendre le commandement de; **under the ~ of** sous le commandement *or* les ordres de; **who's in ~ here?** qui est-ce qui commande ici?; **~ of the seas** maîtrise *f* des mers; **he has a ~ of 3 foreign languages** il possède 3 langues étrangères; **his ~ of English** sa maîtrise de l'anglais; **all the money at my ~** tout l'argent à ma disposition. **4** *adj*: **~ module** module *m* de commande; **~ performance** ≃ représentation *f* de gala *(à la requête du souverain)*; **~ post** poste *m* de commandement. ◆ **commandant** *n* commandant *m*. ◆ **commandeer** *vt* réquisitionner. ◆ **commander** *n* chef *m*; *(Mil)* commandant *m*; **~er-in-chief** commandant *m* en chef. ◆ **com-**

manding *adj air* imposant; *look, voice, tone* impérieux; **~ing officer** commandant *m*; **to be in a ~ing position** avoir une position dominante. ◆ **commandment** *n* commandement *m*. ◆ **commando** *n* commando *m*.

commemorate [kəˈmeməreɪt] *vt* commémorer. ◆ **commemoration** *n* commémoration *f*. ◆ **commemorative** *adj* commémoratif.

commence [kəˈmens] *vti* commencer *(sth* qch; *to do, doing* à faire). ◆ **commencement** *n* commencement *m*.

commend [kəˈmend] *vt (praise)* louer; *(recommend)* recommander; *(entrust)* confier *(to* à). **his scheme did not ~ itself to the public** son projet n'a pas été du goût du public; **his scheme has little to ~ it** son projet n'a pas grand-chose qui le fasse recommander. ◆ **commendable** *adj* louable; recommandable. ◆ **commendably** *adv*: **that was ~ably short** cela avait le mérite de la brièveté. ◆ **commendation** *n* louange *f*; recommandation *f*.

commensurate [kəˈmenʃ(ə)rɪt] *adj*: **~ with** proportionné à.

comment [ˈkɒment] **1** *n (spoken, written)* commentaire *m (bref)*, remarque *f*; *(critical)* critique *f*. **he let it pass without ~** il ne l'a pas relevé; **'no ~'** 'je n'ai rien à dire'. **2** *vt* remarquer *(that* que); *text* commenter. **3** *vi* faire des remarques *(on* sur). ◆ **commentary** *n (gen)* commentaire *m*; *(Sport)* reportage *m*. ◆ **commentate 1** *vi (Rad, TV)* faire un reportage *(on* sur) ; **2** *vt (Rad, TV)* faire un reportage sur; *text* commenter. ◆ **commentator** *n (Rad, TV)* reporter *m*.

commerce [ˈkɒmɜːs] *n (Comm)* commerce *m*, affaires *fpl*; **Department of C~** ≃ ministère *m* du Commerce. ◆ **commercial 1** *adj (gen)* commercial; *world* du commerce; *value* marchand, commercial; *district* commerçant; **commercial college** école *f* de commerce; **commercial traveller** représentant *m* de commerce; **commercial vehicle** véhicule *m* utilitaire ; **2** *n (Rad, TV)* annonce *f* publicitaire, spot *m*. ◆ **commercialism** *n* mercantilisme *m*; *(on large scale)* affairisme *m*. ◆ **commercialization** *n* commercialisation *f*. ◆ **commercialize** *vt* commercialiser. ◆ **commercially** *adv* commercialement.

commiserate [kəˈmɪzəreɪt] *vi (show commiseration for)* témoigner de la sympathie *(with* à); *(feel it)* éprouver de la commisération *(with* pour). ◆ **commiseration** *n* commisération *f*.

commissar [ˈkɒmɪsɑːʳ] *n* commissaire *m* du peuple. ◆ **commissariat** *n* commissariat *m*.

commission [kəˈmɪʃ(ə)n] **1** *n* **(a)** *(Comm)* commission *f*. **on a ~ basis** à la commission; **he gets 10% ~** il reçoit une commission de 10%. **(b)** *(orders)* instructions *fpl*; *(to artist etc)* commande *f*. **(c)** *(Mil)* brevet *m*. **to get one's ~** être nommé officier. **(d)** *(body of people)* commission *f*, comité *m*. **~ of inquiry** commission d'enquête. **(e)** **out of ~** *machine, lift etc* hors service. **2** *vt* **(a)** donner pouvoir à. **he was ~ed to inquire into...** il a reçu mission de faire une enquête sur...; **I have been ~ed to say** j'ai été chargé de dire. **(b)** *book, painting* commander. **(c)** *(Mil etc)* **~ed officer** officier *m*; **he was ~ed in 1970** il a été nommé officier en 1970. ◆ **commissionaire** *n* commissionnaire *m (d'hôtel)*. ◆ **commissioner** *n* membre *m* d'une commission, commissaire *m*; *(Brit Police)* ≃ préfet *m (de police)*; *(US)* (commissaire *m*) divisionnaire *m*.

commit [kəˈmɪt] *vt* **(a)** *crime etc* commettre. **to ~ suicide** se suicider. **(b)** *(consign)* remettre *(to* à, aux soins de). **to ~ sb to prison** faire incarcérer qn; **to ~ sb for trial** mettre qn en accusation; **to ~ to writing** coucher par écrit; **to ~ to memory**

apprendre par cœur. **(c) to ~ o.s.** s'engager (*to* à); **to be ~ted to a policy** s'être engagé à poursuivre une politique. ◆ **commitment** *n (gen)* engagement *m*; *(obligation)* responsabilité(s) *f(pl)*; *(Fin)* engagement financier; *(Comm)* **'without ~ment'** 'sans obligation'; **teaching ~ments** (heures *fpl* d') enseignement *m*. ◆ **committal** *n* remise *f* (*to* à, aux soins de); *(to prison)* incarcération *f*; *(burial)* mise *f* en terre. ◆ **committed** *adj writer etc* engagé; *Christian etc* convaincu; *parent etc* dévoué, attentif; **a ~ted supporter** un supporter ardent.

committee [kəˈmɪtɪ] **1** *n (gen)* comité *m*, commission *f*; *(Parl)* commission. **to be on a ~** faire partie d'une commission *or* d'un comité; **~ of inquiry** commission d'enquête. **2** *adj:* **~ meeting** réunion *f* de comité *or* de commission; **~ member** membre *m* d'un comité *or* d'une commission.

commodious [kəˈməʊdɪəs] *adj* spacieux.

commodity [kəˈmɒdɪtɪ] *n* produit *m*; *(food)* denrée *f*. **(staple) commodities** produits de base.

common [ˈkɒmən] **1** *adj* **(a)** *(affecting many)* interest, cause, language commun. **to make ~ cause with sb** faire cause commune avec qn; **by ~ consent** d'un commun accord; *(fig)* **~ ground** terrain *m* d'entente; **it's ~ knowledge that...** chacun sait que...; **~ land** terrain communal; **~ lodging house** asile *m* de nuit; **the C~ Market** le Marché commun; **~ wall** mur mitoyen. **(b)** *(usual, universal) method* commun, ordinaire; *sight* familier; *occurrence* fréquent; *belief* général; *(pej) accent, person* commun, vulgaire; *(Gram, Math)* commun. **it's quite ~** c'est très courant; **it's a ~ experience** cela arrive à tout le monde; **it is only ~ courtesy to apologise** la politesse la plus élémentaire veut qu'on s'excuse *(subj)*; *(pej)* **the ~ herd** la plèbe; **~ honesty** la simple honnêteté; **the ~ man** l'homme du commun *or* du peuple; **the ~ people** le peuple; **in ~ parlance** dans le langage courant; **out of the ~ run** hors du commun; **~ salt** sel *m* (ordinaire); **~ or garden** ordinaire. **2** *n* **(a)** *(land)* terrain communal. **(b) in ~** en commun *(with* avec); **they have nothing in ~** ils n'ont rien de commun. ◆ **commoner** *n* roturier *m*, -ière *f*. ◆ **common-law** *adj:* **~-law wife** épouse *f* de droit coutumier. ◆ **commonly** *adv (V above* **1b**) communément; ordinairement; fréquemment; généralement; *(vulgarly)* d'une façon vulgaire *or* commune. ◆ **commonness** *n* caractère *m* commun *or* ordinaire; fréquence *f*; généralité *f*; vulgarité *f*. ◆ **commonplace 1** *adj* ordinaire; **2** *n* lieu *m* commun. ◆ **commonroom** *n* salle *f* commune; *(staffroom)* salle des professeurs. ◆ **commons** *npl (Parl)* **the C~s** les Communes *fpl*; *(gen)* **on short ~s** strictement rationné. ◆ **commonsense 1** *n* sens *m* commun, bon sens ; **2** *adj* sensé, plein de bon sens. ◆ **Commonwealth** *n:* **the C~wealth** le Commonwealth; *(Hist)* la république de Cromwell; **Minister of C~wealth Affairs** ministre *m* du Commonwealth.

commotion [kəˈməʊʃ(ə)n] *n* : **to make a ~** *(noise)* faire du tapage; **to cause a ~** *(upheaval)* semer la perturbation.

commune [kəˈmjuːn] **1** *vi* converser intimement *(with* avec). **to ~ with nature** communier avec la nature. **2** [ˈkɒmjuːn] *n (Admin)* commune *f*; *(community)* communauté *f*. **to live in a ~** vivre en communauté. ◆ **communal** *adj facilities* commun; *life* collectif. ◆ **communally** *adv* en commun, collectivement.

communicable [kəˈmjuːnɪkəbl] *adj disease* transmissible.

communicate [kəˈmjuːnɪkeɪt] **1** *vt (gen)* communiquer *(to* à); *illness* transmettre *(to* à). **2** *vi* communiquer, se mettre en rapport *(with* avec);

[rooms] communiquer; *(Rel)* communier. ◆ **communicant** *n (Rel)* communiant(e) *m(f)*. ◆ **communication** **1** *n* communication *f*; **to be in communication with sb** être en contact *or* rapport avec qn; **to be in radio communication with sb** communiquer avec qn par radio; **there has been no communication between them** il n'y a eu aucun contact entre eux ; **2** *adj (Rail)* **communication cord** sonnette *f* d'alarme; **communications satellite** satellite *m* de communication. ◆ **communicative** *adj* communicatif. ◆ **communion** *n (gen)* communion *f*; **to take communion** recevoir la communion. ◆ **communiqué** *n* communiqué *m*.

communism [ˈkɒmjʊnɪz(ə)m] *n* communisme *m*. ◆ **communist** *adj, n* communiste *(mf)*. ◆ **communistic** *adj* communisant.

community [kəˈmjuːnɪtɪ] **1** *n* communauté *f*. **the French ~ in Edinburgh** la colonie française d'Édimbourg; **the student ~** les étudiants *mpl*, le monde étudiant; *(Pol: EEC)* **the C~** la Communauté. **2** *adj: (Pol)* **C~ bodies/budget** instances *fpl/* budget *m* communautaire(s); **~ centre** foyer *m* socio-éducatif; *(US)* **~ chest** fonds *m* commun; **~ health centre** centre *m* médico-social; **~ singing** chants *mpl* en chœur *(improvisés)*; **~ spirit** esprit *m* civique; **~ worker** animateur *m*, -trice *f* socioculturel(le).

commute [kəˈmjuːt] **1** *vt* substituer *(into* à); *(Elec, Jur)* commuer *(into* en). **2** *vi* faire un trajet journalier, faire la navette *(between* entre; *from* de). ◆ **commuter** *n* banlieusard(e) *m(f)*; *(Brit)* **I work in London but I'm a ~r** je travaille à Londres mais je fais la navette; **the ~r belt** la grande banlieue.

compact [kəmˈpækt] **1** *adj* compact, serré. **the house is very ~** la maison n'a pas de place perdue. **2** [ˈkɒmpækt] *n (agreement)* contrat *m*, convention *f*; *(powder ~)* poudrier *m*. ◆ **compact disc** *n* disque *m* compact. ◆ **compactly** *adv build, design* sans perte de place. ◆ **compactness** *n [room etc]* économie *f* d'espace.

companion [kəmˈpænjən] **1** *n* compagnon *m*, compagne *f*; *(lady ~)* dame *f* de compagnie; *(one of pair of objects)* pendant *m*; *(handbook)* manuel *m*. **2** *adj:* **~ volume** volume *m* qui va de pair *(to* avec). ◆ **companionable** *adj person* sociable; *presence* sympathique. ◆ **companionship** *n* compagnie *f*. ◆ **companionway** *n* escalier *m* des cabines.

company [ˈkʌmp(ə)nɪ] *n (gen, also Mil)* compagnie *f*; *(Comm, Fin)* société *f*, compagnie; *[actors]* troupe *f*, compagnie. **to keep sb ~** tenir compagnie à qn; **to part ~ with** se séparer de; **in ~ with** en compagnie de; **he is good ~** on ne s'ennuie pas avec lui; **it's ~ for her** ça lui fait une compagnie; **we are expecting ~** nous attendons des invités; **to be in good ~** être en bonne compagnie; **to get into bad ~** avoir de mauvaises fréquentations; **she is no fit ~ for your sister** ce n'est pas une fréquentation pour votre sœur; **Smith & C~** Smith et Compagnie; **shipping ~** compagnie de navigation; **~ car** voiture *f* de fonction; **~ secretary** secrétaire *m* général *(d'une société)*; **National Theatre C~** la troupe du Théâtre national; *(Naut)* **ship's ~** équipage *m*.

compare [kəmˈpɛəʳ] **1** *vt* comparer *(with* à, avec; *to* à), mettre en comparaison *(with* avec). **~d with** en comparaison de, par comparaison avec; *(fig)* **to ~ notes with sb** échanger ses impressions avec qn. **2** *vi* être comparable *(with* à). **how do the cars ~ for speed?** quelles sont les vitesses respectives des voitures?; **how do the prices ~?** est-ce que les prix sont comparables?; **he can't ~ with you** il n'y a pas de comparaison entre vous et lui. **3** *n:* **beyond ~** *(adv)* incomparablement; *(adj)* sans pareil. ◆ **comparable** [ˈkɒmp(ə)rəbl] *adj*

comparable (*with, to* à). ◆ **comparative** [kəm'pærətɪv] **1** *adj method* comparatif; *linguistics, literature* comparé; *(Gram)* comparatif; *cost, freedom, luxury* relatif; **he's a comparative stranger** je le connais relativement peu ; **2** *n*: **in the comparative** au comparatif. ◆ **comparatively** *adv* relativement. ◆ **comparison** *n* comparaison *f*; **in comparison with** en comparaison de; **by comparison (with)** par comparaison (avec).

compartment [kəm'pɑ:tmənt] *n* compartiment *m*. ◆ **compartmentalize** *vt* compartimenter.

compass ['kʌmpəs] *n* boussole *f*; *(Naut)* compas *m*; *(of powers, voice)* étendue *f*. **within the ~ of** dans les limites *fpl* de; *(Math)* **~es** compas *m*.

compassion [kəm'pæʃ(ə)n] *n* compassion *f*. ◆ **compassionate** *adj person* compatissant; *reasons, grounds* de convenance personnelle; *leave* exceptionnel.

compatible [kəm'pætɪbl] *adj* compatible (*with* avec). ◆ **compatibility** *n* compatibilité *f*.

compatriot [kəm'pætrɪət] *n* compatriote *mf*.

compel [kəm'pel] *vt* contraindre (*sb to do* qn à faire). **to be ~led to do** être contraint de faire; **to ~ obedience from sb** contraindre qn à obéir. ◆ **compelling** *adj* irrésistible. ◆ **compellingly** *adv* irrésistiblement.

compendium [kəm'pendɪəm] *n* (*summary*) abrégé *m*. *(Brit)* **~ of games** boîte *f* de jeux.

compensate ['kɒmpənseɪt] **1** *vi*: **to ~ for sth** compenser qch; **then, to ~ for that, he...** puis, pour compenser, il... ; **2** *vt* (*gen*) compenser (*sb for sth* qn de qch); (*financially*) dédommager (*sb for sth* qn de qch). ◆ **compensation** *n* compensation *f*; dédommagement *m*; **in compensation** en compensation (*for* de).

compère ['kɒmpɛəʳ] **1** *n* animateur *m*, -trice *f*. **2** *vt show* animer.

compete [kəm'pi:t] *vi* (**a**) (*gen*) rivaliser (*with sb* avec qn, *for sth* pour obtenir qch, *to do* pour faire). (**b**) *(Sport)* concourir (*against sb* avec qn, *for sth* pour obtenir qch, *to do* pour faire). **to ~ for a prize** se disputer un prix; **to ~ in a race** participer à une course. (**c**) *(Comm)* faire concurrence (*with* à, *for* pour). **to ~ with one another** se faire concurrence.

competent ['kɒmpɪtənt] *adj person, court* compétent (*for* pour, *to do* pour faire). **a ~ knowledge of** une connaissance suffisante de. ◆ **competence** *or* ◆ **competency** *n* compétence *f* (*for* pour, *in* en). ◆ **competently** *adv* avec compétence.

competition [ˌkɒmpɪ'tɪʃ(ə)n] *n* (**a**) compétition *f*, concurrence *f* (*for* pour); *(Comm)* concurrence. **in ~ with** en concurrence avec. (**b**) concours *m* (*for* pour); *(Sport)* compétition *f*; *(Aut)* course *f*. **to go in for a ~** se présenter à un concours; **beauty ~** concours de beauté; **I won it in a newspaper ~** je l'ai gagné en faisant un concours dans le journal. ◆ **competitive** *adj entry, selection* par concours; *person* qui a l'esprit de compétition; *price* concurrentiel; *goods* à prix concurrentiel; **competitive examination** concours *m*. ◆ **competitor** *n* concurrent(e) *m(f)*.

compile [kəm'paɪl] *vt material* compiler; *dictionary* composer (par compilation); *list, catalogue* dresser. ◆ **compiler** *n* compilateur *m*, -trice *f*.

complacent [kəm'pleɪs(ə)nt] *adj* satisfait de soi, suffisant. ◆ **complacence** *or* ◆ **complacency** *n* suffisance *f*. ◆ **complacently** *adv* avec suffisance.

complain [kəm'pleɪn] *vi* se plaindre (*to sb* à qn; *of, about* de; *that* que). ◆ **complaint** *n* (*expression of discontent*) plainte *f*; (*reason for ~*) sujet *m* de plainte; *(Comm)* réclamation *f*; *(Jur)* plainte; *(Med)* maladie *f*. *(Comm)* **to make a ~t** faire une réclamation (*about* au sujet de).

complected [kəm'plektɪd] *adj (US)* **dark-/light-~** au teint foncé/clair.

complement ['kɒmplɪmənt] **1** *n* (*gen, Gram, Math*) complément *m*; *[staff etc]* effectif *m* complet. **2** ['kɒmplɪment] *vt* être le complément de. ◆ **complementary** *adj* complémentaire.

complete [kəm'pli:t] **1** *adj* (**a**) (*total*) complet, total. **~ works** œuvres *fpl* complètes; **he's a ~ idiot** * il est complètement idiot; **~ with** doté de, pourvu de; **a house ~ with furniture** une maison meublée. (**b**) (*finished*) achevé, terminé. **2** *vt collection* compléter; *misfortune* mettre le comble à; *piece of work* achever, terminer; *order* exécuter; *form, questionnaire* remplir. **and to ~ his happiness** et pour comble de bonheur; **and just to ~ things** et pour couronner le tout. ◆ **completely** *adv* complètement. ◆ **completeness** *n* état complet. ◆ **completion** *n [work]* achèvement *m*; *[contract, sale]* exécution *f*; **near completion** près d'être achevé; **on completion of contract** à la signature du contrat.

complex ['kɒmpleks] **1** *adj (all senses)* complexe. **2** *n* (**a**) complexe *m*, ensemble *m*. **mining ~** complexe minier; **housing ~** (ensemble de) résidences *fpl*; **(high rise)** grand ensemble. (**b**) *(Psych)* complexe *m*. **he's got a ~ about it** il en fait un complexe. ◆ **complexity** *n* complexité *f*.

complexion [kəm'plekʃ(ə)n] *n [face]* teint *m*. *(fig)* **that puts a new ~ on it** ça change tout.

complicate ['kɒmplɪkeɪt] *vt* compliquer (*with* de; *by doing* en faisant). ◆ **complicated** *adj* compliqué. ◆ **complication** *n* complication *f*.

compliment ['kɒmplɪmənt] **1** *n* compliment *m*. **to pay sb a ~** faire un compliment à qn; **give him my ~s** faites-lui mes compliments; **the ~s of the season** tous mes vœux; **'with the ~s of Mr X'** 'avec les hommages *or* les bons compliments de Monsieur X'; **~s slip** ≃ papillon *m* (avec les bons compliments de l'expéditeur). **2** ['kɒmplɪment] *vt* faire des compliments à (*on* de, sur); féliciter (*on doing* d'avoir fait). ◆ **complimentary** *adj* (*praising*) flatteur; *(gratis)* à titre gracieux; *ticket* de faveur.

comply [kəm'plaɪ] *vi*: **to ~ with** *rules* respecter; *sb's wishes* se conformer à; *request* accéder à; *specifications* être conforme à. ◆ **compliance** *n*: **in compliance with** conformément à. ◆ **compliant** *adj* accommodant.

component [kəm'pəʊnənt] **1** *adj* constituant. **2** *n (Aut, Tech)* pièce *f*. **~s factory** usine *f* de pièces détachées.

compose [kəm'pəʊz] *vt* composer. **to be ~d of** se composer de; **to ~ o.s.** se calmer. ◆ **composed** *adj* calme, posé. ◆ **composedly** *adv* avec calme, posément. ◆ **composer** *n* compositeur *m*, -trice *f*. ◆ **composition** **1** *n* (*gen*) composition *f*; *(Scol: essay)* rédaction *f*; *[sentence]* construction *f*; *[word]* composition ; **2** *adj rubber* synthétique. ◆ **compositor** *n (Typ)* compositeur *m*, -trice *f*. ◆ **composure** *n* calme *m*, sang-froid *m*.

compos mentis ['kɒmpɒs'mentɪs] *adj* sain d'esprit.

compost ['kɒmpɒst] *n* compost *m*.

compound ['kɒmpaʊnd] **1** *n* (*Chem*) composé *m*; *(Gram)* mot *m* composé; *(Tech)* compound *f*; *(enclosed area)* enclos *m*, enceinte *f*. **2** *adj (Chem)* composé; *number, sentence* complexe; *tense, word, interest* composé; *fracture* compliqué. **3** [kəm'paʊnd] *vt mixture* composer (*of* de); *ingredients* combiner; *(fig) problem, difficulties* aggraver.

comprehend [ˌkɒmprɪ'hend] *vt* comprendre. ◆ **comprehensible** *adj* compréhensible. ◆ **comprehension** *n* compréhension *f*; *(Scol)* exercice *m* de compréhension; *(inclusion)* inclusion *f*. ◆ **comprehensive** **1** *adj description, review* détaillé, complet; *knowledge* étendu; *rule* compréhensif; *measures* d'ensemble; *insurance* tous-risques *inv* ; **2** *n*: **comprehensive (school)** établissement *m* secondaire polyvalent.

compress [kəm'pres] **1** *vt substance* comprimer; *facts* condenser. **2** *vi* se comprimer; se condenser. **3** ['kɒmpres] *n* (*Med*) compresse *f*. ◆ **compression** *n* compression *f*; condensation *f*. ◆ **compressor** *n* compresseur *m*.

comprise [kəm'praɪz] *vt* comprendre.

compromise ['kɒmprəmaɪz] **1** *n* compromis *m*. **2** *vi* transiger (*over* sur), aboutir à un compromis. **3** *vt* compromettre. **4** *adj decision, solution* de compromis. ◆ **compromising** *adj* compromettant.

comptometer [kɒmp'tɒmɪtəʳ] *n* ® machine *f* comptable. ~ **operator** mécanographe *mf*.

compulsion [kəm'pʌlʃ(ə)n] *n* contrainte *f*. **under** ~ sous la contrainte; **you are under no** ~ vous n'êtes nullement obligé. ◆ **compulsive** *adj reason, demand* coercitif; *desire, behaviour* compulsif; *smoker, liar* invétéré; **she's a compulsive talker** parler est un besoin chez elle. ◆ **compulsively** *adv drink, smoke, talk* d'une façon compulsive. ◆ **compulsorily** *adv* obligatoirement, de force. ◆ **compulsory** *adj education, military service* obligatoire; *loan* forcé; **compulsory purchase** expropriation *f* pour cause d'utilité publique; **compulsory retirement** mise *f* à la retraite d'office.

compunction [kəm'pʌŋ(k)ʃ(ə)n] *n* scrupule *m* (*about sth* à propos de qch; *about doing* à faire).

compute [kəm'pjuːt] *vt* calculer. ◆ **computation** *n* calcul *m*. ◆ **computer** **1** *n* ordinateur *m*; **he is in** ~**rs** il est dans l'informatique. **2** *adj*: ~**r game** jeu *m* électronique; ~**r language** langage *m* de programmation; ~**r model** modèle calculé par ordinateur; ~**r operator** *n* opérateur *m*, -trice *f* de saisie; ~**r programmer** programmeur *m*, -euse *f*; ~**r programming** programmation *f*; ~**r science** informatique *f*; ~**r scientist** informaticien(ne) *m(f)*. ◆ **computerization** *n* [*facts, figures*] traitement *m* électronique; [*system, process*] automatisation *f* électronique; [*records*] mise *f* sur ordinateur. ◆ **computerize** *vt facts* informatiser; *system* automatiser; *records* mettre sur ordinateur.

comrade ['kɒmrɪd] *n* camarade *mf*. ◆ **comrade-in-arms** *n* compagnon *m* d'armes. ◆ **comradeship** *n* camaraderie *f*.

con * [kɒn] **1** *vt*: **to** ~ **sb into doing** amener qn à faire en le dupant; **I've been** ~**ned** je me suis fait avoir *. **2** *n*: **it was all a big** ~ c'était une vaste escroquerie. **3** *adj*: ~ **man** escroc *m*; ~ **game** escroquerie *f*.

concave ['kɒn'keɪv] *adj* concave.

conceal [kən'siːl] *vt object* cacher, dissimuler (*from sb* pour que qn ne le voie pas *etc*); *news, event* cacher (*from sb* à qn), garder secret; *emotions, thoughts* cacher (*from sb* à qn), dissimuler; ~**ed lighting** éclairage *m* indirect; (*Aut*) ~**ed turning** intersection *f* cachée. ◆ **concealment** *n* dissimulation *f*; [*facts*] non-divulgation *f*; (*place of* ~*ment*) cachette *f*.

concede [kən'siːd] *vt* concéder. **to** ~ **victory** s'avouer vaincu.

conceit [kən'siːt] *n* vanité *f*, suffisance *f*. ◆ **conceited** *adj* vaniteux, suffisant. ◆ **conceitedly** *adv* avec vanité, avec suffisance.

conceive [kən'siːv] **1** *vt child, idea* concevoir. **I cannot** ~ **why**... je ne comprends vraiment pas pourquoi... **2** *vi*: **to** ~ **of** concevoir. ◆ **conceivable** *adj* concevable; **it is conceivable that** il est concevable que + *subj*. ◆ **conceivably** *adv*: **she may conceivably be right** il est concevable qu'elle ait raison.

concentrate ['kɒnsəntreɪt] **1** *vt* concentrer (*on* sur); *hopes* reporter (*on* sur). **2** *vi* (**a**) [*troops, people*] se concentrer. (**b**) (*think hard*) se concentrer (*on* sur). **to** ~ **on doing** s'appliquer à faire; **I just can't** ~! je n'arrive pas à me concentrer!; **the terrorists** ~**d on the outlying farms** les terroristes ont concentré leurs attaques sur les fermes isolées; ~ **on getting well** occupe-toi d'abord de ta santé; [*speaker*] **I shall** ~ **on the 16th century** je traiterai en particulier le XVIᵉ siècle. **3** *adj, n* (*Chem*) concentré (*m*). ◆ **concentration** *n* concentration *f*; **concentration camp** camp *m* de concentration.

concept ['kɒnsept] *n* concept *m*.

conception [kən'sepʃ(ə)n] *n* conception *f*.

concern [kən'sɜːn] **1** *vt* (*affect*) concerner; (*be the business of*) être l'affaire de; (*be about*) [*report*] se rapporter à. **as** ~**s** en ce qui concerne; **that doesn't** ~ **you** cela ne vous regarde pas, ce n'est pas votre affaire; **'to whom it may** ~' ≃ 'je soussigné(e) certifie que...'; **as far as he is** ~**ed** en ce qui le concerne; **the persons** ~**ed** les intéressés; **the department** ~**ed** (*under discussion*) le service en question; (*relevant*) le service compétent; **to be** ~**ed in** avoir un intérêt dans; **to** ~ **o.s. with** s'occuper de; **we are** ~**ed only with facts** nous ne nous occupons que des faits; **to be** ~**ed by** *or* **for** *or* **about** *or* **at** s'inquiéter de, être inquiet de; **I am** ~**ed about him** je m'inquiète à son sujet; **I am** ~**ed to hear that**... j'apprends avec inquiétude que...

2 *n* (**a**) **to have no** ~ **with** n'avoir rien à voir avec, être sans rapport avec; **it's no** ~ **of his, it's none of his** ~ cela ne le regarde pas; **what** ~ **is it of yours?** en quoi est-ce que cela vous regarde? (**b**) (*business* ~) entreprise *f*, affaire *f*. **he has a** ~ **in the business** il a des intérêts dans l'affaire. (**c**) (*anxiety*) inquiétude *f*, souci *m*. **a look of** ~ un regard inquiet.

◆ **concerned** *adj* (*worried*) inquiet, soucieux (*for* de). ◆ **concerning** *prep* en ce qui concerne, concernant.

concert ['kɒnsət] **1** *n* concert *m*. **in** ~ à l'unisson. **2** *adj ticket, pianist* de concert. ~ **performer** concertiste *mf*; ~ **tour** tournée *f* de concerts. ◆ **concerted** *adj action, effort* concerté. ◆ **concertgoer** *n* habitué(e) *m(f)* des concerts. ◆ **concert-hall** *n* salle *f* de concert.

concertina [ˌkɒnsə'tiːnə] **1** *n* concertina *m*. **2** *vi* se télescoper.

concerto [kən'tʃɛətəʊ] *n* concerto *m*.

concession [kən'seʃ(ə)n] *n* concession *f*. **price** ~ réduction *f*. ◆ **concessionary** *adj* concessionnaire; *ticket, fare* à prix réduit.

conch [kɒn(t)ʃ] *n* conque *f*.

conciliate [kən'sɪlɪeɪt] *vt person* apaiser; *opposing views* concilier. ◆ **conciliation** *n* apaisement *m*; conciliation *f*; (*Ind*) **conciliation board** conseil *m* d'arbitrage. ◆ **conciliator** *n* conciliateur *m*, -trice *f*; (*in negotiations*) médiateur *m*, -trice *f*. ◆ **conciliatory** *adj person, words, manner* conciliant; *spirit* de conciliation; *procedure* conciliatoire.

concise [kən'saɪs] *adj* (*short*) concis; (*shortened*) abrégé. ◆ **concisely** *adv* avec concision. ◆ **conciseness** *or* ◆ **concision** *n* concision *f*.

conclude [kən'kluːd] **1** *vt* (*all senses*) conclure. **'to be** ~**d'** 'suite et fin au prochain numéro'. **2** *vi* [*events*] se terminer (*with* par, sur); [*speaker*] conclure. ◆ **concluding** *adj* final. ◆ **conclusion** *n* (*all senses*) conclusion *f*; **in conclusion** pour conclure, en conclusion; **to come to the conclusion that** conclure que; **to try conclusions with sb** se mesurer contre qn. ◆ **conclusive** *adj* concluant. ◆ **conclusively** *adv* de façon concluante.

concoct 88 **conflict**

concoct [kən'kɒkt] vt (Culin etc) confectionner; scheme, excuse fabriquer. ◆ **concoction** n (Culin etc) mélange m. mixture f (pej).

concord ['kɒŋkɔːd] n concorde f.

concourse ['kɒŋkɔːs] n (crowd) foule f; (place) lieu m de rassemblement; (US: in park) carrefour m; (US: in building, station) hall m; (US: street) boulevard m.

concrete ['kɒŋkriːt] **1** adj (a) object, proof, advantage concret; proposal, offer précis. (b) building en béton. ~ **mixer** bétonnière f. **2** n (a) (Constr) béton m. (b) **the** ~ **and the abstract** le concret et l'abstrait. **3** vt path bétonner.

concur [kən'kɜː] vi (agree) être d'accord (with sb avec qn, in sth sur qch); [opinions] converger; [events] coïncider, arriver en même temps; (contribute) concourir (to à). ◆ **concurrent** adj simultané. ◆ **concurrently** adv simultanément.

concussed [kən'kʌst] adj commotionné. ◆ **concussion** n commotion f cérébrale.

condemn [kən'dem] vt person condamner (to à); building condamner; materials déclarer inutilisable. **to** ~ **to death** condamner à mort; **the** ~**ed man** le condamné; **the** ~**ed cell** la cellule des condamnés. ◆ **condemnation** n condamnation f.

condense [kən'dens] vt condenser. ◆ **condensation** n condensation f. ◆ **condenser** n condensateur m.

condescend [ˌkɒndɪ'send] vi daigner (to do faire). **to** ~ **to sb** se montrer condescendant envers qn. ◆ **condescending** adj condescendant. ◆ **condescendingly** adv avec condescendance. ◆ **condescension** n condescendance f.

condiment ['kɒndɪmənt] n condiment m.

condition [kən'dɪʃ(ə)n] **1** n (all senses) condition f. **on** ~ **that** à condition que + fut indic or subj, à condition de + infin; **he made the** ~ **that no one should accompany him** il a stipulé que personne ne devait l'accompagner; **under** or **in the present** ~**s** dans les conditions actuelles; **working/living** ~**s** conditions de travail/de vie; **weather** ~**s** conditions météorologiques; **physical** ~ condition or état m physique; **in** ~ thing en bon état; person en forme; **it's out of** ~ c'est en mauvais état; **he's out of** ~ il n'est pas en forme; **she was not in a** ~or **in any** ~ **to go out** elle n'était pas en état de sortir. **2** vt (all senses) conditionner (into doing à faire). ◆ **conditional 1** adj conditionnel; **to be** ~**al (up)on** dépendre de ; **2** n conditionnel m; **in the** ~**al** au conditionnel. ◆ **conditionally** adv conditionnellement. ◆ **conditioner** n (for hair) baume démêlant; (for skin) crème traitante.

condole [kən'dəʊl] vi offrir ses condoléances (with sb à qn). ◆ **condolences** npl condoléances fpl.

condom ['kɒndəm] n préservatif m.

condone [kən'dəʊn] vt (overlook) fermer les yeux sur; (forgive) pardonner.

conduce [kən'djuːs] vi: **to** ~ **to** conduire à. ◆ **conducive** adj: **to be conducive to** conduire à.

conduct ['kɒndʌkt] **1** n conduite f (towards envers). **2** [kən'dʌkt] vt person, group conduire, mener; heat conduire; business, orchestra diriger; enquiry conduire. **he** ~**ed me round the gardens** il m'a fait faire le tour des jardins; ~**ed tour** (gen) voyage m organisé; [building] visite f guidée; **to** ~ **o.s.** se conduire, se comporter. ◆ **conduction** n conduction f. ◆ **conductivity** n conductivité f. ◆ **conductor** n (Mus) chef m d'orchestre; [bus] receveur m; (US Rail) chef m de train; [heat etc] conducteur m. ◆ **conductress** n receveuse f.

cone [kəʊn] n (gen) cône m; [ice cream] cornet m.

confab ✲ ['kɒnfæb] n brin m de causette ✲.

confectioner [kən'fekʃ(ə)nəʳ] n (sweetmaker) confiseur m, -euse f; (cakemaker) pâtissier m, -ière f.

~**'s (shop)** confiserie f (-pâtisserie f); (US) ~**'s sugar** sucre m glace. ◆ **confectionery** n confiserie f; (cakes etc) pâtisserie f.

confederate [kən'fed(ə)rɪt] **1** adj confédéré. **2** n confédéré(e) m(f); (in criminal act) complice mf. **3** [kən'fedəreɪt] vt confédérer. **4** vi se confédérer. ◆ **confederacy** n confédération f; (US Hist) **the Confederacy** les États mpl confédérés. ◆ **confederation** n confédération f.

confer [kən'fɜːʳ] **1** vt conférer (on à). **2** vi conférer (with sb avec qn; about sth de qch). ◆ **conference** ['kɒnf(ə)r(ə)ns] **1** n (meeting) conférence f, réunion f; (especially academic) congrès m; **in** ~**ence** en conférence; **the** ~**ence decided...** les participants à la conférence ont décidé... ; **2** adj: (Telec) ~ **call** audioconférence f; ~ **centre** (town) ville f de congrès; (building) palais m de congrès; ~ **room** salle f de conférences; ~**ence table** table f de conférence; ~**ence member** congressiste mf.

confess [kən'fes] **1** vt avouer, confesser (that que); mistake reconnaître; (Rel) confesser. **2** vi avouer (to sth qch; to doing avoir fait); (Rel) se confesser. ◆ **confession** n aveu m. confession f (of de); (Rel) confession; (Jur) **a full** ~**ion** des aveux complets; (Rel) **to hear sb's** ~**ion** confesser qn; **to go to** ~**ion** aller se confesser; **to make one's** ~**ion** se confesser. ◆ **confessional** n confessionnal m. ◆ **confessor** n confesseur m.

confetti [kən'feti] n confettis mpl.

confide [kən'faɪd] **1** vt avouer en confidence (that que). **2** vi: **to** ~ **in sb** s'ouvrir à qn, se confier à qn; **to** ~ **in sb about sth** confier qch à qn; **to** ~ **in sb about what one is going to do** révéler à qn ce qu'on va faire. ◆ **confidant** n confident m. ◆ **confidante** n confidente f.

confidence ['kɒnfɪd(ə)ns] **1** n (a) (trust) confiance f (in en). **to have every** ~ **in sb** avoir pleine confiance en qn; **I have every** ~ **that** je suis sûr or certain que; **motion of no** ~ motion f de censure. (b) (self-~) confiance f en soi, assurance f. (c) (secret) confidence f. **to take sb into one's** ~ faire des confidences à qn; **this is in strict** ~ c'est strictement confidentiel; **'write in** ~ **to X'** 'écrire à X: discrétion garantie'. **2** adj: ~ **trick** escroquerie f; ~ **trickster** escroc m. ◆ **confident** adj (self ~) sûr de soi, assuré; (sure) persuadé (of de; of doing de faire; that que). ◆ **confidential** adj letter, remark, information confidentiel; servant de confiance; secretary particulier. ◆ **confidentiality** n confidentialité f. ◆ **confidentially** adv en confidence. ◆ **confidently** adv avec confiance; predict avec assurance.

confine [kən'faɪn] vt (a) (imprison) emprisonner; (shut up) enfermer (in dans). **to be** ~**d to the house** être obligé de rester chez soi; (Mil) ~**d to barracks** consigné. (b) (limit) limiter, borner. **to** ~ **o.s. to doing** se borner à faire; **the damage is** ~**d to the back of the car** seul l'arrière de la voiture est endommagé; **in a** ~**d space** dans un espace restreint. ◆ **confinement** n (Med) couches fpl; (imprisonment) emprisonnement m. réclusion f (Jur).

confirm [kən'fɜːm] vt (gen, also Rel) confirmer; one's resolve raffermir; treaty, appointment ratifier. ◆ **confirmation** n confirmation f; raffermissement m; ratification f. ◆ **confirmed** adj smoker, habit, liar invétéré; bachelor endurci; admirer fervent.

confiscate ['kɒnfɪskeɪt] vt confisquer (sth from sb qch à qn). ◆ **confiscation** n confiscation f.

conflict ['kɒnflɪkt] **1** n conflit m. **2** [kən'flɪkt] vi être or entrer en conflit (with avec); [ideas] s'opposer, se heurter (with à). **that** ~**s with what he told me** ceci est en contradiction avec ce qu'il m'a raconté. ◆ **conflicting** adj views incompatible; reports, evidence contradictoire.

conform [kən'fɔ:m] vi se conformer (to, with à); [actions, sayings] être en conformité (to avec). ◆ **conformist** adj, n conformiste (mf). ◆ **conformity** n: **in ~ity with** conformément à.

confound [kən'faʊnd] vt **(a)** (perplex) déconcerter. **(b)** ~ **it!** * la barbe! *; ~ **him!** * qu'il aille au diable!

confront [kən'frʌnt] vt confronter (sb with sb qn avec qn); enemy, danger affronter. **to ~ sb with sth** présenter qch à qn; **problems which ~ us** problèmes auxquels nous devons faire face. ◆ **confrontation** n affrontement m; (with situation etc) confrontation f.

confuse [kən'fju:z] vt **(a)** (throw into disorder) opponents confondre; (perplex) déconcerter; (embarrass) confondre, embarrasser; (mix up) persons, ideas embrouiller. **you are just confusing me** tu m'embrouilles. **(b)** (not distinguish between) confondre (with avec). ◆ **confused** adj person (muddled) désorienté; (embarrassed) embarrassé; (perplexed) déconcerté; opponent confondu; mind, sounds, memories, ideas, situation confus; **to get ~d** (muddled up) ne plus savoir où on en est; (embarrassed) se troubler. ◆ **confusedly** adv confusément. ◆ **confusing** adj déroutant. ◆ **confusion** n confusion f; **he was in a state of confusion** la confusion régnait dans son esprit.

congeal [kən'dʒi:l] vi [spilt blood, paint] sécher; [spilt oil, gravy] se figer.

congenial [kən'dʒi:nɪəl] adj sympathique, agréable.

congenital [kən'dʒenɪtl] adj congénital.

congested [kən'dʒestɪd] adj town, countryside surpeuplé; street, corridors encombré; telephone lines embouteillé; (Med) congestionné. ~ **traffic** encombrements mpl. ◆ **congestion** n surpeuplement m; encombrement m; congestion f.

Congo ['kɒŋgəʊ] n (state) (république f du) Congo m. ◆ **Congolese** **1** adj congolais ; **2** n Congolais(e) m(f).

congratulate [kən'grætjʊleɪt] vt féliciter (on de, on doing de faire). ◆ **congratulations** npl félicitations fpl (on pour); **congratulations!** toutes mes félicitations!

congregate ['kɒŋgrɪgeɪt] vi se rassembler, s'assembler. ◆ **congregation** n [worshippers] assemblée f (des fidèles); [cardinals etc] congrégation f. ◆ **congregational** adj: **the Congregational Church** l'Église f congrégationaliste.

congress ['kɒŋgres] **1** n congrès m. (US) **C~** le Congrès. **2** adj: ~ **member** congressiste mf. ◆ **Congressional** adj (US) du Congrès; **C~ional Record** Journal m officiel du Congrès. ◆ **congressman** or ◆ **congresswoman** n (US) membre m du Congrès, ≃ député m; **C~man J. Smith said that...** Monsieur le député J. Smith a dit que...

conic(al) ['kɒnɪk(əl)] adj conique.

conifer ['kɒnɪfə'] n conifère m. ◆ **coniferous** adj tree conifère m; forest de conifères.

conjecture [kən'dʒektʃə'] **1** vti conjecturer. **2** n conjecture f. ◆ **conjectural** adj conjectural.

conjugal ['kɒn(d)ʒʊgəl] adj conjugal.

conjugate ['kɒn(d)ʒʊgeɪt] **1** vt conjuguer. **2** vi se conjuguer. ◆ **conjugation** n conjugaison f.

conjunction [kən'dʒʌŋ(k)ʃ(ə)n] n conjonction f. **in ~ with** conjointement avec.

conjunctivitis [kən,dʒʌŋ(k)tɪ'vaɪtɪs] n conjonctivite f.

conjuncture [kən'dʒʌŋ(k)tʃə'] n conjoncture f.

conjure ['kʌn(d)ʒə'] **1** vt faire apparaître (par la prestidigitation). **2** vi faire des tours de passe-passe;

(juggle) jongler (with avec). **a name to ~ with** un nom prestigieux. ◆ **conjure up** vt sep memories évoquer. **to ~ up visions of...** évoquer... ◆ **conjurer** or ◆ **conjuror** n prestidigitateur m, -trice f. ◆ **conjuring** n prestidigitation f; **conjuring trick** tour m de passe-passe.

conk ‡ [kɒŋk] vi (~ **out**) tomber or rester en panne.

conker * ['kɒŋkə'] n (Brit) marron m.

connect [kə'nekt] **1** vt (gen) relier, rattacher (with, to à); [roads, rail link, airline] relier (with, to à); (Telec) caller mettre en communication (with avec); pipes, drains raccorder (to à); (install) cooker, telephone brancher, raccorder. (Telec) **we are trying to ~ you** nous essayons d'obtenir votre communication; (Elec) **to ~ to the mains** brancher sur le secteur; **I always ~ Paris with springtime** j'associe toujours Paris au printemps; **he is ~ed with that firm** a des rapports or des contacts avec cette firme; **it is not ~ed with the murder** cela n'a aucun rapport avec or n'a rien à voir avec le meurtre; **well ~ed** de bonne famille. **2** vi se relier, se raccorder; [trains] assurer la correspondance (with avec). (Aut) **~ing rod** bielle f. ◆ **connected** adj languages, species connexe; events lié; rooms communicants. ◆ **connection** or ◆ **connexion** n (gen) rapport m (with avec), lien m (between entre); (Elec) contact m; (Telec) communication f; (Rail) correspondance f (with avec); **this has no ~ion with** ceci n'a aucun rapport avec; **in this ~ion** à ce sujet; **in ~ion with** à propos de; **in another ~ion** dans un autre ordre d'idées; **to build up a ~ion with a firm** établir des relations d'affaires avec une firme; **we have no ~ion with any other firm** toute ressemblance avec une autre compagnie est purement fortuite; **they have some family ~ion** ils ont un lien de parenté; (Rail) **to miss one's ~ion** manquer la correspondance.

conning tower ['kɒnɪŋ ,taʊə'] n [submarine] kiosque m; [warship] centre m opérationnel.

connive [kə'naɪv] vi: **to ~ at** (pretend not to notice) fermer les yeux sur; (aid and abet) être de connivence dans. ◆ **connivance** n connivence f.

connoisseur [,kɒnə's3:'] n connaisseur m, -euse f (of de, en).

conquer ['kɒŋkə'] vt (lit) person, enemy vaincre; nation, country, castle conquérir; (fig) feelings, habits surmonter. ◆ **conquering** adj victorieux. ◆ **conqueror** n conquérant m; (fig) vainqueur m. ◆ **conquest** n conquête f.

conscience ['kɒnʃ(ə)ns] n conscience f. **to have a clear ~** avoir la conscience tranquille; **to have sth on one's ~** avoir qch sur la conscience; **in (all) ~** en conscience; **for ~' sake** par acquit de conscience. ◆ **conscience-stricken** adj pris de remords. ◆ **conscientious** adj person, work consciencieux; **conscientious objector** objecteur m de conscience. ◆ **conscientiously** adv consciencieusement. ◆ **conscientiousness** n conscience f.

conscious ['kɒnʃəs] adj **(a)** conscient, ayant conscience (of de); insult délibéré; guilt ressenti clairement. **to be ~ of doing** avoir conscience de faire; **to become ~ of sth** prendre conscience de qch. **(b)** (Med) conscient. **to become ~** revenir à soi, reprendre connaissance. ◆ **consciously** adv consciemment. ◆ **consciousness** n conscience f (of de); (Med) connaissance f; **to lose/regain ~ness** perdre/reprendre connaissance; **~ness-raising** prise f de conscience.

conscript [kən'skrɪpt] **1** vt recruter (par conscription). **2** ['kɒnskrɪpt] n conscrit m. ◆ **conscription** n conscription f.

consecrate ['kɒnsɪkreɪt] vt consacrer (to à). ◆ **consecration** n consécration f.

consecutive [kən'sekjʊtɪv] adj consécutif, de suite. ◆ **consecutively** adv consécutivement; (Jur) ... the sentences to be served ~ly ... avec cumul m de peines.

consensus [kən'sensəs] n: ~ of opinion opinion f générale, consensus m d'opinion.

consent [kən'sent] 1 vi consentir (to sth à qch, to do à faire). (Jur) ~ing adults adultes consentants. 2 n consentement m, assentiment m. by common ~ de l'opinion de tous; by mutual ~ (general agreement) d'un commun accord; (private arrangement) à l'amiable; divorce by (mutual) ~ divorce m par consentement mutuel; age of ~ âge m nubile légal.

consequence ['kɒnsɪkwəns] n (result) conséquence f. in ~ par conséquent; in ~ of which par suite de quoi; it's of no ~ cela n'a aucune importance; as a ~ of sth en conséquence de qch; he's of no ~ c'est un homme de peu d'importance. ◆ **consequent** adj résultant (on de). ◆ **consequently** adv par conséquent, en conséquence.

conserve [kən'sɜːv] vt conserver, préserver; strength ménager; electricity économiser. ◆ **conservancy** or ◆ **conservation** n préservation f; [nature] défense f de l'environnement; (Phys) conservation f; conservation area secteur sauvegardé. ◆ **conservationist** n défenseur m de l'environnement. ◆ **conservatism** n conservatisme m. ◆ **conservative** 1 adj (Pol) conservateur; (gen) assessment modeste; style, behaviour traditionnel; at a conservative estimate au bas mot; 2 n conservateur m, -trice f. ◆ **conservatory** n (greenhouse) serre f; (Mus etc) conservatoire m.

consider [kən'sɪdər] vt (gen) considérer (that que); (think about) problem, possibility considérer, examiner; question, matter, subject réfléchir à; (take into account) facts prendre en considération; person's feelings avoir égard à; cost, difficulties, dangers tenir compte de. I had not ~ed taking it with me je n'avais pas envisagé de l'emporter; all things ~ed tout bien considéré; it is my ~ed opinion that... après avoir mûrement réfléchi je pense que...; he is being ~ed for the post on songe à lui pour le poste; she ~s him very mean elle le considère comme très avare, elle estime qu'il est très avare; ~ yourself lucky * estimez-vous heureux. ◆ **considering** 1 prep étant donné, vu (that que); 2 adj: he played very well, ~ing tout compte fait, il a très bien joué.

considerable [kən'sɪd(ə)rəbl] adj considérable. to a ~ extent dans une large mesure; we had ~ difficulty in finding you nous avons eu beaucoup de mal à vous trouver. ◆ **considerably** adv considérablement.

considerate [kən'sɪd(ə)rɪt] adj prévenant (towards envers), plein d'égards (towards pour, envers). ◆ **considerately** adv act avec prévenance.

consideration [kən,sɪdə'reɪʃ(ə)n] n (all senses) considération f. out of ~ for par égard pour; to show ~ for sb's feelings ménager les susceptibilités de qn; to take sth into ~ prendre qch en considération, tenir compte de qch; taking everything into ~ tout bien considéré; the matter is under ~ l'affaire est à l'étude; after due ~ après mûre réflexion; money is the first ~ il faut considérer avant tout la question d'argent; it's of no ~ cela n'a aucune importance; money is no ~ l'argent n'entre pas en ligne de compte; his age was an important ~ son âge constituait un facteur important; to do sth for a ~ faire qch moyennant finance.

consign [kən'saɪn] vt (send) expédier; (hand over) remettre. ◆ **consignee** n consignataire mf. ◆ **consignment** n (incoming) arrivage m; (outgoing) envoi m.

consist [kən'sɪst] vi consister (of en; in doing à faire; in sth dans qch). ◆ **consistency** n consistance f; (fig) to lack ~ency manquer de logique f. ◆ **consistent** adj person, behaviour conséquent, logique; argument qui se tient; ~ent with compatible avec. ◆ **consistently** adv argue avec logique; happen régulièrement, sans exception; ~ently with conformément à.

console¹ [kən'səʊl] vt consoler (sb for sth qn de qch). ◆ **consolation** 1 n consolation f; 2 adj: consolation prize prix m de consolation. ◆ **consoling** adj consolant.

console² ['kɒnsəʊl] n console f; [aircraft] tableau m de bord.

consolidate [kən'sɒlɪdeɪt] vt consolider. ◆ **consolidation** n consolidation f.

consonant ['kɒnsənənt] n consonne f.

consort ['kɒnsɔːt] 1 n époux m, épouse f. prince ~ prince m consort. 2 [kən'sɔːt] vi: to ~ with sb fréquenter qn.

consortium [kən'sɔːtɪəm] n consortium m.

conspicuous [kən'spɪkjʊəs] adj person, behaviour, clothes voyant, qui attire la vue; poster qui attire les regards; bravery insigne; difference, fact notable, remarquable. a ~ lack of... un manque manifeste de...; he was in a ~ position il était bien en évidence; (fig) il occupait une situation très en vue; to make o.s. ~ se faire remarquer; to be ~ by one's absence briller par son absence. ◆ **conspicuously** adv behave d'une manière à se faire remarquer; angry visiblement.

conspire [kən'spaɪər] vi conspirer (against contre). to ~ to do [people] comploter pour faire; [events] conspirer à faire. ◆ **conspiracy** n conspiration f, conjuration f; conspiracy of silence conspiration du silence. ◆ **conspirator** n conspirateur m, -trice f.

constable ['kʌnstəbl] n (police ~) (in town) agent m de police, gardien m de la paix; (in country) gendarme m. ◆ **constabulary** n police f; gendarmerie f.

constant ['kɒnst(ə)nt] 1 adj quarrels, interruptions incessant, continuel; affection inaltérable, constant; friend fidèle. 2 n (Math, Phys) constante f. ◆ **constancy** n constance f. ◆ **constantly** adv constamment, sans cesse.

constellation [,kɒnstə'leɪʃ(ə)n] n constellation f.

consternation [,kɒnstə'neɪʃ(ə)n] n consternation f. filled with ~ frappé de consternation, consterné.

constipate [,kɒnstɪpeɪt] vt constiper. ◆ **constipated** adj constipé. ◆ **constipation** n constipation f.

constituency [kən'stɪtjʊənsɪ] n (place) circonscription f électorale; (people) électeurs mpl (d'une circonscription). ~ party section f locale (du parti). ◆ **constituent** 1 adj constituant ; 2 n (element) élément constitutif; (Pol) électeur m, -trice f (dans une circonscription).

constitute ['kɒnstɪtjuːt] vt constituer. ◆ **constitution** n constitution f. ◆ **constitutional** 1 adj (Pol etc) constitutionnel; (Med) diathésique. 2 n (*) petite promenade f. ◆ **constitutionally** adv (Pol etc) constitutionnellement; (Med etc) par nature.

constrain [kən'streɪn] vt contraindre (sb to do qn à faire). to be ~ed to do être contraint de faire. ◆ **constrained** adj atmosphere de gêne; voice, manner contraint. ◆ **constraint** n contrainte f.

constrict [kən'strɪkt] vt (gen) resserrer; muscle etc serrer; movements gêner. ◆ **constricted** adj space, freedom restreint; point of view borné; movement limité. ◆ **constriction** n resserrement m; constriction f (esp Med).

construct [kən'strʌkt] vt building, novel, play construire; theory, one's defence bâtir. ◆ **construction** n construction f; **under** ~**ion** en construction; ~**ion engineer** ingénieur m des travaux publics et des bâtiments; **to put a wrong** ~**ion on sb's words** mal interpréter les paroles de qn. ◆ **constructive** adj constructif. ◆ **constructively** adv d'une manière constructive. ◆ **constructor** n constructeur m, -trice f.

construe [kən'struː] vt sentence analyser; Latin poem expliquer. **this was** ~**d as...** on a interprété ceci comme signifiant...

consul ['kɒnsəl] n consul m. ~ **general** consul général. ◆ **consular** adj consulaire; ~**ar section** service m consulaire. ◆ **consulate** n consulat m.

consult [kən'sʌlt] **1** vt consulter (about sur, au sujet de). **2** vi être en consultation (with avec). **to** ~ **together** se consulter.
◆ **consultant 1** n consultant m, expert-conseil m (to sb auprès de qn); (Med) médecin m consultant, spécialiste m ; **2** adj consultant. ◆ **consultation** n consultation f. ◆ **consultative** adj consultatif. ◆ **consulting** adj engineer etc conseil (f inv); ~**ing hours** heures fpl de consultation; ~**ing room** cabinet m de consultation.

consume [kən'sjuːm] vt food, resources, fuel consommer; [fire] consumer. ~**d with** grief consumé de; desire brûlant de; jealousy rongé par. ◆ **consumables** npl (Econ) produits mpl de consommation. ◆ **consumer 1** n consommateur m, -trice f; [telephone, gas, electricity] abonné(e) m(f); **2** adj protection, resistance du consommateur; ~**r demand** demande f de consommation; ~**r durables** biens mpl de consommation durable; ~**r goods** biens mpl de consommation. **Ministry of C**~**r Protection** ≃ Secrétariat m d'État à la consommation; ~**r research** études fpl de marchés; ~**r society** société f de consommation. ◆ **consumerism** n consumérisme m. ◆ **consuming** adj passion dévorant, brûlant.

consummate [kən'sʌmɪt] **1** adj consommé. **2** ['kɒnsʌmeɪt] vt consommer. ◆ **consummation** n consommation f (d'un mariage).

consumption [kən'sʌm(p)ʃ(ə)n] n **(a)** [food, fuel] consommation f. **not fit for human** ~ non-comestible; (pej) immangeable. **(b)** (†: tuberculosis) phtisie † f.

contact ['kɒntækt] **1** n (all senses) contact m. **to be in** ~ **with sb** être en contact avec qn; **we have had no** ~ **with him** nous sommes sans contact avec lui; **I seem to make no** ~ **with him** il ne n'arrive pas à communiquer avec lui; **he has some** ~**s in Paris** il a des relations fpl à Paris. **2** vt se mettre en contact or en rapport avec, contacter. **we'll** ~ **you soon** nous nous mettrons en rapport avec vous sous peu. **3** adj: ~ **lenses** verres mpl de contact.

contagion [kən'teɪdʒ(ə)n] n contagion f. ◆ **contagious** adj contagieux.

contain [kən'teɪn] vt contenir. **he couldn't** ~ **himself for joy** il ne se sentait pas de joie. ◆ **container 1** n (goods transport) conteneur m; (jug, box etc) récipient m ; **2** adj train, ship porte-conteneurs inv; dock pour la manutention de conteneurs; terminal à conteneurs; transport par conteneurs. ◆ **containerization** n conteneurisation f. ◆ **containerize** vt conteneuriser. ◆ **containment** n (Pol) endiguement m.

contaminate [kən'tæmɪneɪt] vt contaminer. ◆ **contamination** n contamination f.

contemplate ['kɒntempleɪt] vt (look at) contempler; (consider) envisager (doing de faire). ◆ **contemplation** n contemplation f. ◆ **contemplative** adj contemplatif.

contemporary [kən'temp(ə)rərɪ] adj, n contemporain(e) m(f) (with de).

contempt [kən'tem(p)t] n mépris m. **to hold in** ~ mépriser; **it's beneath** ~ c'est au-dessous de tout; ~ **of court** outrage m à la Cour. ◆ **contemptible** adj méprisable. ◆ **contemptuous** adj person dédaigneux (of de); manner méprisant; gesture de mépris. ◆ **contemptuously** adv avec mépris, dédaigneusement.

contend [kən'tend] **1** vi: **to** ~ **with sb for sth** disputer qch à qn; **to have sth to** ~ **with** devoir faire face à qch; **to have sb to** ~ **with** avoir affaire à qn; **he has a lot to** ~ **with** il a beaucoup de problèmes. **2** vt soutenir, prétendre (that que). ◆ **contender** n concurrent(e) m(f); (for job, election) candidat m; ~**er for** prétendant(e) m(f) à. ◆ **contention** n (dispute) dispute f; (assertion) assertion f; **bone of contention** pomme f de discorde. ◆ **contentious** adj person querelleur; issue contesté.

content¹ [kən'tent] **1** adj content, satisfait (with de). **to be** ~ **with** (accept) se contenter de; **he is quite** ~ **to stay** il ne demande pas mieux que de rester. **2** n contentement m. **3** vt contenter. **to** ~ **o.s. with doing** se contenter de faire. ◆ **contented** adj content (with de). ◆ **contentedly** adv avec contentement. ◆ **contentedness** or ◆ **contentment** n contentement m.

content² ['kɒntent] n [book, play] contenu m; [document, metal] teneur f. [box etc] ~**s** contenu m; [book] '~**s**' 'table f des matières'; **oranges have a high vitamin C** ~ les oranges sont riches en vitamine C; **gold** ~ teneur en or.

contest [kən'test] **1** vt matter, result, will contester; election, seat disputer. **2** ['kɒntest] n combat m, lutte f; (Sport) lutte; (Boxing, Wrestling) rencontre f; (competition) concours m. ◆ **contestant** n (for prize) concurrent(e) m(f); (in fight) adversaire mf.

context ['kɒntekst] n contexte m. **in/out of** ~ dans le/sans contexte.

continent ['kɒntɪnənt] n continent m. (Brit) **the C**~ l'Europe continentale; **on the C**~ en Europe. ◆ **continental** adj (gen) continental; drift des continents; ~**al breakfast** petit-déjeuner m à la française; ~**al quilt** couette f.

contingency [kən'tɪndʒ(ə)nsɪ] **1** n événement m imprévu, éventualité f. **in a** ~ en cas d'imprévu. **2** adj: ~ **fund** caisse f de prévoyance; ~ **plans** plans mpl d'urgence. ◆ **contingent 1** adj contingent; **to be contingent upon sth** dépendre de qch ; **2** n contingent m.

continue [kən'tɪnjuː] **1** vt (gen) continuer (to do à or de faire); tradition, policy maintenir; (after interruption) reprendre. [serial] **to be** ~**d** à suivre; **to be** ~**d on page 10** suite page 10; **to** ~ **one's way** continuer son chemin; (after pause) se remettre en marche; **'and so', he** ~**d** 'et ainsi', reprit-il or poursuivit-il. **2** vi (gen) continuer; (after interruption) reprendre. **the forest** ~**s to the sea** la forêt s'étend jusqu'à la mer; **to** ~ **in one's job** garder or conserver son poste; **he** ~**d with his voluntary work** il a poursuivi son travail bénévole; **she** ~**d as his secretary** elle est restée sa secrétaire. ◆ **continual** adj continuel. ◆ **continually** adv continuellement, sans cesse. ◆ **continuance** n (duration) durée f; (continuation) continuation f; (continuity) continuité f. ◆ **continuation** n continuation f; (after interruption) reprise f; [serial story] suite f. ◆ **continuing** adj argument ininterrompu; correspondence soutenu. ◆ **continuity** n continuité f; **continuity girl** scripte f. ◆ **continuous** adj continu; (Cine) **continuous performance** spectacle m permanent; **continuous stationery** papier m en continu. ◆ **continuously** adv (uninterruptedly) sans interruption ; (repeatedly) continuellement, sans arrêt. ◆ **continuum** n continuum m.

contort [kən'tɔːt] *vt features* tordre; *words, story* déformer. ◆ **contortion** *n [esp acrobat]* contorsion *f*; *[features]* convulsion *f*. ◆ **contortionist** *n* contorsionniste *mf*.

contour ['kɒntʊə'] **1** *n* contour *m*. **2** *adj*: ~ **line** courbe *f* de niveau; ~ **map** carte *f* avec courbes de niveau.

contraband ['kɒntrəbænd] **1** *n* contrebande *f*. **2** *adj* de contrebande.

contraception [,kɒntrə'sepʃ(ə)n] *n* contraception *f*. ◆ **contraceptive** *adj, n* contraceptif *(m)*.

contract ['kɒntrækt] **1** *n* contrat *m*. **marriage** ~ contrat de mariage; **to enter into a** ~ **with sb for sth** passer un contrat avec qn pour qch; **to put work out to** ~ mettre du travail à l'entreprise; **by** ~ par *or* sur contrat; *(fig: by killer)* **there's a** ~ **out for him** ‡ sa tête a été mise à prix *(par un rival)*. **2** *adj*: ~ **bridge** bridge *m* contrat; ~ **work** travail *m* à l'entreprise. **3** [kən'trækt] *vt* **(a)** *debts, illness, vices, alliance* contracter. **to** ~ **to do** s'engager (par contrat) à faire; **to** ~ **with sb to do** passer un contrat avec qn pour faire. **(b)** *muscles, metal* contracter; *face* crisper; *word, phrase* contracter *(to* en). **4** *vi* se contracter.
◆ **contract in** *vi* s'engager (par contrat).
◆ **contract out 1** *vi* se libérer, se dégager *(of* de). **to** ~ **out of a pension scheme** cesser de cotiser à une caisse de retraite. **2** *vt sep work* sous-traiter *(to sb* à qn).
◆ **contraction** *n* contraction *f*; *(word)* forme *f* contractée. ◆ **contractor** *n* entrepreneur *m*.
◆ **contractual** *adj* contractuel.

contradict [,kɒntrə'dɪkt] *vt* contredire. ◆ **contradiction** *n* contradiction *f*; **a** ~**ion in terms** une contradiction (dans les termes). ◆ **contradictory** *adj* contradictoire.

contraflow ['kɒntrəfləʊ] *adj (Aut)* ~ **lane** voie *f* à contresens.

contralto [kən'træltəʊ] **1** *n* contralto *m*. **2** *adj* de contralto.

contraption * [kən'træpʃ(ə)n] *n* machin * *m*, truc * *m*.

contrary ['kɒntrərɪ] **1** *adj* **(a)** *(gen)* contraire *(to* à). **in a** ~ **direction** en sens inverse *or* opposé; ~ **to nature** contre nature. **(b)** [kən'trɛərɪ] *(self-willed)* contrariant. **2** *adv* contrairement *(to* à). **3** *n* contraire *m*. **on the** ~ au contraire; **unless you hear to the** ~ sauf contrordre. ◆ **contrariness** *n* esprit *m* de contradiction. ◆ **contrariwise** *adv (on the contrary)* au contraire; *(in opposite direction)* en sens opposé.

contrast [kən'trɑːst] **1** *vt* mettre en contraste, contraster *(with* avec). **2** *vi* contraster, faire contraste *(with* avec). **3** ['kɒntrɑːst] *n* contraste *m (between* entre). **in** ~ par contraste *(to* avec). ◆ **contrasting** *adj opinions* opposé; *colours* contrasté.

contravene [,kɒntrə'viːn] *vt* enfreindre. ◆ **contravention** *n* infraction *f (of* à).

contribute [kən'trɪbjuːt] **1** *vt (gen)* contribuer; *specific sum* offrir, donner; *(Admin)* cotiser; *article to a newspaper* donner, envoyer. **2** *vi*: **to** ~ **to** *collection, charity, misunderstanding* contribuer à; *discussion* prendre part à, participer à; *newspaper* collaborer à; **to** ~ **to doing** contribuer à faire.
◆ **contribution** [,kɒntrɪ'bjuːʃ(ə)n] *n (gen)* contribution *f*; *(Admin)* cotisation *f*; *(to publication)* article *m*. ◆ **contributor** *n (to publication)* collaborateur *m*, -trice *f*; *[money, goods]* donateur *m*, -trice *f*. ◆ **contributory** *adj cause* accessoire; **it was a contributory factor in...** cela a contribué à...; **contributory pension scheme** caisse *f* de retraite (à laquelle cotisent les employés).

contrite ['kɒntraɪt] *adj* contrit. ◆ **contrition** *n* contrition *f*.

contrive [kən'traɪv] *vt plan, scheme* combiner, inventer. **to** ~ **a means of doing** trouver un moyen pour faire; **to** ~ **to do** s'arranger pour faire, trouver le moyen de faire; **can you** ~ **to be here at 3 o'clock?** est-ce que vous pouvez vous arranger pour être ici à 3 heures? ◆ **contrivance** *n (gen)* appareil *m*; *(device)* dispositif *m*. ◆ **contrived** *adj* forcé, qui manque de naturel.

control [kən'trəʊl] **1** *n* **(a)** *(gen)* contrôle *m (of* de); autorité *f (over* sur). **the** ~ **of** *[traffic]* la réglementation de; *[aircraft]* le contrôle de; *[pests]* la suppression de; *[disease, forest fires]* la lutte contre; *[the seas, the air]* la maîtrise de; **he has no** ~ **over his children** il n'a aucune autorité sur ses enfants; **to keep a dog under** ~ se faire obéir d'un chien; **to have a horse under** ~ maîtriser un cheval; **to lose** ~ **of** perdre le contrôle de; **to lose** ~ **of o.s.** perdre tout contrôle de soi; **to be in** ~ **of** être maître *or* maîtresse de; **to get** *or* **bring under** ~ *fire, inflation* maîtriser; *situation* dominer; *children, dog* mater; **the situation is under** ~ on a la situation bien en main; **everything's under** ~ * tout est en ordre; **his car went out of** ~ il a perdu le contrôle de sa voiture; **the children are quite out of** ~ les enfants sont déchaînés; **under French** ~ sous contrôle français; **circumstances beyond our** ~ circonstances indépendantes de notre volonté; **who is in** ~ ? qui *or* quel est le responsable?; *(Sport)* **his** ~ **of the ball is not very good** il ne contrôle pas très bien la balle; **price** ~**s** le contrôle des prix. **(b)** ~**s** *[train, car, ship, aircraft]* commandes *fpl*; *[radio, TV]* boutons *mpl* de commande; **to be at the** ~**s** être aux commandes; *(Rad)* **volume** ~ (bouton *m* de) réglage *m* de volume. **(c)** *(Phys, Psych etc: standard of comparison)* cas *m* témoin.
2 *vt emotions* maîtriser; *animal, child* se faire obéir de; *vehicle, machine* manier; *organization, business* diriger; *expenditure, traffic* régler; *prices, wages* mettre un frein à la hausse de; *inflation* maîtriser; *immigration* contrôler; *disease* enrayer. **to** ~ **o.s.** se contrôler, se maîtriser; **she can't** ~ **the children** elle n'a aucune autorité sur les enfants.
3 *adj: (Med etc)* ~ **case/group** cas *m*/groupe *m* témoin; ~ **knob** bouton *m* de commande *or* de réglage; ~ **panel** *[aircraft, ship]* tableau *m* de bord; *[TV, comput]* pupitre *m* de commande; ~ **room** *(Naut)* poste *m* de commande; *(Mil)* salle *f* de commande; *(Rad, TV)* régie *f*; *(Aviat)* ~ **tower** tour *f* de contrôle.
◆ **controlled** *adj emotion* contenu; **he was very** ~**led** il se dominait très bien; **...he said in a** ~**led voice** ...dit-il, en se contrôlant; *(Econ)* ~**led economy** économie dirigée. ◆ **controller** *n* contrôleur *m*. ◆ **controlling** *adj factor* déterminant; ~**ling interest** participation *f* majoritaire.

controversy [kən'trɒvəsɪ] *n* controverse *f*. **there was a lot of** ~ **about it** ça a provoqué beaucoup de controverses. ◆ **controversial** *adj (thought-provoking)* speech, action, decision discutable, sujet à controverse; *(talked about)* person, book, suggestion discuté.

contusion [kən'tjuːʒ(ə)n] *n* contusion *f*.

conundrum [kə'nʌndrəm] *n* énigme *f*.

conurbation [,kɒnɜː'beɪʃ(ə)n] *n* conurbation *f*.

convalesce [,kɒnvə'les] *vi* se remettre *(d'une maladie)*. **to be convalescing** être en convalescence. ◆ **convalescence** *n* convalescence *f*. ◆ **convalescent** *adj, n* convalescent(e) *m(f)*; ~**nt home** maison *f* de convalescence *or* de repos.

convection [kən'vekʃ(ə)n] *n* convection *f*. **convection heater** radiateur *m* à convection. ◆ **convector** *n* convecteur *m*.

convene [kən'viːn] **1** *vt* convoquer. **2** *vi* s'assembler. ◆ **convener** *or* ◆ **convenor** *n* président(e) *m(f)* *(de commission etc)*. ◆ **convening** *adj*: **convening country** pays *m* hôte.

convenient [kən'viːnɪənt] *adj tool, device* commode; *time* qui convient; *place, position* bon; *event, occurrence* opportun. **if it is ~ to you** si vous n'y voyez pas d'inconvénient, si cela ne vous dérange pas; **will it be ~ for you to come tomorrow?** est-ce que cela vous arrange *or* vous convient de venir demain?; **is it ~ to see him now?** peut-on le voir tout de suite sans le déranger?; **it is not a very ~ time** le moment n'est pas très bien choisi; **the house is ~ for shops** la maison est bien située pour les magasins; **he put it down on a ~ chair** il l'a posé sur une chaise qui se trouvait à portée. ◆ **convenience** 1 *n* (a) *[plan, apartment]* commodité *f*; **for convenience' sake** par souci de commodité; *(Comm)* **at your earliest convenience** dans les meilleurs délais; **do it at your own convenience** faites-le quand cela vous conviendra; *[house]* **conveniences** commodités; (b) *(lavatory)* W.C. *mpl* ; 2 *adj:* **convenience foods** aliments *mpl* tout préparés; *(dishes)* plats cuisinés; *(US)* **convenience store** épicerie *f* de dépannage. ◆ **conveniently** *adv happen* fort à propos; *situated etc* bien; **very ~ly he arrived late** heureusement il est arrivé en retard.

convent ['kɒnv(ə)nt] 1 *n* couvent *m*. **to go into a ~** entrer au couvent. 2 *adj:* **~ school** couvent *m*.

convention [kən'venʃ(ə)n] *n (meeting, agreement)* convention *f*; *(accepted behaviour)* usage *m*, convenances *fpl*. **there is a ~ that** l'usage veut que + *subj*. ◆ **conventional** *adj person, behaviour* conventionnel *(also slightly pej)*; *method* conventionnel, classique; *weapons* classique.

converge [kən'vɜːdʒ] *vi* converger *(on* sur). ◆ **convergence** *n* convergence *f*. ◆ **convergent** *or* ◆ **converging** *adj* convergent.

conversant [kən'vɜːs(ə)nt] *adj:* **to be ~ with** *car, machinery* s'y connaître en; *language, science, laws* connaître; *facts* être au courant de.

conversation [ˌkɒnvə'seɪʃ(ə)n] 1 *n* conversation *f*, entretien *m*. **in ~ with** en conversation avec; **what was your ~ about?** de quoi parliez-vous? 2 *adj:* **that was a ~ piece *** cela a fourni un grand sujet de conversation; **that was a ~ stopper *** cela a arrêté net la conversation. ◆ **conversational** *adj voice, words* de la conversation; *person* qui a la conversation facile. ◆ **conversationalist** *n* causeur *m*, -euse *f*; **she's a great ~alist** elle brille dans la conversation. ◆ **conversationally** *adv speak* sur le ton de la conversation; **'nice day' she said ~ally** 'il fait beau' dit-elle du ton de quelqu'un qui cherche à entamer une conversation.

converse[1] [kən'vɜːs] *vi* converser. **to ~ with sb about sth** s'entretenir avec qn de qch.

converse[2] ['kɒnvɜːs] *adj, n* inverse *(m).* ◆ **conversely** [kɒn'vɜːslɪ] *adv* inversement.

convert ['kɒnvɜːt] 1 *n* converti(e) *m(f).* **to become a ~** se convertir à. 2 [kən'vɜːt] *vt* convertir *(into* en, *to* à); *(Rugby)* transformer; *house* aménager *(into* en). ◆ **conversion** 1 *n (gen)* conversion *f (to* à, *into* en); *[house, room etc]* aménagement *m (into* en); *(Rugby)* transformation *f* ; 2 *adj:* **conversion table** table *f* de conversion. ◆ **converter** *n (Elec)* convertisseur *m.* ◆ **convertibility** *n* convertibilité *f.* ◆ **convertible** 1 *adj* convertible ; 2 *n (Aut)* décapotable *f.*

convex ['kɒn'veks] *adj* convexe.

convey [kən'veɪ] *vt goods, passengers* transporter; *[pipeline etc]* amener; *sound, order, thanks, congratulations* transmettre *(to* à); *ideas* communiquer *(to* à). **to ~ to sb that...** faire comprendre à qn que...; **words cannot ~...** les paroles ne peuvent traduire...; **what does this music ~ to you?** qu'est-ce que cette musique évoque pour vous? ◆ **conveyance** *n [goods]* transport *m*; *(vehicle)*

véhicule *m.* ◆ **conveyancing** *n* rédaction *f* d'actes translatifs. ◆ **conveyor** *n* transporteur *m*, convoyeur *m*; **~or belt** tapis *m* roulant.

convict ['kɒnvɪkt] 1 *n* forçat *m*, bagnard *m.* 2 [kən'vɪkt] *vt* reconnaître coupable *(sb of a crime* qn d'un crime). **a ~ed murderer** un homme reconnu coupable de meurtre. 3 *vi [jury]* rendre un verdict de culpabilité. ◆ **conviction** *n* (a) *(Jur)* condamnation *f*; (b) conviction *f (that* selon laquelle); **to carry ~ion** être convaincant.

convince [kən'vɪns] *vt* convaincre, persuader *(of* de). **he ~d her that she should leave** il l'a persuadée de partir, il l'a convaincue qu'elle devait partir. ◆ **convincing** *adj speaker, argument* persuasif, convaincant; *victory* décisif. ◆ **convincingly** *adv speak* d'une façon convaincante; *win* de façon décisive.

convivial [kən'vɪvɪəl] *adj* joyeux.

convoke [kən'vəʊk] *vt* convoquer. ◆ **convocation** *n (act)* convocation *f*; *(assembly)* assemblée *f.*

convoluted ['kɒnvəluːtɪd] *adj shape* contourné; *argument* compliqué.

convolution [ˌkɒnvə'luːʃ(ə)n] *n* circonvolution *f.*

convolvulus [kən'vɒlvjʊləs] *n* liseron *m.*

convoy ['kɒnvɔɪ] 1 *n* convoi *m.* **in ~** en convoi. 2 *vt* convoyer.

convulse [kən'vʌls] *vt [earthquake, storm]* ébranler; *[war, riots]* bouleverser. **to be ~d (with laughter)** se tordre de rire; **~d with pain** *etc* convulsé par la douleur *etc.* ◆ **convulsion** *n* convulsion *f.* ◆ **convulsive** *adj* convulsif.

coo [kuː] *vti [doves etc]* roucouler; *[baby]* gazouiller.

cook [kʊk] 1 *n* cuisinier *m*, -ière *f*. **she is a good ~** elle fait bien la cuisine; **head ~ and bottle-washer *** *(in household)* bonne *f* à tout faire; *(elsewhere)* factotum *m.* 2 *vt* (a) *food* (faire) cuire, *(fig)* **to ~ sb's goose *** faire son affaire à qn. (b) *(*: *falsify)* figures truquer. **to ~ the books *** truquer les comptes. 3 *vi [food]* cuire; *[person]* faire la cuisine. *(fig)* **what's ~ing?** ‡ qu'est-ce qui se mijote? * ◆ **cook up *** *vt sep excuse, story* inventer, fabriquer.

◆ **cookbook** *n* livre *m* de cuisine. ◆ **cooker** *n* cuisinière *f (fourneau).* ◆ **cookery** *n* cuisine *f (activité)* ; **~ery book** livre *m* de cuisine. ◆ **cookhouse** *n* cuisine *f (endroit).* ◆ **cookie** *n* gâteau *m* sec. ◆ **cooking** 1 *n* cuisine *f (activité, nourriture)* ; 2 *adj utensils* de cuisine; *apples, chocolate* à cuire; **~ing foil** papier *m* d'aluminium; **~ing salt** gros sel. ◆ **cookout** *n* grillade *f* en plein air.

cool [kuːl] 1 *adj (gen)* frais *(f* fraîche); *drink* rafraîchissant; *soup, hot drink* qui n'est plus chaud; *dress* léger; *(calm)* calme; *(impertinent)* effronté; *(unfriendly etc)* froid *(towards* envers). *(Met)* **it is ~** il fait frais; **it's turning ~er** le temps se rafraîchit; **to keep in a ~ place** tenir au frais; **I feel quite ~ now** j'ai bien moins chaud maintenant; **to keep ~** ne pas s'échauffer; *(fig: calm)* garder son sang-froid; **keep ~!** du calme! ‡ * pas de panique! *; **she was as ~ as a cucumber** elle n'avait pas chaud du tout; *(fig)* elle affichait un calme imperturbable; **to be ~ towards sb** traiter qn avec froideur; **he's a ~ customer *** il n'a pas froid aux yeux; **that was very ~ *** of him quel toupet! *; **he earns a ~ *** £10,000 a year il se fait la coquette somme de 10 000 livres par an. 2 *n:* **in the ~ of the evening** dans la fraîcheur du soir; **to keep sth in the ~** tenir qch au frais; **to keep/lose one's ~ *** garder/perdre son sang-froid *or* son calme. 3 *vt air* rafraîchir; *(stronger)* refroidir; *food* laisser refroidir. **to ~ one's heels** attendre, poireauter *; **~ it! *** calme-toi! 4 *vi [air, liquid] (from being warm)* (se) rafraîchir; *(from being hot)* refroidir.

♦ **cool down** **1** *vi* refroidir; *[anger, person]* se calmer; *[critical situation]* se détendre. **2** *vt sep* faire refroidir; *(fig)* calmer. ♦ **cool off** *vi* (*lose enthusiasm*) perdre son enthousiasme; *(change one's affections)* se refroidir *(towards sb* envers qn); *(become less angry)* se calmer.

♦ **cooler** *n* glacière *f*; (*✲: prison*) taule ✲ *f*. ♦ **cooling** *adj* rafraîchissant; ~**ing system** circuit *m* de refroidissement; ~**ing tower** refroidisseur *m*; ~**ing-off period** période *f* de détente. ♦ **coolly** *adv (calmly)* de sang-froid, calmement; *(unenthusiastically)* avec froideur; *(impertinently)* sans la moindre gêne. ♦ **coolness** *n* fraîcheur *f*; froideur *f*; calme *m*; effronterie *f*.

coop [ku:p] *n (hen* ~) poulailler *m*, cage *f* à poules.
♦ **coop up** *vt sep* person claquemurer; *feelings* refouler.

co-op ['kəʊɒp] *n (abbr of* **cooperative**) coop ✲ *f*.

cooperate [kəʊ'ɒpəreɪt] *vi* coopérer *(with sb* avec qn; *in sth* à qch; *to do* pour faire). **I hope he'll** ~ j'espère qu'il va se montrer coopératif. ♦ **cooperation** *n* coopération *f*, concours *m*. ♦ **cooperative 1** *adj* coopératif; *(US)* **cooperative apartment** appartement *m* en copropriété ; **2** *n* coopérative *f*.

coopt [kəʊ'ɒpt] *vt* coopter *(onto* à).

coordinate [kəʊ'ɔ:dnɪt] **1** *n* coordonnée *f*. **2** [kəʊ'ɔ:dmeɪt] *vt* coordonner *(with* avec). ♦ **coordination** *n* coordination *f*. ♦ **coordinator** *n* coordinateur *m*, -trice *f*.

cop ✲ [kɒp] **1** *n* (**a**) *(policeman)* flic ✲ *m*. **to play at** ~**s and robbers** jouer aux gendarmes et aux voleurs. (**b**) **it's not much** ~ ✲ ça ne vaut pas grand-chose. **2** *vt*: **to** ~ **it** écoper ✲, être puni. ♦ **cop out** ✲ *vi* se défiler ✲, se dérober.

cope [kəʊp] *vi* se débrouiller, s'en tirer. **to** ~ **with** *task, person* s'occuper de; *situation* faire face à; *difficulties, problems (tackle)* affronter; *(solve)* venir à bout de; **they** ~ **with 500 applications a day** 500 formulaires leur passent entre les mains chaque jour; **can you** ~? ça ira?, vous y arriverez?; **leave it to me, I'll** ~ laissez cela, je m'en charge *or* je me débrouillerai; **he's coping pretty well** il se débrouille très bien; **she just can't** ~ **any more** *(overworked etc)* elle ne s'en sort plus; *(work too difficult)* elle est complètement dépassée.

Copenhagen [kəʊpn'heɪg(ə)n] *n* Copenhague.

copious ['kəʊpɪəs] *adj food* copieux; *amount, notes, harvest* abondant.

copper ['kɒpəʳ] *n* (**a**) cuivre *m*; *(money)* petite pièce *f*. ~**s** la petite monnaie. (**b**) (✲: *policeman*) flic ✲ *m*. ♦ **copper-coloured** *or* ♦ **coppery** *adj* cuivré. ♦ **copperplate** *adj*: ~**plate handwriting** écriture moulée.

coppice ['kɒpɪs], **copse** [kɒps] *n* taillis *m*.

copulate ['kɒpjʊleɪt] *vi* copuler. ♦ **copulation** *n* copulation *f*. ♦ **copulative** *adj* copulatif.

copy ['kɒpɪ] **1** *n* (**a**) *[painting, document]* copie *f* ; *(Phot: print)* épreuve *f*; *[book, newspaper]* exemplaire *m*. (**b**) *(material: for advertisement)* texte *m (for* de). *(Press)* **it makes good** ~ c'est un bon sujet d'article; **he handed in his** ~ il a remis son article. **2** *vt* copier. ♦ **copier** *n* machine *f* à polycopier. ♦ **copybook** *n* cahier *m*. ♦ **copying** *adj*: ~**ing ink** encre *f* à copier. ♦ **copyright** **1** *n* droits *mpl* d'auteur, copyright *m*; **out of** ~**right** dans le domaine public ; **2** *vt* obtenir les droits exclusifs sur. ♦ **copywriter** *n* rédacteur *m*, -trice *f* publicitaire.

coral ['kɒr(ə)l] **1** *n* corail *m*. **2** *adj necklace, reef* de corail; *island* coralien.

cord [kɔ:d] **1** *n* (**a**) *[curtains, pyjamas etc]* cordon *m*; *[windows]* corde *f*; *[parcel etc]* ficelle *f*; *(Elec)* cordon *or* fil *m* électrique. (**b**) *(corduroy)* velours *m* côtelé. ~**s** *npl* pantalon *m* en velours côtelé. **2** *adj*: ~

carpet tapis *m* de corde. ♦ **corded** *adj fabric* côtelé. ♦ **cordless** *adj telephone* sans fil.

cordial ['kɔ:dɪəl] *adj, n* cordial *(m)*. ♦ **cordiality** *n* cordialité *f*. ♦ **cordially** *adv* cordialement.

cordon ['kɔ:dn] **1** *n* cordon *m*. **2** *vt* (~ **off**) *crowd* tenir à l'écart; *area* interdire l'accès à.

corduroy ['kɔ:dərɔɪ] *n* velours *m* côtelé.

core [kɔ:ʳ] **1** *n [fruit]* trognon *m*; *[earth, cable]* noyau *m*; *[nuclear reactor]* cœur *m*; *[problem etc]* essentiel *m*. *(fig)* **rotten to the** ~ pourri jusqu'à l'os; **English to the** ~ anglais jusqu'à la moelle (des os). **2** *vt fruit* enlever le trognon de. ♦ **corer** *n* vide-pomme *m*.

coriander [ˌkɒrɪ'ændəʳ] *n* coriandre *f*.

cork [kɔ:k] **1** *n (substance)* liège *m*; *(in bottle etc)* bouchon *m*. **to pull the** ~ **out of** déboucher. **2** *vt* (~**up**) *bottle* boucher. **3** *adj*: ~ **oak** chêne-liège *m*. ♦ **corked** *adj wine* qui sent le bouchon. ♦ **corkscrew** *n* tire-bouchon *m*.

corn[1] [kɔ:n] **1** *n (gen)* grain *m*; *(Brit: wheat)* blé *m*; *(US: maize)* maïs *m*. ~ **on the cob** épi *m* de maïs. **2** *adj oil, cob* de maïs. ♦ **cornfield** *n (Brit)* champ *m* de blé; *(US)* champ de maïs. ♦ **cornflakes** *npl* céréales *fpl*, cornflakes *mpl*. ♦ **cornflour** *or* ♦ **cornstarch** *(US) n* maïzena *f* ®. ♦ **cornflower** *n* bleuet *m*.

corn[2] [kɔ:n] *n (Med)* cor *m*. **to tread on sb's** ~**s** toucher qn à l'endroit sensible; ~ **plaster** pansement *m* (pour cors).

cornea ['kɔ:nɪə] *n* cornée *f*.

corned beef [kɔ:nd 'bi:f] *n* corned-beef *m*.

cornelian [kɔ:'ni:lɪən] *n* cornaline *f*.

corner ['kɔ:nəʳ] **1** *n (gen)* coin *m*; *(Aut)* tournant *m*; *(Ftbl)* coup *m* (de pied) de coin. *(fig)* **to drive sb into a** ~ coincer ✲ qn; **to be in a (tight)** ~ être dans le pétrin; **out of the** ~ **of one's eye** du coin de l'œil; **it's just round the** ~ *(lit)* c'est juste après le coin; *(fig: very near)* c'est à deux pas d'ici; *(in time)* c'est pour demain; **in odd** ~**s** dans les recoins; **in every** ~ dans tous les coins et recoins; **in every** ~ **of Europe** dans toute l'Europe; **in the four** ~**s of the earth** aux quatre coins du monde; **to make a** ~ **in wheat** accaparer le marché du blé. **2** *adj*: ~ **cupboard** placard *m* de coin; **the** ~ **house** la maison du coin; *(Rail)* ~ **seat** (place *f* de) coin *m*; ~ **shop** boutique *f* du coin. **3** *vt hunted animal etc* acculer; *(fig: catch to speak to etc)* coincer ✲. **to** ~ **the market** accaparer le marché. **4** *vi (Aut)* prendre un virage. ♦ **cornerstone** *n (lit, fig)* pierre *f* angulaire; *(foundation stone)* première pierre.

cornet ['kɔ:nɪt] *n* (**a**) *(Mus)* cornet *m* (à pistons). ~ **player** cornettiste *mf*. (**b**) *[sweets, ice cream]* cornet *m*.

Cornwall ['kɔ:nw(ə)l] *n* Cornouailles *f*. ♦ **Cornish** *adj* de Cornouailles.

corny ✲ ['kɔ:nɪ] *adj* bébête.

corollary [kə'rɒlərɪ] *n* corollaire *m*.

coronary ['kɒrən(ə)rɪ] *adj, n*: ~ **(thrombosis)** infarctus *m*.

coronation [ˌkɒrə'neɪʃ(ə)n] *n* couronnement *m*.

coroner ['kɒrənəʳ] *n* coroner *m (officiel qui détermine les causes d'un décès)*.

corporal[1] ['kɔ:p(ə)r(ə)l] *n (Mil)* caporal-chef *m*.

corporal[2] ['kɔ:p(ə)r(ə)l] *adj* corporel. ~ **punishment** châtiment *m* corporel.

corporate ['kɔ:p(ə)rɪt] *adj* (**a**) *(Fin: of a corporation) property* appartenant à une corporation; ~ **body** personne morale; ~ **name** raison sociale. (**b**) *action, ownership* en commun; *responsibility* collectif. ♦ **corporation** *n [town]* conseil *m* municipal; *(Comm, Fin)* société *f* commerciale.

corps [kɔ:ʳ] *n* corps *m*. ~ **de ballet** corps de ballet.

corpse [kɔ:ps] *n* cadavre *m*, corps *m*.

corpulence ['kɔːpjʊlǝns] n corpulence f. ◆ **corpulent** adj corpulent.

corpus [kɔːpǝs] n corpus m. **C~ Christi** la Fête-Dieu.

corpuscle ['kɔːpʌsl] n corpuscule m; [blood] globule m.

correct [kǝ'rekt] 1 adj answer, amount correct, exact, juste; temperature, time exact; forecast, estimate, dress, behaviour correct. **the predictions proved** ~ les prédictions se sont avérées justes; **you are** ~ vous avez raison; **it's the** ~ **thing** c'est ce qui se fait; **the** ~ **procedure** la procédure d'usage. 2 vt work, error, proofs corriger. **he** ~**ed me several times during the course of my speech** il m'a repris plusieurs fois pendant mon discours; **I stand** ~**ed** je reconnais mon erreur. ◆ **correction** n correction f; ~**ion fluid** liquide correcteur. ◆ **correctly** adv correctement; d'une manière exacte; avec justesse. ◆ **correctness** n correction f; exactitude f; justesse f.

correlate ['kɔrɪleɪt] 1 vi être en corrélation (with avec). 2 vt mettre en corrélation (with avec). ◆ **correlation** n corrélation f.

correspond [ˌkɒrɪs'pɒnd] vi (a) (agree; be equivalent) correspondre (with, to à). **that does not** ~ **with what he said** cela ne correspond pas à ce qu'il a dit; **his job** ~**s roughly to mine** son poste est à peu près l'équivalent du mien. (b) (exchange letters) correspondre (with avec). **they** ~ ils correspondent. ◆ **correspondence** 1 n correspondance f (between entre, with avec) ; 2 adj: ~**ence card** carte-lettre f; ~**ence column** courrier m (des lecteurs); ~**ence course** cours m par correspondance. ◆ **correspondent** n correspondant(e) m(f); (Press) **foreign/sports** ~**ent** correspondant étranger/sportif. ◆ **corresponding** adj (gen) correspondant; ~**ing to the original** conforme à l'original; **for a** ~**ing period** pendant une période analogue. ◆ **correspondingly** adv (as a result) en conséquence, (proportionately) proportionnellement.

corridor ['kɒrɪdɔː'] n couloir m, corridor m. ~ **train** train m à couloir.

corroborate [kǝ'rɒbǝreɪt] vt corroborer. ◆ **corroboration** n corroboration f.

corrode [kǝ'rǝʊd] 1 vt corroder. 2 vi se corroder. ◆ **corrosion** n corrosion f. ◆ **corrosive** adj, n corrosif (m).

corrugated ['kɒrǝgeɪtɪd] adj ondulé. ~ **iron** tôle f ondulée.

corrupt [kǝ'rʌpt] 1 adj (evil) corrompu, (dishonest) vénal. ~ **practices** (dishonesty) tractations fpl malhonnêtes; (bribery etc) trafic m d'influence, malversations fpl. 2 vt corrompre. ◆ **corruption** n corruption f.

corset ['kɔːsɪt] n (Dress) corset m; (lightweight) gaine f; (Med) corset.

Corsica ['kɔːsɪkǝ] n Corse f. ◆ **Corsican** 1 adj corse ; 2 n Corse mf.

cortisone ['kɔːtɪzǝʊn] n cortisone f.

cosh [kɒʃ] 1 vt (*) taper sur. 2 n matraque f.

cosmetic [kɒz'metɪk] 1 adj surgery esthétique; preparation cosmétique; changes superficiel. 2 n cosmétique m, produit m de beauté.

cosmic ['kɒzmɪk] adj cosmique.

cosmographer [kɒz'mɒgrǝfǝ'] n cosmographe mf. ◆ **cosmography** n cosmographie f.

cosmology [kɒz'mɒlǝdʒɪ] n cosmologie f.

cosmonaut ['kɒzmǝnɔːt] n cosmonaute mf.

cosmopolitan [ˌkɒzmǝ'pɒlɪt(ǝ)n] adj, n cosmopolite (mf).

cosmos ['kɒzmɒs] n cosmos m.

cosset ['kɒsɪt] vt dorloter.

cost [kɒst] 1 vt (a) (pret, ptp cost) coûter. **how much** or **what does it** ~? combien est-ce que cela coûte or vaut?; **what will it** ~ **to have it repaired?** combien est-ce que cela coûtera de le faire réparer?; **it** ~ **him a lot of money** cela lui a coûté cher; **it** ~**s the earth** * cela coûte les yeux de la tête; **it** ~ **him a great effort/a lot of trouble** cela lui a coûté un gros effort/causé beaucoup d'ennuis; **it will** ~ **you a present** vous en serez quitte pour un cadeau; **politeness** ~**s very little** il ne coûte rien d'être poli; (fig) **whatever it** ~**s** coûte que coûte.
(b) (pret, ptp ~**ed**) articles for sale établir le prix de revient de; job etc évaluer le coût de. **the job was** ~**ed at £200** le devis pour ces travaux s'élevait à 200 livres.
2 n coût m. ~ **of living** coût de la vie; **to bear the** ~ **of** faire face aux frais mpl or aux dépenses fpl de; (fig) faire les frais de; (lit, fig) **at great** ~ à grands frais; **at** ~ **(price)** au prix coûtant; (Jur) **to be ordered to pay** ~**s** être condamné aux dépens mpl; (fig) **at all** ~**s**, **at any** ~ coûte, à tout prix; (fig) **whatever the** ~ quoi qu'il en coûte; **at the** ~ **of his life/health** au prix de sa vie/santé; (fig) **to my** ~ à mes dépens.
◆ **cost-cutting** n réduction f des coûts. ◆ **cost-effective** adj rentable. ◆ **costing** n estimation f du prix de revient; évaluation f du coût. ◆ **costliness** n (value) grande valeur; (high price) cherté f. ◆ **costly** adj furs, jewels de grande valeur; undertaking, trip coûteux; tastes dispendieux. ◆ **cost-of-living** adj: ~**-of-living allowance** indemnité f de vie chère ; ~**-of-living index** index m du coût de la vie.

Costa Rica [kɒstǝ'riːkǝ] n Costa Rica m.

costermonger ['kɒstǝˌmʌŋgǝ'] n marchand(e) m(f) des quatre saisons.

costume ['kɒstjuːm] 1 n (gen) costume m; (†: lady's suit) tailleur m. **national** ~ costume national; (fancy dress) **in** ~ déguisé. 2 adj: ~ **ball** bal m masqué; ~ **jewellery** bijoux mpl fantaisie.

cosy ['kǝʊzɪ] 1 adj room douillet, confortable; atmosphere douillet. **we are very** ~ **here** nous sommes très bien ici; **it is** ~ **in here** il fait bon ici; **a** ~ **little corner** un petit coin intime. 2 n (tea ~) couvre-théière m; (egg ~) couvre-œuf m. ◆ **cosiness** n confort m.

cot [kɒt] n lit m d'enfant; (US: folding bed) lit m de camp. ~ **death** mort subite du nourrisson.

cottage ['kɒtɪdʒ] 1 n petite maison (à la campagne), cottage m; (thatched) chaumière f; (in holiday village etc) villa f.
2 adj: ~ **cheese** fromage m blanc (égoutté); ~ **hospital** petit hôpital m; ~ **industry** industrie artisanale.

cotton ['kɒtn] 1 n (material) coton m; (sewing thread) fil m (de coton). 2 adj shirt, dress de coton. (US) ~ **candy** barbe f à papa; ~ **goods** cotonnades fpl; ~ **industry** industrie f cotonnière; ~ **mill** filature f de coton; ~ **wool** ouate f, coton m hydrophile. ◆ **cotton on** * vi piger *. **to** ~ **on to sth** piger * qch.

couch [kaʊtʃ] 1 n (gen) divan m; (in doctor's surgery) lit m. 2 vt (express) formuler.

couchette [kuː'ʃet] n couchette f.

cougar ['kuːgǝ'] n couguar m.

cough [kɒf] 1 n toux f. **to give a warning** ~ tousser en guise d'avertissement; **he has a bad** ~ il tousse beaucoup. 2 adj: ~ **drop** pastille f pour la toux; ~ **mixture** sirop m pour la toux. 3 vi tousser. ◆ **cough up** vt sep cracher en toussant; (*: fig) money cracher *.

could [kʊd] pret, cond of **can¹**.

council ['kaʊnsl] 1 n conseil m. ~ **of war** conseil de guerre; **city** or **town** ~ conseil municipal; **the**

Security C~ le Conseil de Sécurité. **2** adj: ~ **flat** or **house** ≃ habitation f à loyer modéré, H.L.M. m or f; ~ **housing** logements mpl sociaux; ~ **housing estate** quartier m de logements sociaux. ◆ **councillor** n conseiller m, -ère f.

counsel ['kaʊns(ə)l] **1** n **(a)** (pl inv: Jur) avocat(e) m(f). ~ **for the defence** avocat de la défense; ~ **for the prosecution** avocat du ministère public; **King's** or **Queen's** C~ avocat de la couronne. **(b)** (advice) conseil m. **to keep one's own** ~ garder ses opinions pour soi. **2** vt conseiller (sb to do à qn de faire); caution recommander. ◆ **counselling** n (advice) conseils mpl; (Psych, Soc) assistance f socio-psychologique. ◆ **counsellor** n **(a)** (Psych, gen) conseiller m, -ère f; **(b)** (Ir, US: Jur) avocat(e) m(f).

count¹ [kaʊnt] **1** n **(a)** compte m; [votes at election] dépouillement m. **at the last** ~ la dernière fois qu'on a compté; **to be out for the** ~ (Boxing) être (mis) knock-out; (*: gen) être K.-O. *; **to keep** ~ **of** tenir le compte de; **you make me lose** ~ je ne sais plus où j'en suis. **(b)** (Jur) chef m d'accusation. **guilty on 3** ~**s** coupable à 3 chefs.
2 vt **(a)** (gen) compter; inhabitants, injured, causes compter, dénombrer; one's change etc compter, vérifier; (consider) estimer. **to** ~ **the votes** dépouiller le scrutin; **don't** ~ **your chickens before they're hatched** il ne faut pas vendre la peau de l'ours avant de l'avoir tué; (fig) **to** ~ **sheep** compter les moutons; **to** ~ **the cost** compter or calculer la dépense; (fig) faire le bilan; (lit, fig) **without** ~**ing the cost** sans compter; ~ **your blessings** estimez-vous heureux. **(b)** (include) compter (among parmi). **not** ~**ing the children** sans compter les enfants; ~**ing him** lui inclus or compris; **will you** ~ **it against me?** m'en tiendrez-vous rigueur?; **we must** ~ **ourselves fortunate** nous devons nous estimer heureux; **I** ~ **it an honour** je m'estime honoré (to do de faire; that que + subj).
3 vi compter. ~**ing from tonight** à compter de ce soir; ~**ing from the left** à partir de la gauche; **two children** ~ **as one adult** deux enfants comptent pour un adulte; **that doesn't** ~ ça ne compte pas; **that** ~**s against him** cela est un désavantage; **it** ~**s for very little** ça n'a pas beaucoup de valeur.
◆ **count in** vt sep compter. **you can** ~ **me in** je suis de la partie! ◆ **count out** vt sep **(a)** (Boxing) **to be** ~**ed out** être mis knock-out. **(b)** money compter pièce par pièce; small objects compter. **(c)** **you can** ~ **me out of it** * ne comptez pas sur moi là-dedans. ◆ **count up** vt sep faire le compte de, additionner. ◆ **count (up)on** vt fus compter sur. **I'm** ~**ing (up)on you** je compte sur vous; **to** ~ **(up)on doing** compter faire.
◆ **countable** adj qui peut être compté; ~**able noun** substantif m distributif. ◆ **countdown** n compte m à rebours. ◆ **counting** n (school subject) calcul m. ◆ **countless** adj innombrable, sans nombre; **on** ~**less occasions** je ne sais combien de fois.

count² [kaʊnt] n (nobleman) comte m. ◆ **countess** n comtesse f.

countenance ['kaʊntɪnəns] **1** n (expression) mine f. **to keep one's** ~ rester impassible. **2** vt admettre (sth qch; sb's doing que qn fasse).

counter¹ ['kaʊntə'] **1** n **(a)** (in shop, canteen) comptoir m; (position: in post office) guichet m. (fig) **to buy under the** ~ acheter clandestinement. **(b)** (disc) jeton m. **(c)** (Tech) compteur m. **Geiger** ~ compteur Geiger. **2** adj: ~ **hand** (in shop) vendeur m, -euse f; (in snack bar) serveur m, -euse f. ◆ **counterman** n (US) serveur m.

counter² ['kaʊntə'] **1** adv: ~ **to** à l'encontre de. **2** vt plans contrecarrer; blow parer. **3** vi contreattaquer, riposter; (Boxing etc) riposter (with par).

counter... ['kaʊntə'] pref contre... ◆ **counteract** vt neutraliser, contrebalancer. ◆ **counter-attack 1** n contre-attaque f; **2** vti contre-attaquer. ◆ **counter-attraction** n attraction rivale. ◆ **counterbalance** vt faire contrepoids à. ◆ **counterclockwise** adv en sens inverse des aiguilles d'une montre. ◆ **counter-espionage** or ◆ **counterintelligence** n contre-espionnage m. ◆ **countermeasure** n contre-mesure f. ◆ **counter-offensive** n contre-offensive f. ◆ **counterpart** n contrepartie f; [person] homologue mf. ◆ **counter-productive** adj inefficace. ◆ **Counter-Reformation** n Contre-Réforme f. ◆ **counter-revolution** n contre-révolution f. ◆ **countersign** vt contresigner. ◆ **countertenor** n (singer) haute-contre f; (voice) haute-contre f.

counterfeit ['kaʊntəfiːt] **1** adj, n faux (m). **2** vt contrefaire.

counterfoil ['kaʊntəfɔɪl] n talon m, souche f.

counterpane ['kaʊntəpeɪn] n dessus-de-lit m inv.

countersink ['kaʊntəsɪŋk] vt noyer (une vis).

country ['kʌntrɪ] **1** n **(a)** (gen) pays m; (native land) patrie f. (Pol) **to go to the** ~ appeler le pays aux urnes; **to die for one's** ~ mourir pour la patrie. **(b)** (as opposed to town) campagne f; (region) pays m, région f. **in the** ~ à la campagne; **there is some lovely** ~ **to the north** il y a de beaux paysages dans le nord; **mountainous** ~ une région montagneuse; (fig) **in unknown** ~ en terrain inconnu. **2** adj life, people de (la) campagne. (music) ~ **and western** country music f; ~ **bumpkin** cul-terreux * m; ~ **cottage** [weekenders] maison f de campagne; (fig) ~ **cousin** cousin(e) m(f) de province; ~ **dancing** danse f folklorique; ~ **dweller** campagnard(e) m(f); ~ **house** manoir m; ~ **life** vie f de la or à la campagne; ~ **road** petite route (de campagne); ~ **seat** château m.
◆ **countrified** adj rustique. ◆ **countryman** n: fellow ~**man** compatriote m, concitoyen m. ◆ **countryside** n campagne f. ◆ **country-wide** adj national.

county ['kaʊntɪ] **1** n comté m, ≃ département m. **2** adj: ~ **town** chef-lieu m.

coup [kuː] n beau coup m; (Pol) coup d'État.

coupé ['kuːpeɪ] n (Aut) coupé m.

couple ['kʌpl] n [animals, people] couple m. **a** ~ **of** deux; **a** ~ **of times** deux ou trois fois; **I did it in a** ~ **of hours** je l'ai fait en deux heures environ.

coupon ['kuːpɒn] n [newspaper, advertisements etc] coupon m (détachable); [cigarette packets etc] bon m, vignette f; (offering price reductions) bon de réduction; (rationing) ticket m; (Fin) coupon.

courage ['kʌrɪdʒ] n courage m. **I haven't the** ~ **to refuse** je n'ai pas le courage de refuser, je n'ose pas refuser; **to have the** ~ **of one's convictions** avoir le courage de ses opinions. ◆ **courageous** adj courageux. ◆ **courageously** adv courageusement.

courgette [kʊəˈʒet] n courgette f.

courier ['kʊrɪə'] n (messenger) courrier m; (tourist guide) guide m.

course [kɔːs] **1** n **(a)** (duration) [life, disease] cours m. **in the** ~ **of time** à la longue; **in the ordinary** ~ **of events** normalement, en temps normal or ordinaire; **in the** ~ **of conversation** au cours de la conversation; **in (the)** ~ **of construction** en cours de construction; **in the** ~ **of the next few months** au cours des prochains mois; **in the** ~ **of the week** dans le courant de la semaine.
(b) of ~ bien sûr, naturellement; **(yes) of** ~ (oui) bien sûr; **of** ~ **not!** (answering; denying; disagreeing) bien sûr que non!; (refusing) certainement pas!; **of** ~ **I won't do it** je ne vais évidemment pas faire ça.

(c) *(route)* *[river, planet]* cours *m*; *[ship]* route *f*. **to hold one's** ~ poursuivre sa route; *(Naut)* **to set** ~ **for** mettre le cap sur; *(Naut)* **to change** ~ changer de cap; **to go off** ~ faire fausse route; ~ **of action** ligne *f* de conduite; **we have no other** ~ **but to...** nous n'avons d'autre moyen *or* ressource que de...; **there are several** ~**s open to us** plusieurs partis s'offrent à nous; **the best** ~ **would be to leave** le mieux à faire serait de partir; **to let sth take its** ~ laisser qch suivre son cours. **(d)** *(Scol, Univ)* cours *m*. **to go to a French** ~ suivre un cours *or* des cours de français; **a** ~ **of lectures on Proust** une série de conférences sur Proust; *(Med)* ~ **of treatment** traitement *m*. **(e)** *(Sport: for races etc)* parcours *m*; *(grounds: Golf etc)* terrain *m*. **(f)** *(Culin)* plat *m*. **first** ~ entrée *f*; **main** ~ plat de résistance. **2** *vi* *[water etc]* couler à flots; *[tears]* ruisseler. **it sent the blood coursing through his veins** cela lui a fouetté le sang.

court [kɔːt] **1** *n* **(a)** *(Jur)* cour *f*, tribunal *m* ; *(~ room)* salle *f* du tribunal. ~ **of appeal(s)** cour d'appel; ~ **of inquiry** commission *f* d'enquête; **to settle a case out of** ~ arranger une affaire à l'amiable; **to rule out of** ~ déclarer inadmissible; **to take sb to** ~ **over sth** poursuivre qn en justice à propos de qch; **he was brought before the** ~**s** il est passé en jugement. **(b)** *[monarch]* cour *f* (royale); *(Tennis)* court *m*; *(Basketball)* terrain *m*; *(~ yard)* cour *f* *(de maison etc)*. **2** *adj*: ~ **card** figure *f* *(de jeu de cartes)*; ~ **order** décision *f* judiciaire; ~ **shoe** escarpin *m*. **3** *vt* woman faire la cour à; *danger, defeat* aller au-devant de. **4** *vi*: **they are** ~**ing** * ils sortent ensemble.
♦ **courthouse** *n* palais *m* de justice, tribunal *m*.
♦ **courtier** *n* courtisan *m*, dame *f* de la cour.
♦ **courting** *adj*: **a** ~**ing couple** un couple d'amoureux.
♦ **court-martial 1** *n*, *pl* ~**s-martial** conseil *m* de guerre; **2** *vt* faire passer en conseil de guerre.
♦ **courtship** *n*: **during their** ~**ship** au temps où ils sortaient ensemble.

Courtelle [kɔː'tel] *n* ® Courtelle *m* ®.

courteous ['kɜːtɪəs] *adj* courtois *(towards* envers).
♦ **courteously** *adv* courtoisement. ♦ **courtesy** ['kɜːtɪsɪ] *f* courtoisie *f*, politesse *f*; **will you do me the courtesy of reading it?** auriez-vous l'obligeance de le lire?; **exchange of courtesies** échange *m* de politesses; **by courtesy of** avec la permission de ; **2** *adj* *visit* de politesse; *title* de courtoisie; *(free)* *coach etc* gratuit; **courtesy card** carte *f* de priorité *(dans les hôtels etc)*; *(Aut)* **courtesy light** plafonnier *m*.

cousin ['kʌzn] *n* cousin(e) *m(f)*.

cove [kəʊv] *n* crique *f*; *(cavern)* caverne naturelle; *(US)* vallon encaissé.

covenant ['kʌvɪnənt] **1** *n* *(gen)* convention *f*; *(Fin)* engagement contractuel. **2** *vt* s'engager *(to do* à faire). **to** ~ **£10 per annum to a charity** s'engager par obligation contractuelle à verser 10 livres par an à une œuvre.

Coventry ['kɒv(ə)ntrɪ] *n*: **to send sb to** ~ mettre qn en quarantaine *(fig)*.

cover ['kʌvəʳ] **1** *n* **(a)** *[saucepan, bowl, dish]* couvercle *m*; *[table]* nappe *f*; *[furniture, typewriter]* housse *f*; *[merchandise etc]* bâche *f*; *[bed]* dessus-de-lit *m inv*; *[book]* couverture *f*; *[envelope]* enveloppe *f*; *[parcel]* emballage *m*. *(bedclothes)* **the** ~**s** les couvertures *fpl*; **to read a book from** ~ **to** ~ lire un livre de la première à la dernière page; *(Comm)* **under separate** ~ sous pli séparé. **(b)** *(shelter)* abri *m*; *(covering fire)* feu *m* de couverture. **the trees gave him** ~ les arbres le cachaient; *(sheltered)* les arbres l'abritaient; **to take** ~ *(hide)* se cacher; *(Mil)* s'embusquer; *(shelter)* s'abriter *(from* de); **under** ~ à l'abri, à couvert; **under** ~ **of darkness** à la

faveur de la nuit. **(c)** *(Fin, Insurance)* couverture *f* *(against* contre). *(Fin)* **without** ~ à découvert; *(Insurance)* **full** ~ garantie *f* tous risques; **fire** ~ assurance-incendie *f*. **(d)** *(in espionage etc)* identité *f* d'emprunt. **(e)** *(at table)* couvert *m*.
2 *adj* *[restaurant]* ~ **charge** couvert *m*; *(Insurance)* ~ **note** ≈ récépissé *m* (d'assurance).
3 *vt* **(a)** *(gen)* couvrir *(with* de). ~**ed with confusion** couvert de confusion; **to** ~ **o.s. with glory** se couvrir de gloire. **(b)** *(hide)* *feelings, facts* dissimuler, cacher; *noise* couvrir. **(c)** *(protect)* *person, retreat* couvrir. *(Insurance)* ~**ed against fire** couvert contre l'incendie; **he only said that to** ~ **himself** il n'a dit cela que pour se couvrir. **(d)** *(point gun at)* braquer un revolver sur. **to keep sb** ~**ed** tenir qn sous la menace du revolver; **I've got you** ~**ed!** ne bougez pas ou je tire! **(e)** *(Sport)* *opponent* marquer. **(f)** *distance* parcourir, couvrir. **to** ~ **a lot of ground** faire beaucoup de chemin; *(fig)* faire du bon travail. **(g)** *(be sufficient for)* couvrir; *(include)* englober, traiter. **his work** ~**s many fields** son travail englobe *or* embrasse plusieurs domaines; **the book** ~**s the subject thoroughly** le livre traite le sujet à fond; **in order to** ~ **all possibilities** pour parer à toute éventualité; **to** ~ **one's expenses** rentrer dans ses frais; **£5 will** ~ **everything** 5 livres payeront tout. **(h)** *(Press)* *event* assurer le reportage de.
♦ **cover over** *vt sep* recouvrir. ♦ **cover up 1** *vi* *(warmly)* se couvrir. *(fig)* **to** ~ **up for sb** couvrir qn, protéger qn. **2** *vt sep* *child, object* recouvrir, envelopper *(with* de); *(hide)* *truth, facts* dissimuler, cacher. **to** ~ **up one's tracks** couvrir sa marche.
♦ **coverage** *n* *(Press, Rad, TV)* reportage *m*; **to give full** ~**age to an event** assurer la couverture complète d'un événement; **the match got nationwide** ~**age** *(Rad)* le reportage du match a été diffusé *or* (TV) le match a été retransmis sur l'ensemble du pays. ♦ **coveralls** *npl* bleus *mpl* de travail. ♦ **covergirl** *n* cover-girl *f*. ♦ **covering 1** *n* couverture *f*; *(of snow, dust etc)* couche *f* ; **2** *adj* *letter* explicatif; *(Mil)* *fire* de couverture.
♦ **coverlet** *n* dessus-de-lit *m inv*. ♦ **cover-up** *n*: **the** ~**-up** les tentatives *fpl* faites pour étouffer l'affaire.

covert ['kʌvət] *adj* *(gen)* caché; *attack* indirect; *glance* dérobé.

covet ['kʌvɪt] *vt* convoiter. ♦ **covetous** *adj* *person* avide; *look* avec convoitise. ♦ **covetously** *adv* avidement; avec convoitise. ♦ **covetousness** *n* avidité *f*; convoitise *f*.

cow[1] [kaʊ] **1** *n* vache *f*; *(⚥: woman)* rosse * *f*, vache ⚥ *f*. *(fig)* **till the** ~**s come home** * jusqu'à la Trinité *(fig)*; **to wait till the** ~**s come home** * attendre la semaine des quatre jeudis *. **2** *adj*: ~ **elephant/buffalo** etc éléphant *m*/buffle *m* etc femelle. ♦ **cowboy** *n* cow-boy *m*; *(pej)* fumiste *m*; **to play** ~**boys and Indians** jouer aux cow-boys; ~**boy boots** rangers *mpl*. ♦ **cowherd** *or* ♦ **cowman** *n* vacher *m*, bouvier *m*. ♦ **cowhide** *n* (peau *f* de) vache *f*. ♦ **cowpox** *n* variole *f* de la vache. ♦ **cowpuncher** * *n* cow-boy *m*. ♦ **cowshed** *n* étable *f*. ♦ **cowslip** *n* *(Bot)* coucou *m*.

cow[2] [kaʊ] *vt* *person* intimider. **a** ~**ed look** un air de chien battu.

coward ['kaʊəd] *n* lâche *mf*. ♦ **cowardice** *or* ♦ **cowardliness** *n* lâcheté *f*. ♦ **cowardly** *adj* lâche.

cower ['kaʊəʳ] *vi* (~ **down**) se recroqueviller.

cowl [kaʊl] *n* capuchon *m*.

cowrie, **cowry** ['kaʊrɪ] *n* cauri *m*.

cox [kɒks] **1** *n* barreur *m*. **2** *vti* barrer.

coy [kɔɪ] *adj* *person* qui fait le *or* la timide; *smile* de sainte nitouche *(pej)*; *(coquettish)* *woman* qui fait la coquette. ♦ **coyly** *adv* avec une timidité feinte;

avec coquetterie. ◆ **coyness** n timidité f feinte; coquetterie f.

cozy ['kəʊzɪ] (US) = **cosy**.

crab [kræb] n crabe m; (~ **apple**) pomme f sauvage. ◆ **crabbed** or ◆ **crabby** adj person grincheux.

crack [kræk] **1** n (**a**) (split, slit) fente f; (in glass, pottery, bone etc) fêlure f; (in wall) fente, lézarde f; (in ground, skin) crevasse f; (in paint) craquelure f. **through the ~ in the door** (slight opening) par l'entrebâillement de la porte; **at the ~ of dawn** au point du jour. (**b**) (noise) [twigs] craquement m; [whip] claquement m; [rifle, thunder] coup m. (**c**) (sharp blow) **a ~ on the head** un grand coup sur la tête. (**d**) (joke) plaisanterie f. **that was a ~ * at your brother** ça, c'était pour votre frère; **that was a dirty ~ *** c'était vache ⁑ de dire ça. (**e**) (try) **to have a ~ at (doing) sth *** essayer (de faire) qch.

2 adj sportsman de première classe. **a ~ tennis player/skier** un as du tennis/du ski; **~ shot** excellent fusil m; (Mil, Police etc) tireur m d'élite.

3 vt (**a**) pottery, glass, bone fêler; wall lézarder; ground crevasser; nut etc casser; (*) safe cambrioler; bottle déboucher. **to ~ one's skull** se fendre le crâne; **to ~ sb over the head** assommer qn. (**b**) whip faire claquer. **to ~ one's finger joints** faire craquer ses doigts; **to ~ jokes *** faire des astuces *. (**c**) code etc déchiffrer; case résoudre.

4 vi [pottery, glass] se fêler; [ground, skin] se crevasser; [wall] se fendiller; [whip] claquer; [dry wood] craquer. **to get ~ing *** s'y mettre, se mettre au boulot *.

◆ **crack down on** vt fus person sévir contre; expenditure, sb's actions mettre le frein à. ◆ **crack up** * **1** vi (**a**) ne pas tenir le coup, flancher *. (hum) **I must be ~ing up!** ça me tourne plus rond chez moi! * (**b**) (US) [vehicle, plane] s'écraser. **2** vt sep: **he's not all he's ~ed up to be *** il n'est pas aussi sensationnel * qu'on le dit.

◆ **crack-brained** or ◆ **cracked** * or ◆ **crackers** * adj fou, cinglé *. ◆ **crackdown** n mesures fpl énergiques (on contre). ◆ **cracker** n (biscuit) craquelin m, cracker m; (firework) pétard m; (at parties etc) diablotin m. ◆ **cracker-barrel** adj (US) ≃ du café du commerce. ◆ **crackpot** * n, adj fou m, folle f, tordu(e) ⁑ m(f). ◆ **crack-up** * n (gen) effondrement m; (mental) dépression f nerveuse; (US) accident m.

crackle ['krækl] **1** vi [twigs burning] crépiter; [sth frying] grésiller. **2** n crépitement m; grésillement m; (on telephone etc) crépitement(s), friture * f; [china, porcelain etc] craquelure f. ◆ **crackling** n (sound) crépitement m; friture * f; (Culin) couenne f rissolée (de rôti de porc).

Cracow ['krækəʊ] n Cracovie.

cradle ['kreɪdl] **1** n berceau m; (Constr) pont m volant; [telephone] support m; (Med) arceau m. **2** vt child bercer; object tenir entre ses mains. ◆ **cradle-snatcher** * n personne f qui les prend au berceau *. ◆ **cradlesong** n berceuse f.

craft [krɑːft] n (**a**) (skill) art m, métier m; (job) métier; (Scol) travaux manuels. (**b**) (pl inv: boat) embarcation f; (plane) appareil m. (**c**) (cunning) astuce f, ruse f (pej). ◆ **craftsman** n artisan m, homme m de métier. ◆ **craftsmanship** n connaissance f d'un métier; **a superb piece of ~smanship** un travail superbe.

crafty ['krɑːftɪ] adj malin, rusé (pej); gadget, action astucieux. **he's a ~ one *** c'est un malin. ◆ **craftily** adv astucieusement, avec ruse (pej). ◆ **craftiness** n astuce f, ruse f (pej).

crag [kræg] n rocher m escarpé. ◆ **craggy** adj rock escarpé; features taillé à la serpe.

cram [kræm] **1** vt (gen) fourrer (into dans), bourrer (with de); people, passengers faire entrer (into dans); pupil faire bachoter. **we can ~ in another book**

nous pouvons encore y faire tenir un autre livre; **to ~ food into one's mouth** enfourner * de la nourriture; **we were all ~med into one room** nous étions tous entassés dans une seule pièce; **he ~med his hat (down) over his eyes** il a enfoncé son chapeau sur ses yeux; **head ~med with odd ideas** tête farcie d'idées bizarres. **2** vi [people] s'entasser, s'empiler (into dans). **to ~ for an exam** bachoter. ◆ **cram-full** adj room, bus bondé; case bourré (of de).

cramp [kræmp] **1** n crampe f (in à). **2** vt gêner, entraver. **to ~ sb's style** enlever ses moyens à qn. ◆ **cramped** adj handwriting en pattes de mouche; posture inconfortable; space resserré; **we were very ~ed** on était à l'étroit.

cranberry ['krænb(ə)rɪ] n canneberge f. **turkey with ~ sauce** dinde f aux canneberges.

crane [kreɪn] **1** n (Orn, Tech) grue f. **2** adj: **~ driver** grutier m. **3** vti: **to ~ forward, to ~ one's neck** tendre le cou.

crank [kræŋk] **1** n (**a**) (eccentric) excentrique mf. **a religious ~** un fanatique religieux. (**b**) (Tech) manivelle f. **2** vt (~ **up**) car faire partir à la manivelle; cine-camera remonter; barrel organ tourner la manivelle de. ◆ **crankcase** n carter m. ◆ **crankshaft** n vilebrequin m. ◆ **cranky** adj (eccentric) excentrique, loufoque *; (bad-tempered) revêche.

crap ⁑ [kræp] n merde ⁑ f.

crape [kreɪp] n = **crêpe**.

crash [kræʃ] **1** n (**a**) (noise) fracas m; [thunder] coup m. **~!** patatras! (**b**) (accident) accident m. **in a car ~** dans un accident de voiture. (**c**) [company, firm] faillite f; (St Ex) krach m. **2** vt car avoir une collision or un accident avec. **he ~ed the car into a tree** il a percuté un arbre; **he ~ed the plane** il s'est écrasé (au sol). **3** vi (**a**) [aeroplane] s'écraser au sol; [vehicle] s'écraser; [two vehicles] se percuter, se rentrer dedans *. **to ~ into sth** rentrer dans qch *, percuter qch; **the plate ~ed to the ground** l'assiette s'est fracassée par terre; **the car ~ed through the gate** la voiture a enfoncé la barrière. (**b**) [bank, firm] faire faillite; [stock market] s'effondrer. **4** adj: **~ barrier** glissière f de sécurité; **~ course** cours m intensif; **~ helmet** casque m (protecteur); (Aviat) **~ landing** atterrissage en catastrophe. ◆ **crash in, crash down** vi [roof etc] s'effondrer (avec fracas).

crass [kræs] adj crasse.

crate [kreɪt] n (gen) caisse f; (for peaches etc) cageot m.

crater ['kreɪtəʳ] n (gen) cratère m; [bomb, shell] entonnoir m.

crave [kreɪv] vti (**a**) (~ **for**) drink, tobacco etc avoir un besoin maladif de; affection avoir soif de. (**b**) pardon implorer; permission solliciter. ◆ **craving** n besoin m maladif (for de); [affection] soif f (for de).

crawl [krɔːl] **1** n (**a**) (Aut) **to go at a ~** avancer au pas. (**b**) (Swimming) crawl m. **to do the ~** nager le crawl. **2** vi (**a**) [person] ramper; [vehicles] avancer au pas; [child] se traîner à quatre pattes. **to ~ in/out** etc entrer/sortir etc en rampant or à quatre pattes; (fig) **to ~ to sb** s'aplatir devant qn; **the fly ~ed up the wall/along the table** la mouche a grimpé le long du mur/a avancé le long de la table; **to make sb's skin ~** donner la chair de poule à qn; **to ~ with vermin** grouiller de vermine. ◆ **crawler** adj (Aut) **~er lane** voie f pour véhicules lents.

crayfish ['kreɪfɪʃ] n (freshwater) écrevisse f; (saltwater) langouste f.

crayon ['kreɪ(ɪ)ən] n crayon m de couleur; (Art) pastel m.

craze [kreɪz] **1** n engouement m (for pour), manie f (for de). **it's all the ~ *** cela fait fureur. **2** vt rendre fou. **3** vi [pottery] craqueler; [windscreen] s'étoiler. ◆ **crazed** adj person affolé, fou ; glaze, pottery craquelé. ◆ **crazily** adv follement. ◆ **crazy** adj (mad) fou (f folle), cinglé *; angle, slope incroyable; price, height incroyable; (US: excellent) terrible *; (*: enthusiastic) fou, fana * (f inv) (about sb/sth de qn/qch); **to go crazy** devenir fou; **crazy with anxiety** fou d'inquiétude; **it was a crazy idea** c'était une idée idiote; **you were crazy to do it** tu étais fou de faire ça; **I am not crazy about it** ça ne m'emballe * pas; **he's crazy about her** il l'aime à la folie; **crazy paving** dallage m irrégulier.

creak [kriːk] **1** vi [door hinge] grincer; [shoes, floorboard] craquer. **2** n grincement m; craquement m. ◆ **creaky** adj grinçant; qui craque.

cream [kriːm] **1** n **(a)** crème f. **single/double ~** crème fraîche liquide/épaisse; **to take the ~ off the milk** écrémer le lait; **the ~ of society** la crème de la société; **chocolate ~** chocolat m fourré; **~ of tartar** crème de tartre; **~ of tomato soup** crème de tomates. **(b)** (face ~, shoe ~) crème f. **2** adj (~-coloured) crème inv; (made with ~) à la crème. **~ cheese** fromage m frais; **~ jug** pot m à crème. **3** vt butter battre. **to ~ (together) sugar and butter** travailler le beurre en crème avec le sucre; **~ed potatoes** purée f de pommes de terre. ◆ **cream off** vt sep best talents, part of profits prélever, écrémer. ◆ **creamery** n (making cream) laiterie f; (shop) crémerie f. ◆ **creamy** adj crémeux.

crease [kriːs] **1** n (gen) pli m; (unwanted) faux pli; (on face) ride f. **~-resistant** infroissable. **2** vt plisser. **3** vi se froisser, prendre un faux pli. **his face ~d with laughter** le rire a plissé son visage.

create [kriːˈeɪt] **1** vt (gen) créer; new fashion lancer; impression, noise, din faire; problem, difficulty créer, provoquer. **to ~ a sensation** faire sensation; **he was ~d baron** il a été fait baron. **2** vi (‡: fuss) faire une scène or des histoires * (about au sujet de). ◆ **creation** n création f; **since the creation** depuis la création du monde. ◆ **creative** adj mind, power créateur; person, activity créatif. ◆ **creativity** n imagination f créatrice, créativité f. ◆ **creator** n créateur m, -trice f. ◆ **creature** [ˈkriːtʃəʳ] **1** n (gen) créature f; **the creatures of the deep** les animaux marins ; **2** adj: **creature comforts** confort matériel.

credentials [krɪˈdenʃ(ə)lz] npl (identifying papers) pièce f d'identité; [diplomat] lettres fpl de créance; (references) références fpl.

credible [ˈkredɪbl] adj (gen) plausible; person crédible; witness digne de foi. ◆ **credibility** **1** n crédibilité f ; **2** adj: **credibility gap** manque m de crédibilité.

credit [ˈkredɪt] **1** n **(a)** (Banking etc) crédit m. **to give sb ~** faire crédit à qn; **on ~** à crédit; **you have £10 to your ~** vous avez un crédit de 10 livres. **(b)** honneur m. **to his ~ we must point out that...** il faut faire remarquer à son honneur or à son crédit que...; **he is a ~ to his family** il fait honneur à sa famille, il est l'honneur de sa famille; **to give sb ~ for (doing) sth** reconnaître que qn a fait qch; **I gave him ~ for more sense** je lui supposais plus de bon sens; **to take ~ for sth** s'attribuer le mérite de qch; **it does you ~** cela est tout à votre honneur, cela vous fait grand honneur; (Cine) **~s** générique m. **(c)** (Scol) unité f de valeur, U.V. f. **2** vt **(a)** (believe) croire, ajouter foi à. **(b) to be ~ed with having done** passer pour avoir fait; **I ~ed him with more sense** je lui supposais plus de bon sens; **it is ~ed with having magic powers** on lui attribue des pouvoirs magiques. **(c)** (Banking) **to ~ £5 to sb, to ~ sb with £5** créditer (le compte de) qn de 5 livres. **3** adj limits, agency de crédit. ◆ **balance** solde m créditeur; **~ card** carte f de crédit; **~ entry** inscription f au crédit; **~ facilities** facilités fpl de

paiement; **~ note** avoir m; **on the ~ side** à l'actif; **~ squeeze** restrictions fpl de crédit; **~ worthiness** solvabilité f. ◆ **creditable** adj honorable, estimable. ◆ **creditably** adv honorablement. ◆ **creditor** n créancier m, -ière f.

credulity [krɪˈdjuːlɪtɪ] n crédulité f. ◆ **credulous** adj crédule. ◆ **credulously** adv avec crédulité.

creed [kriːd] n credo m.

creek [kriːk] n crique f, anse f.

creep [kriːp] pret, ptp **crept** **1** vi (gen) ramper; (move silently) se glisser. **to ~ in** [person] entrer sans bruit; [error] s'y glisser; **to ~ up on sb** [person] s'approcher de qn à pas de loup; [old age etc] prendre qn par surprise; **the traffic crept along** les voitures avançaient au pas; **a feeling of peace crept over me** un sentiment de paix me gagnait peu à peu; **it makes my flesh ~** cela me donne la chair de poule. **2** n: **it gives me the ~s** * cela me donne la chair de poule; **he's a ~** ‡ c'est un saligaud ‡. ◆ **creeper** n (Bot) plante rampante; (US: rompers) ~**ers** barboteuse f. ◆ **creeping** adj plant grimpant, rampant; (fig) person lécheur; change larvé; inflation rampant; ~**ing paralysis** paralysie progressive. ◆ **creepy** adj qui donne la chair de poule. ◆ **creepy-crawly** * n petite bestiole.

cremate [krɪˈmeɪt] vt incinérer (un cadavre). ◆ **cremation** n incinération f. ◆ **crematorium** or ◆ **crematory** n crématorium m.

creosote [ˈkrɪəsəʊt] **1** n créosote f. **2** vt créosoter.

crêpe [kreɪp] **1** n crêpe m. **2** adj: **~ bandage** bande f Velpeau ®; **~ paper** papier m crêpon; **~ (soled) shoes** chaussures fpl à semelles de crêpe.

crept [krept] pret, ptp of **creep**.

crescent [ˈkresnt] n (gen) croissant m; (street) rue f (en arc de cercle). **~ moon** croissant m de (la) lune.

cress [kres] n cresson m.

crest [krest] n [bird, wave, mountain] crête f; [helmet] cimier m; [road] haut m de côte. **family ~** armoiries fpl familiales; (fig) **he is on the ~ of the wave** tout lui réussit en ce moment. ◆ **crestfallen** adj person déçu, déconfit; **to look ~fallen** avoir l'oreille basse.

Crete [kriːt] n Crète f.

cretin [ˈkretɪn] n crétin(e) m(f). ◆ **cretinous** adj crétin.

crevice [ˈkrevɪs] n fissure f, fente f.

crew¹ [kruː] **1** n (Aviat, Naut) équipage m; (Cine, Rowing etc) équipe f; (group, gang) bande f, équipe. (pej) **what a ~!** * quelle engeance! **2** vi (Sailing) **to ~ for sb** être l'équipier de qn. ◆ **crew-cut** n: **to have a ~-cut** avoir les cheveux en brosse. ◆ **crew-neck** adj: **~-neck sweater** pull-over m ras du cou.

crew² [kruː] pret of **crow²**.

crib [krɪb] **1** n **(a)** (cot) lit m d'enfant; (Rel) crèche f; (manger) mangeoire f. (US) **~ death** mort subite du nourrisson. **(b)** (plagiarism) plagiat m; (Scol) traduction f (utilisée illicitement). **2** vti (Scol) copier.

crick [krɪk] **1** n: **~ in the neck** torticolis m; **~ in the back** tour m de reins. **2** vt: **to ~ one's neck** attraper un torticolis; **to ~ one's back** se faire un tour de reins.

cricket¹ [ˈkrɪkɪt] n (insect) grillon m.

cricket² [ˈkrɪkɪt] **1** n (Sport) cricket m. (fig) **that's not ~** ce n'est pas fair-play. **2** adj ball, match de cricket.

crime [kraɪm] **1** n crime m. **minor ~** délit m; **~ wave** vague f de crimes; **~ is on the increase/decrease** il y a un accroissement/une régression de la criminalité. **2** adj: **~ car** voiture de police banalisée; **~ prevention** la lutte contre le crime; **~ wave** vague f de criminalité. ◆ **criminal** [ˈkrɪmɪnl] **1** n criminel(le) m(f) ; **2** adj action, *motive, law* criminel; *(fig)* **it's criminal * to stay indoors today** c'est un crime de rester enfermé aujourd'hui; **the Criminal Investigation Department** la police judiciaire, la P.J.; **criminal lawyer** avocat *m* au criminel; **criminal offence** délit *m;* **to take criminal proceedings against sb** poursuivre qn au pénal; **criminal record** casier *m* judiciaire; **Criminal Records Office** identité *f* judiciaire. ◆ **criminologist** *n* criminologiste *mf.* ◆ **criminology** *n* criminologie *f.*

crimp [krɪmp] *vt hair* frisotter; *pastry* pincer.

Crimplene ['krɪmpli:n] *n* ® ≃ crêpe *m* acrylique.

crimson ['krɪmzn] *adj, n* cramoisi *(m).*

cringe [krɪn(d)ʒ] *vi* avoir un mouvement de recul *(from* devant); *(fig) (before* devant). **the very thought of it makes me ~ *** rien qu'à y penser j'ai envie de rentrer sous terre. ◆ **cringing** *adj movement* craintif; *behaviour* servile.

crinkle ['krɪŋkl] *vt* froisser, chiffonner. ◆ **crinkly** *adj paper* gaufré; *hair* crêpelé.

cripple ['krɪpl] **1** *n (lame)* estropié(e) *m(f); (disabled)* invalide *mf; (maimed)* mutilé(e) *m(f).* **2** *vt* **(a)** estropier. **(b)** *ship, plane* désemparer; *[strikes etc] production, exports etc* paralyser; **crippling taxes** impôts écrasants. ◆ **crippled** *adj person* estropié, handicapé; *plane* accidenté; *factory* gravement accidenté; **~d with rhumatism** perclus de rhumatismes.

crisis, *pl* **crises** ['kraɪsɪs, 'kraɪsi:z] *n* crise *f.* **to come to a ~** atteindre un point critique; **we've got a ~ on our hands** nous avons un problème urgent ; **~ centre** *(after disaster)* cellule *f* de crise; *(for advice etc)* centre *m* d'aide.

crisp [krɪsp] **1** *adj biscuit, bread* croustillant; *vegetables* croquant; *snow, paper* craquant; *linen* apprêté; *weather* vif, piquant; *reply, style* vif, tranchant *(pej); tone, voice* acerbe, cassant *(pej).* **2** *n* **(potato) ~s** (pommes *fpl)* chips *fpl;* **packet of ~s** sachet *m* de chips. ◆ **crispbread** *n* pain *m* scandinave. ◆ **crisply** *adv say etc* d'un ton acerbe *or* cassant *(pej).* ◆ **crispness** *n* croquant *m.*

criss-cross ['krɪskrɒs] **1** *adj lines* entrecroisés. **in a ~ pattern** en croisillons. **2** *n* entrecroisement *m.* **3** *vt* entrecroiser *(by* de). **4** *vi* s'entrecroiser.

criterion, *pl* **-ia** *or* **-s** [kraɪ'tɪərɪən, -ɪə] *n* critère *m.*

critic ['krɪtɪk] *n [books, painting, music, films etc]* critique *m; (faultfinder)* détracteur *m,* -trice *f.* **film ~** critique de cinéma. ◆ **critical** *adj (all senses)* critique. **to be ~al of** critiquer, trouver à redire à. ◆ **critically** *adv (discriminatingly) judge, consider, discuss* en critique, d'un œil critique; *(adversely) review, report* sévèrement; **~ally ill** gravement malade. ◆ **criticism** *n* critique *f.* ◆ **criticize** *vt* critiquer. ◆ **critique** [krɪ'ti:k] *n* critique *f.*

croak [krəʊk] **1** *vi [frog]* coasser; *[raven]* croasser; *[person]* parler d'une voix rauque. **2** *vt* dire d'une voix rauque. **3** *n* coassement *m;* croassement *m.*

crochet ['krəʊʃeɪ] **1** *n* travail *m* au crochet. **~ hook** crochet *m.* **2** *vt* faire au crochet. **3** *vi* faire du crochet.

crock [krɒk] *n (pot)* cruche *f; (*: car)* guimbarde * *f. (broken pieces)* **~s** débris *mpl* de faïence; **he's an old ~ *** c'est un croulant *. ◆ **crockery** *n (earthenware)* poterie *f; (cups, saucers, plates)* vaisselle *f.*

crocodile ['krɒkədaɪl] *n* crocodile *m.* **~ tears** larmes *fpl* de crocodile; **to walk in a ~** aller deux par deux.

crocus ['krəʊkəs] *n* crocus *m.*

croft [krɒft] *n* petite ferme *f.* ◆ **crofter** *n* petit fermier *m.*

crone [krəʊn] *n* vieille bique *f (femme).*

**crony ** ['krəʊnɪ] *n* copain * *m,* copine * *f.*

crook [krʊk] **1** *n* **(a)** *[shepherd]* houlette *f; [bishop]* crosse *f.* **(b)** *[road, river]* angle *m.* **(c)** *(*: thief)* escroc *m.* **2** *vt finger* courber; *arm* plier. ◆ **crooked** ['krʊkɪd] *adj stick* courbé, tordu; *person* tout courbé; *path* tortueux; *smile* contraint; *method, action* malhonnête; **the picture is ~** le tableau est de travers. ◆ **crookedness** *n* courbure *f;* malhonnêteté *f.*

croon [kru:n] *vti* chantonner; *[crooner]* chanter. ◆ **crooner** *n* chanteur *m,* -euse *f* de charme.

crop [krɒp] **1** *n* **(a)** *(produce)* culture *f; (amount produced: of fruit, vegetables etc)* récolte *f; [cereals]* moisson *f; [problems, questions]* série *f,* tas * *m.* **the ~s** la récolte; **one of the basic ~s** l'une des cultures de base. **(b)** *[bird]* jabot *m; [whip]* manche *m; (riding ~)* cravache *f.* **2** *adj:* **~ spraying** pulvérisation *f* des cultures; **~ sprayer** *(device)* pulvérisateur *m; (plane)* avion-pulvérisateur *m.* **3** *vt* **(a)** *[animals]* brouter. **(b)** *hair* tondre. **~ped hair** cheveux coupés ras. ◆ **crop up** *vi [questions, problems, subject]* se présenter; **sth's ~ped up** il s'est passé qch; **ready for anything that might ~ up** prêt à toute éventualité.

cropper ** ['krɒpəʳ] *n (lit, fig)* **to come a ~ se casser la figure *.

croquet ['krəʊkeɪ] *n* croquet *m.*

cross [krɒs] **1** *n* **(a)** croix *f.* **to sign with a ~** signer d'une croix; **we each have our ~ to bear** chacun porte sa croix. **(b)** *(Bio, Zool)* hybride *m.* **it's a ~ between a novel and a poem** cela tient du roman et du poème. **(c)** **cut on the ~** *material* coupé dans le biais; *skirt* en biais. **2** *adj* **(a)** *(angry)* de mauvaise humeur. **to be ~ with sb** être fâché contre qn; **it makes me ~ when...** cela m'agace quand...; **to get ~ with sb** se fâcher contre qn; **don't be ~ with me** ne m'en veuillez pas; **to be as ~ as a bear with a sore head** être d'une humeur massacrante; **they haven't had a ~ word** ils ne se sont pas disputés une seule fois. **(b)** *(diagonal)* transversal, diagonal. **3** *vt* **(a)** *room, street, sea, continent, line* traverser; *river, bridge* traverser, passer; *threshold, fence, ditch* franchir. **the bridge ~es the river** le pont enjambe la rivière; **it ~ed my mind that...** il m'est venu à l'esprit que...; **don't ~ your bridges before you come to them** chaque chose en son temps; *(fig)* **to ~ sb's path** se trouver sur le chemin de qn. **(b)** *letter T, cheque* barrer. **to ~ o.s.** se signer, faire le signe de (la) croix; **~ my heart! *** ≃ croix de bois croix de fer! *. **(c)** *arms, legs* croiser. **to ~ swords with sb** croiser le fer avec qn; **keep your fingers ~ed for me *** fais une petite prière pour moi (ça me portera bonheur); *(Telec)* **the lines are ~ed** les lignes sont embrouillées; **they've got their lines ~ed *** il y a un malentendu quelque part. **(d)** *(thwart) person, plans* contrecarrer. **(e)** *animals, plants* croiser *(with* avec). **4** *vi* **(a)** **(~ over)** traverser. **to ~ from one place to another** passer d'un endroit à un autre; **to ~ from Newhaven to Dieppe** faire la traversée de Newhaven à Dieppe. **(b)** *[roads, letters, people]* se croiser.

◆ **cross off, cross out** *vt sep* barrer, rayer. **to ~ sb's name off a list** radier qn d'une liste.

◆ **crossbar** *n [bicycle]* barre *f.* ◆ **crossbow** *n* arbalète *f.* ◆ **crossbreed** *n* hybride *m.* ◆ **cross-Channel** *adj:* **~-Channel ferry** ferry *m* qui traverse la Manche. ◆ **cross-check 1** *n* contre-épreuve *f;* **2** *vti* vérifier par recoupement. ◆ **cross-country** *adj:* **~-country race** cross-country *m;* **~-country skiing** ski *m* de randonnée. ◆ **cross-examination** *n* contre-interrogatoire *m.* ◆ **cross-examine** *vt (Jur)* faire subir un contre-interrogatoire à; *(gen)* interroger (de façon serrée). ◆ **cross-eyed** *adj* qui louche. ◆ **crossfire** *n* feux *mpl* croisés. ◆ **crossing** *n (esp by sea)* traversée *f; [equator]* passage *m; (road junction)* croisement *m,* carrefour *m*; *(level ~)* passage à niveau; *(pedestrian ~)* passage *m* clouté; **school ~ing patrol** contractuel(le) *m(f)* *(qui fait traverser la rue aux enfants)*; **cross at the ~ing** traversez sur le passage clouté *or* dans les clous *. ◆ **cross-legged** *adv* en tailleur. ◆ **crossly** *adv* avec humeur. ◆ **crosspatch** * *n* grincheux *m*, -euse *f*. ◆ **cross-ply** *adj* *(Aut)* à carcasse diagonale. ◆ **cross-purposes** *npl*: **to be at ~-purposes with sb** *(misunderstand)* comprendre qn de travers; *(disagree)* être en désaccord avec qn; **we were talking at ~-purposes** notre conversation tournait autour d'un quiproquo. ◆ **cross-question** *vt* faire subir un interrogatoire à. ◆ **cross-refer** *vt* renvoyer *(to* à). ◆ **cross-reference** *n* renvoi *m* *(to* à). ◆ **crossroads** *n* carrefour *m*. ◆ **cross-section** *n* *(Bio etc)* coupe *f* transversale; *[population etc]* échantillon *m*. ◆ **crosswalk** *n* *(US)* passage *m* clouté. ◆ **crosswind** *n* vent *m* de travers. ◆ **crosswise** *adv* en travers, en croix. ◆ **crossword puzzle** *n* mots *mpl* croisés.

crotch [krɒtʃ] *n* *[body, tree]* fourche *f*; *[garment]* entre-jambes *m inv*.

crotchet ['krɒtʃɪt] *n* *(Mus)* noire *f*. ◆ **crotchety** *adj* grincheux.

crouch [krautʃ] *vi* *(~ down)* *[person, animal]* s'accroupir, se tapir; *(before springing)* se ramasser.

croup [kru:p] *n* *(Med)* croup *m*.

crow¹ [krəu] *n* *(bird)* corneille *f*; *(generic term)* corbeau *m*. **as the ~ flies** à vol d'oiseau; *(US)* **to eat ~** * faire des excuses humiliantes; *(wrinkles)* **~'s feet** pattes *fpl* d'oie *(rides)*; *(Naut)* **~'s nest** nid *m* de pie. ◆ **crowbar** *n* pince *f* à levier.

crow² [krəu] *vi* *(a)* *pret* **crowed** *or* **crew**, *ptp* **crowed** *[cock]* chanter. *(b)* *pret*, *ptp* **crowed** *[baby]* gazouiller; *[victor]* chanter victoire *(over sb* sur qn). **he ~ed with delight** il poussait des cris de joie; **it's nothing to ~ about** il n'y a pas de quoi chanter.

crowd [kraud] **1** *n* foule *f*; *(disorderly)* cohue *f*. **in ~s** en foule, en masse; **a large ~** une foule immense; **there was quite a ~** il y avait beaucoup de monde; **how big was the ~?** est-ce qu'il y avait beaucoup de monde?; *(actors)* **the ~** les figurants *mpl*; **~ scene** scène *f* de foule; **that would pass in a ~** * ça peut passer si on n'y regarde pas de trop près; **~s of books/people** des masses * de livres/de gens; *(fig)* **to follow the ~** suivre la foule *or* le mouvement; **I don't like that ~** * at all je n'aime pas du tout cette bande; **he's one of our ~** * il fait partie de notre bande.
2 *vi*: **to ~ into** s'entasser dans; **to ~ together** se serrer; **to ~ round sth** s'attrouper pour voir qch; **to ~ round sb** se presser autour de qn; **to ~ down/in** *etc* descendre/entrer *etc* en foule.
3 *vt objects* entasser *(into* dans); *(jostle)* *person* bousculer; *car* serrer. **the houses are ~ed together** les maisons sont les unes sur les autres; **~ed with** *people, facts, incidents* plein de, bourré de; *objects, furniture* encombré de; **to ~ on sail** mettre toutes voiles dehors.
◆ **crowd out** *vt sep* empêcher d'entrer *(faute de place)*.
◆ **crowded** *adj* *room, train, café* bondé, plein; *town, profession* encombré; *streets* plein (de monde); *day* chargé; **the shops are too ~ed** il y a a trop de monde dans les magasins; *(Theat)* **~ed house** salle *f* comble.

crown [kraun] **1** *n* *(a)* couronne *f*. *(Jur)* **the C~** la Couronne, ≃ le ministère public. *(b)* *[head]* sommet *m* de la tête; *[hat]* fond *m*; *[road]* milieu *m*; *[tooth]* couronne *f*; *[hill]* faîte *m*. **2** *adj* *(Jur)* **C~ court** ≃ cour *f* d'assises; **~ jewels** joyaux *mpl* de la couronne; **~ prince** prince *m* héritier. **3** *vt* *(gen, Dentistry, fig)* couronner *(with* de); *[draughts]* damer; *(*: *hit)* flanquer * un coup sur la tête à. **he was ~ed king** il fut couronné roi; **to ~ it all** *

it began to snow pour couronner le tout il s'est mis à neiger. ◆ **crowning 1** *n* couronnement *m* ; **2** *adj achievement, moment* suprême.

crucial ['kru:ʃ(ə)l] *adj* crucial.

crucifix ['kru:sɪfɪks] *n* crucifix *m*. ◆ **crucifixion** *n* crucifixion *f*. ◆ **crucify** *vt* crucifier.

crude [kru:d] *adj materials* brut; *drawing* qui manque de fini; *piece of work* mal fini, sommaire; *object, tool* grossier, rudimentaire; *light, colour* cru, vif; *person, behaviour* grossier; *manners* fruste. *(oil)* pétrole *m* brut; **he made a ~ attempt at building**... il a essayé tant bien que mal de construire...; **a ~ word** une grossièreté. ◆ **crudely** *adv make, fashion* sommairement; *say, order, explain* grossièrement, brutalement; **to put it ~ly I think he's mad** pour dire les choses crûment je pense qu'il est fou. ◆ **crudeness** *or* ◆ **crudity** *n* état *m* brut, manque *m* de fini; caractère *m* rudimentaire; grossièreté *f*.

cruel ['kruəl] *adj* cruel *(to* envers). ◆ **cruelly** *adv* cruellement. ◆ **cruelty** *n* cruauté *f* *(to* envers); *(Jur)* sévices *mpl* *(to* sur); **mental ~ty** cruauté mentale.

cruet ['kru:ɪt] *n* *(~ stand)* ≃ huilier *m*; *(~ set)* salière *f* et poivrier *m*.

cruise [kru:z] **1** *vi* *(a)* *[fleet, ship]* croiser; *[holidaymakers]* être en croisière. *(b)* *[cars]* **to ~ at 80 km/ h** faire du 80 km/h sans effort; **we were cruising along when suddenly...** nous roulions tranquillement quand tout à coup...; *(Aut, Aviat)* **cruising speed** vitesse *f* de croisière. *(c)* *[taxi, patrol car]* marauder. **a cruising taxi** un taxi en maraude. **2** *n* *(Naut)* croisière *f*. **to go on** *or* **for a ~** faire une croisière. ◆ **cruiser** *n* *(warship)* croiseur *m*; *(cabin ~)* yacht *m* de croisière.

crumb [krʌm] *n* miette *f*; *(inside of loaf)* mie *f*. *(fig)* **a ~ of** *comfort* un brin de; *information* des miettes de; **~s!** * zut alors! *; **he's a ~** * c'est un pauvre type *. ◆ **crumble 1** *vt bread* émietter; *earth* effriter ; **2** *vi* *[bread]* s'émietter; *[buildings etc]* tomber en ruine; *[plaster, stones]* s'effriter; *[rock, ceiling]* s'ébouler; *[hopes etc]* s'effondrer. ◆ **crumbly** *adj* friable.

crummy ‡ ['krʌmɪ] *adj* minable.

crumple ['krʌmpl] **1** *vt* froisser; *(~ up)* chiffonner. **he ~d the paper into a ball** il a fait une boule de la feuille de papier. **2** *vi* se froisser; se chiffonner.

crunch [krʌn(t)ʃ] **1** *vt* *(with teeth)* croquer; *(underfoot)* écraser, faire craquer. **to ~ sth up** broyer qch. **2** *vi*: **he ~ed across the gravel** il a traversé en faisant craquer le gravier sous ses pas. **3** *n* *[broken glass, gravel]* craquement *m*. *(fig)* **when it comes to the ~** * dans une situation critique, au moment crucial. ◆ **crunchy** *adj* croquant.

crusade [kru:'seɪd] **1** *n* croisade *f*. **2** *vi* *(fig)* faire une croisade *(against* contre, *for* pour). ◆ **crusader** *n* *(Hist)* croisé *m*; *(fig)* champion *m* *(for* de), militant(e) *m(f)* *(against* contre).

crush [krʌʃ] **1** *n* *(a)* *(crowd)* cohue *f*, foule *f*. **there was a great ~ to get in** c'était la bousculade pour entrer. *(b)* **to have a ~ on sb** * avoir le béguin * pour qn. *(c)* *orange* **~** orange *f* pressée. **2** *adj*: **~ barrier** barrière *f* or rampe *f* de sécurité. **3** *vt stones, old cars* broyer; *grapes* écraser; *(crumple)* *clothes* froisser; *(fig)* *enemy, revolution, opponent* écraser; *hope* détruire; *(snub)* rabrouer. **to ~ to a pulp** réduire en pulpe; **to ~ clothes into a bag** fourrer des vêtements dans une valise; **we were very ~ed in the car** nous étions très tassés dans la voiture. **4** *vi* *[clothes]* se froisser. **to ~ round sb** se presser autour de qn; **they ~ed into the car** ils se sont entassés dans la voiture; **to ~ (one's way) into/ through** *etc* se frayer un chemin dans/à travers *etc*.

◆ **crush out** vt sep juice etc presser; cigarette end, revolt écraser.
◆ **crushing** adj defeat écrasant; reply percutant.
◆ **crush-resistant** adj infroissable.

crust [krʌst] n croûte f. **a ~ of ice** une couche de glace; (Geol) **the earth's ~** la croûte terrestre. ◆ **crusty** adj loaf croustillant; (*) person hargneux.

crustacean [krʌs'teɪʃən] n crustacé m.

crutch [krʌtʃ] n (a) (support) soutien m; (Med) béquille f. **he gets about on ~es** il marche avec des béquilles. (b) = **crotch.**

crux [krʌks] n (gen) point m crucial; [problem] cœur m. **the ~ of the matter** le point capital dans l'affaire.

cry [kraɪ] **1** n (a) cri m. **to give a ~** pousser un cri; **he gave a ~ for help** il a appelé au secours; **'votes for women' was their ~** leur slogan m était 'le vote pour les femmes'. (b) (weep) **she had a good ~ ** * elle a pleuré un bon coup *. **2** vt (a) s'écrier, crier. **'here I am' he cried** 'me voici' s'écria-t-il; **'go away' he cried to me** 'allez-vousen' me cria-t-il. (b) **to ~ o.s. to sleep** s'endormir à force de pleurer; **to ~ one's eyes out** pleurer toutes les larmes de son corps. **3** vi (a) (weep) pleurer (about, over sur; for sth pour avoir qch; with rage etc de rage etc). **to laugh till one cries** rire aux larmes; **I'll give him sth to ~ for!** * je vais lui apprendre à pleurnicher!; **it's no use ~ing over spilt milk** ce qui est fait est fait. (b) (~ out) (inadvertently) pousser un cri; (deliberately) s'écrier. **he cried out with pain** il a poussé un cri de douleur; **to ~ out for help** appeler à l'aide; **to ~ out for mercy** implorer la pitié; **that floor is just ~ing out to be washed** * ce plancher a grandement besoin d'être lavé.
◆ **cry off** * **1** vi (from meeting) se décommander; (from promise) se dédire. **I'm ~ing off!** je ne veux plus rien savoir! **2** vt fus arrangement, deal annuler ; project ne plus se mêler à; meeting décommander.
◆ **crying 1** adj child qui pleure; injustice criant, flagrant; need pressant, urgent; **it's a ~ing shame** c'est une honte ; **2** n (shouts) cris mpl; (weeping) pleurs mpl.

crypt [krɪpt] n crypte f.

cryptic(al) ['krɪptɪk(əl)] adj (mysterious) énigmatique; (terse) laconique. ◆ **cryptically** adv énigmatiquement; laconiquement.

crystal ['krɪstl] **1** n (gen) cristal m; (watch glass) verre m de montre. **2** adj vase, lake de cristal. **~ ball** boule f de cristal. ◆ **crystal-clear** adj clair comme le jour. ◆ **crystal-gazing** n prédictions fpl, prophéties fpl. ◆ **crystalline** adj cristallin. ◆ **crystallize 1** vi se cristalliser ; **2** vt cristalliser; **~lized fruits** fruits mpl confits or candis. ◆ **crystallography** n cristallographie f.

cub [kʌb] n petit(e) m(f). **wolf ~** louveteau m, jeune loup m. **~ reporter** jeune reporter m; **~ scout** louveteau m (scout).

Cuba ['kjuːbə] n Cuba m. **in ~** à Cuba.

cubbyhole ['kʌbɪhəʊl] n cagibi m; (Aut) videpoches m inv.

cube [kjuːb] **1** n cube m. **~ root** racine f cubique; (Culin) **to cut into ~s** couper en dés. **2** vt (Math) cuber. ◆ **cubic** adj shape, volume cubique; yard, metre cube; **cubic capacity** volume m. ◆ **cubism** n cubisme m. ◆ **cubist** adj, n cubiste (mf).

cubicle ['kjuːbɪk(ə)l] n [hospital, dormitory] box m ; [swimming baths] cabine f.

cuckoo ['kʊkuː] **1** n (Orn) coucou m. **~ clock** coucou m (pendule). **2** adj (*) toqué *, fou.

cucumber ['kjuːkʌmbə'] n concombre m.

cuddle ['kʌdl] **1** vt caresser; child câliner. **2** vi: **to ~ down** se pelotonner; **to ~ up to sb** se pelotonner contre qn. ◆ **cuddly** adj child caressant; animal qui donne envie de le caresser; toy doux.

cudgel ['kʌdʒ(ə)l] **1** n gourdin m. **to take up the ~s on behalf of** prendre fait et cause pour. **2** vt: **to ~ one's brains** se creuser la cervelle.

cue [kjuː] n (a) (Theat: verbal) réplique f (indiquant à un acteur qu'il doit parler); (sign: Theat, Mus etc) signal m. (Theat) **to give sb his ~** donner la réplique à qn; (fig) **to take one's ~ from sb** emboîter le pas à qn (fig). (b) (Billiards) queue f de billard. ◆ **cue in** vt sep (Rad, TV) donner le signal à; (Theat) donner la réplique à. **to ~ sb in on sth** mettre qn au courant de qch.

cuff [kʌf] **1** n (a) manchette f; (US: trouser turn-up) revers m de pantalon. **~ link** bouton m de manchette; (fig) **off the ~** à l'improviste. (b) (blow) gifle f. **2** vt (strike) gifler.

cul-de-sac ['kʌldə'sæk] n cul-de-sac m.

culinary ['kʌlɪn(ə)rɪ] adj culinaire.

cull [kʌl] vt (sample) sélectionner; (kill) animals supprimer, éliminer.

culminate ['kʌlmɪneɪt] vi culminer. **to ~ in** finir or se terminer (by cause of) mener à; **it ~d in his throwing her out** pour finir il l'a mise à la porte. ◆ **culminating** adj culminant. ◆ **culmination** n [success, career] apogée m; [disturbance, quarrel] point m culminant.

culpable ['kʌlpəbl] adj coupable (of de).

culprit ['kʌlprɪt] n coupable mf.

cult [kʌlt] n (Rel, fig) culte m. **to make a ~ of sth** avoir le culte de qch; **~ figure** objet m d'un culte, idole f.

cultivate ['kʌltɪveɪt] vt cultiver. ◆ **cultivable** adj cultivable. ◆ **cultivated** adj land, person cultivé; voice distingué. ◆ **cultivation** n culture f. ◆ **cultivator** n (machine) cultivateur m; (power-driven) motoculteur m.

culture ['kʌltʃə'] n (all senses) culture f. **~ shock** choc culturel. ◆ **cultural** adj culturel; (Agr) cultural. ◆ **cultured** adj person cultivé; voice distingué; pearl de culture.

cumbersome ['kʌmbəsəm] adj (bulky) encombrant; (heavy) pesant.

cumin ['kʌmɪn] n cumin m.

cumulative ['kjuːmjʊlətɪv] adj cumulatif.

cunning ['kʌnɪŋ] **1** n astuce f, ruse f (pej). **2** adj malin, rusé (pej); (*: clever) astucieux. ◆ **cunningly** adv avec astuce, avec ruse; astucieusement.

cup [kʌp] **1** n tasse f; (Sport etc: prize) coupe f; [brassière] bonnet m (de soutien-gorge). **~ of tea** tasse de thé; **tea ~** tasse à thé; **that's just his ~ of tea** * c'est tout à fait à son goût; **it isn't everyone's ~ of tea** * ça ne plaît pas à tout le monde. **2** vt one's hands mettre en coupe. **to ~ one's hands round sth** mettre ses mains autour de qch; **to ~ one's hand round one's ear** mettre sa main en cornet.
◆ **cup final** n (Ftbl) finale f de la coupe. ◆ **cupful** n tasse f (contenu). ◆ **cuppa** ⚓ n tasse f de thé. ◆ **cup-tie** n (Ftbl) match m de coupe.

cupboard ['kʌbəd] n (esp Brit) placard m. (Brit) **~ love** amour m intéressé.

cupidity [kjuː'pɪdɪtɪ] n cupidité f.

cur [kɜː'] n sale chien m, sale cabot * m.

curate ['kjʊərɪt] n vicaire m. **it's like the ~'s egg** il y a du bon et du mauvais.

curator [kjʊə'reɪtə'] n conservateur m (d'un musée etc).

curb [kɜːb] **1** n (US) = **kerb. 2** vt impatience, passion, tendency refréner; expenditure réduire.

curdle ['kɜːdl] **1** vt milk cailler; mayonnaise faire tomber. **2** vi [milk] se cailler; [mayonnaise] tomber. **it made my blood ~** cela m'a glacé le sang dans les veines.

curds [kɜːdz] npl lait m caillé. ◆ **curd cheese** n fromage m blanc.

cure [kjʊəʳ] **1** vt (**a**) disease, patient guérir (of de); poverty, unfairness éliminer; injustice réparer; an evil remédier à. **to be ~d (of)** guérir (de); **to ~ sb of a habit** faire perdre une habitude à qn; **to ~ o.s. of smoking** se guérir de l'habitude de fumer. (**b**) meat, fish (salt) saler; (smoke) fumer; (dry) sécher; skins traiter. **2** n (remedy) remède m, cure f; (recovery) guérison f. **to take a ~** faire une cure; **beyond ~** person incurable; state, injustice, evil irrémédiable. ◆ **curable** adj guérissable, curable. ◆ **curative** adj curatif. ◆ **cure-all** n (lit, fig) panacée f.

curfew ['kɜːfjuː] n couvre-feu m.

curio ['kjʊərɪəʊ] n bibelot m, curiosité f.

curiosity [ˌkjʊərɪ'ɒsɪtɪ] n curiosité f (about de). **~ killed the cat** la curiosité est toujours punie; **~ shop** magasin m de curiosités. ◆ **curious** adj (inquisitive) curieux (about de, to know de savoir); (odd) curieux, bizarre. ◆ **curiously** adv (inquisitively) avec curiosité; (oddly) curieusement, singulièrement; **curiously enough, he**... chose bizarre, il...

curl [kɜːl] **1** n [hair] boucle f; (gen) courbe f; [smoke] volute f. **with a ~ of the lip** avec une moue méprisante. **2** vt hair (loosely) boucler; (tightly) friser. **she ~s her hair** elle frise (or boucle) ses cheveux; **he ~ed his lip in disdain** il a fait une moue méprisante. **3** vi [hair] boucler; friser. **it's enough to make your hair ~ *** c'est à vous faire dresser les cheveux sur la tête.
◆ **curl up** vi (gen) s'enrouler; [paper] se recourber; [person] se pelotonner; (*: from shame etc) rentrer sous terre; [cat] se mettre en boule; [dog] se coucher en rond; [leaves] se recroqueviller; [stale bread] se racornir; [smoke] monter en volutes. **he lay ~ed up on the floor** il était couché en boule par terre; **to ~ up with laughter** se tordre de rire.
◆ **curler** n rouleau m, bigoudi m. ◆ **curling tongs** npl fer m à friser. ◆ **curly** adj hair bouclé; (tightly) frisé; eyelashes recourbé; lettuce frisé; **~y-haired**, **~y-headed** aux cheveux bouclés (or frisés).

curlew ['kɜːluː] n courlis m.

currant ['kʌr(ə)nt] n groseille f; (bush) groseillier m; (dried fruit) raisin m sec or de Corinthe. **~ bun** petit pain m aux raisins.

currency ['kʌr(ə)nsɪ] n (**a**) monnaie f, devise f; (money) argent m. **the ~ is threatened** la monnaie est en danger; **foreign ~** devise or monnaie étrangère; **hard ~** devise forte; **paper ~** billets mpl; **~ restrictions** contrôle m des changes. (**b**) [ideas etc] **to gain ~** se répandre, s'accréditer.

current ['kʌr(ə)nt] **1** adj opinion, phrase, price courant; fashion, tendency, popularity actuel; year, month, week en cours. **in ~ use** d'usage courant; (Bank) **~ account** compte m courant; **~ affairs** actualité f; **~ events** événements mpl actuels, actualité f; (Press) **~ issue** dernier numéro m; **his ~ job** le travail qu'il fait en ce moment; **her ~ boyfriend *** le petit ami du moment. **2** n [air, water] courant m (also Elec); [events, opinions] tendance f. (fig) **to go against the ~** aller à contre-courant. ◆ **currently** adv actuellement, en ce moment.

curriculum [kə'rɪkjʊləm] n programme m (d'études). **~ vitae** curriculum vitae m, C.V. m.

curry¹ ['kʌrɪ] n curry m. **beef ~** curry de bœuf; **~ powder** poudre f de curry.

curry² ['kʌrɪ] vt: **to ~ favour with sb** chercher à gagner la faveur de qn.

curse [kɜːs] **1** n malédiction f; (swearword) juron m, imprécation f. **~s! *** zut! *; **the ~ of poverty** le fléau de la pauvreté; **it has been the ~ of my life** c'est un sort qui m'a poursuivi toute ma vie; (menstruation) **she has the ~ *** elle a ses règles fpl; **the ~ of it is that** l'embêtant *, c'est que. **2** vt maudire. (fig) **to be ~d with** être affligé de. **3** vi jurer, sacrer. ◆ **cursed *** ['kɜːsɪd] adj sacré *, maudit (both before n).

cursor ['kɜːsəʳ] n (Comput) curseur m.

cursory ['kɜːs(ə)rɪ] adj (superficial) superficiel; (hasty) hâtif. **to take a ~ glance at** jeter un coup d'œil à. ◆ **cursorily** adv superficiellement; à la hâte.

curt [kɜːt] adj (gen) brusque, sec; voice cassant. **a ~ nod** un bref signe de tête. ◆ **curtly** adv sèchement; d'un ton cassant. ◆ **curtness** n brusquerie f, sécheresse f.

curtail [kɜː'teɪl] vt (gen) écourter; wages, expenses réduire. ◆ **curtailment** n raccourcissement m; réduction f.

curtain ['kɜːtn] **1** n rideau m. **to draw** or **pull the ~s** tirer les rideaux. **2** adj (Theat) **~ call** rappel m; **~ hook** crochet m de rideau; (Theat) **~ raiser** lever m de rideau (pièce); **~ ring** anneau m de rideau; **~ rod** tringle f à rideaux; (Theat) **~-up** lever m du rideau. ◆ **curtain off** vt sep room diviser par un rideau; bed, kitchen area cacher derrière un rideau.

curts(e)y ['kɜːtsɪ] **1** n révérence f. **2** vi faire une révérence (to à).

curvaceous * [kɜː'veɪʃəs] adj woman bien balancée *, bien faite.

curve [kɜːv] **1** n (gen) courbe f; [arch] voussure f; [beam] cambrure f. **~ in the road** tournant m, virage m; **a woman's ~s *** les rondeurs fpl d'une femme. **2** vt (gen) courber; arch, roof cintrer. **3** vi [surface, beam] se courber; [road, line etc] faire une courbe. **the river ~s round the town** la rivière fait un méandre autour de la ville. ◆ **curvature** n courbure f; (Med) déviation f; **curvature of the spine** déviation de la colonne vertébrale; **the curvature of space** la courbure de l'espace. ◆ **curved** adj line, space courbe; edge arrondi; road en courbe; (convex) convexe.

cushion ['kʊʃ(ə)n] **1** n coussin m. **2** vt seat rembourrer; shock, sb's fall amortir. **to ~ sb against sth** protéger qn contre qch. ◆ **cushy ‡** adj: **a cushy job** un petit travail tranquille; **to have a cushy time** se la couler douce *.

cuss * [kʌs] **1** n (oath) juron m. (person) **a queer ~** un drôle de type *. **2** vi jurer. ◆ **cussed *** ['kʌsɪd] adj têtu comme une mule *. ◆ **cussedness *** n esprit m de contradiction.

custard ['kʌstəd] **1** n (pouring) crème f anglaise; (set) crème renversée. **2** adj: **~ cream (biscuit)** biscuit m fourré; **~ powder** crème instantanée (en poudre); **~ tart** flan m.

custody ['kʌstədɪ] n (**a**) (Jur etc) garde f. **in safe ~** sous bonne garde; **in the ~ of** sous la garde de; (Jur) **she was given ~ of the children** elle a reçu la garde des enfants. (**b**) (imprisonment) emprisonnement m. **in ~** en captivité; (police) **~** (for short period) garde f à vue; (before trial) détention préventive; **to take sb into ~** mettre qn en détention préventive ◆ **custodian** n (gen) gardien(ne) m(f); [museum] conservateur m, -trice f.

custom ['kʌstəm] **1** n (**a**) coutume f, usage m, habitude f. **social ~s** usages sociaux, coutumes sociales; **it was his ~ to rest each morning** il avait l'habitude or la coutume de se reposer chaque matin. (**b**) (Comm) **to get sb's ~** obtenir la clientèle de qn; **he has lost a lot of ~** il a perdu beaucoup de clients. (**c**) **the ~s** la douane; **to go through the ~s** passer la douane. **2** adj: **~s duty** droits mpl de douane; **~s house** or **post** (poste m or bureaux mpl de) douane f; **~s inspection** visite f douanière; **~s officer** douanier m; **~s service** service m des douanes. ◆ **customary** adj habituel, coutumier. ◆ **custom-built** adj fait sur commande. ◆ **customer** n client(e) m(f); **he's an awkward ~ *** il n'est pas commode; **ugly ~ *** sale type * m. ◆ **customize** vt fabriquer (or arranger etc) sur commande; (Comput) **~ized software** logiciel m sur mesure.

cut [kʌt] *(vb: pret, ptp* **cut)** **1** *n* **(a)** *(stroke)* coup *m*; *[cards]* coupe *f*; *(mark, slit)* coupure *f*; *(notch)* entaille *f*; *(Med)* incision *f*. **a deep ~ in the leg** une profonde coupure à la jambe; **the ~ and thrust of politics** les estocades *fpl* de la politique; **that was a ~ at me** c'était une pierre dans mon jardin; **he is a ~ above the others** il vaut mieux que les autres.
(b) *(reduction)* réduction *f*, diminution *f* (in de); *(in staff)* compression *f* (in de). **power ~** coupure *f* de courant; **to take a ~ in salary** subir une réduction de salaire; **the ~s in education** les réductions dans les budgets scolaires; **to make ~s in a book** faire des coupures dans un livre.
(c) *[meat]* *(piece)* morceau *m*; *(slice)* tranche *f*; *(*: share)* **they all want a ~ in the profits *** ils veulent tous leur part du gâteau *.
(d) *[clothes]* coupe *f*; *[jewel]* taille *f*. **I like the ~ of this coat** j'aime la coupe de ce manteau.
2 *adj flowers* coupé; *tobacco* découpé. **~ glass** cristal *m* taillé; **~ prices** prix *mpl* réduits; **it was all ~ and dried** tout était déjà arrangé; **~ and dried opinions** opinions toutes faites.
3 *vt* **(a)** *(gen)* couper; *joint of meat, tobacco* découper; *(Med)* abscess inciser; *cards* couper. **to ~ one's finger** se couper le doigt *or* au doigt; **to ~ sb's throat** couper la gorge à qn; *(fig)* **he is ~ting his own throat** il prépare sa propre ruine; **to ~ in half** couper en deux; **to ~ in pieces** couper en morceaux; *army* tailler en pièces; *reputation* démolir; **to ~ open** ouvrir avec un couteau (*or* avec des ciseaux *etc*); **he ~ his arm open on a nail** il s'est ouvert le bras sur un clou; **to ~ sb free** délivrer qn en coupant ses liens; **it ~ me to the heart** cela m'a profondément blessé; **to ~ short** *story, proceedings* abréger; *visit* écourter; *speaker* couper la parole à; **to ~ a long story short, he came** bref *or* pour en finir, il est venu.
(b) *(shape)* couper; *steps, jewel, key, glass* tailler; *channel* creuser; *figure, statue* sculpter (*out of* dans); *(engrave)* graver; *record* graver. **to ~ one's way through** s'ouvrir un chemin à travers; *(fig)* **to ~ one's coat according to one's cloth** vivre selon ses moyens.
(c) *(clip, trim)* hedge, trees tailler; *corn, hay* faucher; *lawn* tondre. **to ~ one's nails/hair** se couper les ongles/les cheveux; **to get one's hair ~** se faire couper les cheveux.
(d) *(*: avoid)* appointment manquer exprès; *lecture, class* sécher *. **to ~ sb (dead)** faire semblant de ne pas voir qn.
(e) *(intersect)* couper.
(f) *(reduce)* profits, wages, prices réduire; *text, book, play* faire des coupures dans; *film* faire le montage de. *(Sport)* **he ~ 30 seconds off the record** il a amélioré le record de 30 secondes.
(g) *(Cine etc)* film monter.
(h) *(phrases) [child]* **to ~ a tooth** percer une dent; **he is ~ting teeth** il fait ses dents; *(fig)* **to ~ one's teeth on sth** se faire les dents sur qch; **she ~s a fine figure** elle a beaucoup d'allure; **to ~ a dash** faire de l'effet; **to ~ it fine** compter un peu juste, ne pas (se) laisser de marge; **that ~s no ice with me** ça ne m'impressionne guère, ça me laisse froid; **to ~ the ground from under sb's feet** couper l'herbe sous le pied de qn; **to ~ one's losses** sauver les meubles *; *(Aut)* **to ~ a corner** prendre un virage à la corde; *(fig)* **to ~ corners** prendre des raccourcis *(fig)*; **to ~ the Gordian knot** trancher le nœud gordien; **~ the cackle! ‡** assez bavardé comme ça! *
4 *vi* **(a)** *[person, knife]* couper, trancher. **he ~ into the cake** il a entamé le gâteau; **to ~ along the dotted line** découper suivant le pointillé; **that ~s both ways** c'est à double tranchant; **to ~ and run *** filer *; **to ~ loose** couper les amarres (*from* avec);

this piece will ~ into 4 ce morceau peut se couper en 4.
(b) *(hurry)* **to ~ across country** couper à travers champs; **to ~ through the lane** couper par la ruelle; **to ~ along** s'en aller.
(c) *(Cine, TV)* **they ~ from the street to the shop scene** ils ont passé de la rue à la scène du magasin; **cut!** coupez!
(d) *(Cards)* couper. **to ~ for deal** tirer pour la donne.

♦ **cut away** *vt sep branch* élaguer; *unwanted part* enlever (en coupant). ♦ **cut back** *vt sep plants* tailler; *production, expenditure* réduire. ♦ **cut down** *vt sep* **(a)** *tree* couper; *corn* faucher; *enemy* abattre. **~ down by pneumonia** terrassé par la *or* une pneumonie. **(b)** *(reduce)* expenses réduire; *article, essay* couper. *(fig)* **to ~ sb down to size *** remettre qn à sa place. ♦ **cut down on** *vt fus food* manger moins de; *cigarettes* fumer moins de; *expenditure* réduire. ♦ **cut in** **1** *vi (into conversation)* se mêler à la conversation; *(Aut)* se rabattre. *(Aut)* **to ~ in on sb** faire une queue de poisson à qn. **2** *vt sep:* **to ~ sb in on a deal *** intéresser qn à une affaire. ♦ **cut off** *vt sep* **(a)** *piece of cloth, meat* couper *(from* dans); *limb* couper. **to ~ off sb's head** trancher la tête à qn; **to ~ off one's nose to spite one's face** scier la branche sur laquelle on est assis, par dépit. **(b)** *(disconnect)* telephone, car engine, gas, electricity couper. **our water supply has been ~ off** on nous a coupé l'eau; *(Telec)* **we were ~ off** nous avons été coupés. **(c)** *(isolate)* isoler *(sb from sth* qn de qch). **to ~ o.s. off from** rompre ses liens avec; **he feels very ~ off** il se sent très isolé; **to ~ off the enemy's retreat** couper la retraite à l'ennemi; **to ~ sb off with a shilling** déshériter qn. ♦ **cut out** **1** *vi [engine]* caler. **2** *vt sep* **(a)** *picture, article* découper *(of, from* de); *statue, figure* tailler *(of* dans); *coat* couper *(of, from* dans). **to ~ out a path through the jungle** se frayer un chemin à travers la jungle; **to be ~ out for sth/to do** être fait pour qch/pour faire; **he had his work ~ out for him** il avait du pain sur la planche; **you'll have your work ~ out to do that** vous aurez du mal à faire cela. **(b)** *(remove)* supplanter. **(c)** *(remove)* enlever, ôter; *unnecessary detail* élaguer. **~ it out! *** ça suffit!; **~ out the tears! *** arrête de pleurnicher! **(d)** *(give up)* tobacco supprimer. **to ~ out smoking** arrêter de fumer. ♦ **cut up** **1** *vi* **(a)** **to ~ up rough *** se mettre en rogne * *or* en colère. **(b)** *(US)* faire le pitre. **2** *vt sep* **(a)** *wood, food* couper; *meat (carve)* découper; *(chop up)* hacher; *enemy, army* tailler en pièces. **(b)** **to be ~ up about sth** *(hurt)* être affecté par qch; *(annoyed)* être très embêté par qch *.

♦ **cutback** *n (in expenditure, production)* réduction *f*, diminution *f* (in de); *(in staff)* compression *f* (in de); *(Cine: flashback)* flashback *m*. ♦ **cutoff** *n* arrêt *m*; **~off device** système *m* d'arrêt; **~off switch** interrupteur *m*; **~offs** jeans coupés. ♦ **cut-price** *adj goods* au rabais; *shop* à prix réduits. ♦ **cutter** *n* **(a)** *(person)* [clothes] coupeur *m*, -euse *f*; *[stones]* tailleur *m*; *[films]* monteur *m*, -euse *f*; **(b)** *(tool)* coupoir *m*; **(c)** *(motor boat)* vedette *f*. ♦ **cut-throat** **1** *n* assassin *m*; **2** *adj competition* acharné; *game* à trois; *razor* de coiffeur. ♦ **cutting** **1** *n* **(a)** *(gen)* coupe *f*; *[diamond]* taille *f*; *[film]* montage *m*; **(b)** *(cleared way: for road, railway)* tranchée *f*; **(c)** *(press~)* coupure *f*; **2** *adj knife* coupant, tranchant; *wind, cold* glacial; *rain* cinglant; *words, remark* cinglant, incisif; **the ~ting edge** le tranchant; *(Cine)* **~ting room** salle *f* de montage.

cute * [kjuːt] *adj (clever)* futé; *(attractive)* mignon.

cuticle ['kjuːtɪkl] *n [fingernail]* petites peaux *fpl*, envie *f*. **~ remover** repousse-peaux *m inv*.

cutlery ['kʌtlərɪ] *n* couverts *mpl*.

cutlet ['kʌtlɪt] *n* côtelette *f*; *(US: croquette)* croquette *f*.

cuttlefish ['kʌtlfɪʃ] *n* seiche *f*. ◆ **cuttlebone** *n* os *m* de seiche.

cyanide ['saɪənaɪd] *n* cyanure *m*.

cybernetics [ˌsaɪbə'netɪks] *n* cybernétique *f*.

cyclamen ['sɪkləmən] *n* cyclamen *m*.

cycle ['saɪkl] **1** *n* (**a**) bicyclette *f*, vélo *m*. **racing** ~ vélo de course. (**b**) *[poems, seasons etc]* cycle *m*. **2** *vi* faire de la bicyclette, faire du vélo. **he ~s to school** il va à l'école à bicyclette *or* en vélo. **3** *adj path* cyclable; *race* cycliste. ~ **clip** pince *f* à vélo; ~ **rack** râtelier *m* à bicyclettes; ~ **shed** abri *m* à bicyclettes.
◆ **cycling 1** *n* cyclisme *m* ; **2** *adj holiday* à bicyclette. **cycling clothes** tenue *f* cycliste. ◆ **cyclist** *n* cycliste *mf*.

cyclone ['saɪkləʊn] *n* cyclone *m*.

cyclostyle ['saɪkləstaɪl] *vt* polycopier *(avec des stencils)*.

cygnet ['sɪgnɪt] *n* jeune cygne *m*.

cylinder ['sɪlɪndəʳ] **1** *n* (*gen*) cylindre *m*; *[type writer]* rouleau *m*. **a 6-~ car** une 6-cylindres; **to fire on all 4 ~s** avoir les 4 cylindres qui donnent; *(fig)* fonctionner à pleins gaz *. **2** *adj*: ~ **block** bloc-cylindres *m*; ~ **head** culasse *f*. ◆ **cylindrical** *adj* cylindrique.

cymbal ['sɪmb(ə)l] *n* cymbale *f*.

cynic ['sɪnɪk] *n* cynique *mf*. ◆ **cynical** *adj* cynique. ◆ **cynically** *adv* cyniquement, avec cynisme. ◆ **cynicism** *n* cynisme *m*.

cypress ['saɪprɪs] *n* cyprès *m*.

Cyprus ['saɪprəs] *n* Chypre *f*. **in ~** à Chypre. ◆ **Cypriot 1** *adj* cypriote ; **2** *n* Cypriote *mf*.

cyst [sɪst] *n* kyste *m*. ◆ **cystitis** *n* cystite *f*.

czar [zɑːʳ] *n* tsar *m*. ◆ **czarina** *n* tsarine *f*.

Czech [tʃek] **1** *adj* tchèque. **2** *n* Tchèque *mf*; *(Ling)* tchèque *m*. ◆ **Czechoslovakia** *n* Tchécoslovaquie *f*. ◆ **Czechoslovak(ian) 1** *adj* tchécoslovaque ; **2** *n* Tchécoslovaque *mf*.

D

D, d [diː] *n* D, d *m*; *(Mus)* ré *m*. **in 3-D** en relief; **D and C** * dilatation *f* et curetage *m*; **D-day** le jour J.

dab¹ [dæb] **1** *n* **(a) a ~ of** un petit peu de; *[glue]* une goutte de; *[paint]* un petit coup de. **(b)** *(fingerprints)* **~s** ‡ empreintes *fpl* digitales. **2** *vt (gen)* tamponner. **to ~ iodine** *etc* **on sth** appliquer de la teinture d'iode *etc* à petits coups sur qch.

dab² [dæb] *adj*: **to be a ~ hand** * **at sth/at doing** être doué en qch/pour faire.

dabble ['dæbl] **1** *vt*: **to ~ one's hands in the water** barboter dans l'eau avec les mains. **2** *vi (gen)* **to ~ in sth** faire qch en amateur; **to ~ in politics** donner dans la politique; **to ~ in stocks and shares** boursicoter.

Dacca ['dækə] *n* = **Dhaka**.

dachshund ['dækshʊnd] *n* teckel *m*.

Dacron ['dækrɒn] *n* ⓡ tergal *m* ⓡ.

dad * [dæd], **daddy** * ['dædɪ] *n* papa *m*. ◆ **daddy-long-legs** *n*, *pl inv (Zool)* faucheux *m*.

dado ['deɪdəʊ] *n* plinthe *f*; *[pedestal]* dé *m*; *[wall]* lambris *m* d'appui.

daffodil ['dæfədɪl] *n* jonquille *f*. **~ yellow** (jaune) jonquille *inv*.

daft [dɑːft] *adj* stupide, idiot. **to be ~ about sb/sth** * être fou de qn/qch.

dagger ['dægəʳ] *n* poignard *m*, dague *f*; *(Typ)* croix *f*. **to be at ~s drawn with sb** être à couteaux tirés avec qn; **to look ~s at sb** foudroyer qn du regard.

dago ['deɪgəʊ] *n* métèque *m*.

dahlia ['deɪlɪə] *n* dahlia *m*.

daily ['deɪlɪ] **1** *adj task, routine, walk, paper* quotidien; *consumption, output, wage* journalier; *(everyday)* de tous les jours. **our ~ bread** notre pain quotidien; **~ dozen** * gymnastique *f* quotidienne; **the ~ grind** * le train-train (quotidien). **2** *adv* quotidiennement, tous les jours. **twice ~** deux fois par jour. **3** *n* (~ **paper**) quotidien *m*; (~ **help,** ~ **woman**) femme *f* de ménage.

dainty ['deɪntɪ] *adj food* de choix, délicat; *figure, person* menu; *handkerchief, blouse, gesture* délicat; *child* mignon; *(difficult to please)* difficile. ◆ **daintily** *adv eat, hold* délicatement; *walk* à petits pas élégants. ◆ **daintiness** *n* délicatesse *f*.

dairy ['dɛərɪ] **1** *n (on farm)* laiterie *f*; *(shop)* crémerie *f*. **2** *adj cow, farm, produce* laitier; *herd* de vaches laitières; *ice cream* fait à la crème. **~ butter** beurre *m* fermier; **~ farming** industrie *f* laitière. ◆ **dairymaid** *n* fille *f* de laiterie. ◆ **dairyman** *n (on farm etc)* employé *m* de laiterie; *(in shop)* crémier *m*.

daisy ['deɪzɪ] *n* pâquerette *f*; *(cultivated)* marguerite *f*. **~ chain** guirlande *f* de pâquerettes; *(US fig)* série *f*, chapelet *m*; *(US Culin)* **~ (ham)** jambon fumé désossé; **~ wheel** marguerite *f*.

Dakar ['dækə] *n* Dakar.

dale [deɪl] *n* vallée *f*.

dally ['dælɪ] *vi (dawdle)* lanterner *(over sth* dans *or* sur qch). **to ~ with an idea** caresser une idée.

dalmatian [dæl'meɪʃ(ə)n] *n (dog)* dalmatien *m*.

dam¹ [dæm] **1** *n (wall)* barrage *m* (de retenue); *(water)* réservoir *m*. **2** *vt river* endiguer; *lake* construire un barrage sur; *flow of words, oaths* endi-guer. **to ~ the waters of the Nile** construire un barrage pour contenir les eaux du Nil.

dam² [dæm] *n (animal)* mère *f*.

damage ['dæmɪdʒ] **1** *n* dommage(s) *m(pl)*; *(visible, eg to car)* dégâts *mpl*; *(to ship, cargo)* avaries *fpl*; *(fig)* préjudice *m*, tort *m*. **~ to property** dégâts matériels; **the bomb did a lot of ~** la bombe a causé des dommages importants *or* a fait de gros dégâts; **there was a lot of ~ to the house** la maison a beaucoup souffert; **there's no ~ done** il n'y a pas de mal; **what's the ~?** * *(how much is it?)* cela se monte à combien?; *(Jur)* **~s** dommages *mpl* et intérêts *mpl*; **liable for ~s** tenu des dommages et intérêts; **war ~** dommages de guerre. **2** *vt furniture, crops, machine* endommager; *food, eyesight, health* abîmer; *good relations, reputation* nuire à, porter atteinte à; *cause* faire du tort à. ◆ **damaging** *adj* nuisible *(to* à); *(Jur)* préjudiciable.

Damascus [də'mɑːskəs] *n* Damas.

dame [deɪm] *n* dame *f*; *(Theat)* vieille dame *(bouffonne jouée par un homme)*; *(US* ‡*)* fille *f*, nana ‡ *f*.

damfool ‡ ['dæm'fuːl] *adj* fichu * *(before n)*.

dammit * ['dæmɪt] *excl* mince! * **as near as ~** à un poil * près.

damn [dæm] **1** *excl* (‡) merde! ‡ **2** *vt (Rel)* damner; *book, person* condamner; *plan* éreinter. **to ~ with faint praise** éreinter sous couleur d'éloge; **~ him!** ‡ qu'il aille se faire fiche! *; **well I'll be ~ed!** ‡ ça c'est trop fort!; **~ this machine!** ‡ au diable cette machine! **3** *n* (‡) **I don't care a ~** je m'en fiche pas mal; **it's not worth a ~** cela ne vaut pas un clou *. **4** *adj* (‡*: also* **dam'**, **~ed**) fichu *, sacré * *(before n)*. **it is one ~ thing after another** quand ce n'est pas une chose, c'est l'autre. **5** *adv* (‡*: also* **dam'**, **~ed**) vachement ‡, rudement *. **~ all** strictement rien, fichtre * rien. ◆ **damnable** * *adj* détestable. ◆ **damnably** * *adv* rudement *. ◆ **damnation** **1** *n (Rel)* damnation *f*; **2** *excl* (‡) merde! ‡ ◆ **damnedest** ‡ *n*: **to do one's ~edest to help** faire l'impossible pour aider. ◆ **damning** *adj* accablant; **~ing criticism** éreintement *m*.

damp [dæmp] **1** *adj (gen)* humide; *skin* moite. **that was a ~ squib** * c'est tombé à plat *(fig)*. **2** *n* humidité *f*; *(fire~)* grisou *m*. **3** *vt a cloth, ironing* humecter; *enthusiasm, courage* refroidir; (~ **down**) *fire* couvrir. **to ~ sb's spirits** décourager qn. ◆ **dampcourse** *n* couche *f* isolante. ◆ **damp-dry** *adj* prêt à repasser *(encore humide)*. ◆ **dampen** *vt* = **damp 3**. ◆ **damper** *or (US)* **dampener** *n [chimney]* registre *m*; *(fig)* **to put a ~er on** * jeter un froid sur. ◆ **dampness** *n* humidité *f*; moiteur *f*. ◆ **damp-proof** *adj* imperméable.

damson ['dæmz(ə)n] *n* prune *f* de Damas; *(tree)* prunier *m* de Damas.

dance [dɑːns] **1** *n* **(a)** *(movement)* danse *f*. **to lead sb a (pretty) ~** donner à qn du fil à retordre. **(b)** *(event)* bal *m*, soirée *f* dansante. **2** *vt waltz* danser. **to ~ attendance on sb** être aux petits soins pour qn. **3** *vi* danser. **he ~d with her** il l'a fait danser; **she ~d with him** elle a dansé avec lui; *(fig)* **to ~ in/out** entrer/sortir en dansant; **to ~ about** gambader, sautiller. **4** *adj band, music* de danse. **~ hall** dancing *m*. ◆ **dancer** *n* danseur *m*, -euse *f*. ◆ **dancing** **1** *n* danse *f* ; **2** *adj master, school* de danse.

dandelion ['dændɪlaɪən] *n* pissenlit *m*.

dandruff ['dændrəf] *n* pellicules *fpl (du cuir chevelu)*.

dandy ['dændɪ] **1** *n* dandy *m*. **2** *adj* (*) épatant *.

Dane [deɪn] *n* Danois(e) *m(f)*. ◆ **Danish** **1** *adj* danois; **Danish blue cheese** bleu *m* du Danemark; **Danish pastry** feuilleté *m* fourré aux fruits *etc*; **2** *n* (**a**) danois *m*. (**b**) = **Danish pastry**.

danger ['deɪn(d)ʒər] **1** *n* danger *m* (*to* pour). **in** ~ en danger; **he was in little** ~ il ne courait pas grand risque; **out of** ~ hors de danger; **in** ~ **of invasion** menacé d'invasion; **he was in** ~ **of losing his job** il risquait de perdre sa place; **there was no** ~ **that she would be recognized** elle ne courait aucun risque d'être reconnue; **a** ~ **of fire** un risque d'incendie; '~ **road up**' 'attention travaux'; '~ **keep out**' 'danger: défense d'entrer'. **2** *adj*: ~ **area**, ~ **zone** zone *f* dangereuse; *(Med)* **on the** ~ **list** dans un état critique; ~ **money** prime *f* de risque; ~ **point** cote *f* d'alerte; ~ **signal** signal *m* d'alarme. ◆ **dangerous** *adj (gen)* dangereux; *illness* grave. ◆ **dangerously** *adv (gen)* dangereusement; *ill* gravement; *wounded* grièvement.

dangle ['dæŋgl] **1** *vt object on string* balancer; *arm, leg* laisser pendre; *prospect, offer* faire miroiter (*before sb* aux yeux de qn). **2** *vi* pendre.

dank [dæŋk] *adj* humide et froid.

Danube ['dænjuːb] *n* Danube *m*.

dapper ['dæpər] *adj* pimpant.

dare [dɛər] **1** *vt* (**a**) oser (*do, to do* faire); *death* affronter, braver. ~ **you do it?** oserez-vous le faire?; **I daren't!** je n'ose pas!; **how** ~ **you!** comment osez-vous?, vous en avez du culot! *; **I** ~ **say he'll come** il viendra sans doute, j'imagine qu'il va venir; *(iro)* **I** ~ **say!** c'est bien possible! *(iro)*. (**b**) ~ **sb to do** mettre qn au défi de faire; **I** ~ **you!** chiche! * **2** *n* défi *m*. **to do sth for a** ~ faire qch pour relever un défi. ◆ **daredevil** **1** *n* casse-cou *mf inv* ; **2** *adj behaviour* de casse-cou ; *adventure* fou. ◆ **daring** **1** *adj* audacieux, hardi ; **2** *n* audace *f*, hardiesse *f*. ◆ **daringly** *adv* audacieusement, avec hardiesse.

Dar-es-Salaam [dɑːressə'lɑːm] *n* Dar-es-Sala(a)m.

dark [dɑːk] **1** *adj* (**a**) *room* sombre, obscur; *dungeon* noir, ténébreux. **it is** ~ il fait nuit *or* noir; **it is getting** ~ il commence à faire nuit; **the sky is getting** ~ le ciel s'assombrit; **the** ~ **side of the moon** la face cachée de la lune; *(Phot)* ~ **room** chambre *f* noire. (**b**) *colour* foncé, sombre; *complexion, hair, person* brun. ~ **blue** *etc* bleu *etc* foncé *inv*; ~ **brown hair** cheveux châtain foncé *inv*; ~ **glasses** lunettes *fpl* noires; ~ **chocolate** chocolat *m* à croquer. (**c**) *(sinister) plan* noir; *hint* sibyllin; *threat* sourd; *(gloomy) thoughts* sombre, triste. **to keep sth** ~ tenir qch secret; **keep it** ~! pas un mot!; **to look on the** ~ **side of things** voir tout en noir; *(fig)* ~ **horse** *(gen)* quantité inconnue; *(US Pol)* candidat inattendu; **the D**~ **Ages** le haut moyen âge.

2 *n* obscurité *f*, noir *m*. **after/until** ~ après/jusqu'à la tombée de la nuit; **to be afraid of the** ~ avoir peur du noir; **I am quite in the** ~ **about it** j'ignore tout de cette histoire; **to leave sb in the** ~ **about sth** laisser qn dans l'ignorance sur qch; *(fig)* **to work in the** ~ travailler à l'aveuglette.

◆ **darken** **1** *vt room, landscape* obscurcir, assombrir; *sky, future* assombrir; *colour* foncer ; **2** *vi* s'obscurcir; s'assombrir; foncer. ◆ **dark-eyed** *adj* aux yeux noirs. ◆ **darkly** *adv (gloomily)* tristement; *(sinisterly)* sinistrement. ◆ **darkness** *n* obscurité *f*; **in total** ~**ness** dans une complète obscurité; **the house was in** ~**ness** la maison était plongée dans l'obscurité. ◆ **dark-skinned** *adj person* brun (de peau); *race* de couleur.

darling ['dɑːlɪŋ] **1** *n* favori(te) *m(f)*, bien-aimé(e) *m(f)*. **the** ~ **of** la coqueluche de; **a mother's** ~ un chouchou *, une chouchoute *; **she's a little** ~ elle est adorable; **come here,** ~ viens, (mon) chéri; **be a** ~ *...* sois un ange... **2** *adj child* chéri, bien-aimé; (*) *house etc* ravissant, adorable.

darn [dɑːn] **1** *vt socks* repriser; *clothes etc* raccommoder. **2** *n* reprise *f*. **3** *excl* (*) *euph for* **damn**. ◆ **darning** **1** *n* reprise *f*, raccommodage *m*; *(things to be darned)* raccommodage *m*; **2** *adj needle*; *wool* à repriser.

dart [dɑːt] **1** *n* (**a**) fléchette *f*. ~**s** *(game)* fléchettes *fpl*; ~ **board** cible *f*. (**b**) *(Sewing)* pince *f*. **2** *vi*: **to** ~ **in/out** *etc* entrer/sortir *etc* comme une flèche; **to** ~ **at sth** se précipiter sur qch. **3** *vt*: **to** ~ **a look at sth** jeter un regard sur qch.

dash [dæʃ] **1** *n* (**a**) **to make a** ~ se précipiter, se ruer, foncer (*at* sur, *towards* vers); **he made a** ~ **for it** * il s'est enfui; **there was a** ~ **for the door** tout le monde se rua vers la porte; *(Sport)* **the 100 metre** ~ le sprint, le 100 mètres. (**b**) *(small amount)* petite quantité *f*; *[vinegar, flavouring]* goutte *f*; *[seasonings etc]* pointe *f*; *[colour]* tache *f*. **a** ~ **of soda** un peu d'eau de Seltz. (**c**) *(punctuation mark)* tiret *m*; *(Morse)* trait *m*. **2** *vt* (**a**) *(throw)* jeter violemment. **to** ~ **sth to pieces** casser qch en mille morceaux; **to** ~ **sth to the ground** jeter qch par terre; **to** ~ **one's head against** se cogner la tête contre. (**b**) *spirits* abattre; *person* démoraliser; *hopes* anéantir. **3** *vi* (**a**) *(rush)* **to** ~ **away/back** *etc* s'en aller/revenir *etc* à toute allure; **to** ~ **into a room** se précipiter dans une pièce; **I must** ~ * il faut que je file *. (**b**) *(crash) [waves]* se briser (*against* contre); *[car, bird, object]* se jeter (*against* contre). **4** *excl* (*) zut alors! *

◆ **dash off** *vt sep letter etc* faire en vitesse; *drawing* dessiner en un tour de main.

◆ **dashboard** *n (Aut)* tableau *m* de bord. ◆ **dashing** *adj behaviour* plein d'allant; *appearance* fringant, qui a grande allure.

data ['deɪtə] **1** *npl* données *fpl*, information *f* brute; *(Comput)* données. **2** *adj*: ~ **bank** banque *f* de données; ~ **base** base *f* de données; ~ **capture** saisie *f* des données; ~ **processing** traitement *m* des données; ~ **processor** unité *f* de traitement des données. **3** *vt* (* US) ficher.

date¹ [deɪt] *n* datte *f*; ~ **palm** dattier *m*.

date² [deɪt] **1** *n* (**a**) *(gen)* date *f*; *(on coin etc)* millésime *m*. ~ **of birth** date de naissance; **what is today's** ~? quelle est la date aujourd'hui?, nous sommes le combien aujourd'hui?; **what** ~ **is he coming on?** à quelle date vient-il?; **what is the** ~ **of this letter?** de quand est cette lettre?; **to** ~ **we have...** jusqu'ici nous avons...; **to be out of** ~ *[document]* ne plus être applicable; *[building, object]* être démodé; *[person]* retarder; **to be up to** ~ *[document]* être à jour; *[building, person]* être moderne; *(in one's work etc)* être à jour; **to bring up to** ~ *accounts, correspondence etc* mettre à jour; *method etc* moderniser; **to bring sb up to** ~ mettre qn au courant *(about sth de qch)*. (**b**) (*: *appointment)* rendez-vous *m*, rancard ⁂ *m*; (*: *person)* petit(e) ami(e) *m(f)*. **to have/make a** ~ avoir/prendre rendez-vous.

2 *vt* (**a**) *document etc* dater; *(with machine)* composter. **letter** ~**d August 7th** lettre datée du 7 août; **a coin** ~**d 1390** une pièce au millésime de 1390. (**b**) *manuscripts, ruins etc* donner *or* assigner une date à, fixer la date de. **that** ~**s him** cela trahit son âge. (**c**) (*) *(go out with)* sortir avec; *(arrange meeting with)* prendre rendez-vous avec.

3 *vi* (**a**) **to** ~ **from** remonter à, dater de. (**b**) *(become old-fashioned)* dater.

◆ **date book** *n* agenda *m*. ◆ **dated** *adj* démodé, qui date. ◆ **dateless** *adj* qui ne date jamais. ◆ **date-line** *n* ligne *f* de changement de date. ◆ **date-stamp** **1** *n [library etc]* dateur *m*; *(post-*

mark) cachet *m* de la poste ; **2** *vt library book* tamponner; *document* apposer le cachet de la date sur.

dative ['deɪtɪv] *adj, n* datif (*m*). **in the** ~ au datif.

daub [dɔːb] *vt* barbouiller (*with* de).

daughter ['dɔːtəʳ] *n* fille *f*. **~-in-law** belle-fille *f*, bru *f*.

daunt [dɔːnt] *vt* intimider, démonter. **nothing ~ed he...** sans se démonter il... ◆ **daunting** *adj task, problem* décourageant; *person* intimidant. ◆ **dauntless** *adj person* intrépide; *courage* indomptable. ◆ **dauntlessly** *adv* avec intrépidité.

dawdle ['dɔːdl] *vi* flâner, traîner (*pej*). **to ~ over one's work** traînasser sur son travail. ◆ **dawdler** *n* flâneur *m*, -euse *f*. ◆ **dawdling 1** *adj* traînard; **2** *n* flânerie *f*.

dawn [dɔːn] **1** *n* aube *f*, point *m* du jour; *[civilization]* aube *f*; *[idea, hope]* naissance *f*. **at ~** à l'aube, au point du jour; **from ~ to dusk** du matin au soir; **~ chorus** concert *m* matinal des oiseaux. **2** *vi [day]* poindre, se lever; *[hope]* naître. **the day will ~ when...** un jour viendra où...; **an idea ~ed upon him** une idée lui est venue à l'esprit; **the truth ~ed upon him** il a commencé à entrevoir la vérité; **it suddenly ~ed on him that...** il lui vint tout d'un coup à l'esprit que... ◆ **dawning** *adj* naissant, croissant.

day [deɪ] **1** *n* **(a)** *(24 hours)* jour *m*. **3 ~s ago** il y a 3 jours; **what ~ is it today?** quel jour sommes-nous aujourd'hui?; **what ~ of the month is it?** nous sommes le combien?; **the ~ that they... le** jour où ils...; **on that ~** ce jour-là; **on a ~ like this** un jour comme aujourd'hui; **twice a ~** deux fois par jour; **the ~ before yesterday** avant-hier *m*; **the ~ before/two ~s before her birthday** la veille/l'avant-veille de son anniversaire; **the ~ after, the following ~** le lendemain; **the ~ after tomorrow** après-demain; **this ~ week** d'aujourd'hui en huit; **2 years ago to the ~** il y a 2 ans jour pour jour; **any ~ now** d'un jour à l'autre; **every ~** tous les jours; **every other ~** tous les deux jours; **one of these ~s** un de ces jours, un jour ou l'autre; **~ by ~** jour après jour; **in ~ out** tous les jours que (le bon) Dieu fait; **for ~s on end** pendant des jours et des jours; **to live from ~ to ~** vivre au jour le jour; **the other ~** l'autre jour, il y a quelques jours; **to this ~** encore aujourd'hui; **he's fifty if he's a ~ *** il a cinquante ans bien sonnés *; **the ~ of judgment** *or* **reckoning** le jour du jugement dernier; *(fig)* **the ~ of reckoning will come** un jour il faudra rendre des comptes.

(b) *(daylight hours)* jour *m*, journée *f*. **during the ~** pendant la journée; **to work all ~** travailler toute la journée; **to travel by ~** voyager de jour; **to work ~ and night** travailler jour et nuit; **it's a fine ~** il fait beau aujourd'hui; **one summer's ~** un jour d'été; **on a wet ~** par une journée pluvieuse.

(c) *(working hours)* journée *f*. **paid by the ~** payé à la journée; **it's all in the ~'s work** ça fait partie de la routine; **a ~ off** un jour de congé; **to work an 8-hour ~** faire une journée de 8 heures.

(d) *(period)* époque *f*, temps *m*. **these ~s, in the present ~** à l'heure actuelle, de nos jours, actuellement; **in this ~ and age** par les temps qui courent; **in ~s to come** dans l'avenir, dans les jours à venir; **in his working ~s** à l'époque où il travaillait; **in his younger ~s** quand il était plus jeune; **in Napoleon's ~** à l'époque *or* du temps de Napoléon; **famous in her ~** célèbre à son époque; **in the good old ~s** dans le bon vieux temps; **the happiest ~s of my life** les jours les plus heureux de ma vie; **during the early ~s of the war** tout au début *or* pendant les premiers temps de

la guerre; **that has had its ~** cela est passé de mode.

2 *adj*: **~ bed** banquette-lit *f*; *(Scol)* **~ boy/girl** externe *m/f*; **~ care centre** ≃ garderie *f*; **~ centre** *centre spécialisé de jour pour le troisième âge, les handicapés etc*; **~ nursery** crèche *f*; **~ release course** ≃ cours professionnel *(de l'industrie etc)* à temps partiel; **~ return ticket** billet *m* d'aller et retour *(valable pour la journée)*; **to go to ~ school** être externe *mf*; **~ shift** *(workers)* équipe *f or* poste *m* de jour; **to be on ~ shift** être de jour; **~ trip** excursion *f* (d'une journée); **to go on a ~ trip to Calais** faire une excursion (d'une journée) à Calais; **~-tripper** excursionniste *mf*.

◆ **daybreak** *n*: **at ~break** au point du jour, à l'aube. ◆ **daydream 1** *n* rêvasserie *f* ; **2** *vi* rêvasser. ◆ **daylight 1** *n*: **in the ~light** à la lumière du jour, au grand jour; **it is still ~light** il fait encore jour; **I begin to see ~light *** *(understand)* je commence à voir clair; *(see the end appear)* j'en aperçois la fin ; **2** *adj attack* de jour; **it's ~light robbery *** c'est du vol caractérisé; **~light-saving time** *l'heure f* d'été. ◆ **daytime 1** *n* jour *m*, journée *f* ; **2** *adj* de jour. ◆ **day-to-day** *adj routine* quotidien; *occurrence* journalier; **on a ~-to-~ basis** au jour le jour.

daze [deɪz] **1** *n*: **in a ~ = dazed**. **2** *vt [drug]* hébéter; *[blow]* étourdir; *[news etc]* abasourdir. ◆ **dazed** *adj* hébété; tout étourdi; abasourdi.

dazzle ['dæzl] *vt* éblouir. ◆ **dazzling** *adj* éblouissant.

deacon ['diːk(ə)n] *n* diacre *m*. ◆ **deaconess** *n* diaconesse *f*.

dead [ded] **1** *adj person, animal, plant* mort; *march* funèbre; *matter* inanimé; *limb* engourdi; *fingers* gourd; *custom* tombé en désuétude; *fire, town, language* mort; *cigarette* éteint. **~ or alive** mort ou vif; *(lit, fig)* **~ and buried** mort et enterré; **to drop down ~** tomber mort; **stone ~** raide mort; **as ~ as a doornail** tout ce qu'il y a de plus mort; **to wait for a ~ man's shoes *** attendre que qn veuille bien mourir pour prendre sa place; **over my ~ body! *** pas question! *;* **~ men tell no tales** les morts ne parlent pas; **he's a ~ duck *** c'est un homme fini; **he was ~ to the world *** il dormait comme une souche; *(Telec)* **the line is ~** on n'entend rien (sur la ligne); **~ calm** calme plat; **in the ~ centre** au beau milieu, en plein milieu; **it's a ~ cert ✱** c'est sûr et certain *;* **he's in ~ earnest** il ne plaisante pas; **the race was a ~ heat** ils sont arrivés ex aequo; **that is a ~ loss *** ça ne vaut rien; **D~ Sea** mer *f* Morte; **to make a ~ set at *** *thing* s'acharner pour avoir; *person* chercher à mettre le grappin sur *;* *(Naut)* **by ~ reckoning** à l'estime *f*; **~ season** morte-saison *f*; **~ silence** silence *m* de mort; **~ weight** poids *m* mort.

2 *adv (completely) certain* absolument, complètement. **to stop ~** s'arrêter net; **~ ahead** tout droit; **~ broke ✱** fauché (comme les blés) *;* **~ drunk** ivre mort; **~ on time** juste à l'heure; **to be ~ set on doing *** vouloir faire à tout prix; **to be ~ set against sth *** s'opposer absolument à qch; *(order)* **~ slow** *(Aut)* allez au pas; *(Naut)* en avant lentement; **~ tired** éreinté, crevé *.

3 *n* **(a)** **the ~** les morts *mpl*. **(b) at ~ of night** au plus profond de la nuit.

◆ **dead-and-alive** *adj town* triste, mort. ◆ **deadbeat *** *adj (tired)* crevé *. ◆ **deaden** *vt shock, blow* amortir; *feeling* émousser; *sound* assourdir; *pain* calmer; *nerve* endormir. ◆ **dead-end** *n* impasse *f*; **a ~-end job** un travail sans débouchés. ◆ **deadhead** *vt* enlever les fleurs fanées de. ◆ **deadline** *n (Press, etc)* dernière limite; **to work to a ~line** travailler en vue d'une date *or* d'une heure limite. ◆ **deadlock** *n* impasse *f*. ◆ **deadly 1** *adj (gen)* mortel; *aim* qui ne rate jamais; *weapon* meurtrier; *pallor* de mort; *(*: boring)* casse-pieds * *inv*, rasoir * f inv; ~**ly nightshade** belladone f; **seven ~ly sins** sept péchés mpl capitaux; **in ~ly earnest** tout à fait sérieux ; **2** adv dull mortellement, terriblement; *pale* comme la mort. ◆ **deadnettle** n ortie f blanche. ◆ **deadpan** adj face sans expression; *humour* pince-sans-rire inv. ◆ **deadwood** n bois m mort.

deaf [def] **1** adj sourd. ~ **in one ear** sourd d'une oreille; ~ **as a door post** sourd comme un pot *; **to be** ~ **to sth** rester sourd à qch; **to turn a** ~ **ear to sth** faire la sourde oreille à qch. **2** n: **the** ~ les sourds mpl. ◆ **deaf-aid** n appareil m acoustique. ◆ **deaf-and-dumb** adj sourd-muet; *alphabet* des sourds-muets. ◆ **deafen** vt rendre sourd. ◆ **deafening** adj assourdissant. ◆ **deaf-mute** n sourd(e)-muet(te) m(f). ◆ **deafness** n surdité f.

deal¹ [di:l] n (bois m de) sapin m, bois blanc.

deal² [di:l] (vb: pret, ptp **dealt**) **1** n **(a) a (good** or **great)** ~ **of** beaucoup de, énormément de; **to have a great** ~ **to do** avoir beaucoup à faire; **a good** ~ **of the work** une bonne partie du travail; **that's saying a good** ~ ce n'est pas peu dire; **there's a good** ~ **of truth in it** il y a beaucoup de vrai là-dedans; **to think a great** ~ **of sb** avoir beaucoup d'estime pour qn; **to mean a great** ~ **to sb** compter beaucoup pour qn; **a good** or **cleverer** ~ beaucoup or nettement plus intelligent. **(b)** (agreement, bargain) marché m, affaire f; (St Ex) opération f, transaction f. **business** ~ affaire, marché; **to do a** ~ **with sb** (Comm) faire une affaire avec qn; (gen) conclure un marché avec qn; **we might do a** ~? on pourrait peut-être s'arranger?; **it's a** ~! d'accord!; (Pol etc) **a new** ~ un programme de réformes; **he got a very bad** ~ **from them** ils se sont très mal conduits envers lui; (iro) **big** ~! la belle affaire! **(c)** (Cards) donne f. **it's your** ~ à vous de donner.
2 vt **(a)** (~ **out**) cards donner. **(b) to** ~ **sb a blow** porter or assener un coup à qn.
3 vi **(a)** (Comm) traiter, négocier (with sb avec qn). **I always** ~ **with that butcher** je vais or me fournis toujours chez ce boucher-là; **to** ~ **in wood** être dans le commerce du bois. **(b)** (Cards) donner.
◆ **deal out** vt sep gifts, money distribuer, partager (between entre). **to** ~ **out justice** rendre la justice.
◆ **deal with** vt fus **(a)** (have to do with) person avoir affaire à, traiter avec. **workers dealing with the public** les employés qui sont en contact avec le public or qui ont affaire au public. **(b)** (be responsible for) person, task s'occuper de, se charger de; problem venir à bout de; (Comm) order régler; [book, film etc] traiter de, avoir pour sujet; **I'll** ~ **with him** je me charge de lui; **I'll** ~ **with you later!** tu vas avoir affaire à moi tout à l'heure!; **to know how to** ~ **with sb** savoir s'y prendre avec qn; **he's not very easy to** ~ **with** il n'est pas commode; **to have to** ~ **with sb** avoir affaire à qn. **to well/ badly by sb** agir bien/mal avec qn. **(c)** (be concerned with, cover) [book, film etc] traiter de; [speaker] parler de.
◆ **dealer** n (Comm) marchand m (in de), négociant m (in en); **Citroën** ~ concessionnaire mf Citroën; (Cards) donneur m. ◆ **dealings** npl (gen) relations fpl (with de avec qn); (Comm, St Ex) transactions fpl (in en); (trafficking) trafic m (in sth de qch).

dean [di:n] n doyen m. (US Scol) conseiller m, -ère f (principal(e)) d'éducation.

dear [dɪəʳ] **1** adj **(a)** (loved) cher; (lovable) adorable. **she is very** ~ **to me** elle m'est très chère; **a** ~ **friend of mine** un de mes amis les plus chers; **to hold sb/sth** ~ chérir qn/qch; **his** ~ **est wish** son plus cher désir; **a** ~ **little dress** une ravissante petite robe; (in letter-writing) ~ **Daddy** (mon) cher papa; ~ **Sir** Monsieur; ~ **Sirs** Messieurs; ~ **Mr Smith** cher Monsieur; ~ **Mr and Mrs Smith** cher Monsieur, chère Madame. **(b)** (expensive) prices, goods cher,

coûteux; price élevé; shop cher. **to get** ~**er** augmenter.
2 excl: **oh** ~! (surprise) mon Dieu!, pas possible!; (regret) oh mon Dieu!
3 n: **my** ~ mon cher (ami); (to child) mon petit; **my** ~**est** mon chéri, mon amour; **poor** ~ (to child) pauvre petit, pauvre chou *; (to woman) ma pauvre; **she is a** ~ * c'est un amour; **give it to me, there's a** ~ ⚹ sois gentil, donne-le-moi.
4 adv buy, pay, sell cher.
◆ **dearly** adv: **to love sb/sth** ~**ly** être très attaché à qn/qch; **I should** ~**ly like to live here** j'aimerais infiniment habiter ici; **to pay** ~**ly for sth** payer qch cher.

dearth [dɜ:θ] n [food, ideas] disette f; [money, resources, water] pénurie f. **there is no** ~ **of young men** les jeunes gens ne manquent pas.

death [deθ] **1** n mort f, décès m (Jur, Admin); [plans, hopes] effondrement m. **to be burnt to** ~ mourir carbonisé; **he drank himself to** ~ c'est la boisson qui l'a tué; **at** ~**'s door** à l'article de la mort; **to sentence sb to** ~ condamner qn à mort; **to put to** ~ mettre à mort; **a fight to the** ~ une lutte à mort; (fig) **to be in at the** ~ assister au dénouement; (lit) **it will be the** ~ **of him** cela va l'achever; (fig) **he will be the** ~ **of me** il me fera mourir; **to be bored to** ~ * crever * d'ennui; **you look tired to** ~ * tu as l'air crevé *; **I'm sick to~** * or **tired to** ~ *of all this** j'en ai par-dessus la tête de tout ceci.
2 adj: ~ **cell** cellule f de condamné à mort; ~ **certificate** acte m de décès; ~ **duties** droits mpl de succession; ~ **march** marche f funèbre; ~ **mask** masque m mortuaire; ~ **penalty** peine f de mort; ~ **rate** (taux m de) mortalité f; ~ **rattle** râle m d'agonie; ~ **sentence** arrêt m de mort; ~ **squad** escadron m de la mort; ~ **throes** affres fpl de la mort, agonie f; ~ **toll** chiff-e m des morts; ~ **warrant** ordre m d'exécution; ~ **wish** désir m de mort.
◆ **deathbed 1** n lit m de mort ; **2** adj repentance de la dernière heure. ◆ **death-blow** n coup m mortel or fatal. ◆ **deathless** adj immortel; ~**less prose** (iro, hum) prose f impérissable. ◆ **deathly 1** adj appearance cadavérique; silence mortel, de mort ; **2** adv: ~**ly pale** d'une pâleur mortelle. ◆ **death's-head** n tête f de mort. ◆ **deathtrap** n endroit m (or véhicule m etc) dangereux; **it's a real** ~**trap** c'est mortellement dangereux.

debar [dɪ'bɑ:ʳ] vt exclure (from sth de qch), interdire (sb from doing à qn de faire).

debase [dɪ'beɪs] vt (Fin) coinage déprécier; word, object dégrader; person avilir. **to** ~ **o.s. by doing** s'avilir en faisant. ◆ **debasement** n dépréciation f; dégradation f; avilissement m.

debate [dɪ'beɪt] **1** vt discuter, débattre. **2** vi discuter (with avec, about sur). **he was debating with himself whether to refuse or not** il se demandait s'il refuserait ou non. **3** n débat m, discussion f. **after much** ~ après un long débat. ◆ **debatable** adj discutable, contestable; **it is debatable whether...** on est en droit de se demander si... ◆ **debating society** n société f de conférences contradictoires.

debauch [dɪ'bɔ:tʃ] vt person débaucher, corrompre; morals, taste corrompre. ◆ **debauched** adj débauché. ◆ **debauchery** n débauche f.

debilitate [dɪ'bɪlɪteɪt] vt débiliter. ◆ **debility** n débilité f.

debit ['debɪt] **1** n (Comm) débit m. **2** adj account, balance débiteur. **on the** ~ **side** au débit; (fig) au passif. **3** vt: **to** ~ **sb's account with a sum**, **to** ~ **sb with a sum** porter une somme au débit de qn, débiter qn d'une somme.

debonair [ˌdebə'nɛəʳ] adj raffiné, doucereux.

debrief [ˌdi:'bri:f] vt faire faire un compte rendu oral (de fin de mission) à; freed hostages recueillir

le témoignage de. *(Mil)* **to be** ~**ed** faire rapport.
◆ **debriefing** *n* compte rendu *m* (de fin de mission); rapport *m*.

debris ['debri:] *n* débris *mpl*.

debt [det] *n* (*payment owed*) dette *f*, créance *f*. **bad** ~**s** créances irrécouvrables; ~ **of honour** dette d'honneur; **to be in** ~ avoir des dettes, être endetté; **I am £5 in** ~ je dois 5 livres; **to be out of sb's** ~ être quitte envers qn; **to get into** ~ faire des dettes, s'endetter; **to get out of** ~ s'acquitter de ses dettes; **to be out of** ~ n'avoir plus de dettes; **I am greatly in your** ~ **for sth/for having done** je vous suis très redevable de qch/d'avoir fait. ◆ **debt collector** *n* agent *m* de recouvrements. ◆ **debtor** *n* débiteur *m*, -trice *f*. ◆ **debt-ridden** *adj* criblé de dettes.

debug [diːˈbʌg] *vt* **(a)** *(Comput, fig)* mettre au point. **(b)** *(remove microphones from)* enlever les micros cachés dans. ◆ **debugging** *n* *(Comput)* mise *f* au point.

debunk * [ˌdiːˈbʌŋk] *vt* *(gen)* démythifier; *person* déboulonner *; *claim* démentir; *institution* discréditer.

decade ['dekeɪd] *n* décennie *f*.

decadence ['dekəd(ə)ns] *n* décadence *f*. ◆ **decadent** *adj* décadent.

decaffeinated [ˌdiːˈkæfɪneɪtɪd] *adj* décaféiné.

decamp * [dɪˈkæmp] *vi* décamper *.

decant [dɪˈkænt] *vt* *wine* décanter. ◆ **decanter** *n* carafe *f*.

decapitate [dɪˈkæpɪteɪt] *vt* décapiter.

decay [dɪˈkeɪ] **1** *vi* *[work of art, stone]* s'altérer, se détériorer; *[food]* se gâter; *[flowers, vegetation, wood]* pourrir; *[tooth]* se carier; *[building]* se délabrer; *[radioactive nucleus]* se désintégrer; *[hopes]* s'enfuir; *[beauty]* se faner; *[civilization]* décliner; *[race, one's faculties]* s'affaiblir. **2** *n* *(gen)* pourriture *f*; *(Med)* carie *f*; *[building]* délabrement *m*; *(Phys)* désintégration *f*; *[hopes]* ruine *f*; *[civilization]* décadence *f*; *[race, faculties]* affaiblissement *m*. ◆ **decayed** *adj* *tooth* carié; *wood* pourri; *food* gâté; *building* délabré; *(Phys)* partiellement désintégré; *health*, *civilization* en déclin. ◆ **decaying** *adj* *vegetation* pourrissant; *flesh* en pourriture; *food* en train de s'avarier; *tooth* qui se carie; *building* en état de délabrement; *stone* qui s'altère; *civilization* en décadence.

decease [dɪˈsiːs] *n* décès *m*. ◆ **deceased 1** *adj* décédé ; **2** *n* défunt(e) *m(f)*.

deceit [dɪˈsiːt] *n* tromperie *f*. ◆ **deceitful** *adj* *person* faux, trompeur; *words, conduct* trompeur, mensonger. ◆ **deceitfully** *adv* avec duplicité, faussement. ◆ **deceitfulness** *n* fausseté *f*, duplicité *f*.

deceive [dɪˈsiːv] *vt* tromper, abuser; *spouse, hopes* tromper. **he** ~**d me into thinking that...** il m'a faussement fait croire que...; **I thought my eyes were deceiving me** je n'en croyais pas mes yeux; **to be** ~**d by appearances** être trompé par les apparences; **to** ~ **o.s.** s'abuser. ◆ **deceiver** *n* trompeur *m*, -euse *f*, imposteur *m*.

December [dɪˈsembə^r] *n* décembre *m*; *for phrases V* **September**.

decent ['diːs(ə)nt] *adj* **(a)** *(respectable) person* convenable, bien * *inv*; *house, shoes* convenable; *(seemly) language, behaviour, dress* décent. **(b)** *(*: *pleasant) person* bon, brave *(before n)*. **it was** ~ **of him** c'était chic * de sa part; **to do the** ~ **thing** * agir élégamment *(by sb* envers qn); **quite a** ~ **flat** un appartement qui n'est pas mal; **a** ~ **meal** un bon repas. **(c)** *(* *US: great)* formidable. ◆ **decency** *n* *[dress, conversation]* décence *f*; *[person]* pudeur *f*; **to have a sense of decency** avoir de la pudeur; **the decencies** les convenances *fpl*; **common decency** la simple politesse; **to have the decency to do sth** avoir la décence de faire qch. ◆ **decently**

adv dressed etc convenablement; *(*: *well)* bien. **you can't** ~**ly ask him that** décemment vous ne pouvez pas lui demander cela.

decentralize [diːˈsentrəlaɪz] *vt* décentraliser. ◆ **decentralization** *n* décentralisation *f*.

deception [dɪˈsepʃ(ə)n] *n* *(deceiving)* tromperie *f*; *(deceitful act)* supercherie *f*. ◆ **deceptive** *adj* trompeur. ◆ **deceptively** *adv*: **it looks deceptively near** *etc* ça donne l'illusion d'être proche *etc*. ◆ **deceptiveness** *n* caractère *m* trompeur.

decibel ['desɪbel] *n* décibel *m*.

decide [dɪˈsaɪd] **1** *vt* décider *(to do* de faire; *that* que; *sb to do* qn à faire), se décider *(to do* à faire); *question, quarrel* décider; *piece of business* régler; *difference of opinion* juger; *sb's fate, future* décider de. **2** *vi* se décider *(on, for* pour; *against* contre; *on doing* à faire). **to** ~ **for/against sb** donner raison/tort à qn. ◆ **decided** *adj* *improvement* incontestable; *difference* marqué; *refusal* catégorique; *character, person, tone, look* résolu, décidé; *opinion* arrêté. ◆ **decidedly** *adv* *act, reply* avec décision; *lazy* incontestablement. ◆ **decider** *n* *(goal)* but *m* décisif; *(point)* point *m* décisif; *(factor)* facteur *m* décisif; *(game)* **the** ~**r** la belle. ◆ **deciding** *adj* décisif.

deciduous [dɪˈsɪdjʊəs] *adj* *tree* à feuilles caduques.

decimal ['desɪm(ə)l] **1** *adj* *(gen)* décimal. **to three** ~ **places** à la troisième décimale; ~ **point** virgule *f* *(de fraction décimale)*. **2** *n* décimale *f*. ~**s** le calcul décimal. ◆ **decimalization** *n* décimalisation *f*. ◆ **decimalize** *vt* décimaliser.

decimate ['desɪmeɪt] *vt* *(lit, fig)* décimer.

decipher [dɪˈsaɪfə^r] *vt* déchiffrer. ◆ **decipherable** *adj* déchiffrable.

decision [dɪˈsɪʒ(ə)n] *n* décision *f*; *(Jur)* arrêt *m*. **to come to a** ~ arriver à une décision. ◆ **decision-maker** *n* décideur *m*. ◆ **decisive** *adj* *battle, victory, factor* décisif; *manner, answer* décidé, catégorique; *person* qui a de la décision. ◆ **decisively** *adv* *speak* d'un ton décidé; *act* d'une façon décidée. ◆ **decisiveness** *n* *[person]* décision *f*, fermeté *f*.

deck [dek] **1** *n* **(a)** *[ship]* pont *m*. **to go up on** ~ monter sur le pont; **below** ~ sous le pont, en bas; **top** ~, **upper** ~ *[bus]* impériale *f*; *[jumbo jet]* étage *m*. **(b)** *[record player etc]* platine *f*. **(c)** ~ **of cards** jeu *m* de cartes. **2** *vt* (~ **out**) orner *(with* de). ◆ **deckchair** *n* chaise *f* longue. ◆ **deck hand** *n* matelot *m*. ◆ **decklid** *n* *(US Aut)* capot *m* du coffre à bagages.

declaim [dɪˈkleɪm] *vti* déclamer *(against* contre). ◆ **declamation** *n* déclamation *f*. ◆ **declamatory** *adj* déclamatoire.

declare [dɪˈkleə^r] *vt* *(gen)* déclarer *(that* que); *results* proclamer. *(Customs)* **have you anything to** ~? avez-vous qch à déclarer?; **to** ~ **war** déclarer la guerre *(on* à); **to** ~ **o.s. for/against** se déclarer en faveur de/contre. ◆ **declaration** *n* déclaration *f*. ◆ **declared** *adj* déclaré, ouvert. ◆ **declaredly** *adv* ouvertement.

declassify [diːˈklæsɪfaɪ] *vt* rayer de la liste des documents secrets.

declension [dɪˈklenʃ(ə)n] *n* *(Gram)* déclinaison *f*.

decline [dɪˈklaɪn] **1** *n* *(gen)* déclin *m*. ~ **in price** baisse *f* de prix; **these cases are on the** ~ ces cas sont de moins en moins fréquents. **2** *vt* *(gen)* refuser *(to do* de faire); *invitation, honour, responsibility* décliner; *(Gram)* décliner. **3** *vi* *[health, influence]* décliner; *[empire]* tomber en décadence; *[prices, business]* être en baisse; *(Gram)* se décliner. **to** ~ **in importance** perdre de l'importance. ◆ **declining** *adj*: **in his declining years** au déclin de sa vie.

declutch [diːˈklʌtʃ] *vi* débrayer.

decode [ˌdiːˈkəʊd] vt décoder. ◆ **decoder** n décodeur m.

decoke [diːˈkəʊk] **1** vt décalaminer. **2** n décalaminage m.

decompose [ˌdiːkəmˈpəʊz] **1** vt décomposer. **2** vi se décomposer. ◆ **decomposition** n décomposition f.

decompression [ˌdiːkəmˈpreʃ(ə)n] **1** n décompression f. **2** adj: ~ **chamber** caisson m de décompression; ~ **sickness** maladie f des caissons.

decontaminate [ˌdiːkənˈtæmɪneɪt] vt décontaminer. ◆ **decontamination** n décontamination f.

decontrol [ˌdiːkənˈtrəʊl] vt prices libérer des contrôles gouvernementaux; butter lever le contrôle du prix de. ~**led road** route f non soumise à la limitation de vitesse.

decorate [ˈdekəreɪt] vt (a) orner, décorer (with de); cake décorer; (paint etc) room décorer, peindre (et tapisser). **to** ~ **with flags** pavoiser. (b) soldier décorer (for gallantry pour acte de bravoure). ◆ **decorating** n: (painting and) decorating décoration f intérieure; **they are doing some decorating** ils sont en train de refaire les peintures. ◆ **decoration** n (state) décor m; (ornament, medal) décoration f; **Christmas decorations** décorations de Noël. ◆ **decorative** adj décoratif. ◆ **decorator** n décorateur m, -trice f.

decorum [dɪˈkɔːrəm] n décorum m. **a breach of** ~ une inconvenance; **a sense of** ~ le sens des convenances. ◆ **decorous** [ˈdekərəs] adj comme il faut. ◆ **decorously** adv comme il faut.

decoy [ˈdiːkɔɪ] **1** n (person) compère m. **police** ~ policier m en civil (servant à attirer un criminel dans une souricière). **2** also [dɪˈkɔɪ] vt attirer dans un piège.

decrease [diːˈkriːs] **1** vi [amount, numbers, supplies, birth rate, population] diminuer, décroître; [power, strength, intensity] s'affaiblir; [price, value, enthusiasm] baisser; (Knitting) diminuer. **2** vt diminuer; affaiblir; baisser. **3** [ˈdiːkriːs] n diminution f (in de); affaiblissement m (in de); baisse f (in de). ~ **in speed** ralentissement m; ~ **in strength** affaiblissement. ◆ **decreasing** adj décroissant; qui s'affaiblit; en baisse. ◆ **decreasingly** adv de moins en moins.

decree [dɪˈkriː] **1** n (Rel) décret m; [tribunal] jugement m; (municipal) arrêté m. **by royal** ~ par décret du roi; [divorce] ~ **absolute/nisi** jugement définitif/provisoire de divorce. **2** vt décréter, arrêter (that que + indic).

decrepit [dɪˈkrepɪt] adj structure, building délabré; (*) person décrépit. ◆ **decrepitude** n délabrement m; décrépitude f.

decry [dɪˈkraɪ] vt décrier.

dedicate [ˈdedɪkeɪt] vt dédier (to à). **to** ~ **o.s. or one's life to sth/to doing** se consacrer à qch/à faire. ◆ **dedicated** adj consciencieux. ◆ **dedication** n (in book) dédicace f; (devotion) dévouement m.

deduce [dɪˈdjuːs] vt déduire, conclure (from de, that que). ◆ **deduction**¹ n déduction f. ◆ **deductive** adj déductif.

deduct [dɪˈdʌkt] vt amount déduire (from de); numbers soustraire (from de). **to** ~ **sth from the price** faire une réduction sur le prix; **to** ~ **5% from the wages** faire une retenue de 5% sur les salaires; **after** ~**ing 5%** déduction faite de 5%. ◆ **deductible** adj à déduire (from de); expenses déductible. ◆ **deduction**² n déduction f (from de); (from wage) retenue f (from sur).

deed [diːd] n (a) action f, acte m. **brave** ~ exploit m. **good** ~ bonne action; **in** ~ de fait, en fait. (b) (Jur) acte m. ~ **of covenant** or **gift** (acte de) donation f; **to change one's name by** ~ **poll** changer de nom officiellement.

deejay [ˈdiːˌdʒeɪ] n disc-jockey m, animateur m.

deem [diːm] vt juger, estimer. **to** ~ **it prudent to do** juger prudent de faire.

deep [diːp] **1** adj (a) water, hole, wound profond; snow épais. **the pond was 4 metres** ~ l'étang avait 4 mètres de profondeur; (fig) **to be in** ~ **water** être dans de vilains draps; [swimming pool] **the** ~ **end** le grand bain; **to go off (at) the** ~ **end** * (excited) se mettre dans tous ses états; (angry) **he was thrown in at the** ~ **end** ça a été le baptême du feu (pour lui); **he was ankle-** ~ **in water** l'eau lui arrivait aux chevilles. (b) shelf, cupboard large, profond; edge, border large, haut. **the spectators stood 10** ~ il y avait 10 rangs de spectateurs debout; ~ **space** espace m interstellaire. (c) sound, voice, tones grave; (Mus) note, voice bas, grave. (d) sorrow, relief, colour, mystery, sleep profond; feeling intense; interest, concern vif; writer, thinker profond. ~ **in thought/in a book** absorbé dans ses pensées/dans un livre; ~ **breathing (exercises)** exercices mpl respiratoires; (Ling) ~ **structure** structure f profonde; **he's a** ~ **one** * il est plus malin qu'il n'en a l'air.

2 adv breathe, penetrate profondément; drink à longs traits. **don't go in too** ~ **if you can't swim** ne va pas trop loin si tu ne sais pas nager; ~ **into the night** tard dans la nuit; **he's in it pretty** ~ * il s'est engagé très loin là-dedans, (pej) il est dedans jusqu'au cou.

3 n: **the** ~ (les grands fonds de) l'océan m.

◆ **deep-chested** adj person de poitrine; animal à large poitrail. ◆ **deepen 1** vt hole, darkness approfondir; sorrow, interest augmenter; sound rendre plus grave; colour foncer ; **2** vi devenir plus profond (or plus foncé etc); [night, mystery] s'épaissir; [voice] se faire plus grave. ◆ **deepening** adj de plus en plus profond etc. ◆ **deep-freeze 1** n (also **deepfreezer**) congélateur m ; **2** vt surgeler. ◆ **deep-freezing** n surgélation f. ◆ **deep-frozen** adj surgelé. ◆ **deep-fry** vt faire frire (en friteuse). ◆ **deeply** adv dig, cut profondément; drink à longs traits; consider profondément; (very) grateful etc infiniment ; moving, concerned extrêmement; offended profondément; **to regret** ~**ly** regretter vivement; **to go** ~**ly into sth** approfondir qch. ◆ **deep-rooted** adj affection profond; prejudice profondément enraciné; habit invétéré. ◆ **deep-sea** adj animal, plant pélagique; diver sous-marin; fisherman, fishing hauturier. ◆ **deep-seated** adj prejudice, dislike profondément enraciné; conviction fermement ancré ; cough caverneux. ◆ **deep-set** adj eyes très enfoncé.

deer [dɪər] n, pl inv cerf m, biche f; (red ~) cerf ; (fallow ~) daim m; (roe ~) chevreuil m. **certain types of** ~ certains types de cervidés mpl. ◆ **deerskin** n peau f de daim. ◆ **deer-stalking** n chasse f au cerf à pied.

de-escalate [diːˈeskəleɪt] vt tension faire baisser; situation décrisper. ◆ **de-escalation** n (Mil, Pol) désescalade f; (in industrial relations) décrispation f.

deface [dɪˈfeɪs] vt monument, door dégrader; work of art mutiler; poster, inscription barbouiller; [thing] countryside mutiler.

defame [dɪˈfeɪm] vt diffamer. ◆ **defamation** n diffamation f. ◆ **defamatory** adj diffamatoire.

default [dɪˈfɔːlt] **1** n (a) **in** ~ **of** à défaut de. (b) (Comput: also ~ **value**) valeur f par défaut. **2** vi manquer à ses engagements. ◆ **defaulter** n délinquant(e) m(f). ◆ **defaulting** adj défaillant.

defeat [dɪˈfiːt] **1** n [army, team] défaite f; [project, ambition] échec m; [legal case, appeal] rejet m. **2** vt opponent vaincre; army, team battre; hopes ruiner; ambitions, plans, efforts faire échouer; (Parl) party, group mettre en minorité; bill, amendment rejeter. **to** ~ **one's own ends** aller à l'encontre du but que

l'on s'est proposé; **that plan will ~ its own ends**
ce plan sera auto-destructeur. ◆ **defeated** *adj*
vaincu. ◆ **defeatism** *n* défaitisme *m*. ◆ **defeatist** *adj, n* défaitiste *(mf)*.

defecate ['defəkeɪt] *vi* déféquer.

defect ['diːfekt] **1** *n (gen)* défaut *m*. **physical ~** vice
m or défaut de conformation; **mental ~** anomalie
f mentale; **moral ~** défaut. **2** [dɪ'fekt] *vi (Pol)* faire
défection. **to ~ from one country to another** s'enfuir d'un pays dans un autre pour raisons politiques; **to ~ to the enemy** passer à l'ennemi.
◆ **defection** *n (Pol)* défection *f*. ◆ **defective** *adj*
machine défectueux; *reasoning* mauvais; *(Med)* déficient; *(Gram)* défectif; **to be ~ive in sth** manquer
de qch. ◆ **defector** *n* transfuge *mf*.

defence [dɪ'fens] **1** *n (gen)* défense *f*, protection
f; *[action, argument, belief]* justification *f*. **in ~ of**
à la défense de; **Ministry** *or* **Department of D~**
ministère *m* de la Défense nationale; *(Mil)* **~s**
ouvrages *mpl* défensifs; **the body's ~s against
disease** la défense de l'organisme contre la maladie; **as a ~ against** en guise de défense contre;
in his ~ à sa décharge; *(Jur)* **witness for the ~**
témoin *m* à décharge; *(Jur)* **the case for the ~** la
défense. **2** *adj* de défense. **~ counsel** avocat *m*
de la défense; **~ expenditure** dépenses *fpl* militaires; **the ~ forces** les forces *fpl* défensives, la
défense; **~ mechanism** *(Physiol)* système *m* de
défense; *(Psych)* défenses *fpl*. ◆ **defenceless** *adj*
sans défense.

defend [dɪ'fend] *vt (gen)* défendre *(against* contre);
action, decision, opinion défendre, justifier. **to ~ o.s.**
se défendre *(against* contre). ◆ **defendant** *n (Jur)*
défendeur *m*, -eresse *f*; *(in criminal case)* préve-
nu(e) *m(f)*, accusé(e) *m(f)*. ◆ **defender** *n (gen)*
défenseur *m*; *[sport record, title]* détenteur *m*,
-trice *f*; **~er of the faith** défenseur de la foi.
◆ **defending** *adj (Sport)* **~ing champion** cham-
pion(ne) *m(f)* en titre; *(Jur)* **~ing counsel** avocat
m de la défense.

defense [dɪ'fens] *n (US)* = **defence**.

defensive [dɪ'fensɪv] **1** *adj* défensif. **2** défensive
f. **on the ~** sur la défensive.

defer¹ [dɪ'fɜːʳ] *vt (gen)* différer, remettre à plus tard
(doing de faire); *meeting* reporter; *business* renvoyer; **~red payment** paiement *m* par versements
échelonnés; *(Mil)* **his call-up's been ~red** il a été
mis en sursis d'incorporation. ◆ **deferment** *n*
report *m*; renvoi *m*.

defer² [dɪ'fɜːʳ] *vi (submit)* déférer *(to sb* à qn). **to
~ to sb's knowledge** s'en remettre aux connaissances de qn. ◆ **deference** *n* déférence *f*. ◆ **deferential** *adj person* plein de déférence; *tone* de
déférence. ◆ **deferentially** *adv* avec déférence.

defiance [dɪ'faɪəns] *n* défi *m (of* à). **in ~ of** au
mépris de. ◆ **defiant** *adj attitude, tone* de défi; *reply*
provocant; *person* intraitable. ◆ **defiantly** *adv*
d'un air *or* ton de défi.

deficiency [dɪ'fɪʃ(ə)nsɪ] *n (a) [goods]* manque *m*,
insuffisance *f*; *[vitamins etc]* carence *f*; *(of liver etc)*
déficience *f (of* de). *(b) (in character, system)* imperfection *f (in* dans). *(c) (Fin)* déficit *m*, découvert *m*. ◆ **deficient** *adj (defective)* défectueux; *(inadequate)* faible *(in* en); **to be deficient in sth** manquer de qch.

deficit ['defɪsɪt] *n (Fin etc)* déficit *m*.

defile¹ ['diːfaɪl] **1** *n (procession; place)* défilé *m*. **2**
[dɪ'faɪl] *vi (march in file)* défiler.

defile² [dɪ'faɪl] *vt (pollute)* souiller, salir. ◆ **defilement** *n* souillure *f*.

define [dɪ'faɪn] *vt (a) word, attitude, conditions, powers*
définir. *(b) (outline)* **the tower was ~d against the
sky** la tour se détachait sur le ciel. ◆ **definable**
adj définissable. ◆ **definition** *n (gen)* définition

f; *(Phot)* netteté *f*; *(TV)* définition *f*. ◆ **definitive**
adj définitif. ◆ **definitively** *adv* définitivement.

definite ['defɪnɪt] *adj (a) (exact, clear) decision, agreement, plan* bien déterminé, précis; *stain, mark* très
visible; *improvement* net, manifeste; *intention, order,
sale* ferme. *(b) (certain)* certain, sûr; *manner, tone*
assuré, positif. **it is ~ that** il est certain que +
indic; **is it ~ that...?** est-il certain que...?
+ *subj*; **she was very ~ about it** elle a été catégorique *or* très nette sur la question. *(c) (Gram)*
~ article article *m* défini; **past ~ tense** prétérit *m*.
◆ **definitely** *adv (certainly)* sans aucun doute, certainement; *(appreciably) better* nettement, manifestement; *(emphatically) state* catégoriquement;
~ly! absolument!, bien sûr!; **she said very ~ly
that...** elle a déclaré catégoriquement que...

deflate [diː'fleɪt] *vt tyre* dégonfler; *prices* faire baisser; *(*) person* rabattre le caquet à. ◆ **deflation**
n (Econ) déflation *f*. ◆ **deflationary** *adj (Econ)*
déflationniste.

deflect [dɪ'flekt] **1** *vt ball, projectile* faire dévier;
stream, person détourner *(from* de). **2** *vi* dévier.
◆ **deflector** *n* déflecteur *m*.

defoliate [diː'fəʊlɪeɪt] *vt* défeuiller. ◆ **defoliant** *n*
défoliant *m*. ◆ **defoliation** *n* défoliation *f*.

deforest [diː'fɒrɪst] *vt* déboiser. ◆ **deforestation**
n déboisement *m*.

deform [dɪ'fɔːm] *vt* déformer. ◆ **deformation** *n*
déformation *f*. ◆ **deformed** *adj limb, body, person*
difforme; *mind, structure* déformé. ◆ **deformity**
n [body] difformité *f*; *[mind]* déformation *f*.

defraud [dɪ'frɔːd] *vt Customs, state* frauder; *person*
escroquer. **to ~ sb of sth** escroquer qch à qn.

defray [dɪ'freɪ] *vt cost* couvrir. **to ~ sb's expenses**
défrayer qn.

defrock [diː'frɒk] *vt* défroquer.

defrost [diː'frɒst] **1** *vt refrigerator, windscreen* dégivrer; *meat, vegetables* décongeler. **2** *vi [fridge]* se
dégivrer; *[frozen food]* se décongeler. ◆ **defroster**
n (Aut) dégivreur *m*; *(US)* dispositif *m* antibuée.

deft [deft] *adj* adroit, preste. ◆ **deftly** *adv* adroitement, prestement. ◆ **deftness** *n* adresse *f*.

defuse [diː'fjuːz] *vt (lit, fig)* désamorcer.

defy [dɪ'faɪ] *vt person, law, danger, death* braver,
défier; *attack, description* défier; *efforts* résister à.
to ~ sb to do défier qn de faire, mettre qn au
défi de faire.

degenerate [dɪ'dʒenəreɪt] **1** *vi* dégénérer *(into*
en). **2** [dɪ'dʒen(ə)rɪt] *adj, n* dégénéré(e) *m(f)*.
◆ **degeneracy** *or* ◆ **degeneration** *n* dégénérescence *f*.

degrade [dɪ'greɪd] *vt* dégrader. **he felt ~d** il se sentait dégradé; **I wouldn't ~ myself to do that** je
n'irais pas m'avilir à faire cela. ◆ **degradation**
n (state) déchéance *f*. ◆ **degrading** *adj* dégradant,
avilissant.

degree [dɪ'griː] *n (a) (gen, Geog, Math)* degré *m*. **it
was 35 ~s in the shade** il faisait 35 (degrés) à
l'ombre. *(b)* **by ~s** par degrés, petit à petit; **to
a ~** extrêmement; **to some ~, to a certain ~** jusqu'à un certain point, dans une certaine mesure;
to such a ~ that à un tel point que; **a high ~ of
error** d'assez nombreuses erreurs; **a considerable ~ of doubt remains** des doutes considé-
rables subsistent; **third-~ burns** brûlures *fpl* au
troisième degré. *(c) (Univ)* diplôme *m* (universitaire). **first ~** ≃ licence *f*; **higher ~** ≃ doctorat
m; **a science ~** une licence de sciences; **to have
a ~ in** avoir une licence de; **to get one's ~** avoir
sa licence; *(US pej)* **~ mill** usine *f* à diplômes.

dehumanize [diː'hjuːmənaɪz] *vt* déshumaniser.

dehydrate [ˌdiː'haɪdreɪt] *vt* déshydrater. ◆ **dehydrated** *adj person, vegetables* déshydraté; *milk, eggs*
en poudre. ◆ **dehydration** *n* déshydratation *f*.

de-ice [diːˈaɪs] vt dégivrer. ◆ **de-icer** n dégivreur m.

deify [ˈdiːɪfaɪ] vt déifier. ◆ **deification** n déification f.

deign [deɪn] vt daigner (to do faire).

deity [ˈdiːɪtɪ] n divinité f. **the D~** Dieu m.

dejected [dɪˈdʒektɪd] adj découragé. **to become ~** se décourager. ◆ **dejection** n découragement m.

delay [dɪˈleɪ] **1** vt person retarder, retenir; train, plane, action, event retarder; traffic ralentir, entraver; payment différer. **~ed-action bomb** bombe f à retardement. **2** vi s'attarder (in doing à faire). **don't ~!** dépêchez-vous! **3** n (waiting) délai m; (stop) arrêt m. **with as little ~ as possible** dans les plus brefs délais; **without ~** sans délai; **without further ~** sans plus tarder; **after 2 or 3 ~s** après 2 ou 3 arrêts; **there will be ~s to trains** on prévoit des retards mpl pour les trains; **there will be ~s to traffic** la circulation sera ralentie. ◆ **delayed-action** adj à retardement. ◆ **delaying** adj dilatoire.

delegate [ˈdelɪgeɪt] **1** vt déléguer (to sb à qn; to do pour faire). **2** [ˈdelɪgɪt] n délégué(e) m(f) (to à). ◆ **delegation** n délégation f.

delete [dɪˈliːt] vt (gen) effacer (from de); (score out) barrer, rayer (from de), effacer (from de). **'~ where inapplicable** 'rayer les mentions inutiles'. ◆ **deletion** n suppression f; (thing deleted) rature f.

Delhi [ˈdelɪ] n Delhi.

deli * [ˈdelɪ] n épicerie fine.

deliberate [dɪˈlɪb(ə)rɪt] **1** adj (intentional) délibéré, voulu; (cautious, thoughtful) bien pesé, mûrement réfléchi; (slow, purposeful) air, voice décidé; manner, walk mesuré, posé. **it wasn't ~** ce n'était pas fait exprès. **2** [dɪˈlɪbəreɪt] vi délibérer (upon sur). **3** vt (consider) considérer, examiner; (discuss) délibérer sur. ◆ **deliberately** adv (intentionally) exprès, délibérément; (slowly, purposefully) posément. ◆ **deliberation** n (gen) délibération f; **after due deliberation** après mûre réflexion. ◆ **deliberative** adj assembly délibérant.

delicate [ˈdelɪkɪt] adj délicat. ◆ **delicacy** n délicatesse f; (tasty food) mets m délicat. ◆ **delicately** adv touch délicatement; act, express avec délicatesse. ◆ **delicatessen** n (shop) épicerie f fine; (food) ≃ charcuterie f.

delicious [dɪˈlɪʃəs] adj délicieux.

delight [dɪˈlaɪt] **1** n (a) (joy) grand plaisir m, joie f. **to my ~** à ma plus grande joie; **with great ~** watch, taste avec délices; learn, wait avec joie. **(b)** (pleasant thing etc) délice m (f in pl), charme m. **the ~s of life in the open** les charmes or les délices de la vie en plein air; **this book is a great ~** ce livre est vraiment merveilleux; **a ~ to the eyes** un plaisir pour les yeux; **he's a ~ to watch** il fait plaisir à voir. **2** vt person réjouir, enchanter. **3** vi prendre plaisir, se délecter (in sth à qch; in doing à faire). ◆ **delighted** adj ravi, enchanté (with, at, by de, par; to do de faire; that que + subj); **I shall be ~ed** avec grand plaisir. ◆ **delightful** adj person charmant; character, smile délicieux, charmant; place, object ravissant; **it's ~ful** c'est merveilleux. ◆ **delightfully** adv délicieusement.

delineate [dɪˈlɪnɪeɪt] vt outline esquisser; character décrire.

delinquent [dɪˈlɪŋkwənt] adj, n délinquant(e) m(f). ◆ **delinquency** n délinquance f.

delirious [dɪˈlɪrɪəs] adj (Med, fig) délirant (with de). **to become ~** (Med) être pris de délire; (fig) entrer en délire; (Med, fig) **to be ~** délirer. ◆ **deliriously** adv (Med) en délire; (fig) frénétiquement; **~ly happy** débordant de joie. ◆ **delirium** n délire m; **bout of delirium** accès m de délire. **delirium tremens** delirium m tremens.

deliver [dɪˈlɪvə'] vt **(a)** (gen) message, object remettre (to sb à qn); [postman] distribuer; goods livrer. **I will ~ the children to school tomorrow** j'emmènerai les enfants à l'école demain; **to ~ a child into sb's care** confier un enfant aux soins de qn; (fig) **he ~ed the goods** * il a fait ce qu'on attendait de lui. **(b)** (rescue) délivrer, sauver (sb from sth qn de qch). **~ us from evil** délivrez-nous du mal. **(c)** speech, sermon prononcer; ultimatum lancer; blow porter, asséner. **(d)** baby mettre au monde; woman (faire) accoucher. ◆ **deliverance** n délivrance f. ◆ **deliverer** n sauveur m. ◆ **delivery 1** n [goods, parcels] livraison f; [letters] distribution f; [Med] accouchement m; [speaker] débit m; **to take ~y of** prendre livraison de ; **2** adj note, service, truck de livraison; **~y man** livreur m; (Med) **~y room** salle f de travail.

delouse [diːˈlaʊs] vt épouiller.

delta [ˈdeltə] n delta m. **~-winged** à ailes en delta.

delude [dɪˈluːd] vt tromper, duper (with de). **to ~ sb into thinking that** faire croire à qn que; **to ~ o.s.** se faire des illusions. ◆ **deluded** adj: **to be ~d** être victime d'illusions; **the poor ~d boy said...** dans son erreur le pauvre garçon dit... ◆ **delusion** n (false belief) illusion f; (Psych) fantasme m.

deluge [ˈdeljuːdʒ] **1** n déluge m. **a ~ of protests** un déluge de protestations; **a ~ of letters** une avalanche de lettres. **2** vt (lit, fig) inonder (with de).

delve [delv] vi: **to ~ into** book fouiller dans; subject creuser; past fouiller dans; drawer, bag fouiller dans.

demagogue [ˈdeməgɒg] n démagogue m.

de-man [ˌdiːˈmæn] vt (Ind) réduire les effectifs de.

demand [dɪˈmɑːnd] **1** vt (gen) exiger (to do de faire; that que + subj); money, explanation, help, attention exiger, réclamer (from, of de); higher pay etc revendiquer, réclamer. **2** n **(a)** [person, situation etc] exigence f; (for better pay etc) revendication f, réclamation f; (for help, money) demande f; (Admin etc: letter) avertissement m. **payable on ~** payable sur demande; **final ~ for payment** dernier avertissement d'avoir à payer; **to make great ~s on sb** exiger beaucoup de qn; [child, work] accaparer qn; **the ~s of the case** les nécessités fpl du cas. **(b)** (Comm, Econ) demande f (for pour). **to be in great ~** être très demandé; **the ~ for this product increases** ce produit est de plus en plus demandé; **there's no ~ for them** ils ne sont pas demandés. **3** adj (Med) **~ feeding** alimentation f libre. ◆ **demanding** adj person exigeant; work astreignant; **physically ~ing** qui demande beaucoup de résistance physique.

demarcation [ˌdiːmɑːˈkeɪʃ(ə)n] n démarcation f. **~ line** ligne f de démarcation; **~ dispute** conflit m d'attributions.

demean [dɪˈmiːn] vt: **to ~ o.s.** s'abaisser (to do à faire). ◆ **demeaning** adj avilissant, abaissant.

demeanour, (US) demeanor [dɪˈmiːnə'] n attitude f; (bearing) maintien m.

demented [dɪˈmentɪd] adj dément, fou. ◆ **dementedly** adv comme un fou.

demerara [ˌdeməˈrɛərə] n (~ sugar) cassonade f.

demi... [ˈdemɪ] pref demi-. **~god** demi-dieu m ; **~tasse** (cup) tasse f (à moka); (coffee) (tasse de) café m noir.

demijohn [ˈdemɪdʒɒn] n dame-jeanne f.

demilitarize [ˈdiːˈmɪlɪtəraɪz] vt démilitariser. ◆ **demilitarization** n démilitarisation f.

demise [dɪˈmaɪz] n décès m; (of custom etc) mort f.

demister [diːˈmɪstə'] n (Brit Aut) dispositif m antibuée.

demo * [ˈdeməʊ] n (Brit abbr of **demonstration**) manif * f.

demob * ['di:'mɒb] *abbr of* **demobilize, demobilization**.

demobilize [di:'məʊbɪlaɪz] *vt* démobiliser. ◆ **demobilization** *n* démobilisation *f*.

democracy [dɪ'mɒkrəsɪ] *n* démocratie *f*. **people's ~** démocratie populaire; **they are working towards ~** ils sont en train de se démocratiser. ◆ **democrat** *n* démocrate *mf*. ◆ **democratic** *adj institution, spirit* démocratique; *(believing in democracy)* démocrate; *(Pol) party* démocrate. ◆ **democratically** *adv* démocratiquement. ◆ **democratize** **1** *vt* démocratiser; **2** *vi* se démocratiser.

demography [dɪ'mɒgrəfɪ] *n* démographie *f*. ◆ **demographer** *n* démographe *mf*. ◆ **demographic** *adj* démographique.

demolish [dɪ'mɒlɪʃ] *vt (gen)* démolir; (*) *cake* liquider *. ◆ **demolisher** *n* démolisseur *m*. ◆ **demolition** **1** *n* démolition *f* ; **2** *adj:* **demolition squad** équipe *f* de démolition; **demolition worker** démolisseur *m;* **demolition zone** zone *f* de démolition.

demon ['di:mən] *n (gen)* démon *m*. **to be a ~ for work** être un bourreau de travail. ◆ **demoniac(al)** [ˌdi:mə'naɪək(əl)] *adj* démoniaque.

demonstrate ['demənstreɪt] **1** *vt truth, need* démontrer; *system* expliquer, décrire; *appliance* faire une démonstration de. **to ~ how sth works** montrer le fonctionnement de qch, faire une démonstration de qch; **to ~ how to do** montrer comment faire. **2** *vi (Pol etc)* manifester, faire une manifestation *(for* pour, *against* contre). ◆ **demonstrable** *adj* démontrable. ◆ **demonstrably** *adv* manifestement. ◆ **demonstration 1** *n (gen)* démonstration *f*; *(Pol etc)* manifestation *f*; **to hold a demonstration** manifester; **2** *adj car, model* de démonstration. ◆ **demonstrative** *adj* démonstratif. ◆ **demonstrator** *n (Comm)* démonstrateur *m*, -trice *f*; *(Univ)* chargé(e) *m(f)* de travaux pratiques; *(Pol)* manifestant(e) *m(f)*.

demoralize [dɪ'mɒrəlaɪz] *vt* démoraliser. **to become ~d** perdre courage. ◆ **demoralization** *n* démoralisation *f*. ◆ **demoralizing** *adj* démoralisant.

demote [dɪ'məʊt] *vt* rétrograder. ◆ **demotion** *n* rétrogradation *f*.

demur [dɪ'mɜːʳ] **1** *vi* élever des objections *(at sth* contre qch). **2** *n:* **without ~** sans faire de difficultés.

demure [dɪ'mjʊəʳ] *adj* sage, modeste. ◆ **demurely** *adv* sagement, modestement. ◆ **demureness** *n* sagesse *f*, air *m* modeste.

demystify [di:'mɪstɪˌfaɪ] *vt* démystifier.

den [den] *n [animal]* antre *m; [thieves]* repaire *m; (*: room, study)* antre, turne * *f*. **~ of iniquity** lieu *m* de perdition.

denationalize [di:'næʃnəlaɪz] *vt* dénationaliser. ◆ **denationalization** *n* dénationalisation *f*.

denial [dɪ'naɪ(ə)l] *n [rights, guilt, truth]* dénégation *f; [authority]* reniement *m*. **~ of justice** déni *m* de justice; **to issue a ~** publier un démenti; **Peter's ~ of Christ** le reniement du Christ.

denier ['denɪəʳ] *n:* **25 ~ stockings** bas *mpl* de 25 deniers.

denigrate ['denɪgreɪt] *vt* dénigrer.

denim ['denɪm] **1** *n* toile *f* de jean; *(heavier)* treillis *m*. **~s** *(npl) (trousers)* blue-jean *m; (overalls)* bleus *mpl* de travail. **2** *adj jacket, skirt* en toile de jean.

Denmark ['denmɑːk] *n* Danemark *m*.

denomination [dɪˌnɒmɪ'neɪʃ(ə)n] *n (Rel)* confession *f (secte); [money]* valeur *f*.

denominator [dɪ'nɒmɪneɪtəʳ] *n* dénominateur *m*.

denote [dɪ'nəʊt] *vt (gen)* dénoter; *[word]* signifier.

denounce [dɪ'naʊns] *vt (gen)* dénoncer *(to* à). **to ~ sb as an impostor** accuser publiquement qn d'imposture.

dense [dens] *adj (gen)* dense; *(*: stupid)* bête, bouché *; (US: meaning)* profond. ◆ **densely** *adv:* **~ly wooded** couvert de forêts épaisses; **~ly populated** très peuplé. ◆ **density** *n* densité *f*.

dent [dent] **1** *n (in wood)* entaille *f; (in metal)* bosse *f*, bosselure *f; (*: in savings)* trou *m*. **to have a ~ in the bumper** avoir le pare-choc bosselé *or* cabossé. **2** *vt hat* cabosser; *car* bosseler, cabosser.

dental ['dentl] *adj* dentaire. **~ floss** fil *m* dentaire; **~ hygienist** assistant(e) *m(f)* de dentiste; **~ surgeon** chirurgien *m* dentiste; **~ technician** mécanicien *m* dentiste.

dentifrice ['dentɪfrɪs] *n* dentifrice *m*.

dentist ['dentɪst] *n* dentiste *mf*. **~'s chair** fauteuil *m* de dentiste; **~'s surgery** cabinet *m* de dentiste. ◆ **dentistry** *n:* **to study ~ry** faire l'école dentaire.

dentures ['den(t)ʃəz] *npl* dentier *m*.

denude [dɪ'nju:d] *vt* dénuder.

denunciation [dɪˌnʌnsɪ'eɪʃ(ə)n] *n* dénonciation *f; (in public)* accusation *f* publique.

deny [dɪ'naɪ] *vt* nier *(having done* avoir fait; *that* que *+ indic or subj); fact, accusation* nier; *leader, religion* renier. **there is no ~ing it** c'est indéniable; **to ~ sb sth** refuser qch à qn; **to ~ o.s. cigarettes** se priver de cigarettes.

deodorant [di:'əʊdər(ə)nt] *adj, n* déodorant *(m)*. ◆ **deodorize** *vt* déodoriser.

depart [dɪ'pɑːt] *vi (gen)* partir; *(from rule)* s'écarter *(from* de); *(from custom)* faire une entorse *(from* à). **to ~ from a city** quitter une ville, partir *or* s'en aller d'une ville; *(fig)* **to ~ from** *(gen)* s'écarter de; *(from habit, truth)* faire une entorse à. ◆ **departed 1** *adj (dead)* défunt; *(bygone) glory, happiness* passé; *friends* disparu; **2** *n, pl inv* défunt(e) *m(f)*. ◆ **departure 1** *n (gen)* départ *m; (from custom, principle, truth)* entorse *f (from* à); *(Comm: new type of goods)* nouveauté *f;* **a ~ure from the norm** une exception à la règle; **it's a new ~ure in biochemistry** c'est une nouvelle voie qui s'ouvre en biochimie ; **2** *adj preparations, gate, time* de départ; **~ure indicator** horaire *m* des départs; **~ure lounge** salle *f* de départ.

department [dɪ'pɑːtmənt] **1** *n (government ~)* ministère *m*, département *m; (Ind)* service *m; [shop, store]* rayon *m; [smaller shop]* comptoir *m; (Scol)* section *f; (Univ)* ≃ U.E.R. *f (Unité d'études et de recherches)*, département; *(French Admin, Geog)* département; *(fig: field of activity)* domaine *m*, rayon. **D~ of Employment** ≃ ministère *m* du Travail; *(US)* **D~ of State** Département d'État; **which government ~?** quel ministère?; *(Comm)* **the shoe ~** le rayon des chaussures; **gardening is my wife's ~ *** le jardinage, c'est le rayon de ma femme. **2** *adj:* **~ store** grand magasin *m*. ◆ **departmental** *adj* d'un *or* du département *or* ministère *or* service; d'une *or* de la section; *[France]* départemental; *[shop]* **~al manager** chef *m* de rayon.

depend [dɪ'pend] *vi* dépendre *(on sb/sth* de qn/qch). **it all ~s** ça dépend; **it ~s on whether he will do it or not** ça dépend s'il veut le faire ou non; **it ~s what you mean** ça dépend de ce que vous voulez dire *(by* par); **~ing on what happens tomorrow...** selon ce qui se passera demain... ◆ **depend (up)on** *vt fus* compter sur. **I'm ~ing on you to tell me what he wants** je compte sur vous pour savoir ce qu'il veut; **I'm ~ing on you for moral support** je compte sur votre soutien; **you can ~ (up)on it** soyez-en sûr, je vous le garantis; **he ~s (up)on his father for money** il dépend de son père pour son argent. ◆ **dependability** *n [machine]* sécurité *f* de fonctionnement; *[person]* sérieux *m;* **his ~ability is well-known** tout le monde sait qu'on peut compter sur lui. ◆ **dependable** *adj person* sérieux, sur qui on peut compter; *mechanism* fiable; *vehicle* solide; *information* sûr. ◆ **dependant** *n* personne *f* à charge. ◆ **dependence** *n* dépendance *f* (*on* à l'égard de). ◆ **dependency** *n* dépendance *f*. ◆ **dependent 1** *adj* (*gen*) dépendant (*on* de); *child, relative* à charge; **to be ~ent or** dépendre de ; **2** *n* personne *f* à charge.

depersonalize [di:'pɜ:s(ə)nəlaız] *vt* dépersonnaliser.

depict [dɪ'pɪkt] *vt* (*in words*) dépeindre; (*in picture*) représenter.

depilatory [dɪ'pɪlət(ə)rɪ] *adj, n* dépilatoire (*m*).

deplenish [dɪ'plenɪʃ] *vt* dégarnir.

deplete [dɪ'pli:t] *vt* (*reduce*) réduire; (*exhaust*) épuiser. **our stock is very ~d** nos stocks sont très bas; **numbers were greatly ~d** les effectifs étaient très réduits. ◆ **depletion** *n* réduction *f*; épuisement *m*.

deplore [dɪ'plɔ:ʳ] *vt* déplorer, regretter vivement. **to ~ the fact that** déplorer le fait que + *indic*, regretter vivement que + *subj*. ◆ **deplorable** *adj* déplorable. ◆ **deplorably** *adv* déplorablement.

deploy [dɪ'plɔɪ] *vt* (*Mil*) déployer; (*gen*) *equipment, staff* utiliser; *skills* déployer. ◆ **deployment** *n* déploiement *m*; (*fig*) utilisation *f*.

deponent [dɪ'pəʊnənt] *adj, n* déponent (*m*).

depopulate [,di:'pɒpjʊleɪt] *vt* dépeupler. ◆ **depopulation** *n* dépeuplement *m*; **rural depopulation** exode *m* rural.

deport [dɪ'pɔ:t] *vt* expulser; (*transport*) déporter; (*Hist*) *convict* déporter. ◆ **deportation** *n* expulsion *f*; déportation *f*; (*Jur*) **~ation order** arrêt *m* d'expulsion.

depose [dɪ'pəʊz] *vt* *king* déposer; *official* destituer. ◆ **deposition** *n* déposition *f*.

deposit [dɪ'pɒzɪt] **1** *vt* (*all senses*) déposer (*in or with the bank* à la banque; *sth with sb* qch chez qn). **2** *n* (**a**) (*in bank*) dépôt *m*. (**b**) (*part payment*) arrhes *fpl*, acompte *m*; (*in hire purchase*) premier versement *m* comptant; (*in hiring goods, against damage etc*) caution *f*; (*on bottle etc*) consigne *f*. **to leave a £2 ~ on a dress** verser 2 livres d'arrhes *or* d'acompte sur une robe; (*Pol*) **to lose one's ~** perdre son cautionnement. (**c**) (*Chem, Geol etc*) dépôt *m*; [*mineral, oil*] gisement *m*. **to form a ~** se déposer. **3** *adj*: **~ account** compte *m* de dépôt; **~ slip** bulletin *m* de versement. ◆ **depositor** *n* déposant(e) *m(f)*. ◆ **depository** *n* dépôt *m*.

depot ['depəʊ, (*US*) 'di:pəʊ] *n* dépôt *m*.

deprave [dɪ'preɪv] *vt* dépraver. ◆ **depraved** *adj* dépravé. ◆ **depravity** *n* dépravation *f*.

deprecate ['deprɪkeɪt] *vt* désapprouver. ◆ **deprecating** *adj* (*disapproving*) désapprobateur; (*apologetic*) humble; **a deprecating smile** un sourire d'excuse. ◆ **deprecatingly** *adv* d'un ton désapprobateur; avec l'air de s'excuser.

depreciate [dɪ'pri:ʃɪeɪt] **1** *vt* déprécier. **2** *vi* se déprécier. ◆ **depreciation** *n* dépréciation *f*.

depredations [,deprɪ'deɪʃ(ə)nz] *npl* déprédations *fpl*.

depress [dɪ'pres] *vt* *person* déprimer; *trade* réduire; *the market, prices* faire baisser; (*press down*) *lever* abaisser. ◆ **depressant** *adj, n* dépresseur (*m*). ◆ **depressed** *adj industry, area* en déclin, touché par la crise; (*Fin*) *market, trade* en crise; *business* dans le marasme; *class, group* économiquement faible; *person* déprimé (*about* à cause de); **to feel ~ed** se sentir déprimé, avoir le cafard *; **to get ~ed** se décourager, se laisser abattre. ◆ **depressing** *adj* déprimant, décourageant; **I find it ~ing** ça me donne le cafard *. ◆ **depressingly** *adv* d'une manière déprimante *or* décourageante; **~ingly monotonous** d'une monotonie déprimante. ◆ **depression** *n* (*gen, Econ, Med, Met etc*) dépression *f*; [*lever, key etc*] abaissement *m*; **the D~ion** la crise de 1929; **the economy was in a state**

of ~ion l'économie était dans le marasme *or* en crise. ◆ **depressive** *adj, n* dépressif (*m*), -ive (*f*).

deprive [dɪ'praɪv] *vt* priver (*of* de). **to ~ o.s. of** se priver de; **~d child/family** enfant/famille déshérité(e). ◆ **deprivation** *n* privation *f*; (*Psych*) carence *f* affective.

depth [depθ] **1** *n* (*gen*) profondeur *f*; [*shelf, cupboard*] profondeur, largeur *f*; [*snow*] épaisseur *f*; [*edge, border*] largeur, hauteur *f*; [*knowledge, relief*] profondeur; [*feeling, sorrow, colour*] intensité *f*. **at a ~ of 3 metres** à 3 mètres de profondeur, par 3 mètres de fond; (*lit, fig*) **to get out of one's ~** perdre pied; (*fig*) **I am quite out of my ~** je nage complètement *; **the ~s of the ocean** les profondeurs océaniques; **to study in ~** étudier en profondeur; **to be in the ~s of despair** toucher le fond du désespoir; **I would never sink to such ~s as to do that** je ne tomberais jamais assez bas pour faire cela; **in the ~ of** *winter* au plus fort de; *night, forest* au plus profond de. **2** *adj*: **~ charge** grenade *f* sous-marine; **in-~ interview** interview *f* en profondeur.

depute [dɪ'pju:t] *vt* *power, authority* déléguer; *person* députer (*sb to do* qn pour faire). ◆ **deputation** *n* députation *f*.

deputy ['depjʊtɪ] **1** *n* (*second in command*) adjoint(e) *m(f)*; (*replacement*) suppléant(e) *m(f)*, remplaçant(e) *m(f)*; (*Pol*) député *m*. **2** *adj* adjoint. **~ chairman** vice-président *m*; **~ head** directeur *m* adjoint; (*US*) **~ (sheriff)** sherif adjoint. ◆ **deputize** *vi* assurer l'intérim (*for sb* de qn).

derail [dɪ'reɪl] *vt* faire dérailler. ◆ **derailment** *n* déraillement *m*.

derange [dɪ'reɪn(d)ʒ] *vt* *plan* déranger; *machine* dérégler; (*Med*) déranger. **~d person/mind** personne *f*/esprit *m* dérangé(e); **to be (mentally) ~d** avoir le cerveau dérangé.

derby ['dɑ:bɪ, (*US*) dɜ:bɪ] *n* (*Sport*) **local ~ match** *m* entre équipes voisines; (*US: hat*) (chapeau *m*) melon *m*.

deregulate [dɪ'regjʊleɪt] *vt* *prices* libérer. ◆ **deregulation** *n* [*prices*] libération *f*.

derelict ['derɪlɪkt] *adj* (*abandoned*) abandonné; (*ruined*) en ruines. ◆ **dereliction** *n*: **~ion of duty** négligence *f* (dans le service).

derestricted [,di:rɪ'strɪktɪd] *adj* (*Aut*) sans limitation de vitesse.

deride [dɪ'raɪd] *vt* tourner en ridicule. ◆ **derision** *n* dérision *f*. ◆ **derisive** *adj* *smile, person* railleur; *amount, offer* dérisoire. ◆ **derisively** *adv* d'un ton railleur *or* de dérision. ◆ **derisory** *adj* dérisoire.

derive [dɪ'raɪv] **1** *vt profit, satisfaction* tirer (*from* de); *comfort, ideas* puiser (*from* dans); *name, origins* tenir (*from* de); *happiness* trouver (*from* dans). **2** *vi*: **to ~ from** (*also* **be ~d from**) dériver de; [*power, fortune*] provenir de; [*idea*] avoir sa source dans; **it all ~s from the fact that** tout cela tient au fait que. ◆ **derivation** *n* dérivation *f*. ◆ **derivative** *adj* (*Chem, Ling, Math*) dérivé; *literary work etc* peu original.

dermatitis [,dɜ:mə'taɪtɪs] *n* dermatite *f*. ◆ **dermatologist** *n* dermatologue *mf*. ◆ **dermatology** *n* dermatologie *f*.

derogatory [dɪ'rɒgət(ə)rɪ] *adj* désobligeant (*of, to* à).

derrick ['derɪk] *n* (*Naut*) mât *m* de charge; (*above oil well*) derrick *m*.

derv [dɜ:v] *n* (*Brit*) gas-oil *m*.

descale [di:'skeɪl] *vt* détartrer.

descend [dɪ'send] **1** *vi* (*gen*) descendre (*from* de); [*property, customs, rights*] passer (*from* de, *to* à). (*Mil, fig*) **to ~ on** faire une descente sur; *sadness* **~d upon him** la tristesse l'a envahi; **in ~ing order of importance** par ordre d'importance décroissante; **visitors ~ed upon us** des gens sont arrivés chez nous sans crier gare; **to ~ to (doing) sth** s'abaisser à faire qch. **2** *vt stairs* descendre. **to be ~ed from sb** descendre de qn. ◆ **descendant** *n* descendant(e) *m(f).* ◆ **descent** *n* (*gen*) descente *f (into* dans); *(fig: into crime etc)* chute *f;* (*ancestry*) origine *f,* famille *f.*

describe [dɪs'kraɪb] *vt* (**a**) *scene, person* décrire, faire la description de. **~ what it is like** racontez *or* dites comment c'est; **~ him for us** décrivez-le-nous; **he ~s himself as a doctor** il se dit *or* se prétend docteur. (**b**) *(Math)* décrire. ◆ **description** *n* description *f;* (*Police*) signalement *m;* **beyond description** indescriptible; **vehicles of every description** véhicules de toutes sortes. ◆ **descriptive** *adj* descriptif.

descry [dɪs'kraɪ] *vt* discerner, distinguer.

desecrate ['desɪkreɪt] *vt* profaner. ◆ **desecration** *n* profanation *f.*

desegregate [ˌdiːˈsegrɪgeɪt] *vt* abolir la ségrégation raciale dans. **~d schools** écoles *fpl* où la ségrégation raciale n'est plus pratiquée. ◆ **desegregation** *n* déségrégation *f.*

desert¹ ['dezət] **1** *n* désert *m.* **2** *adj region, climate, animal, plant* désertique. **~ boot** chaussure *f* montante; **~ island** île *f* déserte.

desert² [dɪ'zɜːt] **1** *vt* (*gen*) déserter; *spouse, family, friend* abandonner. **his courage ~ed him** son courage l'a abandonné. **2** *vi* (*Mil*) déserter; *(from one's party)* faire défection. **to ~ to** passer du côté de. ◆ **deserted** *adj place* désert; *wife* abandonné. ◆ **deserter** *n* (*Mil*) déserteur *m;* (*to the enemy*) transfuge *m.* ◆ **desertion** *n* désertion *f;* abandon *m;* défection *f.*

deserts [dɪ'zɜːts] *npl:* **according to his ~** selon ses mérites; **to get one's (just) ~** recevoir ce que l'on mérite.

deserve [dɪ'zɜːv] *vt* mériter *(to do* de faire). **he ~s to be pitied** il mérite qu'on le plaigne, il est digne de pitié; **he got what he ~d** il n'a eu que ce qu'il méritait. ◆ **deservedly** *adv* à juste titre. ◆ **deserving** *adj person* méritant; *action, cause* méritoire; **she's a deserving case** c'est une personne méritante.

desiccate ['desɪkeɪt] *vt* dessécher. **~d coconut** noix *f* de coco séchée.

design [dɪ'zaɪn] **1** *n* (**a**) (*intention*) dessein *m,* intention *f.* **by ~** à dessein, exprès; **to have ~s on sb/ sth** avoir des visées sur qn/qch. (**b**) (*plan drawn in detail*) *[building, machine]* plan *m,* dessin *m (of, for* de); *[dress, hat]* croquis *m,* dessin *m (of, for* de); *(preliminary sketch)* ébauche *f,* étude *f (for* de). (**c**) (*way sth is planned and made*) *[building, book]* plan *m,* conception *f (of* de); *[dress]* style *m,* ligne *f (of* de); *[car, machine]* conception *f.* **the ~ of the apartment facilitates...** le plan de l'appartement facilite...; **the overall ~** le plan d'ensemble; **this is a very practical design** c'est conçu de façon très pratique; **the latest ~ in...** le dernier modèle de... (**d**) (*subject for study*) *[for furniture, housing]* design *m;* (*for clothing etc*) stylisme *m.* **industrial ~** la création industrielle. (**e**) (*pattern: on pottery etc*) motif *m,* dessin *m (on* sur).
2 *vt* (**a**) (*think up*) *object, scheme* concevoir; *scheme* élaborer; (*draw on paper*) dessiner. **well-~ed** bien conçu; **~ed as sth** conçu pour être qch; **~ed to hold sth** fait pour contenir qch. (**b**) (*work out plans on paper for*) *object* dessiner; *scheme* élaborer.
◆ **designedly** *adv* à dessein, exprès. ◆ **designer** *n* **1** *[machine, car]* concepteur *m; [furniture]* designer *m; [dress etc]* styliste *mf; (famous)* couturier *m ; [building]* architecte *m; [theatre sets]* décorateur *m,* -trice *f ;* **2** *adj jeans, gloves* haute couture *inv.* ◆ **designing** *adj (scheming)* intrigant.

designate ['dezɪgneɪt] **1** *vt* désigner (*as* comme; *to do* pour faire). **2** ['dezɪgnɪt] *adj (après le nom)* désigné. ◆ **designation** *n* désignation *f.*

desire [dɪ'zaɪə'] **1** *n* désir *m (for* de; *to do* de faire). **I have no ~ to do it** je n'ai nullement envie de le faire. **2** *vt* (**a**) *(want)* désirer, vouloir (*sth* qch; *to do* faire; *that* que + *subj*). **his work leaves much to be ~d** son travail laisse beaucoup à désirer. (**b**) (*request*) prier (*sb to do* qn de faire). ◆ **desirability** *n [plan etc]* avantages *mpl.* ◆ **desirable** *adj* désirable; **it is desirable that** il est désirable *or* souhaitable que + *subj;* **'desirable residence'** 'belle propriété'. ◆ **desirous** *adj* désireux (*of* de).

desist [dɪ'zɪst] *vi* cesser (*from sth* qch; *from doing* de faire).

desk [desk] **1** *n* (*gen*) bureau *m; [pupil]* pupitre *m;* (*in shop, restaurant*) caisse *f;* (*in hotel, at airport*) réception *f.* (*Press*) **the news ~** le service des informations. **2** *adj lamp, diary* de bureau. **~ clerk** réceptionniste *mf;* **~ job** travail *m* de bureau.

deskill [dɪ'skɪl] *vt* déqualifier.

desolate ['desəlɪt] *adj place* désolé, désert; *outlook, future* sombre, morne; *person (grief-stricken)* au désespoir; *(friendless)* délaissé; *cry* de désespoir. ◆ **desolately** *adv* d'un air désolé (*or* sombre *etc*). ◆ **desolation** *n* désolation *f; [landscape]* aspect *m* désert.

despair [dɪs'pεə'] **1** *n* désespoir *m (about, at, over* au sujet de; *at having done* d'avoir fait). **in ~** désespéré; **to drive sb to ~** réduire qn au désespoir. **2** *vi* (se) désespérer. **don't ~!** ne (te) désespère pas!; **to ~ of (doing) sth** désespérer de (faire) qch; **his life was ~ed of** on désespérait de le sauver. ◆ **despairing** *adj* désespéré; (*) *situation* catastrophique. ◆ **despairingly** *adv say* d'un ton désespéré; *look* d'un air désespéré; *agree, answer* avec désespoir; *look for* désespérément.

despatch [dɪs'pætʃ] = **dispatch**.

desperate ['desp(ə)rɪt] *adj (gen)* désespéré; *criminal* prêt à tout; (*: very bad*) atroce *, abominable. **to feel ~** être désespéré; **to do something ~** commettre un acte de désespoir; **I am ~ for money** j'ai désespérément besoin d'argent. ◆ **desperately** *adv struggle, regret* désespérément; *say, look* avec désespoir; *cold, needy* terriblement; *ill* très gravement; **~ly in love** éperdument amoureux. ◆ **desperation** *n* désespoir *m;* **to be in desperation** être au désespoir; **to drive sb to desperation** pousser qn à bout; **in desperation she killed him** poussée à bout elle l'a tué; **in sheer desperation** en désespoir de cause.

despicable [dɪs'pɪkəbl] *adj* ignoble, méprisable. ◆ **despicably** *adv* d'une façon ignoble *or* méprisable.

despise [dɪs'paɪz] *vt* mépriser (*for sth* pour qch; *for doing* pour avoir fait). ◆ **despisingly** *adv* avec mépris.

despite [dɪs'paɪt] *prep* malgré, en dépit de.

despondency [dɪs'pɒndənsɪ] *n* découragement *m,* abattement *m.* ◆ **despondent** *adj* découragé, abattu (*about* par). ◆ **despondently** *adv* avec découragement.

despot ['despɒt] *n* despote *m.* ◆ **despotic** *adj* despotique. ◆ **despotically** *adv* despotiquement. ◆ **despotism** *n* despotisme *m.*

dessert [dɪ'zɜːt] **1** *n* dessert *m.* **2** *adj:* **~ plate** assiette *f* à dessert; **~ spoon** cuiller *f* à dessert; **~ wine** vin doux.

destabilize [diːˈsteɪbɪˌlaɪz] *vt (Pol)* déstabiliser. ◆ **destabilization** *n* déstabilisation *f.*

destination [ˌdestɪˈneɪʃ(ə)n] *n* destination *f.*

destine ['destɪn] *vt person, object* destiner (*for* à; *to do* à faire). **~d for** *[train etc]* à destination de; *[writer etc]* destiné à. ◆ **destiny** *n* destin *m,* destinée *f,* sort *m.*

destitute ['destɪtjuːt] *adj* indigent, sans ressources. **utterly ~** dans le dénuement le plus complet. ◆ **destitution** n dénuement m, indigence f.

destroy [dɪs'trɔɪ] vt (gen) détruire; toy, gadget démolir; dangerous animal, injured horse abattre; cat, dog faire piquer. **to ~ o.s.** se suicider; **the village was ~ed by a fire** un incendie a ravagé le village. ◆ **destroyer** n (ship) contre-torpilleur m; (person) destructeur m, -trice f. ◆ **destruct** vt détruire volontairement. ◆ **destructible** adj destructible. ◆ **destruction** n destruction f; (from war, fire) dégâts mpl, dommages mpl; **destruction by fire** destruction par un incendie or par le feu. ◆ **destructive** adj person, fire destructeur; (potentially so) power destructif; criticism destructif. ◆ **destructively** adv de façon destructrice. ◆ **destructiveness** n (gen) caractère or effet destructeur; [child etc] penchant destructeur. ◆ **destructor** n (refuse ~) incinérateur m (à ordures).

desultory ['des(ə)lt(ə)rɪ] adj reading sans suite; attempt peu soutenu; firing, contact irrégulier. **to have a ~ conversation** échanger des propos décousus.

detach [dɪ'tætʃ] vt détacher (from de). ◆ **detachable** adj détachable (from de); collar, lining amovible. ◆ **detached** adj part, section détaché; opinion objectif; manner détaché, indifférent; **~ed house** ≃ pavillon m. ◆ **detachment** n détachement m.

detail ['di:teɪl] **1** n (**a**) détail m; (information about sth) renseignements mpl. **in ~** en détail; **in great ~** dans les moindres détails; **his attention to ~** l'attention qu'il apporte au détail; **to go into ~s** entrer dans les détails. (**b**) (Mil) détachement m. **2** vt (**a**) reasons, facts exposer en détail; story, event raconter en détail; items, objects énumérer. (**b**) (Mil) troops détacher (for pour, to do pour faire). ◆ **detailed** adj détaillé.

detain [dɪ'teɪn] vt retenir; (in prison) détenir.

detect [dɪ'tekt] vt sadness déceler; object, movement, noise distinguer; mine, gas détecter; disease dépister. ◆ **detectable** adj qu'on peut découvrir or discerner or détecter. ◆ **detection** n découverte f; détection f; **the ~ion of crime** la chasse aux criminels; **to escape ~ion** [criminal] échapper aux recherches; [mistake] passer inaperçu. ◆ **detective** n agent m de la sûreté, policier m en civil; (private ~) détective m (privé); **~ive story** roman m policier; **~ive work** (fig) enquêtes fpl. ◆ **detector** n **1** n détecteur m ; **2** adj (TV) **~or van** voiture f gonio.

detention [dɪ'tenʃ(ə)n] n [criminal, spy] détention f; (Mil) arrêts mpl; (Scol) retenue f. (Brit Jur) **~ centre**, (US) **~ home** centre m de détention pour mineurs.

deter [dɪ'tɜː'] vt (prevent) détourner (from sth de qch), dissuader (from doing de faire); (discourage) décourager (from doing de faire); (Mil) attack prévenir; enemy dissuader. **a weapon which ~s no one** une arme qui ne dissuade personne.

detergent [dɪ'tɜːdʒənt] adj, n détergent (m).

deteriorate [dɪ'tɪərɪəreɪt] vi (gen) se détériorer; [species, morals] dégénérer; [situation] se dégrader; [work] devenir moins bon. ◆ **deterioration** n détérioration f; dégénération f; dégradation f.

determine [dɪ'tɜːmɪn] vt (gen) déterminer; frontier délimiter; sb's character, future décider de; (resolve) décider (to do de faire); (cause to decide) person décider (to do à faire). ◆ **determine (up)on** vt fus décider de, résoudre de (doing faire); course of action se résoudre à; alternative choisir. ◆ **determinable** adj déterminable. ◆ **determination** n détermination f (to do de faire). ◆ **determinative** adj déterminant; (Gram) déterminatif. ◆ **determined** adj décidé; **to be ~d to do/that** être déterminé or décidé à faire/à ce que + subj. ◆ **determiner** n déterminant m. ◆ **determining** adj déterminant.

deterrent [dɪ'ter(ə)nt] n force f de dissuasion. **to act as a ~** exercer un effet de dissuasion.

detest [dɪ'test] vt détester, avoir horreur de (doing faire). ◆ **detestable** adj détestable. ◆ **detestably** adv détestablement. ◆ **detestation** n haine f.

dethrone [di:'θrəʊn] vt détrôner.

detonate ['detəneɪt] **1** vi détoner. **2** vt faire détoner. ◆ **detonation** n détonation f. ◆ **detonator** n détonateur m.

detour ['di:ˌtʊə'] n (gen) détour m; (for traffic) déviation f. [person, road] **to make a ~** faire un détour.

detoxification [di:ˌtɒksɪfɪ'keɪʃ(ə)n] n détoxification f.

detract [dɪ'trækt] vi: **to ~ from** quality, pleasure, merit diminuer; reputation porter atteinte à. ◆ **detractor** n détracteur m, -trice f.

detriment ['detrɪmənt] n détriment m, préjudice m. **to the ~ of** au détriment de; **without ~ to** sans porter préjudice à. ◆ **detrimental** adj nuisible; **to be ~al to** nuire à.

detritus [dɪ'traɪtəs] n (Geol) roches fpl détritiques; (fig) détritus m.

deuce [dju:s] n (Cards etc) deux m; (Tennis) égalité f.

devalue ['di:'vælju:] vt dévaluer. ◆ **devaluation** n dévaluation f.

devastate ['devəsteɪt] vt place dévaster, ravager; opponent, opposition anéantir; (astound) person foudroyer. ◆ **devastating** adj wind, storm, power, passion dévastateur; news, grief, argument, effect accablant; wit, humour, charm, woman irrésistible. ◆ **devastatingly** adv beautiful, funny irrésistiblement. ◆ **devastation** n dévastation f.

develop [dɪ'veləp] **1** vt (**a**) (gen) développer; (change and improve) district etc aménager (as en). **this ground is to be ~ed** on va bâtir sur ce terrain. (**b**) cold attraper; symptoms, signs présenter; disease commencer à souffrir de; habit, taste contracter; **to ~ a talent for** faire preuve de talent pour; **~ a tendency to** manifester une tendance à. **2** vi [person, region, plot] se développer; [illness, tendency, talent] se manifester; [feeling] se former; (Phot) se développer; [event, situation] se produire. **to ~ into** devenir; **it later ~ed that...** plus tard il est devenu évident que... ◆ **developer** n (property ~) promoteur m (de construction); (Phot) révélateur m. ◆ **developing** **1** adj crisis, storm qui se prépare; country en voie de développement; industry en expansion ; **2** n (Phot) développement m. ◆ **development** **1** n (gen) développement m (of sth de qch); aménagement m (of sth as de qch en); (housing) **~ment** cité f; (industrial) **~ment** zone industrielle; (in situation etc) **a new ~ment** un fait nouveau; **to await ~ments** attendre la suite des événements; **2** adj: **~ment area** zone f d'aménagement concerté; **~ment company** société f d'exploitation.

deviate ['di:vɪeɪt] vi (**a**) (from truth, former statement etc) dévier, s'écarter (from de). **to ~ from the norm** s'écarter de la norme. (**b**) [ship, plane, projectile] dévier. ◆ **deviance** n déviance f (from de). ◆ **deviant** **1** adj behaviour qui s'écarte de la norme; development anormal; (sexually) perverti ; **2** n déviant(e) m(f). ◆ **deviation** n déviation f (from de).

device [dɪ'vaɪs] n (**a**) (mechanical) appareil m, mécanisme m (for pour). nuclear **~** engin m nucléaire. (**b**) (scheme) formule f (to do or pour faire). **to leave sb to his own ~s** laisser qn se débrouiller. (**c**) (Her) devise f.

devil ['devl] **1** n (**a**) diable m. poor **~!** * pauvre diable!; **you little ~!** * petit monstre!; (hum) be a **~!** laisse-toi tenter!; **between the ~ and the deep**

blue sea entre Charybde et Scylla; **go to the ~! ‡** va te faire voir! *; **he is going to the ~ *** il court à sa perte; **his work has gone to the ~ *** son travail ne vaut plus rien; **talk of the ~!** quand on parle du loup on en voit la queue!; **to be the ~'s advocate** se faire l'avocat du diable; **to give the ~ his due**... pour être honnête, il faut reconnaître que...; **the luck of the ~ *** une veine de pendu *. (b) (*: also **dickens**) **it's the ~ of a job to do**... c'est un travail épouvantable de faire ...; **he had the ~ of a job to find it** il a eu un mal fou à le trouver; **it's the ~ of a job to**... c'est toute une affaire pour...; **why the ~**...? pourquoi diable...?; **to work/run** etc **like the ~** travailler/courir etc comme un fou; **to be in a ~ of a mess** être dans un sacré pétrin *; **there will be the ~ to pay** ça va faire du grabuge *.
2 vt (Culin) kidneys (faire) griller au poivre et à la moutarde.
◆**devilish 1** adj invention diabolique; (*: infuriating) satané * (before n); **2** adv difficult diablement. ◆**devilishly** adv behave diaboliquement; difficult diablement. ◆**devilishness** n [invention] caractère m diabolique; [behaviour] méchanceté f diabolique. ◆**devil-may-care** adj insouciant. ◆**devilment** n (mischief) espièglerie f; (spite) malice f. ◆**devilry** or ◆**deviltry** (US) n (daring) témérité f; (mischief) espièglerie f, (stronger) malice f.

devious ['diːvɪəs] adj route, means, method détourné; path, mind tortueux; **he's very ~** il n'est pas franc. ◆**deviously** adv act d'une façon détournée. ◆**deviousness** n [person] sournoiserie f; [scheme, method] complexités fpl.

devise [dɪˈvaɪz] vt scheme, style inventer, concevoir; plot tramer; escape combiner.

devoid [dɪˈvɔɪd] adj: **~ of** dénué de, dépourvu de.

devolution [ˌdiːvəˈluːʃ(ə)n] n (Pol etc) décentralisation f.

devolve [dɪˈvɒlv] vi [work, responsibility] retomber (on sur); [property] passer (on à).

devote [dɪˈvəʊt] vt consacrer (to à). **to ~ o.s. to** a cause, study, hobby se consacrer à; pleasure se livrer à. ◆**devoted** adj (gen) dévoué; admirer fervent. ◆**devotedly** adv avec dévouement. ◆**devotee** n [doctrine] partisan m; [religion] adepte mf; [sport, music, poetry] passionné(e) m(f). ◆**devotion** n dévouement m (to sth à qch; to sb à or envers qn); (Rel) dévotion f. ◆**devotional** adj book de dévotion.

devour [dɪˈvaʊər] vt dévorer. ◆**devouring** adj dévorant.

devout [dɪˈvaʊt] adj person pieux, dévot; prayer, hope fervent. ◆**devoutly** adv pray avec dévotion; hope bien vivement.

dew [djuː] n rosée f. ◆**dewdrop** n goutte f de rosée. ◆**dewy** adj humide de rosée. ◆**dewy-eyed** adj (credulous) (trop) naïf; (innocent) aux grands yeux ingénus.

dexterity [deksˈterɪtɪ] n (skill: physical, mental) adresse f, dextérité f (in doing à faire). ◆**dext(e)rous** adj adroit. ◆**dext(e)rously** adv adroitement, avec dextérité.

Dhaka ['dækə] n Dacca, Dhaka.

diabetes [ˌdaɪəˈbiːtiːz] n diabète m. ◆**diabetic** adj, n diabétique (mf).

diabolic(al) [ˌdaɪəˈbɒlɪk(əl)] adj (lit) diabolique; (*: dreadful) épouvantable. ◆**diabolically** adv diaboliquement; (*) hot, late rudement *.

diacritic [ˌdaɪəˈkrɪtɪk] adj, n diacritique (m).

diadem ['daɪədem] n diadème m.

diaeresis [daɪˈerɪsɪs] n (sign) tréma m.

diagnose ['daɪəgnəʊz] vt diagnostiquer. **it was ~d as bronchitis** on a diagnostiqué une bronchite.

◆**diagnosis,** pl **-oses** n diagnostic m. ◆**diagnostician** n diagnostiqueur m.

diagonal [daɪˈægənl] **1** adj diagonal. **2** n diagonale f. ◆**diagonally** adv cut, fold en diagonale; opposite diagonalement; **to go ~ly across** traverser en diagonale; **ribbon worn ~ly across the chest** ruban porté en écharpe sur la poitrine.

diagram ['daɪəgræm] n schéma m, diagramme m; (Math) figure f.

dial ['daɪ(ə)l] **1** n cadran m. **2** vt (Telec) number faire. **you must ~ 336-1295** il faut faire le 336-1295; **to ~ 999** ≃ appeler police secours; **can I ~ London from here?** est-ce que d'ici je peux avoir Londres par l'automatique? ◆**dialling** adj: **~ling code** indicatif m; **~ling tone** tonalité f.

dialect ['daɪəlekt] **1** n dialecte m. **local ~** patois m. **2** adj word dialectal.

dialectic(s) [ˌdaɪəˈlektɪk(s)] nsg dialectique f.

dialogue ['daɪəlɒg] n dialogue m.

dialysis [daɪˈæləsɪs] n dialyse f.

diameter [daɪˈæmɪtər] n diamètre m. **it is one metre in ~** cela a un mètre de diamètre. ◆**diametrical** adj diamétral. ◆**diametrically** adv diamétralement.

diamond ['daɪəmənd] **1** n (stone) diamant m; (shape) losange m; (Cards) carreau m; (Baseball) terrain m. **the ace of ~s** l'as m de carreau; **he played a ~** il a joué carreau. **2** adj clip, ring de diamant(s). **~ jubilee** soixantième anniversaire m (d'un événement); **~ merchant** diamantaire m; **~ necklace** rivière f de diamants; **~ wedding** noces fpl de diamant. ◆**diamond-shaped** adj en losange.

diaper ['daɪəpər] n (US) couche f (de bébé).

diaphragm ['daɪəfræm] n diaphragme m.

diarrh(o)ea [ˌdaɪəˈriːə] n diarrhée f.

diary ['daɪərɪ] n (record) journal m (intime); (for engagements) agenda m. **I've got it in my ~** je l'ai noté sur mon agenda.

diatribe ['daɪətraɪb] n diatribe f (against contre).

dice [daɪs] **1** n, pl inv dé m (à jouer). **to play ~** jouer aux dés; **no ~! *** pas question. **2** vi (fig) **to ~ with death** jouer avec la mort. **3** vt vegetables couper en dés. ◆**dicey *** adj risqué.

dichotomy [dɪˈkɒtəmɪ] n dichotomie f.

dickens * ['dɪkɪnz] n = **devil b.**

Dictaphone ['dɪktəfəʊn] n ® dictaphone m ®. **~ typist** dactylo f qui travaille au dictaphone.

dictate [dɪkˈteɪt] **1** vt dicter (to à). **his action was ~d by circumstances** il a agi comme le lui dictaient les circonstances. **2** vi: **to ~ to sb** imposer sa volonté à qn. **3** ['dɪkteɪt] n: **~s** préceptes mpl; [conscience] voix f. ◆**dictation** n dictée f; **to sb's dictation** sous la dictée de qn; **at dictation speed** à une vitesse de dictée. ◆**dictator** n dictateur m. ◆**dictatorial** adj dictatorial. ◆**dictatorially** adv dictatorialement, en dictateur. ◆**dictatorship** n dictature f.

diction ['dɪkʃ(ə)n] n diction f.

dictionary ['dɪkʃ(ə)nrɪ] n dictionnaire m. **French ~** dictionnaire de français.

dictum, pl **dicta** ['dɪktəm, 'dɪktə] n (maxim) maxime f; (pronouncement) affirmation f.

did [dɪd] pret of **do¹.**

didactic [dɪˈdæktɪk] adj didactique.

diddle * ['dɪdl] vt rouler *, escroquer. **to ~ sb out of sth** soutirer qch à qn.

die¹, pl **dice** [daɪ, daɪs] n dé m (à jouer). **the ~ is cast** le sort en est jeté.

die² [daɪ] vi (gen) mourir (of de); [engine, motor] s'arrêter. **to be dying** être à l'agonie or à la mort; **to ~ a natural/violent death** mourir de sa belle mort/de mort violente; **he ~d a hero** il est mort en héros; *(fig)* **never say ~!** il ne faut jamais désespérer; **I nearly ~d *** *(laughing)* j'ai failli mourir de rire; *(fear)* j'ai failli mourir de peur; *(embarrassment)* je voulais rentrer sous terre; **to be dying to do *** mourir d'envie de faire; **I'm dying * for a coffee** j'ai une envie folle d'un café; **the secret ~d with him** il a emporté le secret dans la tombe; **bad habits ~ hard** les mauvaises habitudes ont la vie dure. ◆ **die away** *vi [sound, voice]* s'éteindre. ◆ **die down** *vi [plant]* se flétrir; *[emotion, protest, wind]* se calmer; *[fire]* (*in blazing building*) diminuer; *(in grate etc)* baisser; *[noise]* diminuer. ◆ **die off** *vi* mourir les uns après les autres. ◆ **die out** *vi* disparaître.

◆ **diehard** 1 *n* réactionnaire *mf*; 2 *adj* intransigeant.

diesel ['di:z(ə)l] 1 *n* diesel *m*. 2 *adj*: ~ **engine** *(Aut)* moteur *m* diesel; *(Rail)* motrice *f*; ~ **fuel**, ~ **oil** gas-oil *m*; ~ **train** autorail *m*.

diet ['daɪət] 1 *n* (a) *(restricted food)* régime *m*. **milk ~** régime lacté; **to go on a ~** se mettre au régime. (b) *(customary food)* alimentation *f*. **to live on a ~ of** se nourrir de. 2 *vi* suivre un régime. ◆ **dietary** *adj* de régime, diététique; **~ary fibre** cellulose végétale. ◆ **dietetic** *adj* diététique. ◆ **dietetics** *nsg* diététique *f*. ◆ **dietician** *n* diététicien(ne) *m(f)*.

differ ['dɪfə^r] *vi* *(be different)* différer, être différent *(from* de); *(disagree)* ne pas être d'accord *(from sb* avec qn, *on or about sth* sur qch). **I beg to ~** permettez-moi de ne pas partager cette opinion.

difference ['dɪfr(ə)ns] *n* différence *f* (*in* de, *between* entre). **that makes a big ~ to me** c'est très important pour moi, cela compte beaucoup pour moi; **to make a ~ in sb/sth** changer qn/qch; **that makes all the ~** voilà qui change tout; **what ~ does it make if...?** qu'est-ce que cela peut faire que...? *+ subj*; **it makes no ~** cela ne change rien; **it makes no ~ to me** cela m'est égal; **for all the ~ it makes** pour ce que cela change; **with this ~ that** à ceci près que; **a car with a ~** une voiture pas comme les autres *; ~ **of opinion** différence d'opinions; *(quarrel)* différend *m*.

different ['dɪfr(ə)nt] *adj* (a) différent *(from* de), autre. **he wore a ~ tie each day** il portait chaque jour une cravate différente; **go and put on a ~ tie** va mettre une autre cravate; **I feel a ~ person** je me sens tout autre; *(rested etc)* j'ai l'impression d'avoir fait peau neuve; **let's do sth ~** faisons qch de nouveau; **quite a ~ way of doing** une tout autre manière de faire; **that's quite a ~ matter** c'est tout autre chose; **she's quite ~ from what you think** elle n'est pas du tout ce que vous croyez; **he wants to be ~** il veut se singulariser. (b) *(various)* différent, divers, plusieurs. ~ **people noticed it** plusieurs personnes l'ont remarqué.

◆ **differential** 1 *adj* différentiel. 2 *n (Math)* différentielle *f*; *(Econ)* écart *m* salarial; *(Aut)* différentiel *m*. ◆ **differentiate** 1 *vt* différencier *(from* de); 2 *vi* faire la différence *(between* entre). ◆ **differentiation** *n* différenciation *f*. ◆ **differently** *adv* différemment, d'une manière différente *(from* de), autrement *(from* que); **he thinks ~ly** sa façon de penser n'est pas la même; *(doesn't agree)* il n'est pas de cet avis.

difficult ['dɪfɪk(ə)lt] *adj* difficile. ~ **to get on with** difficile à vivre; **it is ~ to know** il est difficile de savoir; **it's ~ to deny that...** on ne peut guère nier que... + *indic or subj*; **I find it ~ to believe** il m'est difficile de croire, j'ai de la peine à croire *(that* que); **the ~ thing is to begin** le plus difficile *or* dur c'est de commencer. ◆ **difficulty** *n* difficulté *f*; **she has ~y in walking** elle marche avec difficulté, elle a de la difficulté *or* du mal à marcher; **a slight ~y in breathing** un peu de gêne *f* dans la respiration; **there was some ~y in finding him** on a eu du mal à le trouver; **the ~y is to choose**

le difficile, c'est de choisir; **to make ~ies for sb** créer des difficultés à qn; **to get into ~ies** se trouver en difficulté; **to get o.s. into ~y** se créer des ennuis; **I am in ~y** j'ai des difficultés, j'ai des problèmes *mpl*; **to be in (financial) ~ies** avoir des ennuis *mpl* d'argent; **he was in ~y over the rent** il était en difficulté pour son loyer; **he was working under great ~ies** il travaillait dans des conditions très difficiles; **I can see no ~y in what you suggest** je ne vois aucun obstacle à ce que vous suggérez; **he's having ~y or ~ies with...** il a des ennuis *or* des problèmes avec...

diffident ['dɪfɪd(ə)nt] *adj* person qui manque d'assurance; *smile* embarrassé. **to be ~ about doing** hésiter à faire. ◆ **diffidence** *n* manque *m* d'assurance. ◆ **diffidently** *adv* avec timidité.

diffuse [dɪ'fju:z] 1 *vt* diffuser. **~d lighting** éclairage *m* indirect. 2 [dɪ'fju:s] *adj* diffus.

dig [dɪg] *(vb: pret, ptp* **dug**) 1 *n* (a) **to give sb a ~ in the ribs** donner un coup de coude dans les côtes de qn; *(*: sly remark)* **to have a ~ at sb** donner un coup de patte *or* de griffe à qn; **that's a ~ at Paul** c'est une pierre dans le jardin de Paul. (b) *(Archeol)* fouilles *fpl*. **to go on a ~** aller faire des fouilles. 2 *vt* (a) *(gen)* creuser; *(with spade)* bêcher; *potatoes* arracher. (b) *(thrust)* enfoncer *(sth into sth* qch dans qch). (c) (⁎) **~ that guy!** vise un peu le type! *; **I ~ that!** ça me botte! *; **he really ~s** jazz il est vraiment fou de jazz; **I don't ~ that** ça me laisse froid. 3 *vi* *[dog, pig]* fouiller; *[person]* creuser *(into* dans); *(Tech)* fouiller; *(Archeol)* faire des fouilles. **to ~ for minerals** (creuser pour) extrai re du minerai; **to ~ into one's pockets/the past** fouiller dans ses poches/le passé. ◆ **dig in** 1 *vi* *(Mil)* se retrancher; *(⁎: eat)* attaquer * un repas *(or* un plat etc). ~ **in!** * allez-y, mangez! 2 *vt sep* *compost etc* enterrer; *blade, knife* enfoncer. *(fig)* **to ~ one's heels in** se buter. ◆ **dig out** *vt sep* déterrer. **to ~ sb out of the snow** sortir qn de la neige (à coups de pelles); **where did he ~ out * that old hat?** où a-t-il déniché ce vieux chapeau? ◆ **dig over** *vt sep* retourner. ◆ **dig up** *vt sep* *weeds, vegetables* arracher; *treasure, body* déterrer; *earth* retourner; *garden* retourner; *(⁎: find)* *fact, idea* dénicher.

◆ **digger** *n* *(machine)* pelleteuse *f*. ◆ **diggings** *npl* *(Archeol)* fouilles *fpl*.

digest [daɪ'dʒest] 1 *vti* *(lit, fig)* digérer. **it is not easily ~ed** ça se digère mal. 2 ['daɪdʒest] *n* *(summary)* résumé *m*; *(magazine)* digest *m*. ◆ **digestible** *adj* facile à digérer. ◆ **digestion** *n* digestion *f*. ◆ **digestive** *adj* digestif; **~ive (biscuit)** sablé *m*.

digit ['dɪdʒɪt] *n* *(Math)* chiffre *m*; *(finger)* doigt *m*. ◆ **digital** *adj* *clock* à affichage numérique; *computer* numérique.

dignify ['dɪgnɪfaɪ] *vt* donner de la dignité à. ◆ **dignified** *adj* digne; **he is very dignified** il a beaucoup de dignité; **that is not very dignified** cela manque de dignité. ◆ **dignitary** *n* dignitaire *m*. ◆ **dignity** *n* dignité *f*.

digress [daɪ'gres] *vi* s'écarter *(from* de), faire une digression. ◆ **digression** *n* digression *f*.

digs * [dɪgz] *npl*: **to be in ~** avoir une chambre chez un particulier; **I took him back to his ~** je l'ai ramené chez lui.

dilapidated [dɪ'læpɪdeɪtɪd] *adj* house délabré; *clothes* dépenaillé; *book* déchiré. ◆ **dilapidation** *n* *[buildings]* délabrement *m*.

dilate [daɪ'leɪt] 1 *vt* dilater. 2 *vi* se dilater. ◆ **dilation** *n* dilatation *f*.

dilatory ['dɪlət(ə)rɪ] *adj* person lent; *action, policy* dilatoire. ◆ **dilatoriness** *n* lenteur *f* *(in doing* à faire).

dilemma [daɪ'lemə] n dilemme m. **on the horns of a ~** pris dans un dilemme.

diligent ['dɪlɪdʒ(ə)nt] adj student, work appliqué, assidu; person, search laborieux. ◆ **diligence** n zèle m, assiduité f. ◆ **diligently** adv avec application or assiduité.

dill [dɪl] n aneth m.

dilly * ['dɪlɪ] n (US) **it's/he's a ~** il est sensationnel; **a ~ of a storm** une sacrée tempête.

dillydally ['dɪlɪdælɪ] vi lanterner, lambiner *. **no ~ing!** ne traînez pas!

dilute [daɪ'lu:t] vt (gen, also fig) diluer; sauce, colour délayer. ◆ **dilution** n dilution f.

dim [dɪm] **1** adj light, sight, lamp faible; room, forest etc sombre, obscur; colour, metal terne, sans éclat; sound, memory, outline vague; imprécis; (*: stupid) stupide, borné. **to take a ~ view of sb** * avoir une piètre opinion de qn; **she took a ~ view of his selling the car** * elle n'a pas du tout apprécié qu'il ait vendu la voiture.
2 vt light baisser; lamp mettre en veilleuse; colours, metals, beauty, glory ternir; sound affaiblir; memory, outline effacer; mind, senses troubler. (Theat) **to ~ the lights** baisser les lumières; (Aut) **to ~ the headlights** se mettre en code.
3 vi [light, sight] baisser; [metal, beauty, glory] se ternir; [colours] devenir terne; [outlines, memory] s'effacer.
◆ **dimly** adv shine, light faiblement; see, recollect vaguement. ◆ **dimmer** n (Elec) variateur m (électronique); (US Aut) ~mers phares mpl code inv; (parking lights) feux mpl de position. ◆ **dimness** n faiblesse f; obscurité f; imprécision f; stupidité f. ◆ **dim-sighted** adj à la vue faible. ◆ **dimwit** * n crétin(e) m(f). ◆ **dim-witted** * adj idiot.

dime [daɪm] n (Can, US) pièce f de dix cents. **they're a ~ a dozen** * il y en a à la pelle; **~ store** ≃ prisunic m.

dimension [daɪ'menʃ(ə)n] n (gen) dimension f; [problem, epidemic etc] étendue f. ◆ **dimensional** adj: **two-~al** à deux dimensions.

diminish [dɪ'mɪnɪʃ] vti diminuer. ◆ **diminished** adj (gen) diminué; workforce, staff, value réduit; (Jur) responsibility atténué. ◆ **diminishing** adj amount, importance, speed qui diminue; value, price qui baisse; **law of ~ing returns** loi f des rendements décroissants. ◆ **diminutive 1** adj tout petit, minuscule; (Gram) diminutif ; **2** n diminutif m.

dimple ['dɪmpl] n fossette f (on à); [water] ride f.

din [dɪn] **1** n (from people) vacarme m, tapage m; (from battle) fracas m; (from factory, traffic) vacarme; (esp in classroom) chahut m. **to kick up * a ~** faire un boucan monstre *, (esp Scol) chahuter. **2** vt: **to ~ into sb that...** répéter sans cesse à qn que...

dine [daɪn] vi dîner (off, on de). **to ~ out** dîner en ville. ◆ **diner** n (person) dîneur m, -euse f; (Rail) wagon-restaurant m; (eating place) petit restaurant m. ◆ **dining** adj: **dining car** wagon-restaurant m; **dining hall** réfectoire m; **dining room** salle f à manger.

dinghy ['dɪŋ(g)ɪ] n youyou m; (rubber ~) canot m pneumatique; (sailing ~) dériveur m.

dingy ['dɪn(d)ʒɪ] adj minable, miteux. ◆ **dinginess** n aspect minable or miteux.

dinner ['dɪnə'] **1** n dîner m; (lunch) déjeuner m; (for dog, cat) pâtée f. **we're having people to ~** nous avons du monde à dîner; **we had a good ~** nous avons bien dîné; **to go out to ~** (restaurant) dîner dehors or en ville; (at friends') dîner chez des amis. **2** adj: **~ jacket** smoking m; **to give a ~ party** avoir du monde à dîner, donner un dîner; **~ plate** (grande) assiette f; **~ service** service m de table; **at ~ time** à l'heure f du dîner.

dinosaur ['daɪnəsɔ:'] n dinosaure m.

dint [dɪnt] n: **by ~of (doing) sth** à force de (faire) qch.

diocese ['daɪəsɪs] n diocèse m. ◆ **diocesan** [daɪ'ɒsɪs(ə)n] adj diocésain.

dioxin [daɪ'ɒksɪn] n dioxine f.

dip [dɪp] **1** vt (into liquid) tremper, plonger (into dans); (into bag etc) plonger; sheep laver. **to ~ the headlights** se mettre en code; **~ped headlights** codes mpl. **2** vi **(a)** [ground, road] descendre; [temperature, prices, sun] baisser; [boat, raft] tanguer. **(b) to ~ into** pocket, savings puiser dans; book feuilleter. **3** n **(a)** (*: in sea etc) baignade f. **to have a (quick) ~** prendre un bain rapide. **(b)** (for cleaning animals) bain m parasiticide. **(c)** (in ground) déclivité f. **(d)** (cheese ~) fondue f au fromage. ◆ **dipper** n (ladle) louche f; (at fairground) montagnes fpl russes; (Aut: for headlamps) basculeur m (de phares); (Astron) **the Big D~per** la Grande Ourse. ◆ **dipstick** or ◆ **diprod** (US) n (Aut) jauge f (de niveau d'huile).

diphtheria [dɪf'θɪərɪə] n diphtérie f.

diphthong ['dɪfθɒŋ] n diphtongue f.

diploma [dɪ'pləʊmə] n diplôme m. **to have a ~ in** être diplômé de or en.

diplomacy [dɪ'pləʊməsɪ] n (Pol, fig) diplomatie f. ◆ **diplomat** ['dɪpləmæt] or ◆ **diplomatist** [dɪ'pləʊ-] n (Pol, fig) diplomate mf. ◆ **diplomatic** [dɪplə'mæ-] adj corps, immunity, service diplomatique; (tactful) person diplomate; action, answer diplomatique; **diplomatic bag** or (US) **pouch** valise f diplomatique; **to be diplomatic in dealing with sth** s'occuper de qch en usant de diplomatie. ◆ **diplomatically** adv diplomatiquement.

dipsomania [ˌdɪpsə(ʊ)'meɪnɪə] n dipsomanie f. ◆ **dipsomaniac** n dipsomane mf.

dire ['daɪə'] adj event terrible, affreux; poverty extrême; prediction sinistre; necessity dur (before n). **in ~ straits** dans une situation désespérée.

direct [daɪ'rekt] **1** adj (gen) direct; refusal, denial catégorique; danger immédiat; (Gram) object, speech direct. **to be a ~ descendant of sb** descendre de qn en ligne directe; (Elec) **~ current** courant m continu; **~ grant school** ≃ lycée m privé (subventionné); **keep away from ~ heat** éviter l'exposition directe à la chaleur; **to make a ~ hit** porter un coup au but; [bomb, projectile] toucher son objectif.
2 vt **(a)** (address etc) remark, letter adresser (to à); torch diriger (on sur); efforts orienter (towards vers); steps diriger (towards vers); attention attirer (to sur). **can you ~ me to the town hall?** pourriez-vous m'indiquer le chemin de la mairie? **(b)** (control) sb's work, conduct, business diriger; movements guider; (Theat) play mettre en scène; (Cine, Rad, TV) film, programme réaliser; group of actors diriger. **(c)** (instruct) charger (sb to do qn de faire), ordonner (sb to do à qn de faire).
3 adv go etc directement.
◆ **directive** n directive f. ◆ **directly 1** adv go, involve, return, write directement; descended en droite ligne; speak sans détours, franchement; (completely) opposite exactement; opposed diamétralement, directement; (immediately) tout de suite, immédiatement ; **2** conj aussitôt que, dès que; **he'll come ~ly he's ready** il viendra dès qu'il sera prêt. ◆ **directness** n (frankness) franchise f.

direction [dɪ'rekʃ(ə)n] **1** n **(a)** (way) direction f, sens m; (fig) direction, voie f. **in every ~** dans toutes les directions, en tous sens; (fig) **it's a step in the right ~** voilà un pas dans la bonne direction; **in the opposite ~** en sens inverse; **in the ~ of** dans la direction de, en direction de; **a sense of ~** le sens de l'orientation. **(b)** (management) direction f; (Theat) mise f en scène; (Cine, Rad, TV) réalisation f. **(c)** (instruction) indication f, instruction f. **~s for use** mode m d'emploi; **stage**

~s indications scéniques. **2** adj: ~ **finder** radiogoniomètre m. ◆ **directional** adj directionnel.

director [dɪ'rektə'] n (gen, Comm etc) directeur m, -trice f; (Theat) metteur m en scène; (Cine, Rad, TV) réalisateur m, -trice f. ~ **general** directeur général; ~ **of music** chef m de musique; **D ~of Public Prosecutions** ≃ procureur m général.
◆ **directory 1** n [addresses] répertoire m (d'adresses); (street ~) guide m des rues; (Telec) annuaire m (des téléphones); (Comm) annuaire du commerce ; **2** adj (Telec) ~**y inquiries**, (US) ~**y assistance** (service m des) renseignements mpl.

dirge [dɜ:dʒ] n chant m funèbre.

dirndl ['dɜ:nd(ə)l] adj, n: ~ **(skirt)** large jupe froncée.

dirt [dɜ:t] **1** n (on skin, clothes, objects) saleté f, crasse f; (earth) terre f; (mud) boue f; (excrement) crotte f; (Ind) impuretés fpl; (on machine, in engine) encrassement m. **dog** ~ crotte de chien; **to treat sb like** ~ * traiter qn comme un chien; **to spread the** ~ * **about sb** calomnier qn; **what's the** ~ **on...?** * qu'est-ce qu'on raconte sur...? **2** adj: (US) ~ **farmer** petit fermier (sans ouvriers); ~ **track** (gen) piste f; (Sport) cendrée f. ◆ **dirt-cheap** * adj, adv très bon marché (inv).

dirty ['dɜ:tɪ] **1** adj **(a)** (gen) sale, crasseux; job salissant; machine, plug encrassé; cut, wound infecté. **to get** ~ se salir; **to get sth** ~ salir qch; **that coat gets** ~ **very easily** ce manteau est très salissant. **(b)** (lewd) story, thought sale, cochon *; remark ordurier. **to have a** ~ **mind** avoir l'esprit mal tourné; ~ **old man** vieux cochon * m; ~ **word** mot m grossier; (fig) **it's a** ~ **word** * **these days** ce mot est tabou de nos jours. **(c)** (unpleasant) weather, business, trick sale (before n). ~ **crack** * vacherie * f; **to give sb a** ~ **look** regarder qn d'un sale œil; ~ **money** argent mal acquis; **he's a** ~ **rat** * c'est un sale type *; **he left the** ~ **work for me** il m'a laissé le plus embêtant du boulot *. **2** vt salir.
◆ **dirtily** adv eat, live salement; (meanly) behave bassement. ◆ **dirtiness** n saleté f. ◆ **dirty-faced** adj à la figure sale. ◆ **dirty-minded** adj à l'esprit mal tourné.

disable [dɪs'eɪbl] vt [illness, accident, injury] rendre infirme; (stronger) rendre impotent; tank, gun mettre hors d'action; ship (gen) mettre hors d'état; (by enemy action) mettre hors de combat; (Jur: disqualify) rendre inhabile (from doing à faire).
◆ **disability** n (state) incapacité f (for à); (handicap) infirmité f; (disadvantage) désavantage m; **disability allowance** pension f d'invalidité. ◆ **disabled 1** adj infirme; (Admin: unable to work) invalide; (through illness, old age) impotent; ~**d ex-servicemen** invalides mpl de guerre ; **2** n: **the** ~**d** les invalides mpl. ◆ **disablement** n invalidité f; ~**ment pension** pension f d'invalidité.

disadvantage [,dɪsəd'vɑ:ntɪdʒ] **1** n désavantage m. **to be at a** ~ être dans une position désavantageuse; **you've got me at a** ~ vous avez l'avantage sur moi; **it would be to your** ~ cela vous ferait du tort. **2** vt désavantager. ◆ **disadvantaged** adj child, minority déshérité; **educationally** etc ~**d** défavorisé sur le plan scolaire etc. ◆ **disadvantageous** adj désavantageux (to à).

disaffected [,dɪsə'fektɪd] adj déçu.

disagree [,dɪsə'gri:] vi ne pas être d'accord, être en désaccord (with sb/sth avec qn/qch; over sur); (quarrel) se disputer (with sb avec qn; over à propos de); [reports, figures] ne pas concorder (with avec). **I** ~ je ne suis pas de cet avis, je ne suis pas d'accord; **to** ~ **with the suggestion** être contre la suggestion; **she** ~**s with everything he has done** elle se trouve en désaccord avec tout ce qu'il a fait; [climate, food] **to** ~ **with sb** ne pas convenir à qn; mutton ~**s with him** il ne digère pas le mouton. ◆ **disagreeable** adj (gen); person

désagréable, désobligeant (towards envers).
◆ **disagreeableness** n [work, experience] nature f désagréable; [person] manières fpl désagréables.
◆ **disagreeably** adv désagréablement. ◆ **disagreement** n désaccord m; **to have a** ~**ment with sb** se disputer avec qn (about à propos de).

disallow ['dɪsə'laʊ] vt rejeter; (Sport) goal refuser.

disappear [,dɪsə'pɪə'] vi disparaître. **he** ~**ed from sight** on l'a perdu de vue; **the ship** ~**ed over the horizon** le navire a disparu à l'horizon; **to do a** ~**ing trick** * s'éclipser *; **to make sth** ~ faire disparaître qch; [conjurer] escamoter qch. ◆ **disappearance** n disparition f.

disappoint [,dɪsə'pɔɪnt] vt décevoir, désappointer; (after promising) manquer de parole à; hope décevoir; expectations tromper. ◆ **disappointed** adj person déçu, désappointé; hope, ambition déçu; plan contrecarré; **I'm very** ~**ed with you** vous m'avez beaucoup déçu or désappointé. ◆ **disappointing** adj décevant. ◆ **disappointment** n déception f.

disapprove [,dɪsə'pru:v] vi désapprouver (of sb/sth qn/qch; of sb's doing que qn fasse). **your mother would** ~ ta mère ne trouverait pas ça bien; **he entirely** ~**s of drink** il est tout à fait contre la boisson. ◆ **disapproval** n désapprobation f.
◆ **disapproving** adj désapprobateur. ◆ **disapprovingly** adv avec désapprobation.

disarm [dɪs'ɑ:m] vti désarmer. ◆ **disarmament** n désarmement m; ~**ament talks** conférence f sur le désarmement. ◆ **disarming** adj smile désarmant.
◆ **disarmingly** adv d'une manière désarmante.

disarrange ['dɪsə'reɪn(d)ʒ] vt mettre en désordre.

disarray [,dɪsə'reɪ] n: **in (complete)** ~ troops en déroute; party, movement en plein désarroi; thoughts très confus; clothes en désordre.

disaster [dɪ'zɑ:stə'] **1** n (gen, also fig) désastre m, catastrophe f; (air ~, sea ~ etc) catastrophe. **doomed to** ~ voué à la catastrophe; **her hair was a** ~ * sa coiffure était une catastrophe *. **2** adj: ~ **area** région f sinistrée; ~ **fund** collecte f au profit des victimes. ◆ **disastrous** adj désastreux, catastrophique. ◆ **disastrously** adv désastreusement, catastrophiquement.

disband [dɪs'bænd] **1** vt disperser. **2** vi se disperser.

disbelieve ['dɪsbə'li:v] vt person ne pas croire; news etc ne pas croire à. ◆ **disbelief** n incrédulité f; **in disbelief** avec incrédulité. ◆ **disbelieving** adj incrédule.

disc [dɪsk] **1** n (gen) disque m; (identity ~) plaque f d'identité. **2** adj brakes à disque. ~ **jockey** animateur m, -trice f (de variétés), disc-jockey m.

discard [dɪs'kɑ:d] vt (gen) se débarrasser de; (throw out) jeter; idea, plan abandonner; part of spacecraft larguer; (Cards) se défausser de.

discern [dɪ'sɜ:n] vt discerner. ◆ **discernible** adj object visible; likeness, fault perceptible. ◆ **discerning** adj person, look perspicace; taste délicat. ◆ **discernment** n discernement m.

discharge [dɪs'tʃɑ:dʒ] **1** vt ship, cargo décharger; liquid déverser; (Elec) décharger; employee congédier; soldier rendre à la vie civile; (for health reasons) réformer; prisoner libérer; jury congédier; accused relaxer; bankrupt réhabiliter; debt acquitter; obligation, duty remplir; patient renvoyer (guéri) de l'hôpital; gun faire partir. **the patient** ~**d himself** le malade est sorti en signant une décharge. **to** ~ **pus** suppurer. **2** vi [wound] suinter. **3** ['dɪstʃɑ:dʒ] n (Elec) décharge f; (Med) (gen) suintement m; (pus etc) suppuration f; (vaginal) pertes fpl (blanches); [employee, patient] renvoi m; [prisoner] libération f. **he got his** ~ il a été congédié or libéré etc.

disciple [dɪ'saɪpl] n disciple m.

discipline ['dɪsɪplɪn] **1** n discipline f. **2** vt (control) discipliner; (punish) punir. ◆ **disciplinarian** n personne f stricte en matière de discipline. ◆ **disciplinary** adj disciplinaire.

disclaim [dɪs'kleɪm] vt news, statement démentir; responsibility rejeter; authorship nier; paternity désavouer. ◆ **disclaimer** n démenti m. **to issue a ~er** publier un démenti.

disclose [dɪs'kləʊz] vt secret, news divulguer, révéler; intentions révéler; contents exposer. ◆ **disclosure** n révélation f.

disco * ['dɪskəʊ] n disco m. ~ **dancing** disco m.

discolour, (US) discolor [dɪs'kʌlər] **1** vt décolorer; white object jaunir. **2** vi se décolorer; jaunir. ◆ **discoloration** n décoloration f; jaunissement m.

discomfiture [dɪs'kʌmfɪtʃər] n embarras m.

discomfort [dɪs'kʌmfət] n gêne f. **I feel some ~ from it but not real pain** ça me gêne mais ça ne me fait pas vraiment mal; **this ~ will pass** cette gêne va passer.

disconcert [ˌdɪskən'sɜ:t] vt déconcerter. ◆ **disconcerting** adj déconcertant, déroutant. ◆ **disconcertingly** adv d'une manière déconcertante.

disconnect ['dɪskə'nekt] vt (gen) détacher; railway carriage décrocher; pipe, radio, television débrancher; gas, electricity, water supply, telephone couper. (Telec: in mid conversation) **we've been ~ed** nous avons été coupés. ◆ **disconnected** adj speech, thought sans suite; facts sans rapport.

disconsolate [dɪs'kɒns(ə)lɪt] adj inconsolable. ◆ **disconsolately** adv inconsolablement.

discontent ['dɪskən'tent] n mécontentement m; (Pol) malaise m social. **cause of ~** grief m. ◆ **discontented** adj mécontent (with, about de).

discontinue ['dɪskən'tɪnju:] vt cesser, interrompre; production abandonner; series interrompre; story interrompre la publication de. (Comm) **~d line** série f qui ne se fait plus; (notice) 'fin de série'. ◆ **discontinuous** adj discontinu.

discord ['dɪskɔ:d] n discorde f; (Mus) dissonance f. ◆ **discordant** adj discordant; dissonant.

discotheque ['dɪskə(ʊ)'tek] n discothèque f (dancing).

discount ['dɪskaʊnt] **1** n escompte m; (on article) remise f, rabais m. **to give a ~** faire une remise (on sur); **to buy at a ~** acheter au rabais; **~ for cash** escompte au comptant; (fig) **to be at a ~** être mal coté. **2** [dɪs'kaʊnt] vt fact, remark ne pas tenir compte de. **3** adj: **~ store** magasin m de vente au rabais.

discourage [dɪs'kʌrɪdʒ] vt **(a)** (dishearten) décourager, abattre. **to become ~d** se laisser décourager. **(b)** (advise against) dissuader (sb from sth/from doing qn de qch/de faire); suggestion déconseiller; offer of friendship repousser. ◆ **discouragement** n (act) désapprobation f (of de); (depression) découragement m. ◆ **discouraging** adj décourageant, démoralisant.

discourteous [dɪs'kɜ:tɪəs] adj peu courtois (towards envers, avec). ◆ **discourteously** adv d'une manière peu courtoise. ◆ **discourtesy** n manque m de courtoisie.

discover [dɪs'kʌvər] vt (gen) découvrir; mistake, loss s'apercevoir de; (after search) house, book dénicher. **to ~ that** (realize) s'apercevoir que; (learn) apprendre que. ◆ **discoverer** n: **the ~er of penicillin** celui qui le premier a découvert la pénicilline. ◆ **discovery** n (act) découverte f; (happy find) trouvaille f.

discredit [dɪs'kredɪt] **1** vt discréditer. **2** n discrédit m. ◆ **discreditable** adj peu honorable.

discreet [dɪs'kri:t] adj discret. ◆ **discreetly** adv discrètement. ◆ **discretion** [dɪs'kreʃ(ə)n] n discrétion f; **use your own discretion** faites comme bon

vous semblera; **the age of discretion** l'âge de raison. ◆ **discretionary** adj powers discrétionnaire.

discrepancy [dɪs'krep(ə)nsɪ] n contradiction f, divergence f (between entre). **there is a slight ~ between the explanations** les explications divergent légèrement.

discrete [dɪs'kri:t] adj discret (distinct).

discriminate [dɪs'krɪmɪneɪt] **1** vi distinguer, faire un choix (between entre); (unfairly) établir une discrimination (against contre; in favour of en faveur de). **2** vt distinguer (from de). ◆ **discriminating** adj judgment, mind judicieux; taste fin; tariff, tax différentiel; **he's not very discriminating** il ne fait guère preuve d'esprit critique. ◆ **discrimination** n (judgment) discernement m; (bias) discrimination f (against contre, in favour of en faveur de).

discus ['dɪskəs] n disque m. ~ **thrower** lanceur m de disque.

discuss [dɪs'kʌs] vt (examine in detail) problem, project, price discuter; (talk about) topic, personality discuter de. **we were ~ing him** nous parlions or discutions de lui; **I ~ed it with him** j'en ai discuté avec lui. ◆ **discussion** n discussion f (of sur); **under ~ion** en discussion.

disdain [dɪs'deɪn] **1** vt dédaigner (to do de faire). **2** n dédain m. ◆ **disdainful** adj dédaigneux. ◆ **disdainfully** adv dédaigneusement.

disease [dɪ'zi:z] n maladie f. ◆ **diseased** adj malade.

disembark [ˌdɪsɪm'bɑ:k] vti débarquer. ◆ **disembarkation** n débarquement m.

disembodied ['dɪsɪm'bɒdɪd] adj désincarné.

disenchanted ['dɪsɪn'tʃɑ:ntɪd] adj désenchanté. ◆ **disenchantment** n désenchantement m.

disengage [ˌdɪsɪn'geɪdʒ] vt (gen) dégager (from de); machine débrayer. **to ~ the clutch** débrayer. ◆ **disengaged** adj libre, inoccupé; (Tech) débrayé. ◆ **disengagement** n (Pol) désengagement m.

disentangle ['dɪsɪn'tæŋgl] vt (gen) démêler; plot dénouer. **to ~ o.s. from** se dépêtrer de.

disfavour, (US) disfavor [dɪs'feɪvər] **1** n défaveur f (with sb auprès de qn). **to fall into ~** tomber en défaveur. **2** vt (dislike) désapprouver. (US: disadvantage) défavoriser.

disfigure [dɪs'fɪgər] vt défigurer. ◆ **disfigured** adj défiguré (by par). ◆ **disfigurement** n défigurement m.

disgorge [dɪs'gɔ:dʒ] vt dégorger.

disgrace [dɪs'greɪs] **1** n (dishonour) honte f, déshonneur m; (disfavour) disgrâce f. **there is no ~ in doing** il n'y a aucune honte à faire; **to be in ~** [politician etc] être en disgrâce; [child, dog] être en pénitence; **it's a ~** c'est une honte; **it is a ~ to the country** cela déshonore le pays. **2** vt family etc faire honte à; name, country déshonorer. **he ~d himself by drinking too much** il s'est très mal conduit en buvant trop; [officer, politician] **to be ~d** être disgracié. ◆ **disgraceful** adj honteux, scandaleux. ◆ **disgracefully** adv act honteusement, scandaleusement; **~fully badly paid** scandaleusement mal payé.

disgruntled [dɪs'grʌntld] adj person mécontent (about, with à cause de); expression maussade.

disguise [dɪs'gaɪz] **1** vt (gen) déguiser (as en); building, vehicle, ship camoufler (as en). **to ~ o.s. as a woman** se déguiser en femme; **there is no disguising the fact that...** on ne peut pas se dissimuler que... **2** n déguisement m. **in ~** déguisé.

disgust [dɪs'gʌst] **1** n dégoût m (for, at pour). **he left in ~** il est parti dégoûté; **to my ~ he refused** j'ai trouvé dégoûtant qu'il refuse (subj). **2** vt dégoûter. ◆ **disgusted** adj dégoûté (at de, par). ◆ **disgustedly** adv avec dégoût; ... **he said ~edly**

... dit-il, dégoûté. ◆ **disgusting** adj (gen) dégoûtant; behaviour révoltant; smell nauséabond; **what a ~ing mess!** c'est dégoûtant! ◆ **disgustingly** adv d'une manière dégoûtante; **~ingly dirty** d'une saleté dégoûtante.

dish [dɪʃ] **1** n plat m; (in laboratory etc) récipient m; (Phot) cuvette f; (food) plat, mets m. **vegetable ~** plat à légumes; **the ~es** la vaisselle; **to do the ~es** faire la vaisselle. **2** vt food verser dans un plat; (⁂) sb's chances, hopes flanquer par terre *. ◆ **dish out** vt sep food servir; (*: fig) (money, books etc) distribuer; punishment administrer. ◆ **dish up** vt sep meal servir; (*) facts, statistics sortir tout un tas de *.

◆ **dishcloth** n (for washing) lavette f; (for drying) torchon m à vaisselle. ◆ **dished wheel** n roue f désaxée. ◆ **dishmop** n lavette f. ◆ **dishpan** n bassine f (à vaisselle). ◆ **dishrack** n égouttoir m (à vaisselle). ◆ **dishtowel** n torchon m (à vaisselle). ◆ **dish-washer** n (machine) lave-vaisselle m inv; (person: in restaurant) plongeur m, -euse f. ◆ **dishwater** n eau f de vaisselle. ◆ **dishy** ⁂ adj person excitant, sexy *.

dishearten [dɪsˈhɑːtn] vt décourager. **to get ~ed** se décourager. ◆ **disheartening** adj décourageant.

dishevelled [dɪˈʃevəld] adj person, hair échevelé; clothes en désordre.

dishonest [dɪsˈɒnɪst] adj (gen) malhonnête; (untruthful) person menteur; reply mensonger. **to be ~ with sb** manquer de franchise envers qn. ◆ **dishonestly** adv act malhonnêtement; say en mentant. ◆ **dishonesty** n malhonnêteté f.

dishonour, (US) **dishonor** [dɪsˈɒnəʳ] **1** n déshonneur m. **2** vt déshonorer; cheque refuser d'honorer. ◆ **dishono(u)rable** adj peu honorable.

disillusion [ˌdɪsɪˈluːʒ(ə)n] **1** vt désillusionner. **to grow ~ed** perdre ses illusions. **2** n désillusion f.

disincentive [ˌdɪsɪnˈsentɪv] n: **it's a real ~** cela a un effet de dissuasion; **this is a ~ to work** cela n'incite pas à travailler.

disinclination [ˌdɪsɪnklɪˈneɪʃ(ə)n] n manque m d'enthousiasme (to do à faire). ◆ **disinclined** adj peu disposé, peu enclin (for à, to do à faire).

disinfect [ˌdɪsɪnˈfekt] vt désinfecter. ◆ **disinfectant** n désinfectant (m). ◆ **disinfection** n désinfection f.

disinformation [ˌdɪsɪnfəˈmeɪʃ(ə)n] n désinformation f.

disingenuous [ˌdɪsɪnˈdʒenjʊəs] adj déloyal, peu sincère.

disinherit [ˈdɪsɪnˈherɪt] vt déshériter.

disintegrate [dɪsˈɪntɪgreɪt] **1** vi se désintégrer. **2** vt désintégrer. ◆ **disintegration** n désintégration f.

disinterested [dɪsˈɪntrɪstɪd] adj (impartial) désintéressé; (uninterested) indifférent. ◆ **disinterestedness** n désintéressement m; indifférence f.

disjointed [dɪsˈdʒɔɪntɪd] adj décousu.

disjunctive [dɪsˈdʒʌŋktɪv] adj disjonctif.

disk [dɪsk] n (a) (esp US) = **disc**. (b) (Comput) disque m. **on ~** sur disque; **single-/double-sided ~** disque simple/double; **~ drive** lecteur m de disques.

diskette [dɪsˈket] n (Comput) disquette f.

dislike [dɪsˈlaɪk] **1** vt ne pas aimer (doing faire). **I don't ~ it** cela ne me déplaît pas; **I ~ her** je la trouve antipathique, elle ne me plaît pas; **I ~ this** intensely j'ai cela en horreur; **I ~ of...** le fait qu'il n'aime pas...; **one's likes and ~s** ce que l'on aime et ce que l'on n'aime pas; **to take a ~ to sb/sth** prendre qn/qch en grippe.

dislocate [ˈdɪslə(ʊ)ˈkeɪt] vt (Med) se disloquer; [fall etc] disloquer; (fig) traffic, business désorganiser; plans bouleverser. **he ~d his shoulder** il s'est disloqué l'épaule. ◆ **dislocation** n dislocation f; désorganisation f; bouleversement m.

dislodge [dɪsˈlɒdʒ] vt stone déplacer; cap, screw, nut débloquer; enemy déloger; person faire bouger (from de).

disloyal [ˈdɪsˈlɔɪ(ə)l] adj déloyal (to à, envers). ◆ **disloyally** adv déloyalement. ◆ **disloyalty** n déloyauté f.

dismal [ˈdɪzm(ə)l] adj prospects, person sombre, morne; weather morne; failure lamentable. ◆ **dismally** adv say d'un air sombre; fail lamentablement.

dismantle [dɪsˈmæntl] vt machine démonter; company démanteler.

dismay [dɪsˈmeɪ] **1** n consternation f. **in ~** d'un air consterné. **2** vt consterner.

dismember [dɪsˈmembəʳ] vt démembrer.

dismiss [dɪsˈmɪs] vt (a) employee licencier, congédier; official, officer destituer; class, visitors congédier; troops faire rompre les rangs à. (Mil) ~**!** rompez (les rangs)!; (Scol) ~**!** partez! (b) thought, suggestion, possibility écarter; request rejeter. (c) (Jur) accused relaxer; appeal rejeter; jury congédier. **to ~ a case** rendre une fin de non-recevoir; **to ~ a charge** rendre un non-lieu. ◆ **dismissal** n licenciement m; destitution f; congédiement m; rejet m; **he made a gesture of ~al** d'un geste il les a congédiés.

dismount [dɪsˈmaʊnt] **1** vi descendre (from de), mettre pied à terre. **2** vt démonter.

disobey [ˈdɪsəˈbeɪ] vt person désobéir à; rule enfreindre. ◆ **disobedience** n désobéissance f (to à). ◆ **disobedient** adj désobéissant (to à).

disobliging [ˈdɪsəˈblaɪdʒɪŋ] adj désobligeant.

disorder [dɪsˈɔːdəʳ] n [room, plans etc] désordre m, confusion f; (Pol etc: rioting) désordres mpl; (Med) troubles mpl. **in ~** en désordre; (Mil) en déroute; **speech ~** difficulté f de langage. ◆ **disordered** adj room en désordre; imagination, existence désordonné; (Med) stomach, mind malade. ◆ **disorderly** adj room en désordre; flight, mind, crowd, behaviour, life désordonné; meeting tumultueux; (Jur) ~**ly conduct** conduite f contraire aux bonnes mœurs.

disorganize [dɪsˈɔːgənaɪz] vt désorganiser. **she's very ~d** * elle est très désorganisée. ◆ **disorganization** n désorganisation f.

disorientate [dɪsˈɔːrɪənteɪt] vt désorienter.

disown [dɪsˈəʊn] vt renier.

disparage [dɪsˈpærɪdʒ] vt person, thing dénigrer. ◆ **disparagement** n dénigrement m. ◆ **disparaging** adj désobligeant (to pour); **to be disparaging about** faire des remarques désobligeantes sur. ◆ **disparagingly** adv de façon désobligeante.

disparate [ˈdɪspərɪt] adj disparate. ◆ **disparity** n disparité f.

dispassionate [dɪsˈpæʃ(ə)nɪt] adj (unemotional) calme; (unbiased) impartial. ◆ **dispassionately** adv avec calme; impartialement.

dispatch [dɪsˈpætʃ] **1** vt (a) (send) letter, goods expédier; messenger dépêcher; troops faire partir. (b) (finish off) job expédier; animal tuer. **2** n (a) (sending) expédition f. (b) (report: Mil, Press etc) dépêche f. (Mil) **mentioned in ~es** cité à l'ordre du jour. (c) (promptness) promptitude f. **3** adj: ~ **box** (in Parliament) ≃ tribune f; (case) valise officielle (à documents); ~ **case** serviette f, porte-documents m inv; ~ **rider** estafette f.

dispel [dɪsˈpel] vt dissiper, chasser.

dispense [dɪsˈpens] vt (a) food distribuer; justice, sacrament administrer; hospitality accorder; medicine, prescription préparer. **dispensing chemist** (person) pharmacien(ne) m(f); (shop) pharmacie f. (b) (exempt) dispenser (sb from sth/from doing qn de qch/de faire). ♦ **dispense with** vt fus (do without) se passer de; (make unnecessary) rendre superflu. ♦ **dispensable** adj dont on peut se passer. ♦ **dispensary** n (in hospital) pharmacie f; (in chemist's) officine f; (clinic) dispensaire m. ♦ **dispensation** n (Jur, Rel) dispense f (from de). ♦ **dispenser** n (person) pharmacien(ne) m(f); (device) distributeur m.

disperse [dɪsˈpɜːs] **1** vt (gen) disperser; sorrow dissiper; knowledge disséminer. **2** vi se disperser; se dissiper; se disséminer. ♦ **dispersal** or ♦ **dispersion** n dispersion f. ♦ **dispersant** n dispersant m.

dispirited [dɪsˈpɪrɪtɪd] adj découragé, abattu. ♦ **dispiritedly** adv avec découragement.

displace [dɪsˈpleɪs] vt (move out of place) refugees, official déplacer; (replace) remplacer. ~**d person** personne déplacée. ♦ **displacement** n déplacement m; remplacement m; (Psych) ~**ment activity** déplacement m.

display [dɪsˈpleɪ] **1** vt (gen) montrer; (ostentatiously) faire parade de; courage, ignorance faire preuve de; notice, results afficher; goods exposer; (Comput) visualiser; [electronic device] afficher. **2** n (act) exposition f, déploiement m; (ostentatious) étalage m; [paintings] exposition f; (Comm) étalage; (Comput) visuel m; (visual information) affichage m; [courage, ignorance] manifestation f; [force etc] déploiement m. **on** ~ exposé; ~ **of gymnastics/dancing** etc exhibition f de gymnastique/de danse etc; **military** ~ parade f militaire; **air** ~ fête f aéronautique. **3** adj goods d'étalage. ~ **cabinet**, ~ **case** vitrine f (meuble); ~ **panel** écran m de visualisation; ~ **window** vitrine f (de magasin).

displease [dɪsˈpliːz] vt déplaire à, mécontenter. ~**d with** mécontent de. ♦ **displeasing** adj déplaisant (to pour, à). ♦ **displeasure** [dɪsˈpleʒər] n mécontentement m.

dispose [dɪsˈpəʊz] vt (**a**) (arrange) papers, ornaments, troops disposer; forces déployer. (**b**) (make willing) disposer (sb to do qn à faire). ♦ **dispose of** vt fus (**a**) (get rid of) se débarrasser de; (by selling) item vendre; stock écouler; one's property, money disposer de; rubbish etc (remove) enlever; (destroy) détruire; bomb désamorcer; meal, question expédier; opponent régler son compte à; (kill) liquider *. (**b**) (control) time, money disposer de. ♦ **disposable** adj (available) disponible; (not reusable) à jeter; **disposable income** revenu m net (d'impôts et de retenues); **disposable (nappy)** couche-culotte f; **disposable wrapping** emballage m perdu. ♦ **disposal** n [rubbish] enlèvement m, destruction f; [bomb] désamorçage m; [property] disposition f; **at sb's disposal** à la disposition de qn; (waste) **disposal unit** broyeur m (d'ordures). ♦ **disposed** adj disposé (to do à faire); **well** ~**d towards sb** bien disposé envers qn. ♦ **disposer** n (waste ~) broyeur m (d'ordures). ♦ **disposition** n (temperament) naturel m, tempérament m; (readiness) inclination f (to do à faire); (arrangement) disposition f.

dispossess [dɪspəˈzes] vt déposséder (of de).

disproportionate [dɪsprəˈpɔːʃnɪt] adj disproportionné (to à, avec). ♦ **disproportionately** adv: ~**ly large** etc d'une grandeur etc disproportionnée.

disprove [dɪsˈpruːv] vt établir la fausseté de.

dispute [dɪsˈpjuːt] **1** n (**a**) discussion f. **beyond** ~ incontestable; **without** ~ sans contredit; **there is some** ~ **about** on n'est pas d'accord sur; **in** or **under** ~ matter en discussion; territory, facts, figures contesté; (Jur) en litige. (**b**) (quarrel) dispute f; (argument) discussion f, débat m; (Jur) litige m; (Ind, Pol) conflit m. **industrial** ~ conflit social; **wages** ~ conflit salarial. **2** vt contester. **I do not** ~ **the fact that...** je ne conteste pas (le fait) que...

+ subj. ♦ **disputable** adj discutable, contestable. ♦ **disputably** adv de manière contestable. ♦ **disputed** adj contesté.

disqualify [dɪsˈkwɒlɪfaɪ] vt rendre inapte (from sth à qch, from doing à faire); (Sport) disqualifier. **to** ~ **sb from driving** retirer à qn le permis de conduire (for sth pour qch). ♦ **disqualification** n disqualification f (also Sport), exclusion f (from de); (from driving) retrait m du permis (de conduire).

disquieting [dɪsˈkwaɪətɪŋ] adj inquiétant.

disregard [ˈdɪsrɪˈgɑːd] **1** vt (gen) ne tenir aucun compte de; feelings faire peu de cas de; authority, rules, duty passer outre à. **2** n [difficulty, comments, feelings, money] indifférence f (for à); [danger] mépris m (for de); [safety] négligence f (for en ce qui concerne); [rule, law] non-observation f (for de).

disrepair [ˈdɪsrɪˈpɛər] n mauvais état. **in a state of** ~ building délabré; road en mauvais état; **to fall into** ~ [building] se délabrer; [road] se dégrader.

disrepute [ˈdɪsrɪˈpjuːt] n discrédit m, déshonneur m. **to fall into** ~ tomber en discrédit. ♦ **disreputable** [dɪsˈrepjʊtəbl] adj person peu recommandable; behaviour honteux; clothes miteux; area mal famé.

disrespect [ˈdɪsrɪsˈpekt] n manque m de respect. ♦ **disrespectful** adj irrespectueux (towards, to envers); **to be** ~**ful to** manquer de respect envers.

disrupt [dɪsˈrʌpt] vt peace, relations, train service perturber; conversation, communications interrompre; plans déranger. ♦ **disruption** n perturbation f; interruption f; dérangement m. ♦ **disruptive** adj perturbateur; (Elec) disruptif.

dissatisfaction [ˈdɪsˌsætɪsˈfækʃ(ə)n] n mécontentement m (at, with devant, provoqué par). ♦ **dissatisfied** adj mécontent (with de).

dissect [dɪˈsekt] vt disséquer. ♦ **dissection** n dissection f.

dissemble [dɪˈsembl] vti dissimuler.

disseminate [dɪˈsemɪneɪt] vt disséminer. ~**d sclerosis** sclérose f en plaques.

dissension [dɪˈsenʃ(ə)n] n dissension f. ♦ **dissent 1** vi différer (from de); (Rel) être dissident ; **2** n dissentiment m; (Rel) dissidence f. ♦ **dissenter** n dissident(e) m(f).

dissertation [ˌdɪsəˈteɪʃ(ə)n] n mémoire m (on sur); (for doctorate) thèse f.

disservice [ˈdɪsˈsɜːvɪs] n mauvais service m. **to do sb a** ~ rendre un mauvais service à qn; [appearance etc] constituer un handicap pour qn.

dissidence [ˈdɪsɪd(ə)ns] n dissidence f. ♦ **dissident** adj, n dissident(e) m(f).

dissimilar [ˈdɪˈsɪmɪlər] adj différent (to de). ♦ **dissimilarity** n différence f (between entre).

dissimulate [dɪˈsɪmjʊleɪt] vti dissimuler. ♦ **dissimulation** n dissimulation f.

dissipate [ˈdɪsɪpeɪt] vt (gen) dissiper; energy, efforts gaspiller. ♦ **dissipated** adj life, behaviour déréglé; person débauché, dissipé. ♦ **dissipation** n dissipation f.

dissociate [dɪˈsəʊʃɪeɪt] vt dissocier (from de). ♦ **dissociation** n dissociation f.

dissolute [ˈdɪsəluːt] adj person débauché; way of life dissolu.

dissolution [ˌdɪsəˈluːʃ(ə)n] n dissolution f.

dissolve [dɪˈzɒlv] **1** vt (gen) dissoudre; [person] substance faire dissoudre; (Culin) sugar faire fondre. **2** vi se dissoudre; (Cine) se fondre. **to** ~ **into thin air** s'en aller en fumée; **to** ~ **into tears** fondre en larmes.

dissuade [dɪˈsweɪd] vt dissuader (sb from doing qn de faire). ♦ **dissuasion** n dissuasion f. ♦ **dissuasive** adj voice, person qui cherche à dissuader; powers de dissuasion.

distance ['dɪst(ə)ns] **1** *n* distance *f* (*between* entre). **the ~ between the houses** la distance qui sépare les maisons; **the ~ between the eyes/rails** *etc* l'écartement *m* des yeux/des rails *etc*; **at a ~** à quelque distance; **at a ~ of 2 metres** à une distance de 2 mètres; **what ~ is it from here to London?** nous sommes à combien de Londres?; **it's a good ~** c'est assez loin; **in the ~** au loin, dans le lointain; **from a ~** de loin; **it's within walking ~** on peut y aller à pied; **a short ~ away** à une faible distance; **it's no ~ *** c'est tout près; **at a ~ of 400 years** à 400 ans d'écart; **at this ~ in time** après un tel intervalle de temps; **to keep sb at a ~** tenir qn à distance; **to keep one's ~** garder ses distances. **2** *vt*: **to ~ o.s. from sth** se distancier de qch. **3** *adj*: **~ race/runner** épreuve *f*/coureur *m* de fond. ◆ **distant** *adj* (*gen*) éloigné; *recollection, country* lointain; (*reserved*) distant, froid; **we had a distant view of the church** nous avons vu l'église de loin; **the school is 2 km distant from the church** l'école est à une distance de 2 km de l'église; **in the distant future/past** dans un avenir/un passé lointain. ◆ **distantly** *adv* resemble vaguement, un peu; *smile, say* froidement, d'une manière distante; **distantly related** d'une parenté éloignée.

distaste ['dɪs'teɪst] *n* répugnance *f* (*for* pour). ◆ **distasteful** *adj* déplaisant (*to* à).

distemper¹ [dɪs'tempər] **1** *n* (*paint*) détrempe *f*, badigeon *m*. **2** *vt* badigeonner.

distemper² [dɪs'tempər] *n* [*dogs*] maladie *f* des jeunes chiens *or* de Carré.

distend [dɪs'tend] **1** *vt* distendre. **2** *vi* se distendre.

distil(l) [dɪs'tɪl] *vt* distiller. (*Aut*) **~ed water** eau déminéralisée. ◆ **distiller** *n* distillateur *m*. ◆ **distillery** *n* distillerie *f*.

distinct [dɪs'tɪŋ(k)t] *adj* (**a**) (*clear*) landmark, voice, memory distinct, clair; *promise, offer* précis; *preference, likeness, increase, progress* net (*before n*), marqué. (**b**) (*different*) distinct, différent (*from* de). **as ~ from** par opposition à. ◆ **distinction** *n* (*gen*) distinction *f*; (*Scol*) **he got a ~ion in French** il a été reçu en français avec mention *f* très bien. ◆ **distinctive** *adj* distinctif. ◆ **distinctly** *adv* speak, hear, see distinctement, clairement; *promise* sans équivoque; *stipulate* expressément; *better* incontestablement; *cool, friendly* vraiment.

distinguish [dɪs'tɪŋgwɪʃ] **1** *vt* (**a**) (*discern*) landmark distinguer, apercevoir; *change* discerner. (**b**) (*make different*) distinguer (*from* de); (*characterize*) caractériser. **to ~ o.s.** se distinguer (*as* en tant que). **2** *vi* distinguer (*between* entre). ◆ **distinguishable** *adj* (*discernible*) visible, perceptible; **easily ~able from each other** faciles à distinguer l'un de l'autre. ◆ **distinguished** *adj* distingué. ◆ **distinguishing** *adj* distinctif; **~ing mark** (*on passport*) signe *m* particulier.

distort [dɪs'tɔːt] *vt* (*gen*) déformer; *judgment* fausser. ◆ **distorted** *adj* (*lit*) déformé, altéré; (*fig*) *impression* faux, (*f* fausse); **he gave us a ~ed version of the events** il a dénaturé les événements en les racontant. ◆ **distortion** *n* (*gen*) distorsion *f*; [*facts*] déformation *f*.

distract [dɪs'trækt] *vt* distraire. ◆ **distracted** *adj* éperdu, égaré; **she was quite ~ed** elle était dans tous ses états. ◆ **distractedly** *adv* behave, run comme un fou; *love, weep* éperdument. ◆ **distracting** *adj* qui empêche de se concentrer, (*pej*) gênant. ◆ **distraction** *n* interruption *f*; **to love to ~ion** aimer à la folie; **to drive sb to ~ion** rendre qn fou.

distraught [dɪs'trɔːt] *adj* éperdu (*with* de), égaré.

distress [dɪs'tres] **1** *n* (**a**) peine *f*, (*stronger*) douleur *f*. **to be in great ~** être bouleversé. (**b**) (*poverty*) détresse *f*, misère *f*. (**c**) (*danger*) péril *m*, détresse *f*. **in ~** ship en perdition; *plane* en détresse; **comrades in ~** compagnons *mpl* d'infortune. **2** *vt* affliger, peiner. **3** *adj* signal de détresse. ◆ **distressed** *adj* affligé, peiné (*by* par, de); **very ~ed** bouleversé; **~ed area** zone *f* sinistrée. ◆ **distressing** *adj* pénible, affligeant.

distribute [dɪs'trɪbjuːt] *vt* leaflets, prizes distribuer; *money, load, weight* répartir. ◆ **distribution** *n* distribution *f*; répartition *f*. ◆ **distributive** *adj* distributif; **the distributive trades** le secteur de la distribution. ◆ **distributor** *n* (**a**) (*Comm*: *agent for goods*) concessionnaire *mf*; [*films*] distributeur *m*; (**b**) (*Aut, Tech*) distributeur *m*; (*Aut*) **distributor cap** tête *f* de delco ®.

district ['dɪstrɪkt] **1** *n* (*of a country*) région *f*; (*in town*) quartier *m*; (*US Pol*) circonscription électorale. **2** *adj* manager *etc* régional. (*US*) **~ attorney** ≃ procureur *m* de la République; (*US*) **~ court** cour *f* fédérale; **~ nurse** infirmière *f* visiteuse.

distrust [dɪs'trʌst] **1** *vt* se méfier de. **2** *n* méfiance *f* (*of* à l'égard de). ◆ **distrustful** *adj* méfiant (*of* de).

disturb [dɪs'tɜːb] *vt* (*inconvenience*) déranger; (*worry*) troubler, inquiéter; *silence, sleep, water* troubler; *atmosphere* perturber; *papers* déranger. **sorry to ~ you** excusez-moi de vous déranger; **'please do not ~'** 'prière de ne pas déranger'. ◆ **disturbance** *n* (*political, social*) troubles *mpl*, émeute *f*; (*in house, street*) tapage *m*; **to cause a ~ance** faire du tapage. ◆ **disturbed** *adj* troublé (*at, by* par); (*Psych*) perturbé. ◆ **disturbing** *adj* (*alarming*) inquiétant, troublant; (*distracting*) gênant.

disuse ['dɪs'juːs] *n* désuétude *f*. **to fall into ~** tomber en désuétude. ◆ **disused** ['dɪs'juːzd] *adj* désaffecté, abandonné.

ditch [dɪtʃ] **1** *n* (*gen*) fossé *m*; (*for irrigation*) rigole *f*. **2** *vt* (*: *get rid of*) person se débarrasser de, laisser tomber *; *car etc* abandonner.

dither * ['dɪðər] **1** *n*: **to be in a ~** être dans tous ses états. **2** *vi* hésiter. **to ~ over a decision** se tâter pour prendre une décision.

ditto ['dɪtəʊ] *adv* idem.

divan [dɪ'væn] **1** *n* divan *m*. **2** *adj*: **~ bed** divanlit *m*.

dive [daɪv] **1** *n* [*swimmer, goalkeeper*] plongeon *m*; [*submarine, deep-sea diver*] plongée *f*; [*aircraft*] piqué *m*. **2** *vi* (*gen*: *often ~ in*) plonger; [*aircraft*] descendre en piqué. **he ~d in head first** il a piqué une tête dans l'eau; **to ~ for pearls** pêcher des perles; **he ~d under the table** il s'est jeté sous la table; (*rush*) **to ~ in/out *** *etc* entrer/sortir *etc* tête baissée; **he ~d * for the exit** il a foncé tête baissée vers la sortie; **the goalie ~d for the ball** le gardien de but a plongé pour bloquer le ballon. ◆ **divebomb** *vt* bombarder en piqué. ◆ **dive-bombing** *n* bombardement *m* en piqué. ◆ **diver** *n* plongeur *m*; (*in suit*) scaphandrier *m*. ◆ **diving** *adj*: **diving bell** cloche *f* à plongeur; **diving board** plongeoir *m*; **diving suit** scaphandre *m*.

diverge [daɪ'vɜːdʒ] *vi* diverger. ◆ **divergence** *n* divergence *f*. ◆ **divergent** *adj* divergent.

diverse [daɪ'vɜːs] *adj* divers, différent. ◆ **diversification** *n* diversification *f*. ◆ **diversify** *vt* diversifier. ◆ **diversity** *n* diversité *f*.

diversion [daɪ'vɜːʃ(ə)n] *n* (**a**) [*traffic*] déviation *f*; [*stream*] dérivation *f*. (**b**) (*amusement*) distraction *f*, diversion *f*. (**c**) (*distraction*) diversion *f*. **to create a ~** (*Mil*) opérer une diversion; (*gen*) faire diversion. ◆ **diversionary** *adj* destiné à faire diversion.

divert [daɪ'vɜːt] *vt* stream, conversation, attention, eyes détourner; *train, plane, ship* dérouter; *traffic* dévier; *blow* écarter; (*amuse*) divertir, distraire, amuser. ◆ **diverting** *adj* divertissant.

divest [daɪ'vest] *vt* dépouiller (*of* de).

divide [dɪ'vaɪd] **1** vt (gen: often ~ **up**) diviser (into en; between, among entre); (~ **out**) répartir, distribuer (among entre); (~ **off**) séparer (from de). **they ~d it (amongst themselves)** ils se le sont partagé; **she ~s her time between** elle partage son temps entre; **to ~ 36 by 6** diviser 36 par 6; **policy of ~ and rule** politique f consistant à diviser pour régner. **2** vi [river] se diviser; [road] bifurquer; (~ **up**) se diviser (into en); (Math) être divisible (by par). (Parl) **the House** ~d la Chambre a procédé au vote. ◆ **divided** adj (lit) divisé; (Bot) découpé; (fig) people divisés (about, on sur); opinions etc partagés (on sur); couple, family désuni; **I feel ~d in my own mind about this** je me sens indécis à cet égard; (US) ~**d highway** route f à chaussées séparées or à quatre voies; ~**d skirt** jupe-culotte f. ◆ **dividing** adj fence mitoyen; line de démarcation.

dividend ['dɪvɪdend] n dividende m.

divine¹ [dɪ'vaɪn] adj divin. ◆ **divinely** adv divinement. ◆ **divinity** n divinité f; (Univ) théologie f.

divine² [dɪ'vaɪn] vt the future prédire; sb's intentions deviner; water, metal découvrir par la radiesthésie. ◆ **diviner** n radiesthésiste mf. ◆ **divining rod** n baguette f de sourcier.

division [dɪ'vɪʒ(ə)n] n (gen) division f (into en, between, among entre). ~ **of labour** division du travail; (Parl) **to call a ~** passer au vote. ◆ **divisible** adj divisible (by par). ◆ **divisive** [dɪ'vaɪsɪv] adj qui sème la discorde. ◆ **divisor** n diviseur m.

divorce [dɪ'vɔːs] **1** n divorce m (from d'avec). **2** vt divorcer avec or d'avec; (fig) séparer (from de). **3** vi divorcer. **4** adj: ≃ **court** ≃ tribunal m de grande instance; **to start ~ proceedings** demander le divorce. ◆ **divorced** adj (Jur) divorcé (from d'avec); (fig) séparé (from de). ◆ **divorcee** n divorcé(e) m(f).

divulge [daɪ'vʌldʒ] vt divulguer, révéler.

dizzy ['dɪzɪ] adj person pris de vertiges; (heedless) étourdi; height, speed, rise in price vertigineux. **to feel ~** (unwell) être pris de vertiges; (from fear of heights) avoir le vertige; **it makes me ~** cela me donne le vertige. ◆ **dizzily** adv walk avec un sentiment de vertige; rise, fall, spin vertigineusement. ◆ **dizziness** n vertiges mpl; **an attack of dizziness** un étourdissement.

Djakarta [dʒə'kɑːtə] n Djakarta.

do¹ [duː] 3rd person sg pres **does**, pret **did**, ptp **done**. **1** aux vb: ~ **you understand?** (est-ce que) vous comprenez?; **I don't understand** je ne comprends pas; **didn't you speak?** n'avez-vous pas parlé?; **DO come!** venez donc, je vous en prie!; **DO tell him that...** dites-lui bien que...; **but I DO like it!** mais si, je l'aime!; **he DID say it** bien sûr qu'il l'a dit; **so you DO know them!** alors c'est vrai que vous les connaissez!; **I DO wish I could come with you** je voudrais tant pouvoir vous accompagner; **you speak better than I ~** vous parlez mieux que moi; **she says she will go but she never does** elle dit qu'elle ira, mais elle n'y va jamais; **so ~ I** moi aussi; **neither ~ I** moi non plus; **they said he would go and so he did** on a dit qu'il s'en irait et c'est bien ce qu'il a fait; **you know him, don't you?** vous le connaissez, n'est-ce pas?; **you know him, ~ you?** alors vous le connaissez?; **you DO agree, don't you?** vous êtes bien d'accord, n'est-ce pas?; **she said that, did she?** elle a vraiment dit ça?; **she said that, didn't she?** elle a bien dit ça, n'est-ce pas?; **I like them, don't you?** je les aime, pas vous?; ~ **they really?** vraiment?; **may I come in?** — ~! puis-je entrer? — bien sûr!; **who broke the mirror?** — **I did** qui est-ce qui a cassé le miroir? — c'est moi.
2 vt (a) (gen) faire. **what are you ~ing now?** qu'est-ce que tu fais?; **what are you ~ing these days?** qu'est-ce que tu deviens?; **what do you ~ for a living?** que faites-vous dans la vie?; **I've got plenty to ~** j'ai beaucoup à faire; **I shall ~ nothing of the sort** je n'en ferai rien; **don't ~ too much!** n'en faites pas trop!; **he does nothing but complain** il ne fait que se plaindre; **what shall we ~ for money?** comment allons-nous faire pour trouver de l'argent?; **what have you done with my gloves?** qu'avez-vous fait de mes gants?; **what am I to ~ with you?** qu'est-ce que je vais bien pouvoir faire de toi?; **he didn't know what to ~ with himself all day** il ne savait pas quoi faire (de sa peau *) toute la journée; **I shan't know what to ~ with all my free time** je ne saurai pas quoi faire de mon temps libre; **I could ~ with a cup of tea** je prendrais bien une tasse de thé; **I can't ~ with whining children** je ne peux pas supporter les enfants qui pleurnichent; **to ~ without sth** se passer de qch.
(b) (accomplish, produce etc) letter, copy, crossword, sum faire. **I'll ~ all I can** je ferai tout mon possible; **what's to be done?** que faire?; **what can I ~ for you?** en quoi puis-je vous aider?; **what do you want me to ~ about it?** qu'est-ce que vous voulez que j'y fasse?; **to ~ sth again** refaire qch; **it's all got to be done again** tout est à refaire ; ~ **something for me, will you?** rends-moi (un) service, veux-tu?; **what's done cannot be undone** ce qui est fait est fait; **that's just not done!, that's not the done thing** * cela ne se fait pas!; **well done!** bravo!, très bien!; **that's done it!** * (dismay) il ne manquait plus que ça!; (satisfaction) ça y est!; **to ~ 6 years in jail** faire 6 ans de prison; (Scol etc) **to ~ Milton/German** faire Milton/de l'allemand; **to ~ the flowers** arranger les fleurs (dans les vases); **to ~ one's hair** se coiffer; **to ~ one's nails** se faire les ongles; **this room needs ~ing** cette pièce est à faire; **he's been badly done by** on s'est très mal conduit à son égard; **they ~ you very well at that restaurant** on mange rudement * bien dans ce restaurant; **she does her lodgers proud** elle dorlote ses pensionnaires; **to ~ o.s. well** ne se priver de rien.
(c) (finished) **the work's done** le travail est fait; **the soap is done** il ne reste plus de savon; **I haven't done * telling you** je n'ai pas fini de vous dire; **done!** entendu!; **to get done with sth** en finir avec qch; **to be done for *** être fichu *; **to be done in *** (exhausted) être éreinté.
(d) (visit) city, museum visiter, faire *.
(e) (Aut etc) **the car was ~ing 100** la voiture roulait à 100 à l'heure or faisait du 100 à l'heure; **we've done 200 km** nous avons fait or parcouru 200 km.
(f) (suit) aller à; (be sufficient for) suffire à. **that will ~ me nicely** (what I want) cela fera très bien mon affaire; (enough) cela me suffit.
(g) (play role of) faire, jouer le rôle de; (pretend to be) faire; (mimic) imiter. **she does the worried mother very convincingly** elle joue à la mère inquiète avec beaucoup de conviction.
(h) (*: cheat) avoir *, refaire *. **you've been done!** on vous a eu * or refait! *; **to ~ sb out of £10** refaire * qn de 10 livres; **to ~ sb out of a job** prendre à qn son travail.
(i) (cook) faire; (prepare) faire, préparer. **to ~ the cooking** faire la cuisine; **how do you like your steak done?** comment aimez-vous votre bifteck?; **steak well done** bifteck bien cuit; **done to a turn** à point.
3 vi **(a)** (gen: act etc) faire, agir. ~ **as your friends ~** faites comme vos amis; **he did well to take advice** il a bien fait de demander des conseils; **she was up and ~ing at 6 o'clock** elle était à l'ouvrage dès 6 heures du matin.
(b) (fare) aller, marcher, être. **how do you ~?** (greeting: gen) comment allez-vous?; (on being introduced) enchanté de faire votre connaissance; **how**

are you ~ing? * comment ça va?; **his business is ~ing well** ses affaires vont *or* marchent bien. (**c**) *(finish)* finir, terminer. **I've done** c'est fini; **I've done with all that** je ne veux plus rien avoir à faire avec tout ça; **have you done with that book?** vous n'avez plus besoin de ce livre? (**d**) *(suit)* aller bien, convenir. **that will never ~!** ça ne peut pas aller!; **this room will ~** cette chambre ira bien *or* fera l'affaire; **will it ~ if I come back at 8?** ça va si je reviens à 8 heures?; **it doesn't ~ to tell him...** ce n'est pas la chose à faire que de lui dire...; **this coat will ~ for a cover** ce manteau servira de couverture; **to make ~** s'arranger, se débrouiller *(with* avec*)*; **to make ~ and mend** faire des économies de bouts de chandelle. (**e**) *(be sufficient)* suffire *(for* pour*)*. **that will ~!** ça suffit!, assez! (**f**) *(phrases)* **there's nothing ~ing * in this town** il n'y a rien d'intéressant dans cette ville; **£5? — nothing ~ing! ‡ 5 livres? — rien à faire!** * *or* pas question!; **it has to ~ with...** cela concerne...; **money has a lot to ~ with it** c'est surtout une question d'argent; **what has that got to ~ with it?** qu'est-ce que cela a à voir?; **that's got a lot to ~ with it!** cela y est pour beaucoup!; **that has nothing to ~ with the problem** cela n'a rien à voir avec le problème; **that has nothing to ~ with you!** cela ne vous regarde pas!; **I won't have anything to ~ with it** je ne veux pas m'en mêler; **to have to ~ with sb** avoir affaire à qn. 4 *n* (*) (**a**) *(party)* soirée *f*; *(ceremony)* fête *f*. (**b**) **it's a poor ~** c'est plutôt minable; **the ~s and don'ts** ce qu'il faut faire ou ne pas faire. ◆ **do away with** *vt fus (abolish; kill)* supprimer. ◆ **do in ‡** *vt sep (kill)* supprimer. ◆ **do out** *vt sep room* ranger *or* nettoyer (à fond). ◆ **do up** *vt sep* (**a**) *buttons* boutonner; *zip* fermer; *dress, shoes* attacher; *parcel* faire. **books done up in paper** des livres emballés dans du papier. (**b**) *(renovate) house, room* remettre à neuf, refaire; *old dress etc* rafraîchir. **to ~ o.s. up** se faire beau. ◆ **do-gooder** * *n* pilier *m* de bonnes œuvres. ◆ **doing** *n*: **this is your ~ing** c'est vous qui avez fait cela; **that takes some ~ing** il faut le faire! * ◆ **doings** *n (pl: deeds)* faits *mpl* et gestes *mpl*; *(sg: thingummy)* machin * *m*, truc * *m*. ◆ **do-it-yourself** *n* **1** bricolage *m*; **2** *adj shop* de bricolage; **~-it-yourself enthusiast** bricoleur *m*, -euse *f*; **the ~-it-yourself craze** la passion du bricolage.

do² [dəʊ] *n (Mus)* do *m*, ut *m*.

docile ['dəʊsaɪl] *adj* docile. ◆ **docility** *n* docilité *f*.

dock¹ [dɒk] **1** *n* dock *m*. *(fig)* **my car is in ~ *** ma voiture est en réparation. **2** *vt* mettre à quai. **3** *vi [ship]* arriver à quai; *[two spacecraft]* s'amarrer. **the ship has ~ed** le bateau est à quai. ◆ **docker** *n* docker *m*. ◆ **docking** *n (Space)* amarrage *m*. ◆ **dockyard** *n* chantier naval.

dock² [dɒk] *n (Jur)* banc *m* des accusés.

dock³ [dɒk] *vt tail* couper; *(fig) wages* faire une retenue sur. **to ~ £5 off sb's wages** retenir 5 livres sur le salaire de qn.

dock⁴ [dɒk] *n (Bot)* patience *f*.

docket ['dɒkɪt] **1** *n (on document, parcel)* étiquette *f (indiquant le contenu)*; *(Customs certificate)* récépissé *m* de douane. **2** *vt contents* résumer; *information etc* consigner sommairement; *packet, document* étiqueter.

doctor ['dɒktə'] **1** *n* (**a**) *(Med)* docteur *m*, médecin *m*. **D~ Smith** le docteur Smith; **yes, ~** oui docteur; **she is a ~** elle est médecin *or* docteur; **a woman ~** une femme docteur, une femme médecin; *(fig)* **it's just what the ~ ordered *** c'est exactement ce qu'il me fallait. (**b**) *(Univ)* **D~ of Law/of Science** *etc* docteur *m* en droit/ès sciences *etc*; **D~ of Philosophy** *(abbr* PhD*)* docteur ès lettres. **2** *vt* (**a**) *sick*

person soigner. (**b**) *(*: castrate)* châtrer *(un animal)*. (**c**) *(tamper with) wine* frelater; *food* altérer; *text, document* arranger; *accounts* falsifier. ◆ **doctorate** *n* doctorat *m (in science* ès sciences; *in geography* en géographie).

doctrine ['dɒktrɪn] *n* doctrine *f*. ◆ **doctrinaire** *adj* doctrinaire. ◆ **doctrinal** [dɒk'traɪnl] *adj* doctrinal.

document ['dɒkjʊmənt] **1** *n* document *m*. **~s relating to a case** dossier *m* d'une affaire. **2** ['dɒkjʊment] *vt* documenter. **3** *adj*: **~ case** porte-documents *m inv*. ◆ **documentary** *adj, n* documentaire *(m)*. ◆ **documentation** *n* documentation *f*.

dodder ['dɒdə'] *vi* ne pas tenir sur ses jambes. ◆ **dodderer** *n* vieux *(or* vieille*)* gaga * *m(f)*. ◆ **doddering** *adj* gâteux.

doddle ['dɒd(ə)l] *n:* **it's a ~** c'est simple comme bonjour *.

dodge [dɒdʒ] **1** *n (*: trick, scheme)* truc * *m*. **2** *vt blow, question, difficulty* esquiver; *pursuer* échapper à; *tax* éviter de payer; *work, duty* se dérober à; *acquaintance* éviter. **he ~d the issue** il est volontairement passé à côté de la question. **3** *vi (Boxing, Ftbl)* faire une esquive. **to ~ out of the way** s'esquiver; **to ~ behind a tree** disparaître derrière un arbre; **to ~ through the traffic** se faufiler entre les voitures; **to ~ about** aller et venir, remuer. ◆ **dodgems** *npl* autos *fpl* tamponneuses. ◆ **dodgy** * *adj* épineux, douteux; **in a very dodgy situation** dans une mauvaise passe.

doe [dəʊ] *n (deer)* biche *f*; *(rabbit)* lapine *f*. ◆ **doeskin** *n* peau *f* de daim.

dog [dɒg] **1** *n* chien(ne) *m(f)*; *(fox etc)* mâle *m*. **to lead a ~'s life** mener une vie de chien; *(Sport)* **the ~s *** les courses *fpl* de lévriers; *(fig)* **to go to the ~s *** *[person]* gâcher sa vie; *[institution, business]* aller à vau-l'eau; *(fig)* **it's a real ~'s dinner** *or* **breakfast *** ça a l'air de Dieu sait quoi; **he is being a ~ in the manger** il fait l'empêcheur de tourner en rond; **he hasn't a ~'s chance *** il n'a pas la moindre chance de réussir; **give a ~ a bad name and hang him** qui veut noyer son chien l'accuse de la rage; **lucky ~ *** veinard(e) * *m(f)*; **dirty ~ *** sale type * *m*. **2** *adj breed, show* canin; *collar* de chien; *food, biscuit* pour chien; *wolf, fox* mâle. **~ basket** panier *m* de chien; **~ breeder** éleveur *m*, -euse *f* de chiens; **~ guard** barrière *f* pour chien *(à l'arrière d'une voiture)*; **~ handler** maître-chien *m*; **~ licence** permis *m* de posséder un chien; **~ tag** *(US Mil)* plaque *f* d'identification *(portée au cou par les militaires)*. **3** *vt* suivre (de près). **he ~s my footsteps** il ne me lâche pas d'une semelle; **~ged by ill fortune** poursuivi par la malchance. ◆ **dog-eared** *adj* écorné. ◆ **dogged** *adj person* tenace; *courage* opiniâtre. ◆ **doggedly** *adv* avec ténacité *or* opiniâtreté. ◆ **doggo** * *adv:* **to lie ~go** se tenir coi; *[criminal]* se terrer. ◆ **doggy bag** *n* petit sac pour emporter les restes. ◆ **doghouse** *n:* **he is in the ~house *** il n'est pas en odeur de sainteté. ◆ **dogleg** *n (in road etc)* coude *m*, virage *m*. ◆ **doglike** *adj* de chien. ◆ **dog-paddle** *vi* nager en chien. ◆ **dogsbody** * *n* factotum *m*, bonne *f* à tout faire. ◆ **dog-tired** * *adj* claqué *, éreinté.

doggerel ['dɒg(ə)r(ə)l] *n* vers *mpl* de mirliton.

dogie ['dəʊgɪ] *n (US)* veau *m* sans mère.

dogma ['dɒgmə] *n* dogme *m*. ◆ **dogmatic** *adj person, attitude* dogmatique *(about* sur*)*; *tone* autoritaire. ◆ **dogmatically** *adv* d'un ton autoritaire.

doh [dəʊ] *n (Mus)* = **do².**

doldrums ['dɒldrəmz] *npl (fig)* **to be in the ~** *[person]* avoir le cafard *; *[business]* être dans le marasme.

dole [dəʊl] n indemnité f de chômage. **on the ~** au chômage. ◆**dole out** vt sep distribuer au compte-gouttes.

doleful ['dəʊlf(ʊ)l] adj lugubre, morne. ◆**dolefully** adv d'une manière lugubre or morne.

doll [dɒl] n **(a)** poupée f. **to play with ~s** jouer à la poupée; **~'s house/pram** maison f/voiture f de poupée. **(b)** (‡: esp US: girl) nana ‡ f, pépée ‡ f; (pretty girl) poupée f; (attractive person) he's/she's a ~ il/elle est chou *. ◆**doll up** * vt sep: **to ~ o.s. up** se faire (tout) beau *.

dollar ['dɒləʳ] **1** n dollar m. **2** adj: **~ area** zone f dollar; **~ bill** billet m d'un dollar.

dollop * ['dɒləp] n [butter etc] bon morceau m; [cream, jam] bonne cuillerée f.

dolphin ['dɒlfɪn] n (Zool) dauphin m.

dolt [dəʊlt] n balourd(e) m(f). ◆**doltish** adj gourde *, cruche *.

domain [dəʊ'meɪn] n domaine m.

dome [dəʊm] n dôme m. ◆**domed** adj forehead bombé; building à dôme.

Domesday Book ['du:mzdeɪˌbʊk] n Domesday Book m (recueil cadastral établi par Guillaume le Conquérant).

domestic [də'mestɪk] **1** adj duty, happiness familial, de famille; (Econ, Pol) policy, affairs, flights intérieur; animal domestique. **everything of a ~ nature** tout ce qui se rapporte au ménage; **~ chores** travaux m du ménage; **~ science** arts ménagers; **~ science college** école f d'art ménager; **~ science teaching** enseignement m ménager; **~ servants** employé(e)s m(f)pl de maison; **she was in ~ service** elle était domestique; **~ staff** [hospital] personnel m auxiliaire; [house] domestiques mfpl. **2** n domestique mf. ◆**domesticate** vt animal domestiquer. ◆**domesticated** adj person qui aime son intérieur; animal domestiqué; **she's very ~ated** elle est très femme d'intérieur. ◆**domesticity** n (home life) vie f de famille.

domicile ['dɒmɪsaɪl] n domicile m. ◆**domiciled** adj domicilié (at à). ◆**domiciliary** adj domiciliaire.

dominate ['dɒmɪneɪt] vti dominer. ◆**dominance** n (gen, Pol) prédominance f; (Genetics, Psych) dominance f. ◆**dominant 1** adj (gen) dominant; (overbearing) dominateur; (Mus) de dominante ; **2** n (Mus) dominante f. ◆**domination** n domination f.

domineer [ˌdɒmɪ'nɪəʳ] vi se montrer autoritaire (over avec). ◆**domineering** adj dominateur, autoritaire.

Dominican Republic [dəˈmɪnɪkənrɪˈpʌblɪk] n République f Dominicaine.

dominion [də'mɪnɪən] n **(a)** (power) domination f, empire m (over sur). **(b)** (territory) territoire m, possessions fpl; (Brit Pol) dominion m.

domino, pl **-es** ['dɒmɪnəʊ] n domino m. **~es** (sg: game) (jeu m de) dominos mpl; **~ effect** effet m d'entraînement.

don¹ [dɒn] n ≃ professeur m d'université.

don² [dɒn] vt garment revêtir, mettre.

donate [də(ʊ)'neɪt] vt faire don de. ◆**donation** n (act) donation f; (gift) don m.

done [dʌn] ptp of **do¹**.

donkey ['dɒŋkɪ] **1** n âne(sse) m(f); (*: fool) imbécile mf. **she hasn't been here for ~'s years** * il y a une éternité qu'elle n'est pas venue ici. **2** adj: **the ~ work** le gros du travail.

donor ['dəʊnəʳ] n (gen) donateur m, -trice f; (Med) donneur m, -euse f.

don't know ['dəʊnt'nəʊ] n sans opinion mpl.

donut ['dəʊnʌt] n (US) beignet m.

doodle ['du:dl] vi griffonner (distraitement).

doom [du:m] **1** n (ruin) ruine f; (fate) sort m. **2** vt condamner (to à). **~ed to failure** voué à l'échec. ◆**doomed** adj thing voué à l'échec; person perdu d'avance. ◆**doomsday** n (fig) **till ~sday** jusqu'à la fin des temps.

door [dɔ:ʳ] n (gen) porte f; [railway carriage, car] portière f. **he shut the ~ in my face** il m'a fermé la porte au nez; **'pay at the ~'** 'billets à l'entrée'; **2 ~s down the street** 2 portes plus loin; **out of ~s** (au-)dehors. ◆**doorbell** n sonnette f; **there's the ~bell!** on sonne à la porte! ◆**door chain** n chaîne f de sûreté. ◆**door-handle** or ◆**doorknob** n poignée f de porte (or de portière). ◆**doorkeeper** or ◆**doorman** n [hotel] portier m; [block of flats] concierge m. ◆**door-knocker** n heurtoir m. ◆**doormat** n paillasson m (d'entrée); (*: person) chiffe f molle. ◆**doorstep** n pas m de porte; **at my ~step** à ma porte. ◆**doorto-door** adj salesman à domicile ; **~-to-~ selling** porte à porte m inv. ◆**doorway** n porte f; **in the ~way** dans l'embrasure f de la porte.

dope [dəʊp] **1** n **(a)** (*: drugs) drogue f; (for athlete, horse) dopant m. **to take ~** se droguer, se doper. **(b)** (information) tuyaux * mpl, renseignements mpl. **to give sb the ~** ‡ tuyauter * qn. **(c)** (*: stupid person) andouille ‡ f, idiot(e) m(f). **2** vt horse, person doper; food mettre une drogue or un dopant dans. ◆**doping** n dopage m. ◆**dopepeddler** * or ◆**dope-pusher** * n revendeur m, -euse f de drogue. ◆**dope-test** * n contrôle m anti-doping inv. ◆**dopey** * adj (drugged) drogué; (sleepy) à moitié endormi; (stupid) abruti *.

dormant ['dɔ:mənt] adj energy en veilleuse; (Bio, Bot) dormant; volcano en sommeil; rule inappliqué. **to lie ~** rester en sommeil.

dormer window ['dɔ:məˈwɪndəʊ] n lucarne f.

dormitory ['dɔ:mɪtrɪ] **1** n dortoir m; (US Univ) résidence f universitaire. **2** adj suburb, town dortoir f inv.

Dormobile ['dɔ:məbi:l] n ® camping-car m.

dormouse, pl **-mice** ['dɔ:maʊs, maɪs] n loir m.

dose [dəʊs] **1** n **(a)** (Pharm) dose f. **give him a ~ of medicine** donne-lui son médicament; (fig) **to give sb a ~ of his own medicine** rendre à qn la monnaie de sa pièce; **in small ~s** à faible dose; (*: fig) à petites doses. **(b)** (bout of illness) attaque f (of de). **a ~ of flu** une bonne grippe *. **2** vt person administrer un médicament à. **she's always dosing herself** elle se bourre de médicaments. ◆**dosage** n (on medicine bottle) posologie f.

doss [dɒs] vi: **to ~ down** * loger quelque part. ◆**doss-house** n asile m (de nuit).

dossier ['dɒsɪeɪ] n dossier m.

dot [dɒt] **1** n (gen) point m; (on material) pois m. (Morse) **~s and dashes** points et traits mpl; (in punctuation) **~s** points de suspension; (fig) **on the ~** * à l'heure pile *. **2** vt (fig) **to ~ one's i's and cross one's t's** mettre les points sur les i; field **~ted with flowers** champ parsemé de fleurs; **cars ~ted along the route** des voitures échelonnées sur le parcours; **~ted line** ligne pointillée; **to tear along the ~ted line** détacher suivant le pointillé; **to sign on the ~ted line** signer sur la ligne pointillée; (fig) accepter. ◆**dot matrix printer** n imprimante f matricielle. ◆**dotty** ‡ adj toqué *, fou (about de).

dote [dəʊt] vi: **to ~ on sb/sth** aimer qn/qch à la folie; **her doting father** son père qui l'adore. ◆**dotage** n: **in one's dotage** gâteux *.

double ['dʌbl] **1** adj (gen) double; door à deux battants; room pour deux personnes; bed de deux personnes. **~ seven five four (7754)** deux fois sept cinq quatre; (telephone number) soixante-dix-sept cinquante-quatre; **spelt with a ~ 'p'** écrit avec deux 'p'; **~ agent** agent m double; (Aut) **~ bend**

virage *m* en S; ~ **bill** double programme *m;* ~ **bind** * situation *f* sans issue; ~ **consonant** consonne *f* double; ~ **chin** double menton *m;* ~ **glazing** double vitrage *m;* **with a ~ meaning** à double sens; ~ **saucepan** casserole *f* à double fond; *(Typ)* **in ~ spacing** à double interligne; **a ~ whisky** un double whisky; **to lead a ~ life** mener une double vie; **to play a ~ game** jouer un double jeu; **to have ~ standards** avoir deux poids, deux mesures; **to earn ~ time** être payé double; **to do a ~ take** * marquer un temps d'arrêt (par surprise).
2 *adv (twice)* deux fois; *(twofold)* fold, bend en deux; *see* double. **I've got ~ what you've got** j'en ai deux fois plus que toi, j'ai le double de ce que tu as.
3 *n* (**a**) *(twice sth)* double *m*. *(Tennis)* **mixed/ladies' ~s** double *m* mixte/dames; ~ **or quits** quitte ou double; *(running)* **at the ~** au pas de course. (**b**) *(exactly similar thing)* réplique *f;* *(person)* sosie *m;* *(Cine: stand-in)* doublure *f*.
4 *vt (multiply by two)* doubler; *(fold: ~ over)* plier en deux, replier. *(Theat)* **to ~ the parts of** jouer les deux rôles de; **to ~ sb's part** être la doublure de qn.
5 *vi [prices etc]* doubler; *(Cards)* contrer. *(Bridge)* ~**!** contrer!; *(Theat)* **he ~d as...** il jouait aussi le rôle de...

♦ **double back 1** *vi* revenir sur ses pas; *[road]* faire un brusque crochet. **2** *vt sep* replier. ♦ **double up** *vi* (**a**) *(bend: also ~ over)* se plier, se courber. **to ~ up with laughter/pain** être plié en deux de rire/de douleur. (**b**) *(share room)* partager une chambre *(with* avec*)*. ♦ **double-barrelled** *adj* gun à deux coups; *surname* à rallonges *. ♦ **double bass** *n* contrebasse *f*. ♦ **double-blind** *adj* *experiment* en double aveugle; *method* à double insu. ♦ **double-breasted** *adj* croisé *(veston)*. ♦ **double-book** *vt* room, *seat* réserver pour deux personnes différentes. ♦ **double-check 1** *vti* revérifier ; **2** *n* revérification *f*. ♦ **double-cross** * *vt* trahir, doubler *. ♦ **double-dealer** *n* fourbe *m*. ♦ **double-dealing 1** *n* double jeu *m*, duplicité *f* ; **2** *adj* faux (comme un jeton *). ♦ **double-decker** *n (bus)* autobus *m* à impériale; *(sandwich)* sandwich *m* à deux garnitures superposées. ♦ **double-declutch** *vi* faire un double débrayage. ♦ **double-dutch** * *n* charabia * *m*. ♦ **double entendre** [ˌduːblɒnˈtɒndrə] *n* ambiguïté *f*. ♦ **double-glaze** *vt:* **to ~-glaze a window** poser une double fenêtre. ♦ **double-glazing** *n:* **to put in ~-glazing** faire installer des doubles fenêtres. ♦ **double-jointed** *adj* désarticulé. ♦ **double-knitting** *adj* wool sport *inv*. ♦ **double-lock** *vt* fermer à double tour. ♦ **double-park** *vi* stationner en double file. ♦ **double-quick** *adv* run etc au pas de course; *do, finish* en vitesse. ♦ **double-talk** *n (pej)* paroles *fpl* trompeuses. ♦ **doubly** *adv (gen)* doublement, deux fois plus; **to be doubly careful** redoubler de prudence.

doubt [daʊt] **1** *n* doute *m*. **to be in ~** *[person]* être dans le doute *(about* au sujet de*)*; *[sb's honesty etc]* être en doute; **there is room for ~** il est permis de douter; **to cast ~(s)** on jeter le doute sur; **there is some ~ about** on ne sait pas très bien si + *indic*; **to have one's ~s about sth** avoir des doutes sur qch; **I have my ~s about whether** je doute que + *subj*; **I have no ~(s) about it** je n'en doute pas; **there is no ~ that** il n'y a pas de doute que + *indic*; **no ~** sans doute; **no ~ he will come** sans doute qu'il viendra; **without (a)** ~ sans aucun doute; **beyond ~** *(adj)* indubitable; *(adv)* indubitablement; **if in ~** en cas de doute.
2 *vt* (**a**) *person, sb's honesty, statement* douter de. **I ~ it very much** j'en doute fort; **I ~ed my own eyes** je n'en croyais pas mes yeux; ~**ing Thomas** Thomas *m* l'incrédule.

(**b**) douter *(whether, if* que + *subj*). **I don't ~ that he will come** je ne doute pas qu'il vienne; **she didn't ~ that he would come** elle ne doutait pas qu'il viendrait; **I ~ he won't come now** je crains qu'il ne vienne pas maintenant.
♦ **doubter** *n* incrédule *mf*. ♦ **doubtful** *adj (undecided) person, look* indécis, peu convaincu; *question* douteux, discutable; *result* indécis; *(questionable) person, affair* suspect, louche; *taste* douteux; **to be ~ful about sb/sth** avoir des doutes sur qn/qch; **to be ~ful about doing** hésiter à faire; **I'm a bit ~ful** je n'en suis pas sûr; **it is ~ful whether** *or* **that** il est douteux que + *subj*. ♦ **doubtfully** *adv (unconvincedly)* d'un air de doute; *(hesitatingly)* d'une façon indécise. ♦ **doubtfulness** *n (hesitation)* indécision *f*; *(uncertainty)* incertitude *f*; *(suspicious quality)* caractère *m* louche. ♦ **doubtless** *adv* très probablement.

douche [duːʃ] **1** *n (shower bath)* douche *f*; *(Med: internal)* lavage *m* interne. *(fig)* **it was like a cold ~** cela a été une douche froide. **2** *vt* doucher.

dough [dəʊ] *n* (**a**) pâte *f*. **bread ~** pâte à pain. (**b**) *(money)* fric *m*, argent *m*. ♦ **doughnut** *n* beignet *m*. ♦ **doughy** *adj* consistency pâteux; *bread* mal cuit.

dour ['dʊəʳ] *adj (hard)* austère; *(stubborn)* buté.

douse [daʊs] *vt (drench)* tremper; *flames* éteindre.

dove [dʌv] *n* colombe *f* *(also Pol)*. ♦ **dovecote** *n* colombier *m*. ♦ **dove-grey** *adj* gris perle *inv*. ♦ **dovetail 1** *vt* plans etc faire concorder, raccorder ; **2** *vi [piece of wood]* se raccorder *(into* à*)*; *[plans]* concorder.

Dover ['dəʊvəʳ] *n* Douvres.

dowager ['daʊədʒəʳ] *n* douairière *f*.

dowdy ['daʊdɪ] *adj* sans chic. ♦ **dowdiness** *n* manque *m* de chic.

down¹ [daʊn] **1** *adv* (**a**) *move* en bas, vers le bas; *(to ground)* à terre, par terre. *(to dog)* ~**!** couché!; ~ **with traitors!** à bas les traîtres!; **to come** *or* **go** ~ descendre; **to fall** ~ tomber; ~ **and** ~ de plus en plus bas; **to run** ~ descendre en courant; **he came** ~ **from London yesterday** il est arrivé de Londres hier; **we're going** ~ **to the sea tomorrow** demain nous allons à la mer; *(Univ)* **he came** ~ **from Oxford in 1973** il est sorti d'Oxford en 1973; **from 1700** ~ **to the present** depuis 1700 jusqu'à nos jours; **from the biggest** ~ **to the smallest** du plus grand jusqu'au plus petit.
(**b**) *stay* en bas. ~ **there** en bas (là-bas); ~ **here** ici, en bas; ~ **under** aux Antipodes *(Australie etc)*; **don't hit a man when he is** ~ ne frappez pas un homme à terre; **the sun is** ~ le soleil est couché; **the blinds were** ~ les stores étaient baissés; **Paul isn't** ~ **yet** Paul n'est pas encore descendu; **I've been** ~ **with flu** j'ai été au lit avec une grippe; **the tyre is** ~ le pneu est dégonflé; **his temperature is** ~ sa température a baissé; **I'm £2** ~ **on what I expected** j'ai 2 livres de moins que je ne pensais; **I've got it** ~ **in my diary** je l'ai inscrit sur mon agenda; **did you get** ~ **what he said?** est-ce que vous avez noté ce qu'il a dit?; **let's get it** ~ **on paper** mettons-le par écrit; *[computer]* **to go** ~ tomber en panne; **it's** ~ **to him to do it** c'est à lui de le faire; **to be** ~ **for the next race** être inscrit dans la course suivante; **to be** ~ **on sb** * avoir une dent contre qn; **I am** ~ **on my luck** je n'ai pas de chance.
2 *prep* roll du haut en bas de; *drip* le long de. **he ran his finger** ~ **the list** il a parcouru la liste du doigt; **he went** ~ **the hill** il a descendu la colline; **he's** ~ **the hill** il est en bas de la côte; ~ **the street (from us)** plus bas *or* plus loin (que nous) dans la rue; **he was walking** ~ **the street** il descendait la rue; **he has gone** ~ **town** il est allé *or* descendu en ville; **looking** ~ **this street, you can see...** si vous

regardez le long de cette rue, vous verrez...; ~ **the ages** au cours des siècles.
3 n: **to have a ~ on sb** * avoir une dent contre qn.
4 vt *opponent* terrasser, abattre; *enemy plane* descendre *. **to ~ tools** *(stop work)* cesser le travail; *(strike)* se mettre en grève; **he ~ed * a glass of beer** i! a vidé un verre de bière.
5 adj (**a**) *train, platform* en provenance de Londres. *(fig)* **on the ~ grade** sur le déclin; **~ payment** acompte m. (**b**) **to be** or **feel ~** avoir le cafard *. (**c**) *computer* en panne.
◆ **down-and-out 1** adj *(Boxing)* hors de combat; *(destitute)* sur le pavé ; **2** n *(tramp)* clochard m; *(penniless)* sans-le-sou m. ◆ **down-at-heel** adj *person, appearance* miteux; *shoes* éculé. ◆ **downcast** adj *(discouraged)* abattu, démoralisé; *eyes* baissé. ◆ **downfall** n chute f, ruine f. ◆ **downgrade** vt *person* rétrograder; *thing* déclasser. ◆ **downhearted** adj découragé; **don't be ~hearted** ne te laisse pas décourager! ◆ **downhill 1** adv: **to go ~hill** *[road]* descendre; *[car]* descendre la pente; *(fig)* [*person*] être sur le déclin; *[business etc]* péricliter. **2** adj *(Ski)* **~hill race** descente f; **~hill racing** (ski m de) descente f. ◆ **down-in-the-mouth** adj abattu, démoralisé. ◆ **down-market** adj *goods* bas de gamme inv; **it's rather ~-market** [*programme etc*] c'est plutôt du genre grand public. ◆ **downpour** n pluie f torrentielle. ◆ **downright 1** adj *person* franc, direct; *refusal* catégorique; *lie* effronté; *rudeness* flagrant; **it's a ~right lie to say...** c'est mentir effrontément que de dire... ; **2** adv *rude* carrément; *refuse* catégoriquement; *impossible* purement et simplement. ◆ **downstage** adv sur or vers le devant de la scène *(from* par rapport à). ◆ **downstairs 1** adj *(on the ground floor)* du rez-de-chaussée; *(on the floor underneath)* de l'étage au-dessous; *(below)* d'en bas ; **2** adv au rez-de-chaussée; à l'étage inférieur; en bas; **to come** or **go ~stairs** descendre (l'escalier). ◆ **downstate** *(US)* **1** n campagne f, sud m de l'État ; **2** adj de campagne, du sud de l'État ; **3** adv **go** vers la campagne or le sud. ◆ **downstream** adv en aval. ◆ **down-to-earth** adj terre-à-terre inv. ◆ **downtown 1** adv en ville ; **2** adj: **~town Chicago** le centre de Chicago. ◆ **downtrodden** adj opprimé, tyrannisé. ◆ **downward 1** adj *movement, pull* vers le bas; *road* qui descend en pente; *glance* baissé; *trend* à la baisse ; **2** adv *(also* **~wards)** *go, look* vers le bas, en bas; **face ~ward(s)** *person* face contre terre; *object* face en dessous; **from the 10th century ~ward(s)** à partir du Xe siècle; **from the king ~ward(s)** depuis le roi (jusqu'au plus humble). ◆ **downwind** adv sous le vent *(of, from* par rapport à).

down² [daʊn] n *[bird, person, plant]* duvet m; *[fruit]* peau f (veloutée). ◆ **downie** n *(quilt)* couette f. ◆ **downy** adj *skin, leaf* duveté; *softness* duveteux; *peach* velouté.

down³ [daʊn] n *(hill)* colline f *(herbeuse)*.

Down's syndrome [ˈdaʊnzˌsɪndrəʊm] n trisomie f 21. **a Down's baby** un bébé trisomique.

dowry [ˈdaʊrɪ] n dot f.

dowse [daʊz] vi faire de la radiesthésie *(for* pour trouver). ◆ **dowser** n radiesthésiste mf. ◆ **dowsing rod** n baguette f (de sourcier).

doze [dəʊz] **1** n somme m. **2** vi sommeiller, faire un petit somme. **to be dozing** être assoupi; **to ~ off** s'assoupir. ◆ **dozy** adj *(sleepy)* somnolent; *(*: *stupid)* pas très dégourdi.

dozen [ˈdʌzn] n douzaine f. **a ~ shirts** une douzaine de chemises; **a round ~** une bonne douzaine; **half-a-~** une demi-douzaine; **20p a ~** 20 pence la douzaine; **~s of times** des dizaines or douzaines de fois; **~s of people** des dizaines de gens.

drab [dræb] adj terne. ◆ **drabness** n caractère m or aspect m terne.

drachm [dræm] n (**a**) *(Measure, Pharm)* drachme f. (**b**) = **drachma**.

drachma, pl **-s** or **drachmae** [ˈdrækmə, ˈdrækmiː] n *(coin)* drachme f.

draconian [drəˈkəʊnɪən] adj draconien.

draft [drɑːft] **1** n (**a**) *(gen)* avant-projet m; *[letter]* brouillon m; *[novel]* ébauche f. (**b**) *(for money)* traite f. (**c**) *(Mil: group)* détachement m; *(US Mil: conscript intake)* contingent m. (**d**) *(US)* = **draught**. **2** adj *letter, essay* au brouillon; *version* préliminaire. *(US Mil)* **~ board** conseil m de révision; **~ dodger** insoumis m. **3** vt (**a**) (**~ out**) *letter* faire le brouillon de; *speech* écrire, préparer; *bill, contract* rédiger; *plan, diagram* esquisser. (**b**) *(US Mil)* *conscript* appeler (sous les drapeaux). *(esp Mil)* **to ~ sb to a post/ to do sth** détacher or désigner qn à un poste/pour faire qch. ◆ **draftee** n *(US: Mil, fig)* recrue f.

drag [dræg] **1** n (**a**) *(for dredging etc)* drague f; *(cluster of hooks)* araignée f; *(~ net)* drège f. (**b**) *(Aviat, Naut: resistance)* résistance f. *(nuisance)* **what a ~!** * quelle barbe! * (**c**) *(*: *clothing)* travesti m. **in ~** en travesti. (**d**) *(US)* **the main ~** la grand-rue. **2** adj *(US)* **~ race** course f de hot-rods à départ arrêté; *(Theat)* **~ show** * spectacle m de travestis. **3** vi *(gen)* traîner (à terre); *[anchor]* chasser. **4** vt (**a**) *object* traîner, tirer; *person* traîner, entraîner. **to ~ one's feet** traîner les pieds; *(fig)* traîner (exprès); **to ~ the truth from sb** arracher la vérité à qn. (**b**) *river* draguer *(for* à la recherche de).
◆ **drag about 1** vi traîner. **2** vt sep traîner, trimbaler *. **to ~ o.s. about (in pain etc)** se traîner péniblement (sous l'effet de la douleur etc).
◆ **drag along** vt sep *person* entraîner (à contre-cœur); *toy etc* tirer. **to ~ o.s. along** se traîner.
◆ **drag away** vt sep arracher *(from* à), emmener de force *(from* de). ◆ **drag down** vt sep entraîner (en bas); *[illness]* affaiblir. *(fig)* **to ~ sb down to one's own level** rabaisser qn à son niveau. ◆ **drag in** vt sep *subject* tenir à placer. ◆ **drag on** vi *[meeting, conversation]* s'éterniser.

dragon [ˈdrægən] n dragon m. ◆ **dragonfly** n libellule f.

dragoon [drəˈguːn] **1** n *(Mil)* dragon m. **2** vt: **to ~ sb into doing** contraindre qn à faire.

dragster [ˈdrægstər] n *(US)* voiture f au moteur gonflé, hot-rod m.

drain [dreɪn] **1** n (**a**) *(in town)* égout m; *(in house)* canalisation f sanitaire, tuyau m d'écoulement; *(on washing machine etc)* tuyau d'écoulement; *(Agr, Med)* drain m; *(~ cover) (in street)* bouche f d'égout; *(beside house)* puisard m. **open ~** canal m or égout à ciel ouvert; *(fig)* **to throw one's money down the ~** jeter son argent par les fenêtres; **all his hopes have gone down the ~** * voilà tous ses espoirs à l'eau *. (**b**) *(on resources, manpower)* perte f *(on* en); *(on strength)* épuisement m *(on* de). **it has been a great ~ on her** cela l'a complètement épuisée. **2** vt *land, marshes* assécher; *vegetables* égoutter; *mine, wound* drainer; *reservoir, boiler* vider; *glass* vider complètement; *wine in glass* boire jusqu'à la dernière goutte. **to ~ a country of resources** saigner un pays. **3** vi *(liquid, stream]* s'écouler *(into* dans); *[vegetables, dishes]* s'égoutter.
◆ **drain away, drain off 1** vi *[liquid]* s'écouler; *[strength]* s'épuiser. **2** vt sep *liquid* faire couler.
◆ **drainage 1** n *(act of draining)* assèchement m, drainage m; *(system)* système m de fossés *(land)* or d'égouts *(town etc)* ; **2** adj *(Geog)* **~age basin** bassin m hydrographique; *(Med)* **~age tube** drain m. ◆ **drainer** n égouttoir m. ◆ **drain(ing) board** n égouttoir m, paillasse f. ◆ **drainpipe** n tuyau m d'écoulement or de drainage.

drake [dreɪk] n canard m (mâle).

drama ['drɑ:mə] **1** n (gen) drame m; (dramatic art) théâtre m. **English** ~ le théâtre anglais. **2** adj: ~ **critic** critique m dramatique. ◆ **dramatic** adj art, criticism dramatique; news, situation, event dramatique; effect, entry théâtral; change spectaculaire. ◆ **dramatically** adv d'une manière dramatique or théâtrale or spectaculaire. ◆ **dramatics** npl art m dramatique; (*: fig) comédie f (fig). ◆ **dramatis personae** npl personnages mpl (d'une pièce etc). ◆ **dramatist** n auteur m dramatique. ◆ **dramatization** n adaptation f pour la scène etc. ◆ **dramatize** vt (gen) dramatiser; (adapt) novel etc adapter pour la scène or (Cine) pour l'écran or (TV) pour la télévision; episodes from sb's life présenter sous forme de sketch.

drank [dræŋk] pret of **drink**.

drape [dreɪp] **1** vt (gen) draper (with de); room, altar tendre (with de). **2** n: ~s tentures fpl; (US) rideaux mpl. ◆ **draper** n marchand(e) m(f) de nouveautés. ◆ **drapery** n (material) draperie f, étoffes fpl; (hangings) tentures fpl; (shop) magasin m de nouveautés.

drastic ['dræstɪk] adj remedy énergique; effect, change radical; measures énergique, draconien; price reduction massif. ◆ **drastically** adv radicalement.

drat * [dræt] excl zut! * ◆ **dratted** * adj sacré * (before n).

draught [drɑ:ft] **1** n (a) courant m d'air; (for fire) tirage m; (Naut) tirant m d'eau. (fig) **to feel the** ~ devoir se serrer la ceinture. (b) [medicine] breuvage m. **a** ~ **of cider** un coup de cidre; **to drink in long** ~s boire à longs traits. (c) (game of) ~s (jeu m de) dames fpl. **2** adj animal de trait; beer à la pression. ~ **excluder** bourrelet m (de porte etc). ◆ **draughtboard** n damier m. ◆ **draughtiness** n courants mpl d'air. ◆ **draughtproof** **1** adj calfeutré; **2** vt calfeutrer. ◆ **draughtsman** n (Art) dessinateur m, -trice f; (in drawing office) dessinateur, -trice industriel(le). ◆ **draughtsmanship** n [artist] talent m de dessinateur; (in industry) art m du dessin industriel. ◆ **draughty** adj room plein de courants d'air; street corner exposé à tous les vents.

draw [drɔ:] (vb: pret **drew**, ptp **drawn**) **1** n (a) (lottery) tombola f; (act of ~ing) tirage m au sort. (b) match m nul, partie f nulle. **the match ended in a** ~ ils ont fini par faire match nul. (c) (attraction) attraction f. **Dirk Bogarde was the big** ~ Dirk Bogarde était la grande attraction. (d) **to be quick on the** ~ avoir la détente rapide; (fig) avoir la repartie facile.
2 vt (a) (pull) object, bolt, curtains, cart, train tirer; caravan, trailer remorquer. **to** ~ **a bow** tirer à l'arc; **to** ~ **one's hand over one's eyes** se passer la main sur les yeux; **I drew her arm through mine** j'ai passé son bras sous le mien; **to** ~ **one's finger along a surface** passer le doigt sur une surface; **to** ~ **one's hat over one's eyes** baisser son chapeau sur ses yeux; (aim) **to** ~ **a bead on sth** viser qch. (b) (extract) (from pocket, bag, tap, pump) tirer (from de); (from well) puiser (from dans); sword dégainer; teeth arracher; cork, money from bank retirer (from de); cheque tirer (on sur); salary toucher; (Culin) fowl vider. (fig) **to** ~ **sb's teeth** mettre qn hors d'état de nuire; **he drew a gun on me** il a tiré un pistolet et l'a braqué sur moi; **to** ~ **a bath** faire couler un bain; **the stone drew blood** la pierre l'a fait saigner; **that remark drew blood** cette remarque a porté; **to** ~ **(a) breath** aspirer; (fig) souffler; **to** ~ **comfort from** puiser une consolation dans; **to** ~ **a smile from sb** faire sourire qn. (c) (attract etc) attention, customer, crowd attirer. **to feel** ~**n towards sb** se sentir attiré par qn; **to** ~ **sb into a plan** entraîner qn dans un projet; **he refuses to be** ~**n** il refuse de réagir.

(d) (sketch etc) picture dessiner; plan, line, circle tracer; portrait faire; map (Geog) dresser; (Scol) dessiner; situation faire un tableau de; character dépeindre. (fig) **I** ~ **the line at (doing) that** je n'irai pas jusqu'à (faire) cela; **it's hard to know where to** ~ **the line** il n'est pas facile de savoir où fixer les limites.
(e) (establish) conclusion tirer (from de); comparison, parallel, distinction, établir (between entre).
(f) **to** ~ **a match/game** faire match nul/partie nulle.
3 vi (a) (move) se diriger (towards vers). **to** ~ **to one side, to** ~ **apart** s'écarter; **the train drew into the station** le train est entré en gare; **the car drew over towards...** la voiture a dévié vers...; **he drew ahead of the other runners** il s'est détaché des autres coureurs; **they drew level** ils sont arrivés à la hauteur l'un de l'autre; **to** ~ **near (to)** s'approcher (de); [time, event] approcher (de); **to** ~ **to an end** tirer à or toucher à sa fin.
(b) (Cards) tirer (for pour); [chimney, pipe] tirer; [pump] aspirer; [tea] infuser. **to** ~ **on one's savings** tirer sur ses économies.
(c) (be equal) [two teams] faire match nul; (in exams, competitions) être ex æquo inv. **to** ~ **for second place** remporter la deuxième place ex æquo.
(d) (Art) dessiner.

◆ **draw along** vt sep cart tirer, traîner; (fig) person entraîner. ◆ **draw aside** **1** vi [people] s'écarter. **2** vt sep person tirer à l'écart; object écarter. ◆ **draw away** **1** vi (go away) s'éloigner (from de); (move ahead) prendre de l'avance (from sur). **2** vt sep person éloigner, emmener; object retirer, ôter. ◆ **draw back** **1** vi se reculer (from de); (fig) reculer (at, before, from devant). **2** vt sep person faire reculer; object, hand retirer. ◆ **draw down** vt sep blind baisser; blame attirer (on sur). ◆ **draw in** **1** vi (a) (Aut) s'arrêter. (b) the days are ~ing in les jours raccourcissent. **2** vt sep air aspirer; (pull back in) claws etc rentrer; reins tirer sur; crowds attirer. ◆ **draw off** vt sep gloves, garment retirer; pint of beer tirer; (Med) blood prendre. ◆ **draw on** **1** vi [time] s'avancer. **2** vt sep garment enfiler; shoes mettre. ◆ **draw out** **1** vi: the days are ~ing out les jours rallongent. **2** vt sep (a) (bring out) handkerchief, purse sortir (from de); money from bank retirer (from de); secret, plan soutirer (from à). **try and** ~ **him out** essayez de le faire parler. (b) (stretch) wire étirer; speech, meal faire tirer en longueur; meal prolonger. ◆ **draw up** **1** vi [car etc] s'arrêter. **2** vt sep (a) chair approcher; troops aligner. **to** ~ **o.s. up (to one's full height)** se redresser (fièrement); contract, agreement, list dresser; scheme formuler, établir.

◆ **drawback** n inconvénient m, désavantage m (to à). ◆ **drawbridge** n pont-levis m. ◆ **drawer** n (a) [drɔ:ʳ] [furniture] tiroir m; (b) ['drɔ:əʳ] [cheque etc] tireur m. ◆ **drawing** **1** n dessin m; **to study** ~**ing** étudier le dessin; **pencil** ~**ing** dessin au crayon; **rough** ~**ing** ébauche f; **2** adj: ~**ing board** planche f à dessin; (fig) **the scheme is still on the** ~**ing board** le projet est encore à l'étude; ~**ing office** bureau m de dessin industriel; ~**ing pin** punaise f (à papier); ~**ing room** salon m. ◆ **drawn** adj (a) (haggard) features tiré, crispé (with pain par la douleur); **to look** ~**n** avoir les traits tirés; (b) (equal) game, match nul; battle indécis. ◆ **drawsheet** n alaise f. ◆ **drawstring** n cordon m.

drawl [drɔ:l] **1** vi parler d'une voix traînante. **2** vt dire d'une voix traînante. **3** n voix traînante. **an American** ~ un accent américain.

dread [dred] **1** vt redouter (doing de faire; that que... ne + subj). **2** n terreur f, effroi m, épouvante f. **3** adj (liter) redoutable. ◆ **dreadful** adj crime, sight, suffering épouvantable, atroce; weapon, foe redoutable; (*: less strong) weather affreux, atroce; child insupportable; **it's a** ~**ful thing but...**

c'est terrible, mais...; **I feel ~full** *(ill)* je ne me sens pas bien du tout!; *(ashamed)* j'ai vraiment honte! ◆ **dreadfully** *adv* terriblement, horriblement; **~fully sorry** absolument désolé.

dream [dri:m] *(vb: pret, ptp* **dreamed** *or* **dreamt)** **1** *n* rêve *m*. **to have a ~ about sth** faire un rêve sur qch, rêver de qch; **to have ~s of doing** rêver de faire; **I've had a bad ~** j'ai fait un mauvais rêve *or* un cauchemar; **it was like a ~ come true** c'était comme dans un rêve; **sweet ~s!** fais de beaux rêves!; **life is but a ~** la vie n'est qu'un songe!; **she goes around in a ~** * elle est dans les nuages, elle rêvasse; **the house of his ~s** la maison de ses rêves; **idle ~s** rêvasseries *fpl*; **rich beyond his wildest ~s** plus riche qu'il n'aurait jamais pu rêver de l'être; **isn't he a ~?** * n'est-ce pas qu'il est adorable?
2 *adj*: **a ~ house** une maison de rêve; **his ~ house** la maison de ses rêves; **he lives in a ~ world** il plane complètement.
3 *vi* **(a)** rêver *(about, of* de; *about doing, of doing* qu'on a fait). **I'm sorry, I was ~ing** excusez-moi, j'étais dans la lune *or* je rêvais. **(b)** *(imagine)* songer, penser *(of* à; *of doing* à faire). **I shouldn't ~ of telling her!** jamais il ne me viendrait à l'idée de lui dire cela!; **I shouldn't ~ of it!** jamais de la vie!, pas question!
4 *vt* **(a)** *(in sleep)* rêver *(that* que). **to ~ a dream** faire un rêve. **(b)** *(imagine)* imaginer. **I didn't ~ that...** je n'ai jamais imaginé un instant que...
◆ **dream up** * *vt sep* idea imaginer.
◆ **dreamer** *n* rêveur *m*, -euse *f*; *(politically)* utopiste *mf*. ◆ **dreamily** *adv* d'un air rêveur, rêveusement. ◆ **dreamland** *n* pays *m* des rêves.
◆ **dreamy** *adj* *(gen)* rêveur; *music* langoureux; *(*:* adorable)* ravissant.

dreary ['drɪərɪ] *adj* weather, landscape morne; life, work monotone; speech, person ennuyeux. ◆ **dreariness** *n* caractère *m* morne *or* ennuyeux; monotonie *f*.

dredge¹ [dredʒ] **1** *n* drague *f*. **2** *vti* draguer *(for* pour trouver). ◆ **dredge up** *vt sep* draguer; unpleasant facts déterrer. ◆ **dredger** *n* dragueur *m*. ◆ **dredging** *n* dragage *m*.

dredge² [dredʒ] *vt* sugar saupoudrer *(with* de; *over* sur).

dregs [dregz] *npl* lie *f* *(also fig)*.

drench [dren(t)ʃ] *vt* tremper, mouiller. **to get ~ed to the skin** se faire tremper jusqu'aux os. ◆ **drenching** *adj* rain battant.

Dresden ['drezd(ə)n] *n* (~ china) porcelaine *f* de Saxe. **a piece of ~** un saxe.

dress [dres] **1** *n* *(gown)* robe *f*; *(clothing)* tenue *f*. **in eastern ~** en tenue orientale. **2** *adj* shirt de soirée; uniform de cérémonie. *(Theat)* **~ circle** premier balcon *m*; **~ designer** styliste *mf* (mode); *(famous)* couturier *m*; **~ designing** stylisme *m*; **~ length** *(of material)* hauteur *f* (de robe); **~ rehearsal** répétition *f* générale. **3** *vt* **(a)** habiller; *(Theat)* play costumer. **to ~ o.s.**, **to get ~ed** s'habiller; **well-~ed** bien habillé; **~ed for the country/for tennis** en tenue de sport/de tennis; **~ed in black** habillé de *or* en noir; **~ed to kill** ‡ sur son trente et un. **(b)** salad assaisonner *(d'une vinaigrette etc)*; food for table apprêter, accommoder; chicken, crab préparer; skins, material apprêter; wound panser. **to ~ sb's wound** faire le pansement de qn; **to ~ a shop window** faire la vitrine; **to ~ sb's hair** coiffer qn. **4** *vi* s'habiller *(in black etc* de *or* en noir *etc)*.
◆ **dress up 1** *vi* *(smart clothes)* s'habiller; se mettre en grande toilette; *(fancy dress)* se déguiser *(as* en). **2** *vt sep* déguiser *(as* en).
◆ **dresser** *n* **(a)** *(Theat)* habilleur *m*, -euse *f*; *(window ~)* étalagiste *mf*; **(b)** *(sideboard)* vaisselier *m*; **(c)** *(US: dressing table)* coiffeuse *f*. ◆ **dressing 1** *n* habillement *m*; *(Med)* pansement *m*; *(Culin)*

assaisonnement *m*; **oil and vinegar ~ing** vinaigrette *f*; **2** *adj*: **~ing case** trousse *f* de toilette; **to give sb a ~ing down** * passer un savon à qn *m*; **~ing gown** robe *f* de chambre; *(in towelling)* peignoir *m*; **~ing room** *(in house)* dressing(-room) *m*; *(Theat)* loge *f* (d'acteur); *(US: in shop)* cabine *f* d'essayage; **~ing table** coiffeuse *f*, (table *f* de) toilette *f*. ◆ **dressmaker** *n* couturière *f*. ◆ **dressmaking** *n* couture *f*. ◆ **dressy** * *adj* person chic *inv*, élégant; party habillé; clothes qui fait habillé.

drew [dru:] *pret of* **draw**.

dribble ['drɪbl] **1** *vi* *[liquids]* tomber goutte à goutte; *[person]* baver; *(Sport)* dribbler. *[people]* **to ~ back/in** *etc* revenir/entrer *etc* par petits groupes. **2** *vt* **(a)** *(Sport)* dribbler. **(b)** **he ~d his milk all down his chin** son lait lui dégoulinait le long du menton.

driblet ['drɪblɪt] *n* *[liquid]* gouttelette *f*. **in ~s** goutte à goutte; *(fig)* petit à petit.

dribs and drabs ['drɪbz(ə)n'dræbz] *npl*: **in ~** *(gen)* petit à petit; *arrive* par petits groupes; *pay, give* au compte-gouttes.

dried [draɪd] *(pret, ptp of* **dry)** *adj* fruit, beans sec; vegetables, flowers séché; eggs, milk en poudre.

drier ['draɪə^r] *n* = **dryer**.

drift [drɪft] **1** *vi* *(gen)* dériver; *(in wind, current)* être emporté; *[snow, sand etc]* s'amonceler; *[person, nation]* aller à la dérive; *[events]* tendre *(towards* vers). **to ~ downstream** descendre le courant à la dérive; *[person]* **to ~ away/out** *etc* s'en aller/sortir *etc* d'une allure nonchalante; **he was ~ing aimlessly about** il flânait (sans but); **to let things ~** laisser les choses aller à la dérive; **he ~ed into marriage** il s'est retrouvé marié. **2** *n* **(a)** *[snow, leaves]* amoncellement *m*. **(b)** *(deviation from course)* dérive *f*; *(gist: of questions etc)* portée *f*, sens *m* *(général)*; *(direction: of conversation, events)* tournure *f*. **continental ~** dérive des continents. **3** *adj*: **~ ice** glaces *fpl* en dérive. ◆ **drifter** *n* personne *f* qui se laisse aller. ◆ **driftwood** *n* bois *m* flotté.

drill¹ [drɪl] **1** *n* *(cutting part)* mèche *f*; *(complete tool)* perceuse *f*; *[dentist]* roulette *f*; *(in mine, quarry)* foreuse *f*; *(pneumatic ~)* marteau-piqueur *m*; *(for oil well)* trépan *m*. **electric (hand) ~** perceuse électrique. **2** *vt* wood *etc* forer, percer; tooth fraiser; oil well forer. **3** *vi* effectuer des forages *(for* pour trouver). ◆ **drilling 1** *n* forages *mpl* ; **2** *adj*: **~ing rig** derrick *m*; *(at sea)* plate-forme *f*; **~ing ship** navire *m* de forage.

drill² [drɪl] **1** *n* *(exercises)* exercice(s) *m(pl)*. *(fig)* **what's the ~?** * quelle est la marche à suivre? **2** *vt* soldiers faire faire l'exercice à; *pupils (in grammar etc)* faire faire des exercices à. **to ~ good manners into a child** dresser un enfant à bien se tenir; **I ~ed it into him that...** je lui ai bien fait entrer dans la tête que... **3** *vi* faire l'exercice.

drill³ [drɪl] *n* *(Tex)* coutil *m*, treillis *m*.

drily ['draɪlɪ] *adv* *(coldly)* sèchement; *(with dry humour)* d'un air pince-sans-rire.

drink [drɪŋk] *(vb: pret* **drank**, *ptp* **drunk)** **1** *n* **(a)** *(liquid)* boisson *f*. **there's food and ~ in the kitchen** il y a de quoi boire et manger à la cuisine; **may I have a ~?** est-ce que je pourrais boire qch?; **to give sb a ~** donner à boire à qn. **(b)** *(alcoholic)* **a ~** un verre; *(before meal)* un apéritif; *(after meal)* un digestif; **let's have a ~** on va prendre *or* boire un verre; **I need a ~** il me faut à boire; **to ask friends in for ~s** inviter des amis à venir prendre un verre; **to stand a round of ~s** payer une tournée. **(c)** *(alcoholic liquor)* la boisson, l'alcool *m*. **to be under the influence of ~, to be the worse for ~** être en état d'ébriété; **to take to ~** s'adonner à la boisson; **to smell of ~** sentir l'alcool; **to drive sb to ~** pousser qn à la boisson.

2 *adj*: **the ~ problem** le problème de l'alcoolisme; **to have a ~ problem** boire (trop).
3 *vt (gen)* boire, prendre; *soup* manger. **would you like sth to ~?** voulez-vous boire qch?; **to ~ sb's health** boire à la santé de qn; **he ~s all his wages** il boit tout ce qu'il gagne; **to ~ sb under the table** faire rouler qn sous la table.
4 *vi* boire. **'don't ~ and drive'** 'attention, au volant l'alcool tue'; **to ~ like a fish** * boire comme un trou *; **to ~ to sb** boire à qn.
◆ **drink in** *vt sep* [plants, soil] boire; [person] *fresh air* respirer, humer; *story* avaler *. *(fig)* **the children were ~ing it all** in les enfants n'en perdaient pas une miette * *(fig)*. ◆ **drink up 1** *vi* boire, vider son verre. **~ up** finis ton vin (*or* ton café *etc*). **2** *vt sep* boire (jusqu'au bout), finir.
◆ **drinkable** *adj (not poisonous)* potable; *(palatable)* buvable. ◆ **drinker** *n* buveur *m*, -euse *f*; **he's a heavy ~er** il boit sec. ◆ **drinking 1** *n* fait *m* de boire; *(drunkenness)* boisson *f*; **eating and ~ing** manger et boire; **he wasn't used to ~ing** il n'avait pas l'habitude de boire; **his problem was ~ing** son problème c'était qu'il buvait; **2** *adj*: **~ing bout** beuverie *f*; **~ing chocolate** chocolat *m* en poudre; **~ing fountain** *(in street)* fontaine *f* publique; *(in toilets etc)* jet *m* d'eau potable; **~ing song** chanson *f* à boire; **~ing water** eau *f* potable.

drip [drɪp] **1** *vi* [water, sweat, rain] tomber goutte à goutte; *[tap]* couler, goutter; *[walls]* suinter; *[cheese, washing]* s'égoutter; *[hair, trees etc]* dégoutter (*with* de). **to be ~ping with sweat** ruisseler de sueur; **hands ~ping with blood** mains dégoulinantes de sang; **~ping wet** * trempé. **2** *vt* *liquid* faire tomber goutte à goutte. **you're ~ping paint all over the floor** tu mets de la peinture partout. **3** *n* **(a)** *(drop)* goutte *f*; *(*: spineless person*)* lavette * *f*, mollasson *m*. **(b)** *(Med)* *(liquid)* perfusion *f*; *(device)* goutte-à-goutte *m inv*. **to be on a ~** être sous perfusion. ◆ **drip-dry** *adj* *shirt* qui ne nécessite aucun repassage; *(on label)* 'ne pas repasser'. ◆ **drip-feed** *vt (Med)* alimenter par perfusion. ◆ **drip mat** *n* dessous-de-verre *m inv*. ◆ **dripping 1** *n (Culin)* graisse *f* (de rôti); **2** *adj* *tap* qui goutte; *washing, coat* trempé.

drive [draɪv] *(vb: pret* **drove,** *ptp* **driven)** **1** *n* **(a)** *(Aut: journey)* promenade *f or* trajet *m* en voiture. **to go for a ~** faire une promenade en voiture; **it's one hour's ~ from London** c'est à une heure de voiture de Londres. **(b)** *(private road)* allée *f*. **(c)** *(energy)* dynamisme *m*, énergie *f*; *(Psych etc)* besoin *m*, instinct *m*. **sex ~** pulsions *fpl* sexuelles. **(d)** *(Pol etc)* campagne *f*, propagande *f*; *(Mil)* poussée *f*. **a ~ to boost sales** une promotion systématique de vente; **output ~** effort *m* de production. **(e)** *(Tech)* transmission *f*. *(Aut)* **front-wheel ~** traction *f* avant; **rear-wheel ~** propulsion *f* arrière; **left-hand ~** conduite *f* à gauche. **(f)** *(Comput) (for disk)* unité *f* de disques; *(for tape)* dérouleur *m*. **(g)** *(herding)* rassemblement *m*.
2 *vt* **(a)** *people, animals* chasser (*devant soi*); *(Hunting)* *game* rabattre; *clouds, leaves* chasser. **to ~ sb out of the country** chasser qn du pays; *(fig)* **to ~ sb into a corner** mettre qn au pied du mur; **the gale drove the ship off course** la tempête a fait dériver le navire; *(fig)* **to ~ sb hard** surcharger qn de travail; **to ~ sb mad** rendre qn fou; **to ~ sb to despair** réduire qn au désespoir; **to ~ sb to (do) sth** pousser qn à (faire) qch; **I was driven to it** j'y ai été poussé malgré moi, j'y ai été contraint. **(b)** *cart, car, train* conduire; *racing car* piloter; *passenger* conduire (en voiture). **he ~s a taxi** *(for a living)* il est chauffeur de taxi; **he ~s a Peugeot** il a une Peugeot; *(Aut)* **to ~ sb back** *etc* ramener *etc* qn en voiture. **(c)** *(operate)* *machine* actionner, commander. *(Rail)* **steam-driven engine** locomotive *f* à vapeur; **machine driven by electricity** machine fonctionnant à l'électricité. **(d)**

nail, stake enfoncer; *rivet* poser; *(Golf, Tennis)* driver; *tunnel, well* percer. *(fig)* **to ~ a point home** réussir à faire comprendre un argument; **to ~ sth out of sb's head** faire complètement oublier qch à qn; **to ~ a bargain** conclure un marché.
3 *vi* **(a)** *(Aut)* conduire, aller en voiture. **to ~ away/back** *etc* partir/revenir *etc* en voiture; **to ~ down to the shops** aller faire des courses en voiture; **can you ~?** savez-vous conduire?; **to ~ at 50 km/h** rouler à 50 km/h; **to ~ on the right** rouler à droite; **by train? — no, we drove** par le train? — non, en voiture; **we have been driving all day** nous avons fait de la route toute la journée; **to ~ over sth** écraser qch. **(b)** *(fig)* **what are you driving at?** où voulez-vous en venir? ◆ **drive away, drive off** *vt sep* chasser. ◆ **drive back** *vt sep person, army* faire reculer. ◆ **drive in** *vt sep* *nail, idea* enfoncer. ◆ **drive on 1** *vi* poursuivre *or (after stopping)* reprendre sa route. **2** *vt sep* pousser (*to* à, *to do* à faire). ◆ **drive out** *vt sep* chasser. ◆ **drive up** *vi* [car] arriver; [person] arriver (en voiture).
◆ **drive-in** *adj, n* drive-in *(m)*. ◆ **driveline** *n (Aut)* transmission *f*. ◆ **driver** *n* [car, train] conducteur *m*, -trice *f*; [taxi, truck, bus] chauffeur *m*, conducteur, -trice; [racing car] pilote *m*; **car ~rs** automobilistes *mpl*; **to be a good ~r** conduire bien; *(US)* **~r's license** permis *m* de conduire; **to be in the ~r's** *or* **driving seat** être au volant; *(fig)* être aux commandes. ◆ **driveshaft** *n (Aut)* arbre *m* de transmission. ◆ **drive-up window** *n (US)* guichet *m* pour automobilistes. ◆ **driveway** *n* allée *f*. ◆ **driving 1** *n (Aut)* conduite *f*; **his driving is awful** il conduit très mal ; **2** *adj* **(a)** *necessity* impérieux, pressant; *force* agissant; *rain* battant; **(b)** *(Aut) lesson* de conduite; **driving instructor** moniteur *m*, -trice *f* d'auto-école; **driving licence** permis *m* de conduire; **driving mirror** rétroviseur *m*; **driving school** auto-école *f*; **to fail/pass one's driving test** être refusé à/avoir son permis.

drivel ['drɪvl] *n* sornettes *fpl*, imbécillités *fpl*.

drizzle ['drɪzl] **1** *n* bruine *f*. **2** *vi* bruiner. ◆ **drizzly** *adj* de bruine.

dromedary ['drɒmɪd(ə)rɪ] *n* dromadaire *m*.

drone [drəʊn] **1** *vi* [bee] bourdonner; [engine, aircraft] ronronner; *(louder)* vrombir; *(speak:* **~ away,** **~ on)** parler d'une façon monotone. **2** *n* **(a)** *(sound)* bourdonnement *m*; ronronnement *m*; *(louder)* vrombissement *m*; *(speech)* débit *m* monotone. **(b)** *(bee)* abeille *f* mâle; *(idler)* fainéant(e) *m(f)*.

drool [druːl] *vi* baver; *(*: talk*)* radoter (*about* au sujet de). *(fig)* **to ~ over sth** * baver d'admiration *or* s'extasier devant qch.

droop [druːp] *vi* [body] s'affaisser; [shoulders] tomber; [head] pencher; [eyelids] s'abaisser; [flowers] commencer à se faner; [feathers, one's hand] retomber. **his spirits ~ed** il a été pris de découragement; **the heat made him ~** il était accablé par la chaleur.

drop [drɒp] **1** *n* **(a)** goutte *f*. **~ by ~** goutte à goutte; *(fig)* **a ~ in the ocean** une goutte d'eau dans la mer; **he's had a ~ too much** * il a un verre dans le nez. **(b)** *(fall: gen)* baisse *f* (*in* de). *(Elec)* **~ in voltage** chute *f* de tension; *(fig)* **at the ~ of a hat** sans hésitation. **(c)** *(abyss)* précipice *m*; *(fall)* chute *f*; *(distance of fall)* hauteur *f*; *(parachute jump)* saut *m* (en parachute); [supplies, arms] parachutage *m*; [gallows] trappe *f*. **sheer ~** descente *f* à pic.
2 *vt* **(a)** *(gen)* laisser tomber; *(release, let go)* lâcher; *bomb* lancer, larguer; *liquid* laisser tomber goutte à goutte; *stitch* sauter; *hem* ressortir; *eyes, voice, price* baisser; *(from car) person, thing* déposer; *(from boat) cargo, passengers* débarquer. **to ~ a letter in the postbox** mettre une lettre à la boîte; **to ~ by**

parachute parachuter; **to ~ anchor** jeter l'ancre; *(fig)* **to ~ a brick *** faire une gaffe; **to ~ a curtsy** faire une révérence. **(b)** *remark, clue* laisser échapper. **to ~ a hint about sth** suggérer qch; **to ~ a word in sb's ear** glisser un mot à l'oreille de qn. **(c)** *letter, card* envoyer, écrire *(to* à). **to ~ sb a line** écrire un (petit) mot à qn. **(d)** *(omit)* omettre; *(intentionally) thing* supprimer; *person* écarter *(from* de). **to ~ one's h's ≃** avoir un accent vulgaire. **(e)** *(abandon) habit, idea, plan* renoncer à; *work, discussion, conversation* abandonner; *friend, boyfriend* lâcher, laisser tomber. **let's ~ the subject** ne parlons plus de cela; **~ it!** * laisse tomber! * **(f)** *(lose) money, game* perdre.

3 *vi* **(a)** *[object]* tomber, retomber; *[liquids]* tomber goutte à goutte; *[person]* se laisser tomber; *(collapse)* s'écrouler. **I'm ready to ~ *** je tombe de fatigue, je ne tiens plus debout; **~ dead!** *** va te faire voir! * **(b)** *[wind]* tomber; *[temperature, voice, price]* baisser; *[numbers, attendance]* diminuer, tomber. **(c)** *(end) [conversation, correspondence]* en rester là.

◆ **drop back, drop behind** *vi* rester en arrière; *(in work etc)* prendre du retard. ◆ **drop down** *vi* tomber. ◆ **drop in** *vi*: **to ~ in on sb** passer chez qn. ◆ **drop off 1** *vi* **(a)** *(fall asleep)* s'endormir; *(doze)* faire un petit somme. **(b)** *[leaves]* tomber; *[sales, interest]* diminuer. **2** *vt sep (from car etc)* déposer, laisser. ◆ **drop out** *vi [contents etc]* tomber; *(fig)* se retirer *(of* de); *(from society)* choisir de vivre marginalement; *(from college etc)* abandonner.

◆ **drop-cloth** *n (US)* bâche *f* de protection. ◆ **drop-leaf table** *n* table *f* anglaise. ◆ **droplet** *n* gouttelette *f*. ◆ **drop-off** *n (in sales etc)* diminution *f*. ◆ **dropout** *n (from society)* marginal(e) *m(f)* ; *(from college etc)* étudiant(e) *m(f)* qui abandonne ses études. ◆ **dropper** *n (Med)* compte-gouttes *m inv*. ◆ **droppings** *npl [birds]* fiente *f*; *[animals, flies]* crottes *fpl*.

dross [drɒs] *n (fig)* rebut *m*.

drought [draʊt] *n* sécheresse *f*.

drove [drəʊv] *(pret of* **drive**) *n*: **~s of people** des foules *fpl* de gens; **in ~s** en foule.

drown [draʊn] **1** *vt (gen: lit, fig)* noyer; *land* inonder. **to be like a ~ed rat *** être trempé jusqu'aux os. **2** *vi* se noyer. ◆ **drowning 1** *adj* qui se noie *(or* noyait *etc)* ; **2** *n (death)* noyade *f*.

drowse [draʊz] *vi* être à moitié endormi. ◆ **drowsily** *adv* d'un air endormi. ◆ **drowsiness** *n* somnolence *f*. ◆ **drowsy** *adj person, smile, look* somnolent; *afternoon, atmosphere* soporifique; **to grow drowsy** s'assoupir; **to feel drowsy** avoir envie de dormir.

drudge [drʌdʒ] *n* bête *f* de somme *(fig)*. **the household ~** la bonne à tout faire *(fig)*. ◆ **drudgery** *n* corvées *fpl*, travail fastidieux; **it's sheer ~ry** c'est d'un fastidieux!

drug [drʌg] **1** *n* drogue *f*, stupéfiant *m*; *(Med, Pharm)* médicament *m*; *(fig)* drogue. **he's on ~s** *(gen)* il se drogue; *(Med)* il est sous médication; *(fig)* **a ~ on the market** une marchandise invendable. **2** *adj*: **~ addict** drogué(e) *m(f)*, toxicomane *mf*; **~ addiction** toxicomanie *f*; **~ peddler** *or* **pusher** revendeur *m*, -euse *f* de drogue; **~ runner** trafiquant(e) *m(f)* de drogue; **~ running** *or* **traffic** trafic *m* de la drogue *or* des stupéfiants. **3** *vt person* droguer *(also Med)*; *food, wine etc* mêler un narcotique à. **to be in a ~ged sleep** dormir sous l'effet d'un narcotique; **~ged with sleep** abruti de sommeil. ◆ **druggist** *n (Brit)* pharmacien(ne) *m(f)*; *(US)* droguiste-épicier *m*, -ière *f*. ◆ **drugstore** *n (US)* drugstore *m*. ◆ **drug-taker** *n* consommateur *m*, -trice *f* de drogue. ◆ **drug-taking** *n* usage *m* de la drogue.

drum [drʌm] **1** *n* **(a)** *(Mus)* tambour *m*. **the big ~** la grosse caisse; *(Mil Mus, Jazz)* **the ~s** la batterie. **(b)** *(for oil)* bidon *m*; *(cylinder, also machine part)* tambour *m*; *(Comput)* tambour magnétique; *(box of figs, sweets)* caisse *f*. **2** *vi (Mus)* battre le tambour; *[person, fingers]* tambouriner *(with* de, avec; *on* sur). **the noise was ~ming in my ears** le bruit me tambourinait aux oreilles. **3** *vt*: **to ~ one's feet on the floor** tambouriner des pieds sur le plancher; **to ~ sth into sb** enfoncer qch dans le crâne de qn.

◆ **drum out** *vt sep* expulser (à grand bruit) *(of* de). ◆ **drum up** *vt sep enthusiasm, support* susciter; *supporters* battre le rappel de; *customers* racoler.

◆ **drum kit** *n* batterie *f*. ◆ **drummer** *n* tambour *m*; *(Jazz)* batteur *m*; **~mer boy** petit tambour. ◆ **drumstick** *n* baguette *f* de tambour; *[chicken]* pilon *m*.

drunk [drʌŋk] *(ptp of* **drink**) **1** *adj* ivre, soûl *; *(fig)* enivré *(with* de, par). **to get ~** s'enivrer, se soûler * *(on* de); *(Jur)* **~ and disorderly** ≃ en état d'ivresse publique; **as ~ as a lord** soûl comme une grive *. **2** *n (*)* ivrogne *m*, homme *or* femme soûl(e) *. ◆ **drunkard** *n* ivrogne *m*, alcoolique *mf*. ◆ **drunken** *adj (habitually)* ivrogne; *(intoxicated)* ivre, soûl *; *orgy, quarrel* d'ivrogne(s); *fury* d'ivrogne; *voice* aviné; **~en driving** conduite *f* en état d'ivresse. ◆ **drunkenly** *adv (gen)* comme un ivrogne; *sing* d'une voix avinée; *walk* en titubant. ◆ **drunkenness** *n (state)* ivresse *f*; *(problem, habit)* ivrognerie *f*. ◆ **drunkometer** *n (US)* alcootest *m*.

dry [draɪ] **1** *adj* **(a)** *(gen)* sec *(f* sèche*)*; *day* sans pluie; *riverbed, well* à sec; *battery* à piles sèches; *bread* sec; *toast etc* sans beurre. **on ~ land** sur la terre ferme; **as ~ as a bone** tout sec; **to keep sth ~** tenir qch au sec; **'to be kept ~'** 'craint l'humidité'; **~ dock** cale *f* sèche; *(Comm)* **~ goods** tissus *mpl*, mercerie *f*; **~ ice** neige *f* carbonique; **~ rot** pourriture *f* sèche *(du bois)*; *(fig)* **~ run** *(trial)* essai *m*; *(rehearsal)* répétition *f*; **~ ski slope** piste *f* de ski artificielle; **the river ran ~** la rivière s'est asséchée; **his mouth was ~ with fear** la peur lui desséchait la bouche; *(thirsty)* **to be ~** * avoir le gosier sec *. **(b)** *humour* pince-sans-rire *inv*; *(dull) lecture, subject* aride. **as ~ as dust** ennuyeux comme la pluie. **2** *vt (gen)* sécher; *clothes* faire sécher. **to ~ one's eyes** sécher ses larmes; **to ~ the dishes** essuyer la vaisselle; **to ~ o.s.** s'essuyer, se sécher. **3** *vi* sécher.

◆ **dry off** *vi* sécher. ◆ **dry out 1** *vi* sécher; *[alcoholic]* se faire désintoxiquer. **2** *vt sep* sécher; désintoxiquer. ◆ **dry up** *vi* **(a)** *[stream, well]* se dessécher; *[moisture]* s'évaporer; *[source of supply]* se tarir. **(b)** *(dry the dishes)* essuyer la vaisselle. **(c)** *(*: fall silent)* se taire; *[actor]* sécher *.

◆ **dry-clean** *vt* nettoyer à sec; **to have sth ~-cleaned** donner qch à nettoyer. ◆ **dry-cleaner** *n* teinturier *m*. ◆ **dry-cleaning** *n* nettoyage *m* à sec. ◆ **dryer** *n (gen)* séchoir *m*; *(at hairdresser's)* **under the ~er** sous le casque. ◆ **dry-eyed** *adj*: **to be ~-eyed** avoir les yeux secs. ◆ **drying** *adj*: **~ing cupboard** *or* **room** séchoir *m*; **to do the ~ing-up** essuyer la vaisselle; **~ing-up cloth** torchon *m*. ◆ **dryness** *n* sécheresse *f*. ◆ **drysalter** *n* marchand *m* de couleurs.

dual ['djʊəl] *adj* double, à deux. **~ carriageway** route *f* à chaussées séparées; **~ controls** double commande *f*; **~ national** binational(e) *m(f)*; **~ nationality** double nationalité *f*; **~ personality** dédoublement *m* de la personnalité. ◆ **dual-control** *adj* à double commande. ◆ **dualism** *or* ◆ **duality** *n* dualisme *m*. ◆ **dual-purpose** *adj* à double usage.

dub [dʌb] *vt* **(a)** **to ~ sb 'Ginger'** qualifier qn de 'Poil de Carotte'. **(b)** *(Cine)* doubler *(dialogue)*. ◆ **dubbing** *n (Cine)* doublage *m*.

dubious ['dju:bɪəs] *adj (gen)* douteux; *person* qui doute, incertain *(of* de); *look, smile* incertain de doute. **he was ~ about whether** il se demandait si; **I'm very ~ about it** j'en doute fort. ◆ **dubiety** *n* doute *m*, incertitude *f*. ◆ **dubiously** *adv* avec doute.

Dublin ['dʌblɪn] *n* Dublin.

duchess ['dʌtʃɪs] *n* duchesse *f*.

duchy ['dʌtʃɪ] *n* duché *m*.

duck [dʌk] **1** *n* canard *m; (female)* cane *f; (Mil: vehicle)* véhicule *m* amphibie. **wild ~** canard sauvage; **to play at ~s and drakes** faire des ricochets (sur l'eau); **he took to it like a ~ to water** c'était comme s'il l'avait fait toute sa vie. **2** *vi (~ down)* se baisser vivement; *(in fight etc)* esquiver un coup; *(under water)* plonger subitement. **3** *vt* **(a)** *one's head* baisser vivement; *blow, question* éviter, esquiver. **(b)** *(also* **give sb a ducking***)* plonger dans l'eau; *(as a joke)* faire faire le plongeon à; *(head only)* faire boire la tasse à *. ◆ **duckboard** *n* caillebotis *m*. ◆ **duck-egg blue** *adj* bleu-vert (pâle) *inv*. ◆ **duckling** *n* caneton *m*. ◆ **duckpond** *n* mare *f* aux canards.

duct [dʌkt] *n* conduite *f; (Anat)* conduit *m*.

ductile ['dʌktaɪl] *adj metal* ductile; *person* maniable, malléable, docile.

ductless ['dʌktlɪs] *adj:* **~ gland** glande *f* endocrine.

dud [dʌd] **1** *adj shell, bomb* qui a raté; *object, tool* mal fichu *; note, coin* faux; *cheque* sans provision; *person* nul. **2** *n (person)* nullard(e) * *m(f)*. **this coin is a ~** cette pièce est fausse; **this watch is a ~** cette montre ne marche pas.

dudgeon ['dʌdʒən] *n:* **in high ~** offensé dans sa dignité, furieux.

due [dju:] **1** *adj* **(a)** *(owing) sum, money* dû *(f* due). **our thanks are ~ to him** nous aimerions le remercier; **to fall ~** venir à échéance; **~ on the 8th** payable le 8; **when is the rent ~?** quand faut-il payer le loyer?; **I am ~ 6 days' leave** on me doit 6 jours de permission; **he is ~ for a rise** il doit recevoir *or* en principe il va recevoir une augmentation; **the train is ~ at midday** le train doit arriver à midi; **I am ~ there tomorrow** je dois être là-bas demain. **(b)** *(proper)* **after ~ consideration** après mûre réflexion; **in ~ course** *(when the time is ripe)* en temps utile; *(in the long run)* à la longue; **with all ~ respect, I believe...** sans vouloir vous contredire, je crois... **(c)** **~ to** *(caused by)* dû à, attribuable à; *(because of)* à cause de; *(thanks to)* grâce à; **what's it ~ to?** comment cela se fait-il? **2** *adv:* **to go ~ west** aller droit vers l'ouest; **to face ~ north** *[house]* être (en) plein nord; *[person]* faire face au nord; **~ east of** plein est par rapport à. **3** *n* **(a)** **to give sb his ~** rendre justice à qn; **to give him his ~, he did try hard** il faut (être juste et) reconnaître qu'il a quand même fait tout son possible. **(b)** *(fees)* **~s** *[club etc]* cotisation *f; [harbour]* droits *mpl*.

duel ['djʊəl] **1** *n* duel *m*. **~ to the death** duel à mort. **2** *vi* se battre en duel *(with* contre, avec).

duet [dju:'et] *n* duo *m*. **to sing/play a ~** chanter/ jouer en duo; **violin ~** duo de violon; **piano ~** morceau *m* à quatre mains.

duffel, duffle ['dʌf(ə)l] *adj:* **~ bag** sac *m* de paquetage; **~ coat** duffel-coat *m*.

dug [dʌg] *pret, ptp of* **dig**. ◆ **dugout** *n (Mil)* tranchée-abri *f; (canoe)* pirogue *f*.

duke [dju:k] *n* duc *m*.

dull [dʌl] **1** *adj* **(a)** *sight, hearing* faible; *(slow-witted) person, mind* borné, obtus; *pupil* peu doué; *(boring) book, evening* ennuyeux; *style, person* terne. **deadly ~ *** assommant *, mortel *; **as ~ as ditchwater** ennuyeux comme la pluie. **(b)** *(not bright) colour, eyes, mirror, metal* terne; *sound, pain* sourd; *weather, sky* couvert, maussade; *trade, business* lent; *person,*

---

mood déprimé, las. **a ~ day** un jour maussade. **2** *vt senses, pleasure, blade* émousser; *mind* engourdir; *pain, impression, memory* atténuer; *sound* assourdir; *colour, mirror, metal* ternir. ◆ **dullard** *n* lourdaud(e) *m(f)*. ◆ **dullness** *n (slow-wittedness)* lourdeur *f* d'esprit; *(boredom)* caractère ennuyeux; **the ~ness of the weather** le temps couvert. ◆ **dully** *adv (depressedly) behave, walk* lourdement; *answer, listen* avec lassitude; *(boringly) talk, write* d'une manière ennuyeuse.

duly ['dju:lɪ] *adv (properly)* comme il faut, ainsi qu'il convient; *(Jur etc)* dûment; *(on time)* en temps voulu; *(in effect)* en effet. **everybody was ~ shocked** tout le monde a bien entendu été choqué.

dumb [dʌm] *adj* **(a)** muet; *(with surprise etc)* muet, abasourdi *(with, from* de). **a ~ person** un(e) muet(te); **~ animals** les animaux *mpl*; **our ~ friends** nos amis les bêtes *fpl*; **to be struck ~** rester muet; **in ~ show** en pantomime. **(b)** *(*: stupid)* bête. **a ~ blonde** une blonde évaporée; **to act ~** faire l'innocent. ◆ **dumbbell** *n (Sport)* haltère *m*. ◆ **dumbfound** *vt* abasourdir. ◆ **dumbfounded** *adj* ahuri. ◆ **dumbness** *n (Med)* mutisme *m; (*: stupidity)* bêtise *f*.

dummy ['dʌmɪ] **1** *n (Comm: sham object)* factice *m; [book]* maquette *f; (model)* mannequin *m; [ventriloquist]* pantin *m; (Fin etc: person)* prête-nom *m; (Bridge)* mort *m; (baby's teat)* tétine *f*. **2** *adj* faux, factice. **~ run** *(Aviat)* attaque *f* simulée; *(Comm, Ind)* essai *m*.

dump [dʌmp] **1** *n (pile of rubbish)* tas *m* d'ordures; *(place)* décharge *f* publique; *(Mil)* dépôt *m; (*: unpleasant place)* trou *m; (*: house, hotel)* baraque * *f*. **to be down in the ~s *** avoir le cafard *. **2** *vt* **(a)** *(get rid of) rubbish* déposer, jeter; *(Comm) goods* écouler à bas prix; *(*) person, thing* larguer. **(b)** *(put down) package* déposer; *sand, bricks* décharger, déverser; *(*) passenger* déposer. **~ your bag on the table** plante ton sac sur la table. ◆ **dumper** *or* ◆ **dump truck** *n* tombereau *m* automoteur. ◆ **dumping** *n [load, rubbish]* décharge *f; (Ecol: in sea etc)* déversement *m* (de produits nocifs); *(Comm)* dumping *m*. ◆ **dumpy** *adj* courtaud, boulot.

dumpling ['dʌmplɪŋ] *n (savoury)* boulette *f* (de pâte). **apple ~** ≃ chausson *m* aux pommes.

dun [dʌn] *vt* harceler *(pour lui faire payer ses dettes)*.

dunce [dʌns] *n (Scol)* âne *m*, cancre * *m (at* en).

dune [dju:n] *n* dune *f*.

dung [dʌŋ] *n (gen)* crotte *f; [cattle]* bouse *f; (manure)* fumier *m*. ◆ **dunghill** *n (tas m* de) fumier *m*.

dungarees [ˌdʌŋgə'ri:z] *npl [workman]* bleu *m* (de travail); *[child, woman]* salopette *f*.

dungeon ['dʌn(d)ʒ(ə)n] *n* cachot *m* (souterrain).

dunk [dʌŋk] *vt:* **to ~ one's bread in one's coffee** *etc* faire trempette.

Dunkirk [dʌn'kɜ:k] *n* Dunkerque *f*.

duodenal [ˌdju:ə(ʊ)'di:nl] *adj ulcer* du duodénum.

dupe [dju:p] **1** *vt* duper, tromper. **to ~ sb into doing sth** amener qn à faire qch en le dupant. **2** *n* dupe *f*.

duplex ['dju:pleks] *adj (gen)* duplex *inv. (US)* **~ (house)** maison jumelée; *(US)* **~ (apartment)** duplex.

duplicate ['dju:plɪkeɪt] **1** *vt (gen)* faire un double de; *(on machine) document* polycopier; *film* faire un contretype de; *action etc* répéter exactement. **that is duplicating work already done** cela fait double emploi avec ce qu'on a déjà fait. **2** ['dju:plɪkɪt] *n* double *m*. **in ~** en deux exemplaires. **3** ['dju:plɪkɪt] *adj copy* en double; *coach* supplémentaire. **a ~ key** un double de la clef. ◆ **duplication** *n [efforts, work]* répétition *f*, reproduction *f*. ◆ **duplicator** *or* ◆ **duplicating machine** *n* duplicateur *m*.

duplicity [dju:'plɪsɪtɪ] n duplicité f, fausseté f.

durable ['djʊərəbl] **1** adj material solide, résistant; friendship durable. **2** n (Comm) ~s biens mpl de consommation durables. ◆ **durability** n solidité f, résistance f; durabilité f.

duration [djʊ(ə)'reɪʃ(ə)n] n (gen) durée f. for the ~ of the war jusqu'à la fin de la guerre.

duress [djʊ(ə)'res] n: under ~ sous la contrainte.

Durex ['djʊəreks] n ® préservatif m.

during ['djʊərɪŋ] prep pendant, durant; (in the course of) au cours de.

dusk [dʌsk] n (twilight) crépuscule m; (gloom) (semi-)obscurité f. at ~ au crépuscule; in the ~ dans la semi-obscurité. ◆ **dusky** adj complexion foncé; person au teint foncé.

dust [dʌst] **1** n poussière f. thick ~ une épaisse couche de poussière; I've got a speck of ~ in my eye j'ai une poussière dans l'œil. **2** adj cloud de poussière. (Geog) ~ bowl désert m de poussière; (US) ~ cloth chiffon m (à poussière); ~ cover (of book: also ~ jacket) jaquette f (d'un livre); (of furniture, also ~ sheet) housse f de protection; ~ storm tourbillon m de poussière. **3** vt (a) furniture épousseter; room essuyer la poussière dans. (b) (sprinkle) saupoudrer (with de). ◆ **dustbin** n poubelle f, boîte f à ordures. ◆ **dustcart** n tombereau m aux ordures. ◆ **duster** n (Brit) chiffon m (à poussière, à effacer); (esp US) (overgarment) blouse f de protection; (housecoat) robe-tablier f. ◆ **dustheap** n poubelle f. ◆ **dusting** adj: ~ing powder talc m. ◆ **dustman** n éboueur m. ◆ **dustpan** n pelle f à poussière. ◆ **dust-up** * n: to have a ~-up with sb * avoir un accrochage * avec qn. ◆ **dusty** adj poussiéreux; to get ~y se couvrir de poussière; not so ~y * pas mal; to get a ~y answer * en être pour ses frais.

Dutch [dʌtʃ] **1** adj hollandais, néerlandais, des Pays-Bas. ~ cheese hollande m; (fig) ~ auction enchères fpl au rabais; ~ cap diaphragme m; ~ courage courage m puisé dans la bouteille; ~ elm disease champignon m parasite de l'orme; to go ~ partager les frais. **2** n (Ling) hollandais m, néerlandais m. the ~ les Hollandais mpl, les Néerlandais mpl; (fig) it's all ~ to me * c'est du chinois pour moi. ◆ **Dutchman** n Hollandais m. ◆ **Dutchwoman** n Hollandaise f.

duty ['dju:tɪ] **1** n (a) (moral, legal) devoir m (to do de faire; to, by sb envers qn). I feel (in) ~ bound to say that... il est de mon devoir de faire remarquer que...; [employee, official etc] duties fonctions fpl; on ~ de service; (Med) de garde; (Admin, Scol) de jour, de service; to be off ~ (gen) être libre; (Mil) avoir quartier libre; to go on/off ~ prendre/quitter le service (or la garde); to do ~ for sb remplacer qn; the box does ~ for a table

la boîte fait fonction de table. (b) (tax) droit m, taxe f (indirecte). to pay ~ on payer un droit or une taxe sur. **2** adj visit etc de politesse. ~ officer (Mil etc) officier m de service; (Admin) officiel m de service; ~ rota tableau m de service. ◆ **dutiable** adj (Customs) soumis à des droits de douane. ◆ **dutiful** adj child respectueux; husband plein d'égards; employee consciencieux. ◆ **dutifully** adv obey respectueusement; work consciencieusement. ◆ **duty-free** adj goods etc exempté de douane; shop hors-taxe.

duvet ['du:veɪ] n couette f (édredon). ~ cover housse f de couette.

dwarf [dwɔ:f] **1** adj, n nain(e) m(f). **2** vt [skyscraper, person] rapetisser, écraser; [achievement] éclipser.

dwell [dwel] pret, ptp **dwelt** vi (liter) demeurer. ◆ **dwell (up)on** vt fus (think about) s'arrêter sur; (talk about) s'étendre sur; (emphasize) appuyer sur. don't let's ~ upon it passons là-dessus. ◆ **dweller** n habitant(e) m(f); town ~er citadin(e) m(f). ◆ **dwelling** **1** n habitation f; **2** adj: ~ing house maison f d'habitation.

dwindle ['dwɪndl] vi diminuer (peu à peu). ◆ **dwindling** adj interest, strength décroissant; resources en diminution.

dye [daɪ] **1** n teinture f, colorant m. hair ~ teinture pour les cheveux; fast ~ grand teint. **2** vt teindre. to ~ sth red teindre qch en rouge; to ~ one's hair se teindre les cheveux. ◆ **dyed-in-the-wool** adj bon teint inv (fig). ◆ **dyeing** n teinture f. ◆ **dyer** n: ~r's and cleaner's teinturier m. ◆ **dyestuffs** npl matières fpl colorantes. ◆ **dyeworks** npl teinturerie f.

dying ['daɪɪŋ] **1** adj mourant; custom etc en train de disparaître. to my ~ day jusqu'à ma dernière heure. **2** n (death) mort f; (just before death) agonie f. the ~ les mourants mpl.

dyke [daɪk] n (a) digue f; (causeway) levée f. (b) (‡: lesbian) gouine ‡ f.

dynamic [daɪ'næmɪk] adj dynamique. ◆ **dynamics** nsg dynamique f. ◆ **dynamism** n dynamisme m.

dynamite ['daɪnəmaɪt] **1** n dynamite f. he's ~! * (terrific) il est super! *; (full of energy) il est d'un dynamisme!; that business is ~ * ça pourrait t'exploser dans les mains. **2** vt dynamiter.

dynamo ['daɪnəməʊ] n dynamo f.

dynasty ['dɪnəstɪ] n dynastie f. ◆ **dynastic** adj dynastique.

dysentery ['dɪsɪntrɪ] n dysenterie f.

dyslexia [dɪs'leksɪə] n dyslexie f. ◆ **dyslexic** adj, n dyslexique (mf).

dyspepsia [dɪs'pepsɪə] n dyspepsie f.

dystrophy ['dɪstrəfɪ] n dystrophie f.

E

E, e [i:] *n* E, e *m*; *(Mus)* mi *m*.

each [i:tʃ] **1** *adj* chaque. ~ **day** chaque jour, tous les jours; ~ **one of us** chacun(e) de *or* d'entre nous. **2** *pron* (**a**) chacun(e) *m(f)*. ~ **of the boys** chacun des garçons; ~ **of us** chacun(e) de *or* d'entre nous; **a little of** ~ **please** un peu de chaque s'il vous plaît; **we gave them one apple** ~ nous leur avons donné une pomme chacun; **they are £2** ~ ils coûtent 2 livres chacun *or* pièce. (**b**) ~ **other** l'un(e) l'autre *m(f)*; **they love** ~ **other** ils s'aiment; **they write to** ~ **other** ils s'écrivent; **they were sorry for** ~ **other** ils avaient pitié l'un de l'autre; **you must help** ~ **other** vous devez vous aider les uns les autres; **separated from** ~ **other** séparés l'un de l'autre.

eager ['i:gə'] *adj* (*keen*) désireux, avide (*for* de, *to do* de faire); (*impatient*) impatient (*to do* de faire); *scholar, supporter, desire* passionné; *search, glance* avide. **to be** ~ **for** (*gen*) désirer vivement; *happiness* rechercher avidement; *knowledge, affection* être avide de; *power, vengeance, pleasure* être assoiffé de; **to be** ~ **to do** (*keen*) désirer vivement faire; (*impatient*) être impatient de faire; ~ **beaver** * personne *f* enthousiaste et consciencieuse. ◆ **eagerly** *adv* avidement; avec impatience; passionnément. ◆ **eagerness** *n* vif désir *m* (*to do* de faire, *for* de); impatience *f* (*to do* de faire).

eagle ['i:gl] *n* aigle *mf* (*gen m*). ◆ **eagle-eyed** *adj* qui a des yeux d'aigle.

ear¹ [ɪə'] **1** *n* oreille *f*. **to keep one's** ~**s open** ouvrir l'oreille; **to keep one's** ~ **to the ground** être aux écoutes; **to be all** ~**s** * être tout ouïe; **your** ~**s must have been burning** les oreilles ont dû vous tinter; **it goes in one** ~ **and out of the other** cela lui *etc* entre par une oreille et lui *etc* sort par l'autre; **to be up to the** ~**s in work** avoir du travail par-dessus la tête; *(Mus)* **to have a good** ~ avoir de l'oreille; **to play by** ~ jouer à l'oreille; *(fig)* **I'll play it by** ~ je déciderai quoi faire le moment venu. **2** *adj operation* à l'oreille. (*Med*) ~, **nose and throat department** service *m* d'oto-rhino-laryngologie; ~, **nose and throat specialist** oto-rhino-laryngologiste *mf*; ~ **wax** cérumen *m*. ◆ **earache** *n* mal *m* d'oreille(s); **to have** ~**ache** avoir mal à l'oreille *or* aux oreilles. ◆ **eardrops** *npl* gouttes *fpl* pour les oreilles. ◆ **eardrum** *n* tympan *m* (*de l'oreille*). ◆ **earmark** *vt object, seat* réserver (*for* à); *funds, person* assigner, destiner (*for* à). ◆ **earphone** *n* (*Rad, Telec etc*) écouteur *m*; **to listen on** ~**phones** écouter au casque. ◆ **earplugs** *npl* (*for sleeping*) boules *fpl* Quiès ®. ◆ **earring** *n* boucle *f* d'oreille. ◆ **earshot** *n*: **out of** ~**shot** hors de portée de voix; **within** ~**shot** à portée de voix. ◆ **ear-splitting** *adj sound, scream* strident; *din* fracassant. ◆ **earwig** *n* perce-oreille *m*.

ear² [ɪə'] *n* [*grain, plant*] épi *m*.

earl [ɜ:l] *n* comte *m*.

early ['ɜ:lɪ] **1** *adj man, Church* primitif; *apple, plant* précoce; *death* prématuré. **it's still** ~ il est encore tôt, il n'est pas tard; **you're** ~! vous arrivez de bonne heure!; **he is always** ~ il est toujours en avance; **his** ~ **arrival** son arrivée de bonne heure, le fait qu'il arrive (*or est arrivé etc*) de bonne heure; **an** ~ **train** un train tôt le matin; **the** ~ **train** le premier train; **an** ~ **text** un texte très ancien;

to be an ~ **riser** être matinal; **to keep** ~ **hours** se coucher tôt; ~ **to bed,** ~ **to rise** tôt couché, tôt levé; ~ **warning system** dispositif *m* de première alerte; *(Comm)* **it's** ~ **closing day** les magasins ferment l'après-midi; **it is too** ~ **yet to say** il est trop tôt pour le dire; ~ **fruit** *or* **vegetables** primeurs *fpl*; **at an** ~ **hour** de bonne heure, très tôt; **it was** ~ **in the morning** c'était tôt le matin; **in the** ~ **morning** de bon matin; **in the** ~ **afternoon/spring** au début de l'après-midi/du printemps; **she's in her** ~ **forties** elle a juste dépassé la quarantaine; **from an** ~ **age** dès l'enfance; **his** ~ **youth** sa première jeunesse; **his** ~ **life** sa jeunesse; ~ **retirement** préretraite *f*, retraite *f* anticipée; **the** ~ **Victorians** les Victoriens *mpl* du début du règne; **an** ~ **Victorian table** une table du début de l'époque victorienne; **at the earliest possible moment** le plus tôt possible; *(Comm)* **at your earliest convenience** dans les meilleurs délais; *(Comm)* **to promise** ~ **delivery** promettre une livraison rapide. **2** *adv* de bonne heure, tôt. **too** ~ trop tôt; **as** ~ **as possible** le plus tôt possible; **she left 10 minutes** ~ elle est partie 10 minutes plus tôt; **10 minutes earlier** 10 minutes plus tôt; **not earlier than Thursday** pas avant jeudi; **earlier on** précédemment, plus tôt; **book** ~ réservez longtemps à l'avance; ~ **in the morning** de bon matin; ~ **in the year** au début de l'année.

earn [ɜ:n] *vt money* gagner; *salary* toucher; *interest* rapporter; *praise, rest* mériter. **to** ~ **one's living** gagner sa vie; ~**ed income** revenus *mpl* salariaux. ◆ **earnings** *npl* [*person*] salaire *m*; [*business*] bénéfices *mpl*. ◆ **earnings-related** *adj* proportionnel au salaire.

earnest ['ɜ:nɪst] **1** *adj* sérieux, consciencieux; (*sincere*) sincère; *prayer* fervent; *desire, request* pressant. **2** *n*: **in** ~ (*with determination*) sérieusement; (*without joking*) sans rire. **I am in** ~ je ne plaisante pas; **it is snowing in** ~ il neige pour de bon. ◆ **earnestly** *adv speak* avec sérieux; *work* consciencieusement; *beseech* instamment; *pray* avec ferveur. ◆ **earnestness** *n* [*person*] sérieux *m*; [*effort*] ardeur *f*; [*demand*] véhémence *f*.

earth [ɜ:θ] **1** *n* (**a**) (*the world*) terre *f*, monde *m*. (**the**) **E**~ la Terre; **on** ~ sur terre; **to the ends of the** ~ au bout du monde; **where/why on** ~...? mais où/pourquoi...?; **nothing on** ~ rien au monde; **to promise sb the** ~ promettre la lune à qn; **it must have cost the** ~! * ça a dû coûter les yeux de la tête! * (**b**) (*ground*) terre *f*, sol *m*; (*soil*) terre; (*Elec*) masse *f*. **to fall to** ~ tomber à terre. (**c**) [*fox, badger etc*] terrier *m*, tanière *f*. **to run sth/sb to** ~ dépister qch/qn. **2** *adj*: ~ **mother** (*Myth*) déesse *f* de la fertilité; (*fig*) mère *f* nourricière; ~ **tremor** secousse *f* sismique. **3** *vt* (*Elec*) *apparatus* mettre à la masse. ◆ **earthen** *adj* de terre, en terre. ◆ **earthenware 1** *n* faïence *f*; **2** *adj* en faïence. ◆ **earthling** *n* terrien(ne) *m(f)*. ◆ **earthly** *adj* terrestre; **there is no** ~**ly reason to think** il n'y a pas la moindre raison de croire; **it's no** ~**ly use** ça ne sert absolument à rien. ◆ **earthman** *n* terrien *m*. ◆ **earthquake** *n* tremblement *m* de terre. ◆ **earthshaking** *n* (*fig*) stupéfiant. ◆ **earthward(s)** *adv* vers la terre. ◆ **earthwork** *n* (*Constr*) terrassement *m*; (*Mil, Archeol*) ouvrage *m* de terre. ◆ **earth-**

worm *n* ver *m* de terre. ◆ **earthy** *adj taste, smell* terreux; *person* terre-à-terre *inv*; *humour* truculent.

ease [i:z] **1** *n* **(a)** *(mental)* tranquillité *f*; *(physical)* bien-être *m*. **at** ~ à l'aise; *(Mil)* au repos; **to put sb at his** ~ mettre qn à l'aise; **to put sb's mind at** ~ tranquilliser qn; **ill at** ~ mal à l'aise; **to take one's** ~ prendre ses aises; **a life of** ~ une vie facile. **(b)** *(lack of difficulty)* aisance *f*, facilité *f*. **with** ~ sans difficulté. **2** *vt pain* soulager; *mind* calmer, tranquilliser; *strap* relâcher; *(alter) coat* donner plus d'ampleur à; *pressure, tension* diminuer; *speed* ralentir. **to** ~ **a key into a lock** introduire doucement *or* délicatement une clef dans une serrure; **to** ~ **in the clutch** embrayer en douceur; **he** ~**d himself through the gap in the fence** il s'est glissé par le trou de la barrière. **3** *vi* (~ **off**) *(slow down)* ralentir; *(work less hard)* se relâcher; *[situation]* se détendre; *[pressure, traffic]* diminuer; *[work, business]* devenir plus calme; *[pain]* se calmer; *[demand]* baisser. **the situation has** ~**d** une détente s'est produite. ◆ **ease up** *vi* se détendre. ~ **up a bit!** vas-y plus doucement!

easel ['i:zl] *n* chevalet *m*.

east [i:st] **1** *n* est *m*. *(Pol)* **the E**~ les pays *mpl* de l'Est; **the mysterious E**~ l'Orient *m* mystérieux; **to the** ~ **of** à l'est de; **in the** ~ **of** dans l'est de; **the wind is in the** ~**/is from the** ~ le vent est à l'est/vient de l'est; **to live in the** ~ habiter dans l'Est. **2** *adj side est inv*; *wind* d'est; *coast, door* est *inv*, oriental. *(in London)* **the E**~ **End** les quartiers *mpl* est de Londres *(quartiers pauvres)*; **E**~ **Africa** l'Afrique *f* orientale; **E**~ **Berlin** Berlin-Est; **E**~ **Germany** Allemagne *f* de l'Est. **3** *adv travel* en direction de l'est, vers l'est; *be* à *or* dans l'est. ~ **of the border** à l'est de la frontière; **to go due** ~ aller droit vers l'est. ◆ **eastbound** *adj traffic, vehicles* en direction de l'est; *carriageway* est *inv*. ◆ **easterly** *adj wind* d'est; *situation, aspect* à l'est; **in an** ~**erly direction** en direction de l'est. ◆ **eastern** *adj region* est *inv*, de l'est; *coast* est *inv*, oriental; *wall, side* exposé à l'est; **E**~**ern France** l'Est *m* de la France; *(Pol)* **the E**~**ern bloc** les pays *mpl* de l'Est; *(US)* **E**~**ern Standard Time** l'heure *f* normale de l'Est. ◆ **easterner** *n* homme *m or* femme *f* de l'Est. ◆ **easternmost** *adj* le plus à l'est. ◆ **eastward** **1** *adj* à l'est ; **2** *adv (also* ~**wards)** vers l'est.

Easter ['i:stə'] **1** *n* Pâques *msg or fpl*. **at** ~ à Pâques; **Happy** ~! joyeuses Pâques!; ~ **is celebrated between...** Pâques est célébré entre... **2** *adj egg, Monday* de Pâques; *holidays, week* pascal, de Pâques. ~ **Day** le jour de Pâques.

easy ['i:zɪ] **1** *adj* **(a)** *(not difficult)* facile. **it is** ~ **to see that...** on voit bien que...; **it is** ~ **for him to do that** il lui est facile de faire cela; **easier said than done!** c'est vite dit!; **you've got an** ~ **time of it** tu as une vie sans problèmes; **it's** ~ **money** c'est comme si on était payé à ne rien faire; **within** ~ **reach of** à distance commode de; **in** ~ **stages** *travel* par petites étapes; *learn* par degrés; **he is** ~ **to work with** il est agréable dans le travail; ~ **to get on with** facile à vivre; **I'm** ~ * ça m'est égal; **he came in an** ~ **first** il est arrivé bon premier. **(b)** *(relaxed) manners, style* aisé; *life* tranquille; *pace* modéré; *conditions* favorable; *relationship* cordial. **to feel** ~ **in one's mind** être tout à fait tranquille; ~ **chair** fauteuil *m* (rembourré); **in** ~ **circumstances** dans l'aisance; *(Comm)* **on** ~ **terms** avec facilités *fpl* de paiement. **2** *adv*: **to take things** *or* **it** ~ ne pas se fatiguer; **take it** ~! *(calm down)* ne vous en faites pas!; *(relax)* ne vous fatiguez pas!; *(go slow)* ne vous pressez pas!; **go** ~ **with the sugar** vas-y doucement avec le sucre; **to go** ~ **with sb** ne pas être trop dur envers qn; ~ **does it!** allez-y doucement!; *(Mil)* **stand** ~! repos!

◆ **easily** *adv enter, succeed* facilement, sans difficulté; *answer, agree, say* tranquillement; *(unquestionably)* sans aucun doute, de loin; **that's easily 4 km** cela fait facilement 4 km; **he may easily change his mind** il pourrait bien changer d'avis. ◆ **easiness** *n* facilité *f*, aisance *f*. ◆ **easy-going** *adj* accommodant; *attitude* complaisant.

eat [i:t] *pret* **ate**, *ptp* **eaten** **1** *vt food* manger. **to** ~ **(one's) lunch** déjeuner; **to** ~ **a meal** prendre un repas; **to have nothing to** ~ n'avoir rien à manger; **to** ~ **one's fill** manger à sa faim; **to** ~ **one's words** ravaler ses paroles; **I'll** ~ **my hat if...** * je veux bien être pendu si...; **he won't** ~ **you** * il ne va pas te manger; **what's** ~**ing you?** ‡ qu'est-ce qui ne va pas? **2** *vi* manger. **we** ~ **at 8** nous dînons à 20 heures; **to** ~ **like a horse** manger comme quatre; **he is** ~**ing us out of house and home** * son appétit va nous mettre à la rue; *(fig)* **I've got him** ~**ing out of my hand** il fait tout ce que je veux.

◆ **eat away** *vt sep [sea]* éroder; *[acid, mice]* ronger. ◆ **eat into** *vt fus [acid, insects]* ronger; *savings* entamer. ◆ **eat out** **1** *vi* aller au restaurant. **2** *vt sep*: **to** ~ **one's heart out** se ronger d'inquiétude. ◆ **eat up** *vt sep meal etc* finir; *(fig) profits* absorber; *savings* engloutir. ~**en up with envy** dévoré d'envie; **it** ~**s up the electricity** cela consomme beaucoup d'électricité.

◆ **eatable** **1** *adj (fit to eat)* mangeable; *(edible)* comestible ; **2** *npl*: ~**ables** * comestibles *mpl*. ◆ **eater** *n*: **a big** ~**er** un gros mangeur. ◆ **eatery** *n* café-restaurant *m*. ◆ **eating** *adj apple* à couteau; *(US)* ~**ing hall** réfectoire *m*; ~**ing place** restaurant *m*.

eaves [i:vz] *npl* avant-toit *m*. ◆ **eavesdrop** *vi* écouter en cachette *(on sth* qch). ◆ **eavesdropper** *n* oreille *f* indiscrète.

ebb [eb] **1** *n [tide]* reflux *m*. ~ **and flow** le flux et le reflux; **to be at a low** ~ *[person, spirits]* être bien bas; *[business]* aller mal. **2** *adj*: ~ **tide** marée *f* descendante. **3** *vi* **(a)** *[tide]* descendre. **to** ~ **and flow** monter et baisser. **(b)** (~ **away**) *[enthusiasm etc]* décliner.

ebony ['ebənɪ] *n* ébène *f*.

ebullient [ɪ'bʌlɪənt] *adj* exubérant. ◆ **ebullience** *n* exubérance *f*.

eccentric [ɪk'sentrɪk] *adj, n* excentrique *(mf)*. ◆ **eccentrically** *adv* avec excentricité. ◆ **eccentricity** *n* excentricité *f*.

ecclesiastic [ɪ͵kli:zɪ'æstɪk] *n* ecclésiastique *m*. ◆ **ecclesiastical** *adj* ecclésiastique.

echo ['ekəʊ] **1** *n* écho *m*. **to cheer to the** ~ applaudir à tout rompre. **2** *vt [hills etc]* répercuter; *[person] sb's words* répéter. **3** *vi [sound]* se répercuter; *[place]* faire écho. **to** ~ **with music** retentir de musique. **4** *adj (Rad)* ~ **chamber** chambre *f* sonore. ◆ **echo-sounder** *n* sondeur *m* (à ultrasons).

eclectic [ɪ'klektɪk] *adj, n* éclectique *(mf)*. ◆ **eclecticism** *n* éclectisme *m*.

eclipse [ɪ'klɪps] **1** *n* éclipse *f*. **2** *vt* éclipser.

ecology [ɪ'kɒlədʒɪ] *n* écologie *f*. ◆ **ecological** *adj* écologique. ◆ **ecologist** *n* écologiste *mf*.

economy [ɪ'kɒnəmɪ] **1** *n (all senses)* économie *f (in* de). **economies of scale** économies d'échelle. **2** *adj*: ~ **class** classe *f* touriste; **to have an** ~ **drive** (s'efforcer de) faire des économies; ~ **pack/size** paquet *m*/taille *f* économique. ◆ **economic** *adj* **(a)** *development, geography, factor* économique; *management, performance* de l'économie; **the economic system of a country** l'économie *f* d'un pays; **(b)** *(profitable) business, rent, price* rentable; **it isn't an economic proposition, it doesn't make economic sense** cela n'est pas intéressant (financièrement). ◆ **economical** *adj person* économe; *method, appliance, speed* économique. ◆ **economically** *adv* économiquement; **to use sth economically** éco-

nomiser qch. ◆ **economics** n (sg: science) économie f politique; **the economics** (npl) **of the situation** le côté économique de la situation. ◆ **economist** n économiste mf. ◆ **economize** 1 vi
économiser (on sur), faire des économies ; 2 vt
économiser.

ecosystem ['i:kəʊˌsɪstəm] n écosystème m.

ecstasy ['ekstəsɪ] n extase f. **to be in ecstasies over**
object s'extasier sur; person être en extase devant.
◆ **ecstatic** adj extasié. ◆ **ecstatically** adv avec
extase.

Ecuador ['ekwədɔːʳ] n Équateur m.

ecumenical [ˌiːkjʊˈmenɪk(ə)l] adj œcuménique.

eczema ['eksɪmə] n eczéma m.

eddy ['edɪ] 1 n tourbillon m. 2 vi [air, smoke, leaves]
tourbillonner; [people] tournoyer; [water] faire des
tourbillons.

edge [edʒ] 1 n (gen) bord m; [forest] lisière f; [town]
abords mpl; [coin] tranche f; [cube, brick] arête f;
(distance round ~) pourtour m; [knife, razor] tranchant m, fil m. **a book with gilt ~s** un livre doré
sur tranches; **the trees at the ~ of the road** les
arbres en bordure de la route; **on the ~ of disaster**
au bord du désastre; **to take the ~ off** knife, sensation émousser; appetite calmer; **it sets my teeth
on ~** cela m'agace les dents; **he is on ~** il est
énervé; (fig) **to have the ~ on sb/sth** être légèrement supérieur à qn/qch. 2 vt (put a border on)
border (with de); (sharpen) aiguiser. **to ~ one's
chair nearer the door** rapprocher sa chaise tout
doucement de la porte. 3 vi: **to ~ through/into**
etc se glisser à travers/dans etc; **to ~ forward** avancer petit à petit. ◆ **edgeways** or ◆ **edgewise**
adv de côté; **I couldn't get a word in ~ways** * je
n'ai pas réussi à placer un mot. ◆ **edginess** n
nervosité f, énervement m. ◆ **edging** 1 n bordure f; [ribbon, silk] liseré m; 2 adj: **edging shears**
cisaille f de jardinier. ◆ **edgy** adj énervé.

edible ['edɪbl] adj (not poisonous) comestible; (fit to
eat) mangeable.

edict ['i:dɪkt] n (Hist) édit m; (Jur, Pol) décret m.

edifice ['edɪfɪs] n édifice m.

edify ['edɪfaɪ] vt édifier. ◆ **edification** n édification f.

Edinburgh ['edɪnb(ə)rə] n Édimbourg.

edit ['edɪt] vt newspaper être le rédacteur (or la
rédactrice) en chef de; magazine, review diriger;
article, tape mettre au point; (cut) couper; series of
texts diriger la publication de; text, author éditer;
dictionary rédiger; (Rad, TV) programme réaliser;
(Comput) file éditer; film monter. ◆ **edition** n édition f. ◆ **editor** n [daily newspaper] rédacteur m,
-trice f en chef; [magazine, review] directeur m, -
trice f; [series] directeur, -trice de la publication;
[text] éditeur m, -trice f; [dictionary] rédacteur, -
trice; [Rad, TV programme] réalisateur m, -trice
f; (Press) **political ~or** rédacteur, -trice politique.
◆ **editorial** 1 adj de la rédaction; **~orial staff**
rédaction f ; 2 n éditorial m.

educate ['edjʊkeɪt] vt pupil instruire, donner de
l'instruction à; the public éduquer; mind, tastes former; (bring up) family, children élever. **to ~ sb to
believe that...** enseigner à qn que...; **he is being
~d in Paris** il fait ses études à Paris. ◆ **educable**
adj éducable. ◆ **educated** adj person instruit,
cultivé; handwriting distingué; voice cultivé; **well-
~d** qui a reçu une bonne éducation. ◆ **educative**
adj éducatif. ◆ **educator** n éducateur m, -trice
f.

education [ˌedjʊˈkeɪʃ(ə)n] n éducation f; (teaching)
enseignement m, instruction f; (studies) études fpl;
(training) formation f; (knowledge) culture f; (Univ
etc: subject) pédagogie f. **Ministry of E~** ministère
m de l'Éducation nationale ; **primary/secondary
~** enseignement primaire/ secondaire; **he had a**
good **~** il a reçu une bonne éducation; **physical/
political ~** éducation physique/ politique; **his ~
was interrupted** ses études ont été interrompues;
literary/professional **~** formation littéraire/profes-
sionnelle; **diploma in ~** diplôme m de pédagogie;
the ~ system le système d'éducation. ◆ **educational** adj methods pédagogique; establishment,
institution d'enseignement; system d'éducation;
supplies scolaire; film, games, visit éducatif; role,
function éducateur; experience, event instructif; **~al
psychology** psychopédagogie f ; **~al qualifications**
diplômes mpl; **~al standards** le niveau d'instruction. ◆ **education(al)ist** n pédagogue mf.
◆ **educationally** adv (as regards teaching methods)
du point de vue pédagogique; (as regards education,
schooling) sous l'angle scolaire; **it is ~ally wrong**
il est faux d'un point de vue pédagogique; **~ally
subnormal** arriéré; **~ally deprived children** enfants
sous-scolarisés.

Edwardian [edˈwɔːdɪən] adj (Brit) lady, architect,
society de l'époque du roi Édouard VII; clothes,
manners, design dans le style 1900. **the ~ era** ≃ la
Belle Époque.

eel [i:l] n anguille f.

eerie, eery ['ɪərɪ] adj sinistre, qui donne le frisson.

efface [ɪˈfeɪs] vt effacer.

effect [ɪˈfekt] 1 n (a) (result) effet m (on sur), conséquence f; [wind, chemical, drug] action f (on sur);
(Phys) effet. **to have an ~** produire un effet
sur; [wind etc] agir sur; **to have no ~** ne produire
aucun effet; **it will have the ~ of preventing** cela
aura pour effet or conséquence d'empêcher; **the
~ of all this is that...** il résulte de tout ceci que. .;
to no ~ en vain; **to such good ~ that** si bien que;
to put into ~ project mettre à exécution; regulation
mettre en vigueur; **to take ~** [drug] agir; [law]
entrer en vigueur; **in ~** en fait, en réalité. (b)
(impression) effet m. **stage ~s** effets scéniques;
sound ~s bruitage m; **to make an ~** faire de l'effet;
he said it for ~ il l'a dit pour faire de l'effet; **his
letter is to the ~ that...** sa lettre nous apprend
que...; **a letter to that ~** une lettre dans ce sens;
orders to the ~ that des ordres suivant lesquels; **or
words to that ~** ou qch d'analogue. (c) (property)
~s biens mpl. 2 vt reform, reduction, payment, sale
effectuer; cure obtenir; improvement apporter;
transformation opérer; saving réaliser; reconciliation,
reunion amener. **to ~ an entry** entrer de force.
◆ **effective** adj (a) (efficient) cure, measures, system
efficace; word, remark, argument qui porte; (impressive) frappant, qui fait de l'effet; **to become ~ive**
[regulation] entrer en vigueur; [ticket] être valide;
(b) (actual) aid, contribution effectif; **the ~ive head
of the family** le chef réel de la famille. ◆ **effectively** adv (efficiently) efficacement; (usefully) utilement; (strikingly) d'une manière frappante; (in
reality) effectivement. ◆ **effectiveness** n (efficiency) efficacité f; (striking quality) effet frappant.
◆ **effectual** adj efficace. ◆ **effectually** adv efficacement. ◆ **effectuate** vt effectuer.

effeminate [ɪˈfemɪnɪt] adj efféminé. ◆ **effeminacy**
n caractère m efféminé.

effervesce [ˌefəˈves] vi [liquids] être en effervescence; [drinks] mousser; [person] être tout excité.
◆ **effervescence** n effervescence f. ◆ **effervescent** adj liquid, tablet effervescent; drink gazeux;
person plein d'entrain.

efficacious [ˌefɪˈkeɪʃəs] adj efficace. ◆ **efficacy**
['efɪkəsɪ] n efficacité f.

efficient [ɪˈfɪʃ(ə)nt] adj person capable, compétent;
method, system, organization efficace; machine qui
fonctionne bien. ◆ **efficiency** n capacité f,
compétence f; efficacité f; bon fonctionnement
m. ◆ **efficiently** adv avec compétence; efficacement; [machine] **to work ~ly** bien fonctionner.

effluent ['eflʊənt] adj, n effluent (m).

effort ['efət] n effort m. **to make an ~ to do** faire un effort pour faire, s'efforcer de faire; **to make every ~ to do** faire tout son possible pour faire; **he made no ~ to be polite** il ne s'est pas donné la peine d'être poli; **it's not worth the ~** cela ne vaut pas la peine; **in an ~ to solve the problem** pour essayer de résoudre le problème; **it's an awful ~ to get up!** il en faut du courage pour se lever!; **what do you think of his latest ~?** * qu'est-ce que tu penses de ce qu'il vient de faire?; **a first ~** un coup d'essai, une tentative; **that's a good ~** * ça n'est pas mal réussi; **it's a pretty poor ~** * ça n'est pas une réussite. ◆ **effortless** adj success facile; movement aisé. ◆ **effortlessly** adv sans effort, facilement.

effrontery [ɪ'frʌntərɪ] n effronterie f.

effusive [ɪ'fju:sɪv] adj person expansif; welcome chaleureux; thanks, apologies sans fin. ◆ **effusion** n effusion f. ◆ **effusively** adv avec effusion.

eft [eft] n (Zool) triton m crêté.

egalitarian [ɪˌɡælɪ'tɛərɪən] 1 n égalitariste mf. 2 adj person égalitariste; principle égalitaire. ◆ **egalitarianism** n égalitarisme m.

egg [eɡ] 1 n œuf m. **~s and bacon** œufs au bacon; (fig) **to put all one's ~s in one basket** mettre tous ses œufs dans le même panier; (fig) **to have ~ on one's face** * avoir l'air plutôt ridicule. 2 adj: ~ **white/yolk** blanc m/jaune m d'œuf; ~ **custard** ≃ crème f renversée. 3 vt (~ **on**) inciter (to do à faire). ◆ **eggbeater** n (rotary) batteur m (à œufs); (whisk) fouet m (à œufs). ◆ **eggcup** n coquetier m. ◆ **eggflip** or ◆ **eggnog** n flip m. ◆ **egghead** ‡ n intellectuel(le) m(f), cérébral(e) m(f). ◆ **eggplant** n aubergine f. ◆ **egg-shaped** adj ovoïde. ◆ **eggshell** 1 n coquille f (d'œuf); 2 adj paint presque mat. ◆ **egg-timer** n (sand) sablier m; (automatic) minuteur m.

ego ['i:ɡəʊ] 1 n (Psych) **the ~** le moi, l'ego m. 2 adj: **to be on an ~ trip** planer *. ◆ **egocentric(al)** adj égocentrique. ◆ **egomania** n manie f égocentrique. ◆ **ego(t)ism** n égotisme m. ◆ **ego(t)ist** n égotiste mf. ◆ **ego(t)istic(al)** adj égotiste.

Egypt ['i:dʒɪpt] n Égypte f. ◆ **Egyptian** 1 adj égyptien ; 2 n Égyptien(ne) m(f).

eiderdown ['aɪdədaʊn] n édredon m.

eight [eɪt] 1 adj, n huit (m) inv. **he's had one over the ~** * il a une verre dans le nez *. 2 pron mfpl; for phrases V **six**. ◆ **eighteen** adj, n, pron dix-huit (m, mpl) inv. ◆ **eighteenth** 1 adj dix-huitième ; 2 n dix-huitième mf; (fraction) dix-huitième m. ◆ **eighth** 1 adj huitième ; 2 n huitième mf; (fraction) huitième m. ◆ **eightieth** 1 adj quatre-vingtième ; 2 n quatre-vingtième mf; (fraction) quatre-vingtième m. ◆ **eighty** adj, n, pron quatre-vingts (m, mfpl) inv; **~y books** quatre-vingts livres; **~y-one** quatre-vingt-un; **~y-first** quatre-vingt-unième; **page ~y** page quatre-vingt.

Eire ['ɛərə] n République f d'Irlande, Irlande f du Sud.

either ['aɪðər] 1 adj **(a)** (one or other) l'un ou l'autre, n'importe lequel (des deux). ~ **day would suit me** l'un ou l'autre jour me conviendrait ; **I don't like ~ girl** je n'aime ni l'une ni l'autre de ces filles. **(b)** (each) chaque. **in ~ hand** dans chaque main; **on ~ side of the street** des deux côtés or de chaque côté de la rue; **on ~ side lay fields** de part et d'autre s'étendaient des champs. 2 pron l'un(e) ou l'autre, n'importe lequel (or laquelle) (des deux). **which bus will you take?** — l'un ou l'autre or n'importe lequel (des deux); **I don't believe ~ of them** je ne les crois ni l'un ni l'autre; **give it to ~ of them** donnez-le soit à l'un soit à l'autre; **if ~ is attacked the other helps her** si l'une des deux est attaquée l'autre l'aide. 3 adv non plus. **he can't act ~** il ne sait pas jouer non plus; **no, I haven't ~** moi non plus. 4 conj: ~ ... **or** ou (bien)... ou (bien), soit... soit; (after neg) ni... ni; ~ **he or his sister** soit lui soit sa sœur, ou (bien) lui ou (bien) sa sœur; **I have never been ~ to Paris or to Rome** je ne suis jamais allé ni à Paris ni à Rome.

ejaculate [ɪ'dʒækjʊleɪt] vti (cry out) s'exclamer; (Physiol) éjaculer. ◆ **ejaculation** n exclamation f; éjaculation f.

eject [ɪ'dʒekt] 1 vt (Aviat, Tech etc) éjecter; tenant, trouble-maker expulser, vider *; trespasser chasser. 2 vi [pilot] utiliser le mécanisme d'éjection. ◆ **ejection** n éjection f; expulsion f. ◆ **ejector** n éjecteur m; **~or seat** siège m éjectable.

eke [i:k] vt: **to ~ out** (by adding) augmenter (by doing en faisant); (by saving) faire durer.

elaborate [ɪ'læb(ə)rɪt] 1 adj (complicated) complexe, compliqué; (careful) minutieux; joke, meal, style, clothes recherché; work of art travaillé. **with ~ care** très soigneusement, minutieusement. 2 [ɪ'læbəreɪt] vt élaborer. 3 vi donner des détails (on sur). ◆ **elaborately** adv do, prepare, plan minutieusement; dress, write avec recherche.

elapse [ɪ'læps] vi s'écouler, (se) passer.

elastic [ɪ'læstɪk] 1 adj élastique. ~ **band** élastique m; ~ **stockings** bas mpl à varices. 2 n élastique m. ◆ **elasticity** n élasticité f.

elate [ɪ'leɪt] vt transporter. ◆ **elated** adj transporté (de joie). ◆ **elation** n allégresse f.

elbow ['elbəʊ] 1 n coude m. **to lean one's ~s on** s'accouder à, être accoudé à; **at his ~** à ses côtés; **out at the ~s** garment percé aux coudes; person déguenillé. 2 adj: **to use a bit of ~ grease** * mettre de l'huile de coude *; **to have enough ~ room** avoir de la place pour se retourner; (fig) avoir les coudées franches. 3 vt: **to ~ sb aside** écarter qn du coude; **to ~ (one's way) through the crowd** se frayer un passage à travers la foule (en jouant des coudes).

elder¹ ['eldər] n (Bot) sureau m. ◆ **elderberry** n baie f de sureau; **~berry wine** vin m de sureau.

elder² ['eldər] 1 adj aîné (de deux). **my ~ sister** ma sœur aînée; ~ **statesman** homme m politique chevronné. 2 n aîné(e) m(f). [tribe] **~s** anciens mpl; **one's ~s and betters** ses aînés. ◆ **elderly** adj assez âgé. ◆ **eldest** adj aîné (de plusieurs); **their eldest child** l'aîné(e) de leurs enfants; **my eldest brother** l'aîné de mes frères.

elect [ɪ'lekt] 1 vt (by vote) élire (to à); (more informally) nommer (to à); (choose) choisir (to do de faire). **he was ~ed chairman** il a été élu président. 2 adj futur. **the president ~** le futur président. 3 npl: **the ~** les élus mpl. ◆ **election** 1 n élection f; **to hold an ~ion** procéder à une élection ; 2 adj campaign, speech, agent électoral; day, results du scrutin; publication of propagande électorale; (US) **~s judge** scrutateur m. ◆ **electioneer** vi mener une campagne électorale. ◆ **elective** 1 adj committee élu; body, post électif ; 2 n (US) matière f à option. ◆ **elector** n électeur m, -trice f. ◆ **electoral** adj électoral; **~oral district** circonscription f électorale; **~oral roll** liste f électorale. ◆ **electorate** n électorat m.

electric [ɪ'lektrɪk] adj électrique. ~ **blanket** couverture f chauffante; ~ **chair** chaise f électrique; ~ **eye** cellule f photo-électrique; ~ **fence** clôture électrifiée; ~ **fire** radiateur m électrique; ~ **light** lumière f électrique; ~ **shock** décharge f électrique; **to get an ~ shock** recevoir une décharge électrique; (Med) ~ **shock treatment** * électro-chocs mpl; ~ **storm** orage m magnétique; (fig) **the atmosphere was ~** il y avait de l'électricité dans l'air *. ◆ **electrical** adj électrique; **~al engineer** ingénieur m électricien; **~al engineering** électro-technique f; **~al failure** panne f d'électricité. ◆ **electrician** n électricien m. ◆ **electricity** n électricité f; **to switch off/on the ~ity** couper/rétablir le courant; **~ity board** office m régional de l'électricité. ◆ **electrification** n électrification f. ◆ **electrify** vt (Rail) électrifier; (charge with electricity) électriser; (fig) audience électriser. ◆ **electrifying** adj électrisant.

electro... [ɪˈlektrəʊ] pref électro... ◆ **electrocardiogram** n électrocardiogramme m. ◆ **electrocardiograph** n électrocardiographe m. ◆ **electrochemical** adj électrochimique. ◆ **electrochemistry** n électrochimie f. ◆ **electroconvulsive** adj: **to give sb ~convulsive therapy** traiter qn par électrochocs. ◆ **electrocute** vt électrocuter. ◆ **electrocution** n électrocution f. ◆ **electrodynamics** nsg électrodynamique f. ◆ **electroencephalogram** n électro-encéphalogramme m. ◆ **electroencephalograph** n électro-encéphalographie f. ◆ **electrolysis** [ɪˌlekˈtrɒlɪsɪs] n électrolyse f. ◆ **electromagnetic** adj électromagnétique. ◆ **electroplated** adj: **~plated nickel silver** ruolz m. ◆ **electroshock treatment** n (Med) électrochocs mpl.

electrode [ɪˈlektrəʊd] n électrode f.

electron [ɪˈlektrɒn] **1** n électron m. **2** adj microscope etc électronique. ◆ **~ gun** canon m à électrons. ◆ **electronic** adj (gen) électronique; **~ic engineering** génie m électronique; **~ic mail** messagerie f électronique; **~ic surveillance** utilisation f d'appareils d'écoute. ◆ **electronics** nsg électronique f.

elegant [ˈelɪɡənt] adj élégant. ◆ **elegance** n élégance f. ◆ **elegantly** adv élégamment, avec élégance.

elegy [ˈelɪdʒɪ] n élégie f.

element [ˈelɪmənt] n (gen) élément m; [heater, kettle] résistance f. **an ~ of danger/truth** une part de danger/de vérité; **the ~ of chance** le facteur chance; **to be in one's ~** être dans son élément; (Rel) **the E~s** les Espèces fpl. ◆ **elemental** adj élémentaire; (basic) essentiel. ◆ **elementary** adj (gen) élémentaire; school, education primaire; **~ary science** les rudiments mpl de la science.

elephant [ˈelɪfənt] n éléphant m. ◆ **elephantine** adj éléphantesque.

elevate [ˈelɪveɪt] vt object élever (also fig, Rel). ◆ **elevated** adj position élevé; railway aérien; rank éminent; style soutenu; thoughts noble; (US) **~d railroad** métro m aérien. ◆ **elevating** adj (fig) exaltant. ◆ **elevation** n (gen) élévation f; (altitude) altitude f; (Archit) front elevation façade f; **sectional elevation** coupe f verticale. ◆ **elevator** n élévateur m; (US: lift) ascenseur m; (hoist) montecharge m inv; (US) **elevator (shoe)** soulier m à talonnette.

eleven [ɪˈlevn] adj, n onze (m) inv. (Scol) **the ~ plus** ≃ l'examen m d'entrée en sixième; (Sport) **the first ~** le onze, la première équipe; for phrases V **six**. ◆ **elevenses** * npl pause-café f. ◆ **eleventh 1** adj onzième; (fig) **at the ~th hour** à la onzième heure ; **2** n onzième mf; (fraction) onzième m.

elf, pl **elves** [elf, elvz] n lutin m.

elicit [ɪˈlɪsɪt] vt truth, secret arracher (from sb à qn), découvrir; facts of a case tirer au clair; (from sb) obtenir (from de); admission, reply, explanation obtenir (from de).

eligible [ˈelɪdʒəbl] adj (for membership, office) éligible (for à); (for job) admissible (for à). **to be ~ for pension** avoir droit à; promotion remplir les conditions requises pour obtenir; **an ~ young man** un beau parti. ◆ **eligibility** n éligibilité f; admissibilité f.

eliminate [ɪˈlɪmɪneɪt] vt (gen) éliminer (from de); possibility exclure; bad language, detail supprimer; (kill) supprimer. ◆ **elimination** n élimination f;

by the process of elimination en procédant par élimination.

elision [ɪˈlɪʒ(ə)n] n élision f.

élite [eɪˈliːt] **1** n élite f. **2** adj troops d'élite; school réservé à l'élite. ◆ **elitism** n élitisme m. ◆ **elitist** adj, n élitiste (mf).

elixir [ɪˈlɪksər] n élixir m.

Elizabethan [ɪˌlɪzəˈbiːθ(ə)n] adj élisabéthain.

elliptic(al) [ɪˈlɪptɪk(əl)] adj elliptique.

elm [elm] n orme m.

elocution [ˌeləˈkjuːʃ(ə)n] n élocution f.

elongate [ˈiːlɒŋɡeɪt] vt allonger. ◆ **elongation** n allongement m; (Med) élongation f.

elope [ɪˈləʊp] vi [couple] s'enfuir. **to ~ with sb** [woman] se laisser enlever par qn; [man] enlever qn. ◆ **elopement** n fugue f (amoureuse).

eloquent [ˈeləkw(ə)nt] adj (gen) éloquent; words entraînant; silence qui en dit long. ◆ **eloquence** n éloquence f. ◆ **eloquently** adv avec éloquence.

else [els] adv autre, d'autre, de plus. **anybody ~ would have done it** tout autre or n'importe qui d'autre l'aurait fait; **is there anybody ~ there?** y a-t-il qn d'autre?; **I'd prefer anything ~** je préférerais n'importe quoi d'autre; **have you anything ~ to say?** avez-vous encore qch à dire?; **anything ~ sir?** [shop assistant] et avec ça *, monsieur?; **nothing ~, thank you** plus rien, merci; **anywhere ~ nobody would have noticed, but...** n'importe où ailleurs personne ne s'en serait aperçu, mais...; **can you do it anywhere ~?** pouvez-vous le faire ailleurs?; **how ~ can I do it?** comment est-ce que je peux le faire autrement?; **nobody ~, no one ~** personne d'autre; **nothing ~** rien d'autre; **nowhere ~** nulle part ailleurs; **sb ~** qn d'autre; **sth ~** autre chose, qch d'autre; **somewhere ~** ailleurs, autre part; **who ~?** qui encore?; **what ~ could I do?** que pouvais-je faire d'autre?; **and much ~** et bien d'autres choses (encore); **there is little ~ to be done** il n'y a pas grand-chose d'autre à faire; **or ~** ou bien, sinon, autrement; **do it or ~ go away** faites-le, ou bien allez-vous-en; **do it or ~!** * faites le sinon...! ◆ **elsewhere** adv ailleurs.

elucidate [ɪˈluːsɪdeɪt] vt élucider. ◆ **elucidation** n élucidation f.

elude [ɪˈluːd] vt enemy, pursuit, arrest échapper à; the law, question éluder; sb's gaze, police, responsibility se dérober à; blow esquiver, éviter. **the name ~s me** le nom m'échappe; **success ~d him** le succès restait hors de sa portée. ◆ **elusive** adj enemy, prey, thoughts insaisissable; word, happiness, success qui échappe; glance, personality fuyant; answer évasif; (gen) **she's very elusive** il est impossible de la coincer.

emaciated [ɪˈmeɪsɪeɪtɪd] adj person, face émacié; limb décharné. **to become ~** s'émacier, se décharner. ◆ **emaciation** n émaciation f.

emanate [ˈeməneɪt] vi émaner (from de). ◆ **emanation** n émanation f.

emancipate [ɪˈmænsɪpeɪt] vt women émanciper; slaves affranchir; (fig) émanciper, affranchir (from de). ◆ **emancipated** adj émancipé, libéré. ◆ **emancipation** n émancipation f; affranchissement m.

embalm [ɪmˈbɑːm] vt embaumer.

embankment [ɪmˈbæŋkmənt] n [path, railway] talus m, remblai m; [canal, dam] digue f. (fig) **to sleep on the E~** ≃ coucher sous les ponts.

embargo [ɪmˈbɑːɡəʊ] n (Comm, Naut: prohibition) embargo m; (fig) interdiction f. **to put an ~ on** mettre l'embargo sur; (fig) interdire.

embark [ɪmˈbɑːk] **1** vt embarquer. **2** vi (Aviat, Naut) s'embarquer (on à bord de, sur). **to ~ on** journey commencer; business, undertaking, explanation se lancer dans; *discussion* entamer. ◆ **embarkation** **1** *n [passengers]* embarquement *m*; *[cargo]* chargement *m* ; **2** *adj*: ~**ation card** carte *f* d'embarquement.

embarrass [ɪm'bærəs] *vt* embarrasser, gêner. **I feel** ~**ed about it** j'en suis gêné, cela m'embarrasse; **to be financially** ~**ed** avoir des embarras *mpl* d'argent. ◆ **embarrassing** *adj* embarrassant, gênant; **to get out of an** ~**ing situation** se tirer d'embarras. ◆ **embarrassment** *n* embarras *m*, gêne *f* (*at* devant); **to be an** ~**ment to sb** embarrasser qn.

embassy ['embəsɪ] *n* ambassade *f*. **the French E**~ l'ambassade de France.

embed [ɪm'bed] *vt* (*in wood*) enfoncer; (*in cement, stone*) sceller; *jewel* enchâsser; (*Ling*) enchâsser.

embellish [ɪm'belɪʃ] *vt* (*gen*) embellir (*with* de); *manuscript, tale* enjoliver (*with* de); *truth* broder sur. ◆ **embellishment** *n* enjolivement *m*.

embers ['embəz] *npl* braise *f*. **the dying** ~ les tisons *mpl*.

embezzle [ɪm'bezl] *vt* détourner (*des fonds*). ◆ **embezzlement** *n* détournement *m* de fonds. ◆ **embezzler** *n* escroc *m*.

embitter [ɪm'bɪtər] *vt person* aigrir; *relations, disputes* envenimer. ◆ **embittered** *adj* aigri.

emblem ['embləm] *n* emblème *m*.

embody [ɪm'bɒdɪ] *vt spirit, quality* incarner; *one's thoughts, theories* exprimer (*in* dans, en); *[machine] features* réunir. ◆ **embodiment** *n* incarnation *f*; **he is the embodiment of kindness** c'est la bonté incarnée.

embolism ['embəlɪz(ə)m] *n* embolie *f*.

emboss [ɪm'bɒs] *vt metal* travailler en relief ; *leather, cloth* gaufrer. ◆ **embossed** *adj wallpaper* gaufré; *writing paper* à en-tête en relief.

embrace [ɪm'breɪs] **1** *vt person* embrasser, étreindre; *religion, cause, theme, period* embrasser. **2** *vi* s'étreindre, s'embrasser. **3** *n* étreinte *f*.

embrocation [ˌembrə(ʊ)'keɪʃ(ə)n] *n* embrocation *f*.

embroider [ɪm'brɔɪdər] *vt* broder; *facts, truth* broder sur. ◆ **embroidery 1** *n* broderie *f*; **2** *adj silk* à broder.

embroiled [ɪm'brɔɪld] *adj*: ~ **in** entraîné dans; **to get (o.s.)** ~ **in** se laisser entraîner dans.

embryo ['embrɪəʊ] *n* embryon *m*. **in** ~ en germe. ◆ **embryonic** *adj* embryonnaire; (*fig*) en germe.

emend [ɪ'mend] *vt* corriger (*un texte*). ◆ **emendation** *n* correction *f*.

emerald ['emər(ə)ld] **1** *n* (*stone*) émeraude *f*; (*colour*) émeraude *m*. **2** *adj necklace* d'émeraudes; (~ **green**) émeraude *inv*.

emerge [ɪ'mɜːdʒ] *vi* (*gen*) apparaître, surgir (*from* de, *from behind* de derrière); (*from water*) émerger, surgir (*from* de); *[truth, facts]* émerger (*from* de), apparaître; *[difficulties]* surgir, s'élever; *[new nation, theory, school of thought]* naître. **it** ~**s that** il ressort que, il apparaît que. ◆ **emergence** *n* apparition *f*; naissance *f*. ◆ **emergent** *adj*: ~**nt nations** pays en voie de développement.

emergency [ɪ'mɜːdʒ(ə)nsɪ] **1** *n* cas *m* urgent. **in an** ~ en cas d'urgence *or* d'imprévu; **prepared for any** ~ prêt à toute éventualité; **in this** ~ dans cette situation critique; **to declare a state of** ~` déclarer l'état d'urgence. **2** *adj measures, operation, repair* d'urgence; *brake, airstrip* de secours; *powers* extraordinaire; *rations* de réserve; (*improvised*) *mast* de fortune. (*Aut*) ~ **blinkers** feux *mpl* de détresse ; (*Med*) **an** ~ **case** une urgence; ~ **exit** sortie *f* de secours; (*Mil*) ~ **force** force *f* d'intervention; (*Aviat*) ~ **landing** atterrissage forcé; (*Med*) ~ **service** service *m* des urgences; ~ **services** ≃ police-secours *f*; ~ **ward**, (*US*) ~ **room** salle *f* des urgences.

emery ['emərɪ] **1** *n* émeri *m*. **2** *adj*: ~ **cloth/paper** toile *f*/papier *m* d'émeri.

emetic [ɪ'metɪk] *adj*, *n* émétique (*m*).

emigrate ['emɪgreɪt] *vi* émigrer. ◆ **emigrant** *n* émigrant(e) *m(f)*; (*established*) émigré(e) *m(f)*. ◆ **emigration** *n* émigration *f*.

eminent ['emɪnənt] *adj* (*gen*) éminent; *person* éminent, très distingué. ◆ **eminence** *n* distinction *f*; **to win eminence** acquérir un grand renom; **Your Eminence** Votre Éminence *f*. ◆ **eminently** *adv* suited éminemment; *respectable* parfaitement; *fair* admirablement.

emir [e'mɪər] *n* émir *m*. ◆ **emirate** *n* émirat *m*.

emit [ɪ'mɪt] *vt* (*gen*) dégager, émettre; *sparks* jeter; *light, electromagnetic waves, banknotes, sound* émettre; *cry* laisser échapper. ◆ **emission** *n* dégagement *m*, émission *f*.

emolument [ɪ'mɒljʊmənt] *n* émoluments *mpl*.

emotion [ɪ'məʊʃ(ə)n] *n* (**a**) émotion *f*. **full of** ~ ému. (**b**) (*jealousy, love etc*) sentiment *m*. ◆ **emotional** *adj shock, disturbance* émotif; *reaction, state* émotionnel; *moment* d'émotion profonde; *story, writing* qui fait appel aux sentiments; *person* facilement ému; **he was being very** ~**al about it** il prenait cela très à cœur. ◆ **emotionalism** *n* sensiblerie *f* (*pej*). ◆ **emotionally** *adv speak* avec émotion; ~**ally deprived** privé d'affection; **he is** ~**ally involved** ses sentiments sont en cause. ◆ **emotive** *adj word* chargé de connotations.

empathy ['empəθɪ] *n* empathie *f*.

emperor ['emp(ə)rər] *n* empereur *m*.

emphasis ['emfəsɪs] *n* (*in word, phrase*) accentuation *f*, accent *m* d'intensité; (*fig*) accent. **to speak with** ~ parler sur un ton d'insistance; (*fig*) **the** ~ **is on sport** on accorde une importance particulière au sport. ◆ **emphasize** *vt word, fact, point* appuyer sur, insister sur; *[garment etc] sb's height etc* accentuer; **I must emphasize that...** je dois souligner le fait que... ◆ **emphatic** *adj tone, manner, person* énergique; *denial, speech, condemnation* catégorique, énergique. ◆ **emphatically** *adv speak* énergiquement; *deny, refuse* catégoriquement; **yes, emphatically!** oui, absolument!; **I must say this emphatically** sur ce point je suis formel.

empire ['empaɪər] **1** *n* empire *m*. **2** *adj*: **E**~ *costume, furniture* Empire *inv*. ◆ **empire-builder** *n* bâtisseur *m* d'empires. ◆ **empire-build** *vi*: **he is** ~**-building** il joue les bâtisseurs d'empire.

empiric(al) [em'pɪrɪk(əl)] *adj* empirique. ◆ **empiricism** *n* empirisme *m*. ◆ **empiricist** *adj*, *n* empiriste (*mf*).

employ [ɪm'plɔɪ] **1** *vt* employer (*as* comme; *to do* pour faire; *in doing* à faire). ~**ed in doing** être occupé à faire. **2** *n*: **in the** ~ **of** employé par; *domestic staff* au service de. ◆ **employee** *n* employé(e) *m(f)*. ◆ **employer** *n* (*gen*) patron(ne) *m(f)*; (*Admin*) employeur *m*, -euse *f*; (*Ind: collectively*) ~**ers** le patronat; ~**ers' federation/contribution** fédération/cotisation patronale. ◆ **employment 1** *n* emploi *m*; (*a job*) emploi, travail *m*; **full** ~**ment** le plein emploi; **to take up** ~**ment** prendre un emploi; **without** ~**ment** sans emploi, au chômage; **to find** ~**ment** trouver un emploi *or* du travail; **in sb's** ~**ment** employé par qn; *domestic staff* au service de qn; **conditions/place of** ~**ment** conditions *fpl*/lieu *m* de travail; **Ministry of E**~**ment** ministère *m* de l'Emploi ; **2** *adj*: ~**ment agency** agence *f* de placement; ~**ment exchange** bourse *f* du travail; (*US*) **E**~**ment service** agence nationale pour l'emploi.

empower [ɪm'paʊər] *vt* autoriser (*sb to do* qn à faire).

empress ['emprɪs] *n* impératrice *f*.

empty ['em(p)tɪ] **1** *adj* (*gen*) vide; *house, room* inoccupé, vide; *post, job* vacant; *words* creux; *promise* en l'air; *threat* vain. **on an ~ stomach** à jeun; **an ~ gesture** un geste qui ne veut rien dire. **2** *npl*: **empties** bouteilles *fpl* (*or* boîtes *fpl etc*) vides. **3** *vt* (*gen*) vider; (**~ out**) *pocket* vider; *bricks, books* sortir (*of, from* de; *into* dans); *liquid* vider (*from* de), verser (*from* de; *into* dans). **4** *vi* [*water*] se déverser; [*river*] se jeter (*into* dans); [*building, container*] se vider. ◆ **emptiness** *n* vide *m*; [*pleasures etc*] vanité *f*; **the emptiness of life** le vide de l'existence. ◆ **empty-handed** *adj*: **to be ~-handed** avoir les mains vides; **to arrive ~-handed** arriver les mains vides. ◆ **empty-headed** *adj* sot.

emu ['iːmjuː] *n* émeu *m*.

emulate ['emjʊleɪt] *vt* (essayer d')égaler.

emulsify [ɪ'mʌlsɪfaɪ] *vt* émulsionner. ◆ **emulsion 1** *n* émulsion *f* ; **2** *adj* paint mat.

enable [ɪ'neɪbl] *vt*: **to ~ sb to do** permettre à qn de faire, donner à qn (*opportunity*) la possibilité *or* (*means*) le moyen de faire.

enact [ɪ'nækt] *vt* (**a**) (*Jur*) (*make into law*) promulguer; (*decree*) décréter. (**b**) (*perform*) *play* représenter. (*fig*) **the drama which was ~ed** le drame qui s'est déroulé.

enamel [ɪ'næm(ə)l] **1** *n* (*gen*) émail *m*. **nail ~** vernis *m* à ongles. **2** *vt* émailler. **3** *adj* en émail. **~ paint** ripolin *m* ®. ◆ **enamelled** *adj* en émail. ◆ **enamelware** *n* articles *mpl* en métal émaillé.

enamoured, (*US*) **enamored** [ɪ'næməd] *adj*: **to be ~ of** aimer beaucoup.

encampment [ɪn'kæmpmənt] *n* campement *m*.

encapsulate [ɪn'kæpsjʊleɪt] *vt* (*fig*) renfermer, résumer.

encase [ɪn'keɪs] *vt* (*contain*) enfermer (*in* dans); (*cover*) recouvrir (*in* de).

encephalitis [ˌensefə'laɪtɪs] *n* encéphalite *f*.

enchant [ɪn'tʃɑːnt] *vt* enchanter, charmer. ◆ **enchanter** *n* enchanteur *m*. ◆ **enchanting** *adj* enchanteur, charmant. ◆ **enchantingly** *adv smile, dance* d'une façon ravissante; **~ingly beautiful** belle à ravir. ◆ **enchantment** *n* enchantement *m*. ◆ **enchantress** *n* enchanteresse *f*.

encircle [ɪn'sɜːkl] *vt* (*gen*) entourer; [*people*] encercler, entourer. ◆ **encircling** *adj*: **encircling movement** manœuvre *f* d'encerclement.

enclose [ɪn'kləʊz] *vt* (**a**) (*fence in*) clôturer; (*surround*) entourer (*with* de). (**b**) (*with letter etc*) joindre (*in, with* à). **letter enclosing a receipt** lettre contenant un reçu; **please find ~d** veuillez trouver ci-joint. ◆ **enclosed** *adj space* clos; (*Rel*) *order* cloîtré; (*in letter*) *cheque etc* ci-joint. ◆ **enclosure** *n* (*act*) clôture *f*; (*piece of land*) enceinte *f*; (*at racecourse*) pesage *m*; (*document enclosed*) pièce *f* jointe.

encompass [ɪn'kʌmpəs] *vt* (*include*) inclure.

encore [ɒŋ'kɔːʳ] **1** *excl* bis! **2** ['ɒŋkɔːʳ] *n* bis *m*. **to give an ~** jouer (*or* chanter *etc*) un bis.

encounter [ɪn'kaʊntəʳ] **1** *vt person* rencontrer (à l'improviste); *enemy, difficulties* affronter, rencontrer; *danger* rencontrer; *opposition* se heurter à; *enemy fire* essuyer. **2** *n* rencontre *f*. **~ group** atelier relationnel.

encourage [ɪn'kʌrɪdʒ] *vt* encourager (*sb to do* qn à faire). ◆ **encouragement** *n* encouragement *m*. ◆ **encouraging** *adj* encourageant. ◆ **encouragingly** *adv* d'une manière encourageante.

encroach [ɪn'krəʊtʃ] *vi* (*on sb's land, time, rights*) empiéter (*on* sur). **the sea is ~ing on the land** la mer gagne du terrain.

encrusted [ɪn'krʌstəd] *adj*: **~ with** *earth etc* encroûté de; *jewels* incrusté de.

encumber [ɪn'kʌmbəʳ] *vt* encombrer (*with* de). ◆ **encumbrance** *n* (*burden*) fardeau *m*; (*preventing progress*) handicap *m*; (*furniture, clothes*) gêne *f*.

encyclical [ɪn'sɪklɪk(ə)l] *adj, n* encyclique (*f*).

encyclop(a)edia [ɪnˌsaɪklə(ʊ)'piːdɪə] *n* encyclopédie *f*. ◆ **encyclop(a)edic** *adj* encyclopédique.

end [end] **1** *n* (**a**) (*farthest part: gen*) bout *m*. **the southern ~ of the town** l'extrémité *f* sud de la ville; **the fourth from the ~** le quatrième avant la fin; **from ~ to ~** d'un bout à l'autre; **on ~** debout (*V also* **1b**); **to stand a box** *etc* **on ~** mettre une caisse *etc* debout; **his hair stood on ~** ses cheveux se dressèrent sur sa tête; **~ to ~** bout à bout; (*Sport*) **to change ~s** changer de côté; (*fig*) **to make (both) ~s meet** joindre les deux bouts; **to keep one's ~ up** * se défendre assez bien.
(**b**) (*conclusion*) fin *f*. **the ~ of the world** la fin du monde; **it's not the ~ of the world!** * ce n'est pas une catastrophe!; **it succeeded in the ~** cela a réussi à la fin *or* finalement; **he got used to it in the ~** il a fini par s'y habituer; **at the ~ of the day** à la fin de la journée; (*fig*) en fin de compte; **at the ~ of three weeks** au bout de trois semaines; **that was the ~ of my watch** ma montre était fichue *; **that was the ~ of that!** on n'en a plus reparlé; **there is no ~ to it all** cela n'en finit plus; **to be at an ~** [*action*] être terminé; [*time, period*] être écoulé; [*supplies*] être à bout; [*patience*] être à bout; **at the ~ of one's patience/strength** à bout de patience/forces; **to bring to an ~** *speech, writing* achever; *work* terminer; *relations* mettre fin à; **to come to an ~** prendre fin, se terminer; **to get to the ~ of** *supplies, food* finir; *work, essay* venir à bout de; *holiday* arriver à la fin de; **to come to a bad ~** mal finir; **we shall never hear the ~ of it** on n'a pas fini d'en entendre parler; **no ~** * une masse * de, énormément de; **no ~** * (*adv*) énormément; **that's the (bitter) ~!** * il ne manquait plus que ça!, c'est la fin de tout!; **he's the ~!** * il est insupportable!; **for two hours on ~** deux heures de suite; **for days on ~** pendant des jours et des jours.
(**c**) (*remnant*) [*rope, candle*] bout *m*; [*loaf, meat*] reste *m*, restant *m*. **cigarette ~** mégot *m*.
(**d**) (*purpose*) but *m*, fin *f*. **with this ~ in view** dans ce but, à cette fin; **an ~ in itself** une fin en soi; **to no ~** en vain; **the ~ justifies the means** la fin justifie les moyens.
(**e**) (*US Ftbl*) ailier *m*.
2 *adj house* dernier (*before n*); *result* final, définitif. **~ product** (*Comm, Ind*) produit fini; (*fig*) résultat *m*; (*US fig*) **~ run** moyen détourné.
3 *vt work* achever; *period of service* finir; *speech, writing* conclure (*with* avec, par); *broadcast, series* terminer (*with* par); *speculation, rumour, quarrel, war* mettre fin à. **that was the lie to ~ all lies!** * comme mensonge on ne fait pas mieux! *
4 *vi* finir, se terminer (*in* par), s'achever. **the winter is ~ing** l'hiver tire à sa fin; **word ~ing in an s/in -re** mot se terminant par un s/en -re; **it ~ed in failure** ça s'est soldé par un échec.
◆ **end up** *vi* (**a**) finir, se terminer (*in* en, par); [*road*] aboutir (*in* à). (**b**) (*finally arrive at*) se retrouver (*in* à, en); (*finally become*) finir par devenir.
◆ **ending** *n* (*gen*) fin *f*; (*outcome*) issue *f*; [*speech etc*] conclusion *f*; (*Ling*) terminaison *f*; **story with a happy ~ing** histoire qui finit bien. ◆ **endless** *adj road, wait* interminable, sans fin; (*Tech*) *belt* sans fin; *times, attempts* innombrable; *discussion, argument* continuel, incessant; *patience* infini; *resources, supplies* inépuisable; *possibilities* illimité; **this job is ~less** on n'en voit pas la fin. ◆ **endlessly** *adv stretch out* interminablement, à perte de vue; *chatter, argue* continuellement; *repeat* sans cesse; **~lessly willing** d'une bonne volonté à toute épreuve. ◆ **endpapers** *npl* (*Typ*) gardes *fpl*. ◆ **endways** *or* ◆ **endwise** *adv* (*endways on*) en long; (*~ to ~*) bout à bout.

endanger [ɪn'deɪn(d)ʒəʳ] *vt life, interests* mettre en danger; *future, chances, health* compromettre; **~ed species** espèce *f* en voie de disparition.

endear [ɪnˈdɪəʳ] vt faire aimer (to de). **what ~s him to me is...** ce qui me plaît en lui c'est... ◆ **endearing** adj smile engageant; personality attachant ; characteristic (qui rend) sympathique. ◆ **endearingly** adv de façon engageante or sympathique. ◆ **endearments** npl (words) paroles fpl affectueuses; (acts) marques fpl d'affection.

endeavour [ɪnˈdevəʳ] **1** n effort m, tentative f (to do pour faire). **to make an ~ to do** essayer or s'efforcer de faire; **to make every ~ to go** faire tout son possible pour y aller. **2** vi essayer, s'efforcer (to do de faire); (stronger) s'appliquer (to do à faire).

endemic [enˈdemɪk] adj endémique.

endive [ˈendaɪv] n (curly) chicorée f; (smooth, flat) endive f.

endorse [ɪnˈdɔːs] vt (sign) document, cheque endosser; (guarantee) bill avaliser; (approve) claim appuyer; opinion souscrire à; action, decision approuver. (Aut) **he has had his licence ~d** ≃ il a eu une contravention portée sur son permis de conduire. ◆ **endorsement** n (on cheque) endos m; (approval) approbation f; (on driving licence) ≃ contravention (portée sur un permis de conduire).

endow [ɪnˈdaʊ] vt institution, church doter (with de); hospital bed, prize, chair fonder. **~ed with brains** etc doté d'intelligence etc. ◆ **endowment 1** n dotation f; fondation f ; **2** adj: **~ment assurance** assurance f à capital différé.

endure [ɪnˈdjʊəʳ] **1** vt (gen) supporter (doing de faire); pain supporter, endurer. **she can't ~ teasing** elle ne peut pas supporter or souffrir qu'on la taquine (subj). **2** vi [building, peace, friendship] durer; [book, memory] rester. ◆ **endurable** adj supportable. ◆ **endurance 1** n endurance f, résistance f; **he has come to the end of his endurance** il n'en peut plus; **beyond endurance** intolérable; **tried beyond endurance** excédé ; **2** adj: **endurance test** (gen) épreuve f de résistance; (Aut) épreuve d'endurance. ◆ **enduring** adj durable.

enema [ˈenɪmə] n (Med) lavement m.

enemy [ˈenəmɪ] **1** n (gen) ennemi(e) m(f), adversaire mf; (Mil) ennemi m. **to make an ~ of sb** (se) faire un ennemi de qn; **he is his own worst ~** il est son pire ennemi. **2** adj tanks, forces, tribes ennemi; morale, strategy de l'ennemi. **~ action** une attaque ennemie; **killed by ~ action** tombé à l'ennemi; **~ alien** ressortissant(e) m(f) d'un pays ennemi. ◆ **enemy-occupied** adj occupé par l'ennemi.

energy [ˈenədʒɪ] **1** n énergie f. **Ministry of E~** ministère m de l'Énergie; **to save ~** faire des économies d'énergie; **with all one's ~** de toutes ses forces; **to put all one's ~ into (doing) sth** se consacrer tout entier à faire qch; **I haven't the ~ to go back** je n'ai pas l'énergie or le courage de retourner; **don't waste your ~** ne te donne pas du mal pour rien. **2** adj crisis énergétique, de l'énergie. **~ conservation** les économies fpl d'énergie. ◆ **energetic** adj (gen) énergique; **I've had a very energetic day** je me suis beaucoup dépensé aujourd'hui; **do you feel energetic enough to come for a walk?** est-ce que tu as assez d'énergie pour faire une promenade? ◆ **energetically** adv move, behave énergiquement, avec énergie; speak avec force. ◆ **energize** vt donner de l'énergie à; (Elec) alimenter (en courant). ◆ **energy-giving** adj énergétique.

enervate [ˈenɜːveɪt] vt affaiblir. ◆ **enervating** adj débilitant.

enforce [ɪnˈfɔːs] vt decision, policy appliquer; law faire respecter; discipline imposer. **to ~ obedience** se faire obéir. ◆ **enforced** adj forcé, obligé.

enfranchise [ɪnˈfræn(t)ʃaɪz] vt (give vote to) accorder le droit de vote à, admettre au suffrage; (set free) affranchir. ◆ **enfranchisement** n admission f au suffrage; affranchissement m.

engage [ɪnˈɡeɪdʒ] **1** vt servant engager; workers embaucher; lawyer prendre; sb's attention, interest retenir; (Mil) the enemy attaquer; (Tech) engager. **to ~ sb in conversation** lier conversation avec qn; (Aut) **to ~ a gear** engager une vitesse; **to ~ gear** mettre en prise; **to ~ the clutch** embrayer. **2** vi [person] s'engager (to do à faire); [wheels] s'engrener. **the clutch didn't ~** l'embrayage n'a pas fonctionné; **to ~ in** politics se lancer dans; controversy s'embarquer dans; **to ~ in a discussion/conversation** entrer en discussion/conversation (with avec).

◆ **engaged** adj **(a)** (gen) person, seat, phone number etc occupé; **to be ~d in doing** être occupé à faire; **to be ~d on sth** s'occuper de qch; (Telec) **the ~d signal** la tonalité occupé inv; **(b)** (betrothed) fiancé (to à, avec); **to get ~d** se fiancer (to à, avec). ◆ **engagement 1** n **(a)** (appointment) rendez-vous m inv; [actor etc] engagement m; **previous ~ment** engagement m antérieur; **I have an ~ment** je ne suis pas libre; **(b)** [actor etc] engagement m; **(c)** (betrothal) fiançailles fpl; **to break off one's ~ment** rompre ses fiançailles; **(d)** (undertaking) engagement m; **to give an ~ment to do sth** s'engager à faire qch; (Mil) combat m, engagement m ; **2** adj: **~ment book** agenda m; **~ment ring** bague f de fiançailles. ◆ **engaging** adj smile engageant; personality attirant.

engender [ɪnˈdʒendəʳ] vt engendrer (fig).

engine [ˈen(d)ʒɪn] **1** n (Tech) machine f, moteur m; [ship] machine; (Rail) locomotive f; (Aut, Aviat) moteur. (Rail) **facing/with your back to the ~** dans le sens de/le sens contraire à la marche. **2** adj (Aut) **~ block** bloc-moteur m; (Rail) **~ driver** mécanicien m; (Naut) **~ room** salle f des machines; (Aut) **~ unit** bloc-moteur m. ◆ **-engined** adj ending: **twin-~d** à deux moteurs. ◆ **engineer 1** n (gen) ingénieur m; (Rail, Naut) mécanicien m; (tradesman) technicien m; (for domestic appliances etc) dépanneur m; (Mil) **the E~ers** le génie; **the TV ~er came** le dépanneur est venu pour la télé * ; **2** vt scheme manigancer. ◆ **engineering 1** n engineering m, ingénierie f; **to study ~ering** faire des études d'ingénieur ; **2** adj: **~ering factory** or **works** atelier m de construction mécanique; **~ering industries** industries fpl d'équipement.

England [ˈɪŋɡlənd] n Angleterre f. ◆ **English 1** adj anglais; king d'Angleterre; **the English Channel** la Manche; **English breakfast** petit déjeuner anglais ; **2** n (Ling) anglais m; (people) **the English** les Anglais mpl; **the King's** or **Queen's English** l'anglais correct; **in plain** or **simple English** ≃ en bon français. ◆ **Englishman** n Anglais m. ◆ **English-speaker** n anglophone mf. ◆ **English-speaking** adj qui parle anglais; nation etc anglophone. ◆ **Englishwoman** n Anglaise f.

engrave [ɪnˈɡreɪv] vt graver. ◆ **engraver** n graveur m. ◆ **engraving** n gravure f.

engrossed [ɪnˈɡrəʊst] adj: **~ in** work absorbé par; reading, thoughts plongé dans. ◆ **engrossing** adj absorbant.

engulf [ɪnˈɡʌlf] vt engouffrer.

enhance [ɪnˈhɑːns] vt attraction, beauty mettre en valeur; position, chances améliorer; prestige, reputation, powers accroître.

enigma [ɪˈnɪɡmə] n énigme f. ◆ **enigmatic** adj énigmatique. ◆ **enigmatically** adv d'une manière énigmatique.

enjoin [ɪnˈdʒɔɪn] vt prescrire (sb to do, à qn de faire); silence, obedience imposer (on à); discretion recommander (on à).

enjoy [ɪnˈdʒɔɪ] vt **(a)** (gen) aimer (doing faire), trouver agréable (doing de faire); meal, wine apprécier, trouver bon. **I ~ed doing it** cela m'a fait plaisir de le faire; **to ~ life** profiter de la vie; **to ~ a weekend** passer un bon week-end; **did you ~ the concert?** est-ce que le concert vous a plu?; **to ~ one's dinner** bien manger *or* dîner; **to ~ o.s.** (bien) s'amuser; **did you ~ yourself in Paris?** est-ce que tu t'es bien amusé à Paris?; **she always ~s herself in the country** elle se plaît toujours à la campagne. **(b)** *(benefit from) income, health* jouir de. ◆ **enjoyable** *adj visit* agréable; *meal* excellent. ◆ **enjoyment** *n* plaisir *m*; **to get ~ment from (doing)** sth trouver du plaisir à (faire) qch.

enlarge [ɪn'lɑ:dʒ] **1** *vt (gen, also Phot)* agrandir; *(fig) empire, circle of friends* étendre. **2** *vi* **(a)** *(grow bigger)* s'agrandir; s'étendre. **(b) to ~ (up)on** s'étendre sur. ◆ **enlarged** *adj edition* augmenté; *majority* accru; *(Med) organ* hypertrophié; *pore* dilaté. ◆ **enlargement** *n (gen; Phot)* agrandissement *m*. ◆ **enlarger** *n (Phot)* agrandisseur *m*.

enlighten [ɪn'laɪtn] *vt* éclairer *(sb on sth* qn sur qch). ◆ **enlightened** *adj* éclairé. ◆ **enlightening** *adj* révélateur *(about* au sujet de). ◆ **enlightenment** *n (explanations)* éclaircissements *mpl (on* sur); **the Age of E~ment** le Siècle des lumières.

enlist [ɪn'lɪst] **1** *vi (Mil etc)* s'engager *(in* dans). *(US Mil)* **~ed man** simple soldat *m*. **2** *vt supporters* recruter; *sb's support* s'assurer.

enliven [ɪn'laɪvn] *vt* animer.

enmeshed [ɪn'meʃt] *adj:* **to get ~ in** s'empêtrer dans.

enmity ['enmɪtɪ] *n* inimitié *f*, hostilité *f*.

enormous [ɪ'nɔ:məs] *adj (gen)* énorme; *patience* immense; *strength* prodigieux; *stature* colossal. **an ~ quantity of** énormément de; **an ~ number of** *things* une masse *; *people* une foule de. ◆ **enormously** *adv (+ vb or ptp)* énormément; *(+ adj)* extrêmement; **it has changed ~ly** cela a énormément changé; **an ~ly funny story** une histoire extrêmement drôle.

enough [ɪ'nʌf] **1** *adj, n* assez (de). **~ money/books** assez d'argent/de livres; **~ to eat** assez à manger; **he earns ~** ce qu'il gagne de quoi vivre; **I've had ~** *(eating)* j'ai assez mangé; *(protesting)* j'en ai assez; **I've had ~ of (doing) this** j'en ai assez de (faire) cela; **you can never have ~ of this music** on ne se lasse jamais de cette musique; **it was ~ to show that...** cela a suffi à prouver que...; **that's ~** cela suffit; **it's ~ to drive you mad** c'est à vous rendre fou; **more than ~ wine** un peu trop de vin; **more than ~ for all** largement (assez) *or* plus qu'assez pour tous; **~'s ~!** ça suffit comme ça!

2 *adv* assez, suffisamment. **old ~ to go alone** suffisamment *or* assez grand pour y aller tout seul; **I was fool ~ or ~ of a fool to believe him** j'ai été assez bête pour le croire; **he knows well ~** il sait très bien; **he writes well ~** il écrit assez bien, il n'écrit pas mal; **oddly ~, I...** chose curieuse *or* c'est curieux, je...

enquire [ɪn'kwaɪər] *etc* = **inquire** *etc*.

enrage [ɪn'reɪdʒ] *vt* mettre en rage.

enrapture [ɪn'ræptʃər] *vt* enchanter.

enrich [ɪn'rɪtʃ] *vt (gen)* enrichir; *soil* fertiliser. **~ed uranium** uranium enrichi. ◆ **enrichment** *n* enrichissement *m*; fertilisation *f*.

enrol, *(US)* **enroll** [ɪn'rəʊl] **1** *vt (gen)* inscrire; *workers* embaucher; *soldiers* enrôler. **2** *vi* s'inscrire *(in* à; *for* pour); se faire embaucher *(as* comme) ; s'enrôler *(in* dans).

ensconce [ɪn'skɒns] *vt:* **to ~ o.s.** bien s'installer; **~d** bien installé.

ensign *n* **(a)** ['ensən] *(flag)* drapeau *m*, pavillon *m* *(Naut)*. *(Brit)* **red/white ~** pavillon de la marine marchande/de la marine de guerre. **(b)** ['ensaɪn]

(US Naut) enseigne *m* de vaisseau de deuxième classe.

enslave [ɪn'sleɪv] *vt* asservir.

ensue [ɪn'sju:] *vi* s'ensuivre *(from* de). ◆ **ensuing** *adj event, chaos* qui s'ensuit; *year, day* suivant.

en suite [ɑ̃'swi:t] *adj:* **with ~ bathroom** avec salle de bains attenante.

ensure [ɪn'ʃʊər] *vt* assurer *(that* que).

entail [ɪn'teɪl] *vt (gen)* entraîner; *expense, work, delay* occasionner; *disadvantages, risk, difficulty* comporter; *suffering, hardship* entraîner. **it ~ed buying a car** cela nécessitait l'achat d'une voiture.

entangled [ɪn'tæŋgld] *adj thread etc* emmêlé; *(fig)* empêtré.

enter ['entər] **1** *vt* **(a)** *(go into) house etc* entrer dans; *vehicle* monter dans; *path, road* s'engager dans; *profession, the army etc* entrer dans; *university* s'inscrire à. **to ~ the Church** se faire prêtre; **the thought never ~ed my head** cette pensée ne m'est jamais venue à l'esprit. **(b)** *(write down) amount, name, fact, order (on list etc)* inscrire; *(in notebook)* noter; *item in ledger* porter *(in* sur); *(Comput) data* introduire, entrer; *pupil, candidate, show dog* présenter *(for* à); *racehorse, runner* inscrire *(for, in* dans). *(Comm)* **~ these purchases to me** mettez ces achats à mon compte; **to ~ a protest** élever une protestation. **2** *vi* **(a)** entrer. *(Theat)* **~ Macbeth** entre Macbeth. **(b)** *(for race, exam etc)* s'inscrire *(for* pour).

◆ **enter into** *vt fus* **(a)** *explanation, apology* se lancer dans; *correspondence, conversation* entrer en; *plot* prendre part à; *negotiations* entamer; *alliance* conclure. **(b)** *sb's plans, calculations* entrer dans. **her money doesn't ~ into it at all** son argent n'y est pour rien.

enteritis [,entə'raɪtɪs] *n* entérite *f*.

enterprise ['entəpraɪz] *n* **(a)** *(undertaking, company)* entreprise *f*. **(b)** *(initiative)* esprit *m* d'initiative. ◆ **enterprising** *adj person* plein d'initiative, entreprenant; *venture* audacieux; **that was enterprising of you!** vous avez fait preuve d'initiative! ◆ **enterprisingly** *adv:* **to do sth enterprisingly** faire qch de sa propre initiative.

entertain [,entə'teɪn] *vt* **(a)** *audience* amuser, divertir; *guests* distraire. **to ~ sb to dinner** offrir un dîner à qn; *(at home)* recevoir qn à dîner; **they ~ a lot** ils reçoivent beaucoup. **(b)** *thought* méditer; *intention, doubt* nourrir; *proposal* accueillir favorablement. ◆ **entertainer** *n* artiste *mf* (de music-hall *etc*); **a well-known radio ~er** un(e) artiste bien connu(e) à la radio. ◆ **entertaining 1** *adj* amusant, divertissant ; **2** *n:* **she does a lot of ~ing** elle reçoit beaucoup. ◆ **entertainingly** *adv* d'une façon amusante. ◆ **entertainment 1** *n* **(a)** *(amusement) [audience]* amusement *m*; *[guests]* divertissement *m*; **for your ~ment we...** pour vous distraire nous...; **for my own ~ment** pour mon divertissement personnel; **(b)** *(performance)* spectacle *m*; **musical ~ment** soirée *f* musicale ; **2** *adj:* **~ment allowance** frais *mpl* de représentation; **the ~ment world** le monde du spectacle.

enthral(l) [ɪn'θrɔ:l] *vt [book etc]* captiver, passionner; *[beauty]* ensorceler. ◆ **enthralling** *adj* passionnant; ensorcelant.

enthusiasm [ɪn'θu:zɪæz(ə)m] *n* enthousiasme *m* *(for* pour). ◆ **enthuse** *vi:* **to ~ over** parler avec beaucoup d'enthousiasme de.

enthusiast [ɪn'θu:zɪæst] *n* enthousiaste *mf*. **jazz etc ~** passionné(e) *m(f)* de jazz *etc*; **a Vivaldi ~** un(e) fervent(e) de Vivaldi. ◆ **enthusiastic** *adj (gen)* enthousiaste; *swimmer etc* passionné; **I'm not very ~ic about it** ça ne me dit pas grand-chose; **to make sb ~ic** enthousiasmer qn; **to grow ~ic over** s'enthousiasmer pour. ◆ **enthusiastically** *adv* avec enthousiasme.

entice [ɪnˈtaɪs] *vt* attirer (*towards* vers); entraîner (*away from somewhere* à l'écart d'un endroit); éloigner (*sb away from sb* qn de qn); (*with food, prospects*) allécher. **to ~ sb to do** entraîner qn à faire. ◆ **enticing** *adj* alléchant.

entire [ɪnˈtaɪəʳ] *adj* **(a)** (*whole*) entier, tout. **the ~ week** la semaine entière, toute la semaine. **(b)** (*complete*) entier, complet; (*unreserved*) entier (*before n*), total. **the ~ house** la maison (tout) entière; **my ~ confidence** mon entière confiance, ma confiance totale. ◆ **entirely** *adv* entièrement, tout à fait; *change* du tout au tout. ◆ **entirety** *n*: **in its ~ty** en (son) entier, intégralement.

entitle [ɪnˈtaɪtl] *vt* **(a)** *book* intituler. **(b) to ~ sb to sth** donner droit à qch à qn; **to ~ sb to do** donner à qn le droit de faire; **to be ~d to sth** avoir droit à qch; **to be ~d to do** (*by position, qualifications*) avoir qualité pour faire; (*by rules*) avoir le droit de faire; **he is quite ~d to believe that...** (*gen*) il a le droit de penser que...; (*has good reason*) il a tout lieu de croire que... ◆ **entitlement** *n* droit *m* (*to* à).

entity [ˈentɪtɪ] *n* entité *f*.

entomology [ˌentəˈmɒlədʒɪ] *n* entomologie *f*. ◆ **entomological** *adj* entomologique. ◆ **entomologist** *n* entomologiste *mf*.

entrails [ˈentreɪlz] *npl* entrailles *fpl*.

entrance[1] [ɪnˈtrɑːns] *vt* transporter, ravir. ◆ **entranced** *adj* en extase. ◆ **entrancing** *adj* enchanteur. ◆ **entrancingly** *adv* *dance, sing* à ravir; *smile* d'une façon ravissante; **entrancingly beautiful** belle à ravir.

entrance[2] [ˈentr(ə)ns] **1** *n* (*act of entering; way in*) entrée *f* (*into* dans, *to* de); (*right to enter*) admission *f*. **to make an ~** faire son entrée; **'no ~'** 'défense d'entrer'; **to gain ~ to** (*réussir à*) entrer dans; (*to university etc*) être admis à *or* dans. **2** *adj card, ticket, examination* d'entrée. **~ fee** droit *m* d'inscription; (*US Aut*) **~ ramp** bretelle *f* d'accès. ◆ **entrant** *n* (*to profession*) débutant(e) *m(f)* (*to* dans, en); (*in race, competition*) concurrent(e) *m(f)*; (*in exam*) candidat(e) *m(f)*.

entreat [ɪnˈtriːt] *vt* supplier, implorer (*sb to do* qn de faire). **I ~ you** je vous en supplie. ◆ **entreating** *adj* suppliant, implorant. ◆ **entreaty** *n* prière *f*, supplication *f*; **at his earnest ~y** sur ses vives instances; **a look of ~y** un regard suppliant.

entrenched [ɪnˈtren(t)ʃt] *adj*: **firmly ~** (*Mil*) solidement retranché; (*fig*) indélogeable; *attitude* très arrêté.

entrust [ɪnˈtrʌst] *vt* confier (*sth to sb, sb with sth* qch à qn).

entry [ˈentrɪ] **1** *n* **(a)** = **entrance**[2] 1. **(b)** (*item*) [*list*] inscription *f*; [*account book, ledger*] écriture *f*; [*dictionary, ship's log*] entrée *f*; [*encyclopedia*] article *m*. (*Book-keeping*) **single/double ~** comptabilité *f* en partie simple/double; **there are only 3 entries** (*for race, competition*) il n'y a que 3 concurrents *mpl*; (*for exam*) il n'y a que 3 candidats *mpl*. **2** *adj*: **~ form** feuille *f* d'inscription; **~ permit** visa *m* d'entrée; **~ phone** interphone *m*, portier *m* électrique.

entwine [ɪnˈtwaɪn] *vt* (*twist together*) entrelacer; (*twist around*) enlacer (*with* de).

enumerate [ɪˈnjuːməreɪt] *vt* énumérer. ◆ **enumeration** *n* énumération *f*.

enunciate [ɪˈnʌnsɪeɪt] *vt sound, word* articuler; *principle, theory* énoncer. ◆ **enunciation** *n* articulation *f*; énonciation *f*.

enuresis [ˌenjʊˈriːsɪs] *n* énurésie *f*. ◆ **enuretic** *adj* énurétique.

envelop [ɪnˈveləp] *vt* envelopper (*in a blanket* dans une couverture; *in clouds/mystery* de nuages/ mystère).

envelope [ˈenvələʊp] *n* enveloppe *f*. **to put a letter in an ~** mettre une lettre sous enveloppe; **in a sealed ~** sous pli cacheté; **in the same ~** sous le même pli.

enviable [ˈenvɪəbl] *adj* enviable.

envious [ˈenvɪəs] *adj* envieux. **to be ~ of sth** être envieux de qch; **to be ~ of sb** envier qn. ◆ **enviously** *adv* avec envie.

environment [ɪnˈvaɪər(ə)nmənt] *n* (*gen*) milieu *m*; (*Admin, Pol*) environnement *m*. (*fig*) **hostile ~** climat *m* d'hostilité, ambiance *f* hostile; **his normal ~** son cadre *or* son milieu normal; **working ~ conditions** *fpl* de travail; **Ministry of the E~** ministère *m* de l'Environnement. ◆ **environmental** *adj conditions, changes* écologiques, du milieu; *influence* exercé par le milieu *or* l'environnement; **~al studies** études *fpl* de l'environnement. ◆ **environmentalism** *n* science *f* de l'environnement. ◆ **environmentalist** *n* environnementaliste *mf*.

envisage [ɪnˈvɪzɪdʒ] *vt* (*foresee*) prévoir; (*imagine*) envisager.

envision [ɪnˈvɪʒən] *vt* (*conceive of*) imaginer; (*foresee*) prévoir.

envoy [ˈenvɔɪ] *n* (*gen*) envoyé(e) *m(f)*; (*diplomat*) ministre *m* plénipotentiaire.

envy [ˈenvɪ] **1** *n* envie *f*. **it was the ~ of everyone** cela faisait l'envie de tout le monde. **2** *vt* envier (*sb sth* qch à qn).

enzyme [ˈenzaɪm] *n* enzyme *f*.

eons [ˈiːənz] *npl* = **aeons.**

ephemeral [ɪˈfemər(ə)l] *adj* éphémère.

epic [ˈepɪk] **1** *adj* épique. **2** *n* épopée *f*. **an ~ of the screen** un film à grand spectacle.

epicentre [ˈepɪsentəʳ] *n* épicentre *m*.

epicure [ˈepɪkjʊəʳ] *n* gourmet *m*. ◆ **epicurean** *adj* épicurien.

epidemic [ˌepɪˈdemɪk] **1** *n* épidémie *f*. **2** *adj* épidémique.

epidural [ˌepɪˈdjʊərəl] *adj, n*: **~ (anaesthetic)** péridurale *f*.

epiglottis [ˌepɪˈglɒtɪs] *n* épiglotte *f*.

epigram [ˈepɪgræm] *n* épigramme *f*.

epigraph [ˈepɪgrɑːf] *n* épigraphe *f*.

epilepsy [ˈepɪlepsɪ] *n* épilepsie *f*. ◆ **epileptic 1** *adj* épileptique; **epileptic fit** crise *f* d'épilepsie ; **2** *n* épileptique *mf*.

epilogue [ˈepɪlɒg] *n* épilogue *m*.

Epiphany [ɪˈpɪfənɪ] *n* Épiphanie *f*, fête *f* des Rois.

episcopal [ɪˈpɪskəp(ə)l] *adj* épiscopal. ◆ **Episcopalian 1** *adj* épiscopal (*de l'Église épiscopale*) ; **2** *n* membre *m* de l'Église épiscopale.

episode [ˈepɪsəʊd] *n* épisode *m*.

epistemology [ɪˌpɪstəˈmɒlədʒɪ] *n* épistémologie *f*.

epistle [ɪˈpɪsl] *n* épître *f*.

epitaph [ˈepɪtɑːf] *n* épitaphe *f*.

epithet [ˈepɪθet] *n* épithète *f*.

epitome [ɪˈpɪtəmɪ] *n* modèle *m or* type *m* même. ◆ **epitomize** *vt* incarner, personnifier.

epoch [ˈiːpɒk] *n* époque *f*. ◆ **epoch-making** *adj* qui fait époque, qui fait date.

equable [ˈekwəbl] *adj* égal, constant. **he is very ~** il a un tempérament très égal. ◆ **equably** *adv* tranquillement.

equal [ˈiːkw(ə)l] **1** *adj* égal (*to* à). **~ in number** égal en nombre; **to be ~ to sth** égaler qch; **~ pay for ~ work** à travail égal salaire égal; **~ opportunities** égalité *f* des chances; **~ rights** égalité *f* des droits; (*Rad, TV*) **~ time** droit *m* de réponse (à l'antenne); **other things being ~** toutes choses égales d'ailleurs; **an ~ sum of money** une même somme d'argent; **with ~ indifference** avec la même indifférence; **to talk to sb on ~ terms** parler à qn d'égal

à égal; **on an ~ footing** sur un pied d'égalité (with avec); **to be ~ to the task** être à la hauteur de la tâche; **she did not feel ~ to going out** elle ne se sentait pas capable de sortir; **~(s) sign** signe m d'égalité. **2** n égal(e) m(f). **to treat sb as an ~** traiter qn d'égal à égal; **she has no ~** elle n'a pas sa pareille. **3** vt égaler (in en). **there is nothing to ~ it** il n'y a rien de comparable.
◆ **equality** n égalité f. ◆ **equalize** vti égaliser.
◆ **equalizer** n (Sport) but m or point m égalisateur.
◆ **equally** adv guilty, clever également; divide en parts or parties égales; **it would be ~ly wrong to suggest** il serait tout aussi faux de suggérer.

equanimity [ˌekwəˈnɪmɪtɪ] n sérénité f.

equate [ɪˈkweɪt] vt (identify) assimiler (with à); (compare) mettre sur le même pied (with que); (make equal) égaler. ◆ **equation** n (Math) équation f.

equator [ɪˈkweɪtəʳ] n équateur m (terrestre). **at the ~** sous l'équateur. ◆ **equatorial** adj équatorial.

equestrian [ɪˈkwestrɪən] adj équestre.

equidistant [ˈiːkwɪˈdɪst(ə)nt] adj équidistant (from de).

equilateral [ˌiːkwɪˈlætərəl] adj équilatéral.

equilibrium [ˌiːkwɪˈlɪbrɪəm] n équilibre m.

equine [ˈekwaɪn] adj chevalin.

equinox [ˈiːkwɪnɒks] n équinoxe m.

equip [ɪˈkwɪp] vt équiper (with de). **to ~ a room as a laboratory** aménager une pièce en laboratoire; **to ~ a ship with radar** installer le radar sur un bateau; **to be well ~ped with** être bien monté or pourvu en; **to be well ~ped to do** (gen) avoir tout ce qu'il faut pour faire; [employee] avoir toutes les compétences nécessaires pour faire.
◆ **equipment** n (gen) équipement m; (for laboratory, office, lifesaving, camping etc) matériel m; **electrical ~ment** appareillage m électrique; **sports ~ment** équipements mpl sportifs.

equity [ˈekwɪtɪ] n équité f. (St Ex) **equities** actions fpl (cotées en bourse). ◆ **equitable** adj équitable.
◆ **equitably** adv équitablement.

equivalent [ɪˈkwɪvələnt] adj, n équivalent (m) (to à; in en). ◆ **equivalence** n équivalence f.

equivocate [ɪˈkwɪvəkeɪt] vi user d'équivoques.
◆ **equivocal** adj équivoque. ◆ **equivocally** adv d'une manière équivoque. ◆ **equivocation** n paroles fpl équivoques.

era [ˈɪərə] n (Geol, Hist) ère f; (gen) époque f.

eradicate [ɪˈrædɪkeɪt] vt (gen) supprimer; superstition mettre fin à; weeds détruire.

erase [ɪˈreɪz] vt (gen) effacer; (with rubber) gommer.
◆ **eraser** n (rubber) gomme f; (liquid: for typing) liquide m correcteur. ◆ **erasure** n rature f.

erect [ɪˈrekt] **1** adj (straight) bien droit; (standing) debout. **with head ~** la tête haute. **2** vt temple, statue ériger; wall, flats, factory construire; machinery, traffic signs installer; scaffolding, furniture monter; altar, tent, mast, barricade dresser; theory, obstacles édifier. ◆ **erection** n érection f (also Physiol); construction f; installation f; montage m; dressage m; édification f.

erode [ɪˈrəʊd] vt (gen) éroder; [acid] corroder; (fig) ronger. ◆ **erosion** n érosion f; corrosion f.
◆ **erosive** adj érosif; corrosif.

erotic [ɪˈrɒtɪk] adj érotique. ◆ **eroticism** n érotisme m.

err [ɜːʳ] vi (be mistaken) se tromper; (sin) pécher. **to ~ on the side of caution** pécher par excès de prudence. ◆ **erratum** , pl **-ata** n erratum m.
◆ **erroneous** adj erroné. ◆ **erroneously** adv erronément. ◆ **error** n erreur f (of, in de); **it would be an ~or to...** on aurait tort de...; **compass ~or** variation f du compas; **typing/spelling ~or** faute f de frappe/d'orthographe; **~ors and omis-**

sions excepted sauf erreur ou omission; **in ~or** par erreur; **to see the ~or of one's ways** revenir de ses erreurs.

errand [ˈer(ə)nd] n commission f, course f. **to go on** or **run ~s** faire des commissions or des courses; **~ of mercy** mission f de charité; **~ boy** garçon m de courses.

erratic [ɪˈrætɪk] adj person capricieux; record, results, performance irrégulier; mood changeant; (Geol, Med) erratique. **his driving is ~** il conduit de façon déconcertante. ◆ **erratically** adv capricieusement; irrégulièrement; de façon déconcertante.

ersatz [ˈɛəzæts] **1** n ersatz m. **2** adj: **~ coffee** de l'ersatz de café.

erudite [ˈerʊdaɪt] adj person, work érudit, savant; word savant. ◆ **erudition** n érudition f.

erupt [ɪˈrʌpt] vi [volcano] entrer en éruption; [spots] sortir; [anger] exploser; [war, fighting, quarrel] éclater. **he ~ed into the room** il a fait irruption dans la pièce. ◆ **erupting** adj volcano en éruption.
◆ **eruption** n [volcano, spots] éruption f; [anger, violence] explosion f, accès m.

escalate [ˈeskəleɪt] **1** [fighting, bombing, violence] s'intensifier; [costs] monter en flèche. **the war is escalating** c'est l'escalade militaire; **prices are escalating** c'est l'escalade des prix. **2** vt intensifier; faire monter en flèche. ◆ **escalation** n intensification f; montée f en flèche, escalade f.
◆ **escalator** n escalier m roulant, escalator m.

escape [ɪsˈkeɪp] **1** vi (gen) échapper (from sb à qn), s'échapper (from somewhere de quelque part), s'enfuir (to another place dans un autre endroit); [prisoner] s'évader (from de); [water, gas] s'échapper; (accidentally) fuir. **an ~d prisoner** un évadé; (fig) **he ~d with a few scratches** il s'en est tiré avec quelques égratignures; **to ~ with a fright** en être quitte pour la peur; **to ~ from o.s.** se fuir.
2 vt pursuit, danger, death échapper à; consequences éviter; punishment se soustraire à. **he narrowly ~d being run over** il a failli être écrasé; **to ~ detection** ne pas se faire repérer; **nothing ~s him** rien ne lui échappe; **to ~ notice** passer inaperçu; **it had not ~d her notice that...** elle n'avait pas été sans s'apercevoir que...
3 n [person, animal] fuite f; [prisoner] évasion f; [water, gas] fuite f; [steam, gas in machine] échappement m. **to plan an ~** combiner un plan d'évasion; **to have a lucky ~** l'échapper belle.
4 adj valve, pipe d'échappement; plan, route d'évasion; device de secours. **~ chute** toboggan m de secours; **~ clause** clause f de sauvegarde; **~ hatch** sas m de secours; (Space) **~ velocity** vitesse f de libération.
◆ **escapade** n (misdeed) fredaine f; (adventure) équipée f. ◆ **escapee** n évadé(e) m(f). ◆ **escapism** n désir m d'évasion (de la réalité); **it's sheer escapism!** c'est simplement s'évader du réel!
◆ **escapist 1** n personne f qui se complaît dans l'évasion ; **2** adj d'évasion. ◆ **escapologist** n virtuose m de l'évasion.

escarpment [ɪsˈkɑːpmənt] n escarpement m.

escort [ˈeskɔːt] **1** n (Mil, Naut etc) escorte f; (male companion) cavalier m; (female) hôtesse. **2** adj duty, vessel d'escorte. **~ agency** bureau m d'hôtesses (et de cavaliers). **3** [ɪsˈkɔːt] vt (Mil, Naut, gen) escorter. **to ~ sb in** (Mil, Police) faire entrer qn sous escorte; (gen: accompany) faire entrer qn.

escrow [ˈeskrəʊ] n dépôt m fiduciaire.

Eskimo [ˈeskɪməʊ] **1** n Esquimau(de) m(f); (Ling) esquimau m. **2** adj esquimau.

esoteric [ˌesəʊˈterɪk] adj ésotérique.

especial [ɪsˈpeʃ(ə)l] adj particulier, spécial.
◆ **especially** adv (particularly) particulièrement; (expressly) exprès; **more ~ly as** d'autant plus que; **~ly as it's so late** d'autant plus qu'il est si tard;

why me ~ly? pourquoi moi en particulier?; I came
~ly to see you je suis venu exprès pour vous voir.

Esperanto [,espə'ræntəʊ] **1** n espéranto m. **2** adj
en espéranto. ◆ **Esperantist** n espérantiste mf.

espionage [,espɪə'nɑːʒ] n espionnage m.

espouse [ɪs'paʊz] vt épouser (fig).

espresso [es'presəʊ] n (café m) express m. ~ **bar**
≃ cafétéria f.

esquire [ɪs'kwaɪəʳ] n: B. Smith E~ Monsieur B.
Smith.

essay ['eseɪ] n (Literat) essai m (on sur); (Scol) rédaction f (on sur); (Brit Educ) dissertation f (on sur);
(US Univ) mémoire m. ◆ **essayist** n essayiste mf.

essence ['es(ə)ns] n essence f; (Culin) extrait m.
in ~ essentiellement; the ~ of what was said l'essentiel m de ce qui a été dit; speed is of the ~
la vitesse est essentielle; the ~ of stupidity * le
comble de la stupidité; ~ of violets essence de
violette; meat ~ extrait de viande. ◆ **essential**
1 adj essentiel (to à); it is essential that... il est
indispensable or essentiel que... + subj ; **2** n qualité f (or objet m etc) indispensable; the essentials
(necessities) l'essentiel m; (rudiments) les éléments
mpl. ◆ **essentially** adv essentiellement.

establish [ɪs'tæblɪʃ] vt (a) (set up) government, society,
tribunal constituer; state, business, post créer; factory
monter; laws, custom, sb's reputation, list, relations
établir; power, authority affirmer; peace, order faire
régner. to ~ one's reputation as se faire une réputation de. (b) (prove) fact, identity, rights, innocence
établir; necessity, guilt prouver. ◆ **established** adj
(gen) établi; fact acquis; government au pouvoir;
well-~ed business maison f solide; the ~ed Church
la religion d'État. ◆ **establishment** n (institution
etc) établissement m; (Admin, Mil, Naut etc: personnel) effectifs mpl; teaching ~ment établissement d'enseignement; the E~ment les pouvoirs
mpl établis, l'establishment m; the values of the
E~ment les valeurs traditionnelles; against the
E~ment anticonformiste; he has joined the
E~ment il s'est rangé; the literary E~ment ceux
qui font la loi dans le monde littéraire.

estate [ɪs'teɪt] **1** n (a) (land) propriété f, domaine
m. country ~ terres fpl; housing ~ lotissement m,
cité f. (b) (Jur: on death) succession f. he left a large
~ il a laissé une grosse fortune. **2** adj: ~ **agency**
agence f immobilière; ~ **agent** agent m immobilier; ~ **car** break m; ~ **duty**, (US) ~ **tax** droits
mpl de succession.

esteem [ɪs'tiːm] **1** vt (think highly of) person estimer;
quality apprécier; (consider) estimer, considérer.
I ~ it an honour to do je considère comme un
honneur de faire. **2** n estime f. he went up in my
~ il a monté dans mon estime. ◆ **estimable**
['estɪməbl] adj estimable.

esthete ['iːsθiːt] etc = **aesthete** etc.

estimate ['estɪmɪt] **1** n évaluation f; (Comm: for
work to be done) devis m. give me an ~ of what
your trip will cost donnez-moi un état estimatif
du coût de votre voyage; this price is only a rough
~ ce prix n'est que très approximatif; at a rough
~ approximativement; at the lowest ~ au bas
mot; (Admin, Pol) the ~s le budget.
2 ['estɪmeɪt] vt (all senses) estimer (that que).
◆ **estimation** n (a) jugement m, opinion f; in my
estimation à mon avis, selon moi; (b) (esteem)
estime f; he went up in my estimation il a monté
dans mon estime.

Estonia [e'stəʊnɪə] n Estonie f.

estranged [ɪs'treɪn(d)ʒd] adj: to become ~ se
brouiller (from avec); the ~ couple les époux dés-
unis. ◆ **estrangement** n brouille f (from avec).

estrogen ['iːstrəʊ'dʒən] n (US) = **oestrogen**.

estuary ['estjʊərɪ] n estuaire m.

etch [etʃ] vti graver à l'eau forte. ◆ **etching** n gravure f à l'eau forte.

eternal [ɪ'tɜːnl] adj (gen) éternel; (pej) complaints etc
continuel, perpétuel. (fig) the ~ **triangle** ≈ le
ménage à trois. ◆ **eternally** adv éternellement;
continuellement. ◆ **eternity** n éternité f (also fig).

ether ['iːθəʳ] n éther m. ◆ **ethereal** [ɪ'θɪərɪəl] adj
éthéré.

ethic ['eθɪk] n morale f, éthique f. the work ~ l'attitude f moraliste envers le travail. ◆ **ethical** adj
moral, éthique; not ~al contraire à la morale.
◆ **ethics** n (sg: study) éthique f; (pl: system, principles) morale f.

Ethiopia [iːθɪ'əʊpɪə] n Éthiopie f. ◆ **Ethiopian 1**
adj éthiopien ; **2** n Éthiopien(ne) m(f).

ethnic ['eθnɪk] adj ethnique. ~ **minority** minorité
f éthnique.

ethnology [eθ'nɒlədʒɪ] n ethnologie f. ◆ **ethnologist** n ethnologue mf.

ethos ['iːθɒs] n génie m (d'un peuple, d'une culture).

etiquette ['etɪket] n étiquette f, convenances fpl.
diplomatic ~ protocole m; court ~ cérémonial m
de cour; that isn't ~ c'est contraire aux convenances, cela ne se fait pas.

etymology [,etɪ'mɒlədʒɪ] n étymologie f. ◆ **etymological** adj étymologique. ◆ **etymologically**
adv étymologiquement.

eucalyptus [ju:kə'lɪptəs] n eucalyptus m.

Eucharist ['ju:kərɪst] n Eucharistie f.

eugenics [ju:'dʒenɪks] nsg eugénique f.

eulogy ['ju:lədʒɪ] n panégyrique m. ◆ **eulogize** vt
faire le panégyrique de.

eunuch ['ju:nək] n eunuque m.

euphemism ['ju:fəmɪz(ə)m] n euphémisme m.
◆ **euphemistic** adj euphémique. ◆ **euphemis-
tically** adv par euphémisme.

euphonic [ju:'fɒnɪk] adj euphonique.

euphonium [ju:'fəʊnɪəm] n euphonium m.

euphoria [ju:'fɔ:rɪə] n euphorie f. ◆ **euphoric** adj
euphorique.

Eurasia [jʊə(ə)'reɪʃə] n Eurasie f. ◆ **Eurasian 1** adj
population eurasien; continent eurasiatique ; **2** n
Eurasien(ne) m(f).

euro... ['jʊərəʊ] pref euro... ◆ **eurocheque** n euro-
chèque m. ◆ **eurocrat** n eurocrate mf. ◆ **eurodollar** n eurodollar m. ◆ **euromarket** or ◆ **euro-
mart** n Communauté f Économique
Européenne. ◆ **eurosize** n (Comm) ~ **1** modèle
m E1. ◆ **Eurovision** n (TV) Eurovision f.

Europe ['jʊərəp] n Europe f. (Pol) to go into ~,
to join ~ entrer dans le Marché commun.
◆ **European 1** adj européen; the ~an Economic
Community (abbr EEC) la Communauté Économique Européenne (abbr CEE f); (US: in hotel)
~an plan chambre f sans petit déjeuner ; **2** n
Européen(ne) m(f). ◆ **Europeanize** vt européaniser.

euthanasia [ju:θə'neɪzɪə] n euthanasie f.

evacuate [ɪ'vækjʊeɪt] vt (all senses) évacuer.
◆ **evacuation** n évacuation f. ◆ **evacuee** n éva-
cué(e) m(f).

evade [ɪ'veɪd] vt blow, obligation, difficulty éviter,
esquiver; pursuers, punishment échapper à; sb's gaze
éviter; question éluder; law tourner. to ~ **military
service** se dérober à ses obligations militaires ;
to ~ **taxation/customs duty** frauder le fisc/la
douane.

evaluate [ɪ'væljʊeɪt] vt évaluer (at à). ◆ **evaluation** n évaluation f.

evangelical [,iːvæn'dʒelɪk(ə)l] adj, n évangélique
(mf). ◆ **evangelicalism** n évangélisme m.
◆ **evangelist** n évangéliste m. ◆ **evangelize 1**
vt prêcher l'Évangile à ; **2** vi prêcher l'Évangile.

evaporate [ɪ'væpəreɪt] **1** vt faire évaporer. ~d milk lait concentré non sucré. **2** vi s'évaporer; [hopes, fear] s'évanouir. ◆ **evaporation** n évaporation f.

evasion [ɪ'veɪʒ(ə)n] n [prisoner] fuite f; (excuse) faux-fuyant m. ◆ **evasive** adj évasif; **to take evasive action** (Mil) effectuer une manœuvre dilatoire ; (gen) prendre la tangente. ◆ **evasively** adv évasivement.

eve [i:v] n veille f.

even ['i:v(ə)n] **1** adj (**a**) (smooth) surface uni, plat. **to make** ~ égaliser, aplanir. (**b**) (regular) progress régulier; breathing, temper égal. (**c**) (equal) quantities, values égal. **they are an** ~ **match** (Sport) la partie est égale; (fig) ils sont bien assortis; **to get** ~ **with sb** se venger de qn; **I will get** ~ **with you for that** je vous revaudrai ça; **I'll give you** ~ **money that...** il y a une chance sur deux que... + subj. (**d**) number, date pair.
2 adv (**a**) même. ~ **in the holidays** même pendant les vacances; **I have** ~ **forgotten his name** j'ai oublié jusqu'à son nom, j'ai même oublié son nom; ~ **if** même si + indic; ~ **though** quand (bien) même + cond, alors même que + cond; **if he** ~ **made an effort** si encore or si au moins il faisait un effort; ~ **so** quand même, pourtant. (**b**) (+ comp adj or adv) encore. ~ **better** encore mieux. (**c**) (+ neg) même, seulement. **without** ~ **saying goodbye** sans même or sans seulement dire au revoir; **he can't** ~ **swim** il ne sait même pas nager.
◆ **even out** vi s'égaliser. **2** vt sep égaliser.
◆ **even up** vt sep égaliser. **that will** ~ **things up** cela rétablira l'équilibre; (financially) cela compensera.
◆ **evenly** adv spread, paint etc de façon égale; breathe, space régulièrement; divide également.
◆ **even-tempered** adj d'humeur égale.

evening ['i:vnɪŋ] **1** n soir m; (length of time) soirée f. **in the** ~ le soir; **let's have an** ~ **out** nous devrions sortir (un soir); **6 o'clock in the** ~ 6 heures du soir; **on the** ~ **of the 29th** le 29 au soir; **the warm summer** ~s les chaudes soirées d'été; **all** ~ toute la soirée; **to spend one's** ~ **reading** passer sa soirée à lire. **2** adj paper, prayers, service du soir. ~ **class** cours m du soir; **in** ~ **dress** man en tenue de soirée; woman en robe du soir; ~ **fixture** or **match** nocturne f; ~ **performance** (représentation f en) soirée f; ~ **star** étoile f du berger.

evensong ['i:v(ə)nsɒŋ] n ≃ vêpres fpl.

event [ɪ'vent] n (**a**) événement m. **course of** ~s f des événements; **in the course of** ~s par la suite; **in the normal course of** ~s normalement; **after the** ~ après coup; **in the** ~ **of death** en cas de décès; **in the unlikely** ~ **that...** s'il arrivait par hasard que... + subj; **in the** ~ en fait; **in that** ~ dans ce cas; **in any** ~, **at all** ~s en tout cas, de toute façon; **in either** ~ dans l'un ou l'autre cas. (**b**) (Sport) épreuve f; (Racing) course f. **field** ~s épreuves d'athlétisme (à l'exception des épreuves de vitesse); **track** ~s épreuves de vitesse. ◆ **eventful** adj (busy etc) mouvementé; (momentous) mémorable.
◆ **eventing** n concours complet (d'équitation).

eventual [ɪ'ventʃʊəl] adj (resulting) qui s'ensuit; (probably resulting) éventuel. **it resulted in the** ~ **disappearance of...** cela a abouti finalement à la disparition de... ◆ **eventuality** n éventualité f.
◆ **eventually** adv finalement, en fin de compte; à la longue; **he** ~**ly did it** il a fini par le faire.
◆ **eventuate** vi (US) (finir par) se produire.

ever ['evə'] adv (**a**) jamais. **nothing** ~ **happens** il ne se passe jamais rien; **if you** ~ **see her** si jamais vous la voyez; **do you** ~ **see her?** est-ce qu'il vous arrive de la voir?; **have you** ~ **seen her?** l'avez-vous jamais or déjà vue?; **I haven't** ~ **seen her** je ne l'ai jamais vue; **seldom if** ~ pour ainsi dire jamais; **now if** ~ **is the moment to...** c'est le moment ou jamais de...; **he's a liar if** ~ **there was one** c'est un menteur ou je ne m'y connais pas; **more beautiful than** ~ plus beau que jamais; **the coldest night** ~ la nuit la plus froide qu'on ait jamais connue. (**b**) (at all times) toujours, sans cesse. ~ **ready** toujours prêt; ~ **increasing anxiety** inquiétude qui va croissant; **they lived happily** ~ **after** ils vécurent (toujours) heureux; ~ **since I was a boy** depuis mon enfance; **for** ~ (for always) disappear à jamais, pour toujours; (a very long time) last, wait une éternité; (in letters) yours ~ bien amicalement à vous. (**c**) (intensive) **as quickly as** ~ **you can** aussi vite que vous le pourrez; **the first** ~ le tout premier; ~ **so slightly drunk** tant soit peu ivre; ~ **so pretty** vraiment joli; **thank you** ~ **so much** merci mille fois; **as if I** ~ **would!** comme si je ferais ça, moi!; **what** ~ **shall we do?** qu'est-ce que nous allons bien faire?; **why** ~ **not?** mais enfin, pourquoi pas?; **did you** ~ **!** * ça par exemple!
◆ **evergreen** adj, n (arbre m or plante f) à feuilles persistantes; (fig) (chanson f etc) qui ne vieillit pas. ◆ **everlasting** adj éternel. ◆ **everlastingly** adv éternellement. ◆ **evermore** adv: **for** ~**more** à tout jamais.

every ['evrɪ] adj chaque, tout; tous les. ~ **shop in the town** tous les magasins de la ville; **not** ~ **child has the same advantages** les enfants n'ont pas tous les mêmes avantages; **not** ~ **child has the advantages you have** tous les enfants n'ont pas les avantages que tu as; **I have** ~ **confidence in him** j'ai entièrement confiance en lui; **we wish you** ~ **success** nous vous souhaitons très bonne chance; ~ (**single**) **one of them** chacun d'eux; ~ **one had brought sth** chacun d'entre eux avait or ils avaient tous apporté qch; **from** ~ **country** de tous (les) pays; **of** ~ **sort** de toute sorte; **of** ~ **age** de tout âge; ~ **fifth day,** ~ **five days** tous les cinq jours; ~ **second** or **other child** un enfant sur deux; ~ **quarter of an hour** tous les quarts d'heure; ~ **other Wednesday** un mercredi sur deux; ~ **few days** tous les deux ou trois jours; **his** ~ **action** chacune de ses actions; **his** ~ **wish** son moindre désir; ~ **bit of the wall** le mur tout entier; ~ **bit as clever as** tout aussi doué que; ~ **now and then,** ~ **now and again,** ~ **so often** de temps en temps, de temps à autre; ~ **single time** chaque fois sans exception; ~ **one of us is afraid of sth** nous craignons tous qch, tous tant que nous sommes nous craignons qch; ~ **man for himself** chacun pour soi; (excl) sauve qui peut!
◆ **everybody** pron tout le monde, chacun; ~**body has finished** tout le monde a fini; ~**body has his** or **her** * **own ideas about it** chacun a ses (propres) idées là-dessus; ~**body else** tous les autres. ◆ **everyday** adj coat de tous les jours; occurrence banal; use, experience ordinaire; **words in** ~**day use** mots d'usage courant; **it was not an** ~**day event** c'était un événement hors du commun. ◆ **everyone** pron = **everybody**. ◆ **everyplace** adv (US) = **everywhere**. ◆ **everything** pron tout; ~**thing is ready** tout est prêt; ~**thing you have** tout ce que vous avez; **stamina is** ~**thing** l'essentiel c'est d'avoir de la résistance. ◆ **everywhere** adv (gen) partout; ~**where you go you meet...** où qu'on aille on rencontre...

evict [ɪ'vɪkt] vt expulser (from de). ◆ **eviction** n expulsion f; **eviction notice** avis m d'expulsion.

evidence ['evɪdəns] n (data) preuves fpl; (testimony) témoignage m (of sb de qn). **the** ~ **of the senses** le témoignage des sens; **to give** ~ témoigner (for/against sb en faveur de/contre qn); **to turn King's** or **Queen's** ~ or (US) **state's** ~ témoigner contre ses complices; **to show** ~ **of** témoigner de; **to be in** ~ être en évidence; **he was nowhere in** ~ il n'y avait pas trace de lui. ◆ **evident** adj évident,

manifeste; **it was evident from the way he walked** cela se voyait à sa démarche; **it is evident from his speech that...** il ressort de son discours que...
◆ **evidently** adv (obviously) évidemment, manifestement; (apparently) à ce qu'il paraît; **he was evidently frightened** il était évident qu'il avait peur; **they are evidently going to change the rule** il paraît qu'ils vont changer le règlement.

evil ['i:vl] **1** adj deed, person, example, reputation mauvais; influence néfaste; doctrine, spell, spirit malfaisant; hour, course of action, consequence funeste. **the ~ eye** le mauvais œil. **2** n mal m. **the lesser ~** le moindre mal; **the ~s of drink** les conséquences fpl funestes de la boisson; **one of the great ~s of our time** un des grands fléaux de notre temps.
◆ **evildoer** n scélérat(e) m(f). ◆ **evilly** adv avec malveillance. ◆ **evil-minded** adj malveillant.

evince [ɪ'vɪns] vt manifester.

evoke [ɪ'vəʊk] vt memories évoquer; admiration susciter. ◆ **evocation** n évocation f. ◆ **evocative** adj évocateur.

evolve [ɪ'vɒlv] **1** vt system, theory, plan élaborer. **2** vi (gen, Bio) évoluer. **to ~ from** se développer à partir de. ◆ **evolution** n évolution f (from à partir de).

ewe [ju:] n brebis f.

ex- [eks] **1** pref (former) ex-. **~president** ancien président, ex-président; **~husband** ex-mari m; **~serviceman** ancien combattant. **2** n (*: ex-partner*) ex mf. **3** prep (out of) (Comm, Ind) **price ~ works** prix m départ usine; **~ officio** (adj, adv) ex officio.

exacerbate [eks'æsəbeɪt] vt pain etc exacerber; situation aggraver; person agacer.

exact [ɪg'zækt] **1** adj (accurate) description, time, measurements, forecast exact, juste; copy exact; (precise) number, value exact, précis; meaning, time, place, instructions précis; instrument de précision. **these were his ~ words** voilà textuellement ce qu'il a dit; **he's 44 to be ~** il a très exactement 44 ans; **to be ~ it was 4 o'clock** il était 4 heures, plus exactement; **can you be more ~?** pouvez-vous préciser un peu? **2** vt exiger (from de). ◆ **exacting** adj person exigeant; profession, task, activity, work astreignant. ◆ **exactitude** n exactitude f. ◆ **exactly** adv answer, work, describe avec précision; obey, resemble, know exactement; **~ly the same thing** exactement or précisément la même chose; **that's ~ly what I thought** c'est exactement or précisément ce que je pensais; **it is 3 o'clock ~ly** il est 3 heures juste(s). ◆ **exactness** n exactitude f; justesse f; précision f.

exaggerate [ɪg'zædʒəreɪt] vt (overstate) exagérer; (in one's own mind) s'exagérer; (emphasize) accentuer. **she ~d her paleness** la robe accentuait sa pâleur; **he ~s the importance of the task** il s'exagère l'importance de la tâche. ◆ **exaggerated** adj exagéré; **to have an ~d opinion of o.s.** avoir trop bonne opinion de soi-même. ◆ **exaggeration** n exagération f.

exalted [ɪg'zɔːltɪd] adj (high) position élevé; person haut placé; (elated) exalté.

examine [ɪg'zæmɪn] vt (**a**) (gen, Med) examiner; machine inspecter; passport contrôler; (Customs) luggage fouiller. (**b**) pupil, candidate examiner (in en); (orally) interroger (on sur); witness, suspect, accused interroger. ◆ **examination** n (gen) examen m; [machine, premises] inspection f; [passports] contrôle m; (Customs) fouille f; (Scol etc: abbr **exam**) examen; (one paper) épreuve f; **on examination** après examen; **examination candidate** candidat(e) m(f) à un (or l' etc) examen. ◆ **examiner** n examinateur m, -trice f (in de).

example [ɪg'zɑːmpl] n exemple m. **for ~** par exemple; **to set a good ~** donner l'exemple; **to take sb as an ~** prendre exemple sur qn; **to make an ~ of sb** faire un exemple en punissant qn; **to**

punish sb as an ~ to others punir qn pour l'exemple; **to quote sth as an ~** citer qch en exemple.

exasperate [ɪg'zɑːspəreɪt] vt exaspérer. ◆ **exasperated** adj exaspéré (at sth de qch; with sb par qn); **to become ~d** s'exaspérer. ◆ **exasperating** adj exaspérant. ◆ **exasperatingly** adv d'une manière exaspérante; **exasperatingly slow** d'une lenteur exaspérante. ◆ **exasperation** n exaspération f.

excavate ['ekskəveɪt] **1** vt ground creuser; (Archeol) fouiller; remains déterrer. **2** vi (Archeol) faire des fouilles. ◆ **excavation** n (gen) creusement m; (Archeol) fouilles fpl; **~ work** travaux mpl de creusement. ◆ **excavator** n (machine) pelleteuse f.

exceed [ɪk'si:d] vt (gen) dépasser (in en, by de); powers, instructions outrepasser. **to ~ the speed limit** dépasser la vitesse permise. ◆ **exceedingly** adv extrêmement, infiniment.

excel [ɪk'sel] **1** vi briller (at, in en), exceller (at or in doing à faire). **2** vt surpasser. **to ~ o.s.** se surpasser. ◆ **excellence** n excellence f. ◆ **Excellency** n: **His E~lency** Son Excellence f. ◆ **excellent** adj excellent, parfait. ◆ **excellently** adv admirablement, parfaitement.

excelsior [ek'selsjər] n (US) copeaux mpl d'emballage.

except [ɪk'sept] **1** prep sauf, excepté. **~ for** à part, à l'exception de; **~ that/if/when** etc sauf que/si/quand etc; **what can they do ~ wait?** que peuvent-ils faire sinon attendre?
2 vt excepter (from de), faire exception de. **present company ~ed** exception faite des personnes présentes; **always ~ing...** à l'exception bien entendu de... ◆ **excepting** prep = except 1. ◆ **exception** n exception f (to à); **without ~** sans exception; **with the ~ion of** à l'exception de, exception faite de; **to take ~ion to** (demur) désapprouver; (be offended) s'offenser de; **to make an ~ion** faire une exception (to sth à qch, for sb/sth pour qn/qch); **the ~ion proves the rule** l'exception confirme la règle; **with this ~ion** à cette exception près, à ceci près. ◆ **exceptional** adj exceptionnel. ◆ **exceptionally** adv exceptionnellement.

excerpt ['eksɜːpt] n extrait m.

excess [ɪk'ses] **1** n excès m. **to ~** à l'excès; **to carry to ~** pousser à l'excès; **in ~ of** dépassant; **the ~ of imports over exports** l'excédent m des importations sur les exportations. **2** adj profit, weight, production excédentaire. **~ fare** supplément m; **~ luggage** excédent m de bagages. ◆ **excessive** adj excessif; **~ive drinking** abus m de la boisson. ◆ **excessively** adv (to excess) eat, drink, spend avec excès; optimistic par trop, proud démesurément; (extremely) extrêmement, infiniment.

exchange [ɪks'tʃeɪn(d)ʒ] **1** vt (gen) échanger (for contre); houses, cars, jobs faire un échange de. **to ~ contracts** ≃ signer les contrats. **2** n (**a**) échange m. **in ~** en échange (for de); **to lose on the ~** perdre au change. (**b**) (Fin) change m. (**c**) (telephone ~) central m. **labour ~** bourse f du travail. **3** adj teacher, student participant à un échange. **~ control** contrôle m des changes; **~ rate** taux m de change. ◆ **exchangeable** adj échangeable (for contre).

exchequer [ɪks'tʃekər] n (Brit Parl) Échiquier m; (state treasury) Trésor or trésor m; (funds) fonds mpl.

excise ['eksaɪz] n taxe f (on sur). **the E~** la Régie; **~ duties** ≃ contributions fpl indirectes.

excite [ɪk'saɪt] vt person (gen) exciter; (rouse enthusiasm in) passionner; emotion provoquer (in sb chez qn). **to ~ enthusiasm/interest in sb** enthousiasmer/intéresser qn. ◆ **excitable** adj person excitable, nerveux; temperament nerveux. ◆ **excited** adj (gen) excité; laughter énervé; voice animé; **to get ~d** s'exciter (*about* au sujet de); **don't get ~d!** ne t'énerve pas! ◆ **excitedly** *adv behave, speak* avec agitation; *laugh* d'excitation. ◆ **excitement** *n* excitation *f*; *(exhilaration)* exaltation *f*; **the ~ment of the departure/elections** la fièvre du départ/des élections; **the book caused great ~ment** le livre a fait sensation; **he likes ~ment** il aime les émotions *fpl* fortes *or* l'aventure *f*. ◆ **exciting** *adj events, story, film* passionnant; *account* saisissant; *holiday, experience* excitant.

exclaim [ɪksˈkleɪm] **1** *vi* s'exclamer. **to ~ at sth** se récrier devant qch. **2** *vt* s'écrier (*that* que). ◆ **exclamation 1** *n* exclamation *f*; **2** *adj*: **exclamation mark** *or* **point** point *m* d'exclamation.

exclude [ɪksˈkluːd] *vt (gen)* exclure (*from* de); *(from list)* écarter (*from* de). **he was ~d from taking part** il n'a pas eu le droit de participer. ◆ **exclusion** *n* exclusion *f* (*of, from* de).

exclusive [ɪksˈkluːsɪv] *adj* **(a)** *(excluding others) group, gathering* choisi; *club, society* fermé; *hotel, restaurant* huppé; *person, friendship, interest, occupation* exclusif. **(b)** *(by one person, one firm) information, design, report* exclusif. **the ~ rights for** l'exclusivité *f* de; **an interview ~ to...** une interview accordée exclusivement à... **(c)** *(not including)* **from 15th to 20th ~** du 15 au 20 exclusivement; **~ of** non compris; **the price is ~ of transport charges** le prix ne comprend pas les frais de transport. ◆ **exclusively** *adv* exclusivement.

excommunicate [ˌekskəˈmjuːnɪkeɪt] *vt* excommunier. ◆ **excommunication** *n* excommunication *f*.

excrement [ˈekskrɪmənt] *n* excrément *m*.

excrescence [ɪksˈkresns] *n* excroissance *f*.

excrete [ɪksˈkriːt] *vt* excréter. ◆ **excreta** *npl* excrétions *fpl*.

excruciating [ɪksˈkruːʃɪeɪtɪŋ] *adj pain* atroce; *suffering* déchirant; *noise* insupportable; *(*: unpleasant)* épouvantable, atroce. ◆ **excruciatingly** *adv* atrocement, affreusement; **~ly funny *** désopilant.

exculpate [ˈekskʌlpeɪt] *vt person* disculper (*from* de).

excursion [ɪksˈkɜːʃ(ə)n] **1** *n* excursion *f*; *(in car, on cycle)* randonnée *f*; *(fig: digression)* digression *f*. **2** *adj*: **~ ticket** billet *m* d'excursion; **~ train** train spécial *(pour excursions)*.

excuse 1 [ɪksˈkjuːz] *vt* **(a)** *(justify, pardon)* excuser (*sb for having done* qn d'avoir fait). **to ~ o.s.** s'excuser (*for* de, *for doing* de faire); présenter ses excuses; **if you will ~ the expression** passez-moi l'expression; **and now if you will ~ me, ...** maintenant, si vous permettez, ...; **~ me!** excusez-moi! **(b)** *(exempt)* exempter (*sb from sth* qn de qch), dispenser (*sb from sth* qn de qch, *sb from doing* qn de faire), excuser. *(to children)* **you are ~d** vous pouvez vous en aller; **to ask to be ~d** se faire excuser.
2 [ɪksˈkjuːs] *n* **(a)** *(reason, justification)* excuse *f*. **that is no ~ for his leaving so abruptly** cela ne l'excuse pas d'être parti si brusquement. **(b)** *(pretext)* excuse *f*, prétexte *m*. **he is only making ~s** il cherche tout simplement des prétextes; **to make an ~ for sth/for doing** trouver une excuse à qch/pour faire; **he gave the bad weather as his ~ for not coming** il a prétexté le mauvais temps pour ne pas venir. ◆ **excusable** *adj* excusable, pardonnable.

ex-directory [ˌeksdɪˈrektərɪ] *adj (Telec)* qui ne figure pas dans l'annuaire, qui est sur la liste rouge.

execrate [ˈeksɪkreɪt] *vt* exécrer. ◆ **execrable** *adj* exécrable. ◆ **execrably** *adv* exécrablement. ◆ **execration** *n* exécration *f*.

execute [ˈeksɪkjuːt] *vt* **(a)** *(put to death)* exécuter. **(b)** *(carry out) (gen)* exécuter; *work of art* réaliser; *purpose, sb's wishes, duties, task* accomplir. ◆ **execution** *n* exécution *f*; **in the execution of his duties** dans l'exercice de ses fonctions. ◆ **executioner** *n* bourreau *m*. ◆ **executive** [ɪgˈzekjʊtɪv] **1** *adj powers, committee* exécutif; *job* de cadre; *director, secretary* général; *offices* de la direction; *post, car, plane* de direction; *unemployment* des cadres ; **2** *n (power)* (pouvoir *m*) exécutif *m*; *(person)* cadre *m*; *(group of managers)* bureau *m*; **senior/junior executive** cadre supérieur/moyen; **a sales executive** un cadre ventes. ◆ **executor** *n* [ɪgˈzekjʊtəʳ] exécuteur *m*, -trice *f* testamentaire.

exemplary [ɪgˈzemplərɪ] *adj (gen)* exemplaire; *pupil etc* modèle.

exemplify [ɪgˈzemplɪfaɪ] *vt (illustrate)* exemplifier; *(be example of)* servir d'exemple de.

exempt [ɪgˈzem(p)t] **1** *adj* exempt (*from* de). **2** *vt* exempter (*from sth* de qch), dispenser (*from doing* de faire). ◆ **exemption** *n* exemption *f* (*from* de); *(Educ)* dispense *f*; *(Jur)* dérogation *f*.

exercise [ˈeksəsaɪz] **1** *n (gen)* exercice *m*. **in the ~ of his duties** dans l'exercice de ses fonctions; **physical ~** exercice physique; **(physical) ~s** la gymnastique; **to take ~** prendre de l'exercice; **a grammar ~** un exercice de grammaire; **NATO ~s** manœuvres *fpl* de l'OTAN; **an ~ in public relations** une opération de relations publiques; **a cost-cutting ~** une opération de réduction des coûts. **2** *vt limb, rights, influence* exercer; *(use)* tact, *restraint* faire preuve de; (*) *dog etc* promener. **the problem which is exercising my mind** le problème qui me préoccupe. **3** *vi* prendre de l'exercice. ◆ **exercise bike** *n* vélo *m* de santé. ◆ **exercise-book** *n (for writing)* cahier *m*.

exert [ɪgˈzɜːt] *vt (gen)* exercer; *force* employer. **to ~ o.s.** *(physically)* se dépenser; *(take trouble)* se donner du mal; *(iro)* **don't ~ yourself!** ne vous fatiguez pas! ◆ **exertion** *n* effort *m*; **by his own ~ions** par ses propres moyens *mpl*; **the day's ~ions** les fatigues *fpl* de la journée; **it doesn't require much ~ion** cela n'exige pas un grand effort.

exeunt [ˈeksɪʌnt] *vi (Theat)* ils sortent.

exhale [eksˈheɪl] *vti (Physiol)* expirer.

exhaust [ɪgˈzɔːst] **1** *vt (all senses)* épuiser. **2** *n (~ system)* échappement *m*; *(~ pipe)* pot *m* d'échappement; *(~ fumes)* gaz *m* d'échappement. ◆ **exhausted** *adj* épuisé; **I'm ~ed** je n'en peux plus; **my patience is ~ed** ma patience est à bout. ◆ **exhausting** *adj* épuisant. ◆ **exhaustion** *n* épuisement *m*. ◆ **exhaustive** *adj account, report* complet; *study, description, list* exhaustif; *inquiry, inspection* minutieux. ◆ **exhaustively** *adv search, study* à fond; *list, describe* exhaustivement.

exhibit [ɪgˈzɪbɪt] **1** *vt painting, handicrafts* exposer; *merchandise* exposer, étaler; *document, identity card* présenter; *courage, skill, ingenuity* faire preuve de. **2** *n (in exhibition)* objet *m* exposé; *(Jur)* pièce *f* à conviction. ◆ **exhibition** *n [paintings etc]* exposition *f*; *[articles for sale]* étalage *m*; **the Van Gogh ~ion** l'exposition Van Gogh; *(fig)* **to make an ~ion of o.s.** se donner en spectacle. ◆ **exhibitionism** *n* exhibitionnisme *m*. ◆ **exhibitionist** *adj, n* exhibitionniste *(mf)*. ◆ **exhibitor** *n* exposant(e) *m(f)*.

exhilarate [ɪgˈzɪləreɪt] *vt [sea air etc]* vivifier; *[music, wine, good company]* stimuler. ◆ **exhilarated** *adj* stimulé. ◆ **exhilarating** *adj* vivifiant; stimulant. ◆ **exhilaration** *n* joie *f*, allégresse *f*.

exhort [ɪgˈzɔːt] *vt* exhorter (*to* à, *to do* à faire). ◆ **exhortation** *n* exhortation *f* (*to* à).

exhume [eksˈhjuːm] *vt* exhumer. ◆ **exhumation** *n* exhumation *f*.

exile ['eksaɪl] **1** n (person) exilé(e) m(f); (condition) exil m. **in(to)** ~ en exil. **2** vt exiler (from de).
♦ **exiled** adj exilé, en exil.

exist [ɪg'zɪst] vi (a) (be) exister. **everything that ~s** tout ce qui existe or est; **doubt still ~s** le doute subsiste. (b) (live) vivre (on de), subsister. **we cannot ~ without water** nous ne pouvons pas vivre or subsister sans eau; **she ~s on very little** elle vit de très peu. ♦ **existence** n existence f; **to be in ~ence** exister; **to come into ~ence** être créé; **the only one in ~ence** le seul qui existe (subj). ♦ **existent** adj existant. ♦ **existential** adj existentiel. ♦ **existentialism** n existentialisme m. ♦ **existentialist** adj, n existentialiste (mf). ♦ **existing** adj law existant; regime actuel.

exit ['eksɪt] **1** n sortie f. **2** vi (a) (Comput) sortir. (b) (Theat) il sort. **3** adj: ~ **permit/visa** permis m/visa m de sortie; ~ **poll** sondage m à la sortie des bureaux de vote; (US Aut) ~ **ramp** bretelle f d'accès.

exodus ['eksədəs] n exode m. (Bible) E~ l'Exode; (fig) **there was a general ~** il y a eu un véritable exode.

exonerate [ɪg'zɒnəreɪt] vt disculper (from de), innocenter. ♦ **exoneration** n disculpation f.

exorbitant [ɪg'zɔːbɪt(ə)nt] adj price exorbitant; demands exorbitant, démesuré. ♦ **exorbitantly** adv démesurément.

exorcize ['eksɔːsaɪz] vt exorciser. ♦ **exorcism** n exorcisme m. ♦ **exorcist** n exorciste m.

exotic [ɪg'zɒtɪk] adj exotique. ♦ **exoticism** n exotisme m.

expand [ɪks'pænd] **1** vt gas, metal, lungs dilater; business, ideas, notes, muscles développer; production augmenter; horizons, study élargir; influence, knowledge étendre. **~ed polystyrene** polystyrène m expansé. **2** vi se dilater; se développer; augmenter; s'élargir; s'étendre. **the market is ~ing** les débouchés se multiplient. ♦ **expanding** adj metal, market, universe en expansion; bracelet extensible; **a rapidly ~ing industry** une industrie en pleine expansion; **~ing file** classeur extensible.

expanse [ɪks'pæns] n étendue f. ♦ **expansion** n [gas] dilatation f; [business] agrandissement m; [trade, subject, idea] développement m; [production] augmentation f; (territorial, economic, colonial) expansion f. ♦ **expansionism** n expansionnisme m. ♦ **expansive** adj expansif, communicatif; smile chaleureux; **in an expansive mood** en veine d'épanchements. ♦ **expansively** adv (in detail) avec abondance; (warmly) avec chaleur; **to smile expansively** arborer un large sourire; **to gesture expansively** faire de grands gestes.

expatiate [ɪks'peɪʃɪeɪt] vi discourir (upon sur).

expatriate [eks'pætrɪeɪt] adj, n expatrié(e) m(f).

expect [ɪks'pekt] vt (a) (anticipate) s'attendre à; (with confidence) escompter; (count on) compter sur; (hope for) espérer. **to ~ to do** penser or compter or espérer faire, s'attendre à faire; **that was to be ~ed** c'était à prévoir, il fallait s'y attendre; **I ~ed as much** je m'y attendais; **I know what to ~** je sais à quoi m'attendre; **I did not ~ that from him** je n'attendais pas cela de lui; **to ~ that** s'attendre à ce que + subj, escompter que + indic; **it is ~ed that** il est vraisemblable que + indic, il y a des chances pour que + subj; **it is not as heavy as I ~ed** ce n'est pas aussi lourd que je le croyais; **as ~ed** comme prévu. (b) (suppose) penser, supposer. **I ~ so** je crois que oui; **yes, I ~ it is** oui, je m'en doute. (c) (demand) exiger, attendre (sth from sb qch de qn), demander (sth from sb qch à qn). **to ~ sb to do sth** exiger or demander que qn fasse qch; **you can't ~ too much from him** on ne peut pas trop exiger de lui; **I ~ you to tidy your own room** tu es censé ranger ta chambre toi-même; **what do you ~ me to do about**

it? que voulez-vous que j'y fasse?; **England ~s that...** l'Angleterre compte que + fut indic. (d) (await) attendre. **I am ~ing them for dinner** je les attends à dîner; **we'll ~ you when we see you *** on ne t'attend pas à une heure précise; **she is ~ing a baby, she is ~ing *** elle attend un bébé.
♦ **expectancy** n attente f; (hopefulness) espoir m; **with eager ~ancy** avec une vive impatience; **look of ~ancy** regard plein d'espoir. ♦ **expectant** adj person, crowd qui attend qch; attitude d'expectative; look de qn qui attend qch; **~ant mother** femme f enceinte. ♦ **expectantly** adv look, listen avec l'air d'attendre qch; wait avec espoir. ♦ **expectation** n attente f; **in ~ation of** dans l'attente de, en prévision de; **~ation of life** espérance f de vie; **contrary to all ~ation** contre toute attente; **to come up to sb's ~ations** répondre à l'attente or aux espérances de qn; **beyond ~ation** au-delà de mes etc espérances.

expedient [ɪks'piːdɪənt] **1** adj (convenient) indiqué, opportun; (politic) politique, opportun. **it would be ~ to change the rule** il serait opportun de changer le règlement. **2** n expédient m. ♦ **expedience** or ♦ **expediency** n (self-interest) opportunisme m; (advisability) opportunité f.

expedite ['ekspɪdaɪt] vt preparations, process accélérer; work, legal or official matters activer, hâter; business, deal pousser; task expédier. ♦ **expedition** n expédition f. ♦ **expeditionary** adj expéditionnaire. ♦ **expeditious** adj expéditif. ♦ **expeditiously** adv promptement.

expel [ɪks'pel] vt (gen) expulser (from de); (from school) renvoyer; enemy chasser.

expend [ɪks'pend] vt time, energy consacrer (on à; on doing à faire); money dépenser (on pour; on doing à faire); (use up) épuiser. ♦ **expendable** adj equipment non-réutilisable; troops sacrifiable; (of little value) person, object facile à remplacer. ♦ **expenditure** n dépenses fpl; **an item of ~iture** une dépense.

expense [ɪks'pens] **1** n dépense f, frais mpl. **at my ~** à mes frais; (fig) à mes dépens; **at great ~** à grands frais; **to go to the ~ of buying a car** faire la dépense d'une voiture; **to go to great ~** faire beaucoup de frais (to do pour faire); **to go to some ~** faire des frais; **regardless of ~** sans regarder à la dépense; **to put sb to ~** causer des dépenses à qn; **to meet the ~ of sth** faire face aux frais de qch; **~s** frais; **after all ~s have been paid** tous frais payés. **2** adj: ~ **account** frais mpl de représentation; **to go on sb's ~ account** passer sur la note de frais de qn. ♦ **expensive** adj cher; (costly) coûteux; tastes de luxe; journey onéreux; **to be expensive** coûter cher inv; valoir cher inv. ♦ **expensively** adv entertain à grands frais; dress de façon coûteuse. ♦ **expensiveness** n cherté f.

experience [ɪks'pɪərɪəns] **1** n (a) (knowledge etc) expérience f (of de). **I know by ~** je le sais par expérience; **from my own or personal ~** d'après mon expérience personnelle; **I know from bitter ~ that...** j'ai appris à mes dépens que...; **he has no ~ of grief/of living in the country** il ne sait pas ce que c'est que le vrai chagrin/que de vivre à la campagne; **the greatest disaster in the ~ of this nation** le plus grand désastre que cette nation ait connu. (b) (practice, skill) pratique f, expérience f. **practical ~** pratique; **business/teaching/driving ~** expérience des affaires/de l'enseignement/du volant; **have you any previous ~?** avez-vous déjà fait ce genre de travail?; **I've no ~ of doing that** je n'ai jamais fait cela. (c) (event ~d) expérience f, aventure f, sensation f. **I had a pleasant/frightening ~** il m'est arrivé une chose or une aventure agréable/effrayante; **she's had some terrible ~s** elle en a vu de dures *; **it wasn't an ~ I would care to repeat** ça n'est pas une aventure

que je tiens à recommencer; **unfortunate** ~ mésaventure f.
2 vt misfortune, hardship connaître; setbacks, losses essuyer; conditions vivre dans; ill treatment subir; difficulties rencontrer; sensation, terror, remorse éprouver; emotion ressentir. **he has never** ~**d it** il n'en a jamais fait l'expérience, cela ne lui est jamais arrivé; **he** ~**s some difficulty in speaking** il éprouve de la difficulté à parler.
◆ **experienced** adj (gen) expérimenté, qui a de l'expérience (in en, en matière de); eye, ear exercé.

experiment [ɪks'perɪmənt] **1** n expérience f (also Chem etc). **as an** ~ à titre d'essai or d'expérience. **2** [ɪks'perɪment] vi (gen, fig) faire une expérience. **to** ~ **with a new vaccine** expérimenter un nouveau vaccin; **to** ~ **on guinea pigs** faire des expériences sur des cobayes. ◆ **experimental** adj (gen) expérimental; evidence confirmé par l'expérience; cinema, period d'essai; **at the** ~**al stage** au stade expérimental; **this system is merely** ~**al** ce système est encore à l'essai; ~**al chemist** chimiste mf de laboratoire. ◆ **experimentally** adv prove etc expérimentalement; arrange, organize à titre d'expérience. ◆ **experimentation** n expérimentation f.

expert ['ekspɜːt] **1** n spécialiste mf (on, at sth de qch); (qualified) expert m (at sth en qch; at doing à faire). **he is an** ~ **on wines** il est grand connaisseur en vins; **he is an** ~ **on the subject** c'est un expert en la matière. **2** adj person expert (in sth en qch; in the art of dans l'art de; at, in doing à faire); knowledge, advice, evidence d'expert; (Jur) witness expert. **he is** ~ il s'y connaît; **with an** ~ **eye** judge en expert; look at d'un œil connaisseur ; **with an** ~ **touch** avec beaucoup d'habileté.
◆ **expertise** n compétence f (in en), adresse f (in à). ◆ **expertly** adv de façon experte, adroitement.

expire [ɪks'paɪəʳ] vi [document] expirer; [period, time limit] arriver à terme; (die) expirer. ◆ **expiration** or ◆ **expiry** n expiration f; **expiry date** (gen) date f de péremption; (on label) à utiliser avant...

explain [ɪks'pleɪn] vt (gen) expliquer; mystery éclaircir; reasons, points of view exposer. **to** ~ **o.s.** s'expliquer. ◆ **explain away** vt sep trouver une explication convaincante de. ◆ **explainable** adj explicable; **that is easily** ~**able** cela s'explique facilement. ◆ **explanation** n explication f; éclaircissement m; **to find an explanation for sth** trouver l'explication de qch; **has he something to say in explanation of his conduct?** est-ce qu'il peut fournir une explication de sa conduite?; **what have you to say in explanation?** qu'avez-vous à dire pour votre justification? ◆ **explanatory** adj explicatif.

expletive [ɪks'pliːtɪv] n (oath) juron m.

explicit [ɪks'plɪsɪt] adj intention, statement explicite; denial catégorique. ◆ **explicitly** adv explicitement; catégoriquement.

explode [ɪks'pləʊd] **1** vi exploser. **to** ~ **with laughter** éclater de rire. **2** vt faire exploser; (fig) theory, rumour montrer la fausseté de. **to** ~ **the myth that...** démolir le mythe selon lequel... ◆ **explosion** n explosion f; (noise of explosion) détonation f. ◆ **explosive 1** adj gas, matter explosible; mixture détonant; weapons, force, situation, temper explosif; **2** n explosif m.

exploit ['eksplɔɪt] **1** n prouesse f; (heroic) exploit m. ~**s** aventures fpl. **2** [ɪks'plɔɪt] vt exploiter.
◆ **exploitation** n exploitation f.

explore [ɪks'plɔːʳ] vt (gen) explorer; (Med) sonder; issue étudier sous tous ses aspects. **to go exploring** partir en exploration; **to** ~ **the ground** sonder le terrain; **to** ~ **every avenue** examiner toutes les possibilités. ◆ **exploration** n exploration f.

◆ **exploratory** adj expedition d'exploration; step, discussion préparatoire; (Med) **exploratory operation** sondage m. ◆ **explorer** n explorateur m, -trice f.

exponent [ɪks'pəʊnənt] n [ideas] interprète m; [literary movement etc] représentant(e) m(f). ◆ **exponentially** adv increase de façon exponentielle.

export [ɪks'pɔːt] **1** vt exporter (to vers). **2** ['ekspɔːt] n exportation f. **for** ~ **only** réservé à l'exportation. **3** ['ekspɔːt] adj goods, permit d'exportation. ~ **drive** campagne f pour encourager l'exportation; ~ **duty** droit m de sortie; ~ **reject** article m impropre à l'exportation. ◆ **exportation** n exportation f. ◆ **exporter** n exportateur m; (country) pays m exportateur.

expose [ɪks'pəʊz] vt (gen, also Phot) exposer (to à); (uncover) découvrir; wire, nerve mettre à nu; (display) goods, pictures exposer; one's ignorance afficher; (unmask, reveal) vice mettre à nu; scandal, plot révéler, dévoiler; secret éventer; person dénoncer. **to be** ~**d to view** s'offrir à la vue; **digging has** ~**d the remains of a temple** les fouilles ont mis au jour les restes d'un temple; **to** ~ **o.s.** s'exposer à. ◆ **exposed** adj country (gen) battu par les vents; (Mil) découvert; (Tech) part apparent; wire à nu; (Phot) exposé; (fig) **he is in a very** ~**d position** il est très exposé. ◆ **exposition** n exposition f.
◆ **exposure 1** n exposition f (to à); révélation f; dénonciation f; (Phot) pose f; **to threaten sb with exposure** menacer qn d'un scandale; **to die of exposure** mourir de froid ; **2** adj (Phot) **exposure meter** posemètre m.

expostulate [ɪks'pɒstjʊleɪt] **1** vt protester. **2** vi: **to** ~ **with sb about sth** faire des remontrances à qn au sujet de qch. ◆ **expostulation** n protestation f; remontrances fpl.

expound [ɪks'paʊnd] vt theory, text expliquer; one's views exposer.

express [ɪks'pres] **1** vt (a) (gen) exprimer; a truth, proposition énoncer; wish formuler. **to** ~ **o.s.** s'exprimer; **to** ~ **an interest in** manifester de l'intérêt pour. (b) (send) letter, parcel expédier par exprès. **2** adj instructions exprès, formel; intention explicite. **with the** ~ **purpose of** dans le seul but de. (b) (fast) letter, delivery exprès inv; coach etc express inv. ~ **train** rapide m; (esp US) ~ **way** voie f express. **3** adv très rapidement; post par exprès. **4** n (train) rapide m. ◆ **expression** n (gen) expression f; (phrase etc) expression, tournure f; **set** ~**ion** expression consacrée. ◆ **expressionism** n expressionnisme m. ◆ **expressionist** adj, n expressionniste (mf). ◆ **expressive** adj language, face, hands expressif; gestures, silence éloquent; look, smile significatif. ◆ **expressively** adv d'une manière expressive. ◆ **expressly** adv expressément.

expulsion [ɪks'pʌlʃ(ə)n] n expulsion f; (Scol etc) renvoi m. ~ **order** arrêté m d'expulsion.

expurgate ['ekspɜːgeɪt] vt expurger.

exquisite [ɪks'kwɪzɪt] adj (gen) exquis; sensibility raffiné; sense of humour subtil; satisfaction, pleasure vif (f vive); pain aigu (f -guë). ◆ **exquisitely** adv (gen) d'une façon exquise; (extremely) extrêmement; ~**ly beautiful** d'une beauté exquise.

extant [eks'tænt] adj qui existe encore. **a few examples are still** ~ quelques exemples subsistent.

extempore [ɪks'tempərɪ] adv, adj impromptu.
◆ **extemporize** vti improviser.

extend [ɪks'tend] **1** vt (a) (stretch out) arm étendre; one's hand tendre (to sb à qn); (offer) help apporter; hospitality, friendship offrir; thanks, condolences, congratulations présenter; welcome souhaiter; invitation faire, lancer; loan consentir. (b) (prolong) street, line, visit prolonger (by, for de); (enlarge) house, property agrandir; research pousser plus loin; powers, limits, business étendre; insurance cover aug-

menter le montant de; *knowledge* accroître; *frontiers* reculer; *vocabulary* enrichir; *(make demands on) worker, pupil* faire donner son maximum à. ~**ed credit** un long crédit; **the ~ed family** la famille étendue; **an ~ed play record** un disque double (durée).
2 *vi [wall, estate]* s'étendre (*to, as far as* jusqu'à); *[meeting, visit]* se prolonger (*over* pendant; *for* durant).
◆ **extension 1** *n* extension *f*; prolongation *f*; agrandissement *m*; *(to road, line)* prolongement *m*; *(for table, wire, electric flex)* rallonge *f*; *(to holidays, leave)* prolongation; *(telephone) [private house]* appareil *m* supplémentaire; *[office]* poste *m*; **extension 21** poste 21; **to have an extension built on to the house** faire agrandir la maison; **come and see our extension** venez voir nos agrandissements *mpl* ; **2** *adj*: *(Elec)* **extension cable** *or* **lead** prolongateur *m*; **university extension courses** cours *mpl* publics du soir (organisés par l'Université); **extension ladder** échelle *f* coulissante.
◆ **extensive** *adj estate, forest, knowledge* vaste, étendu; *study, research* approfondi; *investments, alterations* considérable; *plans, reforms, business* de grande envergure; *use* répandu. ◆ **extensively** *adv alter* considérablement; *discuss* abondamment; *advertise* largement; *use, travel* beaucoup.

extent [ɪks'tent] *n [estate, knowledge, activities, power]* étendue *f*; *[road etc]* longueur *f*; *[damage, commitments, losses]* importance *f*; *(degree)* mesure *f*, degré *m*. **to open to its fullest ~** ouvrir entièrement; **to what ~** dans quelle mesure; **to a certain ~** jusqu'à un certain point, dans une certaine mesure; **to a large ~** en grande partie; **to a small ~** dans une faible mesure; **to such an ~ that** à tel point que; **to the ~ of doing** au point de faire.

extenuating [ɪk'stenjʊeɪtɪŋ] *adj* atténuant.

exterior [ɪks'tɪərɪə^r] **1** *adj* extérieur (*to* à). ~ **decoration** peintures *fpl* d'extérieur; **paint for ~ use** peinture *f* pour bâtiment. **2** *n* extérieur *m*. **on the ~** à l'extérieur.

exterminate [ɪks'tɜ:mɪneɪt] *vt pests, group of people* exterminer; *beliefs, ideas* supprimer. ◆ **extermination** *n* extermination *f*. ◆ **exterminator** *n* (*US*) employé(e) *m(f)* de la désinfection.

external [eks'tɜ:nl] **1** *adj surface* externe, extérieur; *wall* extérieur; *influences* du dehors; *factor, trade* extérieur. *(Pharm)* **for ~ use only** pour usage externe; ~ **examiner** examinateur *m* venu de l'extérieur *(d'une autre université)*. **2** *n*: **the ~s** l'extérieur *m*, les apparences *fpl*. ◆ **externally** *adv* extérieurement.

extinct [ɪks'tɪŋ(k)t] *adj (gen)* éteint; *race, species* disparu. ◆ **extinction** *n* extinction *f*.

extinguish [ɪks'tɪŋgwɪʃ] *vt (lit, fig)* éteindre. ◆ **extinguisher** *n* extincteur *m*.

extol [ɪks'təʊl] *vt* louer avec enthousiasme.

extort [ɪks'tɔ:t] *vt money, signature* extorquer (*from* à); *promise, confession, secret* arracher (*from* à). ◆ **extortion** *n* extorsion *f*. ◆ **extortionate** *adj* exorbitant.

extra ['ekstrə] **1** *adj (more)* de plus, supplémentaire; *(spare)* en trop. **an ~ chair** une chaise de plus *or* supplémentaire; ~ **money** de l'argent de plus; **the ~ money/chair** l'argent/la chaise supplémentaire; **the chair is ~** *(spare)* la chaise est en trop; *(costs more)* la chaise est en supplément; *(Ftbl)* **after ~ time** après prolongation *f*; **I have had ~ work** j'ai eu plus de travail que d'habitude; ~ **police/troops** des renforts *mpl* de police/de l'armée; **there will be no ~ charge** on ne vous comptera pas de supplément; **take ~ care!** faites particulièrement attention!; ~ **pay** supplément *m* de salaire *(for* de); **for ~ safety** pour plus de sécurité; **postage ~** frais *mpl* de port en sus ; **I bought a few ~ tins** j'ai acheté quelques boîtes de réserve.

2 *adv* plus que d'habitude, particulièrement. ~ **kind** plus gentil que d'habitude.
3 *n (perk)* à-côté *m*; *(luxury)* agrément *m*; *(in restaurant: ~ dish)* supplément *m*; *(Cine, Theat: actor)* figurant(e) *m(f)*; *(US: gasoline)* super(carburant) *m*. **singing and piano are ~s** les leçons de chant et de piano ne sont pas comprises.
◆ **extrafine** *adj* extra-fin. ◆ **extra-smart** *adj* ultra-chic * *inv.* ◆ **extra-strong** *adj person* extrêmement fort; *material* extra-solide.

extract [ɪks'trækt] **1** *vt (gen)* extraire (*from* de); *tooth* arracher (*from* à); *(fig) confession, permission, promise* arracher (*from* à); *information, meaning, moral* tirer (*from* de); *money* soutirer (*from* à). **2** ['ekstrækt] *n* extrait *m*. ◆ **extraction** *n* extraction *f (also Dentistry)*; *(descent)* origine *f*. ◆ **extractor** *adj*: ~ **or fan** ventilateur *m*.

extracurricular ['ekstrəkə'rɪkjʊlə^r] *adj (Scol gen)* périscolaire, en dehors du programme.

extradite ['ekstrədaɪt] *vt* extrader. ◆ **extradition** *n* extradition *f*.

extramarital ['ekstrə'mærɪtl] *adj* en dehors du mariage.

extramural ['ekstrə'mjʊər(ə)l] *adj course* hors faculté; *lecture* public.

extraneous [ɪk'streɪnɪəs] *adj issue* non pertinent.

extraordinary [ɪks'trɔ:dnrɪ] *adj (gen)* extraordinaire; *quality* exceptionnel; *action, speech, behaviour* étonnant, surprenant; *insults, violence* inouï. **an ~ meeting of the shareholders** une assemblée extraordinaire des actionnaires; **I find it ~ that he hasn't replied** je trouve extraordinaire *or* inouï qu'il n'ait pas répondu; **there's nothing ~ about that** cela n'a rien d'étonnant; **it's ~ to think that...** il semble incroyable que... + *subj*; **the ~ fact is that he succeeded** ce qu'il y a d'étonnant c'est qu'il a *or* ait réussi. ◆ **extraordinarily** *adv* extraordinairement.

extrasensory ['ekstrə'sensərɪ] *adj*: ~ **perception** perception extra-sensorielle.

extraspecial ['ekstrə'speʃ(ə)l] *adj (gen)* exceptionnel; *care* tout particulier; *occasion* grand.

extraterrestrial [ekstrətɪ'restrɪəl] **1** *adj* extraterrestre. **2** *n* extraterrestre *mf*.

extravagance [ɪks'trævəgəns] *n (excessive spending)* prodigalité *f*; *(wastefulness)* gaspillage *m*; *(thing bought)* folie *f*. **that hat was a great ~** ce chapeau était une vraie folie. ◆ **extravagant** *adj (wasteful) person* dépensier, prodigue; *taste* dispendieux; *(exaggerated) (gen)* extravagant; *opinions, praise, claims* exagéré; *prices* exorbitant. ◆ **extravagantly** *adv (lavishly)* avec prodigalité; *(flamboyantly)* d'une façon extravagante; **to use sth extravagantly** gaspiller qch. ◆ **extravaganza** *n* fantaisie *f*; *(show)* spectacle somptueux.

extreme [ɪks'tri:m] **1** *adj (exceptional, exaggerated)* extrême; *(furthest)* extrême *(before n)*. **in ~ danger** en très grand danger; *(Pol)* **the ~ right** l'extrême droite *f*; **at the ~ end of the path** à l'extrémité du chemin; **how ~!** c'est un peu poussé! **2** *n* extrême *m*. **in the ~** à l'extrême, au plus haut degré; **to go to ~s** pousser les choses à l'extrême. ◆ **extremely** *adv* extrêmement. ◆ **extremist 1** *adj opinion* extrême; *person* extrémiste; *party* d'extrémistes ; **2** *n* extrémiste *mf*. ◆ **extremity** [ɪks'tremɪtɪ] *n (gen)* extrémité *f*; *[despair, happiness]* extrême degré *m*.

extricate ['ekstrɪkeɪt] *vt object* dégager (*from* de). *(fig)* **to ~ o.s.** se tirer (*from* de).

extrovert ['ekstrəʊ'vɜ:t] **1** *adj* extraverti. **2** *n* extraverti(e) *m(f)*.

exuberance [ɪg'zu:b(ə)r(ə)ns] *n* exubérance *f*. ◆ **exuberant** *adj* exubérant. ◆ **exuberantly** *adv* avec exubérance.

exude [ɪg'zjuːd] *vti (lit)* exsuder. *(fig)* **he** ~**d charm** le charme lui sortait par tous les pores; **he** ~**s confidence** il respire la confiance en soi.

exult [ɪg'zʌlt] *vi (rejoice)* se réjouir (*in* de; *over* de, à propos de), exulter; *(triumph)* jubiler. ◆ **exultant** *adj expression, shout* de triomphe; *[person]* **to be** ~**ant** jubiler. ◆ **exultantly** *adv* triomphalement. ◆ **exultation** *n* exultation *f*.

eye [aɪ] **1** *n* œil *m* (*pl* yeux). **girl with blue** ~**s, blue-**~**d girl** fille aux yeux bleus; **to have brown** ~**s** avoir les yeux bruns; **with tears in her** ~**s** les larmes aux yeux; **with one's** ~**s closed** les yeux fermés; **to have the sun in one's** ~**s** avoir le soleil dans les yeux; **before my very** ~**s** sous mes yeux; **for your** ~**s only** ultra-confidentiel; **as far as the** ~ **can see** à perte de vue; **in the** ~**s of** aux yeux de; **to look at a question through the** ~**s of an economist** envisager une question du point de vue de l'économiste; **under the** ~ **of** sous l'œil de; **with my own** ~**s** de mes propres yeux; **with an** ~ **to the future** en prévision de l'avenir; **with an** ~ **to buying** en vue d'acheter; **that's one in the** ~ **for him** * c'est bien fait pour lui; **to be all** ~**s** être tout yeux; **to be up to the** *or* **one's** ~**s in work** être dans le travail jusqu'au cou; **to shut one's** ~**s to** *sb's shortcomings* fermer les yeux sur; *evidence* se refuser à; *dangers, truth* se dissimuler; **his** ~ **fell on...** son regard est tombé sur...; **to get one's** ~ **in** ajuster son coup d'œil; **to have one's** ~ **on sth/sb** avoir qch/qn en vue; **to have an** ~ **to the main chance** ne jamais perdre de vue ses propres intérêts; **to have an** ~ **for sth** savoir reconnaître qch; **to keep one's** ~ **on the ball** fixer la balle; **to keep an** ~ **on sth/sb** surveiller qch/qn; **to keep an** ~ **on things** * avoir l'œil (à tout); **to keep one's** ~**s open** être vigilant, ouvrir l'œil; **to keep one's** ~**s open for sth** essayer de trouver qch; **he couldn't keep his** ~**s open** * il dormait debout; *(fig)* **with one's** ~**s wide open** en connaissance de cause; **to look sb straight in the** ~ regarder qn dans les yeux; **to make** ~**s at** * faire de l'œil à *; **to see** ~ **to** ~ **with sb** partager le point de vue de qn; **I've never set** ~**s on him** je ne l'ai jamais vu de ma vie; **he didn't take his** ~**s off her** il ne l'a pas quittée des yeux; **he never uses his** ~**s** il ne sait pas voir; **use your** ~**s** tu es aveugle?
2 *vt* regarder. **he was** ~**ing the girls** il reluquait les filles.

◆ **eyeball** *n* globe *m* oculaire. ◆ **eyebath** *n* œillère *f (pour bains d'œil)*. ◆ **eyebrow 1** *n* sourcil *m*; **2** *adj*: ~**brow pencil** crayon *m* à sourcils; ~**brow tweezers** pince *f* à épiler. ◆ **eye-catching** *adj dress, colour* qui tire l'œil; *publicity, poster* accrocheur. ◆ **eye doctor** *n* oculiste *mf*. ◆ **eyedrops** *npl* gouttes *fpl* pour les yeux. ◆ **eyeful** *n*: **he got an** ~**ful of mud** il a reçu de la boue plein les yeux; **she's quite an** ~**ful** * cette fille, c'est un régal pour l'œil. ◆ **eyelash** *n* cil *m*. ◆ **eyelet** *n* œillet *m (dans du tissu etc)*. ◆ **eyelevel** *adj* à hauteur des yeux; ~-**level grill** gril *m* surélevé. ◆ **eyelid** *n* paupière *f*. ◆ **eyeliner** *n* eye-liner *m*. ◆ **eye-opener** *n* révélation *f*. ◆ **eye-patch** *n* cache *m*. ◆ **eyeshade** *n* visière *f*. ◆ **eyeshadow** *n* fard *m* à paupières. ◆ **eyesight** *n* vue *f*. ◆ **eyestrain** *n*: **to have** ~**strain** avoir la vue fatiguée. ◆ **eye-tooth** *n* canine *f* supérieure; *(fig)* **I'd give my** ~-**teeth** * **for that/to do that** qu'est-ce que je ne donnerais pas pour avoir ça/pour faire ça. ◆ **eyewash** * *n (fig)* fadaises *fpl*. ◆ **eyewitness** *n* témoin *m* oculaire.

eyrie ['ɪərɪ] *n* aire *f (d'aigle)*.

F

F, f [ef] *n* F, f *m or f; (Mus)* fa *m*.

fa [fɑː] *n (Mus)* fa *m*.

fable ['feɪbl] *n* fable *f*. ◆ **fabled** *adj* légendaire.

fabric ['fæbrɪk] *n (cloth)* tissu *m*, étoffe *f; [building, system, society]* structure *f*. ◆ **fabricate** *vt* fabriquer. ◆ **fabrication** *n* fabrication *f*.

fabulous ['fæbjʊləs] *adj (gen)* fabuleux; *(*: wonderful)* formidable *, sensationnel *. **a ~ price *** un prix fou.

façade [fə'sɑːd] *n* façade *f*.

face [feɪs] **1** *n* visage *m*, figure *f; (expression)* mine *f; [building]* façade *f; [clock]* cadran *m; [cliff]* paroi *f; [coin]* côté *m; [the earth]* surface *f; [document]* recto *m; [playing card]* face *f*, dessous *m*. **~ down(wards)** *person* face contre terre; *card* face en dessous; **~ up(wards)** *person* sur le dos; *card* retourné; **to turn sth ~ up** retourner qch à l'endroit; *(Med)* **injuries to the ~** blessures *fpl* à la face; **you can shout till you're black in the ~ , he...** tu auras beau t'exténuer à crier, il...; **to change the ~ of a town** changer le visage d'une ville; **he vanished off the ~ of the earth** il a complètement disparu de la circulation; **I've got a good memory for ~s** je suis physionomiste; **he laughed in my ~** il m'a ri au nez; **he won't show his ~ here again** il ne se montrera plus ici; **he told him so to his ~** il le lui a dit tout cru; **in the ~** *of the enemy* face à; *threat, danger* devant; *difficulty* en dépit de; **to set one's ~ against sth** se dresser contre qch; **to set one's ~ against doing** se refuser à faire; **to put a bold** *or* **brave ~ on things** faire bon visage; **to lose ~** perdre la face; **to save (one's) ~** sauver la face; **to make** *or* **pull ~s** faire des grimaces *(at* à); **to make a (disapproving) ~** faire une moue de désapprobation; **on the ~ of it** à première vue; **to have the ~ to do *** avoir le toupet * de faire.

2 *adj*: **~ card** figure *f*; **~ cream** crème *f* pour le visage; **~ cloth** *or* **flannel** gant *m* de toilette; **~ pack** masque *m* de beauté; **~ powder** poudre *f* de riz; **~ value** *[coin]* valeur *f* nominale; *[stamp, card]* valeur; *(fig)* **to take sb** *or* **sth at ~ value** se laisser tromper par les apparences.

3 *vt* **(a)** *(turn towards)* faire face à; *(also* **be facing)** *person* être en face de; *wall etc* être face à; *[building]* *(be opposite)* être en face de; *(look towards)* donner sur; **problem facing me** problème devant lequel je me trouve; **facing one another** en face l'un de l'autre; **the picture facing page 16** l'illustration en regard de la page 16; **to be ~d with** *possibility, prospect* se trouver devant; *danger, defeat* être menacé par; **to be ~d with the prospect of doing** risquer d'avoir à faire; **~d with the prospect of...** devant la perspective de...; **~d with their demands** devant leurs revendications. **(b)** *(confront)* *enemy, danger, problem* faire face à; *(tackle)* s'attaquer à. **I can't ~ him** *(ashamed)* je n'ose pas le regarder en face; *(fed up)* je n'ai pas le courage de le voir; **to ~ the music** braver l'orage; **to ~ facts** regarder les choses en face; **to ~ the fact that...** admettre que...; **I can't ~ doing it** je n'ai pas le courage de le faire. **(c)** *(present sb with)* **you must face him with the decision/the truth** vous devez le contraindre à faire face à cette décision/à regarder la vérité en face.

4 *vi [person]* **to ~/be facing this way** se tourner/être tourné de ce côté; *(fig)* **to ~ both ways** ménager la chèvre et le chou; *[house]* **facing north** orienté au nord; **facing towards the sea** face à la mer.

◆ **face up to** *vt fus* *danger, difficulty* faire face à. **to ~ up to the fact that** admettre que.

◆ **faceless** *adj* anonyme. ◆ **face-lift** *n* lifting *M;* **to have a ~-lift** se faire faire un lifting; **to give a ~-lift *** **to** *(gen)* refaire une beauté * à; *house* ravaler. ◆ **face-off** *n (US) (Hockey)* remise *f* en jeu; *(fig)* confrontation *f*. ◆ **face-saving** *adj* qui sauve la face. ◆ **face-to-face 1** *adv* face à face ; **2** *adj*: **~-to-~ discussion** face à face *m inv*. ◆ **facial 1** *adj* facial ; **2** *n* soin *m* du visage. ◆ **facing** *n (Constr)* revêtement *m; (Sewing)* revers *m*.

facet ['fæsɪt] *n* facette *f*.

facetious [fə'siːʃəs] *adj* *person* facétieux; *remark* bouffon. ◆ **facetiously** *adv* facétieusement.

facility [fə'sɪlɪtɪ] *n* facilité *f (in, for doing* pour faire). **facilities** *(equipment, material)* équipements *mpl (for* de); *(installation)* installations *fpl; (means)* moyens *mpl (for* de); *(gen)* **facilities for** facilités *fpl* de; **recreational facilities** les facilités pour le sport et les loisirs; **the watch has a stopwatch ~** la montre a un système de chronomètre; **this ~ for the public** cette possibilité offerte au public; **there are no facilities for it** ce n'est pas équipé pour cela. ◆ **facilitate** *vt* faciliter.

facsimile [fæk'sɪmɪlɪ] *n* fac-similé *m*. **~ machine** télécopieur *m*.

fact [fækt] *n* fait *m*. **it is a ~ that** il est de fait que + *indic;* **is it a ~ that** est-il vrai que + *subj (often* * *indic);* **to know (it) for a ~ that** savoir de source sûre que; **the ~s of life** *(sex etc)* les choses *fpl* de la vie; *(fig)* les réalités *fpl* de la vie; **~ and fiction** le réel et l'imaginaire; **story founded on ~** histoire basée sur des faits; **in (point of) ~, as a matter of ~** en fait; **the ~ of the matter is that...** le fait est que... ◆ **fact-finding** *adj*: **~-finding committee** commission *f* d'enquête; **they were on a ~-finding mission to the war front** ils étaient partis enquêter au front. ◆ **factual** *adj* *report, description* basé sur les faits; *error* de fait. ◆ **factually** *adv* en se tenant aux faits.

faction¹ ['fækʃ(ə)n] *n* faction *f*.

faction² ['fækʃ(ə)n] *n (TV etc)* docudrame *m*.

factor ['fæktər] *n* facteur *m*. **safety ~** facteur de sécurité; **human ~** élément *m* humain.

factory ['fækt(ə)rɪ] **1** *n* usine *f*, *(gen smaller)* fabrique *f; [arms, china, tobacco]* manufacture *f; (fig)* usine. **shoe ~** usine *or* fabrique de chaussures. **2** *adj* *work, worker, chimney* d'usine; *inspector* du travail. **~ farming** élevage *m* industriel; **~ ship** navire-usine *m*.

factotum [fæk'təʊtəm] *n* factotum *m*.

faculty ['fæk(ə)ltɪ] *n* faculté *f*.

fad [fæd] *n (habit)* marotte *f; (fashion)* folie *f (for* de). ◆ **faddy** *adj* *person* qui a des marottes; *distaste* capricieux.

fade [feɪd] **1** *vi [flower]* se faner; *[colour, material]* passer; **(~ away)** *[daylight, one's faculties]* baisser; *[memory, vision]* s'effacer; *[hopes, smile]* s'évanouir; *[interest]* diminuer; *[sound]* s'affaiblir; *[person]*

dépérir. **the castle ~d from sight** le château disparut aux regards.
2 vt: **to ~ in/out** (Cine, TV) faire apparaître/ disparaître en fondu; (Rad) monter/couper par un fondu sonore.

faeces ['fiːsiːz] npl fèces fpl.

fag [fæg] **1** n (✳: nasty work) corvée f; (✳: cigarette) sèche ✳ f; (Brit Scol) petit m (élève au service d'un grand). **2** adj: **~ end** (remainder) restant m, reste m; (✳) [cigarette] mégot ✳ m. **3** vt (~ **out**) éreinter.

fag(g)ot ['fægət] n fagot m.

fah [fɑː] n (Mus) fa m.

Fahrenheit ['fær(ə)nhaɪt] adj Fahrenheit inv.

fail [feɪl] **1** vi (**a**) (gen) échouer; [candidate] échouer, être collé * (in an exam à un examen; in Latin en latin); [play, show] être un four; [bank, business] faire faillite. **to ~ to do** ne pas réussir à faire; **to ~ by 5 votes** échouer à 5 voix près; **to ~ in one's duty** manquer à son devoir. (**b**) [faculty] baisser; [person, voice] s'affaiblir; [light] baisser; [crops] être perdu; [power, electricity, water supply] manquer; [engine] tomber en panne; [brakes] lâcher.
2 vt (**a**) examination échouer à, être collé * à; subject échouer en; candidate refuser, coller *. (**b**) (let down) [person] décevoir, laisser tomber *; [memory etc] trahir. **don't ~ me!** ne me laissez pas tomber! *, je compte sur vous!; **his heart ~ed him** le cœur lui a manqué; **words ~ me!** les mots me manquent! (**c**) (omit) manquer, négliger (to do de faire). **to ~ to appear** (Jur) faire défaut; (gen) ne pas se montrer; **I ~ to see why** je ne vois pas pourquoi.
3 n (in exam) échec m. **without ~ come, do** sans faute; happen, befall immanquablement.
◆ **failing 1** n défaut m; **2** prep à défaut de; **~ing this** à défaut. ◆ **failsafe** adj à sûreté intégrée.
◆ **failure** n (gen) échec m (in an exam à un examen; in Latin en latin); [bank, business] faillite f; [electricity, engine] panne f; [crops] perte f; (unsuccessful person) raté(e) m(f); **a total ~ure** un fiasco; **his ~ure to convince them** son impuissance f à les convaincre; **he's a ~ure as a writer** il ne vaut rien comme écrivain.

faint [feɪnt] **1** adj breeze, smell, sound, hope, trace léger, faible; colour pâle; voice, breathing faible; idea, smile vague. **I haven't the ~est idea** je n'en ai pas la moindre idée; **to make a ~ attempt at doing** essayer sans conviction de faire; **to grow ~(er)** s'affaiblir; (Med) **to feel ~** être pris d'un malaise; **~ with hunger** défaillant de faim. **2** n évanouissement m. **3** vi s'évanouir (from de). **to be ~ing** défaillir (from de). ◆ **fainthearted** adj pusillanime, timide. ◆ **faintly** adv (a) feeblement; write, mark légèrement; disappointed légèrement; smiling, reminiscent vaguement. ◆ **faintness** n faiblesse f; légèreté f.

fair¹ [fɛəʳ] n (gen) foire f; (fun ~) fête f foraine. (Comm) **Book F~** Foire du livre. ◆ **fairground** n champ m de foire.

fair² [fɛəʳ] **1** adj (a) person, decision juste (to sb vis-à-vis de qn), équitable; deal, exchange équitable; fight, competition, match loyal; profit, comment justifié, mérité; sample représentatif. **it's not ~** ce n'est pas juste; **to be ~ (to him), he...** rendons-lui cette justice, il...; **as is only ~** ce n'est que justice; **~ enough!** d'accord!; **to give sb a ~ deal** or (US) **a ~ shake** agir équitablement envers qn; **he was ~ game for the critics** c'était une proie rêvée pour les critiques; **by ~ means or foul** par tous les moyens; **~ play** fair-play m; **his ~ share of** sa part de; **~ shares for all** à chacun son dû; **it was all ~ and square** tout était très correct; **through ~ and foul** à travers toutes les épreuves. (**b**) work, result passable, assez bon. (**c**) (quite large) sum considérable; number respectable; speed bon.

he is in a ~ way to doing il y a de bonnes chances pour qu'il fasse; **a ~ amount** * pas mal (of de). (**d**) (light-coloured) hair, person etc blond; complexion, skin clair. (**e**) (fine) wind propice, favorable; weather, promises, words beau. **it's set ~** le temps est au beau fixe; **the ~ sex** le beau sexe; **~ copy** (rewritten) copie f au propre; (model answer etc) corrigé m.
2 adv: **to play ~** jouer franc jeu; **to act ~ and square** agir loyalement; **the branch struck him ~ and square in the face** la branche l'a frappé en plein (milieu du) visage.
◆ **fair-haired** adj blond. ◆ **fairly** adv (a) (justly) treat équitablement; obtain honnêtement; compare, judge impartialement; **~ly and squarely = fair and square** ; V fair² 2; (**b**) (reasonably) assez; **I'm ~ly sure that...** je suis presque sûr que...; (**c**) (utterly) absolument; **he was ~ly beside himself with rage** il était absolument hors de lui. ◆ **fair-minded** adj impartial. ◆ **fairness** n (**a**) [hair] blondeur f; [skin] blancheur f; (**b**) justice f, honnêteté f; [decision, judgment] équité f; **in all ~ness** en toute justice; **in ~ness to him** pour être juste envers lui. ◆ **fair-sized** adj assez grand. ◆ **fair-skinned** adj à la peau claire.

fairy ['fɛərɪ] **1** n fée f; (✳: homosexual) pédé ✳ m. **2** adj helper, gift magique; child, dance des fées. **~ footsteps** pas légers de danseuse (iro); (fig) **~ godmother** bonne fée; **~ lights** guirlande f électrique; **~ queen** reine f des fées; **~ tale** conte m de fées; (untruth) conte à dormir debout. ◆ **fairyland** n royaume m des fées.

faith [feɪθ] **1** n (all senses) foi f. **F~, Hope and Charity** la foi, l'espérance et la charité; **~ in God** la foi en Dieu; **to have ~ in sb** avoir confiance en qn; **to put one's ~ in** mettre tous ses espoirs en; **to keep ~ with sb** tenir ses promesses envers qn ; **in all good ~** en toute bonne foi; **in bad ~** de mauvaise foi. **2** adj: **~ healer** guérisseur m, -euse f (mystique); **~ healing** guérison f par la foi. ◆ **faithful 1** adj fidèle (to à) ; **2** n **the ~ful** (Christians) les fidèles mpl; (Muslims) les croyants mpl. ◆ **faithfully** adv fidèlement; **to promise ~fully that** donner sa parole que; **yours ~fully** je vous prie, Monsieur (or Madame etc) d'agréer mes salutations distinguées. ◆ **faithfulness** n fidélité f (to à). ◆ **faithless** adj perfide. ◆ **faithlessness** n perfidie f.

fake [feɪk] **1** n (**a**) (object etc) objet m etc truqué; (picture) faux m. **he's a ~** il n'est pas ce qu'il prétend être. (**b**) (US Sport) feinte f. **2** adj (a) [picture] **to be ~** être un (or des) faux. (**b**) (also **faked**) trial, photograph truqué; accounts falsifié. **3** vt document (counterfeit) faire un faux de; (alter) falsifier; trial, photograph truquer; accounts falsifier. **to ~ illness** faire semblant d'être malade. **4** vi (**a**) faire semblant. (**b**) (US Sport) faire une feinte.

falcon ['fɔːlkən] n faucon m.

Falkland Islands ['fɔːlklənd'aɪləndz] npl Malouines fpl, îles fpl Falkland.

fall [fɔːl] (vb: pret **fell**, ptp **fallen**) **1** n (**a**) (gen) chute f; (in price, temperature) baisse f (in de); (more drastic) chute. (fig) **to be riding for a ~** courir à l'échec; **the ~ of the Bastille** la prise de la Bastille; **~ of earth** éboulement m de terre; **~ of rock** chute de pierres; **a heavy ~ of snow** de fortes chutes de neige; (waterfall) **~s** chute d'eau; **the Niagara F~s** les chutes du Niagara. (**b**) (US: autumn) automne m. **in the ~** en automne.
2 vi (**a**) (gen) tomber (into dans; out of, off de); [temperature, price, level, voice, wind] tomber; (less drastically) baisser; [building] s'écrouler. **to ~ flat** [person] tomber à plat ventre; [event etc] ne pas répondre à l'attente; [scheme] faire long feu; [joke] tomber à plat; **to ~ to** or **on one's knees** tomber à genoux; **to ~ on one's feet** retomber sur ses pieds; **to ~ over a chair** tomber en butant

contre une chaise; **he was ~ing over himself to be polite *** il se mettait en quatre pour être poli; **they were ~ing over each other to get it *** ils se battaient pour l'avoir; **to let sth ~** laisser tomber qch; **to let ~ that** laisser entendre que; **his face fell** son visage s'est assombri; **the students ~ into 3 categories** les étudiants se divisent en 3 catégories; **the responsibility ~s on you** la responsabilité retombe sur vous; **Christmas Day ~s on a Sunday** Noël tombe un dimanche; **he fell to wondering if...** il s'est mis à se demander si...; **it ~s to me to say** il m'appartient de dire; **to ~ short of** *expectations* ne pas répondre à; *perfection* ne pas atteindre.

(b) *(become etc)* **to ~ asleep** s'endormir; **to ~ into bad habits** prendre de mauvaises habitudes; **to ~ into conversation with sb** entrer en conversation avec qn; *(fig)* **to ~ from grace** tomber en disgrâce; **to ~ due** venir à échéance; **to ~ heir to sth** hériter de qch; **to ~ ill** *or* **sick** tomber malade; *(lit, fig)* **to ~ into line** s'aligner; *(fig)* **to ~ into line with sb** se ranger à l'avis de qn; **to ~ in love** tomber amoureux *(with* de); **to ~ for *** *person* tomber amoureux de; *idea* s'enthousiasmer pour; *(be taken in by)* se laisser prendre à; **to ~ silent** se taire.

♦ **fall about *** *vi (fig: laugh)* se tordre (de rire).
♦ **fall apart** *vi* tomber en morceaux; *[plans]* se désagréger; *[deal]* tomber à l'eau; *[person] (after tragedy)* s'effondrer; *(under stress)* perdre tous ses moyens. ♦ **fall away** *vi [ground]* descendre en pente; *[plaster]* s'écailler; *[supporters]* déserter.
♦ **fall back** *vi (retreat)* reculer. **to ~ back on sth** avoir recours à qch; **sth to ~ back on** qch en réserve. ♦ **fall behind** *vi* rester en arrière; *(in race)* se laisser distancer. **to ~ behind with** *work* prendre du retard dans; *rent* être en retard pour.
♦ **fall down** *vi (gen)* tomber; *[building]* s'effondrer; *(fail)* échouer, rater son coup. **to ~ down on the job** ne pas être à la hauteur. ♦ **fall in** *vi (into water)* tomber (dans l'eau); *[building]* s'affaisser; *[troops]* former les rangs. ♦ **fall in with** *vt fus (meet)* person rencontrer; *(group)* se mettre à fréquenter; *(agree to)* proposal, sb's view accepter. **this fell in very well with our plans** ceci a cadré avec nos projets. ♦ **fall off** *vi (lit)* tomber; *[supporters]* déserter; *[numbers]* diminuer; *[interest]* tomber. ♦ **fall out** *vi (quarrel)* se brouiller *(with* avec); *(Mil)* rompre les rangs. **everything fell out as we had hoped** tout s'est passé comme nous l'avions espéré. ♦ **fall over** *vi* tomber (par terre); V **fall 2**. ♦ **fall through** *vi [plans etc]* échouer.
♦ **fall (up)on** *vt fus* se jeter sur; *(Mil)* enemy fondre sur.

♦ **fallen 1** *adj* tombé; *(morally)* perdu; *angel, woman* déchu; **~en leaf** feuille morte; **~en arches** affaissement *m* de la voûte plantaire; **2** *n (Mil)* **the ~en** ceux qui sont tombés au champ d'honneur. ♦ **falling** *adj:* **~ing star** étoile *f* filante.
♦ **fall(ing)off** *n* réduction *f (in* de). ♦ **fallout 1** *n* retombées *fpl ;* **2** *adj:* **~out shelter** abri *m* antiatomique.

fallacy ['fæləsɪ] *n (false belief)* erreur *f; (false reasoning)* faux raisonnement *m.* ♦ **fallacious** *adj* trompeur.

fallible ['fæləbl] *adj* faillible. ♦ **fallibility** *n* faillibilité *f.*

fallopian [fə'ləupɪən] *adj:* **~ tube** trompe *f* utérine.

fallow ['fæləu] *adj:* **to lie ~** être en jachère.

false [fɔːls] *adj (all senses)* faux (*f* fausse) *(before n).* **~ alarm** fausse alerte; **a ~ step** un faux pas ; **~ start** faux départ *m;* **under ~ pretences** *(Jur)* par des moyens frauduleux; *(by lying)* sous des prétextes fallacieux; **with a ~ bottom** à double fond; **~ teeth** fausses dents *fpl.*
♦ **false-hearted** *adj* fourbe. ♦ **falsehood** *n (lie)* mensonge *m;* **truth and ~hood** le vrai et le faux.

♦ **falsely** *adv declare* faussement; *accuse* à tort. ♦ **falseness** *or* ♦ **falsity** *n* fausseté *f.* ♦ **falsification** *n* falsification *f.* ♦ **falsify** *vt document* falsifier; *evidence* maquiller; *accounts, figures* truquer.

falsetto [fɔːl'setəu] **1** *n* fausset *m.* **2** *adj* de fausset.

falter ['fɔːltər] **1** *vi [voice, speaker]* hésiter; *(waver)* vaciller; *[steps]* chanceler; *[courage]* faiblir. **2** *vt words* bredouiller.

fame [feɪm] *n (gen)* gloire *f,* célébrité *f, (slightly weaker)* renommée *f.* **his ~ as a writer** sa renommée d'écrivain; **he wanted ~** il était avide de gloire; **M. Mitchell of 'Gone with the Wind' ~** M. Mitchell connue pour son livre 'Autant en emporte le vent'. ♦ **famed** *adj* célèbre *(for* pour).

familiar [fə'mɪljər] *adj (gen)* familier; *complaint, event, protest* habituel. **a ~ figure in the town** un personnage bien connu dans la ville; **a ~ feeling** une sensation bien connue; **his face is ~** sa tête me dit quelque chose *; *(fig)* **to be on ~ ground** être en terrain de connaissance; **to be ~ with sth** bien connaître qch; **to make o.s. ~ with** se familiariser avec; *(pej)* **he got much too ~** il s'est permis des familiarités *(with* avec).
♦ **familiarity** *n [sight etc]* caractère *m* familier; *(with customs etc)* familiarité *f (with* avec); **familiarities** familiarités *fpl.* ♦ **familiarize** *vt* familiariser *(sb with sth* qn avec qch); **to ~ize o.s. with** se familiariser avec. ♦ **familiarly** *adv* familièrement.

family ['fæmɪlɪ] **1** *n (all senses)* famille *f.* **has he any ~?** *(relatives)* a-t-il de la famille?; *(children)* a-t-il des enfants?; **it runs in the ~** cela tient de famille; **he's one of the ~** il fait partie de la famille. **2** *adj jewels, likeness, name, life* de famille; *friend* de la famille. *(Admin)* **~ allowance** allocations *fpl* familiales; **~ doctor** médecin *m* de famille; **~ man** bon père *m* de famille; **~ planning clinic** centre *m* de planning familial; **~ tree** arbre *m* généalogique.

famine ['fæmɪn] *n* famine *f.*

famished ['fæmɪʃt] *adj* affamé. **I'm absolutely ~ *** je meurs de faim.

famous ['feɪməs] *adj* célèbre, (bien) connu *(for* pour). *(iro)* **~ last words!** on verra bien!; *(iro)* **that's his ~ motorbike!** voilà sa fameuse moto!
♦ **famously *** *adv* fameusement *, rudement bien *.

fan¹ [fæn] **1** *n* éventail *m; (mechanical)* ventilateur *m.* **2** *adj (Aut)* **~ belt** courroie *f* de ventilateur; **~ heater** radiateur *m* soufflant; **~ light** imposte *f (semi-circulaire).* **3** *vt person* éventer; *fire, quarrel* attiser; *(fig)* **to ~ the flames** jeter de l'huile sur le feu. ♦ **fan out** *vi [troops, searchers]* se déployer (en éventail).

fan² [fæn] **1** *n* enthousiaste *mf; (Sport)* supporter *m; [pop star etc]* fan *mf,* admirateur *m,* -trice *f.* **he is a jazz/bridge/sports/football etc ~** c'est un mordu * du jazz/bridge/sport/football *etc;* **movie fan** cinéphile *mf;* **I'm definitely not one of his ~s** je suis loin d'être un de ses admirateurs. **2** *adj:* **~ club** club *m* de fans; **his ~ mail** les lettres *fpl* de ses admirateurs.

fanatic [fə'nætɪk] *n* fanatique *mf.* ♦ **fanatic(al)** *adj* fanatique. ♦ **fanaticism** *n* fanatisme *m.*

fancy ['fænsɪ] **1** *n (whim)* caprice *m,* fantaisie *f.* **a passing ~** un caprice passager, une lubie; **when the ~ takes him** quand cela lui plaît; **he took a ~ to go swimming** il a eu tout à coup envie d'aller se baigner; **to take a ~ to** *person* se prendre d'affection pour; *thing* prendre goût à, se mettre à aimer; **it caught the public's ~** le public l'a tout de suite aimé; **the realm of ~** le domaine de l'imaginaire.
2 *vt* **(a)** *(imagine)* se figurer, s'imaginer; *(rather think)* croire. **I rather ~ he's gone out** je crois bien qu'il est sorti; **I ~ we've met before** j'ai l'impression que nous nous sommes déjà rencontrés;

~ **that!** * tiens!; ~ **seeing you here!** * je ne m'imaginais pas vous voir ici! **(b)** *(want)* avoir envie de; *(like)* aimer. **do you** ~ **going for a walk?** as-tu envie d'aller faire une promenade?; **I don't** ~ **the idea** cette idée ne me dit rien *; **he fancies himself** * il ne se prend pas pour rien *; **he fancies himself as an actor** * il ne se prend pas pour une moitié d'acteur *; **he fancies her** * il la trouve attirante.
3 *adj* hat, buttons, pattern fantaisie *inv*; *(pej)* cure fantaisiste; *price* exorbitant; *(US: extra good)* de qualité supérieure. ~ **cakes** pâtisseries *fpl*; **it was all very** ~ c'était très recherché; **with his** ~ **house and his** ~ **car**... avec sa belle maison et sa voiture grand luxe...; ~ **dress** déguisement *m*; **in** ~ **dress** déguisé; ~**-dress ball** bal *m* masqué; ~ **goods** nouveautés *fpl*; *(pej)* ~ **man** amant *m*, jules * *m*; *(pej)* ~ **woman** bonne amie.
◆ **fancied** *adj* imaginaire. ◆ **-fancier** *n* ending in cpds, e.g. **dog-fancier** amateur *m* de chiens. ◆ **fanciful** *adj* person capricieux; *ideas* fantasque; *story, account* imaginaire.

fanfare ['fænfɛəʳ] *n* fanfare *f (air)*.

fang [fæŋ] *n (gen)* croc *m*; *[snake]* crochet *m*.

fantastic [fæn'tæstɪk] *adj (gen)* fantastique; *idea* invraisemblable; *(*: excellent)* sensationnel *, fantastique. ◆ **fantastically** *adv* fantastiquement, extraordinairement.

fantasy ['fæntəzɪ] *n (gen)* fantaisie *f*; *(idea, wish)* idée *f* fantasque; *(Psych etc)* fantasme *m*. ◆ **fantasize** *vi (Psych etc)* se livrer à des fantasmes.

far [fɑːʳ] *comp* **farther** or **further**, *superl* **farthest** or **furthest 1** *adv* loin. **how** ~ **is it to...?** combien y a-t-il jusqu'à...?; **is it** ~? est-ce loin?; **is it** ~ **to London?** c'est loin pour aller à Londres?; **not** ~ **from here** pas loin d'ici; **how** ~ **are you going?** jusqu'où allez-vous?; *(fig)* **how** ~ **have you got with your plans?** où en êtes-vous de vos projets?; **to go** ~ aller loin; **I would even go so** ~ **as to say that...** je dirais même que...; **that's going too** ~ cela dépasse les bornes; **you're going too** ~ alors là vous exagérez; **he has gone too** ~ **to back out now** il est trop engagé pour reculer maintenant; **he was** ~ **gone** *(ill)* il était bien bas; *(drunk)* il était bien parti *; **so** ~ jusqu'à présent; **so** ~ **and no further** jusque-là mais pas plus loin; **so** ~ **so good** jusqu'ici ça va; ~ **be it from me to say** loin de moi l'idée de dire; **as** ~ **as the town** jusqu'à la ville; **we didn't go as** or **so** ~ **as the others** nous ne sommes pas allés aussi loin que les autres; **as** or **so** ~ **as I know** pour autant que je sache; **as** ~ **as I can** dans la mesure du possible; **as** ~ **as the eye can see** à perte de vue; **as** ~ **as that goes** pour ce qui est de cela; **as** ~ **as I'm concerned** en ce qui me concerne; **as** ~ **back as I can remember** d'aussi loin que je m'en souvienne; **as** ~ **back as 1945** déjà en 1945; ~ **and away the best** de très loin le meilleur; ~ **and wide,** ~ **and near** partout; ~ **above** loin au-dessus de); *(fig)* de loin supérieur (à); ~ **away,** ~ **off** au loin; ~ **away in the distance** dans le lointain; **he wasn't** ~ **off** il n'était pas loin; **his birthday is not** ~ **off** c'est bientôt son anniversaire; ~ **beyond** bien au-delà (de); ~ **from** loin de *(doing* faire); ~ **from it!** loin de là!; ~ **into** très avant dans; ~ **out at sea** au (grand) large; *(fig: wrong)* **to be** ~ **out** or *(US)* ~ **off** *[person]* être loin du compte; *[calculations]* être complètement erroné; **by** ~ de loin, beaucoup; **this is** ~ **better** ceci est beaucoup or bien mieux.
2 *adj* country lointain, éloigné. **the F~ East** l'Extrême-Orient *m*; **the F~ North** le Grand Nord; **the F~ West** le Far West; **it's a** ~ **cry from...** on est loin de...; **on the** ~ **side of** de l'autre côté de; **at the** ~ **end of** à l'autre bout de; *(Pol)* **the** ~ **left** l'extrême gauche *f*.

◆ **faraway** *adj* country, voice lointain; *village* éloigné; *look* perdu dans le vague; *memory* flou. ◆ **far-distant** *adj* lointain. ◆ **far-fetched** *adj* idea, scheme bizarre; *explanation* tiré par les cheveux. ◆ **far-flung** *adj* vaste. ◆ **far-off** *adj* lointain, éloigné. ◆ **far-out** * *adj (modern)* d'avant-garde; *(superb)* super *. ◆ **far-reaching** *adj* d'une grande portée. ◆ **far-sighted** *adj* person clairvoyant; *decision, measure* net (or pris etc) avec clairvoyance.

farce [fɑːs] *n (Theat, fig)* farce *f*. **the whole thing's a** ~! tout ça, c'est vraiment grotesque. ◆ **farcical** *adj* grotesque, ridicule.

fare [fɛəʳ] **1** *n* **(a)** *(charge)* (on bus, in underground) prix *m* du ticket; *(on boat, plane, train)* prix du billet; *(in taxi)* prix de la course. ~**s, please!** les places, s'il vous plaît!; ~**s are going up** les transports *mpl* vont augmenter; **let me pay your** ~ laissez-moi payer pour vous; **I haven't got the** ~ je n'ai pas assez d'argent pour le billet. **(b)** *(passenger)* voyageur *m*, -euse *f*; *[taxi]* client(e) *m(f)*. **(c)** *(food)* nourriture *f*; *(hospital)* ~ **hospital** ~ régime *m* d'hôpital. **2** *adj [bus]* ~ **stage** section *f*. **3** *vi*: **how did you** ~? comment cela s'est-il passé?
◆ **farewell 1** *n, excl* adieu *m*; **to bid ~well to** faire ses adieux à ; **2** *adj* dinner etc d'adieu.

farm [fɑːm] **1** *n (Agr)* ferme *f*; *(fish* ~ *etc)* centre *m* d'élevage. **to work on a** ~ travailler dans une ferme. **2** *adj*: ~ **labourer,** ~ **worker** ouvrier *m*, -ière *f* agricole; ~ **produce** produits *mpl* de ferme. **3** *vt* cultiver. **4** *vi* être fermier.
◆ **farm out** *vt sep* work céder en sous-traitance; *(*: hum)* children parquer * (**on** sb chez qn). ◆ **farmed** *adj* fish d'élevage. ◆ **farmer** *n* fermier *m* ; ~**er's wife** fermière *f*. ◆ **farmhand** *n* ouvrier *m*, -ière *f* agricole. ◆ **farmhouse** *n* (maison *f* de) ferme *f*. ◆ **farming 1** *n* agriculture *f*; *vegetable/ fruit* ~**ing** culture maraîchère/fruitière; *mink* ~**ing** élevage *m* du vison ; **2** *adj* methods de culture ; ~**ing communities** collectivités *fpl* rurales. ◆ **farmland** *n* terres *fpl* cultivées. ◆ **farmstead** *n* ferme *f*. ◆ **farmyard** *n* cour *f* de ferme.

farrier ['færɪəʳ] *n* maréchal-ferrant *m*.

fart ‡ ['fɑːt] **1** *n* pet ‡ *m*. **2** *vi* péter ‡.

farther ['fɑːðəʳ] *comp of* **far 1** *adv* plus loin. **how much** ~ **is it?** c'est encore à combien?; **it is** ~ **than I thought** c'est plus loin que je ne pensais; **have you got much** ~ **to go?** est-ce que vous avez encore loin à aller?; **I got no** ~ **with him** je ne suis arrivé à rien de plus avec lui; **nothing could be** ~ **from the truth** rien n'est plus éloigné de la vérité; **to get** ~ **and** ~ **away** s'éloigner de plus en plus; ~ **back** plus (loin) en arrière; **move** ~ **back** reculez-vous; ~ **back than 1940** avant 1940; ~ **away,** ~ **off** plus éloigné, plus loin; ~ **on,** ~ **forward** plus en avant, plus loin; *(fig)* plus avancé. **2** *adj* plus éloigné, plus lointain. **the** ~ **end of the room** l'autre bout de la salle.

farthest ['fɑːðɪst] *superl of* **far 1** *adj* le plus lointain, le plus éloigné. **the** ~ **way** la route la plus longue. **2** *adv* le plus loin.

fascinate ['fæsɪneɪt] *vt* fasciner. ◆ **fascinated** *adj* fasciné (*by* par). ◆ **fascinating** *adj* fascinant. ◆ **fascination** *n* fascination *f*.

fascism ['fæʃɪz(ə)m] *n* fascisme *m*. ◆ **fascist** *adj, n* fasciste *(mf)*.

fashion ['fæʃ(ə)n] **1** *n* **(a)** *(manner)* façon *f*, manière *f*. **in a queer** ~ d'une manière or façon bizarre; **after a** ~ finish, manage tant bien que mal; *cook, paint* si l'on peut dire; **in the French** ~ à la française; **in his own** ~ à sa manière or façon. **(b)** *(latest style)* mode *f*, vogue *f*. **in** ~ à la mode, en vogue; **in the latest** ~ à la dernière mode; **out of** ~ démodé; **to set the** ~ lancer la mode de; **it is the** ~ **to say** il est bien porté de dire; **it's no longer the** ~ ça ne se fait plus. **(c)** *(habit)* coutume *f*, habitude *f*. **2** *vt* carving façonner; *model* fabriquer; *dress* confectionner. **3** *adj editor, magazine* de mode. ~ **designer** modéliste *mf, (grander)* couturier *m*; ~ **house** maison *f* de couture; ~ **model** mannequin *m (personne)*; ~ **parade**, ~ **show** présentation *f* de collections. ◆ **fashionable** *adj dress, subject* à la mode; *district, shop, hotel* chic *inv*. ◆ **fashionably** *adv* à la mode.

fast¹ [fɑːst] **1** *adj* **(a)** *(speedy)* rapide. *(Aut)* **the ~ lane** ≃ la voie la plus à gauche; ~ **train** rapide *m*; **he's a ~ thinker** il a l'esprit très rapide; **he's a ~ worker** il va vite en besogne; **to pull a ~ one on sb** * rouler qn *. **(b)** *[clock etc]* **to be** ~ avancer; **my watch is 5 minutes** ~ ma montre avance de 5 minutes. **(c)** *(dissipated) woman* de mœurs légères; *life* dissolu. **one of the** ~ **set** un viveur. **(d)** *(firm) rope, knot* solide; *grip* tenace; *colour* grand teint *inv*; *friend* sûr. **to make a boat** ~ amarrer un bateau. **2** *adv* **(a)** *(quickly)* vite, rapidement. **he ran off as** ~ **as his legs could carry him** il s'est sauvé à toutes jambes; **how** ~ **can you type?** à quelle vitesse pouvez-vous taper?; **not so** ~! doucement!; **he'll do it** ~ **enough if...** il ne se fera pas prier si... **(b)** *(firmly, securely) tied* solidement. ~ **asleep** profondément endormi. ◆ **fastback** *n (Brit Aut)* voiture *f* à arrière profilé. ◆ **fast food** *n* prêt-à-manger. ◆ **fast-selling** *adj (Comm)* à écoulement rapide.

fast² [fɑːst] **1** *vi (not eat)* jeûner. **2** *n* jeûne *m*.

fasten ['fɑːsn] **1** *vt (gen)* attacher *(to* à*)*; *(with nail)* clouer *(to* à*)*; *box, door* fermer (solidement); *seat belt, dress* attacher; *responsibility* attribuer *(on sb* à qn*)*. **to** ~ **the blame on sb** rejeter la faute sur le dos de qn. **2** *vi (gen)* se fermer; *[dress]* s'attacher. ◆ **fasten down** *vt sep blind, flap* fixer en place ; *envelope* coller. ◆ **fasten on** *vt sep* fixer (en place). ◆ **fasten (up)on** *vt fus excuse* saisir; *idea* se mettre en tête. ◆ **fastener** or ◆ **fastening** *n* attache *f*; *[box, door, garment]* fermeture *f*; *[bag, necklace, book]* fermoir *m*.

fastidious [fæs'tɪdɪəs] *adj* **(a)** *work, research* minutieux; *(over presentation)* méticuleux; *(over detail)* tatillon; *(easily disgusted)* délicat.

fat [fæt] **1** *n* **(a)** *(Anat)* graisse *f*; *(on meat)* gras *m*; *(for cooking)* matière *f* grasse. **to fry in deep** ~ faire cuire à la grande friture; **the ~'s in the fire** le feu est aux poudres; **to live off the** ~ **of the land** vivre grassement. **2** *adj person, limb* gros *(f* grosse*)*, gras *(f* grasse*)* ; *face* joufflu; *cheeks* gros; *meat, bacon* gras; *volume, cheque, salary* gros; **to get** ~ grossir, engraisser; *(fig)* **he grew** ~ **on the profits** il s'est engraissé avec les bénéfices; *(*: US)* ~ **cat** gros richard *; **a** ~ **lot of good that did!** * ça a bien avancé les choses! *(iro)*; **a** ~ **lot he knows about it!** * comme s'il en savait quelque chose! ◆ **fatfree** *adj diet* sans matières grasses. ◆ **fathead** * *n* imbécile *mf*, cruche * *f*. ◆ **fatness** *n* embonpoint *m*. ◆ **fatten** *vt (* ~ **up)** *(gen)* engraisser; *geese* gaver. ◆ **fattening** *adj food* qui fait grossir. ◆ **fatty** *adj food* gras; *tissue* adipeux.

fatal ['feɪtl] *adj (causing death) injury, disease etc* mortel; *consequences* fatal; *(disastrous) mistake, day, event* fatal; *influence* néfaste; *consequences* désastreux; *(fateful) words, decision* fatidique. **it was absolutely** ~ **to mention that** c'était une grave erreur que de parler de cela. ◆ **fatalism** *n* fatalisme *m*. ◆ **fatalist** *n* fataliste *mf*. ◆ **fatalistic** *adj* fataliste. ◆ **fatality** *n (accident)* accident mortel; *(person)* mort *m*. ◆ **fatally** *adv wounded* mortellement; ~**ly ill** condamné, perdu.

fate [feɪt] *n* **(a)** *(force)* destin *m*, sort *m*. **what** ~ **has in store for us** ce que le destin nous réserve. **(b)** *(one's lot)* sort *m*. **to leave sb to his** ~ abandonner qn à son sort. ◆ **fated** *adj* destiné *(to do* à faire*)*;

friendship, person* voué au malheur. ◆ **fateful** *adj words* fatidique; *day, event, moment* fatal.

father ['fɑːðəʳ] *n (all senses)* père *m. (Rel)* **Our F~** Notre Père; **from** ~ **to son** de père en fils; **there was the** ~ **and mother of a row** * il y a eu une dispute à tout casser *; **F~ Bennet** le (révérend) père Bennet, l'abbé Bennet; **yes, F~** oui, mon père; **F~ Christmas** le père Noël; **F~'s Day** la Fête des Pères; ~ **confessor** directeur *m* de conscience; **Old F~ Time** le Temps. ◆ **father-figure** *n* personne *f* qui joue le rôle du père. ◆ **fatherhood** *n* paternité *f*. ◆ **father-in-law** *n* beau-père *m*. ◆ **fatherland** *n* patrie *f*. ◆ **fatherless** *adj* orphelin de père. ◆ **fatherly** *adj* paternel.

fathom ['fæðəm] **1** *n (Naut)* brasse *f (= 1,83 m)*. **2** *vt (fig: ~ out)* sonder. **I just can't ~ it out** je n'y comprends absolument rien.

fatigue [fə'tiːg] **1** *n* fatigue *f*, épuisement *m*; *(Mil)* corvée *f*. **metal** ~ fatigue du métal. **2** *vt* fatiguer.

fatuous ['fætjʊəs] *adj* stupide. ◆ **fatuity** *or* ◆ **fatuousness** *n* stupidité *f*.

faucet ['fɔːsɪt] *n (US)* robinet *m*.

fault [fɔːlt] **1** *n* **(a)** *(gen)* défaut *m*; *(Tech)* défaut, anomalie *f*; *(mistake)* erreur *f*; *(Tennis)* faute *f*; *(Geol)* faille *f*. **to find** ~ **with** thing trouver à redire à; *person* critiquer; **I have no** ~ **to find with him** je n'ai rien à lui reprocher; **generous to a** ~ généreux à l'excès; **to be at** ~ être fautif; **my memory was at** ~ ma mémoire m'a trompé *or* m'a fait défaut. **(b)** *(responsibility)* faute *f*. **whose** ~ **is it?** qui est fautif?; **whose** ~ **is it if we're late?** à qui la faute si nous sommes en retard?; **it's not my** ~ ce n'est pas de ma faute. **2** *vt*: **to** ~ **sth/sb** trouver des défauts dans qch/chez qn. ◆ **faultfind** *vi* critiquer. ◆ **faultfinder** *n* mécontent(e) *m(f)*. ◆ **faultfinding 1** *adj* grincheux ; **2** *n* critiques *fpl*. ◆ **faultless** *adj person, behaviour* irréprochable; *work, English* impeccable. ◆ **faulty** *adj* défectueux.

fauna ['fɔːnə] *n* faune *f*.

faux pas [fəʊ'pɑː] *n* impair *m*, gaffe *f*.

favour, *(US)* **favor** ['feɪvəʳ] **1** *n* **(a)** *(act)* service *m*. **to do sb a** ~ rendre (un) service à qn; **to ask a** ~ **of sb** demander un service à qn; **as a** ~ **to Paul** pour rendre service à Paul; **do me a** ~ **and...** sois gentil et... **(b)** *(approval)* faveur *f*. **to be in** ~ *[person]* être en faveur; *[style]* être à la mode; **to be in** ~ **with sb** être bien vu de qn, être en faveur auprès de qn; **to find** ~ **with sb** *[person]* s'attirer les bonnes grâces de qn; *[suggestion]* gagner l'approbation de qn. **(c)** *(advantage)* faveur *f*. **to decide in sb's** ~ donner gain de cause à qn; **in** ~ **of sb** en faveur de qn; **that's a point in his** ~ c'est un bon point pour lui. **(d) to be in** ~ **of sth** être partisan de qch; **I'm not in** ~ **of doing that** je ne suis pas d'avis de faire cela. **(e)** *(partiality)* faveur *f*. **to show** ~ **to sb** montrer un *or* des préjugé(s) en faveur de qn. **2** *vt (approve) political party, scheme, suggestion* être partisan de; *undertaking* favoriser; *(prefer) person* préférer; *candidate, pupil* montrer une préférence pour; *team, horse* être pour. **he ~ed us with a visit** il a eu l'amabilité de nous rendre visite. ◆ **favo(u)rable** *adj (gen)* favorable *(to* à*)*; *weather, wind* propice *(for, to* à*)*. ◆ **favo(u)rably** *adv, receive, impress* favorablement; *consider* d'un œil favorable; *disposed* bien. ◆ **favo(u)red** *adj* favorisé ; **the ~ed few** les élus; **ill-~ed** disgracieux. ◆ **favo(u)rite 1** *n* favori(te) *m(f)*; **that song is a great ~ite of mine** cette chanson est une de mes préférées; **he sang a lot of old ~ites** il a chanté beaucoup de vieux succès ; **2** *adj* favori *(f* -ite*)*, préféré. ◆ **favo(u)ritism** *n* favoritisme *m*.

fawn¹ [fɔːn] **1** *n* faon *m*. **2** *adj (colour)* fauve.

fawn² [fɔːn] *vi*: **to ~ (up)on sb** [*dog*] faire fête à qn; [*person*] flatter qn servilement. ◆ **fawning** *adj* flagorneur.

fax [fæks] **1** *n* (*machine*) télécopieur *m*; (*transmission*) télécopie *f* **2** *vt* envoyer par télécopie.

faze * [feɪz] *vt* déconcerter.

fear [fɪəʳ] **1** *n* (*fright*) crainte *f*, peur *f*; (*awe*) crainte, respect *m*. **grave ~s have arisen for...** on est dans la plus vive inquiétude en ce qui concerne...; **there are ~s that...** on craint fort que... + ne + *subj*; **have no ~** ne craignez rien; **without ~ nor favour** impartialement; **to live in ~** vivre dans la peur; **to go in ~ of one's life/of being discovered** craindre pour sa vie/ d'être découvert; **in ~ and trembling** en tremblant de peur; **for ~ of waking him** de peur de le réveiller; **for ~ (that)** de peur que + ne + *subj*; **~ of heights** vertige *m*; **to put the ~ of God into sb** * faire une peur bleue à qn; **there's not much ~ of his coming** il est peu probable qu'il vienne, il ne risque guère de venir; **there's no ~ of that!** ça ne risque pas d'arriver!; **no ~!** * pas de danger! *

2 *vt* craindre, avoir peur de; *God* craindre. **to ~ the worst** craindre le pire; **to ~ that** avoir peur que + ne + *subj*, craindre que + ne + *subj*. **3** *vi* trembler (*for* pour).

◆ **fearful** *adj* (*frightening*) *spectacle, noise* effrayant, affreux; *accident* épouvantable; (*bad*) *weather* affreux; (*timid*) craintif; **it's a ~ful nuisance** c'est empoisonnant *. ◆ **fearfully** *adv* (*timidly*) craintivement; (*very*) affreusement, terriblement. ◆ **fearfulness** *n* crainte *f*, appréhension *f*. ◆ **fearless** *adj* intrépide. ◆ **fearlessly** *adv* intrépidement. ◆ **fearlessness** *n* intrépidité *f*. ◆ **fearsome** *adj* *opponent* redoutable; *apparition* effroyable.

feasible ['fiːzəbl] *adj* (*practicable*) *plan, suggestion* faisable, possible; (*likely*) *story, theory* plausible, vraisemblable. ◆ **feasibility** **1** *n* faisabilité *f*, possibilité *f* (*of doing* de faire) ; **2** *adj*: **feasibility study** étude *f* de faisabilité.

feast [fiːst] **1** *n* festin *m*; (*Rel*) fête *f*. **~ day** (jour *m* de) fête. **2** *vi* festoyer. **to ~ on sth** se régaler de qch. **3** *vt*: **to ~ one's eyes on** se délecter à regarder.

feat [fiːt] *n* exploit *m*, prouesse *f*. **~ of architecture** *etc* triomphe *m* *or* réussite *f* de l'architecture *etc*; **that was quite a ~** cela a été un exploit.

feather ['feðəʳ] **1** *n* plume *f*. (*fig*) **to make the ~s fly** mettre le feu aux poudres; **that's a ~ in his cap** c'est une réussite dont il peut être fier; **you could have knocked me over with a ~** les bras m'en sont tombés. **2** *vt*: **to ~ one's nest** faire sa pelote, s'enrichir. **3** *adj* *mattress etc* de plumes; *headdress* à plumes. **~ duster** plumeau *m*. ◆ **feather-bed** **1** *n* lit *m* de plumes ; **2** *vt* protéger. ◆ **feather-brained** *adj* écervelé. ◆ **featherweight** *adj, n* (*Boxing*) poids (*m*) plume *inv*.

feature ['fiːtʃəʳ] **1** *n* (**a**) (*part of the face*) trait *m* (du visage). (**b**) [*machine, countryside, building*] caractéristique *f*; [*person*] (*physical*) trait *m*; (*mental etc*) caractéristique. (**c**) (*Comm etc*) spécialité *f*. (**d**) (~ *film*) grand film, long métrage; (*Press: column*) chronique *f*. (*Press*) **~ article** article *m* de fond; **it is a regular ~ in...** cela paraît régulièrement dans... **2** *vt* (*give prominence to*) *person, event* mettre en vedette; [*film*] avoir pour vedette; *name, news* faire figurer; (*depict*) représenter; (*have as ~*: *machine etc*) être équipé de. **3** *vi* figurer (*in* dans). (*gen*) **this ~d prominently in...** ceci a été un trait frappant dans... ◆ **featureless** *adj* anonyme.

February ['febrʊərɪ] *n* février *m*; *for phrases V* **September**.

feckless ['feklɪs] *adj* inepte.

fed [fed] *pret, ptp of* **feed**. ◆ **fed up** *adj*: **to be ~ up** * en avoir assez, en avoir marre * (*doing* de faire).

federal ['fedər(ə)l] *adj* fédéral.

federate ['fedəreɪt] **1** *vi* se fédérer. **2** ['fedərɪt] *adj* fédéré. ◆ **federation** *n* fédération *f*.

fedora [fə'dɔːrə] *n* (*US*) chapeau *m* mou, feutre mou.

fee [fiː] *n* (*gen*) prix *m* (*for* de); [*professional person*] honoraires *mpl*; [*artist etc*] cachet *m*; [*private tutor*] appointements *mpl*. (*Univ etc*) **tuition ~** frais *mpl* de scolarité; **registration ~** droits *mpl* d'inscription; **membership ~** montant *m* de la cotisation; (*Ftbl*) (**transfer**) **~** prix *m* (de transfert); (*gen*) **what's his ~?** combien prend-il?; **on payment of a small ~** contre une somme modique. ◆ **fee-paying** *adj*: **~-paying school** établissement *m* (d'enseignement) privé.

feeble ['fiːbl] *adj* (*gen*) faible; *attempt, excuse* piètre; *joke* piteux. **she's such a ~ sort of person** c'est une fille si molle. ◆ **feeble-minded** *adj* imbécile. ◆ **feeble-mindedness** *n* imbécillité *f*. ◆ **feebleness** *n* faiblesse *f*. ◆ **feebly** *adv* *stagger, smile* faiblement; *say, explain* sans grande conviction.

feed [fiːd] (*vb: pret, ptp* **fed**) **1** *n* (**a**) (*food*) nourriture *f*; (*portion of food*) ration *f*; [*baby*] (*breast-~*) tétée *f*; (*bottle*) biberon *m*. **we had a good ~** * on a bien mangé. (**b**) (*on machine*) mécanisme *m* d'alimentation. **2** *vt* (**a**) (*provide food for*) nourrir; (*give food to*) *child, animal, bird* donner à manger à; *army etc* ravitailler; *baby* (*breastfed*) allaiter; (*bottle-fed*) donner le biberon à. **to ~ sth to sb** donner qch à manger à qn. (**b**) *fire, machine, reservoir* alimenter. (*fig*) **to ~ the flames** jeter de l'huile sur le feu; **to ~ the parking meter** rajouter une pièce dans le parcmètre; **to ~ sth into a machine** introduire qch dans une machine; **to ~ data into a computer** alimenter un ordinateur en données. **3** *vi* [*animal*] manger, se nourrir; [*baby*] manger, (*at breast*) téter. **to ~ on** se nourrir de.

◆ **feed back** *vt sep* *results* donner (en retour). ◆ **feed in** *vt sep* *tape, wire* introduire (*to* dans). ◆ **feed up** *vt sep* *animal* engraisser; *geese* gaver; *person* faire manger davantage.

◆ **feedback** *n* (*Elec*) réaction *f*; (*gen*) feed-back *m*, réactions *fpl*. ◆ **feeder** *n* (*bib*) bavoir *m*. ◆ **feeding** **1** *n* alimentation *f* ; **2** *adj*: **~ing bottle** biberon *m*; **~(ing) stuffs** nourriture *f* (pour animaux).

feel [fiːl] (*vb: pret, ptp* **felt**) **1** *n* (*sense of touch*) toucher *m*; (*sensation*) sensation *f*. **at the ~ of** au contact de; **to know sth by the ~ of it** reconnaître qch au toucher; **I don't like the ~ of that** je n'aime pas cette sensation; (*fig*) ça ne me dit rien de bon; **let me have a ~!** * laisse-moi toucher!; **you have to get the ~ of a new car** il faut se faire à une nouvelle voiture.

2 *vt* (**a**) (*touch*) palper, tâter. **to ~ sb's pulse** tâter le pouls à qn; **~ the envelope and see if there's anything in it** palpez l'enveloppe pour voir s'il y a qch dedans; **to ~ one's way** avancer à tâtons (*towards* pour trouver); (*fig*) **I'm still ~ing my way around** j'essaie de m'y retrouver.

(**b**) (*be aware of*) *blow, caress, pain* sentir; *sympathy, grief* éprouver, ressentir. **I can ~ sth pricking me** je sens qch qui me pique; **to ~ the heat/cold** craindre la chaleur/le froid; **he felt it move** il l'a senti bouger; **he felt a great sense of relief** il a éprouvé *or* ressenti un grand soulagement; **the effects will be felt later** les effets se feront sentir plus tard; **he ~s his position very much** il est très conscient de la difficulté de sa situation; **she felt the loss of her father greatly** elle a été très affectée par la mort de son père.

(**c**) (*think*) avoir l'impression, estimer. **I ~ that he ought to go** je considère *or* j'estime qu'il devrait y aller; **I ~ it in my bones that...** qch en moi me dit que...; **he felt it necessary to point out...** il a jugé nécessaire de faire remarquer...; **if you ~ strongly about it** si cela vous semble important; **what do you ~ about this idea?** que pensez-vous de cette idée?

3 vi **(a)** *(physical state)* se sentir. **to ~ cold/hungry/ sleepy** avoir froid/faim/sommeil; **to ~ ill** se sentir malade; **I ~ much better** je me sens beaucoup mieux; **he doesn't ~ quite himself** il ne se sent pas tout à fait dans son assiette; **I felt as if I was going to faint** j'avais l'impression que j'allais m'évanouir.
(b) *(mental state)* être. **I ~ sure that...** je suis sûr que...; **I ~ very bad about leaving you here** cela m'ennuie beaucoup de vous laisser ici; **how do you ~ about him?** que pensez-vous de lui?; **how do you ~ about going for a walk?** est-ce que cela vous dit d'aller vous promener?; **I ~ as if there's nothing we can do** j'ai l'impression que nous ne pouvons rien faire; **what does it ~ like to do that?** quel effet cela vous fait-il de faire cela?; **to ~ like (doing) sth** avoir envie de (faire) qch; **I don't ~ like it** je n'en ai pas envie; **I ~ for you!** comme je vous comprends!
(c) *[objects]* **to ~ hard** être dur au toucher; **the house ~s damp** la maison donne l'impression d'être humide; **the box ~s as if it has been mended** au toucher on dirait que la boîte a été réparée; **it felt like flying** on se serait cru en train de voler; **it ~s like rain** on dirait qu'il va pleuvoir.
(d) *(grope:* **~ about, ~ around)** *(in dark)* tâtonner; *(in pocket, drawer)* fouiller *(for sth* pour trouver qch*)*.
◆ **feel out** * *vt sep (US) person* sonder.
◆ **feeler** n *[insect]* antenne f; *[octopus etc]* tentacule m; *(fig)* **to put out ~ers** tâter le terrain *(to discover* pour découvrir*)*.
feeling ['fiːlɪŋ] n **(a)** *(physical)* sensation f. **I've lost all ~ in my right arm** j'ai perdu toute sensation dans le bras droit; **a cold ~** une sensation de froid. **(b)** *(impression)* sentiment m. **a ~ of isolation** un sentiment d'isolement; **I've a funny ~ she will succeed** j'ai comme l'impression qu'elle va réussir; **there was a general ~ that...** le sentiment général a été que... **(c)** *(emotions)* **~s** sentiments mpl, sensibilité f; **you can imagine my ~s** tu t'imagines ce que je ressens; **~s ran high about it** cela a déchaîné les passions; **his ~s were hurt** on l'avait froissé. **(d)** *(sensitivity)* émotion f, sensibilité f; *(compassion)* sympathie f. **a woman of great ~** une femme très sensible; **with ~** *sing* avec sentiment; *speak* avec émotion; **he doesn't show much ~ for her** il ne fait pas preuve de beaucoup de sympathie pour elle; **ill** *or* **bad ~** hostilité f. ◆ **feelingly** adv avec émotion.
feet [fiːt] npl of **foot**.
feign [feɪn] vt *surprise* feindre; *madness* simuler. **to ~ illness** faire semblant d'être malade. ◆ **feint 1** n feinte f ; **2** vi feinter.
feisty * ['faɪstɪ] adj *(US)* *(lively)* fringant; *(quarrelsome)* bagarreur *.
felicitous [fɪ'lɪsɪtəs] adj heureux. ◆ **felicity** n félicité f.
feline ['fiːlaɪn] adj, n félin(e) m(f).
fell¹ [fel] pret of **fall**.
fell² [fel] vt *tree* abattre.
fell³ [fel] n *(Brit)* *(mountain)* montagne f. *(moorland)* **the ~s** la lande.
fellow ['feləʊ] **1** n **(a)** homme m, type * m, garçon m. **a nice ~** un brave garçon, un brave type *; **an old ~** un vieux; **some poor ~** un pauvre malheureux; **poor little ~** pauvre petit bonhomme; **my dear ~** mon cher; **this journalist ~** ce journaliste. **(b)** *[association, society etc]* membre m, associé m; *(Univ)* ≃ professeur m *(attaché à un collège)*; *(US Univ)* boursier m, -ière f. **(c)** *(comrade)* camarade m, compagnon m; *(equal, peer)* sem-

blable m. **~s in misfortune** compagnons d'infortune.
2 adj: **~ citizen** concitoyen(ne) m(f); **~ countryman/-woman** compatriote mf; **~ creature** semblable mf; **~ feeling** sympathie f; **~ men** semblables mpl; **~ traveller** *(lit)* compagnon m de voyage; *(Pol: with communists)* communisant(e) m(f); *(gen)* sympathisant(e) m(f); **~ worker** *(in office)* collègue mf; *(in factory)* camarade mf de travail.
◆ **fellowship** n *(comradeship)* camaraderie f; *(Rel etc)* communion f; *(organization)* association f; *(Rel)* confrérie f.
felon ['felən] n *(Jur)* criminel(le) m(f). ◆ **felonious** adj criminel. ◆ **felony** n crime m.
felt¹ [felt] pret, ptp of **feel**.
felt² [felt] **1** n feutre m. **2** adj de feutre. **a ~ hat** un feutre. ◆ **felt-tip (pen)** n feutre m *(crayon)*.
female ['fiːmeɪl] **1** adj *animal, plant (also Tech)* femelle; *subject, slave* du sexe féminin; *company, vote* des femmes; *sex, character, quality* féminin. **~ students** étudiantes fpl; **~ labour** main-d'œuvre f féminine; *(Theat)* **~ impersonator** travesti m. **2** n *(person)* femme f, fille f; *(animal, plant)* femelle f. *(pej)* **there was a ~ there who...** * il y avait là une espèce de bonne femme qui... * *(pej)*.
feminine ['femɪnɪn] **1** adj féminin. **2** n *(Gram)* féminin m. **in the ~** au féminin. ◆ **femininity** n féminité f. ◆ **feminism** n féminisme m. ◆ **feminist** n féministe mf.
fen [fen] n marais m, marécage m.
fence [fens] **1** n **(a)** barrière f, palissade f; *(Racing)* obstacle m; *(round machine)* barrière. *(fig)* **to sit on the ~** ménager la chèvre et le chou. **(b)** (♣: *of stolen goods)* receleur m. **2** vt *(~ in)* land clôturer. **~d in by restrictions** entravé par des restrictions. **3** vi *(Sport)* faire de l'escrime.
◆ **fencer** n escrimeur m, -euse f. ◆ **fencing 1** n **(a)** *(Sport)* escrime f; **(b)** *(material)* matériaux mpl pour clôture ; **2** adj: **fencing match** assaut m d'escrime.
fend [fend] vi: **to ~ for o.s.** se débrouiller (tout seul). ◆ **fend off** vt sep *blow* parer; *attack* détourner; *attacker* repousser; *awkward question* éluder.
◆ **fender** n *[fire]* garde-feu m inv; *(US Aut)* pare-chocs m inv; *(US Rail)* chasse-pierres m inv.
fennel ['fenl] n fenouil m.
ferment [fə'ment] **1** vi fermenter. **2** vt faire fermenter. **3** ['fɜːment] n ferment m. *(fig)* **in a ~** en effervescence. ◆ **fermentation** n fermentation f.
fern [fɜːn] n fougère f.
ferocious [fə'rəʊʃəs] adj féroce. ◆ **ferociously** adv férocement. ◆ **ferocity** n férocité f.
ferret ['ferɪt] **1** n furet m. **2** vi *(~ about, ~ around)* fureter. ◆ **ferret out** vt sep dénicher.
ferroconcrete ['ferəʊ'kɒŋkriːt] n béton m armé.
ferrous ['ferəs] adj ferreux.
ferry ['ferɪ] **1** n **(a)** *(~boat)* *(small: for people, cars)* bac m; *(larger: for people, cars, trains)* ferry (-boat) m. **~ man** passeur m. **(b)** *(place)* passage m. **2** vt *(~ across, ~ over)* faire passer; *(fig) people* emmener, conduire; *things* porter.
fertile ['fɜːtaɪl] adj *(gen)* fertile; *creature, plant* fertile, fécond. ◆ **fertility 1** n fertilité f; fécondité f ; **2** adj de fertilité; **fertility drug** médicament m contre la stérilité. ◆ **fertilization** n *[land]* fertilisation f; *[egg]* fécondation f. ◆ **fertilize** vt fertiliser; féconder. ◆ **fertilizer** n engrais m.
fervent ['fɜːv(ə)nt], **fervid** ['fɜːvɪd] adj fervent. ◆ **fervour,** *(US)* **fervor** n ferveur f.
fester ['festə'] vi *(Med)* suppurer; *[anger]* couver.
festival ['festɪv(ə)l] n *(Rel etc)* fête f; *(Mus etc)* festival m. ◆ **festive** adj de fête; **the festive season** la période des fêtes; **in a festive mood** en veine de

réjouissances. ◆ **festivity** n fête f, réjouissances fpl.

festoon [fes'tu:n] vt festonner (with de).

fetch [fetʃ] vt (a) (go and get) person, thing aller chercher; (bring) person amener; thing apporter. **to ~ and carry for sb** faire la bonne pour qn; (to dog) **~ it!** rapporte! (b) (sell for) money rapporter; price atteindre. ◆ **fetch in** vt sep person faire rentrer; thing rentrer. ◆ **fetch out** vt sep person faire sortir; thing sortir. ◆ **fetch up 1** vi se retrouver (at à; in dans). **2** vt sep object monter; person faire monter; (vomit) vomir.

fetching ['fetʃɪŋ] adj charmant.

fête [feit] **1** n fête f. **2** vt fêter.

fetid ['fetɪd] adj fétide, puant.

fetish ['fi:tɪʃ] n fétiche m (objet de culte); (Psych) objet m de la fétichisation. (fig) **she makes a ~ of...** elle est obsédée par... ◆ **fetishist** n fétichiste mf.

fetter ['fetər] **1** vt person enchaîner; horse, slave (also fig) entraver. **2** npl: **~s** chaînes fpl; entraves fpl.

fettle ['fetl] n: **in fine ~** en pleine forme.

fetus ['fi:təs] n (US) = **foetus**.

feud [fju:d] **1** n querelle f; (stronger) vendetta f. **family ~s** querelles de famille. **2** vi se quereller. **to ~ with sb** être l'ennemi juré de qn.

feudal ['fju:dl] adj féodal. ◆ **feudalism** n féodalité f.

fever ['fi:vər] n fièvre f. **a bout of ~** un accès de fièvre; **high ~** forte fièvre; **the gambling ~** le démon du jeu; **a ~ of impatience** une impatience fébrile; **it reached ~ pitch** c'était à son comble. ◆ **feverish** adj fiévreux. ◆ **feverishly** adv fiévreusement.

few [fju:] adj, pron (a) (not many) peu (de). **~ books** peu de livres; **~ of them** peu d'entre eux; **~ come to see him** peu de gens viennent le voir; **he is one of the ~ people who...** c'est l'une des rares personnes qui... + indic or subj; **in the past ~ days** ces derniers jours; **the next ~ days** les quelques jours qui viennent; **with ~ exceptions** à de rares exceptions près; **every ~ days** tous les deux ou trois jours; **they are ~ and far between** ils sont rares; **we are very ~** nous sommes peu nombreux; **the remaining ~ minutes** les quelques minutes qui restent; **the ~ who...** les rares personnes qui...; (the minority) **la minorité qui...; I have as ~ books as you** j'ai aussi peu de livres que vous; **I have as ~ as you** j'en ai aussi peu que vous; **how ~ there are!** qu'il y en a peu!; **how ~ they are!** qu'ils sont peu nombreux!; **so ~** si peu (de); **too ~** trop peu (de); **there were 3 too ~** il en manquait 3. (b) (some, several) **a ~** quelques(-uns or -unes); **a ~ books** quelques livres; **a ~ more** quelques-un(e)s de plus; **quite a ~ books** pas mal * de livres; **quite a ~ (people) believed him** un bon nombre de gens or pas mal * de gens l'ont cru; **a ~ of these people** quelques-uns de ces gens; **a ~ of us** quelques-un(e)s d'entre nous; **a good ~ of** bon nombre de; **a ~ more days** encore quelques jours.
◆ **fewer** adj, pron, comp of few moins (de); **we have sold ~er this year** nous en avons moins vendu cette année; **he has ~er books than you** il a moins de livres que vous; **we are ~er than...** nous sommes moins nombreux que...; **no ~er than 37** pas moins de 37; **few came and ~er stayed** peu sont venus et encore moins sont restés. ◆ **fewest** adj, pron, superl of few le moins (de); **~est in number** le moins nombreux.

fiancé(e) [fɪ'ã:nseɪ] n fiancé(e) m(f).

fiasco [fɪ'æskəʊ] n fiasco m.

fib * [fɪb] **1** n blague * f, mensonge m. **2** vi raconter des blagues *, mentir. ◆ **fibber** * n menteur m, -euse f.

fibre, (US) **fiber** ['faɪbər] n fibre f. (dietary) **~** fibres fpl, cellulose f végétale; **high ~ diet** alimentation f riche en fibres. ◆ **fibreboard** n panneau m

fibreux. ◆ **fibrefill** n rembourrage m synthétique. ◆ **fibreglass** n fibre f de verre. ◆ **fibre-optic cable** n câble m en fibres optiques. ◆ **fibre optics** nsg la fibre optique. ◆ **fibre-tip (pen)** n stylo m pointe fibre. ◆ **fibroid** n (Med) fibrome m. ◆ **fibrositis** n cellulite f. ◆ **fibrous** adj fibreux.

fickle ['fɪkl] adj inconstant, volage.

fiction ['fɪkʃ(ə)n] n (a) (Literat) (works of) **~** romans mpl; **light ~** romans faciles à lire. (b) (sth made up) fiction f. **legal ~** fiction légale. (c) (the unreal) le faux. ◆ **fictional** or ◆ **fictitious** adj fictif.

fiddle ['fɪdl] **1** n (a) violon m. (b) (*: cheating) truc * m, combine * f. **it was a ~** c'était une combine *; **tax ~** fraude f fiscale. **2** vi (a) (Mus) jouer du violon. (b) **do stop fiddling!** tiens-toi donc tranquille!; **to ~ with a pencil** tripoter un crayon. **3** vt (*) accounts, expenses claim truquer. ◆ **fiddle about, fiddle around** vi s'occuper vaguement, bricoler. **we just ~d about yesterday** on n'a rien fait de spécial hier.
◆ **fiddler** n violoneux * m; (*: cheat) combinard * m. ◆ **fiddlesticks** * excl quelle blague! * ◆ **fiddling 1** adj insignifiant ; **2** n (*: cheating etc) combines * fpl. ◆ **fiddly** adj task délicat (et agaçant); object embêtant * à manier.

fidelity [fɪ'delɪtɪ] n fidélité f.

fidget ['fɪdʒɪt] **1** vi (~ **about, ~ around**) remuer (continuellement). **stop ~ing!** reste donc tranquille!; **to ~ with sth** tripoter qch. **2** n: **to be a ~** ne jamais se tenir tranquille. ◆ **fidgety** adj remuant, agité.

field [fi:ld] **1** n (gen) champ m; (Miner) gisement m; (Aviat, Sport) terrain m; (sphere of activity) domaine m. (fig) **a year's trial in the ~** un an d'essais sur le terrain; (Comm) **to be first in the ~ with sth** être le premier à lancer qch; **~ of battle** champ de bataille; (Mil) **to die in the ~** tomber au champ d'honneur; (Sport) **to take the ~** entrer en jeu; **it's outside my ~** ce n'est pas de mon domaine; **his particular ~** sa spécialité; **~ of vision** champ de vision. **2** vt (Sport) ball attraper; team faire jouer. (fig) **to ~ questions** répondre au pied levé (à des questions). **3** adj (fig) **~ day** grande occasion; **they had a ~ day** * cela a été une bonne journée pour eux; **~ glasses** jumelles fpl; **~ gun** canon m de campagne; (US) **~ hand** ouvrier m, -ière f agricole; **~ hospital** antenne f chirurgicale; **~ marshal** maréchal m; **~ mouse** mulot m; **~ sports** activités fpl de plein air (chasse, pêche); **~ trip** sortie f éducative.
◆ **field-test 1** vt soumettre aux essais sur le terrain; **2** n essai m sur le terrain. ◆ **fieldwork** n (Archeol, Geol etc) recherches fpl sur le terrain; (Sociol etc) travail m avec des cas sociaux.

fiend [fi:nd] n démon m. **that child's a real ~** * cet enfant est un petit monstre; **tennis ~** mordu(e) * m(f) du tennis. ◆ **fiendish** adj cruelty, smile, delight, plan diabolique; (*: unpleasant) abominable; **I had a ~ish time * doing...** j'ai eu un mal fou à faire... ◆ **fiendishly** adv diaboliquement; (*) difficult etc abominablement.

fierce [fɪəs] adj (gen) féroce; desire ardent; attack, wind, speech violent; hatred implacable; heat intense; competition, fighting, opponent, partisan acharné. ◆ **fiercely** adv férocement; violemment; avec acharnement. ◆ **fierceness** n férocité f; violence f; implacabilité f; intensité f.

fiery ['faɪərɪ] adj (lit) ardent; sky rougeoyant; person, speech fougueux; temper violent. ◆ **fiery-tempered** adj irascible.

fifteen [fɪf'ti:n] adj, n, pron quinze (m) inv. **about ~ books** une quinzaine de livres; **about ~** une quinzaine; (Rugby) **the French ~** le quinze de France; for other phrases V **six**. ◆ **fifteenth** adj, n quinzième (mf); (fraction) quinzième m.

fifth [fɪfθ] adj, n cinquième (mf); (fraction) cinquième m; (US) measurement le cinquième d'un gallon (≃ 75 cl); *(bottle)* bouteille *f (d'alcool)*. ~ **column** cinquième colonne *f; for other phrases V* **sixth.**

fifty ['fɪftɪ] *adj, n, pron* cinquante *(m) inv*. **about** ~ **books** une cinquantaine de livres; **about** ~ une cinquantaine; **to go** ~-~ **with sb** partager moitié-moitié avec qn; **we have a** ~-~ **chance of success** nous avons une chance sur deux de réussir; *for other phrases V* **sixty.** ◆ **fiftieth** *adj, n* cinquantième *(mf); (fraction)* cinquantième *m*.

fig [fɪg] *n* figue *f; (~ tree)* figuier *m*. ~ **leaf** feuille *f* de figuier; *(on statue etc)* feuille de vigne.

fight [faɪt] *(vb: pret, ptp* **fought) 1** *n (between persons)* bagarre * *f; (Mil)* combat *m*, bataille *f; (Boxing)* combat; *(against disease, poverty etc)* lutte *f (against* contre); *(quarrel)* dispute *f*. **he put up a good** ~ il s'est bien défendu; **there was no** ~ **left in him** il n'avait plus envie de lutter.

2 *vi [person, animal]* se battre *(with* avec; *against* contre); *[troops, countries]* se battre, combattre *(against* contre); *(fig)* lutter *(for* pour; *against* contre); *(quarrel)* se disputer *(with* avec). **the dogs were** ~**ing over a bone** les chiens se disputaient un os; **to** ~ **shy of (doing) sth** tout faire pour éviter (de faire) qch; **to** ~ **against sleep** lutter contre le sommeil; **to** ~ **for one's life** lutter pour la vie.

3 *vt person, army* se battre avec *or* contre; *fire, disease, decision, legislation* lutter contre. **to** ~ **a battle** livrer bataille; **to** ~ **a losing battle against sth** se battre en pure perte contre qch; **to** ~ **a duel** se battre en duel; *(Jur)* **to** ~ **a case** défendre une cause; *(Pol etc)* **to** ~ **a campaign** mener une campagne; **to** ~ **one's way through the crowd** se frayer un passage à travers la foule.

◆ **fight back 1** *vi (in fight)* rendre les coups; *(Mil; also in argument)* se défendre; *(after illness)* réagir; *(Sport)* se reprendre. **2** *vt sep tears* refouler; *despair* lutter contre; *doubts* vaincre. ◆ **fight down** *vt sep anxiety, doubts* vaincre; *desire* réprimer. ◆ **fight off** *vt sep (Mil) attack* repousser; *disease, sleep* lutter contre. ◆ **fight out** *vt sep:* **to** ~ **it out** se bagarrer * (pour régler qch). ◆ **fighter 1** *n* combattant *m; (Boxing)* boxeur *m; (fig)* lutteur *m; (plane)* avion *m* de chasse ; **2** *adj:* ~**er pilot** pilote *m* de chasse. ◆ **fighter-bomber** *n* chasseur bombardier *m*. ◆ **fighting 1** *n (Mil)* combat *m; (in streets etc)* échauffourées *fpl; (in classroom, pub)* bagarres *fpl* ; **2** *adj person* combatif; *troops* de combat; ~**ing spirit** cran * *m;* **a** ~**ing chance** une assez bonne chance; *(Mil)* ~**ing forces** forces *fpl* armées; ~**ing line** front *m;* ~**ing strength** effectif *m* mobilisable.

figment ['fɪgmənt] *n:* **a** ~ **of the imagination** une pure invention.

figure ['fɪgəʳ] **1** *n (a)* chiffre *m*. **in round** ~**s** en chiffres ronds; **he's good at** ~**s** il est doué pour le calcul; **a mistake in the** ~**s** une erreur de calcul; **the crime/ unemployment** *etc* ~**s** le taux de la criminalité/du chômage *etc;* **to reach three** ~**s** atteindre la centaine; **a 3-**~ **number** un nombre *ou* un numéro de 3 chiffres; **he earns well over five** ~**s** il gagne bien plus de dix mille livres. **(b)** *(drawing)* figure *f*. **a** ~ **of eight** un huit. **(c)** *(human form)* **I saw a** ~ **approach** j'ai vu une forme *or* une silhouette s'approcher de moi; **she has a good** ~ elle est bien faite; **remember your** ~! pense à ta ligne!; **to lose one's** ~ s'épaissir; **a fine** ~ **of a woman** une belle femme. **(d)** *(person)* figure *f*, personnage *m*. **a** ~ **of fun** un guignol. **(e)** *(Literat)* figure *f. (fig)* **it's just a** ~ **of speech** ce n'est qu'une façon de parler. **(f)** *(Mus)* figure *f* mélodique. **2** *vt (imagine)* penser, s'imaginer; *(guess)* penser, supposer. **3** *vi* **(a)** *(appear)* figurer *(on a list* sur une liste); *(in play etc)* jouer un rôle. **(b)** *(*: *make sense)* **that** ~**s** ça s'explique. ◆ **figure on** *vt fus (US) (take account of)* tenir compte de; *(count on)* compter sur; *(expect)* s'attendre *(doing* à faire). ◆ **figure out** *vt sep (understand)* arriver à comprendre; *(calculate)* calculer;

(plan) calculer. **I can't** ~ **it out** ça me dépasse *. ◆ **figurative** *adj language, meaning* figuré; *(Art)* figuratif.

Fiji (Islands) ['fi:dʒi:('aɪləndz)] *n(pl)* (îles *fpl*) Fi(d)ji *fpl*.

filament ['fɪləmənt] *n* filament *m*.

filch [fɪltʃ] *vt* voler, chiper *.

file¹ [faɪl] **1** *n (tool)* lime *f*. **2** *vt (~ away, ~ down)* limer. **to** ~ **one's nails** se limer les ongles. ◆ **filings** *npl* limaille *f*.

file² [faɪl] **1** *n (folder)* dossier *m; (with hinges)* classeur *m; (for drawings: also in filing drawers)* carton *m; (papers)* dossier *(on sb/sth* sur qn/qch); *(Comput)* fichier *m*. **to put a document on the** ~ joindre une pièce au dossier. **2** *adj (US)* ~ **clerk** documentaliste *mf*. **3** *vt notes* classer; *(into* ~*)* joindre au dossier; *(Jur) claim, petition* déposer. *(Insurance)* **to** ~ **an accident claim** faire une déclaration d'accident; **to** ~ **a suit against sb** intenter un procès à qn. ◆ **filing 1** *n:* **to do the filing** s'occuper du classement ; **2** *adj:* **filing cabinet** classeur *m (meuble);* **filing clerk** documentaliste *mf*.

file³ [faɪl] **1** *n* file *f*. **in Indian** ~ en file indienne; **in single** ~ en file. **2** *vi* marcher en file; **to** ~ **in/ out** *etc* entrer/sortir *etc* en file; **the soldiers** ~**d past the general** les soldats ont défilé devant le général; **they** ~**d past the ticket collector** ils sont passés un à un devant le poinçonneur.

filial ['fɪlɪəl] *adj* filial.

filibuster ['fɪlɪbʌstəʳ] *n (US Pol)* obstructionniste *mf; (pirate)* flibustier *m*.

filigree ['fɪlɪgri:] **1** *n* filigrane *m (en métal etc)*. **2** *adj* en filigrane.

fill [fɪl] **1** *vt (gen)* remplir *(with* de); *teeth* plomber; *need* répondre à. **smoke** ~**ed the room** la pièce s'est remplie de fumée; **the wind** ~**ed the sails** le vent a gonflé les voiles; ~**ed with** *admiration* rempli de; *anger, despair* en proie à; **to** ~ **a vacancy** *[employer]* pourvoir à un emploi; *[employee]* prendre un poste vacant; **the position is already** ~**ed** le poste est déjà pris; **that** ~**s the bill** cela fait l'affaire. **2** *vi (~ up)* se remplir *(with* de). **3** *n:* **to eat one's** ~ manger à sa faim; **to drink one's** ~ boire tout son content; **I've had my** ~ **of listening to her** j'en ai assez de l'écouter.

◆ **fill in 1** *vi:* **to** ~ **in for sb** remplacer qn (temporairement). **2** *vt sep* **(a)** *form, questionnaire* remplir; *account, report* compléter. **to** ~ **sb in on sth** * mettre qn au courant de qch. **(b)** *hole* boucher; *door* murer; *gaps* combler; *outline* remplir. ◆ **fill out 1** *vi [sails etc]* gonfler; *[person]* forcir. **2** *vt sep form* remplir. ◆ **fill up 1** *vi (Aut)* faire le plein d'essence; *V also* **fill 2. 2** *vt sep container, form* remplir; *hole* boucher. *(Aut)* ~ **her up!** * faites le plein!

◆ **filler** *n (funnel)* entonnoir *m; (for cracks in wood etc)* mastic *m*. ◆ **filling 1** *n (in tooth)* plombage *m; (Culin)* garniture *f* ; **2** *adj food* substantiel; ~**ing station** station-service *f*.

fillet ['fɪlɪt] **1** *n* filet *m*. ~ **steak** tournedos *m*. **2** *vt meat* désosser; *fish* découper en filets. ~**ed sole** filets *mpl* de sole.

fillip ['fɪlɪp] *n* coup *m* de fouet *(fig)*.

filly ['fɪlɪ] *n* pouliche *f*.

film [fɪlm] **1** *n (Phot)* pellicule *f; (Cine)* film *m; (for wrapping food)* scellofrais *m* ®. **to go to the** ~**s** aller au cinéma; **the** ~ **is on at...** le film passe à...; **a** ~ **of dust** une fine couche de poussière. **2** *vt* filmer. **3** *vi* faire un film. **4** *adj:* ~ **camera** caméra *f;* ~ **fan** cinéphile *mf;* ~ **library** cinémathèque *f;* ~ **maker** cinéaste *mf;* ~ **rights** droits *mpl* d'adaptation (cinématographique); ~ **script** scénario *m;* ~ **set** plateau *m* de tournage ; ~ **star** vedette *f (de cinéma)*, star *f;* ~ **studio** studio *m (de cinéma)*. ◆ **filmstrip** *n* film *m* fixe. ◆ **filmy** *adj* léger, vaporeux.

Filofax ['faɪləʊˌfæks] *n* ® Filofax *m* ®.

filter ['fɪltə^r] **1** *n* filtre *m*. **2** *adj (Aut)* ~ **lane** ≃ voie *f* de droite; *(Aut)* ~ **light** flèche *f*; ~ **paper** papier *m* filtre. **3** *vt liquids* filtrer; *air* purifier. **4** *vi (Aut)* **to** ~ **to the left** tourner à la flèche; *[people]* **to** ~ **back** *etc* revenir *etc* par petits groupes (espacés); **the news began to** ~ **in** *or* **through** on a commencé petit à petit à avoir des nouvelles. ◆ **filter-tipped** *adj* à bout filtre.

filth [fɪlθ] *n (lit)* saleté *f*, crasse *f*; *(excrement)* ordure *f*; *(fig)* saletés *fpl*. **it's sheer** ~ c'est plein de saletés *or* de grossièretés. ◆ **filthy** *adj (gen)* sale, crasseux; *habit* dégoûtant; *language* ordurier; *(*) weather etc* abominable; **she's got a** ~**y mind** elle a l'esprit mal tourné.

fin [fɪn] *n [fish, whale]* nageoire *f*; *[shark]* aileron *m*; *[aircraft]* empennage *m*; *[radiator etc]* ailette *f*; *[frogman]* palme *f*.

finagle [fɪ'neɪg(ə)l] *(US)* **1** *vi* resquiller. **2** *vt*: **to** ~ **sb out of sth** carotter qch à qn.

final ['faɪnl] **1** *adj (last)* dernier; *(conclusive)* définitif. *(Fin)* ~ **instalment** versement *m* libératoire; **the umpire's decision is** ~ la décision de l'arbitre est sans appel; **and that's** ~! un point c'est tout! **2** *n (Sport)* finale *f*. *(Univ)* **the** ~**s** les examens *mpl* de dernière année.
◆ **finale** [fɪ'nɑːlɪ] *n* finale *m*; *(fig)* **the grand** ~**e** l'apothéose *f*. ◆ **finalist** *n* finaliste *mf*. ◆ **finality** *n* irrévocabilité *f*; **with an air of** ~**ity** avec fermeté.
◆ **finalization** *n* dernière mise *f* au point; confirmation *f* définitive. ◆ **finalize** *vt text, report, arrangements, plans* mettre au point les derniers détails de; *preparations* mettre la dernière main à; *decision* confirmer de façon définitive; *date* fixer de façon définitive. ◆ **finally** *adv (lastly)* enfin, pour terminer; *(eventually)* enfin, finalement; *(once and for all)* définitivement.

finance [faɪ'næns] **1** *n* finance *f*. **Ministry of F~** ministère *m* des Finances. **2** *vt (supply money for)* financer; *(obtain money for)* trouver des fonds pour. **3** *adj company, news, page* financier. ◆ **financial** *adj (gen)* financier; **financial year** exercice *m* financier. ◆ **financier** *n* financier *m*.

finch [fɪn(t)ʃ] *n* fringillidé *m (pinson, bouvreuil, grosbec, etc)*.

find [faɪnd] *pret, ptp* **found 1** *vt* **(a)** *(gen)* trouver; *sth or sb lost* retrouver; *cure* découvrir. **he found himself in Paris** il s'est retrouvé à Paris; **I'll** ~ **my way about all right** je trouverai très bien mon chemin; **it found its way into my handbag** ça s'est retrouvé dans mon sac; **it found its way into his essay** ça s'est glissé dans sa dissertation; **we left everything as we found it** nous avons tout laissé tel quel; **to** ~ **that** trouver que, s'apercevoir que, constater que; **I** ~ **her very pleasant** je la trouve très agréable; **he** ~**s it difficult to...** il a du mal à...; **he** ~**s it impossible to leave** il ne peut se résoudre à partir; **he** ~**s it impossible to walk** il lui est impossible de marcher; **you won't** ~ **it easy** vous ne le trouverez pas facile; **to** ~ **some difficulty in doing** éprouver une certaine difficulté à faire; *(fig)* **to** ~ **one's feet** s'adapter; *(Jur)* **to** ~ **sb guilty** prononcer qn coupable; **the court found that...** le tribunal a conclu que... **(b)** *(supply)* fournir; *(obtain)* obtenir, trouver. **wages all found** *or (US)* **and found** salaire logé et nourri; **go and** ~ **me a needle** va me chercher une aiguille; **there are no more to be found** il n'en reste plus. **2** *vi (Jur)* se prononcer *(for* en faveur de; *against* contre). **3** *n* trouvaille *f*. ◆ **find out 1** *vi*: **to** ~ **out about sth** *(enquire)* se renseigner sur qch; *(discover)* découvrir qch, apprendre qch. **2** *vt sep (gen)* découvrir *(that* que); *answer* trouver. **to** ~ **sb out** démasquer qn.
◆ **findings** *npl (in report)* conclusions *fpl*; *(sth found)* découvertes *fpl*.

fine¹ [faɪn] **1** *n* amende *f*, contravention *f (esp Aut)*. **I got a** ~ **for...** j'ai attrapé une contravention pour...

2 *vt* condamner à une amende, donner une contravention à. **to be** ~**d** recevoir une amende *or* une contravention *(£10* de 10 livres; *for sth* pour qch; *for doing* pour avoir fait).

fine² [faɪn] **1** *adj* **(a)** *(not coarse) (gen)* fin; *metal* pur; *workmanship, feelings, taste* délicat; *distinction* subtil. **not to put too** ~ **a point on it...** bref...; **he's got it down to a** ~ **art** il le fait à la perfection; ~ **art, the** ~ **arts** les beaux arts *mpl*. **(b)** *clothes, future, weather* beau *(f* belle*)*; *musician etc* excellent. **it's** ~ **for two** c'est très bien pour deux personnes; **(that's)** ~! très bien!; **it's** ~ **this afternoon** il fait beau cet après-midi; *(fig)* **one** ~ **day** un beau jour; **a** ~ **lady** une grande dame; *(excl)* ~! entendu!; *(iro)* **a** ~ **thing!** * c'est du beau!; *(iro)* **you're a** ~ **one to talk!** c'est toi de le dire! **2** *adv* **(a)** *(excellently)* très bien. **you're doing** ~! tu te débrouilles bien!, ça va!; **I'm feeling** ~ je me sens très bien. **(b)** *(finely)* finement, fin; *cut, chop* menu. *(fig)* **you've cut it a bit** ~ vous avez calculé un peu juste.
◆ **fine down 1** *vi (get thinner)* s'affiner. **2** *vt sep (reduce)* réduire; *(simplify)* simplifier.
◆ **finely** *adv written* admirablement; *dressed* magnifiquement; *adjust* délicatement; *chop* menu, fin.
◆ **fineness** *n* finesse *f*; pureté *f*; délicatesse *f*; subtilité *f*. ◆ **finery** *n* parure *f*; **in all her** ~**ry** dans ses plus beaux atours. ◆ **fine-tune** *vt production* régler avec précision. ◆ **fine-tuning** *n* réglage minutieux.

finesse [fɪ'nes] *n* finesse *f*; *(Cards)* impasse *f*.

finger ['fɪŋgə^r] **1** *n* doigt *m*. **index** ~ index *m*; **little** ~ petit doigt; **middle** ~ médius *m*; **ring** ~ annulaire *m*; **between** ~ **and thumb** entre le pouce et l'index; *(fig)* **to put one's** ~ **on** mettre le doigt sur; **to keep one's** ~**s crossed** dire une petite prière *(fig) (for sb* pour qn); **his** ~**s are all thumbs** il est très maladroit de ses mains; **she can twist him round her little** ~ elle le mène par le bout du nez; **he has a** ~ **in the pie** il y est pour quelque chose; **he wouldn't lift a** ~ **to help me** il ne lèverait pas le petit doigt pour m'aider; **to pull one's** ~ **out** ‡ faire un effort. **2** *vt* toucher, *(pej)* tripoter; *keyboard, keys* toucher; *(feel) money, silk* palper. **3** *adj*: ~ **board** touche *f (de violon etc)*; ~ **bowl** rince-doigts *m inv*; ~ **mark** trace *f* de doigt.
◆ **fingernail** *n* ongle *m (de la main)*. ◆ **fingerprint 1** *n* empreinte *f* digitale; **2** *vt object* relever les empreintes digitales sur; *person* prendre les empreintes digitales de; **3** *adj*: ~**print expert** expert *m* en dactyloscopie. ◆ **fingerstall** *n* doigtier *m*. ◆ **fingertip** *n* bout *m* du doigt; **he has the whole matter at his** ~**tips** il connaît l'affaire sur le bout du doigt; **a machine with** ~**tip control** une machine d'un maniement (très) léger.

finicky ['fɪnɪkɪ] *adj person* difficile *(about sth* pour qch*)*, pointilleux; *work, job* qui demande de la patience.

finish ['fɪnɪʃ] **1** *n* **(a)** *(end)* fin *f*; *(Sport)* arrivée *f*. *(fig)* **to be in at the** ~ assister au dénouement (d'une affaire); **to fight to the** ~ se battre jusqu'au bout. **(b)** *(appearance etc)* finitions *fpl*. **it's a solid car but the** ~ **is not good** la voiture est solide mais les finitions sont mal faites; **paint with a matt** ~ peinture *f* mate; **table with an oak** ~ table *(stained)* teintée *or (veneered)* plaquée chêne.
2 *vt (end) (gen)* finir *(doing* de faire*)*; *work* finir, terminer, achever; *(use up) supplies, cake* finir, terminer. ~ **your soup** finis *or* mange ta soupe; **to put the** ~**ing touch to sth** mettre la dernière main à qch; **that last mile nearly** ~**ed me** * ces derniers quinze cents mètres ont failli m'achever.
3 *vi (gen)* finir; *[book, film, game, meeting]* finir, s'achever, se terminer; *[holiday, contract]* prendre fin. **the meeting was** ~**ing** la réunion tirait à sa fin; **he** ~**ed by saying that...** il a terminé en disant que...; *(Sport)* **to** ~ **first** arriver premier; *(Sport)* ~**ing line** ligne *f* d'arrivée. **I've** ~**ed with the paper**

je n'ai plus besoin du journal; **I've ~ed with poli-tics** j'en ai fini avec la politique; **she's ~ed with him** elle a rompu avec lui. ◆ **finish off 1** vi terminer, finir. **2** vt sep work terminer, achever; food, meal terminer, finir; (kill) achever. ◆ **finish up 1** vi: **it ~ed up as...** ça a fini par être...; **he ~ed up in Rome** il s'est retrouvé à Rome. **2** vt sep food, supplies finir. ◆ **finished** adj product fini; performance accompli; (done for) fichu *; (*: tired) à plat *.

finite ['famaɪt] adj (a) fini, limité. **a ~ number** un nombre fini. (b) (Gram) mood, verb fini.

Finland ['fɪnlənd] n Finlande f. ◆ **Finn** n Finlan-dais(e) m(f); (Finnish speaker) Finnois(e) m(f). ◆ **Finnish 1** adj finlandais; finnois ; **2** n finnois m.

fir [fɜːʳ] n sapin m. **~ cone** pomme f de pin.

fire ['faɪəʳ] **1** n (a) (gen, also fig) feu m; (heater) radia-teur m; (house-~ etc) incendie m. **house on ~** mai-son f en feu or en flammes; **the chimney was on ~** il y avait un feu de cheminée; (fig) **he's playing with ~** il joue avec le feu; **forest ~** incendie de forêt; **to insure o.s. against ~** s'assurer contre l'in-cendie; **to set ~ to sth** mettre le feu à qch; **in front of a roaring ~** devant une belle flambée. (b) (Mil) feu m. **to open ~** ouvrir le feu, faire feu; **~!** feu!; **to come under ~** (Mil) essuyer le feu de l'ennemi; (fig: be criticized) être vivement critiqué. **2** adj: **~ alarm** avertisseur m d'incendie; **~ brigade,** (US) **~ department** (sapeurs-)pompiers mpl; **~ door** porte f anti-incendie; **~ drill** exercice m d'évacuation (incendie); **~ engine** (vehicle) voiture f de pompiers; (apparatus) pompe f à incendie; **~ escape** (staircase) escalier m de secours; (ladder) échelle f d'incendie; **~ exit** sortie f de secours; **~ extinguisher** extincteur m (d'incendie); **~ hazard** or **risk** danger m d'incendie; **~ insurance** assurance-incendie f; **~ irons** garniture f de foyer; **~ prevention** mesures fpl de sécurité contre l'in-cendie; **~ regulations** consignes fpl en cas d'in-cendie; **~ sale** vente f de marchandises légère-ment endommagées dans un incendie; **~ station** caserne f de pompiers; **it's a ~ trap** c'est une véri-table souricière en cas d'incendie; **~ watcher** guetteur m des incendies. **3** vt (a) (set ~ to) mettre le feu à; imagination etc enflammer; pottery cuire. (b) gun décharger; rocket, shot, salute tirer (at sur). **to ~ a gun at sb** tirer (un coup de fusil) sur qn; **to ~ questions at sb** bombarder qn de questions. (c) (*: dismiss) renvoyer, flanquer à la porte *. **you're ~d!** vous êtes renvoyé! **4** vi (a) (shoot) tirer, faire feu (at sur); [gun] partir. (fig) **~ ahead!** *, **~ away!** * vas-y, raconte! (b) [engine] tourner. ◆ **firearm** n arme f à feu. ◆ **fireball** n (meteor) bolide m; (lightning, nuclear) boule f de feu; (fig) personne f très dynamique. ◆ **firebrand** n bran-don m; **he's a real ~ brand** (energetic) il pète le feu; (troublesome) c'est un brandon de discorde. ◆ **firebreak** n pare-feu m inv. ◆ **firebug** * n pyro-mane mf. ◆ **firecracker** n pétard m. ◆ **firedogs** npl chenets mpl. ◆ **fireguard** n garde-feu m inv. ◆ **firelight** n: by **~light** à la lueur du feu. ◆ **fire-lighter** n allume-feu m inv. ◆ **fireman** n (sapeur) pompier m. ◆ **fireplace** n cheminée f, foyer m. ◆ **fireproof** adj material, door ignifugé; dish allant au feu. ◆ **fire-raiser** n pyromane mf. ◆ **fireside** n: **by the ~side** au coin m du feu; **~side chair** fau-teuil m club. ◆ **firewood** n bois m de chauffage. ◆ **firework** n feu m d'artifice; **~works (display)** feu d'artifice. ◆ **firing 1** n [guns] tir m; (fight) fusillade f ; **2** adj: **firing line** ligne f de tir; **firing squad** peloton m d'exécution.

firm¹ [fɜːm] n (Comm) compagnie f, firme f.

firm² [fɜːm] adj (gen) ferme; faith, friendship solide; character, look résolu. (fig) **I'm on ~ ground** je suis

sûr de ce que j'avance; **as ~ as a rock** ferme comme le or un roc; **to be ~ with sb** être ferme avec qn; **to stand ~** tenir bon. ◆ **firm up 1** vi [plans] s'affermir. **2** vt sep affermir. ◆ **firmly** adv (gen) fermement; speak avec fermeté. ◆ **firmness** n fermeté f; solidité f; résolution f.

first [fɜːst] **1** adj premier. **the ~ of May** le Premier Mai; **the twenty-~ time** la vingt et unième fois; **Charles the F~** Charles Premier, Charles Iᵉʳ; **in the ~ place** d'abord, en premier lieu; **~ thing in the morning** dès le matin; (on waking) dès le réveil; **~ thing tomorrow** dès demain matin; **~ things first!** les choses importantes d'abord!; **to give ~ aid** donner les premiers soins; (fig) **he didn't even get to ~ base** * il n'a même pas franchi le premier obstacle; **~ cousin** cousin(e) m(f) germain(e); **~ edition** première édition f, (valuable) édition ori-ginale; **on the ~ floor** (Brit) au premier (étage); (US) au rez-de-chaussée; (Scol) **~ form** ≃ sixième f; (US) **~ grade** cours m préparatoire; (US) **F~ Lady** présidente f des États-Unis; **~ name** prénom m; (Theat etc) **~ night** première f; (Jur) **~ offender** délinquant m primaire; **~ performance** (Cine, Theat) première f; (Mus) première audition. **2** adv (a) (gen) (at first) au début. **~ A then B** d'abord A ensuite B, premièrement A deuxièmement B; **~ of all** tout d'abord; **~ and foremost** en tout premier lieu; **~ come ~ served** les premiers arrivés seront les premiers servis; **ladies ~!** les dames d'abord!; **I would resign ~!** je préférerais démissionner!; **he arrived ~** il est arrivé le premier; **he came ~ in the exam** il a été reçu premier à l'examen; **my family comes ~** ma famille passe avant tout; **he says ~ one thing and then another** il dit tantôt ceci, tantôt cela; **~ and last** avant tout; **I must finish this ~** il faut que je termine (subj) ceci d'abord. (b) (for the ~ time) pour la première fois. **when did you ~ meet him?** quand est-ce que vous l'avez rencontré pour la première fois? (c) (in preference) plutôt. **I'd die ~!** plutôt mourir! **3** n (a) premier m, -ière f. **they were the ~ to come** ils sont arrivés les premiers. (b) **at ~** d'abord, au commencement, au début; **from ~ to last** du début jusqu'à la fin; **from the ~** dès le début. (c) (~ gear) première f (vitesse). **in ~** en première. ◆ **first-aid** adj: **~-aid classes** cours mpl de secou-risme; **~-aid kit** trousse f de pharmacie; **~-aid post** poste m de secours. ◆ **first-class 1** adj (Rail etc) de première (classe); (excellent) excellent, de pre-mière classe; **~-class mail** courrier m tarif normal; **~-class honours degree** ≃ licence f avec mention très bien ; **2** adv travel en première (classe). ◆ **first-day** adj (Post) **~-day cover** émission f du premier jour. ◆ **first-generation** adj: **he's a ~-generation American** il n'est américain que depuis une génération. ◆ **first-hand** adj, adv de pre-mière main. ◆ **firstly** adv premièrement. ◆ **first-named** n premier m, -ière f. ◆ **first-rate** adj excellent, formidable *.

fiscal ['fɪsk(ə)l] adj fiscal. **~ year** exercice m.

fish [fɪʃ] **1** n, pl ~ or **~es** poisson m. **~ and chips** du poisson frit avec des frites; (fig) **I've got other ~ to fry** j'ai d'autres chats à fouetter; (fig) **it's neither ~ nor fowl nor good red herring** ce n'est ni chair ni poisson; **he's like a ~ out of water** il est complètement dépaysé; **he's a queer ~!** * c'est un drôle de numéro! * **2** adj: **~ farm** centre m de pisciculture; **~ knife** couteau m à poisson; **~ paste** pâte f d'anchois (or de homard etc); **~ shop** poissonnerie f; **~ slice** pelle f à poisson; **~ tank** aquarium m. **3** vi pêcher. **to go ~ing** aller à la pêche; **to go salmon ~ing** aller à la pêche au saumon; **to ~ for trout** pêcher la truite; **to ~ for compliments** chercher; information tâcher d'obtenir.

4 vt *trout, salmon* pêcher; *river, pool* pêcher dans. **they ~ed a cat out of the well** ils ont repêché un chat du puits; **he ~ed a handkerchief out of his pocket** il a extirpé un mouchoir de sa poche. ◆ **fish out, fish up** vt sep *(from water)* repêcher; *(from box, drawer etc)* sortir, extirper *(from* de). ◆ **fish-and-chip shop** n débit m de fritures. ◆ **fishbone** n arête f (de poisson). ◆ **fishbowl** n bocal m à poissons. ◆ **fishcake** n croquette f de poisson. ◆ **fisherman** n pêcheur m; **he's a keen ~erman** il aime beaucoup la pêche. ◆ **fishery** n pêcherie f. ◆ **fish-fingers** npl *(US:* **fishsticks)** bâtonnets mpl de poisson. ◆ **fish-hook** n hameçon m. ◆ **fishing** **1** n pêche f ; **2** adj: ~**ing boat** bateau m de pêche; ~**ing fleet** flottille f de pêche; ~**ing grounds** pêches fpl; ~**ing line** ligne f de pêche; ~**ing net** *(on* ~*ing boat)* filet m (de pêche); *[angler]* épuisette f; ~**ing port** port m de pêche; ~**ing rod** canne f à pêche; ~**ing tackle** attirail m de pêche. ◆ **fishmonger** n poissonnier m, -ière f. ◆ **fishpond** n étang m à poissons. ◆ **fishsticks** = **fish-fingers**. ◆ **fish-tail** vi *(US Aut)* chasser. ◆ **fishwife** n: **she talks like a ~wife** elle a un langage de poissarde. ◆ **fishy** adj *smell* de poisson ; *(*: *suspect)* suspect, louche.

fission ['fɪʃ(ə)n] n fission f.

fissure ['fɪʃəʳ] n fissure f.

fist [fɪst] n poing m. **he shook his ~ at me** il m'a menacé du poing. ◆ **fistful** n poignée f. ◆ **fisticuffs** npl coups mpl de poing.

fit¹ [fɪt] **1** adj **(a)** *(suitable, suited)* *person* capable *(for* de); *time, occasion* propice; *(worthy)* digne *(for* de); *(right and proper)* convenable, correct. ~ **to eat** *(palatable)* mangeable; *(not poisonous)* comestible; *(qualified etc)* **to be ~ for a job** avoir la compétence nécessaire pour faire un travail; *(after illness)* ~ **for duty** en état de reprendre le travail; **he's not** ~ **to drive** il n'est pas capable de *or* pas en état de conduire; **I'm not** ~ **to be seen** je ne suis pas présentable; ~ **to wear** mettable; ~ **for habitation** habitable; **to see** *or* **think** ~ **to do** trouver *or* juger bon de faire; **as I think** ~ comme bon me semblera; **he's not** ~ **company for my son** ce n'est pas une compagnie pour mon fils; **she goes on until she's** ~ **to drop** * elle continue jusqu'à ce qu'elle tombe *(subj)* de fatigue. **(b)** *(in health)* en bonne santé, en pleine forme. **to be as** ~ **as a fiddle** se porter comme un charme. **2** n: **your dress is a very good** ~ votre robe est tout à fait à votre taille; **it's rather a tight** ~ c'est un peu juste. **3** vt **(a)** *[clothes etc]* aller à. **this coat ~s you well** ce manteau est bien à votre taille; **the key doesn't** ~ **the lock** la clef ne va pas pour la serrure; **it ~s me like a glove** cela me va comme un gant. **(b)** *(match)* *description* répondre à. **it doesn't** ~ **the facts** cela ne concorde pas avec les faits; **the punishment should** ~ **the crime** la punition doit être proportionnée à l'offense. **(c)** *(gen)* mettre; *(fix)* fixer *(on sth* sur qch); *(install)* poser; *garment* ajuster *(on sb* sur qn). **to** ~ **a key in the lock** engager une clef dans la serrure; **to** ~ **2 things together** ajuster 2 objets; **to have a new window ~ted** faire poser une nouvelle fenêtre; **car ~ted with a radio** voiture équipée d'une radio; **he has been ~ted with a new hearing aid** on lui a mis un nouvel appareil auditif. **(d)** *(make* ~*)* préparer *(sb for sth* qn à qch; *sb to do* qn à faire). **4** vi *[clothes]* aller, être bien ajusté; *[key, machine, part]* entrer, aller; *[facts etc]* cadrer, correspondre *(with sth* avec qch). **if the description ~s, he must be the thief** si la description est la bonne, ce doit être lui le voleur; **it all ~s now!** tout s'éclaire! ◆ **fit in** **1** vi **(a)** *[fact]* s'accorder *(with* avec). **(b)** *[remark]* être en harmonie *(with* avec). **he left the firm because he didn't** ~ **in** il a quitté la compagnie parce qu'il n'arrivait pas à s'intégrer. **2** vt sep

object faire entrer; *(fig)* *appointment, visitor* prendre, caser *; *plans* adapter *(with* à), faire concorder *(with* avec). ◆ **fit on** vt sep fixer, poser. ◆ **fit out** vt sep *(gen)* équiper; *ship* armer. ◆ **fit up** vt sep pourvoir *(with* de).

◆ **fitment** n **(a)** *(built-in furniture)* meuble m encastré; *[kitchen]* élément m (de cuisine); **the table is a ~ment** la table est encastrée; **(b)** *(for vacuum cleaner, mixer etc)* accessoire m; **the light ~ment** l'appareil m d'éclairage. ◆ **fitness** n **(a)** *(health)* santé f *or* forme f (physique); **(b)** *(suitability)* *[remark]* à-propos m; *[person]* aptitudes fpl *(for* pour). ◆ **fitted** adj *garment* ajusté; ~**ted carpet** moquette f; ~**ted kitchen** cuisine f équipée; ~**ted sheet** drap-housse m; **to be ~ted to (do) sth** être apte à (faire) qch. ◆ **fitter** n *(Dress)* essayeur m, -euse f; *(Tech)* monteur m; *[carpet etc]* poseur m. ◆ **fitting** **1** adj approprié *(to* à); ~**ting room** cabine f d'essayage ; **2** n *(Dress)* essayage m; *(in house etc)* ~**tings** installations fpl; **furniture and** ~**tings** mobilier m et installations. ◆ **fittingly** adv *dress* de façon appropriée; *say* avec à-propos; *happen* à propos.

fit² [fɪt] n **(a)** *(Med)* accès m, attaque f. ~ **of coughing** quinte f de toux. **(b)** *(outburst: of anger etc)* mouvement m, accès m. ~ **of crying** crise f de larmes; **to have** *or* **throw** * **a** ~ avoir *or* piquer * une crise; **to be in** ~**s (of laughter), to get a** ~ **of the giggles** avoir le fou rire; ~**s of enthusiasm** des accès d'enthousiasme; **in** ~**s and starts** par à-coups. ◆ **fitful** adj *showers* intermittent; *sleep* agité. ◆ **fitfully** adv *move, work* par à-coups; *sleep* de façon intermittente.

five [faɪv] adj, n, pron cinq (m)inv; *for phrases V* **six**. ◆ **five-and-ten-cent store** n bazar m. ◆ **fivefold** **1** adj quintuple ; **2** adv au quintuple. ◆ **fiver** * n billet m de cinq livres *or (US)* de cinq dollars. ◆ **five-star** adj: ~**-star restaurant** ≃ restaurant m (à) trois étoiles. ◆ **five-year** adj: ~**-year plan** plan m quinquennal.

fix [fɪks] **1** vt **(a)** *(with nails etc)* fixer; *(with ropes etc)* attacher; *(drive in)* enfoncer; *attention* fixer *(on* sur); *hopes* mettre *(on sth* en qch); *blame* mettre *(on sb* sur le dos de qn; *on sth* sur qch); *(Phot)* fixer. **to** ~ **one's eyes on** fixer du regard; **to** ~ **sth in one's mind** graver qch dans son esprit. **(b)** *(arrange, decide)* *details, plans* décider; *time, price, limit* fixer. **on the date ~ed** à la date convenue. **(c)** *(deal with)* arranger; *(mend)* réparer. **I'll ~ it all** je vais tout arranger; **he ~ed it with the police before...** il s'est arrangé avec la police avant de...; **I'll soon ~ him** * je vais lui régler son compte; **to** ~ **one's hair** * se passer un coup de peigne; **can I** ~ **you a drink?** puis-je vous offrir un verre?; **I'll go and** ~ **us sth to eat** je vais vite nous faire qch à manger. **(d)** *(*: *bribe etc)* *person* acheter; *match, election, trial* truquer. **2** n **(a)** *(*) ennui m, embêtement * m. **to be in a** ~ être dans le pétrin; **what a** ~! nous voilà dans le pétrin! **(b)** *(Drugs sl)* piqûre f. **(c)** *(Aviat, Naut)* position f. **to take a** ~ **on** déterminer la position de. **(d)** *(US: trick)* **it's a** ~ * c'est une combine. ◆ **fix on** **1** vt fus choisir. **2** vt sep *lid* fixer, attacher. ◆ **fix up** **1** vi s'arranger *(to do* pour faire). **2** vt sep arranger. **let's** ~ **it all up now** décidons tout de suite des détails; **to** ~ **sb up with sth** obtenir qch pour qn; **we** ~**ed them up for one night** nous leur avons trouvé à coucher pour une nuit.

◆ **fixation** n *(fig)* obsession f; **to have a ~ation about** être obsédé par. ◆ **fixative** n fixatif m. ◆ **fixed** adj *(gen)* fixe; *smile* figé; *determination* inébranlable; **of no ~ed abode** sans domicile fixe; ~**ed menu** menu m à prix fixe; ~**ed term contract** contrat m à durée déterminée; **how are we ~ed for time?** * on a combien de temps?; **how are you ~ed for tonight?** qu'est-ce que vous faites ce soir? ◆ **fixedly** adv fixement. ◆ **fixture** n **(a)** *(in building* *etc*) **~tures** installations *fpl*; **sold with ~tures and fittings** vendu avec toutes les installations; *(fig)* **she's a ~ture** * elle fait partie du mobilier *; **(b)** *(Sport)* match *m* (prévu); **~ture list** calendrier *m*.

fizz [fɪz] *vi [champagne etc]* pétiller; *[steam etc]* siffler. ♦ **fizz up** *vi* mousser. ♦ **fizzy** *adj soft drink* gazeux; *wine* mousseux.

fizzle ['fɪzl] *vi* pétiller. ♦ **fizzle out** *vi [firework]* rater; *[event, enterprise, plan]* ne rien donner; *[book]* se terminer en queue de poisson; *[enthusiasm, interest]* tomber.

flabbergast * ['flæbəɡɑːst] *vt* sidérer *.

flabby ['flæbɪ] *adj* flasque.

flag¹ [flæɡ] **1** *n* drapeau *m*; *(Naut)* pavillon *m*; *(for charity)* insigne *m (d'une œuvre charitable)*. **~ of convenience** pavillon de complaisance; *(fig)* **to go down with ~s flying** mener la lutte jusqu'au bout; *(fig)* **to keep the ~ flying** maintenir les traditions. **2** *vt* pavoiser; (**~ down**) faire signe (de s'arrêter) à. **3** *adj*: **~ day** journée *f* de vente d'insignes *(in aid of* pour). ♦ **flagpole** *or* ♦ **flagstaff** *n* mât *m*. ♦ **flagship** *n (Naut)* vaisseau *m* amiral; *(Comm)* produit *m* vedette.

flag² [flæɡ] *vi [plants etc]* dépérir; *[athlete, walker, health]* s'affaiblir; *[worker, zeal, courage etc]* se relâcher; *[conversation]* languir; *[interest]* faiblir; *[enthusiasm]* tomber.

flag³ [flæɡ] *n* (**~ stone**) dalle *f*.

flagon ['flæɡən] *n* grande bouteille *f*.

flagrant ['fleɪɡr(ə)nt] *adj* flagrant.

flair [flɛəʳ] *n* flair *m*. **to have a ~ for** avoir du flair pour.

flak * [flæk] *n (criticism)* critiques *fpl* (désobligeantes). ♦ **flak-jacket** *n* gilet *m* pare-balles.

flake [fleɪk] **1** *n [snow, cereal etc]* flocon *m*; *[metal etc]* paillette *f*. **2** *vi* (**~ off**) *[stone, plaster etc]* s'effriter; *[paint]* s'écailler; *[skin]* peler. **3** *vt* (**~ off**) écailler. ♦ **flake out** ⚠ *vi (faint)* tourner de l'œil *; *(fall asleep)* s'endormir tout d'une masse.

flamboyant [flæm'bɔɪənt] *adj* flamboyant *(also Archit)*; *person* haut en couleur.

flame [fleɪm] **1** *n* flamme *f*. **in ~s** en flammes, en feu; **to go up in ~s** s'enflammer brusquement. **2** *vi [fire]* flamber; *[passion]* brûler. **her cheeks ~d** ses joues se sont empourprées. ♦ **flame up** *vi [fire]* flamber; *[anger, angry person]* exploser. ♦ **flamethrower** *n* lance-flammes *m inv*. ♦ **flaming** *adj* ardent; (*: *furious*) furibard *; (⚠: *annoying*) fichu * *(before n)*.

flamingo, *pl* **~s** *or* **~es** [flə'mɪŋɡəʊ] flamant *m* (rose).

flammable ['flæməbl] *adj* inflammable.

flan [flæn] *n* tarte *f*.

Flanders ['flɑːndəz] *n* Flandre(s) *f(pl)*.

flank [flæŋk] **1** *n (gen)* flanc *m*; *(Culin)* flanchet *m*. **2** *vt* flanquer. **~ed by 2 policemen** flanqué de 2 gendarmes.

flannel ['flænl] *n* flanelle *f*; *(face ~)* gant *m* de toilette. ♦ **flannelette** *n* pilou *m*.

flap [flæp] **1** *n [pocket, envelope]* rabat *m*; *[counter]* abattant *m*; (*: *panic*) panique *f*. **to be in a ~** être dans tous ses états. **2** *vi [wings, shutters]* battre; *[sails, garment]* claquer; (*: *be panicky*) paniquer *. **3** *vt*: **to ~ its wings** battre des ailes.

flare [flɛəʳ] **1** *n* feu *m*, signal *m* (lumineux); *(Mil)* fusée *f* éclairante; *(Aviat: for target)* bombe *f* éclairante; *(for runway)* balise *f*. **2** *adj (Aviat)* **~ path** piste *f* balisée. **3** *vi [match]* s'enflammer; *[candle]* briller; *[sunspot]* brûler. ♦ **flare up** *vi [fire]* s'embraser; *[person, political situation]* exploser; *[anger, fighting]* éclater. ♦ **flared** *adj skirt* évasé. ♦ **flare-up** *n [fire]* flambée *f* (soudaine); *[war, quarrel, fighting]* intensification *f* soudaine; *(outburst of rage)* crise *f* de colère; *(sudden dispute)* altercation *f*.

flash [flæʃ] **1** *n* (**a**) *[flame, jewels]* éclat *m*. **~ of lightning** éclair *m*; **in a ~** en un clin d'œil, tout d'un coup; **a ~ in the pan** un feu de paille *(fig)*; **~ of inspiration** éclair de génie. (**b**) *(news ~)* flash *m* (d'information). (**c**) *(Phot)* flash *m*. **2** *vi [jewels]* étinceler; *[light]* clignoter; *[eyes]* lancer des éclairs. *[person, vehicle]* **to ~ past** *etc* passer *etc* comme un éclair; **the thought ~ed through his mind that...** un instant, il a pensé que... **3** *vt* (**a**) *light* projeter; *torch* diriger *(on* sur). **she ~ed him a look of contempt** elle lui a jeté un regard de mépris; *(Aut)* **to ~ one's headlights** *or (US)* **the high beams** faire un appel de phares *(at sb* à qn). (**b**) *(flaunt)* étaler. **don't ~ all that money around** n'étale pas tout cet argent comme ça. **4** *adj*: **~ bulb** ampoule *f* de flash; **~ card** carte *f (support visuel)*; **~ cube** cube-flash *m*; **~ gun** flash *m*; **~ point** *(Chem)* point *m* d'ignition; *(fig)* point critique. ♦ **flashback** *n (Cine)* flashback *m inv*. ♦ **flasher** *n (device)* clignotant *m*. ♦ **flashing** *adj*: **~ing light** *(or* **indicator** *etc)* clignotant *m*. ♦ **flashlight** *n (Phot)* flash *m*; *(torch)* lampe *f* de poche. ♦ **flashy** *adj person, taste* tapageur; *jewellery, car, colour* tape-à-l'œil *inv*.

flask [flɑːsk] *n (Pharm)* fiole *f*; *(bottle)* bouteille *f*; *(for pocket)* flasque *f*; *(vacuum ~)* bouteille *f* Thermos ®.

flat¹ [flæt] **1** *adj* (**a**) *(gen)* plat; *tyre* à plat; *(Sport) race* de plat. **as ~ as a pancake** * *tyre* plat comme une galette; *surface, countryside* tout plat; **a ~ dish** un plat creux; **~ nose** nez épaté; **to have ~ feet** avoir les pieds plats; **he was lying ~ on the floor** il était étendu à plat par terre ; **lay the book ~** pose le livre à plat; **~ fish** poisson plat; **~ racing, ~ season** plat *m*; **in a ~ spin** * dans tous ses états. (**b**) *taste, style* monotone, plat; *joke, story* qui tombe à plat; *experience* plutôt décevant; *battery* à plat; *beer etc* éventé; *(not shiny) colour* mat. **I was feeling rather ~** je me sentais sans ressort. (**c**) *(Mus)* voice faux. **B ~** si *m* bémol. (**d**) *refusal, denial* net, catégorique. **and that's ~!** * un point c'est tout! * (**e**) *(fixed)* fixe. **~ rate of pay** salaire *m* fixe; **~ rate** taux *m* fixe.

2 *adv say, tell, refuse* carrément; *sing* faux. **~ broke** ⚠ fauché (comme les blés) *; **in 10 seconds ~** en 10 secondes pile *; **to go ~ out** *[runner]* donner son maximum; *[person running in street]* courir comme un dératé *; *[car]* rouler à sa vitesse de pointe; **to be ~ out** *(lying)* être étendu de tout son long; (*: *exhausted*) être à plat *; (*: *asleep*) dormir; (⚠: *drunk*) être rétamé ⚠.

3 *n [hand, blade]* plat *m*; *(Mus)* bémol *m*; *(US Aut)* pneu *m* crevé. ♦ **flat-bottomed** *adj* à fond plat. ♦ **flat-chested** *adj* qui n'a pas de poitrine. ♦ **flatfooted** *adj* aux pieds plats. ♦ **flatiron** *n* fer *m* à repasser. ♦ **flatly** *adv deny, refuse* catégoriquement; *say* tout net. ♦ **flatness** *n* égalité *f*, aspect *m* plat; *(dullness)* monotonie *f*. ♦ **flatten** *vt path, road* aplanir; *metal* aplatir; *town, building* raser; *[wind, storm etc] crops* coucher; **to ~ten o.s. against** s'aplatir contre. ♦ **flatten out 1** *vi [countryside, road]* s'aplanir; *[aircraft]* se redresser ; **2** *vt sep path* aplanir; *metal* aplatir; *map etc* ouvrir à plat.

flat² [flæt] *n (Brit)* appartement *m*. ♦ **flat-hunting: to go ~-hunting** chercher un appartement. ♦ **flatlet** *n* studio *m*. ♦ **flatmate** *n*: **my ~mate la fille** *(or* le garçon *etc)* avec qui je partage mon appartement.

flatter ['flætəʳ] *vt* flatter. ♦ **flatterer** *n* flatteur *m*, -euse *f*. ♦ **flattering** *adj person, remark* flatteur; *clothes, photograph* qui avantage. ♦ **flatteringly** *adv* flatteusement. ♦ **flattery** *n* flatterie *f*.

flatulence ['flætjʊləns] *n* flatulence *f*.

flaunt [flɔːnt] *vt* étaler, afficher.

flautist ['flɔːtɪst] n flûtiste mf.

flavour, (US) **flavor** ['fleɪvə'] **1** n goût m, saveur f; [ice cream] parfum m. **the ~ of Paris in the twenties** l'atmosphère f du Paris des années vingt. **2** vt donner du goût à; (with fruit, spirits) parfumer (with à). **pineapple-~ed** (parfumé) à l'ananas. ◆ **flavo(u)ring** n (in sauce etc) assaisonnement m; (in cake etc) parfum m; **vanilla ~ing** essence f de vanille.

flaw [flɔː] n (gen) défaut m; (in contract, procedure etc) vice m de forme; (in arrangements, plans) inconvénient m. ◆ **flawed** adj imparfait. ◆ **flawless** adj parfait.

flax [flæks] n lin m. ◆ **flaxen-haired** adj aux cheveux de lin.

flay [fleɪ] vt (skin) écorcher; (beat) rosser; (criticize) éreinter.

flea [fliː] n puce f. **~ market** marché m aux puces; **to send sb off with a ~ in his ear** * envoyer promener * qn. ◆ **fleabite** n piqûre f de puce; (fig) vétille f. ◆ **fleabitten** adj (lit) infesté de puces; (fig) miteux. ◆ **flea collar** n collier m antipuces. ◆ **flea-pit** ⁑ n ciné * m miteux.

fleck [flek] **1** n [colour] moucheture f; [sunlight] petite tache f; [dust] particule f. **2** vt: **blue ~ed with white** bleu moucheté de blanc; **hair ~ed with grey** cheveux mpl poivre et sel.

fled [fled] pret, ptp of **flee.**

fledged [fledʒd] adj (fig) **fully-~** doctor, architect diplômé; **a fully-~** British citizen un citoyen britannique à part entière. ◆ **fledg(e)ling** n oiselet m.

flee [fliː] pret, ptp **fled 1** vi fuir (before devant), s'enfuir (from de), se réfugier (to auprès de). **they fled** ils se sont enfuis, ils se sont sauvés. **2** vt town, country s'enfuir de; temptation, danger fuir.

fleece [fliːs] **1** n toison f. **2** vt (rob) voler; (overcharge) estamper *. ◆ **fleece-lined** adj doublé de mouton. ◆ **fleecy** adj clouds floconneux; blanket laineux.

fleet¹ [fliːt] n flotte f. (fig) **a ~ of vehicles** un parc automobile; (Brit) **F~ Air Arm** aéronavale f.

fleet² [fliːt] adj (~-footed) au pied léger.

fleeting ['fliːtɪŋ] adj time, memory fugitif; beauty, pleasure éphémère; moment, visit bref.

Fleming ['flemɪŋ] n Flamand(e) m(f). ◆ **Flemish 1** adj flamand. **2** n (Ling) flamand m; **the Flemish** les Flamands mpl.

flesh [fleʃ] n chair f. **~ wound** blessure f superficielle; **to make sb's ~ creep** donner la chair de poule à qn; **I'm only ~ and blood** je ne suis qu'un homme (or une femme) comme les autres; **my own ~ and blood** les miens mpl; **it is more than ~ and blood can stand** c'est plus que la nature humaine ne peut endurer; **in the ~** en chair et en os; **to demand one's pound of ~** exiger son dû. ◆ **fleshy** adj charnu.

flew [fluː] pret of **fly².**

flex [fleks] **1** vt body, knees fléchir; muscle faire jouer. **2** n [lamp, iron] fil m; [telephone] cordon m. ◆ **flexible** adj flexible; **I'm ~ible** je peux toujours m'arranger; **~ible working hours** horaire m mobile. ◆ **flexibility** n flexibilité f. ◆ **flex(i)time** n horaire m mobile.

flick [flɪk] **1** n **(a)** (with tail, duster) petit coup m; (with finger) chiquenaude f; (with wrist) petit mouvement (rapide). **at the ~ of a switch** rien qu'en appuyant sur un bouton. **(b)** **the ~s** ⁑ le ciné *. **2** adj: **~ knife** couteau m à cran d'arrêt. **3** vt donner un petit coup à. ◆ **flick off** vt sep dust, ash enlever d'une chiquenaude. ◆ **flick through** vt fus book feuilleter.

flicker ['flɪkə'] **1** vi [flames, light] danser; (before going out) vaciller; [needle on dial] osciller; [eyelids] battre. **2** n danse f; vacillement m. **in the ~ of**

an eyelid en un clin d'œil; **without a ~** sans sourciller; **a ~ of hope** une lueur d'espoir. ◆ **flickering** adj dansant; vacillant; battant.

flier ['flaɪə'] n aviateur m, -trice f.

flight¹ [flaɪt] **1** n (gen) vol m; [ball] trajectoire f. **in ~** en plein vol; **~ number 776 from/to Madrid** le vol numéro 776 en provenance/à destination de Madrid; **did you have a good ~?** vous avez fait bon voyage?; **a ~ of fancy** une envolée de l'imagination; **in the top ~ of scientists** parmi les scientifiques les plus marquants; **a top-~firm** une compagnie de pointe; **~ of stairs** escalier m; **to climb 3 ~s** monter 3 étages; **he lives three ~s up** il habite au troisième. **2** adj: **~ attendant** steward m/hôtesse f de l'air; **~ bag** sac m avion; (Aviat) **~deck** poste m de pilotage; **~ path** trajectoire f (de vol); **~ recorder** enregistreur m de vol.

flight² [flaɪt] n(act of fleeing) fuite f. **to put to ~** mettre en fuite; **to take (to) ~** prendre la fuite.

flighty ['flaɪtɪ] adj frivole.

flimsy ['flɪmzɪ] **1** adj dress trop léger; cloth, paper mince; house peu solide; excuse, reasoning pauvre. **2** n papier m pelure inv. ◆ **flimsily** adv: **flimsily built** peu solide.

flinch [flɪn(t)ʃ] vi tressaillir. **to ~ from sth** reculer devant qch; **without ~ing** sans broncher.

fling [flɪŋ] (vb: pret, ptp **flung**) **1** n (throw) lancer m. (fig) **to have one's ~** se payer du bon temps; **to go on a ~** aller faire la foire * (in shops) faire des folies; (attempt) **to have a ~ at doing** essayer de faire. **2** vt stone etc jeter, lancer (at sb à qn; at sth sur or contre qch); remark, accusation lancer (at sb à qn). **to ~ sb into jail** jeter qn en prison; **to ~ the window open** ouvrir toute grande la fenêtre; **to ~ one's arms round sb's neck** se jeter au cou de qn; **to ~ on/off one's coat** enfiler/enlever son manteau d'un geste brusque; **to ~ o.s. into a job** se lancer à corps perdu dans un travail. **3** vi: **to ~ off/out** etc partir/sortir etc brusquement. ◆ **fling away** vt sep (throw out) jeter; (waste) gaspiller. ◆ **fling out** vt sep person mettre à la porte; unwanted object jeter. ◆ **fling up** vt sep jeter en l'air. **to ~ one's arms up** lever les bras au ciel; **he flung up his head** il a brusquement relevé la tête.

flint [flɪnt] n (gen) silex m; (for spark, lighter) pierre f (à briquet).

flip [flɪp] **1** adj: **the ~ side of a record** l'autre face f d'un disque. **2** vt donner une chiquenaude à. **he ~ped the letter over to me** il m'a passé la lettre d'une chiquenaude. ◆ **flip off** vt sep faire tomber. ◆ **flip through** vt fus book feuilleter. ◆ **flipboard** n chevalet m (tableau à feuilles mobiles). ◆ **flip-flops** npl (sandals) tongs fpl ®.

flippant ['flɪpənt] adj désinvolte, irrévérencieux. ◆ **flippancy** n désinvolture f, irrévérence f. ◆ **flippantly** adv avec désinvolture.

flipper ['flɪpə'] n [seal etc] nageoire f. [swimmer] **~s** palmes fpl.

flipping * ['flɪpɪŋ] adj fichu * (before n).

flirt [flɜːt] **1** vi flirter (with avec). **to ~ with an idea** caresser une idée. **2** n: **he's a great ~** il est très flirteur. ◆ **flirtation** n flirt m. ◆ **flirtatious** adj flirteur.

flit [flɪt] **1** vi [bats, butterflies etc] voltiger. **the idea ~ted through his head** l'idée lui a traversé l'esprit; **she ~ted in and out** elle n'a fait qu'entrer et sortir. **2** n: **to do a moonlight ~** déménager à la cloche de bois.

float [fləʊt] **1** n (Fishing, Plumbing) flotteur m; (cork) bouchon m; [seaplane etc] flotteur; (vehicle in a parade) char m. **2** vi (gen) flotter; [ship] être à flot; [bather] faire la planche; [vision etc] planer. **to ~ down the river** descendre la rivière. **3** vt boat faire flotter; (refloat) remettre à flot; (fig) idea lancer;

currency laisser flotter; *company* fonder; *share issue* émettre; *loan* lancer.
◆ **float away** *vi* partir à la dérive. ◆ **float off** 1 *vi [wreck etc]* se déséchouer. 2 *vt sep* déséchouer.
◆ **floating** *adj* dock, rib, vote, currency flottant; *population* instable; *assets* circulant; ~**ing voter** électeur *m*, -trice *f* indécis(e).

flock [flɒk] 1 *n [animals, geese]* troupeau *m*; *[birds]* vol *m*; *[people]* foule *f*; *(Rel)* ouailles *fpl*. 2 *vi* affluer. **to** ~ **in/out** *etc* entrer/sortir *etc* en foule; **to** ~ **round sb** s'attrouper autour de qn.

floe [fləʊ] *n* banquise *f*.

flog [flɒg] *vt* (a) flageller. **to** ~ **an idea to death** * rabâcher une idée; *(fig)* **to** ~ **a dead horse** perdre sa peine et son temps. (b) (‡: *sell*) vendre. ◆ **flogging** *n* flagellation *f*; *(Jur)* fouet *m (sanction)*.

flood [flʌd] 1 *n* inondation *f*; *[river]* crue *f*; *[light]* torrent *m*; *[tears, letters]* déluge *m*; *(Bible)* déluge. ~ **damage** dégâts *mpl* des eaux; ~ **tide** marée *f* haute. 2 *vt (gen, fig)* inonder (*with* de); *carburettor* noyer. **to** ~ **the market** inonder le marché (*with* de). 3 *vi [river]* déborder; *[people]* affluer. **the crowd** ~**ed into the streets** la foule a envahi les rues.
◆ **flood in** *vi [sunshine]* entrer à flots; *[people]* entrer en foule. ◆ **flood out** *vt sep house* inonder. **the villagers were** ~**ed out** les inondations ont forcé les villageois à évacuer leurs maisons.
◆ **floodgate** *n (fig)* **to open the** ~**gates** ouvrir les vannes (*to* à). ◆ **flooding** *n* inondations *fpl*.
◆ **floodlight** 1 *vt pret, ptp* **floodlit** *buildings* illuminer; *match* éclairer (aux projecteurs); *(fig)* mettre en lumière ; 2 *n (device)* projecteur *m*; *(light)* lumière *f* (des projecteurs); **to play a match under** ~**lights** jouer un match en nocturne.
◆ **floodlighting** *n* illumination *f*; éclairage *m*; **let's go and see the** ~**lighting** allons voir les illuminations. ◆ **floodlit** *adj* illuminé; en nocturne.

floor [flɔːʳ] 1 *n* (a) *(gen)* sol *m*; *(~ boards)* plancher *m*; *(for dance)* piste *f* (de danse). **stone/tiled** ~ sol dallé/carrelé; **on the** ~ par terre, sur le sol; **a question from the** ~ **of the house** une question de l'auditoire; **sea** ~ fond de la mer. (b) *(storey)* étage *m*. **on the first** ~ *(Brit)* au premier étage; *(US)* au rez-de-chaussée. 2 *vt (knock down)* terrasser; *(baffle)* couper le sifflet à *. **he was completely** ~**ed by this** il n'a rien trouvé à répondre. 3 *adj:* ~ **covering** revêtement *m* de sol; ~ **manager** *(TV)* régisseur *m* de plateau; ~ **polish** cire *f*; ~ **polisher** cireuse *f*; ~ **show** attractions *fpl* (dans un cabaret etc). ◆ **floorboard** *n* planche *f (de plancher)*.
◆ **floorcloth** *n* serpillière *f*. ◆ **floorwalker** *n* chef *m* de rayon.

flop [flɒp] 1 *vi* (a) *(drop etc)* s'effondrer, s'affaler (*on* sur; *into* dans). (b) *[play]* faire un four; *[scheme etc]* être un fiasco. 2 *n* (*) *[business venture, scheme]* fiasco *m*. **he was a terrible** ~ il s'est payé un échec monumental *.

floppy [ˈflɒpɪ] *adj, n:* ~ **(disk)** disque *m* souple.

flora [ˈflɔːrə] *n* flore *f*.

floral [ˈflɔːr(ə)l] *adj* floral. ~ **tribute** fleurs *fpl* et couronnes *fpl*.

Florence [ˈflɒrəns] *n* Florence. ◆ **Florentine** *adj* florentin.

florid [ˈflɒrɪd] *adj* person, complexion rougeaud; *literary style, architecture* tarabiscoté.

florist [ˈflɒrɪst] *n* fleuriste *mf*.

flotation [fləʊˈteɪʃ(ə)n] *n [shares]* émission *f*; *[company]* lancement *m* (en Bourse).

flounce [flaʊns] *vi:* **to** ~ **in/out** *etc* entrer/sortir *etc* dans un mouvement d'humeur (*or* d'indignation *etc*).

flounder¹ [ˈflaʊndəʳ] *n (fish)* flet *m*.

flounder² [ˈflaʊndəʳ] *vi* patauger (péniblement); *(more violently)* se débattre. *(fig)* **he** ~**ed through** **the rest of the speech** il a fini le discours en bredouillant.

flour [flaʊəʳ] *n* farine *f*. ~ **mill** minoterie *f*.

flourish [ˈflʌrɪʃ] 1 *vi [plants etc]* bien venir; *[business etc]* prospérer; *[writer, artist etc]* avoir du succès; *[literature, the arts, painting]* être en plein essor; *[person]* être en pleine forme. 2 *vt stick, book etc* brandir. 3 *n (gen)* fioriture *f*; *(under signature)* parafe *m*. **he took the lid off with a** ~ il a enlevé le couvercle avec un grand moulinet du bras; **a** ~ **of trumpets** une fanfare. ◆ **flourishing** *adj* business, plant florissant; *person* d'une santé florissante.

flout [flaʊt] *vt orders, advice* passer outre à; *conventions, society* se moquer de.

flow [fləʊ] 1 *vi (gen)* couler; *[electric current, blood in veins]* circuler; *[hair etc]* flotter; *(fig: result)* découler, résulter (*from* de). *[people]* **to** ~ **in/out** entrer/sortir en foule ; *[liquid]* **to** ~ **out of** s'écouler de, sortir de; **the money keeps** ~**ing in** l'argent rentre bien; **to** ~ **past sth** passer devant qch; **to** ~ **back** refluer; **the water** ~**ed over the fields** l'eau s'est répandue dans les champs; **the river** ~**s into the sea** le fleuve se jette dans la mer; **tears were** ~**ing down her cheeks** les larmes coulaient sur ses joues. 2 *n [tide]* flux *m*; *[river]* courant *m*; *[electric current, blood in veins]* circulation *f*; *[blood from wound]* écoulement *m*; *[orders, replies, words]* flot *m*; *[music]* déroulement *m*. 3 *adj:* ~ **chart**, ~ **sheet** organigramme *m*. ◆ **flowing** *adj* movement gracieux; *dress, hair* flottant; *style* coulant.

flower [flaʊəʳ] 1 *n* fleur *f*. **in** ~ en fleurs. 2 *vi* fleurir. **to be** ~**ing** être en fleurs. 3 *adj:* ~ **arrangement** *(art)* art *m* du bouquet; *(exhibit)* composition *f* florale; ~ **bed** parterre *m*; ~ **garden** jardin *m* d'agrément; ~ **shop** boutique *f* de fleuriste; **at the** ~ **shop** chez le *or* la fleuriste; ~ **show** floralies *fpl*; *(smaller)* exposition *f* de fleurs.
◆ **flowered** *adj* cloth etc à fleurs. ◆ **flowering** 1 *n* floraison *f*. 2 *adj (in ~s)* en fleurs; *(which* ~*s)* shrub etc à fleurs. ◆ **flowerpot** *n* pot *m* (à fleurs).
◆ **flower-seller** *n* bouquetière *f*. ◆ **flowery** *adj* meadow fleuri; *material* à fleurs; *style, essay, speech* fleuri.

flown [fləʊn] *ptp of* **fly²**.

flu [fluː] *n* grippe *f*.

flub * [flʌb] *(US)* 1 *vt* louper *, rater *. 2 *vi* échouer. 3 *n* ratage *, erreur *f*.

fluctuate [ˈflʌktjʊeɪt] *vi [prices etc]* fluctuer; *[person]* varier (*between* entre). ◆ **fluctuation** *n* fluctuation *f*; variation *f*.

flue [fluː] *n* conduit *m* (de cheminée). ~ **brush** hérisson *m* (de ramoneur).

fluent [ˈfluːənt] *adj style* coulant. **to be a** ~ **speaker** avoir la parole facile; **he is** ~ **in Italian** il parle couramment l'italien. ◆ **fluency** *n* facilité *f*, aisance *f*; **his fluency** l'aisance avec laquelle il s'exprime (*in* en). ◆ **fluently** *adv* speak a language couramment; *speak, write* avec facilité.

fluff [flʌf] 1 *n* (on birds, young animals) duvet *m*; *(from material)* peluche *f*; *(dust on floors)* moutons *mpl* (de poussière). 2 *vt* (a) *(~ out)* feathers ébouriffer; *pillows, hair* faire bouffer. (b) (*: do badly)* lines in play etc rater. ◆ **fluffy** *adj bird* duveteux; *hair* bouffant; *toy* en peluche; *material* pelucheux.

fluid [ˈfluːɪd] 1 *adj* fluide. ~ **ounce** mesure de capacité *(Brit:* ≈ *0,028L; US:* ≈ *0,030L)*; **my plans are still fairly** ~ je n'ai pas encore de plans très fixes. 2 *n* fluide *m (also Chem)*, liquide *m*. *(as diet)* **he's on** ~**s only** il ne peut prendre que des liquides.
◆ **fluidity** *n* fluidité *f*.

fluke [fluːk] *n* coup *m* de chance. **by a (sheer)** ~ par un hasard extraordinaire.

flummox * [ˈflʌməks] *vt* couper le sifflet à *.

flung [flʌŋ] *pret, ptp of* **fling**.

fluorescent [fluə'resnt] *adj lighting* fluorescent. **~ strip** tube *m* fluorescent.

fluoride ['fluəraɪd] *n* fluor *m.* **~ toothpaste** dentifrice *m* au fluor. ◆ **fluoridation** *n* traitement *m* au fluor.

flurry ['flʌrɪ] *n* rafale *f; (fig)* agitation *f; [activity, excitement]* accès *m.* ◆ **flurried** *adj:* **to get flurried** s'affoler *(at* pour).

flush¹ [flʌʃ] **1** *n* **(a)** *(in sky)* lueur *f* rouge; *[blood]* flux *m; (blush)* rougeur *f. (Med)* **hot ~es** bouffées *fpl* de chaleur. **(b)** *[beauty, health, youth]* éclat *m; [joy]* élan *m; [excitement]* accès *m.* **in the first ~ of victory** dans l'ivresse *f* de la victoire. **2** *vi* rougir *(with* de). **3** *vt* nettoyer à grande eau. **to ~ the lavatory** tirer la chasse (d'eau). ◆ **flush away** *vt sep (down sink/drain)* faire partir par l'évier/par l'égout; *(down lavatory)* faire partir (en tirant la chasse d'eau). ◆ **flushed** *adj* (tout) rouge; **they were ~ed with success** le succès leur tournait la tête.

flush² [flʌʃ] **1** *adj* **(a)** au même niveau *(with* que), au *or* à ras *(with* de). **~ with the ground** à ras de terre; **a door ~ with the wall** une porte dans l'alignement du mur; **~ against** tout contre. **(b)** **to be ~ (with money)** ‡ être en fonds. **2** *vt:* **to ~ a door** rendre une porte plane.

flush³ [flʌʃ] *vt (~ out) game, birds* lever; *(fig) person* forcer à se montrer.

fluster ['flʌstə'] *vt* énerver, troubler. **to get ~ed** s'énerver.

flute [fluːt] *n (Mus)* flûte *f.* ◆ **flutist** *n (US)* flûtiste *mf.*

flutter ['flʌtə'] **1** *vi [flag, ribbon]* flotter; *[bird, moth]* voleter; *[wings]* battre; *[leaf]* tomber en tourbillonnant; *[person]* aller et venir dans une grande agitation; *[heart]* palpiter; *[pulse]* battre (faiblement). **2** *vt fan, paper* jouer de. **to ~ one's eyelashes** battre des cils *(at sb* dans la direction de qn). **3** *n (nervousness)* agitation *f.* **in a ~** tout troublé; *(gamble)* **to have a ~** * parier une petite somme *(on* sur).

flux [flʌks] *n:* **to be in a state of ~** changer sans arrêt.

fly¹ [flaɪ] **1** *n* mouche *f.* **they died like flies** ils mouraient comme des mouches; **he wouldn't hurt a ~** il ne ferait pas de mal à une mouche; *(fig)* **he's the ~ in the ointment** le gros obstacle, c'est lui; **there are no flies on him** ‡ il n'est pas né d'hier. **2** *adj:* **~ fishing** pêche *f* à la mouche; **~ paper** papier *m* tue-mouches; **~ swat(ter)** tapette *f; (Boxing)* **~ weight** poids *m* mouche. ◆ **fly-blown** *adj* défraîchi.

fly² [flaɪ] *pret* **flew**, *ptp* **flown 1** *vi* **(a)** *(gen)* voler; *[air passenger]* voyager en avion; *[flag]* flotter. **to ~ over London** survoler Londres; **the planes flew past** *or* **over at 3 p.m.** les avions sont passés à 15 heures; **to ~ across** *or* **over the Channel** *[bird, plane, person]* survoler la Manche; *[passenger]* traverser la Manche en avion; **we flew in from Rome** nous sommes venus de Rome par avion; **to ~ away** *or* **off** s'envoler; *(fig)* **he is ~ing high** il voit grand; *(fig)* **to find that the bird has flown** trouver l'oiseau envolé.
(b) *[time]* passer vite; *[car, people]* filer *. [person]* **to ~ in** *etc* entrer *etc* à toute vitesse; **I must ~!** il faut que je me sauve!; **to ~ to sb's assistance** voler au secours de qn; **to ~ into a rage, to ~ off the handle** s'emporter; **to let ~ at sb** *(in angry words)* s'en prendre violemment à qn; *(shoot)* tirer sur qn; **to let ~ a stone** jeter une pierre; **to ~ at sb/at sb's throat** sauter sur qn/à la gorge de qn; **the door flew open** la porte s'est ouverte brusquement.
(c) *(flee)* fuir *(before* devant), s'enfuir *(from* de), se réfugier *(to* auprès de). **~ for your life!** fuyez!

2 *vt* **(a)** *aircraft* piloter; *person* emmener par avion; *goods* transporter par avion; *standard, admiral's flag etc* arborer. *(Naut)* **to ~ the French flag** battre pavillon français; **to ~ a kite** faire voler un cerf-volant; *(fig)* lancer un ballon d'essai *(fig);* **to ~ the Atlantic** traverser l'Atlantique (en avion); **we will ~ you to Italy for £80** nous vous offrons le voyage d'Italie par avion pour 80 livres.
(b) **to ~ the country** s'enfuir du pays.
3 *n:* **flies** *(on trousers)* braguette *f; (Theat)* cintres *mpl.*
◆ **fly-drive** *n* formule *f* avion plus voiture. ◆ **fly half** *n* demi *m* d'ouverture. ◆ **flying 1** *n (action)* vol *m; (activity)* aviation *f;* **he likes ~ing** il aime l'avion ; **2** *adj fish, machine, saucer, doctor* volant; **to take a ~ing jump** sauter avec élan; *(Sport)* **~ing start** départ *m* lancé; *(fig)* **to get off to a ~ing start** prendre un excellent départ; **~ing visit** visite *f* éclair *inv;* **~ing ambulance** avion *m* (*or* hélicoptère *m*) sanitaire; **~ing boat** hydravion *m;* **~ing buttress** arc-boutant *m;* **~ing officer** lieutenant *m* de l'armée de l'air; *(Police)* **F~ing Squad** brigade *f* volante de la police judiciaire; **~ing suit** combinaison *f;* **~ing time** heures *fpl* de vol. ◆ **flyleaf** *n* page *f* de garde. ◆ **flyover** *n (Aut)* toboggan *m; (Aviat: also* **flypast***)* défilé *m* aérien. ◆ **flysheet** *n* feuille *f* volante. ◆ **flywheel** *n* volant *m (Tech).*

foal [fəul] *n* poulain *m.*

foam [fəum] **1** *n (gen)* mousse *f; [sea, animal]* écume *f.* **2** *adj:* **~ bath** bain *m* moussant; **~ plastic** mousse *f* de plastique; **~ rubber** caoutchouc *m* mousse. **3** *vi [sea]* écumer; *[soapy water]* mousser. **to ~ at the mouth** *(lit)* écumer; *(fig)* écumer de rage. ◆ **foam-backed** *adj carpet* à sous-couche de mousse.

fob [fɒb] *vt:* **to ~ sth off on sb** refiler * qch à qn; **to ~ sb off with promises** se débarrasser de qn par de belles promesses.

fo'c'sle ['fəuksl] *n* gaillard *m* d'avant.

focus ['fəukəs] **1** *n, pl* **~es** *or* **foci** *(gen)* foyer *m; [interest]* centre *m. (Phot)* **in ~** au point; *(fig)* **the ~ of attention** le point de mire *(fig).* **2** *vt instrument, camera* mettre au point *(on* sur); *light* faire converger *(on* sur); *one's efforts, attention* concentrer *(on* sur). **to ~ one's eyes on sth** fixer ses yeux sur qch. **3** *vi [light, rays]* converger *(on* sur); *[eyes, person]* accommoder. **to ~ on sth** fixer son regard sur qch; *(Phot)* faire la mise au point sur qch; **we must ~ on raising funds** il faut nous concentrer sur la collecte des fonds. ◆ **focal** *adj* focal; **focal point** *(Opt)* foyer *m; (fig)* point *m* central.

fodder ['fɒdə'] *n* fourrage *m.*

foe [fəu] *n* adversaire *mf.*

foetus ['fiːtəs] *n* fœtus *m.* ◆ **foetal** *adj* fœtal.

fog [fɒg] **1** *n* brouillard *m. (fig)* **to be in a ~** ne plus savoir où l'on en est. **2** *vt person* embrouiller; *(Phot)* voiler. **to ~ the issue** embrouiller la question. **3** *adj:* **~ bank** banc *m* de brume; **~ signal** *(Naut)* signal *m* de brume; *(Rail)* pétard *m.* ◆ **fogbound** *adj* bloqué par le brouillard. ◆ **foggy** *adj weather* brumeux; *day* de brouillard; *ideas* confus; **it's ~gy** il fait du brouillard; **I haven't the ~giest (idea** *or* **notion)!** * pas la moindre idée! ◆ **foghorn** *n* sirène *f* de brume; **a voice like a ~ horn** une voix tonitruante. ◆ **foglamp** *or* ◆ **foglight** *n* feu *m* de brouillard.

fogey * ['fəugɪ] *n:* **old ~** vieille baderne * *f.*

foible ['fɔɪbl] *n* petite manie *f.*

foil¹ [fɔɪl] *n (metal sheet)* feuille *f* de métal; *(cooking or kitchen ~)* papier *m* d'aluminium, alu * *m; (Fencing)* fleuret *m.* **to act as a ~ to sb/sth** mettre qn/qch en valeur.

foil² [fɔɪl] *vt plans, attempts* déjouer.

foist [fɔɪst] *vt*: **to ~ sth off on sb** refiler * qch à qn; **to ~ o.s. on to sb** s'imposer à qn *or (as guest)* chez qn.

fold [fəʊld] **1** *n* pli *m. (Geol)* ~**s** plissement *m.* **2** *vt (gen)* plier. **to ~ one's arms** croiser les bras. **3** *vi [chair, table]* se (re)plier; *(*: fail) [newspaper]* cesser de paraître; *[business]* fermer; *[play]* quitter l'affiche.
◆ **fold away 1** *vi [table, bed]* se (re)plier. **2** *vt sep clothes etc* plier et ranger. ◆ **fold back** *vt sep* rabattre. ◆ **fold over** *vt sep* replier. ◆ **fold up 1** *vi (*: fail)* faire fiasco. **2** *vt sep paper etc* plier, replier.
◆ **foldaway** *adj bed etc* pliant. ◆ **folder** *n (file)* chemise *f; (with hinges)* classeur *m; (for drawings)* carton *m; (papers)* dossier *m; (leaflet)* dépliant *m.* ◆ **folding** *adj bed etc* pliant; *door* en accordéon; ~**ing seat** pliant *m; (Aut, Theat)* strapontin *m.*

fold [fəʊld] *suf*: **twenty~** *(adj)* par vingt; *(adv)* vingt fois.

foliage ['fəʊlɪdʒ] *n* feuillage *m.*

folio ['fəʊlɪəʊ] *n (sheet)* folio *m; (volume)* in-folio, *m.*

folk [fəʊk] **1** *npl (also ~s)* gens *mpl (adj f if before n).* **good ~(s)** de braves gens, de bonnes gens; **old ~(s)** les vieux *mpl,* les vieilles gens; **hullo ~s!** * bonjour tout le monde! *; **what will ~(s) think?** qu'est-ce qu'on va penser?; *(pl: relatives)* **my ~s** * ma famille. **2** *adj dance, tale* folklorique. ~ **music** *(gen)* musique *f* folklorique; *(contemporary)* folk *m;* ~ **singer** *(gen)* chanteur *m,* -euse *f* de chansons folkloriques *or (contemporary)* de folk; ~ **song** chanson *f* folklorique; *(modern)* chanson folk *inv;* ~ **wisdom** la croyance populaire. ◆ **folklore** *n* folklore *m.* ◆ **folksy** * *adj story, humour* populaire; *person* sans enfant *inv.*

follow ['fɒləʊ] **1** *vt (gen)* suivre; *suspect* filer; *serial, strip cartoon* lire (régulièrement); *football team* être supporter de; *career* poursuivre. **we're being ~ed** on nous suit; **to have sb ~ed** faire filer qn; **a bodyguard ~ed the president** un garde du corps accompagnait le président; **~ed by** suivi de; **he ~ed his father into the business** il est entré dans l'affaire sur les traces de son père; **to ~ sb's advice** suivre les conseils de qn; **to ~ suit** *(Cards)* fournir *(in clubs etc* à trèfle *etc); (fig)* en faire autant ; **I don't quite ~ (you)** je ne vous suis pas tout à fait.
2 *vi·(a) (come after)* suivre. **as ~s** comme suit; **to ~ right behind sb, to ~ hard on sb's heels** être sur les talons de qn; *(fig)* **to ~ in sb's footsteps** marcher sur les traces de qn; **as ~s** comme suit; **his argument was as ~s** son raisonnement était le suivant; **what is there to ~?** qu'est-ce qu'il y a après? **(b)** *(result)* s'ensuivre *(that* que), découler *(from* de). **that doesn't ~** pas forcément. **(c)** *(understand)* suivre, comprendre.
◆ **follow about, follow around** *vt sep* suivre (partout). ◆ **follow on** *vi (come after)* suivre; *(result)* découler *(from* de). ◆ **follow out, follow through** *vt sep idea, plan* poursuivre jusqu'au bout. ◆ **follow up 1** *vt (Ftbl etc)* suivre l'action. **2** *vt sep* **(a)** *(benefit from)* advantage, success tirer parti de; *offer* donner suite à. **(b)** *(not lose track of)* person, case suivre. **(c)** *(reinforce)* victory asseoir; *remark* faire suivre *(with* de). **they ~ed up the broadcast with another equally good** ils ont donné à cette émission une suite qui a été tout aussi excellente.
◆ **follower** *n* partisan *m;* **the ~ers of fashion** ceux qui s'intéressent à la mode. ◆ **following 1** *adj* suivant; **the ~ing day** le jour suivant, le lendemain; ~**ing wind** vent *m* arrière ; **2** *n (supporters)* partisans *mpl;* **a large ~ing** de nombreux partisans; **he said the ~ing** il a dit ceci; *(in documents etc)* **see the ~ing** voir ce qui suit; **3** *prep:* ~**ing your letter/our meeting** comme suite à votre lettre/notre entretien. ◆ **follow-through** *n (to a project)* suite *f,* continuation *f.* ◆ **follow-up 1** *n*

(on case, file) suivi *f; (to event)* suite *f (to* de) ; **2** *adj:* ~-**up letter** rappel *m; (Med)* ~-**up care** soins *mpl* post-hospitaliers; ~-**up survey** étude *f* complémentaire; ~-**up visit** visite *f* de contrôle.

folly ['fɒlɪ] *n* folie *f.*

foment [fə(ʊ)'ment] *vt* fomenter. ◆ **fomentation** *n* fomentation *f.*

fond [fɒnd] *adj* **(a) to be ~ of** aimer beaucoup. **(b)** *(loving)* husband, friend affectueux; *parent* (trop) bon; *look* tendre; *hope, ambition* cher; *(foolish)* hope, ambition naïf. ◆ **fondly** *adv* affectueusement; tendrement; naïvement; **he ~ly believed that...** il avait la naïveté de croire que... ◆ **fondness** *n (for things)* prédilection *f (for* pour); *(for people)* affection *f (for* pour).

fondle ['fɒndl] *vt* caresser.

font [fɒnt] *n* **(a)** *(Rel)* fonts *mpl* baptismaux. **(b)** *(US Typ)* fonte *f.*

food [fuːd] **1** *n* nourriture *f; [dogs]* pâtée *f; [plants]* engrais *m.* **there was no ~ in the house** il n'y avait rien à manger dans la maison; **to give sb ~** donner à manger à qn; **a new ~ for babies/pigs** *etc* un nouvel aliment pour les bébés/cochons *etc;* ~**s** aliments *mpl;* **to be off one's ~** * avoir perdu l'appétit; **the ~ is very good here** on mange très bien ici; **he likes plain ~** il aime la cuisine simple; **it gave me ~ for thought** cela m'a donné à penser *or* à réfléchir. **2** *adj rationing, chain* alimentaire. ~ **parcel** colis *m* de vivres; ~ **poisoning** intoxication *f* alimentaire; ~ **processor** robot *m* de cuisine; *(US)* ~ **stamps** bons *mpl* de nourriture *(pour indigents);* ~ **supplies** vivres *mpl;* ~ **value** valeur *f* nutritive. ◆ **foodstuffs** *npl* denrées *fpl* alimentaires.

fool [fuːl] **1** *n* imbécile *mf,* idiot(e) *m(f).* **don't be a ~!** ne fais pas l'idiot(e)!; **some ~ of a doctor** un imbécile de médecin; **he was a ~ not to accept** il a été idiot *or* stupide de ne pas accepter; **to play the ~** faire l'imbécile; **he's nobody's ~** il n'est pas né d'hier; **more ~ you!** * tu n'avais qu'à ne pas faire l'idiot!; **he made a ~ of himself** il s'est rendu ridicule; **to make a ~ of sb** ridiculiser qn; **I went on a ~'s errand** j'y suis allé pour rien; **to live in a ~'s paradise** planer *(fig).* **2** *vi (~ about)* faire l'imbécile *or* l'idiot(e). **I was only ~ing** je plaisantais. **3** *vt* duper.
◆ **fool about, fool around** *vi (waste time)* perdre son temps; *(play the fool)* faire l'idiot(e) *or* l'imbécile *(with* avec).
◆ **foolery** *n* sottises *fpl,* bêtises *fpl.* ◆ **foolhardiness** *n* témérité *f.* ◆ **foolhardy** *adj* téméraire. ◆ **foolish** *adj* idiot, bête; **that was very ~ish of you** ça n'a pas été très malin de votre part; *(more formally)* vous avez vraiment été imprudent; **to make sb look ~ish** rendre qn ridicule. ◆ **foolishly** *adv* sottement, bêtement; **and ~ishly I believed him** et je l'ai cru comme un(e) imbécile. ◆ **foolishness** *n* bêtise *f.* ◆ **foolproof** *adj method* infaillible; *machinery* indétraquable.

foolscap ['fuːlskæp] *n* ≃ papier *m* ministre.

foot [fʊt] **1** *n,* pl **feet** *(gen)* pied *m; [dog, cat, bird]* patte *f; [table]* (bas) bout *m; [page, stairs]* bas *m; (measure)* pied *(* = 30 cm environ); *(Mil)* infanterie *f.* **to be on one's feet** être debout; *(fig: after illness)* être remis sur pied; **to jump to one's feet** sauter sur ses pieds; **to go on ~** aller à pied; **to get** *or* **to rise to one's feet** se mettre debout; **it brought him to his feet** à cela, il s'est levé d'un bond; *(fig)* **to put** *or* **set sb on his feet again** *(healthwise)* remettre qn sur pied; **to keep one's feet** garder l'équilibre; **it's very wet under ~** c'est très mouillé par terre; **to trample sb/sth under ~** piétiner qn/ qch; *(fig)* **to get under sb's feet** venir dans les jambes de qn; **to put one's ~ down** *(be firm)* faire acte d'autorité; *(stop sth)* y mettre le holà; *(Aut*: *accelerate)* appuyer sur le champignon *;* **to put**

one's ~ in it * gaffer; **to put one's best ~ forward**
(hurry) se dépêcher; *(do one's best)* faire de son
mieux; **he didn't put a ~ wrong** il n'a pas commis
la moindre erreur; **to get off on the right/wrong
~ right/wrong** bien/mal commencer; **to get a ~ in the door**
établir un premier contact; **to put one's feet up ***
(s'étendre pour) se reposer un peu; **he's got one
~ in the grave *** il a un pied dans la tombe; **I've
never set ~ there** je n'y ai jamais mis les pieds;
at the ~ of the page au *or* en bas de la page; **~
soldier** fantassin *m*.
2 *vt*: **to ~ the bill *** payer (la note).
♦ **footage** *n (gen, also Cine: length)* ≃ métrage *m*;
(Cine: material) séquences *fpl (about* sur). ♦ **foot-
and-mouth disease** *n* fièvre *f* aphteuse. ♦ **football 1** *n* **(a)** *(sport) (Brit)* football *m*; *(US)* football
américain. **(b)** *(ball)* ballon *m* (de football) ; **2**
adj ground, match, team de football; *season* du football; **~ball coupon** fiche *f* de pari (sur les matchs
de football); **~ball hooliganism** vandalisme *m (lors
d'un match de football)*; **~ball league** championnat
m de football; **F~ball League** ≃ Fédération française de football; **to do the ~ball pools** parier sur
les matchs de football; *(Rail)* **~ball special** train
m de supporters *(d'une équipe de football)*. ♦ **footballer** *n* joueur *m* de football. ♦ **footbrake** *n*
frein *m* à pied. ♦ **footbridge** *n* passerelle *f*. ♦ **-
footed** *adj ending in cpds*: **light-~ed** au pied léger.
♦ **footfall** *n* (bruit *m* de) pas *m*. ♦ **footgear ***
n chaussures *fpl*. ♦ **foothills** *npl* contreforts *mpl*.
♦ **foothold** *n* prise *f* (de pied); **to gain a ~hold**
prendre pied; *(fig) [newcomer]* se faire accepter;
[idea] s'imposer; *[movement]* se répandre. ♦ **footing** *n* prise *f* (de pied); *(fig)* position *f*; **to miss
one's ~ing** perdre pied *or* l'équilibre; **to be on a
friendly ~ing with sb** avoir des relations d'amitié
avec qn; **on an equal ~ing** sur un pied d'égalité;
on a war ~ing sur le pied de guerre; **to put sth
on an official ~ing** rendre qch officiel. ♦ **footlights** *npl (Theat)* rampe *f*. ♦ **footloose** *adj*:
~loose and fancy-free libre comme l'air. ♦ **footman** *n* valet *m* de pied. ♦ **footmark** *n* empreinte
f (de pied). ♦ **footnote** *n* note *f* en bas de la
page; *(fig)* post-scriptum *m*. ♦ **footpath** *n* sentier
m; *(by highway)* chemin *m*. ♦ **footplate 1** *n (Rail)*
plate-forme *f (d'une locomotive)* ; **2** *adj*: **~plate workers** *npl*, agents *mpl* de conduite. ♦ **footprint** *n*
= footmark. ♦ **footpump** *n* pompe *f* à pied.
♦ **footsore** *adj*: **to be ~sore** avoir mal aux pieds.
♦ **footstep** *n* (bruit *m* de) pas *m*. ♦ **footstool**
n tabouret *m*. ♦ **footwear** *n* chaussures *fpl*.

footle * ['fuːtl] *vi*: **to ~ about** perdre son temps à
des futilités. ♦ **footling** *adj* futile.

for [fɔːʳ] **1** *prep* **(a)** *(indicating intention, destination)*
pour. **is this ~ me?** c'est pour moi?; **votes ~
women!** le droit de vote pour les femmes!; **it's
time ~ dinner** c'est l'heure du dîner; **a job ~ next
week** un travail à faire la semaine prochaine;
she's the wife ~ me c'est la femme qu'il me faut;
a liking ~ work le goût du travail; **a gift ~ languages** un don pour les langues; **he's got a genius
~ saying the wrong thing** il a le don de dire ce
qu'il ne faut pas; **he left ~ Italy** il est parti pour
l'Italie; **trains ~ Paris** trains *mpl* en direction de
or à destination de Paris; **the train ~ Paris** le train
pour *or* de Paris; **he swam ~ the shore** il a nagé
dans la direction du rivage *or* vers le rivage; **to
make ~ home** prendre la direction de la maison.
(b) *(indicating purpose)* pour. **what ~?** pourquoi?;
what did you do that ~? pourquoi avez-vous fait
cela?; **what's this knife ~?** à quoi sert ce couteau?;
it's not ~ cutting wood ça n'est pas fait pour couper du bois; **it's been used ~ a hammer** ça a servi
de marteau; **a room ~ studying in** une pièce réservée à l'étude; **a bag ~ carrying books** un sac
pour porter des livres; **we went there ~ our holidays** nous y sommes allés pour les vacances; **he

does it ~ pleasure** il le fait pour son plaisir; **to
get ready ~ a journey** se préparer pour un voyage;
fit ~ nothing bon à rien; **a campaign ~...** une campagne pour...
(c) *(representing)* **D ~ Daniel** D comme Daniel;
(Parl) **member ~ Brighton** député *m* de Brighton;
agent ~ Ford cars concessionnaire *mf* Ford; **I'll see
her ~ you** je la verrai à ta place; **what is G.B. ~?**
qu'est-ce que G.B. veut dire?
(d) *(in exchange ~)* **I'll give you this book ~ that one**
je vous échange ce livre-ci contre celui-là; **to pay
5 francs ~ a ticket** payer 5 F le billet; **I sold it ~
£2** je l'ai vendu 2 livres; **he'll do it ~ £5** il le fera
pour 5 livres; **there is one French passenger ~
every 10 English** sur 11 passagers il y a un Français et 10 Anglais; **what's (the) German ~ 'dog'?**
comment est-ce qu'on dit 'chien' en allemand?
(e) *(in favour of)* pour. **~ or against** pour ou contre;
I'm all ~ helping him je suis tout à fait partisan
de l'aider; **I'm all ~ it *** je suis tout à fait pour *.
(f) *(because of)* pour, en raison de. **~ this reason**
pour cette raison; **~ fear of being left behind** de
peur d'être oublié; **famous ~ its church** célèbre
pour son église; **to shout ~ joy** hurler de joie;
to go to prison ~ theft/~ stealing aller en prison
pour vol/pour avoir volé; **~ my sake** pour moi;
to choose sb ~ his ability choisir qn en raison de
sa compétence; **if it weren't ~ him, but ~ him** sans
lui.
(g) *(considering; with regard to)* pour. **anxious ~ sb**
inquiet pour qn; **~ my part** pour ma part; **as ~
him** quant à lui; **it is warm ~ January** il fait bon
pour janvier; **he's tall ~ his age** il est grand pour
son âge.
(h) *(in spite of)* **~ all his wealth** malgré toute sa
richesse, tout riche qu'il soit; **~ all that** malgré
tout, néanmoins.
(i) *(in time)* **I have been/had been waiting ~ 2 hours**
j'attends/j'attendais depuis 2 heures; **I am off ~
a few days** je pars pour quelques jours; **I shall
be away ~ a month** je serai absent (pendant) un
mois; **he won't be back ~ a week** il ne sera pas
de retour avant huit jours; **that's enough ~ the
moment** cela suffit pour le moment; **he went away
~ two weeks** il est parti (pendant) quinze jours;
I have not seen her ~ 2 years voilà 2 ans *or* cela
fait 2 ans que je ne l'ai vue.
(j) *(distance)* pendant. **a road lined with trees ~ 3
km** une route bordée d'arbres pendant *or* sur 3
km; **we drove ~ 50 km** nous avons conduit pendant 50 km; **nothing to be seen ~ miles** rien à
voir pendant des kilomètres.
(k) *(with infin phrases)* pour que + *subj*. **~ this to
be possible** pour que cela puisse être; **it's easy
~ him to do it** il lui est facile de le faire; **I brought
it ~ you to see** je l'ai apporté pour que vous le
voyiez *(subj)*; **it's not ~ me to say** ce n'est pas à
moi de le dire; **it would be best ~ you to go away**
le mieux serait que vous vous en alliez *(subj)*;
there is still time ~ him to come il a encore le
temps d'arriver; **their one hope is ~ him to return**
leur seul espoir est qu'il revienne.
(l) *(phrases)* **now ~ it!** allons-y!; **you're ~ it! ***
qu'est-ce que tu vas prendre! *; **oh ~ a cup of
tea!** je donnerais n'importe quoi pour une tasse
de thé!
2 *conj* car.

forage ['fɒrɪdʒ] *vi* fourrager *(for* pour trouver).
foray ['fɒreɪ] *n* incursion *f*.
forbad(e) [fəˈbæd] *pret of* forbid.
forbear [fɔːˈbɛəʳ] *pret* **forbore**, *ptp* **forborne** *vi*
s'abstenir *(from doing, to do* de faire). ♦ **forbear-
ance** *n* patience *f*.
forbid [fəˈbɪd] *pret* **forbad(e)**, *ptp* **forbidden** *vt*
défendre, interdire *(sb to do* à qn de faire). **to
~ sb alcohol** interdire l'alcool à qn; **employees
are ~den to do this** il est interdit *or* défendu aux

employés de faire cela; **'smoking strictly ~den'** 'défense absolue de fumer'; **God ~!** * pourvu que non!, j'espère bien que non! ◆ **forbidding** *adj building, cliff, cloud* menaçant; *person, look* sévère.

forbore [fɔːˈbɔʳ], **forborne** [fɔːˈbɔːn] *pret, ptp of* **forbear**.

force [fɔːs] **1** *n* (**a**) *(gen)* force *f.* **~ of gravity** pesanteur *f*; **by sheer ~** de vive force; **by ~ of** à force de; **by ~ of habit** par la force de l'habitude; **~ of a blow** violence *f* d'un coup; **to resort to ~** avoir recours à la force; **I can see the ~ of that** je comprends la force que cela peut avoir; **to come into ~** entrer en vigueur; **the police were there in ~** la police était là en force; **he is a powerful ~ in the party** il exerce une influence puissante dans le parti; **there are several ~s at work** plusieurs influences se font sentir. (**b**) *(body of men)* force *f.* *(Mil)* **the ~s** les forces armées; *(Mil)* **allied ~s** armées alliées; **police ~** forces de police, la police; *(Comm)* **our sales ~** (l'effectif *m* de) nos représentants *mpl* de commerce.
2 *vt* (**a**) *(constrain)* contraindre, forcer *(sb to do* qn à faire). **to be ~d to do** être contraint *or* forcé de faire. (**b**) *(impose) conditions, obedience* imposer *(on sb* à qn). **to ~ o.s. on sb** s'imposer à qn. (**c**) *(push, thrust)* pousser. **to ~ books into a box** fourrer des livres dans une caisse; **to ~ one's way into** entrer *or* pénétrer de force dans; **to ~ one's way through** se frayer un passage à travers; **to ~ a bill through Parliament** forcer la Chambre à voter une loi; **we ~d the secret out of him** nous lui avons arraché le secret. (**d**) *(break open) lock etc* forcer. **to ~ sb's hand** forcer la main à qn. (**e**) *smile, answer* forcer. **to ~ the pace** forcer l'allure *or* le pas. ◆ **force back** *vt sep enemy, crowd* faire reculer. **to ~ back one's tears** refouler ses larmes. ◆ **force down** *vt sep aircraft* forcer à atterrir. **to ~ food down** se forcer à manger. ◆ **force out** *vt sep cork* sortir (de force); **he ~d out a reply** il s'est forcé à répondre.
◆ **forced** *adj* forcé. ◆ **force-feed** *(pret, ptp* **-fed**) *vt* nourrir de force. ◆ **forceful** *adj person* énergique; *argument* vigoureux; *influence* puissant. ◆ **forcefully** *adv* avec force, avec vigueur. ◆ **forcible** *adj (done by ~)* de or par force; *(powerful) language, style, argument* vigoureux; *personality* puissant. ◆ **forcibly** *adv (by ~) take, feed* de force; *(vigorously) speak, object* avec véhémence. ◆ **forcing** *adj (Bridge)* **forcing bid** annonce *f* de forcing.

forceps [ˈfɔːseps] *npl* forceps *m.*

ford [fɔːd] **1** *n* gué *m.* **2** *vt* passer à gué. ◆ **fordable** *adj* guéable.

fore [fɔːʳ] **1** *adj* antérieur. **2** *n* avant *m.* **to come to the ~** *[person]* se mettre en évidence; *[evidence, fact]* être révélé; **he was well to the ~** il a été très en évidence. **3** *excl (Golf)* gare!, attention! ◆ **forearm** *n* avant-bras *m inv.* ◆ **foreboding** *n* pressentiment *m*; **to have a ~boding that** avoir le pressentiment que. ◆ **forecast** *pret, ptp* **forecast 1** *vt (also Met)* prévoir ; **2** *n* prévision *f*; *(Betting)* pronostic *m*; **sales ~cast** prévisions de vente; **weather ~cast** bulletin *m* météorologique, météo * *f.* ◆ **forecaster** *n (Met)* journaliste *mf* météorologique; *(Econ, Pol)* prévisionniste *mf*; *(Sport)* pronostiqueur *m*, -euse *f.* ◆ **forecourt** *n* avant-cour *f.* ◆ **forefathers** *npl* aïeux *mpl.* ◆ **forefinger** *n* index *m.* ◆ **forefoot** *n [horse, cow etc]* pied *m* antérieur; *[cat, dog]* patte *f* antérieure. ◆ **forefront** *n*: **in the ~front of** au premier rang de. ◆ **foregather** *vi* se réunir. ◆ **forego** *pret* **-went,** *ptp* **-gone** *vt* renoncer à; **it was a ~gone conclusion** c'était prévu d'avance. ◆ **foregoing** *adj* précédent; **the ~going** ce qui précède. ◆ **foreground** *n* premier plan *m*; **in the ~ground** au premier plan. ◆ **forehead** *n* front *m.* ◆ **foreland** *n* cap *m.* ◆ **foreleg** *n [horse, cow]* jambe antérieure; *[dog, cat]* patte *f* de devant. ◆ **foreman,** *pl* **~men**

n contremaître *m.* ◆ **foremost 1** *adj* le plus en vue ; **2** *adv:* **first and ~most** tout d'abord. ◆ **forename** *n* prénom *m.* ◆ **forenoon** *n* matinée *f.* ◆ **foreplay** *n* préliminaires *mpl (stimulation érotique).* ◆ **forerunner** *n (sign)* signe avant-coureur; *(person)* précurseur *m.* ◆ **foresee** *pret* **-saw,** *ptp* **-seen** *vt* prévoir, présager. ◆ **foreseeable** *adj* prévisible. ◆ **foreshadow** *vt* laisser prévoir. ◆ **foreshore** *n (beach)* plage *f.* ◆ **foresight** *n* prévoyance *f.* ◆ **forestall** *vt competitor* devancer; *desire, eventuality, objection* anticiper. ◆ **foretaste** *n* avant-goût *m.* ◆ **foretell** *pret, ptp* **-told** *vt* prédire. ◆ **forethought** *n* prévoyance *f.* ◆ **forewarn** *vt* avertir; **~warned is ~armed** un homme averti en vaut deux. ◆ **foreword** *n* avant-propos *m inv.*

foreign [ˈfɒrən] *adj language, visitor* étranger; *politics, trade* extérieur; *produce, aid* de l'étranger; *travel, correspondent* à l'étranger. **F~ Ministry,** *(Brit)* **F~ Office** ministère *m* des Affaires étrangères; **~ agent** agent *m* étranger; **~ currency** devises *fpl* étrangères; **~ exchange market** marché *m* des changes; **F~ Legion** Légion *f* (étrangère); **~ relations** relations *fpl* avec l'étranger *or* l'extérieur; **the ~ service** le service diplomatique; **that is quite ~ to him** cela lui est (complètement) étranger; *(Med)* **~ body** corps *m* étranger. ◆ **foreigner** *n* étranger *m*, -ère *f.*

forensic [fəˈrensɪk] *adj medicine* légal; *evidence, laboratory* médico-légal; *expert* en médecine légale.

forest [ˈfɒrɪst] *n* forêt *f.* ◆ **forester** *n* forestier *m.* ◆ **forestry** *n* sylviculture *f*; **the F~ry Commission** ≃ les Eaux et Forêts *fpl.*

forever [fərˈevəʳ] *adv (incessantly)* toujours, continuellement; *(for always)* (pour) toujours; *(*: a long time)* une éternité.

forfeit [ˈfɔːfɪt] **1** *vt* perdre. **2** *n (in game)* gage *m.* *(game)* **~s** gages.

forgave [fəˈgeɪv] *pret of* **forgive.**

forge [fɔːdʒ] **1** *vt* (**a**) *(counterfeit) signature, banknote* contrefaire; *document, picture* faire un faux de. **~d passport** faux. (**b**) *metal, friendship, plan* forger. **2** *vi:* **to ~ ahead** pousser de l'avant. **3** *n* forge *f.* ◆ **forger** *n* faussaire *m.* ◆ **forgery** *n (action)* contrefaçon *f* (frauduleuse); *(thing ~d)* faux *m.*

forget [fəˈget] *pret* **-got,** *ptp* **-gotten 1** *vt* oublier *(to do* de faire; *that* que). **to ~ how to do** ne plus savoir faire, oublier comment faire; **never-to-be-forgotten** inoubliable; **she never ~s a face** elle a la mémoire des visages; **he quite forgot himself** il s'est tout à fait oublié; **let's ~ it!** passons l'éponge!; **~ it *** *(when thanked)* de rien *; (let's drop the subject)* ça n'a aucune importance; *(when pestered)* laissez tomber!; *(be realistic)* n'y comptez pas! **2** *vi* oublier. **I forgot all about it** je l'ai complètement oublié; **~ about it!** n'y pensez plus! ◆ **forgetful** *adj (absent-minded)* distrait; *(careless)* étourdi; **he is very ~ful** il a très mauvaise mémoire; **~ful of** oublieux de. ◆ **forgetfulness** *n* manque *m* de mémoire; étourderie *f.* ◆ **forget-me-not** *n* myosotis *m.*

forgive [fəˈgɪv] *pret* **forgave,** *ptp* **forgiven** *vt person, mistake* pardonner *(sb for sth* qch à qn; *sb for doing* à qn de faire). ◆ **forgivable** *adj* pardonnable. ◆ **forgiveness** *n (pardon)* pardon *m*; *(compassion)* indulgence *f.* ◆ **forgiving** *adj* indulgent.

forgot(ten) [fəˈgɒt(n)] *pret (ptp) of* **forget.**

fork [fɔːk] **1** *n* fourchette *f*; *(Agr)* fourche *f*; *[roads]* embranchement *m.* **take the right ~** prenez à droite à l'embranchement. **2** *vi [roads]* bifurquer. **~ left for Oxford** prenez à gauche pour Oxford. ◆ **fork out ⁑ 1** *vi* casquer *, payer. **2** *vt sep money* ⁑ allonger *, sortir. ◆ **forked** *adj* fourchu; *lightning* en zigzags. ◆ **fork-lift truck** *n* chariot *m* élévateur.

forlorn [fə'lɔːn] *adj person* triste, malheureux; *house* abandonné; *attempt* désespéré. **a ~ hope** un mince espoir.

form [fɔːm] **1** *n* **(a)** *(gen)* forme *f*. **a different ~ of life** une autre forme *or* un autre genre de vie; **the various ~s of energy** les différentes formes *or* espèces d'énergie; **a ~ of apology** une sorte d'excuse; **in the ~ of** sous forme de; **it will take the ~ of...** cela consistera en...; **the same thing in a new ~** la même chose sous un aspect nouveau; **it took various ~s** cela s'est manifesté de différentes façons; **~ and content** la forme et le fond; **to take ~** prendre forme; **it lacks ~** il n'y a aucun ordre là-dedans; **as a matter of ~** pour la forme; **it's bad ~** cela ne se fait pas; **another ~ of words** une autre tournure; **the correct ~ of address for a bishop** la manière correcte de s'adresser à un évêque; **what's the ~?** * quelle est la marche à suivre?; **on ~** en forme; **in great ~, on top ~** en pleine forme. **(b)** *(document) (gen)* formulaire *m*; *(for cheque, telegram)* formule *f*; *(for tax)* feuille *f*. **printed ~** imprimé *m*. **(c)** *(bench)* banc *m*. **(d)** *(Scol)* classe *f*. **in the sixth ~** ≃ en première.
2 *adj*: **~ master, ~ mistress** professeur *m* de classe.
3 *vt shape, character, government* former; *sentence* construire; *habit* contracter; *plan* arrêter; *impression, idea* avoir; *(constitute) council, Cabinet* composer, constituer. **he ~ed it out of a piece of wood** il l'a façonné *or* fabriqué dans un morceau de bois; **he ~ed it into a ball** il l'a roulé en boule; **to ~ an opinion** se faire une opinion; **to ~ part of** faire partie de; **those who ~ the group** les gens qui font partie du groupe; *(Mil)* **to ~ fours** se mettre par quatre; **~ a line/queue/circle** mettez-vous en ligne/file/cercle.
4 *vi* se former *(into* en). **~ up behind your teacher** mettez-vous en ligne derrière votre professeur. ◆ **formation 1** *n* formation *f*; **2** *adj*: **~ation flying** vol *m* en formation. ◆ **formative** *adj* formateur.

formal ['fɔːm(ə)l] *adj person* formaliste, compassé *(pej)*; *manner, style* soigné, ampoulé *(pej)*; *language* soigné; *function, announcement* officiel; *dance, dinner* grand; *(official) acceptance, surrender* en bonne et due forme; *(specific) denial, instructions* formel; *(in form only) agreement* de forme. **he is very ~** il est très à cheval sur les convenances; **don't be so ~** pas tant de cérémonies, s'il vous plaît; **~ gardens** jardins *mpl* à la française; **~ dress** tenue *f* de cérémonie; *(evening dress)* tenue de soirée; **she has no ~ training in teaching** elle n'a reçu aucune formation pédagogique. ◆ **formalism** *n* formalisme *m*. ◆ **formalist** *adj, n* formaliste *(mf)*. ◆ **formality** *n (convention)* formalité *f*; *(stiffness)* raideur *f*; *(ceremoniousness)* cérémonie *f*; **a mere ~ity** une simple formalité. ◆ **formalize** *vt* formaliser. ◆ **formally** *adv (ceremoniously)* cérémonieusement; *(officially)* officiellement; **to be ~ly invited** recevoir une invitation officielle; **~ly dressed** en tenue de cérémonie *(or* de soirée).

format ['fɔːmæt] **1** *n (size)* format *m; (layout)* présentation *f*. **2** *vt* **(a)** *(Comput)* formater. **(b)** *(design)* concevoir le format *(or* la présentation) de.

former ['fɔːməʳ] **1** *adj* **(a)** *(previous)* ancien *(before n)*, précédent; *life* antérieur. **the ~ mayor** l'ancien maire, le maire précédent; **a ~ mayor** un ancien maire; **my ~ husband** mon ex-mari; **in ~ days** autrefois; **he was very unlike his ~ self** il ne se ressemblait plus du tout. **(b)** *(as opp to latter)* premier. **2** *pron* celui-là, celle-là. **the ~... the latter** celui-là... celui-ci. ◆ **formerly** *adv* autrefois.

Formica [fɔː'maɪkə] *n* ® Formica *m* ®.

formidable ['fɔːmɪdəbl] *adj (gen)* terrible; *person, opposition* redoutable.

formula, *pl* **~s** *or* **~ae** ['fɔːmjʊlə] *n (gen)* formule *f*; *(fig)* **a ~ for averting the strike** une formule visant à éviter la grève; *(US: for baby's feed)* lait *m* en poudre *(pour biberon)*. ◆ **formulate** *vt* formuler. ◆ **formulation** *n* formulation *f*.

fornicate ['fɔːnɪkeɪt] *vi* forniquer. ◆ **fornication** *n* fornication *f*.

forsake [fə'seɪk] *pret* **forsook**, *ptp* **forsaken** *vt person* abandonner; *place* quitter; *habit* renoncer à. **my willpower ~s me** la volonté me fait défaut; **an old ~n farmhouse** une vieille ferme abandonnée.

forsythia [fɔː'saɪθɪə] *n* forsythia *m*.

fort [fɔːt] *n (Mil)* fort *m*.

forte ['fɔːtɪ, *(US)* fɔːt] *n*: **his ~** son fort.

forth [fɔːθ] *adv* en avant. **to set ~** se mettre en route; **to go back and ~ between** aller et venir entre; **and so ~** et ainsi de suite. ◆ **forthcoming** *adj book* qui va paraître; *film* qui va sortir; *play* qui va débuter; *event* à venir, futur; **his ~coming film** son prochain film; **if help is ~coming** si on nous aide; **if funds are ~coming** si on nous *etc* donne de l'argent; **he wasn't ~coming about it** il s'est montré peu disposé à en parler. ◆ **forthright** *adj answer, person* franc. ◆ **forthwith** *adv* sur-le-champ.

fortify ['fɔːtɪfaɪ] *vt* fortifier *(against* contre). **have a drink to ~ you** * prenez un verre pour vous remonter. ◆ **fortification** *n* fortification *f*.

fortitude ['fɔːtɪtjuːd] *n* force *f* d'âme.

fortnight ['fɔːtnaɪt] *n* quinze jours *mpl*, quinzaine *f*. **a ~'s holiday** quinze jours de vacances; **a ~ tomorrow** demain en quinze. ◆ **fortnightly 1** *adj* bimensuel; **2** *adv* tous les quinze jours.

FORTRAN ['fɔːtræn] *n* fortran *m*.

fortress ['fɔːtrɪs] *n (prison)* forteresse *f*; *(mediaeval castle)* château *m* fort.

fortuitous [fɔː'tjuːɪtəs] *adj* fortuit. ◆ **fortuitously** *adv* fortuitement.

fortune ['fɔːtʃən] *n* **(a)** *(chance)* chance *f*, fortune *f*. **the ~s of war** la fortune des armes; **by good ~** par chance; **to tell sb's ~** dire la bonne aventure à qn. **(b)** *(riches)* fortune *f*. **to make a ~** faire fortune; **to come into a ~** hériter d'une fortune; **to seek one's ~** aller chercher fortune; **a small ~** * un argent fou *. ◆ **fortunate** *adj person* heureux; *circumstances, meeting, event* propice; *[person]* **to be fortunate** avoir de la chance; **we were fortunate enough to meet him** nous avons eu la chance de le rencontrer. ◆ **fortune cookie** *n (US)* beignet *m* chinois *(renfermant un horoscope ou une devise)*. ◆ **fortune-teller** *n* diseur *m*, -euse *f* de bonne aventure. ◆ **fortune-telling** *n* pratique *f* de dire la bonne aventure.

forty ['fɔːtɪ] *adj, n, pron* quarante *(m) inv*. **about ~ books** une quarantaine de livres; **to have ~ winks** * un petit somme; *for other phrases V* **sixty**. ◆ **fortieth** *adj, n* quarantième *(mf)*; *(fraction)* quarantième *m*.

forward ['fɔːwəd] **1** *adv (also* **forwards**) en avant. **to go ~** avancer; **to go straight ~** aller droit devant soi; **~!, ~ march!** en avant, marche!; **from this time ~** désormais; **he went backward(s) and ~(s) between** il allait et venait entre. **2** *adj movement* en avant; *(Aut) gears* avant *inv*; *planning* à long terme; *prices, buying* à terme; *season, child* précoce; *(pert)* effronté. **I am ~ with my work** je suis en avance dans mon travail; **this seat is too far ~** cette banquette est trop en avant; **~ line** *(Mil)* première ligne *f*; *(Sport)* ligne des avants. **3** *n (Sport)* avant *m*. **4** *vt goods* expédier; *(send on) letter, parcel* faire suivre. **please ~** faire suivre S.V.P. ◆ **forwarding address** *n*: **he left no ~ing address** il est parti sans laisser d'adresse. ◆ **forward-looking** *adj* tourné vers les possibilités de l'avenir.

◆ **forwardness** *n [child]* précocité *f*; *(pertness)* effronterie *f*.

fossil ['fɒsl] **1** *n* fossile *m*. **2** *adj insect* fossilisé; *fuel* fossile. ◆ **fossilized** *adj* fossilisé.

foster ['fɒstə^r] **1** *vt child* élever *(sans obligation d'adoption)*; *friendship, development* favoriser; *idea, hope* entretenir. **2** *adj child (officially arranged)* adoptif; *(where wet-nursed)* nourricier, de lait; *father, parents, family* adoptif, nourricier; *brother, sister* adoptif, de lait. ~ **home** famille *f* adoptive, famille nourricière; ~ **mother** mère *f* adoptive, nourrice *f*.

fought [fɔːt] *pret, ptp of* **fight**.

foul [faʊl] **1** *adj food, meal, taste, person* infect; *place* immonde; *smell, breath* fétide; *water* croupi; *air* vicié; *weather, temper* sale *(before n)*; *calumny, behaviour* vil; *language* ordurier; *(unfair)* déloyal; *blow* en traître. ~ **play** *(Sport)* jeu *m* irrégulier; *(fig)* qch de louche; *(Police etc)* un acte criminel; **to fall** ~ **of sb** se mettre qn à dos. **2** *n (Sport)* coup *m* irrégulier; *(Boxing)* coup bas; *(Ftbl)* faute *f*. **3** *vt (pollute) air* polluer; *(clog) pipe etc* obstruer; *(collide with) ship* entrer en collision avec; *fishing line* embrouiller; *propeller* s'emmêler dans. **the dog** ~**ed the path** le chien a fait des saletés sur le chemin. **4** *vi [rope]* s'emmêler.

◆ **foul up** * *vt sep relationship* gâcher.
◆ **foul-mouthed** *adj* au langage ordurier.
◆ **foul-smelling** *adj* fétide.

found[1] [faʊnd] *pret, ptp of* **find**. ◆ **foundling** *n* enfant *m(f)* trouvé(e).

found[2] [faʊnd] *vt (gen)* fonder; *belief* fonder *(on* sur); *suspicions* baser *(on* sur); ~**ed on fact** basé sur des faits réels. ◆ **foundation** *n* fondation *f*; *(fig)* base *f*; **to lay the** ~**ations of** *(lit)* poser les fondations de; *(fig)* poser les bases de; **to lay the** ~**ation stone** poser la première pierre; **rumour entirely without** ~**ation** rumeur dénuée de tout fondement. ◆ **foundation cream** *n* fond *m* de teint. ◆ **foundation stone** *n* pierre commémorative. ◆ **founder**[1] *n* fondateur *m*, -trice *f*. ◆ **founding** *adj (US)* ~**ing fathers** pères *mpl* fondateurs *(qui élaborèrent la Constitution fédérale)*.

founder[2] ['faʊndə^r] *vi [ship]* sombrer; *[horse]* s'embourber; *[plans, hopes etc]* s'écrouler.

foundry ['faʊndrɪ] *n* fonderie *f*.

fount [faʊnt] *n (spring)* source *f*; *(Typ)* fonte *f*.

fountain ['faʊntɪn] **1** *n* fontaine *f*. **drinking** ~ jet *m* d'eau potable. **2** *adj:* ~ **pen** stylo *m (à encre)*.

four [fɔː^r] **1** *adj* quatre *inv*. **to the** ~ **corners of the earth** aux quatre coins du monde; **it's in** ~ **figures** c'est dans les milliers. **2** *n* quatre *m inv*. **on all** ~**s** à quatre pattes; **will you make up a** ~ **for bridge?** voulez-vous faire le quatrième au bridge?; **3** *pron* quatre *mfpl; for other phrases V* **six**.
◆ **four-door** *adj (Aut)* à quatre portes. ◆ **fourfold 1** *adj* quadruple ; **2** *adv* au quadruple. ◆ **fourfooted** *adj* à quatre pattes. ◆ **four-leaf(ed) clover** *n* trèfle *m* à quatre feuilles. ◆ **four-letter word** *n* gros mot *m*, ≈ mot de cinq lettres. ◆ **fourposter** *n* lit *m* à colonnes. ◆ **fourscore** *adj, n* quatre-vingts. ◆ **foursome** *n (game)* partie *f* à quatre; **we went in a** ~**some** nous y sommes allés à quatre. ◆ **foursquare** *adj (square)* carré; *(firm)* ferme; *(forthright)* franc. ◆ **four-star** *adj, n:* ~**-star (petrol)** super *m*. ◆ **fourteen** *adj, n, pron* quatorze *(m) inv*. ◆ **fourteenth** *adj, n* quatorzième *(mf); (fraction)* quatorzième *m*. ◆ **fourth** *adj, n* quatrième *(mf); (fraction)* quart *m*; ~**th finger** annulaire *m*; *(Pol)* **the F**~**th World** le quart-monde. ◆ **fourthly** *adv* quatrièmement. ◆ **four-wheel** *adj (Aut)* **with** ~**-wheel drive** à quatre roues motrices.

fowl [faʊl] *n* volaille *f*. ~ **pest** peste *f* aviaire.

fox [fɒks] **1** *n* renard *m. (fig)* **a sly** ~ un fin renard. **2** *vt (puzzle)* rendre perplexe; *(deceive)* berner.

3 *adj:* ~ **cub** renardeau *m*; ~ **terrier** fox-terrier *m*. ◆ **foxglove** *n* digitale *f (pourprée)*. ◆ **foxhunt(ing)** *n* chasse *f* au renard. ◆ **foxy** *adj* rusé, finaud.

foyer ['fɔɪeɪ] *n* foyer *m (de théâtre etc)*.

fraction ['frækʃ(ə)n] *n* fraction *f*. **a** ~ **of a second** une fraction de seconde. ◆ **fractionally** *adv* un tout petit peu.

fractious ['frækʃəs] *adj* grincheux.

fracture ['fræktʃə^r] **1** *n* fracture *f*. **2** *vt* fracturer. **to** ~ **one's leg** se fracturer la jambe. **3** *vi* se fracturer.

fragile ['frædʒaɪl] *adj* fragile. ◆ **fragility** *n* fragilité *f*.

fragment ['frægmənt] **1** *n* fragment *m*. ~**s of conversation** bribes *fpl* de conversation.
2 [fræg'ment] *vt* fragmenter. **3** *vi* se fragmenter. ◆ **fragmentary** *or* ◆ **fragmented** *adj* fragmentaire.

fragrance ['freɪgr(ə)ns] *n* parfum *m*. ◆ **fragrant** *adj* parfumé; *memory* doux.

frail [freɪl] *adj person* frêle, faible; *health, happiness, hope* fragile. ◆ **frailty** *n* faiblesse *f*; fragilité *f*.

frame [freɪm] **1** *n [person, animal]* corps *m*, charpente *f; [building]* charpente; *[ship]* carcasse *f; [car, window]* châssis *m; [cycle, picture, racket]* cadre *m; [door]* encadrement *m; [spectacles]* monture *f; (in garden)* châssis *m; (Cine)* image *f*. ~ **of mind** humeur *f*; ~ **of reference** système *m* de référence. **2** *adj:* ~ **house** maison *f* à charpente de bois; ~ **rucksack** sac *m* à dos à armature. **3** *vt* **(a)** *picture* encadrer. *(fig)* ~**d in** encadré par. **(b)** *(construct) idea, plan* formuler; *plot* combiner; *sentence* construire. **(c) to** ~ **sb** *, **to have sb** ~**d** monter un coup contre qn *(pour faire porter l'accusation contre lui)*; **to be** ~**d** être victime d'un coup monté. ◆ **frame-up** ‡ *n* coup *m* monté. ◆ **framework** *n (V* **frame 1)** charpente *f*; carcasse *f*; châssis *m*; encadrement *m; [society, novel]* structure *f; (fig)* **in the** ~**work of** dans le cadre de; ~**work agreement** accord-cadre *m*.

franc [fræŋk] *n* franc *m*.

France [frɑːns] *n* France *f*. **in** ~ en France.

franchise ['fræntʃaɪz] *n* **(a)** *(Pol)* droit *m* de suffrage. **(b)** *(Comm)* franchise *f*.

Franco- ['fræŋkəʊ] *pref* franco-. ◆ **Franco-British** *adj* franco-britannique. ◆ **francophile** *adj, n* francophile *(mf)*. ◆ **francophobe** *adj, n* francophobe *(mf)*.

frank[1] [fræŋk] *adj* franc *(f* franche). ◆ **frankly** *adv* franchement. ◆ **frankness** *n* franchise *f*.

frank[2] [fræŋk] *vt letter* affranchir. ~**ing machine** machine *f* à affranchir.

Frankfurt ['fræŋkfɜːt] *n* Francfort.

frankfurter ['fræŋkˌfɜːtə^r] *n (Culin)* saucisse *f* de Francfort.

frantic ['fræntɪk] *adj activity, cry* frénétique; *need, desire* effréné; *person* hors de soi, dans tous ses états. ~ **with** fou *(or* folle *f)* de; **it drives her** ~ cela la rend folle. ◆ **frantically** *adv wave* frénétiquement; *rush* comme un fou *(or* une folle).

fraternal [frə'tɜːnl] *adj* fraternel. ◆ **fraternity** *n* fraternité *f; (US Univ) (society)* confrérie *f*. ◆ **fraternization** *n* fraternisation *f*. ◆ **fraternize** *vi* fraterniser *(with* avec).

fraud [frɔːd] *n (act)* supercherie *f; (financial)* escroquerie *f; (Jur)* fraude *f; (person)* imposteur *m; (object)* attrape-nigaud *m*. **he's a** ~ c'est un imposteur; *(less serious)* il joue la comédie *; **it's a** ~! c'est de la frime! * ◆ **fraudulence** *n* caractère *m* frauduleux. ◆ **fraudulent** *adj* frauduleux; ~**ulent conversion** malversation *f*.

fraught [frɔːt] *adj (tense) situation* tendu. ~ **with** *danger* plein de; *hatred, menace* chargé de; **the whole business is a bit** ~ * tout ça c'est un peu risqué *.

fray¹ [freɪ] n: **the** ~ le combat; (lit, fig) **ready for the** ~ prêt à se battre.

fray² [freɪ] **1** vt cloth, garment effilocher; cuff, trousers effranger; rope user. **tempers were getting** ~**ed** tout le monde commençait à s'énerver; **my nerves are quite** ~**ed** je suis à bout de nerfs. **2** vi s'effilocher; s'effranger; s'user.

frazzle * ['fræzl] n: **worn to a** ~ éreinté, crevé *.

freak [friːk] **1** n (person or animal) phénomène m. ~ **of nature** accident m de la nature; ~ **of fortune** caprice m de la fortune; **he won by a** ~ il a gagné grâce à un hasard extraordinaire; **a health food** ~ * un(e) fana * des aliments naturels. **2** adj storm, weather anormal; error bizarre; victory inattendu; (‡) culture, clothes hippie f inv. ◆**freak out** ‡ vi (abandon convention) se défouler *; (get high on drugs) se défoncer ‡; (drop out of society) devenir marginal.

◆**freakish** adj weather anormal; error, idea bizarre. ◆**freaky** adj bizarre.

freckle ['frekl] n tache f de rousseur. ◆**freckled** adj plein de taches de rousseur.

free [friː] **1** adj **(a)** (at liberty) libre (to do de faire). **to get** ~ se libérer; **to set** ~ libérer; **he left one end of the string** ~ il a laissé un bout de la ficelle flotter libre; ~ **from** or **of** sans; **to be** ~ **of sb** être débarrassé de qn; ~ **of charge** (adj) gratuit; (adv) gratuitement; ~ **of tax, tax** ~ hors taxe; **to be a** ~ **agent** avoir toute liberté d'action; ~ **and easy** décontracté; F~ **Church** église f non-conformiste; (fig) **it's a** ~ **country!** on est en république! *; ~ **enterprise** libre entreprise f; **in** ~ **fall** en chute libre; ~ **fight** mêlée f générale; **to give sb a** ~ **hand** donner carte blanche à qn (to do pour faire); (Sport) ~ **kick** coup m franc; (Ind) ~ **labour** main-d'œuvre f non syndiquée; ~ **love** amour m libre; **to give** ~ **rein to** donner libre cours à; ~ **speech** liberté f de parole; ~ **trade** libre-échange m; ~ **verse** vers m libre; ~ **will** libre arbitre m; **of his own** ~ **will** de son propre gré.

(b) (costing nothing) object, ticket gratuit. ~ **on board** franco à bord; (Comm) ~ **sample** échantillon gratuit; ~ **gift** prime f.

(c) (not occupied) room, seat, hour, person libre. **there are 2** ~ **rooms left** il reste 2 chambres de libre; **I wasn't able to get** ~ **earlier** je n'ai pas pu me libérer plus tôt; (lit, fig) **to have one's hands** ~ avoir les mains libres.

(d) (lavish) **to be** ~ **with one's money** dépenser son argent sans compter; **you're very** ~ **with your advice** pour donner des conseils vous êtes un peu là *; **he makes** ~ **with all my things** il ne se gêne pas pour se servir de mes affaires; **feel** ~**!** * je t'en prie!, sers-toi!

2 adv (for nothing) get, send gratuitement.

3 vt (gen) libérer; trapped person, animal dégager; tangle débrouiller; (unblock) pipe déboucher; (rescue) sauver (from de); (from burden) débarrasser (from de); (from tax) exonérer (from de); (from anxiety) libérer, délivrer (from de). (lit, fig) **to** ~ **o.s. from** se débarrasser de, se libérer de.

◆**freedom 1** n liberté f; ~**dom of the press/of speech/of worship** liberté de la presse/de la parole/du culte; ~**dom of information** liberté d'information; ~**dom of the seas** franchise f des mers; ~**dom from care/responsibility** le fait d'être dégagé de tout souci/de toute responsabilité; **to give sb the** ~**dom of a city** nommer qn citoyen d'honneur d'une ville; **he gave me the** ~**dom of his house** il m'a permis de me servir de sa maison comme je voulais de sa maison ; **2** adj: ~**dom fighter** guérillero m, partisan m. ◆**free-for-all** n mêlée f générale. ◆**freehand** adj, adv à main levée. ◆**freehold** adv en propriété libre. ◆**freelance 1** n free-lance mf inv ; **2** adj indépendant, free-lance inv ; **3** vi travailler en indépendant or en free-lance. ◆**freely** adv give libéralement; spend, grow avec

luxuriance; speak franchement; act librement. ◆**freeman** n: ~**man of a city** citoyen(ne) m(f) d'honneur d'une ville. ◆**freemason** n franc-maçon m. ◆**freemasonry** n franc-maçonnerie f. ◆**freephone** n numéro m vert. ◆**free-range** adj: ~**-range eggs/poultry** œufs mpl/poulets mpl de ferme. ◆**free-standing** adj sur pied. ◆**free-style** adj: ~**style swimming** nage f libre. ◆**free-thinker** n libre-penseur m, -euse f. ◆**freethinking 1** adj libre-penseur ; **2** n libre pensée f. ◆**freeway** n (US) autoroute f (sans péage). ◆**freewheel** vi [cyclist] être en roue libre; [motorist] rouler au point mort. ◆**free-wheeling** adj person indépendant; discussion libre. ◆**free-will** adj gift, offering volontaire.

freesia ['friːzɪə] n freesia m.

freeze [friːz] pret **froze**, ptp **frozen 1** vi (gen) geler; (Culin) se congeler; (fig) se figer. (Met) **to** ~ **hard** geler dur; **I'm freezing** je suis gelé; **my hands are freezing** j'ai les mains gelées; **to** ~ **to death** mourir de froid; **the lake froze** le lac a gelé; **the lake has frozen** le lac est gelé; **he froze (in his tracks)** il est resté figé sur place; ~**!** pas un geste!; **to** ~ **on to sb** * se cramponner à qn. **2** vt water etc geler; food congeler; (industrially) surgeler; (Econ) assets geler; prices, wages bloquer. **she froze him with a look** elle lui a lancé un regard qui l'a glacé. **3** n (Met) gel m; [credits] gel; [prices, wages] blocage m.

◆**freeze over** vi [lakes, rivers] geler; (Aut) [windscreen etc] givrer. ◆**freeze up 1** vi **(a)** = **freeze over. (b)** [pipes] geler. **2** vt sep: **to be frozen up** être gelé.

◆**freeze-dry** vt lyophiliser. ◆**freezer** n (domestic) congélateur m; (industrial) surgélateur m; (part of fridge) freezer m. ◆**freeze-up** n (Met) gel m. ◆**freezing** adj weather, look glacial; **I'm freezing** je suis gelé; **freezing fog** brouillard m givrant; **below freezing point** au-dessous de zéro (centigrade).

freight [freɪt] **1** n (goods) fret m, cargaison f; (transport) transport m; (charge) fret. **2** vt goods transporter. **3** adj (Rail) car, train, yard de marchandises. ~ **plane** avion m de fret. ◆**freighter** n (Naut) cargo m; (Aviat) avion m de fret. ◆**freightliner** n train m de marchandises en conteneurs.

French [fren(t)ʃ] **1** adj français; lesson, teacher, dictionary de français; king, embassy de France. ~ **bean** haricot m vert; ~ **Canadian** (adj) canadien français; (n) Canadien(ne) français(e) m(f); (Ling) français m canadien; ~ **chalk** craie f de tailleur; ~ **door** porte-fenêtre f; (Culin) ~ **dressing** (oil and vinegar) vinaigrette f; (US: salad cream) crème f à salade; ~ **fried potatoes**, ~ **fries** frites fpl; (Mus) ~ **horn** cor m d'harmonie; **to take** ~ **leave** filer à l'anglaise *; ~ **loaf** baguette f (de pain); ~ **pastry** pâtisserie f; ~ **window** porte-fenêtre f. **2** n (Ling) français m. **the** ~ les Français mpl. ◆**Frenchman** n Français m. ◆**French-speaking** adj qui parle français; nation etc francophone. ◆**Frenchwoman** n Française f.

frenzy ['frenzɪ] n frénésie f. ~ **of delight** transport m de joie. ◆**frenzied** adj person très agité; crowd en délire; joy, shouts frénétique; efforts désespéré.

frequent ['friːkwənt] **1** adj fréquent. **it's quite** ~ cela arrive souvent; **a** ~ **visitor to our house** un habitué de la maison. **2** [frɪ'kwent] vt fréquenter. ◆**frequency 1** n fréquence f ; **2** adj (Statistics) distribution des fréquences; (Electronics) modulation, band de fréquence. ◆**frequently** adv fréquemment, souvent.

fresco ['freskəʊ] n fresque f.

fresh [freʃ] **1** adj (gen: not stale) frais (f fraîche); (additional, different) supplies, horse, sheet of paper nouveau (f nouvelle); clothes de rechange; (lively) person plein d'entrain; horse fringant; (cheeky) trop libre (with sb envers qn). **milk ~ from the cow** lait fraîchement trait; **~ butter** (not stale) beurre frais; (unsalted) beurre sans sel; **bread ~ from the oven** pain tout frais; (US) **~ paint** peinture fraîche; (fig) **to break ~ ground** faire qch d'entièrement nouveau; **to make a ~ start** prendre un nouveau départ; **~ water** (not salt) eau douce; **it is still ~ in my memory** j'en ai encore le souvenir tout frais; **to go out for a breath of ~ air** sortir prendre l'air; **in the ~ air** au grand air; **let's have some ~ air!** un peu d'air!; (Met) **it is getting ~ il** commence à faire frais; **she was as ~ as a daisy** elle était fraîche comme une rose; **don't get ~ with me!** pas d'impertinences! 2 adv: **~ from Scotland** nouvellement or fraîchement arrivé d'Écosse. ◆ **fresh-air** adj: **~-air fiend *** mordu(e) * m(f) du grand air. ◆ **freshen** vi [wind, air] fraîchir. ◆ **freshen up** 1 vi (wash etc) faire un brin de toilette ; 2 vt sep faire un brin de toilette à; **that will ~en you up** cela vous requinquera *. ◆ **fresher** or ◆ **freshman** n bizut(h) m, nouveau m, nouvelle f (étudiant(e) de première année). ◆ **freshly** adv nouvellement, récemment. ◆ **freshness** n fraîcheur f. ◆ **freshwater** adj: **~water fish** poisson m d'eau douce.

fret [fret] 1 vi s'agiter; [baby] pleurer. **don't ~!** ne t'en fais pas!; **the child is ~ting for its mother** le petit pleure parce qu'il veut sa mère. 2 n: **to be in a ~ *** se faire du mauvais sang. ◆ **fretful** adj person agité, énervé; baby, child grognon. ◆ **fretfully** adv avec agitation, avec énervement. ◆ **fretfulness** n irritabilité f.

fretsaw ['fretsɔː] n scie f à découper.

Freudian ['frɔɪdɪən] adj freudien. **~ slip** lapsus m.

friar ['fraɪəʳ] n frère m (Rel).

friction ['frɪkʃ(ə)n] n friction f. (US) **~ tape** chatterton m.

Friday ['fraɪdɪ] n vendredi m; for phrases V **Saturday**.

fridge [frɪdʒ] n frigo * m, frigidaire m ®.

fried [fraɪd] pret, ptp of **fry²**.

friend [frend] n ami(e) m(f); (schoolmate, workmate etc) camarade mf, copain * m, copine * f. **a ~ of mine** un de mes amis; **~s of ours** des amis (à nous); **her best ~** sa meilleure amie; **to make/be ~s with sb** devenir/être ami avec qn; (after quarrel) **to make ~s** faire la paix; **he made a ~ of him** il en a fait son ami; **he makes ~s easily** il se fait facilement des amis; **let's be ~s again** on fait la paix?; **we're just good ~s** nous sommes simplement bons amis; **we're all ~s here** nous sommes entre amis; (fig) **to have ~s at court** avoir des amis influents; **F~s of the Earth** les Amis mpl de la Terre; (Rel) **Society of F~s** Quakers mpl. ◆ **friendliness** n attitude f amicale. ◆ **friendly** adj (gen) amical; child, dog, act gentil; advice d'ami; **people here are so ~ly** les gens sont si gentils ici; **I am quite ~ly with her** je suis assez ami(e) avec elle; **on ~ly terms with** en termes amicaux avec; (Sport) **~ly match** match m amical. ◆ **friendship** n amitié f.

frieze [friːz] n (Archit) frise f.

frigate ['frɪgɪt] n frégate f (Naut).

fright [fraɪt] n peur f. **to take ~** s'effrayer (at de); **to get** or **have a ~** avoir peur; **to give sb a ~** faire peur à qn; **she looks a ~** elle est à faire peur. ◆ **frightful** adj (gen) affreux; results, weather épouvantable, effroyable. ◆ **frightfully** adv late, ugly, hot affreusement; kind, pretty terriblement; **I am ~fully sorry** je suis absolument désolé. ◆ **frightfulness** n [crime etc] atrocité f.

frighten ['fraɪtn] vt faire peur à, effrayer. **it nearly ~ed him out of his wits** cela lui a fait une peur bleue; **to ~ sb into doing sth** faire faire qch à qn par intimidation; **he was ~ed into doing it** il l'a

fait sous le coup de la peur; **to be ~ed of (doing) sth** avoir peur de (faire) qch; **to be ~ed to death** avoir une peur bleue. ◆ **frighten away, frighten off** vt sep birds effaroucher; children etc chasser (en leur faisant peur). ◆ **frightened** adj effrayé; **don't be ~ed** n'ayez pas peur. ◆ **frightening** adj effrayant. ◆ **frighteningly** adv épouvantablement.

frigid ['frɪdʒɪd] adj (Geog, Met) glacial; manner, welcome froid; woman frigide. ◆ **frigidity** n froideur f; frigidité f.

frill [frɪl] n volant m; (smaller) ruche f; (Culin) papillote f. (fig) **without any ~s** tout simple. ◆ **frilly** adj dress à fanfreluches; (fig) speech à fioritures.

fringe [frɪndʒ] 1 n [rug, shawl, hair] frange f; [forest] bord m, lisière f; [crowd] derniers rangs mpl. (fig) **on the ~ of society** en marge de la société; **the outer ~s** la périphérie. 2 vt shawl etc franger (with de). (fig) **road ~d with trees** route bordée d'arbres. 3 adj group marginal. **~ benefits** avantages mpl divers; **~ theatre** théâtre m expérimental.

frisk [frɪsk] 1 vi gambader. 2 vt criminal, suspect fouiller. ◆ **frisky** adj vif, fringant.

fritter¹ ['frɪtəʳ] vt (**~ away**) gaspiller.

fritter² ['frɪtəʳ] n (Culin) beignet m.

frivolous ['frɪvələs] adj frivole. ◆ **frivolity** n frivolité f.

frizzle ['frɪzl] vi grésiller. ◆ **frizzled (up)** adj food calciné. ◆ **frizzly** or ◆ **frizzy** adj hair crêpelé.

fro [frəʊ] adv: **to and ~** de long en large; **to go to and ~ between** faire la navette entre; **journeys to and ~ between London and Edinburgh** allers mpl et retours mpl entre Londres et Édimbourg.

frock [frɒk] n robe f; [monk] froc m.

frog [frɒg] n grenouille f. (fig) **to have a ~ in one's throat** avoir un chat dans la gorge. ◆ **frogman** n homme-grenouille m. ◆ **frog-march** vt: **to ~march sb in/out** etc amener/sortir etc qn de force. ◆ **frogspawn** n œufs mpl de grenouille.

frolic ['frɒlɪk] vi (**~ about**) folâtrer.

from [frɒm] prep (**a**) (place: starting point) de. **~ house to house** de maison en maison; **to jump ~ a wall** sauter d'un mur; **~ London to Paris** de Londres à Paris; **where are you ~?** d'où êtes-vous or venez-vous?; **~ above** d'en haut; **~ above the clouds** d'au-dessus des nuages; **~ afar** de loin; **she was looking at him ~ over the wall** elle le regardait depuis l'autre côté du mur; **~ under the table** de dessous la table. (**b**) (time: starting point) (à partir) de, dès. (**as**) **~ the 14th July** à partir du 14 juillet; **~ that day onwards** à partir de ce jour-là; **~ his childhood** dès son enfance. (**c**) (distance) de. **the house is 10 km ~ the coast** la maison est à 10 km de la côte. (**d**) (origin) de, de la part de. **a letter ~ my mother** une lettre de ma mère; **tell him ~ me** dites-lui de ma part; **an invitation ~ the Smiths** une invitation (de la part) des Smith; **film ~ the novel by...** film d'après le roman de... (**e**) (with prices, numbers) à partir de, depuis. **wine ~ 6 francs a bottle** vins à partir de 6 F la bouteille; **dresses ~ 150 francs** robes à partir de or depuis 150 F; **~ 10 to 15 people** de 10 à 15 personnes. (**f**) (source) **to drink ~ a brook/a glass/straight ~ the bottle** boire à un ruisseau/dans un verre/à même la bouteille; **he took it ~ the cupboard** il l'a pris dans le placard; **take the knife ~ this child!** prenez le couteau à cet enfant!; **he took/stole it ~ them** il le leur a pris/volé; **to pick sb ~ the crowd** choisir qn dans la foule; **a quotation ~ Racine** une citation tirée de Racine; **to speak ~ notes** parler avec des notes; **~ your point of view** de votre point de vue. (**g**) (change) de. **~ bad to worse** de mal en pis; **price increase ~ 1 F to 1.50 F** augmentation de prix de 1 F à 1,50 F. (**h**) (cause, motive) **to act ~ convic-**

tion agir par conviction; **to die ~ fatigue** mourir de fatigue; **~ what I heard** d'après ce que j'ai entendu; **~ what I can see** à ce que je vois; **~ the look of things** à en juger par les apparences; **~ the way he talks you would think that...** à l'entendre on penserait que...

front [frʌnt] **1** n (**a**) *[audience, class]* premier rang m; *[building]* façade f, devant; *[boat, train, car]* avant; *[cupboard, dress]* devant; *[book] (beginning)* début m; *(cover)* couverture f. **in ~** be, walk, put devant; *send, move* en avant; **in ~ of the table** devant la table; *(in car)* **in the ~** à l'avant; *(Sport)* **to be in ~** mener; **to sit in the ~ of the train/bus** s'asseoir en tête du train/à l'avant de l'autobus; **the ~ of the cupboard** *(door)* la porte du placard; *(forepart)* le devant du placard; *(fig)* **to put on a bold ~** faire bonne contenance; **it's all just a ~** tout ça n'est que façade. (**b**) *(gen, Met, Mil, Pol)* front m. **at the ~** au front; **on all ~s** de tous côtés; **popular ~** front populaire. (**c**) *(sea ~) (beach)* plage f; *(prom)* front m de mer. **along** *or* **on the ~** sur le front de mer.
2 adj *garden, tooth* de devant; *wheel* avant *inv*; *row, page* premier. **~ door** *[house]* porte f d'entrée; *[car]* portière f avant; **the ~ end** l'avant m; *(Parl)* **~ bench** banc m des ministres (*or* des membres du cabinet fantôme); *(Mil)* **~ line(s)** front m; **it's merely a ~ organization** cette organisation n'est qu'une couverture; *(Press)* **on the ~ page** en première page, à la une *; *(fig)* **in the ~ rank** parmi les premiers; **~ room** pièce f de devant; *(lounge)* salon m; *(fig)* **a ~ runner for the party leadership** un des favoris pour être leader du parti; **to have a ~ seat** *(lit)* avoir une place au premier rang; *(fig)* être aux premières loges.
3 vi: **to ~ on to** donner sur.
4 vt (**a**) *house* **~ed with stone** maison f avec façade en pierre. (**b**) *TV show* présenter. ◆ **frontage** n façade f. ◆ **frontal** adj *(gen)* frontal; *attack* de front; *nude* de face. ◆ **front-line** adj *troops, news* du front; *countries* limitrophe d'un pays hostile. ◆ **front-page** adj: **~-page news** gros titres *mpl*; **it was ~-page news** cela a fait la une * des journaux. ◆ **frontwards** adv en avant, vers l'avant. ◆ **front-wheel** adj: **~-wheel drive** traction f avant; **~-wheel drive car** traction avant.

frontier ['frʌntɪəʳ] **1** n frontière f. **2** adj *town, zone, part* frontière *inv*; *incident* de frontière.

frontispiece ['frʌntɪspiːs] n frontispice m.

frost [frɒst] **1** n gel m; *(hoar ~)* givre m. **late ~s** gelées *fpl* tardives; **10° of ~** 10° au-dessous de zéro. **2** vt *(freeze)* geler; *(US: ice)* cake glacer. ◆ **frostbite** n gelure f; **to get ~bite in one's hands** avoir les mains qui gèlent. ◆ **frostbitten** adj gelé. ◆ **frostbound** adj gelé. ◆ **frosted** adj *window, windscreen* givré; *nail varnish* nacré; *(opaque) glass* dépoli. ◆ **frosting** n *(US: icing)* glaçage m. ◆ **frosty** adj *(gen: also fig)* glacial; *window* couvert de givre; **it is going to be ~y** il va geler.

froth [frɒθ] **1** n mousse f. **2** vi mousser. **the dog was ~ing at the mouth** le chien avait de l'écume à la gueule. ◆ **frothy** adj *water, beer* mousseux; *sea* écumeux; *lace, nightdress* vaporeux; *play, entertainment* léger.

frown [fraʊn] **1** n froncement m (de sourcils). **2** vi froncer les sourcils. **to ~ at sth/sb** regarder qch/qn en fronçant les sourcils; *(fig: also ~ on sb/sth)* désapprouver qch/qn.

frowsy, frowzy ['fraʊzɪ] adj *room* qui sent le renfermé; *person, clothes* négligé.

froze [frəʊz] *pret of* **freeze**.

frozen ['frəʊzn] *(ptp of* **freeze**) adj gelé; *food* congelé. **I am ~** je suis gelé; **my hands are ~** j'ai les mains gelées; **to be ~ stiff** être gelé jusqu'aux os; **~ food** aliments *mpl* congelés; *(industrially ~)* aliments surgelés.

frugal ['fruːg(ə)l] adj *person* économe (*with* de); *meal* frugal. ◆ **frugality** n frugalité f. ◆ **frugally** adv *give out* parcimonieusement; *live* simplement.

fruit [fruːt] **1** n fruit m. **may I have some ~?** puis-je avoir un fruit?; **more ~ is eaten nowadays** on mange actuellement plus de fruits; **~ is good for you** les fruits sont bons pour la santé; *(lit, fig)* **to bear ~** porter fruit; **the ~ of hard work** le fruit d'un long travail. **2** adj *basket* à fruits; *salad* de fruits; *tree* fruitier. **~ cake** cake m; **~ cup** boisson f aux fruits *(parfois alcoolisée)*; **~ dish** *(for dessert)* coupelle f à fruits; *(large)* coupe f à fruits; *(for holding ~)* corbeille f à fruits; **~ farm** exploitation f *or* entreprise f fruitière; **~ farming** arboriculture f (fruitière); **~ machine** machine f à sous.
◆ **fruiterer** n fruitier m, -ière f; **~er's shop** fruiterie f. ◆ **fruitful** adj *(fig)* fructueux.
◆ **fruitfully** adv *(fig)* fructueusement, avec profit.
◆ **fruitfulness** n fécondité f; caractère m fructueux. ◆ **fruition** [fruːˈɪʃən] n: **to bring to ~ion** réaliser; **to come to ~ion** se réaliser. ◆ **fruitless** adj stérile *(fig)*. **~ fruity** adj *flavour* fruité; *voice* bien timbré.

frump [frʌmp] n bonne femme f mal fagotée.
◆ **frumpish** adj mal fagoté.

frustrate [frʌsˈtreɪt] vt *hopes* tromper; *attempts, plans, plot* faire échouer; *person* décevoir. ◆ **frustrated** adj *person* frustré; *effort* vain; **he feels very ~d in his present job** il se sent très insatisfait dans son poste actuel. ◆ **frustrating** adj *person* déprimant, irritant. ◆ **frustration** n *(emotion)* frustration f; *(sth frustrating etc)* déception f.

fry¹ [fraɪ] n: **the small ~** *(unimportant people)* le menu fretin; *(children)* les gosses * *mfpl*.

fry² [fraɪ] *pret, ptp* **fried 1** vt *(faire)* frire. **to ~ eggs** faire des œufs *mpl* sur le plat; **fried eggs** œufs sur le plat; **fried fish** poisson m frit. **2** vi frire.
◆ **frying** n: **a smell of ~ing** une odeur de friture; **~ing pan** poêle f (à frire); **to jump out of the ~ing pan into the fire** tomber de Charybde en Scylla.

fuchsia ['fjuːʃə] n fuchsia m.

fuddled ['fʌdld] adj *ideas* confus; *person (muddled)* désorienté; *(tipsy)* éméché.

fudge [fʌdʒ] **1** n *(Culin)* caramel(s) m(pl). **2** vti: **to ~ (an issue)** esquiver un problème.

fuel [fjʊəl] **1** n *(gen)* combustible m; *(for engine)* carburant m. *(fig)* **to add ~ to the flames** jeter de l'huile sur le feu; **the statistics gave him ~ for further attacks on...** les statistiques sont venues alimenter ses attaques contre... **2** vt *furnace etc* alimenter; *ships, aircraft etc* ravitailler en carburant. **3** vi se ravitailler en combustible *or* en carburant. *(Aviat etc)* **a ~ling stop** une escale technique. **4** adj *bill* de chauffage. **~ oil** mazout m, fuel m; **~ pump** pompe f d'alimentation; **~ tank** réservoir m à carburant; *[ship]* soute f à mazout.

fug * [fʌg] n *(Brit)* atmosphère f viciée.

fugitive ['fjuːdʒɪtɪv] adj, n fugitif (m), -ive (f).

fulfil, *(US)* **fulfill** [fʊlˈfɪl] vt *task, prophecy* accomplir; *order* exécuter; *condition* remplir; *plan, ambition* réaliser; *desire, hope* répondre à; *prayer* exaucer; *promise* tenir; *one's duties* s'acquitter de. **to feel ~led** se réaliser dans la vie. ◆ **fulfilling** adj *work etc* profondément satisfaisant. ◆ **fulfil(l)ment** n *[duty, desire]* accomplissement m; *[prayer, wish]* exaucement m; *[conditions, plans]* réalisation f; *(satisfied feeling)* contentement m.

full [fʊl] **1** adj (**a**) *(gen)* plein *(of* de); *room, theatre* comble, plein; *hotel, bus, train* complet; *day, programme* chargé. **~ to overflowing** plein à ras bords; **a ~ life** une vie bien remplie; **his heart was ~** il avait le cœur gros; *(Theat)* **to play to a ~ house** jouer à bureaux fermés; **we are ~ (up) for July** nous sommes complets pour juillet; **you'll work better on a ~ stomach** tu travailleras mieux après avoir mangé; *(not hungry)* **I am ~ up!** * j'ai trop mangé!; **~ of life** débordant d'entrain; **~ of oneself/of one's own importance** imbu de soi-même/ de sa propre importance; **the papers were ~ of the murder** les journaux ne parlaient que du meurtre.

(b) *(complete)* moon, employment plein *(before n)*. **the ~ particulars** tous les détails; **~ information** des renseignements complets; **2 ~ hours** 2 bonnes heures; **to go (at) ~ blast** * *[car etc]* aller à toute pompe *; *[radio, television]* marcher à plein; **in ~ bloom** épanoui; **to pay ~ fare** payer plein tarif; **to fall ~ length** tomber de tout son long; **~ member** membre *m* à part entière; **~ name** nom et prénom(s) *mpl*; **at ~ speed** à toute vitesse; **~ speed ahead!**, **~ steam ahead!** en avant toute!; *(Gram)* **~ stop** point *m*; **I'm not going, ~ stop!** * je n'y vais pas, un point c'est tout!; **working at the factory came to a ~ stop** ça a été l'arrêt complet du travail à l'usine; **battalion at ~ strength** bataillon au grand complet; **party in ~ swing** soirée qui bat son plein; **in ~ uniform** en grande tenue.

(c) *lips* charnu; *face* plein, rond; *figure* rondelet; *skirt etc* large.

2 *adv*: **~ well** fort bien; **~ in the face** hit en plein visage; *look* droit dans les yeux; **to go ~ out** aller à toute vitesse.

3 *n*: **in ~ write sth** en toutes lettres; *publish* intégralement; **he paid in ~** il a tout payé; **to the ~** *justify* complètement; *use* au maximum. ◆ **fullback** *n (Sport)* arrière *m*. ◆ **full-blooded** *adj (vigorous) person* vigoureux; *(of unmixed race)* de race pure. ◆ **full-blown** *adj flower* épanoui. ◆ **full-bodied** *adj wine* qui a du corps. ◆ **full-dress** *adj clothes* de cérémonie; *debate* dans les règles. ◆ **full-grown** *adj* adulte. ◆ **full-length** *adj portrait* en pied; *film (de)* long métrage. ◆ **fullness** *n*: **in the ~ness of time** *(eventually)* avec le temps; *(at predestined time)* en temps et lieu. ◆ **full-scale** *adj drawing, replica* grandeur nature *inv*; *search, retreat* de grande envergure; **~-scale fighting** une bataille rangée. ◆ **full-sized** *adj* grandeur nature *inv*. ◆ **full-time 1** *n (Sport)* fin *f* de match; **2** *adj, adv* à plein temps; **it's a ~-time job looking after those children** il faut s'occuper de ces enfants 24 heures sur 24. ◆ **fully** *adv (completely) satisfied* entièrement; *understand* très bien; *justify* complètement; *use* au maximum; *(at least)* au moins, bien. ◆ **fully-fashioned** *adj* entièrement diminué.

fulminate ['fʌlmɪneɪt] *vi* fulminer *(against* contre).

fulsome ['fʊlsəm] *adj praise* exagéré; *manner* plein d'effusions.

fumble ['fʌmbl] *vi* (**~ about**, **~ around**) *(in the dark)* tâtonner; *(in one's pockets)* fouiller *(for sth* pour trouver qch). **to ~ with sth** tripoter qch maladroitement.

fume [fjuːm] **1** *vi* fumer; *(*: *be furious)* être en rage. **2** *n*: **~s** *(gen)* émanations *fpl*; *(from factory)* fumées *fpl*.

fumigate ['fjuːmɪgeɪt] *vt* désinfecter par fumigation.

fun [fʌn] **1** *n*: **to have (good** *or* **great) ~** bien s'amuser; **to be (good** *or* **great) ~** être très amusant; **what ~!** ce que c'est amusant!; **for ~**, **in ~** pour rire; **to do sth for the ~ of it** faire qch pour s'amuser; **to spoil sb's ~** empêcher qn de s'amuser; **to spoil the ~** jouer les trouble-fête; **to have ~ and games with sth** bien s'amuser avec qch; *(fig: trouble)* en voir de toutes les couleurs * avec qch; **there'll be ~ and games over this decision** * cette décision va faire du potin *; **to make ~ of** *or* **poke ~ at sb/sth** se moquer de qn/qch. **2** *adj* (‡) marrant *, rigolo *. **~ fur** similifourrure; **~ run** course *f* de fond pour amateurs. ◆ **funfair** *n* fête *f* foraine. ◆ **fun-loving** *adj* aimant s'amuser.

function ['fʌŋ(k)ʃ(ə)n] **1** *n* **(a)** *(gen)* fonction *f*. **in his ~ as judge** en sa qualité de juge. **(b)** *(meeting)* réunion *f*; *(reception)* réception *f*; *(official ceremony)* cérémonie *f* publique. **2** *vi* fonctionner. **to ~ as** faire fonction de. ◆ **functional** *adj* fonctionnel. ◆ **functionary** *n* fonctionnaire *mf*.

fund [fʌnd] *n* caisse *f*, fonds *m*. **to start a ~** lancer une souscription; **~s** fonds *mpl*; **in ~s** en fonds; *(Banking)* **no ~s** défaut *m* de provision; *(fig)* **a ~ of** beaucoup de. ◆ **fundraise** *vi* obtenir des contributions bénévoles *(for* pour). ◆ **fundraiser** *n* collecteur *m*, -trice *f* de fonds. ◆ **fundraising** *n* collecte *f* de fonds.

fundamental [,fʌndə'mentl] **1** *adj* fondamental. **2** *n*: **the ~s** les principes *mpl* essentiels; **to get down to (the) ~s** en venir à l'essentiel. ◆ **fundamentalism** *n* fondamentalisme *m*. ◆ **fundamentalist** *n, adj* fondamentaliste *(mf)*. ◆ **fundamentally** *adv* fondamentalement.

funeral ['fjuːn(ə)r(ə)l] **1** *n* enterrement *m*; *(in announcement etc)* obsèques *fpl*; *(grander)* funérailles *fpl*. **my uncle's ~** l'enterrement de mon oncle; **Churchill's ~** les funérailles de Churchill; **that's your ~!** * tant pis pour toi! **2** *adj march, oration, service* funèbre. **~ director** entrepreneur *m* des pompes funèbres; **~ home**, **~ parlour** dépôt *m* mortuaire; **~ procession** cortège *m* funèbre; *(in car)* convoi *m* mortuaire. ◆ **funereal** [fjuː'nɪərɪəl] *adj* funèbre, lugubre.

fungus, *pl* **-gi** ['fʌŋgəs, gaɪ] *n (Bot)* champignon *m*; *(mould)* moisissure *f*; *(Med)* fongus *m*.

funicular [fjuː'nɪkjʊləʳ] *adj, n* funiculaire *(m)*.

funk * [fʌŋk] **1** *n*: **to be in a blue ~** avoir la trouille ‡. **2** *vt*: **he ~ed (doing) it** il s'est dégonflé *.

funnel ['fʌnl] *n (for pouring through)* entonnoir *m*; *[ship, engine etc]* cheminée *f*.

funny ['fʌnɪ] **1** *adj* **(a)** *(comic)* drôle, amusant. **~ story** histoire *f* drôle; **he was always trying to be ~** il cherchait toujours à faire de l'esprit; **it's not ~** ça n'a rien de drôle. **(b)** *(strange)* curieux, bizarre. **a ~ idea** une drôle d'idée; **he is ~ that way** * il est comme ça; **the meat tastes ~** la viande a un drôle de goût; **there's sth ~** *or* **some ~ business** * going on il se passe qch de louche; **I felt ~** * je me suis senti tout chose *; **it gave me a ~ feeling** ça m'a fait tout drôle; **~!** c'est drôle, c'est curieux; **~ bone** * petit juif * *m*. **2** *n (Press)* **the funnies** ‡ les bandes dessinées. ◆ **funnily** *adv (amusingly)* drôlement; *(strangely)* curieusement, bizarrement; **funnily enough,...** chose curieuse,...

fur [fɜːʳ] **1** *n* **(a)** *[animal]* poil *m*, fourrure *f*. **it will make the ~ fly** cela va faire du grabuge * ; **she was dressed in ~s** elle portait de la fourrure. **(b)** *(in kettle etc)* tartre *m*. **2** *adj*: **~ coat** manteau *m* de fourrure. ◆ **furred** *adj tongue* chargé. ◆ **furrier** *n* fourreur *m*. ◆ **furry** *adj animal* à poil; *toy* en peluche.

furbish ['fɜːbɪʃ] *vt (polish)* fourbir; *(smarten)* remettre à neuf.

furious ['fjʊərɪəs] *adj person* furieux *(with sb* contre qn; *at having done* d'avoir fait); *storm, sea* déchaîné; *struggle* acharné; *speed* fou. **to get ~** se mettre en rage *(with sb* contre qn); **the fun was fast and ~** la fête battait son plein. ◆ **furiously** *adv* furieusement; avec acharnement; à une allure folle.

furled [fɜːld] *adj flag* en berne.

furlough ['fɜːləʊ] *n* permission *f*, congé *m*.

furnace ['fɜːnɪs] *n (Ind)* fourneau *m*; *(for central heating etc)* chaudière *f*; *(fig: hot place)* fournaise *f*.

furnish ['fɜːnɪʃ] *vt* **(a)** *house* meubler *(with* de). **~ed flat** *or* **apartment** appartement *m* meublé; **in ~ed rooms** en meublé. **(b)** *(supply) object, information etc* fournir, donner; *person* pourvoir *(with sth* de qch). ◆ **furnishing** *n*: **~ings** mobilier *m*; **with**

~ings and fittings avec objets mobiliers divers; ~ing fabrics tissus *mpl* d'ameublement.

furniture ['fɜ:nɪtʃəʳ] **1** *n* meubles *mpl*. **a piece of** ~ un meuble; **dining-room** ~ des meubles *or* du mobilier de salle à manger. **2** *adj*: ~ **polish** encaustique *f*; ~ **remover** déménageur *m*; ~ **shop** magasin *m* d'ameublement; ~ **van** camion *m* de déménagement.

furore [fjʊəˈrɔ:rɪ] *n* (*protests*) scandale *m*; (*enthusiasm*) débordement *m* d'enthousiasme.

furrow ['fʌrəʊ] **1** *n* (*Agr*) sillon *m*; (*in garden etc*) rayon *m*; (*on brow*) ride *f*. **2** *vt earth* sillonner; *face, brow* rider.

further ['fɜ:ðəʳ] *comp of* **far 1** *adv* (**a**) = **farther 1**. (**b**) (*more*) davantage, plus. **without troubling any** ~ sans se tracasser davantage; **I got no** ~ **with him** je ne suis arrivé à rien de plus avec lui; **we heard nothing** ~ **from him** nous n'avons plus rien reçu de lui; **and** ~ **I believe**... et de plus je crois...; (*Comm*) ~ **to** par suite à. **2** *adj* (**a**) = **farther 2**. (**b**) (*additional*) supplémentaire, autre. ~ **education** enseignement *m* post-scolaire; **college of** ~ **education** centre *m* d'enseignement post-scolaire; **until** ~ **notice** jusqu'à nouvel ordre; **upon** ~ **consideration** après plus ample réflexion; **awaiting** ~ **details** en attendant de plus amples détails; **one or two** ~ **details** un ou deux autres points. **3** *vt interests, cause* servir, favoriser. ◆ **furtherance** *n* avancement *m*; **in** ~**ance of sth** pour servir qch. ◆ **furthermore** *adv* en outre, de plus. ◆ **furthermost** *adj* le plus éloigné.

furthest ['fɜ:ðɪst] *adj* = **farthest**.

furtive ['fɜ:tɪv] *adj action, look* furtif; *person* sournois. ◆ **furtively** *adv* furtivement.

fury ['fjʊərɪ] *n* [*person*] fureur *f*; [*storm, wind, struggle*] violence *f*. **to be in a** ~ être en furie *or* rage; **to fly into a** ~ se mettre dans une rage folle; **like** ~ * comme un fou (*or* une folle).

furze [fɜ:z] *n* ajoncs *mpl*.

fuse [fju:z] **1** *vt* (**a**) (*unite*) *metal* fondre; (*fig*) fusionner. (**b**) (*Elec*) **to** ~ **the television** (*or* **the iron** *or* **the lights** *etc*) faire sauter les plombs. **2** *vi* (**a**) [*metals*] fondre; (*fig*: ~ **together**) fusionner. (**b**) (*Elec*) **the television** (*or* **the lights** *etc*) ~**d** les plombs ont sauté. **3** *n* (**a**) (*Elec: wire*) plomb *m*, fusible *m*. **to blow a** ~ faire sauter un plomb *or* un fusible;

there's been a ~ **somewhere** il y a un plomb de sauté quelque part. (**b**) [*bomb etc*] détonateur *m*; (*Min*) cordeau *m*. **4** *adj*: ~ **box** (*Élec*) boîte *f* à fusibles; (*Aut*) porte-fusibles *m*; ~ **wire** fusible *m*. ◆ **fused** *adj*: ~**d plug** prise *f* avec fusible incorporé. ◆ **fusion** *n* fusion *f*.

fuselage ['fju:zəlɑ:ʒ] *n* fuselage *m*.

fusilier [ˌfju:zɪˈlɪəʳ] *n* fusilier *m*.

fuss [fʌs] **1** *n* histoires * *fpl*. **a lot of** ~ **about very little** beaucoup de bruit pour pas grand-chose; **to make a** ~ faire un tas d'histoires * (*about or over sth* pour qch); **she was right to make a** ~ elle a eu raison de protester; **what a** ~ **to get a passport!** que d'histoires * pour obtenir un passeport!; **to make a** ~ **of sb** être aux petits soins pour qn. **2** *vi* (*excitedly*) s'agiter; (*busily*) faire l'affairé(e); (*worriedly*) se tracasser. **to** ~ **over sb** être aux petits soins pour qn. ◆ **fuss about, fuss around** *vi* faire l'affairé. ◆ **fusspot** * *n* personne *f* qui fait des histoires pour rien. ◆ **fussy** *adj person* tatillon; *dress, style* tarabiscoté; **she's very** ~**y about what she eats** elle est très tatillonne sur ce qu'elle mange; **I'm not** ~**y** * (*don't mind*) ça m'est égal.

fusty ['fʌstɪ] *adj smell* de renfermé; *room* qui sent le renfermé.

futile ['fju:taɪl] *adj remark* futile, vain; *attempt* vain. ◆ **futility** *n* futilité *f*.

future ['fju:tʃəʳ] **1** *n* (**a**) avenir *m*. **in (the)** ~ à l'avenir; **in the near** ~ dans un proche avenir; **there is a real** ~ **in this firm** cette firme offre de réelles possibilités d'avenir; **there's no** ~ **in it** * [*job etc*] cela n'a aucun avenir; (*fig: no good doing that*) ça ne servira à rien. (**b**) (*Gram*) futur *m*. **in the** ~ au futur. **2** *adj life, events* futur (*before n*), à venir; *husband* futur. **at some** ~ **date** à une date ultérieure; (*Gram*) ~ **perfect** futur *m* antérieur; **the** ~ **tense** le futur. ◆ **futuristic** *adj* futuriste. ◆ **futurologist** *n* futurologue *mf*. ◆ **futurology** *n* futurologie *f*.

fuze [fju:z] (*US*) = **fuse**.

fuzz [fʌz] *n* (*frizzy hair*) cheveux *mpl* crépus; (*on face*) excroissance *f* (*hum*); (*light growth*) duvet *m*. (*collective: police*) **the** ~ ‡ les flics ‡ *mpl*. ◆ **fuzzy** *adj hair* crépu; (*Phot*) flou; *ideas* confus; *person* désorienté; (*: tipsy*) pompette *.

G

G, g [dʒiː] *n* G, g *m*; *(Mus: note)* sol *m*; *(gravity)* g *m*. *(Med)* **G.P.** = **general practitioner**; V **general**.
◆ **G-string** *n (garment)* cache-sexe *m inv*.

gabardine [ˌgæbəˈdiːn] *n* gabardine *f*.

gabble [ˈgæbl] **1** *vi (indistinctly)* bredouiller; *(unintelligibly)* baragouiner *. **to ~ on about sth** parler avec volubilité de qch. **2** *vt* bredouiller.

gable [ˈgeɪbl] *n* pignon *m*.

Gabon [gəˈbɒn] *n* Gabon *m*.

gad [gæd] *vi*: **to ~ about** vadrouiller *.

gadget [ˈgædʒɪt] *n* gadget *m*; *(*: thingummy)* petit truc * *m*. ◆ **gadgetry** *n* tous les gadgets *mpl*.

Gaelic [ˈgeɪlɪk] *adj, n* gaélique *(m)*.

gaff [gæf] *n (Fishing)* gaffe *f*.

gaffe [gæf] *n* gaffe *f*, bévue *f*.

gaffer ⚹ [ˈgæfəʳ] *n (old man)* vieux *m*; *(foreman)* contremaître *m*; *(boss)* patron *m*; *(US Cine)* chef-électricien *m*.

gag [gæg] **1** *n* **(a)** *(in mouth)* bâillon *m*. **(b)** *(joke)* plaisanterie *f*. **it's a ~ to raise funds** c'est un truc * comique pour ramasser de l'argent. **2** *vt (silence)* bâillonner. **3** *vi (*: joke)* plaisanter; *(*: retch)* avoir des haut-le-cœur.

gage [geɪdʒ] *(US)* = **gauge**.

gaiety [ˈgeɪɪtɪ] *n* gaieté *f*.

gaily [ˈgeɪlɪ] *adv* behave, speak gaiement; decorate de façon gaie. ◆ **gaily-coloured** *adj* aux couleurs vives.

gain [geɪn] **1** *n (Comm, Fin) (profit)* bénéfice *m*; *(winning)* gain *m*; *(fig)* avantage *m*; *(increase)* augmentation *f*; *(in wealth)* accroissement *m (in de)*; *(knowledge etc)* acquisition *f (in de)*; *(St Ex)* hausse *f*. **to do sth for ~** faire qch pour le profit; **his loss is our ~** là où il perd nous gagnons.
2 *vt* **(a)** *(gen)* gagner; experience acquérir; objective atteindre; liberty conquérir; friends se faire; supporters s'attirer. **to ~ ground** gagner du terrain; **to ~ popularity** gagner en popularité; **what have you ~ed by doing it?** qu'est-ce que tu as gagné à faire ça? **(b)** *(increase) (St Ex)* **these shares have ~ed 3 points** ces valeurs ont enregistré une hausse de 3 points; **to ~ speed/weight** prendre de la vitesse/du poids; **she's ~ed 3 kg** elle a pris 3 kg; **my watch has ~ed 5 minutes** ma montre a pris 5 minutes d'avance; *(Pol)* **they've ~ed 3 seats** ils ont gagné trois nouveaux sièges; **to ~ the upper hand** prendre le dessus.
3 *vi* gagner *(in en, by à)*; *[watch]* avancer; *[runners]* prendre de l'avance *(on sur)*.
◆ **gainful** *adj* occupation etc rémunérateur; employment rémunéré.

gainsay [ˌgeɪnˈseɪ] *pret, ptp* **gainsaid** *vt* person contredire; fact nier; argument réfuter. **there's no ~ing it** c'est indéniable.

gait [geɪt] *n* démarche *f*, façon *f* de marcher.

gaiter [ˈgeɪtəʳ] *n* guêtre *f*.

gala [ˈgɑːlə] *n* fête *f*, gala *m*; *(sports)* grand concours *m*. ~ **occasion** grande occasion *f*.

galaxy [ˈgæləksɪ] *n* galaxie *f*.

gale [geɪl] **1** *n* coup *m* de vent. **it was blowing a ~** le vent soufflait très fort; **there's a ~ blowing in through that window** c'est une véritable bourrasque qui entre par cette fenêtre; **~s of laughter** grands éclats *mpl* de rire. **2** *adj*: ~ **force winds** coups *mpl* de vent; ~ **warning** avis *m* de coups de vent.

gall¹ [gɔːl] *n* bile *f*; *(bitterness)* fiel *m*; *(*: impertinence)* culot * *m*. ◆ **gall-bladder** *n* vésicule *f* biliaire. ◆ **gallstone** *n* calcul *m* biliaire.

gall² [gɔːl] *vt (irritate)* irriter, exaspérer. ◆ **galling** *adj (irritating)* irritant; *(humiliating)* humiliant.

gallant [ˈgælənt] *adj* **(a)** *(brave)* brave, vaillant. **(b)** [gəˈlænt] *(attentive to women)* galant. ◆ **gallantly** *adv* bravement; [gəˈlæntlɪ] galamment. ◆ **gallantry** *n* bravoure *f*.

galleon [ˈgælɪən] *n* galion *m*.

gallery [ˈgælərɪ] *n (gen)* galerie *f*; *(for spectators, reporters)* tribune *f*; *(Theat)* dernier balcon *m*; *(US: auction room)* salle *f* des ventes. **art gallery** *(private)* galerie d'art; *(state-owned)* musée *m*; *(fig)* **to play to the ~** poser *or* parler pour la galerie.

galley [ˈgælɪ] *n* **(a)** *(ship)* galère *f*; *(ship's kitchen)* coquerie *f*. ~ **slave** galérien *m*. **(b)** *(Typ)* galée *f*. ~ **(proof)** placard *m*.

Gallic [ˈgælɪk] *adj (of Gaul)* gaulois; *(French)* français; charm etc latin. ◆ **gallicism** *n* gallicisme *m*.

gallivant [ˌgælɪˈvænt] *vi* (~ **about**, ~ **around**) courir le guilledou *.

gallon [ˈgælən] *n* gallon *m* *(Brit = 4,546 litres, US = 3,785 litres)*.

gallop [ˈgæləp] **1** *n* galop *m*. **to go for a ~** faire un temps de galop; **at full ~** *[horse]* au grand galop; *[rider]* à bride abattue. **2** *vi [horse, rider]* galoper. *(lit, fig)* **to ~ away/back** etc partir/revenir etc au galop. ◆ **galloping** *adj* horse au galop; inflation, pneumonia galopant.

gallows [ˈgæləʊz] *npl* gibet *m*, potence *f*.

galore [gəˈlɔːʳ] *adv* en abondance, à gogo *.

galvanize [ˈgælvənaɪz] *vt* galvaniser. *(fig)* **to ~ sb into action** galvaniser qn. ◆ **galvanic** *adj (Elec)* galvanique; effect galvanisant. ◆ **galvanization** *n* galvanisation *f*.

Gambia [ˈgæmbɪə] *n*: **the ~** la Gambie.

gambit [ˈgæmbɪt] *n (Chess)* gambit *m*; *(fig)* manœuvre *f*.

gamble [ˈgæmbl] **1** *n* entreprise *f* risquée. **life's a ~** la vie est un jeu de hasard; **it's a pure ~** c'est affaire de chance; **the ~ paid off** ça a payé de prendre ce risque *. **2** *vi* jouer *(on sur, with avec)*. **to ~ on the stock exchange** jouer en Bourse; *(fig)* **to ~ on** compter sur; *(less sure)* miser sur.
◆ **gamble away** *vt sep* money etc perdre au jeu.
◆ **gambler** *n* joueur *m*, -euse *f*. ◆ **gambling 1** *n* jeu *m*; **his gambling** sa passion du jeu ; **2** *adj* debts de jeu; losses au jeu; **gambling den, gambling house** maison *f* de jeu, tripot *m (pej)*.

gambol [ˈgæmb(ə)l] *vi* gambader. **to ~ away** etc partir etc en gambadant.

game¹ [geɪm] **1** *n* **(a)** *(gen)* jeu *m*; *[football, cricket etc]* match *m*; *[tennis, billiards, chess]* partie *f*. ~ **of cards** partie de cartes; **card ~** jeu de cartes *(belote, bridge etc)*; **to have a ~ of** faire une partie de; *(Scol)* ~**s** sport *m*, plein air *m*; **to be good at ~s** être sportif; **that's ~** *(Tennis)* ça fait jeu; *(Bridge)* ça fait la manche; *(Tennis)* ~, **set and match** jeu, set et match; **he's off his ~** il n'est pas en forme; **to put sb off his ~** troubler qn; **this**

isn't a ~! c'est sérieux!; (fig) **it's a profitable** ~ c'est une entreprise rentable; **the** ~ **is up** tout est fichu *; **to play sb's** ~ entrer dans le jeu de qn; **two can play at that** ~ à bon chat bon rat; **what's the ~?** * qu'est-ce qui se passe? ; **I wonder what his** ~ **is** je me demande ce qu'il mijote *; **to beat sb at his own** ~ battre qn sur son propre terrain; **how long have you been in this ~?** * ça fait combien de temps que vous faites ça?; **the** ~ **isn't worth the candle** le jeu n'en vaut pas la chandelle; **to make a** ~ **of** se moquer de. (b) (Culin, Hunting) gibier m. **big** ~ gros gibier.
2 adj **(a)** ~ **birds** gibier m à plume; ~ **laws** réglementation f de la chasse; (fig) ~ **plan** plan m d'action; ~ **reserve** réserve f de gros gibier; **~s master**, **~s mistress** professeur m d'éducation physique; ~ **warden** (on reserve) gardien m. **(b)** (ready) prêt (to do à faire).
3 vi jouer, parier.
♦ **gamekeeper** n garde-chasse m. ♦ **gamesmanship** n: **to be good at ~smanship** être rusé; **it's a piece of ~smanship** c'est un truc * pour gagner.

game² [geɪm] adj courageux, brave. **to be** ~ avoir du cran *; **to be** ~ **for sth** or **to do sth** se sentir de taille à faire qch; **are you ~?** tu t'en sens capable?; ~ **for anything** prêt à tout.

game³ [geɪm] adj (lame) arm, leg estropié. **to have a** ~ **leg** être estropié.

gamma ['gæmə] n gamma m. ~ **rays** rayons mpl gamma.

gammon ['gæmən] n (ham) jambon m fumé.

gamut ['gæmət] n gamme f. **to run the** ~ **of** passer par toute la gamme de.

gang [gæŋ] n [workmen] équipe f; [criminals] bande f, gang m; [youths, friends etc] bande; [prisoners] convoi m. ♦ **gang together** *, **gang up** * vi se mettre à plusieurs (to do pour faire). **to** ~ **up on** or **against sb** ‡ se mettre à plusieurs contre qn. ♦ **gangland** * n le milieu. ♦ **gangplank** n passerelle f. ♦ **gangster** n gangster m. ♦ **gangway** n (gen) passage m; (Naut) passerelle f; (in bus etc) couloir m; (in theatre) allée f; (excl) **~way!** dégagez!

Ganges ['gændʒiːz] n Gange m.

gangling ['gæŋglɪŋ] adj dégingandé.

ganglion, pl **ganglia** ['gæŋglɪən, 'gæŋglɪə] n ganglion m.

gangrene ['gæŋɡriːn] n gangrène f. ♦ **gangrenous** adj gangreneux. **to go gangrenous** se gangrener.

gannet ['gænɪt] n (Orn) fou m.

gantry ['gæntrɪ] n (gen) portique m; (Space) tour f de lancement.

gaol [dʒeɪl] (Brit) = **jail.**

gap [gæp] n (gen) trou m; (in wall, hedge) trou, ouverture f; (in print, text) blanc m; (between floorboards, curtains, teeth) interstice m; (mountain pass) trouée f; (fig) vide m; (in education) lacune f; (in time) intervalle m; (in conversation, narrative) interruption f, vide. **to stop up** or **fill in a** ~ boucher un trou, combler un vide; **a** ~ **in his memory** un trou de mémoire; **he left a** ~ **which will be hard to fill** il a laissé un vide qu'il sera difficile de combler; **to close the** ~ **between two points of view** rapprocher deux points de vue; **to close the** ~ **in the balance of payments** supprimer le déficit dans la balance des paiements; (Comm) **a** ~ **in the market** un créneau.

gape [geɪp] vi **(a)** [person, seam] bâiller; [chasm etc] être béant. **(b)** (stare) rester bouche bée (at devant). **to** ~ **at sb/sth** regarder qn/qch bouche bée. ♦ **gaping** adj hole, chasm, wound béant; seam qui bâille; person bouche bée inv.

garage ['gærɑːʒ] n **1** n garage m. **2** vt mettre au garage. **3** adj: ~ **mechanic** mécanicien m; ~ **pro-**

prietor garagiste m; ~ **sale** vente f d'objets usagés (chez un particulier).

garb [gɑːb] n costume m.

garbage ['gɑːbɪdʒ] **1** n ordures fpl, détritus mpl; (in kitchen) déchets mpl; (fig) rebut m. **2** adj: ~ **can** boîte f à ordures; ~ **chute** vide-ordures m inv; ~ **collector**, ~ **man** éboueur m; ~ **disposal unit** broyeur m d'ordures; ~ **truck** benne f des éboueurs.

garble ['gɑːbl] vt story raconter de travers; quotation déformer; facts dénaturer; instructions embrouiller. ♦ **garbled** adj account, instructions embrouillé; text altéré; words, speech incompréhensible.

garden ['gɑːdn] **1** n jardin m. **the G~ of Eden** le jardin d'Éden; ~**s** (private) parc m; (public) jardin public; (fig) **to lead sb up the** ~ **(path)** * mener qn en bateau *; (fig) **everything in the ~'s lovely** tout va pour le mieux. **2** vi faire du jardinage. **3** adj: ~ **centre** jardinerie f, pépinière f; ~ **city** cité-jardin f; ~ **flat** appartement m en rez-de-jardin; ~ **hose** tuyau m d'arrosage; ~ **tools** outils mpl de jardinage; ~ **party** garden-party f; ~ **produce** produits mpl maraîchers; ~ **seat** banc m de jardin; ~ **shears** cisaille f de jardinier; **just over the** ~ **wall from us** juste à côté de chez nous. ♦ **gardener** n jardinier m, -ière f. ♦ **gardening** n jardinage m.

gardenia [gɑːˈdiːnɪə] n gardénia m.

gargle ['gɑːgl] vi se gargariser.

gargoyle ['gɑːgɔɪl] n gargouille f.

garish ['gɛərɪʃ] adj (gen) voyant, criard; light cru.

garland ['gɑːlənd] n guirlande f.

garlic ['gɑːlɪk] **1** n ail m. **2** adj: ~ **press** presse-ail m; ~ **salt** sel m d'ail; ~ **sausage** saucisson m à l'ail. ♦ **garlicky** adj flavour, smell d'ail; sauce à l'ail; food aillé; breath qui sent l'ail.

garment ['gɑːmənt] n vêtement m.

garnet ['gɑːnɪt] n grenat m.

garnish ['gɑːnɪʃ] **1** vt garnir (with de). **2** n garniture f.

garret ['gærət] n mansarde f.

garrison ['gærɪs(ə)n] **1** n garnison f. **2** vt placer une garnison dans; [troops] être en garnison dans. **3** adj town, troops, duty de garnison.

garrulous ['gærʊləs] adj loquace. ♦ **garrulity** n loquacité f. ♦ **garrulously** adv avec volubilité.

garter ['gɑːtə] **1** n **(a)** (gen) jarretière f; (for men's socks) fixe-chaussette m. **(b)** (US: from belt) jarretelle f. **2** adj (US) ~ **belt** porte-jarretelles m inv.

gas [gæs] **1** n **(a)** (gen) gaz m inv; (anaesthetic) anesthésique m. **Calor** ~ ® = butane m; **to cook by** or **with** ~ faire la cuisine au gaz; **to turn on/off the** ~ allumer/fermer le gaz; (Med etc) **I had** ~ j'ai eu une anesthésie au masque. **(b)** (US: gasoline) essence f.
2 vt asphyxier; (Mil) gazer. **to** ~ **o.s.** s'asphyxier.
3 vi (‡) (talk) parler; (chat) bavarder.
4 adj industry du gaz; engine, oven, pipe à gaz; lighting, heating au gaz. ~ **bracket** applique f à gaz; ~ **burner**, ~ **jet** brûleur m à gaz; ~ **chamber** chambre f à gaz; ~ **cooker** cuisinière f à gaz; (portable) réchaud m à gaz; ~ **fire** appareil m de chauffage à gaz; **to light the** ~ **fire** allumer le gaz; ~ **fitter** ajusteur-gazier m; ~ **heater** appareil m de chauffage à gaz; (for heating water) chauffe-eau m inv (à gaz); ~ **lighter** (for cooker etc) allume-gaz m inv; (for cigarettes) briquet m à gaz; ~ **main** canalisation f de gaz; ~ **meter** compteur m à gaz; ~ **oil** gas-oil m; (US Aut) ~ **pedal** accélérateur m; ~ **permeable** perméable à l'air; ~ **pipeline** gazoduc m; ~ **ring** (part of cooker) brûleur m; (small stove) réchaud m à gaz; (US) ~ **station** station-service f; ~ **stove** (portable) réchaud m à gaz; (larger) cuisinière f à gaz; (US) ~ **tank** réservoir m à essence; ~ **tap** (on pipe) robinet m à gaz; (on cooker) bouton

m (de cuisinière à gaz); ~ **turbine** turbine *f* à gaz; ~ **worker** gazier *m*.

◆ **gaseous** *adj* gazeux. ◆ **gas-fired** *adj* chauffé au gaz; ~**fired central heating** chauffage central au gaz. ◆ **gaslight** *n*: by ~**light** à la lumière du gaz. ◆ **gaslit** *adj* éclairé au gaz. ◆ **gasman** * *n*: the ~**man** l'employé *m* du gaz. ◆ **gasmask** *n* masque *m* à gaz. ◆ **gasoline** *n* (US) essence *f*. ◆ **gasometer** *n* gazomètre *m*. ◆ **gassy** *adj* gazeux. ◆ **gasworks** *npl* usine *f* à gaz.

gash [gæʃ] **1** *n* (in flesh) entaille *f*; (on face) balafre *f*; (in fabric) grande déchirure *f*. **2** *vt* entailler; balafrer; déchirer. **3** *adj* (‡) de trop, en surplus. **if that box is** ~ si vous n'avez plus besoin de cette boîte.

gasket ['gæskɪt] *n* [piston] garniture *f* de piston; [joint] joint *m* d'étanchéité; [cylinder head] joint de culasse.

gasp [gɑːsp] **1** *n* halètement *m*. **to give a** ~ **of surprise/fear** *etc* avoir le souffle coupé par la surprise/ la peur *etc*; **to be at one's last** ~ (lit) être à l'agonie; (*: fig) n'en pouvoir plus. **2** *vi* (choke) haleter; (from astonishment) avoir le souffle coupé. (lit, fig) **to make sb** ~ couper le souffle à qn; **to** ~ **for breath** *or* **air** haleter, suffoquer. **3** *vt*: '**no!**' she ~ed 'pas possible!' souffla-t-elle. ◆ **gasp out** *vt sep* plea dire dans un souffle; word souffler.

gastric ['gæstrɪk] *adj* gastrique; flu gastro-intestinal; ulcer de l'estomac. ◆ **gastritis** *n* gastrite *f*. ◆ **gastroenteritis** *n* gastro-entérite *f*.

gastronome ['gæstrənəʊm] *n* gastronome *mf*. ◆ **gastronomic** *adj* gastronomique. ◆ **gastronomy** *n* gastronomie *f*.

gate [geɪt] *n* (a) [castle, town] porte *f*; [field, level crossing] barrière *f*; [garden] porte, portail *m*; (of iron) grille *f* (d'entrée); (into courtyard etc) porte cochère; (Rail: in Underground) portillon *m*; [lock, sluice] vanne *f*; [sports ground] entrée *f*. (at airport) ~ **5** porte 5. (b) (Sport) (attendance) spectateurs *mpl*; (~ money) recette *f*, entrées *fpl*.

◆ **gatecrash** * **1** *vi* (not paying) resquiller; **2** *vt* party s'introduire sans invitation dans; match etc assister sans payer à. ◆ **gatecrasher** * *n* (at party etc) intrus(e) *m(f)*; (at match etc) resquilleur * *m*, -euse * *f*. ◆ **gate-leg(ged)** *adj*: ~-**leg(ged) table** table *f* à l'anglaise. ◆ **gatepost** *n* montant *m* (de porte); (fig) **between you, me and the** ~**post** * soit dit entre nous. ◆ **gateway** *n* (to a place) porte *f* (to de); (to success) porte ouverte (to à).

gâteau ['gætəʊ] *n* grand gâteau fourré.

gather ['gæðəʳ] **1** *vt* (a) (~ **together**) people rassembler; objects rassembler, ramasser. (b) (~ **up**, ~ **in**) crops récolter; flowers cueillir; sticks, mushrooms, papers ramasser; taxes etc percevoir; contributions, information recueillir; skirt, hair etc ramasser; (Sewing) material froncer; dust ramasser; energies rassembler. **to** ~ **one's thoughts** se ressaisir; **to** ~ **speed** prendre de la vitesse; [feeling, movement] **to** ~ **strength** se renforcer; **he** ~**ed his cloak around him** il a resserré sa cape contre lui; **to** ~ **one's brows** froncer les sourcils. (c) (infer) déduire, conclure (from sth de qch; that que); croire comprendre (from sb d'après ce que dit qn; from a newspaper d'après ce que dit le journal; that que). **as you will have** ~**ed** comme vous avez dû le deviner.

2 *vi* (collect) [people] (~ **together**) se rassembler; [crowd] se former; [troops etc] s'amasser; [objects, dust] s'accumuler, s'amasser; [clouds] s'amonceler; [storm] se préparer.

◆ **gather round** *vi* s'approcher.

◆ **gathering 1** *n* assemblée *f*, réunion *f*; **family** ~**ing** réunion de famille ; **2** *adj* force, speed croissant; storm qui se prépare.

gaudy ['gɔːdɪ] *adj* voyant, criard.

gauge [geɪdʒ] **1** *n* (size: of pipe, gun etc) calibre *m*; (Rail) écartement *m*; (instrument) jauge *f*, indicateur *m*. **fuel/petrol/oil** ~ jauge de carburant/ d'essence/du niveau d'huile; **pressure** ~ manomètre *m*; **tyre** ~ indicateur de pression des pneus; **wheel** ~ écartement des essieux; **it was a** ~ **of public feeling** cela a permis de jauger le sentiment du public. **2** *vt* nut, screw, gun calibrer; temperature mesurer; oil jauger; wind mesurer la vitesse de; distance, sb's capabilities jauger; course of events prévoir. **he was trying to** ~ **how far he should move it** il essayait d'évaluer de combien il devait le déplacer; **to** ~ **the right moment** calculer le bon moment.

Gaul [gɔːl] *n* (country) Gaule *f*; (person) Gaulois(e) *m(f)*.

gaunt [gɔːnt] *adj* (very thin) émacié; (grim) lugubre.

gauntlet ['gɔːntlɪt] *n* gant *m* (à crispin); [armour] gantelet *m*. **he had to run the** ~ **through the crowd** il a dû foncer à travers une foule hostile.

gauze [gɔːz] *n* gaze *f*.

gave [geɪv] pret of **give**.

gavel ['gævl] *n* marteau *m* (de commissaire-priseur etc).

gawker ['gɔːkəʳ] *n* badaud *m*.

gawky ['gɔːkɪ] *adj* dégingandé, godiche.

gay [geɪ] **1** *adj* (a) (gen) gai; company, occasion joyeux; laughter enjoué. **to become** ~(**er**) s'égayer; **with** ~ **abandon** avec une belle désinvolture; **to have a** ~ **time** prendre du bon temps. (b) (*: homosexual) homosexuel, gay inv. **2** *n* homosexuel(le) *m(f)*.

gaze [geɪz] **1** *n* regard *m* (fixe). **2** *vi* regarder. **to** ~ **into space** regarder dans le vide; **to** ~ **at sth** regarder (fixement) qch.

gazette [gə'zet] *n* (official publication) journal *m* officiel; (newspaper) gazette *f*. ◆ **gazetteer** *n* index *m* (géographique).

gazump * [gə'zʌmp] *vi* (Brit) revenir sur une promesse de vente pour accepter un prix plus élevé.

gear [gɪəʳ] **1** *n* (a) (equipment) (gen) équipement *m*, matériel *m*; (belongings) affaires * *fpl*, effets *mpl* (personnels); (clothing) vêtements *mpl*; (‡: modern) fringues ‡ *fpl* à la mode. **fishing** etc ~ matériel or équipement de pêche etc. (b) (apparatus) mécanisme *m*, dispositif *m*. **safety** ~ mécanisme de sécurité. (c) (Tech) engrenage *m*; (Aut) (mechanism) embrayage *m*; (speed) vitesse *f*. **in** ~ en prise; **not in** ~ au point mort; **he put the car into** ~ il a mis la voiture en prise; **the car slipped out of** ~ la vitesse a sauté; **to change** or (US) **to shift** ~ changer de vitesse; **first** or **bottom** or **low** ~ première vitesse; **in second** ~ en seconde; **to change into third** ~ passer en troisième (vitesse); **production has moved into top** ~ la production a atteint sa vitesse maxima.

2 *vt* adapter (to à). **they were not** ~**ed to cope with that** ils n'étaient pas préparés pour cela; (Econ) ~**ed to the cost of living** indexé.

◆ **gear up** * *vt sep*: **to** ~ **o.s. up** se préparer (for pour); **we're** ~**ed up to do it** nous sommes tout prêts à le faire.

◆ **gearbox** *n* (Aut) boîte *f* de vitesses. ◆ **gearlever** *n* or ◆ **gearshift** *n* (US) levier *m* de vitesse. ◆ **gearwheel** *n* [bicycle] pignon *m*.

geese [giːs] *npl of* **goose**.

gel [dʒel] **1** *n* (Chem) colloïde *m*; (gen) gelée *f*. **2** *vi* [jelly etc] prendre; [plan etc] prendre tournure. ◆ **gelatin(e)** *n* gélatine *f*.

gelding ['geldɪŋ] *n* hongre *m*.

gelignite ['dʒelɪgnaɪt] *n* gélignite *f*.

gem [dʒem] **1** *n* gemme *f*, pierre *f* précieuse. (house, helper) **a** ~ une vraie merveille. **the** ~ **of the collection** le joyau de la collection; **her aunt's a real** ~ * sa tante est un chou *; **I must read you**

this ~ * il faut que je te lise cette perle. ◆ **gem-stone** n pierre f gemme inv.

Gemini ['dʒemɪni:] npl (Astron) les Gémeaux mpl.

gen * [dʒen] (Brit) n coordonnées * fpl (on de), renseignements mpl (on sur). **what's the ~ on this?** qu'est-ce qu'on sait là-dessus? ◆ **gen up ‡** vt sep: **to ~ sb up on sth** donner à qn les coordonnées * de qch.

gender ['dʒendəʳ] n (Gram) genre m. ~ **bias** parti pris contre les femmes.

gene [dʒi:n] n gène m.

genealogy [,dʒi:nɪ'ælədʒɪ] n généalogie f. ◆ **genealogical** adj généalogique. ◆ **genealogist** n généalogiste mf.

general ['dʒen(ə)r(ə)l] **1** adj (gen) général; (not in detail) view, plan, inquiry d'ensemble. **as a ~ rule** en règle générale; **in ~ use** d'usage courant; **in the ~ direction of** grosso modo * dans la direction de; **the ~ public** le grand public; **the ~ reader** le lecteur moyen; **this type of behaviour is fairly ~** ce genre de comportement est assez répandu; **the rain has been fairly ~** il a plu un peu partout; **to give sb a ~ idea of sth** donner à qn un aperçu d'ensemble sur qch; **I've got the ~ idea** je vois la question; (US: Post) ~ **delivery** poste f restante; ~ **election** élections législatives; (Mil) ~ **headquarters** quartier m général; ~ **holiday** jour m férié; ~ **hospital** centre m hospitalier; ~ **knowledge** culture f générale; ~ **manager** directeur m général; G~ **Post Office** (building) poste f centrale; (Med) **to be in ~ practice** faire de la médecine générale; ~ **practitioner** (abbr **G.P.**) (médecin m) généraliste m; **go to your G.P.** allez voir votre médecin traitant; ~ **secretary** secrétaire général; ~ **shop** magasin m qui vend de tout; (Mil etc) ~ **staff** état-major m; ~ **store** grand magasin m. **2** n (**a**) général m. **in ~** en général. (**b**) (Mil) général m.

◆ **generality** n (gen pl) généralité f. ◆ **generalization** n généralisation f. ◆ **generalize** vti généraliser. ◆ **generally** adv (usually) généralement, en général; (for the most part) dans l'ensemble; ~**ly speaking** en général. ◆ **general-purpose** adj tool, dictionary universel.

generate ['dʒenəreɪt] **1** vt children, hope, fear engendrer; electricity, heat, work produire; (Ling) générer. ◆ **generating** adj: **generating station** centrale f électrique; **generating unit** groupe m électrogène. ◆ **generation** n génération f; **the younger generation** la jeune génération; **the generation gap** le conflit des générations. ◆ **generative** adj (Ling) génératif. ◆ **generator** n (Elec) groupe m électrogène.

generic [dʒɪ'nerɪk] adj générique.

generous ['dʒen(ə)rəs] adj (gen) généreux (with de); supply abondant; meal copieux; spoonful m; size ample. ◆ **generosity** n générosité f. ◆ **generously** adv give etc généreusement; say avec générosité; pardon, reprieve avec magnanimité.

genesis ['dʒenɪsɪs] n genèse f.

genetic [dʒɪ'netɪk] adj génétique. ~ **code** code m génétique; ~ **engineering** génie m génétique; ~ **fingerprinting** identification f génétique. ◆ **geneticist** n généticien(ne) m(f). ◆ **genetics** nsg génétique f.

Geneva [dʒɪ'ni:və] n Genève f. **Lake ~** le lac Léman.

genial ['dʒi:nɪəl] adj person, smile, voice cordial; climate doux; warmth réconfortant. ◆ **geniality** n cordialité f. ◆ **genially** adv cordialement.

genie pl **genii** ['dʒi:nɪ, 'dʒi:nɪaɪ] n (Myth) génie m.

genital ['dʒenɪtl] **1** adj génital. **2** npl: ~**s** organes mpl génitaux.

genitive ['dʒenɪtɪv] adj, n génitif (m). **in the ~** au génitif.

genius ['dʒi:nɪəs] n génie m. **to have a ~ for (doing) sth** avoir le génie de (faire) qch.

Genoa ['dʒenəʊə] n Gênes f.

genocide ['dʒenə(ʊ)saɪd] n génocide m.

gent [dʒent] n (abbr of **gentleman**) (Comm) homme m; (‡: man) monsieur m. (cloakroom) **the ~s** * les toilettes fpl (pour hommes).

genteel [dʒen'ti:l] adj qui se veut distingué. ◆ **gentility** n prétention f à la distinction.

gentle ['dʒentl] adj person, animal, voice, disposition doux (f douce); rebuke gentil; exercise, heat modéré; slope doux; breeze, sound, touch léger; progress mesuré; hint, reminder discret. ◆ **gentleness** n douceur f. ◆ **gently** adv (gen) doucement; say, smile, rebuke gentiment; **gently does it!** doucement!; **to go gently with sth** y aller doucement avec qch.

gentleman ['dʒentlmən] **1** n, pl **gentlemen** monsieur m; (man of breeding) homme m bien élevé, gentleman m; (at court etc) gentilhomme m. **gentlemen!** messieurs!; **a perfect ~** un vrai gentleman; ~**'s agreement** accord m reposant sur l'honneur. **2** adj: ~ **farmer** gentleman-farmer m. ◆ **gentlemanly** adj bien élevé; voice, appearance distingué.

gentry ['dʒentrɪ] n petite noblesse f.

genuflect ['dʒenjʊflekt] vi faire une génuflexion.

genuine ['dʒenjʊɪn] adj (a) (authentic) wool, silver, jewel etc véritable; manuscript, antique, coin authentique; (Comm) goods garanti d'origine. **I'll only buy the ~ article** (of furniture etc) je n'achète que de l'authentique; (of jewellery, cheeses etc) je n'achète que du vrai. (b) (sincere) laughter franc (f franche); person, tears, emotion, belief sincère; simplicity vrai. (Comm) ~ **buyer** acheteur sérieux. ◆ **genuinely** adv prove, originate authentiquement; believe sincèrement; sorry, surprised, unable vraiment.

genus pl **genera** ['dʒenəs, 'dʒenərə] n (Bio) genre m.

geode ['dʒi:əʊd] n géode f.

geography [dʒɪ'ɒgrəfɪ] n (gen) géographie f. **I don't know the ~ of the district** je ne connais pas la topographie de la région. ◆ **geographer** n géographe mf. ◆ **geographic(al)** adj géographique.

geology [dʒɪ'ɒlədʒɪ] n géologie f. ◆ **geological** adj géologique. ◆ **geologist** n géologue mf.

geometry [dʒɪ'ɒmɪtrɪ] n géométrie f. ◆ **geometric(al)** adj géométrique.

geophysics [,dʒi:ə(ʊ)'fɪzɪks] nsg géophysique f.

geopolitical [,dʒi:əʊpə'lɪtɪk(ə)l] adj géopolitique.

Georgian ['dʒɔ:dʒɪən] adj du temps des rois George I-IV (1714-1830).

geranium [dʒɪ'reɪnɪəm] n géranium m.

gerbil ['dʒɜ:bɪl] n gerbille f.

geriatric [,dʒerɪ'ætrɪk] **1** adj gériatrique. ~ **medicine** gériatrie f; ~ **nursing** soins mpl aux vieillards; ~ **social work** aide f sociale aux vieillards. **2** n (Med) malade mf gériatrique; (pej) vieillard(e) m(f). ◆ **geriatrics** nsg gériatrie f.

germ [dʒɜ:m] **1** n (Bio, also fig) germe m; (Med) microbe m. **2** adj: ~ **warfare** guerre f bactériologique.

◆ **germ-free** adj stérilisé. ◆ **germicidal** adj antiseptique. ◆ **germicide** n antiseptique m. ◆ **germinate 1** vi germer ; **2** vt faire germer. ◆ **germination** n germination f. ◆ **germ-killer** n antiseptique m.

Germany ['dʒɜ:m(ə)nɪ] n Allemagne f. **East/West ~** Allemagne de l'Est/de l'Ouest. ◆ **German 1** adj allemand; **East-/West-German** est-/ouest-allemand; **German measles** rubéole f; **German sheep dog** berger m allemand ; **2** n Allemand(e) m(f) ; (Ling) allemand m. ◆ **Germanic** adj germanique.

gerontology [dʒerɒn'tɒlədʒɪ] n gérontologie f.
◆ **gerontologist** n gérontologue mf.

gerund ['dʒer(ə)nd] n gérondif m.

gestalt [gə'ʃtɑːlt] n gestalt f. ~ **psychology** gestaltisme m.

gestate [dʒes'teɪt] vi être en gestation. ◆ **gestation** n gestation f.

gesticulate [dʒes'tɪkjʊleɪt] vi gesticuler.

gesture ['dʒestʃəʳ] **1** n (lit, fig) geste m. **they did it as a** ~ **of support** ils l'ont fait pour manifester leur soutien. **2** vi: **to** ~ **to sb to do** faire signe à qn de faire.

get [get] pret, ptp **got**, (US) ptp **gotten** **1** vt (a) (obtain) avoir, trouver; (through effort) se procurer, obtenir; permission, result obtenir (from de); (buy) acheter; (Rad) station, (Telec) person, number avoir; (Scol) marks obtenir, avoir. **to** ~ **sth to eat** (find food) trouver de quoi manger; (eat) manger qch; **where did you** ~ **that hat?** où as-tu trouvé ce chapeau?; **I don't** ~ **much from his lectures** je ne tire pas grand-chose de ses cours; **to** ~ **sth for sb** trouver qch pour or à qn; (fig) **we'll never** ~ **anything out of him** nous ne tirerons jamais rien de lui.
(b) (acquire) power, wealth acquérir; ideas, reputation se faire; salary recevoir, toucher; help recevoir; prize gagner; fame connaître. (of collection, set) **I've still 3 to** ~ il m'en manque encore 3; **it got him fame** etc cela lui a valu la célébrité etc.
(c) (receive) letter, present recevoir, avoir; surprise avoir; wound, punishment, shock recevoir. **I didn't** ~ **much for it** je ne l'ai pas vendu cher; **to** ~ **2 years in prison** attraper * 2 ans de prison; **he** ~**s it from his mother** il le tient de sa mère; **this room** ~**s all the sun** cette pièce reçoit tout le soleil.
(d) (catch) ball, disease attraper; quarry, person attraper, prendre; (hit) target etc atteindre, avoir; (seize) prendre, saisir. **to** ~ **sb round the neck/by the throat** saisir or prendre qn au cou/à la gorge; **to** ~ **sb by the arm** attraper or saisir qn par le bras; [pain] **it** ~**s me here** cela me prend ici; **got you at last!** enfin je te tiens!; **we'll** ~ **them yet!** on les aura!; **he'll** ~ **you for that!** * qu'est-ce que tu vas prendre! *; **he's got it bad (for her)** * il en pince sérieusement pour elle *; **the bullet got him in the arm** il a pris la balle dans le bras.
(e) (fetch) person, doctor aller chercher, faire venir; object chercher, apporter. (go and) ~ **my books** allez chercher mes livres; **can I** ~ **you a drink?** voulez-vous boire qch?
(f) (have, possess) **to have got** avoir, posséder; **I've got toothache** j'ai mal aux dents; **I have got 3 sisters** j'ai 3 sœurs; **how many have you got?** combien en avez-vous?
(g) (causative etc) **to** ~ **sb to do sth** faire faire qch à qn, obtenir que qn fasse qch; **to** ~ **sth done** faire faire qch; **to** ~ **one's hair cut** se faire couper les cheveux; **I got him to cut my hair** je me suis fait couper les cheveux par lui; **he knows how to** ~ **things done!** il sait faire activer les choses!; **she got her arm broken** elle a eu le bras cassé; **to** ~ **sth ready** préparer qch; **to** ~ **sb drunk** soûler qn; **to** ~ **one's hands dirty** se salir les mains; **to** ~ **sb into trouble** attirer des ennuis à qn; **we got him on to the subject of the war** nous l'avons amené à parler de la guerre.
(h) (put, take) faire parvenir. **they got him home somehow** ils l'ont ramené tant bien que mal; **how can we** ~ **it home?** comment faire pour le rapporter à la maison?; **to** ~ **sth to sb** faire parvenir qch à qn; **I'll never** ~ **the car through here** je n'arriverai jamais à faire passer la voiture par ici; **to** ~ **sth past the customs** passer qch à la douane; **he got the blood off his hand** il a fait disparaître le sang de sa main; **where does that** ~ **us?** où est-ce que ça nous mène?
(i) (understand) comprendre, saisir. ~ **it?** * tu saisis? *; **I've got it!** j'y suis!; **I don't** ~ **it** * je ne

comprends pas, je n'y suis pas du tout; **I didn't** ~ **your name** je n'ai pas saisi votre nom; (to secretary etc) **did you** ~ **that last sentence?** avez-vous pris la dernière phrase?
(j) (*: annoy) mettre en rogne *. **it** ~**s (to) me** * ça m'énerve.
(k) (*: thrill) **that** ~**s me** ça me fait qch; (stronger) ça m'emballe *.
2 vi (a) (go) aller, se rendre (to à, from de); (arrive) arriver (at à). **how do you** ~ **there?** comment fait-on pour y aller?; **how did that box** ~ **here?** comment se fait-il que cette boîte se trouve ici?; (fig) **he'll** ~ **there in time** il y arrivera; (fig) **now we're** ~**ting somewhere!** * enfin on avance!; (fig) **you won't** ~ **anywhere if you behave like that** tu n'arriveras à rien en te conduisant comme ça; **we won't** ~ **anywhere with him** nous n'arriverons à rien or nous perdons notre temps avec lui; **where did you** ~ **to?** où êtes-vous allé?; (in book, work etc) **where have you got to?** où en êtes-vous?; **where can he have got to?** où est-il passé?; **I got as far as speaking to him** j'ai réussi à lui parler. (b) (become, be) devenir, se faire. **to** ~ **old** devenir vieux, vieillir; **to** ~ **killed** se faire tuer; **it's** ~**ting late** il se fait tard; **how do people** ~ **like that?** * comment peut-on en arriver là?; **to** ~ **with it** * se mettre à la mode or dans le vent *; (excl) ~ **with it!** ‡ sois un peu dans le vent! *; **to** ~ **to know sb** (begin) commencer à connaître qn; (know better) arriver à mieux connaître qn; **to** ~ **to like sb** se mettre à aimer qn.
(c) (begin) se mettre à. **to** ~ **going** commencer, s'y mettre; **I got talking to him** je me suis mis à parler avec lui.
(d) (be allowed to) **she never** ~**s to drive the car** on ne la laisse jamais conduire la voiture.
3 (modal aux usage) **you've got to come** il faut absolument que vous veniez; **I haven't got to leave** je ne suis pas obligé de partir; **have you got to go and see her?** est-ce que vous êtes obligé d'aller la voir?; V also **have 2**.

◆ **get about, get around** vi (a) (move around) se déplacer; (travel) voyager. (after illness) **he's** ~**ting about again** il est de nouveau sur pied. (b) [news] se répandre. **it has got about that...** le bruit court que...

◆ **get above** vt fus: **to** ~ **above o.s.** se prendre pour plus important qu'on n'est.

◆ **get across 1** vi traverser; (fig) [play] passer la rampe; [meaning, message] passer *. **he didn't** ~ **across to the audience** il n'a pas réussi à établir la communication avec le public. **2** vt sep road traverser; person traverser; (fig) play, song faire passer la rampe. (fig) **to** ~ **sth across to sb** faire comprendre qch à qn. **3** vt fus (annoy) **to** ~ **across sb** se faire mal voir de qn.

◆ **get along** vi (a) (go) s'en aller. ~ **along with you!** * (go away) va-t'en!; (stop joking) ça va, hein! * (b) (manage) se débrouiller (without sans); (progress) [work] avancer; [pupil] faire des progrès. **how is he** ~**ting along?** (in health) comment va-t-il? ; (in studies etc) comment est-ce qu'il se débrouille? (c) (be on good terms) s'entendre bien (with avec qn).

◆ **get at** vt fus (a) (reach) place parvenir à; object on shelf atteindre; person accéder jusqu'à; facts, truth découvrir. **the dog got at the meat** le chien a touché la viande; not easy to ~ **at** house difficile d'accès; person d'un abord peu facile; **let me** ~ **at him!** * que je l'attrape! (b) (fig) **what are you** ~**ting at?** où voulez-vous en venir?; **who are you** ~**ting at?** à qui voulez-vous faire allusion?; **I feel got at** * je me sens visé; **she's always** ~**ting at her brother** elle est toujours après son frère *. (c) (*: bribe) acheter, suborner. (d) (start work on) task, essay se mettre à. **I want to ~ at the redecorating** je veux commencer à refaire les peintures.

◆ **get away 1** *vi* **(a)** *(leave)* s'en aller, partir; *[vehicle]* partir, démarrer. **to ~ away from** *place, work* **I couldn't ~ away any sooner** je n'ai pas pu me libérer plus tôt; **~ away (with you)!** * va-t'en!; *(stop joking)* ça va, hein! * **(b)** *(escape)* s'échapper *(from* de). **to ~ away from sb/one's environment** échapper à qn/à son environnement; **to ~ away from it all** partir se reposer loin de tout; **the thief got away with the money** le voleur est parti avec l'argent; **he got away with an apology** il en a été quitte pour une simple excuse; **you'll never ~ away with that!** on ne te laissera pas passer ça! *; **he'd ~ away with murder** * il tuerait père et mère qu'on lui pardonnerait; *(fig)* **there's no ~ting away from it** le fait est là, on ne peut rien y changer. **2** *vt sep* **(a)** faire partir. **you must ~ her away to the country** il faut que vous l'emmeniez à la campagne. **(b) to ~ sth away from sb** arracher qch à qn.

◆ **get back 1** *vi* **(a)** *(return)* revenir, retourner. **to ~ back (home)** rentrer chez soi; **to ~ back to bed** se recoucher; **to ~ back to work** *(after pause)* se remettre au travail; *(after illness, holiday)* retourner au travail; **let's ~ back to why** revenons à la question de savoir pourquoi. **(b)** *(move back)* reculer. **~ back!** reculez! **2** *vt sep* **(a)** *(recover) sth lent* se faire rendre; *sth lost* retrouver; *possessions* recouvrer; *strength* reprendre. **(b)** *(replace)* remettre, replacer. **(c)** *(return) object* renvoyer; *person* raccompagner.

◆ **get back at** * *vt fus (retaliate against)* rendre la monnaie de sa pièce à.

◆ **get by** *vi* **(a)** *(pass)* passer. **this work just ~s by** ce travail est tout juste passable. **(b)** *(manage)* se débrouiller *(with, on* avec). **he'll ~ by** il s'en sortira *.

◆ **get down 1** *vi* descendre *(from, off* de). **~ down!** descends!; *(lie down)* couche-toi! **2** *vt sep* **(a)** *book, plate, child* descendre *(off* de); *hat, dress* décrocher. **(b)** *(swallow)* avaler. **(c)** *(make note of)* noter. **(d)** *(*: depress)* déprimer. **he ~s me down** il me fiche le cafard *; **don't let it ~ you down!** ne vous laissez pas abattre!

◆ **get down to** *vt fus:* **to ~ down to (doing) sth** se mettre à (faire) qch; **to ~ down to work** se mettre au travail; **let's ~ down to the facts** venons-en aux faits; *(fig)* **when you ~ down to it there's...** à bien regarder les faits il y a...

◆ **get in 1** *vi* **(a)** *(enter)* (réussir à) entrer; *(reach home)* rentrer; *[sunshine, air, water]* pénétrer. **to ~ in between...** se glisser entre... **(b)** *[train, bus, plane]* arriver. **(c)** *(Parl) [member]* être élu; *[party]* accéder au pouvoir. **2** *vt sep* **(a)** *thing, harvest* rentrer; *person* faire entrer; *taxes* recouvrer. **(b)** *(plant)* planter. **(c)** *(buy, obtain) groceries, coal* acheter, faire rentrer. **to ~ in supplies** faire des provisions. **(d)** *(summon) police etc* faire venir. **(e)** *(insert)* glisser. **to ~ a word in edgeways** glisser *or* placer un mot.

◆ **get into** *vt fus* **(a)** *house, park* entrer dans, pénétrer dans; *car, train* monter dans; *club, school* être accepté dans; *(fig)* **how did I ~ into all this?** comment me suis-je fourré dans un pareil pétrin? **(b)** *clothes* mettre.

◆ **get in with** *vt fus (gain favour of)* se faire bien voir de; *(become friendly with)* se mettre à fréquenter.

◆ **get off 1** *vi* **(a)** *(from vehicle)* descendre. *(fig)* **to tell sb where to ~ off** * envoyer qn sur les roses *. **(b)** *(depart)* partir; *[car]* démarrer; *[plane]* décoller. **to ~ off to a good start** prendre un bon départ; **to ~ off (to sleep)** s'endormir. **(c)** *(escape)* s'en tirer. **to ~ off lightly** s'en tirer à bon compte; **to ~ off with a fine** en être quitte pour une amende. **(d)** *(leave work)* s'en aller; *(have free time)*

se libérer. **2** *vt sep* **(a)** *(remove) clothes, stains* enlever. **(b)** *(despatch) mail, child to school* expédier. **to ~ sb off to work** faire partir qn au travail; **to ~ sb off to sleep** endormir qn. **(c)** *(save from punishment)* tirer d'affaire. **(d)** *(learn)* apprendre *(by heart* par cœur). **(e)** *boat* renflouer; *crew, passengers* débarquer. **3** *vt fus* **(a)** *bus, cycle, horse* descendre de; *chair* se lever de; *subject* s'éloigner de. **(b)** *(*: avoid etc)* faire dispenser *(sth* de qch; *doing* de faire). **to ~ off work** se libérer.

◆ **get off with** * *vt fus:* **he got off with a blonde** il a eu la touche * avec une blonde.

◆ **get on 1** *vi* **(a)** *(on bus etc)* monter. **(b)** *(make progress)* faire des progrès. **how are you ~ting on?** comment ça marche? *; **to be ~ting on (in years)** se faire vieux; **he's ~ting on for forty** il frise la quarantaine; **time is ~ting on** il se fait tard; **~ting on for 500** près de 500. **(c)** *(succeed)* réussir, faire son chemin *(in life etc* dans la vie *etc)*. **(d)** *(continue)* continuer *(with sth* qch). **~ on with it!** allez, au travail!; **this will do to be ~ting on with** ça ira pour le moment. **(e)** *(agree)* bien s'entendre *(with sb* avec qn). **2** *vt sep* *clothes, lid* mettre. **3** *vt fus horse, bicycle* monter sur; *bus, train* monter dans.

◆ **get on to** *vt fus* **(a)** = **get on 3. (b)** *(recognize) truth, person responsible* découvrir. **(c)** *(nag)* être après *. **(d)** *(get in touch with)* se mettre en rapport avec; *(speak to)* parler à; *(Telec)* téléphoner à.

◆ **get out 1** *vi* **(a)** sortir *(of* de); *(from vehicle)* descendre *(of* de). **(b)** *(escape)* s'échapper *(of* de). *(fig)* **to ~ out of** *habit* perdre; *obligation* se dérober à; *duty* se soustraire à; *difficulty* se tirer de. **(c)** *[news etc]* se répandre; *[secret]* être éventé. **2** *vt sep object* sortir; *person* faire sortir *(of* de); *plug, stain* enlever; *tooth, nail* arracher; *(fig) words* prononcer; *book* sortir; *(prepare) scheme* préparer; *list* dresser; *(solve) problem, puzzle* venir à bout de.

◆ **get over 1** *vi* traverser; *[message, meaning]* passer *. **2** *vt fus* **(a)** *(cross) river, road* traverser; *fence* passer par-dessus. **(b)** *(recover from) illness, loss* se remettre de; *surprise* revenir de; *lost lover* oublier. **I can't ~ over the fact that...** je n'en reviens pas que... + *subj*; **you'll ~ over it!** tu n'en mourras pas! **(c)** *(overcome) obstacle* surmonter; *objections, difficulties* venir à bout de. **3** *vt sep* **(a)** *person, vehicle* faire passer. **(b)** *(swallow)* avaler. **(c)** *(have done with)* en finir avec. **let's ~ it over (with)** finissons-en. **(d)** *(Theat) play* faire passer la rampe à; *song etc* faire accepter; *(gen: communicate)* faire comprendre *(to sb* à qn; *that* que).

◆ **get round 1** *vi* **(a)** = **get about. (b) to ~ round to doing sth** arriver à faire qch, trouver le temps de faire qch; **if I ~ round to it** si j'y arrive. **2** *vt fus obstacle* contourner; *difficulty, regulation* tourner. **he knows how to ~ round her** il sait la prendre; **she got round him in the end** elle a fini par l'entortiller *.

◆ **get through 1** *vi* **(a)** *[message, news]* parvenir *(to* à); *[signal, candidate]* être reçu; *[motion, bill]* passer. *[football team etc]* **to ~ through to the third round** se classer pour le troisième tour; **to ~ through to sb** *(Telec)* avoir qn, obtenir la communication avec qn; *(contact)* contacter qn; *(fig: communicate with)* se faire comprendre de qn. **(b)** *(finish)* terminer, finir. **to ~ through with sth** * en finir avec qch. **2** *vt fus* **(a)** *hole, window* passer par; *hedge* passer à travers; *crowd* se frayer un chemin à travers; *enemy lines* franchir. **(b)** *(finish) task, book, supplies* venir au bout de. **he got through a lot of work** il a abattu de la besogne; **how can I ~ through the week without you?** comment vais-je pouvoir vivre une semaine sans toi? **(c)** *(consume, use) food, supplies* consommer. **we ~ through 10 bottles/£50 a week** il nous faut 10 bouteilles/50 livres par semaine. **3** *vt sep* **(a)** *person, object* faire passer; *message* faire parvenir *(to* à). **I can't ~ it through to him that...** je n'arrive pas à lui faire comprendre que... (**b**) *bill, motion* faire adopter. *(exam)* **he got them through** ils ont été reçus grâce à lui.

◆ **get together 1** *vi* se rassembler, se réunir. **let's ~ together on Thursday** on se retrouve jeudi; **you'd better ~ together with him** vous feriez bien de le consulter. **2** *vt sep* rassembler.

◆ **get under 1** *vi (pass underneath)* passer par-dessous. **2** *vt fus fence, rope* passer sous.

◆ **get up 1** *vi* (**a**) *(rise)* se lever *(from* de). **~ up out of bed!** sors du lit! (**b**) *(on horse)* monter. **2** *vt fus tree, ladder* monter à; *hill* gravir. **3** *vt sep* (**a**) *person (on to ladder etc)* faire monter; *(from chair, bed)* faire lever; *(wake)* réveiller; *thing* monter; *sail* hisser. (**b**) *(organize) play, plot* monter; *story* fabriquer; *petition* organiser. (**c**) *(prepare, arrange) article for sale* préparer. **to ~ o.s. up as** se déguiser en; **beautifully got up** *person* très bien habillé; *book* très bien présenté. (**d**) *(study) history etc* travailler, bûcher *; *speech, lecture* préparer.

◆ **get up to** *vt fus (catch up with)* rattraper; *(reach)* arriver à. **I've got up to page 17** j'en suis à la page 17; **to ~ up to mischief** faire des bêtises; **you never know what he'll ~ up to next** on ne sait jamais ce qu'il va encore inventer.

◆ **get-at-able** * *adj* accessible. ◆ **getaway 1** *n [criminals]* fuite *f*; **to make a ~away** filer; **2** *adj*: **a ~away car** une voiture pour filer. ◆ **get-together** *n* (petite) réunion *f*. ◆ **getup** * *n (clothing)* mise *f*, tenue *f*; *(presentation)* présentation *f*. ◆ **get-well card** *n* carte *f* de vœux de bon rétablissement.

geyser ['giːzə^r] *n* geyser *m*; *(water-heater)* chauffe-bain *m inv*.

ghastly ['gɑːstlɪ] *adj (pale)* blême, livide; *(horrible)* horrible, affreux.

gherkin ['gɜːkɪn] *n (Culin)* cornichon *m*.

ghetto ['getəʊ] *n (lit, fig)* ghetto *m*. ◆ **ghetto-blaster** * *n* grosse radio-cassette *f*.

ghost [gəʊst] **1** *n* fantôme *m*, revenant *m*. *(fig)* **the ~ of a smile** un pâle sourire; **the ~ of a chance** l'ombre *f* d'une chance. **2** *vt sb else's book etc* écrire. **3** *adj film, story* de revenants; *ship, train* fantôme; *town* mort. ◆ **ghostly** *adj* spectral, fantomatique.

ghoul [guːl] *n* goule *f*, vampire *m*. *(fig)* **he's a ~** il est morbide. ◆ **ghoulish** *adj* morbide.

giant ['dʒaɪənt] **1** *n* géant *m*. **2** *adj tree, packet* géant; *strides* de géant; *amount, task* gigantesque; *size* géant.

gibber ['dʒɪbə^r] *vi* baragouiner *; *(with rage)* bégayer. ◆ **gibberish** *n* charabia * *m*, baragouin * *m*.

gibe [dʒaɪb] **1** *vi* (**a**) **to ~ at sb** railler qn. (**b**) *[boat]* virer lof pour lof. **2** *n* raillerie *f*.

giblets ['dʒɪblɪts] *npl* abattis *mpl (de volaille)*.

Gibraltar [dʒɪˈbrɔːltə^r] *n* Gibraltar *m*.

giddy ['gɪdɪ] *adj (dizzy)* pris de vertige; *height* vertigineux; *(heedless)* écervelé; *(not serious)* léger. **I feel ~** la tête me tourne; **to go ~** être pris de vertige; **to make sb ~** donner le vertige à qn. ◆ **giddiness** *n (Med)* vertige *m*; **a bout of giddiness** un vertige.

gift [gɪft] **1** *n* (**a**) cadeau *m*; *(Comm)* prime *f*. **it was a ~** on me l'a offert; (*: fig: easy)* c'était du gâteau *; **I wouldn't have it as a ~** on m'en ferait cadeau que je n'en voudrais pas; **to make sb a ~ of sth** faire don *or* cadeau de qch à qn. (**b**) *(talent)* don *m*. **to have the ~ of the gab** * avoir la langue bien pendue. **2** *vt (esp Jur)* donner. *(fig)* **to be ~ed with patience** *etc* être doué de patience *etc*. **3** *adj (Comm)* **~ coupon** *or* **voucher** bon-prime *m*; **~ token** chèque-cadeau *m*. ◆ **gifted** *adj* doué *(for* pour, *with* de); **the ~ed child** l'enfant surdoué. ◆ **giftwrap** *vt*: **to ~wrap a package** faire un

paquet-cadeau. ◆ **gift-wrapping** *n* emballage-cadeau *m*.

gig * [gɪg] *n (Theat etc)* gig *f*; *(US fig)* job *m* temporaire.

gigantic [dʒaɪˈgæntɪk] *adj* gigantesque.

giggle ['gɪgl] **1** *vi* rire (sottement), avoir le fou rire. **2** *n* petit rire sot. **to have/get the ~s** avoir/attraper le fou rire; **he did it for a ~** * il a fait ça pour rigoler. ◆ **giggly** *adj* qui pouffe de rire.

gild [gɪld] *vt* dorer. **to ~ the lily** renchérir sur la perfection.

gill¹ [gɪl] *n [mushroom]* lamelle *f*. *[fish]* **~s** ouïes *fpl*. *(fig)* **green around the ~s** * vert *(de peur etc)*.

gill² [dʒɪl] *n* = 0,142 litre.

gilt [gɪlt] *(ptp of* **gild**) **1** *adj* doré. **2** *n* dorure *f*. **to take the ~ off the gingerbread** gâter le plaisir. ◆ **gilt-edged** *adj*: **~-edged securities** valeurs *fpl* de tout repos.

gimlet ['gɪmlɪt] *n* vrille *f*.

gimmick ['gɪmɪk] *n* truc * *m*, astuce *f*; *(US: trick)* truc * *m*, combine *f*. **advertising/sales ~** truc * publicitaire/promotionnel; **he put on an accent as a ~** il a pris un accent pour l'effet. ◆ **gimmickry** *n* trucs * *mpl*. ◆ **gimmicky** *adj photography* à trucs *; *presentation* à astuces.

gin [dʒɪn] *n* gin *m*. **~ and tonic** gin-tonic *m*.

ginger ['dʒɪn(d)ʒə^r] **1** *n* gingembre *m*. *(nickname)* **G~** Poil de Carotte. **2** *adj hair* roux, rouquin *; *biscuit etc* au gingembre. **~ ale** *or* **beer** boisson *f* gazeuse au gingembre; *(esp Pol)* **~ group** groupe *m* de pression. ◆ **ginger up** * *vt sep person* secouer; *event* mettre de l'entrain dans. ◆ **gingerbread** *n* pain *m* d'épice. ◆ **gingerly** *adv* avec précaution. ◆ **gingernut** *or* ◆ **gingersnap** *n* gâteau *m* sec au gingembre.

gingham ['gɪŋəm] *n (Tex)* vichy *m*.

gipsy ['dʒɪpsɪ] **1** *n (gen)* bohémien(ne) *m(f)*; *(Spanish)* gitan(e) *m(f)*; *(Central European)* Tsigane *mf*; *(pej)* romanichel(le) *m(f)*. **2** *adj (gen)* de bohémien, de gitan; *music* des gitans, tsigane.

giraffe [dʒɪˈrɑːf] *n* girafe *f*. **baby ~** girafeau *m*.

girder ['gɜːdə^r] *n* poutre *f*.

girdle ['gɜːdl] *n (belt)* ceinture *f*; *(corset)* gaine *f*.

girl [gɜːl] **1** *n* (jeune *or* petite) fille *f*. **a little ~** une petite fille, une fillette; **an English ~** une jeune *or* petite Anglaise; **poor little ~** pauvre petite; **the Smith ~s** les filles des Smith ; **~s' school** école *f or* lycée *m* de filles; **yes, old ~** * oui, ma vieille *; **the old ~ * next door** la vieille d'à côté. **2** *adj*: **~ Friday** aide *f* de bureau; **~ scout** éclaireuse *f*, guide *f*. ◆ **girlfriend** *n [boy]* petite amie *f*; *[girl]* amie *f*, copine * *f*. ◆ **girlhood** *n* enfance *f*, jeunesse *f*. ◆ **girlie** *adj magazine* déshabillé. ◆ **girlish** *adj (of woman)* de jeune fille; *(of man, boy)* efféminé.

giro ['dʒaɪrəʊ] *n*: **bank ~ system** système *m* de virement bancaire; **National G~** ≈ Comptes Chèques Postaux, C.C.P. *mpl*.

girth [gɜːθ] *n [tree]* circonférence *f*; *[waist etc]* tour *m* (de taille *etc*). **his (great) ~** sa corpulence.

gist [dʒɪst] *n (gen)* essentiel *m*. **give me the ~ of what he said** mettez-moi au courant de ce qu'il a dit, en deux mots.

give [gɪv] *pret* **gave**, *ptp* **given 1** *vt* (**a**) *(gen)* donner *(to* à); *(as gift)* faire cadeau *or* don de, offrir *(to* à); *honour, title* conférer *(to* à); *help, support* prêter *(to* à); *food, hospitality, meal* offrir *(to* à); *(dedicate) one's life, fortune* consacrer *(to* à); *message* remettre *(to* à); *description, particulars* donner, fournir *(to* à); *pain, pleasure* occasionner *(to* à); *punishment* infliger *(to* à). **one must ~ and take** il faut faire des concessions; **~ or take a few minutes** à quelques minutes près; **he gave as good as he got** il a rendu coup pour coup; **to ~ sb sth to eat/drink** donner

à manger/boire à qn; **can you ~ him sth to do?** pouvez-vous lui trouver qch à faire?; **you've ~n me your cold** tu m'as passé ton rhume; *(Telec)* ~ **me Moordown, 231** passez-moi le 231 à Moordown; **I'll ~ him something to cry about!** * je lui apprendrai à pleurer!; **I don't ~ a damn** * je m'en fiche *; **the judge gave him 5 years** le juge l'a condamné à 5 ans de prison; *(in age)* **I can ~ him 10 years** il est de 10 ans mon cadet; **how long do you ~ that marriage?** combien de temps crois-tu que ce mariage tiendra?; *[creditor]* **I can't ~ you any longer** je ne peux plus vous accorder de délai; *(agreeing)* **I'll ~ you that** je vous accorde cela; **~ me time** laissez-moi du temps; **~ me Mozart every time!** * pour moi, rien ne vaut Mozart; **to ~ sb to understand that** donner à entendre à qn; **to ~ sb to believe sth** faire croire qch à qn; **~ him my love** faites-lui mes amitiés; **what will you ~ me for it?** combien m'en donnez-vous?; **what did you ~ for it?** combien l'avez-vous payé?; **I'd ~ anything to know** je donnerais n'importe quoi pour savoir.
(b) *(perform etc)* *jump, gesture* faire; *answer, lecture, party, performance* donner; *sigh, cry, laugh* pousser. **to ~ sb a look** lancer un regard à qn; **~ us a song** chantez-nous qch.
(c) *(produce, supply)* donner, rendre; *sound* rendre; *(Math etc) result* donner. **this lamp ~s a poor light** cette lampe éclaire mal; **5 times 4 ~s 20** 5 fois 4 font 20; **it ~s a total of 100** cela fait 100 en tout.
(d) to ~ way *[building, ceiling, ground]* s'affaisser; *[plaster]* s'effriter; *[cable, rope, ladder etc]* casser; *[legs]* fléchir; *[health]* s'altérer; *[person] (stand back)* s'écarter; *(yield)* céder *(to sb* devant qn; *to a demand* à une revendication; *under* sous); *(agree)* consentir; *(Aut)* céder la priorité *(to* à); *[troops]* battre en retraite. **the radio gave way to television** la radio a fait place à la télévision; *(Aut)* **' ~ way' 'cédez la priorité'.**
2 *vi* *[road, beam etc]* céder *(to* à; *under* sous); *[cloth, elastic etc]* prêter.
◆ **give away** *vt sep* **(a)** *money, goods* donner; *prizes* distribuer; *bride* conduire à l'autel. **(b)** *(betray) names, details* révéler. **to ~ sb away** *[accomplice]* dénoncer qn; *[mistake]* trahir qn; **to ~ o.s. away** se trahir; **don't ~ anything away** ne dis rien; **to ~ the game** *ou* **show away** * vendre la mèche *.
◆ **give back** *vt sep (gen)* rendre *(to* à); *property* restituer *(to* à); *echo, image* renvoyer.
◆ **give in 1** *vi (yield)* renoncer, abandonner. **to ~ in to sb** céder à qn; **I ~ in!** je renonce!; *(in guessing)* je donne ma langue au chat! * **2** *vt sep parcel, document* remettre; *essay* rendre; *one's name* donner.
◆ **give off** *vt sep* *heat, smell* émettre; *gas* dégager.
◆ **give on to** *vt fus* *[door, window]* donner sur.
◆ **give out 1** *vi* *[supplies]* s'épuiser; *[car, engine]* tomber en panne. **my patience is giving out** ma patience est à bout; **my patience gave out** ma patience m'a manqué. **2** *vt sep* **(a)** *(distribute) books, food etc* distribuer. **(b)** *(announce) news* annoncer; *list etc* faire connaître.
◆ **give over 1** *vt sep (devote)* consacrer *(to* à); *(transfer)* affecter *(to* à). **building ~n over to offices** bâtiment affecté à des bureaux. **2** *vt fus (*: stop)* cesser *(doing* de faire). **~ over!** arrête!
◆ **give up 1** *vi* abandonner, renoncer. **don't ~ up!** tenez bon!; **I ~ up** je renonce; *(in guessing)* je donne ma langue au chat *. **2** *vt sep* **(a)** *(devote)* consacrer *(to* à). **to ~ o.s. up to sth** se livrer à qch. **(b)** *(renounce)* renoncer *(doing* à faire); *friends, interests, habit, idea* abandonner; *seat, place* céder; *job* quitter; *appointment* démissionner de; *business* se retirer de; *subscription* cesser. **he'll never ~ her up** il ne la renoncera jamais à elle; **I gave it up as a bad job** j'ai laissé tomber *. **(c)** *(hand over) prisoner* livrer *(to* à); *authority* se démettre de; *keys*

of city etc rendre. **to ~ o.s. up** se livrer *(to the police* à la police), se rendre. **(d)** *(abandon hope for) patient* condamner; *expected visitor* ne plus espérer voir; *problem, riddle* renoncer à résoudre. **to ~ sb up for lost** considérer qn comme perdu.
◆ **give-and-take** *n* concessions *fpl* mutuelles.
◆ **giveaway 1** *n* révélation *f* involontaire; *(Comm: free gift)* prime *f*; **2** *adj* *fact, expression* révélateur; *price* dérisoire. ◆ **given** *adj* *time, size* donné, déterminé; **~n name** prénom *m*; **to be ~n to (doing) sth** être enclin à (faire) qch; **~n that he is…** supposé qu'il soit… ◆ **giver** *n* donateur *m*, -trice *f*.
glacé ['glæseɪ] *adj* *fruit* confit.
glacial ['gleɪsɪəl] *adj* glacial; *(Geol)* glaciaire.
glacier ['glæsɪər] *n* glacier *m*.
glad [glæd] *adj* *person* content, heureux *(of, about* de; *to do* de faire; *that* que + *subj); news* heureux; *occasion* joyeux. **I am ~ about it** cela me fait plaisir, j'en suis bien content, j'en suis ravi; **he's only too ~ to do it** il ne demande pas mieux que de le faire. ◆ **gladden** *vt* *person* rendre heureux; *heart, occasion* réjouir. ◆ **glad-hand** *vt (esp US)* accueillir avec effusion. ◆ **gladly** *adv (joyfully)* avec joie; *(willingly)* avec plaisir, volontiers. ◆ **gladness** *n* joie *f*.
glade [gleɪd] *n* clairière *f*.
gladiolus, *pl* **-oli** [,glædɪ'əʊləs, əʊlaɪ] *n* glaïeul *m*.
glamour ['glæmər] *n* *[person]* séductions *fpl*, fascination *f*; *[occasion]* éclat *m*; *[situation]* prestige *m*. **to lend ~ to sth** prêter de l'éclat à qch; **~ boy** * beau gars * *m*; **~ girl** * pin-up ‡ *f inv*. ◆ **glamorize** *vt* *place, event* présenter sous de séduisantes couleurs. ◆ **glamorous** *adj* *spectacle, life* brillant; *production* à grand spectacle; *dress, photo* splendide; *person* séduisant, fascinant; *job* prestigieux.
glance [glɑːns] **1** *n* coup *m* d'œil, regard *m*. **at a ~** d'un coup d'œil; **at first ~** à première vue; **without a backward ~** sans se retourner; *(fig)* sans plus de cérémonies. **2** *vi (look)* jeter un coup d'œil *(at* sur, à), lancer un regard *(at* à). **to ~ away** détourner le regard; **he ~d over the paper** il a jeté un coup d'œil sur le journal. **(b) to ~ off sth** dévier sur qch; **to ~ off** dévier. ◆ **glancing** *adj* *blow* oblique.
gland [glænd] *n* glande *f*. ◆ **glandular** *adj* glandulaire; **~ular fever** mononucléose *f* infectieuse.
glare [glɛər] **1** *vi* **(a)** lancer un regard furieux *(at* à). **(b)** *[sun, lights]* briller d'un éclat éblouissant. **2** *n* **(a)** regard furieux. **(b)** *[light]* éclat éblouissant; *(Aut)* éblouissement *m*; *[publicity]* feux *mpl*.
◆ **glaring** *adj* *light* éblouissant; *sun* aveuglant; *colour* criard; *fact, mistake* qui crève les yeux; *injustice, lie* flagrant.
glass [glɑːs] **1** *n* *(substance; tumbler)* verre *m*; *(~ware)* verrerie *f*; *(mirror)* glace *f*; *(magnifying ~)* loupe *f*; *(telescope)* longue-vue *f*; *(barometer)* baromètre *m*. **broken ~** des éclats *mpl* de verre; **pane of ~** vitre *f*; **window ~** verre à vitre; **a ~ of wine** un verre de vin; **a wine ~** un verre à vin; **grown under ~** cultivé sous verre; **displayed under ~** exposé en vitrine; **~es** *(spectacles)* lunettes *fpl*; *(binoculars)* jumelles *fpl*. **2** *adj* *bottle, ornament* de verre, en verre; *slipper, eye* de verre; *industry* du verre; *door* vitré. **~ case** vitrine *f*; **to keep sth in a ~ case** garder qch sous verre; **~ fibre** fibre *f* de verre; **~ wool** laine *f* de verre. ◆ **glasscloth** *n* essuie-verres *m inv*. ◆ **glasscutter** *n (tool)* diamant *m*. ◆ **glassful** *n (plein)* verre *m*. ◆ **glasshouse** *n (for plants)* serre *f*. ◆ **glasspaper** *n* papier *m* de verre. ◆ **glassware** *n* verrerie *f*. ◆ **glassworks** *n* verrerie *f (fabrique)*. ◆ **glassy** *adj* *substance, eye, look* vitreux; *surface, sea* uni (comme un miroir).
glaucoma [glɔː'kəʊmə] *n* glaucome *m*.

glaze [gleɪz] **1** vt door, window vitrer; picture mettre sous verre; pottery, tiles vernisser; cake, meat glacer. **2** n vernis m; glaçage m. ◆ **glazed** adj door vitré; pottery vernissé; paper, photograph brillant; eyes vitreux. ◆ **glazier** n vitrier m.

gleam [gli:m] **1** n lueur f (also fig); [metal] reflet m; [water] miroitement m. **2** vi (gen) luire; [metal, shoes etc] reluire; [water] miroiter. ◆ **gleaming** adj (gen) brillant; (clean) reluisant.

glean [gli:n] vti (lit, fig) glaner.

glee [gli:] n joie f. ~ **club** chorale f. ◆ **gleeful** adj joyeux, jubilant. ◆ **gleefully** adv joyeusement.

glen [glen] n vallon m.

glib [glɪb] adj excuse, lie désinvolte; person qui a la parole facile. ◆ **glibly** adv speak avec aisance; reply sans hésiter; make excuses, lie avec désinvolture.

glide [glaɪd] vi (a) to ~ **in/out** etc (silently) entrer/sortir etc sans bruit; (gracefully) entrer/sortir etc avec grâce; [ship] entrer/sortir etc comme en glissant. (b) (Ski) glisser. (c) [birds, aircraft] planer. ◆ **glider** n (Aviat) planeur m; (US: swing) balançoire f. ◆ **gliding** n (Aviat) vol m plané; (sport) vol m à voile.

glimmer ['glɪməʳ] **1** vi (gen) luire faiblement; [water] miroiter. **2** n faible lueur f (also fig); [water] miroitement m.

glimpse [glɪm(p)s] **1** n aperçu m. **2** vt (also **catch a ~ of**) entrevoir.

glint [glɪnt] **1** n [light] trait m de lumière; [metal] reflet m. **2** vi luire, briller.

glisten ['glɪsn] vi [water] miroiter; [wet surface] luire; [metal object] briller; [eyes] être brillant (with de).

glitter ['glɪtəʳ] **1** vi (gen) scintiller; [eyes] briller (de haine or de convoitise etc). **2** n scintillement m; (fig) éclat m. ◆ **glittering** adj scintillant, brillant; (fig) resplendissant.

gloat [gləʊt] vi exulter, jubiler *; (maliciously) se réjouir avec malveillance (over, upon de). to ~ **over** money, possessions jubiler * à la vue or à l'idée de; beaten enemy triompher de; success savourer.

globe [gləʊb] n globe m. (Geog) **all over the ~** sur toute la surface du globe. ◆ **global** adj (worldwide) mondial; (comprehensive) global; **the global village** le village planétaire. ◆ **globe-trotter** n globe-trotter m. ◆ **globe-trotting** n voyages mpl à travers le monde.

globule ['glɒbju:l] n globule m; [water etc] gouttelette f.

gloom [glu:m] n (darkness) ténèbres fpl; (melancholy) tristesse f. to cast a ~ **over** event jeter une ombre sur; person attrister. ◆ **gloomily** adv tristement, d'un air triste or lugubre. ◆ **gloomy** adj person, voice, place triste, morne; (stronger) lugubre; prospects, day, thoughts, weather sombre; **he took a ~y view of everything** il voyait tout en noir; **to feel ~y** avoir des idées noires.

glory ['glɔ:rɪ] **1** n gloire f (also Rel); (magnificence) splendeur f. **Rome at the height of its ~** Rome à l'apogée de sa gloire; **there she was in all her ~** * elle était là dans toute sa splendeur; **she was in her ~** * elle était tout à fait à son affaire; **~ be!** * Seigneur!; **the city's greatest ~** le principal titre de gloire de la ville. **2** vi: **to ~ in sth** être très fier (proud) or très heureux (glad) de qch. **3** adj: ~ **hole** * capharnaüm * m. ◆ **glorify** vt God rendre gloire à; person exalter; **it was nothing but a glorified...** ce n'était guère que... ◆ **glorious** adj martyr glorieux; person illustre; victory éclatant; clothes, view, weather etc magnifique; **glorious deed** action f d'éclat.

gloss¹ [glɒs] **1** n (shine) lustre m, brillant m. **2** adj paint laqué; paper glacé. ~ **finish** brillant m; (Phot) glaçage m. ◆ **glossy** adj fur, material lustré;

paper glacé; paint laqué; hair, metal brillant; leaves vernissé; magazine de luxe.

gloss² [glɒs] **1** n (interpretation) paraphrase f. **2** vi: **to ~ over sth** (play down) glisser sur qch; (hide) dissimuler qch. ◆ **glossary** n glossaire m.

glove [glʌv] **1** n gant m. (fig) **the ~s are off** j'y vais (or il y va etc) sans prendre de gants. **2** adj: (Aut) ~ **compartment** boîte f à gants; ~ **puppet** marionnette f (à gaine).

glow [gləʊ] **1** vi [fire, metal, sky] rougeoyer; [cigarette end, lamp] luire; [colour, jewel] rutiler; [complexion, eyes] rayonner; [cheeks] être en feu; (fig) brûler (with de). **it makes your body ~** cela vous fouette le sang. **2** n [coal, metal] rougeoiement m, incandescence f; [sun, complexion, colour] éclat m; [lamp] lueur f; [passion] feu m; [enthusiasm] élan m. ◆ **glowing** adj (V glow 1) rougeoyant; luisant; rutilant; rayonnant; person (with health) florissant (de santé); (with pleasure) radieux; words chaleureux; description enthousiaste; (fig) **to paint sth in ~ing colours** présenter qch en rose. ◆ **glow-worm** n ver m luisant.

glower ['glaʊəʳ] vi: **to ~ at sb/sth** lancer à qn/qch des regards noirs. ◆ **glowering** adj look noir; person à l'air mauvais.

glucose ['glu:kəʊs] n glucose m.

glue [glu:] **1** n colle f, glu f. **2** vt coller (to, on à). **to ~ sth together** recoller qch; **to keep one's eyes ~d to sb/sth** * ne pas détacher les yeux de qn/qch; **he stood there ~d to the spot** * il était là comme s'il avait pris racine; **he was ~d to television** * il est resté cloué devant la télévision. ◆ **glue-sniffing** n intoxication f à la colle.

glum [glʌm] adj triste; (stronger) lugubre. ◆ **glumly** adv walk d'un air triste; answer d'un ton triste; look d'un regard morne.

glut [glʌt] n surabondance f, surplus m.

glutton ['glʌtn] n glouton(ne) m(f). a ~ **for work** un bourreau de travail; a ~ **for punishment** un(e) masochiste (fig). ◆ **gluttony** n gloutonnerie f.

glycerin(e) [ˌglɪsə'ri:n] n glycérine f.

gnarled [nɑ:ld] adj noueux.

gnash [næʃ] vt: **to ~ one's teeth** grincer des dents.

gnat [næt] n moucheron m.

gnaw [nɔ:] **1** vi ronger. **to ~ through** couper à force de ronger. **2** vt ronger. ◆ **gnawing** adj remorse, anxiety, hunger tenaillant; pain harcelant.

gnome [nəʊm] n gnome m.

go [gəʊ] pret **went**, ptp **gone** **1** vi (a) (gen) aller (to à, en; from de). **to ~ on a journey** faire un or partir en voyage; **to ~ up/down** monter/descendre; **to ~ swimming** (in general) faire de la natation; (on one occasion) (aller) nager; **to ~ looking for sth** aller or partir à la recherche de qch; **we can talk as we ~** nous pouvons parler en chemin; ~ **after him!** poursuivez-le!; **there he ~es!** le voilà!; **there he ~es again!** (fig: he's at it again) le voilà qui recommence!; **here ~es!** * allez, on y va!; **who ~es there?** qui va là?; (US: in café) **two hotdogs to ~** deux hot-dogs à emporter; **you ~ first** passe devant; **you ~ next** à toi après; ~ **and shut the door** va fermer la porte; **she went and broke a cup** elle a trouvé le moyen de casser une tasse; **to ~ or be ~ing to do** aller faire; **to be just ~ing to do** être sur le point de faire; **the child went to his mother** l'enfant est allé vers sa mère; **to ~ to the doctor** aller voir le médecin; **to ~ to sb for sth** aller demander qch à qn; **the train ~es at 90 km/h** le train fait du or roule à 90 km/h; **we had gone only 3 km** nous n'avions fait que 3 km; **I wouldn't ~ as far as to say that** je n'irais pas jusqu'à dire cela; **that's ~ing too far!** c'est un peu poussé!; **you've gone too far!** tu exagères! (b) (depart) partir, s'en aller; [train] partir; (disappear) disparaître; [time] passer; [money] disparaître, filer; *[strength]* manquer; *[hearing, sight etc]* baisser; *[health]* se détériorer. **his mind is ~ing** il n'a plus toute sa tête; **the coffee has all gone** il n'y a plus de café; **my voice has gone** je n'ai plus de voix; **he is gone** *(dead)* il n'est plus; **we must be ~ing** il faut partir; **gone with the wind** autant en emporte le vent; *(Sport)* **~!** partez!; *(fig)* **from the word ~** dès le départ; *(US)* **it's ~ing on 3** il va être 3 heures; **it's just gone 3 o'clock** il vient de sonner 3 heures; **it was gone 4** il était plus de 4 heures; **to let ~** *or* **leave ~** lâcher prise; **to let ~** *or* **leave ~ of sth/sb** lâcher qch/qn; **to let o.s. ~** se laisser aller; **they have let their garden ~** ils ont laissé leur jardin à l'abandon; **I've let my music ~** je n'ai pas travaillé ma musique; **we'll let it ~ at that** ça ira comme ça; **he/it will have to ~** il va falloir se débarrasser de lui/ce passer de cela; **'X must ~!'** 'à bas X!'; **it was ~ing cheap** cela se vendait à bas prix; **~ing, ~ing, gone!** une fois, deux fois, adjugé!; *(fig)* **7 down and 3 to ~** 7 de faits, il n'en reste plus que 3; *(pregnant)* **6 months gone** * enceinte de 6 mois.

(c) *(start up)* démarrer; *(function)* marcher, fonctionner. **it ~es on petrol** ça marche *or* fonctionne à l'essence; *[machine]* **to be ~ing** être en marche; **to set** *or* **get ~ing** *machine* mettre en marche; *work, business* mettre en train; **to keep ~ing** *[person]* se maintenir en activité; *[business]* se maintenir à flot; *[machine]* continuer à marcher; **to keep the fire ~ing** entretenir le feu; **she needs it to keep her ~ing** elle en a besoin pour tenir le coup; **to keep sb ~ing in money** *etc* donner à qn ce qu'il lui faut d'argent *etc*; **to make the party ~** animer la soirée; **to get things ~ing** faire démarrer les choses; **to make things ~** faire marcher les choses; **to get ~ing on** *or* **with sth** se mettre à faire qch, s'attaquer à qch; **once he gets ~ing...** une fois lancé...

(d) *(progress)* aller, marcher. **the evening went very well** la soirée s'est très bien passée; **the project was ~ing well** le projet était en bonne voie; **how's it ~ing?** comment ça va? *; **how does the story ~?** comment c'est * cette histoire? **the tune ~es like this** voici l'air; **let's wait and see how things ~** attendons de voir ce qui va se passer; **as things ~** dans l'état actuel des choses; **all will ~ well** tout ira bien; **all went well for him** tout a bien marché (pour lui).

(e) *(be, become)* devenir, se faire. *[person]* **to ~ unpunished** s'en tirer sans châtiment; **to ~ hungry** avoir faim; **to ~ red** rougir; **the constituency went Labour** la circonscription est passée aux travaillistes.

(f) *(be, accepted)* **the story ~es that...** le bruit court que...; **anything ~es** * tout est permis; **that ~es without saying** cela va sans dire; **what he says ~es** c'est lui qui commande; **that ~es for me too** *(applies to me)* cela s'applique à moi aussi; *(I agree)* je suis aussi de cet avis.

(g) *(break etc)* *[rope]* céder; *[fuse, lamp]* sauter; *[material]* s'user. **the skirt went at the seams** la jupe a craqué aux coutures; **this jacket has gone at the elbows** cette veste est percée aux coudes; **there ~es another button!** voilà encore un bouton de sauté!

(h) *(extend)* aller, s'étendre. **the garden ~es as far as the river** le jardin va *or* s'étend jusqu'à la rivière; **as far as that ~es** pour ce qui est de cela; **this book is good, as far as it ~es** c'est un bon livre, compte tenu de ses limites; **he's not bad, as boys ~** il n'est pas trop mal, pour un garçon; **it's a fairly good garage as garages ~** comme garage ça peut aller; **money does not ~ very far** l'argent ne va pas loin.

(i) *(be contained)* aller. **it won't ~ into my case** je ne peux pas le mettre dans ma valise; **4 into 12 ~es 3 times** 12 divisé par 4 égale 3; **2 won't ~**

exactly into 11 11 n'est pas exactement divisible par 2; **4 into 3 won't ~** 3 divisé par 4 ne tombe pas juste; **the books ~ in that cupboard** les livres se mettent *or* vont dans ce placard-là.

(j) *[prize, reward]* aller, être donné *(to* à); *[inheritance]* passer *(to* à).

(k) *(be available)* **are there any jobs ~ing?** est-ce qu'on peut trouver du travail?; **is there any coffee ~ing?** est-ce qu'il y a du café?; **I'll have what's ~ing** je prendrai de ce qu'il y a.

(l) *(contribute)* contribuer *(to* à). **that will ~ to make him happy** cela contribuera à le rendre heureux; **the qualities that ~ to make a great man** les qualités qui font un grand homme; **the money will ~ towards** l'argent sera consacré à.

(m) *(make sound or movement)* faire; *[bell, clock]* sonner. **~ like that with your foot** faites comme ça du pied; **to ~ bang** faire 'pan'; **he went 'psst'** 'psst' fit-il.

2 *vt*: **to ~ it alone** *(gen)* se débrouiller tout seul; *(Pol etc)* faire cavalier seul; **to ~ one better** faire *(or* dire) mieux *(than sb* que qn); *(Cards)* **he went 3 spades** il a annoncé 3 piques.

3 *n, pl* **~es (a)** *(energy)* énergie *f*, dynamisme *m*. **he is always on the ~** il ne s'arrête jamais; **to keep sb on the ~** ne pas laisser souffler qn; **he has 2 books on the ~** il a 2 livres en train; **it's all ~!** * ça n'arrête pas! **(b)** *(attempt)* coup *m*, essai *m*. **to have a ~** essayer *(at (doing) sth* de faire qch); **to have another ~** essayer une nouvelle fois; **at one ~** d'un seul coup; *(in games)* **it's your ~** c'est à toi. **(c)** *(success)* **to make a ~ of sth** réussir qch; **no ~!** * rien à faire! **(d)** *(criticism)* **to have a ~ at sb** * critiquer qn.

4 *adj (fig)* **all systems are ~** * tout est O.K.

◆ **go about 1** *vi* **(a)** *(circulate)* circuler; *[rumour]* courir. **to ~ about with** *friends* fréquenter; *boyfriend etc* sortir avec. **(b)** *(Naut)* virer de bord. **2** *vt fus* **(a)** *(set to work at)* *task* se mettre à. **he knows how to ~ about it** il sait s'y prendre; **how does one ~ about getting seats?** comment fait-on pour avoir des places? **(b)** *(be occupied with)* *business* s'occuper de. **to ~ about one's normal work** vaquer à ses occupations habituelles.

◆ **go across** *vi, vt fus* traverser.

◆ **go after** *vt fus* *job, prize* essayer d'avoir.

◆ **go against** *vt fus* **(a)** *(prove hostile to)* *[luck, events etc]* être contraire à; *[appearance, evidence]* nuire à; *[decision]* être défavorable à. **(b)** *(oppose)* *public opinion* aller à l'encontre de; *sb's wishes* aller contre. **it ~es against my conscience** ma conscience s'y oppose.

◆ **go ahead** *vi*: **~ ahead!** allez-y!; **to ~ ahead with a scheme** mettre un projet à exécution; **they went ahead with it** ils l'ont fait.

◆ **go along** *vi* aller, avancer. **I'll tell you as we ~ along** je vous le dirai en chemin; **to ~ along with sb** *(lit)* accompagner qn; *(fig)* être d'accord avec qn; **I check as I ~ along** je vérifie au fur et à mesure.

◆ **go around** *vi* = **go about 1a**.

◆ **go at** *vt fus* *(attack)* *person* attaquer; *(undertake)* *task* s'attaquer à.

◆ **go away** *vi* s'en aller, partir.

◆ **go back** *vi* **(a)** *(return)* revenir, retourner. **to ~ back to a subject** revenir sur un sujet; **to ~ back to the beginning** recommencer. **(b)** *(retreat)* reculer. **(c)** *[memory, family]* remonter *(to* à). **(d)** *(revert)* revenir *(to* à). **(e)** *(extend)* *[garden etc]* s'étendre *(to* jusqu'à). **the cave ~es back 300 metres** la grotte a 300 mètres de profondeur.

◆ **go back on** *vt fus* *decision, promise* revenir sur; *friend* laisser tomber.

◆ **go before** *vi* aller au devant. *(fig)* **all that has gone before** tout ce qui s'est passé avant.

◆ **go below** *vi (Naut)* descendre dans l'entrepont.

◆ **go by** 1 *vi [person, period of time]* passer. **we've let the opportunity ~ by** nous avons laissé échapper l'occasion; **as time ~es by** à mesure que le temps passe. **2** *vt fus appearances* juger d'après; *instructions* suivre. **that's nothing to ~ by** ça ne prouve rien; **I ~ by what I'm told** je me fonde sur ce qu'on me dit; **the only thing we've got to ~ by** la seule chose sur laquelle nous puissions nous baser.

◆ **go down** *vi* (**a**) *(descend)* descendre; *(fall) [person]* tomber; *[building]* s'écrouler; *(sink) [ship, person]* couler; *[sun, moon]* se coucher. **to ~ down to the country/the sea** aller à la campagne/au bord de la mer; **~ down to the bottom of the page** continuez jusqu'au bas de la page; **to ~ down to posterity** passer à la postérité; **to ~ down with flu** attraper la grippe; *(swallowed)* **it went down the wrong way** j'ai *(or* il a *etc)* avalé de travers; *(fig)* **that won't ~ down with me** ça ne prend pas avec moi; **his speech didn't ~ down well** son discours a été très mal reçu. (**b**) *(drop etc) [wind, floods, temperature, curtain]* tomber; *[tide]* descendre; *[balloon, tyre, swelling]* se dégonfler; *[amount, numbers]* diminuer; *[standards, price]* baisser. **to ~ down in value** perdre de sa valeur; **this neighbourhood has gone down** ce quartier n'est plus ce qu'il était. (**c**) *(be defeated, fail)* être battu *(to* par); *(Bridge)* chuter; *(fail examination)* échouer *(in* en).

◆ **go for** *vt fus* (**a**) *(attack) person* s'élancer sur; *(verbally)* s'en prendre à; *(in newspaper)* attaquer. *(to dog)* **~ for him!** mords-le! (**b**) (*: admire) person, object* adorer *. **I don't ~ much for that** ça ne me dit pas grand-chose. (**c**) *(strive for)* essayer d'avoir; *(choose)* choisir. (**d**) *(fig)* **he's got a lot ~ing for him** il a beaucoup d'atouts.

◆ **go forward** *vi [person, vehicle]* avancer. **to let a suggestion ~ forward** transmettre une proposition.

◆ **go in** *vi (enter)*, rentrer; *[troops]* attaquer; *[sun, moon]* se cacher *(behind* derrière). **what time does the theatre ~ in?** à quelle heure commence la pièce?

◆ **go in for** *vt fus* (**a**) *examination* se présenter à; *appointment* poser sa candidature à; *competition, race* prendre part à. (**b**) *sport, hobby, politics* faire; *style, principle, cause* adopter; *lectures* suivre; *profession* se consacrer à. **we don't ~ in for that sort of thing** nous n'aimons pas beaucoup ce genre de chose; **he's ~ing in for science** il va se spécialiser dans les sciences.

◆ **go into** *vt fus* (**a**) *(join, take up)* entrer à *or* dans. (**b**) *(embark on) explanation* se lancer dans. **let's not ~ into that now** laissons cela pour le moment; **to ~ into fits of laughter** être pris de fou rire. (**c**) *(investigate) question, problem* examiner, étudier.

◆ **go in with** *vt fus* se joindre à *(in* dans; *to do* pour faire); *(to buy sth)* se cotiser avec.

◆ **go off** 1 *vi (leave)* partir, s'en aller; *(Theat)* quitter la scène. **to ~ off with sth** emporter qch; **to ~ off with sb** partir avec qn; *(off duty)* **I ~ off at 3 o'clock** je pars à trois heures. (**b**) *[alarm clock]* sonner; *[gun]* partir. **the gun didn't ~ off** le coup n'est pas parti; **the pistol went off in his hand** le pistolet lui est parti dans la main. (**c**) *(stop) [light, heating etc]* s'éteindre. (**d**) *(spoil) [meat, fish etc]* se gâter; *[milk]* tourner; *[sportsman]* perdre de sa forme; *[woman]* perdre de sa beauté. (**e**) *[feeling, effect]* passer. (**f**) *(go to sleep)* s'endormir. (**g**) *[event]* se passer. **the evening went off very well** la soirée s'est très bien passée. **2** *vt fus food etc* perdre le goût de. **I've gone off Dickens** je n'ai plus envie de lire Dickens.

◆ **go on** 1 *vi* (**a**) *[lid]* aller. **these shoes won't ~ on** je n'entre pas dans ces chaussures. (**b**) *(proceed)* poursuivre son chemin. **to ~ on to another matter** passer à une autre question; **he went on to say that...** il a dit ensuite que... (**c**) *(continue)* continuer *(with sth* qch; *doing* de *or* à faire). **~ on trying!** essaie encore!; **~ on (with you)!** * allons donc!; **you have enough to be ~ing on with** tu as de quoi faire * pour le moment; **he ~es on and on about it** * il ne finit pas d'en parler; **don't ~ on about it!** arrête! (**d**) *(happen)* se passer; *[game, argument]* être en train; *(last)* durer. **while this was ~ing on** au même moment; **what's ~ing on here?** qu'est-ce qui se passe ici? (**e**) *(pass) [time, years]* passer. **as the years went on he...** avec le passage des années, il... (**f**) *(behave)* se conduire. (**g**) *(Theat)* entrer en scène; *(Sport) [substitute]* entrer en jeu. (**h**) *(progress) [patient]* se porter; *[life, affairs]* continuer. **to ~ on** *(judge by)* se fonder sur. **what have you to ~ on?** sur quoi vous fondez-vous?; **we don't have much to ~ on** nous ne pouvons pas nous fonder sur grand-chose.

◆ **go on at** *vt fus (nag)* s'en prendre (continuellement) à.

◆ **go on for** *vt fus:* **to be ~ing on for** approcher de; **it's ~ing on for 5 o'clock** il est presque 5 heures.

◆ **go out** *vi (leave)* sortir; *(depart)* partir *(to* pour, à); *[tide]* descendre; *[sea]* se retirer; *[fashion]* se démoder; *[custom]* disparaître; *[fire, light]* s'éteindre; *(Cards etc)* terminer; *[pamphlet, circular]* être distribué *(to* à). **to ~ out of a room** quitter une pièce; **to ~ out riding** faire une sortie à cheval; **to ~ out for a meal** manger en ville *(or* chez des amis); **he ~es out a lot** il sort beaucoup; **she doesn't ~ out with him any more** elle ne sort plus avec lui; **to ~ out to work** travailler au dehors.

◆ **go over** 1 *vi* (**a**) *(cross)* **to ~ over to America** aller aux États-Unis; *(fig)* **his speech went over well** son discours a été très bien reçu. (**b**) *(change allegiance)* passer *(to* à). **to ~ over to the enemy** passer à l'ennemi. (**c**) *(be overturned) [vehicle, boat]* se retourner. **2** *vt fus* (**a**) *(examine) accounts, report* vérifier; *house* visiter; *[doctor] patient* examiner. (**b**) *(rehearse, review) lesson, rôle* revoir; *facts etc* récapituler; *events* retracer; *sb's faults, evidence* passer au crible. **to ~ over sth in one's mind** repasser qch dans son esprit; **let's ~ over it again** reprenons les faits. (**c**) *(touch up)* retoucher.

◆ **go round** *vi* (**a**) *[wheel etc]* tourner. **my head is ~ing round** j'ai la tête qui tourne. (**b**) *(make a detour)* faire un détour *(by* par). (**c**) **to ~ round to sb's house/to see sb** passer chez qn/voir qn. (**d**) *(be sufficient)* suffire *(pour tout le monde)*. **enough food to ~ round** assez de nourriture pour tout le monde. (**e**) *(circulate) [rumour etc]* circuler.

◆ **go through** 1 *vi [law, bill]* être voté; *[business deal]* être conclu. **2** *vt fus* (**a**) *(suffer)* subir. **we've all gone through it** nous sommes tous passés par là. (**b**) *(examine) list, book* éplucher; *mail* dépouiller; *subject* examiner à fond; *clothes, wardrobe* trier; *one's pockets, (Customs)* fouiller. **to ~ through sb's pockets** faire les poches à qn *. (**c**) *(use up) money* dépenser; *a fortune* engloutir; *(wear out) garment, shoes* user. **it has already gone through 13 editions** il y en a déjà eu 13 éditions. (**d**) *(perform) lesson* réciter; *formalities* remplir; *programme, entertainment* exécuter; *course of study* suivre; *apprenticeship* faire.

◆ **go through with** *vt fus (complete) plan, crime, undertaking* exécuter. **she couldn't ~ through with it** elle n'a pas pu aller jusqu'au bout.

◆ **go together** *vi (gen)* aller bien ensemble; *[events, conditions]* aller de pair. **Ann and Peter are ~ing together** Ann et Peter sortent ensemble.

◆ **go under** *vi (sink) [ship, person]* couler; *(fail) [person]* être vaincu; *[business etc]* couler.

◆ **go up** 1 *vi* (**a**) *(rise) [price, value, temperature]* monter, être en hausse; *[curtain]* se lever. **to ~ up in price** augmenter. (**b**) *(ascend)* monter; *(to bed)* monter se coucher. (**c**) *(explode)* exploser. **2** *vt fus hill* monter.

◆ **go with** vt fus (**a**) (accompany) [circumstances, event, conditions] aller de pair avec. **the house ~es with the job** le logement va avec le poste; **to ~ with the crowd** suivre la foule. (**b**) (suit) [colours] s'assortir avec; [furnishings] être assorti à; [behaviour, opinions] s'accorder avec. (**c**) (*: also ~ **steady with**) sortir avec.

◆ **go without** **1** vi s'en passer. **2** vt fus se passer de.

◆ **go-ahead** **1** adj dynamique ; **2** n: **to give sb the ~-ahead** * donner à qn le feu vert (**for** pour; **to do** pour faire). ◆ **go-between** n intermédiaire mf. ◆ **go-by** * n: **to give sb/sth the ~-by** * laisser tomber qn/qch. ◆ **go-getter** n battant(e) m(f).

◆ **going** **1** n (pace) **that was good ~ing** ça a été rapide; **it was slow ~ing** on n'avançait pas; (conditions) **it's rough ~ing** (walking) on marche mal; (Aut etc) la route est mauvaise; **while the ~ing was good** au bon moment ; **2** adj price actuel; **the ~ing rate** le taux en vigueur; **a ~ing concern** une affaire qui marche. ◆ **going-over** n [accounts, patient] examen m; (fig: beating-up) passage m à tabac *. ◆ **goings-on** * npl (behaviour) activités fpl. ◆ **go-kart** n kart m. ◆ **go-slow (strike)** n grève f perlée.

goad [gəʊd] vt (lit, fig) aiguillonner. **to ~ sb into doing** talonner qn jusqu'à ce qu'il fasse.

goal [gəʊl] n but m, objectif m; (Sport) but. **to play in ~** être gardien de but; **to win by 3 ~s to 2** gagner par 3 buts à 2. ◆ **goalie** * n goal * m. ◆ **goalkeeper** n gardien m de but. ◆ **goal-kick** n coup m de pied de but. ◆ **goalmouth** n: **in the ~mouth** juste devant les poteaux. ◆ **goal-post** n poteau m de but.

goat [gəʊt] n chèvre f; (he-~) bouc m. **to act the ~** * faire l'andouille *; **he/it gets my ~** * il/ça me tape sur les nerfs *.

gobble ['gɒbl] vt (~ **down**, ~ **up**) engloutir. ◆ **gobbledegook** * n charabia * m.

goblet ['gɒblɪt] n coupe f; (modern) verre m à pied.

goblin ['gɒblɪn] n lutin m.

god [gɒd] n dieu m (also fig). **G~** Dieu m; **G~ save the Queen** que Dieu bénisse la reine; **for G~ 's sake!** ⚎ nom d'un chien! *; **(my) G~!** ⚎ bon Dieu! ⚎; **G~ knows** * Dieu seul le sait; **G~ forbid!** * Dieu m'en garde!; **G~ willing** s'il plaît à Dieu; (Theat) **the ~s** * le poulailler *. ◆ **godchild** n filleul(e) m(f). ◆ **goddamn(ed)** ⚎ adj foutu ⚎ (before n). ◆ **goddaughter** n filleule f. ◆ **goddess** n déesse f. ◆ **godfather** n parrain m. ◆ **god-fearing** adj très croyant. ◆ **godforsaken** adj place perdu; existence misérable. ◆ **godhead** n divinité f. ◆ **godless** adj impie. ◆ **godlike** adj divin. ◆ **godly** adj pieux. ◆ **godmother** n marraine f. ◆ **godparents** npl: **his ~parents** son parrain et sa marraine. ◆ **godsend** n bénédiction f, don m du ciel (**to** pour). ◆ **godson** n filleul m.

gofer * ['gəʊfə'] n (US) coursier m, -ière f.

goggle ['gɒgl] **1** vi rouler de gros yeux ronds. **to ~ at sb/sth** regarder qn/qch en roulant de gros yeux ronds. **2** npl: **~s** (gen) lunettes protectrices; [skindiver] lunettes de plongée.

gold [gəʊld] **1** n or m. **in ~** en or; **heart of ~** cœur m d'or. **2** adj watch, tooth en or; coin, cloth, reserves, mine d'or; (~-coloured) or inv. **~ braid** galon m d'or; **~ dust** poudre f d'or; **~ leaf** or m en feuille; **~ plate** (coating) mince couche f d'or; (dishes) vaisselle f d'or; **~ rush** ruée f vers l'or; **~ standard** étalon-or m. ◆ **gold-digger** * n aventurière f. ◆ **golden** adj hair doré; jewellery, voice d'or, en or; era idéal; afternoon merveilleux; opportunity magnifique; remedy souverain; rule, age d'or; **~en eagle** aigle m royal; (fig) **~en handshake** gratification f de fin de service; **~en jubilee** fête f du cinquantième anniversaire; **the ~en mean** le juste

milieu; **~en oldie** (song) vieux succès m de la chanson; (film) vieux succès de l'écran; (Bot) **~en rod** gerbe f d'or; **~en syrup** mélasse f raffinée; **~en wedding (anniversary)** noces fpl d'or. ◆ **goldfinch** n chardonneret m. ◆ **goldfish** n poisson m rouge; **~fish bowl** bocal m (à poissons). ◆ **gold-plated** adj plaqué or. ◆ **goldsmith** n orfèvre m.

golf [gɒlf] **1** n golf m. **2** vi: **to go ~ing** jouer au golf. **3** adj: **~ ball** balle f de golf; (on typewriter) boule f; **~ club** (stick, place) club m de golf; **~ course** terrain m de golf. ◆ **golfer** n joueur m, -euse f de golf.

gone [gɒn] ptp of **go**. ◆ **goner** ⚎ n: **to be a ~r** être fichu * or foutu ⚎.

gong [gɒŋ] n gong m.

gonorrhoea [ˌgɒnəˈrɪə] n blennorragie f.

goo * [guː] n matière f gluante; (sentimentality) sentimentalité f mièvre. ◆ **gooey** * adj substance gluant; cake qui colle aux dents; (fig) sentimental.

good [gʊd] **1** adj, comp better, superl best (**a**) (gen) bon (f bonne); (well-behaved) child, animal sage; (kind) bon, gentil. **a ~ man** un homme bien, quelqu'un de bien; **he's a ~ man** il est bon; **to lead a ~ life** mener une vie vertueuse; **as ~ as gold** sage comme une image; **be ~!** sois sage!; **be ~ to him** soyez gentil avec lui; **that's very ~ of you** vous êtes bien aimable or gentil; **would you be ~ enough to tell me** seriez-vous assez aimable pour me dire; **G~ Friday** Vendredi saint; **~ sort** * brave type * m or fille f; **~ old Charles!** * ce bon vieux Charles!; **my ~ friend** mon cher ami; **my ~ man** mon brave; **very ~, sir!** très bien, monsieur!; **to do ~ works** faire de bonnes œuvres; **a ~ dress** une robe de qualité; **her ~ dress** sa belle robe; **nothing was too ~ for** rien n'était trop beau pour; (in shop) **I want sth ~** je veux qch de bien; **that's not ~ enough** c'est déplorable; **that's ~ enough for me** cela me suffit; **~ for you!** bravo!; **~!** très bien!; (joke, story) **that's a ~ one!** elle est bien bonne celle-là!; (iro) à d'autres! *; **he's as ~ as you** il vaut autant que vous; **it's as ~ a way as any other** c'est une façon comme une autre; **he was as ~ as his word** il a tenu sa promesse. (**b**) (beneficial) bon (for pour). **it's ~ for you** ça te fait du bien; (fig) **if you know what's ~ for you** si tu as le moindre bon sens; **the shock was ~ for him** le choc lui a été salutaire; **to drink more than is ~ for one** boire plus qu'on ne le devrait; [food] **to stay ~** (bien) se conserver. (**c**) (efficient, competent) bon (at en). **~ at French** bon or fort en français; **she's ~ with children** elle sait s'y prendre avec les enfants; **he's ~ at telling stories** il sait bien raconter les histoires; **he's not ~ enough to do it alone** il ne s'y connaît pas assez pour le faire tout seul; **he's too ~ for that** il mérite mieux que cela. (**d**) (agreeable) bon; visit, holiday bon, agréable; weather, day beau (f belle); news bon, heureux. **we had a ~ time** nous nous sommes bien amusés; **I've had a ~ life** j'ai eu une belle vie; **too ~ to be true** trop beau pour être vrai; **it's ~ to be alive** il fait bon vivre; **it's ~ to be here** cela fait plaisir d'être ici; **I feel ~** je me sens bien; **I don't feel too ~ about that** * (worried) cela m'inquiète un peu; (ashamed) j'en ai un peu honte; **Robert sends his ~ wishes** Robert envoie ses amitiés; **with every ~ wish, with all ~ wishes** tous mes meilleurs vœux. (**e**) (in greetings) **~ afternoon** (early) bonjour; (later, on leaving) bonsoir; **~ evening** bonsoir; **~ morning** bonjour; **~bye**, **~night** V below. (**f**) (handsome) appearance beau, joli. **~ looks** beauté f; **you look ~ in that, that looks ~ on you** ça vous va bien; **she's got a ~ figure** elle est bien faite; **~ legs** jambes bien faites. (**g**) (favourable) terms, contract, deal avantageux; offer favorable, bon; omen, chance, opportunity bon;

marriage beau; *address* chic *inv*. **you've never had it so ~**! * vous n'avez jamais eu la vie si belle!; **he's on to a ~ thing** * il a trouvé un filon *; **to make a ~ thing out of sth** * tirer bon parti de qch; **it would be a ~ thing to ask him** il serait bon de lui demander; **it's a ~ thing I was there** heureusement que j'étais là; **that's a ~ thing!** tant mieux!; **it's too much of a ~ thing** il ne faut pas abuser des bonnes choses; **this is as ~ a time as any to do it** autant le faire maintenant.
(**h**) *(reliable, valid) car, tools, machinery* bon, sûr; *cheque* bon; *reason, excuse* bon, valable. **ticket ~ for 3 months** billet bon *or* valable 3 mois; **he's ~ for another 20 years yet** il en a encore bien pour 20 ans.
(**i**) *(considerable, not less than) mile, hour etc* bon. **a ~ deal (of), a ~ many** beaucoup (de); **a ~ way** un bon bout de chemin; **a ~ while** assez longtemps; **a ~ 8 kilometres** 8 bons kilomètres; **that was a ~ 10 years ago** il y a bien 10 ans de cela; **a ~ thrashing** une bonne correction; **to give sth a ~ clean** * nettoyer qch à fond.
(**j**) *(phrases)* **as ~ as** pour ainsi dire, pratiquement; **as ~ as new** comme neuf; **she as ~ as told me that...** elle m'a dit à peu de chose près que...; **it's as ~ as saying that...** autant dire que...; **it was as ~ as a play!** c'était une vraie comédie!; **to make ~** *(vi) (succeed)* faire son chemin; *[ex-criminal etc]* se refaire une vie; *(vt) deficit* combler; *deficiency, losses* compenser; *expenses* rembourser; *injustice, damage* réparer; *promise* tenir; *escape* réussir.
2 *adv* bien. **a ~ strong stick** un bâton bien solide; **a ~ long walk** une bonne promenade; **we had a ~ long talk** nous avons discuté bien longuement; **~ and hot** bien chaud.
3 *n* (**a**) *(virtue)* bien *m*. **to do ~** faire du bien; **she's up to no ~** * elle prépare quelque mauvais coup; **there's some ~ in him** il a du bon; **for ~ or bad** que ce soit un bien ou un mal; **he'll come to no ~** il finira mal.
(**b**) *(people)* **only the ~ die young** ce sont toujours les meilleurs *mpl* qui partent les premiers.
(**c**) *(advantage, profit)* bien *m*, avantage *m*. **the common ~** l'intérêt *m* commun; **for your own ~** pour votre bien; **for the ~ of his health** pour sa santé; **that will do you ~** cela vous fera du bien; **what ~ will that do you?** ça t'avancera à quoi?; **what's the ~?** à quoi bon?; **what's the ~ of hurrying?** à quoi bon se presser?; **a (fat) lot of ~ that will do you!** * tu seras bien avancé!; **much ~ may it do you!** grand bien vous fasse!; **we were £5 to the ~** cela nous a fait 5 livres de gagnées; **that's all to the ~**! tant mieux!; **it's no ~** ça ne sert à rien; **that won't be much ~** cela ne servira pas à grand-chose; **if that is any ~ to you** si ça peut vous être utile; **it's no ~ saying that** ce n'est pas la peine de dire cela.
(**d**) *(adv phrase)* **for ~** pour de bon; **for ~ and all** une fois pour toutes.
◆ **goodbye** *excl* au revoir. ◆ **good-for-nothing** *adj, n* propre à rien *(mf)*. ◆ **good-hearted** *adj* qui a bon cœur. ◆ **good-humoured** *adj* bon enfant *inv*. ◆ **good-humouredly** *adv* avec bonhomie. ◆ **good-looker** * *n* beau garçon *m*, jolie fille *f*. ◆ **good-looking** *adj* beau, bien *inv*. ◆ **goodly** *adj* († *or liter) appearance* beau; *size* grand; *number* considérable. ◆ **good-natured** *adj person* débonnaire; *smile, laughter* bon enfant *inv*; *discussion* enjoué. ◆ **goodness** *n [person]* bonté *f*; *[thing]* (bonne) qualité *f*; **(my) ~ness!** *, **~ness gracious!** * Seigneur!; **~ness knows** * Dieu sait; **for ~ness' sake** * par pitié. ◆ **goodnight** *excl* bonsoir, bonne nuit. ◆ **goods** *npl* marchandises *fpl*, articles *mpl*; **leather/knitted ~s** articles de cuir/en tricot; **all his ~s and chattels** tous ses biens et effets *mpl*; **~s train** train *m* de marchandises; **~s yard** dépôt *m* de marchandises. ◆ **good-**

tempered *adj person* qui a bon caractère; *smile, look* aimable. ◆ **good-time girl** * *n* fille *f* qui ne pense qu'à s'amuser. ◆ **goodwill** *n* bonne volonté; **to gain sb's ~will** se faire bien voir de qn; *(Pol)* **~will mission** visite *f* d'amitié; *(Comm)* **the ~will goes with the business** les incorporels *mpl* sont vendus avec le fonds de commerce.
◆ **goody** * **1** *excl* chic! * ; **2** *n (Cine)* **the ~ies and the baddies** * les bons *mpl* et les méchants *mpl*; *(Culin)* **~ies** * friandises *fpl*. ◆ **goody-goody** * *n* modèle *m* de vertu *(iro)*.
goose, *pl* **geese** [guːs, giːs] *n* oie *f*. **the ~ that lays the golden eggs** la poule aux œufs d'or; **don't be such a ~** * ne sois pas si dinde *. ◆ **gooseberry** *n* groseille *f* à maquereau; *(~berry bush)* groseiller *m*. ◆ **gooseflesh** *n or* ◆ **goosepimples** *npl or* ◆ **goosebumps** *npl* la chair de poule. ◆ **goose-step** *vi* faire le pas de l'oie.
gore [gɔːᵣ] *vt [bull etc]* blesser d'un coup de corne.
gorge [gɔːdʒ] **1** *n (Anat, Geog)* gorge *f*. **it makes my ~ rise** cela me soulève le cœur. **2** *vt*: **to ~ o.s.** se gorger *(on de)*.
gorgeous ['gɔːdʒəs] *adj* magnifique, splendide; (*) *holiday etc* sensationnel *, formidable *. **we had a ~ time** * on a passé un moment sensationnel *.
gorilla [gəˈrɪlə] *n* gorille *m*.
gormless * ['gɔːmlɪs] *adj* bête.
gorse [gɔːs] *n* ajoncs *mpl*. **~ bush** ajonc *m*.
gory ['gɔːrɪ] *adj wound, battle etc* sanglant; *person* ensanglanté. **all the ~ details** tous les détails les plus horribles.
gosh * [gɒʃ] *excl* ça alors! *
gospel ['gɒsp(ə)l] *n* évangile *m*. **it's the ~ truth** * c'est parole d'évangile; **~ (music)** gospel *m*; **~ song** ≃ negro-spiritual *m*.
gossip ['gɒsɪp] **1** *n* (**a**) *(chatter)* commérages *mpl*, potins *mpl*; *(in newspaper)* échos *mpl*. **a piece of ~** un ragot; **we had a good old ~** nous nous sommes raconté tous les potins. (**b**) *(person)* commère *f*. **he's a real ~** c'est une vraie commère. **2** *vi* bavarder; *(maliciously)* potiner, faire des commérages *(about* sur). **3** *adj (Press)* **~ column** échos *mpl*; **~ columnist** *or* **writer** échotier *m*, -ière *f*. ◆ **gossiping 1** *adj* bavard, cancanier *(pej)* ; **2** *n* bavardage *m*, commérage *m (pej)*.
got [gɒt], *(US)* **gotten** ['gɒtn] *pret, ptp of* **get**.
Gothic ['gɒθɪk] *adj, n* gothique *(m)*.
gouge [gaʊdʒ] *vt* **(~ out)** *(with gouge)* gouger; *(with knife etc)* évider.
goulash ['guːlæʃ] *n* goulache *m or f*.
gourd [gʊəd] *n* gourde *f*.
gourmand ['gʊəmənd] *n* gourmand(e) *m(f)*.
gourmet ['gʊəmeɪ] *n* gourmet *m*.
gout [gaʊt] *n (Med)* goutte *f*.
govern ['gʌv(ə)n] **1** *vt country* gouverner; *province, city, business* administrer; *emotions etc* maîtriser; *(Tech)* régler; *(influence) events, speed* déterminer; *(Gram)* gouverner. **2** *vi (Pol)* gouverner.
◆ **governess** *n* gouvernante *f*. ◆ **governing** *adj (Pol etc)* gouvernant; *belief etc* dominant; **~ing body** conseil *m* d'administration. ◆ **government 1** *n* gouvernement *m*; *(the State)* l'État *m*; **local ~ment** administration *f* locale; **2** *adj policy, decision, department* gouvernemental; *responsibility, loan, spending* de l'État, public. ◆ **governmental** *adj* gouvernemental. ◆ **governor** *n [state, bank]* gouverneur *m*; *[prison]* directeur *m*, -trice *f*; *[institution etc]* administrateur *m*, -trice *f*; *(Brit Scol)* ≃ membre *m* d'un conseil d'établissement *(de lycée ou d'IUT)*.
gown [gaʊn] *n* robe *f*; *(Jur, Univ)* toge *f*.
grab [græb] **1** *n* (**a**) **to make a ~ for** *or* **at sth** faire un geste vif pour saisir qch. (**b**) *(Tech)* benne *f* preneuse. **2** *vt object, opportunity* saisir ; *land* se

saisir de; *seat, sb's attention* accaparer; *power* prendre. **to ~ (hold of) sb** empoigner qn; **to ~ sth from sb** arracher qch à qn; **how does that ~ you *?** est-ce que ça te dit? *

grace [greɪs] *n* grâce *f*. **by the ~ of God** par la grâce de Dieu; *(fig hum)* **to fall from ~** tomber en disgrâce; **to say ~** *(before meals)* dire le bénédicité; *(after meals)* dire les grâces; **to be in sb's good ~s** être bien vu de qn; **to do sth with good/bad ~** faire qch de bonne/mauvaise grâce; **he had the ~ to apologize** il a eu la bonne grâce de s'excuser; **his saving ~** ce qui le rachète; **a day's ~** un jour de grâce *or* de répit; **His G~** *(archbishop)* Monseigneur l'Archevêque; *(duke)* Monsieur le Duc. ♦ **graceful** *adj (gen)* gracieux; *apology* élégant. ♦ **gracefully** *adv (gen)* gracieusement; *apologize* avec élégance. ♦ **gracefulness** *n* grâce *f*.

gracious ['greɪʃəs] *adj person, smile* gracieux, bienveillant *(to envers)*; *action* courtois; *God* miséricordieux *(to envers)*; *house, gardens* d'une élégance raffinée. **~ living** vie élégante; **(good) ~!** * juste ciel! ♦ **graciously** *adv smile, consent* gracieusement; *agree* avec bonne grâce; *live* avec raffinement. ♦ **graciousness** *n* bienveillance *f (towards* envers).

gradate [grə'deɪt] **1** *vt* graduer. **2** *vi* être gradué. ♦ **gradation** *n* gradation *f*.

grade [greɪd] **1** *n* **(a)** *(in hierarchy)* catégorie *f*; *(on scale)* échelon *m*, grade *m*; *(Mil: rank)* rang *m*; *(of steel, butter, goods etc)* qualité *f*; *(size: of eggs, anthracite nuts etc)* calibre *m*; *(US: level)* niveau *m*. **the lowest ~ of skilled worker** la catégorie la plus basse des ouvriers qualifiés; **~ B milk** lait *m* de qualité B; **high-~** de première qualité; *(fig)* **to make the ~** avoir les qualités requises. **(b)** *(US) (class)* classe *f*; *(mark)* note *f*. **(c)** *(slope)* rampe *f*, pente *f*. **2** *adj (US)* **~ book** registre *m* de notes; *(US)* **~ crossing** passage *m* à niveau; *(US)* **~ school** école *f* primaire; *(US)* **~ sheet** relevé *m* des notes. **3** *vt* **(a)** *(sort into groups: gen)* classer; *(by size) apples etc* calibrer. **exercises ~d according to difficulty** exercices classés selon leur degré de difficulté. **(b)** *(make progressively easier, darker etc) exercises, colours etc* graduer. **(c)** *(US Scol: mark)* noter. ♦ **grader** *n (US Scol)* correcteur *m*. ♦ **grading** *n (gen)* classification *f*; *(by size)* calibration *f*; *(Scol etc)* notation *f*.

gradient ['greɪdɪənt] *n* rampe *f*, inclinaison *f*. **a ~ of one in ten** une inclinaison de dix pour cent.

gradual ['grædjʊəl] *adj change* graduel, progressif; *slope* doux. ♦ **gradually** *adv* graduellement, petit à petit.

graduate ['grædjʊeɪt] **1** *vt* **(a)** *jug* graduer *(in en; according to* selon). **(b)** *(US Scol, Univ)* conférer un diplôme à. **2** *vi* **(a)** *(Univ)* ≃ obtenir sa licence *(or* son diplôme etc); *(US Scol)* ≃ obtenir son baccalauréat. **he ~d as an architect** *etc* il a eu son diplôme d'architecte *etc*. **(b)** *[colours etc]* se changer graduellement *(into* en). **3** ['grædjʊɪt] *n (Univ)* ≃ licencié(e) *m(f)*, diplômé(e) *m(f)*. **4** ['grædjʊɪt] *adj (teacher)* ≃ licencié, diplômé; *studies* de troisième cycle. *(US)* **~ assistant** étudiant(e) chargé(e) de travaux dirigés. **~ course** ≃ études *fpl* de troisième cycle. ♦ **graduation** *n (Univ, also US Scol: ceremony)* remise *f* des diplômes *etc*.

graffiti [grə'fiːtɪ] *npl* graffiti *mpl*.

graft [grɑːft] **1** *n* **(a)** *(Agr, Med)* greffe *f*. **they did a kidney/skin ~ on him** on lui a greffé un rein/fait une greffe de la peau. **(b)** *(bribery etc)* corruption *f*; *(*: work)* dure besogne *f*. **2** *vt* greffer *(on* sur). ♦ **grafter** *n* **(a)** *(swindler)* escroc *m* ; **(b)** *(*: worker)* bourreau *m* de travail.

graham cracker ['greɪəm‚krækə^r] *n (US)* biscuit *m* de farine complète.

grain [greɪn] **1** *n* **(a)** *(cereals in gen)* grain *m*, céréale *f*; *(wheat)* blé *m*. **(b)** *(single ~: of wheat, salt, sense)* grain *m*. **(c)** *(in leather; also Phot)* grain *m*; *(in wood, meat)* fibre *f*; *(in stone)* veine *f*. **with/against the ~** dans le sens de/en travers de la fibre *(or* de la veine *etc)*; **it goes against the ~ for him to apologize** cela va à l'encontre de sa nature de s'excuser; **I'll do it, but it goes against the ~** je le ferai, mais pas de bon cœur. **2** *adj exports, prices, alcohol* de grain. *(US)* **~ elevator** silo *m* à céréales. ♦ **grainy** *adj (Phot)* qui a du grain; *substance* granuleux.

gram(me) [græm] *n* gramme *m*.

grammar ['græmə^r] **1** *n* grammaire *f*. **that is bad ~** cela n'est pas grammatical. **2** *adj:* **~ school** *(Brit)* ≃ lycée *m*; *(US)* ≃ cours *m* moyen. ♦ **grammarian** *n* grammairien(ne) *m(f)*. ♦ **grammatical** *adj* grammatical. ♦ **grammatically** *adv* grammaticalement.

gramophone ['græməfəʊn] **1** *n* phonographe *m*. **2** *adj needle* de phonographe. **~ record** disque *m*.

granary ['grænərɪ] *n* grenier *m (à blé etc)*.

grand [grænd] **1** *adj (gen)* grand; *person* magnifique, splendide; *character* grand, noble; *style, scenery, house* grandiose, splendide; *job, post* important; *chorus, concert* grand; *(excellent)* magnifique, formidable *. **~ duke** grand duc *m*; **~ jury** jury *m* d'accusation; **~ opera** grand opéra; **~ piano** piano *m* à queue; **~ staircase** escalier *m* d'honneur; **~ total** résultat final; **a ~ tour** le tour complet; **the ~ old man of...** le patriarche de...; **we had a ~ time** nous nous sommes formidablement * amusés. **2** *n (US ♯)* mille dollars *mpl*. ♦ **grandchild** *n* petit(e)-enfant *m(f)*, petit-fils *m*, petite-fille *f*. ♦ **grandchildren** *npl* petits-enfants *mpl*. ♦ **grand(d)ad** * *or* ♦ **grand(pa)pa** * *n* grand-papa * *m*. ♦ **granddaughter** *n* petite-fille *f*. ♦ **grandeur** *n* grandeur *f*, splendeur *f*. ♦ **grandfather** *n* grand-père *m*; **~father clock** ≃ horloge *f* de parquet. ♦ **grand(ma)ma** * *n* grand-maman * *f*. ♦ **grandmaster** *n (Chess)* grand maître *m*. ♦ **grandmother** *n* grand-mère *f*. ♦ **grandparents** *npl* grands-parents *mpl*. ♦ **grandson** *n* petit-fils *m*. ♦ **grandstand** *n (Sport)* tribune *f*; *(fig)* **to have a ~stand view** être aux premières loges *(of sth* pour voir qch).

grandiose ['grændɪəʊz] *adj* grandiose.

granite ['grænɪt] *n* granit *m*.

granny * ['grænɪ] *n* grand-maman * *f*; *(~ knot)* nœud *m* de vache; **~ flat** * petite annexe *f* indépendante; **~ glasses** petites lunettes *fpl* cerclées de métal.

granola [grə'nəʊlə] *n (US)* muesli *m*.

grant [grɑːnt] **1** *vt (gen)* accorder; *prayer* exaucer; *request* accéder à; *(admit)* admettre, reconnaître *(that* que). **~ed that this is true** en admettant que ce soit vrai; **I ~ you that** je vous l'accorde; **~ed!** d'accord!; **he takes her for ~ed** il la considère comme faisant partie du décor; **to take details/ sb's agreement** *etc* **for ~ed** considérer les détails/ l'accord de qn *etc* comme convenu(s) *or* certain(s); **you take too much for ~ed** vous prenez vos désirs pour des réalités. **2** *n (subsidy)* subvention *f*; *(scholarship)* bourse *f*. **he is on a ~ of £900** il a une bourse de 900 livres. ♦ **grant-aided** *adj* subventionné par l'État.

granule ['grænjuːl] *n* granule *m*. ♦ **granular** *adj* granuleux. ♦ **granulated sugar** *n* sucre *m* semoule.

grape [greɪp] **1** *n* (grain *m* de) raisin *m*. **~s** du raisin, des raisins; **to harvest the ~s** vendanger. **2** *adj juice* de raisin. **~ harvest** vendange *f*.
♦ **grapefruit** *n* pamplemousse *m*. ♦ **grapevine** *n (fig)* **I hear on the ~vine that...** j'ai appris par le téléphone arabe que...

graph 196 Greece

graph [grɑ:f] *n* graphique *m*. ~ **paper** ≃ papier *m* millimétré. ◆ **graphic** *adj (gen)* graphique; *description* vivant; *(of sth unpleasant)* cru. ◆ **graphics** *n (sg: art of drawing) art m* graphique; *(pl: sketches)* représentations *fpl* graphiques; *(TV etc)* ~**ics by...** art graphique (de)...

graphology [græˈfɒlədʒɪ] *n* graphologie *f*. ◆ **graphologist** *n* graphologue *mf*.

grapple [ˈgræpl] *vi*: **to** ~ **with** *person* lutter avec; *problem, difficult subject* se débattre avec.

grasp [grɑ:sp] **1** *vt* **(a)** *(seize) object* saisir; *power, opportunity, territory* s'emparer de. *(fig)* **to** ~ **the nettle** aborder de front la difficulté. **(b)** *(understand)* saisir, comprendre. **2** *n*: **a strong** ~ une forte poigne; **to lose one's** ~ **on** *or* **of sth** lâcher qch; **within one's** ~ *(lit, fig)* à portée de la main; *(fig)* **in one's** ~ en son pouvoir; *(fig)* **within everyone's** ~ à la portée de chacun; **a good** ~ **of mathematics** une solide connaissance des mathématiques; **it is beyond my** ~ cela me dépasse. ◆ **grasping** *adj* cupide.

grass [grɑ:s] **1** *n* **(a)** herbe *f*; *(lawn)* gazon *m*; *(grazing)* herbage *m*. '**keep off the** ~' 'défense de marcher sur le gazon'; *(fig)* **to let the** ~ **grow under one's feet** laisser traîner les choses; **to put out to** ~ *horse* mettre au vert; *(fig) person* mettre au repos; *(Agr)* **under** ~ en pré; *(Tennis)* **on** ~ sur gazon; *(Drugs sl: marijuana)* herbe *f (sl)*. **(c)** *(Prison sl: informer)* mouchard * *m*. **2** *adj tennis court* en gazon; ~ **cutter** grosse tondeuse *f* à gazon; *(fig)* ~ **roots** *(n)* base *f*; *(adj) candidate, movement* populaire, de la masse; ~ **snake** couleuvre *f*; *(US)* ~ **widow** divorcée *f*. **3** *vi (Prison sl)* moucharder *. **to** ~ **on sb** vendre qn. ◆ **grasshopper** *n* sauterelle *f*. ◆ **grassland** *n* herbages *mpl*. ◆ **grassy** *adj* herbeux.

grate¹ [greɪt] *n (metal part)* grille *f* de foyer; *(fireplace)* cheminée *f*. ◆ **grating¹** *n* grille *f*.

grate² [greɪt] **1** *vt* **(a)** *cheese, carrot etc* râper. **(b)** *metallic object, chalk* faire grincer. **to** ~ **one's teeth** grincer des dents. **2** *vi* grincer *(on* sur*)*. **to** ~ **on the ears** écorcher les oreilles; **it** ~**d on his nerves** cela lui tapait sur les nerfs *. ◆ **grater** *n* râpe *f*; **cheese** ~**r** râpe à fromage. ◆ **grating²** *adj sound* grinçant; *voice* discordant; *(annoying)* énervant.

grateful [ˈgreɪtf(ʊ)l] *adj* reconnaissant *(to* à; *towards* envers; *for* de); *letter* plein de reconnaissance; *(fig) warmth* réconfortant. **I am most** ~ **to you** je vous suis très reconnaissant; **I should be** ~ **if you would come** je vous serais reconnaissant de venir; **with** ~ **thanks** avec mes plus sincères remerciements. ◆ **gratefully** *adv* avec reconnaissance.

gratify [ˈgrætɪfaɪ] *vt person* faire plaisir à, être agréable à; *desire etc* satisfaire. ◆ **gratification** *n* satisfaction *f*. ◆ **gratified** *adj content*; **I was gratified to hear...** j'ai appris avec grand plaisir... ◆ **gratifying** *adj (gen)* agréable; *attentions etc* flatteur.

gratis [ˈgrætɪs] *adv, adj* gratis *inv*.

gratitude [ˈgrætɪtjuːd] *n* reconnaissance *f*, gratitude *f (towards* envers; *for* de).

gratuitous [grəˈtjuːɪtəs] *adj* gratuit. ◆ **gratuitously** *adv* gratuitement. ◆ **gratuity** *n (Mil etc)* prime *f* de démobilisation; *(tip)* gratification *f*.

grave¹ [greɪv] **1** *n* tombe *f*; *(more elaborate)* tombeau *m*. **someone is walking over my** ~ * j'ai eu un frisson. ◆ **gravedigger** *n* fossoyeur *m*. ◆ **gravestone** *n* pierre *f* tombale. ◆ **graveyard** *n* cimetière *m*.

grave² [greɪv] *adj* **(a)** *(serious: gen)* grave, sérieux; *symptoms* grave, inquiétant. **(b)** [grɑːv] *(Ling) accent* grave. ◆ **gravely** *adv* gravement, sérieusement; *ill* gravement; *wounded* grièvement; *displeased* extrêmement. ◆ **graveness** *n* gravité *f*.

gravel [ˈgræv(ə)l] **1** *n* gravier *m*; *(finer)* gravillon *m*. **2** *adj*: ~ **path** allée *f* de gravier; ~ **pit** carrière *f* de cailloux.

gravity [ˈgrævɪtɪ] *n* **(a)** *(Phys)* pesanteur *f*. **the law of** ~ la loi de la pesanteur; ~ **feed** alimentation *f* par gravité. **(b)** *(seriousness)* gravité *f*, sérieux *m*. ◆ **gravitate** *vi (fig)* être attiré *(towards* vers). ◆ **gravitation** *n* gravitation *f*. ◆ **gravitational** *adj* de gravitation.

gravy [ˈgreɪvɪ] *n* sauce au jus *m* de viande. ~ **boat** saucière *f*.

gray [greɪ] = **grey**.

graze¹ [greɪz] **1** *vi* brouter, paître. **2** *vt grass, cattle* paître; *field* pâturer (dans).

graze² [greɪz] **1** *vt (touch lightly)* frôler, effleurer; *(scrape) skin, hand etc* érafler. **to** ~ **one's knees** s'érafler les genoux. **2** *n* éraflure *f*.

grease [griːs] **1** *n (gen)* graisse *f*; *(Aut, Tech)* lubrifiant *m*, graisse *f*; *(dirt)* crasse *f*. **to get the** ~ **out of sth** dégraisser qch. **2** *vt* graisser. **like** ~**d lightning** * en quatrième vitesse *. ◆ **grease-gun** *n (pistolet m)* graisseur *m*. ◆ **greasepaint** *n* fard *m* gras; **stick of** ~**paint** crayon *m* gras. ◆ **greaseproof paper** *n* papier *m* sulfurisé. ◆ **grease-stained** *adj* graisseux. ◆ **greasiness** *n* graisse *f*; *[road etc]* surface *f* glissante. ◆ **greasy** *adj (gen)* graisseux; *hair, food, ointment* gras; *(slippery) surface, road etc* glissant; *clothes, collar* sale, crasseux; *(fig)* **a greasy character** un personnage fuyant.

great [greɪt] **1** *adj (gen)* grand; *heat, pain* fort, intense; *determination, will-power* fort; *(*: *excellent) holiday, results etc* magnifique, sensationnel *. **Alexander the G~** Alexandre le Grand; **G~ Britain** Grande-Bretagne *f*; **the G~ Lakes** les Grands Lacs; **G~er London** le grand Londres; **the G~ War** la Grande Guerre; **a** ~ **man** un grand homme; **the** ~ **masters** les grands maîtres; **a** ~ **deal (of)**, **a** ~ **many** beaucoup (de); **to reach a** ~ **age** parvenir à un âge avancé; ~ **big** énorme; **he has a** ~ **future** il a beaucoup d'avenir; **at a** ~ **pace** à vive allure; **a** ~ **while ago** il y a bien longtemps; **you should** ~! tu as de l'allure!; **you were** ~ * tu as été magnifique! *; **it was** ~ * c'était formidable * *or* terrible *; **we had a** ~ **time** nous nous sommes rudement * bien amusés; **he's a** ~ **angler** *(keen)* il est passionné de pêche; *(expert)* c'est un pêcheur émérite; **he's** ~ * **at football** il est doué pour le football; **he's a** ~ **one** * **for cathedrals** il adore visiter les cathédrales; **he's a** ~ **one** * **for criticizing others** il ne rate pas une occasion de critiquer les autres; **he's** ~ * **on jazz** il connaît à fond le jazz; ~ **Scott!** *; **grands dieux!**; *(excl)* ~**!** formidable! *. **2** *n*: **the** ~ les grands *mpl*. ◆ **great-aunt** *n* grand-tante *f*. ◆ **greatcoat** *n* pardessus *m*; *(Mil)* capote *f*. ◆ **great-grandchild** *n* arrière-petit(e)-enfant *m(f)*. ◆ **great-granddaughter** *n* arrière-petite-fille *f*. ◆ **great-grandfather** *n* arrière-grand-père *m*. ◆ **great-grandmother** *n* arrière-grand-mère *f*. ◆ **great-grandson** *n* arrière-petit-fils *m*. ◆ **great-great-grandfather** *n* arrière-arrière-grand-père *m*. ◆ **great-hearted** *adj* au grand cœur. ◆ **greatly** *adv (gen)* beaucoup; *loved* très; *superior, prefer* de beaucoup; *improve, increase, contribute* considérablement; **you're** ~**ly mistaken** vous vous trompez grandement; **it is** ~**ly to be feared** il est fort à craindre. ◆ **great-nephew** *n* petit-neveu *m*. ◆ **greatness** *n* grandeur *f*. ◆ **great-niece** *n* petite-nièce *f*. ◆ **great-uncle** *n* grand-oncle *m*.

Greece [griːs] *n* Grèce *f*. ◆ **Greek** **1** *adj grec (f* grecque); **Greek Orthodox Church** Église *f* orthodoxe grecque ; **2** *n* Grec(que) *m(f)*; *(Ling)* grec *m*; **ancient/modern Greek** grec classique/moderne; *(fig)* **that's (all) Greek to me** * tout ça c'est de l'hébreu pour moi *.

greed [gri:d] n, **greediness** ['gri:dɪnɪs] n (gen) avidité f; (for food) gloutonnerie f. ◆ **greedily** adv avidement; eat gloutonnement; drink avec avidité; eye food, lick lips d'un air vorace. ◆ **greedy** adj avide (for de), cupide; (for food) vorace, glouton; **don't be ~y!** (gen) n'en demande pas tant!; (at table) ne sois pas si gourmand!

green [gri:n] **1** adj (colour) vert; corn en herbe; bacon non fumé; memory vivace; (inexperienced) inexpérimenté; (naïve) naïf. ~ **bean** haricot m vert; (Planning) ~ **belt** zone f de verdure; ~ **card** (Brit Aut) carte verte; (US: work permit) permis m de travail; (fig) **he's got ~ fingers or a ~ thumb** il a la main verte; (Aut; fig) ~ **light** feu m vert; ~ **peas** petits pois mpl; ~ **pepper** poivron m vert; ~ **politics** le mouvement écologiste; (Econ) **the ~ pound** la livre verte; (Theat) ~ **room** foyer m des artistes; ~ **salad** salade f (verte); ~ **vegetables** légumes mpl verts; **to turn** ~ verdir; ~ **with envy** vert de jalousie; **to make sb** ~ **with envy** faire pâlir qn de jalousie; (fig) **I'm not as** ~ **as I look!** * je ne suis pas si naïf que j'en ai l'air!
2 n (colour) vert m; (grass) pelouse f, gazon m; (Golf) green m; (bowling ~) terrain gazonné pour le jeu de boules. **village** ~ ≃ place f (du village) (gazonnée); (Culin) ~s légumes mpl verts; (Pol) **the G~s** les verts.
◆ **greenback** n (US) billet m d'un dollar. ◆ **greenery** n verdure f. ◆ **greenfinch** n verdier m. ◆ **greenfly** n puceron m (des plantes). ◆ **greengage** n reine-claude f. ◆ **greengrocer** n marchand(e) m(f) de légumes; ~**grocer's (shop)** fruiterie f. ◆ **greenhouse** n serre f; ~**house effect** effet m de serre. ◆ **greenish** adj verdâtre. ◆ **greenness** n vert m; [countryside etc] verdure f; [wood, fruit etc] verdeur f. ◆ **greenstick fracture** n fracture f incomplète. ◆ **greenstuff** n verdure f.

Greenland ['gri:nlənd] n Groënland m.

Greenwich ['grɪnɪdʒ] n: ~ **(mean) time** heure f de Greenwich.

greet [gri:t] vt person accueillir (with songs etc avec des chansons etc), saluer; announcement accueillir. **he ~ed me with the news that...** il m'a accueilli en m'apprenant que... ◆ **greeting** n salut m, salutation f; (welcome) accueil m; ~**ings** compliments mpl, salutations fpl; **Xmas ~ings** vœux mpl de Noël; ~**ing(s) card** carte f de vœux; **my mother sends you her ~ings** ma mère vous envoie son bon souvenir.

gregarious [grɪ'gɛərɪəs] adj animal, instinct grégaire; person sociable.

grenade [grɪ'neɪd] n (Mil) grenade f.

grew [gru:] pret of **grow**.

grey [greɪ] **1** adj gris; hair gris, grisonnant; complexion blême; outlook, prospect morne. **to go** ~ (from fear etc) blêmir; [hair] grisonner; ~ **skies** ciel gris or morne; **a** ~ **day** un jour gris; (fig) un jour triste; (fig) ~ **matter** * matière f grise, cervelle * f; (fig) **a** ~ **area** une zone d'incertitude (between entre). **2** n (colour) gris m; (horse) cheval gris. **3** vi [hair] grisonner. ◆ **greybeard** n vieil homme. ◆ **grey-haired** adj aux cheveux gris. ◆ **greyhound** n lévrier m. ◆ **greyish** adj grisâtre; hair, beard grisonnant.

grid [grɪd] n (gen) grille f; (Culin: utensil) gril m; (Aut: on roof) galerie f; (Elec: system) réseau m. (Elec) **the national** ~ le réseau électrique national. ◆ **grid(iron)** n (utensil) gril m; (US Sport) terrain m de football.

griddle ['grɪdl] n plaque f en fonte (pour cuire).

grief [gri:f] n chagrin m, douleur f. **to come to** ~ (gen) avoir des ennuis; [vehicle, rider, driver] avoir un accident; [plan, marriage etc] tourner mal; **good ~!** * grands dieux! ◆ **grief-stricken** adj accablé de douleur.

grieve [gri:v] **1** vt peiner, chagriner; (stronger) désoler. **it ~s us to see** nous sommes peinés de voir. **2** vi avoir de la peine or du chagrin (at, about, over à cause de); (stronger) se désoler (at, about, over de). **to ~ for sb/sth** pleurer qn/qch. ◆ **grievance** n (ground for complaint) grief m (against contre); (complaint) doléance f; (Ind) différend m, conflit m; **to have a grievance against sb** en vouloir à qn. ◆ **grievous** adj pain, loss, blow cruel; injury, fault, wrongs grave; crime, offence odieux; news pénible; (Jur) **grievous bodily harm** coups mpl et blessures fpl. ◆ **grievously** adv cruellement; gravement; wounded grièvement.

grill [grɪl] **1** n **(a)** (cooking utensil) gril m; (food) grillade f; (~ room) grill m. **under the** ~ au gril. **(b)** (also **grille**) (grating) grille f; (Aut: radiator ~) calandre f. **2** vt **(a)** faire griller. ~**ed fish** poisson grillé. **(b)** (*: interrogate) faire subir un interrogatoire serré à, cuisiner *. **3** vi griller. **it's ~ing in here** * on grille ici *. ◆ **grilling** n (fig) interrogatoire m serré.

grim [grɪm] adj (gen) sinistre; landscape, building lugubre; joke macabre; smile sardonique; face sévère; reality, necessity dur (before n); truth brutal; (*: unpleasant) désagréable. **with ~ determination** avec une volonté inflexible; **to hold on to sth like** ~ **death** rester cramponné à qch de toutes ses forces; **life is rather** ~ * la vie n'est pas drôle; **she's feeling pretty** ~ * (ill) elle ne se sent pas bien du tout; (depressed) elle n'a pas le moral *. ◆ **grimly** adv frown, look d'un air mécontent; continue, hold on inexorablement; fight, struggle avec acharnement; pledge d'un air résolu.

grimace [grɪ'meɪs] **1** n grimace f. **2** vi (from disgust etc) faire la grimace; (for fun) faire des grimaces.

grime [graɪm] n crasse f, saleté f. ◆ **grimy** adj crasseux, sale.

grin [grɪn] **1** vi sourire; (broadly) avoir un grand sourire. **we must just** ~ **and bear it** il faut le prendre avec le sourire. **2** n (grand) sourire m.

grind [graɪnd] (vb: pret, ptp **ground**) **1** n (*) boulot * m pénible. **the daily** ~ le boulot * quotidien; **I find maths a dreadful** ~ pour moi les maths sont une vraie corvée. **2** vt corn, coffee etc moudre; (crush) écraser; (US) meat hacher; gems, lens polir; knife, blade aiguiser (à la meule); handle, pepper mill tourner; barrel organ jouer de. **to** ~ **one's teeth** grincer des dents. **3** vi grincer. **to** ~ **to a halt** [vehicle] s'arrêter dans un grincement de freins; [process, production] s'arrêter progressivement.
◆ **grind down** vt sep substance pulvériser; (fig: oppress) écraser. ◆ **grind up** vt sep pulvériser. ◆ **grinder** n (apparatus) broyeur m; (in kitchen) moulin m; (for knives) affûteuse f. ◆ **grinding** **1** n (sound) grincement m; **2** adj poverty accablant.

grip [grɪp] **1** n **(a)** (handclasp) poigne f; (hold) prise f, étreinte f. **to hold sth in a vice-like** ~ tenir qch comme un étau; **to get a** ~ **on sth** empoigner qch; (fig) **to get a** ~ **on o.s.** *, **to keep a** ~ **on o.s.** se contrôler; **to lose one's** ~ lâcher prise; (*: grow less efficient etc) baisser *; **he lost his** ~ **on the rope** il a lâché la corde; **the tyres lost their** ~ **on the icy road** les pneus ont perdu leur adhérence sur la chaussée gelée; **he has a good** ~ **of his subject** il possède bien son sujet; **to come or get to ~s with** person en venir aux prises avec; problem, situation s'attaquer à; **in the** ~ **of winter/a strike** paralysé par l'hiver/par une grève. **(b)** (suitcase) valise f; (bag) sac m (de voyage). **2** vt (grasp) saisir; (hold) serrer, tenir serré; [fear etc] saisir; [film, story] empoigner. **to** ~ **the road** [tyres] adhérer à la chaussée; [car] coller à la route. **3** vi [wheels] adhérer; [vice, brakes] mordre; [anchor] crocher. ◆ **gripping** adj story, play passionnant.

gripe [graɪp] **1** n **(a)** (Med) coliques fpl. **(b)** (*: complaint) (sujet m de) rogne *. **2** vt (*: anger)

mettre en boule *. **3** vi (‡: *grumble*) rouspéter * (*at* contre).
◆ **griping 1** adj pain lancinant; **2** n (‡: *grumbling*) rouspétance * f.

grisly ['grɪzlɪ] adj macabre.

gristle ['grɪsl] n tendons mpl (*dans la viande cuite*).
◆ **gristly** adj meat tendineux.

grit [grɪt] **1** n (*sand*) sable m; (*gravel*) gravillon m; (*for fowl*) gravier m; (*: courage*) cran * m. **a piece of ~ in the eye** une poussière dans l'œil; **he's got ~** * il a du cran *; (*US*) ~s gruau m de maïs. **2** vt (**a**) **to ~ one's teeth** serrer les dents. (**b**) road sabler. ◆ **gritty** adj path etc couvert de gravier; fruit graveleux.

grizzle ['grɪzl] vi (*whine*) pleurnicher.

grizzled ['grɪzld] adj grisonnant.

grizzly ['grɪzlɪ] n (~ bear) ours m gris.

groan [grəʊn] **1** n (*of pain etc*) gémissement m; (*of disapproval, dismay*) grognement m. **2** vi gémir (*with* de); grogner; (*planks etc*) gémir.

grocer ['grəʊsəʳ] n épicier m. **at the ~'s (shop)** à l'épicerie, chez l'épicier. ◆ **grocery** n (*shop*) épicerie f; ~**ies** (*goods*) provisions fpl.

groggy * ['grɒgɪ] adj (*weak*) faible; (*unsteady, also from blow etc*) groggy *.

grogram ['grɒgrəm] n gros-grain m.

groin [grɔɪn] n aine f.

groom [gru:m] **1** n (*for horses*) valet m d'écurie; (*bridegroom*) (futur or jeune) marié m. **2** vt horse panser. **the animal was ~ing itself** l'animal faisait sa toilette; **well-~ed** person très soigné; (*fig*) **to ~ sb for a post** former qn pour un poste. ◆ **grooming** n (*gen*) soins mpl de toilette or de beauté; (*appearance*) apparence f (impeccable); [horse] passage m; [dog] toilettage m.

groove [gru:v] n (*for sliding door etc*) rainure f; (*in column, screw*) cannelure f; (*in record*) sillon m; (*in penknife blade*) onglet m. **in the ~** ‡ (*up-to-date*) dans le vent *; **he's in a ~** * il est pris dans la routine.

grope [grəʊp] vi (~ **about**, ~ **around**) tâtonner, aller à l'aveuglette. **to ~ for sth** chercher qch à tâtons; **to ~ for words** chercher ses mots; **to ~ (one's way) in** etc entrer etc à tâtons.

gross [grəʊs] **1** adj (**a**) (*coarse*) grossier; (*fat*) obèse; injustice flagrant; abuse choquant; negligence grave; ignorance crasse. (**b**) weight, income brut. ~ **national product** revenu m national brut. (**c**) (*US: disgusting*) dégueulasse ‡. **2** n (**a**) **in** ~ (*wholesale*) en gros; (*fig*) en général. (**b**) (pl inv: twelve dozen) grosse f. **3** vt (*Comm etc*) faire une recette brute de. ◆ **grossly** adv exaggerate etc énormément; unfair extrêmement.

grotesque [grə(ʊ)'tesk] adj grotesque.

grotto ['grɒtəʊ] n grotte f.

grotty * ['grɒtɪ] adj room, food minable *, affreux. **he was feeling ~** il ne se sentait pas bien.

grouch * [graʊtʃ] **1** vi rouspéter *. **2** n (*sujet m de*) rogne * f. ◆ **grouchy** * adj maussade.

ground[1] [graʊnd] **1** n (**a**) terre f, sol m; (*US Elec*) masse f. (**down**) **on the** ~ par terre, sur le sol; **above** ~ en surface (*du sol*); **to fall to the** ~ tomber à or par terre; **to get off the** ~ [plane] décoller; [scheme etc] démarrer *. (**b**) (*soil*) sol m, terre f, terrain m. **stony** ~ sol or terrain caillouteux. (**c**) (*area, piece of land*) terrain m; (*larger*) domaine m, terres fpl; (*territory*) territoire m; **hilly** ~ pays m vallonné; **on French** ~ en territoire français; **to hold** or **stand one's** ~ ne pas lâcher pied; (*fig*) **to change** or **shift one's** ~ changer son fusil d'épaule; **to gain** ~ (*Mil*) gagner du terrain; [idea etc] faire son chemin; (*Mil, fig*) **to lose** ~ perdre du terrain; (*fig*) **on dangerous** ~ sur un terrain glissant; (*fig*) **to go over the same** ~ reprendre les mêmes points; (*fig*) **on his own** ~ sur son propre terrain;

football ~ terrain de football; (*gardens etc*) ~s parc m. (**d**) (*reason*) ~s raison f; **on medical** ~s pour (des) raisons médicales; ~s **for divorce** motifs mpl de divorce; **on what** ~s? à quel titre?; **on the** ~(**s**) **of** pour raison de. (**e**) (**coffee**) ~s marc m (de café).
2 vt (**a**) plane, pilot interdire de voler à; (*keep on* ~) retenir au sol; (*US fig*) student etc consigner. (**b**) (*US Elec*) mettre une prise de terre à.
3 adj attack, control, staff au sol. (*Aviat*) ~ **crew** équipe f au sol; ~ **floor** rez-de-chaussée m; (*Mil*) ~ **forces** armée f de terre; ~ **frost** gelée f blanche; **at** ~ **level** au ras du sol; ~ **rules** (*gen*) procédure f; **to change the** ~ **rules** changer les règles du jeu; (*US Elec*) ~ **wire** fil m de terre.
◆ **grounding** n (**a**) [plane] interdiction f de vol; (**b**) (*in education*) connaissances fpl fondamentales, base f; **a good ~ing in French** une base solide en français. ◆ **groundless** adj fear etc sans fondement. ◆ **groundnut 1** n arachide f ; **2** adj oil d'arachide. ◆ **groundsheet** n tapis m de sol. ◆ **groundsman** or ◆ **groundkeeper** n gardien m de stade. ◆ **groundspeed** n (*Aviat*) vitesse-sol f. ◆ **groundswell** n [sea] lame f de fond; (*fig*) vague f de fond. ◆ **ground-to-air** adj sol-air inv. ◆ **ground-to-ground** adj sol-sol inv. ◆ **groundwork** n [undertaking] base f, travail m préparatoire; [novel, play etc] plan m.

ground[2] [graʊnd] (pret, ptp of **grind**) adj coffee etc moulu.

group [gru:p] **1** n (*gen*) groupe m; (*literary etc*) cercle m. **in** ~s par groupes. **2** adj: ~ **dynamics** dynamique f de groupe(s); (*Med*) ~ **practice** cabinet m collectif; (*Psych*) ~ **therapy** psychothérapie f de groupe. **3** vi [people] se grouper. **4** vt (~ **together**) grouper. ◆ **grouping** n groupement m.

grouse[1] [graʊs] n, pl inv (*Orn*) grouse f.

grouse[2] * [graʊs] **1** vi (*grumble*) râler * (*at, about* contre). **2** n grief m.

grovel ['grɒvl] vi être à plat ventre (*to, before* devant). ◆ **grovelling** adj rampant.

grow [grəʊ] pret **grew**, ptp **grown 1** vi [plant, hair] pousser; [person, animal, friendship] grandir; [numbers, amount] augmenter; [club, group] s'agrandir; [love, influence, knowledge] augmenter, s'accroître. **to ~ into a man** devenir un homme; **we have ~n away from each other** nous nous sommes éloignés l'un de l'autre avec les années; **to ~ to like** finir par aimer; **to ~ big(ger)** grandir; **to ~ angry** se fâcher. **2** vt plant cultiver, faire pousser; one's hair etc laisser pousser.
◆ **grow in** vi [hair] repousser. ◆ **grow into** vt fus clothes devenir assez grand pour mettre; habit acquérir (avec le temps). ◆ **grow on** vt fus [habit etc] s'imposer petit à petit à. **his paintings ~ on one** plus on voit ses tableaux plus on les apprécie. ◆ **grow out of** vt fus clothes devenir trop grand pour mettre; habit perdre (en grandissant or avec l'âge). ◆ **grow up** vi (**a**) devenir adulte. **when I ~ up** quand je serai grand; ~ **up!** * ne sois pas si enfant! (**b**) [friendship, custom] naître.
◆ **grower** n cultivateur m, -trice f. ◆ **growing** adj plant qui pousse; child qui grandit; amount, friendship, feeling grandissant; group qui s'agrandit; opinion de plus en plus répandu; **to have a ~ing desire to do sth** avoir de plus en plus envie de faire qch; **fast-~ing** plant à croissance rapide; conviction, group croissant; ~ **ing pains** * (*Med*) douleurs fpl de croissance; [business, project] difficultés fpl de croissance. ◆ **grown** adj (fully ~n) adulte; **he's a ~n man** il est adulte. ◆ **grown-up 1** n grande personne f; **2** adj de grande personne; **she's very ~n-up** elle fait très grande personne.
◆ **growth 1** n (**a**) (*gen*) croissance f; [numbers, amount etc] augmentation f (in de); **the ~th of interest in...** l'intérêt croissant pour...; **a 5 days' ~th of beard** une barbe de 5 jours; **a new ~th of hair**

une nouvelle poussée de cheveux; **(b)** *(Med)* grosseur *f (on* à); **2** *adj market, industry etc* en (pleine) expansion; **~th hormone** hormone *f* de croissance; **~th rate** taux *m* de croissance.

growl [graʊl] **1** *vi* grogner *(at* contre); *[thunder]* gronder. **2** *vt* grogner. **3** *n* grognement *m*.

groyne [grɔɪn] *n* brise-lames *m inv*.

grub [grʌb] **1** *n* **(a)** *(larva)* larve *f*. **(b)** *(‡: food)* bouffe ‡ *f*. **2** *vi* (**~ about, ~ around**) fouiller *(in, among* dans; *for* pour trouver).

grubby ['grʌbɪ] *adj* sale. ◆ **grubbiness** *n* saleté *f*.

grudge [grʌdʒ] **1** *vt*: **to ~ sb sth** en vouloir à qn de qch; **to ~ doing** faire à contrecœur; **she ~s paying £2** cela lui fait mal au cœur de payer 2 livres; **it's not the money I ~ but the time** ce n'est pas la dépense mais le temps que je plains. **2** *n* rancune *f*. **to bear a ~ against sb** en vouloir à qn, garder rancune à qn *(for* de). ◆ **grudging** *adj person* mesquin, peu généreux; *contribution* parcimonieux; *gift, praise etc* accordé à contrecœur; *admiration* réticent. ◆ **grudgingly** *adv* de mauvaise grâce.

gruelling ['groəlɪŋ] *adj* exténuant.

gruesome ['gruːsəm] *adj* horrible, épouvantable.

gruff [grʌf] *adj* bourru. ◆ **gruffly** *adv* d'un ton bourru.

grumble ['grʌmbl] **1** *vi* grogner, ronchonner * *(at, about* contre), se plaindre *(about, at* de). **2** *npl* **~s** récriminations *fpl*; **without a ~** sans murmurer. ◆ **grumbling 1** *n* récriminations *fpl*; **2** *adj person* grincheux; *(Med)* **grumbling appendix** appendicite *f* chronique.

grumpy ['grʌmpɪ] *adj* maussade, grincheux. ◆ **grumpily** *adv* d'une façon maussade.

grunt [grʌnt] **1** *vti* grogner. **2** *n* grognement *m*. **to give a ~** pousser un grognement; *(in reply)* répondre par un grognement.

Guadeloupe [ˌgwɑːd(ə)'luːp] *n* la Guadeloupe.

guarantee [ˌgær(ə)n'tiː] **1** *n* garantie *f (against* contre). **there is a year's ~ on this watch** cette montre a une garantie d'un an; **'money-back ~ with all items'** 'remboursement garanti sur tous articles'; **there's no ~ that it will happen** il n'est pas garanti que cela arrivera; **there's no ~ that it actually happened** il n'est pas certain que cela soit arrivé. **2** *adj*: **~ form** garantie *f (fiche)*. **3** *vt goods etc* garantir *(against* contre; *for 2 years* pendant 2 ans); *behaviour, loan* se porter garant de. **I ~ that he will do it** je garantis or certifie qu'il le fera; **I can't ~ that he will come** je ne peux pas certifier qu'il viendra; **I can't ~ that he did it** je ne peux pas certifier qu'il l'ait fait. ◆ **guarantor** *n* garant(e) *m(f)*.

guard [gɑːd] **1** *n* **(a)** *(gen, also Mil, Boxing etc)* garde *f*. **to go on/come off ~** prendre/finir son tour de garde; **to be on ~** être de garde; **to keep *or* stand ~** monter la garde; **to keep *or* stand ~ on sb/sth** V **3** *below*; **he was taken under ~ to...** il a été emmené sous escorte à...; **to keep sb under ~** garder qn sous surveillance; **to put a ~ on sb/sth** faire surveiller qn/qch; **to be on one's ~** se tenir sur ses gardes *(against* contre); **to put sb on his ~** mettre qn en garde *(against* contre); **to catch sb off his ~** prendre qn au dépourvu. **(b)** *(Mil etc: squad)* garde *f*; *(one man)* garde *m*. **~ of honour** garde *f* d'honneur; *(on either side)* haie *f* d'honneur; **one of the old ~** un vieux de la vieille *; *(Mil)* **the G~s** les régiments *mpl* de la garde royale. **(c)** *(Brit Rail)* chef *m* de train. *(Brit Rail)* **~'s van** fourgon *m* du chef de train. **(d)** *(on machine)* dispositif *m* de sûreté; *(fire ~)* garde-feu *m inv*.
2 *adj*: **~ dog** chien *m* de garde; *(Mil)* **on ~ duty** de garde.

3 *vt (also* **keep** *or* **stand ~ on)** *(against attack)* garder *(from, against* contre); *(against theft, escape)* surveiller.

◆ **guard against** *vt fus infection etc* se protéger contre; *anger, reaction* se tenir sur ses gardes contre. **to ~ against doing** se garder de faire; **to ~ against sth happening** empêcher que qch ne se produise.

◆ **guarded** *adj remark, tone etc* circonspect.
◆ **guardedly** *adv* avec circonspection. ◆ **guardhouse** *n (Mil)* corps *m* de garde; *(for prisoners)* salle *f* de police. ◆ **guardian** *n (gen)* gardien(ne) *m(f)*; *[child]* tuteur *m*, -trice *f*; **~ian angel** ange *m* gardien. ◆ **guardrail** *n* barrière *f* de sécurité.
◆ **guardroom** *n (Mil)* corps *m* de garde.
◆ **guardsman** *n (Brit Mil)* garde *m (de la garde royale)*; *(US)* soldat *m* de la garde nationale.

Guatemala [gwɑːtɪ'mɑːlə] *n* Guatemala *m*.

guava ['gwɑːvə] *n* goyave *f*.

gudgeon ['gʌdʒ(ə)n] *n (fish)* goujon *m*; *(Tech)* tourillon *m*.

Guernsey ['gɜːnzɪ] *n* Guernesey *m or f*.

guerrilla [gə'rɪlə] **1** *n* guérillero *m*. **2** *adj tactics* de guérilla; *strike* sauvage. **~ group** guérilla *f (troupe)*; **~ war(fare)** guérilla *f (guerre)*.

guess [ges] **1** *n* supposition *f*, conjecture *f*. **to have or make a ~** essayer de deviner *(at sth* qch); *(more formally)* hasarder une conjecture; **have a ~!** essaie de deviner!; **that was a good ~ but...** c'était une bonne intuition mais...; **it was just a lucky ~** j'ai deviné juste, c'est tout; **an educated ~** une hypothèse fondée; **at a (rough) ~** à vue de nez, grosso modo; **my ~ is that he refused** d'après moi il aura refusé; **your ~ is as good as mine!** * je n'en sais pas plus que toi!; **it's anyone's ~** * who will win** impossible de prévoir qui va gagner; **by ~ and by God** * Dieu sait comment. **2** *vt* **(a)** *answer, sb's age, name etc* deviner; *height, numbers etc* estimer, évaluer. **I ~ed him to be about 20** j'estimais qu'il avait à peu près 20 ans; **~ how heavy he is** devine combien il pèse; **I ~ed as much** je m'en doutais; **~ who!** * devine qui c'est! **(b)** *(surmise)* supposer *(that* que); *(US: believe)* croire, penser. **I ~ so** probablement; **I ~ not** je ne crois pas. **3** *vi* deviner. **to ~ right** deviner juste; **to ~ wrong** tomber à côté *; **to keep sb ~ing** laisser qn dans le doute; **to ~ at** = **guess 2a.** ◆ **guesstimate** *n* estimation approximative *or* à vue de nez.
◆ **guesswork** *n*: **it was sheer ~work** ce n'étaient que des conjectures *fpl*; **by ~work** en devinant, par flair.

guest [gest] **1** *n (at home)* invité(e) *m(f)*, hôte *mf*; *(at table)* convive *mf*; *(in hotel)* client(e) *m(f)*; *(in boarding house)* pensionnaire *mf*. **~ of honour** invité(e) d'honneur; **be my ~!** * fais comme chez toi! * **2** *adj speaker etc* invité; **~ list** des invités. **~ artist** artiste *mf* en vedette américaine; **~ room** chambre *f* d'amis. ◆ **guest house** *n* pension *f* de famille.

guffaw [gʌ'fɔː] **1** *vi* rire bruyamment. **2** *n* gros rire *m*.

guide [gaɪd] **1** *n* **(a)** *(gen)* guide *m*; *(fig)* indication *f*. **let reason be your ~** il faut vous laisser guider par la raison; **this figure is only a ~** ce chiffre n'est qu'une indication; **as a rough ~** en gros, à peu près. **(b)** *(~ book)* guide *m (to* de); *(instructions)* manuel *m*. **beginner's ~ to sailing** manuel d'initiation à la voile. **(c)** *(girl ~)* éclaireuse *f*, guide *f*. **2** *vt*: **to be ~d by** se laisser guider par. **3** *adj*: **~ dog** chien *m* d'aveugle.

◆ **guidance 1** *n* **(a)** conseils *mpl (about* quant à); **for your guidance** à titre d'information; **(b)** *[rocket etc]* guidage *m*. **2** *adj system* de guidage; *(US Scol)* **guidance counselor** conseiller *m*, -ère *f* d'orientation. ◆ **guided** *adj missile etc* téléguidé; **~d tour** visite *f* guidée. ◆ **guidelines** *npl* lignes *fpl* directrices. ◆ **guiding** adj principle directeur; **guiding star** guide m; **he needs a guiding hand** il faut l'aider de temps en temps.

guild [gɪld] n (gen) association f; (Hist) guilde f.

guile [gaɪl] n (deceit) fourberie f; (cunning) ruse f. ◆ **guileless** adj franc (f franche), sincère.

guillotine [ˌgɪləˈtiːn] 1 n guillotine f; (for paper-cutting) massicot m; (Parl) limite f de temps. 2 vt guillotiner; massicoter.

guilt [gɪlt] n culpabilité f. **tormented by** ~ torturé par un sentiment de culpabilité; (Psych) ~ **feelings** sentiments mpl de culpabilité (about sth quant à qch; about sb vis-à-vis de qn). ◆ **guiltless** adj innocent (of de). ◆ **guilty** adj coupable (of de); ~**y person** or **party** coupable mf; **to plead** ~**y/not** ~**y** plaider coupable/non coupable; **verdict of** ~**y/not** ~**y** verdict m de culpabilité/d'acquittement; **I have been** ~**y of that myself** j'ai moi-même commis la même erreur; **I feel very** ~**y about not writing to her** je suis plein de remords de ne pas lui avoir écrit.

Guinea [ˈgɪnɪ] n Guinée f.

guinea-pig [ˈgɪnɪpɪg] n cochon m d'Inde. (fig) **to be a** ~ servir de cobaye m (for sth pour qch).

guitar [gɪˈtɑːʳ] n guitare f. ◆ **guitarist** n guitariste mf.

guise [gaɪz] n: **under the** ~ **of friendship** sous le couvert de l'amitié.

gulf [gʌlf] n (lit, fig) gouffre m; (in ocean) golfe m. **the Persian G**~ le golfe Persique; **G**~ **States** États mpl du Golfe; **G**~ **Stream** Gulf Stream m.

gull [gʌl] n mouette f, goéland m.

gullet [ˈgʌlɪt] n gosier m.

gullible [ˈgʌlɪbl] adj crédule. ◆ **gullibility** n crédulité f.

gully [ˈgʌlɪ] n ravine f.

gulp [gʌlp] 1 n: **to swallow sth at one** ~ avaler qch d'un seul coup; **'yes' he replied with a** ~ 'oui' répondit-il la gorge serrée; **he took a** ~ **of milk** il a avalé une gorgée de lait. 2 vt (~ **down**) food avaler à grosses bouchées; drink avaler à pleine gorge. 3 vi essayer d'avaler. **he** ~**ed** (from emotion etc) sa gorge s'est serrée.

gum¹ [gʌm] n (Anat) gencive f. ◆ **gumboil** n fluxion f dentaire.

gum² [gʌm] 1 n (glue) gomme f, colle f; (for chewing) chewing-gum m; (sweet: fruit ~) boule f de gomme. **by** ~! * nom d'un chien! *; (fig) **to be up a** ~ **tree** ‡ être dans le lac * (fig). 2 vt (put ~ **on**) (~**down**) coller. ~**med label** étiquette f gommée. ◆ **gum down** vt sep coller (et fermer). ◆ **gum up** ‡ vt sep (spoil) abîmer, bousiller ‡. ◆ **gumboots** npl bottes fpl de caoutchouc.

gumption * [ˈgʌm(p)ʃ(ə)n] n jugeote * f, bon sens m.

gun [gʌn] 1 n revolver m, pistolet m; (rifle) fusil m; (cannon) canon m. **he's got a** ~! il est armé!; **he was carrying a** ~ il avait une arme à feu); **to draw a** ~ **on sb** braquer une arme sur qn; **a 21-**~ **salute** une salve de 21 coups de canon; (Mil) **the** ~**s** les canons, l'artillerie f; **the big** ~**s** (Mil) les gros canons; (*: people) les grosses légumes ‡; **to be going great** ~**s** ‡ [business] marcher à pleins gaz ‡; [person] être en pleine forme; **paint** ~ pistolet m à peinture. 2 adj (Mil) ~ **crew** peloton m de pièce; ~ **dog** chien m de chasse; ~ **licence** permis m de port d'armes. 3 vt (a) (~ **down**) abattre. (b) (Aut) **to** ~ **the engine** faire ronfler le moteur. 4 vi (fig) **to be** ~**ning for sb** * chercher qn, essayer d'avoir qn.

◆ **gunboat** n canonnière f. ◆ **gunfight** n échange m de coups de feu. ◆ **gunfire** n [rifles etc] fusillade f; [cannons] tir m d'artillerie. ◆ **gun-**

man n bandit m armé; (Pol etc) terroriste m. ◆ **gunner** n artilleur m. ◆ **gunnery** 1 n (science etc) tir m au canon; (guns) artillerie f; 2 adj officer de tir. ◆ **gunpoint** n: **at** ~**point** hold sb sous son revolver, au bout de son fusil; do sth, force sb sous la menace du revolver. ◆ **gunpowder** n poudre f à canon. ◆ **gunrunner** n trafiquant m d'armes. ◆ **gunrunning** n trafic m d'armes. ◆ **gunship** n hélicoptère m de combat. ◆ **gunshot** 1 n (sound) coup m de feu ; 2 adj: ~**shot wound** blessure f de balle. ◆ **gunsmith** n armurier m.

gunge * [gʌndʒ] n magma m gluant.

gung ho * [ˈgʌn ˈhəʊ] adj enthousiaste et naïf.

gunk * [gʌŋk] n magma m (infâme).

gurgle [ˈgɜːgl] 1 n [water] glouglou m; [stream] murmure m; [laughter] gloussement m; [baby] gazouillis m. 2 vi glouglouter; murmurer; glousser; gazouiller.

guru [ˈgʊruː] n gourou m.

gush [gʌʃ] 1 n flot m. 2 vi (a) (~ **out**) jaillir. [water] **to** ~ **in** etc entrer etc en bouillonnant. (b) [person] se répandre en compliments (over sur; about à propos de). ◆ **gushing** adj water etc bouillonnant; person trop démonstratif.

gust [gʌst] n [wind] coup m de vent, rafale f; [smoke] bouffée f; [rage etc] accès m. ~ **of rain** averse f; **a** ~ **of laughter** un grand éclat de rire.

gusto [ˈgʌstəʊ] n enthousiasme m. **with** ~ say vivement; eat avec grand appétit.

gut [gʌt] 1 n (Anat) boyau m, intestin m; (Med: for stitching) catgut m; (Mus etc) corde f de boyau. ~**s** (Anat) boyaux; (fig: central point) point m fondamental; (*fig: courage) cran * m; **I hate his** ~**s** ‡ je ne peux pas le sentir *. 2 vt (Culin) vider. **fire** ~**ted the house** le feu n'a laissé que les quatre murs de la maison. 3 adj: ~ **feeling** sentiment m instinctif; ~ **reaction** réaction f viscérale. ◆ **gutless** * adj qui manque de cran *. ◆ **gutsy** ‡ adj qui a du punch.

gutter [ˈgʌtəʳ] 1 n [roof] gouttière f; [road] caniveau m. [fig) **language of the** ~ langage m des corps de garde; **to rise from the** ~ sortir du ruisseau (fig). 2 vi [candle] couler; [flame] vaciller. 3 adj: **the** ~ **press** la presse à scandale. ◆ **guttersnipe** n gamin(e) m(f) des rues.

guttural [ˈgʌt(ə)r(ə)l] adj guttural.

guy¹ [gaɪ] 1 n (*) type * m, individu m. **the good/bad** ~**s** les bons mpl/les méchants mpl; **nice** ~ type bien *; **smart** or **wise** ~ malin m; **tough** ~ dur * m. 2 vt person tourner en ridicule; (Theat) part travestir.

guy² [gaɪ] n (~-**rope**) corde f de tente.

Guyana [gaɪˈænə] n Guyane f.

guzzle [ˈgʌzl] 1 vi s'empiffrer *. 2 vt food bâfrer *; drink siffler *.

gym [dʒɪm] 1 n (gymnastics) gym * f; (gymnasium) gymnase m; (Scol) salle f de gym *. 2 adj: ~ **shoes** (chaussures fpl de) tennis fpl.

gymnasium [dʒɪmˈneɪzɪəm] n gymnase m. ◆ **gymnast** n gymnaste mf. ◆ **gymnastic** adj gymnastique. ◆ **gymnastics** n (sg: art) gymnastique f; (pl: activity) **to do gymnastics** faire de la gymnastique.

gynaecology, (US) **gynecology** [ˌgaɪnɪˈkɒlədʒɪ] n gynécologie f. ◆ **gyn(a)ecological** adj gynécologique. ◆ **gyn(a)ecologist** n gynécologue mf.

gypsy [ˈdʒɪpsɪ] = **gipsy**.

gyrate [ˌdʒaɪ(ə)ˈreɪt] vi décrire des girations. ◆ **gyration** n giration f.

gyro... [ˈdʒaɪ(ə)rə(ʊ)] pref gyro... ◆ **gyrocompass** n gyrocompas m. ◆ **gyroscope** n gyroscope m. ◆ **gyrostabilizer** n gyrostabilisateur m.

H

H, h [eɪtʃ] *n* H, h *m or f.* **aspirate/silent h** h aspiré/muet. ◆ **H-bomb** *n* bombe *f* H.

haberdasher ['hæbədæʃəʳ] *n* (*Brit*) mercier *m*, -ière *f*; (*US*) chemisier *m*, -ière *f*. ◆ **haberdashery** *n* mercerie *f*; chemiserie *f*.

habit ['hæbɪt] *n* (**a**) (*custom*) habitude *f*, coutume *f*. **to be in the ~***or* **to make a ~***or* **to have a ~ of** **doing** avoir l'habitude *or* la manie (*slightly pej*) de faire; **I don't make a ~ of it** je le fais rarement, je ne le fais pas souvent; **don't make a ~ of it!** et ne recommence pas!; **to get or fall into bad ~s** prendre *or* contracter de mauvaises habitudes; **to get into/out of the ~ of doing** prendre/ perdre l'habitude de faire; **to get sb into the ~ of doing** habituer qn à faire; **from (sheer) ~** par (pure) habitude. (**b**) (*costume*) habit *m.* ◆ **habit-forming** *adj* qui crée une accoutumance.

habitable ['hæbɪtəbl] *adj* habitable. ◆ **habitat** *n* habitat *m.* ◆ **habitation** *n* habitation *f*; **fit for habitation** habitable.

habitual [hə'bɪtjʊəl] *adj* (*gen*) habituel; *liar, drinker etc* invétéré. ◆ **habitually** *adv* habituellement, d'habitude. ◆ **habituate** *vt* habituer (*to* à).

hacienda [ˌhæsɪ'endə] *n* (*US*) hacienda *f.*

hack¹ [hæk] *vt* (**a**) (*cut*: ~ **up**) hacher, tailler. **to ~ sth to pieces** tailler qch en pièces. (**b**) (*strike*) frapper; (*kick*) donner des coups de pied à. ◆ **hack down** *vt sep* abattre (à coups de couteau *etc*). ◆ **hacking¹** **1** *adj*: ~**ing cough** toux *f* sèche (et opiniâtre) ; **2** *n* effraction *f* informatique. ◆ **hacker *** *n* (*Comput*) pirate *m* informatique. ◆ **hacksaw** *n* scie *f* à métaux.

hack² [hæk] **1** *n* (**a**) (*worn-out horse*) haridelle *f*; (*ride*) promenade *f* à cheval. **to go for a ~** (aller) se promener à cheval. (**b**) (~ *writer*) écrivaillon *m* (*écrivain*). **he was just a (literary) ~** il ne faisait que de la littérature alimentaire. **2** *vi*: **to go ~ing** (aller) se promener à cheval. ◆ **hacking²** *adj*: ~**ing jacket** veste *f* de cheval. ◆ **hackwork** *n* travail *m* de nègre. ◆ **hack-writing** *n* écrits *mpl* alimentaires.

hackney ['hæknɪ] *adj*: ~ **carriage** voiture *f* de louage. ◆ **hackneyed** *adj subject* rebattu; *phrase* galvaudé; ~**ed expression** cliché *m.*

had [hæd] *pret, ptp of* **have.**

haddock ['hædək] *n* églefin *m.* **smoked ~** haddock *m.*

haem(a)..., (*US*) **hem(a)...** ['hiːm(ə)] *pref* hém(a)... ◆ **h(a)ematology** *n* hématologie *f.* ◆ **h(a)emoglobin** *n* hémoglobine *f.* ◆ **h(a)emophilia** *n* hémophilie *f.* ◆ **h(a)emophiliac** *adj, n* hémophile (*mf*). ◆ **h(a)emorrhage** **1** *n* hémorragie *f* ; **2** *vi* faire une hémorragie. ◆ **h(a)emorrhoids** *npl* hémorroïdes *fpl.*

hag [hæg] *n* (*ugly*) vieille sorcière *f*; (**: nasty*) chameau ** m.* ◆ **hag-ridden** *adj* tourmenté.

haggard ['hægəd] *adj* (*careworn*) défait, abattu; (*wild*) égaré.

haggle ['hægl] *vi* marchander. **to ~ about** *or* **over sth** chicaner sur qch. ◆ **haggling** *n* marchandage *m.*

Hague [heɪg] *n*: **The ~** La Haye.

hail¹ [heɪl] **1** *n* grêle *f* (*also fig: of missiles etc*). **2** *vi* grêler. ◆ **hailstone** *n* grêlon *m.* ◆ **hailstorm** *n* averse *f* de grêle.

hail² [heɪl] **1** *vt* (**a**) (*acknowledge*) acclamer (*as* comme); (*greet*) saluer. (*excl*) ~! je vous salue!; **the H~ Mary** l'Avé Maria *m.* (**b**) *ship, taxi, person* héler. **2** *vi* (*Naut*) être en provenance (*from* de); [*person*] être originaire (*from* de). **where do you ~ from?** d'où êtes-vous? **3** *n* appel *m.* **within ~** à portée de voix. ◆ **hail-fellow-well-met** *adj* liant, exubérant.

hair [hɛəʳ] **1** *n* (**a**) [*person*] cheveux *mpl*; (*on body*) poils *mpl*; [*animal*] pelage *m.* **he has black ~** il a les cheveux noirs; **a man with long ~, a long-~ed man** un homme aux cheveux longs; **a fine head of ~** une belle chevelure; **to wash one's ~** se laver les cheveux *or* la tête; **to do one's ~** se coiffer; **she always does my ~ very well** elle me coiffe toujours très bien; **her ~ is always very nice** elle est toujours très bien coiffée; **to have one's ~ done** se faire coiffer; **to get one's ~ cut** se faire couper les cheveux; **to make sb's ~ stand on end** faire dresser les cheveux sur la tête à qn; (*fig*) **to let one's ~ down *** se défouler *; **keep your ~ on!** * du calme!; **he gets in my ~** * il me tape sur les nerfs *. (**b**) (*single* ~) [*head*] cheveu *m*; [*body, animal*] poil *m.* **not a ~ of his head was harmed** on ne lui a pas touché un cheveu; **it was hanging by a ~** cela ne tenait qu'à un cheveu; **to remove unwanted ~ from one's legs** *etc* s'épiler les jambes *etc*; **he's got him by the short ~s *** il lui tient le couteau sur la gorge; **try a ~ of the dog that bit you *** reprends un petit verre pour faire passer ta gueule de bois *.

2 *adj* (**a**) *sofa, mattress etc* de crin. (**b**) ~ **appointment** rendez-vous *m* chez le coiffeur; ~ **clippers** (*npl*) tondeuse *f*; ~ **cream** brillantine *f*; ~ **gel** gel *m* coiffant; ~ **lacquer** laque *f*; ~ **oil** huile *f* capillaire; ~ **remover** crème *f* épilatoire; ~ **restorer** régénérateur *m* des cheveux; ~ **roller** rouleau *m*; ~ **set** mise *f* en plis; ~ **slide** barrette *f*; ~ **spray** laque *f* (en bombe *etc*); **a can of ~ spray** une bombe de laque; ~ **style** coiffure *f* (*arrangement des cheveux*); ~ **stylist** coiffeur *m*, -euse *f.* ◆ **hairband** *n* bandeau *m.* ◆ **hairbreadth** *or* ◆ **hairsbreadth** *n*: **by a ~breadth** de justesse; **he was within a ~breadth of doing** il a failli faire. ◆ **hairbrush** *n* brosse *f* à cheveux. ◆ **haircut** *n*: **to have** *or* **get a ~cut** se faire couper les cheveux; **I like your ~cut** j'aime ta coupe de cheveux. ◆ **hairdo *** *n* coiffure *f.* ◆ **hairdresser** *n* coiffeur *m*, -euse *f*; ~**dresser's (shop** *or* **salon)** salon *m* de coiffure. ◆ **hairdressing** *n* coiffure *f* (*métier*). ◆ **hair-drier** *n* séchoir *m* à cheveux; (*free-standing*) casque *m.* ◆ **hair-grip** *n* pince *f* à cheveux. ◆ **hairline** **1** *n* naissance *f* des cheveux; **he has a receding ~line** son front se dégarnit ; **2** *adj*: ~**line fracture** fêlure *f*; ~**line crack** légère fêlure. ◆ **hairnet** *n* résille *f.* ◆ **hairpiece** *n* postiche *m.* ◆ **hairpin** **1** *n* épingle *f* à cheveux ; **2** *adj*: ~**pin bend**, (*US*) ~**pin curve** virage *m* en épingle à cheveux. ◆ **hair-raising** *adj* à vous faire dresser les cheveux sur la tête. ◆ **hair-splitting** **1** *n* ergotage *m*, chicanerie *f* ; **2** *adj* ergoteur, chicanier. ◆ **hairy** *adj body, animal* velu, poilu; *scalp* chevelu;

person hirsute; *(Bot)* velu; *(*: frightening)* à vous faire dresser les cheveux sur la tête.

Haiti ['heɪtɪ] Haïti *m.*

hake [heɪk] *n* colin *m.*

hale [heɪl] *adj:* ~ **and hearty** en pleine santé.

half, *pl* **halves** [hɑ:f, hɑ:vz] **1** *n* **(a)** moitié *f;* demi(e) *m(f).* **to cut/break in** ~ couper/casser en deux; **one** ~ **of the apple** une *or* la moitié de la pomme; **to take** ~ **of** prendre la moitié de; **two halves make a whole** deux demis font un tout; **he doesn't do things by halves** il ne fait pas les choses à moitié; **to go halves in sth with sb** se mettre de moitié avec qn pour qch; **bigger by** ~ moitié plus grand; **too clever by** ~ un peu trop malin; **and that's not the** ~ **of it!** * et ce n'est pas le mieux!; *(fig)* **to see how the other** ~ **lives** * aller voir comment vivent les autres; *(beer)* ~ **of Guinness** ≃ un bock de Guinness; *[rail ticket]* **outward/return** ~ billet *m* aller/retour. **(b)** *(Sport) (player)* demi *m;* *(part of match)* mi-temps *f; (Scol: term)* semestre *m.*
2 *adj* demi. **a** ~ **cup,** ~ **a cup** une demi-tasse; **two and a** ~ **hours** deux heures et demie; **two and a** ~ **kilos** deux kilos et demi; *(fig)* **in** ~ **a second** * en moins de rien; **to listen with** ~ **an ear** n'écouter que d'une oreille; **I don't like** ~ **measures** je n'aime pas faire les choses à moitié.
3 *adv* **(a)** à moitié, à demi. ~ **asleep/full/done** à moitié endormi/plein/fait; ~ **dressed/open** à demi vêtu/ouvert; ~ **French** ~ **English** mi-français mi-anglais; ~ **laughing** ~ **crying** moitié riant moitié pleurant; **he** ~ **rose to his feet** il s'est levé à demi; **I** ~ **think you were tempted to** je serais tenté de penser; **I** ~ **suspect that...** je soupçonne presque que...; **I'm** ~ **afraid that** j'ai un peu peur que + *ne* + *subj;* **not** ~ **\$ rich** drôlement * riche; **she didn't** ~ **\$ like it** ça lui a drôlement * plu; **not** ~ **!** * et comment! *; **it is** ~ **past three** il est trois heures et demie. **(b)** ~ **as big as** moitié moins grand que; ~ **as big again** moitié plus grand; ~ **as much as** moitié moins que; ~ **as much again** moitié plus.
◆ **half-and-half 1** *adv* moitié-moitié ; **2** *n (US)* mélange mi-crème mi-lait. ◆ **half-back** *n (Sport)* demi *m.* ◆ **half-baked** *adj (fig)* à la manque *. ◆ **half-board** *n* demi-pension *f.* ◆ **half-brother** *n* demi-frère *m.* ◆ **half-caste** *adj, n* métis(se) *m(f).* ◆ **half-circle** *n* demi-cercle *m.* ◆ **half-day** *n* demi-journée *f.* ◆ **half-dead** *adj* à moitié mort *(with* de). ◆ **half-dozen** *or* ◆ **half-a-dozen** *n* demi-douzaine *f.* ◆ **half-fare 1** *n* demi-tarif *m ;* **2** *adv* à demi-tarif. ◆ **half-fill** *vt* remplir à moitié. ◆ **half-hearted** *adj manner, person* tiède; *attempt* sans conviction; *welcome* peu enthousiaste. ◆ **half-heartedly** *adv* avec tiédeur; sans conviction; sans enthousiasme. ◆ **halfholiday** *n* demi-journée *f* de congé. ◆ **half-hour** *or* ◆ **half-an-hour** *n* demi-heure *f.* ◆ **half-hourly** *adv, adj* toutes les demi-heures. ◆ **half-light** *n* demi-jour *m.* ◆ **half-mast** *n:* **at** ~**-mast** en berne. ◆ **half-moon** *n* demi-lune *f;* *(on fingernail)* lunule *f.* ◆ **half-open 1** *adj* entrouvert ; **2** *vt* entrouvrir. ◆ **half-pay** *n:* **on** ~**-pay** à demi-salaire; *(Mil)* en demi-solde. ◆ **halfpenny** ['heɪpnɪ] *n* demi-penny *m;* **he hasn't got a** ~**penny** il n'a pas le sou. ◆ **half-price** *n:* **at** ~**-price** à moitié prix; **the goods were reduced to** ~**-price** le prix des articles était réduit de moitié; **children admitted at** ~**-price** les enfants paient demi-tarif. ◆ **half-seas over \$** *adj* dans les vignes du Seigneur. ◆ **half-sister** *n* demi-sœur *f.* ◆ **half-starved** *adj* affamé. ◆ **half term (holiday)** *n* congé *m* de demi-trimestre. ◆ **half-time 1** *n (Sport, Ind)* mi-temps *f;* **2** *adj, adv* à mi-temps. ◆ **halfway** *adv, adj* à mi-chemin *(to* de; *between* entre); ~**way up** *or* **down (the hill)** à mi-côte, à mi-pente; **we're** ~**way there** nous n'avons plus que la moitié du chemin à faire; **to meet sb** ~**way** aller à la rencontre de qn; *(fig)* **I'll meet**

you ~**way** coupons la poire en deux; ~**way through sth** à la moitié de qch. ◆ **halfwit** *n* idiot(e) *m(f).* ◆ **halfwitted** *adj* idiot. ◆ **half-yearly 1** *adj* semestriel ; **2** *adv* tous les six mois.

halibut ['hælɪbət] *n* flétan *m.*

halitosis [ˌhælɪˈtəʊsɪs] *n* mauvaise haleine.

hall [hɔ:l] **1** *n* **(a)** *(public room)* (grande) salle *f.* **(b)** *(mansion)* manoir *m.* *(Univ)* ~ **of residence** résidence *f* universitaire. **(c)** *(entrance way)* entrée *f,* hall *m;* *(corridor)* couloir *m.* **2** *adj:* ~ **porter** concierge *mf.* ◆ **hallmark** *n (fig)* marque *f.* ◆ **hallstand** *n or* ◆ **hall-tree** *(US) n* portemanteau *m.* ◆ **hallway** *n* vestibule *m; (corridor)* couloir *m.*

hallo [hə'ləʊ] *excl (in greeting)* bonjour!; *(Telec)* allô!; *(to attract attention)* hé!; *(in surprise)* tiens!

Hallowe'en ['hæləʊ'i:n] *n* veille *f* de la Toussaint.

hallucination [həˌlu:sɪˈneɪʃ(ə)n] *n* hallucination *f.*

halo ['heɪləʊ] *n* auréole *f; (Astron)* halo *m.*

halt [hɔ:lt] **1** *n* halte *f,* arrêt *m.* **5 minutes'** ~ 5 minutes d'arrêt; **to come to a** ~ s'arrêter; **to call a** ~ *(order a stop)* commander halte; *(stop)* faire halte; *(fig)* **to call a** ~ **to sth** mettre fin à qch. **2** *vi* s'arrêter. ~**!** halte! **3** *vt vehicle* faire arrêter; *process* interrompre. ◆ **halting** *adj* hésitant. ◆ **haltingly** *adv* de façon hésitante.

halter ['hɔ:ltə'] *n* licou *m.*

halve [hɑ:v] *vt apple etc* partager en deux (moitiés égales); *expense, time* réduire de moitié.

halves [hɑ:vz] *npl of* **half.**

ham [hæm] **1** *n* **(a)** jambon *m.* ~ **and eggs** œufs *mpl* au jambon. **(b)** *(Theat *: pej)* cabotin(e) * *m(f);* *(Rad *)* radio-amateur *m.* **2** *adj sandwich* au jambon. **3** *vti (Theat *: also* ~ **it up)** forcer son rôle. ◆ **ham-fisted** *or* ◆ **ham-handed** *adj* maladroit. ◆ **hamstring** *vt (fig)* couper ses moyens à.

Hamburg ['hæmbɜ:g] *n* Hambourg.

hamburger ['hæmˌbɜ:gə'] *n (gen)* hamburger *m;* *(US)* ~ **meat)** viande *f* hachée.

hamlet ['hæmlɪt] *n* hameau *m.*

hammer ['hæmə'] **1** *n* marteau *m.* **the** ~ **and sickle** la faucille et le marteau; **to go at sth** ~ **and tongs** faire qch avec acharnement; **to come under the** ~ être mis aux enchères. **2** *vt* marteler; *(*: defeat)* battre à plate couture; *(criticize severely)* film etc éreinter. **to** ~ **a nail into a plank** enfoncer un clou dans une planche (à coups de marteau); **to** ~ **into shape** *metal* façonner au marteau; *plan* mettre au point; **to** ~ **an idea into sb's head** faire entrer de force une idée dans la tête de qn. **3** *vi (lit)* frapper (au marteau). *(fig)* **he was** ~**ing at the door** il frappait à la porte à coups redoublés. ◆ **hammer down** *vt sep nail* enfoncer; *plank* fixer. ◆ **hammer out** *vt sep plan, agreement* élaborer (avec difficulté).

hammock ['hæmək] *n* hamac *m.*

hamper¹ ['hæmpə'] *n (basket)* panier *m* d'osier.

hamper² ['hæmpə'] *vt (hinder)* gêner.

hamster ['hæmstə'] *n* hamster *m.*

hand [hænd] **1** *n* **(a)** main *f.* **on (one's)** ~**s and knees** à quatre pattes; **to have in one's** ~ *book* tenir à la main; *money* avoir dans la main; *victory* tenir entre ses mains; **give me your** ~ donne-moi la main; **to take sb's** ~ prendre la main de qn; **by the** ~ par la main; **with** *or* **in both** ~**s** à deux mains; ~**s up!** *(at gunpoint)* haut les mains!; *(in school etc)* levez la main!; ~**s off!** bas les pattes!; ~**s off the sweets!** ne touche pas aux bonbons!; ~**s off our village** laissez notre village tranquille; *(lit)* ~ **over** ~ *or* **fist** main sur main; *(fig)* **he's making money** ~ **over fist** il fait des affaires d'or; **good with his** ~**s** adroit de ses mains.

(b) *(phrases)* **at** ~ *object* à portée de la main; *money, information* disponible; *summer, date* tout proche; **at first** ~ de première main; **by** ~ à la main; **from** ~ **to** ~ de main en main; **to live from** ~ **to mouth** vivre au jour le jour; **pistol in** ~ pistolet *m* au poing; **to put in(to) sb's** ~**s** remettre entre les mains de qn; **in good** ~**s** en bonnes mains; **I have this matter in** ~ je suis en train de m'occuper de cette affaire; **he had £6,000 in** ~ il avait 6 000 livres de disponibles; **cash in** ~ encaisse *f*; **the matter in** ~ l'affaire en question; **he had the situation well in** ~ il avait la situation bien en main; **she took the child in** ~ elle a pris l'enfant en main; **to keep o.s. well in** ~ se contrôler; **work in** ~ travail *m* en cours; **to have sth on one's** ~**s** avoir qch sur les bras; **on the right/left** ~ du côté droit/gauche; **on my right** ~ à ma droite; **on every** ~, **on all** ~**s** de tous côtés; **on the one** ~... **on the other** ~ d'une part... d'autre part; **to get sth off one's** ~**s** se débarrasser de qch; **it/she was off his** ~**s** il n'avait plus à s'en occuper/à s'occuper d'elle; **out of** ~ *(gen: instantly)* d'emblée; *condemn* sans jugement; *execute* sommairement; **to get out of** ~ *(gen)* devenir impossible; *(prices)* déraper; **to** ~ sous la main; **they are** ~ **in glove** ils s'entendent comme larrons en foire; ~ **in glove with** de mèche avec; **he never does a** ~**'s turn** il ne remue pas le petit doigt; **to eat out of sb's** ~ manger dans la main de qn; *(fig)* marcher au doigt et à l'œil; **to get one's** ~ **in** se faire la main; **to keep one's** ~**s off sth** s'empêcher de toucher à qch; **to have one's** ~**s full** avoir fort à faire *(with* avec); **to have a** ~ **in** *piece of work, decision* être pour qch dans; *crime, plot* être mêlé à; **she had a** ~ **in it** elle y était pour qch; **I will have no** ~ **in it** je ne veux rien avoir à faire là-dedans; **to take a** ~ **in (doing) sth** contribuer à (faire) qch; **to give sb a** ~ donner un coup de main à qn *(to do* pour faire); **to get/ have the upper** ~ **of sb** prendre/avoir le dessus sur qn; **to put** *or* **set one's** ~ **to sth** entreprendre qch; **empty-**~**ed** les mains vides; **to win sth** ~**s down** gagner qch haut la main; **to be waited on** ~ **and foot** se faire servir comme un prince; *[horse]* **13** ~**s high** de 13 paumes.

(c) *(worker)* travailleur *m*, -euse *f* manuel(le), ouvrier *m*, -ière *f*. ~**s** *(Ind etc)* main-d'œuvre *f*; *(Naut)* hommes *mpl*; **all** ~**s on deck** tout le monde sur le pont; *(Naut)* **lost with all** ~**s** perdu corps et biens; **he's a great** ~ **at (doing) that** il est vraiment doué pour (faire) cela; **he's an old** ~ **at it** il n'en est pas à son coup d'essai.

(d) *[clock etc]* aiguille *f*.

(e) *(Cards)* main *f*; *(game etc)* partie *f*. **I've got a good** ~ j'ai une belle main; **we played a** ~ **of bridge** nous avons fait une partie de bridge.

2 *adj cream etc* pour les mains. ~ **towel** essuie-mains *m inv*.

3 *vt* passer, donner *(to* à). *(fig)* **you've got to** ~ **it to him** * c'est une justice à lui rendre; **it was** ~**ed to him on a plate** * ça lui a été apporté sur un plateau.

◆ **hand back** *vt sep* rendre *(to* à). ◆ **hand down** *vt sep object* passer *(de haut en bas)*; *heirloom, tradition* transmettre *(to* à). ◆ **hand in** *vt sep* remettre *(to* à). ◆ **hand on** *vt sep* transmettre *(to* à). ◆ **hand out** *vt sep* distribuer. ◆ **hand over 1** *vi (fig)* **to** ~ **over to sb** passer le relais à qn. **2** *vt sep object* remettre *(to* à); *prisoner* livrer *(to* à); *powers (transfer)* transmettre *(to* à); *(surrender)* céder *(to* à); *property, business* céder. ◆ **hand round** *vt sep bottles, papers* faire circuler; *cakes* faire passer, *[hostess]* offrir. ◆ **hand up** *vt sep* passer *(de bas en haut)*.

◆ **handbag** *n* sac *m* à main. ◆ **handball** *n* handball *m*. ◆ **handbasin** *n* lavabo *m*. ◆ **handbell** *n* sonnette *f*. ◆ **handbill** *n* prospectus *m*. ◆ **handbook** *n (instructions)* manuel *m*; *[tourist]* guide *m*;

[museum] livret *m*. ◆ **handbrake** *n* frein *m* à main. ◆ **handclasp** *n* poignée *f* de main. ◆ **handcuff 1** *n* menotte *f* ; **2** *vt* passer les menottes à; **to be** ~**cuffed** avoir les menottes aux poignets. ◆ **hand-drier** *n* sèche-mains *m inv*. ◆ **handful** *n* poignée *f*; **in** ~**fuls** à *or* par poignées; *(fig)* **the children are a** ~**ful** * les enfants ne me laissent pas une minute de répit. ◆ **hand grenade** *n* grenade *f* (à main). ◆ **handicraft** *n (work)* artisanat *m*; *(skill)* habileté *f* manuelle; **exhibition of** ~**icrafts** exposition *f* d'objets artisanaux. ◆ **hand-in-hand** *adv* la main dans la main; *(fig)* ensemble; *(fig)* **to go** ~**-in-**~ **with** aller de pair avec. ◆ **handiwork** *n* ouvrage *m*; *(fig)* œuvre *f*. ◆ **handkerchief** ['hæŋkətʃɪf] *n* mouchoir *m*. ◆ **hand-knitted** *adj* tricoté à la main. ◆ **hand-luggage** *n* bagages *mpl* à main. ◆ **handmade** *adj* fait à la main. ◆ **hand-me-downs** * *npl* vêtements *mpl* d'occasion. ◆ **handout** *n (leaflet)* prospectus *m*; *(at meeting)* documentation *f*; *(press release)* communiqué *m*; *(money)* aumône *f*; *(aid)* aide *f*. ◆ **hand-picked** *adj* trié sur le volet. ◆ **handrail** *n [stairs etc]* rampe *f*; *[bridge, quay]* garde-fou *m*. ◆ **handsaw** *n* scie *f* à main. ◆ **handshake** *n* poignée *f* de main. ◆ **hands-off** *adj (fig: policy)* non-intervention. ◆ **hands-on** *adj, adv (gen)* sur le tas; *(Comput)* appareil en main. ◆ **handspring** *n* saut *m* de mains. ◆ **handstand** *n*: **to do a** ~**stand** faire l'arbre droit. ◆ **hand-to-hand 1** *adv* corps à corps ; **2** *adj*: ~**-to-**~ **fighting** corps à corps *m*. ◆ **handwork** *n* = **handwork**. ◆ **handwoven** *adj* tissé à la main. ◆ **handwriting** *n* écriture *f*. ◆ **handwritten** *adj* manuscrit, écrit à la main.

handicap ['hændɪkæp] **1** *n* handicap *m*. **his appearance is a great** ~ son aspect physique le handicape beaucoup. **2** *vt* handicaper. ◆ **handicapped 1** *adj* handicapé; **mentally/physically** ~**ped** handicapé mentalement/physiquement ; **2** *npl*: **the** ~**ped** les handicapés *mpl*; **the mentally/ physically** ~**ped** les handicapés mentaux/physiques.

handle ['hændl] **1** *n [basket, bucket]* anse *f*; *[broom, spade, knife]* manche *m*; *[door, drawer, suitcase, tap]* poignée *f*; *[saucepan]* queue *f*; *[pump, stretcher, wheelbarrow]* bras *m*. *[car]* **(starting)** ~ manivelle *f*. **2** *vt* **(a)** *(wield)* bow, weapon manier; *(shift etc: esp Ind)* manipuler; *(touch)* goods etc toucher à; *(Sport)* ball toucher de la main. '~ **with care**' 'fragile'. **(b)** *(fig)* ship, car manœuvrer; person, animal manier, s'y prendre avec. **he knows how to** ~ **a gun/his son** il sait se servir d'un revolver/s'y prendre avec son fils; **he** ~**d the situation very well** il a très bien conduit l'affaire; **I'll** ~ **this** je m'en charge; **we don't** ~ **that type of product** nous ne faisons pas ce genre de produit; **we don't** ~ **that type of business** nous ne nous occupons pas de ce type d'affaires; **Orly** ~**s 5 million passengers a year** 5 millions de passagers passent par Orly chaque année; **can the port** ~ **big ships?** le port peut-il recevoir les gros bateaux?

◆ **handlebars** *npl* guidon *m*. ◆ **handler** *n (dog* ~*)* maître-chien *m*. ◆ **handling** *n [ship]* manœuvre *f*; *[car]* maniement *m*; *[goods, objects] (Ind)* manutention *f*; *(fingering)* maniement *m*; **his handling of the matter** la façon dont il a traité l'affaire; *[person, object]* **to get some rough handling** se faire malmener.

handsome ['hænsəm] *adj (good-looking)* beau; *conduct, compliment, gift* généreux; *apology* honorable; *amount, fortune, profit* considérable. ◆ **handsomely** *adv (elegantly)* construct avec élégance; *(generously)* contribute généreusement; *apologize* avec bonne grâce; *behave* élégamment.

handy ['hændɪ] *adj* **(a)** *person* adroit (de ses mains). **to be** ~ **with sth** savoir se servir de qch. **(b)** *(at hand)* tool sous la main, prêt; *place* commode; *(nearby)* shops etc accessible. **(c)** *(convenient)* tool, *method* pratique. *(fig)* **that's** ~! ça tombe bien!; **that would come in very** ~ cela tomberait bien. ◆ **handyman** *n (servant)* homme *m* à tout faire; *(do-it-yourself)* bricoleur *m*.

hang [hæŋ] *pret, ptp* **hung 1** *vt* (a) *(suspend) lamp* suspendre *(on* à); *curtains, hat, picture* accrocher *(on* à); *door* monter; *clothes* pendre *(on, from* à); *wallpaper* poser; *dangling object* laisser pendre. **to** ~ **one's head** baisser la tête; **trees hung with lights** arbres chargés de lumières; **room hung with paintings** pièce aux murs couverts de tableaux; **to** ~ **fire** *[guns]* faire long feu; *[plans etc]* traîner (en longueur). (b) *(pret, ptp* **hanged**) *criminal* pendre *(for* pour).
2 *vi* (a) *[rope, dangling object]* pendre, être accroché *or* suspendu *(on, from* à); *[drapery]* pendre, tomber; *[hair]* tomber; *[picture]* être accroché *(on* à); *[criminal etc]* être pendu. **he'll** ~ **for it** cela lui vaudra la corde; **to** ~ **out of the window** *[person]* se pencher par la fenêtre; *[thing]* pendre à la fenêtre; *(fig)* **to** ~ **by a hair** ne tenir qu'à un cheveu. (b) *[fog, threat]* planer, peser *(over* sur); *[hawk]* être comme suspendu.
3 *n*: **to get the** ~ * **of doing sth** attraper le coup * pour faire qch.
◆ **hang about, hang around 1** *vi [loiterer]* traîner. **to keep sb** ~**ing about** faire attendre qn. **2** *vt fus person* coller à; *place* hanter. ◆ **hang back** *vi (in walking etc)* hésiter à aller de l'avant; *(fig)* être réticent *(from doing* pour faire). ◆ **hang down** *vi, vt sep* pendre. ◆ **hang on 1** *vi* (a) *(*: *wait)* attendre. ~ **on!** attendez!; *(on phone)* ne quittez pas! (b) *(hold out)* tenir bon, résister. (c) **to** ~ **on to sth** * *(keep hold of)* ne pas lâcher qch; *(keep)* garder qch. **2** *vt fus (depend on)* dépendre de. ◆ **hang out 1** *vi (gen)* pendre; *(⁂: live)* percher *, habiter; *(spend time)* traîner; *(*: *resist)* tenir bon. **2** *vt sep streamer* suspendre (dehors); *washing* étendre (dehors); *flag* arborer. ◆ **hang together** *vi [argument, details]* se tenir; *[story]* tenir debout; *[statements]* concorder. ◆ **hang up 1** *vi (Telec: also* ~ **up on sb)** raccrocher. **2** *vt sep* accrocher *(on* à, sur). *(fig)* **he's hung up about it** * il en fait tout un complexe.

◆ **handdog expression** *n* air *m* de chien battu. ◆ **hanger** *n (clothes* ~) cintre *m*. ◆ **hanger-on** *n* parasite *m (personne)*. ◆ **hang-glider** *n (person)* libériste *mf; (device)* aile *f* volante. ◆ **hang-gliding** *n*: **to go** ~-**gliding** pratiquer le vol libre. ◆ **hanging 1** *n (execution)* pendaison *f;* **2** *adj bridge* suspendu; *lamp, light* pendant. ◆ **hangman** *n bourreau m*. ◆ **hangover** *n*: **to have a** ~**over** avoir une *or* la gueule de bois ⁂; **a** ~**over from the previous administration** un reliquat de l'administration précédente. ◆ **hang-up** * *n* complexe *m (about* en ce qui concerne).

hangar ['hæŋəʳ] *n (Aviat)* hangar *m*.

hank [hæŋk] *n [wool etc]* écheveau *m*.

hanker ['hæŋkəʳ] *vi*: **to** ~ *or* **have a** ~**ing for** *or* **after** avoir envie de.

hankie * ['hæŋkɪ] *n abbr of* **handkerchief**.

hanky-panky * ['hæŋkɪ'pæŋkɪ] *n* entourloupette * *f.* **there's some** ~ **going on** il y a une entourloupette * là-dessous.

ha'penny ['heɪpnɪ] *n* = **halfpenny**.

haphazard [,hæp'hæzəd] *adj (fait)* au hasard; *arrangement* fortuit. ◆ **haphazardly** *adv* au hasard.

happen ['hæp(ə)n] *vi* arriver, se passer, se produire. **sth** ~**ed** il est arrivé *or* il s'est passé qch; **what's** ~**ed?** qu'est-ce qui s'est passé *or* est arrivé?; **as if nothing had** ~**ed** comme si de rien n'était; **whatever** ~**s** quoi qu'il arrive; **don't let it** ~ **again!** et que ça ne se reproduise pas!; **these things** ~ ce sont des choses qui arrivent; **what has** ~**ed to him?** *(befallen)* qu'est-ce qui lui est arrivé?; *(become of)* qu'est-ce qu'il est devenu?;

a funny thing ~**ed to me this morning** il m'est arrivé qch de bizarre ce matin; **how does it** ~ **that?** comment se fait-il que? + *subj;* **it might** ~ **that** il pourrait se faire que + *subj;* **it so** ~**s that** I'm going there il se trouve que j'y vais justement; **do you** ~ **to have a pen?** aurais-tu par hasard un stylo?; **if he does** ~ **to see her** s'il lui arrive de la voir. ◆ **happening** *n* événement *m; (Theat)* happening *m*. ◆ **happenstance** * *n (US)* événement *m* fortuit.

happy ['hæpɪ] *adj* heureux *(to do* de faire). **I'm not** ~ **about the plan** je ne suis pas très heureux de ce projet; **I'm not** ~ **about leaving him alone** je ne suis pas tranquille de le laisser seul; **I'll be quite** ~ **to do it** je le ferai volontiers; **she was quite** ~ **to stay there** cela ne l'ennuyait pas de rester là; **I'm** ~ **here reading** je suis très bien ici à lire; **it has a** ~ **ending** cela se termine bien; **the** ~ **few** les rares privilégiés *mpl; (US)* ~ **hour** le 5 à 7; ~ **birthday!** bon *or* joyeux anniversaire!; ~ **Christmas!** joyeux Noël!; ~ **New Year!** bonne année!; **a** ~ **thought** une heureuse inspiration; **a** ~ **medium** un moyen terme. ◆ **happily** *adv (contentedly) play, walk, talk* tranquillement; *say, smile* joyeusement; *(fortunately)* heureusement; *(felicitously) word, choose* avec bonheur; **to live happily** vivre heureux; **they lived happily (for) ever after** après cela ils vécurent toujours heureux. ◆ **happiness** *n* bonheur *m*. ◆ **happy-go-lucky** *adj person* insouciant; *arrangement* fait au petit bonheur.

harangue [hə'ræŋ] **1** *vt* haranguer *(about* à propos de). **he** ~**d her into doing it** il n'a eu de cesse qu'elle ne le fasse. **2** *n* harangue *f*.

harass ['hærəs] *vt (harry) troops, the enemy etc* harceler; *(worry)* tracasser; *(stronger)* harceler. ◆ **harassed** *adj* tracassé, surmené, harcelé. ◆ **harassment** *n* harcèlement *m*, surmenage *m*.

harbour, *(US)* **harbor** ['hɑːbəʳ] **1** *n* port *m*. **2** *adj:* ~ **master** capitaine *m* de port. **3** *vt refugee* héberger, abriter; *criminal* receler; *suspicions, fear* entretenir. **to** ~ **a grudge against sb** garder rancune à qn.

hard [hɑːd] **1** *adj* (a) *substance* dur; *mud, snow* durci; *muscle* ferme. ~ **hat** casque *m; (riding hat)* bombe *f; (Comput)* ~ **copy** copie *f* papier; *(Tennis)* ~ **court** court *m* en dur; *(Comput)* ~ **disk** disque *m* dur; *(Aut)* ~ **shoulder** accotement *m* stabilisé; **to grow** ~ durcir; **a** ~ **nut to crack** *(problem etc)* un gros problème; *(person)* un(e) dur(e) à cuire *; **he is as** ~ **as nails** *(physically)* c'est un paquet de muscles; *(mentally)* il est dur. (b) *(difficult) problem, examination* difficile; *task* pénible, dur. ~ **to understand** difficile *or* dur à comprendre; **I find it** ~ **to explain** j'ai du mal à l'expliquer; **I find it** ~ **to believe that...** j'ai du mal à croire que...+ *subj;* ~ **to please** exigeant, difficile; ~ **to get on with** difficile à vivre; **that is** ~ **to beat** on peut difficilement faire mieux; ~ **of hearing** dur d'oreille. (c) *(severe)* dur, sévère *(on, to* avec; *towards* envers); *heart* dur, impitoyable. **he's a** ~ **man** il est dur, c'est un homme impitoyable; **to grow** ~ s'endurcir; ~ **sell** promotion *f* de vente agressive. (d) *(harsh) life* dur, difficile; *words, work* dur; *climate, winter* rude; *fall* mauvais; *rule, decision, treatment* sévère; *(tough) battle, fight* acharné; *match* âprement disputé; *study* assidu; *worker* dur à la tâche. **it's** ~ **work!** c'est dur!; **he drives a** ~ **bargain** il ne fait pas de cadeaux *(fig);* **a** ~ **blow** un coup dur, un rude coup; *(Brit)* ~ **luck!** *, ~ **lines!** * pas de veine! *; **it's** ~ **luck on him** * il n'a pas de veine *; ~ **liquor** boisson *f* fortement alcoolisée; ~ **drinker** gros buveur *m;* **a** ~ **core of offenders** un noyau irréductible de délinquants; *(Pol)* **the** ~ **core of the party** les inconditionnels *mpl* parmi les membres du parti; **the** ~ **facts** la réalité brutale; ~ **feeling** amertume *f;* **no** ~ **feelings!** sans rancune!; ~ **frost** forte gelée *f;* **it was** ~ **going** ça a été dur *; *(Jur)* ~ **labour** travaux *mpl* forcés; **she had a ~ time of it** elle a traversé des moments difficiles; **you'll have a ~ time of it persuading...** vous allez avoir du mal à persuader...; **these are ~ times** les temps sont durs; *(Mus)* ~ **rock** (rock *m*) hard *m*. (ⓔ) *(fig) light, line, colour, drug* dur; *water* calcaire; *(Fin)* market ferme. ~ **cash** espèces *fpl*; ~ **evidence** preuve(s) *f(pl)* concrète(s); ~ **news** de l'information *f* sérieuse.

2 *adv pull* fort; *hit* dur, fort; *fall down* durement; *run* à toutes jambes; *think* sérieusement; *work, study* d'arrache-pied; *drink* beaucoup. **as ~ as one can** de toutes ses forces; **it's raining ~** il pleut à verse; **it's snowing ~** il neige dru; **it's freezing ~** il gèle dur; **frozen ~** *lake* profondément gelé; *ground* durci par le gel; **to hold on ~** tenir bon *or* ferme; **to look ~ at** *person* dévisager; *thing* regarder de près; **to try ~** faire un gros effort; **to be ~ hit** être sérieusement touché; ~ **at it** * attelé à la tâche; ~ **by** tout près; **to follow ~ upon sb's heels** suivre qn de très près; **to be ~ put to it to do** avoir beaucoup de mal à faire; ~ **pressed** *(for time)* débordé; *(for money)* à court; **she took it pretty** ~ elle a été très affectée; ~ **done by** * traité injustement.

◆ **hard-and-fast** *adj* inflexible; *rule* absolu. ◆ **hardback** *n* livre *m* cartonné. ◆ **hardball** *n (US)* baseball *m*. ◆ **hard-bitten** *adj* dur à cuire *. ◆ **hardboard** *n* Isorel *m* ®. ◆ **hard-boiled** *adj egg* dur; *(fig) person* dur à cuire *. ◆ **hard-core** *adj support, opposition* inconditionnel; *pornography* dur. ◆ **hard-earned** *adj money* durement gagné; *holiday* bien mérité. ◆ **harden 1** *vt (gen)* durcir; *person* endurcir; **to ~en one's heart** s'endurcir ; **2** *vi [substances]* durcir; *[voice]* se faire dur; *[prices]* être en hausse; *[market]* s'affermir. ◆ **hardened** *adj* durci; *criminal* endurci; *sinner* invétéré; **I'm ~ened to it** j'ai l'habitude. ◆ **hardening** *n* durcissement *m*. ◆ **hard-fought** *adj* âprement disputé. ◆ **hard-headed** *adj* réaliste. ◆ **hard-hearted** *adj* impitoyable, au cœur dur. ◆ **hard-liner** *n* inconditionnel(le) *m(f)*. ◆ **hardly** *adv* **(a)** *(scarcely)* à peine, ne... guère; **he can ~ly write** il sait à peine écrire; **it's ~ly his business if...** ce n'est guère son affaire si...; **you'll ~ly believe it** vous aurez de la peine à le croire; **I need ~ly point out that** je n'ai pas besoin de faire remarquer que; **I ~ly know** je n'en sais trop rien; **~ly anyone/anywhere/ever** presque personne/nulle part/jamais; **~ly!** *(not at all)* certainement pas!; *(not exactly)* pas précisément!; **(b)** *(harshly)* durement, sévèrement. ◆ **hardness** *n* dureté *f* ; fermeté *f*; difficulté *f*; sévérité *f*. ◆ **hardnosed** *adj* impitoyable, dur. ◆ **hard-of-hearing** *npl:* **the ~-of-hearing** les mal-entendants. ◆ **hardship** *n* épreuves *fpl*; *(suffering)* souffrance *f*; *(poverty)* pauvreté *f*; **there's a certain amount of ~ship involved** ce sera assez dur; **a life of ~ship** une vie pleine d'épreuves; **it's no great ~ship to go and see her** ce n'est tout de même pas une épreuve d'aller la voir; **~ships** épreuves *fpl*, privations *fpl*. ◆ **hardtop** *n (US Aut)* voiture *f* à toit de tôle amovible. ◆ **hard-up** * *adj* fauché *. ◆ **hardware 1** *n (Comm)* quincaillerie *f*; *(Mil, Police etc)* matériel *m*; *(Comput, Space)* hardware *m* ; **2** *adj:* **~ware dealer** quincailler *m*; **~ware shop** quincaillerie *f*; *(Comput)* **~ware specialist** technicien(ne) *m(f)* du hardware. ◆ **hard-wearing** *adj* solide, résistant. ◆ **hardwood** *n* bois *m* dur. ◆ **hard-working** *adj* travailleur.

hardy ['hɑːdɪ] *adj (strong)* robuste; *(bold)* hardi; *plant* résistant (au gel); *tree* de plein vent. ◆ **hardihood** *n* hardiesse *f*. ◆ **hardiness** *n* force *f*, vigueur *f*.

hare [hɛəʳ] **1** *n* lièvre *m*. **2** *vi:* **to ~ in** * *etc* entrer *etc* en trombe. ◆ **harebell** *n* campanule *f*. ◆ **harebrained** *adj person* écervelé; *plan* insensé. ◆ **hare-**

coursing *n* chasse *f* au lièvre. ◆ **harelip** *n* bec-de-lièvre *m*.

haricot ['hærɪkəʊ] *n:* ~ **(bean)** haricot *m* blanc.

hark [hɑːk] *excl* écoutez! ◆ **hark back** *vi* revenir *(to* sur).

harm [hɑːm] **1** *n (gen)* mal *m*; *(to reputation, interests)* tort *m*. **to do sb ~** faire du mal *or* du tort à qn; **no ~ done** il n'y a pas de mal; **he means no ~** il n'a pas de mauvaises intentions; **he meant no ~ by what he said** il ne l'a pas dit méchamment; **he doesn't mean us any ~** il ne nous veut pas de mal; **you will come to no ~** il ne t'arrivera rien; **I don't see any ~ in it** je n'y vois aucun mal; **there's no ~ in it** cela ne peut pas faire de mal; **there's no ~ in doing that** il n'y a pas de mal à faire cela; **out of ~'s way** en sûreté. **2** *vt person* faire du mal *or* du tort à; *crops* endommager; *object* abîmer; *reputation* salir; *interests, a cause* causer du tort à. ◆ **harmful** *adj* nuisible *(to* à). ◆ **harmless** *adj animal, joke* inoffensif; *person* sans méchanceté; *action, game* innocent; *suggestion, conversation* anodin.

harmony ['hɑːmənɪ] *n* harmonie *f*. ◆ **harmonica** *n* harmonica *m*. ◆ **harmonics** *n (Mus: sg: science)* harmonie *f*; *(pl: overtones)* harmoniques *mpl*. ◆ **harmonious** *adj* harmonieux. ◆ **harmonium** *n* harmonium *m*. ◆ **harmonize 1** *vt* harmoniser ; **2** *vi (Mus)* chanter en harmonie; *[colours etc]* s'harmoniser *(with* avec); *[person, facts]* s'accorder *(with* avec).

harness ['hɑːnɪs] **1** *n* harnais *m*. *(fig)* **to get back into ~** reprendre le collier; *(fig)* **to die in ~** mourir à la tâche. **2** *vt horse* harnacher; *(to carriage)* atteler *(to* à); *(fig) resources etc* exploiter.

harp [hɑːp] **1** *n* harpe *f*. **2** *vi:* **to ~ on (about) sth** * rabâcher qch, revenir toujours sur qch.

harpoon [hɑːˈpuːn] **1** *n* harpon *m*. **2** *vt* harponner.

harpsichord ['hɑːpsɪkɔːd] *n* clavecin *m*.

harrow ['hærəʊ] *n* herse *f*. ◆ **harrowing** *adj story* poignant; *cry* déchirant; *experience* atroce.

harsh [hɑːʃ] *adj* **(a)** *punishment, person* dur *(with sb* avec *or* envers qn), sévère; *words, tone* cassant, dur; *fate* cruel; *climate* rigoureux. **(b)** *(discordant etc) sound* discordant; *voice, colour* criard; *contrast* heurté; *taste* âpre. ◆ **harshly** *adv reply (gen)* durement; *treat* sévèrement. ◆ **harshness** *n* dureté *f*; sévérité *f*; cruauté *f*; discordance *f*; aspect criard *or* heurté; âpreté *f*.

harum-scarum ['hɛərəmˈskɛərəm] *adj, n* écervelé(e) *m(f)*.

harvest ['hɑːvɪst] **1** *n (gen)* moisson *f*; *[fruit]* récolte *f*; *[grapes]* vendange *f*. **2** *vt* moissonner *(also fig)*; récolter; vendanger. **3** *vi* faire la moisson. **4** *adj:* ~ **festival** fête *f* de la moisson; ~ **moon** pleine lune (de l'équinoxe d'automne); **at ~ time** à la moisson. ◆ **harvester** *n (person)* moissonneur *m*, -euse *f*; *(machine)* moissonneuse *f*.

has [hæz] **V** have. ◆ **has-been** * *n (person)* homme *m* fini, femme *f* finie; *(object)* vieillerie *f*.

hash [hæʃ] *n (Culin)* hachis *m*; *(US Culin)* mélange *de pommes de terre et de viande hachée; (* *fig)* gâchis *m*. *(US Culin)* ~ **browns** pommes de terre sautées *(servies au petit déjeuner)*; **to make a ~** * **of sth** saboter qch; **a ~(-up)** * **of old ideas** un réchauffé de vieilles idées.

hashish ['hæʃɪʃ] *n* hachisch *m*.

hassle * ['hæsl] **1** *n (squabble)* bagarre * *f*; *(fuss, trouble)* histoire * *f (to do* pour faire). **2** *vt* tracasser, enquiquiner *.

haste [heɪst] *n* hâte *f*. **in ~** à la hâte; **in great ~** en toute hâte; **to make ~** se hâter *(to do* de faire). ◆ **hasten** ['heɪsn] *vi (gen)* se hâter *(to do* de faire); **I ~n to add... je m'empresse d'ajouter... ; **to ~n away** *etc* partir *etc* à la hâte. ◆ **hastily** *adv (speedily)* à la hâte; *(too speedily)* précipitamment; *(without* *thinking)* trop hâtivement; **he suggested hastily** il s'est empressé de suggérer. ◆ **hasty** *adj departure, marriage* précipité; *visit, glance, meal* hâtif; *sketch* fait à la hâte; *action, decision, words* irréfléchi; **don't be so hasty!** ne va pas si vite!

hat [hæt] **1** *n* chapeau *m*. ~ **in hand** *(lit)* chapeau bas; *(fig)* obséquieusement; *(fig)* **to take off one's ~ to** tirer son chapeau à; **to keep sth under one's ~** * garder qch pour soi; **to talk through one's ~** * dire n'importe quoi; *(fig)* **to pass round the ~ for sb** faire la quête pour qn; **that's old ~!** * c'est vieux tout ça! **2** *adj*: **to get a ~ trick** réussir trois coups *(or gagner trois matchs etc)* consécutifs. ◆ **hatcheck girl** *n (US)* dame *f* du vestiaire.

hatch¹ [hætʃ] **1** *vt chick, egg* faire éclore; *plot* ourdir, tramer; *plan* couver. **2** *vi* (~ **out**) *[chick, egg]* éclore.

hatch² [hætʃ] *n* **(a)** *(Naut: ~way)* écoutille *f*. *(drinks)* **down the ~!** * à la bonne vôtre! **(b)** *(service ~)* passe-plats *m inv*. ◆ **hatchback** *n (Aut) (two-door)* coupé *m or (four-door)* berline *f* avec hayon arrière.

hatchet ['hætʃɪt] **1** *n* hachette *f*. **2** *adj*: **to do a ~ job on sb** démolir qn; ~ **man** * *(killer)* tueur *m* (à gages); *(fig)* homme *m* de main. ◆ **hatchet-faced** *adj* au visage en lame de couteau.

hate [heɪt] **1** *vt person* haïr; *(weaker)* détester; *thing* détester, avoir horreur de. **to ~ to do** *or* **doing** détester faire, avoir horreur de faire; **he ~s to be** *or* **being ordered about** il a horreur qu'on lui donne *(subj)* des ordres; **I ~ to say so** cela m'ennuie beaucoup de devoir le dire; **I should ~ to keep you waiting** je ne voudrais surtout pas vous faire attendre; **I should ~ him to think...** je ne voudrais surtout pas qu'il pense *(subj)*... **2** *n (hatred)* haine *f*. **pet ~** * bête *f* noire. ◆ **hateful** *adj* haïssable, détestable. ◆ **hatred** *n* haine *f*.

haughty ['hɔːtɪ] *adj* hautain, arrogant. ◆ **haughtily** *adv* avec hauteur, avec arrogance. ◆ **haughtiness** *n* hauteur *f*, arrogance *f*.

haul [hɔːl] **1** *n* **(a)** *(Aut etc: journey)* voyage *m*. *(lit, fig)* **it's a long ~** la route est longue. **(b)** *[fishermen]* prise *f*; *[thieves]* butin *m*. **they made a good ~ of jewels** ils ont eu un beau butin en bijoux; *(fig)* **a good ~ ** * **of presents** une bonne récolte de cadeaux.

2 *vt* **(a)** *(pull)* traîner, tirer. *(fig)* **to ~ sb over the coals** passer un savon * à qn. **(b)** *(transport by truck)* camionner. ◆ **haul down** *vt sep flag, sail* amener; *(gen) object* descendre *(en tirant)*. ◆ **haul in, haul out** *vt sep (from water) line, catch* amener; *drowning man* tirer (de l'eau). ◆ **haul up** *vt sep flag, sail* hisser; *(gen) object* monter *(en tirant)*. ◆ **haulage** *n (road transport)* transport *m* routier. ◆ **haulage contractor** *or* ◆ **haulier** *n* entrepreneur *m* de transports (routiers).

haunch [hɔːn(t)ʃ] *n* hanche *f*; *(Culin)* cuissot *m*. **squatting on his ~es** *person* accroupi; *dog* assis (sur son derrière).

haunt [hɔːnt] **1** *vt (lit, fig)* hanter. **2** *n [criminals]* repaire *m*. **one of his favourite ~s** un des lieux où on le trouve souvent. ◆ **haunted** *adj house* hanté; *expression* égaré; *face* hagard. ◆ **haunting 1** *adj* obsédant ; **2** *n* apparition *f*.

Havana [hə'vænə] *n* La Havane.

have [hæv] *pret, ptp* **had 1** *aux vb* avoir; être. **to ~ been** avoir été; **to ~ eaten** avoir mangé; **to ~ gone** être allé; **I ~ just seen him** je viens de le voir; **I had just seen him** je venais de le voir; **I've just come from London** j'arrive à l'instant de Londres; **you've seen her, ~n't you?** vous l'avez vue, n'est-ce pas?; **you ~n't seen her, ~ you?** vous ne l'avez pas vue, je suppose?; **you~ n't seen her — yes I ~!** vous ne l'avez pas vue — si!; **you've made a mistake — no I ~n't!**

vous vous êtes trompé — mais non!; **you've dropped your book — so I ~!** vous avez laissé tomber votre livre — en effet!; ~ **you been there? if you ~/~n't...** y êtes-vous allé? si oui/non...; ~ **got** V **2** *and* **3** *below.*

2 *modal aux vb (be obliged)* **I ~ (got) to speak to you at once** je dois vous parler *or* il faut que je vous parle *(subj)* immédiatement; **I ~n't got to do it, I don't ~ to do it** je ne suis pas obligé de le faire; **do you ~ to make such a noise?** tu ne pourrais pas faire un peu moins de bruit?; **you didn't ~ to tell her!** tu n'avais pas besoin de le lui dire!; **~n't you got to write to your mother?** est-ce que tu ne dois pas écrire à ta mère?; **if you go through Dijon you ~n't got to** *or* **you don't ~ to go to Lyons** si vous passez par Dijon vous n'avez pas besoin d'aller à Lyon; **you ~n't (got) to say a word about it!** * tu ne dois pas en dire un mot!; *(US)* **it's got to be** *or* **it has to be the biggest** ça doit être le plus grand.

3 *vt* **(a)** *(possess)* avoir, posséder. **she has (got) blue eyes** elle a les yeux bleus; **all I ~ (got)** tout ce que je possède; **I ~n't (got) any more** je n'en ai plus; **I've got an idea** j'ai une idée; **I ~ (got) no German** je ne parle pas un mot d'allemand.

(b) *meals etc* avoir, prendre. **he has had lunch** il a déjeuné; **to ~ tea with sb** prendre le thé avec qn; **what will you ~? — I'll ~ an egg** qu'est-ce que vous voulez? — je prendrai un œuf; **he had eggs for breakfast** il a mangé des œufs au petit déjeuner; **I ~ had some more** j'en ai repris; **he had a cigarette** il a fumé une cigarette.

(c) *(receive, obtain, take)* avoir, recevoir. **I had a telegram from him** j'ai reçu un télégramme de lui; **to ~ a child** avoir un enfant; **I ~ it from my sister that...** je tiens de ma sœur que...; **I must ~ more time** il me faut davantage de temps; **I must ~ them by this afternoon** il me les faut pour cet après-midi; **which one will you ~?** lequel voulez-vous?; **let me ~ your address** donnez-moi votre adresse; **I shall let you ~ it for 10 francs** je vous le laisse pour 10 F; **there are no newspapers to be had** on ne trouve pas de journaux.

(d) *(hold)* tenir. **he had (got) me by the throat/the hair** il me tenait à la gorge/par les cheveux ; **I ~ (got) him where I want him!** * je le tiens (à ma merci)!

(e) *(maintain, allow)* **he will ~ it that Paul is guilty** il soutient que Paul est coupable; **he won't ~ it that Paul is guilty** il n'admet pas que Paul soit coupable; *rumour has it that...* le bruit court que...; **as gossip has it** selon les racontars; **I won't ~ this nonsense/him hurt** je ne tolérerai pas cette absurdité/qu'on lui fasse du mal.

(f) *(causative etc)* **to ~ one's hair cut** se faire couper les cheveux; **I had my luggage brought up** j'ai fait monter mes bagages; **~ it mended** faites-le réparer; **I had him clean the car** je lui ai fait nettoyer la voiture; **what would you ~ me say?** que voulez-vous que je dise?; **he had his car stolen** on lui a volé sa voiture.

(g) *(phrases)* **I had better go** je devrais partir; **you'd better not tell him that!** tu ferais mieux de ne pas lui dire ça!; **I had as soon not see him** j'aimerais autant ne pas le voir; **I had rather do it myself** j'aimerais mieux *or* je préférerais le faire moi-même; **to ~ a walk** faire une promenade; **to ~ a good time** bien s'amuser; **to ~ a pleasant evening** passer une bonne soirée; **he has (got) flu** il a la grippe; **I've (got) a headache** j'ai mal à la tête; **I've (got) £6 left** il me reste 6 livres; **to ~ (got) sth to do/to read** *etc* avoir qch à faire/à lire *etc*; **I ~ (got) nothing to do with it** je n'y suis pour rien; **there you ~ me!** ça je n'en sais rien!; **I ~ it!** j'y suis!, ça y est, j'ai trouvé!; **you've been had** * tu t'es fait avoir *; **I've had it** * *(in danger)* je suis

fichu *; *(US: fed up)* j'en ai marre * , j'en ai ras-le-bol *!; **I'm not having any ‡** ça ne prend pas *. **4** *n*: **the ~s and the ~-nots** les riches *mpl* et les pauvres *mpl*; **the ~-nots** les déshérités *mpl*.
◆ **have in** *vt sep* (a) *sb waiting outside* faire entrer; *doctor, employee* faire venir. **we had him in for the evening** il est venu passer la soirée chez nous. (b) **to ~ it in for sb** * avoir une dent contre qn. ◆ **have on** *vt sep* (a) *clothes* porter. **he had (got) nothing on** il était tout nu. (b) *(be busy)* **I've got so much on this week that...** j'ai tant à faire cette semaine que...; **I ~ got nothing on (for) this evening** je ne suis pas pris ce soir. (c) *(trick)* **to ~ sb on** * faire marcher * qn. ◆ **have out** *vt sep*: **to ~ a tooth out** se faire arracher une dent; **to ~ it out with sb** s'expliquer avec qn. ◆ **have up** *vt sep person* faire venir; *(from below)* faire monter. **he was had up by the headmaster** il a été appelé chez le proviseur; **to be had up by the police** être arrêté *(for doing* or *pour avoir fait)*.

haven ['heɪvn] *n (fig)* havre *m*, abri *m*.

haversack ['hævəsæk] *n* musette *f*.

havoc ['hævək] *n* ravages *mpl*. **to wreak ~ in** ravager; *(fig)* **to play ~ with** *(gen)* désorganiser complètement; *stomach* abîmer.

haw [hɔ:] *n (Bot)* cenelle *f*.

Hawaii [hə'waɪi:] *n (îles fpl)* Hawaii *m*.

hawk [hɔ:k] *n* faucon *m (also Pol fig)*. **to have eyes like a ~** avoir des yeux de lynx.

hawker ['hɔ:kə^r] *n (street)* colporteur *m*; *(door-to-door)* démarcheur *m*.

hawthorn ['hɔ:θɔ:n] *n* aubépine *f*.

hay [heɪ] **1** *n* foin *m*. *(fig)* **to make ~ while the sun shines** profiter de l'occasion. **2** *adj*: **~ fever** rhume *m* des foins. ◆ **haycock** *n* meulon *m* (de foin). ◆ **haymaker** *n* faneur *m*, -euse *f*. ◆ **haymaking** *n* fenaison *f*. ◆ **hayrick** *or* ◆ **haystack** *n* meule *f* de foin. ◆ **haywire** * *adj*: **to go ~wire** *[person]* perdre la tête; *[plans etc]* mal tourner; *[equipment etc]* se détraquer.

hazard ['hæzəd] **1** *n (chance)* hasard *m*, chance *f*; *(risk)* risque *m*; *(stronger)* danger *m*. **natural/professional ~** risque naturel/du métier; **a nasty ~ for pedestrians** un danger pour les piétons; *(Aut)* **~ warning lights** feux *mpl* de détresse. **2** *vt life, reputation, attempt* risquer; *remark, forecast* hasarder. **to ~ a guess** risquer une hypothèse; **'I could do it' she ~ed** 'moi je pourrais le faire' se risqua-t-elle à dire. ◆ **hazardous** *adj* hasardeux.

haze [heɪz] *n* brume *f*; *[smoke etc]* vapeur *f*. *(fig)* **to be in a ~** être dans le brouillard. ◆ **hazy** *adj day, weather* brumeux; *outline, photograph* flou; *idea* vague; **to be hazy about sth** avoir une idée très vague de qch.

hazel ['heɪzl] **1** *n* noisetier *m*. **2** *adj (colour)* (couleur) noisette *inv*. ◆ **hazelnut** *n* noisette *f*.

he [hi:] *pers pron* (a) *(unstressed)* il. **~ has come** il est venu; **here ~ is** le voici; **~ is a doctor** il est médecin, c'est un médecin. (b) *(stressed)* lui. **younger than ~** plus jeune que lui; **HE didn't do it** ce n'est pas lui qui l'a fait. (c) *(+ rel pron)* celui. **~ who** can celui qui peut. (d) **it's a ~** * *(animal)* c'est un mâle; *(baby)* c'est un garçon. ◆ **he-bear** *etc n* ours *m etc* mâle. ◆ **he-man** * *n* (vrai) mâle *m*.

head [hed] **1** *n* (a) tête *f*. **~ of hair** chevelure *f*; **covered** *etc* **from ~ to foot** couvert *etc* de la tête aux pieds; **~ down** *(upside down)* la tête en bas; *(looking down)* la tête baissée; **~ downwards** la tête en bas; **~ first, ~ foremost** la tête la première; **my ~ aches, I've got a bad ~** j'ai mal à la tête; **to hit sb on the ~** frapper qn à la tête; **to stand on one's ~** faire le poirier; **I could do it standing on my ~** * c'est bête comme chou *; **he stands ~ and shoulders above everybody else** il surpasse tout le monde; **she is a ~ taller than her sister** elle

dépasse sa sœur d'une tête; *[horse]* **to win by a (short) ~** gagner d'une (courte) tête; **~ over ears in debt** dans les dettes jusqu'au cou; **to turn** *or* **go ~ over heels** *(accidentally)* faire la culbute; *(on purpose)* faire une galipette; **~ over heels in love with** éperdument amoureux de; *(fig)* **to keep one's ~ above water** se maintenir à flot; **he was talking his ~ off** * il n'arrêtait pas de parler; **to sing/shout one's ~ off** * chanter/crier à tue-tête; **I'm saying that off the top of my ~** * je dis ça sans savoir exactement; **to give a horse its ~/sb his ~** lâcher la bride à un cheval/à qn; **on your ~ be it!** à vos risques et périls!; **10 francs a ~** * 10 F par tête. (b) *(mind, intellect)* tête *f*. **to get sth into one's ~** se mettre qch dans la tête; **to take it into one's ~ to do** se mettre en tête de faire; **it didn't enter his ~ that/to do** il ne lui est pas venu pas à l'idée que/de faire; **you never know what's going on in his ~** on ne sait jamais ce qui lui passe par la tête; **what put that idea into his ~?** qu'est-ce qui lui a mis cette idée-là dans la tête?; **I can't get it out of my ~** je ne peux pas me sortir ça de la tête; **it's gone right out of my ~** ça m'est tout à fait sorti de la tête; **that tune has been running through my ~ all day** cet air m'a trotté par la tête toute la journée; **he has a good ~ for mathematics** il a des dispositions *fpl* pour les mathématiques; **he has a good ~ for heights** il n'a jamais le vertige; **he has a good business ~** il a le sens des affaires; **he has a good ~ (on his shoulders)** il a de la tête; **he's got his ~ screwed on right** * il a la tête sur les épaules; **two ~s are better than one** deux avis valent mieux qu'un; **we put our ~s together** nous nous sommes consultés; **I can't do it in my ~** je ne peux pas faire ça de tête; **he gave orders over my ~** il a donné des ordres sans me consulter; **it's quite above my ~** cela me dépasse complètement; **to keep one's ~** garder son sang-froid; **to lose one's ~** perdre la tête; **it went to his ~** cela lui est monté à la tête; **he has gone** or **he is off his ~** * il a perdu la boule *; **weak** or **soft** * **in the ~** faible *or* simple d'esprit.
(c) *[flower, nail, hammer, abscess]* tête *f*; *[arrow]* pointe *f*; *[celery]* pied *m*; *[lettuce]* pomme *f*; *[bed]* chevet *m*; *[tape recorder]* tête magnétique; *[page, staircase]* haut *m*; *[river]* source *f*; *[beer]* mousse *f*; *[lake, pier]* extrémité *f*. **~ of steam** pression *f*; **at the ~ of** *(in charge of)* à la tête de; *(in front row of, at top of)* en tête de; **at the ~ of the list/the queue** en tête de liste/de file; **at the ~ of the table** au haut bout de la table; **to come to a ~** *[abscess etc]* mûrir; *[situation etc]* devenir critique; **to bring things to a ~** précipiter une crise.
(d) *(leader)* *[family, business etc]* chef *m*. *(Scol)* **the ~** le directeur, la directrice; **~ of department** *[business firm]* chef de service; *[shop]* chef de rayon; *[school, college etc]* chef de section; *(Pol)* **~ of state** chef d'État.
(e) *(title)* titre *m*; *(subject ~ing)* *(in newspaper)* rubrique *f*; *(in essay, speech, article)* tête *f* de chapitre. **this comes under the ~ of** ceci se classe sous la rubrique de.
(f) *[coin]* face *f*. **to toss ~s or tails** jouer à pile ou face; **~s or tails?** pile ou face?; **~s I win!** face je gagne!; **he called ~s** il a annoncé 'face'; **I can't make ~ nor tail of what he's saying** je ne comprends rien à ce qu'il dit.
2 *adj* (a) *typist, assistant etc* principal. **~ clerk** chef *m* de bureau; **~ gardener** jardinier *m* en chef; *(US)* **~ nurse** infirmier *m*, -ière *f* en chef; **~ office** bureau *m or* siège *m* central; **~ waiter** maître *m* d'hôtel. (b) **~ cold** rhume *m* de cerveau; **to have a ~ start** avoir une grosse avance *(over, on* sur).
3 *vt* (a) *procession, list, poll* être en tête de; *group of people* être à la tête de. (b) *(direct)* **he ~ed the car towards town** il a pris la direction de la ville.

(c) *(entitle)* intituler. **~ed writing paper** papier *m* à en-tête. (d) *(Ftbl)* **to ~ the ball** faire une tête. **4** *vi* se diriger. **to ~ for** *[person, car etc]* se diriger vers; *[ship]* mettre le cap sur; **he ~ed up the hill** il s'est mis à monter la colline; **he was ~ing home** il était sur le chemin du retour; **he's ~ing for a disappointment** il va vers une déception; **he's ~ing for a fall** il court à un échec.

◆ **head off 1** *vi* partir (for pour; *towards* vers). **he ~ed off on to the subject of...** il est passé à la question de... **2** *vt sep enemy* forcer à se rabattre; *person (lit)* détourner de son chemin; *(fig)* détourner *(from de)*; *questions* parer.

◆ **headache** *n* mal *m* de tête; *(worse)* migraine *f*; **to have a ~ache** avoir mal à la tête, avoir la migraine; *(fig)* **that's his ~ache** c'est son problème à lui; **the whole business was a ~ache from beginning to end** nous n'avons connu que des ennuis avec cette affaire. ◆ **headband** *n* bandeau *m*. ◆ **headboard** *n* dosseret *m*. ◆ **headcount** *n:* **let's do a ~count** on va les compter. ◆ **headdress** *n (feathers etc)* coiffure *f*; *(lace)* coiffe *f*. ◆ **header** * *n (dive, fall)* plongeon *m*; *(Ftbl)* (coup *m* de) tête *f*; **to take a ~er into the water** piquer une tête dans l'eau. ◆ **headgear** *n* couvre-chef *m*; **I haven't any ~gear** je n'ai rien à me mettre sur la tête. ◆ **headhunter** *n (lit, fig)* chasseur *m* de têtes. ◆ **heading** *n (gen)* titre *m*; *(subject title)* rubrique *f*; *(chapter ~ing)* tête *f* de chapitre; *(printed: on document etc)* en-tête *m*; **essay divided into several ~ings** dissertation divisée en plusieurs têtes de chapitre. ◆ **headlamp** *or* ◆ **headlight** *n (Aut)* phare *m*. ◆ **headland** *n* promontoire *m*. ◆ **headline 1** *n [newspaper]* manchette *f*, gros titre *m*; *(TV)* grand titre; **it's in the ~lines in the papers** c'est en gros titre *or* en manchette dans les journaux; **to hit the ~lines** * faire les gros titres ; **2** *vt* mettre en manchette. ◆ **headlong 1** *adv fall* la tête la première; *run, rush* à toute allure ; **2** *adj fall etc* la tête la première; **~long flight** débandade *f*; **a ~long dash for** une ruée générale vers. ◆ **headman** *n* chef *m*. ◆ **headmaster** *n [school]* directeur *m*; *[college]* principal *m*; *(US Scol)* directeur *m* d'école privée. ◆ **headmistress** *n (gen)* directrice *f*; *[college]* principale *f*; *(US Scol)* directrice d'école privée. ◆ **head-on 1** *adj collision* de plein fouet; *confrontation* en face à face ; **2** *adv:* **to collide with sth ~-on** *(gen)* heurter qch de front; *(fig)* **to meet sb/sth ~-on** s'attaquer de front à qn/qch. ◆ **headphones** *npl* casque *m* (à écouteurs). ◆ **headquarters** *n (gen, Comm)* siège *m* central; *(Mil)* quartier *m* général. ◆ **headrest** *n* appui-tête *m*. ◆ **headroom** *n:* **there is not enough ~room** le toit n'est pas assez haut. ◆ **headscarf** *n* foulard *m*. ◆ **headset** *n* casque *m* (à écouteurs). ◆ **headsquare** *n* = **~scarf.** ◆ **headstand** *n:* **to do a ~stand** faire le poirier. ◆ **headstone** *n [grave]* pierre *f* tombale. ◆ **headstrong** *adj (obstinate)* têtu; *(rash)* impétueux. ◆ **headway** *n:* **to make ~way** *(gen)* faire des progrès *(with avec)*; *[ship]* faire route. ◆ **headwind** *n* vent *m* contraire. ◆ **heady** *adj wine, perfume* capiteux; *success, pleasure* grisant.

heal [hiːl] **1** *vi* **(~ over, ~ up)** *[wound]* se cicatriser. **2** *vt (gen) person* guérir *(of* de*)*; *wound* cicatriser; *differences* régler; *troubles* apaiser. ◆ **healer** *n* guérisseur *m*, -euse *f*. ◆ **healing 1** *n* guérison *f* ; **2** *adj ointment* cicatrisant; *hands* de guérisseur.

health [helθ] **1** *n* santé *f*. **in good/bad ~** en bonne/ mauvaise santé; **mental ~** santé mentale; **Ministry of H~** ministère *m* de la Santé publique; **to drink (to) sb's ~** boire à la santé de qn; **your ~!, good ~!** à votre santé! **2** *adj:* **~ centre** ≃ centre *m* médico-social; *(Scol)* **~ education** hygiène *f;* **~ farm** établissement *m* de cure (de rajeunissement *etc*); **~ foods** aliments *mpl* naturels; **~ food shop** boutique *f* de produits diététiques; **~ hazard** *or* **risk**

risque *m* pour la santé; **~ insurance** assurance *f* maladie; *(US Univ)* **~ service** infirmerie *f;* **the H~ Service** ≃ la Sécurité sociale; **I got my specs on the H~ Service** * la Sécurité sociale m'a remboursé mes lunettes; **H~ Service doctor/nursing home** médecin/clinique conventionné(e); **~ visitor** ≃ infirmière *f* visiteuse. ◆ **healthful** *or* ◆ **health-giving** *adj air* salubre; *exercise etc* salutaire. ◆ **healthily** *adv* sainement. ◆ **healthy** *adj person, animal, plant* en bonne santé ; *climate, air* salubre; *food, skin, surroundings* sain ; *appetite* robuste; *exercise* salutaire; *(fig) economy, interest, attitude* sain; *respect, doubts* salutaire; **to make sth ~y** *or* **healthier** assainir qch.

heap [hiːp] **1** *n* tas *m*, monceau *m*. **~s of** * *money, books, jobs, people* des tas * de, des masses * de; **we've got ~s * of time** nous avons largement le temps. **2** *vt* **(~ up)** entasser, empiler *(on sth* sur qch*).* **to ~ gifts/praises** *etc on sb* couvrir qn de cadeaux/d'éloges *etc; (fig)* **to ~ coals of fire on sb** rendre le bien pour le mal à qn; **she ~ed (up) her plate with cakes** elle a empilé des gâteaux sur son assiette; *(Culin)* **~ed spoonful** grosse cuillerée.

hear [hɪə^r] *pret, ptp* **heard** [hɜːd] **1** *vt* **(a)** entendre. **I can't ~ you** je ne vous entends pas; **I heard him say** je l'ai entendu dire; **I heard sb come in** j'ai entendu qn entrer; **he was heard to say** on l'a entendu dire; **to make o.s. heard** se faire entendre; **he likes to ~ himself talk** il aime s'écouter parler; **to ~ him (talk), you'd think he was...** à l'entendre, vous le prendriez pour... **(b)** *(learn)* entendre dire *(that* que*); news, facts* apprendre. **have you heard the rumour that...?** avez-vous entendu dire que...?; **I ~ you've been ill** il paraît que vous avez été malade; **I have heard it said that** j'ai entendu dire que; **I've heard tell of** j'ai entendu parler de; **have you heard the one about the Scotsman who...** tu connais l'histoire de l'Écossais qui... **(c)** *(listen to) lecture etc* assister à; *mass, law case* entendre. **to ~ a child's lessons** faire répéter ses leçons à un enfant; *(excl)* **~, ~!** bravo! **2** *vi (gen)* entendre; *(get news)* recevoir *or* avoir des nouvelles *(from sb* de qn*).* **I ~ about him from his mother** j'ai de ses nouvelles par sa mère; **I've never heard of him** je ne le connais pas; **everyone has heard of him** tout le monde a entendu parler de lui; **he was never heard of again** on n'a jamais plus entendu parler de lui; **that's the first I've heard of it!** c'est la première fois que j'entends parler de ça!; **I won't ~ of you going there** je ne veux absolument pas que tu y ailles; **I wouldn't ~ of it!** pas question!

◆ **hear out** *vt sep* écouter jusqu'au bout.

◆ **hearer** *n* auditeur *m*, -trice *f*. ◆ **hearing 1** *n* **(a)** *(sense)* ouïe *f*; **to have good ~ing** avoir l'oreille fine; **within ~ing** *(distance)* à portée de voix; **in my ~ing** en ma présence; **(b)** *[witness, evidence]* audition *f*; **give him a ~ing!** laissez-le parler!, écoutez ce qu'il a à dire!; **he was refused a ~ing** on a refusé de l'entendre; **(c)** *(meeting: of committee etc)* séance *f* ; **2** *adj person* qui entend (bien); **~ing aid** appareil *m* acoustique. ◆ **hearsay 1** *n* ouï-dire *m inv;* **from ~say** par ouï-dire; **it's only ~say** ce ne sont que des rumeurs ; **2** *adj report, account* fondé sur des ouï-dire; *evidence* sur la foi d'un tiers.

hearse [hɜːs] *n* corbillard *m*.

heart [hɑːt] **1** *n* **(a)** cœur *m (also fig).* **to have a weak ~** être cardiaque; **at ~** au fond; **a man after my own ~** un homme selon mon cœur; **he knew in his ~** il savait instinctivement; **in his ~ (of ~s)** he thought... en son for intérieur il pensait...; **with all my ~** de tout mon cœur; **from (the bottom of) one's ~** du fond du cœur; **to take sth to ~** prendre qch à cœur; **I hadn't the ~ to tell him** je n'ai pas eu le courage *or* le cœur de lui dire; **have a ~!** * pitié! *;* **to eat/sleep to one's ~'s content**

manger/dormir tout son content; **it did my ~ good to see them** cela m'a réchauffé le cœur de les voir; **~ and soul** corps et âme; **his ~ isn't in his work** il n'a pas le cœur à l'ouvrage; **to lose/take ~** perdre/prendre courage; **to be in good ~** avoir bon moral; **a ~ of gold/stone** un cœur d'or/de pierre; **his ~ is in the right place** il a bon cœur; **to lose one's ~ to sb** tomber amoureux de qn; **it is close to his ~** cela lui tient à cœur; **to set one's ~ on (doing) sth** vouloir à tout prix (faire) qch; **to wear one's ~ on one's sleeve** laisser voir ses sentiments; **his ~ was in his boots** il avait la mort dans l'âme; **my ~ sank** j'ai eu un coup au cœur; **she had her ~ in her mouth** son cœur battait la chamade; **to learn/know by ~** apprendre/savoir par cœur; **in the ~ of winter/the forest** au cœur de l'hiver/de la forêt; **the ~ of the matter** le fond du problème; **in the ~ of the country** en pleine campagne.
(b) *(Cards)* **~s** cœur *m*; **queen of ~s** dame *f* de cœur; **have you any ~s?** avez-vous du cœur?; **he played a ~** il a joué cœur.
2 *adj disease* de cœur; *surgery* du cœur. **~ attack** crise *f* cardiaque; *(Med)* **~ case** cardiaque *mf*; **~ complaint** maladie *f* de cœur; **to have a ~ condition** être cardiaque; **~ failure** arrêt *m* du cœur; **~ surgeon** chirurgien *m* cardiologue; **~ transplant** greffe *f* du cœur; **~ trouble** troubles *mpl* cardiaques.
◆ **heartache** *n* chagrin *m*. ◆ **heartbeat** *n* battement *m* de cœur. ◆ **heartbreak** *n* immense chagrin *m*. ◆ **heartbreaking** *adj sight* navrant; *appeal* déchirant. ◆ **heartbroken** *adj*: **to be ~broken** avoir un immense chagrin, *(stronger)* avoir le cœur brisé; *[child]* avoir un gros chagrin.
◆ **heartburn** *n (Med)* brûlures *fpl* d'estomac.
◆ **heartburning** *n (ill feeling)* rancœur *f*; *(regret)* regrets *mpl*. ◆ **hearten** *vt* encourager. ◆ **heartening** *adj* encourageant. ◆ **heartfelt** *adj* sincère.
◆ **heartily** *adv say, welcome* chaleureusement; *laugh, work* de tout son cœur; *eat* avec appétit; *agree* absolument; *glad, tired* extrêmement.
◆ **heartland** *n* cœur *m*, centre *n;* *(fig)* **the Tory ~land** le pays des conservateurs par excellence.
◆ **heartless** *adj person* sans cœur; *treatment* cruel.
◆ **heartlessness** *n* manque *m* de cœur; cruauté *f*. ◆ **heart-lung machine** *n* cœur-poumon *m* (artificiel). ◆ **heartrending** *adj* déchirant, qui fend le cœur. ◆ **heart-searching** *n:* **after much ~-searching he...** après s'être longuement interrogé, il... ◆ **heart-throb** * *n* idole *f*. ◆ **heart-to-heart 1** *adj, adv* à cœur ouvert; **2** *n:* **to have a ~-to-~** * parler à cœur ouvert. ◆ **heartwarming** *adj* qui réchauffe le cœur. ◆ **hearty** *adj welcome, approval* chaleureux; *laugh* franc; *meal* copieux; *appetite* solide; *kick, slap* bien senti; *person (healthy)* vigoureux; *(cheerful)* jovial; **to have a ~y dislike of sth** détester qch de tout son cœur.

hearth [hɑːθ] *n* foyer *m*. **~ rug** devant *m* de foyer.

heat [hiːt] **1** *n* **(a)** *(gen, Phys)* chaleur *f*; *[fire, flames, sun]* ardeur *f*; **I can't stand the ~** je ne supporte pas la chaleur; *(Culin)* **at low ~** à feu doux; *(Culin)* **lower the ~** réduire la chaleur; **in the ~ of** day, afternoon au plus chaud de; *battle, argument* dans le feu de; *departure etc* dans l'agitation de; **in the ~ of the moment** dans le feu de l'action; **to speak with some ~** parler avec feu; **in** or **on ~** *animal* en chaleur; **we had no ~ all day** nous avons été sans chauffage toute la journée; *(fig)* **to put the ~ on sb** * faire pression sur qn. **(b)** *(Sport)* éliminatoire *f*.
2 *adj:* **~ exchanger** échangeur *m* de chaleur; **~ exhaustion** épuisement *m* dû à la chaleur; **~ haze** brume *f* de chaleur; **~ loss** perte *f* calorifique; *(Med)* **~ rash** irritation *f* (due à la chaleur); *(Med)* **~ treatment** thermothérapie *f*.
3 *vt* (**~ up**) chauffer; *(reheat)* réchauffer.

4 *vi* (**~ up**) *[liquids etc]* chauffer; *[room]* se réchauffer.
◆ **heated** *adj (lit)* chauffé; *(fig)* argument passionné; *words* vif; *person* échauffé; **to grow ~ed** s'échauffer. ◆ **heatedly** *adv* avec passion.
◆ **heater** *n* appareil *m* de chauffage. ◆ **heating** *n* chauffage *m*; *(for water)* chauffe-eau *m*; *(in car)* chauffage *m*. ◆ **heatproof** *or* ◆ **heat-resistant** *adj material* résistant à la chaleur; *dish* allant au four. ◆ **heatpump** *n* pompe *f* à chaleur.
◆ **heatstroke** *n (Med)* coup *m* de chaleur.
◆ **heatwave** *n* vague *f* de chaleur.

heath [hiːθ] *n (moorland)* lande *f*; *(plant)* bruyère *f*.

heathen ['hiːð(ə)n] *adj, n* païen(ne) *m(f)*. ◆ **heathenish** *adj (pej)* de païen.

heather ['heðəʳ] *n* bruyère *f*.

heave [hiːv] **1** *vt (lift)* lever *or (pull)* tirer *or (drag)* traîner avec effort; *(throw)* lancer. **to ~ a sigh** pousser un (gros) soupir. **2** *vi* **(a)** *(pant)* haleter; *(retch)* avoir des haut-le-cœur; *(vomit)* vomir; *[sea, chest, stomach]* se soulever. **(b)** *(pret, ptp* **hove)** *[ship]* **to ~ in(to) sight** poindre (à l'horizon), paraître; **to ~ to** se mettre en panne.

heaven ['hevn] *n* ciel *m*, paradis *m*. **to go to ~** aller au ciel *or* au paradis; **in ~** au ciel, au paradis; **in the seventh ~** au septième ciel; **~ forbid!** * surtout pas!; **~ knows what/when** * Dieu sait quoi/quand; **~ knows!** * Dieu seul le sait!; **(good) ~s!** * Seigneur!; **for ~'s sake** * *(pleading)* pour l'amour du ciel *;* *(protesting)* zut alors! *;* **it was ~** * c'était divin; **~ on earth** paradis sur terre; **the ~s opened** le ciel s'est mis à déverser des trombes d'eau.
◆ **heavenly** *adj* céleste; *(delightful)* divin. ◆ **heaven-sent** *adj* providentiel.

heavy ['hevɪ] **1** *adj (gen, also fig)* lourd (**with** de); *payments* important; *crop* abondant; *loss, sigh, sea, rain* gros *(before n)*; *fog, features, underlining* épais; *eyes* battu; *day* chargé; *blow* violent; *book, film* indigeste; *humour, irony* peu subtil; *population, traffic* dense; *silence* pesant; *sky* couvert; *task* pénible. **~ (goods) vehicle** poids lourd *m*; **~ luggage** gros bagages *mpl*; **to make heavier** alourdir; **how ~ are you?** combien pesez-vous?; *(US)* **~ cream** crème fraîche épaisse; **to be a ~ drinker/smoker** *etc* boire/fumer *etc* beaucoup; **to be a ~ sleeper** avoir le sommeil profond; **the car is ~ on petrol** la voiture consomme beaucoup; **~ fighting** combats *mpl* acharnés; **~ gunfire** feu *m* nourri; **there were ~ casualties** il y a eu de nombreuses victimes *fpl*; *(Med)* **~ cold** gros rhume *m*; *(fig)* **it's ~ going** ça n'avance pas; **with a ~ heart** le cœur gros; *(fig)* **he made ~ weather of doing it** il a fait toute une histoire * pour le faire; **the ~ work** le gros travail; *(Ind etc)* **~ workers** travailleurs *mpl* de force; *(Mus)* **~ metal** heavy metal.
2 *adv weigh, lie* lourd.
3 *n* (**: gangster)* casseur *m*.
◆ **heavily** *adv load, tax, walk* lourdement; *underline* fortement; *sleep, sigh* profondément; *breathe* bruyamment; *move* avec difficulté; *lean* de tout son poids; *say* d'une voix accablée; *rain, snow* très fort; *drink, smoke* beaucoup; **to lose heavily** *[team]* se faire écraser; *[gambler]* perdre gros. ◆ **heavily-built** *adj* solidement bâti. ◆ **heavily-laden** *adj* (très) lourdement chargé. ◆ **heaviness** *n* pesanteur *f*, poids *m*. ◆ **heavy-duty** *adj (carpet)* résistant; *(equipment)* à usage industriel. ◆ **heavy-handed** *adj* maladroit. ◆ **heavy-hearted** *adj:* **to be ~-hearted** avoir le cœur gros. ◆ **heavyweight 1** *n (Boxing)* poids lourd; *(*: influential person)* personne *f* de poids *;* **2** *adj (Boxing)* poids lourd *inv;* *cloth* lourd.

Hebrew ['hiːbruː] **1** *adj* hébreu *(m only)*, hébraïque. **2** *n* Hébreu *m*; *(Ling)* hébreu *m*.

Hebrides ['hebrɪdiːz] *n* Hébrides *fpl*.

heckle ['hekl] **1** vi (shout) chahuter (pour troubler l'orateur); (interrupt) interrompre bruyamment. **2** vt speaker interrompre. ◆ **heckler** n perturbateur m. ◆ **heckling** n chahut m; interpellations fpl.

hectic ['hektɪk] adj life, day (busy) très bousculé; (eventful) très mouvementé; traffic terrible; journey très mouvementé. **I've had a ~ rush** ça a vraiment été une course folle.

hector ['hektə^r] vt rudoyer. ◆ **hectoring** adj autoritaire.

hedge [hedʒ] **1** n haie f. **beech ~** haie f de hêtres. **2** vi (in answering) répondre évasivement; (in explaining etc) expliquer etc avec des détours. **3** vt **(a)** ~d **with difficulties** entouré de difficultés; **to ~ one's bet** se couvrir (fig). **(b)** (US) **to ~ the issue** esquiver la question. ◆ **hedgehog** n hérisson m. ◆ **hedgehop** vi (Aviat) voler en rase-mottes. ◆ **hedgerow** n haie f.

hedonism ['hi:dənɪz(ə)m] n hédonisme m. ◆ **hedonist** adj, n hédoniste (mf).

heebie-jeebies * ['hi:bɪ'dʒi:bɪz] npl: **to have the ~** (shaking) avoir la tremblote *; (fright, nerves) avoir la frousse *; **it gives me the ~** (revulsion) ça me donne la chair de poule; (fright) ça me donne la frousse *.

heed [hi:d] **1** vt faire attention à, tenir compte de. **2** n: **to take ~ of, to pay ~ to** faire attention à, tenir compte de. ◆ **heedless** adj (not thinking) étourdi; (not caring) insouciant; ~**less of** sans se soucier de. ◆ **heedlessly** adv étourdiment; avec insouciance.

heel¹ [hi:l] **1** n **(a)** talon m. **at** or **on sb's ~s** sur les talons de qn; **to take to one's ~s** prendre ses jambes à son cou; **to turn on one's ~** tourner les talons; (to dog) ~**!** au pied!; **to come to ~** venir au pied; (fig) **to bring sb to ~** rappeler qn à l'ordre. **(b)** (*: unpleasant person) chameau * m. **2** vt ball talonner. (fig) **well-~ed** * plein de sous *. ◆ **heel-bar** n talon-minute m.

heel² [hi:l] vi (~ **over**) [ship] gîter; [truck, structure] pencher dangereusement.

hefty * ['heftɪ] adj person costaud *; parcel lourd; part, piece, price gros (before n).

heifer ['hefə^r] n génisse f.

height [haɪt] n **(a)** [building] hauteur f; [person] taille f; [mountain, plane] altitude f. **what ~ are you?** combien mesurez-vous?; **he is 1 metre 80 in ~** il fait 1 m 80; **of average ~** de taille moyenne; **he drew himself up to his full ~** il s'est dressé de toute sa hauteur; **a building 40 metres in ~** un bâtiment de 40 mètres de haut; **~ above sea level** altitude au-dessus du niveau de la mer; (high ground) **the ~s** les sommets mpl. **(b)** [success] apogée m; [absurdity, ill manners] comble m. **at the ~ of** storm, battle etc au cœur de; **at the ~ of his power** au summum de sa puissance; **at the ~ of summer/the season** en plein été/pleine saison; **the ~ of fashion** la toute dernière mode; **to be at its ~** [fair, party] battre son plein; [excitement etc] être à son maximum. ◆ **heighten** vt (gen) intensifier; flavour relever.

heir [ɛə^r] n héritier m (to de). **~ apparent** héritier présomptif. ◆ **heiress** n héritière f. ◆ **heirloom** n héritage m; (picture/jewel etc) **a family ~loom** un tableau/bijou etc de famille.

held [held] pret, ptp of **hold**.

helicopter ['helɪkɒptə^r] **1** n hélicoptère m. **2** adj patrol, rescue en hélicoptère; pilot d'hélicoptère. ◆ **heliport** n héliport m.

helium ['hi:lɪəm] n hélium m.

hell [hel] n enfer m. **in ~** en enfer; **all ~ was let loose** ça a été infernal; **come ~ or high water** quoi qu'il arrive; **to go ~ for leather** aller à un train d'enfer; **a ~ of a noise** * un boucan du diable *; **a ~ of a lot of** * tout un tas de; **we had a ~ of**

a time * (bad) ça n'a pas été marrant *; (good) ça a été du tonnerre *; **to run** etc **like ~ ** * courir etc comme un fou; **to give sb ~ ** * (make his life a misery) faire mener une vie infernale à qn; (scold) passer une engueulade ⧧ à qn; **oh ~! ** * flûte! *; **to ~ with it! ** * la barbe! *; **go to ~! ** * va te faire voir! *; **what the ~ does he want? ** * qu'est-ce qu'il peut bien vouloir?; **why/where** etc **the ~...** * mais bon sang *, pourquoi/où est-ce que...; **~'s angel** blouson m noir. ◆ **hellbent** * adj acharné (on doing à faire). ◆ **hellish** adj diabolique; (*: unpleasant) infernal. ◆ **hellishly** * adv vachement ⧧.

hello [hə'ləʊ] excl = **hallo**.

helm [helm] n (Naut) barre f. **to be at the ~** (also fig) tenir la barre. ◆ **helmsman** n timonier m.

helmet ['helmɪt] n casque m.

help [help] **1** n **(a)** aide f, secours m. (excl) ~**!** au secours!; (in dismay) mon Dieu!; **thanks for your ~** merci de votre aide; **with the ~ of** person avec l'aide de; tool etc à l'aide de; **to shout for ~** appeler au secours or à l'aide; **to go to sb's ~** aller au secours de qn; **to be of ~ to sb** rendre service à qn; **he's a great ~ to me** il m'aide beaucoup; **she has no ~ in the house** elle n'a pas de femme de ménage; **we need more ~ in the shop** il nous faut davantage de personnel au magasin; **he's beyond ~** on ne peut plus rien pour lui; **there's no ~ for it** il n'y a rien à faire. **(b)** (charwoman) femme f de ménage.

2 vt **(a)** aider (sb to do qn à faire; sb with sth qn à faire qch). **to ~ sb with his luggage** aider qn à porter ses bagages; **he got his brother to ~ him** il s'est fait aider par son frère; **that doesn't ~ much** cela ne sert pas à grand-chose; **that won't ~ you** cela ne vous servira à rien; **so ~ me God!** je le jure devant Dieu!; **this money will ~ to save the church** cet argent contribuera à sauver l'église; (in shops etc) **can I ~ you?** vous désirez?; **he is ~ing the police with their inquiries** il est en train de répondre aux questions de la police; **to ~ sb across/down** etc aider qn à traverser/à descendre etc; **to ~ sb on/off with his coat** aider qn à mettre/à enlever son manteau. **(b)** servir. **she ~ed him to potatoes** elle l'a servi de pommes de terre; **~ yourself** servez-vous (to de); **he's ~ed himself to my pencil** * il m'a piqué * mon crayon. **(c)** **I couldn't ~ laughing** je n'ai pas pu m'empêcher de rire; **it can't be ~ed** tant pis!, on n'y peut rien!; **I can't ~ it if...** je n'y peux rien si...; **not if I can ~ it!** sûrement pas!; **he won't come if I can ~ it** je vais faire tout mon possible pour l'empêcher de venir; **he can't ~ being stupid** ce n'est pas de sa faute s'il est idiot; **don't say more than you can ~** n'en dites pas plus qu'il ne faut. ◆ **help out 1** vi aider, donner un coup de main. **2** vt sep (gen) aider, donner un coup de main à; (sb in trouble) dépanner, tirer d'embarras. **to each other out** s'entraider.

◆ **helper** n aide mf, assistant(e) m(f). ◆ **helpful** adj person (willing) obligeant; (useful) qui est d'un grand secours; book, gadget, advice utile. ◆ **helpfully** adv avec obligeance. ◆ **helpfulness** n obligeance f. ◆ **helping 1** n portion f; **to take a second ~ing of sth** reprendre de qch; **I've had three ~ings** j'en ai repris deux fois; **2** adj: **to lend a ~ing hand** donner un coup de main (to à). ◆ **helpless** adj (mentally, morally) impuissant; (physically) impotent; (powerless) sans ressource; **she is a ~less invalid** elle est complètement impotente; ~**less with laughter** malade de rire. ◆ **helplessly** adv struggle en vain; try, agree désespérément; lie, remain sans pouvoir bouger; say d'un ton d'impuissance; **to laugh ~lessly** être pris d'un fou rire. ◆ **helplessness** n impuissance f; impotence f.

Helsinki ['helsɪŋkɪ] n Helsinki.

helter-skelter [ˈheltəˈskeltəʳ] **1** *adv* à la déban- dade. **2** *n (rush)* débandade *f; (in fairground)* toboggan *m*.

hem [hem] **1** *n (part doubled over)* ourlet *m; (edge)* bord *m*. **I've let the ~ down on my skirt** j'ai ral- longé ma jupe. **2** *vt* ourler. ◆ **hem in** *vt sep (phy- sically)* cerner; *[rules etc]* entraver. **I feel ~med in** ça m'oppresse.

hem(a)... [ˈhiːm(ə)] *pref (esp US)* = **haem(a)...**

hemisphere [ˈhemɪsfɪəʳ] *n* hémisphère *m*. **the northern/southern ~** l'hémisphère nord/sud.

hemlock [ˈhemlɒk] *n* ciguë *f*.

hemp [hemp] *n* chanvre *m*.

hen [hen] **1** *n* poule *f; (female bird)* femelle *f*. **2** *adj:* **~ bird** oiseau *m* femelle; **~ party *** réunion *f* de femmes *or* filles. ◆ **henhouse** *n* poulailler *m*. ◆ **henpecked** *adj* dominé par sa femme.

hence [hens] *adv (therefore)* d'où, de là; *(from now on)* d'ici. ◆ **henceforth** *or* ◆ **henceforward** *adv* dorénavant, désormais.

henchman [ˈhen(t)ʃmən] *n* acolyte *m (pej)*.

henna [ˈhenə] *n* henné *m*.

hepatitis [ˌhepəˈtaɪtɪs] *n* hépatite *f*.

her [hɜːʳ] **1** *pers pron* **(a)** *(direct) (unstressed)* la; *(before vowel)* l'; *(stressed)* elle. **I see ~** je la vois; **I have seen ~** je l'ai vue; **I have never seen HER** elle, je ne l'ai jamais vue. **(b)** *(indirect)* lui. **I give ~ the book** je lui donne le livre; **I'm speaking to ~** je lui parle. **(c)** *(after prep etc)* elle. **I am thinking of ~** je pense à elle; **without ~** sans elle; **if I were ~** si j'étais elle; **it's ~** c'est elle; **younger than ~** plus jeune qu'elle. **2** *poss adj* son, sa, ses. **~ book** son livre; **~ table** sa table; **~ friend** son ami(e); **~ clothes** ses vêtements.

◆ **hers** *poss pron* le sien, la sienne, les siens, les siennes; **this book is ~s** ce livre est à elle, ce livre est le sien; **a friend of ~s** un de ses amis (à elle); **is this poem ~s?** ce poème est-il d'elle?; *(pej)* **that car of ~s** sa fichue * voiture. ◆ **herself** *pers pron (reflexive: direct and indirect)* se; *(emphatic)* elle- même; *(after prep)* elle; **she has hurt ~self** elle s'est blessée; **she said to ~self** elle s'est dit; **she told me ~self** elle me l'a dit elle-même; **she kept 3 for ~self** elle s'en est réservé 3; **he asked her for a photo of ~self** il lui a demandé une photo d'elle; **(all) by ~self** toute seule; **she is not ~self** elle n'est pas dans son état normal.

herald [ˈher(ə)ld] **1** *n* héraut *m*. **2** *vt* annoncer. ◆ **heraldic** [heˈrældɪk] *adj* héraldique. ◆ **heraldry** [ˈher(ə)ldrɪ] *n* héraldique *f*.

herb [hɜːb] *n* herbe *f*. *(Culin)* **~s** fines herbes. **2** *adj:* **~ garden** jardin *m* d'herbes aromatiques; **~ tea** tisane *f*. ◆ **herbaceous** *adj* herbacé; **~aceous border** bordure *f* de plantes herbacées. ◆ **herbal 1** *adj* d'herbes ; **2** *n* herbier *m*. ◆ **herbalist** *n* herboriste *mf*. ◆ **herbivorous** *adj* herbivore.

herd [hɜːd] **1** *n (lit, fig)* troupeau *m*. **2** *adj:* **~ instinct** instinct *m* grégaire. **3** *vt* diriger. ◆ **herd together 1** *vi* s'attrouper. **2** *vt sep* rassembler en troupeau.

here [hɪəʳ] **1** *adv* **(a)** *(place)* ici. **come ~** venez ici; *(at roll call)* **~!** présent!; **~ I am** me voici; **~ is my brother** voici mon frère; **~ are the others** voici les autres; *(bringing sth)* **~ we are!** voici!; *(giving sth)* **~ you are!** tenez!; **~ come my friends** voici mes amis qui arrivent; **he's ~ at last** il est enfin arrivé; **spring is ~** c'est le printemps; **my sister ~ says...** ma sœur que voici dit...; **this man ~ saw it** cet homme-ci l'a vu; **~'s to you!** à la vôtre!; **~'s to your success!** à votre succès!; **about *or* around ~** par ici; **put it in ~** mettez-le ici; **come in ~ please** par ici s'il vous plaît; **over ~** ici; **it's cold up ~** il fait froid ici; **up to *or* down to ~** jus- qu'ici; **from ~ to there** d'ici jusqu'à là-bas; **it's 10 km from ~ to Paris** il y a 10 km d'ici à Paris; **Mr Smith is not ~ just now** M. Smith n'est pas

là *or* ici en ce moment; **are you there? — yes I'm ~** vous êtes là? — oui je suis là; **~ and there** par- ci par-là; **~, there and everywhere** un peu partout; *(fig)* **it's neither ~ nor there** tout cela n'a aucune importance; **~ goes! *** allons-y!; **~ and now** sur- le-champ; **the ~ and now** le présent; **~ below** ici- bas; **~ lies** ci-gît. **(b)** *(time)* alors, à ce moment- là.

2 *excl* tenez!; *(protesting)* écoutez!

◆ **hereabouts** *adv* près d'ici. ◆ **hereafter 1** *adv* après ; **2** *n* au-delà *m*. ◆ **hereby** *adv* par la pré- sente. ◆ **hereupon** *adv* là-dessus. ◆ **herewith** *adv:* **I am sending you ~with** je vous envoie ci- joint *or* sous ce pli.

heredity [hɪˈredɪtɪ] *n* hérédité *f*. ◆ **hereditary** *adj* héréditaire.

heresy [ˈherəsɪ] *n* hérésie *f*. **an act of ~** une héré- sie. ◆ **heretic** *n* hérétique *mf*. ◆ **heretical** [hɪˈretɪk(ə)l] *adj* hérétique.

heritage [ˈherɪtɪdʒ] *n* patrimoine *m*. **our national ~** notre patrimoine national.

hermetic [hɜːˈmetɪk] *adj* hermétique. ◆ **her- metically** *adv* hermétiquement; **~ally sealed** fermé hermétiquement.

hermit [ˈhɜːmɪt] *n* ermite *m*.

hernia [ˈhɜːnɪə] *n* hernie *f*.

hero [ˈhɪərəʊ] *n* héros *m*. *(US)* **~ (sandwich)** grand sandwich *m* mixte. ◆ **heroic** [hɪˈrəʊɪk] *adj* héroïque. ◆ **heroically** *adv* héroïquement. ◆ **heroics** *npl (pej) (words)* grandiloquence *f; (deeds)* comédie * *f*. ◆ **heroine** [ˈherəʊɪn] *n* héroïne *f (femme)*. ◆ **heroism** [ˈherəʊɪz(ə)m] *n* héroïsme *m*. ◆ **hero-worship 1** *n* culte *m* ; **2** *vt* avoir un culte pour.

heroin [ˈherəʊɪn] *n* héroïne *f (drogue)*. **~ addict** héroïnomane *mf*.

heron [ˈherən] *n* héron *m*.

herpes [ˈhɜːpiːz] *n* herpès *m*.

herring [ˈherɪŋ] *n* hareng *m*. ◆ **herringbone (pat- tern)** *n* chevrons *mpl*.

hesitate [ˈhezɪteɪt] *vi* hésiter *(over, about, at* sur, devant; *to do* à faire)*. ◆ **hesitancy** *n* hésitation *f*. ◆ **hesitant** *adj* hésitant; **to be hesitant about doing** hésiter à faire. ◆ **hesitantly** *adv* avec hési- tation; *speak, suggest* d'une voix hésitante. ◆ **hesi- tation** *n* hésitation *f*; **I have no hesitation in saying** je n'hésite pas à dire.

hessian [ˈhesɪən] *n* toile *f* de jute.

heterogeneous [ˌhetərə(ʊ)ˈdʒiːnɪəs] *adj* hétéro- gène.

heterosexual [ˌhetərə(ʊ)ˈseksjʊəl] *adj, n* hétéro- sexuel(le) *m(f)*.

het up * [ˈhetˈʌp] *adj* agité *(about* par)*.

hew [hjuː] *pret* **hewed**, *ptp* **hewn** *or* **hewed** *vt stone* tailler; *wood* couper; *coal* abattre. **to ~ sth out of wood** *etc* tailler qch dans du bois *etc*.

hex [heks] **1** *n* sort *m*. **2** *vt* jeter un sort sur.

hexagon [ˈheksəgən] *n* hexagone *m*. ◆ **hexagonal** [heksˈægən(ə)l] *adj* hexagonal.

heyday [ˈheɪdeɪ] *n [thing]* âge *m* d'or. **in his ~** à l'apogée de sa gloire.

hi * [haɪ] *excl* hé!; *(*: greeting)* salut! *

hiatus [haɪˈeɪtəs] *n* lacune *f; (fig)* interruption *f*.

hibernate [ˈhaɪbəneɪt] *vi* hiberner. ◆ **hibernation** *n* hibernation *f*.

hiccough, hiccup [ˈhɪkʌp] **1** *n* hoquet *m; (fig)* contretemps *m*. **to have ~s** avoir le hoquet. **2** *vi* hoqueter.

hide¹ [haɪd] *pret* **hid**, *ptp* **hidden 1** *vt (gen)* cacher *(from sb* à qn); *feelings* dissimuler *(from sb* à qn). **to ~ one's face** se cacher le visage; **hidden from sight** dérobé aux regards, caché; *(fig)* **to ~ one's light under a bushel** cacher ses talents. **2** *vi (~ away, ~ out)* se cacher *(from sb* de qn). *(fig)* **he's**

hiding behind his boss il se réfugie derrière son patron. ◆ **hide-and-(go-)seek** n cache-cache m.
◆ **hideaway** or ◆ **hideout** n cachette f.
◆ **hiding¹** 1 n: **to be in hiding** se tenir caché; **to go into hiding** se cacher ; 2 adj: **hiding place** cachette f.

hide² [haɪd] 1 n (skin) peau f; (leather) cuir m. 2 adj chair etc de cuir. ◆ **hidebound** adj borné.

hideous ['hɪdɪəs] adj sight, person hideux; crime atroce; disappointment terrible. ◆ **hideously** adv hideusement; atrocement; terriblement.

hiding² ['haɪdɪŋ] n correction f, raclée f. **to give sb a good** ~ donner une bonne correction à qn.

hierarchy ['haɪərɑːkɪ] n hiérarchie f.

hieroglyph ['haɪərəglɪf], **hieroglyphic** [ˌhaɪərə'glɪfɪk] n hiéroglyphe m.

hi-fi ['haɪ'faɪ] (abbr of **high fidelity**) 1 n (a) hifi f inv, haute fidélité inv. (b) (gramophone/radio) chaîne f/radio f hi-fi inv. 2 adj hi-fi inv. ~ **equipment** or **system** chaîne f (hi-fi).

higgledy-piggledy * ['hɪgldɪ'pɪgldɪ] adv pêle-mêle.

high [haɪ] 1 adj (a) (gen) haut. **building 40 metres** ~ bâtiment de 40 mètres de haut, bâtiment qui a or fait 40 mètres de haut; **how** ~ **is that tower?** quelle est la hauteur de cette tour?; **when he was so** ~ * quand il était grand comme ça; ~ **cheek-bones** pommettes saillantes; (Sport) ~ **jump** saut m en hauteur; **he's for the** ~ **jump** * il est bon pour une engueulade ⋆; ~ **chair** chaise f haute (d'enfant); (fig) **on one's** ~ **horse** sur ses grands chevaux; **at** ~ **tide** or **water** à marée haute.
(b) frequency, latitude, tension, pressure, official haut (before n); speed, value, respect grand (before n); fever fort (before n); complexion, colour vif; polish brillant; wind violent; salary, number, rent, price élevé; sound, voice aigu; (Mus) note haut; character, ideal noble; (Culin) game, meat faisandé; butter rance; (⋆: intoxicated) parti *. ~ ⋆ **on drugs/hashish** défoncé ⋆ par la drogue/au hachisch; **in the** ~**est degree** au plus haut degré; **to buy sth at a** ~ **price** acheter qch cher; (lit, fig) **to pay a** ~ **price for sth** payer qch cher; **to have a** ~ **old time** * s'amuser follement; ~ **altar** maître-autel m; ~ **beam** optique f feux de route; **H**~ **Church** Haute Église f; **H**~ **Mass** grand-messe f; ~ **priest** grand prêtre m; (fig) **to leave sb** ~ **and dry** laisser qn en plan *; **to be** ~ **and mighty** * se donner de grands airs; (Mil) ~ **command** haut commandement m; ~ **commissioner** haut commissaire m; (Jur) ~ **court** cour f suprême; ~ **explosive** explosif m puissant; **to have** ~ **jinks** * se payer du bon temps *; ~ **life** grande vie f; ~ **noon** plein midi; ~ **point** [show] point m culminant; [holiday] grand moment; **the** ~ **season** la haute saison; ~ **school** (Brit) lycée m; (US) collège m d'enseignement secondaire; (US) ~ **school diploma** diplôme m de fin d'études secondaires; **on the** ~ **seas** en haute mer; ~ **society** haute société f; ~ **spirits** entrain m; **the** ~ **spot** [evening, show] le clou; [visit, holiday] le grand moment; **to hit the** ~ **spots** * faire la noce * (dans un night-club etc); (lit, fig) **to play for** ~ **stakes** jouer gros jeu; ~ **street** [village] grand-rue f; [town] rue principale; **in** ~ **summer** au cœur de l'été; ~ **table** table f d'honneur; (Univ) table des professeurs; ~ **tea** repas m du soir, dîner m ; ~ **technology** technologie f de pointe; ~ **treason** haute trahison f.
2 adv rise, float, be, aim haut; fly etc à haute altitude. ~ **up** haut; ~**er up** plus haut; ~**er and** ~**er** de plus en plus haut; ~ **above our heads** bien au-dessus de nos têtes; **to go as** ~ **as 200 francs** monter jusqu'à 200 F; **to hunt** ~ **and low** chercher partout; **to hold one's head up** ~ avoir la tête haute; (fig) **to fly** ~ voir grand, viser haut. 3 n (a) **on** ~ en haut. (b) (record) **a new** ~ un nouveau record.

◆ **highball** n whisky m à l'eau (avec de la glace).
◆ **highbrow** 1 n intellectuel(le) m(f) ; 2 adj interests intellectuel; music pour intellectuels. ◆ **high-class** adj hotel, food de premier ordre; neighbourhood, flat, publicity (de) grand standing; person du grand monde. ◆ **higher** 1 adj supérieur (than à) ; 2 adv plus haut. ◆ **high-fidelity** adj haute fidélité inv. ◆ **high-flier** n ambitieux m, -euse f; (gifted) doué(e) m(f). ◆ **high-flown** adj ampoulé. ◆ **high-flying** adj aircraft volant à haute altitude; person ambitieux. ◆ **high-frequency** adj de or à haute fréquence. ◆ **high-grade** adj de haute qualité. ◆ **high-handed** adj tyrannique. ◆ **high-handedly** adv très autoritairement. ◆ **high-heeled** adj à hauts talons. ◆ **highjack** etc = **hijack** etc. ◆ **highlands** npl hautes terres fpl; (in Scotland) **the H**~**lands** les Highlands fpl. ◆ **high-level** adj talks à très haut niveau. ◆ **highlight** 1 n (Art) rehaut m; (in hair) reflet m; (fig: evening etc) clou m; [match etc] instant m le plus marquant ; 2 vt (a) mettre en lumière. (b) (with pen) mettre en lumière (avec un surligneur lumineux). ◆ **highlighter** n (pen) surligneur m lumineux. ◆ **highly** adv pleased, interesting extrêmement; recommended chaudement; pay très bien; season fortement; ~**ly coloured** object haut en couleur; description etc exagéré; ~**ly strung** nerveux; **to speak/think** ~**ly of** dire/penser beaucoup de bien de. ◆ **high-minded** adj person de caractère élevé; ambition noble. ◆ **high-necked** adj à col haut. ◆ **highness** n: **Your H**~**ness** Votre Altesse f. ◆ **high-pitched** adj aigu. ◆ **high-powered** adj car très puissant; person très important. ◆ **high-pressure** adj à haute pression; (Met) de hautes pressions; (fig) salesman de choc *. ◆ **high-priced** adj coûteux, cher. ◆ **high-principled** adj qui a des principes élevés. ◆ **high-ranking** official n haut fonctionnaire m. ◆ **high-rise block** n tour f (d'habitation). ◆ **highroad** n grand-route f. ◆ **high-sounding** adj sonore; grandiloquent (pej). ◆ **high-speed** adj ultra-rapide; lens à obturation ultra-rapide; ~**-speed train** train m à grande vitesse, TGV m. ◆ **high-spirited** adj person plein d'entrain; horse fougueux. ◆ **high-tech** 1 n (technology) technologie f de pointe; (furniture) high-tech m ; 2 adj solution utilisant la technologie de pointe; camera, system ultra-perfectionné; person high-tech inv. ◆ **high-up** 1 adj person, post haut placé ; 2 n (*) grosse légume * f. ◆ **highway** n grande route f; **public** ~ **way, the king's** or **queen's** ~**way** la voie publique; **through the** ~**ways and byways of Sussex** par tous les chemins du Sussex; **the** ~**way code** le code de la route; (US) (state) ~**way patrol** police f de la route or des autoroutes. ◆ **highwayman** n bandit m de grand chemin.

hijack ['haɪdʒæk] 1 vt détourner (par la force). 2 n détournement m. ◆ **hijacker** n [plane] pirate m (de l'air); [coach, train, truck] gangster m. ◆ **hijacking** n détournement m.

hike [haɪk] 1 n excursion f à pied; (Mil, Sport) marche f à pied. **to go on** or **for a** ~ faire une excursion à pied. 2 vi aller à pied (to à). **to go hiking** faire des excursions. 3 vt (raise) price augmenter. ◆ **hiker** n excursionniste mf (à pied).

hilarious [hɪ'lɛərɪəs] adj (merry) hilare; (funny) désopilant. ◆ **hilarity** n hilarité f.

hill [hɪl] n colline f; (slope) côte f, pente f. **up** ~ **and down dale** par monts et par vaux; **as old as the** ~**s** vieux comme les chemins; **this car is not good on** ~**s** cette voiture ne grimpe pas bien. ◆ **hillbilly music** n musique f folk inv. ◆ **hillock** n petite colline. ◆ **hillside** n coteau m; **on the** ~**side** à flanc de coteau. ◆ **hilltop** n: **on the** ~**top** en haut de la colline. ◆ **hilly** adj accidenté.

hilt [hɪlt] n [sword] poignée f, garde f. **up to the** ~ be in trouble, debt, involved jusqu'au cou; **back sb** quoiqu'il arrive; mortgage au maximum.

him [hɪm] *pers pron* (**a**) *(direct) (unstressed)* le; *(before vowel)* l'; *(stressed)* lui. **I see ~** je le vois; **I have seen ~** je l'ai vu; **I've never seen HIM** lui, je ne l'ai jamais vu. (**b**) *(indirect)* lui. **I give ~ the book** je lui donne le livre; **I'm speaking to ~** je lui parle. (**c**) *(after prep etc)* lui. **I am thinking of ~** je pense à lui; **without ~** sans lui; **if I were ~** si j'étais lui; **it's ~** c'est lui; **younger than ~** plus jeune que lui. ◆ **himself** *pers pron (reflexive: direct and indirect)* se; *(emphatic)* lui-même; *(after prep)* lui. **he has hurt ~self** il s'est blessé; **he said to ~self** il s'est dit; **he told me ~self** il me l'a dit lui-même; **he kept 3 for ~self** il s'en est réservé 3; **she asked him for a photo of ~self** elle lui a demandé une photo de lui; (**all**) **by ~self** tout seul; **he is not ~self** il n'est pas dans son état normal.

Himalayas [ˌhɪməˈleɪəz] *npl:* **the ~** l'Himalaya *m.*

hind [haɪnd] *adj:* **~ legs, ~ feet** pattes *fpl* de derrière; **she would talk the ~ legs off a donkey** * c'est un vrai moulin à paroles *. ◆ **hindquarters** *npl* arrière-train *m.* ◆ **hindsight** *n:* **with the benefit of ~sight** rétrospectivement.

hinder [ˈhɪndəʳ] *vt (obstruct)* gêner; *(delay)* retarder; *(prevent)* empêcher (*sb from doing* qn de faire). ◆ **hindrance** *n:* **to be a hindrance to sb/sth** gêner qn/qch.

Hindu [ˈhɪnduː] **1** *adj* hindou. **2** *n* Hindou(e) *m(f).* ◆ **Hinduism** *n* hindouisme *m.*

hinge [hɪn(d)ʒ] **1** *n [door]* gond *m; [box, stamp]* charnière *f.* **the door came off its ~s** la porte est sortie de ses gonds. **2** *vi (fig)* dépendre (*on* de). ◆ **hinged** *adj lid* à charnières; *counter flap* relevable.

hint [hɪnt] **1** *n* allusion *f,* insinuation *f (pej).* **to drop a ~** faire une allusion (*that* que); **he dropped me a ~ that** il m'a fait comprendre que; **gentle/broad ~** allusion discrète/à peine voilée; **he knows how to take a ~** il comprend à demi-mot; **I can take a ~** (ça va) j'ai compris; *(in guessing etc)* **give me a ~** donne-moi une indication; **he gave no ~ of his feelings** il n'a donné aucune indication sur ce qu'il ressentait; **~s for travellers/on maintenance** conseils *mpl* aux voyageurs/d'entretien; **a ~ of garlic** un soupçon d'ail; **there was not the slightest ~ of a dispute** il n'y a pas eu l'ombre d'une dispute; **a ~ of sadness** un je ne sais quoi de mélancolie. **2** *vt* insinuer, suggérer (*that* que). **he ~ed to me that** il m'a laissé comprendre que. **3** *vi:* **to ~ at sth** faire (une) allusion à qch; **what are you ~ing at?** qu'est-ce que vous voulez dire par là?

hip¹ [hɪp] **1** *n (Anat)* hanche *f.* **with one's hands on one's ~s** les mains sur les hanches; **to break one's ~** se casser le col du fémur. **2** *adj:* **~ bath** bain *m* de siège. **~ flask** flacon *m* plat (pour la poche), flasque *f;* **~ joint** articulation *f* de la hanche; **~ pocket** poche *f* revolver; **~ size** tour *m* de hanches. ◆ **hipbone** *n* os *m* iliaque. ◆ **hipsters** *npl* pantalon *m* taille basse.

hip² [hɪp] *n (Bot)* gratte-cul *m.*

hippie * [ˈhɪpɪ] *adj, n* hippie *(mf).*

hippopotamus, *pl* **-mi** [ˌhɪpəˈpɒtəməs, maɪ] *n* hippopotame *m.*

hire [ˈhaɪəʳ] **1** *n* location *f; (price)* prix *m* de la location. **for ~** à louer; *(on taxi)* 'libre'; **on ~** en location; **car ~** location *f* de voiture. **2** *adj:* **car** voiture *f* de location; **~ purchase** achat *m* à crédit; **on ~ purchase** à crédit. **3** *vt* (**a**) *thing* louer; *person* engager. **~d man** ouvrier *m* payé à l'heure; **~d car** voiture *f* louée. (**b**) (**~ out**) donner en location.

his [hɪz] **1** *poss adj* son, sa, ses. **~ book** son livre; **~ table** sa table; **~ friend** son ami(e); **~ clothes** ses vêtements. **2** *poss pron* le sien, la sienne, les siens, les siennes. **this book is ~** ce livre est à lui; **a friend of ~** un de ses amis (à lui); **is this**

poem ~? ce poème est-il de lui?; *(pej)* **that car of ~** sa fichue * voiture.

hiss [hɪs] **1** *vti* siffler. **2** *n* sifflement *m; (Theat etc)* sifflet *m.*

history [ˈhɪst(ə)rɪ] *n* histoire *f.* **to make ~, to go down in ~** *[person]* entrer dans l'histoire *(for* pour); *[event, day, decision]* être historique; **he has a ~ of psychiatric disorders** il a dans son passé des désordres psychiatriques; **medical ~** passé *m* médical. ◆ **historian** *n* historien(ne) *m(f).* ◆ **historic(al)** *adj* historique.

histrionic [ˌhɪstrɪˈɒnɪk] *adj (pej)* de cabotin; *(gen)* théâtral; *talent* dramatique. ◆ **histrionics** *npl (pej)* airs *mpl* dramatiques.

hit [hɪt] *(vb: pret, ptp* **hit**) **1** *n* (**a**) *(stroke, blow)* coup *m; (Baseball/Tennis etc)* coup de batte/raquette *etc.* *(fig)* **that's a ~ at me** c'est moi qui suis visé. (**b**) *(as opp to miss)* coup *m* réussi, beau coup. **3 ~s and 3 misses** 3 succès *mpl* et 3 échecs *mpl;* **direct ~** coup dans le mille. (**c**) *(song/book/film etc)* chanson *f/*livre *m/*film *m* à succès. **to make a ~ of sth** * réussir (pleinement) qch; **to make a ~ with sb** * faire une grosse impression sur qn; **to be a big ~** avoir un énorme succès.

2 *adj song, show* à succès. **~ parade** hit parade *m;* **~ list** liste *f* noire.

3 *vt* (**a**) *(strike)* frapper; *(knock against)* heurter, cogner; *(collide with)* heurter, entrer en collision avec; *(reach)* atteindre; *(hurt, annoy)* affecter, toucher. **he ~ me!** il m'a frappé!; **his father used to ~ him** son père le battait; **to ~ sb a blow** porter un coup à qn; *(fig)* **to ~ a man when he's down** frapper un homme à terre; **to ~ one's head against sth** se cogner *or* se heurter la tête contre qch; **his head ~ the pavement** sa tête a donné contre le trottoir; *(fig)* **it ~s you in the eye** cela saute aux yeux; **he ~ the nail with a hammer** il a tapé sur le clou avec un marteau; *(fig)* **to ~ the nail on the head** mettre le doigt dessus; *(fig)* **to ~ the mark** atteindre son but; *(fig)* **that ~ home!** le coup a porté!; **to be ~ by a stone/bullet/bomb** recevoir une pierre/une balle/une bombe; *[plane]* **to be ~** être touché; *(fig)* **to be ~ by a strike/price rise** être touché par une grève/hausse des prix; *(realization)* **then it ~ me** * alors j'ai réalisé * d'un seul coup!; **you've ~ it!** * ça y est *, tu as trouvé!; *[news, story]* **to ~ the papers** *or* **the front page** être à la une * des journaux; **to ~ the bottle** * picoler *; *(fig)* **to ~ the ceiling** * sortir de ses gonds; **to ~ the hay ‡** se coucher; **to ~ the road** *or* **the trail** * mettre les voiles *. (**b**) *(find)* trouver, tomber sur; *problems, difficulties* rencontrer; *(*: *arrive at)* town etc débarquer à *or* dans. **at last we ~ the right road** nous sommes tombés enfin sur la bonne route.

4 *vi (collide)* se heurter, se cogner (*against* à, *contre*).

◆ **hit back 1** *vi (fig)* riposter. **to ~ back at sb** riposter, répondre à qn. **2** *vt sep:* **to ~ sb back** rendre son coup à qn. ◆ **hit off** *vt sep likeness* saisir. **he ~ him off beautifully** il l'a imité à la perfection; **to ~ it off with sb** bien s'entendre avec qn. ◆ **hit out at** *vt fus* décocher un coup à; *(fig)* attaquer. ◆ **hit (up)on** *vt fus* tomber sur, trouver. ◆ **hit-and-run driver** *n* chauffard * *m* (coupable du délit de fuite). ◆ **hit-and-run raid** *n* raid *m* éclair, inv. ◆ **hitman** tueur *m.* ◆ **hit-or-miss 1** *adv* au petit bonheur; **2** *adj work* fait au petit bonheur; *attitude* désinvolte.

hitch [hɪtʃ] **1** *n* anicroche *f (in* dans). **without a ~** sans anicroche; **technical ~** incident *m* technique. **2** *vt* (**a**) (**~up**) *trousers* remonter (d'une saccade). (**b**) *(fasten)* accrocher (*to* à); *carriages, horses* atteler (*to* à). **to get ~ed ‡** se marier. (**c**) (*) **to ~ a lift to Paris** faire du stop * jusqu'à Paris; **I ~ed a lift to Paris with my father** je me suis fait emmener en voiture jusqu'à Paris par mon père.

3 vi (*) = **hitch-hike**. ◆ **hitch-hike** vi faire du stop * or de l'auto-stop (to jusqu'à). ◆ **hitch-hiker** n auto-stoppeur m, -euse f. ◆ **hitch-hiking** n auto-stop m.

hither ['hɪðə'] adv (†) ici. (not †) ~ **and thither** çà et là.

hive [haɪv] n ruche f. **a** ~ **of industry** une vraie ruche. ◆ **hive off** * **1** vi se séparer (from de). **2** vt sep séparer (from de).

hoard [hɔːd] **1** n réserves fpl, provision f; (treasure) trésor m. **a** ~ **of food** des provisions, des réserves; **a squirrel's** ~ **of nuts** les réserves or provisions de noisettes d'un écureuil; **a** ~ **of money** un trésor, un magot; ~**s** * **of things** un tas * de choses. **2** vt (~ **up**) food etc amasser, mettre en réserve; money amasser. ◆ **hoarder** n: **to be a** ~**er** ne rien jeter.

hoarding ['hɔːdɪŋ] n (fence) palissade f; (for advertisements) panneau m d'affichage.

hoarfrost ['hɔːˈfrɒst] n givre m.

hoarse [hɔːs] adj enroué. ◆ **hoarsely** adv d'une voix enrouée. ◆ **hoarseness** n enrouement m.

hoary ['hɔːrɪ] adj hair blanc neigeux inv; person chenu; (fig) vénérable; joke éculé.

hoax [həʊks] **1** n canular m. **2** vt faire un canular à. **we were** ~**ed** on nous a eus *.

hob [hɒb] n plaque f chauffante.

hobble ['hɒbl] vi clopiner. **to** ~ **in/out** etc entrer/ sortir etc en clopinant.

hobby ['hɒbɪ] n passe-temps inv favori, hobby m. ◆ **hobby-horse** n (fig) dada m; **he's off on his** ~- **horse** le voilà reparti (sur son dada). ◆ **hobbyist** n (US) amateur m.

hobnob ['hɒbnɒb] vi frayer (with avec).

hobo ['həʊbəʊ] n (US) vagabond m.

hock¹ [hɒk] n [animal, beef] jarret m.

hock² [hɒk] n (wine) vin m du Rhin.

hockey ['hɒkɪ] n (also US **field** ~) hockey m; (US; also Brit **ice-**~) hockey m sur glace.

hocus-pocus ['həʊkəs'pəʊkəs] n (trickery) supercherie f; (talk) charabia * m.

hoe [həʊ] **1** n houe f, binette f. **2** vt ground biner; plants sarcler.

hog [hɒg] **1** n cochon m, porc m. **he's a greedy** ~ c'est un vrai goinfre *; (fig) **to go the whole** ~ aller jusqu'au bout. **2** vt (*) food se goinfrer * de; (take selfishly) best chair etc accaparer. **don't** ~ **all the sweets** ne garde pas tous les bonbons pour toi.

hoi polloi [ˌhɔɪpə'lɔɪ] n gens mpl du commun.

hoist [hɔɪst] **1** vt hisser. **2** n appareil m de levage; (for goods) monte-charge m inv.

hold [həʊld] (vb: pret, ptp **held**) **1** n (a) prise f. **to catch** or **get** ~ **of** saisir, s'emparer de; (fig: contact) **to get** ~ **of sb** contacter or joindre qn; **he caught** ~ **of her arm** il lui a saisi le bras; (fig) **can you get** ~ **of a piece of wire?** est-ce que tu peux trouver un morceau de fil de fer?; **to get (a)** ~ **of o.s.** se contrôler; **to have** ~ **of** tenir; **I've got a firm** ~ **on the rope** je tiens bien la corde; **to keep** ~ **of** object ne pas lâcher; idea s'accrocher à; (fig) **to have a** ~ **over sb** avoir prise sur qn; (US) **on** ~ phone call, order en attente; (US) **to put sth on** ~ mettre qch en attente; (fig) **no** ~**s barred** * tous les coups sont permis. **(b)** (Naut) cale f.

2 vt (a) (gen) tenir; (contain) contenir; (fig) audience tenir; sb's interest, attention retenir; opinion avoir. **to** ~ **in one's hand** book tenir à la main; coin tenir dans la main; **they were** ~**ing hands** ils se tenaient par la main; **he held my arm** il me tenait le bras; **to** ~ **sb tight** (in embrace) serrer qn très fort; (to prevent fall etc) bien tenir qn; **the bottle** ~**s one litre** la bouteille contient un litre; **the room** ~**s 20**

people 20 personnes peuvent tenir dans la salle; **the ladder won't** ~ **you** l'échelle ne supportera pas ton poids; **the nails** ~ **the carpet in place** les clous maintiennent la moquette en place; **to** ~ **o.s. upright/ready** se tenir droit/prêt; **to** ~ **one's head high** porter la tête haute; (fig) **he was left** ~**ing the baby** * tout est retombé sur sa tête; **to** ~ **one's breath** retenir son souffle; **to** ~ **one's tongue** se taire; **to** ~ **one's own** [invalid] se maintenir; (in conversation etc) se débrouiller; (Telec) **to** ~ **the line** attendre; ~ **the line!** ne quittez pas!; **this car** ~**s the road well** cette voiture tient bien la route; **what the future** ~**s** ce que l'avenir nous réserve.

(b) meeting, election, conversation etc tenir; examination organiser; check, count faire. **the exhibition is always held here** l'exposition a toujours lieu ici; (Rel) **to** ~ **a service** célébrer un office; [employer] **to** ~ **an interview** recevoir des candidats.

(c) (believe) considérer, maintenir (that que). **to** ~ **in high esteem** tenir en haute estime; **to** ~ **sb responsible for sth** considérer qn responsable de qch; **all that he** ~**s dear** tout ce qui lui est cher.

(d) (restrain) person retenir; (keep) object, money garder. **to** ~ **a train** empêcher un train de partir; ~ **the letter until...** n'envoyez pas la lettre avant que... + subj; **the police held him for 2 days** la police l'a gardé (à vue) pendant 2 jours; **there's no** ~**ing him** il n'y a pas moyen de le retenir; ~ **it!** * arrêtez!, minute! *

(e) (possess) ticket, card avoir, posséder; (Mil) tenir (against contre); post, position avoir, occuper; ticket, permit, shares avoir, détenir; (Sport) record détenir. (Parl) **to** ~ **office** avoir or tenir un portefeuille; (fig) **to** ~ **the fort** monter la garde; (fig) **to** ~ **the stage** tenir le devant de la scène.

3 vi [rope, nail etc] tenir, être solide; [weather] se maintenir; [statement, promise] (also ~ **good**) être valable. **to** ~ **firm** or **tight** or **fast** tenir bon or ferme.

◆ **hold back 1** vi (fig) se retenir (from sth de qch; from doing de faire). **2** vt sep (a) fears, emotions maîtriser; crowd contenir. **to** ~ **sb back from doing** retenir qn de faire. **(b)** (not disclose) facts, name ne pas donner. **he was** ~**ing sth back from me** il me cachait qch. **(c)** (US Scol) pupil faire redoubler une classe à. ◆ **hold down** vt sep (a) (keep on ground) maintenir à terre; (keep in place) maintenir en place. **to** ~ **one's head down** tenir la tête baissée. **(b)** job (have) avoir, occuper; (keep) garder. ◆ **hold forth** vi pérorer (on sur). ◆ **hold in** vt sep retenir; stomach rentrer. **to** ~ **o.s. in** se retenir. ◆ **hold off 1** vi (fig) **the rain has held off so far** jusqu'ici il n'a pas plu. **2** vt sep enemy tenir à distance; (fig) visitor etc faire patienter. ◆ **hold on 1** vi (endure) tenir bon, tenir le coup; (wait) attendre. ~ **on!** attendez!; (Telec) ne quittez pas! **2** vt sep lid etc tenir en place. ◆ **hold on to** vt fus (cling to) rope, branch se cramponner à; hope, idea se raccrocher à; (keep) object, money garder; used clothes etc conserver. ~ **on to this for me** (hold it) tiens-moi ça; (keep it) garde-moi ça. ◆ **hold out 1** vi [supplies etc] durer. **(b)** (endure) tenir bon, tenir le coup. **to** ~ **out against** enemy, attacks tenir bon devant; change, progress, threats résister à; **they are** ~**ing out for more pay** ils tiennent bon pour avoir une augmentation; **you've been** ~**ing out on me!** * tu m'as caché qch! **2** vt sep tendre, offrir (sth to sb qch à qn); one's arms ouvrir; (fig) hope offrir. ◆ **hold over** vt sep meeting etc remettre (until à). ◆ **hold together 1** vi [objects] tenir (ensemble); [people] rester unis. **2** vt sep objects maintenir (ensemble); a group maintenir l'union de. ◆ **hold up 1** vi [building] tenir debout. **2** vt sep (a) (raise) lever, élever. ~ **up your hand** levez la main; **to** ~ **sth up to the light** élever qch à la

lumière. **(b)** *(support) roof etc* soutenir. **(c)** *(stop)* arrêter; *(delay) traffic* retarder; *person* retenir. **(d)** *[robber] bank, shop* faire un hold-up dans ; *coach, person* attaquer (à main armée). ◆ **hold with** * *vt fus*: **she doesn't ~ with people smoking** elle désapprouve que l'on fume *(subj)*.
◆ **holdall** *n* fourre-tout *m inv*. ◆ **holder** *n* **(a)** *[ticket, card, record, title, stocks]* détenteur *m*, -trice *f*; *[passport, post]* titulaire *mf*; **(b)** *(object)* support *m*; **pen ~er** porte-plume *m inv*. ◆ **holding** *n (farm)* propriété *f*, ferme *f*; *(Fin)* ~**ings** *(lands)* avoirs *mpl* fonciers; *(stocks)* intérêts *mpl*; *(Fin)* ~**ing company** holding *m*. ◆ **hold-up** *n (robbery)* hold-up *m inv*, attaque *f* à main armée; *(delay)* retard *m*; *(in traffic)* bouchon *m*.

hole [həʊl] *n* **(a)** *(gen)* trou *m*; *[rabbit, fox]* terrier *m*; *(in defences, dam)* brèche *f*; *(in argument etc)* faille *f*. **to wear a ~ in** *a garment* trouer un vêtement; *[sock etc]* **to go into ~s** se trouer; *(fig)* **it made a ~ in his savings** cela a fait un trou dans ses économies; **to be in a (nasty) ~** * avoir des ennuis, être dans l'embarras; **he got me out of a ~** * il m'a tiré d'embarras *. **(b)** *(* pej) (town)* bled * *m*; *(room, house)* bouge *m*. ◆ **hole up** *vi [animal, wanted man]* se terrer. ◆ **hole-and-corner** *adj (furtive)* furtif; *(underhand)* fait en douce *. ◆ **hole-in-the-heart** *n (Med)* communication *f* interventriculaire. ◆ **holey** *adj* plein de trous.

holiday [ˈhɒlɪdeɪ] **1** *n (vacation)* vacances *fpl*; *(day off)* jour *m* de congé. **on ~** en vacances, en congé ; **to take a month's ~** prendre un mois de vacances; **~s with pay** congés *mpl* payés; **school ~s** vacances scolaires. **2** *vi* passer ses vacances. **3** *adj camp, clothes, atmosphere* de vacances; *mood etc* gai, joyeux. **~ resort** villégiature *f*; **~ season** saison *f* des vacances; **~ spirit** esprit *m* de vacances; **~ traffic** circulation *f* des départs *(or* des rentrées) de vacances. ◆ **holiday-maker** *n* vacancier *m*, -ière *f*; *(in summer)* estivant(e) *m(f)*.

Holland [ˈhɒlənd] *n* Hollande *f*, Pays-Bas *mpl*.

holler * [ˈhɒləʳ] **1** *n* braillement *m*. **2** *vti* brailler.

hollow [ˈhɒləʊ] **1** *adj (gen)* creux; *eyes* cave; *sound (from box etc)* creux; *(from cave etc)* caverneux; *voice* caverneux; *sympathy, victory* faux; *promise* vain. **to give a ~ laugh** rire jaune. **2** *n [back, hand, tree]* creux *m*; *(in ground)* dénivellation *f*; *(valley)* cuvette *f*. **3** *vt (~ out)* creuser. ◆ **hollow-cheeked** *adj* aux joues creuses. ◆ **hollow-eyed** *adj* aux yeux caves.

holly [ˈhɒlɪ] *n* houx *m*. **~ bush** buisson *m* de houx.

hollyhock [ˈhɒlɪhɒk] *n* rose *f* trémière.

holocaust [ˈhɒləkɔːst] *n* holocauste *m*.

hologram [ˈhɒləˌɡræm] *n* hologramme *m*.

holster [ˈhəʊlstəʳ] *n* étui *m* de revolver.

holy [ˈhəʊlɪ] **1** *adj place, life, poverty* saint *(after n)*; *person, oil, Bible, Communion, Trinity* saint *(before n)*; *bread, water* bénit; *ground* sacré. **the H~ Father** le Saint-Père; **the H~ Ghost** *or* **Spirit** le Saint-Esprit; **the H~ Land** la Terre Sainte; **~ orders** ordres *mpl* (majeurs); **H~ Week** la Semaine Sainte; **he's a ~ terror** * c'est un vrai démon. **2** *n*: **the ~ of holies** le Saint des Saints. ◆ **holiness** *n* sainteté *f*; **His Holiness** Sa Sainteté.

homage [ˈhɒmɪdʒ] *n* hommage *m*. **to pay ~ to** rendre hommage à.

home [həʊm] **1** *n* **(a)** maison *f*; *(Bot, Zool)* habitat *m*. **he left ~ in 1978** il a quitté la maison en 1978; **he was glad to see his ~ again** il était content de revoir sa maison; **it is quite near my ~** c'est tout près de chez moi; **my ~ is in London** *(live there)* j'habite Londres; *(was born there)* je suis de Londres; **~ for me is Edinburgh** c'est là que j'ai mes racines; **for some years he made his ~ in France** pendant quelques années il a habité en France; **refugees who made their ~ in Britain**

les réfugiés qui se sont installés en Grande-Bretagne; **he is far from ~** il est loin de chez lui; **there's no place like ~** on n'est vraiment bien que chez soi; **to have a ~ of one's own** avoir un foyer *or* un chez-soi; **to give sb a ~** recueillir qn chez soi; **she made a ~ for her brothers** elle a fait un (vrai) foyer pour ses frères; **it's a ~ from ~** c'est un second chez-soi; **she has a lovely ~** elle a un joli intérieur; **he comes from a good ~** il a une famille comme il faut; **'good ~ wanted for kitten'** 'cherche foyer accueillant pour chaton'; **a broken ~** un foyer désuni; **safety in the ~** prudence à la maison; **at ~** chez soi, à la maison; *(Ftbl)* **Celtic are playing Rangers at ~** le Celtic reçoit les Rangers; *(fig)* **Mrs Smith is not at ~ to anyone** Mme Smith ne reçoit personne; **to feel at ~** se sentir à l'aise *(with sb/sth* avec qn/qch); **to make o.s. at ~** faire comme chez soi.
(b) *pays m natal, patrie f.* **at ~ and abroad** chez nous *et* à l'étranger; *(fig)* **let us consider sth nearer ~** considérons qch qui nous intéresse plus directement.
(c) *(institution)* maison *f*, institution *f*. **children's ~** maison pour enfants.
2 *adv* **(a)** chez soi, à la maison. **to go** *or* **get ~** rentrer (chez soi *or* à la maison); **I'll be ~ at 5 o'clock** je rentrerai à 5 heures; **on the journey ~** sur le chemin du retour; **to see sb ~** accompagner qn jusque chez lui; **I must write ~** il faut que j'écrive à la maison; **it's nothing to write ~ about** * ça ne casse rien *; *(fig)* **~ and dry** sauvé des eaux *(fig)*.
(b) *(from abroad)* **he came ~** il est rentré de l'étranger; **to send sb ~** rapatrier qn; **to go** *or* **return ~** rentrer son pays.
(c) *(right in etc)* hammer, drive à fond. *(fig)* **to bring sth ~ to sb** faire comprendre qch à qn; **the situation was brought ~ to him when...** la situation lui est apparue pleinement quand...
3 *adj atmosphere, life* de famille, familial; *troubles* de famille, domestique; *comforts* du foyer; *cooking* familial; *[doctor etc] visit* à domicile; *(Econ, Pol etc)* du pays, national; *policy, market, sales etc* intérieur; *(Sport) team etc* qui reçoit; *match* joué à domicile. **~ address** domicile *m* (permanent*)*; *(as opp to business address)* adresse *f* personnelle; *(Baseball)* **~ base** base *f* de départ; **~ computer** ordinateur *m* familial; **the ~ country** le vieux pays; **~ economics** économie *f* domestique; *(Pol etc)* **on the ~ front** à l'intérieur; **~ help** aide *f* ménagère; **~ leave** congé *m* de longue durée; **~ loan** prêt *m* immobilier; **~ news** *(gen)* nouvelles *fpl* de chez soi; *(Pol)* nouvelles de l'intérieur; *(Brit)* **H~ Office** ≈ ministère *m* de l'Intérieur; **~ owners** ceux qui possèdent leur propre habitation; *(Naut)* **~ port** port *m* d'attache; **~ rule** autonomie *f*; **~ run** *[ship, truck]* voyage *m* de retour; *(Baseball)* coup *m* de circuit; *(Brit)* **H~ Secretary** ≈ ministre *m* de l'Intérieur; *(fig)* **to be in the ~ straight** voir la lumière au bout du tunnel; **my ~ town** *(place of birth)* ma ville natale; *(where I grew up)* la ville où j'ai grandi; **~ truths** vérités *fpl* bien senties.
4 *vi [pigeons]* revenir au colombier.
◆ **home in on, home on to** *vt fus* se diriger (automatiquement) vers *or* sur.
◆ **home-baked** *or* **-brewed** *or* **-cooked** *etc adj* fait à la maison. ◆ **homecoming** *n* retour *m* au foyer *(or* au pays). ◆ **home-grown** *adj (not foreign)* du pays; *(from own garden)* du jardin. ◆ **homeland** *n* patrie *f*. ◆ **homeless 1** *adj* sans abri ; **2** *npl*: **the ~less** les sans-abri *mpl*. ◆ **home-like** *adj* accueillant, confortable. ◆ **home-lover** *n* casanier *m*, -ière *f*. ◆ **home-loving** *adj* casanier. ◆ **homely** *adj* **(a)** *food, person* simple; *atmosphere* confortable; **(b)** *(US: plain)* laid. ◆ **home-made** *adj* fait à la maison. ◆ **homesick** *adj* nostalgique; **to be ~sick** avoir la nostalgie *(for sth* de

qch); *(abroad)* avoir le mal du pays. ◆ **home-sickness** *n* nostalgie *f* (*for* de), mal *m* du pays. ◆ **homespun** *adj (fig)* simple. ◆ **homestead** *n* (*house etc*) propriété *f*; *(farm)* ferme *f*. ◆ **home-ward 1** *adj* du retour; ~**ward journey** retour *m* ; **2** *adv (also* ~**wards**) vers la maison; ~**ward bound** sur le chemin du retour. ◆ **homework** *n* devoirs *mpl* (à la maison). ◆ **homing** *adj missile* à tête chercheuse; **homing device** tête *f* chercheuse; **homing pigeon** pigeon *m* voyageur.

homicide ['hɒmɪsaɪd] *n* homicide *m*. ◆ **homicidal** *adj* homicide.

hominy grits ['hɒmɪnɪ'grɪts] *n (US)* maïs *m* concassé et bouilli.

homoeopath, *(US)* **homeopath** ['həʊmɪə(ʊ)pæθ] *n* homéopathe *mf*. ◆ **hom(o)eopathic** *adj medicine, methods* homéopathique; *doctor* homéopathe. ◆ **hom(o)eopathy** *n* homéopathie *f*.

homogeneity [ˌhɒməʊ'dʒə'ni:ɪtɪ] *n* homogénéité *f*. ◆ **homogeneous** [ˌhɒmə'dʒi:nɪəs] *adj* homogène. ◆ **homogenize** [hə'mɒdʒənaɪz] *vt* homogénéiser.

homonym ['hɒmənɪm] *n* homonyme *m*.

homosexual ['hɒmə(ʊ)'seksjʊəl] *adj, n* homosexuel(le) *m(f)*. ◆ **homosexuality** *n* homosexualité *f*.

Honduras [hɒn'djʊərəs] *n* Honduras *m*.

hone [həʊn] *vt* aiguiser.

honest ['ɒnɪst] *adj person, action* honnête; *opinion* sincère; *face* franc; *means, method* légitime; *money, profit* honnêtement acquis. **the ~ truth** la pure vérité; **tell me your ~ opinion of it** dites-moi sincèrement ce que vous en pensez; **to be ~ with you, I don't like it** à vous dire la vérité, je n'aime pas ça; **be ~!** parle franchement!; *(be objective)* sois objectif!; **you've not been ~ with me** tu n'as pas été franc avec moi; **an ~ day's work** une bonne journée de travail; ~ **to goodness!** * ça alors! ◆ **honestly** *adv act, behave* honnêtement; ~**ly, I don't care** franchement, ça m'est égal; **I didn't do it,** ~**ly!** je ne l'ai pas fait, je vous le jure!; ~**ly?** c'est vrai?; *(exasperated)* ~**ly!** ça alors! ◆ **honesty** *n* **(a)** honnêteté *f*; **in all** ~**y** en toute sincérité. **(b)** *(Bot)* monnaie-du-pape *f*.

honey ['hʌnɪ] *n* miel *m*. **clear/thick** ~ miel liquide/solide; **yes,** ~ * oui, chéri(e); **she's a** ~ * elle est adorable. ◆ **honeybee** *n* abeille *f*. ◆ **honeycomb 1** *n* rayon *m* de miel; *(Tex)* nid *m* d'abeille; *(Metal)* soufflure *f* ; **2** *adj pattern* en nid d'abeille; **3** *vt (fig)* cribler (*with* de). ◆ **honeyed** *adj words* mielleux. ◆ **honeymoon 1** *n* lune *f* de miel ; **2** *vi* passer sa lune de miel ; **3** *adj:* **the** ~**moon couple** les nouveaux mariés *mpl* ; *(fig)* **the** ~**moon period** *(gen)* la lune de miel; *(Pol)* l'état de grâce. ◆ **honeysuckle** *n* chèvrefeuille *m*.

Hong Kong ['hɒŋ'kɒŋ] *n* Hong Kong *m*.

honk [hɒŋk] *vi [car]* klaxonner; *[geese]* cacarder.

honor *etc (US)* = **honour** *etc.*

honorary ['ɒn(ə)rərɪ] *adj person* honoraire; *duties* honorifique. ~ **degree** grade *m* honoris causa.

honour, *(US)* **honor** ['ɒnəʳ] **1** *n* honneur *m*. **in** ~ **of** en l'honneur de; **on my** ~**!** parole d'honneur!; **to put sb on his** ~ **to do** engager qn sur l'honneur à faire; **to be (in)** ~ **bound to do** être tenu par l'honneur de faire; **to have the** ~ **to do** *or* **of doing** avoir l'honneur de faire; **Your H**~ Votre Honneur; **to do the** ~**s** faire les présentations *(entre invités)*; *(Univ)* **he got first-/second-class** ~**s in English** ≃ il a eu sa licence d'anglais avec mention très bien/mention bien. **2** *vt* honorer *(with* de). ◆ **hono(u)rable** *adj* honorable. ◆ **hono(u)rably** *adv* honorablement.

hooch ⚹ [hu:tʃ] *n* gnôle * *f*.

hood [hʊd] *n (gen)* capuchon *m*; *(Ku Klux Klan type)* cagoule *f*; *(rain-*~) capuche *f*; *(Brit Aut)* capote *f*;

(US Aut) capot *m*; *[pram]* capote *f*; *(over cooker etc)* hotte *f*. ◆ **hooded** *adj prisoner, gunman* au visage couvert. ◆ **hoodlum** *n (US)* voyou *m*. ◆ **hoodwink** *vt* tromper.

hooey ⚹ ['hu:ɪ] *n* blagues * *fpl*.

hoof, *pl* ~**s** *or* **hooves** [hu:f, hu:vz] sabot *m* *(d'animal)*.

hoo-ha * ['hu:ˌhɑ:] *n (noise)* brouhaha *m*; *(excitement)* animation *f*; *(pej: publicity)* baratin * *m*. **there was a great** ~ **about it** on en a fait tout un plat *.

hook [hʊk] **1** *n (gen)* crochet *m*; *(for coats)* patère *f*; *(on dress)* agrafe *f*; *(Fishing)* hameçon *m*; *(Agr)* faucille *f*; *(Boxing)* crochet. *(Sewing)* ~**s and eyes** agrafes; *(fig)* **he swallowed it** ~, **line and sinker** * il a gobé tout ce qu'on lui a raconté; **by** ~ **or by crook** par tous les moyens; **to get sb off the** ~ * tirer qn d'affaire. **2** *vt* accrocher *(to* à); *(Fishing)* prendre; *dress* agrafer. **she finally** ~**ed him** * elle a fini par lui passer la corde au cou.
◆ **hook on 1** *vi* s'accrocher *(to* à). **2** *vt sep* accrocher *(to* à). ◆ **hook up** *vt sep dress etc* agrafer; *(*⚹: *TV etc)* faire un duplex entre.
◆ **hooked** *adj (hook-shaped)* recourbé; *(having hooks)* muni de crochets; *(* ⚹: *fascinated)* accroché; *(fig)* **he's** ~**ed** * **on it** il ne peut plus s'en passer; **to get** ~**ed** * **on drugs** se droguer; **to get** ~**ed** * **on jazz** devenir enragé * de jazz; **he's really** ~**ed** * **on her** il en est fou. ◆ **hook-nosed** *adj* au nez recourbé. ◆ **hook-up** * *n (TV etc)* relais *m* temporaire. ◆ **hooky** ⚹ *n:* **to play** ~**y** ⚹ sécher les cours.

hooligan ['hu:lɪgən] *n* voyou *m*. ◆ **hooliganism** *n* vandalisme *m*.

hoop [hu:p] *n [barrel]* cercle *m*; *(toy; in circus; for skirt)* cerceau *m*; *(Croquet)* arceau *m*. *(fig)* **they put him through the** ~ * ils l'ont mis sur la sellette. ◆ **hoopla** *n* jeu *m* d'anneaux.

hoot [hu:t] **1** *vi [owl]* hululer; *(Aut)* klaxonner; *[siren]* mugir; *[train]* siffler; *(jeer)* huer; *(with laughter)* s'esclaffer. **2** *n* hululement *m*; coup *m* de klaxon; mugissement *m*; sifflement *m*; huée *f*. **I don't care a** ~ * je m'en fiche * éperdument; **it was a** ~ ⚹ c'était tordant * *or* marrant ⚹. ◆ **hooter** *n [factory]* sirène *f*; *(Aut)* klaxon *m*.

hoover ['hu:vəʳ] ® **1** *n* aspirateur *m*. **2** *vt* passer l'aspirateur sur *or* dans.

hop¹ [hɒp] **1** *n (gen)* saut *m*; *[bird]* sautillement *m*; *(*⚹: *dance)* sauterie *f*; *(Aviat)* étape *f*. *(fig)* **to catch sb on the** ~ prendre qn au dépourvu. **2** *vi* sauter; *(on one foot)* sauter à cloche-pied; *[bird]* sautiller. **he** ~**ped over to the window** il est allé à cloche-pied jusqu'à la fenêtre; *(in car etc)* ~ **in!** montez!; **to** ~ **off, to** ~ **it** * ficher le camp *. ◆ **hopscotch** *n* marelle *f*.

hop² [hɒp] *n (also* ~**s**) houblon *m*. ◆ **hopfield** *n* houblonnière *f*. ◆ **hop-picker** *n* cueilleur *m*, -euse *f* de houblon.

hope [həʊp] **1** *n* espoir *m*. **past** *or* **beyond (all)** ~ sans espoir; **to live in** ~ vivre d'espoir; **in the** ~ **of (doing) sth** dans l'espoir de (faire) qch; **to have** ~**s of doing** avoir l'espoir de faire; **I haven't much** ~ **of succeeding** je n'ai pas beaucoup d'espoir de réussir; **there is no** ~ **of that** on ne peut pas y compter; **with high** ~**s** avec l'espoir de faire de grandes choses; **to raise sb's** ~**s** donner de l'espoir à qn; **you're my last** ~ tu es mon dernier espoir; **what a** ~**!** *, **some** ~! * tu parles! *
2 *vti* espérer *(that* que; *to* do faire). **to** ~ **for success** espérer avoir du succès; **don't** ~ **for too much** n'en attendez pas trop; **to** ~ **for the best** être optimiste; **to** ~ **against hope** espérer en dépit de tout; **hoping to hear from you** dans l'espoir d'avoir de vos nouvelles; **I** ~ **so/not** j'espère que oui/non.
◆ **hopeful 1** *adj person* plein d'espoir; *situation* qui promet; *response, sign* encourageant; *future* qui se présente bien; **we are** ~**ful about the results** nous

attendons avec confiance les résultats; **I am ~ful that...** j'ai bon espoir que...; **I'm not too ~ful** je n'ai pas tellement d'espoir ; **2** n: **a young ~ful** un jeune loup (fig). ◆ **hopefully** adv (**a**) speak, smile avec optimisme; develop, progress d'une façon encourageaente; (**b**) (esp US) **~fully * it won't rain** on espère qu'il ne va pas pleuvoir. ◆ **hopeless** adj person, situation, outlook désespéré; task impossible; (*: bad) work lamentable, nul; person bon à rien; liar, drunkard etc invétéré, incorrigible; **it's ~less!** c'est désespérant; **he's a ~less * teacher** il est nul comme professeur; **I'm ~less * at maths** je suis nul en maths; **he's ~less *** c'est un cas désespéré. ◆ **hopelessly** adv act sans espoir; speak avec désespoir; lost etc complètement; in love éperdument; **~lessly naïve** etc d'une naïveté etc désespérante.

horde [hɔːd] n foule f, horde f (pej).

horizon [hə'raɪzn] n horizon m (also fig). **on the ~** à l'horizon. ◆ **horizontal 1** adj horizontal ; **2** n horizontale f. ◆ **horizontally** adv horizontalement.

hormone ['hɔːməʊn] n hormone f. **~ treatment** traitement m hormonal.

horn [hɔːn] n (gen) corne f; (Mus) cor m; (Aut) klaxon m; (Naut) sirène f. **to draw in one's ~s** (back down) diminuer d'ardeur; (spend less) restreindre son train de vie. ◆ **horn-rimmed spectacles** npl lunettes fpl à monture d'écaille. ◆ **horny** adj hands calleux.

hornet ['hɔːnɪt] n frelon m.

horoscope ['hɒrəskəʊp] n horoscope m.

horrible ['hɒrɪbl] adj sight, murder horrible; holiday, weather etc affreux, atroce. ◆ **horribly** adv horriblement; affreusement.

horrid ['hɒrɪd] adj person méchant; thing affreux.

horrify ['hɒrɪfaɪ] vt horrifier. ◆ **horrific** adj horrible. ◆ **horrifying** adj horrifiant.

horror ['hɒrər] **1** n horreur f. **to have a ~ of (doing) sth** avoir horreur de (faire) qch; **that child is a ~** cet enfant est un petit monstre; **that gives me the ~s** cela me donne le frisson. **2** adj film, comic d'épouvante. ◆ **horror-stricken** adj glacé d'horreur.

horse [hɔːs] **1** n cheval m; (Gymnastics) cheval m d'arçons. (fig) **straight from the ~'s mouth** de source sûre. **2** adj race de chevaux; meat de cheval. **~ brass** médaillon m de cuivre (d'une martingale); **~ chestnut** marron m (d'Inde); (tree) marronnier m (d'Inde); (Cine, TV) **~ opera *** western m ; **~ show** or **trials** concours m hippique. ◆ **horseback** n: **on ~back** à cheval. ◆ **horse-box** n (Aut) fourgon m à chevaux. ◆ **horse-dealer** n maquignon m. ◆ **horse-drawn** adj à chevaux. ◆ **horseflesh** n (horses) chevaux mpl; (Culin) viande f de cheval. ◆ **horsefly** n taon m. ◆ **horsehair** n crin m (de cheval). ◆ **horse-laugh** n gros rire m. ◆ **horseman** n cavalier m. ◆ **horsemanship** n (activity) équitation f; (skill) talent m de cavalier. ◆ **horseplay** n jeu m de mains; chahut m. ◆ **horsepower** n puissance f (en chevaux). ◆ **horse-racing** n courses fpl de chevaux. ◆ **horseradish** n raifort m. ◆ **horse-sense *** n gros bon sens m. ◆ **horseshoe 1** n fer m à cheval ; **2** adj en fer à cheval. ◆ **horse-trader** n (lit, fig) maquignon m. ◆ **horse-trading** n maquignonnage m. ◆ **horsewhip** vt cravacher. ◆ **horsey *** adj person féru de cheval; appearance chevalin.

horticulture ['hɔːtɪkʌltʃər] n horticulture f. ◆ **horticultural** adj horticole. ◆ **horticulturist** n horticulteur m, -trice f.

hose [həʊz] **1** n (**a**) (also **~pipe**) tuyau m. (**b**) (pl: stockings) bas mpl. **2** vt (in garden) arroser au jet;

[firemen] arroser à la lance. **to ~ sth down** or **out** laver qch au jet. ◆ **hosiery** n bonneterie f.

hospice ['hɒspɪs] n hospice m.

hospitable [hɒs'pɪtəbl] adj hospitalier. ◆ **hospitably** adv avec hospitalité. ◆ **hospitality** [,hɒspɪ'tælɪtɪ] n hospitalité f.

hospital ['hɒspɪtl] **1** n hôpital m. **in ~** à l'hôpital. **2** adj treatment, staff hospitalier; bed etc d'hôpital. **~ case** patient m hospitalisé; **the ~ doctors** les médecins mpl des hôpitaux; **the ~ facilities** or **service** le service hospitalier. ◆ **hospitalize** vt hospitaliser.

host¹ [həʊst] **1** n hôte m. **2** adj plant, animal hôte; town etc qui reçoit; country d'accueil. **3** vt TV show animer. ◆ **hostess** n hôtesse f; (in night club) entraîneuse f.

host² [həʊst] n [people] foule f; [reasons] tas * m.

host³ [həʊst] n (Rel) hostie f.

hostage ['hɒstɪdʒ] n otage m. **to take sb ~** prendre qn comme otage.

hostel ['hɒst(ə)l] **1** n (gen) foyer m. **(youth) ~** auberge f de jeunesse. **2** vi: **to go (youth) ~ling** passer ses vacances dans des auberges de jeunesse. ◆ **hosteller** n ajiste mf.

hostile ['hɒstaɪl] adj hostile (to à). ◆ **hostility** n hostilité f.

hot [hɒt] **1** adj (**a**) (gen) chaud; sun brûlant. **to be ~** [person] avoir (très or trop) chaud; [thing] être (très) chaud; (Met) faire (très) chaud; **this room is ~** il fait (très or trop) chaud dans cette pièce; **to get ~** [person] s'échauffer; (in guessing) brûler; [thing] chauffer; (Met) commencer à faire chaud; **~ spring** source f chaude; **in the ~ weather** pendant les chaleurs; **I can't drink ~ things** je ne peux pas boire chaud; (fig) **the ~ seat** en première ligne; (Med) **~ flush** bouffée f de chaleur; (fig) **to be in/get into ~ water** être/se mettre dans le pétrin; **to be ~ and bothered** (perspiring) être en nage; (flustered) être dans tous ses états (about au sujet de); **to be/get ~ under the collar** (fig) être/se mettre dans tous ses états (about au sujet de); (fig) **~ air *** blablabla * m; (Culin) **~ dog** hot-dog m; (Telec) **~ line** téléphone m rouge (to avec); (fig) **~ potato *** sujet m brûlant; **he dropped the idea like a ~ potato *** il a laissé tomber comme si ça lui brûlait les doigts; **~ spot *** (trouble area) point m or coin m névralgique; (night club) boîte f (de nuit); **to be ~ stuff *** être sensationnel *; (US) **~ tub** jacuzzi m.

(**b**) curry, spices etc fort; news, report tout frais; struggle, dispute acharné; temperament, supporter passionné. **~ jazz** hot m; **he's got a ~ temper** il est très colérique; (Pol) **a ~ war *** une guerre ouverte; **~ favourite** grand favori m; **~ tip** tuyau m sûr; **news ~ from the press** informations de dernière minute; **to make things ~ for sb *** mener la vie dure à qn; **not so ~ *** pas formidable *; **he's pretty ~ * at maths** il a la bosse * des maths; **he's pretty ~ * at football** il est très calé en football; (stolen) **it's ~ * ⚡** ça a été volé. **2** adv: **to be ~ on the trail** être sur la bonne piste; **to be ~ on sb's trail** sur les talons de qn; **he went at it ~ and strong** il n'y est pas allé de main morte *; **to give it to sb ~ and strong *** sonner les cloches à qn *.

◆ **hot up *** **1** vi [food etc] se réchauffer; [situation, party] chauffer *. **2** vt sep food réchauffer; evening mettre de l'animation dans; (fig) car engine gonfler *. **a ~ted-up Mini** une Mini au moteur gonflé.

◆ **hot-air balloon** n ballon m (Aviat). ◆ **hotbed** n foyer m (de vice etc). ◆ **hot-blooded** adj passionné. ◆ **hotfoot 1** adv à toute vitesse ; **2** vt: **to ~foot it *** galoper. ◆ **hothead** n tête f brûlée. ◆ **hotheaded** adj impétueux. ◆ **hothouse** n serre f (chaude). ◆ **hotly** adv passionnément, violemment. ◆ **hotplate** n plaque f chauffante.

◆ **hotpot** *n* ragoût *m*. ◆ **hotrod** * *n (Aut)* voiture *f* gonflée *. ◆ **hotshot** *n (US)* gros bonnet *m*. ◆ **hot-tempered** *adj* colérique. ◆ **hot-water bottle** *n* bouillotte *f*.

hotchpotch ['hɒtʃpɒtʃ] *n* fatras *m*.

hotel [hə(ʊ)tel] **1** *n* hôtel *m*. **2** *adj prices, porter, room* d'hôtel. **the ~ industry** l'industrie hôtelière; **he's looking for ~ work** il cherche un travail dans l'hôtellerie; **~ workers** le personnel hôtelier. ◆ **hotelier** *or* ◆ **hotelkeeper** *n* hôtelier *m*, -ière *f*.

hound [haʊnd] **1** *n* chien *m* courant. **the ~s** la meute; **to ride to ~s** chasser à courre. **2** *vt debtor etc* traquer *(for sth* pour obtenir qch). **to ~ sb out of town** chasser qn hors de la ville; **to ~ sb down** (traquer et) capturer qn.

hour ['aʊə'] **1** *n* heure *f*. **~ by ~** heure par heure; **80 km an ~** 80 km à l'heure; **to pay sb by the ~** payer qn à l'heure; **she is paid £2 an ~** elle est payée 2 livres (de) l'heure; *(lit, fig)* **she's been waiting for ~s** elle attend depuis des heures; **on the ~** toutes les heures à l'heure juste; **his ~ has come** son heure est venue; **in the early** *or* **small ~s (of the morning)** au petit matin; **at all ~s (of the day and night)** à toute heure (du jour et de la nuit); **at this ~** à cette heure-ci; *(fig)* **at this late ~** à ce stade avancé; **in the ~ of danger** à l'heure du danger; **to keep regular ~s** avoir une vie réglée; **to work long ~s** avoir une journée très longue; **after ~s** après l'heure de fermeture; **out of ~s** en dehors des heures d'ouverture. **2** *adj [watch etc]* ~ **hand** petite aiguille *f*. ◆ **hourglass** *n* sablier *m*. ◆ **hourly 1** *adj (every hour) bus service etc* toutes les heures; *(per hour) rate* horaire; *(incessant) fear* constant ; **2** *adv* toutes les heures; *(fig)* continuellement; **~ly paid workers** ouvriers payés à l'heure.

house [haʊs] **1** *n* **(a)** maison *f*. **at** *or* **to my ~** chez moi; *(fig)* **they got on like a ~ on fire** ils s'entendaient comme larrons en foire; **the children were playing at ~(s)** les enfants jouaient à papa et maman; **~ of cards** château *m* de cartes; *(US)* **~ of correction** maison d'arrêt; **she looks after the ~ herself** c'est elle qui s'occupe de son ménage; **she needs more help in the ~** il faudrait qu'elle soit plus aidée à la maison; **to keep ~** tenir la maison *(for sb* de qn); *(fig)* **to put one's ~ in order** mettre de l'ordre dans ses affaires. **(b)** *(Parl)* **the H~** la Chambre; **H~ of Commons/of Lords** Chambre des communes/des lords; *(US)* **H~ of Representatives** Chambre des députés; **the H~s of Parliament** le Palais de Westminster. **(c)** *(Theat etc)* salle *f*, spectateurs *mpl*. **in the front of the ~** parmi les spectateurs; **a full** *or* **good ~** une salle pleine; **to play to full ~s** jouer à guichets fermés; **' ~ full'** 'complet'; **the second ~** la deuxième séance; *(fig)* **to bring the ~ down** faire crouler la salle sous les applaudissements. **(d)** *(Comm, Rel etc)* maison *f*. **the H~ of Windsor** la maison des Windsors; **banking ~** établissement *m* bancaire; **business ~** maison de commerce; **publishing ~** maison d'édition; *(fig: free)* **on the ~** aux frais de la maison.
2 *adj prices, sale* immobilier. **~ plant** plante *f* d'intérieur.
3 [haʊz] *vt [person, town council etc]* loger; *[building]* abriter. **the freezer is ~d in the basement** on garde le congélateur au sous-sol.
◆ **house agent** *n* agent *m* immobilier. ◆ **house arrest** *n*: **to put sb under ~ arrest** assigner qn à domicile. ◆ **houseboat** *n* péniche *f* (aménagée). ◆ **housebound 1** *adj* confiné chez soi ; **2** *npl*: **the ~bound** les personnes isolées. ◆ **housebreaking** *n* cambriolage *m*. ◆ **housebroken** *adj animal* propre. ◆ **housecleaning** *n* ménage *m*. ◆ **housecoat** *n* peignoir *m*. ◆ **housefather/mother** *n* responsable *m/f* (de groupe) *(dans une*

institution). ◆ **housefly** *n* mouche *f* (commune). ◆ **houseful** *n*: **a ~ful of people** une pleine maisonnée de gens. ◆ **houseguest** *n* invité(e) *m(f)*. ◆ **household 1** *n (persons)* (gens *mpl* de la) maison *f*; *(Admin, Econ etc)* ménage *m*; **there were 7 people in his ~** sa maison était composée de 7 personnes ; **2** *adj accounts, expenses, equipment* de *or* du ménage; **~hold ammonia** ammoniaque *f*; **~hold goods** *(gen)* appareils *mpl* ménagers; **~hold linen** linge *m* de maison; *(fig)* **it's a ~hold word** c'est un mot que tout le monde connaît. ◆ **householder** *n* occupant(e) *m(f)*; *(head of house)* chef *m* de famille. ◆ **househunt** *vi* chercher un appartement *or* une maison. ◆ **housekeeper** *n (in sb else's house)* gouvernante *f*; *(in institution)* économe *f*; **his wife is a good ~keeper** sa femme est bonne ménagère. ◆ **housekeeping 1** *n (work)* ménage *m* ; **2** *adj*: **~keeping money** argent *m* du ménage. ◆ **housemaid** *n* bonne *f*. ◆ **houseman** *n (in hospital)* ≃ interne *m*. ◆ **house-painter** *n* peintre *m* en bâtiments. ◆ **house-party** *n* partie *f* de campagne. ◆ **house physician** *n* ≃ interne *mf* en médecine. ◆ **house-proud** *adj* très méticuleux.
◆ **houseroom** *n*: **I wouldn't give it ~room** je n'en voudrais pas chez moi. ◆ **house surgeon** *n* ≃ interne *mf* en chirurgie. ◆ **house-to-house 1** *adv* porte à porte *inv* ; **2** *adj*: **to make a ~-to-~ search for sb** aller de porte en porte à la recherche de qn. ◆ **housetop** *n*: **to proclaim sth from the ~tops** crier qch sur les toits. ◆ **housetrained** *adj animal* propre. ◆ **housewarming** *n*: **to give a ~warming (party)** pendre la crémaillère. ◆ **housewife**, *pl* **~wives** *n* ménagère *f*; *(as opposed to career woman)* femme *f* au foyer. ◆ **housewifely** *adj* de ménagère. ◆ **housework** *n* (travaux *mpl* de) ménage *m*; **to do the ~work** faire le ménage.

housing ['haʊzɪŋ] **1** *n* logement *m*. **Ministry of H~** ministère *m* du Logement. **2** *adj shortage, crisis* du logement. **~ association** association fournissant des logements; **~ estate** *or* **scheme** *or* **project** cité *f*, lotissement *m*.

hove [həʊv] *pret, ptp of* **heave.**

hovel ['hɒv(ə)l] *n* taudis *m*.

hover ['hɒvə'] *vi (gen)* planer *(above* au-dessus de); *[insect, small bird]* voltiger; *[person]* **(~ about, ~ around)** rôder; *[smile]* errer. **he was ~ing between life and death** il restait suspendu entre la vie et la mort. ◆ **hovercraft** *n* aéroglisseur *m*. ◆ **hoverport** *n* hoverport *m*.

how [haʊ] **1** *adv* **(a)** *(gen)* comment. **~ did you come?** comment êtes-vous venu?; **~ are you?** comment allez-vous?; **~ do you do?** *(greeting)* bonjour; *(on being introduced)* (enchanté) Monsieur *(etc)*; **to learn ~ to do sth** apprendre à faire qch; **I know ~ to do it** je sais le faire; **~ was the play?** comment avez-vous trouvé la pièce?; **~ is it that...?** comment se fait-il que...? + *subj*; **~ come?** * comment ça se fait? *; **~ come you aren't going out?** * comment ça se fait que tu ne sors pas? *; **~ about going for a walk?** si on allait se promener?; **and ~!** * et comment! * **(b)** que, comme. **~ big he is!** comme *or* qu'il est grand!, ce qu'il est grand!; **~ splendid!** c'est merveilleux!; **~ very kind of you!** c'est très aimable à vous; **~ long is the boat?** quelle est la longueur du bateau?; **~ tall is he?** combien mesure-t-il?; **~ old is he?** quel âge a-t-il?; **~ soon can you come?** quand pouvez-vous venir?; **~ much, ~ many** combien; **~ many days?** combien de jours? **(c)** *(that)* que. **she told me ~ she had seen the child lying on the ground** elle m'a raconté qu'elle avait vu l'enfant couché par terre. **2** *n*: **the ~ and the why of it** le comment et le pourquoi de cela.
◆ **however 1** *adv*: **~ever you may do it, it will never be right** de quelque manière que vous le

fassiez, ce ne sera jamais bien fait; ~**ever that may be** quoi qu'il en soit; ~**ever tall he may be** or **is** quelque or si grand qu'il soit; ~**ever little** si peu que ce soit; ~**ever did you do it?** * comment avez-vous bien pu faire ça? ; **2** conj pourtant, cependant, toutefois, néanmoins.

howl [haʊl] **1** vi [person, animal] hurler (with pain etc de douleur etc); (cry) pleurer; [wind] mugir. **to** ~ **with laughter** rire aux éclats. **2** vt hurler. **3** n hurlement m; mugissement m. ◆ **howler** * n gaffe f; **schoolboy** ~**er** perle f d'écolier. ◆ **howling** adj (lit) hurlant; **a** ~**ing gale** une violente tempête; ~**ing success** * succès m fou *.

hub [hʌb] n moyeu m; (fig) pivot m. (Aut) ~ **cap** enjoliveur m.

hubbub ['hʌbʌb] n brouhaha m.

huddle ['hʌdl] **1** n petit groupe m (compact). **to go into a** ~ * se réunir en petit comité (fig). **2** vi se blottir (les uns contre les autres); (US: for discussion) se réunir en petit comité. ◆ **huddle down** vi (crouch) se recroqueviller; (snuggle) se blottir. ◆ **huddle together** vi (for warmth) se blottir les uns contre les autres; (for discussion) se réunir en petit groupe. ◆ **huddled** adj (under blanket etc) blotti, pelotonné; ~**d over his books** penché sur ses livres.

hue¹ [hju:] n: **to raise a** ~ **and cry** crier haro (against sur).

hue² [hju:] n (colour) teinte f, nuance f.

huff * [hʌf] n: **in a** ~ froissé; **to take the** ~, **to get into a** ~ prendre la mouche. ◆ **huffily** * adv leave avec humeur; say d'un ton froissé. ◆ **huffiness** * n mauvaise humeur f. ◆ **huffy** * adj froissé.

hug [hʌg] **1** vt serrer dans ses bras, étreindre; [bear, gorilla] écraser entre ses bras; [car etc] coast, kerb serrer. **2** n étreinte f.

huge [hju:dʒ] adj object, sum of money, helping énorme; house immense, vaste; man énorme, gigantesque; success fou. ◆ **hugely** adv énormément; (very) extrêmement. ◆ **hugeness** n immensité f.

hulk [hʌlk] n (ship) épave f; (vehicle, building etc) carcasse f. **big** ~ **of a man** malabar * m. ◆ **hulking** adj lourdaud.

hull [hʌl] n coque f.

hullabaloo * [ˌhʌləbə'lu:] n (noise) raffut * m; (fuss) histoire * f.

hullo [hʌ'ləʊ] excl = **hallo.**

hum [hʌm] **1** vi [insect, wire] bourdonner; [person] fredonner; [aeroplane, engine] vrombir; [wireless etc] ronfler. (fig) **to make things** ~ * mener les choses rondement; **things began to** ~ * les choses ont commencé à s'animer. **2** vt tune fredonner. **3** n bourdonnement m; vrombissement m; ronflement m. ◆ **hummingbird** n colibri m.

human ['hju:mən] **1** adj humain. ~ **being** être m humain; ~ **nature** nature f humaine; **it's only** ~ **nature to want revenge** c'est humain de chercher à se venger; **he's only** ~ il n'est pas un saint. **2** n être m humain; ~ **rights** droits mpl de l'homme. ◆ **humane** adj person plein d'humanité; method humain. ◆ **humanely** adv avec humanité. ◆ **humanism** n humanisme m. ◆ **humanist** n humaniste mf. ◆ **humanitarian** adj, n humanitaire (mf). ◆ **humanity** n humanité f. ◆ **humanize** vt humaniser. ◆ **humanly** adv humainement. ◆ **humanoid** adj, n humanoïde (mf).

humble ['hʌmbl] **1** adj humble. **of** ~ **origin** d'origine modeste; **in my** ~ **opinion** à mon humble avis; **to eat** ~ **pie** faire des excuses humiliantes. **2** vt humilier. ◆ **humbly** adv humblement.

humbug ['hʌmbʌg] n (person) fumiste * mf; (behaviour, talk) fumisterie * f.

humdinger ‡ ['hʌmdɪŋəʳ] n. qn or qch de sensationnel *. **it's a** ~! c'est sensass! ‡

humdrum ['hʌmdrʌm] adj monotone.

humid ['hju:mɪd] adj humide. ◆ **humidifier** n humidificateur m. ◆ **humidity** n humidité f.

humiliate [hju:'mɪlɪeɪt] vt humilier. ◆ **humiliating** adj humiliant. ◆ **humiliation** n humiliation f.

humility [hju:'mɪlɪtɪ] n humilité f.

humour, (US) **humor** ['hju:məʳ] **1** n (a) (sense of fun) humour m. **he has no sense of** ~ il n'a pas le sens de l'humour. (b) (temper) humeur f. **to be in a good/bad** ~ être de bonne/mauvaise humeur; **he is in no** ~ **for working** il n'est pas d'humeur à travailler. **2** vt person faire plaisir à; sb's wishes se prêter à. ◆ **humorist** n humoriste mf. ◆ **humorous** adj book, story, writer humoristique; person, remark, tone plein d'humour. ◆ **humorously** adv avec humour. ◆ **humo(u)rless** adj qui manque d'humour. ◆ **humo(u)rlessly** adv sans humour.

hump [hʌmp] **1** n bosse f. (fig) **we're over the** ~ * le plus difficile est fait; **he's got the** ~ ‡ il a le cafard *. **2** vt back, shoulders voûter; (*: carry) porter. ◆ **humpback** n bossu(e) m(f). ◆ **humpbacked** adj person bossu; bridge en dos d'âne.

humus ['hju:məs] n humus m.

hunch [hʌntʃ] **1** vt (~ up) back, shoulders voûter. ~**ed (up) over his books** courbé sur ses livres. **2** n (a) (hunk) gros morceau m. (b) (*: premonition) intuition f. **to have a** ~ **that** avoir idée que, soupçonner que; **you should follow your** ~ il faut suivre son intuition; **it's only a** ~ ce n'est qu'une idée. ◆ **hunchback** n bossu(e) m(f). ◆ **hunchbacked** adj bossu.

hundred ['hʌndrɪd] adj, n cent (m). **a** ~ **books/chairs** cent livres/chaises; **two** ~ **chairs** deux cents chaises; **about a** ~ **books** une centaine de livres; **about a** ~ une centaine; ~**s of** des centaines de; **a** ~ **and one** cent un; **the** ~ **and first** le or la cent unième; **it was a** ~ **per cent successful** cela a réussi à cent pour cent; **to live to be a** ~ devenir centenaire; **they came in (their)** ~**s** ils sont venus par centaines. ◆ **hundredth 1** adj centième ; **2** n centième mf; (fraction) centième m. ◆ **hundredweight** n (Brit, Can) = 50,7 kg, (US) = 45,3 kg.

hung [hʌŋ] **1** pret, ptp of **hang. 2** adj jury, parliament sans majorité. ~ **up** * complexé.

Hungary ['hʌŋgərɪ] n Hongrie f.

hunger ['hʌŋgəʳ] **1** n (lit, fig) faim f (for de). **2** adj: ~ **strike** grève f de la faim; ~ **striker** gréviste mf de la faim. **3** vi avoir faim (for de).

hungry ['hʌŋgrɪ] adj: **to be** or **feel** ~ avoir faim; **to be very** ~ avoir très faim, être affamé; **to make sb** ~ donner faim à qn; **to go** ~ (starve) souffrir de la faim; (miss a meal) se passer de manger; **you look** ~ il a l'air d'avoir faim; (fig) ~ **for** avide de. ◆ **hungrily** adv avidement.

hunk [hʌŋk] n gros morceau m.

hunt [hʌnt] **1** n (gen) chasse f; (for sth or sb missing) recherche f (for de); (huntsmen) chasseurs mpl. **tiger** ~ chasse au tigre; **the** ~ **for the murderer** la chasse au meurtrier; **I've had a** ~ **for my gloves** j'ai cherché mes gants partout. **2** vt (Sport) chasser, faire la chasse à; (pursue) poursuivre; (seek) chercher. **we** ~**ed the town for that** nous avons fait * toute la ville pour trouver ça; **I've** ~**ed my desk for it** j'ai retourné tout mon bureau pour le trouver. **3** vi (Sport) chasser. **to go** ~**ing** aller à la chasse; **to** ~ **for** game chasser; object, facts rechercher (partout); **he** ~**ed in his pocket for his pen** il a fouillé dans sa poche pour trouver son stylo. ◆ **hunt down** vt sep animal forcer; person traquer; object, quotation dénicher. ◆ **hunt up** vt sep rechercher.

◆ **hunter** n (Sport) chasseur m; (gen) poursuivant m; (horse) cheval m de chasse.

◆ **hunter-killer submarine** n sous-marin m nucléaire d'attaque. ◆ **hunting 1** n (Sport) chasse f (à courre); fox-~ing chasse au renard ; **2** adj: ~ing lodge pavillon m de chasse. ◆ **huntsman** n chasseur m.

hurdle ['hɜːdl] n (for fences) claie f; (Sport) haie f; (fig) obstacle m. (Sport) **the 100-metre ~s** le 100 mètres haies.

hurl [hɜːl] vt stone jeter or lancer (avec violence) (at contre); abuse etc lancer (at à). **they were ~ed to the ground by the blast** ils ont été précipités à terre par le souffle de l'explosion; **to ~ o.s.** se jeter; **to ~ o.s. at sb/sth** se ruer sur qn/qch; (fig) **to be ~ed into** être précipité dans.

hurrah [hʊˈrɑː] n, **hurray** [hʊˈreɪ] n hourra m. **hip, hip, ~!** hip, hip, hip, hourra!; ~ **for Richard Thomas!** vive Richard Thomas!; (US) **last ~** (gen) dernière tentative f; (Pol) dernière campagne f.

hurricane ['hʌrɪkən] n ouragan m. ~ **lamp** lampe-tempête f.

hurry ['hʌrɪ] **1** n (haste) hâte f; (eagerness) empressement m. **to be in a ~** être pressé; **to be in a ~ to do** avoir hâte de faire; **done in a ~** fait à la hâte; **I won't do that again in a ~!** * je ne suis pas près de recommencer!; **are you in a ~ for this?** vous le voulez très vite?; **what's the ~?** qu'est-ce qui presse?; **there's no ~** rien ne presse; **there's no ~ for it** ça ne presse pas.

2 vi se dépêcher, se presser (to do de faire). **do ~** dépêchez-vous; **don't ~ over that essay** prenez votre temps pour faire cette dissertation; **to ~ over a meal** manger rapidement; **to ~ in/out** etc entrer/sortir etc à la hâte or précipitamment; **he hurried after her** il a couru pour la rattraper.

3 vt person faire presser, faire se dépêcher; piece of work presser. **don't ~ your meal** ne mangez pas trop vite; **I don't want to ~ you** je ne veux pas vous bousculer; **you can't ~ him, he won't be hurried** vous ne le ferez pas se dépêcher; **it can't be hurried** cela exige d'être fait sans hâte; **to ~ sb in/out** etc faire entrer/sortir etc qn à la hâte; **they hurried him to a doctor** ils l'ont emmené d'urgence chez un médecin; **troops were hurried to the spot** des troupes ont été envoyées d'urgence sur place. ◆ **hurry along 1** vi marcher d'un pas pressé. ~ **along!** pressons un peu! **2** vt sep = **hurry up 2.** ◆ **hurry back** vi se presser de revenir (or de retourner). ◆ **hurry on 1** vi continuer à la hâte. **they hurried on to the next question** ils sont vite passés à la question suivante. **2** vt sep = **hurry up 2.** ◆ **hurry up 1** vi se dépêcher, se presser. ~ **up!** dépêchez-vous! **2** vt sep person faire se dépêcher; work activer.

◆ **hurried** adj steps, departure précipité; remark dit à la hâte; reading, work fait à la hâte; **to have a hurried meal** manger à la hâte. ◆ **hurriedly** adv (fast) en toute hâte; (too fast) précipitamment.

hurt [hɜːt] pret, ptp **hurt 1** vt (a) (physically) faire mal à, blesser. **to ~ o.s.** se faire mal, se blesser; **to ~ one's arm** se blesser au bras; **I hope I haven't ~ you** j'espère que je ne vous ai pas fait mal?; **where does it ~ you?** où avez-vous mal?; **to get ~** se faire mal. **(b)** (mentally etc) faire de la peine à. **sb is bound to get ~** il y a toujours qn qui écope *; **what ~ most was...** ce qui faisait le plus mal c'était...; **to ~ sb's feelings** froisser or blesser qn; **his feelings were ~** cela l'a froissé. **(c)** thing, material abîmer, endommager; reputation, trade nuire à. **it wouldn't ~ the grass to water it** ça ne ferait pas de mal au gazon d'être arrosé.

2 vi faire mal. **that ~s** ça fait mal; **my arm ~s** mon bras me fait mal; **where does it ~?** où avez-vous mal?; **it won't ~ for being left** il n'y aura pas de mal à laisser cela de côté.

3 n (physical) mal m, blessure f. (fig) **the real ~ lay in...** ce qui lui (etc) faisait vraiment mal c'était...

4 adj blessé; (offended) froissé, blessé.

◆ **hurtful** adj (harmful) nuisible (to à); remark etc blessant.

hurtle ['hɜːtl] vi: **to ~ along** etc avancer etc à toute vitesse or allure.

husband ['hʌzbənd] **1** n mari m; (spouse) époux m. **they were living as ~ and wife** ils vivaient maritalement. **2** vt ménager.

hush [hʌʃ] **1** n silence m, calme m. ~! chut!, silence! **2** adj: **to pay sb ~ money** * acheter le silence de qn; (US Culin) ~ **puppy** espèce de beignet. **3** vt (silence) faire taire; (soothe) calmer. ◆ **hush up** vt sep scandal étouffer; fact cacher; person faire taire. ◆ **hushed** adj voice, conversation étouffé; silence grand, profond. ◆ **hush-hush** * adj (ultra-) secret.

husk [hʌsk] n [grain] balle f; [nut] écale f.

husky ['hʌskɪ] adj (a) (hoarse) person enroué; voice rauque; singer's voice voilé. (b) (burly) costaud * f inv. ◆ **huskily** adv d'une voix rauque; d'une voix voilée. ◆ **huskiness** n enrouement m.

hustle ['hʌsl] **1** vt: **to ~ sb in/out** etc (push) pousser or (hurry) bousculer qn pour le faire entrer/sortir etc; **to ~ things along** faire activer les choses. **2** vi: **to ~ in/out** etc entrer/sortir etc à la hâte. **3** n: ~ **and bustle** tourbillon m (d'activité).

hut [hʌt] n hutte f; (shed) cabane f; (Mil) baraquement m; (in mountains) refuge m.

hutch [hʌtʃ] n clapier m.

hyacinth ['haɪəsɪnθ] n jacinthe f.

hybrid ['haɪbrɪd] adj, n hybride (m).

hydrangea [haɪˈdreɪn(d)ʒə] n hortensia m.

hydrant ['haɪdr(ə)nt] n prise f d'eau. **fire ~** bouche f d'incendie.

hydraulic [haɪˈdrɒlɪk] adj hydraulique. ◆ **hydraulics** nsg hydraulique f.

hydr(o)... ['haɪdr(əʊ)] pref hydr(o)... ◆ **hydrochloric** adj chlorhydrique. ◆ **hydroelectric** adj hydro-électrique. ◆ **hydrofoil** n hydrofoil m. ◆ **hydrophobia** n hydrophobie f. ◆ **hydroplane** n hydroglisseur m.

hydrogen ['haɪdrɪdʒ(ə)n] n hydrogène m. ~ **bomb** bombe f à hydrogène; ~ **peroxide** eau f oxygénée.

hyena [haɪˈiːnə] n hyène f.

hygiene ['haɪdʒiːn] n hygiène f. ◆ **hygienic** adj hygiénique.

hymn [hɪm] n hymne m, cantique m. ◆ **hymnal** n ['hɪmnəl] livre m de cantiques.

hype * [haɪp] **1** n [product] campagne f publicitaire. **2** vt product lancer à grand renfort de publicité.

hyper... ['haɪpəʳ] pref hyper... ◆ **hypercritical** adj hypercritique. ◆ **hypermarket** n hypermarché m. ◆ **hypersensitive** adj hypersensible. ◆ **hypertension** n hypertension f.

hyphen ['haɪf(ə)n] n trait m d'union. ◆ **hyphenate** vt mettre un trait d'union à; ~**ated word** mot m à trait d'union.

hypnosis [hɪpˈnəʊsɪs] n hypnose f. **under ~** en état d'hypnose. ◆ **hypnotic** adj hypnotique. ◆ **hypnotism** n hypnotisme m. ◆ **hypnotist** n hypnotiseur m, -euse f. ◆ **hypnotize** vt hypnotiser; **to hypnotize sb into doing sth** faire faire qch à qn sous hypnose.

hypochondria [ˌhaɪpə(ʊ)ˈkɒndrɪə] n hypocondrie f. ◆ **hypochondriac 1** adj hypocondriaque ; **2** n malade mf imaginaire.

hypocrisy [hɪˈpɒkrɪsɪ] n hypocrisie f. ◆ **hypocrite** n hypocrite mf. ◆ **hypocritical** adj hypocrite. ◆ **hypocritically** adv hypocritement.

hypodermic [ˌhaɪpə'dɜːmɪk] **1** *adj* hypodermique. **2** *n* seringue *f* hypodermique.

hypothermia [ˌhaɪpə(ʊ)'θɜːmɪə] *n* hypothermie *f*.

hypothesis, *pl* **-eses** [haɪ'pɒθɪsɪs, ɪsiːz] *n* hypothèse *f*. ◆ **hypothetic(al)** *adj* hypothétique. ◆ **hypothetically** *adv* hypothétiquement.

hysterectomy [ˌhɪstə'rektəmɪ] *n* hystérectomie *f*.

hysteria [hɪs'tɪərɪə] *n (Psych)* hystérie *f*; *(gen)* crise *f* de nerfs. ◆ **hysterical** *adj (Psych)* hystérique; *(gen) person* surexcité; *laugh, sobs* convulsif; ~ **laughter** fou rire *m*; **to become hysterical** avoir une violente crise de nerfs. ◆ **hysterically** *adv (Psych)* hystériquement; *(gen) laugh* convulsivement; *shout, argue* comme un(e) hystérique. ◆ **hysterics** *npl* violente crise *f* de nerfs; *(*: laughter)* fou rire *m*; **to have hysterics** avoir une violente crise de nerfs; *(laughing)* attraper un fou rire.

I

I¹, i [aɪ] *n (letter)* I, i *m*.

I² [aɪ] *pers pron (unstressed)* je; *(before vowel)* j'; *(stressed)* moi. **he and ~ are going to sing** lui et moi allons chanter; **I'LL do it** c'est moi qui vais le faire; **it's ~** c'est moi.

Iberian [aɪˈbɪərɪən] *adj:* **the ~ Peninsula** la péninsule ibérique.

ice [aɪs] **1** *n* **(a)** glace *f*; *(on road)* verglas *m*. **my hands are like ~** j'ai les mains glacées; *(fig)* **to be on thin ~** s'aventurer en terrain glissant; *(fig)* **to put sth on ~** mettre qch en attente; **'Cinderella on ~'** 'Cendrillon, spectacle sur glace'. **(b)** *(~ cream)* glace *f*. **raspberry ~** glace à la framboise. **2** *adj:* **~ age** période *f* glaciaire; **~ axe** piolet *m*; **~ bucket** seau *m* à glace; **~ cube** glaçon *m (cube)*; **~ floe** banquise *f*; **~ hockey** hockey *m* sur glace; **~ rink** patinoire *f*; **~ show** spectacle *m* sur glace. **3** *vt cake* glacer. **4** *vi:* **to ~ over** *or* **up** *[wings, windscreen]* givrer; *[river]* geler.

◆ **iceberg** *n* iceberg *m*. ◆ **icebox** *n (US: refrigerator)* réfrigérateur *m*, frigidaire ® *m*; *(Brit: part of refrigerator)* freezer *m*; *(insulated box)* glacière *f (also fig: of room etc)*. ◆ **icebreaker** *n (Naut)* brise-glaces *m inv*. ◆ **ice-cold** *adj drink, hands* glacé; *room, manners, person* glacial. ◆ **ice cream** *n* glace *f*. ◆ **ice-cream soda** *n* ice-cream soda *m*. ◆ **iced** *adj tea, coffee* glacé; *martini* avec des glaçons; *champagne* frappé; *melon* rafraîchi. ◆ **ice(d) lolly** *n ≈* esquimau *m (glace)*. ◆ **ice-skate** *vi* patiner (sur glace). ◆ **ice-skating** *n* patinage *m* (sur glace). ◆ **ice-tray** *n* bac *m* à glaçons. ◆ **icily** *adv* d'un air *(or* d'un ton) glacial. ◆ **icing** *n (Culin)* glaçage *m*; **icing sugar** sucre *m* glace; **chocolate icing** glaçage au chocolat. ◆ **icy** *adj* **(a)** *(icy cold) wind, weather, stare* glacial; *ground, hands* glacé; **(b)** *road* verglacé.

Iceland [ˈaɪslənd] *n* Islande *f*.

icicle [ˈaɪsɪkl] *n* glaçon *m (naturel)*.

icon [ˈaɪkɒn] *n* icône *f*.

id [ɪd] *n (Psych)* ça *m*.

idea [aɪˈdɪə] *n* idée *f*. **brilliant ~** idée géniale; **good ~!** bonne idée!; **I can't bear the ~ (of it)** je n'ose pas y penser; **it might not be a bad ~ to wait** ce ne serait pas une mauvaise idée d'attendre; **the ~ is to sell the car to him** il s'agit de lui vendre la voiture; **it wasn't my ~!** ce n'est pas moi qui en ai eu l'idée!; **where did you get that ~?** où est-ce que tu as pris cette idée-là?; **what gave you the ~ that...?** qu'est-ce qui t'a fait penser que...?; **don't get any ~s!** * ce n'est pas la peine de t'imaginer des choses! *; **to put ~s into sb's head** mettre des idées dans la tête de qn; **according to his ~** selon sa façon de penser; **if that's your ~ of fun** si c'est ça que tu appelles t'amuser; **I've got some ~ of physics** j'ai quelques notions de physique; **I haven't the least** *or* **slightest** *or* **foggiest** * **~** je n'en ai pas la moindre idée; **I have an ~ that...** j'ai idée *or* j'ai dans l'idée que...; **I had no ~ that...** j'ignorais absolument que...; **can you give me a rough** *or* **general ~ of how many you want?** pouvez-vous m'indiquer en gros combien vous en voulez?; **you're getting the ~!** * tu y es!; **I've got the general ~** * je vois à peu près (ce dont il s'agit); **that's the ~!** * c'est ça!; **what's the big**

~? * qu'est-ce que c'est que cette histoire?, ça ne va pas, non? ‡

ideal [aɪˈdɪəl] *adj, n* idéal *(m)*. ◆ **idealism** *n* idéalisme *m*. ◆ **idealist** *adj, n* idéaliste *(mf)*. ◆ **idealistic** *adj* idéaliste. ◆ **idealize** *vt* idéaliser. ◆ **ideally** *adv suited* idéalement; *placed, equipped, shaped* d'une manière idéale; **~ly the house should have...** l'idéal serait que la maison ait...

identical [aɪˈdentɪk(ə)l] *adj* identique *(to* à); *twins* vrais. ◆ **identically** *adv* identiquement.

identify [aɪˈdentɪfaɪ] **1** *vt* identifier *(as* comme étant; *with* avec, à). **2** *vi* s'identifier *(with* avec, à).

◆ **identification 1** *n* identification *f*; *(document)* pièce *f* d'identité ; **2** *adj mark* d'identification; *papers, tag* d'identité. ◆ **identikit** *n* portrait-robot *m*. ◆ **identity 1** *n* identité *f*; **a case of mistaken identity** une erreur d'identité ; **2** *adj card, disc, papers* d'identité; **identity parade** séance *f* d'identification (d'un suspect).

ideology [ˌaɪdɪˈɒlədʒɪ] *n* idéologie *f*. ◆ **ideological** *adj* idéologique.

idiom [ˈɪdɪəm] *n (phrase)* expression *f* idiomatique; *(language)* idiome *m*. ◆ **idiomatic** *adj* idiomatique. ◆ **idiomatically** *adv* de façon idiomatique.

idiosyncrasy [ˌɪdɪəˈsɪŋkrəsɪ] *n* particularité *f*. ◆ **idiosyncratic** *adj* particulier, caractéristique.

idiot [ˈɪdɪət] *n* idiot(e) *m(f)*, imbécile *mf*. ◆ **idiocy** *n* idiotie *f*. ◆ **idiotic** *adj* idiot, bête, stupide. ◆ **idiotically** *adv say, do* bêtement, stupidement; *behave* en idiot *or* en imbécile.

idle [ˈaɪdl] **1** *adj* **(a)** *(doing nothing)* oisif, désœuvré; *(unemployed)* en chômage; *(lazy)* paresseux; *life* oisif; *machine* au repos. **the ~ rich** l'élite oisive; **in my ~ moments** à mes moments de loisir; *(Ind)* **to make sb ~** réduire qn au chômage; **the whole factory stood ~** l'usine entière était arrêtée. **(b)** *speculation, question, threat* oiseux, vain; *promises, words* en l'air; *fears* sans fondement; *pleasures* futile. **out of ~ curiosity** par curiosité pure et simple; **~ gossip** racontars *mpl*; **it is ~ to hope that...** il est inutile d'espérer que... **2** *vi* **(a)** *(~ about,* ~ *around)* paresser. **(b)** *[engine]* tourner au ralenti. ◆ **idleness** *n* oisiveté *f*, désœuvrement *m*; chômage *m*; paresse *f*. ◆ **idler** *n* oisif *m*, -ive *f*, désœuvré(e) *m(f)*; paresseux *m*, -euse *f*. ◆ **idly** *adv (without working)* sans travailler; *(lazily)* paresseusement; *say, suggest* négligemment.

idol [ˈaɪdl] *n* idole *f*. ◆ **idolize** *vt* idolâtrer.

idyll [ˈɪdɪl] *n* idylle *f*. ◆ **idyllic** *adj* idyllique.

if [ɪf] **1** *conj* **(a)** si. **I'll go ~ you come with me** j'irai si tu m'accompagnes; **~ I were you** si j'étais vous; **even ~ I knew** même si je le savais; **~ I'm not mistaken** si je ne me trompe, à moins que je ne me trompe *(subj)*; **~ only I'd known!** si seulement j'avais su!; **~ necessary** s'il le faut, au besoin; **~ anything, this one is bigger** c'est plutôt celui-ci qui est le plus grand; **~ so** s'il en est ainsi; **~ not** sinon; **~ only for a moment** ne serait-ce pour un instant; **~ it isn't Smith!** par exemple! Smith!; **~ I know HER, she'll refuse** telle que je la connais, elle refusera. **(b)** *(whenever)* si. **~ I asked him he'd help me** si je le lui demandais il m'aiderait. **(c)** *(although, admitting that)* **(even) ~ it takes me all day** même si cela doit *or* quand bien même cela devrait me prendre toute la journée; **nice weather**, ~ **rather cold** temps agréable, bien qu'un peu froid; **even** ~ **it is a good film it's rather long** c'est un bon film bien qu'il soit un peu long. **(d)** *(whether)* si. **do you know** ~ **they have gone?** savez-vous s'ils sont partis? **(e) as** ~ comme (si). **he acts as** ~ **he were rich** il se conduit comme s'il était riche; **as** ~ **by chance** comme par hasard. **2** *n:* ~**s and buts** les si *mpl* et les mais *mpl*; **it's a big** ~ c'est un grand point d'interrogation.

igloo ['ɪgluː] *n* igloo *m*.

ignite [ɪg'naɪt] **1** *vt* mettre le feu à. **2** *vi* prendre feu. ◆ **ignition 1** *n (gen)* ignition *f*; *(Aut)* allumage *m*; **to switch on the ignition** mettre le contact ; **2** *adj*: **ignition key** clef *f* de contact; **ignition switch** contact *m*.

ignoble [ɪg'nəʊbl] *adj* ignoble.

ignominious [ˌɪgnə'mɪnɪəs] *adj* ignominieux. ◆ **ignominiously** *adv* ignominieusement. ◆ **ignominy** *n* ignominie *f*.

ignoramus [ˌɪgnə'reɪməs] *n* ignare *mf*.

ignorance ['ɪgn(ə)r(ə)ns] *n* ignorance *f (of a fact* d'un fait; *of geography etc* en matière de géographie *etc)*. **to be in** ~ **of sth** ignorer qch; **to keep sb in** ~ **of sth** laisser ignorer qch à qn; ~ **of the law is no excuse** nul n'est censé ignorer la loi; **don't show your** ~! ce n'est pas la peine d'étaler ton ignorance! ◆ **ignorant** *adj person* ignorant *(of* de); *words* qui trahit l'ignorance; **to be ignorant of sth** ignorer qch. ◆ **ignorantly** *adv* par ignorance.

ignore [ɪg'nɔːʳ] *vt remark, objection, awkward fact* ne tenir aucun compte de; *sb's behaviour* faire semblant de ne pas s'apercevoir de; *person* faire semblant de ne pas reconnaître; *invitation, letter* ne pas répondre à; *rule, prohibition* ne pas respecter; *facts* méconnaître. **I shall** ~ **your impertinence** je ne relèverai pas votre impertinence; **we cannot** ~ **this behaviour any longer** nous ne pouvons plus fermer les yeux sur ces agissements.

ill [ɪl] **1** *adj, comp* **worse**, *superl* **worst** **(a)** *(sick)* malade; *(less serious)* souffrant. **to be** ~ être malade *or* souffrant; **to fall** *or* **be taken** ~ tomber malade; **he's seriously** ~ **in hospital** il est à l'hôpital dans un état grave; ~ **with anxiety** malade d'inquiétude. **(b)** *(bad) deed, health, omen* mauvais *(before n)*. ~ **effects** conséquences *fpl* désastreuses; ~ **feeling** ressentiment *m*; **no** ~ **feeling!** sans rancune!; ~ **humour** *or* **temper** mauvaise humeur *f*; ~ **luck** malchance *f*; ~ **nature** méchanceté *f*; ~ **will** malveillance *f*; **I bear him no** ~ **will** je ne lui en veux pas; **it's an** ~ **wind that blows nobody any good** à quelque chose malheur est bon.

2 *n mal m.* **to speak** ~ **of** dire du mal de; *(misfortunes)* ~**s** malheurs *mpl*.

3 *adv nourished, prepared etc* mal. **he can** ~ **afford to do it** il peut difficilement se permettre de le faire; **to go** ~ **with sb** aller mal pour qn.

◆ **ill-advised** *adj decision, remark* peu judicieux *(V also* **advise***)*. ◆ **ill-bred** *adj* mal élevé. ◆ **ill-considered** *adj* irréfléchi. ◆ **ill-fated** *adj person* infortuné; *day* néfaste; *action, effort* malheureux. ◆ **ill-favoured** *adj* laid. ◆ **ill-gotten gains** *npl* biens *mpl* mal acquis. ◆ **ill-humoured** *adj* maussade. ◆ **ill-informed** *adj person* mal renseigné; *essay, speech* plein d'inexactitudes. ◆ **ill-judged** *adj* peu judicieux. ◆ **ill-mannered** *adj person* mal élevé; *behaviour* impoli. ◆ **ill-natured** *adj* désagréable. ◆ **illness** *n* maladie *f*; **to have a long** ~**ness** faire une longue maladie. ◆ **ill-tempered** *adj (habitually)* qui a mauvais caractère; *(on one occasion)* de mauvaise humeur. ◆ **ill-timed** *adj* inopportun, intempestif. ◆ **ill-treat** *or* ◆ **ill-use** *vt* maltraiter. ◆ **ill-treatment** *n* mauvais traitements *mpl*.

illegal [ɪ'liːg(ə)l] *adj* illégal. ◆ **illegality** *n* illégalité *f*. ◆ **illegally** *adv* illégalement.

illegible [ɪ'ledʒəbl] *adj* illisible. ◆ **illegibly** *adv* illisiblement.

illegitimate [ˌɪlɪ'dʒɪtɪmɪt] *adj action, child* illégitime; *conclusion* injustifié. ◆ **illegitimacy** *n* illégitimité *f*. ◆ **illegitimately** *adv* illégitimement.

illicit [ɪ'lɪsɪt] *adj* illicite. ◆ **illicitly** *adv* illicitement.

illiterate [ɪ'lɪt(ə)rɪt] **1** *adj person* illettré, analphabète; *letter, sentence* plein de fautes. **2** *n* illettré(e) *m(f)*, analphabète *mf*. ◆ **illiteracy** *n* analphabétisme *m*.

illogical [ɪ'lɒdʒɪk(ə)l] *adj* illogique. ◆ **illogicality** *n* illogisme *m*. ◆ **illogically** *adv* illogiquement.

illuminate [ɪ'luːmɪneɪt] *vt (gen, also fig)* éclairer; *(for special occasion or effect) building etc* illuminer; *manuscript* enluminer. ~**d sign** enseigne *f* lumineuse. ◆ **illuminating** *adj* éclairant. ◆ **illumination** *n* éclairage *m*; illumination *f*; **illuminations** illuminations *fpl*.

illusion [ɪ'luːʒ(ə)n] *n* illusion *f*. **to be under the** ~ **that** avoir l'illusion que + *indic*; **to have no** ~**s** ne se faire aucune illusion *(about* sur). ◆ **illusive** *or* ◆ **illusory** *adj* illusoire.

illustrate ['ɪləstreɪt] *vt (lit, fig)* illustrer. ~**d paper** *or journal* journal illustré *m*. ◆ **illustration** *n* illustration *f*; *(fig)* **by way of illustration** à titre d'exemple. ◆ **illustrative** *adj* explicatif. ◆ **illustrator** *n* illustrateur *m*, -trice *f*.

illustrious [ɪ'lʌstrɪəs] *adj* illustre. ◆ **illustriously** *adv* glorieusement.

image ['ɪmɪdʒ] *n (gen)* image *f*; *(reflection)* réflexion *f*. *(fig)* **he is the** ~ **of his father** c'est tout le portrait de son père; **I had a sudden (mental)** ~ **of her** soudain je l'ai vue en imagination; **they had quite the wrong** ~ **of him** ils se faisaient une idée tout à fait fausse de lui; *[politician, town etc]* **(public)** ~ image *f* de marque *(fig)*; **he's got the wrong** ~ **for that** son image de marque ne convient guère à cela. ◆ **imagery** *n* images *fpl*.

imagine [ɪ'mædʒɪn] *vt* **(a)** *(picture to o.s.)* (s')imaginer. ~ **that you were at school** imagine que tu sois à l'école; **I can't** ~ **myself at 60** je ne m'imagine pas du tout à 60 ans; **just** ~! tu (t')imagines!; **I can** ~! je m'en doute!; **you can** ~ **how I felt!** imaginez-vous ce que j'ai pu ressentir!; **you can** ~ **how pleased I was!** vous pensez si j'étais content!; **you can't** ~ **how difficult it is** vous ne pouvez pas vous imaginer *or* vous figurer combien c'est difficile; **he's always imagining things** il se fait des idées. **(b)** *(suppose, believe)* imaginer, supposer *(that* que). **don't** ~ **that I can help you** n'allez pas croire *or* vous imaginer que je puisse vous aider; **I didn't** ~ **he would come** je ne me doutais pas qu'il viendrait. ◆ **imaginable** *adj* imaginable; **the quietest person imaginable** la personne la plus silencieuse qu'on puisse imaginer. ◆ **imaginary** *adj* imaginaire. ◆ **imagination** *n* imagination *f*; **to have a vivid imagination** avoir l'imagination fertile; **he's got imagination** il a de l'imagination; **she lets her imagination run away with her** elle se laisse emporter par son imagination; **in imagination** en imagination; **it is all (your) imagination!** vous vous faites des idées!; **use your imagination!** aie donc un peu d'imagination! ◆ **imaginative** *adj* plein d'imagination. ◆ **imaginatively** *adv* avec imagination.

imam [ɪ'mɑːm] *n* imam *m*.

imbalance [ɪm'bæləns] *n* déséquilibre *m*.

imbecile ['ɪmbəsiːl] *adj, n* imbécile *(mf)*. **you** ~! espèce d'imbécile! ◆ **imbecility** *n* imbécillité *f*.

imbibe [ɪm'baɪb] *vt (drink)* boire; *(absorb: also fig)* absorber.

imitate ['ɪmɪteɪt] *vt* imiter. ◆ **imitation 1** *n* imitation *f*; **in imitation of** à l'imitation de ; **2** *adj* *jewellery etc* faux; *precious stone* artificiel; **imitation leather/marble** *etc* imitation *f* cuir/marbre *etc.* ◆ **imitative** *adj* imitatif. ◆ **imitator** *n* imitateur *m*, -trice *f*.

immaculate [ɪ'mækjʊlɪt] *adj (gen)* impeccable; *behaviour* irréprochable. **the I~ Conception** l'Immaculée Conception *f*. ◆ **immaculately** *adv* dress avec un soin impeccable; *behave* de façon irréprochable.

immaterial [ˌɪmə'tɪərɪəl] *adj* peu important. **it is ~ whether** il importe peu que + *subj*; **that's quite ~** la question n'est pas là; **that is quite ~ to me** cela m'est indifférent.

immature [ˌɪmə'tjʊə'] *adj fruit* qui n'est pas mûr; *animal, tree* jeune; *person* qui manque de maturité. ◆ **immaturity** *n* manque *m* de maturité.

immeasurable [ɪ'meʒ(ə)rəbl] *adj (lit)* incommensurable; *(fig)* infini. ◆ **immeasurably** *adv (fig)* infiniment.

immediate [ɪ'miːdɪət] *adj (gen)* immédiat; *knowledge* immédiat, direct; *measures, need* immédiat, urgent. **to take ~ action** agir immédiatement *(to do* pour faire); **in the ~ future** dans un avenir immédiat; **my ~ object** mon premier but; **the ~ area** les environs immédiats. ◆ **immediacy** *n* caractère *m* immédiat. ◆ **immediately 1** *adv (at once)* immédiatement, tout de suite; *(directly) affect, concern* directement; **~ly after** aussitôt après ; **2** *conj (gen)* dès que; **~ly I returned** dès mon retour.

immense [ɪ'mens] *adj* immense. ◆ **immensely** *adv rich* immensément, extrêmement; *enjoy o.s.* énormément. ◆ **immensity** *n* immensité *f*.

immerse [ɪ'mɜːs] *vt* plonger *(in* dans), immerger. **~d in one's work** plongé dans son travail. ◆ **immersion 1** *n* immersion *f* ; **2** *adj*: **immersion heater** chauffe-eau *m inv* électrique.

immigrant ['ɪmɪgr(ə)nt] *adj, n (newly arrived)* immigrant(e) *m(f); (established)* immigré(e) *m(f)*. ◆ **immigrate** *vi* immigrer. ◆ **immigration** *n* immigration *f*; **to go through customs and immigration** passer la douane et le contrôle de police; **immigration authorities** service *m* de l'immigration.

imminent ['ɪmɪnənt] *adj* imminent. ◆ **imminence** *n* imminence *f*.

immobile [ɪ'məʊbaɪl] *adj* immobile. ◆ **immobility** *n* immobilité *f*. ◆ **immobilize** *vt* immobiliser.

immoderate [ɪ'mɒd(ə)rɪt] *adj* immodéré. ◆ **immoderately** *adv* immodérément.

immodest [ɪ'mɒdɪst] *adj (indecent)* immodeste; *(bumptious)* présomptueux.

immoral [ɪ'mɒr(ə)l] *adj* immoral. ◆ **immorality** *n* immoralité *f*.

immortal [ɪ'mɔːtl] *adj, n* immortel(le) *m(f)*. ◆ **immortality** *n* immortalité *f*. ◆ **immortalize** *vt* immortaliser.

immovable [ɪ'muːvəbl] *adj object* fixe; *courage* inébranlable; *person* insensible.

immune [ɪ'mjuːn] *adj (Med)* immunisé *(from, to, against* contre). **~ response** réaction *f* immunitaire; *(fig)* **to inflation/criticism** à l'abri de l'inflation/de la critique; **~ from taxation** exempt d'impôts. ◆ **immunity** *n* immunité *f*. ◆ **immunization** *n* immunisation *f*. ◆ **immunize** *vt* immuniser *(against* contre).

immutable [ɪ'mjuːtəbl] *adj* immuable. ◆ **immutably** *adv* immuablement.

imp [ɪmp] *n* diablotin *m; (child)* petit(e) espiègle *m(f)*.

impact ['ɪmpækt] *n (lit, fig)* impact *m (on* sur). **to make an ~ on sb** faire une forte impression sur qn. ◆ **impacted** *adj tooth* inclus; *(US)* **~ed area** quartier *m* surpeuplé.

impair [ɪm'pɛə'] *vt abilities, faculties* diminuer; *negotiations, relations* porter atteinte à; *health* détériorer; *sight, hearing* affaiblir.

impart [ɪm'pɑːt] *vt (make known) news, knowledge* communiquer; *(bestow)* transmettre.

impartial [ɪm'pɑːʃ(ə)l] *adj* impartial. ◆ **impartiality** *n* impartialité *f*. ◆ **impartially** *adv* impartialement.

impassable [ɪm'pɑːsəbl] *adj barrier, river* infranchissable; *road* impraticable.

impassioned [ɪm'pæʃnd] *adj* passionné.

impassive [ɪm'pæsɪv] *adj* impassible. ◆ **impassively** *adv* impassiblement.

impatient [ɪm'peɪʃ(ə)nt] *adj* (a) impatient *(to do* de faire). **to grow ~** s'impatienter. (b) intolérant *(of sth* à l'égard de qch; *with sb* vis-à-vis de qn). ◆ **impatience** *n* impatience *f (to do* de faire); intolérance *f (with sb* vis-à-vis de qn). ◆ **impatiently** *adv* avec impatience.

impeach [ɪm'piːtʃ] *vt public official* mettre en accusation; *sb's character* attaquer; *motives, honesty* mettre en doute.

impeccable [ɪm'pekəbl] *adj* impeccable. ◆ **impeccably** *adv* impeccablement.

impecunious [ˌɪmpɪ'kjuːnɪəs] *adj* impécunieux.

impede [ɪm'piːd] *vt* gêner, entraver.

impediment [ɪm'pedɪmənt] *n* obstacle *m*. **speech ~** défaut *m* d'élocution.

impel [ɪm'pel] *vt (compel)* obliger, forcer *(to do* à faire); *(drive forward)* pousser.

impending [ɪm'pendɪŋ] *adj birth, arrival* imminent, prochain *(after n); danger, storm* imminent, menaçant.

impenetrable [ɪm'penɪtrəbl] *adj* impénétrable.

impenitent [ɪm'penɪt(ə)nt] *adj* impénitent. ◆ **impenitently** *adv* sans repentir.

imperative [ɪm'perətɪv] **1** *adj need, voice, manner* impérieux; *order* impératif; *(Gram)* impératif. **silence is ~** le silence s'impose; **it is ~ that** il faut absolument que + *subj*. **2** *n* impératif *m*. **in the ~** à l'impératif.

imperceptible [ˌɪmpə'septəbl] *adj* imperceptible. ◆ **imperceptibly** *adv* imperceptiblement.

imperfect [ɪm'pɜːfɪkt] **1** *adj reasoning* imparfait; *car, machine* défectueux; *(Gram)* imparfait. **2** *n* imparfait *m*. **in the ~** à l'imparfait. ◆ **imperfection** *n* imperfection *f*. ◆ **imperfectly** *adv* imparfaitement.

imperial [ɪm'pɪərɪəl] *adj (gen)* impérial; *(lordly) splendour* majestueux; *gesture* impérieux; *(Brit) weight, measure* légal. ◆ **imperialism** *n* impérialisme *m*. ◆ **imperialist** *n, adj* impérialiste *(mf)*. ◆ **imperially** *adv* impérieusement.

imperil [ɪm'perɪl] *vt* mettre en péril.

imperious [ɪm'pɪərɪəs] *adj* impérieux. ◆ **imperiously** *adv* impérieusement.

impermanent [ɪm'pɜːmənənt] *adj* éphémère.

impermeable [ɪm'pɜːmɪəbl] *adj* imperméable.

impersonal [ɪm'pɜːsnl] *adj* impersonnel. ◆ **impersonally** *adv* impersonnellement.

impersonate [ɪm'pɜːsəneɪt] *vt (gen)* se faire passer pour; *(Theat)* imiter. ◆ **impersonation** *n (Theat)* imitation *f*. ◆ **impersonator** *n (Theat)* imitateur *m*, -trice *f*.

impertinent [ɪm'pɜːtɪnənt] *adj* impertinent *(to sb* envers qn). ◆ **impertinence** *n* impertinence *f*. ◆ **impertinently** *adv* avec impertinence.

imperturbable [ˌɪmpə'tɜːbəbl] *adj* imperturbable.

impervious [ɪm'pɜːvɪəs] *adj* imperméable; *(fig)* sourd *(to* à).

impetigo [ˌɪmpɪ'taɪgəʊ] *n* impétigo *m*.

impetuous [ɪmˈpetjʊəs] *adj* impétueux. ◆ **impetuosity** *n* impétuosité *f.* ◆ **impetuously** *adv* impétueusement.

impetus [ˈɪmpɪtəs] *n [object]* force *f* d'impulsion; *[runner]* élan *m; (fig)* impulsion *f.*

impiety [ɪmˈpaɪətɪ] *n* impiété *f.*

impinge [ɪmˈpɪn(d)ʒ] *vi:* **to ~ on sb/sth** *(gen)* affecter qn/qch; **it suddenly ~d on him** il en a brusquement pris conscience; **to ~ on sb's rights** empiéter sur les droits de qn.

impious [ˈɪmpɪəs] *adj* impie.

implacable [ɪmˈplækəbl] *adj* implacable *(towards* envers). ◆ **implacably** *adv* implacablement.

implant [ɪmˈplɑːnt] **1** *vt* implanter *(in* dans). **2** [ˈɪmplɑːnt] *n (under skin)* implant *m; (graft)* greffe *f.*

implausible [ɪmˈplɔːzəbl] *adj* peu plausible.

implement [ˈɪmplɪmənt] **1** *n* outil *m,* instrument *m; (fig)* instrument. **~s** matériel *m,* outils; *(for cooking)* ustensiles *mpl.* **2** [ˈɪmplɪment] *vt contract, decision* exécuter; *promise* accomplir; *law* appliquer; *plan* réaliser; *ideas* mettre en pratique.

implicate [ˈɪmplɪkeɪt] *vt* impliquer, compromettre *(in* dans). ◆ **implication**[1] *n* implication *f.*

implication[2] [ˌɪmplɪˈkeɪʃ(ə)n] *n (V* **imply**) insinuation *f,* implication *f;* **by implication** implicitement; **I know only from implication** je ne sais que d'après ce qui a été insinué; **the full implications of his words** la portée de ses paroles; **we shall have to study all the implications** il nous faudra étudier toutes les conséquences possibles.

implicit [ɪmˈplɪsɪt] *adj* **(a)** *(implied) threat, acceptance* implicite *(in* dans). **(b)** *(unquestioning) belief, faith* absolu; *obedience* aveugle. ◆ **implicitly** *adv* **(a)** implicitement. **(b)** absolument; aveuglément.

implore [ɪmˈplɔːr] *vt* implorer, supplier *(sb to do* qn de faire); *sb's help etc* implorer. ◆ **imploring** *adj* suppliant. ◆ **imploringly** *adv* d'un air *or* d'un ton suppliant.

imply [ɪmˈplaɪ] *vt* **(a)** *[person]* laisser entendre; *(insinuate)* insinuer *(pej).* **it is implied that...** il faut sous-entendre que... **(b)** *[fact, event]* suggérer, impliquer. ◆ **implied** *adj* sous-entendu.

impolite [ˌɪmpəˈlaɪt] *adj* impoli *(to, towards* envers). ◆ **impolitely** *adv* impoliment. ◆ **impoliteness** *n* impolitesse *f.*

imponderable [ɪmˈpɒndərəbl] *adj, n* impondérable *(m).*

import [ˈɪmpɔːt] **1** *n* **(a)** *(Comm)* importation *f.* **(b)** *(meaning: gen)* sens *m; [document]* teneur *f.* **(c)** *(importance)* importance *f.* **2** *adj duty, licence, surcharge* d'importation. **3** [ɪmˈpɔːt] *vt* importer. ◆ **importation** *n* importation *f.* ◆ **importer** *n* importateur *m.*

important [ɪmˈpɔː(t)(ə)nt] *adj* important *(to sth* pour qch; *to sb* à qn). **it is ~ that** il est important que + *subj;* **that's not ~** ça n'a pas d'importance; **he was trying to look ~** il se donnait des airs importants. ◆ **importance** *n* importance *f;* **to be of importance** avoir de l'importance; **it is of the highest importance that...** il est de la plus haute importance que... + *subj;* **to give importance to sth** *[person]* accorder de l'importance à qch; *[event]* donner de l'importance à qch; **of no importance** sans importance; **full of his own importance** plein de lui-même. ◆ **importantly** *adv (pej) say etc* d'un air important; **but, more ~ly,...** mais, ce qui est plus important,...

importune [ˌɪmpɔːˈtjuːn] *vt [questioner etc]* importuner; *[creditor]* harceler; *[prostitute etc]* racoler. ◆ **importunate** *adj* importun. ◆ **importuning** *n (Jur)* racolage *m.*

impose [ɪmˈpəʊz] **1** *vt task, conditions* imposer *(on* à); *sanctions, fine* infliger *(on* à); *tax* mettre *(on* sur). **to ~ o.s. on sb** s'imposer à qn. **2** *vi:* **to ~ on sb**

abuser de la gentillesse de qn. ◆ **imposing** *adj* imposant, impressionnant. ◆ **imposition** *n* imposition *f;* **it's rather an imposition on her** c'est abuser de sa gentillesse.

impossible [ɪmˈpɒsɪbl] **1** *adj* impossible. **it is ~ for him to leave** il lui est impossible de partir; **he made it ~ for me to accept** il m'a mis dans l'impossibilité d'accepter; **it is/is not ~ that** il est/ n'est pas impossible que + *subj.* **2** *n:* **the ~** l'impossible *m.* ◆ **impossibility** *n* impossibilité *f (of sth* de qch; *of doing* de faire). ◆ **impossibly** *adv behave* de façon impossible; *late etc* épouvantablement; *stubborn* incroyablement; **if, impossibly, he were to succeed** si, par impossible, il réussissait; **impossibly difficult** d'une difficulté insurmontable.

impostor [ɪmˈpɒstər] *n* imposteur *m.* ◆ **imposture** *n* imposture *f.*

impotent [ˈɪmpət(ə)nt] *adj (gen; also sexual)* impuissant; *(Med gen)* impotent. ◆ **impotence** *n* impuissance *f;* impotence *f.*

impound [ɪmˈpaʊnd] *vt* confisquer.

impoverished [ɪmˈpɒv(ə)rɪʃt] *adj* appauvri. ◆ **impoverishment** *n* appauvrissement *m.*

impracticable [ɪmˈpræktɪkəbl] *adj* impraticable. ◆ **impracticability** *n* impraticabilité *f.*

impractical [ɪmˈpræktɪk(ə)l] *adj person* qui manque d'esprit pratique; *plan, idea* peu réaliste, pas pratique. ◆ **impracticality** *n* manque *m* de réalisme.

imprecise [ˌɪmprɪˈsaɪs] *adj* imprécis.

impregnable [ɪmˈpregnəbl] *adj (Mil)* imprenable; *(fig) position* inattaquable, irréfutable.

impregnate [ˈɪmpregneɪt] *vt (fertilize)* féconder; *(saturate: also fig)* imprégner *(with* de).

impresario [ˌɪmprɪˈsɑːrɪəʊ] *n* impresario *m.*

impress [ɪmˈpres] *vt* **(a)** *person* impressionner. **how did he ~ you?** quelle impression vous a-t-il faite?; **he ~ed me favourably** il m'a fait une bonne impression; **I am not ~ed** ça ne m'impressionne pas. **(b)** *seal, imprint* imprimer *(on* sur). *(fig)* **to ~ sth on sb** faire bien comprendre qch à qn; **to ~ on sb that** faire bien comprendre à qn que. ◆ **impression** *n* impression *f;* **to make an ~ion** faire de l'effet *(on sb* à qn); **the water made no ~ion on the stains** l'eau n'a fait aucun effet sur les taches; **I am under the ~ion that...** j'ai l'impression que...; **that wasn't my ~ion!** ce n'est pas l'impression que j'ai eue! ◆ **impressionable** *adj* impressionnable; *age* où l'on est impressionnable. ◆ **impressionism** *n* impressionnisme *m.* ◆ **impressionist** *adj, n* impressionniste *(mf).* ◆ **impressionistic** *adj* impressionniste. ◆ **impressive** *adj* impressionnant. ◆ **impressively** *adv* de façon impressionnante.

imprint [ɪmˈprɪnt] **1** *vt* imprimer *(on* sur). **2** [ˈɪmprɪnt] *n* empreinte *f.* **published under the Collins ~** édité chez Collins.

imprison [ɪmˈprɪzn] *vt* emprisonner; *[judge]* condamner à la prison. **he had been ~ed for 3 months when...** il avait été en prison 3 mois quand... ◆ **imprisonment** *n (action, state)* emprisonnement *m;* **one month's ~ment** un mois de prison.

improbable [ɪmˈprɒbəbl] *adj event* improbable; *story, excuse* invraisemblable. **it is ~ that** il est improbable que + *subj.* ◆ **improbability** *n* improbabilité *f;* invraisemblance *f.*

impromptu [ɪmˈprɒm(p)tjuː] *adj, adv, n* impromptu *(m).*

improper [ɪmˈprɒpər] *adj (unsuitable)* déplacé; *(indecent)* indécent; *(dishonest)* malhonnête ; *(wrong)* incorrect. ◆ **improperly** *adv* d'une manière déplacée; indécemment; malhonnêtement; incorrectement. ◆ **impropriety** *n* inconvenance *f.*

improve [ɪm'pruːv] **1** vt (gen) améliorer; physique développer; machine, invention améliorer, perfectionner; site embellir; soil, land amender. **to ~ sb's looks** embellir qn; **that should ~ his chances of success** ceci devrait lui donner de meilleures chances de réussir; **to ~ one's mind** se cultiver; **to ~ one's French** se perfectionner en français; **to ~ the occasion** tirer parti de l'occasion. **2** vi s'améliorer; se développer; être amélioré, être perfectionné; s'amender. **to ~ on acquaintance** gagner à être connu; **the invalid is improving** l'état du malade s'améliore; **his maths have ~d** il a fait des progrès en maths; **business is improving** les affaires reprennent; **things are improving** les choses vont mieux; **to ~ on sth** faire mieux que qch; **to ~ on sb's offer** enchérir sur qn. ◆ **improvement** n amélioration f; développement m; perfectionnement m; embellissement m; amendement m; **there's been quite an ~ment** il y a du mieux; **to show some ~ment in French** faire quelques progrès en français; **this model is an ~ment on the previous one** ce modèle marque un progrès sur le précédent; **there is room for ~ment** cela pourrait être mieux; **to carry out ~ments to sth** apporter des améliorations à qch; **~ment grant** subvention f pour l'amélioration de l'habitat. ◆ **improving** adj book etc édifiant.

improvident [ɪm'prɒvɪd(ə)nt] adj imprévoyant.

improvise ['ɪmprəvaɪz] vti improviser. ◆ **improvisation** n improvisation f.

imprudent [ɪm'pruːd(ə)nt] adj imprudent. ◆ **imprudence** n imprudence f. ◆ **imprudently** adv imprudemment.

impudent ['ɪmpjʊd(ə)nt] adj impudent. ◆ **impudence** n impudence f. ◆ **impudently** adv impudemment.

impulse ['ɪmpʌls] **1** n impulsion f. **rash ~** coup m de tête; **on a sudden ~ he...** pris d'une impulsion soudaine il...; **to act on (an) ~** agir par impulsion. **2** adj: **buying** tendance f à faire des achats sur un coup de tête. ◆ **impulsion** n impulsion f. ◆ **impulsive** adj movement, action impulsif; temperament primesautier; remark irréfléchi. ◆ **impulsively** adv par impulsion. ◆ **impulsiveness** n caractère m impulsif.

impunity [ɪm'pjuːnɪtɪ] n: **with ~** impunément.

impure [ɪm'pjʊəʳ] adj impur. ◆ **impurity** n impureté f.

impute [ɪm'pjuːt] vt imputer (to à). ◆ **imputation** n imputation f.

in [ɪn] **1** prep **(a)** (gen) dans. **~ the garden** dans le or au jardin; **~ the country** à la campagne; **~ town** en ville; **~ here** ici; **~ there** là-dedans; **~ school** à l'école; **~ the school** dans l'école; **~ a friend's house** chez un ami; **~ the army** dans l'armée; **he's ~ the motor trade** il travaille dans l'industrie automobile. **(b)** (in geog names) (countries: gen, also fem US states and fem French provinces) **in England/France** etc en Angleterre/France etc; **in Virginia/Brittany** en Virginie/Bretagne; (countries: plurals or beginning with initial consonant) **in Japan/the United States** au Japon/aux États-Unis; (towns: gen, also masc islands) **in London/Paris** etc à Londres/Paris etc; **in Cuba** à Cuba; **in Sussex** dans le Sussex. **(c)** (people, works) chez, en, dans. **we find it ~ Dickens** nous le trouvons chez or dans Dickens; **rare ~ a child of that age** rare chez un enfant de cet âge; **he has got it ~ him to succeed** il est capable de réussir; **they've got a great leader ~ him** ils ont en lui un excellent dirigeant. **(d)** (time: during) **~ 1989** en 1989; **~ the sixties** dans les années soixante; **~ the reign of** sous le règne de; **~ June** en juin, au mois de juin; **~ spring** au printemps; **~ summer/autumn/winter** en été/automne/hiver; **~ the morning** le matin, dans la matinée; **~ the mornings** le matin; **~ the daytime** pendant la journée; **~ the evening** le soir, pendant la soirée; **~ the night** la nuit, pendant la nuit; **3 o'clock ~ the afternoon** 3 heures de l'après-midi; **~ those days** à cette époque-là; **~ these days of** de nos jours; **I haven't seen him ~ years** cela fait des années que je ne l'ai pas vu. **(e)** (time: in the space of) en. **I did it ~ 2 hours** je l'ai fait en 2 heures, j'ai mis 2 heures à le faire. **(f)** (time: at the end of) dans, au bout de. **~ a moment** dans une minute; **he will arrive ~ a week** il arrivera dans une semaine; **he returned ~ a week** il est rentré au bout d'une semaine. **(g)** (manner etc) **~ a loud voice** d'une voix forte; **~ a soft voice** à voix basse; **~ a whisper** en chuchotant; **~ ink** à l'encre; **~ pencil** au crayon; **~ French** en français; **~ writing** par écrit; **to paint ~ oils** peindre à l'huile; **to stand ~ a row** être en ligne; **~ large/small quantities** en grande/petite quantité; **~ some measure** dans une certaine mesure; **~ part** en partie; **~ hundreds** par centaines; **dressed ~ white** habillé en or vêtu de blanc; **~ slippers** en pantoufles; **you look nice ~ that dress** tu es jolie avec cette robe. **(h)** (material) en. **~ silk** en soie; **~ marble** en marbre. **(i)** (circumstances) **~ the rain** sous la pluie; **~ the sun** au soleil; **~ the shade** à l'ombre; **~ darkness** dans l'obscurité; **~ the moonlight** au clair de lune; **~ all weathers** par tous les temps. **(j)** (state, condition) **~ good health** en bonne santé; **~ tears** en larmes; **~ despair** au désespoir; **to be ~ a rage** être en rage; **~ good repair** en bon état; **to live ~ luxury** vivre dans le luxe; **~ private** en privé; **~ secret** en secret. **(k)** (ratio) **one man ~ ten** un homme sur dix; **once ~ a hundred years** une fois tous les cent ans; **a day ~ a thousand** un jour entre mille; **15 pence ~ the pound** 15 pence par livre sterling. **(l)** (in respect of) **blind ~ the left eye** aveugle de l'œil gauche; **poor ~ maths** faible en maths; **10 metres ~ height by 30 ~ length** 10 mètres de haut sur 30 de long; **5 ~ number** au nombre de 5; **~ that, he resembles his father** en cela, il ressemble à son père. **(m)** (after superlative) de. **the best pupil ~ the class** le meilleur élève de la classe. **(n)** **~ that there are 5 of them** étant donné qu'il y en a 5; **~ so** or **as far as** dans la mesure où; **~ all** en tout. **2** adv: **to be ~** (at home, office etc) être là; [fire] brûler encore; [train] être arrivé; [harvest] être rentré; [fruit etc] être en saison; (in fashion) [colour, style] être à la mode; (in power) [political party] être au pouvoir; [candidate] être élu. **there is nobody ~** il n'y a personne (à la maison); **we were asked ~** on nous a invités à entrer; (Pol) **to put sb ~** porter qn au pouvoir; **~ between** (space) entre, au milieu; (time) entre-temps; **we are ~ for trouble** nous allons avoir des ennuis; **he's ~ for it!** * il va en prendre pour son grade! *; **you don't know what you're ~ for!** * tu ne sais pas ce qui t'attend!; **are you ~ for the race?** est-ce que tu es inscrit pour la course?; **he's ~ for the job of...** il est candidat au poste de...; **to have it ~ for sb** * avoir une dent contre qn; **to be ~ on a plan/secret** être au courant d'un plan/d'un secret; **to be (well) ~ with sb** être bien avec qn; **day ~ day out** jour après jour. **3** adj: **~ tray** corbeille f du courrier du jour; **it's the ~ thing to do that** c'est très dans le vent * de faire ça; **an ~ * joke** une plaisanterie qui n'est comprise que des initiés. **4** n: **the ~s and outs** les tenants et les aboutissants mpl.

◆ **in-between 1** n: **the ~-betweens** ceux qui sont entre les deux ; **2** adj: **it's ~-between** c'est entre les deux; **~-between times** dans les intervalles. ◆ **in-fighting** n (fig: within group etc) querelles fpl internes. ◆ **in-flight** adj en vol. ◆ **in-group** n noyau m (fermé). ◆ **in-house** adj publication interne; training effectué sur place. ◆ **in-laws** * npl (parents-in-law) beaux-parents mpl; (others) belle-famille f. ◆ **in-patient** n malade mf hospitalisé(e). ◆ **in-service training** n formation f continue or en cours d'emploi.

inability [ˌɪnəˈbɪlɪtɪ] n incapacité f (to do de faire), impuissance f (to do à faire).

inaccessible [ˌɪnækˈsesəbl] adj inaccessible (to à). ◆ **inaccessibility** n inaccessibilité f.

inaccurate [ɪnˈækjʊrɪt] adj (gen) inexact; word, expression impropre; story, report, translation manquant de précision. ◆ **inaccuracy** n inexactitude f; impropriété f; manque m de précision. ◆ **inaccurately** adv avec inexactitude, inexactement; multiply incorrectement.

inactive [ɪnˈæktɪv] adj person inactif; life peu actif; volcano qui n'est pas en activité. ◆ **inaction** n inaction f. ◆ **inactivity** n inactivité f.

inadequate [ɪnˈædɪkwɪt] adj (gen) insuffisant; piece of work médiocre; person incompétent, inadéquat; (Psych) mal adapté (sur le plan socio-affectif). **he felt totally ~** il ne se sentait absolument pas à la hauteur. ◆ **inadequacy** n insuffisance f; médiocrité f; incompétence f; (Psych) inadaptation f socio-affective. ◆ **inadequately** adv insuffisamment.

inadmissible [ˌɪnədˈmɪsəbl] adj inadmissible; (Jur) evidence irrecevable.

inadvertent [ˌɪnədˈvɜːt(ə)nt] adj fait (or dit etc) par inadvertance or par mégarde. ◆ **inadvertently** adv par inadvertance, par mégarde.

inadvisable [ˌɪnədˈvaɪzəbl] adj peu sage, à déconseiller. **it is ~ to...** il est déconseillé de... + infin. ◆ **inadvisability** n inopportunité f (of doing de faire).

inane [ɪˈneɪn] adj inepte, stupide. ◆ **inanity** n ineptie f.

inanimate [ɪnˈænɪmɪt] adj inanimé.

inapplicable [ɪnˈæplɪkəbl] adj inapplicable (to à).

inappropriate [ˌɪnəˈprəʊprɪɪt] adj (gen) inopportun; word impropre; name mal choisi. ◆ **inappropriately** adv inopportunément; improprement.

inarticulate [ˌɪnɑːˈtɪkjʊlɪt] adj person qui s'exprime avec difficulté; speech indistinct; (Anat, Bot) inarticulé. **~ with anger** bafouillant de colère.

inartistic [ˌɪnɑːˈtɪstɪk] adj work peu artistique; person dépourvu de sens artistique. ◆ **inartistically** adv de façon peu artistique.

inattention [ˌɪnəˈtenʃ(ə)n] n manque m d'attention (to accordée à). ◆ **inattentive** adj (not paying attention) inattentif; (neglectful) peu attentionné (towards sb envers qn). ◆ **inattentively** adv sans prêter attention.

inaudible [ɪnˈɔːdəbl] adj inaudible. **he was ~** on ne l'entendait pas. ◆ **inaudibly** adv de manière inaudible.

inaugurate [ɪˈnɔːgjʊreɪt] vt (gen) inaugurer; person investir de ses fonctions. ◆ **inaugural** adj inaugural; (Univ) **inaugural lecture** leçon f inaugurale. ◆ **inauguration** n inauguration f; investiture f.

inauspicious [ˌɪnɔːsˈpɪʃəs] adj beginning, sign de mauvais augure; occasion peu propice; circumstances malencontreux. ◆ **inauspiciously** adv d'une façon peu propice; malencontreusement.

inborn [ˌɪnˈbɔːn] adj, **inbred** [ˌɪnˈbred] adj feeling inné. **an inbred family** une famille qui a un fort degré de consanguinité.

incalculable [ɪnˈkælkjʊləbl] adj incalculable.

incandescent [ˌɪnkænˈdesnt] adj incandescent. ◆ **incandescence** n incandescence f.

incantation [ˌɪnkænˈteɪʃ(ə)n] n incantation f.

incapable [ɪnˈkeɪpəbl] adj incapable (of doing de faire). ◆ **incapability** n incapacité f (of doing de faire).

incapacity [ˌɪnkəˈpæsɪtɪ] n incapacité f (to do de faire). ◆ **incapacitate** vt rendre incapable (for work etc de travailler etc).

incarcerate [ɪnˈkɑːsəreɪt] vt incarcérer.

incarnate [ɪnˈkɑːnɪt] adj incarné. ◆ **incarnation** n incarnation f.

incautious [ɪnˈkɔːʃəs] adj imprudent.

incendiary [ɪnˈsendɪərɪ] **1** adj incendiaire. **2** n (bomb) engin m incendiaire.

incense¹ [ɪnˈsens] vt mettre en fureur. ◆ **incensed** adj outré (at, by de).

incense² [ˈɪnsens] n encens m.

incentive [ɪnˈsentɪv] **1** n (no pl: reason) motivation f; (reward) récompense f. **there is no ~ to hard work** il n'y a rien qui incite (subj) à travailler dur; **he has no ~ to do it** il n'a rien qui l'incite (subj) à le faire; **it gave me an ~** cela m'a encouragé. **2** adj: **~ bonus** prime f d'encouragement.

inception [ɪnˈsepʃ(ə)n] n commencement m.

incertitude [ɪnˈsɜːtɪtjuːd] n incertitude f.

incessant [ɪnˈsesnt] adj incessant. ◆ **incessantly** adv sans cesse, incessamment.

incest [ˈɪnsest] n inceste m. ◆ **incestuous** adj incestueux.

inch [ɪn(t)ʃ] **1** n pouce m (= 2,54 cm). **a few ~es** ≃ quelques centimètres; **not an ~ of** ≃ pas un centimètre de; **every ~ of the...** tout le (or toute la)...; **he wouldn't budge an ~** il n'a pas voulu (lit) bouger or (fig) céder d'un pouce; **he's every ~ a soldier** c'est un vrai soldat; **within an ~ of (doing) sth** à deux doigts de (faire) qch; **~ by ~** petit à petit. **2** vi: **to ~ (one's way) forward/out** etc avancer/sortir etc petit à petit. ◆ **inchtape** n centimètre m (de couturière).

incidence [ˈɪnsɪd(ə)ns] n fréquence f, taux m. **the high ~ of** le taux élevé de; **the low ~ of** la faible fréquence de.

incident [ˈɪnsɪd(ə)nt] **1** n (gen) incident m; (in book, play etc) épisode m. **2** adj (Police etc) **~ room** salle f d'opérations.
◆ **incidental** [ˌɪnsɪˈdentl] **1** adj (accompanying) accessoire; (secondary) d'importance secondaire; (unplanned) accidentel; **~al expenses** faux frais mpl; **~al music** musique f d'accompagnement; **2** n: **~als** (expenses) frais mpl accessoires. ◆ **incidentally** adv happen etc accidentellement; (by the way) à propos, entre parenthèses.

incinerate [ɪnˈsɪnəreɪt] vt incinérer. ◆ **incineration** n incinération f. ◆ **incinerator** n incinérateur m.

incipient [ɪnˈsɪpɪənt] adj naissant, qui commence.

incise [ɪnˈsaɪz] vt inciser; (Art) graver. ◆ **incision** n incision f. ◆ **incisive** adj (trenchant) incisif; (acute) pénétrant. ◆ **incisively** adv d'une façon incisive or pénétrante. ◆ **incisor** n incisive f.

incite [ɪnˈsaɪt] vt pousser, inciter (sb to sth qn à qch; sb to do qn à faire). ◆ **incitement** n incitation f.

incivility [ˌɪnsɪˈvɪlɪtɪ] n incivilité f.

inclement [ɪnˈklemənt] adj inclément.

incline [ɪnˈklaɪn] **1** vt (lean) incliner, pencher. **~d plane** plan m incliné; **to ~ sb to do** incliner qn or rendre qn enclin à faire; [person] **to be ~d to do** incliner à faire; **he is ~d to be lazy** il incline à or il est enclin à la paresse; **it's ~d to break** cela se casse facilement; **he's that way ~d** il a tendance à être comme ça; **if you feel ~d** si le cœur vous en dit; **well ~d towards sb** bien disposé à l'égard de qn. **2** *vi* (**a**) *(slope)* s'incliner. (**b**) *[colour, beliefs etc]* tendre *(towards* vers). **to ~ to an opinion** *etc* pencher pour une opinion *etc*. **3** ['ɪnklaɪn] *n* inclinaison *f*. ◆ **inclination** *n (all senses)* inclination *f*; **my inclination is to leave** j'incline à partir; **I have no inclination to help him** je n'ai aucune envie de l'aider.

include [ɪn'kluːd] *vt* inclure, comprendre. **it is not ~d** *(on list)* cela n'est pas inclus; *(in bill)* ce n'est pas compris *or* inclus; **everything ~d** tout compris; **does that ~ me?** est-ce que cela s'applique aussi à moi?; **the invitation ~s everybody** l'invitation s'adresse à tout le monde; **the children ~d** y compris les enfants. ◆ **including** *prep* y compris, compris, inclus; **including the kitchen** la cuisine comprise, y compris la cuisine; **including the service charge** service compris; **not including tax** taxe non comprise; **up to and including 4th May** jusqu'au 4 mai inclus. ◆ **inclusion** *n* inclusion *f*. ◆ **inclusive** *adj charge, sum* global; **from 1st to 6th May inclusive** du 1ᵉʳ au 6 mai inclus; **to be inclusive of** inclure, comprendre; **cost inclusive of travel** prix *m* voyage compris. ◆ **inclusively** *adv* inclusivement.

incognito [ɪn'kɒgnɪtəʊ] **1** *adv* incognito. **2** *adj*: **to remain ~** garder l'incognito.

incoherent [,ɪnkə(ʊ)'hɪər(ə)nt] *adj* incohérent. ◆ **incoherence** *n* incohérence *f*. ◆ **incoherently** *adv* d'une façon incohérente.

incombustible [,ɪnkəm'bʌstəbl] *adj* incombustible.

income ['ɪnkʌm] **1** *n (gen)* revenu *m*. **private ~** rentes *fpl*; **to live beyond/within one's ~** dépasser/ ne pas dépasser son revenu. **2** *adj*: **the lowest ~ group** les économiquement faibles *mpl*; **the middle/upper ~ group** la classe à revenus moyens/ élevés; **~s policy** politique *f* des revenus; **~ tax** impôt *m* sur le revenu; **~ tax return** déclaration *f* d'impôts.

incomer ['ɪn,kʌməʳ] *n* arrivant(e) *m(f)*. ◆ **incoming** *adj crowd* qui entre; *tide* montant; *tenant, mayor* nouveau *(before n)*.

incoming ['ɪn,kʌmɪŋ] *adj people, flight* qui arrive; *tenant, president* nouveau. **~ tide** marée *f* montante.

incommunicado [,ɪnkəmjʊnɪ'kɑːdəʊ] *adj* tenu au secret.

incomparable [ɪn'kɒmp(ə)rəbl] *adj* incomparable. ◆ **incomparably** *adv* incomparablement.

incompatible [,ɪnkəm'pætəbl] *adj* incompatible. ◆ **incompatibility** *n* incompatibilité *f*; *(in divorce)* incompatibilité d'humeur.

incompetent [ɪn'kɒmpɪt(ə)nt] *adj* incompétent. ◆ **incompetence** *or* ◆ **incompetency** *n* incompétence *f*.

incomplete [,ɪnkəm'pliːt] *adj* incomplet. ◆ **incompletely** *adv* incomplètement.

incomprehensible [ɪn,kɒmprɪ'hensəbl] *adj* incompréhensible. ◆ **incomprehensibly** *adv* de manière incompréhensible.

inconceivable [,ɪnkən'siːvəbl] *adj* inconcevable. ◆ **inconceivably** *adv*: **inconceivably stupid** d'une stupidité inconcevable.

inconclusive [,ɪnkən'kluːsɪv] *adj result, discussion* peu concluant; *evidence, argument* peu convaincant; *action* sans résultat concluant; *fighting* indécis. ◆ **inconclusively** *adv* d'une manière peu concluante *or* peu convaincante; sans résultat concluant.

incongruous [ɪn'kɒŋgrʊəs] *adj (out of place) remark, act* incongru, déplacé; *(absurd)* absurde, grotesque. ◆ **incongruity** [,ɪnkɒŋ'gruːɪtɪ] *n* incongruité *f*; absurdité *f*.

inconsequent [ɪn'kɒnsɪkwənt] *adj* inconséquent. ◆ **inconsequential** *adj* (**a**) *(illogical)* inconséquent. (**b**) *(unimportant)* sans conséquence.

inconsiderable [,ɪnkən'sɪd(ə)rəbl] *adj* insignifiant.

inconsiderate [,ɪnkən'sɪd(ə)rɪt] *adj person* qui manque d'égards; *action, reply* inconsidéré. **you were very ~** tu as agi sans aucun égard.

inconsistent [,ɪnkən'sɪst(ə)nt] *adj speech, person* inconsistant. **~ with** incompatible avec. ◆ **inconsistency** *n* inconsistance *f*.

inconsolable [,ɪnkən'səʊləbl] *adj* inconsolable.

inconspicuous [,ɪnkən'spɪkjʊəs] *adj* qui passe inaperçu, qui ne se fait pas remarquer. **to make oneself ~** essayer de passer inaperçu. ◆ **inconspicuously** *adv behave, move* sans se faire remarquer; *dress* de façon discrète.

inconstant [ɪn'kɒnst(ə)nt] *adj* inconstant. ◆ **inconstancy** *n* inconstance *f*.

incontestable [,ɪnkən'testəbl] *adj* incontestable.

incontinent [ɪn'kɒntɪnənt] *adj* incontinent. ◆ **incontinence** *n* incontinence *f*.

incontrovertible [ɪn,kɒntrə'vɜːtəbl] *adj fact* indéniable; *argument, explanation* irréfutable; *sign, proof* irrécusable. ◆ **incontrovertibly** *adv* indéniablement.

inconvenient [,ɪnkən'viːnɪənt] *adj time, place* mal choisi; *house, equipment* incommode, peu pratique; *visitor* gênant, importun. **if it is not ~** si cela ne vous dérange pas; **it is most ~** c'est très gênant. ◆ **inconvenience 1** *n (annoying thing)* inconvénient *m*; **to put sb to great inconvenience** causer beaucoup de dérangement à qn; **he went to a great deal of inconvenience to help me** il s'est donné beaucoup de mal pour m'aider ; **2** *vt* déranger, incommoder; *(stronger)* gêner. ◆ **inconveniently** *adv design* incommodément; *happen, arrive* à contretemps.

incorporate [ɪn'kɔːpəreɪt] *vt (put in)* incorporer *(into* dans; *(Culin) into* à); *(include, contain)* contenir; *(Comm, Jur)* se constituer en société unique avec. **~d company** société *f* à responsabilité limitée.

incorrect [,ɪnkə'rekt] *adj wording, calculation, dress, behaviour* incorrect; *statement, opinion, report, time, text* inexact. **he is ~ in stating that...** il se trompe quand il affirme que...; **it would be ~ to say** il serait inexact de dire. ◆ **incorrectly** *adv* incorrectement; inexactement.

incorrigible [ɪn'kɒrɪdʒəbl] *adj* incorrigible.

incorruptible [,ɪnkə'rʌptəbl] *adj* incorruptible.

increase [ɪn'kriːs] **1** *vi* augmenter; *[demand, strength, supply, population, speed]* augmenter, s'accroître; *[joy, rage, effort, pain]* augmenter, s'intensifier; *[sorrow, surprise, possessions, trade]* s'accroître, augmenter; *[noise, pride]* grandir; *[business firm, institution]* s'agrandir, se développer. **to ~ in volume/weight** prendre du volume/poids; **to ~ in width** s'élargir; **to ~ in height** *[person]* grandir; *[tree]* pousser. **2** *vt* augmenter; accroître; intensifier; agrandir; développer. **to ~ (one's) speed** accélérer. **3** ['ɪnkriːs] *n* augmentation *f (in, of* de); accroissement *m*; intensification *f*; agrandissement *m*; développement *m*. **there has been an ~ in police activity** la police a redoublé d'activité; **an ~ in pay** une hausse de salaire, une augmentation; **to be on the ~** = **to ~**, *V* 1. ◆ **increasing** *adj* croissant. ◆ **increasingly** *adv* de plus en plus.

incredible [ɪn'kredəbl] *adj* incroyable. ◆ **incredibly** *adv* incroyablement.

incredulous [ɪn'kredjʊləs] *adj* incrédule. ◆ **incredulity** *n* incrédulité *f*. ◆ **incredulously** *adv* d'un air *or* d'un ton incrédule.

increment ['ɪnkrɪmənt] *n* augmentation *f*.

incriminate [ɪn'krɪmɪneɪt] *vt* incriminer, compromettre. ◆ **incriminating** *adj* compromettant; *(Jur: exhibits etc)* **incriminating evidence** pièces *fpl* à conviction.

incubate ['ɪnkjʊbeɪt] **1** vt eggs, scheme couver; disease incuber. **2** vi couver; être en incubation.
◆ **incubation 1** n incubation f ; **2** adj d'incubation. ◆ **incubator** n [chicks, eggs, infants] couveuse f; [bacteria, cultures] incubateur m; **in an incubator** en couveuse.

inculcate ['ɪnkʌlkeɪt] vt inculquer (sth into sb qch à qn).

incumbent [ɪn'kʌmbənt] **1** adj (**a**) **to be ~ upon sb to do sth** incomber à qn de faire qch. (**b**) minister, president en exercice. **2** n (Rel etc) titulaire m.
◆ **incumbency** n charge f (Rel).

incur [ɪn'kɜːʳ] vt anger, blame s'attirer, encourir; risk courir; obligation, debts contracter; loss subir; expenses encourir.

incurable [ɪn'kjʊərəbl] adj, n incurable (mf).
◆ **incurably** adv incurablement.

incurious [ɪn'kjʊərɪəs] adj sans curiosité.

incursion [ɪn'kɜːʃən] n incursion f.

indebted [ɪn'detɪd] adj redevable (to sb for sth à qn de qch; to sb for doing à qn d'avoir fait).

indecent [ɪn'diːsnt] adj (offensive) indécent; (unseemly) inconvenant. (Jur) ~ **assault** attentat m à la pudeur (on sur); ~ **exposure** outrage m public à la pudeur. ◆ **indecency** n indécence f; inconvenance f; (Jur) outrage m public à la pudeur.
◆ **indecently** adv indécemment; de façon inconvenante.

indecipherable [,ɪndɪ'saɪf(ə)rəbl] adj indéchiffrable.

indecisive [,ɪndɪ'saɪsɪv] adj (gen) indécis; discussion, argument peu concluant. ◆ **indecision** n indécision f. ◆ **indecisively** adv de façon indécise.

indecorous [ɪn'dekərəs] adj peu convenable.

indeed [ɪn'diːd] adv en effet, vraiment. **and ~ he did so** et en effet il l'a bien fait; **I feel, ~ I know...** je sens, et même je sais...; **I may ~ come** il se peut effectivement que je vienne; **yes ~!** mais certainement, (mais) bien sûr!; **~?** vraiment?, c'est vrai?; **very pleased ~** extrêmement content, vraiment très content; **very grateful ~** infiniment reconnaissant; **thank you very much ~** merci mille fois.

indefatigable [,ɪndɪ'fætɪgəbl] adj infatigable.
◆ **indefatigably** adv infatigablement.

indefensible [,ɪndɪ'fensəbl] adj (gen) indéfendable; crime injustifiable.

indefinable [ɪndɪ'faɪnəbl] adj indéfinissable.

indefinite [ɪn'defnɪt] adj intentions, doubts, feelings incertain, indéfini, vague; answer vague; outline indistinct; size, number, duration indéterminé; period indéfini, indéterminé; plan mal défini, peu précis; (Gram) indéfini. ◆ **indefinitely** adv wait etc indéfiniment; **postponed ~ly** remis à une date indéterminée.

indelible [ɪn'deləbl] adj indélébile; (fig) ineffaçable.
◆ **indelibly** adv de façon indélébile; ineffaçablement.

indelicate [ɪn'delɪkɪt] adj (gen) indélicat; (tactless) indiscret. ◆ **indelicacy** n indélicatesse f; manque m de discrétion.

indemnify [ɪn'demnɪfaɪ] vt (compensate) indemniser, dédommager (for, de); (safeguard) garantir (against contre). ◆ **indemnity** n indemnité f; garantie f.

indent [ɪn'dent] **1** vt border denteler; (Typ) mettre en retrait. **2** vi (Comm) **to ~ for sth** commander qch (on sb à qn). **3** ['ɪndent] n (Comm) commande f. ◆ **indentation** n (hollow impression) empreinte f (en creux). ◆ **indented** adj border dentelé; coast échancré; (Typ) en retrait. ◆ **indentures** npl contrat m d'apprentissage.

independent [,ɪndɪ'pendənt] **1** adj indépendant (of de); (unrelated) reports émanant de sources différentes; radio libre. (Pol) **I~** non-inscrit; **an ~ thinker** un penseur original; **to ask for an ~ opinion** demander l'avis d'un tiers. **2** n (Pol) **I~** non-inscrit m, non-affilié m. ◆ **independence 1** n indépendance f (from par rapport à); **the country got its independence** le pays est devenu indépendant ; **2** adj (US) **Independence Day** fête f de l'Indépendance américaine (le 4 juillet). ◆ **independently** adv de façon indépendante; **~ly of** indépendamment de.

indescribable [,ɪndɪs'kraɪbəbl] adj indescriptible.
◆ **indescribably** adv indescriptiblement.

indestructible [,ɪndɪs'trʌktəbl] adj indestructible.

indeterminate [,ɪndɪ'tɜːm(ɪ)nɪt] adj indéterminé.

index ['ɪndeks] **1** n (**a**) (pl ~es) (in book etc) index m; (in library etc) catalogue m (alphabétique). (Rel) **to put a book on the I~** mettre un livre à l'Index. (**b**) (pl **indices**) indice m. **cost-of-living ~** indice du coût de la vie; (fig) **it is an ~ of how much...** c'est un signe révélateur qui permet de se rendre compte combien... **2** adj: ~ **card** fiche f ; ~ **finger** index m. **3** vt book faire l'index de; library books, information cataloguer (alphabétiquement); item, article classer (under sous, à). ◆ **index-linked** adj indexé.

India ['ɪndɪə] n Inde f. ◆ **Indian 1** n Indien(ne) m(f) ; **2** adj indien, de l'Inde; (Brit Hist) des Indes; elephant d'Asie; ink de Chine; tea indien; (**American**) ~**n** indien, des Indiens (d'Amérique); **in ~n file** en file indienne; ~**n Ocean** océan m Indien; (fig) ~**n summer** été m de la Saint-Martin.
◆ **indiarubber** n (substance) caoutchouc m; (eraser) gomme f (à effacer).

indicate ['ɪndɪkeɪt] vt (gen) indiquer (that que); intentions manifester. (Aut) **he was indicating left** il avait mis son clignotant gauche. ◆ **indication** n indication f; **there is every indication that** tout porte à croire que + indic; **there is no indication that** rien ne porte à croire que + subj; **it is some indication of** cela permet de se rendre compte de. ◆ **indicative** adj, n indicatif (m); **to be indicative of sth/of the fact that...** montrer qch/que...; **in the indicative** à l'indicatif. ◆ **indicator** n (gen) indicateur m; (needle on scale etc) aiguille f; (Aut) clignotant m; (plan) **town indicator** table f d'orientation; (Rail) **arrival indicator** tableau m des arrivées.

indict [ɪn'daɪt] vt accuser (for, on a charge of de). ◆ **indictable** adj: ~**able offence** délit pénal. ◆ **indictment** n mise f en accusation (for, of de).

Indies ['ɪndɪz] npl Indes fpl. **East ~** Indes orientales; **West ~** Antilles fpl.

indifferent [ɪn'dɪfr(ə)nt] adj indifférent (to à); (mediocre) médiocre, quelconque. ◆ **indifference** n indifférence f (to à; towards envers); médiocrité f. ◆ **indifferently** adv indifféremment; médiocrement.

indigenous [ɪn'dɪdʒɪnəs] adj indigène (to de).

indigestion [,ɪndɪ'dʒest(ə)n] n: **to have ~** (acute) avoir une indigestion; (chronic) avoir une mauvaise digestion. ◆ **indigestible** adj indigeste.

indignant [ɪn'dɪgnənt] adj indigné (about à propos de; at sth de or devant qch; with sb contre qn). **to grow ~** s'indigner; **to make sb ~** indigner qn.
◆ **indignantly** adv avec indignation. ◆ **indignation** n indignation f; **indignation meeting** * réunion f de protestation.

indignity [ɪn'dɪgnɪtɪ] n indignité f.

indigo ['ɪndɪgəʊ] **1** n indigo m. **2** adj indigo inv.

indirect [,ɪndɪ'rekt] adj (gen) indirect; route, means etc détourné. ◆ **indirectly** adv indirectement.

indiscreet [,ɪndɪs'kriːt] adj indiscret. ◆ **indiscreetly** adv indiscrètement. ◆ **indiscretion** n indiscrétion f.

indiscriminate [ˌɪndɪsˈkrɪmɪnɪt] *adj punishment, blows* distribué au hasard; *killings* commis au hasard; *person* manquant de discernement; *admiration* aveugle. ◆ **indiscriminately** *adv choose, kill* au hasard; *watch TV* sans aucun sens critique; *accept, admire* aveuglément.

indispensable [ˌɪndɪsˈpensəbl] *adj* indispensable (*to* à). **you're not ~!** on peut se passer de toi!

indisposed [ˌɪndɪsˈpəʊzd] *adj* (*unwell*) indisposé, souffrant; (*disinclined*) peu disposé (*to do* à faire). ◆ **indisposition** *n* indisposition *f*.

indisputable [ˌɪndɪsˈpjuːtəbl] *adj* incontestable. ◆ **indisputably** *adv* incontestablement.

indistinct [ˌɪndɪsˈtɪŋ(k)t] *adj object, voice, words* indistinct; *memory* vague; *noise* confus. (*on telephone*) **you're very ~** je ne vous entends pas bien. ◆ **indistinctly** *adv* indistinctement.

indistinguishable [ˌɪndɪsˈtɪŋgwɪʃəbl] *adj* indifférenciable (*from* de); (*slight*) imperceptible.

individual [ˌɪndɪˈvɪdjuˈəl] **1** *adj* (*separate*) *portion, attention* individuel; (*characteristic*) *style* original, particulier. **2** *n* individu *m*. ◆ **individualism** *n* individualisme *m*. ◆ **individualist** *n* individualiste *mf*. ◆ **individualistic** *adj* individualiste. ◆ **individuality** *n* individualité *f*. ◆ **individually** *adv* individuellement.

indivisible [ˌɪndɪˈvɪzəbl] *adj* indivisible.

Indo- [ˈɪndəʊ] *pref* indo-. ◆ **Indo-China** *n* Indochine *f*. ◆ **Indo-European** *adj, n* indo-européen (*m*).

indoctrinate [ɪnˈdɒktrɪneɪt] *vt* endoctriner. **to ~ sb with sth** inculquer qch à qn. ◆ **indoctrination** *n* endoctrinement *m*.

indolent [ˈɪndələnt] *adj* indolent. ◆ **indolence** *n* indolence *f*. ◆ **indolently** *adv* indolemment.

indomitable [ɪnˈdɒmɪtəbl] *adj* indomptable.

Indonesia [ˌɪndə(ʊ)ˈniːzɪə] *n* Indonésie *f*. ◆ **Indonesian 1** *adj* indonésien ; **2** *n* Indonésien(ne) *m(f)*.

indoor [ˈɪndɔːʳ] *adj shoes, film scene, photography* d'intérieur; *aerial* intérieur; *plant* d'appartement; *swimming pool, tennis court* couvert; *hobby, game, job* pratiqué en intérieur; *athletics* en salle. ◆ **indoors** *adv* (*in building*) à l'intérieur; (*at home*) à la maison; (*under cover*) à l'abri; **to go ~s** entrer, rentrer.

indubitable [ɪnˈdjuːbɪtəbl] *adj* indubitable. ◆ **indubitably** *adv* indubitablement.

induce [ɪnˈdjuːs] *vt* (*gen*) persuader (*sb to do* qn de faire); *reaction, sleep* provoquer (*in sb* chez qn). (*Med*) **to ~ labour** déclencher l'accouchement (*artificiellement*). ◆ **inducement** *n* (*gen*) encouragement *m* (*to do* à faire); (*pej: bribe*) pot-de-vin *m*; **there is an ~ment/no ~ment to work hard** il y a qch qui incite (*indic*) /il n'y a rien qui incite (*subj*) à travailler dur; **as an added ~ment we are offering...** comme avantage *m* supplémentaire nous offrons...; **he received £100 as an ~ment** il a reçu 100 livres à titre de gratification *f*.

induct [ɪnˈdʌkt] *vt clergyman, president* installer. ◆ **induction** *n* installation *f*; (*Elec, Philos*) induction *f*; **~ion course** stage *m* préparatoire.

indulge [ɪnˈdʌldʒ] **1** *vt person* (*spoil*) gâter; (*give way to*) céder à; *sb's wishes* se prêter à; *one's own desires* satisfaire; *one's own laziness* se laisser aller à. **I'll ~ myself and have a chocolate** je vais me faire plaisir et manger un chocolat. **2** *vi*: **to ~ in** *emotion etc* s'adonner à; **to ~ in a cigarette** se permettre une cigarette; **to ~ in sth to excess** abuser de qch.

indulgent [ɪnˈdʌldʒ(ə)nt] *adj* indulgent (*to* envers). ◆ **indulgence** *n* indulgence *f* (*also Rel*); **his little indulgences** les petites faiblesses *fpl* qu'il se permet. ◆ **indulgently** *adv* avec indulgence.

industry [ˈɪndəstrɪ] *n* (**a**) industrie *f*. **tourist ~** tourisme *m*, industrie touristique; **Department of I~** ministère *m* de l'Industrie. (**b**) (*industriousness*)

assiduité *f* (au travail). ◆ **industrial** *adj* (*gen*) industriel; *worker* de l'industrie; *disease* professionnel; *accident, medicine* du travail; *dispute* ouvrier; **industrial action** action *f* revendicative; (*strike*) (mouvement *m* de) grève *f*; **to take industrial action** se mettre en grève; (*US*) **industrial arts** enseignement *m* technique; **industrial dispute** conflit *m* social; **industrial engineering** génie *m* industriel; **industrial estate** *or* (*US*) **park** zone *f* industrielle; **industrial rehabilitation** réadaptation *f* fonctionnelle; **industrial tribunal** ≃ conseil *m* de prud'hommes ; **industrial unrest** agitation *f* ouvrière; **industrial waste** *or* (*US*) **wastes** déchets *mpl* industriels. ◆ **industrialism** *n* industrialisme *m*. ◆ **industrialist** *n* industriel *m*. ◆ **industrialization** *n* industrialisation *f*. ◆ **industrialize** *vt* industrialiser. ◆ **industrious** *adj* industrieux. ◆ **industriously** *adv* industrieusement. ◆ **industriousness** *n* assiduité *f* (au travail).

inedible [ɪnˈedɪbl] *adj* (*not to be eaten*) non comestible; (*not fit to be eaten*) immangeable.

ineffective [ˌɪnɪˈfektɪv] *adj*, **ineffectual** [ˌɪnɪˈfektjʊəl] *adj remedy, measures* inefficace; *attempt* vain (*before n*); *person* incompétent. ◆ **ineffectively** *or* ◆ **ineffectually** *adv* use inefficacement; *try* vainement.

inefficient [ˌɪnɪˈfɪʃ(ə)nt] *adj* (*gen*) inefficace; *person* incompétent; *use* mauvais. ◆ **inefficiency** *n* inefficacité *f*; [*person*] incompétence *f*. ◆ **inefficiently** *adv* inefficacement; sans compétence; **work ~ly done** travail mal exécuté.

inelegant [ɪnˈelɪgənt] *adj* inélégant. ◆ **inelegantly** *adv* inélégamment.

ineligible [ɪnˈelɪdʒəbl] *adj candidate* inéligible. **to be ~ for sth/to do** ne pas avoir droit à qch/le droit de faire.

inept [ɪˈnept] *adj* inepte, stupide. ◆ **ineptitude** *n* ineptie *f*, stupidité *f*.

inequality [ˌɪnɪˈkwɒlɪtɪ] *n* inégalité *f*.

ineradicable [ˌɪnɪˈrædɪkəbl] *adj* indéracinable.

inert [ɪˈnɜːt] *adj* inerte. ◆ **inertia** *n* inertie *f*; (*Aut*) **~ia reel belts** ceintures *fpl* de sécurité à enrouleurs.

inescapable [ˌɪnɪsˈkeɪpəbl] *adj* inéluctable.

inestimable [ɪnˈestɪməbl] *adj* inestimable.

inevitable [ɪnˈevɪtəbl] *adj* (*gen*) inévitable; *consequence, result* inévitable, fatal. **it was ~ that she should discover...** elle devait inévitablement *or* fatalement découvrir...; (*hum*) **his ~ camera** son inévitable appareil-photo. ◆ **inevitability** *n* caractère *m* inévitable. ◆ **inevitably** *adv* inévitablement, fatalement.

inexact [ˌɪnɪgˈzækt] *adj* inexact. ◆ **inexactly** *adv* inexactement.

inexcusable [ˌɪnɪksˈkjuːzəbl] *adj* inexcusable. ◆ **inexcusably** *adv* inexcusablement.

inexhaustible [ˌɪnɪgˈzɔːstəbl] *adj* inépuisable.

inexorable [ɪnˈeks(ə)rəbl] *adj* inexorable. ◆ **inexorably** *adv* inexorablement.

inexpensive [ˌɪnɪksˈpensɪv] *adj* bon marché *inv*, peu coûteux. ◆ **inexpensively** *adv buy* à bon marché; *live* à peu de frais.

inexperience [ˌɪnɪksˈpɪərɪəns] *n* inexpérience *f*. ◆ **inexperienced** *adj* inexpérimenté; **to be ~d in** avoir peu d'expérience en.

inexpert [ɪnˈekspɜːt] *adj* maladroit (*in* en). ◆ **inexpertly** *adv* maladroitement.

inexplicable [ˌɪnɪksˈplɪkəbl] *adj* inexplicable. ◆ **inexplicably** *adv* inexplicablement.

inexpressible [ˌɪnɪksˈpresəbl] *adj* inexprimable.

inextricable [ˌɪnɪksˈtrɪkəbl] *adj* inextricable. ◆ **inextricably** *adv* inextricablement.

infallible [ɪnˈfæləbl] *adj* infaillible. ◆ **infallibility** *n* infaillibilité *f*. ◆ **infallibly** *adv* infailliblement.

infamous ['ɪnfəməs] *adj* infâme.

infant ['ɪnfənt] **1** *n* (*baby*) bébé *m*; (*young child*) tout(e) petit(e) enfant *m(f)*; (*Jur*) mineur(e) *m(f)*; (*Brit Scol*) petit(e) *m(f)* (*de 5 à 7 ans*). **2** *adj disease, mortality* infantile. (*Brit*) ~ **school** ≈ classes *fpl* de onzième et de dixième. ◆ **infancy** *n* toute petite enfance *f*, bas âge *m*; (*Jur*) minorité *f*; (*fig*) **still in its infancy** encore à ses débuts. ◆ **infanticide** *n* infanticide *m*. ◆ **infantile** *adj* infantile.

infantry ['ɪnf(ə)ntrɪ] *n* infanterie *f*. ◆ **infantryman** *n* fantassin *m*.

infatuated [ɪn'fætjʊeɪtəd] *adj:* ~ **with** *person* entiché de; *idea etc* engoué de; **to become** ~ **with** s'enticher de, s'engouer pour; **he was** ~**d** il avait la tête tournée. ◆ **infatuation** *n* entichement *m*; engouement *m* (*with* pour).

infect [ɪn'fekt] *vt* (**a**) (*Med*) infecter; (*fig*) *person* corrompre. **to** ~ **sb with a disease/one's enthusiasm** communiquer une maladie/son enthousiasme à qn; ~**ed with leprosy** atteint de la lèpre. ◆ **infected** *adj* infecté. ◆ **infection** *n* infection *f*; **to have a slight** ~**ion** être légèrement souffrant. ◆ **infectious** *adj disease* infectieux; *person* contagieux; *laughter* contagieux.

infer [ɪn'fɜː'] *vt* déduire, inférer (*from* de; *that* que). ◆ **inference** ['ɪnf(ə)r(ə)ns] *n* déduction *f*, inférence *f*; **by** ~**ence** par déduction.

inferior [ɪn'fɪərɪə'] **1** *adj* inférieur (*to* à); *work, goods* de qualité inférieure. **he makes me feel** ~ il me donne un sentiment d'infériorité. **2** *n* inférieur(e) *m(f)*; (*in rank*) subordonné(e) *m(f)*. ◆ **inferiority** *n* infériorité *f* (*to* par rapport à); ~**ity complex** complexe *m* d'infériorité.

infernal [ɪn'fɜːnl] *adj* infernal. ◆ **infernally** *adv* abominablement.

inferno [ɪn'fɜːnəʊ] *n:* **a (blazing)** ~ un brasier.

infertile [ɪn'fɜːtaɪl] *adj* infertile; *person* stérile. ◆ **infertility** *n* infertilité *f*; stérilité *f*.

infest [ɪn'fest] *vt* infester (*with* de). ◆ **infestation** *n* infestation *f*.

infidelity [ˌɪnfɪ'delɪtɪ] *n* infidélité *f*; (*Jur: in divorce*) adultère *m*.

infiltrate ['ɪnfɪltreɪt] **1** *vi* s'infiltrer (*into* dans). **2** *vt enemy lines* s'infiltrer dans; *group* noyauter; (*put in*) *troops* faire s'infiltrer (*into* dans). ◆ **infiltration** *n* infiltration *f*; noyautage *m*.

infinite ['ɪnf(ɪ)nɪt] *adj* infini, n infini (*m*). ◆ **infinitely** *adv* infiniment. ◆ **infiniteness** *n* infinitude *f*. ◆ **infinitesimal** *adj* infinitésimal. ◆ **infinitive** *n* infinitif *m*; **in the infinitive** à l'infinitif. ◆ **infinitude** *n* infinité *f*. ◆ **infinity** *n* (*as opp to time and space*) infini *m*; (*infinite quantity etc*) infinité *f* (*of* de); (*infiniteness*) infinitude *f*; (*Math*) infini *m*; **to infinity** à l'infini.

infirm [ɪn'fɜːm] *adj* infirme. ◆ **infirmary** *n* hôpital *m*. ◆ **infirmity** *n* infirmité *f*.

inflame [ɪn'fleɪm] *vt* (*Med*) enflammer; (*fig*) attiser. ◆ **inflammable** *adj* inflammable. ◆ **inflammation** *n* inflammation *f*. ◆ **inflammatory** *adj speech etc* incendiaire.

inflate [ɪn'fleɪt] *vt tyre* gonfler (*with* de); *prices* faire monter; *bill, account* grossir. ◆ **inflatable** *adj* gonflable. ◆ **inflated** *adj tyre etc* gonflé; *lung* dilaté; *value, prices* exagéré; **an** ~**d sense of** une idée exagérée de. ◆ **inflation** *n* (*Econ*) inflation *f*. ◆ **inflationary** *adj* inflationniste.

inflect [ɪn'flekt] **1** *vt* (*Ling*) modifier la désinence de; *voice* moduler. **2** *vi* (*Ling*) prendre une désinence. ◆ **inflection** or ◆ **inflexion** *n* (*Ling: affix*) désinence *f*; [*voice*] inflexion *f*.

inflexible [ɪn'fleksəbl] *adj object* rigide; *person, attitude* inflexible, rigide. ◆ **inflexibility** *n* rigidité *f*; inflexibilité *f*.

inflict [ɪn'flɪkt] *vt* infliger (*on* à). **to** ~ **o.s. on sb** imposer sa compagnie à qn.

influence ['ɪnflʊəns] **1** *n* influence *f* (*on* sur). **under the** ~ *of person* sous l'influence de; *drugs* sous l'effet *m* de; (*Jur*) **driving under the** ~ **of drink** conduite *f* en état d'ivresse; **he was a bit under the** ~ * il avait bu un coup de trop *; **to use one's** ~ **with sb to get sth** user de son influence auprès de qn pour obtenir qch; **to be a good** ~ **on sb** exercer une bonne influence sur qn. **2** *vt* (*gen*) influencer; *attitude, decision* influencer, influer sur. **to be** ~**d by** (*gen*) se laisser influencer par; [*artist, writer*] être influencé par; **easily** ~**d** très influençable. ◆ **influential** *adj* influent; **to be influential** avoir de l'influence; **influential friends** amis *mpl* haut placés.

influenza [ˌɪnflʊ'enzə] *n* grippe *f*.

influx ['ɪnflʌks] *n* [*people*] afflux *m*, flot *m*; [*new ideas, attitudes*] flot, flux *m*.

inform [ɪn'fɔːm] **1** *vt* informer, avertir (*of* de), renseigner (*about* sur); *police* avertir. **to** ~ **sb of sth** informer *or* avertir qn de qch, faire part de qch à qn; **keep me** ~**ed** tenez-moi au courant (*of* de). **2** *vi:* **to** ~ **against sb** dénoncer qn. ◆ **informant** *n* informateur *m*, -trice *f*; (*Ling: native* ~**ant**) informateur *m*, -trice *f*. ◆ **information 1** *n* renseignements *mpl*, information(s) *f(pl)*; **a piece of** ~**ation** un renseignement, une information; **to get** ~**ation about** se renseigner sur; **more** ~**ation** des renseignements plus complets, des informations plus complètes; **until more** ~**ation is available** jusqu'à plus ample informé; **his** ~**ation on the subject is astonishing** ses connaissances *fpl* en la matière sont stupéfiantes; **for your** ~**ation, he...** je dois vous prévenir qu'il...; **for your** ~**ation** à titre d'information ; **2** *adj bureau* de renseignements; *content* informationnel; *theory* de l'information; ~**ation processing** informatique *f*; ~**ation retrieval** recherche *f* de l'information; (*Police*) ~**ation room** (salle *f*) radio *f*; ~**ation service** bureau *m* de renseignements; ~**ation technology** informatique *f*. ◆ **informative** *adj book, meeting* instructif; **he's not very** ~**ative about it** il n'en dit pas grand-chose. ◆ **informed** *adj person* informé, renseigné (*about* sur); *opinion* bien informé; *guess* bien fondé. ◆ **informer** *n* dénonciateur *m*, -trice *f*; *police* ~**er** indicateur *m*, -trice *f* (*de police*); **to turn** ~**er** dénoncer ses complices.

informal [ɪn'fɔːm(ə)l] *adj tone, manner, style* simple, familier; *language* de la conversation; *person* simple, qui ne fait pas de façons; *announcement, acceptance, arrangement* officieux; *instructions, invitation, meeting* dénué de caractère officiel; *welcome, visit, discussion* dénué de formalité; *dance, dinner* entre amis. **'dress** ~**'** 'tenue de ville'; **we had an** ~ **talk about it** nous en avons discuté entre nous; **it will be quite** ~ ce sera sans cérémonie *or* en toute simplicité. ◆ **informality** *n* [*person, manner*] simplicité *f*; [*visit, welcome etc*] simplicité, absence *f* de formalité; [*arrangement, agreement etc*] caractère *m* officieux; [*meeting*] absence *f* de cérémonie. ◆ **informally** *adv invite* sans cérémonie; *arrange, agree, meet* officieusement; *behave, speak, dress* de façon toute simple.

infra dig * ['ɪnfrə'dɪg] *adj* au-dessous de sa (*or* ma *etc*) dignité.

infrared ['ɪnfrə'red] *adj* infrarouge.

infrastructure ['ɪnfrəˌstrʌktʃə'] *n* infrastructure *f*.

infrequent [ɪn'friːkwənt] *adj* peu fréquent, rare. ◆ **infrequency** *n* rareté *f*. ◆ **infrequently** *adv* rarement.

infringe [ɪn'frɪn(d)ʒ] **1** *vt* contrevenir à. **2** *vi:* **to** ~ **on** empiéter sur. ◆ **infringement** *n* infraction *f* (*of* à).

infuriate [ɪn'fjʊərɪeɪt] *vt* rendre furieux, exaspérer. ◆ **infuriating** *adj* exaspérant. ◆ **infuriatingly** *adv* de façon exaspérante; **infuriatingly slow** d'une lenteur exaspérante.

infuse [ɪn'fjuːz] *vt* infuser (*into* dans); *tea, herbs* faire infuser; *(fig)* insuffler (*into* à). ◆ **infusion** *n* infusion *f*.

ingenious [ɪn'dʒiːnɪəs] *adj* ingénieux. ◆ **ingeniously** *adv* ingénieusement. ◆ **ingenuity** *n* ingéniosité *f*.

ingenuous [ɪn'dʒenjʊəs] *adj* ingénu. ◆ **ingenuousness** *n* ingénuité *f*.

inglorious [ɪn'glɔːrɪəs] *adj defeat etc* déshonorant.

ingot ['ɪŋgət] *n* lingot *m*.

ingrained ['ɪn'greɪnd] *adj habit* invétéré; *prejudice* enraciné; *hatred* tenace. **~ dirt** crasse *f*; **~ with dirt** encrassé.

ingratiate [ɪn'greɪʃɪeɪt] *vt*: **to ~ o.s. with sb** s'insinuer dans les bonnes grâces de qn. ◆ **ingratiating** *adj* insinuant, doucereux.

ingratitude [ɪn'grætɪtjuːd] *n* ingratitude *f*.

ingredient [ɪn'griːdɪənt] *n* (*Culin etc*) ingrédient *m*; *[character, success etc]* élément *m*.

ingrowing [ˌɪn'grəʊɪŋ], (*US*) **ingrown** [ˌɪn'grəʊn] *adj* incarné.

inhabit [ɪn'hæbɪt] *vt town, country* habiter; *house* habiter (dans). ◆ **inhabitable** *adj* habitable. ◆ **inhabitant** *n* habitant(e) *m(f)*. ◆ **inhabited** *adj* habité.

inhale [ɪn'heɪl] **1** *vt vapour, gas etc* inhaler; *[smoker]* avaler; *perfume* aspirer. **2** *vi [smoker]* avaler la fumée. ◆ **inhalant** *n* inhalant *m*. ◆ **inhalation** *n* inhalation *f*. ◆ **inhaler** *or* ◆ **inhalator** *n* inhalateur *m*.

inherent [ɪn'hɪər(ə)nt] *adj* inhérent (*in, to* à). ◆ **inherently** *adv difficult etc* en soi; *curious, lazy* fondamentalement.

inherit [ɪn'herɪt] *vt* hériter (de); *title* succéder à; *qualities, characteristics* tenir (*from sb* de qn). **to ~ a house** hériter (d')une maison; **to ~ a house from sb** hériter une maison de qn. ◆ **inheritance** *n* (*gen*) héritage *m*; **our national ~ance** notre patrimoine *m* national.

inhibit [ɪn'hɪbɪt] *vt [person] impulse, desire* dominer, maîtriser; *(Psych)* inhiber; *[situation, sb's presence]* entraver, gêner. **to ~ sb from doing** empêcher qn de faire. ◆ **inhibited** *adj* refoulé *; (Psych)* qui a beaucoup d'inhibitions. ◆ **inhibiting** *adj* inhibant. ◆ **inhibition** *n* inhibition *f*.

inhospitable [ˌɪnhɒs'pɪtəbl] *adj* inhospitalier.

inhuman [ɪn'hjuːmən] *adj* inhumain. ◆ **inhumanity** *n* inhumanité *f*.

inimical [ɪ'nɪmɪk(ə)l] *adj (hostile)* hostile (*to* à).

inimitable [ɪ'nɪmɪtəbl] *adj* inimitable. ◆ **inimitably** *adv* d'une façon inimitable.

iniquitous [ɪ'nɪkwɪtəs] *adj* inique. ◆ **iniquitously** *adv* iniquement. ◆ **iniquity** *n* iniquité *f*.

initial [ɪ'nɪʃ(ə)l] **1** *adj* initial, premier. **in the ~ stages** au début, au commencement. **2** *n* initiale *f*. **~s** initiales *fpl*; *(as signature)* parafe *m*. **3** *vt* parafer. ◆ **initialize** *vt* (*Comput*) initialiser. ◆ **initially** *adv* initialement.

initiate [ɪ'nɪʃɪeɪt] **1** *vt* (**a**) *reform* promouvoir; *negotiations* amorcer; *enterprise* se lancer dans; *scheme, programme* instaurer; *fashion* lancer. *(Jur)* **to ~ proceedings against sb** intenter une action à qn. (**b**) *(Rel etc) person* initier (*into a secret* à un secret). **to ~ sb into a society** admettre qn au sein d'une société secrète. ◆ **initiation 1** *n* initiation *f*; admission *f*; **2** *adj rite* d'initiation. ◆ **initiative** *n* initiative *f*; **to take the initiative** prendre l'initiative (*in doing sth* de faire qch); **on one's own initiative** de sa propre initiative; **he's got initiative** il a de l'initiative. ◆ **initiator** *n [plan etc]* auteur *m*.

inject [ɪn'dʒekt] *vt* injecter (*sth into sth* qch dans qch); *(fig)* insuffler (*into* à). **to ~ sb with sth** faire une piqûre *or* une injection de qch à qn. ◆ **injection** *n* injection *f*; *(Med)* injection, piqûre *f*.

injudicious [ˌɪndʒuː'dɪʃ(ə)s] *adj* peu judicieux. ◆ **injudiciously** *adv* peu judicieusement.

injunction [ɪn'dʒʌŋ(k)ʃ(ə)n] *n (gen)* ordre *m*; *(court order)* ordonnance *f* (*to do* de faire). **to give sb strict ~s to do** enjoindre formellement à qn de faire.

injure ['ɪn(d)ʒəʳ] *vt* (**a**) *(Med)* blesser. **to ~ one's leg** se blesser à la jambe. (**b**) *(wrong, damage) person, interests, reputation* nuire à; *(offend)* blesser, offenser. **to ~ sb's feelings** offenser qn. ◆ **injured 1** *adj (Med)* blessé; *(in accident)* accidenté; *(offended)* offensé; *(Jur)* **the ~d party** la partie lésée ; **2** *npl*: **the ~d** les blessés *mpl*. ◆ **injurious** *adj* nuisible (*to* à). ◆ **injury** *n (Med)* blessure *f*; *(wrong) (to person)* tort *m*; *(to reputation)* atteinte *f*; *(Ftbl)* **injury time** arrêts *mpl* de jeu.

injustice [ɪn'dʒʌstɪs] *n* injustice *f*. **to do sb an ~** être injuste envers qn.

ink [ɪŋk] **1** *n* encre *f*. **in ~** à l'encre. **2** *adj bottle* d'encre; *eraser* à encre. **3** *vt* encrer. **to ~ sth in** repasser qch à l'encre. ◆ **inkpad** *n* tampon *m* encreur. ◆ **inkpot** *or* ◆ **inkwell** *n* encrier *m*. ◆ **inky** *adj book, hand* taché d'encre; *pad* encré; *darkness etc* noir comme de l'encre.

inkling ['ɪŋklɪŋ] *n* petite idée *f*, soupçon *m*. **I had no ~ that...** je n'avais pas la moindre idée que...; **there was no ~ of the disaster** rien ne laissait présager le désastre.

inlaid ['ɪn'leɪd] *adj (gen)* incrusté (*with* de); *box, table* marqueté. **~ floor** parquet *m*.

inland ['ɪnlænd] **1** *adj* (**a**) *sea, town* intérieur; *navigation* fluvial. **~ waterways** canaux *mpl* et rivières *fpl*. (**b**) *(domestic) mail, trade* intérieur. **the ~ revenue** le fisc. **2** [ɪn'lænd] *adv* à l'intérieur. **to go ~** pénétrer dans les terres.

inlet ['ɪnlet] **1** *n* (**a**) *[sea]* bras *m* de mer; *[river]* bras de rivière. (**b**) *(Tech)* arrivée *f*; *[ventilator]* prise *f* (d'air). **2** *adj pipe* d'arrivée.

inmate ['ɪnmeɪt] *n [prison]* détenu(e) *m(f)*; *[asylum]* interné(e) *m(f)*; *[hospital]* malade *mf*.

inmost ['ɪnməʊst] *adj part* le plus profond; *thoughts, feelings* le plus secret. **one's ~ being** le fin fond de son être; **in one's ~ heart** dans le fond de son cœur.

inn [ɪn] *n (small, wayside)* auberge *f*; *(larger, wayside)* hostellerie *f*; *(in town)* hôtel *m*; *(†: tavern)* cabaret † *m*. ◆ **innkeeper** *n* aubergiste *mf*; hôtelier *m*, -ière *f*.

innards * ['ɪnədz] *npl* entrailles *fpl*.

innate [ɪ'neɪt] *adj* inné, naturel.

inner ['ɪnəʳ] *adj room, court* intérieur, de dedans; *ear* interne; *shoe sole* intérieur; *emotions, thoughts* intime, secret, profond; *life* intérieur. **an ~ circle within the society** un petit cercle fermé à l'intérieur de la société; **~ city** vieux quartiers *mpl* déshérités; **~ city schools** établissements *mpl* scolaires des vieux quartiers pauvres; **~ harbour** arrière-port *m*; *[tyre]* **~ tube** chambre *f* à air. ◆ **innermost = inmost**.

innings ['ɪnɪŋz] *n (Cricket)* tour *m* de batte. *(fig)* **I've had a good ~** j'ai bien profité de l'existence (*or* de la situation *etc*).

innocent ['ɪnəsnt] **1** *adj* innocent (*of* de). **as ~ as a newborn babe** innocent comme l'enfant qui vient de naître; **to put on an ~ air** faire l'innocent; **~ of any desire to...** dénué de tout désir de... **2** *n* innocent(e) *m(f)*. ◆ **innocence** *n* innocence *f*. ◆ **innocently** *adv* innocemment.

innocuous [ɪ'nɒkjʊəs] *adj* inoffensif.

innovate ['ɪnəʊveɪt] *vti* innover. ◆ **innovation** *n* innovation *f* (*in* en matière de); **to make inno-**

vations in apporter des innovations à. ◆ **innovator** n innovateur m, -trice f.

innuendo [ˌɪnjʊ'endəʊ] n insinuation f malveillante.

innumerable [ɪ'njuːm(ə)rəbl] adj innombrable, sans nombre. **I've told you ~ times** je te l'ai dit cent fois.

inoculate [ɪ'nɒkjʊleɪt] vt inoculer (against contre; sb with sth qch à qn). ◆ **inoculation** n inoculation f.

inoffensive [ˌɪnə'fensɪv] adj inoffensif.

inoperable [ɪn'ɒp(ə)rəbl] adj inopérable.

inoperative [ɪn'ɒp(ə)rətɪv] adj inopérant.

inopportune [ɪn'ɒpətjuːn] adj (gen) inopportun; remark déplacé. ◆ **inopportunely** adv inopportunément.

inordinate [ɪ'nɔːdɪnɪt] adj sum of money, price exorbitant; size démesuré; quantity, demands excessif; passion immodéré. **an ~ amount of** énormément de. ◆ **inordinately** adv démesurément; excessivement; immodérément.

inorganic [ˌɪnɔː'gænɪk] adj inorganique.

input ['ɪnpʊt] n (Elec) énergie f, puissance f; (Comput) (data) données fpl à traiter; (act of inputting) entrée f des données.

inquest ['ɪnkwest] n enquête f (criminelle).

inquire [ɪn'kwaɪəʳ] 1 vi s'informer (about, after de), se renseigner (about sur); (ask) demander. **to ~ for sb** demander qn; **to ~ into** subject faire des recherches sur; possibilities se renseigner sur; (Admin, Jur) faire une enquête sur; truth of sth vérifier; **'~ at the information desk'** 's'adresser aux renseignements'. 2 vt demander (sth from sb qch à qn). **he ~d how to get to the theatre** il a demandé le chemin du théâtre; **he ~d what she wanted** il a demandé ce qu'elle voulait. ◆ **inquiring** adj attitude, mind curieux; look interrogateur. ◆ **inquiringly** adv avec curiosité; d'un air interrogateur.

inquiry [ɪn'kwaɪərɪ] 1 n (a) (from individual) demande f de renseignements. **to make inquiries about sb/sth** se renseigner sur qn/qch (of sb auprès de qn); **on ~ he found that...** renseignements pris, il a découvert que...; **'all inquiries to...'** 'pour tous renseignements s'adresser à...'; (sign) **'Inquiries'** 'Renseignements'. (b) (Admin, Jur) enquête f. **committee of ~** commission f d'enquête; **to hold an ~ into** enquêter or faire une enquête sur; **a fruitful line of ~** une bonne direction dans laquelle pousser les recherches; **the police are making inquiries** la police enquête. 2 adj: ~ **desk**, ~ **office** bureau m de renseignements.

inquisition [ˌɪnkwɪ'zɪʃ(ə)n] n investigation f. (Rel) **the I~** l'Inquisition f. ◆ **inquisitive** adj (trop) curieux. ◆ **inquisitively** adv (trop) curieusement. ◆ **inquisitiveness** n curiosité f (indiscrète).

inroad ['ɪnrəʊd] n (Mil) incursion f (into en, dans). (fig) **to make ~s into** entamer.

inrush ['ɪnˌrʌʃ] n irruption f.

insane [ɪn'seɪn] 1 adj (Med) aliéné; (gen) person fou; desire insensé; project démentiel. **to become ~** perdre la raison; **to drive sb ~** rendre qn fou; (US) ~ **asylum** asile m d'aliénés. 2 npl (Med) **the ~** les aliénés mpl. ◆ **insanely** adv laugh comme un fou (or une folle); behave de façon insensée; jealous follement. ◆ **insanity** n (Med) aliénation f mentale; (gen) folie f, démence f.

insanitary [ɪn'sænɪt(ə)rɪ] adj insalubre.

insatiable [ɪn'seɪʃəbl] adj insatiable.

inscribe [ɪn'skraɪb] vt (write) inscrire (in dans); (engrave) graver (on sur); (dedicate) dédicacer (to à). **watch ~d with his name** montre gravée à son nom. ◆ **inscription** n inscription f; dédicace f.

inscrutable [ɪn'skruːtəbl] adj impénétrable (fig).

insect ['ɪnsekt] 1 n insecte m. 2 adj bite d'insecte; powder, spray insecticide. ~ **eater** insectivore m; ~ **repellent** crème f (or bombe f etc) anti-insecte inv. ◆ **insecticide** n insecticide m.

insecure [ˌɪnsɪ'kjʊəʳ] adj nail, rope, padlock peu solide, qui tient mal; structure, ladder branlant; lock peu sûr; door qui ferme mal; career, future incertain; (worried) person anxieux; (Psych etc) insécurisé. ◆ **insecurity** n insécurité f.

insemination [ɪnˌsemɪ'neɪʃ(ə)n] n insémination f. **artificial ~** insémination artificielle.

insensible [ɪn'sensəbl] adj (gen) insensible (of à); (unconscious) sans connaissance. ◆ **insensibility** n insensibilité f. ◆ **insensibly** adv insensiblement.

insensitive [ɪn'sensɪtɪv] adj insensible (to à). ◆ **insensitivity** n insensibilité f.

inseparable [ɪn'sep(ə)rəbl] adj inséparable (from de). ◆ **inseparably** adv inséparablement.

insert [ɪn'sɜːt] 1 vt insérer. 2 ['ɪnsɜːt] n (gen) insertion f; (page) encart m. ◆ **insertion** n insertion f.

inshore ['ɪn'ʃɔːʳ] 1 adj (gen) côtier; wind de mer. 2 adv fish près de la côte; move vers la côte.

inside ['ɪn'saɪd] 1 adv (a) dedans, au dedans, à l'intérieur. ~ **and outside** au dedans et au dehors; **come ~!** entrez (donc)!; **it is warmer ~** il fait plus chaud à l'intérieur or dedans. (b) (‡: in jail) en taule ‡.
2 prep (a) (of place) à l'intérieur de, dans. ~ **the house** à l'intérieur (de la maison). (b) (of time) en moins de. ~ **10 minutes** en moins de 10 minutes; **he was well ~ the record time** il avait largement battu le record.
3 n (a) intérieur m. **on the ~** au dedans, à l'intérieur; **on the ~ of the pavement** sur le trottoir du côté maisons; (fig) **I see the firm from the ~** je vois la compagnie de l'intérieur. (b) **your coat is ~ out** ton manteau est à l'envers; **the wind blew the umbrella ~ out** le vent a retourné le parapluie; **I turned the bag ~ out** j'ai retourné le sac entièrement; **to know ~ out** subject connaître à fond; district connaître comme sa poche. (c) (‡: stomach) ventre m, intestins mpl.
4 adj (a) intérieur. ~ **leg measurement** hauteur f de l'entrejambes; **to get ~ information** obtenir des renseignements mpl à la source; **'the ~ story of the plot'** 'le complot raconté sur un des participants'; (of theft etc) **an ~ job** ‡ un coup monté de l'intérieur. (b) (Aut) wheel, headlight etc (Brit) gauche; (US, Europe etc) droit. **the ~ lane** (Brit) la voie de gauche; (US, Europe etc) la voie de droite; (Sport) **to be on the ~ track** tenir la corde. ◆ **inside-forward** n intérieur m. ◆ **inside-left/ -right** n intérieur m gauche/droit. ◆ **insider** n (gen) quelqu'un qui connaît les choses de l'intérieur; (in firm) quelqu'un qui est dans la place; (with influence, knowledge) initié(e) m(f); ~r **dealing** opérations fpl d'initiés.

insidious [ɪn'sɪdɪəs] adj insidieux. ◆ **insidiously** adv insidieusement.

insight ['ɪnsaɪt] n (discernment) pénétration f, perspicacité f; (glimpse) aperçu m (into de). **I gained an ~ into...** cela m'a permis de comprendre...

insignia [ɪn'sɪgnɪə] npl insignes mpl.

insignificant [ˌɪnsɪg'nɪfɪkənt] adj insignifiant. ◆ **insignificance** n insignifiance f.

insincere [ˌɪnsɪn'sɪəʳ] adj peu sincère. ◆ **insincerity** n manque m de sincérité.

insinuate [ɪn'sɪnjʊeɪt] vt insinuer (into dans; sth to sb qch à qn; that que). ◆ **insinuation** n insinuation f.

insipid [ɪn'sɪpɪd] adj insipide, fade.

insist [ɪn'sɪst] **1** *vi* insister (*on doing* pour faire).
he ~ed on my waiting for him il a tenu à ce que
or insisté pour que je l'attende; **to ~ on silence**
exiger le silence; **if you ~** si vous insistez, si vous
y tenez; **he ~s on the justice of his claim** il affirme
or soutient que sa revendication est juste. **2** *vt*
(a) insister. **I ~ that you let me help** j'insiste pour
que tu me permettes d'aider. **(b)** affirmer, soutenir. **he ~s that he has seen her before** il affirme
or soutient qu'il l'a déjà vue. ◆ **insistence** *n*
insistance *f*; **at his ~ence** parce qu'il a insisté.
◆ **insistent** *adj* insistant, pressant. ◆ **insistently**
adv avec insistance.

insole ['ɪnˌsəʊl] *n (removable)* semelle *f* intérieure;
[shoe] première *f*.

insolent ['ɪns(ə)lənt] *adj* insolent (*to* envers).
◆ **insolence** *n* insolence *f*. ◆ **insolently** *adv* insolemment.

insoluble [ɪn'sɒljʊbl] *adj* insoluble.

insolvent [ɪn'sɒlv(ə)nt] *adj* insolvable; *(bankrupt)*
en faillite. ◆ **insolvency** *n* insolvabilité *f*.

insomnia [ɪn'sɒmnɪə] *n* insomnie *f*. ◆ **insomniac**
adj, n insomniaque *(mf)*.

inspect [ɪn'spekt] *vt (gen)* inspecter; *document, object*
examiner; *(Customs) luggage* visiter; *ticket* contrôler; *troops etc (check)* inspecter; *(review)* passer en
revue. ◆ **inspection 1** *n* inspection *f*; examen
m; visite *f*; contrôle *m*; revue *f*; **2** *adj (Aut)* **~ion
pit** fosse *f* à réparations. ◆ **inspector** *n [schools,
police etc]* inspecteur *m*, -trice *f*; *(on bus, train)*
contrôleur *m*, -euse *f*.

inspire [ɪn'spaɪə^r] *vt* inspirer (*sth in sb, sb with sth*
qch à qn). **he was ~d by her beauty to write...**
inspiré par sa beauté il a écrit...; **what ~d you
to offer to help?** qu'est-ce qui vous a donné l'idée
de proposer votre aide?. ◆ **inspiration** *n* inspiration *f*; **to be an inspiration to sb** être une
source d'inspiration pour qn. ◆ **inspired** *adj*
book, poet inspiré; *moment* d'inspiration; **an ~d
idea, guess** *etc* une inspiration. ◆ **inspiring** *adj*
book, poem qui suscite l'inspiration; **it isn't inspiring** ça n'a rien d'inspirant.

instability [ˌɪnstə'bɪlɪtɪ] *n* instabilité *f*.

install [ɪn'stɔːl] *vt* installer. ◆ **installation** *n* installation *f*. ◆ **instalment** *or (US)* ◆ **installment**
1 *n [payment]* versement *m* partiel, acompte *m*;
[story, serial] épisode *m*; *[book]* fascicule *m*, livraison *f*; **to pay an ~ment** verser un acompte, faire
un versement partiel; **by ~ments** en plusieurs
versements, par acomptes; **2** *adj:* **~ment plan**
système *m* de crédit; **to buy on the ~ment plan**
acheter à tempérament.

instance ['ɪnstəns] **1** *n* exemple *m*, cas *m*. **for ~**
par exemple; **in the present ~** dans le cas présent;
in many ~s dans bien des cas; **in the first ~** en
premier lieu; **as an ~ of** comme exemple de. **2**
vt (cite) donner en exemple; *(exemplify)* illustrer.

instant ['ɪnstənt] **1** *adj obedience, relief* immédiat,
instantané; *coffee* soluble; *potatoes* déshydraté;
food à préparation rapide; *soup* en poudre. **~
camera** appareil *m* à développement instantané;
your letter of the 10th inst(ant) votre lettre du 10
courant. **2** *n* instant *m*, moment *m*. **come here
this ~** viens ici tout de suite *or* immédiatement;
in an ~ (+ *past tense*) en un instant, (+ *future tense*)
dans un instant; **the ~ he heard the news** dès qu'il
a appris la nouvelle. ◆ **instantaneous** *adj* instantané. ◆ **instantaneously** *adv* instantanément. ◆ **instantly** *adv* immédiatement, tout de
suite.

instead [ɪn'sted] *adv* au lieu de cela. **do that ~** faites
plutôt cela; **if he isn't going, I shall go ~** s'il n'y
va pas, j'irai à sa place; **I went to the pictures
~** au lieu de cela je suis allé au cinéma; **~ of
(doing) sth** au lieu de (faire) qch; **~ of sb** à la

place de qn; **~ of him** à sa place; **this is ~ of a
present** ceci tient lieu de cadeau.

instep ['ɪnstep] *n (Anat)* cou-de-pied *m*; *[shoe]* cambrure *f*.

instigate ['ɪnstɪɡeɪt] *vt* inciter (*sb to do* qn à faire);
rebellion etc fomenter. ◆ **instigation** *n*: **at his instigation** à son instigation *f*.

instil [ɪn'stɪl] *vt courage etc* insuffler (*into sb* à qn);
knowledge, principles inculquer (*into sb* à qn); *idea,
fact* faire comprendre (*into sb* à qn). **to ~ into sb
that** faire pénétrer dans l'esprit de qn que.

instinct ['ɪnstɪŋ(k)t] *n* instinct *m*. **by ~** d'instinct;
business ~ l'instinct des affaires. ◆ **instinctive**
adj instinctif. ◆ **instinctively** *adv* instinctivement.

institute ['ɪnstɪtjuːt] **1** *vt system, rules* instituer, établir; *post, organization* fonder, créer; *(Jur etc) inquiry*
ouvrir; *proceedings* entamer (*against sb* contre qn).
2 *n* institut *m*.

institution [ˌɪnstɪ'tjuːʃ(ə)n] *n* **(a)** *(organization, school
etc)* établissement *m*; *(private)* institution *f*; *(mental
hospital)* hôpital *m* psychiatrique. **he has been in
~s all his adult life** il a passé toute sa vie d'adulte
dans des collectivités. **(b)** *(custom etc)* institution
f. **it is too much of an ~ to abolish** c'est une telle
institution qu'il serait impossible de la supprimer. ◆ **institutional** *adj reform etc* institutionnel;
(fig pej) food d'internat; *furniture* d'hospice; **~al life**
la vie réglementée d'un établissement *(social,
médical ou pédagogique)*. ◆ **institutionalized** *adj*
marqué par la vie en collectivité.

instruct [ɪn'strʌkt] *vt* **(a)** *(teach)* instruire. **to ~ sb
in sth** instruire qn en qch, enseigner qch à qn;
to ~ sb in how to do sth enseigner à qn comment
faire qch. **(b)** *(order: also Jur)* donner des instructions à. **to ~ sb to do** ordonner à qn de faire.
◆ **instruction 1** *n* instruction *f*; **~ions** *(Mil)*
consigne *f*; *(Pharm, Tech)* indications *fpl*; **'~ions
for use'** 'mode *m* d'emploi'; *(Comm, Tech)* **the
~ions are on the back of the box** le mode d'emploi
est indiqué au dos de la boîte; **he gave me ~ions
not to leave until...** il m'a donné des instructions
selon lesquelles je ne devais pas partir avant...;
to give ~ions donner des instructions *(for sb to
do* pour que qn fasse); **driving ~ion** leçons *fpl* de
conduite; **2** *adj:* **~ion book** manuel *m* d'entretien. ◆ **instructive** *adj* instructif. ◆ **instructor**
n (gen) professeur *m*; *(Mil)* instructeur *m*; *(Ski)*
moniteur *m*; **driving ~or** moniteur *m* d'auto-
école. ◆ **instructress** *n (gen)* professeur *m*
(femme); *(Ski)* monitrice *f*.

instrument ['ɪnstrʊmənt] **1** *n* instrument *m*. **2** *adj:*
instrument flying pilotage aux instruments. **~
board** *or* **panel** tableau *m* de bord. ◆ **instrumental** *adj* **(a)** **to be ~al in (doing) sth** contribuer
à (faire) qch; **(b)** *(Mus)* instrumental. ◆ **instrumentalist** *n* instrumentiste *mf*.

insubordinate [ˌɪnsə'bɔːdənɪt] *adj* insubordonné.
◆ **insubordination** *n* insubordination *f*.

insufferable [ɪn'sʌf(ə)rəbl] *adj* insupportable.
◆ **insufferably** *adv* insupportablement.

insufficient [ˌɪnsə'fɪʃ(ə)nt] *adj* insuffisant. ◆ **insufficiently** *adv* insuffisamment.

insular ['ɪnsjələ^r] *adj climate* insulaire; *(fig pej) outlook*
borné; *person* aux vues étroites.

insulate ['ɪnsjʊleɪt] *vt (gen, also Elec)* isoler; *(against
sound)* insonoriser; *water tank* calorifuger; *person
(separate)* séparer (*from* de); *(protect)* protéger
(against de). ◆ **insulated** *adj* isolant. ◆ **insulating** *adj:* **insulating material** isolant *m*; **insulating
tape** chatterton *m*. ◆ **insulation** *n* isolation *f*;
insonorisation *f*; calorifugeage *m*; *(material)* isolant *m*. ◆ **insulator** *n (device)* isolateur *m*; *(material)* isolant *m*.

insulin ['ɪnsjʊlɪn] **1** *n* insuline *f*. **2** *adj treatment* à l'insuline; *injection* d'insuline; *shock* insulinique.

insult [ɪn'sʌlt] **1** *vt* insulter. **2** ['ɪnsʌlt] *n* insulte *f*. **to hurl ~s at sb** injurier qn. ◆ **insulting** *adj* insultant, injurieux; *~ing language* paroles *fpl* injurieuses *or* insultantes. ◆ **insultingly** *adv* d'une voix *or* d'une manière insultante.

insuperable [ɪn'su:p(ə)rəbl] *adj* insurmontable.

insure [ɪn'ʃʊər] *vt* **(a)** *car, house* assurer (*against* contre). **to ~ o.s.** *or* **one's life** prendre une assurance-vie; **the ~d** l'assuré(e) *m(f)*; *(fig)* **we ~d (ourselves) against possible disappointment** nous avons paré aux déceptions possibles; **in order to ~ against any delay...** pour nous (*or* les *etc*) garantir contre les délais. **(b)** *(make sure)* s'assurer (*that* que + *subj*); *(make sure of) success* assurer. **this will ~ that you...** grâce à ceci vous êtes assuré de... ◆ **insurance 1** *n (gen)* assurance *f* (*on, for sth* pour qch; *against* contre); *(cover)* garantie *f* (d'assurances), couverture *f*; *(policy)* contrat *m* d'assurance; **to take out (an) insurance against** s'assurer contre; **they've got no insurance for this** ils ne sont pas assurés pour cela; **it's an insurance against inflation** cela protège de l'inflation ; **2** *adj agent, company* d'assurances; *certificate, policy, premium* d'assurance; **insurance scheme** régime *m* d'assurances; *(Admin)* **insurance stamp** timbre *m* de contribution à la Sécurité sociale.

insurgent [ɪn'sɜ:dʒənt] *adj, n* insurgé(e) *m(f)*.

insurmountable [ˌɪnsə'maʊntəbl] *adj* insurmontable.

insurrection [ˌɪnsə'rekʃən] *n* insurrection *f*.

intact [ɪn'tækt] *adj* intact.

intake ['ɪnteɪk] **1** *n* **(a)** *[water]* adduction *f*; *[gas, air, steam]* admission *f*. **(b)** *(Scol, Univ)* admissions *fpl*; *(Mil)* contingent *m*. **(c)** *[protein, liquid etc]* consommation *f*. **food ~** *[animals]* ration *f* alimentaire; *[person]* consommation de nourriture. **2** *adj*: **~ class** cours *m* préparatoire.

intangible [ɪn'tændʒəbl] **1** *adj* intangible. **2** *n* impondérable *m*.

integral ['ɪntɪgr(ə)l] *adj* **(a)** *part* intégrant, constituant. **to be an ~ part of** faire partie intégrante de. **(b)** *(whole) payment* intégral. **(c)** **~ calculus** calcul *m* intégral.

integrate ['ɪntɪgreɪt] **1** *vt (gen)* intégrer, incorporer (*in, into* dans). **2** *vi* **(a)** *(US: racially) [school, neighbourhood etc]* pratiquer la déségrégation raciale. **(b)** *[person, religious or ethnic group etc]* s'intégrer (*into* dans). ◆ **integrated** *adj personality* bien intégré; *(US) school* où se pratique la déségrégation raciale; **~d circuit** circuit *m* intégré. ◆ **integration** *n (gen)* intégration *f*; **racial integration** déségrégation *f* raciale.

integrity [ɪn'tegrɪtɪ] *n* intégrité *f*. **man of ~** homme *m* intègre.

intellect ['ɪntɪlekt] *n* intellect *m*, intelligence *f*; *(person)* intelligence *f*, esprit *m*. ◆ **intellectual** *adj, n* intellectuel(le) *m(f)*. ◆ **intellectually** *adv* intellectuellement.

intelligence [ɪn'telɪdʒəns] **1** *n (cleverness)* intelligence *f*; *(information)* informations *fpl*. **Military I~** service *m* de renseignements de l'armée de Terre; **he's in I~** il est dans les services de renseignements. **2** *adj agent, officer, service* de renseignements. **~ quotient** quotient *m* intellectuel; **~ test** test *m* d'aptitude intellectuelle. ◆ **intelligent** *adj* intelligent. ◆ **intelligently** *adv* intelligemment. ◆ **intelligentsia** *n* intelligentsia *f*.

intelligible [ɪn'telɪdʒəbl] *adj* intelligible. ◆ **intelligibility** *n* intelligibilité *f*. ◆ **intelligibly** *adv* intelligiblement.

intemperate [ɪn'temp(ə)rɪt] *adj climate* sévère ; *haste* excessif; *rage* incontrôlé; *person* immodéré.

intend [ɪn'tend] *vt* avoir l'intention, se proposer (*to do, doing* de faire), penser (*to do* faire); *gift, remark etc* destiner (*for* à). **I ~ him to go with me** j'ai l'intention qu'il m'accompagne *(subj)*; **I fully ~ to punish him** j'ai la ferme intention de le punir; **this scheme is ~ed to help...** ce projet est destiné à aider...; **~ed for** *(gen)* destiné à, conçu pour ; **I ~ed it as a present for Robert** c'est un cadeau que je destine à Robert; **I ~ed it as a compliment** dans mon esprit cela voulait être un compliment; **he ~ed no harm** il n'a fait sans mauvaise intention; **did you ~ that?** est-ce que vous avez fait cela exprès? ◆ **intended** *adj (deliberate) insult etc* intentionnel; *(planned) journey* projeté; *effect* voulu.

intense [ɪn'tens] *adj (gen)* intense; *enthusiasm, interest* énorme, vif; *person, tone* véhément; *expression (interested)* concentré; *(fervent)* exalté. ◆ **intensely** *adv live, look* intensément; *moved* profondément; *cold* extrêmement. ◆ **intensify 1** *vt* intensifier ; **2** *vi* s'intensifier. ◆ **intensity** *n* intensité *f*; véhémence *f*. ◆ **intensive** *adj (gen)* intensif; *(Med)* **intensive care unit** service *m* de réanimation; **in intensive care** en réanimation; **capital-intensive** *etc* à forte intensité de capital *etc*. ◆ **intensively** *adv* intensivement.

intent [ɪn'tent] **1** *n* intention *f*, dessein *m*. **to all ~s and purposes** en fait, pratiquement; **with good ~** dans une bonne intention; **with criminal ~** dans un but délictueux. **2** *adj* absorbé. **~ stare** regard *m* fixe; **~ on his work** absorbé par son travail; **~ on leaving** bien décidé à partir; **he was so ~ on doing it that he forgot...** dans sa préoccupation de le faire, il a oublié... ◆ **intently** *adv* avec une vive attention.

intention [ɪn'tenʃ(ə)n] *n* intention *f*. **to have the ~ of doing** avoir l'intention de faire; **to have no ~ of doing** n'avoir aucune intention de faire; **with the ~ of doing** dans l'intention de faire. ◆ **intentional** *adj* intentionnel, voulu; **it wasn't ~al** ce n'était pas fait exprès. ◆ **intentionally** *adv (gen)* intentionnellement; *do, say* exprès.

inter [ɪn'tɜ:r] *vt* enterrer. ◆ **interment** *n* enterrement *m*.

inter... ['ɪntər] *pref* inter... ◆ **inter-city** *adj*: **~-city link** *or* **line** *f* interurbaine. ◆ **inter-schools** *adj* interscolaire. ◆ **inter-war** *adj*: **the ~-war period** l'entre-deux-guerres *m*.

interact [ˌɪntər'ækt] *vi [substances]* avoir une action réciproque; *(Comput)* dialoguer (*with* avec). ◆ **interaction** *n* interaction *f*. ◆ **interactive** *adj (Comput, also gen)* interactif.

intercede [ˌɪntə'si:d] *vi* intercéder (*with* auprès de; *for* pour, en faveur de).

intercept [ˌɪntə'sept] *vt (Mil etc) ship, message, messenger* intercepter; *(gen) person* arrêter au passage. ◆ **interception** *n* interception *f*.

intercession [ˌɪntə'seʃ(ə)n] *n* intercession *f*.

interchange ['ɪntətʃeɪndʒ] **1** *n [motorway]* échangeur *m*. **2** [ˌɪntə'tʃeɪndʒ] *vt (exchange) letters, ideas* échanger (*with sb* avec qn); *(alternate)* faire alterner (*with* avec); *(change positions of)* changer de place. ◆ **interchangeable** *adj* interchangeable.

intercom * ['ɪntəkɒm] *n* interphone *m*.

intercontinental ['ɪntəˌkɒntɪ'nentl] *adj* intercontinental.

intercourse ['ɪntəkɔ:s] *n* **(a)** relations *fpl*, rapports *mpl*. **(b)** **(sexual) ~** rapports *mpl* (sexuels); **to have ~** avoir des rapports (*with* avec).

interdenominational ['ɪntədɪˌnɒmɪ'neɪʃənl] *adj* interconfessionnel.

interdepartmental ['ɪntəˌdi:pɑ:t'mentl] *adj (within firm)* entre services; *(within ministry)* entre départements.

interdependent [ˌɪntədɪ'pendənt] *adj* interdépendant.

interdisciplinary [ˌɪntəˈdɪsɪplɪnərɪ] *adj* interdisciplinaire.

interest [ˈɪntrɪst] **1** *n* **(a)** intérêt *m*. **to take an ~ in** s'intéresser à; **to show an ~ in** manifester de l'intérêt pour; **to be of ~ to sb** intéresser qn; **of little ~** présentant peu d'intérêt; **I'm doing it for ~'s sake** je le fais parce que cela m'intéresse; **my main ~ is reading** ce qui m'intéresse le plus c'est la lecture. **(b)** *(advantage)* intérêt *m*, avantage *m*, profit *m*. **it is in your ~ to do so** il est dans votre intérêt d'agir ainsi; **you have an ~ in doing so** vous avez intérêt à agir ainsi; **to act in sb's ~(s)** agir dans l'intérêt de qn; **in the ~ of peace** dans l'intérêt de la paix. **(c)** *(share, concern)* intérêts *mpl*. **I have an ~ in a hairdressing business** j'ai des intérêts dans un salon de coiffure; **British ~s in Africa** les intérêts britanniques en Afrique; **shipping ~s** les intérêts maritimes. **(d)** *(Fin)* intérêt(s) *m(pl)*. **simple/compound ~** intérêts simples/composés; **~ on an investment** intérêts d'un placement; **at an ~ of 10%** à un taux d'intérêt de 10%.
2 *adj*: **~ rate** taux *m* d'intérêt.
3 *vt* intéresser. **to be** *or* **become ~ed in** s'intéresser à; **I am ~ed in going** ça m'intéresse d'y aller; **can I ~ you in contributing to...?** est-ce que cela vous intéresserait de contribuer à...?
♦ **interested** *adj person* intéressé; *look, attitude* d'intérêt; **the ~ed parties** les intéressés *mpl*. ♦ **interest-free** *adj* sans intérêt. ♦ **interesting** *adj* intéressant. ♦ **interestingly** *adv speak* de façon intéressante ; **~ingly enough I...** ce qui est très intéressant, c'est que je...

interface [ˈɪntəfeɪs] **1** *n (Comput, Tech)* interface *f*; *(fig)* intermédiaire *mf*. **2** *vt* connecter *(with* avec*)*.

interfere [ˌɪntəˈfɪəʳ] *vi* s'ingérer *(in* dans*)*, se mêler des affaires des autres. **stop interfering!** ne vous mêlez pas de mes *(or* leurs *etc)* affaires!; **he's always interfering** il se mêle toujours de tout; *[circumstances etc]* **to ~ with sb's plans** contrecarrer les projets de qn; **he never allows his hobbies to ~ with his work** il ne laisse jamais ses distractions empiéter sur son travail. ♦ **interference** *n* ingérence *f (in* dans*)*; *(Rad)* parasites *mpl*. ♦ **interfering** *adj* importun, qui se mêle toujours des affaires des autres.

interferon [ˌɪntəʳˈfɪərɒn] *n* interféron *m*.

interim [ˈɪntərɪm] **1** *n* intérim *m*. **2** *adj government, arrangements* provisoire; *post, holder of post, dividend* intérimaire.

interior [ɪnˈtɪərɪəʳ] **1** *adj (gen)* intérieur. **~ decoration/decorator** décoration *f*/décorateur *m*, -trice *f* d'intérieurs. **2** *n* intérieur *m*. **Ministry of the I~** ministère *m* de l'Intérieur.

interject [ˌɪntəˈdʒekt] *vt* placer. **'yes' he ~ed** 'oui' réussit-il à placer. ♦ **interjection** *n* interjection *f*.

interloper [ˈɪntələʊpəʳ] *n* intrus(e) *m(f)*.

interlude [ˈɪntəluːd] *n* intervalle *m*; *(Theat)* intermède *m*. **musical ~** interlude *m*.

intermarry [ˈɪntəˈmærɪ] *vi*: **they do not ~** ils ne se marient pas entre eux; **they do not ~ with their neighbours** ils ne se marient pas avec leurs voisins.

intermediary [ˌɪntəˈmiːdɪərɪ] *adj, n* intermédiaire *(mf)*.

intermediate [ˌɪntəˈmiːdɪət] **1** *adj (gen)* intermédiaire; *(Scol etc)* moyen; *(Mil)* **~ range weapon** missile *m* de moyenne portée. **2** *n (US) (person)* intermédiaire *mf*; *(car)* automobile *f* de taille moyenne.

interminable [ɪnˈtɜːmɪnəbl] *adj* interminable.

intermission [ˌɪntəˈmɪʃ(ə)n] *n (in work, session)* interruption *f*; *(in hostilities)* trêve *f*; *(Cine, Theat)* entracte *m*; *(Med)* intermission *f*.

intermittent [ˌɪntəˈmɪt(ə)nt] *adj* intermittent. ♦ **intermittently** *adv* par intermittence.

intern [ɪnˈtɜːn] **1** *vt (Pol etc)* interner *(pour raisons de sécurité)*. **2** [ˈɪntɜːn] *n (US Med)* interne *mf*. ♦ **internee** *n (Pol)* interné(e) *m(f)*. ♦ **internment** *n* internement *m*.

internal [ɪnˈtɜːnl] *adj (Med, Tech)* interne; *(Ind, Pol) dispute, reorganization* intérieur, interne; *evidence* intrinsèque; *belief, conviction* intime. **~ combustion engine** moteur *m* à combustion interne *or* à explosion; **~ injuries** lésions *fpl* internes; *(Pol)* **~ quarrels** querelles intestines; *(US)* **~ revenue** fisc *m*. ♦ **internalize** *vt skill* assimiler à fond; *problem* intérioriser. ♦ **internally** *adv* intérieurement.

international [ˌɪntəˈnæʃnəl] **1** *adj* international. **2** *n (match, player)* international *m*. ♦ **internationally** *adv* internationalement, dans le monde entier.

internist [ɪnˈtɜːnɪst] *n (US Med)* ≃ spécialiste *mf* des maladies organiques.

interplay [ˈɪntəpleɪ] *n* effet *m* réciproque.

interpolate [ɪnˈtɜːpəleɪt] *vt* interpoler. ♦ **interpolation** *n* interpolation *f*.

interpose [ˌɪntəˈpəʊz] *vt* intercaler.

interpret [ɪnˈtɜːprɪt] *vti* interpréter. ♦ **interpretation** *n* interprétation *f*. ♦ **interpreter** *n* interprète *mf*.

interrelated [ˌɪntərɪˈleɪtəd] *adj* en corrélation.

interrogate [ɪnˈterəgeɪt] *vt (gen, also Comput)* interroger; *(Police)* soumettre à un interrogatoire. ♦ **interrogation 1** *n* interrogation *f*; interrogatoire *m* ; **2** *adj* **interrogation mark** point *m* d'interrogation. ♦ **interrogative 1** *adj* interrogateur; *(Ling)* interrogatif ; **2** *n*: **in the interrogative** à l'interrogatif *m*. ♦ **interrogatively** *adv* d'un air interrogateur; *(Ling)* interrogativement. ♦ **interrogator** *n* interrogateur *m*, -trice *f*.

interrupt [ˌɪntəˈrʌpt] *vt* interrompre. ♦ **interruption** *n* interruption *f*.

intersect [ˌɪntəˈsekt] **1** *vt* couper; *(Math)* intersecter. **2** *vi [lines, wires, roads etc]* s'entrecouper; *(Math)* s'intersecter. ♦ **intersection** *n (crossroads)* croisement *m*; *(Math)* intersection *f*.

interspersed [ˌɪntəˈspɜːsd] *adj*: **~ with...** avec, de temps en temps...

interval [ˈɪntəv(ə)l] *n* intervalle *m*; *(Scol)* récréation *f*; *(Sport)* mi-temps *f*; *(Theat)* entracte *m*; *(Mus)* intervalle. **at ~s** par intervalles; **at frequent/regular ~s** à intervalles rapprochés/réguliers; **there was an ~ for discussion** il y eut une pause pour la discussion; *(Met)* **bright ~s** belles éclaircies *fpl*.

intervene [ˌɪntəˈviːn] *vi [person]* intervenir *(in* dans*)*; *[event, circumstances etc]* survenir, intervenir; *[time, years]* s'écouler *(between* entre*)*. ♦ **intervening** *adj event* survenu; *period* intermédiaire; *years* qui s'écoulent entre-temps. ♦ **intervention** *n* intervention *f*; *(Econ)* **intervention price** prix *m* d'intervention.

interview [ˈɪntəvjuː] **1** *n (gen)* entrevue *f*; *(Press, Rad, TV)* interview *f*. **to call** *or* **invite sb to an ~** convoquer qn; **I had an ~ with the manager** j'ai eu une entrevue avec le directeur; **the ~s will be held next week** les entrevues auront lieu la semaine prochaine.
2 *vt* **(a)** *(for job etc)* avoir une entrevue avec. **he is being ~ed on Monday** on le convoque pour lundi. **(b)** *(Press, Rad, TV)* interviewer. ♦ **interviewer** *n (Press, Rad, TV)* interviewer *m*; *(in market research, opinion poll)* enquêteur *m*, -euse *f*; *(for job etc)* **the ~er asked me...** la personne qui me faisait passer mon entrevue m'a demandé...

intestine [ɪnˈtestɪn] *n* intestin *m*.

intimate ['ɪntɪmɪt] **1** adj (gen) intime; knowledge, analysis approfondi. **they became** ~ ils sont devenus amis intimes; (sexually) ils ont eu des rapports intimes. **2** n intime mf. **3** ['ɪntɪmeɪt] vt (make known officially) annoncer, faire connaître (that que); (indirectly) laisser entendre. ◆ **intimacy** n (**a**) intimité f. (**b**) (sexual) rapports mpl intimes or sexuels. (**c**) **intimacies** familiarités fpl. ◆ **intimately** adv know, talk intimement; connected étroitement; ~**ly involved in sth** mêlé de près à qch. ◆ **intimation** n (gen) annonce f; [death] avis m; (hint, sign) indication f.

intimidate [ɪn'tɪmɪdeɪt] vt intimider. ◆ **intimidation** n intimidation f.

into ['ɪntʊ] prep dans; en. **to come** or **go** ~ **a room** entrer dans une pièce; **to go** ~ **town** aller en ville; **to get** ~ **a car** monter dans une voiture or en voiture; **he helped her** ~ **the car** il l'a aidée à monter en voiture; **to change traveller's cheques** ~ **francs** changer des chèques de voyage contre des francs; **far** ~ **the night** très avant dans la nuit; **4** ~ **12 goes 3 times** 12 divisé par 4 donne 3; **the children are** ~ **everything** * les enfants touchent à tout; (fig) **she's** ~ **⁂ health foods** etc elle donne à fond * dans les aliments naturels etc.

intolerable [ɪn'tɒl(ə)rəbl] adj intolérable (that que + subj). ◆ **intolerably** adv intolérablement. ◆ **intolerance** n intolérance f. ◆ **intolerant** adj intolérant (**of** de; (Med) **of** à). ◆ **intolerantly** adv avec intolérance.

intonation [ˌɪntə(ʊ)'neɪʃ(ə)n] n (Ling) intonation f.

intoxicate [ɪn'tɒksɪkeɪt] vt (lit, fig) enivrer. ◆ **intoxicated** adj (lit) ivre; (Jur) en état d'ivresse; (fig) ivre (**with** de), grisé (**with** par). ◆ **intoxication** n ivresse f.

intra... ['ɪntrə] pref intra... ◆ **intramuscular** adj intramusculaire. ◆ **intravenous** adj intraveineux.

intractable [ɪn'træktəbl] adj child intraitable ; problem insoluble; illness opiniâtre.

intransigence [ɪn'trænsɪdʒ(ə)ns] n intransigeance f. ◆ **intransigent** adj, n intransigeant(e) m(f).

intransitive [ɪn'trænsɪtɪv] adj, n (Gram) intransitif (m).

intrepid [ɪn'trepɪd] adj intrépide.

intricate ['ɪntrɪkɪt] adj plot, problem complexe; mechanism, pattern, style compliqué. ◆ **intricacy** n complexité f; complication f. ◆ **intricately** adv de façon complexe or compliquée.

intrigue [ɪn'triːg] **1** vt intriguer. **2** vi intriguer (**with** sb avec qn; **to do** de pour faire). **3** n intrigue f. ◆ **intriguer** n intrigant(e) m(f). ◆ **intriguing 1** adj fascinant ; **2** n intrigues fpl.

intrinsic [ɪn'trɪnsɪk] adj intrinsèque. ◆ **intrinsically** adv intrinsèquement.

introduce [ˌɪntrə'djuːs] vt (**a**) (bring in) reform, innovation introduire; subject, speaker présenter; practice faire adopter, introduire; (Rad, TV) programme présenter; (Parl) bill déposer. **to** ~ **sb into a firm** faire entrer qn dans une compagnie. (**b**) (make acquainted) présenter (**to sb** à qn). **he** ~**d me to the delights of skiing** il m'a initié aux plaisirs du ski; **I was** ~**d to Shakespeare too young** on m'a fait connaître Shakespeare quand j'étais trop jeune; **who** ~**d them?** qui les a présentés l'un à l'autre?; **may I** ~ **Mr Martin?** puis-je (me permettre de) vous présenter M. Martin? (**c**) (insert) key etc introduire (**into** dans). ◆ **introduction** n (gen) introduction f (**into** dans; **to** à); présentation f (**of sb to sb** de qn à qn); **my introduction to life in London** mon premier contact avec la vie londonienne; **letter of introduction** lettre f de recommandation (**to sb** auprès de qn). ◆ **introductory** adj remarks,

words préliminaire, d'introduction; (Comm) offer de lancement.

introspective [ˌɪntrə(ʊ)'spektɪv] adj introspectif. ◆ **introspection** n introspection f.

introvert ['ɪntrəʊvɜːt] adj, n introverti(e) m(f). ◆ **introversion** n introversion f.

intrude [ɪn'truːd] vi [person] être importun, s'imposer; [feeling, emotion] se manifester. **to** ~ **on** person s'imposer à; conversation s'immiscer dans; **am I intruding?** est-ce que je vous gêne? ◆ **intruder** n intrus(e) m(f). ◆ **intrusion** n intrusion f (**into** dans), imposition f (**on** à). ◆ **intrusive** adj importun, gênant; (Ling) **the intrusive 'r'** le 'r' rajouté en anglais en liaison abusive.

intuition [ˌɪntjuː'ɪʃ(ə)n] n intuition f. ◆ **intuitive** adj intuitif. ◆ **intuitively** adv intuitivement.

inundate ['ɪnʌndeɪt] vt (lit, fig) inonder (**with** de). ~**d with work** débordé (de travail); ~**d with visits** inondé de visiteurs.

inure [ɪn'jʊəʳ] vt habituer, aguerrir (**to** à).

invade [ɪn'veɪd] vt (Mil, gen, fig) envahir; privacy violer; sb's rights empiéter sur. ◆ **invader** n envahisseur m, -euse f. ◆ **invading** adj army, troops d'invasion.

invalid¹ ['ɪnvəlɪd] **1** n (sick person) malade mf; (with disability) invalide mf, infirme mf. **2** adj (ill) malade; (with disability) invalide, infirme; car d'infirme; ~ **chair** fauteuil m d'infirme. ◆ **invalid out** vt sep (Mil) réformer (pour blessures or pour raisons de santé).

invalid² [ɪn'vælɪd] adj non valide, non valable.

invalidate [ɪn'vælɪdeɪt] vt (gen) invalider; will rendre nul et sans effet; contract etc vicier.

invaluable [ɪn'vælj(ʊ)əbl] adj inestimable, inappréciable.

invariable [ɪn'vɛərɪəbl] adj invariable. ◆ **invariably** adv invariablement.

invasion [ɪn'veɪʒ(ə)n] n invasion f. **it is an** ~ **of his privacy** c'est une incursion dans sa vie privée.

invective [ɪn'vektɪv] n invective f. **stream of** ~ flot m d'invectives.

inveigh [ɪn'veɪ] vi fulminer (**against** contre).

inveigle [ɪn'viːgl] vt entraîner (par la ruse etc) (**into** sth dans qch; **into doing** à faire).

invent [ɪn'vent] vt (lit, fig) inventer. ◆ **invention** n invention f. ◆ **inventive** adj inventif. ◆ **inventiveness** n esprit inventif. ◆ **inventor** n inventeur m, -trice f.

inventory ['ɪnvəntrɪ] n inventaire m.

inverse ['ɪn'vɜːs] adj inverse. **in** ~ **proportion** or **ratio** en raison inverse (**to** de). ◆ **inversely** adv inversement. ◆ **inversion** n inversion f; (Mus) renversement m; [values, roles etc] renversement m.

invert [ɪn'vɜːt] **1** vt (gen) inverser, intervertir; cup, object retourner; process renverser. **in** ~**ed commas** entre guillemets mpl. **2** ['ɪnvɜːt] n inverti(e) m(f).

invertebrate [ɪn'vɜːtɪbrɪt] adj, n invertébré (m).

invest [ɪn'vest] **1** vt capital, funds investir (**in** dans); money placer (**in** dans, en); time consacrer (**in** à); (endow) revêtir, investir (**sb with sth** qn de qch). **2** vi placer son argent (**in** en). **I've** ~**ed in a new car** * je me suis payé * une nouvelle voiture. ◆ **investiture** n investiture f. ◆ **investment 1** n investissement m ; **2** adj (US) ~ **bank** banque f d'acceptation. ◆ **investor** n (gen) investisseur m ; (in a company) actionnaire mf.

investigate [ɪn'vestɪgeɪt] vt question, possibilities étudier; motive, reason scruter; crime enquêter sur. ◆ **investigation** n [researcher] investigation f; [policeman etc] enquête f; **the matter under investigation** la question à l'étude. ◆ **investigative** adj technique d'investigation; **investigative journalism** enquête-reportage f. ◆ **investigator** n investigateur *m*, -trice *f*; *(Police)* enquêteur *m*; **private investigator** détective *m*.

inveterate [ɪn'vet(ə)rɪt] *adj* invétéré.

invidious [ɪn'vɪdɪəs] *adj (gen)* injuste; *comparison* blessant.

invigilate [ɪn'vɪdʒɪleɪt] **1** *vi* être de surveillance (*at* à). **2** *vt examination* surveiller. ◆ **invigilator** *n* surveillant(e) *m(f)* (à un examen).

invigorate [ɪn'vɪgəreɪt] *vt [drink, food, thought]* fortifier; *[fresh air, snack]* revigorer; *[climate, air, exercise]* donner du tonus à. ◆ **invigorating** *adj* vivifiant, tonifiant; *speech* stimulant.

invincible [ɪn'vɪnsəbl] *adj* invincible.

invisible [ɪn'vɪzəbl] *adj (gen)* invisible; *ink* sympathique. ~ **exports** exportations *fpl* invisibles. ~ **mending** stoppage *m*. ◆ **invisibility** *n* invisibilité *f*. ◆ **invisibly** *adv* invisiblement.

invite [ɪn'vaɪt] *vt person* inviter (*to do* à faire); *opinions, subscriptions etc* demander; *doubts, ridicule* appeler; *discussion* inviter à; *trouble, defeat* chercher. **to** ~ **sb to dinner** inviter qn à dîner; **to** ~ **sb in/up** *etc* inviter qn à entrer/monter *etc*. ◆ **invite out** *vt sep* inviter (à sortir). **I've been** ~**d out to dinner** j'ai été invité à dîner. ◆ **invite over** *vt sep* inviter (à venir). **they often** ~ **us over for a drink** ils nous invitent souvent à venir prendre un verre chez eux.

◆ **invitation** *n* invitation *f*; **at sb's invitation** à *or* sur l'invitation de qn; **by invitation only** sur invitation seulement; **it is an invitation to burglars** c'est une invite aux cambrioleurs. ◆ **inviting** *adj appearance, goods* attrayant; *gesture* encourageant; *meal, odour* appétissant. ◆ **invitingly** *adv describe* d'une manière attrayante; *speak* d'un ton encourageant.

invoice ['ɪnvɔɪs] **1** *n* facture *f*. **2** *vt* facturer. **3** *adj*: ~ **clerk** facturier *m*, -ière *f*.

invoke [ɪn'vəʊk] *vt* invoquer.

involuntary [ɪn'vɒlənt(ə)rɪ] *adj* involontaire. ◆ **involuntarily** *adv* involontairement.

involve [ɪn'vɒlv] *vt* **(a)** *(gen)* mêler (*in* à), entraîner (*in* dans); *(implicate, associate)* impliquer (*in* dans). **to be** ~**d in a quarrel** être mêlé à une querelle; **we would prefer not to** ~ **Robert** nous préférerions ne pas mêler Robert à l'affaire *or* ne pas impliquer Robert; **to** ~ **sb in expense** entraîner qn à faire des frais; **how did you come to be** ~**d?** comment vous êtes-vous trouvé impliqué?; **he was so** ~**d in politics that...** il était tellement engagé dans la politique que...; **the police became** ~**d** la police est intervenue; **a question of principle is** ~**d** c'est une question de principe qui est en jeu; **the factors** ~**d** les facteurs en jeu; **the person** ~**d** la personne en question; **to feel personally** ~**d** se sentir concerné; **we are all** ~**d** nous sommes tous concernés; **to get** ~**d with sb** *(gen)* se trouver mêlé aux affaires de qn; *(socially)* se trouver lié intimement à qn; *(fall in love with)* tomber amoureux de qn. **(b)** *(entail)* expense, trouble entraîner. **the job** ~**s living in the country** le poste nécessite qu'on réside *(subj)* à la campagne; **there's a good deal of work** ~**d** cela nécessite un gros travail. ◆ **involved** *adj* compliqué. ◆ **involvement** *n* **(a)** rôle *m* (*in* dans), participation *f* (*in* à); **we don't know the extent of his** ~**ment** nous ne savons pas dans quelle mesure il est impliqué; **his** ~**ment in politics** son engagement *m* dans la politique; **(b)** *(difficulty)* difficulté *f*; **financial** ~**ments** difficultés financières; **(c)** *[style etc]* complications *fpl*.

invulnerable [ɪn'vʌln(ə)rəbl] *adj* invulnérable. ◆ **invulnerability** *n* invulnérabilité *f*.

inward ['ɪnwəd] **1** *adj movements* vers l'intérieur; *happiness, peace* intérieur; *thoughts, conviction* intime. **2** *adv (also* ~**s)** vers l'intérieur. ◆ **inward-**

ly *adv* **(a)** *(in the inside)* à l'intérieur; *(feel, think, know* en son (*or* mon *etc*) for intérieur.

iodine ['aɪədiːn] *n* iode *m*; *(Med)* teinture *f* d'iode.

ion ['aɪən] *n* ion *m*.

Ionian Sea [aɪəʊnɪən'siː] *n* mer *f* Ionienne.

iota [aɪ'əʊtə] *n* iota *m*; *[truth]* brin *m*; *[sense]* grain *m*.

IOU [ˌaɪəʊ'juː] *n (abbr of* **I owe you**) reconnaissance *f* de dette (*for* pour).

Iran [ɪ'rɑːn] *n* Iran *m*.

Iraq [ɪ'rɑːk] *n* Irak *m*.

irascible [ɪ'ræsɪbl] *adj* irascible. ◆ **irascibility** *n* irascibilité *f*. ◆ **irascibly** *adv* irasciblement.

irate [aɪ'reɪt] *adj* furieux.

Ireland ['aɪələnd] *n* Irlande *f*. **Northern** ~ Irlande du Nord; **Republic of** ~ République *f* d'Irlande. ◆ **Irish 1** *adj* irlandais; **Irish coffee** café *m* irlandais; **Irish Sea** mer *f* d'Irlande; **2** *n* **(a) the Irish** les Irlandais *mpl*; **(b)** *(Ling)* irlandais *m*. ◆ **Irishman** *n* Irlandais *m*. ◆ **Irishwoman** *n* Irlandaise *f*.

iris ['aɪərɪs] *n (Anat, Bot)* iris *m*.

irksome ['ɜːksəm] *adj* ennuyeux.

iron ['aɪən] **1** *n (metal)* fer *m*; *(for laundry)* fer (à repasser). **scrap** ~ ferraille *f*; **to strike while the** ~ **is hot** battre le fer pendant qu'il est chaud; **electric** ~ fer électrique; *(fig)* **to have too many** ~**s in the fire** mener trop d'affaires de front; **I've got a lot of** ~**s in the fire** j'ai des quantités d'affaires en train; *(fetters)* ~**s** fers *mpl*. **2** *adj tool, bridge* de *or* en fer; *(fig)* determination, will, constitution de fer. **the I~ Age** l'âge *m* de fer; **the** ~ **and steel industry** l'industrie *f* sidérurgique; *(Pol)* ~ **curtain** rideau *m* de fer; **an** ~ **fist** *or* **hand in a velvet glove** une main de fer dans un gant de velours; ~ **foundry** fonderie *f* de fonte; *(Med)* ~ **lung** poumon *m* d'acier; ~ **ore** minerai *m* de fer; ~ **rations** vivres *mpl* de réserve. **3** *vt clothes etc* repasser. **4** *vi [clothes etc]* se repasser.

◆ **iron out** *vt sep creases* faire disparaître au fer; *difficulties* aplanir; *problems* faire disparaître.

◆ **ironing** **1** *n* repassage *m*. **2** *adj:* ~**ing board** planche *f* à repasser. ◆ **ironmonger** *n* quincaillier *m*. ◆ **ironmongery** *n* quincaillerie *f*. ◆ **ironworks** *n* usine *f* sidérurgique.

irony ['aɪərənɪ] *n* ironie *f*. **the** ~ **of it is that...** ce qu'il y a d'ironique là-dedans c'est que... ◆ **ironic(al)** *adj* ironique. ◆ **ironically** *adv* ironiquement.

irradiate [ɪ'reɪdɪeɪt] *vt (illuminate)* illuminer; *(Phys)* irradier. ◆ **irradiation** *n* illumination *f*; irradiation *f*.

irrational [ɪ'ræʃənl] *adj person* qui n'est pas rationnel; *belief* déraisonnable; *behaviour* irrationnel. **she had become quite** ~ **about it** elle n'était plus du tout capable d'y penser rationnellement. ◆ **irrationally** *adv* déraisonnablement; irrationnellement.

irreconcilable [ɪˌrekən'saɪləbl] *adj enemies* irréconciliable; *hatred* implacable; *belief* inconciliable (*with* avec).

irredeemable [ˌɪrɪ'diːməbl] *adj person* incorrigible; *error* irréparable; *disaster* irrémédiable.

irrefutable [ˌɪrɪ'fjuːtəbl] *adj* irréfutable.

irregular [ɪ'regjʊlər] *adj (gen)* irrégulier; *surface* inégal. ◆ **irregularity** *n* irrégularité *f*.

irrelevant [ɪ'reləvənt] *adj factor, detail* sans rapport; *question, remark* hors de propos. **that's** ~ cela n'a rien à voir avec la question. ◆ **irrelevance** *n* manque *m* de rapport, manque d'à-propos (*to* avec).

irreligious [ˌɪrɪ'lɪdʒəs] *adj* irréligieux.

irreparable [ɪ'rep(ə)rəbl] *adj* irréparable. ◆ **irreparably** *adv* irréparablement.

irreplaceable [ˌɪrɪ'pleɪsəbl] *adj* irremplaçable.

irrepressible [ˌɪrɪ'presəbl] *adj laughter etc* irrépressible, irrésistible. **she's quite** ~ elle est d'une vitalité débordante; *(of child)* c'est un vrai petit diable.

irreproachable [ˌɪrɪ'prəʊtʃəbl] *adj* irréprochable.

irresistible [ˌɪrɪ'zɪstəbl] *adj* irrésistible. ◆ **irresistibly** *adv* irrésistiblement.

irresolute [ɪ'rezəluːt] *adj* irrésolu, indécis.

irrespective [ˌɪrɪ'spektɪv] *adj*: ~ **of sth** sans tenir compte de qch; ~ **of whether it's useful or not** que ce soit utile ou non.

irresponsible [ˌɪrɪs'pɒnsəbl] *adj* irréfléchi. ◆ **irresponsibly** *adv (gen)* sans penser à ses *(or leurs etc)* responsabilités; *(without thinking enough)* à la légère.

irretrievable [ˌɪrɪ'triːvəbl] *adj loss, damage* irréparable; *object* introuvable.

irreverent [ɪ'rev(ə)rənt] *adj* irrévérencieux. ◆ **irreverence** *n* irrévérence *f*. ◆ **irreverently** *adv* irrévérencieusement.

irrevocable [ɪ'revəkəbl] *adj* irrévocable. ◆ **irrevocably** *adv* irrévocablement.

irrigate ['ɪrɪgeɪt] *vt* irriguer. ◆ **irrigation** *n* irrigation *f*.

irritable ['ɪrɪtəbl] *adj (cross)* irritable; *(irascible)* irascible. ◆ **irritability** *n* irritabilité *f*; irascibilité *f*. ◆ **irritably** *adv behave, nod* avec humeur; *speak* d'un ton irrité.

irritate ['ɪrɪteɪt] *vt (gen, Med)* irriter. ◆ **irritant** *adj*, *n* irritant *(m)*. ◆ **irritating** *adj* irritant. ◆ **irritation** *n* irritation *f*.

irruption [ɪ'rʌpʃ(ə)n] *n* irruption *f*.

Islam ['ɪzlaːm] *n* Islam *m*. ◆ **Islamic** *adj* islamique.

Islamabad [ɪz'lɑːməˌbɑːd] *n* Islamabad.

island ['aɪlənd] **1** *n* **(a)** île *f*. **(b)** *(traffic or street* ~*)* refuge *m (pour piétons)*; *(on roundabout)* terre-plein *m*. **2** *adj people, community* insulaire. ◆ **islander** *n* insulaire *mf*.

isle [aɪl] *n (liter)* île *f*. ◆ **islet** *n* îlot *m*.

isolate ['aɪsəʊleɪt] *vt* isoler *(from* de). ◆ **isolated** *adj* isolé. ◆ **isolation 1** *n (action)* isolation *f*; *(state)* isolement *m* ; **2** *adj hospital* d'isolement; *ward des* contagieux. ◆ **isolationism** *n* isolationnisme *m*. ◆ **isolationist** *adj*, *n* isolationniste *(mf)*.

isotope ['aɪsəʊtəʊp] *adj*, *n* isotope *(m)*.

Israel ['ɪzreɪl] *n* Israël *m*. ◆ **Israeli 1** *adj* israélien ; **2** *n* Israélien(ne) *m(f)*.

issue ['ɪʃuː] **1** *n* **(a)** *(matter, question)* question *f*, problème *m*. **he raised several new** ~**s** il a soulevé plusieurs points nouveaux; **the** ~ **is whether...** la question consiste à savoir si...; **to confuse** *or* **obscure the** ~ brouiller les cartes; **to face the** ~ regarder le problème en face; **to force the** ~ forcer une décision; **to avoid the** ~ prendre la tangente; **to make an** ~ **of sth** faire un problème de qch; **I don't want to make an** ~ **of it** je ne veux pas trop insister là-dessus; **the factors at** ~ les facteurs en jeu; **the point at** ~ le point controversé; **to be at** ~ être en cause; **to take** ~ **with sb** engager une controverse avec qn; **I must take** ~ **with you on this** je me permets de ne pas partager votre avis làdessus. **(b)** *(outcome)* résultat *m*, issue *f*. **(c)** *(act) [goods, tickets]* distribution *f*; *[passport, document]* délivrance *f*; *[banknote, cheque, shares, stamp]* émission *f*; *[warrant, writ, summons]* lancement *m*. **these coins are a new** ~ ces pièces viennent d'être émises. **(d)** *(copy) [newspaper, magazine]* numéro *m*. **back** ~ vieux numéro. **(e)** *(offspring)* descendance *f*.
2 *vt book* publier; *order* donner; *goods, tickets distribuer*; *passport, document* délivrer; *banknote, cheque, shares, stamps* émettre; *proclamation* faire; *warrant, warning, writ* lancer. **to** ~ **a statement** faire une déclaration; **to** ~ **sth to sb, to** ~ **sb with sth** fournir qch à qn.

Istanbul [ˌɪstæn'buːl] *n* Istamboul, Istanbul.

isthmus ['ɪsməs] *n* isthme *m*.

it [ɪt] *pron* **(a)** *(specific) (nominative)* il, elle; *(accusative)* le, la; *(before vowel)* l'; *(dative)* lui. **where is the book?** — ~**'s on the table** où est le livre? — il est sur la table; **my machine is old but** ~ **works** ma machine est vieille mais elle marche; **here's the pencil** — **give** ~ **to me** voici le crayon — donne-le-moi; **if you can find the watch give** ~ **to him** si tu trouves la montre donne-la-lui; **of** ~, **from** ~, **about** ~, **for** ~, **out of** ~ *etc* en; **he's afraid of** ~ il en a peur; **he didn't speak to me about** ~ il ne m'en a pas parlé; *(following French verbs with 'de')* **I doubt** ~ j'en doute; **in** ~, **to** ~, **at** ~ *etc* y; *(meeting etc)* **he'll be at** ~ il y sera; *(following French verbs with 'à')* **taste** ~! goûtez-y!; **above** ~, **over** ~ (au-)dessus; **below** ~, **beneath** ~, **under** ~ (au-)dessous, (en-)dessous.
(b) *(impersonal) (nominative)* il, ce, cela, ça; *(accusative)* le; *(dative)* y. ~ **is raining** il pleut; ~ **frightens me** cela *or* ça m'effraie; ~**'s pleasant here** c'est agréable ici; **I've done it** je l'ai fait; **I've thought about it** j'y ai pensé; ~**'s Wednesday 16th October** nous sommes le mercredi 16 octobre; ~**'s 3 o'clock** il est 3 heures; **who is** ~? qui est-ce?; ~**'s me** c'est moi; **what is** ~? qu'est-ce que c'est?; **that's** ~! *(approval, agreement)* c'est ça!; *(achievement, dismay)* ça y est!; ~**'s difficult to understand** c'est difficile à comprendre; ~**'s difficult to understand why** il est difficile de comprendre pourquoi; **I considered** ~ **pointless to protest** j'ai jugé (qu'il était) inutile de protester; ~ **was your father who phoned** c'est ton père qui a téléphoné.
(c) *(in games)* **you're** ~! c'est toi le chat!
◆ **its 1** *poss adj* son, sa, ses ; **2** *poss pron* le sien, la sienne, les siens, les siennes. ◆ **it's** = **it is**, **it has**. ◆ **itself** *pron (emphatic)* lui-même *m*, elle-même *f*; *(reflexive)* se; **in the theatre** ~**self** dans le théâtre même; **the door closes by** ~**self** la porte se ferme automatiquement *or* toute seule.

italic [ɪ'tælɪk] **1** *adj (Typ)* italique. **2** *npl*: ~**s** italique *m*. **in** ~**s** en italique.

Italy ['ɪtəlɪ] *n* Italie *f*. ◆ **Italian** [ɪ'tæljən] **1** *adj* italien, d'Italie ; **2** *n* **(a)** Italien(ne) *m(f)*; **(b)** *(Ling)* italien *m*.

itch [ɪtʃ] **1** *n* démangeaison *f*. *(fig)* **I've got an** ~ * **to travel** l'envie de voyager me démange. **2** *vi [person]* éprouver des démangeaisons. **his legs** ~ ses jambes le démangent; *(fig)* **to be** ~**ing** * **to do sth** avoir une envie qui vous démange de faire qch; **I am** ~**ing to tell him the news** la langue me démange de lui annoncer la nouvelle. ◆ **itching** *adj*: ~**ing powder** poil *m* à gratter. ◆ **itchy** *adj* qui démange; **I've got an** ~**y back** j'ai le dos qui me démange; *(fig)* **he's got** ~**y feet** * il a la bougeotte *; (fig)* **he's got** ~**y fingers** * il est chapardeur *.

item ['aɪtəm] *n (on agenda, at meeting)* question *f*; *(in variety show)* numéro *m*; *(in catalogue, newspaper, shopping list; also Comm)* article *m*; *(Jur: in contract)* article; *(Book-keeping)* poste *m*. **an** ~ **of furniture** un meuble; ~**s on the agenda** questions à l'ordre du jour; *(Rad, TV)* **the main** ~ **in the news** la grosse nouvelle, le fait du jour; **an important** ~ **in our policy** un point important de notre politique.
◆ **itemize** *vt* détailler, spécifier.

itinerary [aɪ'tɪn(ə)rərɪ] *n* itinéraire *m*. ◆ **itinerant** *adj preacher* itinérant; *actors etc* ambulant.

ivory ['aɪv(ə)rɪ] **1** *n* ivoire *m*. **2** *adj statue, figure* en ivoire, d'ivoire; *(also* ~**-coloured)* ivoire *inv*. **I~ Coast** Côte *f* d'Ivoire; *(fig)* ~ **tower** tour *f* d'ivoire.

ivy ['aɪvɪ] *n* lierre *m*. *(US)* **I~ League** *(n)* les huit grandes universités privées.

J

J, j [dʒeɪ] n J, j m.

jab [dʒæb] **1** vti enfoncer, planter (into dans). **to ~ (at) sth with sth, to ~ sth into sth** enfoncer qch dans qch, planter qch dans or sur qch. **2** n coup m (donné avec un objet pointu); (*: injection) piqûre f.

jabber ['dʒæbəʳ] **1** vt bafouiller, bredouiller. **2** vi (~away) (chatter) jacasser; (talk unintelligibly) baragouiner *.

jack [dʒæk] n (Aut) cric m; (Bowling) cochonnet m; (Cards) valet m. **before you could say J~ Robinson** * en moins de temps qu'il n'en faut pour le dire; **~ tar** matelot m; **every man ~** chacun. ◆ **jack in** ⚇ vt sep plaquer ⚇. ◆ **jack up** vt sep car soulever avec un cric; (*: raise) prices faire grimper. **~ed up** car sur le cric.
◆ **jackass** n (lit, fig) âne m. ◆ **jackboots** npl bottes fpl à l'écuyère. ◆ **jackdaw** n choucas m. ◆ **jackhammer** n (US) marteau-piqueur m. ◆ **jack-in-office** * n gratte-papier m (qui joue à l'important). ◆ **jack-in-the-box** n diable m (à ressort). ◆ **jack-knife 1** n couteau m de poche ; **2** vi: **the lorry ~-knifed** la remorque (du camion) s'est mise en travers. ◆ **jackleg** adj (US) carpenter amateur; work louche; structure de fortune. ◆ **jack-of-all-trades** n bricoleur m. ◆ **jack plug** n prise f à fiche. ◆ **jackpot** n: **to hit the ~pot** [person] gagner le gros lot; [song, disc] faire un malheur *.

jackal ['dʒækɔːl] n chacal m.

jacket ['dʒækɪt] n [man] veston m; [woman] veste f; [child] paletot m; [book] couverture f. **~ potatoes, potatoes baked in their ~s** pommes fpl de terre au four.

Jacobean [,dʒækə'biːən] adj de l'époque de Jacques Iᵉʳ (1603-1625).

jacuzzi [dʒə'kuːzɪ] ℞ n jacuzzi ℞ m, bain m à jet propulsé.

jade [dʒeɪd] **1** n jade m. **2** adj (colour) jade inv. **~-green** vert jade inv.

jaded ['dʒeɪdɪd] adj person las (with de), blasé; palate blasé.

jagged ['dʒægɪd] adj irrégulier, déchiqueté.

jaguar ['dʒægjʊəʳ] n jaguar m.

jail [dʒeɪl] **1** n prison f. **in ~** en prison; **to be in ~ for 5 years** faire 5 ans de prison; **to send sb to ~/to ~ for 5 years** condamner qn à la prison/ à 5 ans de prison. **2** vt mettre en prison (for murder etc pour meurtre etc). **~ed for life** condamné à perpétuité. ◆ **jailbird** n récidiviste mf. ◆ **jailbreak** n évasion f (de prison). ◆ **jailbreaker** n évadé(e) m(f). ◆ **jailer** n geôlier m, -ière f.

jam¹ [dʒæm] **1** n (a) [people] foule f, cohue f; [logs, vehicles etc] embouteillage m. (b) **to get into a ~** * se mettre dans le pétrin; **to get sb out of a ~** * tirer qn du pétrin. **2** vt (a) (cram) (into box, drawer, suitcase) enfoncer, tasser (into dans); (into room, vehicle) entasser (into dans); hat enfoncer (on sur); (wedge) coincer (between entre). **he ~med his finger in the door** il s'est coincé le doigt dans la porte. (b) (block) brake bloquer; door coincer; gun, machine enrayer; (Rad) station, broadcast brouiller; (Telec) line encombrer; [crowd, cars etc] street, cor-

ridor encombrer, embouteiller. **street ~med with cars** rue embouteillée; **street ~med with people** rue noire de monde. **3** vi (a) [crowd] s'entasser (into dans). (b) (V 2b above) se bloquer; se coincer; s'enrayer.
◆ **jam in** vt sep (into box etc) serrer; car, person coincer. ◆ **jam on** vt sep hat enfoncer. (Aut) **to ~ on the brakes** freiner à mort *.
◆ **jam-full** or ◆ **jam-packed** adj vehicle, place plein à craquer; container plein à ras bord. ◆ **jamming** n (Rad) brouillage m.

jam² [dʒæm] **1** n confiture f. **cherry ~** confiture de cerises; (fig) **you want ~ on it!** * et quoi encore! **2** adj tart à la confiture. (Mus) **~ session** séance f de jazz improvisé. ◆ **jamjar** or ◆ **jampot** n pot m à confitures.

Jamaica [dʒə'meɪkə] n Jamaïque f. **in ~** à la Jamaïque. ◆ **Jamaican 1** adj jamaïquain ; **2** n Jamaïquain(e) m(f).

jamb [dʒæm] n montant m (de porte etc).

jamboree [,dʒæmbə'riː] n festivités fpl.

jangle ['dʒæŋgl] **1** vi [bells] retentir; [bracelets, chains] cliqueter. **2** vt faire retentir; faire cliqueter. ◆ **jangled** adj nerves en pelote. ◆ **jangling** adj bells discordant; chains cliquetant.

janitor ['dʒænɪtəʳ] n concierge m.

January ['dʒænjʊərɪ] n janvier m; for phrases V September.

Japan [dʒə'pæn] n Japon m. ◆ **Japanese 1** adj japonais ; **2** n (person: pl inv) Japonais(e) m(f); (Ling) japonais m.

japonica [dʒə'pɒnɪkə] n cognassier m du Japon.

jar¹ [dʒaːʳ] **1** n (jolt: lit, fig) secousse f, choc m. **2** vi (vibrate) vibrer, trembler; (be wrong) [note] détonner; [colours] jurer (with avec); [ideas, opinions] ne pas s'accorder (with avec). **to ~ on sb's nerves** porter sur les nerfs à qn; **to ~ on sb's ears** écorcher les oreilles à qn. **3** vt structure ébranler; person ébranler, secouer; (fig) secouer. **you ~red my elbow** tu m'as cogné le coude. ◆ **jarring** adj sound discordant; (fig) **to strike a ~ring note** être plutôt choquant.

jar² [dʒaːʳ] n (of earthenware) pot m, jarre f; (for jam etc) pot m; (for pickles etc) bocal m.

jargon ['dʒaːgən] n jargon m.

jasmine ['dʒæzmɪn] n jasmin m.

jaundice ['dʒɔːndɪs] n jaunisse f. ◆ **jaundiced** adj (bitter) amer; (critical) désapprobateur; **to have a ~d view of things** voir les choses en noir; **to give sb a ~d look** jeter un regard noir à qn.

jaunt [dʒɔːnt] n balade * f. **to go for a ~** aller se balader *.

jaunty ['dʒɔːntɪ] adj (sprightly) enjoué, vif; (carefree) désinvolte; (swaggering) crâneur *. ◆ **jauntily** adv d'un pas vif; de façon désinvolte; d'un air crâneur *.

javelin ['dʒævlɪn] **1** n javelot m. **2** adj (Sport) **~ throwing** lancement m du javelot.

jaw [dʒɔː] n mâchoire f. **the ~s of death** l'étreinte f de la mort; **the ~s of hell** les portes fpl de l'enfer. ◆ **jawbone** n maxillaire m.

jay [dʒeɪ] n geai m. ◆ **jaywalker** n piéton m indiscipliné.

jazz [dʒæz] **1** n (Mus) jazz m. (fig) **he gave them a lot of ~ * about his marvellous job** il leur a fait tout un baratin * sur sa magnifique situation ; **...and all that ~ * ...** et tout le bataclan *. **2** adj band, music de jazz. ◆ **jazz up** vt sep (**a**) (Mus) (play) jouer en jazz; (arrange) adapter pour le jazz. (**b**) (*) party mettre de l'entrain dans; old dress etc égayer.

jealous ['dʒeləs] adj jaloux (of de). ◆ **jealously** adv (enviously) jalousement; (watchfully) d'un œil jaloux. ◆ **jealousy** n jalousie f.

jeans [dʒiːnz] npl blue-jean m, jean m.

jeep [dʒiːp] n jeep f.

jeer [dʒɪəʳ] **1** n [individual] railler; [crowd] huer. **to ~ at sb** railler qn. **2** vt huer. **3** n raillerie f; huée f. ◆ **jeering 1** adj railleur ; **2** n railleries fpl; huées fpl.

Jehovah [dʒɪˈhəʊvə] n Jéhovah m.

jell [dʒel] vi [jelly etc] épaissir, prendre; (*) [plan etc] prendre tournure. ◆ **jello** Ⓡ n (US) gelée f. ◆ **jelly** n gelée f; (US: jam) confiture f; **~y baby** bonbon m à la gélatine en forme de bébé; **~y bean** dragée f à la gelée de sucre. ◆ **jellyfish** n méduse f.

jemmy ['dʒemɪ] n pince-monseigneur f.

jeopardy ['dʒepədɪ] n danger m, péril m. **in ~ life** en danger; happiness menacé, en péril; business en mauvaise posture. ◆ **jeopardize** vt mettre en danger, compromettre.

jerk [dʒɜːk] **1** n (gen) secousse f; (mechanical) à-coup m; (Med) crispation nerveuse; (*pej: person) pauvre type * m. **2** vt (pull) tirer brusquement; (shake) donner une secousse à. **he ~ed the book out of my hand** d'une secousse il m'a fait lâcher le livre. **3** vi [person, muscle] se crisper. ◆ **jerkily** adv move par à-coups; speak d'une voix saccadée. ◆ **jerky** adj motion saccadé; (fig) style heurté.

jerkin ['dʒɜːkɪn] n blouson m; (Hist) justaucorps m.

jerry-building ['dʒerɪˌbɪldɪŋ] n construction f bon marché. ◆ **jerry-built** adj en carton-pâte (fig).

jerry-can ['dʒerɪˌkæn] n jerrycan m.

Jersey ['dʒɜːzɪ] n Jersey f. ◆ **jersey** n (garment) tricot m; (material) jersey m.

Jerusalem [dʒəˈruːsləm] n Jérusalem m.

jest [dʒest] **1** n plaisanterie f. **in ~** pour rire. **2** vi plaisanter. ◆ **jester** n bouffon m.

Jesuit ['dʒezjʊɪt] n Jésuite m.

Jesus ['dʒiːzəs] n Jésus m. **~ Christ** Jésus-Christ.

jet¹ [dʒet] **1** n [liquids, gas] jet m; (~ plane) avion m à réaction, jet m; (nozzle) brûleur m; (Aut) gicleur m. **2** adj (Aviat) travel en jet; engine, fighter à réaction; propulsion par réaction. **~ fuel** kérosène m; **~ lag** (troubles mpl dus au) décalage m horaire; **to have ~ lag** souffrir du décalage horaire; **the ~ set *** le jet set; **~ setter** membre m du jet set. ◆ **jet-foil** n hydroglisseur m. ◆ **jet-propelled** adj à réaction.

jet² [dʒet] n jais m. **~-black** noir comme jais.

jettison ['dʒetɪsn] vt (gen) burden se délester de; (Naut) jeter par-dessus bord; (Aviat) bombs larguer; hopes abandonner.

jetty ['dʒetɪ] n (breakwater) jetée f, digue f; (landing pier) embarcadère m.

Jew [dʒuː] n Juif m. **~'s harp** guimbarde f. ◆ **Jewess** n Juive f. ◆ **Jewish** adj juif. ◆ **Jewry** n les Juifs mpl.

jewel ['dʒuːəl] n bijou m, joyau m; (in watch) rubis m; (fig) bijou m. ◆ **jewel-case** n coffret m à bijoux. ◆ **jewelled**, (US) **jeweled** adj orné de bijoux. ◆ **jewel(l)er** n bijoutier m, joaillier m; **~ler's (shop)** bijouterie f, joaillerie f. ◆ **jewel(l)ery** n bijoux mpl, joyaux mpl; **a piece of ~lery** un bijou.

jib [dʒɪb] **1** n (Naut) foc m; [crane] flèche f. **2** vi [person] regimber (at sth devant qch), se refuser (at doing à faire); [horse] regimber.

jibe [dʒaɪb] = **gibe**.

jiffy * ['dʒɪfɪ] n: **wait a ~** attends une seconde; **in a ~** en moins de deux *; **J~bag** Ⓡ enveloppe f rembourrée.

jig [dʒɪg] n (dance) gigue f; (Tech) calibre m. ◆ **jig-saw (puzzle)** n puzzle m.

jilt [dʒɪlt] vt laisser tomber * [un(e) fiancé(e)].

jingle ['dʒɪŋgl] **1** n [keys etc] tintement m. **advertising ~** couplet m publicitaire. **2** vi tinter. **3** vt faire tinter.

jingoism ['dʒɪŋgəʊɪzəm] n chauvinisme m.

jinx * [dʒɪŋks] n porte-poisse * m inv. **there's a ~ on...** on a jeté un sort à...

jitters * ['dʒɪtəz] npl frousse * f. **to have the ~** être agité. ◆ **jittery *** adj froussard *.

jiujitsu [dʒuːˈdʒɪtsuː] n jiu-jitsu m.

jive [dʒaɪv] n (music, dancing) swing m.

job [dʒɒb] **1** n (**a**) (piece of work) travail m, boulot * m. **I have a little ~ for you** j'ai un petit travail pour vous; **he has made a good/bad ~ of it** il a fait du bon/du sale boulot *; **he's done a good ~ of work** il a fait du bon travail; **this new airliner is a lovely ~ *** ce nouvel avion c'est vraiment du beau travail *. (**b**) (post, situation) travail m, emploi m, boulot * m. **he found a ~ as a librarian** il a trouvé un poste de bibliothécaire; **to look for a ~** chercher du travail or un emploi; **to be out of a ~** être au chômage; **he has a very good ~** il a une belle situation; **on the ~** pendant le travail; **on-the-~ training** formation f sur le tas; **~s for the boys *** des planques fpl pour les petits copains *. (**c**) (duty) travail m, boulot * m. **it's his only doing his ~** il ne fait que son boulot *; **he knows his ~** il connaît son affaire; **that's not his ~** ce n'est pas à lui de faire ça; **I had the ~ of telling them** c'est moi qui ai été obligé de le leur dire. (**d**) **it's a good ~ that...** c'est heureux que + subj; **a good ~ too!** à la bonne heure!; **it's a bad ~** c'est une sale affaire; **to give sth/sb up as a bad ~** renoncer à qch/qn en désespoir de cause; **this is just the ~ *** c'est exactement ce qu'il faut; **to have a ~ to do sth or doing sth** avoir du mal à faire qch; **it's been quite a ~ finding it** ça a été toute une affaire pour le trouver; **a put-up ~ *** un coup monté; **remember that bank ~? *** tu te rappelles le coup de la banque?

2 adj (**a**) (US Ind) **~ action** action f revendicative, (mouvement m de) grève f; (Ind) **~ analysis** analyse f des tâches; **~ centre** ≃ ANPE, agence f nationale pour l'emploi; **~ creation** création f d'emplois nouveaux; **~ description** description f de poste; **~ evaluation** qualification f du travail; **~ hunting** chasse f à l'emploi; **~ satisfaction** satisfaction f au travail; **~ security** garantie f de l'unité de l'emploi. (**b**) **~ lot** lot m d'articles divers. ◆ **jobber** n (St Ex) intermédiaire qui traite directement avec l'agent de change. ◆ **jobbing** adj gardener à la journée; workman à la tâche. ◆ **jobless 1** adj sans travail, au chômage ; **2** npl: **the ~less** les chômeurs mpl.

Job's comforter ['dʒəʊbzˈkʌmfətəʳ] n piètre consolateur m, -trice f.

jockey ['dʒɒkɪ] **1** n jockey m. **2** vi: **to ~ about** se bousculer; **to ~ for position** manœuvrer pour se placer avantageusement. **3** vt: **to ~ sb into doing** manœuvrer qn pour qu'il fasse.

jockstrap ['dʒɒkstræp] n suspensoir m.

jocular ['dʒɒkjʊləʳ] adj jovial, (joking) badin.

jodhpurs ['dʒɒdpɜːz] npl jodhpurs mpl.

jog [dʒɒg] **1** n (**a**) (nudge) légère poussée f; (with elbow) coup m de coude. (**b**) (~-trot) petit trot m. **2** vt sb's elbow pousser; sb's memory rafraîchir. (fig) to ~ **sb into action** secouer qn. **3** vi (Sport) faire du jogging. ◆ **jog along** vi [vehicle] aller son petit bonhomme de chemin; (bumpily) aller en bringuebalant; (fig) [person] aller cahin-caha *; [piece of work] aller tant bien que mal. ◆ **jogger** n jogger mf. ◆ **jogging** n (Sport) jogging m; ~**ging shoes** chaussures fpl de jogging.

joggle ['dʒɒgl] vt secouer.

join [dʒɔɪn] **1** vt (a) (~ together) (gen) joindre, unir; (link) relier (to à); broken halves raccorder; batteries connecter. **to** ~ **battle** engager le combat (with avec); **to** ~ **hands** se donner la main; (Mil, fig) **to** ~ **forces** unir leurs forces; (fig) **to** ~ **forces (with sb) to do** s'unir (à qn) pour faire. (b) club devenir membre de; political party adhérer à; university entrer à; procession se joindre à; army s'engager dans; one's regiment, ship rejoindre; religious order, business firm entrer dans; queue prendre. (c) person rejoindre, retrouver. **Paul** ~**s me in wishing you...** Paul se joint à moi pour vous souhaiter...; **will you** ~ **us?** (come with us) voulez-vous venir avec nous?; (be one of us) voulez-vous être des nôtres?; (in club, restaurant etc) voulez-vous vous joindre à nous?; **will you** ~ **me in a drink?** vous prendrez un verre avec moi? (d) [river, road] rejoindre. **2** vi (~ together; V **1a**) se joindre, s'unir (with à); [lines] se rencontrer; [roads, rivers] se rejoindre; [club member] devenir membre. **3** n (in mended crockery etc) ligne f de raccord; (seam) couture f. ◆ **join in 1** vi participer. (in singing etc) ~ **in!** chantez etc avec nous! **2** vt fus game, activity, conversation prendre part à; protest, shouts joindre sa voix à; thanks, wishes s'associer à. ◆ **join on 1** vi (in queue) prendre son rang dans la queue; [links, parts of structure] se joindre (to à). **2** vt sep fixer; (by tying) attacher. ◆ **join up 1** vi (Mil) s'engager. **2** vt sep (gen) joindre; wires etc connecter.
◆ **joiner** n menuisier m. ◆ **joinery** n menuiserie f.

joint [dʒɔɪnt] **1** n (a) (Anat) articulation f. **out of** ~ shoulder déboîté; wrist luxé; (fig) de travers; **to put out of** ~ one's shoulder déboîter; one's wrist se luxer. (b) (Carpentry) jointure f; articulation f. (c) (Culin) rôti m. **a cut off the** ~ une tranche de rôti. (d) (‡: place) boîte * f. (e) (Drugs sl: reefer) joint m (sl). **2** adj decision, account commun; (Admin) conjoint; committee mixte; consultations bilatéral; effort commun. ~ **author** coauteur m; ~ **ownership** copropriété f; ~ **responsibility** coresponsabilité f. **3** vt (Culin) découper (aux jointures). ◆ **jointed** adj doll etc articulé; tent pole etc démontable. ◆ **jointly** adv en commun, conjointement. ◆ **joint-stock company** n société f par actions.

joist [dʒɔɪst] n solive f.

joke [dʒəʊk] **1** n (a) plaisanterie f, blague * f. **for a** ~ pour rire; **to make a** ~ **about** plaisanter sur; **he can't take a** ~ il ne comprend pas la plaisanterie; **it's no** ~ ce n'est pas drôle (doing de faire); **what a** ~! ce que c'est drôle!; **it's beyond a** ~ * ça cesse d'être drôle; **the** ~ **is that...** le plus drôle c'est que...; **he is the** ~ **of the village** il est la risée du village. (b) (practical ~) tour m. **to play a** ~ **on sb** jouer un tour à qn. **2** vi plaisanter, blaguer *. **you're joking!** vous voulez rire!, sans blague! *; **I was only joking** ce n'était qu'une plaisanterie; **to** ~ **about sth** plaisanter sur qch; (mock) se moquer de qch.
◆ **joker** n blagueur * m, -euse * f; (‡: person) type * m; (Cards) joker m. ◆ **joking 1** adj tone de plaisanterie; **2** n plaisanteries fpl, blagues * fpl. ◆ **jokingly** adv en plaisantant; **it was jokingly called a luxury hotel** on l'avait baptisé, avec le plus grand sérieux, hôtel de luxe.

jolly ['dʒɒlɪ] **1** adj (merry) enjoué, jovial; (*: pleasant) agréable, amusant. **2** adv (*) drôlement *, rudement *. **you are** ~ **lucky** tu as une drôle de veine *; **you** ~ **well will go!** pas question que tu n'y ailles pas! ◆ **jollification** * n réjouissances fpl. ◆ **jollity** n joyeuse humeur f.

jolt [dʒəʊlt] **1** vi [vehicle] cahoter. **to** ~ **along** avancer en cahotant. **2** vt (lit, fig) secouer, cahoter. (fig) **to** ~ **sb into action** secouer qn, inciter qn à agir. **3** n (jerk) secousse f, à-coup m; (fig) choc m. **it gave me a** ~ ça m'a fait un coup *.

Jordan ['dʒɔːdn] n (country) Jordanie f; (river) Jourdain m.

joss stick ['dʒɒsstɪk] n bâton m d'encens.

jostle ['dʒɒsl] **1** vi se bousculer. **he** ~**d against me** il m'a bousculé; **to** ~ **for sth** jouer des coudes pour obtenir qch. **2** vt bousculer.

jot [dʒɒt] **1** n brin m, iota m. **not a** ~ **of truth** pas un grain de vérité. **2** vt (~ **down**) details noter; notes prendre. ◆ **jotter** n (book) cahier m (de brouillon); (pad) bloc-notes m. ◆ **jottings** npl notes fpl.

journal ['dʒɜːnl] n (periodical) revue f; (newspaper) journal m; (Naut) livre m de bord; (Comm) livre de comptes; (Jur) compte rendu m; (diary) journal m. ◆ **journalese** n jargon m journalistique. ◆ **journalism** n journalisme m. ◆ **journalist** n journaliste mf. ◆ **journalistic** adj journalistique.

journey ['dʒɜːnɪ] **1** n (travelling, trip) voyage m; (short, regular) trajet m; (distance covered) trajet m. **a 2 days'** ~ un voyage de 2 jours; **a 10 mile** ~ un trajet de 10 miles; **to go on a** ~ partir en voyage; **to reach one's** ~**'s end** arriver à destination; **the** ~ **from home to office** le trajet de la maison au bureau; **the return** ~ le (voyage de) retour; **the** ~ **there and back** le voyage or trajet aller et retour; **a car** ~ un voyage en voiture; **a long bus** ~ un long trajet en autobus; ~ **time** durée f du trajet. **2** vi voyager.

jovial ['dʒəʊvɪəl] adj jovial. ◆ **joviality** n jovialité f.

joy [dʒɔɪ] n (a) joie f. **to my great** ~ à ma grande joie; (iro) **I wish you** ~ **of it!** je vous souhaite du plaisir! (b) (gen pl) ~**s** plaisirs mpl; **it's a** ~ **to hear him** c'est un vrai plaisir de l'entendre. ◆ **joyful** adj joyeux. ◆ **joyfully** adv joyeusement. ◆ **joyous** adj (liter) joyeux. ◆ **joyride** n **to go for a** ~**ride** faire une virée * en voiture (parfois volée). ◆ **joystick** n (Aviat, Comput) manche m à balai.

jubilant ['dʒuːbɪlənt] adj débordant de joie. [person] **to be** ~ jubiler. ◆ **jubilation** n (a) (emotion) allégresse f, jubilation f; (b) (celebration) réjouissance(s) f(pl).

jubilee ['dʒuːbɪliː] n jubilé m.

judge [dʒʌdʒ] **1** n juge m. **to be a good** ~ **of** character savoir juger; wine s'y connaître en. **2** vt juger. **to** ~ **it necessary to do** juger or estimer nécessaire de faire; **he** ~**d the moment well** il a bien su choisir son moment (to do pour faire). **3** vi juger. **to** ~ **for oneself** juger par soi-même; **as far as one can** ~ autant qu'on puisse en juger; **judging by** or **from** à en juger par or d'après. ◆ **judg(e)ment** n jugement m; **to pass** ~**ment** prononcer un jugement (on sur); (fig) **to give one's** ~**ment** donner son avis (on sur). ◆ **judg(e)mental** adj: **he is very** ~**mental** il s'érige toujours en juge.

judicial [dʒuː'dɪʃ(ə)l] adj (a) (Jur) power, proceedings, inquiry judiciaire; murder juridique. (b) (critical) mind, faculty critique.

judiciary [dʒuː'dɪʃɪərɪ] n magistrature f.

judicious [dʒuː'dɪʃəs] adj judicieux. ◆ **judiciously** adv judicieusement.

judo ['dʒuːdəʊ] n judo m.

jug [dʒʌg] n (a) (gen) pot m; (for wine) pichet m; (for washing water) broc m; (heavy, jar-shaped) cruche f. (b) (prison) **in** ~ ‡ en taule ‡ f. ◆ **jugged** adj: ~**ged hare** civet m de lièvre.

juggernaut ['dʒʌgənɔːt] n (Aut) mastodonte m.

juggle ['dʒʌgl] **1** *vi* jongler (*with* avec). **2** *vt* jongler avec. ◆ **juggler** *n* jongleur *m*, -euse *f*; *(conjurer)* prestidigitateur *m*, -trice *f*.

jugular ['dʒʌgjʊləʳ] *adj (Anat)* jugulaire.

juice [dʒuːs] *n [fruit, meat]* jus *m (also fig: petrol etc)*. *(Physiol)* ~s sucs *mpl*. ◆ **juicer** *n (US)* presse-fruits *m inv* (électrique). ◆ **juiciness** *n* juteux *m*. ◆ **juicy** *adj fruit* juteux; *meat* moelleux; *story* savoureux.

jujitsu [dʒuːˈdʒɪtsuː] *n* jiu-jitsu *m*.

jukebox ['dʒuːkbɒks] *n* juke-box *m*.

July [dʒuːˈlaɪ] *n* juillet *m*; *for phrases V* **September**.

jumble ['dʒʌmbl] **1** *vt* (~ up) *objects* mélanger; *facts, details* brouiller, embrouiller. ~d (up) pêle-mêle. **2** *n* **(a)** mélange *m*, fouillis *m*. **(b)** *(at ~ sale)* bric-à-brac *m*. **3** *adj:* ~ **sale** vente *f* de charité *(d'objets d'occasion)*.

jumbo ['dʒʌmbəʊ] **1** *n* (*) éléphant *m*. **2** *adj:* ~ **jet** jumbo-jet *m*.

jump [dʒʌmp] **1** *n* **(a)** saut *m*; *(of fear)* sursaut *m*. **to give a** ~ faire un saut, sursauter; *(nervously)* sursauter; **at one** ~ d'un (seul) bond; **the** ~ **in prices** la hausse brutale des prix. **(b)** *(showjumping)* saut *m*; *(fence)* obstacle *m*. **2** *vi (leap)* sauter, bondir; *(nervously)* sursauter; *[prices]* faire un bond, monter en flèche. **to** ~ **up and down** sautiller; **to** ~ **in/out** *etc* entrer/sortir *etc* d'un bond; **to** ~ **off sth** sauter de qch; **to** ~ **on(to) a bus** sauter dans un autobus; **to** ~ **on(to) a bicycle** sauter sur un vélo; ~ **in!** *(into vehicle)* montez vite!; *(into swimming pool)* sautez!; *(onto truck, bus)* ~ **on!** montez vite!; **to** ~ **out of bed** sauter (à bas) du lit; **to** ~ **out of the window** sauter par la fenêtre; **to** ~ **out of a car** sauter d'une voiture; *(from car etc)* ~ **out!** sortez or descendez vite!; ~ **to it!** * et que ça saute! *; *(fig)* **to** ~ **at sth** sauter sur qch; *(fig)* **to** ~ **on sb** * prendre qn à partie; **to** ~ **at chance, offer** sauter sur; **to** ~ **to a conclusion** conclure hâtivement; **you mustn't** ~ **to conclusions** il ne faut pas tirer des conclusions trop hâtives; **to** ~ **down sb's throat** * rabrouer qn; **it almost made him** ~ **out of his skin** * ça l'a fait sauter au plafond *. **3** *vt ditch etc* sauter, franchir (d'un bond); *horse* faire sauter. *[train]* **to** ~ **the rails** dérailler; **to** ~ **the points** dérailler à l'aiguillage; *[pickup]* **to** ~ **a groove** sauter; *(Jur)* **to** ~ **bail** se soustraire à la justice (après paiement de caution); *(fig)* **to** ~ **the gun** * agir prématurément; *(Aut)* **to** ~ **the lights** passer au rouge; **to** ~ **the queue** resquiller; **to** ~ **ship** déserter le navire; **to** ~ **sb** ⚥ rouler qn *. ◆ **jump about, jump around** *vi* sautiller. ◆ **jump down** *vi* descendre (d'un bond). ◆ **jump up** *vi* se lever d'un bond. *(to fallen child)* ~ **up now!** lève-toi! ◆ **jumped-up** * *adj (pushing)* parvenu; *(conceited)* prétentieux. ◆ **jumper** *n* pull(over) *m*; *(US Aut)* ~**er cables** câbles *mpl* de démarrage *(pour batterie)*. ◆ **jumping rope** *n (US)* corde *f* à sauter. ◆ **jump leads** *mpl (Aut)* câbles *mpl* de démarrage *(pour batterie)*. ◆ **jumpy** * *adj person* nerveux.

junction ['dʒʌŋ(k)ʃ(ə)n] *n* **(a)** *(meeting place)* [pipes] raccordement *m*; *[roads]* bifurcation *f*; *[rivers]* confluent *m*; *[railway lines]* embranchement *m*. **(b)** *(crossroads)* carrefour *m*; *(station)* gare *f* de jonction.

juncture ['dʒʌŋ(k)tʃəʳ] *n (joining place)* point *m* de jonction; *(state of affairs)* conjoncture *f*. **at this** ~ à ce moment-là.

June [dʒuːn] *n* juin *m*; *for phrases V* **September**.

jungle ['dʒʌŋgl] **1** *n* jungle *f*. **2** *adj animal* de la jungle; *warfare* de jungle.

junior ['dʒuːnɪəʳ] **1** *adj (younger)* (plus) jeune, cadet; *(Sport)* ≃ cadet; *employee, officer, job* subalterne. **John Smith J~** John Smith fils *or* junior;

(Brit) ~ **school** école *f* primaire *(de 7 à 11 ans)*, cours moyen; *(Comm)* ~ **miss** fillette *f (de 11 à 14 ans)*; *(US)* ~ **high school** ≃ collège *m;* ~ **executive** jeune cadre *m; (Parl)* **J~ Minister** ≃ secrétaire *m* d'État; ~ **partner** associé(-adjoint) *m*. **2** *n* cadet(te) *m(f); (Brit Scol)* petit(e) élève *m(f) (de 7 à 11 ans)*.

juniper ['dʒuːnɪpəʳ] *n* genévrier *m*. ~ **berries** du genièvre.

junk¹ [dʒʌŋk] **1** *n (rubbish)* bric-à-brac *m inv; (metal)* ferraille *f; (*: bad quality goods)* camelote * *f; (⚥: nonsense)* âneries *fpl; (Drugs sl)* came *f (sl)*. **2** *adj:* ~ **food** * aliments *mpl* sans valeur nutritive; ~ **heap** dépotoir *m*. ~ **mail** prospectus *mpl* adressés par la poste. ◆ **junkie** *n (Drugs sl)* drogué(e) *m(f)*. ◆ **junkshop** *n* boutique *f* de brocanteur.

junk² [dʒʌŋk] *n (boat)* jonque *f*.

junket ['dʒʌŋkɪt] *n* **(a)** *(Culin)* lait *m* caillé. **(b)** *(also **junketing**) (merrymaking)* bombance *f; (*: trip at public expense)* voyage *m* aux frais de la princesse *.

junta ['dʒʌntə] *n* junte *f*.

Jupiter ['dʒuːpɪtəʳ] *n (Myth)* Jupiter *m; (Astron)* Jupiter *f*.

jurisdiction [ˌdʒʊərɪsˈdɪkʃ(ə)n] *n* juridiction *f*. **it comes within our** ~ c'est de notre compétence.

jury ['dʒʊərɪ] **1** *n (Jur)* jury *m*, jurés *mpl; [exhibition etc]* jury *m*. **to be on the** ~ faire partie du jury. **2** *adj:* ~ **box** banc *m* des jurés. ◆ **juror** *n* juré *m;* **woman juror** femme *f* juré. ◆ **juryman** *n* juré *m*.

just¹ [dʒʌst] *adv* **(a)** *(exactly)* juste, exactement. **it's** ~ **on 9** il est tout juste 9 heures; **it cost** ~ **on 50 francs** cela a coûté tout juste 50 F; ~ **what did he say?** qu'est-ce qu'il a dit exactement *or* au juste?; *(fig)* **come** ~ **as you are** venez comme vous êtes; ~ **as I thought, you...** c'est bien ce que je pensais, tu...; ~ **as you wish** comme vous voulez; ~ **at that moment** à ce moment-là; ~ **when everything is going so well!** juste quand tout va si bien!; **that's** ~ **it!**, **that's** ~ **the point!** justement!; **that's** ~ **Robert, always late** c'est bien Robert, toujours en retard; ~ **so!** exactement!; **everything was** ~ **so** * tout était bien en ordre. **(b)** *(at this or that moment)* juste. **we're** ~ **off** nous partons; **(I'm)** ~ **coming!** j'arrive!; **we're** ~ **about to start** nous sommes sur le point de commencer; **to have** ~ **done** venir de faire; ~ **this minute**, ~ **this instant** à l'instant. **(c)** *(almost not)* juste, de justesse. **we (only)** ~ **caught the train** c'est tout juste si nous avons eu le train; **we only** ~ **missed the train** nous avons manqué le train de très peu; **you're** ~ **in time** vous arrivez juste à temps; **I have only** ~ **enough money** j'ai tout juste assez d'argent; **he passed the exam but only** ~ il a été reçu à l'examen mais de justesse. **(d)** *(with expressions of place)* juste. ~ **here** juste ici; ~ **over there/here** juste là/ici; ~ **by the church** juste à côté de l'église. **(e)** *(almost)* ~ **about** à peu près, presque. **I've had** ~ **about enough!** * j'en ai par-dessus la tête! * **(f)** *(in comparison)* ~ **as** tout aussi; **you sing** ~ **as well as I do** vous chantez tout aussi bien que moi. **(g)** *(+ imper)* donc, un peu. ~ **taste this!** goûte un peu à ça! *; ~ **look at that!** regarde-moi ça! *; ~ **shut up!** veux-tu te taire!; ~ **let me get my hands on him!** * que je l'attrape *(subj)* un peu! * **(h)** *(slightly, immediately)* (un) peu, juste. ~ **over/under £10** un peu plus/moins de 10 livres; ~ **after 9 o'clock he came in** peu après 9 heures il est entré; **it's** ~ **after 9 o'clock** il est un peu plus de 9 heures; ~ **after he came** juste après son arrivée; ~ **before it rained** juste avant la pluie; **that's** ~ **over the kilo** cela fait tout juste un peu plus du kilo; **it's** ~ **to the left** c'est juste à gauche.

(i) *(only)* juste. ~ **a moment please** un instant s'il vous plaît; **he's** ~ **a lad** ce n'est qu'un gamin; **don't go yet, it's** ~ **9 o'clock** ne partez pas encore, il n'est que 9 heures; **I've come** ~ **to see you** je suis venu exprès pour te voir; **he did it** ~ **for a laugh** * il l'a fait histoire de rire *; ~ **a line to let you know that...** juste un petit mot pour vous dire que...
(j) *(simply)* (tout) simplement, seulement. **I** ~ **told him to go away** je lui ai tout simplement dit de s'en aller; **you should** ~ **send it back** vous n'avez qu'à le renvoyer; **I would** ~ **like to say this** je voudrais seulement *or* simplement dire ceci; **I** ~ **can't imagine what's happened to him** je ne peux vraiment pas m'imaginer *or* je n'arrive pas à imaginer ce qui lui est arrivé; **we shall** ~ **drop in on him** nous ne ferons que passer chez lui; **it's** ~ **one of those things** * c'est la vie.
(k) *(emphatic)* absolument, tout simplement. **it's** ~ **fine!** c'est parfait!; **did you enjoy it?** — **did we** ~**!** * *or* **I should** ~ **say we did!** * cela vous a plu? — et comment! *
(l) *(phrases)* **it's** ~ **as well it's insured** heureusement que c'est assuré; **it would be** ~ **as well if he took it** il ferait aussi bien de le prendre; **I'm busy** ~ **now** je suis occupé pour l'instant; **I saw him** ~ **now** je l'ai vu tout à l'heure; **not** ~ **yet** pas tout de suite; **I'm taking my umbrella,** ~ **in case** je prends mon parapluie on ne sait jamais *or* à tout hasard; ~ **the same** *, **you...** tout de même, tu...; **I'd** ~ **as soon you kept quiet about it** j'aimerais autant que vous n'en disiez rien à personne.

just² [dʒʌst] *adj (fair: gen)* juste *(to, towards* envers, avec). **it is only** ~ **to point out that...** ce n'est que

justice de faire remarquer que... ◆ **justice** *n* **(a)** *(Jur)* justice *f*; **to bring sb to** ~**ice** amener qn devant les tribunaux; *(US)* **Department of Justice** ministère *m* de la Justice; **(b)** *(fairness)* équité *f*; **in** ~**ice to him he...,** **to do him** ~**ice he...** pour être juste envers lui il...; **this photo doesn't do him** ~**ice** cette photo ne l'avantage pas; **she never does herself** ~**ice** elle ne se montre jamais à sa juste valeur; **to do** ~**ice to a meal** faire honneur à un repas; **(c)** *(judge)* juge *m*; *(US)* juge *m* de la Cour Suprême; *(Brit)* **Justice of the Peace** juge de paix. ◆ **justly** *adv* avec raison, tout à fait justement. ◆ **justness** *n [cause]* justice *f*; *[decision etc]* justesse *f*.

justify ['dʒʌstɪfaɪ] *vt* **(a)** *(gen)* justifier; *decision* prouver le bien-fondé de. **to be justified in doing** être en droit de faire; **am I justified in thinking...?** est-ce que j'ai raison de penser...? **(b)** *(Typ)* justifier. ◆ **justifiable** *adj* justifiable, légitime. ◆ **justifiably** *adv* légitimement, avec raison. ◆ **justification** *n* justification *f* *(of* de, *for* à, pour).

jut [dʒʌt] *vi* (~ **out)** *(gen)* faire saillie; *[hidden object]* dépasser; *[cliff]* avancer. **to** ~ **(out) over sth** surplomber qch.

jute [dʒuːt] *n* jute *m*.

juvenile ['dʒuːvənaɪl] *adj* juvénile; *(pej)* puéril; *books, court* pour enfants. ~ **delinquency** délinquance *f* juvénile; ~ **delinquent** jeune délinquant(e) *m(f)*.

juxtaposition [ˌdʒʌkstəpəˈzɪʃ(ə)n] *n* juxtaposition *f*. **to be in** ~ se juxtaposer.

K

K, k [keɪ] *n* K, k *m*.

kaftan [ˈkæftæn] *n* kaftan *m*.

kail, kale [keɪl] *n* chou *m* frisé.

kaleidoscope [kəˈlaɪdəskəʊp] *n* kaléidoscope *m*.

Kampala [kæmˈpɑːlə] *n* Kampala.

kangaroo [ˌkæŋgəˈruː] *n* kangourou *m*.

kaolin [ˈkeəlɪn] *n* kaolin *m*.

kapok [ˈkeɪpɒk] *n* kapok *m*.

kaput ‡ [kəˈpʊt] *adj* fichu *, kaput ‡ *inv*.

karate [kəˈrɑːtɪ] *n* karaté *m*; ~ **chop** coup *m* de karaté (donné avec le tranchant de la main).

kart [kɑːt] **1** *n* kart *m*. **2** *vi*: **to go** ~**ing** faire du karting.

kayak [ˈkaɪæk] *n* kayak *m*.

kazoo [kəˈzuː] *n* mirliton *m*.

kebab [kəˈbæb] *n* kébab *m*, brochette *f*.

kedgeree [ˌkedʒəˈriː] *n* ≃ pilaf *m* de poisson.

keel [kiːl] *n* (*Naut*) quille *f*. **on an even ~** (*Naut*) dans ses lignes, à égal tirant d'eau; (*fig*) stable, en équilibre. ◆ **keel over** *vi* (*Naut*) chavirer; [*person*] tomber dans les pommes *, s'évanouir.

keen [kiːn] *adj* (**a**) *blade, appetite* aiguisé; *point* aigu; *wind, cold* piquant; *air, interest* vif; *pleasure, desire, feeling* intense; *eye* perçant; *hearing, ear* fin; *price, competition* serré; *intelligence, judgment* pénétrant. (**b**) (*enthusiastic*) *person* enthousiaste, ardent. **to be as ~ as mustard** déborder d'enthousiasme; **a ~ footballer** un passionné du football; **a very ~ socialist** un socialiste passionné; **to be ~ on** *music* avoir la passion de; *idea, suggestion* être enthousiasmé par; *person* avoir un béguin pour; **to grow ~ on sth/sb** se passionner pour qch/qn; **I'm not too ~ on him** il ne me plaît pas beaucoup; **he's very ~ on Mozart/football** *etc* c'est un passionné de Mozart/du football *etc*; **he's not ~ on her coming** il ne tient pas tellement à ce qu'elle vienne; **to be ~ to do** tenir absolument à faire. ◆ **keenly** *adv* (**a**) (*enthusiastically*) avec enthousiasme; (**b**) (*acutely*) *interest, feel* vivement; *desire* ardemment; *observe* astucieusement; *look* d'un regard pénétrant. ◆ **keenness** *n* enthousiasme *m*.

keep [kiːp] *pret, ptp* **kept 1** *vt* (**a**) (*gen*) garder. **you must ~ the receipt** il faut garder *or* conserver le reçu; **they ~ themselves to themselves** [*group*] ils font bande à part; [*couple*] ils se tiennent à l'écart; **to ~ sth clean** tenir *or* garder qch propre; **to ~ o.s. clean** être toujours propre; **exercise will ~ you fit** l'exercice physique vous maintiendra en forme; **the garden was well kept** le jardin était bien entretenu; **he kept them working** *or* **at it** il les a forcés à continuer de travailler; **to ~ sb waiting** faire attendre qn; **she kept him to his promise** elle l'a forcé à tenir sa promesse; **to ~ a piece of news from sb** cacher une nouvelle à qn; ~ **it to yourself, ~ it under your hat** * garde-le pour toi. (**b**) (*put aside*) garder, mettre de côté. **I've kept some for him** je lui en ai gardé; **I'm ~ing some sugar just in case** j'ai du sucre en réserve à tout hasard; ~ **it somewhere safe** mettez-le en lieu sûr; **you must ~ it in a cold place** il faut le garder *or* le conserver au froid. (**c**) (*detain*) garder, retenir. **to ~ sb in prison** garder qn en prison; **what kept you?** qu'est-ce qui vous a retenu? (**d**) (*own, have*)

shop, hotel, servants avoir; (*Comm: stock*) vendre, avoir. (*Agr*) *animals* élever. (**e**) *accounts, diary* tenir. **to ~ a note of** noter. (**f**) (*support*) *family* faire vivre. **I earn enough to ~ myself** je gagne assez pour vivre; **to ~ sb in food/clothing** nourrir/habiller qn. (**g**) (*restrain*) **to ~ sb from doing** empêcher qn de faire; ~ **him from school** ne l'envoyez pas à l'école. (**h**) (*fulfil*) *promise* tenir; *law, rule, Lent* observer; *treaty* respecter; *vow* rester fidèle à; *obligations* remplir; *feast day* célébrer; *sb's birthday* fêter. **to ~ an appointment** se rendre à un rendez-vous.

2 *vi* (**a**) (*continue*) continuer, suivre; (*remain*) rester, se tenir. ~ **on this road until...** suivez cette route jusqu'à...; **to ~ (to the) left/right** garder sa gauche/droite; (*Aut*) tenir sa gauche/droite; **to ~ straight on** continuer tout droit; **to ~ to** *promise* tenir; *subject* ne pas s'écarter de; *text* serrer; **to ~ doing** continuer à faire, ne pas cesser de faire; **she ~s talking** elle n'arrête pas de parler; **I ~ hoping that...** j'espère toujours que...; ~ **going!** allez-y!; ~ **smiling!** gardez le sourire!; **to ~ fit** se maintenir en forme; **he ~s in good health** il est toujours en bonne santé; **to ~ still** rester *or* se tenir tranquille; ~ **at it!** continuez!; **she ~s at him all the time** elle le harcèle, elle est toujours après lui; '~ **off the grass**' 'défense de marcher sur les pelouses'; **to ~ from doing** s'abstenir *or* se retenir de faire; **to ~ in with sb** * rester en bons termes avec qn; (*for one's own purposes*) cultiver qn; **to ~ to one's room/bed** garder la chambre/le lit; **they ~ to themselves** [*group*] ils font bande à part; [*couple*] ils se tiennent à l'écart. (**b**) (*in health*) aller. **how are you ~ ing?** comment allez-vous?; **she's not ~ing very well** elle ne va pas très bien; **he's ~ing better** il va mieux. (**c**) [*food etc*] se garder, se conserver. **apples that ~ all winter** des pommes qui se gardent *or* se conservent tout l'hiver; **this business can ~** * cette affaire peut attendre.

3 *n* (**a**) (*food etc*) **to earn one's ~** gagner de quoi vivre; **I got £15 a week and my ~** j'ai gagné 15 livres par semaine logé et nourri; **he's not worth his ~** il ne vaut pas ce qu'on dépense pour l'entretien. (**b**) (*Archit*) donjon *m*. (**c**) **for ~s** * pour de bon.

◆ **keep away 1** *vi* (*lit*) ne pas s'approcher (*from* de). (*fig*) **to ~ away from drink** s'abstenir de boire, ne pas boire. **2** *vt sep* *person* empêcher de s'approcher (*from* de). ◆ **keep back 1** *vi* rester en arrière, ne pas approcher. **2** *vt sep* (**a**) (*withhold*) *part of wages etc* retenir. (**b**) (*conceal*) *facts, names* ne pas dire, ne pas révéler; *secrets* taire. (**c**) (*make late*) retarder. (**d**) *crowd* empêcher de s'approcher. ◆ **keep down 1** *vi* rester assis (*or* allongé *etc*). **2** *vt sep* (**a**) (*control*) *revolt, one's anger* réprimer, contenir; *dog* retenir, maîtriser. **you can't ~ a good man down** un homme de valeur reprendra toujours le dessus. (**b**) *spending* restreindre, limiter; *prices* empêcher de monter. (**c**) (*Scol*) *pupil* faire redoubler une classe à. (**d**) **the sick man can't ~ anything down** le malade ne garde rien. ◆ **keep in** *vt sep* (**a**) *anger, feelings* contenir, réprimer. (**b**) *person* empêcher de sortir; (*Scol*) *pupil* garder en retenue; *stomach, elbows* rentrer. ◆ **keep off 1** *vi* [*person*] rester à l'écart. ~ **off!** n'approchez pas!;

if the rain ~s off s'il ne pleut pas. **2** *vt sep* dog, person empêcher de s'approcher. ~ **your hands off!** ne touchez pas! ◆ **keep on 1** *vi* continuer (*to do* à faire), ne pas arrêter (*to do* de faire). **don't ~ on so!** arrête!; **she does ~ on about...** elle n'arrête pas de parler de...; ~ **on past the church till...** continuez après l'église jusqu'à...; **if you ~ on as you're doing now** si tu continues comme ça; **to ~ on at sb** harceler qn. **2** *vt sep* garder. ◆ **keep out 1** *vi* rester en dehors. '~ **out**' 'défense d'entrer'; **to ~ out of danger** rester à l'abri du danger; **to ~ out of a quarrel** ne pas se mêler à une dispute; **~ out of this!** mêlez-vous de ce qui vous regarde! **2** *vt sep* person, dog empêcher d'entrer. **to ~ out the cold** protéger du froid. ◆ **keep together 1** *vi* [*people*] rester ensemble. **2** *vt sep* garder ensemble. ◆ **keep up 1** *vi* **(a)** (*continue*) continuer; [*prices*] se maintenir. **(b) to ~ up with sb** (*in race, walk etc*) aller aussi vite que qn; (*in work, achievement*) se maintenir au niveau de qn; (*in comprehension*) suivre qn; (*fig*) **to ~ up with the Joneses** ne pas se trouver en reste avec les voisins. **(c)** (*stay friends with*) **to ~ up with sb** rester en relations avec qn. **2** *vt sep* **(a)** (*gen*) continuer, ne pas abandonner; *correspondence* entretenir; *subscription, custom* maintenir; *one's French etc* entretenir. ~ **it up!** continuez! **(b)** (*maintain*) house, paintwork, road entretenir.
◆ **keeper** *n* (*gen*) gardien(ne) *m(f)*; (*in museum etc*) conservateur *m*, -trice *f*; (*game* ~) garde-chasse *m*. ◆ **keep-fit** *adj*: ~-**fit classes** cours *mpl* de culture physique; ~-**fit (exercises)** culture *f* physique. ◆ **keeping** *n* **(a)** (*care*) garde *f*; **to put in sb's ~ing** confier à qn; **(b) to be in ~ing with** s'accorder avec; **in ~ing with** en accord avec. ◆ **keepsake** *n* souvenir *m* (*objet*).

keg [keg] *n* tonnelet *m*; [*fish*] caque *f*. ~ **beer** bière *f* en tonnelet.

kelp [kelp] *n* varech *m*.

ken [ken] *n*: **that is beyond my ~** je ne m'y connais pas.

kennel ['kenl] *n* [*dog*] niche *f*; [*hound*] chenil *m*. **to put a dog in ~s** mettre un chien dans un chenil.

Kenya ['kenjə] *n* Kénya *m*. ◆ **Kenyan 1** *adj* kényen ; **2** *n* Kényen(ne) *m(f)*.

kept [kept] *pret, ptp of* **keep**.

kerb [kɜːb] *n* (*Brit*) bord *m* du trottoir. **along the ~** le long du trottoir; ~ **crawler** dragueur * *m* motorisé.

kernel ['kɜːnl] *n* amande *f* (*de noyau*).

kerosene ['kerəsiːn] **1** *n* (*aircraft fuel*) kérosène *m*; (*US: for lamps*) pétrole *m* (*lampant*). **2** *adj* à pétrole.

kestrel ['kestrəl] *n* crécerelle *f*.

ketchup ['ketʃəp] *n* ketchup *m*.

kettle ['ketl] *n* bouilloire *f*. **the ~'s boiling** l'eau bout; **I'll just put the ~ on** je vais mettre l'eau à chauffer.

key [kiː] **1** *n* **(a)** (*gen*) clef *f or* clé *f*; [*clockwork toy etc*] remontoir *m*; [*textbook*] (*answers*) solutions *fpl*; (*translation*) traduction *f*; [*map*] légende *f*; [*mystery etc*] clef (*to de*). **to turn the ~** donner un tour de clef. **(b)** [*piano, typewriter etc*] touche *f*; [*wind instrument*] clef *f*. **(c)** (*Mus*) ton *m*. ~ **être/n'être pas dans le ton; to sing in/off ~** chanter juste/faux; **in the ~ of C** en do. **2** *adj* **(a)** (*vital*) clef *or* clé (*f inv*). ~ **industry** industrie *f* clef; ~ **jobs** postes *mpl* clefs; ~ **man** pivot *m* (*fig*). **(b)** (*Mus*) ~ **signature** armature *f*. **3** *vt* (*also* ~ **in**) entrer.
◆ **keyboard** *n* clavier *m*; (*in pop group*) ~**boards** clavier *m*. ◆ **keyhole** *n*: **through the ~hole** par le trou de la serrure. ◆ **keynote 1** *n* (*Mus*) tonique *f*; [*speech etc*] note *f* dominante ; **2** *adj* (*Pol etc*) ~**note speech** discours-programme *m*.

◆ **key ring** *n* porte-clefs *m inv*. ◆ **keystone** *n* clef *f* de voûte. ◆ **keyword** *n* mot-clé *m*.

khaki ['kɑːkɪ] *adj* kaki *inv*.

kibbutz, *pl* **kibbutzim** [kɪ'buts, kɪ'butsɪm] *n* kibboutz *m*.

kibosh ‡ ['kaɪbɒʃ] *n*: **to put the ~ on** ‡ mettre le holà à.

kick [kɪk] **1** *n* **(a)** coup *m* de pied. **to give sth a ~** donner un coup de pied à *or* dans qch; **to take a ~ at** lancer un coup de pied à; **to give sb a ~ in the pants** * botter * le derrière à *or* de qn; (*fig*) **it was a ~ in the teeth** ‡ **for her** cela a été pour elle une gifle en pleine figure; (*fig*) **he gets a ~ out of it** * il trouve ça stimulant; (*pej*) **he did it for ~s** * il l'a fait pour le plaisir. **(b)** [*gun*] recul *m*; [*starting handle*] retour *m*. **2** *vi* donner *or* lancer un coup de pied; [*baby*] gigoter *; [*horse etc*] ruer; [*gun*] reculer. **to ~ at** lancer un coup de pied à; (*fig: object to*) se rebiffer * contre; (*fig*) **to ~ over the traces** ruer dans les brancards. **3** *vt* [*person*] donner un coup de pied à; [*horse etc*] lancer une ruade à. **to ~ sb downstairs** faire descendre qn à coups de pied dans le derrière; **to ~ sth away** repousser qch du pied; **to ~ a goal** marquer un but; (*fig*) **to ~ the bucket** ‡ casser sa pipe *, mourir; **I could have ~ed myself** * je me serais flanqué * des coups; (*fig*) **to ~ one's heels** poireauter *; **to ~ the habit** * (*engine*) arrêter.
◆ **kick about, kick around 1** *vi* (‡) [*objects, person*] traîner. **2** *vt sep*: **to ~ a ball about** s'amuser avec un ballon. ◆ **kick back 1** *vi* [*engine*] avoir un retour de manivelle. **2** *vt sep* ball etc renvoyer (du pied). ◆ **kick down** *vt sep* démolir à coups de pied. ◆ **kick in** *vt sep* door enfoncer à coups de pied. (*fig*) **to ~ sb's face in** * casser la figure * à qn. ◆ **kick off** *vi* (*Ftbl*) donner le coup d'envoi; (*) [*meeting etc*] démarrer *. ◆ **kick out 1** *vi* [*horse*] ruer; [*person*] envoyer de grands coups de pied (*at* à). **2** *vt sep* (*fig*) mettre à la porte. ◆ **kick up** *vt sep* (*fig*) **to ~ up a row** * *or* **a din** * faire du tapage; **to ~ up a fuss** * faire toute une histoire.
◆ **kick-off** *n* (*Ftbl etc, also fig*) coup *m* d'envoi. ◆ **kick-stand** *n* béquille *f* (*de moto*). ◆ **kick-start(er)** *n* démarreur *m* au pied.

kid [kɪd] **1** *n* (*goat, leather*) chevreau *m*; (*: child*) gosse * *mf*; (*: teenager*) (petit(e) jeune *m(f)*. **2** *adj* **(a)** (*) *brother etc* petit. **(b)** gloves etc de chevreau. (*fig*) **to handle with ~ gloves** person prendre des gants avec *; *subject* traiter avec précaution. **3** *vt* (*) **to ~ sb (on)** faire marcher qn *; **no ~ding!** sans blague! *; **don't ~ yourself!** ne te fais pas d'illusions!; **he was ~ding on that he was hurt** il essayait de faire croire qu'il était blessé. **4** *vi* (*: ~ on*) raconter des blagues *. **I was only ~ding (on)** j'ai dit ça pour rigoler *. ◆ **kiddy** * *n* gosse * *mf*, mioche * *mf*.

kidnap ['kɪdnæp] *vt* kidnapper, enlever. ◆ **kidnapper** *n* kidnappeur *m*, -euse *f*, ravisseur *m*, -euse *f*. ◆ **kidnapping** *n* enlèvement *m*, rapt *m*.

kidney ['kɪdnɪ] **1** *n* (*Anat*) rein *m*; (*Culin*) rognon *m*. (*fig*) **of the same** ~ du même acabit. **2** *adj* disease etc rénal; *transplant* du rein. **to be on a ~ machine** être sous rein artificiel; ~ **stone** calcul *m* du rein.
◆ **kidney-bean** *n* haricot *m* rouge. ◆ **kidney-shaped** *adj* en forme de haricot.

kill [kɪl] **1** *n* (*at bullfight, hunt*) mise *f* à mort. (*fig*) **to be in at the ~** assister au coup de grâce. **2** *vt* **(a)** (*gen*) tuer; (*murder*) assassiner; [*huntsman, slaughterer*] abattre. **to be ~ed in action** tomber au champ d'honneur; (*fig*) **to ~ two birds with one stone** faire d'une pierre deux coups; **it was ~ or cure** c'était un remède de cheval; (*iro*) **don't ~ yourself!** * surtout ne te surmène pas!; **this heat is ~ing me** * cette chaleur me tue; **my feet are ~ing me** * j'ai affreusement mal aux pieds; **she**

was ~ing herself (laughing) * elle était pliée en deux de rire. (b) *(fig) proposal, attempt* faire échouer; *paragraph etc* supprimer; *story* interdire la publication de; *rumour* mettre fin à; *feeling, hope* détruire; *flavour, smell* tuer; *sound* amortir; *engine, motor* arrêter; (*) *bottle* liquider *. to ~ time tuer le temps. ◆ **kill off** *vt sep* exterminer; *(fig)* éliminer.

◆ **killer 1** *n* tueur *m*, -euse *f*; *(murderer)* assassin *m*, meurtrier *m*, -ière *f*; *(lit)* that's a ~er cela tue; **2** *adj disease* qui tue; *instinct* qui pousse à tuer; *(fig)* he's got the ~er instinct il en veut *, c'est un gagneur. ~er whale épaulard *m*. ◆ **killing 1** *n* [*person*] meurtre *m*; [*people, group*] tuerie *f*, massacre *m*; *(during disturbances etc)* there were 3 ~ings 3 personnes ont été tuées; *(Fin)* to make a ~ing réussir un beau coup (de filet); **2** *adj blow, disease* meurtrier; (*: *exhausting) work* tuant; (⁑: *funny)* tordant *. ◆ **killjoy** *n* rabat-joie *m inv*.

kiln [kɪln] *n* four *m (de potier)*.

Kilner ® **jar** [ˈkɪlnəˌdʒɑːʳ] *n* bocal *m* à conserves.

kilo [ˈkiːləʊ] *n* kilo *m*. ◆ **kilobyte** *n (Comput)* kilooctet *m*. ◆ **kilogram(me)** *n* kilogramme *m*. ◆ **kilometre**, *(US)* **kilometer** [ˈkɪləˌmiːtəʳ, kɪˈlɒmɪtəʳ] *n* kilomètre *m*. ◆ **kilowatt** *n* kilowatt *m*.

kilt [kɪlt] *n* kilt *m*. ◆ **kilted** *adj* en kilt.

kilter * [ˈkɪltəʳ] *n*: out of ~ détraqué.

kin [kɪn] *n* parents *mpl*, famille *f*. his next of ~ son parent le plus proche. ◆ **kinship** *n* parenté *f*. ◆ **kinsman** *n* parent *m*. ◆ **kinswoman** *n* parente *f*.

kind [kaɪnd] **1** *n* (a) *(type: gen)* genre *m*, espèce *f*, sorte *f*; *(make: of car, coffee etc)* marque *f*. what ~ do you want? vous en (or le *or* la *etc*) voulez de quelle sorte?; what ~ of car is it? quelle marque de voiture est-ce?; what ~ of dog is he? qu'est-ce que c'est comme (race de) chien?; what ~ of man is he? quel genre d'homme est-ce?; he is not the ~ of man to refuse ce n'est pas le genre d'homme à refuser; he's not that ~ of person ce n'est pas son genre; he's the ~ that will cheat il est du genre à tricher; I know his ~! je connais les gens de son espèce; that's the ~ of person I am c'est comme ça que je suis; what ~ of people does he think we are? pour qui nous prend-il?; what ~ of an answer do you call that? vous appelez ça une réponse?; and all that ~ of thing et autres choses du même genre, et tout ça *; you know the ~ of thing I mean vous voyez ce que je veux dire; it's my ~ of film c'est le genre de film que j'aime; sth of the ~ qch de ce genre (-là); nothing of the ~! absolument pas!; *(pej)* it was beef of a ~ c'était qch qui pouvait passer pour du bœuf; a ~ of une sorte *or* espèce de, un genre de; I was ~ of * frightened that j'avais comme peur * que + ne + *subj*; I ~ of * thought that he would come j'avais un peu l'idée qu'il viendrait; he was ~ of * worried-looking il avait l'air un peu inquiet. (b) *(race, species)* genre *m*, espèce *f*. they're two of a ~ ils se ressemblent; it's the only one of its ~ c'est unique en son genre. (c) to pay/payment in ~ payer/paiement *m* en nature; *(fig)* I shall repay you in ~ *(after good deed)* je vous le rendrai; *(after bad deed)* je vous rendrai la monnaie de votre pièce.

2 *adj person* gentil *(to sb* avec qn), bon *(to sb* envers qn), aimable. would you be ~ enough to open the door? voulez-vous être assez aimable *or* gentil pour ouvrir la porte?; he was ~ enough to say il a eu la gentillesse *or* l'amabilité de dire; it was very ~ of you to help me vous avez été bien aimable de m'aider; that's very ~ of you c'est très aimable *or* gentil de votre part; that wasn't a very ~ thing to say ce n'était pas très gentil de dire cela.

◆ **kind-hearted** *adj* bon, qui a bon cœur. ◆ **kind-heartedness** *n* bonté *f*, bon cœur. ◆ **kindliness** *n* bienveillance *f*, bonté *f*. ◆ **kindly 1** *adv* (a) *speak, act* avec bonté, avec gentillesse; (b) will you ~ly shut the door voulez-vous avoir la bonté de fermer la porte; (c) I don't take ~ly to his doing that je n'aime pas du tout qu'il fasse cela; she didn't take it ~ly when... elle ne l'a pas bien pris quand... ; **2** *adj person, advice* bienveillant; *voice* plein de bonté; *letter* gentil; *treatment* plein de gentillesse. ◆ **kindness** *n* bonté *f (towards* pour), gentillesse *f (towards* envers); *(kind act)* gentillesse *f*, service *m*; out of the ~ness of his heart par bonté d'âme; to do sb a ~ness rendre service à qn; it would be a ~ness to tell him so ce serait lui rendre service que de le lui dire.

kindergarten [ˈkɪndəˌgɑːtn] *n* jardin *m* d'enfants.

kindle [ˈkɪndl] *vt fire* allumer; *wood, emotion* enflammer. ◆ **kindling** *n* petit bois *m*.

kindred [ˈkɪndrɪd] **1** *n* parents *mpl*, famille *f*. **2** *adj languages, tribes* apparenté. ~ **spirits** âmes *fpl* sœurs; to have a ~ feeling for sb sympathiser avec qn.

king [kɪŋ] *n* roi *m (also Cards, Chess)*; *(Draughts)* dame *f*. K~ David le roi David; an oil ~ un roi *or* un magnat du pétrole. ◆ **kingdom** *n* royaume *m*; *(Bot, Zool)* règne *m*; the K~dom of Heaven le royaume des cieux; till ~dom come * jusqu'à la fin des siècles. ◆ **kingfisher** *n* martin-pêcheur *m*. ◆ **kingly** *adj* royal, de roi. ◆ **kingpin** *n (lit)* cheville *f* ouvrière; *(fig)* caïd * *m*. ◆ **king-size(d)** *adj (Comm) cigarette* long; *packet* géant; *(gen) object, headache* de première grandeur.

kink [kɪŋk] **1** *n (in rope etc)* entortillement *m*; *(fig)* aberration *f*. **2** *vi* s'entortiller. ◆ **kinky** * *adj hair* crépu; *person* bizarre; *(unpleasantly so)* malade *(fig pej)*; *(sexually)* qui a des goûts spéciaux; *idea, dress, fashion* bizarre.

kiosk [ˈkiːɒsk] *n (gen)* kiosque *m*; *(Brit: telephone ~)* cabine *f* téléphonique.

kipper [ˈkɪpəʳ] *n* hareng *m* fumé et salé, kipper *m*.

Kirbigrip ®, **kirbygrip** [ˈkɜːbɪˌgrɪp] *n* pince *m* à cheveux.

kirk [kɜːk] *n (Scot)* église *f*.

kiss [kɪs] **1** *n* baiser *m*. *(Med)* ~ of life bouche à bouche *m*; ~ of death coup *m* fatal; *(in letter)* love and ~es bons baisers *mpl*. **2** *vt* embrasser, donner un baiser à. to ~ sb's cheek embrasser qn sur la joue; to ~ sb's hand baiser la main de qn; to ~ sb good night embrasser qn en lui souhaitant bonne nuit. **3** *vi* s'embrasser.

kit [kɪt] *n* (a) *(equipment: gen)* matériel *m*, équipement *m*; *(Mil)* fourniment *m*; *(tools)* outils *mpl*; *(luggage)* bagages *mpl*; *(belongings)* affaires *fpl*. **fishing** ~ matériel *or* équipement de pêche; got your football ~? tu as tes affaires de football? (b) *(set of items)* trousse *f*. **repair/tool** ~ trousse de réparations/à outils; **first-aid** ~ trousse de premiers secours. (c) *(parts for assembly)* kit *m*. sold in ~ form vendu en kit; model aeroplane ~ maquette *f* d'avion à assembler. ◆ **kit out, kit up** *vt sep* équiper *(with* de). ◆ **kitbag** *n* sac *m (de sportif, de marin etc)*.

kitchen [ˈkɪtʃɪn] **1** *n* cuisine *f (pièce)*. **2** *adj table, salt etc* de cuisine. ~ **cabinet** buffet *m* de cuisine; ~ **foil** papier *m* d'aluminium; ~ **garden** potager *m*; ~ **paper**, ~ **roll** essuie-tout *m inv*; ~ **sink** évier *m*; everything but the ~ **sink** * tout sauf les murs; ~-sink * drama théâtre *m* naturaliste; ~ **soap** savon *m* de Marseille; ~ **unit** élément *m* de cuisine. ◆ **kitchenette** *n* kitchenette *f*. ◆ **kitchenmaid** *n* fille *f* de cuisine. ◆ **kitchenware** *n (dishes)* vaisselle *f (de cuisine)*; *(equipment)* ustensiles *mpl* de cuisine.

kite [kaɪt] *n (bird)* milan *m*; *(toy)* cerf-volant *m*.

kith [kɪθ] *n*: ~ **and kin** amis *mpl* et parents *mpl*.

kitsch [kɪtʃ] *adj*, *n* kitsch (*m*) *inv*.

kitten ['kɪtn] *n* chaton *m*, petit chat *m*. *(fig)* **to have ~s ‡** piquer une crise *.

kitty ['kɪtɪ] *n* **(a)** *(Cards, also fig)* cagnotte *f*. **(b)** *(*: cat)* minet * *m*.

kiwi ['ki:wi:] *n* *(bird)* kiwi *m*; *(also ~ fruit)* kiwi *m*.

kleptomania [ˌkleptə(ʊ)'meɪnɪə] *n* kleptomanie *f*.
♦ **kleptomaniac** *adj*, *n* kleptomane *(mf)*.

knack [næk] *n* tour *m* de main. **to learn the ~ of doing** attraper le tour de main pour faire; **to have the ~ of doing** avoir le chic pour faire.

knapsack ['næpsæk] *n* sac *m* à dos, havresac *m*.

knave [neɪv] *n* filou *m*; *(Cards)* valet *m*.

knead [ni:d] *vt bread dough* pétrir; *muscles* masser.

knee [ni:] *n* genou *m*. **on one's ~s** à genoux; **to go (down) on one's ~s** s'agenouiller, se mettre à genoux *(to sb* devant qn). ♦ **kneecap** *n* rotule *f*. ♦ **knee-deep** *adj*: **the water was ~-deep** l'eau arrivait aux genoux. ♦ **knee-high** *adj* à hauteur de genou. ♦ **kneepad** *n* genouillère *f*. ♦ **knee pants** *npl (US)* bermuda(s) *m(pl)*.

kneel [ni:l] *pret, ptp* **knelt** *vi (~ down)* s'agenouiller, se mettre à genoux.

knell [nel] *n* glas *m*. **to toll the ~** sonner le glas.

knew [nju:] *pret* of **know**.

knickers ['nɪkəz] *npl* slip *m (de femme)*.

knick-knack ['nɪknæk] *n* bibelot *m*.

knife [naɪf] **1** *n*, *pl* **knives** *(gen)* couteau *m*; *(pocket~)* canif *m*. **~, fork and spoon** couvert *m*; *(fig)* **he's got his ~ into me *** il a une dent contre moi; *(fig)* **it's war to the ~ between them** ils sont à couteaux tirés. **2** *vt person* donner un coup de couteau à; *(kill)* tuer à coups de couteau. **3** *adj box* à couteaux. *(fig)* **on a ~ edge** *person* sur des charbons ardents; *result* qui ne tient qu'à un fil. ♦ **knife-grinder** *n* rémouleur *m*. ♦ **knifesharpener** *n* aiguisoir *m*.

knight [naɪt] **1** *n* chevalier *m*; *(Chess)* cavalier *m*. **2** *vt (Brit)* **he was ~ed for services to industry** il a été fait chevalier pour services rendus dans l'industrie. ♦ **knighthood** *n*: **to receive a ~hood** recevoir le titre de chevalier.

knit [nɪt] *pret, ptp* **knitted** *or* **knit 1** *vt* tricoter; *(fig: ~ together)* lier. **to ~ one's brows** froncer les sourcils. **2** *vi* tricoter; *[bone etc]* se souder. ♦ **knitted** *adj* en tricot. ♦ **knitting 1** *n* tricot *m* ; **2** *adj needle, wool, machine* à tricoter. ♦ **knitwear** *n* tricots *mpl*.

knob [nɒb] *n (gen)* bouton *m (de porte, de radio etc)*; *[cane etc]* pommeau *m*. **~ of butter** noix *f* de beurre. ♦ **knobb(l)y** *adj* noueux *m*.

knock [nɒk] **1** *n (blow)* coup *m*; *(in engine etc)* cognement *m*. **there was a ~ at the door** on a frappé (à la porte); **I heard a ~** j'ai entendu frapper; **knock, knock!** toc, toc, toc!; **I'll give you a ~ at 7 o'clock** je viendrai taper à la porte à 7 heures; **he got a ~ on the head** il a reçu un coup sur la tête; *(criticism)* **~s *** critiques *fpl*; *(fig)* **to take a ~** en prendre un coup. **2** *vt* **(a)** *(hit, strike)* frapper. **to ~ a nail into a plank** planter *or* enfoncer un clou dans une planche; **he ~ed the ball into the hedge** il a envoyé la balle dans la haie; **to ~ holes in sth** faire des trous dans qch; **to ~ the bottom out of** *box* défoncer; **to ~ sth** démolir; **to ~ sb on the head** frapper qn sur la tête; *(stun)* assommer qn; **to ~ sb to the ground** jeter qn à terre; **to ~ sb unconscious** assommer qn; **she ~ed the knife out of his hand** elle lui a fait tomber le couteau des mains; **to ~ a glass off a table** faire tomber un verre d'une table ; **to ~ spots off sb *** battre qn à plates coutures; *(astonish)* **to ~ sb sideways *** ébahir qn; **to ~ some sense into sb** ramener qn à la raison. **(b)** *(collide with)* heurter. **to ~ one's head on** *or* **against** se

cogner la tête contre; **he ~ed his foot against a stone** il a donné du pied contre une pierre. **(c)** *(*: denigrate)* dire du mal de; *(in advertising)* faire de la contre-publicité à.

3 *vi* **(a)** *(strike)* frapper, cogner *(at* à). **he ~ed on the table** il a frappé la table, il a cogné sur la table; **his knees were ~ing** il tremblait de peur. **(b)** *(bump)* **to ~ into** se cogner or se heurter contre, heurter; *(*: meet)* tomber sur; **to ~ about the world** vagabonder de par le monde. **(c)** *[car engine etc]* cogner.

♦ **knock about, knock around 1** *vi (travel)* vagabonder; *[sailor]* bourlinguer. **2** *vt sep (ill-treat)* maltraiter, malmener. ♦ **knock back** *vt sep* **(a)** *(*: drink)* s'envoyer *, avaler. **(b)** *(*: cost)* **it ~ed me back £20** ça a fait un trou de 20 livres dans mes finances. **(c)** *(*fig: shock)* sonner *, ahurir. ♦ **knock down** *vt sep* **(a)** *object* renverser; *building etc* démolir; *tree* abattre; *door* enfoncer; *person* jeter à terre; *(Aut) pedestrian* renverser; *gatepost* faire tomber. **you could have ~ed me down with a feather!** les bras m'en sont tombés! **(b)** *price* baisser, abaisser. **(c)** *lot at auction* adjuger *(to sb* à qn). ♦ **knock in** *vt sep nail* enfoncer. ♦ **knock off 1** *vi (*: stop work)* s'arrêter (de travailler); *[striker]* débrayer *. **2** *vt sep vase from shelf etc* faire tomber. *(fig)* **to ~ off £10** baisser le prix de 10 livres. **(b)** *(*: do quickly) piece of work* expédier; *(*: steal)* piquer ‡, voler; *(*: stop)* arrêter *(doing* de faire). ♦ **knock out** *vt sep* **(a)** *nail etc* faire sortir *(of* de); *one's pipe* débourrer. **(b)** *(stun)* assommer; *(Boxing)* mettre knock-out; *(*: shock)* sonner *. **(c)** *(from competition etc)* éliminer *(of* de). ♦ **knock over** *vt sep (gen)* renverser; *(Aut) pedestrian* renverser; *gatepost* faire tomber. ♦ **knock together 1** *vi [glasses, knees]* s'entrechoquer. **2** *vt sep* **(a)** *two objects* cogner l'un contre l'autre. **(b)** *(make hurriedly)* bricoler à la hâte. ♦ **knock up** *vt sep* **(a)** *lever* faire lever d'un coup; *sb's arm* faire voler en l'air. **(b)** *(Brit: waken)* réveiller (en frappant à la porte). **(c)** *(make hurriedly) meal* préparer en vitesse; *shed* construire à la va-vite; *furniture, toy* fabriquer en un rien de temps. **(d)** *(Brit *: exhaust)* person* éreinter. **(e)** *(Brit *: make ill)* rendre malade. **(f)** *(*: make pregnant)* faire un gosse à *.

♦ **knockdown** *adj* **(a)** *price* imbattable; **(b)** *table, shed* démontable. ♦ **knocker** *n (door-~)* marteau *m (de porte)*. ♦ **knocking** *n* coups *mpl*; *(in engine)* cognement *m*; **I can hear ~ing** j'entends frapper; *(Aut)* il y a qch qui cogne. ♦ **knocking-off time *** *n* heure *f* de la sortie. ♦ **knock-kneed** *adj*, ♦ **knock-knees** *npl*: **to be ~-kneed**, **to have ~-knees** avoir les genoux cagneux. ♦ **knock-on** *n*: **~-on effect** réaction *f* en chaîne. ♦ **knockout 1** *n* **(a)** *(Boxing etc)* knock-out *m*; *(fig: success)* **to be a ~out *** être sensationnel *; **(b)** *(Sport)* compétition *f* (avec épreuves éliminatoires) ; **2** *adj*: **~out drops *** soporifique *m*. ♦ **knock-up** *n (Tennis)* **to have a ~-up** faire des balles.

knoll [nəʊl] *n* tertre *m*.

knot [nɒt] **1** *n* **(a)** nœud *m*. **to tie a ~** faire un nœud. **(b)** *(Naut)* nœud *m*. **to make 20 ~s** filer 20 nœuds. **2** *vt rope* faire un nœud à, nouer. **to ~ together** nouer. ♦ **knotty** *adj wood, hand* noueux; *problem* épineux.

know [nəʊ] *pret* **knew**, *ptp* **known 1** *vt* **(a)** *facts, a language, dates, results* savoir *(that* que). **why? who ~s?** pourquoi? qui sait?; **to ~ a lot about** en savoir long sur; **I don't ~ much about** je ne sais pas grand-chose sur; **to get to ~ sth** apprendre qch; **to ~ how to do sth** savoir faire qch; **he ~s all the answers** il s'y connaît *(pej)* c'est un je-sais-tout *; **to ~ the difference between** connaître la différence entre; **to ~ one's mind** savoir ce qu'on veut; **to ~ what he's talking about** il sait de quoi il parle, il connaît son sujet; **you ~ what I mean...** tu vois ce que je veux dire...; **that's worth ~ing** c'est bon à

savoir; **for all I** ~ (autant) que je sache; **not that I** ~ **(of)** pas que je sache; **there's no** ~**ing what he'll do** impossible de savoir ce qu'il va faire; **what do you** ~**!** * eh bien!, ça alors!; **not if I** ~ **it!** * c'est ce qu'on va voir!; **she** ~**s all about sewing** elle s'y connaît or elle est très forte en couture; **that's all you** ~**!** * c'est ce que tu crois!; **I** ~ **nothing about it** je n'en sais rien, je ne suis pas au courant; **it soon became** ~**n that...** on a bientôt appris que...; **it is well** ~**n that...** tout le monde sait que...; **to make sth** ~**n to sb** faire savoir qch à qn; **he is** ~**n to have been there** on sait qu'il y a été; **I've** ~**n such things to happen** j'ai déjà vu cela se produire.
(**b**) *(be acquainted with)* person, place, book, subject, plan, route connaître. **to** ~ **sb by sight/by name** connaître qn de vue/de nom; **I don't** ~ **her to speak to** je ne la connais pas assez pour lui parler; **to get to** ~ **sb** *(V get 2b)*; **to make o.s.** ~**n to sb** se présenter à qn; **he is** ~**n as...** on le connaît sous le nom de...
(**c**) *(recognize)* reconnaître *(sb by his voice* qn à sa voix). **I knew him at once** je l'ai reconnu tout de suite; **he** ~**s a good horse when he sees one** il sait reconnaître un bon cheval; **I wouldn't** ~ **it from a screwdriver** je ne sais pas le reconnaître d'un tournevis; **I can't** ~ **one end of a hammer from the other** c'est à peine s'il sait ce que c'est qu'un marteau; **you wouldn't** ~ **him from his brother** on le prendrait pour son frère.
2 *vi* savoir. **as far as I** ~ à ma connaissance; **how should I** ~**?** comment voulez-vous que je le sache?; **there's no** ~**ing** on ne peut pas savoir; **Mummy** ~**s best!** maman a toujours raison!; **you** ~ **best** tu sais ce que tu dis; **to** ~ **about** or **of sth** savoir qch, connaître qch, avoir entendu parler de qch; **she** ~**s about cats** elle s'y connaît en (matière de) chats; **do you** ~ **about Paul?** tu es au courant pour Paul? *; **there were 5 'don't** ~**s'** il y avait 5 'sans opinion'; **to** ~ **better than to do** ne pas avoir la stupidité de faire; **you ought to have** ~**n better** tu aurais dû réfléchir; **they don't** ~ **any better** ils ne savent pas ce qu'ils font; **he**

says he didn't do it but I ~ **better** il dit que ce n'est pas lui mais je ne suis pas assez stupide pour le croire; **to** ~ **of** connaître, avoir entendu parler de.
3 *n:* **to be in the** ~ * être au courant.
◆ **knowable** *adj* connaissable. ◆ **know-all** * *n* je-sais-tout *mf*. ◆ **know-how** * *n* technique *f*, compétence *f*. ◆ **knowing** *adj (shrewd)* fin, malin; *(wise)* sage; *look, smile* entendu. ◆ **knowingly** *adv (consciously)* sciemment; *(in ~ing way) look, smile* d'un air entendu. ◆ **known** *adj thief etc* connu; *expert* reconnu; *fact* établi.

knowledge ['nɒlɪdʒ] *n* (**a**) *(understanding, awareness)* connaissance *f*. **to have no** ~ **of** ne pas savoir, ignorer; **to (the best of) my** ~ à ma connaissance; **without his** ~ à son insu; **to bring sth to sb's** ~ signaler qch à qn; **it has come to my** ~ **that...** j'ai appris que...; **it's common** or **public** ~ **that...** chacun sait que... (**b**) *(learning, facts learnt)* connaissances *fpl*, savoir *m*. **my** ~ **of English** mes connaissances d'anglais; **he has a working** ~ **of Japanese** il possède les éléments *mpl* de base du japonais; **he has a thorough** ~ **of geography** il possède la géographie à fond. ◆ **knowledgeable** *adj person* bien informé; *report* bien documenté.

knuckle ['nʌkl] *n* articulation *f* du doigt. ◆ **knuckle under** * *vi* céder. ◆ **knuckleduster** *n* coup-de-poing *m* américain.

koala [kəʊˈɑːlə] *n* (~ **bear**) koala *m*.

Korea [kəˈrɪə] *n* Corée *f*. **North/South** ~ Corée du Nord/Sud. ◆ **Korean 1** *adj* coréen ; **2** *n* Coréen(ne) *m(f)*.

Koran [kɒˈrɑːn] *n* Coran *m*.

kosher ['kəʊʃər] *adj* kascher *inv*.

kowtow ['kaʊtaʊ] *vi* se prosterner *(to sb* devant qn).

Kuala Lumpur ['kwɑːləˈlʊmpʊə] *n* Kuala Lumpur.

kudos * ['kjuːdɒs] *n* gloire *f*, lauriers *mpl*.

kumquat ['kʌmkwɒt] *n* kumquat *m*.

Kurdistan [ˌkɜːdɪˈstɑːn] *n* le Kurdistan.

Kuwait [kʊˈweɪt] *n* Koweït, Kuweit.

L

L, l [el] *n* L, l *m or f. (Aut)* **L-plate** plaque *f* d'apprenti conducteur.

lab * [læb] *n (abbr of* **laboratory)** labo * *m.*

label ['leɪbl] **1** *n* étiquette *f.* **record on the Deltaphone** ~ disque sorti chez Deltaphone. **2** *vt* coller une *or* des étiquette(s) sur; *(Comm) goods for sale* étiqueter; *(fig) person* étiqueter *(as* comme). **the bottle was not** ~**led** il n'y avait pas d'étiquette sur la bouteille; **it was** ~**led poison** il y avait marqué poison.

laboratory [lə'bɒrət(ə)rɪ] **1** *n* laboratoire *m.* **2** *adj assistant, equipment* de laboratoire.

labour, *(US)* **labor** ['leɪbər] **1** *n* **(a)** *(hard work; task)* travail *m.* ~ **of love** travail fait par plaisir. **(b)** *(Ind: workers)* main-d'œuvre *f,* ouvriers *mpl.* **Ministry** *or (US)* **Department of L**~ ministère *m* du Travail. **(c)** *(Pol)* **L**~ les travaillistes *mpl;* **he votes L**~ il vote travailliste. **(d)** *(Med)* travail *m.* **in** ~ en travail.
2 *adj (Ind) dispute, trouble* ouvrier; *relations* ouvriers-patronat *inv; (Brit Pol)* **L**~ *leader, party* travailliste. ~ **camp** camp *m* de travaux forcés; **L**~ **Day** fête *f* du Travail; **L**~ **Exchange** ≃ Agence *f* nationale pour l'emploi; *(Ind)* ~ **force** *(numbers)* effectifs *mpl* en ouvriers; *(personnel)* main-d'œuvre *f; (US)* ~ **laws** législation *f* du travail; *(Med)* ~ **pains** douleurs *fpl* de l'accouchement; *(US)* ~ **union** syndicat *m.*
3 *vi (with effort)* travailler dur *(at* à; *to do* pour faire); *(with difficulty)* peiner *(at* sur; *to do* pour faire); *[engine, motor]* peiner; *[ship]* fatiguer. **to** ~ **under a delusion** être victime d'une illusion; **to** ~ **up a hill** *[person]* monter péniblement une côte; *[car]* peiner dans une montée.
4 *vt:* **I won't** ~ **the point** je n'insisterai pas lourdement sur ce point.
♦ **laborious** *adj* laborieux. ♦ **laboriously** *adv* laborieusement. ♦ **labo(u)red** *adj style* laborieux ; *breathing* pénible. ♦ **labo(u)rer** *n (gen)* ouvrier *m ; (on roads, building sites)* manœuvre *m.* ♦ **labo(u)r-intensive** *adj* qui nécessite l'emploi de beaucoup de main-d'œuvre. ♦ **labo(u)rite** *n (Pol)* travailliste *mf.* ♦ **labo(u)r-saving** *adj* qui allège le travail ; *(in household)* ~**-saving device** appareil *m* ménager.

laburnum [lə'bɜːnəm] *n* cytise *m.*

labyrinth ['læbɪrɪnθ] *n* labyrinthe *m.*

lace [leɪs] **1** *n* **(a)** *(Tex)* dentelle *f.* **(b)** *[shoe etc]* lacet *m.* **2** *adj collar, curtains* de *or* en dentelle. **3** *vt* **(a)** (~ **up)** *shoe* lacer. **(b)** *drink* arroser *(with* de), corser. ♦ **lacemaker** *n* dentellière *f.* ♦ **lacemaking** *n* fabrication *f* de la dentelle. ♦ **lace-up shoes** *npl* chaussures *fpl* à lacets. ♦ **lacy** *adj* qui ressemble à la dentelle; **the frost made a lacy pattern** il y avait une dentelle de givre.

lacerate ['læsəreɪt] *vt* lacérer; *(fig)* fendre le cœur de. ♦ **laceration** *n (Med)* déchirure *f.*

lack [læk] **1** *n* manque *m.* **for** ~ **of** faute de. **2** *vt* manquer de. **3** *vi:* **to be** ~**ing** manquer, faire défaut; **to be** ~**ing in, to** ~ **for** manquer de.
♦ **lackadaisical** *adj* nonchalant. ♦ **lacking** * *adj (stupid)* simplet, débile *.* ♦ **lacklustre,** *(US)* **lackluster** *adj* terne.

lackey ['lækɪ] *n* laquais *m.*

laconic [lə'kɒnɪk] *adj* laconique. ♦ **laconically** *adv* laconiquement.

lacquer ['lækər] **1** *n (substance)* laque *f; (object)* laque *m.* **2** *vt wood* laquer; *hair* mettre de la laque sur.

lad [læd] *n* garçon *m,* gars * *m.* **he's only a** ~ ce n'est qu'un gamin *;* **to have a drink with the** ~**s** * boire un pot avec les copains *;* **come on** ~**s!** allez les gars! *;* **he's a bit of a** ~ * il est un peu noceur *.*

ladder ['lædər] **1** *n* échelle *f. (lit, fig)* **at the top of the** ~ au sommet de l'échelle; **to have a** ~ **in one's stocking** avoir un bas filé. **2** *vti* filer. ♦ **ladder-proof** *adj* indémaillable.

laden ['leɪdn] *adj* chargé *(with* de). **fully** ~ *truck, ship* en pleine charge.

la-di-da * ['lɑːdɪ'dɑː] *adj person* bêcheur *; voice* maniéré.

ladle ['leɪdl] **1** *n* louche *f.* **2** *vt* (~ **out)** servir (à la louche); *(* *fig) money, advice* prodiguer à foison.

lady ['leɪdɪ] **1** *n* dame *f.* **the** ~ **of the house** la maîtresse de maison; **Ladies and Gentlemen!** Mesdames, (Mesdemoiselles,) Messieurs!; **good morning, ladies and gentlemen** bonjour mesdames, bonjour mesdemoiselles, bonjour messieurs; **young** ~ *(married)* jeune femme *f; (unmarried)* jeune fille *f;* **this is the** ~**/the young** ~ **who...** voilà la dame/la demoiselle qui...; **ladies' hairdresser** coiffeur *m,* -euse *f pour dames;* ~**'s umbrella** parapluie *m* de dame; **he's a ladies' man** il plaît aux femmes; *(Rel)* **Our L**~ Notre-Dame *f;* **Ladies** *(public lavatory)* Dames; **where is the Ladies?** * où sont les toilettes?; **L**~ **Smith** lady Smith; ~**'s maid** femme *f* de chambre *(d'une dame); (vegetable)* ~**'s finger** okra *m.* **2** *adj:* **L**~ **Day** la fête de l'Annonciation; ~ **doctor** femme *f* médecin; ~ **friend** * petite amie; **L**~ **Mayoress** femme *f (or* fille *f etc)* du Lord Mayor. ♦ **ladybird** *or* ♦ **ladybug** *n* coccinelle *f.* ♦ **ladyfinger** *n (US Culin)* boudoir *m (biscuit).* ♦ **lady-in-waiting** *n* dame *f* d'honneur. ♦ **ladykiller** *n* don Juan *m.* ♦ **ladylike** *adj person* bien élevé, distingué; *manners* distingué. ♦ **ladylove** *n* bien-aimée *f.* ♦ **ladyship** *n:* **Her/Your L**~**ship** Madame *f* (la comtesse *etc).*

lag¹ [læg] **1** *n:* *(time)* ~ retard *m; (between two events)* décalage *m.* **2** *vi:* **to** ~ **behind sb** traîner derrière qn; *(in achievements)* avoir du retard sur qn *(in sth* dans qch).

lag² [læg] *vt pipes* calorifuger. ♦ **lagging** *n (material)* calorifuge *m.*

lag³ [læg] *n:* **old** ~ * récidiviste *mf.*

lager ['lɑːgər] *n* lager *f,* ≃ bière *f* blonde.

lagoon [lə'guːn] *n* lagune *f; (coral)* lagon *m.*

Lagos ['leɪgɒs] *n* Lagos.

lah [lɑː] *n (Mus)* la *m.*

laid [leɪd] *pret, ptp of* **lay¹.** ♦ **laid-back** *adj* relax(e) *,* décontracté.

lain [leɪn] *ptp of* **lie¹.**

lair [lɛər] *n* repaire *m.*

laity ['leɪɪtɪ] *collective n:* **the** ~ les laïcs *mpl.*

lake [leɪk] *n* lac *m.* **the L**~ **District** la région des lacs.

lama ['lɑːmə] *n* lama *m (Rel).*

lamb [læm] **1** n (Culin, Zool) agneau m. **poor ~!** * le (or la) pauvre!; **he took it like a** ~ il n'a pas protesté. **2** adj: ~ **chop** côtelette f d'agneau. ◆ **lambing** n agnelage m. ◆ **lambswool** n laine f d'agneau.

lame [leɪm] **1** adj animal, person, argument boiteux; excuse faible, piètre. **to be** ~ boiter (in one leg d'une jambe); ~ **duck** canard m boiteux. **2** vt estropier. ◆ **lamely** adv say etc maladroitement. ◆ **lameness** n (Med) claudication f.

lament [lə'ment] **1** n lamentation f. **2** vt se lamenter sur. (late) ~ed regretté (before n). **3** vi se lamenter (for, over sur). ◆ **lamentable** adj lamentable, déplorable. ◆ **lamentably** adv lamentablement. ◆ **lamentation** n lamentation f.

laminated ['læmɪneɪtɪd] adj metal laminé; windscreen en verre feuilleté; book-jacket plastifié.

lamp [læmp] **1** n (light) lampe f; (Aut) feu m; (bulb) ampoule f. **2** adj: ~ **standard** lampadaire m (dans la rue). ◆ **lamplight** n: **by** ~**light** à la lumière de la lampe. ◆ **lamppost** n réverbère m. ◆ **lamp-shade** n abat-jour m inv. ◆ **lampstand** n pied m de lampe.

lance [lɑːns] **1** n (weapon) lance f; (Med) lancette f. **2** vt (Med) ouvrir. ◆ **lancet** n (Med) lancette f.

land [lænd] **1** n (**a**) (gen) terre f. **dry** ~ terre ferme; **on** ~ à terre; **to go by** ~ voyager par voie de terre; **over** ~ **and sea** sur terre et sur mer; **we sighted** ~ nous sommes arrivés en vue d'une terre; (fig) **to see how the** ~ **lies** tâter le terrain; **to live off the** ~ vivre de la terre; **to work on the** ~ travailler la terre; **he bought** ~ **in Devon** il a acheté une terre dans le Devon; **my** ~ mes terres, (smaller) mon terrain. (**b**) (country, nation) pays m. **throughout the** ~ dans tout le pays; ~ **of milk and honey** pays de cocagne; **to be in the** ~ **of the living** être encore de ce monde. **2** adj breeze de terre; defences, forces terrestre; law, policy, reform agraire; prices des terrains; tax foncier. ~ **yacht** char m à voile. **3** vt cargo décharger; passengers débarquer; aircraft poser; fish prendre; blow infliger (on sb à qn); (*: obtain) job, contract décrocher *. **to** ~ **sb in trouble** * attirer des ennuis à qn; **to** ~ **sb in debt** * mettre qn dans les dettes; **to be** ~ed **with sth** * (left with) avoir qch sur les bras; (forced to take on) devoir se coltiner qch *. **4** vi (**a**) [aircraft etc] atterrir, se poser; (on sea) amerrir; (on ship's deck) apponter; [air traveller] atterrir; (from boat) débarquer. (**b**) (after fall, jump etc) [person, object, bomb] tomber; [gymnast] retomber. (lit, fig) **to** ~ **on one's feet** retomber sur ses pieds.
◆ **land up** * vi finir par se retrouver.
◆ **landed** adj foncier; ~ed **gentry** aristocratie terrienne. ◆ **landfall** n: **to make** ~**fall** accoster.
◆ **landing 1** n (**a**) [aircraft etc] atterrissage m; (on sea) amerrissage m; (from ship; also Mil) débarquement m; (**b**) (between stairs) palier m; (floor) étage m ; **2** adj: ~**ing card** carte f de débarquement; (Aviat) ~**ing gear** train m d'atterrissage; (Fishing) ~**ing net** épuisette f; (Naut) ~**ing party** détachement m de débarquement; ~**ing stage** débarcadère m; (Aviat) ~**ing strip** piste f d'atterrissage. ◆ **landlady** n [flat etc] logeuse f; [boarding house etc] patronne f. ◆ **landlocked** adj sans accès à la mer. ◆ **landlord** n [flat etc] propriétaire m, logeur m; [pub, boarding house] patron m. ◆ **land-lubber** * n terrien(ne) m(f). ◆ **landmark** n point m de repère; (fig) **to be a** ~**mark in** faire date dans. ◆ **landmine** n (Mil) mine f terrestre. ◆ **land-owner** n propriétaire foncier. ◆ **landscape 1** n paysage m ; **2** vt garden dessiner; dirty place etc aménager ; **3** adj gardener, gardening paysagiste; ~**scape painter** paysagiste m. ◆ **landscaping** n aménagements mpl paysagers. ◆ **landslide 1** n (lit: also ~**slip**) glissement m de terrain; (loose rocks) éboulement m. (Pol) raz-de-marée m électoral ;

2 adj (Pol etc) victory écrasant. ◆ **land-worker** n ouvrier m, -ière f agricole.

lane [leɪn] n (**a**) (in country) chemin m; (in town) ruelle f. (**b**) (Aut) (part of road) voie f; (line of traffic) file f. **'keep in** ~ **'** 'ne changez pas de file'; **'get into** ~ **'** 'mettez-vous sur la bonne file'; **3-**~ **road** route f à 3 voies; **I'm in the wrong** ~ je suis dans la mauvaise file; ~ **closure** fermeture f de voie(s) de circulation. (**c**) (for aircraft, ships, runners, swimmers) couloir m. **air/shipping** ~ couloir aérien/de navigation.

language ['læŋgwɪdʒ] **1** n (gen) langue f; (means of communication; way of expressing things) langage m. **the French** ~ la langue française; **modern** ~**s** langues vivantes; **he studies** ~**s** il fait des langues; **the origin of** ~ l'origine du langage; **speaking is one aspect of** ~ la parole est l'un des aspects du langage; **scientific/legal** ~ langage scientifique/juridique; (fig) **they do not speak the same** ~ ils ne parlent pas le même langage; **express it in your own** ~ exprimez cela en votre propre langage; **the** ~ **of official documents** le langage des documents officiels; **bad** ~ gros mots mpl; **watch your** ~**!** surveille ton langage! **2** adj studies de langue(s). ~ **laboratory** laboratoire m de langues.

languid ['læŋgwɪd] adj languissant. ◆ **languidly** adv languissamment.

languish ['læŋgwɪʃ] vi se languir (for, over après); (in prison) se morfondre. ◆ **languishing** adj languissant.

languor ['læŋgəʳ] n langueur f. ◆ **languorous** adj langoureux.

lank [læŋk] adj hair raide et terne.

lanky ['læŋkɪ] adj grand et maigre.

lanolin ['læno(ʊ)lɪn] n lanoline f.

lantern ['læntən] **1** n lanterne f. **2** adj: ~ **slide** plaque f de lanterne magique. ◆ **lantern-jawed** adj aux joues creuses.

Laos [laʊs] n Laos m.

lap¹ [læp] n genoux mpl. (fig) **in the** ~ **of the gods** entre les mains des dieux; **in the** ~ **of luxury** dans le plus grand luxe. ◆ **lapdog** n petit chien m d'appartement. ◆ **laptop** n (Comput) portable m.

lap² [læp] n (Sport) tour m de piste. **to run a** ~ faire un tour de piste; **on the 10th** ~ au 10ᵉ tour; ~ **of honour** tour d'honneur; (fig) **we're on the last** ~ on a fait le plus gros.

lap³ [læp] **1** vt milk laper. **2** vi [waves] clapoter. ◆ **lap up** vt sep milk etc laper; (* fig) compliments boire comme du petit-lait *.

La Paz [læ'pæz] n La Paz f.

lapel [lə'pel] n revers m (de veston etc). ~ **microphone** micro-cravate m.

Lapland ['læplænd] n Laponie f.

lapse [læps] **1** n (**a**) (fault) faute f légère, défaillance f; (in behaviour, from diet) écart m. ~ **of memory** trou m de mémoire; **a** ~ **into bad habits** un retour à de mauvaises habitudes. (**b**) (passage of time) intervalle m. **a** ~ **of time** un laps de temps. **2** vi (**a**) (err) faire une or des erreur(s) passagère(s). (**b**) (fall gradually) tomber, retomber (into dans). **to** ~ **into silence** se taire; **to** ~ **into unconsciousness** (re)perdre connaissance. (**c**) [act, law] devenir caduc (f -uque); [contract] expirer; [ticket, passport, insurance policy] se périmer; [subscription] prendre fin. ◆ **lapsed** adj contract, law caduc; ticket, passport périmé; Catholic etc qui n'est plus pratiquant.

lapwing ['læpwɪŋ] n vanneau m.

larceny ['lɑːsənɪ] n (Jur) vol m simple.

larch [lɑːtʃ] n mélèze m.

lard [lɑːd] n saindoux m.

larder ['lɑːdəʳ] n garde-manger m inv.

large [lɑːdʒ] **1** adj (gen) grand; garden, room grand, vaste; person, animal, slice, hand, sum, loss gros (f grosse); *amount* grand, important; *family, population* nombreux; *meal* copieux. **a ~ number of them** beaucoup d'entre eux; **to grow ~(r)** grandir, s'agrandir, grossir; **to make ~r** agrandir. **2** *n*: **at ~** *(at liberty)* en liberté; *(as a whole)* en général, dans son ensemble; *(at random)* au hasard; *(US Pol) congressman* non rattaché à une circonscription électorale. **3** *adv*: **by and ~** généralement. ◆ **large-hearted** *adj* au grand cœur. ◆ **largely** *adv (to a great extent)* en grande mesure *or* partie; *(principally)* pour la plupart, surtout; *(in general)* en général. ◆ **largeness** *n* grandeur *f*; grosseur *f*; importance *f*. ◆ **large-scale** *adj drawing, map* à grande échelle; *business activities, reforms, relations* sur une grande échelle; *powers* étendu. ◆ **large-size(d)** *adj* grand.

lark¹ [lɑːk] *n* alouette *f*. ◆ **larkspur** *n* pied *m* d'alouette.

lark² * [lɑːk] *n (joke etc)* blague * *f*. **for a ~** pour rigoler *; **what a ~!** quelle rigolade! * ◆ **lark about** *, **lark around** * *vi* faire le petit fou *(f* la petite folle) *.

larva, *pl* **-ae** ['lɑːvə, iː] *n* larve *f (Zool)*.

larynx ['lærɪŋks] *n* larynx *m*. ◆ **laryngitis** *n* laryngite *f*.

lasagne [lə'zænjə] *n* lasagnes *fpl*.

lascivious [lə'sɪvɪəs] *adj* lascif. ◆ **lasciviously** *adv* lascivement.

laser ['leɪzəʳ] *n* laser *m*. **~ beam** rayon *m* laser *inv*; **~ printer** imprimante *f* à laser.

lash [læʃ] **1** *n* **(a)** *(thong)* lanière *f*; *(blow)* coup *m* de fouet. **(b)** *(eye~)* cil *m*. **2** *vt* **(a)** *(whip)* fouetter violemment; *(flog)* flageller. *(fig)* **to ~ o.s. into a fury** s'emporter violemment; **the rain was ~ing (against) the windows** la pluie cinglait les carreaux; **to ~ its tail** fouetter l'air de sa queue. **(b)** *(fasten)* attacher *(to* à); **(~ down)** *cargo* arrimer. **3** *vi*: **to ~ against** cingler. ◆ **lash down 1** *vi [rain]* tomber avec violence. **2** *vt sep cargo* arrimer. ◆ **lash out 1** *vi* **(a)** **to ~ out at sb** envoyer de violents coups de poing à qn; *(verbally)* se répandre en invectives contre qn. **(b)** *(*: spend)* les lâcher *, beaucoup dépenser. **2** *vt sep (*) money* lâcher *. ◆ **lashings** *npl*: **~ings of** * énormément de *.

lass [læs] *n (esp Scot)* jeune fille *f*.

lassitude ['læsɪtjuːd] *n* lassitude *f*.

lasso [læ'suː] **1** *n* lasso *m*. **2** *vt* prendre au lasso.

last¹ [lɑːst] **1** *adj* **(a)** *(in series)* dernier *(before n)*. **the ~ 10 pages** les 10 dernières pages; **~ but one, second ~** avant-dernier; **it's the ~ round but 3** il n'y a plus que 3 rounds après celui-ci. **(b)** *(past, most recent)* dernier *(usually after n)*. **~ night** *(evening)* hier soir; *(night)* cette nuit, la nuit dernière; **~ week/year** *etc* la semaine/l'année *etc* dernière; **~ Monday** lundi dernier; **for the ~ few days** ces derniers jours; **for the ~ 2 years** depuis 2 ans; **the day before ~** avant-hier *m*; **the night before ~** avant-hier soir; **the week before ~** l'avant-dernière semaine; **(the) ~ time I saw him** la dernière fois que je l'ai vu; **~ thing at night** juste avant de se coucher; **I'm down to my ~ pound note** il ne me reste plus qu'une seule livre; **he's the ~ person to ask** c'est la dernière personne à qui demander. **2** *adv* **(a)** *(at the end)* do, arrive *etc* en dernier. **(b)** *(most recently)* la dernière fois. **when I ~ saw him** la dernière fois que je l'ai vu. **(c)** *(finally)* finalement, pour terminer. **3** *n* **(a)** dernier *m*, -ière *f*. **this is the ~ of the pears** voici la dernière poire *(or* les dernières poires); **the ~ of the cider** le reste du cidre; **the ~ but one** l'avant-dernier *m*, -ière *f*; **I'd be the ~ to criticize, but...** j'ai horreur de critiquer, mais... **(b)** *(phrases)* **at (long) ~** enfin; **to the ~** jusqu'au bout; **that was the ~ I saw of him** c'est la dernière fois que je

l'ai vu; **we shall never hear the ~ of this** on n'a pas fini d'en entendre parler; **I shall be glad to see the ~ of this/of him** je serai content de voir tout ceci terminé/de le voir partir.

◆ **last-ditch** *adj* ultime. ◆ **lastly** *adv* pour terminer, en dernier lieu. ◆ **last-minute** *adj* de dernière minute.

last² [lɑːst] **1** *vi* *(pain, film, resources etc)* durer; **(~ out)** *(person)* tenir (le coup); *(money)* suffire. **too good to ~** trop beau pour durer; **no one ~s long in this job** personne ne tient longtemps dans ce poste; **he/it didn't ~ long** il/cela n'a pas fait long feu *. **2** *vt* durer. **he won't ~ the winter (out)** il ne passera pas l'hiver; **it will ~ you 3 years/a lifetime** cela vous durera *or* vous fera 3 ans/jusqu'à la fin de vos jours. ◆ **lasting** *adj (gen)* durable; **to his ~ing shame** à sa plus grande honte.

latch [lætʃ] *n* loquet *m*. **the door is on the ~** la porte n'est pas fermée à clef. ◆ **latch on to** * *vt fus* **(a)** *person* s'accrocher à. **(b)** *(understand)* saisir. ◆ **latchkey 1** *n* clef *f* (de la porte d'entrée) ; **2** *adj*: **~ child** enfant *mf* qui rentre à la maison avant ses parents qui travaillent.

late [leɪt] **1** *adj* **(a)** *(not on time)* person, train en retard. **to be ~** *(gen)* être en retard; *(arriving)* arriver en retard; **your essay is ~** vous rendez votre dissertation en retard; **the ~ arrival of the flight** le retard du vol; **to make sb ~** mettre qn en retard; **I'm ~** je suis en retard; **I'm ~ for work** je ne serai pas au travail à l'heure; **I was ~ for work** je suis arrivé au travail en retard; **I'm 2 hours ~** j'ai 2 heures de retard; **I'm 2 hours ~ for work** j'arriverai au travail avec 2 heures de retard; **I was 2 hours ~ for work** je suis arrivé au travail avec 2 heures de retard; **to be ~ in arriving** arriver en retard; **to be ~ with payments** avoir des paiements en retard; **he's a ~ developer** *(gen)* il s'est développé sur le tard; *(academically)* il a été lent à s'épanouir. **(b)** *(last or nearly last)* edition, symphony dernier *(before n)*. **to keep ~ hours** veiller tard; **at this ~ hour** à cette heure tardive; **at this ~ stage** à ce stade avancé; **~ opening Wednesdays** nocturne tous les mercredis soirs; **Easter is ~** Pâques est tard; **in ~ October** vers la fin d'octobre; **he is in his ~ sixties** il approche des soixante-dix ans; **of ~** récemment, dernièrement. **(c)** *(former)* ancien *(before n)*. **the ~ Prime Minister** l'ancien Premier ministre. **(d)** *(dead)* **the ~ Mr Jones** feu M. Jones; **our ~ colleague** notre regretté collègue.

2 *adv* **(a)** *(not on time)* arrive *etc* en retard. **he arrived 10 minutes ~** il est arrivé 10 minutes en retard *or* avec 10 minutes de retard; **better ~ than never** mieux vaut tard que jamais. **(b)** *(far into day etc)* get up *etc* tard. **to work ~ at the office** rester tard au bureau pour travailler; **it's getting ~** il se fait tard; **~ at night** tard le soir; **~ into the night** tard dans la nuit; **~ in 1960** vers la fin de 1960, fin 1960. **(c)** *(recently)* **as ~ as 1950** en 1950 encore. ◆ **latecomer** *n* retardataire *mf*. ◆ **lately** *adv* dernièrement, récemment; **till ~ly** jusqu'à ces derniers temps. ◆ **lateness** *n [person, vehicle]* retard *m*. ◆ **late-night opening** *(or* show *etc)* nocturne *f*. ◆ **later 1** *adj date, meeting* ultérieur; *stage, point* plus avancé; **a ~r train** un train plus tard; **the ~r train** le deuxième train ; **2** *adv* **(a)** *(not on time)* plus en retard; **(b)** **2 weeks ~r** 2 semaines plus tard; **~r on** plus tard; **no ~r than** pas plus tard que; **not ~r than Monday** lundi au plus tard; **see you ~r!** * à tout à l'heure! ◆ **latest 1** *adj (gen)* dernier *(before n)*; *date* dernier, limite ; **2** *adv*: **the ~st you may come** l'heure limite à laquelle vous pouvez arriver; **when is the ~st you can come?** quand pouvez-vous venir, au plus tard?; **by noon at the ~st** à midi au plus tard ; **3** *n* *(*: news)* **have you heard the ~st?** tu connais la dernière? *; **what's the ~st on...?** qu'y a-t-il de nouveau sur...?; *(Rad, TV)* **for the ~st on the riots** pour les dernières informations sur les émeutes; *(joke)* **have you heard his ~st?** tu connais sa dernière? *

latent ['leɪt(ə)nt] *adj* latent.

lateral ['læt(ə)r(ə)l] *adj* latéral.

latex ['leɪteks] *n* latex *m*.

lath, *pl* **laths** [lɑːθ, lɑːðz] *n* latte *f*.

lathe [leɪð] *n (Tech)* tour *m*.

lather ['lɑːðəʳ] **1** *n [soap]* mousse *f* (de savon). *(sweating)* **in a ~ horse** couvert d'écume; *person* en nage. **2** *vt* **one's face etc** savonner. **3** *vi [soap]* mousser.

Latin ['lætɪn] **1** *adj* latin. **~-American** latino-américain, d'Amérique latine. **2** *n (Ling)* latin *m*. ◆ **Latino-American** *adj* latino-américain ; **2** *n (US)* Latino-Américain(e) *m(f)*.

latitude ['lætɪtjuːd] *n* **(a)** *(Geog)* latitude *f*. **at a ~ of 48° north** à 48° de latitude Nord. **(b)** *(freedom)* latitude *f*.

latrine [lə'triːn] *n* latrines *fpl*.

latter ['lætəʳ] **1** *adj* **(a)** *(second)* deuxième, dernier *(before n)*. **the ~ proposition** cette dernière *or* la deuxième proposition. **(b)** *(later)* dernier *(before n)*, deuxième. **the ~ half** la deuxième moitié; **in the ~ part of the century** vers la fin du siècle. **2** *n*: **of the two the ~ is...** des deux celui-ci *(f* celle-ci*)* est... ◆ **latter-day** *adj* d'aujourd'hui. ◆ **latterly** *adv (recently)* dernièrement, récemment; *(towards the end)* sur le tard.

lattice ['lætɪs] **1** *n* treillis *m*; *(fence)* treillage *m*. **2** *adj* **window** treillissé.

Latvia ['lætvɪə] *n* Lettonie *f*.

laudable ['lɔːdəbl] *adj* louable.

laudatory ['lɔːdət(ə)rɪ] *adj* élogieux.

laugh [lɑːf] **1** *n* rire *m*; *(brief)* éclat *m* de rire. **with a ~** en riant; **to have the ~ over sb** l'emporter finalement sur qn; **to have a good ~ at** bien rire de; **that got a ~** cela a fait rire; **if you want a ~** si tu veux t'amuser; **what a ~!** * ça, c'est marrant *!; **just for a ~** histoire de rire *; **he's always good for a ~** * il nous fera toujours bien rire; *(US)* **~ line** *(wrinkle)* ride *f* d'expression. **2** *vi* rire *(at, about, over* de). *(fig)* **to ~ at danger** se rire du danger; **there's nothing to ~ about** *or* **at** il n'y a pas de quoi rire; **he ~ed to himself** il a ri en lui-même; **he ~ed until he cried** il riait aux larmes; **he (nearly) split his sides ~ing** il se tordait de rire; **to ~ in sb's face** rire au nez de qn; **he'll soon be ~ing on the other side of his face** il n'aura bientôt plus envie de rire; *(fig)* **to ~ up one's sleeve** rire sous cape; **it's all right for him, he's ~ing *** lui il s'en fiche *, il est tranquille. **3** *vt*: **to ~ a jolly laugh** avoir un rire jovial; **to ~ sb to scorn** tourner qn en dérision; **they ~ed him out of it** ils se sont moqués de lui jusqu'à ce qu'il renonce; **to be ~ing one's head off *** rire comme un fou. ◆ **laugh off** *vt sep accusation* écarter d'une plaisanterie. **you can't ~ this one off** cette fois tu ne t'en tireras pas par la plaisanterie. ◆ **laughable** *adj suggestion* ridicule; *amount* dérisoire. ◆ **laughing** *adj* riant, rieur; **this is no ~ing matter** il n'y a pas de quoi rire; **~ing gas** gaz *m* hilarant. ◆ **laughingly** *adv say etc* en riant; **it is ~ingly called...** l'ironie de la chose, c'est qu'on l'appelle... ◆ **laughing stock** *n* risée *f*; **to make a ~ing stock of o.s.** se couvrir de ridicule. ◆ **laughter** *n* rires *mpl*. **to roar with ~ter** rire aux éclats; *(Brit)* **~ter line** *(wrinkle)* ride *f* d'expression.

launch [lɔː(n)tʃ] **1** *n* **(a)** *(motor ~)* vedette *f* ; *(pleasure boat)* bateau *m* de plaisance; *(boat carried by warship)* chaloupe *f*. **(b)** *(Space)* lancement *m*. ~ **vehicle** fusée *f* de lancement. **2** *vt (gen; also fig)* lancer; *shore lifeboat etc* faire sortir; *ship's boat*

mettre à la mer. **3** *vi (fig)* se lancer *(into, on* dans). ◆ **launch out** *vi* se lancer *(into, on* dans). ◆ **launcher** *n* lanceur *m*. ◆ **launching 1** *n* lancement *m*; *[shore lifeboat]* sortie *f*; *[ship's boat]* mise *f* à la mer ; **2** *adj*: **~ing pad/site** rampe *f*/aire *f* de lancement.

launder ['lɔːndəʳ] *vt clothes, money* blanchir. ◆ **launderette** *or* ◆ **Laundromat** ® *(US) n* laverie *f* automatique *(à libre-service)*. ◆ **laundry 1** *n (place)* blanchisserie *f*; *(clothes)* linge *m*; **to do the laundry** faire la lessive ; **2** *adj* **list** de blanchissage; *mark* de la blanchisserie; *basket* à linge.

laurel ['lɒr(ə)l] *n* laurier *m*. **to rest on one's ~s** se reposer sur ses lauriers.

lava ['lɑːvə] *n* lave *f*.

lavatory ['lævətrɪ] **1** *n* toilettes *fpl*, W.-C. *mpl*, cabinets *mpl*. **2** *adj*: ~ **paper** papier *m* hygiénique; ~ **seat** siège *m* des W.-C.

lavender ['lævɪndəʳ] **1** *n* lavande *f*. **2** *adj (colour)* lavande *inv*. ~ **bag/water** sachet *m*/eau *f* de lavande.

lavish ['lævɪʃ] **1** *adj* **(a)** *person* prodigue *(with* de). **(b)** *expenditure* très considérable; *amount* gigantesque; *meal* plantureux; *helping, hospitality* généreux; *flat, surroundings* somptueux. **to bestow ~ praise on sb** se répandre en éloges sur qn. **2** *vt* prodiguer *(sth on sb* qch à qn). ◆ **lavishly** *adv spend* sans compter; *give* généreusement; *furnish* somptueusement. ◆ **lavishness** *n [surroundings etc]* luxe *m*; *(prodigality)* prodigalité *f*.

law [lɔː] **1** *n* **(a)** *(gen)* loi *f*. **against the ~** contraire à la loi; **the ~ of the land** la législation *or* les lois du pays; **~s of nature** lois de la nature; ~ **and order** l'ordre *m* public; **forces of ~ and order** forces *fpl* de l'ordre; **by ~** conformément à la loi; **by** *or* **under French ~** selon la loi française; **above the ~** au-dessus des lois; **to have the ~ on one's side** avoir la loi pour soi; **to keep within the ~** rester dans la légalité; **there's no ~ against it** il n'y a pas de loi contre *; **to take the ~ into one's own hands** faire justice soi-même; **he's a ~ unto himself** il ne connaît d'autre loi que la sienne; **his word is ~** sa parole fait loi; **court of ~** cour *f* de justice, tribunal *m*; **to go to ~** recourir à la justice; **to take to ~** *case* porter devant les tribunaux; *person* faire un procès à; **here's the ~ arriving! ‡** voilà les flics! * **(b)** *(science, profession)* droit *m*. **to study ~** faire son *or* du droit; *(Univ)* **Faculty of L~** faculté *f* de Droit; **civil/ criminal ~** le droit civil/criminel. **2** *adj*: ~ **court** cour *f* de justice, tribunal *m*; ~ **enforcement officer** représentant *m* d'un service chargé de faire respecter la loi; *(Univ)* ~ **school** faculté *f* de Droit; ~ **student** étudiant(e) *m(f)* en droit. ◆ **law-abiding** *adj* respectueux des lois. ◆ **law-breaker** *n* personne *f* qui transgresse la loi. ◆ **lawful** *adj* légal. ◆ **lawfully** *adv* légalement. ◆ **lawgiver** *or* ◆ **lawmaker** *n* législateur *m*, -trice *f*. ◆ **lawless** *adj country* sans loi; *person* qui n'a foi ni loi. ◆ **lawman** *n (US)* policier *m*. ◆ **lawsuit** *n* procès *m*; **to bring a ~suit against sb** intenter un procès à qn. ◆ **lawyer** *n (gen)* homme *m* de loi, juriste *m*; *(for sales, wills etc)* notaire *m*; *(for litigation)* avocat *m*; *(in firm)* conseiller *m* juridique; **I put the matter in the hands of my ~yer** j'ai mis l'affaire entre les mains de mon avocat.

lawn[1] [lɔːn] **1** *n* pelouse *f*. **2** *adj*: ~ **tennis** *(gen)* tennis *m*; *(on grass)* tennis sur gazon. ◆ **lawn-mower** *n* tondeuse *f* à gazon.

lawn[2] [lɔːn] *n (Tex)* linon *m*.

lax [læks] *adj conduct* relâché; *person* négligent. ◆ **laxity** *or* ◆ **laxness** *n* relâchement *m*; négligence *f*.

laxative ['læksətɪv] *adj, n* laxatif *(m)*.

lay¹ [leɪ] *pret, ptp* **laid 1** *vt* **(a)** *(put, place, set)* mettre, poser; *(stretch out) blanket etc* étendre *(over, on* sur*)*; *tablecloth* mettre; *bricks, carpet, cable, pipe* poser; *road* faire; *[bird] egg* pondre; *tax* mettre *(on* sur*)*; *burden* imposer *(on sb* à qn*)*. *(euph: buried)* **to be laid to rest** être enterré; **I wish I could ~ my hands on...** si seulement je pouvais mettre la main sur...; **to ~ a hand on sb** porter la main sur qn; **I didn't ~ a finger on him** je ne l'ai même pas touché; **the scene is laid in Paris** l'action se passe à Paris; **he was laid low with flu** la grippe l'obligeait à garder le lit; **to ~ sb open to criticism** *etc* exposer qn à la critique *etc*. **(b)** *(prepare) fire* préparer; *snare, trap* tendre *(for* à*)*; *plans* former. **to ~ the table** mettre le couvert; **to ~ the table for 5** mettre 5 couverts. **(c)** *(wager) money* parier, miser *(on* sur*)*. **to ~ a bet** parier *(on* sur*)*. **(d)** *(register) accusation* porter; *(Police) information* donner. *(Jur)* **to ~ a matter before the court** saisir le tribunal d'une affaire; **he laid his case before the commission** il a porté son cas devant la commission; **to ~ the facts before sb** exposer les faits à qn; **they laid their plan before him** ils lui ont soumis leur projet. **(e)** *(suppress) ghost* exorciser; *doubt, fear* dissiper; *dust* faire tomber. **2** *vi [bird etc]* pondre.

♦ **lay alongside** *vi, vt sep (Naut)* accoster. ♦ **lay aside, lay by** *vt sep* mettre de côté. ♦ **lay down** *vt sep* **(a)** *parcel, burden* poser, déposer; *one's arms* déposer; *one's cards* étaler; *wine* mettre en cave. **to ~ down one's life for sb** sacrifier sa vie pour qn. **(b)** *rule, policy* établir; *condition, price* imposer, fixer. **he laid it down that...** il a stipulé que...; *(fig)* **to ~ down the law** faire la loi *(to sb about sth* à qn sur qch*)*. ♦ **lay in** *vt sep goods, reserves* faire provision de. **I must ~ in some fruit** il faut que je fasse provision de fruits. ♦ **lay into** * *vt fus (attack physically)* foncer sur; *(verbally)* prendre à partie; *(scold)* passer un savon à *. ♦ **lay off 1** *vt sep workers* licencier, débaucher. **2** *vi (*: stop)* arrêter. **3** *vt fus (*)* **~ off it!** arrête!; **~ off him!** fiche-lui la paix! * ♦ **lay on** *vt sep* **(a)** *tax* mettre. **(b)** *(Brit: provide) water, gas* installer; *facilities, entertainment* fournir. **a house with water laid on** maison qui a l'eau courante; **I'll have a car laid on for you** je tiendrai une voiture à votre disposition; **everything will be laid on** il y aura tout ce qu'il faut. **(c)** *varnish, paint* étaler. *(fig)* **he laid it on thick** * *(flattered)* il a passé de la pommade *; *(exaggerated)* il y est allé un peu fort *. ♦ **lay out** *vt sep* **(a)** *(plan, design) garden* dessiner; *house* concevoir le plan de; *essay* faire le plan de; *(Typ)* faire la mise en page de. **well-laid-out flat** appartement bien conçu. **(b)** *(get ready) clothes* sortir, préparer; *goods for sale* disposer. **to ~ out a body** faire la toilette d'un mort. **(c)** *reasons* exposer systématiquement. **(d)** *(spend) money* dépenser *(on* pour*)*. **(e)** *(knock out)* mettre knock-out. ♦ **lay over** *vi (US)* faire une halte. ♦ **lay up** *vt sep* **(a)** *store, provisions* amasser. **to ~ up trouble for o.s.** se préparer des ennuis. **(b)** *car* remiser; *ship* désarmer. **he is laid up with flu** il est au lit avec la grippe; **you'll ~ yourself up** tu vas te retrouver au lit.

♦ **layabout** * *n* fainéant(e) *m(f)*. ♦ **lay-by** *n (Aut)* petite aire *f* de stationnement *(sur bas-côté)*. ♦ **lay-off** *n (Ind)* licenciement *m*, mise *f* en chômage technique. ♦ **layout** *n [building, town]* disposition *f*; *[essay]* plan *m*; *[advertisement, newspaper article etc]* mise *f* en page. ♦ **layover** *n (US)* halte *f*.

lay² [leɪ] *pret of* **lie¹**.

lay³ [leɪ] *adj missionary, education* laïque; *brother, sister* convers; *(fig) opinion etc* des profanes. *(fig)* **to the ~ mind** pour le profane. ♦ **layman** *n (Rel)* laïc *m*; *(fig)* profane *m*.

layer ['leɪə^r^] *n* couche *f*.

laze [leɪz] *vi (~ about, ~ around)* paresser, traînasser *(pej)*. ♦ **lazily** *adv* paresseusement. ♦ **laziness** *n* paresse *f*, fainéantise *f (pej)*. ♦ **lazy** *adj person* paresseux, fainéant *(pej)*; *smile* paresseux; *afternoon* de paresse; **~ Susan** *(dish)* plateau *m* tournant. ♦ **lazybones** * *n* fainéant(e) *m(f)*.

lead¹ [liːd] *(vb: pret, ptp* **led) 1** *n* **(a)** **to be in the ~** *(in match)* mener; *(in race, league)* être en tête; **to take the ~** *(in race)* prendre la tête; *(in match)* mener; **to have a 3-point ~** avoir 3 points d'avance; **to take the ~ in doing sth** être le premier à faire qch; **thanks to his ~** grâce à son initiative; **to follow sb's ~** suivre l'exemple de qn; **to give sb a ~** *[inventor etc]* montrer le chemin à qn *(fig)*; *[clue etc]* mettre qn sur la voie; **the police have a ~** la police tient une piste; *(Cards)* **whose ~ is it?** à qui est-ce de jouer? **(b)** *(Theat)* **to play the ~** tenir le rôle principal; **male/female ~** premier rôle masculin/féminin. **(c)** *(leash)* laisse *f*. **on a ~** tenu en laisse. **(d)** *(Elec)* fil *m*; *(extension ~)* rallonge *f*. **(e)** *(Press: ~ story)* article *m* de tête. **2** *vt* **(a)** *(conduct)* mener, conduire *(to* à*)*; *[street]* mener. **to ~ sb in/across** *etc* faire entrer/traverser *etc* qn; **to ~ sb into** *etc* a room faire entrer qn dans une pièce; *(fig)* **he is easily led** il est très influençable; *(lit, fig)* **to ~ the way** montrer le chemin; **he led the way to the garage** il nous *(or* les *etc)* a menés jusqu'au garage; **he led the party to victory** il a mené le parti à la victoire. **(b)** *(be ~er of) procession (in charge)* être à la tête de; *(at head)* être en tête de; *government, team* être à la tête de, diriger; *expedition* être à la tête de, mener; *(Ftbl etc) league* être en tête de; *orchestra (Brit)* être le premier violon de; *(US)* diriger. *(Sport, fig)* **to ~ the field** venir *or* être en tête; **this country ~s the world in textiles** ce pays est au premier rang mondial pour les textiles. **(c)** *(Cards)* jouer. **(d)** *life, existence* mener. *(fig)* **to ~ sb a dance** faire la vie à qn *. **(e)** *(induce, bring)* amener *(sb to do* qn à faire*)*. **I am led to the conclusion that...** je suis amené à conclure que...

3 *vi* **(a)** *(in match)* mener *(by 4 goals to 3* par 4 buts à 3*)*; *(in race)* être en tête. **to ~ by half a length/3 points** avoir une demi-longueur/3 points d'avance. **(b)** *(go ahead)* aller devant. **you ~, I'll follow** passez devant, je vous suis. **(c)** *(Cards)* jouer. **(d)** *[street, corridor, door]* mener *(to, into* à*)*. **the streets that ~ off the square** les rues qui partent de la place. **(e)** *(result in)* **to ~ to** *war* conduire à; *sb's arrest* aboutir à; *confusion* créer; *change, improvement* amener, causer; **this led to their resigning** ceci les a amenés à démissionner; **one thing led to another and we...** une chose en amenant une autre, nous...

♦ **lead away** *vt sep* emmener. ♦ **lead back** *vt sep* ramener. ♦ **lead off 1** *vi (begin)* commencer. **2** *vt sep* emmener. ♦ **lead on 1** *vi:* **~ on!** allez-y, je vous suis! **2** *vt sep* **(a)** *(tease)* taquiner, faire marcher *; *(fool)* avoir *; *(raise hopes of)* donner de faux espoirs à. **(b)** *(induce)* amener *(sb to do* qn à faire*)*. ♦ **lead up** *vi [road, stair]* conduire *(to* à*)*. **what's all this ~ing up to?** où est-ce qu'on veut en venir avec tout ça?

♦ **leader** *n* **(a)** *[expedition, gang, tribe]* chef *m*; *[club]* dirigeant(e) *m(f)*; *(guide)* guide *m*; *[riot, strike]* meneur *m*, -euse *f*; *(Mil)* commandant *m*; *(Pol)* dirigeant(e), leader *m*; *(Brit Parl)* **L~er of the House** chef de la majorité ministérielle à la Chambre; **he's a born ~er** il est né pour commander; **the ~er of the orchestra** *(Brit)* le premier violon; *(US)* le chef d'orchestre; **one of the ~ers in the scientific field** une des sommités du monde scientifique; **(b)** *(in race)* coureur *m* de tête; *(horse)* cheval *m* de tête; *(in league)* leader *m*; **(c)** *(Press) (Brit)* éditorial *m*; *(US)* article *m* de tête. ♦ **leadership** *n* **(a)** direction *f*; **under his ~ership** sous sa direction; **qualities of ~ership** qualités *fpl* de chef; **(b)** (~*ers*) dirigeants *mpl*. ◆ **leader-writer** *n* éditorialiste *mf*. ◆ **lead-in** *n* introduction *f*, entrée *f* en matière. ◆ **leading** *adj horse, car (in procession)* de tête; *(in race)* en tête; *(chief) person, member, politician* de (tout) premier plan, principal; *position* dominant, de premier plan; *part* prépondérant, de premier plan; *theme, idea* principal; **one of the ~ing writers** un des écrivains les plus importants; **one of the ~ing figures of the twenties** un personnage marquant des années vingt; *(Press)* **~ing article** *(Brit)* éditorial *m*; *(US)* article *m* de tête; **the ~ing lady/man** *(Cine)* la vedette féminine/masculine; *(Theat)* l'acteur/l'actrice principal(e); *(fig)* **~ing light** personnalité *f* de premier plan; **~ing question** *(Jur)* question *f* tendancieuse; *(gen)* question insidieuse. ◆ **lead time** *n* délai *m* d'exécution *or* de réalisation.

lead² [led] **1** *n (metal)* plomb *m*; *(black ~)* mine *f* de plomb; *[pencil]* mine; *[fishing line]* plomb; *(for sounding)* plomb (de sonde). **(window) ~s** plombures *fpl*. **2** *adj object* de *or* en plomb; *paint* à base de plomb. **~ pencil** crayon *m* à mine de plomb; **~ poisoning** saturnisme *m*. ◆ **leaded** *adj window* à tout petits carreaux; *petrol* avec plomb. ◆ **leaden** *adj colour, sky* de plomb; *(heavy)* pesant; *silence* de mort; *atmosphere* chargé. ◆ **lead-free** *adj petrol* sans addition de plomb; *paint* (garanti) sans plomb.

leaf [li:f] **1** *n, pl* **leaves (a)** *[plant]* feuille *f*. **in ~** en feuilles. **(b)** *[book]* feuillet *m*, page *f*. *(fig)* **you should take a ~ out of his book** vous devriez prendre exemple sur lui; *(fig)* **to turn over a new ~** changer de conduite. **(c)** *[table]* rabat *m*. **2** *vi*: **to ~ through a book** feuilleter un livre. ◆ **leaflet 1** *n* prospectus *m*; *(Pol, Rel)* tract *m*; *(instruction sheet)* mode *m* d'emploi; **2** *vt area* distribuer des prospectus (*or* des tracts *etc*) dans. ◆ **leafy** *adj* feuillu.

league [li:g] *n* **(a)** ligue *f*. **to form a ~ against** se liguer contre; **in ~ with** en coalition avec. **(b)** *(Ftbl etc)* championnat *m*; *(Baseball)* division *f*; *(fig)* classe *f*, catégorie *f*. *(Baseball)* **major/minor ~** première/deuxième division; *(Ftbl)* **~ championship** championnat *m*; *(Ftbl)* **~ table** classement *m* du championnat.

leak [li:k] **1** *n (gen; also of information)* fuite *f*; *(in boat)* voie *f* d'eau. **to spring a ~** *[boat]* commencer à faire eau; *[bucket, pipe]* se mettre à fuir; **security ~** fuite concernant la sécurité. **2** *vi* **(a)** *[container, roof etc]* fuir; *[ship]* faire eau; *[shoes]* prendre l'eau. **(b)** *(~ out)* *[liquid]* fuir, s'échapper; *[secret, news]* être divulgué. **it ~ed (through) on to the carpet** cela a filtré jusque sur le tapis. **3** *vt liquid* répandre; *(fig) information* divulguer (*to* à). ◆ **leakage** *n (leak)* fuite *f*; *(amount lost)* perte *f*. ◆ **leaky** *adj container* qui fuit; *roof* qui a une fuite; *boat* qui fait eau.

lean¹ [li:n] *pret, ptp* **leaned** *or* **leant** [lent] **1** *vi* **(a)** *[wall, construction etc]* pencher. *(Pol)* **to ~ towards the left** pencher vers la gauche. **(b)** *(rest) [person]* s'appuyer *(against* contre, à; *on* sur). *[person, ladder, cycle]* **to be ~ing** être appuyé *(against* contre, à); **to ~ on sb** *(lit, fig: for support)* s'appuyer sur qn; *(*: put pressure on)* faire pression sur qn. **2** *vt ladder, cycle* appuyer *(against* contre). **to ~ one's head on sb's shoulder** reposer sa tête sur l'épaule de qn.
◆ **lean back** *vi* se pencher en arrière; *(in armchair)* se laisser aller en arrière. **to ~ back against** s'adosser contre *or* à. ◆ **lean forward** *vi* se pencher en avant. ◆ **lean out** *vi* se pencher au dehors. **to ~ out of the window** se pencher par la fenêtre. ◆ **lean over** *vi [person]* se pencher *(forward)* en avant *or (sideways)* sur le côté; *[object, tree]* pencher, être penché. *(fig)* **to ~ over backwards to help sb** * se mettre en quatre pour aider qn.

◆ **leaning 1** *n* tendance *f (towards* à) ; **2** *adj* penché. ◆ **lean-to 1** *n* appentis *m* ; **2** *adj* en appentis.

lean² [li:n] **1** *adj* maigre. **we had a ~ time** on a mangé de la vache enragée. **2** *n [meat]* maigre *m*. ◆ **leanness** *n* maigreur *f*.

leap [li:p] *(vb: pret, ptp* **leaped** *or* **leapt** [lept]) **1** *n* saut *m*, bond *m*. **at one ~** d'un bond; **by ~s and bounds** à pas de géant; *(fig)* **a ~ in the dark** un saut dans l'inconnu; *(fig)* **a great ~ forward** un bond en avant. **2** *adj*: **~ year** année *f* bissextile. **3** *vi* sauter, bondir. **to ~ out/in** *etc* sortir/entrer *etc* d'un bond; **he leapt into the car** il a sauté dans la voiture; **to ~ over a ditch** franchir un fossé d'un bond; **he leapt for joy** il bondit de joie; **to ~ at an offer** sauter sur une offre. **4** *vt stream, hedge* sauter (par-dessus), franchir d'un bond.
◆ **leap up** *vi (off ground)* sauter en l'air; *(to one's feet)* se lever d'un bond; *[flame]* jaillir; *[prices, etc]* faire un bond.
◆ **leapfrog 1** *n* saute-mouton *m* ; **2** *vi*: **to ~frog over** *person* sauter à saute-mouton par-dessus; *object* franchir à saute-mouton; *(fig)* dépasser ; **3** *vt (fig)* dépasser.

learn [lɜ:n] *pret, ptp* **learned** *or* **learnt 1** *vt* apprendre. **to ~ (how) to do sth** apprendre à faire qch; *(fig)* **he's ~t his lesson** cela lui a servi de leçon, il ne recommencera pas de sitôt; **I was sorry to ~ that...** j'ai appris avec regret que...; **that'll ~ you!** *ça t'apprendra! * **2** *vi* apprendre. **to ~ about sth** *(Scol etc)* étudier qch; *(hear of)* apprendre qch; **to ~ from experience** apprendre par l'expérience; **to ~ from one's mistakes** tirer la leçon de ses erreurs; *(iro)* **he'll ~!** un jour il comprendra! ◆ **learn off** *vt sep* apprendre par cœur. ◆ **learn up** *vt sep (gen)* apprendre; *school subject* travailler. ◆ **learned** ['lɜ:nɪd] *adj (gen)* savant; *profession* intellectuel; *(Brit Jur)* **my ~ed friend** mon éminent confrère. ◆ **learner** *n* débutant(e) *m(f)*; **to be a quick ~er** apprendre vite. ◆ **learning** *n* érudition *f*, savoir *m*; **~ing difficulties** troubles *mpl* scolaires.

lease [li:s] **1** *n (Jur: contract, duration)* bail *m*. **long ~** bail à long terme; *(fig)* **to give sb a new ~ of life** redonner de la vigueur à qn; **to take on a new ~ of** *or (US)* **on life** retrouver une nouvelle jeunesse. **2** *vt [tenant, owner]* louer à bail.
◆ **leaseback** *n* cession-bail *f*. ◆ **leasehold 1** *n* bail *m* ; **2** *adj* loué à bail. ◆ **leaseholder** *n* preneur *m*, -euse *f*, locataire *mf*. ◆ **leasing** *n* crédit-bail *m*.

leash [li:ʃ] *n* laisse *f*. **on a ~** en laisse.

least [li:st] *superl of* **little² 1** *adj (smallest amount of)* le moins de; *(smallest)* le *or* la moindre, le *or* la plus petit(e). **the ~ money** le moins d'argent; **the ~ thing upsets her** la moindre chose *or* la plus petite chose la contrarie; **that's the ~ of our worries** c'est le cadet de nos soucis. **2** *pron* le moins. **it's the ~ I can do** c'est la moindre des choses; **to say the ~ (of it)!** c'est le moins qu'on puisse dire!; **~ said soonest mended** moins on en dit et mieux ça vaut; **at ~ £5** au moins 5 livres; **at ~ as much as** au moins autant que; **you could at ~ have told me!** tu aurais pu au moins me le dire!; **I can at ~ try** je peux toujours essayer; **...at ~ that's what he says** ...du moins c'est ce qu'il dit; **at the very ~** au moins, au minimum; **not in the ~** pas du tout. **3** *adv* le moins. **the ~ expensive car** la voiture la moins chère; **she is ~ able to afford it** c'est elle qui peut le moins se l'offrir; **~ of all him** surtout pas lui. ◆ **leastways** * *or* ◆ **leastwise** * *adv* du moins, ou plutôt.

leather ['leðəʳ] **1** *n* cuir *m*; *(wash ~)* peau *f* de chamois. **2** *adj* de *or* en cuir. **~ goods** articles *mpl* en cuir; *(handbags etc)* maroquinerie *f*.

◆ **leatherette** n similicuir m. ◆ **leathering** n: **to give sb a ~ing** * tanner le cuir à qn ⁑. ◆ **leathery** adj meat, substance coriace; skin parcheminé.

leave [li:v] (vb: pret, ptp **left**) **1** n **(a)** (consent) permission f. **without so much as a by-your-~** * sans même demander la permission; **to ask ~ from sb to do sthg** demander à qn la permission de faire. **(b)** (holiday) congé m; (Mil) permission f. **on ~** en congé, en permission; **on ~ of absence** en congé exceptionnel; (Mil) en permission spéciale. **(c) to take (one's) ~ of sb** prendre congé de qn; **have you taken ~ of your senses?** avez-vous perdu la tête?

2 vt **(a)** (go away from) town quitter, partir de; (permanently) quitter; room, building sortir de, quitter; prison, hospital sortir de; person, job quitter. **to ~ school** terminer ses études (secondaires); **he left home in 1979** il est parti de la maison en 1979; **I left home at 6 o'clock** je suis sorti de chez moi à 6 heures; **he has left this address** il n'habite plus à cette adresse; **to ~ the room** (to lavatory) sortir (euph); **to ~ the table** se lever de table; **to ~ the track** dérailler; **the car left the road** la voiture a quitté la route. **(b)** (deposit, put) laisser (with sb à qn); (forget) laisser, oublier. **to ~ sb a tip** laisser un pourboire à qn; **she left him her house** elle lui a laissé or légué sa maison. **(c)** (allow to remain) laisser. **to ~ the door open** laisser la porte ouverte; **~ it where it is** laisse-le là où il est; **some things are better left unsaid** il vaut mieux passer certaines choses sous silence; **let's ~ it at that** tenons-nous-en là; **I'll ~ it to you to decide** je te laisse décider; **I'll ~ it to you** je m'en remets à vous; **~ it to me!** je m'en charge!; **I'll ~ you to it** * je vous laisse (continuer); **he was left a widower** il est devenu veuf; **to ~ sb in peace** or **to himself** laisser qn tranquille; **left to himself, he...** tout seul or laissé à lui-même, il...; **take it or ~ it** c'est à prendre ou à laisser; **3 from 6 ~s 3** 3 ôté de 6, il reste 3. **(d) to be left (over)** rester; **what's left?** qu'est-ce qui reste?; **there'll be none left** il n'en restera pas; **how many are (there) left?** combien est-ce qu'il en reste?; **I've no money left** il ne me reste plus d'argent; **there are 3 cakes left** il reste 3 gâteaux; **have you (got) any left?** est-ce qu'il vous en reste?; V also **left**¹.

3 vi partir, s'en aller (for pour).

◆ **leave about**, **leave around** vt sep clothes etc laisser traîner. ◆ **leave behind** vt sep person, object laisser; opponent in race distancer; fellow students dépasser. ◆ **leave in** vt sep laisser. ◆ **leave off 1** vi (*: stop) s'arrêter. **2** vt sep **(a)** (*: stop) cesser, arrêter (doing de faire). **(b)** lid, clothes ne pas mettre; gas, heating, tap laisser fermé; light laisser éteint. ◆ **leave on** vt sep lid, clothes ne pas enlever; gas, heating, tap laisser ouvert; light laisser allumé. ◆ **leave out** vt sep **(a)** (omit) (accidentally) oublier; (deliberately) exclure; (in reading etc) sauter. **he was feeling left out** il avait l'impression de ne pas être dans le coup. **(b)** food, note laisser (for sb à qn); (not put back) books, toys laisser sorti, ne pas ranger. ◆ **leave over** vt sep **(a) to be left over** rester; V leave 2d. **(b)** (postpone) remettre (à plus tard). ◆ **leavetaking** n adieux mpl. ◆ **leaving** n départ m. ◆ **leavings** npl restes mpl.

leaven ['levn] **1** n levain m. **2** vt faire lever.

Lebanon ['lebənən] n Liban m.

lecherous ['letʃərəs] adj lubrique.

lectern ['lektən] n lutrin m.

lecture ['lektʃəʳ] **1** n **(a)** conférence f; (Univ etc: part of series) cours m (magistral). **to give a ~** faire une conférence or un cours (on sur). **(b)** (reproof) sermon m. **to give or read sb a ~** sermonner qn. **2** vi faire une conférence or un cours (to à; on sur). (Univ) **he ~s in law** il est professeur de droit; **he's lecturing at the moment** il fait (son) cours en ce moment. **3** vt (reprove) sermonner (sb on

sth/for having done qn pour qch/pour avoir fait). **4** adj notes de cours. **~ course** cours m magistral; **~ hall** amphithéâtre m; **~ room** salle f de conférences; **~ theatre** amphithéâtre m. ◆ **lecturer** n **(a)** (speaker) conférencier m, -ière f; **(b)** (Brit Univ) ≃ assistant(e) m(f); **assistant ~r** ≃ assistant(e) m(f); **senior ~r** maître assistant m.

led [led] pret, ptp of **lead**¹.

ledge [ledʒ] n (on wall) rebord m, saillie f; (window ~) rebord (de la fenêtre); (on mountain) saillie.

ledger ['ledʒəʳ] n grand livre m (Comptabilité).

lee [li:] n côté m sous le vent. **in the ~ of** à l'abri de. **2** adj sous le vent.

◆ **leeward 1** adj, adv sous le vent ; **2** n côté m sous le vent; **to ~ward** sous le vent. ◆ **leeway** n (Naut) dérive f; (fig) **that gives him a certain ~way** cela lui donne une certaine liberté d'action; **a lot of ~way to make up** beaucoup de retard à rattraper.

leech [li:tʃ] n sangsue f.

leek [li:k] n poireau m.

leer [lɪəʳ] **1** vi lorgner. **to ~ at sb** lorgner qn. **2** n (evil) regard m mauvais; (lustful) regard concupiscent.

left¹ [left] pret, ptp of **leave**. ◆ **left-luggage** n bagages mpl en consigne; (office) consigne f. ◆ **left-luggage locker** n casier m à consigne automatique. ◆ **left-overs** npl restes mpl.

left² [left] **1** adj (not right) gauche. **2** adv à gauche. **3** n **(a)** gauche f. **on your ~** à or sur votre gauche; **on the ~** be, stand, see sur la gauche, à gauche; drive à gauche; **the door on the ~** la porte de gauche; **the street on the ~** la rue à gauche; (Aut) **to keep to the ~** tenir sa gauche; **to the ~** vers la gauche; (Pol) **the L~** la gauche. **(b)** (Boxing: punch) gauche m. ◆ **left-hand** adj door, page de gauche; **~-hand drive** conduite f à gauche; **on the ~-hand side** à gauche. ◆ **left-handed** adj person gaucher; screw fileté à gauche; scissors pour gaucher; (fig) compliment ambigu. ◆ **left-hander** n (person) gaucher m, -ère f. ◆ **leftist** adj (Pol) de gauche. ◆ **left-wing** adj newspaper, view de gauche; **he's ~-wing** il est à gauche.

leg [leg] **1** n [person, horse] jambe f; [other animal, bird, insect] patte f; (Culin) [lamb] gigot m; [pork, chicken, frog] cuisse f; [table etc] pied m; [trousers, stocking etc] jambe; (stage) [journey] étape f; (in relay) relais m. **my ~s won't carry me any further!** je ne tiens plus sur mes jambes!; **to be on one's last ~s** [person, company] être à bout de ressources; [machine etc] être sur le point de rendre l'âme *; **to give sb a ~ up** faire la courte échelle à qn; (* fig) donner un coup de pouce à qn; **he hasn't got a ~ to stand on** il n'a aucun argument valable; (fig) **to pull sb's ~** (hoax) faire marcher qn *; (tease) taquiner qn. **~ bone** tibia m. **3** vt: **to ~ it** * (run) cavaler ⁑; (flee) se barrer ⁑; (walk) aller à pied, faire le chemin à pied. ◆ **-legged** adj ending: **four-~ged** à quatre pattes ; **bare-~ged** aux jambes nues. ◆ **leggings** npl jambières fpl; (for baby) culotte f (longue). ◆ **leg-pull** * n canular m. ◆ **leg-pulling** * n (hoaxes) canulars mpl; (teasing) taquineries fpl. ◆ **legroom** n place f pour les jambes. ◆ **leg-warmers** npl jambières fpl. ◆ **legwork** * n les déplacements mpl.

legacy ['legəsɪ] n (Jur, also fig) legs m. **to leave a ~ to sb** faire un legs à qn.

legal ['li:g(ə)l] adj **(a)** (lawful) act, status, right légal; requirements légitime. **~ currency** monnaie légale; **it's not ~ currency** cela n'a pas cours; **~ document** titre m authentique. **(b)** (concerning the law) error, advice judiciaire; affairs, question juridique. **to take ~ action against** intenter un procès à or contre; **to take ~ advice** consulter un juriste or un avocat; **~ adviser** conseiller m, -ère f juridique; (Brit) **~**

aid assistance *f* judiciaire; ~ **costs** frais *mpl* de justice; ~ **department** service *m* du contentieux; **a ~ offence** une infraction à la loi; ~ **proceedings** procès *m*, poursuites *fpl*; **the ~ profession** les hommes *mpl* de loi. ◆ **legality** *n* légalité *f*. ◆ **legalization** *n* légalisation *f*. ◆ **legalize** *vt* légaliser. ◆ **legally** *adv* légalement; **to be ~ly binding** lier.

legation [lɪ'geɪʃ(ə)n] *n* légation *f*.

legend ['ledʒ(ə)nd] *n* légende *f*. ◆ **legendary** *adj* légendaire.

legible ['ledʒəbl] *adj* lisible. ◆ **legibility** *n* lisibilité *f*. ◆ **legibly** *adv* lisiblement.

legion ['li:dʒ(ə)n] *n* légion *f*. ◆ **legionary 1** *n* légionnaire *m* ; **2** *adj* de la légion.

legionnaire [ˌli:dʒə'nɛəʳ] *n* légionnaire *m*. *(Med)* ~'s **disease** maladie *f* du légionnaire.

legislate ['ledʒɪsleɪt] *vi* faire des lois, légiférer. ◆ **legislation** *n* législation *f*; **a piece of legislation** une loi; **to introduce legislation** faire des lois. ◆ **legislative** *adj* législatif. ◆ **legislator** *n* législateur *m*, -trice *f*. ◆ **legislature** *n* corps *m* législatif.

legitimate [lɪ'dʒɪtɪmɪt] *adj (Jur etc)* légitime; *argument, cause, excuse* bon, valable; *complaint* légitime; *reasoning, conclusion, logique.* **the ~ theatre** le théâtre littéraire. ◆ **legitimacy** *n* légitimité *f*. ◆ **legitimately** *adv*: **one might ~ly think** on serait en droit de penser. ◆ **legitimize** *vt* légitimer.

leisure ['leʒəʳ] **1** *n* loisir *m*, temps *m* libre. *(hum)* **a lady of ~** une rentière *(fig hum)*; **a life of ~** une vie pleine de loisirs; **do it at your ~** faites-le quand vous en aurez le temps; **think about it at ~** réfléchissez-y à tête reposée. **2** *adj*: **in my ~ moments** à mes moments de loisir; ~ **time** loisir *m*, temps *m* libre. ◆ **leisured** *adj* qui a beaucoup de loisirs; *classes* oisif. ◆ **leisurely** *adj* *pace, movement* lent, tranquille; *person* placide; *journey, stroll* fait sans se presser; *occupation* peu fatigant; **in a ~ly way** *walk* sans se presser; *work* sans faire de gros efforts.

lemon ['lemən] **1** *n (fruit, colour)* citron *m*; *(tree)* citronnier *m*. **2** *adj (colour)* citron *inv*. ~ **cheese** *or* **curd** ≃ crème *f* de citron; ~ **drink** *or* **squash** citronnade *f*; *(fresh lemon)* citron pressé; ~ **juice** jus *m* de citron; ~ **sole** limande-sole *f*; ~ **squeezer** presse-citron *m inv*; ~ **tea** thé *m* au citron; ~ **yellow** jaune citron *inv*. ◆ **lemonade** *n* limonade *f*; *(still)* citronnade *f*.

lemur ['li:məʳ] *n* maki *m*.

lend [lend] *pret, ptp* **lent** *vt (gen)* prêter *(to sb* à qn); *(fig) importance, one's name* prêter *(to* à); *mystery, dignity, authority* conférer *(to* à). **to ~ an ear** écouter, prêter l'oreille; **to ~ o.s. to sth** se prêter à qch. ◆ **lender** *n* prêteur *m*, -euse *f*. ◆ **lending 1** *n* prêt *m* ; **2** *adj library* de prêt; ~**ing rate** taux *m* de prêt.

length [leŋθ] *n* **(a)** *(gen)* longueur *f*; *(duration)* durée *f*. **it was 6 metres in ~** cela avait 6 mètres de long; **what is the ~ of the field?** quelle est la longueur du champ?; **along the whole ~ of** sur toute la longueur de; **what ~ of cloth did you buy?** quel métrage de tissu as-tu acheté?; *(fig)* **the ~ and breadth of England** dans toute l'Angleterre; **to fall full ~** tomber de tout son long; **what ~ is the film?** quelle est la durée du film?; ~ **of life** durée de vie; ~ **of time** temps *m*; *(Admin)* ~ **of service** ancienneté *f*; **4,000 words in ~** de 4 000 mots; **at ~** *(at last)* enfin, à la fin; **at (great)** ~ *(in many words)* fort longuement; *(in detail)* dans le détail; **to go to the ~ of doing** aller jusqu'à faire; **to go to great ~s to do** se donner beaucoup de mal pour faire; **to go to any ~(s) to do** ne reculer devant rien pour faire; **to win by a ~** gagner d'une longueur; **he was 3 car ~s behind me** il était à 3 longueurs de voiture derrière moi. **(b)** *(section:*

gen) morceau *m*, bout *m*; *[wallpaper]* lé *m*; *[dress material]* métrage *m*, hauteur *f*; *[tubing, track]* tronçon *m*. **skirt ~** hauteur de jupe.

◆ **lengthen 1** *vt object* rallonger; *visit, life* prolonger; *vowel* allonger ; **2** *vi* rallonger; se prolonger; s'allonger; *[days, nights]* rallonger. ◆ **lengthily** *adv* longuement. ◆ **lengthways** *or* ◆ **lengthwise 1** *adv* dans le sens de la longueur ; **2** *adj* en longueur. ◆ **lengthy** *adj* (très) long; *(tedious)* interminable.

lenient ['li:nɪənt] *adj judge, parent* indulgent *(to* envers, pour); *government* clément *(to* envers). ◆ **lenience** *or* ◆ **leniency** *n* indulgence *f*; clémence *f*. ◆ **leniently** *adv* avec indulgence; avec clémence.

lens [lenz] **1** *n (for magnifying)* lentille *f*; *[camera]* objectif *m*; *[spectacles]* verre *m*; *[eye]* cristallin *m*. **2** *adj*: ~ **cap** bouchon *m* d'objectif; ~ **holder** porte-objectif *m inv*; ~ **hood** parasoleil *m*.

lent [lent] *pret, ptp* of **lend.**

Lent [lent] *n* Carême *m*. **I gave it up for ~** j'y ai renoncé pour le Carême.

lentil ['lentl] *n* lentille *f*. ~ **soup** soupe *f* aux lentilles.

Leo ['li:əʊ] *n (Astron)* le Lion.

leopard ['lepəd] *n* léopard *m*. **the ~ cannot change its spots** on ne peut pas changer sa nature. ◆ **leopardess** *n* léopard *m* femelle.

leotard ['li:ətɑ:d] *n* collant *m (de danseur etc)*.

leper ['lepəʳ] *n* lépreux *m*, -euse *f (also fig)*. ~ **colony** léproserie *f*. ◆ **leprosy** *n* lèpre *f*. ◆ **leprous** *adj* lépreux.

lesbian ['lezbɪən] **1** *adj* lesbien. **2** *n* lesbienne *f*. ◆ **lesbianism** *n* lesbianisme *m*.

lesion ['li:ʒ(ə)n] *n (Med)* lésion *f*.

Lesotho [lɪ'su:tu:] *n* Lesotho *m*.

less [les] *comp of* **little²** **1** *adj, pron* moins (de). ~ **butter** moins de beurre; **I have ~ than you** j'en ai moins que vous; **even ~** encore moins; **much ~ milk** beaucoup moins de lait; **a little ~ cream** un peu moins de crème; ~ **and ~** de moins en moins; ~ **than that** moins que cela; **it costs ~ than** cela coûte moins cher que; ~ **than half the audience** moins de la moitié de l'assistance; **he couldn't have done** ~ il n'aurait pas pu faire moins; **of ~ importance** de moins d'importance; **I have ~ time for reading** j'ai moins de temps pour lire; **it is ~ than perfect** on ne peut pas dire que ce soit parfait; ~ **than a month/a kilo** moins d'un mois/d'un kilo; ~ **than you think** moins que vous ne croyez; **can't you let me have it for ~?** vous ne pouvez pas me le laisser à moins?; **no ~ a person than** rien moins que; **he's bought a car, no ~ *** il s'est payé une voiture, s'il vous plaît *; **no ~ than 4 months' holiday** au moins 4 mois de vacances; **the ~ said about it the better** mieux vaut ne pas en parler; **the ~ you buy the ~ you spend** moins vous achetez moins vous dépensez; **he's nothing ~ than a thief** il n'est rien moins qu'un voleur; **nothing ~ than a bomb would move them** il faudrait au moins une bombe pour les faire bouger; **it's nothing ~ than disgraceful** le moins qu'on puisse dire, c'est que c'est une honte. **2** *adv* moins. **you must eat ~** vous devez moins manger; **to grow ~** diminuer; ~ **and ~** de moins en moins; ~ **often** moins souvent; ~ **expensive than you think** moins cher que vous ne croyez; **the ~ you say about it the better** le moins vous en parlerez et mieux ça vaudra; **he was none the ~ pleased to see me** il n'en était pas moins content de me voir.

3 *prep* moins. ~ **10%** moins 10%.

◆ **lessen 1** *vt (gen)* diminuer; *cost* réduire; *anxiety, pain, effect, shock* atténuer; *(Pol) tension* relâcher ; **2** *vi* diminuer; s'atténuer; se relâcher. ◆ **less-**

ening n diminution f. ◆ **lesser** adj moindre; **to a ~er degree** or **extent** à un moindre degré; **the ~er of** le or la moindre de.

...less [lɪs] adj ending: **hatless** sans chapeau; **childless** sans enfants.

lessee [le'si:] n preneur m, -euse f (à bail).

lesson ['lesn] n leçon f (also fig). **a French ~** une leçon de français; **to take/give ~s in** prendre/donner des leçons de; **we have ~s from 9 to midday** nous avons classe or cours de 9 heures à midi; **let that be a ~ to you!** que cela vous serve de leçon!; (US Scol) **~ plans** dossier m pédagogique.

lest [lest] conj de peur or de crainte de + infin; de peur or de crainte que (+ ne) + subj.

let [let] pret, ptp **let** vt (**a**) laisser (sb do qn faire), permettre (sb do à qn de faire, que qn fasse). **he wouldn't ~ us** il n'a pas voulu, il ne nous a pas permis; **to ~ sb into the house/into a secret** faire entrer qn dans la maison/dans un secret; **to ~ sb/sth past** or **through** laisser passer qn/qch; (fig) **to ~ sb off (doing) sth** dispenser qn de (faire) qch; **don't ~ me forget** rappelle-moi; **don't ~ the fire go out** ne laisse pas s'éteindre le feu; **~ me have a look** laissez-moi regarder, faites voir; **when can you ~ me have it?** quand est-ce que je pourrai l'avoir?; **~ him have it** donnez-le-lui; **~ him be!** laisse-le tranquille!; **just you ~ me catch you stealing again** * que je t'y prenne encore à voler; **I ~ myself be persuaded** je me suis laissé convaincre; **to ~ a window into a wall** percer une fenêtre dans un mur; **~ alone** (used as conj) V **alone**. (**b**) (in verb forms) **~ us** or **~'s go** allons; **~'s sit down** asseyons-nous; **~ me think** laissez-moi réfléchir; **don't ~ me keep you** que je ne vous retienne pas; **~ him come himself** qu'il vienne lui-même; **~ this be a warning to you** que cela vous serve d'avertissement; **just ~ them try!** qu'ils essaient (subj) un peu!; **~ x equal 2** soit x égal à 2. (**c**) (hire out) house etc louer, mettre en location. **'to ~'** 'à louer'.

◆ **let away** vt sep (allow to leave) laisser partir. (fig) **you can't ~ him away with that!** tu ne peux pas le laisser s'en tirer comme ça! ◆ **let down** vt sep (**a**) window baisser; dress rallonger; hem lâcher; tyre dégonfler; (on rope etc) person, object descendre. (fig) **he ~ me down gently** (about bad news) il m'a traité avec ménagement; (in punishing etc) il n'a pas été trop sévère avec moi. (**b**) (fail) **to ~ sb down** (gen) décevoir qn; [car, watch] jouer des tours à qn; **don't ~ us down** nous comptons sur vous; **the weather ~ us down** le beau temps n'a pas été de la partie. ◆ **let in** 1 vi [shoes, tent] prendre l'eau; [roof] laisser entrer la pluie. 2 vt sep person, cat faire entrer, laisser entrer; light, rain laisser entrer. **can you ~ him in?** pouvez-vous lui ouvrir?; **he ~ himself in with a key** il est entré avec une clef; (fig) **to ~ sb in for (doing) sth** entraîner qn à (faire) qch; **you don't know what you're ~ting yourself in for** tu ne sais pas à quoi tu t'engages; **to ~ sb in on sth** mettre qn au courant de qch. ◆ **let off** vt sep (**a**) (explode etc) bomb faire éclater; firework, firearm faire partir. (**b**) (release) gas etc dégager, lâcher. (**c**) (allow to leave) pupils etc laisser partir. **if you don't want to do it, I'll ~ you off** si tu ne veux pas le faire, je t'en dispense. (**d**) (not punish) ne pas punir, faire grâce à. **he ~ me off with a warning** il m'a seulement donné un avertissement; **to ~ sb off lightly** laisser qn s'en tirer à bon compte. (**e**) rooms etc louer. ◆ **let on** * 1 vi (acknowledge) dire. **I won't ~ on** je ne dirai rien, je garderai ça pour moi. 2 vt sep (acknowledge) dire, aller raconter (that que); (pretend) prétendre, raconter (that que). ◆ **let out** vt sep (**a**) person, cat faire or laisser sortir; prisoner relâcher; sheep, cattle faire sortir (of de); caged bird lâcher; water vider; fire, candle laisser s'éteindre; secret, news laisser échapper, révéler. **I'll ~ you out**

je vais vous ouvrir la porte; **to ~ o.s. out** sortir; **can you ~ yourself out?** vous m'excuserez de ne pas vous reconduire?; **to ~ the air out of a tyre** dégonfler un pneu; **his alibi ~s him out** son alibi le met hors de cause. (**b**) shout, cry laisser échapper; laugh avoir. (**c**) dress élargir; seam lâcher; belt desserrer. (**d**) house etc louer. ◆ **let up** 1 vi [rain] diminuer; [cold weather] s'adoucir; [worker, talker] s'arrêter (un moment). 2 vt sep (allow to rise) **to ~ sb up** permettre à qn de se lever.

◆ **let-down** * n déception f. ◆ **let-out** n échappatoire m. ◆ **letting** n [house etc] location f. ◆ **let-up** * n (decrease) diminution f; (stop) arrêt m; (respite) répit m.

lethal ['li:θ(ə)l] adj poison, blow mortel; effect fatal; weapon meurtrier. **this coffee's ~!** * ce café est atroce! *

lethargy ['leθədʒɪ] n léthargie f. ◆ **lethargic** [le'θɑ:dʒɪk] adj léthargique.

letter ['letəʳ] 1 n (**a**) (of alphabet) lettre f. **the ~ L** la lettre L; **in ~s** en lettres; **he's got a lot of ~s after his name** * il a des tas * de diplômes (or de décorations etc); (fig) **the ~ of the law** la lettre de la loi; **to follow sth to the ~** suivre qch à la lettre. (**b**) (written communication) lettre f. **were there any ~s for me?** y avait-il du courrier or des lettres pour moi?; **he was invited by ~** il a reçu une invitation écrite; **~ of introduction** lettre de recommandation. (**c**) (learning) **man of ~s** homme m de lettres. 2 vt (put ~ on) inscrire des lettres sur; (engrave) graver (des lettres sur). ◆ **letter-bomb** n lettre f piégée. ◆ **letterbox** n boîte f à lettres. ◆ **letter-card** n carte-lettre f. ◆ **letterhead** n en-tête m. ◆ **lettering** n (engraving) gravure f; (letters) caractères mpl. ◆ **letter-opener** n coupe-papier m inv. ◆ **letter paper** n papier m à lettres. ◆ **letter-perfect** adj: **to be ~-perfect in sth** savoir qch sur le bout du doigt. ◆ **letterpress** n (method) typographie f; (text) texte m imprimé. ◆ **letter-writer** n correspondant(e) m(f).

lettuce ['letɪs] n laitue f; (Culin) laitue, salade f.

leuk(a)emia [lu:'ki:mɪə] n leucémie f.

level ['levl] 1 n (**a**) niveau m. **at roof ~** au niveau du toit; **to find one's own ~** trouver son niveau; **he came down to their ~** il s'est mis à leur niveau; **it is on a ~ with** (lit) c'est du niveau de, c'est à la hauteur de; (fig) ça vaut bien; **top-~ talks** conférence f au niveau le plus élevé; **at departmental/ministerial ~** à l'échelon départemental/ministériel. (**b**) (Aut, Rail) palier m. **speed on the ~** vitesse f en palier; (fig) **is this on the ~?** * est-ce qu'il joue franc jeu? (**c**) (spirit ~) niveau m à bulle d'air. (**d**) (flat place) terrain m plat.
2 adj (**a**) (flat) surface, ground plat, uni; tray horizontal. (Brit Rail) **~ crossing** passage m à niveau; **a ~ spoonful** une cuillerée rase; **to do one's best** * faire tout son possible (to do pour faire). (**b**) (equal) contestants à égalité. **to be ~ with** (in race) être à la même hauteur que; (in league) être à égalité avec; (in studies, achievements) être au même niveau que; (in salary, rank) être au même échelon que; **to draw ~ with** arriver à la même hauteur etc que; **~ with the ground** au niveau du sol. (**c**) (steady) voice, tones calme, assuré; judgment sain. **to keep a ~ head** garder tout son sang-froid. (**d**) (US *: honest) honnête, réglo.
3 vt (**a**) (make level) site, ground niveler, aplanir; quantities répartir également; (demolish) building, town raser. (**b**) (aim) blow allonger (at sb à qn); gun braquer (at sb sur qn); accusation lancer (at sb contre qn).
4 vi (**a**) (~ off) [curve on graph, prices etc] se stabiliser; [aircraft] amorcer le vol en palier. (**b**) (US) **to ~ with sb** * être franc avec qn. ◆ **levelheaded** adj équilibré. ◆ **levelling** adj effect, process de nivellement.

lever ['liːvəʳ] **1** n (lit, fig) levier m. **2** vt: **to ~ sth
out/up** extraire/soulever qch au moyen d'un
levier. ◆ **leverage** n force f (de levier); (fig:
influence) influence f (on or with sb sur qn).

levity ['levɪtɪ] n manque m de sérieux.

levy ['levɪ] **1** n (gen) prélèvement m (on sur); (act,
amount) taxation f; (tax) impôt m, taxe f. **2** vt **(a)**
(impose) tax prélever, mettre (on sth sur qch); fine
imposer (on sb à qn). **(b)** (collect) contributions percevoir.

lewd [luːd] adj lubrique. ◆ **lewdness** n lubricité
f.

lexical ['leksɪk(ə)l] adj lexical.

lexicography [ˌleksɪ'kɒgrəfɪ] n lexicographie f.
◆ **lexicographer** n lexicographe mf.

lexicology [ˌleksɪ'kɒlədʒɪ] n lexicologie f. ◆ **lexi-
cologist** n lexicologue mf.

lexicon ['leksɪk(ə)n] n lexique m.

liable ['laɪəbl] adj **(a)** (likely) to be ~ to do (gen)
risquer de faire; (more formally) être susceptible
de faire; **it's ~ to explode** cela risque d'exploser;
he's ~ to refuse il est possible qu'il refuse (subj);
we are ~ to get shot at on risque de se faire tirer
dessus; **it's ~ to be hot** il se peut qu'il fasse très
chaud. **(b)** (subject to) person passible (to de), sujet
(to à); thing assujetti (to à). ~ **for military service**
astreint au service militaire. **(c)** (responsible) (civilement) responsable (for de). ◆ **liability** n (for
accident etc) responsabilité f (for de); (handicap)
handicap m; (person) poids m mort; **liabilities**
(debts) engagements mpl; (Bookkeeping) passif m.

liaison [liː'eɪzɒn] **1** n liaison f. **2** adj committee, officer
de liaison.

liar ['laɪəʳ] n menteur m, -euse f.

lib ‡ [lɪb] n abbr of **liberation**.

libel ['laɪb(ə)l] **1** n diffamation f (par écrit). **2** adj
laws contre la diffamation. ~ **proceedings** or **suit**
procès m en diffamation. **3** vt (Jur) diffamer (par
écrit); (gen) calomnier, médire de. ◆ **libellous,**
(US) **libelous** adj diffamatoire.

liberal ['lɪb(ə)r(ə)l] **1** adj (all senses) libéral (with
de). **2** n (Pol) **L~** libéral(e) m(f). ◆ **liberalism**
n libéralisme m. ◆ **liberality** n (broad-mindedness)
libéralisme m; (generosity) libéralité f. ◆ **liberally**
adv libéralement.

liberate ['lɪbəreɪt] vt libérer. ◆ **liberated** adj
libéré. ◆ **liberation** n libération f. ◆ **liberator**
n libérateur m, -trice f.

Liberia [laɪ'bɪərɪə] n Libéria m, Liberia m.

liberty ['lɪbətɪ] n liberté f. **at ~** (not detained) en
liberté; (not busy) libre; **at ~ to choose** libre de
choisir; ~ **of the press** liberté de la presse; **to take
liberties** se permettre des libertés (with avec); **to
take the ~ of doing** se permettre de faire; (Dress)
~ **bodice** chemise f américaine.

libido [lɪ'biːdəʊ] n libido f.

Libra ['liːbrə] n (Astron) la Balance.

library ['laɪbrərɪ] **1** n bibliothèque f. **2** adj book
de bibliothèque. (Comput) ~ **software** logiciel-
bibliothèque m; ~ **ticket** carte f de lecteur.
◆ **librarian** n bibliothécaire mf. ◆ **librarianship**
n bibliothéconomie f.

libretto [lɪ'bretəʊ] n libretto m, livret m. ◆ **libret-
tist** n librettiste mf.

Libya ['lɪbɪə] n Libye f.

lice [laɪs] npl of **louse**.

licence ['laɪs(ə)ns] **1** n **(a)** (permit) autorisation f,
permis m; (for manufacturing, trading) licence f;
(Aut) (for driver) permis; (for car) vignette f; (for
radio, TV set) redevance f. **driving/export** ~ permis
de conduire/d'exporter; **pilot's** ~ brevet m de
pilote; **married by special** ~ marié avec dispense
de bans; **to manufacture under** ~ fabriquer sous
licence. **(b)** (freedom) liberté f. **poetic** ~ licence

f poétique. **2** adj [car] ~ **plate/number** plaque f/
numéro m minéralogique or d'immatriculation.
◆ **licentious** adj licencieux.

license ['laɪs(ə)ns] **1** n (US) = **licence**. **2** vt **(a)** (give
licence to) donner une licence à; car [licensing author-
ity] délivrer la vignette de; [owner] acheter la
vignette de or pour. **to be ~d to sell tobacco** détenir une licence de bureau de tabac; **on ~d premises** dans un établissement ayant une licence de
débit de boissons. **(b)** (allow) autoriser (sb to do
qn à faire). ◆ **licensee** n [pub] patron(ne) m(f).

lick [lɪk] **1** n **(a)** coup m de langue. **to give o.s. a
~ and a promise** * faire un petit brin de toilette;
a ~ of paint un petit coup de peinture. **(b)** (speed)
at full ~ * en quatrième vitesse *. **2** vt **(a)** (gen)
lécher. **to ~ one's lips** se lécher les lèvres; (fig)
se frotter les mains (fig); **to ~ sth clean/off** etc net-
toyer/enlever etc qch à coups de langue; (fig) **to
~ sb's boots** jouer les lèche-bottes * envers qn;
(fig) **to ~ one's wounds** panser ses blessures (fig).
(b) (*) (defeat) battre à plates coutures; (outdo)
battre; (thrash) rosser. ◆ **licking** * n (whipping)
rossée * f; (defeat) déculottée ‡ f.

lickety-split ['lɪkɪtɪ'splɪt] adv (US) à fond de train.

lid [lɪd] n (gen) couvercle m; (eye~) paupière f. (fig)
to take the ~ off sth étaler qch au grand jour;
that puts the ~ on it! ça, c'est un comble!; (US:
act against sth) **to put the ~ on sth** * prendre des
mesures contre qch.

lido ['liːdəʊ] n (resort) complexe m balnéaire; (swimming pool) piscine f (en plein air).

lie¹ [laɪ] pret **lay**, ptp **lain** vi **(a)** [person etc] (~ **down)**
s'allonger, s'étendre, se coucher; **(be lying)** être
allongé or étendu or couché; [dead body] (at funeral
etc) reposer; (in grave etc) être enterré. **he was lying
on the floor** (unable to move) il était étendu or il
gisait par terre; **she lay in bed until 10 o'clock** elle
est restée au lit jusqu'à 10 heures; **she was lying
in bed reading** elle lisait au lit; **he lay dead** il était
étendu mort; **he was lying still** il était étendu
immobile; ~ **still!** ne bouge pas!; **his body was
lying on the ground** son corps gisait sur le sol;
(on tombstone) **here ~s** ci-gît; (fig) **to ~ low** ne pas
se faire remarquer; (hide) se cacher.
(b) (be) [object] être; [place, road] se trouver, être;
[land, sea etc] s'étendre; (remain) rester, être. **the
book lay on the table** le livre était sur la table;
the book lay unopened all day le livre est resté
fermé toute la journée; **to ~ at anchor** être à
l'ancre; **the snow lay thick on the ground** il y avait
une épaisse couche de neige sur le sol; **the snow
will not** ~ la neige ne tiendra pas; **to ~ heavy on**
peser sur; **the valley lay before us** la vallée s'étendait devant nous; **the years that** ~ **before us** les
années qui sont devant nous; **the difference ~s
in the fact that**... la différence vient de ce que...;
the real remedy ~s in... le vrai remède se trouve
dans...

◆ **lie about, lie around** vi [clothes, books] traîner;
[person] traînasser *. ◆ **lie back** vi se renverser
(en arrière). (fig) ~ **back and enjoy yourself!** laisse-
toi donc vivre! ◆ **lie down** vi s'allonger,
s'étendre. **to be lying down** être allongé; (to dog)
~ **down!** couché!; (fig) **to take sth lying down**
accepter qch sans protester. ◆ **lie in** vi (stay in
bed) faire la grasse matinée. ◆ **lie up** vi (stay in
bed) garder le lit; (hide) se cacher.

◆ **lie-down** * n: **to have a ~-down** s'allonger,
s'étendre. ◆ **lie-in** * n: **to have a ~-in** faire la
grasse matinée.

lie² [laɪ] (vb: pret, ptp **lied**) **1** n mensonge m. **to tell
~s** mentir, dire des mensonges; **to give the ~ to**
démentir. **2** vi mentir. **3** vt: **to ~ one's way out
of it** essayer de s'en sortir par des mensonges.
4 adj: ~ **detector** détecteur m de mensonges.

Liechtenstein ['lɪktənstaɪn] n Liechtenstein m.

lieu [ljø] *n*: **in ~ of** au lieu de.

lieutenant [lefˈtenənt, *(US)* luːˈtenənt] *n* *(Brit: in army)* lieutenant *m*; *(Brit, US: in navy)* [ləˈtenənt, *(US)* luːˈtenənt] lieutenant de vaisseau; *(fig)* second *m*; *(US Army)* **first ~** lieutenant *m*. ◆ **lieutenant colonel** *n* lieutenant-colonel *m*. ◆ **lieutenant general** *n* général *m* de corps d'armée; *(US Air Force)* général *m* de corps aérien.

life [laɪf] **1** *n, pl* **lives** **(a)** *(gen)* vie *f*. **animal and plant ~** vie animale et végétale; **bird ~** les oiseaux *mpl*; **insect ~** les insectes *mpl*; **a matter of ~ and death** une question de vie ou de mort; **to bring sb back to ~** ranimer qn; **to come to ~** *[person]* reprendre conscience; *[town etc]* s'éveiller *(fig)*. **(b)** *(existence)* vie *f*; *[car, government, battery etc]* durée *f*. **he lived in France all his ~** il a vécu toute sa vie en France; **for the rest of his ~** pour le restant de ses jours; **to be sent to prison for ~, to get ~** * être condamné à la prison à vie; **he's doing ~** * il tire une condamnation à perpétuité; **it will last you all your ~** cela vous durera toute votre vie; **never in all my ~** jamais de ma vie; **in later ~** plus tard (dans la vie); **late in ~** sur le tard; **~ isn't worth living** la vie ne vaut pas la peine d'être vécue; **tired of ~** las de vivre; **to take one's (own) ~** se donner la mort; **to take one's ~ in one's hands** jouer sa vie; **town ~** la vie à la ville; **it's a good ~** c'est la belle vie; **to lead a quiet ~** mener une vie tranquille; **portrait taken from ~** portrait d'après nature; **it was Paul to the ~** c'était Paul tout craché *; **I couldn't for the ~ of me** * je ne pouvais absolument pas; **how's ~?** * comment ça va? *; **that's ~!** c'est la vie!; **this is the ~!** * voilà comment je comprends la vie!; **not on your ~!** * jamais de la vie!
(c) *(liveliness)* vie *f*. **full of ~** plein de vie; **he's the ~ and soul of the party** c'est un boute-en-train; **it put new ~ into me** ça m'a fait revivre; **there isn't much ~ in our village** notre village est plutôt mort.
2 *adj* *president, member* à vie. **~ cycle** cycle *m* de (la) vie; **~ expectancy** espérance *f* de vie; **the ~ force** la force vitale; **~ imprisonment** prison *f* à vie; **~ insurance** assurance-vie *f*; **~ peer/peerage** pair *m*/pairie *f* à vie; *(US)* **~ preserver** gilet *m* de sauvetage; **~ raft** radeau *m* de sauvetage; **the ~ sciences** les sciences *fpl* de la vie; **~ sentence** condamnation *f* à perpétuité; **~ span** durée *f* or espérance *f* de vie; **~ story** biographie *f*; **~ style** style *m* de vie; **~ support system** *(in space)* équipement *m* de vie; *(Med)* **on a ~ support system** sous assistance respiratoire. ◆ **life-and-death** *adj*: **~-and-death struggle** lutte *f* désespérée. ◆ **lifebelt** *n* bouée *f* de sauvetage. ◆ **lifeblood** *n* élément *m* vital. ◆ **lifeboat** *n* *(shore)* canot *m* de sauvetage; *(from ship)* chaloupe *f* de sauvetage. ◆ **lifebuoy** *n* bouée *f* de sauvetage. ◆ **life-giving** *adj* vivifiant. ◆ **lifeguard** *n* *(on beach)* surveillant *m* de plage or de baignade. ◆ **life-jacket** or ◆ **life-vest** *n* gilet *m* de sauvetage. ◆ **lifeless** *adj* *body, matter* inanimé; *(fig)* *style* sans vigueur. ◆ **lifelessness** *n* manque *m* de vigueur. ◆ **lifelike** *adj* qui semble vivant or vrai. ◆ **lifeline** *n* *(on ship)* main *f* courante; *(for diver)* corde *f* de sécurité; *(fig)* **it was his ~line** c'était vital pour lui. ◆ **lifelong** *adj* *ambition* de toute ma (or sa etc) vie; *friend, friendship* de toujours; *task* de toute une vie. ◆ **life-saver** *n* *(person)* surveillant(e) *m(f)* de baignade; *(fig)* **that money was a ~-saver** cet argent m'a (or lui a etc) sauvé la vie. ◆ **life-saving** **1** *n* *(rescuing)* sauvetage *m*; *(first aid)* secourisme *m*; **2** *adj* de sauvetage. ◆ **life-sized** *adj* grandeur nature *inv*. ◆ **lifetime** *n* vie *f*; **not in my ~time** pas de mon vivant; **once in a ~time** une fois dans la vie; **the work of a ~time** l'œuvre de toute une vie; **it seemed a ~time** cela

a semblé une éternité. ◆ **lifework** *n* œuvre *f* de toute une vie *(or ma etc)* vie.

lift [lɪft] **1** *n* **(a)** *(Brit) (elevator)* ascenseur *m*; *(for goods)* monte-charge *m inv*. **(b)** **can I give you a ~?** est-ce que je peux vous déposer quelque part?; **I gave him a ~ to Paris** je l'ai emmené (en voiture) jusqu'à Paris; **he was hoping for a ~** il espérait être pris en stop. **(c)** **to give sb/sth a ~ up** soulever qn/qch; *(fig)* **to give sb a ~** remonter le moral à or de qn.
2 *vt* *(gen)* lever, soulever; *(fig)* *restrictions* supprimer, abolir; *ban, blockade, siege* lever; *(*: steal)* chiper *; *quotation, idea* prendre, voler *(from sb* à qn). **to ~ sth into the air** lever qch en l'air; **to ~ sb/sth onto a table** soulever qn/qch pour le poser sur une table; **to ~ sb over a wall** faire passer qn par-dessus un mur; **he didn't ~ a finger to help** il n'a pas levé le petit doigt pour aider.
3 *vi* *[lid etc]* se soulever; *[fog]* se lever. ◆ **lift down** *vt sep* descendre *(from de)*. ◆ **lift off** **1** *vi* *(Space)* décoller. **2** *vt sep* *lid* enlever; *child* descendre. ◆ **lift out** *vt sep* *object* sortir; *troops* évacuer par avion *(or hélicoptère)*. ◆ **lift up** **1** *vi* *[drawbridge etc]* se soulever. **2** *vt sep* *object, person* soulever; *one's eyes, head* lever. ◆ **liftboy** or ◆ **liftman** *n* *(Brit)* liftier *m*. ◆ **liftgate** *n* *(Aut: esp US)* hayon *m*. ◆ **lift-off** *n* *(Space)* décollage *m*.

light¹ [laɪt] *(vb: pret, ptp* **lit** *or* **lighted)* **1** *n* **(a)** *(gen)* lumière *f*. **electric ~** éclairage *m* or lumière électrique; **to put on the ~** allumer; **to put off the ~** éteindre; **there were ~s on in the room** il y avait de la lumière dans la pièce; **~s out** extinction *f* des feux; **by the ~ of** à la lumière de; **at first ~** au point du jour; **the ~ was beginning to fail** le jour commençait à baisser; **she was sitting with her back to the ~** elle tournait le dos à la lumière; **to stand sth in the ~** mettre qch à la lumière; **you're holding it against the ~** vous le tenez à contre-jour; **you're in my ~** tu me fais de l'ombre; **the ~ isn't good enough** il n'y a pas assez de lumière; *(Art, Phot)* **~ and shade** les clairs *mpl* et les ombres *fpl*; *(fig: understand)* **to see the ~** * comprendre. **(b)** *(fig)* **to bring to ~** mettre en lumière, révéler; **to come to ~** être découvert; **to throw some ~ on sth** éclaircir qch; **it revealed him in a new ~** cela m'a montré sous un jour nouveau; **in the ~ of what you say** tenant compte de ce que vous dites; *(fig)* **according to his ~s** d'après sa façon de voir les choses. **(c)** *(lamp etc)* lampe *f*. **desk/reading ~** etc lampe de bureau/de lecture etc. **(d)** *(Aut)* *[motor vehicle]* *(gen)* feu *m*; *(headlamp)* phare *m*; *[cycle]* feu. **(e)** *(traffic ~s)* **the ~s** *(gen)* les feux *mpl* (de circulation). **the ~s were at red le feu était (au) rouge. **(f)** *(for cigarette etc)* **have you got a ~?** avez-vous du feu?; **to put a ~ to sth, to set ~ to sth** mettre le feu à qch.
2 *adj* **(a)** *evening, room* clair. **while it's ~** pendant qu'il fait jour. **(b)** *hair* blond; *colour, complexion, skin* clair. **~ green** vert clair *inv*. **(c)** **~ bulb** ampoule *f*, lampe *f*; *(Phot)* **~ meter** photomètre *m*; *(Comput)* **~ pen** photostyle *m*, crayon *m* optique; **~ wave** onde *f* lumineuse.
3 *vt* **(a)** *candle, cigarette, gas* allumer; *match* frotter. **he lit the fire** il a allumé le feu; **he lit a fire** il a fait du feu. **(b)** *room* éclairer. **lit by electricity** éclairé à l'électricité; **this will ~ your way** ceci vous éclairera le chemin.
4 *vi* *[match]* s'allumer; *[coal, wood]* prendre (feu). ◆ **light up** **1** *vi* *[lamp]* s'allumer; *[eyes, face]* s'éclairer; *(*: smoke)* allumer une cigarette *(or une pipe etc)*. **2** *vt sep* *lighting, sun* room éclairer. ◆ **light-coloured** *adj* clair, de couleur claire. ◆ **lighten¹** **1** *vt* *darkness, face* éclairer; *colour, hair* éclaircir; **2** *vi* s'éclairer; s'éclaircir. ◆ **lighter** **1** *n* *(cigarette ~)* briquet *m*; **2** *adj*: **~er fuel** gaz *m* à briquet. ◆ **light-haired** *adj* blond. ◆ **lighthouse** *n* phare *m* (sur la côte etc). ◆ **lighting** **1**

n (Elec etc) éclairage *m; (Theat)* éclairages ; **2** *adj:* ~**ing engineer** éclairagiste *m;* ~**ing-up time** heure *f* de l'éclairage des véhicules. ◆ **lightness¹** *n (brightness)* clarté *f.* ◆ **lightship** *n* bateau-phare *m.* ◆ **light-year** *n* année-lumière *f.*

light² [laɪt] **1** *adj (gen: lit, fig)* léger; *rain* fin. **as ~ as a feather** léger comme une plume; **to be ~ on one's feet** *(gen)* avoir le pas léger; **to be a ~ sleeper** avoir le sommeil léger; ~ **ale** bière *f* blonde légère; *(US)* ~ **beer** bière *f* basses calories; ~ **industry** industrie *f* légère; ~ **opera** opérette *f;* ~ **reading** lecture *f* distrayante; ~ **verse** poésie *f* légère; **with a ~ heart** le cœur léger; **'woman wanted for ~ work'** 'on demande employée de maison pour travaux légers'; **to make ~ work of sth** faire qch sans difficulté; **to make ~ of sth** prendre qch à la légère. **2** *adv* **travel** avec peu de bagages. **3** *npl (meat)* ~**s** mou *m (abats).* ◆ **lighten²** *vt* alléger. ◆ **light-fingered** *adj* chapardeur. ◆ **light-headed** *adj (dizzy, foolish)* étourdi; *(excited)* exalté. ◆ **light-hearted** *adj person* gai; *laugh, atmosphere* joyeux, gai; *discussion* enjoué. ◆ **lightly** *adv (gen)* légèrement; **to sleep ~ly** avoir le sommeil léger; **to get off ~ly** s'en tirer à bon compte. ◆ **lightness²** *n (in weight)* légèreté *f.* ◆ **light-weight** *adj (lit, fig)* léger.

lightning ['laɪtnɪŋ] **1** *n* éclair *m*, foudre *f.* **we saw ~** nous avons vu un éclair *or* des éclairs; **a lot of ~** beaucoup d'éclairs; **a flash of ~** un éclair; **struck by ~** frappé par la foudre; **like ~ *** avec la vitesse de l'éclair. **2** *adj attack* foudroyant; *strike* surprise *inv; visit* éclair *inv.* ~ **conductor,** *(US)* ~ **rod** paratonnerre *m.*

like¹ [laɪk] **1** *adj* semblable, du même genre. **to be as ~ as two peas** se ressembler comme deux gouttes d'eau.
2 *prep* **(a)** comme, en. **he behaved ~ a fool** il s'est conduit comme un imbécile *or* en imbécile; **it wasn't ~ that at all** ce n'était pas du tout comme ça; **it was ~ this, I'd just got home...** voilà, je venais de rentrer... **(b)** *(resembling)* comme, pareil à. **to be ~ sb/sth** ressembler à qn/qch; **a house ~ mine** une maison pareille à *or* comme la mienne; **an idiot ~ you** un imbécile comme vous; ~ **father, ~ son** tel père, tel fils; **I found one ~ it** j'en ai trouvé un pareil; **I never saw anything ~ it!** je n'ai jamais rien vu de pareil!; **that's just ~ him!** c'est bien de lui!; **it's not ~ him to be late** ça n'est pas son genre d'être en retard; **sth ~ that** qch comme ça *; **I was thinking of giving her sth ~ a necklace** je pensais lui offrir un collier ou qch dans ce genre-là; **that's sth ~ a steak!** * voilà ce que j'appelle un bifteck!; **that's more ~ it!** voilà qui est mieux!; **that's nothing ~ it!** ça n'est pas du tout ça!; **there's nothing ~ real silk** rien ne vaut la soie véritable; **what's he ~?** comment est-il?; **what's the film ~?** comment as-tu trouvé le film?; **what's the weather ~?** quel temps fait-il? **(c)** *(such as)* comme, tel que, par exemple. **the basic necessities of life, ~ food and drink** les éléments indispensables à la vie, tels que *or* comme la nourriture et la boisson.
3 *adv:* **it's nothing ~ as good as...** c'est loin d'être aussi bon que...; **more ~ 30 than 25** plutôt 30 que 25; ~ **enough, as ~ as not, very ~** probablement.
4 *conj (*: as)* comme. **he did it ~ I did** il l'a fait comme moi.
5 *n:* **did you ever see the ~ of it?** a-t-on jamais vu chose pareille?; **oranges, lemons and the ~ or and such ~** des oranges, des citrons et autres fruits de ce genre; **the ~ of which we'll never see again** comme on n'en reverra plus jamais; **his ~** son pareil; **the ~s of him *** des gens comme lui. ◆ **like-minded** *adj* de même opinion. ◆ **liken** *vt* comparer *(to* à). ◆ **likeness** *n* **(a)** *(resemblance)* ressemblance *f (to* avec; *between* entre); **a family ~ness** un air de famille marqué; **it is a good ~ness**

c'est très ressemblant; **(b)** *(appearance)* forme *f;* **in the ~ness of** sous la forme de. ◆ **likewise** *adv (similarly)* de même; *(also)* aussi; *(moreover)* de plus; **to do ~wise** en faire autant.

like² [laɪk] **1** *vt* **(a)** *person, thing, activity* aimer (bien). **I ~ him** *(of relative, friend)* je l'aime *m; (of acquaintance, colleague etc)* il me plaît; **I ~ that hat** j'aime bien ce chapeau, ce chapeau me plaît; **which do you ~ best?** lequel préfères-tu?; **this plant doesn't ~ sunlight** cette plante ne se plaît pas à la lumière du soleil; **to ~ doing** *or* **to do sth** aimer (bien) faire qch; **I ~ people to be punctual** j'aime (bien) que les gens soient à l'heure; *(iro)* **well, I ~ that!** * ah ça, par exemple!; **how do you ~ him?** comment le trouvez-vous?; **how do you ~ it here?** vous vous plaisez ici?; **whether he ~s it or not** que cela lui plaise ou non.
(b) *(want)* aimer (bien), vouloir *(to do* faire, *sb to do* que qn fasse). **I should ~ to go home** j'aimerais (bien) *or* je voudrais (bien) rentrer chez moi ; **I didn't ~ to disturb you** je ne voulais pas vous déranger; **I thought of asking him but I didn't ~ to** j'ai bien pensé à le lui demander mais je n'ai pas osé; **would you ~ a drink?** voulez-vous boire qch?; **I would ~ you to speak to him** je voudrais que tu lui parles *(subj);* **how would you ~ to go to Paris?** est-ce que cela te plairait d'aller à Paris?; **I can do it when I ~** je peux le faire quand je veux; **whenever you ~** quand vous voudrez; **you can do as you ~** vous pouvez faire comme vous voulez; **if you ~** si vous voulez; **she can do what she ~s with him** elle fait tout ce qu'elle veut de lui.
2 *n:* ~**s** goûts *mpl*, préférences *fpl;* **all my ~s and dislikes** tout ce que j'aime et tout ce que je n'aime pas.
◆ **likeable** *adj* sympathique, agréable. ◆ **liking** *n (for person)* sympathie *f (for* pour*); (for thing)* goût *m (for* pour); **to take a liking to sb** se prendre d'amitié pour qn; **to take a liking to (doing) sth** se mettre à aimer (faire) qch; **to have a liking for sb/sth** aimer bien qn/qch; **to your liking** à votre goût.

likely ['laɪklɪ] **1** *adj* **(a)** *happening, outcome* probable; *explanation, excuse* plausible. **which is the likeliest time to find him at home?** à quelle heure a-t-on le plus de chances de le trouver chez lui?; **a ~ place for mushrooms** un bon endroit pour les champignons; **the likeliest place** le meilleur endroit; *(iro)* **a ~ story!** comme si j'allais croire ça!; **the most ~ candidates** les candidats qui ont le plus de chances de réussir; **it is ~ that** il y a des chances pour que + *fut indic*, il y a des chances pour que + *subj;* **it is not ~ that** il est peu probable que + *subj*, il y a peu de chances que + *subj;* **it is very ~ that** il y a de grandes chances que + *subj* ; **it's hardly ~ that** il n'est guère probable que + *subj;* **is it ~ that he would forget?** risque-t-il d'oublier? **(b)** *(probable: gen)* **he/it is ~ to...** il est bien possible qu'il/que cela... + *subj; (of person: good outcome)* **to be ~ to win** avoir de fortes chances de gagner; *(bad outcome)* **to be ~ to refuse** risquer de refuser; **it is ~ to improve** il y a de fortes chances que cela s'améliore *(subj);* **it is ~ to break** cela risque de se casser; **she is ~ to arrive at any time** elle va probablement arriver *or* elle risque d'arriver d'une minute à l'autre; **she is not ~ to come** il est peu probable *or* il y a peu de chances qu'elle vienne; **the man most ~ to succeed** l'homme qui a le plus de chances de réussir.
2 *adv* probablement. **very** *or* **most ~** très probablement; **as ~ as not** sûrement, probablement; **are you going? — not ~!** tu y vas? — pas de danger! *; **I expect he'll let me off with a warning — *(iro)* not ~!** je pense qu'il me laissera m'en tirer avec un avertissement — tu crois ça!

◆ **likelihood** n probabilité f, chance f; **there is little likelihood of his coming** or **that he will come** il y a peu de chances or il est peu probable qu'il vienne; **there is a strong likelihood of his coming** or **that he will come** il y a de fortes chances pour qu'il vienne, il est très probable qu'il viendra; **there is no likelihood of that** cela ne risque pas d'arriver; **in all likelihood** selon toute probabilité.

lilac ['laɪlək] **1** n lilas m. **2** adj (colour) lilas inv.

Lilo ['laɪləʊ] n ® matelas m pneumatique.

lilt [lɪlt] n [song] rythme m; [voice] cadence f.

lily ['lɪlɪ] n lis m. ~ **of the valley** muguet m.

Lima ['liːmə] n Lima.

limb [lɪm] n (gen) membre m; [tree] grosse branche f. **to tear** ~ **from** ~ mettre en pièces; (fig) **out on a** ~ (isolated) isolé; (vulnerable) dans une situation délicate.

limber ['lɪmbər] adj souple. ◆ **limber up** vi (Sport etc) faire des exercices d'assouplissement.

lime¹ [laɪm] n (Chem) chaux f. ◆ **limestone** n pierre f à chaux.

lime² [laɪm] n citron m vert.

lime³ [laɪm] n (tree) tilleul m.

limelight ['laɪmlaɪt] n: **in the** ~ (Theat) sous les feux de la rampe; (fig) en vedette.

limerick ['lɪmərɪk] n petit poème m humoristique.

limit ['lɪmɪt] **1** n (gen) limite f; (restriction on amount, number etc) limitation f. **it is true within** ~s c'est vrai dans une certaine limite or mesure; **weight/speed** ~ limitation de poids/de vitesse; (US) **off** ~s d'accès interdit; **there is a** ~ **to my patience** ma patience a des limites or des bornes; **there are** ~s! * il y a une limite à tout!; **there is no** ~ **on the amount** la quantité n'est pas limitée; **there is a** ~ **to what one can do** il y a une limite à ce qu'on peut faire; **that's the** ~! * ça dépasse les bornes!

2 vt limiter (to à). **to** ~ **o.s. to (doing) sth** se borner à (faire) qch; **to** ~ **o.s. to 10 cigarettes** se limiter à 10 cigarettes; **that plant is** ~**ed to Spain** cette plante ne se trouve qu'en Espagne; **our reorganization plans are** ~**ed to Africa** nos projets de réorganisation se limitent à l'Afrique. ◆ **limitation** n limitation f, restriction f; **he has/knows his** ~**ations** il a/connaît ses limites. ◆ **limited** adj (gen) restreint, limité; edition à tirage limité; (pej) intelligence, person borné; **to a** ~**ed extent** jusqu'à un certain point; **we are** ~**ed in what we can do** nous sommes limités dans ce que nous pouvons faire; **Smith and Sons L**~**ed** (abbr **Ltd**) ≃ Smith et fils, Société anonyme (abbr **S.A.**); ~**ed (liability) company** société f à responsabilité limitée. ◆ **limiting** adj restrictif. ◆ **limitless** adj illimité.

limo * ['lɪməʊ] n (US), **limousine** n limousine f.

limp¹ [lɪmp] adj (gen) mou (f molle); person ramolli; flesh, skin, body flasque; dress, hat avachi. [book] ~ **reliure** f souple; **let your arm go** ~ décontractez votre bras. ◆ **limply** adv mollement. ◆ **limpness** n mollesse f.

limp² [lɪmp] **1** vi boiter. **to** ~ **in/out** etc entrer/sortir etc en boitant; **the plane** ~**ed home** l'avion a regagné sa base tant bien que mal. **2** n claudication f. **to have a** ~ boiter.

limpet ['lɪmpɪt] n patelle f. **to stick to sth like a** ~ s'accrocher à qch comme une moule au rocher.

limpid ['lɪmpɪd] adj (lit, fig) limpide.

line¹ [laɪn] **1** n (a) (mark: gen) ligne f, (pen stroke) trait m; (wrinkle) ride f; (boundary) frontière f. **to draw a** ~ **under sth** tirer un trait sous qch; **to put a** ~ **through sth** barrer qch; (descent) **in direct** ~ **from** en droite ligne de; **he comes from a long** ~ **of artists** il vient d'une longue lignée d'artistes; (Bridge) **above/below the** ~ en points d'honneur/de marche.

(b) (rope) corde f; (wire) fil m; (Fishing) ligne f; (diver's; clothes ~) corde. **a** ~ **of washing** du linge étendu sur une corde.

(c) (pipe) tuyau m; (larger, for oil, gas etc) pipeline m; (Elec: cable) ligne f. (Comput) **on** ~ en ligne (to avec).

(d) (Telec) ligne f. **the** ~**'s gone dead** (cut off) on nous a coupés; (no dialling tone) il n'y a plus de tonalité; **Mr Smith is on the** ~ (c'est) M. Smith au téléphone; **he's on the** ~ **to the manager** il téléphone au directeur.

(e) [print, writing] ligne f; [poem] vers m; (*: letter) mot m. (fig) **to read between the** ~s lire entre les lignes; (in dictation) **new** ~ à la ligne; **one of the best** ~**s in 'Hamlet'** l'un des meilleurs vers de 'Hamlet'; (Theat) **to learn one's** ~s apprendre son texte; **drop me a** ~ envoyez-moi un mot.

(f) (row) [trees, parked cars] rangée f; [traffic etc] file f; [hills] chaîne f; [people] (side by side) rang m, rangée; (behind one another) file; (esp US: queue) queue f. (US) **to stand in** ~ faire la queue; **they were standing in a** ~ ils étaient alignés; **he got into** ~ (beside others) il s'est mis dans le rang; (behind others) il s'est mis dans la file; (fig) **to bring sb into** ~ mettre qn au pas; (fig) **to come** or **fall into** ~ se conformer (with sth à qch), tomber d'accord (with sb avec qn); (fig) **he stepped out of** ~ il a refusé de se conformer; (fig) **all along the** ~ sur toute la ligne.

(g) (direction) ligne f, direction f. ~ **of fire** ligne de tir; **right in the** ~ **of fire** en plein champ de tir; **to take the** ~ **of least resistance** choisir la solution de facilité; **in the** ~ **of duty** dans l'exercice de ses fonctions; ~ **of attack** (Mil) plan m d'attaque; (fig) plan d'action; ~ **of research** ligne de recherches; **what's your** ~ **of business?** que faites-vous (dans la vie)?; **it's not my** ~ (not my speciality) ce n'est pas dans mes cordes; (not to my taste) ce n'est pas mon genre; **to take a strong** ~ on adopter une attitude ferme sur; **in** ~ **with** en accord avec, conforme à; **he's in** ~ **for the job** on pense à lui pour le poste; **we are all thinking along the same** ~s nous pensons tous de la même façon; **your essay is more or less along the same** ~s votre dissertation suit plus ou moins le même plan; **sth along those** ~s qch dans ce genre-là; **on the right** ~s sur la bonne voie.

(h) (*) (information) renseignement m (on sth sur qch); (clue) tuyau * m (on sth pour qch). **we've got a** ~ **on where he's gone to** nous croyons savoir où il est allé.

(i) (shipping company) compagnie f; (route) ligne f; (Rail; also Underground) ligne; (track) voie f. **the Brighton** ~ la ligne de Brighton; **the** ~ **was blocked** la voie était bloquée.

(j) (Mil) ligne f. (Mil, fig) **in the front** ~ en première ligne; **behind the enemy** ~s derrière les lignes ennemies; ~ **of battle** ligne de combat.

(k) (Comm) article m. **a new** ~ une nouveauté.

2 adj: ~ **drawing** dessin m (au trait).

3 vt paper régler.

◆ **line up 1** vi (stand in row) s'aligner; (in queue) faire la queue. **2** vt sep people, objects aligner. **we must** ~ **up a chairman** il faut que nous trouvions (subj) un président; **have you got sb** ~**d up?** avez-vous qn en vue?; **I wonder what he's got** ~**d up for us** je me demande ce qu'il nous prépare.

◆ **lined**¹ adj paper réglé; face ridé. ◆ **linesman** n (Tennis) juge m de ligne; (Ftbl) juge de touche.

◆ **line-up** n (row: of people etc) file f; (Ftbl etc) (composition f de l')équipe f; (Pol: of powers, countries) front m; (fig: Pol etc) **the new** ~-**up** la nouvelle composition du Parlement (or du Congrès etc).

line² [laɪn] vt clothes doubler (with de); (Tech) revêtir. (fig) **to** ~ **one's pockets** se garnir or se remplir les poches; **streets** ~**d with trees/people** rues bordées d'arbres/d'une haie de spectateurs; **crowds**

~d **the route** une foule faisait la haie tout le long du parcours; **walls ~d with books** murs couverts de livres. ◆ **lined²** *adj* doublé. ◆ **lining** *n* doublure *f*; *(Tech)* revêtement *m*; *[brakes]* garniture *f*.

linen ['lɪnɪn] **1** *n (material)* (toile *f* de) lin *m*; *(sheets, tablecloths, underwear)* linge *m*. **dirty** ~ linge sale. **2** *adj sheet* de fil; *suit, thread* de lin; *cupboard* à linge. ~ **basket** panier *m* à linge.

liner ['laɪnə'] *n* **(a)** *(ship)* paquebot *m* (de grande ligne); *(plane)* avion *m* (de ligne). **(b)** **dustbin** ~ sac *m* à poubelle.

ling¹ [lɪŋ] *n (Bot)* brande *f*.

ling² [lɪŋ] *n (sea fish)* morue *f* longue; *(freshwater fish)* lotte *f* de rivière.

linger ['lɪŋgə'] *vi [person] (wait)* s'attarder; *(take one's time)* prendre son temps; *(dawdle)* traîner; *[smell, pain, tradition, memory]* persister; *[doubt]* subsister. **after the accident he ~ed (on) for several months** après l'accident il a traîné quelques mois avant de mourir; **he always ~s behind everyone else** il est toujours à la traîne; **to ~ over a meal** manger sans se presser; **to ~ on a subject** s'attarder sur un sujet. ◆ **lingering** *adj look* insistant; *doubt* qui subsiste (encore); *hope* faible; *death* lent.

lingerie ['lænʒəri:] *n* lingerie *f*.

lingo * ['lɪŋgəʊ] *n (pej) (foreign language etc)* baragouin *m*; *(jargon)* jargon *m (pej)*.

lingua franca ['lɪŋgwə'fræŋkə] *n* langue *f* véhiculaire.

linguist ['lɪŋgwɪst] *n* linguiste *mf*. **I'm no ~** je ne suis pas doué pour les langues. ◆ **linguistic** *adj* linguistique. ◆ **linguistics 1** *nsg* linguistique *f* ; **2** *adj (gen)* de linguistique; *student* en linguistique.

liniment ['lɪnɪmənt] *n* liniment *m*.

link [lɪŋk] **1** *n [chain]* maillon *m*; *(connection)* lien *m*. **rail ~** liaison *f* ferroviaire; **there must be a ~ between...** il doit y avoir un lien *or* un rapport entre...; **he broke off all ~s with them** il a cessé toutes relations avec eux. **2** *vt* **(a)** *(connect)* relier; *(fig)* lier. ~**ed by rail** relié par chemin de fer; *(fig)* **closely ~ed to** étroitement lié à. **(b)** *(join: ~ together)* lier. **to ~ arms** se donner le bras. ◆ **link up 1** *vi [persons, roads]* se rejoindre; *[firms, organizations etc]* s'associer; *[spacecraft]* opérer l'arrimage. **to ~ up with sb** rejoindre qn. **2** *vt sep (Rad, Telec, TV)* assurer la liaison entre. ◆ **linkman** *n (TV, Rad)* présentateur-réalisateur *m*. ◆ **link-up** *n (gen)* lien *m*; *(Rad, TV: connection)* liaison *f*; *(Rad, TV: programme)* émission *f* duplex; *(Space)* jonction *f*.

linoleum [lɪ'nəʊlɪəm] *n* linoléum *m*, lino *m*.

linseed ['lɪnsi:d] *n*: ~ **oil** huile *f* de lin.

lint [lɪnt] *n* **(a)** *(Med)* tissu *m* ouaté. **piece of ~** compresse *f*. **(b)** *(US: fluff)* peluches *fpl*.

lintel ['lɪntl] *n* linteau *m*.

lion ['laɪən] **1** *n* lion *m*; *(fig: person)* célébrité *f*. *(fig)* **to take the ~'s share** se tailler la part du lion; *(fig)* **to put one's head in the ~'s mouth** se jeter dans la gueule du loup. **2** *adj*: ~ **cub** lionceau *m*. ◆ **lioness** *n* lionne *f*. ◆ **lion-hearted** *adj* d'un courage de lion. ◆ **lionize** *vt* fêter comme une célébrité. ◆ **lion-tamer** *n* dompteur *m*, -euse *f* de lions.

lip [lɪp] **1** *n (Anat) (gen)* lèvre *f*; *[dog]* babine *f*; *[jug]* bec *m*; *[cup]* rebord *m*; *[crater, wound]* bord *m*; *(*: insolence)* culot * *m*. **2** *adj*: **he pays ~ service to socialism but...** il prétend être socialiste mais...; **that was merely ~ service on his part** il ne l'a dit que pour la forme. ◆ **lipread** *vti* lire sur les lèvres. ◆ **lip-reading** *n* lecture *f* sur les lèvres. ◆ **lipstick** *n* rouge *m* à lèvres.

liquefy ['lɪkwɪfaɪ] **1** *vt* liquéfier. **2** *vi* se liquéfier. ◆ **liquefaction** *n* liquéfaction *f*.

liqueur [lɪ'kjʊə'] *n* liqueur *f*.

liquid ['lɪkwɪd] **1** *adj substance, diet* liquide; *container* pour les liquides; *eyes, voice* limpide. *(Pharm)* ~ **paraffin** huile *f* de paraffine; ~ **petroleum gas** gaz *m* de pétrole liquéfié; ~ **crystal display** affichage *m* à cristaux liquides; *(Fin)* ~ **assets** liquidités *fpl*. **2** *n (fluid)* liquide *m*. ◆ **liquidate** *vt* liquider. ◆ **liquidation** *n* liquidation *f*; **to go into ~ation** déposer son bilan. ◆ **liquidize** *vt* liquéfier; *(Culin)* passer au mixeur. ◆ **liquidizer** *n (Culin)* mixeur *m*.

liquor ['lɪkə'] *n (alcohol)* spiritueux *m*; *(Culin)* liquide *m*. *(US)* ~ **store** marchand *m* de vins et spiritueux.

liquorice ['lɪkərɪs] *n (plant)* réglisse *f*; *(sweet)* réglisse *m*.

lira, *pl* **lire** ['lɪərə, 'lɪərɪ] *n* lire *f*.

Lisbon ['lɪzbən] *n* Lisbonne *f*.

lisp [lɪsp] **1** *vi* zézayer. **2** *vt* dire en zézayant. **3** *n* zézaiement *m*. **with a ~** en zézayant.

list¹ [lɪst] **1** *n* liste *f*; *(Comm)* catalogue *m*. **at the top/bottom of the ~** en tête/en fin de liste. **2** *adj*: ~ **price** prix *m* de catalogue. **3** *vt (make ~ of)* faire *or* dresser la liste de; *(produce list of, also Comput)* lister; *(enumerate)* énumérer; *(classify)* classer. **your name isn't ~ed** votre nom n'est pas inscrit (sur la liste); ~**ed building** monument *m* classé. ◆ **listing** *n (gen, Comput)* listage *m*.

list² [lɪst] *vi [ship]* gîter *(20° de 20°)*.

listen ['lɪsn] *vi* écouter. **to ~ to sb/sth** écouter qn/qch; *(Rad)* **to ~ in** être à l'écoute; **to ~ for voice** guetter; *footsteps* guetter le bruit de; **to ~ to reason** entendre raison. ◆ **listener** *n (to speaker, radio etc)* auditeur *m*, -trice *f*; **she's a good ~er** elle sait écouter (avec patience et sympathie).

listeria [lɪs'tɪərɪə] *n (bacteria)* listeria *f*; *(illness)* listériose *f*.

listless ['lɪstlɪs] *adj (gen)* indolent, sans énergie; *(uninterested)* indifférent. ◆ **listlessly** *adv* avec indolence, sans énergie; avec indifférence. ◆ **listlessness** *n* indolence *f*, manque *m* d'énergie; indifférence *f*.

lit [lɪt] *pret, ptp* of **light¹**.

litany ['lɪtənɪ] *n* litanie *f*.

liter ['li:tə'] *n (US)* = **litre**.

literacy ['lɪt(ə)rəsɪ] **1** *n* fait *m* de savoir lire et écrire. **2** *adj*: ~ **campaign** campagne *f* d'alphabétisation.

literal ['lɪt(ə)r(ə)l] *adj translation* littéral; *interpretation* au pied de la lettre; *meaning* littéral, propre; *person (also ~-minded)* prosaïque. ◆ **literally** *adv (gen)* littéralement; *interpret* au pied de la lettre.

literary ['lɪt(ə)rərɪ] *adj (gen)* littéraire. **a ~ man** un homme de lettres.

literate ['lɪt(ə)rɪt] *adj* qui sait lire et écrire.

literature ['lɪt(ə)rɪtʃə'] *n* littérature *f*; *(brochures etc)* documentation *f*.

lithe [laɪð] *adj person* agile; *body* souple.

lithograph ['lɪθəʊ'grɑ:f] *n* lithographie *f (estampe)*. ◆ **lithographer** *n* lithographe *mf*. ◆ **lithography** *n* lithographie *f (procédé)*.

Lithuania [lɪθjʊ'eɪn(ɪ)ə] *n* Lituanie *f*.

litigation [lɪtɪ'geɪʃ(ə)n] *n* litige *m*.

litmus ['lɪtməs] *n*: ~ **paper** papier *m* de tournesol; ~ **test** *(lit)* réaction *f* au (papier de) tournesol; *(fig)* test *m* décisif.

litre ['li:tə'] *n* litre *m*.

litter ['lɪtə'] **1** *n* **(a)** *(rubbish)* détritus *mpl*; *(dirtier)* ordures *fpl*; *(papers)* vieux papiers *mpl*. **to leave ~** jeter des détritus *or* des papiers; **a ~ of books** un fouillis de livres. **(b)** *[puppies etc]* portée *f*. **(c)** *(bed)* litière *f*; *(cat ~)* litière *f (pour chats)*. **2** *vt [person] countryside* laisser des détritus dans; *[rubbish, papers] street, floor etc* joncher; *desk* couvrir. **there were books ~ed about the room** il y avait des livres qui traînaient dans toute la pièce.

◆ **litter basket** or ◆ **litter bin** n boîte f à ordures.
◆ **litterbug** or ◆ **litter-lout** n personne qui jette des détritus par terre.

little¹ ['lɪtl] adj (gen) petit; stick, piece of string petit, court; period, holiday, visit court, petit; voice, noise petit, faible; smell petit, léger; (small-scale) shopkeeper petit. ~ **finger** petit doigt; **a tiny ~ baby** un tout petit bébé; **poor ~ thing!** pauvre petit(e)! ◆ **littleness** n petitesse f.

little² ['lɪtl] comp **less**, superl **least** 1 adj, pron peu (de). ~ **money** peu d'argent; **he reads** ~ il lit peu, il ne lit guère; **he did** ~ **to help** il n'a pas fait grand-chose pour aider; **he did very** ~ il a fait très peu de chose; **there was** ~ **one could do** il n'y avait pas grand-chose à faire; **that has very** ~ **to do with it!** ça n'a pas grand-chose à voir (avec ça)!; ~ **or nothing** rien ou presque rien; **to make** ~ **of sth** (belittle) rabaisser qch; (fail to understand) ne pas comprendre grand-chose à qch; **as** ~ **as possible** le moins possible; **you could pay as** ~ **as 20 francs for that** vous pourriez ne payer que 20 F pour cela; **very** ~ très peu (de); **so** ~ si peu (de); **too** ~ trop peu (de); **a** ~ un peu (de); **the** ~ le peu (de); **a** ~ **milk** un peu de lait; **give me a** ~ donne-m'en un peu; ~ **by** ~ petit à petit, peu à peu; **what** ~ **I could** le peu que j'ai pu; **for a** ~ **(time** or **while)** un petit moment. 2 adv (a) (slightly) **a** ~ un peu; **a** ~ **big** un peu grand; **he was not a** ~ **surprised** il n'a pas été peu surpris; **a** ~ **more/less cream** un peu plus/moins de crème; **a** ~ **more** encore un peu. (b) (not much) **it's** ~ **better** ça n'est guère mieux; ~ **more than a month ago** il y a à peine plus d'un mois; ~ **did he know that...** il était bien loin de se douter que...; ~ **do you know!** si seulement vous saviez!; ~**known** peu connu; **I like him as** ~ **as you do** je ne l'aime guère plus que vous; **as** ~ **as before** aussi peu qu'auparavant. (c) (rarely) happen rarement, peu souvent.

liturgy ['lɪtədʒɪ] n liturgie f.

live¹ [lɪv] 1 vi (a) (exist) vivre. **he was still living when...** il était encore en vie quand...; **as long as I** ~ tant que je vivrai; **to** ~ **to be 90** vivre jusqu'à 90 ans; **she'll never** ~ **to see it** elle ne vivra pas assez longtemps pour le voir; **she has only 6 months to** ~ il ne lui reste plus que 6 mois à vivre; **long** ~ **the King!** vive le roi!; **the doctor said she would** ~ le docteur a dit qu'elle s'en sortirait; (iro) **you'll** ~! * tu n'en mourras pas!; **she has** ~**d through two wars** elle a vu deux guerres; **the difficult years he has** ~**d through** les années difficiles qu'il a vécues; **he can't** ~ **through the winter** il ne passera pas l'hiver; **to** ~ **well** or **like a lord** vivre sur un grand pied; **they** ~**d happily ever after** après cela ils vécurent toujours heureux; (in fairy tales) ils furent heureux et ils eurent beaucoup d'enfants; **to** ~ **by journalism** gagner sa vie comme journaliste; **she** ~**s for her children/for the day when...** elle ne vit que pour ses enfants/pour le jour où...; **I've got nothing left to** ~ **for** je n'ai plus de raison de vivre; **you must learn to** ~ **with it** il faut que tu t'y fasses; **he will have to** ~ **with that awful memory** il lui faudra vivre avec cet horrible souvenir; **(we)** ~ **and let** ~ il faut se montrer tolérant; **(we)** ~ **and learn** on apprend à tout âge. (b) (reside) vivre, habiter. **to** ~ **in London** habiter (à) or vivre à Londres; **to** ~ **in a flat** habiter un appartement; **where do you** ~? où habitez-vous?; **she** ~**s in the rue de la Paix** elle habite rue de la Paix; **this house isn't fit to** ~ **in** cette maison n'est pas habitable; **he's not an easy person to** ~ **with** il n'est pas facile à vivre; **he** ~**s with his mother** il vit or habite avec sa mère; (in her house) il vit chez sa mère; **he's living with Anne** (as man and wife) il vit avec Anne. 2 vt: **to** ~ **a healthy life** mener une vie saine; **to** ~ **a life of luxury** vivre dans le luxe; **to** ~ **one's**

faith vivre pleinement sa foi; (Theat, fig) **to** ~ **the part** entrer dans la peau du personnage. ◆ **live down** vt sep disgrace faire oublier (avec le temps). ◆ **live in** vi [servant] être logé et nourri; [student, doctor] être interne. ◆ **live off** vt fus rice etc vivre de; one's parents vivre aux dépens de. **to** ~ **off the land** vivre du pays. ◆ **live on** 1 vi survivre. 2 vt fus rice, one's salary vivre de. **you can't** ~ **on air** * on ne vit pas de l'air du temps; **to** ~ **on £3,000 a year** vivre avec 3 000 livres par an; **just enough to** ~ **on** juste de quoi vivre; **what does he** ~ **on?** de quoi est-ce qu'il vit? ◆ **live out** vi [servant] ne pas être logé; [student, doctor] être externe. ◆ **live together** vi vivre ensemble. ◆ **live up** vt sep: **to** ~ **it up** * (in luxury) mener la grand vie; (have fun) mener une vie de bâton de chaise. **It didn't** ~ **up to expectations** cela n'a pas été ce qu'on avait espéré. ◆ **live up to** vt fus one's principles vivre en accord avec; one's promises être fidèle à; sb's hopes, a challenge se montrer à la hauteur de; praise, reputation se montrer digne de. ◆ **livable** adj climate, life supportable; house habitable; **he is not livable-with** * il est invivable *. ◆ **live-in** adj housekeeper à demeure; ~**-in lover** petit(e) ami(e) m(f) avec qui on vit; ~**-in partner** concubin(e) m(f). ◆ **livelihood** n moyens mpl d'existence, gagne-pain m inv; **their principal** ~**lihood is...** leur principale source de revenu est... ◆ **livelong** adj: **all the** ~**long day** toute la journée.

live² [laɪv] 1 adj (a) person etc (alive) vivant; (lively) dynamique; issue, problem brûlant; broadcast en direct. ~ **bait** vif m (appât); **a real** ~ **spaceman** un astronaute en chair et en os; **performed before a** ~ **audience** joué en public. (b) coal ardent; ammunition, shell, cartridge de combat; (unexploded) non explosé. (Elec) **that's** ~! c'est branché!; ~ **rail** rail m conducteur; ~ **wire** fil m sous tension; (fig) **he's a** ~ **wire** * il a un dynamisme fou; (fig) **the drier was** ~ le séchoir était mal isolé (et dangereux). 2 adv broadcast en direct. ◆ **livestock** n bétail m.

lively ['laɪvlɪ] adj person, character, party, discussion plein d'entrain, animé; imagination, interest, colour, speed vif; description, account, style vivant; expression, example, argument frappant, vigoureux; campaign vigoureux; tune entraînant, gai; evening, week mouvementé. **things are getting** ~ ça commence à s'animer; (pej) ça commence à barder *. ◆ **liveliness** n entrain m; animation f; vivacité f; vigueur f; gaieté f. ◆ **liven up** 1 vt sep person, room égayer; evening, discussion etc animer; 2 vi s'animer.

liver ['lɪvə'] 1 n foie m. 2 adj disease, pâté de foie; sausage au pâté de foie. ◆ **liverish** * adj (bilious) qui a mal au foie.

livery ['lɪvərɪ] 1 n livrée f. 2 adj: ~ **stable** écurie f (de louage etc).

livid ['lɪvɪd] adj (a) (in colour) complexion livide; sky de plomb. (b) (furious) furieux, furibond.

living ['lɪvɪŋ] 1 adj (a) (alive: also) vivant; person vivant, en vie. ~ **or dead** mort ou vif; **the greatest** ~ **pianist** le plus grand pianiste actuellement vivant; **there wasn't a** ~ **soul** il n'y avait pas âme qui vive; **a** ~ **skeleton** un cadavre ambulant; **within** ~ **memory** de mémoire d'homme. (b) conditions de vie. ~ **expenses** frais mpl de subsistance; ~ **quarters** logement m; ~ **room** salle f de séjour; ~ **space** espace m vital; ~ **standards** niveau m de vie; **a** ~ **wage** un salaire permettant de vivre décemment. 2 n vie f. **to earn** or **make a** ~ gagner sa vie; **to work for a** ~ travailler pour vivre; **gracious** ~ vie élégante; (pl: people) **the** ~ les vivants mpl.

lizard ['lɪzəd] 1 n lézard m. 2 adj bag etc en lézard.

llama ['lɑːmə] n lama m (Zool).

load [ləʊd] **1** n **(a)** (gen, Constr, Elec, Tech) charge f; [lorry] chargement m; [ship] cargaison f; (weight, pressure) poids m; (fig) (burden) fardeau m, charge; (mental strain) poids. **to take a ~ off sb's mind** débarrasser qn de ce qui lui pèse (fig); **that's a ~ off my mind!** quel soulagement! **(b)** (fig) **a ~ of *, ~s of *** des tas de *, énormément de, des masses de *; **we've got ~s of time *** on a largement le temps.
2 vt (gen: often ~ **down** or **up**) charger (with de); (Comput) charger. **she was ~ed (down) with shopping** elle pliait sous le poids de ses achats; **pockets ~ed with sweets** poches bourrées de bonbons; **to ~ sb (down) with gifts** couvrir qn de cadeaux; **~ed with cares/sorrow** accablé de soucis/chagrin; [ship etc] **to ~ coal** etc charger du charbon etc.
3 vi (~ **up**) [lorry] charger, prendre un chargement; [ship] embarquer une cargaison; [camera, gun] se charger.
◆ **loaded** adj **(a)** (gen) chargé; dice pipé; cane plombé; word, question insidieux; (fig) **the dice were ~ed against him** les cartes étaient truquées à son désavantage; **(b)** (*: rich) bourré de fric *. ◆ **loader** n chargeur m. ◆ **loading 1** n chargement m ; **2** adj: **~ing bay** aire f de chargement.

loaf¹, pl **loaves** [ləʊf, ləʊvz] n **(a)** (~ of bread) pain m. **half a ~ is better than no bread** mieux vaut peu que pas du tout. **(b)** sugar ~ pain m de sucre.

loaf² [ləʊf] vi (~ **about** or ~ **around**) traînasser.

loam [ləʊm] n terreau m.

loan [ləʊn] **1** n (lent) prêt m; (borrowed) emprunt m. **on ~** object prêté (from par; to à); employee détaché (from de; to à); library book sorti; **I have it on ~** je l'ai emprunté; **to ask for the ~ of sth** demander à emprunter qch; **to give sb the ~ of sth** prêter qch à qn. **2** vt prêter (to à). **3** adj capital, word d'emprunt.

loath [ləʊθ] adj: **to be ~ to do** ne pas être disposé à faire; (stronger) répugner à faire.

loathe [ləʊð] vt détester (doing faire; sb's doing que qn fasse). ◆ **loathing** n dégoût m. ◆ **loathsome** adj détestable, répugnant.

lobby ['lɒbɪ] **1** n **(a)** vestibule m. **(b)** (Parl) (for public) ≃ salle f des pas perdus; (division ~) vestibule (où l'on vote); (pressure group) groupe m de pression, lobby m. **2** adj: ~ **correspondent** journaliste mf parlementaire. **3** vt (Parl, also gen) faire pression sur; (esp US) cause faire pression en faveur de. **4** vi (Pol) faire pression (for sth pour obtenir qch).

lobe [ləʊb] n lobe m.

lobster ['lɒbstəʳ] n homard m. ~ **pot** casier m à homards.

local ['ləʊk(ə)l] **1** adj (gen) local; shops, library du or de quartier; wine, speciality du pays, local; pain localisé. ~ **anaesthetic** anesthésie f locale; (Telec) **a ~ call** une communication urbaine; **what is the ~ situation?** quelle est la situation (here) ici? or (there) là-bas? **he's a ~ man** il est du pays or du coin *; **the ~ doctor** le médecin du quartier (or du village etc); ~ **colour** couleur f locale; ~ **authority** (n) autorité f (locale); (adj) des autorités locales; ~ **education authority** ≃ office m régional de l'enseignement; ~ **government** administration f locale; ~ **government elections** élections fpl municipales; ~ **government officer** or **official** administrateur m local, ≃ fonctionnaire mf. **2** n **(a)** (*: person) personne f du pays. **the ~s** les gens mpl du pays. **(b)** (Brit *: pub) café m du coin.
◆ **locality** n (neighbourhood) environs mpl; (district) région f; (place, position) lieu m, endroit m. ◆ **localize** vt localiser. ◆ **locally** adv (in certain areas; not centrally) localement; (nearby) dans les environs; (near here) par ici; (out there) là-bas; **showers ~ly**

temps localement pluvieux; **~ly appointed staff** personnel recruté localement.

locate [lə(ʊ)'keɪt] vt **(a)** (find) place, person, object repérer, trouver; noise, leak, cause localiser. **(b)** (situate) factory, school etc situer. **to be ~d** être situé, se trouver; (US: live) être installé. ◆ **location** n emplacement m; (Cine) **on location** en extérieur.

loch [lɒx] n (Scot) lac m, loch m.

lock¹ [lɒk] **1** n **(a)** (gen) serrure f; (on steering wheel) antivol m. **under ~ and key** possessions sous clef; prisoner sous les verrous; (fig) ~, **stock and barrel** en bloc. **(b)** [canal] écluse f. **(c)** (Aut: turning) rayon m de braquage. **2** vt door, suitcase, safe fermer à clef; person enfermer (in dans); mechanism bloquer. **behind ~ed doors** à huis clos; **~ed in her arms** serré dans ses bras; **~ed in a close embrace** unis dans une étreinte passionnée; **~ed in combat** aux prises. **3** vi [door] fermer à clef; [wheel, steering wheel] se bloquer. (Space) **to ~ on to sth** s'arrimer à qch.
◆ **lock away** vt sep object mettre sous clef; criminal mettre sous les verrous; mental patient etc enfermer. ◆ **lock in** vt sep enfermer (à l'intérieur). ◆ **lock out** vt sep (deliberately) mettre à la porte; (by mistake) enfermer dehors; (Ind) workers lockouter. **to ~ o.s. out of one's car** fermer la voiture en laissant les clefs à l'intérieur. ◆ **lock up 1** vi tout fermer (à clef). **2** vt sep object mettre sous clef; house fermer (à clef); criminal mettre sous les verrous; mental patient etc enfermer; funds bloquer (in dans).
◆ **locker** n casier m, petit placard. ◆ **locker-room 1** n vestiaire m ; **2** adj joke de corps de garde. ◆ **locking 1** adj verrouillable; (Aut) ~ **petrol cap** bouchon m anti-vol (pour réservoir) ; **2** n verrouillage m. ◆ **lockjaw** n tétanos m. ◆ **lock keeper** n éclusier m, -ière f. ◆ **lockout** n (Ind) lock-out m inv. ◆ **locksmith** n serrurier m. ◆ **lock-up** n (garage) box m; (shop) boutique f (sans logement); (prison) prison f; (cell) cellule f (provisoire).

lock² [lɒk] n [hair] mèche f. ~**s** chevelure f.

locket ['lɒkɪt] n médaillon m (bijou).

locomotion [,ləʊkə'məʊʃ(ə)n] n locomotion f. ◆ **locomotive 1** n (Rail) locomotive f ; **2** adj locomotif.

locum ['ləʊkəm] n suppléant(e) m(f) (de médecin etc).

locust ['ləʊkəst] n sauterelle f.

lodge [lɒdʒ] **1** n (house) pavillon m de gardien; (porter's rooms) loge f; (Freemasonry) loge. **2** vt person, bullet loger; money déposer; statement, report présenter (with sb à qn). (Jur) **to ~ an appeal** se pourvoir en cassation. **3** vi (be lodged) être logé (with chez); [bullet] se loger. ◆ **lodger** n (room only) locataire mf; (with meals) pensionnaire mf; **to take (in) ~rs** louer des chambres; (with meals) prendre des pensionnaires.

lodging ['lɒdʒɪŋ] **1** n **(a)** (accommodation) logement m. **they gave us a night's ~** ils nous ont logés une nuit. **(b)** ~**s** (room) chambre f; (flatlet) logement m; **he's in ~s** il vit en meublé; **to look for ~s** chercher une chambre meublée (or un logement meublé); (with meals) chercher à prendre pension. **2** adj: ~ **house** pension f.

loft [lɒft] **1** n grenier m. **2** vt (into air) lancer très haut.

lofty ['lɒftɪ] adj mountain très haut; feelings, aims élevé; (haughty) hautain. ◆ **loftily** adv avec hauteur.

log¹ [lɒg] **1** n **(a)** (tree trunk) rondin m; (for fire) bûche f. **he lay like a ~** il ne bougeait pas plus qu'une souche. **(b)** (~ **book**) (Naut) livre m de bord; (Aviat) carnet m de vol; [lorry driver etc] carnet m de route; (gen) registre m. **2** adj: ~ **cabin**

cabane *f* en rondins; ~ **fire** feu *m* de bois. **3** *vt*
(a) *(record)* *(gen)* noter, consigner; *(Naut)* inscrire
au livre de bord; *(Aviat)* inscrire sur le carnet
de vol. **(b)** **(~ up)** *distance, speed etc* faire. **to ~ 50
mph** faire 80 km/h. ◆ **logbook** *n* *(Aut)* carte *f*
grise *(V also* **log¹** 1b). ◆ **log in** *vi* (also ~ **on**)
(Comput) entrer. ◆ **log out** *vi* (also ~ **off**) *(Comput)*
sortir.

log² [lɒg] *n* *(abbr of* **logarithm**) log * *m*.

logarithm ['lɒgərɪθ(ə)m] *n* logarithme *m*.

loggerheads ['lɒgəhedz] *npl*: **at ~** en désaccord
complet *(with* avec).

logic ['lɒdʒɪk] *n* logique *f*. ◆ **logical** *adj* logique.
◆ **logically** *adv* logiquement. ◆ **logician** *n* logi-
cien(ne) *m(f)*. ◆ **logistics** *n* logistique *f*.

logo ['ləʊgəʊ] *n* logo *m*.

loin [lɔɪn] **1** *n* **(a)** **~s** reins *mpl*. **(b)** *(Culin)* *(gen)*
filet *m*; *[veal, venison]* longe *f*; *[beef]* aloyau *m*.
2 *adj*: ~ **chop** côte *f* première; ~ **cloth** pagne *m*.

loiter ['lɔɪtə'] *vi* traîner; *(Police etc)* traîner d'une
manière suspecte.

loll [lɒl] *vi* *[head, tongue]* pendre. ◆ **loll about, loll
around** *vi* fainéanter. ◆ **loll back** *vi* *[person]* se
prélasser.

lollipop ['lɒlɪpɒp] *n* sucette *f* *(bonbon)*.

lolly ['lɒlɪ] *n* **(a)** = **lollipop**. **(b)** (‡: *money*) fric ‡ *m*.

London ['lʌndən] **1** *n* Londres *m*. **2** *adj* *(gen)* londonien; *people* de Londres. ◆ **Londoner** *n* Lon-
donien(ne) *m(f)*.

lone [ləʊn] *adj person* solitaire; *village, house* isolé;
(unique) unique. *(fig)* **to play a ~ hand** mener une
action solitaire; *(fig)* ~ **wolf** solitaire *mf*.

lonely ['ləʊnlɪ], **lonesome** ['ləʊnsəm] *adj* *(gen)*
solitaire; *person* seul, solitaire. **to feel ~** se sentir
seul; **a small ~ figure** une petite silhouette seule
or solitaire; ~ **hearts' club** club *m* de rencontres
(pour personnes seules). ◆ **loneliness** *or*
◆ **lonesomeness** *n* *[person, life]* solitude *f*; *[house,
road]* *(position)* isolement *m*; *(atmosphere)* solitude.

long¹ [lɒŋ] **1** *adj* **(a)** *(in size)* long *(f* longue). **how
~ is the field?** quelle est la longueur du champ?;
10 metres ~ (long) de 10 mètres; **to get ~er** rallonger; **to pull a ~ face** faire une grimace; ~ **division** division écrite complète; *(Sport)* ~ **jump** saut
m en longueur; *(fig)* **it's a ~ shot** *or* **chance** c'est
très risqué; *(Rad)* **on the ~ wave** sur (les) grandes
ondes. **(b)** *(in time)* long. **6 months ~** qui dure
6 mois, de 6 mois; **a ~ time** longtemps; **at ~ last**
enfin; **he wasn't ~ in coming** il n'a pas mis longtemps pour venir; **how ~ are the holidays?** les
vacances durent combien de temps?; **to take a
~ look at** regarder longuement; *(fig)* regarder
bien en face; **a ~ drink of water** une grande gorgée d'eau; **a ~ drink** un long drink; *(fig)* **in the
~ run** à la longue, en fin de compte; **it will be
a ~ job** cela demandera du temps; **to have a ~
memory** avoir de la mémoire; **to be ~ on sth** *
être doué pour qch, avoir beaucoup de qch.
2 *adv* **(a)** depuis longtemps. **it has ~ been used
in industry** c'est employé depuis longtemps dans
l'industrie; ~**-awaited** (si) longtemps attendu. **(b)**
(a ~ time) longtemps. ~ **ago** il y a longtemps; **how
~ ago?** il y a combien de temps?; **as ~ ago as
1930** déjà en 1930; ~ **before** longtemps avant (que
+ *subj)*; ~ **before now** il y a longtemps; **not ~
before** peu de temps avant (que + *subj)*; ~ **since
dead** mort depuis longtemps; **how ~ is it since
you saw him?** cela fait combien de temps que
tu ne l'as pas vu?; **have you been waiting ~?** il
y a longtemps que vous attendez?; **I only had ~
enough to buy a paper** je n'ai eu que le temps
d'acheter un journal; **wait a little ~er** attendez
encore un peu; **will you be ~?** tu en as pour longtemps?; **don't be ~** dépêche-toi; **how ~?** combien
de temps?; **as ~ as I live** tant que je vivrai; **before**

~ *(+ future)* dans peu de temps; *(+ past)* peu de
temps après; **for ~** pour longtemps; **at (the) ~est**
au plus. **(c) all night ~** toute la nuit; **so ~ as, as
~ as** pourvu que + *subj*; **so ~!** * à bientôt!,
salut! *; **he is no ~er living there** il n'habite plus
là.
3 *n*: **the ~ and the short of it is that...** le fin mot
de l'histoire, c'est que...
◆ **long-distance** *adj race, runner* de fond; *(Telec)
call* interurbain; *flight* sur long parcours. ◆ **long-
drawn-out** *adj* qui traîne, interminable. ◆ **long-
forgotten** *adj* oublié depuis longtemps. ◆ **long-
haired** *adj person* aux cheveux longs; *animal* à
longs poils. ◆ **longhand** *adj* en écriture normale.
◆ **long johns** * *npl* caleçon *m* long. ◆ **long-
legged** *adj person, horse* aux jambes longues; *other
animal* à longues pattes. ◆ **long-lived** *adj* d'une
grande longévité. ◆ **long-lost** *adj* perdu depuis
longtemps. ◆ **long-playing** *adj*: ~**-playing record**
33 tours *m inv*. ◆ **long-range** *adj gun* à longue
portée; *plane* (Mil) à grand rayon d'action; *(civil)*
long-courrier; *weather forecast* à long terme.
◆ **long-shoreman** *n* débardeur *m*. ◆ **long-
sighted** *adj* (*lit*) hypermétrope; *(in old age)* presbyte; *(fig) person* prévoyant, qui voit loin; *decision*
pris avec prévoyance. ◆ **long-sleeved** *adj* à
manches longues. ◆ **long-standing** *adj* de
longue date. ◆ **long-suffering** *adj* très patient.
◆ **long-term** *adj* à long terme. ◆ **longways** *adv*
en longueur, en long; ~**ways on** dans le sens de
la longueur. ◆ **long-winded** *adj person* intarissable; *speech* interminable.

long² [lɒŋ] *vi* avoir très envie *(to do* de faire; *for
sth* de qch; *for sb to do* que qn fasse); **to ~ for sb**
se languir de qn.
◆ **longing 1** *n* *(urge)* désir *m* *(to do* de faire; *for
sth* de qch; *for sb* de voir qn); *(nostalgia)* nostalgie
f; *(for food)* envie *f* ; **2** *adj look* plein de désir *or*
de nostalgie *or* d'envie. ◆ **longingly** *adv* avec
désir *or* nostalgie.

longitude ['lɒŋgɪtjuːd] *n* longitude *f*.

loo * [luː] *n* *(Brit)* cabinets *mpl*, petit coin * *m*. **in
the ~** au petit coin *, aux cabinets.

look [lʊk] **1** *n* **(a)** *(in)* regard *m*, coup *m* d'œil. **to have
or take a ~ at sth** regarder qch, jeter un coup
d'œil à qch; *(in order to repair it etc)* s'occuper de
qch; **to take a good ~ at sth** (bien) examiner qch;
to take a good ~ at sb (bien) observer qn; **let me
have a ~** faites voir; **to have a ~ round the house**
faire un tour dans la maison; **I just want to have
a ~ round** *(in town)* je veux simplement faire un
tour; *(in shop)* je ne fais que regarder; *(in house
etc)* je veux simplement jeter un coup d'œil; **with
a nasty ~ in his eye** avec un regard méchant; **we
got some very odd ~s** les gens nous regardaient
d'un drôle d'air; **if ~s could kill** * **I'd be dead** il
(or elle *etc)* m'a fusillé *or* foudroyé du regard;
to have a ~ for sth chercher qch.
(b) *(appearance etc)* air *m*, allure *f*. **she has a ~ of
her mother about her** elle a qch de sa mère; **there
was a sad ~ about him** il avait l'air plutôt triste;
I like the ~ of her je lui trouve l'air sympathique;
I don't like the ~ of him je n'aime pas son allure
or son air; **I don't like the ~ of this** ça ne me plaît
pas du tout; **you can't go by ~s** on ne peut pas
se fier aux apparences; **by the ~ of him** à le voir;
by the ~(s) of it, by the ~(s) of things * de toute
apparence; **(good) ~s** beauté *f*; **she has kept her
~s** elle est restée belle; *(Fashion)* **the leather ~**
la mode du cuir.
2 *vi* **(a)** *(see, glance)* regarder. **to ~ at** *person, object*
regarder; *situation, problem* considérer; **just ~ at
you!** regarde de quoi tu as l'air!; **to ~ at him you
would never think that...** à le voir on ne penserait
jamais que...; **it isn't much to ~ at** ça ne paie pas
de mine; **that's one way of ~ing at it** c'est une
façon de voir les choses; **I wouldn't ~ at the job**

je n'accepterais ce poste pour rien au monde; **will you ~ at the carburettor?** pourriez-vous vérifier le carburateur?; **I'll ~ at it tomorrow** je m'en occuperai demain; **to ~ for sth/sb** chercher qch/qn; **to ~ into** *complaint, matter, possibility* examiner; **I shall ~ into it** je vais me renseigner là-dessus; **I ~ on him as...** je le considère comme...; **~ and see if...** regarde voir si...; **let me ~** laisse-moi voir; **~ who's here!** regarde qui est là!; **~ here,...** écoutez,...; *(protesting)* **~ here!** enfin voyons!; **to ~ the other way** regarder ailleurs; *(fig)* fermer les yeux *(fig)*; **~ before you leap** il ne faut pas se lancer à l'aveuglette; **to ~ ahead** *(in front)* regarder devant soi; *(to future)* considérer l'avenir; **to ~ down the list** parcourir la liste; **she ~ed into his eyes** elle a plongé son regard dans le sien; **the house ~s on to the main street** la maison donne sur la grand-rue; **you should have ~ed more carefully** tu aurais dû chercher plus soigneusement *or* mieux regarder.

(b) sembler, avoir l'air. **she ~s (as if she's)** tired elle semble *or* elle a l'air fatiguée; **how pretty you ~!** que vous êtes jolie!; **you ~** *or* **you're ~ing well** vous avez bonne mine; **he doesn't ~ himself, he doesn't ~ very great** * il n'a pas l'air bien; **he ~s about 40/1 metre 80** il a l'air d'avoir 40 ans/de faire 1 mètre 80; **she ~s her age** elle fait son âge; **she's tired and she ~s it** elle est fatiguée et ça se voit; **you must ~ your best** il faut que tu sois à ton avantage; **they made me ~ a fool** *or* **foolish** ils m'ont fait paraître ridicule; *(fig)* **to make sb ~ small** rabaisser qn; *(fig)* **it made me ~ small** j'ai eu l'air fin! * *(iro)* **he just does it to ~ big** il fait cela uniquement pour se donner de l'importance; **ugly-~ing** laid, *(fig)* **to ~ the part** avoir le physique de l'emploi; **don't ~ like that!** ne faites pas cette tête-là!; **try to ~ as if you're glad to see them** essaie d'avoir l'air content de les voir; **~ sharp about it!** * dépêche-toi!; **he ~s good in uniform** l'uniforme lui va bien; **it makes her ~ old** cela la vieillit; **how did she ~?** *(health)* est-ce qu'elle avait bonne mine?; *(on hearing news etc)* quelle tête faisait-elle?; **how do I ~?** est-ce que ça va?; **that ~s good** *[food]* ça a l'air bon; *[picture etc]* ça fait très bien; *[plan, book]* ça a l'air intéressant; **it ~s good on paper** c'est très bien en théorie; **it doesn't ~ right** il y a qch qui ne va pas; **it ~s all right to me** je trouve que ça va; **how does it ~ to you?** ça va à votre avis?; **it ~s promising** c'est prometteur; **it will ~ bad** cela fera mauvais effet.

(c) it ~s as if it's going to snow on dirait qu'il va neiger; **it ~s as if he isn't coming** il n'a pas l'air de venir; **it ~s to me as if he isn't coming** j'ai l'impression qu'il ne va pas venir; **what does it/he ~ like?** comment est-ce/est-il?; **he ~s like his brother** il ressemble à son frère; **he ~s like a soldier** il a l'air d'un soldat; **it ~s like salt** ça a l'air d'être du sel; **it ~s like rain** on dirait qu'il va pleuvoir; **it certainly ~s like it** c'est bien probable; **the evening ~ed like being interesting** la soirée promettait d'être intéressante.

3 *vt* regarder. **she ~ed him full in the face/straight in the eye** elle l'a regardé bien en face/droit dans les yeux; **to ~ sb up and down** regarder qn de haut en bas; **where you're going!** regarde où tu vas!

♦ **look about, look around** *vi* regarder autour de soi. **to ~ about for sth** chercher qch des yeux.

♦ **look after** *vt fus (gen)* s'occuper de; *possessions* faire attention à; *one's car* entretenir; *one's interests* protéger. **she doesn't ~ after herself very well** elle néglige sa santé; **~ after yourself!** * fais bien attention à toi! *; **she's old enough to ~ after herself** elle est assez grande pour se défendre * toute seule; *(take responsibility for)* **to ~ after sth for sb** garder qch pour qn. ♦ **look away** *vi* détourner

les yeux *(from* de). ♦ **look back** *vi* regarder derrière soi; *(remember)* regarder en arrière. **to ~ back at sth/sb** se retourner pour regarder qch/qn; **to ~ back on** revoir en esprit, penser à; **we can ~ back on 20 years of...** nous avons derrière nous 20 ans de...; **after that he never ~ed back** * après, ça n'a fait qu'aller de mieux en mieux. ♦ **look down** *vi* baisser les yeux; *(from height)* regarder en bas. **to ~ down at sb/sth** regarder qn/qch d'en haut; *(fig)* **to ~ down on sb/sth** mépriser qn/qch. ♦ **look forward to** *vt fus* attendre avec impatience. **I'm ~ing forward to seeing you** j'attends avec impatience le plaisir de vous voir; *(in letter)* **~ing forward to hearing from you** en espérant avoir bientôt une lettre de vous, dans l'attente de votre réponse; **are you ~ing forward to it?** est-ce que vous êtes content à cette perspective?; **I'm so ~ing forward to it** je m'en réjouis à l'avance. ♦ **look in** *vi* **(a)** *(~ inside)* regarder à l'intérieur; *(visit)* passer. **to ~ in on sb** passer voir qn; **the doctor will ~ in again** le docteur repassera. **(b)** *(*: watch television)* regarder la télévision. ♦ **look on** *vi* regarder. **he wrote the letter while I ~ed on** il a écrit la lettre tandis que je le regardais faire. ♦ **look out 1** *vi* **(a)** *(outside)* regarder dehors. **to ~ out of the window** regarder par la fenêtre; *(fig)* **to ~ out for sb** *(seek)* chercher qn; *(watch for)* guetter qn. **(b)** *(take care)* faire attention, prendre garde. **~ out!** attention!; **~ out for ice on the road** (faites) attention au verglas, méfiez-vous du verglas. **2** *vt sep* chercher et trouver. **I shall ~ out some old magazines** je vais essayer de trouver quelques vieux magazines. ♦ **look over** *vt sep* *essay* jeter un coup d'œil à; *book* parcourir; *town, building* visiter; *person (quickly)* jeter un coup d'œil à; *(slowly)* regarder de la tête aux pieds. ♦ **look round 1** *vi* **(a)** regarder (autour de soi); *(in shop)* regarder. **to ~ round for sth** *(b)* *(~ back)* regarder derrière soi. **to ~ round to see sth** se retourner pour voir qch; **don't ~ round!** ne vous retournez pas! **2** *vt fus town, factory* visiter, faire le tour de. ♦ **look through** *vt fus papers, book* examiner; *(briefly)* parcourir; *(revise)* revoir. ♦ **look to** *vt fus (look after)* *children* s'occuper de; *(rely on)* compter sur *(for sth* pour qch*)*. **I ~ to you for help** je compte sur votre aide; **I always ~ to my mother for advice** quand j'ai besoin d'un conseil je me tourne vers ma mère. ♦ **look up 1** *vi* **(a)** regarder en haut; *(from reading etc)* lever les yeux. *(fig)* **to ~ up to sb** respecter qn. **(b)** *(improve)* *[prospects]* s'améliorer; *[business]* reprendre; *[weather]* se lever; *[shares, sales]* remonter. **things are ~ing up** ça a l'air d'aller mieux *(for sb* pour qn*)*. **2** *vt sep* **(a)** *(visit)* *person* passer voir. **(b)** *(in dictionary)* chercher *(in* dans*)*. **3** *vt fus reference book* consulter.

♦ **look-alike** *n:* **a Churchill ~-alike** un sosie de Churchill. ♦ **looker-on** *n* spectateur *m*, -trice *f*. ♦ **look-in** * *n:* **they didn't have** *or* **get a ~-in** ils n'ont jamais eu la moindre chance. ♦ **looking-glass** *n* miroir *m*. ♦ **look-out 1** *n* **(a)** **to keep a ~-out, to be on the ~-out** guetter *(for sb/sth* qn/ qch*)*; **to be on the ~-out for danger** être sur ses gardes à cause d'un danger éventuel; **(b)** *(observer) (gen)* guetteur *m*; *(Mil)* homme *m* de guet; *(Naut)* homme de veille; **(c)** *(~-out post) (gen, Mil)* poste *m* de guet; *(Naut)* vigie *f*; **(d)** **it's a poor ~-out for...** ça s'annonce mal pour...; **that's your ~-out!** cela vous regarde!, c'est votre affaire! ; **2** *adj tower* d'observation.

loom¹ [luːm] *vi* *(~ up)* *[building, mountain]* apparaître indistinctement; *[figure, ship]* surgir; *[disaster]* menacer; *[event]* être imminent.

loom² [luːm] *n* *(Tex)* métier *m* à tisser.

loony * [ˈluːnɪ] *adj* timbré, cinglé.

loop [luːp] **1** *n* *(gen)* boucle *f* (de ficelle etc); *(Elec)* circuit *m* fermé; *(by motorway etc)* bretelle *f*;

(curtain fastener) embrasse *f*; *(contraceptive)* stérilet *m*. **2** *vt string etc* faire une boucle à. **to ~ a rope round a post** passer une corde autour d'un poteau; *(Aviat)* **to ~ the loop** boucler la boucle; **to ~ back a curtain** relever un rideau avec une embrasse. ◆ **loophole** *n (in argument, regulations)* point *m* faible; **to find a ~hole** trouver une échappatoire.

loose [luːs] **1** *adj* **(a)** *knot, shoelace* qui se défait; *screw* desserré; *brick, tooth* qui branle; *page from book* détaché; *hair* dénoué; *animal etc* en liberté. **to be working ~** se défaire, se desserrer, branler, se détacher, se dénouer; *[animal etc]* **to get ~** s'échapper; **to let** *or* **set** *or* **turn ~** lâcher; **a ~ sheet of paper** une feuille volante; *[horse]* **~ box** fourgon *m* à chevaux; *(on roadway)* **~ chippings** gravillons *mpl*; *(Elec)* **~ connection** mauvais contact *m*; *[furniture]* **~ covers** housses *fpl*; **~ end of a rope** bout *m* pendant d'une corde; **to be at a ~ end** ne pas trop savoir quoi faire; *(fig)* **to tie up ~ ends** régler les détails qui restent. **(b)** *(not packed)* biscuits, carrots etc en vrac; *butter, cheese* au poids. **just put them ~ into the basket** mettez-les à même dans le panier. **(c)** *coat, dress (not close-fitting)* vague, ample; *(not tight enough)* lâche, large; *skin* flasque; *collar* lâche. **(d)** *soil* meuble; *(fig) association, link* vague; *discipline, style* relâché; *reasoning, thinking* confus, imprécis; *translation* assez libre. **a ~ weave** un tissu lâche; **~ bowels** intestins relâchés. **(e)** *(pej) woman* facile; *morals* relâché. **~ living** vie *f* dissolue.

2 *vt* **(a)** *(undo)* défaire; *(untie)* délier; *screw etc* desserrer; *(free) animal* lâcher; *prisoner* relâcher. **to ~ a boat (from its moorings)** larguer les amarres; **they ~d the dogs on him** ils ont lâché les chiens après lui. **(b)** *(~ off) gun* décharger *(on or at sb* sur qn); *arrow* tirer *(on or at sb* sur qn); *abuse* lâcher *(on sb* sur qn).

◆ **loose-fitting** *adj* ample. ◆ **loose-leaf(ed)** *adj* à feuilles volantes; **~-leaf binder** classeur *m (dossier)*. ◆ **loose-limbed** *adj* agile. ◆ **loosely** *adv attach, tie, hold* sans serrer; *be fixed, weave* lâchement; *associate* vaguement; *translate* assez librement; *use word* de façon plutôt impropre. ◆ **loosen 1** *vt (slacken) screw, belt, knot* desserrer; *rope, one's grip* relâcher; *(untie) tongue* délier; *soil* rendre meuble; *bowels* relâcher ; **2** *vi [fastening]* se défaire; *[screw]* se desserrer; *[knot] (slacken)* se desserrer; *(come undone)* se défaire; *[rope]* se détendre; **to ~n up** *(limber up)* faire des exercices d'assouplissement; *(be less shy)* se dégeler. ◆ **looseness** *n [knot]* desserrement *m*; *[screw, tooth]* jeu *m*; *[rope]* relâchement *m*; *[clothes]* ampleur *f*; *[translation]* imprécision *f*; *[behaviour]* relâchement.

loot [luːt] **1** *n* butin *m*. **2** *vt* piller. **3** *vi*: **to go ~ing** se livrer au pillage. ◆ **looter** *n* pillard *m*. ◆ **looting** *n* pillage *m*.

lop [lɒp] *vt tree* tailler; *branch* couper. ◆ **lop off** *vt sep* couper. ◆ **lop-eared** *adj* aux oreilles pendantes. ◆ **lop-sided** *adj (not straight)* de travers; *(asymmetric)* disproportionné.

lope [ləʊp] *vi*: **to ~ along/in** *etc* avancer/entrer *etc* en bondissant.

loquacious [ləˈkweɪʃəs] *adj* loquace. ◆ **loquacity** *n* loquacité *f*.

lord [lɔːd] **1** *n* seigneur *m*. **~ of the manor** châtelain *m*; **~ and master** seigneur et maître; **L~ (John) Smith** lord (John) Smith; **the House of L~s** la Chambre des Lords; **my L~** Monsieur le baron *(or* comte *etc)*; *(to judge)* Monsieur le Juge; *(to bishop)* Monseigneur; *(Rel)* **Our L~** Notre Seigneur; **the L~'s supper** la sainte Cène; **the L~'s prayer** le Notre-Père; **good L~!** * Seigneur!; **oh L~!** * zut! * **2** *vt*: **to ~ it over sb** * traiter qn de haut. ◆ **lordliness** *n* noblesse *f*; *(pej)* hauteur *f*. ◆ **lordly** *adj (dignified)* noble, de grand seigneur;

(arrogant) hautain. ◆ **lordship** *n* autorité *f (over* sur); **Your L~ship** Monsieur le comte *(or* le baron *etc)*; *(to judge)* Monsieur le Juge; *(to bishop)* Monseigneur.

lore [lɔːʳ] *n* traditions *fpl*. **bird/wood** *etc* **~** connaissance *f* des oiseaux/de la vie dans les forêts *etc*.

lorry [ˈlɒrɪ] *(Brit)* **1** *n* camion *m*. **2** *adj*: **~ driver** camionneur *m*; *(long-distance)* routier *m*; **~ load** chargement *m*.

lose [luːz] *pret, ptp* **lost 1** *vt* **(a)** *(gen)* perdre. **he got lost** il s'est perdu *or* égaré; **the key got lost** on a perdu *or* égaré la clef; **get lost!** ⁑ va te faire voir! * **I lost my father when I was 10** j'ai perdu mon père à l'âge de 10 ans; **you've nothing to ~** tu n'as rien à perdre, tu ne risques rien *(by doing* à faire); **to ~ one's life** périr, perdre la vie; **two posts have been lost** il y a eu deux suppressions *fpl* d'emploi; **100 men** *or* **lives were lost** 100 hommes ont péri, on a perdu 100 hommes; **20 lives were lost** 20 personnes ont péri; **there were no lives lost** il n'y a eu aucun mort *or* aucune victime; **to be lost at sea** périr en mer; **I lost his last sentence** je n'ai pas entendu sa dernière phrase; **to ~ one's breath** perdre haleine; **to have lost one's breath** être hors d'haleine; *(Aut)* **he's lost his licence** on lui a retiré son permis de conduire; **to ~ one's way** perdre son chemin, se perdre; **we mustn't ~ any time** il ne faut pas perdre de temps; **to ~ no time in doing sth** faire qch au plus vite; **there's not a minute to ~** il n'y a pas une minute à perdre; **he managed to ~ the detective who was following him** il a réussi à semer le détective qui le suivait; *(after explanation etc)* **you've lost me there** * je ne vous suis plus. **(b)** *(cause loss of)* faire perdre. **that will ~ you your job** cela va vous faire perdre votre place. **(c)** *[clock etc]* **to ~ 10 minutes a day** retarder de 10 minutes par jour.

2 *vi* **(a)** *[player, team]* perdre. **to ~ to sb** se faire battre par qn; **they lost 6-1** ils ont perdu *or* ils se sont fait battre 6-1; *(fig)* **he lost (out) on the deal** il a été perdant dans l'affaire; **you can't ~** * tu ne risques rien; *(fig)* **it ~s in translation** cela perd à la traduction. **(b)** *[watch, clock]* retarder. ◆ **loser** *n* perdant(e) *m(f)*; **good/bad ~** r bon/mauvais joueur, bonne/mauvaise joueuse; **to come off the ~r** être perdant; **he's a born ~r** il n'a jamais de veine *. ◆ **losing** *adj team, number* perdant; *business, concern* mauvais; **on a losing streak** * en période de déveine *; *(fig)* **a losing battle** une bataille perdue d'avance.

loss [lɒs] *n* **(a)** perte *f*. **without ~ of life** sans qu'il y ait de victimes; *(Mil)* **heavy ~es** pertes sévères; *(Pol)* **Labour ~es** les sièges perdus par les travaillistes; **to sell at a ~** vendre à perte; *(Comm)* **~ leader** article *m* pilote *(vendu à perte pour attirer les clients)*; **he's no great ~** * ce n'est pas une grosse perte. **(b) to be at a ~** être perplexe; **at a ~ to explain** incapable d'expliquer; **we are at a ~ to know** nous ne savons absolument pas; **to be at a ~ for words** chercher ses mots.

lost [lɒst] *(pret, ptp of* **lose**) *adj cause, opportunity* perdu; *(fig) (bewildered)* perdu, désorienté; *(uncomprehending)* perdu, perplexe; *(absorbed)* perdu *(in* dans), absorbé *(in par)*. **several ~ children** plusieurs enfants qui s'étaient perdus; **a ~ soul** une âme en peine; **the ~ sheep** la brebis égarée; **to make up for ~ time** rattraper le temps perdu; **~ property**, *(US)* **~ and found** objets *mpl* trouvés; **~ property office, ~-and-found department** bureau *m* des objets trouvés; **he looked quite ~** il avait l'air complètement désorienté; **to give sb/sth up for ~** considérer qn/qch comme perdu; **my advice/the remark was ~ on him** il n'a pas écouté mes conseils/pas compris la remarque; **~ in thought** perdu dans ses pensées.

lot [lɒt] n (**a**) (destiny) sort m. **the common ~** le sort commun; **it was not his ~ to make a fortune** il n'était pas destiné à faire fortune; **it fell to my ~ to do it** il m'est revenu de le faire; **to throw in one's ~ with sb** partager le sort de qn. (**b**) (random selection) **by ~** par tirage au sort; **to draw ~s (for sth)** tirer (qch) au sort. (**c**) (at auctions; also batch: of people, goods) lot m. **he's a bad ~ *** il ne vaut pas cher *. (**d**) (land) lot m (de terrain), parcelle f. **building ~** lotissement m; **parking ~** parking m. (**e**) **the ~** (everything) (le) tout; (everyone) tous mpl, toutes fpl; **that's the ~** c'est tout; **take the ~** prends tout ce qu'il y a, prends le tout; **the ~ of you** vous tous; **the whole ~ of them went off** ils sont tous partis. (**f**) (large amount) beaucoup. **a ~ of, ~s of** beaucoup de; **what a ~ of people!** que de monde!; **what a ~!** quelle quantité!; **there wasn't a ~ we could do** nous ne pouvions pas faire grand-chose; **I'd give a ~ to know...** je donnerais cher pour savoir...; **quite a ~ of** pas mal de; **such a ~ of** tellement de, tant de; **an awful ~ of *** énormément * de; **a ~ better** beaucoup or bien mieux; **we don't go out a ~** nous ne sortons pas beaucoup or pas souvent; **thanks a ~!** * merci beaucoup!; (iro) **a ~ or a fat lot you care!** * comme si ça te faisait qch!

lotion ['ləʊʃ(ə)n] n lotion f.

lottery ['lɒtərɪ] n loterie f.

loud [laʊd] **1** adj voice fort, sonore; laugh grand, bruyant; noise, cry sonore, grand; music bruyant; thunder fracassant; applause vif (f vive); protests vigoureux; behaviour tapageur; colour, clothes voyant. **the radio is too ~** la radio joue trop fort; (Mus) **~ pedal** pédale f forte. **2** adv speak etc fort, haut. **out ~** tout haut. ◆ **loudhailer** n (Brit) mégaphone m. ◆ **loudly** adv shout, speak fort; proclaim vigoureusement; knock, laugh bruyamment. ◆ **loud-mouthed** adj braillard, fort en gueule ⁂. ◆ **loudness** n [voice, music etc] force f; [applause] bruit m; [protests] vigueur f. ◆ **loudspeaker** n haut-parleur m; [stereo] baffle m.

lounge [laʊn(d)ʒ] **1** n salon m (d'une maison, d'un hôtel etc). **2** adj: (US) **~ jacket** veste f d'intérieur; **~ suit** complet(-veston) m; (US) **~ pyjama** d'intérieur (de femme); (on invitation) 'tenue de ville'. **3** vi (on bed etc) se prélasser; (stroll) flâner; (also **~ about**: idle) paresser, être oisif. ◆ **lounger** n (sun-bed) lit m de plage.

louse, pl **lice** [laʊs, laɪs] n (insect) pou m; (⁂: person) salaud ⁑ m. ◆ **louse up** ⁑ vt sep deal, event bousiller *. ◆ **lousy** adj (lit) pouilleux; (⁑: terrible) infect; **he's a lousy teacher** il est nul comme prof *; **a lousy trick** un tour de cochon *; **I feel lousy** je suis mal fichu *.

lout [laʊt] n rustre m. ◆ **loutish** adj de rustre.

love [lʌv] **1** n (**a**) amour m (of de, pour; for pour). **to be/fall in ~** être/tomber amoureux (with de); **they are in ~** ils s'aiment; **~ at first sight** le coup de foudre; **to make ~** faire l'amour (with avec; to à); **there's no ~ lost between them** ils ne peuvent pas se sentir *; **for the ~ of God** pour l'amour de Dieu; (*: indignantly: also **for the ~ of Mike ***) pour l'amour du Ciel; **to marry for ~** faire un mariage d'amour; **for ~ of** par amour pour; **not for ~ nor money** do pour rien au monde; sell à aucun prix; **give her my ~** dis-lui bien des choses de ma part; (stronger) embrasse-la pour moi; **he sends you his ~** il t'envoie bien des choses; (stronger) il t'embrasse; (in letter) **~ from Jim** affectueusement, Jim; (stronger) bons baisers, Jim; **yes (my) ~** oui mon amour; **the theatre was her great ~** le théâtre était sa grande passion; **he studies history for the ~ of it** il l'étudie l'histoire pour son plaisir. (**b**) (Tennis etc) rien m, zéro m. **~ 30** rien à 30, zéro 30.

2 vt (**a**) spouse, child aimer; relative, friend aimer (beaucoup). **he didn't just like her, he LOVED her** il ne l'aimait pas d'amitié, mais d'amour; **she ~d him dearly** elle l'aimait tendrement. (**b**) food, activity, place aimer (beaucoup); (stronger) adorer. **to ~ to do** or **doing sth** aimer (beaucoup) or adorer faire qch; **I'd ~ to come** je serais ravi de venir; **I'd ~ to!** cela me ferait très plaisir! **3** adj letter, song, story, scene d'amour. **~ affair** liaison f (amoureuse); **how's your ~ life these days? *** comment vont les amours?; **~ match** mariage m d'amour.

◆ **lovable** adj person très sympathique; child, animal adorable. ◆ **loveless** adj sans amour. ◆ **lovemaking** n amour m (acte sexuel). ◆ **lover** n (**a**) amant m; (romantic) amoureux m; **~rs' vows** promesses fpl d'amoureux; **they are ~rs** ils ont une liaison; (**b**) theatre **~r** amateur m de théâtre; **a ~r of Brahms** un(e) fervent(e) de Brahms. ◆ **lovesick** adj qui languit d'amour. ◆ **lovey-dovey *** adj (hum) (trop) tendre. ◆ **loving** adj (gen) affectueux; (tender) tendre; wife, son aimant; **money-loving** qui aime l'argent. ◆ **lovingly** adv affectueusement; tendrement; (stronger) avec amour.

lovely ['lʌvlɪ] adj (pretty: gen) (très) joli, ravissant; baby mignon, joli; (pleasant: gen) charmant; meal, evening, party, voice très agréable; night, sunshine, weather beau; holiday excellent; idea, suggestion merveilleux; smell, food bon. **we had a ~ time** nous nous sommes bien amusés; **it's been ~ seeing you** j'ai été vraiment content de vous voir; **~ and cool** etc délicieusement frais etc. ◆ **loveliness** n beauté f, charme m.

low¹ [ləʊ] **1** adj (gen) bas (f basse); density, groan, income, intelligence faible; murmur étouffé; stock, supply presque épuisé; speed petit, faible; standard bas, faible; quality inférieur; person (feeble) faible, affaibli; (depressed) déprimé; (Bio, Zool: primitive) inférieur; (pej) taste mauvais; café de bas étage; (shameful) behaviour ignoble. [person, object, sum] **to be ~ down** être (bien) bas inv; **~er down the hill** plus bas sur la colline; **the L~ Countries** les Pays-Bas; **fog on ~ ground** brouillard m à basse altitude; **town on ~ ground** ville bâtie dans une dépression; **at ~ tide** or **water** à marée basse; **in a ~ voice** à voix basse; (fig: of sb's career) **the ~ point** le nadir; (of radio etc) **it's a bit ~** ça n'est pas assez fort, c'est trop bas; (Cards) **a ~ diamond** un petit carreau; (Aut) **in ~ gear** en première ou seconde vitesse; (Culin) **at a ~ heat** à feu doux; **to become** or **get ~er** baisser; **L~ Church** Basse Église (Anglicane); **~ flying** vol(s) m (pl) à basse altitude; **L~ Latin** bas latin; **L~ Sunday** dimanche m de Quasimodo; **~er deck, jaw** inférieur; (Typ) **~er case** bas m de casse; **~er middle class** (n) petite bourgeoisie; (adj) petit bourgeois; **the ~er classes** (socially) les classes inférieures; (Scol) **the ~er school** le premier cycle; **the ~er income groups** les économiquement faibles mpl; (Parl) **the L~er House** la Chambre basse; **the ~er paid** la tranche inférieure des salariés or du salariat; **they were ~ on water** ils étaient à court d'eau; **I'm ~ on funds** je suis à court (d'argent); **to be in ~ spirits, to feel ~** être déprimé, ne pas avoir le moral *; **~ forms of life** les formes de vie inférieures or les moins évoluées; **the ~est of the ~** le dernier des derniers; **a ~ trick** un sale tour *.

2 adv aim, sing bas; fly bas; (of plane) à basse altitude; bow, fall, sink bien bas. (Elec) **to turn sth down ~** baisser qch; **supplies are running ~** les provisions baissent; (Cards) **to play ~** jouer une basse carte.

3 n (**a**) (Met) dépression f. (**b**) (low point) niveau bas, point bas. **to reach a new ~** atteindre son niveau le plus bas.

◆ **lowbrow 1** *n* personne *f* sans prétentions intellectuelles ; **2** *adj* sans prétentions intellectuelles. ◆ **low-budget** *adj film, project* à petit budget; *car* pour les petits budgets. ◆ **low-calorie** *adj* à basses calories. ◆ **low-cost** *adj* bon marché *inv*; ~**-cost housing** habitations *fpl* à loyer modéré, H.L.M. *mpl*. ◆ **low-cut** *adj* décolleté. ◆ **low-down 1** *adj (mean)* méprisable; *(spiteful)* mesquin ; **2** *n*: **to give sb the** ~**-down on** * mettre qn au courant de. ◆ **lower 1** *vt (gen)* baisser; *sail, flag* abaisser; *boat, lifeboat* mettre à la mer; *sb/sth on a rope* descendre; *sb's resistance* diminuer; **to** ~**er one's guard** *(Boxing)* baisser sa garde; *(fig)* ne plus être sur ses gardes; **to** ~**er sb's morale** démoraliser qn; ~**er your voice!** (parle) moins fort!; **to** ~**er o.s. to do sth** s'abaisser à faire qch ; **2** *vi (lit)* baisser. ◆ **lower-class** *adj* de la classe inférieure. ◆ **lowering¹ 1** *n [window, flag, temperature]* abaissement *m*; *[boat]* mise *f* à la mer; *[price, pressure]* baisse *f* ; **2** *adj* abaissant, dégradant. ◆ **low-fat** *adj* maigre. ◆ **low-flying** *adj* volant à basse altitude. ◆ **low-grade** *adj* de qualité *or* de catégorie inférieure. ◆ **low-heeled** *adj* à talons plats. ◆ **low-key** *adj* modéré; *operation* très discret; **to keep sth** ~**-key** faire qch de façon discrète. ◆ **lowland** *n* plaine *f*; **the L**~**lands of Scotland** les Basses-Terres *fpl* d'Écosse. ◆ **low-level** *adj* bas; *(fig) job* subalterne. ◆ **lowliness** *n* humilité *f*. ◆ **lowly** *adj (humble)* humble; *(low-born)* d'origine modeste. ◆ **low-lying** *adj* à basse altitude. ◆ **low-necked** *adj* décolleté. ◆ **low-ness** *n (in height)* manque *m* de hauteur; *[price, wages]* modicité *f*; *[temperature]* peu *m* d'élévation. ◆ **low-paid** *adj* mal payé; **the** ~**-paid workers** les petits salaires. ◆ **low-priced** *adj* à bas prix, bon marché *inv*. ◆ **low-profile** *adj* = **low-key**. ◆ **low-rise** *adj (Archit)* de hauteur limitée, bas. ◆ **low-spirited** *adj* déprimé, démoralisé.

low² [ləʊ] *vi [cattle]* meugler. ◆ **lowing** *n* meuglement *m*.

lowering² [ˈlaʊərɪŋ] *adj* sombre, menaçant.

lox [lɒks] *n (US)* saumon *m* fumé.

loyal [ˈlɔɪ(ə)l] *adj* loyal *(to sb* envers qn*)*, fidèle *(to sb* à qn*)*. *(Brit)* **the** ~ **toast** le toast porté au souverain. ◆ **loyalist** *adj, n* loyaliste *(mf)*. ◆ **loyally** *adv* fidèlement, loyalement. ◆ **loyalty** *n* loyauté *f*, fidélité *f*.

lozenge [ˈlɒzɪn(d)ʒ] *n (Med)* pastille *f*; *(Her, Math)* losange *m*.

lubricate [ˈluːbrɪkeɪt] *vt* lubrifier; *(Aut)* graisser. **lubricating oil** huile *f* (de graissage). ◆ **lubricant** *adj, n* lubrifiant *(m)*. ◆ **lubrication** *n* lubrification *f*; *(Aut)* graissage *m*. ◆ **lubricator** *n* graisseur *m*.

lucid [ˈluːsɪd] *adj* lucide. ◆ **lucidity** *n* lucidité *f*. ◆ **lucidly** *adv* lucidement.

luck [lʌk] *n* **(a)** *(chance, fortune)* chance *f*, hasard *m*. **good** ~ (bonne) chance, veine * *f*; **bad** ~ malchance *f*, déveine * *f*; **to bring sb good/bad** ~ porter bonheur/malheur à qn; **good** ~**!** bonne chance!; **bad** *or* **hard** ~**!** pas de chance!; **better** ~ **next time!** ça ira mieux la prochaine fois!; **yes, worse** ~ oui, malheureusement; **as** ~ **would have it** comme par hasard; *(fig)* **it's the** ~ **of the draw** c'est une question de chance; **it's good/bad** ~ **to see a black cat** cela porte bonheur/malheur de voir un chat noir; **to be down on one's** ~ être dans une mauvaise passe. **(b)** *(good fortune)* (bonne) chance *f*, veine * *f*. **you're in** ~, **your** ~**'s in** tu as de la chance *or* de la veine *; **that's a bit of** ~! quelle chance!, quelle veine! *; **he had the** ~ **to meet her in the street** il a eu la chance de la rencontrer dans la rue; **no such** ~! * ç'aurait été trop beau!; **with any** ~... avec un peu de chance...; *(iro)* **and the best of** ~! * je vous *(or* leur *etc)* souhaite bien du plaisir! * *(iro); **he's got the** ~ **of the devil** * il a une veine de pendu *.

◆ **luckily** *adv* heureusement, par bonheur. ◆ **luckless** *adj person* malchanceux; *action* malencontreux. ◆ **lucky** *adj person* qui a de la chance; *day* de chance, de veine *; *shot, guess, coincidence* heureux; *horseshoe, charm* porte-bonheur *inv*; **you are** ~**y to be alive** tu as de la chance de t'en sortir vivant; **he was** ~**y enough to get a seat** il a eu la chance *or* la veine * de trouver une place; **you** ~**y thing!** veinard(e)! *; **it was** ~**y for him that...** heureusement pour lui que...; **how** ~**y!** quelle chance!; **to have a** ~**y break** * avoir un coup de veine *; ~**y dip** pêche *f* miraculeuse; *(fig)* loterie *f*; ~**y number** chiffre *m* porte-bonheur.

lucrative [ˈluːkrətɪv] *adj* lucratif.

ludicrous [ˈluːdɪkrəs] *adj* ridicule. ◆ **ludicrously** *adv* ridiculement.

ludo [ˈluːdəʊ] *n* jeu *m* des petits chevaux.

lug [lʌg] *vt* traîner, tirer.

luggage [ˈlʌgɪdʒ] **1** *n* bagages *mpl*. ~ **in advance** bagages non accompagnés. **2** *adj (Brit Aut)* ~ **boot** coffre *m*; ~ **label** étiquette *f* à bagages; ~ **locker** (casier *m* de) consigne *f* automatique; ~ **rack** *(Rail)* porte-bagages *m inv*, filet *m*; *(Aut)* galerie *f*; ~ **van** fourgon *m* (à bagages).

lugubrious [luːˈguːbrɪəs] *adj* lugubre. ◆ **lugubriously** *adv* lugubrement.

lukewarm [ˈluːkwɔːm] *adj* tiède.

lull [lʌl] **1** *n (gen)* arrêt *m*; *[storm]* accalmie *f*; *(in work etc)* moment *m* de calme. **2** *vt* apaiser, calmer. **to** ~ **a child to sleep** endormir un enfant en le berçant *etc*; *(fig)* **to be** ~**ed into a false sense of security** s'endormir dans une fausse sécurité. ◆ **lullaby** *n* berceuse *f*.

lumbago [lʌmˈbeɪgəʊ] *n* lumbago *m*.

lumber¹ [ˈlʌmbəʳ] **1** *n (wood)* bois *m* de charpente; *(junk)* bric-à-brac *m inv*. **2** *vt* **(a)** *room* encombrer. **(b)** *(US Forestry) (fell)* abattre; *(saw up)* débiter. **(c)** *(Brit *: burden)* **to** ~ **sb with sth** coller * qch à qn. ◆ **lumberjack** *n* bûcheron *m*. ◆ **lumber-jacket** *n* blouson *m*. ◆ **lumber-room** *n* débarras *m*. ◆ **lumber yard** *n* chantier *m* de scierie.

lumber² [ˈlʌmbəʳ] *vi* (~ **about,** ~ **along**) *(gen)* marcher pesamment; *[vehicle]* rouler pesamment. ◆ **lumbering** *adj* lourd, pesant.

luminous [ˈluːmɪnəs] *adj* lumineux.

lump¹ [lʌmp] **1** *n (gen)* morceau *m*; *(larger)* gros morceau; *[clay, earth]* motte *f*; *(in sauce etc)* grumeau *m*; *(* pej: person)* lourdaud(e) *m(f)*; *(Med)* grosseur *f* (on à). *(fig)* **to have a** ~ **in one's throat** avoir la gorge serrée. **2** *adj:* ~ **sugar** sucre *m* en morceaux; ~ **sum** somme *f* globale *or* forfaitaire; *(payment)* paiement *m* unique. ◆ **lump together** *vt sep (gen)* réunir; *(fig) people, cases* mettre dans la même catégorie. ◆ **lumpy** *adj gravy* grumeleux; *bed* défoncé.

lump² * [lʌmp] *vt (endure)* **you'll just have to** ~ **it** il faut bien que tu acceptes *(subj)* sans rien dire.

lunacy [ˈluːnəsɪ] *n* aliénation *f* mentale, folie *f*; *(fig)* folie. **that's sheer** ~! c'est de la pure folie! ◆ **lunatic 1** *n (Med)* fou *m*, folle *f*; *(Jur)* dément(e) *m(f)*; *(fig)* fou, folle ; **2** *adj person* fou *(f* folle*)*, dément; *idea, action (crazy)* absurde; *(stupid)* idiot; **lunatic asylum** asile *m* d'aliénés; **the lunatic fringe** les enragés * *mpl*.

lunar [ˈluːnəʳ] *adj (gen)* lunaire; *eclipse* de la lune. ~ **landing** alunissage *m*.

lunch [lʌntʃ] **1** *n* déjeuner *m*. **to have** ~ déjeuner; **come to** *or* **for** ~ **on Sunday** venez déjeuner dimanche. **2** *vi* déjeuner *(on, off* de*)*. **3** *vt* offrir un déjeuner à. **4** *adj:* ~ **break** heure *f* du déjeuner; **his** ~ **hour** l'heure *f* de son déjeuner. ◆ **lunchtime** *n* heure *f* de *or* du déjeuner.

luncheon [ˈlʌntʃən] **1** *n* déjeuner *m*. **2** *adj:* ~ **meat** ≃ mortadelle *f*; ~ **voucher** ticket-repas *m*.

lung [lʌŋ] **1** *n* poumon *m.* *(fig)* **at the top of one's ~s** à pleins poumons. **2** *adj disease* pulmonaire. **~ cancer** cancer *m* du poumon.

lunge [lʌndʒ] **1** *n* brusque mouvement *m* en avant. **2** *vi* (**~ forward**) faire un mouvement brusque en avant; **to ~ at sb** envoyer un coup à qn.

lurch¹ [lɜːtʃ] **1** *n* *[car, ship]* embardée *f.* **2** *vi [person]* tituber; *[car, ship]* faire une embardée. *[person]* **to ~ in** *etc* entrer *etc* en titubant.

lurch² [lɜːtʃ] *n:* **to leave sb in the ~** faire faux bond à qn.

lure [ljʊəʳ] **1** *n* *(charm: of sea etc)* attrait *m;* *(false attraction)* leurre *m.* **2** *vt* attirer (par la ruse). **to ~ sb into a trap** attirer qn dans un piège; **to ~ sb in** *etc* persuader qn par la ruse d'entrer *etc.*

lurex ['lʊəreks] *n* lurex *m.*

lurid ['ljʊərɪd] *adj* (**a**) *détails* atroce; *account, tale (gruesome)* terrifiant; *(sensational)* à sensation; *description* saisissant. (**b**) *colour* criard; *sky, sunset* empourpré.

lurk [lɜːk] *vi [person] (hide)* se cacher, se tapir; *(creep about)* rôder; *[danger]* menacer; *[doubt]* persister. ◆ **lurking** *adj fear etc* vague.

luscious ['lʌʃəs] *adj* succulent.

lush [lʌʃ] *adj vegetation* luxuriant; *pasture* riche; (*) *house etc* luxueux.

lust [lʌst] *n* *(gen)* désir *m (sexuel);* *(for power etc)* soif *f (for* de).

lustre, *(US)* **luster** ['lʌstəʳ] *n* lustre *m.*

lusty ['lʌstɪ] *adj* vigoureux.

lute [luːt] *n* luth *m.*

Luxembourg ['lʌksəmbɜːg] *n* Luxembourg *m.*

luxuriant [lʌgˈzjʊərɪənt] *adj (gen)* luxuriant; *beard* exubérant; *soil* riche. ◆ **luxuriance** *n* luxuriance *f;* exubérance *f;* richesse *f.* ◆ **luxuriate** *vi* s'abandonner avec délices *(in* à).

luxury ['lʌkʃərɪ] **1** *n* luxe *m.* **it's quite a ~ for me to do that** c'est du luxe pour moi que de faire ça. **2** *adj goods* de luxe; *flat, hotel* de grand luxe. ◆ **luxurious** *adj hotel, surroundings* luxueux, somptueux; *tastes* de luxe. ◆ **luxuriously** *adv furnish* luxueusement; *live* dans le luxe; *yawn, stretch* voluptueusement.

lychee [ˌlaɪˈtʃiː] *n* litchi *m,* letchi *m.*

lying ['laɪɪŋ] **1** *n* mensonge(s) *m(pl).* **2** *adj person* menteur; *statement, story* mensonger, faux *(f* fausse).

lymphatic [lɪmˈfætɪk] *adj* lymphatique.

lynch [lɪn(t)ʃ] *vt (lit, fig)* lyncher. ◆ **lynching** *n* lynchage *m.*

lynx [lɪŋks] *n* lynx *m inv.*

Lyons ['laɪənz] *n* Lyon *m.*

lyre ['laɪəʳ] *n* lyre *f.* **~ bird** oiseau-lyre *m.*

lyric ['lɪrɪk] **1** *n (poem)* poème *m* lyrique. *(words of song)* **~s** paroles *fpl.* **2** *adj poem, poet* lyrique. ◆ **lyrical** *adj* lyrique *(also fig).* ◆ **lyrically** *adv* avec lyrisme. ◆ **lyricism** *n* lyrisme *m.* ◆ **lyric-writer** *n* parolier *m,* -ière *f.*

M

M, m [em] *n (letter)* M, m *m or f. (abbr of* **motorway**)
on the **M6** ≃ sur l'A6.

ma'am [mæm] *n abbr of* **madam (a).**

mac * [mæk] *n (Brit:* **mackintosh**) imper * *m.*

macadam [mə'kædəm] *n* macadam *m.* ◆ **macadamize** *vt* macadamiser.

macaroni [‚mækə'rəʊnɪ] *n* macaroni *m.* ~ **cheese** macaroni au gratin.

macaroon [‚mækə'ru:n] *n* macaron *m.*

macaw [mə'kɔ:] *n* ara *m.*

mace¹ [meɪs] *n (spice)* macis *m.*

mace² [meɪs] *n (weapon)* massue *f; (ceremonial)* masse *f.* ~ **bearer** massier *m.*

macerate ['mæsəreɪt] *vti* macérer.

Mach [mæk] *n:* **at** ~ **2** à Mach 2.

machete [mə'tʃeɪtɪ] *n* machette *f.*

machine [mə'ʃi:n] **1** *n (gen, also fig)* machine *f;*
(plane) appareil *m.* **adding** *etc* ~ machine à calculer
etc; **the** ~ **of government** la machine politique;
(US Pol) **the democratic** ~ la machine administrative du parti démocrate. **2** *vt (Tech)* usiner;
(Sewing) piquer à la machine.
◆ **machine code** *n (Comput)* code *m* machine.
◆ **machine-gun 1** *n* mitrailleuse *f;* **2** *vt* mitrailler. ◆ **machine-gunner** *n* mitrailleur *m.*
◆ **machine language** *n (Comput)* langage-machine *m.* ◆ **machine-made** *adj* fait à la
machine. ◆ **machine operator** *n* opérateur *m,*
-trice *f.* ◆ **machinery** *n (machines)* machines *fpl;*
(parts) mécanisme *m,* rouages *mpl;* **a piece of** ~**ry**
un mécanisme; **the** ~**ry of government** les rouages
de l'État. ◆ **machine-shop** *n* atelier *m* d'usinage. ◆ **machine-stitch** *vt* piquer à la machine.
◆ **machine-tool** *n* machine-outil *f.* ◆ **machinist**
n machiniste *mf; (on sewing, knitting machines)* mécanicien(ne) *m(f).*

machismo [mæ'kɪzməʊ] *n* machisme *m.*

macho ['mætʃəʊ] **1** *adj* macho *inv.* **2** *n* macho *m.*

mackerel ['mækr(ə)l] *n, pl inv* maquereau *m.*

mackintosh ['mækɪntɒʃ] *n* imperméable *m.*

macrame [mə'krɑːmɪ] *m* macramé *m.*

macrobiotic [‚mækrəʊbaɪ'ɒtɪk] *adj* macrobiotique.
◆ **macrobiotics** *n* macrobiotique *f.*

mad [mæd] *adj person* fou *(f* folle), cinglé *; bull*
furieux; *dog* enragé; *(rash) person* fou; *hope, plan*
insensé; *race, gallop* effréné; *(*: angry)* furieux *(at,*
with sb contre qn). **to go** ~ devenir fou; **to drive**
sb ~ *(gen)* rendre qn fou; *(exasperate)* exaspérer
qn; *(anger)* mettre qn en fureur; **as** ~ **as a hatter**
or **a March hare** complètement fou; **stark raving**
or **staring** ~ fou à lier; ~ **with grief** fou de douleur;
you're ~ **to think of it!** tu es fou d'y songer!; **are**
you ~**?** ça ne va pas? * *(iro); (adv phrase)* **like** ~ *
comme un fou *(or* une folle); **I'm in a** ~ **rush** c'est
une vraie course contre la montre; **to get** ~ **at**
sb * s'emporter contre qn; **hopping** *or* **spitting** ~ *
fou furieux; ~ **(keen)** * **about** *or* **on** fou de, mordu
de *; **I'm not** ~ **about it** * ça ne m'emballe pas *.
◆ **madden** *vt* rendre fou; *(infuriate)* exaspérer.
◆ **maddening** *adj* exaspérant. ◆ **maddeningly**
adv à un degré exaspérant, à vous rendre fou ;
~**deningly slow** d'une lenteur exaspérante.
◆ **madhouse** *n* maison *f* de fous. ◆ **madly** *adv*
behave comme un fou; *interest, excite* follement; *love*

sb à la folie; ~**ly keen on** fou *or* passionné de ;
I ~**ly offered to help her** j'ai eu la folie de lui offrir
mon aide. ◆ **madman** *n* fou *m,* aliéné *m.*
◆ **madness** *n* folie *f.* ◆ **madwoman** *n* folle *f,*
aliénée *f.*

Madagascar [‚mædə'gæskə'] *n* Madagascar *f.* **in** ~
à Madagascar.

madam ['mædəm] *n* **(a)** madame *f; (unmarried)*
mademoiselle *f. (in letters)* **Dear M**~ Madame *(or*
Mademoiselle); **M**~ **Chairman** Madame la Présidente. **(b) a little** ~ une petite pimbêche.

made [meɪd] *pret, ptp of* **make.** ◆ **made-to-**
measure *adj* fait sur mesure. ◆ **made-to-order** *adj*
fait sur commande. ◆ **made-up** *adj story* inventé,
factice; *(pej)* faux *(f* fausse); *face, person* maquillé;
eyes, nails fait.

Madeira [mə'dɪərə] *n (Geog)* Madère *f; (wine)*
madère *m.*

Madonna [mə'dɒnə] *n* madone *f.*

Madrid [mə'drɪd] *n* Madrid.

mafia ['mæfɪə] *n* maffia *f.*

magazine [‚mægə'zi:n] *n (Press: abbr* **mag** *)* revue
f, magazine *m; (Rad, TV:* ~ *programme)* magazine;
(Mil: store) magasin *m; (in gun) (compartment)* magasin *m; (cartridges)* chargeur *m; (in slide projector)*
magasin.

maggot ['mægət] *n* ver *m,* asticot *m.* ◆ **maggoty**
adj véreux.

magic ['mædʒɪk] **1** *n* magie *f.* **like** ~ comme par
enchantement; **it's** ~**!** * c'est génial *. **2** *adj*
magique; *(fig)* merveilleux; *beauty* enchanteur *(f*
-teresse). ~ **lantern** lanterne *f* magique; ~ **spell**
sortilège *m;* **to say the** ~ **word** prononcer la formule magique. ◆ **magical** *adj* magique. ◆ **magi-**
cally *adv* magiquement. ◆ **magician** [mə'dʒɪʃ(ə)n]
n magicien(ne) *m(f); (Theat etc)* illusionniste *mf.*

magistrate ['mædʒɪstreɪt] *n* magistrat *m.*

magnanimous [mæg'nænɪməs] *adj* magnanime.
◆ **magnanimity** *n* magnanimité *f.* ◆ **mag-**
nanimously *adv* magnanimement.

magnate ['mægneɪt] *n* magnat *m.* **industrial** ~
magnat de l'industrie.

magnesia [mæg'ni:ʃə] *n* magnésie *f.*

magnesium [mæg'ni:zɪəm] *n* magnésium *m.*

magnet ['mægnɪt] *n* aimant *m.* ◆ **magnetic** *adj*
magnétique; ~**ic tape** *(Comput)* bande *f* magnétique. ◆ **magnetically** *adv* magnétiquement.
◆ **magnetism** *n* magnétisme *m.* ◆ **magnetize**
vt magnétiser. ◆ **magneto** *n* magnéto *f.*

magnificent [mæg'nɪfɪs(ə)nt] *adj* magnifique,
splendide; *(sumptuous)* somptueux. ◆ **magnifi-**
cence *n* magnificence *f,* splendeur *f;* somptuosité
f. ◆ **magnificently** *adv* magnifiquement.

magnify ['mægnɪfaɪ] *vt image* grossir; *sound* amplifier; *incident etc* exagérer. ~**ing glass** loupe *f.*
◆ **magnification** *n* grossissement *m;* amplification *f.*

magnitude ['mægnɪtjuːd] *n (gen)* grandeur *f;*
(Astron) magnitude *f.*

magnolia [mæg'nəʊlɪə] *n* magnolia *m.*

magnum ['mægnəm] *n* magnum *m.*

magpie ['mægpaɪ] *n* pie *f.*

mahjong [‚mɑː'dʒɒŋ] *n* ma(h)jong *m.*

mahogany [məˈhɒgənɪ] **1** n acajou m. **2** adj (made of ~) en acajou; (~-coloured) acajou inv.

Mahomet [məˈhɒmɪt] n Mahomet m. ◆ **Mahometan 1** adj mahométan; **2** n Mahométan(e) m(f).

maid [meɪd] n (**a**) (servant) bonne f. (**b**) (pej) old ~ vieille fille; (Hist) **the M~ (of Orleans)** la Pucelle (d'Orléans). ◆ **maid-of-all-work** n bonne f à tout faire. ◆ **maid-of-honour** n demoiselle f d'honneur.

maiden [ˈmeɪdn] **1** n (liter) jeune fille f. **2** adj (**a**) ~ **aunt** tante f célibataire; ~ **lady** demoiselle f; ~ **name** nom m de jeune fille. (**b**) flight, voyage premier (before n), inaugural. (Parl) ~ **speech** premier discours (d'un député etc). ◆ **maidenhair (fern)** n capillaire m (Bot).

mail [meɪl] **1** n poste f; (letters) courrier m. **by ~** par la poste; **here's your ~** voici votre courrier. **2** vt poster. **3** adj (US Rail) ~ **car** wagon-poste m; (US) ~ **carrier** facteur m, préposé(e) m(f); ~ **clerk** préposé(e) m(f) au courrier; ~ **shot** publipostage m; (US) ~ **slot** entrée f des lettres; ~ **train** train-poste m; (Brit) ~ **van** (Aut) voiture f or fourgon m des postes; (Rail) wagon-poste m. ◆ **mailbag** n sac postal. ◆ **mailbomb** n colis m piégé. ◆ **mailbox** n (US) boîte f aux lettres. ◆ **mailing** n publipostage m; ~ **ing list** liste f d'adresses. ◆ **mailman** n (US) facteur m, préposé m. ◆ **mail-order 1** n vente m or achat m par correspondance ; **2** adj: ~-order firm maison f de vente par correspondance.

maim [meɪm] vt estropier, mutiler.

main [meɪn] **1** adj feature, objective principal, essentiel; door, deck, shop principal; pipe, beam maître (f maîtresse). **the ~ body of the army/the crowd** le gros de l'armée/de la foule; **one of his ~ ideas** l'une de ses idées principales; **my ~ idea was...** mon idée directrice était...; **the ~ thing is to...** l'essentiel est de...; **the ~ thing to remember is...** ce qu'il ne faut surtout pas oublier c'est...; (Aut etc) ~ **bearing** palier m; (Culin) ~ **course** plat m de résistance; (Rail) ~ **line** grande ligne f; **a ~ road** une grande route, une route à grande circulation; **the ~ road** la grand-route; ~ **street** grand-rue f, rue principale.
2 n (**a**) (principal pipe, wire) canalisation f or conduite f maîtresse. **electricity** ~ conducteur principal; **gas** ~ (in street) conduite principale; (house) conduite de gaz; ~ (**sewer**) égout m collecteur; **water** ~ (in street or house) conduite d'eau de la ville; **water from the** ~**s** eau f de la ville; (Elec) **connected to the** ~**s** branché sur le secteur; **it works by battery or from the** ~**s** cela marche sur piles ou sur le secteur; **to turn off at the** ~(**s**) couper au compteur. (**b**) **in the** ~ dans l'ensemble.

◆ **mainframe (computer)** n (central computer) unité f centrale; (large computer) gros ordinateur m. ◆ **mainland** n continent m (opposé à une île); **the** ~**land of Greece** la Grèce continentale. ◆ **mainline** * **1** vi se shooter ; **2** vt to ~**line heroin** se shooter à l'héroïne. ◆ **mainly** adv principalement; (especially) surtout. ◆ **mainmast** n grand mât m. ◆ **mainsail** n grand-voile f. ◆ **mainspring** n [clock etc] ressort m principal; (fig) mobile m principal. ◆ **mainstay** n (fig) pilier m, soutien m. ◆ **mainstream 1** n [politics etc] courant m dominant; **2** adj dans la ligne du courant dominant.

maintain [meɪnˈteɪn] vt (**a**) (continue: gen) maintenir; silence garder; radio silence maintenir; friendship, correspondence entretenir; attitude, advantage conserver; cause, rights, one's strength soutenir. **the improvement is** ~ed l'amélioration se maintient. (**b**) (support) army, family entretenir. (**c**) (keep in repair) road, building, machine entretenir. (**d**) (assert) soutenir, maintenir (that que).

◆ **maintenance 1** n (gen) maintien m; [army, family, road] entretien m; (after divorce) pension f alimentaire ; **2** adj crew, costs d'entretien; **maintenance allowance** or **grant** [student] bourse f (d'études); [worker away from home] indemnité f pour frais de déplacement; (Jur) **maintenance order** obligation f alimentaire.

maisonette [ˌmeɪzəˈnet] n duplex m.

maize [meɪz] n maïs m.

majesty [ˈmædʒɪstɪ] n majesté f. **His M~ the King** Sa Majesté le Roi. ◆ **majestic** adj majestueux. ◆ **majestically** adv majestueusement.

major [ˈmeɪdʒəʳ] **1** adj major. (Mus) ~ **key** ton m majeur; **in the** ~ **key** en majeur; **the** ~ **part** la majeure partie; **for the** ~ **part** en grande partie; ~ **repairs** grosses réparations fpl; ~ **road** route f à priorité; (Cards) ~ **suit** majeure f. **2** n (**a**) (Mil) commandant m. (**b**) (Jur) majeur(e) m(f). (**c**) (US Univ) matière f principale. **3** vi (US Univ) se spécialiser (in en). ◆ **major-general** n (Mil) général m de division; (US Air Force) général de division aérienne. ◆ **majority 1** n (all senses) majorité f; **to be in the** ~**ity** être en majorité; **elected by a** ~**ity of 9** élu avec une majorité de 9 voix; **the** ~**ity of people** la plupart des gens ; **2** adj government, verdict majoritaire.

Majorca [məˈjɔːkə] n Majorque f. **in** ~ à Majorque.

make [meɪk] pret, ptp **made 1** vt (**a**) (gen) faire; (Comm) faire, fabriquer; building construire; points, score marquer. **God made Man** Dieu a créé l'homme; **made in France** fabriqué en France; (on label) 'made in France'; **made of gold** en or; (fig) **to show what one is made of** donner sa mesure; **as clever as they** ~'**em** * malin comme pas un *; **this business has made him** cette affaire a fait son succès; **that film made her** ce film l'a consacrée; **he was made for life** son avenir était assuré; **to** ~ **or break sb** assurer ou briser la carrière de qn; **that made my day!** * ça a transformé ma journée! (**b**) (cause to be) faire; (+ adj) rendre. **to** ~ **sb sad** rendre qn triste; **to** ~ **o.s. ill** etc se rendre malade etc; **to** ~ **o.s. understood** se faire comprendre; **to** ~ **yellow** jaunir; **to** ~ **sb king** faire qn roi; **he made him his assistant** il en a fait son assistant; **to** ~ **sth into sth else** transformer qch en qch d'autre; **let's** ~ **it £3** si on disait 3 livres. (**c**) (force) faire; (stronger) obliger, forcer. **to** ~ **sb do sth** faire faire qch à qn, obliger or forcer qn à faire qch; **to** ~ **sb wait** faire attendre qn; **I don't know what** ~**s him do it** je ne sais pas ce qui le pousse à le faire; **you can't** ~ **me!** tu ne peux pas m'y forcer!; **to** ~ **believe** faire semblant (that one is d'être); **to** ~ **do with sth/sb** (be satisfied) s'arranger de qch/qn; (manage) se débrouiller avec qch/qn; (fig) **to** ~ **do and mend** se débrouiller avec ce qu'on a. (**d**) (earn etc) money [person] gagner, [business deal etc] rapporter; profits faire. **he made £500 on it, it made him £500** cela lui a rapporté 500 livres. (**e**) (equal; constitute) faire. **2 and 2** ~ **4** 2 et 2 font 4; **that** ~**s 20** ça fait 20; (in shop etc) **how much does that** ~? combien ça fait?; **these books** ~ **a set** ces livres forment une collection; **it** ~**s pleasant reading** c'est agréable à lire; **they** ~ **a handsome pair** ils forment un beau couple; **he made a good husband** il s'est montré bon mari; **she made him a good wife** elle a été une bonne épouse pour lui; **he'll** ~ **a good footballer** il fera un bon joueur de football. (**f**) (reach) destination arriver à; (catch) train etc attraper, avoir. **will we** ~ (**it to**) **Paris before lunch?** est-ce que nous arriverons à Paris avant le déjeuner?; **to** ~ **port** arriver au port; **he made (it into) the first team** il a réussi à être sélectionné dans la première équipe; **to** ~ **it** (arrive) arriver;

(achieve sth) parvenir à qch; *(succeed)* réussir, y arriver; **can you ~ it by 3 o'clock?** est-ce que tu peux y être pour 3 heures?; *(Naut)* **to ~ 10 knots** filer 10 nœuds.
(g) *(reckon; believe)* **what time do you ~ it?** quelle heure as-tu?; **I ~ it 100 km from here to Paris** selon moi *or* d'après moi il y a 100 km d'ici à Paris; **what do you ~ of him/of it?** qu'est-ce que tu penses de lui/tu en penses?; **I can't ~ anything of it** je n'y comprends rien.
(h) *(cards)* battre; *(trick)* faire.
2 *vi* **(a) to ~ as if to do** faire mine de faire.
(b) *(go)* aller, se diriger *(for, towards* vers); *(ship)* faire route *(for* pour). **they made after him** ils se sont mis à sa poursuite; **to ~ for home** rentrer, prendre le chemin du retour; *(fig)* **to ~ for sth** *(result in)* tendre à qch; *(contribute to)* contribuer à qch; *(conduce to)* être favorable à qch.
3 *n* **(a)** *(Comm) (brand)* marque *f*; *(manufacture)* fabrication *f*. **French ~ of car** marque française de voiture; **these are our own ~** ceux-ci sont fabriqués par nous. **(b) he's on the ~ *** *(wants success)* c'est le succès qui l'intéresse; *(wants money)* il cherche à se remplir les poches.
◆ **make away** *vi* = **make off**.
◆ **make away with** *vt fus (kill)* supprimer, tuer.
◆ **make off** *vi* se sauver, filer *. **to ~ off with sth** filer avec qch.
◆ **make out 1** *vi* (*: *get on)* se débrouiller. **2** *vt sep* **(a)** *(draw up)* list, account faire, dresser; *bill, will* faire; *cheque* faire *(to* à l'ordre de). **(b)** *(distinguish)* object, person distinguer; *(decipher)* handwriting déchiffrer; *(understand)* sb's motives comprendre. **I can't ~ it out at all** je n'y comprends rien; **how do you ~ that out?** qu'est-ce qui vous fait penser cela? **(c)** *(claim)* prétendre *(that* que); *(imply)* faire paraître. **it ~s her out to be naïve** cela la fait passer pour naïve.
◆ **make over** *vt sep* **(a)** *(assign)* money, land céder *(to* à). **(b)** *(remake)* garment refaire.
◆ **make up 1** *vi* **(a)** *(~ friends again)* se réconcilier. **(b)** *(apply cosmetics)* se maquiller. **2** *vt sep* **(a)** *(invent)* story inventer. **(b)** *(put together)* packet, parcel, list, bed faire; *medicine, solution* préparer; *prescription* exécuter. **to ~ sth up into a bundle** faire un paquet de qch. **(c)** *(complete etc)* loss, deficit combler; *quantity, total* compléter; *lost time* rattraper; *lost ground* regagner. **he made it up to £100** il a complété les 100 livres; **to ~ it up to sb for sth** dédommager qn de qch. **(d)** *(settle)* dispute mettre fin à. **to ~ it up** se réconcilier; **let's ~ it up** faisons la paix. **(e)** *(cosmetics)* maquiller. **(f)** *(form)* a whole etc former. **group made up of** groupe fait *or* formé *or* composé de.
◆ **make up for** *vt fus* loss, injury compenser; *lost time* rattraper; *trouble caused* se faire pardonner; *mistake* se rattraper pour.
◆ **make up on** *vt fus (catch up with)* rattraper.
◆ **make up to *** *vt fus (curry favour with)* essayer de se faire bien voir par.
◆ **make-believe** *n*: **the land of ~-believe** le pays des chimères; **it's just ~-believe** *(activity)* c'est pour faire semblant; *(pej: story)* c'est de l'invention pure. ◆ **maker** *n (Comm)* fabricant *m*; *(Rel)* **our M~r** le Créateur. ◆ **makeshift 1** *n* expédient *m* ; **2** *adj* de fortune. ◆ **make-up 1** *n* **(a)** *(nature etc)* [object, group etc] constitution *f*; [person] caractère *m*; **(b)** *(cosmetics)* maquillage *m* ; **2** *adj*: **~-up artist** maquilleur *m*, -euse *f*; **~-up bag** trousse *f* de maquillage; *(US Scol)* **~-up class** cours *m* de rattrapage; **~-up remover** démaquillant *m* .
◆ **making** *n* **(a)** *(Comm, gen)* fabrication *f*; [dress, food] confection *f*; **in the making** en formation; **still in the making** encore en cours de développement; **history in the making** l'histoire en train de se faire; **war in the making** la guerre qui se prépare; **troubles of his own making** des ennuis

qu'il a provoqués lui-même; **it was the making of him/her** cela en a fait un homme/une femme; **(b) the makings of a library** ce qu'il faut pour faire une bibliothèque; **he has the makings of a footballer** il a l'étoffe d'un joueur de football.

maladjusted [ˌmælə'dʒʌstɪd] *adj (Psych)* inadapté.
maladroit [ˌmælə'drɔɪt] *adj* maladroit.
malady ['mælədɪ] *n* maladie *f*, mal *m*.
malaria [mə'lɛərɪə] *n* malaria *f*.
Malawi [mə'lɑːwɪ] *n* Malawi *m*.
Malaya [mə'leɪə] *n* Malaisie *f*. ◆ **Malay(an) 1** *adj* malais; **2** *n* Malais(e) *m(f)*.
male [meɪl] **1** *adj (gen)* mâle; *sex* masculin; *clothes* d'homme. **~ chauvinist pig** sale phallocrate ‡ *m*. **2** *n* mâle *m*.
malevolent [mə'levələnt] *adj* malveillant. ◆ **malevolence** *n* malveillance *f*. ◆ **malevolently** *adv* avec malveillance.
malformation [ˌmælfɔː'meɪʃ(ə)n] *n* malformation *f*.
malfunction [ˌmæl'fʌŋkʃ(ə)n] **1** *n* mauvais fonctionnement *m*. **2** *vi* mal fonctionner.
malice ['mælɪs] *n* méchanceté *f*; *(stronger)* malveillance *f*. **to bear sb ~** vouloir du mal à qn; *(Jur)* **~ aforethought** préméditation *f*. ◆ **malicious** *adj* méchant; malveillant; *(Jur)* damage causé avec intention de nuire. ◆ **maliciously** *adv* avec méchanceté; avec malveillance.
malign [mə'laɪn] **1** *adj* pernicieux, nuisible. **2** *vt* calomnier. ◆ **malignancy** [mə'lɪgnənsɪ] *n* [look, intention] malveillance *f*; [action, effect] malfaisance *f*; [Med] malignité *f*. ◆ **malignant** *adj* malveillant; malfaisant; *(Med)* malin *(f* -igne).
malinger [mə'lɪŋgəʳ] *vi* faire le *(or* la) malade. ◆ **malingerer** *n* faux *(or* fausse) malade *m(f)*.
mall [mɔːl] *n (US) (street)* rue *f* piétonnière; *(also* **shopping ~)** centre *m* commercial.
mallard ['mæləd] *n* canard *m* sauvage.
malleable ['mælɪəbl] *adj* malléable.
mallet ['mælɪt] *n (all senses)* maillet *m*.
malnutrition [ˌmælnjʊ'trɪʃ(ə)n] *n* sous-alimentation *f*.
malt [mɔːlt] **1** *n* malt *m*. **2** *adj* vinegar de malt. **~ed milk** lait malté; *(US)* **~ liquor** bière *f*; **~ whisky** whisky *m* pur malt.
Malta ['mɔːltə] *n* Malte *f*. **in ~** à Malte.
maltreat [ˌmæl'triːt] *vt* maltraiter. ◆ **maltreatment** *n* mauvais traitement *m*.
mam(m)a [mə'mɑː] *n* maman *f*.
mammal ['mæm(ə)l] *n* mammifère *m*.
mammoth ['mæməθ] **1** *n* mammouth *m*. **2** *adj* monstre.
man [mæn] **1** *n*, *pl* **men** *(gen)* homme *m*; *(servant)* valet *m*; *(in factory etc)* ouvrier *m*; *(in office, shop etc)* employé *m*; *(Mil)* homme (de troupe), soldat *m*; *(Naut)* homme (d'équipage), matelot *m*; *(Sport: player)* joueur *m*; *(husband)* homme, type * *m*; *(Chess)* pièce *f*; *(Draughts)* pion *m*. **an old ~** un vieillard; **a blind ~** un aveugle; **that ~ Smith** ce Smith; **men's room** toilettes *fpl* pour hommes; **as one ~** comme un seul homme; **they're communists to a ~** ils sont tous communistes sans exception; **to the last ~** jusqu'au dernier; **every ~ jack of them** tous autant qu'ils sont; **~ and wife** mari et femme; **to live as ~ and wife** vivre maritalement; **he was ~ enough to apologize** il a eu le courage de s'excuser; **he's a Leeds ~** il est *or* vient de Leeds; **he's not the ~ to fail** il n'est pas homme à échouer; **the ~ for the job** l'homme qu'il faut pour ce travail; **a medical ~** un docteur; **the ~ in the street** l'homme de la rue; **~ of the world** homme d'expérience; **~ about town** homme du monde; **the ice-cream ~** le marchand de glaces; *(humanity)* **M~** l'homme; **men say that...** on dit

que...; **any ~ would have...** n'importe qui aurait...; **hurry up, ~!** * *(to friend etc)* dépêche-toi mon vieux! *; **my little ~** mon grand; **good ~!** bravo!
2 *vt* (**a**) *(provide staff for)* assurer une permanence à; *(work at)* être de service à. **the telephone is ~ned 12 hours a day** il y a une permanence au téléphone 12 heures par jour. (**b**) *(Mil)* **to ~ a ship** *(gen)* équiper un navire en personnel; **the ship was ~ned by Chinese** l'équipage était composé de Chinois; **the troops who ~ned the look-out posts** les troupes qui étaient de service aux postes d'observation; **the soldiers ~ning the fortress** les soldats qui étaient en garnison dans la forteresse.
♦ **man-eating** *adj animal* mangeur d'hommes; *tribe etc* anthropophage. ♦ **manful** *adj* vaillant. ♦ **manfully** *adv* vaillamment. ♦ **manhandle** *vt (treat roughly)* malmener; *(move by hand) goods etc* manutentionner. ♦ **manhole** *n* regard *m* (d'égout) ; **~hole cover** plaque *f* d'égout. ♦ **manhood** *n* (**a**) *(age, state)* âge *m* d'homme; **during his early ~hood** quand il était jeune homme; (**b**) *(manliness)* virilité *f*; (**c**) *(collect n)* **Scotland's ~hood** tous les hommes d'Écosse. ♦ **man-hour** *n (Ind)* heure *f* de main-d'œuvre. ♦ **manhunt** *n* chasse *f* à l'homme. ♦ **mankind** *n* l'homme *m*, le genre humain. ♦ **manlike** *adj form, figure* à l'aspect humain; *qualities* humain. ♦ **manliness** *n* virilité *f*. ♦ **manly** *adj* viril. ♦ **man-made** *adj fibre* synthétique; *lake* artificiel. ♦ **mannish** *adj* masculin, hommasse *(pej)*. ♦ **manpower** *n (gen, Ind)* main-d'œuvre *f*; *(Mil)* effectifs *mpl*. ♦ **manservant** *n* valet *m* de chambre. ♦ **man-sized** *adj (fig)* grand, de taille. ♦ **manslaughter** *n (Jur)* homicide *m* involontaire. ♦ **man-to-man** *adj, adv* d'homme à homme. ♦ **mantrap** *n* piège *m* à hommes.
manacle ['mænəkl] *n* menotte *f (de prisonnier)*.
manage ['mænɪdʒ] **1** *vt* (**a**) *(direct: gen, Comm)* gérer; *institution, organization* diriger; *(pej) election etc* truquer. (**b**) *(deal with) boat, vehicle* manœuvrer; *tool* manier; *animal, person* savoir s'y prendre avec. **you ~d the situation very well** tu t'en es très bien tiré. (**c**) *(succeed, contrive)* réussir, arriver *(to do* à faire). **how did you ~ not to spill it?** comment as-tu fait pour ne pas le renverser?; *(iro)* **he ~d to annoy them** il a trouvé le moyen de les mécontenter; **I can't ~ it** je ne peux pas; **I can ~ 10 francs** je peux y mettre 10 F; **can you ~ the suitcases?** pouvez-vous porter les valises?; **can you ~ 8 o'clock?** 8 heures, ça vous convient? **2** *vi* (**a**) *(succeed)* **can you ~?** tu y arrives?; **I can ~** ça va; **to ~ without sth/sb** se passer de qch/qn. (**b**) *(financially)* se débrouiller (on avec).
♦ **manageable** *adj vehicle, boat* facile à manœuvrer; *person, animal* docile; *size, proportions* maniable; *hair* souple. ♦ **management 1** *n* (**a**) *(act:* V **manage 1a)** gestion *f*; direction *f*; exploitation *f*; **'under new ~ment'** 'changement de direction'; (**b**) *(people) [business, firm]* cadres *mpl*, direction *f*; *[hotel, shop, theatre]* direction; **the ~ment and the workers** les cadres et les ouvriers; **~ment and unions** les partenaires *mpl* sociaux; **2** *adj committee* de direction; **~ment consultant** conseiller *m* de gestion; **~ment trainee** cadre *m* stagiaire. ♦ **manager** *n (gen)* directeur *m*; *[restaurant, shop]* gérant *m*; *[farm]* exploitant *m*; *[actor, singer, boxer etc]* manager *m*; **sales ~r** directeur commercial. ♦ **manageress** *n [hotel, shop]* gérante *f*; *[theatre]* directrice *f*. ♦ **managerial** *adj* directorial; **the ~rial class** les cadres *mpl*. ♦ **managing director** *n* directeur général, ≃ P.-D.G. *m*; (**b**) *(bossy)* autoritaire.
mandarin ['mændərɪn] *n* (**a**) *(person)* mandarin *m*. (**b**) **~ (orange)** mandarine *f*.

mandate ['mændeɪt] *n* mandat *m (to do* de faire). ♦ **mandatory** *adj* obligatoire.
mandolin(e) ['mændəlɪn] *n* mandoline *f*.
mane [meɪn] *n* crinière *f*.
maneuver [mə'nuːvə'] *etc (US)* = **manœuvre** *etc*.
manganese [,mæŋgə'niːz] *n* manganèse *m*.
mange [meɪn(d)ʒ] *n* gale *f*.
manger ['meɪn(d)ʒə'] *n* mangeoire *f*; *(Rel)* crèche *f*.
mangle¹ ['mæŋgl] **1** *n (wringer)* essoreuse *f (à rouleaux)*. **2** *vt* essorer.
mangle² ['mæŋgl] *vt (mutilate) object, body* déchirer; *text* mutiler; *quotation, message* estropier.
mango ['mæŋgəʊ] *n (fruit)* mangue *f*; *(tree)* manguier *m*. **~ chutney** condiment *m* à la mangue.
mania ['meɪnɪə] *n* manie *f*. **persecution ~** manie de la persécution; **to have a ~ for (doing) sth** * avoir la manie de (faire) qch. ♦ **maniac 1** *n (Psych)* maniaque *mf*; *(*: fig)* fou *m (folle f)* à lier; **football ~c** * mordu * *m* du football ; **2** *adj* maniaque; fou. ♦ **manic** *adj (Psych)* maniaque; **manic depression** cyclothymie *f*. ♦ **manic-depressive** *adj, n* cyclothymique *(mf)*.
manicure ['mænɪˌkjʊə'] **1** *n* soin *m* des mains. **2** *vt nails* (se) faire. ♦ **manicurist** *n* manucure *mf*.
manifest ['mænɪfest] **1** *adj* manifeste. **2** *vt* manifester. **3** *n* manifeste *m (Aviat, Naut)*. ♦ **manifestation** *n* manifestation *f*. ♦ **manifestly** *adv* manifestement. ♦ **manifesto** *n* manifeste *m (Pol etc)*.
manifold ['mænɪfəʊld] **1** *adj (varied)* divers; *(numerous)* multiple; *wisdom* infini. **2** *n (Aut etc)* **exhaust ~** tubulure *f* d'échappement.
Manila [mə'nɪlə] *n* Manille, Manila.
manipulate [mə'nɪpjʊleɪt] *vt tool etc* manipuler; *vehicle, person* manœuvrer; *(pej) facts, figures* tripoter *. **to ~ a situation** exploiter une situation à son avantage. ♦ **manipulation** *n* manipulation *f*; manœuvre *f*; *(pej)* tripotage * *m*.
manna ['mænə] *n* manne *f*.
mannequin ['mænɪkɪn] *n* mannequin *m*.
manner ['mænə'] *n* (**a**) *(mode, way)* manière *f*, façon *f*. **the ~ in which he did it** la manière *or* façon dont il l'a fait; **in such a ~ that** de telle sorte que + *indic (actual result) or* + *subj (intended result)*; **in this ~** de cette manière *or* façon; **in a ~ of speaking** pour ainsi dire; **it's a ~ of speaking** c'est une façon de parler; **~ of payment** mode *m* de paiement; **(as) to the ~ born** comme s'il *(or* elle *etc)* avait cela dans le sang. (**b**) *(attitude)* attitude *f (to sb* envers qn), comportement *m*. (**c**) *(social)* **~s** manières *fpl*; **it's good/bad ~s** cela se fait/ne se fait pas *(to do* de faire); **road ~s** politesse *f* au volant; **comedy of ~s** comédie *f* de mœurs. (**d**) *(type)* sorte *f*, genre *m*. **all ~ of** toutes sortes de. ♦ **mannered** *adj* maniéré. ♦ **mannerism** *n* (**a**) *(habit)* trait *m* particulier; *(pej)* tic *m*; (**b**) *(Art etc)* maniérisme *m*. ♦ **mannerly** *adj* poli, bien élevé.
man(n)ikin ['mænɪkɪn] *n* (**a**) *(dwarf etc)* nabot *m*. (**b**) *(dummy)* mannequin *m (objet)*.
manœuvre [mə'nuːvə'] **1** *n* manœuvre *f*. *(Mil etc)* **on ~s** en manœuvres. **2** *vt (all senses)* manœuvrer *(sth into position* qch pour le mettre en position; *sb into doing* qn pour qu'il fasse). **to ~ sth through etc** faire traverser *etc* qch en manœuvrant. **3** *vi* manœuvrer. ♦ **manœuvrability** *n* manœuvrabilité *f*. ♦ **manœuvrable** *adj* facile à manœuvrer.
manor ['mænə'] *n* **(~ house)** manoir *m*.
mansion ['mænʃ(ə)n] *n (in town)* hôtel *m* particulier; *(in country)* château *m*, manoir *m*.
mantel ['mæntl] *n* **(~piece, ~shelf)** (tablette *f* de) cheminée *f*.
mantle ['mæntl] *n (†: garment)* cape *f*; *[gas lamp]* manchon *m*. **~ of snow** manteau *m* de neige.

manual ['mænjʊəl] **1** adj manuel. ~ **worker** travailleur manuel. **2** n (book) manuel m; [organ] clavier m. ◆ **manually** adv à la main.

manufacture [,mænjʊ'fæktʃəʳ] **1** n (gen) fabrication f; [clothes] confection f. **2** vt fabriquer (also fig); confectionner. ~**d goods** produits manufacturés. ◆ **manufacturing 1** n fabrication f; **2** adj town industriel; industry de fabrication manufacturière. ◆ **manufacturer** n fabricant m.

manure [mə'njʊəʳ] **1** n fumier m; (artificial) engrais m. **liquid** ~ (organic) purin m, lisier m; (artificial) engrais m liquide. **2** adj: ~ **heap** tas m de fumier. **3** vt fumer; répandre des engrais sur.

manuscript ['mænjʊskrɪpt] adj, n manuscrit (m).

Manx [mæŋks] **1** adj de l'île de Man. **2** n (Ling) mannois m.

many ['menɪ] adj, pron: comp **more**, superl **most** (a) beaucoup (de), un grand nombre (de). ~ **books** beaucoup de livres, un grand nombre de livres, de nombreux livres; **very** ~ un très grand nombre (de); ~ **of them/of those books** un grand nombre d'entre eux/de ces livres; **a good** ~ **of** un bon nombre de; ~ **came** beaucoup sont venus; ~ **times** bien des fois; ~ **years** bien des années, longtemps; **of** ~ **kinds** de toutes sortes; **a good or great** ~ **things** pas mal de choses *; **in** ~ **cases** dans bien des cas; ~ **a man would be...** il y en a plus d'un qui serait...; ~ **happy returns (of the day)!** bon or joyeux anniversaire! (b) (in phrases) **as** ~ **as** autant que; **as** ~ **books as** autant de livres que; **as** ~ **as 100 people** jusqu'à 100 personnes; **how** ~? combien?; **how** ~ **people?** combien de gens?; **how** ~ **there are!** qu'ils sont nombreux!; **however** ~ **books you have** quel que soit le nombre de livres que vous ayez; **so** ~ tant (that que); **so** ~ **dresses** tant de robes; **ever so** ~ **times** je ne sais combien de fois; **too** ~ trop; **too** ~ **cakes** trop de gâteaux; **3 too** ~ 3 de trop; (fig) **he's had one too** ~ * il a bu un coup de trop; **there are too** ~ **of you** vous êtes trop nombreux. ◆ **many-coloured** adj multicolore. ◆ **many-sided** adj object qui a de nombreux côtés; (fig) person aux intérêts (or talents) variés; problem complexe.

map [mæp] **1** n (gen) carte f; [town, railway] plan m. (fig) **this will put Moordown on the** ~ cela fera connaître Moordown; (fig) **wiped off the** ~ rayé de la carte; (fig) **off the** ~ * à l'autre bout du monde, perdu. **2** vt faire la carte or le plan de; route tracer. ◆ **map out** vt sep route tracer; book établir les grandes lignes de; one's time, career organiser; plan élaborer. ◆ **mapmaker** n cartographe m. ◆ **mapmaking** n cartographie f. ◆ **mapping pen** n plume f à dessin.

maple ['meɪpl] **1** n (a) érable m. **2** adj d'érable.

mar [mɑːʳ] vt gâter. **to make or** ~ **sth** assurer le succès ou l'échec de qch.

maraschino [,mærəs'kiːnəʊ] n marasquin m.

marathon ['mærəθ(ə)n] **1** n marathon m. **2** adj meeting etc marathon inv; (Sport) runner de marathon.

maraud [mə'rɔːd] vi marauder. **to go** ~**ing** aller à la maraude. ◆ **marauder** n maraudeur m, -euse f. ◆ **marauding** adj maraudeur.

marble ['mɑːbl] **1** n (a) (substance, sculpture etc) marbre m. (b) (toy) bille f. **to play** ~**s** jouer aux billes. **2** adj staircase de or en marbre; industry marbrier. ~ **quarry** marbrière f.

March [mɑːtʃ] n mars m; for phrases V **September**.

march [mɑːtʃ] **1** n (gen) marche f; (demonstration) défilé m. **on the** ~ en marche; **quick/slow** ~ marche rapide/lente; **a day's** ~ une journée de marche. **2** vi (Mil etc) marcher au pas; (demonstrate) manifester. **to** ~ **into battle** marcher au combat; **to** ~ **past** défiler; **to** ~ **past sb** défiler

devant qn; ~**!** marche!; **to** ~ **in** etc (Mil) entrer etc (au pas); (gen) entrer etc (briskly) d'un pas énergique or (angrily) d'un air furieux; **he** ~**ed up to me** il s'est approché de moi d'un air décidé; **to** ~ **up and down the room** faire les cent pas dans la pièce. **3** vt (Mil) faire marcher (au pas). (gen) **to** ~ **sb in** etc faire entrer etc qn tambour battant; **to** ~ **sb off to prison** embarquer qn en prison *. ◆ **marcher** n manifestant(e) m(f). ◆ **marching** adj song de route; (US) ~**ing band** orchestre m d'école (avec majorettes); ~**ing orders** feuille f de route; (fig) **to give sb his** ~**ing orders** * flanquer * qn à la porte. ◆ **march-past** n défilé m (Mil etc).

marchioness ['mɑːʃ(ə)nɪs] n marquise f (title).

mare [mɛəʳ] n jument f.

margarine [,mɑːdʒə'riːn] n (abbr **marge** *) margarine f.

margin ['mɑːdʒɪn] n (gen, also fig) marge f; [wood] lisière f. **notes in the** ~ notes en marge; **do not write in the** ~ n'écrivez pas dans la marge; (fig) **to win by a wide/narrow** ~ gagner de justesse/de peu; **elected by a narrow** ~ élu avec peu de voix de majorité. ◆ **marginal** adj (gen) marginal; ability très moyen; importance secondaire; case limite; existence précaire; land de faible rendement; (Parl) ~**al seat** siège m disputé. ◆ **marginally** adv très légèrement.

marguerite [,mɑːgə'riːt] n marguerite f.

marigold ['mærɪgəʊld] n (Bot) souci m.

marijuana [,mærɪ'hwɑːnə] n marijuana f.

marina [mə'riːnə] n marina f.

marinade [,mærɪ'neɪd] n marinade f. ◆ **marinate** vt mariner.

marine [mə'riːn] **1** adj plant, animal, life marin; products de mer; forces, insurance maritime. ~ **engineering** génie m maritime. **2** n (a) **mercantile** or **merchant** ~ marine f marchande. (b) (Mil) fusilier m marin; (US) marine m (américain). (fig) **tell that to the** ~**s!** * à d'autres! ◆ **mariner** ['mærɪnəʳ] n (liter) marin m; ~**r's compass** boussole f.

marionette [,mærɪə'net] n marionnette f.

marital ['mærɪtl] adj problems matrimonial; happiness, relations conjugal. (Admin) ~ **status** situation, f de famille.

maritime ['mærɪtaɪm] adj maritime.

marjoram ['mɑːdʒ(ə)rəm] n marjolaine f.

mark¹ [mɑːk] n (currency) mark m.

mark² [mɑːk] **1** n (a) (gen) marque f. **to make a** ~ **on** marquer; **the** ~**s of his shoes in...** l'empreinte f de ses souliers dans...; **without a** ~ **on his body** sans trace f de coups sur le corps; (fig) **to make one's** ~ **as** se faire un nom en tant que; **to leave one's** ~ **on sth** laisser son empreinte sur qch; **the** ~ **of a good teacher** le signe d'un bon professeur; **the** ~ **of genius** la marque du génie; **as a** ~ **of my gratitude** en témoignage de ma gratitude; **punctuation** ~ signe m de ponctuation; **finger** ~ trace f de doigt. (b) (Scol) note f. **good/bad** ~ bonne/mauvaise note (in en); **to fail by 2** ~**s** échouer à 2 points; (fig) **I give him full** ~**s for helping** je lui donne un bon point pour son aide; **there are no** ~**s for guessing his name** il n'y a pas besoin d'être un génie pour savoir de qui on parle. (c) (Sport etc: target) but m, cible f. (fig) **to hit the** ~ mettre le doigt dessus *; (fig) **to miss** or **be wide of the** ~ être loin de la vérité. (d) (Sport) ligne f de départ. **on your** ~**s! get set! go!** à vos marques! prêts! partez!; (lit, fig) **to get off the** ~ démarrer; (fig) **to be quick off the** ~ ne pas perdre de temps (in doing pour faire); **up to the** ~ (in health) en forme; (in efficiency etc) person à la hauteur; work satisfaisant; **to come up to the** ~ répondre à l'attente. (e) (Tech) **M**~ série f; **Concorde M**~ **1** Concorde première série.

2 vt (**a**) (make a ~ on) marquer; (stain) tacher, marquer. (**b**) (indicate) price, score marquer; change, improvement indiquer. **X ~s the spot** l'endroit est marqué d'une croix; **in order to ~ the occasion** pour marquer l'occasion; **to ~ time** (Mil) marquer le pas; (fig) faire du sur-place; (by choice: before doing sth) attendre son heure. (**c**) exam corriger. **to ~ sth right/wrong** marquer qch juste/faux. (**d**) (note) noter; (Sport) opposing player marquer. **~ my words** écoutez-moi bien.
3 vi: **this material ~s easily** tout marque ce tissu; **this material will not ~** rien ne se voit sur ce tissu.
◆ **mark down** vt sep (**a**) (write down) inscrire, noter. (**b**) (reduce) price baisser; goods démarquer. (**c**) (single out) désigner (for pour).
◆ **mark off** vt sep (**a**) (separate) séparer, distinguer (from de). (**b**) (tick off) names cocher.
◆ **mark out** vt sep (**a**) zone etc délimiter; field borner; tennis court tracer les lignes de. (**b**) (single out) désigner (for pour). **it ~ed him out from the others** cela le distinguait des autres.
◆ **mark up** vt sep (**a**) (write up) price, score marquer. (**b**) (increase) price augmenter; goods majorer le prix de. **to be ~ed up** augmenter.
◆ **marked** adj difference, accent, bias marqué; improvement, increase sensible; **a ~ed man** un homme marqué. ◆ **markedly** adv differ d'une façon marquée; improve sensiblement. ◆ **marker** n (**a**) (pen) marqueur m indélébile; (tool: for laundry etc) marquoir m; (**b**) (flag, stake) marque f, jalon m; (light etc) balise f; (**c**) (bookmark) signet m; (**d**) (Sport: person) marqueur m, -euse f; (**e**) (Scol) correcteur m. ◆ **marking 1** n (**a**) (Scol) correction f (de copies); (giving marks) notation f; (**b**) (on animal etc) marques fpl; (on road) signalisation f horizontale ; **2** adj: **~ing ink** encre f à marquer. ◆ **marksman** n tireur m d'élite. ◆ **marksmanship** n adresse f au tir. ◆ **mark-up** n (profit) marge f bénéficiaire; (increase) hausse f.
market ['mɑːkɪt] **1** n marché m. **to go to ~** aller au marché; **the wholesale ~** le marché de gros; **cattle ~** marché or foire f aux bestiaux; **the ~ in sugar** le marché du sucre; (St Ex) **the ~ is rising** les cours mpl sont en hausse; **to have a good ~ for sth** avoir une grosse demande pour qch; **there is a ready ~ for small cars** les petites voitures se vendent bien; **this appeals to the French ~** cela se vend bien en France; **to be in the ~ for sth** être acheteur de qch; **on the ~** sur le marché; **on the open ~** en vente libre. **2** adj day, analysis de marché; square, trends du marché; value, price marchand. **~ economy** économie f de marché; **~ garden** jardin m maraîcher; **~ gardener** maraîcher m, -ère f; **~ gardening** culture f maraîchère; (Econ) **in the ~ place** sur le marché; (St Ex) **~ prices** cours m du marché; **~ research** étude f de marché (in de); **~ value** valeur f marchande, valeur du marché. **3** vt (sell) vendre; (launch) lancer sur le marché; (find outlet for) trouver un débouché pour. ◆ **marketable** adj vendable. ◆ **marketing** n marketing m.
marmalade ['mɑːməleɪd] n confiture f d'oranges. **~ orange** orange f amère.
marmoset ['mɑːməʊzet] n ouistiti m.
marmot ['mɑːmət] n marmotte f.
maroon[1] [mə'ruːn] adj (colour) bordeaux inv.
maroon[2] [mə'ruːn] vt: **~ed** (on island) abandonné; (by sea, traffic, strike etc) bloqué (by par).
marquee [mɑː'kiː] n grande tente f.
marquess, marquis ['mɑːkwɪs] n marquis m.
marriage ['mærɪdʒ] **1** n mariage m. **by ~** par alliance. **2** adj bed conjugal; vows de mariage. **~ bureau** agence f matrimoniale; **~ certificate** extrait m d'acte de mariage; **~ guidance counsellor** conseiller m, -ère f conjugal(e); **~ licence** ≃ cer-

tificat m de publication des bans. ◆ **marriageable** adj: **of ~able age** en âge de se marier.
marrow ['mærəʊ] n (**a**) [bone] moelle f. **~ bone** os m à moelle; **chilled to the ~** gelé jusqu'à la moelle des os. (**b**) (vegetable) courge f. **baby ~** courgette f.
marry ['mærɪ] **1** vt (take in marriage) épouser, se marier avec; [priest, parent] marier. **will you ~ me?** voulez-vous m'épouser?; **to get** or **be married** se marier. **2** vi se marier. **to ~ into a family** s'allier à une famille par le mariage; **to ~ beneath o.s.** se mésallier; **to ~ again** se remarier. ◆ **married** adj person marié; name de femme mariée; life, love conjugal; (Mil) **married quarters** appartements mpl pour familles.
Mars [mɑːz] n (Astron) Mars f; (Myth) Mars m.
Marseilles [mɑː'seɪlz] n Marseille.
marsh [mɑːʃ] n (also ~land) marais m, marécage m. ◆ **marshmallow** n guimauve f. ◆ **marsh marigold** n souci m d'eau. ◆ **marshy** adj marécageux.
marshal ['mɑːʃ(ə)l] **1** n (Mil etc) maréchal m; (at demonstration, meeting etc) membre m du service d'ordre. **2** vt troops rassembler; crowd faire entrer etc en bon ordre; wagons trier; (fig) facts, one's wits rassembler. ◆ **marshalling yard** n gare f de triage.
marsupial [mɑː'suːpɪəl] adj, n marsupial (m).
marten ['mɑːtɪn] n martre f.
martial ['mɑːʃ(ə)l] adj martial. **~ arts** arts mpl martiaux; **~ law** loi martiale.
Martian ['mɑːʃən] n Martien(ne) m(f).
martin ['mɑːtɪn] n (house ~) hirondelle f (de fenêtre).
martinet [ˌmɑːtɪ'net] n: **to be a ~** être impitoyable en matière de discipline.
martyr ['mɑːtəʳ] n martyr(e) m(f). **he is a ~ to migraine** ses migraines lui font souffrir le martyre. ◆ **martyrdom** n martyre m.
marvel ['mɑːv(ə)l] **1** n [nature, patience] merveille f; [science, skill] prodige m. **it will be a ~ if...** ce sera (un) miracle si...; **it's a ~ to me how...** je ne sais vraiment pas comment...; **it's a ~ to me that** cela me paraît un miracle que + subj, je n'en reviens pas que + subj; **it's a ~ that** c'est un miracle que + subj. **2** vi s'émerveiller, s'étonner (at de; that de ce que + indic or subj). ◆ **marvellous**, (US) **marvelous** adj merveilleux. ◆ **marvel(l)ously** adv merveilleusement.
Marxism ['mɑːksɪz(ə)m] n marxisme m. ◆ **Marxist** adj, n marxiste (mf).
marzipan [ˌmɑːzɪ'pæn] n pâte f d'amandes.
mascara [mæs'kɑːrə] n mascara m.
mascot ['mæskət] n mascotte f.
masculine ['mæskjʊlɪn] adj, n masculin (m). ◆ **masculinity** n masculinité f.
mash [mæʃ] **1** n (also ~ed potatoes) purée f (de pommes de terre). **2** vt (~ up) (Culin) faire une purée de; (gen, Tech) écraser.
mask [mɑːsk] **1** n masque m. **2** vt masquer. ◆ **masking tape** n papier-cache m adhésif.
masochism ['mæsə(ʊ)kɪz(ə)m] n masochisme m. ◆ **masochist** n masochiste mf. ◆ **masochistic** adj masochiste.
mason ['meɪsn] n maçon m; (free ~) franc-maçon m. (US) **M~ jar** bocal m à conserves (étanche). ◆ **masonic** [mə'sɒnɪk] adj franc-maçonnik. ◆ **masonry** n maçonnerie f; franc-maçonnerie f.
Masonite ® ['meɪsənaɪt] n aggloméré m.
masquerade [ˌmæskə'reɪd] **1** n mascarade f. **2** vi: **to ~ as** se faire passer pour.
mass[1] [mæs] **1** n masse f. **in the ~** dans l'ensemble; **he was a ~ of bruises** il était couvert de bleus;

~**es of** * des masses de *, des tas de *; *(people)*
the ~**(es)** la masse, les masses populaires; **Shakespeare for the** ~**es** Shakespeare à l'usage des
masses. **2** *adj culture* de masse; *psychology, education* des masses; *support, destruction* massif, généralisé; *rally* monstre; *resignations* en masse; *demonstration* en masse, massif; *funeral, protest, hysteria*
collectif. ~ **grave** fosse *f* commune; ~ **media** mass-
media *mpl*; ~ **meeting** grand rassemblement *m*;
~ **murders** tueries *fpl*; ~ **murderer** boucher *m*. **3**
vt troops etc masser. **4** *vi [people]* se masser; *[clouds]*
s'amonceler. ◆ **mass-produce** *vt* fabriquer en
série. ◆ **mass production** *n* production *f or*
fabrication *f* en série.

mass² [mæs] *n (Rel)* messe *f.* **to say** ~ dire la messe;
to go to ~ aller à la messe.

massacre ['mæsəkə'] **1** *n* massacre *m.* **2** *vt* massacrer.

massage ['mæsɑːʒ] **1** *n* massage *m.* ~ **parlour** institut *m* de massage (spécialisé). **2** *vt* masser.
◆ **masseur** *n* masseur *m.* ◆ **masseuse** *n* masseuse *f.*

massive ['mæsɪv] *adj* massif.

mast [mɑːst] *n [ship, flag]* mât *m*; *[radio]* pylône *m*.
to sail before the ~ servir comme simple matelot.

master ['mɑːstə'] **1** *n* **(a)** *(gen)* maître *m*. **the** ~ **of
the house** le maître de maison; ~ **in one's own
house** maître chez soi; **I am the** ~ **now** c'est moi
qui commande maintenant; *(fig)* **he has met his
~** il a trouvé son maître; **to be** ~ **of the situation**
être maître de la situation; ~ **of ceremonies**
maître des cérémonies; *(TV etc)* animateur *m*;
(Univ) **M~ of Arts/Science** *etc* titulaire *mf* d'une
maîtrise ès lettres/sciences *etc*; **a** ~**'s degree** une
maîtrise. **(b)** *(teacher)* professeur *m.* **music** ~ professeur de musique. **(c)** *[ship]* capitaine *m*; *[liner]*
(capitaine) commandant *m*; *[fishing boat]* patron
m. **(d)** M~ **John Smith** Monsieur John Smith *(jeune
garçon)*.
2 *adj beam, card* maître *(f* maîtresse); *control, switch,
bedroom* principal. ~ **baker/butcher** *etc* maître bou-
langer/boucher *etc*; ~ **builder** entrepreneur *m* (de
bâtiments); ~ **class** cours *m* de grand maître; ~
hand *(skill)* main *f* de maître; **to be a** ~ **hand at
(doing) sth** être maître dans l'art de (faire) qch;
~ **key** passe-partout *m inv*; ~ **mariner** *(foreign-going)*
≈ capitaine *m* au long cours; *(home trade)* ≈ capitaine de la marine marchande; ~ **plan** plan *m*
directeur; **the** ~ **race** la race supérieure; *(US)* ~
sergeant adjudant *m*; *(US Aviat)* sergent-chef *m*;
~ **stroke** coup *m* de maître.
3 *vt* **(a)** *person, animal, emotion* maîtriser; *difficulty*
venir à bout de. **(b)** *(understand)* *theory* saisir;
(learn) *language, skill* apprendre. **to have** ~**ed sth**
posséder qch à fond; **he'll never** ~ **the violin** il
ne saura jamais bien jouer du violon.
◆ **masterful** *adj* dominateur, autoritaire.
◆ **masterfully** *adv act, decide* en maître, avec
autorité; *speak, announce* sur un ton d'autorité.
◆ **masterly** *adj* magistral; ~ **-ly way** magistralement. ◆ **mastermind 1** *n (genius)* intelligence *f* supérieure; *[plan, crime etc]* cerveau *m* ;
2 *vt operation etc* diriger, organiser. ◆ **masterpiece** *n* chef-d'œuvre *m.* ◆ **mastery** *n [subject,
musical instrument]* connaissance *f* approfondie *(of*
de); *(skill)* maîtrise *f*; *(of the seas etc)* maîtrise *m;*
(over opponent etc) supériorité *f (over* sur).

mastic ['mæstɪk] *n* mastic *m.*

masticate ['mæstɪkeɪt] *vti* mastiquer.

mastiff ['mæstɪf] *n* mastiff *m.*

mastoid ['mæstɔɪd] **1** *adj* mastoïde. **2** *n* (*) mastoïdite *f.* ◆ **mastoiditis** *n* mastoïdite *f.*

masturbate ['mæstəbeɪt] **1** *vi* se masturber. **2** *vt*
masturber. ◆ **masturbation** *n* masturbation *f.*

mat [mæt] *n* **(a)** *(on floor)* (petit) tapis *m*; *(of straw
etc)* natte *f*; *(at door)* paillasson *m.* **(b)** *(on table etc)*

(heat-resistant) dessous-de-plat *m inv*; *(decorative)* set
m (de table); *(embroidered linen)* napperon *m.*
◆ **matted** *adj hair* emmêlé; *sweater* feutré. ◆ **matting** *n* tapis *m* de corde *etc*.

match¹ [mætʃ] *n* allumette *f.* **box/book of** ~**es** boîte
f/pochette *f* d'allumettes; **to put a** ~ **to** mettre le
feu à. ◆ **matchbox** *n* boîte *f* à allumettes.
◆ **matchstick** *n* allumette *f.* ◆ **matchwood** *n*:
to smash to ~**wood** réduire en miettes.

match² [mætʃ] **1** *n* **(a)** *(Sport)* match *m*; *(game)* partie *f.* **to play a** ~ **against sb** disputer un match
contre qn; ~ **abandoned** match suspendu. **(b)**
(equal) égal(e) *m(f).* **to meet one's** ~ trouver à qui
parler *(in sb* avec qn); **he's a** ~ **for anybody** il est
de taille à faire face à n'importe qui; **he was more
than a** ~ **for Paul** Paul n'était pas à sa mesure.
(c) *[colours etc]* **to be a good** ~ aller bien ensemble.
(d) *(marriage)* mariage *m.* **2** *vt* **(a)** *(equal:* ~ **up to)**
[person] égaler; *[piece of work]* égaler, valoir. **it
didn't** ~ **our hopes** cela a déçu nos espérances.
(b) ~ **sb's offer/proposal** faire une offre/une
proposition équivalente à celle de qn; **to** ~ **sb's
price** offrir le même prix que qn. **(c)** *[clothes,
colours etc]* aller bien avec. **his looks** ~ **his character**
son physique s'accorde avec sa personnalité. **(d)**
(find similar to: ~ **up)** *cups etc* assortir. **can you** ~
(up) this material? avez-vous du tissu assorti à
celui-ci?; **to** ~ **sb against sb** opposer qn à qn; **they
are well** ~**ed** *[opponents]* ils sont de force égale;
[married couple etc] ils sont bien assortis. **3** *vi
[colours, materials]* être bien assortis. **with a** ~**ing
skirt** avec une jupe assortie. ◆ **matchless** *adj*
sans égal. ◆ **matchmake** *vi*: **she's always match-
making** elle veut toujours marier les gens.
◆ **matchmaker** *n* marieur *m*, -euse *f.*

mate¹ [meɪt] *n* **(a)** *(at work)* camarade *mf* (de
travail); *(*: friend)* copain * *m*, copine * *f.* **hey,
~!** ⚥ eh mon vieux! * **(b)** *(assistant)* aide *mf.* **plumber's** ~ aide-plombier *m.* **(c)** *(animal)* mâle *m*,
femelle *f.* **(d)** *(Merchant Navy)* ≈ second *m.* **2** *vt*
accoupler *(with* à). **3** *vi* s'accoupler *(with* à, avec).
◆ **mating 1** *n* accouplement *m* ; **2** *adj call* du
mâle; *season* des amours.

mate² [meɪt] *(Chess)* **1** *n* mat *m.* **2** *vt* mettre échec
et mat.

material [mə'tɪərɪəl] **1** *adj* **(a)** *success, object, needs*
matériel. **(b)** *(important)* essentiel; *(relevant)* qui
importe *(to* à); *(Jur)* fact, evidence pertinent; *witness*
direct. **2** *n* **(a)** *(substance)* substance *f*, matière *f*;
(cloth etc) tissu *m*, étoffe *f.* **dress** ~ tissu pour
robes; **(b)** *(Ind: used in production)* matériau *m.*
building ~**s** matériaux de construction. **(c)** *(things
needed)* *(gen)* matériel *m.* **his writing** ~**s** son matériel
nécessaire pour écrire; **reading** ~ de la lecture.
(d) *(facts, data)* matériaux *mpl.* **background** ~ documentation *f* d'appui. **(e)** *(work done)* **all his** ~ **is
original** tout ce qu'il écrit *(or* chante *etc)* est original; **publicity** ~ matériel *m* promotionnel; **teaching** ~**s** matériel pédagogique. **(f)** *(fig)* **he is officer** ~ il a l'étoffe d'un officier. ◆ **materialism**
n matérialisme *m.* ◆ **materialist** *adj, n* matérialiste *(mf).* ◆ **materialistic** *adj* matérialiste.
◆ **materialize** *vi (gen)* se matérialiser; *[idea]* prendre forme; **at last the bus** ~**ized** * le bus est enfin
arrivé. ◆ **materially** *adv (V* **1** *above)* matériellement; essentiellement.

maternity [mə'tɜːnɪtɪ] **1** *n* maternité *f.* **2** *adj clothes*
de grossesse. ~ **allowance** ~ **benefit** ≈ allocation
f de maternité; ~ **home** *or* **hospital** maternité *f*;
~ **leave** congé *m* de maternité; ~ **ward** (service
m de) maternité *f.* ◆ **maternal** *adj* maternel.

mathematics [ˌmæθ(ə)'mætɪks] *n (abbr* **maths** *,
(US) **math** *) mathématiques *fpl*, math(s) * *fpl.*
◆ **mathematical** *adj process etc* mathématique;
I'm not mathematical je n'ai pas le sens des

mathématiques. ◆ **mathematically** adv mathématiquement. ◆ **mathematician** n mathématicien(ne) m(f).

matinée ['mætmeɪ] n matinée f (Theat).

matriarch ['meɪtrɪɑːk] n femme f chef de famille. ◆ **matriarchal** adj matriarcal. ◆ **matriarchy** n matriarcat m.

matricide ['meɪtrɪsaɪd] n matricide m.

matriculate [mə'trɪkjʊleɪt] vi s'inscrire. ◆ **matriculation** n inscription f.

matrimony ['mætrɪm(ə)nɪ] n mariage m. ◆ **matrimonial** adj matrimonial.

matrix ['meɪtrɪks] n matrice f.

matron ['meɪtr(ə)n] n (gen) matrone f; [hospital] infirmière f en chef; (in school) infirmière; [old people's home etc] directrice f. ◆ **matronly** adj person très digne, matrone (pej). ◆ **matron-of-honour** n dame f d'honneur.

matt [mæt] adj mat.

matter ['mætə'] 1 n (a) (physical substance: gen, Philos, Phys etc) matière f; (Med: pus) pus m. **colouring** ~ substance f colorante; **reading** ~ de quoi lire; **advertising** ~ publicité f. (b) (content) fond m. ~ **and form** le fond et la forme. (c) (affair, concern) affaire f, question f. **the** ~ **in hand** l'affaire en question; **business** ~**s** (questions d')affaires fpl; **there's the** ~ **of my expenses** il y a la question de mes frais; **that's quite another** ~ ça, c'est une autre affaire; **that will only make** ~**s worse** cela ne fera qu'aggraver la situation; **in this** ~ à cet égard; **the** ~ **is closed** l'affaire est close; **a** ~ **of great concern to us** une source de profonde inquiétude pour nous; **it's not a laughing** ~ il n'y a pas de quoi rire; **there's the small** ~ **of that £200** il y a la petite question des 200 livres; **it will be no easy** ~ cela ne sera pas facile; **in the** ~ **of** en ce qui concerne; **as** ~**s stand** dans l'état actuel des choses; **for that** ~ d'ailleurs; **as a** ~ **of course** tout naturellement; **as a** ~ **of fact** en réalité, en fait; **in a** ~ **of 10 minutes** en l'espace de 10 minutes. (d) (importance) **no** ~**!** peu importe!; **no** ~ **how** par n'importe quel moyen; **no** ~ **when he comes** quelle que soit l'heure (or la date) de son arrivée; **no** ~ **how big it is** si grand qu'il soit; **no** ~ **what he says** quoi qu'il dise; **no** ~ **where/who** où/qui que ce soit. (e) (difficulty, problem) **what's the** ~? qu'est-ce qu'il y a?; **what's the** ~ **with him?** qu'est-ce qu'il a?; **what's the** ~ **with my hat?** qu'est-ce qu'il a, mon chapeau? *; **what's the** ~ **with trying to help him?** quelle objection y a-t-il à ce qu'on l'aide (subj)?; **there's sth the** ~ **with my arm** j'ai qch au bras; **there's sth the** ~ **with the engine** il y a qch qui ne va pas dans le moteur; **as if nothing was the** ~ comme si de rien n'était; **nothing's the** ~ * il n'y a rien; **there's nothing the** ~ **with me!** moi, je vais tout à fait bien!; **there's nothing the** ~ **with that idea** il n'y a rien à redire à cette idée.

2 vi importer (to à). **the place doesn't** ~ l'endroit n'a pas d'importance; **it doesn't** ~ cela ne fait rien (whether si); **it doesn't** ~ **who/where** etc peu importe qui/où etc; **what does it** ~ **(to you)?** qu'est-ce que cela peut bien (vous) faire?; **why should it** ~ **to me?** pourquoi est-ce que cela me ferait qch?

◆ **matter-of-fact** adj tone, voice neutre; style prosaïque; attitude, person terre à terre; assessment, account qui se limite aux faits; **in a very matter-of-fact way** sans avoir l'air de rien.

mat(t)ins ['mætɪnz] n matines fpl.

mattress ['mætrɪs] n matelas m. ~ **cover** (gen) protège-matelas m; (waterproof) alèse f.

mature [mə'tjʊə'] 1 adj mûr. **he's much more** ~ il a beaucoup mûri. 2 vi [person] mûrir; [wine, cheese] se faire. ◆ **maturity** n maturité f.

maudlin ['mɔːdlɪn] adj larmoyant.

maul [mɔːl] vt [tiger etc] lacérer; (to death) déchiqueter; [person] malmener (also fig).

Maundy ['mɔːndɪ] n: ~ **Thursday** le jeudi saint.

Mauritania [‚mɔːrɪ'teɪnɪə] n Mauritanie f.

mausoleum [‚mɔːsə'lɪəm] n mausolée m.

mauve [məʊv] adj mauve.

maverick ['mæv(ə)rɪk] n dissident(e) m(f), franctireur m (fig).

mawkish ['mɔːkɪʃ] adj d'une sentimentalité excessive.

maxi * ['mæksɪ] n: ~ **single record** disque m double durée.

maxim ['mæksɪm] n maxime f.

maximum ['mæksɪməm] 1 n, pl **-ima** maximum m. 2 adj maximum (f inv or maxima). ~ **prices** prix mpl maximums or maxima; (Aut etc) ~ **speed** (highest permitted) vitesse f limite or maximum; (highest possible) vitesse maximale; ~ **temperatures** températures maximales. ◆ **maximize** vt porter au maximum.

may[1] [meɪ] modal aux vb (pret and cond **might**) (a) (possibility) **he** ~ **arrive** il va peut-être arriver, il peut arriver; **he might arrive** il pourrait arriver; **you** ~ **be making a big mistake** tu fais peut-être une grosse erreur; **I might have left it behind** je l'ai peut-être bien oublié; **you might have killed me!** tu aurais pu me tuer!; **as soon as** ~ **be** aussitôt que possible; **be that as it** ~ quoi qu'il en soit; **one might well ask whether...** on est en droit de demander si...; **what might your name be?** comment vous appelez-vous? (b) (permission) ~ **I have a word with you?** — **you** ~ puis-je vous parler un instant? — oui, bien sûr; **might I see it?** est-ce que je pourrais le voir?; **might I suggest that...?** puis-je me permettre de suggérer que...?; ~ **I sit here?** vous permettez que je m'assoie ici?; ~ **I?** vous permettez?; **if I** ~ **say so** si je puis me permettre; **he said I might leave** il a dit que je pouvais partir. (c) (suggestion: 'might' only) **you might try writing to him** tu pourrais toujours lui écrire; **you might have told me that!** tu aurais (tout de même) pu me le dire! (d) (phrases) **one might as well say £5** autant dire 5 livres; **I** ~ **or might as well tell you all about it** je ferais aussi bien de tout vous dire; **you may** or **might as well leave now as wait** vous feriez aussi bien de partir tout de suite plutôt que d'attendre; **they might just as well not have gone** ils auraient tout aussi bien pu ne pas y aller; **she blushed, as well she might!** elle a rougi, et pour cause!; ~ **God bless you!** que Dieu vous bénisse!

may[2] [meɪ] 1 n (a) (month) **M**~ mai m; for phrases V **September**. (b) (hawthorn) aubépine f. 2 adj: **M**~ **Day** le Premier Mai (fête du Travail). ◆ **mayday** n (Aviat, Naut) S.O.S. m. ◆ **mayfly** n éphémère m. ◆ **maypole** n ≃ arbre m de mai.

maybe ['meɪbiː] adv peut-être. ~ **he'll be there** peut-être sera-t-il là, peut-être qu'il sera là, il sera peut-être là.

mayonnaise [‚meɪə'neɪz] n mayonnaise f.

mayor [mɛə'] n maire m. **Lord M**~ titre du maire des principales villes. ◆ **mayoress** n femme f du maire.

maze [meɪz] n labyrinthe m, dédale m.

me [miː] pers pron (a) (direct) me; (before vowel) m'; (stressed) moi. **he can see** ~ il me voit; **he saw** ~ il m'a vu; **you saw ME!** vous m'avez vu, moi! (b) (indirect) me, moi; (before vowel) m'. **he gave** ~ **the book** il me donna or m'a donné le livre; **give it to** ~ donnez-le-moi; **he was speaking to** ~ il me parlait. (c) (after prep etc) moi. **without** ~ sans moi; **it's** ~ c'est moi; **smaller than** ~ plus petit que moi; **poor (little)** ~**!** * pauvre de moi!; **dear** ~**!** * mon Dieu!

meadow ['medəʊ] n pré m, prairie f. ◆ **meadowsweet** n reine f des prés.

meagre, (US) **meager** ['mi:gəʳ] adj maigre (before n).

meal¹ [mi:l] **1** n repas m. **to have a ~** manger; **to have a good ~** bien manger; **that was a lovely ~!** nous avons très bien déjeuné (or dîné); **midday ~** déjeuner m; **evening ~** dîner m; (fig) **to make a ~ of sth ***faire toute une histoire de qch *. **2** adj: **~ ticket** (lit) ticket-repas m; (*fig: job, person etc*) gagne-pain m inv. ◆ **mealtime** n heure f du repas; **at ~ times** aux heures des repas.

meal² [mi:l] n (flour etc) farine f (d'avoine etc). ◆ **mealies** npl maïs m. ◆ **mealy** adj farineux. ◆ **mealy-mouthed** adj: **to be ~y-mouthed** ne pas s'exprimer franchement.

mean¹ [mi:n] pret, ptp **meant** [ment] vt (a) vouloir dire, signifier; (imply) vouloir dire. **'homely' ~s something different in America** 'homely' a un sens différent en Amérique; **what do you ~ by that?** que voulez-vous dire par là?; **you don't really ~ that** vous ne parlez pas sérieusement; **I always ~ what I say** je pense toujours ce que je dis; **the name ~s nothing to me** ce nom ne me dit rien; **the play didn't ~ a thing to her** la pièce n'avait aucun sens pour elle; **this ~s war** c'est la guerre à coup sûr; **it will ~ a lot of expense** cela entraînera beaucoup de dépenses; **catching the train ~s getting up early** pour avoir ce train il faut se lever tôt; **a pound ~s a lot to him** une livre représente une grosse somme pour lui; **holidays don't ~ much to me** les vacances comptent peu pour moi; **don't I ~ anything to you at all?** je ne suis donc rien pour toi? (b) (intend) avoir l'intention (to do de faire), compter, vouloir (to do faire); gift etc destiner (for à); remark adresser (for à). **I didn't ~ to break it** je n'ai pas fait exprès de le casser; **I ~ to succeed** j'ai bien l'intention de réussir; **I ~ you** or (US) **I ~ for you to leave** je veux que vous partiez (subj); **he said it as if he meant it** il a dit cela sans avoir l'air de plaisanter; **I meant it as a joke** j'ai dit (or fait) cela pour rire; **to be meant to do** être censé faire; **she ~s well** elle est pleine de bonnes intentions; **he ~s trouble** il cherche la bagarre; **it ~s trouble** ça nous annonce des ennuis; **do you ~ me?** (are you speaking to me) c'est à moi que vous parlez?; (about me) c'est de moi que vous parlez? ◆ **meaning 1** n [word] sens m; [phrase, action] signification f; **with a double ~** à double sens; **literal ~ing** sens propre or littéral; **what is the ~ing of this word?** que signifie ce mot?; (in anger etc) **what is the ~ing of this?** qu'est-ce que cela signifie?; **you haven't got my ~ing** vous m'avez mal compris; **2** adj significatif, éloquent. ◆ **meaningful** adj significatif, éloquent; (talks) positif. ◆ **meaningless** adj word, action dénué de sens; waste, suffering insensé.

mean² [mi:n] **1** n (a) (middle term) milieu m; (Math) moyenne f. **the golden** or **happy ~** le juste milieu. (b) (way) **~s** moyen m; **to find the ~s to do** or **of doing** trouver le moyen de faire; **to find a ~s of doing** trouver moyen de faire; **there's no ~s of getting in** il n'y a pas moyen d'y entrer; **the ~s to an end** le moyen d'arriver à ses fins; **by ~s of** tool etc au moyen de; person par l'entremise de; hard work etc à force de; **come in by all ~s!** je vous en prie, entrez!; **by all ~s!** mais certainement!; **by all manner of ~s** par tous les moyens; **by any (manner of) ~s** n'importe comment; **by no ~s** nullement, pas du tout; **by some ~s or other** d'une façon ou d'une autre; **by this ~s** de cette façon. (c) (wealth etc) **~s** moyens mpl; **to live within/beyond one's ~s** vivre selon ses moyens/au-dessus de ses moyens; **private ~s** fortune f personnelle; **slender ~s** ressources fpl très modestes. **2** adj distance, temperature moyen.

◆ **means test** n examen m des ressources (d'une personne qui demande une aide pécuniaire). ◆ **means-test** vt examiner les ressources de (avant d'accorder certaines prestations sociales). ◆ **meantime** or ◆ **meanwhile** adv (also **in the ~time** or **~while**) en attendant, pendant ce temps.

mean³ [mi:n] adj (a) (stingy) avare (with de), radin *. (b) (unkind) mesquin, méchant. **a ~ trick** un sale tour; **you ~ thing!** * chameau! *; **you were ~ to me** tu n'as vraiment pas été chic * avec moi; **to feel ~ about sth ***avoir un peu honte de qch. (c) (US*: vicious) animal etc méchant; person salaud ‡. (d) (poor) appearance misérable. **the ~est citizen** le dernier des citoyens. ◆ **meanness** n avarice f; mesquinerie f, méchanceté f; aspect m misérable.

meander [mɪ'ændəʳ] **1** vi [river] faire des méandres. [person] **to ~ in** etc entrer etc sans se presser. **2** n méandre m.

measles ['mi:zlz] n rougeole f.

measly *['mi:zlɪ] adj misérable (before n), minable.

measure ['meʒəʳ] **1** n (a) (gen) mesure f. **to give good** or **full ~** faire bonne mesure; (fig) **for good ~** pour faire bonne mesure; **made to ~** fait sur mesure; **a pint ~** une mesure d'un demi-litre; (fig) **I've got his ~** je sais ce qu'il vaut; **happiness beyond ~** bonheur sans bornes; **a ~ of success** un certain succès; **in some/large ~** dans une certaine/large mesure. (b) (for measuring) (ruler) règle f; (folding) mètre m pliant; (tape) mètre à ruban; (jug/glass) pot m/verre m gradué; (post) toise f. (c) (step) mesure f. **strong/drastic ~s** mesures énergiques/draconiennes. **2** vt mesurer (also fig). **to ~ off** or **out** or **up** mesurer; **to be ~d for a dress** faire prendre ses mesures pour une robe; **what does it ~?** quelles sont ses dimensions?; **the carpet ~s 3 metres by 2 metres across** le tapis fait or mesure 3 mètres sur 2 mètres de large; (fall) **to ~ one's length** tomber de tout son long. **3** vi: **to ~ up to** être à la hauteur de. ◆ **measured** adj (gen) mesuré; (Sport etc) **over a ~d kilometre** sur un kilomètre exactement. ◆ **measureless** adj incommensurable. ◆ **measurements** npl mesures fpl. ◆ **measuring** adj: **measuring device** appareil m de mesure or de contrôle; **measuring jug** pot m gradué; **measuring rod** règle f; **measuring tape** mètre m à ruban.

meat [mi:t] **1** n viande f. **~ and drink** de quoi manger et boire; (fig) **this is ~ and drink to them** c'est une aubaine pour eux; **one man's ~ is another man's poison** ce qui guérit l'un tue l'autre; **there's not much ~ in his book** son livre n'a pas beaucoup de substance. **2** adj: **~ diet** régime m carné; **~ extract** concentré m de viande; **~ pie** pâté m en croûte. ◆ **meatball** n boulette f de viande. ◆ **meat-eater** n (animal) carnivore m; **he's a big ~-eater** c'est un gros mangeur de viande. ◆ **meat-eating** adj carnivore. ◆ **meaty** adj flavour de viande; (fig) book étoffé.

Mecca ['mekə] n la Mecque. (fig) **a ~** la Mecque (for de).

mechanic [mɪ'kænɪk] n mécanicien m. **motor ~** mécanicien garagiste or auto. ◆ **mechanical** adj (lit) mécanique; (fig) action, reply machinal, automatique; **~al engineer** ingénieur m mécanicien; **~al engineering** génie m mécanique. ◆ **mechanically** adv mécaniquement; (fig) machinalement. ◆ **mechanics** n (a) (sg: science) mécanique f; (b) (pl) (lit) mécanisme m; (fig) **the ~s of running an office** le processus de la gestion d'un bureau. ◆ **mechanism** n mécanisme m. ◆ **mechanistic** adj mécaniste. ◆ **mechanization** n mécanisation f. ◆ **mechanize** vt process, industry mécaniser; army, troops motoriser.

medal ['medl] n médaille f. **swimming ~** médaille de natation. ◆ **medallion** n médaillon m.

◆ **medallist,** *(US)* **medalist** *n* médaillé(e) *m(f)*; **gold/silver** ~(l)ist médaillé d'or/d'argent.

meddle ['medl] *vi* (a) *(interfere)* se mêler *(in* de). **stop meddling!** cesse de te mêler de ce qui ne te regarde pas! (b) *(tamper)* toucher *(with* à). ◆ **meddler** *n (busybody)* mouche *f* du coche; *(touching things)* touche-à-tout *m inv*. ◆ **meddlesome** *or* ◆ **meddling** *adj (interfering)* qui fourre son nez partout; *(touching)* qui touche à tout.

media ['miːdɪə] **1** *npl of* **medium** *(souvent employé au sg) (gen: Press, Rad, TV)* média *mpl. (journalists)* **the** ~ **were waiting for him at the airport** * les journalistes et les photographes l'attendaient à l'aéroport. **2** *adj attention, coverage* des média; *event* médiatique. ~ **man** *(Press, Rad, TV)* reporter *m*; *(Publicity)* agent *m* publicitaire; *(Univ)* ~ **studies** études *fpl* des média.

mediaeval [ˌmedrˈiːv(ə)l] *adj* médiéval, du moyen âge; *streets, charm* moyenâgeux *(also pej)*.

mediate ['miːdɪeɪt] **1** *vi* servir d'intermédiaire *(between* entre; *in* dans). **2** *vt settlement* obtenir par médiation. ◆ **mediating** *adj* médiateur. ◆ **mediation** *n* médiation *f*. ◆ **mediator** *n* médiateur *m*, -trice *f*.

medical ['medɪk(ə)l] *adj (gen)* médical; *studies, faculty* de médecine; *student* en médecine. ~ **board** commission *f* médicale; *(Mil)* conseil *m* de révision; ~ **examination** examen *m* médical; *(at work etc)* visite *f* médicale; ~ **insurance** assurance *f* maladie; ~ **officer** *(Ind)* médecin *m* du travail; *(Mil)* médecin-major *m (or* -colonel *etc); [town, country]* directeur *m* de la santé publique; ~ **practitioner** généraliste *mf*; **the** ~ **profession** *(doctors etc)* le corps médical. ◆ **medically** *adv* médicalement; **to be** ~**ly examined** subir un examen médical.

Medicare ['medɪkɛəʳ] *n (US)* assistance *f* médicale aux personnes âgées.

medicated ['medɪkeɪtɪd] *adj* médical. ◆ **medication** *n* médication *f*.

medicine ['meds(ɪ)n, 'medɪs(ɪ)n] **1** *n* (a) *(science)* médecine *f*. **to study** ~ faire des études de médecine; **Doctor of M**~ docteur *m* en médecine. (b) *(drug etc)* médicament *m*. **to take one's** ~ prendre son médicament; *(fig)* avaler la pilule; *(fig)* **to give sb a taste of his own** ~ rendre à qn la monnaie de sa pièce. **2** *adj:* ~ **box** *or* **chest** pharmacie *f* (portative); ~ **cabinet** *or* **chest** *or* **cupboard** armoire *f* à pharmacie; ~ **man** sorcier *m*. ◆ **medicinal** [meˈdɪsɪnl] *adj* médicinal.

medieval [ˌmedrˈiːv(ə)l] = **mediaeval.**

mediocre [ˌmiːdrˈəʊkəʳ] *adj* médiocre. ◆ **mediocrity** *n* médiocrité *f*.

meditate ['medɪteɪt] *vti* méditer *(sth* qch; *doing* de faire; *on, about* sur). ◆ **meditation** *n* méditation *f*. ◆ **meditative** *adj* méditatif. ◆ **meditatively** *adv* d'un air méditatif.

Mediterranean [ˌmedrtəˈreɪnɪən] *adj* méditerranéen. **the** ~ **(Sea)** la (mer) Méditerranée.

medium ['miːdɪəm] **1** *n, pl* **media** (a) *(Bio, Chem, gen)* milieu *m*; *(Phys etc)* véhicule *m*; *(fig)* moyen *m*, véhicule *m*. *(fig)* **through the** ~ **of the press** par voie de presse; **advertising** ~ organe *m* de publicité; **artist's** ~ moyens *mpl* d'expression d'un artiste; **television is the best** ~ **for this** c'est la télévision qui est le meilleur véhicule pour cela. (b) **the happy** ~ le juste milieu. (c) *(pl -s: Spiritualism)* médium *m*. **2** *adj* moyen. *(Culin)* **a** ~ **(rare) steak** un steak à point; *(Rad)* **on the** ~ **wavelength** sur les ondes moyennes. ◆ **medium-dry** *adj wine* demi-sec. ◆ **medium-sized** *adj* de grandeur *or* de taille moyenne.

medley ['medlɪ] *n* mélange *m*; *(Mus)* pot-pourri *m*.

meek [miːk] *adj* doux, humble. ~ **and mild** doux comme un agneau. ◆ **meekly** *adv* avec douceur,

humblement. ◆ **meekness** *n* douceur *f*, humilité *f*.

meet [miːt] *pret, ptp* **met** **1** *vt* (a) *(gen)* rencontrer; *sb coming in opposite direction* croiser; *(by arrangement)* retrouver, rejoindre; *(go to* ~) aller *or* venir chercher. **to arrange to** ~ **sb at 3 o'clock** donner rendez-vous à qn pour 3 heures; **I am being met** on doit venir me chercher *or* m'attendre; **the car will** ~ **the train** la voiture sera là à l'arrivée du train; **he went out to** ~ **them** il est allé à leur rencontre. (b) *(encounter)* rencontrer, faire la connaissance de. ~ **Mr Jones** je vous présente M. Jones; **pleased to** ~ **you** enchanté (de faire votre connaissance). (c) *(encounter) team, obstacle* rencontrer; *(face) enemy, danger* affronter; *(in duel)* se battre avec. **to** ~ **one's death** *or* **end** trouver la mort. (d) *(satisfy etc) expenses, bill* régler, payer; *deficit* combler; *demand* satisfaire à; *need* répondre à; *order* satisfaire; *condition* remplir; *charge, objection* réfuter. **this will** ~ **the case** ceci fera l'affaire. (e) **it met his ears** cela a frappé ses oreilles; **the sight which met my eye(s)** le spectacle qui s'est offert à mes yeux; **I dared not** ~ **her eye** je n'osais pas la regarder en face; **there's more to this than** ~**s the eye** c'est moins simple que cela n'en a l'air. **2** *vi* (a) *[people] (by chance)* se rencontrer; *(by arrangement)* se retrouver, se rejoindre; *(more than once)* se voir; *(get to know each other)* se rencontrer, faire connaissance. **to** ~ **again** se revoir; **until we** ~ **again!** à la prochaine fois!; **have you met before?** vous vous connaissez déjà?; **they arranged to** ~ **at 10 o'clock** ils se sont donné rendez-vous pour 10 heures. (b) *[committee, Parliament]* se réunir. **the class** ~**s in the art room** le cours a lieu dans la salle de dessin. (c) *[armies, teams, rivers]* se rencontrer.

3 *n (Hunting)* rendez-vous *m* (de chasse); *(US Sport etc)* meeting *m*.

◆ **meet up** *vi (by chance)* se rencontrer; *(by arrangement)* se retrouver. **to** ~ **up with sb** rencontrer *or* retrouver qn.

◆ **meet with** *vt fus* (a) *difficulties, resistance* rencontrer; *refusal, losses, storm* essuyer; *welcome* recevoir. **he met with an accident** il lui est arrivé un accident; **we met with kindness** on nous a traités avec gentillesse. (b) *(esp US)* = **meet 1a.**

◆ **meeting 1** *n* (a) *[group of people, club, political party]* réunion *f*, *(formal)* assemblée *f*; *(business* ~) séance *f* *or* réunion de travail; *(Pol, Sport: rally)* meeting *m*; **to call a** ~**ing of shareholders** convoquer les actionnaires; **to call a** ~**ing to discuss sth** convoquer une réunion *(or* une assemblée *etc)* pour débattre qch; **he's in a** ~**ing** il est en conférence; (b) *(between individuals)* rencontre *f*; *(arranged)* rendez-vous *m*; *(formal)* entrevue *f*; (c) *(Quakers)* culte *m* ; **2** *adj:* ~**ing place** lieu *m* de réunion.

mega... ['megə] *pref* méga... ◆ **megabyte** *n (Comput)* mégaoctet *m*, Mo *m*. ◆ **megacycle** *n* mégacycle *m*. ◆ **megalith** *n* mégalithe *m*. ◆ **megaton** *n* mégatonne *f*.

megalomania [ˌmegələ(ʊ)ˈmeɪnɪə] *n* mégalomanie *f*. ◆ **megalomaniac** *adj, n* mégalomane *(mf)*.

megaphone ['megəfəʊn] *n* porte-voix *m inv*.

melamine ['meləmiːn] *n* mélamine *f*.

melancholy ['melənk(ə)lɪ] **1** *n* mélancolie *f*. **2** *adj person* mélancolique; *thing* triste. ◆ **melancholia** *n* mélancolie *f (Med)*. ◆ **melancholic** *adj* mélancolique. ◆ **melancholically** *adv* mélancoliquement.

mellow ['meləʊ] **1** *adj fruit* bien mûr; *wine, voice* moelleux; *colour, light* velouté; *building* patiné; *person* mûri (et tranquille). **to grow** ~ mûrir, s'adoucir. **2** *vi* mûrir; devenir moelleux; se velouter;

se patiner; *[person, character]* s'adoucir. **3** *vt:* **the years have** ~**ed him** il s'est adouci avec les années.

melodrama ['melə(ʊ),drɑːmə] *n* mélodrame *m*. ◆ **melodramatic** *adj* mélodramatique. ◆ **melodramatically** *adv* d'un air mélodramatique.

melody ['melədɪ] *n* mélodie *f*. ◆ **melodious** *adj* mélodieux. ◆ **melodiously** *adv* mélodieusement.

melon ['melən] *n* melon *m*.

melt [melt] **1** *vi* **(a)** *(gen)* fondre. **to** ~ **in the mouth** fondre dans la bouche; *(fig)* **she looks as if butter wouldn't** ~ **in her mouth** on lui donnerait le bon Dieu sans confession *; (be too hot)* **to be** ~**ing** * être en nage. **(b)** *[colours, sounds]* se fondre *(into* dans); *[anger]* tomber; *[resolution, determination]* fléchir. **to** ~ **into tears** fondre en larmes; **he** ~**ed into the crowd** il s'est fondu dans la foule. **2** *vt (gen)* fondre; *sb's heart* attendrir.

◆ **melt away** *vi [ice, savings]* fondre; *[anger, fog]* se dissiper; *[confidence]* disparaître; *[crowd]* se disperser; *[person]* se volatiliser. ◆ **melt down** *vt sep* fondre; *scrap* remettre à la fonte.

◆ **meltdown** *n* fusion *f* (du cœur d'un réacteur nucléaire). ◆ **melting 1** *adj snow* fondant; *voice, look* attendri; *words* attendrissant; ~**ing point** point *m* de fusion; *(fig)* **a** ~**ing pot of many nationalities** le creuset de bien des nationalités; **it's back in the** ~**ing pot** c'est remis en question; **it's still all in the** ~**ing pot** c'est encore au stade des discussions ; **2** *n [snow]* fonte *f*; *[metal]* fusion *f*.

member ['membəʳ] **1** *n (gen)* membre *m*; *[club, party]* adhérent(e) *m(f) (of* à). *(notice)* '~**s only**' 'réservé aux adhérents'; **they treated her like a** ~ **of the family** ils l'ont traitée comme si elle faisait partie de la famille; **M**~ **of Parliament** ≃ député *m (for* de); ~ **of the public** simple particulier *m (f* -ère); **a** ~ **of the staff** *(gen)* un(e) employé(e); *(Scol, Univ)* **a** ~ **of staff** un professeur. **2** *adj:* ~ **nations** les États *mpl* membres. ◆ **membership 1** *n (gen)* adhésion *f (of* à); **a** ~**ship of over 800** plus de 800 membres. **2** *adj* **card** d'adhérent, de membre; ~**ship fee** cotisation *f*.

membrane ['membreɪn] *n* membrane *f*.

memento [mə'mentəʊ] *n* souvenir *m (objet etc)*. **as a** ~ **of** en souvenir de.

memo ['meməʊ] *n (abbr of* **memorandum)** note *f* (de service). ◆ **memo pad** *n* bloc-notes *m*.

memoir ['memwɑːʳ] *n* mémoire *m (on* sur); *(biography)* notice *f* biographique. ~**s** *(autobiographical)* mémoires; *[learned society]* actes *mpl*.

memory ['memərɪ] *n* **(a)** *(gen, Comput)* mémoire *f*. **to have a good/bad** ~ avoir bonne/mauvaise mémoire; **a** ~ **for faces** la mémoire des visages; **from** ~ de mémoire; **loss of** ~ perte *f* de mémoire; *(Med)* amnésie *f*; *(Comput)* ~ **capacity** capacité *f* de mémoire; *(Comput)* ~ **chip** puce *f* mémoire. **(b)** *(recollection)* souvenir *m*. **childhood memories** souvenirs d'enfance; **in** ~ **of** en souvenir de; **sacred to the** ~ **of** à la mémoire de; **of blessed** ~ de glorieuse mémoire. ◆ **memorable** *adj* mémorable. ◆ **memorandum**, *pl* **-anda** *(gen)* mémorandum *m*; *(informal letter etc)* note *f* (de service). ◆ **memorial 1** *adj* commémoratif; *(US)* **Memorial Day** le jour des morts au champ d'honneur; *(US)* **memorial park** cimetière *m*; **memorial service** ≃ messe *f* de souvenir ; **2** *n* monument *m (to* à); **war memorial** monument *m* aux morts; **this scholarship is a memorial to...** cette bourse est en mémoire de... ◆ **memorize** *vt facts, figures* retenir; *poem* apprendre par cœur.

men [men] *npl of* **man.** ◆ **menfolk** * *npl* hommes *mpl*. ◆ **menswear** *n (Comm) (clothing)* habillement *m* masculin; *(dept)* rayon *m* hommes.

menace ['menɪs] **1** *n* menace *f*; *(fig: sth or sb annoying)* plaie * *f*. **a public** ~ un danger public.

2 *vt* menacer. ◆ **menacing** *adj* menaçant. ◆ **menacingly** *adv* d'un air *or* d'un ton menaçant.

mend [mend] **1** *vt clothes* raccommoder; *other object* réparer; *mistake etc* corriger, rectifier. **to** ~ **matters** arranger les choses; **to** ~ **one's ways** *or* **manners** s'amender. **2** *vi (darn etc)* faire le raccommodage. **3** *n:* **to be on the** ~ *(gen)* s'améliorer; *[invalid]* aller mieux. ◆ **mending** *n (act)* raccommodage *m*; *(clothes)* vêtements *mpl* à raccommoder.

menial ['miːnɪəl] *adj person* servile; *task* inférieur; *position* subalterne.

meningitis [,menɪn'dʒaɪtɪs] *n* méningite *f*.

menopause ['menə(ʊ)pɔːz] *n* ménopause *f*. ◆ **menopausal** *adj symptom* dû à la ménopause; *woman* à la ménopause.

menstruate ['menstrʊeɪt] *vi* avoir ses règles. ◆ **menstruation** *n* menstruation *f*.

mental ['mentl] *adj (gen)* mental; *ability, process* mental, intellectuel; *calculation* mental, de tête; *prayer* intérieur; *treatment* psychiatrique; *(*: *mad)* timbré *. ~ **arithmetic** calcul *m* mental; ~ **defective** débile *mf* mental(e); ~ **deficiency** débilité *f* mentale; ~ **home** *or* **hospital** *or* **institution** hôpital *m* psychiatrique; ~ **illness** maladie mentale; ~ **patient** malade *mf* mental(e); ~ **powers** facultés *fpl* intellectuelles; ~ **strain** *(tension)* tension *f* nerveuse; *(overwork)* surmenage *m* intellectuel; **he made a** ~ **note to do it** il a pris note mentalement de le faire; ~ **reservations** doutes *mpl (about* sur).

◆ **mentality** *n* mentalité *f*. ◆ **mentally** *adv calculate* mentalement; ~**ly defective** mentalement déficient; ~**ly handicapped** handicapé mental; **she is** ~**ly handicapped** c'est une handicapée mentale; ~**ly ill** atteint de maladie mentale; ~**ly retarded** (mentalement) arriéré.

menthol ['menθɒl] **1** *n* menthol *m*. **2** *adj* mentholé.

mention ['menʃ(ə)n] **1** *vt (gen)* mentionner *(sth to sb* qch à qn; *that* que); *(quote) figures, names, dates* citer. **I'll** ~ **it to him** je le lui en toucherai un mot, je le lui signalerai; **to** ~ **sb in one's will** coucher qn sur son testament; **he didn't** ~ **the accident** il n'a pas parlé de *or* fait mention de l'accident; **just** ~ **my name** dites que c'est de ma part; **too numerous to** ~ trop nombreux pour qu'on les mentionne *(subj)*; **don't** ~ **it!** il n'y a pas de quoi!; **I need hardly** ~ **that...** il va sans dire que...; **not to** ~, **without** ~**ing** sans compter; **it is not worth** ~**ing** cela ne vaut pas la peine d'en parler; **nothing worth** ~**ing** pour ainsi dire rien. **2** *n (gen)* mention *f*. **it got a** ~ * **in the news** on en a parlé aux informations.

menu ['menjuː] *n (gen, Comput)* menu *m*; *(printed)* menu, carte *f*.

mercenary ['mɜːsɪn(ə)rɪ] *adj, n* mercenaire *(m)*.

merchandise ['mɜːtʃ(ə)ndaɪz] *n* marchandises *fpl*. ◆ **merchandizing** *n* merchandising *m*.

merchant ['mɜːtʃ(ə)nt] **1** *n (trader)* négociant *m*; *(shopkeeper)* commerçant *m*. **builders'** *etc* ~ fournisseur *m* en matériaux de construction *etc;* **wine** ~ marchand *m* de vins; *(large-scale)* négociant en vins. **2** *adj bank, ship* de commerce. *(US)* ~ **marine,** *(Brit)* ~ **navy** marine marchande; ~ **seaman** marin *m* de la marine marchande.

mercury ['mɜːkjʊrɪ] *n* mercure *m*. **M**~ *(Astron, Myth)* Mercure *m*.

mercy ['mɜːsɪ] **1** *n* pitié *f*, indulgence *f*; *(Rel)* miséricorde *f*. **without** ~ sans pitié; **for** ~**'s sake** par pitié; **no** ~ **was shown to them** on les a traités sans merci; **to have** ~ **on** avoir pitié de; **to beg for** ~ demander grâce; **to show** ~ **towards** *or* **to sb** montrer de l'indulgence pour *or* envers qn; **to throw o.s. on sb's** ~ s'en remettre à la merci de qn; **at the** ~ **of** à la merci de; **to leave to the**

tender ~ of abandonner aux bons soins de *(iro)*; **thankful for small mercies** reconnaissant du peu qui s'offre; **it's a ~ that** heureusement que + *indic.* **2** *adj flight* de secours. **~ killing** euthanasie *f.* ◆ **merciful** *adj* miséricordieux *(to* pour); **a merciful release** une véritable délivrance. ◆ **mercifully** *adv* miséricordieusement; *(*: fortunately)* par bonheur. ◆ **merciless** *adj* impitoyable. ◆ **mercilessly** *adv* impitoyablement.

mere [mɪəʳ] *adj formality* simple; *thought etc* seul *(before n)*; *chance, spite, coincidence* pur *(before n)*. **he's a ~ child** ce n'est qu'un enfant; **a ~ clerk** un simple employé de bureau; **the ~ sight of him** sa seule vue; **a ~ nothing** une vétille. ◆ **merely** *adv want, say* simplement, seulement; **he ~ly nodded** il se contenta de faire un signe de tête; **I did it ~ly to please her** je ne l'ai fait que pour lui faire plaisir; **it's ~ly a formality** ce n'est qu'une formalité.

merge [mɜːdʒ] **1** *vi [colours, shapes, sounds]* se mêler *(into,* with à); *[roads]* se rejoindre *(with* avec); *[river]* confluer *(with* avec); *[states]* s'unir *(with* à); *[companies]* fusionner *(with* avec). **2** *vt (Comm, Fin, also Comput)* fusionner. ◆ **merger** *n* fusion *f.*

meringue [məˈræŋ] *n* meringue *f.*

merino [məˈriːnəʊ] *n* mérinos *m.*

merit [ˈmerɪt] **1** *n* mérite *m.* **to decide a case on its ~s** décider d'un cas en toute objectivité; **they went into the ~s of the new plan** ils ont discuté le pour et le contre du nouveau projet. **2** *adj:* **~ list** tableau *m* d'honneur. **3** *vt* mériter. ◆ **meritocracy** *n* méritocratie *f.*

mermaid [ˈmɜːmeɪd] *n* sirène *f (Myth).*

merry [ˈmerɪ] *adj* joyeux, gai; *(*: tipsy)* éméché. **M~ Christmas** Joyeux Noël; **M~ England** l'Angleterre *f* du bon vieux temps. ◆ **merrily** *adv* joyeusement, gaiement. ◆ **merriment** *n* gaieté *f*, joie *f; (laughter)* hilarité *f.* ◆ **merry-go-round** *n (in fairground)* manège *m (de foire etc); (fig)* tourbillon *m.* ◆ **merrymaker** *n* fêtard *m.* ◆ **merrymaking** *n* réjouissances *fpl.*

mesa [ˈmeɪzə] *n (US)* mesa *f*, plateau *m.*

mesh [meʃ] **1** *n* **(a)** *[net etc]* maille *f.* **netting with 5-cm ~** filet *m* à mailles de 5 cm; **the ~ of lies/of intrigue** le réseau de mensonges/d'intrigues. **(b)** *(fabric)* tissu *m* à mailles. **nylon ~** tulle *m* de nylon; **wire ~** grillage *m.* **(c)** *[gears etc]* engrenage *m.* **in ~** en prise. **2** *adj stockings (net)* filet *inv; (non-run)* indémaillable. **~ bag** filet *m* (à provisions). **3** *vi [wheels]* s'engrener; *[plans]* concorder.

mesmerize [ˈmezməraɪz] *vt* hypnotiser; *[snake]* fasciner; *(fig)* **I was ~d** je ne pouvais pas détourner mon regard.

mess [mes] **1** *n* **(a)** *(confusion of objects)* désordre *m*, fouillis *m; (dirt)* saleté *f; (muddle)* gâchis *m.* **to make a ~** faire du désordre (*or* mettre de la saleté) partout; **the cat has made a ~** le chat a fait des saletés; **get this ~ cleared up!** *(tidy)* range *or (clean)* nettoie tout ça!; *[object, room]* **to be (in) a ~** être en désordre *(or* très sale); **to be (in) a terrible ~** être dans un état épouvantable; **you look a ~** tu n'es pas présentable; **to make a ~ of** *(dirty)* salir; *(tear)* déchirer; *(wreck)* saccager; *essay, career, one's life* gâcher; **to make a ~ of things** * tout bousiller *, tout gâcher; *[person]* **to be/get (o.s.) in a ~** * être/se mettre dans de beaux draps; **to get sb/get o.s. out of a ~** sortir qn/se sortir d'un mauvais pas. **(b)** *(Mil)* mess *m; (Naut)* carré *m.* **2** *vt* salir, souiller. **3** *vi* manger *(with* avec).

◆ **mess about** *, **mess around** * **1** *vi (in water, mud)* patauger; *(waste time)* perdre son temps; *(dawdle)* lambiner *; (hang about)* traîner. **what were you doing? — just ~ing about** que faisais-tu? — rien de particulier; **to ~ about** *or* **around with** *object* tripoter; *person* s'amuser avec; *(sexually)* peloter *. **2** *vt sep person* embêter *; arrangements* chambouler *. ◆ **mess up** *vt sep clothes* salir; *room* mettre en désordre; *hair* ébouriffer; *situation, plans, life etc* gâcher.

◆ **mess-up** * *n* gâchis *m.* ◆ **messy** *adj (dirty)* sale; *(untidy) room* en désordre; *piece of work* pas assez soigné; *text, page* sale; *job* salissant; *situation* compliqué.

message [ˈmesɪdʒ] *n* message *m.* **telephone ~** message téléphonique; **to leave a ~** laisser un mot *(for sb* à qn); **would you give him this ~?** voudriez-vous lui faire cette commission?; *(fig)* **to get the ~** * comprendre, piger *. ◆ **messaging** *n (Comput)* messagerie *f.* ◆ **messenger** **1** *n* messager *m*, -ère *f; (in office etc)* coursier *m* ; **2** *adj:* **messenger boy** garçon *m* de courses.

Messiah [mɪˈsaɪə] *n* Messie *m.*

Messrs [ˈmesəz] *npl* messieurs *mpl (abbr* MM.).

met¹ [met] *pret, ptp of* **meet.**

met² [met] *adj (abbr of* **meteorological)** **the M~ Office** ≃ l'O.N.M. *m;* **~ report** bulletin *m* de la météo *.

metabolism [meˈtæbəlɪz(ə)m] *n* métabolisme *m.*

metal [ˈmetl] **1** *n* métal *m.* **road ~** empierrement *m.* **2** *adj* en *or* de métal. **~ detector** détecteur *m* de métaux; **~ polish** produit *m* d'entretien (pour métaux). **3** *vt road* empierrer. ◆ **metallic** *adj* métallique. ◆ **metallurgist** *n* métallurgiste *m.* ◆ **metallurgy** *n* métallurgie *f.* ◆ **metalwork** *n (articles)* ferronnerie *f; (craft)* travail *m* des métaux. ◆ **metalworker** *n (Ind)* ouvrier *m* métallurgiste.

metamorphosis [ˌmetəˈmɔːfəsɪs] *n* métamorphose *f.* ◆ **metamorphose** *vi* se métamorphoser *(into* en).

metaphor [ˈmetəfəʳ] *n* métaphore *f.* ◆ **metaphorical** *adj* métaphorique.

metaphysics [ˌmetəˈfɪzɪks] *nsg* métaphysique *f.* ◆ **metaphysical** *adj* métaphysique.

mete [miːt] *vt:* **to ~ out** *punishment* infliger; *reward* décerner; *justice* rendre.

meteor [ˈmiːtɪəʳ] *n* météore *m.* ◆ **meteoric** *adj* météorique; *(fig)* fulgurant; **~ic rise** montée *f* en flèche. ◆ **meteorite** *n* météorite *m or f.*

meteorology [ˌmiːtɪəˈrɒlədʒɪ] *n* météorologie *f.* ◆ **meteorological** *adj* météorologique. ◆ **meteorologist** *n* météorologue *mf.*

meter [ˈmiːtəʳ] **1** *n* **(a)** *(gen)* compteur *m; (parking ~)* parcmètre *m.* **electricity/gas/water ~** compteur d'électricité/à gaz/à eau. **(b)** *(US)* = **metre.** **2** *adj (US Aut)* **~ maid** contractuelle *f;* **~ reader** releveur *m* de compteurs.

methadone [ˈmeθəˌdəʊn] *n* méthadone *f.*

methane [ˈmiːθeɪn] *n* méthane *m.*

method [ˈmeθəd] *n* **(a)** *(gen)* méthode *f.* **there's ~ in his madness** sa folie ne manque pas d'une certaine logique. **(b)** *(manner)* méthode *f*, façon *f.* **his ~ of working** sa méthode de travail, sa façon de travailler. ◆ **methodical** *adj* méthodique. ◆ **Methodism** *n* méthodisme *m.* ◆ **Methodist** *adj, n* méthodiste *(mf).* ◆ **methodology** *n* méthodologie *f.*

meths * [meθs] *n abbr of* **methylated spirit(s).**

methyl [ˈmeθɪl] *n* méthyle *m.* ◆ **methylated spirit(s)** *n* alcool *m* à brûler.

meticulous [mɪˈtɪkjʊləs] *adj* méticuleux. ◆ **meticulously** *adv* méticuleusement.

métier [ˈmeɪtɪeɪ] *n (trade etc)* métier *m; (one's particular work etc)* partie *f*, rayon * *m; (strong point)* point *m* fort.

metre [ˈmiːtəʳ] *n (all senses)* mètre *m.* ◆ **metric** *adj* métrique; **to go metric** * adopter le système métrique. ◆ **metrication** *n* conversion *f* au système métrique.

metronome [ˈmetrənəʊm] *n* métronome *m.*

metropolis [mɪ'trɒpəlɪs] n métropole f (ville).
◆ **metropolitan** adj métropolitain.

mettle ['metl] n fougue f. **on one's ~** prêt à donner
le meilleur de soi-même; **to show one's ~** montrer ce dont on est capable.

mew [mju:] **1** n miaulement m. **2** vi miauler.

mews [mju:z] (Brit) nsg or pl ruelle f. **~ flat** petit
appartement m assez chic.

Mexico ['meksɪkəʊ] n Mexique m. **~ City** Mexico.
◆ **Mexican 1** adj mexicain ; **2** n Mexicain(e)
m(f).

mezzanine ['mezəni:n] n mezzanine f.

mezzo-soprano [ˌmetsəʊsə'prɑːnəʊ] n (voice) mezzo-soprano m; (singer) mezzo(-soprano) f.

mi [mi:] n (Mus) mi m.

miaow [mi:'aʊ] **1** n miaou m. **2** vi miauler.

mica ['maɪkə] n mica m.

mice [maɪs] npl of **mouse**.

Michaelmas ['mɪklməs] **1** n la Saint-Michel. **2**
adj: **~ daisy** aster m d'automne.

mickey * ['mɪkɪ] n: **to take the ~ out of sb** ‡ se payer
la tête de qn *. ◆ **mickey-mouse** * adj pej car,
degree à la noix; job pas sérieux.

micro ['maɪkrəʊ] n micro-ordinateur m.

micro... ['maɪkrə(ʊ)] pref micro-. ◆ **microbiology**
n microbiologie f. ◆ **microchip** n microplaquette
f. ◆ **microcircuit** n microcircuit m. ◆ **microclimate** n microclimat m. ◆ **microcomputer** n
micro-ordinateur m. ◆ **microdot** n micro-image-
point m. ◆ **microelectronic** adj micro-électro-
nique. ◆ **microelectronics** nsg micro-électro-
nique f. ◆ **microfilm 1** n microfilm m ; **2** vt
microfilmer. ◆ **microgroove** n microsillon m.
◆ **microlight** n (Aviat) ULM m, ultra-léger-moto-
risé m. ◆ **micromesh** adj stockings super-fin.
◆ **micrometer** n micromètre m. ◆ **micron** n
micron m. ◆ **microorganism** n micro-orga-
nisme m. ◆ **microprocessor** n microprocesseur
m. ◆ **microreader** n microlecteur m. ◆ **microstructure** n microstructure f. ◆ **microsurgery** n
microchirurgie f. ◆ **microwave** n micro-onde f.
~wave (oven) four m à micro-ondes.

microbe ['maɪkrəʊb] n microbe m.

microcosm ['maɪkrə(ʊ)kɒz(ə)m] n microcosme m.

microphone ['maɪkrəfəʊn] n microphone m.

microscope ['maɪkrəskəʊp] n microscope m. **under
the ~** au microscope. ◆ **microscopic** adj microscopique.

mid [mɪd] adj: **in ~ May** à la mi-mai, au milieu
de mai; **in ~ morning** au milieu de la matinée;
in ~ air (lit) en plein ciel; (fig) leave sth etc en suspens; **in ~ course** à mi-course; **in ~ Atlantic** au
milieu de l'Atlantique; **~-Victorian** du milieu de
l'époque victorienne. ◆ **midday 1** n midi m; **at
~day** à midi ; **2** adj sun de midi. ◆ **midfield** n
(Ftbl) milieu m de terrain. ◆ **midland 1** n: **the
Midlands** les comtés mpl du centre de l'Angleterre ; **2** adj du centre (du pays); region central.
◆ **midlife** adj de la quarantaine. ◆ **midnight 1**
n minuit m; **at ~night** à minuit ; **2** adj de minuit;
to burn the ~night oil travailler (or lire etc) fort
avant dans la nuit. ◆ **midriff** n (diaphragm) diaphragme m; (stomach) estomac m. ◆ **midshipman** n midshipman m. ◆ **midst** n: **in the ~st of**
(in the middle of) au milieu de; (surrounded by)
entouré de; (among) parmi; (during) pendant; **in
our ~st** parmi nous. ◆ **midstream** n: **in ~stream**
au milieu du courant. ◆ **midsummer 1** n (height
of summer) milieu m de l'été; (solstice) solstice m
d'été; **at ~summer** à la Saint-Jean ; **2** adj de plein
été; **Midsummer Day** la Saint-Jean. ◆ **midterm**
n (holiday) ≈ vacances fpl de la Toussaint (or de
février or de Pentecôte). ◆ **midway** adj, adv à
mi-chemin. ◆ **midweek 1** adv vers le or au
milieu de la semaine ; **2** adj de milieu de

semaine. ◆ **Midwest** n (US) Midwest m. ◆ **mid-
winter 1** n (heart of winter) milieu m de l'hiver;
(solstice) solstice m d'hiver; **in ~winter** en plein
hiver ; **2** adj de plein hiver.

middle ['mɪdl] **1** adj chair, period etc du milieu; size,
quality moyen. (fig) **to take the ~ course** choisir
le moyen terme; **during his ~ age** quand il n'était
déjà plus jeune; **he fears ~ age** il a peur de la
cinquantaine; **the M~ Ages** le moyen âge; **M~
America** l'Amérique moyenne; (Mus) **~ C** do m
du milieu du piano; **the ~ classes** les classes
moyennes, la bourgeoisie; **in the ~ distance** (Art
etc) au second plan; (gen) à mi-distance; **M~ East**
Moyen-Orient m; **~ finger** médius m, majeur m;
~ management cadres mpl moyens; **~ manager**
cadre m moyen; **~ name** deuxième nom m; **~
school** ≈ (Brit Admin) cours m moyen; (US) **M~
West** Middle West m. **2** n (a) milieu m. **in the
~ of** au milieu de; **right in the ~** au beau milieu;
it's in the ~ of nowhere * c'est en plein bled *;
a village in the ~ of nowhere * un petit trou
perdu *; **I was in the ~ of my work** j'étais en plein
travail; **I'm in the ~ of reading it** je suis justement
en train de le lire. (b) (*: waist) taille f. ◆ **middle-
aged** adj d'un certain âge. ◆ **middle-class** adj
bourgeois, des classes moyennes. ◆ **middleman**
n intermédiaire m. ◆ **middle-of-the-road** adj
politics modéré; solution du juste milieu; music
neutre. ◆ **middle-sized** adj tree, building de grandeur moyenne; parcel de grosseur moyenne; person de taille moyenne. ◆ **middleweight** n poids
m moyen. ◆ **middling** adj moyen.

midge [mɪdʒ] n moucheron m.

midget ['mɪdʒɪt] **1** n nain(e) m(f). **2** adj minuscule.

midwife ['mɪdwaɪf] n sage-femme f. ◆ **midwifery**
['mɪdwɪf(ə)rɪ] n obstétrique f.

might¹ [maɪt] modal aux vb V **may¹**. ◆ **might-have-
been** n (thing) ce qui aurait pu être; (person)
raté(e) m(f).

might² [maɪt] n force(s) f(pl). **with ~ and main, with
all one's ~** de toutes ses forces.

mighty ['maɪtɪ] **1** adj (gen) puissant; achievement
formidable; ocean immense; (*: very big) row, rage
sacré * (before n). **2** adv (*) rudement *.

migraine ['miːɡreɪn] n migraine f.

migrate [maɪ'ɡreɪt] vi migrer. ◆ **migrant 1** adj bird
migrateur; worker migrant ; **2** n (Agr) saisonnier
m. ◆ **migration** n migration f.

mike * [maɪk] n (microphone) micro m.

Milan [mɪ'læn] n Milan.

mild [maɪld] adj (gen) doux (f douce); reproach,
punishment, beer, sedative léger; exercise, effect
modéré; sauce peu épicé; curry pas trop fort; illness
bénin. **it's ~ today** il fait doux aujourd'hui; **a ~
form of polio** la poliomyélite sous une forme
bénigne. ◆ **mildly** adv (gently) doucement; (slightly) légèrement; **to put it ~ly** *... pour ne pas dire
plus...; **that's putting it ~ly** * c'est le moins qu'on
puisse dire. ◆ **mildness** n douceur f; légèreté
f.

mildew ['mɪldjuː] n (gen) moisissure f; (on plants)
rouille f; (on vine) mildiou m. ◆ **mildewed** adj
moisi; piqué de rouille; mildiousé.

mile [maɪl] n mile m or mille m (= 1 609,33 m). **20
~s per gallon** ≈ 14 litres aux cent; **~s and ~s** ≈
des kilomètres et des kilomètres; (fig) **not a hundred ~s from here** sans aller chercher bien loin;
~s away à cent lieues d'ici (or de là); **you could
see it a ~ off** ça se voyait d'une lieue; **~s * bigger
than** bien plus grand que. ◆ **mileage 1** n (Aut
etc) (distance covered) ≈ kilométrage m; (distance
per gallon etc) ≈ consommation f aux cent; **the car
had a low ~age** ≈ la voiture avait peu de kilomètres; (fig) **there's some ~age in it** on peut en
tirer quelque chose ; **2** adj: **~age allowance** ≈

indemnité f kilométrique. ◆ **mil(e)ometer** n ≃ compteur m kilométrique. ◆ **milepost** or ◆ **milestone** n borne f (milliaire), ≃ borne kilométrique; (in career etc) jalon m (fig).

milieu ['miːljɜː] n milieu m (social).

militant ['mɪlɪt(ə)nt] adj, n militant(e) m(f). ◆ **militarism** n militarisme m. ◆ **militarist(ic)** adj militariste. ◆ **military 1** adj (gen) militaire; service militaire, national ; **2** npl: **the military** l'armée f. ◆ **militate** vi militer (against contre). ◆ **militia** collective n milices fpl; (US) **the militia** la réserve (territoriale).

milk [mɪlk] **1** n lait m. **coconut** ~ lait de coco; ~ **of magnesia** lait de magnésie; **a land flowing with** ~ **and honey** un pays de cocagne; (hum) **he came home with the** ~ * il est rentré à l'aube. **2** vt cow traire; (fig) person exploiter; strength saper. **3** adj product laitier; chocolate au lait; diet lacté; tooth de lait. ~ **bar** milk-bar m; ~ **churn** bidon m à lait; ~ **float** voiture f de laitier; ~ **jug** pot m à lait; ~ **pan** petite casserole f pour le lait; ~ **powder** lait en poudre; ~ **pudding** entremets m au lait; ~ **shake** milk-shake m. ◆ **milk-and-water** adj insipide. ◆ **milking 1** n traite f; **2** adj: ~**ing machine** trayeuse f (mécanique). ◆ **milkman** n laitier m. ◆ **milksop** * n chiffe f molle * (fig). ◆ **milky** adj diet, product lacté; coffee, tea au lait; drink à base de lait; (fig: in colour etc) laiteux; **M~y Way** Voie f lactée.

mill [mɪl] **1** n (**a**) (gen) moulin m; (Ind: for grain) minoterie f. **wind** ~ moulin à vent; **pepper-**~ moulin à poivre; (fig) **to go through the** ~ en voir de dures *; **to put sb through the** ~ en faire voir de dures à qn *. (**b**) (factory) usine f, fabrique f. **steel** ~ aciérie f; **paper** ~ usine f de papeterie; **cotton** ~ filature f de coton. **2** adj (**a**) ~ **race** bief m de moulin; ~ **stream** courant m du bief; ~ **wheel** roue f d'un moulin. (**b**) ~ **girl** ouvrière f des filatures; ~ **owner** industriel m du textile. **3** vt flour, coffee, pepper moudre; screw, nut moleter; [coin] ~**ed edge** crénelage m. **4** vi (~ **about** or **around**) [crowd etc] grouiller. ◆ **miller** n meunier m; (Ind: large-scale) minotier m. ◆ **millhand** or ◆ **millworker** n ouvrier m des filatures. ◆ **milling** adj crowd grouillant. ◆ **millpond** n: **sea like a** ~**pond** mer f d'huile. ◆ **millstone** n meule f; (fig) a ~**stone round his neck** un boulet qu'il traîne avec lui.

millennium [mɪ'lenɪəm] n millénaire m; (Rel, also fig) millénium m.

millet ['mɪlɪt] n millet m.

milli... ['mɪlɪ] pref milli... ◆ **millibar** n millibar m. ◆ **milligram(me)** n milligramme m. ◆ **millimetre**, (US) **millimeter** n millimètre m.

milliner ['mɪlɪnəʳ] n modiste f. ◆ **millinery** n modes fpl (chapeaux).

million ['mɪljən] n million m. **a** ~ **men** un million d'hommes; **he's one in a** ~ * c'est la crème des hommes; (fig) ~**s of** * des milliers de; **thanks a** ~! merci mille fois!; (US) **to feel like a** ~ **dollars** * se sentir dans une forme époustouflante *. ◆ **millionaire** n millionnaire m, ≃ milliardaire m. ◆ **millionth** adj, n millionième (mf); (fraction) millionième m.

millipede ['mɪlɪpiːd] n mille-pattes m inv.

mime [maɪm] **1** n (Theat) (skill, classical play) mime m; (modern play) mimodrame m; (fig: gestures etc) mimique f. **2** vti mimer.

mimic ['mɪmɪk] **1** n imitateur m, -trice f. **2** vt imiter. ◆ **mimicry** n imitation f.

mimosa [mɪ'məʊzə] n mimosa m.

mince [mɪns] **1** n (Culin) bifteck m haché. **2** adj: ~ **pie** tartelette f de Noël (au mincemeat). **3** vt (Culin) ~ **up** hacher. (fig) **to** ~ **matters** or **one's words** mâcher ses mots. **4** vi (in talking) parler

du bout des lèvres; (in walking) marcher à petits pas maniérés. ◆ **mincemeat** n hachis m de fruits secs; (fig) **to make** ~**meat of** pulvériser (fig). ◆ **mincer** n hachoir m (appareil). ◆ **mincing** adj affecté, minaudier.

mind [maɪnd] **1** n (**a**) (gen) esprit m; (sanity) raison f; (memory) mémoire f; (opinion) avis m. **in one's** ~'**s eye** en imagination; **his** ~ **is going** il n'a plus tout à fait sa tête; **his** ~ **went blank** ça a été le vide complet dans sa tête; **I'm not clear in my own** ~ **about it** je ne sais pas qu'en penser moi-même; **to be easy in one's** ~ avoir l'esprit tranquille; **one of the great** ~**s of the century** un des grands cerveaux du siècle; **it was a case of** ~ **over matter** c'était la victoire de l'esprit sur la matière; **to be out of one's** ~ ne plus avoir toute sa raison or sa tête; **you must be out of your** ~! * tu as perdu la tête!; **he went out of his** ~ il a perdu la tête. (**b**) (phrases) **with one** ~ comme un seul homme; **of one** ~ du même avis; **to be in two** ~**s about (doing) sth** se tâter pour ce qui est de (faire) qch; **I was of the same** ~ **as my brother** j'étais du même avis que mon frère, je partageais l'opinion de mon frère; **to my** ~ à mon avis; **nothing is further from my** ~ **than doing that** loin de moi la pensée de faire cela; **ecology-**~**ed** très sensibilisé sur l'écologie; **an industrially-**~**ed nation** une nation orientée vers l'industrie; **to bear** or **keep sth in** ~ (take account of) tenir compte de qch; (remember) penser à qch, ne pas oublier qch; **to bring** or **call to** ~ rappeler; **you must get it into your** ~ **that...** tu dois te mettre dans la tête que...; **I can't get it out of my** ~ je ne peux m'empêcher d'y penser; **to give one's** ~ **to sth, to keep one's** ~ **on sth** se concentrer sur qch; **to give sb a piece of one's** ~ * dire ses quatre vérités à qn; **it went right** or **clean** * **out of my** ~ cela m'est complètement sorti de la tête *; **if you have a** ~ **to** si vous le voulez vraiment; **to have (it) in** ~ **to do** avoir dans l'idée de faire; **I've a good** ~ **to do it** * j'ai bien envie de le faire; **I've half a** ~ **to do it** * j'ai presque envie de le faire; **to have in** ~ thing avoir dans l'idée; person avoir en vue; **to have sth on one's** ~ avoir l'esprit préoccupé de qch; **what's on your** ~? qu'est-ce qui vous préoccupe?; **to know one's own** ~ savoir ce que l'on veut; **to let one's** ~ **run on sth** se laisser aller à penser à qch; **to let one's** ~ **wander** laisser flotter son attention; **to make up one's** ~ **about sth/to do** prendre une décision à propos de qch/la décision de faire; **that puts me in** ~ **of...** cela me rappelle...; **to put sth out of one's** ~ oublier qch; **to put** or **set one's** ~ **to sth** s'appliquer à qch; **to set one's** ~ **on (doing) sth** vouloir fermement (faire) qch; **to set sb's** ~ **at rest** rassurer qn; **this will take her** ~ **off it** cela lui changera les idées; **the noise takes my** ~ **off my work** le bruit m'empêche de me concentrer sur mon travail.

2 vt (**a**) (pay attention to) faire attention à; (beware of) prendre garde à. **never** ~! (don't worry) ne t'en fais pas!; (it makes no odds) ça ne fait rien!; (iro) **don't** ~ **me!** * ne vous gênez surtout pas pour moi! * (iro); **never** ~ **the expense!** tant pis pour le prix!; ~ **your language!** surveille ton langage!; ~ **what you're doing!** attention à ce que tu fais!; ~ **the step!** attention à la marche!; ~ **you don't fall** prenez garde de ne pas tomber; ~ **you tell her** n'oublie pas de le lui dire; ~ **you *, I...** remarquez, je... (**b**) (object to) **do you** ~ **if I take this book? — I don't** ~ cela ne vous ennuie pas que je prenne ce livre? — je vous en prie; **which? — I don't** ~ lequel? — ça m'est égal; **if you don't** ~ si cela ne vous fait rien; **did she** ~ **(it) when he got married?** a-t-elle été malheureuse quand il s'est marié?; **I don't** ~ **going with you** je veux bien vous accompagner; **I don't** ~ **the cold** le froid ne me gêne pas; **would you** ~ **doing that?** cela vous ennuierait de faire cela?; *(abruptly)* je vous prie de faire cela; **do you ~ the noise?** le bruit vous gêne-t-il?; **I don't ~ what people say** je me moque du qu'en-dira-t-on; **I wouldn't ~ a cup of coffee** je prendrais bien une tasse de café. **(c)** *(take charge of) children, animals, shop* garder. ♦ **mind out** * **1** *vi* faire attention. ~ **out!** attention!

♦ **mind-bending** *. ♦ **mind-blowing** * *adj drug* hallucinogène; *experience* hallucinant. ♦ **mind-boggling** * *adj* ahurissant. ♦ **minded** *adj* disposé *(to do* à faire). ♦ **minder** *n (of child etc)* gardienne *f*. ♦ **mindful** *adj*: **~ful of** attentif à. ♦ **mindless** *adj* stupide, idiot. ♦ **mindreader** *n*: **he's a ~reader!** il lit dans la pensée des gens!

mine¹ [maɪn] *poss pron* le mien, la mienne, les mien(ne)s. **this pencil is ~** ce crayon est le mien *or* à moi; **a friend of ~** un de mes amis.

mine² [maɪn] **1** *n* **(a)** *(Min)* mine *f.* **coal ~** mine de charbon; **to go down the ~s** travailler à la mine; *(fig)* **a ~ of information** une véritable mine de renseignements. **(b)** *(Mil, Naut etc)* mine *f.* **to lay a ~** poser une mine. **2** *vt* **(a)** *(Min) coal, ore* extraire. **(b)** *(Mil etc) sea* miner. **3** *vi* exploiter un gisement. **to ~ for coal** exploiter une mine (de charbon). **4** *adj*: **~ detector** détecteur *m* de mines; **~ disposal** déminage *m.*
♦ **minefield** *n* champ *m* de mines; *(fig)* **a legal ~field** un sac d'embrouilles * juridiques. ♦ **mine-layer** *n* mouilleur *m* de mines. ♦ **minelaying** *n* mouillage *m* de mines. ♦ **miner** *n* mineur *m.* ♦ **mineshaft** *n* puits *m* de mine. ♦ **mine-sweeper** *n* dragueur *m* de mines. ♦ **mine-sweeping** *n* dragage *m* de mines. ♦ **mining** **1** *n* **(a)** *(Min)* exploitation *f* minière. **(b)** *(Mil, Naut)* mouillage *m* de mines; **2** *adj area, village, industry* minier; *engineer* des mines; *family* de mineurs.

mineral ['mɪn(ə)rəl] **1** *n* minéral *m.* *(soft drinks)* **~s** boissons *fpl* gazeuses. **2** *adj* minéral. **~ water** *(natural)* eau *f* minérale; *(soft drink)* boisson *f* gazeuse. ♦ **mineralogist** *n* minéralogiste *mf.* ♦ **mineralogy** *n* minéralogie *f.*

minestrone [ˌmɪnɪ'strəʊnɪ] *n* minestrone *m.*

mingle ['mɪŋgl] **1** *vt* mêler *(with* à). **2** *vi (gen)* se mêler *(with* à); *(consort)* frayer *(with* avec).

mingy * ['mɪndʒɪ] *adj person* radin *; *share* misérable.

mini ['mɪnɪ] **1** *n (fashion)* mini *m; (~ skirt)* mini (-jupe) *f; (car)* mini *f* ®. **2** *pref* mini-. **he's a kind of ~-dictator** c'est une sorte de mini-dictateur. ♦ **minibus** *n* minibus *m.* ♦ **minicab** *n* taxi *m (qu'il faut appeler par téléphone).* ♦ **minicar** *n* toute petite voiture *f.* ♦ **minicomputer** *n* mini-ordinateur *m.* ♦ **minimarket** *or* ♦ **minimart** *n* minilibre-service *m.* ♦ **miniskirt** *n* minijupe *f.*

miniature ['mɪnɪtʃəʳ] **1** *n* miniature *f.* **in ~** en miniature. **2** *adj (gen)* (en) miniature; *(tiny)* minuscule; *camera* de petit format; *poodle* nain; *railway* miniature; *submarine* de poche. ♦ **bottle** mini-bouteille *f;* **~ model** maquette *f.* ♦ **miniaturize** *vt* miniaturiser.

minimum ['mɪnɪməm] **1** *n* minimum *m.* **to reduce to a ~** réduire au minimum; **to keep sth to a ~** limiter qch autant que possible. **2** *adj* minimum *(f inv or* -ima). *(Econ)* **~ lending rate** taux *m* de crédit minimum; **~ wage** salaire *m* minimum, ≃ SMIC * *m.* ♦ **minimal** *adj* minimal. ♦ **minimize** *vt (reduce)* réduire au minimum; *(when assessing)* minimiser.

minister ['mɪnɪstəʳ] **1** *n (gen)* ministre *m; (Rel)* pasteur *m.* **M~ of State** ≃ secrétaire *m* d'État; **M~ of Health** ministre de la Santé. **2** *vi*: **to ~ to** *needs* pourvoir à; *person* donner ses soins à. ♦ **ministerial** *adj decision, crisis* ministériel; *benches* des ministres. ♦ **ministrations** *npl* soins *mpl.* ♦ **ministry** *n* **(a)** *(Pol etc)* ministère *m;* **Ministry**

of Health ministère de la Santé; **(b)** *(Rel)* **the ministry** le (saint) ministère; **to go into the ministry** devenir pasteur.

mink [mɪŋk] **1** *n* vison *m.* **2** *adj* de vison.

minnow ['mɪnəʊ] *n* vairon *m; (any small fish)* fretin *m; (fig: person)* menu fretin *m.*

minor ['maɪnəʳ] **1** *adj (gen, Jur, Mus etc)* mineur; *detail, role, expenses, repairs* petit; *importance, interest* secondaire. *(Mus)* **G ~** sol mineur; *(Mus)* **~ key** ton *m* mineur; **in the ~ key** en mineur; **~ offence** ≃ contravention *f* de simple police; *(Med)* **~ operation** opération *f* bénigne; *(Cards)* **~ suit** (couleur *f)* mineure *f.* **2** *n* **(a)** *(Jur)* mineur(e) *m(f).* **(b)** *(US Univ)* matière *f* secondaire.
♦ **minority** [maɪ'nɒrɪtɪ] **1** *n* minorité *f;* **in the ~ity** en minorité ; **2** *adj (gen)* minoritaire; *report* soumis par un groupe minoritaire.

Minorca [mɪ'nɔːkə] *n* Minorque *f.* **in ~** à Minorque.

minstrel ['mɪnstr(ə)l] *n* ménestrel *m.*

mint¹ [mɪnt] **1** *n (hôtel m de la)* Monnaie *f; (fig: big sum)* des sommes *fpl* folles. **to make a ~ of money** faire des affaires d'or. **2** *adj*: **in ~ condition** à l'état de neuf. **3** *vt coins* battre; *gold* monnayer *(into* pour obtenir); *(fig) word* inventer. *(fig)* **he ~s money** il fait des affaires d'or.

mint² [mɪnt] **1** *n (plant)* menthe *f; (sweet)* bonbon *m* à la menthe. **2** *adj* à la menthe. **~ sauce** menthe *f* au vinaigre.

minus ['maɪnəs] **1** *prep (Math etc)* moins; *(*: without)* sans. **2** *adj*: **~ quantity** *(Math)* quantité *f* négative; *(*: fig)* quantité négligeable; **~ sign** moins *m.*

minute¹ ['mɪnɪt] **1** *n* **(a)** *(of time)* minute *f.* **it is 20 ~s past 2** il est 2 heures 20 (minutes); **at 4 o'clock to the ~** à 4 heures pile; **we got the train without a ~ to spare** une minute de plus et nous manquions le train; **I'll do it in a ~** je le ferai dans une minute; **the ~ he comes** dès qu'il arrivera; **do it this ~!** fais-le à la minute!; **he went out this ~** il vient tout juste de sortir; **any ~** now d'une minute à l'autre; **I shan't be a ~** j'en ai pour deux secondes; **it won't take five ~s** ce sera fait en un rien de temps; **wait a ~** attendez une minute *or* un instant; *(indignantly)* minute!; **up to the ~** *equipment* dernier modèle *inv; fashion* dernier cri *inv; news* de dernière heure. **(b)** *(Geog, Math)* minute *f.* **(c)** *(memorandum)* note *f. [meeting]* **~s** procès-verbal *m;* **to take the ~s** rédiger le procès-verbal. **2** *adj* **(a)** **~ hand** grande aiguille *f;* **~ steak** entre-côte *f* minute. **(b)** **~ book** registre *m* des délibérations. **3** *vt fact, detail* prendre note de.

minute² [maɪ'njuːt] *adj (gen)* minuscule; *change, differences* minime, infime; *examination, description* minutieux. **in ~ detail** dans les moindres détails.
♦ **minutely** *adv examine etc* minutieusement; *change* très peu; **~ly resembling...** ayant très vaguement l'apparence de... ♦ **minutiae** *npl* menus détails *mpl.*

miracle ['mɪrəkl] **1** *n* miracle *m (also fig).* **by a ~** some ~ par miracle; **it is a ~ that** c'est miracle que + *subj;* **it will be a ~ if** ce sera un miracle si. **2** *adj*: **~ cure** *or* **drug** remède-miracle *m;* **~ play** miracle *m (Theat).* ♦ **miraculous** *adj* miraculeux. ♦ **miraculously** *adv* miraculeusement.

mirage ['mɪrɑːʒ] *n* mirage *m.*

mirror ['mɪrəʳ] **1** *n (gen)* miroir *m,* glace *f; (Aut)* rétroviseur *m.* **hand ~** glace à main; **pocket ~** miroir de poche. **2** *adj*: **~ image** image *f* inversée. **3** *vt* refléter. **to be ~ed in** se refléter dans.

mirth [mɜːθ] *n* hilarité *f,* rires *mpl.*

misadventure [ˌmɪsəd'ventʃəʳ] *n* mésaventure *f, (less serious)* contretemps *m. (Jur)* **death by ~** mort *f* accidentelle.

misanthropy [mɪ'zænθrəpɪ] *n* misanthropie *f.*
♦ **misanthropic** *adj person* misanthrope; *mood*

misanthropique. ◆ **misanthropist** *n* misanthrope *mf*.

misapply ['mɪsə'plaɪ] *vt (gen)* mal employer; *funds* détourner.

misapprehension ['mɪsˌæprɪ'henʃ(ə)n] *n* malentendu *m*, méprise *f*. **he's (labouring) under a** ~ il se trompe.

misappropriate ['mɪsə'prəʊprɪeɪt] *vt* détourner. ◆ **misappropriation** *n* détournement *m*.

misbehave ['mɪsbɪ'heɪv] *vi (gen)* se conduire mal; *[child]* ne pas être sage. ◆ **misbehaviour,** *(US)* **misbehavior** *n* mauvaise conduite *f*.

miscalculate ['mɪs'kælkjʊleɪt] **1** *vt* mal calculer. **2** *vi (fig)* se tromper. ◆ **miscalculation** *n* erreur *f* de calcul.

miscarry [ˌmɪs'kærɪ] *vi* **(a)** *[plan]* échouer, avorter. **(b)** *(Med)* faire une fausse couche. ◆ **miscarriage** *n* **(a)** *[plan]* échec *m*; **miscarriage of justice** erreur *f* judiciaire; **(b)** *(Med)* fausse couche.

miscast ['mɪs'kɑːst] *adj:* **he was** ~ on n'aurait jamais dû lui donner ce rôle.

miscellaneous [ˌmɪsɪ'leɪnɪəs] *adj* divers. ~ **expenses** frais *mpl* divers. ◆ **miscellany** [mɪ'selənɪ] *n [objects etc]* collection *f*; *(Literat)* recueil *m*; *(Rad, TV)* sélection *f*.

mischance [ˌmɪs'tʃɑːns] *n:* **by (a)** ~ par malheur.

mischief ['mɪstʃɪf] *n* **(a)** *(roguishness)* espièglerie *f*; *(naughtiness)* sottises *fpl*; *(maliciousness)* méchanceté *f*. **he's up to (some)** ~ *[child]* il prépare une sottise; *[adult] (in fun)* il prépare une farce quelconque; *(from malice)* il médite un mauvais coup; **to get into** ~ faire des sottises; **to keep sb out of** ~ empêcher qn de faire des sottises; **full of** ~ espiègle; **bubbling over with** ~ pétillant de malice; **to make** ~ créer des ennuis *(for sb* à qn); **to make** ~ **between** semer la discorde entre; **to do o.s. a** ~ se faire mal. **(b)** *(*: child)* polisson(ne) *m(f)*. ◆ **mischief-maker** *n* semeur *m*, -euse *f* de discorde; *(esp gossip)* mauvaise langue *f*. ◆ **mischievous** *adj (playful, naughty)* espiègle; *(harmful)* malveillant. ◆ **mischievously** *adv* par espièglerie; avec malveillance. ◆ **mischievousness** *n (roguishness)* espièglerie *f*; *(naughtiness)* polissonnerie *f*; *(maliciousness)* méchanceté *f*.

misconceived [ˌmɪskən'siːvd] *adj* peu judicieux.

misconception ['mɪskən'sepʃ(ə)n] *n (wrong idea/ opinion)* idée/opinion *f* fausse; *(misunderstanding)* malentendu *m*.

misconduct [ˌmɪs'kɒndʌkt] *n* inconduite *f*; *(sexual)* adultère *m*.

misconstrue ['mɪskən'struː] *vt* mal interpréter. ◆ **misconstruction** *n* fausse interprétation *f*.

miscount ['mɪs'kaʊnt] **1** *n (gen)* mécompte *m*; *(during election)* erreur *f* dans le compte. **2** *vti* mal compter.

misdeal ['mɪs'diːl] *(vb: pret, ptp* **-dealt** [-delt]*) (Cards)* **1** *n* maldonne *f*. **2** *vi* faire maldonne.

misdeed ['mɪs'diːd] *n* méfait *m*.

misdemeanour, *(US)* **misdemeanor** [ˌmɪsdɪ'miːnəʳ] *n* incartade *f*; *(Jur)* infraction *f*; *(US Jur)* délit *m*.

misdirect ['mɪsdɪ'rekt] *vt letter etc* mal adresser; *person* mal renseigner; *operation* mener mal; *(Jur) jury* mal instruire.

miser ['maɪzəʳ] *n* avare *mf*. ◆ **miserliness** *n* avarice *f*. ◆ **miserly** *adj* avare.

miserable ['mɪz(ə)r(ə)bl] *adj* **(a)** *(unhappy)* malheureux, triste; *(deplorable) sight, failure* pitoyable, lamentable. **to feel** ~ avoir le cafard *; (physically)* être mal fichu *; **to make sb** ~ *(depress)* déprimer qn; *(hurt)* peiner qn; **don't look so** ~! ne fais pas cette tête d'enterrement! **(b)** *(filthy, wretched)* misérable, minable. **(c)** *(*: unpleasant) weather etc* maussade; *(stronger)* sale * *(before n)*. **(d)** *(contempt-*

ible) meal, gift piteux; *amount, offer* dérisoire; *salary* de misère. **a** ~ **50 francs** la misérable somme de 50 F. ◆ **miserably** *adv smile, answer* pitoyablement; *fail* lamentablement; *live, pay* misérablement.

misery ['mɪzərɪ] *n (unhappiness)* tristesse *f*; *(suffering)* souffrances *fpl*; *(wretchedness)* misère *f*. **a life of** ~ une vie de misère; **to make sb's life a** ~ *[person]* mener la vie dure à qn; *[arthritis]* gâcher la vie de qn; **to put an animal out of its** ~ achever un animal; **put him out of his** ~ * **and tell him** abrégez son supplice et dites-le-lui; **what a** ~ **you are!** ce que tu peux être grincheux!

misfire ['mɪs'faɪəʳ] *vi [gun, plan]* faire long feu; *[joke]* foirer *; *[car engine]* avoir des ratés.

misfit ['mɪsfɪt] *n (person)* inadapté(e) *m(f)*.

misfortune [mɪs'fɔːtʃ(ə)n] *n (single event)* malheur *m*; *(bad luck)* malchance *f*. **it is his** ~ **that he is deaf, he has the** ~ **to be deaf** pour son malheur il est sourd; **that's YOUR** ~! tant pis pour toi!

misgiving [mɪs'gɪvɪŋ] *n* appréhension *f*. **not without** ~(s) non sans appréhension; **to have** ~s **about** avoir des doutes *mpl* quant à.

misgovern ['mɪs'gʌvən] *vti* mal gouverner.

misguided ['mɪs'gaɪdɪd] *adj person* abusé; *attempt* malencontreux; *decision, action* peu judicieux. ◆ **misguidedly** *adv* malencontreusement; peu judicieusement.

mishandle ['mɪs'hændl] *vt object* manipuler sans précaution; *person* s'y prendre mal avec; *problem* traiter mal. **he** ~**d the whole situation** il a été tout à fait maladroit.

mishap ['mɪshæp] *n* mésaventure *f*. **without** ~ sans encombre.

mishear ['mɪs'hɪəʳ] *pret, ptp* **-heard** [-hɜːd] *vt* mal entendre.

mishmash * ['mɪʃmæʃ] *n* méli-mélo * *m*.

misinform ['mɪsɪn'fɔːm] *vt* mal renseigner.

misinterpret ['mɪsɪn'tɜːprɪt] *vt* mal interpréter. ◆ **misinterpretation** *n* interprétation *f* erronée *(of* de); *(in translation)* contresens *m*; **open to** ~**ation** qui prête à contresens.

misjudge ['mɪs'dʒʌdʒ] *vt amount, time* mal évaluer; *(underestimate)* sous-estimer; *person* se méprendre sur le compte de.

mislay [ˌmɪs'leɪ] *pret, ptp* **mislaid** *vt* égarer.

mislead [ˌmɪs'liːd] *pret, ptp* **misled** *vt* tromper. ◆ **misleading** *adj* trompeur.

mismanage ['mɪs'mænɪdʒ] *vt business* mal gérer; *organization* mal administrer. ◆ **mismanagement** *n* mauvaise administration *f*.

misname ['mɪs'neɪm] *vt* mal nommer.

misnomer ['mɪs'nəʊməʳ] *n* nom *m* mal approprié.

misogynist [mɪ'sɒdʒɪnɪst] *n* misogyne *mf*.

misplace ['mɪs'pleɪs] *vt word, trust* mal placer; *(lose)* égarer. ◆ **misplaced** *adj* déplacé.

misprint ['mɪsprɪnt] *n* faute *f* d'impression, coquille *f*.

mispronounce ['mɪsprə'naʊns] *vt* prononcer de travers. ◆ **mispronunciation** *n* faute(s) *f(pl)* de prononciation.

misquote ['mɪs'kwəʊt] *vt* citer inexactement. **he was** ~**d as having said...** on lui a incorrectement fait dire que... ◆ **misquotation** *n* citation *f* inexacte.

misread ['mɪs'riːd] *pret, ptp* **misread** ['mɪs'red] *vt* mal lire; *(misinterpret)* mal interpréter.

misrepresent ['mɪsˌreprɪ'zent] *vt facts* dénaturer; *person* donner une impression incorrecte de.

miss¹ [mɪs] **1** *n (shot etc)* coup *m* manqué *or* raté. *(lit, fig)* **that was a near** ~ *(shot)* il s'en est fallu de peu *or* d'un cheveu; *(fig)* **to have a near** ~ l'échapper belle; **to give sth a** ~ * *(job etc)* ne pas faire qch;

(concert etc) ne pas aller à qch; **I'll give the wine a ~** je me passerai de vin; **give it a ~!** * arrête! **2** vt (**a**) (gen) train, target, deadline etc manquer, rater; thing looked out for, solution ne pas trouver; remark (not hear) ne pas entendre; (not understand) ne pas comprendre; (omit) meal, page, day sauter; class manquer; (deliberately) sécher *. **it just ~ed me** ça m'a manqué de justesse; **the plane just ~ed the tower** l'avion a failli toucher la tour; (iro) **you haven't ~ed much!** vous n'avez pas manqué grand-chose!; (fig) **to ~ the boat** * or **the bus** * manquer le coche *; **to ~ one's footing** glisser; **she doesn't ~ a trick** * rien ne lui échappe; **to ~ one's way** perdre son chemin; **you can't ~ our house** vous trouverez tout de suite notre maison; **don't ~ the Louvre** ne manquez pas d'aller au Louvre; **we shall ~ Bourges** nous ne verrons pas Bourges; **you've ~ed the whole point!** vous n'avez rien compris!; (**b**) (avoid) accident, bad weather échapper à. **he narrowly ~ed being killed** il a manqué se faire tuer. (**c**) (long for) person regretter l'absence de. **I do ~ Paris/him** Paris/il me manque beaucoup; **we ~ you very much** tu nous manques beaucoup, nous regrettons beaucoup ton absence; **he won't be ~ed** personne ne le regrettera. (**d**) (notice loss of) money, valuables remarquer l'absence or la disparition de. **I suddenly ~ed my wallet** tout d'un coup je me suis aperçu que je n'avais plus mon portefeuille; **I shan't ~ it** ça ne me fera pas défaut.

3 vi (**a**) [shot, person] manquer, rater. **you can't ~!** vous ne pouvez pas ne pas réussir!; **he never ~es** il ne manque jamais son coup. (**b**) **to be ~ing** avoir disparu; **there is one plate ~ing** il manque une assiette; **one of our aircraft is ~ing** un de nos avions n'est pas rentré.

◆ **miss out** vt sep (accidentally) sauter, oublier; (on purpose) course at meal ne pas prendre; name on list, person omettre; word, line of verse, page sauter; lecture, museum ne pas aller à. ◆ **miss out on** * vt fus opportunity, bargain manquer, louper *. **he ~ed out on the deal** il n'a pas obtenu tout ce qu'il aurait pu de l'affaire.

◆ **missing** adj person absent, disparu; (Mil) disparu; object (lost) perdu; (left out) manquant; word qui manque; (Police etc) **~ing person** personne f absente; **the ~ing students** les étudiants dont on est sans nouvelles; (fig) **the ~ing link** le chaînon manquant; (Mil) **reported ~ing** porté disparu.

miss² [mɪs] n mademoiselle f. **M~ Smith** Mademoiselle Smith, Mᵐᵉ Smith; (in letter) **Dear M~ Smith** Chère Mademoiselle; **yes M~ Smith** oui mademoiselle; **M~ France 1982** Miss France 1982; **the modern ~** la jeune fille moderne.

missal ['mɪs(ə)l] n missel m.

misshapen ['mɪs'ʃeɪp(ə)n] adj difforme.

missile ['mɪsaɪl] **1** n (gen) projectile m; (Mil) missile m. **2** adj: **~ base** base f de missiles; **~ launcher** lance-missiles m inv.

mission ['mɪʃ(ə)n] **1** n (all senses) mission f. **trade ~** mission de commerce; **on a ~ to sb** en mission auprès de qn; **his ~ in life is to help others** il s'est donné pour mission d'aider autrui. **2** adj (Space etc) **~ control** centre m de contrôle. ◆ **missionary 1** n missionnaire mf; **2** adj missionnaire(s).

misspell ['mɪs'spel] pret, ptp **misspelt** vt mal orthographier. ◆ **misspelling** n faute f d'orthographe.

mist [mɪst] **1** n brume f; (on glass) buée f; [perfume] nuage m; [ignorance, tears] voile m. **lost in the ~s of time** perdu dans la nuit des temps. **2** vi (**~ over, ~ up**) [scene, landscape] se couvrir de brume; [mirror, eyes] s'embuer. ◆ **misty** adj weather brumeux; mirror, eyes embué; (fig) outline, recollection flou.

mistake [mɪs'teɪk] (vb: pret **mistook**, ptp **mistaken**) **1** n erreur f, faute f; (misunderstanding) méprise f. **to make a ~ in a dictation/problem** faire

une faute dans une dictée/une erreur dans un problème; **I made a ~ about the book/about him** je me suis trompé sur le livre/sur son compte; **I made a ~ about or over the road to take/about or over the dates** je me suis trompé de route/de dates; **make no ~ about it** ne vous y trompez pas; **you're making a big ~** tu fais une grave erreur; **to make the ~ of doing** avoir le tort de faire; **by ~** par erreur; (carelessly) par mégarde; **there must be some ~** il doit y avoir erreur; **there must be no ~ about it** qu'on ne s'y trompe pas; **he's wrong and no ~** décidément il a tort; **my ~!** c'est de ma faute! **2** vt meaning mal comprendre; intentions se méprendre sur; time, road se tromper de; sb's voice ne pas reconnaître. **to ~ A for B** prendre A pour B. ◆ **mistaken** adj idea, opinion, conclusion erroné; generosity mal placé; **in the ~n belief that...** croyant à tort que...; [person] **to be ~n** se tromper (about sur); **if I'm not ~n** si je ne me trompe. ◆ **mistakenly** adv par erreur; (carelessly) par mégarde.

mistime ['mɪs'taɪm] vt (do etc at unsuitable time) faire etc à contretemps. **he ~d it** il a choisi le mauvais moment.

mistletoe ['mɪsltəʊ] n gui m.

mistranslate ['mɪstrænz'leɪt] vt mal traduire. ◆ **mistranslation** n contresens m.

mistress ['mɪstrɪs] n (gen) maîtresse f; (teacher) professeur m. **English ~** professeur d'anglais.

mistrust ['mɪs'trʌst] **1** n méfiance f (of à l'égard de). **2** vt person, motives se méfier de; one's own abilities douter de. ◆ **mistrustful** adj méfiant. ◆ **mistrustfully** adv avec méfiance.

misunderstand ['mɪsʌndə'stænd] pret, ptp **-stood** vt mal comprendre. ◆ **misunderstanding** n méprise f; (disagreement) malentendu m. ◆ **misunderstood** adj person incompris.

misuse ['mɪs'ju:z] **1** vt power, authority abuser de; word, tool employer incorrectement; money, resources, energies, one's time mal employer; funds détourner. **2** ['mɪs'ju:s] n abus m; emploi m incorrect; mauvais emploi; détournement m.

mite [maɪt] n (**a**) (small amount) [good sense etc] grain m; [truth] parcelle f. **a ~ of consolation** une toute petite consolation; **the widow's ~** le denier de la veuve. (**b**) (small child) petit(e) m(f). **poor little ~** le pauvre petit. (**c**) (Zool) mite f. **cheese ~** mite de fromage.

mitigate ['mɪtɪgeɪt] vt atténuer. **mitigating circumstances** circonstances fpl atténuantes. ◆ **mitigation** n atténuation f.

mitre, (US) **miter** ['maɪtəʳ] n (Rel) mitre f; (Carpentry) onglet m.

mitt [mɪt] n (also **mitten**) (cut-off fingers) mitaine f; (no separate fingers) moufle f; (Baseball) gant m.

mix [mɪks] **1** n mélange f. **cake ~** préparation f pour gâteau. **2** vt liquids, ingredients, colours mélanger (with avec); small objects mêler, mélanger (with à); metals allier; cement, mortar malaxer; cake, sauce, cocktails préparer; salad retourner. **to ~ to a smooth paste** battre pour obtenir une pâte homogène; **to ~ business with pleasure** combiner les affaires et le plaisir; **to ~ one's metaphors** faire des métaphores incohérentes. **3** vi se mélanger; se mêler; s'allier. **he ~es with all kinds of people** il fréquente toutes sortes de gens; **he doesn't ~ well** il est peu sociable; **they just don't ~** [patterns] ils ne vont pas ensemble; [people] ils n'ont rien en commun.

◆ **mix in** vt sep eggs etc incorporer (with à). ◆ **mix together** vt sep mélanger. ◆ **mix up** vt sep (**a**) (prepare) drink, medicine mélanger, préparer. (**b**) (in disorder) documents, garments mêler, mélanger. (**c**) (confuse) two objects, two people confondre (with avec). (**d**) **to be/get ~ed up in an affair** être/se trouver mêlé à une affaire; **don't get ~ed up in it!**

restez à l'écart!; **he has got ~ed up with a lot of criminals** il s'est mis à fréquenter des malfaiteurs. (e) *(muddle) person* embrouiller. **to be ~ed up** *[person]* être déboussolé *; *[account, facts]* être embrouillé; **I am all ~ed up about it** je ne sais plus où j'en suis.

◆ **mixed** *adj marriage, school, economy* mixte; *biscuits, nuts* assortis; *weather* variable; *metaphor* incohérent; *motives* complexe; *feelings* contradictoires; *reception* mitigé; *(fig)* **it's a ~ed bag** * il y a un peu de tout; **it's a ~ed blessing** c'est une bonne chose qui a son mauvais côté; **man/woman of ~ed blood** un/une sang-mêlé; **in ~ed company** en présence d'hommes et de femmes; *(Tennis)* **~ed doubles** double *m* mixte; **~ed farming** polyculture *f*. ◆ **mixed-ability** *adj group, teaching* sans groupes de niveaux. ◆ **mixed-up** *adj person* déboussolé *; *account* embrouillé. ◆ **mixer** 1 *n* (**a**) *(Culin)* mixeur *m*; *[mortar etc]* malaxeur *m*; *[industrial liquids]* agitateur *m*; **cement ~er** bétonnière *f*; (**b**) **he's a good ~er** il est très sociable *or* liant; (**c**) *(US: social gathering)* soirée-rencontre *f*; (**d**) *(drink)* boisson *f* gazeuse; 2 *adj:* **~er tap** mélangeur *m*. ◆ **mixing** 1 *n* *(V mix 2)* mélange *m*; alliage *m*; malaxage *m*; préparation *f*; 2 *adj:* **~ing bowl** jatte *f*. ◆ **mixture** *n* mélange *m*; *(Med)* préparation *f*, mixture *f*; *(fig)* **it's just the ~ture as before** il n'y a rien de nouveau. ◆ **mix-up** *n* confusion *f* (*over* en ce qui concerne).

moan [məʊn] 1 *n (gen)* gémissement *m*; *(*: complaint)* plainte *f*. 2 *vi (gen)* gémir; *(*: complain)* se plaindre, rouspéter *. 3 *vt* dire en gémissant.

moat [məʊt] *n* fossés *mpl*.

mob [mɒb] 1 *n [people]* foule *f*, masse *f*; *(disorderly)* cohue *f*; *(rioting)* émeutiers *mpl*; *(pej)* populace *f*; *[criminals, bandits etc]* gang *m*; *(*: group)* bande *f*. 2 *adj:* **~ rule** la loi de la populace. 3 *vt person* assaillir; *place* assiéger.

mobile [ˈməʊbaɪl] 1 *adj* mobile. *(fig)* **I'm not ~ this week** * je ne suis pas motorisé * cette semaine; **~ canteen** (cuisine) roulante *f*; **~ home** grande caravane *f* *(utilisée comme domicile)*; **~ library** bibliobus *m*; *(Rad, TV)* **~ studio** car *m* de reportage. 2 *n (Art)* mobile *m*. ◆ **mobility** *n* mobilité *f*. ◆ **mobilization** *n* mobilisation *f*. ◆ **mobilize** *vti* mobiliser.

mock [mɒk] 1 *vt (ridicule)* ridiculiser; *(scoff at)* se moquer de. 2 *vi* se moquer *(at* de). 3 *adj leather etc* imitation *inv (before n)*, faux *(before n)*; *anger* feint. **a ~ battle/trial** un simulacre de bataille/de procès; **~ exam** examen blanc; **~ turtle soup** consommé *m* à la tête de veau.

◆ **mock up** *vt sep* faire la maquette de.
◆ **mocker** *n* moqueur *m*, -euse *f*. ◆ **mockery** *n* *(gen)* moquerie *f*; *(of justice etc)* parodie *f*; **to make a ~ery of** tourner en dérision. ◆ **mocking** 1 *n* moquerie *f*; 2 *adj* moqueur; *(malicious)* narquois. ◆ **mockingbird** *n* moqueur *m* *(oiseau)*. ◆ **mockingly** *adv* d'un ton *or* d'un air moqueur. ◆ **mock-up** *n* maquette *f*.

mod * [mɒd] *(abbr of* **modern**) *adj:* **~ cons** *V* **modern 1**.

mode [məʊd] *n (Comput, Ling, Mus etc)* mode *m*; *(Fashion)* mode *f*. ◆ **modal** *adj* modal.

model [ˈmɒdl] 1 *n (gen, also fig)* modèle *m*; *(small-scale)* modèle réduit; *(Archit, Tech, Town Planning etc)* maquette *f*; *(artist's ~)* modèle *m*; *(fashion ~)* mannequin *m*. **to take sb/sth as one's ~** prendre modèle sur qn/qch; *(Comm)* **a 1978 ~** un modèle 1978; *(Aut)* **sports ~** modèle sport; **factory ~** modèle de fabrique; **male ~** mannequin masculin. 2 *adj (gen) prison, school, behaviour* modèle; *(small-scale) plane, car* modèle réduit *inv*; *railway, village* en miniature. **~ factory** usine-pilote *f*. 3 *vt (gen)* modeler *(in* en; *on* sur); *garment* présenter. **to ~ o.s. on sb** prendre modèle sur qn. 4 *vi (Art*

etc) poser *(for* pour); *(Fashion)* être mannequin *(for sb* chez qn).

◆ **modelling,** *(US)* **modeling** 1 *n (Sculp etc)* modelage *m*; 2 *adj:* **~(l)ing clay** pâte *f* à modeler.

modem [ˈməʊdem] *n (Comput)* modem *m*.

moderate [ˈmɒdərɪt] 1 *adj (gen)* modéré; *climate* tempéré; *language, terms* mesuré; *result* passable. 2 *n (esp Pol)* modéré(e) *m(f)*. 3 [ˈmɒdəreɪt] *vt* modérer. 4 *vi* se modérer. ◆ **moderately** *adv act* avec modération; *successful* modérément; *pleased* plus ou moins; **~ly priced** d'un prix raisonnable. ◆ **moderation** *n* modération *f*; **in moderation** *eat, drink* modérément; **it's all right in moderation** ça ne fait pas de mal à petites doses.

modern [ˈmɒd(ə)n] 1 *adj* moderne. **all ~ conveniences** *(abbr* **mod cons**) tout le confort (moderne); **~ languages** langues *fpl* vivantes. 2 *n (person)* moderne *mf*. ◆ **modernity** *n* modernité *f*. ◆ **modernization** *n* modernisation *f*. ◆ **modernize** *vt* moderniser.

modest [ˈmɒdɪst] *adj (all senses)* modeste. **to be ~ about** ne pas se faire gloire de. ◆ **modestly** *adv* modestement. ◆ **modesty** *n* modestie *f*; **with all due ~y** en toute modestie.

modicum [ˈmɒdɪkəm] *n:* **a ~ of** un minimum de.

modify [ˈmɒdɪfaɪ] *vt (change)* modifier *(also Gram)*; *(make less strong) demands* modérer. ◆ **modification** *n* modification *f (to, in* à). ◆ **modifier** *n* modificateur *m*; *(Gram)* modificatif *m*.

modulate [ˈmɒdjʊleɪt] *vt* moduler. ◆ **modulation** *n* modulation *f*.

module [ˈmɒdjuːl] *n* module *m*.

mogul [ˈməʊgəl] *n* 1 *adj:* **M~** des Mog(h)ols. 2 *n* (**a**) **M~** Mog(h)ol *m*. (**b**) *(fig: powerful person)* nabab *m*.

mohair [ˈməʊhɛəʳ] 1 *n* mohair *m*. 2 *adj* en *or* de mohair.

Mohammed [məʊˈhæmed] *n* Mahomet *m*. ◆ **Mohammedan** 1 *adj* mahométan, musulman; 2 *n* Mahométan(e) *m(f)*.

moist [mɔɪst] *adj hand, atmosphere* moite; *climate, wind, surface, eyes* humide; *cake* moelleux. ◆ **moisten** *vt* mouiller légèrement; **to ~en one's lips** s'humecter les lèvres. ◆ **moistness** *n* moiteur *f*; humidité *f*. ◆ **moisture** *n (gen)* humidité *f*; *(on glass etc)* buée *f*. ◆ **moisturize** *vt air, humidifier; skin* hydrater. ◆ **moisturizer** *n (for skin)* lait *m* hydratant.

molar [ˈməʊləʳ] *adj, n* molaire *(f)*.

molasses [mə(ʊ)ˈlæsɪz] *n* mélasse *f*.

mold [məʊld] *etc (US)* = **mould** *etc*.

mole¹ [məʊl] *n* taupe *f (also fig: spy)*. ◆ **molehill** *n* taupinière *f*. ◆ **moleskin** *n* (peau *f* de) taupe *f*; *(Tex)* velours *m* de coton.

mole² [məʊl] *n (on skin)* grain *m* de beauté.

molecule [ˈmɒlɪkjuːl] *n* molécule *f*.

molest [mə(ʊ)ˈlest] *vt (trouble)* importuner; *(harm)* molester; *(Jur: sexually)* attenter à la pudeur de; *[dog]* s'attaquer à.

mollify [ˈmɒlɪfaɪ] *vt* apaiser, calmer.

mollusc, *(US)* **mollusk** [ˈmɒləsk] *n* mollusque *m*.

mollycoddle [ˈmɒlɪkɒdl] *vt* chouchouter *.

molten [ˈməʊlt(ə)n] *adj* en fusion.

mom * [mɒm] *n (US)* maman *f*.

moment [ˈməʊmənt] *n* (**a**) moment *m*, instant *m*. **man of the ~** homme *m* du moment; **the ~ of truth** la minute de vérité; **just a ~!, one ~!, half a ~!** * un instant!; *(objecting to sth)* minute!; **I shan't be a ~** j'en ai pour un instant; **a ~ ago** il y a un instant; **the ~ he arrives** dès qu'il arrivera; **I've just this ~ heard of it** je viens de l'apprendre à l'instant (même); **it won't take a ~** c'est l'affaire d'un instant; **at the (present) ~, at this ~ in time** en ce moment; **at any ~** d'un moment *or* instant à l'autre; **at the right/last** ~ au bon/dernier moment; **for a** ~ un instant; **not for a** ~! jamais de la vie!; **from the** ~ **I saw him** dès l'instant où je l'ai vu; **I'll come in a** ~ j'arrive dans un instant; **it was all over in a** ~ tout s'est passé en un instant; ~ **of truth** l'heure f de vérité; **I have my** (or **he has his** etc) ~**s** * il m'arrive (or il lui arrive etc) de faire des étincelles *. (**b**) (importance) importance f. ◆ **momentarily** adv momentanément. ◆ **momentary** adj momentané. ◆ **momentous** adj très important. ◆ **momentum** n (Phys etc) moment m; (fig) élan m, vitesse f (acquise); **to gather** ~**um** [vehicle] prendre de la vitesse; [protests, campaign etc] gagner du terrain; (lit, fig) **to lose** ~**um** être en perte de vitesse.

Monaco ['mɒnəkəʊ] n Monaco m. ◆ **Monegasque 1** adj monégasque ; **2** n Monégasque mf.

monarch ['mɒnək] n monarque m. ◆ **monarchism** n monarchisme m. ◆ **monarchist** adj, n monarchiste (mf). ◆ **monarchy** n monarchie f.

monastery ['mɒnəst(ə)rɪ] n monastère m. ◆ **monastic** adj monastique. ◆ **monasticism** n monachisme m.

Monday ['mʌndɪ] n lundi m; for phrases V **Saturday**.

monetary ['mʌnɪt(ə)rɪ] adj monétaire. ◆ **monetarism** n politique f monétaire.

money ['mʌnɪ] **1** n argent m. **French** ~ argent français; **paper** ~ papier-monnaie m; ~ **for jam** * or **for old rope** * de l'argent vite gagné; **to make** ~ [person] gagner de l'argent; [business etc] rapporter; **how did he make his** ~? comment est-ce qu'il a fait fortune?; **he's earning good** ~ il gagne bien sa vie; **I paid good** ~ **for it** ça m'a coûté de l'argent; **he's earning big** ~ il gagne gros; **that's big** ~ c'est une grosse somme; **when do I get my** ~? quand est-ce que j'aurai mon argent?; **to get one's** ~**'s worth** en avoir pour son argent; **to get one's** ~ **back** (refund) être remboursé; (with difficulty) récupérer son argent; **to put** ~ **into sth** placer son argent dans qch; **is there** ~ **in it?** est-ce qu'il y a qch à gagner?; **it's a bargain for the** ~ à ce prix-là, c'est une occasion; (fig) **for my** ~ à mon avis; **he's made of** ~ *, **he has pots of** ~ * il roule sur l'or *; **he's got** ~ **to burn** il a de l'argent à ne savoir qu'en faire; **we're in the** ~! * nous roulons sur l'or *; ~ **doesn't grow on trees** l'argent ne tombe pas du ciel. **2** adj difficulties, questions d'argent, financier. ~ **order** mandat-poste m; ~ **supply** masse f monétaire.
◆ **moneybox** n tirelire f. ◆ **moneyed** adj riche. ◆ **moneygrubbing 1** n rapacité f ; **2** adj rapace. ◆ **moneylender** n prêteur m sur gages. ◆ **moneylending** n prêt m à intérêt. ◆ **moneymaker** n affaire f lucrative. ◆ **moneymaking 1** n acquisition f d'argent ; **2** adj qui rapporte. ◆ **moneyman** * n financier m.

mongol ['mɒŋgəl] n (Med) mongolien(ne) m(f).

Mongolia [mɒŋ'gəʊlɪə] n Mongolie f. ◆ **Mongol, Mongolian 1** adj mongol ; **2** n Mongol(e) m(f).

mongoose ['mɒŋguːs] n mangouste f.

mongrel ['mʌŋgr(ə)l] n (chien m) bâtard m.

monitor ['mɒnɪtəʳ] **1** n (Rad: person) rédacteur m, -trice f d'un service d'écoute; (Med, Tech, TV: device) moniteur m; (Scol) ≈ chef m de classe. **2** vt (Rad) broadcast être à l'écoute de; pupil, work, machine, system contrôler (les performances de); progress contrôler; discussion, group assister à (à titre de conseiller). **to** ~ **the situation** surveiller l'évolution des choses. ◆ **monitoring** n (Med, Tech) monitorage m.

monk [mʌŋk] n moine m, religieux m. ◆ **monkish** adj de moine.

monkey ['mʌŋkɪ] **1** n singe m. **female** ~ guenon f; (child) **little** ~ petit(e) polisson(ne) m(f). **2** adj:

~ **business** * or **tricks** * (dishonest) qch de louche; (mischievous) singeries fpl; **no** ~ **business now!** * pas de blagues! *; ~ **nut** cacahuète f; (tree) ~ **puzzle** araucaria m; ~ **wrench** clef f anglaise or à molette. ◆ **monkey about** *, **monkey around** * vi (waste time) perdre son temps; (play the fool) faire l'imbécile. **to** ~ **about with sth** tripoter qch.

mono ['mɒnəʊ] **1** adj (abbr of **monophonic**) mono * inv. **2** n: **in** ~ en monophonie. **3** pref mono...

monochrome ['mɒnəkrəʊm] n camaïeu m; (Phot, TV) noir et blanc m.

monocle ['mɒnəkl] n monocle m.

monogamy [mɒ'nɒgəmɪ] n monogamie f. ◆ **monogamous** adj monogame.

monogram ['mɒnəgræm] n monogramme m.

monograph ['mɒnəgræf] n monographie f.

monolith ['mɒnə(ʊ)lɪθ] n monolithe m.

monologue ['mɒnəlɒg] n monologue m.

monomania [ˌmɒnə(ʊ)'meɪnɪə] n monomanie f. ◆ **monomaniac** n monomane mf.

monoplane ['mɒnə(ʊ)pleɪn] n monoplan m.

monopoly [mə'nɒpəlɪ] n monopole m (of, in de). ◆ **monopolize** vt monopoliser.

monorail ['mɒnə(ʊ)reɪl] n monorail m.

monosyllable ['mɒnə'sɪləbl] n monosyllabe m. ◆ **monosyllabic** ['mɒnə(ʊ)sɪ'læbɪk] adj word monosyllabe; reply monosyllabique.

monotone ['mɒnətəʊn] n: **in a** ~ sur un ton monocorde. ◆ **monotonous** [mə'nɒtənəs] adj monotone. ◆ **monotony** n monotonie f.

monsoon [mɒn'suːn] n mousson f.

monster ['mɒnstəʳ] n, adj monstre (m). ◆ **monstrosity** n monstruosité f. ◆ **monstrous** adj (huge) colossal; (dreadful) monstrueux. ◆ **monstrously** adv monstrueusement.

month [mʌnθ] n mois m. **in the** ~ **of May** au mois de mai, en mai; **paid by the** ~ payé au mois; **every** ~ happen tous les mois; pay mensuellement; **which day of the** ~ **is it?** le combien sommes-nous?; **he'll never do it in a** ~ **of Sundays** * il le fera la semaine des quatre jeudis *. ◆ **monthly 1** adj (gen) mensuel; ~**ly instalment** or **payment** mensualité f; ~ **ticket** carte f (d'abonnement) mensuelle ; **2** n (Press) revue f mensuelle ; **3** adv pay mensuellement; happen tous les mois.

monument ['mɒnjʊmənt] n monument m (to à). ◆ **monumental** adj monumental; ~**al mason** marbrier m.

moo [muː] **1** n meuglement m. **2** vi meugler.

mooch ‡ [muːtʃ] vi: **to** ~ **about** or **around** traînasser; **to** ~ **in** etc entrer etc en traînant.

mood [muːd] **1** n (gen) humeur f; (Gram, Mus) mode m. **in a good/bad** ~ de bonne/mauvaise humeur; **in an ugly** ~ (angry) d'une humeur massacrante; (threatening) menaçant; **I'm in the** ~ **for dancing** j'ai envie de danser; **I'm in no** ~ **to listen to him** je ne suis pas d'humeur à l'écouter; **when he's in the** ~ quand ça lui chante *; **I'm not in the** ~ ça ne me dit rien; **he's in one of his** ~**s** il est encore mal luné *; **she has** ~**s** elle a des sautes fpl d'humeur; **the** ~ **of the meeting** l'état m d'esprit de l'assemblée. **2** adj: ~ **music** musique f d'ambiance. ◆ **moodily** adv (bad-tempered) d'un air etc maussade; (gloomily) d'un air morose. ◆ **moodiness** n (V **moody**) humeur f changeante or maussade. ◆ **moody** adj (variable) d'humeur changeante; (sulky) maussade.

moon [muːn] **1** n lune f. **full/new** ~ pleine/nouvelle lune; **there was no** ~ c'était une nuit sans lune; **there was a** ~ il y avait clair de lune; **by the light**

of the ~ à la clarté de la lune; **the man in the** ~ l'homme (que l'on voit) dans la lune; *(fig)* **to ask** *or* **cry for the** ~ demander la lune; **to be over the** ~ * être ravi *(about* de). **2** *adj:* ~ **landing** alunissage *m;* ~ **shot** tir *m* lunaire.

♦ **moon about, moon around** *vi* musarder en rêvassant.

♦ **moonbeam** *n* rayon *m* de lune. ♦ **moon-boots** *npl* après-ski(s) *mpl.* ♦ **moonlight 1** *n* clair *m* de lune; **by** ~**light** au clair de (la) lune ; **2** *adj walk* au clair de lune; *night* de lune; *(fig)* **to do a** ~**light flit** déménager à la cloche de bois ; **3** *vi (*: *work)* travailler au noir. ♦ **moonlighting** * *n* travail *m* au noir. ♦ **moonlit** *adj* éclairé par la lune; ~**lit night** nuit *f* de lune. ♦ **moonrise** *n* lever *m* de (la) lune. ♦ **moonshine** * *n (nonsense)* balivernes *fpl.* ♦ **moonstone** *n* pierre *f* de lune. ♦ **moonstruck** *adj* dans la lune *(fig).*

moor¹ [mʊəʳ] *n* lande *f.* ♦ **moorhen** *n* poule *f* d'eau. ♦ **moorland** *n* lande *f.*

moor² [mʊəʳ] **1** *vt ship* amarrer. **2** *vi* mouiller. ♦ **mooring** *n (place)* mouillage *m;* **at her** ~**ings** sur ses amarres *fpl.*

moose [muːs] *n (Zool)* élan *m; (Canada)* orignal *m.*

moot [muːt] **1** *adj:* **it's a** ~ **point** c'est discutable. **2** *vt:* **it has been** ~**ed that** on a suggéré que.

mop [mɒp] **1** *n (for floor)* balai *m* laveur; *(for dishes)* lavette *f* (à vaisselle). ~ **of hair** tignasse *f;* ~ **of curls** toison *f* bouclée. **2** *vt floor, surface* essuyer. **to** ~ **one's brow** s'éponger le front. ♦ **mop up** *vt sep liquid* éponger; *surface* essuyer; *(Mil) remnants* éliminer. ♦ **mopping-up** *or (US)* ♦ **mop-up operations** *npl (Mil)* nettoyage *m.*

mope [məʊp] *vi* se morfondre *(about* en pensant à). **to** ~ **about** *or* **around** passer son temps à se morfondre.

moped [ˈməʊped] *n* vélomoteur *m.*

moral [ˈmɒr(ə)l] **1** *adj* moral. **to have a** ~ **obligation to do** être dans l'obligation morale de faire; ~ **support** soutien *m* moral; ~ **philosophy** la morale, l'éthique *f;* **to raise** ~ **standards** relever les mœurs. **2** *n* **(a)** *[story]* morale *f.* **to point the** ~ faire ressortir la morale. **(b)** *[person, act, attitude]* ~**s** moralité *f.*

♦ **morale** [mɒˈrɑːl] *n* moral *m;* **to raise sb's** ~**e** remonter le moral à qn. ♦ **moralist** *n* moraliste *mf.* ♦ **morality** *n* moralité *f.* ♦ **moralize** *vi* moraliser *(about* sur). ♦ **moralizing 1** *adj* moralisateur ; **2** *n* leçons *fpl* de morale. ♦ **morally** *adv act* moralement; ~**ly wrong** immoral.

morass [məˈræs] *n* marécage *m. (fig)* **a** ~ **of problems/paperwork** des problèmes/des papiers à n'en plus finir.

morbid [ˈmɔːbɪd] *adj (gen)* morbide; *fear* maladif. ♦ **morbidly** *adv imagine* d'une façon morbide; *obsessed, curious* morbidement.

more [mɔːʳ] *comp of* **many, much 1** *adj, pron (greater in number etc)* plus (de), davantage (de) ; *(additional)* encore (de); *(other)* d'autres. ~ **money/books than** plus d'argent/de livres que; **he's got** ~ **than you** il en a plus que toi; ~ **people than we expected** plus de gens que prévu *or* que nous ne l'escomptions; **many came but** ~ **stayed away** beaucoup de gens sont venus mais davantage *or* un plus grand nombre se sont abstenus; **many** ~**, a lot** ~ beaucoup plus (de); **a few** ~ **books** encore quelques livres, quelques livres de plus; **a little** ~ un peu plus (de); **some** ~ **meat** encore de la viande, un peu plus de viande; **there's no** ~ **meat** il n'y a plus de viande; **is there (any)** ~ **wine?** y a-t-il encore du vin?; **has she any** ~ **children?** a-t-elle d'autres enfants?; **no** ~ **shouting!** arrêtez de crier!; **I've got no** ~, **I haven't any** ~ je n'en ai plus, il ne m'en reste plus; **he can't afford** ~ **than a small house** il ne peut se payer qu'une petite maison; **have you heard any** ~ **about**

him? avez-vous d'autres nouvelles de lui?; **one pound is** ~ **than 50p** une livre est plus que 50 pence; ~ **than a kilo** plus d'un kilo; ~ **than enough** plus que suffisant; **I've got** ~ **like these** j'en ai d'autres comme ça; *(fig)* **you couldn't ask for** ~ on ne peut guère en demander plus; **the** ~ **the merrier** plus on est de fous, plus on rit; **and what's** ~...** et qui plus est...; **nothing** ~ rien de plus; **sth** ~ qch d'autre *or* de plus.

2 *adv (gen)* plus; *exercise, sleep* plus *(than* que), davantage. ~ **difficult** plus difficile; ~ **easily** plus facilement; ~ **and** ~ de plus en plus; **he's no** ~ **a duke than I am** il n'est pas plus duc que moi; ~ **or less** plus ou moins; **neither** ~ **nor less** ni plus ni moins *(than* que); **it will** ~ **than cover the cost** cela couvrira largement les frais; **no** ~ **can** *(or* **do** *etc)* **I** ni moi non plus; **the** ~ **I think of it the** ~ **ashamed I feel** plus j'y pense, plus j'ai honte; **the** ~ **fool you to go!** tu es d'autant plus idiot d'y aller!; **(all) the** ~ **so as...** d'autant plus que...; **no** ~, **not any** ~ ne... plus; **I won't do it any** ~ je ne le ferai plus; **once** ~ une fois de plus, encore une fois.

moreover [mɔːˈrəʊvəʳ] *adv (further)* de plus, en outre; *(besides)* d'ailleurs, du reste.

morgue [mɔːg] *n* morgue *f.*

moribund [ˈmɒrɪbʌnd] *adj* moribond.

morning [ˈmɔːnɪŋ] **1** *n (date, part of day)* matin *m; (expressing duration)* matinée *f.* **good** ~ *(hallo)* bonjour; *(goodbye)* au revoir; **in the** ~ le matin, dans la matinée; *(tomorrow)* demain matin; **I work in the** ~**(s)** je travaille le matin; **a** ~**'s work** une matinée de travail; **I have a** ~ **off every week** j'ai une matinée de libre par semaine; **all (the)** ~ toute la matinée; **on the** ~ **of January 23rd** le 23 janvier au matin; **what a beautiful** ~! quelle belle matinée!; **7 o'clock in the** ~ 7 heures du matin; **this** ~ ce matin; **yesterday** ~ hier matin; **one summer** ~ par un matin d'été. **2** *adj walk, swim* matinal, du matin; *paper* du matin. ~ **dress** habit *m;* ~ **prayer** *or* **service** office *m* du matin; ~ **sickness** nausées *fpl* matinales.

Morocco [məˈrɒkəʊ] *n* Maroc *m.*

moron [ˈmɔːrɒn] *n (gen)* idiot(e) *m(f),* crétin(e) *m(f); (Med)* débile léger *m,* débile légère *f.* ♦ **moronic** [məˈrɒnɪk] *adj* crétin.

morose [məˈrəʊs] *adj* morose. ♦ **morosely** *adv* d'un air *etc* morose.

morphia [ˈmɔːfɪə], **morphine** [ˈmɔːfiːn] *n* morphine *f.* ~ **addict** morphinomane *mf.*

morphology [mɔːˈfɒlədʒɪ] *n* morphologie *f.*

Morse [mɔːs] **1** *n (*~ **code)** morse *m.* **2** *adj alphabet* morse; *signals* en morse.

morsel [ˈmɔːsl] *n* (petit) morceau *m; [food]* bouchée *f.*

mortal [ˈmɔːtl] **1** *adj (gen)* mortel; *combat* à mort. **2** *n* mortel(le) *m(f).* ♦ **mortality** *n* mortalité *f.* ♦ **mortally** *adv* mortellement.

mortar [ˈmɔːtəʳ] *n* mortier *m.*

mortgage [ˈmɔːgɪdʒ] **1** *n (in house buying)* emprunt-logement *m; (second loan)* hypothèque *f.* **to take out a** ~ obtenir un emprunt-logement *(on, for* pour), prendre une hypothèque; **to pay off a** ~ rembourser un emprunt-logement, purger une hypothèque. **2** *vt* hypothéquer *(also fig).*

mortice, mortise [ˈmɔːtɪs] *n* mortaise *f.* ~ **lock** serrure *f* encastrée.

mortician [mɔːˈtɪʃən] *n (US)* entrepreneur *m* de pompes funèbres.

mortify [ˈmɔːtɪfaɪ] *vt* mortifier. ♦ **mortification** *n* mortification *f (also Rel);* humiliation *f.* ♦ **mortifying** *adj* mortifiant.

mortuary [ˈmɔːtjʊərɪ] *n* morgue *f.*

mosaic [mə(ʊ)ˈzeɪɪk] *n, adj* mosaïque *(f).*

Moslem ['mɒzlem] = **Muslim.**

mosque [mɒsk] n mosquée f.

mosquito [mɒs'ki:təʊ] n moustique m. ~ **net** moustiquaire f.

moss [mɒs] n mousse f (Bot). ◆ **mossy** adj moussu.

most [məʊst] superl of **many, much** **1** adj, pron (**a**) (gen) le plus (de), la plus grande quantité (de), le plus grand nombre (de). (**the**) ~ **money/ records** le plus d'argent/de disques; **who has got (the)** ~? qui en a le plus?; **at (the)** ~ au maximum, tout au plus; **to make the** ~ **of** one's time bien employer; respite, opportunity, sunshine, sb's absence profiter au maximum de; talents, money tirer le meilleur parti de; resources utiliser au mieux; **make the** ~ **of it!** profitez-en bien! (**b**) (largest part) la plus grande partie (de); (greatest number) la majorité (de), la plupart (de). ~ **(of the) people/ books** etc la plupart or la majorité des gens/des livres etc; ~ **of the money** la plus grande partie de l'argent, presque tout l'argent; ~ **of it** presque tout; ~ **of them** la plupart d'entre eux; ~ **of the day** la plus grande partie de la journée; ~ **of the time** la plupart du temps; **for the** ~ **part** pour la plupart, en général; **in** ~ **cases** dans la plupart des cas.
2 adv (**a**) work etc le plus. **the** ~ **intelligent** le plus intelligent (of, in de); ~ **easily** le plus facilement. (**b**) (very) bien, très. ~ **likely** très probablement.
◆ **mostly** adv (chiefly) surtout; (almost all) pour la plupart; (most often) le plus souvent, la plupart du temps.

motel [məʊ'tel] n motel m.

moth [mɒθ] n papillon m de nuit; (in clothes) mite f. ◆ **mothball** n boule f de naphtaline. ◆ **moth-eaten** adj mangé aux mites. ◆ **mothproof** **1** adj traité à l'antimite ; **2** vt traiter à l'antimite.

mother ['mʌðəʳ] **1** n mère f. ◆ ~'**s help** aide f familiale; **M~'s Day** la fête des Mères; **M~ Nature** Dame Nature f; **M~ Superior** Mère supérieure. **2** vt (fig) être une vraie mère pour. **3** adj: ~ **country** mère patrie f; ~ **love** amour maternel; ~ **tongue** langue f maternelle.
◆ **mothercraft** n puériculture f. ◆ **motherhood** n maternité f. ◆ **mother-in-law** n belle-mère f. ◆ **motherland** n patrie f. ◆ **motherly** adj maternel. ◆ **mother-of-pearl** n nacre f (de perle). ◆ **mother-to-be** n future maman f.

motion ['məʊʃ(ə)n] **1** n (**a**) (gen) mouvement m, marche f. **to set in** ~ machine, vehicle mettre en marche; process etc mettre en branle; (fig) **to go through the** ~**s of doing sth** (mechanically) faire qch machinalement; (insincerely) faire semblant de faire qch. (**b**) (at meeting etc) motion f; (Parl) proposition f. (**c**) (bowel ~) selles fpl. **2** adj: ~ **picture** film m; ~-**picture industry** (industrie f du) cinéma m; ~ **sickness** mal m de la route (or de mer etc). **3** vti: **to** ~ **(to) sb to do** faire signe à qn de faire. ◆ **motionless** adj immobile.

motive ['məʊtɪv] n (gen) motif m; (Jur) mobile m (for, of de). **from the best** ~**s** avec les meilleures intentions, avec les motifs les plus louables; **his** ~ **for saying that** la raison pour laquelle il a dit cela.
◆ **motivate** vt act, decision motiver; person pousser (to do à faire). ◆ **motivation** n motivation f.

motley ['mɒtlɪ] adj (mixed) hétéroclite; (manycoloured) bariolé.

motocross ['məʊtəˌkrɒs] n motocross m.

motor ['məʊtəʳ] **1** n (engine) moteur m; (car) voiture f, auto(mobile) f. **2** adj (**a**) muscle moteur. (**b**) (Aut) industry de l'automobile; accident de voiture, d'auto. (US) ~ **home** camping-car m; ~ **mechanic** mécanicien m garagiste; ~ **scooter** scooter m; ~ **mower** tondeuse f (à gazon) à moteur; **the M~ Show** le Salon de l'Automobile; ~ **vehicle** véhi-cule m automobile. **3** vi: **to go** ~**ing** faire de l'auto.
◆ **motorbike** * n moto * f. ◆ **motorboat** n canot m automobile. ◆ **motorcade** n (US) cortège m d'automobiles. ◆ **motorcar** n auto(mobile) f, voiture f. ◆ **motorcycle** n motocyclette f. ◆ **motorcycling** n motocyclisme m. ◆ **motor-cyclist** n motocycliste mf. ◆ **motoring** **1** n conduite f automobile ; **2** adj accident de voiture; holiday en voiture; **the** ~**ing public** les automobilistes mpl. ◆ **motorist** n automobiliste mf. ◆ **motorization** n motorisation f. ◆ **motorize** vt motoriser. ◆ **motorman** n (US) conducteur m (d'un train etc électrique). ◆ **motor-racing** n course f automobile. ◆ **motorway** n autoroute f.

Motown ['məʊtaʊn] n (Mus) Motown m.

MOT test [eməʊ'ti:test] n contrôle périodique obligatoire des véhicules.

mottled ['mɒtld] adj tacheté; complexion brouillé.

motto ['mɒtəʊ] n devise f.

mould¹ [məʊld] **1** n (Art, Culin, Tech etc) moule m. **2** vt clay mouler; figure modeler (in, out of en); (fig) character, opinion former. ◆ **moulding** n (Archit etc) moulure f; (Aut) baguette f.

mould² [məʊld] n (fungus) moisissure f. ◆ **moulder** vi [cheese] moisir; [building] tomber en poussière. ◆ **mouldy** adj moisi; (* fig: unpleasant) minable *; **to go** ~**y** moisir; **to smell** ~**y** sentir le moisi.

moult, (US) **molt** [məʊlt] vi [snake, bird] muer; [dog, cat] perdre ses poils.

mound [maʊnd] n (**a**) [earth] tertre m; (Archeol) tertre artificiel; (burial ~) tumulus m. (**b**) (pile) tas m.

mount¹ [maʊnt] n (liter) mont m, montagne f. **M~ Everest** le mont Everest.

mount² [maʊnt] **1** n (**a**) (horse) monture f. (**b**) (support) [machine] support m; [lens, specimen] monture f; [transparency] cadre m (en carton etc). **2** vt (**a**) (gen) monter sur; (climb) hill, stairs monter. (**b**) machine, picture, jewel monter (on, in sur). (**c**) play, demonstration, plot monter. (Mil) **to** ~ **guard** monter la garde (on sur; over auprès de). **3** vi [prices etc] monter. **it all** ~**s up** tout cela finit par chiffrer. ◆ **mounted** adj monté, à cheval.

mountain ['maʊntɪn] **1** n montagne f. **to go to/ live in the** ~**s** aller à/habiter la montagne; **to make a** ~ **out of a molehill** se faire une montagne d'un rien; (Econ) **butter** ~ montagne de beurre; **a** ~ **of work** un travail fou. **2** adj tribe, people montagnard; animal, plant de(s) montagne(s); air de la montagne; path, scenery, shoes, chalet de montagne. ~ **cat** or **lion** puma m; ~ **climber** alpiniste mf; ~ **range** chaîne f de montagnes; ~ **top** sommet m de la (or d'une) montagne, cime f.
◆ **mountaineer** **1** n alpiniste mf ; **2** vi faire de l'alpinisme. ◆ **mountaineering** n alpinisme m. ◆ **mountainous** adj country montagneux; (fig) gigantesque. ◆ **mountainside** n: **to go up/down the** ~**side** monter/descendre le flanc de la montagne.

mourn [mɔ:n] **1** vi pleurer. **to** ~ **for sb** pleurer (la mort de) qn. **2** vt pleurer.
◆ **mourner** n: **the** ~**ers** le cortège funèbre. ◆ **mournful** adj person mélancolique, triste; thing lugubre. ◆ **mournfully** adv mélancoliquement; lugubrement. ◆ **mournfulness** n tristesse f; aspect m lugubre. ◆ **mourning** n deuil m; (clothes) vêtements mpl de deuil; **in** ~**ing** en deuil (for sb de qn).

mouse, pl **mice** [maʊs, maɪs] n (Zool, Comput) souris f. ◆ **mousehole** n trou m de souris. ◆ **mousetrap** n souricière f. ◆ **mousy** adj person timide, effacé; hair châtain clair inv (sans éclat).

moussaka [mʊ'sɑ:kə] n moussaka f.

mousse [mu:s] n mousse f.

moustache [məs'tɑ:ʃ] *n* moustache(s) *f(pl)*. **man with a ~** homme à moustache.

mouth [maʊθ] **1** *n* (*gen*) bouche *f*; *[dog, cat, lion etc]* gueule *f*; *[river]* embouchure *f*; *[bag]* ouverture *f*; *[hole, cave, harbour etc]* entrée *f*; *[volcano, gun]* bouche *f*. **with one's ~ wide open** bouche bée; **he kept his ~ shut about it** il n'en a parlé à personne; **shut your ~!** ‡ **ferme-la!** ‡; **you've got a big ~!** ‡ tu ne pouvais pas la fermer! ‡; **it makes my ~ water** cela me fait venir l'eau à la bouche. **2** [maʊð] *vt* (*gen*) dire silencieusement; *(moving lips)* faire semblant de prononcer (*or* chanter *etc*). ◆ **mouthful** *n [food]* bouchée *f*; *[drink]* gorgée *f*. ◆ **mouth organ** *n* harmonica *m*. ◆ **mouthpiece** *n [musical instrument]* bec *m*; *[telephone]* microphone *m*; *(spokesman)* porte-parole *m inv*. ◆ **mouth-to-mouth (resuscitation)** *n* bouche à bouche *m inv*. ◆ **mouthwash** *n* eau *f* dentifrice; *(for gargling)* gargarisme *m*. ◆ **mouth-watering** *adj* appétissant.

move [mu:v] **1** *n* (**a**) mouvement *m*. **to be on the ~** être en marche; **to be always on the ~** *[gipsies etc]* se déplacer continuellement; *[military personnel etc]* être toujours en déplacement; *[child, animal]* ne jamais rester en place; *(*: *be busy)* ne jamais arrêter; **to make a ~** *(leave)* partir; *(act)* agir; **he made a ~ towards the door** il a esquissé un mouvement vers la porte; **get a ~ on!** * remue-toi! * (**b**) *(change of house)* déménagement *m*; *(change of job)* changement *m* d'emploi. **it's time he had a ~** il a besoin de changer d'horizon. (**c**) *(Chess, Draughts etc: turn)* tour *m*; *(fig)* manœuvre *f*. **knight's ~** marche *f* du cavalier; **a silly ~** *(in game)* un coup stupide; *(fig)* une manœuvre stupide; **it's your ~** c'est à vous de jouer; *(fig)* **he knows every ~ in the game** il connaît toutes les astuces; *(fig)* **one false ~ and...** un faux pas et...; **his first ~ after the election** son premier acte après son élection; **what's the next ~?** et maintenant qu'est-ce qu'on fait?; **to make the first ~** faire les premiers pas; **there was a ~ to defeat the proposal** il y a eu une tentative pour faire échec à la proposition. **2** *vt* (**a**) *(change position of)* object changer de place, déplacer; *limbs* remuer; *troops, animals* transporter; *chessman* jouer; *employee (to another town)* muter (**to** à); *(to another job)* affecter (**to** à). **~ your chair nearer the fire** approchez votre chaise du feu; **they ~d the crowd off the grass** ils ont fait partir la foule de sur la pelouse; **to ~ house** déménager; **to ~ one's job** changer d'emploi; **his firm want to ~ him** son entreprise veut l'envoyer ailleurs; **to ~ heaven and earth to do sth** remuer ciel et terre pour faire qch; **he didn't ~ a muscle** *(flinch)* il n'a pas bronché; **the wind ~s the leaves** le vent agite les feuilles. (**b**) *(fig)* inciter *(sb to do* qn à faire). **I am ~d to ask** je suis incité à demander; **if the spirit ~s me** si le cœur m'en dit. (**c**) **this did not ~ him** ceci n'a pas réussi à l'ébranler *or (emotionally)* l'émouvoir; **she's easily ~d** elle s'émeut facilement; **to ~ sb to tears** émouvoir qn jusqu'aux larmes; **to ~ to anger** mettre en colère; **to ~ to pity** attendrir. (**d**) *resolution etc* proposer *(that que + subj)*. **3** *vi* (**a**) *(stir)* bouger; *(go)* aller, se déplacer; *[clouds]* passer. *[vehicle]* **to be moving** être en marche; **don't ~!** ne bougez pas!; **he ~d slowly towards the door** il s'est dirigé lentement vers la porte; **let's ~ into the garden** passons dans le jardin; **she ~s well** elle a une démarche aisée; **they ~d across the lawn** ils ont traversé la pelouse; **keep moving** *(to keep warm etc)* ne restez pas sans bouger; *(pass along etc)* circulez!; **he ~d into another class** il est passé dans une autre classe; **to ~ freely** *[piece of machinery]* jouer librement; *[people, cars]* circuler aisément; *[traffic]* être fluide; **to keep the traffic moving** assurer la circulation ininterrom-

pue des véhicules; **you can't ~ for books** on ne peut plus se retourner tellement il y a de livres; *(depart)* **it's time we were moving** il est temps que nous partions *(subj)*; **things are moving at last!** enfin ça avance!; **he got things moving** avec lui ça a bien démarré. (**b**) *(~ house)* déménager; *(move office etc)* être transféré. **to ~ to the country** aller habiter la campagne. (**c**) *(act)* agir. **the government won't ~ until...** le gouvernement ne fera rien tant que...; **to ~ first** prendre l'initiative. (**d**) *(in games) [player]* jouer; *[chesspiece]* marcher. **it's you to ~** c'est votre tour de jouer.

◆ **move about, move around 1** *vi (fidget)* remuer; *(walk about)* se déplacer; *(travel)* voyager. **2** *vt sep* déplacer.

◆ **move along 1** *vi* (*gen*) avancer; *(on bench etc)* se pousser. **2** *vt sep* faire avancer.

◆ **move away 1** *vi* (*gen*) s'éloigner (**from** de); *(move house)* déménager. **2** *vt sep* éloigner (**from** de).

◆ **move back 1** *vi* (*gen*) reculer; *(to original position)* retourner, revenir. **2** *vt sep* crowd faire reculer; *troops* replier; *object* reculer; *(to original position)* person faire revenir *or* retourner; *object* remettre.

◆ **move down 1** *vi* descendre. **2** *vt sep* person faire descendre; *object* descendre.

◆ **move forward 1** *vi* (*gen*) avancer; *[troops]* se porter en avant. **2** *vt sep* person, vehicle faire avancer; *troops* porter en avant; *object* avancer.

◆ **move in 1** *vi* (**a**) *[police etc]* avancer *(on* sur); intervenir. (**b**) *(to a house)* emménager; *(* fig: try for control)* essayer de se tailler une place. **2** *vt sep* person faire entrer; *furniture etc* rentrer; *(on removal day)* installer.

◆ **move off 1** *vi* (*gen*) partir; *[car]* démarrer. **2** *vt sep* object enlever.

◆ **move on 1** *vi [person, vehicle]* avancer; *(after stopping)* se remettre en route; *(fig: in story etc)* passer *(to* à). **2** *vt sep* crowd faire circuler; *hands of clock* avancer.

◆ **move out 1** *vi* déménager *(of* de). **2** *vt sep* person, animal faire sortir; *troops* retirer; *object* sortir; *(on removal day)* déménager.

◆ **move over 1** *vi* se pousser. **2** *vt sep* pousser.

◆ **move up 1** *vi* (*gen*) monter; *[employee]* avoir de l'avancement; *(Sport: in league)* avancer. **2** *vt sep* person faire monter; *object* monter; *(promote)* employee donner de l'avancement à.

◆ **movable** *adj* mobile. ◆ **movement** *n* (*gen*) mouvement *m*; **~ments** *[suspect]* allées et venues *fpl*. ◆ **movie** * **1** *n* film *m* (*de cinéma*); **to go to the movies** aller au cinéma *or* au ciné *; **2** *adj* industry, star du cinéma; **movie camera** caméra *f*. ◆ **moviegoer** *n* amateur *m* de cinéma. ◆ **movie house** *or* **theater** *(US)* *n* (salle *f* de) cinéma *m*. ◆ **movieland** *n* le (monde du) cinéma. ◆ **moviemaker** *n* cinéaste *mf*. ◆ **moving** *adj* (**a**) *vehicle* en marche; *object, crowd* en mouvement; *pavement, staircase* roulant; *power* moteur; *machine-part* mobile; **the moving spirit in the whole affair** l'âme *f* de toute l'affaire; **moving target** cible *f* mouvante; **moving walkway** trottoir *m* roulant; (**b**) *(touching) sight* émouvant. ◆ **movingly** *adv* d'une manière émouvante.

mow [məʊ] *pret* **mowed,** *ptp* **mowed** *or* **mown** *vt corn* faucher; *lawn* tondre. **to ~ sb down** faucher qn. ◆ **mower** *n* (Agr) faucheuse *f*; *(lawn ~)* tondeuse *f* (à gazon).

Mozambique [məʊzæm'bi:k] *n* Mozambique *m*.

Mr ['mɪstər] *n* monsieur *m*. **~ Smith** Monsieur Smith, M. Smith; **yes ~ Smith** oui monsieur; **~ Chairman** monsieur le président.

Mrs ['mɪsɪz] *n* madame *f*. **~ Smith** Madame Smith, Mme Smith; **yes, ~ Smith** oui, madame.

Ms [mɪz, məz] *n* titre évitant la distinction entre madame et mademoiselle.

much [mʌtʃ] *comp* **more,** *superl* **most 1** *adj, pron*
(a) beaucoup (de). **~ money** beaucoup d'argent;
have you got ~? est-ce que vous en avez beaucoup?; **does it cost ~?** est-ce que ça coûte cher?;
~ of the town une bonne partie de la ville; **he
hadn't ~ to say** il n'avait pas grand-chose à dire;
we don't see ~ of each other nous ne nous voyons
pas souvent; **it isn't up to ~ *** ça ne vaut pas
grand-chose; **he's not ~ to look at** il ne paie pas
de mine; **he is not ~ of a writer** il n'est pas extraordinaire comme écrivain; **it wasn't ~ of an evening** ce n'était pas une très bonne soirée; **I don't
think ~ of that** à mon avis ça ne vaut pas grand-
chose; **there wasn't ~ in it** *(in choice)* c'était kif-
kif *; *(in race etc)* il a gagné de justesse; **to make
~ of sb/sth** faire grand cas de qn/qch; **I couldn't
make ~ of what he was saying** je n'ai pas bien
compris ce qu'il disait; **they're ~ of a muchness**
c'est blanc bonnet et bonnet blanc; *(fig)* **it's a bit
~!** * c'est un peu fort! **(b)** *(phrases)* **as ~ as** autant
que; **as ~ time as** autant de temps que; **as ~ again**
encore autant; **twice as ~** deux fois autant *or* plus
(de); **it's as ~ as he can do to stand up** c'est tout
juste s'il peut se lever; **you could pay as ~ as 20
francs** vous pourriez payer jusqu'à 20 F; **as ~ as
to say** comme pour dire; **how ~?** combien (de)?;
however ~ you protest, he... vous avez beau protester, il...; **so ~** tant (de); **so ~ that** tellement
or tant que...; **without so ~ as a word** sans même
dire un mot; **so ~ for that!** *(resignedly)* tant pis!;
(and now for the next) et d'une! *; **so ~ for his promises** voilà ce que valaient ses promesses; **this**
or **that ~ bread** ça de pain; **I know this ~** je sais
tout au moins ceci; **this ~ is true** il y a ceci de
vrai; **too ~** trop (de); **I've eaten too ~** j'ai trop
mangé; **that's too ~** , **that's a bit ~** c'est trop; *(fig)*
c'est trop; **this work is too ~ for me** ce travail
est trop fatigant pour moi.
2 *adv* beaucoup. **thank you very ~** merci beaucoup, merci bien; **it doesn't ~ matter** cela n'a pas
beaucoup d'importance; **~ bigger** beaucoup plus
grand; **~ the cleverest** de beaucoup *or* de loin le
plus intelligent; **as ~ as** autant que; **as ~ as ever**
toujours autant; **I don't like it as ~ as all that** je
ne l'aime pas tant que ça; **not so ~ a question
of money as of staff** pas tant un problème d'argent
que de personnel; **so ~ that** tellement *or* tant que;
so ~ so that à tel point que; **too ~** trop; **I don't
know him, ~ less his father** lui, je ne le connais
pas, et son père encore moins; **(very** *or* **pretty)
~ the same** presque la même *(as* que); **~ as I
would like to go** bien que je désire *(subj)* beaucoup
y aller; **~ to my amazement** à ma grande stupéfaction.
mucilage ['mjuːsɪlɪdʒ] *n* mucilage *m*.
muck [mʌk] *n (manure)* fumier *m*; *(mud)* boue *f*;
(dirt) saletés *fpl*; *(fig: scandal)* scandale *m*; *(rubbish)*
cochonneries *fpl*. **dog ~** crotte *f* de chien.
◆ **muck about *, muck around * 1** *vi (aimlessly)*
traîner, perdre son temps; *(play the fool)* faire
l'imbécile. **to ~ about with sth** tripoter qch. **2**
vt sep **~ sb** créer des complications à. ◆ **muck
out** *vt sep stable* nettoyer. ◆ **muck up ⚹** *vt sep (ruin)*
plans, life gâcher; *car, machine* bousiller *; *(dirty)*
room, clothes salir.
◆ **muckiness** *n* saleté *f*. ◆ **muckraking** *n* mise
f au jour de scandales. ◆ **muck-up ⚹** *n* gâchis
m. ◆ **mucky** *adj (muddy)* boueux; *(filthy)* sale.
mucus ['mjuːkəs] *n* mucus *m*.
mud [mʌd] **1** *n (gen)* boue *f*; *(in river, sea)* vase *f*.
stuck in the ~ embourbé; *(fig)* **to throw ~ at sb**
couvrir qn de boue; **my name is ~ * here** je suis
très mal vu ici. **2** *adj (Aut)* **~ flap** pare-boue *m*
inv; **~ flat** laisse *f* de vase; **~ pie** pâté *m* (de terre).
◆ **mudbank** *n* banc *m*
de vase. ◆ **muddy** *adj road, water* boueux; *clothes,
hands* couvert de boue; *liquid* trouble; *complexion*

terreux. ◆ **mudguard** *n* garde-boue *m inv*.
◆ **mudpack** *n* masque *m* de beauté.
muddle ['mʌdl] **1** *n (disorder)* désordre *m*, pagaille
f; *(perplexity, mix-up)* confusion *f*. **to be in a ~** *[room,
books]* être en désordre; *[person]* ne plus s'y
retrouver *(over sth* dans qch); *[ideas]* être
embrouillé *or* confus; *[plans, arrangements]* être
confus; **to get into a ~** *(confused)* s'embrouiller
(over dans); **there's been a ~ over the seats** il y
a eu confusion en ce qui concerne les places.
2 *vt (~up)* confondre *(A with B* A avec B); *person,
story, details* embrouiller. **to get ~d (up)** s'embrouiller; **to be ~d (up)** être embrouillé.
◆ **muddle along, muddle on** *vi* continuer tant
bien que mal. ◆ **muddle through** *vi* s'en sortir
tant bien que mal. ◆ **muddle-headed** *adj person*
brouillon; *plan* confus. ◆ **muddler** *n* esprit *m*
brouillon *(personne)*. ◆ **muddle-up** *n* confusion
f.
muesli ['mjuːzlɪ] *n* muesli *m*.
muff [mʌf] **1** *n* manchon *m*. **2** *vt*: **to ~ it *** rater
son coup.
muffle ['mʌfl] *vt* **(a)** *sound* assourdir. **(b)** *(~ up: wrap
up)* emmitoufler. ◆ **muffled** *adj sound, voice*
sourd. ◆ **muffler** *n (scarf)* cache-nez *m inv*; *(US
Aut)* silencieux *m*.
mufti ['mʌftɪ] *n*: **in ~** en civil.
mug [mʌg] **1** *n* **(a)** chope *f*; *(of metal)* gobelet *m*.
(b) *(⚹: fool)* nigaud(e) *m(f)*, andouille ⚹ *f*. **what
a ~!** quelle andouille ⚹!; **it's a ~'s game** on se
fait toujours avoir *. **2** *vt (assault)* agresser.
◆ **mug up ⚹** *vt sep* bûcher *, étudier. ◆ **mugger**
n agresseur *m*. ◆ **mugging** *n* agression *f*.
muggy ['mʌgɪ] *adj room* qui sent le renfermé; *climate* mou. **it's ~** il fait lourd.
mulatto [mjuːˈlætəʊ] *n* mulâtre(sse) *m(f)*.
mulberry ['mʌlb(ə)rɪ] *n* mûre *f*; *(tree)* mûrier *m*.
mule [mjuːl] *n* mulet *m*; *(female)* mule *f*. **stubborn
as a ~** têtu comme une mule. ◆ **mulish** *adj* têtu.
mull [mʌl] *vt wine* chauffer et épicer. **~ed wine** vin
m chaud. ◆ **mull over** *vt sep* ruminer *(fig)*.
mullet ['mʌlɪt] *n*: **grey ~** mulet *m*; **red ~** rouget
m.
mulligatawny [ˌmʌlɪgəˈtɔːnɪ] *n* potage *m* au curry.
multi... ['mʌltɪ] *pref* multi...; *(often translated by 'plusieurs')* e.g. **~-person vehicle** véhicule *m* pour plusieurs personnes. ◆ **multichannel** *adj TV* à
canaux multiples. ◆ **multicoloured** *adj* multicolore. ◆ **multicultural** *adj* multiculturel.
◆ **multifunction** *adj* multifonctionnel. ◆ **multimillionaire** *n* ≃ multimilliardaire *mf*. ◆ **multinational 1** *adj* multinational ; **2** *n* multinationale *f*. ◆ **multipack** *n* pack *m*. ◆ **multi-party** *adj*
(Pol) pluripartite. ◆ **multipurpose** *adj* multi-
usages *inv*. ◆ **multiracial** *adj* multiracial. ◆ **mul-
tistorey(ed)** *adj* à étages.
multiple ['mʌltɪpl] **1** *n* multiple *m*. **2** *adj* multiple.
~ crash carambolage *m*; **~ sclerosis** sclérose *f* en
plaques; **~ store** grand magasin *m* à succursales
multiples. ◆ **multiple-choice** *adj* à choix multiples. ◆ **multiplication** *n* multiplication *f*.
◆ **multiply 1** *vt* multiplier *(by* par) ; **2** *vi* se multiplier.
multitude ['mʌltɪtjuːd] *n* multitude *f*.
mum¹ * [mʌm] *n (mother)* maman *f*.
mum² [mʌm] *adj*: **to keep ~ (about sth)** ne pas souffler mot (de qch); **~'s the word!** motus!
mumble ['mʌmbl] *vti* marmotter.
mumbo jumbo [ˌmʌmbəʊˈdʒʌmbəʊ] *n (nonsense)*
charabia * *m*; *(pretentious word)* jargon *m* obscur.
mummy¹ ['mʌmɪ] *n (embalmed)* momie *f*. ◆ **mum-
mify** *vt* momifier.

mummy² * ['mʌmɪ] n (mother) maman f. ~'s **boy** fils m à sa mère.

mumps [mʌmps] nsg oreillons mpl.

munch [mʌn(t)ʃ] vti (gen) croquer; (chew) mastiquer.

mundane [ˌmʌn'deɪn] adj (humdrum) banal; (worldly) de ce monde.

Munich ['mjuːnɪk] n Munich.

municipal [mjuː'nɪsɪp(ə)l] adj municipal. ◆ **municipality** n municipalité f.

munificence [mjuː'nɪfɪsns] n munificence f. ◆ **munificent** adj munificent.

munitions [mjuː'nɪʃ(ə)nz] **1** npl munitions fpl. **2** adj: ~ **dump** entrepôt m de munitions.

mural ['mjʊər(ə)l] **1** adj mural. **2** n peinture f murale.

murder ['mɜːdər] **1** n meurtre m; (premeditated) assassinat m. (fig) **he was shouting blue** ~ * il criait comme un putois; **they get away with** ~ * ils peuvent faire n'importe quoi impunément; **it's** ~ * c'est infernal; **the roads were** ~ * les routes étaient un cauchemar. **2** adj: ~ **case** (Jur) procès m en homicide; (Police) affaire f d'homicide; ~ **trial** ≃ procès m capital; **the** ~ **weapon** l'arme f du meurtre. **3** vt person assassiner; (fig) song massacrer; opponent écraser. **the** ~ed **man** la victime. ◆ **murderer** n meurtrier m, assassin m. ◆ **murderess** n meurtrière f. ◆ **murderous** adj meurtrier.

murky ['mɜːkɪ] adj (gen) obscur; darkness épais; water, sb's past trouble.

murmur ['mɜːmər] **1** n murmure m; [bees, traffic, voices] bourdonnement m. **without a** ~ sans murmure; (Med) **a heart** ~ un souffle au cœur. **2** vti murmurer; bourdonner.

muscle ['mʌsl] n (a) (Anat) muscle m. (b) (fig: power) pouvoir m effectif, impact m. ◆ **muscle in** * vi intervenir. **to** ~ **in** on essayer de s'imposer dans. ◆ **muscular** adj person, arm musclé; tissue, disease musculaire; **muscular dystrophy** dystrophie f musculaire.

muse [mjuːz] **1** vi songer (on, about, over à). **2** n muse f. ◆ **musing 1** adj songeur ; **2** n songerie f.

museum [mjuː'zɪəm] n musée m.

mushroom ['mʌʃrʊm] **1** n champignon m (comestible). **2** adj soup, omelette aux champignons; flavour de champignons; (colour) beige rosé inv; (fig) town champignon inv; growth soudain. ~ **cloud** champignon m atomique. **3** vi (a) (grow) pousser comme un champignon. (b) **to go** ~ing aller aux champignons.

mushy ['mʌʃɪ] adj food en bouillie; fruit blet. ~ **peas** purée f de pois.

music ['mjuːzɪk] **1** n musique f. **to set to** ~ mettre en musique; (fig) **it was** ~ **to his ears** c'était doux à son oreille. **2** adj teacher, lesson de musique; critic musical. ~ **case** porte-musique m inv; ~ **centre** chaîne f compacte stéréo; ~ **festival** festival m; ~ **hall** music-hall m; ~ **lover** mélomane mf. ◆ **musical 1** adj (gen) musical; person, family musicien; ~al **box** boîte f à musique; ~al **instrument** instrument m de musique ; **2** n (Cine, Theat) comédie f musicale. ◆ **musically** adv musicalement. ◆ **musician** n musicien(ne) m(f). ◆ **musicianship** n sens m de la musique. ◆ **musicologist** n musicologue mf. ◆ **musicology** n musicologie f.

musk [mʌsk] n musc m. ◆ **muskrat** n rat m musqué.

musket ['mʌskɪt] n mousquet m.

Muslim ['mʊslɪm] adj, n musulman(e) m(f).

muslin ['mʌzlɪn] n mousseline f (Tex).

musquash ['mʌskwɒʃ] n rat m musqué.

mussel ['mʌsl] n moule f.

must [mʌst] **1** modal aux vb (a) (obligation) **you** ~ **leave** vous devez partir, il faut que vous partiez (subj); (on notice) **'the windows** ~ **not be opened'** 'défense d'ouvrir les fenêtres'; **you ~n't touch it** il ne faut pas or tu ne dois pas y toucher; **sit down if you** ~ asseyez-vous si c'est indispensable; **I** ~ **say** franchement; (iro) ça alors! * (b) (certainty) **he** ~ **be wrong** il doit se tromper, il se trompe certainement; **is he mad?** — **he** ~ **be!** est-ce qu'il est fou? — sûrement!; **I** ~ **have made a mistake** j'ai dû me tromper. **2** n: **this book is a** ~ * c'est un livre qu'il faut absolument avoir or lire; **a car is a** ~ * une voiture est absolument indispensable.

mustache ['mʌstæʃ] (US) = **moustache**.

mustard ['mʌstəd] n (Bot, Culin) moutarde f. ~ **pot** moutardier m.

muster ['mʌstər] **1** n (gathering) assemblée f; (Mil, Naut: ~ **roll**) rassemblement m; (roll-call) appel m. (fig) **to pass** ~ être acceptable. **2** vt number, sum, helpers réunir; (~ **up**) strength, energy rassembler. **he** ~ed **(up) the courage to say so** il a pris son courage à deux mains pour le dire; **I couldn't** ~ **(up) enough energy to protest** je n'ai pas eu l'énergie de protester. **3** vi [people] se réunir, se rassembler.

musty ['mʌstɪ] adj taste, smell de moisi; room qui sent le moisi; ideas vieux jeu inv. **to grow** ~ moisir; **to smell** ~ avoir une odeur de moisi. ◆ **mustiness** n moisi m.

mutate [mjuː'teɪt] vi subir une mutation. ◆ **mutant** adj, n mutant (m). ◆ **mutation** n mutation f.

mute [mjuːt] **1** adj muet. **2** n (Med) muet(te) m(f); (Mus) sourdine f. ◆ **muted** adj voice, sound assourdi; colour sourd; (Mus) en sourdine; criticism, protest voilé.

mutilate ['mjuːtɪleɪt] vt mutiler. ◆ **mutilation** n mutilation f.

mutiny ['mjuːtɪnɪ] **1** n mutinerie f; (fig) révolte f. **2** vi se mutiner; se révolter. ◆ **mutineer** n mutiné m, mutin m. ◆ **mutinous** adj mutiné; (fig) attitude rebelle; look plein de rébellion.

mutter ['mʌtər] **1** n marmonnement m; (grumbling) grommellement m. **2** vt marmonner. **3** vi marmonner; (grumble) grommeler; [thunder] gronder.

mutton ['mʌtn] n mouton m (Culin). **leg of** ~ gigot m.

mutual ['mjuːtjʊəl] adj affection, help mutuel; (common) friend, cousin commun. **the feeling is** ~ c'est réciproque. ◆ **mutually** adv mutuellement.

Muzak ['mjuːzæk] n ® musique f enregistrée.

muzzle ['mʌzl] **1** n [dog, fox etc] museau m; [gun] bouche f; (anti-biting device: also fig) muselière f. **2** vt museler (also fig).

muzzy ['mʌzɪ] adj ideas confus; outline flou. **this cold makes me feel** ~ ce rhume m'abrutit.

my [maɪ] poss adj mon, ma, mes. ~ **book** mon livre; ~ **table** ma table; ~ **friend** mon ami(e); ~ **clothes** mes vêtements; **I've broken** ~ **leg** je me suis cassé la jambe. ◆ **myself** pers pron (reflexive: direct and indirect) me; (emphatic) moi-même; (after prep) moi; **I've hurt** ~**self** je me suis blessé; **all by** ~**self** tout seul; **I'm not** ~**self** je ne suis pas dans mon état normal.

myopic [maɪ'ɒpɪk] adj myope.

myrtle ['mɜːtl] n myrte m.

mystery ['mɪst(ə)rɪ] **1** n mystère m; (book: ~ story) roman m à suspense. **there's no** ~ **about it** ça n'a rien de mystérieux; **it's a** ~ **to me how...** je n'arrive pas à comprendre comment...; **to make a great** ~ **of sth** faire grand mystère de qch. **2** adj ship, man mystérieux. ◆ **mysterious** adj mystérieux. ◆ **mysteriously** adv mystérieusement.

◆ **mystification** *n (act)* mystification *f*; *(feeling)* perplexité *f*. ◆ **mystify** *vt* mystifier; *(accidentally)* rendre perplexe.

mystic ['mɪstɪk] *adj, n* mystique *(mf)*. ◆ **mystical** *adj* mystique. ◆ **mysticism** *n* mysticisme *m*. ◆ **mystique** *n* mystique *f*.

myth [mɪθ] *n* mythe *m*. ◆ **mythical** *adj* mythique. ◆ **mythological** *adj* mythologique. ◆ **mythology** *n* mythologie *f*.

myxomatosis [,mɪksə(ʊ)mə'təʊsɪs] *n* myxomatose *f*.

N

N, n [en] *n (letter)* N, n *m.* **to the nth power** *or* **degree** à la puissance n; **for the nth time** * pour la énième fois.

nab * [næb] *vt wrongdoer* pincer *, attraper; *sb to speak to* coincer *; *chair* accaparer.

nadir ['neɪdɪəʳ] *n (Astron)* nadir *m*; *(fig)* point *m* le plus bas.

nag¹ [næg] *n* canasson * *m*, mauvais cheval *m.*

nag² [næg] **1** *vti* (~ **at**) être toujours après *; *[doubt etc]* harceler; *[conscience]* travailler. **to ~ sb to do/ into doing** harceler qn pour qu'il fasse/ jusqu'à ce qu'il fasse. **2** *n*: **he's a dreadful ~** * *(scolding)* il n'arrête pas de faire des remarques; *(pestering)* il n'arrête pas de nous *(or le etc)* harceler. ◆ **nag-ging 1** *adj person* qui n'arrête pas de faire des remarques; *pain, doubt* tenace ; **2** *n* remarques *fpl* continuelles, criailleries *fpl.*

nail [neɪl] **1** *n (Anat)* ongle *m*; *(Tech)* clou *m*. *(fig)* **to pay on the ~** payer rubis sur l'ongle. **2** *adj*: **~ polish** *or* **varnish** vernis *m* à ongles; **~ polish remover** dissolvant *m*; **~ scissors** ciseaux *mpl* à ongles. **3** *vt* clouer; *(fig) wrongdoer* pincer *, attraper; *lie* démasquer; *rumour* démentir. **to ~ the lid on a crate** clouer le couvercle d'une caisse; *(fig)* **to be ~ed to the spot** rester cloué sur place; **~ed shoes** chaussures cloutées.

◆ **nail down** *vt sep lid* clouer; *(fig) hesitating person* obtenir une décision de. ◆ **nail up** *vt sep picture etc* fixer par des clous; *door, window* condamner *(en clouant); box, crate* clouer.

◆ **nailbiting** *n* habitude *f* de se ronger les ongles. ◆ **nailbrush** *n* brosse *f* à ongles. ◆ **nailfile** *n* lime *f* à ongles.

Nairobi [naɪˈrəʊbɪ] *n* Nairobi.

naïve [naɪˈiːv] *adj* naïf. ◆ **naïvely** *adv* naïvement. ◆ **naïveté** *or* ◆ **naïvety** *n* naïveté *f.*

naked ['neɪkɪd] *adj person* (tout) nu; *flame, sword* nu; *facts* brut; *truth* tout nu. **to the ~ eye** à l'œil nu. ◆ **nakedness** *n* nudité *f.*

namby-pamby * ['næmbɪ'pæmbɪ] **1** *n* gnangnan * *mf*. **2** *adj* gnangnan * *inv.*

name [neɪm] **1** *n* nom *m*; *(reputation)* réputation *f*. **what's your ~?** comment vous appelez-vous?; **my ~ is Robert** je m'appelle Robert; **to take sb's ~ and address** prendre les nom et adresse de qn; *(Ftbl etc)* **to have one's ~ taken** recevoir un avertissement; **by the ~ of Smith** du nom de Smith; **by** *or* **under another ~** sous un autre nom; **to go by** *or* **under the ~ of** se faire appeler; **I know him only by ~** je ne le connais que de nom; **he knows them all by ~** il les connaît tous par leur nom; **in ~ only** *(adv) reign, exist* de nom; *(adj) marriage etc* nominal; **to refer to sb by ~** désigner qn par son nom; **naming** *or* **mentioning no ~s** pour ne nommer personne; **to put one's ~ down for** *job* poser sa candidature à; *competition, class* s'inscrire à; *car, ticket etc* faire une demande pour avoir; *(fig)* **that's the ~ of the game** *(what matters)* c'est ce qui compte; **to call sb ~s** traiter qn de tous les noms; **in God's ~** au nom de Dieu; **in the king's ~** de par le roi; **I haven't a penny to my ~** * je n'ai pas le sou; **one of the big ~s in** show business un des grands noms du monde du spectacle; **he has a ~ for honesty** il a la réputation d'être honnête; **to protect one's (good) ~** protéger sa réputation; **to get a bad ~** se faire une mauvaise réputation; **it made his ~** cela l'a rendu célèbre; **to make one's ~** se faire un nom *(as en tant que).*

2 *vt* **(a)** *child, puppy* appeler; *ship* baptiser; *star, new product* donner un nom à. **a person ~d Smith** un(e) nommé(e) Smith; **to ~ a child after sb** donner à un enfant le nom de qn. **(b)** *(give ~ of; designate)* nommer; *(fix) date, price* fixer. **he was ~d as chairman/as the thief/as a witness** il a été nommé président/désigné comme étant le voleur/cité comme témoin; **my collaborators are ~d in the preface** mes collaborateurs sont mentionnés dans l'avant-propos; *(wedding)* **to ~ the day** fixer la date du mariage; **you ~ it, they have it** * tout ce que vous pouvez imaginer, ils l'ont!

◆ **name day** *n* fête *f (d'une personne).* ◆ **name-dropping** *n*: **there was a lot of ~-dropping** * **in his speech** son discours était truffé de noms de gens en vue. ◆ **nameless** *adj person (unknown)* sans nom ; *(anonymous)* anonyme; *fear* indéfinissable; *vice* innommable; **a certain person who shall be ~less** une certaine personne que je ne nommerai pas. ◆ **namely** *adv* à savoir, c'est-à-dire. ◆ **name part** *n (Theat)* rôle *m* titulaire. ◆ **name-plate** *n (on door etc)* plaque *f*; *(on goods)* plaque du fabricant. ◆ **namesake** *n* homonyme *m (personne).* ◆ **name tape** *n (ruban m de)* noms *mpl* tissés.

nan * [næn], **nana** * ['nænə] *n* mamie *f*, mémé *f.*

nanny ['nænɪ] *n* nurse *f.* ◆ **nanny-goat** *n* chèvre *f.*

nap [næp] **1** *n (sleep)* petit somme *m.* **afternoon ~** sieste *f*; **to have** *or* **take a ~** faire un petit somme *(or la sieste).* **2** *vi* sommeiller. *(fig)* **to catch sb ~ping** prendre qn au dépourvu *(unawares)* ou en défaut *(in error etc).*

napalm ['neɪpɑːm] **1** *n* napalm *m.* **2** *adj bomb, bombing* au napalm.

nape [neɪp] *n* nuque *f.*

napkin ['næpkɪn] *n* **(a)** *(table ~)* serviette *f* (de table). **~ ring** rond *m* de serviette. **(b)** *(Brit: also* **nappy)** couche *f (de bébé).* **to have nappy rash** avoir les fesses rouges.

Naples ['neɪplz] *n* Naples.

narcissus, *pl* **-issi** [nɑːˈsɪsəs, -saɪ] *n* narcisse *m.* ◆ **narcissistic** *adj* narcissique.

narcotic [nɑːˈkɒtɪk] *adj, n* narcotique *(m).*

narrate [nəˈreɪt] *vt* raconter. ◆ **narration** *n* narration *f.* ◆ **narrative 1** *n* récit *m* ; **2** *adj* narratif. ◆ **narrator** *n* narrateur *m*, -trice *f.*

narrow ['nærəʊ] **1** *adj (gen)* étroit; *garment* étriqué; *outlook, mind* étroit, borné; *person* aux vues étroites; *meaning* restreint; *scrutiny* serré; *means, resources, income, existence* limité; *majority* faible; *advantage* petit; *victory* remporté de justesse. **to have a ~ escape** s'en tirer de justesse, l'échapper belle; **~ boat** péniche *f.* **2** *vi [road, valley]* se rétrécir; *[majority]* s'amenuiser. **his eyes ~ed** il a plissé les yeux; **to ~ down to** *[search, choice]* se limiter à; *[problem, question]* se ramener à. **3** *vt* (**~ down**) *road* rétrécir; *meaning* préciser; *choice* restreindre. *(fig)* **to ~ the field (down)** restreindre le champ; **with ~ed eyes** en plissant les yeux *(de méfiance etc).* ◆ **narrowly** *adv* **(a)** *(by a small margin) miss etc* de justesse; **he ~ly escaped being killed** il a bien failli être tué; **(b)** *(strictly) interpret rules etc* strictement; **(c)** *(closely) examine* de près, minutieusement. ◆ **narrow-minded** *adj person* aux vues étroites; *ideas, outlook* étroit. ◆ **narrow-mindedness** *n* étroitesse *f* d'esprit. ◆ **narrowness** *n* étroitesse *f*.

nasal ['neɪz(ə)l] *adj (Anat, Ling)* nasal; *accent* nasillard. **to speak in a ~ voice** parler du nez. ◆ **nasalize** *vt* nasaliser.

nasturtium [nəs'tɜː.ʃ(ə)m] *n* capucine *f*.

nasty ['nɑːstɪ] *adj person, temper* désagréable *(to* envers, avec*)*; *(stronger)* mauvais; *moment, experience* désagréable; *(stronger)* pénible; *taste, smell, trick* mauvais; *cold, weather, accident, job* sale *(before n)*; *remark* méchant; *wound, bend in road* dangereux; *(obscene) book, film* obscène. **to taste/smell ~** avoir un mauvais goût/une mauvaise odeur; **a ~ piece of work** * *(action)* un sale coup *; *(person)* un sale type *, une sale bonne femme; **he had a ~ time of it** *(short spell)* il a passé un mauvais quart d'heure; *(longer period)* il a passé de mauvais moments; *(fig)* **what a ~ mess!** quel gâchis épouvantable!; **to have a ~ mind** avoir l'esprit mal tourné; **to have a ~ look in one's eye** avoir l'œil mauvais; **events took a ~ turn** la situation a très mal tourné. ◆ **nastily** *adv (unpleasantly)* désagréablement; *(spitefully)* méchamment. ◆ **nastiness** *n* caractère *m* désagréable; méchanceté *f*.

nation ['neɪʃ(ə)n] *n (gen)* nation *f*. **people of all ~s** des gens de toutes les nationalités. ◆ **national 1** *adj* national; ~**al anthem** hymne *m* national; ~**al debt** dette *f* publique; ~**al dress** costume *m* national; *(Brit)* **N~al Health Service, N~al Insurance** ≈ Sécurité *f* sociale; ~**al holiday** fête *f* nationale; *(Mil)* ~**al service** service *m* militaire; *(Brit)* **N~al Trust** ≈ Caisse *f* nationale des monuments historiques et des sites; **on a ~al scale** à l'échelon national; ~**al strike of miners** grève *f* des mineurs touchant l'ensemble du pays; *(Press)* **the ~al and local papers** la grande presse et la presse locale ; **2** *n (person)* ressortissant(e) *m(f)*. ◆ **nationalism** *n* nationalisme *m*. ◆ **nationalist** *adj, n* nationaliste *(mf)*. ◆ **nationality** *n* nationalité *f*. ◆ **nationalization** *n* nationalisation *f*. ◆ **nationalize** *vt* nationaliser. ◆ **nationally** *adv consider, matter* du point de vue national; *broadcast* dans le pays tout entier; *be known, be felt, apply* dans tout le pays. ◆ **nation-wide** *adj strike, protest* touchant l'ensemble du pays; **there was a ~-wide search for them** on les recherchait à travers tout le pays.

native ['neɪtɪv] **1** *adj* **(a)** *country, town* natal; *language* maternel. ~ **land** pays *m* natal, patrie *f*; *(US fig)* ~ **son** enfant *m* du pays. **(b)** *(innate) ability* inné. **(c)** *(indigenous) plant, animal* indigène; *product, resources* naturel, du pays. ~ **to** originaire de; **French ~ speaker** personne *f* dont la langue maternelle est le français. **(d)** *(of the ~s) customs, costume, matters, rights* du pays; *labour, quarter* indigène. *(US)* ~ **American** Indien(ne) *m(f)* d'Amérique. **2** *n* autochtone *mf*; *(esp of colony)* indigène *mf*. **a ~ of France** un(e) Français(e) de naissance; **she speaks French like a ~** elle parle français comme si c'était sa langue maternelle; *[person, animal, plant]* **to be a ~ of** être originaire de. ◆ **nativity** *n* nativité *f*; **nativity play** mystère *m* de la Nativité.

natter * ['nætər] **1** *vi* bavarder. **2** *n* causette * *f*.

natty * ['nætɪ] *adj (neat)* chic *inv*; *(handy)* astucieux.

natural ['nætʃr(ə)l] **1** *adj (gen)* naturel. **it is ~ for you to think** *or* **that you should think** il est naturel *or* normal que vous pensiez *(subj)*; *(Jur)* **death from ~ causes** mort *f* naturelle; **to die a ~ death** mourir de sa belle mort; ~ **philosophy** physique *f*; *(Mus)*

B ~ si *m* bécarre; **he's a ~ painter** c'est un peintre né; ~ **resources** ressources *fpl* naturelles; **to reduce staff by ~ wastage** réduire le personnel par départs naturels. **2** *n* **(a)** *(Mus: sign)* bécarre *m*. **(b) he's a ~!** * il est comme un poisson dans l'eau!

◆ **naturalism** *n* naturalisme *m*. ◆ **naturalist** *adj, n* naturaliste *(mf)*. ◆ **naturalization** *n* naturalisation *f*. ◆ **naturalize** *vt*: **to be ~ized** se faire naturaliser. ◆ **naturally** *adv* **(a)** *(of course; as is normal)* naturellement; ~**ly not!** bien sûr que non!; **(b)** *(by nature)* de nature; ~**ly lazy** paresseux de nature; **her hair is ~ly curly** elle frise naturellement; **it comes ~ly to him to do this** il fait cela tout naturellement; **(c)** *(unaffectedly) behave* avec naturel, sans affectation.

nature ['neɪtʃər] **1** *n* **(a)** nature *f*. **the laws of ~** les lois *fpl* de la nature; **to paint from ~** peindre d'après nature; **against ~** contre nature. **(b)** *(character etc)* nature *f*, naturel *m*. **by ~** de nature; **good ~** bon caractère; **he has a nice ~** il a un naturel *or* un caractère facile; **it is not in his ~ to lie** il n'est pas dans sa nature de mentir; **jealous- ~d** jaloux de nature, d'un naturel jaloux. **(c)** *(essential quality; type)* nature *f*. **it is in the ~ of things** c'est dans la nature des choses; **in the ~ of this case it is clear that** vu la nature de ce cas il est clair que; **things of this ~** les choses de cette nature *or* de ce genre; **sth in the ~ of an apology** une sorte d'excuse. **2** *adj*: ~ **conservancy** protection *f* de la nature; ~ **cure** naturisme *m (Med)*; ~ **lover** amoureux *m*, -euse *f* de la nature; ~ **reserve** réserve naturelle; ~ **study** histoire naturelle; *(Scol)* sciences naturelles; ~ **trail** itinéraire *m* aménagé pour amateurs de la nature. ◆ **naturism** *n* naturisme *m*, nudisme *m*. ◆ **naturist** *n* naturiste *mf*, nudiste *mf*.

naught [nɔːt] *n* **(a)** *(Math)* zéro *m*. ~**s and crosses** ≈ (jeu *m* du) morpion *m*. **(b)** († *or liter: nothing)* rien *m*.

naughty ['nɔːtɪ] *adj child etc* vilain, pas sage; *joke, story* grivois. ~ **word** vilain mot. ◆ **naughtily** *adv say* avec malice; **to behave naughtily** être vilain. ◆ **naughtiness** *n* mauvaise conduite *f*; **a piece of naughtiness** une désobéissance.

nausea ['nɔːsɪə] *n* nausée *f*; *(fig)* écœurement *m*. ◆ **nauseate** *vt (Med, fig)* écœurer. ◆ **nauseating** *adj* écœurant. ◆ **nauseatingly** *adv* d'une façon écœurante.

nautical ['nɔːtɪk(ə)l] *adj* nautique.

naval ['neɪv(ə)l] *adj battle, strength, base, college* naval; *affairs, matters* de la marine; *officer* de marine; *hospital, barracks, stores* maritime. ~ **architect** ingénieur *m* des constructions navales; ~ **aviation** aéronavale *f*; ~ **forces** marine *f* de guerre; **one of the ~ powers** l'une des puissances maritimes.

nave [neɪv] *n [church]* nef *f*.

navel ['neɪv(ə)l] *n* nombril *m*. ~ **orange** orange *f* navel.

navigate ['nævɪgeɪt] **1** *vi* naviguer. **2** *vt ship* diriger; *seas* naviguer sur. ◆ **navigable** *adj river* navigable. ◆ **navigation** *n* navigation *f*. ◆ **navigator** *n* navigateur *m*.

navvy ['nævɪ] *n (Brit)* terrassier *m*.

navy ['neɪvɪ] **1** *n* marine *f* (de guerre). *(Brit)* **Royal N~** marine nationale; **merchant ~** marine marchande; *(US)* **Department of the N~** ministère *m* de la Marine. **2** *adj (~-blue)* bleu marine *inv*.

Nazi ['nɑːtsɪ] **1** *n* Nazi(e) *m(f)*. **2** *adj* nazi. ◆ **Nazism** *n* nazisme *m*.

near [nɪər] **1** *adv* **(a)** près *(to* de). ~ **at hand** *object* tout près; *event* tout proche; *place* dans le voisinage; **to draw** *or* **come ~** s'approcher de; *[Christmas, exams]* approcher; **to come ~er** s'approcher davantage; **to come ~ to doing** faillir faire; **to bring sth ~er** rapprocher qch; **~ to where** près de l'endroit où; **~ to tears** au bord des larmes. **(b)** *(nearly)* presque. **nowhere ~ full** loin d'être plein; **as ~ as I can judge** autant que je puisse juger; **that's ~ enough *** ça pourra aller; **60 people, ~ enough *** 60 personnes, à peu près; **as ~ as dammit *** ou c'est tout comme *.

2 *prep* près de. **~ here/there** près d'ici/de là; **he was standing ~ the table** il se tenait près de *or* auprès de la table; **don't come ~ me** ne vous approchez pas de moi; **~ the end of the book** vers la fin du livre; **her birthday is ~ mine** son anniversaire est proche du mien; **he won't go ~ anything illegal** il ne se risquera jamais à faire quoi que ce soit d'illégal; **~ tears** au bord des larmes; **~ death** sur le point de mourir; **the sun was ~ setting** le soleil était près de se coucher; **he was very ~ refusing** il était sur le point de refuser; **the same thing or ~ it** la même chose ou presque *or* ou à peu près; **it's as ~ snowing as makes no difference** il neige ou peu s'en faut; **nobody comes anywhere ~ him at swimming** personne ne lui arrive à la cheville en natation; *(fig)* **that's ~er it** voilà qui est mieux.

3 *adj* **(a)** *(close: gen)* proche. **these glasses make things look ~er** ces lunettes rapprochent les objets; **the N~ East** le Proche-Orient; *(Math)* **to the ~est decimal place** à la plus proche décimale près; **to the ~est pound** à une livre près; **the ~est way** la route la plus directe; **in the ~ future** dans un proche avenir. **(b)** *relative, relationship* proche; *friend, friendship* intime; *guess* près de la vérité; *resemblance* assez exact; *portrait* ressemblant; *race, contest, result* serré. **my ~est and dearest *** mes proches *mpl*; **the ~est equivalent** ce qui s'en rapproche le plus; *(Aviat)* **a ~ miss** une quasi-collision; *(fig)* **that was a ~ thing *** il s'en est fallu de peu; **that's the ~est thing to a compliment** c'est presque un compliment.

4 *vt* approcher de; *event, date* être près de. **to be ~ing one's goal** toucher au but; **my book is ~ing completion** mon livre est presque achevé.

◆ **nearby 1** *adv* près, tout près ; **2** *adj* proche, avoisinant. ◆ **nearly** *adv (gen)* presque; **he ~ly laughed** il a failli rire; **she was ~ly crying** elle était sur le point de pleurer; **not ~ly** loin de; **she is not ~ly so old as you** elle est loin d'être aussi âgée que vous; **that's not ~ly enough** c'est loin d'être suffisant. ◆ **nearness** *n* proximité *f*. ◆ **nearside** *n (Aut) (in Britain)* côté *m* gauche; *(in France, US etc)* côté droit. ◆ **near-sighted** *adj* myope. ◆ **near-sightedness** *n* myopie *f*.

neat [ni:t] *adj* **(a)** *(gen)* net (*f* nette), soigné; *room, handwriting* net; *work* soigné; *desk* bien rangé; *ankles, legs* fin; *phrase, style, solution* élégant; *plan* habile. **~ as a new pin** propre comme un sou neuf; **he is a ~ worker** il est soigneux dans son travail; **she has a ~ figure** elle est bien faite; **a ~ little car** une jolie petite voiture; **to make a ~ job of sth** bien faire qch. **(b)** *(undiluted) spirits* pur, sec. **I'll take it ~** je le prendrai sec.

◆ **neaten** *vt dress* ajuster; *desk* ranger. ◆ **neatly** *adv* **(a)** *(tidily) fold, wrap, dress* avec soin; *write* proprement; **(b)** *(skilfully) avoid, manage* habilement; **~ly put** joliment dit. ◆ **neatness** *n (tidiness)* netteté *f*; *(skilfulness)* habileté *f*, adresse *f*.

nebula, *pl* **-ae** ['nebjʊlə, i:] *n* nébuleuse *f*. ◆ **nebulous** *adj (Astron)* nébuleux; *(fig)* nébuleux, vague, flou.

necessary ['nesɪs(ə)rɪ] **1** *adj (gen)* nécessaire (*to, for* à); *result* inévitable. **it is ~ to do** il faut faire, il est nécessaire de faire; **it is ~ for him to be there** il faut qu'il soit là, il est nécessaire qu'il soit là; **it is ~ that...** il faut que... *+ subj*, il est nécessaire que... *+ subj*; **if ~** s'il le faut; **to do what is ~** faire le nécessaire (*for* pour); **to make it ~ for sb to do** mettre qn dans la nécessité de faire; **more** than is ~ plus qu'il n'en faut; **to do no more than is ~** ne faire que le nécessaire; **all the ~ qualifications** toutes les qualités requises (*for* pour). **2** *n*: **to do the ~ *** faire le nécessaire.

◆ **necessarily** *adv (gen)* nécessairement, forcément; *lead to, result in* inévitablement. ◆ **necessitate** *vt* nécessiter. ◆ **necessity** *n (gen)* nécessité *f (of doing, to do* de faire); **from** *or* **out of necessity** par nécessité; **of necessity** nécessairement; **case of absolute necessity** cas *m* de force majeure; **there is no necessity for you to do that** vous n'avez pas besoin de faire cela; **in case of necessity** en cas de besoin; **is there any necessity?** est-ce nécessaire?; **the bare necessities of life** les choses *fpl* nécessaires à la vie; **it's a necessity** c'est une chose indispensable.

neck [nek] **1** *n* **(a)** cou *m*; *[horse, garment]* encolure *f*; *[bottle, vase]* col *m*. **to have a sore ~** avoir mal au cou; **to fling one's arms round sb's ~** se jeter au cou de qn; **to be ~ and ~** être à égalité; **to be up to one's ~ in work** avoir du travail par-dessus la tête; **up to one's ~ in a crime** totalement impliqué dans un crime; *(fig)* **he got it in the ~ *** il en a pris pour son grade *; **to stick one's ~ out *** se mouiller ⁑, prendre des risques; **I don't want him round my ~ *** je ne veux pas l'avoir sur le dos; **it's ~ or nothing *** il faut jouer le tout pour le tout; **in your ~ of the woods *** dans vos parages; **~ of mutton** collet *m* de mouton; *(Culin)* **best end of ~** côtelettes *fpl* premières; *[dress]* **high ~** col *m* montant; **square ~** encolure *f* carrée; **dress with a low ~, low-~ed dress** robe décolletée; **shirt with a 38 cm ~** chemise qui fait 38 cm d'encolure. **(b)** *(Brit ⁑: impertinence)* culot * *m*. **2** *vi* (*) se peloter *. **to ~ with sb *** peloter * qn.

◆ **necking *** *n* pelotage * *m*. ◆ **necklace** *n* collier *m*; *(long)* sautoir *m*; **pearl ~lace** collier de perles. ◆ **neckline** *n* encolure *f*. ◆ **necktie** *n* cravate *f*.

nectar ['nektə'] *n* nectar *m*.

nectarine ['nektə(ə)rɪn] *n* brugnon *m*.

need [ni:d] **1** *n* besoin *m*. **if ~ be** si besoin est, s'il le faut; **there's no ~ to hurry** on n'a pas besoin de se presser; **no ~ to tell him** pas besoin de lui dire; **there's no ~ for you to come** vous n'êtes pas obligé de venir; **there is much ~ of food** il y a un grand besoin de vivres; **to have ~ of, to be in ~ of** avoir besoin de; **to be badly** *or* **greatly in ~ of** avoir grand besoin de; **to be in ~** être dans le besoin; **in times of ~** aux heures *fpl* difficiles; **to supply sb's ~s** subvenir aux besoins de qn; **his ~s are few** il a peu de besoins; **the greatest ~s of industry** ce dont l'industrie a le plus besoin. **2** *pret, ptp* **needed** *vt (gen)* avoir besoin de. **I ~ money** j'ai besoin d'argent, il me faut de l'argent; **I ~ it** j'en ai besoin, il me le faut; **all that you ~** tout ce qu'il vous faut; **it's just what I ~ed** c'est tout à fait ce qu'il me fallait; **a visa is ~ed** il faut un visa; **a much-~ed holiday** des vacances dont on a (*or* j'ai *etc*) grand besoin; **it** *or* **he doesn't ~ me to tell him** il n'a pas besoin que je le lui dise; **she ~s watching** *or* **to be watched** elle a besoin d'être surveillée; **he ~s to have everything explained to him** il faut tout lui expliquer; **you only ~ed to ask** tu n'avais qu'à demander; **this book ~s careful reading** ce livre doit être lu attentivement; **the situation ~s detailed consideration** la situation doit être considérée *or* exige qu'on la considère *(subj)* dans le détail.

3 *modal auxiliary vb* (ne s'emploie qu'à la forme interrogative, négative et avec 'hardly', 'scarcely' *etc*) **~ he go?** a-t-il besoin *or* est-il obligé d'y aller?, faut-il qu'il y aille?, est-ce qu'il doit vraiment y aller?; **you ~n't wait** vous n'avez pas besoin *or* vous n'êtes pas obligé d'attendre; **you ~n't bother/have bothered to write** ce n'est/n'était pas la peine d'écrire; **~ we go into all this now?** faut-il discuter de tout cela maintenant?; **I ~ hardly say that...**

je n'ai guère besoin de dire que...; **no one** ~ **go** *or* ~**s to go hungry** personne n'est condamné à avoir faim; ~ **that be true?** est-ce nécessairement vrai?; **it** ~ **not follow that...** il ne s'ensuit pas nécessairement que... *+ subj.* ◆ **needful 1** *adj* nécessaire ; **2** *n:* **to do the** ~**ful** * faire ce qu'il faut. ◆ **neediness** *n* dénuement *m*, nécessité *f.* ◆ **needless** *adj* inutile; ~**less to say it began to rain** inutile de dire que la pluie s'est mise à tomber. ◆ **needlessly** *adv* inutilement.
◆ **needs** *adv (ne s'emploie qu'avec 'must')* **I must** ~**s leave** il me faut absolument partir; **if** ~**s must** s'il le faut absolument. ◆ **needy** *adj* nécessiteux; **in** ~**y circumstances** dans le besoin.

needle ['niːdl] **1** *n (gen)* aiguille *f; [record-player]* saphir *m.* **knitting** ~ aiguille à tricoter; *(fig)* **to look for a** ~ **in a haystack** chercher une aiguille dans une botte de foin. **2** *vt (*)* *(annoy)* agacer; *(sting)* piquer au vif; *(nag)* harceler. **she was** ~**d** * **into replying** touchée au vif elle a répondu. ◆ **needle case** *n* porte-aiguilles *m inv.* ◆ **needlecord** *n* velours *m* mille-raies. ◆ **needlepoint** *n* tapisserie *f* à l'aiguille. ◆ **needlework** *n (gen)* travaux *mpl* d'aiguille; *(Scol: subject)* couture *f; (work)* ouvrage *m.*

ne'er [nɛəʳ] *adv (liter)* = **never.** ◆ **ne'er-do-well** *n* propre *mf* à rien.

negative ['negətɪv] **1** *adj* négatif. **2** *n* **(a)** *(answer)* réponse *f* négative. **in the** ~ *(adj)* be négatif; *(adv) answer* négativement. **(b)** *(Gram)* négation *f.* **put into the** ~ mettez à la forme négative. **(c)** *(Phot, Elec)* négatif *m.* ◆ **negation** *n* négation *f.*
◆ **negatively** *adv* négativement.

neglect [nɪˈglekt] **1** *vt (gen)* négliger *(to do* de faire); *animal, invalid* ne pas s'occuper de, négliger; *one's wife, one's friends* délaisser, négliger; *garden, house, car, machinery* ne pas s'occuper de; *rule, law, advice* ne tenir aucun compte de; *business, work, hobby* se désintéresser de, négliger; *opportunity* laisser échapper, négliger; *promise, duty, obligation* manquer à. **2** *n (gen)* manque *m* de soins *(of sb* envers qn); *[duty, obligation]* manquement *m (of* à); *[work]* manque d'intérêt *(of* pour). ~ **of one's appearance** manque de soins apportés à son apparence; **his** ~ **of his car** *etc* le fait qu'il ne s'occupe pas de sa voiture *etc;* **in a state of** ~ mal tenu; **it happened through** ~ c'est dû à la négligence.
◆ **neglected** *adj appearance* négligé, peu soigné; *person* abandonné, délaissé; *house, garden* mal tenu. ◆ **neglectful** *adj* négligent; **to be** ~**ful of sb/ sth** négliger qn/qch. ◆ **neglectfully** *adv* avec négligence.

negligence ['neglɪdʒ(ə)ns] *n* négligence *f.* ◆ **negligent** *adj* négligent. ◆ **negligently** *adv* **(a)** *(offhandedly)* négligemment; **(b)** *(carelessly) omit* par négligence; *behave* avec négligence. ◆ **negligible** *adj* négligeable.

negotiate [nɪˈgəʊʃɪeɪt] **1** *vt* **(a)** *sale, loan, bill* négocier. **(b)** *obstacle, hill* franchir; *river (sail on)* naviguer; *(cross)* franchir; *bend in road* prendre; *difficulty* surmonter. **2** *vi* négocier *(with sb for sth* avec qn pour obtenir qch). ◆ **negotiable** *adj* **(a)** *(Fin)* négociable; **(b)** *obstacle* franchissable; *river* navigable; *road* praticable. ◆ **negotiation** *n* négociation *f.* ◆ **negotiator** *n* négociateur *m,* -trice *f.*

Negro ['niːgrəʊ] **1** *adj* noir. **2** *n* Noir *m.* ◆ **Negress** *n* Noire *f.* ◆ **negroid** *adj* négroïde.

neigh [neɪ] **1** *vi* hennir. **2** *n* hennissement *m.*

neighbour, *(US)* **neighbor** ['neɪbəʳ] *n* voisin(e) *m(f); (Bible etc)* prochain(e) *m(f).* ◆ **neighbo(u)rhood** **1** *n (gen)* voisinage *m;* **all the children of the** ~**hood** tous les enfants du voisinage *or* du quartier; **it's not a nice** ~**hood** ce n'est pas un quartier bien; **in the** ~**hood of the church** aux alen-

tours *or* dans le voisinage de l'église; **in the** ~**hood of the crime** dans les parages *mpl* du crime; **in the** ~**hood of £100** dans les 100 livres ; **2** *adj* chemist *etc* du *or* de quartier. ◆ **neighbo(u)ring** *adj* avoisinant, voisin. ◆ **neighbo(u)rly** *adj person* bon voisin, obligeant; *feelings, action* de bon voisin; *relations* de bon voisinage.

neither ['naɪðəʳ] **1** *adv* ni. ~... **nor** ni... ni *(+ ne before vb);* ~ **you nor I know** ni vous ni moi ne le savons; **he can** ~ **read nor write** il ne sait ni lire ni écrire; *(fig)* **that's** ~ **here nor there** cela n'a rien à voir. **2** *conj:* **if you don't go,** ~ **shall I** si tu n'y vas pas, je n'irai pas non plus; ~ **am I** *(or* **do I** *etc)* moi non plus, ni moi. **3** *adj:* ~ **story is true** ni l'une ni l'autre des deux histoires n'est vraie; **in** ~ **case** ni dans un cas ni dans l'autre. **4** *pron* ni l'un(e) ni l'autre *(+ ne before vb).* ~ **of them knows** ni l'un ni l'autre ne le sait, ils ne le savent ni l'un ni l'autre.

neo... ['niːəʊ] *pref* néo-. ~**classical** néo-classique; ~**fascist** *(adj, n)* néo-fasciste *(mf);* ~**natal** *adj* néonatal; ~**nazi** *(adj, n)* néo-nazi(e) *m(f).*

neolithic [ˌniːəʊˈlɪθɪk] *adj* néolithique.

neologism [nɪˈɒlədʒɪz(ə)m] *n* néologisme *m.*

neon ['niːɒn] **1** *n (gaz m)* néon *m.* **2** *adj* au néon. ~ **sign** enseigne *f* au néon.

Nepal [nɪˈpɔːl] *n* Népal *m.*

nephew ['nevjuː, 'nefjuː] *n* neveu *m.*

nephritis [neˈfraɪtɪs] *n* néphrite *f.*

nerve [nɜːv] **1** *n* **(a)** *(gen)* nerf *m; (Bot)* nervure *f.* **her** ~**s are bad** elle est très nerveuse; *(before performance)* **to have an attack of** ~**s** avoir le trac *; **it's only** ~**s** c'est de la nervosité; **to be a bundle of** ~**s** être un paquet de nerfs; **he was in a state of** ~**s, his** ~**s were on edge** il était sur les nerfs; **he gets on my** ~**s** il me tape sur les nerfs *; **to have** ~**s of steel** avoir les nerfs solides; **war of** ~**s** guerre *f* des nerfs.
(b) *(courage)* courage *m; (calm)* sang-froid *m; (self-confidence)* assurance *f,* confiance *f* en soi (-même); *(*: cheek)* culot * *m.* **to keep/lose one's** ~ conserver/perdre son sang-froid; **he lost his** ~, **his** ~ **failed him** il n'a jamais retrouvé sa confiance en lui-même; **I haven't the** ~ **to do that** je n'ai pas le courage *or (cheek)* le culot * de faire ça; **you've got a** ~! * tu as du culot! *
2 *vt:* **to** ~ **sb to do** donner à qn le courage de faire; **to** ~ **o.s. to do** s'armer de courage pour faire.
3 *adj cell* nerveux; *gas* neuroplégique. ~ **centre** *(Anat)* centre *m* nerveux; *(fig)* centre d'opérations; ~ **specialist** neurologue *mf.*
◆ **nerve-racking** *adj* angoissant. ◆ **nerviness** * *n (Brit)* nervosité *f; (US)* culot * *m.* ◆ **nervy** * *adj* **(a)** *(Brit: tense)* énervé; **(b)** *(US: cheeky)* qui a du culot *.

nervous ['nɜːvəs] *adj (Anat, Med)* nerveux; *(tense)* nerveux; *(apprehensive)* inquiet; *(self-conscious)* intimidé. **to have a** ~ **breakdown** faire une dépression nerveuse; ~ **energy** vitalité *f;* ~ **exhaustion** fatigue *f* nerveuse; *(serious)* surmenage *m* mental; **in a** ~ **state** très agité; **to feel** ~ se sentir mal à l'aise; *(before performance etc)* avoir le trac *; **he makes me** ~ *(fearful)* il m'intimide; *(tense)* il m'énerve; *(unsure of myself)* il me fait perdre mes moyens; **I'm rather** ~ **about diving** j'ai un peu peur de plonger; **he's a** ~ **wreck** * il est à bout de nerfs.
◆ **nervously** *adv (tensely)* nerveusement; *(apprehensively)* avec inquiétude. ◆ **nervousness** *n* nervosité *f; (apprehension)* inquiétude *f; (before performance)* trac * *m.*

nest [nest] **1** *n* nid *m.* **2** *vi* faire son nid. **3** *adj (fig)* ~ **egg** pécule *m.*

nestle ['nesl] *vi [person]* se blottir *(up to, against* contre); *[house etc]* se nicher. **to** ~ **down in bed** se pelotonner dans son lit; **a house nestling**

among the trees une maison nichée parmi les arbres.

nestling ['nestlɪŋ, 'neslɪŋ] n oisillon m.

net[1] [net] **1** n (**a**) (gen) filet m. **hair** ~ résille f. (**b**) (Tex) voile m. **2** vt fish, game prendre au filet. **3** adj: ~ **curtains** voilage m; (half length) brise-bise m inv. ◆ **netball** n netball m. ◆ **netting** n (nets) filets mpl; (mesh) mailles fpl; (Tex) voile m (pour rideaux); (wire ~ting) treillis m (métallique). ◆ **network** n (gen, Elec, Comput) réseau m; (Rad) station f; (fig) [streets, veins] lacis m; [spies, salesmen] réseau; (TV: esp US) **~works** les chaînes fpl. ◆ **networking** n (Comput) gestion f de réseau.

net[2], **nett** [net] adj price, weight net. **the price is £15** ~ le prix est de 15 livres net.

Netherlands ['neðələndz] npl Pays-Bas mpl.

nettle ['netl] **1** n ortie f. (fig) **to grasp the** ~ prendre le taureau par les cornes. **2** vt agacer. **he was** ~d **into replying** agacé, il a répondu. **3** adj: ~ **sting** piqûre f d'ortie. ◆ **nettlerash** n urticaire f.

neuralgia [njʊə'rældʒə] n névralgie f.

neuritis [njʊə'raɪtɪs] n névrite f.

neuro... ['njʊərə(ʊ)] pref neuro..., névro... ◆ **neurosurgeon** n neurochirurgien(ne) m(f). ◆ **neurosurgery** n neurochirurgie f.

neurology [njʊə'rɒlədʒɪ] n neurologie f. ◆ **neurological** adj neurologique. ◆ **neurologist** n neurologue mf.

neurosis, pl **-oses** [njʊə'rəʊsɪs, siːz] n névrose f. ◆ **neurotic** **1** adj person névrosé; disease névrotique; (fig) **she's getting quite neurotic about it** elle en fait une véritable maladie, ça devient une obsession chez elle ; **2** n névrosé(e) m(f).

neuter ['njuːtər] **1** adj neutre. **2** n (Gram) neutre m. **in the** ~ au neutre. **3** vt cat etc châtrer.

neutral ['njuːtr(ə)l] **1** adj neutre. **2** n (Aut) point m mort. **in** ~ au point mort. ◆ **neutralist** adj, n neutraliste (mf). ◆ **neutrality** n neutralité f. ◆ **neutralize** vt neutraliser.

neutron ['njuːtrɒn] n neutron m. ~ **bomb** bombe f à neutrons.

never ['nevər] adv ne... jamais. **I** ~ **eat it** je n'en mange jamais; **I have** ~ **seen him** je ne l'ai jamais vu; ~ **before had there been such a disaster** jamais on n'avait connu tel désastre; ~ **again!** plus jamais!; **I have** ~ **yet been able to** je n'ai encore jamais pu; **that will** ~ **do!** c'est inadmissible!; **he** ~ **said a word** il n'a pas dit le moindre mot; **you've** ~ **left it behind!** ne me dites pas que vous l'avez oublié!; ~! ça n'est pas vrai!; **well I** ~ **(did)!** * ça par exemple!; ~ **mind** ça ne fait rien. ◆ **never-ending** adj sans fin. ◆ **never-never 1** n: **to buy on the never-never** * acheter à crédit ; **2** adj: **never-never land** pays m de cocagne. ◆ **nevertheless** adv néanmoins, (et) pourtant, quand même. ◆ **never-to-be-forgotten** adj inoubliable, qu'on n'oubliera jamais.

new [njuː] adj nouveau (usually before n: before vowel nouvel, f nouvelle); (brand-new) neuf (f neuve); (different) nouveau, autre; bread, milk, cheese frais; wine nouveau. **I've got a** ~ **car** (different) j'ai une nouvelle or une autre voiture; (brand-new) j'ai une voiture neuve; **he has written a** ~ **book** il a écrit un nouveau livre; ~ **potatoes** pommes de terre nouvelles; **the** ~ **moon** la nouvelle lune; **N~ Testament** Nouveau Testament; **the N~ World** le Nouveau Monde; **dressed in** ~ **clothes** habillé de neuf; **as good as** ~ comme neuf, à l'état de neuf; **this idea is not** ~ ce n'est pas une idée nouvelle or neuve; **the** ~ **nations** les pays neufs; **a** ~ **town** une ville nouvelle; **this sort of work is** ~ **to me** ce genre de travail est qch de nouveau pour moi; **I'm** ~ **to this kind of work** je n'ai jamais fait ce genre de travail; **he's** ~ **to the trade** il est nouveau

dans le métier; **he's quite** ~ **to the town** il est tout nouvellement arrivé dans la ville; ~ **recruit** nouvelle recrue f, bleu * m; **the** ~ **students** or **pupils** les nouveaux mpl, les nouvelles fpl; **the** ~ **diplomacy** la diplomatie moderne; **the** ~ **rich** les nouveaux riches mpl; **bring me a** ~ **glass** apportez-moi un autre verre; **that's a** ~ **one on me!** * on en apprend tous les jours!; **what's** ~? * quoi de neuf?

◆ **newborn** adj nouveau-né(e) m(f). ◆ **New Caledonia** n Nouvelle-Calédonie f. ◆ **newcomer** n nouveau venu m, nouvelle venue f. ◆ **New Delhi** n New Delhi. ◆ **New England** n Nouvelle-Angleterre f. ◆ **new-fangled** adj nouveau genre inv. ◆ **Newfoundland** n Terre-Neuve f. ◆ **New Guinea** n Nouvelle-Guinée f. ◆ **new-laid** adj egg tout frais. ◆ **new-look** adj new-look inv. ◆ **newly** adv nouvellement, récemment; ~**ly made** neuf. ◆ **newly-weds** npl jeunes mariés mpl. ◆ **newness** n [fashion, ideas etc] nouveauté f; [clothes etc] état m de neuf. ◆ **New Orleans** n Nouvelle-Orléans f. ◆ **New Year 1** n nouvel an m, nouvelle année f; **to bring in** or **see in the N~ Year** faire le réveillon (de la Saint-Sylvestre or du jour de l'an); **Happy N~ Year!** bonne année!; **to wish sb a happy N~ Year** souhaiter une or la bonne année à qn; **N~ Year's Day** jour m or premier m de l'an; **N~ Year's Eve** la Saint-Sylvestre. **2** adj resolution de nouvel an. ◆ **New York** n New York. ◆ **New Zealand 1** n Nouvelle-Zélande f ; **2** adj néo-zélandais. ◆ **New Zealander** n Néo-Zélandais(e) m(f).

news [njuːz] **1** n (**a**) nouvelles fpl. **a piece** or an **item of** ~ (gen) une nouvelle; (Press) une information; **have you heard the** ~? vous connaissez la nouvelle?; **have you heard the** ~ **about Paul?** vous savez ce qui est arrivé à Paul?; **have you any** ~ **of him?** avez-vous de ses nouvelles?; **what's your** ~? quoi de neuf?; **is there any** ~? y a-t-il du nouveau?; **I've got** ~ **for you!** j'ai du nouveau à vous annoncer!; **this is** ~ **to me!** première nouvelle! *; **good** ~ bonnes nouvelles; **when the** ~ **broke** quand on a su la nouvelle; **to make** ~ faire parler de soi; (fig) **he's in the** ~ **again** le voilà qui refait parler de lui. (**b**) (Press, Rad, TV) informations fpl; (Cine, TV) actualités fpl. **financial/sporting** etc ~ chronique f financière/sportive etc. **2** adj: ~ **agency** agence f de presse; (US: Rad, TV) ~ **analyst** commentateur m; ~ **bulletin** (Rad) bulletin m d'informations; (TV) actualités fpl télévisées; ~ **conference** conférence f de presse; ~ **desk** service m des informations; ~ **editor** rédacteur m; ~ **flash** flash m d'information; ~ **headlines** titres mpl de l'actualité; ~ **photographer** reporter m photographe; ~ **pictures** reportage m photographique; ~ **service** agence f de presse; ~ **sheet** feuille f d'informations; ~ **stand** kiosque m (à journaux); ~ **theatre** cinéma m d'actualités; **to have** ~ **value** présenter un intérêt pour le public.

◆ **newsagent** (Brit) or ◆ **newsdealer** (US) n marchand(e) m(f) de journaux. ◆ **newsboy** n vendeur m de journaux. ◆ **newscast** n (Rad) (bulletin m d')informations fpl; (TV) actualités fpl (télévisées). ◆ **newscaster** n présentateur m, -trice f. ◆ **newsclip** n (US Press) coupure f de journal. ◆ **newsletter** n bulletin m (de société, de compagnie etc). ◆ **newsmaker** n (US) (event) sujet m d'actualité; (person) vedette f de l'actualité. ◆ **newsman** n journaliste m. ◆ **newspaper** n journal m; ~ **paper office** bureaux mpl de la rédaction. ◆ **newspaperman** n journaliste m. ◆ **newsprint** n papier m journal. ◆ **newsreader** n présentateur m, -trice f. ◆ **newsreel** n actualités fpl filmées. ◆ **newsroom** n (Press) salle f de rédaction; (Rad, TV) studio m. ◆ **newsworthy** adj qui vaut la peine d'être publié. ◆ **newsy** * adj plein de nouvelles.

newt [njuːt] *n* triton *m*.

next [nekst] **1** *adj (immediately adjoining) house, room, street* d'à côté, voisin; *(immediately following) bus stop, turning (in future)* prochain; *(in past)* suivant; *page, case* suivant. **get off at the ~ stop** descendez au prochain arrêt; **he got off at the ~ stop** il est descendu à l'arrêt suivant; **~ week** la semaine prochaine; **the ~ week** la semaine suivante *or* d'après; **this time ~ week** d'ici huit jours; **the ~ day** le lendemain, le jour suivant; **I will finish this in the ~ 5 days** je finirai ceci dans les 5 jours qui viennent; **the ~ morning** le lendemain matin; **(the) ~ time I see him** la prochaine fois que je le verrai; **the ~ time I saw him** la première fois que je l'ai revu; **the ~ moment** l'instant d'après; **from one moment to the ~** d'un moment à l'autre; **the year after ~** dans deux ans; **who's ~?** à qui le tour?; **you're ~** c'est votre tour, c'est à vous; **I was ~ to speak** ce fut ensuite à mon tour de parler; **the very ~ person I see** la première personne que je verrai; **the ~ thing to do** *(firstly)* la première chose à faire; *(next after this)* ce qu'il faut faire ensuite; **the ~ size** la taille au-dessus. **2** *adv* ensuite, après. **~ we had lunch** ensuite *or* après nous avons déjeuné; **what shall we do ~?** qu'allons-nous faire maintenant?; **when ~ you come to see us** la prochaine fois que vous viendrez nous voir; **when I ~ saw him** quand je l'ai revu (la fois suivante); **what ~?** et puis quoi encore?; **the ~ best thing would be** à défaut de mieux serait; **who's the ~ tallest?** qui est le plus grand après?; **~ to** *(beside)* auprès de, à côté de; *(almost)* presque; **wool ~ to the skin** de la laine à même la peau; **the ~ to last** l'avant-dernier; **~ to nothing** presque rien; **I got it for ~ to nothing** je l'ai payé trois fois rien. **3** *prep (Brit: beside)* à côté de, auprès de. **4** *n* prochain(e) *m(f)*. **the ~ to speak is Paul** c'est Paul qui parle ensuite; **to be continued in our ~** suite au prochain numéro. ◆ **next door 1** *n* la maison d'à côté; **from ~ door** d'à côté ; **2** *adv*: **~ door to us** à côté de chez nous; **the boy ~ door** le garçon d'à côté ; **3** *adj*: **~-door house** maison *f* d'à côté; **~-door neighbour** voisin(e) *m(f)* d'à côté. ◆ **next-of-kin** *n (relative)* parent *m* le plus proche; *(family)* famille *f* proche.

nib [nɪb] *n* [*pen*] (bec *m* de) plume *f*.

nibble ['nɪbl] *vti* grignoter; *[sheep, goats etc]* brouter; *[fish]* mordre, mordiller. *(fig)* **to ~ (at) an offer** se montrer tenté par une offre.

Nicaragua [nɪkə'ræɡjʊə] *n* Nicaragua *m*. ◆ **Nicaraguan 1** *adj* nicaraguayen ; **2** *n* Nicaraguayen(ne) *m(f)*.

nice [naɪs] *adj* **(a)** *(gen: pleasant)* agréable; *person* gentil, sympathique; *meal, smell, taste* bon, agréable; *(pretty)* joli. **how ~ you look!** vous êtes vraiment bien!; **be ~ to him** soyez gentil *or* aimable avec lui; **they had a ~ time** ils se sont bien amusés; **how ~ of you** comme c'est gentil *or* aimable à vous de...; **it's ~ here** on est bien ici; *(fig: iro)* **you're in a ~ mess** vous voilà dans de beaux draps; *(iro)* **that's a ~ way to talk!** c'est du joli ce que vous dites là!; **~ and warm** bien chaud; **~ and easy** très facile; **he gets ~ long holidays** ce qui est bien c'est qu'il a de longues vacances. **(b)** *(respectable, refined)* convenable, comme il faut. **they are not very ~ people** ce ne sont pas des gens très convenables *or* très comme il faut *or* très bien; **that's not very ~** ce n'est pas très convenable, ce n'est pas beau *. **(c)** *(hard to please) person* difficile *(about* pour); *(subtle) distinction* délicat, subtil. ◆ **nice-looking** *adj* joli, beau. ◆ **nicely** *adv (kindly)* gentiment; *(pleasantly)* agréablement; *(prettily)* joliment; *(well)* bien; *(carefully)* minutieusement; *(exactly)* exactement; **that will do ~ly** cela fera très bien l'affaire. ◆ **niceness** *n [person]* gentillesse *f*; *[place, thing]*

caractère *m* agréable. ◆ **nicety** *n [judgment]* précision *f*; **to a ~ty** à la perfection; **~ties** finesses *fpl*.

niche [niːʃ] *n (Archit)* niche *f*. *(fig)* **to find one's ~** trouver sa voie.

nick [nɪk] **1** *n* **(a)** *(in blade, dish)* ébréchure *f*; *(on skin, in wood)* entaille *f*. *(fig)* **in the ~ of time** juste à temps. **(b)** *(*‡*: prison)* taule ‡ *f*. **in the ~** en taule ‡. **(c)** **in good ~ ‡** en bonne condition. **2** *vt* **(a)** ébrécher; entailler. **(b)** *(*‡*: arrest)* pincer *, arrêter. **to get ~ed ‡** se faire pincer *. **(c)** *(*‡*: steal)* piquer ‡, voler. **(d)** *(US)* **how much did they ~ you for that suit?** ‡ tu t'es fait avoir * de combien pour ce costume?

nickel ['nɪkl] *n (metal)* nickel *m*; *(Can, US: coin)* pièce *f* de cinq cents. ◆ **nickel-plated** *adj* nickelé.

nickname ['nɪkneɪm] **1** *n* surnom *m*; *(humorous, malicious)* sobriquet *m*. **2** *vt*: **to ~ sb sth** surnommer qn qch; donner à qn le sobriquet de qch.

Nicosia [nɪkə'siːə] *n* Nicosie.

nicotine ['nɪkətiːn] **1** *n* nicotine *f*. **2** *adj*: **~ poisoning** nicotinisme *m*. ◆ **nicotine-stained** *adj* jauni de nicotine.

niece [niːs] *n* nièce *f*.

nifty ‡ ['nɪftɪ] *adj car, jacket* très chic *inv*; *tool, gadget* astucieux; *blow, action* habile; *(US: great)* formidable. **that was a ~ piece of work** ça a été vite fait.

Niger ['naɪdʒəʳ] *n (country, river)* Niger *m*.

Nigeria [naɪ'dʒɪərɪə] *n* Nigeria *m*. ◆ **Nigerian 1** *adj* nigérian ; **2** *n* Nigérian(e) *m(f)*.

niggardly ['nɪɡədlɪ] *adj person* pingre; *amount, portion* mesquin.

niggle ['nɪɡl] **1** *vi (go into detail)* couper les cheveux en quatre; *(find fault)* toujours trouver à redire. **2** *vt (gen)* agacer; *[conscience]* travailler. ◆ **niggling 1** *adj person* tatillon; *details* insignifiant; *doubt, pain* persistant ; **2** *n* chicanerie *f*.

night [naɪt] **1** *n* nuit *f*. **at ~, in the ~** la nuit; **by ~, in the ~** de nuit; **last ~** la nuit dernière, cette nuit; *(evening)* hier soir; **tomorrow ~** demain soir; **the ~ before** la veille au soir; **the ~ before last** avant-hier soir; **in the ~, during the ~** pendant la nuit; **Monday ~** lundi soir, la nuit de lundi à mardi; **6 o'clock at ~** 6 heures du soir; **to spend the ~** passer la nuit; **to have a good/bad ~** bien/mal dormir; **~ and day** nuit et jour; **to sit up all ~ talking** passer la nuit entière à bavarder; **to have a ~ out** sortir le soir; **the maid's ~ out** le soir de sortie de la bonne; **let's make a ~ of it** il est trop tôt pour aller se coucher; **he's working ~s** il est de nuit; **I've had too many late ~s** je me suis couché tard trop souvent; **a ~'s sleep** une bonne nuit de sommeil; **a ~'s lodging** un toit pour la nuit; **~ is falling** le soir tombe; *(Theat)* **the last 3 ~s of** les 3 dernières représentations de; **Mozart ~** soirée *f* Mozart. **2** *adj clothes, work, flight, nurse* de nuit. *(US)* **~ letter** télégramme-lettre *m* de nuit; *(fig)* **~ owl** couche-tard *mf*; **~ porter** gardien *m* de nuit; **~ school** cours *mpl* du soir; **~ storage heater/heating** radiateur *m*/chauffage *m* par accumulation; **~ safe** coffre *m* de nuit; *(US Police)* **~ stick** matraque *f* (d'agent de police); **~ watchman** veilleur *m* or gardien *m* de nuit. ◆ **nightcap** *n* bonnet *m* de nuit; *(drink)* **would you like a ~cap?** voulez-vous boire qch avant de vous coucher? ◆ **nightclub** *n* boîte *f* de nuit. ◆ **nightdress** *or* ◆ **nightgown** *or* ◆ **nightie** * *n* chemise *f* de nuit *(de femme)*. ◆ **nightfall** *n*: **at ~fall** à la nuit tombante. ◆ **nightingale** *n* rossignol *m*. ◆ **nightlife** *n* activités *fpl* nocturnes. ◆ **nightlight** *n (child's)* veilleuse *f*. ◆ **nightly 1** *adj* de tous les soirs, de toutes les nuits ; **2** *adv* tous les soirs, chaque nuit; **twice ~ly** deux fois par soir *or* nuit. ◆ **nightmare** *n* cauchemar *m*. ◆ **nightmarish** *adj* de cau-

chemar. ◆ **nightshade** n: **deadly ~shade** belladone f. ◆ **nightshift** n (workers) équipe f de nuit;
(work) poste m de nuit; **on ~shift** de nuit.
◆ **nightshirt** n chemise f de nuit (d'homme).
◆ **night-time** n nuit f; **at ~-time** la nuit; **in the
~-time** pendant la nuit. ◆ **nightwear** n vêtements mpl de nuit.

nil [nɪl] n rien m; (in form-filling) néant m; (Sport)
zéro m.

Nile [naɪl] n Nil m.

nimble ['nɪmbl] adj person, fingers agile; old person
alerte; mind vif, prompt. ◆ **nimble-fingered/
-footed** adj aux doigts/pieds agiles. ◆ **nimbleness** n agilité f; vivacité f. ◆ **nimble-witted** adj
à l'esprit vif. ◆ **nimbly** adv agilement.

nincompoop * ['nɪŋkəmpuːp] n idiot(e) m(f),
gourde * f.

nine [naɪn] **1** adj neuf inv. **~ times out of ten** neuf
fois sur dix; (fig) **he's got ~ lives** il a l'âme chevillée au corps; **a ~ days' wonder** la merveille
d'un jour; **a ~-hole golf course** un parcours de
neuf trous. **2** n neuf m inv. **dressed up to the ~s**
sur son trente et un; for other phrases V **six**.
◆ **ninepins** npl (jeu m de) quilles fpl; **to go down
like ~pins** tomber comme des mouches. ◆ **nineteen 1** adj dix-neuf inv ; **2** n dix-neuf m inv; **to
talk ~teen to the dozen** * être un vrai moulin à
paroles. ◆ **nineteenth** adj, n dix-neuvième (mf);
(fraction) dix-neuvième m. ◆ **ninetieth** adj, n
quatre-vingt-dixième (mf); (fraction) quatre-vingt-
dixième m. ◆ **nine-to-five** adj job de bureau routinier. ◆ **ninety** adj, n quatre-vingt-dix (mf) inv;
to be in one's ~ties avoir plus de quatre-vingt-
dix ans. ◆ **ninth** adj, n neuvième (mf); (fraction)
neuvième m.

nip¹ [nɪp] **1** n (pinch) pinçon m; (bite) morsure f.
there's a ~ in the air l'air est piquant. **2** vt (pinch)
pincer; (bite) donner un (petit) coup de dent à;
[cold] face etc piquer; plants brûler. (fig) **to ~ in the
bud** écraser dans l'œuf. **3** vi: **to ~** * **up/out** etc
monter/sortir etc en courant; **he ~ped into the café**
il a fait un saut au café; **I've just ~ped in for a
minute** je ne fais qu'entrer et sortir. ◆ **nippy** *
adj **(a)** (spry) alerte, preste; **be ~py about it!** fais
vite!; **(b)** wind piquant, coupant; **it's ~py** l'air est
piquant; **(c)** flavour fort, piquant.

nip² [nɪp] n (drink) goutte f, petit verre m.

nipple ['nɪpl] n (Anat) bout m de sein; [baby's bottle]
tétine f.

nirvana [nɪəˈvɑːnə] n nirvāna m.

nit [nɪt] n **(a)** [louse] lente f. **(b)** (⚥: fool) crétin(e) *
m(f). ◆ **nit-pick** * vi être tatillon. ◆ **nitty-gritty** *
n: **to get down to the ~ty-gritty** en venir aux
choses sérieuses. ◆ **nitwit** * n nigaud(e) * m(f).

nitrogen ['naɪtrədʒən] n azote m. ◆ **nitric** adj
nitrique, azotique. ◆ **nitroglycerin(e)** n nitroglycérine f. ◆ **nitrous** adj nitreux, azoteux.

no [nəʊ] **1** particle, n non (m inv). **I won't take ~
for an answer** il n'est pas question de me dire
non.
2 adj (not any) pas de, aucun, nul (f nulle) (all used
with 'ne'). **she had ~ coat** elle n'avait pas de manteau; **I have ~ idea** je n'ai aucune idée; **I have
~ more money** je n'ai plus d'argent; **~ two men
would agree** il n'y a pas deux hommes qui
seraient d'accord; **~ other man** nul autre, personne d'autre; **~ sensible man** aucun homme de
bon sens; **it's of ~ interest** c'est sans intérêt; **~
go!** * pas moyen!; **~ two are alike** il n'y en a pas
deux qui se ressemblent; **he's ~ friend of mine**
il n'est pas de mes amis; **he's ~ genius** il n'a rien
d'un génie; **this is ~ place for children** ce n'est
pas un endroit pour les enfants; **it's ~ small matter** ce n'est pas une petite affaire; **there's ~ such
thing** cela n'existe pas; **~ smoking** défense de
fumer; **~ parking** stationnement m interdit; **~ sur-**

render! on ne se rend pas!; **there's ~ saying what
he'll do** il est impossible de dire ce qu'il fera;
there's ~ pleasing him quoi qu'on fasse il n'est
jamais satisfait.
3 adv: **I can go ~ farther** je ne peux pas aller plus
loin; **I can bear it ~ longer** or **~ more** je ne peux
plus le supporter; **~ less than 4** pas moins de 4;
she came herself, ~ less! elle est venue en personne, voyez-vous ça! (iro).
◆ **nobody** V below. ◆ **no-claim(s) bonus** n bonification f pour non-sinistre. ◆ **no-go area** n zone
f interdite (à la police et à l'armée). ◆ **no-good** *
adj, n propre (mf) à rien. ◆ **nohow** * adv en
aucune façon. ◆ **no-man's-land** n no man's land
m. ◆ **no-nonsense** adj plein de bon sens. ◆ **no
one** = **nobody** V below. ◆ **nothin** V below. ◆ **noway(s)**
or ◆ **nowise** adv en aucune façon. ◆ **nowhere**
adv nulle part (+ ne before vb); **he went ~where**
il n'est allé nulle part; **~where in Europe** nulle
part en Europe; **it's ~where you know** ce n'est
pas un endroit que tu connais; **~where else** nulle
part ailleurs; **~where to be found** introuvable; **she
is ~where to be seen** on ne la voit nulle part;
they appeared from ~where ils sont apparus
comme par miracle; (fig) **that will get you ~where**
ça ne te servira à rien; **we're getting ~where** *
ça ne nous mène strictement à rien; **~where near**
(gen) loin de; **she is ~where near as clever as he
is** elle est loin d'être aussi intelligente que lui;
you're ~where near it! tu n'y es pas du tout!

nobble * ['nɒbl] vt (Brit) **(a)** (bribe) person acheter,
soudoyer. **(b)** (Racing) horse, dog droguer (pour
l'empêcher de gagner). **(c)** (catch) wrongdoer pincer *,
arrêter; sb to speak to coincer.

noble ['nəʊbl] **1** adj (gen) noble; (*: unselfish)
magnanime. **2** n noble m. ◆ **nobility** n noblesse
f. ◆ **nobleman** noble m. ◆ **nobly** adv (aristocrat-
ically) noblement; (magnificently) proportioned
majestueusement; (*: selflessly) généreusement.

nobody ['nəʊb(ə)dɪ] **1** pron personne, nul (+ ne
before vb). **I saw ~** je n'ai vu personne; **~ knows**
personne or nul ne le sait; **who saw him?** —
qui l'a vu? — personne. **2** n: **he's a ~** c'est un
rien du tout; **when he was ~** alors qu'il était
encore inconnu.

nocturnal [nɒkˈtɜːnl] adj nocturne.

nod [nɒd] **1** n signe m de la tête. **to give sb a ~**
faire un signe de (la) tête à qn; (answering yes)
faire signe que oui à qn. **2** vi **(a)** (also **~ one's
head**) faire un signe de la tête; (as sign of assent)
faire signe que oui, faire un signe de tête affirmatif. **to ~ to sb** faire un signe de tête à qn; (in
greeting) saluer qn d'un signe de tête; (meaning
'yes') il m'a fait signe que oui; **he ~ded
to me to go** de la tête il m'a fait signe de m'en
aller; **we have a ~ding acquaintance** nous nous
connaissons vaguement. **(b)** (doze) somnoler. **(c)**
[flowers etc] se balancer. ◆ **nod off** vi s'endormir.

node [nəʊd] n nœud m.

noise [nɔɪz] n (sound) bruit m; (din) bruit, tapage
m; (Rad, TV) parasites mpl; (Telec) friture f. **I heard
a small ~** j'ai entendu un petit bruit; **~s in the
ears** bourdonnements mpl d'oreilles; **a hammering
~** un martèlement; **the ~ of the traffic** le bruit
or le vacarme de la circulation; **I hate ~** j'ai horreur du bruit; **~ pollution** les nuisances fpl
sonores, (lit, fig) **to make a ~** faire du bruit or du
tapage; (fig) **she made ~s** * **about wanting to go
home** elle a marmonné qu'elle voulait rentrer;
(person) **a big ~** * une huile *. ◆ **noiseless** adj
silencieux. ◆ **noiselessly** adv sans bruit, silencieusement. ◆ **noisily** adv bruyamment. ◆ **noisy**
adj (gen) bruyant; (boisterous) bruyant, tapageur;
to be noisy faire du bruit or du tapage.

nomad ['nəʊmæd] n nomade mf. ◆ **nomadic** adj
nomade.

nom de plume ['nɒmdə'pluːm] *n (Literat)* pseudonyme *m*.

nominal ['nɒmɪnl] *adj (gen)* nominal; *rule* de nom seulement; *rent* insignifiant. ◆ **nominally** *adv* nominalement.

nominate ['nɒmɪneɪt] *vt (appoint)* nommer (*sb to a post* qn à un poste), désigner; *(propose)* proposer, présenter (*sb for sth* qn comme candidat à qch). ◆ **nomination** *n* nomination *f* (*to* à), proposition *f* de candidat. ◆ **nominative** *adj, n (Gram)* nominatif *m*. ◆ **nominee** *n* personne *f* nommée, candidat(e) *m(f)* agréé(e).

non- [nɒn] *pref* non-, *e.g.* ~-**strikers** non-grévistes. ◆ **non-aggression** *n* non-aggression *f*. ◆ **non-alcoholic** *adj* non alcoolisé, sans alcool. ◆ **non-aligned** *adj* non-aligné. ◆ **non-arrival** *n* non-arrivée *f*. ◆ **non-believer** *n* incroyant(e) *m(f)*. ◆ **non-Catholic** *adj, n* non-catholique *(mf)*. ◆ **non-combatant** *adj, n* non-combattant *(m)*. ◆ **non-combustible** *adj* non-combustible. ◆ **non-commissioned officer** *n* sous-officier *m*. ◆ **non-commital** *adj* évasif. ◆ **non-communication** *n* manque *m* de communication. ◆ **non-conformist** *adj, n* non-conformiste *(mf)*. ◆ **non-contributory** *adj* sans cotisations. ◆ **noncooperation** *n* refus *m* de coopération. ◆ **nondrinker** *n* personne *f* qui ne boit jamais d'alcool. ◆ **non-essentials** *npl* accessoires *mpl*. ◆ **non-event** *n:* **the meeting was a ~-event** * la réunion n'a jamais démarré. ◆ **non-existence** *n* non-existence *f*. ◆ **non-existent** *adj* inexistant. ◆ **non-fattening** *adj* qui ne fait pas grossir. ◆ **non-fiction** *n* littérature *f* non romanesque. ◆ **non-greasy** *adj* qui ne graisse pas. ◆ **non-inflammable** *adj* ininflammable. ◆ **non-interference** *n* non-intervention *f*. ◆ **non-intervention** *n* non-intervention *m*. ◆ **non-involvement** *n* non-engagement *m*. ◆ **non-iron** *adj* qui ne nécessite aucun repassage. ◆ **non-member** *n* personne *f* étrangère (au club *etc*) ; **open to** ~-**members** ouvert au public. ◆ **non-party** *adj* vote, *decision* indépendant (de tout parti politique). ◆ **non-payment** *n* non-paiement *m*. ◆ **non-poisonous** *adj snake* non venimeux; *plant* non vénéneux; *mixture* non toxique. ◆ **non-political** *adj* apolitique. ◆ **non-professional** *adj, n* amateur *(mf)*. ◆ **non-profitmaking** *or* ◆ **non-profit** *(US) adj* sans but lucratif. ◆ **non-resident 1** *adj* person non résidant ; **2** *n* non-résident(e) *m(f)*; *(in hotel)* client(e) *m(f)* de passage. ◆ **non-returnable** *adj* non consigné. ◆ **non-run** *adj* indémaillable. ◆ **non-sectarian** *adj* non confessionnel. ◆ **non sequitur** *n:* **it's a** ~ **sequitur** c'est illogique. ◆ **non-shrink** *adj* irrétrécissable. ◆ **non-skid** *adj* antidérapant. ◆ **non-slip** *adj* antidérapant. ◆ **non-smoker** *n* non-fumeur *m*, personne *f* qui ne fume pas. ◆ **non-starter** *n (fig)* **to be a** ~-**starter** * ne rien valoir. ◆ **non-stick** *adj* saucepan qui n'attache pas, Téfal *inv*®. ◆ **non-stop 1** *adj (gen)* sans arrêt; *train, flight* direct ; **2** *adv* talk sans arrêt; *(Aviat)* sans escale. ◆ **non-taxable** *adj* non-imposable. ◆ **non-union** *adj* workers, labour non syndiqué. ◆ **nonviolence** *n* non-violence *f*. ◆ **nonviolent** *adj* non-violent. ◆ **non-white 1** *n* personne *f* de couleur ; **2** *adj* de couleur.

nonchalant ['nɒnʃ(ə)lənt] *adj* nonchalant. ◆ **nonchalance** *n* nonchalance *f*. ◆ **nonchalantly** *adv* nonchalamment.

noncommittal ['nɒnkə'mɪtl] *adj person* réservé; *statement* qui n'engage à rien; *answer* diplomatique.

nondescript ['nɒndɪskrɪpt] *adj colour* indéfinissable; *person* quelconque.

none [nʌn] **1** *pron* **(a)** *(thing)* aucun(e) *m(f)* (+ *ne before vb)*; *(form-filling)* néant *m*. ~ **of the books** aucun livre, aucun des livres; ~ **of this** rien de ceci; ~ **of that!** pas de ça!; **he would have** ~ **of it** il ne voulait rien savoir; ~ **at all** rien, pas du tout; *(not a single one)* pas un(e) seul(e); ~ **of this money** pas un centime de cet argent; ~ **of this milk** pas une goutte de ce lait; **there's** ~ **left** il n'en reste plus. **(b)** *(person)* personne, aucun(e) *m(f)* (+ ne). ~ **of them** aucun d'entre eux; ~ **but you can do it** vous seul êtes capable de le faire; **I know,** ~ **better, that...** je sais mieux que personne que...; **their guest was** ~ **other than...** leur invité n'était autre que...

2 *adv:* ~ **the worse for it** il ne s'en porte pas plus mal; **I'm** ~ **the worse for having eaten it** je ne me ressens pas de l'avoir mangé; **I like him** ~ **the worse for it** je ne l'en aime pas moins pour cela; **he was** ~ **the wiser** il n'était pas plus avancé; **it's** ~ **too warm** il ne fait pas tellement chaud; **and** ~ **too soon either!** et ce n'est pas trop tôt! ◆ **nonetheless** = **nevertheless**.

nonentity [nɒ'nentɪtɪ] *n* personne *f* insignifiante, nullité *f*.

nonplus ['nɒn'plʌs] *vt* déconcerter, dérouter.

nonsense ['nɒns(ə)ns] **1** *n* absurdités *fpl*, sottises *fpl*, idioties *fpl*. **to talk** ~ dire *or* débiter des absurdités; **that's a piece of** ~! c'est une absurdité *or* sottise *or* idiotie!; ~! ne dis pas de sottises *or* d'idioties!; **it is** ~ **to say** il est absurde *or* idiot de dire; **he will stand no** ~ il ne se laissera pas faire (*from* par; *about* en ce qui concerne); **no** ~! pas d'histoires! *; **there's no** ~ **about him** c'est un homme très carré; **to make (a)** ~ **of sth** rendre qch complètement ridicule. **2** *adj:* ~ **verse** vers *mpl* amphigouriques. ◆ **nonsensical** *adj* absurde.

noodles ['nuːdlz] *npl* nouilles *fpl*.

nook [nʊk] *n* coin *m*. ~**s and crannies** coins et recoins.

noon [nuːn] *n* midi *m*. **at** ~ à midi.

noose [nuːs] *n* nœud *m* coulant; *(as trap)* collet *m*; *[cowboy]* lasso *m*; *[hangman]* corde *f*. *(fig)* **to put one's head in the** ~ se jeter dans la gueule du loup.

nor [nɔːʳ] *conj* **(a)** *(following 'neither')* ni. **neither you** ~ **I can do it** ni vous ni moi (nous) ne pouvons le faire; **she neither eats** ~ **drinks** elle ne mange ni ne boit. **(b)** *(= and not)* **I don't know,** ~ **do I care** je ne sais pas et d'ailleurs je m'en moque; ~ **do I (or can I** *etc*) ni moi non plus.

norm [nɔːm] *n* norme *f*. ◆ **normal 1** *adj* normal; **it was quite** ~**al for him to object** il était tout à fait normal *or* naturel qu'il fasse des objections; **it's quite a** ~**al thing for children to fight** c'est une chose très normale que les enfants se battent *(subj)* ; **2** *n* normale *f*; **below** ~**al** au-dessous de la normale. ◆ **normalcy** *or* ◆ **normality** *n* normalité *f*. ◆ **normalize** *vt* normaliser, régulariser. ◆ **normally** *adv* normalement.

Norman ['nɔːmən] **1** *adj* normand; *(Archit)* roman. **2** *n* Normand(e) *m(f)*. ◆ **Normandy** *n* Normandie *f*.

Norse [nɔːs] *n (Ling)* norrois *m*.

north [nɔːθ] **1** *n* nord *m*. **(to the)** ~ **of** au nord de; *[wind]* **to veer to the** ~, **to go into the** ~ tourner au nord; **the wind is in the** ~ le vent est au nord; **to live in the** ~ habiter dans le nord; **in the** ~ **of** dans le nord de; *(US Hist)* **the N**~ les États *mpl* du nord.

2 *adj (gen)* nord *inv; coast, door* nord, septentrional; *wind* du nord. **in the N**~ **Atlantic** dans l'Atlantique *m* Nord; **N**~ **Africa** Afrique *f* du Nord; **N**~ **African** *(adj)* nord-africain; *(n)* Nord-Africain(e) *m(f)*; **N**~ **America** Amérique *f* du Nord; **N**~ **American** *(adj)* nord-américain; *(n)* Nord-Américain(e) *m(f)*; **N**~ **Sea** mer *f* du Nord; **N**~ **Sea oil** pétrole *m* de la mer du Nord; ~ **Star** étoile *f* polaire.

3 *adv* au nord, vers le nord. **the town lies ~ of the border** la ville est située au nord de la frontière; **we drove ~ for 100 km** nous avons roulé pendant 100 km en direction du nord; **to sail due ~** aller droit vers le nord, avoir le cap au nord *(Naut)*. ◆ **northbound** *adj traffic* en direction du nord; *carriageway* nord *inv*. ◆ **north-country** *adj* du Nord (de l'Angleterre). ◆ **north-east 1** *adj, n* nord-est *(m) inv* ; **2** *adv* vers le nord-est. ◆ **north-eastern** *adj* nord-est *inv*. ◆ **northerly** *adj wind* du nord; *situation, aspect* au nord; **in a ~erly direction** vers le nord. ◆ **northern** *adj region* nord *inv*, du nord; *wall, side* exposé au nord; *coast* nord, septentrional; **in ~ern Spain** dans le nord de l'Espagne; **~ern lights** aurore *f* boréale. ◆ **northerner** *n* homme *m* or femme *f* du Nord; *(US Hist)* Nordiste *mf*. ◆ **northernmost** *adj* le plus au nord. ◆ **north-north-east 1** *adj, n* nord-nord-est *(m) inv* ; **2** *adv* vers le nord-nord-est. ◆ **northward 1** *adj* au nord ; **2** *adv (also* **~wards)** vers le nord. ◆ **north-west 1** *adj, n* nord-ouest *(m) inv* ; **2** *adv* vers le nord-ouest. ◆ **north-western** *adj* nord-ouest *inv*.

Norway ['nɔːweɪ] *n* Norvège *f*. ◆ **Norwegian 1** *adj* norvégien ; **2** *n* Norvégien(ne) *m(f)*; *(Ling)* norvégien *m*.

nose [nəʊz] **1** *n* nez *m*. **his ~ was bleeding** il saignait du nez; **to speak through one's ~** parler du nez; **red-~d** au nez rouge; *(fig)* **right under his ~** juste sous son nez; **his ~ is out of joint** il est dépité; **to lead sb by the ~** mener qn par le bout du nez; **to look down one's ~ at sb/sth** faire le nez à qn/devant qch; **to turn up one's ~** faire le dégoûté *(at* devant); **to keep one's ~ to the grindstone** travailler sans répit; **to poke** or **stick one's ~ into sth** mettre son nez dans qch; **to have a (good) ~ for...** avoir du flair pour...; **a line of cars ~ to tail** une file de voitures pare-chocs contre pare-chocs. **2** *adj:* **~ drops** gouttes *fpl* pour le nez; **to have a ~ job** * se faire rectifier le nez. ◆ **nose about, nose around** *vi* fouiller, fureter. ◆ **nose out** *vt sep [dog]* flairer; *(fig) secret* découvrir; *person* dénicher. ◆ **nosebag** *n* musette *f* mangeoire. ◆ **nosebleed** *n* saignement *m* de nez; **to have a ~bleed** saigner du nez. ◆ **nose-dive** *(Aviat)* **1** *n* piqué *m* ; **2** *vi* descendre en piqué. ◆ **nosegay** *n* petit bouquet *m*. ◆ **nose-to-tail** *adv* pare-chocs contre pare-chocs. ◆ **nos(e)y** * *adj* curieux; **don't be so ~y** mêlez-vous de ce qui vous regarde!; **N~y Parker** fouinard(e)* *m(f)*.

nostalgia [nɒsˈtældʒɪə] *n* nostalgie *f*. ◆ **nostalgic** *adj* nostalgique.

nostril ['nɒstr(ə)l] *n* narine *f*; *[horse]* naseau *m*.

not [nɒt] *adv* ne... pas. **he is ~ here** il n'est pas ici; **he hasn't come** il n'est pas venu; **he won't stay** il ne restera pas; **he told me ~ to come** il m'a dit de ne pas venir; **~ to mention...** pour ne pas parler de...; **I hope ~** j'espère que non; **whether he comes or ~** qu'il vienne ou non; **~ at all** pas du tout; *(after thanks)* il n'y a pas de quoi; **~ in the least** pas du tout, nullement; **~ that I know of** pas que je sache; **why ~?** pourquoi pas?; **~ a few...** bien des...; **~ without reason** et pour cause; **~ I!** moi pas!, pas moi!; **~ one book** pas un livre; **~ yet** pas encore; **~ guilty** non coupable.

notable ['nəʊtəbl] **1** *adj (gen)* notable. **It is ~ that ...** il est remarquable que... + *subj*. **2** *n* notable *m*. ◆ **notably** *adv (in particular)* notamment; *(outstandingly)* notablement.

notary ['nəʊtərɪ] *n* (**~ public**) notaire *m*.

notation [nəʊˈteɪʃ(ə)n] *n* notation *f*.

notch [nɒtʃ] **1** *n (in wood, stick)* encoche *f*; *(in belt)* cran *m*; *(in wheel, saw, board)* dent *f*; *(in blade)* ébréchure *f*; *(Sewing)* cran. **2** *vt stick etc* encocher; *blade* ébrécher; *seam* cranter. ◆ **notch up** *vt sep* score

etc marquer. ◆ **notchback** *n (US: car)* trois-volumes *f*, voiture *f* avec coffre à bagages.

note [nəʊt] **1** *n* (**a**) *(gen, Diplomacy, Liter etc)* note *f*. **to take** or **make a ~ of sth** prendre note de qch; *(fig)* **I must make a ~ to buy some more** il faut que je me souvienne d'en racheter; **to take** or **make ~s** prendre des notes; **lecture ~s** notes de cours. (**b**) *(informal letter)* mot *m*. *(to secretary)* **take a ~ to Mr...** je vais vous dicter un mot pour M. ...; **just a quick ~ to tell you...** un petit mot à la hâte pour vous dire... (**c**) *(Mus)* note *f*; *[piano]* touche *f*; *[bird]* note. **to play** (or **sing**) **a false ~** faire une fausse note; *(fig)* **his speech struck the right/ wrong ~** son discours était bien dans la note/n'était pas dans la note; **with a ~ of anxiety in his voice** avec une note d'anxiété dans la voix; **a ~ of desperation** un accent de désespoir; **a ~ of warning** un avertissement discret. (**d**) *(Comm, Banking)* billet *m*. **bank ~** billet de banque; **one-pound ~** billet d'une livre. (**e**) *(of person)* **of ~** éminent, de marque; **nothing of ~** rien d'important. (**f**) *(notice)* **to take ~ of** prendre note de; **worthy of ~** digne d'attention.

2 *vt (take ~ of)* noter *(that* que), prendre note de; *(notice)* remarquer, constater; (**~ down**) noter, inscrire.

◆ **notebook** *n* carnet *m*; *(Scol)* cahier *m*; *[stenographer]* bloc-notes *m*. ◆ **note-case** *n* portefeuille *m*. ◆ **noted** *adj* (bien) connu *(for* pour), célèbre. ◆ **notepad** *n* bloc-notes *m*. ◆ **notepaper** *n* papier *m* à lettres. ◆ **noteworthy** *adj* notable.

nothing ['nʌθɪŋ] **1** *n* rien *m* (+ *ne* before *vb*); *(numeral)* zéro *m*. **I saw ~** je n'ai rien vu; **~ happened** il ne s'est rien passé; **to eat ~** ne rien manger; **~ to eat** rien à manger; **there is ~ that pleases him** il n'y a rien qui lui plaise; **~ new** rien de nouveau; **~ on earth** rien au monde; **you look like ~ on earth** * tu as l'air de je ne sais quoi; **as if ~ had happened** comme si de rien n'était; **fit for ~** propre à rien; **to say ~ of...** sans parler de...; **I can do ~ about it** je n'y peux rien; **he is ~ if not polite** il est avant tout poli; **for ~** *(in vain)* en vain; *(without payment)* gratuitement; *(for no reason)* sans raison; *(hum)* **I'm not Scottish for ~** * je ne suis pas écossais pour rien; **it's ~** ce n'est rien; **that is ~ to you** *(easy for you)* pour vous ce n'est rien; *(not your business)* cela ne vous regarde pas; **she means ~ to him** elle n'est rien pour lui; **it's ~ to me whether he comes or not** il m'est indifférent qu'il vienne ou non; **she is ~ to** or **~ compared with her sister** elle ne vaut pas sa sœur; **I can make ~ of it** je n'y comprends rien; **to have ~ on** *(be naked)* être nu; **I have ~ on for this evening** je n'ai rien de prévu ce soir; **there's ~ in it** *(not interesting)* c'est sans intérêt; *(not true)* ce n'est absolument pas vrai; *(almost the same)* c'est du pareil au même *; **there's ~ in it for us** nous n'avons rien à y gagner; **there's ~ to it** c'est facile comme tout *; **there's ~ like exercise for keeping one fit** il n'y a rien de tel que l'exercice pour garder la forme; **to come to ~** ne rien donner; **~ much** pas grand-chose; **~ but** rien que; **he does ~ but eat** il ne fait que manger; **I get ~ but complaints** je n'entends que des plaintes; **there's ~ for it but to go** il ne nous reste qu'à partir; **~ less than** rien moins que; **~ more** rien de plus; **~ else** *(no other thing)* rien d'autre; *(nothing further)* rien de plus; **there's ~ else for it** c'est inévitable; **that has ~ to do with us** nous n'avons rien à voir là-dedans; **I've got ~ to do with it** je n'y suis pour rien; **have ~ to do with it!** ne vous en mêlez pas!; **that has ~ to do with it** cela n'a rien à voir; **there is ~ to laugh at** il n'y a pas de quoi rire; **I have ~ against him** je n'ai rien contre lui; **there was ~ doing * at the club** il ne se passait rien d'intéressant au club; **~ doing!** * pas question!; **it's a**

mere ~ **compared with** ça n'est rien en comparaison de; **he's just a** ~ c'est une nullité.
2 *adv* nullement, pas du tout. **it was** ~ **like as big as** c'était loin d'être aussi grand que.
◆ **nothingness** *n* néant *m*.

notice ['nəʊtɪs] **1** *n* (**a**) *(warning)* avis *m*, notification *f*; *(period)* délai *m*. **advance** *or* **previous** ~ préavis *m*; **a week's** ~ une semaine de préavis; **to give** ~ **to** *(to tenant)* donner congé à; *(to landlord etc)* donner un préavis de départ à; **to give sb** ~ *(Admin etc: inform)* aviser qn *(to do* de faire; *that* que); *(sack) (employee)* licencier qn *(servant etc)* congédier qn; **to give** ~ *[professional or office worker]* donner sa démission; *[servant]* donner ses huit jours; **to give** ~ **of sth** annoncer qch; **to give sb** ~ **of sth** prévenir qn de qch; **give me a week's** ~ **if you want to do...** prévenez-moi une semaine à l'avance si vous voulez faire...; **until further** ~ jusqu'à nouvel ordre; **at very short** ~ *leave* dans les plus brefs délais; *inform* très peu de temps à l'avance; **at a moment's** ~ sur-le-champ; **at 3 days'** ~ dans un délai de 3 jours.
(**b**) *(announcement)* avis *m*, annonce *f*; *(poster)* affiche *f*; *(sign)* pancarte *f*. **public** ~ avis au public; **to put a** ~ **in the paper** mettre une annonce *or* un entrefilet dans le journal; *(Press)* **death** *etc* ~ annonce de décès *etc*.
(**c**) *(review: play)* compte rendu *m*, critique *f*.
(**d**) **to take** ~ **of sb/sth** tenir compte de qn/qch, faire attention à qn/qch; **to take no** ~ **of sb/sth** ne tenir aucun compte de qn/qch, ne pas faire attention à qn/qch; **take no** ~! ne faites pas attention!; **it has attracted a lot of** ~ cela a suscité un grand intérêt; **it escaped his** ~ **that...** il n'a pas remarqué que...; **to avoid** ~ passer inaperçu; **it came to his** ~ **that...** il s'est aperçu que...; **it has been brought to my** ~ **that...** il a été porté à ma connaissance que...; **beneath my** ~ indigne de mon attention.
2 *vt (perceive)* remarquer, s'apercevoir de; *(heed)* faire attention à. **I** ~**d a tear in his coat** j'ai remarqué un accroc dans son manteau; **when he** ~**d me** quand il s'est aperçu que j'étais là; **I'm afraid I didn't** ~ malheureusement je n'ai pas remarqué; **I** ~ **you have a new dress** je vois que vous avez une nouvelle robe.
3 *adj*: ~ **board** panneau *m* d'affichage.
◆ **noticeable** *adj (perceptible)* perceptible; *(obvious)* évident, net; **it isn't really** ~**able** ça ne se voit pas vraiment. ◆ **noticeably** *adv* perceptiblement; nettement.

notify ['nəʊtɪfaɪ] *vt*: **to** ~ **sth to sb** signaler *or* notifier qch à qn; **to** ~ **sb of sth** aviser qn de qch. ◆ **notification** *n* annonce *f*, notification *f*; *(announcement)* annonce; *(to authorities)* déclaration *f*.

notion ['nəʊʃ(ə)n] *n* (**a**) idée *f*. **he somehow got hold of the** ~ **that she...** il s'est mis en tête l'idée qu'elle...; **according to his** ~ selon sa façon de penser; **if that's your** ~ **of fun...** si c'est ça que tu appelles t'amuser...; **I've got some** ~ **of physics** j'ai quelques notions de physique; **to have no** ~ **of time** ne pas avoir la notion du temps; **I haven't the least** *or* **slightest** *or* **foggiest** ~ je n'en ai pas la moindre idée; **I have a** ~ **that** j'ai dans l'idée que; **I had no** ~ **that** j'ignorais absolument que; **can you give me a rough** ~ **of how many?** pouvez-vous m'indiquer en gros combien? (**b**) *(US: ribbons etc)* ~**s** mercerie *f (articles)*.

notorious [nə(ʊ)'tɔːrɪəs] *adj event, act* d'une triste notoriété; *crime* notoire, célèbre; *person, case* tristement célèbre; *liar, thief, criminal* notoire; *place* mal famé. ~ **for his dishonesty** d'une malhonnêteté notoire; **it is** ~ **that...** il est de notoriété publique que... ◆ **notoriety** *n* notoriété *f*.
◆ **notoriously** *adv* notoirement.

notwithstanding [ˌnɒtwɪθ'stændɪŋ] **1** *prep* malgré, en dépit de. **2** *adv* néanmoins, malgré tout. **3** *conj*: ~ **that** quoique + *subj*, bien que + *subj*.

nought [nɔːt] *n* = **naught**.

noun [naʊn] *n* nom *m*, substantif *m*.

nourish ['nʌrɪʃ] *vt* nourrir *(with* de). ◆ **nourishing** *adj* nourrissant. ◆ **nourishment** *n* nourriture *f*, aliments *mpl*; **to take** ~**ment** s'alimenter.

Nova Scotia ['nəʊvə'skəʊʃə] *n* Nouvelle-Écosse *f*.

novel ['nɒv(ə)l] **1** *n (Literat)* roman *m*. **2** *adj* nouveau *(after n)*, original. ◆ **novelette** *n* nouvelle *f*; *(love story)* roman *m* à l'eau de rose. ◆ **novelist** *n* romancier *m*, -ière *f*. ◆ **novelty** *n* nouveauté *f*; *(idea, thing)* innovation *f*; *(Comm)* article *m* de nouveauté.

November [nə(ʊ)'vembə'] *n* novembre *m*; *for phrases V* **September**.

novice ['nɒvɪs] *n* novice *mf (at* en).

now [naʊ] **1** *adv* (**a**) *(gen)* maintenant; *(these days)* actuellement, en ce moment; *(at that time)* alors. **right** ~ en ce moment, à l'instant même; ~ **is the time to do it** c'est le moment de le faire; ~ **is the best time to go** c'est maintenant le meilleur moment pour y aller; **I saw him come in just** ~ je l'ai vu arriver à l'instant; **they won't be long** ~ ils ne vont plus tarder; **here and** ~ sur-le-champ; ~ **and again, (every)** ~ **and then** de temps en temps, par moments; **it's** ~ **or never!** c'est maintenant ou jamais!
(**b**) *(with prep)* **you should have done that before** ~ vous auriez dû l'avoir déjà fait; **long before** ~ il y a longtemps déjà; **between** ~ **and next Tuesday** d'ici (à) mardi prochain; **they should have arrived by** ~ ils devraient être déjà arrivés; **haven't you finished by** ~? vous n'avez toujours pas fini?; **that will do for** ~ ça ira pour le moment; **from** ~ **on(wards)** à partir de maintenant; **in 3 weeks from** ~ d'ici (à) 3 semaines; **from** ~ **until then** d'ici là; **until** ~, **up to** ~ jusqu'à présent; ~ **here,** ~ **there** tantôt par ici, tantôt par là; ~ **(then)!** bon!, alors!; *(remonstrating)* allons!; **well,** ~! eh bien!; ~, **they had been looking for him** or, ils l'avaient cherché.
2 *conj*: ~ **(that)** maintenant que, à présent que.
◆ **nowadays** *adv* aujourd'hui, actuellement.

nowt [naʊt] *n (Brit dial)* = **nothing**.

noxious ['nɒkʃəs] *adj* nocif.

nozzle ['nɒzl] *n [hose, flamethrower]* ajutage *m*; *[syringe]* canule *f*; *[bellows]* bec *m*; *[vacuum cleaner]* suceur *m*; *(for icing)* douille *f*.

nuclear ['njuːklɪə'] *adj (gen)* nucléaire. ~ **physicist** physicien(ne) *m(f)* atomiste; ~ **physics** physique *f* nucléaire; ~ **powers** puissances *fpl* nucléaires; ~ **processing plant** usine *f* de retraitement des déchets nucléaires; ~ **scientist** (savant *m*) atomiste *m*. ◆ **nuclear-powered** *adj* nucléaire.

nucleus, *pl* **-ei** ['njuːklɪəs, aɪ] *n (Astron, Phys)* noyau *m*; *(Bio)* nucléus *m*; *(fig)* éléments *mpl* de base.

nude [njuːd] **1** *adj* nu. **2** *n (Art)* nu *m*. **in the** ~ nu. ◆ **nudism** *n* nudisme *m*. ◆ **nudist** *adj, n* nudiste *(mf)*; **nudist camp** camp *m* de nudistes.
◆ **nudity** *n* nudité *f*.

nudge [nʌdʒ] **1** *vt* pousser du coude. **2** *n* coup *m* de coude.

nugget ['nʌgɪt] *n* pépite *f*.

nuisance ['njuːsns] *n (thing, event)* ennui *m*, embêtement * *m*; *(person)* peste *f*, fléau *m*. **it's a** ~ c'est ennuyeux *or* embêtant * *(that* que + *subj; doing* de devoir faire); **it/he is a** ~ ça/il m'embête *; **what a** ~! quelle barbe! *; **you're being a** ~ tu nous embêtes *; **to make a** ~ **of o.s.** embêter le monde *; **a public** ~ * une calamité publique *.

nuke * [njuːk] *vt (attack)* city lancer une bombe atomique sur; *enemy* lancer une attaque nucléaire contre; *(destroy)* détruire à l'arme atomique.

null [nʌl] *adj (Jur)* ~ **and void** nul et non avenu. ◆ **nullify** *vt* infirmer, invalider. ◆ **nullity** *n* nullité *f*.

numb [nʌm] *adj* engourdi *(with* par*)*; *(fig)* paralysé *(with fright etc* par la peur *etc)*. ◆ **numbness** *n* engourdissement *m*. ◆ **numbskull** *n* imbécile *mf*.

number ['nʌmbəʳ] **1** *n* **(a)** *(gen)* nombre *m; (actual figure: when written etc)* chiffre *m; (gen, Gram etc)* nombre. **even/odd** ~ nombre pair/impair; **in round** ~s en chiffres ronds. **(b)** *(quantity, amount)* nombre *m*, quantité *f*. **a** ~ **of people** un certain nombre de gens, plusieurs personnes; **a large** ~ **of** *people, mistakes, cases* un grand nombre de; *things* une grande quantité de; **on a** ~ **of occasions** à plusieurs occasions; **a fair** ~ un assez grand nombre; **in equal** ~s en nombre égal; ~s **being equal** à nombre égal; **10 in** ~ au nombre de 10; **in small/large** ~s en petit/grand nombre; **times without** ~ à maintes reprises; **any** ~ **can play** le nombre de joueurs est illimité; **the power of** ~s le pouvoir du nombre; **by force of** ~s, **by sheer** ~s par la force du nombre; **one of their** ~ un d'entre eux. **(c)** *[house, page etc]* numéro *m. (Telec)* **wrong** ~ faux numéro; **at** ~ **4** au (numéro) 4; **reference** ~ numéro de référence; *(Aut, Mil)* **registration** ~ numéro d'immatriculation; *(fig)* **I've got his** ~! * je le connais, lui!; **his** ~'s **up** * il est fichu *; **the** ~ **one player** le meilleur joueur; **he's the** ~ **one there** c'est lui qui dirige tout là-dedans; **he's my** ~ **two** * il est mon second. **(d)** *[goods, clothes, car]* modèle *m; [newspaper]* numéro *m*. **the January** ~ le numéro de janvier. **(e)** *[music hall, circus]* numéro *m; [pianist, dance band]* morceau *m; [singer]* chanson *f; [dancer]* danse *f*. **2** *adj: (Aut)* ~ **plate** plaque *f* d'immatriculation or minéralogique. **3** *vt* **(a)** *(give a number to)* numéroter. **they are not** ~**ed** ils n'ont pas de numéro; *(fig)* **his days were** ~**ed** ses jours étaient comptés. **(b)** *(include, amount to)* compter *(among* parmi*)*. **4** *vi (~ **off)* se numéroter *(from* en partant de*)*. ◆ **numbering** *n [houses etc]* numérotage *m*. ◆ **numberless** *adj* innombrable, sans nombre.

numeral ['njuːm(ə)r(ə)l] *n* chiffre *m*, nombre *m*.

numerate ['njuːm(ə)rɪt] *adj: **to be** ~ savoir compter. ◆ **numeracy** *n* notions *fpl* de calcul.

numerical [njuːˈmerɪk(ə)l] *adj* numérique. **in** ~ **order** dans l'ordre numérique. ◆ **numerically** *adv* numériquement.

numerous ['njuːm(ə)rəs] *adj* nombreux.

numismatics [ˌnjuːmɪzˈmætɪks] *nsg* numismatique *f*. ◆ **numismatist** *n* numismate *mf*.

nun [nʌn] *n* religieuse *f*, bonne sœur * *f*.

nuptial ['nʌpʃ(ə)l] *adj* nuptial.

nurse [nɜːs] **1** *n* **(a)** infirmière *f. (US)* ~'s **aide** aide-soignant(e) *m(f)*. **(b)** *(children's* ~*)* nurse *f*, bonne *f* d'enfants. **2** *vt (Med)* soigner; *(suckle)* allaiter; *(cradle in arms)* bercer (dans ses bras); *hope, wrath* nourrir; *horse, car engine* ménager. **she** ~**d him back to health** il a guéri grâce à ses soins; **to** ~ **a constituency** soigner les électeurs. ◆ **nursemaid** *n* bonne *f* d'enfants. ◆ **nursing 1** *adj* **(a)** *mother* qui allaite; **(b)** *[hospital]* **the nursing staff** le personnel soignant or infirmier; **nursing auxiliary** aide *f* soignante; **nursing home** clinique *f*; **nursing studies** études *fpl* d'infirmière; **2** *n (care of invalids)* soins *mpl*; *(profession of nurse)* profession *f* d'infirmière; **she's going in for nursing** elle va être infirmière.

nursery ['nɜːs(ə)rɪ] **1** *n (room)* nursery *f*, chambre *f* d'enfants; *(institution)* pouponnière *f; (Agr)* pépinière *f*. **2** *adj:* ~ **education** enseignement *m* de la maternelle; ~ **nurse** puéricultrice *f;* ~ **rhyme** comptine *f;* ~ **school** *(state-run)* école *f* maternelle; *(private)* jardin *m* d'enfants; *(Ski)* ~ **slopes** pentes *fpl* pour débutants. ◆ **nurseryman** *n* pépiniériste *m*.

nut [nʌt] **1** *n* **(a)** *(Bot)* terme générique pour fruits à écale *(no generic term in French)*. **a bag of mixed** ~s un sachet de noisettes, cacahuètes, amandes *etc* panachées; ~s **and raisins** mendiants *mpl; (fig)* **he's a tough** ~ c'est un dur à cuire *; **a hard** ~ **to crack** *(problem)* un problème difficile à résoudre; **he can't paint for** ~s ⚛ il peint comme un pied ⚛. **(b)** *(Tech)* écrou *m. (fig)* **the** ~s **and bolts of...** les détails *mpl* pratiques de... **(c)** *(⚛: mad person, also* **nutcase** ⚛*)* fou *m*, folle *f*, cinglé(e) * *m(f)*. **2** *excl:* ~**sl** * des clous! ⚛ **3** *adj* chocolate aux amandes *(or noisettes etc)*; *cutlet* à base de cacahuètes *(or noisettes etc)* hachées. ◆ **nutcracker(s)** *npl* casse-noix *m inv*, casse-noisettes *m inv*. ◆ **nuthouse** ⚛ *n* maison *f* de fous. ◆ **nutmeg** *n (nut)* (noix *f*) muscade *f; (tree)* muscadier *m*. ◆ **nuts** ⚛ *adj* dingue ⚛, fou *(about etc)*; **to go** ~s * perdre la boule ⚛. ◆ **nutshell** *n* coquille *f* de noix *or noisette etc; (fig)* **(to put) in a** ~**shell** (résumer) en un mot. ◆ **nutty** *adj* **(a)** *chocolate etc* aux noisettes *(etc)*; *flavour* au goût de noisette *etc;* **(b)** *(⚛: mad)* = **nuts**.

nutrient ['njuːtrɪənt] **1** *adj* nutritif. **2** *n* élément *m* nutritif. ◆ **nutrition** *n* nutrition *f*, alimentation *f*. ◆ **nutritional** *adj* alimentaire. ◆ **nutritionist** *n* nutritionniste *mf*. ◆ **nutritious** *or* ◆ **nutritive** *adj* nutritif.

nuzzle ['nʌzl] *vi: **to** ~ **up/into** fourrer son nez contre/dans.

nylon ['naɪlɒn] **1** *n* nylon *m*. **2** *adj* de *or* en nylon. ~ **stockings,** ~s bas *mpl* nylon.

nymph [nɪmf] *n* nymphe *f*.

nymphomania [ˌnɪmfə(ʊ)ˈmeɪnɪə] *n* nymphomanie *f*. ◆ **nymphomaniac** *adj*, *n* nymphomane (*f*).

O

O, o [əʊ] *n* (letter) O, o *m*; (number: Telec etc) zéro *m*.

oaf [əʊf] *n* (awkward) balourd(e) * *m(f)*; (badmannered) mufle *m*. ◆ **oafish** *adj* person mufle; behaviour de mufle.

oak [əʊk] **1** *n* chêne *m*. **2** *adj* (made of ~) de or en chêne. ~ **apple** galle *f* du chêne. ◆ **oakwood** *n* (forest) bois *m* de chênes.

oakum ['əʊkəm] *n* étoupe *f*.

oar [ɔːʳ] *n* aviron *m*, rame *f*. (fig) **he always puts his ~ in** il faut toujours qu'il y mette son grain de sel. ◆ **oarlock** *n* tolet *m*. ◆ **oarsman** *n* rameur *m*; (Naut, also Sport) nageur *m*.

oasis, *pl* **oases** [əʊ'eɪsɪs, əʊ'eɪsiːz] *n* oasis *f*.

oat [əʊt] **1** *n*: ~s avoine *f*. ◆ **oatcake** *n* biscuit *m* d'avoine. ◆ **oatmeal** **1** *n* (cereal) flocons *mpl* d'avoine; (US: porridge) bouillie *f* d'avoine; **2** *adj* (colour) beige.

oath [əʊθ] *n* (a) (Jur etc) serment *m*. **to take the ~** prêter serment; **to swear an ~** or **on one's ~** jurer (to do de faire; that que); **on** or **under ~** sous serment; witness assermenté; **to put sb on ~** faire prêter serment à qn; **to put sb on** or **under ~ to do sth** faire promettre à qn sous serment de faire qch; **on my ~!** je vous le jure! (b) (bad language) juron *m*.

obdurate ['ɒbdjʊrɪt] *adj* (stubborn) obstiné; (unyielding) inflexible; (unrepentant) impénitent. ◆ **obduracy** *n* obstination *f*; inflexibilité *f*; impénitence.

obedient [ə'biːdɪənt] *adj* obéissant (to sb envers qn; to sth à qch). ◆ **obedience** *n* obéissance *f* (to à); (Rel) obédience *f* (to à); **in obedience to sth** conformément à qch. ◆ **obediently** *adv* docilement; smile d'un air soumis.

obelisk ['ɒbɪlɪsk] *n* obélisque *m*.

obese [ə(ʊ)'biːs] *adj* obèse. ◆ **obesity** *n* obésité *f*.

obey [ə'beɪ] **1** *vt* (gen) obéir à; instructions se conformer à. **the machine ~s the controls** la machine répond aux commandes. **2** *vi* obéir.

obituary [ə'bɪtjʊərɪ] *n*: ~ **(notice)** nécrologie *f*; ~ **column** nécrologie (rubrique).

object ['ɒbdʒɪkt] **1** *n* (a) (gen) objet *m*. (pej) **what an ~ she looks!** * de quoi est-ce qu'elle a l'air! * (b) (Gram) complément *m* (d'objet). (c) (aim) but *m*, objectif *m*. **with this ~ in view** or **in mind** dans ce but, à cette fin; **with the ~ of doing** dans le but de faire; **what ~ is there in doing that?** à quoi bon faire cela?; **'distance no ~'** 'toutes distances'. **2** *adj*: (fig) ~ **lesson** démonstration *f* (in de). **3** [əb'dʒekt] *vi* élever une objection (to contre), trouver à redire. **I ~!** je proteste! (to contre); **if you don't ~** si vous n'y voyez pas d'objection; **he didn't ~ when...** il n'a élevé aucune objection quand...; **he ~s to her behaviour/her drinking** il désapprouve sa conduite/qu'elle boive; **do you ~ to my smoking?** est-ce que cela vous gêne si je fume?; **I don't ~ to helping you** je veux bien vous aider; **to ~ to sb** soulever des objections contre qn; **I wouldn't ~ to a bite to eat** * je mangerais bien un morceau. **4** [əb'dʒekt] *vt* objecter (that que).

◆ **objection** *n* objection *f*; (drawback) inconvénient *m*, obstacle *m*; **to have an ~ion to** = **to object to** (V 3 above); **to make** or **raise an ~ion** soulever or élever une objection (to contre). ◆ **objectionable** *adj* person, behaviour, smell extrêmement désagréable; remark, language choquant. ◆ **objective** **1** *adj* (a) (impartial) objectif (about en ce qui concerne); (b) (Gram) case accusatif; pronoun complément d'objet ; **2** *n* objectif *m*; (Gram) accusatif *m*. ◆ **objectively** *adv* objectivement. ◆ **objectivity** *n* objectivité *f*. ◆ **objector** *n*: **the ~ors to...** ceux qui s'opposent à...

obligation [ˌɒblɪ'geɪʃ(ə)n] *n* obligation *f*. **to be/put sb under an ~ to do** être/mettre qn dans l'obligation de faire; **I'm under no ~ to do it** rien ne m'oblige à le faire; **'without ~'** 'sans engagement'; **to meet/fail to meet one's ~s** satisfaire à/ manquer à ses obligations; **to be under an ~ to sb for sth** devoir de la reconnaissance à qn pour qch. ◆ **obligatory** [ɒ'blɪgət(ə)rɪ] *adj* obligatoire ; (imposed by custom) de rigueur; **to make it obligatory for sb to do** imposer à qn l'obligation de faire.

oblige [ə'blaɪdʒ] *vt* (a) (compel) obliger (sb to do qn à faire). **to be ~d to do** être obligé de faire, devoir faire. (b) (do a favour to) rendre service à, obliger. **anything to ~!** * toujours prêt à rendre service!; **to be ~d to sb for sth** être reconnaissant à qn de qch; **I am much ~d to you** je vous remercie infiniment. ◆ **obliging** *adj* obligeant; **it is very obliging of them** c'est très aimable de leur part. ◆ **obligingly** *adv* obligeamment, aimablement; **the books which you obligingly gave me** les livres que vous avez eu l'obligeance or l'amabilité de me donner.

oblique [ə'bliːk] **1** *adj* (gen) oblique; allusion, route, method indirect. **2** *n* (Typ) oblique *f*. ◆ **obliquely** *adv* obliquement; (fig) indirectement.

obliterate [ə'blɪtəreɪt] *vt* (gen) effacer; stamp oblitérer. ◆ **obliteration** *n* effacement *m*; oblitération *f*.

oblivion [ə'blɪvɪən] *n* oubli *m*. ◆ **oblivious** *adj* (forgetful) oublieux (to, of de); (unaware) inconscient (to, of de).

oblong ['ɒblɒŋ] **1** *adj* oblong. ~ **dish** plat *m* rectangulaire. **2** *n* rectangle *m*.

obnoxious [əb'nɒkʃəs] *adj* person, behaviour odieux; smell infect.

oboe ['əʊbəʊ] *n* hautbois *m*.

obscene [əb'siːn] *adj* obscène. ◆ **obscenely** *adv* d'une manière obscène. ◆ **obscenity** *n* obscénité *f*.

obscure [əb'skjʊəʳ] **1** *adj* (gen) obscur; feeling, memory vague. **2** *vt* (darken) obscurcir; (hide) sun, view cacher; argument, idea embrouiller. **to ~ the issue** embrouiller la question. ◆ **obscurely** *adv* obscurément. ◆ **obscurity** *n* obscurité *f*.

obsequies ['ɒbsɪkwɪz] *npl* obsèques *fpl*.

obsequious [əb'siːkwɪəs] *adj* obséquieux (to devant). ◆ **obsequiously** *adv* obséquieusement.

observance [əb'zɜːv(ə)ns] *n* (a) (act of observing) [rule] observation *f*; [rite, custom, Sabbath] observance *f*. (b) (custom etc) observance *f*. **religious ~s** observances religieuses. ◆ **observant** *adj* observateur.

observation [ˌɒbzə'veɪʃ(ə)n] **1** n **(a)** (gen, Med) observation f; (Police, Mil etc) surveillance f. **to keep under ~** patient garder en observation; suspect, place surveiller; **powers of ~** facultés fpl d'observation. **(b)** (remark) observation f, remarque f. **2** adj balloon, post d'observation. (US Rail) **~ car** voiture f panoramique; **~ tower** mirador m. ◆ **observatory** n observatoire m.

observe [əb'zɜːv] vt **(a)** (obey, note, study) observer; anniversary célébrer. **(b)** (remark) faire remarquer, faire observer (that que). ◆ **observer** n (gen) observateur m, -trice f; (analyst) spécialiste mf.

obsess [əb'ses] vt obséder, hanter. ◆ **obsession** n (gen) obsession f (with de); (of sth unpleasant) hantise f (with de); **sport is an ~ion with him** le sport c'est son idée fixe, le sport tient de l'obsession chez lui; **his ~ion with her** la manière dont elle l'obsède; **his ~ion with death** son obsession or sa hantise de la mort. ◆ **obsessive** adj obsessionnel. ◆ **obsessively** adv d'une manière obsédante; (Psych) obsessionnellement.

obsolete ['ɒbsəliːt] adj attitude, idea, process dépassé, démodé; passport, ticket périmé; goods, machine vieux; law caduc; word obsolète, vieilli; (Bio) atrophié. **to become ~** tomber en désuétude. ◆ **obsolescence** n [goods, words] vieillissement m; [machinery] obsolescence f; **planned** or **built-in obsolescence** obsolescence calculée. ◆ **obsolescent** adj machinery obsolescent; word vieilli; goods vieux.

obstacle ['ɒbstəkl] **1** n obstacle m. **to be an ~ to, to put an ~ in the way of** faire obstacle à. **2** adj race d'obstacles; (Mil) **~ course** parcours m du combattant.

obstetrics [ɒb'stetrɪks] nsg obstétrique f. ◆ **obstetric(al)** adj techniques etc obstétrical; clinic obstétrique. ◆ **obstetrician** n médecin m accoucheur.

obstinate ['ɒbstɪnɪt] adj (gen) obstiné (in doing à faire; about sur); pain, illness persistant; fever rebelle. **as ~ as a mule** têtu comme une mule. ◆ **obstinacy** n obstination f (in doing à faire). ◆ **obstinately** adv obstinément; **he tried ~ly to do it** il s'est obstiné à le faire.

obstreperous [əb'strep(ə)rəs] adj (noisy) tapageur; (unruly) chahuteur; (rebellious) rouspéteur *. ◆ **obstreperously** adv tapageusement; en rouspétant *.

obstruct [əb'strʌkt] vt (block) road encombrer (with de), boucher (with avec); pipe, view boucher (with avec, by par); artery obstruer; traffic bloquer; (hinder) entraver; (Sport) faire obstruction à. ◆ **obstruction** n (sth which obstructs) obstacle m; (to pipe) bouchon m; (to artery) caillot m; (Sport) obstruction f; (in road etc) **to cause an ~ion** (gen) encombrer la voie publique; (Aut) bloquer la circulation. ◆ **obstructionist** adj obstructionniste. ◆ **obstructive** adj obstructionniste; **you're being ~ive** vous ne pensez qu'à mettre des bâtons dans les roues.

obtain [əb'teɪn] vt (gen) obtenir; goods se procurer; (for sb else) procurer (for sb à qn). (Comm) **it may be ~ed from...** on peut se le procurer chez... ◆ **obtainable** adj: **where is that ~able?** où peut-on se le procurer?

obtrude [əb'truːd] **1** vt imposer (on à). **2** vi s'imposer. ◆ **obtrusion** n intrusion f. ◆ **obtrusive** adj person importun; opinions ostentatoire; smell pénétrant; building etc trop en évidence. ◆ **obtrusively** adv importunément.

obtuse [əb'tjuːs] adj obtus. ◆ **obtuseness** n stupidité f.

obverse ['ɒbvɜːs] n [coin] face f; [statement] contrepartie f.

obviate ['ɒbvɪeɪt] vt obvier à.

obvious ['ɒbvɪəs] adj évident, manifeste. **it's ~ that** il est évident or manifeste que, il est de toute évidence que; **the ~ thing to do is to leave** la chose à faire c'est évidemment de partir; **that's the ~ one** c'est bien évidemment celui-là; **~ statement** truisme m; **we must not be too ~ about it** il va falloir ne pas trop montrer notre jeu. ◆ **obviously** adv (of course) évidemment; (clearly) manifestement; **he was ~ly not drunk** il était évident qu'il n'était pas ivre; **he was not ~ly drunk** il n'était pas visiblement ivre; **~ly! bien sûr!,** évidemment!

occasion [ə'keɪʒ(ə)n] **1** n **(a)** occasion f, circonstance f. **on the ~ of** à l'occasion de; **on the first ~ that...** la première fois que...; **on that ~** à cette occasion, cette fois-là; **on several ~s** à plusieurs occasions; **on rare ~s** à de rares occasions; **on great ~s** dans les grandes occasions; **on ~** à l'occasion; **should the ~ arise** le cas échéant; **this would be a good ~ to try it out** c'est l'occasion tout indiquée pour l'essayer; **to rise to the ~** se montrer à la hauteur de la situation; **there was no ~ for it** ce n'était pas nécessaire; **you had no ~ to say that** vous n'aviez aucune raison de dire cela; **I had ~ to say** j'ai eu l'occasion de dire. **(b)** (event) événement m. **a big ~** un grand événement; **it was quite an ~** cela n'a pas été un petit événement. **2** vt occasionner, causer.

◆ **occasional** adj event qui a lieu de temps en temps; visits espacés; rain, showers intermittent; **we have an ~al visitor** il nous arrive d'avoir qn de temps en temps; **they had passed an ~al car** ils avaient croisé quelques rares voitures; **~al table** guéridon m. ◆ **occasionally** adv de temps en temps, quelquefois; **very ~ally** très peu souvent.

occident ['ɒksɪd(ə)nt] n (liter) occident m. ◆ **occidental** adj occidental.

occult [ɒ'kʌlt] **1** adj occulte. **2** n surnaturel m.

occupant ['ɒkjʊpənt] n (gen) occupant(e) m(f); (tenant) locataire mf; [job, post] titulaire mf.

occupation [ˌɒkjʊ'peɪʃ(ə)n] **1** n **(a)** (gen, Mil) occupation f. **house ready for ~** maison prête à être habitée; **in ~** installé; **army of ~** armée f d'occupation; **under military ~** sous occupation militaire. **(b)** (trade) métier m; (profession) profession f; (work) emploi m, travail m; (activity, pastime) occupation f. **he is a plumber by ~** il est plombier de son métier. **2** adj troops d'occupation. ◆ **occupational** adj disease du travail; hazard du métier; **~al therapist** ergothérapeute mf; **~al therapy** ergothérapie f.

occupy ['ɒkjʊpaɪ] vt occuper. **occupied in** or **with doing** occupé à faire; **to ~ o.s.** one's time s'occuper (with or by doing à faire); **to keep one's mind occupied** s'occuper l'esprit. ◆ **occupier** n (gen) occupant(e) m(f); (tenant) locataire mf.

occur [ə'kɜːʳ] vi **(a)** [event] avoir lieu, arriver; [word, error, plant, disease] se rencontrer, se trouver; [difficulty, opportunity] se présenter; [change] s'opérer. **don't let it ~ again!** que cela ne se reproduise plus!; **if a vacancy ~s** en cas de poste vacant; **should the case ~** le cas échéant. **(b)** **it ~s to me that...** il me vient à l'esprit que...; **it didn't ~ to him to refuse** il n'a pas eu l'idée de refuser; **an idea ~red to me** une idée m'est venue; **it ~red to me that we could...** j'ai pensé or je me suis dit que nous pourrions... ◆ **occurrence** n événement m; **an everyday ~rence** un fait journalier; **this is a common ~rence** ceci arrive souvent.

ocean ['əʊʃ(ə)n] **1** n océan m. **~s of *** énormément de. **2** adj climate, region océanique; cruise sur l'océan. **~ bed** fond m sous-marin. ◆ **ocean-going** adj de haute mer. ◆ **oceanic** [ˌəʊʃɪ'ænɪk] adj océanique. ◆ **oceanography** n océanographie f.

ocelot [ˈəʊsɪlɒt] *n* ocelot *m*.

ochre, *(US)* **ocher** [ˈəʊkəʳ] *n* ocre *f*.

o'clock [əˈklɒk] *adv*: **it is one ~** il est une heure; **what ~ is it?** quelle heure est-il?; **at 5 ~** à 5 heures; **at twelve ~** *(midday)* à midi; *(midnight)* à minuit.

octagon [ˈɒktəgən] *n* octogone *m*. ◆ **octagonal** *adj* octogonal.

octane [ˈɒkteɪn] *n* octane *m*. **high-~ petrol** carburant *m* à indice d'octane élevé.

octave [ˈɒktɪv] *n (Mus, Rel)* octave *f*; *(Poetry)* huitain *m*.

octavo [ɒkˈteɪvəʊ] *n* in-octavo *m*.

octet [ɒkˈtet] *n* octuor *m*.

October [ɒkˈtəʊbəʳ] *n* octobre *m*; *for phrases V* **September**.

octogenarian [ˌɒktəʊdʒɪˈnɛərɪən] *adj, n* octogénaire *(mf)*.

octopus [ˈɒktəpəs] *n* pieuvre *f*.

oculist [ˈɒkjʊlɪst] *n* oculiste *mf*.

odd [ɒd] *adj* **(a)** *(strange)* bizarre, étrange, curieux. **how ~ that...** comme c'est curieux que + *subj*; **what an ~ thing for him to do!** c'est curieux *or* bizarre qu'il ait fait cela!; **he says some very ~ things** il dit de drôles de choses. **(b)** *(Math) number* impair. **(c)** *(extra, left over)* qui reste(nt); *(from pair) shoe, sock* déparié; *(from set)* dépareillé. **£5 and some ~ pennies** 5 livres et quelques pennies; **a few ~ hats** deux ou trois chapeaux; **to be the ~ one over** être en surnombre; **the ~ man out, the ~ one out** l'exception *f*; **60-~** 60 et quelques. **(d)** *(occasional)* **in ~ moments he...** à ses moments perdus il...; **at ~ times** de temps en temps; **any ~ piece of wood** un morceau de bois quelconque; **~ jobs** menus travaux *mpl*; **to do ~ jobs about the house** *(gen)* faire de menus travaux domestiques; *(do-it-yourself)* bricoler dans la maison; **I've got one or two ~ jobs for you to do** j'ai deux ou trois choses à te faire faire; **he has written the ~ article** il a écrit un ou deux articles; **I get the ~ letter from him** de temps en temps je reçois une lettre de lui. ◆ **oddball** ‡ *adj, n* excentrique *(mf)*. ◆ **oddity** *n* **(a)** *(also* **oddness)** étrangeté *f*, bizarrerie *f*; **(b)** *(person/thing etc)* personne *f*/chose *f* etc étrange *or* bizarre. ◆ **odd-job man** *n* homme *m* à tout faire. ◆ **oddly** *adv* bizarrement, curieusement; **~ly enough she was at home** chose curieuse elle était chez elle; **she was ~ly attractive** elle avait un charme insolite. ◆ **oddment** *n (Comm)* fin *f* de série; *[cloth]* coupon *m*.

odds [ɒdz] **1** *npl* **(a)** *(Betting)* cote *f* *(of 5 to 1* de 5 contre 1). **short/long ~** faible/forte cote; *(fig)* **the ~ are against his coming/that he will come** il y a peu de chances/de fortes chances qu'il vienne; **to fight against heavy ~** lutter contre des forces supérieures; **he succeeded against all the ~** il a réussi alors que tout était contre lui; **by all the ~** d'après ce que l'on sait; **it makes no ~** cela n'a pas d'importance, ça m'est égal; **what's the ~?** qu'est-ce que ça peut bien faire? **(b)** **to be at ~** être en désaccord *(with sb over sth* avec qn sur qch). **(c)** **~ and ends** *(gen)* des petites choses qui restent; *[cloth]* bouts *mpl*; *[food]* restes *mpl*.

ode [əʊd] *n* ode *f (to* à, *on* sur).

odious [ˈəʊdɪəs] *adj* odieux. ◆ **odium** *n* réprobation *f* générale.

odometer [ɒˈdɒmɪtəʳ] *n (US)* odomètre *m*.

odour, *(US)* **odor** [ˈəʊdəʳ] *n* odeur *f*. *(fig)* **to be in good/bad ~ with sb** être bien/mal vu de qn. ◆ **odo(u)rless** *adj* inodore.

odyssey [ˈɒdɪsɪ] *n* odyssée *f*.

oecology [ɪˈkɒlədʒɪ] *etc* = **ecology** *etc*.

oestrogen [ˈiːstrə(ʊ)dʒ(ə)n] *n* œstrogène *m*.

of [ɒv, əv] *prep* **(a)** *(gen)* de. **the wife ~ the doctor** la femme du médecin; **a friend ~ ours** un de nos amis; **that funny nose ~ hers** son drôle de nez; **there were 6 ~ us** nous étions 6; **he asked the six ~ us to lunch** il nous a invités tous les six à déjeuner; **~ the ten only one was...** sur les dix un seul était...; **he is not one ~ us** il n'est pas des nôtres; **the 2nd ~ June** le 2 juin; **today ~ all days** ce jour entre tous; *(US)* **a quarter ~ 6** 6 heures moins le quart; **girl ~ 10** petite fille de 10 ans; **question ~ no importance** question sans importance; **town ~ narrow streets** ville aux rues étroites; **that idiot ~ a doctor** cet imbécile de docteur; **it was horrid ~ him to say so** c'était méchant de sa part (que) de dire cela. **(b)** *(concerning)* de. **what do you think ~ him?** que pensez-vous de lui?; **what ~ it?** et alors? **(c)** *(origin, cause)* de. **~ noble birth** de naissance noble; **to die ~ hunger** mourir de faim; **dress (made) ~ wool** robe en *or* de laine.

off [ɒf] **1** *adv* **(a)** *(distance)* **5 km ~** à 5 km; **my holiday is a week ~** je serai en vacances dans une semaine; *(Theat)* **voices ~** voix *fpl* dans les coulisses. **(b)** *(departure)* **~ you go!** va-t'en!, sauve-toi! *;* *(Sport)* **they're ~!** et les voilà partis!; **where are you ~ to?** où allez-vous?; **we're ~ to France today** nous partons pour la France aujourd'hui; **he's ~ fishing** *(going)* il va à la pêche; *(gone)* il est à la pêche. **(c)** *(absence)* **to take a day ~** prendre un jour de congé; **I've got this afternoon ~** j'ai congé cet après-midi; **(d)** *(removal)* **he had his coat ~** il avait enlevé son manteau; **with his hat ~** sans chapeau; **~ with those socks!** enlève tes chaussettes!; **the lid was ~** on avait enlevé le couvercle; **the handle is ~** la poignée s'est détachée; **there are 2 buttons ~** il manque 2 boutons; **I'll give you 5% ~** je vais vous faire une remise de 5%. **(e)** *(phrases)* **~ and on, on and ~** de temps à autre; **right ~ ‡, straight ~ ‡** tout de suite.

2 *prep* **(a)** *(gen)* de. **he fell/jumped ~ the wall** il est tombé/a sauté du mur; **he took the book ~ the table** il a pris le livre sur la table; **there are buttons ~ my coat** il manque des boutons à mon manteau; **the lid was ~ the tin** on avait ôté le couvercle de la boîte; **they eat ~ chipped plates** ils mangent dans des assiettes ébréchées; **they dined ~ a chicken** ils ont dîné d'un poulet; **a slice ~ the cake** une tranche du gâteau; **sth ~ the price** une remise (sur le prix). **(b)** *(distant from)* éloigné de. *(Naut)* **~ Portland Bill** au large de Portland Bill; **a yard ~ me** à un mètre de moi; **height ~ the ground** hauteur *f* à partir du sol; **street (leading) ~ the square** rue qui part de la place; **house ~ the main road** maison à l'écart de la grand-route; **I'm ~ or I've gone ~ sausages ‡** je n'aime plus les saucisses.

3 *adj* **(a)** *(absence)* **he's ~ on Tuesdays** il n'est pas là le mardi; **she's ~ at 4 o'clock** elle est libre à 4 heures; **to be ~ sick** être absent pour cause de maladie; **he's been ~ for 3 weeks** cela fait 3 semaines qu'il est absent. **(b)** *(not functioning)* **to be ~** *[brakes]* être desserré; *[machine, television, light]* être éteint; *[engine, gas at main, electricity, water]* être coupé; *[tap, gas-tap]* être fermé. **(c) the play is ~** *(cancelled)* la pièce est annulée; *(no longer running)* la pièce a quitté l'affiche; **their engagement is ~** ils ont rompu leurs fiançailles; *(in restaurant)* **the cutlets are ~** il n'y a plus de côtelettes. **(d)** *(stale etc)* **to be ~** *[meat]* être mauvais *or* avancé; *[milk]* être tourné; *[butter]* être rance; *(fig)* **that's a bit ~!** ‡ c'est un peu exagéré! *;* **he was having an ~ day ‡** il n'était pas en forme ce jour-là. **(e) on the ~ chance** à tout hasard; **on the ~ chance of seeing her *or* that I could see her** au cas où je pourrais la voir.

◆ **offbeat** *adj (fig)* excentrique, original. ◆ **off-centre** *adj* décentré; *construction* en porte-à-faux.

◆ **off-campus** *adj (US)* en dehors du campus.
◆ **off-colour** *adj person* mal fichu *; (*) story* osé.
◆ **offhand** 1 *adj (also* **offhanded**) *(casual)* désinvolte, sans-gêne *inv; (curt)* brusque ; 2 *adv*: **I can't just say ~hand** je ne peux pas vous le dire à l'improviste *or* comme ça *. ◆ **offhandedly** *adv* avec désinvolture, avec sans-gêne; avec brusquerie. ◆ **offhandedness** *n* désinvolture *f*, sans-gêne *m*; brusquerie *f*. ◆ **offing** *n*: **in the ~ing** en perspective. ◆ **off-key** *adj, adv (Mus)* faux. ◆ **off-licence** *n (Brit)* magasin *m* de vins et de spiritueux. ◆ **off-limits** *adj (US Mil)* interdit (au personnel militaire). ◆ **off-line** *adj (Comput)* autonome. ◆ **off-load** *vt goods, passengers* débarquer; *task* passer *(onto sb* à qn). ◆ **off-peak** *adj hours* creux; *traffic* aux heures creuses; *tariff* réduit; *ticket* au tarif réduit heures creuses; *heating* par accumulation. ◆ **off-putting** * *adj task* rebutant; *food* peu ragoûtant; *person, manner, welcome* peu engageant. ◆ **off-season** *n* morte-saison *f*. ◆ **offset** *(vb: pret, ptp* **offset**) 1 *n (Typ)* ~**set printing** offset *m* ; 2 *vt* compenser. ◆ **offshoot** *n (Bot)* rejeton *m*; *[organization]* ramification *f*; *[event etc]* conséquence *f*. ◆ **offshore** *adj breeze* de terre; *island* proche du littoral; *waters, fishing* côtier; *drilling* en mer. ◆ **offside** 1 *n (Aut) (in Britain)* côté *m* droit; *(in France, US etc)* côté gauche ; 2 *adj* de droite; de gauche; *(Sport)* hors jeu. ◆ **offspring** *n (pl inv)* progéniture *f*. ◆ **offstage** *adj, adv* dans les coulisses. ◆ **off-the-cuff** *adj* impromptu. ◆ **off-the-peg**, *(US)* **off-the-rack** *adj* prêt-à-porter. ◆ **off-the-record** *adj (unofficial)* sans caractère officiel; *(secret)* confidentiel. ◆ **off-the-shelf** *adj goods* immédiatement disponible. ◆ **off-the-wall** * *adj (US)* bizarre, dingue *. ◆ **off-white** *adj* blanc cassé *inv*.

offal ['ɒf(ə)l] *n* abats *mpl*.

offence, *(US)* **offense** [ə'fens] *n* **(a)** *(Jur)* délit *m (against* contre); *(Rel etc)* offense *f. (Jur etc)* **it is an ~ to do that** il est contraire à la loi de faire cela; **capital ~** crime *m* capital. **(b) to give ~ to sb** offenser qn; **to take ~** se vexer, s'offenser *(at* de).

offend [ə'fend] 1 *vt person* blesser, offenser; *ears, eyes, reason* choquer. **to be ~ed (at)** se vexer (de), s'offenser (de). 2 *vi*: **to ~ against** *law, rule* enfreindre; *good taste, common sense* être une insulte à. ◆ **offender** *n (lawbreaker)* délinquant(e) *m(f); (against traffic regulations etc)* contrevenant(e) *m(f); (Jur)* **first ~er** délinquant(e) primaire. ◆ **offending** *adj word, object* incriminé. ◆ **offensive** 1 *adj* **(a)** *(shocking)* offensant, choquant; *(disgusting)* repoussant; *(insulting)* injurieux; **to be offensive to sb** insulter qn; **(b)** *tactics, weapon* offensif ; 2 *n (Mil)* offensive *f*; **to be on the offensive** avoir pris l'offensive. ◆ **offensively** *adv behave* d'une manière offensante *or* choquante; *say* d'une manière injurieuse.

offer ['ɒfəʳ] 1 *n (gen)* offre *f (of* de; *for* pour; *to do* de faire). **~ of marriage** demande *f* en mariage; **to make sb an ~ for sth** faire une offre à qn pour qch; *(in advertisement)* **£5 or near(est) ~** 5 livres à débattre; *(Comm)* **on ~** en promotion. 2 *vt job, gift, prayers, apology, opportunity* offrir *(to* à); *help, object, money* proposer *(to* à); *remark, opinion* émettre. **to ~ to do** offrir *or* proposer de faire. ◆ **offering** *n* offrande *f*. ◆ **offertory** *n (part of service)* offertoire *m; (collection)* quête *f*.

office ['ɒfɪs] 1 *n* **(a)** *(place)* bureau *m; [lawyer]* étude *f; [doctor]* cabinet *m*. **our London** *or* **our London office** *or* notre section *f* de Londres; *[house etc]* **'usual ~s'** 'cuisine, sanitaires'. **(b)** *(function)* fonction *f; (duty)* fonctions, devoir *m*. **to be in ~** *[mayor, chairman]* être en fonctions; *[minister]* avoir un portefeuille; *[political party]* être au pouvoir; **public ~** fonctions officielles; **through his good ~s**

par ses bons offices *mpl*; **through the ~s of** par l'entremise de. ◆ **office** *m*. 2 *adj staff, furniture, work* de bureau. **~ automation** bureautique *f; [club, society]* **~ bearer** membre *m* du comité directeur; **~ block** immeuble *m* de bureaux; **~ boy** garçon *m* de bureau; **~ hours** heures *fpl* de bureau. ◆ **office-worker** *n* employé(e) *m(f)* de bureau.

officer ['ɒfɪsəʳ] *n* **(a)** *(Aviat, Mil, Naut)* officier *m*. **~s' mess** mess *m*. **(b)** *[local government]* fonctionnaire *m; [organization, club]* membre *m* du comité directeur. **police ~** policier *m*.

official [ə'fɪʃ(ə)l] 1 *adj (gen)* officiel; *language, style* administratif; *uniform* réglementaire. 2 *n (gen, Sport etc)* officiel *m; [civil service, local government]* fonctionnaire *mf; [railways, post office etc]* employé(e) *m(f)*. ◆ **officialdom** *n* bureaucratie *f*. ◆ **officialese** *n* jargon *m* administratif. ◆ **officially** *adv* officiellement. ◆ **officiate** *vi (Rel)* officier; *(gen)* **to officiate as** remplir les fonctions de.

officious [ə'fɪʃ(ə)s] *adj* trop empressé. ◆ **officiously** *adv* avec un empressement excessif. ◆ **officiousness** *n* excès *m* d'empressement.

often ['ɒf(ə)n] *adv* souvent, fréquemment. **as ~ as not, more ~ than not** le plus souvent; **every so ~** *(in time)* de temps en temps; *(in spacing, distance etc)* çà et là; **once too ~** une fois de trop; **it cannot be said too ~ that...** on ne répétera jamais assez que...; **how ~ have you seen her?** combien de fois l'avez-vous vue?; **how ~ do the boats leave?** les bateaux partent tous les combien?

ogle ['əʊgl] *vt* lorgner *.

ogre ['əʊgəʳ] *n* ogre *m*.

oh [əʊ] *excl* oh!; *(cry of pain)* aïe!

oil [ɔɪl] 1 *n* **(a)** *(Geol, Comm, Ind etc)* pétrole *m. (fig)* **to pour ~ on troubled waters** ramener le calme. **(b)** *(Art, Aut, Culin etc)* huile *f*. **fried in ~** frit à l'huile; **~ and vinegar (dressing)** vinaigrette *f*; **painted in ~s** peint à l'huile. 2 *vt* graisser, lubrifier. *(fig)* **to ~ the wheels** mettre de l'huile dans les rouages. 3 *adj industry, shares* pétrolier; *magnate etc* du pétrole; *lamp, stove* à pétrole; *(Aut) level, pressure* d'huile; *(Aut)* **~ change** vidange *f; (Aut)* **~ filter** filtre *m* à huile; *(Art)* **~ paint** couleur *f* à l'huile; **~ painting** peinture *f* à l'huile; **she's no ~ painting** * ce n'est vraiment pas une beauté; **~ pollution** pollution *f* aux hydrocarbures; **~ producers** pays *mpl* producteurs de pétrole; **~ rig** *(land)* derrick *m; (sea)* plate-forme *f* pétrolière; **~ slick** nappe *f* de pétrole; *(on beach)* marée *f* noire; **~ storage tank** *(for central heating)* cuve *f* à mazout; **~ tanker** *(ship)* pétrolier *m; (truck)* camion-citerne *m (à pétrole); ~ well* puits *m* de pétrole. ◆ **oil-burning** *adj lamp* à pétrole; *stove (paraffin)* à pétrole, *(fuel oil)* à mazout. ◆ **oilcan** *n (for lubricating)* burette *f* à huile; *(for storage)* bidon *m* à huile. ◆ **oilcloth** *n* toile *f* cirée. ◆ **oilfield** *n* gisement *m* or champ *m* pétrolifère. ◆ **oil-fired** *adj boiler* à mazout; *central heating* au mazout. ◆ **oiliness** *n (V oily below)* aspect *m* huileux *or* graisseux *or (Culin)* gras; onction *f*. ◆ **oilpan** *n (US Aut)* carter *m*. ◆ **oilskins** *npl* ciré *m*. ◆ **oily** *adj liquid, consistency* huileux; *stain* d'huile; *rag, clothes, hands* graisseux; *cooking, food* gras; *(fig pej) manners, tone* onctueux.

ointment ['ɔɪntmənt] *n* onguent *m*, pommade *f*.

O.K. * ['əʊ'keɪ] *(vb: pret, ptp* **O.K.'d**) 1 *excl* d'accord!, O.K.! *(don't fuss)* O.K., O.K.! ça va, ça va! 2 *adj (good)* très bien; *(not bad)* pas mal. **is it ~ with you if I come too?** ça ne vous ennuie pas que je vous accompagne? *(subj)*; **I'm coming too, ~?** je viens aussi, d'accord?; **I'm ~** ça va; **the car is ~** la voiture est *(undamaged)* intacte *or (repaired* *etc)* en bon état; **everything's** ~ tout va bien. **3** *vt* approuver.

okapi [əʊ'kɑːpɪ] *n* okapi *m*.

old [əʊld] **1** *adj* **(a)** *(gen)* vieux *(before vowel etc* vieil, *f* vieille*)*. **an** ~ **man** un vieil homme, un vieillard; *(pej)* **he's a real** ~ **woman** il a des manies de petite vieille; ~ **people,** ~ **folk** personnes *fpl* âgées, vieux *mpl*; ~ **people's home,** ~ **folks' home** hospice *m* de vieillards; *(private)* maison *f* de retraite; ~ **for his years** mûr pour son âge; **to grow** *or* **get** ~**(er)** vieillir, se faire vieux; **in his** ~ **age** sur ses vieux jours; **the** ~ **country** la mère patrie; **Old English** vieil anglais; ~ **maid** vieille fille *f*; *(Art)* ~ **master** *(artist)* grand peintre *m*; *(painting)* tableau *m* de maître; **the Old World** l'ancien monde *m*; **an** ~ **chair** une vieille chaise; *(valuable)* une chaise ancienne; ~ **wine** vin *m* vieux; **that's an** ~ **one!** ce n'est pas nouveau!; **as** ~ **as the hills** vieux comme les chemins; **the** ~ **part of Nice** le vieux Nice; ~ **friends** de vieux amis; **any** ~ **how/where** * *etc* n'importe comment/où *etc*; **any** ~ **thing** * n'importe quoi; **we had a great** ~ **time** * on s'est vraiment bien amusé; *(fig)* **it's the same** ~ **story** * c'est toujours la même histoire; ~ **Paul here** * ce bon vieux Paul; **a good** ~ **dog** un brave chien; **you** ~ **scoundrel!** sacré vieux! *; **I say,** ~ **man** *or* ~ **fellow** dites donc mon vieux *.

(b) **how** ~ **are you?** quel âge avez-vous?; **he is 10 years** ~ il a 10 ans; **at 10 years** ~ à (l'âge de) 10 ans; **a 6-year-**~ **boy** un garçon de 6 ans; ~ **enough to dress himself** assez grand pour s'habiller tout seul; ~ **enough to vote** en âge de voter; **you're** ~ **enough to know better!** à ton âge tu devrais avoir plus de bon sens!; **too** ~ **for that sort of work** trop âgé pour ce genre de travail; *(to child)* **when you're** ~**er** quand tu seras plus grand; **if I were** ~**er** si j'étais plus âgé; **if I were 10 years** ~**er** si j'avais 10 ans de plus; ~**er than you** plus âgé que toi; **he's 6 years** ~**er than you** il a 6 ans de plus que toi; ~**er brother** frère aîné; **the** ~**er generation** la génération antérieure.

(c) *(former)* *school, mayor, home* ancien *(before n)*. ~ **boy** ancien élève; **in the** ~ **days** dans le temps, autrefois; **the good** ~ **days** le bon vieux temps; **this is the** ~ **way of doing it** on s'y prenait comme cela autrefois; ~ **soldier** vétéran *m*.

2 *n* **(a)** **the** ~ les vieux *mpl*, les vieillards *mpl*, les vieilles gens *mpl*.

(b) **(in days) of** ~ autrefois, jadis; **the men of** ~ les hommes de jadis; **I know him of** ~ je le connais depuis longtemps.

◆ **old-age** *adj*: ~**-age pension** pension *f* vieillesse *(de la Sécurité sociale)*; ~**-age pensioner** retraité(e) *m(f)*. ◆ **olden** *adj*: **in** ~**en times** *or* **days** jadis. ◆ **old-established** *adj* ancien *(after n)*. ◆ **old-fashioned** *adj* *(old)* d'autrefois; *(out-of-date)* démodé; *person, attitude* vieux jeu *inv*; *(fig)* **to give sb/sth an** ~**fashioned look** * regarder qn/qch de travers. ◆ **old-style** *adj* à l'ancienne (mode). ◆ **old-time** *adj* du temps jadis; *dancing* d'autrefois. ◆ **old-timer** * *n* vieillard *m*, ancien *m*. ◆ **old wives' tale** *n* conte *m* de bonne femme. ◆ **old-womanish** *adj* qui a des manies de petite vieille. ◆ **old-world** *adj* *place* très vieux et pittoresque; *charm, style* suranné.

oleaginous [ˌəʊlɪ'ædʒɪnəs] *adj* oléagineux.

oleander [ˌəʊlɪ'ændə'] *n* laurier-rose *m*.

oligarchy ['ɒlɪgɑːkɪ] *n* oligarchie *f*.

olive ['ɒlɪv] **1** *n* olive *f*; *(~ tree)* olivier *m*. *(fig)* **to hold out the** ~ **branch** se présenter le rameau d'olivier à la main. **2** *adj* **(a)** *skin* olivâtre. ~ **oil** huile *f* d'olive. **(b)** *(also* **olive-green)** vert olive *inv*.

Olympic [ə(ʊ)'lɪmpɪk] *adj* olympique. ~ **Games,** ~**s** Jeux *mpl* olympiques.

Oman [əʊ'mɑːn] *n* Oman *m*.

ombudsman ['ɒmbʊdzmən] *n* médiateur *m* *(Admin)*.

omelet(te) ['ɒmlɪt] *n* omelette *f*.

omen ['əʊmen] *n* présage *m*, augure *m*. **it is a good** ~ **that...** il est de bon augure que... + *subj*. ◆ **ominous** *adj* *event* de mauvais augure; *look, cloud, voice* menaçant; *sound, sign* alarmant. ◆ **ominously** *adv* d'une façon menaçante *or* alarmante; **he was ominously silent** son silence ne présageait rien de bon.

omit [ə(ʊ)'mɪt] *vt* *(accidentally)* omettre *(to do* de faire); *(deliberately)* omettre, négliger *(to do* de faire). ◆ **omission** *n* omission *f*.

omni... ['ɒmnɪ] *pref* omni...

omnibus ['ɒmnɪbəs] *n* (†: *bus)* omnibus † *m*; *(book)* recueil *m*.

omnipotent [ɒm'nɪpət(ə)nt] *adj* omnipotent. ◆ **omnipotence** *n* omnipotence *f*.

omnivorous [ɒm'nɪv(ə)rəs] *adj* omnivore; *reader* insatiable.

on [ɒn] **1** *prep* **(a)** *(position, direction)* sur, à. ~ **the table** sur la table; **with a coat** ~ **his arm** un manteau sur le bras; **with a ring** ~ **her finger** une bague au doigt; **the ring** ~ **her finger** la bague qu'elle avait au doigt; **I have no money** ~ **me** je n'ai pas d'argent sur moi; **he turned his back** ~ **us** il nous a tourné le dos; ~ **the right** à droite; ~ **the blackboard/ceiling** au tableau/plafond; **he hung his hat** ~ **the nail** il a suspendu son chapeau au clou; **house** ~ **the main road** maison sur la grand-route. **(b)** *(fig)* **the/his violin** sur/son violon; **with Louis Armstrong** ~ **the trumpet** avec Louis Armstrong à la trompette; **he swore it** ~ **the Bible** il l'a juré sur la Bible; **an attack** ~ **the government** une attaque contre le gouvernement; **it works** ~ **oil** cela marche au mazout; ~ **the radio** à la radio; ~ **the BBC** *(TV)* sur la B.B.C.; *(Rad)* à la B.B.C.; *(Rad)* ~ **France-Inter** sur France-Inter; **I'm** ~ **£6,000 a year** je gagne 6 000 livres par an; **a student** ~ **a grant** un boursier; **he's** ~ **a course** il suit un cours; **to be** ~ **the team/committee** faire partie de l'équipe/du comité; **to be** ~ **pills** prendre des pilules; **to be** ~ **drugs** se droguer; **he's** ~ **heroin** il se drogue à l'héroïne; **I'm back** ~ **cigarettes** je me suis remis à fumer; **we're** ~ **irregular verbs** nous en sommes aux verbes irréguliers; **let's have a drink** ~ **it** on va boire un coup * pour fêter ça; **prices are up** ~ **last year's** les prix sont en hausse par rapport à ceux de l'année dernière; **this round's** ~ **me** c'est ma tournée; **have it** ~ **me** je vous le paie; ~ **the train/plane** *etc* dans le train/l'avion *etc*. **(c)** *(time)* ~ **Sunday** dimanche; ~ **Sundays** le dimanche; ~ **December 1st** le 1er décembre; ~ **the evening of December 3rd** le 3 décembre au soir; ~ *or* **about the 20th** vers le 20; ~ **and after the 20th** à partir du 20; ~ **Easter Day** le jour de Pâques; **it's just** ~ **5 o'clock** il va être 5 heures; ~ **my arrival** à mon arrivée; ~ **my refusal to go away** lorsque j'ai refusé de partir; ~ **hearing this** en entendant cela. **(d)** *(about, concerning)* sur, de. **he lectures** ~ **Dante** il fait un cours sur Dante; **a book** ~ **grammar** un livre de grammaire; **an essay** ~**...** une dissertation sur...; **he spoke** ~ **oil** il a parlé du pétrole; **have you heard him** ~ **V.A.T.?** vous l'avez entendu parler de la T.V.A.?; **Jones** ~ **Marx** ce que Jones a écrit sur Marx; **I'm** ~ **a new project** je travaille à un nouveau projet; **away** ~ **an errand** parti faire une course; **while we're** ~ **the subject** pendant que nous y sommes.

2 *adv* **(a)** *(covering)* **he had his coat** ~ il avait mis son manteau; ~ **with your pyjamas!** allez, mets ton pyjama!; **she had nothing** ~ elle était toute nue; **what had he got** ~? qu'est-ce qu'il portait?; **the lid is** ~ le couvercle est mis.

(b) *(forward)* **from that time** ~ à partir de ce moment-là; **it's getting** ~ **for 2 o'clock** il n'est pas loin de 2 heures; **well** ~ **in May** bien avant dans le mois de mai; **it was well** ~ **into May** mai était déjà bien avancé. **(c)** *(continuation)* **go** ~ **with your work** continuez votre travail; **and so** ~ et ainsi de suite; **they talked** ~ **and** ~ ils ont parlé sans discontinuer *or* sans arrêt. **(d)** *(phrases)* **he is always** ~ **at me** * il est toujours après moi *; **to get** ~ **to sb** se mettre en rapport avec qn *(about sth* à propos de qch*);* **I'm** ~ **to something** je suis sur une piste intéressante; **the police are** ~ **to him** la police est sur sa piste; **she's** ~ **to the fact that...** elle sait que...

3 *adj (functioning etc)* **to be** ~ *[machine, engine]* être en marche; *[light]* être allumé; *[TV, radio]* être allumé, marcher; *[tap]* être ouvert; *[brake]* être serré; *[meeting, programme etc]* être en cours; **while the meeting was** ~ pendant la réunion; **the show is** ~ **already** le spectacle a déjà commencé; **the play is still** ~ la pièce se joue toujours; **what's** ~ **at the cinema?** qu'est-ce qu'on donne au cinéma?; *(Rad, TV)* **what's** ~**?** qu'y a-t-il à la radio/ à la télé?; *(Rad, TV)* **X is** ~ **tonight** il y a X ce soir; **you're** ~ **now!** c'est à vous maintenant!; **we are going out, are you** ~**?** * nous sortons, vous venez?; **you're** ~**!** * tope là!; **it's not** ~ * *(refusing)* pas question!; *(not done)* cela ne se fait pas.

◆ **on-campus** *adj (US)* sur le campus. ◆ **oncoming** *adj car* venant en sens inverse. ◆ **ongoing** *adj project* en cours. ◆ **on-line** *adj (Comput)* en ligne. ◆ **onlooker** *n* spectateur *m*, -trice *f.* ◆ **onrush** *n [people]* ruée *f; [water]* torrent *m.* ◆ **onset** *n (start)* début *m; (approach)* approche *f.* ◆ **onshore** *adj wind* de mer. ◆ **onslaught** *n* attaque *f.* ◆ **onto** *prep* = **on to.** ◆ **onward 1** *adv (also onwards)* en avant; **from this time** ~**ward(s)** désormais; **from today** ~**ward(s)** à partir d'aujourd'hui ; **2** *adj* en avant.

once [wʌns] **1** *adv* **(a)** *(on one occasion)* une fois. ~ **only** une seule fois; ~ **before** une fois déjà; ~ **when I was young** un jour quand j'étais jeune; ~ **again,** ~ **more** encore une fois; ~ **and for all** une fois pour toutes; ~ **a week** une fois par semaine; ~ **in a while,** ~ **in a way** de temps en temps; **more than** ~ plus d'une fois; ~ **or twice** une fois ou deux; **for** ~ pour une fois; **just this** ~ juste pour cette fois-ci; **not** ~, **never** ~ pas une seule fois; **if** ~ **you...** si jamais vous...; ~ **a journalist always a journalist** qui a été journaliste le reste toute sa vie. **(b)** *(formerly)* jadis, autrefois. ~ **upon a time there was** il y avait une fois, il était une fois; ~ **powerful** jadis *or* autrefois puissant. **(c) at** ~ *(immediately)* tout de suite; *(simultaneously)* à la fois; **all at** ~ *(suddenly)* tout à coup, soudain. **2** *conj* une fois que. ~ **she'd seen him she...** une fois qu'elle l'eut vu *or* après l'avoir vu * elle... ◆ **once-over** * *n*: **to give sth the** ~**-over** vérifier qch très rapidement.

one [wʌn] **1** *adj* **(a)** un(e). ~ **hundred and twenty** cent vingt; **twenty-**~ **apples** vingt et une pommes; **that's** ~ **way of doing it** c'est une façon de le faire; **she is** ~ **(year old)** elle a un an; **it's** ~ **o'clock** il est une heure; **for** ~ **thing...** d'abord...; **with** ~ **voice** d'une seule voix; ~ **day** un jour; ~ **Sunday morning** un dimanche matin; ~ **hot summer afternoon** par un chaud après-midi d'été. **(b)** *(sole)* un(e) seul(e). **there is** ~ **man who** il y a un seul homme qui + *subj;* **the** ~ **man who** le seul qui + *subj;* ~ **and only one** le seul et unique; *(Comm)* '~ **size'** 'taille unique'. **(c)** *(same)* (le) même. **in the** ~ **car** dans la même voiture; ~ **and the same person** une seule et même personne; ~ **and the same thing** exactement la même chose. **2** *n* un(e) *m(f).* **twenty-**~ vingt et un(e); ~ **hundred and** ~ cent un(e); **there are three** ~**s in her phone number** il y a trois

uns dans son numéro de téléphone; ~ **of them** *(people)* l'un d'eux, l'une d'elles; *(things)* (l')un, (l')une; **chapter** ~ chapitre un; **I for** ~ **don't believe it** pour ma part je ne le crois pas; **who doesn't agree?** — **I for** ~**!** qui n'est pas d'accord? — moi pour commencer! ; ~ **by** ~ un à un; **in** ~**s and twos** *arrive* par petits groupes; **get, send** quelques-uns à la fois; ~ **after the other** l'un après l'autre; ~ **and all** tous sans exception; **it's all** ~ c'est tout un; **it's all** ~ **to me** cela m'est égal; **to be** ~ **up** * avoir l'avantage *(on sb* sur qn*);* **to go** ~ **better than sb** faire mieux que qn.

3 *pron* **(a)** *(indefinite)* un(e) *m(f).* **would you like** ~**?** en voulez-vous un?; **have you got** ~**?** en avez-vous un?; **the question is** ~ **of money** c'est une question d'argent; **they're the best friends** un de mes meilleurs amis; **he's** ~ **of us** il est des nôtres; **you can't have** ~ **without the other** on ne peut avoir l'un sans l'autre. **(b)** *(specific)* **this** ~ celui-ci, celle-ci; **that** ~ celui-là, celle-là; **the** ~ **who** *or* **that** *or* **which** celui qui, celle qui; **the** ~ **on the floor** celui *or* celle qui est par terre; **he's the** ~ **with brown hair** c'est celui qui a les cheveux bruns; **which** ~**?** lequel?, laquelle?; **I want the red** ~ je veux le rouge; **you've taken the wrong** ~ vous n'avez pas pris le bon; **that's a difficult** ~**!** ça c'est difficile!; **the little** ~**s** les petits; **my dearest** ~ mon chéri, ma chérie; **he's a clever** ~ c'est un malin; **for** ~ **who claims to know the language, he...** pour quelqu'un qui prétend connaître la langue, il...; **he's not** ~ **to do that sort of thing** il n'est pas de ceux qui font cela; **he's a great** ~ * **for chess** c'est un mordu * des échecs. **(c)** ~ **another** = **each other** ; *V* **each 2b. (d)** *(impersonal) (subject)* on; *(object)* vous. ~ **must remember** on doit *or* il faut se souvenir; **it tires** ~ **too much** cela vous fatigue trop; ~ **likes to see** ~**'s friends happy** on aime que ses amis soient heureux.

◆ **one-armed** *adj* manchot; ~**-armed bandit** * *machine f* à sous *(jeu).* ◆ **one-eyed** *adj* borgne. ◆ **one-horse town** * *n* bled * *m,* trou * *m.* ◆ **one-legged** *adj* unijambiste. ◆ **one-man** *adj job* fait *or* à faire par un seul homme; *business* que fait marcher un seul homme; *exhibition etc* consacré à un seul artiste; *woman etc* qui n'aime qu'un seul homme; *(Mus: person)* ~**-man band** homme-orchestre *m; (fig)* **it's a** ~**-man band** * un seul homme fait marcher toute l'affaire; *(variety)* ~**-man show** one-man show *m.* ◆ **one-night stand** *n (Theat)* représentation *f* unique; *(sex)* amour *m* de rencontre. ◆ **one-off** * *or* ◆ **one-shot** * *(US) adj object* unique; *event* exceptionnel. ◆ **one-one** *adj (US)* univoque. ◆ **one-parent family** *n* famille *f* monoparentale. ◆ **one-room(ed)** *adj* d'une pièce. ◆ **oneself** *pron* se, soi-même; *(after prep)* soi(-même); *(emphatic)* soi-même; **to hurt** ~**self** se blesser; **to dress** ~**self** s'habiller; **to speak to** ~**self** se parler à soi-même; **to be sure of** ~**self** être sûr de soi; **one must do it** ~**self** il faut le faire soi-même; **(all) by** ~**self** (tout) seul. ◆ **one-sided** *adj decision* unilatéral; *contest, game* inégal; *judgment, account* partial; *contract* inéquitable. ◆ **one-time** *adj* ancien *(before n).* ◆ **one-to-one** *adj relationship* univoque; *discussion* en tête-à-tête. ◆ **one-track** *adj:* **to have a** ~**-track mind** * n'avoir qu'une idée en tête. ◆ **one-upmanship** * *n (hum)* art *m* de faire mieux que les autres. ◆ **one-way** *adj street* à sens unique; *traffic* en sens unique; *ticket* simple; *emotion etc* non partagé.

onerous [ˈɒnərəs] *adj task* pénible; *responsibility* lourd.

onion [ˈʌnjən] **1** *n* oignon *m.* **2** *adj soup* à l'oignon; *skin* d'oignon; *stew* aux oignons. ◆ **onion-shaped** *adj* bulbeux.

only [ˈəʊnlɪ] **1** *adj* seul. **the** ~ **book that remains** le seul livre qui reste *(subj);* ~ **child** enfant *mf*

unique; **you're the ~ one to think of that** vous êtes le seul à y avoir pensé; **it's the ~ one left** c'est le seul qui reste *(subj)*; **the ~ thing is that it's too late** seulement il est trop tard; **that's the ~ way to do it** c'est la seule façon de le faire.
2 *adv* seulement, simplement, ne... (plus) que. **~ Paul can wait** il n'y a que Paul qui puisse attendre; **he can ~ wait** il ne peut qu'attendre; **I can ~ say that...** tout ce que je peux dire c'est que...; **it's ~ that I thought...** simplement, je pensais...; **I will ~ say that...** je dirai simplement que...; **it will ~ take a minute** ça ne prendra qu'une minute; **I'm ~ the secretary** je ne suis que le secrétaire; **a ticket for one person ~** un billet pour une seule personne; **'ladies ~'** 'réservé aux dames'; **I ~ looked at it** je n'ai fait que le regarder; **you've ~ to ask** vous n'avez qu'à demander; **~ to think of it** rien que d'y penser; **it's ~ too true** ce n'est que trop vrai; **not ~ A but also B** non seulement A mais aussi B; **~ yesterday** pas plus tard qu'hier; **he has ~ just arrived** il vient tout juste d'arriver; **I caught the train but ~ just** j'ai eu le train mais de justesse; **if ~** si seulement.
3 *conj* seulement, mais. **I would buy it, ~ it's too dear** je l'achèterais bien, seulement *or* mais il est trop cher.

onomatopoeia [ˌɒnə(ʊ)mætə(ʊ)'piːə] *n* onomatopée *f*.

onus ['əʊnəs] *n (no pl)* **the ~ is on him** c'est sa responsabilité *(to do* de faire).

onyx ['ɒnɪks] *n* onyx *m*.

ooze [uːz] **1** *n* vase *f*. **2** *vi [water, pus, walls]* suinter; *[resin, gum]* exsuder. **3** *vt:* **his wounds ~d pus** le pus suintait de ses blessures; *(fig pej)* **she was oozing charm** le charme lui sortait par tous les pores.
♦ **ooze away** *vi:* **his strength** *etc* **was oozing away** ses forces *etc* l'abandonnaient.

opal ['əʊp(ə)l] *n* opale *f*.

opaque [ə(ʊ)'peɪk] *adj* opaque.

open ['əʊp(ə)n] **1** *adj* **(a)** *(gen)* ouvert. **wide ~** grand ouvert; **half-~, slightly ~** entrouvert; **to welcome with ~ arms** *person* accueillir à bras ouverts; *news* accueillir avec joie; **our grocer is ~ on Mondays** notre épicier ouvre *or* est ouvert le lundi; *(fig)* **to keep ~ house** tenir table ouverte; *(Brit)* **~ day** journée *f* du public.
(b) *(fig) boat, letter, cheque, city* ouvert; *river (not obstructed)* ouvert à la navigation; *(not frozen)* non gelé; *road, corridor* dégagé; *pipe* ouvert, non bouché; *car* décapoté; *sewer* à ciel ouvert; *prison* à régime libéral; *(Med) bowels* relâché; *pores* dilaté. **road ~ to traffic** route ouverte à la circulation; **the way to Paris lay ~** la route de Paris était libre; **the ~ road** la grand-route; **the ~ air** le plein air; **in the ~ air** *(gen)* en plein air; *sleep* à la belle étoile; **in ~ country** en rase campagne; **patch of ~ ground** *(between trees)* clairière *f*; *(in town)* terrain *m* vague; **the ~ sea** la haute mer, le large; **~ space** espace *m* libre; **~ to the elements/to attack** exposé aux éléments/à l'attaque; **~ sandwich** canapé *m* (froid); **~ to persuasion** ouvert à la persuasion; **I'm ~ to advice** je me laisserais volontiers conseiller; **I'm ~ to correction, but...** dites-moi si je me trompe, mais...; **~ to improvement** que l'on peut améliorer; **it is ~ to doubt whether...** on peut douter que... + *subj*.
(c) *market, meeting, trial* public; *competition, scholarship* ouvert à tous. **the course is not ~ to schoolchildren** ce cours n'est pas ouvert aux lycéens ; **several choices were ~ to them** plusieurs choix s'offraient à eux; **this post is still ~** ce poste est encore vacant; *(Jur)* **in ~ court** en audience publique; **~ day** journée *f* portes ouvertes au public; *(Sport)* **~ season** saison *f* de la chasse; **the**

O~ University ≃ le Centre d'enseignement par correspondance.
(d) *(frank, not hidden) person, face* ouvert, franc; *enemy* déclaré; *admiration, envy* manifeste; *attempt* non dissimulé; *scandal* public. **in ~ revolt** en rébellion ouverte *(against* contre); **it's an ~ secret that** ce n'est un secret pour personne que.
(e) *(undecided) question* non résolu, non tranché. **the race was still wide ~** l'issue de la course était encore indécise; **it's an ~ question whether...** on ne sait pas si...; **to leave ~** *matter* laisser en suspens; *date* ne pas préciser; **to have an ~ mind on sth** ne pas avoir formé d'opinion sur qch; *(Jur)* **~ verdict** *(not stating cause of death)* verdict *m* de décès avec causes indéterminées; *(where guilty party unknown)* verdict sans désignation de coupable; **~ ticket** billet *m* open.
2 *n:* **out in the ~** *(out of doors)* dehors, en plein air; *sleep* à la belle étoile; *(in the country)* au grand air; **to come out into the ~** *(lit)* sortir au grand jour; *(fig) [secret, plans]* se faire jour; *[person]* parler franchement *(about* de); **to bring out into the ~** divulguer.
3 *vt (gen: lit, fig)* ouvrir; *bowels* relâcher; *pores* dilater; *legs* écarter; *hole* percer; *conversation, negotiations* engager. **to ~ wide** ouvrir tout grand; **to ~ slightly** entrouvrir; **to ~ again** rouvrir; *(lit, fig)* **he didn't ~ his mouth** il n'a pas ouvert la bouche; **to ~ Parliament** ouvrir la session parlementaire; *(Mil)* **to ~ fire** ouvrir le feu *(on* sur).
4 *vi* **(a)** *(gen)* s'ouvrir; *[shop, museum, bank etc]* ouvrir. **this door never ~s** cette porte n'ouvre jamais; **the door ~ed** la porte s'est ouverte; **to ~ slightly** s'entrouvrir; **to ~ again** se rouvrir; *[door, room]* **to ~ on to** *or* **into** donner sur. **(b)** *(begin) [class, debate, meeting, play, book]* s'ouvrir, commencer *(with* par); *[speaker]* commencer *(with* par); *(Bridge)* ouvrir *(with* de). *(Theat)* **the play ~s next week** la première a lieu la semaine prochaine.
♦ **open out 1** *vi [flower, person]* s'ouvrir; *[passage, tunnel, street]* s'élargir. **to ~ out on to** déboucher sur. **2** *vt sep* ouvrir.
♦ **open up 1** *vi* **(a)** *[flower, shop, career, opportunity]* s'ouvrir *(fig: to sb* à qn; *about sth* de qch). **(b)** *(start shooting)* ouvrir le feu. **2** *vt sep (gen)* ouvrir; *jungle* rendre accessible; *blocked road* dégager; *prospects, possibility* découvrir, révéler; *horizons, career* ouvrir.
♦ **open-air** *adj games, activities* de plein air; *swimming pool, market, meeting* en plein air; *theatre* de verdure. ♦ **open-and-shut case** *n* cas *m* incontestable. ♦ **opencast mining** *n* exploitation *f* à ciel ouvert. ♦ **open-ended** *or* ♦ **open-end** *(US) adj tube* à deux ouvertures; *discussion, meeting* sans limite de durée; *offer* flexible. ♦ **opener** *n (for bottles)* ouvre-bouteilles *m inv*; *(for tins)* ouvre-boîtes *m inv*; *(Theat: act)* lever *m* de rideau. ♦ **open-handed** *adj* généreux. ♦ **open-hearted** *adj* franc, sincère. ♦ **open-heart surgery** *n* chirurgie *f* à cœur ouvert. ♦ **opening 1** *n* **(a)** *(gen)* ouverture *f*; *(in wall)* brèche *f*; *(in trees, forest, clouds)* trouée *f*; *(in roof)* percée *f*; **(b)** *(beginning)* ouverture *f*; **(c)** *(opportunity)* occasion *f (to do* de faire); *(trade outlet)* débouché *m (for* pour); *(work: gen)* débouché *m*; *(specific job)* poste *m*; **to give one's opponent an ~ing** prêter le flanc à son adversaire ; **2** *adj ceremony, speech* d'inauguration; *remark* préliminaire; *(St Ex) price* d'ouverture; *(Theat)* **~ing night** première *f*; *(Brit)* **~ing time** l'heure *f* d'ouverture *(des pubs)*. ♦ **openly** *adv (frankly)* ouvertement; *(publicly)* publiquement. ♦ **open-minded** *adj* à l'esprit ouvert. ♦ **open-mouthed** *adj, adv* bouche bée. ♦ **open-necked** *adj* à col ouvert, échancré. ♦ **openness** *n (candour)* franchise *f*. ♦ **open-plan** *adj office* paysagé.

opera ['ɒp(ə)rə] **1** *n* opéra *m*. **2** *adj*: ~ **glasses** jumelles *fpl* de théâtre; ~ **house** (théâtre *m* de l')opéra *m*; ~ **singer** chanteur *m*, -euse *f* d'opéra. ◆ **opera-goer** *or* ◆ **opera-lover** *n* amateur *m* d'opéra. ◆ **operatic** *adj* d'opéra. ◆ **operetta** *n* opérette *f*.

operate ['ɒpəreɪt] **1** *vi* (*gen*) opérer; (*Med*) opérer (*on sb* qn; *for sth* de qch); [*drug, propaganda*] opérer (*on* sur); [*machine, vehicle*] marcher, fonctionner (*by electricity etc* à l'électricité *etc*); [*system, sb's mind*] fonctionner; [*factors*] jouer (*to produce* pour produire). he was ~d on for appendicitis il a été opéré de l'appendicite; **to** ~ **on sb's eyes** opérer qn des yeux.
2 *vt* (**a**) [*person*] *machine, telephone, brakes etc* faire marcher, faire fonctionner; [*switch*] actionner. **a machine** ~**d by electricity** une machine qui marche à l'électricité. (**b**) *business, factory* diriger; *coalmine, oil well* exploiter; *system, changes* opérer; *swindle* réaliser.
◆ **operable** *adj* opérable. ◆ **operating** *adj* (**a**) (*Comm*) *costs* d'exploitation; (**b**) (*Med*) *table* d'opération; **operating theatre** salle *f* d'opération. ◆ **operation** *n* (**a**) (*gen, Med, Mil etc*) opération *f*; **to have an operation** se faire opérer; **a lung operation** une opération au poumon; **to perform an operation on sb** opérer qn; (*Mil, Police*) **operations room** centre *m* d'opérations. (**b**) (*act of operating*) **to be in operation** [*machine*] être en service; [*business etc*] fonctionner; [*mine etc*] être en exploitation; [*law, system*] être en vigueur; **to come into operation** entrer en service (*or* en vigueur *etc*); **to put into operation** mettre en service *etc*. ◆ **operational** *adj* opérationnel. ◆ **operative 1** *adj law, measure, system* en vigueur; **the operative word** le mot clef ; **2** *n* (*worker*) ouvrier *m*, -ière *f*; (*machine operator*) opérateur *m*, -trice *f*; (*US Pol*) membre *m* de l'état-major (*d'un candidat*); **the steel operatives** la main-d'œuvre des aciéries. ◆ **operator** *n* (*gen*) opérateur *m*, -trice *f*; [*telephones*] téléphoniste *mf*; **radio operator** radio *m*; **tour operator** organisateur *m*, -trice *f* de voyages.

ophthalmia [ɒf'θælmɪə] *n* ophtalmie *f*. ◆ **ophthalmic** *adj surgeon* ophtalmologique.

opiate ['əʊpɪɪt] *n* opiat *m*.

opinion [ə'pɪnjən] **1** *n* (*point of view*) opinion *f*, avis *m*; [*lawyer, doctor*] avis; (*belief*) opinion. **in my** ~ à mon avis, d'après moi; **in the** ~ **of** d'après, selon; **public** ~ l'opinion publique; **it's a matter of** ~ **whether...** c'est une affaire d'opinion pour ce qui est de savoir si...; **I'm of your** ~ je suis de votre avis *or* opinion; **to be of the** ~ **that** être d'avis que, estimer que; **political** ~**s** opinions politiques; **to have a high/low** ~ **of** avoir/ne pas avoir bonne opinion de; **what is your** ~ **of this book?** que pensez-vous de ce livre?; (*Med*) **to take a second** ~ prendre l'avis d'un autre médecin. **2** *adj*: ~ **poll** sondage *m* d'opinion. ◆ **opinionated** *adj* dogmatique.

opium ['əʊpɪəm] *n* opium *m*. ~ **addict** opiomane *mf*.

opossum [ə'pɒsəm] *n* opossum *m*.

opponent [ə'pəʊnənt] *n* (*gen*) adversaire *mf*; (*in discussion, debate*) antagoniste *mf*. **he has always been an** ~ **of...** il a toujours été contre...

opportune ['ɒpətjuːn] *adj* opportun. ◆ **opportunely** *adv* opportunément. ◆ **opportuneness** *n* opportunité *f*. ◆ **opportunism** *n* opportunisme *m*. ◆ **opportunist** *adj, n* opportuniste (*mf*).

opportunity [ˌɒpə'tjuːnɪtɪ] *n* occasion *f*. **to have the** *or* **an** ~ **to do** *or* **of doing** avoir l'occasion de faire; **to take the** ~ **of doing** *or* **to do** profiter de l'occasion pour faire; **at the earliest** ~ à la première occasion; **when the** ~ **occurs** à l'occasion; **if you get the** ~ si vous en avez l'occasion; **equality of** ~ égalité *f* de chances; **to make the most of**

one's opportunities profiter pleinement de ses chances; **this job offers great opportunities** ce poste offre d'excellentes perspectives *fpl* d'avenir.

oppose [ə'pəʊz] *vt* (*gen*) s'opposer à; *motion, resolution* (*Pol*) faire opposition à; (*in debate*) parler contre. **he** ~**s our coming** il s'oppose à ce que nous venions (*subj*). ◆ **opposed** *adj* opposé, hostile (*to* à); **I'm** ~**d to your doing that** je m'oppose à ce que vous fassiez cela; **as** ~**d to** par opposition à; **as** ~**d to that,...** par contre,... ◆ **opposing** *adj army* opposé.

opposite ['ɒpəzɪt] **1** *adj house etc* d'en face; *side, end, direction, point of view* opposé. **'see map on** ~ **page'** 'voir plan ci-contre'; **the** ~ **sex** l'autre sexe *m*; **his** ~ **number** son homologue *mf*. **2** *adv* (d')en face. ~ **to** en face de; **the house** ~ la maison d'en face; **the house is directly** ~ la maison est directement en face. **3** *prep* en face de. ~ **one another** en vis-à-vis; **they live** ~ **us** ils habitent en face de chez nous; (*Theat etc*) **to play** ~ **sb** partager la vedette avec qn. **4** *n* contraire *m*, opposé *m*. **quite the** ~**!** au contraire!; **he told me just the** ~ il m'a dit exactement le contraire.

opposition [ˌɒpə'zɪʃ(ə)n] **1** *n* opposition *f* (*to* à). **in** ~ **to** en opposition avec; (*Pol*) **the** ~ l'opposition; **the party in** ~ le parti de l'opposition; (*Pol*) **to be in** ~ être dans l'opposition; **the** ~ * (*Sport, Pol*) l'adversaire *m*; (*Comm*) la concurrence; **they put up considerable** ~ ils opposèrent une vive résistance. **2** *adj* (*Pol*) de l'opposition.

oppress [ə'pres] *vt* (*Mil, Pol etc*) opprimer; [*anxiety, heat etc*] oppresser. ◆ **oppression** *n* oppression *f*. ◆ **oppressive** *adj* (*Mil, Pol etc*) oppressif; *anxiety, heat* accablant; *weather* lourd. ◆ **oppressively** *adv* (*Mil, Pol etc*) tyranniquement; **it was** ~**ively hot** il faisait une chaleur accablante. ◆ **oppressor** *n* oppresseur *m*.

opprobrium [ə'prəʊbrɪəm] *n* opprobre *m*.

opt [ɒpt] *vi*: **to** ~ **for sth** opter pour qch (*also Jur*); **to** ~ **to do** choisir de faire. ◆ **opt in** * *vi* choisir de participer (*to* à). ◆ **opt out** * *vi* choisir de ne pas participer (*of* à), se récuser. **to** ~ **out of doing** choisir de ne pas faire.

optical ['ɒptɪk(ə)l] *adj glass, lens, disk* optique; *instrument, illusion* d'optique. ~ **character recognition/reader** lecture *f* /lecteur *m* optique. ◆ **optician** *n* opticien(ne) *m(f)*. ◆ **optics** *nsg* optique *f*.

optimism ['ɒptɪmɪz(ə)m] *n* optimisme *m*. ◆ **optimist** *n* optimiste *mf*. ◆ **optimistic** *adj* optimiste. ◆ **optimistically** *adv* avec optimisme. ◆ **optimize** *vt* optimiser.

optimum ['ɒptɪməm] *adj* optimum.

option ['ɒpʃ(ə)n] *n* option *f* (*on* sur); (*Scol*) matière *f* à option. (*Jur*) **6 months with the** ~ **of a fine** 6 mois avec substitution d'amende; **I have no** ~ je n'ai pas le choix; **he had no** ~ **but to come** il n'a pas pu faire autrement que de venir; **you have the** ~ **of remaining here** vous pouvez rester ici si vous voulez; (*fig*) **he kept his** ~**s open** il n'a pas voulu s'engager. ◆ **optional** *adj* (*gen, Scol etc*) facultatif; (*Comm*) ~**al extras** accessoires *mpl* en option.

opulent ['ɒpjʊlənt] *adj* opulent. ◆ **opulence** *n* opulence *f*. ◆ **opulently** *adv* avec opulence.

or [ɔːr] *conj* ou; (*with neg*) ni. ~ **else** ou bien; **do it** ~ **else!** * fais-le, sinon! *; **without tears** ~ **sighs** sans larmes ni soupirs; **he could not read** ~ **write** il ne savait ni lire ni écrire; **an hour** ~ **so** environ une heure.

oracle ['ɒrəkl] *n* oracle *m*.

oral ['ɔːr(ə)l] **1** *adj* oral. **2** *n* oral *m*, épreuve *f* orale. ◆ **orally** *adv* oralement; (*Pharm*) par voie orale.

orange ['ɒrɪn(d)ʒ] **1** n (fruit) orange f; (~-tree) oranger m; (colour) orange f. **2** adj (colour) orange inv; drink, flavour d'orange; liqueur à l'orange. ~ **blossom** fleur(s) f(pl) d'oranger; ~ **marmalade** confiture f d'oranges; ~ **stick** bâtonnet m (pour manucure etc). ◆ **orangeade** n orangeade f.

orang-outang [ɔːˌræŋuːˈtæŋ], **orang-utan** [ɔːˌræŋuːˈtæn] n orang-outang m.

oration [ɔːˈreɪʃ(ə)n] n discours m solennel. **funeral** ~ oraison f funèbre. ◆ **orator** ['ɒrətəʳ] n orateur m, -trice f. ◆ **oratorical** adj oratoire. ◆ **oratorio** n oratorio m. ◆ **oratory** n (art) art m oratoire; (what is said) éloquence f; **piece of oratory** discours m.

orbit ['ɔːbɪt] **1** n orbite f. **in(to)** ~ en orbite (around autour de); (fig) **that doesn't come within my** ~ ceci n'est pas de mon domaine; **the American** ~ la sphère d'influence américaine. **2** vti orbiter.

orchard ['ɔːtʃəd] n verger m. **apple** ~ verger de pommiers.

orchestra ['ɔːkɪstrə] n orchestre m; (US Theat) (fauteuils mpl d') orchestre m. ◆ **orchestral** [ɔːˈkestr(ə)l] adj music orchestral; concert symphonique. ◆ **orchestrate** vt orchestrer. ◆ **orchestration** n orchestration f.

orchid ['ɔːkɪd] n orchidée f. **wild** ~ orchis m.

ordain [ɔːˈdeɪn] vt (a) décréter (that que). (fig) **it was** ~**ed that** le destin a voulu que + subj. (b) (Rel) ordonner (sb priest qn prêtre).

ordeal [ɔːˈdiːl] n (terrible) épreuve f. **it was a real** ~ **for him** cela le mettait au supplice.

order ['ɔːdəʳ] **1** n (a) (sequence) ordre m. **word** ~ ordre des mots; **what** ~ **should these cards be in?** dans quel ordre ces cartes devraient-elles être?; **in** ~ **of merit/appearance** par ordre de mérite/d'entrée en scène; **the cards were out of** ~ les cartes n'étaient pas en ordre; **to put in(to)** ~ mettre en ordre; **in** ~ **of things** dans l'ordre des choses; **the old** ~ **is changing** l'ancien état de choses change. (b) (good ~) ordre m. **in** ~ room etc en ordre; passport, documents en règle; **to be in** ~ [request] être dans les règles; **to put in** ~ mettre en ordre; (US) **in short** ~ tout de suite; **out of** ~, **not in working** or **running** ~ machine en panne, détraqué; (Telec) line en dérangement; **to be in running** or **working** ~ marcher bien. (c) **in** ~ **to do** pour faire, afin de faire; **in** ~ **that** afin que + subj, pour que + subj. (d) (correct procedure) ordre m. (Parl) **order, order!** à l'ordre!; **to call sb to** ~ rappeler qn à l'ordre; **on a point of** ~ sur une question de forme or de procédure; **is it in** ~ **to do that?** est-il permis de faire cela?; **his request is quite in** ~ sa demande est tout à fait normale. (e) (peace, control) ordre m. **to keep** ~ [police etc] maintenir l'ordre; [teacher] faire régner la discipline; **to keep sb in** ~ tenir qn. (f) (Bio) ordre m; (social class) classe f. (fig) **of a high** ~ de premier ordre; **of the** ~ **of 500** de l'ordre de 500; **Benedictine O**~ ordre des bénédictins; (holy) ~**s** ordres mpl (majeurs); **to be in/take** ~**s** être/entrer dans les ordres. (g) (command) ordre m, consigne f (Mil). **to give sb** ~**s to do sth** ordonner à qn de faire qch; **I don't take** ~**s from you!** je ne suis pas à vos ordres!; **on the** ~**s of** sur l'ordre de; **by** ~ **of** par ordre de; **to be under** ~**s to do** avoir reçu l'ordre de faire; (fig) **strikes were the** ~ **of the day** les grèves étaient à l'ordre du jour; (Jur) ~ **of the Court** injonction f de la cour; **deportation** ~ arrêté m d'expulsion. (h) (Comm) commande f. **made to** ~ fait sur commande; **to place an** ~ **with sb (for sth)** passer une commande (de qch) à qn; **they are on** ~ ils sont commandés; (Comm, fig) **to** ~ sur commande; ~ **to view** permis m de visiter; **money** ~ mandat m; (Banking) **to the** ~ **of** à l'ordre de.

2 adj: ~ **book** carnet m de commandes; ~ **form** bon m de commande.

3 vt (a) (command) ordonner (sb to do à qn de faire; that que + subj). **he was** ~**ed to be quiet** on lui a ordonné de se taire; **to** ~ **sb in/up** etc ordonner à qn d'entrer/de monter etc. (b) goods, meal commander; taxi faire venir. (c) (put in ~) one's affairs etc régler.

4 vi (in restaurant etc) passer sa commande.

◆ **order about, order around** vt sep commander.

◆ **orderliness** n (habitudes fpl d')ordre m.

◆ **orderly 1** adj room en ordre; mind méthodique; life réglé; person qui a de l'ordre; crowd discipliné; **in an** ~**ly way** avec ordre ; **2** n (Mil) planton m; (Med) garçon m de salle; ~**ly room** salle f de rapport.

ordinal ['ɔːdɪnl] adj, n ordinal (m).

ordinance ['ɔːdɪnəns] n ordonnance f (Admin).

ordinary ['ɔːdɪnrɪ] **1** adj (a) (usual) ordinaire (also pej), habituel. **in the** ~ **way** en temps normal; **for all** ~ **purposes** pour l'usage courant. (b) (average) intelligence, reader etc moyen. **just an** ~ **fellow** un homme comme les autres. **2** n: **out of the** ~ qui sort de l'ordinaire. ◆ **ordinarily** adv ordinairement.

ordination [ˌɔːdɪˈneɪʃ(ə)n] n ordination f.

ordnance ['ɔːdnəns] (Mil) **1** n artillerie f. **2** adj: **O**~ **Corps** Service m du matériel; (Brit) **O**~ **Survey map** ≃ carte f d'État-Major.

ore [ɔːʳ] n minerai m. **iron** ~ minerai de fer.

oregano [ˌɒrɪˈgɑːnəʊ] n origan m.

organ ['ɔːgən] **1** n (Anat, also fig, Press etc) organe m; (Mus) orgue m, orgues fpl. **2** adj: ~ **grinder** joueur m, -euse f d'orgue de Barbarie; ~ **loft** tribune f d'orgue. ◆ **organic** adj (gen, Bio etc) organique; part fondamental; being organisé; food naturel; vegetables, farming biologique; ~**ic whole** tout m systématique. ◆ **organically** adv organiquement; (basically) foncièrement. ◆ **organism** n organisme m (Bio). ◆ **organist** n organiste mf.

organize ['ɔːgənaɪz] vt organiser. **to get** ~**d** s'organiser. ◆ **organization** n (a) organisation f; **charitable organization** œuvre f charitable; (b) organisation f; **his organization lacks organization** son travail manque d'organisation. ◆ **organizational** adj (gen) organisationnel. ◆ **organized** adj (gen) organisé; ~**d crime** le grand banditisme m; ~**d labour** main-d'œuvre syndiquée. ◆ **organizer** n organisateur m, -trice f; (for holding things) videpoches m. ◆ **organizing** adj committee chargé de l'organisation; (bossy) qui n'arrête pas de dire aux autres ce qu'ils doivent faire.

orgasm ['ɔːgæz(ə)m] n orgasme m.

orgy ['ɔːdʒɪ] n (lit, fig) orgie f.

orient ['ɔːrɪənt] n orient m. ◆ **oriental 1** adj oriental; **2** n: **O**~ Oriental(e) m(f). ◆ **orientate** vt orienter. ◆ **orientation** n orientation f. ◆ **oriented** adj (giving priority to) axé sur; (specially for needs of) conçu pour, adapté aux besoins de; **user-/pupil-/** etc ~ adapté aux besoins de or spécialement conçu pour l'usager/l'élève etc. ◆ **orienteering** n (Sport) exercice m d'orientation sur le terrain.

origami [ˌɒrɪˈgɑːmɪ] n (art m du) pliage m.

origin ['ɒrɪdʒɪn] n origine f. ◆ **original 1** adj (a) (first) sin, inhabitant, purpose, meaning originel; (b) (not copied etc) painting, idea, writer original; (unconventional) character, person original, excentrique; **2** n [painting etc] original m; **to read Dante in the** ~**al** lire Dante dans l'original. ◆ **originality** n originalité f. ◆ **originally** adv (a) (in the beginning) à l'origine; (at first) originellement; (b) (not copying) originalement. ◆ **originate 1** vt [person] être l'auteur de; [event, effect] donner naissance à ; **2** vi [person] être originaire (from de); [stream, custom] prendre naissance (in dans); [goods] provenir (from de); [suggestion, idea] émaner (from de). ◆ **originator** n auteur m.

Orkneys ['ɔːknɪz] npl Orcades fpl.

orlon ['ɔːlɒn] ® **1** n orlon m ®. **2** adj en orlon.

ornament ['ɔːnəmənt] **1** n (gen) ornement m; (object) bibelot m. **2** vt style, dress orner (with de); room, building, ceiling ornementer (with de). ◆ **ornamental** adj (gen) ornemental; garden, lake d'agrément. ◆ **ornamentation** n ornementation f.

ornate [ɔː'neɪt] adj très orné.

ornithology [ˌɔːnɪ'θɒlədʒɪ] n ornithologie f. ◆ **ornithological** adj ornithologique. ◆ **ornithologist** n ornithologue mf.

orphan ['ɔːf(ə)n] **1** adj, n orphelin(e) m(f). **2** vt: **to be ~ed** devenir orphelin(e). ◆ **orphanage** n orphelinat m.

orthodontics [ˌɔːθə(ʊ)'dɒntɪks] nsg orthodontie f.

orthodox ['ɔːθədɒks] adj orthodoxe. ◆ **orthodoxy** n orthodoxie f.

orthography [ɔː'θɒgrəfɪ] n orthographe f.

orthopaedic, (US) **orthopedic** [ˌɔːθə(ʊ)'piːdɪk] adj surgery etc orthopédique; bed très ferme. **~ surgeon** chirurgien(ne) m(f) orthopédiste. ◆ **orthop(a)edics** nsg orthopédie f. ◆ **orthop(a)edist** n orthopédiste mf.

oscillate ['ɒsɪleɪt] **1** vi osciller. **2** vt faire osciller. ◆ **oscillation** n oscillation f.

Oslo ['ɒzləʊ] n Oslo.

osprey ['ɒspreɪ] n orfraie f.

ossify ['ɒsɪfaɪ] vi s'ossifier. ◆ **ossification** n ossification f.

ostensible [ɒs'tensəbl] adj prétendu, apparent. ◆ **ostensibly** adv: **he was ostensibly a student** il était soi-disant étudiant; **he went out, ostensibly to telephone** il est sorti sous prétexte de téléphoner.

ostentatious [ˌɒsten'teɪʃəs] adj surroundings, person prétentieux; dislike, attempt exagéré, ostentatoire. ◆ **ostentation** n ostentation f. ◆ **ostentatiously** adv (gen) avec ostentation.

osteo... ['ɒstɪəʊ] pref ostéo... ◆ **osteoarthritis** n ostéoarthrite f. ◆ **osteopath** n ostéopathe mf. ◆ **osteopathy** n ostéopathie f.

ostracize ['ɒstrəsaɪz] vt frapper d'ostracisme. ◆ **ostracism** n ostracisme m.

ostrich ['ɒstrɪtʃ] n autruche f.

other ['ʌðər] **1** adj autre. **the ~ one** l'autre mf; **the ~ 5** les 5 autres; **~ people have done it** d'autres l'ont fait; **~ people's property** la propriété d'autrui; **the ~ day** l'autre jour; **some ~ day** un autre jour; **~ than** autre que; **someone or ~ said** je ne sais qui a dit; **some writer or ~** je ne sais quel écrivain; **some fool or ~** un idiot quelconque. **2** pron autre mf. **some ~s** d'autres; **several ~s** plusieurs autres; **one after the ~** l'un après l'autre; **some... ~s...** les uns... les autres...; **one or ~ of them will come** il y en aura bien un qui viendra; **that man of all ~s** cet homme entre tous; **you and no ~** vous et personne d'autre; **no ~ than** nul autre que. **3** adv autrement (than que). **I couldn't do ~ than come** je ne pouvais faire autrement que de venir; **no one ~ than** nul autre que. ◆ **otherwise 1** adv (in another way) autrement; (in other respects) autrement, à part cela; **it cannot be ~wise** il ne peut en être autrement; **he was ~wise engaged** il était occupé à autre chose; **except where ~wise stated** sauf indication contraire; **should it be ~wise** dans le cas contraire; **an ~wise excellent essay** une disser-

tation par ailleurs excellente ; **2** conj autrement, sinon.

otter ['ɒtər] n loutre f.

ouch [aʊtʃ] excl aïe!

ought¹ [ɔːt] pret **ought** modal aux vb **I ~ to do it** je devrais le faire, il faudrait que je le fasse; **I ~ to have done it** j'aurais dû le faire; **he thought he ~ to tell you** il a pensé qu'il devait vous le dire; **if they behave as they ~** s'ils se conduisent comme ils le doivent.

ought² [ɔːt] n = **aught.**

ounce [aʊns] n once f (= 28,35 grammes).

our ['aʊər] poss adj notre, pl nos. ◆ **ours** poss pron le nôtre, la nôtre, les nôtres; **this car is ~s** cette voiture est à nous or nous appartient or est la nôtre; **a friend of ~s** un de nos amis (à nous), un ami à nous *. ◆ **ourselves** pers pron (reflexive: direct and indirect) nous; (emphatic) nous-mêmes; (after prep) nous; **we've hurt ~selves** nous nous sommes blessés; **we said to ~selves** nous nous sommes dit, on s'est dit *; **we saw it ~selves** nous l'avons vu nous-mêmes; **we were talking amongst ~selves** nous discutions entre nous; **(all) by ~selves** tout seuls, toutes seules.

oust [aʊst] vt évincer (from de), supplanter (sb as qn comme).

out [aʊt] **1** adv **(a)** (outside; not here etc) dehors. **he's ~ in the garden** il est dans le jardin; **Paul is ~** Paul est sorti or n'est pas là; **he's ~ fishing** il est parti à la pêche; **to be ~ and about again** être de nouveau sur pied; **you should be ~ and about!** ne restez donc pas enfermé!; **to go** or **get ~** sortir; **to lunch ~** déjeuner dehors; **to have a day ~** sortir pour la journée; **it's her evening ~** c'est sa soirée de sortie; **let's have a night ~** si on sortait?; **~ there** là-bas; **~ here** ici; **when he was ~ in Iran** lorsqu'il était en Iran; **the voyage ~** l'aller m; **the boat was 10 km ~** le bateau était à 10 km du rivage; **5 days ~ from Liverpool** à 5 jours de Liverpool; (Sport) **the ball is ~** le ballon est sorti; (Tennis) **'out!'** 'dehors!'; **~ loud** tout haut; **~ with it!** vas-y, parle!

(b) (fig) **to be ~** [person] (unconscious) être sans connaissance; (out of game etc) être éliminé; (on strike) être en grève; (out of fashion) être démodé; (have appeared etc) [roses etc] être épanoui; [trees] être vert; (in blossom) être en fleurs; [stars] briller; [moon, sun] être levé; [secret, news] être révélé; [book] être publié; [tide] être bas; (extinguished) [light, fire, gas] être éteint; **the socialists are ~** les socialistes ne sont plus au pouvoir; **before the month was ~** avant la fin du mois; (wrong) **he was ~ in his calculations, his calculations were ~** il s'est trompé dans ses calculs (by 20 cm de 20 cm); **you're not far ~** tu ne te trompes pas de beaucoup; **my watch is 10 minutes ~** ma montre est (fast) avance or (slow) retarde de 10 minutes; (want) **to be ~ for sth** vouloir à tout prix qch; **to be ~ to do sth** être résolu à faire qch; **they were ~ to get him** ils avaient résolu sa perte; **to be all ~** * être éreinté; **the car was going all ~** or **flat ~** la voiture fonçait à toute vitesse; (unequivocally) **right ~, straight ~** franchement; **it's the best car ~** * c'est la meilleure voiture qu'il y ait; **~ and away the youngest** de loin le plus jeune.

2 out of prep **(a)** (outside) en dehors de, hors de. **to go** or **come ~ of the room** sortir de la pièce; **let's get ~ of here!** ne restons pas ici!, partons!; **~ of the window** par la fenêtre; **~ of the way!** écartez-vous!; **you're well ~ of it** c'est aussi bien que vous ne soyez pas dans le coup *; **to be ~ of it** ne pas se sentir dans le coup *. **(b)** (cause, motive) par. **~ of curiosity** par curiosité. **(c)** (origin, source) de; dans. **one chapter ~ of a novel** un chapitre d'un roman; **a box made ~ of onyx** une boîte en onyx; **he made the table ~ of a crate** il a fait

la table avec une caisse; **carved ~ of wood** sculpté dans le bois; **to eat/drink ~ of sth** manger/ boire dans qch; **to take sth ~ of a drawer** prendre qch dans un tiroir; **he copied the poem ~ of a book** il a copié le poème dans un livre; **it was like sth ~ of a nightmare** on aurait dit un cauchemar. (**d**) *(from among)* sur. **in 9 cases ~ of 10** dans 9 cas sur 10; **one ~ of 5 smokers** un fumeur sur 5. (**e**) *(without)* sans. **to be ~ of money** être sans argent, ne plus avoir d'argent.
3 *n* (*) *(pretext)* excuse *f*, échappatoire *f*; *(solution)* solution *f*.
4 *adj:* **~ tray** corbeille *f* du courrier à expédier.
♦ **out-and-out** *adj fool, liar, crook* fieffé; *revolutionary, believer* à tout crin; *defeat, victory* total. ♦ **outback** *n (Austr)* intérieur *m* du pays. ♦ **outbid** *pret* **outbid,** *ptp* **outbidden** *vt* enchérir sur. ♦ **outboard** *adj, n* hors-bord *(m) inv.* ♦ **outbreak** *n [war, fighting, disease, epidemic etc]* début *m*; *[violence, spots]* éruption *f*; *[emotion, anger, fever]* accès *m*; *[demonstrations]* vague *f*; **at the ~break of war** lorsque la guerre a éclaté. ♦ **outbuildings** *npl* dépendances *fpl.* ♦ **outburst** *n* explosion *f*; *(angry ~)* crise *f* de colère. ♦ **outcast** *n* proscrit(e) *m(f)*; *(socially)* paria *m.* ♦ **outcome** *n* issue *f*, résultat *m.* ♦ **outcrop** *n (Geol)* affleurement *m.* ♦ **outcry** *n* protestations *fpl*; **to raise an ~cry about sth** ameuter l'opinion sur qch. ♦ **outdated** *adj (gen)* démodé; *word, custom* vieilli. ♦ **outdistance** *vt* distancer. ♦ **outdo** *pret* **outdid,** *ptp* **outdone** *vt* l'emporter sur *(sb in sth* qn en qch); **he was not to be ~done** il refusait de s'avouer vaincu. ♦ **outdoor** *adj activity, games* de plein air; *swimming pool* à ciel ouvert; *clothes* chaud, imperméable; *life* au grand air; **~door centre** centre *m* aéré. ♦ **outdoors 1** *adv stay, play* dehors; *live* au grand air; *sleep* à la belle étoile ; **2** *n:* **the great ~doors** le grand air. ♦ **outer** *adj door, wrapping* extérieur; *garments* de dessus; *space* cosmique; **the ~er suburbs** la grande banlieue. ♦ **outermost** *adj* le plus à l'extérieur. ♦ **outfit** *etc V below.* ♦ **outfront** *adj (US: frank)* ouvert, droit. ♦ **outgoing** *adj tenant, president* sortant; *train, boat, plane, mail* en partance; *tide* descendant; *(fig) person, personality* ouvert. ♦ **outgoings** *npl* dépenses *fpl.* ♦ **outgrow** *pret* **outgrew,** *ptp* **outgrown** *vt clothes* devenir trop grand pour; *hobby* ne plus s'intéresser à (en grandissant); *habit* perdre en prenant de l'âge. ♦ **outhouse** *n* appentis *m*; *(US)* cabinets *mpl* extérieurs. ♦ **outing** *n* sortie *f*, excursion *f.* ♦ **outlandish** *adj* exotique; *(pej)* bizarre. ♦ **outlast** *vt* survivre à. ♦ **outlaw 1** *n* hors-la-loi *m inv* ; **2** *vt person* mettre hors la loi; *activity, organization* proscrire. ♦ **outlay** *n* frais *mpl*, dépenses *fpl.* ♦ **outlet 1** *n (for water etc)* sortie *f*; *(US Elec)* prise *f* de courant; *[lake]* déversoir *f*; *[river, stream]* embouchure *f*; *[tunnel]* sortie; *(for manufactured goods, talents etc)* débouché *m*; *(for energy, emotions)* exutoire *m (for* à); **2** *adj pipe, valve* d'échappement. ♦ **outline** *V below.* ♦ **outlive** *vt* survivre à *(by* de). ♦ **outlook** *n (view)* vue *f (on, over* sur); *(fig: prospect)* perspective *f* (d'avenir); *(point of view)* attitude *f (on* à l'égard de), point *m* de vue *(on* sur); **the ~look for June is wet on** annonce de la pluie pour juin; **the ~look is rather rosy** * les choses s'annoncent assez bien *(for* pour). ♦ **outlying** *adj (peripheral)* périphérique; *(remote)* écarté. ♦ **outmoded** = **outdated.** ♦ **outnumber** *vt* surpasser en nombre. ♦ **out-of-date** *adj passport, ticket* périmé; *custom* désuet; *clothes, theory, concept* démodé; *word* vieilli. ♦ **out-of-doors** *adv* = **outdoors** 1. ♦ **out-of-pocket expenses** *npl* débours *mpl.* ♦ **out-of-the-way** *adj place* écarté, perdu; *(unusual)* insolite. ♦ **outpace** *vt* distancer. ♦ **outpatient** *n* malade *mf* en consultation externe; **~patients department** service *m (hospitalier)* de consultation externe.

♦ **outpost** *n* avant-poste *m*; *[organization]* antenne *f.* ♦ **output 1** *n (an goods)* production *f*; *[land, machine, factory worker]* rendement *m*; *(Comput)* sortie *f*, *(Elec)* puissance *f* fournie ; **2** *vi (Comput)* sortir. ♦ **outrage** *V below.* ♦ **outrider** *n* motocycliste *m*, motard * *m* (d'une escorte). ♦ **outright 1** *adv kill* sur le coup; *win, own* complètement; *buy* comptant; *reject, refuse, deny* catégoriquement; *(forthrightly) say* carrément ; **2** *adj win* complet, total; *selfishness* pur; *denial etc* catégorique; *supporter* inconditionnel; *winner* incontesté. ♦ **outrun** *pret* **outran,** *ptp* **outrun** *vt* distancer. ♦ **outset** *n* début *m.* ♦ **outshine** *pret, ptp* **outshone** *vt* éclipser. ♦ **outside** *V below.* ♦ **outsize** *adj (gen)* énorme; *clothes* grande taille *inv*; *shop* spécialisé dans les grandes tailles. ♦ **outskirts** *npl [town]* faubourgs *mpl*, banlieue *f*; *[forest]* lisière *f.* ♦ **outspoken** *adj* franc. ♦ **outspokenly** *adv* franchement, carrément. ♦ **outspokenness** *n* franchise *f.* ♦ **outstanding** *adj* (**a**) *(exceptional)* remarquable, exceptionnel; *detail, event* marquant; *feature* dominant; (**b**) *(unfinished etc) business* en suspens; *account, debt* impayé; *interest* à échoir; *problem* non résolu; **the work is still ~standing** ce travail reste à faire. ♦ **outstandingly** *adv* remarquablement, exceptionnellement. ♦ **outstay** *vt:* **to ~stay sb** rester plus longtemps que qn; **to ~stay one's welcome** abuser de l'hospitalité de qn. ♦ **outstretched** *adj body, leg* étendu; *arm* tendu; *wings* déployé. ♦ **outstrip** *vt* devancer. ♦ **outward 1** *adv (also ~wards)* vers l'extérieur; *(Naut)* **~ward bound** en partance *(for* pour, *from* de) ; **2** *adj movement* vers l'extérieur; *ship, freight* en partance; *appearance etc* extérieur; **~ward journey** aller *m*; **with an ~ward show of pleasure** en faisant mine d'être ravi. ♦ **outwardly** *adv* extérieurement, du dehors; *(apparently)* en apparence. ♦ **outweigh** *vt* l'emporter sur. ♦ **outwit** *vt* se montrer plus malin que. ♦ **outworn** *adj clothes* usé; *custom, doctrine, idea* périmé.

outfit ['aʊtfɪt] *n* (**a**) *(clothes and equipment)* équipement *m*; *(tools)* matériel *m.* **a Red Indian ~** une panoplie d'Indien; **puncture repair ~** trousse *f* de réparation (de pneus). (**b**) *(set of clothes)* tenue *f.* **skiing ~** tenue *f* de ski. (**c**) (*: organization etc) équipe * *f.* **he's not in our ~** il n'est pas un des nôtres.
♦ **outfitter** *n:* **gents' ~ter** spécialiste *mf* de confection pour hommes; **sports ~ter's** maison *f* d'articles de sport.

outline ['aʊtlaɪn] **1** *n [object]* contour *m*; *[building, tree, face]* profil *m*; *[shorthand]* sténogramme *m*; *[plan]* plan *m*; *(less exact)* esquisse *f.* *(main features)* **~s** grandes lignes *fpl*; **rough ~ of an article** canevas *m* d'un article; **to give the broad ~s of sth** esquisser qch à grands traits. **2** *vt theory, plan, idea* exposer les grandes lignes de; *book, event* faire un bref compte rendu de; *facts, details* passer brièvement en revue; *situation* donner un aperçu de.

outrage ['aʊtreɪdʒ] **1** *n (act)* atrocité *f*; *(during riot etc)* acte *m* de violence; *(emotion)* intense indignation *f.* **it's an ~ against humanity** c'est un crime contre l'humanité; **an ~ against justice** un outrage à la justice; **bomb ~** attentat *m* à la bombe; **it's an ~!** c'est un scandale! **2** *vt [aʊtˈreɪdʒ] sb's feelings* outrager. **to be ~d by sth** trouver qch monstrueux. ♦ **outrageous** *adj crime, suffering, action* atroce, monstrueux; *remark* outrageant; *sense of humour* scabreux; *price* exorbitant; *hat, fashion* extravagant; **it's ~us that...** il est scandaleux que... + *subj.* ♦ **outrageously** *adv suffer* atrocement; *behave, speak, lie* outrageusement; *dress* de manière grotesque; *expensive* atrocement.

outside [ˌaʊtˈsaɪd] **1** *adv* (au) dehors, à l'extérieur. **go and play ~** va jouer dehors; **the box was clean ~** la boîte était propre à l'extérieur; **to go ~** sortir.

2 *prep* (**a**) *(lit)* à l'extérieur de, hors de. ~ **the house** dehors, à l'extérieur de la maison, hors de la maison; ~ **the door** à la porte; **don't go ~ the garden** ne sors pas du jardin; ~ **the harbour** au large ¡du port. (**b**) *(fig)* en dehors de. ~ **the festival proper** en dehors du vrai festival; **it's ~ the normal range** ceci sort de la gamme normale. **3** *n* extérieur *m* *(also fig)*, dehors *m*. ~ **in = inside out** *(V* **inside**)*; (fig) judging from the* ~ à en juger par les apparences; **he passed the car on the ~** il a doublé la voiture *(Brit)* sur la droite *or (US, Europe etc)* sur la gauche; **at the very ~** tout au plus, au maximum. **4** *adj* extérieur *(also fig)*; *(maximum)* maximum. *(in plane etc)* **an ~ seat** une place côté couloir; *(Aut)* **the ~ lane** *(Brit)* la voie de droite; *(US, Europe etc)* la voie de gauche; *(Rad, TV)* ~ **broadcast** émission *f* réalisée à l'extérieur; *(Telec)* ~ **line** ligne *f* extérieure; ~ **interests** passe-temps *mpl inv*; **to get an ~ opinion** demander l'avis d'une personne indépendante; *(fig)* **an ~ chance** une très faible chance.
♦ **outside-left/-right** *n* ailier *m* gauche/droit.
♦ **outsider** *n* *(stranger)* étranger *m*, -ère *f*; *(horse or person unlikely to win)* outsider *m*.

oval ['əʊv(ə)l] *adj, n* ovale *(m)*.

ovary ['əʊvərɪ] *n* ovaire *m*.

ovation [ə(ʊ)'veɪʃ(ə)n] *n* ovation *f*.

oven ['ʌvn] **1** *n* four *m*. *(Culin)* **in the ~** au four; **in a hot/cool ~** à four chaud/doux; **it is like an ~** c'est une fournaise. **2** *adj*: ~ **glove** gant *m* isolant.
♦ **ovenproof** *adj* allant au four. ♦ **oven-ready** *adj* prêt à cuire. ♦ **ovenware** *n* plats *mpl* allant au four.

over ['əʊvə'] **1** *adv* (**a**) *(above)* (par-)dessus. **children of 8 and ~** enfants à partir de 8 ans. (**b**) *(across)* ~ **here** ici; ~ **there** là-bas; **he has gone ~ to Belgium** il est parti en Belgique; **they're ~ from Canada** ils arrivent du Canada; **he drove us ~ to the other side of town** il nous a conduits de l'autre côté de la ville; *(Telec etc)* ~ **to you!** à vous!; **he went ~ to his mother's** il est passé chez sa mère; **let's save Paul ~** on invitait Paul à venir nous voir?; **I'll be ~ at 7 o'clock** je passerai à 7 heures; **they were ~ for the day** ils sont venus passer la journée; *(fig)* **he went ~ to the enemy** il est passé à l'ennemi; *(fig)* **I've gone ~ to a new brand of coffee** j'ai changé de marque de café; ~ **against the wall** là-bas contre le mur. (**c**) **all ~** partout; **the world ~** dans le monde entier; **covered all ~ with dust** tout couvert de poussière; **embroidered all ~** tout brodé; **he was trembling all ~** il tremblait de tous ses membres; *(fig)* **that's him all ~!** c'est bien de lui! (**d**) *(down etc)* **he hit her and ~ she went** il l'a frappée et elle a basculé; **he turned the watch ~ and ~** il a retourné la montre dans tous les sens. (**e**) *(again)* encore (une fois). ~ **and ~ (again)** à maintes reprises; **5 times ~** 5 fois de suite; **start all ~ again** recommencez au début. (**f**) *(finished)* fini. **the rain is ~** la pluie s'est arrêtée; **the danger was ~** le danger était passé; **it was just ~** cela venait de finir *or* de se terminer; ~ **and done with** tout à fait fini. (**g**) *(too)* trop, très. **she's not ~ strong** elle n'est pas trop *or* tellement solide. (**h**) *(remaining)* en plus. **if there is any meat (left)** ~ s'il reste de la viande; **there are 3 ~** il en reste 3; **6 metres and a bit ~** un peu plus de 6 mètres.
2 *prep* (**a**) *(on top of)* sur, par-dessus. **he spread the blanket ~ the bed** il a étendu la couverture sur le lit; **I spilled coffee ~ it** j'ai renversé du café dessus; **she put on a cardigan ~ her blouse** elle a mis un gilet par-dessus son corsage. (**b**) *(above)* au-dessus de. **a lamp ~ the table** une lampe au-dessus de la table. (**c**) *(across)* par-dessus; de l'autre côté de. **the house ~ the road** la maison d'en face; **there is a café ~ the road** il y a un café

en face; **the bridge ~ the river** le pont qui traverse la rivière; **it's just ~ the river** c'est juste de l'autre côté de la rivière; **tourists from ~ the Atlantic** touristes *mpl* d'outre-Atlantique; **to look ~ the wall/sb's shoulder** regarder par-dessus le mur/l'épaule de qn; **to jump ~ a wall** sauter un mur; ~ **the border** au-delà de la frontière. (**d**) *(fig)* *(during)* au cours de, pendant; *(near)* près de. ~ **Friday** jusqu'à vendredi soir; ~ **a period of** sur une période de; **sitting ~ the fire** assis tout près du feu; ~ **a cup of coffee** (tout) en buvant une tasse de café; ~ **the phone** au téléphone; ~ **the radio** à la radio; **how long will you be ~ it?** combien de temps cela te prendra-t-il?; **what came ~ you?** qu'est-ce qui t'a pris?; **they fell out ~ money** ils se sont brouillés pour une question d'argent; **an increase ~** une augmentation par rapport à; ~ **and above what...** sans compter ce que...; **but ~ and above that...** mais en outre *or* par-dessus le marché... (**e**) *(everywhere in)* **all ~ France** partout en France; **all ~ the world** dans le monde entier. (**f**) *(more than)* plus de, au-dessus de. ~ **3 hours** plus de 3 heures; **she is ~ sixty** elle a plus de soixante ans; **women ~ 21** les femmes (âgées) de plus de 21 ans; **all numbers ~ 20** tous les chiffres au-dessus de 20.
3 *pref* e.g. **over**abundant surabondant; **over-cautious** trop prudent, prudent à l'excès; **over-cautiousness** excès *m* de prudence.
♦ **overact** *vi* charger son rôle. ♦ **overactive** *adj* trop actif. ♦ **overall 1** *adv* survey en général; *measure, decorate* d'un bout à l'autre ; **2** *adj* study, survey d'ensemble; *width, length* total; *(Aut)* ~**all measurements** encombrement *m*; *(Sport)* ~**all placings** le classement général ; **3** *n* blouse *f* *(de travail)*; *(Ind etc)* ~**s** bleus *mpl* (de travail). ♦ **over-anxious** *adj* trop anxieux. ♦ **overawe** *vt* impressionner. ♦ **overbalance 1** *vi* basculer ; **2** *vt* faire basculer. ♦ **overbearing** *adj* autoritaire. ♦ **overboard** *adv* par-dessus bord; **man ~board!** un homme à la mer!; *(fig)* **to go ~board for sth** s'emballer * pour qch. ♦ **overbook** *vt* [*hotel*] surréserver. ♦ **overbooking** *n* surréservation *f*. ♦ **overburden** *vt* surcharger (*with* de). ♦ **overcast** *adj* couvert. ♦ **overcharge 1** *vt* (**a**) **to ~charge sb for sth** faire payer qch trop cher à qn; (**b**) *(Elec)* surcharger ; **2** *vi* demander un prix excessif. ♦ **overcoat** *n* manteau *m*; [*soldier*] capote *f*; [*sailor*] caban *m*. ♦ **overcome** *pret* **overcame**, *ptp* **overcome** *vt* enemy, opposition triompher de; *temptation, obstacle* surmonter; *one's rage etc* maîtriser; **we shall ~come!** nous vaincrons!; **to be ~come by** succomber à; **~come with fear** paralysé par la peur; **she was quite ~come** elle était saisie. ♦ **overconfidence** *n* suffisance *f*, présomption *f*. ♦ **overconfident** *adj* suffisant, présomptueux. ♦ **overcook** *vt* faire trop cuire. ♦ **overcrowded** *adj* room, bus bondé; *house, town* surpeuplé; *class* surchargé. ♦ **overcrowding** *n* *(in housing, town)* surpeuplement *m*; *(in classroom)* effectifs *mpl* surchargés; *(in bus etc)* encombrement *m*. ♦ **overdo** *pret* **overdid**, *ptp* **overdone** *vt* *(exaggerate)* exagérer; *(overcook)* faire trop cuire; **don't ~do the smoking** ne fume pas trop; **to ~do it, to ~do things** *(exaggerate)* exagérer; *(work etc too hard)* s'éreinter, se surmener. ♦ **overdone** *adj* exagéré; *(overcooked)* trop cuit. ♦ **overdose** *n* surdose *f*; **to take an ~dose *** prendre une surdose de sédatifs *(or barbituriques etc)*. ♦ **overdraft** *n* *(Fin)* découvert *m*; **I've got an ~draft** mon compte est à découvert. ♦ **overdraw** *pret* **overdrew**, *ptp* **overdrawn** *vt* *(Fin)* mettre à découvert. ♦ **overdrawn** *adj* à découvert. ♦ **overdress 1** *n* robe-chasuble *f*; **2** *vi* s'habiller avec trop de recherche. ♦ **overdrive** *n* *(Aut)* (vitesse *f*) surmultipliée *f*. ♦ **overdue** *adj* train, bus en retard; *reform* qui tarde (à être réalisé); *acknowledgement, apology* tardif; *account*

impayé; **the plane is 20 minutes ~due** l'avion a 20 minutes de retard; **that change is long ~due** ce changement se fait attendre depuis longtemps. ◆ **overeat** *pret* **overate**, *ptp* **overeaten** *vi* trop manger. ◆ **overeating** *n* excès *mpl* de table. ◆ **overemphasize** *vt* donner trop d'importance à. ◆ **overestimate** *vt* surestimer. ◆ **overexcited** *adj* surexcité. ◆ **overexert** *vt*: **to ~exert o.s.** se surmener. ◆ **overexertion** *n* surmenage *m*. ◆ **overexpose** *vt* surexposer. ◆ **overfeed** *pret*, *ptp* **overfed** *vt* suralimenter. ◆ **overfeeding** *n* suralimentation *f*. ◆ **overflow 1** *n* (*outlet*) trop-plein *m*; [*reservoir etc*] déversoir *m*; (*excess people, objects*) excédent *m*; **2** *vt* déborder de ; **3** *vi* déborder (*with* de); **to fill/full to ~flowing** remplir/plein à ras bords ; **4** *adj pipe* d'écoulement. ◆ **overfly** *pret* **overflew**, *ptp* **overflown** *vt* survoler. ◆ **overgrown** *adj path* envahi par l'herbe; **~grown with** recouvert de. ◆ **overhang** *pret*, *ptp* **overhung 1** *vt* surplomber ; **2** *n* surplomb *m*. ◆ **overhanging** *adj* en surplomb. ◆ **overhaul 1** *n* [*vehicle, machine*] révision *f*; [*ship*] radoub *m*; [*system*] refonte *f*; **2** *vt* (**a**) (*check*) réviser; radouber; refondre; (**b**) (*catch up with*) rattraper. ◆ **overhead 1** *adv* au-dessus; (*in the sky*) dans le ciel ; **2** *adj cables, railway* aérien; *lighting* vertical; **~head projector** rétro-projecteur *m*; (*Aut*) **~head valve** soupape *f* en tête ; **3** *n* (*US*) **~head**, (*Brit*) **~heads** frais *mpl* généraux. ◆ **overhear** *pret*, *ptp* **overheard** *vt* entendre (*souvent par hasard*). ◆ **overheat 1** *vt* surchauffer ; **2** *vi* [*engine*] chauffer. ◆ **overheated** *adj room* surchauffé; *brakes, engine* qui chauffe. ◆ **overjoyed** *adj* ravi, enchanté (*at, by* de; *to do* de faire; *that* que + *subj*). ◆ **overkill** *n* (*Mil*) (capacité *f* de) surextermination *f*; (*fig*) **that was a massive ~kill *** c'était bien plus qu'il n'en fallait! ◆ **overladen** *adj* surchargé. ◆ **overland** *adj, adv* par voie de terre. ◆ **overlap 1** *n* chevauchement *m* ; **2** *vi* se chevaucher. ◆ **overlay 1** *vt* recouvrir (*with* de) ; **2** *n* revêtement *m*. ◆ **overleaf** *adv* au verso. ◆ **overload 1** *n* surcharge *f* ; **2** *vt circuit, truck* surcharger (*with* de); *engine* surmener. ◆ **overlook** *vt* (**a**) [*house etc*] donner sur; **our garden is not ~looked** les voisins n'ont pas vue sur notre jardin; (**b**) (*miss*) oublier; (**c**) (*ignore*) fermer les yeux sur. ◆ **overlord** *n* (*gen*) chef *m* suprême; (*Hist*) suzerain *m*. ◆ **overmanning** *n* sureffectifs *mpl*. ◆ **overmuch 1** *adv* trop ; **2** *adj* trop de. ◆ **overnight 1** *adv* (*during the night*) (pendant) la nuit; (*until next day*) jusqu'à demain *or* au lendemain; (*suddenly*) du jour au lendemain ; **2** *adj stay* d'une nuit; *journey* de nuit; (*fig*) *change* soudain; **~night bag** nécessaire *m* de voyage. ◆ **overpass** *n* (*Aut*) pont *m* autoroutier; (*at flyover*) autopont *m*. ◆ **overpay** *pret*, *ptp* **overpaid** *vt* trop payer; **he was ~paid by £5** on lui a payé 5 livres de trop. ◆ **overpayment** *n* surpaye *f*. ◆ **overpopulated** *adj* surpeuplé. ◆ **overpopulation** *n* surpopulation *f* (*in* dans). ◆ **overpower** *vt* (*subdue physically*) maîtriser; (*defeat*) vaincre; (*fig*) accabler. ◆ **overpowering** *adj strength, desire* irrésistible; *smell, heat* suffocant. ◆ **overpriced** *adj* excessivement cher. ◆ **overrate** *vt* surestimer, faire trop grand cas de. ◆ **overrated** *adj* surfait. ◆ **overreach** *vt*: **to ~reach o.s.** vouloir trop entreprendre. ◆ **overreact** *vi* réagir de manière excessive. ◆ **override** *pret* **overrode**, *ptp* **overridden** *vt law* fouler aux pieds; *decision* annuler; *objections, order, wishes* passer outre à; *person* passer outre aux opinions de; **this fact ~rides all others** ce fait l'emporte sur tous les autres. ◆ **overrider** *n* (*Aut*) tampon *m* (de pare-choc). ◆ **overriding** *adj importance* primordial; *factor, item* prépondérant. ◆ **overrule** *vt judgment, decision* annuler; *claim, objection* rejeter; **he was ~ruled by the chairman** la décision du président a prévalu contre lui. ◆ **overrun** *pret* **overran**, *ptp* **overrun 1** *vt* [*rats,*

weeds] envahir; [*troops*] occuper ; **2** *vi* [*programme*] dépasser l'heure prévue (*by* de). ◆ **overseas 1** *adv* outre-mer; (*abroad*) à l'étranger; **2** *adj colony, market* d'outre-mer; *trade* extérieur; *visitor* (venu) d'outre-mer, étranger; *aid* aux pays étrangers; **Ministry of O~seas Development** ≃ ministère *m* de la Coopération. ◆ **oversee** *pret* **oversaw**, *ptp* **overseen** *vt* surveiller. ◆ **overseer** *n* (*foreman*) contremaître *m*; [*prisoners, slaves*] surveillant *m*. ◆ **overshadow** *vt* [*clouds*] obscurcir; (*fig*) éclipser. ◆ **overshoot** *pret*, *ptp* **overshot** *vt* dépasser. ◆ **oversight** *n* omission *f*, oubli *m*; **by** *or* **through an ~sight** par inadvertance. ◆ **oversimplification** *n* simplification *f* excessive. ◆ **oversimplify** *vt* simplifier à l'extrême. ◆ **oversize(d)** *adj* (*gen*) trop grand; *class* surchargé; *family* trop nombreux. ◆ **oversleep** *pret*, *ptp* **overslept** *vi* dormir trop longtemps. ◆ **overspend** *pret*, *ptp* **overspent** *vt* dépenser au-dessus *or* au-delà de. ◆ **overspill** *n* excédent *m* de population; **an ~spill town** une ville-satellite. ◆ **overstep** *vt* outrepasser; **to ~step the mark** dépasser la mesure. ◆ **overtake** *pret* **overtook**, *ptp* **overtaken** *vt* (*catch up*) rattraper; (*pass*) *car* doubler; *competitor* dépasser; [*storm, night*] surprendre; [*fate*] frapper ; **~taken by events** dépassé par les événements. ◆ **overtax** *vt* (*Fin*) surimposer; (*fig*) *sb's strength, patience* abuser de; *person* surmener. ◆ **overthrow** *pret* **overthrew**, *ptp* **overthrown 1** *vt enemy, country* vaincre (définitivement); *dictator, government* renverser ; **2** *n* défaite *f*; renversement *m*. ◆ **overtime** *n* (**a**) (*work, pay*) heures *fpl* supplémentaires; **to work ~time** faire des heures supplémentaires; (*fig*) mettre les bouchées doubles (*to do* pour faire); (**b**) (*US Sport*) prolongation *f*. ◆ **overtone** *n* [*hostility, anger*] accent *m*; **political ~tones** sous-entendus *mpl* politiques. ◆ **overturn 1** *vt* (*gen*) renverser; *boat* faire chavirer ; **2** *vi* se renverser; [*car, plane, railway coach*] se retourner; [*boat*] chavirer. ◆ **overuse** *vt* abuser de. ◆ **overvalue** *vt* surestimer. ◆ **overview** *n* vue *f* d'ensemble. ◆ **overweight** *adj*: **to be ~weight** [*person*] être trop gros; [*suitcase etc*] être en excès du poids réglementaire; **to be 5 kilos ~weight** peser 5 kilos de trop. ◆ **overwhelm** *vt* [*flood, avalanche*] engloutir; [*beauty etc*] bouleverser; *enemy, opponent* écraser; [*emotions, misfortunes, shame*] accabler; [*praise, kindness*] rendre confus; **to ~whelm sb with questions** accabler qn de questions; **~whelmed by his kindness** tout confus de sa bonté; **~whelmed** (*happy*) au comble de la joie; (*sad*) accablé (par la douleur); **~whelmed with work/offers** débordé de travail/submergé d'offres. ◆ **overwhelming** *adj victory, majority, defeat* écrasant; *desire, power, pressure* irrésistible; *misfortune, sorrow, heat* accablant; *welcome* extrêmement chaleureux. ◆ **overwhelmingly** *adv win, defeat* d'une manière écrasante; *vote, accept* en masse. ◆ **overwork 1** *n* surmenage *m* ; **2** *vt* surmener ; **3** *vi* se surmener. ◆ **overwrought** *adj* excédé.

overt [ə(ʊ)ˈvɜːt] *adj* déclaré, non déguisé. ◆ **overtly** *adv* ouvertement.

overture [ˈəʊvətʃʊə] *n* (*Mus*, *fig*) ouverture *f*.

ovulate [ˈɒvjʊleɪt] *vi* produire des ovules, ovuler. ◆ **ovulation** *n* ovulation *f*. ◆ **ovum**, *pl* **ova** *n* ovule *m*.

owe [əʊ] *vt* (*gen*) devoir (*to* à). **to ~ sb a grudge** garder rancune à qn (*for* de); **you ~ it to yourself to make a success of it** vous vous devez de réussir. ◆ **owing 1** *adj* dû; **the amount owing on...** ce qui reste dû sur...; **the money still owing to me** la somme qu'on me doit encore ; **2 owing to** *prep* par suite de, en raison de.

owl [aʊl] *n* hibou *m*. ◆ **owlish** *adj* de hibou. ◆ **owlishly** *adv* comme un hibou.

own [əʊn] **1** *adj* propre (*before n*). **his (very) ~ car** sa propre voiture, sa voiture à lui; **with my ~**

eyes de mes propres yeux; **it's all my ~ work!** c'est moi qui ai tout fait moi-même!; **he does his ~ cooking** il fait sa cuisine lui-même; **the house has its ~ garage** la maison a son garage particulier; **my ~ one** mon chéri, ma chérie; *(Ftbl)* **~ goal** auto-goal *m*.

2 *pron* **(a) that's my ~** c'est à moi, c'est le mien; **those are his ~** ceux-là sont à lui, ceux-là sont les siens; **my time is my ~** je suis libre de mon temps; **it's all my ~** c'est tout à moi; **a charm all its ~** *or* **of its ~** un charme qui lui est propre; **for reasons of his ~** pour des raisons personnelles; **a copy of your ~** votre propre exemplaire; **a house of your very ~** une maison bien à vous *or* à vous tout seul; **I have money of my ~** j'ai de l'argent à moi. **(b)** *(phrases)* **(all) on one's ~** tout seul; **to see sb on his ~** voir qn seul à seul; *(fig)* **you're on your ~ now!** à toi de jouer!; **he's got nothing to call his ~** il n'a rien à lui; **to come into one's ~** réaliser sa destinée; **to get one's ~ back** prendre sa revanche *(on sb for sth* sur qn de qch).

3 *vt* **(a)** *(possess) object, vehicle* posséder; *house, newspaper, company* être le *(or* la) propriétaire de. **who ~s this?** à qui est-ce que cela appartient?; **he looks as if he ~s the place** * on dirait qu'il est chez lui. **(b)** *(acknowledge)* avouer, reconnaître *(that* que).

4 *vi:* **to ~ to** *mistake* reconnaître avoir commis; *debts* reconnaître avoir. **he ~ed to having done it** il a avoué l'avoir fait.
◆ **own up** *vi* avouer. **to ~ up to (doing) sth** admettre (avoir fait) qch.
◆ **owner** *n* propriétaire *mf*; **who is the ~er of this book?** à qui appartient ce livre?; **all dog ~ers** tous ceux qui ont un chien; **at ~ers risk** aux risques du client. ◆ **owner-driver** *n* conducteur *m* propriétaire. ◆ **owner-occupied** *adj* occupé par son propriétaire. ◆ **owner-occupier** *n* occupant *m* propriétaire. ◆ **ownership** *n* possession *f*; *(Comm)* **'under new ~ership'** 'changement de propriétaire'.

ox, *pl* **oxen** [ɒks, 'ɒksən] *n* bœuf *m*. ◆ **oxcart** *n* char *m* à bœufs. ◆ **ox-eye daisy** *n* marguerite *f*. ◆ **oxtail soup** *n* soupe *f* à la queue de bœuf.

oxide ['ɒksaɪd] *n* oxyde *m*. ◆ **oxidize 1** *vt* oxyder ; **2** *vi* s'oxyder.

oxyacetylene ['ɒksɪə'setɪliːn] *adj:* **~ burner** chalumeau *m* oxyacétylénique.

oxygen ['ɒksɪdʒ(ə)n] **1** *n* oxygène *m*. **2** *adj cylinder* d'oxygène; *mask, tent* à oxygène.

oyster ['ɔɪstə^r] *n* huître *f*. **the world is his ~** le monde est à lui; **~ bed** banc *m* d'huîtres. **~ shell** coquille *f* d'huître.

ozone ['əʊzəʊn] *n* ozone *m*. **~ layer** couche *f* d'ozone. ◆ **ozone-friendly** *adj* qui ne détruit pas l'ozone.

P

P, p [piː] n (**a**) (letter) P, p m. **to mind one's Ps and Qs** * se surveiller. (**b**) **1 p** un (nouveau) penny; **2 p** deux (nouveaux) pence.

pa * [pɑː] n papa m.

pace [peɪs] **1** n (**a**) (measure) pas m. **20 ~s away** à 20 pas; (fig) **to put sb through his ~s** mettre qn à l'épreuve. (**b**) (speed) pas m, allure f. **at a good ~** d'un bon pas, à vive allure; **at a slow ~** à pas lents, à petite allure; **at a walking ~** au pas; **to set the ~** (Sport) donner l'allure; (fig) donner le ton; **to keep ~ with** aller à la même allure que; (fig) marcher de pair avec. **2** vi: **to ~ up and down** faire les cent pas. **3** vt (**a**) room, street arpenter. **to ~ sth out** mesurer qch au pas. (**b**) (Sport) runner régler l'allure de. ◆ **pacemaker** n (Med) stimulateur m cardiaque.

pacify ['pæsɪfaɪ] vt person, fears apaiser; country, creditors pacifier. ◆ **pacific** adj pacifique; **the Pacific (Ocean)** le Pacifique, l'océan m Pacifique. ◆ **pacification** n apaisement m; pacification f. ◆ **pacifier** n (dummy-teat) tétine f; (person) pacificateur m, -trice f. ◆ **pacifism** n pacifisme m. ◆ **pacifist** adj, n pacifiste (mf).

pack [pæk] **1** n (**a**) [goods, cotton] balle f; [pedlar] ballot m; [~ animal] bât m; [Mil] sac m (d'ordonnance); (Comm) paquet m. (US) **~ of cigarettes** paquet de cigarettes. (**b**) (group) [hounds] meute f; [wolves, thieves] bande f. **~ of lies** tissu m de mensonges. (**c**) [cards] jeu m. (**d**) (Rugby) pack m. (**e**) (Med) **cold/wet ~** compresse f froide/humide. **2** vt (**a**) (put into box etc) objects, goods emballer. (Comm) **~ed in dozens** en paquets de douze; **~ed lunch** repas froid; **~ed in straw** enveloppé dans de la paille. (**b**) (fill tightly) box, suitcase remplir (with de); room, vehicle, memory bourrer (with de). **to ~ one's case** faire sa valise; **to ~ one's bags** faire ses bagages or ses valises; (fig) plier bagage; **they ~ed the hall** ils se pressaient dans la salle. (**c**) (crush together) earth, objects tasser (into dans); people entasser (into dans). **~ed like sardines** serrés comme les sardines. **3** vi (**a**) (do one's luggage) faire sa valise or ses bagages. (**b**) [people] se presser, s'entasser (into dans). ◆ **pack away** vt sep ranger. ◆ **pack in** ✳ **1** vi (break down) [car, watch etc] tomber en panne. **2** vt sep (stop) laisser tomber *. ◆ **pack off** * vt sep envoyer promener *. **to ~ sb off** to expédier * qn à. ◆ **pack up 1** vi (**a**) (do one's luggage) faire sa valise. (**b**) (*) (give up) plier bagage; [watch, machine] tomber en panne. **2** vt sep (**a**) clothes, belongings mettre dans une valise; object, goods emballer. (**b**) (✳: give up) work, school laisser tomber *. ◆ **package 1** n (**a**) (parcel) paquet m, colis m; (**b**) (fig) (items for sale) marché m global; (contract) contrat m global; (purchase) achat m forfaitaire; (Comput) progiciel m; **~age (tour)** voyage m organisé; **~age of measures** ensemble m de mesures; **2** adj tour, holiday organisé; **~age deal** marché m global ; **3** vt (Comm) emballer. ◆ **packaging** n (materials) emballage m. ◆ **packed** adj room, vehicle bondé; **~ed out** theatre comble; **I'm ~ed** j'ai fait mes valises. ◆ **packer** n (person) emballeur m, -euse f; (device) emballeuse f. ◆ **packet** n (gen) paquet m; [needles, sweets] sachet m; **to cost a ~et** * coûter les yeux de la tête. ◆ **packhorse** n cheval m de charge. ◆ **packing 1** n (**a**) **to do one's ~ing** faire sa valise; (**b**) (material, Comm) emballage m ; **2** adj: **~ing case** caisse f d'emballage.

pact [pækt] n pacte m, traité m.

pad [pæd] **1** n (**a**) (to prevent friction, damage) coussinet m; (Tech) tampon m (amortisseur); (Ftbl) protège-cheville m inv; (Hockey etc) jambière f; (for inking) tampon encreur. (**b**) (writing ~) bloc m (de papier à lettres); (note ~) bloc-notes m. (**c**) [rabbit] patte f; [cat, dog] coussin m charnu. (**d**) (launching ~) rampe f (de lancement). (**e**) (✳: sanitary towel) serviette f hygiénique. **2** vi: **to ~ along/up** etc marcher/monter etc à pas feutrés. **3** vt cushion, shoulders rembourrer; clothing matelasser; furniture, door capitonner; meal rendre plus copieux. **to ~ out** speech délayer; **~ded cell** cabanon m; **~ded envelope** or **bag** enveloppe matelassée. ◆ **padding** n rembourrage m; (in book etc) délayage m.

paddle ['pædl] **1** n [canoe] pagaie f; (US: Table Tennis) raquette f de ping-pong. **2** adj: **~ steamer** bateau m à roues; **paddling pool** pataugeoire f. **3** vt: **to ~ a canoe** pagayer. **4** vi (**a**) (walk) barboter. (**b**) (in canoe) pagayer. **to ~ up/down the river** remonter/descendre la rivière en pagayant.

paddock ['pædək] n enclos m (pour chevaux); (Racing) paddock m.

paddy ['pædɪ] n: **~ field** rizière f.

padlock ['pædlɒk] **1** n [door, chain] cadenas m; [cycle] antivol m. **2** vt cadenasser; mettre un antivol à.

padre ['pɑːdrɪ] n (Mil, Naut etc) aumônier m.

paediatric, (US) **pediatric** [ˌpiːdɪˈætrɪk] adj department de pédiatrie; illness, medicine, surgery infantile. ◆ **p(a)ediatrician** n pédiatre mf. ◆ **p(a)ediatrics** nsg pédiatrie f.

pagan ['peɪɡən] adj, n (lit, fig) païen(ne) m(f).

page¹ [peɪdʒ] n page f. **on ~ 10** (à la) page 10; **continued on ~ 20** suite page 20.

page² [peɪdʒ] **1** n (also ~ **boy**) (in hotel) groom m; (at court) page m; (US Congress) jeune huissier m. **2** vt client faire appeler; (out loud) appeler.

pageant ['pædʒ(ə)nt] n spectacle m historique. ◆ **pageantry** n apparat m.

paid [peɪd] (pret, ptp of **pay**) adj staff rémunéré; gunman etc à gages. ◆ **paid-up** adj member qui a payé sa cotisation.

pail [peɪl] n seau m.

pain [peɪn] **1** n (**a**) (physical) douleur f; (mental) peine f; (stronger) douleur f. **to be in (great) ~** souffrir (beaucoup); **to cause ~ to** (physically) faire mal à; (mentally) faire de la peine à; **I have a ~ in my shoulder** j'ai mal à l'épaule; **to give sb a ~ in the neck** * enquiquiner qn *; **he's a ~ (in the neck)** * il est casse-pieds *. (**b**) (trouble) **~s** peine f; **to take ~s to do sth** faire qch très soigneusement; **to take ~s over sth** se donner beaucoup de mal pour qch; **to spare no ~s** ne pas ménager ses efforts (to do pour faire). (**c**) **on ~ of death** sous peine de mort. **2** vt faire de la peine à; (stronger) faire souffrir. ◆ **pained** adj peiné. ◆ **painful** adj wound douloureux; sight, task, duty pénible; **my hand is ~ful**

j'ai mal à la main; **it is ~ful to see her** elle fait peine à voir. ◆ **painfully** adv throb douloureusement; walk péniblement; (*) thin terriblement *; **it was ~fully clear that...** il n'était que trop évident que... ◆ **painkiller** n calmant m. ◆ **painless** adj operation indolore; extraction, childbirth sans douleur; (fig) experience bénin; exam pas trop méchant *. ◆ **painlessly** adv sans douleur. ◆ **painstaking** adj work soigné; person appliqué, soigneux. ◆ **painstakingly** adv avec soin.

paint [peɪnt] **1** n peinture f. **~s** couleurs fpl; **box of ~s** boîte f de couleurs. **2** vt (gen, Art) peindre; (Med) badigeonner. **to ~ a wall red** peindre un mur en rouge; **to ~ one's nails** se vernir les ongles; (fig) **to ~ the town red** faire la bringue *. **3** vi peindre. ◆ **paintbox** n boîte f de couleurs. ◆ **paintbrush** n pinceau m. ◆ **painter¹** n (Art) peintre m; **portrait ~er** portraitiste mf; **~er and decorator** peintre décorateur. ◆ **painting** n (a) (activity) (Art) peinture f; [buildings] décoration f; (b) (picture) tableau m, toile f. ◆ **paintpot** n pot m de peinture. ◆ **paint-remover** n décapant m (pour peinture). ◆ **paint-spray** n pulvérisateur m (de peinture); (aerosol) bombe f de peinture. ◆ **paint-stripper** n (chemical) décapant m; (tool) racloir m. ◆ **paintwork** n peintures fpl.

painter² ['peɪntəʳ] n (Naut) amarre f.

pair [pɛəʳ] n paire f; (man and wife) couple m. **a ~ of trousers** un pantalon; **a ~ of scissors** une paire de ciseaux; **in ~s** à or par deux; **the happy ~** l'heureux couple. ◆ **pair off** vi [people] s'arranger deux par deux.

pajamas [pəˈdʒɑːməz] npl (US) pyjama m.

Pakistan [ˌpɑːkɪsˈtɑːn] n Pakistan m. ◆ **Pakistani 1** adj pakistanais ; **2** n Pakistanais(e) m(f).

pal * [pæl] n copain * m, copine * f.

palace ['pælɪs] n palais m (bâtiment).

palate ['pælɪt] n (Anat, fig) palais m. ◆ **palatable** adj food agréable au goût; fact etc acceptable.

palatial [pəˈleɪʃ(ə)l] adj grandiose, magnifique.

palaver * [pəˈlɑːvəʳ] n (talk) palabres mpl or fpl; (fuss) histoires * fpl, affaire f.

pale [peɪl] **1** adj face, person (naturally) pâle; (from sickness, fear) blême; colour pâle. **to grow ~** pâlir; **~ blue eyes** yeux mpl bleu pâle. **2** vi [person] pâlir, devenir blême. **to ~ into insignificance** perdre toute importance (beside comparé à). ◆ **paleness** n pâleur f.

Palestine ['pælɪstaɪn] n Palestine f. ◆ **Palestinian 1** adj palestinien ; **2** n Palestinien(ne) m(f).

palette ['pælɪt] n palette f.

palimony ['pælɪmənɪ] n pension f alimentaire versée à celle (or celui) avec qui on vivait maritalement.

paling ['peɪlɪŋ] n (fence) palissade f.

pall¹ [pɔːl] vi perdre son charme (on sb pour qn). **it never ~s on you** on ne s'en lasse jamais.

pall² [pɔːl] n drap m mortuaire; [smoke] voile m.

pallet ['pælɪt] n (for goods) palette f.

palladium [pəˈleɪdɪəm] n palladium m.

palliate ['pælɪeɪt] vt pallier. ◆ **palliative** adj, n palliatif (m).

pallid ['pælɪd] adj blême, blafard. ◆ **pallor** n pâleur f.

palm¹ [pɑːm] **1** n [hand] paume f. (fig) **to have sb in the ~ of one's hand** faire de qn ce qu'on veut; (fig) **to grease sb's ~** graisser la patte * à qn. **2** vt escamoter. ◆ **palm off** vt sep refiler * (on, onto à). ◆ **palmist** n chiromancien(ne) m(f). ◆ **palmistry** n chiromancie f.

palm² [pɑːm] **1** n (tree) palmier m; (branch) palme f; (Rel) rameau m. **2** adj: **P~ Sunday** dimanche m des Rameaux.

palpable ['pælpəbl] adj palpable; error manifeste. ◆ **palpably** adv manifestement.

palpitate ['pælpɪteɪt] vi palpiter. ◆ **palpitation** n palpitation f.

paltry ['pɔːltrɪ] adj dérisoire.

pamper ['pæmpəʳ] vt dorloter, choyer.

pamphlet ['pæmflɪt] n b.ochure f.

pan¹ [pæn] **1** n (a) (Culin) casserole f, poêlon m. **frying ~** poêle f; **roasting ~** plat m à rôtir. (b) [scales] plateau m; [lavatory] cuvette f. **2** adj: **~ scrubber** tampon m à récurer. **3** vt (*: criticize harshly) film, book éreinter. ◆ **pan out** ‡ vi tourner, se passer; (turn out well) réussir. ◆ **pan-fry** vt (US) faire sauter.

pan² [pæn] vti: **to ~ (the camera)** panoramiquer.

pan... [pæn] pref pan... ◆ **Pan-African** adj panafricain. ◆ **Pan-American** adj panaméricain. ◆ **Pan-Asian** adj panasiatique.

Panama ['pænəmɑː] n Panama m. **~ Canal** canal m de Panama.

pancake ['pænkeɪk] **1** n crêpe f. **as flat as a ~** plat comme une galette. **2** adj: **P~ Tuesday** Mardi gras.

panchromatic [ˌpænkrə(ʊ)ˈmætɪk] adj panchromatique.

pancreas ['pæŋkrɪəs] n pancréas m.

panda ['pændə] n panda m. **~ car** ≃ voiture f pie inv (de la police).

pandemonium [ˌpændɪˈməʊnɪəm] n tohu-bohu m.

pander ['pændəʳ] vi: **to ~ to** person se prêter aux exigences de; whims se plier à; tastes flatter bassement.

pane [peɪn] n vitre f, carreau m.

panel ['pænl] **1** n (a) [door, wall] panneau m; [ceiling] caisson m; [dress] pan m. **instrument ~** tableau m de bord. (b) (Jur, Admin etc) (jury) jury m; (Rad, TV etc) (gen) invités mpl; (for game) jury m; (committee) comité m. **to be on a doctor's ~** être inscrit sur le registre d'un médecin conventionné. **2** adj: **~ beater** tôlier m; **~ discussion** réunion-débat f; (Rad/TV) **~ game** jeu m radiophonique/télévisé; (US) **~ truck** camionnette f. **3** vt lambrisser. **~led door** porte f à panneaux; **oak-~led** lambrissé de chêne. ◆ **panelling,** (US) **paneling** n panneaux mpl, lambris m. ◆ **panellist,** (US) **panelist** n (Rad, TV) invité(e) m(f); membre m d'un jury.

pang [pæŋ] n (gen) pincement m de cœur. **~s** [death] affres fpl; [conscience] remords mpl; **he saw her go without a ~** il l'a vue partir sans regret; **to feel the ~s of hunger** ressentir des tiraillements d'estomac.

panic ['pænɪk] **1** n panique f, affolement m. **to throw into a ~** crowd semer la panique dans; person affoler, paniquer *; **to get into a ~** s'affoler, paniquer *. **2** adj fear panique; decision de panique. **~ buying** approvisionnements mpl sauvages; **it was ~ stations** ‡ ça a été la panique générale *. **3** vi s'affoler, être pris de panique. **don't ~!** * pas d'affolement! ◆ **panicky** adj report, newspaper alarmiste; decision, action de panique; person paniquard *. ◆ **panic-stricken** adj affolé.

pannier ['pænɪəʳ] n (gen) panier m; [motorcycle etc] sacoche f.

panorama [ˌpænəˈrɑːmə] n panorama m. ◆ **panoramic** adj panoramique.

pansy ['pænzɪ] n (Bot) pensée f; (‡ pej) tante ‡ f.

pant [pænt] **1** vi haleter. **to ~ for breath** chercher à reprendre son souffle; **he ~ed up the hill** il a grimpé la colline en haletant. **2** vt dire en haletant.

pantechnicon [pænˈteknɪkən] n grand camion m de déménagement.

pantheism ['pænθiːɪz(ə)m] n panthéisme m.

panther ['pænθəʳ] *n* panthère *f*.

pantomime ['pæntəmaɪm] *n (Xmas show: Brit)* spectacle *m* de Noël *(tiré d'un conte de fée); (mime)* pantomime *f; (pej: fuss)* comédie *f (fig pej)*. **in** ~ en mimant.

pantry ['pæntrɪ] *n* garde-manger *m inv*.

pants [pænts] *npl (underwear)* slip *m; (trousers)* pantalon *m*. **to catch sb with his** ~ **down** ‡ prendre qn au dépourvu. ◆ **pantsuit** *n* tailleur-pantalon *m*.

panty ['pæntɪ] *adj:* ~ **girdle** gaine-culotte *f* . ◆ **pantihose** *npl* collant *m*.

papacy ['peɪpəsɪ] *n* papauté *f*. ◆ **papal** *adj* papal; *bull, legate* du Pape.

paper ['peɪpəʳ] **1** *n* **(a)** papier *m; (wall ~)* papier peint. **a piece of** ~ *(odd bit)* un bout de papier; *(sheet)* une feuille de papier; *(document etc)* un papier; **identity** ~s papiers d'identité; **old** ~ paperasses *fpl*; **to put sth down on** ~ mettre qch par écrit; **it's a good plan on** ~ c'est un bon plan sur le papier. **(b)** *(newspaper)* journal *m*. **to write for the** ~s faire du journalisme; **in the** ~ dans le journal. **(c)** *(exam questions)* épreuve *f* (écrite); *(written answers)* copie *f*. **(d)** *(scholarly work)* article *m; (at seminar)* exposé *m; (at conference)* communication *f*.
2 *adj doll, towel, handkerchief, napkin* en papier, de papier; *plates, cups* en carton; *industry* du papier; *profit etc* théorique. ~ **bag** sac *m* en papier; *(small)* pochette *f*; ~ **chase** rallye-papier *m*; ~ **clip** trombone *m*; ~ **knife** coupe-papier *m inv*; ~ **mill** (usine *f* de) papeterie *f*; ~ **money** papier-monnaie *m*; ~ **shop** * marchand *m* de journaux; ~ **work** paperasserie *f (pej)*.
3 *vt room* tapisser. *(fig)* **to** ~ **over the cracks** arranger les choses.
◆ **paperback 1** *n* livre *m* de poche ; **2** *adj* de poche. ◆ **paperboy** *n (delivering)* livreur *m* de journaux; *(selling)* vendeur *m* de journaux. ◆ **paperweight** *n* presse-papiers *m inv*.

paprika ['pæprɪkə] *n* paprika *m*.

par [pɑ:ʳ] *n:* **to be on a** ~ **with** aller de pair avec; **to feel below** ~ ne pas se sentir en forme.

parable ['pærəbl] *n* parabole *f*.

paracetamol [pærə'si:təmɒl] *n* paracétamol *m*.

parachute ['pærəʃu:t] **1** *n* parachute *m*. **2** *adj jump* en parachute; *regiment* de parachutistes. ~ **drop**, ~ **landing** parachutage *m*. **3** *vi* descendre en parachute. **4** *vt* parachuter. ◆ **parachutist** *n* parachutiste *mf*.

parade [pə'reɪd] **1** *n (procession)* défilé *m; (ceremony)* parade *f*, revue *f*. **to be on** ~ défiler; ~ **ground** terrain *m* de manœuvres; **fashion** ~ présentation *f* de collections; **mannequin** ~ défilé *m* de mannequins. **2** *vt one's wealth* faire étalage de. **3** *vi* défiler. *(fig)* **to** ~ * **about** *or* **around** se balader *.

paradise ['pærədaɪs] *n* paradis *m*. **bird of** ~ oiseau *m* de paradis.

paradox ['pærədɒks] *n* paradoxe *m*. ◆ **paradoxical** *adj* paradoxal. ◆ **paradoxically** *adv* paradoxalement.

paraffin ['pærəfɪn] **1** *n (Chem)* paraffine *f; (fuel)* pétrole *m*. **liquid** ~ huile *f* de paraffine. **2** *adj lamp* à pétrole.

paragon ['pærəgən] *n* modèle *m* (de vertu).

paragraph ['pærəgrɑ:f] *n* **(a)** paragraphe *m*, alinéa *m*. **'new** ~' 'à la ligne'; **to begin a new** ~ aller à la ligne. **(b)** *(newspaper item)* entrefilet *m*.

Paraguay ['pærəgwaɪ] *n* Paraguay *m*. ◆ **Paraguayan 1** *adj* paraguayen ; **2** *n* Paraguayen(ne) *m(f)*.

parallel ['pærəlel] **1** *adj* parallèle *(with, to* à). **to run** ~ **to** être parallèle à. **2** *n (Geog)* parallèle *m; (Math)* (ligne *f*) parallèle *f*. *(fig)* **to draw a** ~

between établir un parallèle entre. ◆ **parallelogram** *n* parallélogramme *m*.

paralysis [pə'ræləsɪs] *n* paralysie *f*. ◆ **paralytic** [pærə'lɪtɪk] *adj (Med)* paralytique; *(‡: drunk)* ivre mort. ◆ **paralyze** ['pærəlaɪz] *vt (Med, fig)* paralyser; **his arm is paralyzed** il est paralysé du bras; **paralyzed with fear** paralysé de peur.

paramedic [pærə'medɪk] *n* auxiliaire *mf* médical(e).

parameter [pə'ræmɪtəʳ] *n (Math)* paramètre *m*. *(fig)* **the** ~**s of the event** les données *fpl* de l'événement; **the** ~**s of their policy** les grandes lignes de leur politique.

paramilitary [pærə'mɪlɪt(ə)rɪ] **1** *adj* paramilitaire. **2** *n* membre *m* d'une force paramilitaire.

paramount ['pærəmaʊnt] *adj chief* souverain; *importance* suprême *(before n)*.

paranoia [pærə'nɔɪə] *n* paranoïa *f*. ◆ **paranoiac** *adj, n* paranoïaque *(mf)*. ◆ **paranoid** *adj* paranoïde.

paranormal [pærə'nɔ:m(ə)l] *adj* paranormal.

parapet ['pærəpɪt] *n* parapet *m*.

paraphernalia [pærəfə'neɪlɪə] *npl* attirail *m*.

paraphrase ['pærəfreɪz] **1** *n* paraphrase *f*. **2** *vt* paraphraser.

paraplegia [pærə'pli:dʒə] *n* paraplégie *f*. ◆ **paraplegic** *adj, n* paraplégique *(mf)*.

parasite ['pærəsaɪt] *n* parasite *m*. ◆ **parasitic(al)** *adj* parasite *(on* de).

parasol [pærə'sɒl] *n* ombrelle *f; (over table etc)* parasol *m*.

paratrooper ['pærətru:pəʳ] *n* parachutiste *m (Mil)*. ◆ **paratroops** *npl* parachutistes *mpl*.

parboil ['pɑ:bɔɪl] *vt* faire bouillir à demi.

parcel ['pɑ:sl] **1** *n* colis *m*, paquet *m; [land]* parcelle *f; [shares]* paquet; *[lies, liars etc]* tas * *m*. **2** *adj:* ~ **bomb** paquet *m* piégé; ~ **office** bureau *m* de messageries; **by** ~ **post** par colis postal. **3** *vt (* ~ **up)** empaqueter. ◆ **parcel out** *vt sep* distribuer; *(share)* partager; *land* lotir.

parched [pɑ:tʃt] *adj crops, land* desséché, brûlé. *[person]* **to be** ~ mourir de soif.

parchment ['pɑ:tʃmənt] *n* parchemin *m*.

pardon ['pɑ:dn] **1** *n* pardon *m; (Rel)* indulgence *f; (Jur: free)* grâce *f*. **general** ~ amnistie *f*. **2** *vt* pardonner *(sb for sth* qch à qn; *sb for doing* à qn d'avoir fait); *(Jur)* gracier; amnistier. **3** *excl (apologizing)* pardon!; *(not hearing)* comment? ◆ **pardonable** *adj* pardonnable. ◆ **pardonably** *adv* de façon bien pardonnable.

pare [pɛəʳ] *vt fruit* peler; *nails* rogner; *(* ~ **down)** *expenses* réduire. ◆ **parer** *n* épluche-légumes *m inv*.

parent ['pɛərənt] **1** *n* père *m or* mère *f*. **his** ~**s** ses parents *mpl*. **2** *adj:* **the** ~ **animals** *(or* **birds** *etc)* les parents *mpl; (Comm, Fin)* ~ **company** maison *f* mère. ◆ **parentage** *n* naissance *f*, origine *f; of unknown* ~**age** de parents inconnus. ◆ **parental** [pə'rentl] *adj* parental. ◆ **parenthood** *n* paternité *f or* maternité *f*. ◆ **parent-teacher association** *n* association *f* des parents d'élèves et des professeurs.

parenthesis, *pl* **-eses** [pə'renθɪsɪs, ɪsi:z] *n* parenthèse *f*. **in** ~ entre parenthèses. ◆ **parenthetic(al)** *adj* entre parenthèses. ◆ **parenthetically** *adv* entre parenthèses.

Paris ['pærɪs] *n* Paris. ◆ **Parisian 1** *adj* parisien ; **2** *n* Parisien(ne) *m(f)*.

parish ['pærɪʃ] **1** *n (Rel)* paroisse *f; (civil)* commune *f*. **2** *adj church* paroissial; *hall* paroissial, municipal. ◆ **parishioner** *n* paroissien(ne) *m(f)*.

parity ['pærɪtɪ] *n* parité *f*.

park [pɑ:k] **1** *n (gen)* parc *m; (public)* jardin *m* public, parc. **2** *adj:* ~ **keeper** gardien *m* de parc.

3 *vt* garer, parquer. **4** *vi* se garer, stationner *(Admin)*. **I've ~ed** *or* **I'm ~ed by the church** je suis garé près de l'église. ◆ **parking 1** *n* stationnement *m*; **'~ing** 'stationnement autorisé'; **'no ~ing'** 'stationnement interdit'; **~ing is difficult** il est difficile de trouver à se garer ; **2** *adj*: **~ing attendant** gardien *m* de parking; **~ing bay** lieu *m* de stationnement (autorisé); **~ing lights** feux *mpl* de position; **~ing lot** parking *m*; **~ing meter** parcmètre *m*; **~ing place** *(marked out)* créneau *m* de stationnement; **I couldn't find a ~ing place** je n'ai pas pu trouver à me garer; **~ing ticket** P.-V. * *m*, procès-verbal *m*. ◆ **parkland** *n* bois *mpl*. ◆ **parkway**, *n (US)* avenue *f*.

parka ['pɑːkə] *n* parka *m*.

Parkinson's disease ['pɑːkɪnsənsdɪˈzɪːz] *n* maladie de Parkinson.

parliament ['pɑːləmənt] *n* parlement *m*. **to go into P~** se faire élire député; **member of P~** ≃ député *m (for* de); *V* **house.** ◆ **parliamentarian** *adj, n* parlementaire *(mf).* ◆ **parliamentary** *adj (gen)* parlementaire; *election* législatif; *(Brit)* **P~ary Secretary** ≃ chef *m* de Cabinet *(to* de).

parlour, *(US)* **parlor** ['pɑːlər] **1** *n* (petit) salon *m*. **2** *adj*: **~ game** jeu *m* de société.

parmesan [ˌpɑːmɪˈzæn] *n* parmesan *m*.

parochial [pəˈrəʊkɪəl] *adj (Rel)* paroissial; *(fig pej)* de clocher.

parody ['pærədɪ] **1** *n* parodie *f*. **2** *vt* parodier.

parole [pəˈrəʊl] **1** *n*: **on ~** *(Mil)* sur parole; *(Jur)* en liberté conditionnelle. **2** *vt* mettre en liberté conditicnnelle.

paroxysm ['pærəksɪz(ə)m] *n (Med)* paroxysme *m*; *[grief, pain]* paroxysme; *[anger]* accès *m*; *[delight]* transport *m*; *[tears, laughter]* crise *f*.

parquet ['pɑːkeɪ] *n* (**~ flooring**) parquet *m*.

parrot ['pærət] *n* perroquet *m*. **~ fashion** *(adv phr)* comme un perroquet.

parry ['pærɪ] *vt blow* parer; *question* éluder.

parsimony ['pɑːsɪmənɪ] *n* parcimonie *f*. ◆ **parsimonious** *adj* parcimonieux. ◆ **parsimoniously** *adv* parcimonieusement.

parsley ['pɑːslɪ] *n* persil *m*. **~ sauce** sauce *f* persillée.

parsnip ['pɑːsnɪp] *n* panais *m*.

parson ['pɑːsn] *n (C of E etc)* pasteur *m*; *(gen)* ecclésiastique *m*. *(Culin)* **~'s nose** croupion *m*. ◆ **parsonage** *n* presbytère *m*.

part [pɑːt] **1** *n* (**a**) *(section etc: gen)* partie *f*; *(Tech)* pièce *f*. **spare ~** pièce détachée; **in ~(s)** en partie; **for the most ~** dans l'ensemble; **to be ~** (**and parcel) of** faire partie (intégrante) de; **the hundredth ~** le centième; **a man of ~s** un homme très doué; **the funny ~ of it is that...** le plus drôle dans l'histoire c'est que...; **in ~ two of the book** dans la deuxième partie du livre; **four-~ serial** feuilleton *m* à quatre épisodes; *(Culin)* **three ~s water to one ~ milk** trois mesures d'eau pour une mesure de lait; *[verb]* **principal ~s** temps *mpl* principaux; **what ~ of speech is it?** à quelle catégorie grammaticale est-ce que cela appartient?; **the violin ~** la partie de violon; **two-~ song** chant *m* à deux voix; **in these ~s** dans cette région; **in this ~ of the world** par ici; **in foreign ~s** à l'étranger. (**b**) *(share: also Theat etc)* rôle *m*. **he had a large ~ in the organization of...** il a joué un grand rôle dans l'organisation de...; **she had some ~ in it** elle y était pour qch; **to take ~ in** participer à; **I want no ~ in it** je ne veux pas m'en mêler. (**c**) *(side)* parti *m*; *[behalf]* part *f*. **to take sb's ~** prendre parti pour qn; **for my ~** pour ma part, quant à moi; **on the ~ of** de la part de; **to take sth in good ~** prendre qch du bon côté. (**d**) *(US) [hair]* raie *f*. **2** *adj*: **~ exchange** reprise *f* en compte; **to take sth in ~ exchange** reprendre qch en compte; **~**

owner copropriétaire *mf*; **~ payment** règlement *m* partiel; **~ song** chant *m* à plusieurs voix. **3** *adv* en partie. **~ French** en partie français. **4** *vt* (**a**) *crowd* ouvrir un passage dans; *boxers, fighters* séparer. **they were ~ed during the war** la guerre les a séparés. (**b**) **to ~ one's hair** se faire une raie; **his hair was ~ed at the side** il portait une raie sur le côté. (**c**) **to ~ company with** *(leave)* fausser compagnie à; *(disagree with)* ne plus être d'accord avec. **5** *vi [crowd]* s'ouvrir; *[boxers etc]* se séparer; *[friends]* se quitter; *[couple]* se séparer; *[rope]* se rompre. **to ~ from** se séparer de; **to ~ with** *money* débourser; *possessions* se défaire de; *employee* se séparer de. ◆ **parting 1** *n* séparation *f*; *[waters]* partage *m*; *[hair]* raie *f*; *(lit, fig)* **the ~ of the ways** la croisée des chemins ; **2** *adj gift, words* d'adieu; *(fig)* **~ing shot** flèche *f* du Parthe. ◆ **partly** *adv* en partie. ◆ **part-time** *adj, adv* à temps partiel; *(half-time)* à mi-temps. ◆ **part-timer** *n* employé(e) *m(f)* à temps partiel.

partake [pɑːˈteɪk] *pret* **partook,** *ptp* **partaken** *vi*: **to ~ of** *meal* prendre.

partial ['pɑːʃ(ə)l] *adj* (**a**) *(in part)* partiel. (**b**) *(biased)* partial *(towards* envers), injuste. *(*: like)* **to be ~ to** avoir un faible pour. ◆ **partiality** *n (bias)* partialité *f (for* pour; *towards* envers); *(liking)* penchant *m (for* pour). ◆ **partially** *adv* (**a**) *(partly)* en partie; **the ~ly-sighted** les mal-voyants *mpl*; (**b**) *(with bias)* avec partialité.

participate [pɑːˈtɪsɪpeɪt] *vi* participer *(in* à). ◆ **participant** *n* participant(e) *m(f) (in* à). ◆ **participation** *n* participation *f (in* à).

participle ['pɑːtɪsɪpl] *n* participe *m*. **past/present ~** participe passé/présent.

particle ['pɑːtɪkl] *n (gen, Ling, Phys)* particule *f*; *[dust, truth, sense]* grain *m*. **~ physics** physique *f* des particules élémentaires.

particular [pəˈtɪkjʊlər] **1** *adj* (**a**) *(distinct, special)* particulier; *(personal)* personnel. **in this ~ case** dans ce cas particulier; **for no ~ reason** sans raison précise; **that ~ brand** cette marque-là (et non pas une autre); **her ~ choice/type of humour** son choix/humour personnel; **her ~ bed** son lit à elle; **nothing ~** rien de particulier *or* de spécial; **he took ~ care over it** il y a mis un soin particulier; **to pay ~ attention to sth** faire bien attention à qch; **a ~ friend of his** un de ses meilleurs amis. (**b**) *(fussy etc)* méticuleux, difficile. **she is ~ about whom she goes out with** elle ne sort pas avec n'importe qui; **~ about his food** difficile pour la nourriture; **I'm not ~** cela m'est égal. **2** *n* (**a**) **in ~** en particulier; **nothing in ~** rien en *or* de particulier; **in every ~** en tout point; **he is wrong in one ~** il se trompe sur un point; **~s** *(information)* détails *mpl*, renseignements *mpl*; *(description)* description *f*; *[person]* signalement *m*; *(name, address)* nom *m* et adresse *f*; **full ~s** tous les renseignements; **for further ~s apply to...** pour plus amples renseignements s'adresser à...

◆ **particularity** *n* particularité *f*. ◆ **particularize** *vt* spécifier, préciser. ◆ **particularly** *adv (in ~)* en particulier, spécialement; *(notably)* notamment, particulièrement; *(very carefully)* méticuleusement.

partisan [ˌpɑːtɪˈzæn] *n* partisan *m*.

partition [pɑːˈtɪʃ(ə)n] **1** *n* (**a**) cloison *f*. **glass ~** cloison vitrée. (**b**) *(dividing) [country]* partition *f*; *[lands]* morcellement *m*. **2** *vt country* partager; *lands* morceler; (**~ off**) *room* cloisonner.

partitive ['pɑːtɪtɪv] *adj, n* partitif *(m)*.

partner ['pɑːtnər] *n (gen)* partenaire *mf*; *(Comm, Jur, Med etc)* associé(e) *m(f)*; *(Sport)* partenaire *mf*; *(co-driver)* coéquipier *m*, -ière *f*; *(Dancing)* cavalier *m*,

-ière f; (in marriage) époux m, épouse f; (cohabiting) concubin(e) m(f). **senior/junior** ~ associé principal/adjoint; **~s in crime** complices mpl dans le crime. ◆ **partnership** n association f; **to be in ~ship** être en association (with avec), être associé (with à); **to go into ~ship** s'associer (with avec); **to take sb into ~ship** prendre qn comme associé.

partridge ['pɑːtrɪdʒ] n perdrix f; (Culin) perdreau m.

party ['pɑːtɪ] **1** n (**a**) (Pol etc) parti m. (**b**) (group) [travellers] groupe m; [workmen] équipe f; (Mil) détachement m. (**c**) (Jur etc) partie f. **third** ~ tierce personne f, tiers m; **innocent** ~ innocent(e) m(f); **to be (a)** ~ **to** être mêlé à; (Jur) être complice de. **to give a** ~ (celebration) réception f. **to give a** ~ inviter des amis, donner une surprise-partie; (more formally) donner une soirée, recevoir; **birthday** ~ fête f d'anniversaire; **dinner** ~ dîner m; **evening** ~ soirée f; **private** ~ réunion f intime; **tea** ~ thé m. **2** adj politics, leader de parti, du parti; disputes de partis. ~ **dress** robe f habillée; ~ **line** (Pol) ligne f du parti; (Telec) ligne commune à deux abonnés; (Rad, TV) ~ **political broadcast** émission réservée à un parti politique, ≃ 'tribune f libre'; ~ **political question** f qui relève de la ligne du parti; ~ **spirit** (Pol) esprit m de parti; (*: gaiety) entrain m; ~ **wall** mur m mitoyen. **3** vi (* US: go out) sortir, aller danser; (go to parties) courir les réceptions. ◆ **party-goer** n (frequent) habitué(e) m(f) des réceptions, (guest) invité(e) m(f).

pass [pɑːs] **1** n (**a**) (permit) [journalist, worker etc] laissez-passer m inv; (Rail etc) carte f d'abonnement; (Theat) billet m de faveur; (Naut) lettre f de mer; (safe conduct) sauf-conduit m. (**b**) (in mountains) col m, défilé m. (**c**) (in exam) moyenne f. **to get a** ~ **in history** avoir la moyenne en histoire. (**d**) **this is a pretty** ~! voilà à quoi on en est arrivé!; **things have reached such a** ~ **that...** les choses en sont arrivées à un tel point que... (**e**) (Ftbl etc) passe f. (fig) **to make a** ~* **at a woman** faire du plat * à une femme.

2 adj: ~ **degree** licence f libre.

3 vi (**a**) (come, go) passer (through par); [procession] défiler; (Aut: overtake) doubler. **to** ~ **down the street** descendre la rue; **to** ~ **into oblivion** tomber dans l'oubli; **to** ~ **out of sight** disparaître; **letters** ~ed between them ils ont échangé des lettres. (**b**) (be accepted) [coins] avoir cours; [behaviour] convenir, être acceptable; [project] passer. **to** ~ **under the name of** être connu sous le nom de; **what** ~es **for a hat these days** ce qui de nos jours passe pour un chapeau; **he tried to** ~ **for a doctor** il a essayé de se faire passer pour un docteur; **she would** ~ **for 20** on lui donnerait 20 ans; **will this do?** — **oh it'll** ~ ça peut aller; **he let it** ~ il l'a laissé passer; **he couldn't let it** ~ il ne pouvait pas laisser passer ça comme ça; **the estate** ~ed **to my brother** la propriété est revenue à mon frère. (**c**) [time, afternoon etc] passer. **how time** ~es! que le temps passe vite! (**d**) (~ **away**) [memory, opportunity] s'effacer, disparaître; [pain] passer. (**e**) (in exam) être reçu (in en). (**f**) (take place) se passer, avoir lieu. **all that** ~ed **between them** tout ce qui s'est passé entre eux; (liter) **it came to** ~ **that** il advint que. (**g**) (Cards) passer; (Ftbl etc) faire une passe.

4 vt (**a**) (go past) building passer devant; person croiser, rencontrer; barrier, frontier, customs passer; (overtake) (gen, Sport) dépasser; (Aut) doubler. **when you have** ~ed **the town hall** quand vous serez passé devant or quand vous aurez dépassé la mairie; **to** ~ **comprehension** dépasser l'entendement; **to** ~ **belief** être incroyable; **the film** ~ed **the censors** le film a reçu le visa de la censure. (**b**) exam être reçu à, réussir; candidate recevoir; (Parl) bill voter. **the censors have/haven't** ~ed **the film** le film a été autorisé/interdit par la censure;

(Scol, Univ) **they didn't** ~ **him** ils l'ont refusé; **the doctor** ~ed **him fit for work** le docteur l'a déclaré en état de reprendre le travail; (Typ) **to** ~ **the proofs (for press)** donner le bon à tirer. (**c**) time passer. **to** ~ **the evening reading** passer la soirée à lire. (**d**) (hand over) (faire) passer; (move) passer; (Sport) ball passer; forged money, stolen goods écouler. ~ **me the box** passez-moi la boîte; **the telegram was** ~ed **round the room** on a fait passer le télégramme dans la salle; **to** ~ **sth down the line** faire passer qch (de main en main); **to** ~ **a rope through a ring** passer une corde dans un anneau; **to** ~ **blood** avoir du sang dans les urines; **to** ~ **a stone** évacuer un calcul; **to** ~ **water** uriner. (**e**) (utter) comment faire; opinion émettre. **to** ~ **remarks about** faire des observations sur; **to** ~ **judgment** prononcer un jugement (on sur); (Jur) **to** ~ **sentence** prononcer une condamnation (on sb contre qn).

◆ **pass along 1** vi passer. **2** vt sep faire passer. ◆ **pass away** vi (die) mourir, s'éteindre; [memory etc] disparaître. ◆ **pass back** vt sep rendre. ◆ **pass by 1** vi passer (à côté); [procession] défiler. **2** vt sep négliger, ignorer. **life has** ~ed **me by** je n'ai pas vraiment vécu. ◆ **pass down 1** vi [inheritance etc] être transmis (to à). **2** vt sep transmettre. ◆ **pass off 1** vi (**a**) [faintness etc] passer. (**b**) [event] se passer. **everything** ~ed **off smoothly** tout s'est passé sans accroc. **2** vt sep (**a**) faire passer. **to** ~ **o.s. off as** se faire passer pour. (**b**) **to** ~ **sth off on sb** repasser qch à qn. ◆ **pass on 1** vi (**a**) (die) s'éteindre, mourir. (**b**) (continue one's way) passer son chemin. **to** ~ **on to a new subject** passer à un nouveau sujet. **2** vt sep (hand on) object faire passer (to à); old clothes repasser (to sb à qn); news faire circuler; message transmettre. **you've** ~ed **your cold on to me** tu m'as passé ton rhume; **to** ~ **on a tax to the consumer** répercuter un impôt sur le consommateur. ◆ **pass out 1** vi (**a**) (faint) s'évanouir; (from drink) tomber ivre mort; (fall asleep) s'endormir comme une masse. (**b**) (US) ~ **out of high school** terminer ses études secondaires. **2** vt sep leaflets etc distribuer. ◆ **pass over** vt sep: **to** ~ **over Paul in favour of Robert** préférer Robert à Paul. ◆ **pass round** vt sep bottle faire passer; sweets, leaflets distribuer. (fig) **to** ~ **round the hat** faire la quête. ◆ **pass through 1** vi passer. **2** vt fus hardships subir, endurer; town, country traverser. ◆ **pass up** vt sep (lit) passer; (*: forego) opportunity laisser passer.

◆ **passable** adj (**a**) (tolerable) passable; (**b**) road praticable; river franchissable. ◆ **passably** adv passablement, assez. ◆ **passage** n (**a**) (passing) passage m; [bill, law] adoption f; **with the** ~**age of time** avec le temps; (**b**) (Naut) traversée f; (**c**) (way through) passage m; (corridor) couloir m; (**d**) [music, text] passage m. ◆ **passageway** n passage m. ◆ **passbook** n livret m (bancaire). ◆ **passer-by** n passant(e) m(f). ◆ **passing 1** adj person, car qui passe; remark en passant; happiness, guest passager; desire fugitif; ~**ing place** aire f de croisement; **2** n (Aut) dépassement m; (death) mort f; **with the** ~**ing of time** avec le temps; **in** ~**ing** en passant. ◆ **passing-out parade** n défilé m de promotion. ◆ **passkey** n passe-partout m inv. ◆ **passmark** n moyenne f. ◆ **Passover** n pâque f des Juifs. ◆ **passport** n passeport m; (fig) ~**port to** clef f de. ◆ **password** n mot m de passe.

passé ['pæseɪ] adj vieux jeu inv.

passenger ['pæs(ɪ)n(d)ʒəʳ] **1** n (in train) voyageur m, -euse f; (in boat, plane, car) passager m, -ère f; (fig pej) poids m mort. **2** adj coach, train de voyageurs; (Aviat) list des passagers. (Aut) ~ **seat** siège m du passager.

passion ['pæʃ(ə)n] **1** n passion f; (anger) emportement m. **to have a** ~ **for music** avoir la passion de la musique; **to be in a** ~ être furieux. **2** *adj* (Rel) P~ **play/Sunday** *etc* mystère *m*/dimanche *m* *etc* de la Passion. ◆ **passionate** *adj* (gen) passionné; *speech* véhément. ◆ **passionately** *adv* passionnément; **to be ~ately fond of** adorer. ◆ **passionflower** *n* passiflore *f*.

passive ['pæsɪv] **1** *adj* (all senses) passif. ~ **smoking** tabagisme *m* passif. **2** *n* passif *m*. **in the** ~ **au** passif. ◆ **passively** *adv* passivement; (Gram) au passif. ◆ **passiveness** *or* ◆ **passivity** *n* passivité *f*.

past [pɑːst] **1** *n* passé *m*. **in the** ~ autrefois, dans le passé; (Gram) au passé; **it's a thing of the** ~ cela n'existe plus, c'est fini.
2 *adj* passé. **for some time** ~ depuis quelque temps; **in times** ~ autrefois; **the** ~ **week** la semaine dernière *or* passée; **the** ~ **few days** ces derniers jours; **all that is** ~ tout cela c'est du passé; ~ **president** ancien président; **to be a** ~ **master at doing sth** avoir l'art de faire qch; (Gram) **in the** ~ **tense** au passé.
3 *prep* (a) (in time) plus de. **it is** ~ **11 o'clock** il est plus de 11 heures, il est 11 heures passées; (Brit) **half** ~ **3** 3 heures et demie; **quarter** ~ **3** 3 heures et quart; **at 20** ~ **3** à 3 heures 20; (Brit) **the train goes at 5** ~ * le train part à 5 *; **she is** ~ **60** elle a plus de 60 ans, elle a 60 ans passés. (b) (beyond) plus loin que. **just** ~ **the post office** un peu plus loin que la poste, juste après la poste. (c) (in front of) devant. **he goes** ~ **the house** il passe devant la maison. (d) (beyond limits of) au-delà de. ~ **endurance** insupportable; ~ **all belief** incroyable; **I'm** ~ **caring** je ne m'en fais plus; **he is** ~ **work** il n'est plus en état de travailler; **he's a bit** ~ **it** * il n'est plus dans la course *; **that cake is** ~ **its best** ce gâteau n'est plus si bon; **I wouldn't put it** ~ **her** to have done it cela ne m'étonnerait pas d'elle qu'elle l'ait fait.
4 *adv*, devant. **to go** *or* **walk** ~ passer.

pasta ['pæstə] *n* (Culin) pâtes *fpl*.

paste [peɪst] **1** *n* (a) (gen, also Culin) pâte *f*; [meat etc] pâté *m*. **almond** ~ pâte d'amandes; **liver** ~ pâté de foie; **tomato** ~ concentré *m* de tomate; **tooth** ~ dentifrice *m*. (b) (glue) colle *f* (de pâte). **2** *adj* jewellery en strass. **3** *vt* coller; wallpaper enduire de colle.
◆ **paste up** *vt sep* notice, list afficher; photos coller. ◆ **pasteboard** *n* carton *m*. ◆ **paste-up** *n* collage *m*. ◆ **pasting** ⚹ *n* (thrashing) rossée * *f*; **to give sb a pasting** flanquer une rossée à qn *. ◆ **pasty** ['peɪstɪ] **1** *adj* pâteux; (pej) face, complexion terreux ; **2** ['pæstɪ] *n* (Culin) petit pâté *m*.

pastel ['pæstəl] **1** *n* pastel *m*. **2** *adj* pastel *inv*.

pasteurize ['pæstəraɪz] *vt* pasteuriser.

pastille ['pæstɪl] *n* pastille *f*.

pastime ['pɑːstaɪm] *n* passe-temps *m inv*.

pastor ['pɑːstəʳ] *n* pasteur *m*. ◆ **pastoral** *adj* (gen) pastoral. (Educ) ~**al care system** tutorat *m*.

pastry ['peɪstrɪ] *n* (a) pâte *f*. (b) (cake) pâtisserie *f*. ◆ **pastrycase** *n* croûte *f*. ◆ **pastrycook** *n* pâtissier *m*, -ière *f*.

pasture ['pɑːstʃəʳ] *n* pâturage *m*.

pat[1] [pæt] **1** *vt* tapoter; animal caresser. **2** *n* (a) petite tape *f*; (on animal) caresse *f*. **to give o.s. a** ~ **on the back** s'applaudir. (b) ~ **of butter** noix *f* de beurre.

pat[2] [pæt] **1** *adv*: **to answer** ~ avoir une réponse toute prête. **2** *adj* answer, explanation tout prêt.

patch [pætʃ] **1** *n* (a) (for clothes) pièce *f*; (for tube, airbed) rustine *f*; (over eye) cache *m*; (Comput) correction *f*. **he isn't a** ~ **on his brother** * il n'arrive pas à la cheville de son frère. (b) (small area) [colour] tache *f*; [sky] morceau *m*; [land] parcelle *f*; [policeman] secteur *m*; [vegetables] carré *m*; [ice] plaque *f*; [mist] nappe *f*; [water] flaque *f*. **a damp**

~ une tache d'humidité; (fig) **to strike a bad** ~ être dans la déveine *; **bad** ~**es** moments *mpl* difficiles. **2** *vt* clothes rapiécer; tyre réparer. **3** *adj* (Med) ~ **test** test *m* cutané. ◆ **patch up** *vt sep* clothes rapiécer; machine, injured person rafistoler *; (*) marriage replâtrer *. **to** ~ **up a quarrel** se raccommoder. ◆ **patchwork** *n* patchwork *m*. ◆ **patchy** *adj* inégal.

patent ['peɪt(ə)nt] **1** *adj* (a) (obvious) manifeste, patent. (b) invention breveté. ~ **medicine** spécialité *f* pharmaceutique; ~ **leather** cuir *m* verni. **2** *n* brevet *m* d'invention. **3** *vt* faire breveter. ◆ **patently** *adv* manifestement.

paternity [pəˈtɜːnɪtɪ] *n* paternité *f*. (Jur) ~ **order** reconnaissance *f* de paternité judiciaire. ◆ **paternal** *adj* paternel. ◆ **paternalist(ic)** *adj* paternaliste. ◆ **paternally** *adv* paternellement.

path [pɑːθ] *n* (a) (gen) sentier *m*, chemin *m*; (in garden) allée *f*; (fig) sentier *m*; [river] cours *m*; [sun] route *f*; [missile, planet] trajectoire *f*. ◆ **pathway** *n* sentier *m*.

pathetic [pəˈθetɪk] *adj* (gen) pitoyable (also fig pej); attempt désespéré. **it was** ~ **to see** il cela faisait peine à voir. ◆ **pathetically** *adv* pitoyablement ; ~**ally thin** d'une maigreur pitoyable; **she was** ~**ally glad** son plaisir vous serrait le cœur.

pathology [pəˈθɒlədʒɪ] *n* pathologie *f*. ◆ **pathological** *adj* pathologique. ◆ **pathologist** *n* pathologiste *mf*.

pathos ['peɪθɒs] *n* pathétique *m*.

patience ['peɪʃ(ə)ns] *n* (a) patience *f*. **to have** ~ être patient; (on one occasion) prendre patience, patienter; **to lose** ~ s'impatienter (with sb contre qn); **I have no** ~ **with these people** ces gens m'exaspèrent. (b) (Cards) réussite *f*. **to play** ~ faire des réussites. ◆ **patient 1** *adj* patient ; **2** *n* (Med) patient(e) *m(f)*; (in hospital) malade *mf*. ◆ **patiently** *adv* patiemment.

patriarch ['peɪtrɪɑːk] *n* patriarche *m*.

patriot ['peɪtrɪət] *n* patriote *mf*. ◆ **patriotic** *adj* deed, speech patriotique; person patriote. ◆ **patriotically** *adv* patriotiquement. ◆ **patriotism** *n* patriotisme *m*.

patrol [pəˈtrəul] **1** *n* patrouille *f*. **to be on** ~ être de patrouille. **2** *adj* vehicle de patrouille. ~ **car** voiture *f* de police; ~ **leader** chef *m* de patrouille; (US) ~ **wagon** voiture *f* cellulaire. **3** *vt* district patrouiller dans. **4** *vi* patrouiller. (fig) **to** ~ **up and down** faire les cent pas. ◆ **patrolman** *n* (a) (US) agent *m* de police; (b) (Aut) agent *m* de la sécurité routière.

patron ['peɪtr(ə)n] *n* (a) [artist] protecteur *m*, -trice *f*; [a charity] patron(ne) *m(f)*. ~ **saint** saint(e) patron(ne) *m(f)*. (b) [hotel, shop] client(e) *m(f)*; [theatre] habitué(e) *m(f)*. ◆ **patronage** *n* [artist etc] patronage *m*; (US Pol) nomination *f* d'amis politiques à des postes de responsabilité. ◆ **patronize** *vt* (pej) traiter avec condescendance; (b) shop donner sa clientèle à; cinema fréquenter. ◆ **patronizingly** *adv* d'un air condescendant.

patter[1] ['pætəʳ] *n* (talk) baratin * *m*.

patter[2] ['pætəʳ] **1** *n* [rain etc] crépitement *m*. **a** ~ **of footsteps** un petit bruit de pas pressés. **2** *vi* [footsteps, person] trottiner; [rain, hail] crépiter (on contre).

pattern ['pætən] **1** *n* (a) (design: on wallpaper etc) dessin(s) *m(pl)*, motif *m*. **the** ~ **on a tyre** les sculptures *fpl* d'un pneu. (b) (Sewing etc: paper ~) patron *m*; (Knitting etc) modèle *m*. (c) (style) modèle *m*, style *m*. (d) (fig) modèle *m*. **it followed the usual** ~ cela s'est passé selon la formule habituelle; **behaviour** ~**s of teenagers** les types *mpl* de comportement chez les adolescents. (e) (sample of material etc) échantillon *m*. **2** *adj*: ~ **book** [material, wallpaper etc] album *m* d'échantillons; (Sewing) catalogue *m or* album *m* de modes. **3** *vt* modeler (*on* sur). ◆ **patterned** *adj* à motifs.

paunch [pɔːn(t)ʃ] *n* panse *f*.

pauper [ˈpɔːpəʳ] *n* indigent(e) *m(f)*.

pause [pɔːz] **1** *n* (*gen*) pause *f*, arrêt *m*; (*Mus*) repos *m*. a ~ **in the conversation** un petit silence. **2** *vi* (*stop*) faire une pause, s'arrêter un instant; (*hesitate*) hésiter; (*linger*) s'arrêter (*on* sur). **to** ~ **for breath** s'arrêter pour reprendre haleine.

pave [peɪv] *vt* paver. ~**d with gold** pavé d'or; (*fig*) **to** ~ **the way** préparer le chemin (*for* pour). ◆ **pavement** *n* (**a**) (*Brit*) trottoir *m*; (**b**) (*US*) chaussée *f*. ◆ **paving** *n* (*stones*) pavés *mpl*; (*flagstones*) dalles *fpl*; (*tiles*) carreaux *mpl*. ◆ **paving stone** *n* pavé *m*.

pavilion [pəˈvɪlɪən] *n* pavillon *m*.

paw [pɔː] **1** *n* patte *f*. **2** *vt* (**a**) *[animal]* donner un coup de patte à. *[horse]* **to** ~ **the ground** piaffer. (**b**) (*sexually*) **to** ~ **sb** * tripoter * qn.

pawn¹ [pɔːn] *n* (*Chess*) pion *m*. (*fig*) **to be sb's** ~ se laisser manœuvrer par qn.

pawn² [pɔːn] **1** *vt* mettre en gage. **2** *n*: **in** ~ en gage. ◆ **pawnbroker** *n* prêteur *m*, -euse *f* sur gages. ◆ **pawnshop** *n* bureau *m* de prêteur sur gages.

pawpaw [ˈpɔːpɔː] *n* papaye *f*.

pay [peɪ] (*vb: pret, ptp* **paid**) **1** *n* (*gen*) salaire *m*; *[manual worker]* paie *f or* paye *f*; (*Mil, Naut*) solde *f*, paie. **in the** ~ **of** à la solde de; **the** ~**'s not very good** ce n'est pas très bien payé; **holidays with** ~ congés *mpl* payés.

2 *adj dispute* salarial. ~ **cheque**, (*US*) ~ **check** salaire *m*. ~ **day** jour *m* de paie; ~ **desk** caisse *f*; ~ **increase** *or* **rise** augmentation *f* de salaire; ~ **packet**, (*US*) ~ **envelope** enveloppe *f* de paie; (*fig*) paie *f*; ~ **phone**, (*US*) ~ **station** cabine *f* téléphonique; ~ **TV** télé-banque *f*.

3 *vt* (**a**) *money, person* payer (*to do* à faire; *for doing* pour faire); *tradesman, bill, fee* payer, régler; *deposit* verser; *debt* régler; *loan* rembourser; *interest* rapporter; *dividend* distribuer. **to** ~ **sb £10** payer 10 livres à qn; **he paid them for the book** il leur a payé le livre; **he paid me £2 for the ticket** il m'a payé le billet 2 livres; **he paid £2 for the ticket** il a payé le billet 2 livres; **he paid a lot for his suit** il a payé son costume très cher; **we're not paid for it** on n'est pas payé pour cela; **that's what you're paid for** c'est pour cela qu'on vous paie; **they** ~ **good wages** ils paient bien; **I get paid on Fridays** je touche ma paie le vendredi; **to** ~ **money into an account** verser de l'argent à un compte; (*fig*) **to** ~ **the penalty** subir les conséquences; **to** ~ **the price of** payer le prix de; **this paid dividends** ceci a porté ses fruits; **it's** ~**ing its way** ça couvre ses frais; **he likes to** ~ **his way** il aime payer sa part; **to put paid to** *plans* mettre par terre; *person* régler son compte à; **it will** ~ **you to be nice to him** vous gagnerez à *or* vous avez intérêt à être aimable avec lui; **it won't** ~ **him to tell the truth** il ne gagnera rien à dire la vérité. (**b**) *attention, compliments* faire; *homage* rendre; *V* **visit**.

4 *vi* payer. (*lit, fig*) **to** ~ **for sth** payer qch; (*fig*) **he paid dearly for it** il l'a payé cher (*fig*); **we'll have to** ~ **through the nose for it** * cela va nous coûter les yeux de la tête *; '~ **as you earn' system (P.A.Y.E.)** système *m* fiscal de prélèvement à la source; **does it** ~? est-ce que ça paie?, c'est rentable?; **this business doesn't** ~ cette affaire n'est pas rentable; **it** ~**s to advertise** la publicité rapporte; **it doesn't** ~ **to tell lies** cela ne sert à rien de mentir; **crime doesn't** ~ le crime ne paie pas.

◆ **pay back** *vt sep* (**a**) *stolen money* restituer; *loan, person* rembourser. **to** ~ **sb back** rembourser qch à qn. (**b**) (*get even with*) **to** ~ **sb back for doing sth** faire payer à qn qch qu'il a fait; **I'll** ~ **you**

back for that! je vous le revaudrai! ◆ **pay down** *vt sep* (*as deposit*) verser un acompte de. ◆ **pay in** *vt sep* (*at bank etc*) verser (*to* à). ◆ **pay off 1** *vi [trick, scheme]* être payant; *[decision]* être valable; *[patience]* être récompensé. **2** *vt sep* (**a**) *debts* régler; *creditor* rembourser. **to** ~ **off a grudge** régler un vieux compte. (**b**) (*discharge*) *worker, staff* licencier; *servant* congédier; *crew* débarquer. ◆ **pay out** *vt sep* (**a**) *rope* laisser filer. (**b**) *money* (*spend*) dépenser; *[cashier etc]* payer. (**c**) = **pay back** (**b**). ◆ **pay up 1** *vi* payer. **2** *vt sep amount* payer; *debts* régler.

◆ **payable** *adj* payable (*in* dans; *over* en); **to make a cheque** ~**able to sb** faire un chèque à l'ordre de qn. ◆ **payee** *n* bénéficiaire *mf*. ◆ **paying** *adj business, scheme* rentable; ~**ing guest** pensionnaire *mf*, hôte *m* payant. ◆ **pay-in slip** *n* (*Banking*) bordereau *m* de versement. ◆ **paymaster** *n* (*Mil*) trésorier *m*. ◆ **payment** *n* (*gen*) paiement *m*; *[deposit, cheque]* versement *m*; *[bill, fee]* règlement *m*; *[debt, loan]* remboursement *m*; *[reward]* récompense *f*; **on** ~**ment of £50** moyennant la somme de 50 livres; **in** ~**ment for** *goods* en règlement de; *sum owed* en remboursement de; *work, help* en paiement de; *sb's trouble, efforts* en récompense de; **method of** ~**ment** mode *m* de règlement; **without** ~**ment** à titre gracieux; ~**ment in kind** paiement en nature; ~**ment in full** règlement complet; ~**ment by instalments** paiement à tempérament; **in monthly** ~**ments of £10** payable en versements de 10 livres par mois. ◆ **payoff** * *n* remboursement *m*; (*reward*) récompense *f*; (*outcome*) résultat *m* final; (*climax*) comble *m*. ◆ **payroll** *n* (*list*) registre *m* du personnel; (*money*) paie *f* (de tout le personnel); (*employees*) personnel *m*; **to be on a firm's** ~**roll** être employé par une société. ◆ **payslip** *n* feuille *f or* bulletin *m* de paie.

pea [piː] **1** *n* pois *m*. (**green**) ~**s** (petits) pois; (*fig*) **they are as like as two** ~**s** ils se ressemblent comme deux gouttes d'eau. **2** *adj*: ~ **soup** soupe *f* aux pois. ◆ **peagreen** *adj* vert pomme *inv*. ◆ **peashooter** *n* sarbacane *f*.

peace [piːs] **1** *n* (*not war*) paix *f*; (*calm*) paix, tranquillité *f*. **at** *or* **in** ~ en paix; **at** ~ **with** en paix avec; **to make** ~ faire la paix; (*fig*) **to make one's** ~ **with** se réconcilier avec; ~ **of mind** tranquillité d'esprit; **to disturb sb's** ~ **of mind** troubler l'esprit de qn; **leave him in** ~, **give him some** ~ laisse-le tranquille, fiche-lui la paix *; **anything for** ~ **and quiet** n'importe quoi pour avoir la paix; (*Jur*) **to disturb the** ~ troubler l'ordre public; **to keep the** ~ *[citizen]* ne pas troubler l'ordre public; *[police]* veiller à l'ordre public; (*fig: stop disagreement*) maintenir la paix.

2 *adj campaign, march* pour la paix. ~ **conference** conférence *f* pour la paix; ~ **initiative** initiative *f* de paix; **P~ Movement** Mouvement *m* pour la paix; (*fig*) ~ **offering** cadeau *m* de réconciliation; ~ **talks** pourparlers *mpl* de paix; ~ **treaty** traité *m* de paix.

◆ **peaceable** *adj* (*calm*) paisible, pacifique. ◆ **peaceably** *adv* paisiblement, pacifiquement. ◆ **peaceful** *adj reign, period, person* paisible; *life, place, sleep* paisible, tranquille; *meeting* calme; *demonstration* non-violent; *coexistence* pacifique; **the** ~**ful uses of atomic energy** l'utilisation pacifique de l'énergie nucléaire. ◆ **peacefully** *adv demonstrate, reign* paisiblement; *work, lie, sleep* paisiblement, tranquillement. ◆ **peacefulness** *n* paix *f*, tranquillité *f*. ◆ **peace-keeping** *adj force* de maintien de la paix; *operation, policy* de pacification. ◆ **peace-loving** *adj* pacifique. ◆ **peacemaker** *n* pacificateur *m*, -trice *f*. ◆ **peacetime** *n*: **in** ~**time** en temps de paix.

peach [piːtʃ] **1** *n* pêche *f*; (*tree*) pêcher *m*. **2** *adj* (*colour*) pêche *inv*.

peacock ['pi:kɒk] n paon m. ~ **blue** bleu paon inv. ◆ **peahen** n paonne f.

peak [pi:k] **1** n [mountain] cime f, sommet m; (mountain itself) pic m; [roof etc] faîte m; [cap] visière f; (on graph) sommet; (fig) [career, power] apogée m. **at its** ~ fame, career, empire à son apogée; demand, traffic à son maximum; business à son point culminant; discontent à son comble. **2** adj demand, production maximum; hours d'affluence; period de pointe; traffic aux heures d'affluence. **a** ~ **experience** une expérience de l'ineffable. **3** vi [sales, demand] atteindre un niveau maximum. ◆ **peaky** adj fatigué, qui n'a pas l'air très en forme *.

peal [pi:l] **1** n [thunder] coup m. ~ **of bells** carillon m; ~ **of laughter** éclat m de rire. **2** vi (~ **out**) [bells] carillonner; [thunder] gronder; [organ] retentir; [laughter] éclater. **3** vt bells sonner (à toute volée).

peanut ['pi:nʌt] **1** n (nut) cacahuète f; (plant) arachide f. (fig) **it's just ~s** * c'est une bagatelle. **2** adj: ~ **butter** beurre m de cacahuètes; ~ **oil** huile f d'arachide.

pear [pɛəʳ] n poire f; (tree) poirier m. ◆ **pear-shaped** adj en forme de poire.

pearl [pɜ:l] **1** n perle f. **mother of** ~ nacre f; **real/cultured ~s** perles fines/de culture; (fig) **~s of wisdom** trésors mpl de sagesse; (fig) **to cast ~s before swine** jeter des perles aux pourceaux. **2** adj necklace de perles; button de nacre. ~ **barley** orge m perlé; ~ **diver** pêcheur m, -euse f de perles. ◆ **pearly** adj nacré; (hum) **the P~y Gates** les portes fpl du Paradis.

peasant ['pez(ə)nt] adj, n paysan(ne) m(f).

peat [pi:t] n tourbe f. ◆ **peaty** adj tourbeux.

pebble ['pebl] n caillou m; (on beach) galet m. (fig) **he's not the only** ~ **on the beach** il n'y a pas que lui. ◆ **pebbledash** n crépi m moucheté. ◆ **pebbly** adj road caillouteux; beach de galets.

pecan ['pi:kæn] n pacane f; (tree) pacanier m.

peck [pek] **1** n coup m de bec; (hasty kiss) bise * f. **2** vt object, ground becqueter; food picorer; person, attacker donner un coup de bec à; hole faire à coups de bec. **3** vi [bird] **to** ~ **at** picorer; [person] **to** ~ **at one's food** manger du bout des dents. ◆ **pecking order** n hiérarchie f. ◆ **peckish** * adj: **to be ~ish** avoir un peu faim.

peculiar [pɪ'kju:lɪəʳ] adj (a) (particular) importance, qualities particulier. **its (own)** ~ dialect son dialecte particulier, son propre dialecte; ~ **to** particulier à, propre à. (b) (odd) bizarre, curieux, étrange. ◆ **peculiarity** n (a) (distinctive feature) particularité f; (b) (oddity) bizarrerie f. ◆ **peculiarly** adv (specially) particulièrement; (oddly) étrangement.

pecuniary [pɪ'kju:nɪərɪ] adj pécuniaire. ~ **difficulties** ennuis mpl d'argent.

pedagogic(al) [ˌpedə'gɒdʒɪk(əl)] adj pédagogique.

pedal ['pedl] **1** n pédale f. **2** vi pédaler. **he ~led through the town** il a traversé la ville (à bicyclette). ◆ **pedalbin** n poubelle f à pédale. ◆ **pedalboat** n pédalo m. ◆ **pedalcar** n voiture f à pédales. ◆ **pedalo** n pédalo m.

pedant ['pedənt] n pédant(e) m(f). ◆ **pedantic** adj pédant. ◆ **pedantically** adv avec pédantisme. ◆ **pedantry** n pédantisme m.

peddle ['pedl] vt goods, gossip colporter; drugs faire le trafic de. ◆ **peddler** or ◆ **pedlar** n (door to door) colporteur m; (in street) camelot m; [drugs] revendeur m, -euse f.

pederast ['pedəræst] n pédéraste m. ◆ **pederasty** n pédérastie f.

pedestal ['pedɪstl] n piédestal m (also fig).

pedestrian [pɪ'destrɪən] **1** n piéton m. **2** adj (a) (fig) prosaïque, plat. (b) ~ **crossing** passage m pour piétons, passage clouté; ~ **precinct** zone f piétonnière.

pediatric etc (US) = **paediatric** etc.

pedicure ['pedɪkjʊəʳ] n soins mpl des pieds.

pedigree ['pedɪgri:] **1** n [animal] pedigree m; [person] (lineage) ascendance f, lignée f; (family tree) arbre m généalogique. **2** adj animal de (pure) race.

pedometer [pɪ'dɒmɪtəʳ] n podomètre m.

pee ‡ [pi:] vi faire pipi *, pisser ‡.

peek [pi:k] n, vi: **to (take a)** ~ **at** jeter un coup d'œil (furtif) à or sur.

peel [pi:l] **1** n [apple, potato] épluchure f; [orange] écorce f; (Culin, also in drink) zeste m. **candied** ~ écorce confite. **2** vt fruit, potato éplucher; stick écorcer; shrimps décortiquer. **to keep one's eyes ~ed** ‡ ouvrir l'œil * (for pour trouver). **3** vi [paint] s'écailler; [skin] peler.

◆ **peel away 1** vi [skin] peler; [paint] s'écailler; [wallpaper] se décoller. **2** vt sep rind peler; film, covering décoller. ◆ **peel back** vt sep film, covering décoller. ◆ **peel off 1** vi (**a**) = peel away 1. (**b**) [plane] s'écarter de la formation. **2** vt sep (**a**) = peel away 1. (**b**) clothes enlever.

◆ **peeler** n (couteau-)éplucheur m. ◆ **peeling** **1** adj wallpaper qui se décolle; **2** npl: ~**ings** épluchures fpl.

peep [pi:p] **1** n (petit) coup m d'œil. **to have** or **take a** ~ **at** sth jeter un (petit) coup d'œil à or sur qch. **2** vi jeter un (petit) coup d'œil (at à, sur; into dans; over par-dessus). **he was ~ing at us from...** il nous regardait furtivement or à la dérobée de... ◆ **peephole** n (gen) trou m (pour épier); (in door) œil m de porte. ◆ **Peeping Tom** n voyeur m.

peer¹ [pɪəʳ] vi: **to** ~ **at** regarder.

peer² [pɪəʳ] n (social equal) pair m; (~ **of the realm**) pair m (du royaume). ~ **group** pairs mpl. ◆ **peerage** n pairie f; **to be given a ~age** être anobli. ◆ **peeress** n pairesse f. ◆ **peerless** adj sans pareil.

peevish ['pi:vɪʃ] adj maussade; child de mauvaise humeur. ◆ **peeved** ‡ adj fâché, en rogne *. ◆ **peevishly** adv maussadement; avec (mauvaise) humeur.

peewee * ['pi:wi:] (US) **1** adj minuscule. **2** n (child) petit bout m de chou *.

peewit ['pi:wɪt] n vanneau m.

peg [peg] **1** n (wooden) cheville f; (metal) fiche f; (for coat, hat) patère f; (tent ~) piquet m; (clothes ~) pince f à linge. **I bought this off the** ~ c'est du prêt-à-porter, j'ai acheté ça tout fait; **to take sb down a** ~ **(or two)** rabattre le caquet à qn; (fig) **a** ~ **to hang a complaint on** un prétexte pour se plaindre. **2** vt (Tech) cheviller; prices, wages bloquer. **to** ~ **clothes on the line** étendre du linge sur la corde (à l'aide de pinces). ◆ **peg down** vt sep tent fixer avec des piquets. (fig) **to** ~ **sb down to doing** réussir à décider qn à faire. ◆ **peg out** ‡ vi (die) claquer ‡, mourir.

pejorative [pɪ'dʒɒrɪtɪv] adj péjoratif.

Peking [pi:'kɪŋ] n Pékin.

pekin(g)ese [ˌpi:kɪ'ni:z] n pékinois m (chien).

pelargonium [ˌpelə'gəʊnɪəm] n pélargonium m.

pelican ['pelɪkən] n pélican m. (Aut) ~ **crossing** feu m à commande manuelle.

pellet ['pelɪt] n (paper, bread) boulette f; (for gun) plomb m; (Med) pilule f; [chemicals] pastille f.

pelmet ['pelmɪt] n (wooden) lambrequin m; (cloth) cantonnière f.

pelota [pɪ'ləʊtə] n pelote f basque.

pelt [pelt] **1** vt bombarder, cribler (with de). **2** vi (**a**) the rain is or it's ~ing (down) * il tombe des cordes *; ~ing rain pluie f battante. (**b**) (*: run) **to** ~ **across** etc traverser etc à fond de train.

pelvis ['pelvɪs] n bassin m, pelvis m.

pen¹ [pen] **1** *n* plume *f*; *(ball-point)* stylo *m* à bille ; *(felt-tip)* feutre *m*; *(fountain ~)* stylo. **to put ~ to paper** écrire; **to put one's ~ through sth** barrer qch. **2** *adj*: **~ name** pseudonyme *m* (littéraire); **~ nib** bec *m* de plume. **3** *vt* letter écrire; *article* rédiger. ♦ **pen-and-ink drawing** *n* dessin *m* à la plume. ♦ **penfriend** *n* correspondant(e) *m(f)*. ♦ **penknife** *n* canif *m*.

pen² [pen] **1** *n [animals]* parc *m*, enclos *m*; *(play ~)* parc (d'enfant); *(submarine ~)* abri *m* de sous-marins. **2** *vt* (~ **in**, ~ **up**) *animals* parquer; *people* enfermer.

penal ['pi:nl] *adj law, clause, code* pénal; *offence* punissable; *colony* pénitentiaire. *(Jur)* ~ **servitude** travaux *mpl* forcés. ♦ **penalize** *vt* **(a)** *(punish; also Sport)* pénaliser *(for* pour); **(b)** *(handicap)* handicaper; **the strike ~izes those who...** la grève touche les gens qui...

penalty ['pen(ə)ltɪ] **1** *n (punishment: gen)* pénalité *f (for* pour); *(Sport)* pénalisation *f*; *(Ftbl etc)* penalty *m*. **on ~ of** sous peine de; **the ~ for not doing this is...** si on ne fait pas cela la pénalité est...; *(fig)* **to pay the ~** subir les conséquences; *(in games)* **a 5-point ~ for** une pénalisation de 5 points pour. **2** *adj (Ftbl)* ~ **area** surface *f* de réparation; ~ **goal** but *m* sur pénalité; ~ **kick** coup *m* de pied de pénalité.

penance ['penəns] *n* pénitence *f*. **to do ~ for** faire pénitence pour.

pence [pens] *npl of* **penny**.

pencil ['pensl] **1** *n* crayon *m*. **in ~** au crayon. **2** *adj note, drawing, mark* au crayon. **3** *vt* écrire au crayon, crayonner. ♦ **pencil in** *vt sep note* écrire au crayon; *(fig: note provisionally)* marquer comme possibilité. ♦ **pencil-case** *n* trousse *f* (d'écolier). ♦ **pencil-sharpener** *n* taille-crayon *m*.

pending ['pendɪŋ] **1** *adj business, question* pendant, en suspens; *(Jur)* case pendant, en instance. **2** *prep (until)* en attendant.

pendulum ['pendjʊləm] *n (gen)* pendule *m*; *[clock]* balancier *m*.

penetrate ['penɪtreɪt] *vti (also ~ into)* pénétrer (dans); *[bullet, knife]* pénétrer; *[sound]* pénétrer dans; *[person, vehicle] forest* pénétrer dans; *enemy territory* pénétrer en; *business firm, political party* s'infiltrer dans; *plans, mystery* pénétrer. **to ~ through** traverser. ♦ **penetrable** *adj* pénétrable. ♦ **penetrating** *adj* pénétrant. ♦ **penetratingly** *adv* avec pénétration. ♦ **penetration** *n* pénétration *f*.

penguin ['peŋgwɪn] *n* pingouin *m*; *(in Antarctic)* manchot *m*.

penicillin [,penɪ'sɪlɪn] *n* pénicilline *f*.

peninsula [pɪ'nɪnsjʊlə] *n* péninsule *f*.

penis ['pi:nɪs] *n* pénis *m*.

penitent ['penɪt(ə)nt] *adj* pénitent. ♦ **penitence** *n* pénitence *f*. ♦ **penitentiary** *n (US)* prison *f*. ♦ **penitently** *adv* d'un air contrit.

penny, *pl* **pence** *(valeur)*, **pennies** *(pièces)* ['penɪ, pens] *n* penny *m*. **one old/new** ~ un ancien/un nouveau penny; *(fig)* **he is not a ~ the wiser** il n'est pas plus avancé *; **he hasn't a ~ to his name** il n'a pas le sou; **a ~ for your thoughts!** à quoi pensez-vous?; **the ~ has dropped!** * il a (*or* j'ai *etc*) enfin pigé! ‡; *(fig)* **he keeps turning up like a bad ~** pas moyen de se débarrasser de lui; **in for a ~ in for a pound** (au point où on en est) autant faire les choses jusqu'au bout. ♦ **penniless** *adj* sans le sou. ♦ **penny-pinching 1** *n* économies *fpl* de bouts de chandelle. **2** *adj person* qui fait des économies de bouts de chandelle.

pension ['penʃ(ə)n] **1** *n (state payment)* pension *f*; *(from company etc)* retraite *f*; *(to servant etc)* pension. **old age** ~ pension vieillesse (de la Sécurité sociale); **retirement** ~ (pension de) retraite. **2** *adj*: ~ **fund** fonds *m* vieillesse; ~ **scheme** caisse

f de retraite. ♦ **pension off** *vt sep* mettre à la retraite. ♦ **pensionable** *adj post* qui donne droit à une pension; *age* de la retraite. ♦ **pensioner** *n* retraité(e) *m(f)*.

pensive ['pensɪv] *adj* pensif, songeur. ♦ **pensively** *adv* pensivement.

pentagon ['pentəgən] *n* pentagone *m*. ♦ **pentagonal** *adj* pentagonal.

pentathlon [pen'tæθlən] *n* pentathlon *m*.

Pentecost ['pentɪkɒst] *n* la Pentecôte. ♦ **Pentecostalism** *m* Pentecôtisme *m*. ♦ **Pentecostalist 1** *n* Pentecôtiste *mf* ; **2** *adj* pentecôtiste.

penthouse ['penthaʊs] *n* (~ **flat** *or* **apartment**) appartement *m* de grand standing (construit sur le toit d'un immeuble).

pent-up ['pent'ʌp] *adj emotions, energy* refoulé; *person* tendu.

penultimate [pɪ'nʌltɪmɪt] *adj*, *n* pénultième *(mf)*.

penury ['penjʊrɪ] *n* indigence *f*. ♦ **penurious** *adj* indigent.

peony (rose) ['pɪənɪ('rəʊz)] *n* pivoine *f*.

people ['pi:pl] **1** *n* **(a)** *(pl: persons)* gens *mpl (adj fem if before n)* personnes *fpl*. **old** ~ les personnes âgées, les vieilles gens, les vieux *mpl*; **young** ~ les jeunes gens *mpl*, les jeunes *mpl*; **clever** ~ les gens intelligents; **a lot of** ~ beaucoup de gens *or* de monde; **what a lot of** ~! que de monde!; **several ~ said...** plusieurs personnes ont dit...; **how many ~?** combien de personnes?; **several English** ~ plusieurs Anglais; **what do you ~ think?** qu'est-ce que vous en pensez, vous autres? **(b)** *(pl: in general)* on, les gens. ~ **say...** on dit..., les gens disent...; **don't tell ~ that** il ne faut pas dire ça aux gens. **(c)** *(pl: inhabitants) [a country]* peuple *m*; *[district, town]* habitants *mpl*. **country** ~ les gens de la campagne, les populations rurales; **town** ~ les habitants des villes, les citadins *mpl*; **the French** ~ les Français, le peuple français. **(d)** *(pl) (Pol: citizens)* peuple *m*; *(general public)* public *m*. **government by the** ~ gouvernement *m* par le peuple; **the king and his** ~ le roi et son peuple; **the ~ at large** le grand public; **man of the** ~ homme *m* du peuple. **(e)** *(sg: nation etc)* peuple *m*, nation *f*. **(f)** *(pl*: *family)* famille *f*, parents *mpl*. **I am writing to my** ~ * j'écris à ma famille. **2** *vt* peupler *(with* de).

pep * [pep] **1** *n* entrain *m*, dynamisme *m*. **2** *adj*: ~ **pill** excitant *m*; ~ **talk** petit laïus * *m* d'encouragement. ♦ **pep up** * *vt sep person* ragaillardir; *party, conversation* animer; *drink, plot* corser. ♦ **peppy** *adj (US) person (energetic)* énergique; *(lively)* plein d'entrain; *car* nerveux.

pepper ['pepə'] **1** *n* **(a)** *(spice)* poivre *m*. **white/black** ~ poivre blanc/gris. **(b)** *(vegetable)* poivron *m*. **red/green** ~ poivron rouge/vert. **2** *vt* poivrer. ♦ **pepper-and-salt** *adj* poivre et sel *inv*. ♦ **peppercorn** *n* grain *m* de poivre. ♦ **peppermint 1** *n (sweet)* pastille *f* de menthe ; **2** *adj* à la menthe. ♦ **pepperpot** *n* poivrière *f*. ♦ **peppery** *adj food* poivré; *person* irascible.

peptic ['peptɪk] *adj*: ~ **ulcer** ulcère *m* à l'estomac.

per [pɜ:'] *prep* par. ~ **annum** par an; ~ **capita** par personne; ~ **cent** pour cent; ~ **day** par jour; ~ **head** par tête, par personne; **100 km** ~ **hour** 100 km à l'heure; **she is paid 15 francs** ~ **hour** on la paie 15 F (de) l'heure; **3 francs** ~ **kilo** 3 F le kilo; **4 hours** ~ **person** 4 heures par personne. ♦ **percentage** *n* pourcentage *m*.

perceive [pə'si:v] *vt sound, meaning* percevoir; *(notice)* remarquer *(that* que); *object, person* apercevoir, remarquer. ♦ **perceptible** *adj* perceptible. ♦ **perceptibly** *adv* sensiblement. ♦ **perception** *n* perception *f*. ♦ **perceptive** *adj analysis, person* pénétrant, perspicace.

perch¹ [pɜ:tʃ] *n (fish)* perche *f*.

perch² [pɜːtʃ] **1** *n* perchoir *m*. **2** *vi [bird, person]* se percher. **3** *vt* percher, jucher.

percolate ['pɜːkəleɪt] **1** *vt coffee* passer. ~d **coffee** café fait dans une cafetière à pression. **2** *vi* passer (*through* par); *[news]* filtrer. ◆ **percolator** *n* cafetière *f* à pression.

percussion [pə'kʌʃ(ə)n] **1** *n* percussion *f*. **2** *adj* (*Mus*) instrument à *or* de percussion.

peregrine ['perɪɡrɪn] *adj:* ~ **falcon** faucon *m* pèlerin.

peremptory [pə'rempt(ə)rɪ] *adj* péremptoire. ◆ **peremptorily** *adv* péremptoirement.

perennial [pə'renɪəl] **1** *adj* (*gen*) perpétuel; *plant* vivace. **2** *n* plante *f* vivace. ◆ **perennially** *adv* perpétuellement.

perfect ['pɜːfɪkt] **1** *adj* (**a**) (*gen*) parfait. **the ~ moment to speak to him about it** le moment idéal pour lui en parler; (*Mus*) ~ **pitch** l'oreille *f* absolue; (*Gram*) ~ **tense** parfait *m*. (**b**) (*emphatic*) *idiot etc* véritable. **he's a ~ stranger to me** je ne le connais absolument pas. **2** *n* (*Gram*) parfait *m*. **in the ~** au parfait. **3** [pə'fekt] *vt work* achever, parfaire; *technique* mettre au point. **to ~ one's French** parfaire ses connaissances de français. ◆ **perfection** *n* perfection *f*. ◆ **perfectionist** *adj*, *n* perfectionniste (*mf*). ◆ **perfectly** *adv* parfaitement.

perfidy ['pɜːfɪdɪ] *n* perfidie *f*. ◆ **perfidious** *adj* perfide. ◆ **perfidiously** *adv* perfidement.

perforate ['pɜːfəreɪt] *vt* perforer. ~d **line** pointillé *m*. ◆ **perforation** *n* perforation *f*.

perform [pə'fɔːm] **1** *vt* (**a**) *task* exécuter, accomplir; *function* remplir; *duty, miracle* accomplir; *rite* célébrer. **to ~ an operation** (*gen*) exécuter une opération; (*Med*) pratiquer une opération. (**b**) (*Theat etc*) *play, ballet, opera* donner; *symphony* jouer; *solo, acrobatics* exécuter. **2** *vi* (**a**) *[company etc]* donner une *or* des représentation(s); *[actor]* jouer; *[singer]* chanter; *[dancer]* danser; *[acrobat, trained animal]* exécuter un *or* des numéro(s). **to ~ on the violin** jouer du violon; ~**ing arts** arts *mpl* du spectacle; ~**ing seals** *etc* phoques *etc* savants. (**b**) *[machine, vehicle]* marcher, fonctionner. (**c**) (*Econ*) **to ~ well/badly** *[the economy, business]* avoir de bons/mauvais résultats; *[industry, factory]* avoir de bonnes/mauvaises performances. ◆ **performance** *n* (**a**) (*presentation*) *[play, opera, ballet, circus]* représentation *f*; *[film, concert]* séance *f*; (*fig: fuss*) **what a ~ance!** quelle affaire!, quelle histoire! *; (**b**) *[actor, musician, dancer etc]* interprétation *f*; *[acrobat]* numéro *m*; *[racehorse, athlete, team etc]* performance *f*; (*Scol*) performances *fpl*; *[the economy, business]* résultats *mpl*; *[industry, factory]* performances; (**c**) *[machine]* fonctionnement *m*; *[vehicle]* performance *f*. ◆ **performer** *n* artiste *mf*.

perfume ['pɜːfjuːm] **1** *n* parfum *m*. **2** [pə'fjuːm] *vt* parfumer. ◆ **perfumery** *n* parfumerie *f*.

perfunctory [pə'fʌŋ(k)t(ə)rɪ] *adj* négligent, pour la forme. ◆ **perfunctorily** *adv bow, greet, perform* négligemment; *answer, agree* sans conviction.

perhaps [pə'hæps, præps] *adv* peut-être. ~ **so/not** peut-être que oui/que non; ~ **he will come** peut-être viendra-t-il, il viendra peut-être, peut-être qu'il viendra.

peril ['perɪl] *n* péril *m*, danger *m*. **in ~ of** en danger de; **at your ~** à vos risques et périls. ◆ **perilous** *adj* périlleux. ◆ **perilously** *adv* périlleusement; **they were ~ously near disaster** ils frôlaient la catastrophe.

perimeter [pə'rɪmɪtə'] *n* périmètre *m*.

perineum [,perɪ'niːəm] *n* périnée *m*.

period ['pɪərɪəd] **1** *n* (**a**) (*length of time*) période *f*; (*stage: in career, development etc*) époque *f*, moment *m*. **the classical ~** la période classique; **furniture of the ~** meubles de l'époque; **the post-war ~** (la

période de) l'après-guerre *m*; **at that ~ in** *or* **of his life** à cette époque *or* à ce moment de sa vie; **the holiday ~** la période des vacances; (*Met*) **rainy ~s** périodes de pluie; **in the ~ of a year** en l'espace d'une année; **within a 3-month ~** dans un délai de 3 mois. (**b**) (*Scol*) cours *m*, leçon *f*. (**c**) (*full stop*) point *m*. (**d**) (*menstruation*) règles *fpl*. **2** *adj costume* de l'époque; *furniture* d'époque. (*fig*) ~ **piece** curiosité *f*. ◆ **periodic** *adj* périodique. ◆ **periodical** *adj*, *n* périodique (*m*). ◆ **periodically** *adv* périodiquement.

peripatetic [,perɪpə'tetɪk] *adj* ambulant; *teacher* qui dessert plusieurs établissements.

periphery [pə'rɪfərɪ] *n* périphérie *f*. ◆ **peripheral** *adj*, *n* périphérique (*m*).

periscope ['perɪskəʊp] *n* périscope *m*.

perish ['perɪʃ] *vi* (*die*) périr, mourir; *[rubber, foods etc]* se détériorer. ◆ **perishable** **1** *adj* périssable ; **2** *n:* ~**ables** denrées *fpl* périssables. ◆ **perished** * *adj* frigorifié *. ◆ **perishing** *adj:* **it's ~ing** * il fait très froid.

peritonitis [,perɪtə'naɪtɪs] *n* péritonite *f*.

periwinkle ['perɪ,wɪŋkl] *n* (*Bot*) pervenche *f*; (*Zool*) bigorneau *m*.

perjure ['pɜːdʒə'] *vt:* **to ~ o.s.** se parjurer; (*Jur*) faire un faux serment; (*Jur*) ~d **evidence** faux serment. ◆ **perjury** *n* parjure *m*; (*Jur*) faux serment; **to commit perjury** se parjurer; (*Jur*) faire un faux serment.

perk [pɜːk] **1** *vi:* **to ~ up** (*cheer up*) se ragaillardir; (*show interest*) s'animer. **2** *vt* ragaillardir. (*lit, fig*) **to ~ one's ears up** dresser l'oreille. ◆ **perkily** *adv* (*gaily*) d'un air guilleret; (*in lively manner*) avec entrain; (*cheekily*) avec effronterie. ◆ **perky** *adj* guilleret; plein d'entrain; effronté.

perks * [pɜːks] *npl* petits bénéfices *mpl*.

perm [pɜːm] **1** *n* (*abbr of* **permanent wave**) permanente *f*. **2** *vt:* **to ~ sb's hair** faire une permanente à qn; **to have one's hair ~ed** se faire faire une permanente.

permafrost ['pɜːməfrɒst] *n* permafrost *m*.

permanent ['pɜːmənənt] *adj* (*gen*) permanent. **I'm not ~ here** je ne suis pas ici à titre définitif; ~ **address** adresse *f* fixe; (*Brit*) **P~ Undersecretary** ≃ secrétaire *m* général (de ministère); ~ **wave** permanente *f*; (*Rail*) ~ **way** voie *f* ferrée. ◆ **permanence** *n* permanence *f*. ◆ **permanency** *n* (*job*) emploi *m* permanent. ◆ **permanently** *adv remain* en permanence, de façon permanente; *appoint* à titre définitif. ◆ **permanent-press** *adj trousers* à pli permanent; *skirt* à plissé permanent.

permeate ['pɜːmɪeɪt] **1** *vt* filtrer à travers; (*fig*) se répandre dans *or* parmi. (*lit, fig*) ~d **with** imprégné de. **2** *vi* s'infiltrer; (*fig*) se répandre.

permission [pə'mɪʃ(ə)n] *n* permission *f*; (*official*) autorisation *f*. **to give sb ~ to do** permettre à qn de faire, autoriser qn à faire. ◆ **permissible** *adj action* permis (*to do* de faire); *attitude etc* acceptable (*to do* de faire). ◆ **permissive** *adj person, society* permissif.

permit ['pɜːmɪt] **1** *n* (*gen*) autorisation *f* (*écrite*); (*for specific activity*) permis *m*; (*entrance pass*) laissez-passer *m inv*; (*for goods at Customs*) passavant *m*. **building/fishing/residence ~** permis de construire/de pêche/de séjour. **2** [pə'mɪt] *vt* permettre (*sb to do* à qn de faire); (*more formally*) autoriser (*sb to do* qn à faire). **he was ~ted to...** on lui a permis de..., on l'a autorisé à...; **to ~ sth to happen** permettre que qch se produise, laisser qch se produire. **3** [pə'mɪt] *vi:* **to ~ of sth** permettre qch.

pernicious [pə'nɪʃ(ə)s] *adj* nuisible; (*Med*) pernicieux.

pernickety * [pə'nɪkɪtɪ] *adj* difficile (*about* pour), pointilleux; *job* minutieux.

peroxide [pə'rɒksaɪd] *n* peroxyde *m*.

perpendicular [ˌpɜːp(ə)n'dɪkjʊləʳ] **1** adj (gen) perpendiculaire (to à); cliff, slope à pic. **2** n perpendiculaire f. ◆ **perpendicularly** adv perpendiculairement.

perpetrate ['pɜːpɪtreɪt] vt (gen) faire; crime perpétrer. ◆ **perpetrator** n auteur m (d'un crime).

perpetual [pə'petjʊəl] adj (gen) perpétuel. he's a ~ **nuisance** il ne cesse d'enquiquiner * le monde. ◆ **perpetually** adv perpétuellement. ◆ **perpetuate** vt perpétuer. ◆ **perpetuity** n: **in perpetuity** à perpétuité.

perplex [pə'pleks] vt rendre perplexe. **I was ~ed by it** cela m'a rendu perplexe. ◆ **perplexed** adj perplexe. ◆ **perplexedly** adv d'un air perplexe. ◆ **perplexing** adj embarrassant, confus. ◆ **perplexity** n embarras m, perplexité f.

perquisite ['pɜːkwɪzɪt] n à-côté m.

persecute ['pɜːsɪkjuːt] vt persécuter (for pour). ◆ **persecution** n persécution f; **persecution mania** folie f de la persécution. ◆ **persecutor** n persécuteur m, -trice f.

persevere [ˌpɜːsɪ'vɪəʳ] vi persévérer (in sth dans qch), persister (in sth dans qch; at doing sth à faire qch). ◆ **perseverance** n persévérance f, ténacité f. ◆ **persevering** adj persévérant.

Persia ['pɜːʃə] n Perse f. ◆ **Persian 1** adj (Antiq) perse; (Hist) persan; carpet de Perse; cat persan; ~n **Gulf** golfe m Persique ; **2** n Persan(e) m(f); (Hist) Perse mf; (Ling) persan m.

persist [pə'sɪst] vi persister (in sth dans qch; in doing à faire). ◆ **persistence** n persistance f. ◆ **persistent** adj (persevering) persévérant; (obstinate) obstiné; smell, pain, cough persistant; warnings, noise continuel; (Jur) ~**ent offender** multi-récidiviste mf. ◆ **persistently** adv (consistently) constamment; (obstinately) obstinément.

person ['pɜːsn] n personne f. **in** ~ en personne; **in the** ~ **of** dans or en la personne de; (Telec) a ~ **to** ~ **call** une communication avec préavis; **he had a knife on his** ~ il avait un couteau sur lui; (Gram) **in the first** ~ **singular** à la première personne du singulier. ◆ **personable** adj qui présente bien. ◆ **personage** n personnage m.

personal ['pɜːsnl] **1** adj (gen, also Gram) personnel; liberty, rights etc individuel; habits, hygiene intime; application fait en personne; remark, question indiscret. ~ **assistant** secrétaire mf particulier (-ière); ~ **manager** directeur m individuel; ~ **details** coordonnées * fpl; **I have no** ~ **knowledge of this** personnellement je ne sais rien à ce sujet; **a letter marked '~'** une lettre marquée 'personnel'; **the argument grew** ~ la discussion a pris un tour personnel; **don't let's get** ~! abstenons-nous de remarques désobligeantes!; **his** ~ **appearance** son apparence personnelle; **to make a** ~ **appearance** apparaître en personne; (Brit Telec) ~ **call** (person-to-person) communication f avec préavis; (private) communication privée; (Press) ~ **column** annonces fpl personnelles; **as a** ~ **favour to him** pour lui rendre service; ~ **friend** ami(e) m(f) intime; **his** ~ **life** sa vie privée; **to give sth the** ~ **touch** ajouter une note personnelle à qch. **2** n (US Press) (article) entrefilet m mondain; (ad) petite annonce f personnelle.

◆ **personality 1** n (gen) personnalité f; (celebrity) personnalité, personnage m connu; **a television** ~**ity** une vedette de la télévision; **let's keep** ~**ities out of this** abstenons-nous de remarques désobligeantes ; **2** adj problem, test de personnalité. ◆ **personalize** vt personnaliser. ◆ **personally** adv (in person) en personne; (for my part) personnellement, pour ma part; ~**ly responsible** personnellement responsable; **don't take it** ~**ly!** ne croyez pas que vous soyez personnellement visé!; **I like him** ~**ly but not as an employer** je

l'aime en tant que personne mais pas en tant que patron.

personify [pɜː'sɒnɪfaɪ] vt personnifier. ◆ **personification** n personnification f.

personnel [ˌpɜːsə'nel] **1** n personnel m. **2** adj: ~ **department** service m du personnel; ~ **management** direction f du personnel; ~ **manager** chef m du personnel; ~ **officer** responsable mf du personnel.

perspective [pə'spektɪv] n (gen, Archit, Art, Surv) perspective f. (fig) **let's get this into** ~ ne perdons pas le sens des proportions.

perspex ['pɜːspeks] n ® plexiglas m ®.

perspicacious [ˌpɜːspɪ'keɪʃəs] adj person perspicace; analysis pénétrant. ◆ **perspicacity** n perspicacité f.

perspire [pəs'paɪəʳ] vi transpirer. ◆ **perspiration** n transpiration f; **bathed in perspiration** en nage.

persuade [pə'sweɪd] vt persuader (sb of sth qn de qch; sb that qn que; sb to do qn de faire). **they ~d me not to** on m'en a dissuadé. ◆ **persuasion** n (gen) persuasion f; (Rel) religion f, confession f. ◆ **persuasive** adj person persuasif; argument convaincant. ◆ **persuasively** adv d'une manière persuasive. ◆ **persuasiveness** n pouvoir m de persuasion.

pert [pɜːt] adj coquin, hardi. ◆ **pertly** adv coquinement, hardiment. ◆ **pertness** n hardiesse f.

pertinacious [ˌpɜːtɪ'neɪʃ(ə)s] adj entêté. ◆ **pertinaciously** adv avec entêtement. ◆ **pertinacity** n entêtement m.

pertinent ['pɜːtɪnənt] adj pertinent. ~ **to** qui a rapport à. ◆ **pertinently** adv pertinemment.

perturb [pə'tɜːb] vt perturber. **I was ~ed to hear that...** j'ai appris avec inquiétude que... ◆ **perturbation** n perturbation f. ◆ **perturbing** adj troublant, inquiétant.

Peru [pə'ruː] n Pérou m. ◆ **Peruvian 1** adj péruvien ; **2** n Péruvien(ne) m(f).

peruse [pə'ruːz] vt lire. ◆ **perusal** n lecture f.

pervade [pɜː'veɪd] vt [smell] se répandre dans; [influence, ideas] pénétrer dans; [gloom] envahir; [feeling, atmosphere] se retrouver partout dans. ◆ **pervasive** adj smell, ideas pénétrant; gloom envahissant; influence qui se fait sentir un peu partout.

perverse [pə'vɜːs] adj (wicked) mauvais, pervers; (contrary) contrariant; desire pervers. ◆ **perversely** adv (wickedly) par pure méchanceté, avec perversité; (contrarily) par esprit de contradiction. ◆ **perversion** n (gen, Med, Psych) perversion f; [justice, truth] travestissement m. ◆ **perversity** or ◆ **perverseness** n (wickedness) méchanceté f, perversité f; (contrariness) caractère m contrariant, esprit m de contradiction. ◆ **pervert** vt pervertir ; **2** ['pɜːvɜːt] n perverti(e) m(f) sexuel(le).

peso ['peɪsəʊ] n (money) peso m.

pessary ['pesərɪ] n pessaire m.

pessimism ['pesɪmɪz(ə)m] n pessimisme m. ◆ **pessimist** n pessimiste mf. ◆ **pessimistic** adj pessimiste (about au sujet de, sur). ◆ **pessimistically** adv avec pessimisme.

pest [pest] **1** n (insect/animal) insecte m/animal m nuisible; (person) casse-pieds * mf inv. **it's a** ~ **having to go** quelle barbe * d'avoir à y aller. **2** adj: ~ **control officer** agent m préposé à la lutte antiparasitaire. ◆ **pesticide** n pesticide m. ◆ **pestilence** n peste f. ◆ **pestilent** or ◆ **pestilential** adj (exasperating) sacré * (before n).

pester ['pestəʳ] vt harceler (sb to do qn pour qu'il fasse; sb with questions qn de questions), casser les pieds à *. **she has been ~ing me for an answer** elle n'arrête pas de me réclamer une réponse; **stop ~ing me** fiche-moi la paix * (about avec).

pestle ['pesl] n pilon m.

pet [pet] **1** n **(a)** (animal) animal m familier. **he hasn't got any ~s** il n'a pas d'animaux chez lui; **she keeps a goldfish as a ~** en fait d'animal elle a un poisson rouge; **'no ~s allowed'** 'les animaux sont interdits'. **(b)** (*: favourite) chouchou(te) * m(f). **be a ~** * sois un chou *; **come here ~** * viens ici mon chou *. **2** adj **(a)** lion, snake apprivoisé. **he's got a ~ rabbit** il a un lapin; **~ shop** boutique f d'animaux. **(b)** (fig) **~ aversion** * bête f noire; **~ name** petit nom m (d'amitié); **~ subject** marotte f, dada * m. **3** vt (indulge) chouchouter *; (fondle) câliner. **4** vi (*: sexually) se peloter *. ◆ **petting** * n pelotage * m.

petal ['petl] n pétale m.

peter ['piːtəʳ] vi: **to ~ out** [supplies] s'épuiser; [stream, conversation] tarir; [plans] tomber à l'eau; [book] tourner court; [fire] mourir; [road] se perdre.

petite [pə'tiːt] adj menu (dit d'une femme).

petition [pə'tɪʃ(ə)n] **1** n (list of signatures) pétition f (for en faveur de; against contre); (prayer) prière f; (request, also Jur) requête f. **2** vt person adresser une pétition à (for sth pour demander qch). **3** vi (Jur) **to ~ for divorce** faire une demande en divorce.

petrify ['petrɪfaɪ] vt pétrifier; (fig) pétrifier de peur. ◆ **petrified** adj pétrifié; pétrifié de peur.

petrochemical [ˌpetrə(ʊ)'kemɪkəl] **1** n produit m pétrochimique. **2** adj pétrochimique.

petrol ['petr(ə)l] (Brit) **1** n essence f. **high-octane ~** supercarburant m; **to be heavy on ~** consommer beaucoup; **we've run out of ~** nous sommes en panne d'essence. **2** adj engine à essence; rationing d'essence. **~ bomb** cocktail m Molotov; **~ can** bidon m à essence; **~ cap** bouchon m de réservoir (d'essence); **~ gauge** jauge f d'essence; **~ pump** (at garage) pompe f d'essence; **~ station** station-service f; **~ tank** réservoir m (d'essence). ◆ **petroleum** n pétrole m; **~eum jelly** vaseline f.

petticoat ['petɪkəʊt] n (skirt) jupon m; (slip) combinaison f.

petty ['petɪ] adj farmer, official petit; (trivial) detail, complaint insignifiant, sans importance; (pettyminded) mesquin. **~ cash** caisse f de dépenses courantes; **~ criminal** petit malfaiteur m; (Naut) **~ officer** second maître m. ◆ **pettifogging** adj details insignifiant; objections chicanier. ◆ **pettily** adv avec mesquinerie. ◆ **pettiness** n insignifiance f; mesquinerie f.

petulant ['petjʊlənt] adj irritable. ◆ **petulance** n irritabilité f. ◆ **petulantly** adv avec mauvaise humeur.

pew [pjuː] n banc m (d'église). **take a ~** * assieds-toi.

pewter ['pjuːtəʳ] n étain m.

phantom ['fæntəm] n, adj fantôme (m).

pharmacy ['fɑːməsɪ] n pharmacie f. ◆ **pharmaceutical** adj pharmaceutique. ◆ **pharmacist** n pharmacien(ne) m(f). ◆ **pharmacology** n pharmacologie f.

phase [feɪz] **1** n (gen) phase f. **it's just a ~ he's going through** ce n'est qu'une période difficile, ça lui passera. **2** vt operation faire progressivement; execution of plan procéder par étapes à. **a ~d withdrawal of troops** un retrait progressif des troupes. ◆ **phase in** vt sep introduire progressivement. ◆ **phase out** vt sep machinery retirer progressivement; jobs supprimer graduellement.

pheasant ['feznt] n faisan m.

phenobarbitone [ˌfiːnəʊ'bɑːbɪtəʊn] n phénobarbital m.

phenomenon, pl **-ena** [fɪ'nɒmɪnən, ɪnə] n phénomène m. ◆ **phenomenal** adj phénoménal. ◆ **phenomenally** adv phénoménalement.

philander [fɪ'lændəʳ] vi courir après les femmes. ◆ **philanderer** n coureur m (de jupons).

philanthropy [fɪ'lænθrəpɪ] n philanthropie f. ◆ **philanthropic** adj philanthropique. ◆ **philanthropist** n philanthrope mf.

philately [fɪ'lætəlɪ] n philatélie f. ◆ **philatelist** n philatéliste mf.

philharmonic [ˌfɪlɑː'mɒnɪk] adj philharmonique.

Philippines ['fɪlɪpiːnz] npl: **the ~** les Philippines fpl.

Phillips ['fɪlɪps] n ® **~ screw/screwdriver** vis f/tournevis m cruciforme.

philology [fɪ'lɒlədʒɪ] n philologie f. ◆ **philological** adj philologique. ◆ **philologist** n philologue mf.

philosophy [fɪ'lɒsəfɪ] n philosophie f. **his ~ of life** sa philosophie, sa conception de la vie. ◆ **philosopher** n philosophe mf. ◆ **philosophic(al)** adj philosophique; (fig: resigned) philosophe, résigné. ◆ **philosophically** adv philosophiquement. ◆ **philosophize** vi philosopher (about, on sur).

phlebitis [flɪ'baɪtɪs] n phlébite f.

phlegm [flem] n flegme m. ◆ **phlegmatic** [fleg'mætɪk] adj flegmatique. ◆ **phlegmatically** adv flegmatiquement.

phobia ['fəʊbɪə] n phobie f. ◆ **phobic** adj, n phobique (mf).

phone [fəʊn] n, vti abbr of **telephone. ~ card** télécarte f. ◆ **phone-in (programme)** n programme m à ligne ouverte.

phoneme ['fəʊniːm] n phonème m.

phonetic [fə(ʊ)'netɪk] adj phonétique. ◆ **phonetician** n phonéticien(ne) m(f). ◆ **phonetics** nsg phonétique f.

phoney * ['fəʊnɪ] **1** adj name faux; jewels en toc *; emotion factice, simulé; firm, company bidon * inv. **he's ~** c'est un fumiste; **it sounds ~** cela a l'air d'être de la blague *. **2** n (person) poseur m, faux jeton * m.

phonograph ['fəʊnəgrɑːf] n électrophone m.

phonology [fəʊ'nɒlədʒɪ] n phonologie f. ◆ **phonological** adj phonologique.

phosphate ['fɒsfeɪt] n phosphate m.

phosphorus ['fɒsf(ə)rəs] n phosphore m. ◆ **phosphorescence** n phosphorescence f. ◆ **phosphorescent** adj phosphorescent.

photo ['fəʊtəʊ] **1** n (abbr of **photograph**) photo f. **2** pref photo... ◆ **photocall** n séance f de photos pour la presse. ◆ **photocopier** n photocopieur m. ◆ **photocopy 1** n photocopie f; **2** vt photocopier. ◆ **photocopying** n photocopie f. ◆ **photoelectric** adj: **~ cell** cellule f photoélectrique. ◆ **photo finish** n photo-finish f. ◆ **photofit** adj, n: **P~fit (picture)** portrait-robot m. ◆ **photogenic** adj photogénique. ◆ **photograph 1** n photographie f; **to take a ~ (graph) of sb/sth** prendre une photo de qn/qch, prendre qn/qch en photo; **in** or **on this ~(graph)** sur cette photo; **2** adj: **~(graph) album** album m de photos; **3** vt photographier, prendre en photo. ◆ **photographer** [fə'tɒgrəfəʳ] n photographe mf; **press ~grapher** reporter m photographe; **street ~grapher** photostoppeur m; **he's a keen ~grapher** il est passionné de photo. ◆ **photographic** adj photographique. ◆ **photographically** adv photographiquement. ◆ **photography** [fə'tɒgrəfɪ] n photographie f. ◆ **photosensor** n dispositif m photosensible. ◆ **photostat** = **photocopy.**

phrase [freɪz] **1** n **(a)** (saying) expression f; (Ling: gen) locution f. (Ling) **verb ~** syntagme m verbal. **(b)** (Mus) phrase f. **2** vt **(a)** thought exprimer; letter rédiger. **(b)** (Mus) phraser. ◆ **phrasal verb** n verbe *m* à particule. ◆ **phrasebook** *n* recueil *m* d'expressions. ◆ **phraseology** [ˌfreɪzɪ'blɒdʒɪ] *n* phraséologie *f*. ◆ **phrasing** *n* (*Mus*) phrasé *m*.

physical ['fɪzɪk(ə)l] *adj* (*gen*) physique; *world, object* matériel. ~ **education** éducation *f* physique; ~ **examination** examen médical; ~ **exercises**, ~ **training**, (*Brit*) ~ **jerks** * gymnastique *f*; (*US*) ~ **therapist** kinésithérapeute *mf*; **it's a ~ impossibility for him to do it** il lui est matériellement impossible de le faire. ◆ **physically** *adv* physiquement; **he is ~ly handicapped** c'est un handicapé physique. ◆ **physician** *n* médecin *m*. ◆ **physicist** *n* physicien(ne) *m(f)*. ◆ **physics** *nsg* physique *f*.

physiognomy [ˌfɪzɪ'ɒnəmɪ] *n* physionomie *f*.

physiology [ˌfɪzɪ'ɒlədʒɪ] *n* physiologie *f*. ◆ **physiological** *adj* physiologique. ◆ **physiologist** *n* physiologiste *mf*.

physiotherapy [ˌfɪzɪə'θerəpɪ] *n* kinésithérapie *f*. ◆ **physiotherapist** *n* kinésithérapeute *mf*.

physique [fɪ'ziːk] *n* (*health etc*) constitution *f*; (*appearance*) physique *m*.

piano ['pjɑːnəʊ] **1** *n* piano *m*. **grand ~** piano à queue. **2** *adj lesson, teacher* de piano. ~ **duet** morceau *m* pour quatre mains; ~ **stool** tabouret *m*; ~ **tuner** accordeur *m* (de piano). ◆ **pianist** *n* pianiste *mf*. ◆ **piano accordion** *n* accordéon *m* à clavier. ◆ **pianola** *n* ® piano *m* mécanique.

pick [pɪk] **1** *n* (**a**) (*~axe*) pioche *f*, pic *m*; (*ice ~*) piolet *m*. (**b**) (*choice*) choix *m*. **to take one's ~** faire son choix; **the ~ of the bunch** le meilleur de tous. **2** *vt* (**a**) (*choose*) choisir; (*Sport*) *sides* former, sélectionner. **to ~ a winner** choisir le gagnant; (*fig*) tirer le bon numéro (*in sb* avec qn); **to ~ one's way through** avancer avec précaution à travers; **to ~ a quarrel** provoquer une querelle (*with* à); **to ~ a fight** chercher la bagarre * (*with* avec). (**b**) (*gather*) *fruit, flower* cueillir. (**c**) *spot, scab* gratter. **to ~ one's nose** se mettre les doigts dans le nez; **to ~ the bones of a chicken** sucer les os d'un poulet; **to ~ one's teeth** se curer les dents; (*fig*) **to ~ holes in** relever les défauts de; **to ~ sb's brains** faire appel aux lumières de qn; **to ~ a lock** crocheter une serrure; **to ~ pockets** pratiquer le vol à la tire; **I've had my pocket ~ed** on m'a fait les poches. **3** *vi*: **to ~ and choose** prendre son temps pour choisir; **to ~ at one's food** manger du bout des dents; **don't ~ at that spot** ne gratte pas ce bouton.

◆ **pick off** *vt sep* (**a**) *paint* gratter; *flower, leaf* cueillir. (**b**) (*shoot*) abattre (*après avoir visé soigneusement*). ◆ **pick on** *vt fus* (**a**) (*~: harass*) harceler, être toujours sur le dos de *. (**b**) (*single out*) choisir, désigner; (*for punishment*) s'en prendre à. ◆ **pick out** *vt sep* (**a**) (*choose*) choisir. (**b**) (*distinguish*) *object, acquaintance, place etc* distinguer; (*in identification parade*) identifier; (*on photo*) reconnaître. (**c**) *tune on piano* retrouver. ◆ **pick over** *vt sep fruit, goods* trier, examiner. ◆ **pick up 1** *vi* (**a**) (*improve: gen*) s'améliorer; [*prices, wages*] remonter; [*invalid*] se rétablir; [*trade*] reprendre. (**b**) (*~: continue*) continuer, reprendre. **we ~ed up where we'd left off** nous avons repris le travail (*etc*) où nous l'avions laissé. **2** *vt sep* (**a**) (*lift*) *sth dropped* ramasser; *sb fallen* relever; *child, dog* prendre dans ses bras; *telephone* décrocher; (*rescue*) *survivors* recueillir; (*from sea*) repêcher; (*arrest*) arrêter; (*fig*) *points, marks* gagner; *sb's error* relever. **to ~ up speed** prendre de la vitesse; (*fig*) **we ~ed up a rabbit in the headlights** nous avons aperçu un lapin dans la lumière des phares; **the cameras/ lights ~ed him up** il est entré dans le champ des caméras/lumières; **to ~ sb up for having made a mistake** reprendre qn pour une faute; (*fig*) **to ~ up the bill** * payer, casquer *. (**b**) (*collect*) *object, goods, passenger* passer prendre. (*fig*) **he ~ed up a girl at the cinema** il a ramassé une fille au cinéma. (**c**)

(*acquire*) découvrir; *sale bargain* tomber sur, trouver; *accent, habit* prendre; *information* avoir; (*learn*) apprendre. **you'll soon ~ it up again** vous vous y remettrez vite. (**d**) (*Rad, Telec*) station, message capter.

◆ **pickaback** *n*: **to give sb a ~aback** porter qn sur son dos. ◆ **pickaxe**, (*US*) **pickax** *n* pic *m*, pioche *f*. ◆ **picked** *adj* (*hand-~ed*) *objects* sélectionné; *men* trié sur le volet. ◆ **picker** *n*: **apple-~er** cueilleur *m*, -euse *f* de pommes. ◆ **pickings** *npl*: **there are rich ~ings** ça peut rapporter gros. ◆ **pick-me-up** * *n* remontant *m*. ◆ **pickpocket** *n* pickpocket *m*. ◆ **pick-up** *n* (**a**) [*record-player*] pick-up *m inv*, lecteur *m*; (**b**) (*~up truck*) camionnette *f* (découverte); (**c**) (*~: casual lover*) partenaire *mf* de rencontre. ◆ **picky** *adj* (*US*) difficile (à satisfaire).

picket ['pɪkɪt] **1** *n* (*gen*) piquet *m*; (*Ind*) piquet de grève; (*Mil*) (*sentry*) sentinelle *f*; (*group*) détachement *m* (de soldats). **2** *adj* (*Ind*) **to be on ~ duty** faire partie d'un piquet de grève; ~ **line** cordon *m* de piquet de grève. **3** *vt* [*strikers*] mettre un piquet de grève aux portes de; [*demonstrators*] former un cordon devant.

pickle ['pɪkl] **1** *n*: **~(s)** pickles *mpl*; (*fig*) **to be in a (pretty) ~** * être dans le pétrin. **2** *vt* conserver dans du vinaigre.

picnic ['pɪknɪk] (*vb: pret, ptp* **picnicked**) **1** *n* pique-nique *m*. (*fig*) **it's no ~** * ça n'est pas une partie de plaisir *. ~ **basket** panier *m* à pique-nique; (*US*) ~ **ham** = jambonneau *m*. **2** *vi* pique-niquer, faire un pique-nique. ◆ **picnicker** *n* pique-niqueur *m*, -euse *f*.

pictorial [pɪk'tɔːrɪəl] **1** *adj magazine* illustré; *record* en images; *masterpiece* de peinture. **2** *n* illustré *m*. ◆ **pictorially** *adv* au moyen d'images.

picture ['pɪktʃər] **1** *n* (**a**) (*gen*) image *f*; (*illustration*) image, illustration *f*; (*painting*) tableau *m*; (*portrait*) portrait *m*. **I took a ~ of him** j'ai pris une photo de lui; (*TV*) **we have the sound but no ~** nous avons le son mais pas l'image; **to paint a ~** faire un tableau; **to draw a ~** faire un dessin; **to paint/ draw a ~ of sth** peindre/dessiner qch; (*fig*) **the garden is a ~ in June** le jardin est ravissant en juin; **he looks the ~ of health** il respire la santé; (*fig*) **the other side of the ~** le revers de la médaille; **his face was a ~!** * si vous aviez vu sa tête! * (**b**) (*Cine*) film *m*. **they made a ~ about it** on en a fait un film; **to go to the ~s** aller au cinéma. (**c**) (*description*) tableau *m*, image *f*; (*mental image*) image. **to give sb a ~ of sth** décrire qch à qn; **he painted a black ~ of...** il nous a peint un sombre tableau de...; **I have a clear ~ of him** (*remembering*) je le revois clairement; (*imagining*) je me le représente très bien; **the general ~** le tableau général de la situation; **do you get the ~?** * tu vois le tableau? *; **to put sb in the ~** mettre qn au courant. **2** *adj*: ~ **book** livre *m* d'images; ~ **frame** cadre *m*; ~ **gallery** (*public*) musée *m* (de peinture); (*private*) galerie *f* (de peinture); ~ **postcard** carte *f* postale (illustrée); ~ **window** fenêtre *f* panoramique. **3** *vt* se représenter; (*remembering*) revoir. ◆ **picture-framer** *n* encadreur *m*. ◆ **picturegoer** *n* amateur *m* de cinéma. ◆ **picturesque** *adj* pittoresque.

pie [paɪ] *n* [*fruit, fish, meat with gravy etc*] tourte *f*; [*compact filling*] pâté *m* en croûte. **apple ~** tourte aux pommes; **pork ~** pâté de porc en croûte. ◆ **pie chart** *n* graphique *m* circulaire, camembert * *m*. ◆ **piecrust** *n* croûte *f* de pâté. ◆ **pie dish** *n* terrine *f*. ◆ **pie-eyed** ‡ *adj* parti *, soûl *.

piebald ['paɪbɔːld] *adj* pie *inv*.

piece [piːs] *n* (*gen*) morceau *m*; (*smaller*) bout *m*; [*ribbon, string*] bout; (*Comm, Ind, Chess, jigsaw*) pièce *f*; (*Draughts*) pion *m*. **a ~ of land** (*for agriculture*) une parcelle de terre; (*for building*) un lotissement; **a ~ of advice** un conseil; **a ~ of care-**

lessness de la négligence; **by a ~ of luck** par un coup de chance; **a ~ of music** un morceau de musique; **piano** ~ morceau pour piano; **a ~ of poetry** un poème; **a good ~ of work** du bon travail; **a ~ out of 'Ivanhoe'** un passage d''Ivanhoé'; **made in one** ~ fait d'une seule pièce; **in one** ~ *object* intact; (*) *person* indemne, entier *; **a 5-franc** ~ une pièce de 5 F; **a 30-~ tea set** un service à thé de 30 pièces; *(Mus)* **10-~ band** orchestre *m* de 10 exécutants; **3 ~s of luggage** 3 valises *fpl* (*or* sacs *mpl* etc); **~ by ~** pièce à pièce, morceau par morceau; **in ~s** *(broken)* en morceaux; *(not yet assembled)* en pièces détachées; **to come to ~s** *(break)* partir en morceaux; *(dismantle)* se démonter; **to take sth to ~s** démonter qch; **to go to ~s** * *(collapse)* s'effondrer; *(lose one's grip)* lâcher pied *(fig)*; **to cut sth to ~s** couper qch en morceaux *or* pièces; **to smash sth to ~s** briser qch en mille morceaux.

♦ **piece together** *vt sep* *broken object, facts* rassembler; *jigsaw* assembler; *events* reconstruer. ♦ **piecemeal 1** *adv* petit à petit ; **2** *adj* *(gen)* fait *(or* raconté *etc)* petit à petit; *essay, argument* qui manque de rigueur. ♦ **piecework** *n* travail *m* à la pièce. ♦ **pieceworker** *n* ouvrier *m*, -ière *f* payé(e) à la pièce.

pier [pɪər] *n* *(with amusements etc)* jetée *f* *(promenade)*; *(landing stage)* embarcadère *m*.

pierce [pɪəs] *vt* *(gen)* percer; *[cold, wind, arrow, bullet]* transpercer. **to have one's ears ~d** se faire percer les oreilles. ♦ **piercing** *adj* *sound, voice, look* perçant; *cold, wind* glacial.

piety ['paɪətɪ] *n* piété *f*.

pig [pɪg] **1** *n* **(a)** cochon *m*, porc *m*. *(fig)* **to buy a ~ in a poke** acheter chat en poche; **to make a ~ of o.s.** manger comme un goinfre; **you ~!** * *(mean)* espèce de chameau! *; *(dirty)* espèce de cochon *; *(greedy)* espèce de goinfre! **(b)** *(US Ftbl)* ballon *m* *(de football américain)*. **2** *adj* *breeding, industry* porcin. ♦ **piggery** *n* porcherie *f*. ♦ **piggyback 1** *adv*, *adj* sur le dos ; **2** *n*: **to give sb a ~gyback** porter qn sur son dos. ♦ **pigheaded** *adj* entêté. ♦ **pigheadedly** *adv* avec entêtement. ♦ **pigheadedness** *n* entêtement *m*. ♦ **piglet** *n* petit cochon *m*. ♦ **pigman** *n* porcher *m*. ♦ **pigskin 1** *n* peau *f* de porc ; **2** *adj* en peau de porc. ♦ **pigsty** *n* porcherie *f*. ♦ **pigtail** *n* *[hair]* natte *f*.

pigeon ['pɪdʒən] *n* pigeon *m* *(also Culin)*. **wood-~** ramier *m*; *(fig)* **that's your ~** c'est toi que ça regarde, c'est tes oignons *; **by ~ post** par pigeon voyageur. ♦ **pigeon-chested** *adj* à la poitrine bombée. ♦ **pigeon-fancier** *n* colombophile *mf*. ♦ **pigeonhole 1** *n* casier *m* ; **2** *vt* classer *(as* comme). ♦ **pigeon-loft** *n* pigeonnier *m*. ♦ **pigeon-toed** *adj*: **to be ~-toed** avoir les pieds tournés en dedans.

pigment ['pɪgmənt] *n* pigment *m*. ♦ **pigmentation** *n* pigmentation *f*.

pike [paɪk] *n* *(fish)* brochet *m*.

pilchard ['pɪltʃəd] *n* pilchard *m*.

pile¹ [paɪl] *n* *(Constr etc)* pieu *m* de fondation; *(in water)* pilotis *m*; *[bridge]* pile *f*. **~ driver** sonnette *f*.

pile² [paɪl] **1** *n* **(a)** *(heap)* pile *f*; *(less tidy)* tas *m*. **in a ~** en pile, en tas; **atomic ~** pile atomique; *(fig)* **to make one's ~** * faire fortune *; **~s of** *, a ~ of** *butter, honey* des masses de *; *cars, flowers* un tas de *. **(b)** *(Med)* **~s** hémorroïdes *fpl*. **2** *vt* *(stack)* empiler; *(heap)* entasser. **~d (high) with books** couvert de piles de livres; **I ~d * the children into the car** j'ai entassé les enfants dans la voiture. **3** *vi* (*) *[people]* s'entasser, s'empiler *(into* dans). **to ~ in** * s'entasser, s'empiler; **to ~ on/off** * *etc* monter/descendre *etc* en se bousculant.

♦ **pile on** *vt sep*: **to ~ it on** * exagérer, en rajouter; **to ~ on the agony** * dramatiser, faire du mélo *. ♦ **pile up 1** *vi* *[snow etc]* s'amonceler; *[reasons, proof, work, business]* s'accumuler. **2** *vt sep* **(a)** *objects (stack)* empiler; *(heap)* entasser; *evidence, reasons* accumuler. **(b)** (*: *crash*) *car* bousiller *. ♦ **pile-up** * *n* *(Aut)* carambolage *m*.

pile³ [paɪl] *n* *[cloth, carpet]* poils *mpl*.

pilfer ['pɪlfər] **1** *vt* chaparder *. **2** *vi* se livrer au chapardage *. ♦ **pilferer** *n* chapardeur *m*, -euse *f*. ♦ **pilfering** *n* chapardage * *m*.

pilgrim ['pɪlgrɪm] *n* pèlerin *m*. ♦ **pilgrimage** *n* pèlerinage *m*; **to go on a ~age** faire un pèlerinage.

pill [pɪl] *n* pilule *f*. *(fig)* **to sweeten the ~** dorer la pilule *(for sb* à qn); **to be on the ~** prendre la pilule.

pillage ['pɪlɪdʒ] **1** *n* pillage *m*. **2** *vt* piller. **3** *vi* se livrer au pillage.

pillar ['pɪlər] *n* *(gen)* pilier *m*; *[fire, smoke]* colonne *f*. **he was pushed around from ~ to post** on le renvoyait de l'un à l'autre; **~ of salt** statue *f* de sel; **~ of the Church** pilier de l'Église; **he was a ~ of strength** il a vraiment été d'un grand soutien. ♦ **pillar-box** *n* *(Brit)* boîte *f* aux *or* à lettres; **~-box red** rouge sang *inv*.

pillion ['pɪljən] **1** *n* siège *m* arrière *(d'une moto etc)*. **~ passenger** passager *m* de derrière. **2** *adv*: **to ride ~** monter derrière.

pillow ['pɪləʊ] *n* oreiller *m*. ♦ **pillowcase** *or* ♦ **pillowslip** *n* taie *f* d'oreiller.

pilot ['paɪlət] **1** *n* pilote *m*. **2** *adj* -pilote. **~ scheme** projet *m* d'essai, projet-pilote *m*; **~ film** film-pilote *m*; **~ light** veilleuse *f* *(de cuisinière etc)*. **3** *vt* *(Aviat, Naut)* piloter; *(gen: guide)* guider, diriger.

pimento [pɪ'mentəʊ] *n* piment *m*.

pimp [pɪmp] *n* souteneur *m*.

pimple ['pɪmpl] *n* bouton *m* *(Med)*. ♦ **pimply** *adj* boutonneux.

pin [pɪn] **1** *n* **(a)** *(gen)* épingle *f*; *(safety ~)* épingle de sûreté *or* de nourrice; *(drawing ~)* punaise *f*. **as neat as a new ~** *room* impeccable; *person* tiré à quatre épingles; **you could have heard a ~ drop** on aurait entendu voler une mouche; **to have ~s and needles** avoir des fourmis *(in* dans); **for two ~s * I'd smack his face** pour un peu je le giflerais. **(b)** *[machine, device, hand-grenade]* goupille *f*; *(Elec)* fiche *f*; *(Med: in limb)* broche *f*; *(Bowling)* quille *f*. *(Elec)* **3-~ plug** prise *f* à 3 fiches. **2** *adj*: **~ money** argent *m* de poche. **3** *vt* *(gen)* épingler *(to* à; *onto* sur); *papers* attacher avec une épingle *(or* une punaise *etc)*; *(Tech)* goupiller. **to ~ sb's arms to his sides** lier les bras de qn contre son corps; **to ~ sb against a wall** clouer qn à un mur; **to ~ one's hopes on sth** mettre tous ses espoirs dans qch; **to ~ a crime on sb** * mettre un crime sur le dos de qn.

♦ **pin down** *vt sep* fixer (avec une épingle *etc*); *[fallen tree]* person coincer; *(Mil)* troops bloquer. *(fig)* **to ~ sb down to a promise** obliger qn à tenir sa promesse; **I can't ~ him down** je n'arrive pas à le coincer * *(fig)*; **to ~ sb down to doing** décider qn à faire; **there's sth wrong but I can't ~ it down** il y a qch qui ne va pas mais je n'arrive pas à mettre le doigt dessus. ♦ **pin on** *vt sep* épingler. ♦ **pin up** *vt sep* *notice* afficher; *hem* épingler; *hair* relever avec des épingles. ♦ **pinball** *n* flipper *m*. ♦ **pincushion** *n* pelote *f* à épingles. ♦ **pinpoint** *vt* *place* localiser avec précision; *problem* mettre le doigt sur. ♦ **pinprick** *n* piqûre *f* d'épingle; *(fig: annoyance)* coup *m* d'épingle. ♦ **pinstripe** *suit* *n* costume *m* rayé. ♦ **pinup (girl)** * *n* pin-up *f inv*.

pinafore ['pɪnəfɔːr] *n* *(apron)* tablier *m*; *(overall)* blouse *f* *(de travail)*. **~ dress** robe-chasuble *f*.

pincers ['pɪnsəz] *npl* tenailles *fpl*.

pinch [pɪn(t)ʃ] **1** n (**a**) (action) pincement m; (mark) pinçon m. **to give sb a ~** pincer qn; (fig) **to feel the ~** commencer à être serré or à être à court; (fig) **at a ~**, (US) **in a ~** à la rigueur; **when it comes to the ~** au moment critique. (**b**) [salt] pincée f; [snuff] prise f. (fig) **to take sth with a ~ of salt** ne pas prendre qch pour argent comptant. **2** vt (**a**) (gen) pincer; [shoes] serrer; bud épincer. (**b**) (*: steal) piquer *, voler (from sb à qn). (**c**) (*: arrest) pincer *, arrêter. **3** vi [shoe] serrer. (fig) **to ~ and scrape** économiser sur tout. ◆ **pinched** adj (**a**) (drawn) qui a les traits tirés; ~ed with cold transi de froid; (**b**) ~ed for money à court d'argent; ~ed for space à l'étroit.

pine¹ [paɪn] **1** n (~ tree) pin m. **2** adj: ~ **kernel** or **nut** pigne f; ~ **needle** aiguille f de pin. ◆ **pine-cone** n pomme f de pin. ◆ **pinewood** n (grove) pinède f; (material) (bois m de) pin m.

pine² [paɪn] vi: **to ~ for** sth désirer ardemment; sb s'ennuyer de; **to ~ away** languir.

pineapple ['paɪnˌæpl] n ananas m.

ping [pɪŋ] **1** n bruit m métallique; [bell, clock] tintement m. **2** vi faire un bruit métallique; tinter. ◆ **ping-pong** n ping-pong m.

pinion ['pɪnjən] n (Tech) pignon m.

pink¹ [pɪŋk] **1** n (**a**) (colour) rose m. (fig) **to be in the ~ ** * se porter comme un charme. (**b**) (Bot) mignardise f. **2** adj (gen) rose; (Pol) gauchisant. (US) ~ **slip** * lettre f de licenciement; **to turn ~** [thing] rosir; [person] rougir. ◆ **pinkish** adj rosâtre, rosé.

pink² [pɪŋk] vt (Sewing) denteler. ◆ **pinking shears** npl ciseaux mpl à denteler.

pinkie * ['pɪŋkɪ] n petit doigt m.

pinnacle ['pɪnəkl] n (Archit) pinacle m; [mountain] cime f; (fig) apogée m.

pinochle ['pi:nʌk(ə)l] n (US) (sorte f de) belote f.

pint [paɪnt] n pinte f, ≃ demi-litre m (Brit = 0,57 litre; US = 0,47 litre). **a ~ of beer** ≃ un demi (de bière). ◆ **pinta** * n abbr of **pint of milk**. ◆ **pint-size(d)** adj tout petit.

pioneer [ˌpaɪəˈnɪər] **1** n pionnier m. **2** vt: **to ~** sth être l'un des premiers à faire qch. **3** adj research etc complètement nouveau. ◆ **pioneering** adj work, study complètement nouveau.

pious ['paɪəs] adj pieux; (iro) hope légitime. ◆ **piously** adv pieusement.

pip [pɪp] **1** n [fruit] pépin m; [card, dice] point m; (Radar) spot m; (Brit Mil *: on uniform) ≃ galon m. (Telec: sound) ~s bip-bip m; (fig) **he gives me the ~** * il me hérisse le poil *. **2** vt: **to be ~ped at the post** * se faire coiffer au poteau *.

pipe [paɪp] **1** n (**a**) (for water, gas) tuyau m, conduite f; (smaller) tube m. (**b**) (Mus: instrument) pipeau m; [organ] tuyau m. (bag) ~s cornemuse f. (**c**) (for smoking) pipe f. **he smokes a ~** il fume la pipe; ~ **of peace** calumet m de la paix; **put that in your ~ and smoke it!** * si ça ne te plaît pas c'est le même prix! * **2** adj tobacco à pipe. ~ **cleaner** cure-pipe m; (fig) ~ **dream** château m en Espagne (fig). **3** vt (**a**) oil, water (by ~line) transporter (or amener etc) par tuyau or conduite etc; (through pipe, hose etc) verser (into dans). **to ~ icing on a cake** décorer un gâteau de fondant (à la douille); ~d **music** musique f de fond enregistrée. (**b**) (Naut) **to ~ sb aboard** etc saluer l'arrivée etc de qn (au son du sifflet). (**c**) (Sewing) passepoiler (with de). (**d**) (say) dire d'une voix flûtée.
◆ **pipe down** * vi mettre la sourdine *, se taire.
◆ **pipe up** * vi se faire entendre.
◆ **pipeline** n (gen) pipe-line m; [oil] oléoduc m; [natural gas] gazoduc m; (fig) **it's in the ~line** ça va venir, on s'en occupe. ◆ **piper** n (bagpiper) cornemuseur m. ◆ **piping 1** n (pipes) tuyauterie f; (Sewing) passepoil m; **2** adj voice flûté ; **3** adv: **piping hot** tout bouillant.

pippin ['pɪpɪn] n (pomme f) reinette f.

piquant ['pi:kənt] adj piquant. ◆ **piquancy** n (flavour) goût m piquant; [story] piquant m.

pique [pi:k] **1** vt dépiter. **2** n dépit m.

pirate ['paɪərɪt] **1** n pirate m; (Comm: gen) contrefacteur m; (in publishing) démarqueur m. **2** adj ship de pirates; radio pirate. **3** vt book, film pirater; product contrefaire; invention, idea s'approprier. ◆ **piracy** n piraterie f. ◆ **pirated** adj (Comm) contrefait; edition pirate.

Pisces ['paɪsiːz] n (Astron) les Poissons mpl.

piss ‡ [pɪs] vi pisser ‡.

pistachio [pɪsˈtɑːʃɪəʊ] n pistache f.

pistol ['pɪstl] **1** n pistolet m. **2** adj: **at ~ point** sous la menace du pistolet; ~ **shot** coup m de pistolet. ◆ **pistol-whip** vt frapper avec un pistolet au visage.

piston ['pɪstən] **1** n piston m (lit). **2** adj engine à pistons. (US) ~ **pin** goupille f; ~ **ring** segment m (de pistons); ~ **rod** tige f de piston.

pit¹ [pɪt] **1** n (**a**) (large hole) trou m; (on moon etc) cratère m; (coal ~) mine f, puits m de mine; (as game trap, in garage etc) fosse f; (quarry) carrière f; (in motor racing) stand m. **chalk ~** carrière à chaux; **he works in the ~s** il travaille à la mine; **in the ~ of his stomach/back** au creux de l'estomac/des reins. (**b**) (Brit Theat) (fauteuils mpl d')orchestre m. **2** adj: ~ **pony** cheval m de mine; ~ **worker** mineur m de fond. **3** vt (**a**) opposer (sb against sb à qn à qn). **to ~ o.s. or one's wits against sb** se mesurer avec qn. (**b**) (mark) metal piqueter; skin grêler. ◆ **pithead** n (Min) carreau m de la mine.

pit² [pɪt] **1** n (fruit-stone) noyau m. **2** vt dénoyauter.

pitapat ['pɪtəˈpæt] adv: **to go ~** [feet] trottiner; [heart] palpiter; [rain] crépiter.

pitch¹ [pɪtʃ] **1** n (**a**) (degree) degré m, point m; [voice] hauteur f; (Mus) ton m, diapason m. (fig) **at its (highest)** ~ à son comble; **things have reached such a ~ that...** les choses en sont arrivées à un point tel que... (**b**) (Sport) terrain m. **football** etc ~ terrain de football etc. (**c**) (sales talk) boniment m. **2** vt (**a**) (throw) ball lancer; object jeter, lancer. (**b**) (Mus) note donner. **to ~ the voice higher/lower** hausser/baisser le ton de la voix; **this song is ~ed too low** cette chanson est dans un ton trop bas; **the speech must be ~ed at the right level for the audience** le ton du discours doit être adapté au public. (**c**) (set up) tent dresser; camp établir. **3** vi (**a**) (fall) tomber; (be jerked) être projeté. **the ship ~ed (and tossed)** le navire tanguait. (**b**) (Baseball) lancer la balle.
◆ **pitch in** * vi s'attaquer au boulot *. ◆ **pitch into** * vt fus (attack, abuse) tomber sur; (start) meal, work s'attaquer à.
◆ **pitched** adj: ~ed **battle** (Mil) bataille f rangée; (fig) véritable bataille. ◆ **pitchfork 1** n fourche f à foin; **2** vt: **to be ~forked into doing sth** être forcé de faire qch immédiatement. ◆ **pitch-man** n (US) (on street) camelot m; (TV) présentateur m de produits.

pitch² [pɪtʃ] n (tar) poix f. ◆ **pitch-black** adj (**a**) noir comme poix; (**b**) (also **pitch-dark**) **it's ~-black** or ~-**dark** il fait noir comme dans un four. ◆ **pitch-pine** n pitchpin m.

pitcher ['pɪtʃər] n cruche f; (bigger) broc m.

pitfall ['pɪtfɔːl] n piège m.

pith [pɪθ] n [bone, plant] moelle f; [orange] peau f blanche; (fig: essence) essence f. ◆ **pithy** adj (forceful) vigoureux; (terse) concis; (pointed) piquant.

piton ['pi:tɒn] n piton m.

pitta ['p(ɪ)tə] adj: ~ **bread** pain m grec.

pittance ['pɪt(ə)ns] n somme f dérisoire; *(income)* maigre revenu m; *(wage)* salaire m de misère.

pity ['pɪtɪ] **1** n **(a)** pitié f, compassion f. **for ~'s sake** de grâce; **to have** or **take ~ on sb** avoir pitié de qn; **to feel ~ for sb** avoir pitié de qn. **(b)** *(misfortune)* dommage m. **it is a (great) ~** c'est (bien) dommage; **it's a ~ that** il est dommage que + *subj*; **what a ~!** quel dommage!; **(the) more's the ~!** c'est d'autant plus dommage!; **the ~ of it is that...** le plus malheureux c'est que... **2** vt plaindre, avoir pitié de. ◆ **piteous** adj pitoyable.
◆ **piteously** adv pitoyablement. ◆ **pitiable** adj *hovel, situation* pitoyable; *appearance, attempt* piteux.
◆ **pitiful** adj pitoyable; *(pej) efforts, cowardice* lamentable. ◆ **pitifully** adv *(gen)* pitoyablement; *thin etc* à faire pitié; *(pej)* lamentablement. ◆ **pitiless** adj impitoyable. ◆ **pitilessly** adv impitoyablement. ◆ **pitying** adj compatissant. ◆ **pityingly** adv avec pitié.

pivot ['pɪvət] **1** n *(Mil, Tech, fig)* pivot m. **2** vt faire pivoter. **3** vi *(Tech)* pivoter; *[person]* tourner.

pizza ['pi:tsə] n pizza f. ◆ **pizzeria** n pizzeria f.

piz(z)azz [pɪ'zæz] n *(gen)* énergie f, vigueur f; *(in car)* allure f; *(pej)* tape-à-l'œil m.

placard ['plækɑ:d] **1** n affiche f, placard m; *(at demo)* pancarte f. **2** vt *wall* placarder; *announcement* afficher.

placate [plə'keɪt] vt calmer, apaiser.

place [pleɪs] **1** n **(a)** *(gen)* endroit m; *(more formally)* lieu m. **to take ~** avoir lieu; **this is the ~** c'est ici, voici l'endroit; *(US)* **no ~ ***, **not any ~ *** (ne...) nulle part; *(US)* **some ~ *** quelque part; **this is no ~ for children** cela n'est pas un endroit convenable pour des enfants; **this isn't the ~ to start an argument** nous ne pouvons pas commencer à discuter ici; **from ~ to ~** d'un endroit à l'autre, de lieu en lieu; **he went from ~ to ~ looking for her** il l'a cherchée de ville en ville *(etc)*; **all over the ~** partout; **to find/lose one's ~ in a book** trouver/perdre sa page dans un livre; **to keep/lose one's ~ in the queue** garder/perdre sa place dans la queue; **to laugh at the right ~** rire au bon endroit or moment; **to go ~s *** *(travel)* voyager; *(make good)* faire son chemin; *(make progress)* obtenir des résultats; **~ of amusement/birth/work** lieu de distractions/de naissance/de travail; **~ of worship** lieu de culte; **the time and ~ of the crime** l'heure et le lieu du crime; **it's a small ~** *(village)* c'est un petit village; *(house)* c'est une petite maison; **the town is such a big ~ now that...** la ville s'est tellement agrandie or étendue que...; **he needs a bigger ~** il lui faut qch de plus grand; **at Paul's ~ *** chez Paul. **(b)** *(in street names etc)* **Washington P~** rue de Washington; **market ~** place f du marché. **(c)** *(seat)* place f; *(at table)* place, couvert m. **(d)** *(position, situation etc)* place f; *[star, planet]* position f. **in ~ of** à la place de, au lieu de; **to take the ~ of sb/sth** remplacer qn/qch; **out of ~** *object, remark* déplacé; **I feel rather out of ~** je ne me sens pas à ma place; **in his** *(or its etc)* **~** à sa place; *(fig)* **to put sb in his ~** remettre qn à sa place; **(if I were) in your ~...** (si j'étais) à votre place...; **it's not your ~ to criticize** ce n'est pas à vous de critiquer; **to give ~ to** céder la place à. **(e)** *(job, vacancy)* place f, poste m; *(in school etc)* place. **I have got a ~ on the sociology course** j'ai été admis à faire sociologie. **(f)** *(in series, rank)* **in the first ~** en premier lieu, premièrement; **in the second ~** en second lieu, deuxièmement; **in the next ~** ensuite; **in the last ~** enfin; **to 5 decimal ~s** jusqu'à la 5ᵉ décimale; **he took second ~ in the race** il a été second dans la course; *(Ftbl etc)* **the team was in third ~** l'équipe était placée troisième; **he took second ~ in history/in the history exam** il a été deuxième en histoire/à l'examen d'histoire; **people in high ~s** les gens haut placés.

2 adj: **~ card** carte f marque-place; **~ mat** set m (de table); **~ name** nom m de lieu; **~ setting** couvert m.

3 vt **(a)** *(put: gen)* placer, mettre. **she ~d the matter in the hands of her solicitor** elle a remis l'affaire entre les mains de son avocat. **(b)** *(situate)* placer, situer. **awkwardly ~d** *shop, house* mal situé or placé; *(fig) person* dans une situation assez délicate; **well ~d to decide** bien placé pour décider. **(c)** *(in exam, race)* placer. **he was ~d first in French/in the race** il s'est placé premier en français/dans la course. **(d)** *(find ~ for)* object, goods, employee, money placer; *(Comm)* order passer *(with sb* à qn); bet placer *(with sb* chez qn); contract passer *(with sb* avec qn). **to ~ a book with a publisher** faire accepter un livre par un éditeur. **(e)** *(remember; identify)* person se rappeler; face reconnaître; accent situer.

◆ **placement** n *(Fin)* placement m; *(during studies)* stage m. ◆ **placing** n *[money, funds]* placement m; *[ball, players]* position f.

placid ['plæsɪd] adj placide, calme. ◆ **placidity** n placidité f. ◆ **placidly** adv avec placidité.

plagiarism ['pleɪdʒjərɪz(ə)m] n plagiat m. ◆ **plagiarist** n plagiaire mf. ◆ **plagiarize** vt plagier.

plague [pleɪg] **1** n *(Med)* peste f; *(fig) (nuisance)* fléau m; *(person)* plaie f. **to avoid like the ~** fuir comme la peste. **2** vt tourmenter, harceler. **to ~ sb with questions** harceler qn de questions.

plaice [pleɪs] n plie f.

plaid [plæd] n tissu m écossais.

plain [pleɪn] **1** adj **(a)** *(obvious)* clair, évident *(that* que); *path etc* clairement tracé or marqué. **it must be ~ to everyone that...** il est clair pour tout le monde que...; **as ~ as a pikestaff** or **as the nose on your face *** clair comme le jour; **a ~ case of jealousy** un cas manifeste or évident de jalousie; **he made his feelings ~** il n'a pas caché ce qu'il ressentait; **to make sth ~ to sb** faire comprendre qch à qn. **(b)** *(unambiguous)* statement, meaning clair; answer direct, sans ambages; person franc. **~ talk** propos mpl sans équivoque; **to be a ~ speaker, to like ~ speaking** aimer la franchise; **to use ~ language** appeler les choses par leur nom; **in ~ words, in ~ English** très clairement; **~ dealings** procédés mpl honnêtes; **the ~ truth of the matter is (that)...** à dire vrai...; **do I make myself ~?** est-ce que je me fais bien comprendre? **(c)** *(utter)* (tout) pur. **it's ~ madness** c'est pure folie, c'est de la folie toute pure. **(d)** *(simple, unadorned)* dress, food simple; *(in one colour)* fabric uni. *(unlined)* **~ paper** papier uni; **I'm a ~ man** je suis un homme tout simple; **they used to be called ~ Smith** ils s'appelaient Smith tout court; *(Knitting)* **~ stitch** maille f à l'endroit; **in ~ clothes** *(not uniform)* en civil; **~ chocolate** chocolat m à croquer; **~ flour** farine f *(sans levure)*; **to send under ~ cover** envoyer sous pli discret. **(e)** *(not pretty)* quelconque, ordinaire *(pej)*.

2 adv **(a)** *(unambiguously)* franchement, carrément. **I can't put it ~er than this** je ne peux pas m'exprimer plus clairement que cela. **(b)** *(in truth)* tout bonnement. **she's just ~ shy** elle est tout bonnement timide.

3 n plaine f.

◆ **plain-clothes policeman** n policier m en civil. ◆ **plainly** adv *(obviously)* clairement, manifestement; *(unambiguously) speak* carrément, sans détours; *remember, see, explain* clairement; *(simply)* dress simplement. ◆ **plainness** n *(simplicity)* simplicité f; *(lack of beauty)* manque m de beauté.
◆ **plainsong** n plain-chant m. ◆ **plain-spoken** adj qui a son franc-parler.

plaintiff ['pleɪntɪf] n *(Jur)* plaignant(e) m(f).

plaintive ['pleɪntɪv] adj voice plaintif. ◆ **plaintively** adv plaintivement.

plait [plæt] **1** n natte f. **2** vt natter.

plan [plæn] **1** n (**a**) (drawing, map) plan m. (**b**) (project) plan m, projet m. ~ **of campaign** plan de campagne; **five-year** ~ plan quinquennal; **development** ~ projet de développement; **to draw up a** ~ dresser un plan; **everything is going according to** ~ tout se passe comme prévu; **to make** ~**s** faire des projets; **to change one's** ~**s** prendre d'autres dispositions; **the best** ~ **would be to leave** le mieux serait de partir; **the** ~ **is to come back here** notre idée est de revenir ici; **have you got any** ~**s for tonight?** est-ce que vous avez prévu qch pour ce soir?
2 vt (**a**) (Econ etc) project, enterprise (devise and work out) élaborer, préparer; (devise and schedule) planifier. (**b**) house, estate, garden etc dresser les plans de; programme, holiday, journey, campaign, crime, attack organiser; research, industry, economy planifier; essay faire le plan de. **well-**~**ned house** maison bien conçue; **that wasn't** ~**ned** cela n'était pas prévu; **as** ~**ned** comme prévu; **to** ~ **one's family** pratiquer le contrôle des naissances dans son foyer; ~**ned parenthood** contrôle des naissances; **the murder was** ~**ned** le meurtre était prémédité. (**c**) (intend) visit, holiday projeter. **to** ~ **to do** avoir l'intention de faire.
3 vi faire des projets (for sth pour qch). (fig: expect) **we didn't** ~ **for so many visitors** nous n'avions pas prévu tant de visiteurs. ◆ **planner** n (Econ) planificateur m, -trice f; **town** ~**ner** urbaniste mf. ◆ **planning 1** n (gen) (Econ etc: V **plan 2a**) élaboration f; planification f; (gen) organisation f; **2** adj: ~**ning committee** service m de planning; ~**ning permission** permis m de construire.

plane¹ [pleɪn] n (abbr of **aeroplane, airplane**) avion m.

plane² [pleɪn] **1** n (tool) rabot m. **2** vt raboter.

plane³ [pleɪn] n (tree) platane m.

plane⁴ [pleɪn] n (Art, Math etc) plan m.

plane⁵ [pleɪn] vi [bird, glider, boat] planer; [car] faire de l'aquaplanage.

planet ['plænɪt] n planète f. ◆ **planetarium** n planétarium m.

plank [plæŋk] n planche f.

plankton ['plæŋktən] n plancton m.

plant [plɑːnt] **1** n (**a**) (Bot) plante f. (**b**) (machinery etc) matériel m, équipement m; (fixed) installation f; (buildings) bâtiments mpl; (factory) usine f. **2** adj: **the** ~ **kingdom** le règne végétal; ~ **life** flore f; ~ **pot** pot m (de fleurs). **3** vt seeds, flag, object, kiss planter; field planter (with en); colonists etc établir; idea implanter (in sb's head dans la tête de qn). (fig) **to** ~ *** a revolver on sb** cacher un revolver sur qn (pour le faire incriminer). ◆ **plant out** vt sep seedlings repiquer. ◆ **plantation** n plantation f. ◆ **planter** n planteur m.

plaque [plæk] n plaque f; (dental ~) plaque f dentaire.

plaster ['plɑːstə'] **1** n (**a**) (Constr) plâtre m. (**b**) (Med: for broken bones) plâtre m. ~ **of Paris** plâtre de moulage; **he had his leg in** ~ il avait la jambe dans le plâtre; **sticking** ~ sparadrap m; **a (piece of)** ~ un pansement adhésif. **2** adj mould etc de or en plâtre. ~ **cast** (Med) plâtre m; (Sculp) moule m (en plâtre). **3** vt plâtrer; (fig: cover) couvrir (with de). **to** ~ **mud on sth** couvrir qch de boue; ~**ed with** couvert de. ◆ **plasterboard** n carreau m de plâtre. ◆ **plastered** ‡ adj (drunk) beurré ‡, soûl. ◆ **plasterer** n plâtrier m.

plastic ['plæstɪk] **1** n matière f plastique, plastique m. ~**s** matières plastiques. **2** adj object en or de (matière) plastique; art, substance plastique; (*: fig, pej) synthétique. ~ **bag** sac m en plastique; ~ **bullet** balle f de plastique; ~ **explosive** plastic m; ~(**s**) **industry** industrie f plastique; ~ **surgeon**

spécialiste mf de chirurgie esthétique; ~ **surgery** chirurgie f esthétique. ◆ **plasticine** n ® pâte f à modeler.

plate [pleɪt] **1** n (**a**) assiette f; (platter) plat m; (for church collection) plateau m de quête. (fig) **he was handed it on a** ~ on lui a apporté ça sur un plateau d'argent; (fig) **to have a lot on one's** ~ * avoir un travail fou. (**b**) gold/silver ~ (objects) vaisselle f d'or/d'argent. (**c**) (flat metal) plaque f; (metal coating) plaquage m; (coated metal) plaqué m. (**d**) (Phot, Tech, also on door, battery) plaque f; (Aut: number ~) plaque d'immatriculation; (on cooker: hot ~) plaque chauffante; (book illustration) gravure f; (dental ~) dentier m. **2** vt (with metal) plaquer; (with gold/silver etc) dorer/argenter etc. ◆ **plateful** n assiettée f, assiette f. ◆ **plate-glass 1** n verre m à vitre très épais ; **2** adj: ~**-glass window** baie f vitrée. ◆ **platelayer** n (Rail) poseur m de rails. ◆ **plate-rack** n égouttoir m. ◆ **plate-warmer** n chauffe-assiettes m inv.

plateau ['plætəʊ] n plateau m (Geog).

platform ['plætfɔːm] **1** n (on bus, scales, in scaffolding etc) plate-forme f; (for band, in hall) estrade f; (Rail) quai m. **he was on the** ~ **at the meeting** il était sur l'estrade or il était à la tribune lors de la réunion. **2** adj: **the** ~ **party** la tribune; ~ **scales** (balance f à) bascule f; ~ **soles** semelles fpl compensées; ~ **ticket** billet m de quai.

platinum ['plætɪnəm] n platine m. ◆ **blond(e)** (adj) platiné.

platitude ['plætɪtjuːd] n platitude f.

platonic [plə'tɒnɪk] adj platonique.

platoon [plə'tuːn] n (Mil) section f.

platter ['plætə'] n plat m.

plausible ['plɔːzəbl] adj argument plausible; person convaincant. ◆ **plausibility** n plausibilité f. ◆ **plausibly** adv plausiblement.

play [pleɪ] **1** n (**a**) (amusement) jeu m. **the children were at** ~ les enfants jouaient or s'amusaient; **to say sth in** ~ dire qch par jeu; **a** ~ **on words** un jeu de mots; (Sport) **there was some good** ~ **in the second half** il y a eu du beau jeu à la deuxième mi-temps; **in/out of** ~ ball en/hors jeu; ~ **starts at 11 o'clock** le match commence à 11 heures; (fig) **to make a** ~ **for sth** tout faire pour avoir qch; **to bring** or **call sth into** ~ faire entrer qch en jeu; **to make great** ~ **with sth** faire grand cas de qch. (**b**) (Tech etc) jeu m. **too much** ~ **in the clutch** trop de jeu dans l'embrayage; (fig) **to give full** or **free** ~ **to sth** donner libre cours à. (**c**) (Theat) pièce f (de théâtre). **to go to (see) a** ~ aller au théâtre; **radio** ~ pièce radiophonique; **television** ~ dramatique f.
2 vt (**a**) game, cards jouer à; card, chesspiece jouer; opponent, opposing team jouer contre; match disputer (against avec). **England will be** ~**ing Smith in the team** l'Angleterre a sélectionné Smith pour l'équipe; **the match will be** ~**ed on Saturday** le match aura lieu samedi; **to** ~ **the game, to** ~ **fair** (Sport etc) jouer franc jeu; (fig) jouer le jeu; **don't** ~ **games with me!** ne vous moquez pas de moi!; **to** ~ **soldiers** jouer aux soldats; **he** ~**ed the ball into the net** il a mis la balle dans le filet; (fig) **to** ~ **ball** * coopérer (with sb avec qn); (Cards) **to** ~ **hearts** jouer cœur; **to** ~ **one's ace** jouer son as; (fig) **to** ~ **one's cards well** or **right** bien jouer son jeu; **to** ~ **a fish** fatiguer un poisson; (St Ex) **to** ~ **the market** jouer à la Bourse; (fig) **to** ~ **the field** * jouer sur plusieurs tableaux; (fig) **to** ~ **it cool** * garder son sang-froid; **to** ~ **a joke** or **trick on sb** jouer un tour à qn. (**b**) (Theat etc) jouer. **let's** ~ **it for laughs** * jouons-le en farce; (lit, fig) **to** ~ **one's part well** bien jouer; (fig) **he was only** ~**ing a part** il jouait la comédie; (fig) **to** ~ **a part in sth** contribuer à qch; (fig) **he** ~**ed no part in it** il n'y était pour rien;

to ~ **the fool** faire l'imbécile. **(c)** *(Mus etc) instrument* jouer de; *note, tune, concerto* jouer; *record* passer; *radio* faire marcher. **they were ~ing Beethoven** ils jouaient du Beethoven. **(d)** *hose, searchlight* diriger *(on sur)*.
3 *vi* **(a)** *(gen)* jouer; *[lambs etc]* folâtrer; *[light, fountain]* jouer *(on sur)*. **to ~ at chess** jouer aux échecs; **to ~ with sth** jouer avec qch; *(fiddle with it)* tripoter qch; **he just ~s at being a soldier** il ne prend pas au sérieux son métier de soldat; **to ~ at soldiers** jouer aux soldats; **to ~ for money/matches** jouer de l'argent/des allumettes; *(lit, fig)* **to ~ for high stakes** jouer gros jeu; *(fig)* **to ~ with fire** jouer avec le feu; *(fig)* **to ~ for time** essayer de gagner du temps; **to ~ hard to get** * se faire désirer; **to ~ fast and loose with sb** traiter qn à la légère; **to ~ into sb's hands** faire le jeu de qn; **he's just ~ing with you** il vous fait marcher; **to ~ with an idea** caresser une idée. **(b)** *(Mus)* jouer; *[radio]* marcher. **to ~ on the piano** jouer du piano. **(c)** *(Theat etc)* jouer. *(fig)* **to ~ dead** faire le mort.
♦ play about, play around *vi [children etc]* jouer, s'amuser. **to ~ about** *or* **around with sth** *(fiddle with it)* tripoter qch. **♦ play along 1** *vi (fig)* **to ~ along with sb** entrer dans le jeu de qn. **2** *vt sep (fig)* **to ~ sb along** tenir qn en haleine. **♦ play back** *vt sep tape* (ré)écouter, repasser. **♦ play down** *vt sep effect* minimiser; *situation* dédramatiser. **♦ play off** *vt sep (fig)* **to ~ off A against B** monter A contre B (pour en tirer profit). **(b)** *(Sport)* **to ~ a match off** jouer la belle. **♦ play on** *vt fus sb's credulity, good nature* jouer sur. **to ~ on sb's nerves** agacer qn. **♦ play out** *vt sep:* **to be ~ed out** * *[person]* être éreinté *; *[argument]* être périmé. **♦ play over, play through** *vt sep music* jouer. **♦ play up 1** *vi* **(a)** *(*: give trouble) [engine, child]* faire des siennes. **his leg is ~ing up** sa jambe le tracasse. **(b)** *(curry favour with)* **to ~ up to sb** chercher à se faire bien voir de qn. **2** *vt sep:* **his leg is ~ing him up** sa jambe le tracasse; **that boy ~s his father up** ce garçon en fait voir à son père.
♦ playact *vi* jouer la comédie *(fig)*. **♦ playacting** *n* comédie *f (fig)*. **♦ playback** *n* lecture *f*. **♦ playbill** *n* affiche *f* (de théâtre). **♦ playboy** *n* playboy *m*. **♦ play-by-play** *adj account (Sport)* suivi; *(fig)* circonstancié. **♦ player** *n* **(a)** *(Sport)* joueur *m*, -euse *f*; *football* ~**er** joueur de football; **(b)** *(Theat)* acteur *m*, -trice *f*; **(c)** *(Mus)* musicien(ne) *m(f)*; *flute* ~**er** joueur *m*, -euse *f* de flûte. **♦ playful** *adj* espiègle. **♦ playfully** *adv* avec espièglerie. **♦ playfulness** *n* espièglerie *f*. **♦ playgoer** *n* amateur *m* de théâtre. **♦ playground** *n* cour *f* de récréation. **♦ playgroup** *or* **♦ playschool** *n* ≃ garderie *f*. **♦ playhouse** *n (Theat)* théâtre *m*; *(for children)* maison *f* (pliante). **♦ playing 1** *n*: **some fine** ~**ing** *(Sport)* du beau jeu; *(Mus)* des passages bien joués ; **2** *adj*: ~**ing card** carte *f* à jouer; ~**ing field** terrain *m* de jeu *or* de sport. **♦ playmate** *or* **♦ playfellow** *n* petit(e) camarade *m(f)*. **♦ play-off** *n (Sport) (after a tie)* belle *f*; *(US: final)* finale *f* de championnat. **♦ playpen** *n* parc *m* (pour petits enfants). **♦ play-reading** *n* lecture *f* d'une pièce (de théâtre). **♦ playroom** *n* salle *f* de jeux *(pour enfants)*. **♦ plaything** *n (lit, fig)* jouet *m*. **♦ playtime** *n (Scol)* récréation *f*. **♦ playwright** *n* auteur *m* dramatique.

plaza ['plɑːzə] *n (US) (square)* (grand-)place *f*; *(motorway services)* aire *f* de service; *(toll)* péage *m* (d'autoroute); *(parking area)* aire *f* de stationnement.

plea [pliː] *n* **(a)** *(excuse)* excuse *f*; *(claim)* allégation *f*; *(entreaty)* appel *m (for* à). **(b)** *(Jur) (statement)* argument *m*; *(defence)* défense *f*. **to put forward a ~ of self-defence** plaider la légitime défense; ~ **bargaining** négociations entre le juge et l'avocat de la défense pour réduire la gravité des charges.

plead [pliːd] *pret, ptp* **pleaded** *or (*: esp US)* **pled**
1 *vi* **(a)** **to ~ with sb to do** supplier *or* implorer qn de faire; **to ~ for sth** *(beg for)* implorer qch; *(make speech in favour of)* plaider pour qch; **he ~ed for help** il a imploré *or* supplié qu'on l'aide *(subj)*. **(b)** *(Jur)* plaider *(for* pour, en faveur de; *against* contre). **to ~ guilty/not guilty** plaider coupable/non coupable. **2** *vt* **(a)** *(Jur etc: argue)* plaider. *(Jur)* **to ~ sb's case**, *(fig)* **to ~ sb's cause** plaider la cause de qn. **(b)** *(give as excuse)* ignorance *etc* alléguer, invoquer; *(Jur)* insanity *etc* plaider. **♦ pleading 1** *n* prières *fpl (for sb* en faveur de qn) ; **2** *adj* suppliant. **♦ pleadingly** *adv* d'un air suppliant.

pleasant ['plezənt] *adj person (attractive)* sympathique, charmant; *(polite)* aimable. **to have a ~ time** passer un bon moment; **it's very ~ here** on est bien ici. **♦ pleasantly** *adv (gen)* agréablement; *behave, smile, answer* aimablement. **♦ pleasantness** *n [person, manner]* amabilité *f*; *[place, house]* charme *m*. **♦ pleasantry** *n (joke)* plaisanterie *f*; *(polite remarks)* ~**ries** propos *mpl* aimables.

please [pliːz] **1** *adv* s'il vous plaît, s'il te plaît. **yes ~** oui s'il vous plaît; **come in ~** entrez, je vous prie; *(more formally)* veuillez entrer; *(notice)* ~ **do not smoke** prière de ne pas fumer; ~ **do!** je vous en prie!, mais bien sûr!; ~ **don't!** ne faites pas ça s'il vous plaît!
2 *vi* **(a)** *(think fit)* **do as you ~!** faites comme vous voulez *or* comme bon vous semble; **as you ~!** comme vous voulez!; **as many as you ~** autant qu'il vous plaira. **(b)** *[gift etc]* plaire, faire plaisir. **our aim is to ~** nous ne cherchons qu'à satisfaire; **anxious to ~** désireux de plaire.
3 *vt* **(a)** *(give pleasure to)* plaire à, faire plaisir à; *(satisfy)* satisfaire, contenter. **I did it just to ~ you** je ne l'ai fait que pour te faire plaisir; **that will ~ him** ça va lui faire plaisir, il va être content; **easy/hard to ~** facile/difficile à satisfaire; **there's no pleasing him** il n'y a jamais moyen de le contenter *or* de le satisfaire. **(b)** **to ~ o.s.** faire comme on veut; ~ **yourself!** comme vous voulez!; **you must ~ yourself whether...** c'est à vous de décider si...
♦ pleased *adj* content *(with* de; *to do* de faire; *that* que + *subj)*; **as ~d as Punch** heureux comme tout; ~**d to meet you!** * enchanté!; **we are ~d to inform you that...** nous avons le plaisir de vous informer que... **♦ pleasing** *adj personality* sympathique; *sight, news* qui fait plaisir, agréable. **♦ pleasingly** *adv* agréablement.

pleasure ['pleʒəʳ] **1** *n* **(a)** plaisir *m*. **with ~** *(willingly)* avec plaisir, volontiers; **it's a ~!** je vous en prie!; **it's a ~ to see you** quel plaisir de vous voir!; **it gave me much ~ to hear that...** cela m'a fait grand plaisir d'apprendre que...; **to find/take great ~ in (doing) sth** trouver/prendre beaucoup de plaisir à (faire) qch; **a life of ~** une vie de plaisirs. **(b)** **at ~** à volonté; **at your ~** à votre gré; *(Comm)* **we await your ~** nous attendons votre décision. **2** *adj*: ~ **boat** bateau *m* de plaisance; ~ **cruise** croisière *f*; *(short)* promenade *f* en bateau. **♦ pleasurable** *adj* (très) agréable. **♦ pleasurably** *adv* (très) agréablement.

pleat [pliːt] **1** *n* pli *m*. **2** *vt* plisser.

plebeian [plɪˈbiːən] *adj, n* plébéien(ne) *m(f)*.

plebiscite ['plebɪsɪt] *n* plébiscite *m*. **to hold a ~** faire un plébiscite.

pledge [pledʒ] **1** *n* **(a)** *(security, token)* gage *m*. **(b)** *(promise)* engagement *m (to do* de faire); *(agreement)* pacte *m*. **to be under a ~ of secrecy** avoir promis de garder le secret; *(fig)* **to sign the ~** faire vœu de tempérance. **2** *vt* **(a)** *(Jur etc)* mettre en gage. **(b)** *(promise)* promettre *(sth* qch; *to do* de faire); *(vow)* faire vœu *(to do* de faire). **to ~ sb to secrecy** faire promettre le secret à qn. **(c)** *(toast)* boire à la santé de.

plenary ['pli:n(ə)rɪ] *adj* power absolu; *assembly* plénier. **in ~ session** en séance plénière.

plenipotentiary [,plenɪpə'tenʃ(ə)rɪ] *adj* plénipotentiaire.

plenty ['plentɪ] *n* (a) abondance *f*. **in ~** *grow* en abondance; *live* dans l'abondance; **land of ~** pays *m* de cocagne. (b) **~ of** *(lots of)* beaucoup de; *(enough)* bien assez de; **I've got ~** j'en ai bien assez; **he's got ~ of friends** il a beaucoup d'amis; **10 is ~** 10 suffisent (largement *or* amplement); **that's ~** ça suffit (amplement). ◆ **plenteous** *or* ◆ **plentiful** *adj harvest, food* abondant; *meal, amount* copieux; **eggs are plentiful** il y a une abondance d'œufs.

pleurisy ['plʊərɪsɪ] *n* pleurésie *f*.

pliable ['plaɪəbl] *adj substance* flexible; *person* docile. ◆ **pliability** *n* flexibilité *f*; docilité *f*.

pliers ['plaɪəz] *npl*: **(pair of) ~** pince(s) *f(pl)*, tenailles *fpl*.

plight [plaɪt] *n* triste situation *f*. **the country's economic ~** les difficultés *fpl* économiques du pays.

plimsoll ['plɪmsəl] *n (Brit)* (chaussure *f* de) tennis *f*.

plink [plɪŋk] *vi (sound)* tinter.

plinth [plɪnθ] *n* plinthe *f*.

plod [plɒd] *vi*: **to ~ in/out** *etc* entrer/sortir *etc* d'un pas lent *or* lourd; *(fig)* **we must ~ on** il faut persévérer; *(fig)* **he was ~ding through his maths** il faisait méthodiquement son devoir de maths. ◆ **plodder** *n* bûcheur * *m*, -euse * *f*. ◆ **plodding** *adj step* pesant; *worker* bûcheur *.

plonk [plɒŋk] *n* (* *: cheap wine)* vin *m* ordinaire. **2** *adv*: **~ in the middle of** au beau milieu de. **3** *vt* **(~ down)** poser (bruyamment). **to ~ o.s. down** se laisser tomber.

plop [plɒp] **1** *n* plouf *m*. **2** *vi [stone]* faire plouf; *[raindrops]* faire flic flac.

plosive ['pləʊsɪv] *(Ling)* **1** *adj* explosif. **2** *n* consonne *f* explosive.

plot [plɒt] **1** *n* (a) *(ground)* terrain *m*, lotissement *m*. **~ of grass** gazon *m*; **building ~** terrain à bâtir; **the vegetable ~** le carré des légumes. (b) *(conspiracy)* complot *m* (**against** contre; **to do** pour faire). (c) *(Literat, Theat)* intrigue *f*. *(fig)* **the ~ thickens** l'affaire se corse. **2** *vt* (a) **(~ out)** *course, route* déterminer; *graph, curve* tracer point par point; *boundary, piece of land* relever. *(Naut)* **to ~ one's position on the map** pointer la carte. (b) *(conspire)* *sb's death etc* comploter *(to do* de faire). ◆ **plotter** *n* conspirateur *m*, -trice *f*; *(Comput)* traceur *m* (de courbes). ◆ **plotting** *n* complots *mpl*.

plough [plaʊ] **1** *n* charrue *f*. **2** *vt field* labourer; *furrow* creuser. **3** *vi* (a) *(Agr)* labourer. (b) *(fig)* **to ~ (one's way) through the mud** avancer péniblement dans la boue; **the car ~ed through the fence** la voiture a défoncé la barrière; **to ~ through a book** lire un livre méthodiquement. ◆ **plough back** *vt sep profits* réinvestir *(into* dans). ◆ **plough up** *vt sep (lit, fig)* labourer. ◆ **ploughing** *n* labour *m*; *[field etc]* labourage *m*; *(fig)* **the ~ing back of profits** le réinvestissement des bénéfices. ◆ **ploughman** *n* laboureur *m*; **~man's (lunch)** ≃ sandwich *m* (au fromage).

plover ['plʌvə'] *n* pluvier *m*.

plow [plaʊ] *(US)* = **plough**.

ploy * [plɔɪ] *n* stratagème *m* (*to do* pour faire).

pluck [plʌk] **1** *n* *(courage)* courage *m*, cran * *m*. **2** *vt fruit, flower* cueillir; *(Mus) strings* pincer; *guitar* pincer les cordes de; *(Culin) bird* plumer. **to ~ one's eyebrows** s'épiler les sourcils. **3** *vi*: **to ~ at sb's sleeve** tirer qn doucement par la manche. ◆ **pluck off, pluck out** *vt sep feathers* arracher; *(gen)* enlever. ◆ **pluck up** *vt sep*: **he ~ed up (the) courage to tell her** il a pris son courage à deux mains et le lui a dit. ◆ **pluckily** *adv* avec cran *,

courageusement. ◆ **plucky** *adj* courageux, qui a du cran *.

plug [plʌg] **1** *n* (a) *[bath, basin, barrel]* bonde *f*; *(to stop a leak)* tampon *m*; *(stopper)* bouchon *m*; *[volcano]* culot *m*. *(in lavatory)* **to pull the ~** tirer la chasse d'eau. (b) *(Elec)* prise *f* (de courant); *[switchboard]* fiche *f*; *(Aut: sparking ~)* bougie *f*. (c) *(*: publicity)* publicité *f* (indirecte). **to give sth/sb a ~** * donner un coup de pouce (publicitaire) à qch/qn. (d) *(US: tobacco) (smoking)* carotte *f*; *(chewing)* chique *f*. **2** *vt* (a) **(~ up)** *hole, jar* boucher; *leak* colmater; *tooth* obturer *(with* avec). (b) *(*: publicize)* faire de la publicité pour. ◆ **plug away** *vi* travailler méthodiquement *(at sth* pour faire qch). **he was ~ging away at his maths** il bûchait * ses maths. ◆ **plug in** *(Elec)* **1** *vi* se brancher. **2** *vt sep* brancher. ◆ **plughole** *n* vidange *f*; **it went down the ~hole** c'est tombé dans le trou (du lavabo *etc*).

plum [plʌm] **1** *n* prune *f*; *(tree)* prunier *m*. *(choice thing)* **the ~** * le meilleur. **2** *adj* (a) **(~-coloured)** prune *inv*. (b) *(*: best)* **the ~ job** le meilleur travail; **a ~ job** un boulot * en or. ◆ **plum pudding** *n* (plum-)pudding *m*.

plumb [plʌm] **1** *n* plomb *m*. **2** *adj* vertical, d'aplomb. **3** *adv* en plein. **~ in the middle of** en plein milieu de. **4** *vt* (a) sonder. **to ~ the depths** *(lit)* sonder les profondeurs; *(fig)* toucher le fond du désespoir. (b) **to ~ in a machine** faire le raccordement d'une machine. ◆ **plumber** *n* plombier *m*; *(US)* **~er's helper** (débouchoir *m* à) ventouse *f*. ◆ **plumbing** *n* plomberie *f*. ◆ **plumbline** *n* fil *m* à plomb; *(Naut)* sonde *f*.

plume [plu:m] *n* plumet *m*; *(larger)* panache *m* *(also of smoke)*.

plummet ['plʌmɪt] *vi [aircraft, bird]* descendre à pic; *[temperature, prices, sales]* baisser brusquement; *[spirits, morale]* tomber à zéro.

plump¹ [plʌmp] **1** *adj person* rondelet; *child, hand, arm* potelé; *cheek, face, cushion* rebondi; *chicken* dodu. **2** *vt* **(~ up)** *pillow* tapoter. ◆ **plumpness** *n [person]* rondeur *f*.

plump² [plʌmp] **1** *vt* **(~ down)** flanquer *. **2** *adv* en plein, exactement. **~ in the middle of** en plein milieu de. ◆ **plump down** *vi (also ~ o.s. down)* s'affaler. ◆ **plump for** *vt fus* se décider pour.

plunder ['plʌndə'] **1** *n (act)* pillage *m*; *(loot)* butin *m*. **2** *vt* piller. ◆ **plunderer** *n* pillard *m*. ◆ **plundering 1** *n* pillage *m* ; **2** *adj* pillard.

plunge [plʌn(d)ʒ] **1** *n (gen)* plongeon *m*; *(steep fall)* chute *f*; *(rash investment)* spéculation *f* hasardeuse *(on* sur). *(fig)* **to take the ~** se jeter à l'eau, sauter le pas. **2** *vt* plonger *(into* dans). **3** *vi* (a) *(dive: gen)* plonger *(into* dans; *from* de); *[ship]* piquer de l'avant; *(fig) [person]* se lancer *(into* dans). (b) *(fall: gen)* tomber *(from* de). **the plane ~d to the ground/into the sea** l'avion s'est écrasé au sol/abîmé dans la mer. (c) *(rush)* **to ~ in/out** *etc* entrer/sortir *etc* précipitamment. ◆ **plunger** *n (for blocked pipe)* (débouchoir *m* à) ventouse *f*.

pluperfect ['plu:'pɜ:fɪkt] *n* plus-que-parfait *m*.

plural ['plʊər(ə)l] **1** *adj form* pluriel, du pluriel; *verb, noun* au pluriel. **2** *n (Gram)* pluriel *m*. **in the ~** au pluriel.

plus [plʌs] **1** *prep* plus. **2** *adj (Elec, Math)* positif. *(fig)* **a ~ factor** un atout; **10-~ hours** plus de 10 heures. **3** *n (Math)* (signe *m*) plus *m*; *(fig: advantage)* atout *m*. *(of situation)* **the ~es** les côtés positifs.

plush [plʌʃ] **1** *n (Tex)* peluche *f*. **2** *adj (*)* *hotel etc* somptueux.

Pluto ['plu:təʊ] *n (Astron)* Pluton *f*; *(Myth)* Pluton *m*.

plutocracy [,plu:'tɒkrəsɪ] *n* ploutocratie *f*. ◆ **plutocrat** *n* ploutocrate *m*.

plutonium [pluˈtəʊnɪəm] *n* plutonium *m*.

ply¹ [plaɪ] *n*: **three-~ wool** laine *f* trois fils. ◆ **ply-wood** *n* contre-plaqué *m*.

ply² [plaɪ] **1** *vt needle, tool, oar* manier; *river* naviguer sur. **to ~ one's trade** exercer son métier (*as* de); **to ~ sb with questions** presser qn de questions; **he plied them with drink** il ne cessait de remplir leur verre. **2** *vi*: **to ~ between** faire la navette entre; **to ~ for hire** faire un service de taxi.

pneumatic [njuːˈmætɪk] *adj* pneumatique. **~ drill** marteau-piqueur *m*.

pneumonia [njuːˈməʊnɪə] *n* (*Med*) pneumonie *f*.

poach¹ [pəʊtʃ] *vt* (*Culin*) pocher. **~ed eggs** œufs *mpl* pochés. ◆ **poacher**¹ *n* pocheuse *f*.

poach² [pəʊtʃ] *vti* braconner. **to ~ for salmon** braconner du saumon; (*fig*) **to ~ on sb's preserves** braconner sur les terres de qn. ◆ **poacher**² *n* braconnier *m*. ◆ **poaching** *n* braconnage *m*.

pocket [ˈpɒkɪt] **1** *n* poche *f*. **with his hands in his ~s** les mains dans les poches; **to go through sb's ~s** faire les poches à qn; (*fig*) **to put one's hand in one's ~** débourser; **it put £100 in his ~** cela lui a rapporté 100 livres; **to have sb/sth in one's ~** avoir qn/qch dans sa poche; **to line one's ~s** se remplir les poches; **to be out of ~** en être de sa poche; **I was £5 in/out of ~** j'avais fait un bénéfice/essuyé une perte de 5 livres; **air ~** trou *m* d'air; **~ of gas/resistance** poche de gaz/de résistance. **2** *adj flask, edition* de poche. **~ calculator** calculette *f*. **3** *vt* empocher (*also fig: gain, steal*); (*fig*) **one's pride** mettre dans sa poche. ◆ **pocketbook** *n* (*wallet*) portefeuille *m*; (*notebook*) calepin *m*; (*US: book*) livre *m* de poche. ◆ **pocketful** *n* poche *f* pleine. ◆ **pocket-handkerchief 1** *n* mouchoir *m* de poche; **2** *adj* grand comme un mouchoir de poche. ◆ **pocket-knife** *n* canif *m*. ◆ **pocket-money** *n* argent *m* de poche. ◆ **pocket-size(d)** *adj* (*fig*) tout petit.

pock-marked [ˈpɒkmɑːkt] *adj face* grêlé; *surface* criblé de petits trous.

pod [pɒd] *n* [*bean, pea etc*] cosse *f*.

podgy * [ˈpɒdʒɪ] *adj* rondelet.

podiatry [pɒˈdiːətrɪ] *n* (*US*) soins *mpl* du pied. ◆ **podiatrist** *n* pédicure *mf*.

poem [ˈpəʊɪm] *n* poème *m*. ◆ **poet** *n* poète *m*. ◆ **poetess** *n* poétesse *f*. ◆ **poetic** *adj* poétique; **it's poetic justice** il y a une justice immanente. ◆ **poetically** *adv* poétiquement. ◆ **poetry** *n* poésie *f*; **to write poetry** écrire des poèmes. ◆ **poetry-reading** *n* lecture *f* de poèmes.

poignant [ˈpɔɪnjənt] *adj* poignant. ◆ **poignancy** *n* caractère *m* poignant. ◆ **poignantly** *adv* d'une manière poignante.

point [pɔɪnt] **1** *n* **(a)** [*pencil, knife etc*] pointe *f*; (*Geog*) pointe, cap *m*. **with a sharp ~** très pointu; (*fig*) **not to put too fine a ~ on it** pour dire les choses comme elles sont; **star with 5 ~s** étoile à 5 branches *fpl*; (*Ballet*) **to be on ~s** faire des pointes; **at the ~ of a sword/revolver** à la pointe de l'épée/sous la menace du revolver. **(b)** (*dot: gen*) point *m*; (*decimal ~*) virgule *f* (décimale). **3 ~ 6 (3.6)** 3 virgule 6 (3,6); (*Geom*) **~ A** le point A. **(c)** (*on scale, in space, in time*) point *m*. **from that ~ onwards** (*in space*) à partir de là; (*in time*) à partir de ce moment-là; **at this** *or* **that ~** (*in space*) à cet endroit-là; (*in time*) à ce moment-là; **at this ~ in time** en ce moment; **~ of the compass** aire *f* de vent; **from all ~s (of the compass)** de tous côtés; **the train stops at Slough, and all ~s west** le train s'arrête à Slough et dans toutes les gares à l'ouest de Slough; **~ of departure/entry** point de départ/d'arrivée; **~ of sale** point *m* de vente; **from that ~ of view** de ce point de vue; **at that ~ in the road** à cet endroit de la route; (*Brit Elec*) **wall** *or*

power ~ prise *f* de courant (*femelle*); **boiling/freezing ~** point d'ébullition/de congélation; **full to bursting ~** plein à craquer; **to be on the ~ of doing** être sur le point de faire; **the ~ of no return** le point de non-retour; (*fig*) **up to a ~** jusqu'à un certain point; **when it comes to the ~** en fin de compte; **when it came to the ~ of paying** quand le moment de payer est arrivé; **severe to the ~ of cruelty** sévère au point d'être cruel.

(d) (*counting unit: Scol, Sport, St Ex, Typ; also on scale*) point *m*; (*on thermometer*) degré *m*. (*Boxing*) **on ~s** aux points; **to go up 2 ~s** augmenter de 2 points.

(e) (*subject, item*) point *m*. **the ~ at issue** la question qui nous (*or* les *etc*) concerne; **~ of interest** point intéressant; **just as a ~ of interest, did you...?** à titre d'information, est-ce que c'est...?; **12-~ plan** plan *m* en 12 points; **a ~ of detail/law/honour** *etc* un point de détail/de droit/d'honneur *etc*; **on a ~ of principle** sur une question de principe; **in ~ of fact** en fait, à vrai dire; **~ by ~** point par point; **to make a ~** faire une remarque; **to make the ~ that** faire remarquer que; **you've made your ~!** (*had your say*) vous avez dit ce que vous aviez à dire!; (*convinced me*) vous m'avez convaincu!; **I take your ~** je vois où vous voulez en venir; **~ taken!, you have a ~ there!** c'est juste! ; **to win one's ~** avoir gain de cause; **he gave me a few ~s on what to do** il m'a donné quelques conseils sur ce que je devais faire.

(f) (*important part, main idea etc*) [*argument etc*] point *m* essentiel; [*joke etc*] astuce *f*; (*meaning, purpose*) intérêt *m*, sens *m*; (*relevance*) pertinence *f*. **there's no ~ in waiting** cela ne sert à rien d'attendre; **what's the ~ of** *or* **in waiting?** à quoi bon attendre?; **I don't see any ~ in doing that** je ne vois aucun intérêt à faire cela; **the ~ is that...** le fait est que..., c'est que...; **the whole ~ was...** tout l'intérêt était...; **that's the (whole) ~!** justement!; **that's not the ~** il ne s'agit pas de cela; **beside the ~** à côté de la question; **off the ~** hors de propos; **very much to the ~** très pertinent; **the ~ of this story is that...** là où je veux en venir avec cette histoire, c'est que...; **a long story that seemed to have no ~ at all** une longue histoire qui ne rimait à rien; **I missed the ~ of that joke** je n'ai pas compris l'astuce; **you've missed the whole ~!** vous n'avez rien compris!; **to see** *or* **get the ~** comprendre, saisir; **to come to the ~** en venir au fait; **let's get back to the ~** revenons à ce qui nous préoccupe; **to keep** *or* **stick to the ~** rester dans le sujet; **to make a ~ of doing** ne pas manquer de faire.

(g) (*characteristic*) **good ~s** qualités *fpl*; **bad ~s** défauts *mpl*; **his strong ~** son fort; **he has his ~s** il a certaines qualités; **the ~s to look for when buying...** les détails *mpl* qu'il faut prendre en considération lors de l'achat de...

(h) (*Rail*) **~s** aiguilles *fpl*.

2 *adj* (*Police etc*) **to be on ~ duty** diriger la circulation.

3 *vt* **(a)** (*direct*) *telescope, hosepipe etc* pointer, diriger (*on* sur); *gun* braquer (*at* sur). **he ~ed his finger at me** il m'a montré du doigt. **(b)** (*mark, show*) montrer, indiquer; (*fig*) **it ~s the way to...** cela montre la voie pour...; (*fig*) **to ~ the moral** souligner la morale. **(c)** (*Constr*) *wall* jointoyer (*with* de).

4 *vi* **(a)** **to ~ at sth/sb** montrer qch/qn du doigt; (*fig*) **I want to ~ to one or two facts** je veux attirer votre attention sur un ou deux faits; **all the evidence ~s to him** *or* **to his guilt** tous les témoignages l'accusent; **it all ~s to the fact that...** tout laisse à penser que...; **everything ~s that way** tout nous amène à cette conclusion. **(b)** [*signpost*] indiquer la direction (*towards* de); [*gun*] être braqué (*at* sur); [*vehicle etc*] être tourné (*towards* vers). [*needle, clock-hand*] **to be ~ing to sth** indiquer qch. ◆ **point**

out *vt sep* (**a**) *(show)* montrer, indiquer *(to sb* à qn). (**b**) *(mention)* faire remarquer *(that* que). **to ~ sth out to sb** signaler qch à qn; **I should ~ out that...** je dois vous dire que... ◆ **point up** *vt sep* mettre en évidence.

◆ **point-blank 1** *adj shot* à bout portant; *refusal* catégorique; *request* de but en blanc; **at ~-blank range** à bout portant ; **2** *adv* à bout portant; catégoriquement; *refuse* de but en blanc. ◆ **point-by-point** *adj account etc* méthodique. ◆ **pointed** *adj* *(gen)* pointu; *beard* en pointe; *arch* en ogive; *remark* lourd de sens. ◆ **pointedly** *adv reply* d'une manière significative; *say* d'un ton plein de sous-entendus. ◆ **pointer** *n* (**a**) *(stick)* baguette *f*; *(on scale) (indicator)* index *m*; *(needle)* aiguille *f*; *(on screen: arrow)* flèche *f* lumineuse; *(clue, indication)* indice *m* *(to* de); *(piece of advice)* conseil *m* *(on* sur); *(fig)* **this is a ~er to...** ceci laisse entrevoir...; (**b**) *(dog)* chien *m* d'arrêt. ◆ **pointing** *n (Constr)* jointoiement *m*. ◆ **pointless** *adj attempt, task, suffering* inutile, vain; *existence* dénué de sens; *murder* gratuit; *explanation, joke, story* qui ne rime à rien; **it is ~less to complain** il ne sert à rien de se plaindre. ◆ **pointlessly** *adv try, work, suffer* inutilement; *kill* sans raison. ◆ **pointlessness** *n [task]* inutilité *f*; *[murder]* gratuité *f*.

poise [pɔɪz] **1** *n (balance)* équilibre *m*; *(carriage)* maintien *m*; *(self-confidence)* assurance *f*; *(grace)* grâce *f*. **2** *vt (balance)* mettre en équilibre; *(hold balanced)* tenir en équilibre. **to be ~d** *(balanced)* être en équilibre; *(held, hanging, hovering)* être suspendu (en l'air); **~d ready to attack** tout prêt à attaquer; *(fig)* **~d on the brink of success** au bord de la réussite.

poison [pɔɪzn] **1** *n (lit, fig)* poison *m*; *[snake]* venin *m*. **to take ~** s'empoisonner; **to die of ~** mourir empoisonné; **they hate each other like ~** ils ne peuvent pas se sentir *. **2** *adj gas* toxique. **~ ivy** sumac *m* vénéneux. **a ~ed foot** un pied infecté; **it's ~ing his system** cela l'intoxique; **to ~ sb's mind** *(corrupt)* corrompre qn; *(instil doubts)* faire douter qn *(against sb* de qn). ◆ **poisoner** *n* empoisonneur *m*, -euse *f (lit)*. ◆ **poisoning** *n (V poison 3)* empoisonnement *m*; intoxication *f*; **to die of ~ing** mourir empoisonné; **arsenic ~ing** empoisonnement à l'arsenic. ◆ **poisonous** *adj snake* venimeux; *plant* vénéneux; *gas, fumes, substance* toxique; *(fig) rumours, doctrine* pernicieux; (*) *person* ignoble; (*) *coffee etc* infect.

poke [pəʊk] **1** *n (push)* poussée *f*; *(jab)* petit coup *m (de coude etc)*; *(US *: punch)* coup de poing. **I got a ~ in the eye from his umbrella** j'ai reçu son parapluie dans l'œil. **2** *vt (with elbow, finger, stick etc)* donner un coup de coude (*or* avec le doigt *or* de canne) à; *(US *: punch)* donner un coup de poing à; *(thrust) stick, finger etc* enfoncer *(into* dans; *through* à travers); *rag etc* fourrer *(into* dans); *fire* tisonner. **he ~d me with his umbrella** il m'a donné un petit coup de parapluie; **he ~d his finger in her eye** il lui a mis le doigt dans l'œil; **he ~d me in the ribs** il m'a enfoncé son coude (*or* son doigt *etc*) dans les côtes; **to ~ one's head out of the window** passer la tête par la fenêtre; *(fig)* **to ~ one's nose into sth *** fourrer le nez dans qch. **3** *vi* (**a**) *(~ out)* sortir, dépasser *(from, through* de). (**b**) **to ~ about** *or* **around in sth** fourrager *or* fouiner *(pej)* dans qch. ◆ **poker¹** *n* tisonnier *m*. ◆ **pokerwork** *n* pyrogravure *f*.

poker² ['pəʊkəʳ] *n (Cards)* poker *m*. ◆ **poker-faced** *adj* au visage impassible.

poky ['pəʊkɪ] *adj (pej)* exigu et sombre.

Poland ['pəʊlənd] *n* Pologne *f*. ◆ **Pole** *n* Polonais(e) *m(f)*. ◆ **Polish 1** *adj* polonais ; **2** *n (Ling)* polonais *m*.

polar ['pəʊləʳ] *adj (Elec, Geog)* polaire. **~ bear** ours *m* blanc. ◆ **polarity** *n* polarité *f*. ◆ **polarization**

n polarisation *f*. ◆ **polarize** *vt (lit, fig)* polariser. ◆ **Polaroid** ® *n (also* **P~oid camera**) *(appareil m)* Polaroïd *m*; *(also* **P~oid print**) photo *f* Polaroïd.

pole¹ [pəʊl] **1** *n (gen)* perche *f*; *(telegraph ~ ; in fences etc)* poteau *m*; *(flag ~; tent ~)* mât *m*; *(curtain ~)* tringle *f*; *(rod; also for vaulting, punting)* perche. *(fig)* **up the ~ *** *(mad)* qui déraille *; *(mistaken)* qui se fiche dedans *. **2** *adj:* **~ vault(ing)** saut *m* à la perche. ◆ **poleax(e)** *vt person* terrasser.

pole² [pəʊl] **1** *n (Elec, Geog)* pôle *m*. **North/South P~** pôle Nord/Sud; **from ~ to ~** d'un pôle à l'autre; *(fig)* **they are ~s apart** ils sont aux antipodes (l'un de l'autre). **2** *adj:* **~ star** étoile *f* polaire.

polemic [pɒˈlemɪk] *n* polémique *f*.

police [pəˈliːs] **1** *n (organization)* ≃ police *f (gen in towns)*, gendarmerie *f (throughout France)*. **the ~** la police, les gendarmes *mpl*; **to join the ~** entrer dans la police; **river/railway ~** police fluviale/des chemins de fer; **the ~ are on his track** la police est sur sa piste. **2** *adj escort, vehicle, protection, inquiry* de la police *or* de la gendarmerie. **~ car** voiture *f* de police *or* de la gendarmerie; *(Brit)* **~ constable** ≃ agent *m* de police, gendarme *m*; **~ dog** *(gen)* chien policier; *(US: alsatian)* berger *m* allemand; **the ~ force** la police, les gendarmes *mpl*; **~ inspector** ≃ inspecteur *m* de police; **~ officer** agent *m* (de police), gendarme *m*; **to have a ~ record** avoir un casier judiciaire; **~ state** état *m* policier; **~ station** commissariat *m* de police, gendarmerie *f*, **~ superintendent** commissaire *m* de police. **3** *vt [vigilantes, volunteers etc] district, road, football match etc* faire la police dans *(or* à, sur *etc)*; *(Mil) frontier, territory* contrôler; *(fig) agreements, controls* veiller à l'application de; *prices etc* contrôler. ◆ **policeman** *n* agent *m* (de police), gendarme *m*. ◆ **policewoman** *n* femme *f* agent.

policy¹ ['pɒlɪsɪ] **1** *n (gen)* politique *f*. **the government's policies** la politique du gouvernement; **what is company ~?** quelle est la ligne suivie par la compagnie?; **to follow a ~ of doing sth** faire qch systématiquement; **it's a matter of ~** c'est une question de principe; **it has always been our ~ to do that** nous avons toujours eu pour règle de faire cela; **it would be good/bad ~ to do that** ce serait une bonne/mauvaise politique que de faire cela; **it would not be ~ to refuse** il ne serait pas politique de refuser. **2** *adj decision, matter, statement* de principe; *discussion* de politique générale.

policy² ['pɒlɪsɪ] *n (Insurance)* police *f* (d'assurance). **to take out a ~** souscrire à une police d'assurance; **~ holder** assuré(e) *m(f)*; **~ maker** *(in organization)* décideur *m*; *(in party)* responsable *m* politique.

polio ['pəʊlɪəʊ] *n* polio *f*. **~ victim** polio *mf*.

poliomyelitis ['pəʊlɪəʊmaɪəˈlaɪtɪs] *n* poliomyélite *f*.

polish ['pɒlɪʃ] **1** *n* (**a**) *(for shoes)* cirage *m*; *(for floor, furniture)* cire *f*; *(for nails)* vernis *m* (à ongles). **metal ~** produit *m* d'entretien pour les métaux; **to give sth a ~, to put a ~ on sth** faire briller qch; **my shoes need a ~** mes chaussures ont besoin d'être cirées. (**b**) *(fig) [person]* raffinement *m*; *[style, work, performance]* élégance *f*. **2** *vt (~ up)* *stones, glass* polir; *shoes, floor, furniture* cirer; *car, pans, metal* astiquer; *one's French etc* perfectionner. ◆ **polish off** *vt sep food, drink* finir; *work, correspondence* expédier.

◆ **polished** *adj surface, stone, glass* poli; *floor, shoes* ciré; *silver, ornaments* brillant; *(fig) person* qui a de l'éducation; *manners* raffiné; *style* poli; *performer* accompli; *performance* impeccable. ◆ **polisher** *n (machine)* polissoir *m*; *(for floors)* cireuse *f*.

polite [pəˈlaɪt] *adj* poli *(to sb* avec qn). **be ~ about my car!** ne dis pas de mal de ma voiture!; **in ~ society** dans la bonne société. ◆ **politely** *adv* poliment. ◆ **politeness** *n* politesse *f*.

politic ['pɒlɪtɪk] *adj* politique, diplomatique.
♦ **political** *adj* politique; ~al analyst politologue
mf; **to ask for ~al asylum** demander l'asile politique. ♦ **politically** *adv* politiquement. ♦ **politician** *n* homme *m* politique, femme *f* politique,
politicien(ne) *m(f) (pej)*. ♦ **politicize** *vt* politiser.
♦ **politicking** *n* politique *f* politicienne. ♦ **politics** *nsg (gen)* politique *f*; *(Univ: study)* sciences *fpl*
politiques; **to talk ~s** parler politique; **to go into
~s** se lancer dans la politique.

poll [pəʊl] **1** *n* **(a)** *(general vote)* vote *m*; *(at election)*
scrutin *m*; *(election)* élection *f*. **to take a ~ on sth**
procéder à un vote sur qch; **to go to the ~s** aller
aux urnes; **a defeat at the ~s** une défaite aux
élections; **there was an 84% turnout at the ~s** la
participation électorale était de 84%; **he got 20%
of the ~** il a obtenu 20% des suffrages exprimés.
(b) *(survey)* sondage *m*. **opinion ~** sondage d'opinion; **to take a ~** sonder l'opinion *(of* de); **the
Gallup ~** le sondage Gallup. **2** *vt votes* obtenir;
people sonder l'opinion de. ♦ **polling 1** *n* élections *fpl*; **2** *adj day* des élections; ~ing booth isoloir
m; *(US)* polling place; *(Brit)* ~ing station bureau
m de vote.

pollen ['pɒlən] *n* pollen *m*. ♦ **pollinate** *vt*
féconder.

pollute [pə'lu:t] *vt* polluer; *(fig)* contaminer. ♦ **pollutant** *n* polluant *m*. ♦ **pollution** *n* pollution *f*;
contamination *f*.

Pollyanna [pɒlɪ'ænə] *n (US)* optimiste *m(f)* béat(e).

polo ['pəʊləʊ] *n (Sport, shirt)* polo *m*. ♦ **polonecked**
adj à col roulé.

poltergeist ['pɔ:ltəgaɪst] *n* esprit *m* frappeur.

poly... ['pɒlɪ] *pref* poly... ♦ **polyandry** *n* polyan-
drie *f*. ♦ **polyanthus** *n* primevère *f (multiflore)*.
♦ **poly-cotton** *n* coton *m* polyester. ♦ **polyester**
n polyester *m*. ♦ **polyethylene** *n (US)* polyéthylène *m*. ♦ **polygamy** *n* polygamie *f*. ♦ **polyglot**
adj, n polyglotte *(mf)*. ♦ **polygon** *n* polygone *m*.
♦ **polygonal** *adj* polygonal. ♦ **polymer** *n* poly-
mère *m*. ♦ **polyphonic** *adj* polyphonique.
♦ **polyphony** *n* polyphonie *f*. ♦ **polystyrene** *n*
polystyrène *m*; ~styrene cement colle *f* polystyrène; ~styrene chips billes *fpl* de polystyrène.
♦ **polysyllabic** *adj* polysyllabe. ♦ **polysyllable**
n polysyllabe *m*. ♦ **polytechnic** *n (Brit)* ≃ IUT
m, Institut *m* universitaire de technologie.
♦ **polythene** *n (Brit)* polyéthylène *m*; ~thene bag
sac *m* en plastique. ♦ **polyunsaturated**
adj polyinsaturé. ♦ **polyurethane** *n* polyuré-
thane *m*.

Polynesia [pɒlɪ'ni:zɪə] *n* Polynésie *f*. ♦ **Polynesian 1** *adj* polynésien ; **2** *n* Polynésien(ne) *m(f)*.

polyp ['pɒlɪp] *n* polype *m*.

pomegranate ['pɒmə,grænɪt] *n* grenade *f (fruit)*.

pommy ‡ ['pɒmɪ] *(Australia pej)* **1** *n* Anglais(e)
m(f). **2** *adj* anglais.

pomp [pɒmp] *n* pompe *f*, faste *m*. **~ and circumstance** grand apparat *m*.

pompous ['pɒmpəs] *adj (pej)* pompeux. ♦ **pomposity** *n* manières *fpl* pompeuses. ♦ **pompously**
adv pompeusement.

poncho ['pɒntʃəʊ] *n* poncho *m*.

pond [pɒnd] *n* étang *m*; *(stagnant)* mare *f*; *(artificial)*
bassin *m*.

ponder ['pɒndə¹] **1** *vt* considérer, réfléchir à *or* sur.
2 *vi* réfléchir *(over, on* à, sur).

ponderous ['pɒnd(ə)rəs] *adj (gen)* pesant; *style, joke*
lourd. ♦ **ponderously** *adv* pesamment.

pong ‡ [pɒŋ] **1** *n* puanteur *f*. **2** *vi* puer.

pontiff ['pɒntɪf] *n* pontife *m*; *(pope)* souverain pontife *m*. ♦ **pontifical** *adj* pontifical. ♦ **pontificate**
vi pontifier *(about* au sujet de, sur).

pontoon [pɒn'tu:n] *n* ponton *m*; *(Cards)* vingt-et-
un *m*.

pony ['pəʊnɪ] **1** *n* poney *m*. **2** *adj*: hair in a ~tail
cheveux *mpl* en queue de cheval. ♦ **pony trek-
king** *n*: to go ~ trekking faire une randonnée *f*
à cheval.

poodle ['pu:dl] *n* caniche *m*.

poof ‡ [pʊf] *n (pej)* tante ‡ *f*, tapette ‡ *f*.

pooh-pooh [pu:'pu:] *vt* faire fi de.

pool [pu:l] **1** *n* **(a)** *[water, rain]* flaque *f*; *[blood]* mare
f; *[light]* rond *m*; *(pond)* étang *m*; *(artificial)* bassin
m; *(in river)* plan *m* d'eau; *(water hole)* point *m*
d'eau; *(swimming ~)* piscine *f*. **(b)** *(money: gen, also
Cards)* cagnotte *f*; *(common supply: gen)* fonds *m*
commun *(of* de); *[cars]* parc *m*; *[ideas, experience,
ability]* réservoir *m*; *[advisers, experts]* équipe *f*;
(Comm, Econ: consortium) pool *m*. **typing ~** pool
de dactylos; **genetic ~** pool *m* génétique. **(c) to
win sth on the (football) ~s** gagner qch en pariant
sur les matchs de football. **(d)** *(US: billiards)* billard *m* américain. **2** *vt money, resources, objects*
mettre en commun; *knowledge, efforts* unir.
♦ **poolroom** *n* salle *f* de billard.

poor [pʊə¹] **1** *adj (gen)* pauvre; *(inferior)* médiocre;
light, sight faible; *effort* insuffisant; *memory, health*
mauvais; *soil* pauvre; *loser etc* mauvais. **as ~ as
a church mouse** pauvre comme Job; **to become
~er** s'appauvrir; *(lacking)* ~ **in** pauvre en; ~
things *, they look cold les pauvres, ils ont l'air
d'avoir froid; **you ~ thing! *** mon pauvre!, ma
pauvre!; **it's a ~ thing when...** c'est malheureux
que... + *subj*; **it was a ~ evening** la soirée n'était
pas une réussite; **to be ~ at (doing) sth** ne pas
être doué pour (faire) qch; **he is a ~ traveller** il
supporte mal les voyages. **2** *n*: **the ~** les pauvres
mpl.
♦ **poorly 1** *adj* souffrant ; **2** *adv live, dress* pauvrement; *work, write, explain* médiocrement, mal;
lit, paid mal. ♦ **poorness** *n* pauvreté *f*; médiocrité *f*.

pop¹ [pɒp] **1** *n* **(a)** *[cork etc]* pan *m*. **~! pan!**; **to
go ~** faire pan. **(b)** *(*: drink)* boisson *f* gazeuse.
2 *vt* **(a)** *balloon* crever; *cork, press stud* faire sauter.
(b) *(put: gen)* mettre. **to ~ one's head round the
door** passer brusquement la tête par la porte;
(fig) **to ~ the question** faire sa demande (en
mariage); *(Drugs sl)* **to ~ pills** se droguer (avec
des comprimés). **3** *vi* **(a)** *[balloon]* crever; *[cork,
press stud etc]* sauter; *[corn]* éclater; *[ears]* se déboucher. **his eyes were ~ping out of his head** les yeux
lui sortaient de la tête. **(b)** *(go)* **to ~ over** *(or* **round**
or **across** *or* **out)** faire un saut *(to* à *etc)*; **he ~ped
into a café** il est entré en vitesse dans un café.
♦ **pop in** *vi* entrer en passant. ♦ **pop off** *vi (leave)*
partir; *(‡: die)* claquer *, mourir. ♦ **pop up** *vi
[person]* surgir.
♦ **popcorn** *n* pop-corn *m*. ♦ **popeyed** *adj* aux
yeux écarquillés. ♦ **popgun** *n* pistolet *m* à bouchon. ♦ **popper** *n (press stud)* pression *f*.

pop² [pɒp] *(abbr of **popular**)* **1** *adj song, singer, art*
pop *inv*. **2** *n* (musique *f*) pop *m*. **it's top of the
~s** c'est en tête du hit-parade.

pop³ * [pɒp] *n (esp US)* papa *m*.

pope [pəʊp] *n* pape *m*. **P~ Paul** le pape Paul.
♦ **popery** *n* papisme *m*. ♦ **popish** *adj* papiste.

poplar ['pɒplə¹] *n* peuplier *m*.

poplin ['pɒplɪn] *n* popeline *f*.

poppadum ['pɒpədəm] *n* poppadum *m*.

poppet * ['pɒpɪt] *n*: **yes, ~** oui, mon petit chou;
she's a ~ c'est un amour.

poppy ['pɒpɪ] **1** *n* pavot *m*; *(growing wild)* coquelicot *m*. **2** *adj*: **P~ Day** anniversaire *m* de l'armistice; **~ seed** graine *f* de pavot. ♦ **poppy-
cock *** *n* balivernes *fpl*.

Popsicle ['pɒpsɪkl] n ® (US) glace f à l'eau (tenue par deux bâtonnets).

populace ['pɒpjʊlɪs] n peuple m, foule f.

popular ['pɒpjʊləʳ] adj (a) (well-liked) populaire; (fashionable) à la mode. **he is ~ with his colleagues** ses collègues l'aiment beaucoup; **he is ~ with the girls** il a du succès auprès des filles; **I'm not very ~ with the boss** * je ne suis pas très bien vu du patron. (b) (for, by the people: gen, Pol) populaire; lecture, journal de vulgarisation. **by ~ request** à la demande générale. ♦ **popularity** n popularité f (with auprès de; among parmi). ♦ **popularize** vt music, fashion, product rendre populaire; science, ideas vulgariser. ♦ **popularizer** n vulgarisateur m, -trice f. ♦ **popularly** adv communément.

populate ['pɒpjʊleɪt] vt peupler. ♦ **population 1** n population f ; **2** adj increase, explosion démographique.

porcelain ['pɔːs(ə)lɪn] n porcelaine f. **a piece of ~** une porcelaine.

porch [pɔːtʃ] n porche m. **sun ~** véranda f.

porcupine ['pɔːkjʊpaɪn] n porc-épic m.

pore¹ [pɔːʳ] n (Anat) pore m.

pore² [pɔːʳ] vi: **to ~ over** book être absorbé dans; letter, map étudier de près; problem méditer longuement.

pork [pɔːk] (Culin) **1** n porc m. **2** adj chop etc de porc. (US Pol) **~ barrel** * travaux mpl publics entrepris à des fins électorales; **~ butcher** ≃ charcutier m; **~ pie** ≃ pâté m de porc en croûte.

pornography [pɔːˈnɒɡrəfɪ] n pornographie f. ♦ **porn** * n porno * m or f; **soft/hard porn** pornographie douce/dure; **porn shop** boutique f pornographique. ♦ **pornographic** adj pornographique.

porous ['pɔːrəs] adj poreux, perméable.

porpoise ['pɔːpəs] n marsouin m (Zool).

porridge ['pɒrɪdʒ] n porridge m. **~ oats** flocons mpl d'avoine.

port¹ [pɔːt] **1** n port m. **~ of call** (port d')escale f; **naval/fishing ~** port militaire/de pêche; **to come into ~** entrer dans le port; **to leave ~** appareiller; (fig) **any ~ in a storm** nécessité n'a pas de loi. **2** adj facilities, authorities portuaire.

port² [pɔːt] (Naut: left) **1** n bâbord m. **2** adj de bâbord.

port³ [pɔːt] n (wine) porto m.

portable ['pɔːtəbl] **1** adj portatif. **2** n modèle m portatif.

Portakabin ['pɔːtəkæbɪn] n (gen) bâtiment m préfabriqué.

porter ['pɔːtəʳ] n (for luggage) porteur m; (US: on train) employé(e) m(f) des wagons-lits; (doorkeeper) concierge mf; [public building] gardien(ne) m(f). ♦ **porterhouse (steak)** n ≃ chateaubriand m.

portfolio [pɔːtˈfəʊlɪəʊ] n portefeuille m (Admin).

porthole ['pɔːthəʊl] n hublot m.

portion ['pɔːʃ(ə)n] n (gen) portion f; [train, ticket etc] partie f.

portly ['pɔːtlɪ] adj corpulent.

portmanteau [pɔːtˈmæntəʊ] n grosse valise f. **~ word** mot-valise m.

portrait ['pɔːtrɪt] **1** n portrait m. **2** adj gallery de portraits. **~ painter** portraitiste mf. ♦ **portray** [pɔːˈtreɪ] vt [painter] peindre, faire le portrait de ; [painting] représenter; **he portrayed him as...** [painter] il l'a peint sous les traits de...; [writer, actor] il en a fait...

Portugal ['pɔːtjʊɡ(ə)l] n Portugal m. ♦ **Portuguese 1** adj portugais ; **2** n (person: pl inv) Portugais(e) m(f); (language) portugais m.

pose [pəʊz] **1** n pose f. **to strike a ~** poser (pour la galerie); **it's only a ~** c'est de la pose. **2** vi (Art etc) poser (for pour; as en); (fig: attitudinize) poser. **to ~ as a doctor** se faire passer pour un docteur. **3** vt (a) artist's model faire prendre une pose à; person faire poser. (b) problem, question poser; difficulties créer. ♦ **poser** n question f difficile. ♦ **poseur** n poseur m, -euse f.

posh * [pɒʃ] **1** adj (gen) chic inv; accent distingué. **2** adv: **to talk ~** parler comme les gens bien. ♦ **posh up** ‡ vt sep house embellir; (clean up) briquer; child pomponner, bichonner. **to ~ o.s. up** se pomponner; **he was all ~ed up** il était sur son trente et un, il était bien sapé ‡.

posit ['pɒzɪt] vt énoncer, poser en principe.

position [pəˈzɪʃ(ə)n] **1** n (gen) position f; [house, shop, town, gun] emplacement m; (circumstances, also job) situation f. **in(to) ~** en place, en position; **to change the ~ of sth** changer qch de place; **to take up (one's) ~** prendre position; (Sport) **what ~ do you play in?** à quelle place jouez-vous?; (lit, fig) **to jockey** or **manoeuvre for ~** manœuvrer pour se placer avantageusement; **in a horizontal ~** en position horizontale; **in an uncomfortable ~** dans une position incommode; **he finished in 3rd ~** il est arrivé en 3ᵉ position or place; **his ~ in the government** son poste or sa fonction dans le gouvernement; **a ~ of trust** un poste de confiance; **to be in a ~ to do sth** être en mesure de faire qch; **to be in a good ~ to do sth** être bien placé pour faire qch; **put yourself in my ~** mettez-vous à ma place; **a man in his ~** un homme dans sa situation; **the economic ~** la situation économique, la conjoncture; **in an awkward ~** dans une situation délicate; **you must make your ~ clear** vous devez dire franchement quelle est votre position (on sur). **2** vt (a) (adjust angle of) light etc mettre en position. (b) (put in place: gen) placer; army, ship mettre en position. **to ~ o.s.** se mettre, se placer.

positive ['pɒzɪtɪv] adj (a) (gen) positif; (affirmative) affirmatif; (constructive) help concret; attitude, criticism positif. (b) (definite) order formel; fact, proof indéniable; change, increase, improvement réel, tangible; contribution effectif. **it's a ~ miracle** * c'est un vrai miracle; **he's a ~ genius** * c'est un véritable génie; **~ discrimination** mesures fpl anti-discriminatoires en faveur des minorités. (c) (certain) person sûr, certain (about, on, of de); tone assuré. **I'm quite ~** j'en suis sûr or certain. ♦ **positively** adv (indisputably) indéniablement; (categorically) formellement; (affirmatively) affirmativement; (with certainty) de façon certaine; (emphatically) positivement; (absolutely) complètement; **to think ~ly** penser de façon constructive.

possess [pəˈzes] vt posséder. **like one ~ed** comme un possédé; **what can have ~ed him to say that?** qu'est-ce qui l'a pris de dire ça? ♦ **possession** n possession f; **in ~ion of** en possession de; **to have in one's ~ion** avoir en sa possession; **to get ~ion of** acquérir, obtenir; (improperly) s'emparer de; **to come into sb's ~ion** tomber en la possession de qn; **the information in my ~ion** les renseignements dont je dispose; **to take ~ion of** prendre possession de, (improperly) s'approprier; (confiscate) confisquer; (Jur) **to be in ~ion** occuper les lieux; **a house with vacant ~ion** une maison avec jouissance immédiate. ♦ **possessive 1** adj possessif (with sb à l'égard de qn); **to be ~ive about sth** ne pas vouloir partager qch; **an over-~ive mother** une mère abusive ; **2** n (Gram) possessif m; **in the ~ive** au possessif. ♦ **possessively** adv d'une façon possessive. ♦ **possessiveness** n possessivité f. ♦ **possessor** n possesseur m; **the proud ~or of** l'heureux propriétaire m de.

possibility [ˌpɒsəˈbɪlɪtɪ] n (gen) possibilité f. **some ~/not much ~ of success** quelques chances/peu de chances de succès; **there is some/no ~ that** il est/n'est pas possible que + *subj*; **it's a distinct ~** c'est bien possible; **he is a ~ for the job** c'est un candidat possible; **the job has real possibilities** c'est un emploi qui offre toutes sortes de possibilités; *(of idea etc)* **it's got possibilities** c'est possible, c'est à voir.

possible ['pɒsəbl] **1** *adj* possible. **it is ~ that** il se peut que + *subj*, il est possible que + *subj*; **it's ~ to do so** il est possible de le faire; **it is ~ for him to leave** il lui est possible de partir; **if ~** si possible; **as far as ~** dans la mesure du possible; **as much as ~** autant que possible; **he did as much as ~** il a fait tout ce qu'il pouvait; **the best ~ result** le meilleur résultat possible; **one ~ result** un résultat possible *or* éventuel; **what ~ interest can you have in it?** qu'est-ce qui peut bien vous intéresser là-dedans?; **a ~ candidate** un candidat possible *or* acceptable. **2** *n*: **a list of ~s for the job** une liste de personnes susceptibles d'être retenues pour ce poste; **he's a ~ for the match** c'est un joueur possible pour le match. ◆ **possibly** *adv* **(a)** *(with 'can' etc)* **as often as I possibly can** aussi souvent qu'il m'est matériellement possible de le faire; **all he possibly can** *or* **could do** tout son possible *(to help etc* pour aider *etc)*; **if I possibly can** si cela m'est possible; **I cannot possibly come** il m'est absolument impossible de venir; **(b)** *(perhaps)* peut-être.

post¹ [pəʊst] **1** *n (gen)* poteau *m*; *(door- etc)* montant *m*. *(Sport)* **starting/winning ~** poteau de départ/d'arrivée; **to be beaten at the ~** être battu sur le poteau. **2** *vt* **(a)** *(~ up) notice, list* afficher. **(b)** *(announce)* annoncer. *(Mil etc)* **to ~ sth/sb missing** porter qch/qn disparu. ◆ **poster** *n* affiche *f*; *(decorative)* poster *m*; **~er paint** gouache *f*.

post² [pəʊst] **1** *n* **(a)** *(Mil, gen)* poste *m*. **at one's ~** à son poste; *(bugle call)* **last ~** extinction *f* des feux; *(at funerals)* sonnerie *f* aux morts. **(b)** *(trading ~)* comptoir *m*. **(c)** *(job)* poste *m*. **a ~ as a manager** un poste de directeur. **2** *vt* **(a)** *sentry, guard* poster. **(b)** *(send) person* affecter *(to* à). **(c)** *(US)* **to ~ bail** déposer une caution.

post³ [pəʊst] **1** *n* poste *f*; *(letters)* courrier *m*. **by ~** par la poste; **by return of ~** par retour du courrier; **first-/second-class ~** ≈ tarif *m* normal/ réduit; **to put sth in the ~** poster qch; **it's in the ~** c'est déjà parti; **it went first ~ this morning** c'est parti ce matin par le premier courrier; **to catch/miss the ~** avoir/manquer la levée; **take this to the ~** portez ceci à la poste; **has the ~ come yet?** est-ce que le courrier est arrivé?; *(cost)* **~ and packing** frais *mpl* de port et d'emballage; **Ministry of P~s and Telecommunications** ministère *m* des Postes et Télécommunications. **2** *vt* **(a)** *(send)* envoyer par la poste; *(put in mailbox)* mettre à la poste, poster. **to ~ sth on** faire suivre qch. **(b)** *(fig)* **to keep sb ~ed** tenir qn au courant.

◆ **postage** *n* tarifs *mpl* postaux *(to* pour); *(in account)* '**~ age: £2**' 'frais *mpl* de port: 2 livres'; **~age due 20p** surtaxe *f* 20 pence; *(US)* **~age meter** machine *f* à affranchir. ◆ **postal** *adj district, code, charges* postal; *application* par la poste; *vote* par correspondance; *strike* des employés des postes; **~al order** mandat *m* (postal) *(for 10 francs* de 10 F); **~al worker** employé(e) *m(f)* des postes. ◆ **postbag** *n* sac *m* postal. ◆ **postbox** *n* boîte *f* aux lettres. ◆ **postcard** *n* carte *f* postale. ◆ **postcode** *n* code *m* postal. ◆ **poste restante** *n* poste *f* restante. ◆ **post-free** *adv* franco de port. ◆ **posthaste** *adv* le plus vite possible. ◆ **postmark 1** *n* cachet *m* de la poste; **letter with a French ~mark** lettre timbrée de France ; **2** *vt* tamponner, timbrer. **it is ~marked Paris** il y a 'Paris' sur le cachet. ◆ **postmaster** *n* receveur *m* des postes; *(Brit)* **P~master General** ministre *m* des Postes et Télécommunications. ◆ **postmis-**

tress *n* receveuse *f* des postes. ◆ **post office 1** *n (place)* (bureau *m* de) poste *f*; *(organization)* service *m* des postes; **he works in the ~ office** il est employé des postes; **the main ~ office** la grande poste ; **2** *adj*: **P~ Office Box** *(abbr* **P.O. Box)** **24** boîte *f* postale n° 24 *(abbr* B.P. 24); *(US)* **P~ Office Department** ministère *m* des Postes et Télécommunications; **P~ Office Savings Bank** ≈ Caisse *f* d'Épargne.

post- [pəʊst] *pref* post-. **~-1950** *(adj)* postérieur à 1950, d'après 1950; *(adv)* après 1950. ◆ **postdate** *vt* postdater. ◆ **postgraduate 1** *adj studies, grant* ≈ de troisième cycle (universitaire); *diploma* décerné après la licence ; **2** *n* ≈ étudiant(e) *m(f)* de 3ᵉ cycle. ◆ **post-impressionism** *n* post-impressionnisme *m*. ◆ **post-mortem** *n* autopsie *f (on* de). ◆ **postnatal** *adj* post-natal. ◆ **postwar** *adj* de l'après-guerre; **the ~war period** l'après-guerre *m*.

posterior [pɒs'tɪərɪə'] *adj* postérieur *(to* à). ◆ **posterity** *n* postérité *f*.

posthumous ['pɒstjʊməs] *adj* posthume. ◆ **posthumously** *adv (gen)* après sa *(etc)* mort; *award* à titre posthume.

postpone [pəʊs(t)'pəʊn] *vt* remettre *(for* de, *until* à); renvoyer (à plus tard). ◆ **postponement** *n* renvoi *m* (à plus tard).

postscript ['pəʊsskrɪpt] *n* post-scriptum *m inv*.

postulate ['pɒstjʊleɪt] *vt* poser comme principe; *(Philos)* postuler.

posture ['pɒstʃə'] **1** *n* posture *f*. **2** *vi (pej)* poser. ◆ **posturing** *n* pose *f*, affectation *f*.

posy ['pəʊzɪ] *n* petit bouquet *m* (de fleurs).

pot [pɒt] **1** *n* **(a)** *(for flowers, jam etc)* pot *m*; *(piece of pottery)* poterie *f*; *(for cooking)* marmite *f*; *(saucepan)* casserole *f*; *(tea ~)* théière *f*; *(coffee ~)* cafetière *f*; *(chamber ~)* pot (de chambre). **jam ~ pot** à confiture; **~ of jam** pot de confiture; **~s and pans** casseroles; *(fig)* **~s of** * des tas * de; **to have ~s of money** * avoir un argent fou *; **to go to ~** * *[person]* se laisser complètement aller; *[business]* aller à la dérive; *[plans]* aller à vau-l'eau. **(b)** *(*: marijuana)* marie-jeanne * *f*. **2** *adj*: *(US)* **~ cheese** ≈ fromage blanc égoutté; **~ roast** rôti *m* braisé. **3** *vt* **(a)** *plant, jam* mettre en pot. **~ted meat** ≈ rillettes *fpl* de viande; **~ted plant** plante *f* verte; *(fig)* **a ~ted version of** un abrégé de. **(b)** *(*: shoot) pheasant etc* descendre *. **(c)** *(*)* baby* mettre sur le pot. **4** *vi* **(a)** *(make pottery)* faire de la poterie. **(b)** *(shoot)* **to ~ at sth** tirer qch. ◆ **potbellied** *adj (from overeating)* bedonnant *; *(from malnutrition)* au ventre ballonné. ◆ **potbound** *adj plant* (trop) à l'étroit dans son pot. ◆ **potherbs** *npl* herbes *fpl* potagères. ◆ **pothole** *n (in road)* fondrière *f*; *(underground)* caverne *f*; *(larger)* gouffre *m*. ◆ **potholer** *n* spéléologue *mf*. ◆ **potholing** *n* spéléologie *f*; **to go ~holing** faire de la spéléologie. ◆ **potluck** *n*: **to take ~luck** *(for food)* manger à la fortune du pot; *(for other things)* courir le risque. ◆ **pot-scourer** *or* **pot-scrubber** *n* tampon *m* à récurer. ◆ **potsherd** *n* tesson *m* (de poterie). ◆ **potshot** *n*: **to take a ~shot at sth** tirer qch à vue de nez.

potash ['pɒtæʃ] *n* potasse *f*.

potassium [pə'tæsɪəm] *n* potassium *m*.

potato [pə'teɪtəʊ] **1** *n, pl* **~es** pomme *f* de terre. **sweet ~** patate *f* douce. **2** *adj field, salad* de pommes de terre. *(US)* **~ chips,** *(Brit)* **~ crisps** pommes *fpl* chips. ◆ **potato-peeler** *n* épluche-légumes *m inv*.

potent ['pəʊt(ə)nt] *adj (gen)* puissant; *drink* fort. ◆ **potency** *n* puissance *f*; *[drink]* forte teneur *f* en alcool.

potential [pə(ʊ)'tenʃ(ə)l] **1** *adj (gen)* potentiel; *sales, uses* possible, éventuel. **a ~ prime minister**

un premier ministre en puissance. **2** *n (Elec, Math, Mil etc)* potentiel *m*; *(fig: possibilities)* possibilités *fpl*. **to have ~** *(gen)* être prometteur; *[building, land]* avoir toutes sortes de possibilités; **to have the ~ to do** être tout à fait capable de faire; **to have great ~** être très prometteur; **he hasn't yet realized his full ~** il n'a pas encore donné toute sa mesure. ◆ **potentially** *adv* potentiellement.

potpourri [pəʊˈpʊrɪ] *n [flowers]* fleurs *fpl* séchées; *(fig, Mus)* pot-pourri *m*.

potter¹ [ˈpɒtəʳ] *vi* mener sa petite vie tranquille, bricoler *. **to ~ (about) round the house** faire des petits travaux dans la maison; **to ~ round the shops** faire les magasins sans se presser.

potter² [ˈpɒtəʳ] *n* potier *m*. **~'s wheel** tour *m* de potier. ◆ **pottery 1** *n (craft, place)* poterie *f*; *(objects)* poteries; **a piece of ~y** une poterie ; **2** *adj jug, dish* de *or* en terre.

potty¹ * [ˈpɒtɪ] *n* pot *m* (de bébé). ◆ **potty-trained** *adj* propre.

potty² * [ˈpɒtɪ] *adj person* toqué * *(about* de); *idea* farfelu.

pouch [paʊtʃ] *n* petit sac *m*; *(for money)* bourse *f*; *(for tobacco)* blague *f*; *(US Diplomacy)* valise *f* (diplomatique); *(Anat, Zool)* poche *f*.

pouf(fe) [puːf] *n* **(a)** *(seat)* pouf *m*. **(b)** (‡) = **poof.**

poultice [ˈpəʊltɪs] *n* cataplasme *m*.

poultry [ˈpəʊltrɪ] **1** *n* volaille *f*, volailles. **2** *adj*: **~ dealer** marchand *m* de volailles; **~ farm** élevage *m* de volailles; **~ farmer** éleveur *m*, -euse *f* de volailles; **~ farming** élevage *m* de volailles. ◆ **poulterer** *n* marchand *m* de volailles.

pounce [paʊns] **1** *n* bond *m*, attaque *f* subite. **2** *vi* bondir, sauter *(on* sur). *(fig)* **to ~ on** *object* se précipiter sur; *suggestion* sauter sur.

pound¹ [paʊnd] *n* **(a)** *(weight)* livre *f* (= *453,6 grammes)*. **sold by the ~** vendu à la livre; **80p a ~** 80 pence la livre. **(b)** *(money)* livre *f*. **~ sterling** livre sterling *(inv)*; **~ note** billet *m* d'une livre.

pound² [paʊnd] **1** *vt drugs, spices, nuts* piler; *meat* attendrir; *dough* battre; *earth, paving slabs* pilonner; *rocks* concasser; *[guns, bombs]* pilonner; *[sea]* battre sans arrêt contre; *[person] door etc* marteler; *typewriter, piano* taper sur; *person* bourrer de coups. **to ~ the beat** *[policeman]* faire sa ronde; **to ~ sth to a pulp** réduire qch en bouillie. **2** *vi* **(a)** *[heart]* battre fort; *[drums]* battre; *[sea, waves]* battre *(on, against* contre). *[person]* **to ~ on** *door* marteler; *piano etc* taper sur. **(b)** **to ~ in** *etc* entrer *etc (heavily)* en martelant le plancher *or (at a run)* en courant bruyamment. ◆ **pounding** *n*: **to take a ~ing** *[boat]* être battu par les vagues; *[bombed etc city]* être pilonné; *[team]* se faire battre à plate couture.

pound³ [paʊnd] *n (for dogs, cars)* fourrière *f*.

pour [pɔːʳ] **1** *vt liquid* verser. **to ~ water away** *or* **off** vider de l'eau; **he ~ed me a drink** il m'a versé *or* servi à boire; *(fig)* **to ~ money into a scheme** investir énormément d'argent dans un projet. **2** *vi* **(a)** *[water, blood etc]* ruisseler *(from* de). **to come ~ing in** *[water, sunshine]* entrer à flots; *[letters]* arriver en avalanche; *[people, cars]* arriver en masse; **smoke was ~ing from the chimney** des nuages de fumée s'échappaient de la cheminée; *(fig)* **goods are ~ing out of the factories** les usines déversent des quantités de marchandises. **(b)** **it is ~ing (with rain)** il pleut à torrents. ◆ **pour out** *vt sep drinks* verser, servir *(for sb* à qn); *dregs, unwanted liquid* vider; *(fig) anger, emotion* donner libre cours à; *troubles* épancher; *complaint* déverser; *story* raconter d'un seul jet. ◆ **pouring** *adj sauce etc* liquide; *rain* torrentiel; **a ~ing wet day** une journée de pluie torrentielle.

pout [paʊt] **1** *n* moue *f*. **2** *vi* faire la moue.

poverty [ˈpɒvətɪ] *n (gen)* pauvreté *f*. **to live in ~** vivre dans le besoin; **extreme ~** misère *f*; **~ of resources** manque *m* de ressources; **below the ~ line** *or* **level** en dessous du seuil de pauvreté; **the ~ trap** *(Brit)* le dilemme du plafond des ressources. ◆ **poverty-stricken** *adj person, family* dans la misère; *district, conditions* misérable; *(hum: hard up)* fauché *.

powder [ˈpaʊdəʳ] **1** *n* poudre *f*. **2** *adj*: **~ compact** poudrier *m*; **~ puff** houppette *f*; **~ room** toilettes *fpl* (pour dames). **3** *vt* **(a)** *chalk, rocks* pulvériser. **~ed milk** lait *m* en poudre; *(US)* **~ed sugar** sucre *m* glace. **(b)** *face, body* poudrer. **to ~ one's nose** se mettre de la poudre; (* *fig: go to lavatory)* ≈ se refaire une beauté. ◆ **powdery** *adj substance, snow* poudreux; *surface* couvert de poudre.

power [ˈpaʊəʳ] **1** *n* **(a)** *(ability, capacity)* pouvoir *m*, capacité *f*; *(faculty)* faculté *f*. **it is not within my ~ to help you** il n'est pas en mon pouvoir de vous aider; **he did everything in his ~ to help us** il a fait tout ce qui était en son pouvoir pour nous aider; **mental ~s** facultés mentales; **the ~ of movement** la faculté de se mouvoir; **he lost the ~ of speech** il a perdu la parole; **~s of persuasion** pouvoir de persuasion; **~s of resistance** capacité de résistance; **~s of imagination** faculté d'imagination.

(b) *(force) [person, blow, sun, explosion]* puissance *f*, force *f*; *[engine, telescope etc]* puissance; *(energy)* énergie *f*. **it works by nuclear ~** ça fonctionne à l'énergie nucléaire; *(Elec)* **they cut off the ~** ils ont coupé le courant; *(Elec)* **consumption of ~** consommation *f* d'électricité; **engines at half ~** moteurs à mi-régime; **the ship returned under her own ~** le navire est rentré par ses propres moyens; **sea/air ~** puissance navale/aérienne.

(c) *(authority)* pouvoir *m (also Pol)*, autorité *f*. **student ~** le pouvoir des étudiants; **that is beyond my ~(s)** ceci ne relève pas de ma compétence; **at the height of his ~** à l'apogée de son pouvoir; **the ~ of veto** le droit de veto; *(Jur)* **the ~ of attorney** la procuration; *(Pol)* **in ~** au pouvoir; **to come to ~** accéder au pouvoir; **to have ~ over sb** avoir autorité sur qn; **to have sb in one's ~** avoir qn en son pouvoir; **to fall into sb's ~** tomber au pouvoir de qn; **they are the real ~** ce sont eux qui détiennent le pouvoir réel; *(fig)* **the ~ behind the throne** celui (*or* celle) qui tire les ficelles; **a ~ in the land** un homme très puissant; **the ~s of darkness/evil** les forces *fpl* des ténèbres/du mal; **the ~s that be** les autorités constituées; **the world ~s** les puissances mondiales; **it did me a ~ of good** * ça m'a fait un bien immense.

(d) *(Math)* puissance *f*. **5 to the ~ of 3** 5 puissance 3.

2 *adj* **(a)** *saw, loom, lathe* mécanique; *(Aut) brakes, steering* assisté. **(b)** *(Elec) cable* électrique; *line* à haute tension. **~ cut** coupure *f* de courant; **~ pack** bloc *m* d'alimentation (électrique); **~ plant** *(building)* centrale *f* (électrique); *(in vehicle)* groupe *m* moteur; **~ point** prise *f* de courant; **~ station** centrale *f* (électrique *or* nucléaire). **~ workers** travailleurs *mpl* des centrales. **(c)** **~ base** base *f* politique; **~ broker** éminence *f* grise; **they are engaged in ~ politics** ils manœuvrent pour s'assurer une place prépondérante; **~ structure** répartition *f* des pouvoirs.

3 *vt* faire fonctionner; *(propel)* propulser. **~ed by nuclear energy, nuclear-~ed** qui fonctionne à l'énergie nucléaire; **~ed by jet engines** propulsé par des moteurs à réaction.

◆ **power-assisted** *adj* assisté. ◆ **powerboat** *n* hors-bord *m inv*. ◆ **power-driven** *adj* à moteur; *(Elec)* électrique. ◆ **powerful** *adj* puissant. ◆ **powerfully** *adv hit, strike* avec force; *[grip]* fortement; *write etc* puissamment; **to be ~fully built** avoir une carrure puissante. ◆ **powerhouse** *n*

(Elec) centrale *f* électrique; *(fig)* personne *f etc* très dynamique; **a ~house of new ideas** une mine d'idées nouvelles. ♦ **powerless** *adj* impuissant *(to do* à faire). ♦ **powerlessly** *adv* impuissamment. ♦ **power-sharing** *n (Pol)* partage *m* du pouvoir.

practicable ['præktɪkəbl] *adj* praticable. ♦ **practicability** *n [road, path]* praticabilité *f; [scheme, suggestion]* possibilité *f* de réalisation.

practical ['præktɪk(ə)l] **1** *adj (gen)* pratique. **~ joke** farce *f;* **for all ~ purposes** en réalité; **he's very ~** il a beaucoup de sens pratique. **2** *n (exam)* épreuve *f* pratique. ♦ **practicality** *n [person]* sens *m* pratique; *[scheme, suggestion]* aspect *m* pratique; **~ities** détails *mpl* pratiques. ♦ **practically** *adv (in a practical way)* d'une manière pratique; *say, suggest* d'une manière pragmatique; *(in practice)* dans la pratique; *(almost)* pratiquement.

practice ['præktɪs] **1** *n* **(a)** *(habits, usage)* pratique *f,* usage *m.* **to make a ~ of doing** avoir l'habitude de faire; **it's common ~** c'est courant. **(b)** *(exercise, training)* entraînement *m; (rehearsal)* répétition *f.* **target ~** exercices *mpl* de tir; **he does 6 hours'-piano ~ a day** il fait 6 heures de piano par jour; **out of ~** rouillé *(fig);* **~ makes perfect** c'est en forgeant qu'on devient forgeron. **(c)** *(as opp to theory)* pratique *f.* **in(to) ~** en pratique. **(d)** *[doctor, lawyer]* **to be in ~** exercer; **to go into ~ as a doctor** s'établir docteur; **he has a large ~** il a un cabinet important. **2** *adj flight, run* d'entraînement. **~ exam** examen blanc. **3** *vti (US)* = **practise.**

practise ['præktɪs] **1** *vt* **(a)** *(put into practice)* charity, one's religion pratiquer; *method* employer. **to ~ medicine/law** exercer la profession de médecin/d'avocat; **to ~ what one preaches** mettre en pratique ce que l'on prêche. **(b)** *(exercise)* s'entraîner, s'exercer *(doing* à faire); *sport* s'entraîner à; *violin etc* s'exercer à; *song, recitation* travailler; *(Mus)* scales faire. **I'm practising my German on him** je m'exerce à parler allemand avec lui.
2 *vi* **(a)** *(Mus)* s'exercer; *(Sport)* s'entraîner; *[beginner]* faire des exercices. **he ~s for 2 hours every day** il fait 2 heures d'entraînement (*or* d'exercices) par jour. **(b)** *[doctor, lawyer]* exercer.
♦ **practised,** *(US)* **practiced** *adj teacher, nurse, soldier* expérimenté; *eye, ear* exercé; *movement* expert.
♦ **practising,** *(US)* **practicing** *adj doctor* exerçant; *lawyer* en exercice; *Catholic, Buddhist* pratiquant; *homosexual etc* actif. ♦ **practitioner** *n (of an art)* praticien *m,* -ienne *f; (Med)* médecin *m.*

pragmatic [præg'mætɪk] *adj* pragmatique.
Prague [prɑːg] *n* Prague.
prairie ['prɛərɪ] *n* plaine *f* (herbeuse). *(US)* **the ~(s)** la Grande Prairie.

praise [preɪz] **1** *n* éloge *m.* **in ~ of** à la louange de; **to speak *(or* write etc) in ~ of sb/sth** faire l'éloge de qn/qch; **I have nothing but ~ for what he has done** je ne peux que le louer de ce qu'il a fait; **a hymn of ~** un cantique; **~ be to God!** Dieu soit loué!; **~ be!** * Dieu merci! **2** *vt* louer *(sb for sth/for doing* qn de qch/d'avoir fait). **to ~ sb to the skies** porter qn aux nues. ♦ **praiseworthy** *adj* digne d'éloges.

pram [præm] *n (Brit)* voiture *f* d'enfant.
prance [prɑːns] *vi [horse, dancer etc]* caracoler. **to ~ in/out etc** entrer/sortir *etc (arrogantly)* en se pavanant *or (gaily)* gaiement.

prank [præŋk] *n (escapade)* frasque *f; (joke)* farce *f,* tour *m.* **a childish ~** une gaminerie; **to play a ~ on sb** jouer un tour à qn.

prattle ['prætl] *vi* babiller; *[several people]* papoter.
prawn [prɔːn] *n* crevette *f* rose, bouquet *m.* **~ cocktail** salade *f* de crevettes.

pray [preɪ] **1** *vi* prier *(for sb* pour qn). **they ~ed to God to help them** ils prièrent Dieu de les secou-

rir; **he ~ed for forgiveness/to die** il pria Dieu de lui pardonner/de le laisser mourir; **we're ~ing for fine weather** nous faisons des prières pour qu'il fasse beau; **he's past ~ing for** * c'est un cas désespéré. **2** *vt* prier *(sb to do* qn de faire; *that* que + *subj).* ♦ **prayer 1** *n* prière *f;* **to say one's ~ers** faire sa prière; *(as service)* **~ers** office *m* ; **2** *adj:* **~er beads** chapelet *m;* **~er book** livre *m* de messe; **the P~er Book** le rituel de l'Église anglicane; **~er mat** tapis *m* de prière; **~er meeting** réunion *f* de prière.

pre- [priː] *pref* pré-. **~-1950** *(adj)* antérieur à 1950, d'avant 1950; *(adv)* avant 1950. ♦ **prearrange** *vt* fixer à l'avance. ♦ **precool** *vt* refroidir d'avance. ♦ **pre-establish** *vt* préétablir. ♦ **prefaded** *adj jeans* délavé.

preach [priːtʃ] **1** *vi* prêcher. **to ~ to sb** prêcher qn; *(fig)* **to ~ to the converted** prêcher un converti. **2** *vt (gen)* prêcher; *sermon* faire. ♦ **preacher** *n* prédicateur *m; (US: clergyman)* pasteur *m.*

preamble [priː'æmbl] *n* préambule *m.*
precarious [prɪ'kɛərɪəs] *adj* précaire. ♦ **precariously** *adv* précairement.

precast ['priː'kɑːst] *adj:* **~ concrete** béton *m* précoulé.

precaution [prɪ'kɔːʃ(ə)n] *n* précaution *f (against* contre). **as a ~** par précaution; **to take ~s** prendre ses précautions; **to take the ~ of doing** prendre la précaution de faire. ♦ **precautionary** *adj measure* de précaution.

precede [prɪ'siːd] *vt (in space, time)* précéder ; *(in rank)* avoir la préséance sur. ♦ **precedence** ['presɪd(ə)ns] *n (in rank)* préséance *f; (in importance)* priorité *f;* **to take precedence over** *person* avoir la préséance sur; *event, problem, need* avoir la priorité sur. ♦ **precedent** *n* précédent *m;* **to form *or* create a precedent** constituer un précédent. ♦ **preceding** *adj* précédent.

precept ['priːsept] *n* précepte *m.*
precinct ['priːsɪŋ(k)t] *n* **(a)** *(round cathedral etc)* enceinte *f. (neighbourhood)* **~s** alentours *mpl; (fig)* **within the ~s of** dans les limites de. **(b)** *(US: Police, Pol)* circonscription *f.* **~ captain** *(Pol)* responsable *mf* politique de quartier; *(Police)* ≈ commissaire *m* (de police) de quartier.

precious ['prefəs] **1** *adj* précieux. **~ stone** pierre *f* précieuse; **(my) ~!** mon trésor!; *(iro)* **your ~ son** * ton fils chéri *(iro).* **2** *adv (*) **~ few, ~ little** très peu.

precipice ['presɪpɪs] *n* à-pic *m inv.* **to fall over a ~** tomber dans un précipice.

precipitate [prɪ'sɪpɪteɪt] **1** *vt (gen, Chem)* précipiter; *(Met)* condenser. **2** *adj* hâtif. ♦ **precipitately** *adv* précipitamment.

precipitous [prɪ'sɪpɪtəs] *adj* **(a)** *slope* escarpé, à pic. **(b)** *(hasty)* hâtif. ♦ **precipitously** *adv* à pic.

précis ['preɪsiː] *n* résumé *m.*
precise [prɪ'saɪs] *adj* **(a)** *(gen)* précis; *measurement, meaning, account* exact, précis. **there were 8 to be ~** il y en avait 8 pour être exact *or* précis; **that ~ book** ce livre même; **at that ~ moment** à ce moment précis. **(b)** *(meticulous)* movement précis; *person, manner* minutieux; *(pej: over-~)* pointilleux. **in that ~ voice of hers** de sa façon de parler si nette. ♦ **precisely** *adv explain* avec précision; *(exactly)* précisément; **at 10 o'clock ~ly** à 10 heures précises; **what ~ly does he do for a living?** que fait-il au juste pour gagner sa vie? ♦ **precision 1** *n* précision *f;* exactitude *f;* minutie *f;* **2** *adj instrument, bombing* de précision. ♦ **precision-made** *adj* de haute précision.

preclude [prɪ'kluːd] *vt doubt* écarter; *misunderstanding* prévenir; *possibility* exclure. **to be ~d from doing** être dans l'impossibilité de faire; **that**

~s his leaving cela le met dans l'impossibilité de partir.

precocious [prɪ'kəʊʃəs] *adj* précoce. ◆ **precociously** *adv* précocement. ◆ **precociousness** *or* ◆ **precocity** *n* précocité *f*.

preconceived ['pri:kən'si:vd] *adj* préconçu. ◆ **preconception** *n* préconception *f*.

precondition ['pri:kən'dɪʃ(ə)n] *n* condition *f* requise.

precook [pri:'kʊk] *vt* faire cuire à l'avance. ◆ **precooked** *adj* précuit.

precursor [pri:'kɜːsər] *n* (person, thing) précurseur *m*; (event) signe *m* avant-coureur.

predate ['pri:'deɪt] *vt* (put earlier date on) antidater; (come before in time) précéder.

predator ['predətər] *n* prédateur *m*. ◆ **predatory** *adj* animal etc prédateur; habits de prédateur; person rapace; armies pillard; look vorace.

predecease ['pri:dɪ'si:s] *vt* prédécéder.

predecessor ['pri:dɪsesər] *n* prédécesseur *m*.

predestine [pri:'destɪn] *vt* prédestiner (to à; to do à faire). ◆ **predestination** *n* prédestination *f*.

predetermine ['pri:dɪ'tɜːmɪn] *vt* déterminer d'avance; (Philos, Rel) prédéterminer.

predicament [prɪ'dɪkəmənt] *n* situation *f* difficile or fâcheuse. **I'm in a real** ~ (puzzled) je ne sais vraiment pas que faire; (in a fix) me voilà dans de beaux draps.

predicative [prɪ'dɪkətɪv] *adj* (Gram) prédicatif. ◆ **predicatively** *adv* en tant que prédicat.

predict [prɪ'dɪkt] *vt* prédire. ◆ **predictable** *adj* prévisible. ◆ **predictably** *adv* behave etc d'une manière prévisible; ~ably, he did not appear comme on pouvait le prévoir, il ne s'est pas montré. ◆ **prediction** *n* prédiction *f*.

predigested [,pri:daɪ'dʒestɪd] *adj* prédigéré.

predilection [,pri:dɪ'lekʃ(ə)n] *n* prédilection *f* (for pour).

predispose ['pri:dɪs'pəʊz] *vt* prédisposer (to sth à qch; to do à faire). ◆ **predisposition** *n* prédisposition *f*.

predominate [prɪ'dɒmɪneɪt] *vi* prédominer (over sur). ◆ **predominance** *n* prédominance *f*. ◆ **predominant** *adj* prédominant. ◆ **predominantly** *adv* surtout.

pre-eminent [pri:'emɪnənt] *adj* prééminent. ◆ **pre-eminence** *n* prééminence *f*. ◆ **pre-eminently** *adv* avant tout.

pre-empt [pri:'empt] *vt* decision, action anticiper, devancer; sb's statement empiéter sur. ◆ **pre-emptive** *adj* attack préventif.

preen [pri:n] *vt* [bird] lisser. (fig) to ~ o.s. (before mirror etc) se pomponner; (be proud) s'enorgueillir (on de).

prefabricate [,pri:'fæbrɪkeɪt] *vt* préfabriquer. ◆ **prefab** * *n* maison etc préfabriquée.

preface ['prefɪs] *n* (to book) préface *f*; (to speech) introduction *f*.

prefect ['pri:fekt] *n* (French Admin) préfet *m*; (Brit Scol) élève des grandes classes chargé(e) de la discipline. ◆ **prefecture** *n* préfecture *f*.

prefer [prɪ'fɜːr] *vt* (a) préférer, aimer mieux (doing, to do faire). to ~ A to B préférer A à B, aimer mieux A que B; I ~ taking the train to going by car je préfère prendre le train que d'aller en voiture; I ~ you to leave je préfère que vous partiez (subj); I much ~ je préfère de beaucoup. (b) (Jur) charge porter; action intenter; complaint déposer. ◆ **preferable** ['prefərəbl] *adj* préférable (to sth à qch). ◆ **preferably** *adv* de préférence. ◆ **preference** 1 *n* (liking) préférence *f* (for pour); (priority) priorité *f* (over sur); in ~ence to sth/to doing plutôt qch/que de faire ; 2 *adj*: ~ence

shares actions *fpl* privilégiées. ◆ **preferential** *adj* préférentiel.

prefix ['pri:fɪks] **1** *n* préfixe *m*. **2** *vt* préfixer.

pregnant ['pregnənt] *adj* woman enceinte; animal pleine; (fig) silence lourd de sens. **3 months** ~ enceinte de 3 mois; (fig) ~ **with** gros de. ◆ **pregnancy** *n* [woman] grossesse *f*.

prehistory ['pri:'hɪst(ə)rɪ] *n* préhistoire *f*. ◆ **prehistoric** *adj* préhistorique.

prejudge ['pri:'dʒʌdʒ] *vt* question préjuger de; person juger d'avance.

prejudice ['predʒʊdɪs] **1** *n* (a) préjugé *m*; (collective n) préjugés. racial ~ préjugés raciaux; **to have a** ~ **against** avoir un préjugé contre. (b) (Jur) préjudice *m*. **without** ~ sans préjudice (to de). **2** *vt* (a) person prévenir (against contre). (b) (also Jur) claim, chance porter préjudice à. ◆ **prejudiced** *adj* person plein de préjugés; idea préconçu; **to be** ~d **against/in favour** of avoir un préjugé contre/en faveur de. ◆ **prejudicial** *adj* préjudiciable (to à).

prelate ['prelɪt] *n* prélat *m*.

preliminary [prɪ'lɪmɪn(ə)rɪ] *adj, n* préliminaire (m).

prelude ['prelju:d] *n* prélude *m* (to de).

premarital ['pri:'mærɪtl] *adj* avant le mariage.

premature ['premətʃʊər] *adj* (gen) prématuré. **you are a little** ~ vous anticipez un peu. ◆ **prematurely** *adv* (gen) prématurément; be born avant terme.

premeditate [pri:'medɪteɪt] *vt* préméditer. ◆ **premeditation** *n* préméditation *f*.

premenstrual ['pri:'menstrʊəl] *adj*: ~ **tension** syndrome *m* prémenstruel.

premier ['premɪər] **1** *adj* premier, primordial. **2** *n* (Pol) Premier ministre *m*.

première ['premɪɛər] *n* première *f* (Theat).

premise ['premɪs] *n* (a) (hypothesis) prémisse *f*. (b) (property) ~s locaux *mpl*; **business** ~s locaux commerciaux; **on/off the** ~s sur les/hors des lieux; **to see sb off the** ~s escorter qn jusqu'à sa sortie des lieux.

premium ['pri:mɪəm] **1** *n* (a) prime *f*. **to be at a** ~ faire prime; **to put a** ~ **on** [person] faire grand cas de; [situation, event] donner beaucoup d'importance à. (b) (US: gasoline) super (carburant) *m*. **2** *adj*: ~ **bond** bon *m* à lots.

premonition [,pri:mə'nɪʃ(ə)n] *n* pressentiment *m*.

prenatal ['pri:'neɪtl] *adj* prénatal.

preoccupy ['pri:'ɒkjʊpaɪ] *vt* préoccuper. ◆ **preoccupation** *n* (gen) préoccupation *f*; **his preoccupation with money** son obsession *f* de l'argent.

prep * [prep] (Scol) *abbr of* **preparation**, **preparatory**.

prepack(age) ['pri:'pæk(ɪdʒ)] *vt* (Comm) préconditionner.

prepaid ['pri:'peɪd] *adj* payé d'avance; reply, carriage payé.

prepare [prɪ'pɛər] **1** *vt* préparer (sth for sb qch à qn; sth for sth qch pour qch; sb for a shock/exam/ piece of news qn à un choc/un examen/une nouvelle; sb for an operation qn pour une opération). **to** ~ **the way/ground for sth** préparer la voie/le terrain pour qch. **2** *vi*: **to** ~ **for** (make arrangements) journey, sb's arrival, event faire des préparatifs pour; (~ o.s. for) flood, meeting se préparer pour; war se préparer à; examination préparer; **to** ~ **to do sth** se préparer à faire qch. ◆ **preparation** *n* (a) préparation *f*; **preparations** préparatifs *mpl* (for de); **in preparation** en préparation; **in preparation for** en vue de; (b) (Scol) devoirs *mpl*. ◆ **preparatory** *adj* work préparatoire; measure, step préliminaire; **preparatory school** (Brit) école *f* primaire privée; (US) lycée *m* privé; **preparatory to sth/to doing** avant qch/de faire. ◆ **prepared** *adj* person, army, country prêt; *statement, answer* préparé à l'avance; *(Culin)* sauce, soup tout prêt; **be ~d for bad news** préparez-vous à une mauvaise nouvelle; **I am ~d for anything** *(can cope)* j'ai tout prévu; *(won't be surprised)* je m'attends à tout; **to be ~d to do sth** être prêt à faire qch. ◆ **preparedness** *n* état *m* de préparation.

preponderance [prɪ'pɒnd(ə)r(ə)ns] *n (in numbers)* supériorité *f* numérique; *(in influence, weight)* prépondérance *f*. ◆ **preponderant** *adj* prépondérant. ◆ **preponderantly** *adv* surtout.

preposition ['prepə'zɪʃ(ə)n] *n* préposition *f*.

prepossessing [ˌpri:pə'zesɪŋ] *adj appearance* avenant. **he is very ~** il fait très bonne impression; **a very ~ young man** un jeune homme très bien *.

preposterous [prɪ'pɒst(ə)rəs] *adj* ridicule. ◆ **preposterously** *adv* ridiculement.

preppy ['prepɪ] *(US)* **1** *adj* bon chic bon genre. **2** *n* étudiant(e) *m(f)* d'une boîte * privée.

preprogrammed [pri:'prəʊgræmd] *adj* programmé à l'avance.

prerecord ['pri:rɪ'kɔ:d] *vt song, programme* enregistrer à l'avance. **a ~ed broadcast** une émission en différé.

prerequisite ['pri:'rekwɪzɪt] *n* condition *f* préalable.

prerogative [prɪ'rɒgətɪv] *n* prérogative *f*.

Presbyterian [ˌprezbɪ'tɪərɪən] *adj, n* presbytérien(ne) *m(f)*.

preschool ['pri:'sku:l] *adj years* préscolaire; *child* d'âge préscolaire. **~ playgroup** ≃ garderie *f*.

prescribe [prɪs'kraɪb] *vt (gen, Med)* prescrire *(sth for sb* qch pour qn). ◆ **prescribed** *adj (gen, Jur, Med)* prescrit; **~d books** œuvres *fpl* inscrites au programme. ◆ **prescription 1** *n (Med)* ordonnance *f*; **to make out a prescription for sb** faire une ordonnance pour qn; **to make up** *or (US)* **fill a prescription** exécuter une ordonnance; **it's on prescription** on ne peut l'obtenir que sur ordonnance ; **2** *adj (Brit Med)* **prescription charges** somme fixe à payer lors de l'exécution de l'ordonnance.

present ['preznt] **1** *adj* **(a)** *(there; in existence)* présent. **to be ~ at sth** être présent à qch, assister à qch; **who was ~?** qui était là?; **is there a doctor ~?** y a-t-il un docteur ici? **(b)** *(existing now: also Gram)* year, circumstances présent. **her ~ husband** son mari actuel; **at the ~ day** *or* **time** actuellement, à présent; *(Gram)* **~ perfect** passé *m* composé.
2 *n* **(a)** *(~ time)* présent *m*. **up to the ~** jusqu'à présent; **for the ~** pour le moment; **at ~** actuellement, à présent, en ce moment; **as things are at ~** dans l'état actuel des choses; *(Gram)* **in the ~** au présent. **(b)** *(gift)* cadeau *m*. **she gave me the book as a ~** elle m'a offert le livre; **to make sb a ~ of sth** faire cadeau de qch à qn.
3 [prɪ'zent] *vt* **(a)** *(hand over etc: gen)* présenter *(to* à); *proof, evidence* fournir; *(Jur etc) case* exposer. **to ~ sb with sth,** *or* **to ~ sth to sb** *(give as gift)* offrir qch à qn, faire cadeau de qch à qn; *(hand over)* prize, medal remettre qch à qn; **we were ~ed with a fait accompli** nous nous sommes trouvés devant un fait accompli; *(Mil)* **to ~ arms** présenter les armes; **to ~ o.s. at the desk/for an interview** se présenter au bureau/à une entrevue. **(b)** *(offer)* problem, difficulties, features présenter; opportunity donner. **it ~ed an easy target** cela offrait une cible facile. **(c)** play, concert donner; film, (Rad, TV) play, programme donner, passer; *(act as presenter of)* présenter. **(d)** *(introduce)* présenter *(sb to sb* qn à qn). **may I ~...?** permettez-moi de vous présenter...
◆ **presence** *n* présence *f*; **presence of mind** présence d'esprit; **in the presence of** en présence de; **police presence** présence policière; **he certainly made his presence felt *** sa présence n'est vrai-

ment pas passée inaperçue. ◆ **presentable** [prɪ'zentəbl] *adj* présentable. ◆ **presentation** [ˌprezən'teɪʃ(ə)n] *n* **(a)** *(gen)* présentation *f*; **on ~ation of** *ticket etc* sur présentation de; **(b)** *(gift)* cadeau *m*; *(ceremony)* ≃ vin *m* d'honneur; **who made the ~ation?** qui a remis le cadeau *(or* la médaille *etc)*?; **(c)** *(Univ etc)* exposé *m* oral. ◆ **present-day** *adj* actuel, d'aujourd'hui. ◆ **presenter** [prɪ'zentər] *n (Rad, TV)* présentateur *m*, -trice *f*. ◆ **presently** *adv (in a little while)* tout à l'heure; *(+ vb in past)* au bout d'un certain temps; *(esp US: now)* à présent.

presentiment [prɪ'zentɪmənt] *n* pressentiment *m*.

preserve [prɪ'zɜ:v] **1** *vt* **(a)** *(keep, maintain)* building, traditions conserver; leather, wood entretenir; memory, dignity, sense of humour, reputation, silence garder; peace maintenir. **well-~d** en bon état de conservation; *(hum)* person bien conservé *(pour son âge)*. **(b)** *(from harm etc)* préserver *(from* de). **~ me from that!** * le ciel m'en préserve! **(c)** *(Culin)* fruit etc conserver, mettre en conserve. **~d** en conserve. **2** *n* **(a)** **~s** *(jam)* confiture *f*; *(bottled fruit/ vegetables)* fruits *mpl*/légumes *mpl* en conserve. **(b)** **that's his ~** c'est son domaine particulier. ◆ **preservation** *n* conservation *f*; *(from harm)* préservation *f*; **to put a preservation order on a building** classer un édifice. ◆ **preservationist** *n* défenseur *m* de l'environnement. ◆ **preservative** *n (Culin)* agent *m* de conservation.

preset ['pri:set] *vt pret, ptp* **preset** réglé à l'avance.

preshrunk ['pri:'ʃrʌŋk] *adj* irrétrécissable.

preside [prɪ'zaɪd] *vi* présider. **to ~ at** *or* **over sth** présider qch.

president ['prezɪd(ə)nt] *n (Pol etc)* président *m*; *(US Comm)* président-directeur général, P.D.G. *m*. ◆ **presidency** *n* présidence *f*. ◆ **presidential** *adj (gen)* présidentiel; staff du Président.

press [pres] **1** *n (apparatus, machine: gen)* presse *f*; *(for wine, olives, cheese etc)* pressoir *m*; *(newspapers collectively)* presse. **in the ~** *(being printed)* sous presse; *(in the papers)* dans la presse; **to go to ~** être mis sous presse; **the national ~** la grande presse; **a member of the ~** un(e) journaliste; **to get a good/bad ~** avoir bonne/mauvaise presse. **2** *adj* campaign, card, agency etc de presse. **~ agent** agent *m* de publicité; **~ attaché** attaché(e) *m(f)* de presse; **~ box,** *(Parl)* **~ gallery** tribune *f* de la presse; **~ conference** conférence *f* de presse; **~ cutting** coupure *f* de presse; **~-cutting agency** argus *m* de la presse; **~ photographer** reporter *m* photographe; **~ release** communiqué *m* de presse; **~ report** reportage *m*; *(US)* **~ secretary** porte-parole *m*. **3** *vt* **(a)** *(push)* button, switch, trigger appuyer sur; *(squeeze etc)* grapes, lemons, flowers, sb's hand presser. **he ~ed them together** il les a pressés les uns contre les autres; **he ~ed his nose against the window** il a collé son nez à la fenêtre; **he ~ed her to him** il l'a serrée contre lui. **(b)** clothes etc repasser, donner un coup de fer à. **(c)** *(fig)* attack, advantage pousser; claim, demand renouveler; opponent presser; *[creditor]* poursuivre. **to ~ sb for an answer** presser qn de répondre; **to ~ a gift on sb** presser qn d'accepter un cadeau; **to ~ sb to do sth** presser qn de faire qch; **to ~ sb into doing sth** forcer qn à faire qch; **we were ~ed into service** nous avons été obligés d'offrir nos services; *(Jur)* **to ~ charges against sb** engager des poursuites contre qn; **I shan't ~ the point** je n'insisterai pas. **4** *vi [person]* appuyer *(on* sur); *[weight, burden]* faire pression *(on* sur); *[debts, troubles]* peser *(on sb* à qn). **time ~es** le temps presse!; *(fig)* **to ~ for sth/ for sth to be done** faire pression pour obtenir qch/ pour que qch soit fait; **he ~ed through the crowd** il s'est frayé un chemin dans la foule; **they ~ed round his car** ils se pressaient autour de sa voiture.

◆ **press down 1** *vi* appuyer (*on* sur). **2** *vt sep* appuyer sur. ◆ **press on** *vi* (*in work, journey etc*) continuer. (*fig*) **to ~ on with sth** continuer (à faire) qch.
◆ **press-button** *n* bouton(-pression) *m*. ◆ **pressed** *adj* (*very busy*) débordé (de travail); **to be ~ed for sth** être à court de qch, manquer de qch.
◆ **press-gang** *vt*: **to ~-gang sb into doing sth** forcer la main à qn pour qu'il fasse qch. ◆ **pressing 1** *adj* business, problem urgent; danger, invitation pressant; **he was very ~ing** il a beaucoup insisté ; **2** *n* [clothes] repassage *m*. ◆ **pressman** *n* journaliste *m*. ◆ **press stud** *n* pression *f*. ◆ **press-up** *n* traction *f*.

pressure ['preʃəʳ] **1** *n* pression *f*. **water ~** pression de l'eau; **a ~ of 2 kg to the square cm** une pression de 2 kg par cm²; **blood ~** pression artérielle; **high-/low-~** (*adj: Tech*) à pression haute/basse; (*Tech*) **at full ~** à pression maxima; **because of parental ~** à cause de la pression des parents; **to put ~ on sth/sb** faire pression sur qch/qn (*to do* pour qu'il fasse); **they're putting the ~ on now** ils nous *(etc)* talonnent maintenant; **under ~ from his staff** sous la pression de son personnel; **to use ~ to obtain sth** user de contrainte pour obtenir qch; **the ~ of these events** la tension créée par ces événements; **~ of work prevented him from going** il n'a pas pu y aller parce qu'il avait trop de travail; **he is under a lot of ~** il est sous pression. **2** *adj* spacesuit, cabin pressurisé. **~ group** groupe *m* de pression. **3** *vt*: **to ~ * sb to do** faire pression sur qn pour qu'il fasse; **to ~ sb * into doing** forcer qn à faire. ◆ **pressure cooker** *n* cocotte-minute *f*®. ◆ **pressure gauge** *n* manomètre *m*. ◆ **pressurization** *n* pressurisation *f*. ◆ **pressurize** *vt* (a) cabin, spacesuit pressuriser; (b) (* *fig*) = **pressure 3.**
prestige [pres'ti:ʒ] **1** *n* prestige *m*. **2** *adj* de prestige. ◆ **prestigious** *adj* prestigieux.
presume [prɪ'zju:m] **1** *vt* (*suppose*) présumer (*that* que); (*take liberty*) se permettre (*to* de). **2** *vi* prendre des libertés. **to ~ (up)on** abuser de. ◆ **presumably** *adv*: **you are presumably his son** je suppose *or* présume que vous êtes son fils. ◆ **presumption** *n* (a) (*supposition*) présomption *f*; **there is a strong presumption that** tout laisse à présumer que; (b) (*presumptuousness*) présomption *f*, audace *f*. ◆ **presumptuous** *adj* présomptueux. ◆ **presumptuously** *adv* présomptueusement.
presuppose [,pri:sə'pəuz] *vt* présupposer. ◆ **presupposition** *n* présupposition *f*.
pretax [,pri:'tæks] *adj* avant impôts.
pretence, (*US*) **pretense** [prɪ'tens] *n* (*pretext*) prétexte *m*; (*claim*) prétention *f*; (*affectation*) prétention. **under** *or* **on the ~ of (doing) sth** sous prétexte de (faire) qch; **to make a ~ of doing** faire semblant de faire; **it's all (a) ~** tout cela est pure comédie; **his ~ of sympathy** sa feinte sympathie.
pretend [prɪ'tend] **1** *vt* (a) (*feign*) faire semblant (*to do* de faire; *that* que); ignorance, illness feindre; **let's ~ we're soldiers** jouons aux soldats; (*pej*) **he was ~ing to be a doctor** il se faisait passer pour un docteur. (b) (*claim*) prétendre (*that* que; *to do* de faire). **2** *vi* (*feign*) faire semblant. **I was only ~ing!** je plaisantais!; **let's stop ~ing!** assez joué la comédie! **3** *adj* (*) money, house etc* pour rire *. ◆ **pretended** *adj* prétendu. ◆ **pretender** *n* prétendant(e) *m(f)* (*to* au trône). ◆ **pretension** *n* prétention *f* (*to* à). ◆ **pretentious** *adj* prétentieux. ◆ **pretentiously** *adv* prétentieusement. ◆ **pretentiousness** *n* prétention *f*.
preterite ['pretərɪt] *n* prétérit *m*, passé *m* simple.
pretext ['pri:tekst] *n* prétexte *m* (*to do* pour faire). **under** *or* **on the ~ of (doing) sth** sous prétexte de (faire) qch.
pretty ['prɪtɪ] **1** *adj* (*gen*) joli (*before n*). **as ~ as a picture** person joli à croquer; garden etc ravissant; **it wasn't a ~ sight** ce n'était pas beau à voir; (*or parrot*) **polly!** bonjour Jacquot!; **it will cost a ~ penny** cela coûtera une jolie somme. **2** *adv* assez. **~ well** (*not badly*) pas

mal; (*also ~ nearly: almost*) presque, pratiquement; **~ much the same thing** pratiquement la même chose. ◆ **prettily** *adv* joliment. ◆ **pretty-pretty** * *adj* un peu trop joli.
pretzel ['pretsl] *n* bretzel *m*.
prevail [prɪ'veɪl] *vi* (a) (*win*) prévaloir (*against* contre; *over* sur). (b) (*be in force etc*) [conditions, attitude, fashion, wind] prédominer; [style] être en vogue. **the situation which now ~s** la situation actuelle. (c) **to ~ (up)on sb to do** persuader qn de faire. ◆ **prevailing** *adj* wind dominant; belief, attitude courant; conditions, situation, customs, fashion (*today*) actuel; (*at that time*) à l'époque; style, taste (*today*) actuel; (*at that time*) de l'époque.
prevalent ['prevələnt] *adj* belief, attitude courant; illness répandu; conditions, situation, customs (*today*) actuel; (*at that time*) à l'époque; style, taste (*today*) actuel; (*at that time*) de l'époque **it is very ~** cela se voit partout. ◆ **prevalence** *n* [illness, belief, attitude] fréquence *f*; [conditions, situation, customs] caractère *m* généralisé; [style] vogue *f*.
prevaricate [prɪ'værɪkeɪt] *vi* user de faux-fuyants. ◆ **prevarication** *n* faux-fuyant(s) *m(pl)*.
prevent [prɪ'vent] *vt* (*gen*) empêcher (*sb from doing, sb's doing* qn de faire); illness prévenir; accident, fire, war éviter. ◆ **preventable** *adj* évitable. ◆ **preventative** *adj* préventif. ◆ **prevention** *n* prévention *f*; **Society for the P~ion of Cruelty to...** Société protectrice des... ◆ **preventive** *adj* préventif.
preview ['pri:vju:] *n* [film, exhibition] avant-première *f*. (*fig*) **to give sb a ~ of sth** donner à qn un aperçu de qch.
previous ['pri:vɪəs] **1** *adj* précédent, antérieur. **the ~ letter** la lettre précédente; **a ~ letter** une lettre précédente *or* antérieure; **the ~ day la** veille; **the ~ evening** la veille au soir; **in a ~ life** dans une vie antérieure; **~ to** antérieur à; **have you made any ~ applications?** avez-vous déjà fait de demandes?; **I have a ~ engagement** je suis déjà pris; (*Comm*) **~ experience** expérience préalable; (*Jur*) **to have no ~ convictions** avoir un casier judiciaire vierge; **he has 3 ~ convictions** il a déjà 3 condamnations. **2** *adv*: **~ to** avant. ◆ **previously** *adv* (*before*) précédemment, auparavant; (*in the past*) dans le temps; (*already*) déjà.
prewar ['pri:'wɔ:] *adj* d'avant-guerre.
prey [preɪ] **1** *n* (*lit, fig*) proie *f*. **bird of ~** oiseau *m* de proie; (*fig*) **to be a ~ to** être en proie à (*fig*); **to fall a ~ to** devenir la victime de. **2** *vi*: **to ~ on** [animal etc] faire sa proie de; [person] s'attaquer à; [fear, anxiety] ronger, miner; **sth is ~ing on her mind** il y a qch qui la travaille *.
price [praɪs] **1** *n* (*gen, also fig*) prix *m*; (*estimate*) devis *m*; (*Betting*) cote *f*; (*St Ex*) cours *m*. **to go up in ~** augmenter; **to go down in ~** baisser; **what is the ~ of this book?** combien coûte *or* vaut ce livre?; **to put a ~ on sth** fixer le prix de qch; (*estimate value*) évaluer qch; (*fig*) **he puts a high ~ on** il attache beaucoup de valeur à; (*liter*) **beyond ~** sans prix; **we pay top ~s for gold** nous achetons l'or au prix fort; **high-~d** coûteux, cher; **he got a good ~ for it** il l'a vendu cher; (*fig*) **to pay a high ~ for sth** payer qch chèrement; (*fig*) **it's a small ~ to pay for it** c'est consentir un bien petit sacrifice pour l'avoir; **every man has his ~** tout homme est corruptible à condition d'y mettre le prix; **I wouldn't do it at any ~** je ne le ferais à aucun prix; **peace at any ~** la paix à tout prix; (*fig*) **not at any ~!** pour rien au monde!; (*fig*) **at what a ~!** à quel prix!; **he'll do it for a ~** il le fera si on y met le prix; (*St Ex*) **market ~** cours *m* du marché; **to put a ~ on sb's head** mettre à prix la tête de qn; (*fig*) **what ~ * all his promises now?** que valent toutes ses promesses maintenant? **2** *adj* control, index, war, reduction, rise des prix. **~ cut** réduction *f*, rabais *m*; **~ cutting** réductions *fpl* de prix; **~ fixing** (*by government*) contrôle *m* des prix; (*pej: by firms: also ~ rigging*) alignement *m* des prix; **~ freeze** blocage *m* des prix; **to put a ~ limit on sth** fixer le prix maximum de qch; **~ list** tarif *m*; **~ range** gamme *f* de prix; **within**

my ~ **range** dans mes prix; **~s and incomes policy** politique *f* des prix et des revenus; ~ **tag** *or* **ticket** étiquette *f*.
3 *vt (fix ~ of)* fixer le prix de; *(mark ~ on)* marquer le prix de; *(ask ~ of)* demander le prix de; *(fig: estimate value of)* évaluer. **it is ~d at £10** ça coûte 10 livres; **to ~ sth down/up** baisser/augmenter le prix de qch; **to ~ one's goods out of the market** perdre un marché à vouloir demander des prix trop élevés.
◆ **priceless** *adj (gen)* inestimable, sans prix; *(*: amusing)* impayable *. ◆ **pricey** * *adj* coûteux, cher.

prick [prɪk] **1** *n (act, sensation, mark)* piqûre *f*. *(fig)* **~s of conscience** aiguillons *mpl* de la conscience. **2** *vt* **(a)** *(gen)* [*needle*] *balloon, blister* crever. **she ~ed her finger** elle s'est piqué le doigt *(with* avec); **to ~ a hole in sth** faire un trou d'épingle *(etc)* dans qch; *(fig)* **his conscience ~ed him** il n'avait pas la conscience tranquille. **(b) to ~ (up) one's ears** [*animal*] dresser les oreilles; [*person*] *(fig)* dresser l'oreille. **3** *vi (gen)* piquer. **my eyes are ~ing** les yeux me cuisent. ◆ **prick out** *vt sep* seedlings repiquer.

pricking [prɪkɪŋ] *n* picotement *m*, sensation cuisante. *(fig)* **~s of conscience** remords *m(pl)*.

prickle [prɪkl] **1** *n* **(a)** [*plant*] épine *f*; [*hedgehog etc*] piquant *m*. **(b)** *(sensation)* picotement *m*. **2** *vt* piquer. **3** *vi* picoter.
◆ **prickly** *adj plant* épineux; *animal* armé de piquants; *beard* qui pique; *(fig) person* irritable; *subject* épineux. **prickly heat** fièvre *f* miliaire; **prickly pear** figue *f* de Barbarie.

pride [praɪd] **1** *n* **(a)** *(self-respect)* amour-propre *m*; *(satisfaction)* fierté *f*, *(arrogance)* orgueil *m*. **his ~ was hurt** il était blessé dans son amour-propre; **he has too much ~ to ask for help** il est trop fier pour demander de l'aide; **she has no ~** elle n'a pas d'amour-propre; **false ~** vanité *f*; **it is a great source of ~ to her** elle en est très fière; **her ~ in her family** la fierté qu'elle tire de sa famille; **he spoke of them with ~** il a parlé d'eux avec fierté; **to take (a) ~ in** *children, achievements* être très fier de; *house, car etc* prendre grand soin de; **to take (a) ~ in doing** mettre sa fierté à faire; **to have ~ of place** avoir la place d'honneur; **she is her father's ~ and joy** elle est la fierté de son père. **(b)** [*lions*] troupe *f*. **2** *vt*: **to ~ o.s. on** *(doing)* **sth** être fier de *(faire)* qch.

priest [priːst] *n (gen)* prêtre *m*; *(Catholic parish ~)* curé *m*. ◆ **priestess** *n* prêtresse *f*. ◆ **priesthood** *n*: **to enter the ~hood** se faire prêtre. ◆ **priestly** *adj* sacerdotal.

prig [prɪg] *n* pharisien(ne) *m(f)*. **what a ~ she is!** ce qu'elle peut se prendre au sérieux!; **don't be such a ~!** ne fais pas le petit saint! *(or* la petite sainte!)*. ◆ **priggish** *adj* suffisant. ◆ **priggishness** *n* suffisance *f*.

prim [prɪm] *adj (prudish: also ~ and proper)* collet monté *inv*, guindé; *(demure) person, dress* très convenable; *manner, smile, look* guindé; *house, garden* trop coquet. ◆ **primly** *adv* d'une manière guindée; *(demurely)* d'un petit air sage. ◆ **primness** *n* [*person*] air *m* collet monté; façons *fpl* très convenables.

prima facie [praɪmə'feɪʃɪ] **1** *adv* à première vue. **2** *adj* légitime (à première vue). **to have a ~ case** *(Jur)* avoir une affaire recevable; *(gen)* avoir raison à première vue.

primal [praɪm(ə)l] *adj* primordial.

primary [praɪm(ə)rɪ] **1** *adj* **(a)** *(gen: first)* primaire. **~ education/school** enseignement *m*/école *f* primaire; **~ (school)teacher** instituteur *m*, -trice *f*. **(b)** *(basic)* principal; *colour* fondamental; *importance* primordial; *meaning of word* primitif. **2** *n (US Pol)* primaire *f*. ◆ **primarily** *adv (chiefly)* principalement; *(originally)* primitivement.

primate [praɪmɪt] *n* **(a)** *(Rel)* primat *m*. **(b)** [praɪmeɪt] *(Zool)* primate *m*.

prime [praɪm] **1** *adj* **(a)** *(first)* premier; *(chief, principal) cause, reason* principal, primordial, fondamental; *concern, aim* principal, premier *(before n)*.

P~ Minister Premier ministre *m*. **(b)** *(excellent) meat* de premier choix; *quality* premier *(before n)*. **in ~ condition** en parfaite condition; **a ~ example** of un excellent exemple de. **(c)** *(Math)* premier. **2** *n*: **in the ~ of life, in one's ~** dans la fleur de l'âge; [*empire, civilisation etc*] **in its ~** à son apogée; **he is past his ~** il est sur le retour *. **3** *vt gun, pump* amorcer; *surface for painting* apprêter; *(fig: instruct) person* mettre au courant. **they ~d him about what he should say** ils lui ont bien fait répéter ce qu'il avait à dire; **she arrived well ~d** elle est arrivée tout à fait préparée. ◆ **primer** *n (textbook)* livre *m* élémentaire; *(paint)* apprêt *m*.

primeval [praɪ'miːv(ə)l] *adj* primordial; *forest* vierge.

primitive [prɪmɪtɪv] *adj, n* primitif *(m)*.

primordial [praɪ'mɔːdɪəl] *adj* primordial.

primrose [prɪmrəʊz] **1** *n* primevère *f* (jaune). **2** *adj (~ yellow)* primevère *inv*.

primula [prɪmjʊlə] *n* primevère *f*.

prince [prɪns] *n* prince *m*. **P~ Charles** le prince Charles; **the P~ of Wales** le prince de Galles; ~ **consort/regent** prince consort/régent. ◆ **princely** *adj* princier. ◆ **princess** *n* princesse *f*.

principal [prɪnsɪp(ə)l] **1** *adj (gen)* principal. **the ~ horn in the orchestra** le premier cor dans l'orchestre; ~ **parts of a verb** temps *mpl* primitifs d'un verbe. **2** *n* **(a)** [*school, institution etc*] directeur *m*, -trice *f*; [*lycée*] proviseur *m*, directrice *f*; [*college*] principal(e) *m(f)*; *(in orchestra)* chef *m* de pupitre; *(Theat)* vedette *f*. **(b)** *(Fin)* ~ **and interest** principal *m or* capital *m* et intérêts *mpl*. ◆ **principality** *n* principauté *f*. ◆ **principally** *adv* principalement.

principle [prɪnsəpl] *n* principe *m*. **to go back to first ~s** remonter jusqu'au principe; **in ~** en principe; **on ~, as a matter of ~** par principe; **I make it a ~ never to do that, it's against my ~s** to do that j'ai pour principe de ne jamais faire cela; **that would be totally against my ~s** cela irait à l'encontre de tous mes principes; **a man of ~(s)** un homme qui a des principes; **on the same ~** sur *or* selon le même principe.

print [prɪnt] **1** *n* **(a)** *(mark)* [*foot, tyre etc*] empreinte *f*. **finger~** empreinte digitale; **a thumb ~** l'empreinte d'un pouce; *(Police etc)* **to take sb's ~s** prendre les empreintes de qn. **(b)** *(Typ) (actual letters)* caractères *mpl*; *(~ed material)* texte *m* imprimé. **in small/large ~** en petits/gros caractères; **the book is out of ~/in ~** le livre est épuisé/disponible; **he wants to see himself in ~** il veut se faire imprimer. **(c)** *(Art)* gravure *f*; *(Phot)* épreuve *f*; *(Tex)* imprimé *m*; *(~ed dress)* robe *f* imprimée. *(Phot)* **to make a ~ from a negative** tirer une épreuve d'un cliché.
2 *adj dress etc* (en) imprimé. ~ **journalism** journalisme *m* de la presse écrite.
3 *vt (Typ, Tex, fig)* imprimer; *(Phot)* tirer; *(write in block letters)* écrire en caractères d'imprimerie. **~ed in England** imprimé en Angleterre; **it is being ~ed** c'est sous presse; **he has had several books ~ed** il a publié plusieurs livres *; *(fig)* **~ed in sb's memory** gravé dans la mémoire.
4 *vi* [*machine*] imprimer; *(Phot)* **this negative won't ~** ce cliché ne donnera rien.
◆ **print out** *vt sep (Comput)* imprimer.
◆ **printable** *adj* imprimable; *(hum)* **it's just not ~able** on ne peut vraiment pas le répéter.
◆ **printed** *adj (gen)* imprimé; *writing paper* à en-tête; **~ed matter** *or* **papers** imprimés *mpl*; **the ~ed word** la chose imprimée. ◆ **printer** *n* imprimeur *m*; *(Comput)* imprimante *f*; **~er's error** faute *f* d'impression, coquille *f*; **~er's ink** encre *f* d'imprimerie. ◆ **printing 1** *n* impression *f*; *(Phot)* tirage *m*; *(block writing)* écriture *f* en caractères d'imprimerie; **2** *adj*: **~ing press** presse *f* typogra-

phique; ~**ing works** imprimerie *f (atelier)*. ◆ **print-out** *n (Comput)* listage *m*.

prior¹ ['praɪəʳ] **1** *adj* antérieur *(to* à). **without ~ notice** sans préavis; **to have a ~ claim to sth** avoir droit à qch par priorité. **2** *adv*: ~ **to** antérieurement à, avant. ◆ **priority** *n* priorité *f*; **to have** *or* **take ~ity over** avoir la priorité sur; **to give first** *or* **top ~ity to sth** donner la priorité absolue à qch; **you must get your ~ities right** vous devez décider de ce qui compte le plus pour vous.

prior² ['praɪəʳ] *n (Rel)* prieur *m*. ◆ **prioress** *n* prieure *f*. ◆ **priory** *n* prieuré *m*.

prise [praɪz] *vt (Brit)* **to ~ open a box** ouvrir une boîte en faisant levier, forcer une boîte; **to ~ the lid off a box** forcer le couvercle d'une boîte.

prism ['prɪz(ə)m] *n* prisme *m*. ◆ **prismatic** *adj* prismatique.

prison ['prɪzn] **1** *n* prison *f*. **in ~** en prison; **to be/put sb in ~** être/mettre qn en prison; **to send sb to ~** condamner qn à la prison; **to send sb to ~ for 5 years** condamner qn à 5 ans de prison; **he was in ~ for 5 years** il a fait 5 ans de prison. **2** *adj food, conditions* dans la *or* les prison(s), pénitentiaire; *system, colony* pénitentiaire. ~ **camp** camp *m* de prisonniers; ~ **officer** gardien(ne) *m(f)* *or* surveillant(e) *m(f)* de prison. ◆ **prisoner** *n (gen)* prisonnier *m*, -ière *f*; *(in jail)* détenu(e) *m(f)*, prisonnier *m*, -ière *f*; ~**er of conscience** détenu(e) politique *(pour délit d'opinion)*; ~**er of war** prisonnier de guerre; *(Jur)* ~**er at the bar** accusé(e) *m(f)*, inculpé(e) *m(f)*; **the enemy took him ~er** il a été fait prisonnier par l'ennemi.

privacy ['prɪvəsɪ] *n* intimité *f*, solitude *f*. **his desire for ~** son désir d'être seul; *[public figure etc]* son désir de préserver sa vie privée; **there is no ~ in these flats** on ne peut avoir aucune vie privée dans ces appartements; **he told me in strictest ~** il me l'a dit dans le plus grand secret; **in the ~ of his own home** dans l'intimité *f* de son foyer.

private ['praɪvɪt] **1** *adj* (**a**) *(not public) conversation, meeting, land, road* privé; *(confidential) letter* confidentiel, de caractère privé; *agreement* officieux; *funeral* qui a lieu dans l'intimité. **'private'** *(on door etc)* 'privé'; *(on envelope)* 'personnel'; *(Admin, Jur)* ~ **hearing** audience *f* à huis clos; **I have ~ information that...** je sais de source privée que...; **in (his) ~ life** dans sa vie privée; **he's a very ~ person** *(gen)* c'est un homme très secret; *(Theat etc)* ~ **performance** représentation *f* privée; ~ **place** coin *m* retiré; ~ **soldier** *(simple)* soldat *m*; *(Art etc)* ~ **view** vernissage *m*.
(**b**) *(for one person) house, car, lesson, secretary* particulier; *(personal) bank account, advantage, joke, reasons* personnel. **a ~ income**, ~ **means** une fortune personnelle; **it is my ~ opinion that...** pour ma part je pense que...; *(Anat)* ~ **parts** parties *fpl* génitales; ~ **pupil** élève *mf* en leçons particulières; ~ **teacher**, ~ **tutor** *(for full education)* précepteur *m*, institutrice *f*; *(for one subject)* répétiteur *m*, -trice *f (for en)*; ~ **tuition** leçons *fpl* particulières.
(**c**) *(not official or state-controlled etc) company, institution, army, school* privé; *doctor, nursing home* privé, non conventionné. *(Econ)* ~ **enterprise** entreprise *f* privée; *(Econ, Ind)* **the ~ sector** le secteur privé; *(esp Brit Med)* **to be a ~ patient** ≃ ne pas être remboursé par la Sécurité sociale; **to be in ~ practice** ≃ être médecin non conventionné; *(esp Brit Med)* ~ **treatment** ≃ traitement *m* non remboursé par la Sécurité sociale; ~ **detective**, ~ **investigator**, ~ **eye** * détective *m* privé; **a ~ citizen** un simple citoyen; *(Parl)* ~ **member** simple député *m*.
2 *n* (**a**) *(Mil) (simple)* soldat *m*. (**b**) **in ~** = **privately** (**a**) *and* (**b**).
◆ **privately** *adv* (**a**) *(secretly, personally)* dans son for intérieur; (**b**) *(not publicly)* en privé; (**c**) *(unof-*

ficially) write, apply à titre personnel. ◆ **privatization** *n* privatisation *f*. ◆ **privatize** *vt* privatiser.

privation [praɪ'veɪʃ(ə)n] *n* privation *f*.

privet ['prɪvɪt] *n* troène *m*. ~ **hedge** haie *f* de troènes.

privilege ['prɪvɪlɪdʒ] **1** *n* privilège *m*; *(Parl etc)* prérogative *f*. **to have the ~ of doing** avoir le privilège de faire; **I hate ~** je déteste les privilèges. **2** *vt (passive only)* **to be ~d to do** avoir le privilège de faire. ◆ **privileged** *adj (gen)* privilégié; *information* confidentiel; **a ~d few** quelques privilégiés *mpl*; **the ~d few** la minorité privilégiée.

privy ['prɪvɪ] **1** *adj*: P~ **Council/Councillor** conseil *m*/conseiller *m* privé. **2** *n* cabinets *mpl*, W.-C. *mpl*.

prize¹ [praɪz] **1** *n (gen)* prix *m*; *(in lottery)* lot *m*. **to win first ~** *(Scol etc)* remporter le premier prix *(in* de); *(in lottery)* gagner le gros lot; **the Nobel P~** le prix Nobel. **2** *adj novel, entry* primé. **a ~ sheep** un mouton primé; **his ~ sheep** son meilleur mouton; **a ~ example of** un parfait exemple de; **a ~ idiot** * un(e) idiot(e) de premier ordre; ~ **draw** tombola *f*; ~ **fighter** boxeur *m* professionnel; ~ **fighting** boxe *f* professionnelle; ~ **list** palmarès *m*; ~ **money** argent *m* du prix; *(Boxing)* ~ **ring** ring *m*. **3** *vt* faire grand cas de, priser. ~**d possession** bien *m* très précieux. ◆ **prize-giving** *n (Scol etc)* distribution *f* des prix. ◆ **prizewinner** *n (Scol, gen)* lauréat(e) *m(f)*; *(in lottery)* gagnant(e) *m(f)*. ◆ **prizewinning** *adj essay, novel, entry etc* primé; *ticket* gagnant.

prize² [praɪz] *vt* = **prise**.

pro¹ [prəʊ] **1** *pref (in favour of)* pro...; ~**abortionist** partisan(e) *m(f)* de l'interruption volontaire de grossesse; ~**-French** profrançais; **he was ~-Hitler** il était partisan d'Hitler. **2** *n*: **the ~s and the cons** le pour et le contre.

pro² * [prəʊ] *n (abbr of* **professional**) pro *mf*.

probable ['prɒb(ə)bl] *adj* (**a**) *(likely) reason, success* probable. **it is ~ that** il est probable que + *indic*; **it is hardly ~ that** il est peu probable que + *subj*. (**b**) *(credible) explanation etc* vraisemblable. ◆ **probability** *n* probabilité *f*; **in all probability** selon toute probabilité. ◆ **probably** *adv* probablement, selon toute probabilité.

probate ['prəʊbɪt] *n (Jur)* homologation *f* (d'un testament).

probation [prə'beɪʃ(ə)n] **1** *n*: **to be on ~** *(Jur)* ≃ être en sursis avec mise à l'épreuve; *[minors]* être en liberté surveillée; *(gen: in employment etc)* être engagé à l'essai; *(Rel)* être novice; *(Jur)* **to put sb on ~** mettre qn en sursis avec mise à l'épreuve etc. **2** *adj (Jur)* ~ **officer** agent *m* de probation; *(for minors)* ≃ délégué(e) *m(f)* à la liberté surveillée. ◆ **probationary** *adj (gen)* d'essai. ◆ **probationer** *n (gen)* employé(e) *m(f)* engagé(e) à l'essai; *(Rel)* novice *mf*.

probe [prəʊb] **1** *n (gen, Med, Space)* sonde *f*; *(investigation)* enquête *f (into* sur), investigation *f (into* de). **2** *vt hole, crack* explorer, examiner; *(Med)* sonder; *(Space)* explorer; *(also ~ into)* sb's subconscious, past* sonder, explorer; *causes, crime, mystery* chercher à éclaircir. ◆ **probing** *adj question, study* pénétrant; *interrogation* serré; *look* inquisiteur.

probity ['prəʊbɪtɪ] *n* probité *f*.

problem ['prɒbləm] **1** *n* problème *m (also Math)*. **the housing ~** le problème du logement; **he is a great ~ to his mother** il pose de gros problèmes à sa mère; **we've got ~s with the car** nous avons des ennuis *mpl* avec la voiture; **drink ~s** des tendances *fpl* à l'alcoolisme; **it's not my ~** ça ne me concerne pas; **that's no ~ to him** ça ne lui pose pas de problème; **that's no ~!** pas de problème!; **what's the ~?** qu'est-ce qui ne va pas?; **I had no**

~ **in getting the money** je n'ai eu aucun mal à obtenir l'argent. **2** *adj situation* difficile; *child* caractériel; *family* qui pose des problèmes; *novel, play* à thèse. ~ **cases** des cas sociaux; *(Press)* ~ **page** courrier *m* du cœur. ◆ **problematic(al)** *adj* problématique; **it is ~atical whether...** il n'est pas du tout certain que... + *subj.*

procedure [prə'si:dʒəʳ] *n* procédure *f.* **the correct ~ is to...** pour suivre la procédure normale, il faut...; **what's the ~?** comment doit-on procéder?, qu'est-ce qu'il faut faire?

proceed [prə'si:d] *vi (go)* aller, avancer; *(continue)* continuer. **you must ~ cautiously** il faut avancer *or (fig: act)* procéder avec prudence; **let us ~ to the next item** passons à la question suivante; **I am not sure how to ~** je ne sais pas très bien comment m'y prendre; **to ~ to do sth** se mettre à faire qch; **to ~ with sth** continuer *or* poursuivre qch; **it is all ~ing according to plan** tout se passe *or* se déroule ainsi que prévu; *(originate)* **to ~ from** provenir de; *(Jur)* **to ~ against sb** engager des poursuites contre qn. ◆ **proceeding** *n (course of action)* façon *f or* manière *f* d'agir. ◆ **proceedings** *npl (ceremony)* cérémonie *f*; *(meeting)* séance *f*; *(discussions)* débats *mpl* ; *(records: of learned society)* actes *mpl*; *(measures)* mesures *fpl*; *(Jur: legal ~ings)* procès *m*; **to take ~ings** *(gen)* prendre des mesures *(in order to do pour faire)*; *(Jur)* intenter un procès *(against sb* à qn). ◆ **proceeds** ['prəʊsi:dz] *npl* somme *f* recueillie.

process¹ ['prəʊses] **1** *n* **(a)** *(Chem, Biol etc)* processus *m*; *(fig, Admin etc)* procédure *f.* **the ~ of growing up** le processus de la croissance; **a natural/chemical ~** un processus naturel/chimique; **it's a slow** *or* **long ~** *(Chem etc)* c'est un processus lent; *(fig)* ça prend du temps; **he supervised the whole ~** il a supervisé l'opération *f* du début à la fin; **in the ~ of cleaning the picture, they...** pendant qu'ils nettoyaient le tableau ils...; **to be in ~** être en cours *(of sth* de qch); **in (the) ~ of doing** en train de faire. **(b)** *(specific method)* procédé *m*, méthode *f.* **the Bessemer ~** le procédé Bessemer; **a ~ for doing sth** un procédé *or* une méthode pour faire qch. **(c)** *(Jur) (action)* procès *m*; *(summons)* citation *f.*
2 *vt (Ind) raw materials, food, computer data* traiter; *(Phot) film* développer; *(Admin etc) an application, papers* s'occuper de. **~ed cheese** fromage *m* fondu. ◆ **processing** *n* traitement *m*; développement *m*; **food ~ing** préparation *f* des aliments; **data ~ing** informatique *f.*

process² [prə'ses] *vi (go in procession)* défiler; *(Rel)* aller en procession. ◆ **procession** *n [people, cars]* défilé *m*; *(Rel)* procession *f.*

proclaim [prə'kleɪm] *vt (gen)* proclamer *(that* que; *sb king etc* qn roi *etc)*; *peace, one's love* déclarer; *edict* promulguer; *(fig: show)* révéler. ◆ **proclamation** *n* proclamation *f.*

procrastinate [prə(ʊ)'kræstɪneɪt] *vi* faire traîner les choses. ◆ **procrastination** *n* procrastination *f.*

procreate ['prəʊkrɪeɪt] *vt* procréer. ◆ **procreation** *n* procréation *f.*

procure [prə'kjʊəʳ] **1** *vt (for o.s.)* se procurer, obtenir; *(for sb else)* obtenir; *(Jur) prostitute etc* procurer. **to ~ sth for sb, to ~ sb sth** procurer qch à qn, faire obtenir qch à qn. **2** *vi (Jur)* faire du proxénétisme. ◆ **procurer** *n (Jur)* proxénète *m.* ◆ **procuring** *n [goods, objects]* obtention *f*; *(Jur)* proxénétisme *m.*

prod [prɒd] **1** *n (push)* poussée *f*; *(jab)* (petit) coup *m (de canne, avec le doigt etc).* **to give sb a ~** pousser qn doucement *(du doigt or avec la pointe d'un bâton etc)*; *(fig)* pousser *or* stimuler qn. **2** *vt* pousser doucement *(du doigt or avec la pointe d'un bâton etc).* **he ~ded the map with his finger** il a

planté son doigt sur la carte; **to ~ sb into doing sth** pousser qn à faire qch; *(fig)* **he needs ~ding** il a besoin d'être stimulé.

prodigal ['prɒdɪgəl] *adj* prodigue.

prodigy ['prɒdɪdʒɪ] *n* prodige *m*, merveille *f.* **child ~** enfant *mf* prodige. ◆ **prodigious** *adj* prodigieux. ◆ **prodigiously** *adv* prodigieusement.

produce [prə'dju:s] **1** *vt* **(a)** *(make: gen)* produire; *magazine* éditer; *book (write)* écrire; *(publish)* publier; *(Fin) interest, profit* rapporter; *(give birth to)* donner naissance à. **he has ~d a new pop record** il a sorti un nouveau disque pop; **oil-producing countries** pays *mpl* producteurs de pétrole. **(b)** *(bring, show) gift, documents, gun* sortir *(from* de); *witness* produire; *proof* fournir. **I can't ~ £100!** je ne peux pas trouver 100 livres! **(c)** *(cause: gen)* provoquer, causer; *results, impression* produire; *donner; pleasure, interest* susciter; *(Elec) current* engendrer; *spark* faire jaillir. **(d)** *(Theat)* mettre en scène; *(Cine)* produire; *(Rad) play* mettre en ondes; *(Rad, TV) programme* réaliser; *(TV) play, film* mettre en scène.
2 ['prɒdju:s] *n* produits *mpl (d'alimentation).*
◆ **producer** *n (V produce 1a and 1d)* producteur *m*, -trice *f*; metteur *m* en scène; metteur en ondes; réalisateur *m.*

product ['prɒdʌkt] *n* produit *m*; *(fig)* résultat *m.* **~ liability** responsabilité *f* du fabricant. ◆ **production 1** *n* **(a)** *(Ind)* production *f*; **to put sth into ~ion** entreprendre la production de qch; **to take sth out of ~ion** retirer qch de la production; **the factory is in full ~ion** l'usine tourne à plein rendement; **car ~ion has risen** la production automobile a augmenté; **(b)** *(showing)* présentation *f*; **on ~ion of this ticket** sur présentation de ce billet; **(c)** *(V produce 1d)* mise *f* en scène; production *f*; mise *f* en ondes; réalisation *f*; **(d)** *(work produced) (Theat)* pièce *f*; *(Cine, Rad, TV)* production *f* ; **2** *adj (Ind)* **~ion line** chaîne *f* de fabrication; **~ion manager** directeur *m* de la production. ◆ **productive** *adj land, imagination* fertile; *meeting, work* fructueux; *employment, labour* productif; *(Ling)* productif; **I've had a very ~ive day** j'ai bien travaillé aujourd'hui. ◆ **productivity 1** *n (Econ, Ind)* productivité *f* ; **2** *adj fall, increase* de productivité; **~ivity agreement** accord *m* de productivité; **~ivity bonus** prime *f* à la productivité.

profane [prə'feɪn] **1** *adj (secular)* profane; *(pej) language etc* impie. **2** *vt* profaner. ◆ **profanity** *n (oath)* juron *m.*

profess [prə'fes] *vt (gen)* professer. **he ~ed himself satisfied** il s'est déclaré satisfait; **I don't ~ to be an expert** je ne prétends pas être expert en la matière. ◆ **professed** *adj atheist etc* déclaré; *(Rel) monk, nun* profès *(f* -esse).

profession [prə'feʃ(ə)n] *n (all senses: gen)* profession *f.* **the ~s** les professions libérales; **by ~** de son *(or mon etc)* métier; **the medical ~** *(calling)* la profession de médecin; *(doctors collectively)* les médecins *mpl*; **~ of faith** profession de foi. ◆ **professional 1** *adj (gen)* professionnel; *diplomat, soldier* de carrière; *play, piece of work* de haute qualité; **~al people** les membres *mpl* des professions libérales; **to take ~al advice** *(medical/legal)* consulter un médecin/un avocat; *(on practical matters)* consulter un professionnel; *(Sport)* **to turn ~al** passer professionnel; **to have a very ~al attitude to sth** prendre qch très au sérieux; **it is well up to ~al standards** c'est d'un niveau de professionnel ; **2** *n (all senses)* professionnel(le) *m(f).*
◆ **professionally** *adv (gen)* professionnellement; *(Sport) play* en professionnel; **I never met him ~ally** je n'ai jamais eu de rapports de travail avec lui; **~ally qualified** diplômé; **have you ever sung ~ally?** avez-vous jamais été chanteur professionnel?

professor [prə'fesə^r] n (Univ: Brit, US) professeur m (titulaire d'une chaire); (US: teacher) professeur. ◆ **professorial** adj professoral.

proffer ['prɒfə^r] vt object, hand tendre; remark faire; thanks, apologies présenter.

proficient [prə'fɪʃ(ə)nt] adj très compétent (in en). ◆ **proficiency** n grande compétence f.

profile ['prəʊfaɪl] 1 n (gen) profil m; (fig) [person] portrait m; [situation etc] esquisse f. **in** ~ de profil; (fig) **to keep a low** ~ essayer de ne pas trop se faire remarquer. 2 vt (show in ~) profiler; (fig: describe) établir le profil de.

profit ['prɒfɪt] 1 n (Comm) profit m, bénéfice m; (fig) profit. ~ **and loss** profits et pertes; **gross/net** ~ bénéfice brut/net; **to make a** ~ faire un bénéfice (of de; on sur); **to sell sth at a** ~ vendre qch à profit; **to yield a** ~ rapporter un bénéfice. 2 adj: ~ **margin** marge f bénéficiaire. 3 vi: **to** ~ **by** or **from sth** tirer profit de qch. ◆ **profitability** n rentabilité f. ◆ **profitable** adj (Comm etc) rentable; (fig) scheme, agreement avantageux; meeting, visit profitable. ◆ **profitably** adv sell à profit; deal avec profit; (fig) avec profit, avec fruit. ◆ **profiteer** (pej) 1 n profiteur m (pej) ; 2 vi faire des bénéfices excessifs. ◆ **profitless** adj sans profit. ◆ **profit-making** adj à but lucratif; **non-**~**-making** à but non lucratif. ◆ **profit-sharing** n participation f aux bénéfices.

profligate ['prɒflɪgɪt] adj (debauched) débauché; (extravagant) extrêmement prodigue. ◆ **profligacy** n débauche f; extrême prodigalité f.

profound [prə'faʊnd] adj profond. ◆ **profoundly** adv profondément. ◆ **profundity** n profondeur f.

profuse [prə'fjuːs] adj vegetation, bleeding abondant; thanks, praise, apologies profus. ◆ **profusely** adv bleed, sweat abondamment; thank, praise avec effusion; **to apologize** ~**ly** se confondre en excuses. ◆ **profusion** n profusion f; **in profusion** à profusion.

progeny ['prɒdʒɪnɪ] n progéniture f. ◆ **progenitor** n (lit) ancêtre m; (fig) auteur m.

prognosis, pl **-oses** [prɒg'nəʊsɪs, əʊsiːz] n pronostic m. ◆ **prognosticate** vt pronostiquer. ◆ **prognostication** n pronostic m.

program ['prəʊgræm] 1 n (a) (Comput) programme m. (b) (US) programme. 2 adj (Comput) du or d'un programme. 3 vi établir un (or des) programme(s). 4 vt (Comput etc) programmer (sth to do qch de façon à faire). ◆ **programmable** adj programmable.

programme ['prəʊgræm] 1 n (most senses) programme m; (Rad, TV: broadcast) émission f (on sur; about au sujet de); (Rad: station) poste m; (TV: station) chaîne f; [course etc] emploi m du temps. (fig) **what's the** ~ **for today?** * qu'est-ce qu'on fait aujourd'hui?; **on the** ~ au programme; **on the other** ~ (Rad) sur l'autre chaîne; (Rad) sur l'autre poste. 2 adj (Rad, TV) ~ **editor** éditorialiste mf; (Theat) ~ **seller** vendeur m, -euse f de programmes. 3 vt (gen, Tech, fig) programmer (to do pour faire). **the meeting was** ~**d to start at 7** le début de la réunion était prévu pour 19 heures. ◆ **programmer** n (computer ~) programmeur m, -euse f; (device) programmateur m. ◆ **programming** n programmation f.

progress ['prəʊgres] 1 n (gen) progrès m(pl). **in the name of** ~ au nom du progrès; **to make** ~ (gen) faire des progrès; (walk etc forward) avancer; **the patient is making** ~ l'état m (de santé) du malade s'améliore; **the** ~ **of events** le cours des événements; **the meeting is in** ~ la réunion est en cours.
2 adj: ~ **report** (gen) compte rendu m; (Med) bulletin m de santé; (Admin etc) état m périodique; (Scol) bulletin scolaire.

3 vi [prə'gres] (lit, fig) aller, avancer (towards vers); [student etc] faire des progrès; [patient] aller mieux; [investigations, studies etc] progresser. **as the game** ~**ed** à mesure que la partie se déroulait. ◆ **progression** n progression f. ◆ **progressive** 1 adj (gradually increasing) disease, improvement progressif; (forward-looking) idea, party, person progressiste; age de progrès ; 2 n (Pol etc) progressiste mf. ◆ **progressively** adv progressivement, petit à petit.

prohibit [prə'hɪbɪt] vt (forbid) interdire, défendre (sb from doing à qn de faire); (prevent) empêcher (sb from doing qn de faire); (Admin, Jur etc) weapons, drugs, swearing prohiber. **smoking** ~**ed** défense de fumer, il est interdit or défendu de fumer; **pedestrians are** ~**ed from using this bridge** il est interdit aux piétons d'utiliser ce pont. ◆ **prohibition** n interdiction f, défense f; prohibition f (also against alcohol). ◆ **prohibitive** adj prohibitif.

project ['prɒdʒekt] 1 n (a) (plan, scheme) projet m, plan m (to do, for doing pour faire); (undertaking) opération f, entreprise f; (construction work) grands travaux mpl; (study) étude f (on de); (Scol) dossier m (on sur). (b) (US: housing) ~ cité f, lotissement m. 2 [prə'dʒekt] vt (all senses) projeter. ~**ed sales/ revenue** projection f de ventes/de recettes. 3 vi faire saillie. **to** ~ **over** surplomber; **to** ~ **into** s'avancer dans; (Psych) **how does he** ~? quelle image de lui-même projette-t-il? ◆ **projecting** adj construction, part, knob saillant; tooth qui avance. ◆ **projection** 1 n (a) projection f; (b) (overhang) saillie f ; 2 adj (Cine) ~**ion booth**, ~**ion room** cabine f de projection. ◆ **projectionist** n projectionniste mf. ◆ **projector** n projecteur m.

prolapse ['prəʊlæps] n descente f d'organe.

proletarian [ˌprəʊlɪ'tɛərɪən] 1 n (abbr **prole** *) prolétaire mf (abbr prolo *). 2 adj class, party prolétarien; life, mentality de prolétaire. ◆ **proletariat** n prolétariat m.

proliferate [prə'lɪfəreɪt] vi proliférer. ◆ **proliferation** n prolifération f. ◆ **prolific** adj prolifique.

prologue ['prəʊlɒg] n prologue m (Literat: to de; fig: to à).

prolong [prə'lɒŋ] vt prolonger. ◆ **prolongation** n (in space) prolongement m; (in time) prolongation f. ◆ **prolonged** adj long, de longue durée.

prom * [prɒm] n (a) abbr of **promenade**. (b) (Brit) = **promenade concert**.

promenade [ˌprɒmɪ'nɑːd] 1 n promenade f. 2 adj (Brit) ~ **concert** concert donné dans une salle à promenoir; (Naut) ~ **deck** pont m promenade. 3 vi (walk) se promener. 4 vt promener. ◆ **promenader** * n auditeur m, -trice f d'un 'promenade concert'.

prominent ['prɒmɪnənt] adj ridge, structure, nose proéminent; cheekbones saillant; tooth qui avance dans; (striking) frappant; (outstanding) person important, très en vue. **to be** ~ **in** jouer un rôle important dans; **in a** ~ **position** bien en vue. ◆ **prominence** n proéminence f; aspect saillant or frappant; importance f. ◆ **prominently** adv display, place, set bien en vue; **his name figured** ~**ly in the case** on a beaucoup entendu parler de lui dans l'affaire.

promiscuous [prə'mɪskjʊəs] adj (sexually) person de mœurs faciles; conduct léger, libre. ◆ **promiscuity** or ◆ **promiscuousness** n promiscuité f sexuelle. ◆ **promiscuously** adv immoralement.

promise ['prɒmɪs] 1 n promesse f. **to make sb a** ~ faire une promesse à qn (to do de faire); **is it a** ~? c'est promis?; **to keep one's** ~ tenir sa promesse; **a young man of** ~ un jeune homme qui promet; **it holds out a** ~ **of peace** cela fait espérer la paix. 2 vt promettre (sth to sb qch à qn; sb to do à qn de faire; that que). **I** ~**I** je vous le promets!; (after statement) je vous assure!; **I can't**

~ je ne vous promets rien; *(fig)* **to ~ sb the earth** *or* **the moon** promettre la lune à qn; **to ~ o.s. (to do) sth** se promettre (de faire) qch. **3** *vi (fig)* **to ~ well** *[person]* promettre; *[situation, first book, event]* être prometteur; *[crop, business]* s'annoncer bien. ◆ **promising** *adj situation, event* prometteur; *person* qui promet; **the future is promising** l'avenir s'annonce bien; **that's promising** c'est prometteur; *(iro)* ça promet! ◆ **promisingly** *adv* d'une façon prometteuse.

promontory ['promentrI] *n* promontoire *m*.

promote [prə'məʊt] *vt* **(a)** *person* promouvoir *(to* au poste de, *(Mil)* au rang de). *(Ftbl etc)* **to be ~d to the first division** monter en première division. **(b)** *(encourage) cause, plan, sales, product* promouvoir; *trade* développer; *(Comm) firm, campaign* lancer. ◆ **promoter** *n [sport]* organisateur *m*, -trice *f*; *[product]* promoteur *m* de vente; *[business, company]* fondateur *m*, -trice *f*. ◆ **promotion** *n* promotion *f*; **to get promotion** obtenir de l'avancement, être promu.

prompt [promt] **1** *adj (speedy) action* rapide, prompt; *delivery, reply, payment, service* rapide; *(punctual)* ponctuel. **to be ~ to do** faire avec promptitude. **2** *adv*: **at 6 o'clock ~** à 6 heures exactement. **3** *vt* **(a)** *person* pousser, inciter *(sb to do* qn à faire); *reaction* provoquer, entraîner. **~d by a desire to see...** poussé par un désir de voir...; **regret ~ed by the sight of...** regret provoqué par la vue de... **(b)** *(Theat)* souffler. **4** *n (Comput)* guidage *m*. ◆ **prompter** *n (Theat)* souffleur *m*, -euse *f*. ◆ **prompting** *n*: **at my ~ing** à mon instigation; **without (any) ~ing** de son propre chef. ◆ **promptly** *adv* rapidement, promptement; ponctuellement. ◆ **promptness** *n* promptitude *f*; ponctualité *f*.

prone [prəʊn] *adj* **(a)** *(face down)* étendu face contre terre. **(b)** *(liable)* enclin *(to sth* à qch, *to do* à faire).

prong [prɒŋ] *n [fork]* dent *f*. **three-~ed** *fork* à trois dents; *attack, advance* sur trois fronts.

pronoun ['prəʊnaʊn] *n* pronom *m*.

pronounce [prə'naʊns] **1** *vt* **(a)** *word etc* prononcer. **how is it ~d?** comment ça se prononce? **(b)** *(Jur)* prononcer *(that* que). **to ~ sentence** prononcer la sentence; **they ~d him unfit to drive** ils l'ont déclaré inapte à la conduite; **to ~ o.s. in favour of** se prononcer *or* se déclarer en faveur de. **2** *vi* se prononcer *(on sur)*; *(Jur)* prononcer *(for* en faveur de, *against* contre). ◆ **pronounceable** *adj* prononçable. ◆ **pronounced** *adj* prononcé, marqué. ◆ **pronouncement** *n* déclaration *f*. ◆ **pronunciation** *n* prononciation *f*.

pronto * ['prontəʊ] *adv* illico *.

proof [pruːf] **1** *n* **(a)** *(gen, Jur, Math etc)* preuve *f*. **~ of identity** pièce(s) *f(pl)* d'identité; **as (a) ~ of**, **in ~ of** pour preuve de; **I've got ~ that he did it** j'ai la preuve qu'il l'a fait; *(fig)* **to show ~ of** faire preuve de. **(b)** **to put sth to the ~** mettre qch à l'épreuve. **(c)** *(Typ, Phot)* épreuve *f*. **(d)** **this whisky is 70° ~** ≃ ce whisky titre 40° d'alcool. **2** *adj*: **~ against** *bullets, time, wear* à l'épreuve de; *temptation, suggestion* insensible à. **3** *vt anorak, tent* imperméabiliser. ◆ **proofread** *vt* corriger les épreuves. ◆ **proofreader** *n* correcteur *m*, -trice *f* d'épreuves.

prop¹ [prop] **1** *n* support *m*; *(for wall; in tunnel etc)* étai *m*; *(for clothes-line)* perche *f*; *(fig)* soutien *m* *(to, for* de). **2** *vt (~ up) (lean) ladder, cycle* appuyer *(against* contre); *(support) tunnel, wall* étayer; *clothes-line, lid* caler; *(fig) régime* maintenir; *business, company* renflouer; *organization* soutenir; *(Fin) the pound* venir au secours de. **to ~ o.s. (up) against** se caler contre.

prop² * [prop] *n (Theat) abbr of* **property 1c**.

propaganda [ˌprɒpə'gændə] *n* propagande *f*.

propagate ['prɒpəgeɪt] **1** *vt* propager. **2** *vi* se propager. ◆ **propagation** *n* propagation *f*.

propel [prə'pel] *vt vehicle etc* propulser; *person* pousser *(into* dans). **to ~ sth/sb along** faire avancer qch/qn (en le poussant). ◆ **propellant** *n [rocket]* combustible *m*. ◆ **propeller** *n* hélice *f*. ◆ **propelling pencil** *n* porte-mine *m inv*.

propensity [prə'pensItI] *n* propension *f (to, towards, for* à; *to do, for doing* à faire).

proper ['prɒpə'] **1** *adj* **(a)** *(appropriate, suitable, correct) clothes* indiqué, convenable; *tool, answer* bon, qui convient; *spelling, order* correct; *method, treatment* indiqué, correct. **in the ~ way** comme il faut; *(Admin)* dans les règles; **in the ~ meaning** *or* **sense of the word** au sens propre du mot; **at the ~ time** à la bonne heure, à l'heure dite; *(Admin etc)* **to go through the ~ channels** passer par la filière officielle; **to make a ~ job of sth** bien réussir qch *(also iro)*; **to do the ~ thing by sb** bien agir envers qn; *(Gram)* **~ noun** nom *m* propre; **if you think it ~ to do so** si vous jugez bon de faire ainsi; *(Philos, Chem etc)* **~ to** propre à. **(b)** *(seemly) person* comme il faut; *book, behaviour* convenable, correct. **it isn't ~ to do that** cela ne se fait pas. **(c)** *(authentic)* véritable. **he's not a ~ electrician** ce n'est pas un véritable électricien; **outside Paris ~** en dehors de Paris proprement dit; **he's a ~ fool** c'est un imbécile fini; **I felt a ~ idiot** je me suis senti vraiment idiot; **he's a ~ gentleman** c'est un monsieur très comme il faut; **he made a ~ mess of it** il (en) a fait un beau gâchis. **2** *adv (‰) talk* comme il faut; *(very)* vraiment, très. ◆ **properly** *adv* **(a)** *(appropriately, correctly) dress* convenablement; *use* correctement, comme il faut; *speak, spell* correctement; **~ly speaking** à proprement parler; **he very ~ly refused** il a refusé et avec raison; **(b)** *(in seemly way) behave, dress* convenablement, comme il faut; *speak* bien; **(c)** *(*: completely)* vraiment.

property ['prɒpətI] **1** *n* **(a)** *(possessions)* propriété *f*, biens *mpl*; *(estate)* propriété *f*; *(lands)* terres *fpl*; *(buildings)* biens *mpl* immobiliers; *(house)* propriété *f*. *(Jur)* **personal ~** biens personnels; **is this your ~?** cela vous appartient?; **a man of ~** un homme qui a des biens. **(b)** *(Chem etc)* propriété *f*. **(c)** *(Theat)* accessoire *m*. **2** *adj (a) owner, tax* foncier; *market* immobilier. **~ developer** promoteur *m* (de construction). **(b)** *(Theat)* **~ man/ mistress** accessoiriste *m/f*. ◆ **propertied** *adj* possédant.

prophecy ['prɒfIsI] *n* prophétie *f*. ◆ **prophesy** ['prɒfIsaɪ] **1** *vt* prédire *(that* que). **2** *vi* prophétiser. ◆ **prophet** *n* prophète *m*. ◆ **prophetess** *n* prophétesse *f*. ◆ **prophetic(al)** *adj* prophétique. ◆ **prophetically** *adv* prophétiquement.

propitiate [prə'pɪʃɪeɪt] *vt* se concilier. ◆ **propitiation** *n* propitiation *f*.

propitious [prə'pɪʃəs] *adj* propice. ◆ **propitiously** *adv* d'une manière propice.

proponent [prə'pəʊnənt] *n* partisan(e) *m(f)*.

proportion [prə'pɔːʃ(ə)n] **1** *n* **(a)** *(ratio)* proportion *f (of sth to sth* de qch par rapport à qch). **the ~ of blacks to whites** la proportion *or* le pourcentage des noirs par rapport aux blancs; **in perfect ~** parfaitement proportionné; **in ~ as** à mesure que; **in ~ to** en proportion de; **to be in ~ to** être proportionné à; **out of ~ to** hors de proportion avec, disproportionné par rapport à; **it's out of ~** *[drawing]* c'est mal proportionné; *(fig)* c'est hors de proportion; *(lit, fig)* **he has no sense of ~** il n'a pas le sens des proportions. **(b)** *(size)* **~s** proportions *fpl*. **(c)** *(part)* part *f*, partie *f*. **in equal ~s** à parts égales; **a certain ~ of the staff** une certaine partie du personnel. **2** *vt* proportionner *(to* à). **well-~ed** bien proportionné.

◆ **proportional** *or* ◆ **proportionate** *adj* proportionnel *(to* à); **~al representation** représentation *f* proportionnelle. ◆ **proportionally** *adv* proportionnellement.

propose [prə'pəʊz] **1** *vt* (**a**) *(suggest)* proposer *(sth to sb* qch à qn; *doing* de faire; *that* que + *subj; sb for sth* qn pour qch). **to ~ a toast to sb** porter un toast à la santé de qn; **to ~ marriage to sb** demander qn en mariage. (**b**) *(have in mind)* **to ~ to do** *or* **doing** se proposer de faire. **2** *vi (offer marriage)* faire une demande en mariage *(to sb* à qn). ◆ **proposal** *n* (**a**) *(offer)* proposition *f*; *(of marriage)* demande *f* en mariage; (**b**) *(plan)* projet *m*, plan *m* *(for sth* de *or* pour qch; *to do* pour faire); *(suggestion)* proposition *f* *(to do* de faire); ◆ **proposer** *n* *(Admin, Parl etc)* auteur *m* de la proposition. ◆ **proposition** **1** *n* *(gen)* proposition *f*; *(fig)* **that's quite another proposition** ça c'est tout autre affaire; **the journey alone is quite a proposition** rien que le voyage n'est pas une petite affaire; **to be a tough proposition** être ardu; *[person]* être coriace ; **2** *vt* faire des propositions (malhonnêtes) à.

propound [prə'paʊnd] *vt theory, idea* proposer, soumettre; *problem* poser; *programme* exposer.

proprietor [prə'praɪətəʳ] *n* propriétaire *m*. ◆ **proprietary** *adj (Comm)* article de marque déposée; **proprietary brand** (produit *m* de) marque *f* déposée; **proprietary medicine** spécialité *f* pharmaceutique; **proprietary name** marque *f* déposée. ◆ **proprietress** *n* propriétaire *f*.

propriety [prə'praɪətɪ] *n* (**a**) *(decency)* bienséance *f*, convenance *f*. **to observe the proprieties** respecter les bienséances *or* les convenances. (**b**) *(appropriateness etc)* [behaviour, step, phrase] justesse *f*.

propulsion [prə'pʌlʃ(ə)n] *n* propulsion *f*.

prosaic [prə(ʊ)'zeɪɪk] *adj* prosaïque. ◆ **prosaically** *adv* prosaïquement.

proscribe [prə(ʊ)s'kraɪb] *vt* proscrire. ◆ **proscription** *n* proscription *f*.

prose [prəʊz] **1** *n* (**a**) *(gen)* prose *f*. **in ~** en prose. (**b**) *(Scol etc:* **~ translation***)* thème *m*. **2** *adj:* **~ writer** prosateur *m*.

prosecute ['prɒsɪkjuːt] *vt* (**a**) *(Jur etc)* poursuivre (en justice) *(for doing sth* pour qch). (**b**) *(further)* *enquiry* poursuivre. ◆ **prosecution** *n* *(Jur)* (*act, proceedings)* poursuites *fpl* judiciaires; **the prosecution** ≃ le ministère public; **witness for the prosecution** témoin *m* à charge. ◆ **prosecutor** *n* **(public prosecutor)** ≃ procureur *m* (de la République).

prosody ['prɒsədɪ] *n* prosodie *f*.

prospect ['prɒspekt] **1** *n* *(gen)* perspective *f* *(of, from* de); *(future)* (perspectives d')avenir *m*; *(hope)* espoir *m* *(of sth* de qch; *of doing* de faire). **this ~ cheered him up** cette perspective l'a réjoui; **to have sth in ~** avoir qch en perspective *or* en vue; **there is little ~ of his coming** il y a peu de chances qu'il vienne; **he has little ~ of succeeding** il a peu de chances de réussir; **there is no ~ of that** rien ne laisse prévoir cela; **there is every ~ of success/of succeeding** tout laisse prévoir le succès/qu'on réussira; **the ~s for the harvest are good** la récolte s'annonce bien; **what are his ~s?** quelles sont ses perspectives d'avenir?; **'good ~s of promotion'** 'situation *f* d'avenir'; **it offered the ~ of** cela offrait la possibilité de; **he is a good ~ for the team** c'est un bon espoir pour l'équipe; **to seem quite a good ~** sembler prometteur.

2 [prəs'pekt] *vti* prospecter *(for* pour trouver). ◆ **prospecting** *n* *(Min etc)* prospection *f*. ◆ **prospective** *adj son-in-law, home, legislation* futur *(before n)*; *journey* en perspective; *customer* possible. ◆ **prospector** *n* prospecteur *m*, -trice *f*; **gold ~or** chercheur *m* d'or. ◆ **prospectus** *n* prospectus *m*.

prosper ['prɒspəʳ] *vi* prospérer. ◆ **prosperity** *n* prospérité *f*. ◆ **prosperous** *adj* prospère.

prostate ['prɒsteɪt] *n* **(~ gland)** prostate *f*.

prostitute ['prɒstɪtjuːt] **1** *n* prostituée *f*. **male ~** prostitué *m*. **2** *vt* prostituer. ◆ **prostitution** *n* prostitution *f*.

prostrate ['prɒstreɪt] **1** *adj* à plat ventre; *(in respect, submission)* prosterné; *(exhausted)* prostré. **2** [prɒs'treɪt] *vt:* **to ~ o.s.** se prosterner; **the news ~d him** la nouvelle l'a accablé. ◆ **prostration** *n* *(Med)* prostration *f*.

protagonist [prə(ʊ)'tægənɪst] *n* protagoniste *m*.

protect [prə'tekt] *vt (gen)* protéger *(from* de; *against* contre); *interests, rights* sauvegarder. ◆ **protection** **1** *n* protection *f* *(against* contre); sauvegarde *f*; **under his ~ion** sous sa protection ; **2** *adj:* **to pay ~ion money** verser de l'argent à un racketteur; **~ion racket** racket *m*. ◆ **protectionism** *n* *(Econ)* protectionnisme *m*; *(US Ecol)* défense *f* de l'environnement. ◆ **protectionist** **1** *adj (Econ)* protectionniste; *(US Ecol)* pour la défense de l'environnement ; **2** *n* *(Econ)* protectionniste; *(US Ecol)* défenseur *m* de l'environnement. ◆ **protective** *adj (gen)* protecteur; *clothing, covering* de protection. ◆ **protectively** *adv* d'un geste *(or* ton *etc)* protecteur. ◆ **protector** *n* protecteur *m*. ◆ **protectorate** *n* protectorat *m*.

protein ['prəʊtiːn] *n* protéine *f*.

protest ['prəʊtest] **1** *n* protestation *f* *(against* contre; *about* à propos de); *(Pol)* contestation *f*. **to do sth under ~** faire qch en protestant. **2** *adj meeting* de protestation. **~ march** *or* **demonstration** manifestation *f*. **3** [prə'test] *vt* (**a**) protester *(that* que); *one's innocence, loyalty* protester de; (**b**) *(US)* protester contre. **4** [prə'test] *vi* protester *(against* contre; *about* à propos de; *to sb* auprès de qn). ◆ **Protestant** ['prɒtɪstənt] *adj, n* protestant(e) *m(f)*. ◆ **Protestantism** *n* protestantisme *m*. ◆ **protestation** *n* protestation *f*. ◆ **protester** *n* protestataire *mf*; *(on march, in demonstration)* manifestant(e) *m(f)*.

protocol ['prəʊtəkɒl] *n* protocole *m*.

prototype ['prəʊtəʊtaɪp] *n* prototype *m*.

protract [prə'trækt] *vt* prolonger, faire traîner. ◆ **protracted** *adj* prolongé.

protrude [prə'truːd] *vi* *[stick, gutter, rock, shelf]* dépasser; *[teeth]* avancer; *[eyes]* être globuleux. ◆ **protruding** *adj* qui dépasse; qui avance; globuleux.

protuberant [prə'tjuːb(ə)r(ə)nt] *adj* protubérant. ◆ **protuberance** *n* protubérance *f*.

proud [praʊd] *adj* (**a**) *person* fier *(of* de; *that* que, + *subj; to do* de faire); *(arrogant)* fier, orgueilleux. **that's nothing to be ~ of!** il n'y a pas de quoi être fier!; **as ~ as a peacock** fier comme Artaban; *(pej)* vaniteux comme un paon; **to do o.s. ~ *** ne se priver de rien; **to do sb ~ ***(entertain)* se mettre en frais pour qn. (**b**) *(splendid)* ship majestueux. ◆ **proudly** *adv* fièrement; *(arrogantly)* orgueilleusement; *(splendidly)* majestueusement.

prove [pruːv] **1** *vt* (**a**) *(gen)* prouver *(that* que). **you can't ~ anything against me** vous n'avez aucune preuve contre moi; **he was ~d right** il s'est avéré qu'il avait raison. (**b**) *vt* homologuer. **to ~ o.s.** faire ses preuves. **2** *vi:* **he/it ~d to be...** on s'est rendu compte plus tard qu'il était/que c'était...; **he ~d (to be) incapable of helping us** il s'est révélé incapable de nous aider; **it ~d useful** cela a été utile; **if it ~s otherwise** s'il en est autrement.

Provence [prɒ'vã:(n)s] *n* Provence *f*. ◆ **Provençal** *adj, n* provençal *(m)*.

proverb ['prɒvɜːb] *n* proverbe *m*. ◆ **proverbial** *adj* proverbial. ◆ **proverbially** *adv* proverbialement.

provide [prə'vaɪd] **1** *vt* (**a**) *(supply)* fournir *(sb with sth, sth for sb* qch à *or* pour qn); *(equip)* pourvoir *(sb with sth* qn de qch; *sth with sth* qch à qch). **to**

~ **o.s. with sth** se munir de qch; **the field ~s plenty of space for a car park** le champ offre suffisamment d'espace pour un parc à autos; **~d with** pourvu de. (**b**) *[legislation etc]* stipuler, prévoir (*that* que). **2** *vi (financially)* **to ~ for sb** pourvoir aux besoins de qn; *(in the future)* assurer l'avenir de qn; **the Lord will ~** Dieu y pourvoira; *(make arrangements)* **to ~ for sth** prévoir qch. ◆ **provided** *or* ◆ **providing** *conj* pourvu que + *subj*, à condition de + *infin*.

providence ['prɒvɪd(ə)ns] *n* providence *f*. ◆ **providential** *adj* providentiel. ◆ **providentially** *adv* providentiellement.

province ['prɒvɪns] *n* province *f*. **the ~s** *(collectively)* la province; **in the ~s** en province; *(fig)* **that is not (within) my ~** cela n'est pas de mon domaine. ◆ **provincial** *adj*, *n* provincial(e) *m(f)*.

provision [prə'vɪʒ(ə)n] **1** *n* (**a**) *(supply)* provision *f*. **to lay in a ~ of** faire provision de; *(food etc)* **~s** provisions *fpl*; **to get in** *or* **lay in ~s** faire des provisions; **the ~ of housing** le logement; **~ of food to the soldiers** approvisionnement *m* des soldats en nourriture; **to make ~ for** *one's family etc* assurer l'avenir de; *journey, siege* prendre des dispositions pour. (**b**) *[legislation etc]* disposition *f*, clause *f*. **~ to the contrary** clause contraire; **there is no ~ for this in the rules** le règlement ne prévoit pas cela. (**c**) *(funding)* financement *m*. **2** *adj*: **~ merchant** marchand *m* de comestibles. **3** *vt* approvisionner.

◆ **provisional** *adj government, licence* provisoire; *arrangement, acceptance* à titre conditionnel; *(Admin) appointment* à titre provisoire; *(Jur)* provisionnel. ◆ **provisionally** *adv agree* à titre conditionnel; *appoint* à titre provisoire. ◆ **proviso** *n* condition *f*; *(Jur)* clause *f* restrictive; **with the proviso that** à condition que + *subj*.

provoke [prə'vəʊk] *vt* provoquer (*sb to sth* qn à faire qch; *sb to do* *or* *into doing* qn à faire). ◆ **provocation** *n* provocation *f*; **under provocation** en réponse à une provocation. ◆ **provocative** *adj (gen)* provocant; *(thought-provoking) book, title, talk* qui donne à penser. ◆ **provocatively** *adv* d'un air *or* d'un ton provocant. ◆ **provoking** *adj* agaçant.

provost ['prɒvəst] *n (Brit Univ)* principal *m*; *(US Univ)* ≃ doyen *m*; *(Scot: mayor)* maire *m*; *(Rel)* doyen *m*.

prow [praʊ] *n* proue *f*.

prowess ['praʊɪs] *n* prouesse *f*.

prowl [praʊl] *vi* (~ **about**, ~ **around**) rôder. ◆ **prowler** *n* rôdeur *m*, -euse *f*.

proximity [prɒk'sɪmɪtɪ] *n* proximité *f*. **in ~ to** à proximité de.

proxy ['prɒksɪ] *n (power)* procuration *f*; *(person)* mandataire *mf*. **by ~** par procuration.

prude [pru:d] *n* prude *f*, bégueule *f*. ◆ **prudery** *n* pruderie *f*. ◆ **prudish** *adj* prude.

prudent ['pru:dənt] *adj* prudent. ◆ **prudence** *n* prudence *f*. ◆ **prudently** *adv* prudemment.

prune[1] [pru:n] *n (fruit)* pruneau *m*.

prune[2] [pru:n] *vt tree* tailler; (~ **down**) *article, essay* faire des coupures dans. ◆ **pruning** **1** *n* taille *f* ; **2** *adj*: **pruning knife** serpette *f*.

prurient ['prʊərɪənt] *adj* lascif. ◆ **prurience** *n* lascivité *f*.

Prussia ['prʌʃə] *n* Prusse *f*. ◆ **Prussian** **1** *adj* prussien ; **2** *n* Prussien(ne) *m(f)*.

pry[1] [praɪ] *vi* s'occuper de ce qui ne vous regarde pas. **to ~ into sb's desk** fureter dans le bureau de qn; **to ~ into a secret** chercher à découvrir un secret. ◆ **prying** *adj* fureteur, indiscret.

pry[2] [praɪ] *vt (US)* = **prise.**

psalm [sɑ:m] *n* psaume *m*. ◆ **psalmist** *n* psalmiste *m*.

pseudo- ['sju:dəʊ] *pref* pseudo-. **~autobiography** pseudo-autobiographie *f*; **~apologetically** sous couleur de s'excuser. ◆ **pseud** ⚤ *n* bêcheur * *m*, -euse * *f*. ◆ **pseudo** * *adj* insincère, faux.

pseudonym ['sju:dənɪm] *n* pseudonyme *m*.

psoriasis [sɒ'raɪəsɪs] *n* psoriasis *m*.

psych * [saɪk] *vt* (**a**) *(guess) reaction* deviner, prévoir. (**b**) *(make uneasy: also ~ out)* intimider. (**c**) *(prepare: also ~ up)* préparer mentalement. **he was all ~ed up** il était gonflé à bloc.

psyche ['saɪkɪ] *n* psychisme *m*, psyché *f*.

psychedelic [ˌsaɪkɪ'delɪk] *adj* psychédélique.

psychiatry [saɪ'kaɪətrɪ] *n* psychiatrie *f*. ◆ **psychiatric** *adj hospital, treatment, medicine* psychiatrique; *disease* mental. ◆ **psychiatrist** *n* psychiatre *mf*.

psychic(al) ['saɪkɪk(əl)] *adj* (**a**) *(supernatural) phenomenon, research* métapsychique; *(telepathic)* télépathe. **I'm not ~** * je ne suis pas devin. (**b**) *(Psych)* psychique.

psychoanalysis [ˌsaɪkəʊə'nælɪsɪs] *n* psychanalyse *f*. ◆ **psychoanalyst** *n* psychanalyste *mf*. ◆ **psychoanalytic(al)** *adj* psychanalytique. ◆ **psychoanalyze** *vt* psychanalyser.

psychology [saɪ'kɒlədʒɪ] *n* psychologie *f*. ◆ **psychological** *adj* psychologique. ◆ **psychologically** *adv* psychologiquement. ◆ **psychologist** *n* psychologue *mf*.

psychopath ['saɪkəʊpæθ] *n* psychopathe *mf*. ◆ **psychopathic** *adj person* psychopathe; *condition* psychopathique.

psychosis, pl -oses [saɪ'kəʊsɪs, əʊsi:z] *n* psychose *f*. ◆ **psychotic** *adj*, *n* psychotique (*mf*).

psychosomatic ['saɪkəʊsə(ʊ)'mætɪk] *adj* psychosomatique.

psychotherapy ['saɪkə(ʊ)'θerəpɪ] *n* psychothérapie *f*. ◆ **psychotherapist** *n* psychothérapeute *mf*.

ptomaine ['təʊmeɪn] *n* ptomaïne *f*. ~ **poisoning** intoxication *f* alimentaire.

pub [pʌb] *(Brit abbr of* **public house***) n* pub *m*, ≃ bistrot * *m*. **to go on a ~ crawl** * faire la tournée des bistrots *or* des pubs.

puberty ['pju:bətɪ] *n* puberté *f*.

pubis ['pju:bɪs] *n* pubis *m*. ◆ **pubic** *adj*: **pubic hair** poils *mpl* du pubis.

public ['pʌblɪk] **1** *adj (gen)* public (*f* -ique); *(Econ: ~ly owned) company* nationalisé. **to make sth ~** rendre qch public, porter qch à la connaissance du public; *(of copyright)* **in the ~ domain** dans le domaine public; *(Econ, Ind)* **the ~ sector** le secteur public; **his ~ support of the communists** son appui déclaré aux communistes; **2 ~ rooms and 3 bedrooms** 5 pièces dont 3 chambres; **~ address system** (système *m* de) sonorisation *f*; **to be in the ~ eye** être très en vue; **he's a ~ figure, he's in ~ life** c'est un homme public; **~ holiday** fête *f* légale; *(Brit)* **~ house** pub *m*, ≃ café *m*, bistrot *m* ; *(US)* **~ housing** logements *mpl* sociaux; **~ lavatory** toilettes *fpl*, W.-C. *mpl*; **~ library** bibliothèque *f* municipale; **~ limited company** ≃ société *f* à responsabilité limitée; **~ opinion** opinion *f* publique; *(Pol Econ)* **~ ownership** étatisation *f*; **~ relations** relations *fpl* publiques, public-relations * *fpl*; **~ relations officer** public-relations * *mf*; **~ school** *(Brit)* collège *m* secondaire privé; *(US)* école *f* publique; **~ servant** fonctionnaire *mf*; **~ service** service *m* public; *(US)* **~ service corporation** service public non étatisé; **he is a good ~ speaker** il parle bien en public; **~ speaking** art *m* oratoire; **~ spirit** civisme *m*; *(US)* **~ television** télévision *f* éducative (non commerciale); **~ transport** transports *mpl* en commun.

2 *n* public *m*. **in ~** en public; **the reading/sporting ~** les amateurs *mpl* de lecture/de sport; **he**

couldn't disappoint his ~ il ne pouvait pas décevoir son public. ◆ **publican** n patron(ne) m(f) de bistrot. ◆ **publicly** adv publiquement, en public; (Econ) ~**ly-owned** nationalisé. ◆ **public-spirited** adj qui fait preuve de civisme.

publication [ˌpʌblɪˈkeɪʃ(ə)n] n publication f. **this is not for** ~ ceci doit rester entre nous.

publicity [pʌbˈlɪsɪtɪ] **1** n publicité f. **adverse** ~ contre-publicité f. **2** adj agency, agent de publicité. ◆ **publicize** vt (a) (make public) rendre public, publier; **well-publicized** dont on parle beaucoup; **I don't publicize the fact, but...** je ne le crie pas sur les toits, mais...; (b) (advertise) faire de la publicité pour.

publish [ˈpʌblɪʃ] vt news, banns, book publier; author éditer. **'just ~ed'** 'vient de paraître'. ◆ **publisher** n éditeur m, -trice f. ◆ **publishing** n [book etc] publication f; **he's in ~ing** il travaille dans l'édition; ~**ing house** maison f d'édition.

pucker [ˈpʌkəʳ] **1** vi (~ up) [face] se plisser; (Sewing) goder. **2** vt (Sewing) faire goder.

pudding [ˈpʊdɪŋ] **1** n (dessert) dessert m; (steamed ~, meat ~) pudding m. (sausage) **black/white** ~ boudin m noir/blanc. **2** adj: ~ **basin** jatte f; ~ **rice** riz m à grains ronds.

puddle [ˈpʌdl] n flaque f d'eau.

puerile [ˈpjʊəraɪl] adj puéril.

Puerto Rico [ˈpwɜːtəʊˈriːkəʊ] n Porto Rico f.

puff [pʌf] **1** n (a) [air, wind, smoke] bouffée f; (from mouth) souffle m; (sound of engine) teuf-teuf m. **he took a ~ at his cigarette** il a tiré une bouffée de sa cigarette. (b) (powder ~) houppe f; (small) houppette f. (cake) **jam** ~ feuilleté m à la confiture. (c) (*: Press, Rad, TV advertisement) réclame f. **he gave the record a ~** il a fait de la réclame or du boniment pour le disque. **2** adj: ~ **pastry**, (US) ~ **paste** pâte f feuilletée; ~(**ed**) **sleeves** manches fpl bouffantes. **3** vi (blow) souffler; (pant) haleter; [wind] souffler. **he was ~ing and panting** il soufflait comme un phoque; **to ~ (away) at** one's pipe tirer des bouffées de sa pipe. **4** vt (a) **to ~ (out) smoke** envoyer des bouffées de fumée. (b) (also ~ **out**) sails, cheeks, chest gonfler. **his eyes are ~ed up** il a les yeux gonflés or bouffis. (c) **to be ~ed (out)** * être à bout de souffle. (d) (praise: also ~ **up**) porter aux nues. ◆ **puffball** n vesse-de-loup f. ◆ **puffiness** n gonflement m, bouffissure f. ◆ **puffy** adj gonflé, bouffi.

puffin [ˈpʌfɪn] n macareux m.

pug [pʌg] n carlin m. ◆ **pug-nosed** adj au nez rond retroussé.

pugilism [ˈpjuːdʒɪlɪz(ə)m] n boxe f. ◆ **pugilist** n pugiliste m.

pugnacious [pʌgˈneɪʃəs] adj batailleur. ◆ **pugnaciously** adv avec pugnacité. ◆ **pugnacity** n pugnacité f.

puke ‡ [pjuːk] vi vomir, dégobiller ‡.

pukka * [ˈpʌkə] adj (genuine) véritable; (excellent) de premier ordre; (socially superior) snob inv.

pull [pʊl] **1** n (a) (act, effect) traction f; [moon, magnet, the sea, sb's personality] attraction f; [current, family ties etc] force f. **to give sth a ~** tirer sur qch; **one more ~!** encore un coup!; **I felt a ~ at my sleeve** j'ai senti qn qui tirait ma manche; **it was a long ~ up the hill** la montée était longue (et raide); (fig) **to have some ~ with sb** avoir de l'influence auprès de qn. (b) **he took a ~ at the bottle** il a bu une gorgée à même la bouteille; **he took a ~ at his pipe** il a tiré sur sa pipe. (c) (handle) poignée f; (cord) cordon m.
2 vt (a) (draw) cart, caravan, curtains tirer. **to ~ a door shut** tirer une porte derrière soi; **to ~ your chair open** ouvrir une porte en la tirant; **to ~ your chair closer to the table** approchez votre chaise de la table; **he ~ed the box over to the window** il a

traîné la caisse jusqu'à la fenêtre; **he ~ed her towards him** il l'a attirée vers lui. (b) (tug) bell, rope tirer; trigger presser; oars manier. **to ~ to pieces** or **to bits** toy, box etc mettre en pièces, démolir; (fig) argument, scheme démolir; play, film, person éreinter; **to ~ sb's hair** tirer les cheveux à qn; (fig) **to ~ sb's leg** faire marcher qn *; **he didn't ~ any punches** il n'y est pas allé de main morte; (fig) **to ~ strings** se faire pistonner *; **to ~ strings for sb** exercer son influence pour aider qn, pistonner * qn; (fig) **to ~ one's weight** faire sa part du travail. (c) (draw out) tooth, weeds arracher; cork, stopper enlever; gun, knife sortir; flowers cueillir; beer tirer; (Culin) chicken vider. **he ~ed a gun on me** il a soudain braqué un revolver sur moi. (d) (strain, tear) thread tirer; muscle, tendon se déchirer. (e) (fig: make, do) bank raid, burglary effectuer. **to ~ a fast one on sb** * rouler qn *, avoir qn *.
3 vi (a) (tug) tirer (at, on sur). **he ~ed at her sleeve** il l'a tirée par la manche; **the car is ~ing to the left** la voiture tire à gauche. (b) (move) **the coach ~ed slowly up the hill** le car a gravi lentement la colline; **the train ~ed into/out of the station** le train est entré en gare/est sorti de la gare; **he ~ed clear of the traffic** il a laissé le gros de la circulation derrière lui; **he ~ed away from the kerb** il s'est éloigné du trottoir; **the car isn't ~ing very well** la voiture manque de reprises. (c) (row) ramer (for vers).

◆ **pull about, pull around** vt sep (a) wheeled object etc tirer derrière soi. (b) (handle roughly) watch, ornament etc tirailler; person malmener. ◆ **pull along** vt sep wheeled object etc tirer derrière soi. **to ~ o.s. along** se traîner. ◆ **pull ahead** vi (in race etc) prendre la tête. ◆ **pull apart** vt sep (a) (pull to pieces) démonter; (break) mettre en pièces. (b) (separate) séparer. ◆ **pull away 1** vi [vehicle, ship, train] démarrer. **2** vt sep object arracher (from sb à qn, des mains de qn). **he ~ed the child away from the fire** il a écarté l'enfant du feu. ◆ **pull back 1** vi (withdraw) se retirer. **2** vt sep object retirer (from de); person tirer en arrière (from loin de); (Mil) retirer; curtains ouvrir; lever tirer (sur). ◆ **pull down** vt sep (a) blind baisser, descendre; one's skirt, hat tirer; one's opponent mettre à terre; object from shelf etc faire tomber (from de). **his illness has ~ed him down** la maladie l'a affaibli. (b) (demolish) building abattre, démolir. ◆ **pull in 1** vi (Aut etc: arrive) arriver; [train] entrer en gare; (enter) entrer; (stop) s'arrêter. **2** vt sep (a) rope, fishing line ramener; person (into room, car) faire entrer; (into pool etc) faire piquer une tête dans l'eau à. (b) (restrain) horse retenir. (c) (*: earn) [person] gagner; [business, shop etc] rapporter. ◆ **pull off** vt sep (a) (remove) handle, gloves, coat enlever. (b) (fig) plan, aim réaliser; deal mener à bien; attack, hoax réussir. **he didn't ~ it off** il n'a pas réussi son coup. ◆ **pull on** vt sep mettre. ◆ **pull out 1** vi (a) (leave) [train, car, ship] démarrer; (withdraw: lit, fig) se retirer (of de). (Aviat) **to ~ out of a dive** se redresser. (b) (Aut) déboîter. **he ~ed out to overtake the truck** il a déboîté pour doubler le camion. **2** vt sep (a) (extract) [qch] arracher; splinter, cork enlever; gun, knife, cigarette lighter, person sortir, tirer (of de). (b) (withdraw) troops, police etc retirer (of de). ◆ **pull over 1** vi (Aut) **to ~ over (to one side)** se ranger sur le côté. **2** vt sep (a) box traîner (to jusqu'à); person entraîner (to vers). (b) (topple) faire tomber. ◆ **pull round 1** vi [unconscious person] revenir à soi; [sick person] se rétablir. **2** vt sep chair, person etc faire pivoter; unconscious person ranimer; sick person tirer de là. ◆ **pull through 1** vi (from illness, difficulties) s'en tirer. **2** vt sep rope enlever, passer; (fig) person (from illness, difficulties) tirer de là. ◆ **pull together** vt sep: (fig) **to ~ o.s. together** se ressaisir; ~ **yourself**

together! ressaisis-toi!, ne te laisse pas aller!
♦ **pull up 1** vi (stop) s'arrêter (net). **2** vt sep (**a**)
object remonter; (haul up) hisser; stockings tirer.
(**b**) weed, tree arracher. (fig) **to ~ up one's roots**
se déraciner (fig). (**c**) (halt) vehicle, horse arrêter;
(scold) réprimander.
♦ **pull-in** n (Brit) (lay-by) parking m; (café) café
m au bord de la route. ♦ **pull-off** n (US) parking
m. ♦ **pull-out 1** n (magazine section) supplément
m détachable; [troops] retrait m ; **2** adj pages détachable; table leaf rétractable. ♦ **pullover** n pull
m, pullover m. ♦ **pull-ring** n (on can) anneau m.
pullet ['pʊlɪt] n jeune poule f.
pulley ['pʊlɪ] n poulie f.
Pullman ['pʊlmən] n (~ **car**) pullman m, voiture-
salon f.
pulp [pʌlp] **1** n (part of fruit) pulpe f; (for paper)
pâte f à papier. **crushed to a ~** complètement
écrasé. **2** adj magazine, book à sensation. **3** vt
réduire en pulpe or en pâte; book mettre au pilon.
pulpit ['pʊlpɪt] n chaire f (Rel).
pulsate [pʌl'seɪt] vi (gen) émettre des pulsations;
[heart, blood] battre; [music] vibrer. ♦ **pulsating**
adj heart (also fig) palpitant; music vibrant. ♦ **pul-**
sation n pulsation f.
pulse¹ [pʌls] n (Med) pouls m; (Elec, Phys, Rad) pulsation f; [radar] impulsion f. **to take sb's ~** prendre
le pouls de qn.
pulse² [pʌls] n (Culin) légume m sec.
pulverize ['pʌlvəraɪz] vt pulvériser.
puma ['pjuːmə] n puma m.
pumice ['pʌmɪs] n (~ **stone**) pierre f ponce.
pummel ['pʌml] vt bourrer or rouer de coups; (in
massage) pétrir. ♦ **pummelling** n volée f de
coups; pétrissage m.
pump [pʌmp] **1** n pompe f. **bicycle ~** pompe à
bicyclette; **petrol ~** pompe d'essence; [petrol] **a**
rise in ~ prices une hausse à la pompe.
2 adj: **~ attendant** pompiste mf; **~ house**, **~ing**
station station f de pompage; **~ room** buvette f
(de station thermale).
3 vt (**a**) **to ~ sth out of sth** pomper qch de qch;
to ~ sth into sth (foam into walls etc) injecter or (oil
into pipeline etc) faire passer qch dans qch (au
moyen d'une pompe); **to ~ water into sth** pomper
de l'eau dans qch; **to ~ air into a tyre** gonfler un
pneu (avec une pompe); **the water is ~ed up to**
the house l'eau est amenée jusqu'à la maison au
moyen d'une pompe; **they ~ed the tank dry** ils
ont vidé le réservoir (à la pompe); **the heart ~s**
the blood le cœur fait circuler le sang; (fig) **to ~**
money into sth injecter de plus en plus d'argent
dans qch; (fig: question) **to ~ sb for sth** essayer de
soutirer qch à qn. (**b**) handle etc lever et abaisser
vigoureusement.
♦ **pump in** vt sep injecter or faire passer (à l'aide
d'une pompe). ♦ **pump out** vt sep pomper.
♦ **pump up** vt sep tyre gonfler.
pumpkin ['pʌm(p)kɪn] n citrouille f; (bigger) potiron m. **~ pie** tarte f au potiron.
pun [pʌn] n calembour m, jeu m de mots.
Punch [pʌn(t)ʃ] n Polichinelle m. **~ and Judy Show**
(théâtre m de) guignol m.
punch¹ [pʌn(t)ʃ] **1** n (**a**) (blow) coup m de poing ;
[boxer] punch m; (fig: drive) [publicity, statement]
force f; [person] punch * m. (**b**) (tool) (for tickets)
poinçonneuse f; (for holes in paper) perforateur m;
(for metal) emporte-pièce m inv; (for nails) chasse-
clou m. **2** vt (**a**) (with fist) person donner un coup
de poing à; ball, door frapper d'un coup de poing.
to ~ sb's nose donner un coup de poing sur le
nez à qn. (**b**) poinçonner; perforer; découper à
l'emporte-pièce; enfoncer (au chasse-clou). **to ~**
a hole in sth faire un trou dans qch; (Ind) **to ~**
one's card pointer. ♦ **punchball** or ♦ **punching**

bag (US) n sac m de sable. ♦ **punch(ed) card**
n carte f perforée. ♦ **punch-drunk** adj abruti.
♦ **punch-line** n [joke] conclusion f (comique);
[speech] trait m final. ♦ **punch-up** * n bagarre *
f.
punch² [pʌn(t)ʃ] n (drink) punch m. **~ bowl** bol m
à punch.
punctilious [pʌŋ(k)'tɪlɪəs] adj pointilleux. ♦ **punc-**
tiliously adv de façon pointilleuse.
punctual ['pʌŋ(k)tjʊəl] adj person for appointment,
train à l'heure; employee, payment ponctuel.
♦ **punctuality** n exactitude f. ♦ **punctually** adv
arrive à l'heure; **~ly at 7** à 7 heures précises.
punctuate ['pʌŋ(k)tjʊeɪt] vt ponctuer (with de).
♦ **punctuation** n ponctuation f; **punctuation**
mark signe m de ponctuation.
puncture ['pʌŋ(k)tʃər] **1** n (in tyre) crevaison f; (in
skin, paper etc) piqûre f. (Aut etc) **I've got a ~** j'ai
crevé. **2** adj: **~ repair kit** trousse f de secours pour
crevaisons. **3** vt crever; piquer. **4** vi [tyre etc]
crever.
pundit ['pʌndɪt] n expert m, pontife m.
pungent ['pʌndʒ(ə)nt] adj smell, taste âcre; sauce
piquant; remark mordant. ♦ **pungency** n âcreté
f; goût m piquant; mordant m. ♦ **pungently** adv
remark d'un ton mordant.
punish ['pʌnɪʃ] vt (gen) punir (for sth de qch; for
doing pour avoir fait); (fig) opponent, boxer malmener; engine fatiguer; roast beef faire honneur à.
he was ~ed by having to clean it up pour le punir
on le lui a fait nettoyer. ♦ **punishable** adj offence
punissable; **~able by death** passible de la peine
de mort. ♦ **punishing 1** n punition f ; **2** adj (fig:
exhausting) exténuant. ♦ **punishment** n punition
f ; (solemn) châtiment m; **as a ~ment** en punition
(for de); **capital ~ment** peine f capitale; **to take**
one's ~ment subir sa punition; **to make the ~ment**
fit the crime adapter le châtiment au crime; (fig)
to take a lot of ~ment [boxer, fighter] encaisser *;
[opposing team] se faire malmener.
punk [pʌŋk] n (nonsense) foutaises ‡ fpl; (esp US ‡:
ruffian) sale * petit voyou m. **~ (rock)** le punk rock;
~ (rocker) punk m.
punt¹ [pʌnt] **1** n (boat) bachot m à fond plat. **2**
vt boat faire avancer à la perche. **3** vi: **to go ~ing**
faire un tour sur la rivière.
punt² [pʌnt] vi (bet) parier. ♦ **punter** n parieur m,
-ieuse f.
puny ['pjuːnɪ] adj person, animal chétif; effort piteux.
pup [pʌp] n jeune chien(ne) m(f). (fig) **he's an inso-**
lent young ~ c'est un petit morveux *. ♦ **puppy**
1 n = pup ; **2** adj: **~py fat** rondeurs fpl d'ado-
lescent(e); **~py love** premier amour m (d'adolescent).
pupil¹ ['pjuːpl] **1** n (Scol etc) élève mf. **2** adj: **~**
power pouvoir m des lycéens; **~ teacher** professeur m stagiaire.
pupil² ['pjuːpl] n [eye] pupille f.
puppet ['pʌpɪt] **1** n marionnette f. **2** adj theatre,
play de marionnettes; (fig) state, leader fantoche.
~ show (spectacle m de) marionnettes fpl. ♦ **pup-**
peteer n marionnettiste mf.
purchase ['pɜːtʃɪs] **1** n (**a**) (Comm etc) achat m. (**b**)
(grip, hold) prise f. **to get a ~ on** avoir une prise
sur. **2** adj: **~ price** prix m d'achat; **~ tax** taxe f
à l'achat. **3** vt acheter (sth from sb qch à qn; sth
for sb qch pour or à qn). ♦ **purchaser** n acheteur
m, -euse f. ♦ **purchasing power** n pouvoir m
d'achat.
pure [pjʊər] adj pur. **as ~ as the driven snow** innocent comme l'enfant qui vient de naître; **~ in**
heart au cœur pur; **~ science** science pure; **a ~**
wool suit un complet pure laine; **~ and simple**
pur et simple; **it was a ~ accident** c'était un pur
accident; **it was ~ chance/madness** c'était un pur

hasard/de la pure folie. ◆ **purebred 1** *adj* de
race ; **2** *n* animal *m* de race ; *(horse)* pur-sang *m*
inv. ◆ **pure-hearted** *adj* (au cœur) pur. ◆ **purely**
adv purement ; ~**ly and simply** purement et simplement. ◆ **pure-minded** *adj* pur d'esprit.
◆ **pureness** *n* pureté *f.*

purgative ['pɜːgətɪv] *adj, n* purgatif *(m).*

purgatory ['pɜːgət(ə)rɪ] *n* purgatoire *m.* *(fig)* **it was**
~ c'était un vrai purgatoire.

purge [pɜːdʒ] **1** *n* *(gen, Med, Pol)* purge *f.* **2** *vt* **(a)**
(gen, Med, Pol) purger *(of* de); *traitors* éliminer.
(b) *(Jur) person* disculper *(of* de); *accusation* se disculper de; *offence* purger.

purify ['pjʊərɪfaɪ] *vt* purifier. ◆ **purification** *n*
[water, metal etc] épuration *f*; *[person]* purification
f. ◆ **purifier** *n* purificateur *m.*

purist ['pjʊərɪst] *adj, n* puriste *(mf).*

puritan ['pjʊərɪt(ə)n] *adj, n* puritain(e) *m(f).*
◆ **puritanical** *adj* puritain. ◆ **puritanism** *n* puritanisme *m.*

purity ['pjʊərɪtɪ] *n* pureté *f.*

purl [pɜːl] **1** *adj* à l'envers. **2** *vt* tricoter à l'envers.

purloin [pɜːˈlɔɪn] *vt* dérober.

purple ['pɜːpl] **1** *adj* violet, pourpre. **to go** ~ **in
the face** devenir cramoisi. *(fig)* ~ **passages** morceaux *mpl* de bravoure. **2** *n* *(colour)* violet *m*,
pourpre *m.* *(Rel)* **the** ~ la pourpre.

purport ['pɜːpət] **1** *n* signification *f*, portée *f.* **2**
[pɜːˈpɔːt] *vt* ~ **to be** prétendre être.

purpose ['pɜːpəs] *n* *(aim, intention)* but *m*, objet *m*;
(use) usage *m*, utilité *f.* **a** ~ **in life** un but *or* un
objectif dans la vie; **a film with a** ~ un film qui
contient un message; **with the** ~ **of doing** dans
le but *or* l'intention de faire; **for this** ~ dans ce
but; **sense of** ~ résolution *f*; **for my** ~**s** pour ce
que je veux faire; **for the** ~**s of the meeting** pour
les besoins de cette réunion; **on** ~ exprès, délibérément; **on** ~ **to annoy me** exprès pour me
contrarier; **to no** ~ en vain; **to no** ~ **at all** en pure
perte; **to some** ~, **to good** ~ utilement; **to the** ~
à propos; **not to the** ~ hors de propos.
◆ **purpose-built** *adj* fonctionnalisé. ◆ **purposeful** *adj (determined)* résolu; *(intentional)*
réfléchi. ◆ **purposefully** *adv* délibérément. ◆ **pur-
posely** *adv* exprès, délibérément.

purr [pɜːʳ] **1** *vi [cat]* ronronner. **2** *n* ronronnement
m.

purse [pɜːs] **1** *n* *(for coins)* porte-monnaie *m inv*,
bourse *f*; *(wallet)* portefeuille *m*; *(US: handbag)* sac
m à main; *(esp Sport: prize)* prix *m.* *(fig)* **beyond
my** ~ au-delà de mes moyens. **2** *adj (fig)* **to hold/
tighten the** ~ **strings** tenir/serrer les cordons de
la bourse. **3** *vt:* **to** ~ **(up) one's lips** pincer les
lèvres. ◆ **purser** *n (Naut)* commissaire *m* du bord.

pursue [pəˈsjuː] *vt* **(a)** *(chase)* poursuivre; *pleasure, fame* rechercher; *[misfortune etc]* suivre. **(b)**
(carry on) studies, career, plan, inquiry poursuivre;
course of action suivre. ◆ **pursuer** *n* poursuivant(e)
m(f).

pursuit [pəˈsjuːt] *n* **(a)** *(chase)* poursuite *f*; *(fig: of
pleasure, happiness)* recherche *f.* **to go in** ~ **of sb/
sth** se mettre à la poursuite de qn/qch; **with two
policemen in hot** ~ avec deux agents à ses *(or* mes
etc) trousses. **(b)** *(occupation)* occupation *f*; *(work)*
travail *m.*

purveyor [pɜːˈve(ɪ)əʳ] *n (Comm etc)* fournisseur *m*,
-euse *f (of sth* en qch; *to sb* de qn).

pus [pʌs] *n* pus *m.*

push [pʊʃ] **1** *n* **(a)** *(shove)* poussée *f.* **to give sb/sth
a** ~ pousser qn/qch; *(Brit fig)* **to give sb the** ~ *****
[employer] flanquer qn à la porte *****; *[boyfriend etc]*
laisser tomber qn *****. **(b)** *(Mil: advance)* poussée *f*;
(fig) (effort) gros effort *m*; *(campaign)* campagne
f. **at a** ~ ***** au besoin, à la rigueur; **when it comes**

to the ~ ***** au moment critique. **(c)** *(*: drive, energy)*
dynamisme *m*, initiative *f.*

2 *vt* **(a)** *(shove, prod)* pousser *(into* dans; *off* de);
(press) knob, button appuyer sur; *stick, finger etc*
enfoncer *(into* dans, *between* entre); *rag etc* fourrer
(into dans). **to** ~ **sb in/out** *etc* faire entrer/sortir
etc qn en le poussant; **he** ~**ed him down the stairs**
il l'a poussé et l'a fait tomber dans l'escalier;
they ~**ed the car off the road** ils ont poussé la
voiture sur le bas-côté; **he** ~**ed his head through
the window** il a passé la tête par la fenêtre; **he**
~**ed the book into my hand** il m'a fourré ***** le livre
dans la main; **to** ~ **a door open** ouvrir une porte
en poussant; **to** ~ **one's way through a crowd** se
frayer un chemin dans la foule; *(fig)* **it** ~**ed the
matter right out of my mind** cela m'a fait complètement oublier l'affaire; **he's** ~ **ing * 60** il doit
friser la soixantaine.

(b) *(fig: press, advance) advantage* poursuivre; *claim*
présenter avec insistance; *one's views* mettre en
avant; *plan, solution* préconiser, recommander;
product pousser la vente de; *candidate etc* soutenir.
to ~ **home an attack** pousser à fond une attaque;
to ~ **the export side** donner priorité aux exportations; **to** ~ **drugs** revendre de la drogue; **don't**
~ **your luck *** vas-y doucement!; **he's** ~**ing his
luck *** il y va un peu fort.

(c) *(put pressure on)* pousser; *(force)* forcer, obliger;
(harass) harceler. **to** ~ **sb for payment** presser qn
à payer; **he** ~**es himself too hard** il exige trop de
lui-même; **don't** ~ **him too hard** *or* **too far** ne soyez
pas trop dur envers lui; **to** ~ **sb to do** pousser
qn à faire; **to** ~ **sb into doing** forcer qn à faire;
to be ~**ed * for time/money/boxes** être à court de
temps/d'argent/de boîtes; **I'm really** ~**ed * today**
je suis vraiment bousculé aujourd'hui; **that's**
~**ing it a bit! *** *(indignantly)* c'est un peu fort!; *(not
much room)* c'est un peu juste!

3 *vi* **(a)** pousser. 'push' *(on door)* 'poussez'; *(on
bell)* 'sonnez'; *(fig)* **he** ~**es too much** il se met trop
en avant; *(fig)* **to** ~ **for better conditions** faire pression pour obtenir de meilleures conditions. **(b)**
they ~**ed into the room** ils sont entrés dans la
pièce en se frayant un passage; **he** ~**ed past me**
il a réussi à passer en me bousculant; **she** ~**ed
through the crowd** elle s'est frayé un chemin dans
la foule.

◆ **push about, push around** *vt sep* **(a)** *cart, toy*
pousser de-ci de-là. **(b)** *(*: bully)* marcher sur les
pieds à *(fig).*

◆ **push aside** *vt sep* écarter (brusquement).

◆ **push away** *vt sep* repousser.

◆ **push back** *vt sep cover, blankets, lock of hair* rejeter; *curtains* ouvrir; *crowd, enemy* faire reculer; *(fig)
desire* réprimer.

◆ **push down 1** *vi* appuyer *(on* sur). **2** *vt sep
switch, lever* abaisser; *knob, button* appuyer sur; *pin,
stick* enfoncer; *(knock over) fence, barrier, person* renverser. **he** ~**ed the books down into the box** il a
entassé les livres dans la caisse.

◆ **push forward 1** *vi* avancer (en poussant). **2**
vt sep person, box etc pousser en avant. **he** ~**ed himself forward** il s'est avancé; *(fig)* il s'est mis en
avant.

◆ **push in 1** *vi* *(into room)* s'introduire de force;
(into discussion etc) intervenir. **2** *vt sep* **(a)** *stick, pin,
finger* enfoncer; *rag* fourrer dedans; *knob, button*
appuyer sur; *person* faire entrer (en poussant);
(into water) pousser dedans. **(b)** *(break) door, sides
of box* enfoncer.

◆ **push off 1** *vi* **(a)** *(Naut)* pousser au large. **(b)**
(*: leave) filer *****, partir. **2** *vt sep* **(a)** *top, lid* enlever
en poussant; *vase from shelf etc* faire tomber *(from*
de); *person from cliff etc* pousser *(from* de, du haut
de). **(b)** *(Naut)* déborder.

◆ **push on 1** *vi (in journey)* pousser (*to* jusqu'à); *(in work)* continuer. **2** *vt sep* pousser, inciter *(sb to do* qn à faire).

◆ **push out** *vt sep* (**a**) *person, object* pousser dehors; *boat* pousser au large; *stopper* faire sortir (en poussant); *(fig) employee* se débarrasser de. (**b**) *roots, shoots* produire.

◆ **push over** *vt sep* (**a**) *object* pousser (*to sb* vers qn); *(over cliff etc)* pousser. (**b**) *(topple) chair, person* renverser.

◆ **push through 1** *vi* se frayer un chemin. **2** *vt sep stick, hand etc* enfoncer; *(fig) deal, business* conclure à la hâte; *decision* faire accepter à la hâte; *(Parl) bill* réussir à faire voter.

◆ **push to** *vt sep door* pousser (pour fermer).

◆ **push up** *vt sep lever, switch, spectacles* relever; *(fig) (gen)* augmenter; *sb's temperature, blood pressure, total* faire monter.

◆ **push-bike** * *n* vélo *m*. ◆ **push-button** *adj machine* à commande automatique; ~-**button controls** commande *f* automatique; ~-**button warfare** guerre *f* presse-bouton. ◆ **push-chair** *n* poussette *f (pour enfant)*. ◆ **pusher** *n* (**a**) *(pej)* arriviste *mf*; (**b**) *[drugs]* revendeur *m*, -euse *f*. ◆ **pushful** * *or* ◆ **pushy** * *adj* qui se met trop en avant. ◆ **pushing** *adj person* dynamique, entreprenant; *(pej)* qui se met trop en avant. ◆ **pushover** * *n*: **it was a** ~**over** c'était un jeu d'enfant. ◆ **push-up** *n* traction *f (Sport)*.

pusillanimous [ˌpjuːsɪˈlænɪməs] *adj* pusillanime.

puss * [pʊs], **pussy** * ['pʊsɪ] *n* minet *m*, -ette *f*. ◆ **pussycat** *n* minou *m*; *(US)* **hi, ~ycat** bonjour mon ange!

put [pʊt] *pret, ptp* **put 1** *vt* (**a**) *(gen)* mettre; *(place)* placer; *(lay down)* poser; *energy, time* consacrer *(into* à); *money, savings* placer *(into* dans); *advertisement in paper* passer *(in* dans); *signature* apposer *(on, to* à); *mark* faire *(on* sur, à). **he** ~ **some more coal on the fire** il a remis du charbon sur le feu; **to** ~ **one's arms round sb** prendre qn dans ses bras; **he** ~ **his head through the window** il a passé la tête par la fenêtre; **he** ~ **his hand over his mouth** il s'est mis la main devant la bouche; **he** ~ **me on the train** il m'a mis *or* accompagné au train; **he** ~ **me into a non-smoker** il m'a trouvé une place dans un compartiment non-fumeurs; **to** ~ **sb off a train** *etc* débarquer qn d'un train *etc*; **to** ~ **sb on to/off a committee** nommer qn à/renvoyer qn d'un comité; **to** ~ **one's confidence in** placer sa confiance en; **you get out of life what you** ~ **into it** on ne retire de la vie que ce qu'on y met soi-même; **he has** ~ **a lot into his marriage** il a fait beaucoup d'efforts pour que son mariage soit une réussite; **he** ~ **£10 on Black Beauty** il a parié *or* misé 10 livres sur Black Beauty ; **I shouldn't** ~ **him among the greatest poets** je ne le place pas parmi les plus grands poètes.
(**b**) *(thrust; direct) pointed object* enfoncer *(into* dans). **to** ~ **one's fist through a window** passer le poing à travers une vitre; **I** ~ **a bullet through his head** je lui ai tiré une balle dans la tête; *(Sport)* **to** ~ **the shot** *or* **the weight** lancer le poids.
(**c**) *(cause to be)* **to** ~ **sb in a good/bad mood** mettre qn de bonne/mauvaise humeur; **to** ~ **sb on a diet** mettre qn au régime; **to** ~ **sb to some trouble** déranger qn; **they** ~ **him to digging the garden** ils lui ont fait bêcher le jardin; **I** ~ **him to work at once** je l'ai mis au travail aussitôt; **they had to** ~ **4 men on to this job** ils ont dû employer 4 hommes à ce travail.
(**d**) *(with preposition)* **to** ~ **one across** *or* **over on sb** * faire marcher * qn; **to** ~ **sb against sb** monter qn contre qn; **to** ~ **sb off his food** couper l'appétit à qn; **it almost** ~ **me off opera for good** cela a failli me dégoûter de l'opéra pour toujours; **to** ~ **sb off doing** ôter à qn l'envie de faire; **to** ~ **sb off his work** distraire qn de son travail; **to** ~ **sb**

through an examination faire subir un examen à qn; **they really** ~ **him through it** * ils lui en ont fait voir de dures *.
(**e**) *(express)* dire, exprimer *(to sb* à qn). **can you** ~ **it another way?** pouvez-vous vous exprimer autrement?; **to** ~ **it bluntly** pour parler franc; **as he would** ~ **it** selon son expression; **as Shakespeare** ~**s it** comme le dit Shakespeare; **I don't know how to** ~ **it** je ne sais pas comment le dire; **how shall I** ~ **it?** comment dire?; **to** ~ **an expression into French** mettre une expression en français; **how would you** ~ **it in French?** comment le dirais-tu en français?; **to** ~ **into verse** mettre en vers.
(**f**) *(expound) case, problem* exposer; *proposal, resolution, arguments* présenter; *question* poser. **I** ~ **it to you that...** n'est-il pas vrai que...?; **it was** ~ **to me that** on m'a fait clairement comprendre que.
(**g**) *(estimate)* estimer, évaluer *(at* à). **what would you** ~ **it at?** à combien l'estimez-vous? *or* l'évaluez-vous?; **I'd** ~ **her age at 50** je lui donnerais 50 ans.
2 *vi (Naut)* **to** ~ **into port** faire escale, entrer au port; **to** ~ **into Southampton** entrer au port de Southampton; **to** ~ **to sea** appareiller, lever l'ancre.

◆ **put about 1** *vi (Naut)* virer de bord. **2** *vt sep (rumour: also* ~ **around)** **he** ~ **it about** *or* **he** ~ **about the rumour that...** il a fait courir le bruit que...

◆ **put across** *vt sep* (**a**) *(communicate) ideas, intentions* faire comprendre, communiquer *(to sb* à qn); *(Comm) new product* faire accepter *(to sb* à qn). **to** ~ **sth across to sb** faire comprendre qch à qn; **he can't** ~ **himself across** il n'arrive pas à se mettre en valeur. (**b**) **to** ~ **one** *or* **it across on sb** * faire marcher * qn.

◆ **put aside** *vt sep* (**a**) *(lay down)* one's book etc poser; *(save)* mettre de côté. *(Comm)* **I have had it** ~ **aside for you** je vous l'ai fait mettre de côté. (**b**) *(fig) doubts, idea, hope* écarter.

◆ **put away** *vt sep* (**a**) = **put aside**. (**b**) *clothes, toys, books* ranger; *car* rentrer. (**c**) *(confine) (in prison)* mettre en prison; *(in mental hospital)* (faire) enfermer. (**d**) *(* *: consume) food* engloutir; *drink* siffler *. (**e**) = **put down 2h**.

◆ **put back 1** *vi (Naut)* rentrer *(to* à). **2** *vt sep* (**a**) *(replace)* remettre (à sa place). (**b**) *(retard) development, progress* retarder; *project* retarder la réalisation de; *clock* retarder *(by* de); *clock hands* remettre en arrière. **this will** ~ **us back 10 years** cela nous ramènera où nous en étions il y a 10 ans; *(fig)* **you can't** ~ **the clock back** ce qui est fait est fait. (**c**) *(postpone)* remettre *(to* à).

◆ **put by** *vt sep* = **put aside** (**a**).

◆ **put down 1** *vi [aircraft]* se poser. **2** *vt sep* (**a**) *(gen)* poser; *(Aut) passenger* déposer; *umbrella* fermer; *wine* mettre en cave. *(fig)* **I couldn't** ~ **that book down** je ne pouvais pas m'arracher à ce livre. (**b**) *(pay) deposit, money* verser *(on* pour). (**c**) *(suppress) revolt* réprimer; *custom, practice* supprimer. (**d**) *(snub)* rabrouer; *(humiliate)* humilier. (**e**) *(record)* noter, inscrire. **to** ~ **sth down on paper** mettre qch par écrit; *(Comm)* **it down on my account** mettez-le sur mon compte; **I have** ~ **you down as a teacher/for £10** je vous ai inscrit comme professeur/pour 10 livres. (**f**) *(attribute)* attribuer *(sth to sth* qch à qch). (**g**) *(assess)* **I had** ~ **him down as a complete fool** je l'avais pris pour *or* je le considérais comme un parfait imbécile; **I'd** ~ **her down as about forty** je lui donnerais environ quarante ans. (**h**) *(euph: kill) dog, cat* faire piquer; *horse* abattre.

◆ **put forth** *vt sep (liter) leaves* produire; *arm* tendre; *idea* avancer.

◆ **put forward** *vt sep* (**a**) *(propose) theory, argument* avancer; *opinion* exprimer; *plan, person* proposer (*as* comme; *for* pour). **he ~ himself forward for the job** il a posé sa candidature au poste. (**b**) (*advance*) *meeting, starting time* avancer (*by* de; *to, until* à).

◆ **put in 1** *vi* (*Naut*) faire escale (*at* à). **2** *vt sep* (**a**) (*into box, drawer, room etc*) mettre dedans; *seeds* planter. (*packing*) **have you ~ in your shirts?** est-ce que tu as pris tes chemises? (**b**) (*insert*) *word, remark* ajouter; (*include: in letter, publication*) inclure. **have you ~ in why...?** est-ce que vous avez expliqué pourquoi...? (**c**) (*enter*) *document, claim* présenter; *application* faire; *one's name* avancer; *protest* élever. **to ~ in a plea** plaider; **to ~ sb in for an exam** présenter qn à un examen; **to ~ sb in for a job/promotion** proposer qn pour un poste/pour de l'avancement. (**d**) (*esp Pol: elect*) *party, person* élire. (**e**) *time* passer (*on sth* à qch; *on doing* à faire). **we have an hour to ~ in before...** nous avons une heure à perdre avant...; **he has ~ in a full day's work** il a fait sa journée; (*fig*) il a bien travaillé; **can you ~ in a few hours at the weekend?** pourrais-tu travailler quelques heures pendant le week-end?; **she ~s in an hour a day at the piano** elle fait une heure de piano par jour.

◆ **put in for** *vt fus* *job* poser sa candidature pour *or* à; *promotion, social benefits* faire une demande de.

◆ **put off 1** *vi* (*Naut*) démarrer (*from* de). **2** *vt sep* (**a**) (*postpone*) *departure, appointment, decision* repousser, remettre à plus tard; *visitor* renvoyer à plus tard. **to ~ off doing sth** remettre qch (*for* de; *until* jusqu'à); (*fig*) **he ~ her off with vague promises** il l'a dissuadée avec de vagues promesses; **he is not easily ~ off** il ne se laisse pas facilement démonter; **he ~s me off when he laughs like that** cela me déconcerte quand il rit de cette façon; **the colour ~ me off** la couleur m'a plutôt dégoûté. (**b**) *coat, hat etc* enlever; *passenger* déposer. (**c**) (*extinguish etc*) *light, gas* éteindre; *radio, TV, heater* fermer.

◆ **put on** *vt sep* (**a**) *garment, glasses* mettre. (**b**) (*add, increase*) *pressure, speed* augmenter. **to ~ on weight** grossir, prendre du poids. (**c**) (*assume*) *indignation* affecter, simuler; *air, accent* prendre; (******: *deceive*) *person* faire marcher *. **he's just ~ting it on** il fait seulement semblant; **you're ~ting me on!** * tu me fais marcher! * (**d**) *concert, play, show* organiser; *film* projeter; *extra train, bus etc* mettre en service. (*Telec*) **~ me on to Mr Brown** passez-moi M. Brown. (**e**) *light, gas* allumer; *radio, TV, heater* ouvrir. **~ the kettle on** mets l'eau à chauffer; **I'll just ~ the soup on** je vais juste mettre la soupe à cuire; **to ~ the brakes on** freiner. (**f**) (*advance*) *clock* avancer (*by* de). (**g**) (*wager*) parier. (**h**) (*inform, indicate*) indiquer. **they ~ the police on to him** ils l'ont signalé à la police; **can you ~ me on to a good dentist?** pourriez-vous m'indiquer un bon dentiste?; **Paul ~ us on to you** c'est Paul qui nous envoie; **what ~ you on to it?** qu'est-ce qui vous y a fait penser?

◆ **put out 1** *vi*: **to ~ out to sea/from Dieppe** quitter le port/Dieppe. **2** *vt sep* (**a**) (*~ outside*) *chair etc* sortir, mettre dehors; (*get rid of*) *rubbish* sortir; (*expel*) *person, country, organization* expulser (*of* de); *the cat* faire sortir. (*fig*) **to ~ sth out of one's head** ne plus penser à qch. (**b**) (*Naut*) *boat* mettre à la mer. (**c**) (*stretch out, extend*) *arm, leg* étendre; *foot* avancer; *tongue* tirer (*at sb* à qn); *leaves* produire. **to ~ out one's hand** tendre la main; [*car driver, traffic policeman*] tendre le bras; **to ~ one's head out of the window** passer la tête par la fenêtre. (**d**) (*lay out in order*) (*gen*) sortir; *papers, cards* étaler; *chessmen etc* disposer. (**e**) (*extinguish*) *light, flames, cigarette* éteindre; *heater* fermer. (**f**) (*disconcert*) déconcerter (*by, about* par); (*vex*) contrarier, ennuyer (*by, about* par); (*inconvenience*) déranger. **she ~ herself out for us** elle s'est donné beaucoup

de mal pour nous. (**g**) (*issue*) *news* annoncer; *report, regulations, book* publier; *rumour* faire courir; *appeal, warning* lancer; *announcement, statement* publier; *propaganda* faire. (**h**) (*spend*) dépenser (*on* pour). (**i**) (*Comm*) *repairs, small jobs* donner au dehors; (*Ind: subcontract*) donner à des sous-traitants. (**j**) (*exert*) *one's strength, tact* déployer, user de. (**k**) (*dislocate*) *shoulder, back* démettre.

◆ **put over** *vt sep* = **put across.**

◆ **put through** *vt sep* (**a**) (*make, complete*) *deal* conclure, mener à bien; *decision* prendre; *proposal* faire accepter. (**b**) (*Telec: connect*) *call* passer. **I'm ~ting you through now** je vous mets en communication, vous êtes en ligne; **~ me through to Mr Smith** passez-moi M. Smith.

◆ **put together** *vt sep* (**a**) (*lit*) mettre ensemble, placer l'un à côté de l'autre. **he's worth more than the rest of the family ~ together** à lui tout seul il vaut largement le reste de la famille. (**b**) (*assemble*) *table, radio* monter; *jigsaw* assembler; *book, story, account* composer; (*piece together*) *facts, what happened* reconstituer; (*mend*) réparer. **she ~ together an excellent supper** elle a improvisé un délicieux dîner; **to ~ together an application** constituer un dossier.

◆ **put up 1** *vi* (**a**) (*lodge*) descendre (*at* dans); (*for one night*) passer la nuit (*at* à). (**b**) (*offer o.s.*) se porter candidat(e) (*for* à). **2** *vt sep* (**a**) (*raise*) *hand* lever; *flag, sail* hisser; *tent, fence, ladder* dresser; *collar, window* remonter; *umbrella* ouvrir; *notice, picture* mettre (*on* sur); *missile, rocket* lancer; *building, bridge* construire. **~ them up!** * (*in robbery etc*) haut les mains!; (*challenge to fight*) défends-toi! (**b**) (*increase*) (*gen*) augmenter; *temperature, blood pressure, total* faire monter. (**c**) (*offer*) *proposal, idea* présenter, soumettre; *plea, resistance* offrir; (*nominate*) *person* proposer comme candidat (*for* à; *as* comme). **to ~ sth up for sale/auction** mettre qch en vente/aux enchères; **he was ~ up by his local branch** il a été présenté comme candidat par sa section locale; **to ~ sb up for a club** proposer qn comme membre d'un club. (**d**) (*provide*) *money, funds* fournir (*for* pour); *reward* offrir. **how much can you ~ up?** combien pouvez-vous (y) mettre? (**e**) (*prepare*) *picnic, sandwiches, prescription* préparer; (*Comm*) *order* exécuter. (**f**) (*lodge*) loger. (**g**) (*incite*) **to ~ sb up to doing** pousser qn à faire. (**h**) (*inform about*) **to ~ sb up to sth** mettre qn au courant de qch.

◆ **put upon** *vt fus*: **to ~ upon sb** en imposer à qn; **I won't be ~ upon any more!** je ne vais plus me laisser marcher sur les pieds!

◆ **put up with** *vt fus* supporter, encaisser *. **he has a lot to ~ up with** il a beaucoup de problèmes.

◆ **put-down** * *n* (*denigrating*) dénigrement *m*; (*snub*) rebuffade *f*. ◆ **put-up job** * *n* coup *m* monté. ◆ **put-you-up** *n* canapé-lit *m*.

putrefy ['pjuːtrɪfaɪ] **1** *vt* putréfier. **2** *vi* se putréfier.
◆ **putrefaction** *n* putréfaction *f*.

putrid ['pjuːtrɪd] *adj* putride; (* *fig*) dégoûtant.

putsch [pʊtʃ] *n* putsch *m*, coup *m* d'État.

putt [pʌt] (*Golf*) **1** *n* putt *m*. **2** *vti* putter. ◆ **putting** *n* putting *m*. ◆ **putting green** *n* green *m*.

putty ['pʌtɪ] *n* mastic *m* (ciment).

puzzle ['pʌzl] **1** *n* (**a**) (*mystery*) énigme *f*, mystère *m*. **he is a real ~ to me** c'est une énigme vivante pour moi; **it is a ~ to me how...** je n'arriverai jamais à comprendre comment... (**b**) (*game*) casse-tête *m inv*; (*word game*) rébus *m*; (*cross-word*) mots *mpl* croisés; (*jigsaw*) puzzle *m*; (*riddle*) devinette *f*. **2** *vt* laisser perplexe. **I am ~d to know why** je n'arrive pas à comprendre pourquoi; **he was ~d about what to say** il ne savait pas quoi dire. **3** *vi*: **to ~ over** *or* **about** *problem, mystery* essayer de résoudre; *sb's actions, intentions* essayer de comprendre; **I'm still puzzling over why...** j'en suis encore à me demander pourquoi...

◆ **puzzle out** *vt sep problem* résoudre; *mystery* éclaircir; *writing* déchiffrer; *answer, solution* trouver; *sb's actions, attitude* comprendre. **I'm trying to ~ out why** j'essaie de comprendre pourquoi.
◆ **puzzled** *adj* perplexe. ◆ **puzzlement** *n* perplexité *f*. ◆ **puzzler** *n (gen)* énigme *f; (problem)* casse-tête *m inv*. ◆ **puzzling** *adj* incompréhensible.

pygmy ['pɪgmɪ] **1** *n* pygmée *m*. **2** *adj* pygmée *(f inv)*.

pyjamas [pɪ'dʒɑːməz] *npl (Brit)* pyjama *m*. **in (one's) ~** en pyjama.
pylon ['paɪlən] *n* pylône *m*.
pyramid ['pɪrəmɪd] *n* pyramide *f*.
pyre ['paɪər] *n* bûcher *m* funéraire.
Pyrenees [pɪrə'niːz] *npl* Pyrénées *fpl*.
Pyrex ['paɪreks] *n* ® pyrex *m* ®.
pyro... ['paɪərəʊ] *pref* pyro... ◆ **pyromaniac** *n* pyromane *mf*. ◆ **pyrotechnic** *adj* pyrotechnique.
python ['paɪθən] *n* python *m*.

Q

Q, q [kjuː] *n (letter)* Q, q *m.* **on the q.t.** * en douce *.

Qatar [kæˈtɑːʳ] *n* Qatar *m.*

quack¹ [kwæk] **1** *n* coin-coin *m.* **2** *vi* faire coin-coin.

quack² [kwæk] **1** *n (pej)* charlatan *m*; (✱: *doctor*) toubib * *m.* **2** *adj* de charlatan.

quad [kwɒd] *n abbr of* **quadruplet** *and* **quadrangle b.**

quadrangle [ˈkwɒdræŋgl] *n* **(a)** *(Math)* quadrilatère *m.* **(b)** *(courtyard)* cour *f (d'un collège etc).*

quadraphonic [ˌkwɒdrəˈfɒnɪk] *adj* quadriphonique. **in ~ sound** en quadriphonie.

quadratic [kwɒˈdrætɪk] *adj* du second degré.

quadrilateral [ˌkwɒdrɪˈlæt(ə)r(ə)l] *adj, n* quadrilatère *(m).*

quadriplegia [ˌkwɒdrɪˈpliːdʒɪə] *n* tétraplégie *f.* ◆ **quadriplegic** *adj, n* tétraplégique *(mf).*

quadruped [ˈkwɒdruped] *adj, n* quadrupède *(m).*

quadruple [ˈkwɒdrupl] **1** *adj, n* quadruple *(m).* **2** [ˈkwɒˈdruːpl] *vti* quadrupler. ◆ **quadruplet** *n* quadruplé(e) *m(f).*

quagmire [ˈkwægmaɪəʳ] *n* bourbier *m.*

quail¹ [kweɪl] *vi (flinch)* perdre courage.

quail² [kweɪl] *n (bird)* caille *f.*

quaint [kweɪnt] *adj (odd)* bizarre, original; *(picturesque)* pittoresque; *(old-fashioned etc)* au charme vieillot. ◆ **quaintly** *adv* d'une manière originale *or* pittoresque.

quake [kweɪk] **1** *vi* trembler *(with* de). **2** *n (earth-~)* tremblement *m* de terre.

Quaker [kweɪkəʳ] *n* quaker(esse) *m(f).*

qualification [ˌkwɒlɪfɪˈkeɪʃ(ə)n] *n* **(a)** ~**s** *(gen)* conditions *fpl* requises; *(degrees etc)* titres *mpl*, diplômes *mpl*; *(for a trade etc)* qualifications *fpl* professionnelles; **what are your ~s?** *(skill, degrees, experience etc)* quelle est votre formation?; *(paper ~s)* qu'est-ce que vous avez comme diplômes?; **teaching ~s** les diplômes requis pour enseigner. **(b)** *(limitation)* réserve *f*, restriction *f.* **to accept with/ without ~s** accepter avec des/sans réserves.

qualify [ˈkwɒlɪfaɪ] **1** *vt* **(a)** *(make competent)* qualifier *(to do* pour faire); *(Admin)* donner qualité à *(for* pour; *to do* pour faire). **(b)** *(modify)* attitude, praise mitiger; approval, support mettre des réserves à; statement, opinion nuancer. **(c)** *(Gram)* qualifier. **2** *vi* obtenir son diplôme *(or* son brevet *etc);* *(Sport)* se qualifier *(for* pour). **to ~ as an engineer** obtenir son diplôme d'ingénieur; **to ~ for a job** obtenir les diplômes nécessaires pour un poste; **does he ~?** est-ce qu'il remplit les conditions requises?; *(fig)* **he hardly qualifies as a poet** il ne mérite pas vraiment le nom de poète. ◆ **qualified** *adj* **(a)** *(gen)* qualifié *(for* pour; *to do* pour faire); *engineer, doctor, teacher* diplômé; **he was not qualified for this job** il ne remplissait pas les conditions requises pour ce poste; **to be qualified to do** *(gen)* être qualifié pour faire, avoir les diplômes requis pour faire; *(Admin: officially)* avoir qualité pour faire; **they are not qualified to vote** ils ne sont pas habilités à voter; **(b)** *(modified)* praise mitigé; support, acceptance conditionnel; success modéré. ◆ **qualifier** *n (Gram)* qualificatif. ◆ **qualifying** *adj* mark de passage; examination d'entrée; score qui permet de se qualifier.

quality [ˈkwɒlɪtɪ] **1** *n* qualité *f.* **of the best** ~ de première qualité; **of good/poor** ~ de bonne/de mauvaise qualité. **2** *adj* product de qualité; newspaper sérieux.

qualm [kwɑːm] *n (scruple)* scrupule *m*; *(misgiving)* inquiétude *f (about* sur). **to have ~s about doing** avoir des scrupules à faire.

quandary [ˈkwɒnd(ə)rɪ] *n:* **to be in a** ~ être dans l'embarras *or* dans un dilemme; **to be in a** ~ **about what to do** être bien embarrassé de savoir quoi faire.

quango [ˈkwæŋgəʊ] *n* organisme *m* (autonome) d'État.

quantity [ˈkwɒntɪtɪ] **1** *n* quantité *f.* **in** ~ en grande quantité. **2** *adj:* ~ **surveying** métrage *m*; ~ **surveyor** métreur *m* (vérificateur).

quantum [ˈkwɒntəm] **1** *n, pl* **quanta** quantum *m.* **2** *adj* mechanics, number quantique. ~ **theory** théorie *f* des quanta.

quarantine [ˈkwɒr(ə)ntiːn] **1** *n* quarantaine *f.* **in** ~ en quarantaine. **2** *vt* mettre en quarantaine.

quarrel [ˈkwɒr(ə)l] **1** *n* querelle *f*, dispute *f*; *(breach)* brouille *f.* **to have a** ~ **with** se disputer *or* se quereller avec; **to pick a** ~ **with sb** chercher querelle à qn; **I have no** ~ **with you** je n'ai rien contre vous. **2** *vi* se disputer, se quereller *(with sb* avec qn; *about, over* à propos de); *(break off)* se brouiller *(with sb* avec qn). *(fig)* **I cannot** ~ **with that** je n'ai rien à redire à cela. ◆ **quarrelling,** *(US)* **quarreling** *n* disputes *fpl*, querelles *fpl.* ◆ **quarrelsome** *adj* querelleur.

quarry¹ [ˈkwɒrɪ] **1** *n* carrière *f (mine).* **2** *vt* stone extraire; *hillside* exploiter. **3** *vi:* **to** ~ **for marble** exploiter une carrière de marbre. ◆ **quarryman** *n* (ouvrier *m*) carrier *m.* ◆ **quarry-tiled** *adj* carrelé.

quarry² [ˈkwɒrɪ] *n (animal, bird etc)* proie *f*; *(Hunting)* gibier *m*; *(person)* personne *f* pourchassée.

quart [kwɔːt] *n* ≃ litre *m (Brit = 1,136 litres; US = 0,946 litre).*

quarter [ˈkwɔːtəʳ] **1** *n* **(a)** *(fourth part) (gen)* quart *m*; *[object, apple, beef, moon]* quartier *m*; *[year]* trimestre *m.* **to divide sth into ~s** diviser qch en quatre *or* en quartiers; **a** ~ **(of a pound) of tea** un quart (de livre) de thé; **a** ~ **as big as** quatre fois moins grand que; **a** ~ **of an hour** un quart d'heure; **a** ~ **to 7,** *(US)* **a** ~ **of 7** 7 heures moins le quart; **a** ~ **past 6,** *(US)* **a** ~ **after 6** 6 heures un *or* et quart; **a** ~**'s rent** un terme de loyer. **(b)** *(US, Can: money)* quart *m* de dollar, 25 cents. **(c)** *(direction)* direction *f*, côté *m*; *(compass point)* point *m* cardinal. *(Naut)* **on the port** ~ par la hanche de bâbord; **from all ~s** de toutes parts; **you must report that to the proper** ~ vous devez signaler cela à qui de droit; **in responsible ~s** dans les milieux autorisés. **(d)** *(part of town)* quartier *m.* **(e)** *(lodgings)* ~**s** résidence *f*; *(Mil)* quartiers *mpl* ; *(temporary)* cantonnement *m.* **2** *vt* **(a)** *(divide into four)* diviser en quatre, diviser en quartiers. **(b)** *(lodge)* troops caserner; *(temporarily)* cantonner; *(gen)* loger *(on* chez). **3** *adj* d'un quart. **a** ~ **share in sth** un quart de qch. ◆ **quarterback** *(US)* **1** *n (Ftbl)* stratège *m (souvent en position d'arrière).* **2** *vt* **(a)** *(Ftbl)* diriger la stratégie de. (**b**) *(fig)* gérer. ◆ **quarter-deck** *n (Naut)* plage *f* arrière. ◆ **quarter-final** *n* quart *m* de finale. ◆ **quarterly 1** *adj* trimestriel; **2** *n (periodical)* publication *f* trimestrielle. ◆ **quarter-master** *n* (**a**) *(Mil)* intendant *m* militaire de troisième classe ; (**b**) *(Naut)* maître *m* de manœuvre.

quartet(te) [kwɔː'tet] *n (gen; also classical music)* quatuor *m*; *(jazz)* quartette *m*.

quarto ['kwɔːtəʊ] *n, adj* in-quarto *(m) inv.*

quartz ['kwɔːts] **1** *n* quartz *m*. **2** *adj de or* en quartz; *clock* à quartz. ~ **crystal** cristal *m* de quartz.

quash [kwɒʃ] *vt verdict* casser; *rebellion* réprimer; *proposal* rejeter.

quasi- ['kwɑːzɪ] *pref* quasi- (+ *n*), quasi (+ *adj*). ~**marriage** quasi-mariage *m*; ~**revolutionary** quasi révolutionnaire.

quaver ['kweɪvəʳ] **1** *n (Mus: note)* croche *f*. **2** *vti (tremble)* chevroter. ◆ **quavering 1** *adj voice* chevrotant ; **2** *n* chevrotement *m*.

quay [kiː] *n* quai *m*. **at the** ~ **side** à quai.

queasy ['kwiːzɪ] *adj*: **to feel** ~ avoir mal au cœur, avoir envie de vomir. ◆ **queasiness** *n* nausée *f*.

Quebec [kwɪ'bek] **1** *n* Québec *m*. **2** *adj* québécois.

queen [kwiːn] **1** *n* (**a**) reine *f*; *(Chess, Cards)* dame *f*. **Q~ Elizabeth** la reine Élisabeth; **Q~ Mother** reine mère; = **bee** reine des abeilles. (**b**) (⚥ *pej: homosexual)* pédé ⚥ *m (pej)*. **2** *vt* (⚥) **to** ~ **it** prendre des airs d'impératrice *(over sb avec qn)*. ◆ **queenly** *adj* de reine.

queer [kwɪəʳ] **1** *adj* (**a**) *(odd)* étrange, bizarre, drôle de *(before n)*. *(pej)* **a** ~ **customer** un drôle de type *; ~ **in the head** * toqué *; **to be in Q~ Street** * se trouver dans une mauvaise passe. (**b**) *(suspicious)* louche, suspect. **there's sth** ~ **going on** il se passe qch de louche. (**c**) (*: *unwell)* mal fichu *. **to feel** ~ être pris d'un malaise. (**d**) (*: *homosexual)* **he's** ~ * c'est un pédé ⚥. **2** *n* (*: *homosexual) (male)* pédé ⚥ *m*; *(female)* lesbienne *f*. **3** *vt*: **to** ~ **sb's pitch** couper l'herbe sous le pied à *or* de qn. ◆ **queerly** *adv* étrangement, bizarrement. ◆ **queerness** *n* étrangeté *f*, bizarrerie *f*.

quell [kwel] *vt (gen)* réprimer; *cheeky etc person* faire rentrer sous terre.

quench [kwen(t)ʃ] *vt flames* éteindre. **to** ~ **one's thirst** se désaltérer.

querulous ['kwerʊləs] *adj* ronchonneur *, bougon. ◆ **querulously** *adv* d'un ton bougon.

query ['kwɪərɪ] **1** *n* (**a**) *(question)* question *f*; *(doubt)* doute *m (about* sur). **this raises a** ~ **about the scheme** cela met le projet en question. (**b**) *(question mark)* point *m* d'interrogation. **2** *vt* mettre en question.

quest [kwest] *n* quête *f (for* de). **in** ~ **of** en quête de.

question ['kwestʃ(ə)n] **1** *n* (**a**) question *f*. **to ask sb a** ~, **to put a** ~ **to sb** poser une question à qn. (**b**) *(doubt)* doute *m*. **without** ~ sans aucun doute; **there is no** ~ **about it** cela ne fait aucun doute; **to call sth into** ~ mettre qch en doute. (**c**) *(matter)* question *f*, affaire *f*. **that's the** ~! c'est là toute la question!; **that's not the** ~ là n'est pas la question; **that's another** ~ ça, c'est une autre affaire; **the person in** ~ la personne en question; **there's some/no** ~ **of closing the shop** il est/il n'est pas question de fermer le magasin; **there's no** ~ **of that, that is out of the** ~ il n'en est pas question; **the** ~ **is how many** la question, c'est de savoir combien; **the** ~ **is to decide**... il s'agit de décider...; **it's a** ~ **of what you want to do** tout dépend de ce que tu veux faire; **it's an open** ~ personne ne sait *(whether* si). **2** *adj*: ~ **mark** point *m* d'interrogation; *(Parl)* ~ **time** heure *f* réservée aux questions orales.

3 *vt* (**a**) *person* interroger, questionner *(on* sur; *about* au sujet de, à propos de). (**b**) *motive, account* mettre en doute *or* en question; *claim* contester. **to** ~ **whether** douter que + *subj*.

◆ **questionable** *adj* discutable; *(pej)* douteux. ◆ **questioner** *n* personne *f* qui pose des questions. ◆ **questioning 1** *adj* interrogateur, questionneur ; **2** *n* interrogation *f*. ◆ **question-master** *n* meneur *m* de jeu; *(Rad, TV)* animateur *m*. ◆ **questionnaire** *n* questionnaire *m*.

queue [kjuː] *(Brit)* **1** *n* *[people]* queue *f*, file *f* (d'attente); *[cars]* file. **to stand in a** ~, **to form a** ~ faire la queue; **the theatre** ~ les personnes qui font (*or* faisaient *etc*) la queue au théâtre; **ticket** ~ queue devant les guichets. **2** *vi* (~ **up**) *[people, cars]* faire la queue.

quibble ['kwɪbl] **1** *n* chicane *f*, ergotage *m*. **2** *vi* chicaner *(over* sur).

quick [kwɪk] **1** *adj* (**a**) *(rapid)* *train, route, method* rapide; *recovery, answer* prompt. **be** ~! dépêche-toi!, fais vite!; **try to be** ~**er** essaie de faire plus vite; *(Mil)* ~ **march!** en avant, marche!; **we had a** ~ **meal** nous avons mangé en vitesse; **to have a** ~ **one** * prendre un pot * en vitesse; **it's** ~**er by train** c'est plus rapide *or* ça va plus vite par le train. (**b**) *(lively)* *mind, child* vif, éveillé. **he's too** ~ **for me** il va trop vite pour moi; **he was** ~ **to see that**... il a tout de suite vu que...; **to be** ~ **to take offence** être prompt à s'offenser; **to have a** ~ **temper** s'emporter facilement; **he is** ~ **at figures** il calcule vite.

2 *n (fig)* **to cut sb to the** ~ piquer qn au vif; **the** ~ **and the dead** les vivants *mpl* et les morts *mpl*. **3** *adv* vite. **as** ~ **as lightning** *or* **as a flash** avec la rapidité de l'éclair.

◆ **quick-acting** *adj drug* qui agit rapidement. ◆ **quicken 1** *vt* accélérer, hâter; *(fig)* *feelings* stimuler; **to** ~**en one's pace** accélérer son allure ; **2** *vi*: **the pace** ~**ened** l'allure s'est accélérée. ◆ **quick-freeze**, *pret* **quick-froze**, *ptp* **quick-frozen** *vt* surgeler. ◆ **quickie** * *n* chose faite en vitesse; *(drink)* pot * pris en vitesse; *(question)* question *f* éclair *inv*. ◆ **quicklime** *n* chaux *f* vive. ◆ **quickly** *adv (fast)* vite, rapidement; *(without delay)* promptement, sans tarder. ◆ **quickness** *n* vitesse *f*, rapidité *f*; promptitude *f*; *[mind]* vivacité *f*. ◆ **quicksands** *npl* sables *mpl* mouvants. ◆ **quickset hedge** *n* haie *f* vive. ◆ **quicksilver** *n* vif-argent *m*, mercure *m*. ◆ **quickstep** *n* foxtrot *m*. ◆ **quick-tempered** *adj* prompt à s'emporter. ◆ **quick-witted** *adj* à l'esprit vif.

quid ⚥ [kwɪd] *n (pl inv: Brit)* livre *f (sterling)*.

quiescence [kwaɪ'esns] *n* calme *m*. ◆ **quiescent** *adj* passif, calme.

quiet ['kwaɪət] **1** *adj* (**a**) *(silent, still: gen)* tranquille, calme. **you're very** ~ tu ne dis pas grand-chose; **be** ~!, **keep** ~! taisez-vous!; **isn't it** ~! que c'est calme *or* tranquille!; **it was** ~ **as the grave** il y avait un silence de mort; **try to be a little** ~**er** essayez de ne pas faire autant de bruit; **to keep** *or* **stay** ~ *(still)* se tenir *or* rester tranquille; *(silent)* garder le silence; **to keep sb** ~ *(still)* faire tenir qn tranquille; *(silent)* faire taire qn. (**b**) *(not loud)* *music* doux; *voice, tone* bas; *footstep, sound* léger; *cough, laugh* petit. **keep the radio** ~ baisse le volume (de la radio). (**c**) *(subdued)* *person* doux; *dog, horse* docile; *dress, colour* discret. **she's a very** ~ **girl** elle n'est pas expansive. (**d**) *(peaceful, calm)* calme, paisible, tranquille. **he had a** ~ **sleep** il a dormi tranquillement; *(Mil etc)* **all** ~ rien de nouveau; **a** ~ **life** une vie tranquille; **this town is too** ~ cette ville manque d'animation; **business is** ~ les affaires sont calmes; ~ **mind** esprit *m* tranquille. (**e**) *(secret)* *envy* caché; *irony, humour* discret; *(private)* *evening, dinner* intime. **they had a** ~ **wedding** ils se sont mariés dans l'intimité; **I'll have a** ~ **word with her** je vais lui glisser un

mot à l'oreille; **they had a ~ laugh over it** ils en ont ri doucement; **he kept the whole thing ~** il n'en a pas parlé.
2 n *(silence)* silence m; *(peace)* calme m, tranquillité f. (*) **on the ~ do** en cachette, en douce *; *tell* en confidence.
3 vt = **quieten 1**.

◆ **quieten 1** vt *(gen)* calmer; *conscience* tranquilliser ; **2** vi **(~en down)** se calmer; *(after unruly youth)* se ranger. ◆ **quietly** adv *(silently)* silencieusement, sans (faire de) bruit; *(not loudly)* speak, sing doucement; *(gently)* doucement, calmement; *(without fuss)* simplement; *(secretly)* en cachette, en douce *; *marry* dans la plus stricte intimité. ◆ **quietness** n *(silence)* silence m; *(stillness, peacefulness)* calme m, tranquillité f; *(gentleness)* douceur f.

quill [kwɪl] n *(feather)* penne f; *(also ~-pen)* plume f d'oie; *[porcupine etc]* piquant m.

quilt [kwɪlt] **1** n édredon m (piqué). **continental ~** couette f. **2** vt *eiderdown, cover* ouater et piquer; *dressing gown* matelasser; *furniture* capitonner.

quin [kwɪn] n abbr of **quintuplet**.

quince [kwɪns] n coing m; *(tree)* cognassier m.

quinine [kwɪ'niːn] n quinine f.

quintessence [kwɪn'tesns] n quintessence f.

quintet(te) [kwɪn'tet] n quintette m.

quintuple ['kwɪntjʊpl] **1** adj, n quintuple *(m).* **2** ['kwɪn'tjuːpl] vti quintupler. ◆ **quintuplet** n quintuplé(e) *m(f).*

quip [kwɪp] n mot m piquant.

quire ['kwaɪəʳ] n ≃ main f *(de papier).*

quirk [kwɜːk] n bizarrerie f. **by a ~ of fate** par un caprice du destin. ◆ **quirky** adj capricieux; *(strange)* étrange.

quit [kwɪt] pret, ptp **quit** or **quitted 1** vt *place, activity* quitter; *(esp US: stop)* arrêter *(doing* de faire). **to ~ hold** lâcher prise; **to ~ hold of sth** lâcher qch; **~ fooling!** arrête de faire l'idiot! **2** vi *(give up: in game etc)* se rendre; *(accept defeat)* abandonner la partie; *(resign)* démissionner. **3** adj: **~ of** débarrassé de.

quite [kwaɪt] adv **(a)** *(entirely)* tout à fait, complètement, entièrement. **~ (so)!** exactement!; **I ~ understand** je comprends très bien; **I ~ believe it** je le crois volontiers; **I don't ~ know** je ne sais pas trop; **that's ~ enough!** ça suffit comme ça!; **it wasn't ~ what I wanted** ce n'était pas tout à fait or exactement ce que je voulais; **that's ~**

another matter c'est une tout autre affaire; **he was ~ right** il avait bien raison or tout à fait raison; **~ new** tout (à fait) neuf; **~ alone** tout seul; **she was ~ a beauty** c'était une véritable beauté. **(b)** *(to some degree)* assez. **~ a long time** assez longtemps; **~ a few people** un assez grand nombre de gens; **~ good** pas mal du tout; **~ a good singer** un assez bon chanteur; **I ~ like it** j'aime assez ça.

Quito ['kiːtəʊ] n Quito.

quits [kwɪts] adj quitte *(with sb* envers qn). **let's call it ~** restons-en là.

quiver¹ ['kwɪvəʳ] vi *[person, voice]* frémir, trembler *(with* de); *[eyelids]* battre.

quiver² ['kwɪvəʳ] n *(for arrows)* carquois m.

quixotic [kwɪk'sɒtɪk] adj *person* chevaleresque; *(visionary)* chimérique; *plan, feeling* donquichottesque. ◆ **quixotically** adv sans penser à soi.

quiz [kwɪz] **1** n **(a)** *(Rad/TV)* jeu-concours m (radiophonique/télévisé); *(in magazine etc)* série f de questions. **(b)** *(US Scol)* interrogation f rapide *(orale ou écrite).* **2** vt **(a) to ~ sb** presser qn de questions *(about* au sujet de). **(b)** *(US Scol)* interroger rapidement. ◆ **quizmaster** n meneur m de jeu; *(Rad, TV)* animateur m. ◆ **quizzical** adj narquois. ◆ **quizzically** adv d'un air narquois.

quoit [kwɔɪt] n palet m. **to play ~s** jouer au palet.

quorum ['kwɔːrəm] n quorum m. **to have a ~** atteindre le quorum.

quota ['kwəʊtə] n *(share)* quote-part f; *(permitted amount) [imports, immigrants]* quota m.

quote [kwəʊt] **1** vt **(a)** *author, poem, fact* citer; *reference number etc* rappeler. **don't ~ me** ne dites pas que c'est moi qui vous l'ai dit; **he was ~d as saying that...** il aurait dit que...; **~... unquote** *(in dictation)* ouvrez les guillemets... fermez les guillemets; *(in report, lecture etc)* je cite..., fin de citation. **(b)** *price (Comm)* indiquer, proposer; *(St Ex)* coter *(at* à). **2** vi **(a)** faire des citations. **to ~ from** citer. **(b)** *(Comm)* **to ~ for** établir un devis pour. **3** n **(a)** = **quotation 1**. **(b)** *(press statement)* déclaration f. **(c) he said, ~'I will never do it'** il a dit, *(in dictation)* ouvrez les guillemets or *(in lecture, report etc)* je cite 'je ne le ferai jamais'; **~s =quotation marks**. ◆ **quotable** adj *(authorized)* que l'on peut *(or* puisse) citer; *(worth quoting)* digne d'être cité. ◆ **quotation 1** n **(a)** citation f *(from* de); **(b)** *(Comm: estimate)* devis m ; **2** adj: **in quotation marks** entre guillemets mpl.

quotient ['kwəʊʃ(ə)nt] n quotient m.

R

R, r [ɑːʳ] *n (letter)* R, r *m*. **the three R's** la lecture, l'écriture *f* et l'arithmétique *f*.

Rabat [rəˈbɑːt] *n* Rabat.

rabbi [ˈræbaɪ] *n* rabbin *m*.

rabbit [ˈræbɪt] **1** *n* lapin *m*. **doe** ~ lapine *f*. **2** *vi* **(a) to go ~ing** chasser le lapin. **(b)** ** (also ~ **on**)* ne pas cesser de parler. **3** *adj:* ~ **hole** terrier *m* (de lapin); ~ **hutch** clapier *m*.

rabble [ˈræbl] *n* cohue *f*, foule *f* (confuse). *(pej)* **the** ~ la populace.

rabid [ˈræbɪd] *adj (fanatical)* fanatique; *(furious)* forcené; *hate* farouche; *(Vet)* enragé.

rabies [ˈreɪbiːz] **1** *n* rage *f (Med)*. **2** *adj (*)* injection contre la rage.

rac(c)oon [rəˈkuːn] *n* raton *m* laveur.

race¹ [reɪs] **1** *n (Sport etc)* course *f*. **the 100 metres** ~ la course sur 100 mètres, le 100 mètres; **cycle/horse** ~ course cycliste/de chevaux; ~ **against time** course contre la montre. **2** *vt* **(a)** *person* faire une course avec. **I'll** ~ **you to school!** à qui arrivera le premier à l'école! **(b)** *horse* faire courir. **the champion ~s Ferraris** le champion court sur Ferrari, *(Aut)* to ~ **the engine** emballer le moteur. **3** *vi* **(a) to** ~ **against sb** faire la course avec qn; *(fig)* **to** ~ **against time** courir contre la montre. **(b)** *(rush)* courir à toute allure. **to** ~ **in/across** *etc* entrer/traverser *etc* à toute allure. **(c)** *[engine]* s'emballer; *[propeller]* s'affoler; *[pulse]* être très rapide. ◆ **racecourse** *n* champ *m* de courses, hippodrome *m*. ◆ **racegoer** *n* turfiste *mf*. ◆ **racehorse** *n* cheval *m* de course. ◆ **racetrack**, *(US)* **raceway** *n (gen)* piste *f*. ◆ **racing 1** *n* courses *fpl*; **horse/motor racing** courses de chevaux/d'automobiles; **2** *adj* *stables, cycle, car* de course; **racing driver** pilote *m* de course; **racing pigeon** pigeon *m* voyageur de compétition.

race² [reɪs] **1** *n* race *f*. **the human** ~ la race *or* l'espèce humaine. **2** *adj* *hatred, prejudice* racial. ~ **relations** relations *fpl* inter-raciales; ~ **riot** émeute(s) *f(pl)* raciale(s). ◆ **racial** *adj* racial. ◆ **racialism** *n* racisme *m*. ◆ **racialist** *or* ◆ **racist** *adj, n* raciste *(mf)*. ◆ **racism** *n* racisme *m*.

rack¹ [ræk] *n (for bottles, documents, files)* casier *m*; *(for luggage)* porte-bagages *m* *inv*; *(for dishes)* égouttoir *m*; *(for hanging tools/ties etc)* porte-outils/-cravates *etc m*; *(for vegetables)* bac(s) *m(pl)* à légumes; *(for fodder, rifles, pipes)* râtelier *m*. *(US)* **off the** ~ en confection.

rack² [ræk] **1** *n* **(a)** *(torture)* chevalet *m*. **(b)** *(Tech)* ~ **and pinion** crémaillère *f*. **2** *vt* *[pain]* torturer. *(fig)* ~**ed by remorse** tenaillé par le remords; **to** ~ **one's brains** se creuser la tête.

rack³ [ræk] *n*: **to go to** ~ **and ruin** *[building]* tomber en ruine; *[business, economy]* aller à vau-l'eau; *[person, country]* aller à la ruine.

racket¹, racquet [ˈrækɪt] *n* raquette *f*.

racket² [ˈrækɪt] *n* **(a)** *(noise) [people]* tapage *m*, raffut ** m*; *[machine]* vacarme *m*. **to make a** ~ faire du raffut ** or* du vacarme. **(b)** *(organized crime)* racket *m*; *(dishonest scheme)* escroquerie *f*. **the drug/stolen car** ~ * le trafic de la drogue/des voitures volées; **they're on to quite a** ~ * ils ont trouvé une jolie combine *; **it was a dreadful** ~ * c'était du vol manifeste!; **he's in on the** ~ * il est

dans le coup *. ◆ **racketeer** *n* racketteur *m*. ◆ **racketeering** *n* racket *m*.

racy [ˈreɪsɪ] *adj* *speech, style* plein de verve.

radar [ˈreɪdɑːʳ] **1** *n* radar *m*. **by** ~ au radar. **2** *adj* *screen, station* radar *inv*. ~ **operator** radariste *mf*; *(Aut Police)* ~ **trap** piège *m* radar.

raddled [ˈrædld] *adj* aux traits accusés.

radial [ˈreɪdɪəl] *adj:* ~ **tyre**, *(US)* ~**-ply tire** pneu *m* à carcasse radiale.

radiate [ˈreɪdɪeɪt] **1** *vi (gen)* rayonner *(from* de); *(Phys)* irradier. **2** *vt heat* émettre, dégager; *(fig) happiness* rayonner de; *enthusiasm* respirer. ◆ **radiance** *n* éclat *m*, rayonnement *m*. ◆ **radiant** *adj (gen)* rayonnant *(with* de); *colour* éclatant; *heat* radiant; *heater* à foyer rayonnant; *heating* direct. ◆ **radiantly** *adv* *smile* d'un air radieux; **to be radiantly happy** rayonner de joie. ◆ **radiation 1** *n [heat etc]* rayonnement *m*; *(radioactivity)* radiation *f*; **2** *adj:* **radiation sickness** mal *m* des rayons; *(Med)* **radiation treatment** * radiothérapie *f*. ◆ **radiator 1** *n* radiateur *m*; **2** *adj (Aut)* **radiator cap** bouchon *m* de radiateur; **radiator grill** calandre *f*.

radical [ˈrædɪk(ə)l] *adj, n* radical *(m)*. ◆ **radically** *adv* radicalement.

radio [ˈreɪdɪəʊ] **1** *n* **(a)** (~ **set**) poste *m* (de radio), radio *f*. **on the** ~ à la radio. **(b)** *(Telec)* radio *f*, radiotélégraphie *f*. **by** ~ par radio. **2** *vt* *person* appeler par radio; *one's position* signaler par radio; *message* envoyer par radio. **3** *vi:* **to** ~ **for help** appeler au secours par radio. **4** *adj* *beam, silence* radio *inv*; *programme, broadcast* de radio, radiophonique. ~ **announcer** speaker(ine) *m(f)*; ~ **beacon** radiophare *m*; ~ **car** voiture-radio *f*; ~ **communication** contact *m* radio *inv*; ~ **link** liaison *f* radio *inv*; ~ **operator** opérateur *m* (radio), radio *m*; ~ **programme** émission *f* (de radio); ~ **station** station *f* de radio; ~ **telescope** radiotélescope *m*; ~ **wave** onde *f* hertzienne; ~ **valve** valve *f*. ◆ **radioactive** *adj* radioactif. ◆ **radioactivity** *n* radioactivité *f*. ◆ **radiocab** *n* radio-taxi *m*. ◆ **radio-controlled** *adj* téléguidé. ◆ **radiogram** *n (message)* radiogramme *m*; *(apparatus)* combiné *m*. ◆ **radiographer** *n* radiologue *mf (technicien)*. ◆ **radiography** *n* radiographie *f*. ◆ **radiologist** *n* radiologue *mf (médecin)*. ◆ **radiology** *n* radiologie *f*. ◆ **radiotaxi** *n* radio-taxi *m*. ◆ **radiotelephone** *n* radiotéléphone *m*. ◆ **radiotherapy** *n* radiothérapie *f*.

radish [ˈrædɪʃ] *n* radis *m*.

radium [ˈreɪdɪəm] *n* radium *m*.

radius, *pl* **radii** [ˈreɪdɪəs, ˈreɪdɪaɪ] *n* rayon *m (also Math)*. **within a** ~ **of** dans un rayon de.

radon [ˈreɪdɒn] *n* radon *m*.

raffia [ˈræfɪə] *n* raphia *m*.

raffle [ˈræfl] **1** *n* tombola *f*. ~ **ticket** billet *m* de tombola. **2** *vt* mettre en tombola.

raft [rɑːft] *n* radeau *m*.

rafter [ˈrɑːftəʳ] *n (Archit)* chevron *m*.

rag¹ [ræg] **1** *n* **(a)** lambeau *m*; *(for wiping etc)* chiffon *m*. ~**s** *(for paper-making)* chiffons; *(old clothes)* haillons *mpl*; **in** ~**s** en lambeaux; **dressed in** ~**s** vêtu de haillons; **in** ~**s and tatters** tout en loques; **to feel like a wet** ~ * se sentir complètement vidé *.

(b) (* pej: newspaper) torchon * m (journal). **2** adj doll de chiffon; **the ~ trade** * la confection.
♦ **rag-and-bone-man** n chiffonnier m. ♦ **rag-bag** n sac m à chiffons; (fig) ramassis m. ♦ **ragged** ['rægɪd] adj clothes en lambeaux; person en haillons; cuff effiloché. ♦ **ragman** or ♦ **ragpicker** n chiffonnier m. ♦ **ragtop** n (US) décapotable f.

rag² * [ræg] **1** n (joke) farce f, blague * f. **2** vt (tease) taquiner; (trick) faire une blague * à.

rage [reɪdʒ] **1** n rage f, fureur f. **in a ~** en rage, en fureur; **to fly into a ~** se mettre en rage; (fig) **to be (all) the ~** faire fureur. **2** vi [person] être furieux (against contre); [battle] faire rage; [sea] être en furie; [storm, wind] se déchaîner. ♦ **raging** adj person furieux; thirst ardent; pain atroce; fever violent; sea en furie; wind, storm déchaîné; **in a raging temper** dans une rage folle; **raging tooth-ache** rage f de dents.

raid [reɪd] **1** n (Mil) raid m; (by police) rafle f; (by bandits) razzia f; (by thieves) hold-up m inv. **air ~** bombardement m aérien; **bank ~** hold-up d'une banque. **2** vt faire un raid or une rafle dans; razzier; faire un hold-up à; bombarder; (fig) cash-box puiser dans; larder, orchard dévaliser. ♦ **raider** n (bandit) pillard m; (criminal) brigand m; (ship) raider m; (plane) bombardier m; (Mil) **the ~ers** le commando.

rail [reɪl] **1** n (a) (bar) [bridge, boat] rambarde f; [balcony, terrace] balustrade f; (banister) rampe f; (for curtains, spotlights etc) tringle f; (towel ~) porte-serviettes m inv. (fence) **~s** grille f. (b) (for train, tram) rail m. **by ~** travel en train; send par chemin de fer; **to go off the ~s** [train etc] dérailler; [person] (err) s'écarter du droit chemin; (be confused) être déboussolé *. **2** adj strike des employés de chemin de fer; traffic ferroviaire. **~ workers** employés mpl du chemin de fer. ♦ **railcard** n carte f de chemin de fer (≃ carte SNCF). ♦ **railing** n (a) (V rail 1a) rambarde f; balustrade f; rampe f; (b) (part of fence) barreau m; (fence: also **~ings**) grille f. ♦ **railroad 1** n (US) = **railway**; **2** vt (fig) **to ~road sb into doing sth** * forcer qn à faire qch sans qu'il ait le temps de réfléchir.

railway ['reɪlweɪ] **1** n (system) chemin m de fer; (track) voie f ferrée; (US: for trams) rails mpl. **2** adj bridge, ticket de chemin de fer. **~ guide** indicateur m des chemins de fer; **~ line** ligne f de chemin de fer; (track) voie ferrée; **~ network** réseau m ferroviaire; **~ station** gare f; **~ timetable** horaire m des chemins de fer. ♦ **railwayman** n cheminot m.

rain [reɪn] **1** n pluie f. **it looks like ~** le temps est à la pluie; **in the ~** sous la pluie; **heavy/light ~** pluie battante/fine; **the ~s** la saison des pluies; **~ forest** forêt f tropicale humide; **~ hood** capuche f. **2** vi pleuvoir (also fig). **it is ~ing** il pleut; **it is ~ing heavily, it's ~ing cats and dogs** il pleut à torrents, il tombe des cordes *. ♦ **rainbow** n arc-en-ciel m. ♦ **raincheck** n: **I'll take a ~check** * ce n'est que partie remise. ♦ **raincoat** n imper-méable m. ♦ **raindrop** n goutte f de pluie. ♦ **rainfall** n (shower) chute f de pluie; (amount) hauteur f des précipitations. ♦ **rainproof 1** adj imperméable; **2** vt imperméabiliser. ♦ **rain-storm** n pluie f torrentielle. ♦ **rainwater** n eau f de pluie. ♦ **rainy** adj pluvieux; season des pluies; (fig) **to put sth away for a ~y day** mettre de l'argent de côté.

raise [reɪz] **1** vt (a) (lift: gen) lever; object, weight lever, soulever; building, level élever; sunken ship renflouer; dust soulever; (fig: to power, in rank) éle-ver. (fig) **he didn't ~ an eyebrow** il n'a pas sour-cillé; **to ~ one's hat to sb** donner un coup de chapeau à qn, (fig) tirer son chapeau à qn *; **to ~ one's hand to sb** lever la main sur qn; **to ~ sb from the dead** ressusciter qn (d'entre les morts);

to ~ one's voice élever la voix; **to ~ sb's spirits** remonter le moral de qn; **to ~ sb's hopes** donner à espérer à qn. (b) (increase) salary, price aug-menter; standard élever; age limit reculer; tem-perature faire monter. (c) (erect) monument élever; building construire. (d) (produce) ghosts faire appa-raître; question, problems, difficulties soulever; objec-tion, protest élever; suspicions faire naître; blister provoquer. **to ~ a laugh** faire rire; **to ~ a smile** (oneself) ébaucher un sourire; (in others) faire sou-rire; **to ~ Cain** * or **hell** ‡ or **the roof** * (noise) faire du boucan ‡; (fuss) faire une scène de tous les diables *. (e) (grow, breed) animals, children élever; crops cultiver. (f) (get together) army, taxes lever; money se procurer; funds (gen) réunir. **to ~ a loan** emprunter; **to ~ money on sth** emprunter de l'ar-gent sur qch; **I can't ~ the £500** je n'arrive pas à me procurer les 500 livres. (g) (end) siege, embar-go lever. (h) (contact) **to ~ sb on the radio** entrer en contact avec qn par radio. **2** n (US, also Brit *: payrise) augmentation f (de salaire). ♦ **raise up** vt sep lever, soulever. **to ~ o.s. up** se soulever.

rake¹ [reɪk] **1** n râteau m. **2** vt garden ratisser; hay râteler; fire tisonner; (fig: with gun) balayer. **3** vi (fig: search) **to ~ through** fouiller dans. ♦ **rake in** * vt sep money amasser. ♦ **rake off** vt sep stones etc enlever à l'aide d'un râteau. ♦ **rake out** vt sep fire éteindre en faisant tomber la braise. ♦ **rake up** vt sep leaves ramasser avec un râteau; (fig) grievance rappeler; the past revenir sur; sb's past fouiller dans. ♦ **rake-off** * n profit m (souvent illégal).

rake² † [reɪk] n (person) roué † m, débauché m. ♦ **rakish** adj person débauché; appearance cavalier; **hat at a rakish angle** chapeau campé sur le coin de l'œil.

rally ['rælɪ] **1** n [troops] ralliement m; [people] ras-semblement m; (Pol) rassemblement, meeting m; (Aut) rallye m; (Tennis) échange m. **peace ~** ras-semblement en faveur de la paix. **2** vt troops, supporters rallier. **3** vi [troops, people] se rallier (also fig: to à); [sick person] reprendre le dessus. **~ing point** point m de ralliement; (St Ex) **the market rallied** les cours ont repris. ♦ **rally round** vi (fig) venir en aide.

ram [ræm] **1** n bélier m (also Astron). **2** vt (a) (push down) enfoncer; (pack down) tasser (into dans). **his hat ~med down over his ears** le chapeau enfoncé jusqu'aux oreilles; (fig) **to ~ sth down sb's throat** rebattre les oreilles à qn de qch; **to ~ sth into sb's head** enfoncer qch dans le crâne de qn. (b) (crash into) (Naut) heurter de l'avant; (in battle) éperonner; (Aut) another vehicle emboutir; post, tree percuter (contre).

ramble ['ræmbl] **1** n randonnée f. **2** vi (wander about) se promener au hasard; (go on hike) faire une randonnée; (pej: in speech: **~ on**) parler pour ne rien dire; [old person] radoter. ♦ **rambler** n (a) (person) excursionniste mf; (b) (rose) rosier m grimpant. ♦ **rambling** adj speech, writing décousu; person qui radote; town construit au hasard; house plein de coins et de recoins; plant grimpant.

ramify ['ræmɪfaɪ] **1** vt ramifier. **2** vi se ramifier. ♦ **ramification** n ramification f.

ramp [ræmp] n (slope) rampe f; (on road: for speed control) casse-vitesse m; (in garage etc) pont m de graissage. (Aviat) (boarding) **~** passerelle f; (Aut: sign) 'ramp' 'dénivellation'.

rampage [ræm'peɪdʒ] **1** n: **to go on the ~** se déchaîner. **2** vi (**~ about, ~ around**) se déchaîner.

rampant ['ræmpənt] adj (fig) **to be ~** sévir.

rampart ['ræmpɑːt] n rempart m.

ramshackle ['ræmˌʃækl] adj building délabré; table branlant; machine déglingué *.

ran [ræn] pret of **run**.

ranch [rɑːn(t)ʃ] *n* ranch *m*.

rancid ['rænsɪd] *adj* rance. **to smell** ~ sentir le rance.

rancour, *(US)* **rancor** ['ræŋkəʳ] *n* rancœur *f*. ◆ **rancorous** *adj* plein de rancœur.

random ['rændəm] **1** *n*: **at** ~ au hasard; *(stronger)* à l'aveuglette. **2** *adj choice* fait au hasard; *bullet* perdu; *sample* prélevé au hasard. *(Comput)* ~ **access memory** *(abbr* **RAM)** mémoire *f* vive.

rang [ræŋ] *pret of* **ring²**.

range [reɪn(d)ʒ] **1** *n* **(a)** *(scope, distance covered)* *[telescope, gun, missile]* portée *f*; *[plane, ship]* rayon *m* d'action. **at a** ~ **of** à une distance de; **at long** ~ à longue portée; *(Mil)* **to find the** ~ régler son tir; **out of** ~ hors de portée; **within (firing)** ~ à portée de tir; ~ **of vision** champ *m* visuel. **(b)** *(extent between limits) [temperature]* variations *fpl*; *[prices, salaries, values]* échelle *f*; *[musical instrument, voice]* étendue *f*; *(selection) [colours, feelings, speeds]* gamme *f*; *[patterns, goods]* choix *m*. **a wide** ~ **of subjects** un grand choix de sujets. **(c)** *(domain, sphere) [activity]* champ *m*, rayon *m*; *[influence]* sphère *f*; *[knowledge]* étendue *f*. **(d)** *(row)* rangée *f*, rang *m*; *[mountains]* chaîne *f*. **(e)** *(US: grazing land)* prairie *f*. **(f)** *(shooting* ~*) (Mil)* champ *m* de tir; *(at fair)* stand *m* (de tir). **(g)** *(cooking stove)* fourneau *m* de cuisine. **2** *vt objects* ranger; *troops* aligner. **3** *vi* **(a)** *(extend) [discussion, search]* s'étendre *(from... to de...* à; *over* sur); *[numbers, opinions]* aller *(from... to de...* à); *[results, temperatures]* varier *(from... to* entre... et). *(fig)* **researches ranging over a wide field** recherches qui embrassent un large domaine. **(b)** *(roam)* **to** ~ **over** parcourir. **(c)** *[guns, missiles, shells]* **to** ~ **over** avoir une portée de. ◆ **rangefinder** *n* télémètre *m*. ◆ **ranger** *n [forest etc]* garde *m* forestier; *(US: mounted patrolman)* gendarme *m* à cheval.

Rangoon [ræŋ'guːn] *n* Rangoon.

rank¹ [ræŋk] **1** *n* **(a)** *(row)* rang *m*. **taxi** ~ station *f* de taxis. **(b)** *(Mil)* rang *m*. **to break** ~**s** rompre les rangs; **the** ~**s**, *(Brit)* **other** ~**s** les sous-officiers *mpl* et hommes *mpl* de troupe; **the** ~ **and file** *(Mil)* les hommes de troupe; *(fig)* la masse; *[political party]* la base; **to rise from the** ~**s** sortir du rang; **to reduce to the** ~**s** casser. **(c)** *(social etc position)* rang *m*; *(Mil: grade)* grade *m*. **the** ~ **of general** le grade de général; **people of all** ~**s** des gens de toutes conditions; **a person of** ~ une personne de haut rang. **2** *vt* classer, ranger *(among* parmi). **3** *vi* compter *(among* parmi). **to** ~ **above/below sb** être supérieur/inférieur à qn.

rank² [ræŋk] *adj* **(a)** *plants* exubérant. **(b)** *smell, drains* fétide; *fats* rance; *person* répugnant. **(c)** *disgrace* absolu; *traitor, insolence* véritable; *injustice, lie* flagrant; *liar* fieffé *(before n)*; *beginner, outsider* parfait *(before n)*.

rankle ['ræŋkl] *vi*: **to** ~ **with sb** rester sur le cœur à qn.

ransack ['rænsæk] *vt town* mettre à sac; *room, drawer* fouiller *(à fond) (for pour* trouver).

ransom ['rænsəm] **1** *n* rançon *f*. **to hold sb to** ~ mettre qn à rançon; ~ **demand** demande *f* de rançon. **2** *vt* racheter.

rant [rænt] *vi* tempêter *(at sb* contre qn).

rap [ræp] **1** *n* **(a)** *(noise)* petits coups *mpl* secs; *(blow)* tape *f*; *(US* ‡*: charge)* inculpation *f*. **there was a** ~ **at the door** on a frappé bruyamment à la porte; **to take the** ~ * payer les pots cassés. **2** *vt* **(a)** **to** ~ **sb over the knuckles** donner sur les doigts de qn. **(b)** (~ **out**) *words* dire brusquement; *order, retort* lancer. **3** *vi* frapper *(at* à), donner de petits coups secs *(on* sur). ◆ **rapping** *n* coups *mpl* secs et durs.

rapacious [rə'peɪʃəs] *adj* rapace. ◆ **rapaciously** *adv* avec rapacité. ◆ **rapacity** *n* rapacité *f*.

rape [reɪp] **1** *n* viol *m*. **2** *vt* violer. ◆ **rapist** *n* violeur *m*, auteur *m* d'un viol.

rapid ['ræpɪd] **1** *adj* rapide. *(US)* ~ **transit** métro *m*. **2** *npl (Geog)* ~**s** rapides *mpl*. ◆ **rapidity** *n* rapidité *f*. ◆ **rapidly** *adv* rapidement.

rapier ['reɪpɪəʳ] *n* rapière *f*.

rapt [ræpt] *adj attention* profond; *smile* ravi.

rapture ['ræptʃəʳ] *n* ravissement *m*, extase *f*. **to be in** ~**s over** *object* être ravi de; *person* être en extase devant; **to go into** ~**s over** s'extasier sur. ◆ **rapturous** *adj smile* de ravissement; *welcome* chaleureux; *applause* frénétique. ◆ **rapturously** *adv* avec ravissement; avec frénésie.

rare [rɛəʳ] *adj (gen)* rare; *atmosphere* raréfié; *meat* saignant. **it is** ~ **for her to come** il est rare qu'elle vienne; **to grow** ~**(r)** *[plants, atmosphere]* se raréfier; *[visits]* devenir plus rares; **we had a** ~ **old time** * nous nous sommes drôlement * bien amusés; **a very** ~ **steak** un bifteck bleu. ◆ **rarebit** *n*: **Welsh** ~**bit** toast *m* au fromage fondu. ◆ **rarefied** ['rɛərɪfaɪd] *adj atmosphere* raréfié; *(fig)* trop raffiné. ◆ **rarely** *adv* rarement. ◆ **rareness** *or* ◆ **rarity** *n* rareté *f*.

raring ['rɛərɪŋ] *adj*: **to be** ~ **to go** être très impatient de commencer.

rascal ['rɑːsk(ə)l] *n (scoundrel)* vaurien *m*; *(scamp)* polisson(ne) *m(f)*. ◆ **rascally** *adj person* retors; *trick* vilain *(before n)*.

rash¹ [ræʃ] *n (Med: gen)* rougeurs *fpl*; *(from food etc)* urticaire *f*; *(in measles etc)* éruption *f*. **to come out in a** ~ avoir une éruption *etc*.

rash² [ræʃ] *adj person* imprudent; *words* irréfléchi. ◆ **rashly** *adv* imprudemment; sans réfléchir. ◆ **rashness** *n* imprudence *f*.

rasher ['ræʃəʳ] *n (mince)* tranche *f* (de lard).

rasp [rɑːsp] **1** *n (tool)* râpe *f*; *(noise)* grincement *m*. **2** *vt* **(a)** *(Tech)* râper. **(b)** *(speak)* dire d'une voix grinçante. **3** *vi* grincer. ◆ **rasping** *adj* grinçant.

raspberry ['rɑːzb(ə)rɪ] **1** *n* framboise *f*; *(bush)* framboisier *m*. *(fig)* **to blow a** ~ * faire un bruit de dérision. **2** *adj ice cream* (à la) framboise *inv*; *jam* de framboise.

Rastafarian [ˌræstə'fɛərɪən] *n, adj* rastafari *(mf) inv*.

rat [ræt] **1** *n* rat *m*. **he's a (dirty)** ~ * c'est un salaud ‡. **2** *adj*: ~ **poison** mort-aux-rats *f*; ~ **race** foire *f* d'empoigne. **3** *vi*: **to** ~ **on sb** * *(desert)* lâcher * qn; *(inform on)* moucharder * qn. ◆ **ratcatcher** *n* chasseur *m* de rats. ◆ **rat-trap** *n* ratière *f*.

ratchet ['rætʃɪt] *n* cliquet *m*. ~ **wheel** roue *f* à rochet.

rate [reɪt] **1** *n* **(a)** *(ratio, proportion)* taux *m*, proportion *f*; *(speed)* vitesse *f*, allure *f*. **birth/death** ~ (taux de) la natalité/la mortalité; **the failure** ~ le pourcentage d'échecs; ~ **of consumption** taux de consommation; *(Elec, Water)* ~ **of flow** débit *m* moyen; **at the** ~ **of** *(amount etc)* à raison de; *(speed)* à une vitesse de; *(Med)* **pulse** ~ fréquence *f* des pulsations; **at a great** ~, **at a** ~ **of knots** * à toute allure; **if you continue at this** ~ si vous continuez à ce train-là; **at his** ~ **of working** au rythme auquel il travaille; *(fig)* **at any** ~ en tout cas, de toute façon; **at that** ~ dans ce cas. **(b)** *(Comm, Fin)* taux *m*, tarif *m*. ~ **of exchange/interest/pay** taux du change/d'intérêt/de rémunération; **postage/advertising** ~**s** tarifs postaux/de publicité; **insurance** ~**s** primes *fpl* d'assurance; **reduced** ~ tarif réduit. **(c)** *(municipal tax)* ~**s** impôts *mpl* locaux; ~**s and taxes** impôts et contributions; **a penny on/off the** ~**s** une augmentation/réduction d'un pour cent des impôts locaux.

2 *vt* **(a)** *(estimate worth of, appraise)* évaluer *(at* à); *(fig: consider)* considérer *(as* comme), compter *(among* parmi). **to** ~ **sb/sth highly** faire grand cas de qn/qch; **how does he ~ that film?** que pense-t-il de ce film? **(b) house ~d at £100 per annum** ≈ maison *f* dont la valeur locative imposable est de 100 livres par an. **(c)** *(deserve)* mériter. **3** *vi (be classed)* être classé *(as* comme). ♦ **rateable** *adj:* **~able value** valeur *f* locative imposable. ♦ **ratepayer** *n* contribuable *mf (impôts locaux).* ♦ **rating** *n* **(a)** *(assessment)* estimation *f,* évaluation *f;* **(b)** *(Naut)* **the ratings** les matelots et gradés *mpl;* **(c)** *(TV)* **the ~s** l'indice *m* d'écoute.

rather ['rɑːðəʳ] *adv* **(a)** *(for preference)* plutôt. **~ than wait, he...** plutôt que d'attendre, il...; **I would ~ have the blue dress** je préférerais *or* j'aimerais mieux la robe bleue; **I would much ~...** je préférerais de beaucoup..., j'aimerais mieux...; **I would ~ do that than wait for him** je préférerais faire ça plutôt que de l'attendre; **I would ~ you came** je préférerais que vous veniez *(subj);* **I'd ~ not** j'aime mieux pas *;* **I'd ~ not go** j'aimerais mieux ne pas y aller. **(b)** *(more accurately)* plus exactement, plutôt. **(c)** *(to a considerable degree)* plutôt; *(to some extent)* un peu; *(somewhat)* quelque peu; *(fairly)* assez; *(slightly)* légèrement. **he's ~ clever** il est plutôt intelligent; **it's ~ more difficult than you think** c'est un peu plus difficile que vous ne croyez; **his book is ~ good** son livre n'est pas mauvais du tout; **that costs ~ a lot** cela coûte assez cher; **I ~ think that** je crois bien que; *(excl)* **~! *** et comment! *

ratify ['rætɪfaɪ] *vt* ratifier. ♦ **ratification** *n* ratification *f.*

ratio ['reɪʃɪəʊ] *n* proportion *f,* raison *f.* **in the ~ of 100 to 1** dans la proportion de 100 contre 1; **inverse ~** raison inverse.

ration ['ræʃ(ə)n] **1** *n (allowance: of food, goods etc)* ration *f. (food)* **~s** vivres *mpl.* **2** *adj:* **~ book** carte *f* de rationnement. **3** *vt thing, person* rationner. **he was ~ed to 1 kg** sa ration était 1 kg. ♦ **rationing** *n* rationnement *m.*

rational ['ræʃənl] *adj creature* doué de raison; *(Med: lucid)* lucide; *faculty* rationnel; *action, argument, person* raisonnable; *explanation, solution* logique, rationnel. ♦ **rationalization** *n* rationalisation *f.* ♦ **rationalize 1** *vt* **(a)** *event, conduct etc* justifier (après coup); **(b)** *(organize efficiently) industry, production* rationaliser; **2** *vi* chercher une justification (après coup). ♦ **rationally** *adv* raisonnablement, rationnellement.

rattan [ræ'tæn] *n* rotin *m.*

rattle ['rætl] **1** *n* **(a)** *(sound) [vehicle]* bruit *m* (de ferraille); *[chains, bottles, dice, typewriter]* cliquetis *m; [hailstones, bullets]* crépitement *m; [rattlesnake]* sonnettes *fpl. [death]* ~ râle *m. (gen)* hochet *m; (on pram)* boulier *m* de bébé; *[sports fan]* crécelle *f.* **2** *vi [box, object]* faire du bruit; *[articles in box]* s'entrechoquer; *[vehicle]* faire un bruit de ferraille; *[bullets, hailstones]* crépiter; *[machinery]* cliqueter; *[window]* trembler. *[vehicle]* **to ~ along** rouler dans un bruit de ferraille. **3** *vt* **(a)** *box, dice etc* agiter; *bottles, cans* faire s'entrechoquer; *keys* faire cliqueter. **(b)** *(*: worry)* troubler. **to get ~d** perdre son sang-froid. ♦ **rattle off** *vt sep poem* débiter à toute allure. ♦ **rattle on** *vi* parler sans arrêt *(about sth* de qch). ♦ **rattlesnake** *n* serpent *m* à sonnettes.

ratty * ['rætɪ] *adj* en rogne *.*

raucous ['rɔːkəs] *adj* rauque. ♦ **raucously** *adv* d'une voix rauque.

ravage ['rævɪdʒ] **1** *n* ravage *m.* **2** *vt* ravager.

rave [reɪv] **1** *vi (be delirious)* délirer; *(talk wildly)* divaguer; *(furiously)* tempêter *(at, against* contre); *(enthusiastically)* s'extasier *(about, over* sur). **2** *adj:* **~ review *** critique *f* dithyrambique. ♦ **raving** *adj* délirant; **raving mad** fou furieux *(f* folle furieuse). ♦ **ravings** *npl* délire *m.*

raven ['reɪvn] *n* corbeau *m.* ♦ **raven-haired** *adj* aux cheveux de jais.

ravenous ['rævənəs] *adj animal, appetite* vorace; *person* affamé; *hunger* dévorant. **I'm ~ *** j'ai une faim de loup. ♦ **ravenously** *adv* voracement.

ravine [rə'viːn] *n* ravin *m.*

ravioli [ˌrævɪ'əʊlɪ] *n* ravioli *mpl.*

ravish ['rævɪʃ] *vt* ravir. ♦ **ravishing** *adj* ravissant; **~ing beauty** beauté *f* enchanteresse. ♦ **ravishingly** *adv:* **she is ~ingly beautiful** elle est belle à ravir.

raw [rɔː] **1** *adj* **(a)** *food, colour* cru; *cloth, leather* écru; *ore, sugar* brut; *spirit, alcohol* pur; *data* brut. **to give sb a ~ deal *** faire un sale coup à qn *;* **to get a ~ deal *** être traité fort mal; **~ material(s)** matières *fpl* premières. **(b)** *(inexperienced)* inexpérimenté; *(uncouth)* mal dégrossi. **~ recruit** bleu *m.* **(c)** *(sore)* irrité; *skin* écorché; *wound, nerves* à vif. *[cloth etc]* **~ edge** bord *m* coupé. **(d)** *climate, wind* âpre; *air* vif. **2** *n:* **to get sb on the ~** toucher qn au vif; **nature in the ~** la nature telle qu'elle est. ♦ **rawboned** *adj* décharné. ♦ **rawness** *n* **(a)** *(lack of experience)* inexpérience *f;* **(b)** *(on skin)* irritation *f;* **(c)** *[climate]* froid *m* humide; *[wind]* âpreté *f.*

Rawalpindi [ˌrɔːl'pɪndɪ] *n* Rawalpindi.

Rawlplug ['rɔːlplʌg] ® *n* cheville *f (Menuiserie).*

ray¹ [reɪ] *n* rayon *m; (of hope)* lueur *f.*

ray² [reɪ] *n (fish)* raie *f.*

rayon ['reɪɒn] *n (Tex)* rayonne *f.*

raze [reɪz] *vt (~ to the ground)* raser.

razor ['reɪzəʳ] **1** *n* rasoir *m.* **2** *adj:* **~ blade** lame *f* de rasoir. ♦ **razor-sharp** *adj knife etc* tranchant comme un rasoir; *(fig) person, mind* très vif; *wit* acéré.

razzmatazz * ['ræzmə'tæz] *n* tape-à-l'œil * *m.*

re¹ [reɪ] *n (Mus)* ré *m.*

re² [riː] *prep (referring to)* au sujet de.

re... [riː] *pref (before consonant)* re..., ré...; *(before vowel)* r..., ré... **to ~do** refaire; **to ~heat** réchauffer; **to ~open** rouvrir; **to ~elect** réélire.

reach [riːtʃ] **1** *n* **(a)** *(esp)* portée *f.* **within ~** à portée; **out of ~** hors de portée; **within sb's ~** à (la) portée de qn; **within easy ~** *or* **within my ~** à portée de main, sous la main; **not within easy ~** difficilement accessible; **within easy ~ of the sea** à proximité de la mer; **beyond the ~ of the law** à l'abri de la justice; **this subject is beyond his ~** ce sujet le dépasse. **(b)** *(esp Boxing)* allonge *f.* **(c)** *[river]* étendue *f; [canal]* bief *m.* **2** *vt* **(a)** *(get as far as)* place atteindre, arriver à; *age, goal, limit* atteindre; *agreement, conclusion, page* arriver à. **when we ~ed him** quand nous sommes arrivés auprès de lui; **the letter ~ed him** la lettre lui est parvenue; **the news ~ed us too late** nous avons appris la nouvelle trop tard; **you can ~ me at my hotel** vous pouvez me joindre à mon hôtel. **(b)** *(get and give)* passer. **~ me (over) that book** passez-moi ce livre. **3** *vi* **(a)** *[territory etc]* s'étendre; *[voice, sound]* porter *(to* jusqu'à). **(b)** *(stretch out hand:* **~ across, ~ out, ~ over)** étendre le bras *(for sth* pour prendre qch; *to grasp etc* pour saisir *etc).*

react [riː'ækt] *vi* réagir *(against* contre; *on* sur; *to* à). ♦ **reaction** *n (all senses)* réaction *f.* ♦ **reactionary** *adj, n* réactionnaire *(mf).* ♦ **reactor** *n* réacteur *m.*

read [riːd] *pret, ptp* **read** [red] **1** *vt* **(a)** *(gen)* lire ; *meter* relever; *proofs* corriger. **I brought you sth to ~** je vous ai apporté de la lecture; **to be well-read** être très cultivé; *(fig)* **to ~ sb a lesson *** faire la leçon à qn; **to take sth as read** *(as self-evident)* considérer qch comme allant de soi; *(as agreed)* considérer qch comme convenu; *(Admin)* **to take the minutes as read** passer à l'ordre du jour; **to**

~ **sb's hand** lire les lignes de la main à qn; *(fig)* **these words can be read in several ways** ces mots peuvent s'interpréter de plusieurs façons; **to ~ between the lines** lire entre les lignes; **to ~ sb's mind** *or* **thoughts** lire la pensée de qn; **I can ~ him like a book** je sais toujours ce qu'il pense; **we mustn't ~ too much into this** nous ne devons pas y attacher trop d'importance; *(Telec)* **do you ~ me?** est-ce que vous me recevez? **(b)** *(Univ: study)* étudier, faire. **to ~ medicine/English** faire des études de médecine/d'anglais. **(c)** *[instruments]* marquer, indiquer. **2** *vi* lire. **he likes ~ing** il aime lire, il aime la lecture; **to ~ to sb** faire la lecture à qn; **I read about it in the paper** je l'ai lu dans le journal; **I've read about him** j'ai lu qch à son sujet. **3** *n:* **she enjoys a good ~ *** elle aime bien la lecture, elle aime bouquiner *; **to have a quiet ~ *** bouquiner * tranquillement.

◆ **read back** *vt sep* relire. ◆ **read off** *vt sep* **(a)** *(without pause)* lire d'un trait; *(at sight)* lire à livre ouvert. **(b)** *instrument readings* relever. ◆ **read out** *vt sep* lire à haute voix; *(Comput)* afficher. ◆ **read over** *vt sep* relire. ◆ **read through** *vt sep (rapidly)* parcourir; *(thoroughly)* lire d'un bout à l'autre. ◆ **read up** *vt sep,* **read up on** *vt fus* étudier, potasser *.

◆ **readable** *adj handwriting* lisible; *book* facile à lire. ◆ **reader** *n* **(a)** lecteur *m*, -trice *f*; **publisher's ~er** lecteur, -trice dans une maison d'édition; **he's a great ~er** il aime beaucoup lire; **(b)** *(Brit Univ)* ≃ chargé(e) *m(f)* d'enseignement; **(c)** *(reading book)* livre *m* de lecture; *(anthology)* recueil *m* de textes. ◆ **readership** *n [newspaper]* nombre *m* de lecteurs. ◆ **reading** **1** *n* **(a)** *(gen)* lecture *f; [proofs]* correction *f;* **she likes ~ing** elle aime bien lire *or* la lecture; **it makes very interesting ~ing** c'est très intéressant (à lire); **I'd prefer some light ~ing** je préférerais un livre d'une lecture facile; **(b)** *(recital: of play, poems)* (séance *f* de) lecture *f;* **(c)** *(interpretation)* interprétation *f;* **(d)** *(variant)* variante *f;* **(e)** **to take a ~ing** *(from instrument)* lire un instrument; *(from meter)* relever un compteur; **the ~ing is...** l'instrument indique... ; **2** *adj book* de lecture; *glasses* pour lire; **to have a ~ing knowledge of Spanish** savoir lire l'espagnol; **~ing lamp** lampe *f* de bureau; **~ing list** bibliographie *f;* **~ing matter** choses *fpl* à lire; **~ing room** salle *f* de lecture. ◆ **read-only-memory** *n (abbr* **ROM)** *(Comput)* mémoire *f* morte. ◆ **read-out** *n (Comput)* affichage *m.*

readdress [ˌriːəˈdres] *vt letter etc* faire suivre.

readjust [ˌriːəˈdʒʌst] **1** *vt* rajuster. **2** *vi* se réadapter *(to* à).

ready [ˈredɪ] **1** *adj* **(a)** *(gen)* prêt. **'dinner's ~!'** 'à table!'; **everything is ~ for his visit** tout est prêt pour sa visite; **~ for anything** prêt à toute éventualité; **~ to use** *or* **for use** prêt à l'usage; **to be ~ to do** être prêt à faire; **to get ~ to do** se préparer à faire; **to be ~ with an excuse** avoir une excuse toute prête; **to get sth ~** préparer qch; *(Sport)* **~, steady, go!** prêts? 1-2-3 partez!; **I'm ~ for him!** je l'attends de pied ferme!; **get ~ for it!** tenez-vous prêt!, *(before momentous news etc)* tenez-vous bien!; *(Publishing)* **'now ~ '** 'vient de paraître'; **~ money** (argent *m*) liquide *m;* **~ reckoner** barème *m;* **he is ~ to help** il est prêt à rendre service; **I am quite ~ to see him** je suis tout à fait disposé à le voir; **he was ~ to cry** il était sur le point de pleurer. **(b)** *(prompt)* reply, wit prompt. **to have a ~ tongue** avoir la langue déliée; **to have a ~ sale** se vendre facilement. **2** *n:* **at the ~** *(Mil)* prêt à faire feu; *(fig)* tout prêt. **3** *adv (in cpds)* **~-cooked/ -furnished** *etc* tout cuit/meublé *etc (d'avance).*

◆ **readily** *adv (willingly)* volontiers; *(easily)* facilement. ◆ **readiness** *n* empressement *m (to do* à faire); **in readiness for** prêt pour. ◆ **ready-made** *adj curtains* tout fait; *clothes* de confection;

solution, answer tout prêt. ◆ **ready-mix** *n* préparation *f* instantanée *(pour gâteaux etc).* ◆ **ready-to-serve** *adj* prêt à servir. ◆ **ready-to-wear** *adj* prêt à porter.

real [rɪəl] **1** *adj* véritable, vrai *(both before n),* réel; *reason, jewels* vrai *(before n),* véritable; *flowers, silk* naturel; *(Philos)* réel. **in ~ life, in ~ terms** dans la réalité; **he is the ~ boss** c'est lui le véritable patron; **he has no ~ power** il n'a pas de pouvoir effectif; **when you've tasted the ~ thing, this whisky...** quand tu as *(or* auras) goûté du vrai whisky, celui-ci...; **it's the ~ thing *** c'est du vrai de vrai *. **2** *adv* (*: *very)* rudement *. **3** *n:* **for ~ *** pour de vrai *. ◆ **real estate** *n (US)* immobilier *m;* **~-estate office** agence *f* immobilière. ◆ **realism** *n* réalisme *m.* ◆ **realist** *adj, n* réaliste *(mf).* ◆ **realistic** *adj* réaliste. ◆ **realistically** *adv* avec réalisme, d'une façon réaliste. ◆ **reality** [riːˈælɪtɪ] *n* réalité *f;* **in ~ity** en réalité. ◆ **really** *adv* vraiment. ◆ **real time** *n (Comput)* temps *m* réel.

realize [ˈrɪəlaɪz] *vt* **(a)** *(become aware of)* se rendre compte de, prendre conscience de; *(understand)* comprendre. **the committee ~s the gravity of the situation** le comité se rend compte de *or* a pris conscience de la gravité de la situation; **he had not fully ~d that she was dead** il n'avait pas vraiment réalisé qu'elle était morte; **I ~d it was raining** je me suis rendu compte qu'il pleuvait, j'ai réalisé * qu'il pleuvait; **I made her ~ that I was right** je lui ai bien fait comprendre que j'avais raison; **I ~ that...** je me rends compte du fait que..., je sais bien que...; **I ~d how/why** j'ai compris comment/pourquoi. **(b)** *hope, plan, assets* réaliser; *price* atteindre; *interest* rapporter. **how much did it ~?** combien est-ce que cela vous a rapporté? ◆ **realization** *n [assets, hope]* réalisation *f; (awareness)* prise *f* de conscience, découverte *f* soudaine *(that* que).

realm [relm] *n* royaume *m; (fig)* domaine *m.*

realtor [ˈrɪəltɔːʳ] *n (US)* agent *m* immobilier.

ream [riːm] *n* ≃ rame *f (de papier). (fig)* **~s *** des volumes *mpl.*

reap [riːp] *vt* moissonner, faucher; *(fig) profit* récolter, tirer. ◆ **reaper** *n (person)* moissonneur *m,* -euse *f; (machine)* moissonneuse *f;* **~er and binder** moissonneuse-lieuse *f.*

reappear [ˌriːəˈpɪəʳ] *vi* réapparaître, reparaître. ◆ **reappearance** *n* réapparition *f.*

reappraisal [ˌriːəˈpreɪz(ə)l] *n* réévaluation *f.*

rear¹ [rɪəʳ] **1** *n* **(a)** *(back part)* arrière *m,* derrière *m;* (*: *buttocks)* derrière *. **in** *or* **at the ~** à l'arrière; **from the ~** de derrière. **(b)** *(Mil)* arrière-garde *f; [squad]* dernier rang *m; [column]* queue *f.* **to bring up the ~** fermer la marche. **2** *adj (gen)* de derrière; *(Aut)* door, window etc arrière *inv.* **~ admiral** vice-amiral *m.* ◆ **rearguard** *n (Mil)* arrière-garde *f;* **~guard action** combat *m* d'arrière-garde. ◆ **rearmost** *adj* dernier. ◆ **rear-view mirror** *n* rétroviseur *m.*

rear² [rɪəʳ] **1** *vt* **(a)** *animals, family* élever; *plants* cultiver. **(b)** *a ladder, one's head* dresser. **violence ~s its ugly head** la violence fait son apparition dans toute son horreur. **(c)** *monument* dresser, ériger. **2** *vi (~ up) [animal]* se cabrer; *[snake]* se dresser.

rearm [ˌriːˈɑːm] *vti* réarmer. ◆ **rearmament** *n* réarmement *m.*

rearrange [ˌriːəˈreɪn(d)ʒ] *vt* réarranger. ◆ **rearrangement** *n* nouvel arrangement *m.*

reason [ˈriːzn] **1** *n* **(a)** *(cause: gen)* raison *f (for sth* de qch; *why* pour, laquelle). **my ~ for going** la raison pour laquelle je pars; **the ~ why** (le) pourquoi; **I have (good** *or* **every) ~ to believe that...** j'ai (tout) lieu de croire que...; **for no ~** sans raison; **for some ~ or another** pour une raison ou pour une autre; **for ~s best known to himself** pour des raisons qu'il est seul à connaître; **all the more ~ for doing** *or* **to do** raison de plus pour faire; **with ~** avec juste raison; **by ~ of** en raison de. **(b)** *(mental faculty, common sense)* raison *f.* **to lose one's ~** perdre la raison; **it stands to ~ that** il va sans dire que; **anything within ~** tout ce qui est raisonnablement possible. **2** *vi* raisonner (*with sb* qn). **3** *vt (work out)* calculer; *(argue)* soutenir (*that* que). ◆ **reasonable** *adj (gen)* raisonnable; *offer, essay, results* honnête, correct; *(Jur)* doubt bien fondé; *chance, amount, hope* certain *(before n)*. ◆ **reasonableness** *n* caractère *m* raisonnable. ◆ **reasonably** *adv* raisonnablement; **one can ~ably think that...** il est raisonnable de penser que...; **~ably priced** à un prix raisonnable. ◆ **reasoned** *adj* raisonné. ◆ **reasoning** *n* raisonnement *m.*

reassemble [ˌriːəˈsembl] **1** *vt tool, machine* remonter. **2** *vi [people]* se rassembler. **school ~s tomorrow** c'est la rentrée demain.

reassure [ˌriːəˈʃʊəʳ] *vt* rassurer. ◆ **reassurance** *n (emotional)* réconfort *m; (factual)* assurance *f.* ◆ **reassuring** *adj* rassurant.

reawaken [ˈriːəˈweɪk(ə)n] **1** *vt* réveiller de nouveau. **2** *vi* se réveiller de nouveau.

rebate [ˈriːbeɪt] *n (discount)* rabais *m; (money back)* remboursement *m; (on tax)* dégrèvement *m; (on rent)* réduction *f.*

rebel [ˈrebl] **1** *adj, n* rebelle *(mf).* **2** [rɪˈbel] *vi* se rebeller *(against* contre). ◆ **rebellion** *n* rébellion *f.* ◆ **rebellious** *adj* rebelle. ◆ **rebelliousness** *n* esprit *m* de rébellion.

rebirth [ˈriːbɜːθ] *n* renaissance *f.*

rebound [rɪˈbaʊnd] **1** *vi* rebondir. **2** [ˈriːbaʊnd] *n [ball]* rebond *m; [bullet]* ricochet *m.*

rebuff [rɪˈbʌf] **1** *n* rebuffade *f.* **2** *vt* repousser.

rebuild [ˌriːˈbɪld] *pret, ptp* **rebuilt** *vt* rebâtir.

rebuke [rɪˈbjuːk] **1** *n* reproche *m.* **2** *vt* faire des reproches à. **to ~ sb for sth/sb for doing** reprocher qch à qn/à qn d'avoir fait.

rebut [rɪˈbʌt] *vt* réfuter. ◆ **rebuttal** *n* réfutation *f.*

recalcitrant [rɪˈkælsɪtr(ə)nt] *adj* récalcitrant.

recall [rɪˈkɔːl] **1** *vt* **(a)** *(call back: gen)* rappeler; *(Fin) capital* faire rentrer; *Parliament* convoquer en session extraordinaire. **(b)** *(remember)* se rappeler *(doing* avoir fait; *that* que). **2** *n* rappel *m (also Mil).* **beyond ~** *(adv)* irrévocablement.

recant [rɪˈkænt] *vi* se rétracter; *(Rel)* abjurer.

recap[1] * [ˈriːkæp] **1** *n abbr of* **recapitulation. 2** [riˈkæp] *vti abbr of* **recapitulate: to ~...** en résumé...

recap[2] [ˈriːkæp] *(US)* **1** *n (tyre)* pneu *m* rechapé. **2** *vt* rechaper.

recapitulate [ˌriːkəˈpɪtjʊleɪt] *vti* récapituler. ◆ **recapitulation** *n* récapitulation *f.*

recapture [ˈriːˈkæptʃəʳ] **1** *vt animal, escapee* reprendre; *atmosphere* retrouver; *[book etc]* recréer. **2** *n [territory]* reprise *f; [escapee]* arrestation *f; [animal]* capture *f.*

recast [ˈriːˈkɑːst] *vt play* changer la distribution de.

recede [rɪˈsiːd] *vi (gen)* s'éloigner; *[tide]* descendre; *[chin]* être fuyant; *[hopes]* s'estomper. **his hair is receding** son front se dégarnit. ◆ **receding** *adj chin, forehead* fuyant; **receding hairline** front dégarni.

receipt [rɪˈsiːt] **1** *n* **(a)** *(for payment)* reçu *m*, quittance *f (for* de); *(for parcel, letter)* accusé *m* de réception. **(b)** *(esp Comm)* réception *f.* **to acknowledge ~ of** accuser réception de; **on ~ of** dès réception de; **I am in ~ of...** j'ai reçu... **(c)** *(money taken)* **~s** recettes *fpl.* **2** *adj:* **~ book** livre *m* de quittances. **3** *vt bill* acquitter.

receive [rɪˈsiːv] *vt (gen)* recevoir; *money, salary* recevoir, toucher; *refusal, setback* essuyer; *(Rad, TV)*

transmissions capter, recevoir; *(Jur) stolen goods* receler. *(Jur)* **to ~ (a sentence of) 2 years' imprisonment** être condamné à 2 ans de prison; *(Comm)* **~d with thanks** pour acquit; **his suggestion was well ~d** sa suggestion a reçu un accueil favorable. ◆ **received** *adj opinion* reçu; *(Ling)* **~d pronunciation** prononciation *f* standard (de l'anglais). ◆ **receiver** *n* **(a)** *(gen)* personne *f* qui reçoit qch; *[letter]* destinataire *mf; [goods]* réceptionnaire *mf; [stolen property]* receleur *m*, -euse *f; (in bankruptcy)* administrateur *m* judiciaire (en matière de faillite); **(b)** *[telephone]* combiné *m;* **to lift the ~r** décrocher; **to replace the ~r** raccrocher. ◆ **receiving** *n [stolen goods]* recel *m.*

recent [ˈriːsnt] *adj (gen)* récent; *development* nouveau; *acquaintance etc* de fraîche date. **in ~ years** ces dernières années. ◆ **recently** *adv* récemment; **as ~ly as** pas plus tard que; **until quite ~ly** jusqu'à ces derniers temps.

receptacle [rɪˈseptəkl] *n* récipient *m.*

reception [rɪˈsepʃ(ə)n] **1** *n (all senses)* réception *f.* **to get a favourable ~** être bien accueilli; **to give sb a warm ~** faire un accueil chaleureux à qn. **2** *adj:* **~ centre** centre *m* d'accueil; **~ desk** (bureau *m* de) réception *f;* **~ room** *(in home)* salon *m.* ◆ **receptionist** *n* réceptionniste *mf.*

receptive [rɪˈseptɪv] *adj* réceptif *(to* à). ◆ **receptivity** *n* réceptivité *f.*

recess [rɪˈses] **1** *n* **(a)** *(cessation of business) (Jur, Parl)* vacances *fpl; (US Jur: short break)* suspension *f* d'audience; *(Scol, esp US)* récréation *f.* **(b)** *(alcove)* renfoncement *m; [bed]* alcôve *f; [door, window]* embrasure *f; [statue]* niche *f.* **2** *vi (US Jur, Parl)* être en vacances. ◆ **recession** *n (Econ)* récession *f.*

recessive [rɪˈsesɪv] *adj* rétrograde; *(Genetics)* récessif.

recharge [ˈriːˈtʃɑːdʒ] *vt battery, gun* recharger. ◆ **rechargeable** *adj* rechargeable.

recidivism [rɪˈsɪdɪvɪz(ə)m] *n* récidive *f.* ◆ **recidivist** *adj, n* récidiviste *(mf).*

recipe [ˈresɪpɪ] *n (Culin)* recette *f (for* de).

recipient [rɪˈsɪpɪənt] *n [letter]* destinataire *mf; [cheque]* bénéficiaire *mf; [award]* récipiendaire *mf; (Jur)* donataire *mf.*

reciprocate [rɪˈsɪprəkeɪt] **1** *vt (gen)* donner *or* offrir en retour; *smile* rendre; *kindness* retourner. **2** *vi* en faire autant. ◆ **reciprocal** *adj* réciproque. ◆ **reciprocally** *adv* réciproquement. ◆ **reciprocity** *n* réciprocité *f.*

recite [rɪˈsaɪt] **1** *vt poetry* réciter; *facts, details* énumérer. **2** *vi* réciter. ◆ **recital** *n* **(a)** *[poetry, music]* récital *m;* **(b)** *(account)* récit *m; [details]* énumération *f.* ◆ **recitation** *n* récitation *f.* ◆ **recitative** *n* récitatif *m.*

reckless [ˈreklɪs] *adj (gen)* imprudent; *person* insouciant; *(stronger)* imprudent; *(Aut) driving, driver* imprudent. ◆ **recklessly** *adv* avec insouciance; imprudemment. ◆ **recklessness** *n* insouciance *f;* imprudence *f.*

reckon [ˈrek(ə)n] **1** *vt (calculate) time, numbers, points* compter; *cost, surface* calculer; *(judge)* considérer *(sb to be* qn comme étant), compter *(among* parmi); *(*: *think)* penser, croire; *(estimate)* estimer *(that* que). **about thirty, I ~** une trentaine, à mon avis. **2** *vi* compter, calculer; *(fig)* compter *(on* sur; *with* avec; *without sb* sans qn). **I wasn't ~ing on having to do that** je ne m'attendais pas à devoir faire ça; **a person to be ~ed with** une personne avec laquelle il faut compter; **he ~ed without the fact that...** il n'avait pas tenu compte du fait que... ◆ **reckon up** *vt sep (gen)* calculer; *(add)* ajouter, additionner. ◆ **reckoning** *n* compte *m*, calcul *m;* **to be out in one's ~ing** s'être trompé dans ses calculs; **on the day of ~ing** le jour où il faudra rendre des comptes; **to the best of my ~ing** pour autant que je puisse en juger.

reclaim [rɪ'kleɪm] *vt land (gen)* reconquérir; *(from forest)* défricher; *(from sea)* assécher; *(Ind) (by-product)* récupérer; *(demand back)* réclamer *(from sb* à qn).

recline [rɪ'klaɪn] *vi [person]* être étendu *or* allongé. **the seat ~s** le dossier est réglable. ◆ **reclining** *adj seat* à dossier réglable.

recluse [rɪ'kluːs] *n* reclus(e) *m(f).*

recognition [ˌrekəg'nɪʃ(ə)n] *n* reconnaissance *f.* **in ~ of** en reconnaissance de; **to gain ~** être reconnu; **to change/change sth beyond all ~** devenir/rendre qch méconnaissable; **to improve out of (all) ~** s'améliorer jusqu'à en être méconnaissable.

recognize ['rekəgnaɪz] *vt (all senses)* reconnaître *(by* à; *as* comme étant; *that* que). ◆ **recognizable** *adj* reconnaissable. ◆ **recognized** *adj* reconnu.

recoil [rɪ'kɔɪl] **1** *vi [person]* reculer *(from* devant; *in disgust* de dégoût); *[gun]* reculer; *(fig) [actions etc]* retomber *(on* sur). **to ~ from doing** se refuser à faire. **2** *n [gun]* recul *m; (fig)* dégoût *m.*

recollect [ˌrekə'lekt] **1** *vt* se rappeler, se souvenir de. **2** *vi* se souvenir. ◆ **recollection** *n* souvenir *m;* **to the best of my ~ion** autant que je m'en souvienne.

recommend [ˌrekə'mend] *vt* **(a)** recommander *(sb/ sth for* qn/qch pour; *sb as* qn comme; *sb to do* à qn de faire). **it is/is not to be ~ed** c'est à conseiller/ à déconseiller; **she has a lot to ~ her** elle a beaucoup de qualités en sa faveur. **(b)** *(commit) child, one's soul* confier *(to* à). ◆ **recommendation** *n* recommandation *f.*

recompense ['rekəmpens] **1** *n* récompense *f; (Jur: for damage)* dédommagement *m.* **2** *vt* récompenser *(for* de); *(Jur)* dédommager.

reconcile ['rekənsaɪl] *vt person* réconcilier *(to* avec); *two facts or ideas* concilier. *[people]* **to become ~d** se réconcilier; **to ~ o.s. to sth** se résigner à qch; **what ~d him to it was...** ce qui le lui a fait accepter, c'était... ◆ **reconcilable** *adj* conciliable *(with* avec). ◆ **reconciliation** *n* réconciliation *f.*

recondition ['riːkən'dɪʃ(ə)n] *vt (gen)* remettre à neuf; *engine, machine* réviser.

reconnaissance [rɪ'kɒnɪs(ə)ns] **1** *n (Aviat, Mil)* reconnaissance *f.* **2** *adj patrol* de reconnaissance.

reconnoitre, *(US)* **reconnoiter** [ˌrekə'nɔɪtəʳ] *(Mil)* **1** *vt* reconnaître. **2** *vi* faire une reconnaissance.

reconsider ['riːkən'sɪdəʳ] *vt* reconsidérer. ◆ **reconsideration** *n* remise *f* en cause.

reconstruct ['riːkən'strʌkt] *vt building* reconstruire; *crime* reconstituer. ◆ **reconstruction** *n* reconstruction *f;* reconstitution *f.*

record [rɪ'kɔːd] **1** *vt* **(a)** *(register)* rapporter *(that* que); *population* recenser; *protest, disapproval* prendre acte de; *event etc* noter, *(describe)* décrire; *[thermometer etc]* enregistrer, marquer. **to ~ the proceedings** tenir le procès-verbal; **to ~ one's vote** voter; **the author ~s that...** l'auteur rapporte que... **(b)** *speech, music* enregistrer *(on tape* sur bande).
2 ['rekɔːd] *n* **(a)** *(report)* rapport *m; (minutes: of meeting)* procès-verbal *m; (of act, decision)* minute *f; (Jur)* enregistrement *m; (historical report)* document *m.* **~ of attendance** registre *m* des présences; **the society's ~s** les actes *mpl* de la société; **public ~s** archives *fpl*; **to make** *or* **keep a ~ of sth, to put sth on ~** noter *or* consigner qch; *(fig)* **it is on ~ that...** il est établi que...; **there is no similar example on ~** aucun exemple semblable n'est attesté; **to go on ~ as saying that...** déclarer publiquement que...; **there is no ~ of his having said** il n'est noté *or* consigné nulle part qu'il ait dit; **to set the ~ straight** dissiper toute confusion possible; *(fig)* **for the ~** il faut noter que; **strictly off**

the ~ * à titre purement confidentiel *or* officieux. **(b)** *(case history)* dossier *m; (card)* fiche *f. (Police)* casier *m* judiciaire; **~ of previous convictions** dossier *(d'un prévenu); (Police)* **he's got a clean ~, he hasn't got a ~ *** il a un casier judiciaire vierge; **France's splendid ~** les succès glorieux de la France; **his past ~** sa conduite passée; *(Scol)* **his attendance ~ is bad** il a été souvent absent; **a good ~ at school** un bon dossier scolaire; **his war ~** son passé militaire; **a good safety ~** une bonne tradition de sécurité. **(c)** *(gramophone ~)* disque *m.* **to make** *or* **cut a ~** graver un disque. **(d)** *(Sport, fig)* record *m.* **to beat** *or* **break the ~** battre le record; **to hold the ~** détenir le record; **long-jump ~** record du saut en longueur.
3 *adj* **(a)** *amount, result* record *inv. (Sport)* **~ holder** détenteur *m,* -trice *f* du record; **to do sth in ~ time** faire qch en un temps record. **(b)** *(Mus etc) programme, album* de disques. **~ changer** changeur *m* de disques automatique; **~ dealer** disquaire *mf;* **~ library** discothèque *f (collection);* **~ player** électrophone *m;* **~ token** chèque-disque *m.* **(c)** **~ card** fiche *f.*

◆ **record-breaking** *adj* qui bat tous les records.
◆ **recorded** *adj* **(a)** *music* enregistré; *(Rad)* programme enregistré à l'avance; **(b)** *fact, occurrence* attesté, noté; *(Brit Post)* **by ~ed delivery** ≃ avec avis de réception. ◆ **recorder** *n* **(a)** *(tape ~er)* magnétophone *m;* **(b)** *(Jur)* ≃ juge *m* suppléant; **(c)** *(Mus)* flûte *f* à bec. ◆ **recording 1** *n [sound, facts]* enregistrement *m; (Rad)* **'this programme is a ~ing'** 'ce programme est enregistré'; **2** *adj artist* qui enregistre; *apparatus* enregistreur; *session, studio* d'enregistrement; *(Rad, TV)* **~ing van** car *m* de reportage.

recount [rɪ'kaʊnt] *vt (relate)* raconter.

re-count [ˌriː'kaʊnt] **1** *vt* recompter. **2** ['riːkaʊnt] *n [votes]* deuxième dépouillement *m* du scrutin.

recoup [rɪ'kuːp] *vt* récupérer *(ses pertes).*

recourse [rɪ'kɔːs] *n* recours *m (to* à).

recover [rɪ'kʌvəʳ] **1** *vt sth lost, appetite, reason, balance* retrouver; *property* reprendre *(from sb* à qn), récupérer; *lost territory* reconquérir; *sth floating* repêcher; *space capsule, wreck, (Ind etc) materials* récupérer; *debt, expenses, sight, health* recouvrer; *one's breath, strength, consciousness* reprendre; *(Jur) damages* obtenir. **to ~ land from the sea** conquérir du terrain sur la mer; *(fig)* **to ~ lost ground** se rattraper; **to ~ o.s.** *or* **one's composure** se ressaisir; **to ~ one's losses** récupérer ses pertes.
2 *vi (after accident, illness)* se rétablir *(from* de); *(regain consciousness)* reprendre connaissance; *[the economy, the dollar]* se redresser; *[stock market]* reprendre; *[shares]* remonter. **she is** *or* **has ~ed** elle est rétablie.

◆ **recovery** *n* **(a)** *(V recover 1)* récupération *f;* reconquête *f;* recouvrement *m;* obtention *f;* **(b)** *(V recover 2)* rétablissement *m;* redressement *m;* reprise *f;* remontée *f; (Med)* **on the way to ~y** en voie de guérison; *(Sport)* **to make a ~y** se ressaisir; **~y operation** opération *f* de sauvetage; *(Med)* **~y room** salle *f* de réanimation.

re-cover [ˌriː'kʌvəʳ] *vt chair etc* recouvrir.

recreation [ˌrekrɪ'eɪʃ(ə)n] **1** *n* récréation *f.* **2** *adj:* **~ ground** terrain *m* de jeux; **~ room** salle *f* de récréation. ◆ **recreational** *adj* de récréation.

recrimination [rɪˌkrɪmɪ'neɪʃ(ə)n] *n* récrimination *f.*

recruit [rɪ'kruːt] **1** *n* recrue *f.* **2** *vt* recruter. **to ~ sb to help *** embaucher * qn pour aider. ◆ **recruiting** *or* ◆ **recruitment** *n* recrutement *m.*

rectangle ['rektæŋgl] *n* rectangle *m.* ◆ **rectangular** *adj* rectangulaire.

rectify ['rektɪfaɪ] *vt* rectifier; *omission* réparer.

rectitude ['rektɪtjuːd] *n* rectitude *f.*

rector ['rektə'] n (Rel) pasteur m (anglican); [school] proviseur m (de lycée); (Univ) président m élu. ◆ **rectory** n presbytère m (anglican).

rectum ['rektəm] n rectum m.

recumbent [rɪ'kʌmbənt] adj étendu, couché.

recuperate [rɪ'kuːp(ə)reɪt] **1** vi (Med) se rétablir. **2** vt object, losses récupérer. ◆ **recuperation** n (Med) rétablissement m; [materials etc] récupération f. ◆ **recuperative** adj powers de récupération.

recur [rɪ'kɜː'] vi [error, event] se reproduire, se répéter; [theme] se retrouver, réapparaître; [illness] réapparaître; [opportunity, problem] se représenter. ◆ **recurrence** n répétition f; réapparition f; a ~rence of the illness une rechute. ◆ **recurrent** adj fréquent, qui revient souvent. ◆ **recurring** adj (a) (Math) périodique. (b) complaints régulier; illness chronique.

recycle [ˌriː'saɪkl] vt recycler, récupérer.

red [red] **1** adj (gen, also Pol) rouge; hair roux (f rousse). ~ **as a beetroot** rouge comme une tomate; ~ **in the face** tout rouge; (fig) rouge de confusion; **to go** or **turn** ~ rougir; **to see** ~ voir rouge; **like a** ~ **rag to a bull** comme le rouge pour les taureaux; (fig) **to roll out the** ~ **carpet for sb** recevoir qn en grande pompe; ~ **light feu** m rouge; (Aut) **to go through the** ~ **light** brûler un feu rouge; (fig) **to see the** ~ **light** * se rendre compte du danger; **R~ Cross** Croix-Rouge f; ~ **deer** cerf m commun; (fig) ~ **herring** c'est pour brouiller les pistes; **R~ Indian** Peau-Rouge mf; **Red Sea** mer f Rouge; (fig) ~ **tape** paperasserie f, bureaucratie f tatillonne. **2** n (colour) rouge m; (Pol: person) rouge mf. (fig) **to be in the** ~ * [individual] être à découvert; [company] être en déficit.

◆ **red-blooded** adj vigoureux. ◆ **red-brick university** n (Brit) université f de l'ère industrielle. ◆ **redcurrant** n groseille f (rouge). ◆ **redden 1** vt rendre rouge. **2** vi [person] rougir; [foliage] roussir. ◆ **reddish** adj rougeâtre; hair qui tire sur le roux. ◆ **red-eyed** adj aux yeux rouges. ◆ **red-faced** adj rougeaud; (fig) rouge de confusion. ◆ **red-haired** or ◆ **red-headed** adj roux. ◆ **red-handed** adj: **to be caught** ~-**handed** être pris en flagrant délit. ◆ **redhead** n roux m, rousse f. ◆ **red-hot** adj brûlant; news tout chaud. ◆ **red-letter day** n jour m mémorable. ◆ **red-light district** n quartier m réservé (prostitution). ◆ **red-neck** * n péquenaud m. ◆ **redness** n rougeur f; [hair] rousseur f. ◆ **redskin** n Peau-Rouge mf. ◆ **redwood** n séquoia m.

redeem [rɪ'diːm] vt (buy back) racheter; (from pawn) dégager; (Fin) debt amortir; mortgage purger; (Comm) coupon échanger; promise tenir; obligation s'acquitter de; sinner, failing racheter; fault réparer. **to** ~ **o.s.** se racheter. ◆ **Redeemer** n Rédempteur m. ◆ **redeeming** adj quality qui rachète les défauts; **only** ~**ing feature** seul bon côté. ◆ **redemption** n (Rel) rédemption f.

redeploy ['riːdɪ'plɔɪ] vt personnel redéployer.

redirect [ˌriːdaɪ'rekt] vt letter faire suivre.

redouble [riː'dʌbl] vt redoubler; (Bridge) surcontrer.

redoubtable [rɪ'daʊtəbl] adj redoutable.

redound [rɪ'daʊnd] vi retomber (upon sur). **to** ~ **to sb's credit** être tout à l'honneur de qn.

redress [rɪ'dres] **1** vt redresser. **2** n réparation f.

reduce [rɪ'djuːs] **1** vt (gen) réduire (to/by a certain quantity à une/d'une certaine quantité), diminuer; drawing, expenses réduire; price baisser; speed, voltage, tax diminuer; (Med) swelling résorber; temperature faire descendre; (Culin) sauce faire réduire. (Mil) **to** ~ **to the ranks** casser; **to** ~ **sth**

to pieces/to ashes réduire qch en morceaux/en cendres; **to** ~ **sb to silence/despair** réduire qn au silence/au désespoir; ~**d to nothing** réduit à zéro; **he's** ~**d to a skeleton** il n'est plus qu'un squelette ambulant; **to be** ~**d to doing** être réduit or contraint à faire; **to** ~ **sb to tears** faire pleurer qn. **2** vi (slim) maigrir. **to be reducing** être au régime. ◆ **reduced** adj réduit; sale goods soldé; **to buy at a** ~**d price** ticket acheter à prix réduit; goods acheter au rabais; (Comm) ~**d goods** soldes mpl; **in** ~**d circumstances** dans la gêne. ◆ **reduction** [rɪ'dʌkʃ(ə)n] n réduction f; diminution f; baisse f; (Comm) **to make a reduction on sth** faire un rabais sur qch; **to sell at a reduction** ticket vendre à prix réduit; goods vendre au rabais; **reduction for cash** escompte m au comptant.

redundant [rɪ'dʌnd(ə)nt] adj (gen) superflu; (Literat etc) redondant; helper, worker en surnombre. (Ind) **to be made** ~, **to become** ~ être licencié (pour raisons économiques). ◆ **redundancy 1** n (Ind) licenciement m (pour raisons économiques); **there is a lot of redundancy** il y a beaucoup de licenciements; excès m, superfluité f; (Literat) redondance f; **2** adj: **redundancy payment** indemnité f de licenciement.

reed [riːd] **1** n (Bot) roseau m; [wind instrument] anche f; (liter: pipe) pipeau m. (Mus) **the** ~**s** les instruments mpl à anche. **2** adj basket etc de or en roseau(x). ◆ **reedy** adj instrument, sound aigu (f -güe); voice flûté.

reef¹ [riːf] n (a) récif m; (fig) écueil m. (b) (Min) filon m.

reef² [riːf] **1** n (Naut) ris m. **2** vt prendre un ris dans. **3** adj: ~ **knot** nœud m plat. ◆ **reefer** n (a) (jacket) caban m; (b) (‡) joint ‡ m (de marijuana).

reek [riːk] vi: **to** ~ **of sth** puer or empester qch.

reel [riːl] **1** n (a) (gen) bobine f; (Fishing) moulinet m; (Cine) [film] bande f. (b) (dance) reel m (danse écossaise). **2** vi chanceler, vaciller; [drunken man] tituber. **to** ~ **back from** s'écarter en chancelant de; (fig) **my head is** ~**ing** la tête me tourne; **I** ~**ed at the very thought** cette pensée m'a donné le vertige. ◆ **reel in** vt sep ramener. ◆ **reel off** vt sep verses, list débiter.

re-elect [ˌriːɪ'lekt] vt réélire. ◆ **re-election** n: **to stand** or **run for re-election** se représenter.

re-enact ['riːɪ'nækt] vt scene, crime reconstituer.

re-enter [ˌriː'entə'] **1** vi (a) rentrer. (b) **to** ~ **for an exam** se représenter à un examen. **2** vt rentrer dans. ◆ **re-entry** n rentrée f.

re-examine ['riːɪg'zæmɪn] vt examiner de nouveau; (Jur) witness interroger de nouveau.

ref ‡ [ref] n (Sport: abbr of **referee**) arbitre m.

refectory [rɪ'fekt(ə)rɪ] n réfectoire m.

refer [rɪ'fɜː'] **1** vt (gen) soumettre (to à). **it was** ~**red to us for** (a) **decision** on nous a demandé de prendre une décision là-dessus; **I** ~**red him to the manager** je lui ai dit de s'adresser au gérant; [doctor] **to** ~ **sb to a specialist** adresser qn à un spécialiste; **to** ~ **sb to the article on...** renvoyer qn à l'article sur...; **to** ~ **a cheque to drawer** refuser d'honorer un chèque. **2** vi (a) (allude) (directly) parler (to de); (indirectly) faire allusion (to à). **we shall not** ~ **to it again** nous n'en reparlerons pas; **he** ~**red to her as...** il l'a appelée...; (Comm) ~**ring to your letter** comme suite or en réponse à votre lettre. (b) (apply) s'appliquer (to à). **does that** ~ **to me?** est-ce que cela s'applique à moi? (c) (consult) **to** ~ **to sb/sth** consulter qn/qch.

◆ **reference** ['refr(ə)ns] **1** n (a) (allusion) (direct) mention f (to de); (indirect) allusion f (to à); (connection) rapport m (to avec); **this has no** ~**ence to...** cela n'a aucun rapport avec...; **with** ~**ence to** en ce qui concerne; (Comm) comme suite à;

without ~**ence to** sans tenir compte de; (**b**) *(testimonial)* ~**ence(s)** références *fpl*; **to give sb a good** ~**ence** fournir de bonnes références à qn; **to give a** ~**ence for sb** fournir des renseignements sur qn; **to give sb as a** ~**ence** donner qn en référence; (**c**) *(in book, on letter)* référence *f*; *(on map)* coordonnées *fpl* ; **2** *adj number, point* de référence; ~**ence book** ouvrage *m* de référence *or* à consulter; ~**ence library** bibliothèque *f* d'ouvrages à consulter.

referee [,refə'ri:] **1** *n* (**a**) *(Sport, fig)* arbitre *m.* (**b**) **to be** ~ **for sb** fournir des références à qn; **to give sb as a** ~ donner qn en référence. **2** *vt* arbitrer. **3** *vi* être arbitre.

referendum, *pl* **referenda** [,refə'rendəm, ,refə'rendə] *n*: **to hold a** ~ organiser un référendum.

refill [,ri:'fɪl] **1** *vt (gen)* remplir à nouveau; *pen, lighter* recharger. **2** ['ri:fɪl] *n (gen)* recharge *f*; *(cartridge)* cartouche *f*; *[propelling pencil]* mine *f* de rechange; *[notebook]* feuilles *fpl* de rechange.

refine [rɪ'faɪn] **1** *vt ore, taste* affiner; *oil, sugar* raffiner; *machine, technique* perfectionner. **2** *vi* s'affiner. **to** ~ **upon sth** raffiner sur qch. ◆ **refined** *adj (gen)* raffiné; *ore* affiné. ◆ **refinement** *n* (**a**) *[person, language]* raffinement *m*; (**b**) *(in machine)* perfectionnement *m* (*in* de). ◆ **refiner** *n* raffineur *m.* ◆ **refinery** *n* raffinerie *f*; *oil* ~**ry** raffinerie de pétrole.

refit [,ri:'fɪt] **1** *vt (Naut)* remettre en état. **2** ['ri:fɪt] *n* remise *f* en état.

reflate [,ri:'fleɪt] *vt (Econ)* relancer. ◆ **reflation** *n* relance *f*. ◆ **reflationary** *adj* de relance.

reflect [rɪ'flekt] **1** *vt* (**a**) *heat, sound* renvoyer; *light, image* refléter; *[mirror]* réfléchir; *(fig: show)* refléter; *credit, discredit* faire rejaillir (*on* sur). **the moon is** ~**ed in the lake** la lune se reflète dans le lac; **I saw him** ~**ed in the mirror** j'ai vu son image dans le miroir *or* réfléchie par le miroir; **this is** ~**ed in his report** son rapport reflète cela. (**b**) *(think)* se dire, penser *(that* que). **2** *vi* (**a**) *(meditate)* réfléchir, méditer (*on* sur). (**b**) *(discredit)* **to** ~ **(up)on** *person* faire tort à; *reputation* nuire à; *motives, reasons* discréditer. ◆ **reflection** *n* (**a**) *(act)* réflexion *f*; *(in mirror etc)* reflet *m*; (**b**) *(thought)* réflexion *f* (*on* sur); **on** ~**ion** réflexion faite; ~**ions** pensées *fpl*, réflexions *fpl* (*on, upon* sur); (**c**) *(adverse criticism)* réflexion désobligeante (*on* sur); *(on sb's honour)* atteinte *f* (*on* à); **to be a** ~**ion on sb/sth** discréditer qn/qch. ◆ **reflector** *n* réflecteur *m.*

reflex ['ri:fleks] **1** *n* réflexe *m.* **2** *adj (gen)* réflexe; *(Math) angle* rentrant. ~ **camera** (appareil *m*) reflex *m.*

reflexion [rɪ'flekʃ(ə)n] *n* = **reflection.**

reflexive [rɪ'fleksɪv] **1** *adj* réfléchi. **2** *n* verbe *m* réfléchi.

refloat [,ri:'fləʊt] *vt* renflouer.

reform [rɪ'fɔ:m] **1** *n* réforme *f*. **2** *adj measures* de réforme. **R~ Judaism** judaïsme *m* non orthodoxe. **3** *vt* réformer. **4** *vi [person]* s'amender. ◆ **reformation** *n* réforme *f*. ◆ **reformed** *adj (gen)* réformé; *behaviour, person* amendé. ◆ **reformer** *n* réformateur *m*, -trice *f*.

refrain¹ [rɪ'freɪn] *vi* s'abstenir (*from sth* de qch; *from doing* de faire). **I couldn't** ~ **from laughing** je n'ai pas pu m'empêcher de rire.

refrain² [rɪ'freɪn] *n (Mus etc)* refrain *m.*

refresh [rɪ'freʃ] *vt [drink, bath]* rafraîchir; *[food, sleep]* redonner des forces à; *(fig) memory* rafraîchir. ◆ **refresher** *adj course* de recyclage. ◆ **refreshing** *adj fruit, drink* rafraîchissant; *sleep* réparateur (*f* -trice); *sight, news* réconfortant; *change* agréable; *idea, approach, point of view* nouveau. ◆ **refreshment 1** *n*: ~**ments** rafraîchis-

sements *mpl* ; **2** *adj*: ~**ment bar** buvette *f*; *(Rail)* ~**ment room** buffet *m.*

refrigerate [rɪ'frɪdʒəreɪt] *vt* réfrigérer. ◆ **refrigeration** *n* réfrigération *f*. ◆ **refrigerator** *n* réfrigérateur *m*, frigidaire *m* ®.

refuel ['ri:'fjʊəl] **1** *vi* se ravitailler en carburant. **2** *vt* ravitailler. ◆ **refuelling** *n* ravitaillement *m* en carburant; *(Aviat)* ~**ling stop** escale *f* technique.

refuge ['refju:dʒ] *n (lit, fig)* refuge *m (from* contre). **place of** ~ asile *m*; *(lit, fig)* **to take** ~ **in** se réfugier dans. ◆ **refugee 1** *n* réfugié(e) *m(f)*; **2** *adj camp* de réfugiés.

refund [rɪ'fʌnd] **1** *vt cost, postage* rembourser (*to sb* à qn). **to** ~ **sb's expenses** rembourser qn de ses frais. **2** ['ri:fʌnd] *n* remboursement *m.* **to get a** ~ se faire rembourser.

refurbish [,ri:'fɜ:bɪʃ] *vt* remettre à neuf.

refuse¹ [rɪ'fju:z] **1** *vt* refuser (*sb sth* qch à qn; *to do* faire), se refuser (*to do* à faire); *offer, candidate* refuser; *request, marriage proposal, suitor* rejeter. **they were** ~**d permission to do** on leur a refusé la permission de faire. **2** *vi* refuser. ◆ **refusal** *n* refus *m* (*to do* de faire); **to give sb first refusal of sth** accorder à qn l'option sur qch.

refuse² ['refju:s] **1** *n* détritus *mpl*, ordures *fpl*; *(industrial or food waste)* déchets *mpl.* **household** ~ ordures ménagères; **garden** ~ détritus de jardin. **2** *adj*: ~ **bin** poubelle *f*, boîte *f* à ordures; ~ **collection** ramassage *m* d'ordures; ~ **collector** éboueur *m*; ~ **disposal** traitement *m* des ordures; ~ **disposal service** service *m* de voirie; ~ **dump** *(public)* décharge *f* (publique); ~ **lorry** voiture *f* d'éboueurs.

refute [rɪ'fju:t] *vt* réfuter. ◆ **refutation** *n* réfutation *f*.

regain [rɪ'geɪn] *vt (gen)* regagner; *health, one's sight* recouvrer; *territory* reconquérir. **to** ~ **consciousness** reprendre connaissance; **to** ~ **possession** rentrer en possession (*of* de).

regal ['ri:g(ə)l] *adj* royal; *(fig)* majestueux.

regale [rɪ'geɪl] *vt* régaler (*sb with sth* qn de qch).

regard [rɪ'gɑ:d] **1** *vt* (**a**) *(consider)* considérer, regarder (*as* comme). **we** ~ **it as worth doing** à notre avis ça vaut la peine de le faire. (**b**) *(concern)* concerner, regarder. **as** ~**s...** pour *or* en ce qui concerne... **2** *n* (**a**) *(concern)* **to have** *or* **show little** ~ **for** faire peu de cas de; **to have** *or* **show no** ~ **for** ne faire aucun cas de; **without** ~ **to** *or* **for** sans égard pour; **out of** ~ **for** par égard pour; **in this** ~ à cet égard; **with** *or* **in** ~ **to** relativement à. (**b**) *(esteem)* estime *f*. **to have a great** ~ **for sb** avoir beaucoup d'estime pour qn. (**c**) *(in messages)* **give him my** ~**s** transmettez-lui mon bon souvenir; **Paul sends his (kind)** ~**s** Paul vous envoie son bon souvenir; *(as letter-ending)* **(kindest)** ~**s** meilleurs souvenirs.

◆ **regarding** *prep* relativement à. ◆ **regardless 1** *adj*: ~**less of** *sb's feelings, fate* indifférent à; *future, danger* insouciant de; *consequences, cost* sans se soucier de; *rank* sans distinction de ; **2** *adv*: **he did it** ~**less ✱** il l'a fait quand même.

regatta [rɪ'gætə] *n* régates *fpl.*

regenerate [rɪ'dʒenəreɪt] **1** *vt* régénérer. **2** *vi* se régénérer. ◆ **regeneration** *n* régénération *f*.

regent ['ri:dʒ(ə)nt] *n* régent(e) *m(f)*. **prince** ~ prince *m* régent. ◆ **regency 1** *n* régence *f* ; **2** *adj*: **Regency** Régence *inv.*

reggae ['regeɪ] *n* reggae *m.*

régime [reɪ'ʒi:m] *n* régime *m (politique etc).*

regiment ['redʒɪmənt] *n* régiment *m.* ◆ **regimental** *adj* du régiment. ◆ **regimentation** *n (pej)* discipline *f* excessive. ◆ **regimented** *adj* enrégimenté.

region ['riːdʒ(ə)n] n (all senses) région f. (fig) in the ~ of environ, aux alentours de. ♦ **regional** adj régional; (Brit Admin) ~al **development** ≃ aménagement m du territoire.

register ['redʒɪstə'] 1 n (a) (gen) registre m; (of members etc) liste f. **electoral** ~ liste électorale; ~ **of births, marriages and deaths** registre d'état civil. (b) (Tech) compteur m. **cash** ~ caisse f (enregistreuse).
2 vt (a) (record) fact, figure enregistrer; birth, death déclarer; vehicle (faire) immatriculer; trademark déposer; one's disappointment etc exprimer. ~ed **as disabled** officiellement reconnu comme handicapé; **to** ~ **a protest** protester. (b) (take note of) fact enregistrer; (*: realize) réaliser * (that que), se rendre compte de. (c) (indicate) speed, quantity enregistrer, indiquer. **he** ~ed **no emotion** il n'a pas paru ému. (d) (Post) letter recommander; (Rail) luggage faire enregistrer (to jusqu'à).
3 vi (a) (gen) s'inscrire; (in hotel) signer le registre. **to** ~ **with a doctor** se faire inscrire comme patient chez un médecin; **to** ~ **with the police** se déclarer à la police; **to** ~ **for military service** se faire recenser; **to** ~ **for a course** s'inscrire à un cours. (b) (*: be understood) être compris, pénétrer. **it hasn't** ~ed **(with him)** cela n'a pas encore pénétré, il n'a pas saisi.
♦ **registered** adj (a) student, voter inscrit; vehicle immatriculé; name, trademark déposé; nursing home, charity reconnu par les autorités; (US) ~ed **nurse** infirmière f diplômée d'État; (b) letter recommandé; luggage enregistré; **by** ~ed **post** par envoi recommandé. ♦ **registrar** n (Admin) officier m de l'état civil; (Jur: in court) greffier m; (Univ) (Brit) secrétaire m (général); (US) chef m du service des inscriptions; (Med) chef m de clinique. ♦ **registration** 1 n enregistrement m; déclaration f; inscription f; [letter] recommandation f; [luggage] enregistrement m; (Scol) **during registration (period)** ≃ pendant l'appel m ; 2 adj: **registration fee** taxe f de recommandation; (Univ) droits mpl d'inscription; (Aut) **registration number** numéro m d'immatriculation; **car (with) registration number** X voiture immatriculée X; **a T-registration car** immatriculation indiquant l'année de fabrication d'une voiture. ♦ **registry office** n (Brit) bureau m de l'état civil; **to get married in a registry office** se marier civilement or à la mairie.

regress [rɪ'gres] vi régresser (to à). ♦ **regression** n régression f.

regret [rɪ'gret] 1 vt regretter (doing, to do de faire; that que + subj). **he is very ill, I** ~ **to say** il est très malade, hélas; **we** ~ **to hear that...** nous sommes désolés d'apprendre que...; **it is to be** ~ted **that...** il est regrettable que... + subj. 2 n regret m (for de). **much to my** ~ à mon grand regret; **I have no** ~s je ne regrette rien. ♦ **regretful** adj person plein de regrets; look de regret. ♦ **regretfully** adv (sadly) avec regret; (unwillingly) à regret. ♦ **regrettable** adj regrettable (that que + subj). ♦ **regrettably** adv late, poor fâcheusement; ~tably, **he...** malheureusement, il...

regroup [ˌriː'gruːp] vi se regrouper.

regular ['regjʊlə'] 1 adj (a) (gen) pulse, shape, verb, employment, reminders régulier. **at** ~ **intervals** à intervalles réguliers; **a** ~ **bus service to town** un service régulier d'autobus allant en ville; **he is as** ~ **as clockwork** il est très ponctuel; **visits as** ~ **as clockwork** visites très régulières. (b) (in order) action, procedure régulier, en règle; (habitual) habituel; (Comm) size standard inv; price normal; listener, reader fidèle; staff permanent; (not conscript) soldier, army, police de métier; officer de carrière; (not territorial) d'active. **his** ~ **time for getting up** l'heure à laquelle il se lève habituellement; **it is quite** ~ **to do so** il est tout à fait régulier de faire cela; **a** ~ **idiot** un véritable imbécile; (US)

~ **guy** * chic type * m. 2 n (Mil) soldat m de métier; (habitual customer etc) habitué(e) m(f); (US: gas) essence f (ordinaire). (Rad, TV) **he's one of the** ~s **on that programme** il participe régulièrement à ce programme. ♦ **regularity** n régularité f. ♦ **regularize** vt régulariser. ♦ **regularly** adv régulièrement. ♦ **regulate** vt régler (by sur). ♦ **regulation** 1 n règlement m ; 2 adj réglementaire. ♦ **regulator** n régulateur m.

rehabilitate [ˌriːə'bɪlɪteɪt] vt the disabled (to everyday life) rééduquer; (to work) réadapter; refugees réadapter; demobilized troops réintégrer (dans la vie civile); ex-prisoner réinsérer; alcoholic rééduquer; disgraced person réhabiliter. ♦ **rehabilitation** n rééducation f; réadaptation f; réintégration f (dans la vie civile); réinsertion f; rééducation f; réhabilitation f; (Admin) **rehabilitation centre** centre m de rééducation (professionnelle).

rehash [ˌriː'hæʃ] 1 vt literary material etc remanier. 2 ['riːhæʃ] n réchauffé m.

rehearse [rɪ'hɜːs] vt (Theat) répéter; what one is going to say préparer; facts, grievances énumérer. ♦ **rehearsal** n répétition f; **dress rehearsal** (répétition) générale f; **this play is in rehearsal** on répète cette pièce.

rehouse [ˌriː'haʊz] vt reloger.

reign [reɪn] 1 n règne m. **in the** ~ **of** sous le règne de; (fig) ~ **of terror** régime m de terreur. 2 vi (lit, fig) régner. **to** ~ **supreme** [champion etc] être sans rival; [justice, peace] régner en souverain(e). ♦ **reigning** adj monarch régnant; king, champion actuel.

reimburse [ˌriːɪm'bɜːs] vt rembourser (sb for sth qn de qch). ♦ **reimbursement** n remboursement m.

rein [reɪn] n (gen) rêne f; [horse in harness] guide f. (lit, fig) **to hold the** ~s tenir les rênes; (fig) **to keep a tight** ~ **on** surveiller étroitement; **to give free** ~ **to** lâcher la bride à. ♦ **rein in** vt sep serrer la bride à.

reincarnation ['riːɪnkɑː'neɪʃ(ə)n] n réincarnation f.

reindeer ['reɪndɪə'] n, pl inv renne m.

reinforce [ˌriːɪn'fɔːs] vt army, structure, wall renforcer; one's demands etc appuyer. ~d **concrete** béton m armé. ♦ **reinforcement** 1 n (action) renforcement m; (thing) armature f; (Mil, fig) ~ments renforts mpl ; 2 adj troops de renfort.

reinstate ['riːɪn'steɪt] vt rétablir (in dans). ♦ **reinstatement** n rétablissement m.

reissue [ˌriː'ɪʃjuː] vt book rééditer; film ressortir.

reiterate [riː'ɪtəreɪt] vt réitérer. ♦ **reiteration** n réitération f.

reject [rɪ'dʒekt] 1 vt (gen) rejeter; damaged goods etc [customer, shopkeeper] refuser; [producer] mettre au rebut; candidate, manuscript refuser; (Med) [body] rejeter. 2 ['riːdʒekt] n (Comm) article m de rebut. 3 ['riːdʒekt] adj goods de rebut. ~ **shop** magasin m de deuxième choix. ♦ **rejection** 1 n rejet m; refus m ; 2 adj: ~**ion slip** lettre f de refus.

rejig * ['riː'dʒɪg] , (US) **rejigger** * ['riː'dʒɪgə'] vt réorganiser, réarranger.

rejoice [rɪ'dʒɔɪs] vi se réjouir, être enchanté (at, over de). **to** ~ **in sth** jouir de qch, posséder qch. ♦ **rejoicing** n réjouissances fpl.

rejoin[1] [ˌriː'dʒɔɪn] vt (gen) rejoindre. **to** ~ **ship** rallier le bord.

rejoin[2] [rɪ'dʒɔɪn] vi (reply) répliquer. ♦ **rejoinder** n réplique f.

rejuvenate [rɪ'dʒuːvɪneɪt] vti rajeunir.

rekindle [ˌriː'kɪndl] vt fire rallumer; enthusiasm raviver.

relapse [rɪ'læps] **1** n rechute f. **to have a ~** faire une rechute. **2** vi (gen) retomber (into dans) ; [invalid] rechuter.

relate [rɪ'leɪt] **1** vt (a) (recount) story raconter, relater ; details rapporter. **strange to ~...** chose curieuse (à dire)... (b) (link) rattacher (sth to sth qch à qch) ; **two facts etc** établir un rapport entre. **to ~ the cause to the effect** établir un rapport de cause à effet. **2** vi se rapporter (to à). ◆ **related** adj (in family) parent (to de) ; (connected) ideas, subjects liés, connexes ; substances, languages apparentés ; [person] **to be closely/distantly ~d** être proche parent/parent éloigné ; [fact] **to be ~d to sth** avoir rapport à qch ; **health-~d problems** problèmes liés à la santé. ◆ **relating to** prep relatif à.

relation [rɪ'leɪʃ(ə)n] n (a) (relationship) rapport m, relation f. **to bear a ~ to** avoir rapport à ; **in ~ to** relativement à ; **to have business ~s with** être en rapports or relations d'affaires avec ; **diplomatic/international ~s** relations diplomatiques/internationales ; **sexual ~s** rapports sexuels. (b) (family: person) parent(e) m(f) ; (kinship) parenté f. **to be a ~ of sb's, to be some ~ to sb** avoir des liens de parenté avec qn. ◆ **relationship** n (a) (family ties) liens mpl de parenté ; **what is your ~ship to him?** quels sont vos liens de parenté avec lui? ; (b) (connection: between 2 things) rapport m (between entre) ; (with sb) relations fpl ; (personal ties) rapports ; **to see a ~ship between** voir un rapport or un lien entre ; **friendly/business ~ship** relations d'amitié/d'affaires ; **to have a ~ship with sb** (gen) avoir des relations avec qn ; (sexual) avoir une liaison avec qn ; **he has a good ~ship with his clients** il est en bons rapports avec ses clients ; **they have a good ~ship** ils s'entendent bien.

relative ['relətɪv] **1** adj (gen) relatif (to à). **the ~ merits of A and B** les mérites respectifs de A et de B. **2** n (person) parent(e) m(f) ; (Gram) relatif m. ◆ **relatively** adv relativement ; respectivement ; (fairly, rather) assez. ◆ **relativity** n relativité f.

relax [rɪ'læks] **1** vt (gen) relâcher ; muscles décontracter ; restrictions modérer ; measures assouplir ; person, one's mind détendre. **2** vi [sb's hold] se relâcher ; (rest) se détendre. (calm down) **~!** * du calme! ◆ **relaxation** [ˌriːlæk'seɪʃ(ə)n] n détente f. ◆ **relaxed** adj relâché ; person, voice détendu ; (Med) **~ed throat** gorge f irritée or enflammée. ◆ **relaxing** adj climate reposant, amollissant (pej) ; atmosphere, activity qui procure de la détente.

relay ['riːleɪ] **1** n relais m. **in ~s** par relais ; **~ race** course f de relais. **2** vt relayer. **to ~ each other** se relayer.

release [rɪ'liːs] **1** n (a) (gen) libération f ; (from Customs) congé m. **on his ~ from prison he...** dès sa sortie de prison, il... (b) [news] autorisation f de publier ; [film, book, record] sortie f. **this film is now on general ~** ce film n'est plus en exclusivité. (c) (record/film etc) new ~ nouveau disque/film etc ; **his latest ~** son dernier disque etc. **2** vt (a) (set free) (gen) libérer (from de) ; (Jur) remettre en liberté ; (from wreckage) dégager (from de) ; (from promise, vow) relever (from de). **his employer agreed to ~ him** son patron lui a permis de cesser son travail ; (temporarily) son patron a accepté de le rendre disponible. (b) (let go) object, pigeon lâcher ; bomb larguer ; gas dégager. **to ~ one's hold of** or **one's grip on sth** lâcher qch. (c) (issue) book, record, film sortir ; goods mettre en vente ; news autoriser la publication de ; statement publier. (d) clasp, catch faire jouer ; (Phot) shutter déclencher ; handbrake desserrer.

relegate ['relɪgeɪt] vt reléguer (to à ; Sport: to en). ◆ **relegation** n relégation f.

relent [rɪ'lent] vi se laisser fléchir ; (change one's mind) changer d'avis. ◆ **relentless** adj implacable. ◆ **relentlessly** adv implacablement.

relevant ['reləvənt] adj remark, fact pertinent (to à) ; regulation, reference approprié (to à) ; information, course utile. **to be ~ to sth** avoir rapport à qch ; **that is not ~** c'est sans rapport.

reliable [rɪ'laɪəbl] adj person, employee sérieux, sur qui l'on peut compter ; firm, company sérieux ; machine solide ; memory, description bon, auquel on peut se fier. **a ~ source of information** une source sûre. ◆ **reliability** n [person, character] sérieux m ; [device, machine] solidité f. ◆ **reliably** adv work sérieusement ; informed de source sûre.

reliant [rɪ'laɪənt] adj (trusting) confiant (on en) ; (dependent) dépendant (on de). ◆ **reliance** n confiance f ; dépendance f.

relic ['relɪk] n relique f (also Rel). **~s** restes mpl ; (fig: of the past) vestiges mpl.

relief [rɪ'liːf] **1** n (a) (from pain, anxiety) soulagement m (from à). **to my ~** à mon grand soulagement ; **that's a ~!** j'aime mieux ça! ; **it was a ~ to find it** j'ai été soulagé de le retrouver. (b) (assistance) secours m. **to go to the ~ of** aller au secours de. (c) (US Admin) aides fpl sociales. **to be on ~** bénéficier d'aides sociales. (d) (Mil) [town] délivrance f. (e) (tax ~) dégrèvement m. (f) (Art, Geog) relief m. **to throw sth into ~** mettre qch en relief. **2** adj (a) coach, typist supplémentaire ; fund, work, organization, troops de secours ; valve de sûreté. **~ road** route f de délestage ; **~ supplies** secours mpl. (b) map en relief.

relieve [rɪ'liːv] vt (a) person, anxiety, pain soulager ; fear, boredom dissiper ; poverty, situation remédier à. **to be ~d to learn** être soulagé d'apprendre ; **to ~ sb of his coat** débarrasser qn de son manteau ; **to ~ sb of a duty** décharger qn d'une obligation ; (Mil) **to ~ sb of a command** relever qn de ses fonctions ; **to ~ sb's mind** tranquilliser qn ; **he ~d his feelings** il a déchargé sa colère ; **to ~ congestion in sth** décongestionner qch ; (go to lavatory) **to ~ o.s.** faire ses besoins *. (b) (help) secourir, aider ; (take over from) relayer ; (Mil) guard relever ; town délivrer.

religion [rɪ'lɪdʒ(ə)n] n (gen) religion f. **the Christian ~** la religion chrétienne ; **a new ~** un nouveau culte ; **it's against my ~** c'est contraire à ma religion (to do de faire) ; **to get ~** * devenir bigot.

religious [rɪ'lɪdʒəs] **1** adj (gen) religieux (also fig) ; person pieux (also pej), croyant ; book de piété ; wars de religion. **2** n religieux m, -ieuse f. ◆ **religiously** adv religieusement.

relinquish [rɪ'lɪŋkwɪʃ] vt object lâcher ; (give up: gen) abandonner ; plan, right renoncer à (to sb en faveur de qn) ; habit renoncer à. **to ~ one's hold on sth** lâcher qch.

reliquary ['relɪkwərɪ] n reliquaire m.

relish ['relɪʃ] **1** n goût m (for pour). **with great ~** do sth avec délectation ; eat de bon appétit ; (fig) **it had lost all ~** cela avait perdu tout attrait. **2** vt food, wine savourer. **to ~ doing** se délecter à faire ; **I don't ~ the thought** l'idée ne me dit rien.

relocate [ˌriːləʊ'keɪt] **1** vt installer ailleurs. **2** vi déménager, s'installer ailleurs.

reluctant [rɪ'lʌktənt] adj person peu disposé (to do à faire), peu enthousiaste ; action fait etc à contrecœur ; consent, praise accordé à contrecœur. ◆ **reluctance** n répugnance f (to do à faire). ◆ **reluctantly** adv à contrecœur, sans enthousiasme.

rely [rɪ'laɪ] vi : **to ~ (up)on sb/sth** compter sur qn/qch ; **to ~ on sb's doing sth** compter sur le fait que qn fera qch ; **I ~ on him for my income** je dépends de lui pour mes revenus ; **you can ~ on**

me not to say anything about it vous pouvez compter sur moi pour ne pas en parler.

remain [rɪ'meɪn] *vi* rester. **nothing ~s to be said** il ne reste plus rien à dire; **it ~s to be seen whether...** reste à savoir si...; **that ~s to be seen** c'est ce que nous verrons; **the fact ~s that** il n'en est pas moins vrai que; **to ~ faithful** demeurer *or* rester fidèle; **to ~ behind** rester; **to ~ silent** garder le silence; **it ~s unsolved** ce n'est toujours pas résolu; *(in letters)* **I ~ , yours faithfully** je vous prie d'agréer l'expression de mes sentiments distingués. ◆ **remainder** *n (thing or things left over)* reste *m (also Math)*; *(people)* autres *mfpl*; **~ders** *(Comm) (books etc)* invendus *mpl* soldés; *(other articles)* fins *fpl* de série. ◆ **remaining** *adj* qui reste; **I have one ~ing** il n'en reste qu'un; **the ~ing cakes** le reste des gâteaux, les gâteaux qui restent. ◆ **remains** *npl (gen)* restes *mpl*; *[fortune, army]* débris *mpl*.

remake ['riːmeɪk] *n (Cine)* remake *m*.

remand [rɪ'mɑːnd] **1** *vt (Jur)* renvoyer *(to* à). **to ~ in custody** mettre en détention préventive; **to ~ on bail** laisser en liberté provisoire (sous caution). **2** *n:* **on ~** en détention préventive; **~ home** ≃ maison *f* d'arrêt.

remark [rɪ'mɑːk] **1** *n* remarque *f*, réflexion *f*. **worthy of ~** digne d'attention. **2** *vt* **(a)** *(say)* (faire) remarquer. **(b)** *(notice)* remarquer, observer. **3** *vi* faire des remarques *(on* sur). ◆ **remarkable** *adj* remarquable *(for* par). ◆ **remarkably** *adv* remarquablement.

remarry ['riː'mærɪ] *vi* se remarier.

remedy ['remədɪ] **1** *n* remède *m (for* contre). **2** *vt* remédier à. ◆ **remedial** [rɪ'miːdɪəl] *adj action* réparateur; *measures* de redressement; *(Med) treatment* curatif; *class* de rattrapage; **remedial exercises** gymnastique *f* corrective.

remember [rɪ'membə^r] *vt (gen)* se souvenir de, se rappeler; *(commemorate) a battle, the fallen* commémorer. **I ~ that** se rappeler que; **I ~ doing it** je me rappelle l'avoir fait; **I ~ed to do it** j'ai pensé à le faire; **that's worth ~ing** c'est bon à savoir; **I can't ~ everything** je ne peux pas penser à tout; **I ~ when...** je me souviens de l'époque où...; **I can't ~** je ne sais plus, je ne me souviens pas; **as far as I ~** autant qu'il m'en souvienne; **if I ~ right(ly)** si j'ai bonne mémoire; **don't you ~ me?** *(face to face)* vous ne me reconnaissez pas?; *(phone)* vous ne vous souvenez pas de moi?; **I don't ~ a thing about it** je ne me souviens de rien; **let us ~ that...** n'oublions pas que...; **sth to ~ him by** un souvenir de lui; **to ~ o.s.** se reprendre; **to ~ sb in one's prayers** ne pas oublier qn dans ses prières; **~ me to your mother** rappelez-moi au bon souvenir de votre mère. ◆ **remembrance** *n* souvenir *m*; **Remembrance Day** l'Armistice *m*, le 11 Novembre; **in remembrance of** en souvenir de.

remind [rɪ'maɪnd] *vt* rappeler *(sb of sth* qch à qn, *sb that* à qn que). **you are ~ed that...** nous vous rappelons que...; **to ~ sb to do** faire penser à qn à faire; **she ~ed him of his mother** elle lui rappelait sa mère; **that ~s me!** à propos! ◆ **reminder** *n (note etc)* pense-bête *m*; *(Comm: letter)* lettre *f* de rappel; **as a ~er that** pour (vous *etc)* rappeler que; **to be a ~er of sth/sb** rappeler qch/qn.

reminisce [ˌremɪ'nɪs] *vi* raconter ses souvenirs *(about* de). ◆ **reminiscence** *n* réminiscence *f*. ◆ **reminiscent** *adj:* **reminiscent of** qui rappelle, qui fait penser à. ◆ **reminiscently** *adv smile* à ce souvenir; **to talk reminiscently of** évoquer des souvenirs de.

remiss [rɪ'mɪs] *adj* négligent. **he was ~ in not doing it** c'est négligent de sa part de ne pas l'avoir fait.

remission [rɪ'mɪʃ(ə)n] *n (gen, Med, Rel)* rémission *f*; *(Jur)* remise *f (for* pour).

remit [rɪ'mɪt] *vt* **(a)** *sins* pardonner; *fee, penalty* remettre. **(b)** *(send) money* envoyer. **(c)** *(Jur) case* renvoyer. ◆ **remittal** *n (Jur)* renvoi *m*. ◆ **remittance** *n (of money) (gen)* versement *m*; *(Banking etc)* remise *f* de fonds; *(payment)* paiement *m*, règlement *m*; **enclose your ~tance** joignez votre règlement.

remnant ['remnənt] **1** *n (gen)* reste *m*, restant *m*; *[cloth]* coupon *m*; *[custom, splendour]* vestige *m*; *[food, fortune, army]* débris *mpl*. *(Comm)* **~s** soldes *mpl* (de fins de série). **2** *adj:* **~ sale** soldes *mpl* (de coupons).

remonstrate ['remənstreɪt] *vti* protester *(against* contre; *that* que). **to ~ with sb about sth** faire des remontrances à qn au sujet de qch. ◆ **remonstrance** *n (protest)* protestation *f; (reproof)* remontrance *f*.

remorse [rɪ'mɔːs] *n* remords *m (at* de; *for* pour). **a feeling of ~** un remords; **without ~** sans pitié. ◆ **remorseful** *adj* plein de remords. ◆ **remorsefully** *adv* avec remords. ◆ **remorseless** *adj* dénué de remords; *(fig)* implacable. ◆ **remorselessly** *adv* sans remords; implacablement.

remote [rɪ'məʊt] *adj* **(a)** *place (distant)* lointain, éloigné; *(isolated)* isolé; *time* lointain; *ancestor, relative* éloigné; *person* distant. **~ control** télécommande *f*; **in the ~st parts of Africa** au fin fond de l'Afrique; **~ from a main road** loin d'une grande route; **~ from the subject in hand** éloigné de la question. **(b)** *(slight) resemblance* vague; *possibility* petit. **not the ~st idea/hope** pas la moindre idée/ le moindre espoir; **there is a ~ possibility that** il y a une petite chance que + *subj*. ◆ **remote-controlled** *adj* télécommandé. ◆ **remotely** *adv (slightly)* vaguement; **~ly possible** tout juste possible; **not ~ly interested** absolument pas intéressé. ◆ **remoteness** *n (in space)* éloignement *m*, isolement *m*; *(in time)* éloignement *m*; *[person]* attitude *f* distante.

remould ['riːməʊld] *n (tyre)* pneu *m* rechapé.

remove [rɪ'muːv] **1** *vt (gen, also Med)* enlever *(from* de); *[removers]* déménager; *stain, graffiti* enlever, faire partir; *word, item on list* rayer; *threat, abuse* supprimer; *objection* réfuter; *difficulty, problem* résoudre; *obstacle, doubt* écarter; *suspicion, fear* dissiper; *official* déplacer. **he was ~d to the cells** on l'a emmené en cellule; **to ~ a child from school** retirer un enfant de l'école; **to ~ sb's name** rayer qn *(from* de); **to ~ one's make-up** se démaquiller; *(fig)* **far ~d from** loin de; **cousin once ~d** cousin(e) *m(f)* au deuxième degré. **2** *vi* déménager *(from* de). **to ~ to London** aller s'installer à Londres. **3** *n (fig)* **only a few ~s from** tout proche de; **it's a far ~ from...** c'est loin d'être... ◆ **removable** *adj (detachable) part, piece* amovible, détachable. ◆ **removal 1** *n* enlèvement *m*; déménagement *m*; suppression *f; [pain]* soulagement *m; (Surgery)* ablation *f*; **2** *adj allowance, expenses* de déménagement; **removal man** déménageur *m*; **removal van** camion *m* de déménagement. ◆ **remover** *n* **(a)** *(removal man)* déménageur *m* ; **(b)** *[varnish]* dissolvant *m; [stains]* détachant *m ; [paint]* décapant *m;* **make-up ~r** démaquillant *m*.

remunerate [rɪ'mjuːnəreɪt] *vt* rémunérer. ◆ **remuneration** *n* rémunération *f (for* de). ◆ **remunerative** *adj* rémunérateur.

renaissance [rɪ'neɪsɑ̃ːns] **1** *n* renaissance *f*. **2** *adj:* **R~** *art, scholar* de la Renaissance; *style, palace* Renaissance *inv*.

renal ['riːnl] *adj* rénal.

render ['rendə^r] *vt* **(a)** *service, homage* rendre; *assistance* prêter; *account* présenter. **to account ~ed £10** facture de rappel — 10 livres. **(b)** *music* inter-

préter; *text* traduire *(into* en). **(c)** *(make)* rendre.
it ~ed him helpless cela l'a rendu infirme. **(d)**
(Culin) fat faire fondre. **(e)** *(Constr)* plâtrer. ◆ **rendering** *n [music]* interprétation *f; (translation)* traduction *f (into* en).

rendez-vous ['rɒndɪvuː] **1** *n, pl inv* rendez-vous
m. **2** *vi* se retrouver. **to ~ with sb** rejoindre qn.

renew [rɪ'njuː] *vt (gen)* renouveler; *negotiations, discussions, strength* reprendre. **to ~ one's acquaintance with sb** renouer connaissance avec qn.
◆ **renewable** *adj* renouvelable. ◆ **renewal** *n*
renouvellement *m*; *reprise f; [strength]* regain *m*;
~al of subscription réabonnement *m*. ◆ **renewed**
adj accru. **with ~ed vigour** avec une force accrue.

renounce [rɪ'naʊns] *vt (gen)* renoncer, à; *religion*
abjurer; *treaty* dénoncer; *cause* renier.

renovate ['renəʊveɪt] *vt clothes, house* remettre à
neuf; *building, painting* restaurer. ◆ **renovation**
n remise *f* à neuf; restauration *f*.

renown [rɪ'naʊn] *n* renommée *f*. ◆ **renowned** *adj*
thing renommé *(for* pour); *person* célèbre *(for*
pour).

rent [rent] **1** *n* loyer *m*. *(US)* **for ~** à louer; **quarter's
~** terme *m*. *~* **collector** receveur *m* de
loyers; *~* **rebate** dégrèvement *m* de loyer. **3** *vt*
(a) *(take for* ~*)* louer, prendre en location. **we
don't own it, only ~** it nous ne sommes pas propriétaires, mais locataires seulement. **(b)** *(also ~
out)* louer, donner en location. ◆ **rent-a-car** *adj*
firm de location de voitures. ◆ **rent-a-crowd** *n*
(gen) agitateurs *mpl* professionnels; *(supporters)*
claque *f*. ◆ **rental** *n [house, land]* loyer *m*; *[television
etc]* (prix *m* de) location *f*; *[telephone]* abonnement
m. ◆ **rent-free 1** *adj accommodation* exempt de
loyer ; **2** *adv* live sans payer de loyer.

renunciation [rɪˌnʌnsɪ'eɪʃ(ə)n] *n (V* **renounce***)*
renonciation *f (of* à); abjuration *f*; dénonciation
f; reniement *m*.

reopen [ˌriː'əʊp(ə)n] **1** *vt (gen)* rouvrir; *fight, battle,
hostilities* reprendre. **2** *vi (gen)* rouvrir; *[wound]* se
rouvrir. ◆ **reopening** *n* réouverture *f*.

reorganize ['riː'ɔːgənaɪz] **1** *vt* réorganiser. **2** *vi*
se réorganiser. ◆ **reorganization** *n* réorganisation *f*.

rep * [rep] *n abbr of* **repertory company** *and
(Comm)* **representative**.

repair [rɪ'pɛəʳ] **1** *vt* réparer. **2** *n (gen)* réparation
f; [roof, road] réfection *f*. **under ~** en réparation;
damaged beyond ~ irréparable; **closed for ~s**
fermé pour cause de travaux; **'road ~s'** 'chantier';
in good/bad ~ en bon/mauvais état; **to keep in
good ~** entretenir. **3** *adj*: **~ kit** *or* **outfit** trousse
f de réparation; **~ shop** atelier *m* de réparations.
◆ **repairable** *or* ◆ **reparable** ['rep(ə)rəbl] *adj*
réparable. ◆ **repairer** *n* réparateur *m*, -trice *f*;
[shoes] cordonnier *m*. ◆ **reparation** *n* réparation
f; **to make reparations for** réparer *(une injure etc)*.

repartee [ˌrepɑː'tiː] *n* repartie *f*, réplique *f*.

repatriate [riː'pætrɪeɪt] *vt* rapatrier. ◆ **repatriation** *n* rapatriement *m*.

repay [riː'peɪ] *pret, ptp* **repaid** *vt money* rendre, rembourser; *lender* rembourser; *debt, obligation* s'acquitter de; *sb's kindness* payer de retour; *helper*
récompenser *(for* de). ◆ **repayable** *adj* remboursable. ◆ **repayment** *n [money]* remboursement *m*.

repeal [rɪ'piːl] **1** *vt law* abroger; *sentence* annuler.
2 *n* abrogation *f*; annulation *f*.

repeat [rɪ'piːt] **1** *vt (gen)* répéter; *demand, promise*
réitérer; *efforts* renouveler; *(Mus)* reprendre;
(recite) poem etc réciter (par cœur); *(Scol) class*
redoubler. *(Comm)* **this offer will never be ~ed**
c'est une offre exceptionnelle; **to ~ o.s.** se répéter. **2** *n* répétition *f*; *(Mus)* reprise *f*; *(Rad, TV)*
rediffusion *f*. **3** *adj (Comm) order* renouvelé. *(fig)*

a ~ performance exactement la même chose.
◆ **repeated** *adj requests, criticism* répété; *efforts*
renouvelé. ◆ **repeatedly** *adv* à maintes reprises,
très souvent; **I have ~edly told you** je ne cesse
de vous répéter; **he had ~edly proclaimed...** il
n'avait pas cessé de proclamer...

repel [rɪ'pel] *vt* repousser; *(fig: disgust)* dégoûter.
◆ **repellent** *adj* **(a)** *(disgusting)* repoussant, répugnant; **(b) water-~lent** imperméabilisateur.

repent [rɪ'pent] **1** *vi* se repentir *(of* de). **2** *vt* se
repentir de. ◆ **repentance** *n* repentir *m*.
◆ **repentant** *adj* repentant.

repercussion [ˌriːpə'kʌʃ(ə)n] *n* répercussion *f (on*
sur).

repertory ['repət(ə)rɪ] **1** *n (Theat, fig: also* **repertoire***)*
répertoire *m*. **(theatre)** théâtre *m* de répertoire;
to act in ~ faire partie d'une troupe de répertoire.
2 *adj*: **~ company** troupe *f* de répertoire.

repetition [ˌrepɪ'tɪʃ(ə)n] *n* répétition *f*. ◆ **repetitive** [rɪ'petɪtɪv] *adj person* rabâcheur; *writing* plein
de redites; *work* monotone.

replace [rɪ'pleɪs] *vt* **(a)** *(put back)* remettre (à sa
place), ranger. *(Telec)* **to ~ the receiver** raccrocher. **(b)** *(be or provide substitute for)* remplacer *(by,
with* par). ◆ **replaceable** *adj* remplaçable.
◆ **replacement 1** *n (person)* remplaçant(e) *m(f)*;
(product) produit *m* de remplacement ; **2** *adj
engine, part* de rechange.

replenish [rɪ'plenɪʃ] *vt* remplir de nouveau *(with*
de). **to ~ one's supplies of sth** se réapprovisionner
en qch. ◆ **replenishment** *n* remplissage *m*.

replete [rɪ'pliːt] *adj* rempli *(with* de); *(well-fed)* rassasié. ◆ **repletion** *n* satiété *f*.

replica ['replɪkə] *n (gen)* copie *f* exacte; *[painting]*
réplique *f; [document, book]* fac-similé *m*.
◆ **replicate 1** *vt* reproduire. **2** *vi (Biol)* se reproduire. ◆ **replication** *n* reproduction *f*.

reply [rɪ'plaɪ] **1** *n* réponse *f; (quick)* réplique *f*. **in
~** en réponse *(to* à). **2** *vti* répondre; *(quickly)* répliquer. **3** *adj (Post)* **~ coupon** coupon-réponse *m*.
◆ **reply-paid** *adj* avec réponse payée.

report [rɪ'pɔːt] **1** *n* **(a)** *(gen)* rapport *m*; *[speech,
debate, meeting]* compte rendu *m*; *(Scol)* bulletin
m scolaire; *(Press, Rad, TV)* reportage *m*; *(at regular
intervals: on weather, sales etc)* bulletin; *(rumour)*
rumeur *f*. **Government ~** rapport d'enquête parlementaire *(on* sur); *(Comm)* **annual/chairman's ~**
rapport annuel/présidentiel; **to make** *or* **do a ~
on** faire un rapport sur; *(Press, Rad, TV)* faire un
reportage sur; *(rumour)* **there is a ~ that...** on dit
que...; **I have heard a ~ that...** j'ai entendu dire
que... **(b)** *(explosion)* détonation *f; [gun]* coup *m*
de fusil etc.
2 *vt* **(a)** *(state)* annoncer *(that* que); *facts, figures*
annoncer, rapporter; *(give account of)* rendre
compte de; *[newspaper, TV programme]* signaler;
speech faire le compte rendu de. **to ~ one's findings** présenter ses conclusions; **to ~ progress** faire
un exposé de l'état de la situation; **he is ~ed as
having said** il aurait dit; **a prisoner is ~ed to have
escaped** un détenu se serait évadé; *(Gram)* **~ed
speech** style *or* discours indirect; **our correspondent ~s from Rome that...** notre correspondant à
Rome nous apprend que...; **it is ~ed from Paris
that...** on annonce à Paris que... **(b)** *(notify)* accident, crime, one's position signaler *(to* à); *criminal,
culprit* signaler *(sb for sth* qn pour qch), dénoncer
(to à) *(often pej)*. **to ~ sb sick** signaler que qn est
malade; **~ed missing** porté disparu; **nothing to
~** rien à signaler.
3 *vi* **(a)** se présenter *(to sb* chez qn). **to ~ for duty**
se présenter au travail; *(Mil)* **to ~ to one's unit**
rallier son unité; **to ~ sick** se faire porter malade;
(Admin) **he ~s to the manager** il est sous les ordres
(directs) du directeur. **(b)** *(give a ~)* faire un rap-

port (on sur); (Press, Rad, TV) faire un reportage (on sur).
♦ **report back** vi (a) (return) (Mil etc) rentrer au quartier; (gen) être de retour. (b) (make report) présenter son rapport (to à).
♦ **reportedly** adv: he had ~edly seen her il l'aurait vue. ♦ **reporter** n (Press) journaliste mf; (Rad, TV) reporter m.

repose [rɪ'pəʊz] 1 n (rest, peace) repos m; (sleep) sommeil m. in ~ au repos. 2 vi se reposer; [dead] reposer. ♦ **repository** n dépôt m; (warehouse) entrepôt m; [facts etc] mine f.

reprehend [ˌreprɪ'hend] vt réprimander. ♦ **reprehensible** adj répréhensible. ♦ **reprehensibly** adv de façon répréhensible.

represent [ˌreprɪ'zent] vt (all senses) représenter (as comme, comme étant). **many countries were ~ed at the ceremony** de nombreux pays s'étaient fait représenter à la cérémonie; **I ~ Mrs Wolff** je viens de la part de Mme Wolff. ♦ **representation** n (gen) représentation f; (protest) to make ~ations to faire une démarche auprès de. ♦ **representative** 1 adj représentatif (of de) ; 2 n représentant(e) m(f); (Comm) représentant (de commerce); (US Pol) R~ député m.

repress [rɪ'pres] vt (gen) réprimer; (Psych) refouler. ♦ **repressed** adj réprimé; refoulé. ♦ **repression** n répression f; refoulement m. ♦ **repressive** adj attitude, government répressif; measures de répression.

reprieve [rɪ'priːv] 1 n (Jur) commutation f de la peine capitale; (delay: also gen) sursis m. 2 vt (Jur) accorder une commutation de la peine capitale à; (delay) surseoir à l'exécution de. [building etc] **to be ~d** bénéficier d'un sursis.

reprimand ['reprɪmɑːnd] 1 n réprimande f. 2 vt réprimander.

reprint [ˌriː'prɪnt] 1 vt réimprimer. **it is being ~ed** c'est en réimpression. 2 vi être en réimpression. 3 ['riːprɪnt] n réimpression f.

reprisal [rɪ'praɪz(ə)l] n: ~s représailles fpl; **to take ~s** user de représailles; **as a ~ for** en représailles de.

reproach [rɪ'prəʊtʃ] 1 n reproche m. (fig) **to be a ~ to** être la honte de; **above ~** irréprochable. 2 vt faire des reproches à. **to ~ sb for sth/for having done** reprocher à qn qch/d'avoir fait; **he has nothing to ~ himself with** il n'a rien à se reprocher. ♦ **reproachful** adj look, tone, person réprobateur; words de reproche. ♦ **reproachfully** adv avec reproche.

reprocess [ˌriː'prəʊses] vt retraiter. ♦ **reprocessing** n retraitement m.

reproduce [ˌriːprə'djuːs] 1 vt reproduire. 2 vi se reproduire. ♦ **reproduction** 1 n (all senses) reproduction f ; 2 adj: **reproduction furniture** copies fpl de meubles anciens. ♦ **reproductive** adj reproducteur.

re-proof ['riː'pruːf] vt garment réimperméabiliser.

reproof [rɪ'pruːf] n réprimande f.

reprove [rɪ'pruːv] vt person blâmer (for de). ♦ **reproval** n blâme m. ♦ **reproving** adj réprobateur. ♦ **reprovingly** adv d'un air or ton réprobateur.

reptile ['reptaɪl] adj, n (also fig pej) reptile (m).

republic [rɪ'pʌblɪk] n république f. ♦ **republican** adj, n républicain(e) m(f). ♦ **republicanism** n républicanisme m.

republish ['riː'pʌblɪʃ] vt book rééditer.

repudiate [rɪ'pjuːdɪeɪt] vt friend etc renier; secret agent désavouer; wife, accusation répudier; [government etc] debt, treaty refuser d'honorer. ♦ **repudiation** n reniement m; désaveu m; répudiation f; refus m d'honorer (un traité etc).

repugnant [rɪ'pʌgnənt] adj répugnant. **to be ~ to sb** répugner à qn; **to find it ~ to do** répugner à faire. ♦ **repugnance** n répugnance f (to pour).

repulse [rɪ'pʌls] vt repousser. ♦ **repulsion** n répulsion f. ♦ **repulsive** adj répulsif, repoussant. ♦ **repulsiveness** n caractère m repoussant.

reputable ['repjʊtəbl] adj de bonne réputation.

reputation [ˌrepjʊ'teɪʃ(ə)n] n réputation f (as a singer etc de chanteur etc). **to have a ~ for honesty** avoir la réputation d'être honnête.

repute [rɪ'pjuːt] 1 n réputation f, renom m. **by ~** de réputation; **of ~** réputé, en renom. 2 vt: **to be ~d to be** être réputé être. ♦ **reputedly** adv d'après ce qu'on dit.

request [rɪ'kwest], 1 n demande f, requête f. **at sb's ~** à la demande de qn; **by popular ~** à la demande générale; **on** or **by ~** sur demande; **to make a ~ for sth** faire une demande de qch. 2 vt demander (sth from sb qch à qn; sb to do à qn de faire). **'you are ~ed not to smoke'** 'vous êtes priés de ne pas fumer'; (Rad) **to play a ~** faire passer un disque à l'intention de qn. 3 adj (Rad) programme des auditeurs; bus stop facultatif.

requiem ['rekwɪem] n requiem m. ~ **mass** messe f de requiem.

require [rɪ'kwaɪəʳ] vt (a) [person] avoir besoin de; [thing, action] demander, nécessiter. **all I ~** tout ce qu'il me faut, tout ce dont j'ai besoin; **it ~s great care** cela demande or nécessite beaucoup de soin; **if ~d** au besoin; **when ~d** quand il le faut; **what qualifications are ~d?** quels sont les diplômes nécessaires or requis? (b) (order) exiger (sb to do de qn qu'il fasse; sth of sb qch de qn). **as ~d by law** comme la loi l'exige. ♦ **required** adj conditions, qualifications requis; amount voulu; **in the ~d time** dans les délais prescrits. ♦ **requirement** n (a) (need) exigence f; **to meet sb's ~ments** satisfaire aux exigences de qn; (b) (condition) condition f requise; **to fit the ~ments** remplir les conditions.

requisite ['rekwɪzɪt] 1 n chose f nécessaire (for pour). (Comm) **office ~s** articles mpl de bureau; **toilet ~s** accessoires mpl de toilette. 2 adj requis, nécessaire.

requisition [ˌrekwɪ'zɪʃ(ə)n] 1 n réquisition f. 2 vt réquisitionner.

reredos ['rɪədɒs] n retable m.

reroute ['riː'ruːt] vt dérouter (through par).

reschedule [riː'ʃedjuːl], (US) [riː'skedjuːl] vt meeting changer l'heure (or la date) de; service changer l'horaire de; repayments changer les dates de.

rescind [rɪ'sɪnd] vt judgment rescinder; law abroger; contract, decision annuler.

rescue ['reskjuː] 1 n (help) secours mpl; (saving) sauvetage m; (freeing) délivrance f. **to go/come to sb's ~** aller/venir au secours de qn; **to the ~** à la rescousse. 2 vt (save) secourir, sauver; (free) délivrer (from de). 3 adj operation, attempt de sauvetage. ~ **party** équipe f de sauvetage. ♦ **rescued** npl: **the ~d** les rescapés mpl. ♦ **rescuer** n sauveteur m; (from imprisonment) libérateur m, -trice f.

research [rɪ'sɜːtʃ] 1 n recherche(s) f(pl). **a piece of ~** un travail de recherche; **to do ~** faire de la recherche (on sur); (Ind) R~ **and Development** Recherche f et Développement m or et Réalisation f. 2 vi faire des recherches (into, on sur). 3 vt article faire des recherches pour. 4 adj student qui fait de la recherche; laboratory de recherches. ~ **establishment** centre m de recherches; (Univ) ~ **fellow** ≃ chercheur m, -euse f attaché(e) à l'université. ♦ **researcher** n chercheur m, -euse f.

resemble [rɪ'zembl] vt ressembler à. ♦ **resemblance** n ressemblance f; **to bear a strong/faint**

resemblance to avoir une grande/vague ressemblance avec.

resent [rɪ'zent] *vt* être contrarié de; *(stronger)* être indigné de. **I ~ that!** je proteste!; **I ~ your tone** votre ton me déplaît; **he ~ed having lost his job** il n'a jamais pu admettre d'avoir perdu son emploi. ◆ **resentful** *adj* plein de ressentiment *(about* à cause de). ◆ **resentfully** *adv* avec ressentiment. ◆ **resentment** *n* ressentiment *m*.

reservation [,rezə'veɪʃ(ə)n] *n* (**a**) réserve *f*. **without ~** sans réserve; **with ~s** avec certaines réserves; **mental ~** restriction *f* mentale; **to have ~s about** avoir des doutes sur. (**b**) *(booking)* réservation *f*. **to make a ~ at the hotel** réserver une chambre à l'hôtel; **to have a ~** *(seat/room/table)* avoir une place/chambre/table réservée. (**c**) *(area of land)* réserve *f*. *[roadway]* **central ~** bande *f* médiane.

reserve [rɪ'zɜːv] **1** *vt (most senses)* réserver. **to ~ one's strength** ménager ses forces, *(Sport)* se réserver; **to ~ judgment** se réserver de prononcer un jugement; **to ~ the right to do** se réserver le droit de faire. **2** *n (most senses)* réserve *f*; *(Sport: substitute)* remplaçant(e) *m(f)*. **cash ~** réserve de caisse; **gold ~s** réserves d'or; *(Mil)* **the R~** la réserve; **in ~** en réserve; **without ~** sans réserve ; **he treated me with some ~** il s'est tenu sur la réserve avec moi. **3** *adj fund* de réserve; *price* minimum. *(Aut)* **~ tank** réservoir *m* de secours; **~ team** deuxième équipe *f*. ◆ **reserved** *adj (gen)* réservé; **to be ~d about...** rester sur la réserve quant à... ◆ **reservist** *n* réserviste *m*. ◆ **reservoir** ['rezəvwɑːʳ] *n* réservoir *m*.

resettle [,riː'setl] *vt refugee* établir; *land* repeupler.

reshuffle [,riː'ʃʌfl] **1** *n (Pol)* **Cabinet ~** remaniement *m* ministériel. **2** *vt* remanier.

reside [rɪ'zaɪd] *vi* résider *(fig: in, with* dans). ◆ **residence** ['rezɪd(ə)ns] *n (gen)* résidence *f*; *(hostel)* foyer *m*; **to take up ~nce** s'installer, élire domicile *(Admin)*; **in ~nce** *monarch etc* en résidence; *students etc* rentrés; *doctor* résidant; **~nce permit** permis *m* de séjour. ◆ **residency** *n* résidence *f* officielle. ◆ **resident 1** *n* habitant(e) *m(f)*; *(in foreign country)* résident(e) *m(f)*; *(in street)* riverain(e) *m(f)*; *(in hostel)* pensionnaire *mf* ; **2** *adj (gen)* résidant; *chaplain, tutor* à demeure; *population* fixe; **they are ~nt in France** ils sont résident en France. ◆ **residential** *adj area* résidentiel; *work* qui demande résidence; *(US)* **~ntial school** internat *m*.

residue ['rezɪdjuː] *n* reste(s) *m(pl)*; *(Chem)* résidu *m*; *(Math)* reste; *(Jur)* reliquat *m*. ◆ **residual** [re'zɪdjuəl] *adj* restant; *(Chem)* résiduel. ◆ **residuary** *adj* restant; *(Chem)* résiduaire; *(Jur)* **residuary legatee** ≃ légataire *mf* universel(le).

resign [rɪ'zaɪn] **1** *vt one's post* démissionner de; *the leadership etc* céder *(to* à). **to ~ one's commission** démissionner *(se dit d'un officier)*; **to ~ o.s. to (doing) sth** se résigner à (faire) qch. **2** *vi* démissionner *(from* de). ◆ **resignation** [,rezɪg'neɪʃ(ə)n] *n* (**a**) *(from job)* démission *f*; **to tender one's ~ation** donner sa démission; (**b**) *(mental state)* résignation *f*. ◆ **resigned** *adj* résigné; **to become ~ed to (doing) sth** se résigner à (faire) qch. ◆ **resignedly** *adv* avec résignation.

resilient [rɪ'zɪlɪənt] *adj substance* élastique; *character* qui réagit. **he's very ~** *(physically)* il a beaucoup de résistance; *(mentally etc)* il a du ressort. ◆ **resilience** *n* résistance *f*; ressort *m*.

resin ['rezɪn] *n* résine *f*. ◆ **resinous** *adj* résineux.

resist [rɪ'zɪst] **1** *vt (gen)* résister à; *order* refuser d'obéir à; *change* s'opposer à. **I couldn't ~** *(eating)* **another cake** je n'ai pas pu m'empêcher de manger encore un gâteau; **she can't ~ him** elle ne peut rien lui refuser. **2** *vi* résister. ◆ **resistance 1** *n (gen, Elec, Med, Mil, Phys)* résistance *f*; **he offered no ~ance** il n'a pas résisté *(to* à); *(Med)* **his ~ance was very low** il n'offrait presque plus de

résistance (au mal) ; **2** *adj:* **~ance fighter** résistant(e) *m(f)*; **the ~ance movement** la résistance. ◆ **resistant** *adj* résistant; *(of virus, strain)* **~ant to** rebelle à.

resit ['riː'sɪt] *pret, ptp* **resat 1** *vt* se représenter à. **2** ['riː:sɪt] *n* deuxième session *f (d'un examen)*.

resolute ['rezəluːt] *adj* résolu. ◆ **resolutely** *adv* résolument. ◆ **resoluteness** *n* résolution *f*.

resolution [,rezə'luːʃ(ə)n] *n (all senses)* résolution *f*. **to make a ~** prendre une résolution.

resolve [rɪ'zɒlv] **1** *vt (gen)* résoudre *(into* en); *problem, difficulty* résoudre. **2** *vi* résoudre, décider *(to do* de faire; *that* que), se décider *(to do* à faire). **it has been ~d that** il a été résolu que. **3** *n* résolution *f*. **to make a ~ to do** prendre la résolution de faire. ◆ **resolved** *adj* résolu *(to do* à faire).

resonant ['rezənənt] *adj* résonant. ◆ **resonance** *n* résonance *f*.

resort [rɪ'zɔːt] **1** *n* (**a**) *(recourse)* recours *m*; *(thing ~ed to)* ressource *f*. **without ~ to violence** sans recourir à la violence; **as a last ~, in the last ~** en dernier ressort; **it was my last ~** c'était mon dernier recours; **it was the only ~ left to them** c'était la seule ressource qui leur restait. (**b**) *(place)* lieu *m* de séjour. **holiday ~** lieu de vacances; **seaside/summer ~** station *f* balnéaire/ estivale; **winter sports ~** station de sports d'hiver. **2** *vi* avoir recours *(to sth/sb* à qch/qn), en venir *(to doing* à faire).

resound [rɪ'zaʊnd] *vi* retentir *(with* de); *(fig)* avoir un retentissement. ◆ **resounding** *adj shout, victory, success* retentissant; *defeat* écrasant.

resource [rɪ'sɔːs] *n* ressource *f*. **as a last ~** en dernière ressource; **mineral ~s** ressources en minerais; **left to his own ~s** livré à ses propres ressources; **~ centre** centre *m* de documentation. ◆ **resourceful** *adj person* plein de ressources, débrouillard ***; *scheme* ingénieux. ◆ **resourcefully** *adv* d'une manière ingénieuse. ◆ **resourcefulness** *n* ressource *f (qualité)*.

respect [rɪs'pekt] **1** *n (gen)* respect *m*. **to have ~ for** respecter; **to treat with ~** traiter avec respect; **out of ~** par respect *or* égard pour; **with due ~ I still think...** sans vouloir vous contredire je crois toujours...; **with ~ to** pour *or* en ce qui concerne; **in ~ of** quant à; **in some ~s** à certains égards; **to pay one's ~s to sb** présenter ses respects à qn; **give my ~s to** présentez mes respects à. **2** *vt* respecter. ◆ **respectability** *n* respectabilité *f*. ◆ **respectable** *adj* (**a**) *(decent: gen)* respectable; *clothes, behaviour* convenable; **they are very ~able people** ce sont de très braves gens; **that's not ~able** ça ne se fait pas; (**b**) *(quite big) size, income* considérable, respectable. ◆ **respectably** *adv dress, behave* convenablement; *(quite well)* passablement; **very ~ably** pas mal du tout *. ◆ **respecter** *n:* **he is no ~er of persons** il ne s'en laisse imposer par personne. ◆ **respectful** *adj* respectueux. ◆ **respectfully** *adv* respectueusement. ◆ **respecting** *prep* concernant, touchant. ◆ **respective** *adj* respectif. ◆ **respectively** *adv* respectivement.

respire [rɪs'paɪəʳ] *vti* respirer. ◆ **respiration** [,respɪ'reɪʃ(ə)n] *n* respiration *f*. ◆ **respirator** *n (Med)* respirateur *m*; *(Mil)* masque *m* à gaz. ◆ **respiratory** *adj* respiratoire.

respite ['respaɪt] *n* répit *m*.

resplendent [rɪs'plendənt] *adj* resplendissant.

respond [rɪs'pɒnd] *vi (gen)* répondre *(to* à; *with* par). *[patient]* **to ~ to treatment** bien réagir au traitement; **the illness ~ed to treatment** le traitement a agi sur la maladie.

response [rɪs'pɒns] *n (gen)* réponse *f*; *(to treatment)* réaction *f*; *(Rel)* répons *m*. **in ~ to** en réponse à.

responsible [rɪs'pɒnsəbl] *adj* responsable (*for* de; *to sb for sth* de qch devant qn). **to be directly ~ to sb** relever directement de qn; **he is very ~** il a un grand sens des responsabilités; **it's a ~ job** c'est un poste qui comporte des responsabilités. ◆ **responsibility 1** *n* responsabilité *f*; **to put** *or* **place the responsibility for sth on sb** tenir qn pour responsable de qch; **to take responsibility for sth** prendre la responsabilité de qch; **it's not my responsibility to do that** ce n'est pas à moi de faire ça; **on my own responsibility** sous ma responsabilité; **2** *adj*: **responsibility payment** prime *f* de fonction. ◆ **responsibly** *adv* avec sérieux.

responsive [rɪs'pɒnsɪv] *adj* audience, class, pupil qui réagit bien; *person* qui n'est pas du tout réservé; *(to affection)* très affectueux.

rest [rest] **1** *n* (**a**) *(gen)* repos *m*; *(Poetry)* césure *f*. **to need ~/a ~** avoir besoin de repos/de se reposer; **to have a ~** se reposer; **to have a good night's ~** passer une bonne nuit; **to be at ~** *(dead)* reposer en paix; **to lay to ~** porter en terre; **to set sb's mind at ~** tranquilliser qn; **to come to ~** *[object]* s'immobiliser; *[bird]* se poser *(on* sur*)*; **it will give him a ~** ça le reposera; **give it a ~!** * laisse tomber! * (**b**) *(support)* support *m*, appui *m*. **arm ~** accoudoir *m*. (**c**) *(remainder)* **the ~** *[substance, money]* le reste, le restant; *[things, people]* les autres *mfpl*; **the ~ of us will wait here** nous (autres), nous attendrons ici; **and all the ~ of it** * et tout ça *. (**d**) *(Mus)* silence *m*.
2 *adj* cure, day de repos. **~ centre** centre *m* d'accueil; **~ home** maison *f* de repos; *(US)* **~ room** toilettes *fpl*.
3 *vi* (**a**) *(repose)* se reposer; *[the dead]* reposer. *(fig)* **he won't ~ till he finds out...** il n'aura de cesse qu'il ne découvre *(subj)*...; *(fig: of actor)* **to be ~ing** se trouver sans engagement; **may he ~ in peace** qu'il repose en paix. (**b**) *(remain)* rester, demeurer. **~ assured that** soyez assuré que; **there the matter ~s** l'affaire en est là; **it ~s with him to decide** il lui appartient de décider; **it doesn't ~ with me** cela ne dépend pas de moi. (**c**) *(lean)* *[person]* s'appuyer *(on* sur; *against* contre*)*; *[roof, ladder]* appuyer *(on* sur; *against* contre*)*; *[reputation, case]* reposer *(on* sur*)*; *[eyes, gaze]* se poser *(on* sur*)*. **a heavy responsibility ~s on him** il a de lourdes responsabilités.
4 *vt* (**a**) laisser reposer. **I am quite ~ed** je me sens tout à fait reposé; **God ~ his soul!** que Dieu ait son âme! (**b**) *(lean)* hand, small object poser; *ladder, cycle* appuyer *(on* sur, *against* contre*)*.
◆ **restful** *adj* reposant. ◆ **restless** *adj* agité; **to have a ~less night** mal dormir; **to get ~less** s'agiter, s'impatienter. ◆ **restlessly** *adv* move avec agitation; *fidget* nerveusement. ◆ **restlessness** *n* agitation *f*, impatience *f*.

restaurant ['rest(ə)rɔ̃:ŋ] **1** *n* restaurant *m*. **2** *adj* *(Rail)* **~ car** wagon-restaurant *m*; **~ owner** restaurateur *m*, -trice *f*.

restitution [ˌrestɪ'tjuː:ʃ(ə)n] *n* restitution *f*. **to make ~ of sth** restituer qch.

restive ['restɪv] *adj* horse rétif; *person* agité, énervé.

restore [rɪs'tɔː:ʳ] *vt* (**a**) *(give back: gen)* rendre *(to* à*)*; *rights, order, calm* rétablir; *confidence* redonner *(to sb* à qn; *in* dans*)*. **~d to health** rétabli; **to ~ sb to life** ramener qn à la vie; **to ~ sth to its former condition** remettre qch en état; **to ~ sb's strength** redonner des forces à qn; **to ~ to the throne** replacer sur le trône; **to ~ to power** ramener au pouvoir. (**b**) *(repair)* building etc restaurer. ◆ **restoration** *n* rétablissement *m*; restauration *f* (*also Hist*). ◆ **restorative** *adj*, *n* reconstituant (*m*). ◆ **restorer** *n* *(Art etc)* restaurateur *m*, -trice *f*.

restrain [rɪs'treɪn] *vt* *(gen)* retenir *(sb from doing* qn de faire*)*; *dangerous person (overcome)* maîtriser; *(control)* contenir; *(imprison)* interner; *anger, feel-*ings contenir. **~ yourself** dominez-vous. ◆ **restrained** *adj* emotions contenu; *voice, words* mesuré; *person* maître de soi; *style* sobre. ◆ **restraint** *n* (**a**) *(restriction)* contrainte *f*; **wage ~t** contrôle *m* des salaires; (**b**) *(moderation) [person, speech]* retenue *f*; *[style]* sobriété *f*; **to show a lack of ~t** manquer de maîtrise de soi.

restrict [rɪs'trɪkt] *vt* *authority, freedom* restreindre; *visits, price rise* limiter *(to* à*)*. ◆ **restricted** *adj* restreint, limité; *document* confidentiel; *point of view, horizon* étroit; *(Aut)* **~ed area** zone *f* à vitesse limitée. ◆ **restriction** *n* *(gen)* restriction *f*, limitation *f*; *[prices etc]* contrôle *m*; **to place ~ions on** apporter des restrictions à; *(Aut)* **speed ~ion** limitation de vitesse. ◆ **restrictive** *adj* restrictif; *(Ind)* **~ive practices** pratiques *fpl* restrictives de production.

restyle ['riː'staɪl] *vt* product redessiner. **to have one's hair ~d** changer de coiffure.

result [rɪ'zʌlt] **1** *n* *(gen)* résultat *m*. **as a ~ he...** en conséquence il...; **to be the ~ of** être dû à; **as a ~ of** *(gen)* à la suite de; **he died as a ~ of his injuries** il est mort des suites de ses blessures; **to get ~s** * *[person]* obtenir *or [action]* donner de bons résultats. **2** *vi* résulter *(from* de*)*. **to ~ in** aboutir à, se terminer par; *failure* se solder par. ◆ **resultant** *adj* résultant.

resume [rɪ'zjuː:m] **1** *vt* (**a**) *(restart: gen)* reprendre; *relations* renouer. **to ~ one's seat** se rasseoir. (**b**) *(sum up)* résumer. **2** *vi* *[classes etc]* reprendre. ◆ **resumption** *n* reprise *f*.

resurrect [ˌrezə'rekt] *vt* ressusciter; *(fig) fashion, ideas* faire revivre; *memories* réveiller. ◆ **resurrection** *n* *(Rel, fig)* résurrection *f*.

resuscitate [rɪ'sʌsɪteɪt] *vt* *(Med)* réanimer. ◆ **resuscitation** *n* réanimation *f*.

retail ['riːteɪl] **1** *n* vente *f* au détail. **2** *vt* vendre au détail; *(fig) gossip* colporter. **3** *vi* se vendre au détail *(at* à*)*. **4** *adv* au détail. **5** *adj* business, price de détail. **~ price index** ≃ indice *m* des prix de l'INSEE. ◆ **retailer** *n* détaillant(e) *m(f)*.

retain [rɪ'teɪn] *vt* *(keep)* conserver, garder; *heat* conserver; *(hold)* retenir, maintenir; *lawyer* retenir, engager; *(remember)* garder en mémoire. ◆ **retainer** *n* *(fee)* provision *f*.

retaliate [rɪ'tælɪeɪt] *vi* se venger *(against sb/sth* contre qn/qch; *by doing* en faisant*)*, user de représailles *(against sb* envers qn*)*. ◆ **retaliation** *n* vengeance *f*, représailles *fpl*; **in retaliation** par représailles; **in retaliation for** pour venger. ◆ **retaliatory** *adj*: **retaliatory measures** représailles *fpl*.

retarded [rɪ'tɑːdɪd] *adj* *(Med)* retardé, arriéré. **mentally ~** arriéré.

retch [retʃ] *vi* avoir des haut-le-cœur.

retention [rɪ'tenʃ(ə)n] *n* conservation *f*, maintien *m*; *(memory)* mémoire *f*; *(Med)* rétention *f*.

retentive [rɪ'tentɪv] *adj* memory fidèle; *person* qui a bonne mémoire.

rethink ['riː'θɪŋk] *vt* reconsidérer.

reticent ['retɪs(ə)nt] *adj* réticent, réservé. **to be ~ about** ne pas parler beaucoup de. ◆ **reticence** *n* réticence *f*.

retina ['retɪnə] *n* rétine *f*.

retinue ['retɪnjuː:] *n* suite *f*, escorte *f*.

retire [rɪ'taɪəʳ] **1** *vi* (**a**) *(withdraw)* se retirer *(from* de; *to* à*)*; *(Mil)* reculer; *(Sport)* abandonner. (**b**) *(go to bed)* aller se coucher; *(give up work)* prendre sa retraite. **to ~ from business** se retirer des affaires. **2** *vt* employee mettre à la retraite. ◆ **retired** *adj* (**a**) *(no longer working)* retraité, à la retraite; **a ~d person** un(e) retraité(e); (**b**) *(secluded)* life retiré. ◆ **retirement** *n* *(stopping work)* retraite *f*. ◆ **retiring** *adj* (**a**) *(shy)* réservé; (**b**) *(departing)* chairman etc sortant; (**c**) *age de* la retraite.

retool [riː'tuːl] *vt* rééquiper; *(US)* réorganiser.

retort¹ [rɪ'tɔːt] **1** n (reply) riposte f. **2** vt riposter.

retort² [rɪ'tɔːt] n (Chem) cornue f.

retrace [rɪ'treɪs] vt developments etc (research into) reconstituer; (give account of) retracer. **to ~ one's steps** revenir sur ses pas.

retract [rɪ'trækt] **1** vt (gen) rétracter; (Aviat) undercarriage rentrer. **2** vi se rétracter.

retrain ['riː'treɪn] **1** vt recycler (personne). **2** vi se recycler. ◆ **retraining** n recyclage m.

retread ['riːtred] n (tyre) pneu m rechapé.

retreat [rɪ'triːt] **1** n (a) (esp Mil) retraite f, recul m. (Mil) **to be in ~** battre en retraite; (fig) **to beat a hasty ~** partir en vitesse. (b) (place: also Rel) retraite f. **a country ~** une maison tranquille à la campagne. **2** vi (Mil) battre en retraite; (withdraw) se retirer (from de); [flood, glacier] reculer; [chin, forehead] être fuyant.

retrench [rɪ'tren(t)ʃ] **1** vt réduire. **2** vi faire des économies.

retrial ['riː'traɪ(ə)l] n (Jur) nouveau procès m.

retribution [ˌretrɪ'bjuːʃ(ə)n] n châtiment m.

retrieve [rɪ'triːv] vt (recover) object récupérer (from de); [dog] rapporter; money recouvrer; information extraire; fortune, honour, position rétablir; (set to rights) error réparer; situation redresser; (rescue) sauver (from de).
◆ **retrievable** adj object, material récupérable; money recouvrable; error, loss réparable. ◆ **retrieval** n récupération f; recouvrement m; réparation f; **beyond** or **past retrieval** irréparable. ◆ **retriever** n chien m d'arrêt.

retrograde ['retrəʊ'greɪd] adj rétrograde.

retrospect ['retrəʊ'spekt] n: **in ~** rétrospectivement. ◆ **retrospective 1** adj pay rise rétroactif ; **2** n (Art) rétrospective f. ◆ **retrospectively** adv rétroactivement.

retune [riː'tjuːn] vi: **to ~ to a station** se mettre à l'écoute d'une station.

return [rɪ'tɜːn] **1** vi (come back) revenir; (go back) retourner; [symptoms, doubts] réapparaître. **to ~ home** rentrer; **have they ~ed?** sont-ils revenus or rentrés?; **to ~ to** work, habit reprendre; subject, idea revenir à; **to ~ to school** rentrer (en classe).
2 vt (a) (give back) (gen) rendre; money rembourser (to sb à qn); (bring back) rapporter; (put back) remettre; (send back) renvoyer; compliment, salute, blow, visit, book rendre; sb's love répondre à. (on letter) '~ to sender' 'retour à l'envoyeur'; **to ~ sb's favour** rendre service à qn en retour. (b) (reply) répliquer. (c) (declare) income, details déclarer; (Jur) verdict rendre. (Jur) **to ~ a verdict of guilty on sb** déclarer qn coupable; **to ~ a verdict of murder** conclure au meurtre. (d) (Parl) candidate élire.
3 n (a) (coming, going, giving back) retour m; (sending back) renvoi m; [sth lost etc] restitution f; [money] remboursement m. **on my ~** dès mon retour; **~ home** retour m; **by ~ of post** par retour du courrier; **many happy ~s (of the day)!** bon anniversaire! (b) (~ ticket) aller et retour m. (c) (recompense) récompense f (for de); (from land, business, mine) rapport m (on de). **~s** (profits) bénéfice m; (receipts) recettes fpl; **small profits and quick ~s** de bas prix et un gros chiffre d'affaires; **in ~** en revanche; **in ~ for** en échange de. (d) official **~s** statistiques fpl officielles; **the population ~s** le recensement (m), the **election ~s** les résultats mpl de l'élection; **tax ~** déclaration f de revenus or d'impôts. (e) (Parl) [candidate] élection f.
4 adj: **~ fare**, **~ ticket** aller et retour m; **~ flight** vol m de retour; [ticket] **~ half** coupon m de retour; (Pol) **~ing officer** président m du bureau de vote; **~ journey** retour m; **~ match** match m retour; (Tech) **~ stroke** course f retour.
◆ **returnable** adj qu'on doit rendre; bottle etc consigné.

reunification ['riːˌjuːnɪfɪ'keɪʃ(ə)n] n réunification f.

reunion [rɪ'juːnjən] n réunion f.

reunite ['riːjuː'naɪt] vt réunir.

re-use ['riːjuːz] vt réutiliser. ◆ **re-usable** adj réutilisable.

rev * [rev] **1** n (Aut) tour m. **~ counter** compte-tours m inv; **4,000 ~s per minute** 4 000 tours minute. **2** vt engine emballer. **3** vi (~ up) [engine] s'emballer; [driver] emballer le moteur.

reveal [rɪ'viːl] vt révéler (that que); (uncover) hidden object etc découvrir. ◆ **revealing** adj révélateur; dress décolleté. ◆ **revelation** [ˌrevə'leɪʃ(ə)n] n révélation f; **(the Book of the) Revelation** l'Apocalypse f.

reveille [rɪ'vælɪ] n (Mil) réveil m.

revel ['revl] **1** vi se délecter (in sth de qch; in doing à faire). **2** npl: **~s** festivités fpl. ◆ **reveller** n: **the ~lers** les gens mpl de la fête. ◆ **revelry** n festivités fpl.

revenge [rɪ'ven(d)ʒ] **1** n vengeance f; (Sport etc) revanche f. **to take ~ on sb for sth** se venger de qch sur qn; (Sport etc) prendre sa revanche sur qn de qch; **to get one's ~** se venger; **in ~ he...** pour se venger il... **2** vt venger. **to be ~d** se venger (on sb de qn; on sb for sth de qch sur qn).

revenue ['revənjuː] n revenu m.

reverberate [rɪ'vɜːb(ə)reɪt] vi se répercuter; (fig) se propager. ◆ **reverberation** n répercussion f.

revere [rɪ'vɪəʳ] vt révérer, vénérer. ◆ **reverence** ['rev(ə)r(ə)ns] **1** n vénération f. **2** vt révérer. ◆ **reverend** adj: **the R~nd Robert Martin** (Anglican) le révérend Robert Martin; (Roman Catholic) l'abbé (Robert) Martin; (Nonconformist) le pasteur (Robert) Martin; **R~nd Mother** révérende mère f. ◆ **reverent** adj respectueux. ◆ **reverently** adv avec vénération.

reverse [rɪ'vɜːs] **1** adj (gen) contraire; direction contraire, opposé; movement, image inverse. **~ side** V **2 b** below; **in ~ order** en ordre inverse; (Aut) **~ gear** marche f arrière; (US) **~ discrimination** racisme m à l'envers.
2 n (a) (opposite) **the ~** le contraire, l'opposé; **quite the ~!** bien au contraire!; (Aut) **in ~** en marche arrière. (b) (~ side) [coin] revers m; [sheet of paper] verso m; [cloth] envers m; [painting] dos m. (c) (setback) revers m; (defeat) défaite f.
3 vt (a) (turn the other way round) object, garment retourner; trend, policy, situation renverser ; 2 objects, order, result inverser. **to ~ one's policy** faire volte-face (fig); **to ~ a procedure** procéder par ordre inverse; (Brit Telec) **to ~ the charges** téléphoner en P.C.V.; **~d charge call** communication f en P.C.V. (b) (move backwards) moving belt renverser la direction de; typewriter ribbon changer de sens. **to ~ one's car** = **to reverse** (V **4**). (c) (Jur: annul) verdict, judgment réformer.
4 vi (Aut) faire marche arrière. **to ~ into the garage** rentrer dans le garage en marche arrière; **to ~ into a tree** heurter un arbre en faisant une marche arrière; **to ~ across the road** faire une marche arrière en travers de la route; **reversing lights** feux mpl de marche arrière.
◆ **reversal** n (turning upside down) renversement m; (switching over of 2 objects) intervesion f; [opinion, view etc] revirement m; (Jur) réforme f. ◆ **reversible** adj réversible.

revert [rɪ'vɜːt] vi (gen) retourner (to à); (to subject) revenir (to à). (Bio) **to ~ to type** retourner au type primitif; (fig) **he has ~ed to type** le naturel a repris le dessus. ◆ **reversion** n retour m (to à); (Bio) réversion f.

review [rɪ'vjuː] **1** n (a) [situation, development, the past] revue f, examen m; [wages etc] révision f; (report) rapport m d'enquête; (Mil etc) revue;

[book, film, play etc] critique *f.* **to come up for** ~ or **come under** ~ être révisé; **to keep sth under** ~ suivre qch de très près; **to give a** ~ **of sth** passer qch en revue. **(b)** *(magazine)* revue *f.* **(c)** *(US Scol: revision)* révision *f.* **2** *adj [book]* ~ **copy** exemplaire *m* de service de presse. **3** *vt* **(a)** *one's life, the past, troops* passer en revue; *the situation* réexaminer; *book, play, film* faire la critique de. **(b)** *(US Scol etc)* réviser. ◆ **reviewer** *n* critique *m*; **book/film** ~**er** critique littéraire/de cinéma.

revile [rɪ'vaɪl] *vt* insulter.

revise [rɪ'vaɪz] **1** *vt* **(a)** *(change) opinion, estimate* réviser, modifier; *proof* corriger; *text* réviser. ~**d edition** édition *f* revue et corrigée; *(Brit) [Bible]* **R**~**d Version** traduction (anglaise) de la Bible de 1884. **(b)** *(learn up)* réviser. **2** *vi* réviser *(for* pour). ◆ **revision** *n* révision *f.*

revive [rɪ'vaɪv] **1** *vt person (from fainting)* ranimer; *(from exhaustion)* remonter; *(from near death, esp Med)* réanimer; *fashion* remettre en vogue; *conversation, fire* ranimer; *trade* relancer; *hope, interest* faire renaître; *law* remettre en vigueur; *custom, usage* rétablir; *play* reprendre. **to** ~ **sb's courage** redonner du courage à qn. **2** *vi [person]* reprendre connaissance; *[hope, feelings]* renaître; *[business, trade]* reprendre. ◆ **revival** *n [custom, ceremony]* reprise *f; [faith]* renouveau *m;* **revival meeting** réunion *f* pour le renouveau de la foi.

revoke [rɪ'vəʊk] **1** *vt law* abroger; *order, edict* révoquer; *promise* revenir sur; *decision* annuler; *licence* retirer. **2** *vi (Cards)* faire une fausse renonce. ◆ **revocation** *n* abrogation *f;* révocation *f;* annulation *f;* retrait *m.*

revolt [rɪ'vəʊlt] **1** *n* révolte *f.* **to rise** or **be in** ~ se révolter *(against* contre). **2** *vi* se révolter *(against* contre). **3** *vt* révolter. ◆ **revolting** *adj* révoltant; *(less strong)* dégoûtant; *(*: *unpleasant) weather, colour* épouvantable.

revolution [ˌrevə'luːʃ(ə)n] *n (all senses)* révolution *f.* ◆ **revolutionary** *adj, n* révolutionnaire *(mf).* ◆ **revolutionize** *vt* révolutionner.

revolve [rɪ'vɒlv] **1** *vt (lit)* faire tourner. *(fig)* **to** ~ **a problem in one's mind** retourner un problème dans son esprit. **2** *vi* tourner. **to** ~ **on an axis/ around the sun** tourner sur un axe/autour du soleil; *(fig)* **everything** ~**s around him** tout dépend de lui. ◆ **revolving** *adj light, stage* tournant; *chair, bookcase* pivotant; *(Tech)* rotatif; **revolving credit** crédit *m* documentaire renouvelable; **revolving door** tambour *m.*

revolver [rɪ'vɒlvə'] *n* revolver *m.*

revue [rɪ'vjuː] *n (Theat)* revue *f.*

revulsion [rɪ'vʌlʃ(ə)n] *n* dégoût *m.*

reward [rɪ'wɔːd] **1** *n* récompense *f.* **as a** ~ **for sth** en récompense de qch; **as a** ~ **for doing** pour vous *(or le etc)* récompenser d'avoir fait. **2** *vt* récompenser *(for* de). **to** ~ **sb with a smile** remercier qn d'un sourire. ◆ **rewarding** *adj (financially)* rémunérateur; *(fig) book/film* qui vaut la peine d'être lu/vu; *activity* qui a sa récompense.

rewire ['riː'waɪə'] *vt house* refaire l'installation électrique de.

Reykjavik ['reɪkjəviːk] *n* Reykjavik.

rhapsody ['ræpsədɪ] *n (Mus)* rhapsodie *f; (fig)* dithyrambe *m.* ◆ **rhapsodize** *vi* s'extasier *(over, about* sur).

rheostat ['riːəʊ'stæt] *n* rhéostat *m.*

rhesus ['riːsəs] **1** *n* rhésus *m.* **2** *adj factor* rhésus *inv.* ~ **monkey** rhésus *m.*

rhetoric ['retərɪk] *n* rhétorique *f.* ◆ **rhetorical** *adj style* ampoulé *(pej);* ~**al question** question *f* pour la forme. ◆ **rhetorically** *adv declaim* en orateur; *ask* pour la forme.

rheumatism ['ruːmətɪz(ə)m] *n* rhumatisme *m.*
◆ **rheumatic fever** *n* rhumatisme *m* articulaire aigu. ◆ **rheumatics** * *npl* rhumatismes *mpl.*
◆ **rheumatoid arthritis** *n* rhumatisme *m* chronique polyarticulaire.

Rhine [raɪn] *n* Rhin *m.*

rhinoceros [raɪ'nɒs(ə)r(ə)s] *n* rhinocéros *m.*

Rhodesia [rə(ʊ)'diːʒə] *n* Rhodésie *f.*

rhododendron [ˌrəʊdə'dendr(ə)n] *n* rhododendron *m.*

Rhone [rəʊn] *n* Rhône *m.*

rhubarb ['ruːbɑːb] **1** *n* rhubarbe *f.* **2** *adj jam* de rhubarbe; *pie* à la rhubarbe.

rhyme [raɪm] **1** *n* rime *f; (poetry)* vers *mpl; (poem)* poème *m. (fig)* **without** ~ **or reason** sans rime ni raison. **2** *vt* faire rimer *(with* avec). **3** *vi* rimer *(with* avec).

rhythm ['rɪð(ə)m] *n* rythme *m. (Med)* ~ **method** méthode *f* des températures; *(Mus)* ~ **and blues** rythm and blues *m.* ◆ **rhythmic(al)** *adj movement* rythmique; *music* rythmé. ◆ **rhythmically** *adv* de façon rythmée.

rib [rɪb] *n (Anat, Culin)* côte *f; [leaf, ceiling]* nervure *f; [umbrella]* baleine *f; [knitting]* côte. **to dig** or **poke sb in the** ~**s** pousser qn du coude; ~ **cage** cage *f* thoracique.

ribald ['rɪb(ə)ld] *adj* paillard. ◆ **ribaldry** *n* paillardises *fpl.*

ribbon ['rɪb(ə)n] **1** *n* ruban *m.* **in** ~**s** *(tatters)* en lambeaux. **2** *adj:* ~ **development** extension *f* urbaine linéaire en bordure de route.

rice [raɪs] **1** *n* riz *m.* **2** *adj:* ~ **pudding** riz *m* au lait. ◆ **ricefield** *n* rizière *f.* ◆ **rice-growing 1** *n* riziculture *f ;* **2** *adj* producteur de riz.

rich [rɪtʃ] *adj (gen)* riche *(in* en); *profit* gros; *furniture, gift, clothes* somptueux; *voice* ample; *district of town* très chic. **to grow** or **get** ~**(er)** s'enrichir; **to make** ~ enrichir; *(iro) that's* ~! * ça c'est pas mal! * *(iro).* ◆ **riches** *npl* richesse(s) *f(pl).* ◆ **richly** *adv* richement; somptueusement; *deserve* largement. ◆ **richness** *n* richesse *f (in* en); somptuosité *f;* ampleur *f; [colour]* éclat *m.*

rickets ['rɪkɪts] *n* rachitisme *m.* **to have** ~ être rachitique. ◆ **rickety** *adj (Med)* rachitique; *furniture, stairs* branlant; *bicycle* délabré.

ricochet ['rɪkəʃeɪ] **1** *n* ricochet *m.* **2** *vi* ricocher.

rid [rɪd] *pret, ptp* **rid** or **ridded** *vt (of pests, disease)* débarrasser *(of* de); *(of bandits etc)* délivrer *(of* de). **to get** ~ **of, to** ~ **o.s. of** *fleas, spots, cold, person, rubbish* se débarrasser de; *habit, desire, fears* perdre; *debts* liquider; **to be** ~ **of** être débarrassé de; **the body gets** ~ **of waste** l'organisme élimine les déchets. ◆ **riddance** *n* débarras *m;* **good** ~**dance!** * bon débarras! *

ridden ['rɪdn] *(ptp of* **ride)** *adj ending:* **fear-**~ hanté par la peur; **remorse-** ~ tourmenté par le remords.

riddle¹ ['rɪdl] **1** *n* crible *m.* **2** *vt coal, soil etc* passer au crible; *stove* agiter la grille de; *(fig)* cribler *(with bullets etc* de balles *etc).*

riddle² ['rɪdl] *n (mystery)* énigme *f.* **to ask sb a** ~ poser une devinette à qn.

ride [raɪd] *(vb: pret* **rode,** *ptp* **ridden) 1** *n* **(a)** promenade *f (à cheval, à bicyclette etc),* tour *m; (distance covered)* trajet *m.* **horse** ~ , ~ **on horseback** *(for pleasure)* promenade *or* tour à cheval; *(long journey)* chevauchée *f;* **he gave the child a** ~ **on his back** il a promené l'enfant sur son dos; **coach** ~ tour *or* excursion *f* en car; **it's a short taxi** ~ ce n'est pas loin en taxi *(to* jusqu'à); **he has a long (car/bus)** ~ **to work** il a un long trajet (en voiture/en autobus) jusqu'à son travail; **to go for a** ~ **in a car** faire un tour *or* une promenade en voiture; **to take sb for a** ~ *(in car etc)* emmener

qn en promenade; *(fig: make fool of)* mener qn en bateau *; *(swindle)* rouler qn *; **I've never had a ~ in a train** je n'ai jamais pris le train; **can I have a ~ on your bike?** est-ce que je peux monter sur ton vélo?; **a ~ on the merry-go-round** un tour sur le manège. **(b)** *(forest path)* allée *f* cavalière. **2** *vi* **(a)** *(~ a horse)* monter à cheval, faire du cheval. **can you ~?** savez-vous monter à cheval?; **he ~s well** il monte bien, il est bon cavalier. **(b)** *(go on horseback/by bicycle/by motorcycle)* aller à cheval/à bicyclette/en moto. **to ~ down/away** *etc* descendre/s'éloigner *etc* à cheval *(or* à bicyclette *etc)*; **the witch was riding on a broomstick** la sorcière était à cheval sur un balai; **they were riding on a bus/in a car/in a train** ils étaient en autobus/en voiture/en train; **they rode in a bus to...** ils sont allés en autobus à...; *(fig)* **to be riding for a fall** courir à un échec; **to ~ at anchor** être à l'ancre; **to let things ~** laisser courir *.
3 *vt:* **to ~ a horse/donkey/camel** monter à cheval/à dos d'âne/à dos de chameau; **he was riding Malfi** il montait Malfi; **I have never ridden Flash** je n'ai jamais monté Flash; **he rode Cass at Newmarket** il montait Cass à Newmarket; **he rode Buster into town** il a pris Buster pour aller en ville; **Jason will be ridden by J. Bean** Jason sera monté par J. Bean; **he ~s his pony to school** il va à l'école à dos de poney; **he rode his motorbike/cycle to the station** il est allé à la gare en moto/à bicyclette; **I have never ridden a bicycle/a motorbike** je ne suis jamais monté à bicyclette/à moto; **can I ~ your bike?** est-ce que je peux monter sur ton vélo?; **he was riding a bicycle** il était à bicyclette; **he always ~s a bicycle** il va partout à bicyclette; **they had ridden 10 km** ils avaient fait 10 km à cheval *(or* à bicyclette *etc)*.
◆ **ride out** *vt sep (fig)* difficult period surmonter, survivre à. **to ~ out the storm** *(Naut)* étaler la tempête; *(fig)* surmonter la crise. ◆ **ride up** *vi [skirt etc]* remonter.
◆ **rider** *n* **(a)** *[horse]* cavalier *m*, -ière *f*; *[racehorse]* jockey *m*; *[circus horse]* écuyer *m*, -ère *f*; **a good ~r** un bon cavalier, une bonne cavalière; **(b)** *(addition: to document)* annexe *f*; *(to insurance policy, jury's verdict)* avenant *m*. ◆ **riding 1** *n* *(horse-riding)* équitation *f*; *(horsemanship)* monte *f* ; **2** *adj* boots, breeches de cheval; *teacher* d'équitation; **riding crop** *or* **whip** cravache *f*; **riding habit** tenue *f* d'amazone; **riding school** *or* **stables** manège *m*.

ridge [rɪdʒ] **1** *n* *[roof, nose, line of hills]* arête *f*; *(ledge on hillside)* corniche *f*; *(chain of mountains)* chaîne *f*; *(on sand)* ride *f*; *(in ploughed land)* billon *m*; *(on cliff, rockface)* strie *f*. *(Met)* **a ~ of high pressure** une ligne de hautes pressions. **2** *adj:* **~ tent** tente *f* (à toit en arête).

ridicule ['rɪdɪkjuːl] **1** *n* raillerie *f*, ridicule *m*. **to hold sb/sth up to ~** tourner qn/qch en ridicule. **2** *vt* ridiculiser. ◆ **ridiculous** [rɪ'dɪkjuləs] *adj* ridicule; **to make o.s. (look) ridiculous** se rendre ridicule. ◆ **ridiculously** *adv* ridiculement. ◆ **ridiculousness** *n* ridicule *m* (état).

rife [raɪf] *adj [disease, corruption]* **to be ~** sévir; **rumour is ~** des bruits courent.

riffraff ['rɪfræf] *n* racaille *f*.

rifle¹ ['raɪfl] *vt town* piller; **to ~ sb's pockets** *(steal from)* puiser dans les poches de qn; *(go through)* faire les poches à qn; *drawer, till, house* dévaliser.

rifle² ['raɪfl] **1** *n* *(gun)* fusil *m* (rayé), *(for hunting)* carabine *f* de chasse. **2** *adj:* **~ range** *(outdoor)* champ *m* de tir; *(indoor)* stand *m* de tir.

rift [rɪft] *n* *(gen)* fissure *f*; *(in clouds)* trouée *f*; *(fig: disagreement)* désaccord *m*; *(Pol: in party)* division *f*.

rig [rɪg] **1** *n* **(a)** *(oil ~)* *(land)* derrick *m*; *(sea)* plate-forme *f* pétrolière. **(b)** *(US Aut)* semi-remorque *m*. **2** *vt election* truquer; *prices* fixer illégalement.

it was ~ged c'était un coup monté. ◆ **rig out** *vt sep* habiller *(with* de; *as en)*. ◆ **rig up** *vt sep boat* gréer; *(with mast)* mâter; *(set up)* equipment monter; *(make hastily)* faire avec des moyens de fortune; *(arrange)* arranger. ◆ **rigging** *n* *(Naut)* gréement *m*. ◆ **rigout *** *n* tenue *f* *(vestimentaire)*.

right [raɪt] **1** *adj* **(a)** *(just)* juste, équitable; *(morally good)* bien *inv*. **it isn't ~ to lie** ce n'est pas bien de mentir; **to do what is ~** faire ce qui est conforme au devoir *or* à la morale, se conduire bien; **he thought it ~ to warn me** il a cru *or* jugé bon de m'avertir; **it seemed only ~ to do it** il ne semblait que juste de le faire; **it is only ~ that she should go** il n'est que juste qu'elle y aille; **it is only ~ to point out that...** en toute justice il faut signaler que...; **would it be ~ to tell him?** ferait-on bien de le lui dire?; **to do the ~ thing by sb** agir honorablement envers qn.
(b) *(correct)* juste, exact. **to be ~** *[person]* avoir raison *(to do* de faire); *[answer]* être juste, être exact; *[clock]* être à l'heure; **that's ~** c'est juste, c'est exact; **the ~ answer/road/table** la bonne réponse/route/table; **the ~ time** l'heure exacte *or* juste; **at the ~ time** au bon moment; **on the ~ road** sur le bon chemin; *(fig)* sur la bonne voie; **to get one's sums ~** réussir ses additions; **to get one's facts ~** être sûr de ce qu'on avance; **let's get it ~ this time!** essayons d'y arriver cette fois-ci!; **to put** *or* **set ~** error corriger; *mistaken person* détromper; *sick person* guérir; *situation* redresser; *clock* remettre à l'heure; **to put things ~** arranger les choses; **put me ~ if I'm wrong** dites-moi si je me trompe; **the ~ clothes** les vêtements appropriés; **what's the ~ thing to do?** qu'est-ce qu'il vaut mieux faire?; **that is the ~ way of looking at it** c'est bien ainsi qu'il faut l'envisager; **the ~ word** le mot juste; **the ~ man for the job** l'homme qu'il faut; **the ~ size** la taille qu'il faut; **what is ~ for the country** ce qui est dans l'intérêt du pays; **she is on the ~ side of 40** elle n'a pas encore 40 ans; **to get on the ~ side of sb *** s'insinuer dans les bonnes grâces de qn; **the ~ side of the material** l'endroit *m* du tissu; **to know the ~ people** avoir des relations utiles; **more than is ~** plus que de raison; **~!, ~-oh! *, ~ you are! *** d'accord!; **that's ~!** mais oui!, c'est ça!; **he's the ~ sort *** c'est un type bien *; **all ~** *V* **all 3 b**.
(c) *(well)* **I don't feel quite ~** je ne me sens pas très bien; **to be as ~ as rain *** *(after illness)* se porter comme un charme; *(after fall)* être indemne; **the car's not ~ *** il y a qch qui cloche * dans la voiture; **he put the engine ~** il a remis le moteur en état; **to be in one's ~ mind** avoir toute sa raison; **not ~ in the head ‡** un peu dingue ‡.
(d) *(Math)* droit. **at ~ angles** à angle droit *(to* avec).
(e) *(opposite of left)* droit, de droite. **~ hand** main droite; **I'd give my ~ hand to know...** je donnerais cher * pour savoir...
2 *adv* **(a)** *(straight)* tout droit, directement; *(exactly, completely)* tout, tout à fait. **~ in front of you** (tout) droit devant vous; **~ behind you** juste derrière vous; **go ~ on** continuez tout droit; **~ away, ~ off *** *(immediately)* tout de suite; *(at the first attempt)* du premier coup; **~ now** en ce moment; *(at once)* tout de suite; **~ here** ici même; **~ in the middle** en plein milieu; **~ at the start** dès le tout début; **~ round the house** tout autour de la maison; **rotten ~ through** complètement pourri; **to turn ~ round** se retourner; **~ at the top of the mountain** tout en haut de la montagne; **~ at the back, ~ at the bottom** tout au fond; **push it ~ in** enfoncez-le complètement *or* jusqu'au bout.
(b) *(correctly)* do, remember bien; *guess, calculate* juste; *answer* correctement; *(well)* bien. **If I remember ~** si je me souviens bien; **you did ~ to refuse**

vous avez eu raison de refuser; **if everything goes**
~ si tout va bien; **if I get you** ~ * si je comprends
bien; **I'll see you** ~ ‡ je veillerai à ce que vous
n'y perdiez *(subj)* pas.
(c) *(opposite of left)* à droite. ~ **and left** *look etc* à
droite et à gauche; *(fig)* ~, **left and centre** * de
tous les côtés.
3 *n* (a) ~ **and wrong** le bien et le mal; **to be in
the** ~ avoir raison, être dans le vrai; **I want to
know the** ~**s and wrongs of it** je veux savoir qui
a tort et qui a raison là-dedans; **to put** *or* **set sth
to** ~**s** mettre qch en ordre. (b) *(not left)* droite
f. **on** *or* **to the** ~ à droite *(of* de); **to keep to the**
~ *(gen)* garder la droite; *(Aut)* tenir sa droite; **on
my** ~ à ma droite; *(Pol)* **the R**~ la droite.
4 *vt vehicle, wrong etc* redresser; *injustice* réparer.
to ~ **itself** *[vehicle]* se redresser; *[problem]* s'arranger.
◆ **right-angled** *adj* à angle droit; *triangle* rectangle. ◆ **righteous** *adj person* vertueux; *anger,
indignation* justifié. ◆ **righteousness** *n* droiture
f, vertu *f.* ◆ **rightful** *adj* légitime. ◆ **rightfully**
adv à juste titre. ◆ **right-hand** *adj side* droit; ~-
hand drive car voiture *f* avec la conduite à droite;
his ~-**hand man** son bras droit *(personne).* ◆ **right-
handed** *adj person* droitier; *punch, throw* du droit;
screw fileté à droite. ◆ **rightly** *adv* (a) *(correctly)*
bien, correctement; **I don't** ~**ly know** * je ne sais
pas au juste; (b) *(justifiably)* à juste titre; ~**ly or
wrongly** à tort ou à raison. ◆ **right-minded** *or*
◆ **right-thinking** *adj* sensé. ◆ **right-of-way** *n*
(across property) droit *m* de passage; *(Aut: priority)*
priorité *f.* ◆ **right-wing 1** *n (Sport: also* ~-**winger)**
ailier *m* droit; *(Pol)* droite *f ;* **2** *adj (Pol)* de droite.
◆ **right-winger** *n (Pol)* membre *m* de la droite.

rigid ['rɪdʒɪd] *adj material* rigide, inflexible;
person rigide, inflexible; *specifications, interpretation* strict; *system*
qui manque de flexibilité. **he's quite** ~ **about it**
il est inflexible là-dessus. ◆ **rigidity** *n* rigidité *f;*
inflexibilité *f* ◆ **rigidly** *adv stand etc* avec raideur;
(fig) behave, treat inflexiblement; *oppose* absolument.

rigmarole ['rɪgm(ə)rəʊl] *n (speech)* galimatias *m;*
(complicated procedure) comédie * *f,* histoire * *f.*

rigour, *(US)* **rigor** ['rɪgəʳ] *n* rigueur *f.* ◆ **rigor mor-
tis** *n* rigidité *f* cadavérique. ◆ **rigorous** *adj* rigoureux. ◆ **rigorously** *adv* rigoureusement.

rim [rɪm] *n [cup, bowl]* bord *m; [wheel]* jante *f; [spec-
tacles]* monture *f.* ◆ **rimless** *adj spectacles* à verres
non cerclés.

rind [raɪnd] *n [orange, lemon]* peau *f; (cut off)* pelure
f; (Culin) zeste *m; [cheese]* croûte *f; [bacon]*
couenne *f.*

ring¹ [rɪŋ] **1** *n* (a) *(gen)* anneau *m; (on finger)*
anneau; *(with stone)* bague *f; (for napkin)* rond *m;
(for swimmer)* bouée *f* de natation; *(for invalid to
sit on)* rond *(pour malade).* **wedding** ~ alliance *f.*
(b) *(circle) (of people; in tree trunk)* cercle *m; (of
smoke, in water etc)* rond *m.* **the** ~**s of Saturn** les
anneaux *mpl* de Saturne. **to have** ~**s round the
eyes** avoir les yeux cernés; **to stand in a** ~ se tenir
en cercle; *(fig)* **to run** ~**s round sb** * battre qn à
plate couture. (c) *(group) (gen)* coterie *f; [dealers]*
cartel *m; [spies]* réseau *m.* (d) *(enclosure) (at circus)*
piste *f; (at exhibition)* arène *f; (Horse-racing)*
enceinte *f* des bookmakers; *(Boxing)* ring *m.* **2**
vt (surround) entourer, encercler; *(put* ~ *on) item
on list etc* entourer d'un cercle; *bird, tree* baguer.
3 *adj:* ~ **binder** classeur *m* à anneaux; ~ **finger**

annulaire *m;* ~ **road** route *f* de ceinture; *(motor-
way-type)* périphérique *m.* ◆ **ringleader** *n* meneur
m. ◆ **ringlet** *n* frisette *f; (long)* anglaise *f.* ◆ **ring-
master** *n* ≃ 'Monsieur Loyal'. ◆ **ring-pull** *n*
anneau *m.* ◆ **ringworm** *n* teigne *f.*

ring² [rɪŋ] *(vb: pret* **rang,** *ptp* **rung) 1** *n* (a) *[bell]*
sonnerie *f; (lighter)* tintement *m; [electric bell]*
retentissement *m; [telephone]* sonnerie. **there was
a** ~ **at the door** on a sonné à la porte; **his voice
had an angry** ~ il y avait un accent de colère dans
sa voix; **that has the** ~ **of truth** ça sonne juste.
(b) *(*: phone call)* coup *m* de téléphone *or* de fil *.
to give sb a ~ donner *or* passer un coup de téléphone *or* de fil * à qn.
2 *vi* (a) *[bell]* sonner, retentir; *(lightly)* tinter;
[alarm clock, telephone] sonner. **to** ~ **for sb/sth** sonner qn/pour demander qch; **to** ~ **for the lift** appeler l'ascenseur. (b) *(telephone)* téléphoner. (c)
[words] retentir *(through the room* dans la salle; *in
his ears* à ses oreilles); *[voice]* vibrer *(with* de);
[coin] sonner, tinter; *(resound)* résonner, retentir
(with de); *[ears]* tinter, bourdonner. **to** ~ **false/true**
[coin] sonner faux/clair; *(fig)* sonner faux/juste.
3 *vt* (a) *bell* faire sonner; *coin* faire tinter. **to** ~
the doorbell sonner (à la porte); **to** ~ **the bell** sonner, donner un coup de sonnette; *(fig)* **his name
~s a bell** * son nom me dit qch; *[bells]* **to** ~ **the
changes** carillonner; *(fig)* **to** ~ **the changes on**
varier. (b) *(Telec:* ~ **up)** téléphoner à, passer un
coup de fil * à.
◆ **ring back** *vi, vt sep (Telec)* rappeler. ◆ **ring off**
vi (Telec) raccrocher. ◆ **ring out** *vi [bell]* sonner;
[voice] résonner; *[shot]* retentir. ◆ **ring up** *vt sep
(Telec)* = **ring 3 b.**
◆ **ringing 1** *adj voice, tone* retentissant; *(Telec)*
~**ing tone** sonnerie *f ;* **2** *n [bell, telephone]* sonnerie
f; (lighter) tintement *m; [electric bell]* retentissement *m; (in ears)* bourdonnement *m.*

rink [rɪŋk] *n [ice-skating]* patinoire *f; [rollerskating]*
skating *m.*

rinse [rɪns] **1** *n* rinçage *m.* **to give sth a** ~ rincer
qch. **2** *vt clothes etc* rincer. **to** ~ **(the soap off) one's
hands** se rincer les mains; *(colour)* **to** ~ **one's hair**
se faire un rinçage. ◆ **rinse out** *vt sep colour, dirt*
faire partir à l'eau; *cup* rincer. **to** ~ **out one's
mouth** se rincer la bouche.

Rio (de Janeiro) ['ri:əʊ(dədʒə'nɪərəʊ)] *n* Rio de
Janeiro.

riot ['raɪət] **1** *n* émeute *f,* violentes bagarres *fpl;
[flowers, colours]* profusion *f.* **2** *adj:* ~ **police** forces
fpl d'intervention (de police); **in** ~ **gear** casqué
et portant un bouclier; *(fig)* **to read sb the** ~ **act**
tancer qn vertement. **3** *vi* manifester avec violence; *(stronger)* faire une émeute. ◆ **rioter** *n*
émeutier *m,* -ière *f.* ◆ **riotous** *adj scene* tapageur;
(: hilarious)* tordant *;* ~**ous living** vie *f* de
débauche ; **a** ~**ous success** un succès fou * *or*
monstre *.* ◆ **riotously** *adv behave* de façon tapa-
geuse; ~**ously funny** * vachement rigolo ‡.

rip [rɪp] **1** *n* déchirure *f.* **2** *vt* déchirer, fendre.
to ~ **open** ouvrir en hâte. **3** *vi* (a) *[cloth]* se déchirer. (b) *(Aut)* **let her** ~! fonce! *;* **he let** ~ * **a string
of oaths** il a lâché un chapelet de jurons *; **he let
~ * at me** il m'a passé un bon savon *. ◆ **rip off**
vt sep (a) *arracher (from* de). (b) *(‡: steal)* voler;
customer arnaquer *; *employee* exploiter. ◆ **rip-
off** ‡ *n:* **it's a** ~-**off!** c'est de l'arnaque *. ◆ **rip-
roaring** * *adj* exubérant; *success* monstre *.

ripe [raɪp] *adj (gen)* mûr *(for* pour); *cheese* fait. **to
a** ~ **old age** jusqu'à un bel âge. ◆ **ripen 1** *vt*
(faire) mûrir ; **2** *vi* mûrir. ◆ **ripeness** *n* maturité
f.

ripple ['rɪpl] **1** *n (movement: on water, corn)* ondulation *f; (noise) [waves]* clapotis *m; [voices]* mur-
mures *mpl; [laughter]* cascade *f.* **2** *vi* onduler.

rise [raɪz] *(vb: pret* **rose,** *ptp* **risen)** **1** *n* **(a)** *[theatre curtain, sun]* lever *m*; *(Mus)* hausse *f*; *(increase)* hausse; *(in wages)* augmentation *f*; *(fig) [person, party]* ascension *f*; *[town, industry, empire]* essor *m*. *[employee]* **to ask for a** ~ demander une augmentation (de salaire); *(fig)* **his** ~ **to power** sa montée au pouvoir; *(fig)* **to get a** ~ **out of sb *** faire marcher qn *. **(b)** *(small hill)* élévation *f*; *(slope)* côte *f*, pente *f*. **(c)** *(origin)* source *f (also fig)*. *(fig)* **to give** ~ **to** *trouble, bitterness* causer; *rumour* donner lieu à; *fear, interest* susciter; *impression* donner.

2 *vi* **(a)** *(get up: gen)* se lever; *(after falling)* se relever. **to** ~ **to one's feet** se mettre debout, se lever; **to** ~ **from the dead** ressusciter (des morts). **(b)** *(go higher: gen)* monter; *[balloon]* s'élever; *[curtain, sun, wind]* se lever; *[dough]* lever; *[hair]* se dresser; *[barometer]* remonter; *[fish]* mordre; *[hopes, anger]* croître; *(in society, rank)* s'élever; *[cost of living]* augmenter; *[stocks, shares]* être en hausse; *(fig) [mountain, tower]* se dresser *(before sb* devant qn). **to** ~ **to the surface** remonter à la surface; *(fig)* **he rose to the bait** il a mordu à l'hameçon; **he won't** ~ **to that** il ne réagira pas à ça; **his eyebrows rose** il a levé les sourcils; **the mountain** ~**s to 3,000 metres** la montagne a une altitude de 3 000 mètres; **to** ~ **to the occasion** se montrer à la hauteur de la situation; **I can't** ~ **to £10** je ne peux pas aller jusqu'à 10 livres; **to** ~ **in price** augmenter (de prix); *temperature, level* **to** ~ **above sth** dépasser qch; **her spirits rose** son moral a remonté; **to** ~ **in the world** réussir; *(Mil)* **to** ~ **from the ranks** sortir du rang; **he rose to be President/a captain** il s'est élevé jusqu'à devenir Président/jusqu'au grade de capitaine. **(c)** *(adjourn) [assembly]* clore la session; *[meeting]* lever la séance. *(Parl)* **the House rose** l'Assemblée a levé la séance. **(d)** *(start) [river]* prendre sa source *(in* dans*)*. **(e)** *(rebel:* ~ **up)** se soulever *(against* contre*)*.

◆ **rise up** *vi [person]* se lever; *V also* **rise 2 e**.
◆ **risen** [ˈrɪzn] *adj (Rel)* **the** ~**n Lord** le Christ ressuscité. ◆ **riser** *n:* **to be an early/a late** ~**r** (aimer) se lever tôt/tard. ◆ **rising 1** *n (rebellion)* soulèvement *m* ; **2** *adj sun* levant; *prices, temperature* en hausse; *tide* montant; *wind* qui se lève; *tone* qui monte; *anger, fury* croissant; *ground* qui monte en pente; *(fig) generation* nouveau; **rising damp** humidité *f* (par capillarité); **rising young doctor** jeune médecin d'avenir; **she's rising six *** elle va sur ses six ans.

risk [rɪsk] **1** *n* risque *m*. **to take** *or* **run** ~**s** courir des risques; **to run the** ~ **of doing** courir le risque de faire; **it's not worth the** ~ ça ne vaut pas la peine de courir un tel risque; **there is no** ~ **that he will come** il ne risque pas de venir; **at your own** ~ à vos risques et périls; **at the** ~ **of seeming stupid** au risque de paraître stupide; **at the** ~ **of his life** au péril de sa vie; **at** ~ *child* en danger; *job* menacé; **fire** ~ risque d'incendie. **2** *vt life, future, savings* risquer; *battle, defeat, quarrel* s'exposer aux risques de; *accident* risquer d'avoir; *(venture) criticism, remark* risquer. **you** ~ **falling** vous risquez de tomber; **she won't** ~ **coming** elle ne se risquera pas à venir; **I'll** ~ **it** je vais risquer le coup *; **to** ~ **one's neck** risquer sa peau *.
◆ **riskiness** *n* risques *mpl*. ◆ **risky** *adj* risqué.

rissole [ˈrɪsəʊl] *n* rissole *f*.

rite [raɪt] *n (gen)* rite *m*. **last** ~**s** derniers sacrements *mpl*. ◆ **ritual** [ˈrɪtjʊəl] *adj, n* rituel *(m)*. ◆ **ritually** *adv* rituellement.

rival [ˈraɪv(ə)l] **1** *n* rival(e) *m(f)*. **2** *adj firm* rival; *attraction, claim* opposé. **3** *vt:* **to** ~ **sb in sth** *(gen)* rivaliser de qch avec qn; *(equal)* égaler en qch.
◆ **rivalry** *n* rivalité *f*.

river [ˈrɪvəʳ] **1** *n* rivière *f*; *(major)* fleuve *m (also fig)*. **down** ~ en aval; **up** ~ en amont; **the R~ Seine** la Seine. **2** *adj police, system, fishing* fluvial; *fish* de rivière. ◆ **riverbank** *n* rive *f*, berge *f*. ◆ **riverbed** *n* lit *m* de rivière *or* de fleuve. ◆ **riverside 1** *n* bord *m* de la rivière *or* du fleuve; **by the** ~ **side** au bord de l'eau; **along the** ~ **side** le long de la rivière *etc* ; **2** *adj* au bord de la rivière.

rivet [ˈrɪvɪt] **1** *n* rivet *m*. **2** *vt* river. **3** *adj:* ~ **joint** assemblage *m* par rivets. ◆ **riveter** *n (person)* riveur *m*; *(machine)* riveuse *f*. ◆ **rivet(t)ing 1** *n* rivetage *m* ; **2** *adj (*: fig)* fascinant.

Riviera [ˌrɪvɪˈɛərə] *n:* **the French** ~ la Côte d'Azur; **the Italian** ~ la Riviera (italienne).

Riyadh [rɪˈjad] *n* Riyad.

road [rəʊd] **1** *n (gen)* route *f*; *(minor)* chemin *m*; *(in town)* rue *f*; *(fig)* chemin, voie *f*. **trunk** ~ grande route, nationale *f*; **country** ~ petite route, route de campagne; **'** ~ **up'** 'attention travaux'; **just across the** ~ juste en face *(from* de; *from us* de chez nous*)*; **my car is off the** ~ ma voiture est *(laid up)* sur cales *or (being repaired)* en réparation; **this vehicle shouldn't be on the** ~ on ne devrait pas laisser circuler un véhicule dans cet état; **he is a danger on the** ~ au volant c'est un danger public; **to take the** ~ se mettre en route; *[salesman, theatre company]* **to be on the** ~ être en tournée; **we were on the** ~ **at 6 o'clock** nous étions sur la route à 6 heures; **we were on the** ~ **to Paris** nous étions en route pour Paris; **the** ~ **to London** la route de Londres; *(in towns)* **London R~** rue de Londres; *(fig)* **on the** ~ **to success** sur le chemin du succès; *(fig)* **somewhere along the** ~ à un moment donné; **you're in my** ~ ***** vous m'empêchez de passer; **(get) out of the** ~**! *** dégagez!; **to have one for the** ~ ***** prendre un dernier verre avant de partir.

2 *adj bridge, map, safety, traffic* routier. ~ **accident** accident *m* de la route; ~ **book** guide *m* routier; ~ **haulage** *or* **transport** transports *mpl* routiers; ~ **haulier** entrepreneur *m* de transports routiers; *(Cycling)* ~ **racer** routier *m*, -ière *f*; ~ **racing** compétition *f* automobile *(or* cycliste*)* sur route; *[driver]* ~ **sense** sens *m* de la conduite (sur route); *(Theat)* ~ **show** spectacle *m* de tournée; ~ **sign** panneau *m* indicateur; **international** ~ **signs** signalisation *f* routière internationale.

◆ **roadbed** *n (US) [railroad]* ballast *m*; *[road]* empierrement *m*. ◆ **roadblock** *n* barrage *m* routier. ◆ **roadhog** *n* chauffard *m*. ◆ **roadhouse** *n* relais *m*. ◆ **roadmaking** *n* construction *f* de route. ◆ **roadman** *or* ◆ **roadmender** *n* cantonnier *m*. ◆ **roadroller** *n* rouleau *m* compresseur. ◆ **roadside 1** *n* bord *m* de la route; **along** *or* **by the** ~ **side** au bord de la route ; **2** *adj* au bord de la route. ◆ **roadsweeper** *n (person)* balayeur *m*, -euse *f*; *(vehicle)* balayeuse *f*. ◆ **road-test 1** *n* essais *mpl* sur route ; **2** *vt:* **to** ~**-test a car** faire les essais sur route d'une voiture. ◆ **road-user** *n* usager *m* de la route. ◆ **roadway** *n* chaussée *f*. ◆ **roadworks** *npl* travaux *mpl* (d'entretien des routes); *(site)* chantier *m*. ◆ **roadworthy** *adj* en état de marche.

roam [rəʊm] **1** *vt streets etc (gen)* parcourir; *[child, dog]* traîner dans. **2** *vi* errer, rôder; *[thoughts]* vagabonder. ◆ **roaming 1** *adj* errant, vagabond ; **2** *n* vagabondage *m*.

roan [rəʊn] *adj, n (horse)* rouan *(m)*.

roar [rɔːʳ] **1** *vi [person, crowd]* hurler *(with* de); *[lion]* rugir; *[bull, wind, sea]* mugir; *[thunder, gun, waterfall, vehicle]* gronder; *(Aut: rev)* vrombir; *[fire in hearth]* ronfler. **to** ~ **with laughter** rire à gorge déployée; **to** ~ **past** *[trucks]* passer bruyamment à toute allure; *[car]* passer en vrombissant. **2** *vt (~ out)* *order* vociférer; *song* chanter à tue-tête; *one's disapproval* hurler. **3** *n* hurlement(s) *m(pl)*; rugissement *m*; mugissement *m*; grondement *m*; vrombissement *m*; ronflement *m*. ~**s of laughter** de gros éclats *mpl* de rire. ◆ **roaring** *adj* hurlant; rugis-

sant; mugissant; grondant; vrombissant; ronflant; *(in hearth)* a ~**ing fire** une belle flambée;
~**ing success** succès *m* fou; **to do a** ~**ing trade** faire
des affaires d'or *.

roast [rəʊst] **1** *n* rôti *m*. **2** *adj (gen)* rôti. ~ **beef**
rôti *m* de bœuf. **3** *vt (gen)* rôtir; *coffee beans* torréfier. **4** *vi [meat]* rôtir. **I'm** ~**ing!** * je crève * de
chaleur! ♦ **roasting 1** *n* rôtissage *m* ; **2** *adj* (**a**)
(: hot) day* torride; (**b**) *chicken etc* à rôtir.

rob [rɒb] *vt person, shop* dévaliser; *orchard* piller. **to**
~ **sb of sth** *(purse etc)* voler *or* dérober qch à qn;
(rights etc) priver qn de qch; **to** ~ **the till** voler de
l'argent dans la caisse; **he's been** ~**bed of his
watch** on lui a volé sa montre; **I've been** ~**bed!**
j'ai été volé! ♦ **robber** *n* voleur *m*. ♦ **robbery**
n vol *m*; **highway** ~**bery** *(lit)* vol de grand chemin;
(fig)* vol manifeste.

robe [rəʊb] *n* (**a**) *(garment)* robe *f* (de cérémonie);
(for house wear) peignoir *m*. **his** ~ **of office** la robe
de sa charge. (**b**) *(US: rug)* couverture *f*.

robin ['rɒbɪn] *n (European)* rouge-gorge *m; (US)*
merle *m* américain.

robot ['rəʊbɒt] **1** *n* robot *m*. **2** *adj* automatique.
♦ **robotics** *n* robotique *f*.

robust [rə(ʊ)'bʌst] *adj person, humour* robuste ;
defence vigoureux; *material, appetite* solide.
♦ **robustness** *n* robustesse *f*; solidité *f*.

rock¹ [rɒk] **1** *vt* (**a**) *child* bercer; *cradle, rocking chair*
balancer; *boat (gently)* balancer; *(roughly)* ballot-
ter; *[explosion etc]* ébranler. (**b**) *(shake; also fig *:
startle)* secouer. *(fig)* **to** ~ **the boat** * semer le
trouble, compromettre la situation. **2** *vi (gently)*
se balancer; *(violently)* être ébranlé. **to** ~ **with
laughter** * se tordre de rire. **3** *n (music)* rock *m*.
4 *adj (Mus)* rock *inv*. ♦ **rock-and-roll** *n* rock (and
roll) *m*. ♦ **rocker** *n* (**a**) *(chair)* fauteuil *m* à bascule;
(**b**) **off one's** ~**er** ⚹ cinglé *. ♦ **rocking chair** *n*
fauteuil *m* à bascule. ♦ **rocking horse** *n* cheval
m à bascule. ♦ **rocky¹** *adj table, government* branlant; *health, situation, finances* chancelant.

rock² [rɒk] **1** *n* (**a**) *(hard)* roc *m; (~
face)* rocher *m; (large mass, huge boulder)* rocher;
(smaller) roche. **a huge** ~ **blocked their way** un
énorme rocher leur bouchait le chemin; **a pile
of fallen** ~**s** des éboulis *mpl* de roches; **the R~ of
Gibraltar** le rocher de Gibraltar; *(fig)* **as solid as
a** ~ solide comme le roc; **the ship went on the**
~**s** le bateau est allé donner sur les écueils *mpl*;
on the ~ **s** *drink* avec des glaçons; (*) *person* qui
n'a pas le sou; (*) *marriage* en train de craquer *.
(**b**) *(sweet)* **stick of** ~ ≈ bâton *m* de sucre d'orge.
2 *adj*: ~ **crystal** cristal *m* de roche; ~ **face** paroi
f rocheuse; ~ **fall** chute *f* de rochers; ~ **garden** rocaille *f*; ~ **painting** peinture *f* rupestre; ~ **plant** plante *f* de rocaille; ~ **salmon** roussette *f*; ~ **salt** sel
m gemme. ♦ **rock-bottom** *n (fig)* **to have reached**
~**-bottom** * *[person]* ne pas pouvoir tomber plus
bas; *(in spirits)* avoir le moral à zéro *; *[prices]* être
tombé au niveau le plus bas. ♦ **rock-bun** *or*
♦ **rock-cake** *n* rocher *m (Culin)*. ♦ **rock-climber**
n varappeur *m*, -euse *f*. ♦ **rock-climbing** *n*
varappe *f*. ♦ **rockery** *n* rocaille *f*. ♦ **rocky²** *adj*
hill rocheux; *path* rocailleux; **the R~y Mountains**
les montagnes *fpl* Rocheuses.

rocket ['rɒkɪt] **1** *n* fusée *f*. **to fire** *or* **send up a** ~
lancer une fusée; *(fig)* **to give sb a** ~ * passer un
savon * à qn. **2** *vi (prices)* monter en flèche. **3**
adj: ~ **attack** attaque *f* à la roquette; ~ **base,** ~
range base *f* de lancement de missiles; ~ **launcher**
lance-fusées *m inv*. ♦ **rocketry** *n (rockets collectively)* fusées *fpl*.

rod [rɒd] *n (wooden)* baguette *f; (metallic)* tringle
f; [machinery] tige *f; [fishing ~]* canne *f* à pêche;
(symbol of authority) verge *f*. **curtain/stair** ~
tringle à rideaux/d'escalier; *(fig)* **to make a** ~ **for one's
own back** se préparer des ennuis; **to rule with a**

~ **of iron** *country* gouverner d'une main de fer;
family mener à la baguette.

rode [rəʊd] *pret of* **ride**.

rodent ['rəʊd(ə)nt] *adj, n* rongeur *(m)*.

roe¹ [rəʊ] *n [fish]* **hard** ~ œufs *mpl* (de poisson);
soft ~ laitance *f*.

roe²(-deer) ['rəʊ(dɪə')] *n (species)* chevreuil *m;
(female deer)* chevreuil *m* femelle. ♦ **roebuck** *n*
chevreuil *m* mâle.

rogue [rəʊg] **1** *n (scoundrel)* gredin *m; (scamp)*
coquin(e) *m(f)*. *(Police)* ~**s' gallery** photographies
fpl de repris de justice. **2** *adj elephant* solitaire;
(US fig) dévoyé. ♦ **roguish** *adj* espiègle, coquin.
♦ **roguishly** *adv speak* avec espièglerie; *look* d'un
œil coquin.

role [rəʊl] *n* rôle *m*. ~ **model** modèle *m* (à imiter).

roll [rəʊl] **1** *n* (**a**) *(gen)* rouleau *m; [banknotes]* liasse
f; [flesh, fat] bourrelet *m*. (**b**) *(bread* ~) petit pain
m. (**c**) *(movement) [ship]* roulis *m; (Aviat)* vol *m* en
tonneau. (**d**) *[thunder, drums]* roulement *m; [organ]*
ronflement *m*. (**e**) *(list)* liste *f*, tableau *m; (for court,
ship's crew etc)* rôle *m*. **we have 60 pupils on our**
~ nous avons 60 élèves inscrits; **to call the** ~ faire
l'appel; ~ **of honour** *(Mil)* liste des combattants
morts pour la patrie; *(Scol)* tableau d'honneur;
(Jur) **to strike sb off the** ~**s** radier qn des listes.
2 *vi* (**a**) *[ball, ship, eyes]* rouler; *[horse, dog]* se rouler. **to** ~ **over and over** *[object]* rouler sur soi-
même; *[person]* se rouler; **it** ~**ed under the table**
ça a roulé sous la table; **to** ~ **down a slope** *(falling)*
dégringoler une pente; *(playing)* rouler le long
d'une pente; **tears were** ~**ing down her cheeks** les
larmes roulaient sur ses joues; **the waves were**
~**ing on to the beach** les vagues déferlaient sur
la plage; **the newspapers were** ~**ing off the presses**
les journaux tombaient des rotatives; *(Aut)* **to** ~
along rouler; *(fig)* **to keep the ball** *or* **things** ~**ing**
veiller à ce que tout marche bien; *(fig)* **he's** ~**ing
in money** * il roule sur l'or; **they were** ~**ing in the
aisles** * *(laughing)* ils se tordaient de rire. (**b**) *[thun-
der, drums, words]* rouler; *[voice]* retentir.
3 *vt ball* faire rouler; *umbrella, cigarette, lawn* rouler;
pastry, dough étendre au rouleau; *metal* laminer;
road cylindrer. **to** ~ **sth in/out** *etc* faire entrer/sortir
etc qch en le roulant; **to** ~ **one's eyes** rouler les
yeux; **to** ~ **one's r's** rouler les r; **to** ~ **string into
a ball** enrouler de la ficelle en pelote.
♦ **roll about** *vi [coins, marbles]* rouler çà et là;
[ship] rouler; *[person, dog]* se rouler par terre.
♦ **roll away** *vi [clouds, vehicle]* s'éloigner; *[ball]*
rouler au loin. ♦ **roll back** *vt sep* (**a**) *carpet* rouler;
sheet enlever (en roulant). *(fig)* **to** ~ **back the
years** ramener le temps passé. (**b**) *(fig: bring back)*
ramener. (**c**) *(US fig: reduce)* réduire. ♦ **roll by**
vi [vehicle, years] passer. ♦ **roll in** *vi [letters, contri-
butions]* affluer; (*) *[person]* arriver, s'amener.
♦ **roll on** *vi [time]* s'écouler. ~ **on Tuesday!** * vivement qu'on soit mardi! ♦ **roll out** *vt sep* (**a**) *sentence, verse* débiter. (**b**) *pastry* étendre au rouleau;
metal laminer. ♦ **roll over 1** *vi [object]* rouler;
[person, animal] (once) se retourner (sur soi-
même); *(several, times)* se rouler. **2** *vt sep* retourner. ♦ **roll up 1** *vi* (**a**) *[animal]* se rouler *(into* en).
(**b**) (*: *arrive)* arriver, s'amener *; *(fairground)* ~
up! approchez! **2** *vt sep cloth, paper, map* rouler;
one's sleeves retrousser.
♦ **roll bar** *n* arceau *m* de sécurité. ♦ **roll-call** *n*
appel *m*. ♦ **rolled gold 1** *n* plaqué *m* or ; **2** *adj*
plaqué or *inv*. ♦ **roller** *n* (**a**) *(gen)* rouleau *m;
(Papermaking, Tex)* calandre *f; [decorator]* rouleau
m (à peinture); *(in metallurgy)* laminoir *m; [blind]*
enrouleur *m; (little wheel)* roulette *f;* **table on** ~**ers**
table *f* à roulettes; **road** ~**er** rouleau compresseur;
(**b**) *(wave)* lame *f* de houle. ♦ **roller-blind** *n* store

m. ◆ **roller-coaster** *n* montagnes *fpl* russes. ◆ **roller-skate 1** *n* patin *m* à roulettes ; **2** *vi* faire du patin à roulettes. ◆ **roller-skating** *n* patinage *m* à roulettes. ◆ **roller-towel** *n* essuie-mains *m* à rouleau. ◆ **rolling** *adj ship* qui roule; *sea* houleux; *countryside, ground* onduleux; *(fig)* **he's a ~ing stone** il a l'âme d'un nomade; **~ing pin** rouleau *m* (à pâtisserie); *(Rail)* **~ing stock** matériel *m* roulant. ◆ **roll-neck(ed)** *adj* à col roulé. ◆ **roll-top desk** *n* bureau *m* à cylindre.

rollicking ['rɒlɪkɪŋ] *adj* joyeux (et bruyant).

Roman ['rəʊmən] **1** *adj* romain. **~ Catholic** *(adj, n)* catholique *(mf)*; *(Typ)* **r~ letters** caractères *mpl* romains; **~ nose** nez *m* aquilin; **~ numerals** chiffres *mpl* romains. **2** *n* Romain(e) *m(f)*.

romance [rə(ʊ)'mæns] **1** *n (tale of chivalry)* roman *m*; *(love story/film)* roman/film *m* à l'eau de rose; *(Mus)* romance *f*; *(love affair)* idylle *f*; *(attraction)* charme *m*. **it's quite a ~** c'est un vrai roman; *(fig: lies)* **it's pure ~** c'est du roman. **2** *adj (Ling)* **R~** roman. **3** *vi* enjoliver (à plaisir). ◆ **romantic 1** *adj (gen)* romantique; *adventure, setting* romanesque ; **2** *n* romantique *mf.* ◆ **romantically** *adv write, describe* d'une façon romanesque; *sing, woo* en romantique. ◆ **romanticism** *n* romantisme *m.* ◆ **romanticize** *vti* romancer.

Romanesque [ˌrəʊmə'nesk] *adj* roman *(Archit)*.

Romania [rə(ʊ)'meɪnɪə] *n* Roumanie *f.* ◆ **Romanian 1** *adj* roumain ; **2** *n (person)* Roumain(e) *m(f)*; *(language)* roumain *m.*

Rome [rəʊm] *n* Rome. **when in ~ do as the Romans do** à Rome il faut vivre comme les Romains; **the Church of ~** l'Église *f* (catholique) romaine.

romp [rɒmp] **1** *n* jeux *mpl* bruyants. **2** *vi [children, puppies]* jouer bruyamment. **the horse ~ed home** le cheval est arrivé dans un fauteuil *;* *(fig)* **to ~ through an exam** passer un examen haut la main. ◆ **rompers** *npl* barboteuse *f (pour enfant)*.

roof [ru:f] **1** *n (gen)* toit *m*; *[cave, tunnel]* plafond *m.* **the ~ of the mouth** la voûte du palais; **without a ~ over one's head** sans abri; **red-~ed** à toit rouge; **under her ~** chez elle; **to live under the same ~ as sb** vivre sous le même toit que qn; *(fig)* **to go through the ~** *[person]* piquer une crise *;* *[price, claim]* devenir excessif; **to raise the ~** faire un boucan terrible *. **2** *adj:* **~ garden** jardin *m* sur le toit; **~ light** plafonnier *m*; *(Aut)* **~ rack** galerie *f.* **3** *vt:* **to ~ sth over** recouvrir qch d'un toit. ◆ **rooftop** *n* toit *m.*

rook¹ [rʊk] **1** *n (bird)* corneille *f.* **2** *vt (*: swindle)* rouler *.* ◆ **rookery** *n* colonie *f* de corneilles.

rook² [rʊk] *n (Chess)* tour *f.*

rookie ‡ ['rʊkɪ] *n (esp Mil)* bleu * *m.*

room [rʊm] **1** *n* **(a)** *(in house, building)* pièce *f*; *(large)* salle *f*; *(bed~)* chambre *f*; *(office, study)* bureau *m.* **~s to let** chambres à louer; **~ and board** pension *f*; **his ~s** son appartement *m*; **they live in ~s** ils habitent un meublé; **a 6-~ed house** une maison de 6 pièces. **(b)** *(space)* place *f (for* pour*).* **is there ~?** y a-t-il de la place?; **there's no ~** il n'y a pas de place; **to make ~ for sb/sth** faire une place pour qn/de la place pour qch; **there is ~ for improvement** cela laisse à désirer. **2** *vi* partager une chambre *(with* avec*).* **3** *adj:* **~ divider** meuble *m* de séparation; **ring for ~ service** appelez le garçon d'étage; **wine at ~ temperature** vin *m* chambré. ◆ **roomful** *n* pleine salle *f.* ◆ **rooming-house** *n (US)* meublé *m (immeuble).* ◆ **roommate** *n* camarade *mf* de chambre; *(US)* colocataire *mf.* ◆ **roomy** *adj flat, handbag* spacieux; *garment* ample.

roost [ru:st] **1** *n* juchoir *m.* **to rule the ~** faire la loi. **2** *vi* jucher. *(fig)* **to come home to ~** retomber sur son auteur. ◆ **rooster** *n* coq *m.*

root [ru:t] **1** *n (gen, Ling, Math)* racine *f*; *(fig: of trouble etc)* cause *f.* **to pull up by the ~s** déraciner;

to take ~ prendre racine; **she has no ~s** c'est une déracinée; **to put down ~s in a country** s'enraciner dans un pays; *(fig)* **~ and branch** radicalement; **that is at the ~ of...** c'est à l'origine de... **2** *adj:* *(US)* **~ beer** *sorte de limonade à base d'extraits végétaux;* **~ cause** cause *f* première; **~ crops** racines *fpl* alimentaires; **~ word** mot *m* racine *inv.* **3** *vt* enraciner. *(fig)* **~ed to the spot** cloué sur place. **4** *vi [plant etc]* s'enraciner.

◆ **root about, root around** *vi* fouiller *(for sth* pour trouver qch*).* ◆ **root for** *vt fus (*: esp US)* encourager. ◆ **root out** *vt sep (find)* dénicher; *(remove)* extirper.

rope [rəʊp] **1** *n* corde *f*; *(Naut)* cordage *m*; *[bell]* cordon *m.* *(fig)* **to give sb more ~** lâcher la bride à qn; *(fig)* **to know/learn the ~s** * être/se mettre au courant; **to show sb the ~s** * mettre qn au courant; **a ~ of pearls** un collier de perles. **2** *adj:* **~ ladder** échelle *f* de corde; **Indian ~ trick** tour *m* de la corde *(prestidigitation).* **3** *vt case* corder; *climbers* encorder.

◆ **rope in** * *vt sep helper* enrôler, embringuer *.* **to get ~d in for sth** se laisser embringuer * pour faire qch. ◆ **rope off** *vt sep part of area* réserver par une corde; *(block off)* interdire l'accès de. ◆ **rop(e)y** * *adj (bad)* pas fameux *.*

rosary ['rəʊzərɪ] *n* chapelet *m.*

rose¹ [rəʊz] *pret of* **rise.**

rose² [rəʊz] **1** *n* **(a)** *(flower)* rose *f*; *(~bush, ~ tree)* rosier *m.* **wild ~** églantine *f*; *(fig)* **my life isn't all ~s** * tout n'est pas rose dans ma vie. **(b)** *[watering can]* pomme *f*; *(on ceiling)* rosace *f (de plafond).* **(c)** *(colour)* rose *m.* **2** *adj (colour)* rose; *leaf, petal* de rose. **~ garden** roseraie *f*; **~ window** rosace *f.* ◆ **rosé** *n* rosé *m (vin).* ◆ **rosebed** *n* massif *m* de rosiers. ◆ **rosebud** *n* bouton *m* de rose. ◆ **rose-coloured** *adj (fig)* **to see sth through ~-coloured spectacles** voir qch en rose. ◆ **rose-grower** *n* rosiériste *mf.* ◆ **rose-hip** *n* gratte-cul *m.* ◆ **rosemary** *n* romarin *m.* ◆ **rose-red** *adj* vermeil. ◆ **rosette** *n* rosette *f*; *(Sport: as prize)* cocarde *f.* ◆ **rosewood** *n* bois *m* de rose. ◆ **rosy** *adj* rose; *(fig) future, situation* qui se présente bien; **to paint a rosy picture of sth** dépeindre qch en rose.

rostrum ['rɒstrəm] *n* tribune *f.*

rot [rɒt] **1** *n* pourriture *f*; *(Bot, Med)* carie *f*; *(*: fig: nonsense)* bêtises *fpl.* *(fig)* **but the ~ set in** * mais les problèmes ont commencé; *(fig)* **to stop the ~** redresser la situation; **that's a lot of ~** * ça, c'est de la blague *.* **2** *vi* pourrir. **to ~ away** tomber en pourriture. **3** *vt (faire)* pourrir.

rota ['rəʊtə] *n* tableau *m (de service).*

rotate [rə(ʊ)'teɪt] **1** *vt (revolve)* faire tourner ; *(change round) crops* alterner; *[two people] jobs* faire à tour de rôle. **2** *vi* tourner; être alterné. ◆ **rotary** *adj* rotatif. ◆ **rotating** *adj* tournant; alternant. ◆ **rotation** *n* rotation *f*; **in** *or* **by rotation** à tour de rôle. ◆ **rotor** *n* rotor *m.*

rotten ['rɒtn] *adj* **(a)** *(gen)* pourri; *tooth* gâté; *(fig: corrupt)* corrompu. **~ to the core** complètement pourri. **(b)** *(*: bad)* mauvais. **to feel ~** se sentir mal fichu *; **what ~ luck!** quelle poisse! *; **what a ~ trick!** quel sale tour! *

rotund [rə(ʊ)'tʌnd] *adj person* rondelet; *object* rond, arrondi.

rouble, *(US)* **ruble** ['ru:bl] *n* rouble *m.*

rouge [ru:ʒ] *n* rouge *m (à joues).*

rough [rʌf] **1** *adj* **(a)** *(uneven) ground* accidenté; *skin, cloth, surface* rugueux; *path, road* rocailleux. **~ hands** *[peasant]* mains *fpl* rugueuses; *[housewife]* mains rêches. **(b)** *(fig) sound, voice* rude; *taste* âpre; *(coarse, unrefined) person, manners, style* brutal; *(harsh etc) person, play, game* brutal; *neighbourhood, weather, sea crossing, tongue* mauvais; *waves, sea* gros. **~**

handling of sth manque *m* de soin envers qch; ~ **stuff** * brutalité *f*; **these boys are very** ~ ces garçons sont très durs; **a** ~ **customer** * un dur *; **to have a** ~ **time (of it)** en voir de dures *; **to give sb a** ~ **time (of it)** malmener qn; *(fig)* en faire voir de toutes les couleurs à qn *; *(fig)* **to make things** ~ **for sb** * mener la vie dure à qn; **it is** ~ **on him** * ce n'est pas marrant * pour lui; **to feel** ~ * *(ill)* être mal fichu *. **(c)** *(approximate) plan* ébauché; *calculation, translation* approximatif. ~ **copy**, ~ **draft**, ~ **work** brouillon *m*; ~ **sketch** ébauche *f*; ~ **paper** papier *m* de brouillon; ~ **justice** justice *f* sommaire; ~ **estimate** approximation *f*; **at a** ~ **estimate** *or* **guess** approximativement; **in its** ~ **state** à l'état brut; *(fig)* **he's a** ~ **diamond** sous ses dehors frustes c'est un brave garçon. **2** *adv* live, sleep à la dure; *play* brutalement. *(fig)* **to cut up** ~ * *(angry)* se mettre en rogne *; *(violent)* devenir violent. **3** *n* **(a)** **to take the** ~ **with the smooth** prendre les choses comme elles viennent. **(b)** (*: *person*) voyou *m*, dur * *m*. **4** *vt*: **to** ~ **it** * vivre à la dure.
♦ **rough out** *vt sep plan etc* ébaucher.
♦ **roughage** *n* aliments *mpl* de lest *or* de volume.
♦ **rough-and-ready** *adj method, equipment* rudimentaire; *work* fait à la hâte; *person* sans façons.
♦ **rough-and-tumble** *n* mêlée *f*, bagarre *f*.
♦ **roughen** *vt* rendre rude *or* rugueux *or* rêche.
♦ **rough-house** * *n* bagarre *f*. ♦ **roughly** *adv* **(a)** *(not gently) push, play* brutalement; *answer, order* avec brusquerie; **to treat sth/sb** ~**ly** malmener qch/qn; **(b)** *(not finely) make, sew* grossièrement; ~**ly made** grossier; **to sketch sth** ~**ly** faire un croquis de qch; **(c)** *(approximately)* en gros, à peu près; ~**ly speaking** en gros; **she is** ~**ly 40** elle a à peu près 40 ans. ♦ **roughneck** * *n* voyou *m*, dur *m* à cuire *. ♦ **roughness** *n* [*hands, surface*] rugosité *f*; [*person*] rudesse *f*; brusquerie *f*; (*stronger*) brutalité *f*; [*sea*] agitation *f*; [*road*] inégalités *fpl*. ♦ **roughshod** *adv*: **to ride** ~**shod over** *person* passer sur le corps de; *objection* passer outre à.
♦ **rough-spoken** *adj* au langage grossier.

roulette [ru:'let] *n* roulette *f* *(jeu)*.

Roumania [ru:'meɪnɪə] *n* = **Rumania**.

round [raʊnd] **1** *adv*: **right** ~ , **all** ~ tout autour; **he went** ~ **by the bridge** il a fait le détour par le pont; **the long way** ~ le chemin le plus long; **it's a long way** ~ ça fait un grand détour; **come** ~ **and see me** venez me voir; **I asked him** ~ **for a drink** je l'ai invité à passer prendre un verre (chez moi); **I'll be** ~ **at 8 o'clock** je serai là à 8 heures; **all the year** ~ pendant toute l'année; **drinks all** ~! * je paie une tournée! *; *(fig)* **taking things all** ~ tout compte fait; ~ **about** V **2 b** *below*. **2** *prep* **(a)** *(of place etc)* autour de. ~ **the table/house** *etc* autour de la table/maison *etc*; **sitting** ~ **the fire** assis au coin du feu; **the villages** ~ **Lewes** les villages des environs de Lewes; **if you're** ~ **this way** si tu passes par ici; *(Aut)* **to go** ~ **a corner** prendre un virage; **to go** ~ **an obstacle** contourner un obstacle; **to look** ~ **a house** visiter une maison; **to show sb** ~ **a town** faire visiter une ville à qn; **they went** ~ **the cafés looking for...** ils ont fait le tour des cafés à la recherche de...; **put a blanket** ~ **him** enveloppez-le d'une couverture. **(b)** *(approximately: also* ~ **about)** environ. **3** *adj* rond. **to have** ~ **shoulders** avoir le dos rond; *(fig)* **a** ~ **dozen** une douzaine juste ronde; **in** ~ **figures** en chiffres ronds; ~ **robin** pétition *f*; **the** ~ **trip** le voyage aller et retour; *(US)* ~ **trip ticket** billet *m* aller retour.
4 *n* **(a)** *(circle etc)* rond *m*, cercle *m*; *(slice: of bread, meat)* tranche *f*. **(b)** **to do** *or* **make one's** ~(s) [*watchman, policeman*] faire sa ronde; [*postman, milkman*] faire sa tournée; [*doctor*] faire ses visites; **he has got a paper** ~ il distribue les journaux; [*infection, a cold etc*] **to go the** ~s faire des ravages; **the story is going the** ~s **that...** le bruit court que...; *(fig)*

the daily ~ la routine quotidienne; **one long** ~ **of pleasures** une longue suite de plaisirs. **(c)** [*cards, golf*] partie *f*; *(Boxing)* round *m*; *(Horse-riding)* parcours *m*; [*competition, tournament*] manche *f*; [*election*] tour *m*; [*talks, discussions*] série *f*. **a** ~ **of drinks** une tournée *; ~ **of ammunition** cartouche *f*; **a** ~ **of applause** une salve d'applaudissements. **(d)** *(Mus)* canon *m*. **(e)** **in the** ~ *(Theat)* en rond; *(fig)* en détail.
5 *vt* **(a)** *(make* ~*) edges etc* arrondir. **(b)** *(go* ~*) corner* tourner; *bend* prendre; *(Naut) cape* doubler; *obstacle* contourner. **(c)** *(Math etc) figure* arrondir.
♦ **round off** *vt sep speech, list, series, meal* terminer; *sentence* parachever; *meeting* mettre fin à. ♦ **round up** *vt sep* **(a)** *(bring together) people, cattle* rassembler; *criminals* effectuer une rafle de. **(b)** *prices etc* arrondir (au chiffre supérieur). ♦ **round (up)on** *vt fus* attaquer.
♦ **roundabout 1** *adj route* détourné; *means* contourné; ~**about phrase** circonlocution *f* ; **2** *n (Brit: merry-go-*~) manège *m* *(de fête foraine)*; *(at road junction)* rond-point *m* (à sens giratoire). ♦ **rounded** *adj* *(gen)* arrondi; *sentences* élégant. ♦ **rounders** *n (Brit)* sorte de baseball. ♦ **round-eyed** *adj* aux yeux ronds. ♦ **round-faced** *adj* au visage rond. ♦ **roundly** *adv say, tell* carrément. ♦ **round-necked** *adj pullover* ras du cou *inv*. ♦ **roundness** *n* rondeur *f*. ♦ **round-shouldered** *adj* voûté. ♦ **roundsman**, *pl* **roundsmen** *(Brit)* livreur *m*; **milk** ~**sman** laitier *m*. ♦ **round-up** *n* [*cattle, people*] rassemblement *m*; [*criminals, suspects*] rafle *f*.

rouse [raʊz] *vt* *(gen)* éveiller; *(fig) admiration, interest* susciter; *indignation* soulever; *suspicions* éveiller. **to** ~ **sb to action** pousser qn à agir; **to** ~ **sb (to anger)** mettre qn en colère. ♦ **rousing** *adj speech, sermon* vibrant; *cheers, applause* frénétique; *music* entraînant.

rout¹ [raʊt] **1** *n (defeat)* déroute *f*. **2** *vt* mettre en déroute.

rout² [raʊt] *vi (search:* ~ **about)** fouiller. ♦ **rout out** *vt sep (find)* dénicher; *(force out)* déloger; *(from bed)* tirer.

route [ru:t] **1** *n* **(a)** *(gen, also of train, plane, ship etc)* itinéraire *m*. **shipping/air** ~s routes *fpl* maritimes/aériennes; **we're on a bus** ~ nous sommes sur une ligne d'autobus; **a good** ~ **to London** un bon itinéraire pour aller à Londres; **en** ~ en route *(for* pour*)*. **(b)** *(US: often* [raʊt]: *round)* tournée *f*. **2** *adj (Mil)* ~ **march** marche *f* d'entraînement. **3** *vt* *train etc* faire passer *(through* par*)*; *luggage etc* expédier *(through* par*)*.

routine [ru:'ti:n] **1** *n* **(a)** routine *f*. **daily** ~ train-train *m* de la vie quotidienne; **office** ~ travail *m* courant du bureau; **as a matter of** ~ automatiquement. **(b)** *(Theat)* numéro *m*. **dance** ~ numéro de danse. **2** *adj procedure, inquiry* d'usage; *work etc* habituel; *(pej)* de routine. **it was quite** ~ n'avait rien de spécial.

roving ['rəʊvɪŋ] *adj* vagabond. **he has a** ~ **eye** il aime reluquer * les filles; ~ **ambassador** ambassadeur *m* itinérant; ~ **reporter** reporter *m* volant.

row¹ [rəʊ] *n* [*objects, people*] rang *m*; *(behind one another)* file *f*, ligne *f*; [*houses, trees, figures*] rangée *f*; [*cars*] file *f*; *(Knitting)* rang *m*. **in the front** ~ au premier rang; **sitting in a** ~ assis en rang; **4 failures in a** ~ 4 échecs de suite.

row² [rəʊ] **1** *vt boat* faire aller à la rame *or* à l'aviron. **to** ~ **sb across** faire traverser qn en canot. **2** *vi* ramer. ~ **away/back** s'éloigner/revenir à la rame; **to go** ~**ing** *(for pleasure)* faire du canotage; *(Sport)* faire de l'aviron. ♦ **rowboat** *or* ♦ **rowing boat** *n* canot *m* (à rames). ♦ **rower** *n* rameur *m*, -euse *f*. ♦ **rowing 1** *n* canotage *m*; *(Sport)* aviron *m*; **2** *adj*: ~**ing club** club *m* d'aviron. ♦ **rowlock** ['rɒlək] *n* dame *f* de nage.

row³ * [rəʊ] **1** n (noise) tapage m, vacarme m; (quarrel) querelle f, dispute f; (scolding) réprimande f, savon * m. **to make a ~** faire du tapage; **to have a ~** se disputer (with avec); **to give sb a ~** passer un savon à qn *; **to get (into) a ~** se faire passer un savon *. **2** vi se disputer (with avec).

rowan ['rəʊən] n sorbier m.

rowdy ['raʊdɪ] **1** adj (noisy) chahuteur; (rough) bagarreur *. **2** n (*) voyou m. ◆ **rowdyism** n chahut m; bagarre * f; (at football match etc) violence f.

royal ['rɔɪ(ə)l] **1** adj (gen) royal. **~ blue** bleu roi inv; (Brit) **R~ Commission** Commission f extra-parlementaire; **the ~ household** la maison du roi or de la reine; (fig) **the ~ road** to la voie royale de; **they gave him a ~ welcome** ils l'ont reçu de façon royale. **2** n: **the ~s** * la famille royale. ◆ **royalist** adj, n royaliste (mf). ◆ **royally** adv royalement. ◆ **royalty** n (a) (persons) (membres mpl de) la famille royale; (b) ~**ties** (from book) droits mpl d'auteur; (from oil well, patent) royalties fpl.

rub [rʌb] **1** n: **to give sth a ~** (furniture, shoes, silver) donner un coup de chiffon à qch; (sore place, one's arms) frotter qch; (fig) **there's the ~**! c'est là la difficulté! **2** vt frotter; (Art) brass, inscription prendre un frottis de. **to ~ one's nose** se frotter le nez; **to ~ one's hands together** se frotter les mains; **to ~ sth dry** sécher qch en le frottant; **to ~ a hole in sth** faire un trou dans qch à force de frotter; **to ~ sth through a sieve** passer qch au tamis; **to ~ lotion into the skin** faire pénétrer de la lotion dans la peau; (fig) **to ~ shoulders with** coudoyer; (fig) **to ~ sb's nose in sth** ne jamais laisser oublier qch à qn. **3** vi [thing] frotter (against contre); [person, cat] se frotter (against contre). ◆ **rub along** * vi [two people] s'accorder tant bien que mal. ◆ **rub away** vt sep faire disparaître (en frottant), effacer. ◆ **rub down** vt sep horse bouchonner; person frictionner (with avec); wall, paintwork (clean) nettoyer (du haut en bas); (sandpaper) poncer. ◆ **rub in** vt sep liniment faire pénétrer en frottant; (fig) idea insister sur; lesson faire entrer (to à). (fig) **don't ~ it in!** * pas besoin de me le rappeler! ◆ **rub off 1** vi: **the blue will ~ off on to your hands** tu vas mettre du bleu sur tes mains; (fig) **it might ~ off on to her brother** * elle en passera peut-être à son frère. **2** vt sep writing effacer; dirt enlever en frottant. ◆ **rub out 1** vi s'effacer. **2** vt sep effacer. ◆ **rub up 1** vi (fig) **to ~ up against all sorts of people** côtoyer toutes sortes de gens. **2** vt sep vase, table frotter, astiquer. (fig) **to ~ sb up the right/wrong way** savoir/ne pas savoir s'y prendre avec qn. ◆ **rubbing** n frottement m; (Art) frottis m; (US) ~**bing alcohol** alcool m à 90 degrés.

rubber¹ ['rʌbəʳ] **1** n (material) caoutchouc m; (eraser) gomme f. ~**s** (shoes) caoutchoucs. **2** adj goods, boots etc de or en caoutchouc. **~ band** élastique m; **~ bullet** balle f en caoutchouc; (US fig) ~ **check** * chèque m en bois; **~ plant** caoutchouc m (plante verte); **~ plantation** plantation f d'hévéas; **~ ring** (for swimming) bouée f de natation; **~ solution** dissolution f; **~ stamp** tampon m; ~**tree** hévéa m. ◆ **rubberized** adj caoutchouté. ◆ **rubber-stamp** vt (pej) entériner (sans discuter). ◆ **rubbery** adj caoutchouteux.

rubber² ['rʌbəʳ] n (Bridge) robre m.

rubbish ['rʌbɪʃ] **1** n (waste material) détritus mpl; (household ~) ordures fpl, immondices fpl; [garden] détritus; [factory] déchets mpl; [building site] décombres mpl; (nonsense) bêtises fpl, absurdités fpl. **this shop sells a lot of ~** ce magasin ne vend que de la camelote *; **it's just ~** (nonsense) ça ne veut rien dire; **to talk ~** débiter des bêtises or des absurdités; ~**!** * quelle blague! *; **it is ~ to**

say that... c'est idiot de dire que... **2** adj (Brit) ~ **bin** poubelle f, boîte f à ordures; ~ **cart** voiture f d'éboueurs; ~ **collection** ramassage m d'ordures; ~ **dump** décharge f publique. **3** vt (fig *: denigrate) débiner *. ◆ **rubbishy** adj goods, ideas, book sans valeur; shoes etc de mauvaise qualité.

rubble ['rʌbl] n (ruins) décombres mpl; (in road-building) blocaille f. **it was reduced to a heap of ~** il n'en restait qu'un tas de décombres.

rubicund ['ruːbɪkənd] adj rougeaud.

ruby ['ruːbɪ] **1** n rubis m. **2** adj (colour) rubis inv; (made of rubies) necklace, ring de rubis.

rucksack ['rʌksæk] n sac m à dos.

ructions * ['rʌkʃ(ə)nz] npl (rows) disputes fpl, grabuge * m; (riots) bagarres fpl. **there'll be ~ if...** il va y avoir du grabuge * si...

rudder ['rʌdəʳ] n gouvernail m.

ruddy ['rʌdɪ] adj (a) complexion (gen) rubicond (pej), coloré; (glowing) rouge de santé; sky, glow rougeoyant. (b) (* Brit) fichu *, sacré * (before n).

rude [ruːd] adj (a) (impolite) impoli, mal élevé; (stronger) insolent; (coarse) grossier; (improper) indécent. **to be ~ to sb** être grossier envers qn; **it's ~ to stare** c'est très mal élevé de dévisager les gens; ~ **word** gros mot m. (b) shock brusque, rude. (fig) **to have a ~ awakening** être rappelé brusquement à la réalité. (c) (primitive) primitif. (d) (vigorous) health robuste. ◆ **rudely** adv impoliment; insolemment; grossièrement; brusquement. ◆ **rudeness** n impolitesse f; insolence f; grossièreté f; brusquerie f.

rudiment ['ruːdɪmənt] n rudiment m. ◆ **rudimentary** adj rudimentaire.

rueful ['ruːfʊl] adj look, person triste; situation attristant. ◆ **ruefully** adv avec regret.

ruffian ['rʌfɪən] n voyou m, brute f.

ruffle ['rʌfl] vt hair, feathers ébouriffer; surface, water agiter; clothes déranger, froisser; person (upset) froisser; (annoy) contrarier. **to grow ~d** perdre son calme.

rug [rʌg] n petit tapis m; (bedside etc) carpette f; (travelling ~) couverture f, (in tartan) plaid m.

rugby ['rʌgbɪ] n (abbr **rugger** *) rugby m. **2** adj: ~ **league** le rugby à treize; ~ **player** rugbyman m.

rugged ['rʌgɪd] adj country, ground, road accidenté; cliff, coast, mountains aux contours déchiquetés; bark rugueux; features irrégulier; character, person bourru; resolve farouche; (*: solid) machine robuste.

ruin ['ruːɪn] **1** n ruine f. **to fall into ~** tomber en ruine; **in ~s** en ruine. **2** vt (gen) ruiner; clothes abîmer; event, enjoyment gâter. ◆ **ruined** adj building en ruine; person ruiné. ◆ **ruinous** adj ruineux. ◆ **ruinously** adv: ~**ously expensive** ruineux.

rule [ruːl] **1** n (a) (gen) règle f; (regulation) règlement m. **the ~s of the game** la règle du jeu; **against the ~s** contraire à la règle or au règlement; ~**s and regulations** statuts mpl; (Ind) **work(ing) to ~** grève f du zèle; **it's a ~ that...** il est de règle que... + subj; ~ **of the road** règle générale de la circulation; **by ~ of thumb** à vue de nez; **golden ~** règle d'or; (fig: usual) **it's the ~** c'est normal; **he makes it a ~ to get up early** il a pour règle de se lever tôt; **as a ~** en règle générale, normalement. (b) (authority) **under British ~** sous l'autorité f britannique; (Pol etc) **majority ~** le gouvernement par la majorité; **the ~ of law** l'autorité de la loi. (c) (for measuring) règle f (graduée). **folding ~** mètre m pliant.

2 adj: ~ **book** règlement m.

3 vt (a) country gouverner; business firm etc diriger. ~**d by his wife** mené par sa femme. (b) [umpire, judge] décider, déclarer (that que). (c) (draw lines on) paper régler; line tirer à la règle.

4 *vi* (**a**) *[monarch]* régner (*over* sur). *(fig)* **the prices ruling in Paris** les cours pratiqués à Paris. (**b**) *(Jur)* statuer (*against* contre; *in favour of* en faveur de; *on* sur).

♦ **rule out** *vt sep* exclure, écarter. **the age limit ~s him out** il est exclu du fait de la limite d'âge; **murder can't be ~d out** il est impossible d'exclure l'hypothèse d'un meurtre.

♦ **ruler** *n* (**a**) *(sovereign)* souverain(e) *m(f)*; *(political leader)* chef *m* (d'État); **the country's ~rs** les dirigeants *mpl* du pays; (**b**) *(for measuring)* règle *f*.

♦ **ruling 1** *adj principle* souverain; *factor, passion* dominant; *price* actuel; **the ruling class** la classe dirigeante; *(Pol)* **the ruling party** le parti au pouvoir ; **2** *n* *(Admin, Jur)* décision *f*; **to get/give a ruling** obtenir/rendre un jugement.

rum [rʌm] *n* rhum *m*.

Rumania [ruːˈmeɪnɪə] *n* = **Romania**.

rumble [ˈrʌmbl] **1** *vi* *(gen)* gronder; *[stomach, pipes]* gargouiller. *[vehicle]* **to ~ past** passer avec fracas. **2** *n* grondement *m*; gargouillement *m*. ♦ **rumbling** *n* grondement *m*; gargouillement *m*; **tummy rumblings** * borborygmes *mpl*.

ruminate [ˈruːmɪneɪt] *vti* ruminer. ♦ **ruminant** *adj*, *n* ruminant *(m)*. ♦ **ruminative** *adj* pensif.

rummage [ˈrʌmɪdʒ] **1** *vi* (**~ about, ~ around**) fouiller (*among, in* dans; *for* pour trouver). **2** *adj*: **~ sale** vente *f* de charité (*de bric-à-brac*).

rumour, *(US)* **rumor** [ˈruːməʳ] **1** *n* rumeur *f*, bruit *m*. **~ has it that there will be war, there is a ~ of war** le bruit court *or* on dit qu'il va y avoir la guerre. **2** *vt*: **it is ~ed that...** on dit que..., le bruit court que...

rump [rʌmp] *n* *[animal]* croupe *f*; *(Culin)* culotte *f* (de bœuf); *[person]* derrière *m*. ♦ **rumpsteak** *n* culotte *f* (de bœuf); *(single steak)* romsteck *m*.

rumple [ˈrʌmpl] *vt* *(gen)* chiffonner; *hair* ébouriffer.

rumpus * [ˈrʌmpəs] **1** *n* chahut *m*. **to make a ~** faire du chahut. **2** *adj*: **~ room** salle *f* de jeux.

run [rʌn] *(vb: pret* **ran**, *ptp* **run**) **1** *n* (**a**) **to go for a ~** faire un peu de course à pied; **to go for a 2-km ~** faire 2 km de course à pied; **at a ~** au pas de course, en courant; **to break into a ~** se mettre à courir; **to make a ~ for it** prendre la fuite; **to have the ~ of a place** avoir un endroit à son entière disposition; **to be on the ~** être en cavale *; **to be on the ~ from the police** être recherché par la police; **to have the enemy on the ~** avoir mis l'ennemi en fuite; **to keep the enemy on the ~** harceler l'ennemi; **we've given him** *(etc)* **a good ~ for his money** on ne s'est pas avoué vaincu d'avance; *(on retirement, death)* **he's had a good ~** il a bien profité de l'existence. (**b**) *(outing)* tour *m*, excursion *f*. **to go for a ~ in the car** faire un tour *or* une promenade en voiture; **I'll give you a ~ up to town** je vais vous conduire en ville. (**c**) *[bus, tram, boat, plane] (distance)* trajet *m*; *(route)* parcours *m*. **it's a 30-minute bus ~** il y a une demi-heure de trajet en autobus; **the boat no longer does that ~** le bateau ne fait plus cette traversée; **the ships on the China ~** les paquebots qui font la Chine. (**d**) *(series)* série *f*, suite *f*; *(Cards)* séquence *f*; *(Roulette)* série *f* (*on* à). *(Theat)* **the London ~** la saison à Londres; *(Theat)* **the play had a long ~** la pièce a tenu longtemps l'affiche; *(gen)* **it's had a long ~** ça a duré longtemps; **in the long ~** finalement; **to have a ~ of luck** être en veine *; **a ~ of bad luck** une période de malchance. (**e**) *(great demand)* ruée *f* (*on* sur). **there has been a ~ on** on s'est rué sur. (**f**) *[tide]* flux *m*; *(fig: trend)* tendance *f*. **the common ~ of mankind** le commun des mortels; **the ordinary ~ of things** le train-train habituel. (**g**) *(track for sledging, skiing etc)* piste *f*; *(animal enclosure)* enclos *m*. (**h**) *(Typ)* **a ~ of 5,000 copies** un tirage de 5 000 exemplaires. (**i**) *(Cricket, Baseball)* point *m*.

2 *vi* (**a**) courir. **to ~ in/off** *etc* entrer/partir *etc* en courant; **she came ~ning out** elle est sortie en courant; **to ~ for the bus** courir pour attraper l'autobus; **she ran to meet him/to help him** elle a couru à sa rencontre/à son secours; **the car ran into a tree** la voiture a heurté un arbre; *(fig)* **the news ran like wildfire** la nouvelle s'est répandue comme une traînée de poudre; **a ripple of fear ran through the town** la peur a gagné toute la ville; **how does the last sentence ~?** comment la dernière phrase est-elle rédigée?; **so the story ~s** c'est ainsi que l'histoire est racontée; *(Pol etc)* **to ~ for President, to ~ for the Presidency** être candidat à la présidence.

(**b**) *(flee)* fuir, se sauver. **to ~ for one's life** se sauver à toutes jambes; **~ for it!** sauvez-vous!

(**c**) *(become etc)* *[river]* **to ~ dry** se tarir; **my pen's ~ dry** je n'ai plus d'encre; *[resources etc]* **to ~ dry** *or* **short** *or* **low** s'épuiser; **to ~ short of sth** se trouver à court de qch; **to ~ riot** *[people, imagination]* être déchaîné; *[vegetation]* pousser follement; **to ~ wild** *[person, children]* être déchaîné; *[animals]* courir en liberté; *[plants, garden]* retourner à l'état sauvage.

(**d**) *(move)* filer; *[drawer, curtains]* glisser; *(flow)* couler; *[river, tears, tap, eyes, nose]* couler; *[pen]* fuir; *[sore, abscess]* suppurer; *(melt)* fondre; *[cheese]* couler; *[colour, ink]* baver; *(in washing)* déteindre. **the rope ran through his fingers** la corde lui a filé entre les doigts; **rivers ~ into the sea** les fleuves se jettent dans la mer; **the street ~s into the square** la rue débouche sur la place; **to ~ high** *[river]* être haut; *[sea]* être gros; *[feelings]* être exacerbé; *[prices]* être très haut; **to leave a tap ~ning** laisser un robinet ouvert; **to ~ with blood/sweat/moisture** ruisseler, de sang/de sueur/d'humidité; *(fig)* **his blood ran cold** son sang s'est glacé dans ses veines.

(**e**) *(continue)* *[play]* tenir l'affiche, se jouer; *[film]* passer; *[contract]* être valide. *(Rad, TV)* **the programme ran for 50 minutes** le programme a duré 50 minutes; **the expenditure ~s into millions** les dépenses s'élèvent à des millions; **I can't ~ to a new car** je ne peux pas me payer * une nouvelle voiture; **the funds won't ~ to...** les fonds ne permettent pas d'acheter...

(**f**) *(Naut)* **to ~ before the wind** courir vent arrière; **to ~ ashore** *or* **aground** s'échouer; *(fig)* **to ~ foul of sb** indisposer qn contre soi.

(**g**) **this train ~s between** ce train fait le service entre; **the buses ~ once an hour** les autobus passent toutes les heures.

(**h**) *(function)* *[machine, factory]* marcher; *[wheel]* tourner. **the car is ~ning smoothly** la voiture marche bien; **to leave the engine ~ning** laisser tourner le moteur; **to ~ on diesel/on electricity/off batteries** marcher au gas-oil/à l'électricité/sur piles.

(**i**) *(pass)* *[road, river etc]* passer (*through* à travers; *past* devant); *[mountain range]* s'étendre. **the road ~s north and south** la route va du nord au sud; **he has a scar ~ning across his chest** il a une cicatrice en travers de la poitrine; *(fig)* **this theme ~s through** ce thème se retrouve dans; **it ~s in the family** c'est de famille.

(**j**) *[stockings]* filer; *[knitting]* se démailler.

3 *vt* (**a**) courir. **he ~s 3 km every day** il fait 3 km de course à pied tous les jours; **to ~ a race** courir dans une épreuve; **to ~ errands** faire des commissions; **to ~ a blockade** forcer un blocus; *(US)* **to ~ a stoplight** griller un feu rouge; *(fig)* **to ~ sb close** serrer qn de près; **you're ~ning things a bit close!** * ça va être juste!; **to ~ its course** suivre son cours; **to ~ a temperature** avoir de la fièvre; **to ~ the car into a tree** heurter un arbre.

(**b**) **to ~ to earth** finir par trouver; **to ~ a horse in the Derby** faire courir un cheval dans le Derby;

to ~ **sb out of town** chasser qn de la ville; **she is ~ off her feet** * elle ne sait plus où donner de la tête.
(c) (transport) person conduire; thing transporter; (smuggle) guns passer en contrebande. **he ran her home** il l'a ramenée chez elle (en voiture).
(d) (operate etc) machine faire marcher; (Comput) program exécuter. **he ~s a Rolls** il a une Rolls; **this car is very cheap to ~** cette voiture est très économique; **to ~ into the ground** car garder jusqu'à ce qu'elle soit bonne pour la ferraille; business laisser péricliter.
(e) (organize etc) business, school, mine, hotel diriger; course, competition organiser. **they ~ trains to London every hour** il y a un train pour Londres toutes les heures; **to ~ extra buses** mettre en service des autobus supplémentaires; **to ~ a house** tenir une maison; **I want to ~ my own life** je veux être maître de ma vie; **she ~s everything** c'est elle qui dirige tout; (fig) **I'm ~ning this show!** * c'est moi qui commande ici!
(f) (move) hand, fingers, comb passer (over sur; through dans). **to ~ one's finger down a list** suivre une liste du doigt; **to ~ one's eye over** jeter un coup d'œil sur; **he ran the vacuum cleaner over the carpet** il a passé rapidement le tapis à l'aspirateur; **she ran her pencil through the word** elle a barré le mot d'un coup de crayon; **to ~ a rope through** faire passer une corde dans; **to ~ water into a bath** faire couler de l'eau dans une baignoire; **I'll ~ you a bath** je vais te faire couler un bain.
(g) (issue) article publier; film présenter.
◆ **run about, run around** vi courir çà et là.
◆ **run across 1** vi traverser en courant. **2** vt fus (meet, find) person, thing, fact tomber sur. ◆ **run along** vi courir; (go away) s'en aller. ◆ **run away 1** vi **(a)** partir en courant; (flee) [person] s'enfuir; [horse] s'emballer. **to ~ away from home** s'enfuir (de chez soi); (fig) **don't ~ away with the idea that...** n'allez pas vous mettre dans la tête que... **(b)** [water] s'écouler. **2** vt sep water laisser s'écouler. ◆ **run away with** vt fus money etc épuiser. ◆ **run down 1** vi [watch etc] s'arrêter. **2** vt sep **(a)** (Aut) (knock over) renverser; (run over) écraser; ship heurter par l'avant; (in battle) éperonner. **(b)** (reduce) production restreindre de plus en plus; factory réduire peu à peu l'ampleur de. (Med) **to be ~ down** être fatigué. **(c)** (*: disparage) dénigrer. ◆ **run in** vt sep **(a)** car roder. '~**ning in**' 'en rodage'. **(b)** (*: arrest) emmener au poste. ◆ **run into** vt fus (meet) person rencontrer par hasard, tomber sur; difficulties, trouble se heurter à; danger se trouver exposé à. **to ~ into debt** s'endetter. ◆ **run off 1** vi = **run away 1 a**. **2** vt sep (Typ) tirer. ◆ **run on 1** vi **(a)** (* fig: in talking etc) parler sans arrêt. **it ran on for 4 hours** ça a duré 4 bonnes heures. **(b)** (Typ) suivre sans alinéa. **2** vt sep letters, words faire suivre sans laisser d'espace. ◆ **run out 1** vi **(a)** [rope, chain] se dérouler; [liquid] couler. **(b)** (end) [lease, contract] expirer; [supplies] s'épuiser; [period of time] s'épuiser. **when the money ~s out** quand il n'y aura plus d'argent. **2** vt sep rope, chain laisser filer. ◆ **run out of** vt fus money, time manquer de. ◆ **run over 1** vi **(a)** (overflow) déborder. **(b)** (go briefly) passer, faire un saut (to sb's house chez qn). **2** vt fus (reread) revoir; (recapitulate) reprendre. **3** vt sep (Aut) écraser. ◆ **run through 1** vt fus **(a)** (use up) fortune gaspiller. **(b)** (read quickly) notes, text jeter un coup d'œil sur. **(c)** (rehearse) play répéter; (recapitulate) reprendre. **let's ~ through it again** reprenons cela encore une fois. **2** vt sep (Comput) data passer (en revue). ◆ **run up** vt sep **(a)** flag hisser. **(b)** bill laisser accumuler. **(c)** (*: sew quickly) fabriquer *.

◆ **run up against** * vt fus person tomber sur; difficulties se heurter à.
◆ **runabout 1** n (car) petite voiture f; (boat) runabout m ; **2** adj (Rail) ~**about ticket** billet m circulaire. ◆ **runaway 1** n fugitif m, -ive f; (teenager etc) fugueur m, -euse f. **2** adj person fugitif; horse emballé; car fou; wedding, couple clandestin; inflation galopant. ◆ **rundown** n **(a)** réduction f (in, of de); [industry] réductions fpl délibérées; **(b) to give sb a ~down** on mettre qn au courant de. ◆ **runner** n **(a)** (athlete) coureur m; (horse) partant m; (messenger) messager m; **(b)** (sliding part) [sledge] patin m; [skate] lame f; [drawer] coulisseau m; [door] glissière f; [curtain] anneau m; **(c)** (table-runner) chemin m de table; (hall/stair carpet) chemin de couloir/d'escalier. ◆ **runner-bean** n haricot m à rames. ◆ **runner-up** n second(e) m(f). ◆ **running 1** n (fig) **to make the ~ning** mener la course; **to be in the ~ning** avoir des chances de réussir; **in the ~ning for the job** sur les rangs pour avoir le poste ; **2** adj tap qui coule; sore qui suppure; **a ~ning stream** un cours d'eau; ~**ning water (in every room)** eau courante (dans toutes les chambres); **to keep up a ~ning battle** être en lutte continuelle (with avec); ~**ning commentary** (Rad, TV) commentaire m suivi; (fig) commentaire détaillé (on sur); **4 days ~ning** 4 jours de suite; ~**ning board** marchepied m ; ~**ning costs** frais mpl d'exploitation; **the ~ning costs of the car are high** la voiture revient cher; (US Pol) ~**ning mate** candidat m à la vice-présidence; **in ~ning order** en état de marche; ~**ning shoe** chaussure f de course. ◆ **runny** adj substance qui coule; omelette baveux. ◆ **run-of-the-mill** adj banal. ◆ **run-through** n essai m. ◆ **run-up** n période f préparatoire (to à); (US: increase) augmentation f. ◆ **runway** n (Aviat) piste f (d'envol or d'atterrissage).

rung¹ [rʌŋ] ptp of **ring²**.

rung² [rʌŋ] n [ladder, chair] barreau m.

rupture [ˈrʌptʃəʳ] **1** n rupture f; (Med *: hernia) hernie f. **2** vt rompre. (Med) **to ~ o.s.** * se donner une hernie. **3** vi se rompre.

rural [ˈrʊər(ə)l] adj rural.

ruse [ruːz] n ruse f.

rush¹ [rʌʃ] **1** n **(a)** ruée f (for vers; on sur); (Mil: attack) assaut m. **gold ~** ruée vers l'or; **we have a ~ on in the office** c'est le coup de feu au bureau; **the Christmas ~** la bousculade des fêtes de fin d'année; **we've had a ~ of orders** on nous a submergés de commandes; **a ~ of warm air** une bouffée d'air tiède. **(b)** (hurry) **to be in a ~** être extrêmement pressé; **I had a ~ to get here in time** j'ai dû me dépêcher pour arriver à l'heure; **I did it in a ~** je l'ai fait à toute vitesse; **what's all the ~?** pourquoi est-ce que c'est si pressé? **(c)** (Cine) projection f d'essai.
2 adj: ~ **hours** heures fpl de pointe; ~ **job** travail m d'urgence; (botched) travail bâclé.
3 vi [person] se précipiter; [car] foncer. **to ~ up/ down** etc monter/descendre etc précipitamment; **to ~ at sth** se jeter or se ruer sur qch; (fig) **don't ~ at it, take it slowly** ne fais pas ça trop vite, prends ton temps; **the train ~ed into the tunnel** le train est entré à toute vitesse dans le tunnel; **I'm ~ing to finish it** je me dépêche pour en avoir fini; **to ~ through** book lire à la hâte; meal prendre sur le pouce *; town traverser à toute vitesse; work expédier; **the blood ~ed to his face** le sang lui est monté au visage.
4 vt **(a)** (do hurriedly) job, task dépêcher; order exécuter d'urgence. **to ~ sb to hospital** transporter qn d'urgence à l'hôpital; **they ~ed him out of the room** ils l'ont fait sortir en toute hâte de la pièce ; **I don't want to ~ you** je ne voudrais pas vous bousculer; **to be ~ed off one's feet** être débordé; **to ~ sb into a decision** forcer qn à prendre une

décision à la hâte. **(b)** *(take by storm) town* prendre
d'assaut; *fence* franchir sur son élan; *[crowd] police*
s'élancer contre.
◆ **rush about, rush around** *vi* courir çà et là.
◆ **rush through** *vt sep (Comm) order* exécuter
d'urgence; *goods, supplies* envoyer de toute
urgence. ◆ **rush up 1** *vi (arrive)* accourir. **2** *vt
sep help, reinforcements* faire parvenir d'urgence *(to
à)*.

rush² [rʌʃ] *n (Bot)* jonc *m*. ~ **matting** tapis *m* tressé.

rusk [rʌsk] *n* ≃ biscotte *f*.

russet ['rʌsɪt] **1** *n (apple)* reinette *f* grise. **2** *adj*
feuille-morte *inv*.

Russia ['rʌʃə] *n* Russie *f*. ◆ **Russian 1** *adj* russe ;
2 *n* russe *m*; *(person)* Russe *mf*.

rust [rʌst] **1** *n* rouille *f*. **2** *vt* rouiller. **3** *vi* se rouiller. ◆ **rust-coloured** *adj* rouille *inv*. ◆ **rustproof
1** *(also* ~**-resistant)** *adj metal* inoxydable; *paint, treat-*
ment antirouille; *bodywork* traité contre la rouille ;
2 *vt* traiter contre la rouille. ◆ **rusty** *adj (lit, fig)*
rouillé; *(lit)* **to get** *or* **go** ~**y** se rouiller; *(fig)* **my
English is** ~**y** mon anglais est un peu rouillé.

rustic ['rʌstɪk] *adj* rustique.

rustle ['rʌsl] **1** *n* bruissement *m*. **2** *vi* bruire. **3**
vt **(a)** *papers* faire bruire. **(b)** *(steal) cattle* voler.
◆ **rustle up** * *vt sep (find)* se débrouiller * pour
trouver; *(make)* préparer en vitesse.
◆ **rustler** *n* voleur *m* de bétail. ◆ **rustling** *n* vol
m de bétail.

rut [rʌt] *n* ornière *f (also fig)*. *[person]* **to be in** *or*
get into a ~ suivre l'ornière.

ruthless ['ru:θlɪs] *adj* impitoyable. ◆ **ruthlessly**
adv impitoyablement. ◆ **ruthlessness** *n* caractère *m* impitoyable.

rye [raɪ] **1** *n* seigle *m*; *(US: whisky)* whisky *m* (américain). **2** *adj*: ~ **bread** pain *m* de seigle.

S

S, s [es] *n (letter)* S, s *m.*

Sabbath ['sæbəθ] *n (Jewish)* sabbat *m*; (†: *Sunday*) dimanche *m.* ◆ **sabbatical** *adj* sabbatique.

sable ['seɪbl] **1** *n* zibeline *f.* **2** *adj fur* de zibeline, de martre; *brush* en poil de martre.

sabotage ['sæbətɑːʒ] **1** *n* sabotage *m.* **an act of** ~ un sabotage. **2** *vt* saboter. ◆ **saboteur** *n* saboteur *m*, -euse *f.*

sabre, *(US)* **saber** ['seɪbəʳ] *n* sabre *m.*

saccharin(e) ['sækərɪn, iːn] *n* saccharine *f.*

sachet ['sæʃeɪ] *n* sachet *m.*

sack¹ [sæk] **1** *n (bag)* sac *m.* **coal** ~ sac à charbon; ~ **of coal** sac de charbon; *(fig)* **to give sb the** ~ * renvoyer qn, mettre qn à la porte; **to get the** ~ * être renvoyé, être mis à la porte. **2** *adj:* ~ **race** course *f* en sac. **3** *vt (*)* *employee* renvoyer, mettre à la porte. ◆ **sackcloth** *n (Rel)* ~**cloth and ashes** le sac et la cendre. ◆ **sackful** *n* plein sac *m.* ◆ **sacking** *n* **(a)** *(cloth)* toile *f* à sac; **(b)** *(*: dismissal)* renvoi *m.*

sack² [sæk] **1** *n (plundering: also* ~**ing**) sac *m.* **2** *vt* mettre à sac.

sacrament ['sækrəmənt] *n* sacrement *m.* **to receive the** ~**s** communier.

sacred ['seɪkrɪd] *adj* sacré *(after n).* **the S**~ **Heart** le Sacré-Cœur; ~ **writings** livres *mpl* sacrés; ~ **to the memory of** consacré à la mémoire de; **is nothing** ~? vous ne respectez donc rien?; *(fig)* ~ **cow** * chose *f* sacro-sainte.

sacrifice ['sækrɪfaɪs] **1** *n* sacrifice *m.* **to make great** ~**s** faire de grands sacrifices *(for sb* pour qn; *to do* pour faire). **2** *vt* sacrifier *(to* à; *for sb* pour qn; *for sth* pour avoir qch). ◆ **sacrificial** *adj (Rel)* sacrificiel; *price* extrêmement bas.

sacrilege ['sækrɪlɪdʒ] *n* sacrilège *m.* ◆ **sacrilegious** *adj* sacrilège.

sacristy ['sækrɪstɪ] *n* sacristie *f.* ◆ **sacristan** *n* sacristain(e) *m(f).*

sacrosanct ['sækrəʊ'sæŋ(k)t] *adj* sacro-saint.

sad [sæd] *adj person, smile* triste; *news, duty, condition* triste *(before n)*; *loss* douloureux; *mistake* fâcheux. **to make sb** ~ attrister qn; **to grow** ~ devenir triste; **a** ~ **business** une triste affaire; *(US fig)* ~ **sack** *(gen)* empoté *m*; *(Mil)* pauvre troufion *m.* ◆ **sadden** *vt* attrister. ◆ **sad-eyed** *adj* aux yeux tristes. ◆ **sadly** *adv (unhappily)* tristement; *(regrettably)* fâcheusement; ~**ly incompetent** fort incompétent; ~**ly lacking in...** qui manque fort de... ◆ **sadness** *n* tristesse *f.*

saddle ['sædl] **1** *n* selle *f.* **in(to) the** ~ en selle; *(fig)* **when he was in the** ~ quand c'était lui qui tenait les rênes; ~ **of lamb** selle d'agneau. **2** *vt* (~ **up**) *horse* seller. *(fig)* **to** ~ **sb with (doing) sth** * imposer qch à qn, coller qch à qn *; **we're** ~**d with it** nous voilà avec ça sur les bras. ◆ **saddlebag** *n* sacoche *f.* ◆ **saddler** *n* sellier *m.* ◆ **saddlery** *n* sellerie *f.*

sadism ['seɪdɪz(ə)m] *n* sadisme *m.* ◆ **sadist** *adj,* sadique *(mf).* ◆ **sadistic** *adj* sadique.

safari [sə'fɑːrɪ] *n* safari *m.* **to go** *or* **be on** ~ faire un safari; ~ **jacket** saharienne *f*; ~ **park** réserve *f.*

safe [seɪf] **1** *adj* **(a)** *(not in danger)* *person* en sécurité, hors de danger. ~ **and sound** sain et sauf; **to be** ~ **from** être à l'abri de; **no girl is** ~ **with him** les filles courent toujours un risque avec lui; **you'll be quite** ~ **here** vous êtes en sécurité ici; **his life was not** ~ sa vie était en danger; **I don't feel very** ~ **on this ladder** je ne me sens pas très en sécurité sur cette échelle; *[jewel, secret]* **it's quite** ~ ça ne risque rien. **(b)** *(not dangerous)* *toy, animal, action* sans danger; *method, vehicle* sûr; *ice, ladder, bridge* solide; *beach, bathing* qui n'est pas dangereux; *(secure) hiding place, harbour, investment* sûr; *(prudent) choice, guess, estimate* prudent. **is it** ~ **to come out?** est-ce qu'on peut sortir sans danger?; **it's not** ~ **to go alone** il est dangereux d'y aller tout seul; **is that dog** ~? ce chien n'est pas méchant?; **that dog isn't** ~ **with children** il ne faut pas laisser les enfants s'approcher du chien; ~ **journey!** bon voyage!; **I'll keep it** ~ *or* **in a** ~ **place for you** je vais vous le garder en lieu sûr; **in** ~ **hands** en mains sûres; *(for spy etc)* ~ **house** lieu *m* sûr; **it's** ~ **as houses** *(runs no risk)* cela ne court aucun risque; *(offers no risk)* cela ne présente aucun risque; *(Med)* **the** ~ **period** * la période sans danger; ~ **sex** l'amour *m* sans risques; **the** ~**st thing to do would be to wait** le plus sûr serait d'attendre; **just to be on the** ~ **side** pour être plus sûr; **better** ~ **than sorry!** mieux vaut être trop prudent!; **it's a** ~ **bet he'll win** il gagnera à coup sûr; *(Pol)* **a** ~ **seat** un siège assuré; **it is** ~ **to predict...** on peut prédire sans risque d'erreur...

2 *n (for money, valuables)* coffre-fort *m*; *(for food)* garde-manger *m inv.*

◆ **safe-breaker** *n* perceur *m* de coffre-fort. ◆ **safe-conduct** *n* sauf-conduit *m.* ◆ **safe-deposit** *n (vault)* dépôt *m* de coffres-forts; *(also* ~**-deposit box)* coffre(-fort) *m.* ◆ **safeguard 1** *vt* sauvegarder *(against* contre) ; **2** *n* sauvegarde *f (against* contre). ◆ **safekeeping** *n:* in ~**keeping** en sécurité; **I gave it to him for** ~**keeping** je le lui ai donné à garder. ◆ **safely** *adv (without mishap)* sans accident; *arrive* bien; *(without risk)* sans danger; *say* sans risque d'erreur; *(securely)* en sûreté; *store* en lieu sûr. ◆ **safeness** *n [construction, equipment]* solidité *f.*

safety ['seɪftɪ] **1** *n [person, valuables]* sécurité *f*; *[construction, equipment]* solidité *f.* **in a place of** ~ en lieu sûr; **he reached** ~ **at last** il était enfin en sûreté *or* en sécurité; **to play for** ~ ne pas prendre de risques; **there is** ~ **in numbers** plus on est nombreux moins il y a de danger; **for** ~**'s sake** pour plus de sûreté, par mesure de sécurité; ~ **on the roads** la sécurité sur les routes; ~ **first!** la sécurité d'abord!; *(Aut)* soyez prudents!; ~**-first campaign** campagne *f* de sécurité. **2** *adj belt, device, margin, measure, regulations, screen* de sécurité; *bolt, lock, razor, blade, chain, match* de sûreté. ~ **catch** cran *m* de sécurité; *(Theat)* ~ **curtain** rideau *m* de fer; ~ **glass** verre *m* Sécurit ®; ~ **net** *(lit)* filet *m* (de protection); *(fig)* filet *m* de sécurité; ~ **pin** épingle *f* de sûreté; ~ **valve** soupape *f* de sûreté. ◆ **safety-deposit box** *n (US)* coffre(-fort) *m.*

saffron ['sæfrən] **1** *n* safran *m.* **2** *adj colour* safran *inv.*

sag [sæg] *vi [roof, chair]* s'affaisser; *[beam, prices]* fléchir; *[breasts, hemline]* pendre; *[rope]* pendre au milieu, être détendu; *[gate]* être affaissé. ◆ **sagging** *adj* affaissé; fléchi; pendant; détendu.

saga ['sɑ:gə] n saga f; (novel) roman-fleuve m; (fig) aventure f épique.

sagacious [sə'geɪʃəs] adj person sagace; comment perspicace. ◆ **sagaciously** adv avec sagacité. ◆ **sagacity** n sagacité f.

sage¹ [seɪdʒ] n sauge f. ~ **and onion stuffing** farce f à l'oignon et à la sauge; ~ **green** vert cendré inv.

sage² [seɪdʒ] adj, n (wise) sage (m). ◆ **sagely** adv say, act avec sagesse; nod d'un air solennel.

Sagittarius [ˌsædʒɪ'tɛərɪəs] n le Sagittaire.

sago ['seɪgəʊ] n sagou m. ~ **pudding** sagou au lait.

Sahara [sə'hɑ:rə] n Sahara m.

said [sed] pret, ptp of **say**.

Saigon [saɪ'gɒn] n Saigon.

sail [seɪl] **1** n [boat] voile f; [windmill] aile f. **under** ~ à la voile; [boat] **to set** ~ prendre la mer; **to set** ~ **for** [boat] partir à destination de; [person] partir pour; **to go for a** ~ faire un tour en bateau. **2** vi (a) [boat] **to** ~ **into harbour** entrer au port; **the ship** ~ed **into Cadiz** le bateau est arrivé à Cadix; **to** ~ **round the cape** doubler le cap; **the boat** ~s **at 6 o'clock** le bateau part à 6 heures. (b) [person] **to** ~ **away/back** etc partir/revenir etc en bateau; **to** ~ **round the world** faire le tour du monde en bateau; **he goes** ~**ing** il fait de la voile; (fig) **he was** ~**ing close to the wind** il jouait un jeu dangereux. (c) (fig) [swan, clouds etc] glisser. **the book** ~ed **out of the window** le livre est allé voler par la fenêtre; **she** ~ed **into the room** * elle est entrée dans la pièce toutes voiles dehors. **3** vt (a) **to** ~ **the seas** parcourir les mers; **to** ~ **the Atlantic** traverser l'Atlantique (en bateau). (b) boat piloter.
◆ **sail through** * **1** vi (succeed) réussir haut la main. **2** vt fus exam, driving test avoir haut la main. ◆ **sailboard 1** n planche f à voile ; **2** vi: to go ~**boarding** faire de la planche à voile. ◆ **sailboarder** n véliplanchiste mf. ◆ **sailboat** n (US) voilier m. ◆ **sailcloth** n toile f à voile. ◆ **sailing** n (act) navigation f à voile; (pastime) la voile; (departure) départ m. ◆ **sailing boat** n voilier m. ◆ **sailing dinghy** n dériveur m. ◆ **sailing ship** n voilier m. ◆ **sailmaker** n voilier m (personne). ◆ **sailor** n (gen) marin m; (before the mast) matelot m; **to be a good/bad** ~**or** avoir/ne pas avoir le pied marin. ◆ **sailplane** n planeur m.

saint [seɪnt] n saint(e) m(f). ~'s **day** fête f (de saint); **All S~s' Day** la Toussaint; **S~ Peter** saint Pierre; **S~ Patrick's Day** la Saint-Patrick; **S~ Peter's Church** (l'église f) Saint-Pierre; **he's no** ~ * ce n'est pas un petit saint. ◆ **saint-like** or ◆ **saintly** adj quality de saint; smile plein de bonté; person saint (before n). ◆ **saintliness** n sainteté f.

sake [seɪk] n: **for sb's** ~ pour (l'amour de) qn; **for God's** ~ pour l'amour de Dieu; **for my** ~ pour moi; **for your own** ~ pour ton bien; **to eat for the** ~ **of eating** manger pour le plaisir de manger; **for old times'** ~ en souvenir du passé; **for argument's** ~ à titre d'exemple; **art for art's** ~ l'art pour l'art; **for the** ~ **of peace** pour avoir la paix.

salad ['sæləd] **1** n salade f. **tomato** ~ salade de tomates; **ham** ~ jambon accompagné de salade. **2** adj: ~ **bowl** saladier m; ~ **cream** ≈ mayonnaise f (en bouteille etc); (fig) ~ **days** années fpl de jeunesse et d'inexpérience; ~ **dressing** ≈ mayonnaise f; (oil and vinegar) vinaigrette f; ~ **oil** huile f de table; ~ **servers** couvert m à salade.

salary ['sælərɪ] **1** n (professional etc) traitement m, appointements mpl; (pay in general) salaire m. **2** adj: ~ **earner** personne f qui touche un traitement; ~ **range/scale** éventail m/échelle f des traitements. ◆ **salaried** n (Ind) **salaried staff** employés mpl touchant un traitement (or des appointements).

sale [seɪl] **1** n (a) (act) vente f. **to put up for** ~ mettre en vente; (up) **for** ~ à vendre; **on** ~ en vente; **sold on a** ~ **or return basis** vendu avec possibilité de reprise des invendus; ~**s are up/down** les ventes ont augmenté/baissé; **auction** ~ vente aux enchères; ~ **in aid of the blind** vente de charité en faveur des aveugles. (b) (Comm: also ~**s**) soldes mpl. **the** ~**s are on** c'est la saison des soldes; **in the** ~ or **a** ~ en solde. **2** adj: ~ **price** prix m de solde; ~**s department** service m des ventes; ~**s force** ensemble m des représentants; ~**s manager** directeur m commercial; ~**s pitch** *, ~**s talk** * baratin * m publicitaire, boniment m. ◆ **saleable** adj vendable. ◆ **sale-of-work** n vente f de charité. ◆ **saleroom** n salle f des ventes. ◆ **salesman** n (in shop) vendeur m; (representative) représentant m de commerce. ◆ **salesmanship** n art m de la vente. ◆ **saleswoman** n vendeuse f.

salient ['seɪlɪənt] adj, n saillant (m).

saliva [sə'laɪvə] n salive f.

sallow ['sæləʊ] adj jaunâtre. ◆ **sallowness** n teint m jaunâtre.

sally ['sælɪ] n (wit) saillie f. ◆ **sally forth, sally out** vi sortir gaiement.

salmon ['sæmən] **1** n saumon m. **2** adj: ~ **fishing** pêche f au saumon; ~ **pink** saumon inv; ~ **steak** darne f de saumon; ~ **trout** truite f saumonée.

salmonella [ˌsælmə'nelə] n salmonellose f.

salon ['sælɔ̃:ŋ] n salon m.

saloon [sə'lu:n] n (a) (public room) salle f; (Brit: ~ bar) bar m; (US: bar) bar m, saloon m. (b) (Brit: car) conduite f intérieure.

salsify ['sælsɪfɪ] n salsifis m.

salt [sɔ:lt] **1** n sel m. **there's too much** ~ **in the potatoes** les pommes de terre sont trop salées; (fig) **to rub** ~ **in the wound** retourner le couteau dans la plaie; **he's not worth his** ~ il ne vaut pas grand-chose; **to take sth with a pinch of** ~ ne pas prendre qch au pied de la lettre; (sailor) **an old** ~ un vieux loup de mer. **2** adj water, butter, beef, taste salé; mine de sel; spoon à sel. ~ **flat** salant m; ~ **lick** (block) pierre f à lécher; (place) salant m; ~ **pork** petit salé m. **3** vt meat, one's food saler. ◆ **salt away** vt sep meat saler; (fig) money mettre à gauche *.
◆ **saltcellar** n salière f. ◆ **salt-free** adj sans sel. ◆ **saltiness** n [water] salinité f; [food] goût m salé. ◆ **saltpetre, (US) saltpeter** n salpêtre m. ◆ **saltwater** adj fish de mer. ◆ **salty** adj taste salé.

salubrious [sə'lu:brɪəs] adj salubre.

salutary ['sæljʊt(ə)rɪ] adj salutaire.

salute [sə'lu:t] **1** n (with hand) salut m; (with guns) salve f. **to take the** ~ passer les troupes en revue. **2** vt (Mil etc) saluer; (fig: acclaim) saluer (as comme). **to** ~ **the flag** saluer le drapeau. **3** vi faire un salut.

salvage ['sælvɪdʒ] **1** n (a) (saving) [ship etc] sauvetage m; (for re-use) récupération f. (b) (things saved from fire, wreck) objets mpl or biens mpl sauvés; (for re-use) objets récupérables. **to collect newspapers for** ~ récupérer les vieux journaux. (c) (payment) prime f de sauvetage. **2** adj operation, vessel de sauvetage. **3** vt sauver (from de); (for re-use) récupérer.

salvation [sæl'veɪʃ(ə)n] n (gen, Rel) salut m. ◆ **Salvation Army** n Armée f du Salut. ◆ **salvationist** n salutiste mf.

salve [sælv] **1** n baume m. **2** vt: to ~ **his conscience** pour être en règle avec sa conscience.

salver ['sælvər] n plateau m (de métal).

salvo ['sælvəʊ] n (Mil) salve f.

Samaritan [sə'mærɪt(ə)n] n: **the Good** ~ le bon Samaritain; (organization) **the** ~ **s** ≈ S.O.S. Amitié.

same [seɪm] **1** *adj* même. **the ~ book as** le même livre que; **the ~ day** le même jour; **the very ~ day** le jour même; **that ~ day** ce même jour; **in the ~ way**... de même...; **the ~ table as usual** la table habituelle; **it was just the ~ as usual** c'était comme d'habitude; **one and the ~ person** une seule et même personne; **always the ~ old thing** toujours la même chose; **it comes to the ~ thing** cela revient au même; **at the ~ time** en même temps; **at the very ~ time as**... au moment même où...; *(fig)* **to go the ~ way as sb** suivre les traces de qn; *(in health)* **she's much about the ~** son état est inchangé. **2** *pron*: **the ~** *(gen)* le même, la même; *(the ~ thing)* la même chose; *(Jur: aforementioned)* le susdit, la susdite. **the film is the ~ as before** le film est le même qu'avant; **it's always the ~ in politics** c'est toujours la même chose en politique; **the price is the ~ as last year** c'est le même prix que l'année dernière; **do the ~ as your brother** fais comme ton frère; **he left and I did the ~** il est parti et j'en ai fait autant; **I would do the ~ again** je recommencerais; **I'll do the ~ for you** je te rendrai ça; *(in bar etc)* **the ~ again please** la même chose s'il vous plaît; **I don't feel the ~ about it as I did** maintenant je vois la chose différemment; **I still feel the ~ about you** mes sentiments à ton égard n'ont pas changé; **it's all the ~ to me** cela m'est égal; **all** *or* **just the ~** tout de même, quand même; **it's not the ~ as before** ce n'est plus pareil; **it's the ~ everywhere** c'est partout pareil; **and the ~ to you!** à toi aussi; *(as retort: in quarrel etc)* et je te souhaite la pareille!; **~ here!** * moi aussi! ◆ **same-day** *adj* delivery dans la journée. ◆ **sameness** *n* *(monotony)* monotonie *f*.

sample ['sɑ:mpl] **1** *n* *(gen)* échantillon *m*; *(Med)* [urine] échantillon; [blood, tissue] prélèvement *m*. **as a ~** à titre d'échantillon. **2** *adj*: **~ bottle** *(or cigarette or selection etc)* échantillon *m*; **~ line** *(or verse etc)* exemple *m*; **a ~ section of** une section représentative de. **3** *vt* food, wine goûter.

sanatorium, *pl* **-ia** [ˌsænə'tɔ:rɪəm, ɪə] *n* sanatorium *m*; *(Scol)* infirmerie *f*.

sanctify ['sæŋ(k)tɪfaɪ] *vt* sanctifier. ◆ **sanctity** *n* [person] sainteté *f*; [oath, place] caractère *m* sacré; [marriage] inviolabilité *f*.

sanctimonious [ˌsæŋ(k)tɪ'məʊnɪəs] *adj* moralisateur. ◆ **sanctimoniously** *adv* say d'un ton moralisateur.

sanction ['sæŋ(k)ʃ(ə)n] **1** *n* *(all senses)* sanction *f*. **to impose economic ~s on** prendre des sanctions économiques contre. **2** *vt* *(gen)* sanctionner. **~ed by usage** consacré par l'usage.

sanctuary ['sæŋ(k)tjʊərɪ] *n* *(holy place)* sanctuaire *m*; *(refuge)* asile *m*; *(for wild life)* réserve *f*. **to seek ~** chercher asile.

sand [sænd] **1** *n* sable *m*. *(beach)* **~s** plage *f*; **miles and miles of golden ~s** des kilomètres de plages de sable doré. **2** *adj*: **~ dune** dune *f* (de sable); **~ flea** puce *f* de mer; *(US Golf)* **~ trap** bunker *m*; **~ yacht** char *m* à voile. **3** *vt* **(a)** road sabler. **(b)** **(~ down)** wood etc poncer au papier de verre. ◆ **sandbag 1** *n* sac *m* de sable ; **2** *vt* stun assommer; *(reinforce)* renforcer avec des sacs de sable. ◆ **sandbank** *n* banc *m* de sable. ◆ **sandblind** *adj* *(US)* mal voyant. ◆ **sandbox** *n* tas *m* de sable. ◆ **sandcastle** *n* château *m* de sable. ◆ **sander** *n* *(tool)* ponceuse *f*. ◆ **sandlot** *n* *(US)* terrain *m* vague. ◆ **sandpaper 1** *n* papier *m* de verre ; **2** *vt* poncer au papier de verre. ◆ **sandpit** *n* carrière *f* de sable; *(for children)* tas *m* de sable. ◆ **sandshoes** *npl* *(rubber-soled)* tennis *fpl*; *(ropesoled)* espadrilles *fpl*. ◆ **sandstone** *n* grès *m*. ◆ **sandstorm** *n* tempête *f* de sable. ◆ **sandy** *adj* soil, path sablonneux; water, deposit sableux; beach de sable; *(colour)* sable *inv*; hair blond roux *inv*.

sandal ['sændl] *n* sandale *f*; *(rope-soled)* espadrille *f*.

sandwich ['sænwɪdʒ] **1** *n* sandwich *m*. **cheese ~** sandwich au fromage; **open ~** canapé *m*. **2** *adj*: **~ bar** sandwich bar *m*; **~ loaf** pain *m* de mie; *(Ind)* **~ course** ≃ cours *mpl* de formation professionnelle; **~ man** homme-sandwich *m*. **3** *vt* **(~ in)** person, appointment intercaler. **~ed between** pris en sandwich entre *.

sane [seɪn] *adj* person sain d'esprit; judgment sain. **he isn't quite ~** il n'a pas toute sa raison. ◆ **sanely** *adv* sainement. ◆ **sanity** *n* [person] santé *f* mentale, raison *f*; **sanity prevailed** le bon sens l'a emporté.

sang [sæŋ] *pret* de **sing**.

sanguinary ['sæŋgwɪn(ə)rɪ] *adj* sanglant.

sanguine ['sæŋgwɪn] *adj* **(a)** person optimiste. **(b)** complexion sanguin.

sanitarium [ˌsænɪ'tɛərɪəm] *n* = **sanatorium**.

sanitary ['sænɪt(ə)rɪ] *adj* **(a)** *(clean)* hygiénique. **(b)** system, equipment sanitaire. **~ engineer** ingénieur *m* sanitaire; **~ inspector** inspecteur *m*, -trice *f* de la Santé publique; *(US)* **~ man** éboueur *m*; **~ towel**, *(US)* **~ napkin** serviette *f* hygiénique. ◆ **sanitation** *n* *(in house)* installations *fpl* sanitaires; *(in town)* système *m* sanitaire. ◆ **sanitize** *vt* assainir. ◆ **sanitized** *adj* account édulcoré, expurgé.

sank [sæŋk] *pret* de **sink**.[1]

Santa Claus [ˌsæntə'klɔ:z] *n* le père Noël.

Santiago [ˌsæntɪ'ɑ:gəʊ] *n* Santiago.

sap[1] [sæp] *n* *(Bot)* sève *f*.

sap[2] [sæp] *vt* strength, confidence saper.

sapling ['sæplɪŋ] *n* jeune arbre *m*.

sapper ['sæpəʳ] *n* *(Mil)* sapeur *m*. *(Brit)* **the S~s** * le génie.

sapphire ['sæfaɪəʳ] **1** *n* saphir *m*. **2** *adj* ring de saphir(s). **~ blue** saphir *inv*.

Saranwrap [sə'rænræp] *n* ® *(US)* Scellofrais ® *m*.

sarcasm ['sɑ:kæz(ə)m] *n* sarcasme *m*. ◆ **sarcastic** *adj* sarcastique; **sarcastic remarks** sarcasmes *mpl*. ◆ **sarcastically** *adv* sarcastiquement.

sardine [sɑ:'di:n] *n* sardine *f*. **tinned** *or* *(US)* **canned ~s** ≃ sardines à l'huile.

Sardinia [sɑ:'dɪnɪə] *n* Sardaigne *f*. ◆ **Sardinian 1** *adj* sarde ; **2** *n* **(a)** Sarde *mf*; **(b)** *(Ling)* sarde *m*.

sardonic [sɑ:'dɒnɪk] *adj* sardonique. ◆ **sardonically** *adv* sardoniquement.

Sark [sɑ:k] *n* Sercq *m*.

sartorial [sɑ:'tɔ:rɪəl] *adj* vestimentaire.

sash[1] [sæʃ] *n* *(on uniform)* écharpe *f*; *(on dress etc)* large ceinture *f* à nœud.

sash[2] [sæʃ] *adj*: **~ window** fenêtre *f* à guillotine.

sat [sæt] *pret*, *ptp* of **sit**.

Satan ['seɪtn] *n* Satan *m*. ◆ **satanic** *adj* satanique.

satchel ['sætʃ(ə)l] *n* cartable *m*.

satellite ['sætəlaɪt] **1** *n* *(Space)* satellite *m*; *(US: town)* ville-satellite *f*. **2** *adj* *(gen)* satellite; television par satellite; **~ dish** antenne *f* parabolique.

satiated ['seɪʃɪeɪtɪd] *adj* *(with food)* repu; *(with pleasures)* comblé, blasé *(pej)*. ◆ **satiation** *n* assouvissement *m*; **to satiation point** (jusqu')à satiété. ◆ **satiety** *n* satiété *f*.

satin ['sætɪn] **1** *n* satin *m*. **2** *adj* dress en *or* de satin; paper, finish satiné.

satire ['sætaɪəʳ] *n* satire *f* *(on* contre). ◆ **satirical** *adj* satirique. ◆ **satirically** *adv* d'une manière satirique. ◆ **satirist** *n* *(writer etc)* écrivain *m* etc satirique; *(cartoonist)* caricaturiste *mf*; *(in cabaret* *etc)* ≃ chansonnier *m.* ◆ **satirize** *vt* faire la satire de.

satisfaction [ˌsætɪsˈfækʃ(ə)n] *n* satisfaction *f (at* de). **it was a great ~ to us to hear that...** nous avons appris avec beaucoup de satisfaction que...; **it has not been proved to my ~** cela n'a pas été prouvé de façon à me convaincre; **has it been done to your ~?** est-ce que vous en êtes satisfait?

satisfactory [ˌsætɪsˈfækt(ə)rɪ] *adj (gen)* satisfaisant. **to bring sth to a ~ conclusion** mener qch à bien. ◆ **satisfactorily** *adv* d'une manière satisfaisante.

satisfy [ˈsætɪsfaɪ] *vt* (**a**) *person* satisfaire, contenter. (**b**) *hunger, need, condition, creditor* satisfaire; *(Comm) demand* satisfaire à. (**c**) *(convince)* convaincre, assurer *(sb that* qn que; *of* de). **to ~ o.s. of sth** s'assurer de qch. ◆ **satisfied** *adj person, voice* satisfait, content; **he was satisfied to remain...** il a accepté de rester...; **I am not satisfied with that** cela ne me satisfait pas; **to be satisfied that...** être convaincu *or* persuadé que... ◆ **satisfying** *adj* satisfaisant; *food* substantiel.

saturate [ˈsætʃəreɪt] *vt* saturer *(with* de). ◆ **saturated** *adj (soaked)* trempé. ◆ **saturation 1** *n* saturation *f* ; **2** *adj:* **saturation bombing** tactique *f* de saturation (par bombardement); **to reach saturation point** arriver à saturation.

Saturday [ˈsætədɪ] *n* samedi *m.* **on ~** samedi; **on ~s** le samedi; **next ~ , ~ next** samedi prochain; **last ~** samedi dernier; **every ~** tous les samedis, chaque samedi; **every other ~, every second ~** un samedi sur deux; **it is ~ today** nous sommes aujourd'hui samedi; **on ~ January 23rd** le samedi 23 janvier; **the ~ after next, a week on ~ , ~ week** samedi en huit; **a fortnight on ~, ~ fortnight** samedi en quinze; **a week/fortnight past on ~** il y a huit/quinze jours samedi dernier; **the following ~** le samedi suivant; **the ~ before last** l'autre samedi; **~ morning** samedi matin; **~ afternoon** samedi après-midi; **~ evening** samedi soir; **~ night** samedi soir; *(overnight)* la nuit de samedi; *(TV)* **~ evening viewing** émissions *fpl* du samedi soir; *(Comm)* **~ closing** fermeture *f* le samedi; *(Press)* **the ~ edition** l'édition de *or* du samedi.

Saturn [ˈsætən] *n (Myth)* Saturne *m;* *(Astron)* Saturne *f.*

sauce [sɔːs] *n* (**a**) *(Culin)* sauce *f.* **mint ~** sauce à la menthe. (**b**) *(*: impudence)* toupet * *m.* ◆ **sauceboat** *n* saucière *f.* ◆ **saucepan** *n* casserole *f.* ◆ **saucily** *adv* say avec impertinence; *look* d'un air coquin. ◆ **sauciness** *n (cheekiness)* toupet * *m.* ◆ **saucy** *adj (cheeky)* impertinent; *look* coquin; *hat* coquet.

saucer [ˈsɔːsəʳ] *n* soucoupe *f.*

Saudi Arabia [ˈsaʊdɪəˈreɪbɪə] *n* Arabie *f* Saoudite. ◆ **Saudi (Arabian) 1** *adj* saoudien ; **2** *n* Saoudien(ne) *m(f).*

sauerkraut [ˈsaʊəkraʊt] *n* choucroute *f.*

sauna [ˈsɔːnə] *n* sauna *m.*

saunter [ˈsɔːntəʳ] *vi:* **to ~ in/out** *etc* entrer/sortir *etc* d'un pas nonchalant.

sausage [ˈsɒsɪdʒ] **1** *n* saucisse *f; (pre-cooked)* saucisson *m.* **2** *adj:* **~ meat** chair *f* à saucisse ; **~ roll** ≃ friand *m.*

sauté [ˈsəʊteɪ] **1** *vt* faire sauter *(Culin).* **2** *adj* sauté.

savage [ˈsævɪdʒ] **1** *adj* (**a**) *(fierce) (gen)* féroce; *person* brutal. (**b**) *(primitive) tribe, customs* sauvage. **2** *n* sauvage *mf.* **3** *vt [dog etc]* attaquer férocement; *[critics etc]* attaquer violemment. ◆ **savagely** *adv* férocement; brutalement. ◆ **savagery** *n (cruelty)* férocité *f*; brutalité *f.*

save¹ [seɪv] **1** *vt* (**a**) *(rescue)* sauver *(from* de). **to ~ sb from death/drowning** *etc* sauver qn de la mort/de la noyade *etc*; **to ~ sb from falling** empêcher qn de tomber; **to ~ sb's life** sauver la vie à *or* de qn; **I couldn't do it to ~ my life** je ne le

ferais pour rien au monde; *(fig)* **to ~ one's bacon** * se tirer du pétrin; **to ~ one's skin** * *or* **neck** * *or* **hide** * sauver sa peau *; **to ~ face** sauver la face; **God ~ the Queen!** vive la reine!; *(Sport)* **to ~ a goal** sauver un but; **they ~d the palace for posterity** on a préservé le palais pour la postérité. (**b**) *(store away: ~ up) money* mettre de côté; *food, newspapers* garder; *(collect) stamps etc* collectionner. **I've ~d you a piece of cake** je t'ai gardé un morceau de gâteau; **I ~d your letter till the last** j'ai gardé ta lettre pour la bonne bouche. (**c**) *(not spend, not use) money, labour, petrol* économiser; *time* gagner; *(avoid) difficulty* éviter *(sb sth* qch à qn). **you have ~d me a lot of trouble** vous m'avez évité bien des ennuis; **to ~ time let's assume that...** pour gagner du temps admettons que... + *subj;* **it will ~ you 10 minutes** cela vous fera gagner 10 minutes; **to ~ one's strength for** se ménager pour. (**d**) *(Comput)* sauvegarder. **2** *vi* (**a**) *(~ up)* faire des économies. **to ~ up for sth** mettre de l'argent de côté pour qch. (**b**) **to ~ on sth** économiser sur qch. (**c**) *(Comput)* sauvegarder. **3** *n (Sport)* arrêt *m (du ballon).*

◆ **saving 1** *n [time, money etc]* économie *f*; **to make savings** économiser, faire des économies; **to live on one's savings** vivre de ses économies; *(Econ)* **to encourage saving(s)** encourager l'épargne; **small savings** la petite épargne ; **2** *adj: generosity is his saving grace** il se rachète par sa générosité. ◆ **savings account** *n (Brit)* compte *m* d'épargne; *(US)* compte *n* de dépôt. ◆ **savings bank** *n* caisse *f* d'épargne.

save² [seɪv] *prep (except)* sauf.

saveloy [ˈsævəlɔɪ] *n* cervelas *m.*

saviour, *(US)* **savior** [ˈseɪvjəʳ] *n* sauveur *m.*

savory [ˈseɪv(ə)rɪ] *n (herb)* sarriette *f.*

savour, *(US)* **savor** [ˈseɪvəʳ] **1** *n* saveur *f.* **2** *vt* savourer. **3** *vi:* **to ~ of sth** sentir qch. ◆ **savo(u)ry 1** *adj (appetizing)* savoureux; *(not sweet)* salé *(par opposition à sucré); (fig)* **not very ~y** *subject* peu appétissant; *district* peu recommandable ; **2** *n* mets *m* non sucré; *(on toast)* canapé *m* chaud.

saw¹ [sɔː] *(vb: pret* **sawed**, *ptp* **sawed** *or* **sawn**) **1** *n* scie *f.* **2** *vt* scier. **to ~ sth off/up** enlever/débiter qch à la scie. **3** *vi:* **to ~ through sth** scier qch. ◆ **sawdust** *n* sciure *f* (de bois). ◆ **saw-edged knife** *n* couteau-scie *m.* ◆ **sawmill** *n* scierie *f.* ◆ **sawn-off** *or (US)* **sawed-off shotgun** *n* carabine *f* à canon scié.

saw² [sɔː] *pret of* **see¹.**

saxophone [ˈsæksəfəʊn] *n (abbr sax *)* saxophone *m,* saxo * *m.* ◆ **saxophonist** *n* saxophoniste *mf.*

say [seɪ] *pret, ptp* **said** **1** *vti* (**a**) *(gen)* dire *(sth to sb* qch à qn; *that* que); *lesson, poem* réciter; *[dial, gauge, clock]* marquer. *(Rel)* **to ~ mass/a prayer** dire la messe/une prière; *(fig)* **to ~ yes/no to an invitation** accepter/refuser une invitation; **~ after me...** répétez après moi...; **to ~ sth again** répéter qch; **I shall have more to ~ about that** je reviendrai là-dessus plus tard; **let's ~ no more about it** n'en parlons plus; **I've got nothing more to ~** je n'ai rien à ajouter; **all of that can be said in 2 sentences** tout cela tient en 2 phrases; **something was said about it** on en a parlé, il en a été question; **I should like to ask Mr Smith to ~ a few words** je voudrais prier M. Smith de prendre la parole; **he said I was to give you this** il m'a dit de vous donner ceci; **to ~ one's say** dire ce qu'on a à dire; **it ~s in the rules** il est dit dans le règlement; **he is said to have...** on dit qu'il a...; **I ~ he should take it** je suis d'avis qu'il le prenne; **I should ~ she's intelligent** je pense qu'elle est intelligente; **what would you ~ is the population of Paris?** quelle est à votre avis *or* d'après vous la population de Paris?; **~ someone left you a fortune** si vous héritiez d'une fortune.

(b) *(in phrases)* dire. **'10 o'clock'** he said to himself '10 heures' se dit-il; **and so ~ all of us** nous sommes tous d'accord là-dessus; **to ~ nothing of her sister/of her breaking it** sans parler de sa sœur/ du fait qu'elle l'a cassé; **that's ~ing a lot *** ce n'est pas peu dire; **that isn't ~ing much *** ça ne veut pas dire grand-chose; **that doesn't ~ much for him** cela en dit long sur lui *(iro)*; **it ~s a lot for his courage that he stayed** il a bien prouvé son courage en restant; **she has nothing to ~ for herself** *(no explanation)* elle se trouve sans excuse; *(no conversation)* elle n'a pas de conversation; **he always has a lot to ~ for himself** il a toujours son mot à dire; **you might as well ~ the earth is flat!** autant dire que la terre est plate!; **you can ~ THAT again! *** c'est le cas de le dire!; *(emphatic)* **you've said it! *** tu l'as dit! *; **enough said! *** en voilà assez!; **to ~ the least** c'est le moins qu'on puisse dire; **it goes without ~ing that...** il va sans dire que...; **just ~ the word and I'll go** vous n'avez qu'un mot à dire pour que je parte; **he hadn't a good word to ~ for her** il n'a rien trouvé à dire en sa faveur; **there's sth to be said for it** cela a du bon; **there's sth to be said for waiting** il y a peut-être intérêt à attendre; **it's easier** *or* **sooner said than done!** c'est plus facile à dire qu'à faire!; **when all is said and done** tout compte fait; **what do you ~ to a cup of tea?** que diriez-vous d'une tasse de thé?; **there's no ~ing what he'll do** il est impossible de dire ce qu'il fera; **so to ~** pour ainsi dire; **that is to ~** c'est-à-dire; **I ~! *** dites donc!; **you don't ~! *** pas possible!; **if there were, ~, 500** s'il y avait, disons, 500; **that's not for me to ~** ce n'est pas à moi de dire ça.

2 *n:* **to have one's ~** dire son mot, dire ce qu'on a à dire; **to have a ~ /no ~ in the matter** avoir/ ne pas avoir voix au chapitre. ◆ **saying** *n* dicton *m*; **as the ~ing goes** comme on dit. ◆ **say-so *** *n:* **on your ~-so** parce que vous le dites.

scab [skæb] *n* **(a)** croûte *f (Med)*. **(b)** (✳ *pej: blackleg)* jaune *m*.

scaffold ['skæf(ə)ld] *n* **(a)** *(gallows)* échafaud *m*. **(b)** *(Constr: also ~ing)* échafaudage *m*.

scald [skɔːld] *vt* ébouillanter; *(sterilize)* stériliser. ◆ **scalding (hot)** *adj* brûlant.

scale¹ [skeɪl] **1** *n* **(a)** *(gen)* échelle *f*; *[numbers]* série *f*. **~ of charges** barème *m*; **(drawn) to ~** à l'échelle; **on a ~ of 1 cm to 5 km** à une échelle de 1 cm pour 5 km. **(b)** *(fig)* scope échelle *f*; *(size etc)* importance *f*. **on a large/small ~** sur une grande/petite échelle; **on a national ~** à l'échelle nationale. **(c)** *(Mus)* gamme *f*. **2** *adj:* **~ drawing** dessin *m* à l'échelle; **~ model** modèle *m* réduit. **3** *vt wall, mountain* escalader. ◆ **scale down** *vt sep (gen)* réduire; *salary* réduire proportionnellement; *drawing* réduire l'échelle de; *production* réduire.

scale² [skeɪl] *n [fish, rust etc]* écaille *f*; *(on skin)* squame *f*. **2** *vt teeth, kettle* détartrer.

scales [skeɪlz] *npl:* **(pair** *or* **set of) ~** *(in kitchen, shop)* balance *f*; *(in bathroom)* pèse-personne *m inv*; *(for luggage, heavy goods)* bascule *f*. *(Astron)* **the S~** la Balance; **to turn the ~ at 80 kilos** peser 80 kilos; *(fig)* **to tip the ~** faire pencher la balance *(in sb's favour* du côté de qn; *against sb* contre qn).

scallop ['skɒləp] *n* coquille *f* Saint-Jacques. **~ shell** coquille.

scalp [skælp] **1** *n* cuir *m* chevelu; *(trophy)* scalp *m*. **2** *vt* scalper.

scalpel ['skælp(ə)l] *n* scalpel *m*.

scamp¹ * [skæmp] *n (child)* polisson(ne) *m(f)*.

scamp² [skæmp] *vt one's work etc* bâcler *.

scamper ['skæmpəʳ] *vi [children]* **to ~ in/out** *etc* entrer/sortir *etc* en gambadant; **to ~ about** gambader.

scampi ['skæmpɪ] *npl* langoustines *fpl* (frites).

scan [skæn] **1** *vt* **(a)** *(examine closely)* horizon, sb's face scruter; *crowd* fouiller du regard; *newspaper* lire attentivement. **(b)** *(glance at)* horizon promener son regard sur; *crowd* parcourir des yeux; *newspaper* parcourir rapidement. **(c)** *(Radar, TV)* balayer; *(Comput)* scruter; *(Med) [machine]* balayer; *[person]* faire une scanographie de. **2** *vi (Poetry)* se scander. **3** *n (Rad, TV)* balayage *m*; *(Med)* scanographie *f*. **(ultra-sound)** *~* échographie *f*. ◆ **scanner** *n* scanner *m*; *(optical ~)* lecteur *m* optique. ◆ **scansion** *n* scansion *f*.

scandal ['skændl] *n* **(a)** *(disgrace)* scandale *m*. **it's a ~** c'est scandaleux; **it's a ~ that...** c'est un scandale que... + *subj*. **(b)** *(gossip)* ragots * *mpl*. **there's a lot of ~ going around about him** il y a beaucoup de ragots * qui circulent sur son compte. ◆ **scandalize** *vt* scandaliser; **to be ~ized by** se scandaliser de. ◆ **scandalous** *adj* scandaleux. ◆ **scandalously** *adv* scandaleusement.

Scandinavia [,skændɪ'neɪvɪə] *n* Scandinavie *f*. ◆ **Scandinavian 1** *adj* scandinave ; **2** *n* Scandinave *mf*.

scant [skænt] *adj:* **with ~ courtesy** avec bien peu de politesse; **to pay ~ attention** faire à peine attention; **~ praise** éloge *m* des plus brefs. ◆ **scantily** *adv* insuffisamment; **~ily clad** vêtu du strict minimum. ◆ **scanty** *adj meal, harvest* peu abondant; *income, swimsuit* minuscule.

scapegoat ['skeɪpgəʊt] *n* bouc *m* émissaire.

scar [skɑːʳ] **1** *n (gen)* cicatrice *f*; *(esp on face)* balafre *f*. *(fig)* **it left a deep ~** on his mind il en est resté profondément marqué *(fig)*. **2** *vt* marquer d'une cicatrice; *(on face)* balafrer. **~red by smallpox** grêlé par la petite vérole; **war-~red town** ville *f* qui porte les cicatrices de la guerre.

scarce [skɛəs] *adj food, money* peu abondant; *edition* rare. **corn is getting ~** le blé se fait rare; **such people are ~** de telles gens sont rares; **to make o.s. ~ *** se sauver *. ◆ **scarcely** *adv see, touch* à peine; **~ly anybody knows** il y a très peu de gens qui savent; **he ~ly ever goes there** il n'y va presque jamais; **I can ~ly believe it** j'ai du mal à le croire. ◆ **scarceness** *or* ◆ **scarcity** *n* pénurie *f*.

scare [skɛəʳ] **1** *n:* **to give sb a ~** effrayer qn, faire peur à qn; **to raise a ~** semer la panique; **the war ~** les rumeurs *fpl* de guerre; **bomb ~** alerte *f* à la bombe. **2** *adj headlines, tactics* alarmiste. **3** *vt* effrayer, faire peur à. **to ~ sb stiff *** faire une peur bleue à qn; **to be ~d** avoir peur *(of* de); **to be ~d stiff *, to be ~d out of one's wits *** avoir une peur bleue *or* une frousse * terrible *(of* de). ◆ **scare away, scare off** *vt sep [dog etc]* faire fuir; *[price]* faire peur à. ◆ **scare up** *vt sep (US)* arriver à trouver. ◆ **scarecrow** *n* épouvantail *m*. ◆ **scared** *adj* effrayé, affolé *(of* par); *V also* **scare 2** *above.* ◆ **scaremonger** *n* alarmiste *mf*. ◆ **scary *** *adj* qui donne la frousse *.

scarf [skɑːf] *n* écharpe *f*; *(square)* foulard *m*.

scarlatina [,skɑːlə'tiːnə] *n* scarlatine *f*.

scarlet ['skɑːlɪt] *adj* écarlate. **~ fever** scarlatine *f*.

scarper ✳ ['skɑːpəʳ] *vi (Brit)* ficher le camp *.

scathing ['skeɪðɪŋ] *adj remark* cinglant. **to be ~ about sth** critiquer qch de façon cinglante. ◆ **scathingly** *adv* d'une manière cinglante; **to look ~ly at sb** foudroyer qn du regard.

scatter ['skætəʳ] **1** *vt* **(a)** *crumbs, papers* éparpiller; *seeds* semer à la volée; *sand, salt, sawdust* répandre; *coins* jeter à la volée; *cushions* jeter çà et là. **(b)** *clouds, crowd* disperser; *enemy* mettre en déroute. **~ed showers** averses *fpl* intermittentes; **his paintings are ~ed all over the country** ses tableaux sont dispersés aux quatre coins du pays. **2** *vi* *[clouds, crowd]* se disperser. ◆ **scatterbrain** *n* écervelé(e) *m(f)*. ◆ **scatterbrained** *adj* écervelé.

scavenge ['skævɪn(d)ʒ] *vi* fouiller *(for* pour trouver). ◆ **scavenger** *n (insect, animal)* charognard *m; (street cleaner)* éboueur *m; (person on dump etc)* pilleur *m* de poubelles.

scenario [sɪ'nɑ:rɪəʊ] *n* scénario *m; (plan of action)* plan *m* d'action.

scene [si:n] **1** *n* **(a)** *(gen, Theat)* scène *f. (Cine, TV)* outdoor ~ extérieur *m;* **the ~ is set in Paris** la scène se passe à Paris; *(fig)* **the ~ was set for** toutes les conditions étaient réunies pour; **this set the ~ for** ceci a préparé le terrain pour; *(Theat, fig)* **behind the ~s** dans les coulisses; **~s of violence** scènes de violence; **there were angry ~s** des incidents violents ont eu lieu; *(fuss)* **to make a ~** faire toute une scène *or* toute une histoire *. **(b)** *(place)* lieu *m,* endroit *m.* **the ~ of the crime/accident** le lieu du crime/de l'accident; **he needs a change of ~** il a besoin de changer de cadre; **to come on the ~** arriver; **it's not my ~** ‡ ça n'est pas mon genre *. **(c)** *(sight)* spectacle *m; (view)* vue *f.* **the ~ from the top** la vue *or* le panorama du sommet; **a ~ of utter destruction** un spectacle de destruction totale. **2** *adj (Theat)* **~ change** changement *m* de décors; **~ painter** peintre *m* de décors; **~ shifter** machiniste *m.* ◆ **scenery** *n (countryside)* paysage *m; (Theat)* décors *mpl; (fig)* **a change of ~ry** un changement de cadre. ◆ **scenic** *adj* scénique; *(Rail)* **scenic car** voiture *f* panoramique; **scenic railway** *(panoramic)* petit train *m* d'agrément; *(Brit: switchback)* montagnes *fpl* russes; **scenic road** route *f* touristique.

scent [sent] **1** *n* **(a)** *(perfume)* parfum *m.* **(b)** *(animal's track)* fumet *m; (fig)* piste *f.* **to lose the ~** perdre la piste; **to put sb off the ~** déjouer qn. **2** *adj:* **~ bottle** flacon *m* à parfum; **~ spray** vaporisateur *m; (aerosol)* atomiseur *m.* **3** *vt* **(a)** *(make ~ed)* parfumer *(with* de). **(b)** *(smell)* game, danger flairer.

sceptic, *(US)* **skeptic** ['skeptɪk] *adj, n* sceptique *(mf).* ◆ **sceptical** *adj* sceptique *(of, about* sur). ◆ **sceptically** *adv* avec scepticisme. ◆ **scepticism** *n* scepticisme *m.*

sceptre, *(US)* **scepter** ['septə'] *n* sceptre *m.*

schedule ['ʃedju:l], *(US)* ['skedju:l] *n* **(a)** *[work, duties, visits]* programme *m; [trains etc]* horaire *m; [events]* calendrier *m.* **to go according to ~** se passer comme prévu; **on** *or* **up to ~** train à l'heure; *work* à jour; **to be behind ~** avoir du retard; **to be ahead of ~** *(in work)* avoir de l'avance sur son programme; **to work to a very tight ~** avoir un programme de travail très serré. **(b)** *(list) [goods, contents]* liste *f,* inventaire *m; [prices]* barème *m; (Customs, Tax etc)* tarif *m.* ◆ **scheduled** *adj* time, date, activity prévu; *price* tarifé; *flight, train or bus service* régulier; *stop* indiqué dans l'horaire; **he is ~d to leave at midday** il doit partir à midi.

scheme [ski:m] **1** *n* **(a)** *(plan)* plan *m,* projet *m (of doing* de faire; *to do, for doing* pour faire; *for sth* pour qch). **a ~ of work** un plan de travail; **profit-sharing ~** système *m* de participation (aux bénéfices); **it's not a bad ~** * ça n'est pas une mauvaise idée. **(b)** *(plot)* complot *m (to do* pour faire). **2** *vi* comploter *(to do* pour faire). ◆ **schemer** *n (small-scale)* intrigant(e) *m(f); (large-scale)* comploteur *m,* -euse *f.* ◆ **scheming 1** *adj* intrigant ; **2** *n* intrigues *fpl.*

schism ['sɪz(ə)m] *n* schisme *m.*

schizophrenia [ˌskɪtsə(ʊ)'fri:nɪə] *n* schizophrénie *f.* ◆ **schizophrenic** *adj, n* schizophrène *(mf).*

schmaltzy * [ʃmɔ:ltsɪ] *adj* à la guimauve.

scholar ['skɒlə'] *n* lettré(e) *m(f),* érudit(e) *m(f).* **a Dickens ~** un(e) spécialiste de Dickens.
◆ **scholarly** *adj* érudit, savant. ◆ **scholarship 1** *n (knowledge)* érudition *f; (award)* bourse *f*

(d'études) (obtenue sur concours) ; **2** *adj:* **~ship holder** boursier *m,* -ière *f.* ◆ **scholastic** *adj* scolaire.

school[1] [sku:l] **1** *n* **(a)** *(gen)* école *f; (primary ~)* école; *(secondary ~)* collège *m; (grammar ~)* lycée *m; (lessons)* cours *mpl; (in primary ~)* classes *fpl.* **~ of motoring** auto-école *f;* **to** *or* **at** *or* **in ~** à l'école *(or* au collège *etc);* **to leave ~** quitter l'école *etc; (Art)* **the Dutch ~** l'école hollandaise; **a ~ of thought** une école de pensée; *(fig)* **of the old ~** de la vieille école. **(b)** *(Univ)* faculté *f.* **he's at law/medical ~** il fait son droit/sa médecine; **S~ of Linguistics etc** Institut *m or* Département *m* de Linguistique *etc; (US)* **~ of education** école *f* normale *(primaire).*
2 *adj* doctor, holidays, life, report etc scolaire. **~ attendance** scolarisation *f;* **~ attendance officer** fonctionnaire *mf* chargé(e) de faire respecter les règlements de la scolarisation; **~ bus** car *m* de ramassage scolaire; **~ bus service** service *m* de ramassage scolaire; **~ fees** frais *mpl* de scolarité; **during ~ hours, in ~ time** pendant les heures de classe; **~ record** dossier *m* d'élève.
3 *vt* animal dresser; *feelings, reactions* contrôler; *voice etc* discipliner. **to ~ o.s. to do** s'astreindre à faire.
◆ **school-age** *adj* d'âge scolaire. ◆ **schoolbag** *n* cartable *m.* ◆ **schoolbook** *n* livre *m* de classe. ◆ **schoolboy 1** *n* élève *m,* écolier *m* ; **2** *adj:* **~boy slang** argot *m* scolaire. ◆ **schoolchild** *n* écolier *m,* -ière *f,* lycéen(ne) *m(f),* collégien(ne) *m(f).* ◆ **schooldays** *npl* années *fpl* d'école. ◆ **schoolgirl** *n* élève *f,* écolière *f.* ◆ **schooling** *n (gen)* études *fpl;* **compulsory ~ing** scolarité *f* obligatoire. ◆ **school-leaver** *n* jeune *mf* qui a terminé ses études secondaires. ◆ **school-leaving age** *n* âge *m* de fin de scolarité. ◆ **schoolmarm** * *n (pej)* institutrice *f.* ◆ **schoolmaster** *n (primary)* instituteur *m; (secondary)* professeur *m.* ◆ **schoolmate** *n* camarade *mf* de classe. ◆ **schoolmistress** *n (primary)* institutrice *f; (secondary)* professeur *m.* ◆ **schoolroom** *n* salle *f* de classe. ◆ **schoolteacher** *n (primary)* instituteur *m,* -trice *f; (secondary)* professeur *m.* ◆ **schoolteaching** *n* enseignement *m.*

school[2] [sku:l] *n [fish]* banc *m.*

schooner ['sku:nə'] *n (Naut)* goélette *f.*

sciatica [saɪ'ætɪkə] *n* sciatique *f.*

science ['saɪəns] **1** *n* science *f; (subject for study)* sciences *fpl.* **it's a real ~** c'est une véritable science; **the S~ Faculty** la faculté des Sciences. **2** *adj* equipment, subject scientifique; *exam, teacher* de sciences. **~ fiction** science-fiction *f;* **~ park** parc *m* scientifique. ◆ **scientific** *adj (gen)* scientifique; *instrument* de précision. ◆ **scientifically** *adv* scientifiquement. ◆ **scientist** *n* scientifique *mf;* **one of our leading scientists** l'un de nos grands savants.

Scilly Isles ['sɪlɪaɪlz] *npl* Sorlingues *fpl.*

scintillate ['sɪntɪleɪt] *vi [star, jewel]* scintiller; *[person]* pétiller d'esprit. ◆ **scintillating** *adj* scintillant; *conversation etc* pétillant.

scissors ['sɪzəz] *npl* ciseaux *mpl.*

scoff [skɒf] *vi* se moquer *(at* de). ◆ **scoffer** *n* moqueur *m,* -euse *f.*

scold [skəʊld] *vt* réprimander *(for doing* pour avoir fait); *child* gronder, attraper *(for doing* pour avoir fait). ◆ **scolding** *n* réprimande *f,* gronderie *f;* **to get a ~ing from sb** se faire réprimander *or* gronder par qn.

scone [skɒn] *n* scone *m (petit pain au lait).*

scoop [sku:p] **1** *n* **(a)** *(for flour, sugar)* pelle *f (à main); (for water)* écope *f; (for ice cream/potatoes)* cuiller *f* à glace/à purée. **(b)** **to make a ~** *(Comm)* faire un gros bénéfice; *(Press)* faire un scoop. **2** *vt (Comm)* market s'emparer de; *competitor* devancer; *profit* ramasser; *(Press) story* publier en exclusivité;

◆ scoop out *vt sep water* vider; *hole* creuser.
◆ scoop up *vt sep* ramasser.

scooter ['sku:tə'] *n* scooter *m*; *[child]* trottinette *f*.

scope [skəʊp] *n (opportunity: for activity, action etc)* possibilités *fpl*; *(range) [law, regulation]* étendue *f*, portée *f*; *(capacity) [person]* compétence *f*, capacité(s) *f(pl)*. **a programme of considerable ~** un programme d'une envergure considérable; **to extend the ~ of one's activities** élargir le champ de ses activités; **it is within/beyond his ~** cela entre dans/dépasse ses compétences; **it is within/beyond the ~ of this book** cela entre dans/dépasse les limites *fpl* de ce livre.

scorch [skɔ:tʃ] **1** *n (~ mark)* brûlure *f* légère. **2** *vt linen* roussir; *grass [fire etc]* brûler; *[sun]* dessécher. **~ed earth policy** tactique *f* de la terre brûlée. **3** *vi [car]* **to ~ along** rouler à toute vitesse. **◆ scorcher** * *n* journée *f* torride. **◆ scorching** *adj heat* torride; *sand* brûlant; *sun* de plomb; *weather* très chaud.

score [skɔ:'] **1** *n (a) (Sport)* score *m*; *(Cards)* marque *f*; *(US Scol)* note *f*. **to keep (the) ~** *(gen)* compter les points; *(Cards)* tenir la marque; *(Tennis)* tenir le score; *(Ftbl)* **there's no ~ yet** on n'a pas encore marqué (de but); **there was no ~** ils ont fait match nul; **what's the ~?** *(Sport)* où en est le jeu *or* le match?; *(*fig)* où en sommes-nous?; *(fig)* **to know the ~** * connaître le topo *; *(fig)* **he's got an old ~ to settle with him** il a un compte à régler avec lui. **(b)** *(account)* titre *m*. **on that ~** à ce titre. **(c)** *(mark: on wood etc)* rayure *f*; *(on leather etc)* incision *f*. **(d)** *(Mus)* partition *f*. **piano ~** partition de piano; **the film ~** la musique du film. **(e)** *(twenty)* **a ~** vingt; **a ~ of people** une vingtaine de personnes; *(fig)* **~s of** un grand nombre de, des tas * de.
2 *vt (a) goal, point* marquer. **to ~ 70% in an exam** avoir 70 sur 100 à un examen; **to ~ a hit** *(Fencing)* toucher; *(Shooting)* viser juste; *(fig)* remporter un grand succès. **(b)** *(cut) rock* strier; *wood, metal* rayer; *leather, skin* inciser. **(c)** *music* écrire *(for violin etc* pour violon *etc)*; *film etc* composer la musique de.
3 *vi [player]* marquer un *or* des point(s); *[footballer etc]* marquer un but; *[scorer]* marquer les points; *(fig)* avoir l'avantage. *(fig)* **to ~ over *or* off sb** marquer un point aux dépens de qn. **◆ score off, score out** *vt sep* rayer, barrer. **◆ scoreboard** *n* tableau. **◆ scorecard** *n (Shooting)* carton *m*; *(Golf)* carte *f* du parcours; *(Cards)* feuille *f* de marque. **◆ scorer** *n (keeping ~)* marqueur *m*; *(goal ~r)* marqueur (de but).

scorn [skɔ:n] **1** *n* mépris *m*. **2** *vt person, action* mépriser; *advice, danger* faire fi de; *suggestion* rejeter. **I ~ to tell a lie** je ne m'abaisserais pas à mentir. **◆ scornful** *adj* méprisant; **to be ~ful about sth** manifester son mépris pour qch. **◆ scornfully** *adv* avec mépris.

Scorpio ['skɔ:pɪəʊ] *n* le Scorpion *(Astron)*.

scorpion ['skɔ:pɪən] *n* scorpion *m*.

Scot [skɒt] *n* Écossais(e) *m(f)*.

Scotch [skɒtʃ] **1** *n (a)* whisky *m*, scotch *m*. **(b)** *(abusively pour* **Scottish** *ou* **Scots)* **the ~** les Écossais *mpl*. **2** *adj (abusively)* écossais. **~ egg** œuf dur enrobé de chair à saucisse; **~ mist** bruine *f*; **~ tape** ® scotch *m* ®, ruban adhésif.

scotch [skɒtʃ] *vt rumour* étouffer; *plan, attempt* faire échouer; *revolt, uprising* réprimer; *claim* démentir.

scot-free ['skɒt'fri:] *adj (unpunished)* sans être puni; *(not paying)* sans payer; *(unhurt)* indemne.

Scotland ['skɒtlənd] *n* Écosse *f*.

Scots [skɒts] *adj, n* écossais (m). **◆ Scotsman** *n* Écossais *m*. **◆ Scotswoman** *n* Écossaise *f*.

Scottish ['skɒtɪʃ] *adj* écossais. **the ~ Office** le ministère des Affaires écossaises.

scoundrel ['skaʊndr(ə)l] *n* vaurien *m*; *(child)* coquin(e) *m(f)*.

scour ['skaʊə'] *vt (a) pan, sink* récurer; *table, floor* frotter; *(with water)* nettoyer à grande eau; *metal* décaper. **(b)** *(search)* parcourir *(for* à la recherche de). **◆ scourer** *n (powder)* poudre *f* à récurer; *(pad)* tampon *m* abrasif.

scourge [skɜ:dʒ] *n* fléau *m*.

scout [skaʊt] **1** *n (a) (Mil)* éclaireur *m*; *(boy)* scout *m (gen Catholic)*; éclaireur *(gen non-Catholic)*. **(b)** **to have a ~ round** * reconnaître le terrain. **2** *adj camp, movement* scout; *uniform* de scout. **3** *vi (Mil)* aller en reconnaissance. *(gen)* **to ~ about for** chercher. **◆ scouting** *n* scoutisme *m*. **◆ scoutmaster** *n* chef *m* scout.

scowl [skaʊl] **1** *n* mine *f* renfrognée. **he said with a ~** dit-il en se renfrognant. **2** *vi* se renfrogner, froncer les sourcils. **to ~ at** jeter un regard mauvais à.

scrabble ['skræbl] **1** *vi:* **to ~ about *or* around for sth** chercher qch à tâtons. **2** *n (game)* **S~** ® Scrabble *m* ®.

scraggy ['skrægɪ] *adj person, animal* efflanqué; *neck, limb* décharné.

scram * [skræm] *vi* ficher le camp *.

scramble ['skræmbl] **1** *vi (a)* **to ~ up/ down/along** grimper/descendre/avancer tant bien que mal (et à toute vitesse); **to ~ for** *coins, seats* se bousculer pour (avoir); *jobs etc* faire des pieds et des mains pour (avoir). **(b)** *(Sport)* **to go scrambling** faire du moto-cross. **2** *vt (Culin, Telec)* brouiller. **~d eggs** œufs brouillés. **3** *n (a) (rush)* ruée *f (for* pour). **(b)** *(motorcycle)* (réunion *f* de) moto-cross *m*. **◆ scrambler** *n (Telec)* brouilleur *m*. **◆ scrambling** *n (Sport)* trial *m*.

scrap¹ [skræp] **1** *n (a) (piece: gen)* (petit) bout *m*; *[writing]* quelques lignes *fpl*; *[conversation]* bribe *f*; *[news]* fragment *m*. **~s** *(broken pieces)* débris *mpl*; *[food]* restes *mpl*; **not a ~ of evidence/use** pas la moindre preuve/utilité; **not a ~** pas du tout. **(b)** *(~ metal)* ferraille *f*. **to sell for ~** vendre à la casse; **what is it worth as ~?** qu'est-ce que cela vaudrait à la casse? **2** *adj car* mis à la ferraille. **~ dealer** *or* **merchant** marchand *m* de ferraille; *(fig)* **to throw sth on the ~ heap** mettre qch au rebut; **~ iron** ferraille *f*; **~ paper** *(for scribbling on)* papier *m* de brouillon; *(newspapers etc)* vieux papiers; **~ yard** chantier *m* de ferraille; *(for cars)* cimetière *m* de voitures. **3** *vt* jeter; *car, ship* envoyer à la ferraille; *equipment* mettre au rebut; *project* laisser tomber. **◆ scrapbook** *n* album *m (de coupures de journaux etc)*. **◆ scrappy** *adj conversation, essay* décousu; *education* incomplet; *meal* sur le pouce *.

scrap² * [skræp] **1** *n (fight)* bagarre *f*. **2** *vi* se bagarrer * *(with* avec).

scrape [skreɪp] **1** *n (a) (action)* coup *m* de racloir; *(sound)* raclement *m*; *(mark)* éraflure *f*. **(b)** *(*: *trouble)* **to get into/out of a ~** se mettre dans un/ se sortir d'un mauvais pas. **2** *vt (clean)* racler; *vegetables* gratter; *(scratch)* érafler; *(just touch)* frôler. **to ~ one's plate clean** tout manger; **to ~ sth off sth** enlever qch de qch en raclant; **to ~ a living** vivoter; *(Naut)* **to ~ the bottom** talonner; *(fig)* **to ~ the bottom of the barrel** en être réduit aux raclures; **to ~ (up) an acquaintance with sb** réussir à faire la connaissance de qn. **3** *vi (make sound)* racler, gratter; *(rub)* frotter *(against* contre). **to ~ along the wall** frôler le mur; **to ~ through the doorway** réussir de justesse à passer par la porte; **to ~ through an exam** réussir un examen de justesse. **◆ scrape along** *vi (manage)* se débrouiller; *(live)* vivoter. **◆ scrape away, scrape off** *vt sep* enlever en raclant. **◆ scrape through** *vi (succeed)* réussir de justesse. **◆ scrape together, scrape up** *vt sep objects* rassembler; *money* réunir à grand-peine. ◆ **scraper** *n* racloir *m*; *(at doorstep)* grattoir *m*.

scratch [skrætʃ] **1** *n* **(a)** *(mark)* *(on skin)* égratignure *f*; *(on paint)* éraflure *f*; *(on glass, record)* rayure *f*. *(unharmed)* **without a ~** indemne. **(b)** *(action, noise)* grattement *m*; *(by claw/nail)* coup *m* de griffe/d'ongle. **(c)** *(Sport)* scratch *m*. *(fig)* **to start from ~** partir de zéro *; **to come up to ~** se montrer à la hauteur; **to bring/keep sb up to ~** amener/maintenir qn au niveau voulu. **2** *adj* crew, team de fortune; *race, golfer* scratch *inv*; *(Comput)* **~ file** fichier de travail. **3** *vt* **(a)** *(with nail, claw)* griffer; *varnish* érafler; *record, glass* rayer; *one's name* graver. **to ~ a hole in sth** creuser un trou en grattant qch; **he ~ed his hand on a nail** il s'est éraflé la main sur un clou. **(b)** *(to relieve itch)* gratter. **to ~ one's head** se gratter la tête; *(fig)* **you ~ my back and I'll ~ yours** un petit service en vaut un autre. **(c)** *(cancel)* *meeting, game* annuler; *competitor, horse* scratcher; *(US Pol)* candidate rayer de la liste. **4** *vi* *[person, dog etc]* se gratter; *[hens]* gratter le sol; *[pen]* gratter. **the dog was ~ing at the door** le chien grattait à la porte. ◆ **scratch out** *vt sep* *(from list)* rayer. **to ~ sb's eyes out** arracher les yeux à qn. ◆ **scratchy** *adj* *material* rêche; *pen* qui gratte; *record* rayé.

scrawl [skrɔːl] **1** *n* gribouillage *m*, griffonnage *m*; *(brief letter)* mot *m* griffonné. **2** *vt* gribouiller, griffonner; *letter* griffonner.

scrawny [ˈskrɔːnɪ] *adj* *person, animal* efflanqué; *neck, limb* décharné.

scream [skriːm] **1** *n* *[pain, fear]* cri *m* perçant, hurlement *m*; *[laughter]* éclat *m*. **to give a ~** pousser un cri; *(fig)* **it was a ~ *** c'était à se tordre (de rire); **he's a *** il est impayable *. **2** *vi* **(~ out)** crier *(at sb* après qn; *for help* à l'aide), hurler *(with pain/rage* de douleur/de colère). **to ~ with laughter** rire aux éclats. **3** *vt* **(~ out)** *[person]* hurler *(at* à); *[headlines, posters]* annoncer en toutes lettres. ◆ **screamingly *** *adv*: **~ingly funny** tordant *.

scree [skriː] *n* éboulis *m* *(en montagne)*.

screech [skriːtʃ] **1** *n* *[person, siren]* hurlement *m*; *[brakes]* grincement *m*; *[tyres]* crissement *m*; *[owl]* cri *m* (rauque et perçant). **she gave a ~ of laughter** elle est partie d'un rire perçant. **2** *vi* hurler; grincer; crisser; crier. **3** *vt* crier à tue-tête. ◆ **screech-owl** *n* effraie *f*.

screeds * [skriːdz] *npl*: **to write ~** écrire des volumes.

screen [skriːn] **1** *n* **(a)** *(in room)* paravent *m*; *(for fire)* écran *m* de cheminée; *(fig: of troops, trees)* rideau *m*. **(b)** *(Cine, TV etc)* écran *m*. *(Cine)* **the ~** l'écran, le cinéma; *(Cine/TV)* **the large/small ~** le grand/petit écran; **to write for the ~** écrire des scénarios. **2** *adj* *actor* de cinéma. **~ test** bout *m* d'essai; **~ washer** lave-glace(s) *m*; **~ writer** scénariste *mf*. **3** *vt* **(a)** *(hide)* masquer *(from sight* aux regards), cacher; *(protect)* protéger *(from* de). **he ~ed the book with his hand** il a caché le livre de sa main. **(b)** *film* projeter. **(c)** *(sieve)* *coal* cribler; *(fig)* *candidates* passer au crible. *(fig)* **to ~ sb (for a job)** passer un candidat au crible; *(Med)* **to ~ sb for cancer** faire subir à qn un test de dépistage du cancer. ◆ **screening** *n* **(a)** *[film]* projection *f*; **(b)** *(Med)* test *m* de dépistage. ◆ **screenplay** *n* scénario *m*.

screw [skruː] **1** *n* **(a)** *(Tech)* vis *f*; *(action)* tour *m* de vis. *(Brit)* **a ~ of sweets** *etc* un cornet de bonbons *etc*; *(fig)* **he's got a ~ loose *** il lui manque une case *; **to put the ~(s) on sb *** forcer la main à qn. **(b)** *(propeller)* hélice *f*. **(c)** *(Brit ‡: income)* salaire *m*. **(d)** *(‡: prison officer)* maton(ne) *m(f)*. **2** *vt* **(a)** **(~ down, ~ on)** visser *(on* sur; *to* à). **to ~ sth tight** visser qch à bloc; *(fig)* **he's got his head ~ed on all right *** il a la tête sur les épaules. **(b)** *(extort)* soutirer *(out of* à). **3** *vi* **(~ down, ~ on)** se visser.

◆ **screw off 1** *vi* se dévisser. **2** *vt* ‡*ep* dévisser. ◆ **screw round** *vt sep* tourner, visser. **to ~ one's head round** se dévisser la tête. ◆ **screw together** *vt sep* *two parts* fixer avec une vis; *object* assembler avec des vis. ◆ **screw up** *vt sep* *paper* froisser; *handkerchief* rouler; *one's eyes* plisser; *(‡: spoil)* bousiller *. **to ~ up one's face** faire la grimace; *(fig)* **to ~ up one's courage** prendre son courage à deux mains *(to do* pour faire).

◆ **screwball ‡** *adj, n* cinglé(e) *m(f)*. ◆ **screwdriver** *n* tournevis *m*. ◆ **screw-top(ped)** *adj* avec couvercle à pas de vis. ◆ **screwy ‡** *adj* *(mad)* cinglé *.

scribble [ˈskrɪbl] **1** *vti* gribouiller, griffonner. **2** *n* griffonnage *m*. ◆ **scribble down** *vt sep* *notes* griffonner. ◆ **scribbler** *n* *(bad author)* plumitif *m*. ◆ **scribbling** *n* gribouillage *m*. ◆ **scribbling pad** *n* bloc-notes *m*.

scribe [skraɪb] *n* scribe *m*.

scrimmage [ˈskrɪmɪdʒ] *n* *(gen, Sport)* mêlée *f*.

script [skrɪpt] **1** *n* **(a)** *(Cine)* scénario *m*; *(Rad, Theat, TV)* texte *m*; *(in exam)* copie *f*. **(b)** *(handwriting)* script *m*. **2** *vt* *film* écrire le scénario de. ◆ **scripted** *adj* *(Rad, TV)* *talk* préparé d'avance. ◆ **script-girl** *n* script(-girl) *f*. ◆ **scriptwriter** *n* scénariste *mf*.

Scripture [ˈskrɪptʃəʳ] *n* Écriture *f* sainte.

scroll [skrəʊl] **1** *n* *[parchment]* rouleau *m*; *(ancient book)* manuscrit *m*; *(Archit)* volute *f*. **2** *vt* *(Comput)* défiler. **3** *vi* *(Comput)* **to ~ up/down** faire défiler vers le haut/vers le bas.

scrounge * [skraʊn(d)ʒ] **1** *vt* *meal, clothes etc* se faire payer *(from, off sb* par qn). **to ~ money from sb ‡** taper qn ‡; **he ~d £5 off him** il a tapé de 5 livres ‡. **2** *vi*: **to ~ on sb** vivre aux crochets de qn. ◆ **scrounger *** *n* parasite *m*; *(for meals)* pique-assiette *mf inv*.

scrub¹ [skrʌb] **1** *n*: **to give sth a good ~** bien nettoyer qch (à la brosse); **give your face a ~!** lave-toi bien la figure! **2** *vt* **(a)** *floor* nettoyer *or* laver à la brosse; *pan* récurer. **to ~ one's hands** se brosser les mains. **(b)** *(‡: cancel)* *match etc* annuler. ◆ **scrub down** *vt sep* *room* nettoyer à fond. **to ~ o.s. down** faire une toilette en règle. ◆ **scrub off** *vt sep* *mark, stain* enlever en frottant. ◆ **scrubber** *n* *(pan-scrubber)* tampon *m* à récurer. ◆ **scrubbing-brush** *n* brosse *f* dure. ◆ **scrubwoman** *n* *(US)* femme *f* de ménage.

scrub² [skrʌb] *n* *(brushwood)* broussailles *fpl*.

scruff [skrʌf] *n* **(a)** **by the ~ of the neck** par la peau du cou. **(b)** *(‡: untidy person)* personne *f* débraillée *. ◆ **scruffiness** *n* *[person]* débraillé *m*; *[building, clothes]* miteux *m*. ◆ **scruffy** *adj* *person* débraillé; *child* crasseux; *building, clothes* miteux; *hair* sale et mal peigné.

scrum [skrʌm] *n* *(Rugby)* mêlée *f*; *(‡: in crowd)* bousculade *f*. *(Rugby)* **~ half** demi *m* de mêlée.

scrumptious * [ˈskrʌm(p)ʃəs] *adj* succulent.

scruple [ˈskruːpl] *n* scrupule *m* *(about* au sujet de). **he had no ~s about doing it** il ne se faisait pas scrupule de le faire. ◆ **scrupulous** *adj* scrupuleux. ◆ **scrupulously** *adv* *pay, do* scrupuleusement; **scrupulously honest/clean** d'une honnêteté scrupuleuse/d'une propreté irréprochable. ◆ **scrupulousness** *n* scrupules *mpl*.

scrutinize [ˈskruːtɪnaɪz] *vt* *(gen)* scruter; *votes* pointer. ◆ **scrutiny** *n* *(gen)* regard *m* scrutateur; *[document, conduct]* examen *m* minutieux; *[votes]* pointage *m*.

scuba [ˈskuːbə] *n* scaphandre *m* autonome. **~ diver** plongeur *m*, -euse *f*; **~ diving** plongée *f* sous-marine (autonome).

scuff [skʌf] *vt* *shoes* érafler; *feet* traîner. ◆ **scuff marks** *npl* éraflures *fpl*.

scuffle ['skʌfl] **1** *n* bagarre *f*. **2** *vi* se bagarrer * (*with* avec).

scull [skʌl] *vi*: **to go ~ing** faire de l'aviron.

scullery ['skʌlərɪ] *n* arrière-cuisine *f*.

sculpt [skʌlpt] *vti* sculpter (*out of* dans). ◆ **sculptor** *n* sculpteur *m*. ◆ **sculptress** *n* femme *f* sculpteur. ◆ **sculpture 1** *n* sculpture *f* ; **2** *vti* sculpter.

scum [skʌm] *n* (*gen*) écume *f*; (*dirt*) couche *f* de saleté. **to remove the ~ (from)** écumer; nettoyer. (*fig*) **the ~ of the earth** le rebut du genre humain.

scupper *['skʌpər] vt* saboter. **to be ~ed** être fichu.

scurf [skɜ:f] *n* pellicules *fpl* (*du cuir chevelu*).

scurrilous ['skʌrɪləs] *adj* calomnieux.

scurry ['skʌrɪ] *vi*: **to ~ along/away** *etc* avancer/ partir *etc* à toute vitesse.

scuttle¹ ['skʌtl] *vi*: **to ~ in/through** *etc* entrer/ traverser *etc* précipitamment.

scuttle² ['skʌtl] *vt ship* saborder; *plans* faire échouer.

scythe [saɪð] **1** *n* faux *f*. **2** *vt* faucher.

sea [si:] **1** *n* mer *f*. **on the ~** *boat* en mer; *town* au bord de la mer; **by** *or* **beside the ~** au bord de la mer; **over** *or* **beyond the ~(s)** (*adj*) lands *etc* d'outre-mer; (*adv*) lie *etc* outre-mer; **to go to ~** [*boat*] prendre la mer; [*person*] devenir *or* se faire marin; **to put to ~** prendre la mer; **by ~** par mer, en bateau; **look out to ~** regardez au large; (**out**) **at ~** en mer; (*fig*) **I'm all at ~** je nage * complètement; (*fig*) **the call of the ~** l'appel *m* du large; **what's the ~ like?** (*for sailing*) quel est l'état de la mer?; (*for bathing*) est-ce que l'eau est bonne?; **the ~ was very rough** la mer était très mauvaise; (*fig*) **a ~ of faces** une multitude de visages. **2** *adj* air de la mer, marin; *bird, breeze, fish, water* de mer; *god, scout* marin; *battle, power* naval; *route, transport* maritime. **~ anemone** anémone *f* de mer; **~ bathing** bains *mpl* de mer; **~ bed** fond *m* de la mer; **~ captain** capitaine *m* (de marine marchande); **~ change** profond changement *m;* **~ coast** côte *f*; **~ front** front *m* de mer; **to find one's ~ legs** s'habituer à la mer; **~ level** niveau *m* de la mer; **~ loch** bras *m* de mer; **~ wall** digue *f*. ◆ **seaboard** *n* littoral *m*. ◆ **seafarer** *n* marin *m*. ◆ **seafaring** *n* vie *f* de marin. ◆ **seafood** *n* fruits *mpl* de mer. ◆ **sea-green** *adj* vert glauque *inv*. ◆ **seagull** *n* mouette *f*. ◆ **sea-lion** *n* otarie *f*. ◆ **seaman**, *pl* **seamen** *n* marin *m*. ◆ **seamanship** *n* qualités *fpl* de marin. ◆ **seaplane** *n* hydravion *m*. ◆ **seaport** *n* port *m* de mer. ◆ **seascape** *n* (*Art*) marine *f*. ◆ **seashell** *n* coquillage *m*. ◆ **seashore** *n* rivage *m*, plage *f*; **by the ~shore** au bord de la mer; **on the ~shore** sur la plage, sur le rivage. ◆ **seasick** *adj*: **to be ~sick** avoir le mal de mer. ◆ **seasickness** *n* mal *m* de mer. ◆ **seaside 1** *n* bord *m* de la mer; **at** *or* **beside** *or* **by the ~side** au bord de la mer ; **2** *adj* holiday, town au bord de la mer; *hotel* sur le bord de la mer; **~side resort** station *f* balnéaire. ◆ **sea-urchin** *n* oursin *m*. ◆ **seawards** *adv* vers le large. ◆ **seaway** *n* route *f* maritime. ◆ **seaweed** *n* algue(s) *f(pl)*. ◆ **seaworthiness** *n* bon état *m* de navigabilité. ◆ **seaworthy** *adj* en état de naviguer.

seal¹ [si:l] *n* phoque *m*. ◆ **sealer** *n* (*ship*) navire *m* équipé pour la chasse au phoque. ◆ **sealskin** *n* peau *f* de phoque.

seal² [si:l] **1** *n* (*gen*) sceau *m*; (*on letter*) cachet *m*; (*on package*) plomb *m*; (*Aut etc*) joint *m* (d'étanchéité). (*fig*) **to set one's ~ to sth, to give sth the ~ of approval** donner son approbation à qch; (*fig*) **to set the ~ on sth** sceller qch. **2** *vt* (**a**) (*put on*) *document* sceller; (*close*) *envelope* coller; *jar* fermer hermétiquement; *tin* souder; (*Culin*) *meat* saisir. **~ed orders** instructions *fpl* secrètes; **my lips are ~ed** mes lèvres sont scellées. (**b**) (*decide*) fate régler; *bargain* conclure. ◆ **seal off** *vt sep* (*close up*) door, room condamner; (*forbid entry to*) interdire l'accès de; (*with police etc*) district mettre un cordon autour de. ◆ **seal up** *vt sep jar, door* fermer hermétiquement. ◆ **sealant** *n* (*device*) joint *m*; (*substance*) enduit *m* étanche. ◆ **sealing wax** *n* cire *f* à cacheter.

seam [si:m] *n* (**a**) (*in fabric, rubber*) couture *f*; (*in plastic, metal*) joint *m*; (*in welding*) soudure *f*. **to come apart at the ~s** [*garment*] se découdre; (*fig*) se désagréger; (*fig*) **bursting at the ~s** * plein à craquer. (**b**) (*Min*) veine *f*; (*Geol*) couche *f*. ◆ **seamstress** *n* couturière *f*. ◆ **seamy** *adj* district louche; **the ~y side of life** le côté peu reluisant de la vie.

séance ['seɪɑ̃:ns] *n* séance *f* de spiritisme.

search [sɜ:tʃ] **1** *n* (**a**) (*for sth lost*) recherches *fpl*. **in ~ of** à la recherche de; **to make a ~ for sb/sth** entreprendre des recherches pour retrouver qn/ qch; **to begin a ~ for** *person* partir à la recherche de; *thing* se mettre à la recherche de. (**b**) [*person, building, drawer, pocket, district*] fouille *f*; (*Admin*) [*luggage etc*] visite *f*. (**c**) (*Comput*) recherche *f*. **2** *vt* (**a**) (*hunt through*) house, woods, district fouiller (*for sb/sth* à la recherche de qn/qch). (**b**) (*examine*) (*gen*) fouiller (*for* pour essayer de retrouver); (*Admin*) luggage visiter. **they ~ed him for a weapon** ils l'ont fouillé pour s'assurer qu'il n'avait pas d'arme. (**c**) (*scan*) documents, records, photograph examiner (en détail) (*for* pour trouver); one's conscience sonder; *memory* chercher dans. (*fig*) **he ~ed her face for some sign of affection** il a cherché sur son visage un signe d'affection. (**d**) (*Comput*) file consulter. **to ~ a file for sth** rechercher qch dans un fichier. **3** *vi* chercher. **to ~ after** *or* **for sth** chercher qch; **to ~ through sth** fouiller qch. ◆ **searcher** *n* chercheur *m*, -euse *f* (*for, after* en quête de). ◆ **searching** *adj* look pénétrant; examination minutieux. ◆ **searchlight** *n* projecteur *m* (*pour éclairer*). ◆ **search-party** *n* équipe *f* or expédition *f* de secours. ◆ **search-warrant** *n* mandat *m* de perquisition.

season ['si:zn] **1** *n* saison *f*. **to be in/out of ~** être/ ne pas être de saison; **a word in ~** un mot dit à propos; (*fig*) **in ~ and out of ~** à tout bout de champ; **the Christmas ~** la période de Noël *or* des fêtes; **the busy ~** (*for shops etc*) la période de pointe; (*for hotels etc*) la pleine saison; **the fishing/ football** *etc* **~** la saison de la pêche/de football *etc*; **'S~'s greetings'** 'Joyeux Noël et Bonne Année'; **the off-~** la morte-saison; **during the off-~** hors saison; (*Theat*) **he did a ~ at the Old Vic** il a joué à l'Old Vic pendant une saison; **the film is here for a short ~** le film sera projeté quelques semaines; (*Vet*) **in ~** en chaleur. **2** *adj*: **~ ticket** carte *f* d'abonnement; **~ ticket holder** personne *f* qui possède une carte d'abonnement. **3** *vt* (**a**) wood faire sécher. (**b**) (*Culin*) assaisonner; (*spice*) épicer, relever. **a highly ~ed dish** un plat relevé. ◆ **seasonable** *adj* weather de saison. ◆ **seasonal** *adj* saisonnier. ◆ **seasoned** *adj* wood séché; (*fig*) worker, actor *etc* expérimenté; *troops* aguerri; **a ~ed campaigner for** un vétéran des campagnes pour. ◆ **seasoning** *n* assaisonnement *m*; **to add ~ing** assaisonner.

seat [si:t] **1** *n* (**a**) (*gen*: chair etc) siège *m*; (*in theatre etc*) fauteuil *m*; (*in bus, train, car etc*) (*individual*) siège; (*for several people*) banquette *f*; (*on cycle*) selle *f*; (*place*: on train, in theatre) place *f*. **to take a ~** s'asseoir; **to take one's ~** prendre place; **there were 4 ~s in the room** il y avait 4 sièges dans la pièce; (*Theat*) **2 ~s for...** 2 places pour...; **keep a ~ for me** gardez-moi une place; **there are ~s for 70 people** il y a 70 places assises; **a two-~er car** une (voiture à) deux places. (**b**) (*part of chair*) siège *m*; [*trousers*] fond *m*; (*: buttocks*) postérieur * *m*. (**c**) (*Parl*) siège *m*. **to keep/lose one's ~** être/

ne pas être réélu; **to take one's ~ in the Commons** prendre son siège aux Communes; **a majority of 50 ~s** une majorité de 50 (députés etc). **(d)** (centre) [government, learning] siège m; [commerce] centre m; [infection] foyer m. **country ~** château m. **2** adj: **~ belt** ceinture f de sécurité. **3** vt child (faire) asseoir; (at table) guest placer. **to ~ o.s., to be ~ed** s'asseoir; **to be ~ed** (sitting) être assis; **to remain ~ed** rester assis; (find room for) **we cannot ~ them all** nous n'avons pas assez de sièges pour tout le monde; **how many does the hall ~?** combien y a-t-il de places assises dans la salle?; **this table/this car ~s 8** on peut tenir à 8 à cette table/dans cette voiture. ◆ **seating 1** n sièges mpl; (as opp to standing room) places fpl assises ; **2** adj: **~ing capacity** nombre m de places assises.

secateurs [ˌsekəˈtɜːz] npl sécateur m.

secede [sɪˈsiːd] vi faire sécession (from de). ◆ **secession** n sécession f.

secluded [sɪˈkluːdɪd] adj house à l'écart; garden isolé; life, place retiré. ◆ **seclusion** n solitude f; **to live in seclusion** vivre retiré du monde.

second¹ [ˈsek(ə)nd] **1** adj (esp one of many) deuxième; (gen one of two) second. **to be ~ in the queue** être le (or la) deuxième dans la queue; **to be ~ in command** (Mil) commander en second; (gen) être deuxième dans la hiérarchie; (Scol) **he was ~ in French** il a été deuxième en français; (fig) **he's a ~ Beethoven** c'est un autre Beethoven; **give him a ~ chance** donnez-lui encore une chance; **you won't get a ~ chance to do it** vous ne retrouverez pas l'occasion de le faire; **every ~ day** un jour sur deux; (Aut) **~ gear** seconde f; (Med) **to ask for a ~ opinion** demander l'avis d'un autre médecin; **~ cousin** petit(e) cousin(e) m(f) (issu(e) de germains); (Gram) **~ person** deuxième personne f; **in the ~ place** deuxièmement; **Charles the S~** Charles Deux, Charles II; **to play ~ fiddle to sb** jouer un rôle secondaire auprès de qn; **it's ~ nature to him** c'est une seconde nature chez lui; **~ to none** sans pareil; **my ~ self** un(e) autre moi-même; **to have ~ sight** avoir le don de seconde vue; **to have ~ thoughts** changer d'avis (about en ce qui concerne); **on ~ thoughts...** réflexion faite...; for other phrases V **sixth.**
2 adv **(a)** (in race, exam, competition) en seconde place. **he came ~** (in race, exam) il s'est classé deuxième or second; (at meeting etc) il est arrivé le deuxième; **the ~ largest book** le plus grand livre sauf un. **(b)** = **secondly. (c)** (Rail etc) **to travel ~** voyager en seconde.
3 n **(a)** deuxième mf, second(e) m(f). **he came a good ~** il s'est fait battre de justesse; **he came a poor ~** il a été largement battu (en deuxième place); (Comm) **~s** articles mpl de second choix. **(b)** (Boxing) soigneur m; (in duel) second m. **(c)** (Aut) **~ gear** seconde f. **in ~** en seconde.
4 vt **(a)** motion appuyer; speaker appuyer la motion de. (fig) **I'll ~ that** je suis d'accord. **(b)** [sɪˈkɒnd] employee détacher (to à).
◆ **secondary** adj secondaire (V school); **~ary picketing** piquets mpl de grève de solidarité.
◆ **second-best 1** n: **as a ~-best** faute de mieux ; **2** adv: **to come off ~-best** perdre. ◆ **second-class** adj (Rail) de seconde (classe); (pej) food, goods etc de qualité inférieure; **~-class citizen** déshérité(e) m(f) dans la société. **~-class mail** (Brit) courrier m à tarif réduit; (US) imprimés mpl périodiques. ◆ **second-guess** vt (US) comprendre après coup.
◆ **secondhand 1** adj clothes, car d'occasion; information de seconde main; **~hand bookseller/bookshop** libraire m/librairie f d'occasion; **~hand dealer** marchand(e) m(f) d'occasion ; **2** adv buy d'occasion; hear sth de qn d'autre. ◆ **second-in-command** n (Mil) commandant m en second; (Naut) second m; (gen) adjoint m. ◆ **secondly** adv

deuxièmement; (more formally) en second lieu. ◆ **secondment** [sɪˈkɒndmənt] n détachement m; **on ~ment** en détachement (to à). ◆ **second-rate** adj médiocre, de deuxième ordre.

second² [ˈsek(ə)nd] **1** n seconde f (also Geog, Math etc). **at that very ~** à cet instant précis; **just a ~!, half a ~!** * une (petite) seconde! **2** adj: **~(s) hand** trotteuse f.

secret [ˈsiːkrɪt] **1** n secret m. **to keep a ~** garder un secret; **to let sb into the ~** mettre qn dans le secret; **to let sb into a ~** révéler un secret à qn; **to be in the ~** être au courant; **there's no ~ about it** cela n'a rien de secret; **to have no ~s from sb** ne pas avoir de secrets pour qn; **he makes no ~ of the fact that** il ne cache pas que; **in ~** en secret. **2** adj (gen) secret (f -ète); (secluded) retiré. **to keep sth ~** ne pas révéler qch (from sb à qn); **~ agent** agent m secret; **~ admirer** admirateur m, -trice f inconnu(e); **~ ballot** vote m à bulletin secret; **~ police** police f secrète; **the S~ Service** (Brit) les services mpl secrets; (US) les services chargés de la protection du président; **~ society** société f secrète. ◆ **secrecy** n secret m; **in secrecy** en secret; **there's no secrecy about it** on n'en fait pas un mystère; **an air of secrecy** un air mystérieux. ◆ **secretive** adj (by nature) secret, dissimulé (pej); **to be ~ive about sth** se montrer très réservé à propos de qch. ◆ **secretly** adv secrètement, en secret.

secretary [ˈsekrətrɪ] n secrétaire mf; (company ~) secrétaire général (d'une société). **S~ of State** (Brit) ministre m (for de); (US) = ministre des Affaires étrangères. ◆ **secretarial** adj work, college de secrétariat; **secretarial course** études fpl de secrétaire. ◆ **secretariat** n secrétariat m. ◆ **secretary-general** n secrétaire m général.

secrete [sɪˈkriːt] vt **(a)** (Anat, Bio, Med) sécréter. **(b)** (hide) cacher. ◆ **secretion** n sécrétion f.

sect [sekt] n secte f. ◆ **sectarian** adj sectaire.

section [ˈsekʃ(ə)n] **1** n **(a)** (gen) section f, partie f; [country] partie; [town] quartier m; [machine, furniture] élément m; (Mil) groupe m (de combat). (Mus) **the brass** etc **~** les cuivres mpl etc; (Press) **the financial ~** les pages fpl financières; (Admin) **~ 2 of the by-laws** l'article m 2 des arrêtés. **(b)** (department) section f. **(c)** (cut) coupe f. **2** vt sectionner. **to ~ off** séparer. ◆ **sectional** adj bookcase etc à éléments, démontable; interests d'un groupe; drawing en coupe.

sector [ˈsektəʳ] n secteur m.

secular [ˈsekjʊləʳ] adj authority séculier; school laïque; writer, music profane.

secure [sɪˈkjʊəʳ] **1** adj **(a)** (solid, firm) padlock, nail, knot solide; rope bien attaché; door bien fermé; ladder qui ne bouge pas; hold bon. **to make ~** rope bien attacher; door, window bien fermer; tile bien fixer. **(b)** (in safe place) en sûreté; place sûr; (certain) career, fame assuré. **~ from** or **against** à l'abri de. **(c)** (unworried) tranquille, sans inquiétude. **to feel ~ about** ne pas avoir d'inquiétudes au sujet de; **~ in the knowledge that** ayant la certitude que. **2** vt **(a)** (get) object obtenir (for sb pour qn); staff, performer engager. **(b)** (fix) rope attacher; door, window bien fermer; tile fixer; (tie up) person, animal attacher. **(c)** (make safe) préserver (against, from de); career, future assurer. ◆ **securely** adv (firmly) solidement, bien; (safely) en sécurité.

security [sɪˈkjʊərɪtɪ] **1** n **(a)** (safety) sécurité f. **in ~** en sécurité; (Admin, Ind) **job ~** sécurité de l'emploi; **~ of tenure** (in job) sécurité f totale de l'emploi; (in house) bail m assuré. **(b)** (against spying) sécurité f. **~ was very lax** les mesures fpl de sécurité étaient très relâchées. **(c)** (Fin: for loan) caution f, garantie f. **loans without ~** crédit m à découvert; **to stand ~ for sb** se porter garant pour or de qn. **(d)** (St Ex) **securities** valeurs fpl, titres

mpl; **government securities** fonds mpl d'État. **2**
adj council, forces de sécurité; officer, inspector
chargé de la sécurité. ~ **blanket** morceau de tissu
que le jeune enfant garde pour se sécuriser; ~ **guard**
garde m chargé de la sécurité; (transporting money)
convoyeur m de fonds; ~ **leak** fuite f (de secrets
etc); ~ **police** services mpl de la sûreté; **he is a**
~ **risk** il n'est pas sûr.

sedan [sɪ'dæn] n (US: car) conduite f intérieure.

sedate [sɪ'deɪt] **1** adj posé, calme. **2** vt (Med)
mettre sous sédation. ♦ **sedately** adv posément,
calmement. ♦ **sedation** n sédation f. ♦ **sedative**
['sedətɪv] adj, n sédatif (m).

sedentary ['sedntrɪ] adj sédentaire.

sediment ['sedɪmənt] n (Geol, Med) sédiment m;
(in boiler, liquids) dépôt m.

sedition [sə'dɪʃ(ə)n] n sédition f. ♦ **seditious** adj
séditieux.

seduce [sɪ'dju:s] vt séduire. ♦ **seducer** n séducteur
m, -trice f. ♦ **seduction** n séduction f. ♦ **seductive** adj person, charms séduisant; smile, perfume
séducteur; offer alléchant. ♦ **seductively** adv
d'une manière séduisante.

see[1] [si:] pret **saw**, ptp **seen** vti (**a**) (gen) voir. **I can**
~ **him** je le vois; **I saw him read/reading the letter**
je l'ai vu lire/qui lisait la lettre; **he was** ~**n to
read the letter** on l'a vu lire la lettre; **there was
no one to be** ~ **n** il n'y avait pas âme qui vive;
there was not a house to be ~**n** il n'y avait pas
une seule maison en vue; **you can** ~ **for miles** on
y voit à des kilomètres; **I'll go and** ~ je vais aller
voir; **let me** ~ (show me) montre-moi, fais voir;
(let me think) voyons (un peu); ~ **for yourself** voyez
vous-même; **as you can** ~ comme vous pouvez
le constater; **so I** ~ c'est bien ce que je vois; (in
anger) ~ **here!** non, mais dites donc! *; **can I go
out?** — **we'll** ~ est-ce que je peux sortir? — on
verra; ~ **page 10** voir page 10; **to** ~ **sth with one's
own eyes** voir qch de ses propres yeux; **I must
be** ~**ing things** * je dois avoir des visions *; **he
couldn't** ~ **to read** il n'y voyait pas assez clair pour
lire; **to** ~ **in the dark** voir clair la nuit; **can you**
~ **your way?** est-ce que vous pouvez trouver votre
chemin?; (fig) **to** ~ **one's way to doing sth** trouver
le moyen de faire qch; **to** ~ **the world** voyager;
I saw in the paper that j'ai vu or lu dans le journal
que; **I** ~ **nothing wrong in it** je n'y trouve rien
à redire; **I don't know what she** ~**s in him** je ne
sais pas ce qu'elle lui trouve (de bien); ~ **who's
at the door** allez donc voir qui est à la porte; **to go
and** ~ **sb, to go to** ~ **sb** aller voir qn; **they** ~ **a
lot of him** ils le voient souvent; ~ **you soon!** *,
I'll be ~**ing you!** * à bientôt!, salut! *; ~ **you
later!** * à tout à l'heure!; ~ **you on Sunday** à
dimanche; **this hat has** ~**n better days** ce chapeau
a connu des jours meilleurs; **I never thought we'd**
~ **the day when...** je n'aurais jamais cru qu'un
jour...; **I couldn't** ~ **her left alone** je ne pouvais
pas supporter qu'on la laisse (subj) toute seule;
I've ~**n some things in my time** * **but...** j'en ai vu
des choses dans ma vie * mais...

(**b**) (understand) voir, comprendre; joke
comprendre. **do you** ~ **what I mean?** vous voyez
ce que je veux dire?; **I don't** ~ **or can't** ~ **how...** je
ne vois pas du tout comment...; **the way I** ~ **it,
as I** ~ **it** à mon avis; **as far as I can** ~ pour autant
que je puisse en juger.

(**c**) (accompany) accompagner, conduire. **to** ~ **sb
to the station** accompagner or conduire qn à la
gare; **to** ~ **sb home** raccompagner qn jusque chez
lui; **to** ~ **the children to bed** coucher les enfants.

(**d**) (ensure) s'assurer. ~ **that he has all he needs**
(make sure) faites en sor e qu'il ait tout ce dont
il a besoin; (check) assurez-vous qu'il ne manque
de rien; **I'll** ~ **he gets the letter** je me charge de
lui faire parvenir la lettre.

(**e**) (imagine) imaginer, voir. **I can't** ~ **him as Prime
Minister** je ne le vois or ne l'imagine pas du tout
en Premier ministre; **I can't** ~ **myself doing that**
je me vois mal or je m'imagine mal faisant cela;
I can't ~ **myself being elected** je ne vois pas très
bien comment je pourrais être élu.

♦ **see about** vt fus (**a**) (deal with) s'occuper de.
(**b**) (consider) **to** ~ **about sth** voir si qch est possible; **we'll** ~ **about it** on verra. ♦ **see in** vt sep:
to ~ **the New Year in** fêter la Nouvelle Année.
♦ **see off** vt sep: **I saw him off at the station** je
l'ai accompagné à la gare; **we'll come and** ~ **you
off** on viendra vous dire au revoir à la gare (etc).
♦ **see out** vt sep person raccompagner à la porte.
I'll ~ **myself out** * ne vous dérangez pas, je trouverai le chemin; **he won't** ~ **the week out** il ne
passera pas la semaine. ♦ **see over** vt fus (visit)
visiter. ♦ **see through 1** vt fus person ne pas se
laisser tromper par; behaviour, promises voir clair
dans. **I saw through him at once** j'ai tout de suite
compris où il voulait en venir. **2** vt sep project,
deal mener à bonne fin. **£10 should** ~ **you through**
10 livres devraient vous suffire; **I'll** ~ **you through**
vous pouvez compter sur moi. ♦ **see to** vt fus
(deal with) s'occuper de; (mend) réparer. **please** ~
to it that... veillez s'il vous plaît à ce que...
+ subj.

♦ **seeing** conj: ~**ing (that)** vu que, étant donné
que. ♦ **see-through** adj transparent.

see[2] [si:] n [bishop] siège m épiscopal.

seed [si:d] **1** n (**a**) (Agr, Bot etc) graine f; (in apple,
grape etc) pépin m. (for sowing) **the** ~ les graines
fpl, la semence; **to go to** ~ [plant etc] monter en
graine; [person] se laisser aller. (**b**) (Tennis: ~**ed
player**) tête f de série. **2** adj potato etc de semence.
~ **pearls** semence f de perles. **3** vt lawn, clouds
ensemencer; raisin, grape épépiner. (**b**) (Tennis) **he
was** ~**ed third** il était classé troisième tête de
série. **4** vi monter en graine. ♦ **seedless** adj
grapes etc sans pépins. ♦ **seedling** n semis m.
♦ **seed-merchant** or ♦ **seedsman** n grainetier
m. ♦ **seedy** adj (shabby) miteux; (*: ill) mal
fichu *.

seek [si:k] pret, ptp **sought 1** vt (gen) chercher (to
do à faire); solution, person, thing chercher; fame,
honours rechercher; advice, help demander (from
sb à qn). **to** ~ **one's fortune** chercher fortune.
2 vi: **to** ~ **for** or **after** rechercher; **sought after**
recherché, demandé. ♦ **seek out** vt sep person
aller voir. ♦ **seeker** n chercheur m, -euse f (after
en quête de).

seem [si:m] vi sembler, paraître, avoir l'air; (impersonal vb) paraître, sembler. **he** ~**s honest** il semble
(être) honnête, il paraît honnête, il a l'air honnête; **she** ~**s to know you** elle semble vous
connaître; **she** ~**s not to want to leave** on dirait
qu'elle ne veut pas partir; **we** ~ **to have met
before** il me semble que nous nous sommes déjà
rencontrés; **I** ~ **to have heard that before** il me
semble avoir déjà entendu cela; **I can't** ~ **to do
it** je n'arrive pas à le faire; **I** ~**ed to be floating**
j'avais l'impression de planer; **how did she** ~ **to
you?** comment l'as-tu trouvée?; **how does it** ~ **to
you?** qu'en penses-tu?; **it** ~**s that the government
is going to fall** (looks as if) il semble bien que le
gouvernement va tomber; (people say) il paraît
que le gouvernement va tomber; **it** ~**s she's right**
il semble qu'elle a raison; **it doesn't** ~ **she's right,
it** ~**s she's not right** il ne semble pas qu'elle ait
raison; **does it** ~ **that she is right?** est-ce qu'il
semble qu'elle ait raison?; **it** ~**s to me that...** il
me semble que...; **does it** ~ **to you as though...?**
est-ce que tu crois que...?; **so it** ~**s** il paraît; **it**
~**s not** il paraît que non; **he died yesterday, it** ~**s**
il est mort hier, paraît-il; **I did what** ~**ed best** j'ai
fait ce que j'ai jugé bon; **it** ~**s ages since we last
met** il y a des siècles * que nous ne nous sommes

vus; **there ~s to be a mistake** il semble y avoir une erreur. ◆ **seeming** *adj* apparent. ◆ **seemingly** *adv* à ce qu'il paraît, apparemment. ◆ **seemly** *adj behaviour* convenable; *dress* correct.

seen [siːn] *ptp of* **see¹**.

seep [siːp] *vi* filtrer (*through* à travers). ◆ **seep away** *vi* s'écouler peu à peu. ◆ **seep in** *vi* s'infiltrer peu à peu. ◆ **seep out** *vi* suinter. ◆ **seepage** *n* déperdition *f*.

seersucker [ˈsɪəˌsʌkər] *n* crépon *m* de coton.

seesaw [ˈsiːsɔː] **1** *n* (jeu *m* de) bascule *f*. **2** *adj motion* de bascule. **3** *vi* (*fig*) osciller.

seethe [siːð] *vi* [*liquid*] bouillonner; [*crowd*] s'agiter. (*fig*) **to ~ (with anger)** bouillir de colère; **the streets were seething with people** les rues grouillaient de monde.

segment [ˈsegmənt] *n* (*gen*) segment *m*; [*orange etc*] quartier *m*.

segregate [ˈsegrɪgeɪt] *vt* (*gen, also Pol*) séparer (*from* de); *contagious patient etc* isoler (*from* de). ◆ **segregated** *adj* (*Pol*) *school, club* où la ségrégation (raciale) est appliquée. ◆ **segregation** *n* (*Pol*) ségrégation *f*; (*gen*) séparation *f*, isolement *m* (*from* de). ◆ **segregationist** *adj, n* ségrégationniste (*mf*).

Seine [sein] *n* Seine *f*.

seismic [ˈsaɪzmɪk] *adj* sismique. ◆ **seismograph** *n* sismographe *m*. ◆ **seismology** *n* sismologie *f*.

seize [siːz] *vt* (*gen*) saisir; (*Mil, Police*) s'emparer de. **she ~d (hold of) his hand, she ~d him by the hand** elle lui a saisi la main; **to be ~d with rage** avoir un accès de rage; **she was ~d with fear/with this desire** la peur/ce désir l'a saisie; **he was ~d with a bout of coughing** il a eu un accès de toux. ◆ **seize up** *vi* (*Tech*) se gripper; (*Med*) s'ankyloser. ◆ **seize (up)on** *vt fus idea, chance* saisir. ◆ **seizure** *n* (a) [*goods, gun, property*] saisie *f*; [*city, ship*] capture *f*; [*power, territory*] prise *f*; (b) (*Med*) crise *f*, attaque *f*.

seldom [ˈseldəm] *adv* rarement, peu souvent.

select [sɪˈlekt] **1** *vt team, candidate* sélectionner (*from, among* parmi); *gift, book, colour* choisir (*from, among* parmi). **~ed works** œuvres *fpl* choisies. **2** *adj audience, group* choisi; *club* fermé; *restaurant* chic *inv*, sélect. **a ~ few** quelques privilégiés *mpl*. ◆ **selection 1** *n* sélection *f*, choix *m*; (*Literat, Mus*) **~ions from** morceaux *mpl* choisis de ; **2** *adj committee* de sélection. ◆ **selective** *adj* (*gen*) sélectif; *school* à recrutement sélectif; **to be ~ive** savoir faire un choix. ◆ **selectivity** *n* (*gen*) sélectivité *f*; (*Scol*) sélection *f*. ◆ **selector** *n* (*person*) sélectionneur *m*, -euse *f*; (*Tech*) sélecteur *m*.

self [self] **1** *n*, *pl* **selves**: **the ~** le moi *inv*; **his better ~** le meilleur de lui-même; **her real ~** son vrai moi; **she's her old ~ again** elle est redevenue complètement elle-même.

2 *pref*: **~-adjusting** *etc* à réglage *etc* automatique; **~-cleaning** autonettoyant; **~-correcting** auto-correctif; **~-adhesive** auto-adhésif, autocollant; **~-criticism** critique *f* de soi; **~-imposed/-inflicted** que l'on s'impose/s'inflige à soi-même. ◆ **self-addressed envelope** *n* enveloppe *f* à mon (*or* son *etc*) nom et adresse. ◆ **self-assurance** *n* assurance *f*. ◆ **self-assured** *adj* plein d'assurance. ◆ **self-awareness** *n* (prise *f* de) conscience *f* de soi-même. ◆ **self-catering** *adj*: **~-catering flat** appartement *m* indépendant (avec cuisine). ◆ **self-centred** *adj* égocentrique. ◆ **self-confessed** *adj*: **he is a ~-confessed thief** *etc* il est voleur *etc* de son propre aveu. ◆ **self-confidence** *n* confiance *f* en soi. ◆ **self-confident** *adj* sûr de soi. ◆ **self-conscious** *adj* embarrassé, gêné (*about* de). ◆ **self-consciousness** *n* gêne *f*. ◆ **self-contained** *adj* indépendant. ◆ **self-control** *n* maîtrise *f* de soi. ◆ **self-controlled** *adj*

maître (*f* maîtresse) de soi. ◆ **self-defeating** *adj* qui va à l'encontre du but recherché. ◆ **self-defence** *n* légitime défense *f*. ◆ **self-delusion** *n* aveuglement *m*. ◆ **self-denial** *n* abnégation *f*. ◆ **self-deprecating** *adj*: **to be ~-deprecating** se dénigrer soi-même. ◆ **selfdetermination** *n* autodétermination *f*. ◆ **selfdiscipline** *n* discipline *f* (personnelle). ◆ **selfdiscovery** *n* découverte *f* de soi. ◆ **self-drive** *adj* (*Aut*) sans chauffeur. ◆ **self-educated** *adj* autodidacte. ◆ **self-employed** *adj* qui travaille à son compte. ◆ **self-esteem** *n* amour-propre *m*. ◆ **self-evident** *adj* évident. ◆ **self-explanatory** *adj* qui se passe d'explication. ◆ **self-expression** *n* expression *f* libre. ◆ **self-governing** *adj* autonome. ◆ **self-government** *n* autonomie *f*. ◆ **self-help** *n* débrouillardise * *f*. ◆ **self-image** *n* image *f* de soi-même. ◆ **self-importance** *n* suffisance *f*. ◆ **self-important** *adj* suffisant, m'as-tu-vu * *inv*. ◆ **self-improvement** *n* progrès *mpl* personnels. ◆ **self-indulgence** *n* sybaritisme *m*. ◆ **self-indulgent** *adj* qui ne se refuse rien, sybarite. ◆ **self-interest** *n* intérêt *m* (personnel). ◆ **selfish** *adj person, behaviour* égoïste; *motive* intéressé. ◆ **selfishly** *adv* égoïstement. ◆ **selfishness** *n* égoïsme *m*. ◆ **selfless** *adj* désintéressé. ◆ **selflessly** *adv* d'une façon désintéressée. ◆ **selflessness** *n* désintéressement *m*. ◆ **self-made man** *n* self-made man *m*. ◆ **self-obsessed** *adj* obsédé par soi-même. ◆ **selfopinionated** *adj* entêté, opiniâtre. ◆ **self-pity** *n* apitoiement *m* sur soi-même. ◆ **self-portrait** *n* autoportrait *m*. ◆ **self-possessed** *adj* qui garde son sang-froid. ◆ **self-possession** *n* sang-froid *m*. ◆ **self-preservation** *n* instinct *m* de conservation. ◆ **self-raising flour** *or* (*US*) ◆ **self-rising flour** *n* farine *f* à levure. ◆ **self-reliant** *adj* indépendant. ◆ **self-respect** *n* respect *m* de soi. ◆ **self-respecting** *adj* qui se respecte. ◆ **self-righteous** *adj* satisfait de soi. ◆ **self-righteousness** *n* satisfaction *f* de soi. ◆ **selfsacrifice** *n* abnégation *f*. ◆ **selfsame** *adj* même. ◆ **self-satisfied** *adj* suffisant. ◆ **self-service** *n* libreservice *m inv*. ◆ **self-serving** *adj* égoïste, intéressé. ◆ **self-starter** *n* démarreur *m*. ◆ **self-sufficiency** *n* indépendance *f*; (*economic*) indépendance économique. ◆ **self-sufficient** *adj* indépendant; économiquement indépendant. ◆ **self-supporting** *adj* qui subvient à ses propres besoins. ◆ **self-taught** *adj* autodidacte.

sell [sel] *pret, ptp* **sold** *vt* vendre. **to ~ sth for 2 francs** vendre qch 2 F; **he sold it (to) me for 10 francs** il me l'a vendu 10 F; **are stamps sold here?** est-ce qu'on vend des timbres ici?; **I was sold this in Grenoble** on m'a vendu cela à Grenoble; (*fig*) **to ~ the pass** trahir la cause; **to ~ one's life dearly** vendre chèrement sa vie; **to ~ sb down the river** lâcher qn *; **to ~ sb a pup ‡** rouler qn *; **to ~ sb an idea** faire accepter une idée à qn; **he doesn't ~ himself very well** il n'arrive pas à se mettre en valeur; **to be sold on** * **sb/sth** être emballé * par qn/qch.

2 *vi* se vendre. **these books ~ at** *or* **for 10 francs each** ces livres se vendent 10 F pièce.

◆ **sell off** *vt sep stock, shares* liquider; *goods* solder. ◆ **sell out 1** *vi* (*Comm*) vendre son affaire. (*fig*) **to ~ out to the enemy** passer à l'ennemi. **2** *vt sep* (*Comm*) **this item is sold out** cet article est épuisé; **we are sold out** on n'en a plus; **we are sold out of milk** on n'a plus de lait; (*Theat*) **the house was sold out** toutes les places étaient louées. ◆ **sell up** (*esp Brit Comm*) **1** *vi* vendre son affaire. **2** *vt sep business* liquider.

◆ **sell-by date** *n* date *f* limite de vente. ◆ **seller** *n* vendeur *m*, -euse *f*; **~er's market** marché *m* vendeur; **onion-~er** marchand(e) *m(f)* d'oignons. ◆ **selling price** *n* prix *m* de vente. ◆ **sellout** *n* (a) (*Theat etc*) **it was a ~out** on a joué à guichets fermés; (**b**) *(betrayal)* trahison *f* (*of* de); capitulation *f* (*to* devant).

sellotape ['selə(ʊ')teɪp]® **1** *n* scotch *m* ®, ruban *m* adhésif. **2** *vt* coller avec du ruban adhésif.

seltzer ['seltsəʳ] *n* eau *f* de Seltz.

selvage, selvedge ['selvɪdʒ] *n* lisière *f* (*d'un tissu*).

semantic [sɪ'mæntɪk] *adj* sémantique. ◆ **semantically** *adv* du point de vue de la sémantique. ◆ **semantics** *nsg* sémantique *f*.

semaphore ['seməfɔːʳ] *n* (**a**) signaux *mpl* à bras. (**b**) *(Rail)* sémaphore *m*.

semblance ['sembləns] *n* semblant *m*.

semen ['siːmən] *n* sperme *m*.

semester [sɪ'mestəʳ] *n* semestre *m*.

semi ['semɪ] *pref* semi-, demi-, à demi, à moitié. ◆ **semiautomatic** *adj* semi-automatique. ◆ **semicircle** *n* demi-cercle *m*. ◆ **semicircular** *adj* en demi-cercle. ◆ **semicolon** *n* point-virgule *m*. ◆ **semiconductor** *n* semi-conducteur *m*. ◆ **semiconscious** *adj* à demi conscient. ◆ **semidarkness** *nsg* pénombre *f*. ◆ **semidetached house** *n* maison *f* jumelée. ◆ **semifinal** *n* demi-finale *f*. ◆ **semifinalist** *n* joueur *m*, -euse *f* de demi-finale. ◆ **semiofficial** *adj* semi-officiel. ◆ **semiprecious** *adj* semi-précieux. ◆ **semiprofessional** *adj* semi-professionnel. ◆ **semiskilled** *adj worker* spécialisé; *work* d'ouvrier spécialisé. ◆ **semi-skimmed** *adj* demi-écrémé. ◆ **semitrailer** *n* semi-remorque *f*.

seminal ['semɪnl] *adj (fig)* qui fait école.

seminar ['semɪnɑːʳ] *n* séminaire *m (discussion)* ; *(Univ)* séance *f* de travaux pratiques. ◆ **seminarist** *n* séminariste *m*. ◆ **seminary** *n* séminaire *m (Rel)*.

semiology [‚semɪ'ɒlədʒɪ] *n* sémiologie *f*.

semolina [‚semə'liːnə] *n* semoule *f*. ~ **pudding** semoule au lait.

senate ['senɪt] *n (Pol)* sénat *m*; *(Univ)* conseil *m* de l'université. ◆ **senator** *n* sénateur *m*.

send [send] *pret, ptp* **sent** *vt* (**a**) *(gen)* envoyer (*to sb* à qn); *letter, parcel* envoyer, expédier; *ball, rocket, arrow* lancer. **I'll ~ a car for you** j'enverrai une voiture vous chercher; **to ~ sb for sth** envoyer qn chercher qch; **to ~ sb to do sth** envoyer qn faire qch; **~ him along to see me** envoie-le-moi; **to ~ sb to bed** envoyer qn se coucher; **to ~ sb home** renvoyer qn chez lui; *(from abroad)* rapatrier qn; **to ~ sb to sleep** endormir qn; **he was sent to prison** on l'a envoyé en prison; **the rain sent us indoors** la pluie nous a fait rentrer; *(fig)* **to ~ sb packing** * *or* **about his business** * envoyer promener qn *; *(fig)* **to ~ to Coventry** mettre qn en quarantaine; **the explosion sent a cloud of smoke into the air** l'explosion a projeté un nuage de fumée en l'air; **to ~ a shiver down sb's spine** faire passer un frisson dans le dos de qn; **the sight of the dog sent her running to her mother** en voyant le chien elle s'est précipitée vers sa mère; **the blow sent him sprawling** le coup l'a envoyé par terre; **he sent the plate flying** il a envoyé voler l'assiette; **to ~ sb flying** envoyer qn rouler à terre. (**b**) *(cause to become)* rendre. **to ~ sb mad** rendre qn fou. (**c**) *(⚡)* emballer *. **this music ~s me** cette musique m'emballe *.

◆ **send away 1** *vi*: **to ~ away for sth** commander qch par correspondance. **2** *vt sep person* envoyer (*to* à); *parcel, letter, goods* envoyer, expédier; *(post)* mettre à la poste; *(dismiss)* renvoyer. ◆ **send back** *vt sep* renvoyer. ◆ **send down** *vt sep person* faire descendre; *(expel)* renvoyer; *prices* faire baisser. ◆ **send for** *vt fus* (**a**) *doctor, police etc* faire venir; *help* envoyer chercher. (**b**) *(order by post)* commander par correspondance. ◆ **send in** *vt sep person* faire entrer; *troops, request, names, resignation* envoyer; *report* envoyer, soumettre. **to ~**

in an application faire une demande; *(for job)* poser sa candidature. ◆ **send off 1** *vi* = **send away 1**. **2** *vt sep person* envoyer (*to do* faire); *letter, parcel, goods* envoyer, expédier; *(post)* mettre à la poste; *(Ftbl etc) player* renvoyer du terrain. ◆ **send on** *vt sep letter* faire suivre; *luggage (in advance)* expédier à l'avance; *(afterwards)* faire suivre; *object left behind* renvoyer. ◆ **send out 1** *vi*: **to ~ out for sth** envoyer chercher qch. **2** *vt sep (a) person, dog etc* faire sortir. **she sent the children out to play** elle a envoyé les enfants jouer dehors. (**b**) *(post) correspondence, leaflets* envoyer (par la poste). (**c**) *scouts, messengers* envoyer. (**d**) *(emit) smell, smoke, heat* émettre, répandre; *light* diffuser. ◆ **send round** *vt sep document, bottle etc* faire circuler; *person* envoyer (*to sb's* chez qn). **I'll ~ it round to you as soon as it's ready** je vous le ferai parvenir dès que cela sera prêt. ◆ **send up** *vt sep* (**a**) *person, luggage* faire monter; *smoke* répandre; *aeroplane* envoyer; *spacecraft, flare* lancer; *prices* faire monter en flèche. (**b**) (*: make fun of*) *person* mettre en boîte *; *book* parodier. (**c**) *entry form* envoyer. (**d**) *(blow up)* faire sauter *.

◆ **sender** *n* expéditeur *m*, -trice *f*, envoyeur *m*, -euse *f*. ◆ **send-off** * *n*: **to give sb a ~-off** faire des adieux chaleureux à qn. ◆ **send-up** * *n* parodie *f*.

Senegal [senɪ'gɔːl] *n* Sénégal *m*. ◆ **Senegalese 1** *adj* sénégalais ; **2** *n* Sénégalais(e) *m(f)*.

senile ['siːnaɪl] *adj* sénile. ◆ **senility** *n* sénilité *f*.

senior ['siːnɪəʳ] **1** *adj* (**a**) *(older)* aîné, plus âgé. **he is 3 years ~ to me** il est mon aîné de 3 ans, il est plus âgé que moi de 3 ans; **Smith S~** Smith père; **~ citizen** personne *f* âgée *or* du troisième âge; **the problems of ~ citizens** les problèmes du troisième âge; *(US)* **~ high school** ≃ lycée *m*; *(US: Scol, Univ)* **~ year** dernière année *f* d'études. (**b**) *(of higher rank) employee* de grade supérieur; *officer, executive, position* supérieur. **he is ~ to me in the firm** il est au-dessus de moi dans l'entreprise; **the ~ partner** l'associé *m* principal.

2 *n* (**a**) *(in age)* aîné(e) *m(f)*. (**b**) *(US Univ)* étudiant(e) *m(f)* de licence; *(US Scol)* élève *mf* de terminale.

◆ **seniority** *n (in age)* priorité *f* d'âge; *(in rank)* supériorité *f*; *(in years of service)* ancienneté *f*; **promotion by ~ity** avancement *m* à l'ancienneté.

sensation [sen'seɪʃ(ə)n] *n* (**a**) *(physical feeling; impression)* sensation *f* (*of doing* de faire). (**b**) *(excitement)* sensation *f*. **to be** *or* **cause a ~** faire sensation. ◆ **sensational** *adj (a) event, fashion* qui fait sensation; (**b**) *film, novel, newspaper* à sensation; *account, description* dramatique; (**c**) (*: marvellous*) sensationnel *, formidable *. ◆ **sensationally** *adv report, describe* en recherchant le sensationnel ; **~ally successful** qui a connu un succès extraordinaire.

sense [sens] **1** *n* (**a**) *(faculty etc)* sens *m*. **~ of hearing/smell** *etc* ouïe *f*/odorat *m* etc; **to come to one's ~s** *(regain consciousness)* reprendre connaissance (*V also* 1c); **~ of colour/direction** sens de la couleur/de l'orientation; **~ of duty/humour** sens du devoir/de l'humour; **to lose all ~ of time** perdre toute notion de l'heure; **to have no ~ of shame** ne pas savoir ce que c'est que la honte. (**b**) *(sensation, impression) (physical)* sensation *f*; *(mental)* sentiment *m*. **a ~ of warmth** une sensation de chaleur; **a ~ of guilt** un sentiment de culpabilité. (**c**) *(sanity)* **~s** raison *f*; **to take leave of one's ~s** perdre la raison; **to come to one's ~s** *(become reasonable)* revenir à la raison; **to bring sb to his ~s** ramener qn à la raison; **no one in his ~s would do that** il faudrait être fou pour faire ça. (**d**) *(common ~)* bon sens, intelligence *f*. **you should have had more ~ than to do it** vous auriez dû avoir assez de bon sens pour ne pas le faire; **to see ~** entendre raison; **there's no ~ in doing that, what's**

the ~ of or in doing that? à quoi bon faire cela? ;
[words, speech] **to make** ~ avoir du sens; **what she
did make** ~ ce qu'elle a fait est logique; **to make**
~ **of sth** arriver à comprendre qch. **(e)** *(meaning)*
sens *m*. **in the literal/figurative** ~ au sens propre/
figuré; **in every** ~ **of the word** dans toute l'acception du terme; **in a** ~ dans un certain sens;
to get the ~ **of what sb says** saisir l'essentiel de
ce que dit qn.
2 *vt (gen) sb's presence, interest* sentir (intuitivement)
(that que); *danger* pressentir.
◆ **senseless** *adj* **(a)** *(stupid)* insensé; **(b)** *(unconscious)* sans connaissance. ◆ **senselessly** *adv*
d'une façon insensée. ◆ **senselessness** *n [per-
son]* manque *m* de bon sens; *[action, idea]* absurdité *f*. ◆ **sensor** *n* détecteur *m*.

sensible ['sensəbl] *adj* **(a)** *(wise etc) person* raisonnable, sensé; *act, decision, choice* raisonnable;
clothes pratique. **(b)** *(perceptible) change, difference*
sensible, appréciable. ◆ **sensibility** *n* sensibilité
f; *sensibilities* susceptibilité *f*. ◆ **sensibleness** *n*
bon sens *m*. ◆ **sensibly** *adv* **(a)** *(reasonably)* raisonnablement; **(b)** *(perceptibly)* sensiblement.

sensitive ['sensɪtɪv] *adj person, tooth, film* sensible
(to à); *(delicate) skin* délicat; *(easily offended)* susceptible; *(fig) subject, situation* délicat. **she is** ~
about her nose elle n'aime pas qu'on lui parle
(subj) de son nez. ◆ **sensitively** *adv* avec sensibilité. ◆ **sensitiveness** or ◆ **sensitivity** *n* sensibilité *f*; délicatesse *f*; susceptibilité *f*. ◆ **sen-
sitize** *vt* sensibiliser.

sensual ['sensjʊəl] *adj* sensuel. ◆ **sensuality** *n* sensualité *f*. ◆ **sensually** *adv* sensuellement.

sensuous ['sensjʊəs] *adj* voluptueux. ◆ **sensuously** *adv* voluptueusement. ◆ **sensuousness**
n volupté *f*.

sent [sent] *pret, ptp of* **send**.

sentence ['sentəns] **1** *n* **(a)** *(Gram)* phrase *f*. **(b)**
(Jur) (judgment) condamnation *f*, sentence *f*;
(punishment) peine *f. (lit, fig)* **to pass** ~ **on sb** prononcer une condamnation contre qn; ~ **of death**
condamnation à mort; **under** ~ **of death**
condamné à mort; **he got a 5-year** ~ il a été
condamné à 5 ans de prison; **a long** ~ une longue
peine. **2** *vt:* **to** ~ **sb to death/to 5 years** condamner
qn à mort/à 5 ans de prison.

sententious [sen'tenʃəs] *adj* sentencieux. ◆ **sen-
tentiously** *adv* sentencieusement.

sentiment ['sentɪmənt] *n* **(a)** *(feeling)* sentiment *m*;
(opinion) opinion *f*. **(b)** *(sentimentality)* sentimentalité *f*. ◆ **sentimental** *adj* sentimental. ◆ **sentimentalist** *n* sentimental(e) *m(f)*. ◆ **sentimentality** *n* sentimentalité *f*. ◆ **sentimentally** *adv* sentimentalement.

sentinel ['sentɪnl] *n* sentinelle *f*.

sentry ['sentrɪ] **1** *n* sentinelle *f*. **2** *adj:* ~ **box** guérite
f; **on** ~ **duty** en or de faction.

Seoul [səʊl] *n* Seoul.

sepal ['sepəl] *n* sépale *m*.

separate ['seprɪt] **1** *adj (gen)* séparé; *career, existence, organization* indépendant; *department* spécial;
entrance particulier; *occasion, day, issue* différent,
autre; **they have** ~ **rooms** ils ont chacun leur
propre chambre; **Paul and his wife sleep in** ~ **beds/
rooms** Paul et sa femme font lit/chambre à part;
(in restaurant etc) **we want** ~ **bills** nous voudrions
des additions séparées; **there will be** ~ **discussions
on this question** cette question sera discutée séparément; **keep the novels** ~ **from the textbooks** ne
mélangez pas les romans et les livres de classe.
2 *n (clothes)* ~**s** coordonnés *mpl*. **3** ['sepəreɪt] *vt*
séparer *(from* de); *(sort out)* séparer, trier; *(divide
up)* diviser; *strands* dédoubler; *milk* écrémer. **they
are** ~**d but not divorced** ils sont séparés mais ils
n'ont pas divorcé. **4** ['sepəreɪt] *vi [liquids, people]*

se séparer *(from* de); *[fighters]* rompre; *[married
couple]* se séparer; *[non-married couple]* rompre.
◆ **separable** *adj* séparable. ◆ **separately** *adv*
séparément. ◆ **separation** *n (all senses)* séparation *f (from sth* de qch; *from sb* d'avec qn). ◆ **separatist** *adj, n* séparatiste *(mf)*.

sepia ['si:pjə] *n* sépia *f*.

September [sep'tembəʳ] *n* septembre *m*, mois *m*
de septembre. **the first of** ~ le premier septembre; **(on) the tenth of** ~ le dix septembre; **in**
~ en septembre; **in the month of** ~ au mois de
septembre; **each** or **every** ~ chaque année en septembre; **at the beginning/in the middle/at the end
of** ~ au début/au milieu/à la fin *(du mois)* de
septembre; **during** ~ pendant le mois de septembre; **there are 30 days in** ~ il y a 30 jours au
mois de septembre; ~ **was cold** septembre a été
froid, il a fait froid en septembre.

septic ['septɪk] *adj* septique; *wound* infecté. **to go**
or **become** ~ s'infecter; ~ **tank** fosse *f* septique.
◆ **septicaemia,** *(US)* **septicemia** *n* septicémie *f*.

sepulchre, *(US)* **sepulcher** ['sep(ə)lkəʳ] *n* sépulcre
m. ◆ **sepulchral** [sɪ'pʌlkr(ə)l] *adj* sépulcral.

sequel ['si:kw(ə)l] *n [book, film etc]* suite *f*; *[event
etc]* suites *fpl*.

sequence ['si:kwəns] *n* **(a)** *(order)* ordre *m*. **in** ~
par ordre; *(Gram)* ~ **of tenses** concordance *f* des
temps. **(b)** *(series)* suite *f (of* de); *(Mus, Cards,
Comput)* séquence *f*. **film** ~ séquence; **dance** ~
numéro *m* (de danse).

sequin ['si:kwɪn] *n* paillette *f*.

Serbo-Croat ['sɜ:bəʊ'krəʊæt] *n (Ling)* serbo-
croate *m*.

serenade [ˌserə'neɪd] **1** *n* sérénade *f*. **2** *vt* donner
une sérénade à.

serene [sə'ri:n] *adj person, sky* serein; *sea* calme.
◆ **serenely** *adv smile, say* avec sérénité; ~**ly indifferent to** suprêmement indifférent à. ◆ **serenity**
[sɪ'renɪtɪ] *n* sérénité *f*.

serge [sɜ:dʒ] *n* serge *f*.

sergeant ['sɑ:dʒ(ə)nt] *n (gen)* sergent *m*; *(US Air
Force)* caporal-chef *m*; *(Police)* brigadier *m*. ◆ **ser-
geant-major** *n (Brit)* sergent-major *m*; *(US Mil)*
adjudant-chef.

serial ['sɪərɪəl] **1** *n* feuilleton *m*. **television** ~ feuilleton télévisé; **3-part** ~ feuilleton en 3 épisodes.
2 *adj:* ~ **number** *[goods, car engine]* numéro *m*
de série; *[soldier]* matricule *m*; *[cheque, banknote]*
numéro. **(b)** *(Comput) (gen)* série *inv; access* séquen-
tiel. ◆ **serialize** *vt (Press)* publier en feuilleton;
(Rad, TV) adapter en feuilleton.

series ['sɪərɪz] *n, pl inv (gen)* série *f*; *(Rad, TV)* série
(d'émissions); *(set of books)* collection *f*; *(set of
stamps)* série.

serious ['sɪərɪəs] *adj* **(a)** *(in earnest) (gen)* sérieux;
attitude, voice, smile plein de sérieux, grave; *tone,
look* sérieux, grave. **I'm quite** ~ je parle sérieusement, je ne plaisante pas; **to give** ~ **thought
to sth** *(ponder)* bien réfléchir à qch; *(intend)* songer
sérieusement à (faire) qch; **to be** ~ **about one's
work** être sérieux dans son travail; **the** ~ **student
of jazz** qn qui s'intéresse sérieusement au jazz.
(b) *(causing concern) illness, mistake, situation, threat*
grave, sérieux; *damage* important; *loss, doubt* grave
(before n). **the patient's condition is** ~ le malade
est dans un état grave. ◆ **seriously** *adv* **(a)** *(in
earnest)* sérieusement; **to take sth/sb** ~**ly** prendre
qch/qn au sérieux; **(b)** *(dangerously) ill* gravement;
wounded grièvement; *worried* sérieusement.
◆ **seriousness** *n (gen)* sérieux *m; [report, infor-
mation]* caractère *m* sérieux; *[situation, illness, mistake, injury]* gravité *f; [damage]* importance *f*; **in
all** ~**ness** sérieusement.

sermon ['sɜ:mən] *n* sermon *m (on* sur).

serpent ['sɜ:p(ə)nt] *n* serpent *m*.

serrated [se'reɪtɪd] *adj* edge en dents de scie; *knife* à dents de scie. ◆ **serration** *n* dentelure *f*.

serum ['sɪərəm] *n* sérum *m*.

serve [sɜːv] **1** *vt* (**a**) *(work for) master, employer, God, one's country, a cause* servir. (**b**) *(be used as etc)* **it ~s her as a table** ça lui sert de table; **it ~s its** (*or* **my** *or* **his** *etc*) **purpose** cela fait l'affaire; **it ~s a variety of purposes** cela sert à divers usages; **it ~s no useful purpose** cela ne sert à rien; **his knowledge ~d him well** ses connaissances lui ont bien servi *or* été très utiles; **it ~s him right** c'est bien fait pour lui; **it ~s you right for being so stupid** cela t'apprendra à être si stupide. (**c**) *food, meal* servir (*to sb* à qn); *(Tennis)* servir. *(in shop, restaurant)* **to ~ sb (with) sth** servir qch à qn; **are you being ~d?** est-ce qu'on vous sert?; **the bus ~s 6 villages** le car dessert 6 villages; **the power station ~s a large district** la centrale alimente une zone étendue. (**d**) *(work out)* **to ~ one's time** *[apprentice]* faire son apprentissage (*as* de); *(Mil)* faire son temps de service; *(Prison)* faire son temps de prison; *(in prison)* **to ~ time** faire de la prison; **to ~ a prison sentence** purger une peine (de prison). (**e**) *(Jur) summons* remettre (*on* à); *warrant* délivrer (*on* à). **to ~ notice on sb to the effect that** notifier à qn que; **to ~ a writ on sb** assigner qn. **2** *vi* (**a**) *[servant, waiter, soldier]* servir (*also Rel, Tennis*). **to ~ on a committee** être membre d'un comité; **he has ~d for 2 years as chairman** cela fait 2 ans qu'il exerce la fonction de président. (**b**) *(be useful)* servir (*for, as sth* de qch) **it ~s to explain** cela sert à expliquer.

3 *n* (*Tennis etc*) service *m*.

◆ **serve out** *vt sep* meal, soup servir; rations, provisions distribuer. ◆ **serve up** *vt sep* servir, mettre sur la table.

◆ **servant** *n* domestique *mf*; *(maid)* bonne *f*; *(fig)* serviteur *m*. ◆ **server** *n* (**a**) *(Rel)* servant *m*; *(Tennis etc)* serveur *m*, -euse *f*; (**b**) *(tray)* plateau *m*; *(piece of cutlery)* couvert *m* à servir. ◆ **serving** *n (action)* service *m; (portion)* portion *f*, part *f*.

service ['sɜːvɪs] **1** *n* (**a**) *(gen; also Mil etc)* service *m. (Mil)* **to see ~ servir** (*as* comme); **on Her Majesty's ~** au service de Sa Majesté; *[domestic servant]* **in ~** en service; **at your ~** à votre service; **to be of ~ to sb** être utile à qn, rendre service à qn; **to bring/come into ~** mettre/entrer en service; *(in shop, hotel etc)* **the ~ is very poor** le service est très mauvais; *(on bill)* **15% ~ included** service 15% compris. (**b**) *(department; system)* service *m*. **medical/social** *etc* **~s** services médicaux/sociaux *etc*; **customs ~** douane *f; (Mil)* **the S~s** l'armée *f* (*or* la marine *or* l'aviation *f*), les forces *fpl* armées; **the train ~ to London** les trains *mpl* pour Londres; **the number 4 bus ~** la ligne du numéro 4. (**c**) *(help etc rendered)* service *m*. **to do sb a ~** rendre service à qn. (**d**) *(Rel)* service *m*. **to hold a ~** célébrer un service. (**e**) *(maintenance work) [car]* révision *f; [washing machine]* entretien *m*. **to put one's car in for ~** donner sa voiture à réviser. (**f**) *(set of crockery)* service *m*. **coffee ~** service à café. (**g**) *(Tennis etc)* service *m*.

2 *adj [motorway]* **~ area** aire *f* de services; **~ charge** service *m; (Mil)* **~ families** familles *fpl* de militaires; *(Brit)* **~ flat** appartement *m* avec service; **~ hatch** passe-plat *m*; **~ industries** industries *fpl* de service; *(Aut)* **~ road** voie *f* de service; **~ station** station-service *f*.

3 *vt* car réviser; *washing machine etc* entretenir.

◆ **serviceable** *adj building, clothes (practical)* commode; *(durable)* solide; *(usable, working)* utilisable. ◆ **serviceman** *n* militaire *m*. ◆ **servicing** *n [car etc]* révision *f*.

serviette [ˌsɜːvɪ'et] *n (esp Brit)* serviette *f* (de table). **~ ring** rond *m* de serviette.

servile ['sɜːvaɪl] *adj* servile. ◆ **servility** [sɜː'vɪlɪtɪ] *n* servilité *f*.

servitude ['sɜːvɪtjuːd] *n* servitude *f*.

servo- ['sɜːvəʊ] *pref* servo... **~assisted** servocommandé.

session ['seʃ(ə)n] *n* (**a**) *(sitting, meeting)* séance *f*. **to be in ~** *(gen)* siéger; *[court]* être en séance; **I had a ~ with him** *(work)* nous avons travaillé ensemble; *(discussion)* nous avons eu une longue discussion. (**b**) *(Scol, Univ) (year)* année *f* universitaire *or* scolaire; *(US: term)* trimestre *m* universitaire.

set [set] *(vb: pret, ptp* **set**) **1** *n* (**a**) *(gen)* jeu *m*, série *f; (kit)* trousse *f; [keys, golf clubs, knives, spanners]* jeu; *[chairs, rugs, saucepans, numbers, stamps etc]* série; *[books, toy cars, bracelets, magazines]* collection *f; [dishes etc]* service *m; [tyres]* train *m*. **a ~ of rooms** un appartement; **~ of teeth** dentition *f*, **~ of false teeth** dentier *m*; **a ~ of dining-room furniture** un mobilier de salle à manger; **a whole ~ of telephones on his desk** toute une collection de téléphones sur son bureau; **in ~s** en jeux complets, en séries complètes; **sewing ~** trousse de couture; **painting ~** boîte *f* de peinture; **chess/draughts ~** jeu d'échecs/de dames *(objet)*. (**b**) *(Tennis)* set *m; (Math, Philos)* ensemble *m*. (**c**) *(Elec)* appareil *m; (Rad, TV)* poste *m*. (**d**) *(group)* bande *f (also pej); (larger)* monde *m*. **a ~ of thieves** une bande de voleurs; **the golfing ~** le monde du golf. (**e**) *(stage) (Cine)* plateau *m; (Theat etc)* scène *f; (scenery)* décor *m*. **on the ~** sur le plateau, en scène. (**f**) *(Brit Scol)* groupe *m* de niveau. (**g**) *(Hairdressing)* mise *f* en plis. **to have a ~** se faire faire une mise en plis.

2 *adj* (**a**) *(unchanging: gen)* fixe; *smile etc* figé; *purpose, dogma* déterminé; *opinion, idea* arrêté; *lunch* à prix fixe; *(prearranged) time, date* fixe, décidé d'avance; *(Scol etc) book, subject* au programme; *speech, talk* préparé d'avance; *prayer* liturgique. **~ in one's ways** qui tient à ses habitudes; **~ in one's opinions** immuable dans ses convictions; *(Met)* **~ fair** au beau fixe; **~ phrase** expression *f* consacrée. (**b**) *(determined)* résolu; *(ready)* prêt. **to be ~ on (doing) sth** vouloir à tout prix (faire) qch; **to be dead ~ against** s'opposer absolument à; **to be all ~ to do** être prêt pour faire; *(fig)* **the scene is ~ for** tout est prêt pour. (**c**) *(Math)* **~ theory** théorie *f* des ensembles.

3 *vt* (**a**) *(gen)* mettre; *(place)* placer; *(put down)* poser; *signature etc* apposer; *guard* poster. **house ~ on a hill** maison située sur une colline; **his stories, ~ in Paris** ses histoires, situées à Paris; **we must ~ the advantages against the disadvantages** il faut mettre en balance les avantages et les inconvénients; **to ~ fire to sth** mettre le feu à qch; *V also* **foot, store** *etc*. (**b**) *(arrange, adjust) clock, mechanism* régler; *alarm clock* mettre; *(on display) specimen, butterfly etc* monter; *type, page* composer; *(Med) arm, leg (in plaster)* plâtrer; *(with splint)* mettre une attelle à; *fracture* réduire. **he ~ the needle to zero** il a mis l'aiguille à zéro; **to have one's hair ~** se faire faire une mise en plis; *V also* **sail, table** *etc*. (**c**) *(fix, establish) date, limit* fixer; *record* établir; *V also* **course, fashion** *etc*. (**d**) *(assign) task, subject* donner; *exam, test* choisir les questions de; *texts, books* mettre au programme. **to ~ sb a problem** poser un problème à qn; **I ~ him the job of clearing up** je l'ai chargé de ranger; *V also* **example** *etc*. (**e**) *(cause to do, begin etc)* **to ~ a dog on sb** lancer un chien contre qn; **she ~ my brother against me** elle a monté mon frère contre moi; **to ~ sth going** mettre qch en marche; **to ~ sb thinking** faire réfléchir qn; **to ~ sb to do sth** faire faire qch à qn; **to ~ o.s. to do** entreprendre de faire. (**f**) *gem* monter *(in sur); ring* orner *(with* de). (**g**) *jelly, concrete* faire prendre; *dye, colour* fixer.

4 *vi* (**a**) *[sun, moon etc]* se coucher. (**b**) *[broken bone, limb]* se ressouder; *[jelly, jam]* prendre; *[glue, concrete]* durcir; *[character]* se former. **his face ~ in a hostile expression** son visage s'est figé dans une expression hostile. (**c**) *(begin: gen)* se mettre, commencer *(to doing* à faire). **to ~ to work** se mettre au travail.

◆ **set about** *vt fus* (**a**) *(begin) task, essay* se mettre à. **to ~ about doing** se mettre à faire; **I don't know how to ~ about it** je ne sais pas comment m'y prendre. (**b**) *(attack)* attaquer. ◆ **set apart** *vt sep object etc* mettre à part; *(fig) person* distinguer *(from* de). ◆ **set aside** *vt sep* (**a**) *(keep, save)* mettre de côté. (**b**) *(lay aside) book etc* poser. (**c**) *(reject) objection* rejeter; *will* annuler; *judgment* casser. ◆ **set back** *vt sep* (**a**) *(replace)* remettre. (**b**) **the house was ~ back from the road** la maison était en retrait de la route. (**c**) *(retard) progress, clock* retarder *(by* de). (**d**) *(*: cost)* coûter. ◆ **set down** *vt sep* (**a**) *(put down) object, passenger* déposer; *plane* poser. (**b**) *(record)* noter, inscrire. **to ~ sth down in writing or on paper** mettre qch par écrit. (**c**) *(attribute)* attribuer *(sth to sth* qch à qch). ◆ **set in** **1** *vi [complications, difficulties]* surgir; *[disease]* se déclarer; *[reaction]* s'amorcer. **the rain has ~ in for the night** il va pleuvoir toute la nuit. **2** *vt sep (Sewing) sleeve* rapporter. ◆ **set off** **1** *vi (leave)* se mettre en route. **to ~ off on a journey/an expedition** partir en voyage/en expédition. **2** *vt sep* (**a**) *bomb* faire exploser; *firework* faire partir; *mechanism* déclencher. (**b**) *(enhance) hair, furnishings etc* mettre en valeur. (**c**) *(balance etc)* **to ~ off profits against losses** balancer les pertes et les profits. ◆ **set out** **1** *vi* partir *(for* pour; *from* de; *in search of* à la recherche de). **to ~ out to do** *(intend)* chercher à faire; *(attempt)* entreprendre de faire; **the book ~s out to show...** ce livre a pour objet de montrer... **2** *vt sep books, goods* exposer; *chessmen etc on board* disposer; *reasons, ideas* présenter, exposer. ◆ **set to** *vi (start)* se mettre *(to do* à faire); *(start work)* s'y mettre *. ◆ **set up** **1** *vi (Comm etc)* **to ~ up (in business) as a grocer** s'établir épicier. **2** *vt sep* (**a**) *(place in position) chairs, stall* installer; *tent, statue* dresser; *type* assembler; *camp* établir. (**b**) *(fig: start) school, institution* fonder; *business, company, fund* créer, lancer; *tribunal, government* constituer; *fashion* lancer; *irritation, quarrel* provoquer; *record* établir; *theory* avancer; *inquiry* ouvrir. **to ~ up house** s'installer; **they ~ up house together** ils se sont mis en ménage; *(Comm, also fig)* **to ~ up shop** s'établir; **to ~ sb up in business** lancer qn dans les affaires; **I've ~ it all up for you** je vous ai tout installé *or* préparé; **I've never ~ myself up as a scholar** je n'ai jamais prétendu être savant. (**c**) *(after illness)* remettre sur pied. (**d**) *(equip)* munir *(with* de). ◆ **set upon** *vt fus (attack)* attaquer.

◆ **setback** *n (hitch)* contretemps *m; (more serious)* revers *m; (in health)* rechute *f*. ◆ **setting** **1** *n* (**a**) *[jewel]* monture *f; (fig: framework, background)* cadre *m;* (**b**) *(Mus: of poem etc)* mise *f* en musique; **~ting for piano** arrangement *m* pour piano ; (**c**) *(Brit Scol)* répartition *f* par groupes de niveau ; **2** *adj:* **~ting lotion** lotion *f* pour mise en plis. ◆ **setting-up** *[institution etc]* création *f*. ◆ **set-to** * *n (fight)* bagarre *f; (quarrel)* prise *f* de bec *. ◆ **setup** * *n (situation)* situation *f; (business, firm etc)* affaire *f; (* *: US)* coup *m* monté.

sett [set] *n (in roadway etc)* pavé *m*.

settee [se'tiː] *n* canapé *m*. **~ bed** canapé-lit *m*.

setter ['setə'] *n* (**a**) *(dog)* setter *m*, chien *m* d'arrêt. (**b**) *(person)* V **typesetter** *etc*.

settle¹ ['setl] *n* banc *m* à haut dossier.

settle² ['setl] **1** *vt* (**a**) *(place carefully)* placer *or* poser délicatement; *(stop wobbling)* stabiliser; *(adjust)* ajuster; *person* installer. **to ~ o.s., to get ~d** s'installer. (**b**) *(arrange, solve etc) question, details, conditions, bill, account* régler; *date* fixer; *difficulty, problem* résoudre; *debt* rembourser; *(decide)* décider. **that ~s it** *(no more problem)* comme ça, le problème est réglé; *(that's made my mind up)* ça me décide; **that's ~d then?** alors, c'est convenu?; **nothing is ~d** rien n'est décidé; *(Jur)* **to ~ a case out of court**

régler une affaire à l'amiable. (**c**) *(calm; stabilize) nerves* calmer; *doubts* dissiper. **to ~ one's digestion** calmer les douleurs d'estomac; **the weather is ~d** le temps est au beau fixe. (**d**) *(Jur)* **to ~ sth on sb** constituer qch à qn. (**e**) *(colonize) land* coloniser.

2 *vi* (**a**) *[bird, insect]* se poser *(on* sur); *[dust etc]* retomber; *[sediment, coffee grounds etc]* se déposer; *[building]* se tasser; *[emotions]* s'apaiser; *[conditions, situation]* s'arranger. *[dust, snow]* **to ~ on sth** couvrir qch; *(fig)* **when the dust has ~d** quand les choses se seront arrangées; **to ~ into** *armchair* s'installer confortablement dans; *new job* se faire à; *routine* adopter; *habit* prendre; **I can't ~ to anything** je suis incapable de me concentrer. (**b**) *(go to live)* s'installer, se fixer; *(as colonist)* s'établir. (**c**) **to ~ with sb for the cost of the meal** régler le prix du repas à qn; *(Jur)* **to ~ out of court** arriver à un règlement à l'amiable; **he ~d for £200** il a accepté 200 livres; **they ~d on £200** ils se sont mis d'accord sur 200 livres; **to ~ on sth** *(choose it)* fixer son choix sur qch.

◆ **settle down** *vi [person] (in armchair, house etc)* s'installer *(in* dans); *(become calmer)* se calmer; *(after wild youth etc)* se ranger; *[situation]* s'arranger. **to ~ down to work** se mettre au travail; **he has ~d down in his new job** il s'est fait à son nouvel emploi; **to get married and ~ down** se marier et mener une vie stable; **when things have ~d down again** quand les choses seront redevenues normales. ◆ **settle in** *vi (get things straight)* s'installer; *(get used to things)* s'adapter. ◆ **settle up** *vi* régler (la note). **to ~ up with sb** *(pay)* régler qn; *(fig)* régler son compte à qn *.

◆ **settlement** *n* (**a**) *[question, bill, debt]* règlement *m;* (**b**) *(agreement)* accord *m;* (**c**) *(dowry)* dot *f;* (**d**) *(colony)* colonie *f; (village)* village *m*. ◆ **settler** *n* colon *m*.

seven ['sevn] *adj, n* sept *(m) inv; for phrases V* **six**. ◆ **seventeen** *adj, n* dix-sept *(m) inv*. ◆ **seventeenth** *adj, n* dix-septième *(mf); (fraction)* dix-septième *m*. ◆ **seventh** *adj, n* septième *(mf); (fraction, Mus)* septième *m*. ◆ **seventieth** *adj, n* soixante-dixième *(mf); (fraction)* soixante-dixième *m*. ◆ **seventy** *adj, n* soixante-dix *(m) inv;* **he's in his ~ties** il a plus de soixante-dix ans.

sever ['sevə'] *vt rope etc* couper; *(fig) relations* rompre; *communications* interrompre. ◆ **severance** *n* séparation *f (from* de); *(Ind)* **~ance pay** indemnité *f* de licenciement.

several ['sevr(ə)l] **1** *adj* plusieurs. **~ times** plusieurs fois. **2** *pron* plusieurs *mfpl*. **~ of us** plusieurs d'entre nous. ◆ **severally** *adv* séparément, individuellement.

severe [sɪ'vɪə'] *adj (gen)* sévère *(with, on, towards* pour, envers); *examination* difficile; *competition* acharné; *climate, winter* rigoureux; *cold, frost* intense; *pain* violent; *wound, defeat, illness* grave. *(Med)* **a ~ cold** un gros rhume. ◆ **severely** *adv (gen)* sévèrement; *injure* grièvement; *ill* gravement; **to leave ~ly alone** *object* ne jamais toucher à; *politics, deal* ne pas du tout se mêler de; *person* ignorer complètement. ◆ **severity** [sɪ'verɪtɪ] *n* sévérité *f;* difficulté *f;* rigueur *f;* intensité *f;* violence *f;* gravité *f*.

sew [səʊ] *pret* **sewed**, *ptp* **sewn** *or* **sewed** *vti* coudre. **to ~ a button on sth** coudre un bouton à qch. ◆ **sew on** *vt sep button etc* coudre; *(~ back on)* recoudre. ◆ **sew up** *vt sep tear, wound* recoudre; *seam* faire; *sack* fermer par une couture. **to ~ sth up in a sack** coudre qch dans un sac; *(fig)* **it's all ~n up** * c'est dans la poche *. ◆ **sewing** **1** *n (skill)* couture *f; (work)* ouvrage *m*. **2** *adj:* **~ing basket** boîte *f* à couture; **~ing cotton** fil *m* de coton; **~ing machine** machine *f* à coudre.

sewage ['sjuːɪdʒ] **1** n vidanges fpl. **2** adj: ~ **disposal** évacuation f des vidanges; ~ **works** champ m d'épandage. ◆ **sewer** n égout m.

sex [seks] **1** n sexe m. **to have** ~ **with sb** coucher avec qn *. **2** adj discrimination, education, instinct sexuel. ~ **act** acte m sexuel; ~ **appeal** sex-appeal m; ~ **maniac** obsédé(e) m(f) sexuel(le); ~ **object** objet m sexuel; ~ **offender** délinquant(e) m(f) sexuel(le); ~ **shop** sex-shop m; ~ **symbol** sex-symbol m; ~ **therapy** sexothérapie f; ~ **urge** pulsion f sexuelle. ◆ **sexism** n sexisme m. ◆ **sexist** adj sexiste. ◆ **sexual** adj sexuel; ~**ual harassment** harcèlement m sexuel; ~**ual intercourse** rapports mpl sexuels. ◆ **sexuality** n sexualité f. ◆ **sexually** adv sexuellement. ◆ **sexy** * adj sexy * inv.

sextet [seks'tet] n sextuor m.

sexton ['sekst(ə)n] n sacristain m.

shabby ['ʃæbɪ] adj garment usé; furniture minable; house, district miteux; person pauvrement vêtu, miteux; behaviour mesquin. **a** ~ **trick** un vilain tour. ◆ **shabbily** adv pauvrement; mesquinement. ◆ **shabbiness** n [dress] aspect m usé; [person] mise f pauvre; [behaviour] mesquinerie f.

shack [ʃæk] **1** n cabane f, hutte f. **2** vi: **to** ~ **up with sb** ⚹ se coller avec qn ⚹.

shade [ʃeɪd] **1** n **(a)** ombre f. **in the** ~ à l'ombre; (Art) **light and** ~ les clairs mpl et les ombres; (fig) **to put sth in the** ~ éclipser qch. **(b)** [colour] nuance f, ton m; [opinion] nuance. **several** ~**s darker** plus sombre de plusieurs tons; **a new** ~ **of lipstick** un nouveau ton de rouge à lèvres; ~ **of meaning** nuance; **not a** ~ **of difference** pas la moindre différence; **a** ~ **bigger** un tout petit peu plus grand. **(c)** (lamp ~) abat-jour m inv; (eye ~) visière f; (US: blind) store m. (US: sunglasses) ~**s** lunettes fpl de soleil. **2** vt **(a)** (from sun) abriter du soleil; (from light) abriter de la lumière; eyes abriter; light, lamp voiler. ~**d place** endroit m ombragé. **(b)** (~ **in**) outline, drawing hachurer.
◆ **shade off 1** vi [colours] se fondre (into en). **2** vt sep colours etc estomper.
◆ **shady** adj ombragé; (dishonest) louche.

shadow ['ʃædəʊ] **1** n ombre f. **in the** ~ dans l'ombre (of de); **to cast a** ~ **over sth** projeter une ombre sur qch; (fig) assombrir qch; **without a** ~ **of doubt** sans l'ombre d'un doute; **he's only a** ~ **of his former self** il n'est plus que l'ombre de lui-même; **to have** ~**s under one's eyes** avoir les yeux cernés; (on chin) **five o'clock** ~ la barbe du soir. **2** adj: ~ **boxing** boxe f à vide; (Parl) ~ **cabinet** cabinet m fantôme (de l'opposition); (Parl) **the** ~ **Foreign Secretary** le porte-parole de l'opposition pour les Affaires étrangères. **3** vt (follow) filer (un suspect etc). ◆ **shadowy** adj form, plan vague.

shaft [ʃɑːft] n **(a)** (stem etc) [arrow, spear] hampe f; [tool, golf club] manche m; [feather] tuyau m; [column] fût m; (on cart, carriage, plough etc) brancard m; (Aut, Tech) arbre m. **(b)** (liter: arrow) flèche f; [light] rayon m; [sarcasm] trait m. ~ **of lightning** éclair m. **(c)** [mine] puits m; [lift, elevator] cage f; (for ventilation) cheminée f.

shaggy ['ʃægɪ] adj hair, mane broussailleux; animal à longs poils rudes. (fig) ~ **dog story** histoire f sans queue ni tête.

shake [ʃeɪk] (vb: pret **shook**, ptp **shaken**) **1** n: **to give sth a** ~ secouer qch; **with a** ~ **of his head** avec un hochement de tête; **he's got the** ~**s** * (il a la tremblote *; (from drink) il tremble; **I'll be there in a** ~ * j'arrive dans un instant; **it is no great** ~**s** * ça ne casse rien *; **he's no great** ~**s** * **at swimming** il ne casse rien * comme nageur.
2 vt **(a)** (gen) object, person secouer; dice, bottle agiter; house, windows etc ébranler; (brandish) stick etc brandir. **to** ~ **one's head** (in refusal etc) faire non de la tête; (at bad news etc) secouer la tête; **he shook his finger at me** il m'a fait du doigt;

to ~ **one's fist at sb** menacer qn du poing; **to** ~ **hands with sb** serrer la main à qn; **they shook hands** ils se sont serré la main; **they shook hands on it** ils se sont serré la main en signe d'accord; **to** ~ **o.s.** se secouer; **he shook the sand out of his shoes** il a secoué ses chaussures pour en vider le sable; **he shook himself free** il s'est libéré d'une secousse. **(b)** (harm) confidence, belief, health ébranler; opinion affecter; reputation nuire à; (amaze) stupéfier; (disturb) secouer. **even torture could not** ~ **him** même la torture ne l'a pas ébranlé; **to feel** ~**n** être bouleversé or très secoué; **this will** ~ **you!** tu vas en être soufflé! *; **4 days which shook the world** 4 jours qui ébranlèrent le monde.
3 vi **(a)** [person, hand, table] trembler; [building, windows, walls] trembler, être ébranlé; [leaves, grasses] trembler, être agité. **to** ~ **with cold/fear** trembler de froid/de peur; **he was shaking with laughter** il se tordait de rire. **(b)** (~ hands) **they shook on the deal** ils ont scellé leur accord d'une poignée de main; **let's** ~ **on it!** topez là!
◆ **shake down** vt sep: **to** ~ **down apples from a tree** faire tomber des pommes en secouant l'arbre. ◆ **shake off** vt sep dust, sand, water secouer (from de); cold, cough se débarrasser de; yoke se libérer de; habit se défaire de, perdre; pursuer semer *. ◆ **shake out** vt sep flag, sail déployer; blanket bien secouer; bag vider en secouant. **she shook some money out of her bag** elle a secoué son sac et en a fait tomber de l'argent. ◆ **shake up** vt sep **(a)** pillow secouer; bottle agiter. **(b)** (disturb) bouleverser, secouer. **(c)** (rouse, stir) person secouer, stimuler; firm, organization réorganiser de fond en comble.
◆ **shake-out** n (US Econ) tassement m. ◆ **shake-up** n (fig) grande réorganisation f. ◆ **shakily** adv (gen) en tremblant; walk d'un pas mal assuré; write d'une main tremblante; say, reply d'une voix tremblante. ◆ **shaky** adj (trembling) tremblant; (nervous) mal assuré; writing tremblé; table, building branlant; (fig) health, memory, knowledge assez mauvais; firm, deal à l'avenir incertain; **I feel a bit shaky** je me sens faible.

shale [ʃeɪl] n schiste m argileux.

shall [ʃæl] modal aux vb **(a)** (1st person future tense and questions) **I** ~ or **I'll arrive on Monday** j'arriverai lundi, je vais arriver lundi; ~ **I open the door?** voulez-vous que j'ouvre (subj) la porte?; **I'll buy 3,** ~ **I?** je vais en acheter 3, n'est-ce pas or d'accord *?; **let's go in,** ~ **we?** entrons, voulez-vous?; ~ **we ask him to come with us?** si on lui demandait de venir avec nous? **(b)** (command etc) **it** ~ **be done this way** cela doit être fait de cette façon; **thou shalt not kill** tu ne tueras point.

shallot [ʃə'lɒt] n échalote f.

shallow ['ʃæləʊ] adj water, dish peu profond; breathing, person, conversation superficiel. ◆ **shallowness** n manque m de profondeur; esprit m superficiel. ◆ **shallows** npl hauts-fonds mpl.

sham [ʃæm] **1** n: **to be a** ~ [person] être un imposteur; [jewellery, furniture] être du toc *; [election, organization] être de la frime *. **2** adj jewellery faux, en toc *; piety feint; title faux; illness, fight simulé. **3** vt sickness, emotion feindre, simuler. **to** ~ **ill** faire semblant d'être malade; **he is only** ~**ming** il fait seulement semblant.

shamble ['ʃæmbl] vi: **to** ~ **in/out** etc entrer/sortir etc en traînant les pieds. ◆ **shambles** n, no pl (after fire, bombing) scène f de dévastation; (muddle) pagaille * f; **his room was (in) a** ~**s** sa chambre était sens dessus dessous; **the match degenerated into a** ~**s** le match s'est terminé dans la pagaille *.
◆ **shambolic** * adj bordélique ⚹.

shame [ʃeɪm] **1** n **(a)** (feeling) honte f. **he hung his head in** ~ il a baissé la tête de honte or de confusion; **to bring** ~ **on sb** déshonorer qn; **to put sb/**

sth to ~ faire honte à qn/qch. (b) **it is a** ~ c'est dommage *(that* que + *subj; to do* de faire); **what a** ~ **he isn't here** quel dommage qu'il ne soit pas ici. **2** *vt (bring disgrace on)* déshonorer; *(make ashamed)* faire honte à. **to** ~ **sb into doing sth** obliger qn à faire qch en lui faisant honte; **to be** ~**d into doing sth** faire qch par amour-propre.
◆ **shamefaced** *adj (ashamed)* honteux; *(confused)* confus. ◆ **shamefacedly** *adv* d'un air honteux; avec confusion. ◆ **shamefacedness** *n* air *m* honteux; confusion *f*. ◆ **shameful** *adj* honteux; **it's** ~**ful to do that** c'est une honte de faire cela.
◆ **shamefully** *adv behave* honteusement; *bad, late* scandaleusement, abominablement; **he is** ~**fully ignorant** il est si ignorant que c'en est une honte.
◆ **shameless** *adj person* éhonté; *behaviour* effronté; **he is quite** ~**less about it** il n'en a pas du tout honte. ◆ **shamelessly** *adv* effrontément, sans honte. ◆ **shamelessness** *n* effronterie *f*.
◆ **shaming** *adj* humiliant.

shammy * ['ʃæmɪ] *n* (~ **leather**) peau *f* de chamois.

shampoo [ʃæm'puː] **1** *n (product, process)* shampooing *m*. ~ **and set** shampooing et mise *f* en plis. **2** *vt hair* faire un shampooing à; *carpet* shampooiner. **to have one's hair** ~**ed and set** se faire faire un shampooing et mise en plis.

shamrock ['ʃæmrɒk] *n* trèfle *m* *(de l'Irlande)*.

shandy ['ʃændɪ] *n (Brit)* panaché *m (bière)*.

shan't [ʃɑːnt] = **shall not**.

shanty[1] ['ʃæntɪ] *n (hut)* baraque *f*. ~ **town** bidonville *m*.

shanty[2] ['ʃæntɪ] *n* (**sea** ~) chanson *f* de marins.

shape [ʃeɪp] **1** *n* forme *f*. **what** ~ **is the room?** quelle est la forme de la pièce?; **of all** ~**s and sizes** de toutes les formes et de toutes les tailles; **his nose is a funny** ~ son nez a une drôle de forme; **in the** ~ **of a cross** en forme de croix; **I can't stand racism in any** ~ **or form** je ne peux pas tolérer le racisme sous quelque forme que ce soit; **to take the** ~ **of sth** prendre la forme de qch; **the news reached him in the** ~ **of a telegram** c'est par un télégramme qu'il a appris la nouvelle; **that's the** ~ **of things to come** cela donne une idée de ce qui nous attend; **to take** ~ prendre tournure; **to be in good** ~ *[person]* être en forme; *[business etc]* marcher bien; **in poor** ~ *person, business* mal en point; **to carve** (*or* **hammer** *etc*) **sth into** ~ façonner qch; *(fig)* **to knock** *or* **lick** * **into** ~ *assistant, soldier* dresser *; *team, plan* mettre au point; **to get o.s. into** ~ retrouver la forme; **to get one's ideas into** ~ préciser ses idées; **a** ~ **loomed up out of the darkness** une forme imprécise a surgi de l'obscurité.
2 *clay, stone* façonner *(into* en); *(fig) ideas, character* former; *(influence) course of events, sb's fate* influencer. **oddly** ~**d** d'une forme bizarre; **heart**-~**d** en forme de cœur.
3 *vi: (fig)* **things are shaping (up) well** tout marche bien; **how is he shaping?** comment s'en sort-il? *; **he is shaping (up) nicely** il fait des progrès.
◆ **shapeless** *adj* informe. ◆ **shapelessness** *n* manque *m* de forme. ◆ **shapeliness** *n* belles proportions *fpl*, beauté *f*. ◆ **shapely** *adj object* bien proportionné; *woman, legs* bien fait.

share [ʃɛər] **1** *n* (**a**) part *f (of, in* de). **to get a** ~ **of** *or* **in sth** avoir part à qch; **he has a** ~ **in the business** il est l'un des associés dans cette affaire; **he has a half-**~ **in the firm** il possède la moitié de l'entreprise; *(fig)* **he had a** ~ **in it** il y était pour qch; **to go** ~**s in sth** partager qch; **to take a** ~ **in sth** participer à qch; **he isn't doing his** ~ il ne fournit pas sa part d'efforts; **more than his fair** ~ **of misfortune** plus que sa part de malheurs; **he does his full** ~ **of work** il fournit toute sa part de travail. (**b**) *(Fin etc)* action *f (in a company* d'une compagnie). **2** *adj (St Ex) prices* des actions. ~

index indice *m* de la Bourse. **3** *vt* (**a**) *(gen)* partager *(with sb* avec qn); *(get one's* ~ *of) profits etc* avoir part à. **they** ~**d the money between them** ils se sont partagé l'argent; *(Telec)* ~**d line** ligne *f* partagée; **they** ~ **certain characteristics** ils ont certaines caractéristiques en commun; **I** ~ **your hope that...** j'espère comme vous que... (**b**) (~ **out**) partager, répartir *(among, between* entre). **4** *vi* partager. ~ **and** ~ **alike** à chacun sa part; **to** ~ **in** *(get one's* ~ *in) profits etc* avoir part à; *(have etc with other people)* expenses, work, blame, joy partager.
◆ **sharecropper** *n (US)* métayer *m*, -ère *f*. ◆ **sharecropping** *n (US)* métayage *m*. ◆ **shareholder** *n* actionnaire *mf*. ◆ **share-out** *n* partage *m*.

shark [ʃɑːk] *n (fish)* requin *m*; *(fig: businessman)* requin *m; (swindler)* escroc *m*. ◆ **sharkskin** *n (Tex)* peau *f* d'ange.

sharp [ʃɑːp] **1** *adj* (**a**) *razor, knife* tranchant, bien aiguisé; *point, needle* aigu *(f* -guë), acéré; *teeth* acéré; *pencil, nose, chin* pointu; *features* anguleux; *corner, angle* aigu; *bend in road* brusque. (**b**) *(abrupt) descent* raide; *fall in price, change* soudain. (**c**) *(well-defined) outline, (TV) picture* net; *difference* marqué. (**d**) *(Mus)* **C** ~ do *m* dièse; **the note was** ~ la note était trop haute. (**e**) *(harsh) cry, voice* perçant; *wind, cold* pénétrant, âpre; *frost* fort; *pain* vif; *smell, taste* piquant, âpre *(pej)*; *words, retort, tone* cinglant; *rebuke* sévère. *(fig)* **to have a** ~ **tongue** avoir la langue acérée. (**f**) *(brisk etc) pace, quarrel* vif. **look** ~ **about it!** dépêche-toi! (**g**) *(acute) eyesight* perçant; *hearing, smell* fin; *intelligence, mind* pénétrant; *person* vif, dégourdi *. *(pej)* ~ **practice** procédés *mpl* malhonnêtes.
2 *adv* (**a**) *(Mus) sing, play* trop haut. (**b**) *(abruptly) stop* brusquement. **take** ~ **left** tournez tout à fait à gauche. (**c**) *(punctually)* **at 3 o'clock** ~ à 3 heures pile.
3 *n (Mus)* dièse *m*.
◆ **sharpen** *vt* (**a**) *blade, tool* aiguiser; *pencil* tailler; (**b**) *outline, (TV) picture* rendre plus net; *difference* rendre plus marqué; *appetite* aiguiser; *desire* exciter; *pain, feeling* aviver; *intelligence* affiner; **to** ~**en one's wits** se dégourdir. ◆ **sharpener** *n (for knives)* aiguisoir *m; (for pencils)* taille-crayons *m inv*. ◆ **sharp-faced** *or* ◆ **sharp-featured** *adj* aux traits anguleux. ◆ **sharply** *adv* (**a**) *(abruptly) change, rise, stop* brusquement; (**b**) *(harshly) criticize* sévèrement; *observe, retort* sèchement; (**c**) *(distinctly) show up, stand out, differ* nettement; (**d**) *(alertly) say, ask, look* avec intérêt. ◆ **sharpness** *n* (**a**) *[razor, knife]* tranchant *m; [pencil etc]* pointe *f* aiguë; (**b**) *[turn, bend]* angle *m* brusque; *[outline etc]* netteté *f; [pain]* violence *f; [criticism, reproach, rebuke]* sévérité *f; [tone, voice]* brusquerie *f; [taste, smell]* piquant *m*, âpreté *f (pej); [wind, cold]* âpreté.
◆ **sharpshooter** *n* tireur *m* d'élite. ◆ **sharp-sighted** *adj* à qui rien n'échappe. ◆ **sharp-tempered** *adj* coléreux. ◆ **sharp-witted** *adj* à l'esprit vif.

shatter ['ʃætər] **1** *vt window, door* fracasser *(against* contre); *glasses, health, self-confidence, career* briser; *faith* détruire; *hopes, chances* ruiner; *sb's nerves* démolir. **2** *vi [glass, windscreen, cup]* voler en éclats; *[box etc]* se fracasser *(against* contre). ◆ **shattered** *adj (grief-stricken)* anéanti; *(*: aghast)* bouleversé; *(*: exhausted)* éreinté. ◆ **shattering** *adj (fig) attack* destructeur; *defeat* écrasant; *news, experience, disappointment* bouleversant; **this was a** ~**ing blow to our hopes** nos espoirs ont été gravement compromis.

shave [ʃeɪv] **1** *n:* **to have a** ~ se raser; *(fig)* **to have a close** *or* **narrow** ~ l'échapper belle. **2** *vt person* raser; *wood* raboter; *(fig: graze)* frôler. **3** *vi* se raser. ◆ **shave off** *vt sep* (**a**) **to** ~ **off one's beard** se raser la barbe. (**b**) *piece of wood* enlever au rabot. ◆ **shaver** *n* rasoir *m* électrique. ◆ **shaving** *n (wood etc)* copeau *m*. ◆ **shaving brush** *n*

blaireau *m*. ◆ **shaving cream** *n* crème *f* à raser.
◆ **shaving soap** *n* savon *m* à barbe. ◆ **shaving stick** *n* bâton *m* de savon à barbe.

shawl [ʃɔ:l] *n* châle *m*.

she [ʃi:] *pers pron* (**a**) *(stressed, unstressed)* elle. ~ **has come** elle est venue; **here** ~ **is** la voici; ~ **is a doctor** elle est médecin, c'est un médecin; **she didn't do it** ce n'est pas elle qui l'a fait; **younger than** ~ plus jeune qu'elle. (**b**) *(+ rel pron)* celle. ~ **who** celle qui. (**c**) **it's a** ~ *(animal)* c'est une femelle; *(baby)* c'est une fille. ◆ **she-bear** *n* ourse *f*.

sheaf [ʃi:f] *n [corn]* gerbe *f; [papers]* liasse *f*.

shear [ʃɪə^r] *pret* **sheared**, *ptp* **sheared** *or* **shorn** *vt sheep* tondre. *(fig)* **shorn of** dépouillé de.
◆ **shear off** *vt sep wool* tondre; *projecting part, nail* arracher; *car wing etc* emporter. ◆ **shear through** *vt fus cloth* trancher; *wood, metal* fendre. ◆ **shearer** *n (person)* tondeur *m*, -euse *f; (machine)* tondeuse *f*. ◆ **shearing** *n (process)* tonte *f*. ◆ **shears** *npl (Gardening)* cisaille *f; (gen)* grands ciseaux *mpl*.

sheath [ʃi:θ] *n [sword]* fourreau *m; [scissors etc]* étui *m; [dagger, electric cable, flex]* gaine *f; (Bio, Bot)* enveloppe *f; (contraceptive)* préservatif *m*.
◆ **sheath-knife** *n* couteau *m* à gaine.

shed¹ [ʃed] *n (gen)* abri *m; (for tools, cycles etc)* remise *f; (smaller)* cabane *f; (huge, open-sided: Rail, Agr etc)* hangar *m; (lean-to)* appentis *m; (Ind: part of factory)* atelier *m*.

shed² [ʃed] *pret, ptp* **shed** *vt* (**a**) *(get rid of)* leaves, fur, horns, weight perdre; *[truck] load* déverser; *coat etc* enlever; *unwanted thing* se débarrasser de; *employees* se défaire de. **the snake ~s its skin** le serpent mue. (**b**) *blood, tears* verser. (**c**) *(send out)* light, warmth, happiness répandre. **to ~ light on** *(lit)* éclairer; *(fig)* sb's motives etc jeter de la lumière sur; *problem* éclaircir; *subject* éclairer.

sheen [ʃi:n] *n* lustre *m*.

sheep [ʃi:p] **1** *n, pl inv* mouton *m (animal); (ewe)* brebis *f. (fig)* **to make** ~**'s eyes at** faire les yeux doux à; **we must divide the** ~ **from the goats** il ne faut pas mélanger les torchons et les serviettes * *(fig)*. **2** *adj:* ~ **farm** ferme *f* d'élevage de moutons; ~ **farmer** éleveur *m* de moutons; ~ **farming** élevage *m* de moutons. ◆ **sheepdog** *n* chien *m* de berger. ◆ **sheepish** *adj* penaud.
◆ **sheepishly** *adv* d'un air penaud. ◆ **sheepishness** *n* air *m* penaud. ◆ **sheepskin** *n* peau *f* de mouton; *(US Univ *)* peau *f* d'âne, diplôme *m;* ~**skin jacket** canadienne *f*.

sheer¹ [ʃɪə^r] *adj* (**a**) *(utter)* chance, kindness, madness pur; *impossibility, necessity* absolu; *waste* véritable *(before n)*. **it was** ~ **mud** ce n'était que de la boue; **by a** ~ **accident** tout à fait par hasard; **by** ~ **hard work** uniquement grâce au travail; ~ **robbery** du vol manifeste. (**b**) *stockings, material* extra-fin. (**c**) *rock, cliff* à pic. **a** ~ **drop** *or* **fall** un à-pic.

sheer² [ʃɪə^r] *vi (swerve)* **to** ~ **off** *[ship]* faire une embardée; *(gen)* changer de direction.

sheet [ʃi:t] **1** *n* (**a**) *(on bed)* drap *m; (dust ~)* housse *f; (tarpaulin)* bâche *f*. (**b**) *(piece etc)* [plastic, rubber] morceau *m; [paper, notepaper]* feuille *f; [iron, steel]* tôle *f; [glass, metal, ice etc]* plaque *f; [water, snow]* étendue *f; [flames]* rideau *m. [paper]* **an odd** *or* **a loose** ~ une feuille volante; *(Comm)* **order** ~ bulletin *m* de commande. **2** *adj:* ~ **lightning** éclair *m* en nappes; ~ **metal** tôle *f; (US Aut)* carrosserie *f;* ~ **music** partitions *fpl*.

sheik(h) [ʃeɪk] *n* cheik *m; (US fig)* séducteur *m*.

shelf [ʃelf] **1** *n, pl* **shelves** (**a**) étagère *f*, rayon *m; (in shop)* rayon; *(in oven)* plaque *f*. **a set of shelves** un rayonnage; **to buy sth off the** ~ acheter qch tout fait; **on the** ~ *woman* laissée pour compte. (**b**) *(edge)* rebord *m; (underwater)* écueil

m. **2** *adj (Comm)* ~ **life** durée *f* de conservation avant vente; *(Libraries)* ~ **mark** cote *f*.

shell [ʃel] **1** *n* (**a**) *[egg, nut, oyster, snail etc]* coquille *f; [tortoise, lobster]* carapace *f; (seashell)* coquillage *m; [peas]* cosse *f. (lit, fig)* **to come out of one's** ~ sortir de sa coquille. (**b**) *[building]* carcasse *f; [ship]* coque *f. (Culin)* **pastry** ~ fond *m* de tarte. (**c**) *(Mil)* obus *m*. **2** *adj* necklace etc de or en coquillages. **3** *vt* (**a**) *peas* écosser; *nut, crab, shrimp* décortiquer; *lobster* retirer de sa carapace. (**b**) *(Mil)* bombarder (d'obus).
◆ **shell out** * **1** *vi* casquer ‡ *(for pour)*, payer. **2** *vt sep* cracher ‡, payer. ◆ **shellfish** *n, pl inv (lobster, crab)* crustacé *m; (mollusc)* coquillage *m; (pl: Culin)* fruits *mpl* de mer. ◆ **shelling** *n (Mil)* bombardement *m (par obus)*. ◆ **shellproof** *adj* blindé.

shelter [ˈʃeltə^r] **1** *n* (**a**) abri *m*. **under the** ~ **of** sous l'abri de; **to take** ~, **to get under** ~ se mettre à l'abri *or* à couvert; **to take** ~ **from/under** s'abriter de/sous; **to seek** ~ chercher un abri *(from contre)*. (**b**) *(on mountain)* abri *m*, refuge *m; (for sentry)* guérite *f; (bus ~)* abribus *m; (air-raid ~)* abri. **2** *vt* (**a**) *(protect) (from wind, shells etc)* abriter, protéger *(from de); (from blame etc)* protéger *(from de); criminal etc* protéger; *(hide)* cacher. ~**ed from the wind** à l'abri du vent. (**b**) *(give lodging to)* recueillir. **3** *vi* s'abriter *(from de; under sous)*. ◆ **sheltered** *adj place* abrité; *(fig) life* bien protégé; *childhood* sans soucis; *conditions, environment, workshop* protégé; ~**ed housing** foyers-logements *mpl*.

shelve [ʃelv] **1** *vt* (**a**) *(fig: postpone)* mettre en sommeil. (**b**) *(lit)* cupboard, wall garnir de rayons. **2** *vi (slope:* ~ **down)** descendre en pente douce.
◆ **shelving** *n* rayonnages *mpl*.

shepherd [ˈʃepəd] **1** *n (gen)* berger *m; (Rel)* pasteur *m. (Culin)* ~**'s pie** ≃ hachis *m* Parmentier. **2** *vt (fig)* **to** ~ **sb in** faire entrer qn; **to** ~ **sb out** escorter qn jusqu'à la porte; **he** ~**ed us round Paris** il nous a servi de guide dans Paris. ◆ **shepherdess** *n* bergère *f*.

sherbet [ˈʃɜ:bət] *n (Brit: powder)* poudre *f* acidulée; *(US: water ice)* sorbet *m*.

sheriff [ˈʃerɪf] *n* shérif *m*.

sherry [ˈʃerɪ] *n* xérès *m*, sherry *m*.

Shetland [ˈʃetlənd] **1** *n (also* **the** ~ **Isles, the** ~**s)** les îles *fpl* Shetland. **2** *adj* des Shetland. ~ **pony** poney *m* des Shetland; ~ **wool** shetland *m*.

shield [ʃi:ld] **1** *n* (**a**) *(gen)* bouclier *m; (not round)* écu *m; (on machine, against radiation etc)* écran *m (de protection)*. **2** *vt* protéger *(from de, contre)*. **to** ~ **sb with one's body** faire à qn un rempart de son corps.

shift [ʃɪft] **1** *n* (**a**) *(change)* changement *m (in de); (Ling)* mutation *f; (movement: of cargo, load etc)* déplacement *m (in de)*. **a sudden** ~ **in policy** un retournement de la politique; **a sudden** ~ **in the wind** une saute de vent. (**b**) *(period of work)* poste *m*. **to be on day/night** ~ être (au poste) de jour/ de nuit; **he works** ~**s** il travaille par roulement; **I work an 8-hour** ~ je fais un poste de 8 heures; **they worked in** ~**s to save him** ils se sont relayés pour le sauver. (**c**) *(expedient)* expédient *m*, truc * *m*. **to make** ~ se débrouiller *(with avec; without sans; to do* pour faire). (**d**) *(US Aut: gear ~)* changement *m* de vitesse. (**e**) *(Comput)* décalage *m*.
2 *adj [typewriter]* ~ **key** touche *f* de majuscule; *(Ind)* ~ **work** travail *m* posté. **3** *vt object, furniture* déplacer, changer de place; *one's head, arm etc* bouger, remuer; *(Theat) scenery* changer; *screw, lid* débloquer; *employee (to another town)* muter *(to à); (to another job, department)* affecter *(to à); (fig) blame, responsibility* rejeter *(on to sur)*. **to** ~ **sth in/out/nearer** etc rentrer/sortir/ approcher etc qch; **to** ~ **position** changer de position; *(US Aut)* **to** ~ **gears** changer de vitesse.

4 vi **(a)** (go) aller; (move house) déménager; (change position, stir) [person, limb] bouger; [wind] tourner; [cargo, load] se déplacer; [opinions] changer; (change one's mind) changer d'avis. **he ~ed over to the window** il s'est approché de la fenêtre; **~ off the rug** va-t'en du tapis; **to ~ over** or **along** or **up** se pousser; (Aut) **to ~ into second gear** passer la deuxième; **he won't ~** il ne bougera pas; (fig) **to ~ from one's position** modifier sa position; **come on, ~!** * allez, remue-toi! * **(b) to ~ for o.s.** se débrouiller * tout seul.

♦ **shiftily** adv behave sournoisement; answer de façon évasive. ♦ **shiftiness** n sournoiserie f; caractère m évasif. ♦ **shiftless** adj manquant de ressource. ♦ **shiftlessness** n manque m de ressource. ♦ **shifty** adj person, behaviour louche, sournois; answer évasif; look fuyant.

Shiite ['ʃiːaɪt] n, adj chi'ite (mf).

shilly-shally ['ʃɪlɪˌʃælɪ] vi hésiter. **stop ~ing!** décide-toi enfin! ♦ **shilly-shallying** n hésitations fpl.

shimmer ['ʃɪməʳ] vi [satin, jewels] chatoyer; [water, heat haze] miroiter. ♦ **shimmering** adj chatoyant; miroitant.

shimmy ['ʃɪmɪ] **1** n **(a)** (US Aut) shimmy m. **(b)** (dance) shimmy m. **2** vi (US Aut) avoir du shimmy.

shin [ʃɪn] **1** n (Anat) tibia m; (Culin) jarret m. **2** vi: **to ~ up a tree** grimper à un arbre; **to ~ down a tree** dégringoler lestement d'un arbre; **to ~ over a wall** escalader un mur. ♦ **shinbone** n tibia m.

shindy * ['ʃɪndɪ] n (brawl) bagarre f; (commotion) boucan * m. **to kick up a ~** faire du boucan *.

shine [ʃaɪn] (vb: pret, ptp **shone**) **1** n [sun, metal] éclat m; [shoes] brillant m. **to give sth a ~** faire briller qch; **to take the ~ off** brass, shoes ternir; (* fig) success, news diminuer l'effet de. **2** vi briller. **the sun is shining** il y a du soleil, le soleil brille; **the moon is shining** il y a clair de lune; **to ~ on sth** éclairer qch; **the light was shining in my eyes** j'avais la lumière dans les yeux; **the light shone through the curtains** la lumière passait à travers les rideaux; **her face shone with happiness** son visage rayonnait de bonheur; (fig) **to ~ at football** briller au football. **3** vt **(a)** ~ **your torch** or ~ **the light over here** éclairez par ici. **(b)** (polish: pret, ptp **shone** or **shined**) faire briller. ♦ **shining** adj furniture etc reluisant; (happy) face rayonnant; eyes, hair brillant; example resplendissant. ♦ **shiny** adj (gen) brillant; (pej) clothes lustré.

shingle ['ʃɪŋgl] n (on beach etc) galets mpl; (on roof) bardeaux mpl; (US*: signboard) petite enseigne f. ♦ **shingly** adj beach de galets.

shingles ['ʃɪŋglz] nsg (Med) zona m.

ship [ʃɪp] **1** n (gen) bateau m; (large) navire m; (vessel) vaisseau m, bâtiment m. **His** or **Her Majesty's S~** (abbr **HMS**) Maria/Falcon la Maria/le Falcon; **~'s boat** chaloupe f; **~'s company** équipage m; **~'s papers** papiers mpl de bord. **2** vt **(a)** (transport) transporter; (send: ~ **off**) expédier. **(b)** (put or take on board) cargo, water embarquer; oars rentrer. ♦ **shipbuilder** n constructeur m de navires. ♦ **shipbuilding** n construction f navale. ♦ **shipload** n (lit) charge f; (fig) grande quantité f. ♦ **shipmate** n camarade m de bord. ♦ **shipment** n (load) cargaison f; (dispatch) expédition f. ♦ **shipowner** n armateur m. ♦ **shipper** n expéditeur m. ♦ **shipping 1** n (ships collectively) navires mpl; (traffic) navigation f; (Rad) **attention all ~ping!** avis à la navigation!; **a danger to ~ping** un danger pour la navigation; **canal closed to British ~ping** canal fermé aux navires britanniques ; **2** adj: ~**ping agent** agent m maritime; ~**ping company**, ~**ping line** compagnie f de navigation; ~**ping lane** voie f de navigation. ♦ **shipshape** adj en ordre. ♦ **ship-to-shore radio** n liaison f radio avec la côte. ♦ **shipwreck 1** n (event) naufrage m; (wreck-

ed ship) épave f ; **2** vt: **to be ~wrecked** faire naufrage; ~**wrecked on a desert island** ship échoué sur une île déserte; person naufragé sur une île déserte. ♦ **shipwrecked** adj naufragé. ♦ **shipwright** n constructeur m de navires. ♦ **shipyard** n chantier m naval.

shire ['ʃaɪəʳ] n (Brit) comté m. ~ **horse** cheval m de gros trait.

shirk [ʃɜːk] **1** vt task, work ne pas faire; duty, difficulty, issue esquiver. **to ~ doing** s'arranger pour ne pas faire. **2** vi tirer au flanc *. ♦ **shirker** n tire-au-flanc * m inv.

shirt [ʃɜːt] n (man's) chemise f; (woman's) chemisier m; (Sport) maillot m. **in (one's) ~ sleeves** en bras or manches de chemise; (Betting) **to put one's ~ on sth** jouer tout ce qu'on a sur qch. ♦ **shirty** * adj (esp Brit) en rogne *.

shiver[1] ['ʃɪvəʳ] **1** vi frissonner (with de). **2** n frisson m. **it sent ~s down his spine** cela lui a donné froid dans le dos; **to give sb the ~s** donner le frisson à qn. ♦ **shivery** adj (from cold) qui a des frissons; (from fever) fiévreux; (from fear/emotion etc) frissonnant (de peur/d'émotion etc).

shiver[2] ['ʃɪvəʳ] **1** n [glass] éclat m. **2** vi voler en éclats. **3** vt fracasser.

shoal [ʃəʊl] n banc m (de poissons).

shock [ʃɒk] **1** n **(a)** (gen) choc m; [earthquake, explosion] secousse f; (Elec) décharge f (électrique). (Elec) **to get a ~** recevoir une décharge (électrique) (from sth en touchant qch), prendre le jus *; **he got such a ~ when he heard that...** cela lui a donné un tel choc or un tel coup d'apprendre que...; **the ~ of the election results** les résultats mpl stupéfiants de l'élection; **it came as a ~ to me** ça m'a stupéfié; **it comes as a ~ to hear that...** il est stupéfiant d'apprendre que...; **you gave me a ~!** vous m'avez fait peur!; **I got such a ~!** j'ai eu une de ces émotions! *; **the ~ killed him** il est mort d'émotion; **pale with ~** pâle de saisissement; (Med) **in a state of ~** en état de choc. **(b)** (US Aut) ~**s** * amortisseurs mpl. **2** adj **(a)** (Mil etc) tactics, troops de choc. (Aut) ~ **absorber** amortisseur m; ~ **wave** onde f de choc. **(b)** (*) result, reaction stupéfiant. **3** vt (take aback) secouer; (stronger) bouleverser; (scandalize) choquer. **easily ~ed** qui se choque facilement; **a ~ed silence** un silence accablé. ♦ **shocking** adj (appalling) crime, news, sight atroce; (scandalizing) book, behaviour choquant; decision, waste, price scandaleux; (very bad) weather, results, handwriting épouvantable. ♦ **shockingly** adv unfair, expensive terriblement; (very badly) très mal.

shoddy ['ʃɒdɪ] adj de mauvaise qualité. ♦ **shoddily** adv made mal. ♦ **shoddiness** n mauvaise qualité f.

shoe [ʃuː] (vb: pret, ptp **shod**) **1** n chaussure f, soulier m; (horse ~) fer m (à cheval); (brake ~) sabot m (de frein). **to shake** or **shiver in one's ~s** avoir une peur bleue; (fig) **I wouldn't like to be in his ~s** je n'aimerais pas être à sa place. **2** adj: ~ **polish** cirage m; ~ **repair** réparation f de chaussures. **3** vt horse ferrer. [person] **well/badly shod** bien/mal chaussé. ♦ **shoebrush** n brosse f à chaussures. ♦ **shoehorn** n chausse-pied m. ♦ **shoelace** n lacet m de soulier. ♦ **shoemaker** or **shoe-repairer** n cordonnier m; ~**maker's shop** cordonnerie f. ♦ **shoeshop** n magasin m de chaussures. ♦ **shoestring** n lacet m; (fig) **on a ~string** à peu de frais. ♦ **shoetree** n embauchoir m.

shone [ʃɒn] pret, ptp of **shine**.

shoo [ʃuː] vt (~ **away**, ~ **off**) chasser.

shook [ʃʊk] pret of **shake**.

shoot [ʃuːt] *(vb: pret, ptp* **shot***)* **1** *n* **(a)** *[plant]* pousse *f.* **(b)** *(chute)* glissière *f*, déversoir *m.* **(c)** *(fig)* **the whole ~ ⁂** tout le tremblement *.
2 *vt* **(a)** *(hit)* atteindre d'un coup de fusil *etc; (hunt)* chasser; *(kill)* abattre; *(execute)* fusiller. **shot in the head** *(hit)* atteint *or (killed)* tué d'une balle dans la tête; *(fig)* **you'll get shot for that!** * tu vas te faire incendier * pour ça. **(b)** *(fire) gun* tirer *or* lâcher un coup de (*at* sur); *arrow, rocket, missile* lancer (*at* sur); *bullet* tirer (*at* sur). **to ~ a goal** marquer un but; **he shot the bolt** *(fastened)* il a mis le verrou; *(opened)* il a tiré le verrou; *(fig)* **he has shot his bolt** il a joué sa dernière carte; *(fig)* **to ~ a line about sth ⁂** raconter des histoires à propos de qch; **to ~ dice** jeter les dés. **(c)** *(direct) look* lancer (*at* à); *smile* jeter (*at* à); *[searchlight etc] beam of light* braquer (*at* sur). **to ~ questions at sb** bombarder qn de questions. **(d)** *(Cine etc) film, scene* tourner; *person, subject* prendre (en photo). **(e)** *rapids* descendre.
3 *vi* **(a)** *(with gun, bow)* tirer (*at* sur). **to go ~ing** chasser; **to ~ to kill** tirer pour abattre; **to ~ on sight** tirer à vue. **(b)** *(rush)* **to ~ in/past** *etc* entrer/ passer *etc* à toute vitesse; **the bullet shot past his ears** la balle lui a sifflé aux oreilles; *[flames, water]* **to ~ out** *or* **up** *etc* jaillir; **the pain went ~ing up his arm** la douleur au bras le lancinait. **(c)** *(Ftbl etc)* shooter, tirer. **to ~ at goal** shooter. **(d)** *(Bot)* bourgeonner, pousser.
◆ **shoot down** *vt sep plane, person* abattre.
◆ **shoot up** *vi* **(a)** *[flame, water]* jaillir; *[rocket, price etc]* monter en flèche. **(b)** *(grow quickly)* pousser vite.
◆ **shooting 1** *n* **(a)** *(shots)* coups *mpl* de feu; *(continuous)* fusillade *f*, **(b)** *(murder)* meurtre *m* (avec une arme à feu); *(execution)* exécution *f*; **(c)** *(Hunting)* chasse *f* ; **2** *adj pain* lancinant; ~**ing brake** break *m*; ~**ing gallery** stand *m* de tir; ~**ing incidents** échanges *mpl* de coups de feu; *(fig)* **the whole** ~**ing match** * tout le tremblement *; ~**ing star** étoile *f* filante; ~**ing stick** canne-siège *f.*
◆ **shooting-down** *n: the* ~**ing-down of the diplomat** l'attentat *m* contre le diplomate; **the** ~**ing-down of the plane** la destruction de l'avion.
shop [ʃɒp] **1** *n* **(a)** magasin *m*; *(small)* boutique *f.* **wine** ~ marchand *m* de vins; **at the butcher's** ~ à la boucherie, chez le boucher; *(lit, fig)* **to shut up** ~ fermer boutique; *(fig)* **you've come to the wrong** ~ * tu te trompes d'adresse *; *(fig)* **to talk** ~ parler boutique; *(fig)* **all over the** ~ * *(everywhere)* partout, *(in confusion)* en pagaille *. **(b)** *(Ind: work~)* atelier *m.*
2 *adj (Brit)* ~ **assistant** vendeur *m*, -euse *f*; *(Ind)* ~ **steward** délégué(e) syndical(e) *m(f)*; ~ **window** vitrine *f.*
3 *vi* faire ses courses *(at chez)*. **to go** ~**ping** *(locally etc)* faire les courses; *(on shopping expedition)* faire des courses; **I was** ~**ping for a coat** je cherchais un manteau.
4 *vt (⁂: betray)* vendre, donner *.
◆ **shop around** *vi* comparer les prix. **to ~ around for sth** comparer les prix avant d'acheter qch.
◆ **shopfitter** *n* décorateur *m* de magasin.
◆ **shop-floor** *n (Ind)* **he works on the** ~**-floor** c'est un ouvrier; **the** ~**-floor (workers)** les ouvriers.
◆ **shopgirl** *n (Brit)* vendeuse *f.* ◆ **shopkeeper** *n* commerçant(e) *m(f).* ◆ **shoplift** *vi* voler à l'étalage. ◆ **shoplifter** *n* voleur *m*, -euse *f* à l'étalage. ◆ **shoplifting** *n* vol *m* à l'étalage. ◆ **shopper** *n* **(a)** *(person)* personne *f* qui fait ses courses; *(customer)* client(e) *m(f)*; **(b)** *(⁂: bag)* cabas *m.* ◆ **shopping 1** *n (goods)* achats *mpl* ; **2** *adj street, district* commerçant; ~**ping bag** cabas *m*; ~**ping basket** panier *m* (à provisions); ~**ping centre** centre *m* commercial ; ~**ping trolley** caddie *m.* ◆ **shopsoiled** *adj* qui a fait la vitrine.

shore¹ [ʃɔːʳ] **1** *n [sea]* rivage *m*; *[lake]* rive *f*; *(coast)* côte *f*; *(beach)* plage *f.* **on ~** à terre; **to go on ~** débarquer. **2** *adj (Naut)* ~ **leave** permission *f* à terre.
shore² [ʃɔːʳ] *vt:* **to ~ up** étayer; *(fig)* consolider.
shorn [ʃɔːn] *ptp of* **shear.**
short [ʃɔːt] **1** *adj* **(a)** *(gen)* court; *person* petit, de petite taille; *step, walk* petit; *visit, vowel, syllable* bref. **a ~ distance away** à peu de distance; **to take a ~ holiday** prendre quelques jours de vacances; **a ~ time** *or* **while** peu de temps; **time is getting ~** il ne reste plus beaucoup de temps; **the days are getting** ~**er** les jours raccourcissent; **make the skirt** ~**er** raccourcis la jupe; **that was ~ and sweet** ça n'a pas traîné; **to take a ~ cut** prendre un raccourci; **a ~ drink** un petit verre d'apéritif (*or* d'alcool); *(Ski)* ~ **ski method** ski *m* évolutif; **to win by a ~ head** *(Racing)* gagner d'une courte tête; *(fig)* gagner de justesse; ~ **list** *f* des candidats sélectionnés; ~ **story** nouvelle *f*; ~-**story writer** nouvelliste *mf*; **they want a** ~**er working week** on veut réduire la semaine de travail; **to have a** ~ **temper** être coléreux; *(Ind)* **to work** ~ **time** être en chômage partiel; *(fig)* **to make** ~ **work of** *job etc* ne pas mettre beaucoup de temps à faire; *(*) person* envoyer promener *. **(b)** *(phrases)* **in** ~ bref; **'TV' is** ~ **for 'television'** 'TV' est l'abréviation de 'télévision'; **he's called Fred for** ~ son diminutif est Fred; **to be** ~ **of sugar** être à court de sucre; **I'm £2** ~ il me manque 2 livres; **not far** ~ **of £100** pas loin de 100 livres; **it's little** ~ **of suicide** c'est presque un suicide; **it's nothing** ~ **of robbery** c'est du vol ni plus ni moins; ~ **of asking him yourself** à moins de lui demander vous-même; **everything** ~ **of (doing) sth** tout sauf (faire) qch; **to go** ~ **of sth** manquer de qch; **they never went** ~ ils n'ont jamais manqué de nécessaire; *(fig)* **to be taken** ~ * être pris d'un besoin pressant; **petrol is** ~ *or* **in** ~ **supply** on manque d'essence; **to give** ~ **weight** *or* ~ **measure** ne pas donner le poids juste; *(deliberately)* tricher sur le poids. **(c)** *(curt) reply, manner* brusque, sec. **to be rather** ~ **with sb** se montrer assez sec *or* brusque à l'égard de qn.
2 *vti (Elec)* = **short-circuit** ; *V below.*
3 *n* **(a)** *(*) (Cine)* court métrage *m*; *(Elec)* court-circuit *m.* ~**s** des apéritifs *mpl*, de l'alcool *m.* **(b)** *(garment)* **(a pair of)** ~**s** *(gen)* un short; *(Sport)* une culotte; *(US: men's underwear)* un caleçon.
◆ **shortage** *n (gen)* manque *m*, pénurie *f*; **there was no** ~**age of water** on ne manquait pas d'eau; **the food** ~**age** la disette; **the housing** ~**age** la crise du logement. ◆ **shortbread** *or* ◆ **shortcake** *n* sablé *m.* ◆ **short-change** *vt customer* ne pas rendre assez à; *(fig)* rouler *. ◆ **short-circuit 1** *n* court-circuit *m* ; **2** *vt* court-circuiter ; **3** *vi* se mettre en court-circuit. ◆ **shortcoming** *n* défaut *m.* ◆ **short(crust) pastry** *n* pâte *f* brisée. ◆ **shorten** *1 vt skirt, rope* raccourcir; *holiday, journey* écourter; *life, book, programme* abréger; *distance, time* réduire ; **2** *vi [days etc]* raccourcir. ◆ **shortening** *n (Culin)* matière *f* grasse. ◆ **shortfall** *n (money)* montant *m* insuffisant (*in* de); *(in numbers)* nombre *m* insuffisant (*in* de); **there is a** ~**fall of £5,000** il manque 5 000 livres. ◆ **shorthand 1** *n* sténo(graphie) *f*; **in** ~**hand** en sténo ; **2** *adj notes* en sténo; *notebook* de sténo. ◆ **shorthand-typing** *n* sténodactylo *f.* ◆ **shorthand-typist** *n* sténodactylo *mf.* ◆ **shorthand-writer** *n* sténo(graphe) *mf.* ◆ **short-list 1** *n* liste *f* des candidats sélectionnés ; **2** *vt* mettre sur la liste des candidats sélectionnés. ◆ **short-lived** *adj (fig)* de courte durée. ◆ **shortly** *adv* **(a)** *(soon)* bientôt, dans peu de temps; ~**ly before twelve** peu avant midi; **(b)** *(curtly)* sèchement, brusquement. ◆ **shortness** *n* peu *m* de longueur; petite taille *f*; brièveté *f*; *[vowel, syllable]* brièveté *f*; *(curtness)* sécheresse *f.* ◆ **short-order cook** *n (US)* cuisinier

m, -ière *f* préparant des plats rapides. ♦ **short-range** *adj* weather forecast à court terme. ♦ **shorts** *npl*: **(a pair of)** ~s un short. ♦ **short-sighted** *adj* person myope; policy, measure qui manque de vision. ♦ **short-sightedness** *n* myopie *f*; manque *m* de vision. ♦ **short-staffed** *adj*: **to be ~-staffed** manquer de personnel. ♦ **short-tempered** *adj* (in general) coléreux; (in a bad temper) d'humeur irritable. ♦ **short-term** *adj* loan, plan à court terme; car park de courte durée. ♦ **short-wave** (Rad) **1** *n* ondes *fpl* courtes ; **2** *adj* radio à ondes courtes; transmission sur ondes courtes.

shot [ʃɒt] **1** *n* **(a)** (act of firing) coup *m*; (sound) coup de feu (or de fusil etc); (bullet) balle *f*; (pellets: **lead** ~) plomb *m*. (fig) **a ~ across the bows, a warning** ~ un avertissement; **the first ~ killed him** la première balle l'a tué; **he is a good/bad ~** il est bon/mauvais tireur; (fig) **big ~ *** personnage *m* important, gros bonnet * *m*; **Parthian ~** flèche *f* du Parthe; (fig) **that was a ~ in the dark** c'était dit à tout hasard; **like a ~** leave, go comme une flèche; agree sans hésiter. **(b)** (Space) **moon ~** tir *m* lunaire. **(c)** (Ftbl, Golf, Tennis etc) coup *m*; (Hockey) tir *m*; (throw) lancer *m*. **good ~!** bien joué!; (Shooting) bien visé!; **to put the ~** lancer le poids; ~ **put** lancer du poids; **a ~ at goal** un tir au but. **(d)** (attempt) essai *m*, coup *m*; (turn to play) tour *m*. **to have a ~ at (doing)** sth essayer (de faire) qch; **have a ~ at it!** (try it) tentez le coup!; (guess) dites voir! * **(e)** (Phot) photo *f*; (Cine) prise *f* de vues. **(f)** (injection) piqûre *f* (against contre); (of alcohol) coup *m*. (fig) **a ~ in the arm** un coup de fouet. **2** pret, ptp of **shoot**. **to get ~ of *** se débarrasser de. **3** *adj*: ~ **with yellow** strié de jaune; ~ **silk** soie *f* gorge-de-pigeon.
♦ **shotgun 1** *n* fusil *m* de chasse ; **2** *adj*: ~**gun wedding** mariage *m* forcé.

should [ʃʊd] *modal aux vb* **(a)** (obligation, advisability) **I ~ go and see her** je devrais aller la voir, il faudrait que j'aille la voir; **he thought he ~ tell you** il a pensé qu'il fallait bien de vous le dire; **you ~ have been a teacher** vous auriez dû être professeur; **everything is as it ~ be** tout est en ordre; **how ~ I know?** comment voulez-vous que je le sache? **(b)** (probability) **he ~ win the race** il devrait gagner la course, il va probablement gagner la course; **he ~ have got there by now** il a dû arriver à l'heure qu'il est; **why ~ he suspect me?** pourquoi me soupçonnerait-il? **(c)** (conditional tense) **I ~ go, I'd go** j'irais; **we ~ have come** nous serions venus; **I ~ like to** j'aimerais bien; **who ~ come in but Paul!** et devinez qui est entré? Paul!

shoulder [ˈʃəʊldəʳ] **1** *n* **(a)** épaule *f*. **to have broad ~s** être large d'épaules; **put it round your ~s** mets-le sur tes épaules; **to weep on sb's ~** pleurer sur l'épaule de qn; **over one ~** à l'épaule; **to look over sb's ~** regarder par-dessus l'épaule de qn; (fig) surveiller qn constamment; ~ **to ~** coude à coude; (fig) **to put one's ~ to the wheel** s'atteler à la tâche. **(b)** [road] accotement *m*, bas-côté *m*; [hill] contrefort; *m*. **hard/soft ~** accotement stabilisé/non stabilisé. **2** *adj*: ~ **bag** sac *m* à bandoulière; ~ **blade** omoplate *f*; **between the ~ blades** en plein entre les épaules; [garment] ~ **strap** bretelle *f*. **3** *vt* load charger sur son épaule; responsibility endosser; task se charger de. (Mil) **to ~ arms** porter l'arme; **to ~ sb aside** écarter qn d'un coup d'épaule. ♦ **shoulder-high** *adv*: **to carry sb ~-high** porter qn en triomphe.

shout [ʃaʊt] **1** *n* cri *m* (of joy etc de joie etc). **there were ~s of** applause/protest/laughter des acclamations/des protestations bruyantes/des éclats de rire ont retenti; **to give sb a ~** appeler qn. **2** *vt* crier. **3** *vi* crier (to sb to do à qn de faire; at sb après qn; for help au secours), pousser des cris (for joy etc de joie etc). **to ~ with laughter** éclater de rire; **she ~ed for someone to help her** elle a appelé pour qu'on l'aide (subj).
♦ **shout down** *vt sep* speaker huer. ♦ **shout out 1** *vi* pousser un cri. **2** *vt sep* crier.
♦ **shouting** *n* cris *mpl*; (noise of quarrelling) éclats *mpl* de voix; (fig) **it's all over bar the ~ing** c'est dans le sac *.

shove [ʃʌv] **1** *n* poussée *f*. **to give sb/sth a ~** pousser qn/qch. **2** *vt* (push) pousser; (with effort) pousser avec peine; (thrust) stick, finger etc enfoncer (into dans; between entre); rag fourrer (into dans); (jostle) bousculer; (put) mettre. **to ~ sth in/out** etc faire entrer/sortir etc qch en poussant; **to ~ sth into a drawer/one's pocket** fourrer qch dans un tiroir/sa poche. **3** *vi* pousser. **he ~d (his way) past me** il m'a dépassé en me bousculant; **he ~d (his way) through the crowd** il s'est frayé un chemin à travers la foule. ♦ **shove off *** *vi* (leave) ficher le camp *. ♦ **shove over *** *vi* (move over) se pousser.

shovel [ˈʃʌvl] **1** *n* pelle *f*; (mechanical) pelleteuse *f*. **2** *vt* coal, grain pelleter; (~ **out**) mud etc enlever à la pelle; (~ **up**) sth spilt etc ramasser avec une pelle; snow enlever à la pelle. ♦ **shovelful** *n* pelletée *f*.

show [ʃəʊ] (vb: pret **showed**, ptp **shown** or **showed**) **1** *n* **(a)** [hatred, affection etc] démonstration *f*; (semblance) semblant *m*; (ostentation) parade *f*. **some fine pieces on ~** quelques beaux objets exposés; ~ **of power** étalage *m* de force; **a ~ of hands** un vote à main levée; **the dahlias make a splendid ~** les dahlias sont splendides à voir; **they make a great ~ of their wealth** ils font parade de leur richesse; **with a ~ of emotion** en affectant l'émotion; **to make a ~ of doing** faire semblant de faire; **just for ~** pour l'effet. **(b)** (exhibition: Agr, Art, Tech etc) exposition *f*; (Comm) foire *f*; (Agr: contest) concours *m*. **the Boat S~** le Salon de la Navigation. **(c)** (Theat etc) spectacle *m*; (variety ~) show *m*. **I often go to a ~** je vais souvent au spectacle; **the last ~ starts at 9** (Theat) la dernière représentation or (Cine) la dernière séance commence à 21 heures; **on with the ~!** que la représentation commence (or continue)! **(d)** (phrases) **good ~!** * bravo!; **to put up a good ~** bien se défendre *; **to make a poor ~** faire piètre figure; **it's a poor ~** * il n'y a pas de quoi être fier; **this is Paul's ~ *** c'est Paul qui commande ici; **to run the ~ *** faire marcher l'affaire; **to give the ~ away** vendre la mèche *.
2 *adj* house, flat témoin (f inv). ~ **trial** grand procès *m* (souvent idéologique).
3 *vt* **(a)** (gen) montrer; film, slides passer; (exhibit) goods for sale, picture, dog exposer; (express) surprise montrer, manifester; gratitude, respect témoigner; (indicate) [clock, dial etc] indiquer, marquer. ~ **it me!** faites voir!, montrez-le-moi!; **what is ~ing at the Odeon?** qu'est-ce qu'on donne à l'Odéon?; **it has been ~n on television** c'est passé à la télévision; (fig) **there's nothing to ~ for it** on ne le dirait pas; **he has nothing to ~ for it** ça ne lui a rien donné; **he daren't ~ his face there again** il n'ose plus s'y montrer; (fig) **to ~ one's hand** or **cards** abattre son jeu; (fig) **to ~ sb the door** mettre qn à la porte; (fig) **to ~ the flag** faire acte de présence; **to ~ a loss/profit** indiquer une perte/un bénéfice; **roads are ~n in red** les routes sont marquées en rouge; **to ~ loyalty** se montrer loyal (to sb envers qn); **this skirt ~s the dirt** cette jupe est salissante; **it ~ed signs of having been used** il était visible qu'on s'en était servi; **to ~ fight** faire montre de combativité; **that ~s his good taste** cela témoigne de son bon goût; **to ~ one's age** faire son âge; **this ~s great intelligence** cela révèle or dénote beaucoup d'intelligence; **he ~ed himself (to be) a coward** il s'est montré or révélé lâche; **it all goes to ~ that...** tout cela montre bien

que...; **it only goes to ~!** * c'est bien ça la vie!; **I ~ed him that it was impossible** je lui ai prouvé que c'était impossible; *(fig)* **I'll ~ him!** * je lui apprendrai! **(b)** *(conduct)* **to ~ sb in/up** *etc* faire entrer/monter *etc* qn; **to ~ sb to his seat** placer qn; **to ~ sb out, to ~ sb to the door** reconduire qn jusqu'à la porte; **to ~ sb over** *or* **round a house** faire visiter une maison à qn.
4 *vi [emotion]* être visible; *[stain, scar]* se voir; *[underskirt etc]* dépasser. **it doesn't ~** cela ne se voit pas.
♦ **show off 1** *vi (gen)* crâner *; *[child]* faire l'intéressant; *(show one's knowledge)* étaler sa science. **she's always ~ing off** c'est une crâneuse *; **he's ~ing off again** il essaie encore d'en ficher plein la vue *. **2** *vt sep* **(a)** *sb's beauty, complexion etc* mettre en valeur. **(b)** *(pej) one's wealth, knowledge* faire étalage de; *car* faire admirer. ♦ **show through** *vi* se voir au travers. ♦ **show up 1** *vi* **(a)** *(stand out) [feature]* ressortir; *[mistake]* être visible; *[stain]* se voir. **it ~ed up clearly against the sky** cela se détachait nettement sur le ciel. **(b)** *(*: appear)* arriver, se pointer *. **2** *vt sep* **(a)** *fraud, impostor* démasquer; *flaw, defect* faire ressortir. **(b)** *(embarrass)* faire honte à (en public).
♦ **show business** *or* ♦ **show biz** ‡ *n* le monde du spectacle, l'industrie *f* du spectacle. ♦ **showcase** *n* vitrine *f*. ♦ **showdown** *n* épreuve *f* de force. ♦ **showgirl** *n* girl *f*. ♦ **showground** *n* champ *m* de foire. ♦ **showing** *n [film]* projection *f*; *(cinema session)* séance *f*. ♦ **showing-off** *n* pose *f (affectation)*. ♦ **showjumping** *n* concours *m* hippique. ♦ **showman** *n* *(in fair etc)* forain *m*. ♦ **showmanship** *n (fig)* sens *m* de la mise en scène. ♦ **show-off** *n* m'as-tu-vu(e)* *m(f) (pl inv)*. ♦ **showpiece** *n* *(of exhibition etc)* trésor *m*; *(new school etc)* modèle *m* du genre. ♦ **showplace** *n* *(tourist attraction)* lieu *m* de grand intérêt touristique. ♦ **showroom** *n* salle *f* d'exposition. ♦ **showy** *adj* colour éclatant, voyant *(pej)*.

shower ['ʃaʊəʳ] **1** *n* **(a)** *[rain]* averse *f*; *(fig) [blows]* grêle *f*; *[sparks, stones, arrows]* pluie *f*. **(b)** *(~ bath)* douche *f*. **to have** *or* **take a ~** prendre une douche. **2** *adj:* **~ cap** bonnet *m* de douche; **~ unit** bloc-douche *m*. **3** *vt (fig)* **to ~ sb with gifts/praise, to ~ gifts/praise on sb** combler qn de cadeaux/de louanges; **to ~ blows on sb** faire pleuvoir des coups sur qn; **to ~ abuse** *or* **insults on sb** accabler qn d'injures. ♦ **showerproof** *adj* imperméable. ♦ **showery** *adj* day pluvieux; **it will be ~y** il y aura des averses.

shrank [ʃræŋk] *pret of* **shrink.**

shrapnel ['ʃræpnl] *n* éclats *mpl* d'obus.

shred [ʃred] **1** *n [cloth, paper etc]* lambeau *m*; *(fig) [truth, commonsense]* grain *m*. **not a ~ of evidence** pas la moindre preuve; **in ~s** en lambeaux; **to tear to ~s** mettre en lambeaux; *(fig) argument etc* démolir entièrement. **2** *vt paper etc* mettre en lambeaux; *(in shredder)* détruire, déchiqueter; *carrots etc* râper; *cabbage* couper en lanières. ♦ **shredder** *n* *(for documents)* destructeur *m*; *[food processor]* (disque-)râpeur *m*.

shrew [ʃruː] *n (Zool)* musaraigne *f*; *(woman)* mégère *f*.

shrewd [ʃruːd] *adj* person, assessment perspicace; businessman, lawyer habile; reasoning judicieux; plan astucieux. **I have a ~ idea that...** je soupçonne fortement que... ♦ **shrewdly** *adv* suspect avec perspicacité; reason judicieusement; guess astucieusement. ♦ **shrewdness** *n* perspicacité *f*; habileté *f*; astuce *f*.

shriek [ʃriːk] **1** *n* hurlement *m*. **~s of laughter** grands éclats *mpl* de rire. **2** *vti* hurler *(with de)*. **to ~ with laughter** rire à gorge déployée.

shrill [ʃrɪl] *adj* voice, cry perçant; whistle, laugh strident. ♦ **shrillness** *n* ton *m* perçant. ♦ **shrilly** *adv* d'un ton perçant.

shrimp [ʃrɪmp] **1** *n* crevette *f*. **2** *adj:* **~ cocktail** hors-d'œuvre *m* de crevettes. **3** *vi:* **to go ~ing** aller pêcher la crevette.

shrine [ʃraɪn] *n (place)* lieu *m* saint; *(tomb)* tombeau *m* de saint; *(reliquary)* châsse *f*.

shrink [ʃrɪŋk] *pret* **shrank,** *ptp* **shrunk 1** *vi* **(a)** *[clothes]* rétrécir; *[area]* se réduire; *[boundaries]* se resserrer; *[piece of meat]* réduire; *[body, person]* se ratatiner; *[wood]* se contracter; *[quantity, amount]* diminuer. **(b)** *(~ away, ~ back)* reculer *(from sth* devant qch; *from doing* devant l'idée de faire). **she shrank (away** *or* **back) from him** elle a eu un mouvement de recul; **he did not ~ from saying** il n'a pas craint de dire. **2** *vt wool* faire rétrécir; *metal* contracter. ♦ **shrinkage** *n* rétrécissement *m*; contraction *f*; diminution *f*. ♦ **shrink-wrap** *vt* emballer sous film plastique.

shrivel ['ʃrɪvl] *(~ up)* **1** *vi [apple, body]* se ratatiner; *[skin]* se rider; *[leaf, steak]* se racornir. **2** *vt* ratatiner; rider; racornir.

shroud [ʃraʊd] **1** *n* **(a)** *[corpse]* linceul *m*. **(b)** *(Naut)* hauban *m*. **2** *vt (fig)* **~ed in** mist, snow sous un linceul de; *mystery* enveloppé de.

Shrove Tuesday [ˌʃrəʊvˈtjuːzdɪ] *n* Mardi *m* gras.

shrub [ʃrʌb] *n* arbrisseau *m*; *(small)* arbuste *m*. ♦ **shrubbery** *n* massif *m* d'arbustes.

shrug [ʃrʌg] **1** *n* haussement *m* d'épaules. **to give a ~ of contempt** hausser les épaules en signe de mépris; **"..." he said with a ~** ...dit-il en haussant les épaules. **2** *vti:* **to ~ (one's shoulders)** hausser les épaules. ♦ **shrug off** *vt sep* suggestion, warning dédaigner; remark ne pas relever; infection, a cold se débarrasser de.

shrunk [ʃrʌŋk] *ptp of* **shrink.** ♦ **shrunken** *adj* person, body ratatiné.

shudder ['ʃʌdəʳ] **1** *n [person]* frisson *m*; *[vehicle, ship, engine]* vibration *f*. **to give a ~** *[person]* frissonner, frémir; *[vehicle, ship]* être ébranlé; **it gives me the ~s** * ça me donne des frissons; **he realized with a ~ that...** il a frissonné *or* frémi, comprenant que... **2** *vi [person]* frissonner; *[thing]* vibrer. **I ~ to think what might have happened** je frémis rien qu'à la pensée de ce qui aurait pu se produire; **I ~ to think!** j'en frémis d'avance!

shuffle ['ʃʌfl] **1** *n (fig)* **a cabinet (re)~** un remaniement ministériel. **2** *vt* **(a)** **to ~ one's feet** traîner les pieds. **(b)** cards battre; dominoes mêler; papers remuer. **3** *vi* **(a)** traîner les pieds. **to ~ in/out** *etc* entrer/sortir *etc* d'un pas traînant. **(b)** *(Cards)* battre (les cartes).

shun [ʃʌn] *vt* place, temptation, person, publicity fuir; work, obligation esquiver.

shunt [ʃʌnt] **1** *vt (Rail) (direct)* aiguiller; *(divert)* détourner; *(move about)* manœuvrer; *(position)* garer. **2** *n (Rail)* aiguillage *m*; *(fig *)* collision *f*. ♦ **shunting** **1** *n* manœuvres *fpl* d'aiguillage; **2** *adj:* **~ing yard** voies *fpl* de garage et de triage.

shush [ʃʊʃ] **1** *excl* chut! **2** *vt (*)* faire chut à; *(silence)* faire taire.

shut [ʃʌt] *pret, ptp* **shut 1** *vt (gen)* fermer. **to ~ one's finger in a drawer** se pincer le doigt dans un tiroir; **to ~ sb in a room** enfermer qn dans une pièce; **~ your mouth!** ‡ la ferme! ‡ **2** *vi [door, box, lid]* se fermer, fermer; *[museum, theatre, shop]* fermer. **the door ~** la porte s'est (re)fermée; **the door ~s badly** la porte ferme mal.
♦ **shut away** *vt sep* person, animal enfermer; valuables mettre sous clef. ♦ **shut down 1** *vi* [business, theatre] fermer (définitivement). **2** *vt sep* lid fermer, rabattre; business, theatre fermer (définitivement); machine arrêter. ♦ **shut in** *vt sep* enfermer. ♦ **shut off** *vt sep* **(a)** *(stop)* electricity,

engine, supplies couper. **(b)** *(isolate) person* isoler *(from* de). ◆ **shut out** *vt sep* **(a) he found himself** ~ **out** il s'est aperçu qu'il ne pouvait pas entrer; **I** ~ **the cat out** j'ai mis le chat dehors; **close the door and** ~ **out the noise** ferme la porte pour qu'on n'entende pas le bruit. **(b)** *(block) view* boucher; *memory* chasser de son esprit. **(c)** *(US Sport) opponent* bloquer. ◆ **shut up 1** *vi (*: be quiet)* se taire. **2** *vt sep* **(a)** *factory, business, theatre, house* fermer. **(b)** *person, animal* enfermer; *valuables* mettre sous clef. **to** ~ **sb up in prison** mettre qn en prison. **(c)** *(*: silence)* faire taire.
◆ **shutdown** *n* fermeture *f*. ◆ **shut-in** *adj* enfermé.

shutter ['ʃʌtəʳ] **1** *n* volet *m*; *(Phot)* obturateur *m*. **2** *adj:* ~ **speed** vitesse *f* d'obturation. ◆ **shuttered** *adj house* aux volets fermés.

shuttle ['ʃʌtl] **1** *n [loom, sewing machine]* navette *f*; *(plane etc)* navette *f*. **space** ~ navette spatiale. **2** *adj (Aviat, Rail etc)* ~ **service** service *m* de navette; ~ **diplomacy** navettes *fpl* diplomatiques. **3** *vi [person, vehicle, boat]* faire la navette *(between* entre). **4** *vi:* **to** ~ **sb to and fro** envoyer qn à droite et à gauche; **to** ~ **sb back and forth** faire faire la navette à qn; **the papers were** ~**d from one department to another** les documents ont été renvoyés d'un service à l'autre. ◆ **shuttlecock** *n* volant *m (Badminton).*

shy¹ [ʃaɪ] **1** *adj (gen)* timide; *(unsociable)* sauvage. **to make sb feel** ~ intimider qn; **don't be** ~ ne fais pas le *(or* la) timide; **don't be** ~ **of saying** n'ayez pas peur de dire, n'hésitez pas à dire. **2** *vi [horse]* broncher *(at* devant). ◆ **shyly** *adv* timidement. ◆ **shyness** *n* timidité *f*.

shy² [ʃaɪ] *vt (throw)* lancer, jeter.

Siamese [ˌsaɪəˈmiːz] *adj* siamois. ~ **twins** (frères) siamois *mpl*, (sœurs) siamoises *fpl*.

Siberia [saɪˈbɪərɪə] *n* Sibérie *f*.

sibilant ['sɪbɪlənt] **1** *adj* sifflant. **2** *n* sifflante *f*.

sibling ['sɪblɪŋ] *n:* **one of his** ~**s** l'un de ses frères et sœurs; **Paul and Lucy are** ~**s** Paul et Lucie sont frère et sœur.

Sicily ['sɪsɪlɪ] *n* Sicile *f*. ◆ **Sicilian 1** *adj* sicilien ; **2** *n* Sicilien(ne) *m(f)*.

sick [sɪk] **1** *adj* **(a)** *(ill) person* malade; *pallor* maladif. **he's a** ~ **man** c'est un malade; **he's off** ~ il n'est pas là, il est malade; **to go** ~ se faire porter malade; **to fall** *or* **take** ~ tomber malade; *(vomiting)* **to be** ~ vomir; **to feel** ~ avoir mal au cœur; **a** ~ **feeling** un malaise; **I get** ~ **in planes** je suis malade en avion; ~ **headache** migraine *f*. **(b)** *(fig) mind, imagination, joke* malsain; *humour* noir. **to be** ~ **at heart** avoir la mort dans l'âme; **to be** ~ **of sth/sb** * en avoir marre * de qch/qn; **to be** ~ **and tired of, to be** ~ **to death of** * en avoir par-dessus la tête de; **to be** ~ **of the sight of sth/sb** * en avoir marre * de voir qch/qn; **it makes me** ~ **to think that...** ça me dégoûte de penser que... . **(c)** ~ **benefit** assurance *f* maladie; **on** ~ **leave** en congé *m* de maladie; **on the** ~ **list** *(Admin)* porté malade; *(*: ill)* malade; ~ **pay** indemnité *f* de maladie *(versée par l'employeur).*
2 *npl:* **the** ~ les malades *mpl*.
◆ **sick up** * *vt sep* vomir.
◆ **sickbay** *n* infirmerie *f*. ◆ **sickbed** *n* lit *m* de malade. ◆ **sicken 1** *vt* dégoûter ; **2** *vi* tomber malade; **to** ~**en for sth** couver qch; **to** ~**en of** se lasser de. ◆ **sickening** *adj sight, smell* écœurant; *(fig) cruelty, crime* ignoble; *waste* dégoûtant; *(*: annoying) person, behaviour* exaspérant. ◆ **sickeningly** *adv:* ~**eningly polite** * d'une politesse écœurante. ◆ **sickliness** *n [person]* état *m* maladif; *[cake]* goût *m* écœurant. ◆ **sickly** *adj person* maladif; *complexion* blafard; *climate* malsain; *plant* étiolé; *smile* faible; *colour, smell, cake* écœurant; ~**ly sweet** douceâtre. ◆ **sickness 1** *n* maladie

f; **there's a lot of** ~**ness in the village** il y a beaucoup de malades dans le village; *(vomiting)* **bouts of** ~**ness** vomissements *mpl*; **mountain** ~**ness** mal *m* des montagnes ; **2** *adj:* ~**ness benefit** (prestations *fpl* de l')assurance *f* maladie. ◆ **sickroom** *n* chambre *f* de malade.

sickle ['sɪkl] *n* faucille *f*.

side [saɪd] **1** *n* **(a)** *[person]* côté *m*; *[animal]* flanc *m*. **he had the phone by his** ~ il avait le téléphone à côté de lui; **she was at** *or* **by his** ~ elle était à ses côtés; ~ **by** ~ *(people)* côte à côte; *(things)* à côté l'un de l'autre; ~ **of bacon** flèche *f* de lard; ~ **of beef/mutton** quartier *m* de bœuf/ mouton. **(b)** *(as opp to top, bottom etc) [box, house, triangle etc]* côté *m*; *(inside) [cave, ditch, box]* paroi *f*; *(of mountain: gen)* versant *m*; *(flank)* flanc *m*. **by the** ~ **of the church** à côté de *or* tout près de l'église; **go round the** ~ **of the house** contournez la maison. **(c)** *(outer surface) (gen)* côté *m*; *[cube, record, coin]* côté, face *f*; *(fig) [matter, problem etc]* aspect *m*. *[garment, cloth]* **the right** ~ l'endroit *m*; **the wrong** ~ l'envers *m*; **right/wrong** ~ **out** à l'endroit/l'envers; **right/wrong** ~ **up** dans le bon/ mauvais sens; *(on box etc)* **'this** ~ **up'** 'haut'; **write on both** ~**s of the paper** écrivez des deux côtés de la feuille; **three-**~**d** à trois côtés; **many-**~**d** multilatéral; **I've written 6** ~**s** j'ai écrit 6 pages; *(fig)* **the other** ~ **of the coin** le revers de la médaille; **there are two** ~**s to every quarrel** dans toute querelle il y a deux points de vue; **he's got a nasty** ~ * **to him** il a un côté très déplaisant. **(d)** *(edge)* bord *m*. **by the** ~ **of** au bord de. **(e)** *(lateral part) [street, town, face]* côté *m*. **on the other** ~ **of** de l'autre côté de; *(fig)* **the science** ~ **of the college** la section sciences du collège; **from all** ~**s, from every** ~ de tous côtés, de toutes parts; **from** ~ **to** ~ d'un côté à l'autre; **he moved to one** ~ il s'est écarté; **to take sb on one** ~ prendre qn à part; **to put sth to** *or* **on one** ~ mettre qch de côté; **on this** ~ **of London** entre ici et Londres; **he's on the wrong** ~ **of 50** il a passé la cinquantaine; **he's on the right** ~ **of 50** il n'a pas encore 50 ans; **he makes a bit of money on the** ~ * il se fait un peu d'argent en plus; **a cousin on his mother's** ~ un cousin du côté de sa mère; *(fig)* **on the heavy/cold** ~ * plutôt lourd/froid. **(f)** *(team) (gen)* camp *m*, côté *m*; *(Sport)* équipe *f*; *(Pol etc)* parti *m*. **he's on our** ~ il est avec nous; **we have time on our** ~ nous avons le temps pour nous; **whose** ~ **are you on?** qui soutenez-vous?; **there are faults on both** ~**s** les deux côtés ont des torts; **to take** ~**s** prendre parti *(with sb* pour qn); **to pick** *or* **choose** ~**s** former les camps; **he let the** ~ **down** il ne leur *(etc)* a pas fait honneur. **(g)** *(conceit)* **he's got no** ~ * ce n'est pas un crâneur *; **to put on** ~ * crâner *.
2 *adj entrance, chapel, seat* latéral; *(fig) effect, issue* secondaire. ~ **dish** plat *m* d'accompagnement; ~ **drum** tambour *m* plat; ~ **effects** effets *mpl* secondaires; *(Phot)* ~ **face** de profil; ~ **glance** regard *m* de côté; ~ **plate** petite assiette *f*; ~ **road** route *f* transversale; ~ **street** rue *f* transversale; ~ **view** vue *f* de côté.
3 *vi:* **to** ~ **with sb** prendre parti pour qn.
◆ **sideboard** *n* buffet *m*. ◆ **sideboards** *or* *(US)* ◆ **sideburns** *npl* rouflaquettes * *fpl*. ◆ **sidecar** *n* side-car *m*. ◆ **sidekick** * *n (assistant)* sous-fifre * *m*; *(friend)* copain * *m*, copine * *f*. ◆ **sidelight** *n (Aut)* feu *m* de position; *(fig)* **it gives us a** ~**light on...** cela nous donne un aperçu de... ◆ **sideline** *n* **(a)** *(Sport, fig)* **on the** ~**lines** sur la touche; **(b)** activité *f (or* travail *m*) secondaire; **he sells wood as a** ~**line** il a aussi un petit commerce de bois; *(Comm)* **it's just a** ~**line** ce n'est pas notre spécialité. ◆ **sidelong** *adj* oblique, de côté. ◆ **sidesaddle** *adv* en amazone. ◆ **sideshows** *npl* attractions *fpl*. ◆ **sidesplitting** * *adj* tordant *. ◆ **side-**

step 1 vt éviter; rules ne pas tenir compte de ; **2** vi (lit) faire un pas de côté; (fig) rester évasif; (Boxing) esquiver. ◆ **sidetrack** vt (fig) faire dévier de son sujet; **to get~tracked** s'écarter de son sujet. ◆ **sidewalk** n (US) trottoir m. ◆ **sideways 1** adj oblique, de côté ; **2** adv look, fit in de côté; walk en crabe; stand de profil. ◆ **side-whiskers** npl favoris mpl. ◆ **siding** n (Rail) voie f de garage.

sidle ['saɪdl] vi: **to ~ in/out** etc entrer/sortir etc (sideways) de côté or (furtively) furtivement; **he ~d up to me** il s'est glissé vers moi.

siege [si:dʒ] n siège m. **in a state of ~** en état de siège.

sienna [sɪ'enə] n terre f de Sienne.

Sierra Leone [sɪ'erəlɪ'əʊn] n Sierra Leone f.

siesta [sɪ'estə] n sieste f. **to have a ~** faire une sieste.

sieve [sɪv] **1** n (for coal, stones) crible m; (for sugar, flour, soil) tamis m; (for liquids) passoire f. (Culin) **to rub through a ~** passer au tamis; **he's got a memory like a ~** * sa mémoire est une vraie passoire. **2** vt passer au crible; tamiser; passer.

sift [sɪft] **1** vt (a) flour, sugar, sand tamiser; coal, stones, evidence passer au crible. (b) (~ **out**) facts, truth dégager. **2** vi (fig) **to ~ through sth** examiner qch. ◆ **sifter** n saupoudreuse f.

sigh [saɪ] **1** n soupir m. **to heave a ~** pousser un soupir. **2** vt soupirer. **3** vi soupirer; [wind] gémir. **to ~ with relief** pousser un soupir de soulagement; **to ~ for sth** soupirer après qch; (for sth lost: also ~ **over sth**) regretter qch. ◆ **sighing** n soupirs mpl; [wind] gémissements mpl.

sight [saɪt] **1** n (a) (act of seeing etc) vue f. **to have good/poor ~** avoir une bonne/mauvaise vue; **to lose one's ~** perdre la vue; **to know by ~** connaître de vue; **to shoot on** or **at ~** tirer à vue; **at first ~** à première vue; **love at first ~** le coup de foudre; **it was my first ~ of Paris** c'était la première fois que je voyais Paris; **at the ~ of** à la vue de, en voyant; **the train was still in ~** on voyait encore le train; **the end/a solution is in ~** on entrevoit la fin/une solution; **we live within ~ of the sea** de chez nous on voit la mer; **to come into ~** apparaître; **keep the luggage in ~, don't let the luggage out of your ~** ne perdez pas les bagages de vue; **out of ~** hors de vue; **to keep out of ~** (vi) ne pas se montrer; (vt) cacher; **it is out of ~** on ne le voit pas; **keep out of his ~!** qu'il ne te voie pas!; **to catch ~ of** apercevoir; **to lose ~ of sb/sth** perdre qn/qch de vue; **the ~ of the cathedral/of blood** etc la vue de la cathédrale/du sang etc; **I can't bear** or **stand the ~ of him** je ne peux pas le voir or le sentir *; **in the ~ of the law** devant la loi. (b) (spectacle) spectacle m (also pej). **it is a ~ to be seen** cela vaut la peine d'être vu; **to see the ~s** faire du tourisme, visiter la ville; **it's one of the ~s of Paris** c'est l'une des choses à voir à Paris; **it's not a pretty ~** ça n'est guère joli à voir; **it was a ~ for sore eyes** (welcome) c'était un spectacle à réjouir le cœur; (* pej) c'était à en pleurer; **I must look a ~!** je dois avoir une de ces allures! * (c) (on gun) mire f. **to take ~** viser; **in one's ~s** dans sa ligne de tir; (fig) **to set one's ~s** viser (on sth qch). (d) (phrases) **not by a long ~** loin de là; **a far** or **long ~ better** infiniment mieux; **a ~ too clever** * bien trop malin. **2** vt apercevoir. ◆ **sighted 1** adj qui voit, doué de vision; **to be partially ~ed** avoir un certain degré de vision ; **2** npl: **the ~ed** les voyants mpl (lit). ◆ **sighting** n: **numerous ~ings have been reported** de nombreuses personnes ont déclaré l'avoir vu. ◆ **sightly** adj beau à voir. ◆ **sightread** vt déchiffrer (Mus). ◆ **sightreading** n déchiffrage m. ◆ **sightseeing** n tourisme m; **to do some ~seeing,**

to go ~seeing (gen) faire du tourisme ; (in town) visiter la ville. ◆ **sightseer** n touriste mf.

sign [saɪn] **1** n (a) signe m. **they communicated by ~s** ils se parlaient par signes; **to make a ~ to sb** faire signe à qn (to do de faire); **to make the ~ of the Cross** faire le signe de la croix (over sur); (cross o.s.) se signer; (Astrol) **born under the ~ of Leo** né sous le signe du Lion; **as a ~ of** en signe de; **it's a good/bad ~** c'est bon/mauvais signe; **a ~ of the times** un signe des temps; **a sure ~** un signe infaillible; **at the slightest ~ of** au moindre signe de; **there is no ~ of his agreeing** rien ne laisse à penser qu'il va accepter; **no ~ of life** aucun signe de vie; **there's no ~ of him anywhere** on n'arrive pas à le retrouver. (b) (notice) (gen and for traffic) panneau m; (on inn, shop) enseigne f. **2** adj: ~ **language** langage m par signes; **in ~ language** par signes. **3** vt (a) letter etc signer. **to ~ one's name** signer; **he ~s himself John Smith** il signe 'John Smith'. (b) (Ftbl etc) player engager. **4** vi (a) signer. **you have to ~ for the key** vous devez signer pour obtenir la clef; **he ~ed for the parcel** il a signé le reçu de livraison du paquet; (Ftbl) **Smith has ~ed for Celtic** Smith a signé un contrat d'engagement avec le Celtic. (b) **to ~ to sb to do sth** faire signe à qn de faire qch.
◆ **sign away** vt sep signer l'abandon de son droit sur. ◆ **sign in** vi (in factory etc) pointer (à l'arrivée); (in hotel) signer le registre. ◆ **sign off** vi (in factory etc) pointer (au départ); (Rad, TV) terminer l'émission. ◆ **sign on 1** vi (Mil) s'engager (as comme); (Ind etc) se faire embaucher (as comme); (on arrival at work) pointer (à l'arrivée); (enrol) s'inscrire. **I've ~ed on for German conversation** je me suis inscrit au cours de conversation allemande. **2** vt sep employee embaucher; (Mil) engager. ◆ **sign over** vt sep céder par écrit (to à). ◆ **sign up** vi, vt sep = **sign on.**
◆ **signpost 1** n poteau m indicateur ; **2** vt place indiquer. ◆ **signposting** n signalisation f.

signal ['sɪgnl] **1** n (gen) signal m (for de). **at a prearranged ~** à un signal convenu; (Naut) flag ~s signaux par pavillons; **traffic ~s** feux mpl de circulation; (Rad) **station ~** indicatif m (de l'émetteur); (Telec) **I'm getting the engaged ~** ça sonne occupé; (TV) **the ~ is very weak** (sound) le son or (picture) l'image f est très faible; (Mil) **the S~s** les Transmissions fpl. **2** adj (avant n) success remarquable; importance capital. (Rail) ~ **box** poste m d'aiguillage. **3** vt message communiquer par signaux. **to ~ sb on/through** etc faire signe à qn d'avancer/de passer etc; (Aut) **to ~ a turn** indiquer un changement de direction. **4** vi (gen) faire des signaux; (Aut) indiquer. **to ~ to sb** faire signe à qn (to do de faire). ◆ **signally** adv (gen) singulièrement; fail totalement. ◆ **signalman** n (Rail) aiguilleur m.

signature ['sɪgnətʃəʳ] **1** n (a) signature f. **to put one's ~ to sth** apposer sa signature à qch. (b) (Mus: key ~) armature f. **2** adj: ~ **tune** indicatif m musical. ◆ **signatory** n signataire mf (to de).

signet ['sɪgnɪt] n sceau m. ~ **ring** chevalière f.

signify ['sɪgnɪfaɪ] **1** vt (mean) signifier (that que); (indicate) indiquer; (make known) indiquer, faire comprendre (that que); one's approval signifier. **2** vi avoir de l'importance. ◆ **significance** n (meaning) signification f; [event, speech] importance f, portée f; **that is of no significance** cela importe peu. ◆ **significant** adj achievement, increase, amount considérable; event important; look significatif; **it is significant that...** il est significatif or révélateur que... + subj. ◆ **significantly** adv smile etc d'une façon significative; improve, change considérablement; **significantly, he refused** fait révélateur, il a refusé. ◆ **signification** n signification f.

Sikh [si:k] **1** n Sikh mf. **2** adj sikh (f inv).

silence ['saɪləns] **1** *n* silence *m*. *(lit, fig)* **there was ~ on** a gardé le silence *(about* en ce qui concernait)*; **in ~** en silence; *(fig)* **to pass sth over in ~** passer qch sous silence. **2** *vt person, opposition* réduire au silence; *noise* étouffer; *conscience* faire taire. ◆ **silencer** *n* silencieux *m (dispositif)*. ◆ **silent** *adj (gen)* silencieux; *film, reproach* muet; **it was as silent as the grave** il y avait un silence de mort; **to be** *or* **fall** *or* **remain silent** se taire; **silent 'h' 'h'** muet. ◆ **silently** *adv* silencieusement.

silhouette [ˌsɪluːˈet] **1** *n* silhouette *f*. **2** *vt*: **to be ~d against** se découper contre.

silicon ['sɪlɪkən] *n* silicium *m*. **~ chip** puce *f* électronique, pastille *f* de silicium. ◆ **silicone** *n* silicone *f*. ◆ **silicosis** *n* silicose *f*.

silk [sɪlk] **1** *n* soie *f*. **2** *adj blouse etc* de *or* en soie. **~ factory** soierie *f (fabrique)*; **~ industry** soierie *(industrie)*; **~ manufacturer** fabricant *m* en soierie. ◆ **silkscreen printing** *n* sérigraphie *f*. ◆ **silkworm** *n* ver *m* à soie. ◆ **silky** *adj* soyeux; *voice* doucereux.

sill [sɪl] *n* rebord *m*; *(Aut)* bas *m* de marche.

silly ['sɪlɪ] *adj (stupid)* bête, idiot, stupide; *(ridiculous)* ridicule. **you ~ fool!** espèce d'idiot(e)!; **don't be ~** ne fais pas l'idiot(e); **to do sth ~** faire une bêtise. ◆ **silliness** *n* bêtise *f*, stupidité *f*.

silo ['saɪləʊ] *n* silo *m*.

silt [sɪlt] *n (gen)* limon *m*; *(mud)* vase *f*. ◆ **silt up** **1** *vi (with mud)* s'envaser; *(with sand)* s'ensabler. **2** *vt sep* envaser; ensabler.

silver ['sɪlvər] **1** *n (metal)* argent *m*; *(~ ware, cutlery etc)* argenterie *f*. *(money)* **have you got any ~?** est-ce que vous avez de la monnaie?; **£2 in ~** 2 livres en pièces d'argent. **2** *adj (made of ~)* cutlery, jewellery etc d'argent, en argent; *(~-coloured)* argenté. **~ birch** bouleau *m* argenté; **~ coin** pièce *f* d'argent; **~ fir** sapin *m*; **~ foil**, **~ paper** papier *m* d'argent; **~ gilt** plaqué *m* argent; **~ jubilee** vingt-cinquième anniversaire *m (d'un événement)*; *(fig)* **to be born with a ~ spoon in one's mouth** naître avec une cuiller d'argent dans la bouche; **~ wedding** noces *fpl* d'argent. ◆ **silver-grey** *adj* argenté. ◆ **silverhaired** *adj* aux cheveux argentés. ◆ **silver-plate** *n (solid silver)* argenterie *f*; *(electroplate)* plaqué *m* argent. ◆ **silver-plated** *adj* argenté. ◆ **silver-plating** *n* argenture *f*. ◆ **silverside** *n* tranche *f* (grasse) *(viande)*. ◆ **silversmith** *n* orfèvre *mf*. ◆ **silverware** *n* argenterie *f*. ◆ **silvery** *adj colour, scales* argenté; *sound* argentin.

similar ['sɪmɪlər] *adj* semblable *(to* à); *(less strongly)* comparable *(to* à). **a ~ house** une maison presque pareille; **~ in size** de dimensions comparables; **the houses are so ~ that...** les maisons sont si semblables que...; **and ~ products** et produits similaires; **vehicles ~ to the bicycle** véhicules apparentés à la bicyclette. ◆ **similarity** [ˌsɪmɪˈlærɪtɪ] *n* ressemblance *f (to* avec; *between* entre), similarité *f (between* entre). ◆ **similarly** *adv* de la même façon; **and ~ly,...** et de même...

simile ['sɪmɪlɪ] *n* comparaison *f (Literat)*.

simmer ['sɪmər] **1** *vi [water]* frémir; *[vegetables, soup]* cuire à feu doux; *(fig) (with excitement)* être en ébullition; *(with rage/discontent)* bouillir de rage/de mécontentement; *[revolt, anger]* couver. **2** *vt* laisser frémir; faire cuire à feu doux. ◆ **simmer down** * *vi (fig)* se calmer.

simper ['sɪmpər] **1** *n* sourire *m* affecté. **2** *vi* minauder. ◆ **simpering** **1** *n* minauderies *fpl*; **2** *adj* minaudier.

simple ['sɪmpl] *adj (gen)* simple. **as ~ as ABC** simple comme bonjour; **he's a ~ labourer** c'est un simple ouvrier; **they're ~ people** ce sont des gens simples; **to make ~(r)** simplifier; **in ~ terms** *or* **language** pour parler simplement *or* clairement;

in ~ English ≃ en bon français; **the ~ fact that...** le simple fait que...; **the ~ truth** la vérité pure et simple; **for the ~ reason that...** pour la seule *or* simple raison que...; **~ equation** équation *f* du premier degré; *(Fin)* **~ interest** intérêts *mpl* simples; *(Mus)* **~ time** mesure *f* simple; **a ~ Simon** un nigaud; **he's a bit ~** il est un peu simple d'esprit. ◆ **simple-minded** *adj* simple d'esprit. ◆ **simple-mindedness** *n* simplicité *f* d'esprit. ◆ **simpleton** *n* nigaud(e) *m(f)*. ◆ **simplicity** *n* simplicité *f*. ◆ **simplification** *n* simplification *f*. ◆ **simplify** *vt* simplifier. ◆ **simplistic** *adj* simpliste. ◆ **simply** *adv talk, live* simplement, avec simplicité; *(only)* (tout) simplement; *(absolutely)* **you simply MUST come!** il faut absolument que vous veniez! *(subj)*.

simulate ['sɪmjʊleɪt] *vt* simuler *(also Tech)*. ◆ **simulation** *n* simulation *f*. ◆ **simulator** *n* simulateur *m*.

simultaneous [ˌsɪm(ə)lˈteɪnɪəs] *adj (gen)* simultané. *(Math)* **~ equations** équations *fpl* équivalentes. ◆ **simultaneity** *n* simultanéité *f*. ◆ **simultaneously** *adv* simultanément; **~ly with** en même temps que.

sin [sɪn] **1** *n* péché *m*. **~s of omission/commission** péchés par omission/par action; **a ~ against God** un manquement à la loi de Dieu; **it's a ~ to do that** *(Rel)* c'est un péché que de faire cela; *(* fig*)* c'est un crime de faire cela. **2** *vi* pécher *(against* contre). ◆ **sinful** *adj (gen)* coupable; *act, waste* scandaleux. ◆ **sinfully** *adv* d'une façon coupable; scandaleusement. ◆ **sinfulness** *n [person]* péchés *mpl*; *[deed]* caractère *m* coupable *or* scandaleux. ◆ **sinner** *n* pécheur *m*, -eresse *f*.

since [sɪns] **1** *conj* **(a)** *(in time)* depuis que. **~ I have been here** depuis que je suis ici; **ever ~ I met him** depuis que je l'ai rencontré; **it's a week ~ I saw him** cela fait une semaine que je ne l'ai pas vu. **(b)** *(because)* puisque, comme. **2** *adv* depuis. **he has not been here ~** il n'est pas venu depuis; **he has been my friend ever ~** il est resté mon ami depuis ce moment-là; **not long ~** il y a peu de temps. **3** *prep* depuis. **~ arriving** *or* **his arrival** depuis son arrivée, depuis qu'il est arrivé; **I have been waiting ~ 10 o'clock** j'attends depuis 10 heures; **~ then** depuis; **ever ~ that we...** depuis ce temps-là nous...; **how long is it ~ the accident?** il s'est passé combien de temps depuis l'accident?

sincere [sɪnˈsɪər] *adj* sincère. **are they ~ in their desire to help us?** est-ce que leur désir de nous aider est vraiment sincère? ◆ **sincerely** *adv* sincèrement; *(letter-ending)* **Yours ~ly** ≃ Je vous prie d'agréer, Monsieur *(or* Madame *etc)*, l'expression de mes sentiments les meilleurs; *(less formally)* cordialement à vous, bien à vous. ◆ **sincerity** [sɪnˈserɪtɪ] *n* sincérité *f*.

sine [saɪn] *n* sinus *m (Math)*.

sinecure ['saɪnɪkjʊər] *n* sinécure *f*.

sinew ['sɪnjuː] *n (Anat)* tendon *m*. **~s** *(muscles)* muscles *mpl*; *(strength)* force *f*. ◆ **sinewy** *adj* nerveux.

sing [sɪŋ] *pret* **sang**, *ptp* **sung** **1** *vt* chanter. **2** *vi [person, bird, kettle]* chanter; *[ears]* bourdonner; *[wind]* siffler. **to ~ like a lark** chanter comme un rossignol; **to ~ soprano** chanter soprano. ◆ **sing out** * *vi (call)* appeler (bien fort). ◆ **singer** *n* chanteur *m*, -euse *f*. ◆ **singing** **1** *n [person, bird]* chant *m*; *[kettle, wind]* sifflement *m*; *(in ears)* bourdonnement *m*; **2** *adj lessons, teacher* de chant. ◆ **singsong** *n*: **to have a ~song** chanter en chœur; **to repeat sth in a ~song (voice)** répéter qch sur deux tons.

Singapore [ˌsɪŋgəˈpɔːr] *n* Singapour *m*.

singe [sɪn(d)ʒ] **1** *vt* brûler légèrement; *cloth, clothes* roussir; *poultry* flamber. **2** *n* légère brûlure.

single ['sɪŋgl] **1** adj (**a**) (only one) seul (before n). **a ~ rose in the garden** une seule rose dans le jardin; **he gave her a ~ rose** il lui a donné une rose; **if there is a ~ objection** s'il y a une seule or la moindre objection; **the ~ survivor** le seul or l'unique survivant; (Rail) **~ track** voie f unique; **every ~ day** tous les jours sans exception; **not a ~ person spoke** pas une seule personne n'a parlé; **I didn't see a ~ soul** je n'ai vu personne; **I haven't a ~ moment to lose** je n'ai pas une minute à perdre; **a** or **one ~ department should deal with it all** un service unique devrait traiter tout cela. (**b**) (not double etc) knot, flower simple. **a ~ ticket** un aller simple (to pour); **~ fare** prix m d'un aller simple; **~ bed** lit m d'une personne; **~ cream** crème f fraîche liquide; **~ room** chambre f pour une personne; (Typ) **in ~ spacing** à simple interligne. (**c**) (unmarried) célibataire. **~ people** célibataires mpl; **~ parent** parent m isolé. **2** n (**a**) (Tennis) **~s** simple m; **ladies' ~s** simple dames. (**b**) (Rail etc: ticket) aller m simple. (**c**) (record) **a ~** un 45 tours. (**d**) (*: unmarried people) **~s** célibataires mfpl; **~s bar/club** bar m /club m pour célibataires.
◆ **single out** vt sep (distinguish) distinguer; (choose) choisir.
◆ **single-breasted** adj (Dress) droit. ◆ **single-decker** n autobus m sans impériale. ◆ **single-engined** adj monomoteur. ◆ **single-handed 1** adv tout seul, sans aucune aide ; **2** adj achievement fait sans aide; sailing, voyage en solitaire.
◆ **single-minded** adj person, attempt résolu; determination tenace; **to be ~-minded about sth** concentrer tous ses efforts sur qch. ◆ **singleness** n: **~ness of purpose** ténacité f. ◆ **single-parent family** n famille f monoparentale. ◆ **single-party** adj (Pol) à parti unique. ◆ **single-seater aeroplane** n (avion m) monoplace m. ◆ **single-sex school** n établissement m scolaire non mixte.
◆ **singleton** n singleton m. ◆ **singly** adv séparément, un(e) à un(e).
singlet ['sɪŋglɪt] n maillot m de corps.
singular ['sɪŋgjʊləʳ] **1** adj (**a**) (Gram) noun, verb au singulier; form, ending du singulier. **the masculine ~** le masculin singulier. (**b**) (outstanding, strange) singulier. **2** n (Gram) singulier m. **in the ~** au singulier. ◆ **singularity** n singularité f. ◆ **singularly** adv singulièrement.
sinister ['sɪnɪstəʳ] adj sinistre; (Heraldry) sénestre.
◆ **sinisterly** adv sinistrement.
sink¹ [sɪŋk] pret **sank**, ptp **sunk 1** vi (in water) couler; (fig: into despair, sleep) sombrer (into dans); [ground] s'affaisser; [sun] se coucher; [foundation, building] se tasser; [level, river] baisser; [prices, sales, temperature] baisser (beaucoup); [shares, the dollar] tomber (to à). **to ~ to the bottom** couler au fond; **to ~ like a stone** couler à pic; (fig) **it was ~ or swim** il fallait bien s'en sortir * tout seul; **to ~ out of sight** disparaître; **to ~ to one's knees** tomber à genoux; **to ~ to the ground** s'affaisser; **he sank into a chair** il s'est laissé tomber dans un fauteuil; **he sank into the mud** il s'est enfoncé dans la boue; **the water slowly sank into the ground** l'eau a pénétré lentement dans le sol; (dying) **he is ~ing fast** il baisse rapidement; **he has sunk in my estimation** il a baissé dans mon estime; **his voice sank** sa voix s'est faite plus basse; **his heart sank at the thought** il a été pris de découragement à cette idée; **it's enough to make your heart ~** c'est à vous démoraliser or à vous donner le cafard *. **2** vt (**a**) ship couler; object faire couler au fond; (fig) project, book, person couler; **they sank their differences** ils ont enterré leurs querelles; **sunk in thought/despair** plongé dans ses pensées/le désespoir; **I'm sunk *** je suis fichu *. (**b**) mine, well, foundations creuser; pipe etc noyer; stake enfoncer (into dans). (Golf) **to ~ the ball** faire entrer la balle

dans le trou; (fig) **to ~ a lot of money in a project** placer beaucoup d'argent dans une entreprise.
◆ **sink back** vi [object in water] retomber; [person in chair etc] se laisser retomber. ◆ **sink down** vi: **to ~ down into a chair** se laisser tomber dans un fauteuil; **to ~ down on one's knees** tomber à genoux; **to ~ down out of sight** disparaître.
◆ **sink in** vi [person, post etc] s'enfoncer; [water, ointment etc] pénétrer; (fig) [explanation] rentrer; [remark] faire son effet. **it hasn't really sunk in yet** il etc ne réalise * pas encore; **it took a long time to ~ in** il etc a mis longtemps à comprendre.
◆ **sinking 1** adj: **to have a ~ing feeling** avoir un serrement de cœur; (stronger) avoir la mort dans l'âme; **to have a ~ing feeling that...** avoir le pénible pressentiment que... ; **2** n (shipwreck) naufrage m; (in attack) torpillage m.
sink² [sɪŋk] **1** n (in kitchen) évier m; (US also in bathroom) lavabo m. **2** adj: **~ tidy** coin m d'évier (ustensile ménager); **~ unit** bloc-évier m.
Sino- ['saɪnəʊ] pref sino-.
sinuous ['sɪnjʊəs] adj sinueux.
sinus ['saɪnəs] n sinus m inv (Med). ◆ **sinusitis** n sinusite f.
sip [sɪp] **1** n petite gorgée f. **a ~ of rum** une goutte de rhum. **2** vt boire à petites gorgées.
siphon ['saɪf(ə)n] **1** n siphon m. **2** vt siphonner.
◆ **siphon off** vt sep liquid siphonner; (fig) people etc mettre à part; profits, funds canaliser; (illegally) détourner.
sir [sɜːʳ] n monsieur m. **yes, ~** oui, Monsieur; (to army officer) oui, mon commandant (or mon lieutenant etc); (to surgeon) oui, docteur; (in letter) (**Dear**) **S~** Monsieur; **S~ John Smith** sir John Smith.
siren ['saɪər(ə)n] n sirène f.
sirloin ['sɜːlɔɪn] n aloyau m. **a ~ steak** un bifteck dans l'aloyau.
sisal ['saɪs(ə)l] n sisal m.
sissy * ['sɪsɪ] n (coward) poule f mouillée. (effeminate) **he's a bit of a ~** il est un peu efféminé.
sister ['sɪstəʳ] **1** n (**a**) sœur f. (**b**) (Rel) (bonne) sœur f. **yes, ~** oui, ma sœur; **S~ Mary** sœur Marie. (**c**) (Brit Med) infirmière f en chef. **yes, ~** oui, Madame (or Mademoiselle). **2** adj: **~ nations/organizations** nations fpl/organisations fpl sœurs; **~ peoples/countries** peuples mpl/pays mpl frères; **~ ship** sister-ship m. ◆ **sisterhood** n (solidarity) solidarité f féminine. ◆ **sister-in-law** n belle-sœur f. ◆ **sisterly** adj de sœur, fraternel.
sit [sɪt] pret, ptp **sat 1** vi (**a**) **to ~ (down)** s'asseoir; **to be ~ting (down)** être assis; (to dog) **~!** assis!; **~ by me** assieds-toi près de moi; **she just ~s at home** elle reste chez elle à ne rien faire; **he was ~ting over his books all evening** il a passé toute la soirée dans ses livres; **to ~ through a play** etc assister à une pièce etc jusqu'au bout; **don't just ~ there, DO something!** ne reste pas là à ne rien faire!; **to ~ still/straight** se tenir tranquille/droit; **to ~ tight** ne pas bouger; (fig) **to be ~ting pretty *** tenir le bon bout *; **to ~ for one's portrait/for an artist** poser pour son portrait/pour un artiste; **to ~ on a committee** être membre d'un comité; **to ~ for an exam** passer un examen, se présenter à un examen; (Parl) **he ~s for Moordown** il est (le) député de Moordown. (**b**) [bird, insect] se poser, se percher. **to be ~ting** être perché; (on eggs) couver; **to ~ on eggs** couver des œufs. (**c**) [committee, assembly etc] être en séance, siéger. **the committee is ~ting now** le comité est en séance; **it ~s from November to June** il siège de novembre à juin. (**d**) [dress, coat etc] tomber (on sb sur qn). **2** vt (**a**) (**~ down**) child, invalid asseoir, installer; guest faire asseoir. (**b**) exam passer, se présenter à. ◆ **sit about, sit around** vi rester assis (à ne

rien faire), traîner. ◆ **sit back** vi (in an armchair) se caler. **to ~ back and do nothing about it** s'abstenir de faire quoi que ce soit. ◆ **sit down 1** vi s'asseoir; (at table) s'attabler. **to be ~ting down** être assis; (fig) **to ~ down under an insult** encaisser * une insulte. **2** vt sep asseoir. ◆ **sit in** vi (**a**) **to ~ in on a discussion** assister à une discussion (sans y prendre part). (**b**) [demonstrators] **to ~ in in an office** occuper un bureau. ◆ **sit on** * vt fus (fig) (keep secret) news, facts, report garder secret; (not pass on) file, document garder pour soi. (**b**) person (silence) faire taire; (snub) remettre à sa place. ◆ **sit out** vt sep lecture, play rester jusqu'à la fin de. ◆ **sit up 1** vi (**a**) (~ upright) se redresser. **to be ~ting up** être assis bien droit; **he was ~ting up in bed** il était assis dans son lit; **you can ~ up now** vous pouvez vous asseoir maintenant; (fig) **to make sb ~ up** secouer or étonner qn; (fig) **to ~ up and take notice** se secouer; (after illness) reprendre intérêt à la vie. (**b**) (stay up) ne pas se coucher. **to ~ up late** se coucher tard; **to ~ up all night** ne pas se coucher de la nuit; **to ~ up with an invalid** veiller un malade. **2** vt sep doll, child asseoir.
◆ **sit-down** adj: **to have a ~-down lunch** déjeuner à table; **~-down strike** grève f sur le tas. ◆ **sit-in** n [demonstrators] sit-in m inv; [workers] grève f sur le tas; **to hold a ~-in** (gen) occuper les lieux; [workers] faire une grève sur le tas. ◆ **sitter** n (Art) modèle m; (baby-~ter) baby-sitter mf. ◆ **sitting 1** n [committee etc] séance f; (for portrait) séance f de pose; (in canteen etc) service m ; **2** adj tenant en possession des lieux; (fig) **~ting duck** * victime f facile; (Parl) **~ting member** député m en exercice; **~ting room** salon m. ◆ **sit-up** n redressement m assis.

sitar ['sɪtɑːʳ] n sitar m.

sitcom * ['sɪtkɒm] n (Rad, TV etc) comédie f de situation.

site [saɪt] **1** n [town, building] emplacement m; (Archeol) site m; (Constr) chantier m; (camp ~) camping m. **the ~ of the battle** le champ de bataille. **2** vt placer, situer.

situate ['sɪtjʊeɪt] vt (locate) building, town placer; (put into perspective) problem, event situer. **the house is ~d in the country** la maison se trouve or est située à la campagne; **we are rather badly ~d as there is no bus** nous sommes assez mal situés car il n'y a pas d'autobus; (fig) **he is rather badly ~d** il est en assez mauvaise posture; **I am well ~d to do that** je suis bien placé pour faire cela; **how are you ~d for money?** est-ce que tu as besoin d'argent? ◆ **situation 1** n (all senses) situation f; **in a very difficult situation** dans une situation très difficile; **in an exam situation** dans des conditions d'examen; **to save the situation** sauver la situation; '**situations vacant/wanted**' 'offres fpl/ demandes fpl d'emploi' ; **2** adj: **situation comedy** comédie f de situation.

six [sɪks] **1** adj six inv. **he is ~ (years old)** il a six ans; **he lives in number ~** il habite au (numéro) six. **2** n six m inv. **there were about ~** il y en avait six environ; **~ of the girls came** six des filles sont venues; **there are ~ of us** nous sommes six; **all ~ of us left** nous sommes partis tous les six; **it is ~ o'clock** il est six heures; **come at ~** venez à six heures; **it struck ~** six heures ont sonné; **they are sold in ~es** cela se vend par (lots or paquets de) six; **the children arrived in ~es** les enfants sont arrivés par groupes de six; **he lives at ~ Churchill Street** il habite (au) six rue Churchill; (fig) **to be at ~es and sevens** [books, houses etc] être sens dessus dessous; [person] être tout retourné *; (fig) **it's ~ of one and half a dozen of the other** c'est du pareil au même *.
◆ **sixfold 1** adj sextuple ; **2** adv au sextuple.
◆ **six-footer** * n ≃ grand m d'un mètre quatre-

vingts. ◆ **sixish** adj: **he is ~ish** il a dans les six ans; **he came at ~ish** il est venu vers six heures. ◆ **six-pack** n pack m de six. ◆ **six-shooter** n pistolet m automatique. ◆ **six-sided** adj hexagonal. ◆ **sixteen** adj, n seize (m) inv. ◆ **sixteenth** adj, n seizième (mf); (fraction) seizième m. ◆ **sixth 1** adj sixième; **to be ~th in a competition/in German** être sixième à un concours/en allemand; **she was the ~th to arrive** elle est arrivée la sixième; **Charles the S~th** Charles Six; **the ~th of November, November the ~th** le six novembre; (Brit Scol) **~th form** classes fpl de première et de terminale; (fig) **~th sense** sixième sens m ; **2** n sixième mf; (fraction) sixième m; (Mus) sixte f; **he wrote on the ~th** il a écrit le six; (Scol) **the lower ~th** ≃ la classe de première; **the upper ~th** ≃ la classe terminale ; **3** adv (**a**) (in race, exam, competition) en sixième place; **he came** or **was placed ~th** il s'est classé sixième; (**b**) (sixthly) sixièmement. ◆ **sixthly** adv sixièmement, en sixième lieu. ◆ **sixtieth** adj, n soixantième (mf); (fraction) soixantième m. ◆ **sixty** adj, n soixante (m) inv; **about ~ty** une soixantaine, environ soixante; **about ~ty books** une soixantaine de livres; **he is about ~ty** il a une soixantaine d'années; **to be in one's ~ties** avoir la soixantaine, être sexagénaire; (1960s etc) **in the ~ties** dans les années soixante; **the temperature was in the ~ties** ≃ il faisait entre quinze et vingt degrés; (Aut) **to do ~ty** * ≃ faire du cent (à l'heure). ◆ **sixty-first** adj, n soixante et unième (mf); (fraction) soixante et unième m. ◆ **sixty-four** adj (fig) **that's the ~ty-four (thousand) dollar question** * c'est toute la question. ◆ **sixty-odd** * adj, n: **there were ~ty-odd** il y en avait soixante et quelques *. ◆ **sixty-one** adj, n soixante et un (m) inv. ◆ **sixty-second** adj, n soixante-deuxième (mf). ◆ **sixty-two** adj, n soixante-deux (m) inv.
◆ **six-year-old 1** adj child, horse de six ans; house, car vieux de six ans ; **2** n (child/horse) enfant mf/ cheval m de six ans.

size¹ [saɪz] **1** n (for plaster etc) colle f. **2** vt encoller.

size² [saɪz] n (**a**) [person, animal, sb's head, hands] taille f; [room, building, car, chair, parcel] dimensions fpl; [egg, fruit, jewel] grosseur f; [book, photograph, sheet of paper, envelope] taille, dimensions; (format) format m; [sum] montant m; [estate, country, difficulty] étendue f; [operation, campaign] envergure f. **medium-~d** de taille (or grosseur etc) moyenne; [packet, tube etc] **the small/large ~** le petit/grand modèle; **the ~ of the town** l'importance f de la ville; **building of vast ~** bâtiment de belles dimensions; **it's the ~ of a brick** c'est de la taille d'une brique; **it's the ~ of a walnut** c'est de la grosseur d'une noix; **it's the ~ of a house/an elephant** c'est grand comme une maison/un éléphant; **he's about your ~** il est à peu près de la même taille que vous; (fig) **that's about the ~ of it!** c'est à peu près ça!; **he cut the wood to ~** il a coupé le bois à la dimension voulue. (**b**) [garment] taille f; [shoes, gloves] pointure f; [shirt] encolure f. **what ~ are you?, what ~ do you take?** (in dress etc) quelle taille faites-vous?; (in shoes, gloves) quelle pointure faites-vous?; (in hats) quel est votre tour de tête?; **what ~ of collar** or **shirt?** quelle encolure?; **I take ~ 12** je prends du 12; **hip ~** tour m de hanches; **I take ~ 5 shoes** ≃ je fais du 38.
◆ **size up** vt sep person juger; situation mesurer; problem mesurer l'étendue de.
◆ **siz(e)able** adj dog, building, estate assez grand; egg, fruit, jewel assez gros; operation assez important; sum, problem assez considérable.

sizzle ['sɪzl] **1** vi grésiller. **2** n grésillement m.

skate¹ [skeɪt] n (fish) raie f.

skate² [skeɪt] **1** n patin m. (fig) **get your ~s on!** * dépêche-toi! **2** vi patiner. **to ~ across/down** etc traverser/descendre etc en patinant; **to go skating** (ice) faire du patin or du patinage; (roller) faire du patin à roulettes; *(fig)* **it went skating across the room** cela a glissé à travers la pièce.

◆ **skate over, skate round** *vt fus problem, objection* glisser sur.

◆ **skateboard** *n* planche *f* à roulettes. ◆ **skater** *n (ice)* patineur *m*, -euse *f*; *(roller)* personne *f* qui fait du skating. ◆ **skating 1** *n (ice)* patinage *m*; *(roller)* patinage à roulettes ; **2** *adj*: **skating rink** *(ice)* patinoire *f*; *(roller)* skating *m*.

skein [skeɪn] *n [wool etc]* écheveau *m*.

skeleton ['skelɪtn] **1** *n [person, building, ship, model etc]* squelette *m*; *[plan, novel etc]* schéma *m*. **a walking ~** un cadavre ambulant; **staff reduced to a ~** personnel réduit au strict minimum; *(fig)* **the ~ at the feast** le *or* la trouble-fête *inv*; *(fig)* **the ~ in the cupboard** la honte cachée de la famille. **2** *adj army, staff* squelettique *(fig)*; *map* schématique. **~ key** passe(-partout) *m inv*; *[proposals etc]* **~ outline** résumé *m*. ◆ **skeletal** *adj* squelettique.

skeptic(al) ['skeptɪk(əl)] *(US)* = **sceptic(al)**.

sketch [sketʃ] **1** *n* **(a)** *(drawing)* croquis *m*, esquisse *f*; *(fig) [ideas, proposals etc]* aperçu *m*, ébauche *f*. **a rough ~** *(drawing)* une ébauche; *(fig: of one's plans etc)* un aperçu. **(b)** *(Theat)* sketch *m*, saynète *f*. **2** *adj*: **~(ing) book/pad** carnet *m*/bloc *m* à dessins; **~ map** carte faite à main levée. **3** *vi* faire des croquis. **4** *vt view, castle, figure* faire un croquis *or* une esquisse de; *map* faire à main levée; *(fig: ~ out)* ideas, novel, plan ébaucher, esquisser. ◆ **sketch in** *vt sep detail* ajouter. ◆ **sketchily** *adv answer* incomplètement; *know* superficiellement. ◆ **sketchy** *adj (gen)* incomplet; *knowledge* superficiel.

skewer ['skjʊəʳ] **1** *n (for roast etc)* broche *f*; *(for kebabs)* brochette *f*. **2** *vt* embrocher.

ski [skiː] **1** *n* ski *m (équipement)*; *(Aviat)* patin *m*. **2** *adj school, clothes* de ski. **~ binding** fixation *f*; **~ boot** chaussure *f* de ski; **~(ing) instructor** moniteur *m*, -trice *f* de ski; **~ lift** remonte-pente *m inv*; **~(ing) pants** *or* **trousers** fuseau *m* (de ski); **~ resort** station *f* de ski; **~ run** piste *f* de ski; **~ stick** bâton *m* de ski *or* **~ tow** téléski *m*. **3** *vi* faire du ski, skier. **to go ~ing** faire du ski; *(as holiday)* partir aux sports d'hiver; **to ~ down a slope** descendre une pente à skis. ◆ **skibob** *n* ski-bob *m*. ◆ **skier** *n* skieur *m*, -euse *f*. ◆ **skiing 1** *n* ski *m (sport)* ; **2** *adj clothes, school* de ski; *holiday* aux sports d'hiver; **to go on a ~ing holiday** partir aux sports d'hiver. ◆ **skijump** *n (place)* tremplin *m* de ski. ◆ **skijumping** *n* saut *m* à skis. ◆ **ski-pass** *n* forfait-skieur(s) *m*. ◆ **ski-suit** *n* combinaison *f* (de ski).

skid [skɪd] **1** *n (Aut)* dérapage *m*. **to get** *or* **go into a ~** déraper; **to get out of a ~, to correct a ~** redresser un dérapage. **2** *adj (US)* **~ row** quartier *m* de clochards. **3** *vi* déraper. **to ~ to a halt** s'arrêter en dérapant; **to ~ into a tree** déraper et percuter un arbre; **the toy ~ded across the room** le jouet a glissé jusqu'à l'autre bout de la pièce. ◆ **skidlid** * *n* casque *m* (de moto). ◆ **skidmark** *n* trace *f* de dérapage. ◆ **skidpan** *n* piste savonnée.

skiff [skɪf] *n* skiff *m*, yole *f*.

skill [skɪl] *n* **(a)** *(ability)* habileté *f*, adresse *f (at* à); *(gen manual)* dextérité *f*; *(talent)* savoir-faire *m*, talent *m (at* en matière de). **his ~ in persuading them** l'habileté dont il a fait preuve en les persuadant; **lack of ~** maladresse *f*. **(b)** *(in craft etc)* technique *f*. **it's a ~ that has to be acquired** c'est une technique qui s'apprend; **we could make good use of his ~s** nous serions bien utiles. ◆ **skilful,** *(US)* **skillful** *adj* habile, adroit *(at doing* à faire). ◆ **skil(l)fully** *adv* habilement, adroitement. ◆ **skil(l)fulness** *n* habileté *f*, adresse *f*. ◆ **skilled** *adj* **(a)** *person* habile, adroit *(in, at doing* pour faire;

in, at sth en qch); *movement, stroke* adroit; **~ed in diplomacy** qui a beaucoup d'expérience en diplomatie; **~ed in the art of** versé dans l'art de; **(b)** *(Ind) worker, engineer etc* qualifié; *work* de spécialiste; **it's a ~ed job** *(gen)* ça demande beaucoup d'adresse; *(Ind)* c'est un travail de spécialiste.

skillet ['skɪlɪt] *n* poêlon *m*.

skim [skɪm] **1** *vt* **(a)** *milk* écrémer; *soup* écumer. **to ~ the cream/scum/grease from sth** écrémer/écumer/dégraisser qch; **~(med) milk** lait *m* écrémé. **(b)** *stone* faire ricocher *(across* sur). *[bird etc]* **to ~ the ground/water** raser le sol/ l'eau. **2** *vi* **(a) to ~ across the water/along the ground** raser l'eau/ le sol; *(fig)* **to ~ through a book** parcourir un livre. **(b)** *(US * fig: cheat on taxes)* frauder (le fisc). ◆ **skim off** *vt sep cream,* grease enlever; *(fig) best pupils etc* mettre à part.

skimp [skɪmp] *vti (also ~ on)* butter, cloth etc lésiner sur; *praise, thanks* être chiche de; *piece of work* faire à la va-vite. ◆ **skimpily** *adv serve, provide* avec parcimonie; *live* chichement. ◆ **skimpiness** *n (gen)* insuffisance *f*; *[dress etc]* ampleur *f* insuffisante. ◆ **skimpy** *adj (gen)* insuffisant; *dress* étriqué.

skin [skɪn] **1** *n (gen)* peau *f*; *[boat, aircraft]* revêtement *m*; *(for duplicating)* stencil *m*; *(for wine)* outre *f*. **fair -~ned** à la peau claire; **next to the ~** à même la peau; **wet** *or* **soaked to the ~** trempé jusqu'aux os; **the snake casts its ~** le serpent mue; **rabbit ~** peau de lapin; **potatoes in their ~s** pommes de terre *fpl* en robe des champs; **banana ~** peau de banane; *(fig)* **to be ~ and bone** n'avoir que la peau sur les os; **to escape by the ~ of one's teeth** l'échapper belle; **we caught the train by the ~ of our teeth** nous avons attrapé le train de justesse; *(fig)* **to have a thick/thin ~** être insensible/ susceptible; *(fig)* **to get under sb's ~** * taper sur les nerfs à qn *; *(fig)* **I've got you under my ~** je t'ai dans la peau *; *(fig)* **it's no ~ off my nose** * *(does not hurt me)* pour ce que ça me coûte!; *(does not concern me)* ce n'est pas mon problème. **2** *adj disease, colour* de (la) peau. **3** *vt animal* écorcher; *fruit, vegetable* éplucher. *(fig)* **I'll ~ him alive!** * je vais l'écorcher tout vif!; **to ~ one's knee** s'écorcher le genou. ◆ **skin-deep** *adj* superficiel; **it's only ~-deep** ça n'est pas bien sérieux. ◆ **skin diver** *n* plongeur *m*, -euse *f* sous-marin(e). ◆ **skin diving** *n* plongée sous-marine. ◆ **skinflick** * *n* film *m* porno * *inv*. ◆ **skinflint** *n* radin(e) * *m(f)*. ◆ **skinful** * *n*: **to have (had) a ~ful** être soûl *. ◆ **skinhead** *n* jeune homme *m* aux cheveux tondus ras; *(thug)* jeune voyou *m*. ◆ **skinny** *adj* maigrichon; *sweater* moulant; *(Fashion)* **the ~ny look** la mode ultra-mince. ◆ **skinnydip** *vi* se baigner à poil. ◆ **skintight** *adj* très ajusté.

skip¹ [skɪp] **1** *n* petit bond, petit saut. **2** *vi* sautiller; *(with rope)* sauter à la corde. **to ~ in/out** *etc* entrer/ sortir *etc* en sautillant; *(fig)* **he ~ped off without paying** il a décampé sans payer; **he ~ped over that point** il a glissé sur ce point; **to ~ from one subject to another** sauter d'un sujet à un autre. **3** *vt (omit) page, class, meal* sauter. **~ it!** * laisse tomber! *; **to ~ school** sécher les cours. ◆ **skipping** *n* saut *m* à la corde. ◆ **skipping rope,** *(US)* **skip rope** *n* corde *f* à sauter.

skip² [skɪp] *n (container)* benne *f*.

skipper ['skɪpəʳ] *n (Naut)* capitaine *m*, patron *m*; *(Sport *)* capitaine *m*; *(in race)* skipper *m*.

skirmish ['skɜːmɪʃ] *n* escarmouche *f*.

skirt [skɜːt] **1** *n* **(a)** jupe *f*. **(b)** *(Culin)* flanchet *m*. **2** *vti (~ round)* town, obstacle contourner; *difficulty* esquiver. ◆ **skirting (board)** *n* plinthe *f*.

skit [skɪt] *n* parodie *f (on* de); *(Theat)* sketch *m* satirique.

skittle ['skɪtl] *n* quille *f*. **~s** (jeu *m* de) quilles.

skive * [skaɪv] *vi* tirer au flanc *. **to ~ off** se défiler *. ◆ **skiver** * *n* tire-au-flanc * *m inv*.

skivvy * ['skɪvɪ] *n* boniche *f (pej)*.

skulduggery * [skʌl'dʌgərɪ] *n* maquignonnage *m*.

skulk [skʌlk] *vi (~ about)* rôder furtivement. **to ~ in/out** *etc* entrer/sortir *etc* furtivement.

skull [skʌl] *n* crâne *m*. **~ and crossbones** tête *f* de mort; *(flag)* pavillon *m* à tête de mort. ◆ **skullcap** *n* calotte *f*.

skunk [skʌŋk] *n* mouffette *f; (fur)* sconse *m; (* pej: person)* mufle * *m*.

sky [skaɪ] *n* ciel *m*. **in the ~** dans le ciel; **under the open ~** à la belle étoile; **the skies of England** le ciel *or* les ciels d'Angleterre; **under warmer skies** sous des cieux plus cléments; **to praise sb to the skies** porter qn aux nues; *(fig)* **the ~'s the limit** * tout est possible. ◆ **sky-blue** *adj* bleu ciel *inv*. ◆ **skydiving** *n* parachutisme *m* (en chute libre). ◆ **sky-high** **1** *adv* throw très haut (dans le ciel); **to blow ~-high** *bridge* faire sauter; *theory* démolir ; **2** *adj* prices, temperature extrêmement haut. ◆ **Skylab** *n* Skylab *m*. ◆ **skylark** **1** *n (bird)* alouette *f* (des champs) ; **2** *vi (* fig)* chahuter. ◆ **skylarking** * *n* chahut *m*. ◆ **skylight** *n* lucarne *f*. ◆ **skyline** *n* ligne *f* d'horizon; *[city]* ligne des toits. ◆ **skyscraper** *n* gratte-ciel *m inv*. ◆ **skyway** *n (US Aut)* route *f* surélevée. ◆ **skywriting** *n* publicité *f* tracée par un avion.

slab [slæb] *n [stone, wood]* bloc *m; (paving ~)* dalle *f; (flat)* plaque *f; [meat]* pièce *f, (smaller)* pavé *m ; [cake]* pavé; *(smaller)* grosse tranche *f; [chocolate]* plaque; *(smaller)* tablette *f*.

slack [slæk] **1** *adj* (a) *(loose)* rope lâche; *joint, knot* desserré; *grip* faible. **to be ~** *[screw etc]* avoir du jeu; *[rope etc]* avoir du mou. (b) *(inactive)* demand, market, trade faible. **~ periods** périodes *fpl* creuses; *(in the day)* heures *fpl* creuses; **the ~ season** la morte-saison. (c) *(lacking energy)* mou; *(lax)* négligent; *student, worker* peu consciencieux. **to be ~ about one's work** négliger son travail; **to grow ~** se laisser aller. **2** *n* (a) **to take up the ~ in a rope** tendre un cordage. (b) *(coal)* poussier *m*. **3** *vi* (*) ne pas travailler comme il le faudrait. ◆ **slack off** * *vi (stop working etc)* se relâcher; *[trade, demand]* ralentir.

◆ **slacken (off)** **1** *vt* rope donner du mou à; *cable* donner du ballant à; *reins* relâcher; *screw* desserrer; *pressure etc* diminuer; **to ~en speed** *or* **one's pace** ralentir ; **2** *vi* prendre du mou *or* du ballant; se desserrer; *[gale, speed, effort, pressure]* diminuer; *[activity, trade]* ralentir. ◆ **slacker** * *n* flemmard(e) * *m(f)*. ◆ **slackness** *n [rope etc]* manque *m* de tension; (*) *[person]* laisser-aller *m; [trade]* ralentissement *m*. ◆ **slacks** *npl* pantalon *m*.

slag [slæg] *n (Metal)* scories *fpl; (Min)* crasses *fpl*. **~ heap** *(Metal)* crassier *m; (Min)* terril *m*.

slain [sleɪn] *(ptp of* slay*) npl:* **the ~** les morts *mpl* (tombés au champ d'honneur).

slake [sleɪk] *vt* one's thirst étancher.

slam [slæm] **1** *vt* door, lid (faire) claquer. **to ~ on the brakes** freiner à mort *; **she ~med the books on the table** elle a flanqué * les livres sur la table; **he ~med the ball into the net** d'un coup violent il a envoyé le ballon dans le filet. **2** *vi [door, lid]* claquer. **3** *n (Bridge)* chelem *m*. ◆ **slammer** *n (Prison sl)* la taule *f*.

slander ['slɑːndəʳ] **1** *n* calomnie *f; (Jur)* diffamation *f*. **2** *vt* calomnier; *(Jur)* diffamer. ◆ **slanderous** *adj* calomnieux; diffamatoire. ◆ **slanderously** *adv* calomnieusement; de façon diffamatoire.

slang [slæŋ] **1** *n* argot *m*. **in ~** en argot; **army/ school ~** argot militaire/d'écolier; **that word is ~** c'est un mot d'argot; **to talk ~** parler argot. **2** *adj* word d'argot. ◆ **slanging match** * *n* échange *m* d'insultes. ◆ **slangy** * *adj* argotique.

slant [slɑːnt] **1** *n* inclinaison *f; (fig: point of view)* angle *m (on* sur). **to give/get a new ~** * **on sth** présenter/voir qch sous un angle nouveau. **2** *vi* pencher. **3** *vt* line faire pencher; *(fig)* account, news présenter avec parti-pris. ◆ **slant-eyed** *adj* aux yeux bridés. ◆ **slanting** *adj* roof, surface incliné; *handwriting, line* penché; *rain* oblique. ◆ **slant-wise** *adv* de biais.

slap [slæp] **1** *n (gen)* claque *f*. **a ~ on the bottom** une fessée; *(lit, fig)* **a ~ in the face** une gifle; *(fig)* **to get a ~ on the wrist** se faire taper sur les doigts; **a ~ on the back** une grande tape dans le dos. **2** *adv* (*) en plein *(into* dans). **~ in the middle** en plein milieu. **3** *vt* (a) *(hit)* person donner une tape *or (stronger)* claque à *(on* the back dans le dos). **to ~ a child's bottom** donner une fessée à un enfant; **to ~ sb's face** *or* **sb in the face** gifler qn. (b) *(put)* flanquer *. **he ~ped a coat of paint on the wall** il a flanqué * un coup de peinture sur le mur; *(fig)* **to ~ sb down** * rembarrer * qn. ◆ **slapbang** * *adv* en plein *(into* dans). ◆ **slapdash** *adj* person insouciant; *work* fait à la va-vite. ◆ **slapstick (comedy)** *n* grosse farce *f*. ◆ **slap-up** * *adj* meal fameux *.

slash [slæʃ] **1** *n* entaille *f; (~mark)* (barre *f)* oblique. **2** *vt* (a) entailler; *(several cuts)* taillader; *rope* trancher; *face* balafrer; *(with whip, stick)* cingler. **to ~ sb** taillader qn; **~ed sleeves** manches *fpl* à crevés. (b) *prices* casser *; *costs, expenses* réduire radicalement; *speech, text* couper radicalement. (c) (*: condemn)* book, play éreinter.

slat [slæt] *n* lame *f; [blind]* lamelle *f*.

slate [sleɪt] **1** *n* ardoise *f; (fig)* **put it on the ~** * mettez-le sur mon compte. **2** *adj* deposits, industry ardoisier; *roof* en ardoise. **~ blue/grey** bleu/gris ardoise *inv; **~ quarry** ardoisière *f*. **3** *vt* (a) *roof* ardoiser. (b) (*) book, play, actor éreinter; *(scold)* attraper *. ◆ **slate-coloured** *adj* ardoise *inv*.

slaughter ['slɔːtəʳ] **1** *n [animals]* abattage *m; [people]* carnage *m*. **the ~ on the roads** les hécatombes *fpl* sur la route. **2** *vt* animal abattre; *person* tuer sauvagement; *people* massacrer. ◆ **slaughterhouse** *n* abattoir *m*.

Slav [slɑːv] **1** *adj* slave. **2** *n* Slave *mf*.

slave [sleɪv] **1** *n* esclave *mf (fig:* to sth de qch). **2** *adj (fig)* **~ driver** négrier *m, -ière *f; (fig)* **~ labour** travail *m* de forçat; **~ labour camp** camp *m* de travaux forcés; **~ trade** commerce *m* des esclaves. **3** *vi (~ away)* travailler comme un nègre. **to ~ away at sth/at doing** s'escrimer sur qch/à faire. ◆ **slavery** *n* esclavage *m*. ◆ **slavey** * *n* boniche * *f*. ◆ **slavish** *adj* subjection d'esclave; *imitation, devotion* servile. ◆ **slavishly** *adv* servilement.

slaver ['slævəʳ] *vi (dribble)* baver.

slay [sleɪ] *pret* **slew,** *ptp* **slain** *vt (liter)* tuer.

sleazy * ['sliːzɪ] *adj* minable, miteux.

sledge [sledʒ] **1** *n (also* sled*)* traîneau *m; (child's)* luge *f*. **2** *vi:* **to go sledging** faire de la luge; **to ~ down** descendre en luge *or* en traîneau.

sledgehammer ['sledʒˌhæməʳ] **1** *n* marteau *m* de forgeron. **2** *adj* blow violent, magistral.

sleek [sliːk] *adj* hair, fur lisse et brillant; *cat* au poil soyeux; *person* (trop) soigné; *(in manner)* onctueux. ◆ **sleekly** *adv* reply doucereusement.

sleep [sliːp] *(vb: pret, ptp* **slept**) **1** *n* sommeil *m*. **to be in a deep** *or* **sound ~** dormir profondément; **to talk/walk in one's ~** parler/marcher en dormant; **she sang the child to ~** elle a chanté jusqu'à ce que l'enfant s'endorme; **to have a ~** , **to get some ~** dormir; *(short while)* faire un somme; **to get** *or* **go to ~** s'endormir; **my leg has gone to ~** j'ai la jambe engourdie; **to put to ~** endormir; *(put down)* cat faire piquer; **a 3-hour ~** 3 heures de sommeil; **to have a good night's ~** passer une bonne nuit; **he didn't lose any ~ over it** il n'en a pas perdu le sommeil pour autant. **2** *vi* (**a**) dormir. **to ~ like a log** *or* **a top** dormir comme une souche; **~ tight!** dors bien!; **to ~ deeply** *or* **soundly** dormir profondément; *(without fear)* **to ~ soundly** dormir sur ses deux oreilles; **to ~ lightly** *(regularly)* avoir le sommeil léger; *(on one occasion)* dormir d'un sommeil léger; **I didn't ~ a wink all night** je n'ai pas fermé l'œil de la nuit; **to ~ on a problem/a letter/a decision** attendre le lendemain pour résoudre un problème/répondre à une lettre/prendre une décision; **I'll have to ~ on it** il faut que j'attende demain pour décider; **he slept through the storm** l'orage ne l'a pas réveillé; **he slept through the alarm clock** il n'a pas entendu son réveil. (**b**) *(spend night)* coucher. **he slept at his aunt's** il a couché chez sa tante; *(have sex)* **to ~ with sb** coucher * avec qn. **3** *vt:* **the house ~s 8** on peut coucher 8 personnes dans cette maison.

◆ **sleep around** * *vi* coucher * avec n'importe qui. ◆ **sleep in** *vi (lie late)* faire la grasse matinée; *(oversleep)* ne pas se réveiller à temps. ◆ **sleep off** *vt sep:* **to ~ sth off** dormir pour faire passer qch.

◆ **sleeper** *n* (**a**) **to be a light/heavy ~er** avoir le sommeil léger/lourd; (**b**) *(Rail) (track)* traverse *f*; *(berth)* couchette *f*; *(train)* train-couchettes *m*; *(rail car)* voiture-lits *m*; (**c**) *(earring)* clou *m*; *(US fig: sudden success)* révélation *f*. ◆ **sleepily** *adv* d'un air *or* ton endormi. ◆ **sleepiness** *n [person]* envie *f* de dormir. ◆ **sleeping** *adj person* qui dort, endormi; **~ing bag** sac *m* de couchage; **the S~ing Beauty** la Belle au bois dormant; *(Rail)* **~ing car** wagon-couchettes *m*; **~ing draught** soporifique *m*; *(Comm)* **~ing partner** commanditaire *m*; **~ing pill** *or* **tablet** somnifère *m*; **~ing policeman** cassevitesse *m*; **~ing sickness** maladie *f* du sommeil. ◆ **sleepless** *adj person* qui ne dort pas, éveillé; *hours* sans sommeil; **to have a ~less night** ne pas dormir de la nuit. ◆ **sleeplessly** *adv* sans dormir. ◆ **sleep-lessness** *n* insomnie *f*. ◆ **sleepwalk** *vi* marcher en dormant, être somnambule. ◆ **sleepwalker** *n* somnambule *mf*. ◆ **sleep-walking** *n* somnambulisme *m*. ◆ **sleepwear** *n* vêtements *mpl* de nuit. ◆ **sleepy** *adj person* qui a envie de dormir; *voice, look, village* endormi; **to be** *or* **feel ~y** avoir sommeil. ◆ **sleepyhead** * *n* endormi(e) *m(f)*.

sleet [sli:t] **1** *n* neige *f* fondue. **2** *vi:* **it is ~ing** il tombe de la neige fondue.

sleeve [sli:v] *n [garment]* manche *f*; *[record]* pochette *f*; *[cylinder etc]* chemise *f*. **long-~d** à manches longues; *(fig)* **he's always got sth up his ~** il a plus d'un tour dans son sac; **he's got sth up his ~** il a qch en réserve. ◆ **sleeveboard** *n* jeannette *f*. ◆ **sleevenote** *n* texte *(sur pochette de disque)*.

sleigh [sleɪ] *n* traîneau *m*.

sleight [slaɪt] *n:* **~ of hand** tour *m* de passe-passe.

slender ['slendəʳ] *adj person* mince; *stem, hand, neck, waist* fin; *(fig) hope, chance, majority* faible; *income, means, knowledge* maigre. *[person]* **tall and ~** élancé; **small and ~** menu. ◆ **slenderness** *n* minceur *f*; finesse *f*.

slept [slept] *pret, ptp of* **sleep**.

sleuth [slu:θ] *n* limier *m*.

slew¹ [slu:] *pret of* **slay**.

slew² [slu:] *n (US)* **a ~ of...** un tas * de...

slice [slaɪs] **1** *n* (**a**) *(gen)* tranche *f*; *[lemon, cucumber, sausage]* rondelle *f*, tranche. **~ of bread and butter** tartine *f* (beurrée); *(fig)* **a ~ of the profits** une bonne partie des bénéfices; **~ of life** tranche de vie; **~ of luck** coup *m* de chance. (**b**) *(utensil)* truelle *f*.

2 *vt* couper *(en tranches or en rondelles)*; *rope etc* couper net; *(Sport) ball* couper. **to ~ sth thin**

couper qch en tranches *or* rondelles fines; **a ~d loaf** un pain en tranches.

◆ **slice off** *vt sep meat* couper; *piece of rope etc* couper net. ◆ **slice through** *vt fus rope* couper net; *(fig) the air, the waves* fendre. ◆ **slice up** *vt sep* couper en tranches *or* en rondelles. ◆ **slicer** *n* coupe-jambon *m inv*.

slick [slɪk] **1** *adj explanation* trop prompt; *excuse, answer* facile; *person (glib)* qui a la parole facile; *(cunning)* rusé. **a ~ customer** * une fine mouche. **2** *n (oil ~)* nappe *f* de pétrole. **3** *vt:* **to ~ (down) one's hair** *(with comb)* se lisser les cheveux; *(with haircream)* se brillantiner les cheveux. ◆ **slickly** *adv answer* habilement.

slide [slaɪd] *(vb: pret, ptp* **slid**) **1** *n (action)* glissade *f*; *(land ~)* glissement *m* (de terrain); *(fig: in prices etc)* baisse *f* (in de); *(in playground, pool etc)* toboggan *m*; *[microscope]* porte-objet *m*; *(Phot)* diapositive *f*; *(Mus: between notes)* coulé *m*; *(hair ~)* barrette *f*. **2** *adj (Phot)* **~ box** classeur *m* pour diapositives; **~ projector** projecteur *m* de diapositives; **~ rule** règle *f* à calcul. **3** *vi (gen)* glisser; *(move silently)* se glisser. **to ~ down the bannisters** descendre en glissant sur la rampe; **to ~ down a slope** descendre une pente en glissant ; **he slid into the room** il s'est glissé dans la pièce; **to let things ~** laisser les choses aller à la dérive. **4** *vt box, case, small object* glisser *(into* dans; *across* à travers); *chair, larger object* faire glisser. **to ~ the top back onto a box** remettre le couvercle sur une boîte; **he slid the gun out of the holster** il a sorti le revolver de l'étui. ◆ **sliding** *adj part* qui glisse; *panel, door, seat* coulissant; *(Aut) roof* ouvrant; *(US)* **sliding time** horaire *m* variable; *(Admin etc)* **sliding scale** échelle *f* mobile.

slight [slaɪt] **1** *adj* (**a**) *person (slim)* menu; *(frail)* frêle. (**b**) *(small: gen)* petit, léger *(before n)*; *(negligible: gen)* faible, insignifiant; *error* petit. **some ~ optimism** un peu d'optimisme; **not the ~est danger** pas le moindre danger; **not in the ~est** pas le moins du monde; **he takes offence at the ~est thing** il se pique pour un rien. **2** *vt* manquer d'égards envers; *(stronger)* offenser. **3** *n* manque *m* d'égards; *(stronger)* affront *m*. ◆ **slighting** *adj* offensant. ◆ **slightingly** *adv* d'une manière offensante. ◆ **slightly** *adv sick, better* légèrement; *know etc* un peu; (**b**) **~ly built** menu.

slim [slɪm] **1** *adj person, ankle, book* mince; *(fig) hope, excuse* faible; *evidence, resources* insuffisant. **2** *vi (diet)* être au régime (pour maigrir). **3** *vt* faire maigrir. ◆ **slimmer** *n* personne *f* suivant un régime amaigrissant. ◆ **slimming** *adj diet, pills* amaigrissant, pour maigrir; *food* qui ne fait pas grossir; *dress etc* amincissant. ◆ **slimness** *n* minceur *f*.

slime [slaɪm] *n (mud)* vase *f*; *(sticky substance)* dépôt *m* visqueux; *(from snail)* bave *f*. ◆ **sliminess** *n* nature *f* vaseuse; viscosité *f*. ◆ **slimy** *adj (gen)* visqueux; *walls* suintant; *(muddy) stone, hands* couvert de vase; *(fig)* servile.

sling [slɪŋ] *(vb: pret, ptp* **slung**) **1** *n (catapult)* fronde *f*; *(child's)* lance-pierre *m inv*; *(Med)* écharpe *f*. **in a ~** en écharpe. **2** *vt* (**a**) *(throw)* lancer *(at sb* à *or* contre qn; *at sth* sur qch). (**b**) *(hang) hammock* suspendre; *load etc* hisser. **to ~ across one's shoulder** *rifle, satchel* mettre en bandoulière; *load, coat* rejeter par-dessus l'épaule. ◆ **sling out** * *vt sep person* flanquer * à la porte; *object* jeter.

slink [slɪŋk] *pret, ptp* **slunk** *vi:* **to ~ away/out** *etc* s'en aller/sortir *etc* furtivement. ◆ **slinkily** *adv walk* d'une démarche ondulante. ◆ **slinking** *adj* furtif. ◆ **slinky** * *adj woman* aguichant; *body* sinueux; *walk* ondulant; *dress* moulant.

slip [slɪp] **1** *n* (**a**) *(slide)* dérapage *m*; *(trip)* faux pas *m*; *(mistake)* erreur *f*, bévue *f*; *(oversight)* oubli *m*; *(moral)* écart *m*. **~ of the tongue, ~ of the pen**

lapsus *m*; **earth** ~ éboulement *m* (de terre); **to give sb the** ~ fausser compagnie à qn. (**b**) *(pillow* ~*)* taie *f* (d'oreiller); *(underskirt)* combinaison *f*. (**c**) **in the** ~**s** *(Naut)* sur cale *f*; *(Theat)* dans les coulisses *fpl*. (**d**) *(paper: in filing system etc)* fiche *f*. **a** ~ **of paper** *(small sheet)* un bout de papier; *(strip)* une bande de papier; *(fig)* **a mere** ~ **of a boy/girl** un gamin/une gamine.

2 *vi* (**a**) *(slide)* [person, food, hand, object] glisser *(on* sur; *out of* de); *(Aut)* [clutch] patiner. *(fig)* **money** ~**s through her fingers** l'argent lui file entre les doigts; **several errors had** ~**ped into the report** plusieurs erreurs s'étaient glissées dans le rapport; **to let** ~ **an opportunity** laisser échapper une occasion; **he let (it)** ~ **that...** il a laissé échapper que...; **he's** ~**ping** * *(getting old, less efficient)* il baisse; *(making more mistakes)* il ne fait plus assez attention. (**b**) *(move quickly)* **to** ~ **into/out of** *[person]* se glisser dans/hors de; *[vehicle]* se faufiler dans/hors de; **to** ~ **away** *[vehicle, boat]* s'éloigner doucement; *[person]* s'esquiver; **to** ~ **back** *[vehicle, boat]* revenir doucement; *[guest]* revenir discrètement; *[thief, spy]* revenir furtivement; **I'll just** ~ **through the garden** je vais passer par le jardin; **I must just** ~ **out for some cigarettes** il faut que je sorte un instant chercher des cigarettes; **she** ~**ped out to the shops** elle a fait un saut jusqu'aux magasins; **the secret** ~**ped out** le secret a été révélé par mégarde; **the words** ~**ped out before he realized it** les mots lui ont échappé avant même qu'il ne s'en rende compte; **the years** ~**ped past** les années passèrent; **to** ~ **into/out of a dress** enfiler/enlever (rapidement) une robe; *(fig)* **to** ~ **into bad habits** prendre insensiblement de mauvaises habitudes. **3** *vt* (**a**) *(slide)* coin, small object glisser *(to sb* à qn; *into* dans). **he** ~**ped the gun out of its holster** il a sorti le revolver de son étui; **the question was** ~**ped into the exam** l'épreuve a comporté cette question inattendue; *(Aut)* **to** ~ **the clutch** faire patiner l'embrayage. *(Med)* **a** ~**ped disc** une hernie discale. (**b**) *(escape)* [anchor, moorings] filer; *[dog]* collar se dégager de; *(Knitting)* stitch glisser. **to** ~ **sb's attention** *or* **notice** échapper à qn *(that* que); **it** ~**ped my memory** cela m'était complètement sorti de la tête.

◆ **slip up** * *vi (make mistake)* gaffer *, cafouiller *. ◆ **slipcovers** *npl* housses *fpl*. ◆ **slipknot** *n* nœud *m* coulant. ◆ **slip-on** *adj* facile à mettre. ◆ **slippery** *adj* glissant; *(fig pej)* person fuyant; **it's** ~**pery underfoot** le sol est glissant; *(fig pej)* **he's as** ~**pery as an eel** il glisse comme une anguille. ◆ **slippy** * *adj* glissant. ◆ **slip-road** *n* [motorway] bretelle *f* d'accès. ◆ **slipshod** *adj* person, work négligé; *dress* débraillé; *worker* négligent. ◆ **slipstream** *n* *(Aviat)* sillage *m*. ◆ **slip-up** * *n* gaffe * *f*, bévue *f*; *(in communications)* cafouillage * *m*. ◆ **slipway** *n* *(Naut)* cale *f*.

slipper ['slɪpəʳ] *n* pantoufle *f*; *(warmer)* chausson *m*.

slit [slɪt] *(vb: pret, ptp* **slit**) **1** *n (opening)* fente *f*; *(cut)* incision *f*; *(tear)* déchirure *f*. **2** *vt* fendre; inciser; déchirer; *sb's throat* trancher. **to** ~ **open** *letter* ouvrir; *sack* éventrer; **a** ~ **skirt** une jupe fendue. ◆ **slit-eyed** *adj* aux yeux bridés.

slither ['slɪðəʳ] *vi* [person, animal] glisser; [snake] onduler. **to** ~ **about** déraper.

sliver ['slɪvəʳ] *n* [glass, wood] éclat *m*; [cheese etc] lamelle *f*.

slob * [slɒb] *n* rustaud(e) *m(f)*.

slobber ['slɒbəʳ] *vi* baver.

sloe [sləʊ] *n* prunelle *f*. ~ **gin** eau-de-vie *f* de prunelle.

slog [slɒg] **1** *n (work)* long travail *m* pénible, travail de Romain *; *(effort)* gros effort *m*; *(task)* corvée *f*. **2** *vt* ball, opponent donner un grand coup à. **3** *vi* (**a**) *(work etc)* travailler très dur. **he** ~**ged**

through the book il s'est forcé à lire le livre; **to** ~ **away** travailler comme un nègre *; **to** ~ **away at sth** trimer * sur qch. (**b**) *(walk)* **to** ~ **along** avancer avec effort; **he** ~**ged up the hill** il a gravi la colline avec effort. ◆ **slogger** * *n (hard worker)* bosseur ‡ *m*, -euse ‡ *f*.

slogan ['sləʊgən] *n* slogan *m*.

slop [slɒp] **1** *n*: ~**s** *(for invalids)* bouillon *m*; *(dirty water)* eaux *fpl* sales; *(in teacup)* fond *m* de tasse. **2** *vt* répandre *(par mégarde)* *(onto* sur; *into* dans). **3** *vi* (~ **over**) déborder. ◆ **sloppily** *adv (carelessly)* sans soin; *(sentimentally)* avec sensiblerie. ◆ **sloppiness** *n (carelessness)* manque *m* de soin; *(sentimentality)* sensiblerie *f*. ◆ **sloppy** *adj food (trop)* liquide; *work* peu soigné, bâclé *; *appearance, language* négligé; *garment* trop grand; *(*: sentimental)* débordant de sensiblerie; *(sweater)* ~**py joe** * gros pull *m* vague.

slope [sləʊp] **1** *n* pente *f*. ~ **up** montée *f*; ~ **down** descente *f*; **on the** ~**s of Mount Etna** sur les flancs *mpl* de l'Etna; **the southern** ~**s of the Himalayas** le versant sud de l'Himalaya; **on the (ski)** ~**s** sur les pistes (de ski). **2** *vi* [ground, roof] être en pente; [handwriting] pencher. **to** ~ **up** monter; **to** ~ **down** descendre. **3** *vt* pencher, incliner.

◆ **sloping** *adj* ground, roof en pente; *handwriting* penché; *shoulders* tombant.

slosh * [slɒʃ] **1** *vt* water, paint répandre, flanquer * *(onto, over* sur; *into* dans). **2** *vi*: **to** ~ **about in water/ mud** patauger dans l'eau/la boue. ◆ **sloshed** ‡ *adj (drunk)* bourré ‡, soûl *.

slot [slɒt] **1** *n (slit: in machine, box etc)* fente *f*; *(groove)* rainure *f*; *(fig: in timetable etc)* heure *f*; *(Rad, TV)* créneau *m*. **2** *adj*: ~ **machine** *(selling things)* distributeur *m* (automatique); *(for amusement)* machine *f* à sous; ~ **meter** compteur *m* à paiement préalable. **3** *vt* object emboîter *(into* dans); *(fig)* insérer *(into a programme* dans une grille de programmes). **4** *vi* s'emboîter *(into* dans); *(fig)* s'insérer *(into* dans).

sloth [sləʊθ] *n* (**a**) paresse *f*. (**b**) *(animal)* paresseux *m*. ◆ **slothful** *adj* paresseux.

slouch [slaʊtʃ] *vi*: **to** ~ **in/out** *etc* entrer/sortir *etc* en se traînant; **he was** ~**ing in a chair** il était affalé dans un fauteuil; **she always** ~**es** elle ne se tient jamais droite; **stop** ~**ing!** tiens-toi droit!

slovenly ['slʌvnlɪ] *adj* person débraillé; *work* qui manque de soin. ◆ **slovenliness** *n* débraillé *m*; manque *m* de soin.

slow [sləʊ] **1** *adj (gen)* lent; *(fig)* track, surface lourd; *(boring)* party, novel, play ennuyeux; *person (phlegmatic)* flegmatique; *(stupid)* lent; *(Med)* child retardé. ~ **but sure** lent mais sûr; **a** ~ **train** un omnibus; **at a** ~ **speed** à petite vitesse; *(lit, fig)* **it's** ~ **going** on n'avance pas vite; **it's** ~ **work** c'est un travail qui avance lentement; **he's a** ~ **worker** il travaille lentement; ~ **to anger** lent à se mettre en colère; *(brain working* ~*ly)* ~ **to understand/ notice** *etc*, ~ **in understanding/noticing** *etc* lent à comprendre/remarquer *etc*; *(taking one's time)* ~ **to act/decide** *etc*, ~ **in acting/deciding** *etc* long à agir/ décider *etc*; **my watch is (10 minutes)** ~ ma montre retarde (de 10 minutes); **in a** ~ **oven** à four doux; *(Culin)* ~ **cooker** mijoteuse *f* électrique; **business is** ~ les affaires stagnent; *(Cine etc)* **in** ~ **motion** au ralenti. **2** *adv* lentement. **to go** ~ *[walker, vehicle]* aller lentement; *(be cautious)* y aller doucement; *(be less active)* ralentir ses activités; *(Ind)* faire la grève perlée; *[watch etc]* prendre du retard; **to go** ~**er** ralentir; ~-**acting/-burning** *etc* à action/combustion *etc* lente; **it is** ~-**acting** *etc* cela agit *etc* lentement. **3** *vt* (~ **down**, ~ **up**) *(gen)* retarder; *walker* faire ralentir; *vehicle, machine, traffic* ralentir; *horse* ralentir le pas de; *progress, production, negotiations, reaction* ralentir, retarder. **these interruptions have** ~**ed us down** ces interruptions nous ont retardés. **4** *vi* (**~ down, ~ off, ~ up**) ralentir. ◆ **slowcoach** *or (US)* ◆ **slow-poke** * *n (dawdler)* lambin(e) * *m(f); (dullard)* esprit lent. ◆ **slowdown** *n* ralentissement *m*. ◆ **slowly** *adv* lentement; *(little by little)* peu à peu; **~ly but surely** lentement mais sûrement; **to go** *(or work etc)* **more ~ly** ralentir. ◆ **slow-moving** *adj* lent. ◆ **slowness** *n* lenteur *f*. ◆ **slow-witted** *adj* qui a l'esprit lent. ◆ **slow-worm** *n* orvet *m*.

sludge [slʌdʒ] *n (mud, sediment)* boue *f; (sewage)* vidanges *fpl*.

slug [slʌg] **1** *n (Zool)* limace *f; (bullet)* balle *f; (blow)* coup *m*. **a ~ * of whisky** un coup * de whisky sec. **2** *vt* (*: hit)* frapper comme une brute.

sluggish ['slʌgɪʃ] *adj (gen)* lent; *(lazy)* paresseux; *engine* peu nerveux; *market, business* stagnant; *sales* difficile; *liver* paresseux. **to feel ~** se sentir mou. ◆ **sluggishly** *adv* lentement.

sluice [sluːs] **1** *n* écluse *f; (~ gate, ~ valve)* vanne *f; (~ way)* canal *m* (à vannes). **2** *vt* (**~ down**) laver à grande eau.

slum [slʌm] **1** *n (house)* taudis *m*. **the ~s** les quartiers *mpl* pauvres, les bas quartiers. **2** *adj*: **~ area** quartier *m* pauvre; **~ clearance** aménagement *m* des quartiers insalubres; **~ clearance campaign** campagne *f* pour la démolition des taudis. ◆ **slum-dweller** *n* habitant(e) *m(f)* des taudis. ◆ **slumlord** *n (US)* marchand de sommeil. ◆ **slummy** *adj* misérable, sordide.

slumber ['slʌmbəʳ] **1** *n (liter: also ~s)* sommeil *m*. **2** *adj (Comm)* **~ wear** lingerie *f* de nuit. **3** *vi* dormir paisiblement.

slump [slʌmp] **1** *n (gen)* baisse *f* soudaine *(in* de); *(Econ)* crise *f* économique; *(St Ex)* effondrement *m* des cours; *(in prices)* effondrement *(in* de). **the 1929 ~** la crise de 1929. **2** *vi* (**a**) *(gen)* baisser brutalement; *[prices]* s'effondrer. (**b**) (**~ down**) s'effondrer, s'affaisser *(into* dans; *onto* sur). **~ed on the floor** effondré par terre; **~ed over the wheel** affaissé sur le volant.

slung [slʌŋ] *pret, ptp of* **sling**.

slunk [slʌŋk] *pret, ptp of* **slink**.

slur [slɜːʳ] **1** *n (stigma)* atteinte *f (on* à); *(insult)* affront *m*. **it's no ~ on him to say...** ce n'est pas le calomnier que de dire... **2** *vt (join) sounds, words* lier à tort; *(Mus)* lier; *(indistinctly) word etc* mal articuler. **his speech was ~red** il n'arrivait pas à articuler. **3** *vi (fig)* **to ~ over sth** glisser sur qch.

slurp [slɜːp] *vti* boire à grand bruit.

slush [slʌʃ] **1** *n (snow)* neige *f* fondante; *(mud)* gadoue *f; (sentiment)* sentimentalité *f*. **2** *adj*: **~ fund** fonds *mpl* secrets, caisse *f* noire. ◆ **slushy** *adj* fondant, *(fig)* fadement sentimental.

slut [slʌt] *n (dirty)* souillon *f; (immoral)* salope ⚇ *f*. ◆ **sluttish** *adj appearance* de souillon; *behaviour* de salope ⚇.

sly [slaɪ] **1** *adj (wily)* rusé; *(secretive)* dissimulé; *(underhand)* sournois; *(mischievous)* espiègle. **2** *n*: **on the ~** en cachette, en douce *. ◆ **slyly** *adv* de façon rusée *or* dissimulée; sournoisement; avec espièglerie; *(in secret)* en cachette, en douce *. ◆ **slyness** *n* ruse *f*; dissimulation *f*; sournoiserie *f*; espièglerie *f*.

smack¹ [smæk] *vi*: **to ~ of sth** sentir qch.

smack² [smæk] **1** *n (slap)* tape *f; (stronger)* claque *f; (on face)* gifle *f; (sound)* bruit *m* sec. **it was a ~ in the eye for them** * *(snub)* c'était une gifle pour eux; *(setback)* c'était un revers pour eux; *(fig)* **to have a ~ at doing sth** * essayer de faire qch. **2** *vt person* donner une tape *or* une claque à. **to ~ sb's face** gifler qn; **to ~ sb's bottom** donner la fessée à qn; **to ~ one's lips** se lécher les babines. **3** *adv* (*) en plein. **~ in the middle** en plein milieu. ◆ **smacking** *n* fessée *f*; **to give sb a ~ing** donner une *or* la fessée à qn.

smack³ [smæk] *n (fishing ~)* bateau *m* de pêche.

small [smɔːl] **1** *adj* (**a**) *(gen)* petit; *audience, population* peu nombreux; *income, sum* modeste; *meal* léger; *waist* mince; *(morally mean) person, mind* mesquin, petit. **the ~est details** les moindres détails; **the ~est possible number of books** le moins de livres possible; **a ~ proportion of** un pourcentage limité *or* restreint de; **to grow** *or* **get ~er** *(gen)* diminuer; *[town, organization]* décroître; **to make ~er** *income, amount* diminuer; *organization* réduire; *garden, object, garment* rapetisser; *(Typ)* **in ~ letters** en minuscules *fpl* ; *(euph)* **the ~est room** le petit coin; **he is a ~ eater** il ne mange pas beaucoup; **~ shopkeeper/farmer** petit commerçant/cultivateur; **to feel ~** se sentir tout honteux; **to make sb feel ~** humilier qn; **~ ads** petites annonces *fpl; (TV)* **the ~ screen** le petit écran; **~ talk** papotage *m*; **he's got plenty of ~ talk** il a de la conversation; *V also* **print, way** *etc*. (**b**) *(little or no)* **to have ~ cause** *or* **reason to do** n'avoir guère de raisons de faire; **a matter of no ~ consequence** une affaire d'une grande importance. **2** *adv*: **to cut up ~** *paper* couper en tout petits morceaux; *meat* hacher menu. **3** *n*: **the ~ of the back** le creux des reins; *(Dress: esp Brit)* **~s** * dessous *mpl*, sous-vêtements *mpl*. ◆ **small-arms** *npl (Mil)* armes *fpl* portatives. ◆ **smallholder** *n (Agr)* ≃ petit cultivateur *m*. ◆ **smallholding** *n* ≃ petite ferme *f (de moins de deux hectares)*. ◆ **small-minded** *adj* mesquin. ◆ **small-mindedness** *n* mesquinerie *f*. ◆ **smallness** *n [person]* petite taille *f; [hand, foot, object]* petitesse *f; [income, sum, contribution etc]* modicité *f*. ◆ **smallpox** *n* variole *f*. ◆ **small-scale** *adj* peu important; *undertaking* de peu d'importance. ◆ **small-time** *adj* peu important; **a ~-time crook** un escroc à la petite semaine. ◆ **small-town** *adj (pej)* provincial.

smarm * [smɑːm] *vi (Brit)* **to ~ over sb** flagorner qn. ◆ **smarmy** * *adj* flagorneur.

smart [smɑːt] **1** *adj* (**a**) *(not shabby) (gen)* chic *inv*, élégant; *hotel, shop, car, house* élégant; *(fashionable)* à la mode. **she was looking very ~** elle était très élégante *or* très chic; **the ~ set** le grand monde. (**b**) *(clever)* intelligent, dégourdi *; (shrewd)* malin; *(pej)* retors. **~ card** * carte *f* à mémoire; **a ~ lad** *, (US)* **a ~ guy** * un malin; **he's trying to be ~** il fait le malin; **he's too ~ for me** il est beaucoup trop futé pour moi. (**c**) *(quick)* pace vif, rapide; *action* prompt. **that was ~ work!** tu n'as pas *(or* il n'a pas *etc)* mis longtemps!; **look ~ about it!** remue-toi! * **2** *vi [cut, graze]* brûler; *[iodine etc]* piquer; *(fig: feel offended)* être piqué au vif. **my eyes were ~ing** j'avais les yeux qui me brûlaient *or* piquaient; **to ~ under an insult** ressentir vivement une insulte. ◆ **smart-alec(k)** * *n* bêcheur * *m*. ◆ **smarten (up) 1** *vt (beautify) house, town* (bien) arranger; *child* pomponner; *(speed up)* accélérer ; **2** *vi [person]* se faire beau. ◆ **smartly** *adv (elegantly)* avec beaucoup de chic *or* d'élégance; *(cleverly)* astucieusement; *(quickly) move* vivement; *answer* du tac au tac. ◆ **smartness** *n (in appearance etc)* chic *m*, élégance *f; (cleverness)* intelligence *f*, astuce *f; (quickness)* promptitude *f*. ◆ **smarty** * *n* bêcheur * *m*, -euse * *f*.

smash [smæʃ] **1** *n* (**a**) *(sound)* fracas *m; (blow)* coup *m* violent; *(Tennis etc)* smash *m*. (**b**) *(also* **~-up** *)* accident *m*. **car/rail ~** accident de voiture/de chemin de fer. (**c**) *(Econ, Fin: collapse)* effondrement *m (financier); (St Ex)* krach *m*. **2** *adj*: **it was a ~ hit** * cela a eu un succès foudroyant; **the ~ hit** * **of the year** le succès de l'année. **3** *adv* (*) en plein. **~ into a wall** en plein dans un mur. **4** *vt (break)* casser, briser; *(shatter)* fracasser; *(fig) spy ring etc* détruire; *hopes* ruiner; *enemy* écraser; *opponent, sports record* pulvériser. **to ~ sth to pieces** *or* **to bits**

briser qch en mille morceaux; *(Tennis)* **he ~ed the ball into the net** il a envoyé son smash dans le filet. **5** *vi [cup etc]* se briser (en mille morceaux), se fracasser. **the car ~ed into the tree** la voiture s'est écrasée contre l'arbre.
◆ **smash down** *vt sep door, fence* fracasser.
◆ **smash in** *vt sep door* enfoncer. **to ~ sb's face in** * casser la figure à qn *. ◆ **smash up** *vt sep room etc* tout casser dans; *car* accidenter, bousiller *.
◆ **smash-and-grab (raid)** *n* cambriolage *m* (commis en brisant une devanture). ◆ **smasher** ‡ *n*: **to be a ~er** *(in appearance)* être vachement ‡ beau; *(in character etc)* être vachement chouette ‡; **it's a ~er** c'est sensationnel *.
◆ **smashing** * *adj* formidable *, terrible *.

smattering ['smæt(ə)rɪŋ] *n*: **a ~ of** quelques connaissances *fpl* vagues en.

smear [smɪəʳ] **1** *n* trace *f*; *(longer)* traînée *f*; *(dirty mark)* tache *f*; *(slander)* diffamation *f (on, against* de) ; **this ~ on his reputation** cette atteinte à sa réputation. *(Med)* frottis *m*. **2** *adj tactics* diffamatoire. **~ campaign** campagne *f* de diffamation. **3** *vt (a) butter etc* étaler *(on sur)*. **to ~ cream on one's hands** s'enduire les mains de crème; **he ~ed his face with mud** il s'est barbouillé le visage de boue; **hands ~ed with ink** mains barbouillées d'encre. **(b)** *page of print* maculer; *wet paint* faire une marque sur; *lettering* étaler (accidentellement). *(fig)* **to ~ sb** porter atteinte à la réputation de qn. **4** *vi [ink, paint]* se salir.

smell [smel] *(vb: pret, ptp* **smelled** *or* **smelt¹)** **1** *n (sense of ~)* odorat *m*; *(odour)* odeur *f*; *(stench)* mauvaise odeur. **he has no sense of ~** il n'a pas d'odorat; **it has a nice/nasty ~** cela sent bon/ mauvais; **what a ~ in here!** que ça sent mauvais ici!; **a ~ of burning** une odeur de brûlé. **2** *vt* sentir; *(fig) danger* pressentir; *(sniff at)* sentir, renifler; *[animal]* flairer. **he could ~ or he smelt sth burning** il sentait que qch brûlait; **he smelt the meat to see if it were bad** il a senti *or* reniflé la viande pour voir si elle était encore bonne; **the dog could ~ the bone** le chien a flairé l'os; *(fig)* **to ~ a rat** soupçonner qch. **3** *vi* **(a)** **to ~ at sth** renifler qch. **(b)** **it doesn't ~ at all** *[mixture etc]* ça ne sent rien, ça n'a pas d'odeur; *[gas]* c'est inodore; **these socks ~** ces chaussettes sentent mauvais; **his breath ~s** il a mauvaise haleine; **that ~s like chocolate** ça sent le chocolat; **to ~ of onions** sentir l'oignon; **to ~ good** *or* **sweet** sentir bon; **to ~ bad** sentir mauvais; **it ~s delicious!** ça embaume!; **it ~s dreadful!** ça pue!; *(fig)* **that deal ~s a bit** * cette affaire semble plutôt louche; **that idea ~s!** ‡ cette idée ne vaut rien!; **he ~s!** ‡ * c'est un sale type! *
◆ **smell out** *vt sep* **(a)** *[dog etc]* découvrir en flairant; *[person] criminal, treachery* découvrir. **(b)** **it's ~ing the room out** ça empeste la pièce.
◆ **smelling salts** *npl* sels *mpl*. ◆ **smelly** *adj* qui sent mauvais; **to be ~y** sentir mauvais; *(stronger)* puer.

smelt² [smelt] *vt ore* fondre; *metal* extraire par fusion. ◆ **smelting** *n* fonte *f*; extraction *f* par fusion; **~ing works** fonderie *f*.

smidgen ['smɪdʒən] *n*: **a ~ of** un tout petit peu de.

smile [smaɪl] **1** *n* sourire *m*. **he said with a ~** dit-il en souriant; **he had a happy ~ on his face** il avait un sourire heureux; **to give sb a ~** faire un sourire à qn; **she gave a little ~** elle a eu un petit sourire; **to be all ~s** être tout souriant *or* tout sourire; **take that ~ off your face!** arrête donc de sourire comme ça! **2** *vi* sourire *(at, to sb* à qn; *at sth* de qch). **to keep smiling** garder le sourire. ◆ **smiling** *adj* souriant. ◆ **smilingly** *adv* en souriant.

smirk [smɜːk] **1** *n* petit sourire *m (self-satisfied)* satisfait *or (knowing)* narquois *or (affected)* affecté. **2** *vi* sourire d'un air satisfait *etc*.

smith [smɪθ] *n (shoes horses)* maréchal-ferrant *m*; *(forges iron)* forgeron *m*. ◆ **smithy** *n* forge *f*.

smithereens [ˌsmɪðəˈriːnz] *npl*: **to smash sth to ~** briser qch en mille morceaux; **in ~** brisé en mille morceaux.

smitten ['smɪtn] *adj*: **to be ~ with** *remorse, desire* être pris de; *terror, deafness* être frappé de; *(*) *sb's beauty* être enchanté par; *idea* s'enthousiasmer pour; *(in love) person* être toqué * de.

smock [smɒk] *n (dress, overall, maternity top)* blouse *f*; *(maternity dress)* robe *f* de grossesse. ◆ **smocking** *n* smocks *mpl*.

smog [smɒg] *n* smog *m*.

smoke [sməʊk] **1** *n* **(a)** fumée *f*. **there's no ~ without fire** il n'y a pas de fumée sans feu; **to go up in ~** *[house etc]* brûler; *[plans, hopes etc]* partir en fumée. **(b)** **to have a ~** fumer une cigarette *(or* une pipe *etc)*. **2** *adj*: **~ bomb** obus *m* fumigène; **~ detector** détecteur *m* de fumée; **~ pollution** *(Ind)* pollution *f* par les fumées; *(tobacco)* pollution par la fumée de tabac; **~ screen** *(Mil)* rideau *m* de fumée; *(fig)* paravent *m (fig)*; **~ signal** signal *m* de fumée. **3** *vi (all senses)* fumer. **4** *vt (all senses)* fumer. **he ~s cigarettes/a pipe** il fume la cigarette/ la pipe; **~d salmon** saumon *m* fumé.
◆ **smoke out** *vt sep insects, snake etc* enfumer.
◆ **smokeless** *adj*: **~less fuel** combustible *m* non polluant; **~less zone** zone *f* où l'usage de combustibles solides est réglementé. ◆ **smoker** *n* **(a)** fumeur *m*, -euse *f*; **~r's cough** toux *f* de fumeur; **heavy ~r** grand fumeur; **(b)** *(Rail)* wagon *m* fumeurs. ◆ **smokestack** *n* cheminée *f (extérieure)*; **~stack industries** industries *fpl* traditionnelles.
◆ **smoking** *n* tabagisme *m*; '**no smoking**' 'défense de fumer'; **smoking can damage your health** le tabac est nuisible à la santé; **to give up smoking** arrêter de fumer. ◆ **smoky** *adj atmosphere, room* enfumé; *fire* qui fume; *glass* fumé.

smolder ['sməʊldəʳ] *vi (US)* = **smoulder**.

smooth [smuːð] **1** *adj* **(a)** *(gen)* lisse; *surface* lisse, égal; *road* à la surface égale; *(hairless)* chin glabre; *paste, sauce* onctueux; *flavour, wine* moelleux; *voice, sound* doux. **(b)** *movement etc* régulier, sans à-coups; *takeoff* en douceur; *flight* confortable; *sea crossing, trip* par mer calme; *breathing, pulse* régulier; *day, life* calme. **~ running** *[machinery etc]* bon fonctionnement; *[organization]* bonne marche; *(fig)* **the way is now ~** il n'y a plus d'obstacles maintenant. **(c)** *(suave) person* doucereux, mielleux. **he's a ~ operator** * il sait s'y prendre; **a ~ talker** un beau parleur.
2 *vt* **(a)** **(~ down)** *sheets, pillow, hair* lisser; *wood* rendre lisse. *(fig)* **to ~ the way for sb** aplanir le terrain pour qn. **(b)** **to ~ cream into one's skin** faire pénétrer la crème dans la peau.
◆ **smooth out** *vt sep dress* défroisser; *wrinkles, creases* faire disparaître; *difficulties* aplanir.
◆ **smooth over** *vt sep (fig)* **to ~ things over** arranger les choses.
◆ **smoothie** ‡ *n (pej)* beau parleur. ◆ **smoothly** *adv (easily)* facilement; *(gently)* doucement; *move* sans à-coups; *talk, say* doucereusement; **everything is going ~ly** tout marche comme sur des roulettes; **it went off ~ly** cela s'est bien passé.
◆ **smoothness** *n* qualité *f or* aspect *m* lisse *or* égal(e); moelleux *m*; douceur *f*; *[sea]* calme *m*; rythme *m* régulier; régularité *f*; caractère *or* ton doucereux. ◆ **smooth-running** *adj engine, machinery* qui n'a pas d'à-coups; *business, scheme* qui marche bien. ◆ **smooth-spoken** *or* ◆ **smooth-tongued** *adj* enjôleur.

smother ['smʌðə'] **1** vt (**a**) (stifle) étouffer. (**b**) (cover) couvrir (with, in de). **2** vi mourir étouffé.

smoulder ['sməuldə'] vi couver.

smudge [smʌdʒ] **1** n (légère) tache f. **2** vt face salir; print maculer; paint faire une marque sur; writing étaler accidentellement. **3** vi se salir; se maculer; s'étaler.

smug [smʌg] adj person suffisant; optimism, satisfaction béat. ◆ **smugly** adv avec suffisance. ◆ **smugness** n [person] suffisance f; [voice, reply] ton m suffisant.

smuggle ['smʌgl] **1** vt tobacco, drugs passer en contrebande. **to ~ in** etc goods faire entrer etc en contrebande; (fig) letters, person, animal faire entrer etc clandestinement; **to ~ sth past** or **through the customs** passer qch en contrebande. **2** vi faire de la contrebande. ◆ **smuggler** n contrebandier m, -ière f. ◆ **smuggling** n [goods] contrebande f (action); [drugs] trafic m.

smut [smʌt] n (dirt) petite saleté f; (soot) flocon m de suie; (mark) tache f de suie; (in conversation etc) cochonneries * fpl. ◆ **smutty** adj object noirci; joke, film cochon *.

snack [snæk] n casse-croûte m inv; (party ~) amuse-gueule m. **to have a ~** manger un petit quelque chose. ◆ **snack-bar** n snack m.

snag [snæg] n (drawback) inconvénient m; (tear: in cloth) accroc m; (in stocking) fil m tiré. **there's a ~ in it** il y a un inconvénient or une difficulté là-dedans; **to hit a ~** tomber sur un os *; **that's the ~!** voilà la difficulté!; **the ~ is that...** l'embêtant *, c'est que...

snail [sneɪl] n escargot m. **at a ~'s pace** à un pas de tortue.

snake [sneɪk] n serpent m. (fig) ~ **in the grass** traître(sse) m(f); (US) ~ **oil** (quack remedy) remède m de charlatan; (nonsense) inepties fpl. ◆ **snakebite** n morsure f de serpent. ◆ **snake-charmer** n charmeur m de serpent. ◆ **snakes-and-ladders** n jeu m de l'oie. ◆ **snakeskin** n peau f de serpent.

snap [snæp] **1** n (**a**) (noise) bruit m sec. **with a ~ of his fingers he...** faisant claquer ses doigts il...; (Met) **a cold ~** une brève vague de froid. (**b**) (~shot) photo f (d'amateur). (**c**) (Cards) (jeu m de) bataille f. (**d**) (US: easy) **it's a ~** c'est facile comme tout. **2** adj (**a**) vote, strike subit; judgment, answer irréfléchi. (**b**) (US *: easy) facile comme tout. **to make a ~ decision** se décider tout d'un coup. **3** vi (**a**) (break) se casser net or avec un bruit sec. (**b**) [whip, elastic] claquer. **to ~ open** s'ouvrir avec un bruit sec; **to ~ back into place** revenir à sa place avec un claquement. (**c**) **to ~ at sb** [dog] essayer de mordre qn; [person] parler à qn d'un ton brusque. **4** vt (**a**) (break) casser net or avec un bruit sec. (**b**) **to ~ one's fingers** faire claquer ses doigts; (fig) **to ~ one's fingers at sb** faire la nique à qn; **to ~ sth open/shut** ouvrir/fermer qch d'un coup sec. (**c**) **'shut up!' he** ~ped 'silence!' fit-il avec brusquerie.
◆ **snap off** vt sep casser net. (fig) **to ~ sb's head off** rabrouer qn, rembarrer * qn. ◆ **snap out 1** vi: **to ~ out of *** se sortir de; ~ **out of it!** * secoue-toi! * **2** vt sep question/order poser/lancer d'un ton brusque. ◆ **snap up** vt sep [dog etc] happer; (fig) bargain sauter sur.
◆ **snapdragon** n gueule-de-loup f. ◆ **snap-fastener** n (on clothes) pression f; (on handbag etc) fermoir m. ◆ **snapshot** n photo f (d'amateur).
◆ **snappish** adj hargneux, cassant. ◆ **snappy** adj reply bien envoyé; phrase, slogan qui a du punch *; **look ~y!** grouille-toi! *

snare [snɛə'] **1** n piège m. ~ **drum** tambour m à timbre. **2** vt prendre au piège.

snarl¹ [snɑːl] **1** vi [dog] gronder en montrant les dents; [person] lancer un grondement (at sb à qn). **2** vt: 'no' he ~ed 'non' dit-il avec hargne. **3** n grondement m féroce.

snarl² [snɑːl] **1** n (in wool etc) nœud m; (in traffic: ~-up) embouteillage m. **2** vt: **to get ~ed up** [wool etc] s'emmêler; [traffic] se bloquer.

snatch [snætʃ] **1** n (**a**) [jewellery, wages etc] vol m (à l'arraché); [child etc] enlèvement m. **there was a wages** ~ des voleurs se sont emparés des salaires. (**b**) (small piece) fragment m. **a ~ of music/poetry** quelques mesures fpl/vers mpl; **a ~ of conversation** des bribes fpl de conversation; **to work in** ~**es** travailler par à-coups. (**c**) (Weightlifting) arraché m. **2** vt (grab) object saisir, s'emparer (brusquement) de; few minutes' peace, short holiday réussir à avoir; opportunity sauter sur; kiss voler (from sb à qn); sandwich, drink avaler à la hâte; (steal) voler (from sb à qn); (kidnap) enlever. **to ~ sth from sb** arracher qch à qn; **to ~ some sleep** réussir à dormir un peu; **to ~ a meal** déjeuner (or dîner) à la hâte. **3** vi: **to ~ at** object essayer de saisir; opportunity sauter sur. ◆ **snatch away** vt sep enlever d'un geste brusque. ◆ **snatch up** vt sep ramasser vivement.

sneak [sniːk] **1** n (*) rapporteur * m, -euse * f. **2** adj attack, visit subreptice. ~ **thief** chapardeur * m, -euse * f. **3** vi (**a**) **to ~ in/out** etc entrer/sortir etc à la dérobée; **to ~ into the house** se faufiler dans la maison. (**b**) (*) moucharder * (on sb qn). **4** vt: **to ~ a look at sth** lancer un coup d'œil furtif à qch; **he was ~ing a cigarette** il était en train de fumer en cachette. ◆ **sneaker** * n (chaussure f de) tennis f. ◆ **sneaking** adj dislike, preference inavoué, secret; **I had a ~ing feeling that** je ne pouvais m'empêcher de penser que; **to have a ~ing suspicion that** soupçonner secrètement que.
◆ **sneaky** * adj sournois.

sneer [snɪə'] **1** vi ricaner. **to ~ at sb** se moquer de qn d'un air méprisant; **to ~ at sth** tourner qch en ridicule. **2** n (act) ricanement m; (remark) sarcasme m. ◆ **sneering 1** adj ricaneur, sarcastique ; **2** n ricanements mpl, sarcasmes mpl.
◆ **sneeringly** adv de façon sarcastique.

sneeze [sniːz] **1** n éternuement m. **2** vi éternuer. (fig) **it is not to be ~d at** ce n'est pas à dédaigner.

snide [snaɪd] adj narquois.

sniff [snɪf] **1** n reniflement m. **one ~ of that is enough to kill you** il suffit de respirer cela une fois pour en mourir. **2** vi renifler; (disdainfully) faire la grimace. **to ~ at sth** [dog, person] renifler qch; (fig) faire la grimace à qch; **it's not to be ~ed at** ce n'est pas à dédaigner. **3** vt [dog] renifler, flairer; [person] food, bottle renifler; (suspiciously) air, perfume humer; smelling salts, glue etc respirer; drug, inhalant etc aspirer.
◆ **sniffle 1** n (slight cold) petit rhume m (de cerveau) ; **2** vi renifler. ◆ **sniffy *** adj (**a**) (disdainful) dédaigneux; **to be ~y about sth** faire le (or la) dégoûté(e) devant qch; (**b**) (smelly) qui a une drôle d'odeur.

snigger ['snɪgə'] **1** n rire m en dessous. **2** vi pouffer de rire. **to ~ at** remark, question pouffer de rire en entendant; sb's appearance etc se moquer de. ◆ **sniggering** n rires mpl en dessous.

snip [snɪp] **1** n (**a**) (cut) petit coup m; (small piece) petit bout m; (**b**) (*: bargain) bonne affaire f; (Racing) gagnant m sûr. **2** vt couper.

snipe [snaɪp] **1** n (pl inv: bird) bécassine f. **2** vi: **to ~ at sb/sth** (shoot) canarder * qn/qch; (fig: verbally) critiquer qn/qch par en dessous. ◆ **sniper** n tireur m isolé.

snippet ['snɪpɪt] n [cloth, paper] petit bout m; [conversation, news] bribes fpl.

snivel ['snɪvl] vi pleurnicher. ◆ **sniveller** n pleurnicheur m, -euse f. ◆ **snivelling 1** adj pleurnicheur ; **2** n pleurnicheries fpl.

snob [snɒb] n snob mf. **he's a terrible** ~ il est terriblement snob. ◆ **snobbery** n snobisme m.
◆ **snobbish** adj (gen) snob inv; lowly placed person très impressionné par les gens importants (or riches etc). ◆ **snobbishness** n snobisme m.
◆ **snobby** * adj snob inv.

snog ‡ [snɒg] vi (Brit) se peloter *.

snooker ['snuːkəʳ] n ≃ jeu m de billard.

snoop [snuːp] vi se mêler des or fourrer son nez * dans les affaires des autres. **he's been ~ing around here again** il est revenu fourrer son nez * par ici; **to ~ on sb** espionner qn. ◆ **snooper** n personne f qui fourre son nez * partout.

snooze * [snuːz] **1** n petit somme m. **2** vi sommeiller.

snore [snɔːʳ] **1** vi ronfler (en dormant). **2** n (also **snoring**) ronflement m.

snorkel ['snɔːkl] n (Sport) tuba m.

snort [snɔːt] **1** vi [horse etc] s'ébrouer; [person] grogner; (laughing) s'étrangler de rire. **2** n ébrouement m; grognement m. ◆ **snorter** * n (a) a ~er of a question/problem une question/un problème vache ‡; a ~er of a game un match formidable *; (b) (drink) petit verre m.

snot * [snɒt] n morve f. ◆ **snotty** * adj nose qui coule; face, child morveux.

snout [snaʊt] n museau m.

snow [snəʊ] **1** n neige f; (on TV screen) neige; (Drugs sl) neige ‡, cocaïne f. **hard/soft** ~ neige dure/ molle; ~ **blower** chasse-neige m inv à soufflerie; (Met) ~ **report** bulletin m d'enneigement; ~ **tyre** or (US) **tire** pneu-neige m, pneu clouté. **2** vi neiger. **3** vt: **to be ~ed in** or **up** être bloqué par la neige; (fig) **to be ~ed under** être submergé (with de).
◆ **snowball 1** n boule f de neige; ~**ball fight** bataille f de boules de neige ; **2** vi se lancer des boules de neige; (fig) [project etc] faire boule de neige. ◆ **snow-blindness** n cécité f des neiges.
◆ **snowbound** adj road, country complètement enneigé; village, person bloqué par la neige. ◆ **snow-capped** adj couronné de neige. ◆ **snowcat** or (US) ◆ **snowmobile** n autoneige f. ◆ **snow-covered** adj enfoui sous la neige.
◆ **snowdrift** n congère f. ◆ **snowdrop** n perce-neige m inv. ◆ **snowfall** n chute f de neige. ◆ **snowflake** n flocon m de neige. ◆ **snowline** n limite f des neiges (éternelles). ◆ **snowman** n bonhomme m de neige; **the abominable** ~**man** l'abominable homme m des neiges. ◆ **snowplough** or (US) ◆ **snowplow** n chasse-neige m inv. ◆ **snowshoe** n raquette f. ◆ **snowslide** n avalanche f. ◆ **snowstorm** n tempête f de neige.
◆ **snow-white** adj blanc comme neige. ◆ **Snow White** n Blanche-Neige f. ◆ **snowy** adj weather, region neigeux; hills, roof enneigé; day etc de neige; (fig) linen neigeux; hair de neige; **it was very ~y yesterday** il a beaucoup neigé hier.

snub¹ [snʌb] **1** n rebuffade f. **2** vt person snober; offer repousser. **to be ~bed** essuyer une rebuffade.

snub² [snʌb] adj nose retroussé. ◆ **snub-nosed** adj au nez retroussé.

snuff [snʌf] n tabac m à priser. **pinch of** ~ prise f; **to take** ~ priser. ◆ **snuffbox** n tabatière f.

snug [snʌg] adj (cosy) douillet, confortable; (safe) harbour bien abrité; hideout très sûr. **it's nice and** ~ **here** il fait bon ici; ~ **in bed** bien au chaud dans son lit. ◆ **snuggle** vi (~gle down, ~gle up) se blottir (into sth dans qch; beside sb contre qn).
◆ **snugly** adv douillettement, confortablement; **to fit** ~**ly** [garment] être bien ajusté; [object in box etc] rentrer juste bien.

so [səʊ] **1** adv (a) (to such an extent) si, tellement, aussi. ~ **tiring** si or tellement fatigant; **he was** ~ clumsy that he... il était si or tellement maladroit qu'il...; **the body was** ~ **burnt that it...** le cadavre était brûlé à un point tel qu'il...; **he** ~ **loves her that he...** il l'aime tant or tellement qu'il...; ~... **as to** + infin assez... pour + infin; **he was** ~ **stupid as to tell her** il a été assez stupide pour le lui dire; **he was not** ~ **stupid as to say that to her** il n'a pas été bête au point de lui dire cela; **he is not** ~ **clever as his brother** il n'est pas aussi or si intelligent que son frère; **it's not** ~ **big as all that!** ce n'est pas si grand que ça!
(b) (~ as to, ~ that) ~ **as to do** pour faire; ~ **as not to be late** pour ne pas être en retard; ~ **that** (purpose) pour + infin, pour que + subj; (result) si bien que + indic; **I'm going early** ~ **that I'll get a ticket** j'y vais tôt pour obtenir un billet; **I brought it** ~ **that you could read it** je l'ai apporté pour que vous le lisiez; **he refused to move,** ~ **that the police had to carry him away** il a refusé de bouger, si bien que les agents ont dû l'emporter de force.
(c) (very) si, tellement. **I'm** ~ **tired!** je suis si or tellement fatigué!; ~ **very tired** vraiment si fatigué; ~ **much to do** tellement or tant de choses à faire.
(d) (thus, in this way) ainsi, comme ceci or cela. **you should stand just** ~ vous devriez vous tenir ainsi or comme ceci; **he likes everything to be just** ~ il aime que tout soit fait comme ça et pas autrement *; **as A is to B** ~ **C is to D** C est à D ce que A est à B; ~ **it was that...** c'est ainsi que...; (frm) ~ **be it** soit; **it** ~ **happened that** il s'est trouvé que.
(e) (phrases) ~ **saying...** sur ces mots...; ~ **I believe** c'est ce qu'il me semble; **is that** ~? vraiment?; **that is** ~ c'est exact; **if that is** ~... s'il en est ainsi...; **if** ~ si oui; **perhaps** ~ peut-être bien que oui; **just** ~! **, quite** ~! exactement!; **I told you** ~ yesterday je vous l'ai dit hier; **I told you** ~! je vous l'avais bien dit!; **he certainly said** ~ il l'a bien dit; **do** ~ faites-le; **I think** ~ je (le) crois, je (le) pense; **I hope** ~ (answering) j'espère que oui; (agreeing) je l'espère bien; ... **only more** ~ ... mais encore plus; **how** ~? comment?; **he said they would be there and** ~ **they were** il a dit qu'ils seraient là, et en effet ils y étaient; ~ **do I,** ~ **have I,** ~ **am I!** etc moi aussi!; ~ **he did!** (or ~ **it is!** etc) en effet!; **I didn't say that! — you did** ~! * je n'ai pas dit ça! — mais si tu l'as dit!; **20 or** ~ à peu près 20, environ 20, une vingtaine; **and** ~ **on (and** ~ **forth)** et ainsi de suite; ~ **long!** * à bientôt!
2 conj donc, par conséquent; alors. **he was late,** ~ **he missed the train** il est arrivé en retard, donc or par conséquent il a manqué le train; ~ **there he is!** le voilà donc!; **the roads are busy,** ~ **be careful** il y a beaucoup de circulation, alors fais bien attention; ~ **you're selling it?** alors vous le vendez?; **and** ~ **you see...** alors comme vous voyez...; ~ **what?** * et alors?
◆ **so-and-so** n: **Mr S~-and-~** * Monsieur un tel; **Mrs S~-and-~** * Madame une telle; **he's an old** ~-**and-~** * c'est un vieil imbécile; **if you ask me to do** ~-**and-~** si vous me demandez de faire ci et ça. ◆ **so-called** adj soi-disant inv, prétendu.
◆ **so-so** * adj comme ci comme ça.

soak [səʊk] **1** vt (a) faire tremper (in dans). **to be** ~**ed through** être trempé; **to be/get** ~**ed to the skin** être trempé/se faire tremper jusqu'aux os; **bread** ~**ed in milk** pain m imbibé de lait. (b) (‡: take money from) (by overcharging) estamper ‡. (by taxation) **to** ~ **the rich** faire casquer * les riches. **2** vi tremper (in dans). **3** n (‡: drunkard) soûlard * m. ◆ **soak in** vi [liquid] pénétrer. (fig) **I told him what I thought and left it to** ~ **in** * je lui ai donné mon opinion et je l'ai laissé méditer dessus.

◆ **soak up** vt sep (lit, fig) absorber. ◆ **soaking (wet)** adj trempé.

soap [səʊp] **1** n (**a**) savon m. (**b**) (TV) feuilleton m mélo. **2** vt (~ **down**) savonner. ◆ **soapbox** n (**a**) (lit) caisse f à savon; (fig: for speaker) tribune f improvisée; ~**box orator** orateur m de carrefour; (**b**) (go-cart) auto f sans moteur. ◆ **soapdish** n porte-savon m. ◆ **soapflakes** npl paillettes fpl de savon. ◆ **soap-opera** n feuilleton m mélo. ◆ **soap-powder** n lessive f. ◆ **soapsuds** npl (lather) mousse f de savon; (~y water) eau f savonneuse. ◆ **soapy** adj water savonneux; taste de savon; (* fig pej) person doucereux.

soar [sɔːʳ] vi (often ~ **up**) [bird, aircraft, prices etc] monter en flèche; [ball etc] voler (over par-dessus); [tower] s'élancer vers le ciel; [ambitions, hopes] grandir démesurément; [spirits, morale] remonter en flèche. ◆ **soaring** adj qui monte en flèche; élancé.

sob [sɒb] **1** vi sangloter. **2** vt dire en sanglotant. **3** n sanglot m. **4** adj: ~ **story** * histoire f à (vous) fendre le cœur; ~ **stuff** * mélo * m, sensiblerie f. ◆ **sobbing 1** n sanglots mpl ; **2** adj sanglotant.

sober ['səʊbəʳ] **1** adj (**a**) (moderate) person sérieux; estimate, statement modéré; occasion solennel; suit, colour sobre. **the ~ truth** la vérité toute simple; **the ~ fact of the matter** les faits tels qu'ils sont; **in a ~ mood** plein de gravité. (**b**) (not drunk) **I'm perfectly ~** je n'ai vraiment pas trop bu; **he's never ~** il est toujours ivre; **he is ~ now** il est désenivré maintenant; **to be as ~ as a judge, to be stone-cold ~** n'être absolument pas ivre. **2** vt (~ **up**) (**a**) (calm) calmer; (deflate) dégriser. (**b**) (stop being drunk) désenivrer. **3** vi (~**up**) (calm down) se calmer; (grow sadder) être dégrisé; (stop being drunk) désenivrer. (fig) **it had a ~ing effect on him** ça lui a donné à réfléchir. ◆ **soberly** adv speak, say avec modération; behave, act de façon posée; furnish, dress sobrement. ◆ **soberness** or ◆ **sobriety** n sérieux m; modération f; sobriété f.

soccer ['sɒkəʳ] **1** n football m, foot * m. **2** adj match, pitch, team de football, de foot *; season du football. ~ **player** footballeur m.

sociable ['səʊʃəbl] adj person, animal sociable; evening, gathering amical. **I'll have a drink just to be ~** je prendrai un verre rien que pour vous faire plaisir; **I'm not feeling very ~** je n'ai pas envie de voir des gens. ◆ **sociability** n sociabilité f. ◆ **sociably** adv invite, say amicalement.

social ['səʊʃ(ə)l] **1** adj (**a**) behaviour, class, problems, customs, reforms social. **a ~ outcast** un paria; ~ **administration** administration f sociale; ~ **anthropology** anthropologie f sociale; ~ **benefits** prestations fpl sociales; **S~ Democracy** social-démocratie f; **S~ Democrat** social-démocrate mf; (US) ~ **insurance** sécurité f sociale; ~ **science** sciences fpl humaines; ~ **scientist** spécialiste mf des sciences humaines; ~ **security** (n) aide f sociale; (adj) benefits etc de la sécurité sociale; **to be on ~ security** * recevoir l'aide sociale; **the ~ services** les services mpl sociaux; **Department of S~ Services** ministère m des Affaires sociales; ~ **studies** sciences sociales; ~ **welfare** sécurité sociale; ~ **work** assistance f sociale; ~ **worker** assistant(e) m(f) de service social, assistant(e) social(e). (**b**) (in society) engagements, life mondain. ~ **climber** (still climbing) arriviste mf; (arrived) parvenu(e) m(f); (Press) ~ **column** carnet m mondain; **to be a ~ drinker** boire seulement en société; **a gay ~ life** une vie très mondaine; **we've got no ~ life** nous ne sortons jamais; **how's your ~ life?** * est-ce que tu sors beaucoup? (**c**) (gregarious) person sociable; evening agréable. ~ **club** association f amicale; ~ **mobility** mobilité sociale f; (US) **the ~ register** ≃ le bottin mondain. **2** n fête f.

socialism n socialisme m. ◆ **socialist** adj, n socialiste (mf). ◆ **socialite** n personnalité f en vue dans la haute société. ◆ **socialize 1** vt (Pol, Psych) socialiser ; **2** vi (be with people) fréquenter des gens; (make friends) se faire des amis; (chat) bavarder (with sb avec qn). ◆ **socially** adv interact, be valid socialement; acceptable en société; **I know him ~ly** nous nous rencontrons en société.

society [sə'saɪətɪ] **1** n (**a**) (community) société f. **to live in ~** vivre en société; **it is a danger to ~** cela met la société en danger. (**b**) (high ~) haute société f. **polite ~** la bonne société. (**c**) (companionship) compagnie f. **in the ~ of** en compagnie de; **I enjoy his ~** je me plais en sa compagnie. (**d**) (association, group) société f, association f; (Scol, Univ etc) club m, association. **dramatic ~** club théâtral, association théâtrale; **learned ~** société savante. **2** adj photographer, wedding mondain.

socio... ['səʊsɪəʊ] pref socio... ~ **economic** socio-économique.

sociology [ˌsəʊsɪ'ɒlədʒɪ] n sociologie f. ◆ **sociological** adj sociologique. ◆ **sociologist** n sociologue mf.

sock[1] [sɒk] n chaussette f; (shorter) socquette f. (fig) **to pull up one's ~s** * se secouer *.

sock[2] ‡ [sɒk] n: **to give sb a ~ on the jaw** flanquer un coup sur la gueule ‡ à qn.

socket ['sɒkɪt] n (gen) cavité f (où qch s'emboîte); [bone] cavité articulaire; [eye] orbite f; [tooth] alvéole f; (Elec: for light bulb) douille f; (Elec: also wall ~) prise f de courant (femelle).

soda ['səʊdə] **1** n (**a**) (Chem) soude f; (washing ~) cristaux mpl de soude. (**b**) (~ **water**) eau f de Seltz. **whisky and ~** whisky m soda. (**c**) (US: ~ **pop**) soda m. **2** adj: (US) ~ **cracker** biscuit m sec à la levure chimique; ~ **fountain** (siphon) siphon m d'eau de Seltz; (place) buvette; (US) ~ **jerk(er)** marchand(e) m(f) de soda et de glace; ~ **siphon** siphon m (d'eau de Seltz).

sodden ['sɒdn] adj ground détrempé; clothes trempé.

sodium ['səʊdɪəm] **1** n sodium m. **2** adj: ~ **bicarbonate** bicarbonate m de soude; ~ **light** lampe f à vapeur de sodium.

sofa ['səʊfə] n sofa m; canapé m.

Sofia ['səʊfɪə] n Sofia.

soft [sɒft] **1** adj (**a**) (not hard etc) mattress, pillow doux (f douce); (unpleasantly so) mou (f molle) ; mud, snow, ground, collar, cheese mou; substance malléable; wood, stone, pencil tendre; butter, leather, brush, contact lenses souple; fabric, hand, skin doux; hair soyeux; toy de peluche; (pej: flabby) person, muscle avachi; ~ **fruit** ≃ fruits mpl rouges; (Comm) ~ **furnishings** tissus mpl d'ameublement (rideaux etc); (Comm) ~ **goods** textiles mpl; (Anat) ~ **palate** voile m du palais; **to grow** or **become ~(er) = soft-en 2**; **to make ~(er) = soften 1**; **this sort of life makes you ~** ce genre de vie vous ramollit; ~ **currency** devise f faible; ~ **drinks** boissons fpl non alcoolisées; ~ **drugs** drogues fpl douces; (fig) ~ **soap** * flagornerie f; **to be a ~ touch** * se faire avoir (facilement); ~ **toy** (jouet m en) peluche f; (Aut) ~ **verges** accotements mpl non stabilisés; ~ **water** eau f qui n'est pas calcaire. (**b**) (not rough) tap, pressure doux, léger; breeze, rain, weather doux; (Aviat) landing en douceur. (**c**) (not harsh) look, smile doux, gentil; answer aimable, gentil; heart tendre; life, job, option facile; person indulgent (with or on sb envers qn). **he has a ~ time of it** * il se la coule douce *; **to have a ~ spot for** avoir un faible pour; ~ **sell** promotion f de vente discrète. (**d**) (not loud) sound, laugh, voice doux, léger; tone, music, voice doux; steps feutré. **in a ~ voice** d'une voix douce; **the radio is too ~** la radio ne joue pas assez fort; **the music is too ~** la musique n'est pas assez forte; ~ **pedal** pédale f douce. (**e**) light, colour,

(Ling) consonant doux. *(Phot)* ~ **focus** flou *m* artistique. **(f)** *(*: stupid)* stupide. **(g)** *(*: no stamina)* he's ~ il n'a pas de nerf. **2** *adv* doucement.
♦ **softback** *n (US)* = **softcover.** ♦ **soft-boiled egg** *n* œuf *m* à la coque. ♦ **softcover** *n* livre *m* broché. ♦ **soften (up)** **1** *vt* **(a)** *(gen)* adoucir; *butter, clay, ground* ramollir; *collar, leather* assouplir; *outline* estomper; *resistance* amoindrir; *(fig)* **to** ~**en the blow** amortir le choc; **(b)** *person* attendrir; *(*: by cajoling) customer etc* baratiner ‡; *(*: by bullying)* intimider ; **2** *vi* s'adoucir; se ramollir; s'assouplir; s'estomper; **his heart** ~**ened** il s'est attendri; **his eyes** ~**ened** son regard s'est adouci. ♦ **softener** *n (water softener)* adoucisseur *m; (fabric softener)* produit *m* assouplissant. ♦ **soft-hearted** *adj* au cœur tendre. ♦ **softie** * *n (tender-hearted)* tendre *mf; (no stamina)* mauviette *f; (coward)* poule *f* mouillée. ♦ **softly** *adv (quietly) say, sing* doucement; *walk* à pas feutrés; *(gently) tap* légèrement; *(tenderly) smile, look* tendrement, gentiment. ♦ **softness** *n (gen)* douceur *f; [bed, mattress, pillow]* douceur, mollesse *f (pej); [snow, ground, butter]* mollesse; *[substance]* malléabilité *f; [leather, brush, collar]* souplesse *f; [person, muscle]* avachissement *m; [outline, photograph]* flou *m; [words, glance]* douceur, gentillesse *f; [answer]* amabilité *f*, gentillesse; *(indulgence)* manque *m* de sévérité *(towards* envers). ♦ **softspoken** *adj* à la voix douce. ♦ **software** *n (Computers)* software *m*, logiciel *m;* ~**ware package** progiciel *m.* ♦ **softwood** *n* bois *m* tendre.

soggy ['sɒgɪ] *adj ground* détrempé; *clothes* trempé; *bread* mal cuit; *heat, pudding* lourd.

soh [səʊ] *n (Mus)* sol *m.*

soil [sɔɪl] **1** *n* sol *m*, terre *f.* **rich/chalky** ~ sol *or* terre riche/calcaire; **cover it over with** ~ recouvrele de terre; **on French** ~ sur le sol français. **2** *vt (dirty)* salir. ~**ed linen** linge *m* sale. **3** *vi [material, garment]* se salir.

solar ['səʊləʳ] *adj (gen)* solaire; *heating* (à l'énergie) solaire. ~ **panel** panneau *m* solaire; ~ **plexus** plexus *m* solaire.

sold [səʊld] *pret, ptp of* **sell.**

solder ['səʊldəʳ] **1** *n* soudure *f.* **2** *vt* souder. ~**ing iron** fer *m* à souder.

soldier ['səʊldʒəʳ] **1** *n* soldat *m*, militaire *m.* **woman** ~ femme *f* soldat; **to play at** ~**s** *(pej)* jouer à la guerre; *[children]* jouer aux soldats; **old** ~ vétéran *m.* **2** *vi* servir dans l'armée. *(fig)* **to** ~ **on** persévérer (malgré tout). ♦ **soldierly** *adj* typiquement militaire.

sole¹ [səʊl] *n, pl inv (fish)* sole *f.*

sole² [səʊl] **1** *n [shoe]* semelle *f; [foot]* plante *f.* **2** *vt* ressemeler.

sole³ [səʊl] *adj* **(a)** *(only)* seul, unique. **the** ~ **reason** la seule *or* l'unique raison. **(b)** *(exclusive) right* exclusif. *(Comm)* ~ **agent** concessionnaire *mf (for* de). ♦ **solely** *adv (only)* seulement, uniquement; *(entirely)* entièrement.

solecism ['sɒləsɪz(ə)m] *n (Ling)* solécisme *m; (social offence)* faute *f* de goût.

solemn ['sɒləm] *adj (gen)* solennel; *duty* sacré; *warning* plein de gravité. ♦ **solemnity** [sə'lemnɪtɪ] *n* solennité *f;* caractère *m* sacré; gravité *f.* ♦ **solemnization** *n [marriage]* célébration *f.* ♦ **solemnize** *vt* célébrer. ♦ **solemnly** *adv* promise, utter* solennellement; *say, smile* gravement, d'un air solennel.

sol-fa ['sɒl'fɑ:] *n* solfège *m.*

solicit [sə'lɪsɪt] **1** *vt* solliciter *(from* de). **2** *vi [prostitute]* racoler. ♦ **soliciting** *n* racolage *m.*

solicitor [sə'lɪsɪtəʳ] *n (Brit) (for wills etc)* ≃ notaire *m; (in court cases)* ≃ avocat *m; (US)* ≃ juriste *m* conseil.

solicitous [sə'lɪsɪtəs] *adj (anxious)* préoccupé *(for, about* de); *(eager)* désireux *(of* de; *to do* de faire). ♦ **solicitude** *n* sollicitude *f.*

solid ['sɒlɪd] **1** *adj* **(a)** *(gen) substance, structure, reasons, character* solide; *ball, block, tyre* plein; *crowd* dense; *row, line* continu; *vote* unanime. **frozen** ~ complètement gelé; **to become** ~ se solidifier; ~ **geometry** géométrie *f* dans l'espace; **cut out of** ~ **rock** taillé à même la pierre; **in** ~ **gold/oak** en or/ chêne massif; ~ **fuel** combustible *m* solide; **a** ~ **stretch of yellow** une étendue de jaune uni; **he was 6 ft 2 of** ~ **muscle** c'était un homme de 2 mètres de haut et tout en muscles; **on** ~ **ground** sur la terre ferme; *(in discussion etc)* en terrain sûr; ~ **common sense** solide bon sens *m;* **a good** ~ **worker** un travailleur sérieux; **he's a good** ~ **bloke** * c'est qn sur qui on peut compter; **the square was** ~ **with cars** * la place était complètement embouteillée; **packed** ~ *case* plein à craquer; *train* bondé; **Moordown is** ~ **for Labour** Moordown vote massivement pour les travaillistes; **a** ~ **hour** une heure entière; **2** ~ **days** 2 jours d'affilée; **a** ~ **day's work** une journée entière de travail. *(US: excellent)* au poil *. **2** *n (gen)* solide *m. (food)* ~**s** aliments *mpl* solides. ♦ **solidarity** *n* solidarité *f.* ♦ **solidification** *n* solidification *f.* ♦ **solidify** **1** *vt* solidifier ; **2** *vi* se solidifier. ♦ **solidity** *n* solidité *f.* ♦ **solidly** *adv build etc* solidement; *vote* massivement; **they are** ~**ly behind him** ils le soutiennent à l'unanimité. ♦ **solid-state** *adj (Phys)* des solides; *electronic device* à circuits intégrés.

soliloquy [sə'lɪləkwɪ] *n* soliloque *m.*

solitary ['sɒlɪt(ə)rɪ] *adj* **(a)** *(alone: gen)* solitaire; *hour* de solitude; *(lonely)* seul. *(Jur)* **in** ~ **confinement** au régime cellulaire; **to take a** ~ **walk** se promener tout seul. **(b)** *(only one)* seul, unique *(before n).* **a** ~ **example** un seul *or* unique exemple; **not a** ~ **one** pas un seul. ♦ **solitude** *n* solitude *f.*

solo ['səʊləʊ] **1** *n (Mus)* solo *m.* **piano** ~ solo de piano. **2** *adv play, sing* en solo; *fly* en solitaire. **3** *adj violin etc* solo *inv; flight etc* en solitaire. ♦ **soloist** *n* soliste *mf.*

solstice ['sɒlstɪs] *n* solstice *m.*

soluble ['sɒljʊbl] *adj (all senses)* soluble. ♦ **solubility** *n* solubilité *f.*

solution [sə'lu:ʃ(ə)n] *n (all senses)* solution *f (to* de).

solve [sɒlv] *vt equation, problem* résoudre; *crossword puzzle* réussir; *mystery* éclaircir; *murder* élucider; *riddle* trouver la solution de.

solvent ['sɒlv(ə)nt] **1** *adj (Fin)* solvable; *(Chem)* dissolvant. **2** *n (Chem)* solvant *m.* ♦ **solvency** *n* solvabilité *f.*

Somalia [sə(ʊ)'mɑ:lɪə] *n* Somalie *f.* ♦ **Somali** **1** *adj* somali, somalien ; **2** *n* Somali(e) *m(f)*, Somalien(ne) *m(f).*

sombre, *(US)* **somber** ['sɒmbəʳ] *adj* sombre.

some [sʌm] **1** *adj* **(a)** *(a certain amount or number of)* ~ **tea/ice/water/cakes** du thé/de la glace/de l'eau/ des gâteaux; **there are** ~ **children outside** il y a des enfants *or* quelques enfants dehors; ~ **old shoes** de vieilles chaussures; ~ **dirty shoes** des chaussures sales; **will you have** ~ **more meat?** voulez-vous encore de la viande?
(b) *(unspecified)* ~ **woman was asking for her** il y avait une dame qui la demandait; **in** ~ **book or other** quelque part dans un livre; **at** ~ **place in Africa** quelque part en Afrique; ~ **day** un de ces jours, un jour ou l'autre; ~ **day next week** dans le courant de la semaine prochaine; ~ **other day** un autre jour; ~ **other time!** pas maintenant!; ~ **time last week** un jour la semaine dernière; ~ **more talented person** quelqu'un de plus doué; **there must be** ~ **solution** il doit bien y avoir une solution quelconque.

(**c**) *(contrasted with others)* ~ **children like school** certains enfants aiment l'école, il y a des enfants qui aiment l'école; ~ **people say that**... il y a des gens qui disent que...; **in ~ ways, he's right** dans un (certain) sens, il a raison; **in ~ way or (an)other** d'une façon ou d'une autre.

(**d**) *(a considerable amount of)* **it took ~ courage to refuse** il a fallu un certain courage *or* pas mal de * courage pour refuser; **at ~ length** assez longuement; ~ **distance away** à quelque distance ; **I haven't seen him for ~ years** cela fait quelques années que je ne l'ai pas vu; *V* time.

(**e**) *(emphatic: a little)* **we still have SOME money left** il nous reste quand même un peu d'argent; **that's SOME consolation** c'est quand même une petite consolation.

(**f**) *(intensive)* **that's ~ fish!** * quel poisson!; **that was ~ film!** * c'était un film formidable; *(iro)* **you're ~ help!** * tu parles * d'une aide!

2 *pron* (**a**) *(a certain number)* quelques-un(e)s *m(f)pl*, certain(e)s *m(f)pl*. ~ **went this way and others went that** il y en a qui sont partis par ici et d'autres par là; ~ **(of them) have been sold** certains (d'entre eux) ont été vendus, on en a vendu un certain nombre; **I've still got ~ of them** j'en ai encore quelques-uns, *or* quelques-uns de mes amis; **I've got ~** j'en ai quelques-uns. (**b**) *(a certain amount)* **I've got ~** j'en ai; **have ~!** prenez-en!; **have ~ more** reprenez-en; **if you find ~** si vous en trouvez; **have ~ of this cake** prenez un peu de ce gâteau; ~ **(of it) has been eaten** on en a mangé (un morceau); ~ **of this work** une partie de ce travail; ~ **of what you said** certaines choses que vous avez dites.

3 *adv (about)* quelque, environ. ~ **twenty houses** quelque vingt maisons, une vingtaine de maisons.

somebody ['sʌmbədɪ] *pron* quelqu'un. **there is ~ at the door** il y a quelqu'un à la porte; **there is ~ knocking at the door** on frappe à la porte; ~ **else** quelqu'un d'autre; ~ **strong** quelqu'un de fort; ~ **French** un Français, quelqu'un de français; ~ **or other** quelqu'un, je ne sais qui; **Mr S~-or-other** Monsieur Machin *; **she thinks she's ~** elle se prend pour quelqu'un (d'important).

somehow ['sʌmhaʊ] *adv* (**a**) *(in some way)* **it must be done ~ (or other)** il faut que ce soit fait d'une façon ou d'une autre; **he managed it ~** il y est arrivé tant bien que mal; **we'll manage ~** on se débrouillera *; **we saved him ~ or other** nous l'avons sauvé je ne sais comment. (**b**) *(for some reason)* ~ **he's never succeeded** pour une raison ou pour une autre il n'a jamais réussi; **it seems odd ~** je ne sais pas pourquoi, mais ça semble bizarre.

someone ['sʌmwʌn] *pron* = **somebody**.

someplace ['sʌmpleɪs] *adv (US)* = **somewhere**.

somersault ['sʌməsɔ:lt] **1** *n (on ground; also accidental)* culbute *f*; *(by child)* galipette *f*; *(in air)* saut *m* périlleux; *(by car)* tonneau *m*. **2** *vi (also* **turn a ~)** faire la culbute *or* un saut périlleux *or* un tonneau.

something ['sʌmθɪŋ] **1** *pron* quelque chose. ~ **moved** il y a quelque chose qui a bougé; ~ **has happened** quelque chose est arrivé; ~ **unusual** quelque chose d'inhabituel; **there must be ~ wrong** il doit y avoir quelque chose qui ne va pas; **did you say ~?** pardon?, comment?; **I want ~ to read** je veux quelque chose à lire; **would you like ~ to drink?** voulez-vous boire quelque chose?; **give him ~ to drink** donnez-lui quelque chose à boire; ~ **to live for** une raison de vivre; **I have ~ else to do** j'ai quelque chose d'autre à faire; ~ **or other** quelque chose; ~ **of the kind** quelque chose dans ce genre-là; **there's ~ about her I don't like** il y a chez elle quelque chose que je n'aime pas; **there's ~ in what you say** il y a a

du vrai dans ce que vous dites; **here's ~ for your trouble** voici pour votre peine; **give him ~ for himself** donnez-lui un petit quelque chose; **you've got ~ there!** * c'est vrai ce que tu dis là!; **that really is ~!** * c'est pas rien! *; **that certain ~ * which makes all the difference** ce petit je ne sais quoi qui fait toute la différence; **he's called Paul ~** il s'appelle Paul quelque chose; **the 4-~ train** le train de 4 heures et quelques; **I hope to see ~ of you** j'espère vous voir un peu; **it is really ~ * to find good coffee** ça n'est pas rien * de trouver du bon café; **that's ~!** * ça n'est pas rien! *; **that's always ~** c'est toujours ça; **or ~** ou quelque chose dans ce genre-là; **he is ~ of a miser** il est plutôt avare; **he is ~ of a pianist** il est assez bon pianiste.

2 *adv*: ~ **like 200** quelque chose comme 200; ~ **over £5,000** plus de 5 000 livres; ~ **under £10** un peu moins de 10 livres; ~ **like his father** un peu comme son père; **that's ~ like a claret!** ça au moins, c'est du bordeaux!; **that's ~ like it!** * ça au moins, c'est bien!; **it was ~ dreadful** * c'était vraiment épouvantable.

sometime ['sʌmtaɪm] **1** *adv*: ~ **last month** le mois dernier, au cours du mois dernier; **it was ~ last winter** c'était pendant l'hiver dernier (je ne sais plus exactement quand); **I'll do it ~** je le ferai un de ces jours; ~ **soon** bientôt; ~ **before January** d'ici janvier; ~ **next year** (dans le courant de) l'année prochaine; ~ **after my birthday** après mon anniversaire; ~ **or (an)other it will have to be done** il faudra bien le faire tôt ou tard. **2** *adj (former)* ancien *(before n)*; *(US: occasional)* intermittent.

sometimes ['sʌmtaɪmz] *adv* (**a**) quelquefois, parfois, de temps en temps. (**b**) ~ **happy,** ~ **sad** tantôt gai, tantôt triste.

somewhat ['sʌmwɒt] *adv* quelque peu.

somewhere ['sʌmwɛər] *adv* (**a**) *(in space)* quelque part. ~ **else** autre part, ailleurs; **he's ~ about** il est quelque part par ici; ~ **near Paris** quelque part pas bien loin de Paris; ~ **or other** je ne sais où, quelque part; ~ **or other in France** quelque part en France. (**b**) *(approximately)* environ. ~ **about 10 o'clock** vers 10 heures, à 10 heures environ; ~ **about £12** environ 12 livres, dans les 12 livres.

somnambulism [sɒm'næmbjʊlɪz(ə)m] *n* somnambulisme *m*. ◆ **somnambulist** *n* somnambule *mf*.

somnolence ['sɒmnələns] *n* somnolence *f*. ◆ **somnolent** *adj* somnolent.

son [sʌn] *n* fils *m*. **come here, ~** * viens ici, mon gars *. ◆ **son-in-law** *n* gendre *m*, beau-fils *m*.

sonar ['səʊnɑːr] *n* sonar *m*.

sonata [sə'nɑːtə] *n* sonate *f*.

song [sɒŋ] *n (gen)* chanson *f*; *(more formal)* chant *m*; *[birds]* chant *m*. **to burst into ~** se mettre à chanter; **give us a ~** chante-nous qch; ~ **without words** romance *f* sans paroles; *(fig)* **it was going for a ~** c'était à vendre pour une bouchée de pain; **to make a ~ and dance** * faire toute une histoire * *(about sth* à propos de). ◆ **songbird** *n* oiseau *m* chanteur. ◆ **songbook** *n* recueil *m* de chansons. ◆ **song hit** *n* chanson *f* à succès, tube * *m*. ◆ **song-writer** *n* compositeur *m*, -trice *f* de chansons.

sonic ['sɒnɪk] *adj (gen)* sonique. ~ **depth-finder** sonde *f* à ultra-sons.

sonnet ['sɒnɪt] *n* sonnet *m*.

sonorous ['sɒnərəs] *adj* sonore. ◆ **sonority** *n* sonorité *f*. ◆ **sonorously** *adv* d'un ton sonore.

soon [suːn] *adv* (**a**) *(before long)* bientôt; *(quickly)* vite. **we shall ~ be in Paris** nous serons bientôt à Paris; **you would ~ get lost** vous seriez vite perdu; **he ~ changed his mind** il a vite changé d'avis; **see you ~!** à bientôt!; **very ~** très vite, très bientôt; **quite ~** dans assez peu de temps, assez vite; ~ **afterwards** peu après; **all too ~ it was over** ce ne fut que trop vite fini. (**b**) *(early)* tôt. **why have you come so ~?** pourquoi êtes-vous venu si tôt?; **much ~er than this** bien plus tôt que cela, bien avant; **how ~ can you get here?** dans combien de temps au plus tôt peux-tu être ici?; **how ~ will it be ready?** dans combien de temps est-ce que ce sera prêt? (**c**) *(in phrases)* **as ~ as possible** dès que possible, aussitôt que possible. **I'll do it as ~ as I can** je le ferai aussitôt que je le pourrai *or* aussitôt que possible; **let me know as ~ as you've finished** prévenez-moi dès que *or* aussitôt que vous aurez fini; **as ~ as 7 o'clock** dès 7 heures; **the ~er we get started the ~er we'll be done** plus tôt nous commencerons plus tôt nous aurons fini; **the ~er the better** le plus tôt sera le mieux; **~er or later** tôt ou tard; **no ~er had he finished than...** à peine avait-il fini que... (**d**) *(expressing preference)* **I'd as ~ do that** j'aimerais autant faire ça; **I'd ~er you didn't tell him** je préférerais que vous ne le lui disiez *(subj)* pas; **I would ~er stay here than go** je préférerais *or* j'aimerais mieux rester ici plutôt que d'y aller; **I'd ~er not, I'd as ~ not** je n'y tiens pas; **I'd ~er die!** plutôt mourir!; **~er you than me!** * je n'aimerais pas être à ta place.

soot [sʊt] *n* suie *f*. ◆ **sooty** *adj surface, hands* noir de suie.

soothe [su:ð] *vt person, nerves, pain* calmer; *anger, anxieties* apaiser. ◆ **soothing** *adj medicine, ointment* lénitif; *tone, voice, words* apaisant; *sb's presence* rassurant; *hot bath* relaxant. ◆ **soothingly** *adv* d'une manière apaisante; *say* d'un ton apaisant.

sop [sɒp] *n* (**a**) *(Culin)* ~**s** aliments *mpl* semi-liquides; *(fig)* **as a ~ to his pride** pour flatter son amour-propre; **he said that as a ~ to the unions** il a dit cela pour amadouer les syndicats. (**b**) (*: *sissy*) poule *f* mouillée. ◆ **sop up** *vt sep [sponge, rag]* absorber; *[person]* éponger *(with* avec*).* ◆ **sopping (wet)** *adj* trempé. ◆ **soppy** * *adj* sentimental; *(sissy)* mollasson.

sophisticated [sə'fɪstɪkeɪtɪd] *adj person, mind, tastes* raffiné; *clothes, room* d'une élégance raffinée; *film, book, discussion* subtil; *song* plein de recherche; *machine, method* sophistiqué, hautement perfectionné. **he's not very ~** il est très simple. ◆ **sophistication** *n* raffinement *m*; élégance *f*; subtilité *f*; recherche *f*; sophistication *f*.

sophomore ['sɒfəmɔːr] *n (US)* étudiant(e) *m(f)* de seconde année.

soporific [ˌsɒpə'rɪfɪk] *adj* soporifique.

soprano [sə'prɑːnəʊ] **1** *n* soprano *mf*. **2** *adj voice* de soprano.

sorbet ['sɔːbeɪ, 'sɔːbɪt] *n* sorbet *m*.

sorcery ['sɔːs(ə)rɪ] *n* sorcellerie *f*. ◆ **sorcerer** *n* sorcier *m*.

sordid ['sɔːdɪd] *adj (gen)* sordide; *agreement, deal, film, book* ignoble.

sore [sɔːr] **1** *adj* (**a**) *(painful)* douloureux; *(inflamed)* irrité, enflammé. **that's ~!** ça me fait mal!; **where is it ~?** où est-ce que vous avez mal?; **I'm ~ all over** j'ai mal partout; **I have a ~ finger** j'ai mal au doigt; *(fig)* **a ~ point** un point délicat. (**b**) (*: *offended*) en rogne * *(about* à cause de; *with sb* contre qn). **he was feeling very ~ about it** il en était vraiment ulcéré; **to get ~** râler *, être en rogne *. **2** *n (Med)* plaie *f*. *(fig)* **to open up an old ~** rouvrir une ancienne blessure. ◆ **sorely** *adv wounded* grièvement; *missed, regretted* amèrement; *tempted* fortement; **it is ~ly needed** on en a un grand besoin. ◆ **soreness** *n (painfulness)* endolorissement *m*; *(irritation)* irritation *f*; (*: *anger*) colère *f*, rogne * *f*.

sorrel ['sɒr(ə)l] *n (Bot)* oseille *f*; *(horse)* alezan *m* clair.

sorrow ['sɒrəʊ] **1** *n* peine *f*, chagrin *m*, tristesse *f*; *(stronger)* douleur *f*. **his ~ at the loss of his son** la douleur qu'il a éprouvée à la mort de son fils; **this was a great ~ to me** j'en ai eu beaucoup de peine *or* de chagrin; **more in ~ than in anger** avec plus de peine que de colère. **2** *vi:* **to ~ over sth** pleurer qch. ◆ **sorrowful** *adj person* triste; *(stronger)* affligé. ◆ **sorrowfully** *adv* tristement. ◆ **sorrowing** *adj* affligé.

sorry ['sɒrɪ] *adj* (**a**) *(regretful)* désolé. **I was ~ to hear of your accident** j'étais désolé d'apprendre que vous avez eu un accident; **I am ~ I cannot come/she cannot come** je regrette *or* je suis désolé de ne pas pouvoir venir/qu'elle ne puisse pas venir; **I am ~ to tell you that...** je regrette de vous dire que...; **he didn't pass, I'm ~ to say** il a échoué, malheureusement; **I am ~ I am late** excusez-moi d'être en retard; **say you're ~** demande pardon; **~!, ~ about that!** * pardon!, excusez-moi!; **I'm very** *or* **terribly ~** je suis vraiment désolé *or* navré; **I'm ~, but you're wrong** je regrette, mais vous avez tort; **~ about that vase** excusez-moi pour ce vase; **you'll be ~ for this** vous le regretterez. (**b**) *(pitying)* **to be** *or* **feel ~ for sb** plaindre qn, être désolé pour qn; **I feel so ~ for her** elle me fait pitié; **to be** *or* **feel ~ for o.s.** s'apitoyer sur son propre sort; **he looked very ~ for himself** il faisait piteuse mine. (**c**) *(woeful) condition, tale* triste, lamentable; *excuse* piètre *(before n)*, lamentable; *sight* désolant, affligeant. **in a ~ state** en piteux état.

sort [sɔːt] **1** *n (gen)* genre *m*, espèce *f*, sorte *f*; *(make) [car, machine, coffee etc]* marque *f*. **this ~ of thing** ce genre de chose; **what ~ do you want?** vous en voulez de quelle sorte?; **what ~ of man is he?** quel genre d'homme est-ce?; **what ~ of dog is he?** qu'est-ce que c'est comme chien?; **he is not the ~ of man to refuse** ce n'est pas le genre d'homme à refuser; **he's the ~ that will cheat** il est du genre à tricher; **he's not that ~ of person** ce n'est pas son genre; **that's the ~ of person I am** c'est comme ça que je suis; **what ~ of an answer do you call that?** vous appelez ça une réponse?; **and all that ~ of thing** et tout ça *; **you know the ~ of thing I mean** vous voyez ce que je veux dire; **that ~ of behaviour** ce genre de conduite; **they're not our ~** * ce ne sont pas des gens comme nous; **it's my ~** * **of film** c'est le genre de film que j'aime; **of the ~** qch de ce genre (-là); **nothing of the ~!** pas le moins du monde!; *(pej)* **beef of a ~** qch qui peut passer pour du bœuf; **a painter of ~s** un peintre si l'on peut dire; **after a ~, in some ~** en quelque sorte; **to be out of ~s** ne pas être dans son assiette; *(fig)* **a good ~** * un brave type *, une brave fille; **there was a ~ of box** il y avait une sorte *or* une espèce de boîte, il y avait qch qui ressemblait à une boîte; **I was ~ of * frightened that...** j'avais un peu peur que... + ne + *subj*; **it's ~ of * blue** c'est plutôt bleu.

2 *vt* (**a**) *(~ out) (classify) documents, stamps* classer ; *(select those to keep) documents, clothes etc* trier *(according to* selon*)*; *(separate)* séparer *(from* de*).* (**b**) *(Post: letters etc; Comput: data, files)* trier. ◆ **sort out** *vt sep* (**a**) = **sort 2**. (**b**) *(tidy) papers, clothes* ranger; *ideas* mettre de l'ordre dans; *(solve) problem* régler; *difficulties* venir à bout de; *(fix, arrange)* arranger. **can you ~ this out?** est-ce que vous pourriez régler *or* arranger ça?; **we've got it all ~ed out now** nous avons réglé *or* résolu la question; **things will ~ themselves out** les choses vont s'arranger d'elles-mêmes; **I couldn't ~ out what had happened** je n'ai pas pu comprendre ce qui s'était passé; **did you ~ out with him when you had to be there?** est-ce que tu as décidé *or* fixé avec lui l'heure à laquelle tu dois y être?; **to ~ sb out** * *(by threatening etc)* régler son compte à qn *; *(get* *him out of difficulty etc)* tirer qn d'affaire. ◆ **sort code** *n* numéro *m* d'agence. ◆ **sorter** *n (person)* trieur *m, -euse f; (machine)* trieur *m.* ◆ **sorting-office** *n* bureau *m* de tri.

sortie ['sɔːtɪ] *n (Aviat, Mil)* sortie *f.*

S.O.S. [ˌesəʊ'es] *n (signal)* S.O.S. *m; (fig)* S.O.S. appel *m* au secours.

soufflé ['suːfleɪ] *n* soufflé *m.* **cheese** ~ soufflé au fromage; ~ **dish** moule *m* à soufflé.

sought [sɔːt] *pret, ptp of* **seek.**

soul [səʊl] **1** *n* (**a**) âme *f.* **with all one's** ~ de toute son âme; **All S~s' Day** le jour des Morts ; **he cannot call his** ~ **his own** il est complètement dominé; **the** ~ **of discretion** la discrétion même. (**b**) *(person)* âme *f,* personne *f.* **the ship sank with all** ~**s** le bateau a péri corps et biens; **I didn't see a (single** *or* **living)** ~ je n'ai pas vu âme qui vive ; **you poor** ~! mon (*or* ma) pauvre!; **he's a good** ~ c'est une excellente personne. **2** *adj* (**a**) ~ **mate** âme *f* sœur. (**b**) *(US: of black Americans) (gen)* noir, des Noirs; *hotel etc* où l'on ne pratique pas la discrimination; *radio* émettant pour un public noir. ~ **brother/sister** frère *m*/sœur *f* de race *(termes employés par les Noirs entre eux);* ~ **music** soul music *f.* ◆ **soul-destroying** *adj (boring)* abrutissant; *(depressing)* démoralisant. ◆ **soulful** *adj* expression, *music* attendrissant; *eyes, glance* expressif. ◆ **soulfully** *adv* de façon attendrissante; d'un air expressif. ◆ **soulless** *adj* person sans cœur; *task* abrutissant. ◆ **soul-searching** *n:* **after a lot of** ~**-searching he...** après avoir bien fait son examen de conscience il...

sound¹ [saʊnd] **1** *n (gen)* son *m; [sea, breaking glass, car brakes etc]* bruit *m.* **the speed of** ~ la vitesse du son; **within** ~ **of** à portée du son de; **to the** ~ **of the national anthem** au son de l'hymne national; **there was not a** ~ **to be heard** on n'entendait pas le moindre bruit; **without a** ~ sans bruit; **we heard the** ~ **of voices** nous avons entendu un bruit de voix; **the Glenn Miller** ~ la musique de Glenn Miller; *(fig)* **I don't like the** ~ **of it** *(it doesn't attract me)* ça ne me dit rien; *(it's worrying)* ça m'inquiète. **2** *adj* film, recording sonore. ~ **archives** phonothèque *f;* ~ **barrier** mur *m* du son; *(Rad etc)* ~ **effects** bruitage *m; (Cine, Rad etc)* ~ **engineer** ingénieur *m* du son; *(Cine etc)* ~ **stage** salle *f* de tournage; *(Cine)* ~ **track** bande *f* sonore; ~ **wave** onde *f* sonore. **3** *vi* (**a**) *[bell, trumpet, voice]* sonner, retentir; *[car horn, siren, signal, order]* retentir. **footsteps/a gun** ~**ed a long way off** on entendit un bruit de pas/un coup de canon dans le lointain; **it** ~**s better if you read it slowly** ça sonne mieux si vous le lisez lentement. (**b**) **that** ~**s like a flute** on dirait le son de la flûte; **it** ~**s empty** on dirait que c'est vide; **a language which** ~**ed like Dutch** une langue qui semblait être du hollandais; **he** ~**s like an Australian** à l'entendre parler on dirait un Australien; **it** ~**ed as if sb were coming in** on aurait dit que qn entrait; **that** ~**s like Paul arriving** ça doit être Paul qui arrive; **she** ~**s tired** elle semble fatiguée; **you** ~ **like your mother** tu me rappelles ta mère. (**c**) *(seem)* **how does it** ~ **to you?** qu'en penses-tu?; **it** ~**s like a good idea** ça a l'air d'être une bonne idée, ça semble être une bonne idée; **it doesn't** ~ **too good** ce n'est pas très prometteur; **it** ~**s as if she'll come** il semble qu'elle viendra; **it** ~**s as if she isn't coming** j'ai l'impression qu'elle ne viendra pas. **4** *vt* (**a**) *bell, alarm, (Mil) retreat* sonner; *trumpet, bugle* sonner de. *(Aut)* **to** ~ **one's horn** klaxonner; *(fig)* **to** ~ **a note of warning** lancer un avertissement. (**b**) *(Ling) a letter* prononcer. (**c**) *(Med)* **to** ~ **sb's chest** ausculter qn. ◆ **sound off** ❋ *vi (proclaim one's opinions)* faire de grands discours *(about* sur); *(boast)* se vanter *(about* de); *(grumble)* râler ❋ *(about* à propos de).

◆ **soundless** *adj* silencieux. ◆ **soundlessly** *adv* sans bruit, en silence. ◆ **soundproof 1** *vt* insonoriser ; **2** *adj* insonorisé. ◆ **soundproofing** *n* insonorisation *f.*

sound² [saʊnd] **1** *adj (gen)* sain; *heart, bank, organization* solide; *structure, bridge* en bon état; *alliance, investment* sûr, sans danger; *sleep* profond; *(sensible) reasoning, judgment* juste; *doctrine, argument, case, training* solide; *decision, opinion, policy, behaviour* sensé, valable; *claim* valable; *statesman, player, worker etc* compétent. **of** ~ **mind** sain d'esprit; **to be** ~ **in wind and limb** avoir bon pied bon œil; **as** ~ **as a bell** en parfait état; **he is a** ~ **socialist** c'est un bon socialiste; **he is** ~ **enough on theory** il connaît très bien la théorie; **he is a** ~ **chap** il est très sérieux; ~ **sense** bon sens *m;* **that was a** ~ **move** c'était une action judicieuse *or* sensée; **a** ~ **thrashing** une bonne correction; **he is a** ~ **sleeper** il dort bien. **2** *adv:* **to be** ~ **asleep** être profondément endormi. ◆ **soundly** *adv sleep* profondément; *advise, reason, argue* de façon sensée, avec justesse; *organize, manage, invest* bien; *(Sport) play* de façon compétente; **he was** ~**ly beaten** *(defeated)* il a été battu à plates coutures; *(thrashed)* il a reçu une bonne correction. ◆ **soundness** *n [body, mind]* santé *f; [business, argument]* solidité *f; (solvency)* solvabilité *f; [judgment]* justesse *f.*

sound³ [saʊnd] *vt (gen, Med, Naut etc)* sonder; *(fig:* ~ **out)** *person* sonder *(on, about* sur). ◆ **sounding** *n (Naut etc)* sondage *m.* ◆ **sounding line** *n* ligne *f* de sonde.

soup [suːp] **1** *n* soupe *f; (thinner or sieved)* potage *m; (very smooth)* velouté *m. (fig)* **to be in the** ~ ❋ être dans le pétrin ❋. **2** *adj:* ~ **cube** potage *m* en cube; *(stock cube)* cube *m* de bouillon; ~ **plate/spoon** assiette *f*/cuiller *f* à soupe; ~ **tureen** soupière *f.* ◆ **souped-up** ❋ *adj* au moteur gonflé ❋. ◆ **soupy** *adj liquid, fog* épais.

sour ['saʊə'] **1** *adj (gen)* aigre; *fruit, juice* acide; *milk* tourné; *(fig) person, voice, remark* acerbe, aigre; *face* revêche. **whisky** ~ cocktail *m* de whisky au citron; ~**(ed) cream** ≃ crème *f* aigre; **to turn** ~ *[milk]* tourner; *[relationship]* tourner au vinaigre; *[plans]* mal tourner; **in a** ~ **mood** d'humeur revêche; *(fig)* **it was clearly** ~ **grapes on his part** il l'a manifestement fait *(or* dit *etc)* par dépit. **2** *vt* aigrir. ◆ **sourdough** *n (US)* levain *m.* ◆ **sour-faced** *adj* à la mine revêche. ◆ **sourly** *adv* avec aigreur. ◆ **sourness** *n* aigreur *f;* acidité *f;* humeur *f or* ton *m* revêche.

source [sɔːs] *n (gen)* source *f. (Med)* **a** ~ **of infection** un foyer d'infection; **what is the** ~ **of this information?** quelle est la provenance de cette nouvelle?; **I have it from a reliable** ~ **that...** je tiens de source sûre que...; **at** ~ à la source.

souse [saʊs] *vt (immerse)* tremper *(in* dans); *(soak)* faire tremper *(in* dans); *(Culin)* mariner. **to** ~ **sth with water** inonder qch d'eau.

south [saʊθ] **1** *n* sud *m.* **to the** ~ **of** au sud de; **in the** ~ **of Scotland** dans le sud de l'Écosse; **the wind is in the** ~/**from the** ~ le vent est au sud/vient du sud; **the S~ of France** le Sud de la France, le Midi. **2** *adj (gen)* sud *inv; coast, door* sud, méridional; *wind* du sud. **the** ~ **Atlantic** l'Atlantique *m* Sud; **S~ Africa** Afrique *f* du Sud; **S~ African** *(adj)* sud-africain; *(n)* Sud-Africain(e) *m(f);* **S~ America** Amérique *f* du Sud; **S~ American** *(adj)* sud-américain; *(n)* Sud-Américain(e) *m(f);* **S~ Sea Islands** Océanie *f;* **the S~ Seas** les Mers *fpl* du Sud. **3** *adv go* au sud, vers le sud; *be, lie* au sud, dans le sud. ~ **of the border** au sud de la frontière; **to go** ~ aller en direction du sud *or* du midi; **to sail due** ~ aller droit vers le sud; *(Naut)* avoir le cap au sud.

◆ **southbound** *adj traffic* en direction du sud; *carriageway* sud *inv*. ◆ **south-east 1** *adj, n* sud-est *(m) inv*; **S~-East Asia** le Sud-Est asiatique ; **2** *adv* vers le sud-est. ◆ **south-eastern** *adj* sud-est *inv*. ◆ **southerly** ['sʌðəlɪ] *adj wind* du sud; *situation, aspect* au sud, au midi; **in a ~erly direction** vers le sud *or* le midi. ◆ **southern** ['sʌðən] *adj region* sud *inv*, du sud; *wall, side* exposé au sud; *coast* sud, méridional; **S~ern Africa** Afrique *f* australe; **~ern France** le Sud de la France, le Midi; **in ~ern Spain** dans le Sud de l'Espagne. ◆ **southerner** ['sʌðənəʳ] *n* homme *m or* femme *f* du Sud; *(in France)* Méridional(e) *m(f)*. ◆ **southernmost** ['sʌðənməʊst] *adj* le plus au sud. ◆ **south-south-east 1** *adj, n* sud-sud-est *(m) inv* ; **2** *adv* vers le sud-sud-est. ◆ **southward 1** *adj* au sud ; **2** *adv* *(also ~wards)* vers le sud. ◆ **south-west 1** *adj, n* sud-ouest *(m) inv* ; **2** *adv* vers le sud-ouest. ◆ **south-western** *adj* sud-ouest *inv*.

souvenir [ˌsuːv(ə)'nɪəʳ] *n* souvenir *m (objet)*.

sovereign ['sɒvrɪn] **1** *n* souverain(e) *m(f)*. **2** *adj power, state, remedy* souverain *(after n)*; *rights* de souveraineté; *(fig) contempt* souverain *(before n)*. ◆ **sovereignty** *n* souveraineté *f*.

soviet ['səʊvɪət] **1** *n* soviet *m*. **2** *adj* soviétique. **S~ Russia** Russie *f* soviétique; **the S~ Union** l'Union *f* soviétique.

sow¹ [saʊ] *n (pig)* truie *f*.

sow² [səʊ] *pret* **sowed**, *ptp* **sown** *or* **sowed** *vt seed, grass, (fig) doubt* semer; *field* ensemencer *(with en)*. ◆ **sower** *n (person)* semeur *m*, -euse *f*; *(machine)* semoir *m*. ◆ **sowing** *n* semailles *fpl*.

soy [sɔɪ] *or* **soya** ['sɔɪə] *n (~ bean)* graine *f* de soja. **~ flour** farine *f* de soja.

spa [spɑː] *n* station *f* thermale. *(US)* **(health) ~** établissement *m* de cure de rajeunissement.

space [speɪs] **1** *n* **(a)** *(gen, Phys etc)* espace *m*. **the rocket vanished into ~** la fusée a disparu dans l'espace; **to stare into ~** regarder dans le vide. **(b)** *(room)* espace *m*, place *f*. **to clear a ~ for sth** faire de la place pour qch; **to take up a lot of ~** *[car, books, piece of furniture]* prendre beaucoup de place; *(building)* occuper un grand espace; **there isn't enough ~ for it** il n'y a pas assez de place pour ça; **to buy ~ in a newspaper** acheter de l'espace dans un journal. **(c)** *(gap between objects, words etc)* espace *m*; *(Mus)* interligne *m*. **leave a ~ for the name** laissez de la place *or* un espace pour le nom; **in the ~ provided** dans la partie réservée à cet effet; **in an enclosed ~** dans un espace clos; **I'm looking for a ~ to park the car** je cherche une place pour me garer. **(d)** *(interval)* **after a ~ of 10 minutes** après un intervalle de 10 minutes; **for the ~ of a month** pendant une période d'un mois; **a ~ of 5 years** une période de 5 ans; **in the ~ of 3 generations/one hour** en l'espace de 3 générations/d'une heure; **a short ~ of time** un court laps de temps; **for a ~** pendant un certain temps. **2** *adj research, age, capsule, laboratory* spatial. *[typewriter]* **~ bar** barre *f* d'espacement; **~ fiction** science-fiction *f*; **~ flight** *(act of flying in space)* voyages *mpl* spatiaux; *(journey)* voyage spatial *or* dans l'espace; **~ heater** radiateur *m*; **~ station** station *f* spatiale. **3** *vt (~ out) (gen)* espacer; *payments* échelonner *(over* sur). ◆ **space-age** *adj* de l'ère spatiale. ◆ **spacecraft** *or* ◆ **spaceship** *n* engin spatial. ◆ **spaceman** *n* astronaute *m*, cosmonaute *m*. ◆ **space-saving** *adj* qui gagne de la place. ◆ **spacesuit** *n* scaphandre *m* de cosmonaute. ◆ **spacing** *n* espacement *m (also Typ)*; échelonnement *m*; *(Typ)* **in single/double spacing** avec un interligne simple/double. ◆ **spacious** *adj room, car* spacieux, grand; *garden* grand; *garment* ample. ◆ **spaciousness** *n* grandes dimensions *fpl*.

spade [speɪd] *n* **(a)** bêche *f*, pelle *f*; *(child's)* pelle. *(fig)* **to call a ~ a ~** appeler un chat un chat, ne pas avoir peur des mots. **(b)** *(Cards)* pique *m*. **to play ~s** jouer pique; **one ~** un pique; **he played a ~** il a joué pique; **the six of ~s** le six de pique; *(US fig)* **in ~ ~** par excellence. ◆ **spadeful** *n* pelletée *f*. ◆ **spadework** *n (fig)* gros *m* du travail.

spaghetti [spə'getɪ] **1** *n* spaghetti *mpl*. **2** *adj (Aut)* **~ junction** échangeur *m* à niveaux multiples.

Spain [speɪn] *n* Espagne *f*.

span [spæn] **1** *n [hands, arms]* envergure *f*; *[bridge]* travée *f*; *[arch, roof]* portée *f*; *[plane, bird]* **(wing ~)** envergure. **the average ~ of life** la durée moyenne de vie; **for a brief ~ of time** pendant un court espace de temps. **2** *vt [bridge etc]* enjamber, franchir. *(fig)* **it ~s almost two thousand years** cela embrasse presque deux mille ans.

Spaniard ['spænjəd] *n* Espagnol(e) *m(f)*.

spaniel ['spænjəl] *n* épagneul *m*.

Spanish ['spænɪʃ] **1** *adj (gen)* espagnol; *king, embassy, onion* d'Espagne; *teacher* d'espagnol; *(Culin)* **omelette, rice** à l'espagnole. **~ America** les pays *mpl* d'Amérique du Sud de langue espagnole. **2** *n* espagnol *m*. *(people)* **the ~** les Espagnols *mpl*.

spank [spæŋk] *vt* donner une fessée à. ◆ **spanking** *n* fessée *f*.

spanner ['spænəʳ] *n* clef *f* (à écrous). *(fig)* **to put a ~ in the works** mettre des bâtons dans les roues.

spar¹ [spɑːʳ] *n (Naut)* espar *m*.

spar² [spɑːʳ] *vi (Boxing)* s'entraîner *(with* avec); *(argue)* se disputer *(with* avec). ◆ **sparring partner** *n* sparring-partner *m*.

spare [spɛəʳ] **1** *adj (reserve)* de réserve, de rechange; *(surplus)* en trop, dont on n'a pas besoin. **take a ~ pen** prends un stylo de réserve *or* de rechange; **there are 2 going ~** il y en a 2 en trop *or* dont on n'a pas besoin; **2 ~ seats for the film** 2 places disponibles pour le film; **~ bed/room** lit *m*/chambre *f* d'ami; **~ cash** *(small amount)* argent *m* en trop; *(larger)* argent disponible; **I have very little ~ time** j'ai très peu de temps libre; **in my ~ time** pendant mes moments de loisir; **~-time activities** loisirs *mpl*; **~ part** pièce *f* de rechange *or* détachée; *(Aut)* **~ tyre** pneu *m* de rechange; **~ wheel** roue *f* de secours.

2 *vt* **(a)** *(do without)* se passer de. **can you ~ it?** pouvez-vous vous en passer?, vous n'en avez pas besoin?; **can you ~ £10?** est-ce que tu as 10 livres en trop?, **can you ~ me £5?** est-ce que tu peux me passer 5 livres?; **I've only a few minutes to ~** je ne dispose que de quelques minutes; **I can ~ you 5 minutes** je peux vous accorder 5 minutes; **I can't ~ the time to do it** je n'ai pas le temps de le faire; **he had time to ~** il avait du temps devant lui; **to ~ a thought for** penser à; **I've got none to ~** j'en ai juste ce qu'il me faut; **I've enough and to ~** j'en ai plus qu'il ne m'en faut; **with 2 minutes to ~** avec 2 minutes d'avance; **we did it with £5 to ~** nous l'avons fait et il nous reste encore 5 livres. **(b)** *(show mercy to) person, life, tree etc* épargner. **if I'm ~d** * si Dieu me prête vie; **to ~ sb's feelings** ménager les sentiments de qn; **he doesn't ~ himself** il ne se ménage pas. **(c)** *suffering, embarrassment* épargner *(to sb* à qn). **you could have ~d yourself the trouble, you could have ~d your pains** vous vous êtes donné du mal pour rien, vous auriez pu vous épargner tout ce mal; **I'll ~ you the details** je vous fais grâce des détails. **(d)** *(refrain from using etc) one's strength, efforts* ménager. **he ~d no expense to do it** il a dépensé sans compter pour le faire; **'no expense ~d'** 'sans considération de frais'.

◆ **sparerib** *n* travers *m* de porc. ◆ **sparing** *adj amount, use* modéré; **sparing of praise** avare de compliments. ◆ **sparingly** *adv eat, live* frugalement; *spend, drink, praise, use* avec modération.

spark [spɑːk] **1** n (gen) étincelle f (also Elec); [common sense, interest] lueur f. (fig) **to make the ~s fly** mettre le feu aux poudres. **2** vi jeter des étincelles. **3** vt (**~ off**) rebellion, complaints, quarrel déclencher; interest, enthusiasm susciter (in sb chez qn). ◆ **spark(ing) plug** n (Aut) bougie f.

sparkle ['spɑːkl] **1** vi (gen) étinceler; [surface of water, lake, diamond etc] scintiller; [wine] pétiller; [person] briller; [conversation, play, eyes] pétiller (with de), être étincelant. **2** n étincellement m; scintillement m; (fig) éclat m. ◆ **sparkling** adj étincelant (with de); scintillant; pétillant (with de); brillant.

sparrow ['spærəʊ] n moineau m. ◆ **sparrowhawk** n épervier m.

sparse [spɑːs] adj clairsemé. ◆ **sparsely** adv wooded, furnished, populated peu.

spartan ['spɑːtən] adj spartiate.

spasm ['spæz(ə)m] n spasme m; [coughing, activity etc] accès m (of de). ◆ **spasmodic** adj work, attempt intermittent. ◆ **spasmodically** adv work, try par à-coups.

spastic ['spæstɪk] **1** adj movement, colon, paralysis spasmodique; child etc handicapé moteur. **2** n (Med) handicapé(e) m(f) moteur.

spat [spæt] pret, ptp of **spit¹**.

spate [speɪt] n (fig) [letters, orders etc] avalanche f; [words, abuse] torrent m; [bombings] série f. [river] **in ~** en crue; **to have a ~ of work** être débordé de travail; **a fresh ~ of attacks** une recrudescence d'attaques.

spatial ['speɪʃ(ə)l] adj spatial.

spatter ['spætə'] vt: **to ~ mud on sth, to ~ sth with mud** (accidentally) éclabousser or (deliberately) asperger qch de boue.

spatula ['spætjʊlə] n (Culin) spatule f; (Med) abaisse-langue m inv.

spawn [spɔːn] **1** n [fish, frog] frai m, œufs mpl; [mushroom] blanc m. **2** vt (fig pej) engendrer. **3** vi [fish] frayer.

spay [speɪ] vt châtrer.

speak [spiːk] pret **spoke**, ptp **spoken** **1** vi parler (to à; of, about, on de; with avec). **to ~ in a whisper** chuchoter; **to ~ to o.s.** parler tout seul; **I don't know him to ~ to** je ne le connais pas assez bien pour lui parler; **I'll never ~ to him again** je ne lui adresserai plus jamais la parole; **you have only to ~** tu n'as qu'un mot à dire; **so to ~** pour ainsi dire; **biologically ~ing** biologiquement parlant; **~ing personally** personnellement; **~ing as a member of the society I...** en tant que membre de la société je...; (Telec) **who's ~ing?** qui est à l'appareil?; (passing on call) c'est de la part de qn?; **this is Paul ~ing** c'est Paul à l'appareil; **~ing!** lui-or elle-même!; (Parl) **to ~ in the House** faire un discours à l'Assemblée; **to ~ in a debate** [proposer, seconder] prendre la parole au cours d'un débat; (from floor of house) participer à un débat; **~ for yourself!** * parle pour toi! *; **let him ~ for himself** laisse-le dire lui-même ce qu'il a à dire; **it ~s for itself** c'est évident; **the facts ~ for themselves** les faits parlent d'eux-mêmes; **that is already spoken for** c'est déjà retenu; **he is very well spoken of** on dit beaucoup de bien de lui; **it's nothing to ~ of** ce n'est pas grand-chose. **2** vt language parler; a poem, one's lines, the truth dire. **'English spoken'** 'ici on parle anglais'; **French is spoken everywhere** le français se parle partout; **to ~ one's mind** dire ce que l'on pense; **I didn't ~ a word** je n'ai rien dit. **3** n ending in cpds, e.g. **computer speak** langage or jargon de l'informatique.

◆ **speak out, speak up** vi (fig) he's not afraid to **~ out** il n'a pas peur de dire ce qu'il pense; **to ~ out for sb** parler en faveur de qn; **to ~ out against sth** s'élever contre qch.

◆ **speaker** n (**a**) (gen) celui (or celle) qui parle; (in dialogue) interlocuteur m, -trice f; (in public) orateur m, -trice f; (lecturer) conférencier m, -ière f; **he's a good/poor ~er** il parle bien/mal; **the previous ~er** la personne qui a parlé la dernière; (Parl) **the S~er** le Speaker (Président de la Chambre des Communes en G.B. ou de la Chambre des Représentants aux E.-U.). (**b**) **French ~er** personne f qui parle français; (as native or official language) francophone mf; **he is not a Welsh ~er** il ne parle pas gallois; (**c**) (loudspeaker) haut-parleur m. ◆ **speaking** **1** adj doll etc parlant; **German-~ing** parlant allemand; **to be on ~ing terms with sb** adresser la parole à qn; **~ing tube** tuyau m acoustique ; **2** n (skill) art m de parler.

spear [spɪə'] n lance f. ◆ **spearhead** **1** n (fig, Mil) fer m de lance. **2** vt attack etc être le fer de lance de. ◆ **spearmint** n menthe f verte; (chewing gum) chewing-gum m à la menthe.

spec * [spek] n: **on ~** à tout hasard.

special ['speʃ(ə)l] **1** adj (**a**) (specific: gen) notebook, box, room spécial, réservé à cet usage. **are you thinking of any ~ date?** est-ce que tu penses à une date particulière?; **I've no ~ person in mind** je ne pense à personne en particulier. (**b**) (exceptional) attention, pleasure, effort tout particulier; favour, price, study, skill, care spécial; occasion, situation, case, circumstances exceptionnel; (Pol etc) powers, legislation extraordinaire. **take ~ care of it** fais-y particulièrement attention; (Cine etc) **~ effects** effets mpl spéciaux. (Comm) **~ offer** réclame f; **her ~ friend** l'amie qui lui est particulièrement chère; **you're extra ~!** * tu es quelqu'un à part!; **this is a ~ day for me** c'est une journée importante pour moi; **to ask for ~ treatment** demander à être considéré comme un cas à part; **a ~ feature of the village** une caractéristique du village; (Press) **~ feature** article m spécial; **my ~ chair** mon fauteuil préféré; (Univ etc) **~ subject** option f; **nothing ~** rien de spécial or de particulier; (when thanked) **it's nothing ~** c'est bien normal; **what's so ~ about her?** qu'est-ce qu'elle a d'extraordinaire?; **~ agent** (Comm etc) concessionnaire mf; (spy) agent m secret; (Brit) **~ constable** auxiliaire m de police; (Press, Rad, TV) **~ correspondent** envoyé(e) m(f) spécial(e); (Post) **by ~ delivery** en exprès; (Jur) **~ licence** dispense f; **by ~ messenger** par messager spécial; **~ school** établissement m scolaire spécialisé. **2** n (train) train m supplémentaire; (newspaper) édition f spéciale; **the chef's ~** la spécialité du chef; **this week's ~** l'affaire de la semaine.

◆ **specialist** **1** n (gen, also Med) spécialiste mf (in de); (Med) **an eye/a heart ~ist** un(e) ophtalmologiste/cardiologue ; **2** adj knowledge, dictionary spécial. ◆ **speciality** [ˌspeʃɪˈælɪtɪ] n spécialité f; **to make a ~ity of sth** se spécialiser dans qch. ◆ **specialization** n spécialisation f (in dans). ◆ **specialize** vi se spécialiser (in dans). ◆ **specialized** adj training spécialisé; tools à usage spécial. ◆ **specially** adv (specifically) spécialement; (particularly) particulièrement, surtout; (on purpose) tout spécialement, exprès.

species ['spiːʃiːz] n, pl inv espèce f.

specify ['spesɪfaɪ] vt spécifier, préciser. **unless otherwise specified** sauf indication contraire. ◆ **specific** [spəˈsɪfɪk] adj statement, instruction précis, explicite; purpose, meaning, case précis, particulier; example précis; (Bio, Phys etc) spécifique; **he was very specific on that point** il s'est montré très explicite sur ce point; (Phys) **specific gravity** densité f. ◆ **specifically** [spəˈsɪfɪk(ə)lɪ] adv (explicitly) warn, state etc explicitement, de façon précise; *(especially) design, intend* particulièrement; **I told you quite specifically** je vous l'avais bien précisé *or* spécifié. ◆ **specification** *n (gen)* spécification *f*; *(item in contract etc)* stipulation *f*.

specimen ['spesɪmɪn] **1** *n [rock, species, style]* spécimen *m*; *[blood, tissue]* prélèvement *m*; *[urine]* échantillon *m*; *(fig: example)* exemple *m (of* de). *(fig: person)* **an odd ~ *** un drôle de type *, une drôle de bonne femme *. **2** *adj*: ~ **copy** spécimen *m*; ~ **page** page *f* spécimen; ~ **signature** spécimen *m* de signature.

specious ['spiːʃəs] *adj* spécieux.

speck [spek] *n [dust, soot, truth etc]* grain *m*; *[dirt, ink]* petite tache *f*. **I've got a ~ in my eye** j'ai une poussière dans l'œil; **a ~ on the horizon** un point noir à l'horizon. ◆ **speckled** *adj* tacheté.

spectacle ['spektəkl] **1** *n* spectacle *m*. **2** *adj*: ~ **case** étui *m* à lunettes.
◆ **spectacles** *npl (abbr* **specs *)** lunettes *fpl*.
◆ **spectacular** [spek'tækjʊləʳ] **1** *adj (gen)* spectaculaire; *success* fou; *view* splendide ; **2** *n (Cine, Theat)* superproduction *f*.

spectator [spek'teɪtəʳ] **1** *n* spectateur *m*, -trice *f*. **2** *adj sport* qui attire un très grand nombre de spectateurs.

spectre, *(US)* **specter** ['spektəʳ] *n* spectre *m*, fantôme *m*.

spectrum ['spektrəm] **1** *n, pl* **-tra** *(Phys)* spectre *m*; *(fig)* gamme *f (fig)*. **the political ~** l'éventail *m* politique. **2** *adj colours* spectral.

speculate ['spekjʊleɪt] *vi (wonder)* s'interroger *(about, on* sur; *whether* pour savoir si); *(Philos, Fin)* spéculer. ◆ **speculation** *n (guessing)* conjectures *fpl (about* sur); *(Fin, Philos etc)* spéculation *f*. ◆ **speculative** *adj* spéculatif. ◆ **speculator** *n* spéculateur *m*, -trice *f*.

sped [sped] *pret, ptp of* **speed.**

speech [spiːtʃ] **1** *n* **(a)** *(faculty)* parole *f*; *(enunciation)* élocution *f*; *(manner of speaking)* façon *f* de parler, langage *m*; *(as opp to writing)* parole; *(language: of district or group)* parler *m*; *(Ling) utterances* parole *f*; *(spoken language)* langage *m* parlé. **to lose the power of ~** perdre l'usage de la parole; **better in ~ than in writing** mieux oralement que par écrit; **free ~, freedom of ~** liberté *f* d'expression; *(Gram)* **direct/indirect ~** discours direct/indirect. **(b)** *(formal talk)* discours *m (on* sur). **2** *adj*: ~ **day** distribution *f* des prix; ~ **impediment** défaut *m* d'élocution; *(Anat)* ~ **organ** organe *m* de la parole; ~ **therapist** orthophoniste *mf*; ~ **therapy** orthophonie *f*; ~ **training** leçons *fpl* d'élocution. ◆ **speechless** *adj* muet *(with* de); **it left him ~less** il en est resté sans voix. ◆ **speechmaking** *n (slightly pej)* beaux discours *mpl*.

speed [spiːd] *(vb: pret, ptp* **sped** *or* **speeded) 1** *n* **(a)** *(rate of movement)* vitesse *f*; *(rapidity)* rapidité *f*; *(promptness)* promptitude *f*. **shorthand/typing ~s** nombre *m* de mots-minute en sténo/en dactylo; *(Aut)* **what ~ were you doing?** quelle vitesse faisiez-vous?; **at a ~ of 80 km/h** à une vitesse de 80 km/h; **at a great ~** à toute vitesse; **at top ~** *go, run* à toute vitesse; *do sth* très vite; **with such ~** si vite; **to pick up** *or* **get up** *or* **gather ~** prendre de la vitesse. **(b)** *(Tech: gear)* vitesse *f*. **a 3-~ gear** une boîte à 3 vitesses. **(c)** *(Phot) [film]* rapidité *f*; *(width of aperture)* degré *m* d'obturation; *(length of exposure)* durée *f* d'exposition.
2 *adj*: *(US: in road)* ~ **bump** casse-vitesse *m*; ~ **cop** ≃ motard *m*; *(Brit)* **there's no ~ limit** il n'y a pas de limitation *f* de vitesse; **the ~ limit is 80 km/h** la vitesse maximale permise est 80 km/h; ~ **merchant *** mordu(e) * *m(f)* de la vitesse; *(Aut)* ~ **restriction** limitation *f* de vitesse; *(Aut)* ~ **trap** piège *m* de police pour contrôle de vitesse; *(US)* ~ **zone** zone *f* à vitesse limitée.

3 *vi* **(a)** *pret, ptp* **sped: to ~ along/across** *etc* aller/traverser *etc* à toute vitesse. **(b)** *pret, ptp* **speeded** *(Aut: go too fast)* conduire trop vite.
◆ **speed up** *pret, ptp* **speeded up 1** *vi (gen)* aller plus vite; *[walker/worker/train etc]* marcher/travailler/rouler *etc* plus vite; *(Aut)* accélérer; *[engine, machine etc]* tourner plus vite; *[production]* s'accélérer. **2** *vt sep (gen)* accélérer; *machine* faire tourner plus vite; *person* faire aller *(or* faire travailler) plus vite. **to ~ things up** activer les choses.
◆ **speedboat** *n* vedette *f (Naut)*. ◆ **speedily** *adv (quickly) move, work* vite; *(promptly) reply, return* promptement; *(soon)* bientôt. ◆ **speeding** *n (Aut)* excès *m* de vitesse. ◆ **speedometer** *n* indicateur *m* de vitesse. ◆ **speed-up** *n* accélération *f*; *(Ind)* ~**-up of production** amélioration *f* de rendement.
◆ **speedway racing** *n* courses *fpl* de moto.
◆ **speedy** *adj* rapide.

speleology [ˌspiːlɪ'ɒlədʒɪ] *n* spéléologie *f*. ◆ **speleologist** *n* spéléologue *mf*.

spell¹ [spel] *n* charme *m*; *(words)* formule *f* magique. **an evil ~** un maléfice; **to put** *or* **cast a ~ on sb** jeter un sort à qn; *(fig)* ensorceler qn; *(fig)* **under the ~ of** ensorcelé par; **to break the ~** rompre le charme. ◆ **spellbinding** *adj* ensorcelant. ◆ **spellbound** *adj (fig)* envoûté; *(fig)* **to hold sb ~bound** tenir qn sous le charme.

spell² [spel] *n* **(a)** *(turn)* tour *m*. ~ **of duty** tour de service. **(b)** *(brief period)* période *f*. *(Met)* **cold/sunny ~s** périodes de froid/ensoleillées; **after a ~** après un certain temps; **for a short ~** pendant un petit moment.

spell³ [spel] *pret, ptp* **spelt** *or* **spelled 1** *vt (in writing)* écrire; *(aloud)* épeler. **how do you ~ it?** comment est-ce que cela s'écrit?; **d-o-g ~s 'dog'** d-o-g forment le mot 'dog'; *(fig)* **that would ~ ruin for him** cela signifierait la ruine pour lui. **2** *vi*: **to learn to ~** apprendre l'orthographe; **he can't ~** il fait des fautes d'orthographe. ◆ **spell out** *vt sep (fig) consequences, alternatives* expliquer bien clairement *(for sb* à qn). **do I have to ~ it out for you?** faut-il que je mette les points sur les i? ◆ **spelling 1** *n* orthographe *f* ; **2** *adj*: ~**ing mistake** faute *f* d'orthographe.

spelunker [spɪ'lʌŋkəʳ] *n (US)* spéléologue *mf*.

spend [spend] *pret, ptp* **spent** *vt* **(a)** *money* dépenser *(on sth bought:* on en; *on person, car etc bought for:* on pour; *on doing* pour faire). **without ~ing a penny** sans dépenser un sou; *(Brit fig)* **to ~ a penny *** aller au petit coin *. **(b)** *(pass) holiday, time, one's life* passer *(on sth* sur qch; *in doing* à faire); *(devote) labour, care* consacrer *(on sth* à qch; *doing, in doing* à faire). **I spent 2 hours on that letter** j'ai passé 2 heures sur cette lettre. ◆ **spender** *n*: **to be a big ~er** dépenser beaucoup. ◆ **spending 1** *n* dépenses *fpl*; **government ~ing** dépenses publiques ; **2** *adj*: ~**ing money** argent *m* de poche; ~**ing power** pouvoir *m* d'achat. ◆ **spendthrift** *n*, *adj* dépensier *m*, -ière *f*. ◆ **spent** *adj match, cartridge etc* utilisé; *supplies* épuisé; **spent (nuclear) fuel** combustible *m* irradié.

sperm [spɜːm] *n* sperme *m*. ~ **bank** banque *f* de sperme; ~ **oil** huile *f* de baleine; ~ **whale** cachalot *m*.

spermicide [ˌspɜːmɪ'saɪd] *n* spermicide *m*.

sphere [sfɪəʳ] *n (gen)* sphère *f*. ~ **of influence** sphère d'influence; **the ~ of poetry** le domaine de la poésie; **in the social ~** dans le domaine social; **in many ~s** dans de nombreux domaines; **within a limited ~** dans un cadre restreint; **that is outside my ~** cela n'entre pas dans mes compétences.
◆ **spherical** ['sferɪk(ə)l] *adj* sphérique.

sphinx [sfɪŋks] *n* sphinx *m*.

spice [spaɪs] **1** *n (Culin)* épice *f*. **mixed ~(s)** épices mélangées; *(fig)* **a story with a bit of ~ to it** une histoire qui a du piquant; **the ~ of adventure** le piment de l'aventure. **2** *vt (Culin)* épicer *(with* de); *(fig)* relever *(with* de). ◆ **spicy** *adj food* épicé, relevé; *(fig)* piquant.

spick-and-span ['spɪkən'spæn] *adj* propre comme un sou neuf.

spider ['spaɪdəʳ] *n* (**a**) *(Zool)* araignée *f.* ~'**s web** toile *f* d'araignée. (**b**) *(Aut: for luggage)* araignée *f* (à bagages). (**c**) *(US Culin)* poêle *f* (à trépied). ◆ **spidery** *adj writing* tremblé.

spiel * [spiːl] *n* baratin * *m (about* sur).

spike [spaɪk] **1** *n (gen)* pointe *f*; *(for letters, bills etc)* pique-notes *m inv*; *(Bot)* épi *m.* *(shoes)* ~**s** * chaussures *fpl* à pointes; ~ **heels** talons *mpl* aiguilles. **2** *vt (fig)* **to** ~ **sb's guns** mettre des bâtons dans les roues à qn. ◆ **spiky** *adj branch, wall* hérissé de pointes; *hair* en épi.

spill [spɪl] *pret, ptp* **spilt** *or* **spilled 1** *vt* renverser. **to** ~ **blood** verser le sang; *(fig)* **to** ~ **the beans** * vendre la mèche *; (Naut)* **to** ~ **(wind from) a sail** étouffer une voile. **2** *vi [liquid, salt etc]* se répandre.

◆ **spill out 1** *vi* se répandre; *[people etc]* sortir avec précipitation. **they** ~**ed out into the streets** ils se sont précipités dans la rue. **2** *vt sep contents etc* répandre; *(fig) story, details* révéler. ◆ **spill over** *vi* déborder *(into* dans).

spin [spɪn] *(vb: pret, ptp* **spun) 1** *n (turn)* tournoiement *m*; *(Aviat)* vrille *f.* **to give a wheel a** ~ faire tourner une roue; *(on washing machine)* **long/ short** ~ essorage *m* complet/léger; *(Sport)* **to put a** ~ **on a ball** donner de l'effet à une balle; *(Aviat)* **to go into a** ~ tomber en vrille; *(fig) [person]* **to get into a** ~ * paniquer *; everything was in a* ~ * c'était la pagaille * complète; *(fig: try out)* **to give sth a** ~ ⁑ essayer qch; *(ride)* **to go for a** ~ * faire un petit tour en voiture *(or* en vélo *etc).* **2** *vt* (**a**) *wool, glass etc* filer *(into* en, pour en faire); *thread etc* fabriquer; *[spider etc]* tisser. *(fig)* **to** ~ **a yarn** *(make up)* inventer *or (tell)* débiter une longue histoire *(about sth* sur qch). (**b**) *wheel etc* faire tourner; *top* lancer; *clothes* essorer; *(Sport) ball* donner de l'effet à. **to** ~ **a coin** jouer à pile ou face. **3** *vi* (**a**) *[spinner etc]* filer; *[spider]* tisser sa toile. (**b**) *(often* ~ **round:** *gen) [person]* se retourner vivement; *[car wheel]* patiner; *[ball]* tournoyer. **to** ~ **round and round** tournoyer; **to send sth/sb** ~**ning** envoyer rouler qch/qn; *(fig)* **my head is** ~**ning** j'ai la tête qui tourne; *(fig)* **the room was** ~**ning** la chambre tournait. (**c**) *(Fishing)* **to** ~ **for trout** pêcher la truite à la cuiller. ◆ **spin out** *vt sep story, visit, money* faire durer. ◆ **spindrift** *n* embruns *mpl*. ◆ **spin-dry** *vt* essorer (à la machine). ◆ **spin-dryer** *n* essoreuse *f*. ◆ **spinner** *n (person)* fileur *m*, -euse *f*; *(Fishing)* cuiller *f*; *(spin-dryer)* essoreuse *f*; *(Baseball, Cricket)* **he sent down a** ~**ner** * il a donné de l'effet à la balle. ◆ **spinning 1** *n (by hand)* filage *m*; *(by machine)* filature *f*; *(Fishing)* pêche *f* à la cuiller ; **2** *adj*: ~**ning mill** filature *f*; ~**ning top** toupie *f*; ~**ning wheel** rouet *m*. ◆ **spin-off** *n (gen)* avantage *m* inattendu; *(Ind, Tech etc)* application *f* secondaire.

spina bifida ['spaɪnə'bɪfɪdə] *n* spina-bifida *m*.

spinach ['spɪnɪdʒ] *n (Culin)* épinards *mpl*.

spindle ['spɪndl] *n (Spinning)* fuseau *m*; *(on machine)* broche *f*; *(Tech) [pump]* axe *m*; *[lathe]* arbre *m*; *[valve]* tige *f*. ◆ **spindly** *adj legs, person* grêle; *plant* étiolé.

spine [spaɪn] *n (Anat)* colonne *f* vertébrale; *[fish]* épine *f*; *[hedgehog]* piquant *m*; *(Bot)* épine; *[book]* dos *m*; *[hill etc]* crête *f*. ◆ **spinal** *adj nerve, muscle* spinal; *column, disc* vertébral; *injury* à la colonne vertébrale; **spinal anaesthetic** péridurale *f*; **spinal cord** moelle *f* épinière. ◆ **spine-chilling** *adj* à vous glacer le sang. ◆ **spineless** *adj (fig)* mou, sans caractère. ◆ **spiny** *adj* épineux.

spinney ['spɪnɪ] *n* bosquet *m*.

spinster ['spɪnstəʳ] *n* célibataire *f (also Admin)*, vieille fille *f (pej)*.

spiral ['spaɪər(ə)l] **1** *adj movement, decoration, spring* en spirale; *nebula, galaxy* spiral; *(Aviat)* en vrille. ~ **staircase** escalier *m* en colimaçon. **2** *n* spirale *f.* **in a** ~ en spirale; **the wage-price** ~ la montée inexorable des salaires et des prix; **the inflationary** ~ la spirale inflationniste. **3** *vi [smoke]* monter en spirale; *[prices]* monter en flèche; *[prices and wages]* former une spirale; *[plane]* **to** ~ **down** descendre en vrille; *[rocket etc]* **to** ~ **up** monter en spirale.

spire ['spaɪəʳ] *n (Archit)* flèche *f*.

spirit ['spɪrɪt] **1** *n* (**a**) *(soul)* esprit *m.* **he was there in** ~ il était présent en esprit; **one of the greatest** ~**s of his day** un des plus grands esprits de son temps; **the leading** ~ **in the party** l'âme *f* du parti. (**b**) *(supernatural being, ghost etc)* esprit *m.* **evil** ~ esprit malin. (**c**) *(attitude etc)* esprit *m.* **in a** ~ **of forgiveness** dans un esprit de pardon; **he's got the right** ~ il a la disposition *or* l'attitude qu'il faut; **you must take it in the** ~ **in which it was meant** prenez-le dans l'esprit où c'était voulu; **to take sth in the right/wrong** ~ prendre qch en bonne/mauvaise part; **you must enter into the** ~ **of the thing** il faut y participer de bon cœur; **the** ~**, not the letter of the law** l'esprit et non la lettre de la loi; **that's the** ~**!** voilà comment il faut réagir!; **community** ~ civisme *m.* (**d**) **in good** ~**s** de bonne humeur; **in poor** *or* **low** ~**s** qui n'a pas le moral; **to keep one's** ~**s up** garder le moral; **my** ~**s rose** j'ai repris courage; **to raise sb's** ~**s** remonter le moral à qn. (**e**) *(courage)* courage *m*, cran * *m*; *(energy)* énergie *f*; *(vitality)* entrain *m.* (**f**) *(Chem)* alcool *m.* *(drink)* ~**s** spiritueux *mpl*, alcool; **raw** ~**s** alcool pur.

2 *adj* (**a**) *lamp etc* à alcool. (**b**) *(Spiritualism) help, world* des esprits.

◆ **spirit away, spirit off** *vt sep person* faire disparaître comme par enchantement; *object, document etc* subtiliser.

◆ **spirited** *adj person, horse, reply, speech* fougueux; *conversation* animé; *music* plein d'allant; *undertaking, defence* courageux; *(Mus)* **he gave a** ~**ed performance** il a joué avec fougue *or* avec brio.

◆ **spirit-level** *n* niveau *m* à bulle. ◆ **spiritual 1** *adj* spirituel *(par opp à matériel)*; **2** *n* chant *m* religieux ; *(also* **Negro** ~**ual)** negro-spiritual *m*. ◆ **spiritualism** *n (Rel)* spiritisme *m.* ◆ **spiritualist** *adj, n* spirite *(mf)*. ◆ **spirituality** *n* spiritualité *f*. ◆ **spiritually** *adv* spirituellement.

spit¹ [spɪt] *(vb: pret, ptp* **spat) 1** *n (spittle)* crachat *m*; *(saliva)* salive *f*; *(Bot)* crachat de coucou. ~ **and polish** astiquage *m*; *(fig)* **he's the dead** ~ * **of his uncle** c'est le portrait craché * de son oncle. **2** *vt* cracher. **3** *vi* cracher *(at sb* sur qn); *[fire, fat]* crépiter. **it was** ~**ting with rain** il tombait quelques gouttes de pluie. ◆ **spit out** *vt sep* cracher. *(fig: say it)* ~ **it out!** * allons, dis-le! ◆ **spit-fire** *n*: **to be a** ~**fire** s'emporter pour un rien. ◆ **spitting 1** *n*: '~**ting prohibited'** 'défense de cracher' ; **2** *adj*: **to be the** ~**ting image of sb** * être le portrait craché * de qn. ◆ **spittle** *n (ejected)* crachat *m*; *(dribbled)* salive *f*; *[animal]* bave *f*. ◆ **spittoon** *n* crachoir *m*.

spit² [spɪt] *n (Culin)* broche *f*; *(Geog)* langue *f* de terre. ◆ **spitroast** *vt* faire rôtir à la broche.

spite [spaɪt] **1** *n* (**a**) *(ill-feeling)* rancune *f*, dépit *m.* **out of pure** ~ par pure rancune *or* malveillance; **to have a** ~ **against sb** * avoir une dent contre qn. (**b**) **in** ~ **of** malgré, en dépit de; **in** ~ **of the fact that** bien que + *subj*; **in** ~ **of everyone** envers et contre tous. **2** *vt* vexer. ◆ **spiteful** *adj person, remark, comment* malveillant; *tongue* venimeux. ◆ **spitefully** *adv* par dépit.

splash [splæʃ] **1** *n (sound)* plouf *m*; *(series of sounds)* clapotement *m*; *(mark)* éclaboussure *f*; *(fig)* *[colour]* tache *f*; *[publicity]* étalage *m*. **a ~ of** *(milk etc)* un petit peu de; *(soda water)* une giclée de; *(fig)* **to make a ~ *** faire sensation. **2** *vt* éclabousser *(sth over sb/sth* qch sur qn/qch; *sb/sth with sth* qn/qch de qch). **to ~ milk on the floor** renverser du lait par terre; **he ~ed paint on the floor** il a fait des éclaboussures de peinture par terre; **to ~ cold water on one's face** s'asperger la figure d'eau froide; **the news was ~ed across the front page** la nouvelle a fait cinq colonnes à la une. **3** *vi* **(a)** *[liquid, mud etc]* faire des éclaboussures. **to ~ over sth** éclabousser qch. **(b)** *[person, animal]* barboter, patauger *(in* dans). **to ~ across a stream** traverser un ruisseau en pataugeant; *[stone]* **to ~ into the water** tomber dans l'eau avec un gros plouf. ◆ **splash down** *vi [spacecraft]* amerrir. ◆ **splash out** *vi (in spending)* faire une folie *(achat)*. ◆ **splash up** *vi* gicler *(on sb* sur qn). ◆ **splashback** *n* revêtement *m (au-dessus d'un évier etc)*. ◆ **splashboard** *n (Aut etc)* garde-boue *m inv*. ◆ **splashdown** *n (Space)* amerrissage *m*.

spleen [spliːn] *n (Anat)* rate *f*; *(bad temper)* mauvaise humeur *f*.

splendid ['splendɪd] *adj (imposing etc) ceremony, beauty* splendide; *(excellent) holiday, idea, teacher etc* excellent, formidable *. **that's ~!** c'est formidable! * ◆ **splendidly** *adv* splendidement; *de façon excellente,* formidablement *; **it all went ~ly** tout a très bien marché. ◆ **splendour,** *(US)* **splendor** *n* splendeur *f*.

splice [splaɪs] *vt rope* épisser; *film* coller.

splint [splɪnt] *n (Med)* éclisse *f*. **to put in ~s** éclisser; **leg in ~s** jambe éclissée.

splinter ['splɪntəʳ] **1** *n [glass, wood]* éclat *m* ; *[bone]* esquille *f*; *(in finger etc)* écharde *f*. **2** *adj*: **~ group** groupe *m* dissident. **3** *vt wood* fendre en éclats; *glass, bone* briser en éclats; *(fig) party etc* fragmenter. **4** *vi* se fendre *or* se briser en éclats; se fragmenter.

split [splɪt] *(vb: pret, ptp* **split**) **1** *n* **(a)** *(in garment, fabric)* fente *f*; *(tear)* déchirure *f*; *(in wood, earth's surface)* crevasse *f*; *(fig: quarrel)* rupture *f*; *(Pol)* scission *f*. **there was a 3-way ~ in the committee** le comité s'est trouvé divisé en 3 clans; **to do the ~s** faire le grand écart. **(b)** *(cake etc)* **jam ~** brioche *f* fourrée à la confiture; **banana ~** banana split *m*.

2 *adj (Gram)* **~ infinitive** infinitif où un adverbe est intercalé entre 'to' et le verbe; **~ peas** pois *mpl* cassés; **~ personality** double personnalité *f*; **a ~ second** une fraction de seconde; **in a ~ second** en un rien de temps; **~-second timing** *[military operation etc]* précision *f* à la seconde près; *[actor, comedian]* sens *m* du moment.

3 *vt* **(a)** *(gen)* fendre; *slate* cliver; *(tear)* déchirer; *(fig) party etc* diviser. **to ~ the atom** fissionner l'atome; **to ~ sth open** ouvrir qch en le fendant; **he ~ his head open** il s'est fendu le crâne; **to ~ sth in two** *(cut)* couper *or (break)* briser qch en deux; *(fig)* **to ~ hairs** couper les cheveux en quatre; *(fig)* **to ~ one's sides (laughing)** se tordre de rire; **it ~ the party down the middle** cela a divisé le parti en deux. **(b)** *(divide)* partager *(between* entre); *(share)* se partager. **let's ~ a bottle of wine** si on prenait une bouteille de vin à deux *(or* trois *etc)*?; **to ~ the difference** partager la différence; **they ~ the work** ils se sont partagé le travail. **4** *vi* **(a)** *(gen)* se fendre; *(tear)* se déchirer; *[party etc]* se diviser. **to ~ open** se fendre; *(fig)* **my head is ~ting** j'ai atrocement mal à la tête. **(b)** *(divide) [group]* se diviser, se séparer. **(c) to ~ on sb *** dénoncer qn.

◆ **split off 1** *vi [piece of wood]* se détacher *(from* de); *[group]* se séparer *(from* de). **2** *vt sep piece* enlever *(from* de); *group* séparer *(from* de). ◆ **split up 1** *vi [ship]* se briser; *[boulder, etc]* se fendre; *[meeting, crowd]* se disperser; *[party, movement]* se diviser; *[married couple]* se séparer; *[friends, engaged couple]* rompre. **2** *vt sep wood, stones* fendre *(into* en); *money, work* partager; *compound, party, organization* diviser *(into* en); *meeting* mettre fin à ; *crowd* disperser; *friends* séparer. **we must ~ the work up amongst us** nous devons nous partager le travail.

◆ **split-cane** *adj* en osier. ◆ **split-level** *adj cooker* à plaques de cuisson et four indépendants; *house* à deux niveaux. ◆ **split-off** *n* séparation *f (from* de). ◆ **split-site** *adj* sur plusieurs emplacements. ◆ **splitting 1** *n (V* **split 3a** *above)* fendage *m*; clivage *m*; déchirement *m*; division *f*; *[atom]* fission *f* ; **2** *adj*: **I have a ~ting headache** j'ai atrocement mal à la tête. ◆ **split-up** *n [engaged couple, friends]* rupture *f*; *[married couple]* séparation *f*; *[political party]* scission *f*.

splodge [splɒdʒ], **splotch** [splɒtʃ] *n [ink, colour, dirt etc]* tache *f*; *[cream]* monceau *m*.

splutter ['splʌtəʳ] **1** *vi [person] (spit)* crachoter; *(stutter)* bafouiller *; *[fire, fat]* crépiter; *[engine]* bafouiller *. **2** *vt (~ out)* bafouiller *. **3** *n* crachotement *m*; bafouillage * *m*; crépitement *m*.

spoil [spɔɪl] *pret, ptp* **spoiled** *or* **spoilt 1** *vt* **(a)** *(damage) paint, dress etc* abîmer; *ballot paper* rendre nul. **to ~ one's eyes** s'abîmer la vue. **(b)** *(detract from) view, style, effect, food* gâter; *holiday, occasion, pleasure, one's life* gâcher; *garden etc* enlaidir; *sb's peace of mind* empoisonner. **to ~ sb's fun** gâcher l'amusement de qn; **to ~ one's appetite** se couper l'appétit; **if you tell me the ending you'll ~ the film for me** si vous me racontez la fin vous me gâcherez tout l'intérêt du film. **(c)** *(pamper) child etc* gâter. **2** *vi* **(a)** *[food]* s'abîmer; *(in warehouse etc)* s'avarier. **(b) to be ~ing for a fight** brûler de se battre. **3** *n (gen pl)* **~(s)** *(booty)* butin *m*. ◆ **spoiler** *n (Aut)* spoiler *m*, becquet *m*. ◆ **spoilt** *adj ballot paper* nul; *child* gâté.

spoke¹ [spəʊk] *n* rayon *m*. *(fig)* **to put a ~ in sb's wheel** mettre des bâtons dans les roues à qn.

spoke², **spoken** ['spəʊk(ən)] *pret, ptp of* **speak**. ◆ **spokesman, spokesperson** *n* porte-parole *m inv (of, for* de).

sponge [spʌn(d)ʒ] **1** *n* **(a)** éponge *f*. *(fig)* **to throw in the ~ *** s'avouer vaincu. **(b)** *(~ cake)* gâteau *m* de Savoie. **2** *adj*: **~ bag** sac *m* de toilette; **~ mop** balai *m* éponge. **3** *vt* éponger. **4** *vi (*: cadge)* **to ~ on sb** vivre aux crochets de qn.

◆ **sponge down** *vt sep person, walls* laver à l'éponge; *horse* éponger. ◆ **sponger *** *n (pej)* parasite *m*. ◆ **spongy** *adj* spongieux.

sponsor ['spɒnsəʳ] **1** *n (gen: of appeal etc)* personne *f* qui accorde son patronage; *(for loan etc)* répondant(e) *m(f)*; *(for baptism, club membership)* parrain *m*, marraine *f*; *(Rad, TV, Advertising)* personne *(or* organisme *m)* qui assure le patronage; *(of concert)* sponsor *m*, parrain *m*; *(of sports event)* sponsor *m*, commanditaire *m*; *(for fund-raising event)* donateur *m*, -trice *f*; *(US: of club)* animateur *m*, -trice *f*. **2** *vt appeal, proposal, announcement, programme* patronner; *(Fin) borrower* se porter caution pour; *(Rel)* être le parrain *(or* la marraine) de; *club member, concert* parrainer; *sports event* sponsoriser *(or) fund-raising walker etc* s'engager à rémunérer (en fonction de sa performance); **government~ed** à l'initiative du gouvernement. ◆ **sponsorship** *n* patronage *m*; cautionnement *m*; parrainage *m*; *(Rad, TV)* commande *f* publicitaire; *(Sport)* sponsoring *m*.

spontaneous [spɒn'teɪnɪəs] *adj (gen)* spontané. ◆ **combustion** combustion *f* vive. ◆ **spontaneity** *n* spontanéité *f*. ◆ **spontaneously** *adv* spontanément.

spook [spuːk] **1** n (*: ghost) revenant m; (US ‡: spy) barbouze * f. **2** vt (US: frighten) effrayer. ◆ **spooky** * adj qui donne le frisson.

spool [spuːl] n (gen) bobine f; [fishing reel] tambour m; [sewing machine] canette f; [wire] rouleau m.

spoon [spuːn] **1** n cuiller f or cuillère f. **2** vt: to ~ **sth into a plate** verser qch dans une assiette avec une cuiller. ◆ **spoonfeed** vt nourrir à la cuiller; (fig) mâcher le travail à. ◆ **spoonful** n cuillerée f.

spoonerism ['spuːnərɪz(ə)m] n contrepèterie f.

spoor [spʊəʳ] n foulées fpl, trace f, piste f.

sporadic [spə'rædɪk] adj sporadique. ~ **fighting** échauffourées fpl. ◆ **sporadically** adv sporadiquement.

sport [spɔːt] **1** n **(a)** sport m. **he is good at** ~ il est très sportif; **outdoor/indoor** ~s sports de plein air/d'intérieur. **(b)** (amusement) divertissement m. **to have good** ~ (Hunting/Fishing) faire bonne chasse/bonne pêche; (gen) bien se divertir. **(c)** (*: person) chic type * m, chic fille * f. **be a** ~! sois chic! * **2** vt arborer. ◆ **sporting** adj sportif, chic * inv; **there's a** ~**ing chance that** il est possible que + subj. ◆ **sportingly** adv (fig) très sportivement. ◆ **sports 1** npl (meeting) réunion f sportive ; **2** adj (gen) de sport; clothes sport inv; ~**s car** voiture f de sport; ~**s ground** terrain m de sport; ~**s jacket** veston m sport inv. ◆ **sportsman** n sportif m; (fig) **he's a real** ~**sman** il est très sportif. ◆ **sportsmanlike** adj sportif, chic * inv. ◆ **sportsmanship** n esprit m sportif. ◆ **sportswear** n vêtements mpl de sport. ◆ **sportswoman** n sportive f. ◆ **sportswriter** n rédacteur m sportif. ◆ **sporty** * adj sportif.

spot [spɒt] **1** n **(a)** (gen) tache f (on sur); (polka dot) pois m; (on dice, domino) point m; (pimple) bouton m. **a** ~ **of dirt** une tache; **a dress with red** ~**s** une robe à pois rouges; **a** ~ **of rain** quelques gouttes fpl de pluie; **to have** ~**s before the eyes** voir des mouches volantes devant les yeux; **to come out in** ~**s** avoir une éruption de boutons. **(b)** (small amount) **a** ~ **of** un peu de ; whisky, coffee etc une goutte de; truth, common sense un grain de; **a** ~ **of sleep** un petit somme; **he did a** ~ **of work** il a travaillé un peu; **there's been a** ~ **of trouble** il y a eu un petit incident; **how about a** ~ **of lunch?** * et si on mangeait un morceau? **(c)** (place) endroit m. **a good** ~ **for a picnic** un bon endroit or coin pour un pique-nique; **a tender** ~ **on the arm** un point sensible au bras; **the police were on the** ~ **in 2 minutes** la police est arrivée sur les lieux en 2 minutes; **it's easy if you're on the** ~ c'est facile si vous êtes sur place; **the man on the** ~ la personne qui est sur place; (Press etc) l'envoyé spécial; **an on-the-**~ **report** un reportage sur place; **he decided on the** ~ il s'est décidé sur le champ or tout de suite; (fig) **to be in a (bad or tight)** ~ * être dans le pétrin. **(d)** (*: Rad, Theat, TV: in show) numéro m; (Rad, TV: advertisement) spot m. **(e)** = **spotlight.**

2 adj: ~ **cash** argent m comptant; ~ **remover** détachant m.

3 vt **(a)** (speckle) tacher (with de). **(b)** (notice) person, vehicle apercevoir, repérer *; mistake relever; (recognize) bargain, winner, sb's ability découvrir. ◆ **spotless** adj (lit: ~**lessly clean**) reluisant de propreté; (fig) sans tache. ◆ **spotlight 1** n (Theat: beam) rayon m de projecteur; (Theat: lamp) projecteur m, spot m; (in home) spot m; (Aut) phare m auxiliaire; (Theat) **in the** ~**light** sous le feu des projecteurs; (fig) **the** ~**light was on him** il était en vedette ; **2** vt success mettre en vedette; changes mettre en lumière. ◆ **spotted** adj animal tacheté; fabric à pois. ◆ **spotter** n **(a)** (as hobby) train ~**ter** passionné(e) m(f) de trains; **(b)** (Mil etc) (for enemy aircraft) guetteur m; (during firing) observateur m.

◆ **spotty** adj face boutonneux. ◆ **spot-weld** vt souder par points.

spouse [spaʊz] n époux m, épouse f; (Jur) conjoint(e) m(f).

spout [spaʊt] **1** n (gen) bec m; (for tap) brise-jet m inv; [gutter, pump etc] dégorgeoir m; [fountain] jet m. (Brit fig) **to be up the** ~ ‡ être fichu *. **2** vt liquid faire jaillir; smoke, lava vomir; (* fig) poem etc débiter.

sprain [spreɪn] **1** n entorse f; (less serious) foulure f. **2** vt muscle etc fouler. **to** ~ **one's ankle** se donner une entorse à la cheville; (less serious) se fouler la cheville.

sprang [spræŋ] pret of **spring.**

sprawl [sprɔːl] **1** vi (fall) tomber, s'étaler *; (lie) être affalé; [plant] ramper (over sur); [handwriting, town] s'étaler (over dans). **2** n: **an ugly** ~ **of buildings down the valley** d'affreux bâtiments qui s'étalent dans la vallée; **London's suburban** ~ l'étalement m de la banlieue londonienne. ◆ **sprawling** adj person affalé; handwriting étalé; city tentaculaire.

spray¹ [spreɪ] **1** n **(a)** (gen) nuage m de gouttelettes fpl; (from sea) embruns mpl; (from hose pipe) pluie f; (from atomizer) spray m; (from aerosol) pulvérisation f; (from fountain) jet m. **(b)** (container) (aerosol) bombe f, aérosol m; (for scent etc) atomiseur m; (refillable) vaporisateur m; (larger: for garden etc) pulvérisateur m. **insecticide** ~ (aerosol) bombe (d')insecticide; (contents) insecticide m (en bombe). **(c)** (~ **attachment**, ~ **nozzle**) pomme f. **2** adj deodorant, insecticide (présenté) en bombe etc. ~ **can** bombe f etc (V 1b); ~ **gun** pistolet m (à peinture etc); ~ **paint** peinture f en bombe. **3** vt **(a)** roses, garden, crops faire des pulvérisations sur; room faire des pulvérisations dans; hair vaporiser (with de). **they** ~**ed the oil slick with detergent** ils ont répandu du détergent sur la nappe de pétrole; (fig) **to** ~ **sth/sb with bullets** arroser qch/qn de balles. **(b)** water, insecticide, paint pulvériser (on sur); scent vaporiser. **they** ~**ed foam on the flames** ils ont projeté de la neige carbonique sur les flammes. ◆ **sprayer** n **(a)** = **spray¹ 1b**; **(b)** (aircraft: crop-**~er**) avion-pulvérisateur m. ◆ **spraying machine** n (Agr) pulvérisateur m.

spray² [spreɪ] n [flowers] gerbe f; [greenery] branche f; (brooch) aigrette f.

spread [spred] (vb: pret, ptp **spread**) **1** n **(a)** [fire, disease, infection] propagation f; [nuclear weapons] prolifération f; [idea, knowledge] diffusion f; [education] progrès m. **(b)** (extent) [wings] envergure f; [arch] ouverture f; [bridge] travée f; [marks, prices, ages etc] échelle f. **he's got a middle-age** ~ il a pris de l'embonpoint avec l'âge. **(c)** (cover) (for table) dessus m de table; (bed ~) dessus-de-lit m inv. **(d)** (Culin) pâte f (à tartiner). **cheese** ~ fromage m à tartiner; **anchovy** ~ ≃ pâte d'anchois. **(e)** (* fig: meal) festin m. **(f)** (Press, Typ) (two pages) double page f; (across columns) deux (or trois etc) colonnes fpl.

2 vt **(a)** (~ **out**) (gen) étendre (on sth sur qch); wings, sails déployer; fingers, toes, arms, legs écarter. (fig) **to** ~ **one's wings** élargir ses horizons. **(b)** bread etc tartiner (with de); butter, glue étaler (on sur). **(c)** (distribute) sand etc répandre (on, over sur); fertilizer épandre (over, on sur); (~ **out**) objects, cards, goods étaler (on sur); soldiers etc disposer (along le long de). **policemen** ~ **out all over the hillside** des agents de police dispersés sur toute la colline. **(d)** disease, infection propager; germs disséminer; wealth distribuer; rumours faire courir; news, knowledge, panic, indignation répandre; (in time: ~ **out**) payment, studies etc échelonner (over sur). **our resources are** ~ **very thinly** nous n'avons plus aucune marge dans l'emploi de nos ressources.

3 *vi* (*gen*) se répandre; [*river, stain*] s'étaler; [*flood, weeds, fire, disease, pain*] s'étendre. **to ~ into** *or* **over sth** (*gen*) se répandre dans *or* sur qch; [*fire, pain, disease*] atteindre qch; [*weeds, panic*] envahir qch; **the desert ~s (out) over 500 square miles** le désert s'étend sur 500 milles carrés.

◆ **spread out 1** *vi* [*people, animals*] se disperser; [*valley*] s'élargir. **2** *vt sep:* **the valley lay ~ out before him** la vallée s'étendait à ses pieds; **he was ~ out on the floor** il était étendu de tout son long par terre.

◆ **spread-eagled** *adj* étendu bras et jambes écartés. ◆ **spreadsheet** *n* (*Comput*) (*chart*) tableau *m*; (*software*) tableur *m*.

spree [spri:] *n* fête *f*. **to go on** *or* **have a ~** faire la fête; **to go on a spending ~** faire des folies (*achats*).

sprig [sprɪg] *n* rameau *m*, brin *m*.

sprightly ['spraɪtlɪ] *adj* alerte, actif.

spring [sprɪŋ] (*vb: pret* **sprang,** *ptp* **sprung**) **1** *n* **(a)** (*leap*) bond *m*, saut *m*. **in** *or* **with** *or* **at one ~** d'un bond, d'un saut. **(b)** (*for mattress, watch etc; also Tech*) ressort *m*. (*Aut*) **the ~s** la suspension. **(c)** (*resilience*) [*mattress*] élasticité *f*. **(d)** [*water*] source *f*. **hot ~** source chaude. **(e)** (*season*) printemps *m*. **in (the) ~** au printemps; **~ is in the air** il fait un temps de printemps.
2 *adj* **(a)** *weather, day, flowers* printanier, de printemps. (*Brit*) **~ greens** chou *m* précoce; (*Brit*) **~ onion** ciboule *f*. **(b)** *mattress* à ressorts. (*file*) **~ binder** classeur *m* à ressort.
3 *vi* **(a)** (*leap*) bondir, sauter (*at* sur). **to ~ in/across** *etc* entrer/traverser *etc* d'un bond; (*fig*) **to ~ to sb's help** bondir à l'aide de qn; **to ~ to the rescue** se précipiter pour porter secours; **he sprang into action** il est passé à l'action; **to ~ into existence/into view** apparaître du jour au lendemain/soudain; **to ~ to mind** venir à l'esprit; **the door sprang open** la porte s'est brusquement ouverte; **hope ~s eternal** l'espoir fait vivre. **(b)** (*originate*) provenir, découler (*from* de).
4 *vt trap, lock* faire jouer. (*fig*) **to ~ a surprise on sb** surprendre qn; **to ~ a question/a piece of news on sb** poser une question/annoncer une nouvelle à qn de but en blanc; **he sprang it on me** il m'a pris de court *or* au dépourvu.

◆ **spring up** *vi* [*person*] se lever d'un bond; [*flowers, buildings*] surgir de terre; [*corn*] lever brusquement; [*wind, storm*] se lever brusquement; [*rumour, doubt, fear, friendship, alliance*] naître; [*problem, obstacle*] surgir.
◆ **springboard** *n* tremplin *m*. ◆ **spring-clean** *vt* nettoyer de fond en comble. ◆ **spring-cleaning** *n* grand nettoyage *m*. ◆ **spring-like** *adj* printanier. ◆ **springtime** *n* printemps *m*. ◆ **springy** *adj* (*gen*) souple; *rubber, mattress* élastique; *carpet* moelleux; *plank* flexible.

sprinkle ['sprɪŋkl] *vt* (*with water*) asperger (*with* de); (*with sugar*) saupoudrer (*with* de). **to ~ sand on** *or* **over sth** répandre une légère couche de sable sur qch; **to ~ sand/grit on the roadway** sabler/cendrer la route. ◆ **sprinkler** *n* (*for lawn etc*) arroseur *m*; (*for sugar etc*) saupoudreuse *f*; (*for fire-fighting*) diffuseur *m* (d'extincteur automatique d'incendie). ◆ **sprinkling** *n* [*water*] quelques gouttes *fpl*; [*sand*] légère couche *f*; (*fig*) **there was a sprinkling of young people** il y avait quelques jeunes çà et là.

sprint [sprɪnt] **1** *n* (*Sport*) sprint *m*. **2** *vi* (*Sport*) sprinter; (*gen*) foncer (*for the bus* pour attraper l'autobus). **to ~ down the street** descendre la rue à toutes jambes. ◆ **sprinter** *n* (*Sport*) sprinteur *m*, -euse *f*.

sprout [spraut] **1** *n* (*from bulbs, seeds*) germe *m*. (**Brussels**) **~s** choux *mpl* de Bruxelles. **2** *vi* [*bulbs, onions etc*] germer; (*grow quickly*) [*plants*] bien pousser; [*child*] pousser vite *;* (*appear*) surgir. **3** *vt*

leaves produire; (***) *moustache* se laisser pousser. [*potatoes, bulbs*] **to ~ shoots** germer.

spruce¹ [spru:s] *n* (*tree*) épicéa *m*.

spruce² [spru:s] *adj* pimpant, net. ◆ **spruce up** *vt sep child* faire beau; *house* bien astiquer. **all ~d up** *person* tiré à quatre épingles.

sprung [sprʌŋ] (*ptp of* **spring**) *adj seat, mattress* à ressorts. (*Aut*) **well-~** bien suspendu.

spry [spraɪ] *adj* alerte, vif.

spud * [spʌd] *n* patate * *f*, pomme *f* de terre.

spun [spʌn] *pret, ptp of* **spin.**

spur [spɜ:ʳ] **1** *n* **(a)** (*gen*) éperon *m*; (*fig*) aiguillon *m*. (*fig*) **to win one's ~s** faire ses preuves; **on the ~ of the moment** sous l'impulsion du moment. **(b)** (*motorway*) embranchement *m*. **2** *adj:* **~ road** route *f* d'accès. **3** *vt* (**~ on**) *horse* éperonner; [*ambition etc*] éperonner, aiguillonner. **to ~ sb (on) to do sth** pousser qn à faire qch.

spurious ['spjuərɪəs] *adj* (*gen*) faux; *claim* fallacieux; *interest, affection* simulé.

spurn [spɜ:n] *vt* repousser (avec mépris).

spurt [spɜ:t] **1** *n* [*water, flame*] jaillissement *m*; [*anger, enthusiasm, energy*] sursaut *m*. **to put on a ~** (*Sport*) sprinter; (*in running for bus etc*) foncer; (*fig: in work etc*) donner un coup de collier; **in ~s** par à-coups. **2** *vi* (**~ out,** **~ up**) jaillir (*from* de).

spy [spaɪ] **1** *n* (*gen*) espion(ne) *m(f)*. **police ~** indicateur *m*, -trice *f* de police. **2** *adj film, story etc* d'espionnage. **~ ring** réseau *m* d'espions. **3** *vi* (*gen*) espionner; (*Ind, Pol*) faire de l'espionnage (*for a country* au service d'un pays). **to ~ on sb/sth** espionner qn/épier qch. **4** *vt* (*catch sight of*) apercevoir. ◆ **spy out** *vt sep:* **to ~ out the land** reconnaître le terrain. ◆ **spyglass** *n* lunette *f* d'approche. ◆ **spyhole** *n* petit trou *m*. ◆ **spying** *n* espionnage *m*.

squabble ['skwɒbl] **1** *n* chamaillerie * *f*. **2** *vi* se chamailler * (*over sth* à propos de qch). ◆ **squabbling** *n* chamailleries * *fpl*.

squad [skwɒd] **1** *n* [*policemen, workmen, prisoners*] escouade *f*; [*soldiers*] groupe *m*; (*US Sport*) équipe *f*. (*Ftbl*) **the England ~** le contingent anglais. **2** *adj* (*Police*) **~ car** voiture *f* de police.

squadron ['skwɒdr(ə)n] *n* (*Mil*) escadron *m*; (*Aviat, Naut*) escadrille *f*.

squalid ['skwɒlɪd] *adj* (*gen*) sordide; *motive* vil. ◆ **squalor** *n* conditions *fpl* sordides.

squall [skwɔ:l] **1** *n* (*Met*) rafale *f* *or* bourrasque *f* de pluie; (*at sea*) grain *m*. **2** *vi* [*baby*] hurler, brailler. ◆ **squalling** *adj* criard, braillard *.

squander ['skwɒndəʳ] *vt time, money, talents* gaspiller; *inheritance* dilapider; *opportunity* perdre.

square [skwɛəʳ] **1** *n* **(a)** (*gen*) carré *m*; [*chessboard, crossword, graph paper*] case *f*; (*in pattern, on fabric*) carreau *m*; (*head* ~) carré, foulard *m*. **to fold into a ~** plier en carré; (*fig*) **now we're back to ~ one** * nous repartons à zéro *; **~ dance** quadrille *m*. **(b)** (*in town*) place *f*; (*with gardens*) square *m*; (*US: block of houses*) pâté *m* de maisons; (*Mil:* **barrack**) **~** cour *f* (de caserne). **the town ~** la grand-place. **(c)** (*Math*) carré *m*. **4 is the ~ of 2** 4 est le carré de 2. **(d)** (*pej*) **he's a real ~** * il est vraiment vieux jeu.
2 *adj* **(a)** (*in shape*) carré. **to cut sth ~** couper qch au carré; (*Typ*) **~ bracket** crochet *m*; **he is a ~ peg in a round hole** il n'est pas à son affaire; (*fig*) **a ~ meal** un bon repas. **(b)** (*even, balanced*) *books, accounts, figures* en ordre. **to get one's accounts ~** mettre ses comptes en ordre; **to get ~ with sb** (*financially*) régler ses comptes avec qn; (*get even with*) régler son compte à qn; (*fig*) **to be all ~** être quitte; (*Sport*) être à égalité. **(c)** (*honest*) *dealings* honnête, régulier *. **he is absolutely ~** il est l'honnêteté même; **to get** *or* **have a ~ deal** être traité équitablement; **to give sb a ~ deal** agir hon-

nêtement avec qn. (**d**) *(Math etc) number* carré. **6 ~ metres** 6 mètres carrés; **6 metres ~** de 6 mètres sur 6; **~ root** racine *f* carrée. (**e**) *(* pej: conventional)* vieux jeu *inv*, rétro * *inv*.

3 *adv*: **~ in the middle** en plein milieu; **to look sb ~ in the face** regarder qn bien en face.

4 *vt* (**a**) *(make ~) figure, shape* rendre carré; *stone, timber* équarrir; *shoulders* redresser. (**b**) *(settle etc) books, accounts* mettre en ordre; *debts, creditors* régler; *(reconcile)* faire cadrer (*A* **with** *B* A avec B). **I can't ~ that with what he told me** ça ne cadre pas avec ce qu'il m'a dit; **he managed to ~ it with his conscience/the boss** il s'est arrangé avec sa conscience/le patron; **I can ~ * him** je m'occupe de lui. (**c**) *(Math) number* élever au carré. **four ~d is sixteen** quatre au carré fait seize.

5 *vi* cadrer, s'accorder (*with* avec).

◆ **square off 1** *vi (US) [opponents]* se faire face. **2** *vt sep paper* quadriller; *wood, edges* équarrir. ◆ **square up** *vi* (**a**) *[boxers, fighters]* se mettre en garde (*to sb* devant qn). (**b**) *(pay debts)* régler ses comptes (*with sb* avec qn). ◆ **square-bashing** *n (Brit Mil sl)* exercice *m*. ◆ **square-built** *adj* trapu. ◆ **square-cut** *adj* coupé à angle droit. ◆ **square-faced** *adj* au visage carré. ◆ **squarely** *adv* (**a**) *(completely)* carrément; **we must face this ~ly** nous devons carrément y faire face; **~ly in the middle** en plein milieu; (**b**) *(honestly) treat etc* honnêtement.

squash [skwɒʃ] **1** *n* (**a**) *(crowd, crush)* cohue *f*. (**b**) **lemon/orange ~** citronnade *f*/orangeade *f* (concentrée). (**c**) *(Sport: ~ rackets)* squash *m*. **~ court/racket** court *m*/raquette *f* de squash.

2 *vt (gen)* écraser; *(fig) argument* réfuter; *(snub) person* remettre à sa place. **to ~ flat** *fruit, beetle* écraser; *hat, box* aplatir.

3 *vi* (**a**) *[people]* **they ~ed into the elevator** ils se sont entassés dans l'ascenseur; **they ~ed out of the gate** ils sont sortis en se bousculant près du portail. (**b**) *[fruit, parcel etc]* s'écraser.

◆ **squash in 1** *vi [people]* s'entasser. **2** *vt sep (into box, suitcase etc)* réussir à faire rentrer. ◆ **squash together 1** *vi [people]* se serrer (les uns contre les autres). **2** *vt sep objects* serrer. ◆ **squash up 1** *vi [people]* se serrer. **2** *vt sep object* écraser; *paper* chiffonner en boule.

◆ **squashy** *adj fruit* mou.

squat [skwɒt] **1** *adj person* ramassé; *building* lourd; *armchair etc* bas et ramassé ; **2** *vi* (**a**) (**~ down**) *[person]* s'accroupir; *[animal]* se tapir. **to be ~ting (down)** *[person]* être accroupi; *[animal]* être tapi. (**b**) *[squatters]* faire du squattage *. **to ~ in a house** squatteriser * une maison. **3** *n (act of squatting)* squat *m*, squattage *m*; *(place)* squat. ◆ **squatter** *n* squatter *m*.

squawk [skwɔːk] **1** *vi [hen, parrot]* pousser un gloussement; *[baby]* brailler; *[person]* pousser un cri rauque; *(*: complain)* râler *. **2** *n* gloussement *m*; braillement *m*; cri *m* rauque.

squeak [skwiːk] **1** *vi [hinge, wheel, pen, chalk]* grincer; *[shoe]* craquer; *[mouse, doll]* vagir; *[person]* glapir. **2** *vt*: **'no' she ~ed** 'non' glapit-elle. **3** *n* grincement *m*; craquement *m*; vagissement *m*; glapissement *m*. **to give a ~ of surprise** pousser un petit cri de surprise; **not a ~ *!** pas un murmure, hein!; **I don't want another ~ out of you** je ne veux plus t'entendre. ◆ **squeaky** *adj hinge, wheel* grinçant; *shoes* qui craquent.

squeal [skwiːl] **1** *vi* (**a**) *[animal, person]* pousser un cri aigu; *[brakes]* hurler; *[tyres]* crisser; *(*: inform)* vendre la mèche *. **to ~ on sb** dénoncer qn, donner * qn. **2** *vt*: **'help' he ~ed** 'au secours' cria-t-il d'une voix perçante. **3** *n* cri *m* aigu; hurlement *m*; crissement *m*. **to give a ~ of pain** pousser un cri de douleur; **with a ~ of laughter** avec un rire aigu.

squeamish ['skwiːmɪʃ] *adj (easily nauseated; fastidious)* facilement dégoûté; *(queasy)* qui a mal au cœur; *(easily shocked)* qui s'effarouche facilement. **I'm too ~ to do that** je n'ose pas faire cela. ◆ **squeamishness** *n (queasiness)* nausée *f*; *(prudishness)* pruderie *f*.

squeeze [skwiːz] **1** *n (act, pressure)* pression *f*, compression *f*; *(in crowd)* cohue *f*. **a ~ of lemon** quelques gouttes *fpl* de citron; **a ~ of toothpaste** un peu de dentifrice; **it was a tight ~ to get through** il y avait à peine la place de passer; *(fig)* **to put the ~ on sb ‡** harceler qn; *(Econ)* **credit ~** restrictions *fpl* de crédit. **2** *vt* (**a**) *(press) (gen)* presser; *doll, teddy bear* appuyer sur; *sb's hand, arm* serrer. **she ~d it into the case** elle a réussi à le faire rentrer dans la valise; *(fig)* **he ~d his victim dry *** il a saigné sa victime à blanc. (**b**) *(extract: ~ out) water, toothpaste* exprimer *(from, out of* de); *names, information, money* soutirer, arracher *(out of* à). **3** *vi* se glisser *(under* sous; *into* dans). **he ~d past me** il s'est glissé devant moi en me poussant un peu; **they all ~d into the car** ils se sont entassés dans la voiture; **he ~d through the crowd** il a réussi à se faufiler à travers la foule; **the car ~d into the empty space** il y avait juste assez de place pour la voiture.

◆ **squeeze in 1** *vi [person]* trouver une petite place; *[car etc]* rentrer tout juste. **can I ~ in?** est-ce qu'il y a une petite place pour moi? **2** *vt sep object into box, (* fig) item on programme etc* réussir à faire rentrer.

◆ **squeeze-box *** *n (accordion)* accordéon *m*; *(concertina)* concertina *m*. ◆ **squeezer** *n* presse-fruits *m inv*; **lemon ~r** presse-citron *m inv*.

squelch [skwel(t)ʃ] *vi*: **to ~ in/out** *etc* entrer/sortir *etc* en pataugeant.

squib [skwɪb] *n* pétard *m*.

squid [skwɪd] *n* calmar *m*.

squiggle ['skwɪgl] **1** *n* gribouillis *m*. **2** *vi* gribouiller.

squint [skwɪnt] **1** *n (Med)* strabisme *m*; *(quick glance)* coup *m* d'œil. *(Med)* **to have a ~** loucher. **2** *vi (Med)* loucher. **to ~ at sth** *(obliquely)* regarder qch du coin de l'œil; *(quickly)* jeter un coup d'œil à qch.

squire ['skwaɪəʳ] *n* ≈ châtelain *m*; *(Hist)* écuyer *m*.

squirm [skwɜːm] *vi [worm etc]* se tortiller; *[person] (from embarrassment)* ne pas savoir où se mettre; *(from distaste)* avoir un haut-le-corps.

squirrel ['skwɪr(ə)l] **1** *n* écureuil *m*. **2** *adj coat etc* en petit-gris.

squirt [skwɜːt] **1** *vt water* faire jaillir *(at, on, onto* sur; *into* dans); *oil* injecter; *detergent* verser une giclée de; *(from aerosol) insecticide etc* pulvériser *(on* sur). *(scent etc)* **to ~ sb with sth** asperger qn de qch. **2** *vi [liquid]* jaillir *(from* de). **the water ~ed into my eye** j'ai reçu une giclée d'eau dans l'œil. **3** *n [water]* jet *m*; *[detergent]* giclée *f*; *[scent]* quelques gouttes *fpl*.

Sri Lanka [srɪ'læŋkə] *n* Sri Lanka *m or f*.

stab [stæb] **1** *n (with dagger/knife etc)* coup *m* (de poignard/de couteau *etc*). *(fig)* **a ~ in the back** un coup déloyal; **a ~ of pain** un élancement; **a ~ of remorse/grief** un remords/une douleur lancinant(e); *(fig)* **to have a ~ at (doing) sth *** s'essayer à (faire) qch. **2** *adj*: **~ wound** coup *m* de poignard *(or* couteau *etc)*. **3** *vt (kill or wound with knife)* tuer *or* blesser d'un coup de *or* à coups de couteau; *(with dagger)* poignarder. **to ~ sb to death** tuer qn d'un coup de couteau *etc*; **he was ~bed through the heart** il a reçu un coup de couteau *etc* dans le cœur; *(lit, fig)* **to ~ sb in the back** poignarder qn dans le dos.

◆ **stabbing 1** *n* agression *f* (à coups de couteau *etc*) ; **2** *adj pain* lancinant.

stable¹ ['steɪbl] *adj (gen)* stable; *prices* stable; *(St Ex)* ferme; *relationship, marriage* solide; *person* équilibré. ◆ **stability** *n* stabilité *f*; fermeté *f*; solidité *f*; équilibre *m*. ◆ **stabilize** *vt* stabiliser. ◆ **stabilizer** *n (Aut, Aviat, Naut)* stabilisateur *m*.

stable² ['steɪbl] **1** *n (gen, fig)* écurie *f*. **racing** ~ écurie de courses; **riding** ~s manège *m*. **2** *vt horse* mettre à l'écurie. ◆ **stableboy** *or* ◆ **stablelad** *n* lad *m*.

stack [stæk] **1** *n* (**a**) *(gen)* tas *m*; *(hay* ~*)* meule *f*. ~**s** * **of** un tas * de; **to have** ~**s** * **of money** rouler sur l'or; **we've got** ~**s** * **of time** on a tout le temps. (**b**) *(chimney)* cheminée *f*. (**c**) *(Comput)* pile *f*. **2** *vt* (**a**) *objects* empiler; *aircraft* faire attendre (sur niveaux différents); *calls* mettre en attente; *(fig pej) jury, committee* sélectionner avec partialité (*in favour of* pour favoriser; *against* pour défavoriser). (**b**) *shelves* remplir. ◆ **stack up** *vi* se comparer.

stadium ['steɪdɪəm] *n* stade *m (sportif)*.

staff [stɑːf] **1** *n* (**a**) *(work force: gen)* personnel *m*; *(Scol, Univ)* professeurs *mpl*; *(servants)* domestiques *mpl*; *(Mil)* état-major *m*. **a large** ~ un personnel nombreux; **to be on the** ~ faire partie du personnel; **he joined our** ~ **in 1974** il est entré chez nous en 1974. (**b**) *(liter: pole)* bâton *m*; *(flag* ~*)* mât *m*. **2** *adj*: ~ **canteen** restaurant *m* d'entreprise; *(Mil)* ~ **college** école *f* supérieure de guerre; *(Scol, Univ)* ~ **meeting** conseil *m* des professeurs. **3** *vt school etc* pourvoir en personnel. **it is** ~**ed mainly by immigrants** le personnel se compose surtout d'immigrants; **well-**~**ed** pourvu d'un personnel nombreux. ◆ **staffroom** *n (Scol etc)* salle *f* des professeurs.

stag [stæg] **1** *n* cerf *m*. **2** *adj*: ~ **party** * réunion *f* entre hommes; *(US* *)* ~ **show** spectacle *m* porno. ◆ **stag beetle** *n* cerf-volant *m (Zool)*.

stage [steɪdʒ] **1** *n* (**a**) *(platform: in theatre)* scène *f*; *(in hall)* estrade *f*. *(profession etc)* **the** ~ le théâtre; **on** ~ sur scène; **to come on** ~ entrer en scène; **to go on the** ~ monter sur la scène; *(fig: as career)* monter sur les planches; **to write for the** ~ écrire des pièces de théâtre; *(fig)* **to hold the** ~ occuper le devant de la scène. (**b**) *(point, part) [journey]* étape *f*; *[road, pipeline]* section *f*; *[rocket]* étage *m*; *[operation, process, disease]* stade *m*; *[career]* échelon *m*. *[bus]* **fare** ~ section; **in** ~**s** *travel* par étapes; *study* par degrés; **in** *or* **by easy** ~**s** par petites étapes, par degrés; **in the early** ~**s** au début; **at an early** ~ **in** vers le début de; **at this** ~ **in the negotiations** à ce stade des négociations; **it has reached the** ~ **of being translated** c'en est au stade de la traduction; **we have reached a** ~ **where...** nous en sommes arrivés à un stade où...; **he's going through a difficult** ~ il passe par une période difficile. **2** *adj*: ~ **designer** décorateur *m*, -trice *f* de théâtre; ~ **director** metteur *m* en scène; ~ **door** entrée *f* des artistes; ~ **fright** trac * *m*; ~ **manager** régisseur *m*; ~ **name** nom *m* de théâtre; *(fig)* **in a** ~ **whisper** en aparté. **3** *vt (Theat)* monter, mettre en scène; *(fig) accident etc (organize)* organiser; *(feign)* monter. **to** ~ **a demonstration** *(organize)* organiser une manifestation; *(carry out)* manifester; **to** ~ **a strike** *(organize)* organiser une grève; *(go on strike)* faire la grève; **that was** ~**d** c'était un coup monté. ◆ **stagecraft** *n* technique *f* de la scène. ◆ **stagehand** *n* machiniste *m*. ◆ **stage-manage** *vt play, production* être régisseur pour; *(fig) event, confrontation* orchestrer. ◆ **stagestruck** *adj*: **to be** ~**-struck** brûler d'envie de faire du théâtre. ◆ **staging** *n (Theat)* mise *f* en scène. ◆ **staging post** *n* relais *m*.

stagger ['stægəʳ] **1** *vi* chanceler, tituber. **to** ~ **along/in** *etc* avancer/entrer *etc* en chancelant *or* titubant. **2** *vt* (**a**) *(amaze)* renverser, stupéfier; *(upset)* bouleverser. (**b**) *(space out) objects* espacer;

visits, payments échelonner; *working hours, holidays* étaler. ◆ **staggering** *adj* renversant, bouleversant; *(lit, fig)* ~**ing blow** coup *m* de massue.

stagnant ['stægnənt] *adj* stagnant. ◆ **stagnate** *vi [water]* être stagnant; *(fig)* stagner. ◆ **stagnation** *n* stagnation *f*.

staid [steɪd] *adj* (trop) sérieux, (trop) posé. ◆ **staidness** *n* caractère *m* trop sérieux *or* posé.

stain [steɪn] **1** *n* (**a**) *(mark)* tache *f (on* sur*)*. **grease** ~ tache de graisse; **without a** ~ **on his character** sans une tache à sa réputation. (**b**) *(colouring)* colorant *m*. **wood** ~ couleur *f* pour bois. **2** *adj*: ~ **remover** détachant *m*. **3** *vt* (**a**) tacher *(with* de*)*. (**b**) *(colour) wood* teinter; *glass* colorer. ~**ed glass** *(substance)* verre *m* coloré; *(windows collectively)* vitraux *mpl*; ~**ed-glass window** vitrail *m*. ◆ **stainless steel** *n* acier *m* inoxydable, inox *m*.

stair [stɛəʳ] **1** *n (step)* marche *f*; *(also* ~ **s)** escalier *m*. **on the** ~**s** dans l'escalier; **below** ~**s** à l'office. **2** *adj carpet* d'escalier. ~ **rod** tringle *f* d'escalier. ◆ **staircase** *or* ◆ **stairway** *n* escalier *m*.

stake [steɪk] **1** *n* (**a**) *(gen)* pieu *m*, poteau *m*; *(for plant)* tuteur *m*. *(Hist)* **to be burnt at the** ~ mourir sur le bûcher. (**b**) *(Betting)* enjeu *m*; *(share)* intérêt *m*. *(horse-race)* ~**s** course *f* de chevaux; *(lit, fig)* **to play for high** ~**s** jouer gros jeu; **to be at** ~ être en jeu; **there is a lot at** ~ l'enjeu est considérable; **he has got a lot at** ~ il joue gros jeu, il a gros à perdre; **to have a** ~ **in sth** avoir des intérêts dans qch; *(on large scale)* **to have ~s** avoir de gros investissements dans qch. **2** *vt* (**a**) *(*~ **out)** *area* marquer avec des piquets. **to** ~ **one's claim to** établir son droit à. (**b**) *(*~ **up)** *plant* mettre un tuteur à. (**c**) *(bet)* jouer *(on* sur*)*. **I'd** ~ **my life on it** j'en mettrais ma tête à couper. ◆ **stake out** *vt sep* (**a**) = **stake 2a**. (**b**) *(Police)* surveiller. ◆ **stake-out** *n* surveillance *f*.

stalactite ['stæləktaɪt] *n* stalactite *f*.

stalagmite ['stæləgmaɪt] *n* stalagmite *f*.

stale [steɪl] *adj meat, eggs etc* qui n'est plus frais; *bread* rassis; *(stronger)* dur; *air* confiné; *news* déjà vieux; *joke* rebattu; *athlete* surentraîné. **the room smells** ~ cette pièce sent le renfermé; **I'm getting** ~ je perds mon enthousiasme. ◆ **stalemate** *n (Chess)* mat *m*; *(fig)* impasse *f*; **to have reached** ~**mate** être dans l'impasse; **to break the** ~**mate** sortir de l'impasse. ◆ **staleness** *n (gen)* manque *m* de fraîcheur.

stalk¹ [stɔːk] *n [plant]* tige *f*; *[fruit]* queue *f*; *[cabbage]* trognon *m*.

stalk² [stɔːk] **1** *vt game, prey* traquer; *suspect* filer. **2** *vi*: **to** ~ **in/off** *etc* entrer/partir *etc* avec raideur; **he** ~**ed in angrily** il est entré d'un air furieux.

stall [stɔːl] **1** *n* (*in market, at fair)* éventaire *m*; *(in exhibition)* stand *m*; *(in stable, cowshed)* stalle *f*. *(Theat)* **the** ~**s** l'orchestre *m*; **newspaper/flower** ~ kiosque *m* à journaux/de fleuriste; **station book** ~ librairie *f* de gare; **coffee** ~ buvette *f*. **2** *vi [car, engine]* caler; *[aircraft]* être en perte de vitesse. *(fig)* **to** ~ **for time** essayer de gagner du temps. **3** *vt (Aut)* caler; *(Aviat)* causer une perte de vitesse à. *(fig)* **I managed to** ~ **him** j'ai réussi à le tenir à distance; **to be** ~**ed** *(Aut)* avoir calé; *(fig)* être grippé. ◆ **stallholder** *n* marchand(e) *m(f) (en plein air)*.

stallion ['stæljən] *n* étalon *m (cheval)*.

stalwart ['stɔːlwət] *adj (in build)* vigoureux; *(in spirit)* résolu. **to be a** ~ **supporter of sb/sth** soutenir qn/qch de façon inconditionnelle.

stamen ['steɪmen] *n (Bot)* étamine *f*.

stamina ['stæmɪnə] *n* résistance *f*, endurance *f*. **he's got** ~ il est résistant.

stammer ['stæməʳ] **1** *n* bégaiement *m*. **2** *vti* bégayer. ◆ **stammerer** *n* bègue *mf*. ◆ **stam-**

mering n bégaiement m. ◆ **stammeringly** adv
en bégayant.

stamp [stæmp] **1** n (**a**) timbre m. **postage** ~ timbre-
poste m; **savings** ~ timbre-épargne m; **trading** ~
timbre-prime m; **National Insurance** ~ cotisation
f à la Sécurité sociale. (**b**) (rubber ~) timbre m.
date ~ timbre dateur. (**c**) (mark) **look at the date**
~ regardez la date sur le cachet; (fig) **the** ~ **of
genius/truth** le sceau du génie/de la vérité. **2** adj:
~ **album** album m de timbres-poste; ~ **collecting**
philatélie f; ~ **collection** collection f de timbres
(-poste); ~ **collector** philatéliste mf; ~ **dealer** mar-
chand(e) m(f) de timbres(-poste); ~ **duty** droit
m de timbre; ~ **machine** distributeur m automatique de timbres(-poste). **3** vt (**a**) **to** ~ **one's
foot** taper du pied; **to** ~ **one's feet** (in rage) trépigner; (in dance) frapper du pied; (to keep warm)
battre la semelle. (**b**) (stick a ~ on) letter, insurance
card timbrer. **~ed addressed envelope** enveloppe
timbrée pour la réponse. (**c**) (mark with ~) timbrer; passport, document viser; visa, date apposer (on
sur); metal poinçonner. **4** vi taper du pied; [horse]
piaffer. **to** ~ **on sth** piétiner qch; (angrily) **to** ~
in/out etc entrer/sortir etc en tapant du pied.
◆ **stamp out** vt sep fire éteindre en piétinant;
rebellion enrayer; custom, tendency détruire.

stampede [stæm'piːd] **1** n [animals, people] débandade f, sauve-qui-peut m inv; (fig: rush) ruée f (for
sth pour obtenir qch; for the door vers la porte).
2 vi s'enfuir à la débandade (from de), fuir à la
débandade (towards vers); (fig: rush) se ruer (for
sth pour obtenir qch; for the door vers la porte).
3 vt animals, people jeter la panique parmi. (fig)
we mustn't let ourselves be ~**d** il faut que nous
prenions le temps de réfléchir.

stance [stæns] n position f.

stand [stænd] (vb: pret, ptp **stood**) **1** n (**a**) (position:
lit, fig) position f; (resistance: Mil, fig) résistance f,
opposition f. (lit, fig) **to take (up) one's** ~ prendre
position (against contre); **he took (up) his** ~ **beside
me** (lit) il s'est placé à côté de moi; (fig) il m'a
soutenu; (fig) **to make a** ~ résister (against à),
prendre position (against contre). (**b**) (taxi ~) station f (de taxis). (**c**) (for plant, bust etc) guéridon
m; (for displaying goods) étalage m; (at exhibition,
trade fair) stand m; (at fair) baraque f; (market stall)
éventaire m; (US: witness ~) barre f; (in sports stadium, along procession route etc) tribune f. **lamp** ~
support m or pied m de lampe; **hat** ~ porte-cha-
peaux m inv; **coat** ~ portemanteau m; **music** ~
pupitre m à musique; **newspaper** ~ kiosque m à
journaux; **band** ~ kiosque (à musique).
2 vt (**a**) (place: ~ **up**) object mettre, poser (on sur;
against contre). **to** ~ **sth on its end** faire tenir qch
debout. (**b**) (tolerate, withstand) supporter. **I can't**
~ **it any longer** (pain etc) je ne peux plus le supporter; (boredom etc) j'en ai assez, j'en ai par-
dessus la tête *; **I can't** ~ **(the sight of) her** je ne
peux pas la supporter or la voir *; **she can't** ~
being laughed at elle ne supporte pas qu'on se
moque (subj) d'elle; **I can't** ~ **gin/Giraudoux** je
déteste le gin/Giraudoux; **to** ~ **the strain** [rope,
beam etc] supporter la tension; [person] tenir le
coup; **it won't** ~ **close examination** cela ne résiste
pas à un examen serré; **the town stood constant
bombardment** la ville a résisté à un bombardement continuel. (**c**) (pay for) payer, offrir. **to**
~ **sb a drink** payer or offrir à boire à qn; **to** ~
the cost of sth payer le coût de qch. (**d**) (phrases)
to ~ **a chance** avoir une bonne chance (of doing
de faire); **to** ~ **no chance** ne pas avoir la moindre
chance (of doing de faire); **to** ~ **one's ground** tenir
bon; **to** ~ **trial** passer en jugement (for pour).
3 vi (**a**) (be ~ing: ~ **up**) être debout; (stay ~ing)
rester debout. **too weak to** ~ trop faible pour se
tenir debout; **to** ~ **erect** (stay upright) rester
debout; (straighten up) se redresser; ~ **up straight!**

tiens-toi droit!; (fig) **to** ~ **on one's own feet** se
débrouiller tout seul; **he** ~**s over 6 feet** il fait plus
de 1 mètre 80; **the house is still** ~**ing** la maison
existe toujours; **not much still** ~**s of the walls** il
ne reste plus grand-chose des murs; **they didn't
leave a stone** ~**ing** ils n'ont rien laissé debout.
(**b**) (rise: ~ **up**) se lever, se mettre debout.
(**c**) (~ **still**) rester (debout), être (debout). **we
stood talking for an hour** nous sommes restés là
à parler pendant une heure; **he stood in the doorway** il se tenait dans l'embrasure de la porte;
don't ~ **there, do something!** ne reste pas là à ne
rien faire!; (fig) **he left the others** ~**ing** il dépassait
les autres d'une tête; **the man** ~**ing over there** cet
homme là-bas; ~ **over there till...** mets-toi là-bas
jusqu'à ce que...; **they stood in a circle** ils se
tenaient en cercle; **to** ~ **in line** faire la queue;
~ **still!** ne bougez pas!; (fig) **time seemed to** ~ **still**
le temps semblait s'être arrêté; (lit, fig) **to** ~ **fast**
or **firm** tenir bon; (lit) **to** ~ **in sb's way** barrer le
passage à qn; (fig) **I won't** ~ **in your way** je ne
vous ferai pas obstacle; **nothing** ~**s in our way**
la voie est libre; **his age** ~**s in his way** son âge
constitue un sérieux handicap; **that was all that
stood between him and...** c'était tout ce qui le
séparait de...; **to** ~ **clear** s'écarter; **you're** ~**ing
on my foot** tu me marches sur le pied; (Aut) **to**
~ **on the brakes** freiner à mort; (fig) **to** ~ **on ceremony** faire des manières; **to** ~ **on one's dignity**
garder ses distances; **it** ~**s to reason that...** il va
sans dire que...; **where do you** ~ **on this question?**
quelle est votre position sur cette question?; **I
like to know where I** ~ j'aime savoir où j'en suis.
(**d**) (be situated) se trouver. **the village** ~**s in the
valley** le village se trouve dans la vallée; [statue,
argument etc] **to** ~ **on** reposer sur.
(**e**) (be) être. **to** ~ **accused/convicted of** être accusé/
déclaré coupable de; (Parl) **to** ~ **(as a candidate
or for election)** être candidat (for à); **he stood for
the council** il était candidat au poste de conseiller;
to ~ **for re-election** se représenter; (have reached)
to ~ **at** [thermometer, clock] indiquer; [offer, price,
bid] être à; [score] être de; **accept the offer as it**
~**s** acceptez l'offre telle quelle; (Sport etc) **the
record stood at...** le record est resté à...; **as things**
~ les choses étant ce qu'elles sont; **how do things**
~? où en sont les choses?
(**f**) (remain undisturbed) [liquid, dough etc] reposer;
[tea, coffee] infuser; [offer] demeurer valable. **let
the matter** ~ **as it is** laissez les choses comme elles
sont; **they let the regulation** ~ ils n'ont rien changé
au règlement; [project, results] **to** ~ **or fall by sth**
reposer sur qch.
(**g**) (be likely) **to** ~ **to lose** risquer de perdre; **to**
~ **to win** avoir des chances de gagner; **he** ~**s to
make a fortune** il pourrait bien faire fortune.
(**h**) (Naut) **to** ~ **out to sea** (move) mettre le cap
sur le large; (stay) être or rester au large.
◆ **stand about, stand around** vi rester là, traîner (pej). **to keep sb** ~**ing about** faire faire le pied
de grue à qn. ◆ **stand aside** vi s'écarter, se pousser. (fig) **to** ~ **aside in favour of sb** laisser la voie
libre à qn. ◆ **stand back** vi (move back) reculer,
s'écarter. **the farm** ~**s back from the motorway** la
ferme est à l'écart de l'autoroute. ◆ **stand by
1** vi (**a**) (be onlooker) rester là (à ne rien faire).
(**b**) [troops] être en état d'alerte; [person, ship,
vehicle] (be ready) se tenir prêt; (be at hand) attendre
sur place. ~ **by for takeoff** paré pour le décollage;
~ **by to drop anchor** paré à mouiller l'ancre; ~
by for further news tenez-vous prêt à recevoir
d'autres nouvelles. **2** vt fus promise tenir; sb else's
decision accepter; one's own decision s'en tenir à;
friend ne pas abandonner; colleague etc soutenir.
◆ **stand down** vi [troops] être déconsigné (en fin
d'alerte); (fig: withdraw) [candidate] se désister.
◆ **stand for** vt fus (**a**) (represent) [initials, political

party] représenter. (**b**) *(tolerate)* supporter, tolérer.
♦ **stand in** *vi:* **to ~ in for sb** remplacer qn.
♦ **stand out** *vi (project) [ledge, buttress]* avancer *(from* sur); *[vein etc]* ressortir *(on* sur); *(be conspicuous)* ressortir, se détacher *(against* sur). *(fig)* **he ~s out above all the rest** il surpasse tout le monde; *(fig)* **that ~s out a mile!** * cela saute aux yeux!; **to ~ out for sth** revendiquer qch; **to ~ out against** *attack* résister à; *demand* s'opposer fermement à.
♦ **stand over 1** *vi [items for discussion]* rester en suspens. **2** *vt fus person* surveiller, être sur le dos de. ♦ **stand to** *vi (Mil)* se mettre en état d'alerte.
♦ **stand up 1** *vi (rise)* se lever, se mettre debout; *(be ~ing)* être debout; *(fig) [argument, case]* être valable. *(fig)* **to ~ up for sb/sth** défendre qn/qch; **to ~ up to** *opponent* affronter; *(in argument)* tenir tête à; *rough treatment, cold etc* résister à; *V also* **stand 3a, 3b. 2** *vt sep box etc* mettre debout. *(fig)* **she stood me up** * elle m'a fait faux bond; *V also* **stand 2a.**
♦ **stand-alone** *adj (Comput) system* autonome.
♦ **stand-by 1** *n* (**a**) **it's a useful ~-by** ça peut toujours être utile; **to be on ~-by** *[troops]* être sur pied d'intervention; *[plane]* se tenir prêt à décoller; *[doctor]* être de garde; (**b**) *(US Theat)* doublure *f*; **2** *adj car, battery etc* de réserve; *generator* de secours; *(Aviat) ticket, passenger* sans garantie.
♦ **stand-in** *n* remplaçant(e) *m(f)*; *(Cine)* doublure *f*. ♦ **stand-off** *n (pause)* temps d'arrêt; *(stalemate)* impasse *f*; *(counterbalancing situation)* contrepartie *f*. ♦ **stand-offish** *adj (pej)* distant, froid. ♦ **stand-offishly** *adv* avec froideur. ♦ **standpoint** *n* point *m* de vue. ♦ **standstill** *n* arrêt *m*; **to come to a ~still** s'arrêter; **to bring to a ~still** arrêter; **to be at a ~still** *[person, car]* être immobile; *[production]* être paralysé; *[discussion]* être au point mort; *[trade]* être dans le marasme complet. ♦ **stand-to** *n (Mil)* alerte *f*. ♦ **stand-up** *adj collar* droit; *meal etc* (pris) debout; *fight, quarrel* en règle; **~-up comic** comique *m* (qui se produit en solo).

standard ['stændəd] **1** *n* (**a**) *(flag)* étendard *m*; *(Naut)* pavillon *m*. (**b**) *(norm)* norme *f*; *(criterion)* critère *m*; *(for weights and measures)* étalon *m*; *(intellectual etc)* niveau *m* (voulu). **monetary ~** titre *m* de monnaie; **the gold ~** l'étalon *or*; *(fig)* **to be** *or* **come up to ~** *[person]* être à la hauteur; *[thing]* être de la qualité voulue; **you are applying a double ~** vous appliquez deux mesures; **his ~s are high** il cherche l'excellence; *(morally, artistically)* **he has set us a high ~** il a établi un modèle difficile à surpasser; **first-year university ~** du niveau de première année d'université; **high/low ~ of living** niveau de vie élevé/bas; **to have high moral ~s** avoir un sens moral très développé; **I couldn't accept their ~s** je ne pouvais pas accepter leur échelle de valeurs. (**c**) *(street light)* pylône *m* d'éclairage; *(base: for lamp, street light)* pied *m*. **2** *adj size, height, procedure* ordinaire, normal; *metre, weight etc* étalon *inv*; *(Comm: regular) design, model, size* standard *inv*; *(Statistics) deviation etc* type; *reference book* classique, de base; *pronunciation, usage* correct. **it is now ~ practice to do so** c'est maintenant courant de faire ainsi; **a ~ model car** une voiture de série; **~ time** l'heure légale.
♦ **standard-bearer** *n* porte-étendard *m inv*. ♦ **standardization** *n* standardisation *f*; normalisation *f*. ♦ **standardize** *vt (gen)* standardiser; *product, terminology* normaliser. ♦ **standard-lamp** *n* lampadaire *m*.

standing ['stændɪŋ] **1** *adj* (**a**) *(passenger)* debout *inv*; *crop* sur pied. *(in bus etc)* **~ room** places *fpl* debout; **~ stone** pierre *f* levée. (**b**) *(permanent) army, committee, invitation* permanent; *rule* fixe; *grievance, reproach* constant. **~ expenses** frais *mpl* généraux; **a ~ joke** un sujet de plaisanterie continuel; **~ order** *(Banking)* prélèvement *m* bancaire; *(Comm)* commande *f* permanente *(for* pour); *(Mil, Parl)*

~ orders règlement *m*. **2** *n* (**a**) *(importance etc) [person, newspaper]* importance *f*; *[restaurant, business]* réputation *f*, standing *m*. **social ~** position *f* sociale, standing; **professional ~** rang *m or* standing professionnel; **firms of that ~** des compagnies aussi réputées; **he has no ~ in this matter** il n'a aucune autorité dans cette affaire. (**b**) *(duration)* **of 10 years' ~** *friendship* qui dure depuis 10 ans; *agreement, contract* qui existe depuis 10 ans; *doctor, teacher* qui a 10 ans de métier; **of long ~** de longue date. (**c**) *(US Sport)* **the ~** le classement.

stank [stæŋk] *pret of* **stink.**

stanza ['stænzə] *n [poem]* strophe *f*; *[song]* couplet *m*.

staple¹ ['steɪpl] *adj crop, industry* principal; *products, foods* de base. **~ diet** nourriture *f* de base.

staple² ['steɪpl] **1** *n (for papers)* agrafe *f*; *(Tech)* crampon *m*. **2** *vt* (**~ together**) agrafer *(on to* à); cramponner. ♦ **stapler** *n* agrafeuse *f*.

star [stɑːʳ] **1** *n* (**a**) *(gen)* étoile *f*; *(Typ etc)* astérisque *m*. **the S~s and Stripes** la Bannière étoilée; **3-~ hotel** hôtel *m* 3 étoiles; **4-~ petrol** super * *m*; *(US)* **four-~ general** général *m* à quatre étoiles; **born under a lucky ~** né sous une bonne étoile; **you can thank your (lucky) ~s** * **that...** tu peux remercier le ciel de ce que...; *(fig)* **to see ~s** * voir trente-six chandelles; *(horoscope)* **the ~s** l'horoscope *m*; **it was written in his ~s that...** il était écrit que... (**b**) *(Cine, Sport etc)* vedette *f*; *(actress only)* star *f*. **2** *adj (Theat etc)* **~ part** premier rôle; **a ~(ring) role** l'un des principaux rôles; *(Theat, fig)* **the ~ turn** la vedette. **3** *vt:* **the film ~s John Wayne** John Wayne est la vedette du film; **~ring Greta Garbo** avec Greta Garbo dans le rôle de... **4** *vi* être la vedette *(in a film* d'un film); *(fig)* briller. **he ~red as Hamlet** c'est lui qui a joué le rôle de Hamlet.
♦ **stardom** *n (Cine, Sport etc)* célébrité *f*. ♦ **starfish** *n* étoile *f* de mer. ♦ **stargaze** *vi:* **to be ~gazing** être dans la lune. ♦ **starlet** *n (Cine)* starlette *f*. ♦ **starlight** *n:* **by ~light** à la lumière des étoiles. ♦ **starlit** *adj* étoilé. ♦ **starry** *adj sky, night* étoilé. ♦ **starry-eyed** *adj (idealistic)* idéaliste; *(innocent)* innocent; *(from wonder)* éberlué; *(from love)* éperdument amoureux. ♦ **star-studded** *adj sky* parsemé d'étoiles; *(fig) cast etc* à vedettes.

starboard ['stɑːbəd] *(Naut)* **1** *n* tribord *m*. **2** *adj* de tribord.

starch [stɑːtʃ] **1** *n (gen)* amidon *m*. *(food)* **~es** féculents *mpl*. **2** *vt collar* amidonner, empeser.
♦ **starch-reduced** *adj bread* de régime. ♦ **starchy** *adj:* **~y food** féculents *mpl*.

stare [stɛəʳ] **1** *n* regard *m* (fixe). **curious/vacant ~** long regard curieux/vague. **2** *vi:* **to ~ at sb/sth** regarder qn/qch fixement, fixer qn/qch du regard; **to ~ at sb/sth in surprise** regarder qn/qch avec surprise; **what are you staring at?** qu'est-ce que tu regardes comme ça?; **to ~ into space** avoir le regard perdu dans le vague. **3** *vt:* **to ~ sb in the face** fixer qn du regard, dévisager qn; *(fig)* **they're staring you in the face!** ils sont là devant ton nez; **that ~s you in the face** cela crève les yeux. ♦ **stare out** *vt sep* faire baisser les yeux à.

stark [stɑːk] **1** *adj countryside* morne; *décor* austère. *(fig)* **the ~ truth** la vérité telle qu'elle est. **2** *adv:* **~ raving** *or* **staring mad** * complètement fou *or* dingue *;* **~ naked** complètement nu.

starling ['stɑːlɪŋ] *n* étourneau *m (oiseau).*

start [stɑːt] **1** *n* (**a**) *(beginning: gen)* commencement *m*, début *m*; *[negotiations]* ouverture *f*; *[race etc]* départ *m*; *(~ing line)* point *m* de départ. **the ~ of the academic year** la rentrée universitaire et scolaire; **that was the ~ of all the trouble** c'est là que tous les ennuis ont commencé; **from the ~** dès le début, dès le commencement; **for a ~** d'abord; **from ~ to finish** du début jusqu'à la fin;

to get off to a good ~ bien commencer, prendre un bon départ; **to get a good ~ in life** bien débuter dans la vie; **a good ~ to his career** un bon début pour sa carrière; **to make a ~** commencer; **to make an early ~** commencer de bonne heure; *(in journey)* partir de bonne heure; **to make a fresh ~** recommencer. **(b)** *(advantage) (Sport)* avance *f*; *(fig)* avantage *m* *(over* sur). **to give sb 10 metres' ~** *or* **a 10-metre ~** donner 10 mètres d'avance à qn; *(fig)* **that gave him a ~ over the others** cela lui a donné un avantage sur les autres. **(c)** *(sudden movement)* [person] sursaut *m*; [animal] tressaillement *m*. **to wake with a ~** se réveiller en sursaut; **to give a ~** sursauter; **to give sb a ~** faire sursauter qn; **you gave me such a ~!** ce que vous m'avez fait peur!

2 *vt* **(a)** *(begin) (gen)* commencer *(to do, doing* à faire, de faire); *work* commencer, se mettre à; *task* entreprendre; *bottle, cheese etc* entamer. **to ~ a journey** partir en voyage; **to ~ life as** débuter dans la vie comme; **to ~ again** *or* **afresh** recommencer *(to do* à faire). **(b)** **(~ off, ~ up)** *discussion* commencer, ouvrir; *conversation* engager; *quarrel, rumour* faire naître; *reform, series of events* déclencher; *fashion, policy* lancer; *phenomenon, institution* donner naissance à; *war* causer. **to ~ a fire** *(in grate etc)* faire du feu; *(accidentally)* provoquer un incendie; **she has ~ed a baby** * elle est enceinte. **(c)** *(also ~ up, get ~ed)* *engine, vehicle* mettre en marche, démarrer; *clock* mettre en marche; **(~ off)** *race* donner le signal du départ. **to ~ sb (off** *or* **out) on a career** lancer qn dans une carrière; **if you ~ him (off) on that subject...** si tu le lances sur ce sujet...; **that ~ed him remembering** alors il s'est mis à se souvenir; *(fig)* **now you've ~ed sth!** quelle histoire!; **to get ~ed on (doing) sth** commencer (à faire) qch; **let's get ~ed** allons-y; **to get sb ~ed on (doing) sth** faire commencer qch à qn; **once I get ~ed I work very quickly** une fois lancé, je travaille très vite.

3 *vi* **(a)** *(also ~ off, ~ up: gen)* commencer *(with* par; *by doing* par faire); [road] partir *(at* de). **to ~ on** *book, study* commencer; *new bottle* entamer; **we must ~ at once** il faut commencer *or* nous y mettre immédiatement; **it's ~ing (off) rather well/badly** cela s'annonce plutôt bien/mal; **to ~ in business** se lancer dans les affaires; **before October ~s** avant le début d'octobre; **to ~ again** *or* **afresh** recommencer; **~ing from Monday** à partir de lundi; **to ~ with, there were only 3** d'abord, ils n'étaient que 3; **~ on a new page** prenez une nouvelle page; **he ~ed (out) to say that...** son intention était de dire que... **(b)** *(leave: ~ off, ~ out)* partir *(from* de; *for* pour; *on a journey* en voyage). **he ~ed (off** *or* **out) down the street** il a commencé à descendre la rue; *(fig)* **to ~ (off) as a clerk** débuter comme employé; **to ~ (off** *or* **out) as a Marxist** commencer par être marxiste. **(c)** **(~ up)** [car, machine] démarrer; [clock] se mettre à marcher. **(d)** *(jump nervously)* [person] sursauter; [animal] tressaillir. ◆ **starter** *n* **(a)** *(Sport) (official)* starter *m*; *(horse, runner)* partant *m*; *(Scol etc)* **the child was a late ~er** cet enfant a mis du temps à se développer; *(fig)* **to a non-~er** * ça ne vaut rien. **(b)** *(Aut)* démarreur *m*; *(on machine etc)* bouton *m* de démarrage; **(c)** **for ~ers** * *(Culin)* comme hors-d'œuvre *m inv*; *(for a start)* pour commencer. ◆ **starting** *adj*: **~ing point** point *m* de départ; **~ing price** *(St Ex)* prix *m* initial; *(Racing)* cote *f* de départ; **~ing salary** salaire *m* d'embauche. ◆ **start-up costs** *npl* capital *m* de lancement.

startle ['stɑːtl] *vt* [sound, sb's arrival] faire sursauter *or* tressaillir; [news, telegram] alarmer. **to ~ sb out of his wits** donner un choc à qn; **you ~d me!** vous m'avez fait peur! ◆ **startled** *adj animal* effa-

rouché; *person, voice* très surpris. ◆ **startling** *adj (surprising)* surprenant; *(alarming)* alarmant.

starve [stɑːv] **1** *vt* **(a)** *(deliberately)* affamer. **to ~ sb to death** laisser qn mourir de faim; **she ~d herself to feed him** elle s'est privée de nourriture pour lui donner à manger; **to ~ sb into submission** soumettre qn par la faim. **(b)** *(deprive)* priver *(sb of sth* qn de qch). **2** *vi* manquer de nourriture, être affamé. **to ~ (to death)** mourir de faim. ◆ **starvation 1** *n* inanition *f*; **2** *adj rations, wages* de famine. ◆ **starving** *adj* affamé; *(fig)* **I'm starving** * je meurs de faim.

stash * [stæʃ] *vt* **(~ away)** *(hide)* cacher; *(store away)* mettre de côté. **£500 ~ed away** 500 livres *(stored away)* en réserve *or (safe)* en lieu sûr.

state [steɪt] **1** *n* **(a)** état *m*. **~ of alert/war** état d'alerte/de guerre; **the ~ of the art** l'état actuel de la technique; **in your ~ of health/mind** dans votre état de santé/d'esprit; **in an odd ~ of mind** d'une humeur étrange; **you're in no ~ to reply** vous n'êtes pas en état de répondre; **to lie in ~** être exposé solennellement; **to live in ~** mener grand train; *(fig)* **what's the ~ of play?** où en est-on?; **in a good/bad ~ of repair** bien/mal entretenu; **to be in a good/bad ~** [chair, car, house] être en bon/mauvais état; [person, marriage] aller bien/mal; **the ~ the car was in** l'état de la voiture; **he's not in a fit ~ to drive** il est hors d'état de conduire; **what a ~ you're in!** vous êtes dans un bel état!; **he got into a terrible ~ about it** * ça l'a mis dans tous ses états; **don't get into such a ~!** * ne vous affolez pas! **(b)** *(Pol)* **the S~** l'État *m*; *(US)* **the S~s** les États-Unis *mpl*; **affairs of ~** affaires *fpl* de l'État.

2 *adj business, secret* d'État; *security, control* de l'État; *medicine* étatisé; *(US: often* **S~)** *law, prison* d'État. **~ apartments** appartements *mpl* officiels; **~ banquet** banquet *m* de gala; *(US)* **S~ Department** Département *m* d'État, ≃ ministère *m* des Affaires étrangères; *(Brit)* **~ education** enseignement *m* public; *(US)* **the S~ line** la frontière entre les États; *(US)* **S~'s attorney** procureur *m*; *(Brit)* **~ school** école publique; **~ sector** secteur *m* public; *(US)* **~ trooper** ≃ CRS *m*; **to make a ~ visit to a country** se rendre en visite officielle dans un pays.

3 *vt* déclarer *(that* que); *one's views, the facts, problem* exposer; *time, place* fixer, spécifier; *conditions, theory, restrictions* formuler. **it is ~d in the records that...** il est écrit dans les archives que...; **as ~d above** ainsi qu'il est dit plus haut; **~ your name and address** déclinez vos nom, prénoms et adresse; **cheques must ~ the sum clearly** les chèques doivent indiquer la somme clairement; **to ~ one's case** présenter ses arguments. ◆ **state-controlled** *adj* étatisé. ◆ **stated** *adj date, sum* fixé; *interval* fixe; *limit* prescrit; **on ~d days** à jours fixes; **at the time ~d** à l'heure dite. ◆ **state-enrolled nurse** *n (Brit)* infirmier *m*, -ière *f* auxiliaire, aide-soignante *f*. ◆ **statehouse** *n* siège *m* de la législature d'un État. ◆ **stateless** *adj* apatride; **~less person** apatride *mf*. ◆ **stateliness** *n* majesté *f*. ◆ **stately** *adj* majestueux; *(Brit)* **~ly home** château *m (de l'aristocratie)*. ◆ **statement** *n* **(a)** [views] exposition *f*; [conditions] formulation *f*; *(written, verbal)* déclaration *f*; *(Jur)* déposition *f*; **official ~ment** communiqué *m* officiel; **to make a ~ment** faire une déclaration; **(b)** *(Comm: bill)* facture *f*; **bank ~ment** relevé *m* de compte. ◆ **state-of-the-art** *adj* dernier cri *inv*. ◆ **state-owned** *adj* étatisé. ◆ **state-registered nurse** *n (Brit)* infirmier *m*, -ière *f* diplômé(e) d'État. ◆ **stateroom** *n* [palace] grande salle *f* de réception; [ship, train] cabine *f* de luxe. ◆ **statesman** *n* homme *m* d'État; *(fig)* **he is a real ~sman** il est extrêmement diplomate. ◆ **statesmanlike** *adj* diplomatique. ◆ **statesmanship** *n* habileté *f* politique. ◆ **state-subsidized** *adj* subventionné par l'État. ◆ **state-wide** *adj, adv* d'un bout à l'autre de l'État.

static ['stætɪk] **1** *adj* statique. **2** *n* (**a**) ~s statique *f*. (**b**) *(Elec, Rad etc)* parasites *mpl*.

station ['steɪʃ(ə)n] **1** *n* (**a**) *(place)* poste *m*, station *f*; *(Mil)* poste. **fire** ~ caserne *f* de pompiers; **lifeboat** ~ centre *m* de secours en mer; **police** ~ commissariat *m* (de police), gendarmerie *f*; **radio** ~ station de radio; **one's** ~ **in life** sa situation sociale; *(Rel)* **the S~s of the Cross** le Chemin de Croix. (**b**) *(Rail)* gare *f*; *[underground]* station *f*. **bus** *or* **coach** ~ gare routière; **the train came into the** ~ le train est entré en gare; *(in underground)* la rame est entrée dans la station. (**c**) *(US Telec)* poste *m*. **2** *adj (Rail) staff, bookstall etc* de (la) gare. *(US Rad)* ~ **break** page *f* de publicité; *(Rail)* ~ **master** chef *m* de gare; *(Aut)* ~ **wag(g)on** break *m*. **3** *vt (gen)* placer; *look-out, troops* poster. **to** ~ **o.s.** se placer; **to be** ~**ed at** *[troops]* être en garnison à; *[sailors]* être en station à. ◆ **stationary** *adj* stationnaire. ◆ **stationer** *n* papetier *m*, -ière *f*; ~**er's (shop)** papeterie *f (magasin)*. ◆ **stationery 1** *n* papeterie *f (articles)*; *(writing paper)* papier *m* à lettres ; **2** *adj (Brit)* **the S~ery Office** ≈ l'Imprimerie nationale.

statistics [stə'tɪstɪks] *npl* statistique *f*; *(measurements)* statistiques; *(hum: woman's)* mensurations *fpl*. **a set of** ~ une statistique. ◆ **statistical** *adj error* de statistiques; *probability, table* statistique; *expert* en statistiques. ◆ **statistically** *adv* statistiquement. ◆ **statistician** [ˌstætɪs'tɪʃ(ə)n] *n* statisticien(ne) *m(f)*.

statue ['stætjuː] *n* statue *f*. ◆ **statuesque** *adj* sculptural. ◆ **statuette** *n* statuette *f*.

stature ['stætʃəʳ] *n* stature *f*, taille *f*; *(fig)* envergure *f*. *(fig)* **his** ~ **increased when...** il a pris de l'envergure quand...; **moral/intellectual** ~ envergure sur le plan moral/intellectuel.

status ['steɪtəs] **1** *n* (**a**) *(economic etc position)* situation *f*, position *f*; *(Admin, Jur)* statut *m*. **social** ~ standing *m*; **civil** ~ état *m* civil; **what is his official** ~**?** quelle est sa position officielle?; **economic** ~ situation économique; **the** ~ **of the black population** la condition sociale *or (Admin)* le statut de la population noire; **his** ~ **as an assistant director** son standing de directeur-adjoint. (**b**) *(prestige)* *[person, job]* prestige *m*. **2** *adj*: ~ **symbol** signe *m* extérieur de richesse. ◆ **status quo** *n* statu quo *m*.

statute ['stætjuːt] **1** *n (Jur etc)* loi *f*. **by** ~ selon la loi. **2** *adj*: ~ **book** code *m*. ◆ **statutory** *adj duty, right, control* statutaire; *holiday* légal; *offence* défini par un article de loi; *(US)* ~ **rape** relations *fpl* sexuelles avec mineur(s); *(fig)* **the** ~ * **woman** la femme de rigueur.

staunch[1] [stɔːn(t)ʃ] *vt flow* arrêter; *blood* étancher.

staunch[2] [stɔːn(t)ʃ] *adj support* loyal; *friend, ally* à toute épreuve. ◆ **staunchly** *adv* loyalement.

stave [steɪv] *(vb: pret, ptp* **stove** *or* **staved)** *n [barrel etc]* douve *f*; *(Mus)* portée *f*; *(Poetry)* stance *f*, strophe *f*. ◆ **stave in** *vt sep* enfoncer. ◆ **stave off** *vt sep danger, threat* écarter; *disaster, defeat* éviter; *hunger* tromper; *attack* parer.

stay [steɪ] **1** *n* (**a**) séjour *m*. **he is in Rome for a short** ~ il est à Rome pour une courte visite *or* un bref séjour; **a** ~ **in hospital** un séjour à l'hôpital. (**b**) *(Jur)* ~ **of execution** sursis *m* à l'exécution (d'un jugement).
2 *vt* (**a**) *(check)* arrêter; *disease, epidemic* enrayer; *(delay)* retarder; *(Jur) judgment* surseoir à; *proceedings* suspendre; *decision* remettre. (**b**) **to** ~ **the course** *(Sport)* aller jusqu'au bout; *(fig)* tenir bon. **3** *vi (remain)* rester. ~ **there!** restez là!; **to** ~ **still, to** ~ **put** * ne pas bouger; **to** ~ **to dinner** rester dîner; *(Rad)* ~ **tuned!** restez à l'écoute!; ~ **with**

it * tenez bon; **it is here to** ~ c'est bien établi; **he's here to** ~ il est là pour de bon; **if the weather** ~**s fine** si le temps se maintient au beau; **has she come to** ~? est-ce qu'elle est venue avec l'intention de rester?; **she came to** ~ **for a few weeks** elle est venue passer quelques semaines; **I'm** ~**ing with my aunt** je loge chez ma tante; **to** ~ **in a hotel** descendre à l'hôtel; **he was** ~**ing in Paris** il séjournait à Paris.
◆ **stay away** *vi*: **he** ~**ed away for 3 years** il n'est pas rentré avant 3 ans; **he** ~**ed away from the meeting/from school** il n'est pas allé à la réunion/à l'école. ◆ **stay behind** *vi* rester (en arrière *or* à la fin). ◆ **stay down** *vi* rester en bas; *(bending)* rester baissé; *(lying down)* rester couché; *(under water)* rester sous l'eau. ◆ **stay in** *vi (at home)* rester à la maison, ne pas sortir; *(Scol)* être en retenue; *[screw etc]* tenir. ◆ **stay out** *vi (away from home)* ne pas rentrer; *(outside)* rester dehors; *(on strike)* rester en grève. **get out and** ~ **out!** sortez et ne revenez pas!; **to** ~ **out late** rentrer tard; **to** ~ **out all night** ne pas rentrer de la nuit; *(fig)* **to** ~ **out of** *argument etc* ne pas se mêler de; *prison* éviter; **to** ~ **out of trouble** se tenir tranquille. ◆ **stay over** *vi* s'arrêter (un *or* plusieurs jour(s)), faire une halte. **can you** ~ **over till Thursday?** est-ce que vous pouvez rester jusqu'à jeudi? ◆ **stay up** *vi [person]* rester debout, ne pas se coucher; *[trousers, fence etc]* tenir. **to** ~ **up late** se coucher tard.
◆ **stay-at-home** *n, adj* casanier *(m)*, -ière *(f)*. ◆ **stayer** *n (horse)* cheval *m or (runner)* coureur *m* qui a du fond; *(fig)* **he's a** ~**er** il n'abandonne pas facilement. ◆ **staying power** *n* endurance *f*.

stead [sted] *n*: **in my/his** *etc* ~ à ma/sa *etc* place; **to stand sb in good** ~ être très utile à qn.

steadfast ['stedfəst] *adj (unshakeable)* ferme; *(constant)* constant. ◆ **steadfastly** *adv* fermement. ◆ **steadfastness** *n* fermeté *f*.

steady ['stedɪ] **1** *adj* (**a**) *(firm) table, pole, boat* stable; *hand* sûr; *gaze* franc; *nerves* solide; *person* sérieux; *(not nervous)* calme. **he isn't very** ~ **on his feet** il n'est pas très solide sur ses jambes; **he plays a very** ~ **game** il a un jeu très régulier; ~ **on!** * doucement! (**b**) *(regular: gen) temperature, demand, speed* constant; *improvement, income, progress* régulier; *job, prices, sales, market* stable. **to keep prices** ~ stabiliser les prix; **we were doing a** ~ **60 km/h** nous roulions à une vitesse constante de 60 km/h; **her** ~ **boyfriend** son petit ami. **2** *adv*: **to go** ~ **with sb** * sortir avec qn; **they're going** ~ ils sortent ensemble. **3** *vt wobbling object* assujettir; *chair, table (with hand)* maintenir; *(wedge)* caler; *nervous person, horse* calmer. **to** ~ **o.s.** reprendre son aplomb; **to** ~ **one's nerves** se calmer; **to have a** ~**ing effect on sb** *(make less nervous)* calmer qn; *(make less wild)* assagir qn. ◆ **steadily** *adv (*a*) walk* d'un pas ferme; *hold, grasp* d'une main ferme; *gaze, look* longuement; *stay, reply, insist* avec fermeté; (**b**) *improve, decrease, rise* régulièrement; *rain, work, continue* sans arrêt. ◆ **steadiness** *n* (**a**) *(V* **steady 1a***)* stabilité *f*; sûreté *f*; sérieux *m*; calme *m*; (**b**) *(V* **steady 1b***)* constance *f*; régularité *f*; stabilité *f*.

steak [steɪk] **1** *n [beef]* bifteck *m*, steak *m*; *[other meat, fish]* tranche *f*. **frying** ~ bifteck; **stewing** ~ bœuf *m* à braiser; ~ **and kidney pie** tourte *f* à la viande de bœuf et aux rognons. **2** *adj*: ~ **knife** couteau *m* à steak. ◆ **steakhouse** *n* ≈ grill-room *m*.

steal [stiːl] *pret* **stole**, *ptp* **stolen 1** *vt (gen)* voler *(from sb* à qn). **he stole money from the drawer** *etc* il a volé de l'argent dans le tiroir *etc*; **to** ~ **the credit for sth** s'attribuer tout le mérite de qch; **to** ~ **a glance at** jeter un coup d'œil furtif à; **to** ~ **a march on sb** * prendre qn de vitesse; *(fig)* **he**

stole the show on n'a eu d'yeux que pour lui.
2 vi: **to ~ up/out** etc monter/sortir etc à pas de loup;
he stole into the room il s'est glissé dans la pièce.
3 n (US: theft) vol m. (fig) **it's a ~ *** c'est une bonne
affaire. ◆ **stealing** n vol m.

stealth [stelθ] n: **by ~** furtivement. ◆ **stealthily**
adv furtivement. ◆ **stealthy** adj furtif.

steam [sti:m] **1** n vapeur f. **it works by ~** ça marche
à la vapeur; (Naut) **full ~ ahead!** en avant toute!;
(fig) **it's going full ~ ahead** ça va de l'avant à plein
régime; **to get up ~** [train, ship] prendre de la
vitesse; [worker, project] démarrer vraiment *; (fig)
to run out of ~ [speaker, worker] s'essouffler (fig);
[programme, project] tourner court; **under one's
own ~** par ses propres moyens; **to let off ~** *
(energy) se défouler *; (anger) épancher sa bile.
2 adj boiler, iron, engine à vapeur. **3** vt (Culin) cuire
à la vapeur. **~ed pudding** pudding m cuit à la
vapeur; **to ~ open an envelope** décacheter une
enveloppe à la vapeur. **4** vi (a) [liquid, wet clothes]
fumer. (b) **to ~ along/away** etc [ship, train] avancer/
partir etc; (* fig) [person, car] avancer/partir etc à
toute vapeur *; **the ship ~ed up the river** le vapeur
remontait la rivière.
◆ **steam up 1** vi [glass] se couvrir de buée. **2**
vt sep embuer. (fig) **to get ~ed up *** se mettre dans
tous ses états (about à propos de).
◆ **steamboat** n vapeur m. ◆ **steam-driven** adj
à vapeur. ◆ **steamer** n (a) (boat) vapeur m; (liner)
paquebot m; (b) (Culin) ≃ couscoussier m.
◆ **steamroller** n rouleau m compresseur ; **2**
adj tactics dictatorial. ◆ **steamship** n paquebot
m. ◆ **steamy** adj atmosphere, heat humide; room,
window embué; (fig *: erotic) érotique.

steel [sti:l] **1** n acier m. (fig) **to be made of ~** avoir
une volonté de fer ; **nerves of ~** nerfs mpl d'acier.
2 adj knife, tool à acier; engraving sur acier; industry
sidérurgique; (St Ex) shares, prices de l'acier. **~
band** steel band m; **~ guitar** guitare f aux cordes
d'acier; **~ helmet** casque m; **~ wool** paille f de
fer. **3** vt (fig) **to ~ o.s. to do** s'armer de courage
pour faire; **to ~ o.s. against** se cuirasser contre.
◆ **steel-plated** adj revêtu d'acier. ◆ **steelwork-
er** n sidérurgiste m. ◆ **steelworks** n aciérie f.
◆ **steely** adj substance dur comme l'acier; colour
acier inv; (fig) person, eyes, expression dur; refusal,
attitude inflexible; **~y blue/grey** bleu/gris acier inv.

steep¹ [sti:p] adj slope, stairs, climb raide; cliff à pic;
hill, path, road escarpé; (* fig) price (trop) élevé.
(fig) **it's rather ~ if...** c'est un peu fort * que...
+ subj. ◆ **steeply** adv: **to rise** or **climb ~ly** [road
etc] monter en pente raide; [prices etc] monter en
flèche. ◆ **steepness** n [road etc] pente f (raide);
[slope] abrupt m.

steep² [sti:p] **1** vt (in water, dye etc) tremper (in
dans); washing faire tremper; (Culin) macérer (in
dans). (fig) **~ed in** ignorance, vice croupissant dans;
prejudice imbu de; history, the classics imprégné de.
2 vi [clothes etc] tremper; (Culin) macérer.

steeple ['sti:pl] n clocher m, flèche f. ◆ **steeple-
chase** n steeple-chase m (course). ◆ **steeplechas-
ing** n steeple-chase m (sport). ◆ **steeplejack** n
réparateur m de hautes cheminées etc.

steer¹ [stɪəʳ] n (ox) bœuf m; (esp US: castrated) bouvillon m.

steer² [stɪəʳ] **1** vt (a) (handle controls of) ship gouverner; boat barrer. (b) (move) ship, boat, conversation diriger (towards vers); car conduire; (fig) person guider. **2** vi (Naut) tenir le gouvernail (or la
barre); (Aut) conduire. **to ~ by the stars** se guider
sur les étoiles; **to ~ for sth** faire route vers qch;
(fig) **to ~ clear of** éviter. **3** n (US *: tip) tuyau *
m. ◆ **steering 1** n (Aut, Naut) conduite f; **2** adj
(a) (Aut) **~ing arm/column** bras m/colonne f de
direction; **~ing gear** (Aut) boîte f de direction;
(Aviat) direction f; (Aut) **~ing lock** (when driving)

rayon m de braquage; (anti-theft) antivol m de
direction; **~ing wheel** volant m; (b) committee d'organisation.

stem¹ [stem] vt (stop) flow contenir; river endiguer;
disease, attack juguler. (fig) **to ~ the course of events**
endiguer la marche des événements; (fig) **to ~
the tide** or **flow of** endiguer.

stem² [stem] **1** n (a) [flower, plant] tige f; [fruit, leaf]
queue f; [glass] pied m; [word] radical m. (b) (Naut)
from ~ to stern de bout en bout. **2** vi: **to ~ from**
provenir de.

stench [sten(t)ʃ] n puanteur f.

stencil ['stensl] **1** n (gen) pochoir m; (of paper) pon-
cif m; (in typing etc) stencil m; (decoration) décoration f au pochoir. (Typing) **to cut a ~** préparer
un stencil. **2** vt lettering marquer au pochoir; document polycopier.

stenographer [ste'nɒgrəfəʳ] n sténographe mf.
◆ **stenography** n sténographie f.

step [step] **1** n (a) (gen) pas m. **to take a ~ back/
forward** faire un pas en arrière/en avant; **with
slow ~s** à pas lents; (lit, fig) **at every ~** à chaque
pas; **~ by ~** pas à pas; (fig) petit à petit; **he didn't
move a ~** il n'a pas bougé d'un pas; **a waltz ~**
un pas de valse; (fig) **it is a great ~ for them to
take** c'est pour eux un grand pas à faire; **a ~ in
the right direction** un pas dans la bonne voie; **a
~ up in his career** une promotion pour lui; **to take
~s** prendre des dispositions or des mesures (to
do pour faire); **what's the next ~?** qu'est-ce qu'il
faut faire maintenant?; **the first ~ is to decide...**
la première chose à faire est de décider...; **to
keep (in)** (in marching) marcher au pas; (in dance)
danser en mesure; (lit, fig) **to keep ~ with sb** ne
pas se laisser distancer par qn; **to fall into ~** se
mettre au pas; **to get out of ~** rompre le pas.
(b) (stair) marche f; (door ~) seuil m; (on bus etc)
marchepied m. **(flight of) ~s** (indoors) escalier m;
(outdoors) perron m; **(pair of) ~s** escabeau m; **mind
the ~** attention à la marche.
2 vi faire un (or des) pas, aller. **~ this way** venez
par ici; **to ~ off sth** descendre de qch; **to ~ aside/
back** etc s'écarter/reculer etc; **he ~ped into the car**
il est monté dans la voiture; **to ~ on sth** marcher
sur qch; **to ~ on the brakes** donner un coup de
frein; (Aut) **to ~ on the gas *** appuyer sur le champignon *; (fig) **~ on it! *** dépêche-toi!; (fig) **to ~
out of line** s'écarter du droit chemin (iro); **to ~
over sth** enjamber qch.
◆ **step down** vi descendre (from de); (fig) se désister (in favour of sb en faveur de qn). ◆ **step
forward** vi faire un pas en avant; (show o.s.) se
faire connaître; (volunteer) se présenter. ◆ **step
in** vi entrer; (fig) intervenir. ◆ **step up** vt sep production, sales augmenter; campaign, efforts intensifier; attempts multiplier; (Elec) current augmenter.
◆ **stepbrother** n demi-frère m. ◆ **step-by-step**
adj instructions point par point. ◆ **stepchild** n
beau-fils m, belle-fille f (remariage). ◆ **step-
daughter** n belle-fille f. ◆ **stepfather** n beau-
père m. ◆ **stepladder** n escabeau m. ◆ **step-
mother** n belle-mère f. ◆ **stepping-stone** n (lit)
pierre f de gué; (fig) tremplin m (to pour obtenir).
◆ **stepsister** n demi-sœur f. ◆ **stepson** n beau-
fils m.

stereo ['stɪərɪəʊ] **1** n (system) stéréo f; (record player/
radio etc) chaîne f/radio f etc stéréo inv. **in ~** en
stéréo. **2** adj record player, tape etc stéréo inv; broadcast, recording en stéréo. ◆ **stereophonic** adj stéréophonique. ◆ **stereoscope** n stéréoscope m.
◆ **stereoscopic** adj stéréoscopique. ◆ **stereotype 1** n (Psych etc) stéréotype m ; **2** vt stéréo-
typer.

sterile ['steraɪl] adj stérile. ◆ **sterility** n stérilité f.
◆ **sterilization** n stérilisation f. ◆ **sterilize** vt stériliser.

sterling ['stɜːlɪŋ] **1** n (Econ) livre f sterling inv. **2** adj gold, silver fin; (Econ) pound, area sterling inv; (fig) qualities, worth à toute épreuve; person de confiance.

stern¹ [stɜːn] n (Naut) arrière m, poupe f.

stern² [stɜːn] adj (gen) sévère; discipline strict. **he was made of ~er stuff** il était d'une autre trempe. ♦ **sternly** adv sévèrement. ♦ **sternness** n sévérité f.

steroid ['stɪərɔɪd] n stéroïde m.

stet [stet] impers vb (Typ) à maintenir.

stethoscope ['steθəskəʊp] n stéthoscope m.

stevedore ['stiːvɪdɔːʳ] n docker m.

stew [stjuː] **1** n [meat] ragoût m; [rabbit, hare] civet m. (fig) **in a ~ *** (in trouble) dans le pétrin; (worried) dans tous ses états. **2** vt meat cuire en ragoût; rabbit, hare cuire en civet; fruit faire cuire. **3** vi [food] cuire; [tea] devenir trop infusé. (fig) **to let sb ~ in his own juice** laisser qn mijoter dans son jus. ♦ **stewed** adj meat en ragoût; fruit en compote; (pej) tea trop infusé; (**⁎***: drunk) soûl *. ♦ **stewpan** or ♦ **stewpot** n cocotte f.

steward ['stjuːəd] n (on estate, in club, etc) intendant m; (on ship, plane) steward m; (at meeting) membre m du service d'ordre; (at dance) organisateur m. **shop ~** délégué(e) m(f) syndical(e). ♦ **stewardess** n hôtesse f. ♦ **stewardship** n (duties) intendance f, économat m.

stick [stɪk] (vb: pret, ptp **stuck**) **1** n (gen) bâton m; (twig) brindille f; (walking ~) canne f; (support for plants) tuteur m; (Mil, Mus) baguette f; (Hockey, Lacrosse) crosse f; (Ice Hockey) stick m; (piece of chalk etc: gen) bâton m; [chewing gum] tablette f; [celery] branche f; [rhubarb] tige f; [bombs] chapelet m. (for fire) **~s** du petit bois; **a few ~s of furniture** quelques pauvres meubles mpl; (pej: backwoods) **in the ~s *** dans l'arrière-pays, en pleine cambrousse *; (fig) **to wield the big ~** manier la trique (fig); (Pol) faire de l'autoritarisme; **the policy of the big ~** la politique du bâton; (fig) **to give sb/ get a lot of ~ * for sth** éreinter qn/se faire éreinter à propos de qch; (fig) **to get hold of the wrong end of the ~** mal comprendre; **he is a dull old ~ *** il est rasoir *.
2 vt **(a)** (thrust: gen) enfoncer, planter (into dans); pin, needle piquer, enfoncer (into dans). **to ~ a pin through sth** transpercer qch avec une épingle; **I stuck the needle into my finger** je me suis piqué le doigt avec l'aiguille. **(b)** (put: gen) mettre (on sur; under sous; into dans); (put down) mettre, poser (on sur); (into drawer, pocket, hole) mettre, fourrer (into dans). **he stuck his head through the window** il a passé la tête par la fenêtre. **(c)** (glue) coller (on sth sur qch; on the wall au mur; with avec). **(d)** (tolerate) thing supporter; person, smell souffrir, sentir *. **(e) to be stuck** (gen) être coincé (between entre); (in mud) être embourbé; (in sand) être enlisé; (broken down) [vehicle, machine, lift] être en panne; **stuck fast** bien coincé; **it got stuck in my throat** ça s'est mis en travers de ma gorge; (fig) **he was stuck here all summer/for the night** il a été obligé de rester ici tout l'été/de passer la nuit ici; **I'm stuck at home all day** je suis cloué à la maison toute la journée; **I was stuck * with him all evening** je l'ai eu sur le dos toute la soirée; **to be stuck for an answer** ne pas savoir que répondre; (in puzzle, essay etc) **I'm stuck *** je sèche *; **I'll help you if you're stuck *** je t'aiderai si tu as un problème; **I was stuck * with organizing it all** on m'a collé * le boulot de tout organiser.
3 vi **(a)** [needle, spear etc] se planter, s'enfoncer (into dans). **a knife ~ing into it** un couteau planté là-dedans; **the nail was ~ing through the plank** le clou dépassait de la planche. **(b)** [glue, paste] tenir (to à); [stamp, label] être collé (to à); (Culin) [sauce etc] attacher (to à); (fig) [habit, name etc] rester (to

sb à qn). **it stuck to the table** c'est resté collé à la table. **(c)** (stay) rester. **to ~ close to sb** rester aux côtés de qn; (fig) **to ~ by sb** rester fidèle à qn, ne pas abandonner qn; (fig) **to ~ to sb like a limpet** se cramponner à qn; **to ~ to** promise tenir; principles rester fidèle à; one's post rester à; the facts s'en tenir à; the subject ne pas s'éloigner de; **to ~ at a job** rester dans un emploi; **~ at it!** persévère!; **to ~ to one's guns *** ne pas en démordre; **he stuck to his story** il a maintenu ce qu'il avait dit; **decide what you're going to say then ~ to it** décidez ce que vous allez dire et tenez-vous-y; **to ~ with sb *** (stay beside) rester avec qn; (stay loyal) rester fidèle à qn. **(d)** (get jammed) (gen) se coincer; (in mud) être embourbé; (in sand) être enlisé; (break down) [vehicle, machine, lift] tomber en panne. **to ~ fast** être bien coincé; **it stuck in my throat** ça s'est mis en travers de ma gorge; (fig) je ne suis pas arrivé à digérer * ça; (balk) **he will ~ at nothing to get what he wants** il ne recule devant rien pour obtenir ce qu'il veut; **he wouldn't ~ at murder** il irait jusqu'au meurtre.
♦ **stick around *** vi (stay near) rester dans les parages; (hang about) traîner (à attendre). ♦ **stick down** vt sep envelope etc coller. ♦ **stick in 1** vi (*) persévérer. **2** vt sep (put in) (gen) enfoncer, planter; needle, pin piquer, enfoncer; photo in album etc coller. (fig) **he stuck in a few quotations** il a collé * quelques citations par-ci par-là; (fig) **to get stuck in *** s'y mettre sérieusement. ♦ **stick on** vt sep label, stamp coller. ♦ **stick out 1** vi **(a)** (protrude) (gen) sortir (from de); [teeth] avancer; [rod etc] dépasser; [balcony etc] faire saillie. **his ears ~ out** il a les oreilles décollées; (fig) **it ~s out a mile *** ça crève les yeux (that que). **(b)** (persevere etc) **to ~ out for more money** tenir bon dans ses revendications pour une augmentation de salaire. **2** vt sep **(a)** one's arm, head sortir (of de); one's chest bomber. **to ~ one's tongue out** tirer la langue. **(b)** (*: endure) supporter. **to ~ it out** tenir le coup. ♦ **stick together 1** vi [labels, pages, objects] rester collés ensemble; (stay together) [people] rester ensemble; (fig) se serrer les coudes. **2** vt sep coller (ensemble). ♦ **stick up 1** vi **(a)** **to ~ up out of the water** sortir de l'eau. **(b)** **to ~ up for sb/sth *** défendre qn/qch. **2** vt sep **(a)** notice etc afficher. **(b)** one's hand lever la main. **~'em up! *** haut les mains! **(c)** (rob) person, bank dévaliser.
♦ **sticker** n **(a)** (label) autocollant m; **(b)** (fig) **he's a ~er *** il n'abandonne pas facilement. ♦ **stickiness** n (V sticky) caractère poisseux or collant or gluant; moiteur f. ♦ **sticking-plaster** n sparadrap m. ♦ **sticking point** n point m de friction. ♦ **stick insect** n phasme m. ♦ **stick-in-the-mud *** adj, n encroûté(e) * m(f). ♦ **stick-on** adj adhésif. ♦ **stickup *** n hold-up m. ♦ **sticky** adj **(a)** paste poisseux, collant; label adhésif; paint, toffee, road, surface, pitch gluant; hands (sweaty) moite; (with jam etc) poisseux; climate chaud et humide; **~y tape** scotch m®, ruban m adhésif; **(b)** (* fig) problem, situation délicat; person peu accommodant; (fig) **to be on a ~y wicket** être dans une situation délicate; **to come to a ~y end** mal finir; **to have a ~y time *** passer un mauvais quart d'heure; **he's very ~y about lending his car *** il répugne à prêter sa voiture. ♦ **sticky-fingered *** adj porté sur la fauche **⁎**.

stickleback ['stɪklbæk] n épinoche f.

stickler ['stɪkləʳ] n: **to be a ~ for** être pointilleux sur le chapitre de, insister sur.

stiff [stɪf] adj **(a)** (gen) raide, rigide; arm, joint ankylosé; door, lock, brush dur; dough, paste ferme; (starched) shirt etc empesé. **as ~ as a poker** or **a ramrod** raide comme un piquet; **you'll feel ~ tomorrow** vous aurez des courbatures demain; **he's getting ~ as he grows older** il se raidit avec l'âge; **to have a ~ back** avoir mal au dos; **to have a ~ neck** avoir le torticolis; **~ with cold** engourdi par le froid; *(fig)* **to keep a ~ upper lip** rester impassible. **(b)** *(fig) smile, reception, person* froid, distant; *resistance* opiniâtre; *exam, course, task* difficile; *climb* raide; *wind, breeze* fort; *price, bill* (trop) élevé. **that's a bit ~!** * c'est un peu fort! *; **I could do with a ~ drink** je boirais bien qch de fort; **a ~ whisky** un grand verre de whisky. ◆ **stiffen (up) 1** *vt (gen)* raidir ; *joint* ankyloser; *(fig) morale, resistance etc* affermir; **2** *vi (gen)* devenir raide *or* rigide ; *[limb, joint]* s'ankyloser; *[door, lock]* devenir dur; *[resistance]* devenir opiniâtre; *[morale]* s'affermir; **he ~ened when...** il s'est raidi quand... ◆ **stiffener** *n (in collar)* baleine *f*. ◆ **stiffly** *adv move, bend* avec raideur; *stand to attention* sans bouger un muscle; *(fig) smile, greet, say* froidement. ◆ **stiffness** *n* **(a)** raideur *f*, rigidité *f*; ankylose *f*; dureté *f*, fermeté *f*; **(b)** froideur *f*; difficulté *f*.

stifle ['staɪfl] **1** *vt person, fire, sobs* étouffer; *anger, smile, desire* réprimer. **to ~ a yawn** réprimer une envie de bâiller. **2** *vi* étouffer. ◆ **stifling** *adj fumes* suffocant; *heat* étouffant; **it's stifling** * on étouffe.

stigma, *pl (gen)* **-s,** *(Bot, Rel)* **-mata** ['stɪgmə, mɑːtə] *n* stigmate *m (on* sur). ◆ **stigmatize** *vt* stigmatiser.

stile [staɪl] *n* échalier *m; (turn ~)* tourniquet *m.*

stiletto [stɪ'letəʊ] *n* stylet *m.* **~ heel** talon *m* aiguille.

still¹ [stɪl] **1** *adv* **(a)** *(up to now)* encore, toujours. **he is ~ in bed** il est encore *or* toujours au lit; **he ~ hasn't arrived** il n'est pas encore arrivé, il n'est toujours pas arrivé; **you ~ don't believe me** vous ne me croyez toujours pas. **(b)** *(+ comp: even)* encore. **~ better, better ~** encore mieux. **(c)** *(nonetheless)* quand même, tout de même. **you'll ~ come?** vous viendrez quand même *or* tout de même?; **he's ~ your brother** il n'en est pas moins votre frère; *(US)* **~ and all** * tout compte fait. **2** *conj (nevertheless)* néanmoins, quand même.

still² [stɪl] **1** *adj (motionless)* immobile; *(peaceful)* calme, tranquille; *(quiet)* silencieux; *(not fizzy)* lemonade non gazeux. **keep ~!** reste tranquille!, ne bouge pas!; *(Art)* **~ life** nature *f* morte. **2** *adv sit, stand, hold* sans bouger. **3** *n* **(a)** **in the ~ of the night** dans le silence de la nuit. **(b)** *(Cine)* photo *f*. ◆ **stillbirth** *n* enfant *m(f)* mort-né(e). ◆ **stillborn** *adj* mort-né. ◆ **stillness** *n* calme *m*, tranquillité *f*; silence *m*.

still³ [stɪl] *n (object)* alambic *m; (place)* distillerie *f.*

stilts [stɪlts] *npl* échasses *fpl.* ◆ **stilted** *adj* guindé, qui manque de naturel.

stimulate ['stɪmjʊleɪt] *vt (Physiol, gen)* stimuler. **to ~ sb to do** inciter qn à faire. ◆ **stimulant** *adj, n* stimulant *(m).* ◆ **stimulating** *adj* stimulant. ◆ **stimulation** *n* stimulation *f*. ◆ **stimulus,** *pl* **-li** *n (Physiol)* stimulus *m; (fig)* stimulant *m*; **it gave trade a new stimulus** cela a donné une nouvelle impulsion au commerce; **under the stimulus of** stimulé par.

sting [stɪŋ] *(vb: pret, ptp* **stung) 1** *n [insect]* dard *m; (pain, mark) [insect, nettle etc]* piqûre *f; [iodine etc]* brûlure *f; [attack, criticism, remark]* mordant *m; (US* **※)** *confidence trick)* arnaque * *m. (fig)* **a ~ in the tail** une mauvaise surprise à la fin. **2** *vt [insect, nettle]* piquer; *[iodine]* brûler; *[rain, hail, whip]* cingler; *[remark, criticism]* piquer au vif. **stung by remorse** bourrelé de remords; **to ~ sb into action** pousser qn à agir; *(fig: robbed)* **I've been stung!** * je me suis fait avoir! * **3** *vi* **(a)** piquer; brûler; *[blow, whip]* provoquer une sensation cuisante; *[remark, criticism]* être cuisant. **(b)** *[eyes]* piquer; *[cut, skin]* brûler. **the fumes made his eyes ~** les fumées picotaient ses yeux. ◆ **stinging** *adj cut, remark* cuisant; **~ing nettle** ortie *f* brûlante.

stingy ['stɪn(d)ʒɪ] *adj person* avare, ladre; *portion* misérable. **to be ~ with** *food* lésiner sur; *praise* être chiche de. ◆ **stingily** *adv spend* avec avarice; *serve* en lésinant. ◆ **stinginess** *n* avarice *f.*

stink [stɪŋk] *(vb: pret* **stank,** *ptp* **stunk) 1** *n* **(a)** puanteur *f.* **what a ~!** ce que ça pue! **(b)** *(fig: trouble)* **to make** *or* **kick up a ~ ※** faire toute une scène *(about* à propos de). **2** *vi* puer *(also fig),* empester *(of sth* qch); *(※: fig) [person, thing]* être dégueulasse ※. *(lit, fig)* **it ~s to high heaven** * cela sent à plein nez. **3** *vt (~ out) room etc* empester. ◆ **stinker ※** *n (person)* salaud ※ *m,* salope ※ *f; (question, essay etc)* vacherie ※ *f; (angry letter)* lettre *f* d'engueulade ※; **to be a ~er** être affreux. ◆ **stinking 1** *adj substance* puant; *(※ fig)* infect; **to have a ~ing cold** avoir un rhume épouvantable ; **2** *adv:* **~ing rich ※** bourré de fric ※.

stint [stɪnt] **1** *n:* **to do one's ~** *(daily work)* faire son travail (quotidien); *(do one's share)* faire sa part de travail; **he does a ~ in the gym every day** il passe un certain temps chaque jour au gymnase; **I've done my ~ at the wheel** j'ai pris mon tour au volant. **2** *vt (also ~ on) food* lésiner sur; *compliments* être chiche de. **to ~ sb of sth** mesurer qch à qn; **to ~ o.s.** se priver *(of* de).

stipend ['staɪpend] *n (Rel)* traitement *m.*

stipulate ['stɪpjʊleɪt] *vt (gen)* stipuler *(that* que); *quantity* prescrire. ◆ **stipulation** *n* stipulation *f*; **on the stipulation that...** à la condition expresse que... *(+ fut or subj).*

stir [stɜː*ʳ*] **1** *n:* **to give sth a ~** remuer qch; *(fig)* **there was a great ~ about...** il y a eu beaucoup d'agitation à propos de...; **to cause a ~** faire sensation. **2** *vt* **(a)** *tea, soup* remuer; *mixture* tourner; *fire* tisonner. **to ~ sth into sth** ajouter qch à qch (en tournant). **(b)** *(move etc) papers, leaves* agiter; *curiosity, passions, imagination* exciter; *emotions* éveiller; *person* émouvoir. *(fig)* **to ~ o.s.** * se secouer; **to ~ sb to do sth** inciter qn à faire qch; **to ~ sb's blood** réveiller l'enthousiasme de qn. **3** *vi [person]* bouger *(from* de); *[leaves, curtains etc]* remuer. **nobody is ~ring yet** personne n'est encore levé. ◆ **stir up** *vt sep (fig) (gen)* exciter; *memories* réveiller; *revolt, hatred* susciter; *mob* ameuter; *trouble* provoquer; *person* secouer *(fig).* **to ~ sb up to (do) sth** pousser qn à (faire) qch. ◆ **stir-fry** *vt* faire sauter à feu vif (en remuant). ◆ **stirring** *adj speech, music* enthousiasmant; *years* passionnant.

stirrup ['stɪrəp] *n* étrier *m.*

stitch [stɪtʃ] **1** *n (Sewing)* point *m; (Knitting)* maille *f; (Surgery)* point de suture; *(pain in side)* point de côté. **she put a few ~es in the tear** elle a fait un point à la déchirure; **to put ~es in a wound** suturer une plaie; *(Med)* **to get one's ~es out** se faire retirer ses fils de suture; *(fig)* **he hadn't a ~ (of clothing) on** * il était tout nu; *(fig)* **to be in ~es** * se tenir les côtes (de rire); **it had us in ~es** * on se tordait de rire. **2** *vt (by hand)* coudre; *(on machine)* piquer; *(Med)* suturer. **3** *vi* coudre. ◆ **stitch down** *vt sep* rabattre. ◆ **stitch on** *vt sep button* coudre; *button that's come off* recoudre. ◆ **stitch up** *vt sep* coudre; *(mend)* recoudre; *(Med)* suturer.

stoat [stəʊt] *n* hermine *f (d'été).*

stock [stɒk] **1** *n* **(a)** *[goods]* réserve *f,* *(Comm)* stock *m; [money]* réserve; *[learning]* fonds *m. (Comm)* **in ~** en stock; **out of ~** épuisé; **to lay in a ~ of** s'approvisionner en; **to take ~** *(Comm)* faire l'inventaire; *(fig)* faire le point; *(fig)* **to take ~ of** *situation, prospects etc* faire le point de; *person* évaluer les mérites de. **(b)** *(Agr: animals and equipment)* cheptel *m* (vif et mort). **live ~** bétail *m; (Rail)* **rolling ~** matériel *m* roulant. **(c)** *(Cards)* talon *m.* **(d)** *(Culin)* bouillon *m.* **(e)** *(Fin)* valeurs *fpl,* titres *mpl; (government ~s)* fonds *mpl* d'État; *(company shares)* actions *fpl.* ~**s and shares** valeurs (mobilières), titres. (**f**) *(flower)* giroflée *f.* (**g**) **to be on the** ~**s** *[ship]* être sur cale; *(fig) [piece of work, scheme]* être en chantier; *(Hist)* **the** ~**s** le pilori. (**h**) *(lineage)* souche *f,* lignée *f.*

2 *adj (Comm) goods, size* courant; *(stereotyped) argument, excuse* classique. *(Aut, Sport)* ~ **car** stock-car *m;* *(Culin)* ~ **cube** bouillon-cube *m;* ~ **market** Bourse *f,* marché *m* financier; *(fig)* ~ **phrase** expression *f* toute faite.

3 *vt* (**a**) *(supply) shop, larder* approvisionner *(with* en); *library/farm* monter en livres/en bétail; *river, lake* peupler *(with* de). **well-**~**ed** *shop etc* bien approvisionné; *library, farm, garden* bien fourni. (**b**) *(Comm: hold in* ~) avoir, vendre.

♦ **stock up 1** *vi* s'approvisionner *(with, on* en; *for* pour). **2** *vt sep shop, cupboard* garnir; *library* accroître le stock de livres de; *river, lake* empoissonner.

♦ **stockbreeder** *n* éleveur *m,* -euse *f.* ♦ **stockbroker** *n* agent *m* de change; *(Brit)* **the** ~**broker belt** la banlieue résidentielle. ♦ **stock exchange** *n* Bourse *f* (des valeurs); **on the** ~ **exchange** à la Bourse. ♦ **stockholder** *n* actionnaire *mf.* ♦ **stock-in-trade** *n (goods)* marchandises *fpl* en stock; *(tools, materials etc: also fig)* outils *mpl* du métier. ♦ **stockist** *n* stockiste *mf.* ♦ **stockpile** *vt* stocker. ♦ **stockpiling** *n* stockage *m.* ♦ **stockpot** *n (Culin)* marmite *f* de bouillon. ♦ **stockroom** *n* réserve *f,* magasin *m.* ♦ **stock-still** *adv:* **to stand** ~**-still** rester planté comme une borne; *(in fear, amazement)* rester cloué sur place. ♦ **stocktaking 1** *n* inventaire *m* ; **2** *vi:* **to be** ~**taking** *(Comm)* faire l'inventaire; *(fig)* faire le point. ♦ **stocky** *adj* trapu, râblé.

stockade [stɒˈkeɪd] *n (fencing)* palissade *f;* *(US Mil)* salle *f* de police.

Stockholm [ˈstɒkhəʊm] *n* Stockholm.

stocking [ˈstɒkɪŋ] **1** *n* bas *m.* **2** *adj:* **in one's feet** sans chaussures; ~ **mask** bas *m (d'un bandit masqué);* *(Knitting)* ~ **stitch** point *m* de jersey. ♦ **stockinet(te)** *n* jersey *m.*

stodge * [stɒdʒ] *n (food)* aliment *m* bourratif. ♦ **stodgy** *adj food* bourratif; *(heavy) cake* lourd; *book* indigeste; *(*: *dull) person* sans imagination.

stoic(al) [ˈstəʊɪk(əl)] *adj* stoïque. ♦ **stoically** *adv* stoïquement. ♦ **stoicism** *n* stoïcisme *m.*

stoke [stəʊk] *vt* (~ **up**) *fire* garnir; *furnace* alimenter; *engine, boiler* chauffer. ♦ **stoker** *n* chauffeur *m (Naut etc).*

stole¹ [stəʊl] *n* étole *f.*

stole² [stəʊl], **stolen** [ˈstəʊl(ə)n] *pret, ptp of* **steal.**

stolid [ˈstɒlɪd] *adj* impassible. ♦ **stolidly** *adv* avec impassibilité.

stomach [ˈstʌmək] **1** *n (gen)* ventre *m;* *(Anat)* estomac *m.* **lying on his** ~ couché sur le ventre; **to have a pain in one's** ~ avoir mal au ventre. **2** *adj ulcer* à l'estomac. ~ **ache** mal *m* de ventre; ~ **pump** pompe *f* stomacale; ~ **trouble** ennuis *mpl* gastriques. **3** *vt (fig)* encaisser *.

stone [stəʊn] **1** *n* (**a**) *(gen)* pierre *f;* *(pebble)* caillou *m;* *(on beach etc)* galet *m;* *(gravestone)* pierre tombale; *(in fruit)* noyau *m;* *(Med)* calcul *m.* **(made) of** ~ de pierre; *(fig)* **within a** ~**'s throw of** à deux pas de; *(fig)* **to leave no** ~ **unturned** remuer ciel et terre *(to do* pour faire); **to turn to** ~ *(vt)* pétrifier; *(vi)* se pétrifier. (**b**) *(Brit: weight: pl gen inv)* = *6,348 kg.* **2** *adj building* de *or* en pierre. **S**~ **Age** l'âge *m* de la pierre. **3** *vt* (**a**) *person, object* lancer *or* jeter des pierres sur. **to** ~ **sb to death** lapider qn. (**b**) *date, olive* dénoyauter. ♦ **stone-blind** *adj* complètement aveugle. ♦ **stone-cold** *adj* complètement froid; ~**-cold sober** * pas du tout ivre. ♦ **stoned** ‡ *adj (drunk)* soûl *;* *(Drugs)* défoncé ‡. ♦ **stone-deaf** *adj* sourd comme un pot *. ♦ **stonemason** *n* tailleur *m* de pierre(s).

♦ **stonewall** *vi (fig)* donner des réponses évasives. ♦ **stoneware** *n* poterie *f* de grès. ♦ **stonework** *n* maçonnerie *f.* ♦ **stonily** *adv* avec froideur. ♦ **stony** *adj road, soil* pierreux; *beach* de galets; *(fig) person, heart* de pierre, dur; *look, welcome* froid. ♦ **stony-broke** * *adj* fauché comme les blés *. ♦ **stony-faced** *adj* au visage impassible.

stood [stʊd] *pret, ptp of* **stand.**

stooge [stuːdʒ] *n (Theat)* comparse *mf;* *(gen pej)* laquais *m.*

stool [stuːl] *n* (**a**) tabouret *m;* *(folding)* pliant *m.* *(fig)* **to fall between two** ~**s** se retrouver le bec dans l'eau *. (**b**) *(Med)* selle *f.* ♦ **stool-pigeon** * *n* indicateur *m,* -trice *f (de police).*

stoop [stuːp] **1** *n:* **to have a** ~ avoir le dos voûté. **2** *vi (have a* ~) avoir le dos voûté; (~ **down**) se courber; *(fig)* s'abaisser *(to sth* jusqu'à qch; *to do, to doing* jusqu'à faire). *(fig)* **he would** ~ **to anything** il est prêt à toutes les bassesses. ♦ **stooping** *adj* voûté, courbé.

stop [stɒp] **1** *n* (**a**) *(halt)* arrêt *m;* *(short stay)* halte *f.* **a** ~ **for coffee** une pause-café; **6 hours without a** ~ 6 heures *fpl* d'affilée; **a 5-minute** ~ 5 minutes d'arrêt; **to be at a** ~ *[traffic, vehicle]* être à l'arrêt; *[work, production]* avoir cessé; **to come to a** ~ *[traffic etc]* s'arrêter; *[work etc]* cesser; **to bring to a** ~ *traffic etc* arrêter; *work etc* faire cesser; **to make a** ~ *[bus, train]* s'arrêter; *[plane, ship]* faire escale; **to put a** ~ **to sth** mettre fin *or* un terme à qch. (**b**) *(place) [bus, train]* arrêt *m;* *[plane, ship]* escale *f.* (**c**) *(organ)* jeu *m.* *(fig)* **to pull out all the** ~**s** faire un suprême effort *(to do* pour faire). (**d**) *(Punctuation)* point *m;* *(in telegrams)* stop *m.*

2 *adj button, lever, signal* d'arrêt. *(Aut)* ~ **sign** stop *m (panneau).*

3 *vt* (**a**) (~ **up**) *hole, pipe, leak, jar* boucher; *tooth* plomber. **to** ~ **one's ears** se boucher les oreilles; **to** ~ **a gap** boucher un trou; *(fig)* combler une lacune. (**b**) *(halt, block: gen)* arrêter; *noise* étouffer; *activity, progress* interrompre; *(suspend)* suspendre; *(Boxing) fight* suspendre; *allowance, leave* supprimer; *part of wages* retenir *(out of* sur); *gas, electricity, water supply* couper; *subscription* résilier; *cheque* faire opposition à; *light* empêcher de passer; *pain, worry, enjoyment* mettre fin à. **to** ~ **sb short** *or* **in his tracks** *(lit)* arrêter qn net; *(fig)* couper qn dans son élan; *(silence)* couper la parole à qn; **he** ~**ped a bullet** * il a reçu une balle; **rain** ~**ped play** la pluie a interrompu la partie; *[bank]* **to** ~ **payment** suspendre ses paiements; **he** ~**ped the milk for a week** il a fait interrompre la livraison du lait pendant une semaine. (**c**) *(cease)* arrêter, cesser *(doing* de faire). ~ **it!** ça suffit!; ~ **that noise!** assez de bruit!; **to** ~ **work** arrêter *or* cesser de travailler. (**d**) *(prevent)* empêcher *(sb's doing, sb from doing* qn de faire; *sth happening, sth from happening* que qch n'arrive *(subj)).* **there's nothing to** ~ **you** rien ne vous en empêche.

4 *vi* (**a**) *(halt: gen)* s'arrêter; *(end: gen)* cesser, se terminer; *[allowance, privileges]* être supprimé; *[play, programme, concert]* finir, se terminer. ~ **thief!** au voleur!; **you can** ~ **now** vous pouvez (vous) arrêter maintenant; **he** ~**ped (dead) in his tracks** il s'est arrêté net *or* pile *; **I'd** ~ **short of murder** je n'irais pas jusqu'au meurtre; **he never knows where to** ~ il ne sait pas s'arrêter; **he will** ~ **at nothing** il ne recule devant rien *(to do* pour faire). (**b**) *(*) *(remain)* rester; *(live temporarily)* loger *(with* sb chez qn).

♦ **stop by** * *vi* s'arrêter en passant. ♦ **stop off, stop over** *vi* s'arrêter, faire une halte. ♦ **stop up** *vt sep hole, pipe, jar* boucher. **my nose is** ~**ped up** j'ai le nez bouché.

♦ **stopcock** *n* robinet *m* d'arrêt. ♦ **stopgap 1** *n* bouche-trou *m* ; **2** *adj measure* intérimaire. ♦ **stoplight** *n (traffic light)* feu *m* rouge; *(brake*

light) feu *m* de stop. ◆ **stop-off** *n* arrêt *m*.
◆ **stopover** *n* halte *f*. ◆ **stoppage** *n* (gen) arrêt *m*; *(interruption)* interruption *f*; *(Ftbl)* arrêt *m* de jeu; *(strike)* grève *f*; *[leave, wages, payment]* suspension *f*; *(amount deducted)* retenue *f*. ◆ **stopper** *n* bouchon *m*; **to put the ~per in/take the ~per out of sth** boucher/ déboucher qch; *(fig)* **to put a ~per on sth** * mettre un terme à qch; *V* **conversation**. **2** *vt* boucher. ◆ **stopping 1** *n* (gen) arrêt *m*; *(in tooth)* plombage *m* ; **2** *adj* (Aut) **we were looking for a ~ping place** nous cherchions un coin où nous arrêter; **~ping train** omnibus *m*. ◆ **stop-press** *n* nouvelles *fpl* de dernière heure. ◆ **stopwatch** *n* chronomètre *m*.

storage ['stɔːrɪdʒ] **1** *n* *[goods, fuel, furniture]* entreposage *m*; *[food]* rangement *m*, conservation *f*; *[radioactive waste]* stockage *m*; *[heat, electricity]* accumulation *f*; *[documents]* conservation *f*; *(Comput)* mémoire *f*. **to put in(to)** ~ entreposer. **2** *adj* *capacity, problems* d'entreposage; *charges* de magasinage. ~ **battery** accumulateur *m*; ~ **heater** radiateur *m* électrique par accumulation; ~ **space** espace *m* de rangement; *[oil etc]* ~ **tank** réservoir *m* d'emmagasinage; ~ **unit** meuble *m* de rangement.

store [stɔːʳ] **1** *n* **(a)** *(supply)* provision *f*, réserve *f*; *[learning, information]* fonds *m*. **~s** provisions *fpl*; **to lay in ~s** s'approvisionner, faire des provisions; **to get in** *or* **lay in a ~ of sth** faire provision de qch; *(fig)* **to set great ~/little ~ by sth** faire grand cas/peu de cas de qch. **(b)** *(depot, warehouse)* entrepôt *m*; *(furniture ~)* garde-meuble *m*; *[ammunition etc]* dépôt *m*; *(in office, factory etc: also* **~s**) réserve *f*; *(larger)* service *m* des approvisionnements. **to put in(to)** ~ *goods etc* entreposer; *furniture* mettre au garde-meuble; **to keep sth in** ~ garder qch en réserve; *(fig)* **to have sth in** ~ **for sb** réserver qch à qn. **(c)** *(shop)* magasin *m* ; *(large)* grand magasin; *(small)* boutique *f*. **book** ~ librairie *f*. **2** *vt* **(a)** *(keep, collect:* ~ **up**) *food, fuel, goods* mettre en réserve; *documents* conserver; *electricity, heat* accumuler, emmagasiner; *(fig: in one's mind) facts etc* enregistrer dans sa mémoire. **(b)** *(place in* ~ *:* ~ **away**) *food, fuel, goods* entreposer; *one's furniture* mettre au garde-meuble; *crops* engranger; *(Comput)* mémoriser; *information (in filing system etc)* classer; *(in mind)* enregistrer. **I've got them ~d (away)** je les ai mis de côté. **3** *vi* *[food]* **to** ~ **well** bien se conserver. ◆ **store-house** *n* entrepôt *m*; *(fig: of information etc)* mine *f*. ◆ **storekeeper** *n* magasinier *m*; *(shopkeeper)* commerçant(e) *m(f)*. ◆ **storeroom** *n* réserve *f*.

storey ['stɔːrɪ] *n* étage *m*. **on the 3rd** *or* *(US)* **4th** ~ au 3ᵉ (étage); **4-~(ed) building** bâtiment de 4 étages.

stork [stɔːk] *n* cigogne *f*.

storm [stɔːm] **1** *n* tempête *f*; *(thunder ~)* orage *m*; *(fig) [arrows, missiles]* grêle *f*; *[abuse]* torrent *m*; *[cheers, protests, applause]* tempête. *(fig)* **a** ~ **in a teacup** une tempête dans un verre d'eau; *(fig)* **it caused quite a** ~ cela a provoqué une véritable tempête; **to take by** ~ *(Mil)* prendre d'assaut; *(fig) audience etc* conquérir. **2** *adj signal, warning* de tempête; *window, door* double. *(US)* ~ **cellar** abri *m* tempête; *(fig)* ~ **centre** centre *m* de l'agitation; ~ **cloud** nuage *m* orageux; *(fig)* nuage noir; *(Mil)* ~ **troops** troupes *fpl* d'assaut. **3** *vt* (Mil, also fig) prendre d'assaut. **4** *vi [wind, rain]* faire rage; *(fig) [person]* fulminer (*with rage* de colère; *at sb* contre qn). **to** ~ **in/out** *etc* entrer/sortir *etc* comme un ouragan. ◆ **stormy** *adj weather, sky* orageux; *sea* démonté; *(fig) meeting* houleux; *person* violent.

story¹ ['stɔːrɪ] *n* histoire *f*; *[play, film]* action *f*. **short** ~ nouvelle *f*; **do you know the ~ about...?** connaissez-vous l'histoire de...?; **it's a long** ~ c'est toute une histoire; **that's not the whole** ~

mais ce n'est pas tout; **according to your** ~ d'après ce que vous dites, d'après votre version des faits; **or so the** ~ **goes** ou du moins c'est ce qu'on raconte; **quite another** ~ une tout autre histoire; **it's the same old** ~ c'est toujours la même histoire; *(fig)* **it tells its own** ~ cela en dit long; **to tell stories** * *(fibs)* raconter des histoires. **(b)** *(Press) (event)* affaire *f*; *(article)* article *m*. **he was sent to cover the** ~ **of the refugees** on l'a envoyé faire un reportage sur les réfugiés; **they daren't print that** ~ ils n'osent pas publier cette nouvelle. ◆ **storybook** *n* livre *m* de contes *or* d'histoires. ◆ **storyteller** *n* conteur *m*, -euse *f*; *(*: fibber)* menteur *m*, -euse *f*.

story² ['stɔːrɪ] *n* *(US)* = **storey**.

stout [staut] **1** *adj* **(a)** *(fat)* gros, corpulent. **to grow** ~ prendre de l'embonpoint. **(b)** *(strong) (gen)* solide; *horse* vigoureux; *resistance, soldier* vaillant; *supporter* fidèle. **with** ~ **hearts** vaillamment; **a** ~ **fellow** * un brave type *. **2** *n* *(beer)* bière *f* brune *(forte)*. ◆ **stout-hearted** *adj* vaillant. ◆ **stoutly** *adv defend* vaillamment; *deny* catégoriquement; *maintain* dur comme fer. ◆ **stoutness** *n* *(fatness)* embonpoint *m*.

stove [stəuv] *n* **(a)** *(heater)* poêle *m*. **(b)** *(cooker) (solid fuel)* fourneau *m*; *(gas, electricity)* cuisinière *f*; *(small)* réchaud *m*. **(c)** *(Ind, Tech)* four *m*.

stow [stəu] *vt* *(put away)* ranger; *(hide)* cacher. ◆ **stow away 1** *vi* s'embarquer clandestinement. **2** *vt sep (put away)* ranger; *(hide)* cacher. ◆ **stowaway** *n* passager *m*, -ère *f* clandestin(e).

straddle ['strædl] *vt* être à cheval sur.

straggle ['strægl] *vi:* **to** ~ **in/out** *etc* entrer/sortir *etc* par petits groupes détachés. ◆ **straggler** *n* *(person)* traînard(e) *m(f)*. ◆ **straggling** *or* ◆ **straggly** *adj plant, village* tout en longueur; *hair* en désordre; *objects in row* disséminés; *line* irrégulier.

straight [streɪt] **1** *adj* **(a)** *(not curved, not askew: gen)* *line, edge, picture* droit; *route* direct; *hair* raide; *posture, back* bien droit; *(Geom) angle* plat; *(in order) room, books* en ordre. **to put** *or* **set** ~ *picture* remettre d'aplomb; *hat, tie* ajuster; *house, books, accounts* mettre de l'ordre dans; **the picture isn't** ~ le tableau est de travers; *(fig)* **to keep a** ~ **face** garder son sérieux; *(US)* ~ **razor** rasoir *m* à main; *(Theat)* **a** ~ **man** un faire-valoir; **let's get this** ~ entendons-nous bien sur ce point; **to put** *or* **set sb** ~ **about sth** éclairer qn sur qch; **to keep sb** ~ sth empêcher qn de se tromper sur qch; *(don't owe anything)* **now we're** ~ maintenant on est quitte. **(b)** *(frank)* franc; *(honest)* honnête; *dealing* régulier; *denial, refusal* catégorique. ~ **speaking**, ~ **talking** franc-parler *m*; **to play a** ~ **game** agir loyalement; **he's** ~ il est très honnête; *(*: not homosexual)* c'est un hétéro *; *(*: not criminal)* il est régulier. **(c)** *(plain etc)* whisky *etc* sans eau; *(Theat) part, actor* sérieux; *(fig* *: dishonesty etc)* pur et simple. **a** ~ **play** une pièce de théâtre proprement dite; *(Pol)* **a** ~ **fight** une campagne électorale à deux candidats.
2 *n* **(a)** *[racecourse etc]* **the** ~ la ligne droite; *(fig)* **we're in the** ~ nous sommes dans la dernière ligne droite. **(b)** **to cut sth on the** ~ couper qch droit fil; *(fig)* **to keep to the** ~ **and narrow** rester dans le droit chemin.
3 *adv* **(a)** *(in a* ~ *line)* *walk, grow, stand* droit; *sit* correctement. **he came** ~ **at me** il est venu tout droit vers moi; **to shoot** ~ tirer juste; **I can't see** ~ * j'y vois trouble; ~ **up in the air** droit en l'air; ~ **above/across** juste au-dessus/en face; ~ **ahead** *go* tout droit; *look* droit devant soi; **to look sb** ~ **in the face/the eye** regarder qn bien en face/droit dans les yeux; *[criminal]* **to go** ~ rester dans le droit chemin. **(b)** *(directly)* tout droit, directement; *(immediately)* tout de suite, aussitôt. ~ **away**, ~ **off** tout de suite, sur-le-champ; ~ **out**,

~ **off** *(without hesitation)* sans hésiter; *(without beating about the bush)* sans mâcher ses mots; *(fig)* ~ **from the horse's mouth** de source sûre; **I'm telling you** ~ je vous le dis tout net.
◆ **straightedge** *n (tool)* limande *f (Menuiserie)*.
◆ **straighten** **1** *vt* (~**en out**) *wire, nail* redresser; *road* refaire en éliminant les tournants; *hair* défriser; (~**en up**) *tie, hat* ajuster; *picture* remettre d'aplomb; *room* mettre de l'ordre dans; *papers* ranger; **to** ~**en one's shoulders** se redresser ; **2** *vi* (~**en up**) *[person]* se redresser. ◆ **straighten out** *vt sep situation* débrouiller; *problem* résoudre; *ideas* mettre de l'ordre dans; **to** ~**en things out** * arranger les choses; **to** ~**en sb out** * remettre qn dans la bonne voie. ◆ **straight-faced** *adv* en gardant son sérieux. ◆ **straightforward** *adj (frank)* franc; *(uncomplicated)* simple. ◆ **straightforwardly** *adv answer* franchement; *behave* honnêtement; *(without a hitch)* sans anicroche *. ◆ **straightforwardness** *n* franchise *f*; simplicité *f*.

strain¹ [streɪn] **1** *n* (a) *(Tech: on rope etc)* tension *f (on* de); *(on beam)* pression *f (on* sur); *(on person) (physical)* effort *m* (physique); *(mental)* tension nerveuse; *(overwork)* surmenage *m; (tiredness)* fatigue *f.* **under the** ~ sous la tension *or* la pression; **to take the** ~ **off** sth diminuer la tension de qch *or* la pression sur qch; *(fig)* **to put a great** ~ **on** *friendship* mettre à rude épreuve; *the economy, savings, budget* grever; *person* épuiser nerveusement; **the** ~**(s) of city life** la tension de la vie urbaine; **listening for 3 hours is a** ~ écouter pendant 3 heures demande un grand effort; **the** ~ **of climbing the stairs** l'effort requis pour monter l'escalier; **he has been under a great deal of** ~ ses nerfs ont été mis à rude épreuve. (b) *(Med: sprain)* entorse *f*, foulure *f.* (c) *(Mus)* **to the** ~**s of** aux accents *mpl* de.
2 *vt* (a) *rope, beam* tendre excessivement; *(Med) muscle* froisser; *arm, ankle* fouler; *(fig) friendship, marriage, sb's patience* mettre à rude épreuve; *resources, savings, budget, the economy* grever; *meaning* forcer. **to** ~ **one's back** se donner un tour de reins; **to** ~ **one's heart** se fatiguer le cœur; **to** ~ **one's shoulder** se froisser un muscle dans l'épaule; **to** ~ **one's voice** forcer sa voix; **to** ~ **one's eyes** s'abîmer les yeux; **to** ~ **one's ears to hear** sth tendre l'oreille pour entendre qch; **to** ~ **every nerve to do** fournir un effort intense pour faire; **to** ~ **o.s.** *(damage muscle)* se froisser un muscle; *(overtire o.s.)* se surmener; *(iro)* **don't** ~ **yourself!** surtout ne te fatigue pas! (b) *(filter) liquid, soup* passer; *vegetables* égoutter.
3 *vi:* **to** ~ **to do** *(physically)* peiner pour faire; *(mentally)* s'efforcer de faire; **to** ~ **at sth** *(pushing/ pulling)* pousser/tirer qch de toutes ses forces.
◆ **strain off** *vt sep liquid* vider.
◆ **strained** *adj* (a) *arm, ankle* foulé; *muscle* froissé; *eyes* fatigué; *voice, smile, cough* forcé; *look* contraint; *person, relations, atmosphere, nerves* tendu; *style* affecté; **he has a** ~**ed shoulder/back** il s'est froissé un muscle dans l'épaule/le dos; (b) *baby food* en purée. ◆ **strainer** *n (Culin)* passoire *f*.

strain² [streɪn] *n (breed, lineage)* race *f*; *[virus]* souche *f.* **a** ~ **of madness** des tendances *fpl* à la folie; *(fig)* **a lot more in the same** ~ encore beaucoup du même genre; **he continued in this** ~ il a continué dans ce sens.

strait [streɪt] *n (Geog: also* ~**s: gen)* détroit *m.* **the S**~**s of Dover** le Pas de Calais; *(fig)* **in dire** ~**s** dans une situation difficile. ◆ **straitened** *adj:* **in** ~**ened circumstances** dans la gêne. ◆ **straitjacket** *n* camisole *f* de force. ◆ **strait-laced** *adj* collet monté *inv*.

strand [strænd] *n [thread, wire]* brin *m*; *[pearls]* rang *m*; *(in narrative etc)* fil *m.* **a** ~ **of hair** une mèche.

stranded ['strændɪd] *adj ship* échoué; *(fig) person* en rade *. **to leave sb** ~ laisser qn en rade *.

strange [streɪndʒ] *adj* (a) *(unfamiliar) language, country* inconnu; *work, activity* inaccoutumé. **you'll feel rather** ~ vous vous sentirez un peu dépaysé; **several** ~ **people** plusieurs personnes que je ne connaissais pas, plusieurs inconnus; **I never sleep well in a** ~ **bed** je ne dors jamais bien dans un lit autre que le mien. (b) *(odd, unusual)* étrange, bizarre. **it is** ~ **that** il est étrange *or* bizarre que + *subj*; ~ **as it may seem** aussi étrange que cela puisse paraître. ◆ **strangely** *adv* étrangement, curieusement; ~**ly enough,...** chose curieuse,.... ◆ **strangeness** *n* étrangeté *f*, bizarrerie *f*. ◆ **stranger** *n (unknown)* inconnu(e) *m(f)*; *(from another place)* étranger *m*, -ère *f*; **he's a** ~**r to me** il m'est inconnu; **I'm a** ~**r here** je ne suis pas d'ici; **I am a** ~**r to Paris** je ne connais pas Paris; **a** ~**r to politics** un novice en matière de politique.

strangle ['stræŋgl] *vt* étrangler *(also fig)*. ◆ **stranglehold** *n:* **to have a** ~**hold on** tenir à la gorge; *(fig)* **a** ~**hold on the market** une domination du marché. ◆ **strangler** *n* étrangleur *m*, -euse *f*. ◆ **strangulation** *n* strangulation *f*.

strap [stræp] **1** *n (of leather, cloth)* courroie *f*, sangle *f*; *(on shoe)* lanière *f*; *(ankle* ~) bride *f*; *(on garment)* bretelle *f*; *(on shoulder bag)* bandoulière *f*; *(watch* ~) bracelet *m*; *(in bus, tube)* poignée *f* de cuir; *(Tech)* lien *m*. **2** *vt (tie:* ~ **down**, ~ **in**, ~ **on**, ~ **up)** attacher *(sth to sth* qch à qch). ◆ **straphanger** *n (standing)* voyageur *m*, -euse *f* debout *inv (dans le métro etc)*; *(US)* usager *m* des transports en commun. ◆ **strapless** *adj dress, bra* sans bretelles. ◆ **strapping** *adj* costaud * *(f inv)*.

Strasbourg ['stræzbɔːg] *n* Strasbourg.

strategy ['strætɪdʒɪ] *n* stratégie *f*. ◆ **stratagem** *n* stratagème *m*. ◆ **strategic(al)** *adj* stratégique. ◆ **strategist** *n* stratège *m*.

stratosphere ['strætəusfɪəʳ] *n* stratosphère *f*.

stratum, *pl* **-ta** ['strɑːtəm, tə] *n (Geol, fig)* couche *f*.

straw [strɔː] **1** *n (all senses)* paille *f.* **to drink sth through a** ~ boire qch avec une paille; *(fig)* **to clutch at a** ~ se raccrocher désespérément à un semblant d'espoir; *(fig)* **a** ~ **in the wind** une indication des choses à venir; *(fig)* **the last** ~ *or* **the** ~ **that breaks the camel's back** la goutte d'eau qui fait déborder le vase. **2** *adj (made of* ~) de paille. ~ **hat** chapeau *m* de paille; *(fig)* ~ **poll** *or* **vote** sondage *m* d'opinion. ◆ **strawberry** **1** *n (fruit)* fraise *f*; *(plant)* fraisier *m*; **wild** ~**berry** fraise des bois ; **2** *adj jam* de fraises; *ice cream* à la fraise; *tart* aux fraises; *(Anat)* ~**berry mark** tache *f* de vin, envie *f*. ◆ **straw-coloured** *adj* paille *inv*.

stray [streɪ] **1** *adj dog, child, bullet* perdu; *sheep, cow* égaré; *taxi, shot etc* isolé. **a few** ~ **cars** quelques rares voitures; **a** ~ **motorist** un des rares automobilistes. **2** *n (child/dog)* enfant *mf*/chien *m* perdu(e). **3** *vi [person, animal]* s'égarer; *[thoughts]* vagabonder. **to** ~ **from** s'écarter de; **to** ~ **into enemy territory** s'égarer et se retrouver en territoire ennemi.

streak [striːk] **1** *n (line, band)* raie *f*; *[ore, mineral]* veine *f*; *[light, blood, paint]* filet *m*. **his hair had** ~**s of grey in it** ses cheveux commençaient à grisonner; *(deliberate)* **blond** ~**s** mèches blondes; **like a** ~ **of lightning** comme un éclair; **a** ~ **of jealousy** des tendances *fpl* à la jalousie; **a** ~ **of luck** une période de chance. **2** *vt zébrer, strier (with* de). ~**ed with** *[sky]* strié de; *[mirror]* zébré de; *[clothes]* maculé de; **hair** ~**ed with grey** cheveux qui commencent à grisonner. **3** *vi* (a) **to** ~ **in/past** *etc* entrer/passer *etc* comme un éclair. (b) *(*: *naked)* courir tout nu en public. ◆ **streaker** * *n* streaker *m*, -euse *f*. ◆ **streaky** *adj colour* marbré; *window, mirror, sky* zébré; *bacon* pas trop maigre.

stream [stri:m] **1** *n* (**a**) *(brook)* ruisseau *m*. *(current)* **against the** ~ contre le courant. (**b**) *(flow)* *[water, blood, light, excuses, cars etc]* flot *m*; *[cold air]* courant *m*. *[oil]* **to be/come on** ~ être/être mis en service; **~s of people** des flots de gens; *(Brit Scol)* **divided into 5 ~s** répartis en 5 classes de niveau; *(Brit Scol)* **the B** ~ le groupe B. **2** *vi* *[liquid, walls]* ruisseler (*with* de). **his eyes were ~ing** il pleurait à chaudes larmes; *[cold air, sunlight]* **to** ~ **into** entrer à flots dans; *[people, cars etc]* **to** ~ **in/past** *etc* entrer/ passer *etc* à flots. **3** *vt* *(Scol)* pupils répartir par niveau. **to** ~ **French** répartir les élèves par niveau en français.
♦ **streamer** *n* serpentin *m*. ♦ **streaming 1** *n* *(Scol)* répartition *f* des élèves par niveau ; **2** *adj*: **a** ~**ing cold** un gros rhume. ♦ **streamline** *vt* *(Aut, Aviat)* donner un profil aérodynamique à; *(fig)* rationaliser. ♦ **streamlined** *adj* *(Aviat)* fuselé; *(Aut)* aérodynamique; *(fig)* rationalisé.

street [stri:t] **1** *n* rue *f*. **in the** ~ dans la rue; *(fig)* **the man in the** ~ l'homme de la rue; **she is on the ~s** elle fait le trottoir *; *(fig)* **that is right up my** ~ * c'est tout à fait dans mes cordes; **he is not in the same** ~ **as you** * il ne vous vient pas à la cheville; **to be ~s ahead of sb** * dépasser qn de loin; *(fig)* ~**s better** * beaucoup mieux. **2** *adj* **noises** de la rue; **accident** de la circulation. ~ **direc- tory** *or* **guide** répertoire *m* des rues; ~ **door** porte *f* sur la rue; ~ **fighting** combats *mpl* de rue; ~ **lamp** réverbère *m*; **at** ~ **level** au rez-de-chaussée; ~ **lighting** éclairage *m* des rues; ~ **map** plan *m* des rues; ~ **market** marché *m* à ciel ouvert; ~ **musician** musicien *m* des rues; ~ **sweeper** *(person)* balayeur *m*; *(machine)* balayeuse *f*; ~ **urchin** gamin *m* des rues; *[drugs]* ~ **value** valeur *f* au niveau du revendeur. ♦ **streetcar** *n* *(US)* tramway *m*.
♦ **streetwise** *adj* child dégourdi *; *worker* futé, réaliste.

strength [streŋθ] *n* (**a**) *(gen)* force *f*; *[building, wood, shoes, claim, case]* solidité *f*; *[current]* intensité *f*; *[drink]* teneur *f* en alcool; *[solution]* titre *m*. **he hadn't the** ~ **to lift it** il n'avait pas la force de le soulever; **his** ~ **failed him** ses forces l'ont aban- donné; **to get one's** ~ **back** reprendre des forces; ~ **of character** force de caractère; ~ **of purpose** résolution *f*; ~ **of will** volonté *f*; *(Fin)* **the** ~ **of the pound** la solidité de la livre; *(fig)* **on the** ~ **of** en vertu de. (**b**) *(Mil, Naut)* effectif *m*. **fighting** ~ effectif mobilisable; **they are below** *or* **under** ~ leur effectif n'est pas au complet; *(fig)* **they were there in** ~ ils étaient là en grand nombre; *(gen)* **to be on the** ~ faire partie du personnel.
♦ **strengthen 1** *vt* *(gen)* renforcer; *person, muscle* fortifier; *eyesight* améliorer; *(Fin)* *the pound* conso- lider ; **2** *vi* *[muscle, limb]* se fortifier; *[wind, influence, characteristic]* augmenter. ♦ **strengthen- ing** *n* renforcement *m*; amélioration *f*; consoli- dation *f*.

strenuous ['strenjʊəs] *adj* *exercise, work* ardu; *game, march, day* fatigant; *life, holiday* très actif; *effort, resistance* acharné; *protest* vigoureux, énergique. *(Med)* **he must not do anything too** ~ il ne doit pas se fatiguer. ♦ **strenuously** *adv* *work, protest* énergiquement; *exercise, pull* vigoureusement; *resist, try* avec acharnement.

stress [stres] **1** *n* (**a**) *(load: on bridge, beam etc)* charge *f* (*of* de); *(on metal)* travail *m*; *(pressure: psycho- logical, moral etc)* pression *f*; *(mental, nervous)* ten- sion *f* nerveuse, stress *m*. **in times of** ~ à des moments de grande tension; **the ~es and strains of modern life** les agressions *fpl* de la vie moderne; **to be under** ~ *[person]* être stressé; *[relationship]* être tendu. (**b**) *(emphasis)* insistance *f*; *(Ling, Mus, Poetry)* accentuation *f*; *(on syllable)* accent *m*. **2** *adj* *(Ling)* ~ **mark** accent *m*. **3** *vt* *(gen)* insister sur; *(Ling, Mus, Poetry)* accentuer. ♦ **stressful** *adj* difficile, stressant.

stretch [stretʃ] **1** *n* (**a**) **there's a lot of** ~ **in this material** ce tissu prête bien; **by a** ~ **of the im- agination** en faisant un effort d'imagination; **vast ~es of sand/snow** de vastes étendues de sable/de neige; **there's a straight** ~ **(of road)** la route est toute droite; **a magnificent** ~ **of country** une cam- pagne magnifique; **in that** ~ **of the river** dans cette partie de la rivière; *(distance)* **for a long** ~ sur des kilomètres; **not by a long** ~! loin de là! (**b**) *(time)* **period** *f*. **a long** ~ **of time** longtemps; **for hours at a** ~ pendant des heures d'affilée; *(Prison)* **he's done a 10-year** ~ ⁑ il a fait 10 ans de prison. **2** *adj* *fabric, garment* extensible; *(elasticated)* élastique. ~ **mark** vergeture *f*. **3** *vt* (**a**) *rope, spring* tendre; *elastic* étirer; *shoe, glove, hat* élargir; *muscle* dis- tendre; *(fig)* *law, rules* tourner; *meaning, truth* for- cer; *one's principles* adapter; *one's authority* outre- passer. *(fig)* **to** ~ **a point** faire une concession. (**b**) *(often* ~ **out)** *neck* tendre; *arm, leg* tendre; *(extend)* allonger; *wing* déployer; *net, rope* tendre (*between* entre; *above* au-dessus de); *rug, linen* étendre; *(fig)* *athlete, student* pousser. *(fig: go for walk)* **I'm just going to** ~ **my legs** je vais me dégourdir les jambes; *(after sleep)* **to** ~ **o.s.** s'étirer; **to be fully ~ed** *[rope etc]* être complètement tendu; *[engine, factory]* tourner à plein; *[person]* travailler à la limite de ses possibilités; **the work he is doing does not** ~ **him enough** le travail qu'il fait n'exige pas assez de lui. **4** *vi* (**a**) *[person, animal]* s'étirer. **he ~ed across and touched her cheek** il a tendu la main et touché sa joue. (**b**) *(lengthen)* s'allon- ger; *(widen)* *[shoes]* s'élargir; *[elastic]* s'étirer; *[fabric, jersey]* prêter. (**c**) *[forest, procession, influence]* s'étendre (*over* sur); *(in time)* *[meeting etc]* se pro- longer (*into* jusqu'à). **the rope won't** ~ **to that post** la corde ne va pas jusqu'à ce poteau; **how far will it** ~? jusqu'où ça va?; *(fig)* **my money won't** ~ * **to a new car** mon budget ne me permet pas d'acheter une nouvelle voiture.
♦ **stretch out 1** *vi* s'étendre. **2** *vt sep* *(reach)* *arm, hand, foot* tendre; *(extend)* *leg etc* allonger, étendre; *wing* déployer; *net, rope* tendre; *rug, linen* étendre; *(lengthen)* *meeting, discussion* prolonger; *story, expla- nation* allonger.
♦ **stretcher 1** *n* *(Med)* brancard *m*, civière *f* ; **2** *adj*: ~**er case** malade *mf* or blessé(e) *m(f)* qui ne peut pas marcher. ♦ **stretcher-bearer** *n* bran- cardier *m*. ♦ **stretchy** *adj* extensible.

strew [stru:] *pret* **strewed**, *ptp* **strewed** *or* **strewn** *vt* *straw, sand* répandre (*on, over* sur); *flowers, objects, wreckage* éparpiller (*over* sur); *ground, room* joncher (*with* de).

stricken ['strɪk(ə)n] *adj* *(wounded)* grièvement blessé; *(grief-~)* affligé; *(damaged)* *city* dévasté; *ship* très endommagé. ~ **with remorse/fear** pris de remords/peur.

strict [strɪkt] *adj* (**a**) *(severe: gen)* *person, principle, views* strict, sévère (*with sb* avec qn); *ban, rule* strict; *order* formel; *etiquette* rigide. (**b**) *(precise)* *meaning* strict *(after n)*; *translation, time limit* précis; *(absolute)* *accuracy, secrecy, truth* strict *(before n)*. **in the** ~ **sense of the word** au sens strict du mot.
♦ **strictly** *adv* *(gen)* strictement; ~**ly between our- selves** strictement entre nous; ~**ly speaking** à strictement parler; ~**ly prohibited** formellement interdit. ♦ **strictness** *n* *[person etc]* sévérité *f*.
♦ **stricture** *f* critique *f* (*on* de).

stride [straɪd] *(vb: pret* **strode**, *ptp* **stridden**) **1** *n* grand pas *m*; *[runner]* foulée *f*. **with giant ~s** à pas de géant; **in a few ~s** en quelques enjambées; *(fig)* **to make great ~s** faire de grands progrès *(in French* en français; *in one's studies* dans ses études; *in doing* pour ce qui est de faire); **to get into one's** ~, *(US)* **hit one's** ~ trouver son rythme; **to take in one's** ~ *changes etc* accepter sans sourciller; *exam/interrogation etc* passer/subir *etc* comme si de rien n'était. **2** *vi*: **to** ~ **along/away** *etc* avancer/

s'éloigner *etc* à grands pas; **he was striding up and down the room** il arpentait la pièce.

strident ['straɪd(ə)nt] *adj* strident.

strife [straɪf] *n* conflits *mpl*, dissensions *fpl*. **internal ~ dissensions** intestines; **industrial ~** conflits sociaux.

strike [straɪk] (*vb: pret, ptp* struck*)* **1** *n* (**a**) *(Ind)* grève *f* (*of, by* de). **electricity/rail ~** grève des employés de l'électricité/du chemin de fer; **to be on ~** être en grève (**for** pour obtenir; *against* pour protester contre); **to go on ~, to come out on ~** se mettre en grève; **to call a ~** lancer un ordre de grève. (**b**) *(Aviat, Mil)* raid *m* (aérien). (**c**) *(Fishing)* touche *f*; *(Baseball, Bowling)* strike *m*; *(of oil etc)* découverte *f*. *(Miner etc)* **to make a ~** découvrir un gisement; *(fig)* **a lucky ~** un coup de chance. **2** *adj* (**a**) *(Ind)* *committee, fund* de grève; *leader* des grévistes; *pay* de gréviste. (**b**) **~ force** (*gen: of police etc*) brigade *f* spéciale; *(Aviat, Mil)* détachement *m* d'avions.
3 *vt* (**a**) *(hit)* *person, ball* frapper; *nail, table* frapper sur; *(knock against)* heurter; *(Mus) string* toucher; *[snake]* mordre. **to ~ sth with one's fist** frapper du poing sur qch; *(fig)* **to ~ a man when he is down** frapper un homme à terre; **to ~ the first blow** donner le premier coup; *(fig)* **to ~ a blow for freedom** rompre une lance pour la liberté; **to ~ sth from sb's hand** faire tomber qch de la main de qn; **to ~ fear into sb** remplir qn d'effroi; **to ~ terror into sb** terroriser qn; **he struck his head against the table** sa tête a heurté la table, il s'est cogné la tête contre la table; **the stone struck him on the head** la pierre l'a frappé à la tête; **he was struck by a bullet** il a reçu une balle; **to be struck by lightning** être frappé par la foudre; **to ~ sb dumb** rendre qn muet; *(fig)* **I was struck by his intelligence** j'ai été frappé par son intelligence; **I wasn't very struck * with him** il ne m'a pas fait très bonne impression; **the funny side of it struck me** le côté drôle de la chose m'a frappé; **that ~s me as a good idea** cela me semble une bonne idée; **an idea struck him** il a eu une idée; **it ~s me that...** j'ai l'impression que...; **how did the film ~ you?** qu'avez-vous pensé du film? (**b**) *(find, discover)* *gold* trouver; *(fig) hotel, road* tomber sur; *(fig) difficulty, obstacle* rencontrer. **to ~ oil** *(Miner)* trouver du pétrole; *(fig)* **to ~ it rich** faire fortune. (**c**) *(make, produce etc) coin, medal* frapper; *sparks, fire* faire jaillir (*from* de); *match* gratter. **to ~ a light** allumer une allumette (*or* un briquet *etc*); **to ~ an average** établir une moyenne; **to ~ a balance** trouver le juste milieu; **to ~ a bargain** conclure un marché; **to ~ an attitude** poser; **to ~ an attitude of surprise** faire l'étonné(e). (**d**) *chord, note* sonner; *[clock]* sonner (*3 o'clock* 3 heures). *(fig)* **that ~s a chord** cela me dit qch; *(fig)* **to ~ a false note** sonner faux; **it has just struck six** six heures viennent juste de sonner. (**e**) *(take down) tent* plier; *camp* lever; *flag* baisser. (**f**) *(delete: from list, record)* name rayer (*from* de); *(from professional register)* radier (*from* de).
4 *vi* (**a**) *(hit)* frapper; *(Mil)* attaquer; *[snake]* mordre; *[tiger]* sauter sur sa proie; *[disease etc]* frapper; *[panic]* s'emparer des esprits. *(lit, fig)* **to ~ home** faire mouche; **to ~ at** *person* porter un coup à; *(fig) root of sth* porter atteinte à; *evil etc* attaquer; **his foot struck against a rock** son pied a heurté un rocher. (**b**) *[clock]* sonner. (**c**) *(Ind: go on ~)* faire grève (*for* pour obtenir; *against* pour protester contre). (**d**) *(turn, go)* aller, prendre. **~ left** prenez à gauche; **to ~ uphill** se mettre à grimper la côte; **he struck (out or off) across the fields** il s'en est allé à travers champs.
◆ **strike back** *vi (Mil)* user de représailles (*at sb* à l'égard de qn); *(gen)* se venger (*at sb* de qn).
◆ **strike down** *vt sep* terrasser. ◆ **strike off** *vt sep* (**a**) *sb's head* trancher; *branch* couper. (**b**) *(from*

list) rayer; *doctor etc* radier. ◆ **strike out 1** *vi (hit out)* se débattre. **he struck out at his attackers** il a lancé des coups dans la direction de ses attaquants; *(in business)* **to ~ out on one's own** se mettre à son propre compte. **2** *vt sep (delete) word, question* rayer. ◆ **strike up 1** *vi [band etc]* commencer à jouer; *[music]* commencer. **2** *vt sep [band]* se mettre à jouer; *[singers]* se mettre à chanter. **~ up the band!** faites jouer l'orchestre!; **to ~ up an acquaintance/a friendship** lier connaissance/amitié (*with sb* avec qn).
◆ **strikebound** *adj* immobilisé par une grève. ◆ **strikebreaker** *n* briseur *m* de grève. ◆ **strikebreaking** *n*: **he was accused of ~breaking** on l'a accusé d'être un briseur de grève. ◆ **striker** *n (Ind)* gréviste *mf*; *(Ftbl)* buteur *m*. ◆ **striking** *adj* (**a**) *change, sight* frappant, saisissant; (**b**) *(Mil) power* de frappe ; *(Mil, fig)* **within striking distance of** à portée de ; (**c**) *(Ind) workers* en grève. ◆ **strikingly** *adv change, improve* d'une manière frappante; *beautiful etc* remarquablement.

string [strɪŋ] (*vb: pret, ptp* strung*)* **1** *n* (**a**) *(gen)* ficelle *f*; *[violin, bow, racket etc]* corde *f*; *[apron, bonnet]* cordon *m*. **a piece of ~** un bout de ficelle; **to pull ~s for sb** pistonner qn; *(fig)* **there are no ~s attached** cela ne vous *etc* engage à rien; **to have more than one ~ to one's bow** avoir plus d'une corde à son arc; **his first/second ~** sa première/deuxième ressource; *(Mus)* **the ~s** les (instruments *mpl* à) cordes. (**b**) *[beads, pearls]* rang *m*; *[onions, garlic, lies, excuses]* chapelet *m*; *[people, vehicles]* file *f*; *[racehorses]* écurie *f*. (**c**) *(Ling)* séquence *f*; *(Comput)* chaîne *f*. **2** *adj* (**a**) *instrument, orchestra, quartet* à cordes; *serenade, piece* pour cordes. (**b**) **~ bag** filet *m* à provisions; **~ bean** haricot *m* vert; *(US Press)* **~ correspondent** correspondant(e) *m(f)* local(e) à temps partiel; **~ vest** tricot *m* de corps à grosses mailles. **3** *vt racket* corder; *violin etc* monter; *bow* garnir d'une corde; *beads, pearls* enfiler; *rope* tendre (*across* en travers de; *between* entre); *lights, decorations* suspendre, attacher (*on* sur; *between* entre); *beans* enlever les fils de.
◆ **string along * 1** *vi* suivre. **to ~ along with sb** accompagner qn. **2** *vt sep (pej)* faire marcher *(fig)*.
◆ **string out 1** *vi [people, things]* s'échelonner (*along a road* le long d'une route). **2** *vt sep lanterns, washing etc* suspendre; *guards, posts* échelonner.
◆ **string up** *vt sep lantern, onions* suspendre; *(*:* lynch)* pendre. *(fig)* **to be strung up** être très tendu (*about* à la pensée de).
◆ **stringed** *adj (Mus)* à cordes. ◆ **stringer** *n* correspondant(e) *m(f)* local(e) à temps partiel. ◆ **stringpulling** *n (fig)* piston * *m (fig)*. ◆ **stringy** *adj celery, meat* filandreux; *cooked cheese* filant; *plant* tout en longueur.

stringent ['strɪn(d)ʒ(ə)nt] *adj (gen)* rigoureux; *reasons, arguments* irrésistible; *necessity* impérieux.
◆ **stringency** *n* rigueur *f*; **economic stringency** austérité *f*.

strip [strɪp] **1** *n* (**a**) *(piece: gen)* bande *f*; *[water, sea]* bras *m*. **a ~ of garden** un petit jardin tout en longueur; **comic ~, ~ cartoon** bande dessinée; *(fig)* **to tear a ~ off sb *** bien sonner les cloches à qn *. (**b**) *(Aviat: landing ~)* piste *f* d'atterrissage. (**c**) *(Sport: clothes)* tenue *f*. **2** *adj*: **~ lighting** éclairage *m* au néon; **~ poker** strip-poker *m*; **~ show** striptease *m*. **3** *vt person* déshabiller; *(often ~ down) room, house* vider; *car, engine, gun* démonter complètement; *screw, gears* arracher le filet de; *branches, bushes* dépouiller; *bed* défaire complètement; *(remove) wallpaper, decorations etc* enlever (*from sth* de qch; *from sb* à qn); *paint, furniture* décaper; *(deprive) person, object* dépouiller (*of* de). **~ped pine** pin *m* décapé; **to ~ the walls** enlever le papier peint; **to ~ a room of all its pictures** enlever tous les tableaux dans une pièce; *(Fin)* **to ~**

a company of its assets cannibaliser * une compagnie. **4** vi (undress) se déshabiller; [striptease artist] faire du strip-tease. **to ~ naked** se mettre nu; **~ to the waist** se déshabiller jusqu'à la ceinture; **~ped to the waist** nu jusqu'à la ceinture.
◆ **strip off** **1** vi se déshabiller complètement. **2** vt sep (gen) enlever (from sth de qch); leaves faire tomber (from de); berries prendre (from de).
◆ **stripper** n (a) (paint-stripper) décapant m; (b) (*: striptease) strip-teaseuse f; male ~per strip-teaseur m. ◆ **striptease** n strip-tease m.

stripe [straɪp] n (a) rayure f, raie f. (pattern) ~s rayures; **yellow with a white ~** jaune rayé de blanc. (b) (Mil) galon m. ◆ **striped** adj rayé (with de).

stripling ['strɪplɪŋ] n tout jeune homme m.

strive [straɪv] pret **strove**, ptp **striven** vi s'efforcer (to do de faire; for sth d'obtenir qch).

strobe [strəʊb] **1** adj stroboscopique. **2** n (also ~ light) lumière f stroboscopique.

strode [strəʊd] pret of **stride**.

stroke [strəʊk] **1** n (a) (movement; blow: gen) coup m; (Swimming: style) nage f. (lit, fig) **at a ~, at one ~** d'un seul coup; **with a ~ of his axe** d'un coup de hache; **to put sb off his ~** (Sport) faire perdre son rythme à qn; (fig) faire perdre tous ses moyens à qn; **he hasn't done a ~ (of work)** il n'a rien fait du tout; **~ of diplomacy** chef-d'œuvre m de diplomatie; **~ of genius** trait m de génie; **~ of luck** coup de chance; **master ~** coup de maître. (b) (mark) [pen, pencil] trait m; [brush] touche f; (Typ: oblique) barre f. **with a ~ of the pen** d'un trait de plume. (c) [bell, clock] coup m. **on the ~ of 10** sur le coup de 10 heures; **in the ~ of time** juste à temps. (d) (Med) **to have a ~** avoir une attaque. (e) (Tech: of piston) course f. **a two-/four-~ engine** un moteur à deux/quatre temps. (f) (Rowing: person) chef m de nage. **2** vt caresser.

stroll [strəʊl] **1** n petite promenade f. **to take a ~, to go for a ~** aller faire un tour. **2** vi: **to ~ in/away** etc entrer/s'éloigner etc nonchalamment. ◆ **stroller** n (person) flâneur m, -euse f; (US: pushchair) poussette f.

strong [strɒŋ] **1** adj (gen) fort; (solid, robust) wall, table, shoes, bolt, reasons, evidence, stomach, heart, nerves solide; eyesight très bon; candidate, contender sérieux; magnet puissant; (Elec) current intense; characteristic marqué; emotion, desire, interest vif; (St Ex) market ferme; (Econ) the pound, dollar solide; letter, protest, measures énergique; (Mus) beat fort; solution concentré. **to be as ~ as a horse** or **as an ox** (powerful) être fort comme un bœuf; (healthy) avoir une santé de fer; (in circus etc) **~ man** hercule m; **do you feel ~?** est-ce que vous avez des forces?; (in health) **when you are ~ again** quand vous aurez repris des forces; **she has never been very ~** elle a toujours eu une petite santé; (in courage etc) **you must be ~** soyez courageux; (mentally etc) **he's a very ~ person** c'est un homme qui a du ressort; **an army 500 ~** une armée de 500 hommes; **they were 100 ~** ils étaient au nombre de 100; **in a ~ position** bien placé (to do pour faire); **his ~ suit** (Cards) sa couleur forte; (fig: also **his ~ point**) son fort; **to be ~ in maths** être fort en maths; **in ~ terms** en termes non équivoques; **there are ~ indications that...** tout semble indiquer que...; **a ~ effect** beaucoup d'effet; (fig: too much) **that's a bit ~!** * ça c'est un peu fort! *; **I had a ~ sense of...** je ressentais vivement...; **I've a ~ feeling that...** j'ai bien l'impression que...; **he's got ~ feelings on this matter** cette affaire lui tient à cœur; **it is my ~ opinion that** je suis fermement convaincu que; **a ~ socialist** un socialiste fervent; **~ supporters of** d'ardents partisans de; **I am a ~ believer in** je crois fermement à; **~ verb** verbe

~ fort; **~ drink** alcool m; **it has a ~ smell** ça sent fort.
2 adv: **to be going ~** [person] être toujours solide; [car etc] marcher toujours bien; [firm, business] être florissant; [relationship] aller bien.
◆ **strong-arm** adj brutal. ◆ **strongbox** n coffre-fort m. ◆ **stronghold** n (Mil) forteresse f; (fig) bastion m. ◆ **strongly** adv fight, attack, protest énergiquement; attract, influence, desire vivement; accentuate, remind, indicate fortement; believe fermement; feel, sense profondément; constructed, made solidement; **~ly-worded letter** lettre f bien sentie; **it smells very ~ly** cela sent très fort; **it smells ~ly of onions** cela a une forte odeur d'oignons. ◆ **strong-minded** adj qui sait ce qu'il veut. ◆ **strong-mindedly** adv avec ténacité. ◆ **strongroom** n chambre f forte. ◆ **strong-willed** adj: **to be ~-willed** avoir de la volonté.

strove [strəʊv] pret of **strive**.

struck [strʌk] pret, ptp of **strike**.

structure ['strʌktʃər] **1** n (a) (gen, Chem etc) structure f; **social/administrative ~** structure sociale/administrative. (b) (Constr: of building etc) ossature f; (the building, bridge etc itself) édifice m. **2** vt structurer. ◆ **structural** adj (a) (gen, Chem etc) structural; (relating to structuralism) structural; (b) (Constr) fault etc de construction; alterations des parties portantes; **structural engineering** ponts et chaussées mpl. ◆ **structurally** adv (gen, Chem etc) du point de vue de la structure; (Constr) du point de vue de la construction.

struggle ['strʌgl] **1** n (lit, fig) lutte f (for pour; against contre; with avec; to do pour faire). **to put up a ~** résister; **he lost his glasses in the ~** il a perdu ses lunettes dans la bagarre; **without a ~** surrender etc sans résistance; (without difficulty) sans beaucoup de difficulté; **the ~ to find somewhere to live** les difficultés qu'on a à trouver un logement; **I had a ~ to persuade him** j'ai eu beaucoup de mal à le persuader; **it was a ~** cela a demandé beaucoup d'efforts.
2 vi (a) (gen) lutter; (fight) se battre, lutter (against sth contre qch; with sb avec qn); (resist) résister (against sth à qch); (thrash around) se débattre; (fig: try hard) se démener (to do pour faire). **they were struggling for power** ils se disputaient le pouvoir; (fig) **he was struggling to make ends meet** il avait beaucoup de mal à joindre les deux bouts. (b) **to ~ in/out** etc entrer/sortir etc avec peine; **to ~ through the crowd** se frayer péniblement un chemin à travers la foule; **he ~d to his feet** (from armchair etc) il s'est levé non sans peine; (during fight etc) il s'est relevé péniblement; **he ~d into a jersey** il a enfilé non sans peine un pullover. ◆ **struggle through** vi (fig) s'en sortir. ◆ **struggling** adj artist etc qui tire le diable par la queue.

strum [strʌm] vti (~ on) piano tapoter de; guitar etc racler.

strung [strʌŋ] pret, ptp of **string**.

strut¹ [strʌt] vi: **to ~ about** or **around** se pavaner; **to ~ in/along** etc entrer/avancer etc d'un air important.

strut² [strʌt] n (support) étai m, support m.

strychnine ['strɪkniːn] n strychnine f.

stub [stʌb] **1** n [tree, plant] souche f; [pencil] bout m; [cigarette, cigar] mégot * m; [cheque, ticket] talon m. **2** vt (a) **to ~ one's toe** se cogner le doigt de pied (against contre). (b) (~ out) cigar, cigarette écraser. ◆ **stubby** adj person trapu; finger boudiné; pencil gros et court.

stubble ['stʌbl] n (Agr) chaume m; (on chin) barbe f de plusieurs jours.

stubborn ['stʌbən] adj (gen) opiniâtre; person têtu, obstiné; animal rétif; fever, disease rebelle. ◆ **stub-**

bornly *adv* obstinément. ◆ **stubbornness** *n* opiniâtreté *f*; entêtement *m*; obstination *f*.

stucco ['stʌkəʊ] *n* stuc *m*.

stuck [stʌk] *pret, ptp of* **stick**. ◆ **stuck-up** * *adj* prétentieux.

stud[1] [stʌd] **1** *n* (*gen, also on roadway*) clou *m* (à grosse tête); (*on football boots*) crampon *m*. **collar ~** bouton *m* de col. **2** *vt* clouter. **~ded tyre** pneu *m* clouté. (*fig*) **~ded with** parsemé de.

stud[2] [stʌd] **1** *n* (*racing ~*) écurie *f* (de courses); (*~ farm*) haras *m*. **to be at ~** étalonner. **2** *adj*: **~ book** stud-book *m*; **~ horse** étalon *m*; **~ mare** poulinière *f*.

student ['stju:d(ə)nt] **1** *n* (*gen*) étudiant(e) *m(f)*; (*at school*) élève *mf*. **medical ~** étudiant(e) en médecine; **he is a ~ of bird life** il étudie la vie des oiseaux; **he is a keen ~** il est très studieux. **2** *adj life, power, unrest* étudiant; *residence, restaurant* universitaire; *attitudes, opinions (Univ)* des étudiants; *(Scol)* des élèves. **the ~ community** les étudiants *mpl*; (*US*) **~ driver** conducteur *m*, -trice *f* débutant(e); **~ nurse** élève *mf* infirmier (-ière); **~ teacher** professeur *m* stagiaire. ◆ **studentship** *n* bourse *f* d'études.

studio ['stju:dɪəʊ] **1** *n* studio *m* (de TV, d'artiste etc). **2** *adj*: **~ (apartment *or* flat)** studio *m*; **~ couch** divan *m*; (*Phot*) **~ portrait** portrait *m* photographique.

studious ['stju:dɪəs] *adj person* studieux; *piece of work* soigné; *effort* assidu; *politeness* étudié; *avoidance* délibéré. ◆ **studiously** *adv* studieusement; soigneusement; délibérément; **~ly polite** d'une politesse étudiée. ◆ **studiousness** *n* application *f* (à l'étude).

study ['stʌdɪ] **1** *n* (a) étude *f* (*of* sur). (*fig*) **his face was a ~** il fallait voir son visage. (b) (*room*) bureau *m* (particulier). **2** *adj visit, hour* d'étude; *group* de travail. **3** *vt* (*gen*) étudier; *sb's face, reactions, stars* observer. **4** *vi* étudier. **to ~ hard** travailler dur; **to ~ under sb** (*Univ*) travailler sous la direction de qn; [*painter, composer*] être l'élève de qn; **to ~ for an exam** préparer un examen; **he is ~ing to be a doctor/teacher** il fait des études de médecine/pour devenir professeur. ◆ **studied** *adj calm, politeness* étudié; *insult, avoidance* délibéré; (*pej*) *style* affecté.

stuff [stʌf] **1** *n* (a) (*substance*) **what's this ~ in this jar?** qu'est-ce que c'est que ça dans ce pot?; **it's good ~** c'est bien *or* bon; **there's some good ~ in it** il y a de bonnes choses là-dedans; **it's poor ~** ça ne vaut pas grand-chose; **it's dangerous ~** c'est dangereux; **I can't listen to his ~ at all** je ne peux pas souffrir sa musique (*or* sa poésie *etc*); (*pej*) **all that ~ about how he...** tous ces grands discours comme quoi il...; **that's the ~!** * bravo, c'est ça!; **~ and nonsense!** * balivernes!; **he is the ~ that heroes are made of** il a l'étoffe d'un héros; **he knows his ~** * il s'y connaît; **do your ~!** * vas-y!, c'est à toi!; **he did his ~ very well** * il s'en est bien sorti; **put your ~ away** range tes affaires; **he brought back a lot of ~** il a rapporté des tas de choses. (b) (*cloth*) étoffe *f*.

2 *vt* (*fill*) *cushion etc* rembourrer (*with* avec); (*Taxidermy*) *animal* empailler; *box, pockets* bourrer (*with* de); (*Culin*) farcir (*with* avec); *hole* boucher (*with* avec); (*cram*) *objects* fourrer (*in, into* dans). **to ~ one's fingers into one's ears** fourrer ses doigts dans ses oreilles; **he ~ed some money into my hand** il m'a fourré de l'argent dans la main; (*fig*) **he is a ~ed shirt** * il est pompeux; **~ed toy** jouet *m* de peluche; **to ~ o.s. with food** se gaver de nourriture.

3 *vi* (⁑: *guzzle*) se gaver.
◆ **stuffed-up** *adj*: **my nose is ~ed-up** j'ai le nez bouché. ◆ **stuffily** *adv say etc* d'un ton désapprobateur. ◆ **stuffiness** *n* (*in room*) manque *m*

d'air; [*person*] esprit *m* vieux jeu. ◆ **stuffing** *n* (*gen*) rembourrage *m*; (*Culin*) farce *f*; (*fig*) **he's got no ~ing** c'est une chiffe molle; **to knock the ~ing out of sb** [*boxer, blow*] dégonfler qn; [*illness, news*] mettre qn à plat. ◆ **stuffy** *adj* (a) *room* mal aéré; **it's ~y in here** on manque d'air ici; **it smells ~y** ça sent le renfermé; (b) *person* vieux jeu *inv*.

stumble ['stʌmbl] *vi* trébucher (*over* sur, contre); [*horse*] broncher. **to ~ in/along** *etc* entrer/avancer *etc* en trébuchant; (*fig*) **to ~ across** *or* **on sth** tomber sur qch; **he ~d through the first verse** il a récité la première strophe d'une voix hésitante. ◆ **stumbling block** *n* pierre *f* d'achoppement.

stump [stʌmp] **1** *n* [*tree*] souche *f*; [*limb, tail*] moignon *m*; [*tooth*] chicot *m*; [*cigar, pencil, chalk etc*] bout *m*; (*Cricket*) piquet *m*. (*US*) **to go on the ~** faire campagne. **2** *vt* (a) (*⁑: puzzle*) faire sécher *. **to be ~ed by sth** être incapable de répondre à qch, sécher * sur qch. (b) (*Cricket*) mettre hors jeu. **3** *vi*: **to ~ in/along** *etc* entrer/avancer *etc* (*heavily*) à pas lourds *or* (*limping*) clopin-clopant *.
◆ **stump up** * (*Brit*) **1** *vi* casquer ⁑, payer. **2** *vt sep* cracher *, y aller de. ◆ **stumpy** *adj person* ramassé; *object* épais et court.

stun [stʌn] *vt* étourdir; (*fig: amaze*) stupéfier.
◆ **stun grenade** *n* grenade *f* incapacitante.
◆ **stunned** *adj* (*lit*) étourdi; (*fig*) stupéfait (*by* de).
◆ **stunning** *adj* étourdissant; stupéfiant; (**: lovely*) *girl, dress, car* sensationnel *.

stung [stʌŋ] *pret, ptp of* **sting**.

stunk [stʌŋk] *ptp of* **stink**.

stunt[1] [stʌnt] *n* (*feat*) tour *m* de force; [*stuntman*] cascade *f*; (*Aviat*) acrobatie *f*; (*trick*) truc * *m*, coup *m* monté; (*publicity ~*) truc * publicitaire. ◆ **stuntman** *n* (*Cine etc*) cascadeur *m*.

stunt[2] [stʌnt] *vt growth* retarder; *person, plant* retarder la croissance de. ◆ **stunted** *adj* rabougri.

stupefy ['stju:pɪfaɪ] *vt* [*blow*] étourdir; [*drink, drugs*] abrutir; (*fig: astound*) stupéfier. ◆ **stupefaction** *n* stupéfaction *f*. ◆ **stupefying** *adj (fig)* stupéfiant.

stupendous [stju(:)'pendəs] *adj ceremony, beauty* prodigieux; (***) *film, holiday* fantastique. ◆ **stupendously** *adv* formidablement *.

stupid ['stju:pɪd] *adj* stupide, idiot; (*from sleep, drink etc*) abruti. **I've done a ~ thing** j'ai fait une bêtise; **you ~ idiot!** * espèce d'idiot(e)!; **he drank himself ~** il s'est abruti d'alcool. ◆ **stupidity** *or* **stupidness** *n* stupidité *f*, bêtise *f*. ◆ **stupidly** *adv look, smile* stupidement; **I ~ly told him your name** j'ai été assez bête pour lui dire votre nom.

stupor ['stju:pəʳ] *n* stupeur *f*.

sturdy ['stɜ:dɪ] *adj person, chair* robuste; (*fig*) *resistance, refusal* énergique. ◆ **sturdily** *adv* robustement; énergiquement. ◆ **sturdiness** *n* robustesse *f*.

sturgeon ['stɜ:dʒ(ə)n] *n* esturgeon *m*.

stutter ['stʌtəʳ] **1** *n* bégaiement *m*. **2** *vti* bégayer.
◆ **stutterer** *n* bègue *mf*. ◆ **stuttering** *n* bégaiement *m*.

sty [staɪ] *n* [*pigs*] porcherie *f*.

sty(e) [staɪ] *n* (*Med*) orgelet *m*.

style [staɪl] **1** *n* (a) (*gen*) style *m*; (*sort, type*) genre *m*. **in the Renaissance ~** de style Renaissance; **~ of life** *or* **living** style de vie; **he won in fine ~** il l'a emporté haut la main; **just the ~ of book I like** justement le genre de livre que j'aime; (*fig*) **it's not my ~** * ce n'est pas mon genre; **that's the ~!** * bravo! (b) (*Dress etc*) modèle *m*; (*Hairdressing*) coiffure *f*. **in the latest ~** (*adv*) à la dernière mode; (*adj*) du dernier cri; **sth in that ~** qch dans ce genre-là *or* dans ce goût-là. (c) (*distinction*) [*person*] allure *f*, chic *m*; [*building, car, film, book*] style *m*, cachet *m*. **to live in ~** vivre sur un grand pied; **he does things in ~** il fait bien les choses; **they**

got married in ~ ils se sont mariés en grande pompe; **he certainly travels in** ~ quand il voyage il fait bien les choses. **2** *vt* (**a**) *(call, designate)* appeler. (**b**) **to** ~ **sb's hair** créer une nouvelle coiffure pour qn. ◆ **styling** *n (Hairdressing)* coupe *f*. ◆ **stylish** *adj* person qui a du chic; *garment, hotel, district* chic *inv*; *film, book, car* qui a une certaine élégance. ◆ **stylishly** *adv live, dress* élégamment; *travel* dans les règles de l'art. ◆ **stylishness** *n* élégance *f*, chic *m*. ◆ **stylist** *n (Literat)* styliste *mf*; *(Hairdressing)* coiffeur *m*, -euse *f*. ◆ **stylistic 1** *adj (Literat etc)* stylistique; **2** *n*: **stylistics** stylistique *f*. ◆ **stylize** *vt* styliser.

stylus ['staɪləs] *n (tool)* style *m*; *[record player]* pointe *f* de lecture.

suave [swɑ:v] *adj* doucereux. ◆ **suavely** *adv* doucereusement. ◆ **suavity** *n* manières *fpl* doucereuses.

sub... [sʌb] **1** *pref* sub..., sous-. **2** (*) *abbr of* **subaltern, submarine, subscription, substitute.** ◆ **subcommittee** *n* sous-comité *m*; *(in local government)* sous-commission *f*; **the Housing S~committee** la sous-commission du logement. ◆ **subcontinent** *n* sous-continent *m*. ◆ **subcontract 1** *n* sous-traité *m* ; **2** *vt* sous-traiter. ◆ **subcontractor** *n* sous-traitant *m*. ◆ **subdivide 1** *vt* subdiviser *(into* en*)* ; **2** *vi* se subdiviser. ◆ **subdivision** *n* subdivision *f*. ◆ **sub-edit** *vt* préparer pour l'impression. ◆ **sub-editor** *n* secrétaire *mf* de rédaction. ◆ **subhead(ing)** *n* sous-titre *m*. ◆ **subhuman** *adj* moins qu'humain. ◆ **sublet** *(pret, ptp* ~**let**) **1** *n* sous-location *f* ; **2** *vti* sous-louer. ◆ **sub-librarian** *n* bibliothécaire *mf* adjoint(e). ◆ **sub-lieutenant** *n (Naut)* enseigne *m* de vaisseau. ◆ **submachine gun** *n* mitraillette *f*. ◆ **subnormal** *adj temperature* au-dessous de la normale; *person* arriéré. ◆ **sub-post office** *n* petit bureau *m* de poste *(de quartier etc)*. ◆ **subsoil** *n (Agr)* sous-sol *m*. ◆ **subsonic** *adj* subsonique. ◆ **substandard** *adj (gen)* inférieur; *goods* de qualité inférieure; *housing* inférieur aux normes exigées. ◆ **substratum**, *pl* ~**strata** *n* substrat *m*. ◆ **subtenant** *n* sous-locataire *mf*. ◆ **subtitle 1** *n* sous-titre *m* ; **2** *vt* sous-titrer. ◆ **subtitling** *n* sous-titrage *m*. ◆ **subtotal** *n* total *m* partiel. ◆ **sub-zero** *adj* au-dessous de zéro.

subaltern ['sʌblt(ə)n] *n (Brit Mil)* officier d'un rang inférieur à celui de capitaine.

subconscious ['sʌb'kɒnʃəs] *adj, n* inconscient *(m)*. ◆ **subconsciously** *adv* inconsciemment.

subdue [səb'dju:] *vt people, country* soumettre; *feelings* maîtriser. ◆ **subdued** *adj emotion* contenu; *reaction, response* faible; *voice, tone* bas; *conversation, discussion* à voix basse; *light* voilé; **she was very** ~**d** elle avait perdu son entrain.

subject ['sʌbdʒɪkt] **1** *n (gen: most senses)* sujet *m (of, for* de*)*; *(Scol etc)* matière *f*; *(citizen)* sujet(te) *m(f)*. **he is a French** ~ *(in France)* c'est un sujet français, il est de nationalité française; *(elsewhere)* c'est un ressortissant français; **to get off the** ~ sortir du sujet; **let's get back to the** ~ revenons à nos moutons; **on the** ~ **of** au sujet de; **while we're on the** ~ **of...** à propos de...; *(Scol, Univ)* **his best** ~ sa matière forte.
2 *adj* (**a**) *people, tribes, state* soumis. ~ **to** *(liable to) disease etc* sujet à; *flooding, subsidence etc* exposé à; *the law, taxation* soumis à; *(conditional upon)* sous réserve de; **our prices are** ~ **to alteration** nos prix sont donnés sous réserve de modifications; ~ **to doing that** à condition de faire cela. (**b**) ~ **heading** rubrique *f*; ~ **index** *(in book)* index *m* des matières; *(in library)* fichier *m* par matières; ~ **matter** *(theme)* sujet *m*; *(content)* contenu *m*.
3 [səb'dʒekt] *vt*: **to** ~ **sb to sth** soumettre qn à qch; **to** ~ **sth to heat** exposer qch à la chaleur; **he was** ~**ed to much criticism** il a été très critiqué.

◆ **subjection** *n* sujétion *f*, soumission *f*. ◆ **subjective** *adj* subjectif. ◆ **subjectively** *adv* subjectivement.

subjugate ['sʌbdʒʊgeɪt] *vt* subjuguer.

subjunctive [səb'dʒʌŋ(k)tɪv] *adj, n* subjonctif *(m)*. **in the** ~ au subjonctif.

sublime [sə'blaɪm] *adj (gen)* sublime; *contempt, indifference* suprême *(before n)*; (*: excellent)* dinner, person* divin, fantastique. ◆ **sublimate** *vt* sublimer. ◆ **sublimation** *n* sublimation *f*. ◆ **sublimely** *adv* (**a**) ~**ly beautiful** d'une beauté sublime; (**b**) *contemptuous etc* suprêmement; ~**ly unaware of** dans une ignorance absolue de. ◆ **subliminal** *adj* subliminal. ◆ **subliminally** *adv* au-dessous du niveau de la conscience.

submarine [ˌsʌbmə'ri:n] **1** *n* (**a**) sous-marin *(m)*. (**b**) *(US *: sandwich)* grand sandwich *m* mixte. **2** *adj* sous-marin. ~ **pen** abri *m* pour sous-marins.

submerge [səb'mɜ:dʒ] **1** *vt* submerger. **to** ~ **sth in sth** immerger qch dans qch. **2** *vi [submarine]* s'immerger.

submit [səb'mɪt] **1** *vt* soumettre *(to* à*)*. **to** ~ **that** suggérer que. **2** *vi (Mil, also fig)* se soumettre *(to* à*)*. ◆ **submission** *n (all senses)* soumission *f (to* à*)*; **starved/beaten into submission** réduit par la faim/les coups. ◆ **submissive** *adj* soumis, docile. ◆ **submissively** *adv* avec soumission, docilement. ◆ **submissiveness** *n* soumission *f*, docilité *f*.

subordinate [sə'bɔ:dnɪt] **1** *adj (gen)* subalterne; *(Gram)* subordonné. **2** *n* subordonné(e) *m(f)*. **3** [sə'bɔ:dɪneɪt] *vt* subordonner *(to* à*)*. ◆ **subordination** *n* subordination *f*.

subpoena [səb'pi:nə] *(Jur)* **1** *n* citation *f*, assignation *f*. **2** *vt* citer *or* assigner (à comparaître).

subscribe [səb'skraɪb] **1** *vt money* donner *(to* à*)*. **2** *vi* verser une somme d'argent. **to** ~ **to** *new publication, fund* souscrire à; *newspaper* être abonné à; *idea, project* être partisan de. ◆ **subscriber** *n* souscripteur *m*, -trice *f (to* de*)*; abonné(e) *m(f) (to* de*)* *(also Telec)*; partisan *m (to* de*)*. ~**r trunk dialling** automatique *m*. ◆ **subscription** *n* souscription *f*; abonnement *m*; *(to club)* cotisation *f*; **to pay one's subscription** payer sa cotisation *or* son abonnement; *(Press)* **to take out a subscription to** s'abonner à.

subsequent ['sʌbsɪkwənt] *adj* ultérieur, suivant. **a** ~ **visit** une visite ultérieure; **his** ~ **visit** sa visite suivante; ~ **to** à la suite de. ◆ **subsequently** *adv* par la suite.

subservient [səb'sɜ:vɪənt] *adj* obséquieux. ◆ **subservience** *n* obséquiosité *f*.

subside [səb'saɪd] *vi [land, building]* s'affaisser; *[flood, river]* baisser; *[wind, emotion]* tomber; *[threat]* s'éloigner; *[person] (fall)* s'affaisser *(into* dans; *on to* sur); (*: be quiet)* se taire. ◆ **subsidence** *n [land etc]* affaissement *m (de terrain)*.

subsidiary [səb'sɪdɪərɪ] **1** *adj* subsidiaire. **2** *n (~ company)* filiale *f*.

subsidize ['sʌbsɪdaɪz] *vt* subventionner. ◆ **subsidy** *n* subvention *f*; **government** *or* **state subsidy** subvention de l'État.

subsist [səb'sɪst] *vi* subsister. **to** ~ **on sth** vivre de qch. ◆ **subsistence 1** *n* existence *f*, subsistance *f*; *(allowance)* frais *mpl* de subsistance ; **2** *adj wage* tout juste suffisant pour vivre; **to live at** ~**ence level** avoir tout juste de quoi vivre.

substance ['sʌbst(ə)ns] *n (gen)* substance *f*. **the** ~ **of his speech** la substance *or* l'essentiel de son discours; **a man of** ~ un homme riche; **to lack** ~ *[film, book]* manquer d'étoffe; *[argument]* être plutôt mince; *(accusation, claim)* être sans grand fondement. ◆ **substantial** *adj* (**a**) *(large) (gen)* important, considérable; *meal* substantiel; *firm* solide; *landowner, businessman* riche; *house etc* grand; (**b**) *(real)* substantiel, réel. ◆ **substantially** *adv* (**a**) *(considerably)* improve *etc* considérablement; **substantially bigger** beaucoup plus grand; **substantially different** très différent; (**b**) *(to a large extent)* en grande partie; (**c**) *built, constructed* solidement. ◆ **substantiate** *vt* justifier.

substantive ['sʌbst(ə)ntɪv] *n, adj (Gram)* substantif *(m)*.

substitute ['sʌbstɪtjuːt] **1** *n (person)* remplaçant(e) *m(f) (for* de); *(thing)* produit *m* de remplacement, succédané *m (gen pej) (for* de). *(Comm)* 'beware of ~ s' 'se méfier des contrefaçons'; **there is no ~ for wool** rien ne peut remplacer la laine. **2** *adj* player *etc* remplaçant. ~ **coffee** succédané *m* de café; ~ **teacher** suppléant(e) *m(f)*. **3** *vt* substituer *(A for B* A à B), remplacer *(A for B* B par A). **4** *vi*: **to ~ for sb** remplacer qn. ◆ **substitution** *n* substitution *f*, remplacement *m*.

subteen [ˌsʌb'tiːn] *n (US)* préadolescent(e) *m(f)*.

subterfuge ['sʌbtəfjuːdʒ] *n* subterfuge *m*.

subterranean [ˌsʌbtə'reɪnɪən] *adj* souterrain.

subtle ['sʌtl] *adj (gen)* subtil; *person* subtil, qui a beaucoup de finesse; *mind, intelligence* subtil, pénétrant. ◆ **subtleness** *or* ◆ **subtlety** *n* subtilité *f* ; finesse *f*. ◆ **subtly** *adv* subtilement.

subtract [səb'trækt] *vt* soustraire *(from* de). ◆ **subtraction** *n* soustraction *f*.

suburb ['sʌbɜːb] *n* faubourg *m*. **the ~s** la banlieue; **in the ~s** en banlieue; **the outer ~s** la grande banlieue. ◆ **suburban** *adj (gen)* de banlieue, suburbain; *(pej) person, accent* banlieusard. ◆ **suburbanite** *n* banlieusard(e) *m(f)*. ◆ **suburbia** *n* la banlieue.

subvention [səb'venʃ(ə)n] *n* subvention *f*.

subvert [səb'vɜːt] *vt the law, tradition* bouleverser; *(corrupt) person* corrompre. ◆ **subversion** *n* subversion *f*. ◆ **subversive** *adj* subversif.

subway ['sʌbweɪ] *n (underpass)* passage *m* souterrain; *(railway: esp US)* métro *m*.

succeed [sək'siːd] **1** *vi* (**a**) *(be successful: gen)* réussir *(in sth* dans qch; *in doing* à faire). **he ~s in all he does** il réussit tout ce qu'il entreprend; **to ~ in business/as a politician** réussir en affaires/en tant qu'homme politique. (**b**) *(follow)* succéder *(to sth* à qch). **2** *vt* succéder à. **he was ~ed by his son** son fils lui a succédé. ◆ **succeeding** *adj (in past)* suivant; *(in future)* à venir, futur; **each ~ing year brought...** chaque année qui passait apportait...; **each ~ing year will bring...** chacune des années à venir apportera...; **on 3 ~ing Saturdays** 3 samedis consécutifs *or* de suite.

success [sək'ses] **1** *n [plan, venture, attempt, person]* succès *m*, réussite *f (in an exam* à un examen; *in maths* en maths; *in one's aim* dans son but; *in business* en affaires; *in one's career* dans sa carrière). **his ~ in doing sth** le fait qu'il ait réussi à faire qch; **his ~ in his attempts** la réussite qui a couronné ses efforts; **without ~** sans succès, en vain; **to make a ~ of** *project, enterprise* mener à bien; *job, meal* réussir; **he was a ~ at last** il avait enfin réussi; **he was a great ~ at the dinner/as Hamlet/as a writer** il a eu beaucoup de succès au dîner/dans le rôle de Hamlet/en tant qu'écrivain; **it was a ~** *(gen)* c'était une réussite; *[play, book, attempt]* ça a été couronné de succès; *[hotel etc]* on en a été très content. **2** *adj*: ~ **story** (histoire *f* d'une) réussite *f*. ◆ **successful** *adj* plan, venture, application, deal couronné de succès; *writer, painter, book* à succès; *candidate (in exam)* reçu; *(in election)* élu; *marriage, outcome* heureux; *career, businessman* prospère; *[performer, play etc]* **to be ~ful** avoir un succès fou; **to be ~ful in doing** réussir à faire. ◆ **successfully** *adv* avec succès.

succession [sək'seʃ(ə)n] *n (gen)* succession *f*. **in ~** successivement; **4 times in ~** 4 fois de suite; **in**

close ~ coup sur coup; **in ~ to his father** à la suite de son père. ◆ **successive** *adj* generations, discoveries successif; *days, months* consécutif; **on 4 successive days** pendant 4 jours consécutifs *or* de suite; **each successive failure** chaque nouvel échec. ◆ **successively** *adv* successivement. ◆ **successor** *n* successeur *m (to, of* de); *(to throne)* héritier *m*, -ière *f (to* de).

succinct [sək'sɪŋkt] *adj* succinct. ◆ **succinctly** *adv* succinctement.

succulent ['sʌkjʊlənt] **1** *adj* succulent. **2** *n (Bot)* ~**s** plantes *fpl* grasses. ◆ **succulence** *n* succulence *f*.

succumb [sə'kʌm] *vi* succomber *(to* à).

such [sʌtʃ] **1** *adj* tel, pareil. ~ **a book** un tel livre, un livre pareil; ~ **books** de tels livres, des livres pareils; **we had ~ a case last year** nous avons eu un cas semblable l'année dernière; **in ~ cases** en pareil cas; **did you ever hear of ~ a thing?** avez-vous jamais entendu une chose pareille?; **there's no ~ thing!** ça n'existe pas!; **there are no ~ things as unicorns** les licornes n'existent pas; **there is no ~ thing in France** il n'y a rien de tel en France; **I said no ~ thing!** je n'ai jamais dit cela!; **or some ~ thing** ou une chose de ce genre; **no ~ book exists** un tel livre n'existe pas; ~ **was my reply** telle a été ma réponse; ~ **is life!** c'est la vie!; **it was such weather!** il a fait un de ces temps!; **I had ~ a fright!** j'ai eu une de ces peurs!; **a friend ~ as Paul**, ~ **a friend as Paul** un ami tel que *or* comme Paul; **he's not ~ a fool as you think** il n'est pas aussi bête que vous croyez; **I'm not ~ a fool as to believe that!** je ne suis pas assez bête pour croire ça!; **have you ~ a thing as a penknife?** auriez-vous un canif par hasard?; ~ **as?** comme quoi, par exemple?; ~ **books as I have** les quelques livres que je possède; **you can take my car,** ~ **as it is** vous pouvez prendre ma voiture pour ce qu'elle vaut; *(so much)* ~ **a noise** tellement de bruit.

2 *adv* (**a**) *(so very)* si, tellement. ~ **good coffee** un si bon café; ~ **big boxes** de si grandes boîtes, des boîtes si grandes; **it was such a long time ago!** il y a si *or* tellement longtemps de ça!; ~ **an expensive car that...** une voiture si *or* tellement chère que... (**b**) *(in comparisons)* aussi. **I haven't had ~ good coffee for years** ça fait des années que je n'ai pas bu un aussi bon café; ~ **lovely children as his** des enfants aussi gentils que les siens.

3 *pron*: ~ **as wish to go** ceux qui veulent partir; ~ **as I have** ceux que j'ai; **teachers** ~ **as are...** les professeurs en tant que tels sont...; **the work as** ~ **is boring but...** le travail en soi est ennuyeux mais...; **there are no houses as** ~ il n'y a pas de maisons à proprement parler; **he was not recognized as** ~ il n'était pas considéré comme tel; **teachers and doctors and ~(like)** * les professeurs, les docteurs et autres gens de la sorte. ◆ **such-and-such** **1** *n*: **Mr S~-and-~** * Monsieur Untel ; **2** *adj*: **in ~-and-~ a street** dans telle rue. ◆ **suchlike** * *adj* de la sorte; *V also* **such 3**.

suck [sʌk] **1** *vt (gen)* sucer; *(through straw)* drink aspirer *(through* avec); *[baby]* téter; *[pump, machine]* aspirer *(from* de). **to ~ one's thumb** sucer son pouce; **to ~ dry** *orange etc* sucer tout le jus de; *(fig) person (of money)* sucer jusqu'au dernier sou; *(of energy)* sucer jusqu'à la moelle. **2** *vi [baby]* téter. **to ~ at sth** sucer qch.
◆ **suck down** *vt sep [sea, mud]* engloutir. ◆ **suck in** *vt sep [sea, mud]* engloutir; *[pump, machine]* aspirer. ◆ **suck out** *vt sep [person]* sucer *(of, from* de); *[machine]* refouler à l'extérieur *(of, from* de). ◆ **suck up** **1** *vi* (※) **to** ~ **up to sb** lécher les bottes * de qn. **2** *vt sep* aspirer.

◆ **sucker** n (**a**) (on machine, octopus etc) ventouse f; (plunger) piston m; (Bot) surgeon m; (**b**) (‡: person) poire * f, imbécile mf; **to be a ~er for sth** * ne pas pouvoir résister à qch. ◆ **suckle** 1 vt allaiter ; **2** vi téter. ◆ **suction** 1 n succion f ; **2** adj device de succion; pump aspirant.

Sudan [suː'dæn] n Soudan. ◆ **Sudanese** 1 adj soudanais ; **2** n Soudanais(e) m(f).

sudden ['sʌdn] adj (gen) soudain, brusque; death, inspiration subit; bend in road, marriage, appointment imprévu. **all of a ~** soudain, tout à coup; **it's all so ~!** c'est arrivé tellement vite! ◆ **suddenly** adv (gen) brusquement, tout à coup, soudain; die subitement. ◆ **suddenness** n soudaineté f; caractère m imprévu.

suds [sʌdz] npl (**soap~**) (lather) mousse f de savon; (soapy water) eau f savonneuse.

sue [suː] 1 vt (gen) poursuivre en justice (for sth pour obtenir qch; over, about au sujet de). **to ~ sb for damages** poursuivre qn en dommages-intérêts; **to ~ sb for libel** intenter un procès en diffamation à qn; **to ~ sb for divorce** entamer une procédure de divorce contre qn. **2** vi intenter un procès. **to ~ for divorce** entamer une procédure de divorce.

suede [sweɪd] 1 n daim m (cuir). **2** adj (gen) de daim; gloves de suède.

suet ['suɪt] n graisse f de rognon.

Suez ['suːɪz] n: **the ~ Canal** le canal de Suez.

suffer ['sʌfəʳ] 1 vt (**a**) (undergo) (gen) subir; martyrdom, hardship souffrir; punishment, change, pain éprouver; hunger, headaches souffrir de. **he ~ed a lot of pain** il a beaucoup souffert. (**b**) (bear) pain endurer, tolérer; (allow) opposition, sb's rudeness, refusal etc tolérer. **he doesn't ~ fools gladly** il n'a aucune patience pour les imbéciles.
2 vi (gen) souffrir. **he ~ed for it** il en a souffert les conséquences; **you'll ~ for this** vous le paierez (fig); **to ~ from** rheumatism, heart trouble, the cold, hunger souffrir de; deafness être atteint de; a cold, influenza, frostbite, pimples, bad memory avoir; **he ~s from a limp/stammer** il boite/bégaie; **he was ~ing from shock** il était commotionné; **to ~ from the effects of** fall, illness se ressentir de; alcohol, drug subir le contrecoup de; **she ~s from lack of friends** son problème, c'est qu'elle n'a pas d'amis; **the house is ~ing from neglect** la maison se ressent du manque d'entretien; **your health will ~** votre santé en souffrira; **the regiment ~ed badly** le régiment a essuyé de grosses pertes.
◆ **sufferance** n: **on ~ance** par tolérance. ◆ **sufferer** n (from illness) malade mf; **diabetes ~ers** diabétiques mfpl. ◆ **suffering** 1 n souffrances fpl ; **2** adj qui souffre.

suffice [sə'faɪs] 1 vi suffire. **~ it to say** qu'il suffise de dire. **2** vt suffire à.

sufficient [sə'fɪʃ(ə)nt] adj (enough) money, food, people assez de, suffisamment de; (big enough) number, quantity suffisant. **to be ~** être suffisant or assez (for pour), suffire (for à); **I've got ~** j'en ai assez or suffisamment; **~ to eat** assez à manger; **he earns ~ to live on** il gagne de quoi vivre; **that's quite ~** cela suffit. ◆ **sufficiency** n quantité f suffisante. ◆ **sufficiently** adv suffisamment, assez ; **~ly clever to do** suffisamment or assez intelligent pour faire; **~ly large** amount, number suffisant.

suffix ['sʌfɪks] n suffixe m.

suffocate ['sʌfəkeɪt] vti suffoquer (with de). ◆ **suffocating** adj suffocant; (fig) étouffant; **it's suffocating in here** on étouffe ici. ◆ **suffocation** n suffocation f; (Med) asphyxie f; **to die from suffocation** mourir asphyxié.

suffrage ['sʌfrɪdʒ] n suffrage m. **universal ~** suffrage universel. ◆ **suffragette** n suffragette f.

sugar ['ʃʊgəʳ] 1 n sucre m. **2** vt sucrer. (fig) **to ~ the pill** dorer la pilule. **3** adj: **~(ed) almond** dragée f; **~ basin** or **bowl** sucrier m; **~ beet** betterave f à sucre; **~ cane** canne f à sucre; (fig) **~ daddy** * vieux protecteur m; **~ lump** morceau m de sucre; **~ maple** érable m à sucre; **~ plantation** plantation f de canne à sucre; **~ refinery** raffinerie f de sucre; **~ tongs** pince f à sucre. ◆ **sugar-free** or ◆ **sugarless** adj sans sucre. ◆ **sugary** adj food, drink, taste sucré; (fig pej) person, voice mielleux.

suggest [sə'dʒest] vt suggérer (sth to sb qch à qn; that que). **I ~ that we go there** je suggère qu'on y aille; **he ~ed that they should go there** il leur a suggéré d'y aller; **what are you trying to ~?** que voulez-vous dire par là?; **the facts ~ that he did it** les faits semblent indiquer qu'il l'a fait. ◆ **suggestible** adj influençable. ◆ **suggestion** n (gen) suggestion f; (insinuation) allusion f; **have you any ~ions?** avez-vous qch à suggérer?; **there is no ~ion of** il ne saurait être question de; (trace) **a ~ion of** un soupçon de. ◆ **suggestive** adj suggestif (also pej).

suicide ['suɪsaɪd] 1 n suicide m. **it was political ~** cela représentait un véritable suicide politique. **2** adj attack suicide. **~ attempt,** **~ bid** tentative f de suicide. ◆ **suicidal** adj suicidaire; (fig) **that would be suicidal!** ce serait un véritable suicide!

suit [suːt] 1 n (**a**) (man's) costume m, complet m; (woman's) tailleur m; (non-tailored, also for children) ensemble m; (diver's, astronaut's etc) combinaison f. **~ of clothes** tenue f; **~ of armour** armure f complète. (**b**) (Jur) procès m. **to bring a ~** intenter un procès (against sb à qn). (**c**) (Cards) couleur f. **long** or **strong ~** couleur longue; (fig) fort m.
2 vt (gen) convenir à; [garment, colour, hairstyle] aller à. **it doesn't ~ me to leave now** cela ne me convient pas or ne m'arrange pas de partir maintenant; **it ~ed him perfectly, it just ~ed his book** * cela lui convenait or l'arrangeait parfaitement; **~ yourself!** * c'est comme vous voudrez!; **~s me!** * ça me va!; **the part ~ed him perfectly** le rôle lui allait comme un gant or était fait pour lui; **to be ~ed to sth** être fait pour qch; **they are well ~ed** ils sont faits l'un pour l'autre; **to ~ the action to the word** joindre le geste à la parole.
◆ **suitability** n fait m de convenir etc (V 2 above); [action, reply, example, choice] à-propos m; **his ~ability for the post** son aptitude f au poste. ◆ **suitable** adj (gen) approprié (to, for à); climate, food qui convient (for à); colour, size qui va (for à); place, time propice (for à); clothes approprié (for à); (socially) convenable; **the most ~able man for the job** l'homme le plus apte à ce poste; **I can't find anything ~able** je ne trouve rien qui me convienne; (clothes) je ne trouve rien qui m'aille; **the 25th is the most ~able for me** c'est le 25 qui m'arrange le mieux; **he is not at all a ~able person** ce n'est pas du tout l'homme qu'il faut; **the film isn't ~able for children** ce n'est pas un film pour les enfants. ◆ **suitably** adv reply à propos; explain de manière adéquate; thank, apologize comme il convient (or convenait etc); behave convenablement; **~ably impressed** favorablement impressionné. ◆ **suitcase** n valise f. ◆ **suiting** n (Tex) tissu m pour complet. ◆ **suitor** n soupirant m.

suite [swiːt] n (gen) suite f; (furniture) mobilier m. **a dining-room ~** une salle à manger.

sulk [sʌlk] 1 npl: **to be in the ~s, to have the ~s** bouder, faire la tête. **2** vi bouder. ◆ **sulkily** adv en boudant. ◆ **sulkiness** n (state) bouderie f; (temperament) caractère m boudeur. ◆ **sulky** adj boudeur; **to be** or **look ~y** faire la tête.

sullen ['sʌlən] adj (gen) maussade; comment, silence renfrogné. ◆ **sullenly** adv say etc d'un ton maussade; promise, agree de mauvaise grâce. ◆ **sullenness** n humeur f or aspect m maussade.

sulphur, *(US)* **sulfur** ['sʌlfə'] *n* soufre *m*. ◆ **sulphate** *n* sulfate *m*. ◆ **sulphide** *n* sulfure *m*. ◆ **sulphonamide** *n* sulfamide *m*. ◆ **sulphuric** *adj* sulfurique. ◆ **sulphurous** *adj* sulfureux.

sultan ['sʌlt(ə)n] *n* sultan *m*.

sultana [sʌl'tɑːnə] *n* raisin *m* sec (de Smyrne).

sultry ['sʌltrɪ] *adj* heat, atmosphere étouffant ; *weather, air* lourd; *(fig) voice, look, smile* sensuel ; *person* passionné.

sum [sʌm] **1** *n (amount, total)* somme *f* (*of* de). *(Scol: arithmetic)* ~**s** le calcul ; ~ **of money** somme d'argent. **2** *adj:* ~ **total** *(amount)* somme *f* totale; *(money)* montant *m* global; *(fig: result)* résultat *m*. ◆ **sum up 1** *vi (gen)* résumer *(also Jur).* **to** ~ **up, let me say that...** en résumé, je voudrais dire que... **2** *vt sep* (**a**) *(summarize)* résumer; *facts, arguments* récapituler. (**b**) *(assess) person* jauger; *situation* apprécier d'un coup d'œil. ◆ **summarily** *adv* sommairement. ◆ **summarize** *vt (gen)* résumer; *facts, arguments* récapituler. ◆ **summary 1** *n* résumé *m*; **a** ~**mary of the news** les nouvelles *fpl* en bref ; **2** *adj (all senses)* sommaire. ◆ **summing-up** *n* résumé *m* (*also Jur*).

Sumatra [suːˈmɑːtrə] *n* Sumatra.

summer ['sʌmə'] **1** *n* été *m*. **in** ~ en été; **in the** ~ **of 1987** au cours de l'été 1987. **2** *adj weather, day, activities* d'été, estival. ~ **camp** colonie *f* de vacances; ~ **holidays** grandes vacances *fpl*; ~ **lightning** éclair *m* de chaleur; ~ **school** université *f* d'été; *(by clock)* ~ **time** heure *f* d'été; ~ **visitor** estivant(e) *m(f)*. ◆ **summerhouse** *n* pavillon *m* (dans un jardin). ◆ **summertime** *n (season)* été *m*. ◆ **summery** *adj* d'été.

summit ['sʌmɪt] **1** *n (gen, also Pol)* sommet *m*; *(fig) [power, honours, glory]* apogée *m*; *[ambition]* summum *m*. **2** *adj (Pol)* meeting au sommet.

summon ['sʌmən] *vt (gen)* appeler, faire venir; *(to meeting)* convoquer *(to* à); *(Jur)* citer, assigner *(as* comme); *help, reinforcements* requérir. **to** ~ **sb to do** sommer qn de faire; *(Jur)* **to** ~ **sb to appear** citer *or* assigner qn; **to** ~ **sb** *(gen)* appeler qn. ◆ **summon up** *vt sep* one's energy, strength, courage rassembler *(to do* pour faire); *interest, enthusiasm* faire appel à. ◆ **summons 1** *n* sommation *f (also Mil)*; *(Jur)* assignation *f*; *(Jur)* **to take out a** ~**s against sb** faire assigner qn ; **2** *vt (Jur)* citer, assigner *(à comparaître)*.

sump [sʌmp] *n (Tech)* puisard *m*; *(Aut)* carter *m*. ~ **oil** huile *f* de carter.

sumptuous ['sʌm(p)tjʊəs] *adj* somptueux. ◆ **sumptuously** *adv* somptueusement. ◆ **sumptuousness** *n* somptuosité *f*.

sun [sʌn] **1** *n* soleil *m*. **the** ~ **is shining** il fait du soleil, le soleil brille; **in the** ~ au soleil; **right in the** ~ en plein soleil; **a place in the** ~ *(lit)* un endroit ensoleillé; *(fig)* une place au soleil; **the** ~ **is in my eyes** j'ai le soleil dans les yeux; **everything under the** ~ tout ce qu'il est possible d'imaginer; **nothing under the** ~ rien au monde; **there's no prettier place under the** ~ il n'est pas de plus joli coin au monde; **no reason under the** ~ pas la moindre raison; **there is nothing new under the** ~ il n'y a rien de nouveau sous le soleil. **2** *vt:* **to** ~ **o.s.** *[lizard, cat]* se chauffer au soleil; *[person]* prendre un bain de soleil. **3** *adj oil, lotion* solaire. ~ **dress** robe *f* bain de soleil; ~ **umbrella** parasol *m*. ◆ **sunbathe** *vi* prendre un bain *or* des bains de soleil. ◆ **sunbather** *n* personne *f* qui prend un bain de soleil. ◆ **sunbathing** *n* bains *mpl* de soleil. ◆ **sunbeam** *n* rayon *m* de soleil. ◆ **sunbed** *n (in garden etc)* lit *m* pliant; *(for tanning)* lit à ultra-violets. ◆ **sunblind** *n* store *m*. ◆ **sunburn** *n* coup *m* de soleil. ◆ **sunburned** *or* ◆ **sunburnt** *adj (tanned)* bronzé; *(painfully)* brûlé par le soleil.

to get ~**burnt** bronzer; prendre un coup de soleil. ◆ **sundial** *n* cadran *m* solaire. ◆ **sundown** *n* coucher *m* du soleil. ◆ **sun-drenched** *adj* inondé de soleil. ◆ **sun-dried** *adj* séché au soleil. ◆ **sunflower 1** *n* tournesol *m* ; **2** *adj oil, seeds* de tournesol. ◆ **sunglasses** *npl* lunettes *fpl* de soleil. ◆ **sun-lamp** *n* lampe *f* à rayons ultraviolets. ◆ **sunlight** *n* (lumière *f* du) soleil *m*; **in the** ~**light** au soleil, à la lumière du soleil. ◆ **sunlit** *adj* ensoleillé. ◆ **sunlounger** *n* fauteuil *m* bain de soleil. ◆ **sunny** *adj* ensoleillé; *(fig) smile, person* épanoui; **it is** ~**ny** il fait du soleil; *(Met)* ~**ny intervals** éclaircies *fpl*; *(Met)* **the outlook is** ~**ny** on prévoit du soleil; *(fig)* **he always sees the** ~**ny side of things** il voit tout du bon côté; *(US Culin)* **eggs** ~**ny side up** œufs sur le plat. ◆ **sunrise** *n* lever *m* du soleil; ~**rise industry** industrie *f* en expansion. ◆ **sunroof** *n* toit *m* ouvrant. ◆ **sunset** *n* coucher *m* du soleil. ◆ **sunshade** *n (lady's parasol)* ombrelle *f*; *(for eyes)* visière *f*; *(for table, on pram)* parasol *m*; *(in car)* pare-soleil *m inv.* ◆ **sunshine 1** *n* (lumière *f* du) soleil *m*; **in the** ~**shine** au soleil; *(Met)* **5 hours of** ~**shine** 5 heures *fpl* d'ensoleillement; *(iro)* **he's a real ray of** ~**shine** il est gracieux comme une porte de prison ; **2** *adj (Aut)* ~**shine roof** toit *m* ouvrant. ◆ **sunspecs *** *npl* lunettes *fpl* de soleil. ◆ **sunspot** *n* tache *f* solaire. ◆ **sunstroke** *n* insolation *f*. ◆ **sunsuit** *n* costume *m* bain de soleil. ◆ **suntan 1** *n* bronzage *m*; **to get a** ~**tan** bronzer ; **2** *adj:* ~**tan lotion/oil** lotion *f*/huile *f* solaire. ◆ **suntanned** *adj* bronzé. ◆ **suntrap** *n* coin *m* très ensoleillé. ◆ **sunup *** *n* lever *m* du soleil.

sundae ['sʌndeɪ] *n* sundae *m*, coupe *f* glacée Chantilly.

Sunday ['sʌndɪ] **1** *n* dimanche *m*; *for phrases V* **Saturday. 2** *adj clothes, paper* du dimanche; *walk, rest, peace* dominical. **in one's** ~ **best** en habits du dimanche; ~ **school** ≃ catéchisme *m*.

sundry ['sʌndrɪ] **1** *adj* divers, différent. **all and** ~ tout le monde. **2** *npl:* **sundries** articles *mpl* divers.

sung [sʌŋ] *ptp of* **sing.**

sunk [sʌŋk] *ptp of* **sink**[1]. ◆ **sunken** *adj ship, rock* submergé; *eyes, cheeks* creux; *garden* en contrebas; *bath* encastré *(au ras du sol)*.

super ['suːpə'] **1** *adj (*)* formidable *, sensationnel *. **2** *n (US)* super(carburant) *m*.

super... ['suːpə'] *pref* super..., sur..., hyper... ~**salesman** super-vendeur *m*; *(Pol)* ~**power** superpuissance *f*; ~**fine** surfin; ~**sensitive** hypersensible. ◆ **superabundant** *adj* surabondant. ◆ **supercharged** *adj* surcomprimé. ◆ **supercharger** *n* compresseur *m*. ◆ **superego** *n* surmoi *m*. ◆ **superette** *n (US)* supérette *f*. ◆ **supergrass** *n* super-indicateur *m* de police. ◆ **superhighway** *n (US)* voie f express *(à plusieurs files)*. ◆ **superhuman** *adj* surhumain. ◆ **superman,** *pl* ~**men** *n* surhomme *m*. ◆ **supermarket** *n* supermarché *m*. ◆ **supernatural** *adj, n* surnaturel *(m)*. ◆ **superpower** *n* superpuissance *f*. ◆ **supersonic** *adj* supersonique. ◆ **supersonically** *adv* en supersonique. ◆ **superstar** *n (Cine, Theat)* superstar *f; (Sport)* superchampion(ne) *m(f).* ◆ **superstore** *n* hypermarché *m*. ◆ **superstructure** *n* superstructure *f*. ◆ **super-tanker** *n* pétrolier *m* géant.

superannuate [ˌsuːpəˈrænjʊeɪt] *vt* mettre à la retraite. *(fig)* ~**d** suranné. ◆ **superannuation** *n (pension)* pension *f* de retraite; *(contribution)* cotisations *fpl* pour la pension.

superb [suːˈpɜːb] *adj* superbe. ◆ **superbly** *adv* superbement; **he is** ~**ly fit** il est dans une forme éblouissante.

supercilious [ˌsuːpəˈsɪlɪəs] *adj* hautain. ◆ **superciliously** *adv* d'un air *or* d'un ton hautain. ◆ **superciliousness** *n* hauteur *f*.

superficial [ˌsuːpəˈfɪʃ(ə)l] *adj* superficiel. ◆ **superficiality** *n* caractère superficiel, manque *m* de profondeur. ◆ **superficially** *adv* superficiellement.

superfluous [sʊˈpɜːflʊəs] *adj (gen)* superflu. **it is ~ to say that...** inutile de dire que...; **he felt rather ~ *** il se sentait de trop. ◆ **superfluity** *n* surabondance *f (of* de). ◆ **superfluously** *adv* d'une manière superflue.

superimpose [ˌsuːp(ə)rɪmˈpəʊz] *vt* superposer *(on* à). *(Cine, Phot)* **~d** en surimpression.

superintend [ˌsuːp(ə)rɪnˈtend] *vt work, shop, department* diriger; *exam* surveiller; *production* contrôler; *vote-counting* présider à. ◆ **superintendence** *n* direction *f*; surveillance *f*; contrôle *m*. ◆ **superintendent** *n [institution, orphanage]* directeur *m*, -trice *f*; *[department]* chef *m*; *(Police)* ≃ commissaire *m* (de police).

superior [sʊˈpɪərɪəʳ] **1** *adj* supérieur *(to* à); *product, goods* de qualité supérieure; *(pej: smug) person* suffisant; *air, smile* de supériorité, suffisant. **he felt rather ~** il a éprouvé un certain sentiment de supériorité. **2** *n* supérieur(e) *m(f)*. ◆ **superiority 1** *n* supériorité *f (to, over* par rapport à) ; **2** *adj:* **~ity complex** complexe *m* de supériorité.

superlative [sʊˈpɜːlətɪv] **1** *adj quality, achievement* sans pareil; *happiness, indifference* suprême; *(Gram)* superlatif. **2** *n (Gram)* superlatif *m*. **in the ~** au superlatif. ◆ **superlatively** *adv* extrêmement.

supernumerary [ˌsuːpəˈnjuːm(ə)rərɪ] *adj, n* surnuméraire *(mf)*.

supersede [ˌsuːpəˈsiːd] *vt belief, object, order* remplacer; *person* supplanter. **~d method** méthode périmée.

superstition [ˌsuːpəˈstɪʃ(ə)n] *n* superstition *f*. ◆ **superstitious** *adj* superstitieux. ◆ **superstitiously** *adv* superstitieusement.

supervise ['suːpəvaɪz] *vt (gen)* surveiller; *(Univ) research* diriger. ◆ **supervision** *n* surveillance *f*. ◆ **supervisor** *n (gen)* surveillant(e) *m(f)*; *(Comm)* chef *m* de rayon; *(Univ: for studies)* directeur *m*, -trice *f* de thèse. ◆ **supervisory** *adj duty* de surveillance.

supine ['suːpaɪn] *adj* étendu sur le dos.

supper ['sʌpəʳ] *n (main meal)* dîner *m*; *(after theatre etc)* souper *m*; *(snack)* collation *f*. **to have ~** dîner *(or* souper); *(Rel)* **the Last S~** la Cène. ◆ **suppertime** *n* l'heure *f* du dîner; **at ~time** au dîner.

supplant [səˈplɑːnt] *vt* supplanter.

supple ['sʌpl] *adj* souple. **to become ~(r)** s'assouplir. ◆ **suppleness** *n* souplesse *f*. ◆ **supply¹** ['sʌplɪ] *adv* avec souplesse.

supplement ['sʌplɪmənt] **1** *n* supplément *m (to* à). **2** [ˌsʌplɪˈment] *vt income* augmenter *(by doing* en faisant); *book, information* ajouter à, compléter. ◆ **supplementary** *adj* supplémentaire; *(Admin)* **~ary benefit** allocation *f* supplémentaire.

supplication [ˌsʌplɪˈkeɪʃ(ə)n] *n* supplication *f*.

supply² [səˈplaɪ] **1** *n* **(a)** *(amount, stock)* provision *f*, réserve *f*, stock *m (also Comm)*. **to get** *or* **lay in a ~ of** faire des provisions de; **to get in a fresh ~ of sth** se réapprovisionner en qch; **supplies** *(gen)* provisions, réserves; *(food)* vivres *mpl*; *(Mil)* approvisionnements *mpl*; **electrical supplies** matériel *m* électrique; **office supplies** fournitures *fpl* de bureau. **(b)** alimentation *f*. **the ~ of fuel to the engine** l'alimentation du moteur en combustible; **the electricity/gas ~** l'alimentation en électricité/ gaz; *(Econ)* **~ and demand** l'offre et la demande. **2** *adj train, truck, ship* ravitailleur; *pharmacist etc* intérimaire. **~ teacher** remplaçant(e) *m(f)*.

3 *vt* **(a)** *(gen)* fournir *(sth to sb* qch à qn; *sb with goods* qn en marchandises; *sb with help/information* de l'aide/des renseignements à qn); *(Comm)* fournir, approvisionner *(with* en, de). **to ~ electricity/**

gas/water to the town alimenter la ville en électricité/gaz/eau; **they kept us supplied with milk** grâce à eux nous n'avons jamais manqué de lait; **to ~ from stock** livrer sur stock; **a battery is not supplied with the torch** une pile n'est pas livrée avec la torche. **(b)** *(make good) need, deficiency* suppléer à; *sb's needs* subvenir à; *loss* compenser. ◆ **supplier** *n* fournisseur *m*.

support [səˈpɔːt] **1** *n* **(a)** appui *m*, soutien *m*. **he leaned on me for ~** il s'est appuyé sur moi; *(fig)* il a cherché mon appui; **to give ~ to sb/sth** soutenir qn/qch; *(fig)* **the proposal got no ~** personne n'a parlé en faveur de la proposition; **in ~ of the motion** en faveur de la motion; **in ~ of his theory/ claim** à l'appui de sa théorie/ revendication; **to give** *or* **lend one's ~ to** prêter son appui à; **that lends ~ to it** ceci le corrobore; **a collection in ~ of** une collecte au profit de; **they stopped work in ~** ils ont cessé le travail par solidarité; **he has no visible means of ~** il n'a pas de moyens d'existence connus. **(b)** *(object) (gen)* appui *m*; *(Constr, Tech)* support *m*, soutien *m*; *(fig: moral, financial etc)* soutien; *(US Econ: subsidy)* subvention *f*. **the sole ~ of his family** le seul soutien de sa famille; **he has been a great ~ to me** il a été pour moi un soutien précieux.

2 *adj (Mil etc) troops, vessel* de soutien. *(Econ)* **~ price** prix *m* de soutien; **~ hose** bas *mpl* antifatigue.

3 *vt* **(a)** *(hold up) [pillar, beam]* soutenir, supporter; *[bridge]* porter; *[person]* soutenir. **the elements necessary to ~ life** les éléments nécessaires à l'entretien de la vie. **(b)** *(uphold) (gen)* être en faveur de, être partisan de; *candidate, action, protest* soutenir; *team* être supporter de. **the socialists will ~ it** les socialistes seront *or* voteront pour; **I cannot ~ what you are doing** je ne peux pas approuver ce que vous faites; **a subsidy to ~ the price of beef** une subvention pour maintenir le prix du bœuf; *(Ftbl)* **he ~s Celtic** c'est un supporter du Celtic. **(c)** *(financially)* subvenir aux besoins de. **he has a wife and 3 children to ~** il doit subvenir aux besoins de sa femme et de ses 3 enfants; **to ~ o.s.** subvenir à ses propres besoins; **the school is ~ed by money from...** l'école reçoit une aide financière de... **(d)** *(endure)* supporter, tolérer.

◆ **supportable** *adj* supportable, tolérable. ◆ **supporter** *n [party]* partisan *m*; *[cause, opinion]* adepte *mf*, partisan; *(Sport)* supporter *m*. ◆ **supporting** *adj wall* de soutènement; *film* qui passe en premier; *(Theat) role* secondaire; *actor* qui a un rôle secondaire; **~ing cast** partenaires *mpl*. ◆ **supportive** *adj* qui est d'un grand soutien. ◆ **supportively** *adv* de façon très positive.

suppose [səˈpəʊz] *vt* **(a)** *(imagine)* supposer *(that* que + *subj); (assume)* supposer *(that* que + *indic)*. **~ he doesn't come?** et s'il ne vient pas?; **you'll come, I ~?** vous viendrez, je suppose?; *(as suggestion)* **~ or supposing we go for a walk?** et si nous allions nous promener?; **even supposing that** à supposer même que + *subj*; **always supposing that** en supposant que + *subj*. **(b)** *(believe)* supposer, penser, imaginer *(that* que). **what do you ~ he wants?** à votre avis, que peut-il bien vouloir?; **he is generally ~d to be rich** on dit qu'il est riche; **I don't ~ he'll agree** je suppose qu'il ne sera pas d'accord, je ne pense pas qu'il soit d'accord ; **I ~ so** probablement; **I ~ not** je ne (le) pense pas, probablement pas. **(c)** *(ought)* **to be ~d to do sth** être censé faire qch, devoir faire qch; **he isn't ~d to know** il n'est pas censé le savoir; **you're not ~d to do it** il ne vous est pas permis de faire cela. ◆ **supposed** *adj (presumed)* présumé, supposé; *(so-called)* prétendu. ◆ **supposedly** *adv* soi-disant, à ce que l'on suppose *(or* supposait *etc*). ◆ **supposition** *n* supposition *f*; **on the supposition that...** à supposer que... + *subj*.

suppository [sə'pɒzɪt(ə)rɪ] *n* suppositoire *m*.

suppress [sə'pres] *vt* (*gen*) supprimer; *revolt, one's feelings* réprimer; *yawn, scandal* étouffer; *facts, truth* dissimuler; *publication* interdire; (*Psych*) refouler; (*Elec, Rad etc*) anti-parasiter; (*: silence*) *heckler etc* faire taire. **to ~ a cough/sneeze** *etc* se retenir de tousser/d'éternuer *etc*. ◆ **suppression** *n* suppression *f*; répression *f*; étouffement *m*; dissimulation *f*; interdiction *f*; refoulement *m*; antiparasitage *m*. ◆ **suppressor** *n* dispositif *m* antiparasite.

suppurate ['sʌpjʊ(ə)reɪt] *vi* suppurer. ◆ **suppuration** *n* suppuration *f*.

supra... ['su:prə] *pref* supra... **~national** supranational.

supreme [sʊ'pri:m] *adj* (*all senses*) suprême. **to make the ~ sacrifice** faire le sacrifice de sa vie. ◆ **supremacy** *n* suprématie *f* (*over* sur). ◆ **supremo** *n* grand patron *m*.

surcharge ['sɜːtʃɑːdʒ] **1** *n* (*gen*) surcharge *f*; (*tax*) surtaxe *f*. **2** [sɜː'tʃɑːdʒ] *vt* surcharger; surtaxer.

sure [ʃʊəʳ] **1** *adj* (*gen*) sûr (*of* de). **it is ~ that she will come, she is ~ to come** il est sûr *or* certain qu'elle viendra; **it is not ~ that she will come, she is not ~ to come** il n'est pas sûr *or* certain qu'elle vienne; **it's ~ to rain** il va pleuvoir à coup sûr; **be ~ to tell me** ne manquez pas de me le dire; **you're ~ of a good meal** un bon repas vous est assuré; **he's ~ of success** *or* **of succeeding** *or* **to succeed** il est sûr *or* certain de réussir; **to be ~ of sb** être sûr de qn; **to make ~ of sth** s'assurer de qch; **get a ticket and make ~** prenez un billet pour plus de sûreté; **I've made ~ of having enough coffee** j'ai veillé à ce qu'il y ait assez de café; **~ thing!** * oui, bien sûr!; (*excl*) **well, to be ~!** * bien ça alors!; **he'll leave for ~** il partira sans aucun doute; **I'll find out for ~** je me renseignerai pour savoir exactement ce qu'il en est; **do you know for ~?** êtes-vous absolument certain?; **I'll do it for ~** je le ferai sans faute; **I'm ~ I've seen him** je suis sûr de l'avoir vu; **I'm ~ he'll help us** je suis sûr qu'il nous aidera; **I'm not ~** je ne suis pas sûr (*that* que + *subj*); **I'm not ~ how/why** *etc* je ne sais pas très bien comment/pourquoi *etc*; **I'm not ~ (if) he can** je ne suis pas sûr qu'il puisse; **I'm ~ I didn't mean to** je ne l'ai vraiment pas fait exprès; **~ of o.s.** sûr de soi.

2 *adv*: **and ~ enough he did arrive** et effectivement *or* en effet il est arrivé; **~ enough!** assurément!; **as ~ as my name's Smith** aussi sûr que je m'appelle Smith; **as ~ as fate, as ~ as anything, as ~ as eggs is eggs** * aussi sûr que deux et deux font quatre; (*: esp US*) **he can ~ play the piano** il sait drôlement * bien jouer du piano.

◆ **sure-fire** * *adj* certain, infaillible. ◆ **sure-footed** *adj* au pied sûr. ◆ **surely** *adv* (**a**) (*expressing confidence: assuredly*) sûrement, certainement; (*expressing incredulity*) tout de même; **~ly he didn't say that!** il n'a pas pu dire ça, tout de même!; **there is ~ly some mistake** il doit sûrement *or* certainement y avoir quelque erreur; **that's ~ly not true** ça ne peut pas être vrai; **~ly not!** pas possible!; (*US: with pleasure*) **~ly!** bien volontiers!; (**b**) **slowly but ~ly** lentement mais sûrement. ◆ **sureness** *n* (*certainty*) certitude *f*; [*judgment, method, footing*] sûreté *f*; [*aim, shot*] justesse *f*. ◆ **surety** *n* (*Jur*) caution *f*; **to stand ~ty for sb** se porter caution pour qn.

surf [sɜːf] **1** *n* (*waves*) vague *f* déferlante; (*foam*) écume *f*. **2** *vi*: **to go ~ing** surfer. ◆ **surfboard** **1** *n* planche *f* de surf ; **2** *vi* surfer. ◆ **surfboarder** *or* ◆ **surfrider** *n* surfeur *m*, -euse *f*. ◆ **surfboarding** *or* ◆ **surfriding** *n* surf *m*. ◆ **surf-boat** *n* surf-boat *m*. ◆ **surfing** *n* surf *m*.

surface ['sɜːfɪs] **1** *n* (*gen*) surface *f*; (*side: of solid*) côté *m*, face *f*. [*sea, lake etc*] **under the ~** sous l'eau; **he rose to the ~** il est remonté à la surface; **on the ~** (*Naut*) en surface; (*Min: also* **at the ~**) à la surface; (*fig*) à première vue; **on the ~ of the table** sur la surface de la table; **his faults are all on the ~** il a des défauts, mais il a un bon fond; **the road ~** la chaussée. **2** *adj tension* superficiel (*also fig*); (*Naut*) *vessel etc* de surface; (*Min*) *work* à la surface. **by ~ mail** par voie de terre; (*by sea*) par voie maritime; **~ reaction** réaction superficielle. **3** *vt road* revêtir (*with* de). **4** *vi* [*diver, whale*] remonter à la surface; [*submarine*] faire surface; (* *fig*) (*after absence*) réapparaître; (*after hard work*) faire surface. ◆ **surface-to-air** *adj* (*Mil*) sol-air *inv*.

surfeit ['sɜːfɪt] *n* excès *m* (*of* de). **to have a ~ of** avoir une indigestion de (*fig*).

surge [sɜːdʒ] **1** *n* [*rage, enthusiasm*] vague *f*; (*fig: in sales etc*) afflux *m*. **the ~ of the sea** la houle; **he felt a ~ of anger** il a senti la colère monter en lui. **2** *vi* (**a**) [*waves*] s'enfler; [*anger*] monter (*within sb* en qn). **the sea ~d against the rocks** la houle battait les rochers; (*Elec*) **the power ~d suddenly** il y a eu une brusque surtension de courant; **the blood ~d to his cheeks** le sang lui est monté au visage. (**b**) [*crowd, vehicles etc*] déferler. **to ~ in/out** *etc* entrer/sortir *etc* à flots; **they ~d round the car** ils se pressaient autour de la voiture; **they ~d forward** ils se sont lancés en avant. ◆ **surging** *adj sea* houleux; *crowd* déferlant.

surgeon ['sɜːdʒ(ə)n] *n* chirurgien *m*. (*US Admin*) **S~ General** ministre *m* de la Santé. ◆ **surgery** **1** *n* (*gen*) chirurgie *f*; (*consulting room*) cabinet *m* (de consultation); (*interview*) consultation *f*; **come to the surgery** venez à la consultation; **when is his surgery?** à quelle heure sont ses consultations?; **during his surgery** pendant ses heures de consultation; **to have surgery** se faire opérer ; **2** *adj*: **surgery hours** heures *fpl* de consultation. ◆ **surgical** *adj* chirurgical; **surgical appliance** appareil *m* orthopédique; **surgical cotton** coton *m* hydrophile; **surgical dressing** pansement *m*; **surgical spirit** alcool *m* à 90 (degrés).

surly ['sɜːlɪ] *adj* revêche, maussade. ◆ **surliness** *n* caractère *m* or air *m* revêche.

surmise ['sɜːmaɪz] **1** *n* conjecture *f*. **2** [sɜː'maɪz] *vt* conjecturer (*from sth*, d'après qch; *that* que).

surmount [sɜː'maʊnt] *vt* surmonter.

surname ['sɜːneɪm] *n* nom *m* de famille.

surpass [sɜː'pɑːs] *vt person* surpasser (*in* en); *hopes* dépasser.

surplice ['sɜːplɪs] *n* surplis *m*.

surplus ['sɜːpləs] **1** *n* (*gen*) surplus *m*; (*Fin*) boni *m*, excédent *m*. **2** *adj* (*gen*) en surplus; (*Fin*) de boni, excédentaire. **it is ~ to requirements** cela excède nos besoins; [*book, document etc*] **~ copies** exemplaires *mpl* de passe; **~ stock** surplus *mpl*; **~ wheat** surplus *or* excédent *m* de blé; **his ~ energy** son surcroît d'énergie; **~ store** magasin *m* de surplus.

surprise [sə'praɪz] **1** *n* (*gen*) surprise *f*, étonnement *m*; (*event etc*) surprise. **much to my ~** à ma grande surprise, à mon grand étonnement; **to take by ~** *person* prendre au dépourvu; (*Mil*) *fort, town* prendre par surprise; **a look of ~** un regard surpris; **to give sb a ~** faire une surprise à qn; **nasty ~** mauvaise surprise; **it came as a ~ to me to learn that...** j'ai eu la surprise d'apprendre que... **2** *adj* (*gen*) inattendu; *attack* par surprise. **3** *vt* (*astonish*) surprendre, étonner. **he was ~d to hear that...** il a été surpris *or* étonné d'apprendre que...; **I shouldn't be ~d if it snowed** cela ne m'étonnerait pas qu'il neige (*subj*); **don't be ~d if he refuses** ne soyez pas étonné *or* surpris s'il refuse; **I'm ~d at his ignorance** son ignorance me surprend; **I'm ~d at you!** cela me surprend

de votre part!; **I'm ~d he agreed** j'ai été étonné
or surpris qu'il accepte *(subj)*; *(iro)* **go on, ~ me!**
allez, étonne-moi!; **he ~d me into agreeing to do
it** j'ai été tellement surpris que j'ai accepté de
le faire. **(b)** *(catch unawares)* surprendre.
◆ **surprised** *adj* surpris, étonné. ◆ **surprising**
adj surprenant, étonnant; **it is surprising that** il
est surprenant *or* étonnant que + *subj*. ◆ **surprisingly** *adv* big, sad *etc* étonnamment; **you look
surprisingly cheerful for sb who...** vous m'avez l'air
de bien bonne humeur pour qn qui...; **surprisingly enough,...** chose étonnante,...; **not surprisingly he didn't come** comme on pouvait s'y
attendre, il n'est pas venu.

surrealism [sə'rɪəlɪz(ə)m] *n* surréalisme *m*. ◆ **sur-
real** *adj* surréaliste *(fig)*. ◆ **surrealist** *adj*, *n* surréaliste *(mf)*. ◆ **surrealistic** *adj* surréaliste.

surrender [sə'rendə^r] **1** *vi* se rendre *(to* à). **to ~
to the police** se livrer à la police. **2** *vt (Mil)* town,
hill livrer *(to* à); *firearms* rendre *(to* à); *stolen property, documents* remettre *(to* à); *lease* céder; *one's
rights, claims, liberty* renoncer à; *hopes* abandonner.
3 *n (Mil etc)* reddition *f (to* à). **no ~!** on ne se rend
pas!

surreptitious [ˌsʌrəp'tɪʃəs] *adj* entry, removal
subreptice; *movement, gesture* furtif. ◆ **surreptitiously** *adv* subrepticement; furtivement.

surrogate ['sʌrəgɪt] **1** *n (gen)* substitut *m*. **2** *adj*
pleasure etc de remplacement. **~ mother** mère-por-
teuse *f*.

surround [sə'raʊnd] **1** *vt* entourer; *(totally)* encercler. **~ed by** entouré de; *(Police etc)* **you are ~ed**
vous êtes encerclé. **2** *n* bordure *f*. ◆ **surrounding 1** *adj* environnant; **the ~ing countryside** les
environs *mpl*; **2** *npl*: **~ings** *[town]* environs *mpl*;
(setting) cadre *m*; **in their natural ~ings** dans leur
cadre naturel.

surtax ['sɜːtæks] *n* tranche *f* supérieure de l'impôt
sur le revenu.

surveillance [sɜː'veɪləns] *n* surveillance *f*. **to keep
sb under ~** garder qn à vue.

survey ['sɜːveɪ] **1** *n* **(a)** *(comprehensive view)* [pros-
pects, development etc] vue *f* d'ensemble *(of* de). **he
gave a general ~ of the situation** il a fait un tour
d'horizon de la situation. **(b)** *(study)* enquête *f*
(of sur). **to carry out a ~ of** enquêter sur; **~ of
public opinion** sondage *m* d'opinion. **(c)** *(Surveying:
of land, coast etc)* levé *m*; *(in housebuying)* visite *f*
d'expert; *(report)* expertise *f*. **2** *adj*: **~ ship** bateau
m hydrographique. **3** [sɜː'veɪ] *vt* **(a)** *(look at) (gen)*
regarder; *view, crowd* embrasser du regard; *prospects, trends* passer en revue. **(b)** *(study) ground etc*
inspecter; *needs, prospects* enquêter sur. **(c)** *site,
land* faire le levé de; *house, building* inspecter;
country, coast faire le levé topographique de; *seas*
faire le levé hydrographique de.
◆ **surveying** *n* arpentage *m*. ◆ **surveyor** *n* [prop-
erty, buildings etc] expert *m*; [land, site] arpenteur
m géomètre; [country, coastline] topographe *mf*;
[seas] hydrographe *mf*.

survive [sə'vaɪv] **1** *vi (gen)* survivre. **only three
volumes ~** il ne reste *or* il ne subsiste plus que
trois tomes; *(iro)* **you'll ~!** vous n'en mourrez pas!
2 *vt (gen)* survivre à; *injury, disease* réchapper de.
◆ **survival 1** *n (gen)* survie *f*; **the survival of the
fittest** la persistance du plus apte; **it's the survival
of an old law** c'est la survivance d'une vieille loi ;
2 *adj*: **survival course/kit** cours *m*/kit *m* de survie.
◆ **surviving** *adj* survivant. ◆ **survivor** *n* survi-
vant(e) *m(f)*.

sus [sʌs] *adj*: **~ law** garde *f* à vue préventive.

susceptible [sə'septəbl] *adj (sensitive)* sensible;
(touchy) susceptible. **to be ~ to** *(gen)* être sensible
à; *suggestion, sb's influence* être ouvert à; *(Med)
disease* être prédisposé à; *treatment* répondre à; **~
of** susceptible de. ◆ **susceptibility** *n* vive sen-

sibilité *f*; susceptibilité *f*; *(Med)* prédisposition *f*
(to à).

suspect ['sʌspekt] **1** *n* suspect(e) *m(f)*. **2** *adj* evidence, act suspect. **3** [səs'pekt] *vt (gen)* soupçonner
(that que; *of a crime* d'un crime; *of doing* de faire
or d'avoir fait); *ambush, swindle* flairer, soupçonner; *(have doubts about) sb's motives etc* suspecter,
douter de. **he ~s nothing** il ne se doute de rien;
I ~ed as much je m'en doutais; **he'll come, I ~**
il viendra, j'imagine.

suspend [səs'pend] *vt* **(a)** *(hang)* suspendre *(from*
à). **(b)** *(stop: gen)* suspendre; *licence, permission* retirer provisoirement; *bus service* interrompre provisoirement; *employee* suspendre *(from* de); *student, pupil* renvoyer temporairement. *(Jur)* **he
received a ~ed sentence of 6 months** il a été
condamné à 6 mois de prison avec sursis; *(fig)*
to be in a state of ~ed animation ne donner aucun
signe de vie. ◆ **suspender 1** *n*: **~ers** *(Brit) (for
stockings)* jarretelles *fpl*; *(for socks)* fixe-chaussettes
mpl; *(US)* bretelles *fpl* ; **2** *adj (Brit)* **~er belt** porte-
jarretelles *m inv*. ◆ **suspense** *n* incertitude *f*; *(in
book, film etc)* suspense *m*; **we waited in great suspense** nous avons attendu haletants; **to keep sb
in suspense** tenir qn en suspens; **to put sb out of
his suspense** mettre fin à l'incertitude de qn;
novel of suspense roman *m* à suspense; **the suspense is killing me!** * ce suspense me tue! *(also
iro)*. ◆ **suspension 1** *n* suspension *f (also Aut)*;
retrait *m* provisoire; interruption *f* provisoire;
2 *adj* bridge suspendu.

suspicion [səs'pɪʃ(ə)n] *n* soupçon *m*. **laden with ~**
chargé de soupçons; **above ~** au-dessus de tout
soupçon; **under ~** considéré comme suspect; **he
was regarded with ~** on s'est montré soupçonneux à son égard; *(Jur)* **to arrest on ~** arrêter sur
des présomptions; **on ~ of murder** sur présomption de meurtre; **I had a ~ that...** je soupçonnais
que...; **I had no ~ that...** je ne me doutais pas
du tout que...; **I had (my) ~s about that** j'avais
mes doutes là-dessus. ◆ **suspicious** *adj* **(a)** *(feeling ~)* soupçonneux, méfiant; **to be suspicious
about sb/sth** avoir des soupçons à l'égard de qn/
quant à qch; **to be suspicious of** se méfier de; **(b)**
(causing ss: **suspicious-looking** person, vehicle suspect; *move, action* louche. ◆ **suspiciously** *adv* examine, glance, ask *etc* avec méfiance; *behave, run away
etc* d'une manière suspecte *or* louche; **it looks suspiciously like measles** ça m'a tout l'air d'être la
rougeole; **it sounds suspiciously as though...** ça
m'a tout l'air de signifier que...; **he arrived suspiciously early** il me paraît suspect qu'il soit arrivé
si tôt. ◆ **suspiciousness** *n* caractère *m* soupçonneux *or* suspect.

suss * [sʌs] *vt (Brit)* **to ~ out** découvrir.

sustain [səs'teɪn] *vt* **(a)** *weight, beam etc* supporter;
body donner des forces à; *life* maintenir; *(Mus)
note* tenir; *effort, role, theory* soutenir; *pretence* poursuivre. *(Jur)* **objection ~ed** ≈ objection accordée.
(b) *(suffer) attack, damage* subir; *loss* éprouver; *injury*
recevoir. ◆ **sustained** *adj effort, applause* prolongé; **~ed growth** expansion *f* soutenue. ◆ **sus-
taining** *adj food* nourrissant. ◆ **sustenance** *n*
(food) nourriture *f*; *(means of livelihood)* moyens
mpl de subsistance; **there's not much sustenance
in it** cela n'est pas très nourrissant.

swab [swɒb] **1** *n (mop, cloth)* serpillière *f*; *(Med:
cotton wool etc)* tampon *m*; *(Med: specimen)* prélèvement *m (of* dans). **2** *vt (~ down) floor etc* nettoyer, essuyer; *(~ out) wound* tamponner.

swagger ['swægə^r] **1** *n*: **to walk with a ~** marcher
d'un air fanfaron. **2** *vi*: **to ~ about/in** *etc* se pro-
mener/entrer *etc* d'un air fanfaron. ◆ **swaggering 1** *adj gait* assuré; *person, look, gesture* fanfaron ; **2** *n* air *m* fanfaron.

swallow¹ ['swɒləʊ] **1** n (bird) hirondelle f. **2** adj: ~ **dive** saut m de l'ange. ◆ **swallowtail butterfly** n machaon m.

swallow² ['swɒləʊ] **1** n (act) avalement m; (amount) gorgée f. **at one** ~ d'un seul coup. **2** vi avaler. (emotionally) **he** ~**ed hard** sa gorge s'est serrée. **3** vt food, story, insult avaler; anger, pride ravaler. (fig) **to** ~ **the bait** se laisser prendre à l'appât; **that's hard to** ~ c'est dur à avaler; **they** ~**ed it whole** ils ont tout avalé. ◆ **swallow up** vt sep (fig) engloutir. **he was** ~**ed up in the crowd** il a disparu dans la foule.

swam [swæm] pret of **swim**.

swamp [swɒmp] **1** n marais m, marécage m. **2** adj: ~ **fever** paludisme m. **3** vt (flood) inonder; boat emplir d'eau; (fig) submerger (with de). (fig) ~**ed with requests/letters** submergé de requêtes/lettres; ~**ed * with work** débordé de travail; (Ftbl etc) **towards the end of the game they** ~**ed us** vers la fin de la partie ils ont fait le jeu. ◆ **swampland** n marécages mpl. ◆ **swampy** adj marécageux.

swan [swɒn] **1** n cygne m. **2** adj (US) ~ **dive** saut m de l'ange; (fig) ~ **song** chant m du cygne. **3** vi (*) **he** ~**ned off to London** il est parti à Londres sans s'en faire *; **he's** ~**ning around in Paris** il se balade dans Paris sans s'en faire *. ◆ **swansdown** n duvet m de cygne.

swank * [swæŋk] **1** n **(a)** esbroufe * f. **out of** ~ pour faire de l'esbroufe *. **(b)** (person) esbroufeur * m, -euse * f. **2** vi chercher à en mettre plein la vue *. **to** ~ **about sth** se vanter de qch. ◆ **swanky** * adj qui en met plein la vue *.

swap * [swɒp] **1** n troc m, échange m. **it's a fair** ~ ça se vaut; (stamps etc) ~**s** doubles mpl. **2** vt échanger (A for B A contre B; with sb avec qn). **let's** ~ **places** changeons de place (l'un avec l'autre); **I'll** ~ **you!** tu veux échanger avec moi? **3** vi échanger.

swarm¹ [swɔ:m] **1** n [bees, flying insects] essaim m; [ants, crawling insects] grouillement m; [people] nuée f. (fig) **in** ~**s** en masse. **2** vi [bees] essaimer. [crawling insects] **to** ~ **about** grouiller; [people] **to** ~ **in/out** etc entrer/sortir etc en masse; [ground, town] **to** ~ **with** grouiller de.

swarm² [swɔ:m] vt (~ **up**) tree grimper à toute vitesse à.

swarthy ['swɔ:ðɪ] adj basané. ◆ **swarthiness** n teint m basané.

swastika ['swɒstɪkə] n swastika m; (Nazi) croix f gammée.

swat [swɒt] **1** vt écraser. **2** n (fly ~, also ~**ter**) tapette f.

swathe [sweɪð] vt emmailloter (in bandages de bandages), envelopper (in blankets dans des couvertures).

sway [sweɪ] **1** n **(a)** (motion) (gen) oscillation f; [boat] balancement m. **(b)** (liter) emprise f (over sur). **under his** ~ sous son emprise. **2** vi (gen) osciller, se balancer; [tower block, bridge] osciller; [train] tanguer; [person] tanguer, osciller; (fig: vacillate) balancer (between entre). **3** vt **(a)** hanging object balancer, faire osciller; hips rouler; [wind, waves] balancer. **(b)** (influence) influencer.

Swaziland ['swɑ:zɪlænd] n Swaziland m.

swear [swɛəʳ] pret **swore**, ptp **sworn** **1** vt jurer (on sth sur qch; that que; to do de faire). **to** ~ **an oath** (solemnly) prêter serment; (curse) lâcher un juron; **I could have sworn he touched it** j'aurais juré qu'il l'avait touché; **to** ~ **sb to secrecy** faire jurer le secret à qn. **2** vi **(a)** jurer. **to** ~ **to the truth of sth** jurer que qch est vrai; **I wouldn't** ~ **to it** je n'en jurerais pas; (fig) **he** ~**s by vitamin C tablets** il ne jure que par la vitamine C. **(b)** (curse) jurer (at contre, après). **to** ~ **like a trooper** jurer comme un charretier. ◆ **swear in** vt sep jury etc faire prêter serment à. ◆ **swearword** n juron m, gros mot.

sweat [swet] **1** n sueur f. **by the** ~ **of his brow** à la sueur de son front; **to be dripping with** ~ ruisseler de sueur; (fig) **to be in a cold** ~ * avoir des sueurs froides; **it was an awful** ~ * on en a eu du mal!; **no** ~! ♯ pas de problème! **2** vi [person, animal, cheese] suer (with, from de); [walls] suinter. **to** ~ **like a bull** suer comme un bœuf; **he was** ~**ing profusely/over his essay** * il suait à grosses gouttes/sur sa dissertation. **3** vt **(a)** (fig) workers exploiter. ~**ed labour** main-d'œuvre f exploitée. **(b) to** ~ **blood** * (work hard) suer sang et eau (over sth sur qch); (be anxious) avoir des sueurs froides. ◆ **sweat out** * vt sep (fig) **you'll have to** ~ **it out** il faudra t'armer de patience; **they left him to** ~ **it out** ils n'ont rien fait pour l'aider. ◆ **sweatband** n (Sport) bandeau m. ◆ **sweater** n pullover m, pull * m. ◆ **sweating** n transpiration f; (Med) sudation f; [wall] suintement m. ◆ **sweatshirt** n sweat-shirt m. ◆ **sweat-shop** n atelier m où les ouvriers sont exploités. ◆ **sweat suit** n survêtement m. ◆ **sweaty** adj body en sueur; feet qui suent; hand moite; smell de sueur; sock mouillé de sueur.

swede [swi:d] n rutabaga m.

Sweden ['swi:dn] n Suède f. ◆ **Swede** n Suédois(e) m(f). ◆ **Swedish 1** adj suédois ; **2** n suédois m; **the Swedish** les Suédois mpl.

sweep [swi:p] (vb: pret, ptp **swept**) **1** n **(a)** (chimney ~) ramoneur m. **(b)** (movement) [arm] grand geste m; [sword, net] grand coup m; [scythe] mouvement m circulaire; [lighthouse etc beam] trajectoire f; (fig) [progress, events] marche f. **with one** ~ d'un seul coup; **with a** ~ **of his arm** d'un geste large; **the police made a** ~ **of the district** la police a ratissé le quartier; **a wide** ~ **of meadowland** une vaste étendue de prairie.

2 vt room, street, snow etc balayer; chimney ramoner; channel, mines draguer. (Naut) **to** ~ **sth clean of mines** déminer qch; **to** ~ **the horizon** (with binoculars) parcourir l'horizon; [lighthouse beam] balayer l'horizon; **his glance swept the room** il a parcouru la pièce du regard; **a wave of indignation swept the city** une vague d'indignation a déferlé sur la ville; **he swept the rubbish off the pavement** il a enlevé les ordures du trottoir d'un coup de balai; (fig) **to** ~ **sth under the carpet** tirer le rideau sur qch; **to** ~ **sth on to the floor** faire tomber qch par terre d'un geste large; (fig) **to** ~ **everything before one, to** ~ **the board** remporter un succès complet; **they swept the board at the election** ils ont remporté l'élection haut la main; **the crowd swept him into the square** la foule l'a emporté sur la place; **the wave swept him overboard** la vague l'a jeté par-dessus bord; **the current swept the boat downstream** le courant a emporté le bateau; **the water swept him off his feet** le courant lui a fait perdre pied; (fig) **to be swept off one's feet** être enthousiasmé (by par); (fig) **he swept her off her feet** elle a eu le coup de foudre pour lui.

3 vi: **to** ~ **in/out/along** etc entrer/sortir/avancer etc (swiftly) rapidement or (impressively) majestueusement or (angrily) avec furie; **the car swept round the corner** la voiture a pris le virage comme un bolide; **the rain swept across the plain** la pluie a balayé la plaine; **panic swept through the city** la panique s'est emparée de la ville; (fig: Pol) **to** ~ **into office** être porté au pouvoir; **the Alps** ~ **down to the coast** les Alpes descendent majestueusement vers la côte.

◆ **sweep along** vt sep [crowd, flood] emporter. ◆ **sweep aside** vt sep object, person, suggestion repousser; difficulty, obstacle écarter. ◆ **sweep away** vt sep dust, snow, rubbish balayer; [crowd, current, gale] entraîner. ◆ **sweep out** vt sep balayer. ◆ **sweep up 1** *vi* balayer. **2** *vt sep leaves, dust etc* balayer; *(pick up) books etc* ramasser d'un geste brusque.

◆ **sweeper** *n* **(a)** *(worker)* balayeur *m*; *(machine)* balayeuse *f*; *(carpet ~er)* balai *m* mécanique; *(vacuum cleaner)* aspirateur *m*. **(b)** *(Ftbl)* arrière *m* volant. ◆ **sweeping** *adj movement, gesture* large; *bow, curtsy* profond; *glance* circulaire; *change, reorganization* radical; *reduction* considérable; *price cut* imbattable; *(at election)* ~**ing gains/losses** progression *f* /recul *m* très net(te); ~**ing statement** or **generalization** généralisation *f* hâtive; **that's pretty ~ing!** c'est beaucoup dire! ◆ **sweepstake** *n* sweepstake *m*.

sweet [swiːt] **1** *adj* **(a)** *(not sour) apple, cider, wine* doux (*f* douce); *tea, biscuit, taste* sucré. **to have a ~ tooth** être friand de sucreries; **I love ~ things** j'aime les sucreries *fpl*; *(Culin)* ~ **and sour** aigre-doux; **a sickly ~ smell** une odeur fétide. **(b)** *(pleasant etc) air, breath* frais; *water* pur; *soil* sain; *scent* agréable; *sound, voice* mélodieux; *running of engine* sans à-coups; *person* gentil, charmant; *revenge, success, character, smile* doux; *child, dog, house, dress* mignon. *(fig)* **the ~ smell of success** la douceur exquise du succès; **it was ~ to his ear** c'était doux à son oreille; *(pej)* ~ **words** or **talk** flagorneries *fpl*; ~ **herbs** fines herbes *fpl*; ~ **potato** patate *f* douce; **he carried on in his own ~ way** il a continué comme il l'entendait; **to be ~ on sb** * avoir le béguin * pour qn; ~ **Fanny Adams** ‡ rien de rien *; **a ~ old lady** une adorable vieille dame; ~ **little baby** mignon petit bébé *m*.

2 *adv*: **to smell ~** sentir bon; **to taste ~** avoir un goût sucré.

3 *n (toffee etc)* bonbon *m*; *(dessert)* dessert *m*.

◆ **sweetbread** *n* ris *m* de veau or d'agneau. ◆ **sweetcorn** *n* maïs *m* doux. ◆ **sweeten** *vt food etc* sucrer; *air* purifier; *(fig) person, temper, task* adoucir; *(*: bribe)* graisser la patte à *. ◆ **sweetener** *n (for coffee, food)* édulcorant *m*; *(* fig: bribe)* pot-de-vin *m*. ◆ **sweetening** *n (substance)* édulcorant *m*. ◆ **sweetheart** *n* petit(e) ami(e) *m(f)*; **yes ~heart** oui mon ange. ◆ **sweetie** * *n (toffee etc)* bonbon *m*; **she's a ~ie** c'est un ange; **yes ~ie** oui mon ange. ◆ **sweetly** *adv sing, play* mélodieusement; *smile, answer* gentiment; *[engine] run* sans à-coups. ◆ **sweetpea** *n* pois *m* de senteur. ◆ **sweet-natured** or ◆ **sweet-tempered** *adj* d'un naturel doux. ◆ **sweetness** *n (gen)* douceur *f*; *(to taste)* goût sucré; *(in smell)* odeur *f* suave. ◆ **sweet-scented** or ◆ **sweet-smelling** *adj* parfumé, odorant. ◆ **sweetshop** *n* confiserie *f*. ◆ **sweet-william** *n* œillet *m* de poète.

swell [swel] *(vb: pret* **swelled**, *ptp* **swollen** *or* **swelled**) **1** *n [sea]* houle *f*; *(Mus)* crescendo *m inv*. **2** *adj (*: esp US: excellent)* sensationnel *, formidable *. **3** *vi (~ up) [tyre, airbed, sails]* se gonfler; *[part of body]* enfler; *[wood]* gonfler; *[river]* grossir; *[sound, music, voice]* s'enfler; *[numbers, membership]* augmenter. **4** *vt sail* gonfler; *sound* enfler; *river, population* grossir; *number* augmenter, grossir. **swollen with pride** gonflé d'orgueil. ◆ **swellheaded** * *adj* bêcheur. ◆ **swelling** *n (Med)* enflure *f*; *(lump)* grosseur *f*; *(on tyre etc)* hernie *f*.

swelter ['sweltə(r)] *vi* étouffer de chaleur. ◆ **sweltering** *adj* oppressant; **it's ~ing in here** on étouffe de chaleur ici.

swept [swept] *pret, ptp of* **sweep**.

swerve [swɜːv] **1** *vi [boxer, fighter]* faire un écart; *[ball]* dévier; *[vehicle, ship]* faire une embardée; *[driver]* donner un coup de volant; *(fig)* dévier *(from* de). **2** *n* écart *m*; embardée *f*.

swift [swift] **1** *adj (gen)* prompt *(to do* à faire), rapide; *vehicle, journey* rapide; *movement* vif. **2** *n (Orn)* martinet *m*. ◆ **swiftly** *adv* rapidement, vite. ◆ **swiftness** *n* promptitude *f*; rapidité *f*.

swig * [swig] **1** *n* lampée * *f*; *(larger)* coup *m*. **to take a ~ at a bottle** boire un coup à même la bouteille. **2** *vt* lamper *.

swill [swil] **1** *n (for pigs etc)* pâtée *f*; *(garbage)* eaux *fpl* grasses. **2** *vt* **(a)** *(~ out) floor* laver à grande eau; *glass* rincer. **(b)** *(*: drink)* boire à grands traits.

swim [swim] *(vb: pret* **swam**, *ptp* **swum**) **1** *n*: **to go for a ~, to have a ~ =** **to go ~ming** *(V* **2***)*; **after a 2-km ~** après avoir fait 2 km à la nage; **I had a lovely ~** ça m'a fait du bien de nager comme ça; *(fig)* **to be in the ~** être dans le mouvement.

2 *vi (gen)* nager; *(as sport)* faire de la natation. **to go ~ming** *(in sea etc)* aller nager, aller se baigner; *(in ~ming baths)* aller à la piscine; **to ~ away/back** *etc* s'éloigner/revenir *etc* à la nage; *[fish]* s'éloigner/revenir *etc*; **he swam under the boat** il est passé sous le bateau; *(fig)* **to ~ with the tide** suivre le courant; *(fig)* **the meat was ~ming in gravy** la viande baignait dans la sauce; **eyes ~ming with tears** yeux baignés de larmes; **the bathroom was ~ming** * la salle de bains était inondée; **the room swam before his eyes** la pièce semblait tourner autour de lui; **his head was ~ming** la tête lui tournait.

3 *vt* traverser à la nage. **it was first swum in 1900** la première traversée à la nage a eu lieu en 1900; **to ~ 10 km** faire 10 km à la nage; **I can't ~ a stroke** je suis incapable de faire une brasse. ◆ **swimmer** *n* nageur *m*, -euse *f*. ◆ **swimming 1** *n* nage *f*; *(as sport)* natation *f*; **2** *adj*: ~**ming bath(s)** or **pool** piscine *f*; ~**ming cap** bonnet *m* de bain; ~**ming costume** or **suit** maillot *m* (de bain) une pièce; ~**ming gala** fête *f* de natation; ~**ming trunks** caleçon *m* de bain. ◆ **swimmingly** *adv*: **to go ~mingly** aller à merveille. ◆ **swimsuit** *n* maillot *m* de bain.

swindle ['swindl] **1** *n* escroquerie *f*. **it's a ~** c'est du vol. **2** *vt* escroquer, rouler *. **to ~ sb out of sth, to ~ sth out of sb** escroquer qch à qn. ◆ **swindler** *n* escroc *m*.

swine [swain] *n, pl inv* pourceau *m*; *(‡ fig: person)* salaud ‡ *m*.

swing [swiŋ] *(vb: pret, ptp* **swung**) **1** *n* **(a)** *(movement)* balancement *m*; *[pendulum, needle, pointer]* oscillations *fpl*; *(distance)* arc *m*; *(Boxing, Golf)* swing *m*. **to take a ~ at sb** décocher un coup de poing à qn; *(fig)* **the ~ of the pendulum** le mouvement du pendule; *(Pol)* **a ~ of 5% to the left** un revirement de 5% en faveur de la gauche; **to walk with a ~ (in one's step)** marcher d'un pas rythmé; **music that goes with a ~** musique *f* entraînante; *(fig)* **to go with a ~** *[evening, party]* marcher du tonnerre *; *[business, shop]* très bien marcher; **to be in full ~** battre son plein; **to get into the ~ of things** se mettre dans le bain. **(b)** *(play equipment)* balançoire *f*. **to have a ~** se balancer; *(fig)* **what you gain on the ~s you lose on the roundabouts** ce qu'on gagne d'un côté on le perd de l'autre. **(c)** *(~ music)* swing *m*.

2 *adj* **(a)** *(Mus) band* de swing. **(b)** *bridge* tournant; *door* battant.

3 *vi (gen)* se balancer; *[pendulum]* osciller; *(pivot: ~ round)* tourner, pivoter; *[person]* se retourner. ~**ing by his hands** suspendu par les mains; **to ~ to and fro** se balancer; **it swung round through the air** cela a décrit une courbe dans l'air; **he swung across on the rope** agrippé à la corde il s'est élancé et est passé de l'autre côté; **the door swung open/shut** la porte s'est ouverte/refermée; **he swung round on his heels** il a virevolté; **to ~ along/away** *etc* avancer/s'éloigner *etc* d'un pas rythmé; *(fig)* **to ~ into action** passer à l'action; **music that really ~s** musique *f* au rythme entraînant; **the river ~s north** la rivière décrit une courbe vers le nord; *(fig Pol)* **to ~ to the right** virer

à droite; *(be hanged)* **he'll ~ for it *** on lui mettra la corde au cou pour cela.
4 *vt* (**a**) *(gen)* balancer; *child on swing* pousser; *(brandish)* brandir. **he swung the case (up) on to his shoulders** il a balancé la valise sur ses épaules; **he swung himself over the wall** il a sauté par-dessus le mur; **to ~ o.s. up into the saddle** sauter en selle; **to ~ one's hips** rouler *or* balancer les hanches. (**b**) (**~ round**) *propeller* lancer ; *starting handle* tourner. **to ~ a door open/shut** ouvrir/fermer une porte. (**c**) *(influence)* election, decision influencer. **to ~ a deal *** emporter une affaire. (**d**) *(Mus)* the classics etc jouer de manière rythmée.
◆ **swing round 1** *vi* [*person*] se retourner; [*crane etc*] pivoter; [*vehicle*] virer; *(after collision)* faire un tête-à-queue; *(fig)* [*voters*] virer de bord; [*opinions etc*] connaître un revirement. **2** *vt sep object on rope etc* faire tourner.
◆ **swinging** *adj step* rythmé; *music, rhythm* entraînant; (* *fig*) *(lively)* dynamique; *(fashionable etc)* dans le vent *; *party* du tonnerre *. ◆ **swing-wing** *adj (Aviat)* à géométrie variable.
swingeing ['swɪn(d)ʒɪŋ] *adj blow, attack* violent; *defeat, majority* écrasant; *damages, taxation, price* énorme.
swipe [swaɪp] **1** *n* (*) *(at ball etc)* grand coup *m*; *(slap)* gifle *f*. **2** *vt* (**a**) (*: *hit*) *ball* frapper à toute volée; *person* gifler à toute volée. (**b**) (*: *steal*) piquer *, voler *(sth from sb* qch à qn).
swirl [swɜːl] **1** *n (gen)* tourbillon *m*; [*cream etc*] volute *f*. **2** *vi* tourbillonner.
swish [swɪʃ] **1** *vi* [*cane, whip*] siffler, cingler l'air; [*water, long grass, skirts*] bruire. **2** *vt whip, cane* faire siffler. **3** *n* sifflement *m*; bruissement *m*. **4** *adj* (*: *smart: also* **swishy** *) rupin ‡.
Swiss [swɪs] **1** *adj* suisse. **~ French/German** suisse romand/allemand; *(Culin)* **~ roll** gâteau *m* roulé. **2** *n, pl inv* Suisse(sse) *m(f)*.
switch [swɪtʃ] **1** *n* (**a**) *(Elec)* interrupteur *m*, commutateur *m*; *(Aut:* **ignition ~**) contact *m*. *(Elec)* **the ~ was on/off** c'était allumé/éteint. (**b**) *(Rail: points)* aiguille *f*. (**c**) [*opinion, allegiance*] revirement *m*; [*funds*] transfert *m* (*from* de; *to* en faveur de). *(Bridge)* **the ~ to hearts** le passage à cœur.
2 *vt* (**a**) *(transfer)* one's support, allegiance, attention reporter (*from* de; *to* sur). **to ~ production to another factory** transférer la production dans une autre usine; **to ~ the conversation to another subject** changer de sujet de conversation. (**b**) *(exchange)* échanger (*A for B* A contre B; *sth with sb* qch avec qn); (**~ over, ~ round**) *two objects, letters in word* intervertir; *(rearrange:* **~ round**) *books, objects* changer de place. **to ~ plans** changer de projet. (**c**) *(Rail)* aiguiller (*to another track* sur une autre voie). (**d**) *(Elec etc)* **to ~ the heater to 'low'** mettre le radiateur sur 'doux'; **to ~ the radio/TV to another programme** changer de station/de chaîne. **3** *vi* (**~ over**) **he ~ed (over) to Conservative** il a voté conservateur cette fois; **we ~ed (over) to gas** (nous avons changé et) nous avons maintenant fait installer le gaz; **many have ~ed (over) to teaching** beaucoup se sont recyclés dans l'enseignement.
◆ **switch back 1** *vi (gen)* revenir (*to* à). *(Rad, TV)* **to ~ back to the other programme** remettre l'autre émission. **2** *vt sep:* **to ~ the heater back to 'low'** remettre le radiateur sur 'doux'; *(Elec)* **to ~ back on** rallumer. ◆ **switch off 1** *vi* (**a**) *(Rad, TV)* éteindre *(Rad, TV)* éteindre le poste; *(fig: lose interest)* décrocher *. (**b**) [*heater, oven etc*] s'éteindre; *alarm clock* arrêter. **2** *vt sep* éteindre. *(Rad, TV)* **he ~ed the programme off** il a fermé le poste; *(Aut)* **to ~ off the engine** arrêter le moteur.
◆ **switch on 1** *vi* (**a**) *(Elec)* allumer; *(Rad, TV)* allumer le poste. (**b**) [*heater, oven etc*] s'allumer. **2** *vt sep (gen)* allumer; *water supply* ouvrir;

engine, machine mettre en marche; (‡ *fig: excite*) exciter. **to ~ on the light** allumer; *(fig)* **to be ~ed on** ‡ *(up-to-date)* être dans le vent *; *(by drugs)* planer *; *(sexually)* être tout excité *(by* par).
◆ **switch over** *vi (TV/Rad)* changer de chaîne/de station. *(Rad, TV)* **to ~ to sth** mettre qch.
◆ **switchback 1** *n* montagnes *fpl* russes *(also fig)* ; **2** *adj (up and down)* tout en montées et descentes. ◆ **switchblade (knife)** *n (US)* couteau *m* à cran d'arrêt. ◆ **switchboard 1** *n (Elec)* tableau *m* de distribution; *(Telec)* standard *m* ; **2** *adj (Telec)* **~board operator** standardiste *mf*. ◆ **switchover** *n* passage *m (from* de; *to* à).
Switzerland ['swɪts(ə)lənd] *n* Suisse *f*. **French-/German-/Italian-speaking ~** la Suisse romande/allemande/italienne.
swivel ['swɪvl] **1** *n* pivot *m*. **2** *adj seat etc* pivotant. **3** *vt* (**~ round**) faire pivoter. **4** *vi* (**~ round**) pivoter.
swollen ['swəʊl(ə)n] *(ptp of* **swell***) adj arm, face* enflé; *eyes, stomach* gonflé (*with* de); *river, lake* en crue; *population* accru. **to have ~ glands** avoir une inflammation des ganglions. ◆ **swollen-headed** * *adj* bêcheur.
swoon [swuːn] *vi* se pâmer; *(fig)* se pâmer d'admiration *(over sb/sth* devant qn/qch).
swoop [swuːp] **1** *n (attack)* attaque *f* en piqué *(on* sur); [*police etc*] descente *f (on* dans). **at one fell ~** d'un seul coup. **2** *vi* (**~ down**) [*bird*] fondre; [*aircraft*] descendre en piqué; [*police etc*] faire une descente.
swop [swɒp] = **swap**.
sword [sɔːd] **1** *n* épée *f*. **to wear a ~** porter l'épée. **2** *adj wound* d'épée. **~ arm** bras *m* droit; **~ dance** danse *f* du sabre. **~ fish** *n* espadon *m*. ◆ **swordsman** *n:* **to be a good ~sman** être une fine lame. ◆ **swordsmanship** *n* habileté *f* dans le maniement de l'épée. ◆ **swordstick** *n* canne *f* à épée. ◆ **sword-swallower** *n* avaleur *m* de sabres.
swore [swɔːʳ] *pret of* **swear**.
sworn [swɔːn] *(ptp of* **swear***) adj evidence, statement* donné sous serment; *enemy* juré; *ally, friend* à la vie et à la mort.
swot * [swɒt] **1** *n* bûcheur * *m*, -euse * *f*. **2** *vti* bûcher *. **to ~ for an exam** bachoter; **to ~ up (on) sth** potasser * qch. ◆ **swotting** * *n* bachotage *m*.
swum [swʌm] *ptp of* **swim**.
swung [swʌŋ] *(pret, ptp of* **swing***) adj (Typ)* **~ dash** tilde *m*.
sycamore ['sɪkəmɔːʳ] *n* sycomore *m*.
sycophant ['sɪkəfənt] *n* flagorneur *m*, -euse *f*.
Sydney ['sɪdnɪ] *n* Sydney.
syllable ['sɪləbl] *n* syllabe *f*. ◆ **syllabic** *adj* syllabique.
syllabus ['sɪləbəs] *n (Scol, Univ)* programme *m*. **on the ~** au programme.
syllogism ['sɪlədʒɪz(ə)m] *n* syllogisme *m*.
sylph [sɪlf] *n* sylphe *m*. ◆ **sylphlike** *adj woman* gracile; *figure* de sylphide.
symbiosis [ˌsɪmbɪ'əʊsɪs] *n (also fig)* symbiose *f*. ◆ **symbiotic** *adj* symbiotique.
symbol ['sɪmb(ə)l] *n* symbole *m*. ◆ **symbolic(al)** *adj* symbolique. ◆ **symbolically** *adv* symboliquement. ◆ **symbolism** *n* symbolisme *m*. ◆ **symbolist** *adj, n* symboliste *(mf)*. ◆ **symbolization** *n* symbolisation *f*. ◆ **symbolize** *vt* symboliser.
symmetry ['sɪmɪtrɪ] *n* symétrie *f*. ◆ **symmetric(al)** *adj* symétrique. ◆ **symmetrically** *adv* symétriquement.
sympathy ['sɪmpəθɪ] *n* (**a**) *(pity)* compassion *f*. **please accept my deepest ~** veuillez agréer mes condoléances; **to feel ~ for** éprouver de la compassion pour; **to show one's ~ for sb** témoi-

gner sa sympathie à qn. (**b**) *(fellow feeling)* solidarité *f* *(for* avec). **I have no ~ with lazy people** je n'ai aucune indulgence pour les paresseux; **he is in ~ with the workers** il est du côté des ouvriers; **I am in ~ with your proposals** je suis en accord avec vos propositions; **to strike in ~ with sb** faire grève en solidarité avec qn. ◆ **sympathetic** *adj (showing pity)* compatissant (*to, towards* envers); *(kind)* bien disposé (*to* envers), compréhensif; **you will find him very sympathetic** vous le trouverez bien disposé à votre égard. ◆ **sympathetically** *adv (showing pity)* avec compassion; *(kindly)* avec bienveillance. ◆ **sympathize** *vi*: **her cousin called to sympathize** sa cousine est venue témoigner sa sympathie; **I sympathize with you in your grief** je m'associe à votre douleur; **I sympathize with you** *(pity)* je vous plains; *(understand)* je comprends votre point de vue. ◆ **sympathizer** *n (in adversity)* personne *f* qui compatit; *(fig: esp Pol)* sympathisant(e) *m(f)* (*with* de).

symphony ['sɪmfənɪ] **1** *n* symphonie *f*. **2** *adj* concert, orchestra symphonique. ◆ **symphonic** *adj* symphonique.

symposium, *pl* **-ia** [sɪm'pəʊzɪəm, ɪə] *n* symposium *m*.

symptom ['sɪmptəm] *n* symptôme *m*. ◆ **symptomatic** *adj* symptomatique *(of* de).

synagogue ['sɪnəgɒg] *n* synagogue *f*.

synchronize ['sɪŋkrənaɪz] **1** *vt* synchroniser. **~d swimming** natation *f* synchronisée. **2** *vi [events]* se passer en même temps (*with* que). ◆ **sync** * *n:* **in/out of sync** bien/mal synchronisé. ◆ **synchronization** *n* synchronisation *f*.

syncopate ['sɪŋkəpeɪt] *vt* syncoper. ◆ **syncopation** *n* syncope *f (Mus)*.

syndicate ['sɪndɪkɪt] **1** *n (Comm etc)* syndicat *m*, coopérative *f*. **2** ['sɪndɪkeɪt] *vt* (**a**) *(US Press) article etc* vendre *or* publier par l'intermédiaire d'un syndicat de distribution. (**b**) *workers* syndiquer.

◆ **syndicalism** *n* syndicalisme *m*. ◆ **syndicalist** *n* syndicaliste *mf*.

syndrome ['sɪndrəʊm] *n (also fig)* syndrome *m*.

synod ['sɪnəd] *n* synode *m*.

synonym ['sɪnənɪm] *n* synonyme *m*. ◆ **synonymous** *adj* synonyme (*with* de). ◆ **synonymy** *n* synonymie *f*.

synopsis, *pl* **-ses** [sɪ'nɒpsɪs, sɪːz] *n* résumé *m*.

syntax ['sɪntæks] *n* syntaxe *f*. ◆ **syntactic(al)** *adj* syntaxique.

synthesis, *pl* **-ses** ['sɪnθəsɪs, sɪːz] *n* synthèse *f*. ◆ **synthesize** *vt (combine)* synthétiser; *(produce)* produire synthétiquement. ◆ **synthesizer** *n* synthétiseur *m*. ◆ **synthetic 1** *adj* synthétique ; **2** *n* produit *m* synthétique; *(Tex)* **synthetics** fibres *fpl* synthétiques.

syphilis ['sɪfɪlɪs] *n* syphilis *f*. ◆ **syphilitic** *adj, n* syphilitique *(mf)*.

syphon ['saɪf(ə)n] = **siphon**.

Syria ['sɪrɪə] *n* Syrie *f*.

syringe [sɪ'rɪn(d)ʒ] **1** *n* seringue *f*. **2** *vt* seringuer.

syrup ['sɪrəp] *n* sirop *m*; *(Culin:* **golden ~)** mélasse *f* raffinée. ◆ **syrupy** *adj* sirupeux.

system ['sɪstəm] **1** *n* (**a**) *(structured whole)* système *m*. **a political/social ~** un système politique/social; **solar ~** système solaire; **nervous ~** système nerveux; **digestive ~** appareil *m* digestif; **the railway ~** le réseau de chemin de fer; **the Social Security ~** le régime de la Sécurité sociale. (**b**) *(method, process)* système *m*. (**c**) *(the body)* organisme *m*. *(fig)* **let him get it out of his ~** * *anger* laisse-le décharger sa bile; *passion* laisse-le faire — ça lui passera. (**d**) *(established order)* **the ~** le système. (**e**) *(Comput)* système *m*. (**f**) *(order)* **to lack ~** manquer de méthode. **2** *adj (Comput)* **~ disk** disque *m* système. ◆ **systematic** *adj* systématique. ◆ **systematically** *adv* systématiquement. ◆ **systematization** *n* systématisation *f*. ◆ **systematize** *vt* systématiser. ◆ **systemic** *adj (gen)* du système ; *insecticide* systémique. ◆ **systems analyst** *n* analyste *mf* fonctionnel(le).

T

T, t [tiː] *n (letter)* T, t *m. (fig)* **that's it to a T** * c'est exactement ça; **it fits him to a T** * ça lui va comme un gant. ◆ **T-bone (steak)** *n* steak *m* avec un os en T. ◆ **T-junction** *n* intersection *f* en T. ◆ **T-shirt** *n* T-shirt *m*. ◆ **T-square** *n* équerre *f* en T.

ta * [tɑː] *excl* merci!

tab [tæb] *n (part of garment)* patte *f; (loop on garment etc)* attache *f; (label)* étiquette *f; (on shoelace)* ferret *m; (marker: on file etc)* onglet *m; (US *: café check)* addition *f*. **to keep ~s on** * *person* avoir à l'œil *; thing* avoir l'œil sur *; (lit, fig)* **to pick up the ~** * payer l'addition.

tabby ['tæbɪ] *n (~ cat)* chat(te) *m(f)* tigré(e).

tabernacle ['tæbənækl] *n* tabernacle *m*.

table ['teɪbl] **1** *n* **(a)** table *f*. **ironing/garden ~** table à repasser/de jardin; **at ~** à table; **to sit down to ~** se mettre à table; **to lay** *or* **set the ~** mettre la table *or* le couvert; *(fig: drunk)* **he was nearly under the ~** un peu plus et il roulait sous la table *. **(b)** *[facts, statistics]* table *f (also Math); [prices, names]* liste *f; (Sport:* **league ~)** classement *m*. **~ of contents** table des matières; *(Math)* **the two-times ~** la table de deux.
2 *vt bill, motion etc (Brit: submit)* présenter; *(US: postpone)* ajourner.
3 *adj wine, knife, lamp* de table. *(US)* **~ cream** crème *f* fraîche liquide. **he has good ~ manners** il sait se tenir à table; **~ napkin** serviette *f* (de table); **~ salt** sel *m* fin.
◆ **tablecloth** *n* nappe *f*. ◆ **table-cover** *n* tapis *m* de table. ◆ **table d'hôte 1** *adj* à prix fixe ; **2** *n* repas *m* à prix fixe. ◆ **tableland** *n (Geog)* (haut) plateau *m*. ◆ **tablemat** *n (of linen)* napperon *m; (heat-resistant)* dessous-de-plat *m inv*. ◆ **table-runner** *n* chemin *m* de table. ◆ **tablespoon** *n* cuiller *f* de service; *(measurement:* **~ spoonful)** cuillerée *f* à soupe *(US Culin = 29,5 ml)*. ◆ **table-tennis 1** *n* ping-pong *m* ; **2** *adj* de ping-pong; **~-tennis player** joueur *m*, -euse *f* de ping-pong. ◆ **tabletop** *n* dessus *m* de table. ◆ **table-turning** *n* spiritisme *m* par les tables tournantes. ◆ **tableware** *n* vaisselle *f*.

tableau, *pl* **-x** ['tæbləʊ,əʊz] *n, (Theat)* tableau *m* vivant; *(fig)* tableau.

tablet ['tæblɪt] *n (stone: inscribed)* plaque *f* commémorative; *(of wax, slate etc)* tablette *f; (Pharm)* comprimé *m; (for sucking)* pastille *f; [chocolate]* tablette. **~ of soap** savonnette *f*.

tabloid ['tæblɔɪd] *n (newspaper)* tabloïd *m*.

taboo, tabu [tə'buː] *adj, n* tabou *(m)*.

tabular ['tæbjʊləʳ] *adj* tabulaire. ◆ **tabulate** *vt (gen)* mettre sous forme de table; *results etc* classifier; *(Typing)* mettre en colonnes. ◆ **tabulator** *n [typewriter]* tabulateur *m*.

tachograph ['tækəgrɑːf] *n* tachygraphe *m*.

tacit ['tæsɪt] *adj* tacite. ◆ **tacitly** *adv* tacitement.

taciturn ['tæsɪtɜːn] *adj* taciturne. ◆ **taciturnity** *n* taciturnité *f*.

tack [tæk] **1** *n* **(a)** *(for wood, lino, carpets etc)* broquette *f; (for upholstery)* semence *f; (US:* **thumb ~)** punaise *f*. **(b)** *(Sewing)* point *m* de bâti. **(c)** *(Naut)* bord *m*. **to make a ~** tirer un bord; **on a starboard ~** tribord amures; *(fig)* **on the wrong ~** sur la mauvaise voie; *(fig)* **to try another ~** essayer une autre tactique. **(d)** *(for horse)* sellerie *f (articles)*. **2** *vt (Sewing)* bâtir. **3** *vi (make a ~)* tirer un bord. **to ~ along** avancer en tirant des bords.
◆ **tack on** *vt sep wood, lino* clouer; *(Sewing)* bâtir; *(fig)* ajouter après coup *(to* à).
◆ **tacking** *n (~ing stitches)* points *mpl* de bâti.
◆ **tackroom** *n* sellerie *f (endroit)*.

tackle ['tækl] **1** *n* **(a)** *(esp Naut: ropes, pulleys)* appareil *m* de levage; *(gen: gear)* équipement *m*. **fishing ~** matériel *m* de pêche. **(b)** *(Ftbl etc)* tac(k)le *m; (US Ftbl: player)* plaqueur *m*. **2** *vt (Ftbl etc)* tac(k)ler; *thief, intruder* saisir (à bras le corps); *task, problem* s'attaquer à; *question, subject* aborder; *(*)* *meal, food* attaquer *. **I'll ~ him about it** je vais lui en parler; **I ~d him about what he had done** je l'ai questionné sur ce qu'il avait fait.

tacky ['tækɪ] *adj glue* qui commence à prendre; *paint* pas tout à fait sec; *surface* poisseux.

taco, *pl* **-os** ['tɑːkəʊ] *n (US)* crêpe de maïs farcie servie chaude.

tact [tækt] *n* tact *m*. ◆ **tactful** *adj person, answer* plein de tact; *hint, inquiry, reference* discret *(f* -ète*);* **to be ~ful with sb** agir envers qn avec tact; **you could have been a bit more ~ful** tu aurais pu avoir un peu plus de tact. ◆ **tactfully** *adv* avec tact. ◆ **tactless** *adj person, answer* qui manque de tact; *hint* grossier; *inquiry, reference* indiscret. ◆ **tactlessly** *adv* sans tact.

tactic ['tæktɪk] *n* tactique *f*. **~s** la tactique. ◆ **tactical** *adj (gen)* tactique; *error etc* de tactique. ◆ **tactically** *adv* du point de vue tactique. ◆ **tactician** *n* tacticien *m*, -ienne *f*.

tadpole ['tædpəʊl] *n* têtard *m*.

taffeta ['tæfɪtə] *n* taffetas *m*.

tag [tæg] **1** *n* **(a)** *[shoelace, cord etc]* ferret *m; (on garment etc: loop)* attache *f; (label)* étiquette *f; (marker: on file etc)* onglet *m*. **(b)** *(quotation)* citation *f; (cliché)* cliché *m; (catchword)* slogan *m*. **question ~** queue *f* de phrase interrogative; **~ (question)** question-tag *f*. **(c)** *(game)* (jeu *m* du) chat *m*. **2** *vt* **(a)** *(label)* étiqueter. **(b)** *(*: follow)* suivre; *[detective]* filer. ◆ **tag along** *vi* suivre le mouvement *. **to ~ along behind sb** traîner derrière qn; **to ~ along with sb** venir *(or* aller) avec qn.

tail [teɪl] **1** *n (gen)* queue *f; [shirt]* pan *m; [coin]* pile *f*. *(Dress)* **~s** * queue de pie; **heads or ~s** pile ou face; **long-~ed** à la queue longue; *(fig)* **with his ~ between his legs** la queue entre les jambes; **he was right on my ~** il me suivait de très près; *(fig: have followed)* **to put a ~ on sb** * faire filer qn. **2** *adj*: **~ coat** habit *m;* **~ end** *(gen)* bout *m; [procession etc]* queue *f; [storm, debate]* toutes dernières minutes *fpl; (Aut, Rail etc)* **~ lamp** *or* **light** feu *m* arrière *inv*. **3** *vt (*)* suspect etc* suivre, filer. ◆ **tail away, tail off** *vi [sounds]* se taire peu à peu; *[interest, numbers]* diminuer petit à petit. ◆ **tailback** *n (Aut)* bouchon *m*. ◆ **tailboard** *or* **tailgate** *n (Aut)* hayon *m* arrière. ◆ **tailspin** *n (Aviat)* vrille *f*. ◆ **tailwind** *n* vent *m* arrière *inv*.

tailor ['teɪləʳ] **1** *n* tailleur *m*. **~'s chalk** craie *f* de tailleur; **~'s dummy** mannequin *m*. **2** *vt garment* façonner; *(fig)* speech, book* adapter *(to, to suit* à; *for* pour). **a ~ed skirt** une jupe ajustée. ◆ **tailor-made** *adj garment* fait sur mesure; *(fig)* building* fonctionnalisé *(for* pour); *lesson* préparé spécialement (*for* pour); **the job was ~-made for him** le poste était fait pour lui.

taint [teɪnt] *vt* (*gen*) polluer; *meat, food* gâter; (*fig*) *reputation* porter tache à. ♦ **tainted** *adj* pollué; gâté; entaché; *action* impur; *money* mal acquis.

Taiwan ['taɪ'wɑːn] *n* Taiwan (*no article*).

take [teɪk] (*vb: pret* **took**, *ptp* **taken**) **1** *n* (*Cine, Phot*) prise *f* de vues; (*Sound recording*) enregistrement *m*; (*US Comm: takings*) recette *f*.
2 *vt* (**a**) (*gen*) prendre (*from sth* dans qch; *from sb* à qn); *prize, degree* avoir, obtenir; *a bet* accepter. **to ~ sb's hand** prendre la main de qn; **to ~ sb by the throat** saisir qn à la gorge; **to ~ sth from one's pocket** prendre qch dans *or* tirer qch de sa poche; **I took these statistics from...** j'ai tiré ces statistiques de...; (*Math*) **~ 6 from 9** 9 moins 6; **he took 10 francs off the price** il a rabattu 10 F sur le prix; **he must be ~n alive** il faut le prendre *or* le capturer vivant; (*Cards*) **to ~ a trick** faire une levée; **my ace took his king** j'ai pris son roi avec mon as; **the grocer ~s about £500 per day** l'épicier se fait à peu près 500 livres de recette par jour; **you'll have to ~ your** *or* **a chance** il va falloir que tu prennes le risque; **to ~ sth upon o.s.** prendre qch sur soi; **to ~ it upon o.s.** to do prendre sur soi de faire; (*Med*) **to ~ cold** prendre froid; **to be ~n ill** tomber malade; **to ~ fright** prendre peur; **he took no food for 4 days** il n'a rien mangé *or* pris pendant 4 jours; **how much alcohol has he ~n?** combien d'alcool a-t-il bu?; **I can't ~ alcohol** je ne supporte pas l'alcool; **to ~ one's seat** s'asseoir; **is this seat ~n?** cette place est-elle prise *or* occupée?; **to ~ the train** prendre le train; **~ the first on the left** prenez la première à gauche; **the bus ~s 60 passengers** l'autobus a une capacité de 60 places; **the hall will ~ 200 people** la salle contient jusqu'à 200 personnes; **he won't ~ less than £50 for it** il en demande au moins 50 livres; **~ it from me!** croyez-moi!; **~ it or leave it** c'est à prendre ou à laisser; **I can ~ it or leave it** * j'aime ça mais sans plus; **how did he ~ the news?** comment a-t-il réagi en apprenant la nouvelle?; **she took his death quite well/very badly** elle s'est montrée très calme/a été très affectée en apprenant sa mort; **you must ~ us as you find us** vous devez nous prendre comme nous sommes; **to ~ things as they come/are** prendre les choses comme elles viennent/sont; (*handing over task etc*) **will you ~ it from here?** pouvez-vous prendre la suite?
(**b**) (*require*) prendre, demander; (*Gram*) être suivi de. **the journey ~s 5 days** le voyage prend *or* demande 5 jours; **it took me 2 hours to do it, I took 2 hours to do it** j'ai mis 2 heures à le faire; **~ your time!** prenez votre temps!; **that ~s courage** cela demande du courage; **it ~s a brave man to do that** il faut être courageux pour faire cela; **it ~s some doing** * cela n'est pas facile (à faire); **it ~s some believing** * c'est à peine croyable; **it took 3 policemen to hold him down** il a fallu 3 gendarmes pour le tenir; **he has got what it ~s to do the job** il est à la hauteur.
(**c**) (*carry*) *child, object* porter, apporter, emporter; *one's gloves, umbrella* prendre; (*lead*) emmener, conduire; (*accompany*) accompagner. **he took her some flowers** il lui a apporté des fleurs; **~ his suitcase upstairs** montez sa valise; **he took her to the cinema** il l'a emmenée au cinéma; **they took him over the factory** ils lui ont fait visiter l'usine; **to ~ sb to hospital** transporter qn à l'hôpital; **he took me home in his car** il m'a ramené dans sa voiture; **this road/bus will ~ you to...** cette route/cet autobus vous mènera à...; (*fig*) **what took you to Lille?** qu'est-ce qui vous a fait aller à Lille?
(**d**) (*negotiate*) *bend* prendre; *hill* grimper; *fence* sauter; *exam, test* se présenter à; (*study*) *subject* prendre, faire.

(**e**) (*tolerate*) accepter. **he won't ~ no for an answer** il n'acceptera pas un refus; **I can't ~ it any more** je n'en peux plus; **we can ~ it!** on ne se laissera pas abattre!
(**f**) (*assume*) supposer, imaginer. **I ~ it that...** je suppose *or* j'imagine que...; **how old do you ~ him to be?** quel âge lui donnez-vous?; **what do you ~ me for?** pour qui me prenez-vous?; **I took him to be foreign** je le croyais étranger, je l'ai pris pour un étranger; **now ~ Ireland** prenons par exemple l'Irlande; **taking one thing with another...** tout bien considéré...
(**g**) (*refer*) **to ~ a matter to sb** soumettre une affaire à qn.
3 *vi* [*fire, vaccination, plant etc*] prendre.
♦ **take after** *vt fus* ressembler à, tenir de. ♦ **take along** *vt sep person* emmener; *camera etc* prendre. ♦ **take apart** *vt sep machine, toy* démonter; (*fig: criticize harshly*) démolir *. ♦ **take aside** *vt sep* prendre à part. ♦ **take away 1** *vi*: **it ~s away from its value** cela diminue sa valeur. **2** *vt sep* (**a**) (*carry, lead away*) *object* emporter; *person* emmener. (**b**) (*remove*) *object* prendre, enlever (*from sb* à qn; *from sth* de qch); *sb's child, wife* enlever (*from sb* à qn). **she took her children away from the school** elle a retiré ses enfants de l'école. (**c**) (*Math*) soustraire, ôter (*from* de). ♦ **take back** *vt sep* (**a**) *gift, promise, one's wife etc* reprendre. **to ~ back a** *or* **one's promise** reprendre sa parole. (**b**) (*return*) *book, goods* rapporter (*to* à); (*accompany*) *person* raccompagner (*to* à). (*fig*) **it ~s me back to my childhood** cela me rappelle mon enfance; **that ~s me back!** ça me rappelle de vieux souvenirs! ♦ **take down** *vt sep* (**a**) *vase from shelf etc* descendre (*from, off* de); *trousers* baisser; *picture, poster* enlever. (**b**) (*dismantle*) *scaffolding* démonter; *building* démolir. (**c**) (*write etc*) *notes, letter, address* prendre. ♦ **take in** *vt sep* (**a**) *chairs, harvest* rentrer; *person* faire entrer; *lodgers* prendre; *friend* recevoir; *orphan, stray dog* recueillir; *newspaper etc* prendre; *sewing, washing* prendre à domicile. (**b**) *skirt, dress, waistband* reprendre; *knitting* diminuer. (**c**) (*include, cover*) couvrir, inclure. **we cannot ~ in all the cases** nous ne pouvons pas couvrir *or* inclure tous les cas; (*fig*) **we took in Venice on the way home** nous avons visité Venise sur le chemin du retour. (**d**) (*grasp, understand*) saisir, comprendre. **the children were taking it all in** les enfants étaient tout oreilles; **he hadn't fully ~n in that she was dead** il n'avait pas vraiment réalisé * qu'elle était morte; **he took in the situation at a glance** il a apprécié la situation en un clin d'œil. (**e**) (*: cheat, deceive*) avoir *, rouler *. **he's easily ~n in** il se fait facilement avoir *; **to be ~n in by appearances/a disguise** se laisser prendre aux apparences/à un déguisement. ♦ **take off 1** *vi* [*person*] partir (*for* pour); [*aircraft*] décoller; (*head for*) s'envoler (*for* pour); [*high jumper etc*] s'élancer. **2** *vt sep* (**a**) (*remove*) *garment, price tag, lid* enlever; *telephone receiver* décrocher; *item on menu, train* supprimer. (*Med*) **they had to ~ his leg off** on a dû l'amputer d'une jambe; (*Comm*) **he took £5 off** il a fait un rabais de 5 livres. (**b**) (*lead etc away*) *person* emmener; *object* emporter. **he took her off to lunch** il l'a emmenée déjeuner; **to ~ sb off to jail** emmener qn en prison; **he was ~n off to hospital** on l'a transporté à l'hôpital; **to ~ o.s. off** s'en aller. (**c**) (*imitate*) imiter. ♦ **take on 1** *vi* (**a**) [*song, fashion etc*] prendre, marcher *. (**b**) (*: be upset*) s'en faire *. **2** *vt sep* (**a**) *work, responsibility, bet* accepter; *challenger for game/fight* accepter de jouer/de se battre contre; *enemy* s'attaquer à. **I'll ~ you on** (*Betting*) je parie avec vous; (*Sport*) je joue contre vous; **he has ~n on more than he bargained for** il n'avait pas compté prendre une si lourde responsabilité. (**b**) *employee*

prendre; *cargo, passenger* embarquer; *form, qualities* revêtir.

◆ **take out** *vt sep* (**a**) *(lead, carry outside) prisoner* faire sortir; *chair, dog, children etc* sortir. **he took her out to lunch/the theatre** il l'a emmenée déjeuner/au théâtre; **he has often** ~**n her out** il l'a souvent sortie. (**b**) *(from pocket, drawer)* prendre *(from, of* dans); *(remove)* sortir, enlever *(from, of* de); *tooth* arracher; *appendix, tonsils* enlever; *stain* ôter, enlever *(from* de). *(fig)* **that will** ~ **you out of yourself** cela vous changera les idées; *(fig)* **that** ~**s it out of you** * ces choses-là fatiguent beaucoup; **to** ~ **it out on sb** s'en prendre à qn. (**c**) *insurance policy, patent* prendre; *licence* se procurer. ◆ **take over 1** *vi [dictator, political party etc]* prendre le pouvoir. **to** ~ **over from sb** prendre la relève de qn; **let him** ~ **over** cédez-lui la place. **2** *vt sep* (**a**) *(assume responsibility for) business, goods etc* reprendre; *new car* prendre livraison de; *sb's debts* prendre à sa charge. **to** ~ **a job over from sb** remplacer qn à un poste. (**b**) *(Fin) another company* absorber. *(fig)* **the tourists have** ~**n over Venice** les touristes ont envahi Venise. ◆ **take to** *vt fus* (**a**) *(conceive liking for) person* se prendre d'amitié pour, sympathiser avec; *game, action, study* prendre goût à. **I didn't** ~ **to the idea** l'idée me disait rien. (**b**) *(start, adopt) habit* prendre; *hobby* se mettre à. **to** ~ **to drink/drugs** se mettre à boire/à se droguer; **she took to saying...** elle s'est mise à dire... (**c**) **to** ~ **to one's bed** s'aliter; **to** ~ **to the woods** *[walker]* passer par les bois; *[hunted man]* s'enfuir à travers bois; **to** ~ **to the boats** abandonner le navire. ◆ **take up 1** *vi:* **to** ~ **up with sb** se lier avec qn. **2** *vt sep* (**a**) *(lead, carry upstairs, uphill etc) person* faire monter; *object* monter. (**b**) *(lift) object from ground etc* ramasser; *carpet* enlever; *roadway, pavement* dépaver; *hem, skirt* raccourcir; *passenger* prendre; *(fig: after interruption) one's work, conversation, book etc* reprendre. (**c**) *(occupy) space, attention* occuper; *time* prendre. **he's very** ~**n up** il est très pris; **he's quite** ~**n up with her/with his plan** il ne pense plus qu'à elle/qu'à son projet. (**d**) *(absorb) liquids* absorber. (**e**) *(raise question of) subject* aborder. **I'll** ~ **that up with him** je lui en parlerai. (**f**) *(start doing etc) hobby, sport etc* se mettre à; *career* embrasser; *method* adopter; *challenge* relever; *shares* souscrire à; *person* adopter. *(fig)* **I'll** ~ **you up on your promise** je me souviendrai de votre promesse. (**g**) *(understand)* comprendre. **you've** ~**n me up wrongly** vous m'avez mal compris.

◆ **takeaway 1** *n* café *m* qui fait des plats à emporter; **2** *adj food, meal* à emporter. ◆ **take-home pay** *n* salaire *m* net. ◆ **taken** *adj seat* pris, occupé; *(fig)* **to be very** ~**n with sb/sth** être très impressionné par qn/qch; **I'm not very** ~**n with him** il ne m'a pas fait une grosse impression; **I'm quite** ~**n with** *or* **by that idea** cette idée me plaît énormément. ◆ **takeoff** *n* (**a**) *(Aviat)* décollage *m*; *(fig)* démarrage *m*; (**b**) *(imitation)* pastiche *m*. ◆ **take-over 1** *n (Pol)* prise *f* de pouvoir; *(Fin)* rachat *m* ; **2** *adj:* ~**over bid** offre *f* publique d'achat. ◆ **taker** *n:* **drug-** ~**rs** les drogués *mpl*; **at £5 he found no** ~**rs** il n'a pas trouvé de preneurs pour 5 livres. ◆ **taking 1** *adj person, manners* engageant, attirant ; **2** *n (Mil: capture)* prise *f.* ◆ **takings** *npl (Comm)* recette *f.*

talc [tælk], **talcum (powder)** ['tælkəm(ˌpaʊdəʳ)] *n* talc *m.*

tale [teɪl] *n (gen)* histoire *f; (story)* conte *m; (legend)* légende *f; (account)* récit *m.* 'T~**s of King Arthur**' 'La Légende du Roi Arthur'; **he told us the** ~ **of his adventures** il nous a fait le récit de ses aventures; **I've been hearing** ~**s about you** on m'a raconté des choses sur vous; **to tell** ~**s** rapporter, cafarder *; *(fig)* **to tell** ~**s out of school** raconter ce qu'on devait taire. ◆ **talebearer** *n* rapporteur

m, -euse *f.* ◆ **talebearing** *or* ◆ **taletelling** *n* rapportage *m.*

talent ['tælənt] **1** *n* talent *m.* **to have a** ~ **for drawing** être doué pour le dessin; **he is looking for** ~ **amongst the schoolboy players** il cherche de futurs grands joueurs parmi les lycéens. **2** *adj:* ~ **scout** *or* **spotter** *(Theat/Sport)* dénicheur *m*, -euse *f* de vedettes/de futurs grands joueurs. ◆ **talented** *adj person* doué; *book, painting etc* plein de talent.

talisman ['tælɪzmən] *n* talisman *m.*

talk [tɔːk] **1** *n* (**a**) conversation *f*, discussion *f; (more formal)* entretien *m; (chat)* causerie *f.* **we've had several** ~**s about this** nous en avons parlé *or* discuté plusieurs fois; **I must have a** ~ **with him** il faut que je lui parle. (**b**) *(informal lecture)* exposé *m (on* sur); *(less academic)* causerie *f (on* sur). **to give a** ~ faire un exposé, donner une causerie; **he will give us a** ~ **on...** il va nous parler de...; **to give a** ~ **on the radio** parler à la radio. (**c**) *(chat)* propos *mpl; (gossip)* bavardages *mpl; (pej)* racontars *mpl.* **the** ~ **was all about the wedding** les propos tournaient autour du mariage; **there is some** ~ **of his returning** *(being discussed)* il est question qu'il revienne; *(being rumoured)* on dit qu'il va peut-être revenir; **it's common** ~ **that...** on dit partout que...; **it's just** ~ ce ne sont que des racontars; **there has been a lot of** ~ **about her** il a beaucoup été question d'elle, on a raconté beaucoup d'histoires sur elle *(pej);* **I've heard a lot of** ~ **about the factory** j'ai beaucoup entendu parler de l'usine; **all that** ~ **about what he was going to do!** tous ces beaux discours sur ce qu'il allait faire!; *(pej)* **he's all** ~ c'est un hâbleur; **she's the** ~ **of the town** on ne parle que d'elle.

2 *adj (Rad/TV)* ~ **show** entretien *m* (radiodiffusé/télévisé).

3 *vi* (**a**) *(speak)* parler *(to sb* à qn; *with sb* avec qn; *about, of sth* de qch); *(chatter)* bavarder *(with* avec); *(converse)* discuter *(to, with* avec); *(more formally)* s'entretenir *(to, with* avec). **to** ~ **to o.s.** se parler tout seul; **the Foreign Ministers** ~**ed about...** les ministres des Affaires étrangères se sont entretenus de...; **try to keep him** ~**ing** essaie de le faire parler aussi longtemps que possible; **to get o.s.** ~**ed about** faire parler de soi; **now you're** ~**ing!** * voilà qui devient intéressant!; **it's all right for him to** ~ il peut parler; **look who's** ~**ing!** * tu peux toujours parler, toi! *; **he** ~**s too much** il parle trop, *(indiscreet)* il ne sait pas se taire; **don't** ~ **to me like that!** ne me parle pas sur ce ton!; **he knows what he's** ~**ing about when he's on the subject of cars** il s'y connaît quand il parle de voitures; **he doesn't know what he's** ~**ing about** il ne sait pas ce qu'il dit; **he was** ~**ing of going to Greece** il parlait d'aller en Grèce; *(fig)* **it's not as if we're talking about...** ce n'est pas comme s'il s'agissait de...; **I'm not** ~**ing to him any more** je ne lui adresse plus la parole; ~**ing of films, have you seen...?** à propos de films, avez-vous vu...?; **about a stroke of luck!** * tu parles d'une aubaine! *; **who were you** ~**ing to?** à qui parlais-tu?; **I saw them** ~**ing (to each other)** je les ai vus en conversation l'un avec l'autre.

4 *vt a language, slang* parler. **to** ~ **business/politics** parler affaires/politique; **to** ~ **sb into doing sth** persuader qn de faire qch *(à force de paroles);* **to** ~ **sb out of doing** dissuader qn de faire (en lui parlant).

◆ **talk down 1** *vi:* **to** ~ **down to sb** parler à qn comme à un enfant. **2** *vt sep (Aviat) pilot, aircraft* aider à atterrir par radio-contrôle. ◆ **talk over** *vt sep* discuter de. **I must** ~ **it over with my wife** je dois en parler à ma femme. ◆ **talk up** *(US)* **1** *vi (speak frankly)* ne pas mâcher ses mots. **2** *vt fus project* pousser, vanter.

◆ **talkative** *adj* bavard, volubile. ◆ **talkativeness** *n* volubilité *f.* ◆ **talker** *n* causeur *m*, -euse f; (pej) bavard(e) m(f). ◆ **talkie** * n (Cine) film m parlant; **the ~ies** le cinéma parlant. ◆ **talking 1** n bavardage m; **he did all the ~ing** il a fait tous les frais de la conversation; **'no ~ ing'** 'silence s'il vous plaît' ; **2** adj doll, parrot, film parlant; **~ing book** livre m enregistré; **~ing point** sujet m de conversation; **~ing shop** * parlot(t)e f. ◆ **talking-to** * n: **to give sb a good ~ing-to** passer un bon savon à qn *.

tall [tɔːl] adj person grand, de haute taille; building etc haut, élevé. **how ~ is that mast?** quelle est la hauteur de ce mât?; **how ~ are you?** combien mesurez-vous?; **he is 6 feet ~** ≃ il mesure 1 mètre 80; (fig) **a ~ story** une histoire à dormir debout; **that's a ~ order!** c'est demander un peu trop! ◆ **tallboy** n commode f. ◆ **tallness** n grande taille f; hauteur f.

tally ['tælɪ] **1** n compte m. **to keep a ~ of** (count) tenir le compte de; (mark off on list) pointer. **2** vi correspondre (with à).

talon ['tælən] n [bird] serre f; [tiger etc] griffe f.

tamarisk ['tæmərɪsk] n tamaris m.

tambourine [ˌtæmbə'riːn] n tambourin m.

tame [teɪm] **1** adj bird, animal apprivoisé; (fig) story, match insipide. **to become** or **grow ~(r)** s'apprivoiser; (hum) **our ~ American** notre Américain de service. **2** vt bird, wild animal apprivoiser; esp lion, tiger dompter; (fig) passion maîtriser; person mater. ◆ **tamely** adv agree docilement. ◆ **tamer** n dresseur m, -euse f; **lion-~r** dompteur m, -euse f (de lions).

tamper ['tæmpər] vi: **to ~ with** (gen) toucher à (sans permission); lock essayer de crocheter; document, text, (Jur) evidence falsifier; (US) jury soudoyer.

tampon ['tæmpən] n (Med) tampon m.

tan [tæn] **1** n (sun~) bronzage m. **she's got a lovely ~** elle est bien bronzée. **2** adj brun roux inv. **3** vt (a) hides tanner. (fig) **to ~ sb's hide** * rosser qn *. (b) [sun] sunbather bronzer; sailor, farmer etc basaner. **to get ~ned = to tan** (V 4). **4** vi bronzer. ◆ **tanned** adj (sun ~ned) bronzé; basané. ◆ **tanner** n tanneur m. ◆ **tannery** n tannerie f (établissement). ◆ **tanning** n [hides] tannage m; (‡ fig: beating) tannée ‡ f; (suntanning) bronzage m.

tang [tæŋ] n (taste) saveur f forte et piquante; (smell) odeur f forte et piquante.

tangent ['tæn(d)ʒ(ə)nt] n (Math) tangente f. (fig) **to fly off at a ~** partir dans une digression.

tangerine [ˌtæn(d)ʒə'riːn] **1** n mandarine f. **2** adj (colour) mandarine inv.

tangible ['tæn(d)ʒəbl] adj (gen) tangible; assets matériel, réel. ◆ **tangibly** adv tangiblement.

tangle ['tæŋgl] **1** n [wool, rope, bushes] enchevêtrement m; (fig: muddle) confusion f. **to get into a ~** (gen) s'enchevêtrer; [hair] s'emmêler; (fig) [accounts etc] s'embrouiller; [traffic] se bloquer; [person] s'embrouiller; **the whole affair was a hopeless ~** toute cette histoire était affreusement embrouillée. **2** vt (~ up: lit, fig) enchevêtrer, embrouiller. ~**d** string, rope, wool embrouillé, enchevêtré; hair emmêlé, enchevêtré; **to get ~d (up) = to get into a tangle** (V 1). **3** vi (* fig) **to ~ with sb** se colleter avec qn *.

tank [tæŋk] n (a) (container) (for storage: for gas, petrol etc) réservoir m; (esp for rainwater) citerne f; (for transporting) réservoir m, cuve f; (esp oil) tank m; (for fermenting, processing etc) cuve f (also Phot); (for fish) aquarium m. **fuel ~** réservoir à carburant. (b) (Mil) char m (de combat), tank m. ◆ **tank up** * vi (Aut) faire le plein. ◆ **tanker** n (truck) camion-citerne m; (ship) pétrolier m; (aircraft) avion-ravitailleur m; (Rail) wagon-citerne m. ◆ **tankful** n: **a ~ful of petrol** un réservoir (plein) d'essence; **a ~ful of water** une citerne (pleine) d'eau. ◆ **tank top** n débardeur m (vêtement).

tankard ['tæŋkəd] n chope f (à bière).

tannoy ['tænɔɪ] n ℞: **over the ~** par les haut-parleurs.

tantalize ['tæntəlaɪz] vt tourmenter (par de faux espoirs). ◆ **tantalizing** adj (gen) terriblement tentant; smell terriblement appétissant; slowness etc désespérant. ◆ **tantalizingly** adv d'une façon cruellement tentante; **tantalizingly slowly** avec une lenteur désespérante.

tantamount ['tæntəmaʊnt] adj: **~ to** équivalent à.

tantrum ['tæntrəm] n (temper ~) crise f de colère. **to have** or **throw a ~** piquer une colère.

Tanzania [ˌtænzə'nɪə] n Tanzanie f. ◆ **Tanzanian 1** adj tanzanien ; **2** n Tanzanien(ne) m(f).

Taoism ['taːəʊɪz(ə)m] n taoïsme n. ◆ **Taoist** adj, n taoïste (mf).

tap¹ [tæp] **1** n (Brit) robinet m. **beer on ~** bière f en fût; (fig) **funds/resources on ~** fonds mpl/ressources fpl disponibles. **2** adj: (Brit) ~ **water** eau f du robinet. **3** vt cask, barrel mettre en perce; pine gemmer; other tree inciser; (Elec) current capter; wire brancher; telephone mettre sur écoute; (fig) resources, supplies exploiter. **my phone is being ~ped** mon téléphone est sur écoute; **they ~ped her for a loan** * ils lui ont demandé un prêt; **to ~ sb for information** soutirer des renseignements à qn. ◆ **taproom** n salle f de bistrot. ◆ **taproot** n (Bot) racine f pivotante.

tap² [tæp] **1** n petit coup m. **there was a ~ at the door** on a frappé doucement à la porte. **2** vi frapper doucement. **3** vt (knock) frapper doucement; (pat) tapoter. **he ~ped me on the shoulder** il m'a tapé sur l'épaule; **to ~ out a message in Morse** transmettre un message en morse. ◆ **tap-dance 1** n claquettes fpl ; **2** vi faire des claquettes. ◆ **tapdancer** n danseur m, -euse f de claquettes.

tape [teɪp] **1** n (gen) ruban m, bande f; (Sewing: decoration) ruban, ganse f; (Sewing: for binding) extra-fort m; (for parcels) bolduc m; (sticky ~) ruban m adhésif; (Med) sparadrap m; (for recording) bande magnétique; (cassette ~, video ~) cassette f; (Sport) fil m d'arrivée; (at opening ceremonies) ruban. **the message was coming through on the ~** le message est parvenu sur bande (perforée). **2** adj: ~ **deck** platine f de magnétophone; (Brit) ~ **machine** téléscripteur m; ~ **measure** mètre m ruban. **3** vt (a) (~ up) parcel etc attacher avec du ruban ou du bolduc; (with sticky ~) coller avec du scotch; (~ up, ~ together) broken vase etc recoller avec du scotch etc. (Brit fig) **I've got him/it all ~d** * je sais parfaitement ce qu'il vaut/de quoi il retourne *; **they had the game/situation ~d** * ils avaient le jeu/la situation bien en main. (b) (record) song, message, video material enregistrer. ◆ **tape-record** vt enregistrer. ◆ **tape-recorder** n magnétophone m. ◆ **tape-recording** n enregistrement m (au magnétophone). ◆ **tapeworm** n ténia m, ver m solitaire.

taper ['teɪpər] **1** n (for lighting) bougie f fine; (Rel: narrow candle) cierge m. **2** vt table leg, trouser leg fuseler; hair effiler; structure, shape terminer en pointe. ◆ **taper off** vi [sound, storm] aller en diminuant; [speech, conversation] s'effilocher. ◆ **tapered** or ◆ **tapering** adj column, fingers fuselé; structure etc en pointe.

tapestry ['tæpɪstrɪ] n tapisserie f.

tapioca [ˌtæpɪ'əʊkə] n tapioca m.

tar [tɑːr] **1** n goudron m. **2** vt goudronner. ◆ **tarring** n goudronnage m. ◆ **tarry** adj substance goudronneux; (tarstained) plein de goudron.

tarantula [tə'ræntjʊlə] n tarentule f.

tardy ['tɑːdɪ] adj tardif.

target ['tɑːgɪt] **1** n (gen; also fig: of criticism etc) cible f; (Mil: in attack; fig: objective) objectif m. **to be on**

~ *[missile etc]* suivre la trajectoire prévue; *[remark, criticism]* mettre en plein dans le mille; *(in timing etc)* ne pas avoir de retard; **dead on** ~! pile!; **to set o.s. a** ~ **of £100** se fixer comme objectif de réunir 100 livres. **2** *adj date, amount etc* fixé, prévu. ~ **group** groupe *m* cible; ~ **practice** exercices *mpl* de tir. **3** *vt* **(a)** *(Mil etc) enemy* viser; *missile* pointer. **(b)** *(Advertising)* cibler.

tariff ['tærɪf] *n (tax)* tarif *m* douanier; *(price list)* tarif. ~ **barrier** barrière *f* douanière.

tarmac ['tɑːmæk]® **1** *n (substance)* macadam *m* goudronné; *(runway)* piste *f*; *(airport apron)* aire *f* d'envol. **2** *vt* goudronner.

tarnish ['tɑːnɪʃ] **1** *vt (gen)* ternir; *mirror* désargenter. **2** *vi* se ternir; se désargenter.

tarot ['tærəʊ] *n* : **the** ~ le(s) tarot(s). ~ **card** tarot.

tarpaulin [tɑː'pɔːlɪn] *n (material)* toile *f* goudronnée; *(sheet)* bâche *f* (goudronnée).

tarragon ['tærəgən] *n* estragon *m*.

tart¹ [tɑːt] *adj (gen)* âpre; *answer etc* acerbe. ◆ **tartly** *adv* d'une manière acerbe. ◆ **tartness** *n* aigreur *f*.

tart² [tɑːt] *n* **(a)** *(Culin)* tarte *f*; *(small)* tartelette *f*. **apple** ~ tarte(lette) aux pommes. **(b)** (⚹: *prostitute)* poule ⚹ *f*, putain ⚹ *f*. ◆ **tart up** ⚹ *vt sep* retaper ⚹.

tartan ['tɑːtən] **1** *n* tartan *m*. **2** *adj garment* écossais. ~ **rug** plaid *m*.

tartar¹ ['tɑːtəʳ] *n (Chem etc)* tartre *m*. ◆ **tartaric** *adj* tartrique.

tartar² ['tɑːtəʳ] **1** *n* homme *m* intraitable; *(woman)* mégère *f*. **2** *adj (Culin)* tartare.

task [tɑːsk] **1** *n* tâche *f*. **a hard** ~ une lourde tâche; **to take sb to** ~ prendre qn à partie *(for, about* pour). **2** *vt brain, patience* mettre à l'épreuve. **it didn't** ~ **him too much** cela ne lui a pas demandé trop d'effort. **3** *adj* ~ **force** *(Mil)* corps *m* expéditionnaire; *(Police)* détachement *m* spécial. ◆ **taskmaster** *n*: **a hard** ~**master** un véritable tyran.

Tasmania [tæz'meɪnɪə] *n* Tasmanie *f*. ◆ **Tasmanian** **1** *adj* tasmanien ; **2** *n* Tasmanien(ne) *m(f)*.

tassel ['tæs(ə)l] *n* gland *m (de tapisserie)*.

taste [teɪst] **1** *n* goût *m*. **it has no** ~ cela n'a aucun goût; **it left a bad** ~ cela m'a laissé un goût déplaisant; *(fig)* j'en ai gardé une amertume; *(fig)* **to have (good)** ~ avoir du goût; **he has no** ~ il a très mauvais goût; **in good/bad** ~ de bon/mauvais goût; **would you like a** ~? voulez-vous y goûter?; **I gave him a** ~ **of the wine** je lui ai fait goûter le vin; *(fig)* **it gave him a** ~ **of the work** cela lui a donné un aperçu du travail; **a** ~ **of happiness** une idée du bonheur; *(small amount)* **a** ~ **of** un tout petit peu de; **to be to sb's** ~ plaire à qn; **to have a** ~ **for** avoir du goût *or* un penchant pour; **to acquire a** ~ **for** prendre goût à; *(Culin)* **sweeten to** ~ sucrer à volonté; **there's no accounting for** ~ des goûts et des couleurs on ne discute pas; **each to his own** ~, ~**s differ** chacun son goût; **one's** ~**(s) in music** ses goûts musicaux; **he has expensive** ~**s in cars** il a le goût des voitures de luxe. **2** *vt* **(a)** *(perceive flavour of)* sentir (le goût de). **I can't** ~ **the garlic** je ne sens pas l'ail; **you won't** ~ **it** tu n'en sentiras pas le goût. **(b)** *(sample) food, drink, power, freedom* goûter à; *(esp for first time)* goûter de; *(to test quality) food, drink* goûter; *wine (at table)* goûter; *(at wine-tasting etc)* déguster. ~ **this!** goûtez à ça!; **I have never** ~**d snails** je n'ai jamais mangé d'escargots; **he had not** ~**d food for a week** il n'avait rien mangé depuis une semaine. **3** *vi*: **it doesn't** ~ **at all** cela n'a aucun goût; **to** ~ **bitter** avoir un goût amer; **to** ~ **good/bad** avoir bon/mauvais goût; **to** ~ **of** *or* **like sth** avoir un goût de qch; **it** ~**s all right to me** d'après moi cela a un goût normal.

◆ **tasteful** *adj* de bon goût. ◆ **tastefully** *adv* avec goût. ◆ **tastefulness** *n* bon goût *m*. ◆ **tasteless** *adj food* fade; *medicine* qui n'a aucun goût; *remark, decoration* de mauvais goût. ◆ **tastelessly** *adv* sans goût. ◆ **tastelessness** *n* fadeur *f*; mauvais goût *m*. ◆ **taster** *n* dégustateur *m*, -trice *f*. ◆ **tastiness** *n* saveur *f* agréable. ◆ **tasty** *adj food* savoureux; *titbit* succulent.

ta-ta ⚹ ['tæ'tɑː] *excl (Brit)* salut! ⚹

tatters ['tætəz] *npl* lambeaux *mpl*. ◆ **tattered** *adj object* en lambeaux; *person* déguenillé.

tattle ['tætl] **1** *vi* cancaner. **2** *n* cancans *mpl*. ◆ **tattler** *n* commère *f (pej)*. ◆ **tattletale** *(US)* **1** *n* commère *f* ; **2** *adj mark etc* révélateur.

tattoo¹ [tə'tuː] **1** *vt* tatouer. **2** *n* tatouage *m*.

tattoo² [tə'tuː] *n (Mil: show)* parade *f* militaire.

tatty ⚹ ['tætɪ] *adj (gen)* défraîchi; *paint* écaillé; *poster, book* écorné.

taught [tɔːt] *pret, ptp of* **teach**.

taunt [tɔːnt] **1** *n* raillerie *f*. **2** *vt* railler. **to** ~ **sb with cowardice** taxer qn de lâcheté. ◆ **taunting 1** *adj* railleur ; **2** *n* railleries *fpl*.

Taurus ['tɔːrəs] *n (Astron)* le Taureau.

taut [tɔːt] *adj (lit, fig)* tendu.

tautology [tɔː'tɒlədʒɪ] *n* tautologie *f*. ◆ **tautological** *adj* tautologique.

tavern † ['tævən] *n* taverne † *f*.

tawdry ['tɔːdrɪ] *adj goods* de camelote ⚹, médiocre; *clothes* tapageur; *(fig) motive etc* indigne. ◆ **tawdriness** *n* qualité *f* médiocre.

tawny ['tɔːnɪ] *adj* fauve *(couleur)*.

tax [tæks] **1** *n (on goods, services)* taxe *f*, impôt *m (on sur)*; *(income* ~) impôts. **before/after** ~ avant/après l'impôt; **half of it goes in** ~ on en perd la moitié en impôts; **how much** ~ **do you pay?** combien d'impôts payez-vous?; **I paid £1,000 in** ~ j'ai payé 1 000 livres d'impôts *or* de contributions; **free of** ~ exempt d'impôt; **to put a** ~ **on sth** taxer *or* imposer qch; **petrol** ~ taxe sur l'essence. **2** *adj incentive, system etc* fiscal. *(Brit Aut)* ~ **disc** vignette *f* automobile; ~ **evasion** fraude *f* fiscale; ~ **exile** personne *f* fuyant le fisc; ~ **form** feuille *f* d'impôts; ~ **for** ~ **purposes** pour des raisons fiscales; ~ **relief** dégrèvement *m or* allègement *m* fiscal; ~ **year** année *f* fiscale. **3** *vt* **(a)** *goods etc* taxer, imposer; *income, profits, person* imposer; *(fig) patience etc* mettre à l'épreuve. **(b)** *(tax sb with sth* qn de qch). **to** ~ **sb with doing** accuser qn de faire *(or* d'avoir fait). ◆ **taxable** *adj* imposable. ◆ **taxation 1** *n (act)* taxation *f*; *(taxes)* impôts *mpl*; **2** *adj authority, system* fiscal. ◆ **tax-collector** *n* percepteur *m*. ◆ **tax-deductible** *adj* sujet à dégrèvements (d'impôts). ◆ **tax-free** *adj* exempt d'impôts. ◆ **taxing** ⚹ *adj* éprouvant; **taxman** ⚹ *n*: **the** ~**man** le percepteur. ◆ **taxpayer** *n* contribuable *mf*.

taxi ['tæksɪ] **1** *n* taxi *m*. **by** ~ en taxi. **2** *adj charges etc* de taxi. **3** *vi* **(a)** *[aircraft]* **to** ~ **along the runway** rouler lentement le long de la piste. **(b)** *(go by* ~) aller en taxi. ◆ **taxicab** *n* taxi *m*. ◆ **taxidriver** *n* chauffeur *m* de taxi. ◆ **taximeter** *n* taximètre *m*. ◆ **taxi-rank** *n* station *f* de taxis.

taxidermy ['tæksɪdɜːmɪ] *n* empaillage *m*, taxidermie *f*. ◆ **taxidermist** *n* empailleur *m*, -euse *f*.

tea [tiː] *n* **(a)** **the** ~ **she made a pot of** ~ elle a fait du thé; **mint** *etc* ~ tisane *f* de menthe *etc*; **beef** ~ bouillon *m* de viande; *(fig)* **not for all the** ~ **in China** pour rien au monde. **(b)** *(meal)* thé *m*; *(for children)* ≈ goûter *m*. **to have** ~ prendre le thé; *[children]* goûter. ◆ **tea-bag** *n* sachet *m* de thé. ◆ **tea-break** *n* pause-thé *f*; **to have a** ~**-break** faire la pause-thé. ◆ **tea-caddy** *n* boîte *f* à thé. ◆ **tea-cake** *n* petit pain *m* brioché. ◆ **tea-chest** *n* caisse *f* (à thé). ◆ **teacloth** *n (for dishes)* torchon *m*; *(for table)* nappe *f*; *(for trolley, tray)* napperon *m*. ◆ **tea-**

cosy n couvre-théière m. ◆ **teacup** n tasse f à thé. ◆ **tea-leaf** n feuille f de thé; **to read the ~-leaves** ≃ lire dans le marc de café. ◆ **tea party** n thé m (réception). ◆ **tea-plate** n petite assiette. ◆ **teapot** n théière f. ◆ **tearoom** n salon m de thé. ◆ **tea-service** or ◆ **tea-set** n service m à thé. ◆ **teashop** n pâtisserie-salon de thé f. ◆ **tea-spoon** n petite cuiller f. ◆ **teaspoonful** n cuillerée f à café. ◆ **tea-things** npl service m à thé; (dirty dishes) vaisselle f après le thé. ◆ **teatime** n l'heure f du thé. ◆ **tea-towel** n torchon m (à vaisselle).

teach [tiːtʃ] pret, ptp **taught** **1** vt (gen) apprendre (sb sth, sth to sb qch à qn); (Scol, Univ etc) enseigner (sb sth, sth to sb qch à qn). **to ~ sb (how) to do** apprendre à qn à faire; **I'll ~ you what to do** je t'apprendrai ce qu'il faut faire; **he ~es French** il enseigne le français; (US) **to ~ school** être professeur (or instituteur etc); **to ~ o.s. (to do) sth** apprendre (à faire) qch tout seul; (fig) **that will ~ him a lesson!** ça lui apprendra!; **that will ~ you to mind your own business!** ça t'apprendra à te mêler de tes affaires!
2 vi (gen) enseigner. **he wanted to ~** il voulait enseigner; **he had been ~ing all morning** il avait fait cours toute la matinée.
◆ **teachable** adj subject enseignable. ◆ **teacher** n (gen) professeur m; (primary school) instituteur m, -trice f; (in special school, prison) éducateur m, -trice f; **she is a maths ~er** elle est professeur de maths; **the ~ers accepted the government's offer** les enseignants mpl ont accepté l'offre du gouvernement; **~er's handbook** livre m du maître; **~er('s) training college** ≃ école f normale; **~er training** or (US) **education** formation f pédagogique; **to get one's ~er training certificate** (primary) ≃ sortir de l'école normale; (secondary) ≃ avoir son C.A.P.E.S. etc. ◆ **teach-in** n séance f d'études.
◆ **teaching** **1** n (gen) enseignement m (on, about sur); **to go into ~ing** entrer dans l'enseignement ; **2** adj staff enseignant; material pédagogique; machine à enseigner; **~ing hospital** centre m hospitalo-universitaire; (US) **~ing assistant** étudiant(e) $m(f)$ chargé(e) de travaux dirigés; **~ing practice** stage m de formation des maîtres; **the ~ing profession** (teachers collectively) les enseignants mpl.

teak [tiːk] n teck m.

team [tiːm] **1** n (gen) équipe f; [horses, oxen] attelage m. **football/research ~** équipe de football/de chercheurs. **2** adj: **~ games/spirit** jeux mpl/esprit m d'équipe; **~ teaching** enseignement m coordonné pour groupes. **3** vt (~ **up**) person mettre en collaboration (with avec); thing associer (with avec).
◆ **team up** vi [people] faire équipe (with avec; to do pour faire).
◆ **team-mate** n coéquipier m, -ière f. ◆ **team-member** n équipier m, -ière f. ◆ **teamster** n (US) camionneur m syndiqué. ◆ **teamwork** n collaboration f (d'équipe).

tear¹ [tɛəʳ] (vb: pret **tore**, ptp **torn**) **1** n déchirure f, accroc m. **to make a ~ in sth** déchirer qch; **it has a ~ in it** c'est déchiré. **2** vt (**a**) (gen) déchirer. **to ~ a hole in sth** faire une déchirure or un accroc à; **to ~ to pieces** or **to bits** * paper déchirer en menus morceaux; garment mettre en lambeaux; prey mettre en pièces; (fig) play etc éreinter; argument démolir; **to ~ open** envelope déchirer; letter déchirer l'enveloppe de; parcel ouvrir en déchirant l'emballage de; **to ~ one's hair** s'arracher les cheveux; (Med) **to ~ a muscle** se déchirer un muscle; (fig) **that's torn it!** * voilà qui flanque tout par terre! *; (fig) **torn by war/remorse** etc déchiré par la guerre/le remords etc; **to be torn between...** balancer entre... (**b**) (snatch) arracher (from sb à qn; out of, off, from sth de qch). **3** vi (**a**) [cloth etc]

se déchirer. (**b**) (rush) **to ~ out/down** etc sortir/descendre etc à toute allure.
◆ **tear away** vt sep (lit, fig) arracher (from sb à qn; from sth de qch). (fig) **I couldn't ~ myself away** je n'arrivais pas à m'en arracher. ◆ **tear down** vt sep poster, flag arracher (from de); building démolir. ◆ **tear off** vt sep wrapping arracher (from de); sth perforated détacher (from de). ◆ **tear out** vt sep arracher (from de); cheque, ticket détacher (from de). ◆ **tear up** vt sep (**a**) paper, (fig) contract déchirer; offer reprendre. (**b**) stake, shrub arracher.
◆ **tearing** **1** n déchirement m ; **2** adj: **in a ~ing hurry** * terriblement pressé.

tear² [tɪəʳ] n larme f. **in ~s** en larmes; **there were ~s in her eyes** elle avait les larmes aux yeux; **near** or **close to ~s** au bord des larmes; **to burst into ~s** fondre en larmes; **it brought ~s to his eyes** cela lui a fait venir les larmes aux yeux. ◆ **teardrop** n larme f. ◆ **tearful** adj (gen) larmoyant; **she was very ~ful** elle a beaucoup pleuré. ◆ **tearfully** adv les larmes aux yeux. ◆ **teargas** n gaz m lacrymogène. ◆ **tear-stained** adj barbouillé de larmes.

tease [tiːz] **1** vt (playfully) taquiner; (cruelly) tourmenter. **2** n (person) taquin(e) $m(f)$. ◆ **teasel** n (Bot) cardère f. ◆ **teaser** n problème m (difficile). ◆ **teasing** **1** n taquineries fpl ; **2** adj taquin.

teat [tiːt] n [animal, bottle etc] tétine f; [woman] bout m de sein.

technical ['teknɪk(ə)l] adj (gen) technique. **~ college** collège m (d'enseignement) technique; **~ hitch** incident m technique; (US) **~ institute** ≃ I.U.T. m, institut m universitaire de technologie; (Jur) **~ offence** contravention f; **a ~ point** un point de détail. ◆ **technicality** n (detail/difficulty/fault) détail m/difficulté f/ennui m technique; **the ~ities** les détails techniques. ◆ **technically** adv techniquement; (fig) **~ly we shouldn't be here** en principe on ne devrait pas être là. ◆ **technician** n technicien(ne) $m(f)$. ◆ **technique** [tek'niːk] n technique f.

technology [tek'nɒlədʒɪ] n technologie f. **Ministry of T~** ministère m des Affaires technologiques; **the new ~** les nouvelles technologies. ◆ **technological** adj technologique. ◆ **technologist** n technologue mf.

teddy ['tedɪ] n (~ **bear**) nounours m (baby talk), ours m en peluche.

tedious ['tiːdɪəs] adj ennuyeux, assommant *. ◆ **tediously** adv d'une façon ennuyeuse. ◆ **tediousness** or ◆ **tedium** n ennui m.

tee [tiː] (Golf) n tee m.

teem [tiːm] vi (**a**) [crowds, river, street] grouiller (with de). (**b**) **it was ~ing (with rain), the rain was ~ing down** il pleuvait à verse. ◆ **teeming** adj (**a**) crowd grouillant; street grouillant de monde; river grouillant de poissons; (**b**) rain battant.

teenage ['tiːneɪdʒ] adj adolescent (de 13 à 19 ans); behaviour d'adolescent, de jeune; fashions pour jeunes. ◆ **teenager** n jeune mf, adolescent(e) $m(f)$. ◆ **teens** npl jeunesse f, adolescence f; **still in his teens** encore adolescent; **he is in his early teens** il a un peu plus de treize ans.

teeny * ['tiːnɪ] adj tout petit.

tee-shirt ['tiːʃɜːt] n T-shirt m.

teeter ['tiːtəʳ] vi [person] chanceler; [pile] vaciller. **to ~ on the edge of** être prêt à tomber dans. ◆ **teeter totter** n jeu de bascule.

teeth [tiːθ] npl of **tooth**. ◆ **teethe** [tiːð] vi faire ses dents. ◆ **teething** **1** n poussée f des dents ; **2** adj: **~ing ring** anneau m (de bébé qui fait ses dents); (fig) **~ing troubles** difficultés fpl initiales.

teetotal ['tiː'təʊtl] adj qui ne boit jamais d'alcool. ◆ **teetotaller,** (US) **teetotaler** n personne f qui ne boit jamais d'alcool.

Teheran [teə'rɑːn] n Téhéran.

Tel Aviv ['telə'viːv] n Tel Aviv.

tele... ['telɪ] pref télé... ◆ **telecamera** n caméra de télévision f. ◆ **telecommunications** npl télé-communications fpl. ◆ **teletext** n télétexte m.

telegram ['telɪgræm] n télégramme m; (Diplomacy, Press) dépêche f.

telegraph ['telɪgrɑːf] **1** n télégraphe m. ~ **pole** poteau m télégraphique. **2** vti télégraphier. ◆ **telegraphic** adj télégraphique. ◆ **tele-graphist** [tə'legrəfɪst] n télégraphiste mf. ◆ **tele-graphy** [tə'legrəfɪ] n télégraphie f.

telepathy [tɪ'lepəθɪ] n télépathie f. ◆ **telepathic** [,telɪ'pæθɪk] adj télépathique; (iro) I'm not tele-pathic! * je ne suis pas devin!

telephone ['telɪfəʊn] **1** n téléphone m. **on the ~** au téléphone. **2** vt person téléphoner à; message téléphoner (to à). **3** vi téléphoner. **4** adj: ~ **book** or **directory** annuaire m; ~ **booth** or **box** or **kiosk** cabine f téléphonique; ~ **call** coup m de télé-phone *, appel m téléphonique; ~ **exchange** cen-tral m téléphonique; ~ **line** ligne f téléphonique; ~ **message** message m téléphonique; ~ **number** numéro m de téléphone; ~ **operator** standardiste mf, téléphoniste mf; ~ **subscriber** abonné(e) m(f) au téléphone; ~ **tapping** écoutes fpl téléphoni-ques. ◆ **telephonic** [,telɪ'fɒnɪk] adj télépho-nique. ◆ **telephonist** [tɪ'lefənɪst] n téléphoniste mf.

telephoto ['telɪ'fəʊtəʊ] adj: ~ **lens** téléobjectif m.

teleprint ['telɪprɪnt] vt transmettre par téléscrip-teur. ◆ **teleprinter** n téléscripteur m.

telescope ['telɪskəʊp] **1** n (reflecting, also Astron) télescope m; (refracting) lunette f d'approche. **2** vi [railway carriages etc] se télescoper; [umbrella] se plier. ◆ **telescopic** [,telɪs'kɒpɪk] adj télescopique; umbrella pliant; **telescopic lens** téléobjectif m.

telethon ['teləθɒn] n (TV) téléthon m.

teletype ['telɪtaɪp] ® **1** vt transmettre par télétype ®. **2** n télétype m ®.

televiewer ['telɪ,vjuːəʳ] n téléspectateur m, -trice f. ◆ **televiewing** n (watching TV) la télévision; this evening's televiewing contains... le programme de la télévision pour ce soir comprend...

television ['telɪ,vɪʒ(ə)n] **1** n télévision f; (~ set) télévision, téléviseur m. **on** ~ à la télévision; **on the télé** *; **colour** ~ télévision (en) couleur. **2** adj actor, camera, studio de télévision; play, report, serial télévisé. ~ **programme** émission f de télévision. ◆ **televise** vt téléviser.

telex ['teleks] **1** n télex m. ~ **operator** télexiste mf. **2** vt envoyer par télex.

tell [tel] pret, ptp **told 1** vt (a) (gen) dire (sb sth qch à qn; sb to do à qn de faire; that que); story, adven-ture raconter (to à); a lie, the truth dire; secret, sb's age révéler (to à); the future prédire. **I told him where/why** je lui ai dit où/pourquoi; **I told him the way to London** je lui ai expliqué comment aller à Londres; **to ~ sb sth again** répéter or redire qch à qn; **he's mad, I can ~ you!** il est fou, c'est moi qui te le dis! *; **don't ~ me you've lost it!** tu ne vas pas me dire que tu l'as perdu!; **I told you so!** je te l'avais bien dit!; **...or so I've been told** ...ou du moins c'est ce qu'on m'a dit; **do as you're told** fais ce qu'on te dit; **I ~ you what *, let's go...** tiens, si on allait... *; **you're ~ing me!** * à qui le dis-tu!; ~ **me another!** * à d'autres! *; **to ~ sb's fortune** dire la bonne aventure à qn; **to ~ fortunes** dire la bonne aventure; **can you ~ the time?**, (US) **can you ~ time?** sais-tu lire l'heure?; **can you ~ me the time?** peux-tu me dire l'heure qu'il est?; **that ~s me all I need to know** maintenant je sais tout ce qu'il me faut savoir; **that ~s us a lot about...** cela nous en dit long sur...; **she was ~ing**

him about it elle lui en parlait; **I told him about what had happened** je lui ai dit ce qui était arrivé. (b) (distinguish) distinguer (sth from sth qch de qch); (know) savoir. **I can't ~ them apart** je ne peux pas les distinguer l'un de l'autre; **how can I ~ what he will do?** comment puis-je savoir ce qu'il va faire?; **there's no ~ing what...** impossible de dire ce que...; **no one can ~ what...** personne ne peut savoir ce que...; **you can ~ he's clever** on voit bien qu'il est intelligent; **I can't ~ the difference** je ne vois pas la différence (between entre); **you can't ~ much from his letter** sa lettre n'en dit pas très long. (c) **30 all told** 30 en tout.

2 vi (a) parler (of, about de). **more than words can ~** plus qu'on ne peut dire; **I won't ~!** je ne le répéterai à personne!; **to ~ on sb *** rapporter or cafarder * sur qn. (b) (know) savoir. **how can I ~?** comment le saurais-je?; **I can't ~** je n'en sais rien; **who can ~?** qui sait?; **you never can ~** on ne sait jamais; **you can't ~ from his letter** on ne peut pas savoir d'après sa lettre. (c) (have effect) se faire sentir (on sb/sth sur qn/qch). **his age told against him** il était handicapé par son âge. ◆ **tell off *** vt sep gronder, attraper * (sb for sth qn pour qch; for doing pour avoir fait). **to be told off *** se faire attraper *.

◆ **teller** n (Banking) caissier m, -ière f; [votes] scru-tateur m, -trice f. ◆ **telling** adj figures, point révé-lateur; argument, style efficace; blow bien asséné. ◆ **telling-off *** n attrapade * f; **to get/give a good ~ing-off *** recevoir/passer un bon savon * (from de; to à). ◆ **telltale 1** n rapporteur m, -euse f, cafard * m; **2** adj mark etc révélateur.

telly * ['telɪ] n (abbr of television) télé * f. **on the ~** à la télé.

temerity [tɪ'merɪtɪ] n audace f, témérité f.

temp * [temp] (abbr of temporary) **1** n intérimaire mf. **2** vi travailler comme intérimaire.

temper ['tempəʳ] **1** n (nature, disposition) tempé-rament m, caractère m; (mood) humeur f; (fit of bad ~) (accès m de) colère f. **to have an even ~**, **to be even-~ed** être d'un caractère or tempéra-ment égal; **to have a hot** or **quick** ~ être soupe au lait ; **to have a nasty** ~ avoir un sale caractère; **in a foul** ~ d'une humeur massacrante; **in a good/bad** ~ de bonne/mauvaise humeur; **to keep one's** ~ garder son calme; **to lose one's** ~ se mettre en colère; **to be in a** ~ être en colère (with sb contre qn; over, about sth à propos de qch); **to put sb into a** ~ mettre qn en colère; **in a fit of** ~ he... dans un accès de colère il...; **he flew into a** ~ il a explosé. **2** vt (fig) effects etc tempérer (with par). ◆ **temperament** n (nature) tempérament m ; (moodiness) humeur f. ◆ **temperamental** adj (a) (capricious) capricieux; (b) (innate) inné.

temperance ['temp(ə)r(ə)ns] **1** n modération f; (in drinking) tempérance f. **2** adj movement anti-alcoolique; hotel où l'on ne sert pas de boissons alcoolisées. ◆ **temperate** adj climate tempéré.

temperature ['temprɪtʃəʳ] n température f. **at a high** ~ à une forte température; **to have** or **run a** ~ avoir de la température or de la fièvre; **to take sb's** ~ prendre la température de qn.

tempest ['tempɪst] n tempête f. ◆ **tempestuous** adj (fig) meeting, relationship orageux; person pas-sionné.

template ['templɪt] n (pattern) gabarit m; (beam) traverse f.

temple[1] ['templ] n (Rel) temple m.

temple[2] ['templ] n (Anat) tempe f.

tempo, pl **-pi** ['tempəʊ, pɪ] tempo m.

temporal ['temp(ə)r(ə)l] adj temporel.

temporary ['temp(ə)rərɪ] adj job, worker tempo-raire; secretary intérimaire; teacher suppléant; tick-

et, *licence* valide à titre temporaire; *building, decision, method, powers* provisoire; *relief, improvement* passager. ◆ **temporarily** *adv* agree, appoint etc provisoirement, temporairement; *lame, disappointed etc* pendant un certain temps. ◆ **temporize** *vi* chercher à gagner du temps.

tempt [tem(p)t] *vt* tenter. **to ~ sb to do** donner à qn l'envie *or* la tentation de faire; **try and ~ her to eat** tâchez de la persuader de manger; **I am very ~ed to accept** je suis très tenté d'accepter; **I'm very ~ed** c'est très tentant; **to ~ Providence** *or* **fate** tenter la Providence. ◆ **temptation** *n* tentation *f*; **there is no ~ation to do so** on n'est nullement tenté de le faire. ◆ **tempter** *n* tentateur *m*. ◆ **tempting** *adj* tentant; *food* appétissant. ◆ **temptingly** *adv* d'une manière tentante. ◆ **temptress** *n* tentatrice *f*.

ten [ten] *adj, n* dix (*m*) *inv*. **there were about ~** il y en avait une dizaine; **about ~ books** une dizaine de livres; **~s of thousands of...** des milliers de...; **to count in ~s** compter par dizaines; (*fig*) **~ to one he won't come** je parie qu'il ne viendra pas; (*fig*) **they're ~ a penny** il y en a tant qu'on en veut; *for other phrases V* **six**. ◆ **ten-cent store** *n* (*US*) bazar *m*. ◆ **tenth** *adj, n* dixième (*mf*); (*fraction*) dixième *m*; **nine-~ths of** les neuf dixièmes de; (*fig*) la majeure partie de.

tenable ['tenəbl] *adj* défendable.

tenacious [tɪ'neɪʃəs] *adj* tenace. ◆ **tenaciously** *adv* avec ténacité. ◆ **tenacity** *n* ténacité *f*.

tenant ['tenənt] *n* locataire *mf*. ◆ **tenancy** *n* location *f*.

tench [tentʃ] *n* tanche *f*.

tend[1] [tend] *vt sheep, shop* garder; *invalid* soigner; *machine* surveiller.

tend[2] [tend] *vi* avoir tendance (*to do* à faire). **to ~ towards** incliner à *or* vers; **I ~ to think that...** j'incline *or* j'ai tendance à penser que...; **that ~s to be the case with...** c'est en général le cas avec...; **grey ~ing to blue** gris tirant sur le bleu. ◆ **tendency** *n* tendance *f*; **to have a ~ency to do** avoir tendance à faire; **the ~ency towards socialism** les tendances socialistes.

tender[1] ['tendə'] *n* (*boat*) embarcation *f*.

tender[2] ['tendə'] **1** *vt* (*proffer*) object, money, apologies offrir; *resignation* donner. **2** *vi* (*Comm*) faire une soumission (*for sth* pour qch). **3** *n* (**a**) (*Comm*) soumission *f* (*for sth* pour qch). **to invite ~s for sth**, **to put sth out to ~** mettre qch en adjudication. (**b**) (*Fin*) **that is no longer legal ~** cela n'a plus cours.

tender[3] ['tendə'] *adj* (*gen*) tendre; *flower* délicat, fragile; *spot, bruise* sensible; *conscience, subject* délicat. ◆ **tender-hearted** *adj* sensible. ◆ **tenderloin** *n* filet *m*. ◆ **tenderly** *adv* tendrement. ◆ **tenderness** *n* tendresse *f* (*towards* envers); [*meat etc*] tendreté *f*; délicatesse *f*; fragilité *f*; sensibilité *f*.

tendon ['tendən] *n* tendon *m*.

tendril ['tendrɪl] *n* (*Bot*) vrille *f*.

tenement ['tenɪmənt] *n* (**~ house**) immeuble *m*.

tenet ['tenət] *n* principe *m*.

tennis ['tenɪs] **1** *n* tennis *m*. **a game of ~** une partie de tennis. **2** *adj* player, racket, club, shoe de tennis. **~ ball** balle *f* de tennis; **~ court** (court *m* de) tennis *m*; (*hard*) **~ elbow** synovite *f* du coude.

tenor ['tenə'] **1** *n* (**a**) [*speech etc*] sens *m*, substance *f*; [*life, events*] cours *m*. (**b**) (*Mus*) ténor *m*. **2** *adj* (*Mus*) voice, part de ténor; *aria* pour ténor; *recorder, saxophone etc* ténor *inv*.

tense[1] [tens] *n* (*Gram*) temps *m*. **in the present ~** au temps présent.

tense[2] [tens] **1** *adj* muscles, person, voice tendu; *period* de tension; *smile* crispé. **they were ~ with fear** ils étaient crispés de peur; **things were getting ~** l'atmosphère devenait tendue. **2** *vt* muscles

tendre. ◆ **tensely** *adv* say d'une voix tendue; *wait* dans l'anxiété. ◆ **tenseness** *or* ◆ **tension** *n* tension *f*.

tent [tent] **1** *n* tente *f*. **2** *adj*: **~ peg/pole** piquet *m*/montant *m* de tente; **~ trailer** caravane *f* pliante. **3** *vi* camper.

tentacle ['tentəkl] *n* tentacule *m*.

tentative ['tentətɪv] *adj* suggestion, gesture, smile timide; *offer, voice* hésitant; *scheme* expérimental; *conclusion, solution, plan* provisoire. **everything is very ~** rien n'est encore décidé. ◆ **tentatively** *adv* timidement; avec hésitation; expérimentalement; provisoirement.

tenterhooks ['tentəhʊks] *npl*: **on ~** sur des charbons ardents.

tenuous ['tenjʊəs] *adj* link ténu; *evidence* mince.

tenure ['tenjʊə'] *n* (*Univ*) fait *m* d'être titulaire; [*property*] bail *m*.

tepid ['tepɪd] *adj* (*lit, fig*) tiède. ◆ **tepidly** *adv* (*fig*) sans enthousiasme.

term [tɜːm] **1** *n* (**a**) (*limit*) terme *m*; (*period*) période *f*. **in the long ~** à long terme; **in the short ~** dans l'immédiat; **long-/short-~** loan à long/ court terme; *view* à longue/brève échéance; **his ~ of office** la période où il exerçait ses fonctions; **~ of imprisonment** peine *f* de prison. (**b**) (*Scol, Univ*) trimestre *m*; (*Jur*) session *f*. **the autumn/spring/summer ~** le premier/deuxième/ troisième trimestre. (**c**) (*Math, Philos*) terme *m*. **A expressed in ~s of B** A exprimé en fonction de B; (*fig*) **in ~s of production** sur le plan de la production. (**d**) (*conditions*) **~s** (*gen*) conditions *fpl*; (*contract etc*) termes *mpl*; (*Comm etc*) prix *mpl*, tarif *m*; **you can name your own ~s** vous êtes libre de stipuler vos conditions; **not on any ~s** à aucune condition; **on his own ~s** sans concessions de sa part; **to come to ~s with** *person* arriver à un accord avec; *problem, situation* accepter; (*Jur*) **~s and conditions** modalités *fpl*; **~s of surrender/of payment** conditions de la reddition/de paiement; **it is not within our ~s of reference** cela n'entre pas dans les termes de notre mandat; **credit ~s** conditions de crédit; (*Comm*) **we offer it on easy ~s** nous offrons des facilités *fpl* de paiement; **our ~s for full board** notre tarif pension complète; **'inclusive ~s: £20'** '20 livres tout compris'. (**e**) (*relationship*) **to be on good/bad ~s with sb** être en bons/mauvais termes *or* rapports avec qn; **they're on fairly friendly ~s** ils ont des rapports assez amicaux. (**f**) (*expression*) terme *m*, expression *f*. **technical/colloquial ~** terme technique/familier; **in plain** *or* **simple ~s** en termes clairs. **2** *adj* exams etc trimestriel. (*US*) **~ paper** dissertation *f* trimestrielle. **3** *vt* appeler, nommer. ◆ **termtime** *n*: **in ~time** pendant le trimestre.

terminal ['tɜːmɪnl] **1** *adj* stage terminal; *illness* dans sa phase terminale; *patient* en phase terminale. **2** *n* (**a**) (*Rail, Coach*) terminus *m inv*. **air ~** aérogare *f*; **container ~** terminus de containers; **oil ~** terminal *m* de conduites pétrolières. (**b**) (*Elec*) borne *f*. (**c**) (*Comput*) terminal *m*. ◆ **terminate 1** *vt* (*gen*) terminer; *contract* résilier; **2** *vi* se terminer (*in* en, par). ◆ **termination** *n* fin *f*; [*contract*] résiliation *f*; (*Med*) **termination of pregnancy** interruption *f* de grossesse. ◆ **terminus**, *pl* -**ni** *n* terminus *m inv*.

terminology [ˌtɜːmɪˈnɒlədʒɪ] *n* terminologie *f*. ◆ **terminological** *adj* terminologique.

termite ['tɜːmaɪt] *n* termite *m*.

tern [tɜːn] *n* hirondelle *f* de mer.

terrace ['terəs] **1** *n* (*gen*) terrasse *f*; (*houses*) rangée *f* de maisons (*attenantes les unes aux autres*). (*Sport*) the ~s les gradins *mpl.* **2** *vt hillside* arranger en terrasses. ◆ **terraced** *adj garden, hillside* en terrasses; *house* attenant aux maisons voisines.

terracotta ['terə'kɒtə] *n* terre *f* cuite.

terrain [te'reɪn] *n* terrain *m* (sol).

terrestrial [tɪ'restrɪəl] *adj* terrestre.

terrible ['terəbl] *adj (gen)* terrible, effroyable; *heat, pain* atroce, terrible; *(less strong) holiday, disappointment, report* épouvantable. ◆ **terribly** *adv (very)* terriblement; *(very badly) play, sing* affreusement mal.

terrier ['terɪə'] *n* terrier *m*.

terrific [tə'rɪfɪk] *adj* (a) *(terrifying)* terrifiant, épouvantable. (b) *(*: extreme etc) amount, height* énorme, fantastique; *speed* fou; *noise* épouvantable; *hill, climb* terriblement raide; *heat, cold, anxiety* terrible; *pleasure* formidable *, terrible *. (c) *(*: excellent) result, news* formidable *. ◆ **terrifically** * *adv* (a) *(extremely)* terriblement; *(pej)* épouvantablement. (b) *(very well) sing, play* formidablement bien *.

terrify ['terɪfaɪ] *vt* terrifier. **to be terrified of** avoir une terreur folle de. ◆ **terrifying** *adj* terrifiant, épouvantable. ◆ **terrifyingly** *adv loud, near* épouvantablement; *bellow etc* de façon terrifiante.

territory ['terɪt(ə)rɪ] *n* territoire *m*. ◆ **territorial** **1** *adj* territorial ; **2** *n (Mil)* **Territorial** territorial *m*; **the Territorials** l'armée territoriale.

terror ['terə'] **1** *n* terreur *f*. **to go in ~ of** avoir très peur de; **he went in ~ of his life** il craignait fort pour sa vie; **I have a ~ of flying** j'ai la terreur de monter en avion; **he's a ~ on the roads** * c'est un danger public sur les routes; **that child is a ~** * cet enfant est une vraie terreur *. **2** *adj attack, group* terroriste; *act* de terrorisme. ◆ **terrorism** *n* terrorisme *m*. ◆ **terrorist** *adj, n* terroriste *(mf)*. ◆ **terrorize** *vt* terroriser. ◆ **terror-stricken** *adj* épouvanté.

terry ['terɪ] *n* (~ **towelling**) tissu *m* éponge.

terse [tɜːs] *adj* laconique. ◆ **tersely** *adv* laconiquement. ◆ **terseness** *n* laconisme *m*.

tertiary ['tɜːʃərɪ] *adj (gen)* tertiaire. ~ **education** enseignement *m* post-scolaire.

terylene ['terəliːn] *n* ® tergal *m* ®.

test [test] **1** *n (of product)* essai *m*; *(of strength etc)* épreuve *f*; *(Med: of blood, urine)* analyse *f*; *(Med: of organ)* examen *m*; *(Pharm, Chem)* analyse; *(Physiol, Psych etc)* test *m*; *(Scol)* interrogation *f* écrite (or orale); *(criterion)* critère *m*. *(Pharm etc)* **to do a ~ for sugar** faire une analyse pour déterminer le taux de glucose; **they did a ~ for diphtheria** ils ont fait une analyse pour voir s'il s'agissait de la diphthérie; **they did ~s on the water** ils ont analysé l'eau; **driving ~** (examen du) permis *m* de conduire; **hearing ~** examen de l'ouïe; **it wasn't a fair ~ of her abilities** cela n'a pas permis d'évaluer correctement ses aptitudes; **to put to the ~** mettre à l'essai *or* à l'épreuve; **to stand the ~** *[person]* se montrer à la hauteur *; *[machine, vehicle]* résister aux épreuves; **to stand the ~ of time** résister au passage du temps.

2 *adj pilot, flight, shot etc* d'essai; *district, experiment, year* test *inv.* ~ **ban treaty** traité *m* d'interdiction d'essais nucléaires; *[oil]* ~ **bore** sondage *m* de prospection; *(TV)* ~ **card** or *(US)* **pattern** mire *f*; *(Jur)* ~ **case** affaire-test *f (destinée à faire jurisprudence)*; **the strike is a ~ case** c'est une grève-test; *(Comput)* ~ **data** données *fpl* d'essai; *(Cricket, Rugby)* ~ **match** ≃ match international; ~ **run** *(lit)* essai; *(fig)* période *f* d'essai; ~ **tube** éprouvette *f* ; ~**-tube baby** bébé-éprouvette *m*.

3 *vt object, product, machine* essayer, mettre à l'essai; *(Comm) goods* vérifier; *(Chem) metal, water* analyser; *(Pharm) blood* faire des analyses de; *new drug etc* expérimenter; *(Psych) person, animal* tester; *(gen) person, intelligence, nerves* mettre à l'épreuve;

sight, hearing examiner; *sb's reactions* mesurer. **they ~ed the material for resistance to...** ils ont soumis le matériau à des essais destinés à vérifier sa résistance à...; **these conditions ~ a car's tyres/strength** ces conditions mettent à l'épreuve les pneus/la résistance d'une voiture; **they ~ed him for hearing difficulties** ils lui ont fait passer un examen de l'ouïe; **they ~ed the children in geography** ils ont fait subir aux enfants une interrogation de contrôle en géographie; **they ~ed him for the job** ils lui ont fait passer des tests d'aptitude pour le poste.

4 *vi*: **to ~ for sugar** faire une recherche de sucre; **to ~ for a gas leak** faire des essais pour découvrir une fuite de gaz; *(Telec etc)* '~**ing**, ~**ing**' ≃ 'un, deux, trois'.

◆ **test-drive** *(Aut)* **1** *n* essai *m* de route ; **2** *vt* faire faire un essai de route à. ◆ **testing** *adj*: ~**ing bench** banc *m* d'essai; ~**ing ground** terrain *m* d'essai; *(fig)* **a ~ing time** une période éprouvante *(for sb* pour qn). ◆ **test-market** *vt* commercialiser à titre expérimental.

testament ['testəmənt] *n* testament *m*. **the Old/New T~** l'Ancien/le Nouveau Testament.

testicle ['testɪkl] *n* testicule *m*.

testify ['testɪfaɪ] **1** *vt* témoigner *(that* que). **2** *vi* porter témoignage. **to ~ against/in favour of sb** déposer contre/en faveur de qn; **to ~ to sth** *(Jur)* attester qch; *(gen)* témoigner de qch. ◆ **testimonial** *n (reference)* recommandation *f*; *(gift)* témoignage *m* d'estime *(offert à qn par ses collègues etc)*. ◆ **testimony** *n (Jur)* témoignage *m*, déposition *f*; *(statement)* déclaration *f*.

testy ['testɪ] *adj* grincheux. ◆ **testily** *adv* d'un ton or d'un air irrité.

tetanus ['tetənəs] *n* tétanos *m*.

tetchy ['tetʃɪ] *adj* irritable.

tête-à-tête ['teɪtɑː'teɪt] *n* tête à tête *m inv.*

tether ['teðə'] **1** *n* longe *f*. *(fig)* **at the end of one's ~** à bout de forces *or* de nerfs. **2** *vt* attacher *(to* à).

text [tekst] *n* texte *m*. *(Comput)* ~ **editor** éditeur *m* de texte(s). ◆ **textbook** *n* manuel *m* scolaire. ◆ **textual** *adj error* de texte.

textile ['tekstaɪl] *adj, n* textile *(m).*

texture ['tekstʃə'] *n (gen)* texture *f*; *[cloth]* contexture *f*; *[skin, wood etc]* grain *m*.

thalidomide [θə'lɪdəʊmaɪd] *n* ® thalidomide *f* ®. ~ **baby** victime *f* de la thalidomide.

Thames [temz] *n* Tamise *f*. *(fig)* **he'll never set the ~ on fire** il n'a pas inventé la poudre.

than [ðæn], *forme faible* [ðən] *conj* (a) que. **more ~** plus que; **taller ~** plus grand que; **I'd do anything rather ~ admit it** je ferais tout plutôt que d'avouer cela; **no sooner did he arrive ~...** il était à peine arrivé que...; **it was a better play ~ we expected** la pièce était meilleure que nous ne l'avions prévu. (b) *(with numerals)* de. **more/less ~ 20** plus/moins de 20; **less ~ half** moins de la moitié; **more ~ once** plus d'une fois.

thank [θæŋk] **1** *vt* remercier, dire merci à *(sb for sth* qn de qch; *for doing* de faire, d'avoir fait). ~ **you** merci *(for sth* pour qch; *for doing* d'avoir fait); ~ **you very much** merci bien *(also iro)*, merci beaucoup; **no ~ you** (non) merci; ~ **goodness** *, ~ **heaven(s)** *, ~ **God** * Dieu merci; *(fig)* **you've got him to ~ for that** c'est à lui que tu dois cela; **he's only got himself to ~** il ne peut s'en prendre qu'à lui-même. **2** *npl*: ~**s** remerciements *mpl*; *(excl)* ~**s!** * merci!; **many ~s** merci mille fois; **with my best ~s** avec mes remerciements les plus sincères; **give him my ~s** remerciez-le de ma part; **to give ~s to God** rendre grâces à Dieu; ~**s to you** grâce à toi. ◆ **thankful** *adj* reconnaissant *(for* de); **let us be ~ful that** estimons-nous heureux que + *subj*; **I was ~ful that** j'ai été bien content que + *subj*. ◆ **thankfully** *adv (gratefully)* avec reconnaissance; *(with relief)* avec soulagement. ◆ **thankless** *adj* ingrat. ◆ **thanksgiving** *n* action *f* de grâces; *(Can, US)* **T~sgiving Day** fête *f* nationale.

that [ðæt], *forme faible* [ðət] **1** *dem adj, pl* **those (a)** *(unstressed)* ce *(before vowel or mute 'h'* cet), cette *f*, ces *mfpl*. **~ book** ce livre; **~ man** cet homme; **~ car** cette voiture; **those books** ces livres; **those cars** ces voitures; **I love ~ house of yours!** votre maison, je l'adore!; **~ awful car of theirs** leur fichue * voiture; **what about ~ £5?** et ces 5 livres? **(b)** *(stressed; or as opposed to* **this, these)** ce....-là, cet...-là, cette...-là, ces...-là. **I mean THAT book** c'est de ce livre-là que je parle; **I like ~ photo better than this one** je préfère cette photo-là à celle-ci; **~ hill over there** cette colline là-bas. **2** *dem pron, pl* **those (a)** cela, ça; ce. **what's ~?** qu'est-ce que c'est que ça?; **who's ~?** qui est-ce?; **is ~ you, Paul?** c'est toi, Paul?; **~'s what they've been told** c'est *or* voilà ce qu'on leur a dit; **those are my children** ce sont mes enfants; *(pointing out)* voilà mes enfants; **do you like ~?** vous aimez ça *or* cela?; **~'s fine!** c'est parfait!; **~'s enough!** ça suffit!; **she's not as stupid as (all) ~** elle n'est pas si bête que ça; **you're not going and ~'s ~!** tu n'y vas pas, un point c'est tout!; **well, ~'s ~!** eh bien voilà!; **~ was ~** les choses se sont arrêtées là; **if it comes to ~...** en fait...; **before ~** avant cela; **with** *or* **at ~ she...** là-dessus *or* sur ce, elle...; **there were 6 at ~!** en plus il y en avait 6!; **~ is (to say)...** c'est-à-dire...; **like ~** comme ça; **friendship and all ~** * l'amitié et tout ça. **(b)** *(~ one)* celui-là *m*, celle-là *f*, ceux-là *mpl*, celles-là *fpl*. **I prefer this to ~** je préfère celui-ci à celui-là *(or* celle-ci à celle-là); **those over there** ceux-là *(or* celles-là) là-bas. **(c)** *(before rel pron)* **those who** ceux *(or* celles) qui. **3** *adv (so)* si, aussi. **it's ~ high** c'est haut comme ça; **it's not ~ cold!** il ne fait pas si froid que ça!; **he was ~ ill!** * il était vraiment malade. **4** *rel pron* **(a)** *(nominative)* qui; *(accusative)* que; *(with prep)* lequel *m*, laquelle *f*, lesquels *mpl*, lesquelles *fpl*. **the man ~ came to see you** l'homme qui est venu vous voir; **the letter ~ I sent** la lettre que j'ai envoyée; **fool ~ I am!** imbécile que je suis!; **the men ~ I was speaking to** les hommes auxquels je parlais; **the girl ~ I told you about** la jeune fille dont je vous ai parlé. **(b)** *(in expressions of time)* où. **the evening/summer** *etc* **~...** le soir/l'été *etc* où... **5** *conj* que. **he said ~ he had seen her** il a dit qu'il l'avait vue, il a dit l'avoir vue; **so big ~...** si grand que...; **not ~ I want to do it** non pas que je veuille le faire; **so ~, in order ~** pour que + *subj*, afin que + *subj*.

thatch [θætʃ] **1** *n* chaume *m*. **2** *vi* faire un toit de chaume. ◆ **thatched** *adj* **roof** de chaume; **~ed cottage** chaumière *f*.

thaw [θɔ:] **1** *n (Met)* dégel *m*; *(fig: Pol etc)* détente *f*. **2** *vt (~ out) (gen; also fig)* dégeler; *ice, snow* faire fondre. **3** *vi (~ out) (gen, Met; also fig)* dégeler; *[ice, snow]* fondre.

the [ði:], *forme faible* [ðə) **1** *def art* **(a)** le, la, *(before vowel or mute 'h')* l', les. **of ~, from ~** du, de la, de l', des; **to ~, at ~** au, à la, à l', aux. **(b)** *(with sg n denoting whole class)* **~ aeroplane is an invention of our century** l'avion est une invention de notre siècle. **(c)** *(distributive use)* **50p ~ pound** 50 pence la livre; **2 dollars to ~ pound** 2 dollars la livre; **paid by ~ hour** payé à l'heure; **30 miles to ~ gallon** ≈ 9 litres au 100 (km). **(d)** *(with names etc)* **Charles ~ First/Second/Third** Charles premier/deux/trois; **~ Browns** les Brown. **(e)** *(stressed)* **THE Professor Smith** le célèbre professeur Smith; **it's THE restaurant in this part of town** c'est le meilleur res-

taurant du quartier; **it's THE book just now** c'est le livre à lire en ce moment. **(f)** *(with demonstrative force)* **~ summer we went to France** l'été où nous sommes allés en France; **~ shop over there** le magasin là-bas; **he hasn't ~ sense to refuse** il n'a pas assez de bon sens pour refuser; **how's ~ leg?** * et cette jambe? **2** *adv:* **~ more he works ~ more he earns** plus il travaille plus il gagne d'argent; **~ sooner ~ better** le plus tôt sera le mieux; **all ~ more difficult** d'autant plus difficile.

theatre, *(US)* **theater** ['θɪətəʳ] **1** *n* **(a)** théâtre *m*. **to go to the ~** aller au théâtre; **it makes good ~** c'est du bon théâtre. **(b)** *(large room)* salle *f* de conférences; **lecture ~** amphithéâtre *m*; **operating ~** salle *f* d'opération. **(c)** *(Mil etc)* théâtre *m*. **~ of war** théâtre des hostilités. **2** *adj* **ticket** de théâtre; **visit** au théâtre; **management** du théâtre; *(Med)* **staff** de la salle d'opération. **~ company** troupe *f* de théâtre. ◆ **theatregoer** *n* habitué(e) *m(f)* du théâtre. ◆ **theatreland** *n:* **London's ~land** le Londres des théâtres. ◆ **theatrical 1** *adj* théâtral *(also fig pej)* ; **2** *npl:* **amateur theatricals** théâtre *m* d'amateurs; *(fig pej)* **all those theatricals** toute cette comédie. ◆ **theatrically** *adv* théâtralement.

thee [ði:] *pron* (†, *liter)* te; *(before vowel)* t' ; *(stressed; after prep)* toi.

theft [θeft] *n* vol *m*.

their [ðɛəʳ] *poss adj* leur *(f inv)*. ◆ **theirs** *poss pron* le leur, la leur, les leurs; **this car is ~s** cette voiture est à eux *(or* à elles); **a friend of ~s** un de leurs amis (à eux *or* à elles); *(pej)* **that car of ~s** leur fichue * voiture.

them [ðem], *forme faible* [ð(ə)m] *pers pron pl* **(a)** *(direct) (unstressed)* les; *(stressed)* eux *mpl*, elles *fpl*. **I have seen ~** je les ai vu(e)s; **I don't know THEM** eux *(or* elles), je ne les connais pas; **if I were ~** si j'étais à leur place; **it's ~!** ce sont eux!, les voilà! **(b)** *(indirect)* leur. **I gave ~ the book** je leur ai donné le livre; **I'm speaking to ~** je leur parle. **(c)** *(after prep etc)* eux *mpl*, elles *fpl*. **I'm thinking of ~** je pense à eux; **as for ~** quant à eux; **younger than ~** plus jeune qu'eux; **both of ~** tous *(or* toutes) les deux; **several of ~** plusieurs d'entre eux; **give me a few of ~** donnez-m'en quelques-un(e)s; **I don't like either of ~** je ne les aime ni l'un(e) ni l'autre; **none of ~ would do it** aucun d'entre eux *(or* aucune d'entre elles) n'a voulu le faire; **it was very good of ~** c'était très gentil de leur part. ◆ **themselves** *pers pron pl (reflexive)* se; *(emphatic)* eux-mêmes *mpl*, elles-mêmes *fpl*; *(after prep)* eux, elles; **they've hurt ~selves** ils se sont blessés, elles se sont blessées; **they said to ~selves** ils *(or* elles) se sont dit; **they saw it ~selves** ils l'ont vu eux-mêmes; **they were talking amongst ~selves** ils discutaient entre eux; **all by ~selves** tout seuls, toutes seules.

theme [θi:m] **1** *n* thème *m*, sujet *m*; *(Mus)* thème, motif *m*. **2** *adj:* **~ song** chanson principale *(d'un film etc)*; *(signature tune)* indicatif *m*; *(fig)* refrain *m* habituel.

then [ðen] **1** *adv* **(a)** *(at that time)* alors, à cette époque-là, à ce moment-là. **we had 2 dogs ~** nous avions alors 2 chiens, nous avions 2 chiens à cette époque-là; **(every) now and ~** de temps en temps; **~ and there** sur-le-champ; **from ~ on** dès lors, dès cette époque-là *or* ce moment-là; **before ~** avant cela, avant ce moment-là; **I'll have it finished by ~** je l'aurai fini d'ici là; **between now and ~** d'ici là; **until ~** jusque-là, jusqu'alors. **(b)** *(afterwards)* ensuite, puis, alors. **first to London, ~ to Paris** d'abord à Londres, puis *or* et ensuite à Paris; **and ~ what?** et puis après? **(c)** *(in that case)* alors, donc. **~ it must be in the sitting room** alors ça doit être au salon; **someone had warned you ~?** on vous avait donc prévenu?; **now ~...** alors...

(**d**) *(and also)* et puis, d'ailleurs. ~ **there's my aunt** et puis il y a ma tante; ...**and ~ it's none of my business** ...et d'ailleurs cela ne me regarde pas; **and ~ again**... remarquez... **2** *adj:* **the ~ Prime Minister** le Premier ministre de l'époque.

thence [ðens] *adv* (†, *liter)* de là.

theodolite [θɪˈɒdəlaɪt] *n* théodolite *m.*

theology [θɪˈɒlədʒɪ] *n* théologie *f.* ◆ **theologian** *n* théologien(ne) *m(f).* ◆ **theological** *adj* théologique; **theological college** séminaire *m.*

theorem [ˈθɪərəm] *n* théorème *m.*

theory [ˈθɪərɪ] *n* théorie *f.* **in ~** en théorie. ◆ **theoretic(al)** *adj* théorique. ◆ **theoretically** *adv* théoriquement. ◆ **theoretician** *or* ◆ **theorist** *n* théoricien(ne) *m(f).* ◆ **theorize** *vi [scientist etc]* élaborer des théories *(about* sur); *(fig)* se lancer dans de grandes théories *(about* sur).

therapy [ˈθerəpɪ] *n* thérapie *f.* ◆ **therapeutic(al)** *adj* thérapeutique. ◆ **therapeutics** *nsg* thérapeutique *f.* ◆ **therapist** *n* thérapeute *mf.*

there [ðɛəʳ] **1** *adv* (**a**) *(place)* y, là. **we shall be ~** nous y serons, nous serons là; **put it ~** posez-le là; **we left ~** nous en sommes partis, nous sommes partis de là; **on ~** là-dessus; **in ~** là-dedans; **back** *or* **down** *or* **over ~** là-bas; **he lives round ~** il habite par là; *(further away)* il habite par là-bas; **here and ~** çà et là, par-ci par-là; **from ~** de là; **they went ~ and back** ils ont fait l'aller et retour; **~ and then** sur-le-champ; **he's all ~** * c'est un malin; **he's not all ~** * il est un peu demeuré. (**b**) **~ is, ~ are** il y a; **once upon a time ~ was**... il était une fois...; **~ will be dancing** on dansera; **~ are 3 apples left** il reste 3 pommes; **~ comes a time when**... il vient un moment où...; **~'s no denying it** c'est indéniable. (**c**) *(pointing out etc)* **~'s my brother!** voilà mon frère!; **~ are the others!** voilà les autres!; **~ he is!** le voilà!; **that man ~** cet homme-là; **hey you ~!** hé toi, là-bas!; **hurry up ~!** dépêchez-vous, là-bas!; **~'s my mother calling me** voilà ma mère qui m'appelle; **I disagree with you ~** là je ne suis pas d'accord avec vous; **you press this switch and ~ you are!** tu appuies sur ce bouton et ça y est!; **~ you are, I told you that would happen** voilà *or* tiens, je t'avais dit que ça allait arriver; **~ you go again *...** ça y est, tu recommences à... **2** *excl:* **~, what did I tell you?** alors, qu'est-ce que je t'avais dit?; **~, ~!** allons, allons!; **but ~, what's the use?** mais enfin, à quoi bon?

◆ **thereabouts** *adv (place)* par là, près de là; **£5 or ~abouts** environ 5 livres. ◆ **thereafter** *adv* par la suite. ◆ **thereby** *adv* de cette façon; **~by hangs a tale!** c'est toute une histoire! ◆ **therefore** *adv* donc, par conséquent. ◆ **thereupon** *adv (then)* sur ce; *(on that subject)* à ce sujet.

therm [θɜːm] *n* = 1,055 × 10⁸ joules; *(formerly)* thermie *f.* ◆ **thermal** *adj* thermal; *(Elec, Phys)* thermique; *paper, printer* thermosensible, à sensibilité thermique; *underwear* en thermolactyl ®; **~al baths** thermes *mpl.*

thermo... [ˈθɜːməʊ] *pref* therm(o)... ◆ **thermodynamic** *adj* thermodynamique. ◆ **thermonuclear** *adj* thermonucléaire.

thermometer [θəˈmɒmɪtəʳ] *n* thermomètre *m.*

Thermos [ˈθɜːməs] ® : **~ (flask)** (bouteille *f)* thermos *f.*

thermostat [ˈθɜːməstæt] *n* thermostat *m.*

thesaurus [θɪˈsɔːrəs] *n [words]* dictionnaire *m* synonymique.

these [ðiːz] *pl of* **this.**

thesis, *pl* **-ses** [ˈθiːsɪs] thèse *f.*

they [ðeɪ] *pers pron pl* (**a**) ils *mpl*, elles *fpl* ; *(stressed)* eux *mpl*, elles *fpl.* **~ have gone** ils sont partis, elles sont parties; **there ~ are!** les voilà!; **~ are teachers** ce sont des professeurs; **THEY know nothing about it** eux, ils n'en savent rien. (**b**) *(people in general)* on. **~ say that...** on dit que...

thick [θɪk] **1** *adj (gen)* épais *(f* -aisse); *book, lips, nose, wool* épais, gros *(f* grosse); *print* gras *(f* grasse); *honey, vegetation* épais, touffu; *(stupid)* bête, borné. **to grow ~(er)** (s')épaissir; **to make ~(er)** épaissir; **wall 50 cm ~** mur de 50 cm d'épaisseur; *(fig)* **to give sb a ~ ear** * frotter les oreilles à qn *; *(fig)* **that's a bit ~!** * ça, c'est un peu fort! *; **the air is very ~ in here** on manque d'air ici; **furniture ~ with dust** meubles couverts de poussière; **road ~ with cars** rue encombrée de voitures; **town ~ with tourists** ville envahie de touristes; *(fig)* **they are as ~ as thieves** ils s'entendent comme larrons en foire; **Paul and he are very ~** * Paul et lui sont comme les deux doigts de la main.

2 *adv spread, lie etc* en couche épaisse; *cut* en tranches épaisses. **the snow fell ~** la neige tombait dru; *(fig)* **he lays it on a bit ~** * il exagère un peu.

3 *n:* **in the ~ of** *crowd* au plus fort de; *fight* en plein cœur de; **they were in the ~ of it** ils étaient en plein dedans; **through ~ and thin** à travers toutes les épreuves.

◆ **thicken 1** *vt sauce* épaissir ; **2** *vi (gen; also fig)* s'épaissir; *[crowd]* grossir. ◆ **thickheaded** * *adj* bête, borné. ◆ **thick-knit** *adj* en grosse laine. ◆ **thick-lipped** *adj* aux lèvres charnues. ◆ **thickly** *adv spread* en une couche épaisse; *cut* en tranches épaisses; *speak, say (from head cold, fear)* d'une voix voilée; *(from drink)* d'une voix pâteuse; *wooded, populated* très; **~ly spread** *(or* **covered** *etc)* **with** couvert d'une épaisse couche de; **the snow fell ~ly** la neige tombait dru. ◆ **thickness** *n* (**a**) *(gen)* épaisseur *f; [lips etc]* grosseur *f; [fog, forest]* densité *f; [hair]* abondance *f;* (**b**) *(layer)* épaisseur *f.* ◆ **thickset** *adj (and small)* râblé; *(and tall)* bien bâti. ◆ **thickskinned** *adj orange* à la peau épaisse; *(fig) person* peu sensible.

thicket [ˈθɪkɪt] *n* fourré *m*, hallier *m.*

thief, *pl* **thieves** [θiːf, θiːvz] *n* voleur *m*, -euse *f.* **set a ~ to catch a ~** à voleur voleur et demi; **stop ~!** au voleur! ◆ **thieve** *vti* voler. ◆ **thieving 1** *adj* voleur ; **2** *n* vol *m.*

thigh [θaɪ] *n* cuisse *f.* **~ boots** cuissardes *fpl.* ◆ **thighbone** *n* fémur *m.*

thimble [ˈθɪmbl] *n* dé *m* (à coudre).

thin [θɪn] **1** *adj* (**a**) *(gen)* mince; *glass* fin; *paper, waist, nose* mince, fin; *leg, person* mince, maigre *(slightly pej)*; *string* petit. *[person]* **to get ~(ner)** maigrir; **as ~ as a rake** maigre comme un clou. (**b**) *soup, gravy, oil* peu épais *(f* -aisse); *cream, honey, mud* liquide; *hair, eyebrows, hedge* clairsemé; *fog, smoke* léger; *crowd* épars; *voice* grêle; *blood* anémié. **he's rather ~ on top** * il perd ses cheveux; **the air is ~** l'air est raréfié; *(fig)* **to vanish into ~ air** se volatiliser. (**c**) *profits* maigre; *excuse, story* peu convaincant; *disguise* facilement percé à jour. **to have a ~ time of it** * passer par une période plutôt pénible. **2** *adv spread* en une couche mince; *cut* en tranches minces. **3** *vt (~ down)* *paint, sauce* délayer; *(~ out)* *trees, hair* éclaircir. **4** *vi (~ out)* *[fog, crowd]* se disperser. **his hair is ~ning** il perd ses cheveux. ◆ **thin-lipped** *adj* aux lèvres minces; *(with rage etc)* les lèvres pincées. ◆ **thinly** *adv cut* en tranches minces; *spread* en couche mince; *wooded etc* peu; *clad* insuffisamment; **~ly disguised as** à peine déguisé en. ◆ **thinner** *n* diluant *m.* ◆ **thinness** *n* minceur *f;* maigreur *f.* ◆ **thinskinned** *adj orange etc* à la peau mince; *(fig) person* susceptible.

thine [ðaɪn] (†, *liter)* **1** *poss pron* le tien, la tienne, les tiens, les tiennes. **2** *poss adj* ton, ta, tes.

thing [θɪŋ] *n* (**a**) *(gen)* chose *f.* **~ of beauty** bel objet, belle chose; **such ~s as** des choses comme; **the ~ he loves most is**... ce qu'il aime le plus au

monde c'est...; **what's that ~?** qu'est-ce que c'est que cette chose-là *or* ce machin-là * *or* ce truc-là? *; **what sort of ~ is that to say?** ça n'est pas une chose à dire; **the good ~s in life** les plaisirs *mpl* de la vie; **he thinks the right ~s** il pense comme il faut; **the ~ is this** voilà de quoi il s'agit; **as ~s are** dans l'état actuel des choses; **the next ~ to do is...** ce qu'il y a à faire maintenant c'est...; **the best ~ would be to refuse** le mieux serait de refuser; **the last ~ on the agenda** le dernier point à l'ordre du jour; **you worry about ~s too much** tu te fais trop de soucis; **I must think ~s over** il faut que j'y réfléchisse; **how are ~s with you?** et vous, comment ça va?; **to expect great ~s of** attendre beaucoup de; **they were talking of one ~ and another** ils parlaient de choses et d'autres; **taking one ~ with another** somme toute; **the ~ is to know...** la question est de savoir...; **the ~ is, she'd already seen him** ce qu'il y a, c'est qu'elle l'avait déjà vu; **it's a strange ~, but...** c'est drôle, mais...; **for one ~, it doesn't make sense** d'abord, ça n'a pas de sens; **and for another ~...** et en plus...; **it's the usual ~** c'est le coup * classique; **it's just one of those ~s** ce sont des choses qui arrivent; **it's just one ~ after another** les embêtements se succèdent ; **I hadn't done a ~ about it** je n'avais strictement rien fait.
(b) *(belongings etc)* **~s** affaires *fpl*; **to take off one's ~s** se débarrasser de son manteau *etc*; **do take your ~s off!** débarrassez-vous!; **your swimming ~s** tes affaires de bain; **the first-aid ~s** la trousse de secours.
(c) **he's doing his own ~** * il fait ce qui lui plaît; **she has got a ~ about spiders** * elle a horreur des araignées; **he has got a ~ about blondes** * il est obsédé par les blondes; **he can't make a great ~ of it** il en a fait tout un plat *; **Mr T~** * **rang up** Monsieur Machin * a téléphoné; **poor little ~!** pauvre petit(e)!; **poor ~, he's very ill** le pauvre, il est très malade; **she's a spiteful ~** c'est une rosse *; **that's just the ~ for me** voilà justement ce qu'il me faut; **yoga is the ~ nowadays** le yoga c'est le truc * à la mode aujourd'hui; **it's quite the ~** ça se fait beaucoup; **the latest ~ in hats** un chapeau dernier cri.
◆ **thingumabob** * *or* ◆ **thingumajig** * *or* ◆ **thingummy** * *n* machin * *m*, truc * *m*.

think [θɪŋk] *(vb: pret, ptp* **thought)** **1** *vi* **(a)** *(gen)* penser *(of, about* à; *of, about doing* à faire); *(more carefully)* réfléchir *(of, about* à). **you can't ~ of everything** on ne peut pas penser à tout; **I've too many things to ~ of** j'ai trop de choses en tête; **he ~s about nothing but money** il ne pense qu'à l'argent; **what else is there to ~ about?** c'est ce qu'il y a de plus important; **~ carefully** réfléchissez bien; **~ twice before speaking** réfléchissez-y à deux fois avant de parler; **~ again!** *(reflect on it)* repensez-y!; *(have another guess)* ce n'est pas ça, recommencez!; **to ~ ahead** tout prévoir; **let me ~** que je réfléchisse *, laissez-moi réfléchir; **to ~ aloud** penser tout haut; **to ~ big** * avoir de grandes idées; *(iro)* **I don't ~!** * ça m'étonnerait!; **I'll ~ about it** j'y penserai, je vais y réfléchir; **it's not worth ~ing about** ça ne vaut pas la peine d'y penser; **there's so much to ~ about** il y a tant de choses à prendre en considération; **what are you ~ing about?** à quoi pensez-vous?; **what were you ~ing about!** où avais-tu la tête?; **I wouldn't ~ of such a thing!** ça ne me viendrait jamais à l'idée!; **would YOU ~ of letting him go alone?** vous le laisseriez partir seul?; **I didn't ~ to ask** *or* **of asking** je n'ai pas eu l'idée de demander.
(b) *(remember, consider)* penser *(of, about* à). **he ~s of nobody but himself** il ne pense qu'à lui; **he's got his children to ~ of** *or* **about** il faut qu'il pense à ses enfants; **I can't ~ of her name** je n'arrive

pas à me rappeler son nom; **I couldn't ~ of the right word** le mot juste ne me venait pas.
(c) *(imagine)* **to ~ of** imaginer; **~ of what might have happened** imagine ce qui aurait pu arriver; **just ~!** imagine un peu!
(d) *(devise etc)* **to ~ of** *(gen)* avoir l'idée de *(doing* faire); *plan* inventer; *solution* trouver; **what will he ~ of next?** qu'est-ce qu'il va encore inventer?
(e) *(have as opinion)* penser *(of* de). **to ~ well** *or* **highly** *or* **a lot of sb/sth** avoir une haute opinion de qn/qch; **very well thought of** très respecté ; **I don't ~ much of that** cela ne me semble pas très bon; **to ~ better of doing sth** décider à la réflexion de ne pas faire qch; **he thought better of it** il a changé d'avis; **~ nothing of it!** n'y attachez aucune importance!; **he thought nothing of walking there** il trouvait tout naturel d'y aller à pied; **to my way of ~ing** à mon avis.
2 *vt* **(a)** *(believe)* penser, croire *(that* que). **I ~ so/not** je pense *or* crois que oui/non; **I rather ~ so** j'ai plutôt l'impression que oui; **I thought as much!, I thought so!** je m'en doutais!; **she's pretty, don't you ~?** elle est jolie, tu ne trouves pas?; **I don't know what to ~** je ne sais pas qu'en penser; **I ~ that** je pense *or* crois que + *indic*; **I don't ~ that** je ne pense *or* crois pas que + *subj*; **do you ~ that** croyez-vous que + *subj*; **what do you ~?** qu'est-ce que tu en penses?; *(iro)* **what do YOU ~?** qu'est-ce que tu crois, toi?; **what do you ~ of him?** comment le trouves-tu?; **who do you ~ you are?** pour qui te prends-tu?; **you must ~ me very rude** vous devez me trouver très impoli; **he ~s he is intelligent** il se croit intelligent; **they are thought to be rich** ils passent pour être riches ; **I didn't ~ to see you here** je ne m'attendais pas à vous voir ici.
(b) *(imagine)* imaginer. **~ what we could do** imagine ce que nous pourrions faire; **I can't ~ what he means** je ne vois vraiment pas ce qu'il veut dire; **who would have thought it!** qui l'aurait dit!; **to ~ that she's only 10!** quand on pense qu'elle n'a que 10 ans!; **to ~ evil thoughts** avoir de mauvaises pensées.
(c) *(reflect)* penser à. **~ what you're doing** pense à ce que tu fais; **we must ~ how to do it** il faut nous demander comment le faire; **I was ~ing to myself how ill he looked** je me disais qu'il avait l'air bien malade; **I didn't ~ to let him know** il ne m'est pas venu à l'idée de le mettre au courant; **did you ~ to bring it?** est-ce que tu as pensé à l'apporter?
3 *n*: **to have a ~** * **about sth** penser à qch; **to have a good long ~** * **about sth** bien réfléchir à qch; **he's got another ~ coming** * il se fait des illusions.
4 *adj*: **~ tank** groupe *m* de réflexion.
◆ **think back** *vi* essayer de se souvenir *(to* de). ◆ **think out** *vt sep problem, proposition* étudier; *plan, answer* préparer. ◆ **think over** *vt sep offer, suggestion* bien réfléchir à. **I'll have to ~ it over** il va falloir que j'y réfléchisse. ◆ **think up** *vt sep plan, improvement* avoir l'idée de; *idea* avoir; *answer* trouver; *excuse* inventer; **what will he ~ up next?** qu'est-ce qu'il va encore bien pouvoir inventer?
◆ **thinkable** *adj*: **it's not ~able that** il n'est pas pensable que + *subj*. ◆ **thinker** *n* penseur *m*, -euse *f*. ◆ **thinking** **1** *adj creature* rationnel; **to any ~ing person** pour toute personne qui réfléchit; **to put on one's ~ing cap** réfléchir ; **2** *n (act)* pensée *f*, réflexion *f*; *(thoughts)* opinions *fpl (on, about* sur); **I'll have to do some ~ing about it** il va falloir que j'y réfléchisse.

third [θɜːd] **1** *adj* troisième. **~ person**, *(Jur)* **~ party** tiers *m*; **~ party insurance** (assurance *f*) responsabilité *f* civile; **~ time lucky!** la troisième fois sera la bonne; **the ~ finger** le majeur; **the T~**

World le Tiers-Monde. **2** *n* troisième *mf*; *(fraction)* tiers *m*; *(Mus)* tierce *f*; *(Aut:* ~ **gear)** troisième vitesse *f*. **in** ~ en troisième; *for phrases V* **sixth. 3** *adv* **(a)** *(in race, exam)* **to come** *or* **be placed** ~ se classer troisième. **(b)** *(thirdly)* troisièmement. ◆ **third-class 1** *adj* *(gen, Rail etc)* de troisième classe; *hotel* de troisième catégorie; *(fig pej) meal, goods* de qualité très inférieure; *(Univ)* ~**-class degree** ≃ licence *f* sans mention ; **2** *adv (Rail) travel* en troisième. ◆ **thirdly** *adv* troisièmement. ◆ **third-rate** *adj* de qualité très inférieure.

thirst [θɜːst] **1** *n* soif *f* *(for* de). **2** *vi (liter)* avoir soif *(for* de). *(fig)* ~**ing for** assoiffé de. ◆ **thirsty** *adj* qui a soif; *(stronger)* assoiffé; *(fig) land* desséché; **to be** ~**y** avoir soif *(for* de); **it makes you** ~**y, it's** ~**y work** ça donne soif.

thirteen [θɜːˈtiːn] *adj, n* treize *(m) inv*; *for phrases V* **six.** ◆ **thirteenth** *adj, n* treizième *(mf)*; *(fraction)* treizième *m*.

thirty [ˈθɜːtɪ] *adj, n* trente *(m) inv.* **about** ~ une trentaine; **about** ~ **books** une trentaine de livres; *for other phrases V* **sixty.** ◆ **thirtieth** *adj, n* trentième *(mf)*; *(fraction)* trentième *m*.

this [ðɪs] **1** *dem adj, pl* **these (a)** ce *(before vowel and mute 'h'* cet), cette *f*, ces *mfpl*. ~ **book** ce livre; ~ **man** cet homme; ~ **woman** cette femme; **these books** ces livres; ~ **these women** ces femmes; ~ **week** cette semaine; ~ **time last week** la semaine dernière à pareille heure; ~ **time next year** l'année prochaine à la même époque; ~ **coming week** la semaine prochaine. **(b)** *(stressed; or as opposed to* **that, those)** ce...-ci, cet...-ci, cette...-ci, ces...-ci. **I like** ~ **photo better than that one** je préfère cette photo-ci à celle-là; ~ **chair over here** cette chaise-ci.

2 *dem pron, pl* **these (a)** ceci, ce. **what is** ~**?** qu'est-ce que c'est?; **who's** ~**?** qui est-ce?; ~ **is my son** *(in introduction)* je vous présente mon fils; *(in photo etc)* c'est mon fils; ~ **is the boy I told you about** c'est *or* voici le garçon dont je t'ai parlé; *(on phone)* ~ **is Joe Brown** Joe Brown à l'appareil; ~ **is Tuesday/May** nous sommes mardi/en mai; ~ **is what he showed me** voici ce qu'il m'a montré; ~ **is where we live** c'est ici que nous habitons; **it was like** ~**...** voici comment les choses se sont passées...; **do it like** ~ faites-le comme ceci; **after** ~ après ceci; **before** ~ **I'd never noticed him** je ne l'avais jamais remarqué auparavant; **it ought to have been done before** ~ cela devrait être déjà fait; **we were talking of** ~ **and that** nous parlions de choses et d'autres; **so it has come to** ~**!** nous en sommes donc là!; **at** ~ sur ce; **with** ~ **he left us** sur ces mots il nous a quittés; **what's all** ~ **I hear about your new job?** qu'est-ce que j'apprends, vous avez un nouvel emploi? **(b)** *(~ one)* celui-ci *m*, celle-ci *f*, ceux-ci *mpl*, celles-ci *fpl*. **I prefer that to** ~ je préfère celui-là à celui-ci *(or* celle-là à celle-ci).

3 *adv:* ~ **long** aussi long que ça; ~ **far** jusqu'ici.

thistle [ˈθɪsl] *n* chardon *m*. ◆ **thistledown** *n* duvet *m* de chardon.

thither [ˈðɪðəʳ] *adv* (†, *liter)* là, y.

tho' [ðəʊ] *abbr of* **though.**

thong [θɒŋ] *n* lanière *f* *(de cuir).*

thorax [ˈθɔːræks] *n* thorax *m*.

thorn [θɔːn] *n* épine *f*; *(haw~)* aubépine *f*. *(fig)* **a** ~ **in sb's flesh** une source d'irritation constante pour qn. ◆ **thorny** *adj (lit, fig)* épineux.

thorough [ˈθʌrə] *adj work, worker* consciencieux; *search, research* minutieux; *knowledge, examination* approfondi; *(fig) hooligan, idiot* véritable *(before n)*; *scoundrel, rogue* fieffé. **to give sth a** ~ **clean** nettoyer qch à fond. ◆ **thoroughbred 1** *adj horse* pur-sang *inv*; *other animal* de race ; **2** *n* pur-sang *m inv*; bête *f* de race. ◆ **thoroughfare** *n (street)* rue *f*; *(public highway)* voie *f* publique; **'no** ~**fare'** 'passage inter-

dit'. ◆ **thoroughgoing** *adj examination, revision* complet; *hooligan* véritable *(before n)*; *rogue, scoundrel* fieffé. ◆ **thoroughly** *adv (gen)* à fond; *understand* parfaitement; *agree* tout à fait; *(very) clean, nasty* tout à fait, tout ce qu'il y a de *; **to search** ~**ly** *house* fouiller de fond en comble; *drawer* fouiller à fond. ◆ **thoroughness** *n [worker etc]* minutie *f*.

those [ðəʊz] *pl of* **that.**

thou [ðaʊ] *pers pron* (†, *liter)* tu; *(stressed)* toi.

though [ðəʊ] **1** *conj* **(a)** *(despite the fact that)* bien que + *subj*, quoique + *subj*. ~ **it's raining** bien qu'il pleuve, malgré la pluie. **(b)** *(even if)* **strange** ~ **it may seem** si *or* pour étrange que cela puisse paraître; **even** ~ **I shan't be there I'll think of you** je ne serai pas là, mais je n'en penserai pas moins à toi. **(c)** *(gen)* **as** ~ comme si; **it looks as** ~ il semble que + *subj*. **2** *adv* pourtant, cependant. **it's not easy** ~ ce n'est pourtant pas facile.

thought [θɔːt] *(pret, ptp of* **think)** *n* **(a)** *(gen)* pensée *f*; *(daydreaming)* rêverie *f*. **lost** *or* **deep in** ~ plongé dans ses pensées *or* dans une rêverie; **after much** ~ après mûre réflexion; **without** ~ sans réfléchir; **without** ~ **for** *or* **of himself** sans considérer son propre intérêt; **to take** ~ **for, to give a** ~ **to** penser à; **to give** ~ **to** bien réfléchir à; **don't give it another** ~ n'y pensez plus. **(b)** *(idea)* pensée *f*, idée *f*. **it's a happy** ~ voilà une idée qui fait plaisir; **what a** ~**!** * imagine un peu!; **what a horrifying** ~**!** * quel cauchemar!; **what a lovely** ~**!** * comme ça serait bien!; **what a brilliant** ~**!** * quelle idée de génie!; **that's a** ~**!** * tiens, mais c'est une idée!; **the mere** ~ **of it** rien que d'y penser; **my** ~**s were elsewhere** j'avais l'esprit ailleurs; **the T** ~**s of Chairman Mao** les pensées du Président Mao; **scientific** ~ **on the subject** les opinions *fpl* des scientifiques sur la question ; **I had** ~**s of going to Paris** j'avais vaguement l'intention d'aller à Paris; **he gave up all** ~ **of marrying her** il a renoncé à toute idée de l'épouser; **it's the** ~ **that counts** c'est l'intention *f* qui compte; *(fig)* **it is a** ~ **too large** c'est un tout petit peu trop grand. ◆ **thoughtful** *adj* **(a)** *(pensive)* pensif; *(serious) person, book, remark* sérieux; **(b)** *(considerate) person* prévenant; *act, remark, invitation* gentil; **how** ~**ful of you!** comme c'est gentil à vous! ◆ **thoughtfully** *adv* pensivement; avec prévenance; **he** ~**fully offered...** il a eu la prévenance d'offrir... ◆ **thoughtfulness** *n* air *m* pensif; prévenance *f*. ◆ **thoughtless** *adj behaviour, words* irréfléchi; *person* étourdi; **he's very** ~**less** il se soucie fort peu des autres. ◆ **thoughtlessly** *adv (carelessly)* étourdiment; *(inconsiderately)* avec insouciance. ◆ **thoughtlessness** *n (carelessness)* étourderie *f*; *(lack of consideration)* manque *m* de prévenance. ◆ **thought-provoking** *adj* qui pousse à la réflexion. ◆ **thought-read** *vi* lire dans la pensée de qn. ◆ **thought-reader** *n* liseur *m*, -euse *f* de pensées.

thousand [ˈθaʊz(ə)nd] *adj, n* mille *(m) inv.* **a** ~**, one** ~ mille; **five** ~ cinq mille; **a** ~ **thanks!** mille fois merci!; **about a** ~ un millier; **about a** ~ **men** un millier d'hommes; ~**s of** des milliers de; **they came in their** ~**s** ils sont venus par milliers. ◆ **thousandth** *adj, n* millième *(mf)*; *(fraction)* millième *m*.

thrash [θræʃ] *vt (beat)* rouer de coups; *(as punishment)* donner une bonne correction à; *(*: *Sport etc)* battre à plates coutures. ◆ **thrash about** *vi* se débattre. ◆ **thrash out** *vt sep problem, difficulty (discuss)* débattre de; *(solve)* démêler; *plan* mettre au point avec difficulté. ◆ **thrashing** *n* correction *f*; **to give sb a good** ~**ing** = **to** ~ **sb.**

thread [θred] **1** *n* **(a)** fil *m*. *(fig)* **to hang by a** ~ ne tenir qu'à un fil; *(fig)* **to lose the** ~ **(of what one is saying)** perdre le fil de son discours; *(fig)*

to pick up the ~ again retrouver le fil. (**b**) *[screw]* pas *m*, filetage *m*. **2** *vt needle, beads* enfiler; *wire, cotton* faire passer (*through* à travers); *film* monter (*on to* sur). **to ~ one's way through** se faufiler à travers. ♦ **threadbare** *adj rug, clothes* usé, râpé; *room* défraîchi; (*fig*) *excuse* rebattu.

threat [θret] *n* menace *f* (*to sb/sth* pour qn/qch). **to make a ~ against sb** proférer une menace à l'égard de qn; **under the ~ of** menacé de. ♦ **threaten** *vti* menacer (*sb with sth* qn de qch; *to do* de faire); **to ~en** *violence etc* proférer des menaces de; **~ened species** espèce *f* menacée; **~ened with** menacé de. ♦ **threatening** *adj* (*gen*) menaçant; *letter* de menaces; (*fig*) **to find sb ~ening** se sentir menacé par qn. ♦ **threateningly** *adv* d'un ton *or* d'une manière menaçant(e).

three [θri:] *adj*, *n* trois (*m*) *inv*. (*Pol*) **the Big T~** les trois Grands; (*Sport*) **the best of ~** deux jeux et la belle; *for other phrases V* **six**. ♦ **three-cornered** *adj* triangulaire. ♦ **three-day eventing** *n* (*Equitation*) concours *m* complet. ♦ **three-dimensional** *adj object* à trois dimensions; *film* en relief. ♦ **three-legged** *adj table* à trois pieds; *race* à pieds liés. ♦ **three-piece suite** *n* salon *m* comprenant canapé et deux fauteuils. ♦ **three-ply** *adj wool* trois fils *inv*. ♦ **three-quarter** *n* (*Rugby*) trois-quarts *m inv*. ♦ **three-quarters** *npl* (*fraction*) trois quarts *mpl*. ♦ **three-ring circus** * *n* (*US: fig*) véritable cirque *m*. ♦ **threesome** *n* (*people*) groupe *m* de trois; **in a ~some** à trois. ♦ **three-way** *adj division* en trois; *discussion* à trois. ♦ **three-wheeler** *n* (*car*) voiture *f* à trois roues; (*tricycle*) tricycle *m*.

thresh [θreʃ] *vt* (*Agr*) battre. ♦ **thresher** *n* (*machine*) batteuse *f*. ♦ **threshing** *n* battage *m*.

threshold ['θreʃ(h)əʊld] *n* (*lit, fig*) seuil *m*. **to cross the ~** franchir le seuil; (*fig*) **on the ~ of** au seuil de.

threw [θru:] *pret* of **throw**.

thrice [θraɪs] *adv* trois fois.

thrift [θrɪft] *n* économie *f*. ♦ **thriftless** *adj* imprévoyant. ♦ **thrifty** *adj* économe.

thrill [θrɪl] **1** *n* (*gen*) frisson *m*. **what a ~!** quelle émotion!; **it gave me a big ~** ça m'a vraiment fait qch! *; **to get a ~ out of doing sth** se procurer des sensations fortes en faisant qch; **film packed with ~s** film *m* à sensations. **2** *vt* (*gen*) *person, crowd* électriser. **his glance ~ed her** son regard l'a enivrée; **I was ~ed!** j'étais aux anges!; **I was ~ed to meet him** ça m'a vraiment fait qch * de le rencontrer. **3** *vi* frissonner (*de joie*). ♦ **thriller** *n* (*novel/film*) roman *m*/film *m* à suspense. ♦ **thrilling** *adj play, journey* palpitant; *news* saisissant.

thrive [θraɪv] *pret* **throve, thrived**, *ptp* **thriven, thrived** *vi* (*person, animal*) être florissant de santé; *[plant]* pousser bien; *[industry, businessman]* prospérer. **children ~ on milk** le lait est excellent pour les enfants; **he ~s on hard work** le travail lui réussit. ♦ **thriving** *adj person etc* florissant de santé; *plant* robuste; *industry etc* prospère.

throat [θrəʊt] *n* gorge *f*. **to take sb by the ~** prendre qn à la gorge; **I have a sore ~** j'ai mal à la gorge, j'ai une angine; **he had a bone stuck in his ~** il avait une arête dans le gosier; (*fig*) **that sticks in my ~** je n'arrive pas à accepter ça; (*fig*) **to thrust** *or* **shove ~ sth down sb's** rebattre les oreilles de qn avec qch. ♦ **throaty** *adj* guttural.

throb [θrɒb] **1** *vi [heart]* palpiter, battre fort; *[voice, engine]* vibrer; *[drums]* battre (en rythme); *[pain]* lanciner. **town ~bing with life** ville vibrante d'animation; **my head is ~bing** j'ai des élancements dans la tête. **2** *n [heart]* battement *m*; *[engine]* vibration *f*; *[music]* rythme *m* (fort); *[pain]* élancement *m*.

throes [θrəʊz] *npl*: **in the ~ of death** à l'agonie; **in the ~ of** *war, disease, crisis etc* en proie à; *quarrel,*

debate au cœur de; **in the ~ of writing a book** aux prises avec la rédaction d'un livre.

thrombosis [θrɒm'bəʊsɪs] *n* thrombose *f*.

throne [θrəʊn] *n* trône *m*. **to come to the ~** monter sur le trône; **on the ~** sur le trône.

throng [θrɒŋ] **1** *n* foule *f*. **2** *vi* se presser (*round* autour de; *to see* pour voir). **3** *vt streets* se presser dans. **~ed with people** plein de monde.

throttle ['θrɒtl] **1** *n* (*Aut, Tech*) papillon *m* des gaz. **to open the ~** mettre les gaz; **to close the ~** réduire l'arrivée des gaz. **2** *vt* (*strangle*) étrangler. ♦ **throttle back, throttle down** *vt sep engine* mettre au ralenti.

through [θru:] **1** *adv* (**a**) (*gen*) **the nail went right ~** le clou est passé à travers; **just go ~** passez donc; **to let sb ~** laisser passer qn; **to get a train ~ to London** attraper un train direct pour Londres; (*in exam*) **did you get ~?** as-tu été reçu?; **all night ~** toute la nuit; **I knew all ~ that...** je savais depuis le début que...; **wet ~** trempé; **wet ~ and ~** complètement trempé; **he's a liar ~ and ~** il ment écossais jusqu'au bout des ongles; **read it right ~** lis-le jusqu'au bout; **I read it ~ quickly** je l'ai lu rapidement; (*Telec*) **to put sb ~ to sb** passer qn à qn; **I'll put you ~ to her** je vous la passe; **you're ~ now** vous avez votre correspondant; **you're ~ to him** il est en ligne. (**b**) (*finished*) **I'm ~** * ça y est, j'ai fini; **I'm not ~ with you yet** * je n'en ai pas encore fini avec vous; **are you ~ with that book?** * tu n'as plus besoin de ce livre?; **he told me we were ~** * il m'a dit que c'était fini entre nous.

2 *prep* (**a**) (*place*) à travers. **a stream flows ~ the garden** un ruisseau traverse le jardin *or* coule à travers le jardin; **to go ~** *forest, garden, building* traverser; *hedge* passer au travers de; (*Aut*) **red light** griller; (*fig*) *sb's pockets, luggage* fouiller; **to hammer a nail ~ a plank** enfoncer un clou dans une planche; **he was shot ~ the head** on lui a tiré une balle dans la tête; **to look ~ a window/telescope** regarder par une fenêtre/dans un télescope; **he has really been ~ it** * il en a vu de dures *; **to get ~ an exam** réussir à un examen; **I'm half-way ~ the book** j'en suis à la moitié du livre; **to speak ~ one's nose** parler du nez. (**b**) (*time*) pendant, durant. **all** *or* **right ~ his life** pendant *or* durant toute sa vie; **he won't live ~ the night** il ne passera pas la nuit; (*US*) **Monday ~ Friday** de lundi à vendredi; **~ the week** pendant la semaine. (**c**) (*by, from*) par; (*thanks to*) grâce à; (*because of*) à cause de. **~ the post** par la poste; **it was all ~ him that...** c'est à cause de lui que...; **I heard it ~ my sister** je l'ai appris par ma sœur; **~ his own efforts** par ses propres efforts; **absent ~ illness** absent pour cause de maladie; **~ fear** par peur; **~ not knowing the way he...** parce qu'il ne connaissait pas le chemin il...

3 *adj train, ticket* direct. **'no ~ way'** 'impasse'; **the ~ traffic** la circulation *f* de passage. ♦ **throughout 1** *prep* (**a**) (*place*) partout dans ; **~out the world** partout dans le monde. (**b**) (*time*) pendant; **~out his life** pendant toute sa vie ; **~out his career** tout au long de sa carrière ; **2** *adv* (*everywhere*) partout; (*the whole time*) tout le temps. ♦ **throughway** *n* (*US*) autoroute *f* à péage.

throve [θrəʊv] *pret* of **thrive**.

throw [θrəʊ] (*vb: pret* **threw**, *ptp* **thrown**) **1** *n [ball, javelin etc]* **a good ~** un bon jet; **with one ~ of the ball he...** d'un seul coup il...; (*in table games*) **you lose a ~** vous perdez un tour.

2 *vt* (**a**) (*gen*) jeter (*to, at* à; *over* sur; *into* dans; *into jail* en prison); *object, stone* lancer, jeter (*to, at* à); *ball, javelin etc* lancer; *dice* jeter; *[fighter etc] opponent* envoyer au sol; *[explosion, car crash etc]*

projeter; *pottery* tourner; *(fig) responsibility etc* rejeter *(on* sur); *(*) party* organiser *(for sb* en l'honneur de qn); *(*: fig: disconcert)* déconcerter, décontenancer. *(dice)* **to ~ a six** avoir un six; **the horse threw him** le cheval l'a désarçonné; **he was ~n clear of the car** il a été projeté hors de la voiture; **to ~ o.s. to the ground/into sb's arms** se jeter à terre/dans les bras de qn; **to ~ o.s. on sb's mercy** s'en remettre à la merci de qn; *(fig)* **to ~ o.s. into a job** se mettre au travail avec enthousiasme; **to ~ open** *door, window* ouvrir tout grand; *(fig) house, gardens* ouvrir au public; *race, competition etc* ouvrir à tout le monde; **to ~ a switch** actionner l'interrupteur; **to ~ a question at sb** poser une question à qn à brûle-pourpoint; **to ~ sth/sb into confusion** jeter la confusion dans qch/dans l'esprit de qn; **to ~ sb off the trail** dépister qn; *(fig: disconcert)* **I was quite ~n * when...** je n'en revenais pas quand...
(b) *(direct) light, shadow, glance* jeter; *slides* projeter; *kiss* envoyer *(to* à); *punch* lancer *(at* à).

◆ **throw about, throw around** *vt sep litter, confetti* éparpiller. **to be ~n about** être ballotté; *(fig)* **to ~ one's weight about** faire l'important. ◆ **throw away** *vt sep rubbish etc* jeter; *(fig) one's life, talents* gâcher; *money, sb's affection, chance* perdre; *line, remark (say casually)* laisser tomber; *(lose effect of)* perdre tout l'effet de. **to ~ o.s. away** gaspiller ses dons. ◆ **throw back** *vt sep* **(a)** *(return) ball etc* renvoyer *(to* à); *fish* rejeter; *(fig) image* renvoyer. **(b)** *head, hair* rejeter en arrière; *shoulders* redresser. *(fig)* **to be ~n back upon sth** être obligé de se rabattre sur qch. ◆ **throw down** *vt sep object* jeter; *weapons* déposer; *challenge* lancer. **to ~ o.s. down** se jeter à terre. ◆ **throw in 1** *vi (US)* **to ~ in with sb** rallier qn. **2** *vt sep object into box etc* jeter; *(Ftbl) ball* remettre en jeu; *(fig) one's cards* jeter sur la table; *(fig) remark, question* interposer; *reference* mentionner en passant. *(fig)* **to ~ in one's hand** *or* **the towel** abandonner la partie; *(as extra)* **with £5 ~n in** avec 5 livres en plus; *(included)* **with meals ~n in** repas compris. ◆ **throw off** *vt sep (get rid of) (gen)* se débarrasser de; *disguise* jeter; *pursuers, dogs* perdre, semer *. ◆ **throw on** *vt sep coal, sticks* ajouter; *clothes* enfiler à la hâte. ◆ **throw out** *vt sep* **(a)** *(lit)* jeter dehors; *rubbish etc* jeter; *person* expulser; *suggestion, (Parl) bill* repousser. *(fig)* **to ~ out one's chest** bomber la poitrine. **(b)** *(offer) suggestion, idea* laisser tomber; *challenge* lancer. **(c)** *(make wrong) calculation, prediction* fausser. ◆ **throw over** *vt sep* abandonner, laisser tomber * *(for sth else* pour autre chose; *for sb else* pour qn d'autre). ◆ **throw together** *vt sep* **(a)** *(pack) belongings etc* rassembler; *(make hastily) object* faire à la six-quatre-deux *; *(*) essay* torcher. **(b)** *(fig: by chance) people* réunir (par hasard). **they were ~n together** le hasard les avait réunis. ◆ **throw up 1** *vi (vomit)* vomir. **2** *vt sep* **(a)** *(into air) ball etc* lancer en l'air; *arms* lever. *(fig)* **it threw up several good ideas** quelques bonnes idées en sont sorties. **(b)** *(vomit)* vomir. **(c)** *(*: abandon etc) job, studies* abandonner; *opportunity* laisser passer.

◆ **throwaway** *adj packaging* à jeter; *remark* qui n'a l'air de rien. ◆ **throwback** *n (fig)* **it's a ~back to** ça remonte à. ◆ **thrower** *n* lanceur *m*, -euse *f*. ◆ **throw-in** *n (Ftbl)* rentrée *f* en touche.

thru [θruː] *(US)* = **through**. ◆ **thruway** *n (US)* voie *f* express.

thrush¹ [θrʌʃ] *n (bird)* grive *f*.

thrush² [θrʌʃ] *n (Med)* muguet *m*.

thrust [θrʌst] *(vb: pret, ptp* **thrust**) **1** *n* **(a)** *(push)* poussée *f (also Mil)*; *(stab: with knife, stick etc)* coup *m*; *(fig: remark)* pointe *f (at sb* contre qn). **(b)** *(propeller, jet engine etc)* poussée *f*; *(* fig: energy)* dynamisme *m*; **the main ~ of his speech** l'idée maîtresse de son discours. **2** *vt (push: gen)* pousser brusquement; *finger, stick, dagger* enfoncer *(into* dans;

between entre); *sth into drawer, pocket, hole* fourrer * *(into* dans); *(fig) job, responsibility* imposer *(upon sb* à qn). **he ~ it into my hand** il me l'a fourré * dans la main; **he ~ it at me** il me l'a brusquement mis sous le nez; **to ~ one's hands into one's pockets** enfoncer les mains dans ses poches; **he ~ his head through the window** il a passé la tête par la fenêtre; *(fig)* **some have greatness ~ upon them** certains ont de la grandeur sans la rechercher; **to ~ o.s. upon sb** imposer sa présence à qn; **to ~ one's way in/out** *etc* entrer/sortir *etc* en se frayant un passage; **to ~ aside** *object, person* écarter brusquement; *suggestion* rejeter violemment.

thud [θʌd] **1** *n* bruit *m* sourd. **2** *vi* faire un bruit sourd *(on, against* en heurtant); *[guns]* gronder sourdement; *(fall)* tomber avec un bruit sourd.

thug [θʌg] *n* voyou *m*.

thumb [θʌm] **1** *n* pouce *m*. *(fig)* **to be under sb's ~** être sous la coupe de qn; **she's got him under her ~** elle le mène par le bout du nez; *(fig)* **to be all ~s** être très maladroit; **he gave me the ~s up sign** * *(all well)* il m'a fait signe que tout allait bien; *(for luck)* il m'a fait signe pour me souhaiter bonne chance. **2** *adj nail, print* du pouce. **~ index** répertoire *m* à onglets. **3** *vt book, magazine* feuilleter. **well ~ed** tout écorné (par l'usage); **to ~ one's nose** faire un pied de nez *(at sb* à qn); **he ~ed a lift to Paris** il est allé à Paris en stop *; **I managed to ~ a lift** je suis arrivé à arrêter une voiture. ◆ **thumb through** *vt fus book* feuilleter; *card index* consulter rapidement.

◆ **thumbnail** *adj:* **~nail sketch** croquis *m* sur le vif. ◆ **thumbscrew** *n (Tech)* vis *f* à papillon. ◆ **thumbtack** *n (US)* punaise *f*.

thump [θʌmp] **1** *n (blow: with fist/stick etc)* grand coup *m* de poing/de canne *etc*; *(sound)* bruit *m* lourd et sourd. **to fall with a ~** tomber lourdement. **2** *vt (gen)* taper sur; *door* cogner à. **3** *vi* cogner, taper *(on* sur; *at* à); *[heart]* battre fort; *(with fear)* battre la chamade. ◆ **thumping** * *adj* **(~ing great)** monumental *.

thunder ['θʌndər] **1** *n* tonnerre *m*; *[applause]* tonnerre; *[hooves, vehicles, trains]* fracas *m*. **there's ~ in the air** il y a de l'orage dans l'air. **2** *vi (Met)* tonner; *[guns]* tonner; *[hooves]* retentir. **the train ~ed past** le train est passé dans un grondement de tonnerre. **3** *vi (~ out) threat, order* proférer d'une voix tonitruante.

◆ **thunderbolt** *n* coup *m* de foudre; *(fig)* coup de tonnerre. ◆ **thunderclap** *n* coup *m* de tonnerre. ◆ **thundercloud** *n* nuage orageux; *(fig)* nuage noir. ◆ **thundering** *adj* **(a)** *rage* fou; *temper* massacrant; **(b)** **(*: ~ing great)** monumental *; *success* monstre. ◆ **thunderous** *adj welcome, shouts, noise* étourdissant; *applause* frénétique. ◆ **thunderstorm** *n* orage *m*. ◆ **thunderstruck** *adj* abasourdi. ◆ **thundery** *adj* orageux.

Thursday ['θɜːzdɪ] *n* jeudi *m*; *for phrases V* **Saturday**.

thus [ðʌs] *adv* ainsi. **~ far** *(up to here/now)* jusqu'ici; *(up to there/then)* jusque-là.

thwart [θwɔːt] *vt plan* contrecarrer; *person* contrecarrer les projets de. **to be ~ed** essuyer un échec.

thy [ðaɪ] *poss adj (†, liter)* ton, ta, tes.

thyme [taɪm] *n* thym *m*.

thyroid ['θaɪrɔɪd] *adj, n (~ gland)* thyroïde *(f)*.

ti [tiː] *n (Mus)* si *m*.

tiara [tɪ'ɑːrə] *n* diadème *m*.

Tibet [tɪ'bet] *n* Tibet *m*. ◆ **Tibetan 1** *adj* tibétain ; **2** *n (person)* Tibétain(e) *m(f)*; *(Ling)* tibétain *m*.

tibia ['tɪbɪə] *n* tibia *m*.

tic [tɪk] *n* tic *m (nerveux)*. ◆ **tic-tac-toc** *n (US) (jeu m de)* morpion *m*.

tichy ‡ ['tɪtʃɪ] *adj (~ little)* minuscule.

tick¹ [tɪk] **1** *n* **(a)** *[clock]* tic-tac *m*; *(* fig)* instant *m*. **just a ~!** *, **half a ~!** * un instant!; **in a ~ ***,

in a couple of ~s * en un rien de temps; **I shan't be a** ~ * j'en ai pour une seconde. (**b**) *(mark)* coche *f*. **to put a** ~ **against sth** cocher qch. **2** *vt name, item* cocher; *(mark right)* answer *etc* marquer juste. **3** *vi [clock, bomb etc]* faire tic-tac. *(fig)* **I don't understand what makes him** ~ * il est un mystère pour moi.
◆ **tick off** *vt sep* (**a**) *name, item* cocher. (**b**) *(*: reprimand)* passer un savon à *. ◆ **tick over** *vi [engine]* tourner au ralenti; *[taximeter]* tourner; *[business etc]* aller doucettement.
◆ **ticker** ⚬ *n (heart)* cœur *m*, palpitant ⚬ *m*. ◆ **ticker-tape** *n (US: at parades etc)* ≃ serpentin *m*; **to get a** ~**er-tape welcome** être accueilli par une pluie de serpentins. ◆ **ticking¹** *n [clock]* tic-tac *m*. ◆ **ticking-off** * *n* attrapade * *f*; **to give sb a** ~**ing-off** passer un savon à qn *; **to get a** ~**ing-off** se faire attraper. ◆ **tick-tack-toe** *n (US)* ≃ jeu *m* de morpion. ◆ **tick-tock** *n [clock]* tic-tac *m*.

tick² [tɪk] *n (Zool)* tique *f*.

tick³ [tɪk] *n:* **on** ~ * à crédit.

ticket ['tɪkɪt] **1** *n* (**a**) *(gen)* billet *m*; *(for bus, tube, cloakroom)* ticket *m*; *(Comm: label)* étiquette *f*; *(from cash register)* ticket, reçu *m*; *(for left-luggage)* bulletin *m*; *(for library)* carte *f*. **to buy a** ~ prendre un billet; **coach** ~ billet de car; *(fig)* **that's the** ~! * voilà ce qu'il nous faut!; *(US Pol)* **he is running on the Democratic** ~ il se présente sur la liste des démocrates. (**b**) *(Aut: for fine)* P.-V. *m*, papillon *m*. **a** ~ **on the windscreen** un papillon sur le pare-brise; **to give sb/get a** ~ **for parking** mettre à qn/ attraper un P.-V. pour stationnement illégal. **2** *adj:* *(Theat)* ~ **agency** agence *f* de spectacles; ~ **collector** contrôleur *m*; ~ **holder** personne *f* munie d'un billet; ~ **office** guichet *m*. **3** *vt goods* étiqueter.

ticking² ['tɪkɪŋ] *n (Tex)* toile *f* (à matelas).

tickle ['tɪkl] **1** *vt person, sb's vanity, palate etc* chatouiller; *(*: delight)* faire plaisir à; *(*: amuse)* faire rire. **to be** ~**d to death** ⚬ *or* ~**d pink** ⚬ *(pleased)* être heureux comme tout; *(amused)* rire aux larmes. **2** *vi* chatouiller. **3** *n* chatouillement *m*. ◆ **tickler** * *n (problem)* colle * *f*; *(situation)* situation *f* délicate. ◆ **tickling 1** *n* chatouillement *m* ; **2** *adj sensation* de chatouillement; *cough* d'irritation. ◆ **ticklish** *or* ◆ **tickly** * *adj* (**a**) *sensation* de chatouillement; *blanket* qui chatouille; *cough* d'irritation; *person* chatouilleux; (**b**) *(touchy) person* chatouilleux; *(difficult) situation* délicat.

tiddler * ['tɪdlə^r] *n (stickleback)* épinoche *f*; *(tiny fish)* petit poisson *m*; *(child)* petit(e) mioche * *m(f)*.

tiddly * ['tɪdlɪ] *adj* pompette *, ivre. ◆ **tiddly-winks** *n* jeu *m* de puce.

tide [taɪd] **1** *n* marée *f*; *(fig: of events)* cours *m*. **at high/low** ~ à marée haute/basse; **the** ~ **turns at...** la marée commence à monter *(or* à descendre) à...; *(fig)* **the** ~ **has turned** la chance a tourné; *(fig)* **to go with the** ~ suivre le courant; **to go against the** ~ aller à contre-courant. **2** *vt:* **to** ~ **sb over (a difficulty)** dépanner * qn *(till* en attendant)*; **that should** ~ **me over until...** avec ça je devrais m'en sortir jusqu'à... ◆ **tidal** *adj river* qui a des marées; **tidal wave** raz-de-marée *m inv*; *(of enthusiasm etc)* immense vague *f*. ◆ **tidemark** *n* laisse *f* de haute mer; *(on neck, bath)* ligne *f* de crasse. ◆ **tideway** *n (channel)* chenal *m* de marée; *(current)* flux *m*.

tidy ['taɪdɪ] **1** *adj* (**a**) *room, drawer, objects* bien rangé; *dress, hair, schoolwork* net; *habits* d'ordre; *person (in appearance)* soigné; *(in character)* ordonné. **to make** ~ *or* **tidier** = **to** ~ *(V* **3**); **to have a** ~ **mind** avoir l'esprit méthodique. (**b**) *(*) amount, income* rondelet; *speed* bon. **it cost him a** ~ **bit** ça lui a coûté une jolie somme; **a** ~ **bit of his salary** une bonne partie de son salaire. **2** *n (in car, cupboard etc)* vide-

poches *m inv*. **sink** ~ coin *m* d'évier *(ustensile)*. **3** *vti* (~ **away**, ~ **out**, ~ **up**) ranger. **to** ~ **o.s. (up)** s'arranger; **to** ~ **(up) one's hair** arranger sa coiffure. ◆ **tidily** *adv arrange, fold* soigneusement; *write* proprement; *dress* avec soin. ◆ **tidiness** *n [room, drawer, books]* ordre *m*; *[handwriting, school-work]* propreté *f*; *[person]* sens *m* de l'ordre. ◆ **tidy-out** * *or* ◆ **tidy-up** * *n:* **to have a** ~**-out** *or* ~**-up** faire du rangement; **to give sth a (good)** ~**-out** *or* ~**-up** ranger qch à fond.

tie [taɪ] **1** *n* (**a**) *(neck* ~*)* cravate *f*; *(on garment, curtain)* attache *f*; *(on shoe)* lacet *m*; *(Mus)* liaison *f*. *(on invitation)* **black** ~ smoking *m*; **white** ~ habit *m*; **family** ~s *(links)* liens *mpl* de famille; *(responsibilities)* attaches *fpl* familiales; **children are a great** ~ avec les enfants on n'est pas libre. (**b**) *(Sport) (draw)* égalité *f* (de points); *(drawn match)* match *m* nul; *(drawn race/ competition)* course *f/*concours *m* dont les vainqueurs sont ex æquo. **the match ended in a** ~ les deux équipes ont fait match nul; **the election ended in a** ~ les candidats ont terminé à égalité de voix; **to play off a** ~ rejouer un match nul; **there was a** ~ **for second place** il y avait deux ex æquo en seconde position; **cup** ~ match de coupe. **2** *vt (fasten)* attacher *(to* à)*; *(knot)* nouer *(to* à)*; *ribbon* faire un nœud à; *shoes* lacer; *(link: also Mus)* lier *(to* à)*; *(restrict)* restreindre. *(fig)* **his hands are** ~**d** il a les mains liées; **to be** ~**d hand and foot** avoir pieds et poings liés; **to** ~ **a bow in sth** faire un nœud avec qch; **to** ~ **a knot in sth** faire un nœud à qch; **to get** ~**d in knots** *[rope etc]* faire des nœuds; *(fig) [person]* s'embrouiller; **house** ~**d to the job** maison liée au travail; **I'm** ~**d to the house** je suis retenu à la maison; **are we** ~**d to this plan?** sommes-nous obligés de nous en tenir à ce projet?; **we are very** ~**d in the evenings** nous sommes rarement libres le soir.
3 *vi (draw) (Sport etc)* faire match nul; *(in competition)* être ex æquo; *(in election)* obtenir le même nombre de voix. **they** ~**d for first place** ils ont été premiers ex æquo.
◆ **tie back** *vt sep curtains* attacher sur les côtés; *hair* retenir (en arrière). ◆ **tie down** *vt sep* attacher. *(fig)* **to be** ~**d down** ne pas avoir assez de temps libre; **to** ~ **sb down to a promise/a price/a time** obliger qn à tenir sa promesse/à fixer un prix/à venir à une certaine heure; **to** ~ **o.s. down to doing sth** se trouver contraint de faire qch. ◆ **tie in** *vi (be linked)* être lié *(with* à)*; *(be consistent)* correspondre *(with* à)*. **2** *vt sep meeting, visit, work* combiner *(with* avec)*. ◆ **tie on** *vt sep* attacher. ◆ **tie together** *vt sep* attacher (ensemble). ◆ **tie up 1** *vi (Naut)* accoster. **2** *vt sep parcel* ficeler; *prisoner, boat, horse* attacher *(to* à)*; *(fig) money* immobiliser; *(conclude) deal etc* conclure; *details* régler. **it's all** ~**d up** tout est réglé; *(fig)* **to be** ~**d up** *(linked)* être lié *(with* avec)*; *(busy)* être très pris; *(muddled)* être embrouillé; *(obstructed) [traffic]* être bloqué; *[production, sales]* être arrêté; *[project]* être suspendu.
◆ **tie-break(er)** *n (Tennis)* tie-break *m*; *(in quiz)* question *f* subsidiaire. ◆ **tie-in** *n (link)* lien *m*, rapport *m (with* avec)*. ◆ **tie-on** *adj label* à œillet. ◆ **tiepin** *n* épingle *f* de cravate. ◆ **tie-up** *n (connection)* lien *m (with* avec; *between* entre).

tier [tɪə^r] *n (in stadium etc)* gradin *m*; *(of cake)* étage *m*. **in** ~s *(gen)* par étages; *seating* en gradins; **to rise in** ~s s'étager; **three-**~**ed cake** ≃ pièce montée *f* à trois étages; **a three-**~ **system** un système à trois niveaux.

tiff [tɪf] *n* prise *f* de bec *.

tiger ['taɪgə^r] **1** *n* tigre *m*. **2** *adj:* ~ **lily** lis *m* tigré; ~ **moth** écaille *f (papillon)*. ◆ **tigress** *n* tigresse *f*.

tight [taɪt] **1** *adj* (**a**) *(not loose) rope* raide, tendu; *garment* ajusté; *(too* ~*)* trop étroit; *belt, shoes* qui serre; *tap, lid, drawer* dur; *bend in road* raide; *knot,*

weave, knitting serré; _restrictions, control_ sévère, strict; _programme, schedule_ très chargé. **my shoes are too** ~ mes chaussures me serrent; **it's a** ~ **fit** c'est juste; **to keep a** ~ **hold on sth** bien tenir qch; _(fig)_ avoir qch en main; **it will be** ~ **but we'll make it in time** ce sera juste, mais nous y arriverons; _(fig)_ **in a** ~ **corner** dans une situation difficile. (**b**) _credit_ serré; _business_ difficile; _budget_ juste; _transaction_ qui laisse peu de marge. **money is very** ~ _(Econ)_ l'argent est rare; _(at home)_ les finances sont très justes; **to be** ~ _(miserly)_ être avare _or_ radin *. (**c**) (*: _drunk_) rond *, ivre. **to get** ~ se cuiter ‡. **2** _adv grasp_ bien, solidement; _close_ bien, hermétiquement; _squeeze_ très fort. **screw the nut up** ~ serrez l'écrou à bloc; **don't fasten** _or_ **tie it too** ~ ne le serrez pas trop (fort); **to pack sth** ~ bien empaqueter qch; _V_ **hold, sit, sleep** _etc._
♦ **tighten 1** _vt_ (~**en up**) _rope_ tendre; _garment_ ajuster; _screw, wheel, grasp_ resserrer; _legislation, restrictions_ renforcer; _(lit, fig)_ **to** ~**en one's belt** se serrer la ceinture ; **2** _vi_ (~**en up**) se tendre; se resserrer; être renforcé; _(fig)_ **to** ~**en up on sth** devenir plus strict en matière de qch. ♦ **tight-fisted** _adj_ avare, radin *. ♦ **tight-fitting** _adj garment_ ajusté; _lid, stopper_ qui ferme bien. ♦ **tight-knit** _adj (fig) family_ uni; _programme, schedule_ très chargé. ♦ **tightly** _adv_ = **tight 2.** ♦ **tightness** _n [garment]_ étroitesse _f_; _[screw, lid]_ dureté _f_; _[restrictions, control]_ sévérité _f_; **he felt a** ~**ness in his chest** il avait la poitrine oppressée. ♦ **tightrope 1** _n_ corde _f_ raide ; **2** _adj_: ~**rope walker** funambule _mf_. ♦ **tights** _npl_ collant _m_.

tile [taɪl] **1** _n (on roof)_ tuile _f_; _(on floor, wall)_ carreau _m_. _(fig)_ **to be out on the** ~**s** * faire la noce *. **2** _vt_ couvrir de tuiles; carreler. ♦ **tiled** _adj roof_ en tuiles; _floor, room etc_ carrelé. ♦ **tiling** _n (tiles) [roof]_ tuiles _fpl_; _[floor, wall]_ carrelage _m_.

till¹ [tɪl] = **until.**

till² [tɪl] _n_ caisse _f_. _(fig)_ **caught with one's hand in the** ~ pris sur le fait.

till³ [tɪl] _vt (Agr)_ labourer.

tiller ['tɪləʳ] _n (Naut)_ barre _f_ (_du gouvernail_).

tilt [tɪlt] **1** _n_ (**a**) _(slope)_ inclinaison _f_. (**b**) **(at) full** ~ à toute vitesse. **2** _vt object, one's head_ pencher, incliner; _backrest_ incliner; _hat_ rabattre _(over sur)_. **to** ~ **one's chair back** se balancer sur sa chaise. **3** _vi_ (~ **over**) pencher, être incliné.

timber ['tɪmbəʳ] **1** _n (wood)_ bois _m_ de construction; _(trees collectively)_ arbres _mpl_. **2** _adj fence etc_ en bois. ♦ **timbered** _adj house_ en bois; _land_ boisé. ♦ **timber-merchant** _n_ négociant _m_ en bois. ♦ **timberyard** _n_ chantier _m_ de bois.

time [taɪm] **1** _n_ (**a**) _(gen)_ temps _m_. ~ **and space** le temps et l'espace; ~ **flies** le temps passe vite; **only** ~ **will tell** ≃ qui vivra, verra; ~ **will show if...** le temps dira si...; **with** ~, **in (the course of)** ~, **as** ~ **goes by** avec le temps; **it takes** ~ ça prend du temps; **from** ~ **out of mind** de toute éternité; **I've no** ~ **for that sort of thing** _(lit)_ je n'ai pas le temps de faire ce genre de chose; _(fig)_ ce genre de chose m'agace; **I've enough** ~ _or_ **I have the** ~ **to go there** j'ai le temps d'y aller; **we've got plenty of** ~, **we've all the** ~ **in the world** nous avons tout notre temps; **you've got plenty of** ~ **to wait for me** vous avez bien le temps de m'attendre; **I can't find** ~ **to do** _or_ **for (doing) that** je n'arrive pas à trouver le temps de faire ça; **to make up for lost** ~ rattraper le temps perdu; **in no** ~ **at all, in less than no** ~ en un rien de temps; **he had** ~ **on his hands** _or_ ~ **to spare** il avait du temps devant lui; **I spent a lot of** ~ **preparing this, it took me a lot of** ~ **to prepare this** il m'a fallu pas mal de temps pour le préparer; **to spend one's** ~ **doing** passer son temps à faire; **for part** _or_ **some of the** ~ pendant une partie du temps; **some of the** ~ **he looks cheerful** quelquefois _or_ par moments il a l'air gai;

most of the ~ la plupart du temps; **all the** ~ _(the whole_ ~_)_ tout le temps; _(from the start)_ dès le début; **take your** ~ **(over it)** prenez votre temps (pour le faire); _(fig)_ **it took me all my** ~ **to finish it** j'ai eu du mal à le finir; **to take** ~ **out to do sth** _(gen)_ trouver le temps de faire qch; **your** ~ **is up** _(in exam, visit etc)_ c'est l'heure; **free** ~, ~ **off** temps libre; **in his own good** ~ quand bon lui semblera; **in good** ~ à temps; **in good** ~ **for** en avance pour; **all in good** ~! chaque chose en son temps!; **a race against** ~ une course contre la montre; **he was working against** ~ il travaillait d'arrache-pied (_to finish_ pour terminer); **for the** ~ **being** pour le moment.
(**b**) _(period, length of_ ~_)_ **for a** ~ pendant un certain temps; **a long** ~ longtemps; **he hasn't been seen for a long** ~ on ne l'a pas vu depuis longtemps; **it's a long** ~ **since...** il y a bien longtemps que...; **what a (long)** ~ **you've been!** il vous en a fallu du temps!; **it took a very long** ~ **for that to happen** il a fallu attendre longtemps pour que cela arrive _(subj)_; **for a long** ~ **(to come** _or_ **past)** longtemps; **a short** ~ peu de temps; **for a short** ~ **(pendant)** un moment; **in a short** ~ **they were all gone** quelques moments plus tard ils avaient tous disparu; **I waited for some** ~ j'ai attendu assez longtemps; **some considerable** ~ un temps considérable; **some little** ~ un certain temps; **some** ~ **ago** il y a quelque temps _or_ un certain temps; **it won't be ready for some** ~ ce ne sera pas prêt avant un certain temps; **in half the** ~ deux fois plus vite; **in 2 weeks'** ~ dans 2 semaines; **what** ~ **did he do it in?** il a mis combien de temps?; **cooking** ~ temps de cuisson; _[prisoner]_ **to do** ~ * faire de la prison; _(US: hurry)_ **to make** ~ se dépêcher; **we made good** ~ nous avons bien marché; **to be on** _or_ **to work full** ~ travailler à plein temps; **to be on** ~ **and a half** faire des heures supplémentaires payées à 150%; **it is paid at double** ~ c'est payé double; **in the firm's** ~ pendant les heures de service; **in one's own** ~ après les heures de service.
(**c**) _(era: often pl)_ époque _f_. **the** ~**s we live in** l'époque où nous vivons; **in medieval** ~**s** à l'époque médiévale; **in Gladstone's** ~ du temps de Gladstone; **in** ~**s past, in former** ~**s** dans le temps, jadis; **in my** ~ **it was different** de mon temps c'était différent; **I've seen some queer things in my** ~ j'ai vu des choses étranges dans ma vie; **before my** ~ _(before I was born)_ avant que je ne sois né; _(before I came here)_ avant que je ne vienne ici; **in** ~**(s) of peace** en temps de paix; **peace in our** ~ la paix de notre vivant; _(fig)_ **he is ahead of his** ~, **he was born before his** ~ il est en avance sur son époque; **to keep up with the** ~**s** être de son époque; **to be behind the** ~**s** être vieux jeu _inv_; **at the best of** ~**s** déjà quand tout va bien; ~**s are hard** les temps sont durs; **to have a rough** _or_ **bad** _or_ **tough** * ~ **(of it)** en voir de dures *; **to give sb a bad** ~ en faire voir de dures * à qn; **what great** ~**s we've had!** c'était le bon temps!; **to have a good** ~ **(of it)** bien s'amuser; **to have the** ~ **of one's life** s'amuser comme un fou; **a tense** ~ une période très tendue (_for_ pour).
(**d**) _(by clock)_ heure _f_. **what is the** ~?, **what** ~ **is it?** quelle heure est-il?; **what** ~ **do you make it?** quelle heure avez-vous?; **have you got the right** ~? est-ce que vous avez l'heure exacte?; **the** ~ **is 10.30** il est 10 h 30; **what** ~ **is he arriving at?** à quelle heure est-ce qu'il arrive?; **he looked at the** ~ il a regardé l'heure; **it keeps good** ~ c'est toujours à l'heure; **there's a** ~ **and a place for everything** il y a un temps pour tout; _(fig)_ **to pass the** ~ **of day** échanger quelques mots (_with sb_ avec qn); **at this** ~ **of (the) night** à cette heure de la nuit; **at any** ~ **of the day or night** à n'importe quelle heure du jour ou de la nuit; **open at all**

~s ouvert à toute heure; *(US)* **midnight, by Eastern ~** minuit, heure de la côte est; **ahead of/behind ~** en avance/retard; **just in ~** juste à temps *(for sth* pour qch; *to do* pour faire); **on ~** à l'heure; **it's ~ for tea, it's tea ~** c'est l'heure du thé; **it's ~ to go** c'est l'heure de partir, il est temps de partir; **it's ~ I was going, it's ~ for me to go** il est temps que je m'en aille; **it's about ~ he was here** il serait temps qu'il arrive *(subj)*; **it's (high) ~ that** il est grand temps que + *subj;* **and about ~ too!** et ce n'est pas trop tôt!

(**e**) *(point of ~)* moment *m.* **at the** *or* **that ~** à ce moment-là; **at this ~** en ce moment; **at the present ~** en ce moment, actuellement; **at one ~** à un moment donné; **sometimes... at other ~s...** quelquefois... d'autres fois...; **at all ~s** à tous moments; **I have at no ~ said that** je n'ai jamais dit cela; **at ~s** par moments; **there are ~s when** il y a des moments où; **at his ~ of life** à son âge; **at an inconvenient ~** à un moment inopportun; **he may come (at) any ~** il peut arriver d'un moment à l'autre; **come (at) any ~** venez n'importe quand; **at this ~ of year** à cette époque de l'année; **two things at the same ~** deux choses à la fois; **at the same ~ as** en même temps que; **but at the same ~, you must admit...** cependant, il faut avouer...; **by the ~ I had finished** le temps que je termine *(subj);* **by this** *or* **that ~ they had drunk it all** à ce moment-là ils avaient déjà tout bu; **you must be cold by this ~** vous devez avoir froid maintenant; **by this ~ next year** dans un an; **this ~ tomorrow** demain à cette heure-ci; **this ~ last year** l'année dernière à cette époque-ci; **this ~ last week** il y a exactement huit jours; **in between ~s** entre temps; **from ~ to ~** de temps en temps; **from that ~** *or* **this ~ on** (+ *past)* à partir de ce moment; (+ *future)* désormais; **until such ~ as** jusqu'à ce que + *subj;* **this is no ~ for quarrelling** ce n'est pas le moment de se disputer; **to choose one's ~** choisir son moment; **now's the ~ to do it** c'est maintenant qu'il faut le faire; **to die before one's ~** mourir avant l'âge; **his ~ has come** son heure a sonné; **when the ~ comes** quand le moment viendra; **the ~ has come to do...** il est temps de faire...; **the ~ has come for us to leave** il est temps que nous partions *(subj);* **it's ~ to get up** c'est l'heure de nous *etc* lever.

(**f**) *(occasion)* fois *f.* **this ~** cette fois; **(the) next ~ you come** la prochaine fois que vous viendrez; **every** *or* **each ~** chaque fois; **several ~s** plusieurs fois; **at other ~s** d'autres fois; **at odd ~s** parfois; **many a ~, many ~s** bien des fois; **after ~, ~ and (~) again** maintes et maintes fois; **hundreds of ~s** * cent fois; **(the) last ~** la dernière fois; **the previous ~, the ~ before** la dernière fois; **some other ~** une autre fois; **some ~ or other** un jour ou l'autre; **I remember the ~ when** je me rappelle le jour où; **2 at a ~** 2 par 2; *(stairs, steps)* 2 à 2; **for weeks at a ~** pendant des semaines entières; **10 francs a ~** 10 F chaque fois.

(**g**) *(multiplying)* fois *f.* **2 ~s 3 is 6** 2 fois 3 (font) 6; **10 ~s as big** 10 fois plus grand *(as* que).

(**h**) *(Mus etc)* mesure *f.* **in ~** en mesure *(to, with* avec); **three-four ~** mesure à trois temps; **to keep ~** rester en mesure.

2 *adj* (**a**) *bomb, fuse* à retardement; *(US) loan etc* à terme. (**b**) *(Phot)* **~ exposure** pose *f;* **~ frame** délais *mpl;* **to set a ~ limit** fixer une limite de temps *or* un délai *(on, for* pour); **without a ~ limit** sans limitation de temps; **~ lock** fermeture *f* à mouvement d'horlogerie; **~ share** (*vt) (Comput)* exploiter en temps partagé; *holiday home* avoir en multipropriété; *(n)* maison *f (or* appartement *m)* en multipropriété; *(Ind etc)* **~ sheet** feuille *f* de présence; *(Rad)* **~ signal** signal *m* horaire; **~ switch** *(on apparatus)* minuteur *m;* *(for lighting)*

minuterie *f;* **~ trial course** *f* contre la montre; **~ zone** fuseau *m* horaire.

3 *vt* (**a**) *(choose ~ of)* invasion, visit fixer *(for* à); *remark, interruption* choisir le moment de. **it was ~d to begin at...** le commencement était fixé *or* prévu pour...; **you ~d that perfectly** vous ne pouviez pas mieux choisir votre moment. (**b**) *(count ~ of)* race, worker *etc* chronométrer *(over* sur); *programme, piece of work* minuter; *egg* minuter la cuisson de. **~ how long it takes you** notez le temps qu'il vous faut pour le faire. ◆ **time (and motion) study** *n (Ind etc)* étude *f* des cadences. ◆ **timeclock** *n (Ind) (machine)* enregistreur *m* de temps; *(place)* pointage *m.* ◆ **time-consuming** *adj* qui prend du temps. ◆ **time-honoured** *adj* consacré (par l'usage). ◆ **timekeeper** *n (person: at race etc)* chronométreur *m;* **to be a good ~keeper** être toujours à l'heure. ◆ **time-lag** *n* décalage *m.* ◆ **timeless** *adj* éternel. ◆ **timeliness** *n* à-propos *m.* ◆ **timely** *adj* à propos. ◆ **timeout** *n (US)* temps *m* mort. ◆ **timepiece** *n (gen)* mécanisme *m* d'horlogerie; *(watch)* montre *f;* *(clock)* horloge *f.* ◆ **timer** *n (Culin etc)* compte-minutes *m inv;* *(with sand)* sablier *m;* *(on machine etc)* minuteur *m;* *(Aut)* distributeur *m* d'allumage. ◆ **time-saver** *n:* **it is a great ~-saver** ça fait gagner beaucoup de temps. ◆ **time-saving 1** *adj* qui fait gagner du temps ; **2** *n* gain *m* de temps. ◆ **time-server** *n (pej)* opportuniste *mf.* ◆ **time-sharing** *n* multipropriété *f.* ◆ **timetable** *n (Rail etc)* horaire *m;* *(Scol)* emploi *m* du temps. ◆ **time-warp** *n* distorsion *f* du temps. ◆ **time-wasting 1** *adj* qui fait perdre du temps ; **2** *n* perte *f* de temps. ◆ **timing 1** *n (Aut)* réglage *m* de l'allumage; *(Ind, Sport)* chronométrage *m;* *[musician etc]* sens *m* du rythme; *[actor]* minutage *m;* *(in formation flying etc)* synchronisation *f;* **the timing of this demonstration** *(date/hour)* la date/l'heure *f* de cette manifestation; *(programme of various stages)* le minutage de cette manifestation ; **2** *adj:* **timing mechanism** *[bomb etc]* mouvement *m* d'horlogerie; *[electrical apparatus]* minuteur *m.*

timid ['tɪmɪd] *adj (shy)* timide; *(unadventurous)* timoré, craintif. ◆ **timidity** *n* timidité *f;* caractère timoré. ◆ **timidly** *adv* timidement; craintivement.

timorous ['tɪm(ə)rəs] *adj* timoré, craintif.

timpani ['tɪmpənɪ] *npl* timbales *fpl.*

tin [tɪn] **1** *n* (**a**) étain *m;* *(~plate)* fer-blanc *m.* (**b**) *(can)* boîte *f* (en fer-blanc); *(mould)* moule *m;* *(dish)* plat *m.* **~ of salmon** boîte de saumon; **cake ~** *(for storing)* boîte à gâteaux; *(for baking)* moule à gâteau; **roasting ~** plat à rôtir. **2** *vt food etc* mettre en conserve. **3** *adj (made of ~)* en étain *(or* fer-blanc); *mine* d'étain; *soldier* de plomb. **~ can** boîte *f* (en fer-blanc); **~ hat** casque *m;* **~ whistle** flûteau *m.* ◆ **tinfoil** *n* papier *m* d'aluminium. ◆ **tinned** *adj fruit, salmon* en boîte, en conserve ; **~ned food** conserves *fpl.* ◆ **tinny** *adj sound, taste* métallique; *(*pej) car, machine* de camelote. ◆ **tin-opener** *n* ouvre-boîte *m.* ◆ **tin-plate** *n* fer-blanc *m.* ◆ **tinpot** * *adj* qui ne vaut pas grand-chose. ◆ **tintack** *n* semence *f (de tapissier).*

tinder ['tɪndər] *n:* **as dry as ~** sec comme de l'amadou.

tinge [tɪn(d)ʒ] **1** *n* teinte *f.* **2** *vt* teinter *(with* de).

tingle ['tɪŋgl] **1** *vi* picoter; *(with excitement)* frissonner. **her face was tingling** le visage lui picotait; **her cheeks were tingling with cold** le froid lui piquait les joues. **2** *n* picotement *m;* frisson *m.* *(sound)* **to have a ~ in one's ears** avoir les oreilles qui tintent. ◆ **tingling 1** *n* = **tingle 2** ; **2** *adj* sensation de picotement.

tinker ['tɪŋkər] **1** *n (gen: often pej)* romanichel(le) *m(f);* *(mending etc)* rétameur *m* ambulant. **2** *vi* (**a**) *(~ about)* bricoler *(with sth* qch). (**b**) *(fig)* **to ~ with**

(change) faire des retouches à; *(dishonestly)* tripatouiller.

tinkle ['tɪŋkl] **1** *vi* tinter. **2** *vt* faire tinter. **3** *n* tintement *m*. *(Telec)* **to give sb a ~ *** passer un coup de fil à qn *. ◆ **tinkling** *n* tintement *m*.

tinnitus [tɪ'naɪtəs] *n* acouphène *m*.

tinsel ['tɪns(ə)l] *n* guirlandes *fpl* de Noël (argentées); *(fig pej)* clinquant *m*.

tint [tɪnt] **1** *n* teinte *f*. **2** *vt* teinter *(with* de). **to ~ one's hair** se faire un shampooing colorant.

tiny ['taɪnɪ] *adj* tout petit, minuscule.

tip¹ [tɪp] *n (gen)* bout *m*; *(pointed)* pointe *f*; *(metalled: of cane etc)* embout *m*; *[billiard cue]* procédé *m*. *(fig)* **it's on the ~** of my tongue je l'ai sur le bout de la langue; *(fig)* **the ~ of the iceberg** la partie émergée de l'iceberg. ◆ **tipped** *adj cigarettes* filtré *inv*; **steel-~ped** qui a un embout de fer. ◆ **tiptoe 1** *n*: **on ~toe** sur la pointe des pieds ; **2** *vi*: **to ~toe in/out** *etc* entrer/sortir *etc* sur la pointe des pieds. ◆ **tiptop *** *adj* excellent.

tip² [tɪp] **1** *n* **(a)** *(gratuity)* pourboire *m*. **the ~ is included** le service est compris. **(b)** *(hint)* suggestion *f*; *(advice)* conseil *m*; *(information; also Racing)* tuyau * *m*. **take my ~** suivez mon conseil. **2** *vt* **(a)** donner un pourboire à. **to ~ sb 5 francs** donner 5 F de pourboire à qn. **(b)** *winner* pronostiquer; *horse* pronostiquer la victoire de *(for the race* dans la course). *(fig)* **he was ~ped for the job** on avait pronostiqué qu'il serait nommé. ◆ **tip off** *vt sep (gen)* donner un tuyau * à *(about sth* sur qch); *police* prévenir. ◆ **tip-off** *n* tuyau * *m*; **to give sb a ~-off** prévenir qn. ◆ **tipster** *n* pronostiqueur *m*.

tip³ [tɪp] **1** *n (for rubbish)* décharge *f*. **2** *vt* (~ **over**) incliner; *(overturn)* renverser; (~ **out**) *liquid* verser; *load, rubbish, books etc* déverser *(into* dans; *out of* de). **to ~ sth back** incliner qch en arrière; **to ~ sb into/out of sth** faire tomber qn dans/de qch. **3** *vi* pencher. **to ~ back(wards)** *[chair]* se rabattre en arrière; *[person]* se pencher en arrière. ◆ **tip up 1** *vi [table etc] (tilt)* pencher; *(overturn)* basculer; *[box, jug]* se renverser; *[seat]* se rabattre; *[truck]* basculer. **2** *vt sep* incliner. ◆ **tipper** *n (truck)* camion *m* à benne (basculante). ◆ **tipping** *n*: '**no ~ ping**' 'défense de déposer des ordures'.

Tippex ['tɪpeks] ® **1** *n* Tippex *m* ®. **2** *vt (also ~ out)* blanchir au Tippex ®.

tipple ['tɪpl] **1** *vi* picoler *. **2** *n*: **gin is his ~** ce qu'il préfère boire c'est du gin. ◆ **tippler** *n* picoleur * *m*, -euse * *f*.

tipsy ['tɪpsɪ] *adj* éméché, parti *. **to get ~** devenir gai.

tirade [taɪ'reɪd] *n* diatribe *f*.

tire¹ ['taɪəʳ] *n (US)* = **tyre**.

tire² ['taɪəʳ] **1** *vt* fatiguer; *(weary)* fatiguer, lasser. **2** *vi* se fatiguer; se lasser. **he ~s easily** il se fatigue vite; **he never ~s of saying...** il ne se lasse jamais de dire... ◆ **tire out** *vt sep* épuiser, crever *. ◆ **tired** *adj person* fatigué; *(weary)* las; *movement, voice* las; *(fig) cliché etc* rebattu; **to be ~d of sth/sb** en avoir assez de qch/qn; **to be ~d of doing** en avoir assez de faire; **to get ~d of** commencer à en avoir assez de; **you make me ~ d! *** tu me fatigues! ◆ **tiredness** *n* fatigue *f*; lassitude *f*. ◆ **tireless** *adj* infatigable; inlassable. ◆ **tirelessly** *adv* infatigablement; inlassablement. ◆ **tiresome** *adj* ennuyeux. ◆ **tiring** *adj* fatigant.

tissue ['tɪʃuː] **1** *n (Anat, Tex)* tissu *m*; *(paper handkerchief)* mouchoir *m* en papier, kleenex *m* ®. *(fig)* **~ of lies** tissu de mensonges. **2** *adj*: **paper** papier *m* de soie.

tit¹ [tɪt] *n (bird: ~ mouse)* mésange *f*.

tit² [tɪt] *n*: **~ for tat** un prêté pour un rendu.

tit³ * [tɪt] *n (breast)* sein *m*, nichon * *m*.

titanic [taɪ'tænɪk] *adj* titanesque.

titbit ['tɪtbɪt] *n [food]* friandise *f*; *[news]* détail *m* croustillant. **~s** *(with drinks)* amuse-gueule *mpl*.

titillate ['tɪtɪleɪt] *vt* titiller.

titivate ['tɪtɪveɪt] **1** *vi* se pomponner. **2** *vt* pomponner.

title ['taɪtl] **1** *n (gen)* titre *m*; *(Jur)* titres *mpl* *(to* à). *(Cine, TV)* **(credit) ~s** générique *m*. **2** *adj*: **~ deed** titre *m* de propriété; *(Sport)* **~ holder** détenteur *m*, -trice *f* du titre; **~ page** page *f* de titre; *(Theat)* **~ role** ≃ rôle principal. ◆ **titled** *adj person* titré.

titter ['tɪtəʳ] **1** *vi* rire sottement *(at* de). **2** *n* petit rire *m* sot.

tittle-tattle ['tɪtl,tætl] *n* cancans *mpl*.

tizzy * ['tɪzɪ] *n*: **to be in/get into a ~** être/se mettre dans tous ses états.

to [tuː], *forme faible* [tə] **1** *prep* **(a)** *(gen)* à; *(direction)* à, vers, en, chez. **to give sth ~ sb** donner qch à qn; **he went ~ the door** il est allé à la porte; **he was walking ~ the door** il marchait vers la porte; **to go ~ school/town** aller à l'école/en ville ; **boats ~ and from Cherbourg** les bateaux à destination ou en provenance de Cherbourg; **to go ~ the doctor('s)** aller chez le docteur; **~ the left** à gauche; **the road ~ London** la route de Londres; **to count ~ 20** compter jusqu'à 20; **it comes ~ £20** ça fait 20 livres (en tout); **it is 90 km ~ Paris** nous sommes à 90 km de Paris; **8 years ago ~ the day** il y a 8 ans jour pour jour; **from morning ~ night** du matin au soir; **from town ~ town** de ville en ville; **50 ~ 60 people** de 50 à 60 personnes; **back ~ back** dos à dos; **bumper ~ bumper** pare-chocs contre pare-chocs; **what's it ~ you?** qu'est-ce que ça peut vous faire?; **be nice ~ her** sois gentil avec elle; **it's a great help ~ him** cela lui est très utile; **known ~ the Ancients** connu des anciens; **assistant ~ the manager** adjoint(e) *m(f)* du directeur; **ambassador ~ France/~ the king** ambassadeur en France/auprès du roi; **he has been a good friend ~ us** il a été pour nous un ami fidèle.

(b) *(in geog names) (countries: gen)* en; *(countries: all plurals, and masc sing with initial consonant)* au *or* aux; *(towns: gen)* à. **to go ~ England/France** *etc* en Angleterre/France *etc; * **~ Japan/the United States** *etc* au Japon/aux États-Unis *etc; * **~ London/Paris** *etc* à Londres/Paris *etc*.

(c) *(in time phrases)* **20 (minutes) ~ 2** 2 heures moins 20; **at (a) quarter ~ 4** à 4 heures moins le quart; **it was 10 ~** il était moins 10.

(d) *(in proportions etc)* **A is ~ B as C is ~ D** A est à B ce que C est à D; **to bet 10 ~ 1** parier 10 contre 1; **by a majority of 10 ~ 7** avec une majorité de 10 contre 7; **they won by 4 goals ~ 2** ils ont gagné 4 (buts) à 2; **one person ~ a room** une personne par chambre; **200 people ~ the square km** 200 personnes au km carré; **how many miles ~ the gallon?** ≃ combien de litres au cent?; **that's nothing ~ what is to come** ce n'est rien à côté de ce qui va venir.

(e) *(phrases)* **here's ~ you!** à la vôtre!; **~ absent friends!** à la santé des absents!; **what would you say ~ a beer?** que diriez-vous d'une bière?; **that's all there is ~ it** *(it's easy)* ça n'est pas plus difficile que ça; *(no ulterior motive etc)* c'est aussi simple que ça; *(Comm)* **'~ repairing cooker: 100 francs'** 'remise en état d'une cuisinière: 100 F'; **~ the best of my recollection** pour autant que je m'en souvienne; **~ my delight** à ma grande joie; *(Math)* **3 ~ the 4th** 3 à la puissance 4.

2 *particle (forming infin: shown in French by vb ending)* **~ be** être; **~ eat** manger; **I'll try ~** j'essaierai; **I forgot ~** j'ai oublié.

3 *adv*: **to push the door ~** fermer la porte; **the door is ~** la porte est fermée; **to go ~ and fro** *[person]* aller et venir; *(stride up and down)* faire les cent pas; *[machine part etc]* avoir un mouvement de va-et-vient; *[train, bus etc]* faire la navette (*between* entre). ◆ **to-do** * *n*: **to make a ~-do** faire toute une histoire * (*about* à propos de). ◆ **to-ing and fro-ing** *n* allées et venues *fpl*.

toad [təʊd] *n* crapaud *m*. ◆ **toad-in-the-hole** *n* (*Culin*) saucisses cuites dans de la pâte à crêpes. ◆ **toadstool** *n* champignon *m*; *(poisonous)* champignon vénéneux. ◆ **toady** **1** *n* flagorneur *m*, -euse *f* ; **2** *vi* flagorner; **to ~y to sb** flatter qn bassement. ◆ **toadying** *n* flagornerie *f*.

toast [təʊst] **1** *n* pain *m* grillé, toast *m*. **you've burnt the ~** tu as laissé brûler le pain *or* les toasts; **a piece** *or* **slice of ~** une tartine grillée, un toast; **sardines on ~** sardines *fpl* sur canapé. **(b)** toast *m*. **to drink a ~ to sb** porter un toast à qn (*in champagne* au champagne); **the ~ of the town** la vedette de la ville. **2** *vt* **(a)** *bread etc* faire griller. **~ed cheese** toast *m* au fromage. **(b)** *(drink ~ to)* porter un toast à; *event, victory* arroser (*in champagne* au champagne). ◆ **toaster** *n* grille-pain *m inv* (*électrique*). ◆ **toast-rack** *n* porte-toast *m inv*.

tobacco [tə'bækəʊ] **1** *n* tabac *m*. **2** *adj plantation, company* de tabac; *pouch* à tabac; *industry* du tabac. ◆ **tobacconist** *n* marchand(e) *m(f)* de tabac; **~nist's (shop)** (bureau *m* de) tabac *m*.

toboggan [tə'bɒg(ə)n] **1** *n* toboggan *m*; *(on runners)* luge *f*. **2** *vi*: **to go ~ing** faire de la luge.

today [tə'deɪ] *adv*, *n* aujourd'hui. **all ~** toute la journée aujourd'hui; **a week (past) ~** il y a huit jours aujourd'hui; **~ week, a week (from) ~** aujourd'hui en huit; **what day is (it) ~?** quel jour est-on *or* est-ce aujourd'hui?; **what date is (it) ~?** quelle est la date aujourd'hui?; **~ is Friday/the 4th** aujourd'hui c'est vendredi/le 4; **~ is wet** il pleut aujourd'hui; **~ was a bad day** aujourd'hui ça s'est mal passé; *(fig)* **here ~ and gone tomorrow** ça va, ça vient; **the writers of ~** les écrivains d'aujourd'hui.

toddle ['tɒdl] *vi [child]* **to ~ in/out** *etc* entrer/ sortir *etc* à pas hésitants; *[adult]* **to ~ along** * se balader *. ◆ **toddler** *n* tout(e) petit(e) *m(f)* (qui commence à marcher), bambin * *m*.

toddy ['tɒdɪ] *n* ≃ grog *m*.

toe [təʊ] **1** *n* orteil *m*, doigt *m* de pied; *[sock, shoe]* bout *m*. **big/little ~** gros/petit orteil; **three- ~d** à trois orteils; *(lit, fig)* **to tread on sb's ~s** marcher sur les pieds de qn; *(fig)* **to keep sb on his ~s** forcer qn à rester alerte. **2** *vt* *(fig)* **to ~ the line** *or (US)* **mark** obéir. ◆ **toecap** *n* bout *m* renforcé (*de soulier*). ◆ **toeclip** *n [cyclist]* cale-pied *m inv*. ◆ **toe-nail** *n* ongle *m* du pied.

toffee ['tɒfɪ] *n* caramel *m* (*au beurre*). **~ apple** pomme *f* caramélisée; *(fig)* **he can't do it for ~** * il n'est pas fichu * de le faire.

together [tə'geðəʳ] *adv* **(a)** *(gen)* ensemble. **I've seen them ~** je les ai vus ensemble; *(fig)* **we're in this ~** *(in same situation)* nous sommes logés à la même enseigne; *(must act ~)* il faut que nous fassions front commun; *(pej)* **they were both in it ~** ils avaient partie liée tous les deux; **tie the ropes ~** nouez les cordes; **all ~ now!** *(shouting, singing)* tous en chœur maintenant!; *(pulling)* (oh!) hisse!; **~ with** avec; **if you look at the reports ~** si vous considérez les rapports conjointement; **for weeks ~** pendant des semaines entières; **for 5 weeks ~** pendant 5 semaines de suite; (*: fig)* **to get it** *or* **one's act ~** s'organiser. **(b)** *(simultaneously)* en même temps; *(Mus etc)* à l'unisson. ◆ **togetherness** *n* camaraderie *f*.

toggle ['tɒgl] *n* (*Dress*) bouton *m* de duffel-coat.

toil [tɔɪl] **1** *n* labeur *m*. **2** *vi* (**~ away**) peiner (*at, over* sur; *to do* pour faire). **to ~ along/up** *etc* avancer/monter *etc* péniblement.

toilet ['tɔɪlɪt] **1** *n* **(a)** *(dressing etc)* toilette *f*. **(b)** *(lavatory)* toilettes *fpl*, waters * *mpl*. **to go to the ~** aller aux toilettes *or* aux waters *; **to put sth down the ~** jeter qch dans la cuvette des cabinets. **2** *adj soap, water* de toilette. **~ bag** sac *m* de toilette; **~ case** trousse *f* de toilette; **~ paper** papier *m* hygiénique; **~ roll** rouleau *m* de papier hygiénique. ◆ **toiletries** *npl* articles *mpl* de toilette.

token ['təʊk(ə)n] **1** *n* *(symbol)* témoignage *m*, marque *f*; *(metal disc: for telephone etc)* jeton *m*; *(voucher)* bon *m*. **gift ~** bon-cadeau *m*; **book ~** chèque-livre *m*; **record ~** chèque-disque *m*; **milk ~** bon de lait; **as a ~ of, in ~ of** en témoignage de; *(fig)* **by the same ~** de même. **2** *adj payment, strike* symbolique. **a ~ resistance** un semblant de résistance pour la forme; *(pej)* **the ~ woman** la femme-alibi.

Tokyo ['təʊkjəʊ] *n* Tokyo.

told [təʊld] *pret, ptp of* **tell**.

tolerate ['tɒləreɪt] *vt* *(gen, Med, Tech)* tolérer; *heat, pain* supporter. ◆ **tolerable** *adj (bearable)* tolérable; *(fairly good)* passable. ◆ **tolerably** *adv work etc* passablement; *certain, competent* à peu près. ◆ **tolerance** *n* tolérance *f*. ◆ **tolerant** *adj* tolérant (*of sth* de qch, (*Med*) à qch; *of sb* à l'égard de qn). ◆ **tolerantly** *adv* d'une manière tolérante. ◆ **toleration** *n* tolérance *f*.

toll¹ [təʊl] **1** *n* *(gen, also Aut)* péage *m*. *(fig)* **to take a heavy ~ of** *soldiers etc* faire beaucoup de victimes parmi; *sb's strength* ébranler sérieusement; *savings* manger une grande partie de; **the accident ~ on the roads** le nombre des victimes de la route; **the ~ of dead** le nombre des morts. **2** *adj bridge, road* à péage. ◆ **tollbooth** *n* poste *m* de péage. ◆ **toll-free** *adv (US Telec)* en service libre appel.

toll² [təʊl] **1** *vi [bell]* sonner. **2** *vt bell* sonner; *sb's death* sonner le glas pour.

Tom [tɒm] *n* *(fig)* **any ~, Dick or Harry** n'importe qui. ◆ **tom(cat)** *n* matou *m*.

tomato [tə'mɑːtəʊ], *(US)* [tə'meɪtəʊ] **1** *n, pl* **-es** tomate *f*. **2** *adj*: **~ juice** jus *m* de tomates; **~ ketchup** ketchup *m*; **~ sauce** sauce *f* tomate.

tomb [tuːm] *n* tombeau *m*, tombe *f*. ◆ **tombstone** *n* pierre *f* tombale.

tomboy ['tɒmbɔɪ] *n* garçon *m* manqué.

tome [təʊm] *n* tome *m*, gros volume *m*.

tomfool ['tɒm'fuːl] *adj* absurde, idiot. ◆ **tomfoolery** *n* âneries *fpl*.

tommy gun ['tɒmɪgʌn] *n* mitraillette *f*.

tomorrow [tə'mɒrəʊ] *adv*, *n* demain. **all ~** toute la journée demain; **a week (past) ~** il y aura huit jours demain; **~ week, a week from ~** demain en huit; **he'll have been here a week ~** cela fera huit jours demain qu'il est là; **see you ~!** à demain!; **the day after ~** après-demain; **what day will ~ be** *or* **will it be ~?** quel jour sera-t-on demain?; **what date will it be ~?** quelle sera la date demain?; **~ will be Saturday/the 5th** demain ce sera samedi/ le 5; **~ will be dry** il ne pleuvra pas demain; **~ never comes** demain n'arrive jamais; **~ is another day!** ça ira peut-être mieux demain!; *(fig)* **the writers of ~** les écrivains de demain; **~ morning/ evening** demain matin/soir.

tomtom ['tɒmtɒm] *n* tam-tam *m*.

ton [tʌn] *n* **(a)** *(weight)* tonne *f* (*Brit = 1016,06 kg; Can, US etc = 907,20 kg*). **metric ~** tonne (*= 1000 kg*); **a 7-~ truck, a 7-~ner** un camion de 7 tonnes; *(fig)* **~s of** * des tas de *. **(b)** *(Naut)* *(register ~)* tonneau *m*; *(displacement ~)* tonne *f*. **a 60,000-~ steamer** un paquebot de 60 000 tonnes. ◆ **tonnage** *n* tonnage *m*.

tone [təʊn] **1** *n* **(a)** *(sound: gen)* ton *m*; *[musical instrument]* sonorité *f*; *(Telec: also of radio, record player etc)* tonalité *f*. **in low ~s** à voix basse; **in angry**

~s sur le ton de la colère; **don't speak to me in that** ~ **of voice!** ne me parlez sur ce ton!; *(fig)* **the** ~ **of his letter** le ton de sa lettre; **the whole** ~ **of the school** la tenue générale de l'école; *(Fin)* **the** ~ **of the market** la tenue du marché; **to raise/ lower the** ~ **of sth** rehausser/rabaisser le ton de qch. **(b)** *(colour)* ton *m*. **two-**~ **car** voiture *f* de deux tons. **(c)** *[muscles etc]* tonus *m*. **2** *adj*: ~ **control** bouton *m* de tonalité. **3** *vi* (~ **in)** s'harmoniser *(with* avec). ♦ **tone down** *vt sep colour* adoucir; *sound, radio etc* baisser; *(fig) criticism, effect* atténuer; *language, policy* modérer. ♦ **tone up** *vt sep (Med)* tonifier. ♦ **tonal** *adj* tonal. ♦ **tone-deaf** *adj*: **to be** ~**-deaf** ne pas avoir d'oreille. ♦ **tonelessly** *adv speak* d'une voix blanche.

tongs [tɒŋz] *npl* **(pair of** ~**)** pinces *fpl*; *(for coal)* pincettes *fpl*; *(for sugar)* pince *f* à sucre; *(curling* ~*)* fer *m* (à friser).

tongue [tʌŋ] *n* **(a)** *(gen)* langue *f*; *[shoe]* languette *f*; *[bell]* battant *m*. **to put out one's** ~ tirer la langue *(at sb* à qn); **his** ~ **was hanging out** il tirait la langue; *(fig)* **he's lost his** ~ il a perdu sa langue; ~ **in cheek** ironiquement; **keep a civil** ~ **in your head!** tâchez d'être plus poli!; **I can't get my** ~ **round it** je n'arrive pas à le prononcer correctement. **(b)** *(language)* langue *f*. ♦ **tongue-tied** *adj* muet *(fig)*. ♦ **tongue-twister** *n* phrase *f* très difficile à prononcer.

tonic ['tɒnɪk] **1** *adj (gen)* tonique. *(Mus)* ~ **solfa** solfège *m*. **2** *n* **(a)** *(Med; fig)* tonique *m*. *(lit, fig)* **you need a** ~ il vous faut un bon tonique; *(fig)* **it was a real** ~ cela m'a vraiment remonté le moral. **(b)** ~ **(water)** ≃ Schweppes *m* ®; **gin and** ~ gin-tonic *m*. **(c)** *(Mus)* tonique *f*.

tonight [təˈnaɪt] *adv, n (before bed)* ce soir; *(during sleep)* cette nuit.

tonsil ['tɒnsl] *n* amygdale *f*. **to have one's** ~**s out** être opéré des amygdales. ♦ **tonsillectomy** *n* amygdalectomie *f*. ♦ **tonsillitis** *n* amygdalite *f*; **to have** ~**litis** avoir une angine *or (more formally)* une amygdalite.

too [tuː] *adv* **(a)** *(excessively)* trop. **it's** ~ **hard for me** c'est trop difficile pour moi; **it's** ~ **hard for me to explain** c'est trop difficile pour que je puisse vous l'expliquer; ~ **heavy to carry** trop lourd à porter; **it's** ~ **heavy for me to carry** c'est trop lourd à porter pour moi; **he's** ~ **mean to pay for it** il est trop pingre pour le payer; **that's** ~ **kind of you!** vous êtes vraiment trop aimable!; **I'm not** ~ **sure about that** je n'en suis pas très certain. **(b)** *(also)* aussi; *(moreover)* en plus, en outre. **I went** ~ moi aussi j'y suis allé; **they asked for a discount** ~! et en plus ils ont demandé un rabais!; **and then,** ~, **there's...** et puis, il y a également...

took [tʊk] *pret of* **take.**

tool [tuːl] *n (gen, Tech)* outil *m*; *(fig)* instrument *m* *(of* de). **set of** ~**s** panoplie *f* d'outils; **garden** ~**s** outils *or* ustensiles *mpl* de jardinage; **the** ~**s of my trade** les outils de mon métier. ♦ **toolbag** *or* ♦ **toolcase** *or* ♦ **toolkit** *n* trousse *f* à outils. ♦ **toolbox** *or* ♦ **toolcase** *or* ♦ **toolchest** *n* boîte *f* à outils. ♦ **tooled** *adj silver* ciselé; *leather* repoussé; *book-cover* en cuir repoussé. ♦ **toolhouse** *or* ♦ **toolshed** *n* cabane *f* à outils. ♦ **toolmaker** *n* outilleur *m*.

toot [tuːt] *vti* klaxonner.

tooth, *pl* **teeth** [tuːθ, tiːθ] *n* dent *f*. **front** ~ dent de devant; **back** ~ molaire *f*; **(set of) false teeth** dentier *m*; **to have a** ~ **out** se faire arracher une dent; *(fig)* **he's a bit long in the** ~ il n'est plus tout jeune; *(fig)* **in the teeth of** *wind* contre; *opposition* en dépit de; ~ **and nail** avec acharnement; *(fig)* **to get one's teeth into sth** se mettre à fond à qch; **there's nothing you can get your teeth into** ce n'est pas très substantiel; **the legislation has no teeth** la législation est impuissante; *(fig)* **to throw sth**

in sb's teeth jeter qch à la tête de qn; **to be sick to the (back) teeth of sth** ⋕ en avoir ras le bol * de qch. ♦ **toothache** *n* mal *m* de dents; **to have** ~**ache** avoir mal aux dents. ♦ **toothbrush** *n* brosse *f* à dents. ♦ **toothcomb** *n* peigne *m* fin; *(fig)* **to go through sth with a (fine)** ~**comb** passer qch au peigne fin. ♦ **toothless** *adj* édenté. ♦ **toothpaste** *n* pâte *f* dentifrice. ♦ **toothpick** *n* cure-dent *m*. ♦ **tooth-powder** *n* poudre *f* dentifrice. ♦ **toothy** *adj*: **to be** ~**y** avoir des dents de cheval.

top¹ [tɒp] **1** *n* **(a)** *[ladder, page, wall, pile, street etc]* haut *m*; *[mountain, tree, hill, head]* sommet *m*; *[box, container]* dessus *m*; *[plant, vegetable]* fane *f*; *[list, table, classification, queue]* tête *f*; *[profession etc]* faîte *m*; *(surface)* surface *f*; *(roof: of car etc)* toit *m*. **at the** ~ **of** en haut de, au sommet de, en tête de, au faîte de; **at/near the** ~ **of the pile** en haut de/ vers le haut de la pile; *(Scol)* **to be at the** ~ **of the class** être premier de la classe; ~ **of the milk** crème *f* du lait; **it's** ~ **of the pops** c'est en tête du hit-parade; **the men at the** ~ ceux qui sont au pouvoir; **the** ~ **of the table** *(solid piece)* le plateau de la table; *(surface)* le dessus de la table; **to sit at the** ~ **of the table** être assis à la place d'honneur; *(Mil)* **to go over the** ~ monter à l'assaut; *(fig)* **to get to the** ~ *(gen)* réussir; *(in hierarchy etc)* arriver en haut de l'échelle; **on (the)** ~ **of** sur; **the one on (the)** ~ celui qui est en dessus; *(fig)* **to come out on** ~ avoir le dessus; *(in career etc)* **he'll get to the** ~ il y réussira; *(fig)* **he's on** ~ **of things** * il s'en sort très bien; **things are getting on** ~ **of her** * elle est dépassée; **on** ~ **of the one he's got already** en plus de celui qu'il a déjà; **on** ~ **of all that he...** et puis par-dessus le marché il...; **from** ~ **to toe** de la tête aux pieds; **from** ~ **to bottom** *search etc* de fond en comble; *paint etc* complètement; *(whole) system etc* tout entier; **he's saying that off the** ~ **of his head** * il dit ça comme ça (mais il n'en est pas certain); **in** ~ **(gear)** en quatrième; **he's the** ~**s** * il est champion *; *(on bus)* **seats on** ~ places *fpl* à l'étage supérieur; **let's go up on** ~ on va en haut. **(b)** *(lid etc) [box]* couvercle *m*; *[bottle] (screw-on)* bouchon *m*; *(snap-on)* capsule *f*; *[pen]* capuchon *m*. **(c)** *(Dress: blouse etc)* haut *m*; *[pyjamas]* haut *m*.

2 *adj (highest shelf, drawer* du haut; *(Mus) note* le plus haut; *storey, step* dernier; *(in rank etc)* premier; *(best) score, mark etc* (le) meilleur. *[paint]* **the** ~ **coat** la dernière couche; ~ **copy** original *m;* **the** ~ **right-hand corner** le coin en haut à droite; ~ **price** *(highest)* prix *m* maximum; *(best)* le meilleur prix; **at** ~ **speed** à toute vitesse; *(Scol)* ~ **in maths** premier en maths; *(fig)* ~ **marks** vingt sur vingt *(for* pour); **in the** ~ **class** *(secondary school)* ≃ en terminale; *(primary)* ≃ au cours moyen 2; *(~ stream)* dans le premier groupe; *(Mus)* **the** ~ **20** les 20 premiers du hit-parade; **one of the** ~ **pianists** un des plus grands pianistes; **a** ~ **job** un poste prestigieux; ~ **people** l'élite *f*; *(fig)* **the** ~ **brass** * les huiles * *fpl*; *(fig)* **he's** ~ **dog** * **around here** c'est lui qui commande ici; *(US)* **to pay** ~ **dollar for sth** payer qch au prix fort.

3 *vt* **(a)** *radish, carrot etc* couper les fanes de. **to** ~ **and tail fruit** ≃ préparer des fruits. **(b)** ~**ped by a dome** surmonté d'un dôme. **(c)** *(exceed) previous figures etc* dépasser. *(fig)* **and to** ~ **it all...** et pour couronner le tout... **(d)** *list, queue* être en tête de. *(Theat)* **to** ~ **the bill** être en tête d'affiche. ♦ **top off** *vt sep (finish)* terminer *(with* par). ♦ **top up** *vt sep (Aut) battery* remettre de l'eau dans. **to** ~ **up a car with oil** remettre de l'huile dans une voiture; **can I** ~ **up your glass?** je vous en remets? ♦ **topcoat** *n* pardessus *m*. ♦ **topflight** * *adj* de premier ordre. ♦ **top hat** *n* (chapeau *m*) haut-de-forme *m*. ♦ **top-heavy** *adj structure etc* trop lourd du haut; *(fig) organization* mal équilibré.

♦ **topless** adj costume sans haut; girl aux seins nus; **~less swimsuit** monokini * m. ♦ **top-level** adj meeting, discussion au plus haut niveau; decision pris au sommet. ♦ **topmost** adj le plus haut. ♦ **topping** n (Culin) **with chocolate ~ping** nappé d'une crème au chocolat. ♦ **top-ranking** adj (très) haut placé. ♦ **top-secret** adj ultra-secret. ♦ **top-security wing** n [prison] quartier m de haute surveillance. ♦ **topside** n (Culin) gîte m (à la noix). ♦ **topsoil** n terre f; (Agric) couche f arable.

top² [tɒp] n (toy) toupie f.

topaz ['təʊpæz] n topaze f.

topic ['tɒpɪk] n [essay, speech] sujet m; (for discussion) sujet de discussion. ♦ **topical** adj d'actualité. ♦ **topicality** n actualité f.

topography [tə'pɒgrəfɪ] n topographie f.

topple ['tɒpl] **1** vi (wobble) basculer; (~ **over**, ~ **down**) tomber. **2** vt faire tomber.

topsy-turvy ['tɒpsɪ'tɜ:vɪ] adj, adv sens dessus dessous.

torch [tɔ:tʃ] n lampe f de poche, torche f électrique; (flaming) flambeau m. ♦ **torchlight procession** n retraite f aux flambeaux.

tore [tɔ:ʳ], **torn** [tɔ:n] pret, ptp of **tear¹**.

torment ['tɔ:ment] **1** n supplice m. **to be in ~** être au supplice; **to suffer ~s** souffrir le martyre. **2** [tɔ:'ment] vt (gen) tourmenter. **~ed by** torturé par. ♦ **tormentor** n persécuteur m, -trice f.

tornado, pl **-es** [tɔ:'neɪdəʊ] n tornade f.

torpedo [tɔ:'pi:dəʊ] **1** n, pl **-es** torpille f. **2** adj: **~ boat** torpilleur m. **3** vt torpiller (also fig).

torpid ['tɔ:pɪd] adj engourdi. ♦ **torpor** n torpeur f.

torrent ['tɒr(ə)nt] n torrent m (also fig). **the rain was coming down in ~s** il pleuvait à torrents. ♦ **torrential** adj torrentiel.

torrid ['tɒrɪd] adj torride; (fig) ardent.

torso ['tɔ:səʊ] n (Anat) torse m; (Sculp) buste m.

tortilla [tɔ:'ti:ə] n crêpe f mexicaine.

tortoise ['tɔ:təs] n tortue f. ♦ **tortoiseshell** n écaille f (de tortue).

tortuous ['tɔ:tjʊəs] adj tortueux.

torture ['tɔ:tʃəʳ] **1** n torture f, supplice m. (fig) **it was sheer ~!** c'était un vrai supplice! **2** vt person torturer; language écorcher; tune massacrer.

Tory ['tɔ:rɪ] n (Pol) tory mf, conservateur m, -trice f.

toss [tɒs] **1** n (throw) lancement m; (by bull) coup m de cornes. (from horse) **to take a ~** faire une chute; **with a ~ of his head** d'un mouvement brusque de la tête; **by the ~ of a coin** à pile ou face; **to win/lose the ~** gagner/perdre à pile ou face; (Sport: before match) gagner/perdre le tirage au sort. **2** vt ball etc lancer (to à); pancake faire sauter; salad remuer; head, mane rejeter en arrière; [bull] projeter en l'air; [horse] désarçonner. **to ~ sb in a blanket** faire sauter qn dans une couverture; **to ~ a coin** jouer à pile ou face (to decide pour décider); (Sport: before match) tirer au sort; **I'll ~ you for it** on le joue à pile ou face; **boat ~ed by the waves** bateau ballotté par les vagues. **3** vi (a) (~ **about**, ~ **around**) [person] s'agiter; [trees] se balancer; [boat] tanguer. **to ~ and turn** se tourner et se retourner. (b) (~ **up**) (~ **up**) (Sport: before match) tirer au sort. **let's ~ for it** on le joue à pile ou face; **I'll ~ you for the drinks** on joue à pile ou face et le perdant paie à boire. ♦ **toss off** vt sep drink avaler d'un coup; letter etc écrire au pied levé. ♦ **toss-up** n [coin] coup m de pile ou face; (fig) **it was a ~-up between the theatre and the cinema** le théâtre ou le cinéma, ça nous était égal.

tot¹ [tɒt] n (a) (child) (tiny) ~ tout(e) petit(e) enfant m(f). (b) **a ~ of whisky** un petit verre de whisky; **just a ~** juste une goutte.

tot² [tɒt] **1** vt (~ **up**) faire le total de. **2** vi: **to ~ up** faire le total.

total ['təʊtl] **1** adj (gen) total; sum total, global; ignorance, disagreement complet. **the ~ losses/sales** le total des pertes/ventes; **it was a ~ loss** on a tout perdu; (memory) ~ **recall** remémoration f totale. **2** n (a) total m. **grand ~** somme f globale. (b) **in ~** au total. **3** vt (a) (add: ~ **up**) figures faire le total de. (b) (amount to) s'élever à. ♦ **totalitarian** adj, n totalitaire (mf). ♦ **totalitarianism** n totalitarisme m. ♦ **totality** n totalité f. ♦ **totalizator** or **totalizer** n (abbr **tote¹** *: Betting) pari m mutuel. ♦ **totally** adv totalement.

tote² * [təʊt] vt (gen) trimballer *; gun porter.

totem ['təʊtəm] n totem m. ~ **pole** mât m totémique.

totter ['tɒtəʳ] vi [person] chanceler; [object] vaciller; [government etc] chanceler. **to ~ in/out** etc entrer/sortir etc d'un pas chancelant.

touch [tʌtʃ] **1** n (a) (sense of ~) toucher m; (act of ~ing) contact m; (light brushing) frôlement m; [pianist, typist] toucher; [artist] touche f. **soft to the ~** doux au toucher; **the slightest ~** le moindre contact; **at the ~ of her hand** au contact de sa main; **with the ~ of a finger** à la simple pression d'un doigt; **to put the final** or **finishing ~(es) to sth** mettre la dernière main à qch; **the personal ~** (gen) la chaleur humaine; (in business, décor etc) la note personnelle; **you've got the ~ with him** vous savez vous y prendre avec lui; (fig: borrowing) **he's a soft** or **an easy ~** * il est toujours prêt à se laisser taper *. (b) (small amount) **a ~ of** (gen) un tout petit peu de; colour, gaiety une touche de; sadness, humour une pointe de; paint une petite couche de; **a ~ of the sun** un petit coup de soleil; **to have a ~ of flu** être un peu grippé; **to have a ~ of rheumatism** faire un peu de rhumatisme. (c) (contact) **to be in/get in/keep in ~ with sb** être/se mettre/rester en contact or en rapport avec qn; **I'll be in ~** je t'écrirai (or je te téléphonerai); **keep in ~** ne nous (or m')oubliez pas!; **to be out of ~ with, to have lost ~ with** person ne plus être en contact or en rapport avec; developments etc ne plus être au courant de; **he's out of ~** * il n'est plus dans le coup *; **to lose ~ with reality** ne plus avoir le sens des réalités; **you can get in ~ with me at this number** vous pouvez me contacter à ce numéro; **I'll put you in ~ with him** je vous mettrai en rapport avec lui. (d) (Ftbl, Rugby) touche f. **the ball went into ~** le ballon est sorti en touche; **it is in ~** il y a une touche. **2** vt (a) (gen) toucher (with de); (brush lightly) frôler. **he ~ed her arm** il lui a touché le bras; **the ship ~ed the bottom** le bateau a touché; **to ~ the ground** toucher terre. (b) (tamper with) toucher à. **don't ~ that!** n'y touchez pas!; **I didn't ~ him!** je ne lui ai rien fait; **~ nothing** ne touchez à rien. (c) (fig) toucher à; topic, problem effleurer; (concern, move) toucher. **their land ~es ours** leur terre touche à la nôtre; **Switzerland ~es Italy** la Suisse et l'Italie se touchent; **the fire didn't ~ the paintings** l'incendie a épargné les tableaux; **they can't ~ you if...** ils ne peuvent rien contre vous si...; **he won't ~ anything illegal** si c'est illégal il n'y touchera pas; **he didn't ~ his meal** il n'a pas touché à son repas; **I never ~ onions** je ne mange jamais d'oignons; **her cooking can't ~ yours** sa cuisine est loin de valoir la tienne; **there's no pianist to ~ him** personne ne peut l'égaler comme pianiste; **it ~es us all closely** cela nous touche or nous concerne tous de très près; **we were very ~ed by your letter** nous avons été très touchés

de votre lettre; **to ~ sb for a loan** * taper * qn;
I ~ed him for £10 * je l'ai tapé * de 10 livres.
3 vi **(a)** [hands, ends, lands etc] se toucher. (fig) **to**
~ (up)on a subject effleurer un sujet. **(b)** (meddle)
don't ~! n'y touchez pas!; **'do not ~'** 'défense de
toucher'.
◆ **touch down** vi **(a)** (on land) atterrir; (on sea)
amerrir; (on moon) alunir. **(b)** (Rugby etc) marquer
un essai. ◆ **touch off** vt sep fuse, firework faire
partir; mine etc faire exploser; explosion, crisis, riot,
reaction, argument déclencher. ◆ **touch up** vt sep
painting retoucher.
◆ **touch-and-go** adj: **it's ~-and-go with the sick**
man le malade est entre la vie et la mort; **it was**
~-and-go whether she did it elle a failli ne pas
le faire; **it was ~-and-go until the last minute** c'est
resté incertain jusqu'au bout. ◆ **touch-down**
n (on land) atterrissage m; (on sea) amerrissage
m; (on moon) alunissage m; (US Ftbl) but m.
◆ **touched** adj (moved) touché (by de); (*: mad)
toqué *. ◆ **touchiness** n susceptibilité f. ◆ **touch-**
ing 1 adj touchant ; **2** prep concernant. ◆ **touch-**
ingly adv d'une manière touchante. ◆ **touchline**
n (Ftbl etc) ligne f de touche. ◆ **touch-type** vi
taper au toucher. ◆ **touchy** adj person susceptible
(about sur la question de); business, situation délicat; **he's very ~y** il se vexe or s'offense pour
un rien.

tough [tʌf] **1** adj **(a)** substance, fabric etc solide,
résistant; (pej) meat dur; (fig) resistance, struggle
acharné; task, journey fatigant, pénible; obstacle,
sport rude; problem épineux; regulations sévère;
conditions dur. **it's ~ work** c'est un travail dur or
pénible. **(b)** (of person) (physically hard) mountaineer,
athlete etc robuste, résistant; (mentally strong)
solide, endurant; (hard: in character) negotiator etc
dur, impitoyable; (rough) criminal, gangster dur,
brutal. **he is a ~ man to deal with** il ne fait pas
souvent de concessions; **a ~ guy** un dur *; (pej)
they're a ~ lot ce sont des durs à cuire *; **to get**
~ with sb * se montrer dur envers qn. **(c)** (unfortunate) **that's ~** * c'est vache * (on sb pour qn);
that's ~ luck on him * (pity) il n'a pas de veine;
(he'll have to put up with it) tant pis pour lui; **to have**
a ~ time of it * en voir de dures *. **2** n (*) dur *
m. **3** adv: **to talk** or **act ~** jouer au dur. **4** vt (fig)
to ~ it out tenir bon. ◆ **toughen** vt substance renforcer; person endurcir; conditions rendre plus
sévère; **~ened glass** verre m trempé. ◆ **toughly**
adv fight avec acharnement; answer durement.
◆ **toughness** n **(a)** solidité f, résistance f; dureté
f; acharnement m; caractère m fatigant or pénible
(or rude or épineux); sévérité f; **(b)** résistance f;
endurance f; dureté f.

tour [tʊəʳ] **1** n (journey) voyage m; (by team, actors,
musicians etc) tournée f; (of town, factory, museum
etc) visite f, tour m; (day ~) excursion f; (package
~) voyage organisé. **to go on a ~ of** region, country
faire un voyage dans (or en etc); (guided ~) faire
un voyage organisé dans (or en etc); museums,
castles visiter; **to go on a ~ round the world** faire
le tour du monde; **to go on a walking/cycling ~**
faire une randonnée à pied/en bicyclette; (Sport,
Theat etc) **to go on/be on ~** faire une/être en tournée; **~ of inspection** tournée d'inspection; (Mil etc)
~ of duty période f de service. **2** adj: **~ operator**
tour-opérateur m, voyagiste m. **3** vt [tourist, visitor]
visiter; [team, actors, play] être en tournée en (or
dans etc). **4** vi: **to go ~ing** faire du tourisme.
◆ **touring 1** n tourisme m ; **2** adj team, theatre
company en tournée. ◆ **tourism** n tourisme m.
◆ **tourist 1** n touriste mf ; **2** adj class, ticket touriste inv; attraction, guidebook, season touristique;
industry du tourisme; **~ist agency** agence f de tourisme ; **~ist bureau** or **office** syndicat m d'initiative; **the ~ist trade** le tourisme; **~ist trap** attrape-

touriste m ; **3** adv travel en classe touriste.
◆ **touristy** * adj (pej) trop touristique.

tournament ['tʊənəmənt] n tournoi m.

tourniquet ['tʊənɪkeɪ] n (Med) garrot m.

tousled ['taʊzld] adj hair, person ébouriffé; clothes
chiffonné; bedclothes en désordre.

tout [taʊt] **1** n (seller) vendeur ambulant; (for
custom) racoleur m; (for hotels) rabatteur m;
(Racing) pronostiqueur m. **ticket ~** revendeur m
de billets (au marché noir). **2** vt wares vendre (avec
insistance); tickets revendre. **3** vi: **to ~ for custom**
racoler les clients.

tow[1] [təʊ] **1** n: **on ~** en remorque; **to give sb a**
~ remorquer qn; (Aut) **to give sb a ~ to start him**
faire démarrer qn en remorque; (fig) **he had a**
couple of girls in ~ * il remorquait deux filles.
2 vt boat, vehicle remorquer (to, into jusqu'à); caravan, trailer tirer; barge haler. [police] **to ~ a car away**
emmener une voiture en fourrière. ◆ **tow bar**
n barre f de remorquage. ◆ **towboat** n remorqueur m. ◆ **towline** or ◆ **towrope** n câble m de
remorquage. ◆ **towpath** n chemin m de halage.
◆ **towing-truck** or (US) ◆ **tow-truck** n dépanneuse f.

tow[2] [təʊ] n (Tex) filasse f. ◆ **tow-headed** adj aux
cheveux filasse.

toward(s) [t(ə)'wɔːd(z)] prep (gen) vers; (of attitude)
envers, à l'égard de. **he came ~ me** il est venu
vers moi; **we are moving ~ a solution/war** etc nous
nous acheminons vers une solution/la guerre etc;
to save ~ sth faire des économies pour acheter
qch; **~ 10 o'clock/the end of the century** vers 10
heures/la fin du siècle; **my feelings ~ him** mes
sentiments à son égard or envers lui.

towel ['taʊəl] **1** n serviette f (de toilette); (dish
~, tea ~) torchon m; (for hands) essuie-mains m
inv; (for glasses) essuie-verres m inv; (sanitary ~)
serviette hygiénique. **2** adj: **~ rail** porte-serviettes
m inv. **3** vt: **to ~ o.s. (dry)** se sécher avec une
serviette. ◆ **towelling** n (Tex) tissu m éponge.

tower ['taʊəʳ] **1** n (gen) tour f; [church] clocher m.
(fig) **a ~ of strength** un grand soutien (to sb pour
qn). **2** adj: **~ block** tour f (d'habitation). **3** vi
[building etc] s'élever très haut. **(lit, fig) to ~ over**
sth/sb dominer qch/qn. ◆ **towering** adj building
très haut, imposant; figure imposant; (fig) **in a ~ing**
rage dans une colère noire.

town [taʊn] **1** n ville f. **in (a)~, into ~** en ville;
in the ~ dans la ville; **in a little ~** dans une petite
ville; **he's out of ~** il est en déplacement, il n'est
pas là; **a country ~** une ville de province; (fig)
to have a night on or **to go out on the ~** * faire
la bombe *; (fig) **he really went to ~ on that essay** *
il a mis le paquet * quand il a écrit cette dissertation. **2** adj centre de la ville; house en ville;
life urbain. **~ clerk** ≃ secrétaire m de mairie; **~**
council conseil m municipal; **~ hall** ≃ mairie f,
hôtel m de ville; (US) **~ meeting** assemblée f générale (des habitants d'une localité). ◆ **town-and-**
country planning n ≃ aménagement m du territoire. ◆ **town-dweller** n citadin(e) m(f).
◆ **town-planner** n urbaniste mf. ◆ **town-**
planning n urbanisme m. ◆ **township** n bourgade f. ◆ **townspeople** npl citadins mpl.

toxic ['tɒksɪk] adj toxique. ◆ **tox(a)emia** n toxémie
f. ◆ **toxin** n toxine f.

toy [tɔɪ] **1** n jouet m. **2** adj train, car, soldier petit;
house, railway miniature; trumpet d'enfant; (fig) dog
d'appartement. **3** vi: **to ~ with** object, sb's affections
jouer avec; idea caresser; **to ~ with one's food**
manger du bout des dents. ◆ **toybox** n coffre
m à jouets. ◆ **toyshop** n magasin m de jouets.

trace[1] [treɪs] **1** n **(a)** (gen) trace f (of de). **to vanish**
etc **without ~** disparaître etc sans laisser de traces;
there is no ~ of it il n'en reste plus trace; **we have**

lost all ~ of them nous avons complètement perdu leur trace; **without a ~ of ill-feeling** sans la moindre rancune. **(b)** *(US: trail)* piste *f*. **2** *vt* **(a)** *(draw)* tracer; *(with tracing paper etc)* décalquer. **(b)** *(locate)* person, object retrouver. **to ~ sb** suivre la trace de qn *(as far as* jusqu'à), retrouver la trace de qn *(to* à); **this may be ~d back to...** ceci peut être attribué à...; **they ~d the weapon (back) to here** ils ont établi que l'arme provenait d'ici; **to ~ back one's family to** faire remonter sa famille à. ◆ **tracer** *n (instrument)* traçoir *m; (Biochemistry)* traceur *m; (bullet)* balle *f* traçante. ◆ **tracery** *n (on window)* réseau *m (de fenêtre ajourée); [frost etc]* dentelles *fpl.* ◆ **tracing** *n (process)* calquage *m; (result)* calque *m.* ◆ **tracing-paper** *n* papier-calque *m inv.*

trace² [treɪs] *n [harness]* trait *m.*

track [træk] **1** *n* **(a)** *(mark, trail)* trace *f; [animal, person]* trace, piste *f; (route: on radar screen; also of bullet, comet, rocket etc)* trajectoire *f.* **to destroy everything in its ~** tout détruire sur son passage; **to follow in sb's ~s** suivre la trace de qn; *(fig)* marcher sur les traces de qn; **to be on sb's ~** être sur la piste de qn; *(fig)* **to be on the right ~** être sur la bonne voie; **to be on the wrong ~** faire fausse route; **to put** *or* **throw sb off the ~** désorienter qn; **to keep ~ of** spacecraft, events, developments suivre; *person* suivre la trace de; *(fig: keep in touch with)* rester en contact avec; **to lose ~ of** spacecraft etc perdre; *(fig)* developments etc ne plus être au courant de; *person* perdre la trace de; *(fig)* perdre tout contact avec; **I've lost ~ of what he is saying** j'ai perdu le fil de ce qu'il dit; *(fig)* **to make ~s** * filer *(for* à). **(b)** *(path)* chemin *m*, piste *f; (Sport)* piste. **sheep ~** piste à moutons; **mule ~** chemin muletier; **race ~** piste; **motor-racing ~** autodrome *m*; **dog-racing ~** cynodrome *m.* **(c)** *(Rail)* voie *f*, rails *mpl.* **to leave the ~(s)** dérailler; **to cross the ~** traverser la voie. **(d)** *[tape, disk]* piste *f; [record]* plage *f.* **4-~ tape** bande *f* à 4 pistes. **(e)** *[tractor]* chenille *f.* **(f)** *(US Scol)* classe *f* de niveau; **the B ~** le groupe B. **2** *adj (Sport)* racing, event, athletics sur piste. *(also fig)* **to have a good ~ record** avoir eu de bons résultats; *(Elec)* **~ lighting** rampe *f* de spots. **3** *vt* animal, person, vehicle suivre la trace de; *game, prey, wanted man* traquer; *rocket, comet* suivre la trajectoire de.

◆ **track down** *vt sep* animal, wanted man traquer et capturer; *sth or sb wanted* (finir par) retrouver. ◆ **tracked** *adj* vehicle à chenille. ◆ **tracker** **1** *n (Hunting)* traqueur *m; (gen)* poursuivant(e) *m(f)* ; **2** *adj:* **~er dog** chien *m* policier. ◆ **tracking** *adj (Space)* **~ing station** station *f* d'observation. ◆ **tracksuit** *n* survêtement *m.*

tract¹ [trækt] *n* **(a)** *[land, water]* étendue *f; (US: housing estate)* résidence *f.* **(b)** *(Anat)* **digestive ~** appareil *m* digestif.

tract² [trækt] *n (pamphlet)* tract *m.*

tractable ['træktəbl] *adj* person accommodant; *animal* docile; *material* malléable; *problem* résoluble.

traction ['trækʃ(ə)n] **1** *n* traction *f.* **2** *adj:* **~ engine** locomobile *f.*

tractor ['træktər] *n* tracteur *m.*

trade [treɪd] **1** *n* **(a)** *(Econ etc)* commerce *m.* **overseas ~** commerce extérieur; **the wool ~** le commerce de la laine; **he's in the wool ~** il est négociant en laine; **to do a lot of ~ with** faire beaucoup de commerce *or* d'affaires avec; **to do a brisk** *or* **roaring ~** vendre beaucoup *(in* de); *(Brit)* **Board of T~** , *(US)* **Department of T~** ministère *m* du Commerce. **(b)** *(job)* métier *m.* **he is a butcher by ~** il est boucher de son métier; **to learn a ~** apprendre un métier; *(lit, fig)* **he's in the ~** il est du métier; **known in the ~ as...** que les gens du métier appellent...

2 *adj* association, fair, route, school commercial; *barriers* douanier; *price* de gros; *journal* professionnel. **~ deficit** balance *f* commerciale déficitaire; **the T~ Descriptions Act** la loi de protection du consommateur; **~ discount** remise *f* au détaillant; **~ figures** *or* **returns** résultats *mpl* financiers; **~ name** nom *m* de marque; *(lit, fig)* **~ secret** secret *m* de fabrication; **~ wind** alizé *m.*

3 *vi* **(a)** *(gen)* faire le commerce *(in* de; *with* avec). *(fig)* **to ~ on sb's kindness** abuser de la gentillesse de qn. **(b)** *(US: shop)* faire ses achats *(with* chez, à).

4 *vt (exchange)* échanger *(sth for sth* qch contre qch; *sth with sb* qch avec qn).

◆ **trade in** *vt sep* car, television etc faire reprendre. **I've ~d it in for a new one** je l'ai fait reprendre quand j'en ai acheté un nouveau. ◆ **trade off** *vt sep:* **to ~ off A against B** accepter que A compense B.

◆ **trade-in** **1** *n (Comm)* reprise *f;* **he took it as a ~-in** il me l'a repris ; **2** *adj* price, value à la reprise. ◆ **trademark** *n* marque *f* de fabrique; **registered ~mark** marque déposée. ◆ **trade-off** *n (exchange)* échange *m; (balancing)* compromis *m.* ◆ **trader** *n* commerçant(e) *m(f); (bigger)* négociant(e) *m(f) (in* en); *(street ~)* vendeur *m*, -euse *f* de rue. ◆ **tradesman** *n* commerçant *m.* ◆ **trade(s) union** *n* syndicat *m.* ◆ **trade(s) unionism** *n* syndicalisme *m.* ◆ **trade(s) unionist** *n* syndicaliste *mf.* ◆ **trading** **1** *n* commerce *m* ; **2** *adj* nation commerçant; *port, centre* de commerce; *(Brit)* **trading estate** zone *f* artisanale et commerciale; **trading stamp** timbre-prime *m.*

tradition [trə'dɪʃ(ə)n] *n* tradition *f.* **according to ~** selon la tradition; *(fig)* **it's in the best ~** c'est dans la plus pure tradition *(of* de). ◆ **traditional** *adj* traditionnel *(to do* de faire). ◆ **traditionally** *adv* traditionnellement.

traffic ['træfɪk] *(vb: pret, ptp* **trafficked)** **1** *n* **(a)** *(Aut)* circulation *f; (Aviat, Naut, Rail, Telec)* trafic *m.* **road ~ circulation routière; rail ~** trafic ferroviaire; *(Aut)* **holiday ~** circulation des grands départs *(or* des grandes rentrées); **the ~ is heavy** *(Aut)* il y a beaucoup de circulation; *(Aviat etc)* le trafic est intense; *(Aut)* **closed to heavy ~** interdit aux poids lourds; *(Aut)* **build-up** *or* **backlog of ~** bouchon *m;* **~ coming into Paris** la circulation dans le sens province-Paris; **~ in and out of the airport** le trafic à destination et en provenance de l'aéroport. **(b)** *(trade)* commerce *m (in* de); *(pej)* trafic *m (in* de). **the drug ~** le trafic de la drogue. **2** *vi* faire commerce *or* le trafic *(pej) (in* de). **3** *adj (Aut)* regulations, policeman de la circulation; *police* de la route; *offence* au code de la route; *sign* de signalisation. *(Aviat)* **~ controller** aiguilleur *m* du ciel; **~ island** refuge *m;* **~ jam** embouteillage *m;* **~ light** *or* **signal** feu *m (de signalisation); **the ~ lights were at green** le feu était au vert; **~ warden** contractuel(le) *m(f).* ◆ **trafficker** *n* trafiquant(e) *m(f) (in* en).

tragedy ['trædʒɪdɪ] *n (gen, Theat)* tragédie *f.* **the ~ of it is that..., it is a ~ that...** il est tragique que... + *subj.* ◆ **tragic** *adj* tragique; **tragic actor** tragédien *m.* ◆ **tragically** *adv* tragiquement.

trail [treɪl] **1** *n* **(a)** *(of blood, smoke; from plane, comet etc)* traînée *f; (tracks: gen)* trace *f; (Hunting)* piste *f*, trace. **a long ~ of refugees** une longue colonne de réfugiés; **to leave a ~ of destruction** tout détruire sur son passage; *(lit, fig)* **on the ~ of** sur la piste de. **(b)** *(path)* sentier *m*, chemin *m.* **2** *vt* **(a)** *(follow)* suivre la piste de; *(fig: lag behind)* être dépassé par. **(b)** *(tow)* object on rope etc traîner; *(Aut)* caravan etc tirer. **they ~ed dirt all over the carpet** ils ont couvert le tapis de traces sales; **to ~ one's fingers through the water** laisser traîner ses doigts dans l'eau. **3** *vi* **(a)** *[object]* traîner *(in* dans; *from* de); *[plant]* ramper. *(Sport)* **to ~ by 13**

points être en retard de 13 points. (**b**) **to** ~ **along/ in** *etc (in straggling line)* passer/entrer *etc* à la queue leu leu; *(wearily)* passer/entrer *etc* en traînant les pieds.
◆ **trail away, trail off** *vi [sound]* s'estomper.
◆ **trail bike** * *n* moto *f* de cross. ◆ **trailblazer** *n* pionnier *m*, -ière *f*. ◆ **trailer** **1** *n* (**a**) *(Aut)* remorque *m*; *(caravan)* caravane *f*; (**b**) *(Cine, TV)* bande-annonce *m* ; **2** *adj (US)* ~**er park** camp *m* de caravaning; ~**er tent** tente *f* remorque. ◆ **trailing** *adj hair, blanket etc* traînant; *plant* rampant.

train [treɪn] **1** *n* (**a**) *(Rail)* train *m*; *(in underground)* rame *f*. **fast** ~ rapide *m*; **slow** ~ omnibus *m*; **to go by** ~ prendre le train; **to go to London by** ~ aller à Londres en train *or* par le train; **on** *or* **in the** ~ dans le train; **to transport by** ~ transporter par voie ferroviaire. (**b**) *(line: of vehicles, camels etc)* file *f*; *(entourage)* suite *f*. *(fig)* **it brought famine in its** ~ cela a amené la famine dans son sillage. (**c**) *(series: of events etc)* suite *f*; *[gunpowder]* traînée *f*. **in an unbroken** ~ en succession ininterrompue; **his** ~ **of thought** le fil de ses pensées. (**d**) *[robe etc]* traîne *f*.
2 *adj workers, strike* des chemins de fer; *crash* de chemin de fer. ~ **ferry** ferry-boat *m*; **the** ~ **service to London** les trains pour Londres; ~ **set** train *m* électrique *(jouet)*.
3 *vt* (**a**) *(instruct etc) teacher, craftsman, employee, soldier etc* former; *(Sport)* entraîner; *animal* dresser *(to do* à faire*); voice* travailler; *ear, mind, memory* exercer. *(house* ~*)* **to** ~ **a puppy/child** apprendre à un chiot/à un enfant à être propre; **to** ~ **sb to do sth** apprendre à qn à faire; *(professionally)* former qn à faire; **to** ~ **o.s. to do** s'entraîner à faire; **to** ~ **sb in a craft** préparer qn à un métier; **he was** ~**ed in weaving** *or* **as a weaver** il a reçu une formation de tisserand; **where were you** ~**ed?** où avez-vous reçu votre formation? (**b**) *(direct etc) gun, telescope etc* braquer *(on* sur*); plant* faire grimper *(along* le long de*)*.
4 *vi* recevoir une *(or* sa*)* formation; *(Sport)* s'entraîner *(for* pour*)*. **to** ~ **as** *or* **to be a teacher** *etc* recevoir une formation de professeur *etc*.
◆ **trained** *adj person (gen)* compétent *(for* pour*)*; *(professionally)* qualifié *(for* pour*); engineer, nurse* diplômé; *teacher* habilité à enseigner; *animal* dressé; *eye, ear* exercé; **she has a** ~**ed voice** elle a pris des leçons de chant; **he is not** ~**ed** il n'a reçu aucune formation professionnelle; **well-**~**ed** *child* bien élevé; *animal, (iro) husband etc* bien dressé. ◆ **trainee** *adj, n* stagiaire *(mf)*; **management** ~**ee** stagiaire de direction; ~**ee typist** dactylo *f* stagiaire. ◆ **trainer** *n* (**a**) *(Sport)* entraîneur *m*; *(Cycling etc)* soigneur *m*; *(in circus)* dresseur *m*, -euse *f*; (**b**) *(shoe)* chaussure *f* de sport. ◆ **training** **1** *n (for job)* formation *f*; *(Sport)* entraînement *m*; *[animal]* dressage *m*; *(Sport)* **to be in** ~**ing** *(preparing o.s.)* être en cours d'entraînement; *(on form)* être en forme; **she has had secretarial** ~**ing** elle a suivi des cours de secrétariat ; **2** *adj scheme, centre (for job)* de formation; *(Sport)* d'entraînement; ~**ing college** *(gen)* école *f* professionnelle; *(for teachers)* ≃ école normale; ~**ing course** cours *mpl* professionnels; ~**ing plane/ship** avion-/navire-école *m*. ◆ **train-spotter** *n* passionné(e) *m(f)* de trains. ◆ **train-spotting** *n*: **to go** ~-**spotting** observer les trains.
traipse * [treɪps] *vi*: **to** ~ **in/out** *etc* entrer/sortir *etc* d'un pas traînant; **to** ~ **around** se balader *.
trait [treɪt] *n* trait *m (de caractère)*.
traitor ['treɪtə'] *n* traître *m*. **to be a** ~ **to sth** trahir qch; **to turn** ~ passer à l'ennemi. ◆ **traitress** *n* traîtresse *f*.
trajectory [trə'dʒekt(ə)rɪ] *n* trajectoire *f*.
tram(car) ['træm(kɑːʳ)] *n* tram(way) *m*.

tramp [træmp] **1** *n* (**a**) *[footsteps]* bruit *m* (de pas). (**b**) *(hike)* randonnée *f* (à pied). (**c**) *(vagabond)* vagabond(e) *m(f)*, clochard(e) *m(f)*. *(pej)* **she's a** ~ * elle est coureuse *. (**d**) ~ **(steamer)** tramp *m*.
2 *vi*: **to** ~ **along** *(hike)* poursuivre son chemin à pied; *(walk heavily)* marcher d'un pas lourd; *[soldiers etc]* marteler le pavé. **3** *vt*: **to** ~ **the streets** battre le pavé; **I** ~**ed the town looking for...** j'ai parcouru la ville à pied pour trouver...
trample ['træmpl] *vti (lit, fig)* **to** ~ **on sth/sb, to** ~ **sth/sb underfoot** piétiner qch/qn, fouler qch/qn aux pieds; **to** ~ **on sb's feelings** bafouer les sentiments de qn; **to** ~ **sth into the ground** enfoncer qch dans le sol.
trampoline ['træmpəlɪn] *n* trampolino *m*.
trance [trɑːns] *n* transe *f*. **to go** *or* **fall into a** ~ entrer en transe.
tranquil ['træŋkwɪl] *adj* tranquille. ◆ **tranquillity,** *(US)* **tranquility** *n* tranquillité *f*. ◆ **tranquil(l)ize** *vt (Med)* mettre sous tranquillisants. ◆ **tranquil(l)izer** *n* tranquillisant *m*.
trans... [trænz] *pref* trans... ◆ **transatlantic** *adj* transatlantique.
transact [træn'zækt] *vt* traiter, régler. ◆ **transaction** *n (Econ, Fin, St Ex)* transaction *f*; *(in bank, shop)* opération *f*; **cash** ~**ion** opération au comptant.
transcend [træn'send] *vt (gen)* transcender; *(excel over)* surpasser. ◆ **transcendent** *adj* transcendant. ◆ **transcendental** *adj* transcendantal; ~**ental meditation** méditation *f* transcendantale.
transcribe [træn'skraɪb] *vt* transcrire. ◆ **transcript** *or* ◆ **transcription** *n* transcription *f*.
transect [træn'sekt] *vt* sectionner (transversalement).
transept ['trænsept] *n* transept *m*.
transfer [træns'fɜːʳ] **1** *vt (gen)* transférer *(to* à*); power* faire passer *(from* de; *to* à*); money* virer; *design, drawing, one's affections* reporter *(to* sur*). (Telec)* **to** ~ **the charges** téléphoner en P.C.V. ; ~**red charge call** communication *f* en P.C.V. **2** *vi (gen)* être transféré *(to* à; *from* de*). (Univ etc)* **he's** ~**red from Science to Geography** il ne fait plus de science, il s'est réorienté en géographie. **3** ['trænsfɜːʳ] *n* (**a**) *(gen)* transfert *m (to* à; *from* de*); (Pol: of power)* passation *f*. **by bank** ~ par virement *m* bancaire. (**b**) *(design etc) (rub-on type)* décalcomanie *f*; *(stick-on)* auto-collant *m*. **4** *adj (Aviat)* ~ **lounge** salle *f* de transit. ◆ **transferable** *adj* transmissible; **not** ~**able** personnel.
transfigure [træns'fɪgəʳ] *vt* transfigurer. ◆ **transfiguration** *n* transfiguration *f*.
transfix [træns'fɪks] *vt (lit)* transpercer. *(fig)* ~**ed** cloué sur place *(with* de*)*.
transform [træns'fɔːm] *vt* transformer *(into* en*)*. **to be** ~**ed into** se transformer en. ◆ **transformation** *n* transformation *f*. ◆ **transformational** *adj* transformationnel. ◆ **transformer** *n (Elec)* transformateur *m*.
transfuse [træns'fjuːz] *vt* transfuser. ◆ **transfusion** *n (Med, fig)* transfusion *f*; **to give sb a transfusion** faire une transfusion à qn.
transgress [træns'gres] *vi* pécher. ◆ **transgressor** *n* pécheur *m*, -eresse *f*.
transient ['trænzɪənt] *adj* transitoire, éphémère.
transistor [træn'zɪstəʳ] *n (Elec, Rad)* transistor *m*. ◆ **transistorize** *vt* transistoriser.
transit ['trænzɪt] **1** *n*: **in** ~ en transit *m*. **2** *adj goods, passengers* en transit; *documents, visa, (Aviat) lounge* de transit; *(Mil etc) camp* volant. ◆ **transition** *n* transition *f (from* de; *to* à*)*. ◆ **transitional** *adj period, government* de transition; *measures* transitoire.
transitive ['trænzɪtɪv] *adj* transitif.

transitory ['trænzɪt(ə)rɪ] adj transitoire, éphémère.

translate [trænz'leɪt] **1** vt traduire (from de; into en). **the word is ~d as...** le mot se traduit par...; (fig) **to ~ ideas into actions** passer des idées aux actes. **2** vi [person] traduire. **it won't ~** c'est intraduisible. ◆ **translatable** adj traduisible. ◆ **translation** n traduction f (from de; into en); (Scol etc) version f. ◆ **translator** n traducteur m, -trice f.

transliterate [trænz'lɪtəreɪt] vt translittérer.

translucence [trænz'luːsns] n translucidité f. ◆ **translucent** adj translucide.

transmit [trænz'mɪt] **1** vt (gen, Aut, Med etc) transmettre; (Rad, Telec, TV) émettre. **2** vi (Rad etc) émettre. ◆ **transmissible** adj transmissible. ◆ **transmission 1** n (gen) transmission f; (US: gearbox) boîte f de vitesses ; **2** adj (Aut) **transmission shaft** arbre m de transmission. ◆ **transmitter** n (transmitting device) transmetteur m; (microphone) capsule f microphonique; (Rad, TV) émetteur m. ◆ **transmitting** adj (Telec) set, station émetteur.

transmute [trænz'mjuːt] vt transmuer (into en).

transom ['trænsəm] n traverse f; (US: in window) vasistas m.

transparent [træns'pɛər(ə)nt] adj transparent. ◆ **transparency** n transparence f; (Phot) diapositive f; (for overhead projector) transparent m.

transpire [træns'paɪəʳ] vi (a) (happen) se passer. **it ~d that...** on a appris par la suite que... (b) (Bot, Physiol) transpirer.

transplant [træns'plɑːnt] **1** vt (gen) transplanter; (Med) greffer; seedlings etc repiquer. **2** ['trænsplɑːnt] n (Med) transplantation f. **he's had a heart ~** on lui a fait une greffe du cœur or une transplantation cardiaque.

transport ['trænspɔːt] **1** n (a) transport m. **road/rail ~** transport par route/par chemin de fer; **Ministry of T~** ministère m des Transports; **have you got any ~?** ⁑ tu as une voiture? (b) [delight etc] transport m; [fury etc] accès m. **2** adj costs, ship etc de transport; strike, system des transports. **~ café** = restaurant m de routiers. **3** [træns'pɔːt] vt (lit, fig) transporter. ◆ **transportation** n transport m; [criminals] transportation f. ◆ **transporter** n (Mil: vehicle, ship) transport m; (plane) avion m de transport; (car transporter) (Aut) camion m or (Rail) wagon m pour transport d'automobiles.

transpose [træns'pəʊz] vt transposer. ◆ **transposition** n transposition f.

transsexual [trænz'seksjʊəl] n transsexuel(le) m(f).

transship [træns'ʃɪp] vt transborder. ◆ **transshipment** n transbordement m.

transubstantiation ['trænsəb,stænʃɪ'eɪʃ(ə)n] n transsubstantiation f.

transverse ['trænzvɜːs] adj transversal. ◆ **transversely** adv transversalement.

transvestite [trænz'vestaɪt] n travesti(e) m(f) (Psych).

trap [træp] **1** n (a) (gen) piège m; (gin-~) collet m; (covered hole) trappe f; (mouse ~) souricière f. (lit, fig) **to set** or **lay a ~** tendre un piège (for sb à qn); **to catch in a ~** prendre au piège; **caught like a rat in a ~** fait comme un rat. (b) ~ (door) trappe f; **keep your ~ shut** ⁑ ferme ta gueule ⁑. **2** vt (a) (snare) animal, person prendre au piège. (b) (catch, cut off) miner, climber, vehicle, ship bloquer; gas, liquid retenir; object, one's finger coincer (in sth dans qch). ◆ **trapper** n trappeur m. ◆ **trapshooting** n ball-trap m.

trapeze [trə'piːz] **1** n trapèze m. **2** adj: ~ **artist** trapéziste m.

trappings ['træpɪŋz] npl [kingship etc] cérémonial m; [success] signes mpl extérieurs.

Trappist ['træpɪst] **1** n trappiste m. **2** adj de la Trappe.

trash [træʃ] **1** n (refuse) ordures fpl; (cheap goods) camelote * f; (nonsense) bêtises fpl, blagues * fpl. **this is ~** ça ne vaut rien, (message, letter etc) c'est de la blague *; [people] **they're just ~** ⁑ ce sont des moins que rien. **2** adj: ~ **can** poubelle f, boîte f à ordures; ~ **heap** tas m d'ordures. **3** vt (US *) (vandalize) saccager; (criticize) débiner *. ◆ **trasher** n (US) vandale m. ◆ **trashy** adj (gen) qui ne vaut rien; goods de camelote *.

trauma ['trɔːmə] n (Med, Psych) trauma m; (fig) traumatisme m. ◆ **traumatic** adj (Med) traumatique; (Psych, fig) traumatisant. ◆ **traumatize** vt traumatiser.

travel ['trævl] **1** vi (a) (journey) voyager; (Comm) être représentant (for de; in en). **they have ~led a long way** ils sont venus de loin; (fig) ils ont fait beaucoup de chemin; **he is ~ling in Spain** il est en voyage en Espagne; **as he was ~ling across France** pendant qu'il voyageait à travers la France; **to ~ through a region** parcourir une région; **to ~ round the world** faire le tour du monde; **to ~ light** voyager avec peu de bagages; [food, wine] **it ~s well** ça supporte bien le voyage. (b) (move, go) aller; [machine part etc] se déplacer. **you were ~ling too fast** vous alliez trop vite; **to ~ at 80 km/h** faire du 80 km/h; **light ~s at a speed of...** la vitesse de la lumière est de...; **news ~s fast** les nouvelles circulent vite. **2** vt country, district, distance parcourir. **much-~led road** route très fréquentée. **3** n les voyages mpl. ~s ses voyages; **he's off on his ~s again** il repart en voyage; **on your ~s** au cours de vos voyages; (fig hum) au cours de vos allées et venues. **4** adj allowance, expenses de déplacement; story, film de voyages; organization de tourisme. ~ **agency** agence f de voyages; ~ **agent** agent m de voyages; ~ **brochure** dépliant m touristique; ~ **insurance** assurance f voyage. ◆ **travelator** n tapis roulant. ◆ **traveller**, (US) **traveler** n voyageur m, -euse f; (Comm) représentant m (de commerce) (in en); ~**ler's cheque**, (US) ~**er's check** chèque m de voyage. ◆ **travel(l)ing 1** n voyages mpl ; **2** adj (a) circus, troupe ambulant; crane mobile; (Comm) ~**(l)ing salesman** représentant m de commerce; (b) bag, rug, clock, scholarship de voyage; expenses, allowance de déplacement. ◆ **travelogue** n (talk/film/book) compte rendu m/film m/récit m de voyages. ◆ **travel-sick** adj (in car/plane/boat) **to be ~-sick** avoir le mal de la route/de l'air/de mer. ◆ **travel-sickness 1** n mal m de la route etc ; **2** adj pills contre le mal de la route etc.

traverse ['trævəs] vt traverser.

travesty ['trævɪstɪ] n (Art, Literat etc) pastiche m; (pej) [freedom, justice] simulacre m.

trawl [trɔːl] **1** n (net) chalut m. **2** vi: **to ~ (for sth)** pêcher (qch) au chalut. ◆ **trawler** n chalutier m. ◆ **trawling** n pêche f au chalut.

tray [treɪ] n (for carrying) plateau m; (for storing) (box) boîte f; (basket) corbeille f; (drawer) tiroir m. ◆ **traycloth** n napperon m.

treacherous ['tretʃ(ə)rəs] adj person, action, answer (gen; also fig) traître (f traîtresse). **road conditions are ~** il faut se méfier de l'état des routes. ◆ **treacherously** adv traîtreusement; say perfidement. ◆ **treachery** n traîtrise f.

treacle ['triːkl] n mélasse f.

tread [tred] (vb: pret **trod**, ptp **trodden**) **1** n (a) (footsteps) pas mpl; (sound) bruit m de pas. (b) [tyre] bande f de roulement; [stair] marche f. **2** vi marcher. **to ~ on sth** (accidentally) marcher sur qch; (deliberately) écraser qch; **to ~ carefully** or **warily** avancer avec précaution. **3** vt path, ground parcourir. **to ~ sth underfoot** fouler qch aux pieds; **to ~ grapes** fouler du raisin; **to ~ water** nager en chien. ◆ **treadle 1** n pédale f (de tour etc) ; **2** adj machine à pédale. ◆ **treadmill** n (fig) routine f mortellement ennuyeuse.

treason ['tri:zn] n trahison f. ◆ **treasonable** adj qui constitue une trahison.

treasure ['treʒəʳ] **1** n trésor m. (fig) **she's a real** ~ elle est adorable; (of servant etc) c'est une perle. **2** adj: ~ **house** trésor m (lieu); ~ **hunt** chasse f au trésor. **3** vt (value) attacher une grande valeur à; (keep: ~ **up**) money, valuables garder précieusement; memory, thought chérir. ◆ **treasurer** n trésorier m, -ière f. ◆ **treasure-trove** n trésor m (dont le propriétaire est inconnu). ◆ **treasury 1** n trésorerie f; (Brit) **the Treasury**, (US) **the Department of the Treasury** ≃ le ministère des Finances ; **2** adj: **treasury bill** ≃ bon m du Trésor.

treat [tri:t] **1** vt (a) traiter (sb like a child qn comme un enfant; (Chem etc) sth with sth qch à qch; (Med) sb for sth qn pour qch). **to** ~ **sb well** bien traiter qn, bien se conduire envers qn; **to** ~ **sb badly** mal se conduire envers qn, traiter qn fort mal; **to** ~ **sb with respect** montrer du respect envers qn; **to** ~ **sth with care** faire attention à qch; **it** ~**s the problems of...** cela traite les problèmes de...; **he** ~**ed the whole thing as a joke** il a pris tout cela à la plaisanterie; (Med) **to** ~ **sb/sth with penicillin** soigner qn/qch à la pénicilline. **(b) to** ~ **sb to sth** offrir or payer * qch à qn; **to** ~ **o.s. to sth** se payer * qch. **2** vi: **to** ~ **with sb** traiter avec qn (for sth pour qch); [article etc] **to** ~ **of** traiter de. **3** n (pleasure) plaisir m; (outing) sortie f; (present) cadeau m. **a** ~ **in store** un plaisir à venir; **it was a great** ~ **(for us) to see them** ça nous a vraiment fait plaisir de les voir; **it is a** ~ **for her to go out to a meal** c'est tout un événement * pour elle de dîner en ville; **to give sb a** ~ faire plaisir à qn; **to stand** ~ inviter; **this is my** ~ c'est moi qui paie *. ◆ **treatise** n traité m (on de). ◆ **treatment** n (gen) traitement m; **his** ~**ment of his parents/this subject** la façon dont il traite ses parents/ce sujet; **he got good** ~**ment** (gen) on l'a bien traité; (Med) il a été bien traité or soigné; **to give sb preferential** ~**ment** accorder à qn un régime de faveur; **medical** ~**ment** soins mpl médicaux, traitement; (Med) **to have** ~**ment for sth** suivre un traitement pour qch. ◆ **treaty** n (Pol) traité m (with avec; between entre); **to make a** ~**y** signer un traité.

treble ['trebl] **1** adj (a) (triple) triple. **(b)** (Mus) voice de soprano (voix d'enfant). **the** ~ **clef** la clef de sol. **2** adv (thrice) trois fois plus que. **3** vti tripler.

tree [tri:] n arbre m. **cherry** ~ cerisier m; **the** ~ **line** la limite des arbres; (fig) **to be at the top of the** ~ être arrivé au haut de l'échelle. ◆ **tree-covered** adj boisé. ◆ **tree-house** n cabane f construite dans un arbre. ◆ **tree-lined** adj bordé d'arbres. ◆ **treetop** n cime f d'un arbre. ◆ **tree-trunk** n tronc m d'arbre.

trefoil ['trefɔɪl] n (Bot) trèfle m.

trek [trek] **1** vi voyager à la dure. (fig) **I had to** ~ * **over to the library** il a fallu que je me traîne jusqu'à la bibliothèque. **2** n voyage m difficile. **it was quite a** ~ * **to the hotel** il y avait un bon bout de chemin à faire jusqu'à l'hôtel. ◆ **trekking** n voyage-randonnée m.

trellis ['trelɪs] n treillis m; (tougher) treillage m.

tremble ['trembl] **1** vi (gen) trembler (with, from de); (from fear, passion) frémir, trembler; [engine, ship] vibrer. **2** n tremblement m. **to be all of a** ~ * trembler de la tête aux pieds. ◆ **trembling 1** adj tremblant; frémissant ; **2** n tremblement m.

tremendous [trə'mendəs] adj (huge) difference, number, pleasure énorme; (dreadful) storm, blow terrible; victory foudroyant; speed, success fou; (*: excellent)

formidable *. **we had a** ~ **time** * on s'est drôlement bien amusé *. ◆ **tremendously** adv extrêmement, terriblement.

tremor ['treməʳ] n tremblement m.

tremulous ['tremjʊləs] adj (timid) timide; (trembling) tremblant. ◆ **tremulously** adv timidement; en tremblant.

trench [trentʃ] n tranchée f (also Mil); (wider) fossé m. ◆ **trenchcoat** n trench-coat m.

trenchant ['tren(t)ʃ(ə)nt] adj incisif, mordant.

trend [trend] n (tendency) tendance f (towards à); [river, road] direction f; [events] cours m; (fashion: in clothes etc) mode f. **there is a** ~ **towards doing/away from doing** on a tendance à faire/à ne plus faire; ~**s in popular music** les tendances de la musique populaire; **to set a** ~ donner le ton; (fashion) lancer une mode. ◆ **trendsetter** n personne f qui donne le ton. ◆ **trendy** * adj clothes dernier cri inv; opinions, person dans le vent *.

trepidation [,trepɪ'deɪʃ(ə)n] n vive inquiétude f.

trespass ['trespəs] vi s'introduire sans permission (on sb's land dans la propriété de qn). 'no ~**ing**' 'entrée interdite'; **you're** ~**ing** vous êtes dans une propriété privée. ◆ **trespasser** n intrus(e) m(f) ; '~**ers will be prosecuted**' 'défense d'entrer sous peine de poursuites'.

trestle ['tresl] adj: ~ **table** table f à tréteaux.

trial ['traɪ(ə)l] **1** n (a) (Jur: proceedings) procès m; (gen) jugement m. **at** or **during the** ~ au cours du procès; ~ **by jury** jugement par jury; **to be** or **go on** ~ passer en jugement; **on** ~ **for theft** jugé pour vol; **he was on** ~ **for his life** il encourait la peine de mort; **to put sb on** ~, **to bring sb to** ~ faire passer qn en jugement. **(b)** (test) [machine, vehicle, drug etc] essai m. ~**s** (Ftbl etc) match m de sélection; (Athletics etc) épreuve f de sélection; [sheepdogs, horses] concours m; ~ **of strength** épreuve f de force; **by** ~ **and error** par tâtonnements; **to be/take on** ~ être/prendre à l'essai; **to give sb a** ~ mettre qn à l'essai. **(c)** (hardship) épreuve f. **it was a great** ~ cela a été une véritable épreuve (for pour); **the** ~**s of old age** les afflictions fpl de la vieillesse; ~**s and tribulations** tribulations fpl; **he is a** ~ **to his mother** il donne beaucoup de souci à sa mère. **2** adj flight, period etc d'essai; offer, marriage à l'essai. (US) ~ **balloon** (lit, fig) ballon m d'essai; **on a** ~ **basis** à titre d'essai; ~ **run** essai m; (fig) période f d'essai.

triangle ['traɪæŋgl] n triangle m. ◆ **triangular** adj triangulaire.

tribe [traɪb] n tribu f. ◆ **tribal** adj (gen) tribal; warfare entre tribus. ◆ **tribesman** n membre m de la tribu.

tribunal [traɪ'bju:nl] n (gen, Jur) tribunal m. ~ **of inquiry** commission f d'enquête.

tribute ['trɪbju:t] n tribut m. **to pay** ~ **to** payer tribut à, rendre hommage à; **that is a** ~ **to his generosity** cela témoigne de sa générosité. ◆ **tributary** n (river) affluent m.

trice [traɪs] n: **in a** ~ en un clin d'œil.

trick [trɪk] **1** n (a) (ruse) ruse f, truc * m; (joke, hoax) tour m, blague * f; [conjurer, dog etc] tour; (special skill) truc * (for doing pour faire). **it's a** ~ **to make you believe...** c'est une ruse or un truc * pour vous faire croire...; **to play a** ~ **on sb** jouer un tour à qn; **a dirty** or **low** or **shabby** or **nasty** ~ un sale tour; **a** ~ **of the trade** une ficelle du métier; **a** ~ **of the light** une illusion d'optique; **he's up to his old** ~**s again** * il fait de nouveau des siennes *; (fig) **he knows a** ~ or **two** * c'est un petit malin; **to do the** ~ * faire l'affaire; **I'll soon get the** ~ **of it** je vais bientôt prendre le pli. **(b)** (habit) manie f (of doing de faire); (mannerism) tic m. **he has a** ~ **of scratching his ear** il a le tic de se gratter l'oreille; **he has a** ~ **of arriving just when...** il a le don d'arriver au moment où... (**c**) *(Cards)* levée *f.* **to take a ~** faire une levée; *(fig)* **he never misses a ~** rien ne lui échappe. **2** *adj photograph* truqué. **~ question** question-piège *f.* **3** *vt (deceive)* attraper, avoir *; (swindle)* escroquer. **I've been ~ed!** on m'a eu! *; to ~ **sb** into doing* amener qn à faire par la ruse; **to ~ sb out of sth** obtenir qch de qn par la ruse. ◆ **trickery** *n* ruse *f.* ◆ **trickster** *n* filou *m.* ◆ **tricky** *adj problem, situation, task* difficile, délicat; *(pej) person* rusé; **he's a ~y man to deal with** *(scheming)* avec lui il faut se méfier; *(touchy)* il n'est pas commode.

trickle ['trɪkl] **1** *n [water, blood etc]* filet *m. (fig)* **a ~ of people** quelques rares personnes; **there was a steady ~ of letters** les lettres arrivaient en petit nombre mais régulièrement. **2** *adj (Elec)* **~ charger** chargeur *m* à régime lent. **3** *vi (drop slowly)* couler goutte à goutte; *(flow slowly)* couler en un filet. **tears ~d down her cheeks** les larmes coulaient *or* dégoulinaient le long de ses joues; **to ~ in** *[water]* couler goutte à goutte; *[people]* entrer les uns après les autres; *[money, letters]* arriver peu à peu; **the ball ~d into the net** le ballon a roulé doucement dans le filet.

tricolo(u)r ['trɪkələr] *n* drapeau *m* tricolore.

tricycle ['traɪsɪkl] *n* tricycle *m.*

trier ['traɪər] *n*: **to be a ~** être persévérant.

trifle ['traɪfl] **1** *n* (**a**) *(object, sum of money)* bagatelle *f.* **it's only a ~** ce n'est rien; **he worries over ~s** il se fait du mauvais sang pour un rien; **a ~ difficult** un peu difficile. (**b**) *(Culin)* ≃ diplomate *m.* **2** *vi*: **to ~ with** traiter à la légère. ◆ **trifling** *adj* insignifiant.

trigger ['trɪgər] **1** *n [gun]* détente *f*, gâchette *f; [tool]* déclic *m.* **to press** *or* **pull the ~** appuyer sur la détente. **2** *vt* (**~ off**) *explosion, revolt* déclencher; *reaction, protest* provoquer. ◆ **trigger-happy** * *adj person* qui a la gâchette facile; *(fig) nation etc* prêt à déclencher la guerre pour un rien.

trigonometry [,trɪgə'nɒmɪtrɪ] *n* trigonométrie *f.*

trill [trɪl] **1** *n (Mus)* trille *m; (Ling)* consonne roulée. **2** *vi* triller. **3** *vt (gen)* triller; *(Ling)* **one's rs** rouler.

trilogy ['trɪlədʒɪ] *n* trilogie *f.*

trim [trɪm] **1** *adj person, clothes* net, soigné; *boat, garden, house* coquet, net. **~ figure** taille *f* svelte. **2** *n* (**a**) **in (good) ~** *garden, house etc* en bon état; *person, athlete* en forme; *[athlete etc]* **to get into ~** se remettre en forme; *(Naut)* **the ~ of the sails** l'orientation *f* des voiles. (**b**) *(cut)* **to give sth a ~ = to trim sth** *(V 3a); (at hairdresser's)* **to have a ~** se faire rafraîchir les cheveux. (**c**) *(decoration: Archit)* moulures *fpl; (Aut: outside)* finitions *fpl* extérieures; *(on garment)* garniture *f.* **car with blue interior ~** voiture à habillage intérieur bleu. **3** *vt* (**a**) *(cut) hair* rafraîchir; *wick, lamp* tailler; *beard, hedge, roses* tailler légèrement; *edges* couper; *wood, paper* couper les bords de, rogner. **to ~ one's nails** se rogner les ongles. (**b**) *(decorate) garment* garnir, orner *(with* de); *Christmas tree, shop window* décorer *(with* de). ◆ **trimming** *n (on garment)* garniture *f; (edging)* bordure *f;* **~mings** *(cuttings)* chutes *fpl;* **it costs £100 without the ~mings** cela coûte 100 livres sans les extra; *(Culin)* **and all the ~mings** avec la garniture habituelle.

trimaran ['traɪməræn] *n* trimaran *m.*

Trinidad ['trɪnɪdæd] *n* (l'île *f* de) la Trinité. **~ and Tobago** Trinité-et-Tobago.

trinity ['trɪnɪtɪ] *n* trinité *f.* **T~ (Sunday)** la fête de la Trinité.

trinket ['trɪŋkɪt] *n (knick-knack)* bibelot *m; [jewellery]* colifichet *m.*

trio ['triːəʊ] *n* trio *m.*

trip [trɪp] **1** *n* (**a**) voyage *m; (excursion)* excursion *f.* **away on a ~** en voyage; **to take a ~** *(go on journey)*

partir en voyage; *(go)* aller *(to* à); **cheap ~s to Spain** des voyages à prix réduit en Espagne; **he does 3 ~s to Scotland a week** il va en Écosse 3 fois par semaine; **I don't want another ~ to the shops** je ne veux pas retourner dans les magasins. (**b**) *(Drugs sl)* **to be on a ~** faire un trip; **a bad ~** un trip qui tourne mal. **2** *vi* (**a**) (**~ over, ~ up**) trébucher *(on, over* contre, sur), faire un faux pas; *(make mistake: ~ up)* gaffer *. (**b**) **to ~ along/in** *etc* marcher/entrer *etc* d'un pas sautillant. **3** *vt* (**~ up**) faire trébucher; *(deliberately)* faire un croche-pied à; *(in questioning etc)* prendre en défaut. ◆ **tripper** *n* touriste *mf; (day ~)* excursionniste *mf.* ◆ **tripwire** *n* fil *m* de détente.

tripe [traɪp] *n (Culin)* tripes *fpl; (*: nonsense)* bêtises *fpl*, foutaises ‡ *fpl.*

triphthong ['trɪfθɒŋ] *n* triphtongue *f.*

triple ['trɪpl] **1** *adj, n* triple (*m*). **2** *adv* trois fois plus que. **3** *vti* tripler. ◆ **triplets** *npl* triplé(e)s *m(f)pl.* ◆ **triplicate** *n*: **in triplicate** en trois exemplaires.

tripod ['traɪpɒd] *n* trépied *m.*

triptych ['trɪptɪk] *n* triptyque *m.*

trite [traɪt] *adj* banal. ◆ **tritely** *adv* banalement.

triumph ['traɪʌmf] **1** *n (victory)* triomphe *m (for* pour; *of* de; *over* sur); *(sense of ~)* sentiment *m* de triomphe. **in ~** en triomphe. **2** *vi* triompher *(over* de). ◆ **triumphal** *adj* triomphal. ◆ **triumphant** *adj (gen)* triomphant; *homecoming* triomphal. ◆ **triumphantly** *adv* triomphalement.

trivia ['trɪvɪə] *npl* futilités *fpl.* ◆ **trivial** *adj amount, reason* insignifiant; *remark, mistake, matter* sans importance; *film, book* banal. ◆ **triviality** *n* caractère *m* insignifiant; *manque m* d'importance; banalité *f;* **~lities** futilités *fpl.* ◆ **trivialize** *vt* banaliser.

trod [trɒd], **trodden** ['trɒdn] *pret, ptp of* **tread.**

trolley ['trɒlɪ] **1** *n (in station, supermarket)* chariot *m; (two-wheeled)* diable *m; (tea ~)* table roulante; *(in office)* chariot à boissons. **2** *adj*: **~ bus** trolleybus *m.*

trombone [trɒm'bəʊn] *n* trombone *m (Mus).*

troop [truːp] **1** *n (gen)* groupe *m*, troupe *f; [scouts]* troupe. *(Mil)* **~s** troupes. **2** *adj movements etc* de troupes; *train* militaire. **~ carrier** *(Aut)* transport *m* de troupes; *(Naut: also ~ ship)* transport *(navire); (Aviat)* avion *m* de transport militaire. **3** *vi*: **to ~ in/past** *etc* entrer/passer *etc* en groupe. ◆ **trooper** *n (Mil)* soldat *m* de cavalerie; *(US: state trooper)* ≃ C.R.S. *m.* ◆ **trooping** *n*: **~ing the colour** le salut au drapeau.

trophy ['trəʊfɪ] *n* trophée *m.*

tropic ['trɒpɪk] *n* tropique *m.* **T~ of Cancer/ Capricorn** tropique du cancer/du capricorne; **in the ~s** sous les tropiques. ◆ **tropical** *adj* tropical.

trot [trɒt] **1** *n (pace)* trot *m.* **at a ~** au trot; *(fig)* **5 days on the ~** * 5 jours de suite; **to keep sb on the ~** * ne pas accorder une minute de tranquillité à qn. **2** *vi* trotter, courir. *[person]* **to ~ in/past** *etc* entrer/passer *etc* au trot; **she ~ted round to the grocer's** elle a fait un saut chez l'épicier. ◆ **trot out** *vt sep excuses, reasons* débiter; *names, facts etc* réciter d'affilée. ◆ **trotter** *n (Culin)* pig's **~ters** pieds *mpl* de porc. ◆ **trotting** *n (Sport)* trot *m;* **~ting race** course *f* de trot.

trouble ['trʌbl] **1** *n (difficulties)* ennuis *mpl.* **to be in ~** avoir des ennuis *(with sb* avec qn; *for doing* pour avoir fait), être en difficulté; **to get into ~** s'attirer des ennuis *(for sth* pour qch; *for doing* pour avoir fait); **to get into ~ with sb** s'attirer la colère de qn; **to get sb into ~** causer des ennuis à qn; **to get sb/get o.s out of ~** tirer qn/se tirer d'affaire; **to make ~** causer des ennuis *(for sb* à qn); **it's asking for ~** c'est se chercher des ennuis; **there's ~ brewing** il y a de l'orage dans l'air.

(b) *(bother, effort)* mal *m*. **it's no ~** cela ne me dérange pas *(to do* de faire); **it's not worth the ~** ça ne vaut pas la peine; **nothing is too much ~ for her** elle se dépense sans compter; **I had all that ~ for nothing** je me suis donné tout ce mal pour rien; **he went to enormous ~** il s'est donné un mal fou *(to help* pour aider); **to go to the ~ of doing, to take the ~ to do** se donner le mal de faire; **he took a lot of ~ over it** il s'est donné beaucoup de mal pour cela; **to put sb to a lot of ~** donner beaucoup de mal à qn.

(c) *(problem, nuisance)* ennui *m*, problème *m*; *(worry)* souci *m*, ennui; *(Pol etc)* troubles *mpl*. **what's the ~?** qu'est-ce qu'il y a?; **that's the ~!** c'est ça l'ennui!; **the ~ is that...** l'ennui *or* le problème, c'est que...; **the carburettor is giving us ~** nous avons des problèmes de carburateur; **he is trying to locate the ~** il essaie de localiser le problème; **there is ~ between them** ils s'entendent mal; **to cause ~ between** causer des désaccords entre; **I'm having ~ with him** il me donne des soucis, il me cause des ennuis; **he is a ~ to his parents** il est un souci pour ses parents; **to have ~ in doing** avoir du mal à faire; **your ~s are over** vous voilà au bout de vos peines; *(Med)* **I have back ~** mon dos me fait souffrir; **kidney ~** ennuis rénaux; *(Aut)* **engine ~** ennuis de moteur; **there is a lot of ~ in Africa** la situation est très tendue en Afrique; **labour ~s** troubles sociaux; **there's ~ at the factory** ça chauffe * à l'usine.

2 *adj*: **~ spot** point *m* chaud *or* névralgique.

3 *vt (worry)* inquiéter; *(upset)* troubler; *(bother)* déranger; *(inconvenience)* gêner. **his eyes ~ him** ses yeux lui posent des problèmes; **the heat ~d us** la chaleur nous a gênés; **nothing ~s him** rien ne le trouble; **I am sorry to ~ you** je suis désolé de vous déranger; **does it ~ you if...** est-ce que cela vous dérange si... + *indic or* que... + *subj*; **don't ~ yourself!** ne vous dérangez pas!; **to ~ o.s. to do** se donner la peine de faire; **may I ~ you for a light?** puis-je vous demander du feu?; **I shan't ~ you with the details** je vous ferai grâce des détails.

4 *vi* se déranger. **please don't ~** ne vous dérangez pas; **to ~ to do** se donner la peine de faire. ♦ **troubled** *adj (gen)* inquiet; *life, sleep* agité; *water* trouble; **to be ~d about sth** s'inquiéter de qch; **in ~d times** à une époque agitée. ♦ **trouble-free** *adj (gen)* sans ennuis *or* problèmes; *car* qui ne tombe jamais en panne. ♦ **troublemaker** *n* provocateur *m*, -trice *f*. ♦ **troubleshooter** *n (Tech)* expert *m* (appelé en cas de crise); *(Ind, Pol)* conciliateur *m*. ♦ **troublesome** *adj person* pénible; *request, cough* gênant; *task* ennuyeux; **his back is ~some** son dos le fait souffrir.

trough [trɒf] *n* **(a)** *(dip)* creux *m*; *(fig)* point *m* bas. *(Met)* **~ of low pressure** zone *f* dépressionnaire. **(b)** *(drinking ~)* abreuvoir *m*; *(feeding ~)* auge *f*.

trounce [traʊns] *vt* battre à plates coutures.

troupe [truːp] *n* troupe *f (Theat)*.

trousers ['traʊzəz] *npl*: **(pair of) ~** pantalon *m*; **long ~** pantalon long; **short ~** culottes *fpl* courtes; *(fig)* **she wears the ~** * c'est elle qui porte la culotte *or* qui commande. ♦ **trouser-suit** *n* tailleur-pantalon *m*.

trousseau ['truːsəʊ] *n* trousseau *m (de mariée)*.

trout [traʊt] **1** *n, pl inv* truite *f*. **2** *adj stream* à truites; *fishing* à la truite.

trowel ['traʊəl] *n (Constr)* truelle *f*; *(gardening)* déplantoir *m*. *(fig)* **to lay it on with a ~** * y aller un peu fort.

truant ['truənt] *n* élève *mf* absent(e) sans autorisation. **to play ~** *(Scol etc)* manquer les cours; *(fig: from office etc)* faire l'école buissonnière. ♦ **truancy** *n* absentéisme *m* (scolaire).

truce [truːs] *n* trêve *f*. **to call a ~** faire trêve *(to* à).

truck¹ [trʌk] *n* **(a)** *(fig)* **to have no ~ with** refuser d'avoir affaire à. **(b)** *(US: vegetables)* produits *mpl* maraîchers. **~ farmer** maraîcher *m*.

truck² [trʌk] **1** *n (lorry)* camion *m*; *(Rail)* truck *m*; *(luggage handcart)* chariot *m* à bagages, *(twowheeled)* diable *m*. **2** *vt (esp US)* camionner. ♦ **truckdriver** *or* ♦ **trucker** *n* camionneur *m*. ♦ **trucking** *n* camionnage *m*. ♦ **truckload** *n* plein camion. ♦ **truck stop** *n* routier *m (restaurant)*.

truculent ['trʌkjʊlənt] *adj* brutal, agressif. ♦ **truculence** *n* brutalité *f*. ♦ **truculently** *adv* brutalement, agressivement.

trudge [trʌdʒ] *vi*: **to ~ in/along** *etc* entrer/ marcher *etc* péniblement; **to ~ round the town** se traîner dans la ville.

true [truː] **1** *adj* **(a)** *(accurate: gen)* vrai; *description, account* exact, véridique; *copy* conforme; *statistics, measure* exact. **it's all ~** tout est vrai; **too ~!** * ah oui alors!; **can it be ~ that** est-il possible que + *subj*; **it is ~ that** il est vrai que + *indic*; **is it ~ that** est-il vrai que + *indic or subj*; **it's not ~ that** il n'est pas vrai que + *indic or subj*; **if it is ~ that** s'il est vrai que + *indic*; **to come ~** se réaliser; **the same holds ~ for** il en est de même pour. **(b)** *(genuine)* *repentance, friendship* vrai *(before n)*, véritable; *friend, scholar etc* vrai, véritable *(both before n)*. **what is the ~ situation?** quelle est la situation réelle?; **it is not a ~ reptile** ce n'est pas vraiment un reptile. **(c)** *(faithful)* fidèle *(to sb/sth* à qn/qch). **~ to life/to type** conforme à la réalité/au type. **(d)** *wall, upright* d'aplomb; *beam* droit; *machine part* juste; *wheel* dans l'axe; *(Mus)* *voice etc* juste. **2** *n*: **out of ~** *upright, wall* pas d'aplomb; *beam* tordu; *wheel* voilé. **3** *adv aim, sing* juste. ♦ **true-blue** * *adj* loyal. ♦ **truism** *n* truisme *m*. ♦ **truly** *adv* *(genuinely)* *love, believe* vraiment; *(faithfully)* *reflect, show* fidèlement; *(truthfully)* *answer, tell* franchement; *(without doubt)* *great, terrible* vraiment, véritablement; **well and truly** bel et bien; *(letter ending)* **yours truly** je vous prie d'agréer l'expression de mes sentiments respectueux.

truffle ['trʌfl] *n* truffe *f*.

trump [trʌmp] **1** *n* atout *m*. **spades are ~(s)** atout pique; **what's ~(s)?** quel est l'atout?; **no ~(s)** sans atout; *(fig)* **he was holding all the ~s** il avait tous les atouts dans son jeu; *(fig)* **to turn up ~s** * faire des merveilles. **2** *adj (lit, fig)* **~ card** atout *m*. **3** *vt (Cards)* prendre avec l'atout. *(fig)* **to ~ sb's ace** faire encore mieux que qn. ♦ **trump up** *vt sep* *charge etc* inventer de toutes pièces.

trumpet ['trʌmpɪt] **1** *n (Mus)* trompette *f*. **2** *vi* *[elephant]* barrir. ♦ **trumpeter** *n (Mil)* trompette *m*. ♦ **trumpet-player** *n (Mus)* trompettiste *mf*.

truncheon ['trʌn(t)ʃ(ə)n] *n* matraque *f*; *(directing traffic)* bâton *m (d'agent de police)*.

trundle ['trʌndl] **1** *vt (push etc)* pousser *etc* bruyamment. **2** *vi*: **to ~ along/down** rouler/ descendre bruyamment.

trunk [trʌŋk] **1** *n (Anat, Bot)* tronc *m*; *[elephant]* trompe *f*; *(luggage)* malle *f*; *(US Aut)* coffre *m*. **~s** *(swimming)* slip *m* de bain; *(underwear)* slip (d'homme). **2** *adj (Telec)* **~ call** communication *f* interurbaine; *(Rail)* **~ line** grande ligne *f*; **~ road** route *f* nationale.

truss [trʌs] **1** *n [hay etc]* botte *f*; *[flowers, fruit]* grappe *f*; *(Constr)* ferme *f*; *(Med)* bandage *m* herniaire. **2** *vt chicken* trousser; **(~ up)** *prisoner* ligoter.

trust [trʌst] **1** *n* **(a)** confiance *f (in* en). **breach of ~** abus *m* de confiance; **to have ~ in** avoir confiance en; **to put one's ~ in** faire confiance à; **you'll have to take it on ~** il vous faudra me *(or* le *etc)* croire sur parole. **(b)** *(Jur)* **to leave money in ~** faire administrer un legs par fidéicommis *(for* à l'intention de). **(c)** *(Fin)* trust *m*. **2** *adj fund, account* en fidéicommis.

3 *vt* (**a**) *person, object* avoir confiance en; *method, promise* se fier à. **he is not to be ~ed** on ne peut pas lui faire confiance; **to ~ sb with sth** confier qch à qn; **to ~ sb to do sth** compter sur qn pour faire qch; **he is too young to be ~ed on the roads** il est trop petit pour qu'on le laisse aller dans la rue tout seul; **I can't ~ him out of my sight** je n'ose pas le quitter des yeux; *(iro)* **~ you!** * pour ça on peut te faire confiance! (**b**) *(entrust)* confier *(sth to sb* qch à qn). (**c**) *(hope)* espérer *(that* que). **4** *vi:* **to ~ in sb** se fier à qn; **to ~ to luck** s'en remettre à la chance.

♦ **trusted** *adj person* en qui l'on a toute confiance; *method* éprouvé. ♦ **trustee** *n (Jur)* fidéicommissaire *m*; *[institution, school]* administrateur *m*, -trice *f*; **the ~ees** le conseil d'administration. ♦ **trustful** *or* ♦ **trusting** *adj* confiant. ♦ **trustfully** *or* ♦ **trustingly** *adv* avec confiance. ♦ **trustworthiness** *n [person]* loyauté *f*; *[statement]* véracité *f*. ♦ **trustworthy** *adj person* digne de confiance; *report, account* exact. ♦ **trusty** *adj (hum)* fidèle.

truth [truːθ] *n* vérité *f*. **to tell the ~** dire la vérité; **to tell (you) the ~, ~ to tell** à vrai dire; **there's some/no ~ in what he says** il y a du vrai/il n'y a pas un mot de vrai dans ce qu'il dit; **~ will out** la vérité finira toujours par se savoir; **the ~, the whole ~ and nothing but the ~** la vérité, toute la vérité et rien que la vérité; **the plain unvarnished ~** la vérité toute nue; **in ~** en vérité. ♦ **truthful** *adj person* qui dit la vérité; *statement* véridique; *portrait* fidèle. ♦ **truthfully** *adv answer* sans mentir; **I don't mind, ~fully** sincèrement, ça m'est égal. ♦ **truthfulness** *n* véracité *f*.

try [traɪ] **1** *n* (**a**) *(attempt)* essai *m*, tentative *f*. **to have a ~** essayer *(at doing* de faire); **to give sth a ~** essayer qch; **it was a good ~** il a *(or* tu as *etc)* vraiment essayé; **it's worth a ~** cela vaut le coup d'essayer; **at the first ~** du premier coup; **after 3 tries** après avoir essayé 3 fois. (**b**) *(Rugby)* essai *m*. **to score a ~** marquer un essai. **2** *vt* (**a**) *(attempt)* essayer, tâcher *(to do* de faire). **~ to eat it, ~ and eat it** essaie *or* tâche de le manger; **I'll ~ anything once** je suis toujours prêt à faire un essai; *(warning)* **just you ~ it!** essaie un peu pour voir! *; **he tried 3 questions** il a essayé de répondre à 3 questions; **to ~ one's best** *or* **one's hardest** faire de son mieux *(to do* pour faire); **to ~ one's hand at sth/at doing** s'essayer à qch/à faire; **it's ~ing to rain** * il a l'air de vouloir pleuvoir *. (**b**) *(sample) food, method, car etc* essayer. **won't you ~ me for the job?** vous ne voulez pas me faire faire un essai?; **~ pushing that button** essayez de presser ce bouton; *(also *fig)* **~ this for size** essaie ça pour voir. (**c**) *(test etc) person, sb's patience, strength* mettre à l'épreuve; *eyes* fatiguer; *vehicle, plane, machine* tester. **to ~ one's strength against sb** se mesurer à qn; **to ~ one's luck** tenter sa chance; **well-tried** qui a fait ses preuves; **sorely tried** durement éprouvé. (**d**) *(Jur) person, case* juger *(for* pour). **3** *vi* essayer *(for sth* d'obtenir qch). **~ again!** essaie encore une fois!

♦ **try on** *vt sep* (**a**) *garment, shoe* essayer. (**b**) *(fig)* **to ~ it on** essayer de voir jusqu'où on peut aller *(with sb* avec qn); **don't ~ anything on!** ne fais pas le malin! ♦ **try out** *vt sep thing, method* essayer; *employee etc* mettre à l'essai. **~ it out on the cat first** essaie d'abord de voir quelle est la réaction du chat. ♦ **trying** *adj person, experience* pénible; *work* ennuyeux; **to have a ~ing time** passer des moments difficiles. ♦ **try-on** * *n:* **it's a ~-on** c'est du bluff. ♦ **tryout** *n* essai *m*.

tsar [zɑːʳ] *n* tsar *m*. ♦ **tsarina** *n* tsarine *f*.

tsetse fly ['tsetsɪflaɪ] *n* mouche *f* tsé-tsé *inv*.

tub [tʌb] *n (gen, also in washing machine)* cuve *f*; *(for washing clothes)* baquet *m*; *(for flowers)* bac *m*; *(for*

cream etc) petit pot *m*; *(bath ~)* tub *m*; *(in bathroom)* baignoire *f*. ♦ **tubby** * *adj* replet.

tuba ['tjuːbə] *n* tuba *m*.

tube [tjuːb] **1** *n (gen)* tube *m*; *[tyre]* chambre *f* à air. *(Brit: underground)* **the ~** le métro; **to go by ~** prendre le métro; *(TV)* **the ~** * la télé *. **2** *adj:* **~ station** station *f* de métro. ♦ **tubeless** *adj tyre* sans chambre à air. ♦ **tubing** *n* tubes *mpl*; **rubber tubing** tube *m or* tuyau *m* en caoutchouc. ♦ **tubular** *adj* tubulaire.

tuber ['tjuːbəʳ] *n (Bot)* tubercule *m*. ♦ **tubercle** *n (Med)* tubercule *m*. ♦ **tubercular** *adj* tuberculeux. ♦ **tuberculin** *n* tuberculine *f*. ♦ **tuberculin-tested** *adj milk* ≃ certifié. ◈ **tuberculosis** *(abbr **TB** *)* *n* tuberculose *f*; **he's got TB** * il est tuberculeux.

tuck [tʌk] **1** *n (Sewing etc)* rempli *m*. **to take a ~ in** faire un rempli dans. **2** *vt:* **to ~ sth under one's arm** mettre qch sous son bras; **~ it away out of sight** cache-le; **~ed away among the trees** caché parmi les arbres; **to ~ one's shirt into one's trousers** rentrer sa chemise dans son pantalon; **he was sitting with his feet ~ed under him** il avait les pieds repliés sous lui. **3** *vi:* **to ~ into a meal** * attaquer * un repas. ♦ **tuck in 1** *vi (*: *eat)* bien bouletter *. **~ in!** allez-y! **2** *vt sep shirt, flap* rentrer; *sheets, child* border. ♦ **tuck up** *vt sep skirt, sleeves* remonter; *legs* replier; *(in bed)* border. ♦ **tuckbox** *n (Scol)* boîte *f* à provisions. ♦ **tuck-in** * *n:* **they had a good ~-in** ils ont vraiment bien boulotté *. ♦ **tuck-shop** *n (Scol)* boutique *f* à provisions.

Tuesday ['tjuːzdɪ] *n* mardi *m*; *for phrases V* **Saturday**.

tuft [tʌft] *n* touffe *f*. ♦ **tufted** *adj bird* huppé.

tug [tʌg] **1** *n* (**a**) *(pull)* petite saccade *f*. **to give sth a ~** tirer sur qch; **I felt a ~ at my sleeve/on the rope** j'ai senti qu'on me tirait par la manche/qu'on tirait sur la corde. (**b**) *(~ boat)* remorqueur *m*. **2** *vt rope, sleeve etc* tirer sur; *(drag)* tirer, traîner; *(Naut)* remorquer. **3** *vi* tirer fort *(at, on* sur). ♦ **tug-of-war** *n (Sport)* lutte *f* à la corde; *(fig)* lutte acharnée.

tuition [tjuˈɪʃ(ə)n] *n cours mpl*. **private ~** cours particuliers *(in* de); **~ fee** frais *mpl* de scolarité.

tulip ['tjuːlɪp] *n* tulipe *f*.

tulle [tjuːl] *n* tulle *m*.

tumble ['tʌmbl] **1** *n* (**a**) *(fall)* chute *f*; *[acrobat etc]* culbute *f*. **to have** *or* **take a ~** faire une chute. (**b**) *(confused heap)* amas *m*. **in a ~** en désordre. **2** *vi* (**a**) *(fall)* tomber; *(trip)* trébucher *(over* sur); *[acrobat etc]* faire des culbutes; **to ~ downstairs** dégringoler dans l'escalier. (**b**) *(rush)* **he ~d into bed** il s'est jeté au lit; **he ~d out of bed** il a bondi hors du lit; **they ~d out of the car** ils ont déboulé * de la voiture. (**c**) *(realize)* **to ~ to sth** * réaliser * qch. **3** *vt pile* renverser; *[washing machine]* faire tourner. ♦ **tumble about, tumble around** *vi [puppies, children]* gambader; *[acrobat]* cabrioler. ♦ **tumble down** *vi: [building etc]* **to be tumbling down** tomber en ruine. ♦ **tumbledown** *adj* délabré. ♦ **tumbledryer** *n* sèche-linge *m*. ♦ **tumbler** *n (glass)* verre *m* (droit); *(of plastic, metal)* gobelet *m*; *(tumbledryer)* séchoir *m* à linge (à air chaud).

tummy * ['tʌmɪ] *n* ventre *m*. ♦ **tummy-ache** *n* mal de ventre.

tumour, *(US)* **tumor** ['tjuːməʳ] *n* tumeur *f*.

tumult ['tjuːmʌlt] *n* tumulte *m*. **in a ~** dans le tumulte; *(emotionally)* en émoi. ♦ **tumultuous** *adj (gen)* tumultueux; *applause* frénétique. ♦ **tumultuously** *adv* tumultueusement.

tumulus, *pl* **-li** ['tjuːmjʊləs, laɪ] *n* tumulus *m*.

tuna ['tjuːnə] *n (~ fish)* thon *m*.

tundra ['tʌndrə] *n* toundra *f*.

tune [tjuːn] **1** *n* (**a**) *air m*. **he gave us a ~** il nous a joué un air; **to the ~ of** *sing* sur l'air de; *march, process* aux accents de; *(fig)* **repairs etc to the ~**

of £30 réparations *etc* s'élevant à la coquette somme de 30 livres; *(fig)* **to change one's** ~ changer de ton; *(fig)* **to call the** ~ commander. **(b) to be in** ~ **/out of** ~ *[instrument]* être accordé/désaccordé; *[singer]* chanter juste/faux; **to sing/play in** ~ chanter/jouer juste; **to sing/play out of** ~ chanter/jouer faux; *(fig)* **in** ~ **with** en accord avec. **2** *vt (Mus)* accorder; *(Rad, TV)* régler *(to* sur); *(Aut)* régler. *(Rad)* **to be** ~**d (in) to**... être à l'écoute de... ◆ **tune in** *(Rad, TV)* **1** *vi* se mettre à l'écoute *(to* de). **2** *vt sep* régler *(to* sur). ◆ **tune out** * *(US fig)* **1** *vi* faire la sourde oreille. **2** *vt sep* faire la sourde oreille à. ◆ **tune up** *vi [orchestra]* accorder ses instruments.

◆ **tuneful** *adj (gen)* mélodieux; *singer* à la voix mélodieuse. ◆ **tunefully** *adv* mélodieusement. ◆ **tuneless** *adj* peu mélodieux. ◆ **tunelessly** *adv sing* faux. ◆ **tuner** **1** *n* **(a)** piano-~r accordeur *m* de pianos; **(b)** *(Rad: knob)* bouton *m* de réglage ; **2** *adj*: ~r **amplifier** radio-ampli *m*. ◆ **tuning** *n (Mus)* accord *m*; *(Aut, Rad, TV)* réglage *m*. ◆ **tuning-fork** *n* diapason *m*. ◆ **tuning-knob** *n* *(Rad etc)* bouton *m* de réglage.

tungsten ['tʌŋstən] *n* tungstène *m*.

tunic ['tjuːnɪk] *n* tunique *f*.

Tunisia [tjuːˈnɪzɪə] *n* Tunisie *f*.

tunnel ['tʌnl] **1** *n (gen)* tunnel *m*; *(Min)* galerie *f*. **to make a** ~ = **to tunnel** *(V 2)*. **2** *vi* percer un tunnel *(into* dans; *under* sous). **to** ~ **in/out** *etc* entrer/sortir *etc* en creusant un tunnel.

tunny ['tʌnɪ] *n* thon *m*.

turban ['tɜːbən] *n* turban *m*.

turbid ['tɜːbɪd] *adj* trouble; épais; turbide.

turbine ['tɜːbaɪn] *n* turbine *f*.

turbo... ['tɜːbəʊ] *pref* turbo... ~**(charged) engine** moteur *m* turbo. ◆ **turbojet** *n (engine)* turboréacteur *m*; *(aircraft)* avion *m* à turboréacteur. ◆ **turboprop** *n* turbopropulseur *m*.

turbot ['tɜːbət] *n* turbot *m*.

turbulent ['tɜːbjʊlənt] *adj* turbulent. ◆ **turbulence** *n* turbulence *f*.

tureen [təˈriːn] *n* soupière *f*.

turf [tɜːf] **1** *n (grass)* gazon *m*; *(one piece)* motte *f* de gazon; *(peat)* tourbe *f*. *(Sport)* **the** ~ le turf. **2** *adj*: ~ **accountant** bookmaker *m*. **3** *vt* **(a)** (~ **over)** *land* gazonner. **(b)** (*) *(throw)* balancer *, jeter; *(put)* flanquer *. **to** ~ **sb out** flanquer * qn à la porte.

Turkey ['tɜːkɪ] *n* Turquie *f*. ◆ **Turkish 1** *adj* turc *(f* turque); **Turkish bath** bain *m* turc; **Turkish delight** loukoum *m* ; **2** *n (Ling)* turc *m*.

turkey ['tɜːkɪ] *n* dindon *m*, dinde *f*; *(Culin)* dinde. ◆ **turkey-cock** *n* dindon *m*.

turmeric ['tɜːmərɪk] *n* safran *m* des Indes.

turmoil ['tɜːmɔɪl] *n* agitation *f*; *(emotional)* émoi *m*. **everything was in a** ~ c'était le bouleversement le plus complet.

turn [tɜːn] **1** *n* **(a)** *[wheel, handle etc]* tour *m*. **to give sth a** ~ tourner qch (une fois); *(Culin)* **done to a** ~ à point. **(b)** *(bend: in road etc)* tournant *m*. **'no left** ~**'** 'défense de tourner à gauche'; **take the next left** ~ prenez la prochaine route à gauche; *(walk)* **to take a** ~ **in the park** aller faire un tour dans le parc; **at the** ~ **of the year/century** en fin d'année/de siècle; *(fig)* **at every** ~ à tout instant; **things took a new** ~ les choses ont pris une nouvelle tournure; **to take a** ~ **for the worse** s'aggraver; **to take a** ~ **for the better** s'améliorer; **a scientific** ~ **of mind** une tournure d'esprit scientifique; ~ **of phrase** tournure *f*. **(c)** *(Med)* crise *f*. **he had one of his** ~**s** il a eu une nouvelle crise; **she has giddy** ~**s** elle a des vertiges; **it gave me quite a** ~ * ça m'a fait un coup *.

(d) *(action etc)* **to do sb a good** ~ rendre un service à qn; **to do sb a bad** ~ jouer un mauvais tour à qn; **his good** ~ **for the day** sa bonne action pour la journée; **one good** ~ **deserves another** un prêté pour un rendu; **it has served its** ~ ça a fait son temps. **(e)** *(Theat etc)* numéro *m*. **to do a** ~ faire un numéro.

(f) *(in game, queue etc)* tour *m*. **it's your** ~ c'est à vous *(to play* de jouer); **whose** ~ **is it?** c'est à qui le tour?; **wait your** ~ attendez votre tour; **they answered in** ~, **they answered** ~ **and** ~ **about** ils ont répondu à tour de rôle; **and he, in** ~, **said...** et lui, à son tour, a dit...; **hot and cold by** ~**s** tour à tour chaud et froid; **to take** ~**s at doing sth, to take it in** ~**(s) to do sth** faire qch à tour de rôle; **take it in** ~**s!** chacun son tour!; **to take** ~**s at the wheel** se relayer au volant; **to take a** ~ **at the wheel** faire un bout de conduite *; *(fig)* **to speak out of** ~ commettre une indiscrétion.

2 *vt* **(a)** *(gen) handle, key, wheel etc* tourner; *(mechanically etc)* faire tourner. ~ **the key in the lock** ferme la porte à clef.

(b) *page* tourner; *mattress, steak, record* retourner. **to** ~ **one's ankle** se tordre la cheville; **it** ~**s my stomach** cela me soulève le cœur.

(c) *(direct) car, object, thoughts* tourner, diriger *(towards* vers); *gun, telescope etc* braquer *(on* sur); *eyes* tourner *(to* vers); *steps* diriger *(to* vers); *conversation* détourner *(to* sur). **to** ~ **a picture to the wall** tourner un tableau face au mur; **they** ~**ed hoses on them** ils les ont aspergés avec des lances d'incendie; **he** ~**ed his back on us** il nous a tourné le dos; *(fig)* **il s'est mis à nous battre froid; **he** ~**ed his back on the past** il a tourné la page; **as soon as his back is** ~**ed** dès qu'il a le dos tourné; **without** ~**ing a hair** sans sourciller; *(fig)* **to** ~ **the other cheek** tendre l'autre joue; **he** ~**ed his hand to writing** il s'est mis à écrire; **he can** ~ **his hand to anything** il sait tout faire; *(fig)* **to** ~ **the tables** renverser les rôles *(on sb* aux dépens de qn); **they** ~**ed him against his father** ils l'ont monté contre son père.

(d) *(deflect) blow* détourner. **to** ~ **sb from doing** dissuader qn de faire.

(e) *(shape) wood, metal* tourner. **well-**~**ed phrase** expression *f* bien tournée.

(f) *(go past)* **to** ~ **the corner** tourner le coin de la rue; *(fig)* passer le moment critique; **he has** ~**ed 40** il a 40 ans passés; **it's** ~**ed 3 o'clock** il est 3 heures passées.

(g) *(change)* transformer *(sth into sth* qch en qch), changer *(sb into sth* qn en qch); *(translate)* traduire *(into* en); *milk* faire tourner. *(fig)* **it** ~**ed him into an old man** cela a fait de lui un vieillard; *actor* ~**ed writer** acteur devenu écrivain; **to** ~ **a book into a play/film** adapter un livre pour la scène/l'écran; **to** ~ **sth black** noircir qch; **to** ~ **a boat adrift** faire partir un bateau à la dérive.

3 *vi* **(a)** *[handle, wheel, key]* tourner; *[person]* (~ **round,** ~ **over)** se tourner *(to, towards* vers); (~ **right round)** se retourner; *[person, vehicle] (change course:* ~ **off)** tourner *(into* dans; *towards* vers), *(reverse direction:* ~ **round)** faire demi-tour; *[ship]* virer; *[road, river]* faire un coude; *[wind, milk]* tourner; *[tide]* changer de direction; *[weather]* changer; *[leaves]* jaunir. **he** ~**ed to me** il s'est retourné pour me regarder; ~ **to face me** tourne-toi vers moi; *(Mil)* **right** ~! à droite, droite!; **to** ~ **(to the) left** tourner à gauche; **they** ~**ed and came back** ils ont fait demi-tour et ils sont revenus; *(Aut)* **there's nowhere to** ~ il n'y a pas d'endroit où faire demi-tour; **the car** ~**ed into a side street** la voiture a tourné dans une rue transversale; **it** ~**s on its axis** cela tourne autour de son axe; *(fig)* **my head is** ~**ing** j'ai la tête qui tourne; **it all** ~**s on whether...** tout dépend si...;

to ~ **tail (and run)** prendre ses jambes à son cou; **he would ~ in his grave if he knew...** il se retournerait dans sa tombe s'il savait...; **our luck has ~ed** la chance a tourné pour nous; **the conversation ~ed on...** la conversation en est venue à...; **to ~ on sb** attaquer qn; **to ~ against sb** se retourner contre qn; *(fig)* **he didn't know which way to ~** il ne savait plus où donner de la tête; **he ~ed to me for advice** il s'est tourné vers moi pour me demander conseil; **he ~ed to politics** il s'est tourné vers la politique; **he ~ed to drink** il s'est mis à boire.

(b) *(become)* **to ~ into** devenir; *(fig)* **he ~ed into an old man overnight** il est devenu vieux en l'espace d'une nuit; **his admiration ~ed to scorn** son admiration s'est changée en mépris; **to ~ black** noircir; **to ~ angry** se mettre en colère; **to ~ communist/professional** devenir communiste/professionnel.

◆ **turn aside 1** *vi* se détourner *(from* de). **2** *vt sep* détourner. ◆ **turn away 1** *vi* se détourner *(from* de). **2** *vt sep* **(a)** *object* détourner. **(b)** *(reject) person (gen)* renvoyer; *(stronger)* chasser; *offer, business, customers* refuser. ◆ **turn back 1** *vi (in journey etc)* faire demi-tour; *(to page)* revenir *(to* à). **2** *vt sep* **(a)** *bedclothes, collar* rabattre. **(b)** *(send back) person, vehicle* faire faire demi-tour. **(c)** *clock, hands of clock* reculer *(to* jusqu'à). *(fig)* **to ~ the clock back 50 years** revenir en arrière de 50 ans. ◆ **turn down** *vt sep* **(a)** *bedclothes, collar* rabattre. **to ~ down the corner of the page** corner le coin de la page. **(b)** *(reduce) gas, heat, music* baisser. **(c)** *(refuse) offer, suitor* rejeter; *candidate, volunteer* refuser. ◆ **turn in 1** *vi* **(a)** *[car, person]* tourner *(to* dans). **(b)** *(*: *go to bed)* aller se coucher. **2** *vt sep* (*: *hand over) object* rendre *(to* à); *wanted man* livrer (à la police); *stolen goods* apporter à la police. ◆ **turn off 1** *vi* **(a)** *[person, vehicle]* tourner. **(b)** *[automatic heater etc]* s'éteindre. **2** *vt sep water, electricity, gas, radio, tap* fermer; *light* éteindre; *(at main) all services* couper; *engine* arrêter. *(fig)* **it ~ed me off** (: ça m'a totalement rebuté. ◆ **turn on 1** *vi [automatic heater etc]* s'allumer. **2** *vt sep tap* ouvrir; *water* faire couler; *gas, electricity, light, radio, heater* allumer; *(at main) all services* brancher; *engine, machine* mettre en marche. **(b)** (*: gen excite)* exciter. **that really ~s me on** (: ça me fait vraiment qch *. ◆ **turn out 1** *vi* **(a)** *(go out)* sortir; *[troops etc]* aller au rassemblement. **they ~ed out to see her** ils sont venus la voir. **(b)** *(prove to be)* s'avérer; *[person]* se révéler. **it ~ed out that...** il s'est avéré que...; **it ~ed out to be true** cela s'est avéré juste; **he ~ed out to be a good student** il s'est révélé bon étudiant; **as it ~ed out** en l'occurrence; **everything will ~ out all right** tout finira bien. **2** *vt sep* **(a)** *light, gas* éteindre. **(b)** *(empty out) pockets, contents* vider *(of* de); *room, cupboard* nettoyer à fond; *cake etc* démouler *(on to* sur; *of* de); *(expel) person* mettre à la porte; *tenant* expulser; *employee* renvoyer. **(c)** *troops, police* envoyer. **(d)** *(produce) goods* produire; *(fig) teachers, salesmen etc* former. *(fig)* **well ~ed out** élégant. ◆ **turn over 1** *vi* **(a)** *[person, car etc]* se retourner; *[car engine]* tourner au ralenti. **to ~ over and over** faire des tours sur soi-même; **my stomach ~ed over** *(nausea)* j'ai eu l'estomac retourné; *(fright etc)* mon sang n'a fait qu'un tour. **(b)** *(in reading)* tourner la page. *(in letter etc)* **please ~ over** *(abbr* **PTO)** tournez s'il vous plaît *(abbr* T.S.V.P.). **2** *vt sep* **(a)** *page* tourner; *mattress, patient, card* retourner. *(fig)* **to ~ over an idea in one's mind** retourner une idée dans sa tête. **(b)** *(hand over) object* rendre *(to* à); *person* livrer *(to* à). ◆ **turn round 1** *vi [person]* se retourner; *(change direction) [person, vehicle]* faire demi-tour; *(rotate) [object]* tourner. **to ~ round and round** tournoyer sur soi-même. **2** *vt sep* **(a)** *(gen)* tourner; *vehicle, ship etc* faire faire demi-tour à. **to ~ the**

car round faire demi-tour; *(fig)* **to ~ sb round** faire changer d'avis à qn. ◆ **turn up 1** *vi* **(a)** *(arrive)* arriver; *(be found)* être retrouvé; *[playing card]* sortir. **sth will ~ up** on va bien trouver qch; **to ~ up again** refaire surface. **(b)** *(point upwards)* remonter. **his nose ~s up** il a le nez retroussé. **2** *vt sep* **(a)** *collar, sleeve* remonter. **~ed-up nose** nez *m* retroussé; *(fig: stop)* **~ it up!** (: la ferme! (**(b)** *buried object* déterrer; *(find) lost object etc* dénicher. **(c)** *heat, gas, television etc* mettre plus fort; *(Rad, TV) volume* augmenter.

◆ **turncoat** *n* renégat(e) *m(f)*. ◆ **turning 1** *n (side road)* route *f (or* rue *f)* latérale; *(fork)* embranchement *m*; *(bend)* coude *m*; **the second ~ing on the left** la deuxième à gauche ; **2** *adj (fig)* **~ing point** moment *m* décisif *(in* de). ◆ **turn-off** *n* **(a)** *(in road)* embranchement *m*; **(b)** **it's a real ~off!** (: c'est vraiment à vous rebuter! ◆ **turn-on** (: *n:* **it's a real ~-on!** c'est excitant! ◆ **turnout** *n* **(a)** *(attendance)* **there was a good/bad ~out** beaucoup de gens/peu de gens sont venus; *(Brit)* **~out at the polls,** *(US)* **voter ~out** (taux *m* de) participation *f* électorale; **(b)** *(clean)* **to have a good ~out of a room** *etc* nettoyer une pièce à fond. ◆ **turnover** *n* **(a)** *(Comm etc) [stock, goods]* roulement *m*; *(total business)* chiffre *m* d'affaires; **he sold them cheaply hoping for a quick ~over** il les a vendus bon marché pour les écouler rapidement; **a high ~over of staff** de fréquents changements de personnel; **(b)** *(Culin)* **apple** *etc* **~over** chausson *m* aux pommes *etc*. ◆ **turnpike** *n (US)* autoroute *f* à péage. ◆ **turn signal** *m (US Aut)* clignotant *m*. ◆ **turnstile** *n* tourniquet *m (barrière)*. ◆ **turntable** *n [record player]* platine *f*; *(for trains, cars etc)* plaque *f* tournante. ◆ **turn-up** *n [trousers]* revers *m*.

turnip ['tɜ:nɪp] *n* navet *m*.

turpentine ['tɜ:pəntaɪn] *n (abbr* **turps** *)* térébenthine *f*. ~ **substitute** white-spirit *m*.

turquoise ['tɜ:kwɔɪz] **1** *n (stone)* turquoise *f*; *(colour)* turquoise *m*. **2** *adj ring* de turquoise; *(colour)* turquoise *inv*.

turret ['tʌrɪt] *n* tourelle *f*.

turtle ['tɜ:tl] *n* tortue *f* marine. ~ **soup** consommé *m* à la tortue; *(fig)* **to turn ~** chavirer. ◆ **turtledove** *n* tourterelle *f*. ◆ **turtlenecked** *adj (Brit)* à encolure montante; *(US)* à col roulé.

Tuscany ['tʌskənɪ] *n* Toscane *f*.

tusk [tʌsk] *n* défense *f (d'éléphant etc)*.

tussle ['tʌsl] **1** *n (struggle)* lutte *f (for* pour). **to have a ~ with sb** se bagarrer * avec qn. **2** *vi* se battre *(with sb* avec qn; *for sth* pour qch). **to ~ over sth** se disputer qch.

tussock ['tʌsək] *n* touffe *f* d'herbe.

tutor ['tju:tə'] **1** *n (private teacher)* précepteur *m*, -trice *f (in* de); *(Brit Univ)* ≃ directeur *m*, -trice *f* d'études; *(US Univ)* ≃ assistant(e) *m(f) (en faculté)*. **2** *vt:* **to ~ sb in Latin** donner des cours particuliers de latin à qn. ◆ **tutorial** *n (Univ)* travaux *mpl* pratiques *(in* de).

tuxedo [tʌk'si:dəʊ] *n (US)* smoking *m*.

TV * [ˌti:'vi:] *n (abbr of* **television**) télé * *f*. ~ **dinner** repas *m* congelé (sur un plateau).

twaddle ['twɒdl] *n* balivernes *fpl*, fadaises *fpl*.

twang [twæŋ] **1** *n [wire etc]* son *m* (de corde pincée); *(in voice)* nasillement *m*. **to speak with a ~** parler du nez. **2** *vt guitar etc* pincer les cordes de. **3** *vi [wire]* vibrer.

tweak [twi:k] *vt ear, nose* tordre; *rope, hair* tirer.

twee * [twi:] *adj: (pej)* **it's rather ~** ça fait un peu maniéré.

tweed [twi:d] *n* tweed *m*. *(suit)* **~s** costume *m* de tweed.

tweet [twi:t] **1** *n (also* **~-~)** gazouillis *m*. **2** *vi* gazouiller.

tweezers ['twiːzəz] *npl* pince *f* à épiler.

twelve [twelv] *adj, n* douze (*m*) *inv*; *for phrases V* **six**. ◆ **twelfth** *adj, n* douzième (*mf*); (*fraction*) douzième *m*; **Twelfth Night** la fête des Rois.

twenty ['twentɪ] *adj, n* vingt (*m*). **about** ~ une vingtaine; **about** ~ **books** une vingtaine de livres; *for phrases V* **sixty**. ◆ **twentieth** *adj, n* vingtième (*mf*); (*fraction*) vingtième *m*.

twerp ‡ [twɜːp] *n* andouille ‡ *f*, idiot(e) *m(f)*.

twice [twaɪs] *adv* deux fois. ~ **as long as** deux fois plus long que; **she is** ~ **your age** elle a deux fois votre âge; ~ **a week** deux fois par semaine.

twiddle ['twɪdl] *vti* (*also* ~ **with**: *gen*) tripoter. (*fig*) **to** ~ **one's thumbs** se tourner les pouces.

twig[1] [twɪg] *n* brindille *f*.

twig[2] * [twɪg] *vti* (*understand*) piger *, saisir.

twilight ['twaɪlaɪt] *n* (*evening*) crépuscule *m* (*also fig*); (*morning*) aube *f* naissante. **at** ~ au crépuscule, à l'aube naissante; **in the** ~ dans la pénombre.

twill [twɪl] *n* (*Tex*) sergé *m*.

twin [twɪn] **1** *n* jumeau *m*, -elle *f*. **2** *adj* son, brother jumeau; *daughter, sister* jumelle; *town* jumelé. ~ **beds** lits *mpl* jumeaux. **3** *vt* town etc jumeler (*with* avec). ◆ **twin-engined** *adj* bimoteur. ◆ **twinning** *n* jumelage *m*.

twine [twaɪn] **1** *n* ficelle *f*. **2** *vt* enrouler (*round* autour de). **3** *vi* s'enrouler.

twinge [twɪn(d)ʒ] *n*: ~ **(of pain)** élancement *m*; **to feel a** ~ **of sadness** *or* **regret** avoir un pincement au cœur; **a** ~ **of conscience** *or* **remorse** un petit remords.

twinkle ['twɪŋkl] **1** *vi* [*star, lights*] scintiller; [*eyes*] pétiller. **2** *n* scintillement *m*; pétillement *m*. ...**he said with a** ~ **in his eye** ...dit-il avec un pétillement dans les yeux. ◆ **twinkling 1** *adj* scintillant; pétillant ; **2** *n*: **in the twinkling of an eye** en un clin d'œil.

twirl [twɜːl] **1** *n* [*body*] tournoiement *m*; [*dancer*] pirouette *f*; (*in writing*) fioriture *f*. **2** *vi* (~ **round**) [*dancer etc*] tournoyer. **3** *vt* (~ **round**) *cane, lasso* faire tournoyer; *handle* faire pivoter; *moustache* tortiller.

twirp ‡ [twɜːp] *n* = **twerp** ‡.

twist [twɪst] **1** *n* (**a**) (*Med*) foulure *f*. **to give sth a** ~ (*handle*) faire tourner qch; (*wire*) tordre qch; **with a quick** ~ **of the wrist** d'un rapide tour de poignet. (**b**) (*in wire etc*) tortillon *m*; [*events*] tournure *f*. **a** ~ **of** *yarn* une torsade de; *tobacco* un rouleau de; *paper* un tortillon de; *lemon* un zeste de; *road full of* ~**s and turns** route qui fait des zigzags; (*fig*) **to give a new** ~ **to sth** donner un tour nouveau à qch; (*fig*) **to go round the** ~ ‡ devenir dingue *. **2** *vt* (*gen*) tordre; (~ **together**) *strands etc* entortiller (*into sth* pour en faire qch); (*coil*) enrouler (*round* autour de); (*turn*) *knob, handle, top* tourner; (*fig*) *meaning, facts, truth* déformer. [*rope etc*] **to get** ~**ed** s'entortiller; **to** ~ **one's ankle** se fouler la cheville; **to** ~ **one's neck** attraper le torticolis; **to** ~ **sb's arm** tordre le bras à qn; (*fig*) forcer la main à qn. **3** *vi* [*rope, motorcycle etc*] **to** ~ **and turn** zigzaguer.

◆ **twist off** *vt sep branch* enlever en tordant; *bottletop* enlever en dévissant. ◆ **twist round** *vi* [*person*] se retourner.

◆ **twisted** *adj* (*gen*) tordu; *rope, cord* entortillé; *wrist, ankle* foulé; *socks* tirebouchonnant; (*fig*) *logic* faux; *mind* tordu. ◆ **twister** * *n* escroc *m*. ◆ **twist grip** *n* poignée *f* d'accélération *or* (*gear change*) de changement de vitesses. ◆ **twisting 1** *n* (*gen*) torsion *f*; [*meaning*] déformation *f* ; **2** *adj* path sinueux.

twit[1] [twɪt] *vt* (*tease*) taquiner (*about* à propos de).

twit[2] ‡ [twɪt] *n* idiot(e) *m(f)*, crétin(e) *m(f)*.

twitch [twɪtʃ] **1** *n* (*nervous*) tic *m* (*in sth* à qch); (*pull on rope etc*) saccade *f*. **to give sth a** ~ tirer d'un coup sec sur qch. **2** *vi* (**a**) [*person, animal, hands*] avoir un mouvement convulsif, (*permanent condition*) avoir un tic; [*face, muscle*] se convulser; [*nose, tail, ears*] remuer. (**b**) (*be nervous*) s'agiter. **3** *vt* *rope etc* tirer d'un coup sec. **it** ~**ed its ears** ses oreilles ont remué.

twitter ['twɪtə'] **1** *vi* [*bird*] gazouiller; [*person*] parler avec agitation (*about* de). **2** *n* [*birds*] gazouillis *m*. (*fig*) **to be in a** ~ * être tout sens dessus dessous * (*about* à cause de).

two [tuː] *adj, n* deux (*m*) *inv*. **to cut in** ~ couper en deux; ~ **by** ~ *take, do* deux par deux; *climb steps* deux à deux; **in** ~**s** par deux; **in** ~**s and threes** *sell* deux ou trois à la fois; *arrive* par petits groupes; **they're** ~ **of a kind** ils se ressemblent; (*fig*) **to put** ~ **and** ~ **together** faire le rapport; ~**'s company** on est mieux à deux; *V* **one**, *and for other phrases V* **six**. ◆ **two-bits** *npl* (*US*) 25 cents *inv*. ◆ **two-bit** * *adj* (*US pej*) de pacotille. ◆ **two-by-four** * *adj* (*small*) exigu; (*unimportant*) minable. ◆ **two-edged** *adj* (*lit, fig*) à double tranchant. ◆ **two-faced** *adj* (*fig*) hypocrite. ◆ **twofold 1** *adj* double ; **2** *adv* au double. ◆ **two-legged** *adj* bipède. ◆ **two-party** *adj* (*Pol*) bipartite. ◆ **two-piece suit** *n* (*man's*) costume *m* deux-pièces; (*woman's*) tailleur *m*. ◆ **two-ply** *adj* wool à deux fils. ◆ **two-seater** *n* (*car*) voiture *f or* (*plane*) avion *m* à deux places. ◆ **twosome** *n*: **in a** ~**some** à deux. ◆ **two-star** *n* (*Brit*) (essence *f*) ordinaire *f*. ◆ **two-stroke** *n* (*engine*) deux-temps *m inv*; (*mixture/fuel*) mélange *m*/carburant *m* pour deux-temps. ◆ **two-time** ‡ *vt* doubler *, tromper. ◆ **two-way** *adj* switch à deux départs; *street* à double sens; *traffic* dans les deux sens; ~**-way mirror** miroir *m* sans tain; **a** ~**-way radio** un émetteur-récepteur. ◆ **two-wheeler** *n* deux-roues *m inv*.

tycoon [taɪ'kuːn] *n* gros homme *m* d'affaires. **oil** ~ magnat *m* du pétrole.

type [taɪp] **1** *n* (**a**) (*gen, Bio, Soc etc*) type *m*; (*sort*) genre *m*, espèce *f*, sorte *f*; (*make: of machine, coffee etc*) marque *f*; [*aircraft, car*] modèle *m*. **true to** ~ conforme au type; **gruyère-**~ **cheese** fromage genre gruyère *; **what** ~ **do you want?** vous en (*or le etc*) voulez de quelle sorte?; **what** ~ **of man is he?** quel genre d'homme est-ce?; **you know the** ~ **of thing I mean** vous voyez ce je veux dire; **he's not my** ~ * il n'est pas mon genre *; **it's my** ~ **of film** c'est le genre de film que j'aime; (*person*) **an odd** ~ * un drôle de numéro *. (**b**) (*Typ*) (*one letter*) caractère *m*; (*letters collectively: print*) caractères, type *m*. **to set** ~ composer; **in large/small** ~ en gros/petits caractères; **in italic** ~ en italiques.

2 *vt* (**a**) *blood sample etc* classifier. (*Theat etc*) **he is** ~**d as...** on ne lui donne plus que les rôles de... (**b**) (~ **out**) *letter etc* taper (à la machine); (~ **out**, ~ **up**) *notes* taper.

3 *vi* taper à la machine.

◆ **type-cast** *adj* (*Theat etc*) **to be** ~**-cast as** être enfermé dans le rôle de. ◆ **typeface** *n* œil *m* de caractère. ◆ **typescript** *n* manuscrit *m* dactylographié. ◆ **typeset** *vt* composer. ◆ **typesetter** *n* compositeur *m*, -trice *f*. ◆ **typesetting** *n* composition *f*. ◆ **typewriter** *n* machine *f* à écrire. ◆ **typewriting** *n* dactylographie *f*. ◆ **typewritten** *adj* tapé à la machine, dactylographié. ◆ **typing 1** *n* (*skill*) dactylo *f*; **pages of typing** pages *fpl* dactylographiées ; **2** *adj* lesson, teacher de dactylo; *paper* machine *inv*; **typing error** faute *f* de frappe; **typing pool** bureau *m* des dactylos *f*. ◆ **typist** *n* dactylo *mf*. ◆ **typography** *n* typographie *f*. ◆ **typology** *n* typologie *f*.

typhoid ['taɪfɔɪd] *n* typhoïde *f*.

typhoon [taɪ'fuːn] *n* typhon *m*.

typhus ['taɪfəs] *n* typhus *m*.

typical ['tɪpɪk(ə)l] *adj (gen)* typique, caractéristique (*of* de); *case, example* typique, type *inv*. **a ~ day in spring** un jour de printemps comme il y en a tant; **the ~ Frenchman** le Français type *or* typique; **with ~ modesty he said...** avec sa modestie habituelle il a dit...; **that's ~ of him!** c'est bien lui!; *(iro)* ~! ça ne m'étonne pas! ◆ **typically** *adv* typiquement; **he was ~ly rude** il s'est conduit avec sa grossièreté habituelle. ◆ **typify** *vt [thing]* être

caractéristique de; *[person]* avoir le type même de.

tyrant ['taɪər(ə)nt] *n* tyran *m*. ◆ **tyrannic(al)** *adj* tyrannique. ◆ **tyrannize** *vi*: **to tyrannize over sb** tyranniser qn. ◆ **tyranny** *n* tyrannie *f*.

tyre ['taɪəʳ] **1** *n* pneu *m*. **2** *adj*: ~ **gauge** manomètre *m* (pour pneus); ~ **lever** démonte-pneu *m*; ~ **pressure** pression *f* de gonflage.

tyro ['taɪərəʊ] *n* novice *mf*.

tzar [zɑ:ʳ] *n* = **tsar**.

U

U, u [ju:] **1** *n (letter)* U, u *m.* **2** *adj (*: upper-class)* U distingué; **non-U** vulgaire. ◆ **U-bend** *n* coude *m (angle).* ◆ **U-turn** *n (Aut)* demi-tour *m; (fig, Pol)* volte-face *f inv.*

ubiquitous [ju:'bɪkwɪtəs] *adj* doué d'ubiquité. ◆ **ubiquity** *n* ubiquité *f.*

udder ['ʌdəʳ] *n* pis *m,* mamelle *f.*

Uganda [ju:'gændə] *n* Ouganda *m.* ◆ **Ugandan 1** *adj* ougandais ; **2** *n* Ougandais(e) *m(f).*

ugh [з:h] *excl* pouah!

ugly ['ʌglɪ] *adj (gen)* laid; *custom, vice etc* répugnant; *situation* moche *; war* brutal; *expression, look* menaçant; *wound, rumour, word* vilain *(before n).* **it is an ~ sight** ce n'est pas beau à voir; **~ customer *** sale individu *m; (fig)* **~ duckling** vilain petit canard *m.* ◆ **ugliness** *n* laideur *f.*

Ukraine [ju:'kreɪn] *n* Ukraine *f.*

ulcer ['ʌlsəʳ] *n* ulcère *m.* ◆ **ulcerated** *or* ◆ **ulcerous** *adj* ulcéreux.

Ulster ['ʌlstəʳ] *n* Ulster *m.*

ulterior [ʌl'tɪərɪəʳ] *adj* ultérieur. **~ motive** motif *m* secret.

ultimate ['ʌltɪmɪt] *adj aim, destination, outcome* final; *victory* final, ultime; *authority* suprême; *principle, cause* fondamental. *(Mil)* **the ~ deterrent** l'ultime moyen de dissuasion; *(fig)* **the ~ (in) luxury** le summum du luxe; **the ~ (in) selfishness** le comble de l'égoïsme. ◆ **ultimately** *adv (at last)* finalement; *(eventually)* par la suite; *(in the last analysis)* en dernière analyse. ◆ **ultimatum,** *pl* **-ta** *n* ultimatum *m;* **to issue an ultimatum** adresser un ultimatum *(to* à). ◆ **ultimo** *adv (Comm)* du mois dernier.

ultra... ['ʌltrə] *pref* ultra..., hyper... ◆ **ultrafashionable** *adj* du tout dernier cri. ◆ **ultrahigh** *adj:* **~ high frequency** très haute fréquence *f.* ◆ **ultralight** *n (Aviat)* U.L.M. *m,* ultra-léger motorisé *m.* ◆ **ultramarine** *adj, n* bleu outremer *(m) inv.* ◆ **ultramodern** *adj* ultramoderne. ◆ **ultrasensitive** *adj* hypersensible. ◆ **ultrashort** *adj* ultracourt. ◆ **ultrasonic** *adj* ultrasonique. ◆ **ultrasound** *n* ultrasons *mpl;* **~sound scan** échographie *f.* ◆ **ultraviolet** *adj* ultra-violet.

umber ['ʌmbəʳ] *adj, n* terre *(f)* d'ombre.

umbilical [ˌʌmbɪ'laɪk(ə)l] *adj* ombilical. **~ cord** cordon *m* ombilical.

umbrage ['ʌmbrɪdʒ] *n:* **to take ~** prendre ombrage *(at* de).

umbrella [ʌm'brelə] **1** *n* parapluie *m; (against sun)* parasol *m.* **beach ~** parasol *m; (Mil)* **air ~** écran *m* de protection aérienne; *(fig)* **under the ~ of** sous les auspices *mpl* de. **2** *adj:* **~ pine** pin *m* parasol; **~ stand** porte-parapluies *m inv;* **~ term** terme général.

umlaut ['ʊmlaʊt] *n* tréma *m.*

umpire ['ʌmpaɪəʳ] *(Sport)* **1** *n* arbitre *m.* **2** *vt* arbitrer. **3** *vi* être l'arbitre.

umpteen * ['ʌm(p)ti:n] *adj* je ne sais combien de. ◆ **umpteenth *** *adj* énième.

unabashed [ˌʌnə'bæʃt] *adj* nullement décontenancé.

unabated [ˌʌnə'beɪtɪd] *adj:* **to remain ~** *(gen)* rester inchangé.

unable ['ʌn'eɪbl] *adj:* **to be ~ to do** *(gen)* ne (pas) pouvoir faire; *(be incapable of)* être incapable de faire, ne pas pouvoir faire; *(not know how to)* ne pas savoir faire.

unabridged [ˌʌnə'brɪdʒd] *adj* edition intégral.

unacceptable [ˌʌnək'septəbl] *adj suggestion* inacceptable; *amount, extent* inadmissible.

unaccompanied [ˌʌnə'kʌmp(ə)nɪd] *adj child, luggage* non accompagné; *singing* sans accompagnement; *instrument* seul.

unaccountable [ˌʌnə'kaʊntəbl] *adj* inexplicable. ◆ **unaccountably** *adv* inexplicablement. ◆ **unaccounted** *adj:* **they are still unaccounted for** ils n'ont toujours pas été retrouvés.

unaccustomed [ˌʌnə'kʌstəmd] *adj slowness etc* inhabituel, inaccoutumé. **to be ~ to sth/to doing** ne pas avoir l'habitude de qch/de faire.

unacquainted [ˌʌnə'kweɪntɪd] *adj:* **to be ~ with** ignorer.

unadorned [ˌʌnə'dɔ:nd] *adj* tout simple; *(fig) facts* tout nu.

unadulterated [ˌʌnə'dʌltəreɪtɪd] *adj (gen)* pur; *wine* non frelaté; *(fig) bliss, nonsense* pur et simple.

unadventurous [ˌʌnəd'ventʃ(ə)rəs] *adj* conventionnel, qui manque d'audace.

unaffected [ˌʌnə'fektɪd] *adj* (**a**) *(sincere) person* naturel, simple; *behaviour* non affecté; *style* sans recherche, simple. (**b**) non affecté *(by* par); *(emotionally)* non touché *(by* par). ◆ **unaffectedly** *adv* sans affectation.

unafraid [ˌʌnə'freɪd] *adj* qui n'a pas peur *(of* de).

unaided ['ʌn'eɪdɪd] *adj:* **his own ~ efforts** ses propres efforts.

unalloyed [ˌʌnə'lɔɪd] *adj (fig)* sans mélange.

unalterable [ʌn'ɒlt(ə)rəbl] *adj rule* invariable; *fact* certain; *friendship* inaltérable. ◆ **unaltered** *adj* inchangé.

unambiguous [ˌʌnæm'bɪgjʊəs] *adj* non ambigu. ◆ **unambiguously** *adv* sans ambiguïté.

unambitious [ˌʌnæm'bɪʃəs] *adj person* peu ambitieux; *plan* modeste.

un-American [ˌʌnə'merɪkən] *adj* antiaméricain.

unanimous [ju:'nænɪməs] *adj group, decision* unanime *(in sth* pour qch; *in doing* à faire); *vote* à l'unanimité. ◆ **unanimity** *n* unanimité *f.* ◆ **unanimously** *adv* à l'unanimité.

unannounced [ˌʌnə'naʊnst] *adj* sans se faire annoncer.

unanswerable [ʌn'ɑ:ns(ə)rəbl] *adj question* à laquelle il est impossible de répondre; *argument* irréfutable. ◆ **unanswered** *adj letter, question* sans réponse; *criticism* non réfuté.

unappetizing ['ʌn'æpɪtaɪzɪŋ] *adj* peu appétissant.

unappreciated [ˌʌnə'pri:ʃɪeɪtɪd] *adj person* méconnu; *offer, help* non apprécié. ◆ **unappreciative** *adj* indifférent *(of* à).

unapproachable [ˌʌnə'prəʊtʃəbl] *adj* d'un abord difficile.

unarmed ['ʌn'ɑ:md] *adj person* non armé; *combat* sans armes.

unashamed [ˌʌnə'ʃeɪmd] *adj pleasure, greed* effronté. **he was quite ~ about it** il n'en avait absolument pas honte.

unasked ['ʌn'ɑːskt] *adj do* spontanément; *arrive* sans y avoir été invité.

unassisted ['ʌnə'sɪstɪd] *adj* sans aide.

unassuming ['ʌnə'sjuːmɪŋ] *adj* modeste.

unattached ['ʌnə'tætʃt] *adj part etc* non attaché; *(fig) person, group* indépendant; *(not married etc)* sans attaches.

unattainable ['ʌnə'teɪnəbl] *adj* inaccessible.

unattended ['ʌnə'tendɪd] *adj (not looked after) luggage* abandonné; *shop, person* laissé sans surveillance.

unattractive ['ʌnə'træktɪv] *adj thing* peu attrayant; *person* déplaisant.

unauthorized ['ʌn'ɔːθəraɪzd] *adj* non autorisé.

unavailable ['ʌnə'veɪləbl] *adj (Comm) article* épuisé; *person* qui n'est pas disponible.

unavailing ['ʌnə'veɪlɪŋ] *adj effort* vain, inutile.

unavoidable [,ʌnə'vɔɪdəbl] *adj* inévitable *(that que + subj)*. ◆ **unavoidably** *adv slow, large* inévitablement; *prevented, delayed* malencontreusement.

unaware ['ʌnə'wɛəʳ] *adj*: **to be ~ of sth/that...** ignorer qch/que... ◆ **unawares** *adv do sth* inconsciemment; **to catch** *or* **take sb ~s** prendre qn au dépourvu.

unbalanced ['ʌn'bælənst] *adj* déséquilibré.

unbandage ['ʌn'bændɪdʒ] *vt* débander.

unbearable [ʌn'bɛərəbl] *adj* insupportable. ◆ **unbearably** *adv* insupportablement.

unbeatable ['ʌn'biːtəbl] *adj* imbattable. ◆ **unbeaten** *adj army, player* invaincu; *record, price* non battu.

unbecoming ['ʌnbɪ'kʌmɪŋ] *adj garment* peu seyant; *behaviour* malséant.

unbeknown(st) ['ʌnbɪ'nəʊn(st)] *adv*: **~ to** à l'insu de.

unbelievable [,ʌnbɪ'liːvəbl] *adj* incroyable *(that que + subj)*. ◆ **unbelievably** *adv* incroyablement. ◆ **unbeliever** *n* incrédule *mf*. ◆ **unbelieving** *adj* incrédule. ◆ **unbelievingly** *adv* d'un air incrédule.

unbend ['ʌn'bend] *pret, ptp* **unbent 1** *vt pipe etc* redresser. **2** *vi (fig) [person]* se détendre. ◆ **unbending** *adj (fig)* inflexible.

unbias(s)ed ['ʌn'baɪəst] *adj* impartial.

unbidden ['ʌn'bɪdn] *adj* sans y avoir été invité.

unbleached ['ʌn'bliːtʃt] *adj linen* écru.

unblemished [ʌn'blemɪʃt] *adj* sans tache.

unblock ['ʌn'blɒk] *vt pipe* déboucher; *road, harbour* dégager.

unblushing [ʌn'blʌʃɪŋ] *adj* effronté. ◆ **unblushingly** *adv* sans rougir.

unbolt ['ʌn'bəʊlt] *vt door* déverrouiller.

unborn ['ʌn'bɔːn] *adj child* qui n'est pas encore né; *generation* à venir, futur.

unbounded [ʌn'baʊndɪd] *adj* sans borne.

unbreakable ['ʌn'breɪkəbl] *adj* incassable.

unbridled [ʌn'braɪdld] *adj (fig)* débridé.

unbroken ['ʌn'brəʊk(ə)n] *adj (gen)* intact; *line* continu; *(Genealogy)* direct; *(fig) promise* tenu; *series, silence, sleep* ininterrompu; *record* non battu; *horse* indompté. **his spirit remained ~** il ne s'est pas découragé.

unburden [ʌn'bɜːdn] *vt*: **to ~ o.s.** s'épancher *(to sb* avec qn).

unbusinesslike [ʌn'bɪznɪslaɪk] *adj trader* qui n'a pas le sens des affaires; *transaction* irrégulier; *(fig) person* qui manque d'organisation; *report* peu méthodique.

unbutton ['ʌn'bʌtn] *vt* déboutonner.

uncalled-for [ʌn'kɔːldfɔːʳ] *adj criticism* injustifié; *remark* déplacé. **that was quite ~** vous n'aviez nullement besoin de faire *(or* dire) ça.

uncanny [ʌn'kænɪ] *adj sound, atmosphere* étrange, inquiétant; *resemblance, knack* troublant. ◆ **uncannily** *adv silent, cold* sinistrement; *alike* étrangement.

uncared-for ['ʌn'kɛədfɔːʳ] *adj garden, building, child* laissé à l'abandon; *appearance* négligé.

unceasing [ʌn'siːsɪŋ] *adj* incessant. ◆ **unceasingly** *adv* sans cesse.

unceremonious ['ʌn,serɪ'məʊnɪəs] *adj* brusque. ◆ **unceremoniously** *adv* sans cérémonie.

uncertain [ʌn'sɜːtn] *adj (gen)* incertain *(of, about* de); *temper* inégal. **it is ~ whether** on ne sait pas exactement si; **he is ~ whether** il ne sait pas au juste si; **in no ~ terms** en des termes on ne peut plus clairs. ◆ **uncertainly** *adv* d'une manière hésitante. ◆ **uncertainty** *n* incertitude *f; (doubts)* doutes *mpl*.

uncertificated ['ʌnsə'tɪfɪkeɪtɪd] *adj* non diplômé.

unchallengeable ['ʌn'tʃælɪn(d)ʒəbl] *adj* incontestable. ◆ **unchallenged** ['ʌn'tʃælɪn(d)ʒd] *adj leader, rights* incontesté; *statement, figures* non contesté; *(Jur) witness* non récusé; **to let sth go unchallenged** laisser passer qch sans protester.

unchangeable [ʌn'tʃeɪn(d)ʒəbl] *adj* invariable. ◆ **unchanged** *adj* inchangé. ◆ **unchanging** *adj* invariable.

uncharitable [ʌn'tʃærɪtəbl] *adj* peu charitable.

uncharted ['ʌn'tʃɑːtɪd] *adj region* inexploré.

unchecked ['ʌn'tʃekt] *adj* **(a)** *(unrestrained) anger* non maîtrisé. **to advance ~** avancer sans rencontrer d'opposition; **to continue ~** continuer sans la moindre opposition. **(b)** *(not verified) figures, statement* non vérifié; *typescript* non relu.

unchristian ['ʌn'krɪstjən] *adj* peu chrétien.

uncivilized ['ʌn'sɪvɪlaɪzd] *adj (gen)* barbare; *amount, time etc* impossible *.

unclaimed ['ʌn'kleɪmd] *adj* non réclamé.

uncle ['ʌŋkl] *n* oncle *m*. **yes, ~** oui, mon oncle; *(US)* **to cry ~ *** s'avouer vaincu.

unclean ['ʌn'kliːn] *adj* malpropre; *(fig)* impur.

unclear [,ʌn'klɪəʳ] *adj* qui n'est pas clair. **it is ~ whether...** on ne sait pas encore très bien si...

unclouded ['ʌn'klaʊdɪd] *adj (lit, fig)* sans nuages.

uncoil ['ʌn'kɔɪl] **1** *vt* dérouler. **2** *vi* se dérouler.

uncollected ['ʌnkə'lektɪd] *adj tax* non perçu; *bus fare* non encaissé; *luggage, lost property* non réclamé; *refuse* non ramassé.

uncoloured ['ʌn'kʌləd] *adj* non coloré; *(fig) description* objectif. *(fig)* **~ by** non déformé par.

uncombed ['ʌn'kəʊmd] *adj* non peigné.

uncomfortable [ʌn'kʌmf(ə)təbl] *adj thing* inconfortable; *afternoon* désagréable. *[person]* **to be** *or* **feel ~** ne pas être à l'aise; *(uneasy)* être mal à l'aise *(about sth* au sujet de qch); **this chair is very ~** ce fauteuil n'est pas du tout confortable; **I had an ~ feeling that** je ne pouvais pas m'empêcher de penser que; **to make things ~ for sb** créer des ennuis à qn; **to have an ~ time** passer un moment pénible. ◆ **uncomfortably** *adv hot* désagréablement; *seated, dressed* inconfortablement; *(uneasily) think* avec une certaine inquiétude; *say* avec gêne; *near, similar etc* un peu trop.

uncommitted ['ʌnkə'mɪtɪd] *adj (gen)* non engagé; *attitude, country* neutraliste.

uncommon [ʌn'kɒmən] *adj (unusual)* rare, peu commun; *(outstanding)* rare, extraordinaire. **it is not ~ that** il n'est pas rare que + *subj*. ◆ **uncommonly** *adv (extremely)* extraordinairement; **not ~ly** assez souvent.

uncommunicative ['ʌnkə'mjuːnɪkeɪtɪv] *adj* peu communicatif.

uncomplaining ['ʌnkəm'pleɪnɪŋ] *adj* patient, résigné. ◆ **uncomplainingly** *adv* sans se plaindre.

uncomplicated [ʌn'kɒmplɪkeɪtɪd] *adj* peu compliqué, simple.

uncomplimentary ['ʌnˌkɒmplɪ'ment(ə)rɪ] *adj* peu flatteur.

uncompromising [ʌn'kɒmprəmaɪzɪŋ] *adj person* intransigeant; *honesty* absolu.

unconcealed ['ʌnkən'si:ld] *adj* non dissimulé.

unconcern ['ʌnkən'sɜ:n] *n* sang-froid *m; (lack of interest)* indifférence *f.* ◆ **unconcerned** *adj (unworried)* imperturbable *(by* devant); *(unaffected)* indifférent *(by* à). ◆ **unconcernedly** *adv* sans s'inquiéter; avec indifférence.

unconditional ['ʌnkən'dɪʃənl] *adj (gen)* inconditionnel; *surrender* sans condition. ◆ **unconditionally** *adv* inconditionnellement; sans condition.

unconfirmed ['ʌnkən'fɜ:md] *adj* non confirmé.

uncongenial ['ʌnkən'dʒi:nɪəl] *adj person* peu sympathique; *work, place* peu agréable.

unconnected ['ʌnkə'nektɪd] *adj events, facts* sans rapport; *languages* sans connexion; *ideas* décousu; *(Elec)* débranché.

unconscious [ʌn'kɒnʃəs] **1** *adj (a) (Med)* sans connaissance. **to be ~ for 3 hours** rester sans connaissance pendant 3 heures; **to become ~** perdre connaissance; **knocked ~** assommé. **(b)** *(unaware) person, humour, desire* inconscient *(of* de). **2** *n (Psych)* inconscient *m.* ◆ **unconsciously** *adv* inconsciemment, sans s'en rendre compte.

unconstitutional ['ʌnˌkɒnstɪ'tju:ʃənl] *adj* anti-constitutionnel.

uncontested ['ʌnkən'testɪd] *adj* incontesté; *(Parl) seat* non disputé.

uncontrollable ['ʌnkən'trəʊləbl] *adj child, animal* indiscipliné; *desire, emotion* irrésistible; *epidemic, inflation* qui ne peut être enrayé. **to have an ~ temper** ne pas savoir se contrôler. ◆ **uncontrollably** *adv (gen)* irrésistiblement; **to laugh uncontrollably** avoir le fou rire; **the car skidded uncontrollably** le conducteur a dérapé et a perdu le contrôle de sa voiture. ◆ **uncontrolled** *adj emotion* non contenu; *price rises* effréné; *inflation* incontrôlé.

unconventional ['ʌnkən'venʃənl] *adj* peu conventionnel.

unconvinced ['ʌnkən'vɪnst] *adj:* **to be** *or* **remain ~** ne pas être convaincu *(of* de). ◆ **unconvincing** *adj* peu convaincant. ◆ **unconvincingly** *adv* d'une manière peu convaincante.

uncooked ['ʌn'kʊkt] *adj* cru.

uncooperative ['ʌnkəʊ'ɒp(ə)rətɪv] *adj* peu coopératif.

uncork ['ʌn'kɔ:k] *vt* déboucher.

uncountable ['ʌn'kaʊntəbl] *adj (a) (many)* incalculable. *(Ling)* **~ noun** nom *m* non dénombrable.

uncouple ['ʌn'kʌpl] *vt train* découpler; *trailer* détacher.

uncouth [ʌn'ku:θ] *adj* fruste.

uncover [ʌn'kʌvəʳ] *vt* découvrir.

uncritical ['ʌn'krɪtɪk(ə)l] *adj* qui manque d'esprit critique *(of* à l'égard de); *attitude, report* non critique.

uncrossed ['ʌn'krɒst] *adj cheque* non barré.

uncrushable ['ʌn'krʌʃəbl] *adj* infroissable.

unction ['ʌŋkʃ(ə)n] *n:* **extreme ~** extrême-onction *f.*

uncultivated ['ʌn'kʌltɪveɪtɪd] *adj* inculte.

uncurl ['ʌn'kɜ:l] *vt (gen)* dérouler; *legs* déplier.

uncut ['ʌn'kʌt] *adj (gen)* non coupé; *diamond* brut; *gem, stone* non taillé; *edition etc* intégral.

undamaged [ʌn'dæmɪdʒd] *adj goods* non endommagé; *reputation* intact.

undated ['ʌn'deɪtɪd] *adj* non daté.

undaunted ['ʌn'dɔ:ntɪd] *adj* non intimidé *(by* par). **to carry on ~** continuer sans se laisser intimider.

undecided ['ʌndɪ'saɪdɪd] *adj* indécis. **that is still ~** cela n'a pas encore été décidé; **I am ~ whether...** je n'ai pas décidé si...

undefeated ['ʌndɪ'fi:tɪd] *adj* invaincu.

undefined [ˌʌndɪ'faɪnd] *adj word* non défini; *sensation etc* vague.

undelivered ['ʌndɪ'lɪvəd] *adj* non distribué. **if ~ return to sender** ≃ en cas d'absence, prière de retourner à l'expéditeur.

undemonstrative ['ʌndɪ'mɒnstrətɪv] *adj* peu démonstratif.

undeniable [ˌʌndɪ'naɪəbl] *adj* incontestable. ◆ **undeniably** *adv* incontestablement.

under ['ʌndəʳ] **1** *adv (a) (below)* au-dessous, en dessous. **to stay ~** *(~ water)* rester sous l'eau; *(~ anaesthetic)* rester sous l'effet de l'anesthésie; *(Comm etc)* **as ~** comme ci-dessous. **(b)** *(less)* au-dessous. **children of 15 and ~** les enfants de 15 ans et moins.
2 *prep (a) (beneath)* sous. **~ the table** sous la table; **from ~ the bed** de dessous le lit; **it's ~ there** c'est là-dessous; **he went and sat ~ it** il est allé s'asseoir dessous; **to stay ~ water** rester sous l'eau; **~ the microscope** au microscope. **(b)** *(less than)* moins de; *(in series, rank, scale etc)* au-dessous de. **to be ~ age** être mineur; **children ~ 15** enfants de moins de *or* enfants au-dessous de 15 ans; **~ £10** moins de 10 livres; **any number ~ 10** un chiffre au-dessous de 10. **(c)** *(fig)* sous. **~ the Tudors** sous les Tudors; **~ the circumstances** dans les circonstances; **~ an assumed name** sous un faux nom; **you'll find him ~ 'plumbers' in the book** vous le trouverez sous 'plombiers' dans l'annuaire; *(Mil etc)* **to serve ~ sb** servir sous les ordres de qn; **to study ~ sb** *[undergraduate]* suivre les cours de qn; *[postgraduate]* travailler sous la direction de qn; *[painter etc]* être l'élève de qn. **(d)** *(according to)* selon, conformément à. **~ this law** selon *or* conformément à cette loi.
3 *(in compounds) (insufficiently)* sous-; *(junior)* aide-, sous-. **~capitalized** sous-financé; **~populated** sous-peuplé; **~cooked** pas assez cuit; **~used/ ~appreciated** *etc* qui n'est pas assez utilisé/apprécié *etc;* **~gardener** aide-jardinier *m; (in age)* **the ~-10's** les moins *mpl* de 10 ans.
◆ **underachieve** *vi* être sous-performant. ◆ **underarm 1** *adv* par en-dessous ; **2** *adj deodorant* pour les aisselles. ◆ **underbelly** *n (fig)* point *m* vulnérable. ◆ **undercarriage** *n* train *m* d'atterrissage. ◆ **undercharge** *vt* ne pas faire payer assez à. ◆ **underclothes** *npl or* ◆ **underclothing** *n* sous-vêtements *mpl.* ◆ **undercoat** *n [paint]* couche *f* de fond. ◆ **undercover** *adj* secret. ◆ **undercurrent** *n* courant *m* (sous-marin); *(fig)* courant sous-jacent. ◆ **undercut** *pret, ptp* **undercut** *vt (Comm)* vendre moins cher que. ◆ **underdeveloped** *adj (Anat, Phot)* insuffisamment développé; *(Econ)* sous-développé. ◆ **underdog** *n (fig)* **the ~dog** *(in fight)* celui qui perd; *(socially)* l'opprimé *m.* ◆ **underdone** *adj (Culin)* saignant; *(pej)* pas assez cuit. ◆ **underemployed** *adj* sous-employé. ◆ **underestimate** *vt* sous-estimer. ◆ **underexpose** *vt (Phot)* sous-exposer. ◆ **underexposure** *n* sous-exposition *f.* ◆ **underfeed** *pret, ptp* **underfed** *vt* sous-alimenter. ◆ **underfelt** *n* thibaude *f.* ◆ **under-floor heating** *n* chauffage *m* par le sol. ◆ **underfoot** *adv* sous les pieds; **it is wet ~foot** le sol est humide; **to trample sth ~foot** fouler qch aux pieds. ◆ **underfunded** *adj project* pas doté de fonds suffisants. ◆ **undergarment** *n* sous-vêtement *m.* ◆ **undergo** *pret* **underwent** *ptp* **undergone** *vt (gen)* subir; *medical treatment* suivre. ◆ **undergraduate 1** *n* étudiant(e) *m(f)* ; **2** *adj circles* étudiant; *opinion*

des étudiants; *attitude* d'étudiant. ◆ **underground 1** *adj* (*gen*) souterrain; (*fig*) *organization* secret; *press* clandestin; (*Art, Cine*) underground *inv* ; **2** *adv* sous (la) terre; **to go ~ground** *[wanted man]* entrer dans la clandestinité; *[guerrilla]* prendre le maquis ; **3** *n*: **the ~ground** (*railway*) le métro; (*Mil, Pol etc*) la résistance; (*Art, etc*) le mouvement underground; **by ~ground** en métro. ◆ **undergrowth** *n* sous-bois *m inv*. ◆ **underhand 1** *adv* (*Sport*) par en-dessous ; **2** *adj* (*also* **~handed**) sournois, en sous-main. ◆ **underlay** *n* thibaude *f*. ◆ **underlie** *pret* **underlay** *ptp* **underlain** *vt* être à la base de. ◆ **underline** *vt* (*lit, fig*) souligner. ◆ **underling** *n* (*pej*) subalterne *m*. ◆ **underlining** *n* soulignement *m*. ◆ **underlying** *adj rock, cause* sous-jacent; *principle* fondamental. ◆ **undermentioned** *adj* (*cité*) ci-dessous. ◆ **undermine** *vt* (*gen*) saper; *health* miner; *effect* amoindrir. ◆ **underneath 1** *prep* sous, au-dessous de ; **2** *adv* (en) dessous ; **3** *adj* d'en dessous ; **4** *n* dessous *m*. ◆ **undernourish** *vt* sous-alimenter. ◆ **undernourishment** *n* sous-alimentation *f*. ◆ **underpaid** *adj* sous-payé. ◆ **underpants** *npl* slip *m* (*pour homme*). ◆ **underpass** *n* (*for cars*) passage *m* inférieur (*de l'autoroute*); (*for pedestrians*) passage souterrain. ◆ **underpay** *vt* sous-payer. ◆ **underpin** *vt* (*lit, fig*) étayer. ◆ **underplay** *vt* minimiser. ◆ **underpriced** *adj* dont le prix est trop bas. ◆ **underprivileged** *adj* (*gen*) défavorisé; (*Econ*) économiquement faible; **the ~privileged** les économiquement faibles *mpl*. ◆ **underrate** *vt* sous-estimer. ◆ **undersea** *adj* sous-marin. ◆ **underseal** *vt* traiter contre la rouille. ◆ **undersecretary** *n* sous-secrétaire *m*. ◆ **undersell** *vt* vendre moins cher que; (*fig*) **to ~sell o.s.** ne pas se mettre en valeur. ◆ **undersexed** *adj* de faible libido. ◆ **undershirt** *n* (*US*) tricot *m* de corps. ◆ **underside** *n* dessous *m*. ◆ **undersigned** *adj*, *n* soussigné(e) *m(f)*; **I the ~signed...** je soussigné(e)... ◆ **undersized** *adj* trop petit. ◆ **underskirt** *n* jupon *m*. ◆ **understaffed** *adj* à court de personnel. ◆ **understand** *V below*. ◆ **understate** *vt* minimiser. ◆ **understated** *adj* discret. ◆ **understatement** *n* affirmation *f* en dessous de la vérité; (*Ling*) litote *f*; **that's an ~statement** c'est peu dire. ◆ **understudy 1** *n* doublure *f* ; **2** *vt* doubler. ◆ **undertake** *pret* **undertook** *ptp* **undertaken** *vt task* entreprendre; *duty* se charger de; *responsibility* assumer; *obligation* contracter; **to ~take to do** s'engager à faire. ◆ **undertaker** *n* entrepreneur *m* des pompes funèbres; **the ~taker's** les pompes funèbres *fpl*. ◆ **undertaking** *n* (**a**) (*operation*) entreprise *f*; **it is quite an ~taking** c'est toute une entreprise; (**b**) (*promise*) engagement *m*; **to give an ~taking** promettre (*that que; to do* de faire). ◆ **under-the-counter** *adj, adv* en douce. ◆ **undertone** *n*: **in an ~tone** à mi-voix. ◆ **undervalue** *vt* (*fig*) sous-estimer. ◆ **undervalued** *adj* (*lit*) qui vaut plus que son prix. ◆ **undervest** *n* tricot *m* de corps. ◆ **underwater** *adj* sous-marin. ◆ **underwear** *n* sous-vêtements *mpl*. ◆ **underworld 1** *n* (*hell*) enfers *mpl*; (*criminals*) milieu *m*, pègre *f* ; **2** *adj organization* du milieu; *connections etc* avec le milieu. ◆ **underwrite** *vt* (*Insurance, St Ex*) *risk, amount, issue* garantir; *policy* réassurer; (*Fin*) *project* soutenir; (*fig*) *decision* soutenir. ◆ **underwriter** *n* (*insurance*) assureur *m*; (*St Ex*) syndicataire *m*.

understand [ˌʌndəˈstænd] *pret, ptp* **understood 1** *vt* (*gen*) comprendre (*that* que; *why etc* pourquoi *etc*). **to make o.s. understood** se faire comprendre; **I can't ~ a word of it** je n'y comprends rien; **I understood we were to be paid** j'ai cru comprendre que nous devions être payés; **I ~ you are leaving** si je comprends bien vous partez; **she is understood to have left** on croit qu'elle est partie; **to let it be understood that** donner à

entendre que; **to be understood** *[price, date]* ne pas être spécifié; *[word]* être sous-entendu; **it's understood that** il est entendu que; **that's quite understood** c'est entendu. **2** *vi* comprendre. **now I ~!** je comprends *or* j'y suis maintenant!; **he was, I ~...** il était, si j'ai bien compris... ◆ **understandable** *adj* compréhensible; **it is ~able that** on comprend que + *subj*; **that's ~able** ça se comprend. ◆ **understandably** *adv*: **he's ~ably angry** il est en colère et ça se comprend, naturellement il est en colère. ◆ **understanding 1** *adj person* compréhensif (*about* à propos de); *smile, look* bienveillant ; **2** *n* (**a**) compréhension *f* (*of* de); **to have a good ~ing of sth** bien comprendre qch; **the age of ~ing** l'âge *m* de discernement; (**b**) (*agreement*) accord *m*; (*arrangement*) arrangement *m*; **to come to an ~ing with sb** s'entendre *or* s'arranger avec qn; **on the ~ing that** à condition que + *subj*; **this will encourage ~ing between...** ceci favorisera l'entente *f* entre... ◆ **understandingly** *adv* avec bienveillance.

undeserved [ˌʌndɪˈzɜːvd] *adj* immérité. ◆ **undeservedly** [ˌʌndɪˈzɜːvɪdlɪ] *adv* indûment.

undesirable [ˌʌndɪˈzaɪərəbl] **1** *adj* peu souhaitable (*that* que + *subj*); (*stronger*) indésirable. **2** *n* indésirable *mf*.

undetected [ˌʌndɪˈtektɪd] *adj*: **to go ~** passer inaperçu.

undeveloped [ˌʌndɪˈveləpt] *adj* (*gen*) qui ne s'est pas développé; *film* non développé; *land, resources* non exploité.

undies * [ˈʌndɪz] *npl* dessous *mpl*, lingerie *f*.

undignified [ʌnˈdɪgnɪfaɪd] *adj* qui manque de dignité.

undiluted [ˌʌndaɪˈluːtɪd] *adj concentrate* non dilué; *pleasure* sans mélange; *nonsense* pur.

undiplomatic [ˌʌnˌdɪpləˈmætɪk] *adj person* peu diplomate; *action, answer* peu diplomatique.

undipped [ʌnˈdɪpt] *adj*: (*Aut*) **his headlights were ~** il était en phares.

undischarged [ˌʌndɪsˈtʃɑːdʒd] *adj bankrupt* non réhabilité; *debt* non acquitté.

undisciplined [ʌnˈdɪsɪplɪnd] *adj* indiscipliné.

undiscovered [ˌʌndɪsˈkʌvəd] *adj* (*unknown*) inconnu. **it remained ~ for 700 years** cela n'a été découvert que 700 ans après.

undiscriminating [ˌʌndɪsˈkrɪmɪneɪtɪŋ] *adj* qui manque de discernement.

undisguised [ˌʌndɪsˈgaɪzd] *adj* non déguisé.

undisputed [ˌʌndɪsˈpjuːtɪd] *adj* incontesté.

undistinguished [ˌʌndɪsˈtɪŋgwɪʃt] *adj* médiocre, quelconque.

undisturbed [ˌʌndɪsˈtɜːbd] *adj* (**a**) *papers, clues* non dérangé; *sleep* paisible. **to work ~** travailler sans être dérangé. (**b**) (*unworried*) non inquiet, calme. **he was ~ by the news** la nouvelle ne l'a pas inquiété.

undivided [ˌʌndɪˈvaɪdɪd] *adj* entier. **your ~ attention** toute votre attention.

undo [ʌnˈduː] *pret* **undid** *ptp* **undone** *vt* (*gen: unfasten etc*) défaire; *good effect* annuler; *mischief, wrong* réparer. ◆ **undoing** *n* perte *f*; **that was his ~ing** c'est ce qui l'a perdu. ◆ **undone** *adj* (*unfastened etc*) défait; **to come undone** se défaire; **to leave sth undone** ne pas faire qch.

undoubted [ʌnˈdaʊtɪd] *adj* indubitable. ◆ **undoubtedly** *adv* indubitablement, sans aucun doute.

undreamed-of [ʌnˈdriːmdɒv] *adj* (*unhoped-for*) inespéré; (*unsuspected*) insoupçonné.

undress [ʌnˈdres] **1** *vt* déshabiller. **2** *vi* se déshabiller.

undrinkable [ʌnˈdrɪŋkəbl] *adj* (*unpalatable*) imbuvable; (*poisonous*) non potable.

undue ['ʌn'dju:] adj excessif. ◆ **unduly** adv trop, excessivement.

undulate ['ʌndjʊleɪt] vi onduler. ◆ **undulating** adj (gen) onduleux; countryside vallonné.

undying [ʌn'daɪɪŋ] adj (fig) éternel.

unearned ['ʌn'ɜ:nd] adj reward immérité. ~ **income** rentes fpl.

unearth ['ʌn'ɜ:θ] vt (lit, fig) déterrer.

unearthly [ʌn'ɜ:θlɪ] adj surnaturel; (* fig) noise etc impossible *. ~ **hour** * heure indue.

uneasy [ʌn'i:zɪ] adj peace, truce difficile; silence gêné; sleep, night agité; conscience non tranquille; person (ill-at-ease) gêné; (worried) inquiet. ◆ **uneasily** adv (ill-at-ease) avec gêne; (worriedly) avec inquiétude; sleep d'un sommeil agité. ◆ **uneasiness** or ◆ **unease** n inquiétude f.

uneatable ['ʌn'i:təbl] adj immangeable. ◆ **uneaten** adj non mangé.

uneconomic(al) ['ʌn,i:kə'nɒmɪk(əl)] adj machine, car peu économique; work, method peu rentable.

uneducated ['ʌn'edjʊkeɪtɪd] adj person sans instruction; handwriting d'illettré; speech populaire (pej).

unemotional ['ʌnɪ'məʊʃənl] adj impassible. ◆ **unemotionally** adv avec impassibilité.

unemployed ['ʌnɪm'plɔɪd] **1** adj sans travail, en chômage. **2** npl the ~ les chômeurs mpl; (esp Admin) les demandeurs d'emploi. ◆ **unemployable** adj incapable de travailler. ◆ **unemployment 1** n chômage m ; **2** adj: **unemployment benefit** allocation f de chômage.

unending [ʌn'endɪŋ] adj interminable.

unendurable ['ʌnɪn'djʊərəbl] adj insupportable.

unenforceable ['ʌnɪm'fɔ:səbl] adj law inapplicable.

unenterprising ['ʌn'entəpraɪzɪŋ] adj person qui manque d'initiative; act qui manque de hardiesse.

unenthusiastic ['ʌnɪn,θju:zɪ'æstɪk] adj peu enthousiaste. ◆ **unenthusiastically** adv sans enthousiasme.

unenviable ['ʌn'envɪəbl] adj peu enviable.

unequal ['ʌn'i:kw(ə)l] adj (gen) inégal. **to be ~ to a task** ne pas être à la hauteur d'une tâche. ◆ **unequalled** adj inégalé. ◆ **unequally** adv inégalement.

unequivocal ['ʌnɪ'kwɪvək(ə)l] adj sans équivoque. ◆ **unequivocally** adv sans équivoque.

unerring ['ʌn'ɜ:rɪŋ] adj judgment, accuracy infaillible; aim, skill, blow sûr.

unethical ['ʌn'eθɪk(ə)l] adj immoral.

uneven ['ʌn'i:v(ə)n] adj inégal. ◆ **unevenly** adv inégalement. ◆ **unevenness** n inégalité f.

uneventful ['ʌnɪ'ventfʊ'l] adj peu mouvementé.

unexceptionable [,ʌnɪk'sepʃnəbl] adj irréprochable. ◆ **unexceptional** adj qui n'a rien d'exceptionnel.

unexciting ['ʌnɪk'saɪtɪŋ] adj peu intéressant.

unexpected ['ʌnɪks'pektɪd] adj inattendu. **it was all very ~** on ne s'y attendait pas du tout. ◆ **unexpectedly** adv (gen) subitement; arrive inopinément.

unexplained ['ʌnɪks'pleɪnd] adj inexpliqué.

unexposed ['ʌnɪks'pəʊzd] adj film vierge.

unexpurgated ['ʌn'ekspɜ:geɪtɪd] adj non expurgé.

unfailing [ʌn'feɪlɪŋ] adj supply, zeal inépuisable; optimism inébranlable; remedy infaillible. ◆ **unfailingly** adv infailliblement.

unfair ['ʌn'fɛə'] adj person, decision, deal injuste (to sb envers qn; that que + subj); competition, play, tactics déloyal. ◆ **unfairly** adv decide injustement; play déloyalement. ◆ **unfairness** n injustice f; déloyauté f.

unfaithful ['ʌn'feɪθfʊ'l] adj infidèle (to à).

unfamiliar ['ʌnfə'mɪljə'] adj peu familier, inconnu. **to be ~ with sth** mal connaître qch.

unfashionable ['ʌn'fæʃnəbl] adj dress, subject démodé; district, shop peu chic inv. **it is ~ to say** ça ne se fait plus de dire.

unfasten ['ʌn'fɑ:sn] vt (gen) défaire; door déverrouiller.

unfavourable, (US) **unfavorable** ['ʌn'feɪv(ə)rəbl] adj (gen) défavorable; terms désavantageux; moment peu propice. ◆ **unfavo(u)rably** adv défavorablement.

unfazed ‡ ['ʌn'feɪzd] adj (US) imperturbable.

unfeeling [ʌn'fi:lɪŋ] adj insensible. ◆ **unfeelingly** adv sans pitié.

unfeminine [ʌn'femɪnɪn] adj peu féminin.

unfinished ['ʌn'fɪnɪʃt] adj (gen) inachevé. **3 ~ letters** 3 lettres à finir; **some ~ business** une affaire à régler; **it looks rather ~** c'est mal fini.

unfit ['ʌn'fɪt] adj (incompetent) inapte (for à; to do à faire); (unworthy) indigne (to do de faire). [footballer etc] **he's ~** il n'est pas en état de jouer; **he is ~ to be a teacher** il ne devrait pas enseigner; **he was ~ to drive/for work** il n'était pas en état de conduire/de reprendre le travail; ~ **for military service** inapte au service militaire; ~ **for habitation** inhabitable; ~ **for consumption/publication** impropre à la consommation/publication; **road** ~ **for lorries** route f impraticable aux camions.

unflattering ['ʌn'flæt(ə)rɪŋ] adj peu flatteur.

unfold [ʌn'fəʊld] **1** vt (gen) déplier; wings déployer; arms décroiser; (fig) plans exposer; secret dévoiler. **2** vi [view, plot] se dérouler.

unforeseeable ['ʌnfɔ:'si:əbl] adj imprévisible. ◆ **unforeseen** adj imprévu.

unforgettable ['ʌnfə'getəbl] adj inoubliable. ◆ **unforgotten** adj inoublié.

unforgivable ['ʌnfə'gɪvəbl] adj impardonnable. ◆ **unforgivably** adv impardonnablement. ◆ **unforgiving** adj implacable.

unformed ['ʌn'fɔ:md] adj informe.

unforthcoming ['ʌnfɔ:θ'kʌmɪŋ] adj réticent.

unfortunate [ʌn'fɔ:tʃnɪt] **1** adj (gen) malheureux (that que + subj); circumstances triste; event fâcheux. **how ~!** quel dommage!; **he has been ~** il n'a pas eu de chance. **2** n malheureux m, -euse f. ◆ **unfortunately** adv malheureusement.

unfounded ['ʌn'faʊndɪd] adj sans fondement.

unframed ['ʌn'freɪmd] adj picture sans cadre.

unfreeze ['ʌn'fri:z] pret **unfroze** ptp **unfrozen** vt dégeler; (Econ, Fin) débloquer.

unfriendly ['ʌn'frendlɪ] adj person, reception froid; attitude, behaviour, remark inamical. **to be ~ towards sb** manifester de la froideur à qn. ◆ **unfriendliness** n froideur f (towards envers).

unfulfilled ['ʌnfʊl'fɪld] adj promise non tenu; ambition, prophecy non réalisé; desire insatisfait; condition non rempli. [person] **to feel ~** se sentir frustré.

unfurl [ʌn'fɜ:l] vt déployer.

unfurnished ['ʌn'fɜ:nɪʃt] adj non meublé.

ungainly [ʌn'geɪnlɪ] adj gauche, disgracieux.

un-get-at-able * ['ʌnget'ætəbl] adj inaccessible.

ungodly [ʌn'gɒdlɪ] adj impie. (fig) ~ **hour** * heure f indue.

ungovernable [ʌn'gʌv(ə)nəbl] adj country ingouvernable; passion irrépressible.

ungracious ['ʌn'greɪʃəs] adj peu gracieux. ◆ **ungraciously** adv avec mauvaise grâce.

ungrammatical ['ʌngrə'mætɪk(ə)l] adj incorrect, non grammatical. ◆ **ungrammatically** adv incorrectement.

ungrateful [ʌn'greɪtfʊ'l] adj ingrat (towards envers). ◆ **ungratefully** adv avec ingratitude.

ungrudging [ʌnˈgrʌdʒɪŋ] *adj help* donné sans compter; *praise* très sincère. ◆ **ungrudgingly** *adv* give généreusement; *help* de bon cœur.

unguarded [ˈʌnˈgɑːdɪd] *adj (Mil etc)* sans surveillance; *(fig) remark* irréfléchi. **in an ~ moment** dans un moment d'inattention.

unhappy [ʌnˈhæpɪ] *adj person (sad)* malheureux, triste; *(ill-pleased)* mécontent; *(worried)* inquiet; *(unfortunate)* malchanceux; *childhood, remark, coincidence* malheureux; *situation* regrettable; *circumstances* triste. **I feel ~ about it** cela m'inquiète. ◆ **unhappily** *adv (miserably)* d'un air malheureux; *(unfortunately)* malheureusement. ◆ **unhappiness** *n* tristesse *f*.

unharmed [ˈʌnˈhɑːmd] *adj person* indemne; *thing* intact.

unhealthy [ʌnˈhelθɪ] *adj person* maladif; *place, habit, curiosity* malsain.

unheard-of [ˈʌnˈhɜːdɒv] *adj* inouï.

unhedged [ˈʌnˈhedʒd] *adj (esp US)* hasardeux.

unheeded [ˈʌnˈhiːdɪd] *adj (ignored)* négligé; *(unnoticed)* inaperçu. **it went ~** on n'y a pas prêté attention.

unhelpful [ˈʌnˈhelpfʊl] *adj person* peu obligeant; *thing* qui n'aide guère. **I found that very ~** ça ne m'a pas aidé du tout.

unhesitating [ʌnˈhezɪteɪtɪŋ] *adj reply, reaction* immédiat; *person* qui n'hésite pas. ◆ **unhesitatingly** *adv* sans hésitation.

unhindered [ˈʌnˈhɪndəd] *adj* sans encombre.

unhinged [ˈʌnhɪndʒd] *adj* déséquilibré, dingue *.

unholy [ʌnˈhəʊlɪ] *adj* impie; *(* fig)* impossible *. ~ **hour** * heure indue.

unhook [ˈʌnˈhʊk] *vt* décrocher *(from* de).

unhoped-for [ʌnˈhəʊptfɔːʳ] *adj* inespéré.

unhurried [ˈʌnˈhʌrɪd] *adj movement* lent; *reflection* mûr *(before n); journey/meal etc* fait/pris *etc* sans se presser. ◆ **unhurriedly** *adv* sans se presser.

unhurt [ˈʌnˈhɜːt] *adj* indemne, sain et sauf.

unhygienic [ˈʌnhaɪˈdʒiːnɪk] *adj* non hygiénique.

unicorn [ˈjuːnɪkɔːn] *n* licorne *f*.

unidentified [ˈʌnaɪˈdentɪfaɪd] *adj (gen)* non identifié. **~ flying object** *(abbr* **UFO)** objet *m* volant non identifié **O.V.N.I.** *m)*.

uniform [ˈjuːnɪfɔːm] **1** *n* uniforme *m*. **in ~** en uniforme; **in full ~** en grand uniforme; **out of ~** en civil. **2** *adj length* uniforme; *colour* uni; *temperature* constant. ◆ **uniformed** *adj policeman etc* en tenue; *organization* qui porte un uniforme. ◆ **uniformity** *n* uniformité *f*. ◆ **uniformly** *adv* uniformément.

unify [ˈjuːnɪfaɪ] *vt* unifier. ◆ **unification** *n* unification *f*.

unilateral [ˈjuːnɪˈlæt(ə)r(ə)l] *adj* unilatéral. ◆ **unilaterally** *adv* unilatéralement.

unimaginable [ˌʌnɪˈmædʒ(ɪ)nəbl] *adj* inimaginable. ◆ **unimaginative** *adj* qui manque d'imagination. ◆ **unimaginatively** *adv* sans imagination.

unimpaired [ˈʌnɪmˈpɛəd] *adj (gen)* aussi bon qu'auparavant; *quality* non diminué.

unimportant [ˈʌnɪmˈpɔːtənt] *adj* sans importance.

unimpressed [ˈʌnɪmˈprest] *adj (gen)* peu impressionné *(by* par); *(unconvinced)* peu convaincu *(by* par). **I was ~** ça ne m'a pas impressionné.

uninformative [ˈʌnɪnˈfɔːmətɪv] *adj report* qui n'apprend rien.

uninhabitable [ˈʌnɪnˈhæbɪtəbl] *adj* inhabitable. ◆ **uninhabited** *adj* inhabité.

uninhibited [ˈʌnɪnˈhɪbɪtɪd] *adj person* sans inhibitions; *emotion* non refréné; *dance* sans retenue.

uninitiated [ˈʌnɪˈnɪʃɪeɪtɪd] *npl (fig)* **the ~** les non-initiés *mpl*.

uninjured [ˈʌnˈɪn(d)ʒəd] *adj* indemne, sain et sauf.

uninspired [ˈʌnɪnˈspaɪəd] *adj* qui manque d'inspiration. ◆ **uninspiring** *adj* qui n'est guère inspirant.

unintelligent [ˈʌnɪnˈtelɪdʒənt] *adj* inintelligent.

unintelligible [ˈʌnɪnˈtelɪdʒɪbl] *adj* inintelligible. ◆ **unintelligibly** *adv* inintelligiblement.

unintentional [ˈʌnɪnˈtenʃənl] *adj* involontaire. **it was quite ~** ce n'était pas fait exprès. ◆ **unintentionally** *adv* involontairement, sans le faire exprès.

uninterested [ʌnˈɪntrɪstɪd] *adj* indifférent *(in* à). ◆ **uninteresting** *adj book, activity* inintéressant; *person* ennuyeux; *offer* non intéressant.

uninterrupted [ˈʌnˌɪntəˈrʌptɪd] *adj* ininterrompu. ◆ **uninterruptedly** *adv* sans interruption.

uninvited [ˈʌnɪnˈvaɪtɪd] *adj:* **to arrive ~** arriver sans invitation; **to do sth ~** faire qch sans y avoir été invité.

union [ˈjuːnjən] **1** *n (gen)* union *f; (also* **trade ~,** *(US)* **labor ~)** syndicat *m. (US)* **the U~** les États-Unis *mpl;* **U~ of Soviet Socialist Republics** *(abbr* **USSR)** Union des républiques socialistes soviétiques *(abbr* U.R.S.S. *f).* **2** *adj (a) (Ind)* card, leaders, movement* syndical; *headquarters* du syndicat; *(US)* factory* syndiqué. **~ member** membre *m* du syndicat; *(US)* **~ shop** atelier *m* d'ouvriers syndiqués. **(b)** U~ Jack drapeau du Royaume-Uni. ◆ **unionism** *n (trade unionism)* syndicalisme *m*. ◆ **unionist** *n* **(a)** *(trade unionist)* syndicaliste *mf;* **the militant ~ists** les militants *mpl* syndicaux; **(b)** *(Pol: Ir etc)* unioniste *mf*. ◆ **unionize** *vt (Ind)* syndiquer.

unique [juːˈniːk] *adj* unique. ◆ **uniquely** *adv* exceptionnellement. ◆ **uniqueness** *n* caractère *m* unique.

unisex [ˈjuːnɪseks] *adj* unisexe.

unison [ˈjuːnɪzn] *n:* **in ~** *(Mus)* à l'unisson *m; (gen)* en chœur.

unit [ˈjuːnɪt] **1** *n* **(a)** *(gen, Elec, Math, Mil etc)* unité *f.* **administrative/linguistic/monetary ~** unité administrative/linguistique/monétaire; **~ of length** unité de longueur. **(b)** *(section)* groupe *m; [furniture]* élément *m.* **compressor ~** groupe compresseur; **kitchen ~** élément de cuisine; **sink ~** bloc-évier *m.* **(c)** *(building(s))* locaux *mpl; (offices)* bureaux *mpl; (for engineering)* bloc *m; (for activity)* centre *m; (looking after public)* service *m.* **assembly ~** bloc de montage. **(d)** *(people)* unité *f; (in firm)* service. **research ~** unité de recherches. **2** *adj* **(a)** *price* unitaire. **~ trust** ≃ fond *m* commun de placement. **(b)** **~ furniture** mobilier *m* par éléments.

unite [juːˈnaɪt] **1** *vt (join)* countries etc* unir *(A with B* A à B); *(unify)* one country etc* unifier. **2** *vi (join together)* s'unir *(with sth* à qch; *with sb* à or avec qn; *against* contre; *in doing, to do* pour faire); *[companies]* fusionner; *(become united)* [party]* s'unifier. ◆ **united** *adj (gen)* uni; *(unified)* unifié; *front* uni; *efforts* conjugué; **U~d Arab Emirates** Émirats *mpl* arabes unis; **U~d Kingdom** Royaume-Uni *m;* **U~d Nations Organization** *(abbr* **UN** *or* **UNO)** Organisation *f* des Nations unies *(abbr* O.N.U. *f);* **U~d States of America** *(abbr* **US** *or* **USA)** États-Unis *mpl.* ◆ **unity** [ˈjuːnɪtɪ] *n* unité *f; (fig)* **in unity** en harmonie *f (with* avec).

universe [ˈjuːnɪvɜːs] *n* univers *m*. ◆ **universal** *adj* universel; **she's a universal favourite** tout le monde l'aime; **to make sth universal** universaliser qch; **universal joint** joint *m* de cardan. ◆ **universally** *adv* universellement.

university [juːnɪˈvɜːsɪtɪ] **1** *n* université *f.* **to be at/go to ~** être/aller à l'université; **to study at ~** faire des études universitaires. **2** *adj degree, town, library* universitaire; *professor, student* d'université. **he has a ~ education** il a fait des études universitaires.

unjust [ˈʌnˈdʒʌst] *adj* injuste *(to* envers). ◆ **unjustly** *adv* injustement.

unjustifiable [ʌn'dʒʌstɪfaɪəbl] *adj* injustifiable.
♦ **unjustifiably** *adv* sans justification. ♦ **unjustified** *adj* injustifié.

unkempt [ʌn'kem(p)t] *adj (gen)* débraillé; *hair* mal peigné.

unkind [ʌn'kaɪnd] *adj person, behaviour* peu aimable, pas gentil (*to sb* avec qn); *(stronger)* méchant (*to sb* avec qn); *fate* cruel. ♦ **unkindly** *adv (gen)* méchamment; **don't take it** ~**ly if...** ne soyez pas offensé si... ♦ **unkindness** *n* manque *m* de gentillesse; méchanceté *f*; **an** ~**ness** une méchanceté.

unknown ['ʌn'nəʊn] **1** *adj* inconnu. **it was** ~ **to him** cela lui était inconnu, il l'ignorait; ~ **to him, the plane had crashed** l'avion s'était écrasé, ce qu'il ignorait; **she did it quite** ~ **to him** elle l'a fait à son insu; **substance** ~ **to science** substance inconnue de la science; *(Math, fig)* ~ **quantity** inconnue *f*; **the U**~ **Soldier** *or* **Warrior** le Soldat inconnu. **2** *n* **(a)** *(gen)* **the** ~ l'inconnu *m*; *(Math, fig)* **many** ~**s** de nombreuses inconnues *fpl*. **(b)** *(person)* inconnu(e) *m(f)*. ♦ **unknowable** *adj* inconnaissable. ♦ **unknowing** *adj* inconscient. ♦ **unknowingly** *adv* inconsciemment.

unladen ['ʌn'leɪdn] *adj weight* à vide.

unladylike ['ʌn'leɪdɪlaɪk] *adj girl* mal élevée. **it's** ~ **to yawn** une jeune fille bien élevée ne bâille pas.

unlawful ['ʌn'lɔːfʊl] *adj* illégal, illicite. ♦ **unlawfully** *adv* illégalement.

unleaded ['ʌn'ledɪd] *adj* sans plomb.

unleavened ['ʌn'levnd] *adj* azyme *(Rel)*.

unless [ən'les] *conj* à moins que... (ne) + *subj*, à moins de + *infin*. **take it,** ~ **you can find another** prenez-le, à moins que vous (n')en trouviez un autre *or* à moins d'en trouver un autre; ~ **I am mistaken** si je ne me trompe; ~ **I hear to the contrary** sauf contrordre; ~ **otherwise stated** sauf indication contraire.

unlicensed ['ʌn'laɪs(ə)nst] *adj activity* illicite; *vehicle* sans vignette; *hotel etc* qui n'a pas de licence de débit de boissons.

unlike ['ʌn'laɪk] **1** *adj* dissemblable, différent. **they are quite** ~ ils ne se ressemblent pas du tout. **2** *prep* à la différence de. ~ **his brother, he...** à la différence de son frère, il...; **it's quite** ~ **him to do that** ça ne lui ressemble pas de faire cela; **how** ~ **him!** on ne s'attendait pas à ça de sa part; **it is quite** ~ **mine** ça n'est pas du tout comme le mien.

unlikeable ['ʌn'laɪkəbl] *adj person* peu sympathique; *thing* peu agréable.

unlikely [ʌn'laɪklɪ] *adj happening, outcome* peu probable; *explanation* peu plausible. **it is** ~ **that she will come, she is** ~ **to come** il est peu probable qu'elle vienne, il y a peu de chances pour qu'elle vienne; **she is** ~ **to succeed** elle a peu de chances de réussir; **that is** ~ **to happen** cela ne risque guère d'arriver; **in the** ~ **event of his accepting** dans le cas fort improbable où il accepterait. ♦ **unlikelihood** *n* improbabilité *f*.

unlimited [ʌn'lɪmɪtɪd] *adj* illimité.

unlined ['ʌn'laɪnd] *adj garment* sans doublure; *face* sans rides; *paper* non réglé.

unlisted ['ʌn'lɪstɪd] *adj (US Telec)* qui est sur la liste rouge.

unlit ['ʌn'lɪt] *adj lamp* non allumé; *road* non éclairé; *vehicle* sans feux.

unload ['ʌn'ləʊd] **1** *vt (gen)* décharger; *(get rid of)* se débarrasser de; *shares* se défaire de. **to** ~ **sth onto sb** se décharger de qch sur qn. **2** *vi* être déchargé. ♦ **unloaded** *adj gun* qui n'est pas chargé. ♦ **unloading** *n* déchargement *m*.

unlock ['ʌn'lɒk] *vt* ouvrir. **it is** ~**ed** ce n'est pas fermé à clef.

unlooked-for [ʌn'lʊktfɔːʳ] *adj* inattendu.

unlovable ['ʌn'lʌvəbl] *adj* peu attachant.

unlucky [ʌn'lʌkɪ] *adj person* malchanceux; *coincidence, event* malencontreux; *choice, decision* malheureux; *day* de malchance; *omen* néfaste; *colour, number* qui porte malheur. **he's** ~ il n'a pas de chance; **he tried to get a seat but he was** ~ il a essayé d'avoir une place mais il n'y est pas arrivé; **he was** ~ **enough to meet her** il a eu la malchance de la rencontrer; **it is** ~ **to do that** ça porte malheur de faire ça. ♦ **unluckily** *adv* malheureusement *(for sb* pour qn). ♦ **unluckiness** *n* manque *m* de chance.

unmade [ʌn'meɪd] *adj bed* défait.

unmanageable [ʌn'mænɪdʒəbl] *adj vehicle, parcel, size* peu maniable; *animal* indocile; *person* impossible; *hair* rebelle.

unmanned [ʌn'mænd] *adj spacecraft, flight* non habité. **it was left** ~ il n'y avait personne là.

unmarked [ʌn'mɑːkt] *adj (unscratched etc)* sans marque; *(unnamed)* non marqué; *(uncorrected) essay* non corrigé; *police car* banalisé.

unmarried [ʌn'mærɪd] *adj* célibataire, qui n'est pas marié. ~ **mother** mère *f* célibataire.

unmask ['ʌn'mɑːsk] *vt (lit, fig)* démasquer.

unmentionable [ʌn'menʃnəbl] *adj* dont il ne faut pas parler.

unmerciful [ʌn'mɜːsɪf(ʊ)l] *adj* impitoyable *(towards* pour). ♦ **unmercifully** *adv* impitoyablement.

unmistakable ['ʌnmɪs'teɪkəbl] *adj evidence, sympathy* indubitable; *voice, walk* qu'on ne peut pas ne pas reconnaître. **it is quite** ~ on ne peut pas se tromper. ♦ **unmistakably** *adv* manifestement, sans aucun doute.

unmitigated [ʌn'mɪtɪgeɪtɪd] *adj terror, admiration* absolu; *folly* pur; *disaster* total; *scoundrel, liar* fieffé *(before n)*.

unmixed ['ʌn'mɪkst] *adj* pur, sans mélange.

unmounted ['ʌn'maʊntɪd] *adj gem, picture* non monté.

unmoved [ʌn'muːvd] *adj* indifférent *(by* à). **he was** ~ ça ne l'a pas ému, ça l'a laissé indifférent.

unmusical ['ʌn'mjuːzɪk(ə)l] *adj sound* peu mélodieux; *person* peu musicien.

unnamed ['ʌn'neɪmd] *adj person* anonyme; *thing* innommé; *(unlabelled)* non marqué.

unnatural [ʌn'nætʃr(ə)l] *adj* anormal; *habit, vice, love* contre nature; *(affected)* qui manque de naturel. **it is** ~ **for her to do that** il n'est pas normal *or* naturel qu'elle fasse cela. ♦ **unnaturally** *adv* anormalement; *(affectedly)* d'une manière affectée; **not** ~**ly** naturellement.

unnecessary [ʌn'nesɪs(ə)rɪ] *adj (useless)* inutile *(to do* de faire); *(superfluous)* superflu. **it is** ~ **for you to come** il n'est pas nécessaire *or* il est inutile que vous veniez *(subj)*. ♦ **unnecessarily** *adv do, say* inutilement; *strict* sans nécessité.

unnerve ['ʌn'nɜːv] *vt* démoraliser; *(less strong)* déconcerter. ♦ **unnerving** *adj* démoralisant; déconcertant.

unnoticed ['ʌn'nəʊtɪst] *adj* inaperçu. **to go** ~ passer inaperçu.

unnumbered ['ʌn'nʌmbəd] *adj (lit)* sans numéro.

unobjectionable ['ʌnəb'dʒekʃnəbl] *adj thing* acceptable; *person* à qui l'on ne peut rien reprocher.

unobserved *adj*: **to escape** ~ s'échapper sans être vu; **to go** ~ passer inaperçu.

unobstructed ['ʌnəb'strʌktɪd] *adj pipe* non bouché; *road* dégagé. **the driver has an** ~ **view** le conducteur a une excellente visibilité.

unobtainable ['ʌnəb'teɪnəbl] *adj* impossible à obtenir.

unobtrusive ['ʌnəb'truːsɪv] *adj* discret. ♦ **unobtrusively** *adv* discrètement.

unoccupied [ˈʌnˈɒkjʊpaɪd] *adj person* inoccupé, qui n'a rien à faire; *house* inoccupé; *seat,* (Mil) *zone* libre; *post* vacant.

unofficial [ˈʌnəˈfɪʃ(ə)l] *adj report etc* officieux; *visit* privé. **in an ~ capacity** à titre privé; *(Ind)* ~ **strike** grève *f* sauvage. ◆ **unofficially** *adv* officieusement.

unopened [ˈʌnˈəʊp(ə)nd] *adj* qui n'a pas été ouvert. **to remain ~** rester fermé.

unopposed [ˈʌnəˈpəʊzd] *adj* sans opposition.

unorganized [ˈʌnˈɔːɡənaɪzd] *adj* inorganisé; *(badly organized)* mal organisé; *person* qui ne sait pas s'organiser.

unoriginal [ˈʌnəˈrɪdʒɪn(ə)l] *adj* qui manque d'originalité.

unorthodox [ˈʌnˈɔːθədɒks] *adj* peu orthodoxe.

unostentatious [ˈʌnˌɒstənˈteɪʃəs] *adj* sans ostentation, simple. ◆ **unostentatiously** *adv* sans ostentation.

unpack [ˈʌnˈpæk] **1** *vt suitcase* défaire; *belongings* déballer. **2** *vi* déballer ses affaires. ◆ **unpacking** *n* déballage *m*; **to do one's ~ing** déballer ses affaires.

unpaid [ˈʌnˈpeɪd] *adj bill* impayé; *debt* non acquitté; *work, helper* non rétribué; *leave* non payé. **to work ~** travailler gratuitement.

unpalatable [ʌnˈpælɪtəbl] *adj food* qui n'a pas bon goût; *fact, truth* désagréable.

unparalleled [ʌnˈpærəleld] *adj* sans égal.

unpardonable [ʌnˈpɑːdnəbl] *adj* impardonnable.

unpatriotic [ˈʌnˌpætrɪˈɒtɪk] *adj person* peu patriote; *thing* antipatriotique.

unperturbed [ˈʌnpəˈtɜːbd] *adj (gen)* imperturbable. **~ by** non déconcerté par.

unpick [ˈʌnˈpɪk] *vt seam* défaire.

unpin [ˈʌnˈpɪn] *vt* détacher *(from* de).

unplaced [ˈʌnˈpleɪst] *adj horse* non placé; *athlete* non classé.

unplanned [ˈʌnˈplænd] *adj occurrence* imprévu; *baby* non prévu.

unpleasant [ʌnˈpleznt] *adj (gen)* désagréable; *person, remark* désagréable *(to sb* à qn), déplaisant; *house, town* déplaisant. **he had an ~ time** il a passé de mauvais moments. ◆ **unpleasantly** *adv* désagréablement; *behave, smile* de façon déplaisante; **~ly close** un peu trop près. ◆ **unpleasantness** *n* caractère *m* désagréable *or* déplaisant; *(quarrelling)* **a lot of ~ness** beaucoup de frictions *fpl*.

unplug [ˈʌnˈplʌɡ] *vt (Elec)* débrancher.

unpolished [ˈʌnˈpɒlɪʃt] *adj furniture, floor, shoes* non ciré; *diamond* non poli; *(fig) person* fruste; *manners* peu raffiné; *style* qui manque de poli.

unpolluted [ˈʌnpəˈluːtɪd] *adj* non pollué.

unpopular [ˈʌnˈpɒpjʊlər] *adj (gen)* impopulaire. **to be ~ with sb** *[person]* être impopulaire auprès de qn; *[decision etc]* être impopulaire chez qn; **to make o.s. ~** se rendre impopulaire. ◆ **unpopularity** *n* impopularité *f*.

unpractical [ˈʌnˈpræktɪk(ə)l] *adj thing* peu pratique; *suggestion* qui n'est pas pratique; *person* qui manque de sens pratique.

unprecedented [ʌnˈpresɪd(ə)ntɪd] *adj* sans précédent.

unpredictable [ˈʌnprɪˈdɪktəbl] *adj (gen)* imprévisible; *weather* incertain. **he is quite ~** on ne sait jamais ce qu'il va faire.

unprejudiced [ʌnˈpredʒʊdɪst] *adj* impartial.

unprepared [ˈʌnprɪˈpɛəd] *adj speech etc* improvisé. **I was ~ for the exam** je n'avais pas suffisamment préparé l'examen; *(fig)* **he was quite ~ for it** cela l'a pris au dépourvu; **he began it quite ~** il l'a commencé sans y être préparé.

unprepossessing [ˈʌnˌpriːpəˈzesɪŋ] *adj* qui fait mauvaise impression.

unpretentious [ˈʌnprɪˈtenʃəs] *adj* sans prétention.

unprincipled [ʌnˈprɪnsɪpld] *adj* sans scrupules.

unprintable [ˈʌnˈprɪntəbl] *adj (lit)* impubliable; *(fig)* que l'on n'oserait pas répéter.

unproductive [ˈʌnprəˈdʌktɪv] *adj* improductif.

unprofessional [ˈʌnprəˈfeʃənl] *adj* contraire au code professionnel.

unprofitable [ˌʌnˈprɒfɪtəbl] *adj* peu rentable; *job* peu lucratif. ◆ **unprofitably** *adv* sans profit.

unpromising [ˌʌnˈprɒmɪsɪŋ] *adj* peu prometteur.

unpronounceable [ˌʌnprəˈnaʊnsəbl] *adj* imprononçable.

unprotected [ˌʌnprəˈtektɪd] *adj person, town* sans défense; *(exposed to elements)* découvert.

unprovided-for [ˌʌnprəˈvaɪdɪdfɔːr] *adj person* sans ressources.

unprovoked [ˌʌnprəˈvəʊkt] *adj* sans provocation.

unpublished [ˌʌnˈpʌblɪʃt] *adj* inédit. ◆ **unpublishable** *adj* impubliable.

unpunctual [ˈʌnˈpʌŋ(k)tjʊəl] *adj* peu ponctuel.

unpunished [ˈʌnˈpʌnɪʃt] *adj* impuni. **to go ~** rester impuni.

unqualified [ˈʌnˈkwɒlɪfaɪd] *adj* **(a)** *(gen)* non qualifié *(to do* pour faire); *(in professions)* non diplômé. **no ~ person will be considered** les candidats n'ayant pas les diplômes requis ne seront pas considérés. **(b)** *statement, promise, approval etc* inconditionnel; *praise* sans réserve; *success* fou; (*) *idiot* fini; *rogue, liar* fieffé *(before n)*.

unquestionable [ʌnˈkwestʃənəbl] *adj fact* incontestable; *honesty* certain. ◆ **unquestionably** *adv* incontestablement. ◆ **unquestioned** *adj* incontesté. ◆ **unquestioning** *adj acceptance* inconditionnel; *belief, obedience* aveugle.

unravel [ʌnˈræv(ə)l] **1** *vt material* effilocher; *knitting* défaire; *threads* démêler; *(fig) mystery* débrouiller; *plot* dénouer. **2** *vi* s'effilocher.

unreadable [ˈʌnˈriːdəbl] *adj* illisible.

unready [ˈʌnˈredɪ] *adj* mal préparé *(for sth* pour qch). ◆ **unreadiness** *n* impréparation *f*.

unreal [ˈʌnˈrɪəl] *adj* irréel. ◆ **unrealistic** *adj* peu réaliste. ◆ **unreality** *n* irréalité *f*.

unreasonable [ʌnˈriːznəbl] *adj (gen)* qui n'est pas raisonnable, déraisonnable; *demand, length* excessif; *price* exagéré. **~ hour** heure *f* indue; **it is ~ to do** on ne peut pas raisonnablement faire. ◆ **unreasonableness** *n [person]* attitude *f* déraisonnable. ◆ **unreasonably** *adv* déraisonnablement; excessivement; exagérément. ◆ **unreasoning** *adj* irraisonné.

unrecognizable [ˈʌnˈrekəɡnaɪzəbl] *adj* méconnaissable, qui n'est pas reconnaissable. ◆ **unrecognized** *adj talent etc* méconnu; *(Pol) régime etc* non reconnu; **to do sth unrecognized** faire qch sans être reconnu.

unrecorded [ˈʌnrɪˈkɔːdɪd] *adj event etc* non mentionné.

unrefined [ˈʌnrɪˈfaɪnd] *adj substance* non raffiné; *person* fruste.

unreformed [ˈʌnrɪˈfɔːmd] *adj person* non amendé; *institution* non réformé.

unrehearsed [ˈʌnrɪˈhɜːst] *adj speech etc* improvisé; *incident* inattendu.

unrelated [ˈʌnrɪˈleɪtɪd] *adj*: **to be ~ to** *[facts, events]* n'avoir aucun rapport avec; *[person]* n'avoir aucun lien de parenté avec.

unrelenting [ˈʌnrɪˈlentɪŋ] *adj person* implacable; *persecution* acharné.

unreliable [ˈʌnrɪˈlaɪəbl] *adj person* sur qui on ne peut pas compter; *firm* qui n'est pas sérieux; *car, machine, map* peu fiable; *news* sujet à caution;

source of information douteux. **my watch is** ~ je ne peux pas me fier à ma montre. ◆ **unreliability** *n [person etc]* manque *m* de sérieux; *[machine]* manque de fiabilité.

unrelieved [ˈʌnrɪˈliːvd] *adj pain, gloom* constant; *boredom* mortel; *grey, black etc* uniforme.

unremarkable [ˈʌnrɪˈmɑːkəbl] *adj* médiocre.

unremitting [ˈʌnrɪˈmɪtɪŋ] *adj kindness* inlassable; *hatred* opiniâtre.

unremunerative [ˈʌnrɪˈmjuːn(ə)rətɪv] *adj* peu rémunérateur, mal payé.

unrepeatable [ˈʌnrɪˈpiːtəbl] *adj offer, bargain* exceptionnel; *comment* que l'on n'ose pas répéter.

unrepentant [ˈʌnrɪˈpentənt] *adj* impénitent.

unrepresentative [ˈʌnˌreprɪˈzentətɪv] *adj* peu représentatif *(of* de).

unrequited [ˈʌnrɪˈkwaɪtɪd] *adj* non partagé.

unreserved [ˈʌnrɪˈzɜːvd] *adj seat* non réservé; *admiration* sans réserve. ◆ **unreservedly** *adv* sans réserve.

unresponsive [ˈʌnrɪsˈpɒnsɪv] *adj* qui ne réagit pas. ~ **to** insensible à.

unrest [ʌnˈrest] *n* agitation *f*; *(stronger)* troubles *mpl*.

unrestricted [ˈʌnrɪˈstrɪktɪd] *adj time, power* illimité; *access* libre.

unrewarded [ˈʌnrɪˈwɔːdɪd] *adj [efforts etc]* **to go** ~ rester sans récompense. ◆ **unrewarding** *adj* ingrat; *(financially)* peu rémunérateur.

unripe [ʌnˈraɪp] *adj* vert, qui n'est pas mûr.

unrivalled, *(US)* **unrivaled** [ʌnˈraɪv(ə)ld] *adj* sans égal.

unroll [ʌnˈrəʊl] **1** *vt* dérouler. **2** *vi* se dérouler.

unromantic [ˈʌnrəˈmæntɪk] *adj* peu romantique.

unruffled [ˈʌnˈrʌfld] *adj hair, water* lisse; *person* calme.

unruled [ˈʌnˈruːld] *adj paper* uni, non réglé.

unruly [ʌnˈruːlɪ] *adj* indiscipliné.

unsaddle [ˈʌnˈsædl] *vt* desseller.

unsafe [ˈʌnˈseɪf] *adj* **(a)** *(dangerous) machine, bridge, toy* dangereux; *journey* périlleux; *method* peu sûr. ~ **to eat** *or* **drink** *(gen)* impropre à la consommation; *water* non potable. **(b)** *(in danger)* en danger. **to feel** ~ ne pas se sentir en sécurité.

unsaid [ʌnˈsed] *adj*: **to leave sth** ~ passer qch sous silence.

unsaleable [ˈʌnˈseɪləbl] *adj* invendable.

unsatisfactory [ˈʌnˌsætɪsˈfækt(ə)rɪ] *adj* peu satisfaisant, qui laisse à désirer. ◆ **unsatisfied** *adj person, desire* insatisfait *(with* de); *need, demand, appetite* non satisfait; *(unconvinced)* non convaincu. ◆ **unsatisfying** *adj result* peu satisfaisant; *work* ingrat; *food* peu nourrissant.

unsaturated [ˈʌnˈsætʃəreɪtɪd] *adj (Chem)* non saturé.

unsavoury, *(US)* **unsavory** [ˈʌnˈseɪv(ə)rɪ] *adj food* mauvais au goût; *(fig) person, district* peu recommandable; *reputation* équivoque; *subject* plutôt répugnant. **an** ~ **business** une sale affaire.

unsay [ˈʌnˈse(ɪ)] *pret, ptp* **unsaid** *vt* se dédire de.

unscathed [ˈʌnˈskeɪðd] *adj* indemne.

unscientific [ˈʌnˌsaɪənˈtɪfɪk] *adj* peu scientifique.

unscratched [ˈʌnˈskrætʃt] *adj surface* intact; *person* indemne.

unscrew [ˈʌnˈskruː] **1** *vt* dévisser. **2** *vi* se dévisser.

unscripted [ˈʌnˈskrɪptɪd] *adj (Rad, TV)* improvisé.

unscrupulous [ʌnˈskruːpjʊləs] *adj person* dénué de scrupules; *act* malhonnête. ◆ **unscrupulously** *adv* sans scrupules. ◆ **unscrupulousness** *n* manque *m* de scrupules; malhonnêteté *f*.

unseasonable [ʌnˈsiːznəbl] *adj fruit etc* hors de saison; *weather* qui n'est pas de saison. ◆ **unsea-**

sonably *adv*: **unseasonably warm** chaud pour la saison.

unseasoned [ˈʌnˈsiːznd] *adj timber* vert; *food* non assaisonné.

unseat [ˈʌnˈsiːt] *vt rider* désarçonner.

unseemly [ʌnˈsiːmlɪ] *adj* inconvenant.

unseen [ˈʌnˈsiːn] *adj* inaperçu. **to escape** ~ s'échapper sans être vu; ~ **translation** version *f (sans préparation)*.

unselfconscious [ˈʌnˌselfˈkɒnʃəs] *adj* naturel. ◆ **unselfconsciously** *adv* sans la moindre gêne.

unselfish [ˈʌnˈselfɪʃ] *adj person* généreux; *act* désintéressé. ◆ **unselfishly** *adv* sans penser à soi. ◆ **unselfishness** *n* générosité *f*.

unserviceable [ˈʌnˈsɜːˈvɪsəbl] *adj* inutilisable.

unsettle [ˈʌnˈsetl] *vt* perturber. ◆ **unsettled** *adj person* perturbé; *weather, future* incertain; *stomach* dérangé; **he feels** ~**d** il n'est pas bien dans sa peau. ◆ **unsettling** *adj news* inquiétant; *effect* perturbateur.

unshakeable [ˈʌnˈʃeɪkəbl] *adj* inébranlable. ◆ **unshaken** *adj resolve* inébranlable; *person* non déconcerté.

unshaven [ˈʌnˈʃeɪvn] *adj* non rasé.

unshrinkable [ˈʌnˈʃrɪŋkəbl] *adj* irrétrécissable.

unsightly [ʌnˈsaɪtlɪ] *adj* disgracieux, laid.

unsinkable [ˈʌnˈsɪŋkəbl] *adj* insubmersible.

unskilful, *(US)* **unskillful** [ˈʌnˈskɪlfʊˈl] *adj (clumsy)* maladroit; *(inexpert)* malhabile. ◆ **unskil(l)fully** *adv* avec maladresse; malhabilement. ◆ **unskilled** *adj (gen)* inexpérimenté; *(Ind) work* de manœuvre; **unskilled worker** manœuvre *m*.

unsociable [ʌnˈsəʊʃəbl] *adj* insociable. **I'm feeling** ~ je n'ai guère envie de voir des gens.

unsocial [ʌnˈsəʊʃ(ə)l] *adj (Ind)* **to work** ~ **hours** travailler en dehors des heures normales.

unsold [ˈʌnˈsəʊld] *adj* invendu.

unsolved [ˈʌnˈsɒlvd] *adj mystery* non résolu; *crossword* non terminé.

unsophisticated [ˈʌnsəˈfɪstɪkeɪtɪd] *adj person* simple, naturel; *thing* simple.

unsound [ˈʌnˈsaʊnd] *adj timber* pourri; *structure, floor, bridge* en mauvais état; *organization, business* peu solide; *investment* peu sûr; *judgment, argument* peu valable; *policy, decision, advice* peu judicieux; *statesman, player* incompétent. *(Jur)* **of** ~ **mind** qui ne jouit pas de toutes ses facultés mentales.

unsparing [ʌnˈspeərɪŋ] *adj* prodigue *(of* de). ◆ **unsparingly** *adv give* généreusement; *work* inlassablement.

unspeakable [ʌnˈspiːkəbl] *adj* indescriptible. ◆ **unspeakably** *adv (bad etc)* affreusement.

unspoiled [ˈʌnˈspɔɪld] *adj countryside, beauty* qui n'est pas défiguré; *style* naturel; *person* qui reste simple.

unspoken [ˈʌnˈspəʊk(ə)n] *adj thought* inexprimé; *approval* tacite.

unsporting [ˈʌnˈspɔːtɪŋ] *adj* déloyal. **that's very** ~ **of you** ce n'est pas très chic de votre part.

unstable [ˈʌnˈsteɪbl] *adj* instable.

unstamped [ˈʌnˈstæm(p)t] *adj letter* non affranchi.

unsteady [ˈʌnˈstedɪ] *adj ladder, structure* instable, branlant; *hand* tremblant; *voice* mal assuré; *step* chancelant; *rhythm* irrégulier. **to be** ~ **on one's feet** ne pas très bien tenir sur ses jambes; *(from drink)* tituber. ◆ **unsteadily** *adv walk* d'un pas chancelant; *say* d'une voix mal assurée.

unstick [ˈʌnˈstɪk] *pret, ptp* **unstuck** *vt* décoller. **to come unstuck** *[stamp etc]* se décoller; (*) *[plan]* tomber à l'eau *; *[person]* tomber sur un bec *.

unstinting [ʌnˈstɪntɪŋ] *adj praise* sans réserve; *generosity* sans bornes; *efforts* illimité.

unstressed [ˈʌnˈstrest] *adj* inaccentué.

unsubstantiated [ˈʌnsəbˈstænʃɪeɪtɪd] *adj accusation* non prouvé; *rumour* non confirmé.

unsuccessful [ˈʌnsəkˈsesf(ʊ)l] *adj negotiation, attempt, visit* infructueux, qui est un échec; *candidate, marriage, outcome* malheureux; *application* non retenu; *writer, painter, book* qui n'a pas de succès; *firm* qui ne prospère pas. **to be ~** *(gen)* ne pas réussir *(in doing* à faire); *(Scol etc)* échouer *(in an exam* à un examen; *in maths* en maths); **I tried but I was ~** j'ai essayé mais sans succès; **after 3 ~ attempts** après avoir échoué 3 fois. ◆ **unsuccessfully** *adv* en vain, sans succès.

unsuitable [ˈʌnˈsuːtəbl] *adj (gen)* qui ne convient pas; *moment* inopportun; *colour, size* qui ne va pas; *action, example, device* peu approprié. **to be ~ for sth** *(gen)* ne pas convenir à qch; *[film, book]* ne pas être conseillé pour qch; **he is ~ for the post** ce n'est pas l'homme qu'il faut pour le poste. ◆ **unsuited** *adj person* inapte *(to* à); *thing* impropre *(to* à); **they are quite unsuited** ils ne sont pas compatibles.

unsupported [ˈʌnsəˈpɔːtɪd] *adj structure, hypothesis* non soutenu; *statement* non confirmé; *mother, family* sans soutien financier.

unsure [ˈʌnˈʃʊəʳ] *adj* incertain *(of, about* de). **to be ~ of o.s.** manquer d'assurance.

unsuspected [ˈʌnsəsˈpektɪd] *adj* insoupçonné. ◆ **unsuspecting** *adj* qui ne se doute de rien.

unsweetened [ˈʌnˈswiːtnd] *adj* sans sucre.

unswerving [ʌnˈswɜːvɪŋ] *adj (fig)* inébranlable.

unsympathetic [ˈʌnˌsɪmpəˈθetɪk] *adj* indifférent *(to* à). ◆ **unsympathetically** *adv* froidement.

unsystematic [ˈʌnˌsɪstɪˈmætɪk] *adj* peu systématique. ◆ **unsystematically** *adv* sans système.

untangle [ˈʌnˈtæŋgl] *vt wool etc* démêler.

untapped [ˈʌnˈtæpt] *adj resources* inexploité.

untaxed [ˈʌnˈtækst] *adj goods* exempt de taxes; *income* non imposable.

unteachable [ˈʌnˈtiːtʃəbl] *adj person* à qui on ne peut rien apprendre.

untenable [ˈʌnˈtenəbl] *adj position* intenable.

untested [ˈʌnˈtestɪd] *adj person, theory, method* qui n'a pas été mis à l'épreuve; *product, invention* qui n'a pas été essayé; *new drug* non encore expérimenté.

unthinkable [ʌnˈθɪŋkəbl] *adj* impensable *(that* que + *subj)*. ◆ **unthinking** *adj* irréfléchi. ◆ **unthinkingly** *adv* sans réfléchir.

untidy [ʌnˈtaɪdɪ] *adj person (in appearance)* dont les vêtements sont en désordre; *(habitually)* débraillé; *(in character)* désordonné; *appearance* négligé; *clothes* débraillé; *hair* mal peigné; *writing, work* brouillon; *room, desk* en désordre. ◆ **untidily** *adv work, live* sans ordre; *write, dress* sans soin. ◆ **untidiness** *n (in appearance)* débraillé *m*; *(in habits)* manque *m* d'ordre; *[room]* désordre *m*.

untie [ˈʌnˈtaɪ] *vt knot, string, parcel* défaire; *prisoner, hands, bonds* détacher.

until [ənˈtɪl] **1** *prep* jusqu'à. **~ such time as** *(in future)* jusqu'à ce que + *subj*; *(in past)* avant que + ne + *subj*; **from morning ~ night** du matin jusqu'au soir; **~ now** jusqu'ici; **~ then** jusque-là; **it won't be ready ~ tomorrow** ce ne sera pas prêt avant demain; **he didn't leave ~ the following day** il n'est parti que le lendemain; **I had heard nothing of it ~ 5 minutes ago** j'en ai seulement entendu parler il y a 5 minutes. **2** *conj (in future)* jusqu'à ce que + *subj*; *(in past)* avant que + ne + *subj*. **wait ~ I come** attendez que je vienne; **~ they built the new road** avant qu'ils ne fassent la nouvelle route; **~ they build the new road** en attendant qu'ils fassent la nouvelle route; **he won't come ~ you invite him** il ne viendra pas avant que vous ne l'invitiez *or* avant d'être invité; **do nothing ~**

you get my letter/**~ I come** ne faites rien avant d'avoir reçu ma lettre/avant que je n'arrive *(subj)*.

untimely [ʌnˈtaɪmlɪ] *adj spring, death* prématuré; *moment, arrival, remark* inopportun. **to come to an ~ end** *[person]* mourir prématurément; *[project]* être enterré prématurément.

untiring [ʌnˈtaɪərɪŋ] *adj* infatigable. ◆ **untiringly** *adv* infatigablement.

untold [ˈʌnˈtəʊld] *adj amount, wealth* incalculable; *agony, delight* indescriptible.

untouchable [ʌnˈtʌtʃəbl] *adj, n* intouchable *(mf)*. ◆ **untouched** *adj* **(a)** *(Comm)* **untouched by hand** sans manipulation directe; **he left his meal untouched** il n'a pas touché à son repas; **(b)** *(safe)* *person* indemne; *thing* intact; *(unaffected)* insensible *(by* à).

untoward [ˌʌntəˈwɔːd] *adj* fâcheux.

untrained [ˈʌnˈtreɪnd] *adj worker* qui n'a pas reçu de formation professionnelle; *animal* non dressé; *ear* inexercé.

untranslatable [ˈʌntrænzˈleɪtəbl] *adj* intraduisible.

untried [ˈʌnˈtraɪd] *adj product, invention* qui n'a pas été essayé; *person, method* qui n'a pas été mis à l'épreuve.

untroubled [ˈʌnˈtrʌbld] *adj* calme.

untrue [ˈʌnˈtruː] *adj (gen)* faux *(f* fausse); *lover etc* infidèle *(to* à). **it is ~ that** il est faux *or* il n'est pas vrai que + *subj*. ◆ **untruth** *n* contre-vérité *f*. ◆ **untruthful** *adj statement* mensonger; *person* menteur. ◆ **untruthfully** *adv* mensongèrement.

untrustworthy [ˌʌnˈtrʌstˌwɜːðɪ] *adj person* indigne de confiance; *source of information* douteux; *witness* récusable.

untwist [ˈʌnˈtwɪst] *vt wire* détordre.

untypical [ˈʌnˈtɪpɪk(ə)l] peu typique *(of* de).

unusable [ˈʌnˈjuːzəbl] *adj* inutilisable. ◆ **unused** *adj* **(a)** [ˈʌnˈjuːzd] *(new)* neuf; *(not in use)* inutilisé; **(b)** [ˈʌnˈjuːst] **to be unused to (doing) sth** ne pas avoir l'habitude de (faire) qch.

unusual [ʌnˈjuːʒʊəl] *adj (rare)* peu commun, inhabituel; *(strange)* étrange, insolite; *talents, size* exceptionnel. **it is ~ for him to be early** il est rare qu'il arrive *(subj)* de bonne heure; **that's ~ for him!** ce n'est pas dans ses habitudes!; **that's ~!** ça n'arrive pas souvent! ◆ **unusually** *adv (more than normally for this person)* happy, warm exceptionnellement, anormalement; *(more than one normally finds)* tall, gifted exceptionnellement, extraordinairement; **~ly early** plus tôt que d'habitude.

unutterable [ʌnˈʌt(ə)rəbl] *adj joy, boredom* indescriptible; **(*)** *idiot, fool* fini.

unvarnished [ˈʌnˈvɑːnɪʃt] *adj wood* non verni; *account, truth* pur et simple.

unvarying [ʌnˈvɛərɪɪŋ] *adj* invariable, constant.

unveil [ʌnˈveɪl] *vt* dévoiler. ◆ **unveiling** *n (ceremony)* inauguration *f*.

unventilated [ˈʌnˈventɪleɪtɪd] *adj* sans ventilation.

unvoiced [ˈʌnˈvɔɪst] *adj opinion* inexprimé; *consonant* sourd.

unwaged [ˈʌnˈweɪdʒd] *npl (Admin)* **the ~** les sans-emploi, étudiants et retraités *mpl*.

unwanted [ˈʌnˈwɒntɪd] *adj clothing etc* superflu, dont on n'a pas besoin; *child* non désiré; *effect* non recherché.

unwarranted [ʌnˈwɒr(ə)ntɪd] *adj* injustifié. ◆ **unwarrantable** *adj* injustifiable.

unwary [ʌnˈwɛərɪ] *adj* imprudent.

unwearying [ʌnˈwɪərɪɪŋ] *adj* inlassable.

unwelcome [ʌnˈwelkəm] *adj visitor, gift* importun; *news, delay, change* fâcheux. **they made us feel ~** ils nous ont mal accueillis.

unwell [ˈʌnˈwel] *adj* souffrant. **to feel ~** ne pas se sentir très bien.

unwholesome ['ʌn'həʊlsəm] *adj* malsain.

unwieldy [ʌn'wiːldɪ] *adj* difficile à manier.

unwilling ['ʌn'wɪlɪŋ] *adj*: **to be ~ to do** *(reluctant)* être peu disposé à faire; *(refuse)* ne pas vouloir faire. ◆ **unwillingly** *adv* à contrecœur.

unwind [ʌn'waɪnd] *pret, ptp* **unwound 1** *vt* dérouler. **2** *vi* se dérouler; *(*: *relax)* se détendre.

unwise ['ʌn'waɪz] *adj person* malavisé; *move, decision* imprudent. ◆ **unwisely** *adv* imprudemment.

unwitting [ʌn'wɪtɪŋ] *adj* involontaire. ◆ **unwittingly** *adv* involontairement.

unwonted [ʌn'wəʊntɪd] *adj* inaccoutumé.

unworkable ['ʌn'wɜːkəbl] *adj scheme etc* impraticable.

unworldly ['ʌn'wɜːldlɪ] *adj* détaché de ce monde.

unworthy [ʌn'wɜːðɪ] *adj* indigne *(of* de; *to do* de faire).

unwrap ['ʌn'ræp] *vt* défaire, ouvrir.

unwritten ['ʌn'rɪtn] *adj agreement* verbal. **it is an ~ law that...** il est tacitement admis que...

unyielding [ʌn'jiːldɪŋ] *adj person* inflexible.

unzip ['ʌn'zɪp] *vt* ouvrir la fermeture éclair ® de.

up [ʌp] **1** *adv* **(a)** *(gen)* en haut, en l'air; *throw etc* en l'air. **hold it ~ higher** tiens-le plus haut; **~ there** là-haut; **~ in the air** en l'air; **~ in the sky/mountains** dans le ciel/les montagnes; **~ on the hill** sur la colline; **~ on top of** sur; **~ at the top of** en haut de; **~ above** au-dessus; **~ above sth** au-dessus de qch; **he lives 5 floors ~** il habite au 5ᵉ étage; **all the way ~** jusqu'en haut; **I met him on my way ~** je l'ai rencontré en montant; **farther ~** *(on wall etc)* plus haut; *(along bench etc)* plus loin; **close ~ to** tout près de; **with his head ~ (high)** la tête haute; **the blinds were ~** les stores étaient levés; **~ against the wall** appuyé contre le mur; **~ on end** debout; **'this side ~'** 'haut'; **you've been ~ and down all evening** tu n'as pas arrêté toute la soirée; *[invalid]* **he's been rather ~ and down** il a eu des hauts et des bas; **to jump ~ and down** sauter; **to walk ~ and down** faire les cent pas.

(b) *(out of bed)* **to be ~** être levé, être debout *inv*; **get ~!** debout!, levez-vous!; **I was ~ late last night** je me suis couché tard hier soir; **he was ~ all night** il ne s'est pas couché de la nuit; **~ and about**, **~ and doing *** à l'ouvrage; **to be ~ and about again** être de nouveau sur pied.

(c) *(fig)* **when the sun was ~** quand le soleil était levé; **the tide is ~** la marée est haute; **the river is ~** la rivière a monté; **the road is ~** la route est en travaux; *(Parl)* **the House is ~** la Chambre ne siège pas; **~ with Joe Bloggs!** vive Joe Bloggs!; **~ with** *or* **~ among the leaders** dans les premiers; **he's well ~ in Latin** *(place in class)* il a une bonne place en latin; *(knows a lot)* il est fort en latin; **I'm ~ with him in maths** nous sommes au même niveau en maths; **I'm not very well ~ on what's been going on** je ne suis pas vraiment au fait de ce qui s'est passé; **~ in London** à Londres; **~ in Scotland** en Écosse; **he's ~ from Birmingham** il arrive de Birmingham; **to come ~ to town** venir en ville; **~ north** dans le nord; **I'll play you 100 ~** je vous fais une partie en 100; **Chelsea were 3 goals ~** Chelsea menait par 3 buts; **we were 20 points ~ on them** nous avions 20 points d'avance sur eux; **what's ~? *** *(what's happening)* qu'est-ce qu'il y a?; *(what's wrong)* qu'est-ce qui ne va pas?; **what's ~ with him? *** qu'est-ce qu'il a?; **there's sth ~ *** *(happening)* il se passe qch; *(wrong)* il y a qch qui ne va pas *(with sb* chez qn).

(d) *(higher etc)* **to be ~** *[prices, salaries, goods]* avoir augmenté *(by* de); *[temperature, level]* avoir monté *(by* de); *[standard]* être plus élevé; **it is ~ on last year** cela a augmenté par rapport à l'an dernier.

(e) *(upwards)* **from £2 ~** à partir de 2 livres.

(f) *(installed, built etc)* **to be ~** *[curtains, shutters]* être posé; *[pictures]* être accroché; *[building]* être construit; *[tent]* être planté; *[flag]* être hissé; *[notice]* être affiché.

(g) *(finished)* **his leave is ~** sa permission est terminée; **it is ~ on the 20th** ça se termine le 20; **when 3 days were ~** au bout de 3 jours; **time's ~!** c'est l'heure!; **it's all ~ with him *** il est fichu *.

(h) to be ~ against *difficulties* se heurter à; *competitors, competition* avoir affaire à; **you don't know what you're ~ against!** tu n'as pas idée des difficultés qui t'attendent!; **he's ~ against a very powerful man** il a contre lui un homme très puissant; **we're really ~ against it** nous allons avoir du mal à nous en sortir.

(i) *(as far as)* **~ to** jusqu'à; **~ to now** jusqu'à maintenant, jusqu'ici; **~ to here** jusqu'ici; **~ to there** jusque-là; **what page are you ~ to?** à quelle page en êtes-vous?; **~ to and including chapter 5** jusqu'au chapitre 5 inclus.

(j) *(depending on)* **it's ~ to you to decide** c'est à vous de décider; **it's ~ to you (whether you go or not)** c'est à vous de décider (si vous y allez ou non); **it's ~ to us to help him** c'est à nous de l'aider.

(k) *(busy doing etc)* **what is he ~ to?** qu'est-ce qu'il peut bien faire?; **he's ~ to sth** il manigance qch; **what have you been ~ to recently?** qu'est-ce que vous devenez ces temps-ci?; **what have you been ~ to?** qu'est-ce que tu as manigancé?; **he's ~ to no good** il prépare une bêtise; *[adult]* il prépare un mauvais coup.

(l) *(equal to)* **to be ~ to a task** être à la hauteur d'une tâche; **is he ~ to advanced work?** est-il capable de faire des études supérieures?; **it isn't ~ to his usual standard** d'habitude il fait mieux que ça; **are you feeling ~ to going?** est-ce que tu te sens assez d'attaque * pour y aller?; **I just don't feel ~ to it** je ne m'en sens pas le courage; **he really isn't ~ to going back to work** il n'est vraiment pas en état de reprendre le travail; **it's not ~ to much** ça ne vaut pas grand-chose.

2 *prep*: **to be ~ a tree/~ a ladder** être dans un arbre/ sur une échelle; **to go ~ stairs, street** monter; *river* remonter; **he pointed ~ the hill** il a indiqué du doigt le haut de la colline; **the house is ~ that road** la maison est dans cette rue; **they live just ~ the road** ils habitent un peu plus haut dans la rue; **~ and down the country** un peu partout dans le pays; **he went ~ and down the country** il parcourait le pays; **I've been ~ and down the stairs all evening** je n'ai pas arrêté de monter et descendre les escaliers de toute la soirée; **further ~ the page** plus haut sur la même page; **halfway ~ the hill** à mi-côte.

3 *n*: **~s and downs** *(in road)* accidents *mpl*; *(in career, health)* hauts *mpl* et bas *mpl*; **he is on the ~ and ~ *** *(Brit)* tout va de mieux en mieux pour lui, il est tout à fait honnête, on peut compter sur lui.

4 *adj (Brit) train* qui va à Londres.

5 *vi*: **I ~ped ‡ and told him** sans plus attendre je lui ai dit.

◆ **up-and-coming** *adj* plein d'avenir. ◆ **up-and-down** *adj movement* de va-et-vient; *(fig) career, business* qui a des hauts et des bas. ◆ **upbringing** *n* éducation *f*. ◆ **upcoming** *adj (US)* imminent, prochain. ◆ **upcountry** *adv* vers l'intérieur *(d'un pays)*; *be* à l'intérieur. ◆ **update 1** *vt* mettre à jour ; **2** *n* mise *f* à jour. ◆ **upend** *vt box etc* mettre debout; *(* fig) system etc* renverser. ◆ **upfront * 1** *adj* **(a)** *(esp US) (frank)* franc, ouvert; *(important)* important; **(b)** *(paid in advance)* payé d'avance ; **2** *adv* **(a)** *(in advance)* d'avance; **(b)** *(esp US: openly)* ouvertement. ◆ **upgrade** *vt (improve)* améliorer; *(modernize)* moderniser; *(promote) employee* promouvoir; *job, post* revaloriser. ◆ **upheaval** *n (gen)* bouleversement *m*; *(esp Pol)* perturbations *fpl*; *(esp in home, family)* remue-ménage *m*; **it caused a lot of ~heaval** cela a tout perturbé. ◆ **uphill 1** *adv*: **to go ~hill** monter ; **2** *adj road* qui monte; *(fig) task* pénible; **it's ~hill all the way** ça monte tout le long; *(fig)* c'est une lutte continuelle. ◆ **uphold** *pret, ptp* **upheld** *vt institution, person* soutenir; *law* faire respecter; *(Jur) verdict* confirmer. ◆ **upholder** *n* défenseur *m*. ◆ **upholster** *vt* recouvrir. ◆ **upholsterer** *n* tapissier *m*. ◆ **upholstery** *n (in car)* garniture *f*. ◆ **upkeep** *n* entretien *m*. ◆ **uplands** *npl* hautes terres *fpl*. ◆ **uplifted** *adj* grandi, exalté. ◆ **upmarket** *adj product* haut de gamme *inv; newspaper* sérieux. ◆ **upon** *prep* = **on 1**. ◆ **upper 1** *adj (gen)* supérieur; *part, floor* supérieur, du dessus; *(in place names)* haut; **the ~per classes** les couches *fpl* supérieures de la société; **the ~per middle class** la haute bourgeoisie; *(fig)* **the ~per crust** le gratin *; **the ~per income bracket** la tranche des revenus élevés; **the ~per school** les grandes classes ; **2** *n [shoe]* empeigne *f*. ◆ **upper-class** *adj* aristocratique. ◆ **uppermost** *adj (highest)* le plus haut, le plus élevé; *(on top)* en dessus; **it was ~permost in my mind** j'y pensais avant tout autre chose. ◆ **uppish** * *adj* prétentieux. ◆ **upright 1** *adj, adv* droit ; **2** *n* **(a)** *[door, window]* montant *m*; *[goal-post]* montant de but; **(b)** *(piano)* piano *m* droit. ◆ **uprising** *n* soulèvement *m*, insurrection *f (against* contre). ◆ **uproar** *n (shouts)* tumulte *m*; *(protesting)* tempête *f* de protestations; **the hall was in (an) ~roar** le tumulte régnait dans la salle. ◆ **uproarious** *adj meeting, evening, discussion* tordant *, désopilant; *joke, mistake* hilarant; *laughter* éclatant; **~roarious success** grand succès comique. ◆ **uproariously** *adv laugh* aux éclats; *greet etc* avec de grands éclats de rire; **~roariously funny** désopilant. ◆ **uproot** *vt* déraciner. ◆ **upset** *etc* V below. ◆ **upshot** *n* résultat *m*. ◆ **upside down 1** *adv hold etc* à l'envers; **to turn ~side down** *object* retourner; *(fig) cupboard etc* mettre sens dessus dessous; (*) *plans* flanquer à l'eau * ; **2** *adj (gen)* à l'envers; *(upturned)* retourné; *(in disorder)* sens dessus dessous. ◆ **upstairs 1** *adv* en haut *(d'un escalier)*; **he's ~stairs** il est en haut; **to go ~stairs** monter; **to take ~stairs** *person* faire monter; *luggage etc* monter; **the people ~stairs** les gens du dessus; **the room ~stairs** la pièce d'en haut ; **2** *n* étage *m (du dessus)*; **3** *adj*: **an ~stairs room** une chambre à l'étage. ◆ **upstanding** *adj (well-built)* bien bâti; *(honest)* droit; **a fine ~standing young man** un jeune homme très bien. ◆ **upstart** *n* parvenu(e) *m(f)*. ◆ **upstate** *(US)* **1** *adv* go vers l'intérieur *(d'un État)*; *be* à l'intérieur ; **2** *adj* de l'intérieur. ◆ **upstream** *adv be* en amont *(from* de); *sail* vers l'amont; *swim* contre le courant. ◆ **upsurge** *n [feeling]* vague *f; [interest]* regain *m*. ◆ **upswept** *adj (Aut, Aviat)* profilé. ◆ **uptake** *n*: **to be quick/slow on the ~take** avoir l'esprit vif/lent. ◆ **uptight** * *adj (tense)* crispé; *(touchy)* susceptible; *(conventional)* collet monté *inv*; **to get ~tight** *(tense)* se crisper *(about* à propos de); *(upset)* se froisser *(about* à propos de). ◆ **up-to-date** *adj report, information* très récent; *(updated)* à jour; *building, person, ideas* moderne. ◆ **up-to-the-minute** *adj* de dernière heure. ◆ **uptown** *(US)* **1** *adv* dans le centre (-ville); **2** *adj* du centre(-ville). ◆ **upturned** *adj nose* retroussé. ◆ **upward 1** *adj movement* ascendant; *pull, thrust* vers le haut; *trend* à la hausse; *glance* levé ; **2** *adv (also ~wards)* vers le haut; *(fig)* **from 10 francs ~wards** à partir de 10 F; **from childhood ~wards** dès sa jeunesse; **~wards of 300** 300 et plus. ◆ **upwardly** *adv*: **~wardly mobile** à mobilité sociale ascendante.

upset [ʌp'set] *pret, ptp* **upset 1** *vt container, contents* renverser; *boat* faire chavirer; *(fig) plan, timetable, system, stomach* déranger; *calculation* fausser; *person*

(offend) vexer; *(grieve)* faire de la peine à; *(annoy)* contrarier; *(make ill)* rendre malade. **don't ~ yourself** ne vous en faites pas *. **2** *adj stomach, digestion* dérangé; *person (offended)* vexé; *(grieved)* peiné, triste; *(annoyed)* fâché, contrarié; *(ill)* souffrant. **to get ~** se vexer, devenir triste, se fâcher; **what are you so ~ about?** qu'est-ce qui ne va pas? **3** ['ʌpset] *n (upheaval)* désordre *m*; *(in plans etc)* bouleversement *m (in* de); *(emotional)* chagrin *m*. **to have a stomach ~** avoir l'estomac dérangé. ◆ **upsetting** *adj (offending)* vexant; *(saddening)* triste; *(stronger)* affligeant; *(annoying)* contrariant.

uranium [juə'reɪnɪəm] *n* uranium *m*.

Uranus [juə'reɪnəs] *n (Astron)* Uranus *f*.

urban ['ɜːbən] *adj* urbain. **~ blight** dégradation *f* urbaine. ◆ **urbanization** *n* urbanisation *f*.

urbane [ɜː'beɪn] *adj* urbain, courtois. ◆ **urbanity** *n* urbanité *f*.

urchin ['ɜːtʃɪn] *n* polisson(ne) *m(f)*.

urge [ɜːdʒ] **1** *n* forte envie *f (to do* de faire). **to have the ~ to do** éprouver une forte envie de faire. **2** *vt person* pousser *(to do* à faire), conseiller vivement *(sb to do* à qn de faire); *caution, measure* préconiser, conseiller vivement; *(emphasize)* insister sur. **he needed no urging** il ne s'est pas fait prier; **to ~ that** recommander vivement que + *subj*; **'now!' he ~d** 'tout de suite!' insista-t-il; **to ~ sb in** *etc* presser qn d'entrer *etc*. ◆ **urge on** *vt sep horse* presser; *person, troops* faire avancer; *(fig) worker* presser; *work* activer; *(Sport) team* encourager. **to ~ sb on to (do) sth** inciter qn à (faire) qch.

urgent ['ɜːdʒ(ə)nt] *adj need, case, attention* urgent; *tone* insistant; *entreaty, request* pressant. ◆ **urgency** *n [case etc]* urgence *f; [tone, entreaty]* insistance *f*; **a matter of urgency** une affaire urgente. ◆ **urgently** *adv need, request* d'urgence; *plead* instamment.

urine ['juərɪn] *n* urine *f*. ◆ **urinal** *n* urinoir *m*. ◆ **urinary** *adj* urinaire. ◆ **urinate** *vi* uriner.

urn [ɜːn] *n (gen)* urne *f*. **tea ~** fontaine *f* à thé.

Uruguay ['juərəgwaɪ] *n* Uruguay *m*. ◆ **Uruguayan 1** *adj* uruguayen ; **2** *n* Uruguayen(ne) *m(f)*.

us [ʌs] *pers pron* nous. **he ~ frappés; give it to ~** donnez-le-nous; **in front of ~** devant nous; **let ~** *or* **let's go!** allons-y!; **younger than ~** plus jeune que nous; **both of ~** nous deux, tous les deux; **he is one of ~** il est des nôtres; **~ English** nous autres Anglais; *(me)* **give ~ it!** * donne-le-moi!

USA [juːes'eɪ] *n* États-Unis d'Amérique *mpl*, É.-U.(A.). *mpl*.

use [juːs] **1** *n* **(a)** *(gen)* usage *m*, emploi *m*; *(way of using)* emploi, utilisation *f*. **the ~ of steel** l'emploi de l'acier; **to learn the ~ of** apprendre à se servir de; *directions for* **~** mode *m* d'emploi; **'for the ~ of teachers only'** *book, equipment* 'à l'usage des professeurs seulement'; *room* 'réservé aux professeurs'; **for one's own ~** à son usage personnel; **for ~ in emergency** à utiliser en cas d'urgence; **fit for ~** en état de servir; **ready for ~** prêt à l'emploi; **to improve with ~** s'améliorer à l'usage; **in ~** *machine, word* en usage; **no longer in ~** *machine* hors d'usage; *word* qui ne s'emploie plus; *(notice)* **'out of ~ '** 'en dérangement'; **in general ~** d'usage courant; **it is in daily ~** on s'en sert tous les jours; **it's gone out of ~** on ne l'emploie plus; **to make ~ of** se servir de, utiliser; **to make good ~ of, to put to good ~** *time, money* faire un bon emploi de; *opportunity, facilities* tirer parti de; **a new ~ for** un nouvel emploi de, une nouvelle utilisation de; **I'll find a ~ for it** je trouverai un moyen de m'en servir; **I've no further ~ for it** je n'en ai plus besoin; *(fig)* **I've no ~ for that sort of thing!** * je n'ai rien à en faire!

(b) *(usefulness)* **to be of** ~ servir, être utile *(for, to* à); **to be (of) no** ~ ne servir à rien; **he gave me the** ~ **of his car** il m'a permis de me servir de sa voiture; **to have lost the** ~ **of one's arm** avoir perdu l'usage de son bras; **what's the** ~ **of doing...?** à quoi bon faire...?; **is this (of) any** ~ **to you?** est-ce que cela peut vous être utile?; **he's no** ~ il est nul *(as* comme); **it's no** ~ **protesting** il ne sert à rien de protester; **it's no** ~ **rien à faire**, ça ne sert à rien.

2 [juːz] *vt* **(a)** *(gen)* se servir de, utiliser, employer *(to do, for doing* pour faire); *a language* utiliser, se servir de; *car* prendre, se servir de; *force, discretion* user de; *opportunity* profiter de; *method, means* employer; *sb's name* faire usage de. **are you using this?** vous servez-vous de ceci?; **he** ~**d it as a hammer** il s'en est servi comme marteau; **I** ~ **that as a table** ça me sert de table; **'to be** ~**d regularly'** 'à utiliser régulièrement'; **no longer** ~**d** *machine, room* qui ne sert plus; *word* qui ne s'emploie plus; ~ **your head** *or* **brains!** réfléchis un peu!; ~ **your eyes!** ouvre l'œil!; **I could** ~ **a drink!** * je prendrais bien un verre!; **it could** ~ **a bit of paint** * une couche de peinture ne ferait pas de mal. **(b)** *petrol etc* user, consommer; **(**~ **up)** *(finish)* finir; *left-overs* utiliser. **have you** ~**d all the paint?** avez-vous utilisé toute la peinture?; **(c)** *(treat) person* traiter, agir envers. **he was badly** ~**d on** a mal agi envers lui.

3 *aux vb (translated by imperfect tense)* **I** ~**d to see him every day** je le voyais *or* j'avais l'habitude de le voir tous les jours.

◆ **use up** *vt sep supplies, strength* épuiser; *food, paper* finir; *scraps* utiliser; *money* dépenser. **it is all** ~**d up** c'est épuisé, il n'en reste plus. ◆ **usable** *adj* utilisable. ◆ **usage** *n* **(a)** *(custom; also Ling)* usage *m*; **(b)** *(treatment) [object]* manipulation *f*; *[person]* traitement *m*; **it's had some rough usage** on s'en est mal servi. ◆ **used** [juːzd] *adj* **(a)** *stamp* oblitéré; *car* d'occasion; **(b)** [juːst] *(accustomed)* **to be** ~**d to (doing) sth** être habitué à *or* avoir l'habitude de (faire) qch; **to get** ~**d to** s'habituer à; **you'll get** ~**d to it** vous vous y ferez. ◆ **useful** *adj (gen)* utile; *discussion, time* utile, profitable; *(fig) player etc* compétent; **it is** ~**ful for him to be able to...** il est très utile qu'il puisse...; **to make o.s.** ~**ful** se rendre utile; **to come in** ~**ful** être utile; **to be** ~**ful to** rendre service à; **he's a** ~**ful man to know** c'est un homme utile à connaître; **it's a** ~**ful thing to know** c'est bon à savoir; **he's** ~**ful with a gun** il sait bien manier un fusil. ◆ **usefully** *adv* utilement. ◆ **usefulness** *n* utilité *f*. ◆ **useless** *adj (no good)* qui ne vaut rien; *(unusable)* inutilisable; *remedy* inefficace; *person* incompétent; *volunteer* incapable; **shouting is** ~**less** il est inutile de crier, il ne sert à rien de crier; **he's** ~**less** il est nul *(as* comme). ◆ **uselessly** *adv* inutilement. ◆ **user** *n* **(a)** *[machine, tool, computer]* utilisateur *m*, -trice

f; *[public service, telephone, dictionary, road, train]* usager *m*; **car** ~**rs** automobilistes *mpl*. **(b)** *(Drugs)* usager *m*, consommateur *m*. ◆ **user-friendly** *adj* facile à utiliser, convivial.

usher ['ʌʃəʳ] **1** *n (in law courts etc)* huissier *m (audiencier)*; *(in theatre, church)* placeur *m*. **2** *vt*: **to** ~ **sb through/along** *etc* faire traverser/ avancer *etc* qn; **to** ~ **sb to the door** reconduire qn à la porte; **to** ~ **in** *person* faire entrer; *(fig) period* inaugurer. ◆ **usherette** *n* ouvreuse *f*.

usual ['juːʒʊəl] **1** *adj (gen)* habituel; *word* usuel; *remarks, conditions* d'usage. **his** ~ **drink is beer** d'habitude il boit de la bière; **the** ~ **practice** ce qui se fait d'habitude; **his** ~ **practice** son habitude *f*; **as is** ~ **with such machines it...** comme toutes les machines de ce genre elle...; **as is** ~ **on these occasions** comme le veut la coutume en ces occasions; **he'll soon be his** ~ **self again** il retrouvera bientôt sa santé *(or* sa gaieté *etc)*; **as** ~ comme d'habitude, comme à l'ordinaire; **more than** ~ plus que d'habitude *or* d'ordinaire; **it's not** ~ **for him to be late** il est rare qu'il soit en retard; **it was the** ~ **kind of party** c'était une soirée typique. **2** *n (drink)* **the** ~**!** * comme d'habitude! ◆ **usually** *adv* d'habitude, d'ordinaire; **more than** ~**ly careful** encore plus prudent que d'habitude.

usurp [juːˈzɜːp] *vt* usurper. ◆ **usurper** *n* usurpateur *m*, -trice *f*.

usury ['juːʒʊrɪ] *n* usure *f (prêt)*.

utensil [juːˈtensl] *n* ustensile *m*.

uterus ['juːtərəs] *n* utérus *m*.

utility [juːˈtɪlɪtɪ] **1** *n (use)* utilité *f*; *(public* ~*)* service *m* public. **2** *adj (gen)* utilitaire; ~ **room** ≃ buanderie *f*. ◆ **utilitarian** *adj* utilitaire. ◆ **utilizable** *adj* utilisable. ◆ **utilization** *n* utilisation *f*. ◆ **utilize** *vt* utiliser.

utmost ['ʌtməʊst] **1** *adj* **(a)** *(greatest)* simplicity, care *etc* le plus grand; *skill* suprême; *danger* extrême. **with the** ~ **speed** à toute vitesse; **it is of the** ~ **importance that...** il est extrêmement important que... *+ subj*; **a matter of the** ~ **importance** une affaire de la plus haute importance. **(b)** *(furthest) place, part* le plus éloigné, extrême. **2** *n*: **to do one's** ~ faire tout son possible *(to do* pour faire); **to the** ~ **of one's ability** à la limite de ses capacités; **to the** ~ au plus haut degré; **at the** ~ tout au plus.

Utopia [juːˈtəʊpɪə] *n* utopie *f*. ◆ **Utopian** *adj* utopique.

utter¹ ['ʌtəʳ] *adj sincerity, disaster* complet, total; *madness* pur; *idiot, fool* fini; *rogue, liar* fieffé *(before n)*. **it was** ~ **nonsense!** c'était complètement absurde; **he's an** ~ **stranger** il m'est complètement inconnu. ◆ **utterly** *adv* complètement, tout à fait. ◆ **uttermost** = **utmost.**

utter² ['ʌtəʳ] *vt word* prononcer; *cry* pousser; *threat, insult* proférer; *libel* publier; *counterfeit money* émettre. **he didn't** ~ **a word** il n'a pas soufflé mot.

V

V, v [viː] *n (letter)* V, v *m*. ◆ **V-neck** *n* décolleté *m* en V *or* en pointe.

vacant ['veɪk(ə)nt] *adj job* vacant, à remplir; *room, house, seat* libre; *hours* de loisir; *mind* vide; *stare* vague; *person (stupid)* stupide; *(dreamy)* sans expression. '**situations** ~' 'offres d'emploi'. ◆ **vacancy** *n (in boarding house)* chambre *f* à louer; *(job)* poste *m* vacant; **vacancy for a typist** poste de dactylo à suppléer; *(notice)* 'on cherche dactylo'; '**no vacancies**' *(of jobs)* 'pas d'embauche'; *(in hotel)* 'complet'. ◆ **vacantly** *adv:* **to gaze** ~**ly into space** avoir le regard perdu dans le vide. ◆ **vacate** *vt room, seat, job, house* quitter; **to vacate the premises** vider les lieux.

vacation [və'keɪʃ(ə)n] **1** *n* vacances *fpl.* **on** ~ en vacances; **to take a** ~ prendre des vacances; *(Scol etc)* **long** ~ grandes vacances. **2** *adj:* ~ **course** cours *mpl* de vacances. ◆ **vacationer** *n (US)* vacancier *m*, -ière *f*.

vaccinate ['væksɪneɪt] *vt* vacciner *(against* contre*).* **to get** ~**d** se faire vacciner; **have you been** ~**d against...?** est-ce que vous êtes vacciné contre...? ◆ **vaccination** *n* vaccination *f.* ◆ **vaccine** *n* vaccin *m*; **polio vaccine** vaccin contre la polio.

vacillate ['væsɪleɪt] *vi* hésiter *(between* entre*).*

vacuum ['vækjʊm] **1** *n* vide *m*; *(Phys,)* vacuum *m.* **2** *adj* brake, pump à vide. ~ **cleaner** aspirateur *m*; ~ **flask** *or (US)* **bottle** bouteille *f* thermos ®. **3** *vt* carpet passer à l'aspirateur. ◆ **vacuity** *n* vacuité *f.* ◆ **vacuous** *adj eyes, stare* vide; *remark* bête. ◆ **vacuum-packed** *adj* emballé sous vide.

vagabond ['vægəbɒnd] *n* vagabond(e) *m(f).*

vagary ['veɪgərɪ] *n* caprice *m.*

vagina [və'dʒaɪnə] *n* vagin *m.* ◆ **vaginal** *adj* vaginal; ~**l discharge** pertes *fpl* blanches.

vagrant ['veɪgr(ə)nt] *n, adj* vagabond(e) *m(f).* ◆ **vagrancy** *n* vagabondage *m.*

vague [veɪg] *adj (not clear: gen)* vague, imprécis; *outline, photograph, memory* flou; *feeling, expression, idea* vague, confus; *(absent-minded)* person distrait. **I haven't the** ~**st idea** je n'en ai pas la moindre idée; **I had a** ~ **idea that** je pensais vaguement que; **he was** ~ **about it** *(didn't, say exactly)* il ne l'a pas bien précisé; *(didn't know exactly)* il n'en était pas sûr; **I'm still very** ~ **about all this** je n'ai pas encore compris tout ça; **to look** ~, **to have a** ~ **look in one's eyes** avoir l'air vague. ◆ **vaguely** *adv* vaguement. ◆ **vagueness** *n [person]* distraction *f*, étourderie *f.*

vain [veɪn] *adj (a) (useless, empty)* attempt, hope vain *(before n);* promise vide; *words* creux. **in** ~ en vain, vainement; **she tried in** ~ **to open the door** elle a essayé en vain d'ouvrir la porte; **I looked for him in** ~, **he had left** j'ai eu beau le chercher, il était parti. **(b)** *(conceited)* vaniteux. ◆ **vainly** *adv* **(a)** *(to no effect)* en vain, vainement; **(b)** *(conceitedly)* vaniteusement.

valentine ['væləntaɪn] *n (~* **card**) carte *f* de la Saint-Valentin *(gage d'amour).*

valet ['væleɪ] *n* valet *m* de chambre.

valiant ['væljənt] *adj (gen)* courageux, vaillant. **to make a** ~ **effort to do** essayer vaillamment de faire. ◆ **valiantly** *adv* vaillamment.

valid ['vælɪd] *adj* claim, contract, document, ticket valable, valide *(for* pour*);* excuse, argument valable. ◆ **validate** *vt* document etc valider; argument prouver la justesse de. ◆ **validity** *n [document etc]* validité *f; [argument]* justesse *f.*

valise [və'liːz] *n* sac *m* de voyage.

valley ['vælɪ] *n* vallée *f; (small)* vallon *m.* **the Seine/Rhône** *etc* ~ la vallée de la Seine/du Rhône *etc;* **the Loire V~** *(between Orléans and Tours)* le Val de Loire.

valour, *(US)* **valor** ['vælər] *n* bravoure *f.* ◆ **valorous** *adj* valeureux.

value ['væljuː] **1** *n* valeur *f.* **to gain (in)** ~ prendre de la valeur; **to lose (in)** ~ se déprécier; *(Tax etc)* **increase/decrease in** ~ plus-/moins-value *f;* **he paid the** ~ **of the cup he broke** il a remboursé la tasse qu'il a cassée; **of no** ~ sans valeur; **it has been of no** ~ **to her** ça ne lui a servi à rien; **to be of great** ~ valoir cher; **to get good** ~ **for money** en avoir pour son argent; **it's the best** ~ c'est le plus avantageux; **to put too high/too low a** ~ **on sth** surestimer/sous-estimer qch; **to the** ~ **of £100** d'une valeur de 100 livres; **at his** *(or its etc)* **proper** ~ à sa juste valeur; *(moral standards)* ~**s** valeurs. **2** *adj:* ~ **added tax** *(abbr* **V.A.T.**) taxe *f* sur la valeur ajoutée *(abbr* T.V.A.*); (fig)* ~ **judgment** jugement *m* de valeur. **3** *vt* **(a)** house, painting évaluer *(at* à*); (Comm, Jur)* expertiser *(at* à*).* **(b)** friendship, comforts apprécier; independence tenir à.

◆ **valuable 1** *adj object* de valeur; advice, time précieux ; **2** *npl:* **valuables** objets *mpl* de valeur. ◆ **valuation** *n (Comm, Jur)* expertise *f; (value decided upon)* appréciation *f;* **to have a valuation made of sth** faire expertiser qch; **the valuation is too high** l'appréciation est trop élevée; *(fig)* **to take sb at his own valuation** prendre qn pour celui qu'il croit être. ◆ **valued** *adj* friend précieux; colleague estimé. ◆ **valueless** *adj* sans valeur.

valve [vælv] *n (Anat)* valvule *f; (Bot, Zool)* valve *f; (Tech) [machine]* soupape *f; [tyre etc]* valve; *(Electronics, Rad)* lampe *f; [musical instrument]* piston *m.*

vampire ['væmpaɪər] *n* vampire *m.* ~ **bat** vampire *(chauve-souris).*

van¹ [væn] *n* **(a)** *(Aut: large)* camion *m*, fourgon *m; (smaller)* camionnette *f.* **(b)** *(Rail)* fourgon *m.* **(c)** *(*: *abbr of* **caravan**) caravane *f.* ◆ **van-boy** *or* ◆ **van-man** *n* livreur *m.*

van² [væn] *n abbr of* **vanguard**.

vandal ['vænd(ə)l] *n* vandale *mf.* ◆ **vandalism** *n* vandalisme *m.* ◆ **vandalize** *vt* saccager.

vane [veɪn] *n (weather ~)* girouette *f.*

vanguard ['væŋgɑːd] *n* avant-garde *f.* **in the** ~ *(Mil etc)* en tête *(of* de*); (fig)* à l'avant-garde *(of* de*).*

vanilla [və'nɪlə] **1** *n* vanille *f.* **2** *adj* cream, ice à la vanille.

vanish ['vænɪʃ] *vi* disparaître. **to** ~ **into thin air** se volatiliser. ◆ **vanished** *adj* disparu. ◆ **vanishing** *adj:* ~**ing cream** crème *f* de jour; ~**ing point** point *m* de fuite; ~**ing trick** tour *m* de passe-passe.

vanity ['vænɪtɪ] **1** *n* vanité *f.* **2** *adj:* ~ **case** mallette *f* pour affaires de toilette; ~ **mirror** miroir *m* de courtoisie; ~ **unit** élément *m* de salle de bains à lavabo encastré.

vanquish ['væŋkwɪʃ] *vt* vaincre.

vantage ['vɑːntɪdʒ] **1** n avantage m. **2** adj: ~ **point**, (Mil) ~ **ground** position f avantageuse.

vapid ['væpɪd] adj sans intérêt.

vapour, (US) **vapor** ['veɪpəʳ] **1** n vapeur f; (on glass) buée f. **2** adj (Aviat) ~ **trail** traînée f de condensation. ◆ **vaporize 1** vt vaporiser ; **2** vi se vaporiser. ◆ **vaporizer** n (Med) inhalateur m.

varicose ['værɪkəʊs] adj: ~ **vein** varice f.

varnish ['vɑːnɪʃ] **1** n vernis m. **nail** ~ vernis à ongles. **2** vt vernir. ◆ **varnishing** n (Art) vernissage m.

vary ['vɛərɪ] **1** vi (gen) varier (with selon). **to** ~ **from sth** différer de qch. **2** vt (gen) varier; temperature, results faire varier. ◆ **variability** n variabilité f. ◆ **variable** adj, n variable (f). ◆ **variance** n [people] **to be at variance** être en désaccord (with sb avec qn; about, over sth à propos de qch); [facts, statements] ne pas s'accorder (with avec). ◆ **variant** n variante f. ◆ **variation** n variation f. ◆ **varied** adj varié. ◆ **variegated** adj bigarré; (Bot) panaché. ◆ **variety** [və'raɪətɪ] **1** n (**a**) (gen) variété f; **for a variety of reasons** pour diverses raisons; **a large variety of** un grand mombre de; (**b**) (type, kind) type m, espèce f; (**c**) (Theat) variétés fpl ; **2** adj (Theat) artiste de variétés; **variety show** (Theat, TV) spectacle m de variétés; (Rad, TV) émission f de variétés. (US Culin) **variety meats** abats mpl (de boucherie). ◆ **various** ['vɛərɪəs] adj (different) divers (before n), différent; (several) divers (before n), plusieurs; **at various times** (different) en diverses occasions; (several) à plusieurs reprises; **various people** plusieurs or diverses personnes. ◆ **variously** adv diversement. ◆ **varying** adj qui varie, variable; **with ~ing degrees of success** avec plus ou moins de succès.

vase [vɑːz] n vase m. **flower** ~ vase à fleurs.

vasectomy [væ'sektəmɪ] n vasectomie f.

vaseline ['væsɪliːn] n vaseline f.

vast [vɑːst] adj (gen) vaste (usually before n); success énorme. **a** ~ **amount of** énormément de; **to a** ~ **extent** dans une très large mesure; **at** ~ **expense** à grands frais; ~ **sums** des sommes folles. ◆ **vastly** adv grateful, amused infiniment; rich extrêmement; **to be** ~**ly mistaken** se tromper du tout au tout; ~**ly improved** infiniment meilleur. ◆ **vastness** n immensité f.

vat [væt] n cuve f, bac m.

Vatican ['vætɪkən] n Vatican m. **the** ~ **Council** le Concile du Vatican.

vaudeville ['vəʊdəvɪl] n spectacle m de music-hall.

vault[1] [vɔːlt] n (**a**) (cellar) cave f; (tomb) caveau m; (in bank) (strongroom) chambre f forte; (for safe deposit boxes) salle f des coffres. (**b**) (Archit) voûte f. ◆ **vaulting** n (Archit) voûtes fpl.

vault[2] [vɔːlt] vti: **to** ~ (**over**) **sth** sauter qch (d'un bond).

vaunt [vɔːnt] vt: **much** ~**ed** dont on (or il etc) fait tant l'éloge.

veal [viːl] n veau m (Culin). ~ **cutlet** escalope f de veau.

veer [vɪəʳ] vi (~ **round**) [wind] tourner (to vers, à); [ship, car, road] virer. (fig: change one's mind) **to** ~ **round** changer d'opinion; **to** ~ **off the subject** s'éloigner du sujet.

vegan ['viːgən] n, adj végétalien(ne) m(f).

vegetable ['vedʒ(ɪ)təbl] **1** n (**a**) légume m. **early** ~**s** primeurs fpl. (**b**) (generic term: plant) végétal m. (**c**) (fig: brain damaged etc person) épave f. **2** adj oil, matter végétal; ~ **soup** soupe de légumes. ~ **dish** légumier m; ~ **garden** potager m; ~ **kingdom** règne m végétal; ~ **knife** couteau m à éplucher ; ~ **salad** macédoine f de légumes. ◆ **vegetarian** [ˌvedʒɪ'tɛərɪən] adj, n végétarien(ne) m(f). ◆ **vegetarianism** n végétarisme m. ◆ **vegetate** vi végéter. ◆ **vegetation** n végétation f.

vehement ['viːɪmənt] adj (gen) véhément; attack violent. ◆ **vehemence** n [feelings, speech] véhémence f; [actions] fougue f. ◆ **vehemently** adv speak etc avec véhémence; attack avec violence.

vehicle ['viːɪkl] n véhicule m. ◆ **vehicular traffic** [vɪ'hɪkjʊlə'træfɪk] n circulation f.

veil [veɪl] **1** n (gen) voile m; (on hat) voilette f; (fig) voile. (Rel) **to take the** ~ prendre le voile; (fig) **to draw a** ~ **over** mettre un voile sur. **2** vt voiler. ◆ **veiled** adj (lit, fig) voilé.

vein [veɪn] n (gen) veine f; (in leaf) nervure f. (fig) **a** ~ **of truth/cruelty** un fond de vérité/de cruauté; **in humorous** ~ dans un esprit humoristique ; **in the same** ~ dans le même esprit. ◆ **veined** adj hand, stone veiné; leaf nervuré.

Velcro ['velkrəʊ] n ® velcro m ®.

veld(t) [velt] n veld(t) m.

vellum ['veləm] n vélin m.

velocity [vɪ'lɒsɪtɪ] n vélocité f, vitesse f.

velour(s) [və'lʊəʳ] n (for clothes) velours m rasé; (for upholstery) velours épais.

velvet ['velvɪt] **1** n velours m. (fig) **to be on** ~ * jouer sur du velours *. **2** adj dress de velours. ◆ **velveteen** n velvet m. ◆ **velvety** adj velouté.

venal ['viːnl] adj vénal. ◆ **venality** n vénalité f.

vendetta [ven'detə] n vendetta f.

vending ['vendɪŋ] n vente f. ~ **machine** distributeur m automatique. ◆ **vendor** n (gen) marchand(e) m(f); (Jur) vendeur m.

veneer [və'nɪəʳ] **1** n placage m; (fig) apparence f. **2** vt plaquer.

venerate ['venəreɪt] vt vénérer. ◆ **venerable** adj vénérable. ◆ **veneration** n vénération f.

venereal [vɪ'nɪərɪəl] adj: ~ **disease** (abbr **V.D.**) maladie f vénérienne.

Venetian [vɪ'niːʃ(ə)n] adj vénitien. ~ **glass** cristal m de Venise; ~ **blind** store m vénitien.

vengeance ['ven(d)ʒ(ə)ns] n vengeance f. **to take** ~ **on** se venger de or sur; (fig) **with a** ~ pour de bon *.

venial ['viːnɪəl] adj véniel.

Venice ['venɪs] n Venise.

venison ['venɪs(ə)n] n venaison f.

venom ['venəm] n venin m. ◆ **venomous** adj (lit, fig) venimeux; tongue de vipère. ◆ **venomously** adv d'une manière venimeuse.

vent [vent] n (hole) orifice m; (pipe) conduit m; [chimney] tuyau m. (fig) **to give** ~ **to** donner libre cours à. **2** vt (fig) anger etc décharger (on sur).

ventilate ['ventɪleɪt] vt room, tunnel ventiler; (fig) question livrer à la discussion; grievance étaler au grand jour. ◆ **ventilation** n ventilation f; **ventilation shaft** conduit m d'aération. ◆ **ventilator** n ventilateur m; (Aut) déflecteur m.

ventricle ['ventrɪkl] n ventricule m.

ventriloquist [ven'trɪləkwɪst] n ventriloque mf. ◆ **ventriloquism** n ventriloquie f.

venture ['ventʃəʳ] **1** n entreprise f. **at a** ~ au hasard; **my first artistic** ~ ma première entreprise artistique; **business** ~**s** tentatives fpl commerciales; **a new** ~ **in publishing** qch de nouveau en matière d'édition. **2** adj: ~ **capital** capital-risques m. **3** vt life, fortune, reputation risquer; explanation, opinion hasarder. **to** ~ **a guess** hasarder une réponse; **he did not** ~ **to speak** il n'a pas osé parler. **3** vi se risquer (on doing à faire); **to** ~ **in/through** etc se risquer à entrer/traverser etc; **to** ~ **out of doors** se risquer à sortir; **to** ~ **into town** s'aventurer dans la ville; **when we** ~**d on this** quand nous avons entrepris cela.

venue ['venjuː] n lieu m (de rendez-vous). **the** ~ **of the meeting is...** la réunion aura lieu à...

Venus ['viːnəs] n (Astron, Myth) Vénus f.

veracious [vəˈreɪʃəs] *adj* véridique. ◆ **veracity** [vəˈræsɪtɪ] *n* véracité *f*.

veranda(h) [vəˈrændə] *n* véranda *f*.

verb [vɜ:b] *n* verbe *m*. ◆ **verbal** *adj* (gen) verbal; *memory* auditif. ◆ **verbalize** *vt* exprimer. ◆ **verbally** *adv* verbalement. ◆ **verbatim** *adj, adv* mot pour mot.

verbena [vɜ:ˈbi:nə] *n* verveine *f*.

verbiage [ˈvɜ:bɪɪdʒ] *n* verbiage *m*. ◆ **verbose** *adj* verbeux. ◆ **verbosely** *adv* avec verbosité. ◆ **verbosity** *n* verbosité *f*.

verdict [ˈvɜ:dɪkt] *n* (Jur, also gen) verdict *m*. ~ **of guilty/not guilty** verdict de culpabilité/de non-culpabilité; (gen) **to give one's** ~ **on** se prononcer sur.

verge [vɜ:dʒ] **1** *n* (gen) bord *m*; [road] accotement *m*; [forest] orée *f*. **to be on the** ~ **of** ruin, death, tears être au bord de; *a discovery* être à la veille de; **on the** ~ **of doing** sur le point de faire. **2** *vi* incliner, tendre (towards vers). **to** ~ **on sth** [ideas, actions] approcher de qch; [person] frôler qch.

verger [ˈvɜ:dʒəʳ] *n* bedeau *m*.

verify [ˈverɪfaɪ] *vt* (gen) vérifier; *documents* contrôler. ◆ **verifiable** *adj* vérifiable. ◆ **verification** *n* vérification *f*.

veritable [ˈverɪtəbl] *adj* véritable, vrai (both before n).

vermicelli [ˌvɜ:mɪˈselɪ] *n* vermicelle *m*.

vermilion [vəˈmɪljən] *adj, n* vermillon (m) inv.

vermin [ˈvɜ:mɪn] *collective n* (animals) animaux *mpl* nuisibles; (insects, also people) vermine *f*. ◆ **verminous** *adj* couvert de vermine.

vermouth [ˈvɜ:məθ] *n* vermouth *m*.

vernacular [vəˈnækjʊləʳ] *n* langue *f* vernaculaire.

veronica [vəˈrɒnɪkə] *n* véronique *f*.

verruca [vəˈru:kə] *n* verrue *f* (plantaire).

versatile [ˈvɜ:sətaɪl] *adj* person aux talents variés; *mind* souple; *genius* universel. ◆ **versatility** *n* [person] variété *f* de talents.

verse [vɜ:s] *n* (a) (poetry) poésie *f*, vers *mpl*. **in** ~ en vers. (b) (stanza) [poem] strophe *f*; [song] couplet *m*; [Bible] verset *m*. ◆ **versed** *adj* (well-~d) versé (in dans). ◆ **versification** *n* versification *f*. ◆ **versify** *vi* faire des vers.

version [ˈvɜ:ʃ(ə)n] *n* (most senses) version *f*; [car] modèle *m*.

versus [ˈvɜ:səs] *prep* (Jur, Sport, gen) contre. **public** ~ **private ownership** la propriété publique par opposition à la propriété privée.

vertebra, *pl* **-ae** [ˈvɜ:tɪbrə, i:] *n* vertèbre *f*. ◆ **vertebrate** *adj, n* vertébré (m).

vertex, *pl* **-tices** [ˈvɜ:teks, tɪsi:z] *n* (gen, Math) sommet *m*; (Anat) vertex *m*.

vertical [ˈvɜ:tɪk(ə)l] **1** *adj* (gen) vertical; *cliff* à pic. **2** *n* verticale *f*. ◆ **vertically** *adv* verticalement.

vertigo [ˈvɜ:tɪgəʊ] *n* vertige *m*. **to suffer from** ~ avoir des vertiges.

verve [vɜ:v] *n* verve *f*, brio *m*.

very [ˈverɪ] **1** *adv* (a) (extremely) très, bien. ~ **amusing** très *or* fort amusant; **I am** ~ **cold** j'ai très froid; ~ **well** très bien; ~ **little** très peu (de); ~ **much** beaucoup, bien; ~ **much bigger** beaucoup *or* bien plus grand; **he doesn't work** ~ **much** il ne travaille pas beaucoup; ~ **high frequency** (Rad) ondes *fpl* ultra-courtes; (Electronics) très haute fréquence. (b) (absolutely) tout, de loin. ~ **best quality** toute première qualité; ~ **last/first** tout dernier/premier; **the** ~ **cleverest** de loin le plus intelligent; **at the** ~ **latest** au plus tard; **at the** ~ **most/least** tout au plus/moins; **in the** ~ **best of health** en excellente santé; **the** ~ **best of friends** les meilleurs amis du monde; **it's my** ~ **own** c'est à moi tout seul; **the** ~ **next shop** le magasin tout de suite après; **the** ~ **same day** le jour même;

the ~ **same hat** exactement le même chapeau; **the** ~ **next day** le lendemain même. **2** *adj* (a) (precise) même. **that** ~ **day** ce jour même; **his** ~ **words** ses propos mêmes; **the** ~ **thing!** (of object) voilà justement ce qu'il me faut; (of idea etc) c'est idéal; **the** ~ **man I need** tout à fait l'homme qu'il me faut. (b) (extreme) tout. **at the** ~ **end** [year] tout à la fin; [road] tout au bout; **to the** ~ **end** jusqu'au bout; **in the** ~ **depths of** au plus profond de. (c) (mere) seul. **the** ~ **word** le mot seul, rien que le mot; **the** ~ **thought of** it rien que d'y penser; **the** ~ **idea!** quelle idée alors!

vespers [ˈvespəz] *npl* vêpres *fpl*.

vessel [ˈvesl] *n* (all senses) vaisseau *m*.

vest¹ [vest] **1** *n* (a) (Brit) [man] tricot *m* de corps; [woman] chemise *f* américaine. (b) (US) gilet *m*. **2** *adj*: (US) ~ **pocket** poche *f* de gilet. ◆ **vest-pocket** *adj* (US) calculator de poche; (fig) minuscule.

vest² [vest] *vt*: **to** ~ **sb with sth, to** ~ **sth in sb** investir qn de qch; **the authority** ~**ed in me** l'autorité dont je suis investi; (Fin) ~**ed interests** droits *mpl* acquis; (fig) **he has a** ~**ed interest in it** il est directement intéressé là-dedans.

vestibule [ˈvestɪbju:l] *n* vestibule *m*.

vestige [ˈvestɪdʒ] *n* (gen) vestige *m*. (fig) **not a** ~ **of truth/common sense** pas une trace de vérité/de bon sens.

vestment [ˈvestmənt] *n* vêtement *m* sacerdotal.

vestry [ˈvestrɪ] *n* sacristie *f*.

vet [vet] **1** *n* (abbr of **veterinary surgeon**) vétérinaire *mf*. **2** *vt* text revoir; *application* examiner minutieusement; *figures* vérifier; *report* (check) vérifier le contenu de; (approve) approuver. **it was** ~**ted by him** c'est lui qui l'a approuvé; **to** ~ **sb for a job** se renseigner de façon approfondie au sujet de qn avant de lui offrir un poste.

vetch [vetʃ] *n* vesce *f*.

veteran [ˈvet(ə)r(ə)n] **1** *n* vétéran *m*. **war** ~ ancien combattant *m*. (US) **V~s Day** le onze novembre (anniversaire de l'armistice). **2** *adj* traveller, writer chevronné. **she is a** ~ **campaigner for...** elle fait campagne depuis toujours pour...; **a** ~ **teacher/golfer** un vétéran de l'enseignement/du golf; ~ **car** voiture *f* d'époque (avant 1916).

veterinary [ˈvet(ə)rɪn(ə)rɪ] *adj* vétérinaire. ~ **surgeon** vétérinaire *mf*.

veto [ˈvi:təʊ] **1** *n*, *pl* **-es** veto *m*. **to have a/use one's** ~ avoir un/exercer son droit de veto. **2** *vt* (also **put a** ~ **on**) opposer son veto à.

vex [veks] *vt* contrarier, fâcher. ◆ **vexation** *n* ennui *m*. ◆ **vexatious** *or* ◆ **vexing** *adj* contrariant. ◆ **vexed** *adj* fâché (with sb contre qn); *question* controversé; **to get** ~**ed** se fâcher.

via [ˈvaɪə] *prep* par, via. **to go** ~ **Paris** passer par Paris; **to send a message** ~ **the computer** envoyer un message par l'ordinateur; **detected** ~ **a satellite** détecté au moyen d'un satellite.

viable [ˈvaɪəbl] *adj* viable. ◆ **viability** *n* viabilité *f*.

viaduct [ˈvaɪədʌkt] *n* viaduc *m*.

vibes ⁕ [ˈvaɪbz] *npl* (abbr of **vibrations**) atmosphère *f*. **the** ~ **are wrong** ça ne gaze pas ⁕.

vibrate [vaɪˈbreɪt] *vi* vibrer (with de). ◆ **vibrant** *adj* vibrant. ◆ **vibration** *n* vibration *f*.

viburnum [vaɪˈbɜ:nəm] *n* viorne *f*.

vicar [ˈvɪkəʳ] *n* (C of E) pasteur *m*; (RC) vicaire *m*. ◆ **vicarage** *n* presbytère *m* (anglican).

vicarious [vɪˈkɛərɪəs] *adj suffering etc* à la place d'un autre. **to get** ~ **pleasure from** retirer indirectement du plaisir de. ◆ **vicariously** *adv* indirectement.

vice¹ [vaɪs] **1** n vice m; (less strong) défaut m. [animal] he has no ~s il n'est pas vicieux. **2** adj (Police) V~ **Squad** brigade f des mœurs.

vice² [vaɪs] n (tool) étau m.

vice³ ['vaɪsɪ] prep à la place de.

vice- [vaɪs] pref vice-. ~**admiral** vice-amiral m d'escadre; ~**chairman** vice-président(e) m(f) ; ~**chancellor** (Univ) vice-président(e) m(f) d'université; (Jur) vice-chancelier m; ~**president** vice-président(e) m(f); ~**presidential** vice-présidentiel. ◆ **viceroy** n vice-roi m.

vice versa ['vaɪsɪ'vɜ:sə] adv vice versa.

vicinity [vɪ'sɪnɪtɪ] n (nearby area) environs mpl, alentours mpl; (closeness) proximité f. **in the** ~ dans les environs; **in the** ~ **of** aux alentours de.

vicious ['vɪʃəs] adj remark, look méchant; kick, attack brutal; tongue de vipère; habit, animal, circle vicieux. ◆ **viciously** adv méchamment; brutalement. ◆ **viciousness** n méchanceté f; brutalité f.

vicissitude [vɪ'sɪsɪtjuːd] n vicissitude f.

victim ['vɪktɪm] n victime f. **to be the** ~ **of** être victime de; **to fall (a)** ~ **to** devenir la victime de; (fig: to sb's charms etc) succomber à. ◆ **victimization** n représailles fpl (subies par un ou plusieurs des responsables); **he alleged** ~**ization** il a prétendu être victime de représailles. ◆ **victimize** vt prendre pour victime; (after strike etc) exercer des représailles sur; **to be** ~**ized** être victime de représailles.

Victorian [vɪk'tɔːrɪən] **1** n Victorien(ne) m(f). **2** adj victorien. ◆ **Victoriana** n antiquités fpl victoriennes.

victory ['vɪkt(ə)rɪ] n victoire f. **to win a** ~ **over** remporter une victoire sur. ◆ **victor** n vainqueur m. ◆ **victorious** [vɪk'tɔːrɪəs] adj (gen) victorieux; shout de victoire; **to be victorious** sortir victorieux (in de). ◆ **victoriously** adv victorieusement.

victuals ['vɪtlz] npl victuailles fpl.

video ['vɪdɪəʊ] **1** n **(a)** (medium) vidéo f; (machine) magnétoscope m; (cassette) vidéocassette f. **(b)** (US: television) télévision f, télé * f. **(c)** (for song) clip m. **2** adj (on ~) film en vidéo; facilities, game vidéo inv; (US: on television) film télévisé. ~ **camera** caméra f vidéo; ~ **cassette** vidéocassette f; ~ **frequency** vidéofréquence f; ~ **game** jeu m vidéo; ~ **nasty** * vidéocassette à caractère violent; ~ **recorder** magnétoscope m; ~ **recording** enregistrement m en vidéo; ~ **tape** bande f vidéo; (cassette) vidéocassette f. **3** vt programme enregistrer sur magnétoscope; wedding filmer en vidéo. ◆ **videotex** ® n vidéotex m ®.

vie [vaɪ] vi rivaliser (with sb in doing avec qn pour faire), lutter (with sb for sth avec qn pour (avoir) qch; with sb for doing avec qn pour faire).

Vietnam ['vjet'næm] Viet-Nam m. ◆ **Vietnamese 1** adj vietnamien ; **2** n **(a)** (pl inv) Vietnamien(ne) m(f); **(b)** (Ling) vietnamien m.

view [vjuː] **1** n **(a)** (gen) vue f. **in full** ~ **of** en plein devant; **to come into** ~ apparaître; **to come into** ~ **of** arriver en vue de; **the house is within** ~ **of the sea** de la maison on voit la mer; **hidden from** ~ caché (lit, fig) **to keep sth in** ~ ne pas perdre qch de vue; [exhibit] **on** ~ exposé; **the house is on** ~ on peut visiter la maison; **back/front** ~ **of the house** la maison vue de derrière/de devant; **you'll get a better** ~ **from here** vous verrez mieux d'ici; **there is a splendid** ~ la vue est splendide; **a** ~ **over...** une vue sur...; **50** ~**s of Paris** 50 vues de Paris; **a room with a** ~ une chambre avec une belle vue. **(b)** (opinion) avis m, opinion f. **in my** ~ à mon avis; **to hold** ~**s on** avoir des opinions sur; **to take the** ~ **that** penser que; **to take a dim** * **or a poor** ~ **of sth** apprécier médiocrement qch; **to fall in with sb's** ~**s** tomber d'accord avec qn;

point of ~ point m de vue. **(c)** (survey) vue f, aperçu m. **a general** ~ **or an overall** ~ **of a problem** une vue d'ensemble d'un problème; **to take the long** ~ prévoir les choses de loin; **in** ~ **of** étant donné, vu; **in** ~ **of the fact that** étant donné que, vu que. **(d)** (intention) but m. **to have in** ~ envisager (sth qch; doing de faire); **with this in** ~ dans ce but; **with a** ~ **to doing** dans l'intention de faire. **2** vt **(a)** (look at, see) voir; (TV programme) regarder. **London** ~**ed from the air** Londres vu d'avion. **(b)** (examine) examiner, inspecter; slides visionner; house visiter. **(c)** (think of, understand) considérer, envisager. **to** ~ **sb/sth as...** considérer qn/qch comme...; **he** ~**s it very objectively** il se montre très objectif; **they** ~**ed the scheme favorably** ils ont été favorables au projet. **3** vi (TV) regarder la télévision. ◆ **viewer** n **(a)** (TV) téléspectateur m, -trice f; **(b)** (for slides) visionneuse f. ◆ **viewfinder** n viseur m. ◆ **viewing 1** n: **it makes good** ~**ing** c'est un excellent spectacle de télévision ; **2** adj: ~**ing figures** taux m d'écoute; ~**ing public** téléspectateurs mpl. ◆ **viewpoint** n point m de vue.

vigil ['vɪdʒɪl] n (gen) veille f; (by sickbed etc) veillée f; (Rel) vigile f; (Pol) manifestation f silencieuse. ◆ **vigilance** n vigilance f. ◆ **vigilant** adj vigilant. ◆ **vigilante** n membre m d'un groupe d'auto-défense. ◆ **vigilantly** adv avec vigilance.

vigour, (US) **vigor** ['vɪgər] n vigueur f. ◆ **vigorous** adj vigoureux; defense énergique. ◆ **vigorously** adv vigoureusement; énergiquement.

vile [vaɪl] adj (base, evil) vil, ignoble; (extremely bad) exécrable. **in a** ~ **temper** d'une humeur massacrante. ◆ **vilely** adv vilement. ◆ **vileness** n vilenie f. ◆ **vilification** [ˌvɪlɪfɪ'keɪʃ(ə)n] n calomnie f. ◆ **vilify** vt calomnier.

villa ['vɪlə] n (in town) pavillon m (de banlieue); (in country) maison f de campagne; (by sea) villa f.

village ['vɪlɪdʒ] **1** n village m, bourgade f, patelin * m. **2** adj school etc, idiot du village. ~ **green** pré m communal; **the** ~ **inn** l'auberge f du village; **a** ~ **inn** une auberge de campagne. ◆ **villager** n villageois(e) m(f).

villain ['vɪlən] n scélérat m; (in drama, novel) traître(sse) m(f); (*: rascal) coquin(e) m(f); (Police etc sl: criminal) bandit m. ◆ **villainous** adj (gen) deed etc infâme; (*: bad) coffee, weather abominable. ◆ **villainy** n infamie f.

vim * [vɪm] n entrain m.

vinaigrette [ˌvɪneɪ'gret] n (Culin) vinaigrette f.

vindicate ['vɪndɪkeɪt] vt (gen) justifier; rights faire valoir. ◆ **vindication** n justification f; **in vindication of** pour justifier.

vindictive [vɪn'dɪktɪv] adj vindicatif. ◆ **vindictively** adv vindicativement.

vine [vaɪn] n vigne f. ◆ **vine-grower** n viticulteur m, vigneron m. ◆ **vine-growing** adj district viticole. ◆ **vineyard** ['vɪnjəd] n vignoble m.

vinegar ['vɪnɪgər] n vinaigre m.

vintage ['vɪntɪdʒ] **1** n (harvesting; season) vendanges fpl; (year) année f. **what** ~ **is it?** c'est de quelle année?; **the 1972** ~ le vin de 1972. **2** adj **(a)** wine de grand cru. **a** ~ **year** une bonne année (for pour); ~ **car** voiture f d'époque (1917-1930). **(b)** (typical) typique.

vinyl ['vaɪnɪl] **1** n vinyle m. **2** adj de vinyle.

viola¹ [vɪ'əʊlə] n (Mus) alto m. ~ **player** altiste mf.

viola² ['vaɪələ] n (Bot) pensée f.

violate ['vaɪəleɪt] vt rule violer; rights bafouer; frontier ne pas respecter. ◆ **violation** n **(a)** violation f; **it's a violation of his privacy** c'est s'ingérer dans sa vie privée; **(b)** (US: offence) contravention f.

violence ['vaɪələns] n violence f. **to use** ~ **against** employer la violence contre; **there was an outbreak of** ~ de violents incidents mpl ont éclaté;

racial ~ violents incidents raciaux; **terrorist** ~ actes *mpl* de violence terroristes; **crime of** ~ voie *f* de fait; *(Jur)* **robbery with** ~ vol *m* avec coups et blessures; *(fig)* **to do** ~ **to** faire violence à. ♦ **violent** *adj (gen)* violent; *halt, braking* brutal; *colour* criard; **violent scenes** scènes *fpl* de violence; **to die a violent death** mourir de mort violente; **to have a violent temper** avoir un tempérament violent; **to be in a violent temper** être dans une rage folle; **by violent means** par la violence; **a violent dislike** une vive aversion *(for* envers). ♦ **violently** *adv struggle, react* violemment; *(severely) ill, angry* terriblement; **to behave violently** se montrer violent; **to fall violently in love with** tomber follement amoureux de.

violet ['vaɪəlɪt] **1** *n (Bot)* violette *f*; *(colour)* violet *m*. **2** *adj* violet.

violin [ˌvaɪə'lɪn] **1** *n* violon *m*. **2** *adj sonata* pour violon. ♦ **violinist** *n* violoniste *mf*.

viper ['vaɪpə^r] *n* vipère *f*.

virgin ['vɜ:dʒɪn] **1** *n* vierge *f*; garçon *m* vierge. **she/he is a** ~ elle/il est vierge; **the Blessed V**~ la Sainte Vierge. **2** *adj (fig) forest* vierge; *snow* frais. ♦ **virginity** *n* virginité *f*.

Virginia creeper [və'dʒɪnjə'kri:pə^r] *n* vigne *f* vierge.

Virgo ['vɜ:gəʊ] *n (Astron)* la Vierge.

virile ['vɪraɪl] *adj* viril. ♦ **virility** *n* virilité *f*.

virtual ['vɜ:tjʊəl] *adj*: **he is the** ~ **leader** en fait c'est lui le chef; **a** ~ **impossibility** une quasi-impossibilité; **it was a** ~ **failure** ce fut pratiquement un échec. ♦ **virtually** *adv (in reality)* en fait; *(almost)* pratiquement; **he is** ~**ly the leader** en fait c'est lui le chef; **it** ~**ly failed** ça a pratiquement échoué; ~**ly certain** pratiquement certain.

virtue ['vɜ:tju:] *n* vertu *f*. **to make a** ~ **of necessity** faire de nécessité vertu; **by** ~ **of** en vertu de; **to have the** ~ **of being** *[thing]* avoir l'avantage d'être; *[person]* avoir le mérite d'être; **there is no** ~ **in doing that** il n'y a aucun mérite à faire cela. ♦ **virtuous** *adj* vertueux. ♦ **virtuously** *adv* vertueusement.

virtuoso [ˌvɜ:tjʊ'əʊzəʊ] **1** *n* virtuose *mf*. **violin** ~ virtuose du violon. **2** *adj performance* de virtuose. ♦ **virtuosity** *n* virtuosité *f*.

virulence ['vɪrʊləns] *n* virulence *f*. ♦ **virulent** *adj* virulent.

virus ['vaɪərəs] *n* virus *m*. **rabies** ~ virus de la rage; ~ **disease** maladie *f* virale.

visa ['vi:zə] *n* visa *m (de passeport)*.

vis-à-vis ['vi:zəvi:] *prep (+ person)* vis-à-vis de; *(+ thing)* par rapport à.

viscera ['vɪsərə] *npl* viscères *mpl*.

viscount ['vaɪkaʊnt] *n* vicomte *m*.

viscous ['vɪskəs] *adj* visqueux.

vise [vaɪs] *n (US)* = **vice²**.

visible ['vɪzəbl] *adj* (a) visible. ~ **to the naked eye** visible à l'œil nu; **to become** ~ apparaître. (b) *(obvious)* manifeste. **with** ~ **impatience** avec une impatience manifeste. ♦ **visibility** *n* visibilité *f*. ♦ **visibly** *adv* visiblement; *(obviously)* manifestement.

vision ['vɪʒ(ə)n] *n (gen)* vision *f*; *(eyesight)* vue *f*. **a man of** ~ un homme qui voit loin; **his** ~ **of the future** la façon dont il voit l'avenir; **to see** ~**s** avoir des visions; **to have** ~**s of wealth** avoir des visions de richesses; **she had** ~**s of being drowned** elle s'est vue noyée. ♦ **visionary** *adj*, *n* visionnaire *(mf)*. ♦ **vision-mixing** *n* mixage *m* d'images.

visit ['vɪzɪt] **1** *n (call, tour)* visite *f*; *(stay)* séjour *m*. **to pay a** ~ **to** *person* rendre visite à; *place* aller à; **to be on a** ~ **to** *person* être en visite chez; *place* faire un séjour à; **on a private/an official** ~ en visite

privée/officielle; *(fig)* **to pay a** ~ * aller au petit coin *. **2** *vt* (a) *(go and see) person* aller voir; *(more formally)* rendre visite à; *town, museum, zoo, theatre* aller à. (b) *(stay with or in) person* faire un séjour chez; *town, country* faire un séjour à *(or* en*)*. (c) *(inspect) place* inspecter; *troops* passer en revue. ♦ **visitation** *n [official]* visite *f* d'inspection; *[bishop]* visite pastorale. ♦ **visiting** *adj friends* de passage; *lecturer* invité; *professor etc* associé; ~ **card** carte *f* de visite; *(US)* ~**ing fireman** * visiteur *m* de marque; ~**ing hours** *or* **time** heures *fpl* de visite; *(US)* ~**ing teacher** ≈ visiteuse *f* scolaire; *(Sport)* **the** ~**ing team** les visiteurs *mpl*; **I'm not on** ~**ing terms with him** nous ne nous rendons pas visite. ♦ **visitor** *n (guest)* invité(e) *m(f)*; *(in hotel)* client(e) *m(f)*; *(tourist; also at exhibition etc)* visiteur *m*, -euse *f*; ~**ors' book** livre *m* d'or; *(in hotel)* registre *m*; ~**ors to Paris** les visiteurs de passage à Paris; ~**ors to the exhibition** les personnes *fpl* visitant l'exposition.

visor ['vaɪzə^r] *n* visière *f*.

vista ['vɪstə] *n (view)* panorama *m*; *(fig)* perspective *f*.

visual ['vɪzjʊəl] *adj* visuel. ~ **aid** support *m* visuel; **to teach with** ~ **aids** enseigner par des méthodes visuelles; ~ **arts** arts *mpl* plastiques; *(Comput)* ~ **display unit** *(abbr* **V.D.U.)** console *f* de visualisation, visuel *m*. ♦ **visualize** *vt (imagine)* se représenter *(sth* qch; *sb doing* qn faisant); *(foresee)* envisager. ♦ **visually** *adv* visuellement.

vital ['vaɪtl] *adj* (a) *(gen)* vital; *importance* capital; *error* fatal. ~ **statistics** *[population]* statistiques *fpl* démographiques; *(*: woman's)* mensurations *fpl*; ~ **to sb/sth** indispensable à qn/pour qch; **it is** ~ **that...** il est indispensable *or* vital que... + *subj*. (b) *(lively)* plein d'entrain. ♦ **vitality** *n* vitalité *f*. ♦ **vitally** *adv necessary* absolument; *urgent* extrêmement; **it is** ~**ly important** c'est d'une importance capitale; **it is** ~**ly important that** il est absolument indispensable que + *subj*.

vitamin ['vɪtəmɪn] **1** *n* vitamine *f*. ~ **A/B** *etc* vitamine A/B *etc*; **with added** ~ **s**, ~**-enriched** vitaminé. **2** *adj content* en vitamines; *tablets* de vitamines. ~ **deficiency** carence *f* en vitamines.

vitiate ['vɪʃɪeɪt] *vt* vicier.

vitreous ['vɪtrɪəs] *adj (gen)* vitreux; *enamel* vitrifié. ♦ **vitrify** *vt* vitrifier.

vitriol ['vɪtrɪəl] *n (Chem, fig)* vitriol *m*. ♦ **vitriolic** *adj (fig)* venimeux.

vitro ['vi:trəʊ]: *(Med)* **in** ~ **fertilization** fécondation *f* in vitro.

vituperation [vɪˌtju:pə'reɪʃ(ə)n] *n* vitupérations *fpl*.

viva ['vaɪvə] *n* oral *m*. ♦ **viva voce** ['vaɪvə'vəʊsɪ] *adv* de vive voix.

vivacious [vɪ'veɪʃəs] *adj* vif, enjoué. ♦ **vivaciously** *adv* avec vivacité. ♦ **vivacity** [vɪ'væsɪtɪ] *n* vivacité *f*.

vivid ['vɪvɪd] *adj colour* vif, éclatant; *tie etc* voyant; *imagination* vif; *memory* net; *description* vivant; *dream* impressionnant. ♦ **vividly** *adv describe* d'une manière vivante; *imagine* de façon précise; *remember* très nettement. ♦ **vividness** *n [colour, light]* éclat *m*; *[style]* vigueur *f*.

vivisection [ˌvɪvɪ'sekʃ(ə)n] *n* vivisection *f*.

vixen ['vɪksn] *n* renarde *f*; *(woman)* mégère *f*.

viz [vɪz] *adv* c'est-à-dire.

vizier [vɪ'zɪə^r] *n* vizir *m*.

vocabulary [və(ʊ)'kæbjʊlərɪ] *n (gen)* vocabulaire *m*; *(in textbook)* lexique *m*.

vocal ['vəʊk(ə)l] *adj* (a) *(gen)* vocal. ~ **cords** cordes *fpl* vocales. (b) *(voicing opinion) group, person* qui se fait entendre. ♦ **vocalic** *adj* vocalique. ♦ **vocalist** *n* chanteur *m*, -euse *f (dans un groupe)*.

◆ **vocalize** *vt (Ling)* vocaliser; *opinions etc* exprimer. ◆ **vocally** *adv* vocalement.

vocation [vǝ(ʊ)'keɪʃ(ǝ)n] *n (Rel etc)*, vocation *f*. **to have a ~ for teaching** avoir la vocation de l'enseignement. ◆ **vocational** *adj training etc* professionnel; **~al guidance/training** orientation *f*/formation *f* professionnelle.

vocative ['vɒkǝtɪv] *adj, n* vocatif *(m)*.

vociferate [vǝ(ʊ)'sɪfǝreɪt] *vi* vociférer, brailler *. ◆ **vociferous** *adj* bruyant. ◆ **vociferously** *adv* en vociférant.

vodka ['vɒdkǝ] *n* vodka *f*.

vogue [vǝʊg] *n* vogue *f*. **to be the ~ or in ~** être en vogue; **to have a great ~** être très en vogue.

voice [vɔɪs] **1** *n (gen, Gram etc)* voix *f*. **to lose one's ~** avoir une extinction de voix; **in good ~** en voix; **in a soft ~** d'une voix douce; **soft-~d** à voix douce; **at the top of his ~** à tue-tête; *(fig)* **to have a ~ in the matter** avoir voix au chapitre; **with one ~** à l'unanimité. **2** *vt feelings etc* exprimer; *(Ling) consonant* voiser. ◆ **voiceless** *adj* sans voix; *consonant* sourd. ◆ **voice-over** *n* commentaire *m* (voix hors champ).

void [vɔɪd] **1** *n* vide *m*. **to fill the ~** combler le vide. **2** *adj (gen)* vide; *(Jur)* nul. **~ of** dépourvu de.

volatile ['vɒlǝtaɪl] *adj (Chem)* volatil; *(fig) situation* explosif; *person* versatile.

volcano [vɒl'keɪnǝʊ] *n* volcan *m*. ◆ **volcanic** [vɒl'kænɪk] *adj* volcanique.

vole [vǝʊl] *n (Zool)* campagnol *m*.

volition [vɒ'lɪʃ(ǝ)n] *n*: **of one's own ~** de son propre gré.

volley ['vɒlɪ] **1** *n* **(a)** *(Mil)* volée *f*; *[stones]* grêle *f*; *[insults]* bordée *f*; *[questions]* feu *m* roulant; *[applause]* salve *f*. **(b)** *(Sport)* volée *f*. **2** *vt ball* reprendre de volée. ◆ **volleyball** *n* volley(-ball) *m*.

volt [vǝʊlt] *n* volt *m*. ◆ **voltage** *n* voltage *m*, tension *f*; **high/low ~age** haute/basse tension.

volte-face ['vɒlt'fɑːs] *n* volte-face *f inv*.

voluble ['vɒljʊbl] *adj* volubile. ◆ **volubility** *n* volubilité *f*. ◆ **volubly** *adv* avec volubilité.

volume ['vɒljuːm] *n* **(a)** *(book)* volume *m*. **in 6 ~s** en 6 volumes; **~ one** tome *m* premier; **~ two/three** *etc* tome deux/trois *etc*. **(b)** *(size; sound)* volume *m*; *[tank]* capacité *f*. **~ of water/production** volume d'eau/de la production; *(Rad, TV)* **to turn the ~ up/down** augmenter/diminuer le volume; **~s of smoke** nuages *mpl* de fumée; **~s of tears** flots *mpl* de larmes; **to write ~s** écrire des volumes; **it speaks ~s for...** cela en dit long sur... ◆ **voluminous** *adj* volumineux.

volunteer [,vɒlǝn'tɪǝʳ] **1** *n (Mil, gen)* volontaire *mf*; *(helper)* bénévole. **2** *adj army, group* de volontaires; *helper* bénévole; *driver* qui se porte volontaire. **3** *vt help etc* offrir de son plein gré; *information, suggestion, facts* fournir spontanément. **'seven' he ~ed** 'sept' dit-il spontanément. **4** *vi* s'offrir, se proposer *(for sth* pour qch; *to do* pour faire); *(Mil)* s'engager comme volontaire *(for* dans). ◆ **voluntarily** *adv (willingly)* volontairement; *(without payment)* bénévolement. ◆ **voluntary** *adj confession, contribution* volontaire; *(unpaid) help, work, worker* bénévole; *(US)* **voluntary hospital** hôpital *m* de l'assistance publique; *(Brit)* **Voluntary Service Overseas** ≃ coopération *f* technique à l'étranger.

voluptuous [vǝ'lʌptjʊǝs] *adj* voluptueux. ◆ **voluptuously** *adv* voluptueusement. ◆ **voluptuousness** *n* volupté *f*.

vomit ['vɒmɪt] **1** *vti* vomir. **2** *n* vomi *m*. ◆ **vomiting** *n* vomissements *mpl*.

voracious [vǝ'reɪʃǝs] *adj (gen)* vorace; *reader* avide. ◆ **voraciously** *adv eat* avec voracité. ◆ **voracity** [vɒ'ræsɪtɪ] *n* voracité *f*.

vortex ['vɔːteks] *n* vortex *m*; *(fig)* tourbillon *m*.

votary ['vǝʊtǝrɪ] *n* fervent(e) *m(f) (of* de).

vote [vǝʊt] **1** *n (gen)* vote *m*; *(~ cast)* vote, voix *f (for* pour; *against* contre). **to give the ~ to sb** accorder le droit de vote à qn; **~s for women!** droit de vote pour les femmes!; **to put sth to the ~** mettre qch au vote; **to take a ~** *(gen)* voter; *(on motion)* procéder au vote *(on* sur); **~ of censure** *or* **no confidence** motion *f* de censure; **to pass a ~ of censure** voter la censure; **to pass a ~ of confidence in** passer un vote de confiance à l'égard de; **~ of thanks** discours *m* de remerciement; **to win ~s** gagner des voix; **to count the ~s** compter les voix *or* les votes; *(Pol)* dépouiller le scrutin; **the Labour ~** les voix travaillistes. **2** *vt* **(a)** *(~ through)* *bill, sum of money etc* voter. **the committee ~d to request a subsidy** le comité a voté une demande de subvention. **(b)** *(elect:* **~ in)** élire. **he was ~d chairman** il a été élu président; *(fig)* **they ~d her the best cook** ils l'ont proclamée la meilleure cuisinière; **I ~ * we go** je propose qu'on y aille. **3** *vi* voter *(for sb/sth* pour qn/qch; *against* contre). **~ for Robert!** votez Robert!; **to ~ Socialist** voter socialiste; **to ~ on sth** mettre qch au vote. ◆ **voter** *n* électeur *m*, -trice *f*; *(US Pol)* **~r registration** inscription *f* sur les listes électorales. ◆ **voting** **1** *n (process of voting)* scrutin *m*; *(result)* vote *m* ; **2** *adj*: **voting booth** isoloir *m*; **voting paper** bulletin *m* de vote.

votive ['vǝʊtɪv] *adj* votif.

vouch [vaʊtʃ] *vi*: **to ~ for** *(gen)* répondre de; *truth of sth* garantir. ◆ **voucher** *n (gen)* bon *m*; *(receipt)* reçu *m*.

vow [vaʊ] **1** *n* vœu *m*. **to take** *or* **make a ~** faire vœu *(to do* de faire); *(Rel)* **to take one's ~s** prononcer ses vœux. **2** *vt* jurer *(to do* de faire; *that* que); *obedience etc* vouer. **to ~ (to o.s.) to do se** jurer de faire.

vowel ['vaʊ(ǝ)l] **1** *n* voyelle *f*. **2** *adj* vocalique.

voyage ['vɔɪɪdʒ] **1** *n* voyage *m* par mer, traversée *f*. **to go on a ~** partir en voyage (par mer); **the ~ out/home** le voyage d'aller/de retour; **~ of discovery** voyage d'exploration. **2** *vi* voyager (par mer). ◆ **voyager** *n* voyageur *m*, -euse *f*.

vulcanize ['vʌlkǝnaɪz] *vt* vulcaniser. ◆ **vulcanite** *n* ébonite *f*. ◆ **vulcanization** *n* vulcanisation *f*.

vulgar ['vʌlgǝʳ] *adj (gen)* vulgaire; *(pej)* vulgaire, grossier. **~ Latin** latin *m* vulgaire; **~ word** gros mot *m*; **~ fraction** fraction *f* ordinaire. ◆ **vulgarity** *n* vulgarité *f*. ◆ **vulgarly** *adv (all senses)* vulgairement. ◆ **Vulgate** *n* Vulgate *f*.

vulnerable ['vʌln(ǝ)rǝbl] *adj* vulnérable. **his ~ spot** son point faible. ◆ **vulnerability** *n* vulnérabilité *f*.

vulture ['vʌltʃǝʳ] *n* vautour *m*.

W

W, w [ˈdʌblju:] *n (letter)* W, w *m.*

wad [wɒd] **1** *n [cloth, paper, cotton wool]* tampon *m*; *[putty, chewing gum]* boulette *f*; *[straw]* bouchon *m*; *[tobacco]* carotte *f*; *(chewing)* chique *f*; *[documents, banknotes]* liasse *f.* **2** *vt garment* ouater; *quilt* rembourrer. ◆ **wadding** *n (gen)* bourre *f*; *(for lining)* rembourrage *m*; *(for garments)* ouate *f.*

waddle [ˈwɒdl] *vi* se dandiner. **to ~ in/out** *etc* entrer/sortir *etc* en se dandinant.

wade [weɪd] **1** *vi (for fun)* barboter. **to ~ through** *water, mud* pataugEr dans; *long grass* avancer avec difficulté dans; *(* fig) book, work etc* venir péniblement à bout de; **to ~ ashore** regagner la rive à pied; *(fig)* **to ~ into sb** * *(attack)* tomber sur qn; *(scold)* engueuler ⚡ qn; **to ~ into a meal** * attaquer * un repas. **2** *vt stream* traverser à gué. ◆ **wader** *n (boot)* botte *f* de pêcheur; *(bird)* échassier *m.* **wading pool** *n (US)* petit bassin *m.*

wafer [ˈweɪfəʳ] *n (Culin)* gaufrette *f*; *(Rel)* hostie *f*; *(Comput)* galette *f.* ◆ **wafer-thin** *adj* mince comme une pelure d'oignon.

waffle[1] [ˈwɒfl] *n (Culin)* gaufre *f.* **~ iron** gaufrier *m.*

waffle[2] * [ˈwɒfl] **1** *n (words)* verbiage *m.* **2** *vi* parler interminablement *(about* de), parler pour ne rien dire.

wag [wæg] **1** *vt (gen)* agiter, remuer *(sth at sb/sth* qch dans la direction de qn/qch). **the dog ~ged its tail at me** le chien a remué la queue en me voyant. **2** *vi [tail]* remuer. *(fig)* **his tongue never stops ~ging** il a la langue bien pendue; **it set tongues ~ging** cela a fait jaser. **3** *n:* **with a ~ of its tail** en remuant la queue. ◆ **wagtail** *n* hoche-queue *m.*

wage [weɪdʒ] **1** *n (also ~s)* salaire *m*, paye *f*; *[servant]* gages *mpl.* **hourly/weekly ~** salaire horaire/hebdomadaire; **2 days' ~s** 2 jours de salaire *or* de paye; **his ~s are £75 per week** il touche 75 livres par semaine; **he gets a good ~** il est bien payé. **2** *adj rise* de salaire; *scale, freeze* des salaires. **~ bill** masse *f* salariale; **~ demand** *or* **claim** revendication *f* salariale; **~ earner** salarié(e) *m(f)*; **the family ~ earner** le soutien de la famille; **~ packet** paye *f*; **~s clerk** ≃ aide-comptable *mf*; **~ restraint** limitation *f* des salaires; **~s slip** fiche *f* de paye. **3** *vt:* **to ~ war** faire la guerre *(against* à, contre); **to ~ a campaign** mener une campagne *(for* pour).

wager [ˈweɪdʒəʳ] **1** *vt* parier *(sth on* qch sur; *that* que). **2** *n* pari *m.*

waggle [ˈwægl] **1** *vt pencil, tail etc* agiter; *loose screw etc* faire jouer; *hips* tortiller de. **2** *vi [tail]* frétiller; *[tooth]* branler.

waggon, *(esp US)* **wagon** [ˈwægən] *n (horse-drawn)* chariot *m*; *(truck)* camion *m*; *(Rail)* wagon *m* (de marchandises); *(* * *: car)* auto *f*, bagnole * *f*; *(US: also* **station ~)** break *m*; *(tea trolley)* table *f* roulante; *(larger: for tea urn)* chariot. *(fig)* **to go on the ~ *** ne plus boire (d'alcool). ◆ **wag(g)oner** *n* roulier *m.* ◆ **wag(g)onload** *n (Agr)* charretée *f*; *(Rail)* wagon *m.*

waif [weɪf] *n* enfant *mf* misérable. **~s and strays** enfants *mpl* abandonnés.

wail [weɪl] **1** *vi (gen)* gémir; *(cry)* pleurer; *(whine)* pleurnicher; *[baby]* vagir; *[siren]* hurler. **2** *n* gémissement *m*; pleurs *mpl*; pleurnichements *mpl*; vagissement *m*; hurlement *m.* ◆ **wailing** **1** *n* gémissements *mpl*; vagissements *mpl*; hurlements *mpl* ; **2** *adj child* gémissant; *sound* plaintif.

wainscot(t)ing [ˈweɪnskətɪŋ] *n* lambrissage *m* (en bois).

waist [weɪst] **1** *n (gen)* taille *f*, ceinture *f.* **to put one's arm round sb's ~** prendre qn par la taille; **stripped to the ~** torse nu; **he was up to the ~ in water** l'eau lui arrivait à la ceinture; **high-/low-~ed dress** robe *f* à taille haute/basse. **2** *adj:* **~ measurement** *or* **size** tour *m* de taille. ◆ **waistband** *n* ceinture *f* (de jupe etc). ◆ **waistcoat** *n* gilet *m.* ◆ **waistline** *n* taille *f*; **to watch one's ~line** faire attention à sa ligne.

wait [weɪt] **1** *n* **(a)** *(gen)* attente *f.* **a 3-hour ~** 3 heures d'attente; *(between trains)* 3 heures de battement *m*; **to lie in ~** être à l'affût; **to lie in ~ for sb** *[huntsman, lion, reporter]* guetter qn; *[bandits, guerrillas]* dresser un guet-apens à qn. **(b)** *(Brit)* **the ~s** les chanteurs *mpl* de Noël.
2 *vi* **(a)** attendre *(for sb/sth* qn/qch; *for sb to do, until sb does* que qn fasse). **~ a moment!** un instant!; **~ till you're old enough** attends d'être assez grand; **just you ~!** tu vas voir ce que tu vas voir!; **just ~ till your father finds out!** attends un peu que ton père apprenne ça!; **~ and see!** attends voir!; **we'll just have to ~ and see** il va falloir attendre; **to keep sb ~ing** faire attendre qn; **they'll do it while you ~** on va le faire pendant que vous attendez; **'repairs while you ~'** 'réparations à la minute'; **he didn't ~ to be told twice** il ne s'est pas fait dire deux fois; **that was worth ~ing for** cela valait la peine d'attendre; **I can't ~ to see him again** je meurs d'envie de le revoir; **they can't ~ to reverse this policy** ils brûlent de révoquer cette politique; **parcel ~ing to be collected** colis *m* en souffrance. **(b)** **to ~ at table** servir à table. **3** *vt* **(a)** attendre. **we'll ~ lunch for you** nous vous attendrons pour nous mettre à table. **(b)** *(US)* **to ~ table** servir à table.
◆ **wait about, wait around** *vi* attendre *(for sb/sth* qn/qch); *(loiter)* traîner. ◆ **wait behind** *vi* rester *(for sb* pour attendre qn). ◆ **wait on** *vt fus [servant]* servir. **she ~s on him hand and foot** elle est aux petits soins pour lui. ◆ **wait up** *vi* ne pas se coucher *(till 2 o'clock* avant 2 heures; *for sb* avant que qn ne revienne). **don't ~ up for me** couchez-vous sans m'attendre; **you can ~ up to see the programme** tu peux voir le programme avant de te coucher. ◆ **wait upon** *vt fus [ambassador etc]* présenter ses respects à.
◆ **waiter** *n* garçon *m* (de café); **~er!** garçon!, monsieur! ◆ **waiting** **1** *n* attente *f*; *(Aut)* **'no ~ing'** 'stationnement strictement interdit'; **2** *adj crowd etc* qui attend; *(fig)* **to play a ~ing game** *(gen)* attendre son heure; *(in negotiations etc)* mener une politique d'attente; **~ing list** liste *f* d'attente; **~ing room** salon *m* d'attente; *(in station etc)* salle *f* d'attente. ◆ **wait-list** *vt:* **to be ~-listed on a flight** être sur la liste d'attente d'un vol. ◆ **waitress** *n* serveuse *f.*

waive [weɪv] *vt claim* renoncer à; *condition* abandonner. ◆ **waiver** *n* renonciation *f (of* à).

wake¹ [weɪk] n [ship] sillage m. (fig) **in the ~ of** à la suite de; **to bring sth in its ~** amener qch dans son sillage; **to follow in sb's ~** marcher sur les traces de qn.

wake² [weɪk] pret **woke, waked**, ptp **waked, woken 1** vi (~ **up**) se réveiller (from de); (fig: start to work etc) se secouer. **~ up!** réveille-toi!; **she woke (up) to find them gone** à son réveil elle s'est aperçue qu'ils étaient partis; (fig) **to ~ (up) to sth** prendre conscience de qch. **2** vt (~ **up**) person réveiller (from de); (fig) memories, desires éveiller. **a noise that would ~ the dead** un bruit à réveiller les morts; (fig) **he needs sth to ~ him up** il a besoin d'être secoué. **3** n (a) (over corpse) veillée f mortuaire. (b) (N Engl) **W~s (Week)** semaine de congé annuel. ◆ **wakeful** adj (awake) éveillé; (alert) vigilant; hours etc sans sommeil. ◆ **waken** vti = **wake²**. ◆ **wakey-wakey** ⁑ excl réveillez-vous! ◆ **waking 1** adj (not sleeping) éveillé; **in one's waking hours** pendant les heures de veille; **all his waking hours** chaque heure de sa journée; **2** n: **between waking and sleeping** entre la veille et le sommeil.

Wales [weɪlz] n pays m de Galles. **North/South ~** le Nord/le Sud du pays de Galles; **Secretary of State for ~** ministre m chargé du pays de Galles.

walk [wɔːk] **1** n (a) promenade f; (~ing race) épreuve f de marche. **to go for a ~** se promener, faire une promenade; (shorter) faire un tour; (hike) faire une randonnée; **a long ~** une grande promenade; **to take sb for a ~** emmener qn se promener; **to take the dog for a ~** promener le chien; **it is 10 minutes' ~ from here** c'est à 10 minutes à pied d'ici; **it's only a short ~ to the shops** il n'y a pas loin à marcher jusqu'aux magasins; (US) **in a ~ win** dans un fauteuil; do sth les doigts dans le nez ⁑. (b) (gait) démarche f. **I knew him by his ~** je l'ai reconnu à sa démarche. (c) **to slow down to a ~** ralentir pour aller au pas; **at a ~** sans courir. (d) (avenue) avenue f; (path: in garden) allée f; (in country) chemin m. (fig) **from all ~s of life** de toutes conditions sociales.

2 vi (gen) marcher (on sur); (not run) aller au pas; (not ride or drive) aller à pied; (go for a ~) se promener; [ghost] apparaître. **to ~ back/down** etc rentrer/descendre etc (à pied or sans courir); (fig) **you must ~ before you can run** on apprend petit à petit; **he ~s in his sleep** il est somnambule; **he's ~ing in his sleep** il marche en dormant; **to ~ up and down** marcher de long en large; (fig) **my pen seems to have ~ed** ⁑ mon stylo a fichu le camp ⁑; **to ~ all the way to London** faire tout le chemin à pied jusqu'à Londres; **to ~ home** rentrer à pied; **to ~ into** trap, ambush tomber dans; (bump into) table, person se cogner à.

3 vt (a) distance faire à pied. **you can ~ it in a couple of minutes** à pied cela vous prendra deux minutes; (fig: easy) **he ~ed it** ⁑ cela a été un jeu d'enfant pour lui. (b) town, road parcourir. **to ~ the streets** se promener dans les rues; (from poverty) errer dans les rues; [prostitute] faire le trottoir; **to ~ the plank** subir le supplice de la planche. (c) (cause to ~) invalid, prisoner faire se promener; dog promener; horse conduire à pied; cycle pousser. **I ~ed him round Paris** je l'ai promené dans Paris; **to ~ sb in** etc faire entrer etc qn; **I'll ~ you home/to the station** je vais vous raccompagner/vous accompagner à la gare; **they ~ed him off his feet** ils l'ont tellement fait marcher qu'il ne tenait plus debout.

◆ **walk about, walk around** vi aller et venir. ◆ **walk across** vi (over bridge etc) traverser. **to ~ across to sb** s'approcher de qn. ◆ **walk away** vi s'éloigner (from de), partir. (fig: unharmed) **to ~ away from an accident** sortir indemne d'un accident; **to ~ away with sth** (steal) emporter qch en partant; (win easily) gagner qch haut la main.

◆ **walk in** vi entrer. **who should ~ in but Paul!** et voilà que Paul est entré à ce moment-là!; **he just ~ed in and gave me the sack** il est entré sans crier gare et m'a annoncé qu'il me mettait à la porte. ◆ **walk off 1** vi (a) = **walk away**. (b) (steal) **to ~ off with sth** barboter ⁎ or piquer ⁎ qch. **2** vt sep excess weight perdre en marchant. **to ~ off a headache** faire une promenade pour se débarrasser d'un mal de tête. ◆ **walk on** vi (Theat) être figurant(e). ◆ **walk out** vi (go out) sortir; (go away) partir; (as protest) partir en signe de protestation; (strike) se mettre en grève. **they ~ed out of the discussion** ils ont quitté la séance de discussion (en signe de protestation); **to ~ out on sb** ⁎ laisser tomber qn ⁎. ◆ **walk up** vi (approach) s'approcher (to sb de qn). (at fair etc) **~ up, ~ up!** approchez, approchez!

◆ **walkabout** ⁎ n [celebrity] bain m de foule; **to go on a ~about** prendre un bain de foule. ◆ **walker** n (a) (esp Sport) marcheur m, -euse f; (for pleasure) promeneur m, -euse f; **he's a good ~er** il est bon marcheur; **he's a fast ~er** il marche vite; (b) (support: for convalescents etc) déambulateur m; (for babies) trotte-bébé m. ◆ **walkie-talkie** n talkie-walkie m. ◆ **walk-in** adj cupboard de plain-pied. ◆ **walking 1** n (a) marche f à pied, promenade f; (b) (Sport) marche f athlétique; **2** adj shoes de marche; miracle ambulant; (Mil) **the ~ing wounded** les blessés mpl capables de marcher; **a ~ing encyclopedia** une encyclopédie vivante; **it is within ~ing distance** on peut facilement y aller à pied (of de); **we had a ~ing holiday in the Tyrol** pour nos vacances nous avons fait de la marche dans le Tyrol; **~ing race** épreuve f de marche; **~ing stick** canne f; **to be on a ~ing tour** faire une longue randonnée à pied. ◆ **walk(ing)-on part** n (Theat) rôle m de figurant(e). ◆ **walkman** ® n walkman ® m, baladeur m. ◆ **walkout** n (strike) grève f surprise; (from meeting etc) départ m en signe de protestation; **to stage a ~out** faire une grève surprise, partir en signe de protestation. ◆ **walkover** n (Racing) walk-over m; (fig) (game etc) victoire f facile; (exam etc) jeu m d'enfant. ◆ **walk-up** n (US) (house) immeuble m sans ascenseur; (apartment) appartement m dans un immeuble sans ascenseur. ◆ **walkway** n passage m pour piétons.

wall [wɔːl] **1** n (gen) mur m; (as defence) rempart m, muraille f; (interior; also of tunnel, stomach etc) paroi f; [tyre] flanc m; (fig: of smoke etc) muraille f. **within the (city) ~s** dans les murs; **the Great W~ of China** la grande muraille de Chine; **the Berlin W~** le mur de Berlin; **they left only the bare ~s standing** ils n'en ont laissé que les murs; (Econ) **tariff ~** barrière f douanière; **~s have ears** les murs ont des oreilles; [prisoner] **to go over the ~** s'évader; (fig) **to go to the ~** [person] perdre la partie; (go bankrupt) faire faillite; [plan, activity] être sacrifié; **it's the weakest to the ~** les plus faibles doivent céder le pas; (fig) **he had his back to the ~**, **he was up against the ~** il était acculé; (fig) **to bang one's head against a brick ~** se taper la tête contre les murs; (fig) **to come up against a blank ~** se heurter à un mur; **to drive sb up the ~** ⁎ rendre qn dingue ⁎ or fou; (US) **off the ~** ⁎ dingue ⁎. **2** adj cupboard, clock, map, socket mural. **~ chart** planche f murale (gravure); **~ lamp** or **light** applique f (lampe). **3** vt (~ **in**) garden entourer d'un mur; city fortifier. **to ~ sb/sth up** murer qn/qch.

◆ **walled** adj garden clos; city fortifié. ◆ **wall-eyed** adj qui louche. ◆ **wallflower** n giroflée f; (fig) **to be a ~flower** faire tapisserie. ◆ **wallpaper 1** n papier m peint ; **2** vt tapisser (de papier peint). ◆ **wall-to-wall carpeting** n moquette f.

wallaby ['wɒləbɪ] n wallaby m.

wallet ['wɒlɪt] n portefeuille m.

Walloon [wɒˈluːn] **1** adj wallon. **2** n Wallon(ne) m(f); (Ling) wallon m.

wallop * [ˈwɒləp] **1** n (grand) coup m; (sound) fracas m. **it hit the floor with a ~** vlan! c'est tombé par terre. **2** vt person flanquer une raclée à; object taper sur. ◆ **walloping** ⚡ **1** adj (big etc) sacré * (before n), formidable * ; **2** n (beating) rossée * f.

wallow [ˈwɒləʊ] vi (gen: also in vice etc) se vautrer (in dans); (in self-pity etc) se complaire (in à); [ship] être ballotté.

wally ⚡ [ˈwɒlɪ] n idiot m.

walnut [ˈwɔːlnʌt] **1** n noix f; (tree, wood) noyer m. **2** adj table etc en noyer; cake aux noix; oil de noix.

walrus [ˈwɔːlrəs] n morse m (Zool). (hum) ~ **moustache** moustache f à la gauloise.

waltz [wɔːlts] **1** n valse f. **2** vi valser. (fig) **to ~ in/out** etc entrer/sortir etc (gaily) d'un pas joyeux or (brazenly) avec désinvolture.

wan [wɒn] adj (gen) pâle; person, look triste. ◆ **wanly** adv smile, say tristement.

wand [wɒnd] n baguette f (magique); [usher etc] verge f, bâton m.

wander [ˈwɒndəʳ] **1** n: **to go for a ~ around the town/the shops** aller faire un tour en ville/dans les magasins. **2** vi (~ **about,** ~ **around**) (gen) errer; (idly) flâner; [river, road] serpenter; (stray) s'écarter (from de), s'égarer. **to ~ in/away** etc entrer/partir etc sans se presser; **they ~ed round the shop** ils ont flâné dans le magasin; **he ~ed off the path** il s'est écarté du chemin, il s'est égaré; **his thoughts ~ed back to...** ses pensées se sont distraitement reportées à...; **my mind was ~ing** j'étais distrait; (pej) **his mind is ~ing** il divague. **3** vt streets, hills errer dans. **to ~ the world** courir le monde. ◆ **wanderer** n vagabond(e) m(f); (on seeing sb) **the ~er's returned!** tiens, un revenant! ◆ **wandering 1** adj way of life, person errant, vagabond; river, road qui serpente; tribe nomade; minstrel ambulant; glance distrait; thoughts vagabond; speech diffus; **the W~ing Jew** le Juif errant ; **2** npl: ~**ings** vagabondages mpl. ◆ **wanderlust** n envie f de voir le monde.

wane [weɪn] vi, n (also **be on the ~**) [moon] décroître; [interest, emotion] diminuer; [strength, reputation] décliner. ◆ **waning** adj décroissant; déclinant.

wangle * [ˈwæŋgl] **1** n combine f. **2** vt (get) se débrouiller pour obtenir (sth from sb qch de qn; sth for sb qch pour qn); (without paying) carotter * (sth for sb qch pour qn; sth from sb qch à qn). **I'll ~ it somehow** je me débrouillerai pour arranger ça. ◆ **wangler** * n débrouillard(e) * m(f). ◆ **wangling** * n système D * m.

want [wɒnt] **1** vt (a) (gen) vouloir (to do faire); (wish, desire) avoir envie de, désirer (to do faire). **what do you ~?** que voulez-vous?, que désirez-vous?; **what do you ~ with or of him?** qu'est-ce que vous lui voulez?; **what does he ~ for that picture?** combien veut-il pour ce tableau?; **I don't ~ to!** je n'en ai pas envie!; (more definite) je ne veux pas!; **all I ~ is...** tout ce que je veux, c'est...; **I ~ your opinion on this** je voudrais votre avis là-dessus; **I ~ you to tell me...** je veux que tu me dises...; **I ~ it done** je veux qu'on le fasse; **I was ~ing to leave** j'avais envie de partir; **to ~ out** * vouloir sortir; (fig: from project etc) vouloir laisser tomber ; **you're not ~ed here** on n'a pas besoin de vous ici; **I know when I'm not ~ed!** * je me rends compte que je suis de trop; (fig) **you've got him where you ~ him** vous le tenez à votre merci; (iro) **you don't ~ much** il n'en faut pas beaucoup pour vous faire plaisir; **he ~s you in his office** il veut vous voir dans son bureau; **you're ~ed on the phone** on vous demande au téléphone; **to be ~ed by the police** être recherché par la police (for sth pour qch); **the ~ed man** l'homme que la police

recherche; **'good cook' ~ed** 'on demande une bonne cuisinière'; (Press) **'articles ~ed'** 'articles demandés'; (sexually) **to ~ sb** désirer qn. **(b)** (need) [person] avoir besoin de; [task etc] care, skill exiger; (*: ought) devoir (to do faire). **we have all we ~** nous avons tout ce qu'il nous faut; **you ~ a hammer if...** tu as besoin d'un marteau si...; **the car ~s cleaning** la voiture a besoin d'être lavée; **you ~ to see his boat!** * tu devrais voir son bateau!; (lack) **it ~ed only his agreement** il ne manquait que son accord. **2** vi (lack) **to ~ for sth** manquer de qch, avoir besoin de qch. **3** n **(a)** (lack) manque m. **for ~ of** faute de; **for ~ of anything better** faute de mieux; **for ~ of anything better to do** faute d'avoir quelque chose de mieux à faire; **for ~ of sth to do** par désœuvrement; **it wasn't for ~ of trying that he...** ce n'était pas faute d'avoir essayé qu'il...; **there was no ~ of enthusiasm** ce n'était pas l'enthousiasme qui manquait. **(b)** (poverty) besoin m, misère f. **to live in ~** être dans le besoin. **(c)** (requirement) **his ~s are few** il a peu de besoins etc; **it meets a long-felt ~** cela comble enfin cette lacune.

◆ **want ad** * n (Press) demande f (for de). ◆ **wanting 1** adj: **to be ~ing** manquer; **~ing in** qui manque de; **to be tried and found ~ing** [person] être jugé insuffisant; [thing] ne pas être suffisamment bien; (pej) **he is a bit ~ing** * il est simplet ; **2** prep (without) sans; (minus) moins.

wanton [ˈwɒntən] adj cruelty, destruction gratuit, injustifié; woman dévergondé. ◆ **wantonly** adv destroy etc de façon injustifiée.

war [wɔːʳ] **1** n guerre f. **to be at ~** être en guerre (with avec); [country] **to go to ~** entrer en guerre (against contre; over à propos de); [soldier] **to go off to ~** partir pour la guerre; (also fig) **to make ~ on** faire la guerre à; **~ of attrition** guerre d'usure; **the Great W~** la guerre de 14-18; **the period between the ~s** (1918-39) l'entre-deux-guerres m inv; (Brit) **the W~ Office**, (US) **the W~ Department** le ministère de la Guerre; **to carry the ~ into the enemy's camp** prendre l'offensive; (fig) **it was ~ to the knife** or **the death** c'était une lutte à couteaux tirés (between entre); (fig) **~ of words** guerre de paroles; (fig) **you've been in the ~s again** * tu t'es encore fait estropier. **2** adj (gen) crime, widow, wound, zone de guerre. ~ **bride** mariée f de la guerre; (fig) ~ **clouds** nuages mpl avant-coureurs de la guerre; ~ **cry** cri m de guerre; ~ **dance** danse f guerrière; **on a ~ footing** sur le pied de guerre; ~ **games** (Mil: for training) kriegspiel m; (practice manoeuvres) manœuvres fpl militaires; (board games) jeux mpl de stratégie militaire; ~ **memorial** monument m aux morts. **3** vi faire la guerre (against à).

◆ **war-disabled** npl invalides mfpl de guerre. ◆ **warfare** n guerre f (activité); **class ~fare** lutte f des classes. ◆ **warhead** n ogive f. ◆ **warhorse** n (fig) **an old ~horse** (Mil) un vieux militaire; (Pol etc) un vétéran. ◆ **warlike** adj guerrier. ◆ **warmonger** n belliciste mf. ◆ **warmongering 1** adj belliciste ; **2** n propagande f belliciste. ◆ **warpath** n (fig) **to be on the ~path** * chercher la bagarre *. ◆ **warring** adj nations en guerre; (fig) interests contradictoires; ideologies en conflit. ◆ **warship** n navire m de guerre. ◆ **wartime 1** n temps m de guerre; **in ~time** en temps de guerre ; **2** adj de guerre. ◆ **war-weary** adj las de la guerre.

warble [ˈwɔːbl] vi [bird] gazouiller; [person] roucouler. ◆ **warbler** n fauvette f. ◆ **warbling** n gazouillis m.

ward [wɔːd] **1** n **(a)** [hospital] salle f. ~ **round** visite f (de médecin hospitalier). **(b)** (Local Government) section f électorale. **(c)** (Jur) pupille mf. ~ **of court** pupille sous tutelle judiciaire. **2** vt: **to ~ sth off**

éviter qch. ◆ **warden** n *[city, castle]* gouverneur m; *[park, game reserve]* gardien m, -ienne f; *[institution, student hostel etc]* directeur m, -trice f; *[youth hostel]* père m or mère f aubergiste; *(traffic warden)* contractuel(le) m(f). ◆ **warder** n **(a)** *(Brit)* gardien m (de prison); **(b)** *(US)* *(in building)* concierge m; *(in museum)* gardien m (de musée). ◆ **wardress** n gardienne f (de prison). ◆ **wardroom** n *(Naut)* carré m.

wardrobe ['wɔːdrəʊb] n *(cupboard)* armoire f; *(clothes)* garde-robe f; *(Theat)* costumes mpl. *(Theat)* ~ **mistress** costumière f.

warehouse ['wɛəhaʊs] n entrepôt m, magasin m. ◆ **warehouseman** n magasinier m.

wares [wɛəz] npl marchandises fpl.

warm [wɔːm] **1** adj **(a)** *(gen)* (assez) chaud; *iron, oven moyen.* **I am** ~ j'ai (assez) chaud; **this room is quite** ~ il fait (assez) chaud dans cette pièce; **as** ~ **as toast** chaud comme une caille; **it's** ~, **the weather is** ~ il fait chaud; **it's nice and** ~ **in here** il fait bon ici; **in** ~ **weather** par temps chaud; *(Met)* ~ **front** front m chaud; **the water is just** ~ l'eau est juste chaude; **this coffee's only** ~ ce café est tiède; **to get** ~ ~ chauffer qch; **to get** or **grow** ~ *[person]* se réchauffer; *[water, object]* chauffer; *(in guessing etc games)* **you're getting** ~(er)! tu chauffes!; **to keep sth** ~ tenir qch au chaud; **it keeps me** ~ ça me tient chaud; **keep him** ~ ne le laissez pas prendre froid; **keep (yourself)** ~ ne prenez pas froid; **it's** ~ **work** c'est du travail qui donne chaud. **(b)** *(fig) colour, discussion* chaud; *voice, feelings, welcome, congratulations* chaleureux; *apologies, thanks* vif; *supporter* ardent. **she is a very** ~ **person** elle est très chaleureuse de nature; *(in letter)* **with** ~**est wishes** avec tous mes vœux les plus amicaux.
2 n: **to give sth a** ~ * chauffer qch; **to have a** ~ * **by the fire** se chauffer près du feu; **come and sit in the** ~ * venez vous asseoir au chaud.
3 vt (~ **up**) *person, room* réchauffer; *water, food, coat* chauffer, réchauffer. **to** ~ **one's hands** se (ré)chauffer les mains; *(fig)* **it** ~**ed my heart** ça m'a réchauffé le cœur.
4 vi **(a)** (~ **up**) *[person etc]* se réchauffer; *[water etc]* chauffer. **(b)** *(fig)* **to** ~ **to sth** s'enthousiasmer peu à peu pour qch; **to** ~ **to sb** se prendre de sympathie pour qn.
◆ **warm up** **1** vi **(a)** = **warm 4 a.** **(b)** *[engine, car]* se réchauffer; *[athlete, dancer]* s'échauffer; *[discussion, audience]* devenir animé; *[party]* commencer à être plein d'entrain; *[game]* devenir excitant. **things are** ~**ing up** ça commence à chauffer *. **2** vt sep *person, room* réchauffer; *water, food, coat* chauffer; *engine, car* faire chauffer; *discussion* animer; *(Theat etc) audience* mettre en train.
◆ **warm-blooded** adj à sang chaud. ◆ **warm-hearted** adj chaleureux. ◆ **warming** adj *drink* qui réchauffe; *(heartwarming)* qui réchauffe le cœur.
◆ **warm(ing)-up exercises** npl exercices mpl d'échauffement. ◆ **warmly** adv *clothe, wrap up* chaudement; *(fig) welcome, applaud* chaleureusement; *thank, recommend* vivement; **tucked up** ~**ly in bed** bordé bien au chaud dans son lit.
◆ **warmth** n chaleur f. ◆ **warm-up** * n *(Sport)* période f d'échauffement; *(Theat, TV etc)* mise f en train.

warn [wɔːn] vt *(gen)* prévenir, avertir *(of de, that* que); *authorities, police* alerter. **you have been** ~**ed!** vous êtes averti!; **to** ~ **sb against doing** or **not to do** conseiller à qn de ne pas faire; **to** ~ **sb off** or **against sth** mettre qn en garde contre qch.
◆ **warning** **1** n *(gen; also informal note)* avertissement m; *(formal letter)* avis m; *(signal)* alerte f; **without** ~ *[person] fall, happen* inopinément; *arrive, leave* à l'improviste, sans prévenir; **thank you for the** ~**ing** merci de m'avoir prévenu; **a note of** ~**ing in his voice** une mise en garde dans le ton qu'il

a pris; **I gave you due** ~**ing** je vous avais bien prévenu *(that* que); *(Met)* **gale** ~**ing** avis de grand vent ; **2** adj *glance, cry* d'avertissement; *sign* avertisseur; ~**ing device** dispositif m d'alarme; ~**ing light** voyant m avertisseur; ~**ing shot** *(gen, Mil)* coup m tiré en guise d'avertissement; *(Naut)* coup de semonce; *(fig)* avertissement m; **...he said in a** ~**ing tone** ...dit-il pour mettre en garde; *(Aut)* ~**ing triangle** triangle m de présignalisation.

warp [wɔːp] **1** n **(a)** *(Tex)* chaîne f; *(fig: essence)* fibre f. **(b)** *(distortion: in wood etc)* voilure f; *(on record)* voile m. **2** vt *object* voiler; *(fig) judgment* fausser; *character* corrompre. **3** vi se voiler. ◆ **warped** adj *mind* tordu; *sense of humour* morbide; *account* tendancieux.

warrant ['wɒr(ə)nt] **1** n *(for travel, payment)* bon m; *(guarantee)* garantie f; *(Mil)* brevet m; *(Jur, Police)* mandat m. *(Jur)* **there is a** ~ **out for his arrest** on a émis un mandat d'arrêt contre lui; *(gen)* **he has no** ~ **for saying so** il ne s'appuie sur rien pour justifier cela. **2** adj: ~ **officer** adjudant m *(auxiliaire de l'officier).* **3** vt **(a)** *(justify)* justifier. **the facts do not** ~ **it** ces faits ne le justifient pas. **(b)** *(guarantee)* garantir. **I'll** ~ **(you) he won't do it again!** je vous assure qu'il ne recommencera pas! ◆ **warranted** adj *goods* garanti; *remark* justifié. ◆ **warranty** n autorisation f; *(Comm, Jur)* garantie f.

warren ['wɒr(ə)n] n *[rabbits]* garenne f; *(overcrowded house)* taupinière f *(fig).* **a** ~ **of little streets** un dédale de petites rues.

warrior ['wɒrɪə'] n guerrier m, -ière f.

Warsaw ['wɔːsɔː] n Varsovie. ~ **Pact** pacte m de Varsovie.

wart [wɔːt] n verrue f. *(fig)* ~**s and all** sans aucun embellissement. ◆ **wart-hog** n phacochère m.

wary ['wɛərɪ] adj *(gen)* prudent; *manner* précautionneux. **to be** ~ **about sb/sth** se méfier de qn/ qch; **to be** ~ **of doing** hésiter beaucoup à faire; **to keep a** ~ **eye on sb/sth** surveiller qn/qch de près. ◆ **warily** adv *(gen)* avec prudence; *say* avec précaution. ◆ **wariness** n prudence f.

wash [wɒʃ] **1** n **(a)** **to give sth a** ~ laver qch; **to have a** ~ se laver; **to have a quick** ~ se débarbouiller; **it needs a** ~ cela a besoin d'être lavé; **to send sth to the** ~ envoyer qch au blanchissage; **put your jeans in the** ~ mets tes jeans au sale; **your shirt is in the** ~ ta chemise est à la lessive; **the colours ran in the** ~ cela a déteint à la lessive; *(fig)* **it will all come out in the** ~ * *(be known)* on finira bien par savoir ce qu'il en est; *(be all right)* ça finira par se tasser *. **(b)** = **washing 1b.** **(c)** *[ship]* sillage m; *(sound: of waves etc)* clapotis m. **(d)** *(Art)* lavis m. *(with paint)* **to give sth a blue** ~ badigeonner qch en bleu.
2 vt **(a)** *(gen)* laver. **to** ~ **o.s.** *[person]* se laver, faire sa toilette; *[cat]* faire sa toilette; *(fig)* **to** ~ **one's hands of** *sth* se laver les mains de; *sb* se désintéresser de; **he** ~**ed the dirt off his hands** il s'est lavé les mains (pour en enlever la saleté); **to** ~ **the dishes/clothes** faire la vaisselle/la lessive; *(fig)* **to** ~ **one's dirty linen in public** laver son linge sale en public; **to** ~ **sth clean** bien nettoyer qch; *(fig)* ~**ed clean of sin** lavé de tout péché. **(b)** *[river etc] (carry away)* emporter; *(to shore)* rejeter; *(flow over) coast etc* baigner. ~**ed out to sea** entraîné vers le large.
3 vi **(a)** *(have a* ~) se laver *(in hot water* à l'eau chaude), faire sa toilette; *(do the washing)* faire la lessive. **this fabric won't** ~ ce tissu n'est pas lavable; *(fig)* **that just won't** ~ * ça ne prend pas *(with* avec). **(b)** *[waves etc]* **to** ~ **over sth** balayer qch.
◆ **wash away** vt sep **(a)** *stain* faire partir au lavage; *mud etc* enlever à l'eau; *[rain]* faire partir; *(fig) sins* laver. **(b)** *[river etc] boat* emporter; *river bank* éroder; *footprints* effacer. ◆ **wash down** vt

sep (**a**) *deck, car* laver à grande eau; *wall* lessiver. (**b**) *pill* faire descendre *(with avec)*; *food* arroser *(with* de). ◆ **wash off 1** *vi (with soap)* partir au lavage; *(with water)* partir à l'eau; *(from walls)* partir au lessivage. **it won't ~ off** ça ne s'en va pas. **2** *vt sep* faire partir au lavage *or* à l'eau; *(from wall)* faire partir en lessivant. ◆ **wash out 1** *vi* = **wash off 1**. **2** *vt sep* (**a**) = **wash off 2**. (**b**) *(clean) bottle, pan* laver. (**c**) *(fig)* **the match was ~ed out** le match n'a pas eu lieu à cause de la pluie; **that has ~ed out any chance of...** ça a anéanti toute possibilité de...; *(tired etc)* **to be/look ~ed out *** être/avoir l'air complètement lessivé *. ◆ **wash through** *vt sep* laver rapidement. ◆ **wash up 1** *vi* (**a**) *(Brit: dishes)* faire la vaisselle. (**b**) *(US: have a ~)* se débarbouiller. **2** *vt sep* (**a**) *(Brit) plates, cups* laver. (**b**) *[sea, tide]* rejeter (sur le rivage). (**c**) *(fig)* **to be all ~ed up *** *[scheme]* être fichu *; *[marriage, relationship]* être en ruines.
◆ **washable** *adj* lavable. ◆ **wash-and-wear** *adj shirt* sans entretien. ◆ **washbasin** *or* ◆ **washbowl** *or* ◆ **wash-hand basin** *n* lavabo *m*. ◆ **washcloth** *n* gant *m* de toilette. ◆ **washday** *n* jour *m* de lessive. ◆ **washdown** *n:* **to give sth a ~down** laver qch à grande eau. ◆ **washer** *n* (**a**) *(in tap etc)* rondelle *f*; (**b**) *(~ing machine)* machine *f* à laver; *(for windscreen)* lave-glace *m inv*. ◆ **wash-house** *n* lavoir *m*. ◆ **washing 1** *n* (**a**) *(act) [car]* lavage *m*; *[clothes]* lessive *f*; *[walls]* lessivage *m*; (**b**) *(clothes themselves)* linge *m*, lessive *f*; **to do the ~ing** faire la lessive ; **2** *adj:* **~ing day** jour *m* de lessive; **~ing line** corde *f* à linge; **~ing machine** machine *f* à laver; **~ing powder** lessive *f* (en poudre); **~ing soda** cristaux *mpl* de soude. ◆ **washing-up 1** *n (Brit)* vaisselle *f (à laver etc)*; **to do the ~ing-up** faire la vaisselle ; **2** *adj:* **~ing-up bowl** bassine *f*; **~ing-up liquid** lave-vaisselle *m inv (produit)*; **~ing-up water** eau *f* de vaisselle.
◆ **wash-leather** *n* peau *f* de chamois. ◆ **washout *** *n (event, play)* fiasco *m*; *(person)* nullité *f*. ◆ **washroom** *n* toilettes *fpl*. ◆ **washstand** *n* lavabo *m*. ◆ **washtub** *n (bath)* tub *m*; *(for clothes)* bassine *f*.

Washington [ˈwɒʃɪŋtən] *n* Washington.

wasp [wɒsp] *n* guêpe *f*. **~'s nest** guêpier *m*.
◆ **waspish** *adj* hargneux. ◆ **waspishly** *adv* avec hargne.

waste [weɪst] **1** *n* (**a**) *(gen)* gaspillage *m*; *[time]* perte *f*. **to go** *or* **run to ~** *(gen)* être gaspillé; *[land]* être à l'abandon; **the ~ in the kitchens** le gaspillage *or* le gâchis dans les cuisines; **it's a ~ of money to do that** on gaspille de l'argent en faisant cela; **that machine was a ~ of money** cela ne valait vraiment pas la peine d'acheter cette machine; **a ~ of effort** un effort inutile; **it's a ~ of time doing that** on perd son temps à faire *or* en faisant cela; **it's a ~ of time and energy** c'est peine perdue; **it's a ~ of breath** c'est dépenser sa salive pour rien. (**b**) *(~ material: also (US) ~s)* déchets *mpl*; *(household ~)* ordures *fpl*; *(water)* eaux *fpl* sales. **nuclear ~** déchets nucléaires. (**c**) *(expanse: of snow etc)* désert *m* (immense); *(in town)* terrain *m* vague. **2** *adj material* de rebut; *energy, heat* perdu; *food* inutilisé; *water* sale; *ground, district* à l'abandon. **~ products** *(Ind)* déchets *mpl* de fabrication; *(Physiol)* déchets *mpl* de l'organisme; **to lay ~** dévaster. **3** *vt (gen)* gaspiller *(on sth* pour qch; *on doing* pour faire); *time, an evening* perdre; *opportunity* laisser passer. **nothing is ~d** il n'y a aucun gaspillage; **to ~ one's breath** dépenser sa salive pour rien; **the sarcasm was ~d on him** il n'a pas compris le sarcasme; **caviar is ~d on him** ça ne vaut pas la peine de lui donner du caviar.
4 *vi [food, goods, resources]* se perdre, être gaspillé. **you mustn't let it ~** il ne faut pas le laisser perdre; **~ not want not** l'économie protège du besoin.
◆ **waste away** *vi* dépérir.

◆ **wastage** *n (gen)* gaspillage *m*; *[time]* perte *f*; *(amount lost from container)* pertes *fpl*; *(rejects)* déchets *mpl*; *(as part of industrial process etc)* déperdition *f*; *(Comm: through pilfering etc)* coulage *m*; **there is a huge wastage of** on gaspille énormément de.
◆ **wastebasket** *n* corbeille *f* (à papier). ◆ **wastebin** *n (basket)* corbeille *f* (à papier); *(in kitchen)* poubelle *f*. ◆ **wasted** *adj* (**a**) *limb (from disease, starvation)* décharné; *(withered)* atrophié. (**b**) *food, resources* gaspillé; *effort* inutile, vain; *life* gâché; *time* perdu. ◆ **waste-disposal unit** *n* broyeur *m* d'ordures. ◆ **wasteful** *adj person* gaspilleur; *process* peu rentable; *expenditure* inutile. ◆ **wastefully** *adv spend, throw away* bêtement; **to use sth ~fully** ne pas utiliser qch au mieux. ◆ **wastefulness** *n [person]* manque *m* d'économie; *[process]* manque de rentabilité. ◆ **wasteland** *n* terres *fpl* à l'abandon; *(in town)* terrain *m* vague; *(after war)* désert *m*. ◆ **wastepaper** *n* vieux papiers *mpl*; **~paper basket** corbeille *f* (à papier). ◆ **waste-pipe** *n* (tuyau *m* de) vidange *f*. ◆ **wasting** *adj disease* qui ronge. ◆ **wastrel** *n (good-for-nothing)* propre *mf* à rien; *(spendthrift)* dépensier *m*, -ière *f*.

watch [wɒtʃ] **1** *n* (**a**) montre *f*. **by my ~** à ma montre. (**b**) **to keep ~** faire le guet; **to keep (a) close ~ on** *or* **over sth/sb** surveiller qch/qn de près; **to be on the ~ for** *person, enemy, animal, vehicle* guetter; *danger* être sur ses gardes à cause de; *bargains* être à l'affût de. (**c**) *(Naut)* quart *m*. **to be on ~** être de quart; **officer of the ~** officier *m* de quart. **2** *vt* (**a**) *(gen)* regarder *(sb doing sth* qn faire qch), observer; *(keep an eye on) suspect, house, dish cooking, luggage, child, shop* surveiller; *expression, birds etc* observer; *notice board, small ads etc* consulter régulièrement; *political situation, developments* suivre de près. **~ what I do** regarde-moi faire; **he ~ed his chance and slipped out** il a guetté le moment propice et s'est esquivé; **have you ever ~ed an operation?** avez-vous déjà assisté à une opération?; **we are being ~ed on** nous surveille; **~ tomorrow's paper** ne manquez pas de lire le journal de demain. (**b**) *(be careful of) money, expenses, dangerous thing* faire attention à. **~ that knife!** fais attention avec ce couteau!; **~ your head!** attention *or* gare à votre tête!; **~ it! *** attention!; **~ your step!, ~ how you go!** (fais) attention!; **to ~ one's step** se surveiller; **I must ~ the time** il faut que je surveille l'heure; **he does tend to ~ the clock** il a tendance à surveiller la pendule; **to ~ sb's interests** veiller aux intérêts de qn; **~ you language** surveille ton langage; **~ you don't burn yourself** attention, ne vous brûlez pas!; **~ that he does his homework** veillez à ce qu'il fasse ses devoirs.
3 *vi (gen)* regarder; *(pay attention)* faire attention. **to ~ by sb's bedside** veiller au chevet de qn; **to ~ over sb/sth** surveiller qn/qch; **to ~ for sth/sb** guetter qch/qn; **he's ~ing to see what you're going to do** il attend pour voir ce que vous allez faire.
◆ **watch out** *vi (keep a look-out)* guetter *(for sb/ sth* qn/qch); *(take care)* faire attention, prendre garde. **~ out!** attention!; **~ out for cars** faites attention aux voitures; **to ~ out for thieves** être sur ses gardes contre les voleurs; **~ out for trouble if...** préparez-vous à des ennuis si...

◆ **watchdog** *n* chien *m* de garde; *(fig)* gardien *m*, -ienne *f*; **~dog committee** comité *m* de vigilance. ◆ **watcher** *n (observer)* observateur *m*, -trice *f*; *(hidden or hostile)* guetteur *m*; *(spectator)* spectateur *m*, -trice *f*; *(Pol)* **China ~er** spécialiste *mf* des questions chinoises. ◆ **watchful** *adj* vigilant; **to keep a ~ful eye on sth/sb** garder qch/qn à l'œil; **under the ~ful eye of...** sous l'œil vigilant de... ◆ **watchmaker** *n* horloger *m*, -ère *f*. ◆ **watchmaking** *n* horlogerie *f*. ◆ **watchman** *n* gardien *m*. ◆ **watch-**

night **service** n messe f de minuit de la Saint-Sylvestre. ◆ **watchstrap** n bracelet m de montre. ◆ **watchtower** n tour f de guet. ◆ **watchword** n (password) mot m de passe; (fig: motto) mot d'ordre.

water ['wɔːtə'] **1** n eau f. **hot and cold ~ in all rooms** eau courante chaude et froide dans toutes les chambres; **drinking ~** eau potable; **I want a drink of ~** je voudrais un verre d'eau; **to turn on the ~** (at main) ouvrir l'eau; (from tap) ouvrir le robinet; **the road is under ~** la route est inondée; **to swim under ~** nager sous l'eau; (tide) **at high/low ~** à marée haute/basse; **to make ~** [ship] faire eau; (urinate: also **to pass ~**) uriner; **it won't hold ~** [container] ça n'est pas étanche; [plan, excuse] ça ne tient pas debout; (fig) **a lot of ~ has passed under the bridge** il est passé beaucoup d'eau sous les ponts; **he spends money like ~** l'argent lui fond entre les mains; (fig) **to pour** or **throw cold ~ on sth** se montrer peu enthousiaste pour qch; (fig) **it's like ~ off a duck's back** * c'est comme si on chantait *; **lavender/rose ~** eau de lavande/de rose; (at spa) **to take the ~s** faire une cure thermale; **in French ~s** dans les eaux territoriales françaises; **the ~s of the Rhine** les eaux du Rhin; (in pregnancy) **the ~s** les eaux; (Med) **~ on the knee** épanchement m de synovie; **~ on the brain** hydrocéphalie f.
2 adj level, pressure, pipe, snake, rat d'eau; pump, mill, clock, pistol à eau; plant, bird aquatique. **~ bed** matelas m d'eau; **~ biscuit** craquelin m; [soldier etc] **~ bottle** bidon m; **~ cannon** canon m à eau; (in streets) **~ cart** arroseuse f (municipale); (Culin) **~ ice** sorbet m; **~ level** (gen) niveau m de l'eau, (Aut: in radiator) niveau m d'eau; **~ main** conduite f principale d'eau; **~ polo** water-polo m; **~ power** énergie f hydraulique; **~ purifier** (device) épurateur m d'eau; (tablet) cachet m pour purifier l'eau; **~ rate** taxe f sur l'eau; **~ softener** adoucisseur m d'eau; **~ supply** (for town) approvisionnement m en eau; (for house etc) alimentation f en eau; (for traveller) provision f d'eau; **to cut off the ~ supply** couper l'eau; (Geog) **~ table** niveau m hydrostatique; **~ tank** réservoir m d'eau, citerne f; **~ tower** château m d'eau.
3 vi [eyes] pleurer. **his mouth ~ed** il a eu l'eau à la bouche; **it made his mouth ~** cela lui a fait venir l'eau à la bouche.
4 vt [gardener, river] arroser; animal donner à boire à; wine etc couper (d'eau).
◆ **water down** vt sep milk, wine couper (d'eau); (fig) story, version édulcorer; effect atténuer.
◆ **watercolour 1** n (painting) aquarelle f; (paints) **~colours** couleurs fpl pour aquarelle; **in ~colours** à l'aquarelle ; **2** adj à l'aquarelle. ◆ **watercourse** n cours m d'eau. ◆ **watercress** n cresson m (de fontaine). ◆ **watered** adj silk moiré. ◆ **watereddown** adj (fig) version édulcoré. ◆ **waterfall** n chute f d'eau. ◆ **waterfowl** npl gibier m d'eau. ◆ **waterfront** n (at docks etc) quais mpl; (sea front) front m de mer. ◆ **water-heater** n chauffe-eau m inv. ◆ **water-hole** n mare f. ◆ **watering** n arrosage m; **~ing hole** [animal] point m d'eau; (* fig) bar m. ◆ **watering-can** n arrosoir m. ◆ **waterlily** n nénuphar m. ◆ **waterline** n (Naut) ligne f de flottaison. ◆ **waterlogged** adj wood imprégné d'eau; shoes imbibé d'eau; land, pitch détrempé. ◆ **watermark** n (in paper) filigrane m; (left by tide) laisse f de haute mer. ◆ **water-meadow** n prairie f souvent inondée. ◆ **watermelon** n pastèque f. ◆ **waterproof 1** adj material imperméable; watch étanche; **~proof sheet** (for bed) alaise f; (tarpaulin) bâche f ; **2** n imperméable m; **3** vt imperméabiliser. ◆ **waterproofing** n imperméabilisation f. ◆ **water-repellent** adj, n hydrofuge (m). ◆ **watershed** n (Geog) ligne f de partage des eaux; (fig) grand tournant m. ◆ **waterside** n bord m de l'eau; **at** or **on** or **by the ~side** au bord de l'eau; **along the ~side** le long

de la rive. ◆ **water-ski** vi faire du ski nautique. ◆ **water-skiing** n ski m nautique. ◆ **water-soluble** adj soluble dans l'eau. ◆ **waterspout** n (on roof etc) tuyau m de descente; (Met) trombe f. ◆ **watertight** adj container étanche; (fig) excuse, plan inattaquable; (fig) **in ~tight compartments** séparé par des cloisons étanches. ◆ **waterway** n voie f navigable. ◆ **water-wings** npl bouée f, flotteurs mpl de natation. ◆ **waterworks** n (sg: place) station f hydraulique; (fig: cry) **to turn on the ~works** * se mettre à pleurer comme une Madeleine *; **to have sth wrong with one's ~works** * avoir des ennuis de vessie. ◆ **watery** adj substance aqueux; eyes larmoyant; (pej) tea, coffee trop faible; soup trop liquide; taste fade; colour délavé.

Waterloo [ˌwɔːtə'luː] n Waterloo. (fig) **to meet one's ~** essuyer un revers irrémédiable.

watt [wɒt] n (Elec) watt m. ◆ **wattage** n puissance f en watts.

wave [weɪv] **1** n (a) (at sea, on lake) vague f; (on beach) rouleau m; (on river, pond) vaguelette f; (in hair, on surface) ondulation f; (fig: of attack, enthusiasm, strikes etc) vague. (liter) **the ~s** les flots mpl; **her hair has a natural ~ in it** ses cheveux ondulent naturellement; **to come in ~s** [people] arriver par vagues; [explosions etc] se produire par vagues; (Cine etc) **the new ~** la nouvelle vague; (fig) **to make ~s** faire des vagues; **~ power** énergie f des vagues. (b) (Phys, Rad, Telec etc) onde f. **long ~** grandes ondes; **medium/short ~** ondes moyennes/courtes. (c) (gesture) **to give sb a ~** faire un signe de la main à qn; **with a ~ of his hand** d'un signe de la main.
2 vi (a) [person] faire signe de la main; [flag] flotter au vent; [branch, tree] être agité; [grass, corn] onduler. **to ~ to sb** (in greeting) saluer qn de la main; (as signal) faire signe à qn (to do de faire). (b) [hair] onduler.
3 vt (a) flag, handkerchief etc agiter; (threateningly) stick, sword brandir. **he ~d the ticket at me furiously** il a agité vivement le ticket sous mon nez; **to ~ goodbye to sb** dire au revoir de la main à qn; **to ~ sb back/on** etc faire signe à qn de reculer/d'avancer etc. (b) hair onduler.
◆ **wave about, wave around** vt sep object, one's arms agiter dans tous les sens. ◆ **wave aside, wave away** vt sep person, object écarter d'un geste; offer, help refuser d'un geste.
◆ **waveband** n bande f de fréquences. ◆ **wavelength** n longueur f d'ondes; (fig) **we're not on the same ~length** nous ne sommes pas sur la même longueur d'ondes. ◆ **wavy** adj hair, surface ondulé; line onduleux. ◆ **wavy-haired** adj aux cheveux ondulés.

waver ['weɪvə'] vi [flame, courage] vaciller; [voice] trembler; [person] (weaken) lâcher pied; (hesitate) hésiter (between entre). ◆ **waverer** n indécis(e) m(f). ◆ **wavering 1** adj vacillant; tremblant; hésitant ; **2** n vacillation f; tremblement m; hésitations fpl.

wax¹ [wæks] **1** n (gen) cire f; (for skis) fart m; (in ear) bouchon m de cire. **2** adj candle etc de or en cire. **~(ed) paper** papier m sulfurisé. **3** vt floor, furniture, shoes cirer; car lustrer. ◆ **waxen** adj colour cireux. ◆ **waxworks** n (pl: figures) personnages mpl en cire; (sg: wax museum) musée m de cire. ◆ **waxy** adj substance, complexion, colour cireux; potato qui ne s'émiette pas.

wax² [wæks] vi [moon] croître. **to ~ poetic** etc devenir d'humeur poétique etc; **to ~ eloquent** déployer toute son éloquence (about, over à propos de); **to ~ enthusiastic** s'enthousiasmer (about pour).

way [weɪ] **1** n (a) (road etc) chemin m, voie f. **the ~ across the fields** le chemin qui traverse les champs; **they drove a ~ through the hills** ils ont ouvert un passage à travers les collines; **the**

Appian W~ la voie Appienne; *(Rel)* **the W~ of the Cross** le chemin de la Croix; **private/public** ~ voie privée/publique; **across the** ~ de l'autre côté de la rue *(from* par rapport à), en face; *(fig)* **the middle** ~ le juste milieu.
(b) *(route)* chemin *m (to* de, vers). **which is the ~ to...?** pouvez-vous m'indiquer le chemin de...?; **he talked/it rained** *etc* **all the** ~ il a parlé/il a plu *etc* pendant tout le chemin *(to* jusqu'à); **there are houses all the** ~ il y a des maisons tout le long du chemin; *(fig)* **I'm with you all the** ~ * je suis entièrement d'accord avec vous; **the ~ to success** le chemin du succès; **the shortest** *or* **quickest ~ to Leeds** le chemin le plus court pour aller à Leeds; **I went the long ~ round** j'ai pris le chemin le plus long; **on the ~ to London we...** en allant à Londres nous...; **it's on the ~ to the station** c'est sur le chemin de la gare; **we met him on the ~** nous l'avons rencontré en route; **on the ~ here I saw...** en venant ici j'ai vu...; **on your ~ home** en rentrant chez vous; **I must be on my ~** il faut que je parte; **to start on one's ~** se mettre en route; **to go on one's ~** reprendre son chemin; **he went by ~ of Glasgow** il est passé par Glasgow; **they met him by the ~** ils l'ont rencontré en chemin; *(fig)* **by the ~, what did he say?** à propos, qu'est-ce qu'il a dit?; *(fig)* **that is by the ~** tout ceci est secondaire; **the village is quite out of the ~** le village est vraiment à l'écart; *(fig)* **it's nothing out of the ~** cela n'a rien de spécial; **an out-of-the-~ subject** un sujet peu commun; **if it's not out of my ~** si c'est sur mon chemin; *(fig)* **to go out of one's ~ to do sth** se donner du mal pour faire qch; **don't go out of your ~ to do it** ne vous dérangez pas pour le faire; **to lose the** *or* **one's ~** perdre son chemin *(to* en allant à); **to ask the** *or* **one's ~** demander son chemin *(to* pour aller à); **I know the** *or* **my ~ to the station** je sais comment aller à la gare; *(fig)* **she knows her ~ about** elle sait se débrouiller; **they went their separate ~s** *(lit)* ils sont partis chacun de leur côté; *(fig)* chacun a suivi son chemin; *(fig)* **he went his own ~** il a fait à son idée; *(fig)* **he has gone the ~ of...** il a fait comme...; **to make one's ~ towards...** se diriger vers...; **to make one's ~ through sth** traverser qch; **to make one's ~ back to sth** retourner *or* revenir vers qch; *(fig)* **he had to make his own ~** il a dû faire son chemin tout seul; **the ~ back** le chemin du retour; **the ~ back to the station** le chemin pour retourner à la gare; **the ~ down/up** le chemin pour descendre/monter; **the ~ forward is dangerous** le chemin devient dangereux plus loin; **the ~ in** l'entrée *f*; **I'm looking for a ~ in/out** je cherche un moyen d'entrer/de sortir; **do you know the ~ into/out of...?** savez-vous par où on entre dans/sort de...?; *[fashion etc]* **it's on the ~ in/out** c'est la nouvelle mode/passé de mode; **the ~ out** la sortie; **on the** *or* **your ~ out** en sortant; *(fig)* **there is no ~ out of it** *or* **no ~ round it** il n'y a pas moyen de s'en sortir; **the ~ through the forest** le chemin à travers la forêt; **'no ~ through'** 'sans issue'.
(c) *(path)* **to be in sb's ~** barrer le passage à qn; *(fig)* **am I in the** *or* **your ~?** est-ce que je vous gêne?; **it's out of the ~ over there** ça ne gêne pas là-bas; **to get out of the ~** s'écarter; **to get out of sb's ~** laisser passer qn; **to get out of the ~ of the car** s'écarter de la voiture; **get it out of the ~!** poussez-le!, écartez-le!; **as soon as I've got the exam out of the ~** dès que je serai débarrassé de l'examen; **keep matches out of children's ~** ne laissez pas les allumettes à la portée des enfants; **to keep out of sb's ~** éviter qn; **he kept well out of the ~** il a pris soin de rester à l'écart; **to put sth out of the ~** ranger qch; **to want sb/sth out of the ~ *** vouloir se débarrasser de qn/qch; **to put difficulties in sb's ~** créer des difficultés à qn;

he put me in the ~ of one or two good bargains il m'a indiqué quelques bonnes affaires; **to make ~ for sb** s'écarter pour laisser passer qn; *(fig)* **make ~!** écartez-vous!; *(fig)* **this made ~ for a reform of...** ceci a préparé le terrain pour une réforme de...; **to push** *or* **thrust** *or* **elbow one's ~ through a crowd** se frayer un chemin à travers une foule; **to hack** *or* **cut one's ~ through sth** s'ouvrir un chemin à la hache *etc* dans qch; **to crawl/limp** *etc* **one's ~ to the door** ramper/boiter *etc* jusqu'à la porte; **he talked his ~ out of it** il s'en est sorti avec de belles paroles; **to give ~** *V* give 1d.
(d) *(distance)* distance *f*. **a long ~ off** *or* **away** loin; **a little ~ away** *or* **off** pas très loin; **it's a long ~** c'est loin *(from* de); **it's a long** *or* **good ~ to London** ça fait loin pour aller à Londres *; **it's a long ~ from here to...** cela fait loin d'ici à...; *(fig)* **they've come a long ~** ils ont fait du chemin; **we've a long ~ to go** *(lit)* nous avons encore un grand bout de chemin à faire; *(fig)* nous ne sommes pas au bout de nos peines; **your work has still a long ~ to go** vous avez encore de grands efforts à faire dans votre travail; *(fig)* **it should go a long ~ towards improving it/paying the bill** cela devrait l'améliorer considérablement/cela devrait couvrir une grande partie de la facture; **he makes a little go a long ~** il tire le meilleur parti de ce qu'il a; **a little kindness goes a long ~** un peu de gentillesse facilite bien des choses.
(e) *(direction)* direction *f*, sens *m*. **this ~** par ici; **'this ~ for** *or* **to the cathedral'** 'vers la cathédrale'; **this ~ and that** par-ci par-là, en tous sens; **which ~ did he go?** par où est-il passé?; **which ~ do we go from here?** *(lit)* par où passons-nous maintenant?; *(fig)* quelle voie devons-nous choisir maintenant?; **are you going my ~?** est-ce que vous allez dans la même direction que moi?; *(fig)* **everything's going his ~ *** tout lui sourit; **he went that ~** il est parti par là; **she didn't know which ~ to look** elle ne savait pas où regarder; **he looked the other ~** il a détourné les yeux; **he never looks my ~** il ne regarde jamais dans ma direction; **I'll be down** *or* **round your ~** je serai près de chez vous; **if the chance comes your ~** si jamais vous en avez l'occasion; **over Oxford ~** du côté d'Oxford; *(fig)* **he's in a fair ~ to succeed** il est en passe de réussir; **the right ~ round** *or* **out** à l'endroit; **the wrong ~ round** *or* **out** à l'envers, dans le mauvais sens; **'this ~ up'** 'haut'; **the right ~ up** dans le bon sens; **the wrong ~ up** sens dessus dessous; **the other ~ round** dans l'autre sens; **it's the other ~ round** c'est juste le contraire; **a one-~ street** une rue à sens unique; **a three-~ discussion** une discussion à trois participants.
(f) *(manner, method)* façon *f*, moyen *m (to do, of doing* de faire). **there are ~s and means** il y a différents moyens *(of doing* de faire); **we haven't the ~s and means to do it** nous n'avons pas les ressources suffisantes pour le faire; *(Admin)* **W~s and Means Committee** Commission *f* des Finances; **the French ~ of life** la manière de vivre des Français; **these shortages are a ~ of life** ces pénuries sont entrées dans les mœurs; **(in) this ~** comme ceci, de cette façon; **that's the ~ to do it** voilà comment il faut s'y prendre; *(encouraging)* **that's the ~!** voilà, c'est bien!; *(refusing)* **no ~!** * pas question! *; **do it either ~** fais-le de l'une ou l'autre façon; **either ~ *** **I can't help you** de toute façon je ne peux pas vous aider; **do it your own ~** fais-le à ta façon; **to get one's own ~** obtenir ce que l'on désire; **to want one's own ~** ne vouloir en faire qu'à sa tête; **Arsenal had it all their own ~** Arsenal a complètement dominé le match; **I won't let him have things all his own ~** je ne vais pas lui passer tous ses caprices; **to my ~ of thinking** à mon avis; **her ~ of looking at it** son point

de vue sur la question; **that's the ~ the money goes** c'est à ça que l'argent passe; **whatever ~ you like to look at it** de quelque façon que vous envisagiez *(subj)* la chose; **it's the ~ things are** c'est la vie; **it's just the ~ I'm made** c'est comme ça que je suis; **leave it all the ~ it is** laisse les choses comme elles sont; **the ~ things are going we shall have nothing left** du train où vont les choses il ne nous restera rien; **that's always the ~** c'est toujours comme ça; **it was this ~...** voici comment cela s'est passé...; **to do sth the right/wrong ~** faire qch bien/mal; **in a general ~** en général; **once in a ~** de temps en temps; **by ~ of being a joke** en guise de plaisanterie.

(g) *(state; degree)* état *m*. **to be in a bad ~** *[person, situation]* aller mal; *[car etc]* être en piteux état; **there are no two ~s about it** c'est absolument clair; **one ~ or (an)other** d'une façon ou d'une autre; *(Racing)* **each ~** gagnant ou placé; **you can't have it both ~s** il faut choisir; *(fig)* **in a small ~** d'une façon limitée; **in his own small ~** dans la limite de ses moyens; **he is a bookseller in a big ~** c'est un gros libraire; **we lost in a really big ~** nous avons vraiment beaucoup perdu; **in the ordinary ~ of things** normalement.

(h) *(custom)* coutume *f*; *(manner)* façon *f* (*of doing* de faire). **the ~s of the Spaniards** les coutumes espagnoles; **the ~s of God and men** les voies *fpl* de Dieu et de l'homme; **his foreign ~s** ses habitudes *fpl* d'étranger; **he is very slow in his ~s** il fait tout très lentement; **he is amusing in his (own) ~** il est amusant à sa façon; **it's not my ~** ce n'est pas mon genre (*to do* de faire); **she has a ~ with her** elle sait persuader; **he has a ~ with people/cars** il sait s'y prendre avec les gens/les voitures; **to mend one's ~s** s'amender; **to get into/out of the ~ of doing** prendre/perdre l'habitude de faire.

(i) *(respect, detail)* égard *m*, point *m*. **in some ~s** à certains égards; **in many ~s** à bien des égards; **can I help you in any ~?** puis-je vous aider en quoi que ce soit?; **does that in any ~ explain it?** est-ce là une explication satisfaisante?; **he's in no ~ to blame** ce n'est vraiment pas sa faute; **without in any ~ wishing to do so** sans vouloir le moins du monde le faire; **he's right in a or one ~** il a raison dans un certain sens; **what is there in the ~ of books?** qu'est-ce qu'il y a comme livres?

(j) *[ship]* **to gather/lose ~** prendre/perdre de la vitesse; **to have ~ on** avoir de l'erre; **to be under ~** *[ship]* faire route; *[meeting, discussion]* être en cours; *[plans]* être en voie de réalisation; **to get under ~** *[ship]* appareiller; *[person]* se mettre en route; *[vehicle, meeting, discussion]* démarrer; **to get sth under ~** faire démarrer qch.

2 *adv*: **~ back etc** = **away back etc** *(V* **away 1a)**; **you're ~ out * in your calculations** tu es très loin du compte dans tes calculs.

◆ **wayfarer** *n* voyageur *m*, -euse *f*. ◆ **wayfaring** *n* voyages *mpl*. ◆ **waylay** *pret, ptp* **waylaid** *vt* *(attack)* attaquer; *(speak to)* arrêter au passage. ◆ **way-out *** *adj (odd)* excentrique; *(great)* super * *inv.* ◆ **wayside 1** *n* bord *m or* côté *m* de la route; **along the ~side** le long de la route; **by the ~side** au bord de la route; *(fig)* **to fall by the ~side** *(not persevere)* abandonner en route; *(be stopped)* tomber à l'eau ; **2** *adj café etc* au bord de la route. ◆ **wayward** *adj* qui n'en fait qu'à sa tête.

W.C. ['dʌblju(:)'si:] *n* W.-C. *mpl*, waters *mpl*.

we [wi:] *pers pron pl* nous. **~ know** nous savons; *(stressed)* nous, nous savons; **~ went to the pictures** nous sommes allés *or* on est allé * au cinéma; **~ French** nous autres Français; **as ~ do in Scotland** comme on fait en Écosse; **~ all make mistakes** tout le monde peut se tromper.

weak [wi:k] *adj (gen)* faible; *structure, material* qui manque de solidité; *coffee, tea* léger; *(fig) chin* fuyant; *(Med) health, lungs, stomach* fragile. **~ from**

or **with hunger** affaibli par la faim; **to grow ~(er)** = **to weaken 1**; **to have a ~ heart** avoir le cœur malade; **to have ~ eyes** *or* **eyesight** avoir une mauvaise vue; **~ in the head *** faible d'esprit, débile *; **he went ~ at the knees** il avait les jambes comme du coton; **~ in maths** faible en maths; **~ spot** point *m* faible; *(fig)* **the ~ link in the chain** le point faible; *(US)* **the ~ sister *** le faiblard *, la faiblarde * (dans un groupe); **~ verb** verbe *m* faible.

◆ **weaken 1** *vi (gen)* faiblir; *(in health)* s'affaiblir; *(relent)* se laisser fléchir; *[influence, power]* baisser; *[prices]* fléchir ; **2** *vt (gen)* affaiblir; *join, structure, material* enlever de la solidité à; *heart* fatiguer; *coffee, solution, mixture* diluer. ◆ **weakening 1** *n* *(gen)* affaiblissement *m*; *[structure, material]* fléchissement *m* ; **2** *adj (gen)* affaiblissant; *disease* débilitant. ◆ **weak-kneed** *adj* mou, faible. ◆ **weakling** *n* *(physically)* mauviette *f*; *(morally etc)* faible *mf*. ◆ **weakly 1** *adj* faible, chétif ; **2** *adv* faiblement. ◆ **weak-minded** *adj* faible d'esprit. ◆ **weakness** *n* faiblesse *f*; manque *m* de solidité; fragilité *f*; one of his **~nesses** un de ses points faibles; **to have a ~ness for** avoir un faible pour. ◆ **weak-willed** *adj* faible.

weal [wi:l] *n (on skin)* marque *f* d'un coup de fouet.

wealth [welθ] *n (fact of being rich)* richesse *f*; *(money, possessions, resources)* richesses, fortune *f*. **a man of great ~** un homme richissime; **mineral ~** richesses minières; *(fig)* **a ~ of ideas** une profusion d'idées. ◆ **wealthy** *adj* (très) riche.

wean [wi:n] *vt baby* sevrer; *(fig: from bad habits etc)* détourner *(from, off* de). **I've managed to ~ him off gin** je l'ai habitué à se passer de gin.

weapon ['wepən] *n* arme *f*.

wear [wɛəʳ] *(vb: pret* **wore**, *ptp* **worn) 1** *n*: **clothes for everyday ~** vêtements *mpl* pour tous les jours; **evening/town ~** tenue *f* de soirée/de ville; *(Comm)* **children's/summer ~** vêtements pour enfants/d'été; **what is the correct ~?** quelle est la tenue convenable *(for* pour)?; **this carpet has had some hard ~** ce tapis a beaucoup servi; **it will stand up to a lot of ~** cela fera beaucoup d'usage; **there is still some ~ left in it** *(garment)* c'est encore mettable; *(carpet, tyre)* cela fera encore de l'usage; **he got 4 years' ~ out of it** cela lui a fait 4 ans; **it has had a lot of ~** and **tear** c'est très usagé; **fair ~ and tear** usure *f* normale; **the ~ and tear on the engine** l'usure du moteur; **to show signs of ~, to look the worse for ~** commencer à être fatigué.

2 *vt* **(a)** *(gen)* porter; *(fig) smile, look* avoir. **he was ~ing a hat** il portait un chapeau, il avait (mis) un chapeau; **I never ~ a hat** je ne mets *or* porte jamais de chapeau; **what shall I ~?** qu'est-ce que je vais mettre?; **I've nothing to ~** je n'ai rien à me mettre; **she was ~ing blue** elle était en bleu; **she ~s her hair long** elle a les cheveux longs; **I never ~ scent** je ne me mets jamais de parfum; **she was ~ing make-up** elle était maquillée; **she was ~ing lipstick** elle s'était mis du rouge à lèvres; **she wore a frown** elle fronçait les sourcils; *(fig:* **agree to)** **he won't ~ that *** il ne marchera pas *. **(b)** *(rub etc) clothes, stone etc* user; *groove, path* creuser peu à peu; *hole* faire peu à peu *(in sth* dans *or* à qch). **worn thin** *blade* aminci à l'usage; *rug* complètement râpé; *(fig)* **worn with care** usé par les soucis.

3 *vi* **(a)** *(last)* faire de l'usage. **these shoes will ~ for years** ces chaussures feront des années; **to ~ well** *[garment, carpet]* faire beaucoup d'usage; *[theory, friendship]* résister au temps; **she has worn well *** elle est bien conservée. **(b)** *(rub etc thin)* s'user. **worn at the knees** usé aux genoux; **to ~ into holes** se trouer; **the rock has worn smooth** la roche a été polie par le temps; **to ~ thin** *[cloth]* être râpé; *[patience]* s'épuiser; *(fig)* **that excuse has worn thin!** cette excuse ne prend plus!

◆ **wear away 1** vi [substance] s'user; [inscription] s'effacer. **2** vt sep user; effacer. ◆ **wear down 1** vi [heels, pencil etc] s'user. **2** vt sep materials user; patience, strength, person épuiser; courage, resistance miner. ◆ **wear off** vi [colour, inscription] s'effacer; [pain, anger, excitement] passer; [effects, anaesthetic] se dissiper. **the novelty has worn off** cela n'a plus l'attrait de la nouveauté. ◆ **wear on** vi [day, winter etc] avancer; [war, discussions etc] se poursuivre. **as the years wore on** avec le temps. ◆ **wear out 1** vi (gen) s'user; [patience etc] s'épuiser. **2** vt sep shoes, clothes user; strength, patience, person, horse épuiser. **to ~ o.s. out** s'épuiser (doing à faire); **to be worn out** être exténué.
◆ **wearable** adj garment mettable. ◆ **wearer** n: **they will delight the ~er** ils feront la joie de la personne qui les portera; **uniform ~ers** ceux qui portent l'uniforme; **from maker to ~er** du fabricant au client. ◆ **wearing** adj épuisant.

weary ['wɪərɪ] **1** adj person, smile, look las (f lasse) (of sth de qch; of doing de faire); sigh de lassitude; journey (tiring) fatigant; (irksome) lassant. **to grow ~ of sth/of doing** se lasser de qch/de faire; **4 ~ hours** 4 heures mortelles. **2** vi se lasser (of sth de qch; of doing de faire). **3** vt (tire) fatiguer; (try patience of) lasser (with à force de). ◆ **wearied** adj las. ◆ **wearily** adv say, sigh, look avec lassitude; move péniblement. ◆ **weariness** n lassitude f; fatigue f. ◆ **wearisome** adj (tiring) épuisant; (boring) lassant, ennuyeux.

weasel ['wi:zl] n belette f. (pej) ~ **words** paroles fpl équivoques.

weather ['weðə'] **1** n temps m. ~ **permitting** si le temps le permet; **what's the ~ like?** quel temps fait-il?; **it's fine/bad** ~ il fait beau/mauvais; **in hot** ~ par temps chaud; **in all ~s** par tous les temps; (fig) **to be under the** ~ * être mal fichu *. **2** vt (**a**) (survive) tempest, crisis réchapper à. (**b**) wood etc faire mûrir. ~**ed rocks** rochers mpl patinés par la pluie etc. **3** adj knowledge, map, station météorologique; conditions, variations atmosphérique; (Naut) side, sheet du vent. (Brit) **W~ Centre**, (US) **W~ Bureau** Office m national de la météorologie; ~ **chart** carte f du temps; (fig) **to keep a ~ eye on sth** surveiller qch; ~ **forecast** prévisions fpl météorologiques, météo * f; ~ **report** bulletin m météorologique, météo *; ~ **ship** navire m météo inv; **the ~ situation** le temps. ◆ **weather-beaten** adj person tanné; building dégradé par les intempéries. ◆ **weather-boarding** n planches fpl de recouvrement. ◆ **weathercock** or ◆ **weathervane** n girouette f. ◆ **weatherman** * n météorologiste m. ◆ **weatherproof** adj clothing imperméable; house étanche.

weave [wi:v] (vb: pret **wove**, ptp **woven**) **1** n tissage m. **2** vt (gen) tisser; strands entrelacer; basket, garland tresser; (fig) story inventer. **3** vi (**a**) (~ along) [road, river] serpenter. (**b**) **to ~ (one's way) through sth** se faufiler à travers qch; (fig) **let's get weaving!** * allons, remuons-nous! ◆ **weaver** n tisserand(e) m(f).

web [web] n (fabric; also of lies etc) tissu m; [spider] toile f. ◆ **webbed** adj palmé. ◆ **webbing** n (on chair) sangles fpl. ◆ **webfooted** adj: **to be ~footed** avoir les pieds palmés.

wed [wed] **1** vt épouser. (fig) [person] **she is ~ded to her work** elle ne vit que pour son travail; **cunning ~ded to ambition** la ruse alliée à l'ambition. **2** vi se marier. **3** npl: **the newly- ~s** les jeunes mariés mpl. ◆ **wedding 1** n (ceremony) mariage m; **silver/golden ~ding** noces fpl d'argent/d'or; **to have a quiet/a church ~ding** se marier dans l'intimité/à l'église ; **2** adj cake, night de noces; present, invitation, anniversary de mariage; dress de mariée; ceremony, march nuptial; ~**ding breakfast** lunch m de mariage; **their ~ding day** le jour de leur mariage; ~**ding ring** alliance f.

wedge [wedʒ] **1** n (under wheel etc) cale f; (for splitting sth) coin m; (piece: of cake etc) part f. (fig) **it's the thin end of the** ~ c'est le commencement de la fin. **2** vt (fix) table, wheels caler; (push) enfoncer (into dans; between entre). **to ~ a door open** maintenir une porte ouverte à l'aide d'une cale; **car ~d between two trucks** voiture coincée entre deux camions; **to ~ sth in** faire rentrer qch; **to be ~d in** être coincé. ◆ **wedge-heeled** adj à semelles compensées.

Wednesday ['wenzdeɪ] n mercredi m; for phrases V **Saturday**.

wee [wi:] adj (Scot) tout petit.

weed [wi:d] **1** n mauvaise herbe f; (* pej: person) mauviette f. **2** vt désherber. ◆ **weed out** vt sep (fig) person éliminer (from de); old books, clothes trier et jeter. ◆ **weeding** n désherbage m; **I've done some ~ing** j'ai un peu désherbé. ◆ **weedkiller** n désherbant m. ◆ **weedy** adj (fig) person qui a l'air d'une mauviette.

week [wi:k] n semaine f. **in a** ~ dans une semaine, dans huit jours; **what day of the** ~ **is it?** quel jour de la semaine sommes-nous?; ~ **in** ~ **out**, ~ **after** ~ semaine après semaine; **this** ~ cette semaine; **next/last** ~ la semaine prochaine/dernière; **in the middle of the** ~ vers le milieu or dans le courant de la semaine; **a** ~ **today** aujourd'hui en huit; **a** ~ **past yesterday** il y a eu une semaine hier; **every two** ~**s** toutes les deux semaines, tous les quinze jours; **two** ~**s ago** il y a deux semaines, il y a quinze jours; **in 3** ~**s' time** dans 3 semaines; **the** ~ **ending May 6th** la semaine qui se termine le 6 mai; **the working** ~ la semaine de travail; **a 36-hour** ~ une semaine de 36 heures. ◆ **weekday 1** n jour m de semaine; (Comm) les jours ouvrables ; **2** adj activities, timetable de la semaine. ◆ **weekend 1** n week-end m, fin f de semaine; **at ~ends** pendant les week-ends; **at the ~end** pendant le week-end; **we're going away for the ~end** nous partons en week-end; **a long ~end** un week-end prolongé ; **2** adj visit, programme de or du weekend; ~**end case** sac m de voyage; ~**end cottage** maison f de campagne. ◆ **weekly 1** adj hebdomadaire ; **2** adv une fois par semaine; **twice ~ly** deux fois par semaine ; **3** n (magazine) hebdomadaire m.

weep [wi:p] pret, ptp **wept 1** vi pleurer (for joy de joie; for sb qn; over sth sur qch; to see de voir); [wound etc] suinter. **to ~ bitterly** pleurer à chaudes larmes; **I could have wept!** j'en aurais pleuré! **2** n: **to have a good/a little** ~ pleurer un bon coup/un peu. ◆ **weeping 1** n larmes fpl ; **2** adj person qui pleure; ~**ing willow** saule m pleureur. ◆ **weepy 1** adj voice larmoyant; **to be ~y** avoir envie de pleurer ; **2** n (Brit) mélo * m.

weevil ['wi:vl] n charançon m.

weewee * ['wi:wi:] **1** n pipi * m. **2** vi faire pipi *.

weft [weft] n (Tex) trame f.

weigh [weɪ] **1** vt (**a**) peser. **it ~s 9 kilos** ça pèse 9 kilos; **what do you ~?** combien est-ce que vous pesez?; (fig) **it ~s a ton** c'est du plomb; **to ~ one's words** peser ses mots; **to ~ sth in one's hand** soupeser qch; **to ~ (up) A against B** mettre en balance A et B; **to ~ (up) the pros and cons** peser le pour et le contre. (**b**) **to ~ anchor** lever l'ancre. **2** vi [object, responsibilities] peser (on sur). **to ~ heavy/light** peser lourd/peu; (fig) **it was ~ing on her mind** cela la tracassait; (stronger) cela la tourmentait. ◆ **weigh down** vi peser de tout son poids (on sth sur qch). **2** vt sep branch etc faire plier. **to be ~ed down by** load, parcels etc plier sous le poids de; responsibilities etc être accablé de. ◆ **weigh in** vi [boxer, jockey etc] se faire peser. **to ~ in at 70 kilos** peser 70 kilos avant le match (or la course). ◆ **weigh out** vt sep sugar etc peser. ◆ **weigh up** vt sep (consider) examiner; (compare) mettre en balance (*A with B, A against B* A et B). ◆ **weigh-bridge** *n* pont-bascule *m*. ◆ **weigh-in** *n* (*Sport*) pesage *m*. ◆ **weighing-machine** *n* balance *f*. ◆ **weight** **1** *n* (**a**) poids *m* (*also fig*); **atomic ~t** poids atomique; **to be sold by ~t** se vendre au poids; **what is your ~t?** combien pesez-vous?; **what a ~t it is!** que c'est lourd!; **they are the same ~t** ils font le même poids; (*fig*) **it is worth its ~t in gold** cela vaut son pesant d'or; **under-/ over~t** trop maigre/gros; **to put on/lose ~t** grossir/maigrir; **he put his full ~t on...** il a pesé de tout son poids sur...; **feel the ~t of this box!** soupesez-moi cette boîte!; (*fig*) **it's a ~t off my mind** c'est un gros souci de moins; (*fig*) **to give ~t to sth** donner du poids à qch; **to carry ~t** [*argument, factor*] avoir du poids (*with* pour); [*person*] avoir de l'influence; (**b**) (*for scales etc*) poids *m*; **~ts and measures** poids et mesures ; **2** *vt* (**~t down**) (*sink*) lester *or* (*hold down*) maintenir avec un poids (*or* une pierre *etc*). ◆ **weighting** *n* (*on salary*) indemnité *f*; (*Scol*) coefficient *m*; **London ~ting** indemnité de résidence pour Londres. ◆ **weightless** *adj* en état d'apesanteur. ◆ **weightlessness** *n* apesanteur *f*. ◆ **weightlifter** *n* haltérophile *m*. ◆ **weight-lifting** *n* haltérophilie *f*. ◆ **weighty** *adj* load, responsibility lourd; *argument, matter* de poids; *reason* probant; *consideration, deliberation* mûr; *problem* grave.

weir [wɪəʳ] *n* barrage *m* (*de rivière*).

weird [wɪəd] *adj* (*eerie*) surnaturel, mystérieux; (*odd*) bizarre, étrange. ◆ **weirdly** *adv* mystérieusement; bizarrement, étrangement. ◆ **weirdness** *n* étrangeté *f*. ◆ **weirdo** ‡ *or* ◆ **weirdy** ‡ *n* drôle d'oiseau * *m* (*pej*).

welcome ['welkəm] **1** *adj* (**a**) reminder, interruption opportun. [*person, thing*] **to be ~** être le (*or* la) bienvenu(e); **~!** soyez le bienvenu *etc*; **~ to our house/to England** bienvenue chez nous/en Angleterre; **to make sb ~** faire bon accueil à qn; **I didn't feel very ~** je me suis senti de trop; **it was ~ news/a ~ sight** nous avons été (*or* il a été *etc*) heureux de l'apprendre/de le voir; **it is a ~ change** c'est un changement agréable; **it was a ~ relief** j'ai été vraiment soulagé. (**b**) **thank you — you're ~** merci — il n'y a pas de quoi; **you're ~ to try** libre à vous d'essayer; **you're ~ to use my car** n'hésitez pas à prendre ma voiture; **you're ~ to any help I can give you** si je peux vous être utile, ce sera avec plaisir; (*iro*) **you're ~ to it** je vous souhaite bien du plaisir. **2** *n* accueil *m*. **to bid sb ~** souhaiter la bienvenue à qn; **to give sb a warm ~** faire un accueil chaleureux à qn; **I got a fairly cold ~** j'ai été reçu plutôt froidement. **3** *vt* (*greet formally*) accueillir; (*greet warmly*) accueillir chaleureusement; (*bid ~*) souhaiter la bienvenue à; *news, suggestion, change* se réjouir de. **I'd ~ a cup of coffee** je prendrais volontiers une tasse de café. ◆ **welcoming** *adj* smile, handshake accueillant; *speech* d'accueil.

weld [weld] **1** *n* soudure *f*. **2** *vt* souder (*on to* à). ◆ **welder** *n* (*person*) soudeur *m*; (*machine*) soudeuse *f*. ◆ **welding** **1** *n* soudure *f* ; **2** *adj*: **~ing torch** chalumeau *m*.

welfare ['welfɛəʳ] **1** *n* (**a**) (*gen*) bien *m*; (*comfort*) bien-être *m*. **the nation's ~, the ~ of all** le bien public; **the physical/spiritual ~ of** la santé physique/morale de; **child/animal ~** protection *f* de l'enfance/des animaux; **to look after sb's ~** avoir la responsabilité de qn. (**b**) (**social**) **~** assistance *f* sociale. **to be on ~** recevoir l'aide sociale. **2** *adj* milk, meals gratuit. **~ centre** centre *m* d'assistance sociale; (*US*) **~ hotel** foyer *m* d'hébergement (*réservé aux bénéficiaires de l'aide sociale*); **~ payments** prestations *fpl* sociales; (*gen*) **the W~ State** l'État-providence *m*; **thanks to the W~ State** grâce à la Sécurité sociale; **~ work** travail social; **~ worker** ≈ travailleur *m*, -euse *f* social(e).

well¹ [wel] **1** *n* (*for water etc; also between buildings*) puits *m*; [*staircase, lift*] cage *f*. **2** *vi* (**a**) (**~ up**) [*tears, emotion*] monter. (**b**) (**~ out**) [*spring*] sourdre; [*blood*] couler (*from* de).

well² [wel] **1** *adv*, *comp* **better**, *superl* **best** (**a**) (*gen*) bien. **very ~** très bien; **he sings as ~ as he plays** il chante aussi bien qu'il joue; **he sings as ~ as she does** il chante aussi bien qu'elle; **~ done!** bravo!; **~ played!** bien joué!; **to do ~** (*succeed: in work etc*) bien réussir; (*manage sth*) bien se débrouiller; **the patient is doing ~** le malade est en bonne voie; **you did ~ to come** vous avez bien fait de venir; **to do as ~ as one can** faire de son mieux; **he did himself ~** il ne s'est privé de rien; **to do ~ by sb** bien agir envers qn; **you're ~ out of it** c'est une chance que tu n'aies plus rien à voir avec cela (*or* lui *etc*); **how ~ I understand!** comme je vous (*or* le *etc*) comprends!; **~ I know it!** je le sais bien!

(**b**) (*intensifying etc*) bien. **~ over 100** bien plus de 100; **he is ~ past fifty** il a largement dépassé la cinquantaine; **~ and truly** bel et bien; **he could ~ afford to pay for it** il avait largement les moyens de le payer; **you would be ~ advised to leave** vous feriez bien de partir; **you may ~ be surprised to learn** vous serez sans aucun doute surpris d'apprendre; **one might ~ ask why** on pourrait à juste titre demander pourquoi; **you might ~ ask!** belle question!; **he couldn't very ~ refuse** il ne pouvait guère refuser; **you might as ~ say** autant dire que; **you may as ~ tell me** autant me le dire, tu ferais aussi bien de me le dire; **we might (just) as ~ have stayed** autant valait rester, nous aurions aussi bien fait de rester; **as ~ she might** comme il se devait; **~ she might!** c'était la moindre des choses!

(**c**) **as ~** (*also*) aussi; (*on top of it all*) par-dessus le marché; **by night as ~ as by day** aussi bien de jour que de nuit, de jour comme de nuit; **as ~ as his dog he has...** en plus de son chien il a... **2** *excl* (*gen*) eh bien!; (*resignation*) enfin!; (*after interruption*) **~, as I was saying...** donc, comme je disais...; (*hesitation*) **~... c'est que...**; (*surprise*) **well, well, well!** tiens, tiens, tiens!; **~ I never!** ça par exemple!; **very ~ then** bon, d'accord. **3** *adj*, *comp* **better**, *superl* **best** (**a**) bien; bon. **all's ~ that ends well** tout est bien qui finit bien; **all's ~ too va bien**; **all is not ~** il y a qch qui ne va pas; **it's all very ~ to say...** c'est bien joli de dire...; **if you want to do it, ~ and good** si vous voulez le faire, d'accord; **it would be ~ to leave** on ferait bien de partir; **it is as ~ to remember** on ferait bien de se rappeler; **it would be just as ~ for you to stay** vous feriez tout aussi bien de rester; **it's as ~ for you that...** heureusement pour vous que... (**b**) (*healthy*) **how are you? — very ~** comment allez-vous? — très bien; **I hope you're ~** j'espère que vous allez bien; **to feel ~** se sentir bien; **to get ~ se remettre**; **get ~ soon!** remets-toi vite! **4** *n*: **to think/speak ~ of** penser/dire du bien de; **I wish you ~!** je vous souhaite de réussir!; **sb who wishes you ~** qn qui vous veut du bien; **to let or leave ~ alone** s'arrêter là; **leave ~ alone** (*gen*) il faut savoir s'arrêter là; (*Prov*) le mieux est l'ennemi du bien. **5** *pref*: **well-** bien; **~-chosen/-dressed** *etc* bien choisi/habillé *etc*.

◆ **well-behaved** *adj* child sage; *animal* obéissant. ◆ **well-being** *n* bien-être *m*. ◆ **well-bred** *adj* (*good family*) de bonne famille; (*courteous*) bien élevé; *animal* de bonne race. ◆ **well-built** *adj* solide. ◆ **well-educated** *adj* qui a reçu une bonne éducation. ◆ **well-fed** *adj* bien nourri. ◆ **well-fixed** * *adj* (*US*) nanti. ◆ **well-heeled** * *adj* nanti. ◆ **well-informed** *adj* bien informé (*about* sur); (*knowledgeable*) *person* instruit; (*Press etc*) **~-informed circles** milieux *mpl* bien informés.

◆ **well-judged** adj remark judicieux; shot bien visé; estimate juste. ◆ **well-kept** adj house, garden bien tenu; hands soigné; hair bien entretenu; secret bien gardé. ◆ **well-known** adj bien connu, célèbre. ◆ **well-made** adj bien fait. ◆ **well-mannered** adj bien élevé. ◆ **well-meaning** adj person bien intentionné; (also ~-**meant**) remark, action fait avec les meilleures intentions. ◆ **well-nigh** adv presque. ◆ **well-off** adj (**a**) (rich) riche; (**b**) (fortunate) **you don't know when you're ~-off** tu ne connais pas ton bonheur; **she's ~-off without him** c'est un bon débarras pour elle. ◆ **well-spent** adj time bien employé; money utilement dépensé. ◆ **well-thought-of** adj bien considéré. ◆ **well-thought-out** adj bien conçu. ◆ **well-timed** adj remark tout à fait opportun; blow bien calculé. ◆ **well-to-do** adj aisé. ◆ **well-wishers** npl amis mpl; (unknown) amis or admirateurs mpl inconnus; (supporters) sympathisants mpl. ◆ **well-worn** adj path battu; carpet, clothes usagé; (fig) expression rebattu.

wellington ['welɪŋtən] n (~ **boot**: also **wellie** *) botte f de caoutchouc.

Welsh [welʃ] **1** adj gallois. ~ **dresser** vaisselier m; (Pol) **the ~ Office** le ministère des Affaires galloises; ~ **rarebit** toast m au fromage. **2** n gallois m. (people) **the ~** les Gallois mpl. ◆ **Welshman** n Gallois m. ◆ **Welshwoman** n Galloise f.

welsh * [welʃ] vi: **to ~ on sb** lever le pied * en emportant l'argent de qn.

welterweight ['weltəweɪt] n (Boxing) poids m welter.

wend [wend] vt: **to ~ one's way** aller son chemin (to, towards vers).

Wendy house ['wendɪˌhaʊs] n (Brit) modèle m réduit de maison (jouet d'enfant).

went [went] pret of **go**.

wept [wept] pret, ptp of **weep**.

were [wɜːʳ] pret of **be**.

werewolf, pl **-wolves** ['wɪəwʊlf, wʊlvz] n loup-garou m.

west [west] **1** n ouest m. (**to the**) ~ **of** à l'ouest de; **in the ~ of** dans l'ouest de; **the wind is in the ~** le vent est à l'ouest; **the wind is from the ~** le vent vient de l'ouest; **to live in the ~** habiter dans l'ouest; (Pol) **the W~** l'Occident m, l'Ouest m. **2** adj side ouest inv; wind d'ouest; coast, door ouest, occidental. **W~ Africa** Afrique f occidentale; **the W~ Bank (of the Jordan)** la Cisjordanie; **W~ Indies** Antilles fpl; **W~ Indian** (adj) antillais; (n) Antillais(e) m(f); (London) **the W~ End** le quartier élégant de Londres; **the W~ Country** le sud-ouest (de l'Angleterre). **3** adv drive, travel etc en direction de l'ouest, vers l'ouest. ~ **of the border** à l'ouest de la frontière; **to go due ~** aller droit vers l'ouest; (fig) **to go ~** * [thing] être fichu *; [person] passer l'arme à gauche *. ◆ **westbound** adj traffic, vehicles en direction de l'ouest; carriageway ouest inv. ◆ **westerly** adj wind d'ouest; situation, aspect à l'ouest; **in a ~erly direction** en direction de l'ouest. ◆ **western 1** adj region ouest inv, de l'ouest; coast ouest, occidental; wall, side exposé à l'ouest; **in ~ern France** dans la France de l'ouest; **~ern France** l'Ouest m de la France; **W~ern Europe** Europe f occidentale; (Pol) **W~ern countries** pays mpl de l'Ouest or occidentaux ; **2** n (film) western m; (novel) roman-western m. ◆ **westerner** n homme m or femme f de l'Ouest; (Pol) Occidental(e) m(f). ◆ **westernization** n occidentalisation f. ◆ **westernize** vt occidentaliser; **to become ~ernized** s'occidentaliser. ◆ **westward 1** adj à l'ouest ; **2** adv (also ~**wards**) vers l'ouest.

wet [wet] **1** adj (gen) (tout) mouillé; (damp) humide; (soaking ~) trempé; paint frais; ink, watercolours pas encore sec; weather pluvieux; climate humide; day de pluie; season des pluies. **it grows in ~ places** ça pousse dans les endroits humides; ~ **to the skin**, ~ **through** trempé jusqu'aux os; **to get ~** se mouiller; **to get one's feet ~** se mouiller les pieds; (fig) **he's still ~ behind the ears** * il manque d'expérience; (weather) **it's going to be ~** il va pleuvoir; (fig) **a ~ blanket** * un rabat-joie; **he's really ~** ⁑ c'est une vraie lavette *; (US) **you're all ~**! tu te fiches complètement dedans *! **2** n (**a**) **the ~** (rain) la pluie; (damp) l'humidité f; **it got left out in the ~** c'est resté dehors sous la pluie. (**b**) (⁑ pej: person) lavette * f. **3** vt mouiller. **to ~ one's lips** se mouiller les lèvres; **to ~ o.s.** or **one's pants** mouiller sa culotte; **to ~ the bed** mouiller le lit. ◆ **wetness** n humidité f. ◆ **wet-suit** n combinaison f de plongée.

whack [wæk] **1** n (**a**) (blow) grand coup m; (sound) claquement m. (attempt) **to have a ~ at doing** * essayer de faire; **I'll have a ~ at it** * je vais tenter le coup *. (**b**) (*: share) part f. **2** vt thing, person donner un grand coup à; (spank) fesser; (*: defeat) donner une raclée * à. ◆ **whacked** ⁑ adj (exhausted) crevé *. ◆ **whacker** ⁑ n (fish etc) poisson m etc énorme; (lie) mensonge m énorme. ◆ **whacking 1** n (spanking) fessée f; (beating: lit, fig) raclée * f ; **2** adj (also ~**ing big** *) énorme.

whale [weɪl] **1** n baleine f. (fig) **we had a ~ of a time** * on s'est drôlement * bien amusé; **a ~ of a difference** * une sacrée * différence. **2** adj: ~ **oil** huile f de baleine. **3** vi : **to go whaling** pêcher la baleine. ◆ **whalebone** n fanon m de baleine; (in corset etc) baleine f. ◆ **whaler** n (man) pêcheur m de baleine; (ship) baleinier m. ◆ **whaling 1** n pêche f à la baleine ; **2** adj industry baleinier.

whammy ['wæmɪ] n mauvais sort m, poisse * f.

wharf [wɔːf] n quai m. ◆ **wharfage** n droits mpl de quai.

what [wɒt] **1** adj (**a**) quel. ~ **play did you see?** quelle pièce avez-vous vue?; ~ **news?** quelles nouvelles?; **she showed me ~ book it was** elle m'a montré quel livre c'était; ~ **a man!** quel homme!; ~ **a nuisance!** que c'est ennuyeux!; ~ **fools we are!** que nous sommes bêtes!; ~ **a huge house!** quelle maison immense! (**b**) **I gave him ~ money I had** je lui ai donné tout l'argent que j'avais; ~ **little I said** le peu que j'ai dit.
2 pron (**a**) (in questions: subject) qu'est-ce qui; (object) que, qu'est-ce que; (after prep) quoi. ~'**s happening?** qu'est-ce qui se passe?; ~ **did you do?** qu'est-ce que vous avez fait?, qu'avez-vous fait?; ~ **were you talking about?** de quoi parliez-vous?; ~'**s that?** (gen) qu'est-ce que c'est que ça?; (pardon?) comment?; ~'**s that book?** qu'est-ce que c'est que ce livre?; ~ **is his address?** quelle est son adresse?; ~ **is this called?** comment ça s'appelle?; ~'**s the French for 'pen'?** comment dit-on 'pen' en français?; ~ **can we do?** qu'est-ce que nous pouvons faire?, que pouvons-nous faire?; ~ **will it cost?** combien est-ce que ça coûtera?; **it's WHAT?** c'est quoi?
(**b**) (that which: subject) ce qui; (object) ce que. **I wonder ~ will happen** je me demande ce qui va arriver; **tell us ~ you're thinking about** dites-nous ce à quoi vous pensez; **he asked me ~ she'd told me** il m'a demandé ce qu'elle m'avait dit; **I don't know ~ that book is** je ne sais pas ce que c'est que ce livre; **he just doesn't know ~'s ~** il est complètement dépassé *; **I'll show them ~'s ~** je vais leur montrer de quoi il retourne; ~ **is done is done** ce qui est fait est fait; **say ~ you like** vous pouvez dire ce que vous voulez; ~ **I need is...** ce dont j'ai besoin c'est...; **I don't know who is doing** ~ je ne sais pas qui fait quoi; **I know ~, I'll tell you** ~ tu sais quoi; **he's not ~ he was** il n'est plus ce qu'il était; **I've no clothes except** ~ **I'm wearing** je n'ai d'autres vêtements que ceux que je porte.

(c) ~ **about Robert?** et Robert?; ~ **about writing that letter?** et si vous écriviez cette lettre?; ~ **about the money you owe me?** et l'argent que vous me devez?; ~ **about it?** *(so ~?)* et alors?; *(~ do you think?)* alors, qu'est-ce que tu en penses?; ~ **about a coffee?** si on prenait un café?; ~ **for?** pourquoi?; ~ **did you do that for?** pourquoi avez-vous fait ça?; ... **and** ~ **have you ***, ... **and** ~ **not *** et je ne sais quoi encore; **and** ~ **is more** et qui plus est; **and** ~ **is worse** et ce qui est pire; **and,** ~ **is less common** et, ce qui est plus inhabituel; ~ **with X and Y** avec X et Y en plus; ~ **with one thing and another** avec ceci et cela; *(after listing things)* avec tout ça.

3 *excl:* ~ **, no tea!** quoi *or* comment, pas de thé! ◆ **whatever 1** *adj, adv (any)* ~**ever (the) book you choose** quel que soit le livre que vous choisissiez *(subj); (all)* ~**ever money you've got** tout ce que tu as comme argent; **nothing** ~**ever** absolument rien ; **2** *pron* **(a)** *(no matter what)* quoi que + *subj;* ~**ever happens** quoi qu'il arrive *(subj);* ~**ever you (may) find** quoi que vous trouviez; ~**ever it may be** quoi que ce soit; **I'll pay** ~**ever it costs** je paierai ce que ça coûtera; ~**ever it costs, get it** achète-le quel qu'en soit le prix; **(b)** *(anything that)* tout ce que; **do** ~**ever you please** faites ce que vous voulez; **(c)** *(emphatic)* ~**ever did you do? *** qu'est-ce que vous êtes allé faire? **(d) the books and** ~**ever** les livres et ainsi de suite. ◆ **what's-it *** *or* **what's-his-name *** *or* **what-d'ye-call-him *** *etc n* machin * *m.* ◆ **whatsoever = whatever.**

wheat [wi:t] **1** *n* blé *m,* froment *m.* **2** *adj flour, field* de blé. ◆ **wheatgerm** *n* germes *mpl* de blé. ◆ **wheatmeal** *n* farine *f* brute *(à 80%).*

wheedle ['wi:dl] *vt* cajoler. **to** ~ **sth out of sb** obtenir qch de qn par des cajoleries; **to** ~ **sb into doing** cajoler qn pour qu'il fasse. ◆ **wheedling 1** *adj* enjôleur ; **2** *n* cajoleries *fpl.*

wheel [wi:l] **1** *n (gen)* roue *f; (Naut)* roue de gouvernail; *(Aut: steering ~)* volant *m; (spinning ~)* rouet *m; (potter's ~)* tour *m.* ~ **of fortune** roue de la fortune; **at the** ~ *(Naut)* au gouvernail; *(Aut)* au volant; **to take the** ~ *(Naut)* prendre le gouvernail; *(Aut)* se mettre au volant; *(fig)* **the** ~**s of government** les rouages *mpl* du gouvernement; **to oil** *or* **grease the** ~**s** huiler les rouages; **there are** ~**s within** ~**s** il y a toutes sortes de forces en jeu; **the** ~ **has come full circle** la boucle est bouclée.

2 *vt barrow, pushchair, bed* pousser, rouler; *cycle* pousser; *person* pousser (dans un landau *or* un fauteuil roulant *etc). (fig)* ~ **him in!** ⚓ amenez-le! **3** *vi (~ round) [birds]* tournoyer; *[person]* se retourner (brusquement); *(Mil)* effectuer une conversion; *[procession]* tourner. *(Mil)* **right** ~**!** à droite!; *(fig)* **to be** ~**ing and dealing *** chercher des combines *fpl;* **there has been a lot of** ~**ing and dealing *** over that cela a donné lieu à toutes sortes de combines. ◆ **wheelbarrow** *n* brouette *f.* ◆ **wheelbase** *n* empattement *m.* ◆ **wheelchair** *n* fauteuil *m* roulant. ◆ **wheel clamp** *n* sabot de de Denver. ◆ **wheeled** *adj* à roues; **three-**~**ed** à trois roues. ◆ **-wheeler** *n ending:* **four-**~**er** voiture *f* à quatre roues. ◆ **wheeler-dealer** *n (pej)* affairiste *m.* ◆ **wheeling** *n: (pej)* ~**ing and dealing** combines * *fpl.* ◆ **wheelspin** *n (Aut)* patinage *m.* ◆ **wheelwright** *n* charron *m.*

wheeze [wi:z] **1** *n* respiration *f* bruyante. **2** *vi [person]* avoir du mal à respirer.

whelk [welk] *n* buccin *m.*

whelp [welp] **1** *n* petit(e) *m(f) (d'un animal).* **2** *vi* mettre bas.

when [wen] **1** *adv* quand. ~ **does the train leave?** quand *or* à quelle heure part le train?; ~ **is your**

birthday? c'est quand, votre anniversaire?; ~ **did Columbus...?** quand *or* en quelle année Christophe Colomb a-t-il...?; **I don't know** ~ **we'll see him again** je ne sais pas quand nous le reverrons; ~**'s the wedding?** à quand le mariage?; ~ **is the best time** quel est le meilleur moment *(to do* pour faire); **till** ~**?** jusqu'à quand?; **he's got to go by** ~**?** il faut qu'il soit parti quand?; *(iro)* **since** ~**? *** depuis quand? *

2 *conj* **(a)** *(at the time that)* quand, lorsque. ~ **I heard his voice I smiled** quand *or* lorsque j'ai entendu sa voix j'ai souri; ~ **I was a child there was...** quand *or* lorsque j'étais enfant il y avait...; **let me know** ~ **she comes** faites-moi savoir quand elle arrivera; ~ **writing to her, remember to say...** quand vous lui écrirez n'oubliez pas de dire...; ~ **you like** quand vous voulez *or* voudrez; **hardly had I got back** ~**...** je venais à peine de rentrer quand... **(b)** *(on, at etc which)* où; que. **on the day** ~ le jour où; **at the time** ~ au moment *or* à l'heure où; **in spring,** ~**...** au printemps, au moment où...; **on Saturday(s),** ~**...** le samedi, quand...; *(each Saturday that)* **on Saturday(s)** ~**...** les samedis où...; *(last etc Saturday* ~**)** **on Saturday,** ~**...** samedi, quand...; **at 8 o'clock,** ~**...** à 8 heures, heure à laquelle...; **at the very moment** ~ juste au moment où; **one day** ~ **the sun was shining** un jour où le soleil brillait; **this is a time** ~ **we must speak** c'est dans un moment comme celui-ci qu'il faut parler; **there are times** ~**...** il y a des moments où...; *(drinks etc)* **say** ~**! *** vous me direz..., vous m'arrêterez...

(c) *(the time that)* **he told me about** ~ **you...** il m'a raconté le jour où vous...; **she spoke of** ~ **they had visited London** elle a parlé de la semaine *(or du jour etc)* où ils avaient visité Londres; **now is** ~ **I need you** c'est maintenant que j'ai besoin de vous; **that's** ~ **the train leaves** c'est l'heure à laquelle le train part; **that's** ~ **Napoleon was born** c'est l'année *(or* le jour) où Napoléon est né; **that's** ~ **you ought to try...** c'est le moment d'essayer...; **that was** ~ **the trouble started** c'est alors que les ennuis ont commencé.

(d) *(after)* quand, une fois que. ~ **you've read the book you'll know why** quand vous aurez lu le livre vous saurez pourquoi; ~ **it is finished the bridge will measure...** une fois terminé, le pont mesurera...; ~ **they had left he...** après leur départ *or* après qu'ils furent partis, il...; ~ **he'd been to Greece he...** après être allé en Grèce, il...; **do it** ~ **he's finished** faites-le quand il aura fini.

(e) *(whereas)* alors que. **he walked** ~ **he could have taken the bus** il est allé à pied alors qu'il aurait pu prendre le bus.

◆ **whenever 1** *conj* **(a)** *(at whatever time)* quand; ~**ever you wish** quand vous voulez; **leave** ~**ever you're ready** partez quand vous serez prêt; **(b)** *(every time that)* chaque fois que; ~**ever I see her I think of Jenny** chaque fois que je la vois je pense à Jenny ; **2** *adv:* **last Monday, or** ~**ever** lundi dernier, ou je ne sais quand.

whence [wens] *adv, conj (liter)* d'où.

where [wɛəʳ] **1** *adv* où. ~ **do you live?** où habitez-vous?; ~ **are you going (to)?** où allez-vous?; **I wonder** ~**...** je me demande où...; ~**'s the theatre?** où est le théâtre?; ~ **do you come from?** d'où venez-vous?; **near** ~**?** près d'où?

2 *conj* **(a)** *(gen)* (là) où. **stay** ~ **you are** restez où vous êtes; **there is a school** ~ **our house once stood** il y a une école là où se dressait autrefois notre maison; **go** ~ **you like** allez où vous voulez; **it's not** ~ **I left it** ce n'est plus là où je l'avais laissé; **it's not** ~ **I expected to see it** je ne m'attendais pas à le voir là.

(b) *(in etc which)* où. **the house** ~**...** la maison où...; **in the place** ~ à l'endroit où; **England is** ~ **you'll**

find... c'est en Angleterre que vous trouverez...; **this is ~ it was found** c'est là qu'on l'a retrouvé. **(c)** *(the place that)* là que. **so that's ~ my gloves have got to!** voilà où sont passés mes gants!; *(fig)* **that's ~ things started to go wrong** c'est là que les choses se sont gâtées; **this is ~ you've got to decide** là il faut que tu décides; **I walked past ~ he was standing** j'ai dépassé l'endroit où il se tenait; **from ~ I am** d'où *or* de là où je suis. **(d)** *(whereas)* alors que. **he walked ~ he could have taken the bus** il est allé à pied alors qu'il aurait pu prendre le bus.
◆ **whereabouts 1** *adv* où (donc) ; **2** *npl*: **to know sb's ~abouts** savoir où est qn. ◆ **whereas** *conj (while)* alors que, tandis que; *(although)* bien que + *subj*, quoique + *subj; (Jur: since)* attendu que. ◆ **whereby** *(conj: frm)* par quoi, par lequel *(or* laquelle *etc).* ◆ **wherefore** *n* V **why.** ◆ **whereupon** *conj* sur quoi, et sur ce. ◆ **wherever 1** *conj* **(a)** *(no matter where)* où que + *subj;* **~ver I am I'll always remember** où que je sois, je n'oublierai jamais; **(b)** *(anywhere)* (là) où; **sit ~ver you like** asseyez-vous (là) où vous voulez; **Barcombe, ~ver that is** un endroit qui s'appellerait Barcombe; **(c)** *(everywhere)* partout où; **~ver you go, I'll go too** partout où tu iras, j'irai; **~ver you see it, you know that...** partout où vous le voyez, vous savez que... ; **2** *adv*: **in London or Liverpool or ~ver *** à Londres, Liverpool ou Dieu sait où. ◆ **wherewithal** *n*: **the ~withal** les moyens *mpl (to do* de faire).

whet [wet] *vt (lit, fig)* aiguiser. ◆ **whetstone** *n* pierre *f* à aiguiser.

whether ['weðə^r] *conj* **(a)** si. **I don't know ~ it's true or not** je ne sais pas si c'est vrai ou non; **I don't know ~ to go** je ne sais pas si je dois y aller; **it is doubtful ~** il est peu probable que + *subj;* **I doubt ~** je doute que + *subj;* **I'm not sure ~** je ne suis pas sûr que + *subj.* **(b)** que + *subj.* **~ it rains or snows** qu'il pleuve ou qu'il neige; **~ you go or not, he...** que tu y ailles ou non, il... **(c)** soit. **~ before or after** soit avant, soit après.

whew [hwu:] *excl* ouf!

whey [weɪ] *n* petit-lait *m*.

which [wɪtʃ] **1** *adj* **(a)** *(in questions etc)* quel. **~ card?** quelle carte?, laquelle des cartes?; **I don't know ~ books** je ne sais pas quels livres; **~ one?** lequel *(or* laquelle)?; **~ one of you?** lequel *(or* laquelle) d'entre vous?
(b) in ~ case auquel cas; **a week, during ~ time...** une semaine au cours de laquelle...
2 *pron* **(a)** *(in questions etc)* lequel *m,* laquelle *f.* **~ have you taken?** lequel avez-vous pris?; **~ of your sisters?** laquelle de vos sœurs?; **~ of you?** *(two people)* lequel de vous deux?; *(more than two)* lequel d'entre vous?; **~ are the ripest apples?** quelles sont les pommes les plus mûres?
(b) *(the one or ones that: subject)* celui *(or* celle *etc)* qui; *(object)* celui *etc* que. **show me ~ is the cheapest** montrez-moi celui qui est le moins cher; **I know ~ I'd rather have** je sais celui que je préférerais; **I don't know ~ is ~** je ne peux pas les distinguer; **I don't mind ~** ça m'est égal.
(c) *(that: subject)* qui; *(object)* que; *(after prep)* lequel *etc.* **the book ~ is on the table** le livre qui est sur la table; **the apple ~ you ate** la pomme que vous avez mangée; **the box ~ you put it in** la boîte dans laquelle vous l'avez mis; **the book ~ I told you about** le livre dont je vous ai parlé.
(d) *(and that: subject)* ce qui; *(object)* ce que; *(after prep)* quoi. **you're late, ~ reminds me...** vous êtes en retard, ce qui me fait penser...; **she said she was 40, ~ I don't believe** elle a dit qu'elle avait 40 ans, ce que je ne crois pas; **after ~ she left** après quoi elle est partie; **of ~ more later** ce dont je reparlerai plus tard; **from ~ we deduce** d'où nous déduisons.

◆ **whichever 1** *adj* **(a)** *(that one which)* **I'll have ~ever apple you don't want** je prendrai la pomme dont vous ne voulez pas; **keep ~ever one you prefer** gardez celui que vous préférez (peu importe lequel); **(b)** *(no matter which: subject)* quel que soit... qui + *subj; (object)* quel que soit... que + *subj;* **~ever book is left** quel que soit le livre qui reste *(subj);* **~ever dress you wear** quelle que soit la robe que tu portes *(subj);* **~ever way you look at it** de quelque manière que vous le considériez *(subj)* ; **2** *pron* **(a)** *(the one which: subject)* celui *m (or* celle *f etc)* qui; *(object)* celui *etc* que; **~ever is best for him** celui qui lui convient le mieux; **~ever you like** celui que vous voulez; **choose ~ever is easiest** choisissez le plus facile; **(b)** *(no matter which one: subject)* quel que soit celui qui + *subj; (object)* quel que soit celui que + *subj;* **~ever of the two books he chooses** quel que soit le livre qu'il choisisse; **~ever of the apples is left** quelle que soit la pomme qui reste *(subj).*

whiff [wɪf] *n (puff: of chloroform, sea air etc)* bouffée *f; (smell)* odeur *f.* **one ~ of this is enough to kill you** il suffit de respirer ça une fois pour mourir; **I caught a ~ of gas** j'ai senti l'odeur du gaz.

while [waɪl] **1** *conj* **(a)** *(during the time that)* pendant que. **~ I was out of the room** pendant que j'étais hors de la pièce; **she fell asleep ~ reading** elle s'est endormie en lisant; **~ you're away I'll write some letters** pendant ton absence *or* pendant que tu seras absent j'écrirai quelques lettres; **and ~ you're about it** et pendant que vous y êtes. **(b)** *(as long as)* tant que. **it won't happen ~ I'm here** cela n'arrivera pas tant que je serai là. **(c)** *(although)* bien que + *subj,* quoique + *subj.* **~ there are a few people who like that** bien qu'il *or* quoiqu'il y ait un petit nombre de gens qui aiment cela. **(d)** *(whereas)* alors que, tandis que. **she sings quite well, ~ her sister can't sing a note** elle ne chante pas mal alors que *or* tandis que sa sœur ne sait pas chanter du tout.
2 *n*: **a ~** quelque temps; **a short ~, a little ~** un moment; **a long ~, a good ~** (assez) longtemps ; **after a ~** au bout de quelque temps; **for a ~ I thought...** j'ai pensé un moment...; *(longer)* pendant quelque temps j'ai pensé...; **once in a ~** une fois de temps en temps; **in between ~s** entre-temps; **all the ~** pendant tout ce temps-là.
◆ **while away** *vt sep* (faire) passer.
◆ **while-you-wait heel repairs** *npl* ≃ talon minute. ◆ **whilst** *conj* = **while 1.**

whim [wɪm] *n* caprice *m,* fantaisie *f.* **he gives in to her every ~** il lui passe tous ses caprices; **as the ~ takes him** comme l'idée lui vient. ◆ **whimsical** *adj person* fantasque; *smile, book* étrange; *idea* saugrenu. ◆ **whimsically** *adv say, suggest* de façon saugrenue; *smile, look* étrangement.

whimper ['wɪmpə^r] **1** *vi [person, baby]* gémir faiblement; *(whine)* pleurnicher; *[dog]* pousser de petits cris plaintifs. **2** *n* gémissement *m.* ◆ **whimpering 1** *n* gémissements *mpl* ; **2** *adj voice* larmoyant; *(whining)* pleurnicheur; *person, animal* qui gémit faiblement.

whimwhams * ['wɪmwæmz] *npl (US)* trouille * *f,* frousse * *f.*

whin [wɪn] *n (Bot)* ajonc *m.*

whine [waɪn] **1** *vi [person, dog]* gémir; *(fig: complain)* se lamenter *(about* sur), se plaindre *(about* de); *[siren]* gémir. **2** *vt*: **'no', he ~d** 'non', dit-il d'une voix geignarde. **3** *n* gémissement *m* prolongé; *(fig)* plainte *f; [bullet, machine]* plainte stridente. ◆ **whining 1** *n [person, child]* gémissements *mpl* continus, pleurnicheries *fpl; [dog]* gémissements, *(fig: complaining)* plaintes *fpl* continuelles ; **2** *adj voice, child* geignard; *dog* qui gémit.

whinny ['wɪnɪ] **1** *vi* hennir. **2** *n* hennissement *m.*

whip [wɪp] **1** n **(a)** fouet m; (riding ~) cravache f. **(b)** (Parl) (person) chef m de file (d'un groupe parlementaire). (summons) **three-line** ~ convocation f impérative (pour voter). **(c)** (Culin) **strawberry** etc ~ mousse f instantanée à la fraise etc.
2 adj (fig) **to have the** ~ **hand** avoir l'avantage (over sur).
3 vt **(a)** fouetter; (Culin) battre au fouet. **~ped cream** crème f fouettée. **(b)** (*: defeat) battre à plates coutures. **(c)** (seize etc) **to** ~ **sth out of sb's hands** enlever brusquement qch des mains de qn; **he ~ped a gun out of his pocket** il a brusquement sorti un revolver de sa poche; **to** ~ **sth away** etc enlever etc qch brusquement. **(c)** (‡: steal) faucher *, voler. **(d)** rope surlier; (Sewing) surfiler.
4 vi: **to** ~ **along/away** etc filer/partir etc à toute allure; **the car ~ped round the corner** la voiture a pris le tournant à toute allure; **to** ~ **round** [person] se retourner vivement; [object] pivoter brusquement.
♦ **whip up** vt sep cream etc battre au fouet; (fig) indignation, interest stimuler; (*: prepare) meal préparer en vitesse. **can you** ~ **us up sth to eat?** * est-ce que vous pourriez nous faire à manger * en vitesse?
♦ **whiplash** n (blow from whip) coup m de fouet; (fig: in car accident) coup du lapin *. ♦ **whippersnapper** n freluquet m. ♦ **whipping 1** n (punishment) correction f; **to give sb a ~ping** fouetter qn ; **2** adj: **~ping cream** crème fraîche (à fouetter); (fig) **~ping boy** bouc m émissaire. ♦ **whip-round** * n: **to have a ~-round** faire une collecte (for pour).

whippet ['wɪpɪt] n whippet m.

whirl [wɜːl] **1** vi **(a)** (~ **round**) [leaves, dancers, water] tourbillonner; [wheel, merry-go-round] tourner. **the leaves ~ed down** les feuilles tombaient en tourbillonnant. **(b)** (move rapidly) **to** ~ **along/away** etc aller/partir etc à toute vitesse. **2** vt (~ **round**) leaves etc faire tourbillonner; sword, object on rope faire tournoyer. (fig) **they ~ed us round the Louvre** ils nous ont fait visiter le Louvre à toute vitesse; **the train ~ed us along** le train nous emportait à toute allure. **3** n tourbillon m. (fig) **the social** ~ la vie mondaine; **her thoughts/emotions were in a** ~ tout tourbillonnait dans sa tête/son cœur; **my head is in a** ~ la tête me tourne; (fig: try) **to give sth a** ~ * essayer qch. ♦ **whirlpool** tourbillon m; (US) **~pool bath** bain m à remous. ♦ **whirlwind 1** n tornade f, trombe f ; **2** adj éclair * inv.

whirr [wɜː] **1** vi [bird's wings, insect's wings] bruire; [cameras, machinery] ronronner; (louder) vrombir. **to go ~ing off** partir en vrombissant. **2** n bruissement m; ronronnement m; vrombissement m.

whisk [wɪsk] **1** n (Culin) fouet m; (rotary) batteur m à œufs. **with a** ~ **of his tail** d'un coup de queue; (Culin) **to give sth a good** ~ bien battre qch. **2** vt **(a)** (Culin) battre au fouet; egg whites battre en neige. ~ **the eggs into it** incorporez-y les œufs avec un fouet. **(b)** **to** ~ **sth out of sb's hands** enlever brusquement qch des mains de qn; **she ~ed the letter off the table** elle a prestement fait disparaître la lettre de la table; **to** ~ **sth away/off** etc emporter/enlever etc qch brusquement; **the lift ~ed us up to the top floor** l'ascenseur nous a emportés jusqu'au dernier étage à toute allure.

whiskers ['wɪskəz] npl (side ~) favoris mpl; (beard) barbe f; (moustache) moustache f; [animal] moustaches.

whisky, (US, Ir) **whiskey** ['wɪskɪ] n whisky m. **a** ~ **and soda** un whisky soda.

whisper ['wɪspəʳ] **1** vi (gen) chuchoter (to sb à l'oreille de qn). **you'll have to** ~ il faudra que vous parliez bas. **2** vt chuchoter, dire à voix basse (sth to sb qch à qn; that que). **he ~ed a word in**

my ear il m'a dit qch à l'oreille; (fig) **it is ~ed that...** le bruit court que... **3** n (gen) chuchotement m; [wind etc] murmure m; (fig: rumour) bruit m. **in a** ~ à voix basse. ♦ **whispering 1** n chuchotement m; (fig) **there has been a lot of ~ing about them** toutes sortes de rumeurs ont couru sur leur compte ; **2** adj (fig) **~ing campaign** campagne f (diffamatoire) insidieuse; **~ing gallery** galerie f à écho.

whist [wɪst] n whist m. ~ **drive** tournoi m de whist.

whistle ['wɪsl] **1** n **(a)** (sound: gen) sifflement m; (made with a ~) coup m de sifflet; [audience] (cheering) sifflements d'admiration; (booing) sifflets mpl. **(b)** (thing blown) sifflet m. **penny ~** flûteau m; **he blew his** ~ il a donné un coup de sifflet; **the referee blew his ~ for half-time** l'arbitre a sifflé la mi-temps; **it broke off as clean as a** ~ ça a cassé net; (fig) **he blew the** ~ **on it** ‡ (informed on it) il a dévoilé le pot aux roses; (stopped it) il y a mis le holà.
2 vi (gen) siffler; (casually, light-heartedly) siffloter. **to** ~ **at** or **for** or **to sb/sth** siffler qn/qch; (fig) **he's whistling in the dark** il fait (or dit) ça pour se rassurer; (fig) **he can** ~ **for it!** * il peut toujours courir! *; **an arrow ~d past his ear** une flèche a sifflé à son oreille; **the cars ~d past** les voitures passaient à toute allure.
3 vt tune siffler; (casually) siffloter.
♦ **whistle up** vt sep dog, taxi siffler; (* fig) helpers, more food etc dégoter *, trouver.
♦ **whistle-stop** adj (Pol etc) **he made a ~-stop tour of...** il a fait à toute allure le tour de...

Whit [wɪt] **1** n (also **~sun**) la Pentecôte. **2** adj week, holiday etc de Pentecôte. ~ **Sunday/Monday** le dimanche/lundi de Pentecôte.

whit [wɪt] n: **not a** ~ **of truth** pas un brin de vérité; **it wasn't a** ~ **better** ce n'était pas mieux du tout.

white [waɪt] **1** adj **(a)** (gen) blanc (f blanche). **as** ~ **as a sheet/a ghost** pâle comme un linge/la mort; **as** ~ **as snow** blanc comme neige; ~ **with fear** blême de peur; **to go** or **turn** ~ (with fear, anger) blêmir; [hair] blanchir; **it gets the clothes ~r than** ~ ça lave encore plus blanc; ~ **coffee** café au lait; **a** ~ **Christmas** un Noël sous la neige; (fig) **it's a** ~ **elephant** c'est tout à fait superflu; **the** ~ **flag** le drapeau blanc; ~ **frost** gelée f blanche; (fig) **the** ~ **hope of** le grand espoir de; (at sea) ~ **horses,** (US) ~ **caps** moutons mpl; (US) **the W~ House** la Maison-Blanche; (fig) **a** ~ **lie** un pieux mensonge; (Acoustics) ~ **noise** son m blanc; (Parl) ~ **paper** livre m blanc (du gouvernement) (on sur); (Comm) ~ **sale** vente f de blanc; (Culin) ~ **sauce** béchamel f; ~ **wedding** mariage m en blanc; ~ **whale** baleine f blanche. **(b)** (racially) person, skin blanc; ~ **supremacy** de la race blanche. **a** ~ **man** un Blanc; **a** ~ **woman** une Blanche; **the** ~ **South Africans** les Blancs d'Afrique du Sud.
2 n **(a)** (colour) blanc m; (whiteness) blancheur f; [egg, eye] blanc. **dressed in** ~ vêtu de blanc; (linen etc) **the ~s** le linge blanc; **his face was a deathly** ~ son visage était d'une pâleur mortelle; **to be a dazzling** ~ être d'une blancheur éclatante. **(b)** (person) Blanc m, Blanche f.
♦ **whitebait** n (Culin) petite friture f. ♦ **white-collar** adj: **a ~-collar job** un emploi dans un bureau; **~-collar worker** employé(e) m(f) de bureau, col m blanc. ♦ **white-faced** adj blême. ♦ **white-haired** adj person aux cheveux blancs. ♦ **white-hot** adj chauffé à blanc. ♦ **whiten** vt blanchir. ♦ **whitener** n (for coffee) ersatz m de lait en poudre; (for clothes) agent m blanchissant. ♦ **whiteness** n blancheur f. ♦ **whitening** n (substance) blanc m. ♦ **white spirit** n white-spirit m. ♦ **whitethorn** n aubépine f. ♦ **whitewash 1** n lait m de chaux; (fig) **it was a ~wash of his character** ça visait à blanchir sa réputation ; **2** vt wall etc blanchir à la chaux; (fig) person, sb's reputation,

motives blanchir; *sb's faults* justifier (par des arguments fallacieux); *event, episode* peindre sous des traits anodins. ◆ **whitewall (tire)** *n (US)* pneu *m* à flanc blanc. ◆ **whitewood** *n* bois *m* blanc. ◆ **whitish** *adj* blanchâtre.

whiting ['waɪtɪŋ] *n (fish)* merlan *m*.

whitlow ['wɪtləʊ] *n* panaris *m*.

whittle ['wɪtl] *vt* tailler au couteau (*out of* dans). **to ~ down** *wood* tailler; *(fig) costs* amenuiser.

whiz(z) [wɪz] **1** *n (sound)* sifflement *m*. **2** *adj:* ~ **kid** * petit prodige *m*. **3** *vi:* **to ~ or go ~ing through the air** fendre l'air (en sifflant); **to ~ past** *etc* passer *etc* à toute vitesse.

who [huː] *pron* (**a**) *(in questions: remplace aussi 'whom' dans le langage parlé)* (*after prep*) qui. **~'s there?** qui est là?; **~ are you?** qui êtes-vous?; **~ has the book?** (qui est-ce) qui a le livre?; **~ should it be but Robert!** qui vois-je? Robert!; **I don't know ~'s ~ in the office** je ne connais pas très bien les gens au bureau; **'W~'s W~'** = 'Bottin *m* Mondain'; **~(m) did you see?** qui avez-vous vu?; **~'s the book by?** le livre est de qui?; **you-know-~** * **said**... qui vous savez a dit... (**b**) *(that)* qui. **my aunt ~ lives in London** ma tante qui habite à Londres; **those ~ can swim** ceux qui savent nager. ◆ **whodunit** * *n* roman *m* policier. ◆ **whoever** *pron* (**a**) *(anyone that)* quiconque; **~ever wishes may**... quiconque le désire peut...; **~ever finds it can keep it** celui qui le trouvera pourra le garder; **~ever said that was**... celui qui a dit ça était...; **ask ~ever you like** demandez à qui vous voulez; (**b**) *(no matter who: subject)* qui que ce soit qui + *subj*; *(object)* qui que ce soit que + *subj*; **~ever you are** qui que vous soyez; **~ever he marries** qui que ce soit qu'il épouse *(subj)*; (**c**) **~ever told you that?** qui donc vous a dit ça?

whoa [wəʊ] *excl* (**~ there**) ho!, holà!

whole [həʊl] **1** *adj* (**a**) *(entire)* (+ *sing n*) entier, tout; (+ *pl n*) entier. **the ~ book** le livre entier, tout le livre; **a ~ hour** toute une heure, une heure entière; **3 ~ days** 3 jours entiers; **the ~ world** le monde entier; **~ villages** des villages entiers; **the ~ road** toute la route; **~ milk** lait *m* entier; **to swallow sth ~** avaler qch tout entier; **roasted ~** rôti tout entier; **the ~ truth** toute la vérité; **the ~ point of it** tout l'intérêt de la chose; **with my ~ heart** de tout mon cœur; **the ~ lot** le tout; **the ~ lot of you** vous tous; **a ~ lot better** * vraiment beaucoup mieux; **to go the ~ hog** * aller jusqu'au bout, s'engager à fond. (**b**) *(unbroken)* glass, seal, egg intact; *series, set* complet; *(unhurt)* sain et sauf. *(Math)* ~ **number** nombre *m* entier.

2 *n* (**a**) *(all)* **the ~ of the book** tout le livre, le livre entier; **the ~ of the sum** la somme tout entière, la totalité de la somme; **the ~ of the time** tout le temps; **the ~ of France** la France tout entière; **the ~ of Paris was talking about it** dans tout Paris on parlait de ça; **as a ~** dans son ensemble; **on the ~** dans l'ensemble. (**b**) *(complete unit)* tout *m*. **they make a ~** ils font un tout; **estate sold as a ~** propriété vendue en bloc. ◆ **wholefood(s)** *n(pl)* aliments *mpl* complets; **a ~food restaurant** un restaurant qui n'utilise que des aliments complets. ◆ **wholegrain** *adj* complet. ◆ **wholehearted** *adj* approval, admiration sans réserve; **to make a ~hearted attempt** essayer de tout cœur. ◆ **wholeheartedly** *adv* de tout cœur. ◆ **wholemeal** *adj flour* brut; *bread* ≈ complet. ◆ **wholesale 1** *n* (vente *f* en) gros *m* ; **2** *adj* price, firm, trade *etc* de gros; *(fig) slaughter, destruction, dismissals* en masse; *criticism, acceptance* en bloc; *campaign, movement* généralisé; **there was a ~sale attempt to do it** on a essayé par tous les moyens de le faire ; **3** *adv buy, sell* en gros; *get,*

obtain au prix de gros; *(fig) dismiss, imprison, destroy* en masse; *reject, accept* en bloc. ◆ **wholesaler** *n* grossiste *mf*. ◆ **wholesome** *adj (gen)* sain; *air, climate* sain, salubre. ◆ **wholewheat** = **wholemeal.** ◆ **wholly** *adv* complètement, entièrement.

whom [huːm] *pron* (**a**) *(souvent remplacé par 'who' dans le langage parlé)* (*in questions*) qui. **~ did you see?** qui avez-vous vu?; **with ~?** avec qui? (**b**) *(that)* que. *(after prep)* qui. **my aunt, ~ I love** ma tante, que j'aime; **those ~ he had seen** ceux qu'il avait vus; **the man to ~** l'homme à qui, l'homme auquel; **the man of ~** l'homme dont.

whoop [huːp] **1** *n* cri *m (de triomphe etc)*. **2** *vi* pousser des cris; *(Med)* avoir des quintes de toux coquelucheuse. **3** *vt:* **to ~ it up** * bien se marrer *. ◆ **whoopee 1** *excl* youpi! ; **2** *n:* **to make ~ee** * bien se marrer *. ◆ **whoopee cushion** * *n* coussin(-péteur) *m* de farces et attrapes. ◆ **whooping cough** *n* coqueluche *f*. ◆ **whoops** *excl* houp-là!

whopper * ['wɒpəʳ] *n (car/parcel etc)* voiture *f*/colis *m* etc énorme; *(lie)* mensonge *m* énorme. ◆ **whopping** * *adj* énorme.

whore * [hɔːʳ] *n* putain * *f*.

whose [huːz] **1** *poss pron* à qui. **~ is this?** à qui est ceci?; **I know ~ it is** je sais à qui c'est; **let's see ~ lasts longest** voyons celui de qui durera le plus longtemps. **2** *poss adj* (**a**) *(in questions: gen)* de qui; *(ownership)* à qui. **~ hat is this?** à qui est ce chapeau?; **~ son are you?** de qui êtes-vous le fils?; **~ fault is it?** à qui la faute? (**b**) dont, de qui. **the man ~ hat I took** l'homme dont j'ai pris le chapeau; **the boy ~ sister I was talking to** le garçon à la sœur duquel *or* à la sœur de qui je parlais; **those ~ passports are here** ceux dont les passeports sont ici.

why [waɪ] **1** *adv, conj* pourquoi. **~ did you do it?** pourquoi l'avez-vous fait?; **I wonder ~** je me demande pourquoi; **he told me ~ he did it** il m'a dit pourquoi il l'a fait *or* la raison pour laquelle il l'a fait; **that's (the reason) ~** voilà pourquoi; **~ not?** pourquoi pas?; **the reasons ~ he did it** les raisons pour lesquelles il l'a fait; **there's no reason ~ you shouldn't try again** il n'y a pas de raison pour que tu n'essayes *(subj)* pas de nouveau; **~ not phone her?** pourquoi ne pas lui téléphoner? **2** *excl (surprise)* tiens!; *(remonstrating)* mais voyons donc!; *(explaining)* eh bien! **3** *n:* **the ~(s) and the wherefore(s)** les causes *fpl* et les raisons *fpl*; **the ~ and the how** le pourquoi et le comment.

wick [wɪk] *n* mèche *f*.

wicked ['wɪkɪd] *adj (iniquitous) person* méchant; *act* mauvais; *system, policy* inique; *(unpleasant) blow, wound* vilain *(before n)*; *pain* violent; *satire, criticism* méchant; *waste* scandaleux; *(mischievous etc) person, smile, remark* malicieux. **that was a ~ thing to do** c'était vraiment méchant!; **he has a ~ temper** il a un caractère épouvantable; *(fig: admiringly)* **a ~ * shot/game** *etc* un coup/un jeu *etc* du tonnerre *. ◆ **wickedly** *adv (evilly) behave* très mal; *destroy, kill* par un raffinement de méchanceté; *(mischievously)* malicieusement; *(*: skilfully) play, manage etc* formidablement bien *. ◆ **wickedness** *n* méchanceté *f*; *scandale m*; *malice f*; *[murder]* atrocité *f*.

wicker ['wɪkəʳ] **1** *n* osier *m*. **2** *adj basket etc* d'osier. ◆ **wickerwork** *n* vannerie *f*.

wicket ['wɪkɪt] *n* (**a**) *(door)* portillon *m*. (**b**) *(Cricket)* guichet *m*. ◆ **wicket-keeper** *n* gardien *m* de guichet.

wide [waɪd] **1** *adj (gen)* large; *margin, variety* grand; *ocean, desert* immense; *(fig) knowledge* vaste, grand; *selection* grand, considérable; *survey, study* de grande envergure. **how ~ is the room?** quelle est la largeur de la pièce?; **it is 5 metres ~** cela fait 5 mètres de large; *(Cine)* ~ **screen** écran *m* panoramique; *(fig)* ~ **boy** * filou *m;* **the shot was** ~ le coup est passé à côté; ~ **of the target** loin de la cible. **2** *adv aim, shoot, fall* loin du but. **the bullet went** ~ la balle est passée à côté; **(set)** ~ **apart** *trees, houses* largement espacés; *eyes, legs* très écartés; ~ **awake** bien éveillé; ~ **open** grand ouvert. ♦ **wide-bodied** *adj aircraft* à fuselage élargi. ♦ **wide-eyed** *adj* aux yeux écarquillés *(from fear etc* de peur *etc).* ♦ **widely** *adv scatter, spread* sur une grande étendue; *travel* beaucoup; *differ, different* radicalement; *spaced* largement; *believed, understood etc* généralement; ~**ly-held opinions** des opinions *fpl* très répandues; ~**ly known for** connu partout pour; **to be** ~**ly read** *[author, book]* être très lu; *[reader]* avoir beaucoup lu *(in sth* qch). ♦ **widen 1** *vt (gen)* élargir; *margin* augmenter; *knowledge* accroître; *survey, study* accroître la portée de ; **2** *vi (~n one's)* s'élargir; s'accroître. ♦ **wide-ranging** *adj report* de grande envergure; *interests* divers, variés. ♦ **widespread** *adj arms* en croix; *wings* déployés; *belief* très répandu.

widget * ['wɪdʒɪt] *n (US) (device)* gadget *m; (thingummy)* truc *m.*

widow ['wɪdəʊ] **1** *n* veuve *f. (fig)* **she's a golf** ~ son mari la délaisse pour aller jouer au golf; ~**'s peak** pousse *f* de cheveux en V sur le front. **2** *vt:* **to be** ~**ed** devenir veuf *(f* veuve**); his** ~**ed mother** sa mère qui est veuve. ♦ **widower** *n* veuf *m.* ♦ **widowhood** *n* veuvage *m.*

width [wɪdθ] *n (gen)* largeur *f; [garment]* ampleur *f.* **it is 5 metres in** ~ cela fait 5 mètres de large; **a** ~ **of cloth** une largeur d'étoffe. ♦ **widthwise** *adv* en largeur.

wield [wiːld] *vt tool, weapon etc* manier; *(brandish)* brandir; *power etc* exercer.

wife, *pl* **wives** [waɪf, waɪvz] *n (gen)* femme *f; (Admin etc)* épouse *f.* **the farmer's/butcher's** *etc* ~ la fermière/bouchère *etc;* **the** ~ * la patronne *;* *(Admin etc)* **wives who have...** les femmes mariées qui ont...; **old wives' tale** conte *m* de bonne femme; *(woman)* **a poor old** ~ * une pauvre vieille. ♦ **wifely** *adj duties* conjugal; *feelings* d'une bonne épouse. ♦ **wife-swapping** *n* échange *m* de partenaires *(par deux couples).*

wig [wɪg] *n* perruque *f; (hair-piece)* postiche *m.*

wiggle ['wɪgl] **1** *vt pencil, stick, toes* agiter, remuer; *loose screw, tooth* faire jouer. **to** ~ **one's hips** tortiller des hanches. **2** *vi [sth loose]* branler; *[tail]* remuer. ♦ **wiggly** *adj line* ondulé.

wigwam ['wɪgwæm] *n* wigwam *m.*

wild [waɪld] **1** *adj* **(a)** *animal, plant, tribe, countryside* sauvage; *rabbit* de garenne. ~ **beast** *(gen)* bête *f* sauvage; *(dangerous)* bête féroce; **it was growing** ~ ça poussait à l'état sauvage; *(fig)* ~ **horses wouldn't make me tell** je ne le dirais pour rien au monde; *(fig)* **to sow one's** ~ **oats** jeter sa gourme; *(US)* **the W**~ **West** le Far West. **(b)** *wind* furieux; *sea* en furie; *weather* gros; *night* de tempête. **(c)** *(excited etc) person, youth, scheme, laughter* fou *(f* folle**);** *eyes* égaré; *appearance, look* farouche; *imagination, enthusiasm* débordant; *life, evening* mouvementé; *(*: angry)* furieux. **a gang of** ~ **kids** une bande de casse-cou; **we had some** ~ **times** nous avons fait bien des folies; **there was a lot of** ~ **talk about...** on a agité des tas d'idées folles au sujet de...; **to make a** ~ **guess** risquer à tout hasard une hypothèse *(at sth* sur qch); *(excited)* **to go** ~ *[dog etc]* devenir comme fou; *[person]* ne plus se tenir *(with joy* de joie); *[audience]* entrer en délire; ~ **with indignation** fou d'indignation; *(enthusiastic)* **to be,** ~ **about sb/sth** être dingue * *or* fou de qn/qch; **I'm not** ~ **about it** * ça ne m'emballe * pas beaucoup; **it's enough to drive you** ~**!** * c'est à vous rendre dingue *! *or* fou!

2 *n:* **the call of the** ~ l'appel *m* de la nature; **into the** ~**s** dans les régions *fpl* sauvages; **in the** ~**s of Alaska** au fin fond de l'Alaska.

♦ **wildcat 1** *n* chat *m* sauvage ; **2** *adj (fig) scheme* insensé; *strike* sauvage. ♦ **wilderness** ['wɪldənɪs] *n (gen)* région *f* sauvage; *(Bible; also fig: of streets, snow etc)* désert *m; (overgrown garden)* jungle *f.* ♦ **wild-eyed** *adj (mad)* au regard fou; *(grief-stricken)* au regard égaré. ♦ **wildfire** *n:* **to spread like** ~**fire** se répandre comme une traînée de poudre. ♦ **wildfowl** *npl (collective)* oiseaux *mpl* sauvages; *(Hunting)* gibier *m* à plume. ♦ **wild-goose** *n:* **he sent me off on a** ~**-goose chase** il m'a fait courir partout pour rien. ♦ **wildlife 1** *n* la nature; *(more formally)* la flore et la faune ; **2** *adj:* ~**life sanctuary** réserve *f* naturelle. ♦ **wildly** *adv blow, rage* furieusement; *behave* de façon extravagante; *gesticulate, talk* comme un fou; *applaud* frénétiquement; *protest* violemment; *shoot, hit out, guess* au hasard; *rush around* dans tous les sens; *(*: very)* happy, enthusiastic* follement; **her heart was beating** ~**ly** son cœur battait à se rompre; **he looked at them** ~**ly** il leur a jeté un regard fou. ♦ **wildness** *n [countryside, scenery]* aspect *m* sauvage; *[tribe]* sauvagerie *f; [wind, sea]* fureur *f; [appearance]* désordre *m; [imagination]* extravagance *f; [enthusiasm]* ferveur *f;* **the** ~**ness of the weather** le sale temps qu'il fait *(or* faisait *etc).*

wildebeest ['wɪldɪbiːst] *n* gnou *m.*

wiles [waɪlz] *npl* artifices *mpl; (stronger)* ruses *fpl.*

wilful, *(US)* **willful** ['wɪlf(ʊ)l] *adj person, character* têtu, obstiné; *action* délibéré; *murder* prémédité; *damage* commis avec préméditation. ♦ **wil(l)fully** *adv (obstinately)* obstinément; *(deliberately)* délibérément.

will [wɪl] **1** *modal aux vb* **(a)** *(making future tense)* **he** ~ *or* **he'll speak** il parlera; *(near future)* il va parler; **you won't lose it** tu ne le perdras pas; **you** ~ **come to see us, won't you?** vous viendrez nous voir, n'est-ce pas?; ~ **he come? — yes he** ~ est-ce qu'il viendra? — oui; **no you won't!** non, certainement pas!; **they'll arrive tomorrow —** ~ **they?** ils arriveront demain — ah bon?; *(in requests)* ~ **you please sit down!** voulez-vous vous asseoir, s'il vous plaît!; *(in commands)* **you** ~ **speak to no one** vous ne parlerez à personne; ~ **you be quiet!** veux-tu bien te taire!

(b) *(conjecture)* **that** ~ **be the postman** ça doit être le facteur; **that** ~ **have been last year** c'était l'année dernière, sans doute.

(c) *(willingness)* **I** ~ **help you** je vous aiderai, je veux bien vous aider; ~ **you help me? — yes I** ~**/ no I won't** tu veux bien m'aider? — oui je veux bien/ non je ne veux pas; **if you'll help me** si vous voulez bien m'aider; **won't you come with us?** tu ne veux pas venir avec nous?; ~ **you have a cup of coffee?** voulez-vous un petit café?; **won't you have a drink?** vous prendrez bien un verre?; **just a moment,** ~ **you?** un instant, s'il vous plaît; *(in marriage service)* **I** ~ oui; **I WILL see him!** on ne m'empêchera pas de le voir!; **I won't have it!** je n'admets pas ça!; **it won't open** ça ne s'ouvre pas; **do what you** ~ faites ce que vous voulez.

(d) *(habit, characteristic: usually present tense in French)* **he** ~ **sit for hours doing nothing** il reste assis pendant des heures à ne rien faire; **the car** ~ **do 150 km/h** cette voiture fait 150 km/h; **he WILL talk all the time!** il ne peut pas s'empêcher de parler!; **if you WILL tell her everything** si tu insistes pour lui raconter tout; *(ruefully)* **I WILL call him Richard** il faut toujours que je l'appelle *(subj)* Richard; **accidents** ~ **happen** il y aura toujours des accidents.

2 *pret, ptp* **willed** *vt* **(a)** *(wish, intend)* vouloir *(sth* qch; *that* que + *subj).* **it is as God** ~**s** c'est la volonté de Dieu; **you must** ~ **it really hard** il faut le vouloir très fort; **to** ~ **sb to do** prier inté-

rieurement pour que qn fasse; **to ~ o.s. to do sth** faire un suprême effort pour faire qch.
(**b**) *(Jur: leave in one's ~)* léguer *(sth to sb* qch à qn). **3** *n* (**a**) volonté *f*. **he has a ~ of his own** il est très volontaire; **an iron ~** une volonté de fer; **the ~ to live** la volonté de survivre; **where there's a ~ there's a way** vouloir, c'est pouvoir; **it is his ~ that** sa volonté est que + *subj*; **to take the ~ for the deed** juger la chose sur l'intention; **Thy ~ be done** que Ta volonté soit faite; **at ~** *(as much as you like)* borrow *etc* à volonté; *(whenever you like)* join, leave *etc* quand vous le voulez *etc*; **to do sth against one's ~** faire qch à contre-cœur; **with the best ~ in the world** avec la meilleure volonté du monde; **to work with a ~** travailler avec détermination.
(**b**) *(Jur)* testament *m*. **the last ~ and testament of...** les dernières volontés *fpl* de...; **in his ~** dans son testament.
◆ **willing** **1** *adj* (**a**) **I'm quite ~ing to do it** je veux bien le faire, je suis prêt à le faire; **he wasn't very ~ing to help** il n'était pas tellement prêt à aider; **they are ~ing and able to go** ils veulent et ils peuvent y aller; **God ~ing** si Dieu le veut; (**b**) *obedience, help* spontané; *helper, worker* de bonne volonté; **he's very ~ing** il est plein de bonne volonté; **~ing hands** des mains *fpl* empressées; *(fig)* **the ~ing horse** la bonne âme (qui se sacrifie toujours) ; **2** *n*: **to show ~ing** faire preuve de bonne volonté. ◆ **willingly** *adv* *(with pleasure)* volontiers; *(voluntarily)* volontairement, spontanément; *(agreeing)* **~ingly!** volontiers!; **did he do it ~ingly?** l'a-t-il fait de lui-même *or* volontairement? ◆ **willingness** *n*: **I don't doubt his ~ingness** ce n'est pas sa bonne volonté que je mets en doute; **his ~ingness to help me** son empressement *m* à m'aider. ◆ **willpower** *n* volonté *f*, vouloir *m*.

will-o'-the-wisp ['wɪləðə'wɪsp] *n (lit, fig)* feu *m* follet.

willow ['wɪləʊ] *n* saule *m*. ◆ **willowherb** *n* épilobe *m*. ◆ **willow-pattern** **1** *n* motif *m* chinois (bleu); **2** *adj* china *n* motif chinois (bleu). ◆ **willowy** *adj* *person* élancé; *object* mince.

willy-nilly ['wɪlɪ'nɪlɪ] *adv* bon gré mal gré.

wilt [wɪlt] *vi* *[flower]* se faner; *[plant]* se dessécher; *[person]* commencer à flancher *; *[effort, enthusiasm etc]* diminuer.

wily ['waɪlɪ] *adj* rusé, malin. **a ~ old devil *** *or* **bird *** un vieux renard.

wimp [wɪmp] *n (pej)* mauviette *f*.

wimple ['wɪmpl] *n* guimpe *f*.

win [wɪn] *(vb: pret, ptp* **won**) **1** *n (Sport etc)* victoire *f (for* pour). **to have a ~** gagner; **to back a horse for a ~** jouer un cheval gagnant.
2 *vi* (**a**) gagner, l'emporter *(by a length etc* d'une longueur *etc).* (**b**) **to ~ free** se dégager *(from sth* de qch).
3 *vt* (**a**) *(gen)* gagner; *prize, victory* remporter; *scholarship* obtenir; *fame, fortune* trouver; *sb's attention* captiver; *sb's friendship, esteem, sympathy, admirers* s'attirer; *friends, reputation* se faire *(as* en tant que). **he won it for growing radishes** il l'a eu pour sa culture de radis; **he won £5 from her** il lui a gagné 5 livres; **to ~ the day** *(Mil)* remporter la victoire; *(gen)* l'emporter; **this won him attention/the prize** *etc* ceci lui a valu l'attention/le prix *etc*; **to ~ sb's love/respect** se faire aimer/respecter de qn. (**b**) *(reach)* shore, goal parvenir à.
◆ **win back** *vt sep* land, trophy reprendre *(from* à); *gaming loss etc* recouvrer; *sb's support, girlfriend etc* reconquérir. ◆ **win out, win through** *vi* y parvenir. ◆ **win over, win round** *vt sep* convaincre. **I won him over to my point of view** je l'ai gagné à ma façon de voir.

◆ **winnable** *adj* gagnable. ◆ **winner** *n (in fight, argument)* vainqueur *m*; *(in game, competition)* gagnant(e) *m(f)*; **to be the ~ner** gagner; *(fig)* **it's a ~ner** c'est sensationnel *; **to pick a ~ner** *(Racing)* choisir un gagneur; *(gen)* tirer le bon numéro.
◆ **winning** **1** *adj* (**a**) *person, car etc* gagnant; *goal, shot etc* décisif; (**b**) *(captivating) person* charmant; *smile, manner* charmeur ; **2** *npl (Betting etc)* **~nings** gains *mpl*. ◆ **winning-post** *n* poteau *m* d'arrivée.

wince [wɪns] *vi* tressaillir; *(grimace)* grimacer (de douleur *or* dégoût *etc*). **he ~d at the thought** cette pensée l'a fait tressaillir; **without wincing** sans broncher.

winch [wɪn(t)ʃ] **1** *n* treuil *m*. **2** *vt*: **to ~ sth up/down** *etc* monter/descendre *etc* qch au treuil.

wind¹ [wɪnd] **1** *n* (**a**) vent *m*. **high ~** grand vent, vent violent; **the ~ was in the east** le vent venait de l'est; **to go/run like the ~** aller/filer comme le vent; *(Naut)* **to run before the ~** avoir vent arrière; *(fig)* **to sail close to the ~** *(gen)* y aller un peu fort; *(almost illegal)* friser l'illégalité; *(blue joke etc)* friser la vulgarité; *(fig)* **to take the ~ out of sb's sails** couper l'herbe sous le pied de qn; *(fig)* **to see how the ~ blows** voir la tournure que prennent les choses; *(fig)* **of change is blowing** un grand courant d'air frais souffle; *(fig)* **there's sth in the ~** il y a qch dans l'air; *(fig)* **to get ~ of sth** avoir vent de qch; **he threw caution to the ~s** il a fait fi de toute prudence. (**b**) *(breath)* souffle *m*. **he has still plenty of ~** il a encore du souffle; **he had lost his ~** il avait perdu le souffle; **to get one's ~ back** *or* **one's second ~** reprendre son souffle; *(fig pej)* **it's all ~** ce n'est que du vent; *(fig)* **to put the ~ up sb *** flanquer la frousse * à qn; **to get/have the ~ up *** attraper/avoir la frousse * *(about* à propos de). (**c**) *(Med)* vents *mpl*. **to break ~** lâcher un vent, avoir des gaz; **to bring up ~** avoir un renvoi. (**d**) *(Mus)* **the ~(s)** les instruments *mpl* à vent.
2 *adj* erosion, power *etc* éolien; *instrument* à vent.
3 *vt*: **to ~ sb** *[blow, boxer]* couper le souffle à qn; *[fall, exertion]* essouffler qn; **I'm only ~ed** j'ai la respiration coupée, c'est tout.
◆ **windbag *** *n* moulin *m* à paroles. ◆ **windbreak** *n (tree, fence etc)* abat-vent *m inv*; *(for camping etc)* pare-vent *m inv*. ◆ **windcheater** *n* anorak *m* léger. ◆ **windfall** *n (fruit)* fruit *m* abattu par le vent; *(fig)* aubaine *f*. ◆ **wind-gauge** *n* anémomètre *m*. ◆ **windmill** *n* moulin *m* à vent. ◆ **windpipe** *n (Anat)* trachée *f*. ◆ **windproof** *adj* qui ne laisse pas passer le vent. ◆ **windscreen** *or (US)* ◆ **windshield** **1** *n* pare-brise *m inv* ; **2** *adj*: **~screen washer** lave-glace *m inv*; **~screen wiper** essuie-glace *m inv*. ◆ **windsleeve** *or* ◆ **windsock** *n* manche *f* à air. ◆ **windsurf** *vi* faire de la planche à voile. ◆ **windsurfer** *n (board)* planche *f* à voile; *(person)* véliplanchiste *mf*. ◆ **windsurfing** *n* planche *f* à voile *(sport)*. ◆ **windswept** *adj* battu par les vents. ◆ **windward** **1** *adj, adv* du côté du vent ; **2** *n*: **to ~ward of sth** contre le vent par rapport à qch. ◆ **windy** *adj* (**a**) *place* battu par les vents, exposé au vent; *day, weather* de grand vent; **it's ~y** il y a du vent; (**b**) *(scared)* **to be** *or* **get ~y *** **about sth** paniquer * à cause de qch; (**c**) *(US: wordy)* verbeux.

wind² [waɪnd] *(vb: pret, ptp* **wound**) **1** *n*: **to give sth a ~** = **to ~ sth** *(V 2).*
2 *vt* (**a**) *(roll)* enrouler *(on* sur; *round* autour de). **to ~ wool (into a ball)** enrouler de la laine (en pelote); **he wound his way home** il a pris lentement le chemin du retour. (**b**) *clock, watch, toy* remonter; *handle* donner des tours de. *(with winch etc)* **to ~ sth up/down** monter/descendre qch (avec un treuil *etc).*
3 *vi* (*also* **~ its way**) *[river, path, procession]* serpenter *(through* à travers). **to ~ up/down** *[path etc]*

monter/descendre en serpentant; *[stairs]* monter/descendre en tournant.

◆ **wind down 1** *vi (* relax)* se détendre. **2** *vt sep car window* baisser; *(fig) department* réduire progressivement. ◆ **wind up 1** *vi [meeting, discussion]* se terminer *(with* par). **they wound up * in Cannes/in jail** ils se sont retrouvés à Cannes/en prison; **he wound up * as a doctor** il a fini par devenir médecin; *(fig)* **to ~ up with sth** se retrouver avec qch. **2** *vt sep* **(a)** *(end) meeting, speech* clore, terminer *(with* par); *(Comm) business* liquider; *account* clore. **(b)** *watch etc* remonter; *car window* monter. *(fig: tense)* **to be all wound up *** être crispé *(about* à propos de). ◆ **winding** *adj road, river* sinueux, qui serpente; *staircase* tournant.

windlass ['wɪndləs] *n* treuil *m*.

window ['wɪndəʊ] *n* **(a)** *(gen)* fenêtre *f*; *(in car, train)* vitre *f*; *(~ pane)* vitre, carreau *m*; *(stained-glass ~)* vitrail *m*; *(larger)* verrière *f*; *[shop, café etc]* vitrine *f*; *(in post office, ticket office etc)* guichet *m*; *(in envelope)* fenêtre. **at the ~** à la fenêtre *(or* vitre); **don't lean out of the ~** ne te penche pas par la fenêtre; *(in train, car etc)* ne te penche pas au dehors; **to look** *etc* **out of the ~** regarder *etc* par la fenêtre; *(in train etc)* regarder *etc* dehors; **to break a ~** casser une vitre; **to clean the ~s** nettoyer les carreaux; *[shop]* **in the ~** en vitrine. **(b)** *(space: also* **launch ~)** fenêtre *f* de lancement.

◆ **window-box** *n* jardinière *f* *(à plantes)*. ◆ **window-cleaner** *n (person)* laveur *m*, -euse *f* de carreaux. ◆ **window-dresser** *n (Comm)* étalagiste *mf*. ◆ **window-dressing** *n (Comm)* composition *f* d'étalage; *(fig pej)* **it's only ~-dressing** ce n'est qu'une façade. ◆ **window envelope** *n* enveloppe *f* à fenêtre. ◆ **window-ledge** *n* rebord *m* de fenêtre. ◆ **window-pane** *n* vitre *f*. ◆ **window-seat** *n (in room)* banquette *f* (située sous la fenêtre); *(in vehicle: gen)* place *f* côté fenêtre *inv*; *(in train)* coin *m* fenêtre. ◆ **window-shopping 1** *n* lèche-vitrines *m*; **2** *vi:* **to go ~-shopping** faire du lèche-vitrines. ◆ **windowsill** *n (inside)* appui *m* de fenêtre; *(outside)* rebord *m* de fenêtre.

wine [waɪn] **1** *n* vin *m*. **2** *vt:* **to ~ and dine sb** emmener qn faire un très bon dîner. **3** *adj bottle, cellar* à vin; *(colour)* lie-de-vin *inv*. **~ list** carte *f* des vins; **~ merchant** marchand(e) *m(f)* de vin; *(larger scale)* négociant(e) *m(f)* en vin; **~ vinegar** vinaigre *m* de vin; **~ waiter** sommelier *m*. ◆ **wine-glass** *n* verre *m* à vin. ◆ **wine-grower** *n* viticulteur *m*, -trice *f*, vigneron(ne) *m(f)*. ◆ **wine-growing 1** *n* viticulture *f*; **2** *adj district, industry* viticole. ◆ **wine-tasting** *n* dégustation *f* (de vins).

wing [wɪŋ] **1** *n (gen)* aile *f*; *[armchair]* oreillette *f*; *(Sport: player)* ailier *m*. *(fig)* **to take sb under one's ~** prendre qn sous son aile; *(Theat)* **the ~s** les coulisses *fpl*; *(Theat; fig)* **in the ~s** dans les coulisses; *(Pol)* **on the left ~ of the party** sur l'aile gauche du parti. **2** *adj (Aut)* **~ mirror** rétroviseur *m* de côté; **~ tip** bout *m* de l'aile. ◆ **winged** *adj* ailé. ◆ **winger** *n (Sport)* ailier *m*. ◆ **wingspan** *n* envergure *f*.

wink [wɪŋk] **1** *n* clin *m* d'œil; *(blink)* clignement *m*. **with a ~** en clignant de l'œil; **in a ~, as quick as a ~** en un clin d'œil. **2** *vi* faire un clin d'œil *(to, at* à); *(blink)* cligner des yeux; *[star]* clignoter. ◆ **winking 1** *adj light* clignotant. **2** *n:* **as easy as ~ing** simple comme bonjour.

winkle ['wɪŋkl] **1** *n* bigorneau *m*. **2** *vt (*)** extirper *(sth/sb out of* qch/qn de).

winter ['wɪntəʳ] **1** *n* hiver *m*. **in ~** en hiver; **in the ~ of 1977** pendant l'hiver de 1977. **2** *adj weather, day, activities, clothes* d'hiver. **~ sports** sports *mpl* d'hiver. ◆ **wintertime** *n* hiver *m*. ◆ **wintry** *adj* d'hiver; *(fig) smile* glacial.

wipe [waɪp] **1** *n:* **to give sth a ~** donner un coup de torchon *(or* d'éponge *etc)* à qch. **2** *vt (gen)* essuyer *(with* avec); *blackboard* effacer; *tape, computer disk* effacer. **to ~ one's feet** s'essuyer les pieds *(on* sur; *with* avec); **to ~ one's nose** se moucher; **to ~ one's bottom** s'essuyer; **to ~ sth dry** essuyer soigneusement qch; *(fig)* **to ~ the floor with sb *** réduire qn en miettes *.

◆ **wipe away** *vt sep tears* essuyer; *marks* effacer. ◆ **wipe off** *vt sep* effacer. ◆ **wipe out** *vt sep* **(a)** *container* bien essuyer; *writing, insult, memory* effacer; *debt* régler. **(b)** *(annihilate) town, people, opposing team* anéantir. ◆ **wipe up 1** *vi (dry dishes)* essuyer la vaisselle. **2** *vt sep* essuyer.

◆ **wipe-out** *n (destruction)* destruction *f*; *(US: windsurfing)* chute *f*. ◆ **wiper** *n (Aut)* essuie-glace *m inv*.

wire ['waɪəʳ] **1** *n* **(a)** *(gen)* fil *m* de fer; *(Elec)* fil *m* (électrique); *(~ fence)* grillage *m*. **telephone ~s** fils téléphoniques; *(fig)* **to pull ~s for sb** pistonner qn; *(fig)* **we've got our ~s crossed *** nous ne sommes pas sur la même longueur d'ondes. **(b)** *(telegram)* télégramme *m*. **2** *adj* **(a)** *object* en fil de fer; *brush* métallique. **~ cutters** cisaille *f*. **(b)** *(US Press)* **~ service** agence *f* de presse *(utilisant les téléscripteurs)*. **3** *vt* **(a)** *(Elec) house* faire l'installation électrique de; *circuit* installer. **to ~ sth to sth** *(tie)* rattacher qch à qch (avec du fil de fer); *(Elec)* brancher qch sur qch; **to ~ a room for sound** sonoriser une pièce; *(for cable TV)* **to be ~d** être raccordé. **(b)** *(telegraph)* télégraphier *(to* à). **4** *vi* télégraphier.

◆ **wireless 1** *n* T.S.F. *f*; **by ~less** par sans-fil; **on the ~less** à la T.S.F. ; **2** *adj station, programme* radiophonique; **~less message** radio *m*, sans-fil *m* ; **~less operator** radiotélégraphiste *mf*; **~less set** poste *m* de T.S.F. ◆ **wire-netting** *n* treillis *m* métallique. ◆ **wirepulling *** *n* le piston *. ◆ **wiretapping *** *n* mise *f* sur écoute d'une ligne téléphonique. ◆ **wiring** *n (Elec)* installation *f* électrique. ◆ **wiry** *adj hair* dru; *animal* nerveux, vigoureux; *person* maigre et nerveux.

wisdom ['wɪzd(ə)m] **1** *n [person]* sagesse *f*; *[action, remark]* prudence *f*. **2** *adj:* **~ tooth** dent *f* de sagesse.

wise[1] [waɪz] *adj person* sage; *(learned)* savant; *look, nod* averti; *action, remark, advice* judicieux; *(prudent)* prudent. **a ~ man** un sage; **the Three W~ Men** les trois Rois mages; **to grow ~r** s'assagir; **how ~ of you!** vous avez (eu) bien raison; **the ~st thing to do is to wait** le plus sage est d'attendre; **I'm none the ~r** ça ne m'avance pas beaucoup; **nobody will be any the ~r if...** personne n'en saura rien si...; **~ guy *** gros malin * *m*; **to put sb/be ~ to sth *** mettre qn/être au courant de qch; **to get ~ to sb *** piger * le petit jeu de qn. ◆ **wise-crack *** *n* vanne ⁂ *f*, remarque désobligeante. ◆ **wisely** *adv* sagement; judicieusement; prudemment.

wise[2] [waɪz] **1** *n:* **in no ~** en aucune façon; **in this ~** ainsi. **2** *adv ending, e.g.* **health ~** du point de vue santé.

wish [wɪʃ] **1** *vt* **(a)** *(desire)* souhaiter, désirer *(sth* qch; *to do* faire; *that* + *subj)*. **what do you ~ him to do?** que voudrais-tu *or* souhaites-tu *or* désires-tu qu'il fasse?; **I ~ I'd gone with you** j'aurais bien voulu vous accompagner, je regrette de ne pas vous avoir accompagné; **I ~ I hadn't said that** je regrette d'avoir dit cela; **I ~ you'd stop talking!** tu ne peux donc pas te taire!; **I ~ I could!** si seulement je pouvais!; **I ~ to heaven *** *or* **to goodness *** **he hadn't done it** si seulement il n'avait pas fait ça!; **he doesn't ~ her any harm** il ne lui veut aucun mal; *(fig)* **it was ~ed on to me *** je n'ai pas pu faire autrement que de l'accepter. **(b)** *(bid)* souhaiter. **I ~ you well** je vous souhaite de réussir; *(iro)* **I ~ you luck of it!** je te souhaite bien du plaisir!; **he ~ed us good luck** il nous a souhaité

bonne chance; **to ~ sb good-bye** dire au revoir
à qn; **to ~ sb a happy birthday** souhaiter bon anniversaire à qn.
2 *vi* faire un vœu. **to ~ for sth/for sth to happen**
souhaiter qch/que qch se produise; **everything he
could ~ for** tout ce qu'il pourrait désirer; **what
more could you ~ for?** que pourrais-tu souhaiter
de plus?
3 *n* **(a)** désir *m* (*to do* de faire). **he had no ~ to
go** il n'avait pas envie d'y aller; **against my ~(es)**
contre mon gré. **(b)** souhait *m*, vœu *m*. **to make
a ~** faire un vœu; **3 ~es** 3 souhaits; **his ~ came
true, he got his ~** son souhait s'est réalisé. **(c)**
give him my good *or* **best ~es** (*in conversation*)
faites-lui mes amitiés; (*in letter*) transmettez-lui
mes meilleures pensées; **he sends his best ~es** (*in
conversation*) il vous fait ses amitiés; (*in letter*) il
vous envoie ses meilleures pensées; **best ~es for
a happy birthday** tous mes meilleurs vœux pour
votre anniversaire; (*in letter*) **with best ~es from
Paul** bien amicalement, Paul.
◆ **wishbone** *n* **(a)** *[bird]* fourchette *f*; **(b)** (*Sport*)
wishbone *m*. ◆ **wishful** *adj*: **it's ~ful thinking** c'est
prendre ses désirs pour la réalité.

wishy-washy * ['wɪʃɪˌwɒʃɪ] *adj* (*gen*) fadasse *;
colour délavé.

wisp [wɪsp] *n* *[straw]* brin *m*; *[hair]* fine mèche *f*;
[smoke] mince volute *f*. ◆ **wispy** *adj* (trop) fin.

wisteria [wɪs'tɪərɪə] *n* glycine *f*.

wistful ['wɪstf(ʊ)'l] *adj* nostalgique. ◆ **wistfully**
adv avec regret.

wit [wɪt] *n* **(a)** (*intelligence*) ~(**s**) esprit *m*, intelligence
f; **quick-~ted** à l'esprit vif; **native ~** bon sens;
you'll need all your ~s about you il va te falloir
toute ta présence d'esprit; **keep your ~s about
you!** restez attentif!; **use your ~s!** sers-toi de ton
intelligence!; **it was a battle of ~s** ils jouaient au
plus fin; **he lives by his ~s** il vit d'expédients; **to
collect one's ~s** rassembler ses esprits; **he was at
his ~s' end** il ne savait plus que faire; (*fig*) **out
of one's ~s** fou (*f* folle). **(b)** (*wittiness*) esprit *m*;
(*witty person*) homme *m or* femme *f* d'esprit. **flash
of ~** trait *m* d'esprit. ◆ **witticism** *n* mot *m* d'esprit. ◆ **wittily** *adv* avec beaucoup d'esprit.
◆ **witty** *adj* plein d'esprit.

witch [wɪtʃ] *n* sorcière *f*. ◆ **witchcraft** *n* sorcellerie
f. ◆ **witch-doctor** *n* sorcier *m* (*de tribu*). ◆ **witch-
hunt** *n* (*fig*) chasse *f* aux sorcières.

with [wɪð, wɪθ] *prep* **(a)** (*gen*) avec. **I was ~ her**
j'étais avec elle; **she was staying ~ friends** elle
était chez des amis; **he's with IBM** il travaille chez
IBM; **I'll be ~ you in a minute** je suis à vous dans
un instant; **I have no money ~ me** je n'ai pas
d'argent sur moi; **she had her umbrella ~ her** elle
avait pris son parapluie; **that problem is always
~ us** ce problème ne nous lâche pas; **the hat
doesn't go ~ the dress** le chapeau ne va pas avec
la robe; (*fig*) **I'm ~ you** (*agree ~ you*) je suis d'accord avec vous; (*support you*) je suis avec vous;
he just wasn't ~ us * (*didn't understand*) il ne
voyait * pas du tout; (*wasn't paying attention*) il était
tout à fait ailleurs; (*up-to-date*) **to be ~ it** ‡ être
dans le vent *.
(b) (*having etc*) à, qui a. **the boy ~ brown eyes** le
garçon aux yeux marron; **a coat ~ a fur collar** un
manteau à col de fourrure; **a room ~ a view of
the sea** une chambre qui a vue sur la mer.
(c) (*manner, means, cause*) avec, de. **~ my whole
heart** de tout mon cœur; **~ pleasure** avec plaisir;
~ all speed à toute vitesse; **~ no trouble at all** sans
la moindre difficulté; **...he said ~ a smile** ...dit-
il en souriant *or* avec un sourire; **she left ~ tears
in her eyes** elle fut partie, les larmes aux yeux;
cut it ~ a knife coupe-le avec un couteau; **take
it ~ both hands** prenez-le à deux mains; **trembling
~ fear** tremblant de peur; **white ~ snow** blanc

de neige; **in bed ~ flu** retenu au lit par la grippe;
to go down ~ measles attraper la rougeole; **~ the
price of food these days you can't...** au prix où est
la nourriture de nos jours on ne peut pas...
(d) (*as regards*) **the trouble ~ Paul is that** ce qu'il
y a avec Paul, c'est que; **it's a habit ~ him** c'est
une habitude chez lui; **she's good ~ children** elle
sait bien s'occuper des enfants; **what do you want
~ that book?** qu'est-ce que tu veux faire de ce
livre?; **pleased ~** satisfait de.
(e) (*indicating time*) avec. **he rose ~ the sun** il se
levait avec le jour; **~ the approach of winter** à
l'approche de l'hiver; **~ time** avec le temps; **~
these words** *or* **~ that he left us** là-dessus *or* sur
ce il nous a quittés.
(f) (*despite*) malgré. **~ all his faults I still like him**
malgré tous ses défauts je l'aime bien quand
même; **~ all that, he is still better than...** malgré
tout ça il est encore meilleur que...
◆ **with-it** ‡ *adj* dans le vent *.

withdraw [wɪθ'drɔ:] *pret*, **withdrew**, *ptp* **withdrawn 1** *vt* (*gen*) retirer (*from* de); *ambassador*
rappeler; *opinion, statement* rétracter; *claim* renoncer à; *order* annuler; (*Comm*) *faulty goods etc* retirer
de la vente; *banknotes* retirer de la circulation.
2 *vi* (*gen*) se retirer (*from* de); [*person*] (*move away*)
se retirer; (*move back*) reculer (*from* de; *a few paces*
de quelques pas); (*retract offer etc*) se rétracter;
[*candidate*] se désister (*from* de; *in favour of* en
faveur de). (*Mil*) **to ~ to a new position** se replier;
(*fig*) **to ~ into o.s.** se replier sur soi-même.
◆ **withdrawal 1** *n* (*gen*) retrait *m* (*of* de); (*Mil:
retreat*) repli *m* (*to* sur); (*of candidate*) désistement
m; (*Med, Psych*) repli *m* sur soi-même; (*with symptoms*) état *m* de manque ; **2** *adj* (*Med, Psych*) **to
have ~al symptoms** être en état de manque.
◆ **withdrawn** *adj person* renfermé.

wither ['wɪðər] **1** *vi* (*gen*) se flétrir; *[hope, love etc]*
s'évanouir; *[beauty]* se faner. **2** *vt plant* flétrir. **to
~ sb with a look** foudroyer qn du regard.
◆ **withered** *adj* flétri; (*gen*) *limb* atrophié; *old person* tout desséché. ◆ **withering** *adj tone, look* profondément méprisant; *remark, criticism* cinglant.

withhold [wɪθ'həʊld] *pret*, *ptp* **withheld** *vt money
from pay etc* retenir (*from sth* de qch); *payment, decision* remettre; *one's taxes* refuser de payer; *one's
consent, help, support* refuser (*from sb* à qn); *truth,
news* cacher (*from sb* à qn).

within [wɪð'ɪn] *prep* **(a)** (*inside*) à l'intérieur de. **~
the box/park** à l'intérieur de la boîte/du parc; **a
voice ~ him** une voix en lui; **to be ~ the law** être
dans les limites de la légalité; **to live ~ one's
income** vivre selon ses moyens. **(b)** (*less than*) **~
a kilometre of** à moins d'un kilomètre de; **correct
to ~ a centimetre** correct à un centimètre près;
~ a week of her visit moins d'une semaine après
(*or* avant) sa visite; **~ an hour (from now)** d'ici
une heure; **he returned ~ the week** il est revenu
avant la fin de la semaine.

without [wɪð'aʊt] *prep* sans. **~ a coat** sans manteau; **~ a coat or hat** sans manteau ni chapeau;
~ any money sans argent; **he is ~ friends** il n'a
pas d'amis; **not ~ difficulty** non sans difficulté;
he was quite ~ shame il n'avait aucune honte;
~ speaking sans parler; **~ anybody knowing** sans
que personne ne le sache; **to go** *or* **do ~ sth** se passer
de qch.

withstand [wɪθ'stænd] *pret*, *ptp* **withstood** *vt* résister à.

witness ['wɪtnɪs] **1** *n* **(a)** (*person*) témoin *m* (*to or
of an incident* d'un incident; *to sb's signature* cer-
tifiant la signature de qn; *to a document* attestant
l'authenticité d'un document). (*Jur*) **~ for the
defence/prosecution** témoin à décharge/à charge;
(*Jur*) **to call sb as ~** citer qn comme témoin. **(b)**
(*evidence*) témoignage *m*. **in ~ whereof** en témoi-

gnage de quoi; **to bear ~ to sth** [thing, result etc] témoigner de qch; [person] attester qch; **~ the case of** témoin le cas de. **2** adj: **~ box** or (US) **stand** barre f des témoins; **in the ~ box** à la barre. **3** vt (**a**) (see) event, crime être témoin de; (notice) change, improvement remarquer. (**b**) (esp Jur) document attester l'authenticité de. **to ~ sb's signature** être témoin. **4** vi (Jur) témoigner (to sth de qch; to having done avoir fait).

witter ['wɪtə'] vi **to ~ on about sth** parler interminablement de qch.

wizard ['wɪzəd] n enchanteur m, sorcier m. (fig) **a financial ~** un génie en matière financière; **a ~ with a paintbrush** un champion * du pinceau.

wizened ['wɪznd] adj ratatiné.

wobble ['wɒbl] **1** vi (gen) trembler; [object about to fall, compass needle, cyclist etc] osciller; [acrobat, dancer] chanceler; [wheel] avoir du jeu. **the table was wobbling** la table tremblait; **this table ~s** cette table est branlante. **2** n (Aut) **wheel ~** shimmy m.

♦ **wobbly** adj hand, voice tremblant; jelly qui tremble; table, chair branlant, bancal; object about to fall qui oscille dangereusement; wheel qui a du jeu; (feel weak) **to be wobbly** se sentir faible.

woe [wəʊ] n malheur m. **~ is me!** pauvre de moi!; **~ betide him who...** malheur à celui qui...; **a tale of ~** une litanie de malheurs. ♦ **woebegone** adj désolé, abattu. ♦ **woeful** adj (gen) malheureux; news, story, sight affligeant. ♦ **woefully** adv (sadly) say, look très tristement; (regrettably) small etc regrettablement.

wok [wɒk] n wok m.

woke(n) ['wəʊk(n)] pret (ptp) of **wake²**.

wold [wəʊld] n haute plaine f, plateau m.

wolf [wʊlf] **1** n, pl **wolves** loup m; (*fig: Don Juan type) tombeur m de femmes. **she-~** louve f; (fig) **a ~ in sheep's clothing** un loup déguisé en brebis; **that will keep the ~ from the door** cela nous etc mettra à l'abri du besoin. **2** adj (fig) **he gave a ~ whistle** il a sifflé la fille. **3** vt (**~ down**) engloutir. ♦ **wolfhound** n chien-loup m. ♦ **wolfish** adj vorace.

woman, pl **women** ['wʊmən, 'wɪmɪn] **1** n femme f. **young ~** jeune femme; **come along, young ~!** allez mademoiselle, venez!; (hum: wife) **the little ~** ma etc petite femme *; **~ of the world** femme d'expérience; **Paul and all his women** Paul et toutes les femmes de sa vie; **I've got a ~ who comes in 3 times a week** j'ai une femme de ménage qui vient 3 fois par semaine; **Women's Liberation Movement, Women's Lib *** mouvement m de libération de la femme, M.L.F. m; **a women's group** un groupe de féministes; (Press) **the women's page** la page des lectrices; **women's team** équipe f féminine. **2** adj: **a ~ music teacher** un professeur de musique femme; **~ worker** ouvrière f; **women doctors** les femmes fpl médecins; **he's got a ~ driver** son chauffeur est une femme; **women drivers are...** les femmes au volant sont...; **~ friend** amie f; (Brit) **~ police constable** femme f agent de police. ♦ **woman-hater** n misogyne mf. ♦ **womanhood** n féminité f; **to reach ~hood** devenir une femme. ♦ **womanizer** n coureur m de jupons. ♦ **womankind** n les femmes fpl (en général). ♦ **womanlike 1** adj féminin; **2** adv d'une manière très féminine. ♦ **womanliness** n féminité f. ♦ **womanly** adj figure, bearing féminin; behaviour digne d'une femme; gentleness etc tout féminin. ♦ **womenfolk** npl les femmes fpl.

womb [wuːm] n utérus m; (fig: of nature etc) sein m.

won [wʌn] pret, ptp of **win.**

wonder ['wʌndə'] **1** n (**a**) émerveillement m, étonnement m. (lost) **in ~** émerveillé. (**b**) (sth wonderful) merveille f, miracle m. **the ~s of science** les miracles de la science; **the Seven W~s of the World** les Sept Merveilles du monde; **the ~ of it all is that...** le plus étonnant dans tout cela c'est que...; **it's a ~ that...** c'est extraordinaire que... + subj; **it's a ~ to me that...** je n'en reviens pas que... + subj; **no ~ he...** ce n'est pas étonnant qu'il... + subj or s'il... + indic; **no ~!** cela n'a rien d'étonnant!; **it's small ~ that...** il n'est guère étonnant que... + subj.

2 vi (**a**) (marvel) s'étonner, s'émerveiller (at sth de qch). **I ~ that...** cela m'étonne que... + subj; **he'll be back, I shouldn't ~** cela ne m'étonnerait pas qu'il revienne. (**b**) (reflect) penser, songer (about sth à qch). **I'm ~ing about going to the pictures** j'ai à moitié envie d'aller au cinéma.

3 vt se demander (where/who etc où/qui etc; whether, if si). **I ~ what to do** je ne sais pas quoi faire. ♦ **wonderful** adj merveilleux; **~ful to relate, he...** chose étonnante, il... ♦ **wonderfully** adv hot, quiet etc merveilleusement; manage, work etc à merveille; **he looks ~fully well** il a très bonne mine. ♦ **wondering** adj (astonished) étonné; (thoughtful) songeur. ♦ **wonderland** n pays m merveilleux. ♦ **wonderment** n émerveillement m.

wonky * ['wɒŋkɪ] adj chair, table bancal; machine détraqué; person (not well) patraque *. **it's a bit ~** il y a quelque chose qui cloche; **to go ~** [machine] se détraquer; [TV picture etc] se dérégler; [handicraft, drawing] aller de travers.

won't [wəʊnt] = **will not** ; V **will.**

woo [wuː] vt woman faire la cour à, courtiser; (fig) audience, influential person chercher à plaire à; fame, success rechercher.

wood [wʊd] **1** n (**a**) bois m. **touch ~!**, (US) **knock on ~!** touchons du bois!; **aged in the ~** vieilli au tonneau. (**b**) (forest) bois m. **~s** bois mpl; **a pine ~** un bois de pins; (fig) **he can't see the ~ for the trees** les arbres lui cachent la forêt; (fig) **we're out of the ~** nous sommes tirés d'affaire. (**c**) (Golf) bois m; (Bowls) boule f.

2 adj (**a**) floor, object de bois, en bois; fire de bois; stove à bois. **~ carving** sculpture f en bois; **~ engraving** gravure f sur bois; **~ pulp** pâte f à papier; **~ shavings** copeaux mpl (de bois); (US) **~ trim** boiseries fpl; **~ wool** copeaux mpl de bois. (**b**) nymph etc des bois. **~ anemone** anémone f des bois.

♦ **woodbine** n chèvrefeuille m. ♦ **woodchuck** n marmotte f d'Amérique. ♦ **wood-burning stove** n poêle m à bois. ♦ **woodcock** n bécasse f. ♦ **woodcraft** n connaissance f des forêts. ♦ **woodcut** n gravure f sur bois. ♦ **woodcutter** n bûcheron m. ♦ **wooded** adj boisé; **thickly/sparsely ~ed** très/peu boisé. ♦ **wooden** adj object de bois, en bois; leg de bois; (fig) movement raide; look, acting sans expression; personality, response gauche; **to try to sell sb ~en nickels *** essayer de rouler qn. ♦ **wooden-headed** adj idiot. ♦ **woodland 1** n région f boisée; **2** adj flower etc des bois. ♦ **woodlouse**, pl **-lice** n cloporte m. ♦ **woodman** n forestier m. ♦ **woodpecker** n pic m. ♦ **woodpigeon** n ramier m. ♦ **woodpile** n tas m de bois. ♦ **woodshed** n bûcher m. ♦ **woodwind** npl (Mus) bois mpl. ♦ **woodwork** n (craft, subject) menuiserie f; (cabinet-making) ébénisterie f; (in house) (beams etc) charpente f; (doors etc) boiseries fpl. ♦ **woodworm** n ver m du bois; **it's got ~worm** c'est vermoulu. ♦ **woody** adj stem etc ligneux.

woof¹ [wʊf] n (Tex) trame f.

woof² [wʊf] vi [dog] aboyer. **woof, woof!** oua, oua!

wool [wʊl] **1** n laine f. **a ball of** ~ une pelote de laine; **knitting/darning** ~ laine à tricoter/repriser; (fig) **to pull the** ~ **over sb's eyes** en faire accroire à qn; **it's pure** ~ c'est pure laine. **2** adj cloth, trade de laine; dress en or de laine; shop de laines.
◆ **wool-gathering** n (fig) **to be** ~-**gathering** être dans les nuages. ◆ **woollen,** (US) **woolen 1** adj cloth de laine; garment en or de laine; industry lainier; manufacturer de lainages ; **2** npl: ~**lens** lainages mpl. ◆ **woolly,** (US) **wooly 1** adj (gen) laineux; (fig) clouds cotonneux; ideas confus; essay, book verbeux ; **2** n tricot m; (collectively) ~**lies** lainages mpl. ◆ **wool-merchant** n négociant m en laines.

word [wɜːd] **1** n (**a**) (gen) mot m; (spoken) mot, parole f. [song etc] ~**s** paroles; **the written/spoken** ~ ce qui est écrit/dit; **by** ~ **of mouth** de vive voix; **man of few** ~**s** homme peu loquace; ~ **for** ~ repeat, copy out mot pour mot, textuellement; translate mot à mot; analyze, go over mot par mot; **in other** ~**s** autrement dit; **in a** ~ en un mot; **what's the** ~ **for 'table' in German?** comment dit-on 'table' en allemand?; **in the** ~**s of Racine** comme dit Racine; **to put sth into** ~**s** exprimer qch; ~**s fail me!** je ne sais plus que dire!; **without a** ~ sans dire un mot; **with these** ~ **s, he...** sur ces mots, il...; **too stupid for** ~**s** vraiment trop stupide; **that's not the** ~ **for it!** c'est trop peu dire!; **that's a better** ~ **for it** ce serait plus près de la vérité; **those were his very** ~**s** c'est ce qu'il a dit mot pour mot; **a flood of** ~**s** un flot de paroles; **in so many** ~**s** explicitement; **to have the last** ~ avoir le dernier mot; (fig) **the last** ~ **in** ce qu'on fait de mieux en matière de; **I'll give you a** ~ **of warning** je voudrais juste vous mettre en garde; **he won't hear a** ~ **against her** il n'admet absolument pas qu'on la critique (subj); **nobody had a good** ~ **to say about him** personne n'a trouvé la moindre chose à dire en sa faveur; **to put in a (good)** ~ **for** glisser un mot en faveur de; **I want a** ~ **with you** j'ai à vous parler; **I'll have a** ~ **with him about it** je vais lui en parler; **I never said a** ~ je n'ai rien dit du tout; **he didn't say a** ~ **about it** il n'en a absolument pas parlé; **I can't get a** ~ **out of him** je ne peux rien en tirer; **you took the** ~**s right out of my mouth** c'est exactement ce que j'allais dire; **you put** ~**s into my mouth!** vous me faites dire ce que je n'ai pas dit!; (quarrel) **to have** ~**s with sb** se disputer avec qn.
(**b**) (fig: no pl) (message) mot m; (news) nouvelles fpl (of, about de). **to leave** ~ laisser un mot (with sb for sb à qn pour qn; that que); ~ **came from H.Q. that...** le Q.G. nous etc a fait savoir que...; **there's no** ~ **from John yet** on est toujours sans nouvelles de Jean; ~ **of command** mot d'ordre; **his** ~ **is law** c'est lui qui fait la loi; **to give the** ~ **to advance** donner l'ordre d'avancer; (Rel) **the W~** le Verbe; **the W~ of God** la parole de Dieu.
(**c**) (promise) parole f. ~ **of honour** parole d'honneur; **a man of his** ~ un homme de parole; **he was as good as his** ~ il a tenu parole; **to give one's** ~ donner sa parole (to sb à qn; that que); **to break/ go back on/keep one's** ~ manquer à/retirer/tenir sa parole; **to take sb at his** ~ prendre qn au mot; **his** ~ **against mine** sa parole contre la mienne; **I've only got her** ~ **for it** c'est elle qui le dit, je n'ai aucune preuve; **to take sb's** ~ **for it** croire qn sur parole; **(upon) my** ~**!** * ma parole!
2 adj: ~ **game** jeu m avec des mots; ~ **list** nomenclature f; ~ **order** ordre m des mots.
3 vt document, protest formuler.
◆ **word-blind** adj dyslexique. ◆ **word-blindness** n dyslexie f. ◆ **wordbook** n lexique m. ◆ **word-for-word** adj analysis mot par mot; translation mot à mot. ◆ **wordiness** n verbosité f. ◆ **wording** n [letter, statement] termes mpl; **the** ~**ing is clumsy** c'est maladroitement exprimé;

the ~**ing is important** le choix des termes est important; **change the** ~**ing slightly** changez quelques mots. ◆ **word-perfect** adj: **to be** ~-**perfect in sth** savoir qch sur le bout du doigt. ◆ **wordplay** n jeu m de mots. ◆ **word-processing** n traitement m de textes. ◆ **word-processor** n système m de traitement de textes. ◆ **wordy** adj verbeux.

wore [wɔːʳ] pret of **wear.**

work [wɜːk] **1** n (**a**) (gen) travail m. **to be at** ~ travailler (on sur), être à l'œuvre or au travail; (fig) **other forces are at** ~ d'autres forces sont en jeu; **to start** ~, **to set to** ~ se mettre au travail or à l'œuvre; **to set to** ~ **doing** se mettre à faire; **to set sb to** ~ **doing** donner pour tâche à qn de faire; **good** ~**!** bravo!; **a good piece of** ~ du bon travail; **she put a lot of** ~ **into it** elle a passé beaucoup de temps dessus; **there's a lot of** ~ **to be done on it** il reste beaucoup à faire; **I'm trying to get some** ~ **done** j'essaie de travailler un peu; ~ **has begun on the bridge** les travaux du pont ont commencé; **it's women's** ~ c'est un travail de femme; **it's quite easy** ~ ce n'est pas difficile à faire; **it's hot** ~ ça donne chaud; **to make short** ~ **of** sth faire très rapidement; (fig) sb envoyer promener *; **it's the** ~ **of a professional** c'est un travail de professionnel.
(**b**) (as, employment) travail m. **to go to** ~ aller travailler, aller à l'usine (or au bureau etc); **to look for** ~ chercher du travail or un emploi; **he's at** ~ il est au bureau (or à l'usine etc); **he is in** ~ il a un emploi; **out of** ~ en chômage, sans emploi; **to put** or **throw sb out of** ~ réduire qn au chômage; **he's off** ~ il n'est pas allé (or venu) travailler; (longer-term) il est absent; **a day off** ~ un jour de congé; **I've got time off** ~ j'ai du temps libre; **domestic** ~ travaux mpl domestiques; **office** ~ travail de bureau; **I've done a full day's** ~ (lit) j'ai fait ma journée; (fig) j'ai eu une journée bien remplie; (fig) **it's all in the day's** ~ ça n'a rien d'extraordinaire.
(**c**) [writer, musician, politician, scholar etc] œuvre f; (writing) ouvrage m (on sb/sth sur qn/qch; of fiction etc de fiction etc); (piece of sewing) ouvrage. **the** ~**s of God** les œuvres de Dieu; **good** ~**s** bonnes œuvres; **his life's** ~ l'œuvre de sa vie; **his** ~ **will be remembered** son œuvre restera dans la mémoire des hommes; ~ **of art** œuvre d'art; **the complete** ~**s of** les œuvres complètes de; **he sells a lot of his** ~ il vend beaucoup de tableaux (or de livres etc); (fig) **he's a nasty piece of** ~ * c'est un sale type *.
(**d**) (pl) ~**s** (gen, Admin, Mil) travaux mpl; [clock, machine etc] mécanisme m. **Ministry of W~s** ministère m des Travaux publics; **building/road** ~**s** travaux de construction/d'entretien de la route; (fig) **they gave him the** ~**s** ⁂ ils lui en ont fait voir de dures *; (fig) **the whole** ~**s** * tout le tralala *.
(**e**) (pl inv: factory) ~**s** usine f; (processing plant etc) installations fpl; **gas** ~**s** usine à gaz.
2 adj (**a**) **the** ~ **ethic** l'attitude moraliste envers le travail; ~ **experience** stage m; (Comput) ~ **file** fichier m de travail; ~ **force** main-d'œuvre f; ~ **load** part f du travail; **his** ~ **load is too heavy** il a trop de travail; ~ **permit** permis m de travail; (Comput) ~ **sheet** feuille f de programmation; ~ **station** poste m de travail; (US) ~ **week of 38 hours** semaine f de 38 heures.
(**b**) ~**s car park/entrance** parking m/entrée f de l'usine; ~**s committee** or **council** comité m d'entreprise; ~**s manager** chef m d'exploitation.
3 vi (**a**) (gen) travailler (at sth à qch; on sth sur qch; in wood etc avec le bois etc). **to** ~ **hard** travailler dur; **to** ~ **like a horse** or **a Trojan** travailler comme un forçat or un bœuf; (Ind) **to** ~ **to rule** faire la grève du zèle; (fig) **I've been** ~**ing on him** j'ai bien essayé de le convaincre; **the police are** ~**ing on**

the case la police enquête sur l'affaire; *(gen)* **we're ~ing on it** on y travaille; **they are ~ing on the principle that...** ils partent du principe que...; **there are not many facts to ~ on** on manque de faits sur lesquels on puisse se baser; **to ~ for/ against sth** lutter pour/contre qch; *(fig)* **to ~ towards sth** se diriger petit à petit vers qch. **(b)** *[machine, car, scheme]* marcher; *[drug, medicine, spell]* agir; *[brain]* fonctionner. **the lift isn't ~ing** l'ascenseur ne marche pas *or* est en panne; **it ~s on electricity** ça marche à l'électricité; *(fig)* **that ~s both ways** c'est à double tranchant. **(c)** *(move)* *[mouth]* se contracter. *[person]* **to ~ (one's way) along/up** *etc* arriver petit à petit à avancer/à monter *etc.*
4 *vt* **(a)** *(cause to ~)* *person, staff* faire travailler; *mechanism, machine* faire marcher, actionner. **to ~ sb too hard** exiger trop de qn; **he ~s himself too hard** il se surmène; **can you ~ the machine?** sais-tu te servir de la machine?; **it's ~ed by electricity** ça marche à l'électricité. **(b)** *miracle* faire, accomplir; *change* apporter. **to ~ wonders** *[person]* faire des merveilles; *[thing]* faire merveille; **to ~ one's passage** payer son passage en travaillant; **to ~ one's way through college** travailler pour payer ses études; *(fig)* **he has managed to ~ his promotion *** il s'est débrouillé pour obtenir de l'avancement; **can you ~ it * so that...** pouvez-vous faire en sorte que... + *subj*; **I'll ~ it *** je le ferai; **to ~ o.s. into a rage** se mettre dans une colère noire; **he ~ed the rope through the hole** il est petit à petit arrivé à faire passer la corde dans le trou; **to ~ sth free/loose** arriver à délier/desserrer qch; **he ~ed it into his speech** il s'est arrangé pour l'introduire dans son discours; **to ~ one's way along** arriver petit à petit à avancer; **the roots have ~ed their way into the foundations** les racines ont pénétré dans les fondations; *(fig)* **to ~ one's way into a firm** arriver à se faire une place dans une compagnie. **(c)** *mine, land* exploiter; *metal, leather, dough* travailler; *object* façonner *(out of* dans); *(sew)* coudre; *(embroider)* design *etc* broder.
♦ **work in** *vi [arrangement etc]* cadrer *(with sb's plans* avec les projets de qn). ♦ **work off** *vt sep* **(a)** *debt, obligation* acquitter en travaillant. **(b)** *surplus fat* se débarrasser de; *weight* éliminer; *annoyance* passer *(on sb* sur qn); *energy* dépenser son surplus de. ♦ **work out 1** *vi [plan, arrangement]* réussir, marcher; *[problem, sum]* se résoudre exactement. *[total]* **to ~ out at** s'élever à; **it ~s out at 5 apples per child** ça fait 5 pommes par enfant; **it's all ~ing out as planned** tout se déroule comme prévu; **things didn't ~ out for her** les choses ont plutôt mal tourné pour elle; **it will ~ out right in the end** tout finira par s'arranger; **how did it ~ out?** comment ça a marché? *** 2** *vt sep calculation, problem* résoudre; *answer, total* trouver; *code* déchiffrer; *scheme, idea, settlement* mettre au point. **I'll have to ~ it out** *(gen)* il faut que je réfléchisse; *(counting)* il faut que je calcule; **to ~ out where/ why** *etc* finir par découvrir où/pourquoi *etc; (of behaviour etc)* **I can't ~ it out** ça me dépasse *.
♦ **work over *** *vt sep (beat up)* tabasser *. ♦ **work round** *vi:* **to ~ round to a subject** aborder un sujet *(avec tact)*. **what are you ~ing round to?** où voulez-vous en venir? ♦ **work up 1** *vi:* **to ~ up to sth/to doing** préparer le terrain pour qch/pour faire; **what is he ~ing up to?** où veut-il bien en venir? **2** *vt sep trade* développer. **he ~ed it up from almost nothing into...** en partant de rien il a réussi à en faire...; **to ~ one's way up** s'élever à la force du poignet *(from de; to be* jusqu'à être *)*; **to ~ one's way up to the top** gravir à un tous les échelons de la hiérarchie; **to ~ sb up into a fury** déchaîner la fureur de qn; **to ~ up an appetite** s'ouvrir l'appétit; **to ~ up enthusiasm for** s'enthousiasmer

pour; **to get ~ed up** se mettre dans tous ses états.
♦ **workable** *adj arrangement etc* possible, réalisable. ♦ **workaday** *adj clothes* de tous les jours; *event* banal. ♦ **workaholic** *n* drogué(e) de travail. ♦ **workbag** *n* sac *m* à ouvrage. ♦ **workbasket** *n* corbeille *f* à ouvrage. ♦ **workbench** *n* établi *m.* ♦ **workbook** *n (exercise book)* cahier *m* d'exercices; *(manual)* manuel *m.* ♦ **workbox** *n* boîte *f* à ouvrage. ♦ **workcamp** *n (prison)* camp *m* de travail forcé; *(voluntary)* chantier *m* de travail bénévole. ♦ **workdesk** *n* bureau *m* de travail.
♦ **worker 1** *n (gen)* ouvrier *m,* -ière *f; (esp Pol)* travailleur *m,* -euse *f;* **he's a good ~er** il travaille bien; **all the ~ers in this industry** tous ceux qui travaillent dans cette industrie; *(Ind)* **management and ~ers** patronat *m* et travailleurs; **office ~er** employé(e) *m(f)* de bureau ; **2** *adj participation etc* des travailleurs; **~er priest** prêtre-ouvrier *m.* ♦ **work-in** *n ≃* occupation *f* du lieu de travail. ♦ **working** *adj clothes, lunch, week etc* de travail; *population, wife* qui travaille; *model* qui marche; *partner* actif; **the ~ing class** la classe ouvrière *(V also* **working-class***);* **8-hour ~ing day** journée *f* de travail de 8 heures; **~ing hypothesis** hypothèse *f* de travail; *(Pol etc)* **~ing majority** majorité *f* suffisante; **an ordinary ~ing man** un simple ouvrier; **the ~ing woman** la femme active; **~ing party** *(gen)* groupe *m* de travail; *(committee)* commission *f* d'enquête; *(squad: of soldiers etc)* escouade *f.* ♦ **working-class** *adj background, suburb* ouvrier; *person* qui appartient à la classe ouvrière. ♦ **workings** *npl (mechanism)* mécanisme *m; [government, organization]* rouages *mpl; (Min)* chantier *m* d'exploitation; **the ~ings of her mind** ce qui se passe dans sa tête. ♦ **workman,** *pl* **workmen** *n (gen, Comm, Ind etc)* ouvrier *m;* **he's a good ~man** il travaille bien. ♦ **workmanlike** *adj method, person* professionnel; *tool, product, essay* bien fait; *attempt* honnête. ♦ **workmanship** *n [craftsman]* habileté *f* professionnelle; **a superb piece of ~manship** un travail superbe. ♦ **workmate** *n* camarade *mf* de travail. ♦ **workout** *n (Sport)* séance *f* d'entraînement. ♦ **workroom** *n* salle *f* de travail. ♦ **workshop** *n* atelier *m.* ♦ **workshy** *adj* fainéant. ♦ **work-to-rule,** *(US)* **work-rule** *n* grève *f* du zèle.

world [w3ːld] **1** *n* **(a)** *(gen)* monde *m.* **all over the ~** dans le monde entier; **to go round the ~** faire le tour du monde; **to see the ~** voir du pays; **known throughout the ~** connu dans le monde entier; **alone in the ~** seul au monde; **it's a small ~!** le monde est petit!; **the New W~** le Nouveau Monde; **the ancient ~** l'antiquité *f;* **the ~ we live in** le monde où nous vivons; **since the beginning of the ~** depuis que le monde est monde; **~ without end** dans les siècles des siècles; *(Rel)* **in the ~** dans le siècle; **in this ~** ici-bas, en ce monde; **the next ~, the ~ to come** l'au-delà; **he's not long for this ~** il n'en a plus pour longtemps à vivre; **to bring a child into the ~** mettre un enfant au monde; **the ~ of nature** le monde de la nature; **the business ~** le monde *or* le milieu des affaires. **(b)** *(phrases)* **he lives in a ~ of his own** il vit dans un monde à lui; **it's out of this ~** c'est extraordinaire; **to be dead to the ~** *(asleep)* dormir profondément; *(drunk)* être ivre mort; **to be on top of the ~** être aux anges; **to think the ~ of sb** mettre qn sur un piédestal; **it did him a ~ of good** ça lui a fait énormément de bien; **there's a ~ of difference between...** il y a un monde entre...; **~s apart** diamétralement opposés; **it's not the end of the ~** ce n'est pas la fin du monde; **it was for all the ~ as if...** c'était exactement comme si...; **the ~'s worst cook** la pire cuisinière qui soit; **I'd give the ~ to know...** je donnerais tout au monde pour savoir...; **a man of the ~** un homme d'expérience; **to go up in the ~** faire du chemin *(fig);*

he has come down in the ~ il a connu des jours meilleurs; **the ~ and his wife** absolument tout le monde; **it's what he wants most in (all) the ~** c'est ce qu'il veut plus que tout au monde; **nowhere in the (whole wide) ~** nulle part au monde; **not for anything in the ~** pour rien au monde; **where/why in the ~ has he...?** où/pourquoi donc a-t-il...? **2** adj power, scale mondial; record, champion, tour du monde; language universel. (Ftbl) **the W~ Cup** la Coupe du monde; (Comm) **W~ Fair** Exposition f Internationale; **W~ Health Organization** (abbr **WHO**) Organisation f mondiale de la santé (abbr O.M.S.); (Sport) **the ~ title** le titre de champion du monde; **W~ War One/Two** la Première/Seconde guerre mondiale.

◆ **world-famous** adj de renommée mondiale. ◆ **worldly** adj matters, pleasures de ce monde; attitude, person matérialiste; (Rel) temporel; **all his ~ly goods** tout ce qu'il possède. ◆ **worldly-wise** adj qui a l'expérience du monde. ◆ **world-wide** adj mondial, universel.

worm [wɜːm] **1** n (gen) ver m. **earth ~** ver de terre; (Med) **to have ~s** avoir des vers; (fig) **the ~ has turned** il etc en a eu assez de se faire marcher sur les pieds; (US fig) **a can of ~s** * un véritable guêpier; **you ~!** * misérable! **2** vt **(a) to ~ (one's way) into sth** se glisser dans qch; (fig: into group, sb's confidence etc) s'insinuer dans qch. **(b)** (extract) **to ~ it** or **information out of sb** tirer les vers du nez à qn (about à propos de; why etc pour savoir pourquoi etc). ◆ **worm-eaten** adj fruit véreux; furniture vermoulu. ◆ **worm's eye view** n (Phot, Cine) contre-plongée f; (fig) point m de vue des humbles. ◆ **wormwood** n armoise f.

worn [wɔːn] (ptp of **wear**) adj object usé; person las. ◆ **worn-out** adj object complètement usé; person épuisé.

worry ['wʌrɪ] **1** n souci m (of doing de faire; to sb pour qn). **the least of my worries** le cadet de mes soucis; **it's causing us a lot of ~** cela nous donne beaucoup de souci. **2** vi **(a)** se faire du souci, s'inquiéter (about, over au sujet de, pour). **don't ~ about me** ne vous inquiétez pas or ne vous en faites pas * pour moi. **(b) to ~ at sth = to ~ sth** ; V **3b**. **3** vt **(a)** inquiéter, tracasser. **it worries me that** cela m'inquiète que + subj; **don't ~ yourself** or **your head** * **about it** ne te fais pas de mauvais sang pour ça; **to ~ o.s. sick** se rendre malade d'inquiétude (about au sujet de); **what's ~ing you?** qu'est-ce qui ne va pas? **(b)** [dog] bone etc jouer avec; sheep harceler. ◆ **worried** adj inquiet (about au sujet de); **worried to death** * fou d'inquiétude. ◆ **worrier** n anxieux m, -euse f. ◆ **worrisome** adj inquiétant. ◆ **worrying** adj inquiétant; **to have a ~ing time** passer un mauvais quart d'heure; (longer) en voir de dures *.

worse [wɜːs] **1** adj (comp of **bad** and **ill**) pire, plus mauvais (than que). **you're ~ than he is!** tu es pire que lui!; **and, what's ~...** le pire, c'est que...; **~ than ever** pire que jamais; **it could have been ~** ç'aurait pu être pire; **things couldn't be ~** ça ne pourrait pas aller plus mal; **~ things have happened** on a vu pire; **to make matters** or **things ~** aggraver la situation (by doing en faisant); **and, to make matters** or **things ~, he...** et, pour comble de malheur, il...; **it gets ~ and ~** ça ne fait qu'empirer; **he is getting ~** (in behaviour, memory) il ne s'arrange pas; (in health) il va de plus en plus mal; **to get ~** (gen) se détériorer; [rheumatism, smell etc] empirer; **I feel ~** je me sens plus mal; **so much the ~ for him!** tant pis pour lui!; **~ luck!** * hélas!; **none the ~;** V **none 2.**

2 adv (comp of **badly** and **ill**) sing, play etc plus mal (than que); (more) rain, hate etc plus (than que). **you might** or **could do ~** vous pourriez faire pire (than to do que de faire); **he is ~ off than before** (gen) il se retrouve dans une situation pire qu'avant;

(less money) il y a perdu; **I shan't think any the ~ of you** je n'en aurai pas une moins bonne opinion de toi (for having done pour avoir fait). **3** n pire m. **there's ~ to come** on n'a pas vu le pire; **~ followed** ensuite cela a été pire; **a change for the ~** (gen) une détérioration très nette de la situation; (Med) une aggravation très nette.

◆ **worsen** vi (gen) se détériorer, empirer; [health etc] empirer; [chances of success] diminuer.

worship ['wɜːʃɪp] **1** n **(a)** (gen) culte m. (Rel) **place of ~** lieu m de culte; **hours of ~** heures fpl des offices. **(b) His** or **Your W~** (Mayor) Monsieur le Maire; (magistrate) Monsieur le Juge. **2** vt (Rel) adorer; (gen) person adorer, vénérer; money, success etc avoir le culte de. **he ~ped the ground she trod on** il vénérait jusqu'au sol qu'elle foulait. **3** vi (Rel) faire ses dévotions. ◆ **worshipper** n adorateur m, -trice f; (in church) ~**pers** fidèles mpl.

worst [wɜːst] **1** adj (superl of **bad** and **ill**) le (or la) plus mauvais(e), le (or la) pire. **the ~ student in the class** le plus mauvais élève de la classe; **his ~ mistake** son erreur la plus grave; **the ~ thing he ever did** la pire chose qu'il ait jamais faite; **the ~ winter for 20 years** l'hiver le plus rude depuis 20 ans; **at the ~ possible time** au plus mauvais moment; **the ~ possible job for him** l'emploi le plus contre-indiqué pour lui.

2 adv (superl of **badly** and **ill**) le plus mal. **he sings ~ of all** c'est lui qui chante le plus mal de tous; **the ~-dressed man in England** l'homme le plus mal habillé d'Angleterre; **he came off ~** c'est lui qui s'en est le plus mal sorti; **they are the ~ off** ce sont ces gens-là qui sont le plus affectés or (poorest) sont le plus dans la gêne; **my leg hurts ~ of all** c'est ma jambe qui me fait le plus mal.

3 n pire m. **the ~ that can happen** le pire or la pire chose qui puisse arriver; **at (the) ~** au pis aller; **to be at its** etc ~ [crisis, storm, epidemic] être à son etc point culminant; [situation, conditions, relationships] n'avoir jamais été aussi mauvais; **at the ~ of the storm** au plus fort de l'orage; **matters were at their ~** les choses ne pouvaient pas aller plus mal; **the ~ is yet to come** on n'a pas encore vu le pire; **the ~ of it is that...** le pire c'est que...; **that's the ~ of...** ça c'est l'inconvénient de...; **if the ~ comes to the ~** en mettant les choses au pis; **to get the ~ of it** être le perdant; **do your ~!** vous pouvez toujours essayer!; **it brings out the ~ in me** ça réveille en moi les pires instincts. ◆ **worst-case** adj projection qui envisage le pire.

worsted ['wʊstɪd] n worsted m.

worth [wɜːθ] **1** n **(a)** (value) valeur f (in gold etc en or etc). **I know his ~** je sais ce qu'il vaut; **he showed his true ~** il a montré sa vraie valeur. **(b)** (quantity) **he bought 20 pence ~ of sweets** il a acheté pour 20 pence de bonbons; **he bought 20 pence ~** il en a acheté pour 20 pence.

2 adj: **to be ~ £10** valoir 10 livres; **what** or **how much is it ~?** ça vaut combien?; **how much is he ~?** à combien s'élève sa fortune?; (lit, fig) **it's ~ a great deal** ça a beaucoup de valeur (to me pour moi); **it's more than my life** (or job etc) **is ~ to do that** je ne peux pas risquer de faire ça; **to be ~ one's weight in gold** valoir son pesant d'or; **it's not ~ the paper it's written on** ça ne vaut pas le papier sur lequel c'est écrit; **this pen is ~ 10 others** ce stylo en vaut 10 autres; (fig) **what's it ~ to you?** * vous donneriez combien pour le savoir (or l'avoir etc)?; **take it for what it's ~** prenez-le pour ce que ça vaut; **it's well ~ the trouble** (or effort or time) ça vaut la peine; **it's ~ reading/having** etc ça vaut la peine d'être lu/d'en avoir un etc; **it's well ~ it** ça vaut la peine or le coup *; **life isn't ~ living** la vie ne vaut pas la peine d'être vécue; **it's ~ a visit** ça vaut la visite; **it is ~ while to do that** on gagne à faire ça; **it's not ~ (my) while waiting** je perdrais mon temps à attendre;

it wasn't ~ **his while to take the job** ça ne valait pas le coup * qu'il accepte *(subj)* l'emploi; **I'll make it ~ your while *** je vous récompenserai de votre peine.

◆ **worthless** *adj (gen)* qui ne vaut rien; *effort* vain; *person* qui ne vaut pas cher. ◆ **worthwhile** *adj visit* qui en vaut la peine; *book/film etc* qui mérite d'être lu/vu *etc*; *work, life* utile; *contribution* très valable; *cause* louable. ◆ **worthy** ['wɜːðɪ] *adj (gen)* digne *(of* de; *to do* de faire); *citizen etc* digne *(before* n); *aim, effort* louable; **he found a ~y opponent** il a trouvé un adversaire digne de lui; **it is ~y of note that...** il est bon de remarquer que...; **nothing ~y of mention** rien de notable.

would [wʊd] *modal aux vb (cond of* **will)** **(a)** *(cond tense)* **he ~ do it if you asked him** il le ferait si vous le lui demandiez; **he ~ have done it if you had asked him** il l'aurait fait si vous le lui aviez demandé; **I wondered if you'd come** je me demandais si vous viendriez *or* si vous alliez venir; **you ~ think she had enough to do** on pourrait penser qu'elle a assez à faire. **(b)** *(conjecture)* **it ~ have been about 8 o'clock** il devait être 8 heures à peu près. **(c)** *(willingness)* **I said I ~ do it** je lui ai dit que je le ferais *or* que je voulais bien le faire; **he ~n't help me** il ne voulait pas m'aider, il n'a pas voulu m'aider; **the car ~n't start** la voiture n'a pas démarré; **~ you like some tea?** voulez-vous *or* voudriez-vous du thé?; **~ you like to go?** voulez-vous y aller?, est-ce que vous aimeriez y aller?; **~ you please help me?** pourriez-vous m'aider, s'il vous plaît? **(d)** *(habit, characteristic)* **he ~ always read in bed** il lisait toujours *or* il avait l'habitude de lire au lit; **50 years ago the streets ~ be empty on Sundays** il y a 50 ans, les rues étaient vides le dimanche. **you WOULD (do that)!** c'est bien de toi (de faire ça)!; **it WOULD rain!** il pleut, naturellement! **(e)** *(liter)* **~ to God that...** plût à Dieu que... + *subj*; **~ I were younger!** si seulement j'étais plus jeune! ◆ **would-be** *adj:* **a ~-be poet** *etc* une personne qui veut être poète *etc*; *(pej)* un prétendu poète *etc*.

wound¹ [wuːnd] **1** *n (lit, fig)* blessure *f; (esp Med)* plaie *f*. **chest/bullet ~** blessure à la poitrine/par balle. **2** *vt (lit, fig)* blesser *(in the leg etc* à la jambe *etc)*. ◆ **wounded 1** *adj (lit, fig)* blessé; **a ~ed man** un blessé ; **2** *npl:* **the ~ed** les blessés *mpl*. ◆ **wounding** *adj* blessant.

wound² [waʊnd] *pret, ptp of* **wind²**.

wove(n) ['wəʊvə(n)] *pret (ptp) of* **weave**.

wraith [reɪθ] *n* apparition *f*, spectre *m*.

wrangle ['ræŋgl] **1** *n (also* **wrangling)** dispute *f*. **2** *vi* se disputer *(about, over* à propos de).

wrap [ræp] **1** *n (shawl)* châle *m; (housecoat etc)* peignoir *m; (rug, blanket)* couverture *f. (on parcel etc)* **~s** emballage *m; (fig)* **to keep a scheme under ~s *** ne pas dévoiler un projet.
2 *vt (cover: gen)* envelopper *(in* dans); *(pack)* parcel emballer *(in* dans); *(wind)* tape *etc* enrouler *(round* autour de). *(fig)* **~ped in mist/mystery** enveloppé de brume/de mystère.
◆ **wrap up 1** *vi (dress warmly)* s'habiller chaudement. **~ up well!** couvrez-vous bien! **2** *vt sep* **(a)** *(gen)* envelopper *(in* dans); *parcel* emballer *(in* dans). *(fig)* **he ~ped it up a bit ***, **but what he meant was...** il ne l'a pas dit franchement, mais ce qu'il voulait dire c'est...; *(fig: engrossed)* **~ped up in one's work** absorbé par son travail; **he is ~ped up in himself** il ne pense qu'à lui-même. **(b)** *(*: conclude)* deal conclure. **he had everything ~ped up** il avait tout arrangé.
◆ **wrapover** *adj skirt* portefeuille *inv*. ◆ **wrapped** *adj bread etc* pré-emballé. ◆ **wrapper** *n [chocolate, parcel]* papier *m* (d'emballage); *[newspaper for post]* bande *f; [book]* jaquette *f*. ◆ **wrapping 1** *n [parcel]* papier *m* (d'emballage); *[sweet]* papier ; **2**

adj: **~ping paper** *(brown paper)* papier *m* d'emballage; *(decorated)* papier cadeau. ◆ **wrap-up** *n (US) (summary)* résumé; *(concluding event)* conclusion *f*.

wrath [rɒθ] *n (liter)* courroux *m*.

wreak [riːk] *vt:* **to ~ vengeance on sb** assouvir une vengeance sur qn; **to ~ havoc** faire des ravages; **it ~ed havoc with their plans** cela a bouleversé tous leurs projets.

wreath [riːθ] *n* couronne *f (de fleurs); [smoke]* volute *f*. **laurel ~** couronne de laurier. ◆ **wreathed** *adj:* **~ed in mist** enveloppé de brume; **face ~ed in smiles** visage rayonnant.

wreck [rek] **1** *n (of ship, plans etc)* naufrage *m; (~ed ship)* épave *f; (~ed plane/car etc)* avion *m*/voiture *f etc* accidenté(e), épave *f; (building)* ruines *fpl*. **the car was a ~** la voiture était bonne à mettre à la ferraille; **he looks a ~** il a une mine de déterré. **2** *vt train* faire dérailler; *plane, car [accident, bomb]* détruire; *[pilot, driver]* démolir; *building, furniture* démolir; *mechanism* détraquer; *(fig) marriage, friendship, life, career* briser; *plans, health* ruiner; *negotiations* faire échouer; *chances* anéantir. *[ship, sailor]* **to be ~ed** faire naufrage; **the plane was ~ed** il n'est resté que des débris de l'avion; **he ~ed the whole house** il a tout démoli dans la maison. ◆ **wreckage** *n (pieces)* débris *mpl; [building]* décombres *mpl; (~ed ship)* épave *f*. ◆ **wrecked** *adj ship* naufragé; *train, car* accidenté; *plans* anéanti. ◆ **wrecker** *n (unlawful)* vandale *m; (lawful)* démolisseur *m; [cars]* marchand *m* de ferraille.

wren [ren] *n* roitelet *m*.

wrench [rentʃ] **1** *n* **(a) to give sth a ~** tirer de toutes ses forces sur qch; *(fig: emotional)* **it was a ~** cela a été un déchirement. **(b)** *(tool)* clé *f* (à écrous); *(Aut: for wheels)* clé en croix. *(US fig)* **to throw a ~ into the works** mettre des bâtons dans les roues. **2** *vt handle etc* tirer violemment sur. **to ~ sth off** *or* **out** *or* **away** arracher qch *(of, from sth* de qch; *from sb* des mains de qn); **he ~ed himself free** il s'est dégagé avec un mouvement violent; *(Med)* **to ~ one's ankle** se tordre la cheville.

wrestle ['resl] *vi* lutter *(with sb* contre qn); *(Sport)* pratiquer la lutte libre; *(as staged fight)* catcher *(with sb* contre qn). *(fig)* **to ~ with** *conscience, sums, device* se débattre avec; *temptation* lutter contre. ◆ **wrestler** *n* lutteur *m*, -euse *f;* catcheur *m*, -euse *f*. ◆ **wrestling 1** *n* lutte *f;* **all-in wrestling** catch *m* ; **2** *adj:* **wrestling match** rencontre *f* de catch *or* de lutte.

wretch [retʃ] *n* misérable *mf. (hum)* **you ~!** misérable!; **little ~!** petit polisson! ◆ **wretched** ['retʃɪd] *adj (very poor) person, conditions, house* misérable; *(unhappy)* malheureux; *(depressed)* déprimé; *(ill)* malade; *(too small) wage* de misère; *sum, amount* dérisoire; *(pej) behaviour, remark* mesquin; *weather, holiday, results* lamentable; *(conscience-stricken etc)* **I feel ~ed about it** je me sens vraiment coupable; **what ~ed luck!** quelle déveine! *;* **they played a ~ed game** ils ont très mal joué; **that ~ed dog *** ce maudit chien. ◆ **wretchedly** *adv live* misérablement; *say, weep, apologize* pitoyablement; *treat, behave, pay, perform, play* très mal. ◆ **wretchedness** *n (poverty)* misère *f ; (unhappiness)* extrême tristesse *f*.

wrick [rɪk] **1** *vt:* **to ~ one's ankle** se tordre la cheville; **to ~ one's neck** attraper un torticolis. **2** *n* entorse *f;* torticolis *m*.

wriggle ['rɪgl] **1** *vi (~ about) [worm, snake, eel]* se tortiller; *[fish]* frétiller; *[person (restlessly)]* remuer; *(in embarrassment)* se tortiller; *(excitedly)* frétiller. **to ~ along** *[worm etc]* avancer en se tortillant; *[person]* avancer en rampant; **to ~ free** se dégager en se contorsionnant; **to ~ through sth** se glisser dans qch; *(fig)* **to ~ out of sth** esquiver qch; **he'll**

manage to ~ **out of it** il trouvera un moyen de s'esquiver. **2** *vt toes* remuer. ◆ **wriggly** *or* ◆ **wriggling** *adj worm* qui se tortille; *fish* frétillant; *child* remuant.

wring [rɪŋ] *pret, ptp* **wrung** *vt* (**a**) *(twist) handkerchief etc* tordre. **to ~ a chicken's neck** tordre le cou à un poulet; **I'll ~ your neck!** * je te tordrai le cou! *; **to ~ one's hands** se tordre les mains de désespoir; **to ~ sb's hand** serrer longuement la main à qn; *(fig)* **a story to ~ one's heart** une histoire à vous fendre le cœur. (**b**) (**~ out**) *wet clothes etc* essorer; *water* exprimer *(from sth* de qch); *(fig)* confession *etc* arracher *(from sb* à qn); *money* soutirer *(from sb* à qn). ◆ **wringer** *n* essoreuse *f* (à rouleaux). ◆ **wringing (wet)** *adj garment* trempé; *person* trempé jusqu'aux os.

wrinkle ['rɪŋkl] **1** *n (on skin, fruit)* ride *f*; *(in socks, cloth etc)* pli *m*. **2** *vt* (**~ up**) *skin* rider; *forehead* plisser; *nose* froncer; *rug, sheet* faire des plis dans. **3** *vi* se plisser; se froncer; faire des plis. ◆ **wrinkled** *adj skin, apple* ridé; *brow* plissé; *nose* froncé; *sheet, sweater* qui fait des plis.

wrist [rɪst] *n* poignet *m*. ◆ **wristband** *n [shirt etc]* poignet *m*; *[watch etc]* bracelet *m*. ◆ **wrist-watch** *n* montre-bracelet *f*.

writ [rɪt] *n (Jur)* acte *m* judiciaire. **to issue a ~ against sb, to serve a ~ on sb** assigner qn en justice *(for libel etc* pour diffamation *etc);* **~ of habeas corpus** ordre *m* (écrit) d'habeas corpus.

write [raɪt] *pret* **wrote,** *ptp* **written 1** *vt (gen)* écrire; *computer program* écrire; *cheque, list, bill* faire; *prescription, certificate* rédiger. **how is it written?** comment est-ce que ça s'écrit?; *(fig)* **it was written all over his face** cela se lisait sur son visage; *(fig)* **he had 'policeman' written all over him** * cela sautait aux yeux qu'il était policier. **2** *vi* écrire *(to sb* à qn; *on, about sth* sur qch). **he can read and ~** il sait lire et écrire; **~ on both sides of the paper** écrivez des deux côtés de la feuille; **he had always wanted to ~** il avait toujours voulu écrire *or* être écrivain; **what shall I ~ about?** sur quoi est-ce que je vais écrire?; *(Comm)* **~ for our brochure** demandez notre brochure.

◆ **write away** *vi (Comm etc)* **to ~ away for** *form, details* écrire pour demander; *goods* commander par lettre. ◆ **write back** *vi* répondre (par lettre). ◆ **write down** *vt sep* écrire; *(note)* noter; *(put in writing)* mettre par écrit. ◆ **write in 1** *vi*: **a lot of people have written in** beaucoup de gens nous ont écrit; **to ~ in for sth** écrire pour demander qch. **2** *vt sep word, item on list etc* ajouter. ◆ **write off 1** *vi* = **write away. 2** *vt sep debt* passer aux profits et pertes; *operation, scheme* mettre un terme à; *(smash up) car, machine* détruire, bousiller *. (fig)* **I've written off the whole thing** j'ai fait une croix dessus *, je le considère comme perdu; (fig)* **he had been written off as a failure** on avait décidé qu'il ne ferait jamais rien de bon. ◆ **write out** *vt sep (gen)* écrire; *cheque, list, bill* faire; *prescription, bill* rédiger; *(copy) essay etc* recopier. ◆ **write up** *vt sep notes, diary* mettre à jour; *(write report on) developments etc* faire un compte rendu de; *(record) (Chem etc) experiment* rédiger; *(Archeol etc) one's findings* consigner. **to ~ sth up in a notebook** consigner qch dans un agenda.

◆ **write-off** *n (Comm)* perte *f* sèche; *(Fin: tax)* déduction *f* fiscale; *(fig)* **to be a ~-off** *[car]* être bon pour la casse; *[project]* se révéler une perte de temps. ◆ **writer** *n (of letter, book etc)* auteur *m; (as profession)* écrivain *m; (of computer program)* auteur *m;* **a thriller ~r** un auteur de romans policiers; **he is a ~r** il est écrivain, c'est un écrivain; **to be a good/bad ~r** écrire bien/mal; **~r's block** hantise *f* de la page blanche; **~r's cramp** crampe *f* des écrivains. ◆ **write-up** *n (gen, also Comput)* description *f; (review etc)* compte rendu *m*. ◆ **writ-**

ing *n (handwriting)* écriture *f; (sth written)* qch d'écrit; **in his own writing** écrit de sa main; *(fig)* **he saw the writing on the wall** il a vu le signe sur le mur; **to put sth in writing** mettre qch par écrit; **he devoted his life to writing** il a consacré sa vie à son œuvre d'écrivain; **writing is his hobby** écrire est son passe-temps favori; **in this author's writing(s)** dans les écrits *mpl* de cet auteur. ◆ **writing-case** *n* nécessaire *m* de correspondance. ◆ **writing-desk** *n* secrétaire *m (bureau).* ◆ **writing-pad** *n* bloc *m* de papier à lettres, blocnotes *m*. ◆ **writing-paper** *n* papier *m* à lettres. ◆ **writing-table** *n* bureau *m*. ◆ **written** *adj (gen)* écrit, par écrit; *evidence* par écrit; **written exam** écrit *m*.

wrong [rɒŋ] **1** *adj* (**a**) *(bad)* mal *inv; (unfair)* injuste. **it is ~ to lie, lying is ~** c'est mal de mentir; **it is ~ that she should do that** il est injuste qu'elle fasse cela; **what's ~ with going to the pictures?** quel mal y a-t-il à aller au cinéma?; **there's nothing ~ in that** il n'y a rien à redire à ça; **there's nothing ~ in** *or* **with doing that** il n'y a aucun mal à faire cela.

(**b**) *(incorrect) belief, guess* erroné; *answer, calculation* faux, inexact; *(Mus) note* faux. **to be ~** se tromper *(about* sur, à propos de), avoir tort *(to do, in doing* de faire); **you were ~ to hit him** tu as eu tort de le frapper; **my watch is ~** ma montre n'est pas à l'heure; **to get sth ~** se tromper dans qch; **they got it ~ again** ils se sont encore trompés; **he told me the ~ time** *(gen)* il ne m'a pas donné l'heure exacte; *(for appointment etc)* il ne m'a pas donné la bonne heure; **at the ~ time** à un moment inopportun; **the letter has the ~ date on it** ils se sont trompés de date sur la lettre; *(Telec)* **to get a ~ number** se tromper de numéro; **that's the ~ number** ce n'est pas le bon numéro; **he got on the ~ train** il s'est trompé de train, il n'a pas pris le bon train; *(fig)* **you're on the ~ road** vous faites fausse route; **I'm in the ~ job** ce n'est pas le travail qu'il me faut; **he's got the ~ kind of friends** il a de mauvaises fréquentations; **that's the ~ kind of plug** ce n'est pas la prise qu'il faut; **to say the ~ thing** dire ce qu'il ne fallait pas dire; **that's the ~ way to go about it** ce n'est pas comme ça qu'il faut s'y prendre; **the bread went down the ~ way** j'ai avalé le pain de travers; **on the ~ side** du mauvais côté; *(fig)* **he got out of bed on the ~ side, he got out of the ~ side of the bed** il s'est levé du pied gauche; **the ~ side of the cloth** le mauvais côté *or* l'envers *m* du tissu; **he's on the ~ side of forty** il a dépassé la quarantaine; *(fig)* **to get on the ~ side of sb** se faire mal voir de qn; **it's in the ~ place** ce n'est pas à sa place.

(**c**) *(amiss)* **sth's ~** *or* **there's sth ~ (with it** *or* **him** *etc)* il y a qch qui ne va pas; **sth's ~ with my leg** j'ai qch à la jambe; **sth's ~ with my watch** ma montre ne marche pas comme il faut; **what's ~?** qu'est-ce qui ne va pas?; **there's sth ~** il y a qch qui cloche *; **what's ~ with you?** qu'est-ce que vous avez?; **what's ~ with your arm?** qu'est-ce que vous avez au bras?; **what's ~ with the car?** qu'est-ce qu'elle a, la voiture?; **there's nothing ~** tout va bien; **nothing ~, I hope?** tout va bien, j'espère?; **there's nothing ~ with it** *(theory, translation)* c'est tout à fait correct; *(method, plan)* c'est tout à fait valable; *(machine, car)* ça marche très bien; **there's nothing ~ with him** il va très bien.

2 *adv answer, guess* mal, incorrectement. **you've spelt it ~** vous l'avez mal écrit; **you're doing it all ~** tu t'y prends mal; **you did ~ to refuse** vous avez eu tort de refuser; **you've got it ~** vous avez fait une erreur; *(misunderstood)* vous avez mal compris; **don't get me ~** * comprends-moi bien; **to go ~** *(gen)* se tromper; *(on road)* se tromper de route; *[plan]* mal tourner; *[business deal etc]* tomber à l'eau; *[machine, car]* tomber en panne;

[clock, watch etc] se détraquer; **you can't go ~** c'est très simple; **you won't go far ~ if...** vous ne pouvez guère vous tromper si...; **sth went ~** il est arrivé qch; **sth went ~ with the gears** qch s'est détraqué dans l'embrayage; **nothing can go ~ now** tout doit marcher comme sur des roulettes maintenant; **everything went ~** tout est allé de travers.

3 *n* (**a**) *(evil)* mal *m*. **to do ~** mal agir; *(fig)* **he can do no ~ in her eyes** il lui semble parfait. (**b**) *(injustice)* injustice *f*. **he suffered great ~** il a été la victime de graves injustices; **to right a ~** réparer une injustice. (**c**) **to be/put sb in the ~** être/mettre qn dans son tort.

4 *vt* faire tort à.

◆ **wrongdoer** *n* malfaiteur *m*, -trice *f*. ◆ **wrongdoing** *n* méfaits *mpl*. ◆ **wrongful** *adj arrest* arbitraire ; *accusation, dismissal* injustifié. ◆ **wrongfully** *adv* à tort. ◆ **wrong-headed** *adj* buté. ◆ **wrongly** *adv* (**a**) *answer, do, count, state* incorrectement; *treat* injustement; *accuse, dismiss* à tort ; (**b**) *(by mistake)* par erreur.

wrote [rəʊt] *pret of* **write.**

wrought [rɔːt] *adj iron* forgé; *silver* ouvré. ◆ **wrought-iron** *adj* en fer forgé. ◆ **wrought-up** *adj* très tendu.

wrung [rʌŋ] *pret, ptp of* **wring.**

wry [raɪ] *adj* désabusé. **to make a ~ face** faire la grimace. ◆ **wryly** *adv* avec une ironie désabusée.

XYZ

X, x [eks] *n (letter)* X, x *m*; *(Math)* x *m*. **for x years** pendant x années; **X marks the spot** l'endroit est marqué d'une croix. ◆ **X-certificate** *adj film* interdit aux moins de 18 ans. ◆ **X-ray 1** *n (ray)* rayon *m* X; *(photo)* radiographie *f*, radio * *f*; **to have an X-ray** se faire radiographier, se faire faire une radio * ; **2** *vt* radiographier ; **3** *adj examination* radioscopique; **X-ray photo** radio * *f*; **X-ray treatment** radiothérapie *f*.

Xerox ['zɪərɒks] *vt* ℞ photocopier.

Xmas ['krɪsməs, 'eksməs] *n abbr of* **Christmas.**

xylophone ['zaɪləfəʊn] *n* xylophone *m*.

Y, y [waɪ] *n (letter)* Y, y *m*. **Y-fronts** ℞ slip *m* (d'homme); **Y-shaped** en forme d'Y.

yacht [jɒt] **1** *n* yacht *m*. **2** *vi*: **to go** ~**ing** faire de la navigation de plaisance. **3** *adj*: ~ **club** cercle *m* nautique.
◆ **yachting 1** *n* yachting *m*, navigation *f* de plaisance ; **2** *adj cap* de marin; *magazine etc* de la voile.
◆ **yachtsman** *n* plaisancier *m*.

yak¹ [jæk] *n (Zool)* yak *m*.

yak² * [jæk] *vi (also* **yackety-yak**) caqueter.

yam [jæm] *n* igname *f*; *(sweet potato)* patate *f*.

yang [jæŋ] *n (Philos)* yang *m*.

yank [jæŋk] **1** *n* coup sec. **2** *vt* tirer d'un coup sec. **to** ~ **sth off** *or* **out** arracher qch.

Yank * [jæŋk] **1** *adj* amerloque * *(pej)*. **2** *n* Amerloque * *mf (pej)*. ◆ **Yankee** * *n* Yankee *mf*.

yap [jæp] **1** *vi [dog]* japper; (*) *[person]* jacasser. **2** *n* jappement *m*.
◆ **yapping 1** *adj dog* jappeur ; **2** *n* jappements *mpl*.

yard¹ [jɑːd] *n* (**a**) yard *m (91,44 cm)* ≃ mètre *m*. **about a** ~ **long** long d'un mètre; **by the** ~ au mètre; *(fig)* ~**s of** * des kilomètres de *. (**b**) *(Naut)* vergue *f*. ◆ **yardage** *n* ≃ métrage *m*. ◆ **yardarm** *n* bout *m* de vergue. ◆ **yardstick** *n (fig)* mesure *f*.

yard² [jɑːd] *n (gen)* cour *f*; *(US: garden)* jardin *m*; *(work-site)* chantier *m*; *(for storage)* dépôt *m*. **back** ~ cour de derrière; **builder's/shipbuilding** ~ chantier de construction/de construction navale; **timber/coal** ~ dépôt de bois/de charbon; *(Brit)* **the Y**~ , **Scotland Y**~ Scotland Yard *m* (≃ *le Quai des Orfèvres)*; *(US)* ~ **sale** vente *f* d'objets usagés (chez un particulier).

yarn [jɑːn] *n* (**a**) fil *m*; *(Tech: for weaving)* filé *m*. **nylon** *etc* ~ fil de nylon *etc*. (**b**) *(tale)* longue histoire *f*.

yawn [jɔːn] **1** *vi [person]* bâiller (**with boredom** d'ennui); *[chasm etc]* s'ouvrir. **2** *vt*: **to** ~ **one's head off** bâiller à se décrocher la mâchoire; **'no' he** ~**ed** 'non' dit-il en bâillant. **3** *n* bâillement *m*. **to give a** ~ bâiller. ◆ **yawning** *adj chasm* béant.

yeah * [jɛə] *particle* oui, ouais *.

year [jɪəʳ] *n* (**a**) an *m*, année *f*. **this** ~ cette année; **next** ~ l'an prochain, l'année prochaine; **3 times a** ~ 3 fois l'an *or* par an; **in the** ~ **of grace/of Our Lord** l'an de grâce/de Notre Seigneur; **in the** ~ **1969** en 1969; ~ **by** ~, **from** ~ **to** ~ d'année en année; **from one** ~ **to the other** d'une année à l'autre; ~ **in,** ~ **out** année après année; **all the** ~ **round** d'un bout de l'année à l'autre; **over the** ~**s,** **as the** ~**s go by** au fil des années; **taking the good** ~**s with the bad** bon an mal an; ~**s and** ~**s ago** il y a bien des années; **for** ~**s together** plusieurs années de suite; **to pay by the** ~ payer à l'année; **valid one** ~ valide un an; **a** ~ **last January**

il y a eu un an au mois de janvier; **they have not met for** ~**s** ils ne se sont pas vus depuis des années; *(fig)* **I've been waiting for** ~**s** * ça fait une éternité que j'attends; **15** ~**s' imprisonment** 15 ans de prison; **he is 6** ~**s old** il a 6 ans; **in his fortieth** ~ dans sa quarantième année; **£10 a** ~ 10 livres par an; **that new hat takes** ~**s off her** ce nouveau chapeau la rajeunit. (**b**) *(age)* **young for his** ~**s** jeune pour son âge; **to get on in** ~**s** prendre de l'âge; ~**s of discretion** l'âge adulte *(fig)*. (**c**) *(Scol, Univ)* année *f*. **she was in my** ~ **at school** elle était ma même année au lycée; **in the second** ~ *(Univ)* en deuxième année; *(school)* ≃ en cinquième. (**d**) *[coin, stamp, wine]* année *f*. ◆ **yearbook** *n* annuaire *m (d'un organisme etc)*. ◆ **yearling** *n* animal *m* d'un an; *(racehorse)* yearling *m*. ◆ **yearly 1** *adj* annuel ; **2** *adv* annuellement; **twice** ~**ly** deux fois par an.

yearn [jɜːn] *vi* languir *(for sb* après qn), aspirer *(for sth* à qch; *to do* à faire). **to** ~ **for home** avoir la nostalgie de chez soi. ◆ **yearning** *n* désir *m* ardent *(for* de; *to do* de faire).

yeast [jiːst] *n*, levure *f*. **dried** ~ levure déshydratée.

yell [jel] **1** *n (gen)* hurlement *m*, cri *m (of* de). **to give a** ~ pousser un hurlement *or* un cri; **a** ~ **of laughter** un grand éclat de rire. **2** *vti* (~ **out**) hurler *(with* de). ◆ **yelling 1** *n* hurlements *mpl* ; **2** *adj* hurlant.

yellow ['jeləʊ] **1** *adj object etc* jaune; *hair, curls* blond; *(fig: cowardly)* lâche. **to go** *or* **turn** ~ jaunir; *(Ftbl)* ~ **card** carton *m* jaune; *(Med)* ~ **fever** fièvre *f* jaune; *(Telec)* **the** ~ **pages** ≃ l'annuaire *m* des professions. **2** *n (colour: also of egg)* jaune *m*. **3** *vti* jaunir. ~**ed with age** jauni par le temps. ◆ **yellowhammer** *n (bird)* bruant *m* jaune.

yelp [jelp] **1** *n [dog]* jappement *m*; *[fox]* glapissement *m*. **2** *vi* japper; glapir. ◆ **yelping 1** *n* jappements *mpl*; glapissements *mpl* ; **2** *adj* jappeur; glapissant.

Yemen ['jemən] *n* Yémen *m*. ◆ **Yemeni 1** *adj* yéménite ; **2** *n* Yéménite *mf*.

yen * [jen] *n*: **to have a** ~ **for sth/to do** avoir grande envie de qch/de faire.

yep * [jep] *particle* ouais *, oui.

yes [jes] **1** *particle* oui; *(answering neg question or contradicting)* si. **to say** ~ dire oui; ~ **certainly** mais oui. **2** *n* oui *m inv*. ◆ **yes-man** *n* béni-oui-oui * *m inv (pej)*; **he's a** ~-**man** il dit amen à tout.

yesterday ['jestədeɪ] **1** *adv*, *n* hier *(m)*. **all (day)** ~ toute la journée d'hier; **a week (from)** ~ hier en huit; **a week (past)** ~, ~ **week** il y a eu hier huit jours; **late** ~ hier dans la soirée; ~ **was the second** c'était hier le deux; ~ **was Friday** c'était hier vendredi; ~ **was very wet** il a beaucoup plu hier; ~ **was a bad day for him** la journée d'hier s'est mal passée pour lui; **the day before** ~ avant-hier *(m)*; *(fig)* **the great men of** ~ tous les grands hommes du passé *or* d'hier; **all our** ~**s** tout notre passé. **2** *adj*: ~ **evening/morning** hier soir/matin.

yet [jet] **1** *adv* (**a**) *(as* ~*, still)* encore; *(till now)* jusqu'ici; *(till then)* jusqu'alors. **they haven't** ~ **returned** ils ne sont pas encore *or* ne sont toujours pas revenus; **no one has come** ~ jusqu'ici, personne n'est venu; **no one had come** ~ jusqu'alors, personne n'était venu; **places we have** ~ **to see** des endroits qu'il nous reste encore à voir, des endroits que nous n'avons pas encore vus; ~ **more difficult** encore plus difficile; ~ **once more** encore une fois, une fois de plus; **and** ~ **another** et encore un autre; **he may** ~ **come** il peut encore *or* toujours venir; **I'll do it** ~ je finirai bien par le faire. (**b**) *(so far)* **has he arrived** ~**?** est-il déjà arrivé?; **I wonder if he's come** ~ je me demande s'il est arrivé maintenant; **not (just)** ~ pas encore; **don't come in (just)** ~ n'entrez pas encore; **must you go just** ~**?** faut-il que vous partiez *(subj)* déjà?; **I needn't go just** ~ je n'ai pas besoin de partir tout de suite. (**c**) **nor** ~ ni, et... non plus; **I do not like him nor** ~ **his sister** je ne les aime ni lui ni sa sœur, je ne l'aime pas et sa sœur non plus. **2** *conj* pourtant, néanmoins, quand même. **and** ~ **everyone liked her** et pourtant *or* néanmoins tout le monde l'aimait, mais tout le monde l'aimait quand même; **strange** ~ **true** étrange mais pourtant vrai.

yew [ju:] *n* if *m*.

Yiddish ['jɪdɪʃ] *n* yiddish *m*.

yield [ji:ld] **1** *vt* (**a**) *(produce etc: gen)* rendre; *[mine, oil well]* débiter; *[an industry]* produire; *[business, tax, shares] amount, profit* rapporter; *opportunity, results* produire. (**b**) *(surrender: gen, Mil)* céder *(to* à). **2** *vi (give way: gen, Mil)* céder *(to* devant), se rendre *(to* à); *[ice, door etc]* céder. **they begged him but he would not** ~ ils l'ont supplié mais il n'a pas cédé; *(Mil etc)* **they** ~**ed to us** ils se rendirent à nous; *(US Aut)* **'yield'** céder le passage'; **to** ~ **to temptation** succomber à la tentation. **3** *n (V* **1a**) rendement *m*; débit *m*; production *f*; rapport *m*.

yin [jɪn] *n (Philos)* yin *m*.

yippee ‡ [jɪ'pi:] *excl* hourra!

yob(bo) ‡ ['jɒb(əʊ)] *n (pej)* loubard *m (pej)*.

yod [jɒd] *n (Ling)* yod *m*.

yodel ['jəʊdl] *vi* faire des tyroliennes.

yoga ['jəʊgə] *n* yoga *m*. ◆ **yogi** *n* yogi *m*.

yoghourt, yog(h)urt ['jəʊgət] *n* yaourt *m*.

yoke [jəʊk] **1** *n* (**a**) *(lit, fig)* joug *m*. **under the** ~ **of** sous le joug de. (**b**) *[dress, blouse]* empiècement *m*. **2** *vt* accoupler.

yokel ['jəʊk(ə)l] *n* rustre *m*.

yolk [jəʊk] *n* jaune *m* (d'œuf).

yonder ['jɒndəʳ] *adv* (**over** ~) là-bas.

you [ju:] *pers pron* (**a**) *(subject)* tu, vous; *(object)* te, vous; *(stressed and after prep)* toi, vous. ~ **are very kind** tu es très gentil, vous êtes très gentil(s); **I shall see** ~ **soon** je te *or* je vous verrai bientôt; **for** ~ pour toi *or* vous; **younger than** ~ plus jeune que toi *or* vous; ~ **and yours** toi et les tiens, vous et les vôtres; ~ **French** vous autres Français; ~ **and I will go together** toi et moi *or* vous et moi, nous irons ensemble; ~ **fool!** espèce d'imbécile!; ~ **darling!** tu es un amour!; **it's** ~ c'est toi *or* vous; **there's a fine house for** ~! en voilà une belle maison! (**b**) *(one, anyone) (nominative)* on; *(accusative, dative)* vous, te. ~ **never know your luck** on ne connaît jamais son bonheur; **fresh air does** ~ **good** l'air frais (vous *or* te) fait du bien. ◆ **you-know-who** * *pron* qui vous savez. ◆ **your** [jʊəʳ] *poss adj* (**a**) ton, ta, tes; votre, vos; ~**r book** ton *or* votre

livre; **YOUR book** ton livre à toi, votre livre à vous; ~**r table** ta *or* votre table; ~**r friend** ton ami(e), votre ami(e); ~**r clothes** tes *or* vos vêtements; **give me** ~**r hand** donne-moi la main; (**b**) *(one's)* son, sa, ses; ton *etc*, votre *etc*; **you give him** ~**r form and he gives you** ~**r pass** on lui donne son formulaire et il vous remet votre laissez-passer; **it's good for** ~**r health** c'est bon pour la santé; ~**r ordinary Englishman** l'Anglais moyen. ◆ **you're = you are.** ◆ **yours** *poss pron* le tien, la tienne, les tiens, les tiennes; le vôtre, la vôtre, les vôtres; **this book is** ~**rs** ce livre est à toi *or* à vous, ce livre est le tien *or* le vôtre; **a cousin of** ~**rs** un de tes *or* de vos cousins; **it's no fault of** ~**rs** ce n'est pas de votre faute (à vous); *(pej)* **that dog of** ~**rs** ton *or* votre sacré * *or* fichu * chien; *(in pub etc)* **what's** ~**rs?** qu'est-ce que tu prends *or* vous prenez?; *V* **sincerely, faithfully.** ◆ **yourself** *pers pron, pl* -**selves** *(reflexive)* te, vous; *(after prep)* toi, vous; *(emphatic)* toi-même, vous-même; **have you hurt** ~**rself?** tu t'es fait mal?, vous vous êtes fait mal?; **you never speak of** ~**rself** tu ne parles jamais de toi, vous ne parlez jamais de vous; **you told me** ~**rself** tu me l'as dit toi-même, vous me l'avez dit vous-même; **all by** ~**rself** tout seul.

young [jʌŋ] **1** *adj (gen)* jeune. ~ **people** jeunes *mpl*, jeunes gens *mpl*; ~ **lady** *(unmarried)* jeune fille *f*; *(married)* jeune femme *f*; **listen to me,** ~ **man** écoutez-moi, jeune homme; ~ **at heart** jeune de cœur; ~ **for his age** jeune pour son âge; **to marry** ~ se marier jeune; **3 years** ~**er than you** plus jeune que vous de 3 ans; **my** ~**er brother** mon frère cadet; **my** ~**er sister** ma sœur cadette; **the** ~**er** son le cadet; **I'm not so** ~ **as I was** je n'ai plus mes vingt ans; **in my** ~ **days** quand j'étais jeune; **to grow** *or* **get** ~**er** rajeunir; **if I were** ~**er** si j'étais plus jeune; **if I were 10 years** ~**er** si j'avais 10 ans de moins; **you're only** ~ **once** jeunesse n'a qu'un temps; ~ **Mr Brown, Mr Brown the** ~**er** le jeune M. Brown; *(as opposed to his father)* M. Brown fils; **the** ~**er generation** la jeune génération; **the** ~ **idea** ce que pensent les jeunes; *(fig)* la jeune génération; ~ **wine** vin *m* vert; ~ **nation** nation nouvelle nation *f*; *(fig)* ~ **blood** sang *m* nouveau *or* jeune. **2** *npl* (**a**) **the** ~ les jeunes *mpl*, les jeunes gens *mpl*; ~ **and old** les jeunes comme les vieux; **books for the** ~ livres pour les jeunes *or* la jeunesse. (**b**) *[animal]* petits *mpl*. ◆ **youngster** *n* jeune *mf*.

youth [ju:θ] **1** *n* (**a**) jeunesse *f*. **in my** ~ dans ma jeunesse, lorsque j'étais jeune; **in early** ~ dans la première jeunesse. (**b**) *(young man)* jeune homme *m*; ~**s** jeunes gens *mpl*. (**c**) *(collective: young people)* jeunesse *f*, jeunes *mpl*. **the** ~ **of a country** la jeunesse d'un pays; **the** ~ **of today** les jeunes *or* la jeunesse d'aujourd'hui. **2** *adj orchestra etc* de jeunes, de jeunesse. ~ **club** foyer *m or* centre *m* de jeunes; ~ **hostel** *V* **hostel**; ~ **leader** animateur *m*, -trice *f* de groupes de jeunes; ~ **movement** mouvement *m* de la jeunesse; **Y**~ **Training Scheme** *(abbr* **Y.T.S.** ≃ pacte *m* national pour l'emploi des jeunes. ◆ **youthful** *adj (gen)* jeune; *air, mistake* de jeunesse; *quality, freshness* juvénile. ◆ **youthfulness** *n* jeunesse *f*.

yowl [jaʊl] *vi [person, dog]* hurler; *[cat]* miauler.

yucky ‡, **yukky** ‡ ['jʌkɪ] *adj* dégoûtant.

Yugoslavia ['ju:gə(ʊ)'slɑ:vɪə] *n* Yougoslavie *f*. ◆ **Yugoslav 1** *adj (also* **Yugoslavian)** yougoslave ; **2** *n* Yougoslave *mf*.

Yule [ju:l] *n* (†) Noël *m*. ~ **log** bûche *f* de Noël. ◆ **Yuletide** † *n* époque *f* de Noël.

yummy ‡ ['jʌmɪ] **1** *adj food* délicieux. **2** *excl* miam, miam! *

yuppie ['jʌpɪ] *n* jeune cadre urbain.

Z, z *(US)* [zed, zi:] *n (letter)* Z, z *m.*

Zaire [zɑː'iːər] *n* Zaïre *m.* ◆ **Zairean 1** *n* Zaïrois(e) *m(f)* ; **2** *ad* zaïrois.

Zambia ['zæmbɪə] *n* Zambie *f.* ◆ **Zambian 1** *n* Zambien(ne) *m(f)* ; **2** *adj* zambien.

zap * [zæp] **1** *excl* vlan! **2** *vt* (**a**) *(destroy) town* bombarder; *person* supprimer. (**b**) *(delete)* supprimer. (**c**) *(astonish)* épater *. **3** *vi* (**a**) *(move quickly)* foncer. (**b**) *(TV)* zapper *.

zany ['zeɪnɪ] *adj* dingue *, fou.

zeal [zi:l] *n* zèle *m (for* pour*).* ◆ **zealot** ['zelət] *n* fanatique *mf.* ◆ **zealous** ['zeləs] *adj (fervent)* zélé; *(devoted)* dévoué; ~**ous for** plein de zèle pour. ◆ **zealously** *adv* avec zèle.

zebra ['zi:brə] **1** *n* zèbre *m.* **2** *adj (Brit)* ~ **crossing** passage *m* pour piétons.

zed [zed], *(US)* **zee** [zi:] *n (la lettre)* z *m.*

zenith ['zenɪθ] *n* zénith *m.*

zephyr ['zefə'] *n* zéphyr *m.*

zero ['zɪərəʊ] **1** *n, pl* **-s** *or* **-es** zéro *m.* **2** *adj* tension, voltage nul; *altitude, growth* zéro *inv.* ~ **hour** *(Mil)* l'heure H; *(fig)* le moment décisif. **3** *vi:* **to** ~ **in on sth** piquer droit sur qch; *(fig) (identify)* mettre le doigt sur qch; *(concentrate on)* se concentrer sur qch.

zest [zest] *n* (**a**) *(gusto)* entrain *m; (fig: spice)* piquant *m.* **with** ~ *(gen)* avec entrain; *eat* avec grand appétit; ~ **for living** appétit *m* de vivre; **it adds** ~ **to the episode** cela donne du piquant à l'histoire. (**b**) *(Culin: of orange etc)* zeste *m.* ◆ **zestful** *adj* plein d'entrain.

zigzag ['zɪgzæg] **1** *n* zigzag *m.* **2** *adj* path, course, line en zigzag; *road* en lacets; *pattern, design* à zigzags. **3** *adv* en zigzag. **4** *vi* zigzaguer. **to** ~ **out/ through** *etc* sortir/traverser *etc* en zigzaguant.

Zimbabwe [zɪm'bɑːbwɪ] *n* Zimbabwe *m.* ◆ **Zimbabwean 1** *adj* zimbabwéen ; **2** *n* Zimbabwéen(ne) *m(f).*

zinc [zɪŋk] **1** *n* zinc *m.* **2** *adj* plate, alloy de zinc; *roof* zingué.

Zionism ['zaɪənɪz(ə)m] *n* sionisme *m.*

zip [zɪp] **1** *n* (**a**) *(also* ~ **fastener, zipper)** fermeture *f* éclair ®. **pocket with a** ~ poche *f* à fermeture éclair, poche zippée *. (**b**) *(* *: energy etc)* entrain *m.* **put a bit of** ~ **into it** * activez-vous! **2** *adj (US Post)* ~ **code** code *m* postal. **3** *vt (* ~ **up)** dress, bag fermer avec une fermeture éclair ® **to** ~ **sth on** attacher qch avec une fermeture éclair; **she** ~**ped open her bag** elle a ouvert la fermeture éclair de son sac. **4** *vi* (**a**) *[garment etc]* **to** ~ **up/on** *etc* se fermer/s'attacher *etc* avec une fermeture éclair. (**b**) *(* *) [car, person]* **to** ~ **in/past** *etc* entrer/passer *etc* comme une flèche. ◆ **zip-on** *adj* à fermeture éclair ®.

zircon ['zɜːkən] *n* zircon *m.*

zither ['zɪðə'] *n* cithare *f.*

zodiac ['zəʊdɪæk] *n* zodiaque *m.*

zombie * ['zɒmbɪ] *n (fig pej)* automate *m.*

zone [zəʊn] **1** *n (gen)* zone *f; (esp Mil) (area)* zone ; *(subdivision of town)* secteur *m.* **danger** ~ zone dangereuse. **2** *vt (divide into* ~s) area diviser en zones. **district** ~**d for industry** zone réservée à l'implantation industrielle. ◆ **zonal** *adj* zonal. ◆ **zoning** *n* répartition *f* en zones.

zoo [zu:] *n* zoo *m.* ~ **keeper** gardien(ne) *m(f)* de zoo.

zoology [zəʊ'ɒlədʒɪ] *n* zoologie *f.* ◆ **zoological** *adj* zoologique; **zoological gardens** jardin *m* zoologique. ◆ **zoologist** *n* zoologiste *mf.*

zoom [zu:m] *1 n* vrombissement *m.* **2** *vi* vrombir. **to** ~ **away/through** *etc* démarrer/traverser *etc* en trombe; *(Cine)* **to** ~ **in** faire un zoom *(on* sur*).* ◆ **zoom lens** *n (Phot)* zoom *m.*

zucchini [zu:'ki:nɪ] *n (US)* courgette *f.*

Zurich ['zjʊərɪk] *n* Zurich.

LE VERBE FRANÇAIS

THE FRENCH VERB

	Present	Imperfect	Future	Past Historic	Past Participle	Subjunctive

(1) arriver (regular: see table at the end of the list)

(2) finir (regular: see table)

	Present	Imperfect	Future	Past Historic	Past Participle	Subjunctive
(3) placer	je place nous plaçons	je plaçais	je placerai	je plaçai	placé	que je place
bouger	je bouge nous bougeons	je bougeais	je bougerai	je bougeai	bougé	que je bouge
(4) appeler	j'appelle nous appelons	j'appelais	j'appellerai	j'appelai	appelé	que j'appelle
jeter	je jette nous jetons	je jetais	je jetterai	je jetai	jeté	que je jette
(5) geler	je gèle nous gelons	je gelais	je gèlerai	je gelai	gelé	que je gèle
(6) céder	je cède nous cédons	je cédais	je céderai	je cédai	cédé	que je cède
(7) épier	j'épie nous épions	j'épiais	j'épierai	j'épiai	épié	que j'épie
(8) noyer	je noie nous noyons	je noyais	je noierai	je noyai	noyé	que je noie
envoyer			j'enverrai			
payer	je paie *ou* paye		je paierai *ou* payerai			que je paie *ou* paye

(9) aller (see table)

	Present	Imperfect	Future	Past Historic	Past Participle	Subjunctive
(10) haïr	je hais il hait nous haïssons ils haïssent	je haïssais	je haïrai	je haïs	haï	que je haïsse
(11) courir	je cours il court nous courons	je courais	je courrai	je courus	couru	que je coure
(12) cueillir	je cueille nous cueillons	je cueillais	je cueillerai	je cueillis	cueilli	que je cueille
(13) assaillir	j'assaille nous assaillons	j'assaillais	j'assaillirai	j'assaillis	assailli	que j'assaille
(14) servir	je sers il sert nous servons	je servais	je servirai	je servis	servi	que je serve
(15) bouillir	je bous il bout nous bouillons	je bouillais	je bouillirai	je bouillis	bouilli	que je bouille
(16) partir	je pars il part nous partons	je partais	je partirai	je partis	parti	que je parte
(17) fuir	je fuis il fuit nous fuyons ils fuient	je fuyais	je fuirai	je fuis	fui	que je fuie

	Present	Imperfect	Future	Past Historic	Past Participle	Subjunctive
(18) couvrir	je couvre nous couvrons	je couvrais	je couvrirai	je couvris	couvert	que je couvre
(19) mourir	je meurs il meurt nous mourons ils meurent	je mourais	je mourrai	je mourus	mort	que je meure
(20) vêtir	je vêts il vêt nous vêtons	je vêtais	je vêtirai	je vêtis	vêtu	que je vête
(21) acquérir	j'acquiers il acquiert nous acquérons ils acquièrent	j'acquérais	j'acquerrai	j'acquis	acquis	que j'acquière
(22) venir	je viens il vient nous venons ils viennent	je venais	je viendrai	je vins	venu	que je vienne
(23) pleuvoir	il pleut	il pleuvait	il pleuvra	il plut	plu	qu'il pleuve
(24) prévoir	je prévois il prévoit nous prévoyons ils prévoient	je prévoyais	je prévoirai	je prévis	prévu	que je prévoie
(25) pourvoir	je pourvois il pourvoit nous pourvoyons ils pourvoient	je pourvoyais	je pourvoirai	je pourvus	pourvu	que je pourvoie
(26) asseoir	j'assois il assoit nous assoyons ils assoient *ou* j'assieds il assied noús asseyons ils asseyent	j'assoyais *ou* j'asseyais	j'assoirai *ou* j'asseyerai *ou* j'assiérai	j'assis	assis	que j'assoie *ou* que j'asseye
(27) mouvoir	je meus il meut nous mouvons il meuvent	je mouvais nous mouvions	je mouvrai	je mus	mû	que je meuve

N.B. *émouvoir* and *promouvoir* have the past participle *ému* and *promu* respectively.

	Present	Imperfect	Future	Past Historic	Past Participle	Subjunctive
(28) recevoir	je reçois il reçoit nous recevons ils reçoivent	je recevais nous recevions	je recevrai	je reçus	reçu	que je reçoive
devoir					dû	
(29) valoir	je vaux il vaut nous valons	je valais nous valions	je vaudrai	je valus	valu	que je vaille
falloir	il faut	il fallait	il faudra	il fallut	fallu	qu'il faille
(30) voir	je vois il voit nous voyons ils voient	je voyais nous voyions	je verrai	je vis	vu	que je voie
(31) vouloir	je veux il veut nous voulons ils veulent	je voulais nous voulions	je voudrai	je voulus	voulu	que je veuille

	Present	Imperfect	Future	Past Historic	Past Participle	Subjunctive
(32) savoir	je sais il sait nous savons	je savais nous savions	je saurai	je sus	su	que je sache
(33) pouvoir	je peux *ou* puis il peut nous pouvons ils peuvent	je pouvais nous pouvions	je pourrai	je pus	pu	que je puisse
(34) avoir (see table)						
(35) conclure	je conclus il conclut nous concluons	je concluais	je conclurai	je conclus	conclu	que je conclue
inclure					inclus	
(36) rire	je ris il rit nous rions ils rient	je riais	je rirai	je ris	ri	que je rie
(37) dire	je dis il dit nous disons vous dites ils disent	je disais	je dirai	je dis	dit	que je dise
suffire **médire** *etc*	vous suffisez vous médisez *etc*					
(38) nuire	je nuis il nuit nous nuisons	je nuisais	je nuirai	je nuisis	nui	que je nuise
(39) écrire	j'écris il écrit nous écrivons	j'écrivais	j'écrirai	j'écrivis	écrit	que j'écrive
(40) suivre	je suis il suit nous suivons	je suivais	je suivrai	je suivis	suivi	que je suive
(41) rendre	je rends il rend nous rendons	je rendais	je rendrai	je rendis	rendu	que je rende
rompre **battre**	il rompt je bats il bat nous battons	je battais	je battrai	je battis	battu	que je batte
(42) vaincre	je vaincs il vainc nous vainquons	je vainquais	je vaincrai	je vainquis	vaincu	que je vainque
(43) lire	je lis il lit nous lisons	je lisais	je lirai	je lus	lu	que je lise
(44) croire	je crois il croit nous croyons ils croient	je croyais	je croirai	je crus	cru	que je croie
(45) clore	je clos il clôt *ou* clot ils closent	je closais	je clorai	not applicable	clos	que je close
(46) vivre	je vis il vit nous vivons	je vivais	je vivrai	je vécus	vécu	que je vive

	Present	Imperfect	Future	Past Historic	Past Participle	Subjunctive
(47) moudre	je mouds il moud nous moulons	je moulais	je moudrai	je moulus	moulu	que je moule
(48) coudre	je couds il coud nous cousons	je cousais	je coudrai	je cousis	cousu	que je couse
(49) joindre	je joins il joint nous joignons	je joignais	je joindrai	je joignis	joint	que je joigne
(50) traire	je trais il trait nous trayons ils traient	je trayais	je trairai	not applicable	trait	que je traie
(51) absoudre	j'absous il absout nous absolvons	j'absolvais	j'absoudrai	j'absolus	absous	que j'absolve
résoudre					résolu	
(52) craindre	je crains il craint nous craignons	je craignais	je craindrai	je craignis	craint	que je craigne
peindre	je peins il peint nous peignons	je peignais	je peindrai	je peignis	peint	que je peigne
(53) boire	je bois il boit nous buvons il boivent	je buvais	je boirai	je bus	bu	que je boive
(54) plaire	je plais il plaît nous plaisons	je plaisais	je plairai	je plus	plu	que je plaise
taire	il tait					
(55) croître	je croîs il croît nous croissons	je croissais	je croîtrai	je crûs	crû	que je croisse

N.B. *accroître* and *décroître*: the vowel only takes a circumflex when it precedes the letter *t*.

	Present	Imperfect	Future	Past Historic	Past Participle	Subjunctive
(56) mettre	je mets il met nous mettons	je mettais	je mettrai	je mis	mis	que je mette
(57) connaître	je connais il connaît nous connaissons	je connaissais	je connaîtrai	je connus	connu	que je connaisse
(58) prendre	je prends il prend nous prenons ils prennent	je prenais	je prendrai	je pris	pris	que je prenne
(59) naître	je nais il naît nous naissons	je naissais	je naîtrai	je naquis	né	que je naisse

(60) faire (see table)

(61) être (see table)

(1) arriver (regular verb)

INDICATIVE

Present
j'arrive
tu arrives
il arrive
nous arrivons
vous arrivez
ils arrivent

Imperfect
j'arrivais
tu arrivais
il arrivait
nous arrivions
vous arriviez
ils arrivaient

Past Historic
j'arrivai
tu arrivas
il arriva
nous arrivâmes
vous arrivâtes
ils arrivèrent

Future
j'arriverai
tu arriveras
il arrivera
nous arriverons
vous arriverez
ils arriveront

Perfect
je suis arrivé
nous sommes arrivés

Pluperfect
j'étais arrivé

Past Anterior
je fus arrivé

Future Perfect
je serai arrivé

Present Participle
arrivant

Past Participle
arrivé

CONDITIONAL

Present
j'arriverais
tu arriverais
il arriverait
nous arriverions
vous arriveriez
ils arriveraient

Past I
je serais arrivé

Past II
je fusse arrivé

IMPERATIVE

Present
arrive
arrivons
arrivez

Past
sois arrivé
soyons arrivés
soyez arrivés

SUBJUNCTIVE

Present
que j'arrive
que tu arrives
qu'il arrive
que nous arrivions
que vous arriviez
qu'ils arrivent

Imperfect
que j'arrivasse
que tu arrivasses
qu'il arrivât
que nous arrivassions
que vous arrivassiez
qu'ils arrivassent

Past
que je sois arrivé

Pluperfect
que je fusse arrivé

(2) finir (regular verb)

INDICATIVE

Present
je finis
tu finis
il finit
nous finissons
vous finissez
ils finissent

Imperfect
je finissais
tu finissais
il finissait
nous finissions
vous finissiez
ils finissaient

Past Historic
je finis
tu finis
il finit
nous finîmes
vous finîtes
ils finirent

Future
je finirai
tu finiras
il finira
nous finirons
vous finirez
ils finiront

Perfect
j'ai fini
nous avons fini

Pluperfect
j'avais fini

Past Anterior
j'eus fini

Future Perfect
j'aurai fini

Present Participle
finissant

Past Participle
fini

CONDITIONAL

Present
je finirais
tu finirais
il finirait
nous finirions
vous finiriez
ils finiraient

Past I
j'aurais fini

Past II
j'eusse fini

IMPERATIVE

Present
finis
finissons
finissez

Past
aie fini
ayons fini
ayez fini

SUBJUNCTIVE

Present
que je finisse
que tu finisses
qu'il finisse
que nous finissions
que vous finissiez
qu'ils finissent

Imperfect
que je finisse
que tu finisses
qu'il finît
que nous finissions
que vous finissiez
qu'ils finissent

Past
que j'aie fini

Pluperfect
que j'eusse fini

(9) aller   (34) avoir

INDICATIVE	CONDITIONAL	INDICATIVE	CONDITIONAL
Present	*Present*	*Present*	*Present*
je vais	j'irais	j'ai	j'aurais
tu vas	tu irais	tu as	tu aurais
il va	il irait	il a	il aurait
nous allons	nous irions	nous avons	nous aurions
vous allez	vous iriez	vous avez	vous auriez
ils vont	ils iraient	ils ont	ils auraient

Imperfect	IMPERATIVE	*Imperfect*	IMPERATIVE
j'allais		j'avais	
tu allais	*Present*	tu avais	*Present*
il allait	va	il avait	aie
nous allions	allons	nous avions	ayons
vous alliez	allez	vous aviez	ayez
ils allaient		ils avaient	

Past Historic	*Past*	*Past Historic*	SUBJUNCTIVE
j'allai	sois allé	j'eus	
tu allas	soyons allés	tu eus	*Present*
il alla	soyez allés	il eut	que j'aie
nous allâmes		nous eûmes	que tu aies
vous allâtes	SUBJUNCTIVE	vous eûtes	qu'il ait
ils allèrent		ils eurent	que nous ayons
	Present		que vous ayez
	que j'aille		qu'ils aient
Future	que tu ailles	*Future*	
j'irai	qu'il aille	j'aurai	
tu iras	que nous allions	tu auras	*Imperfect*
il ira	que vous alliez	il aura	que j'eusse
nous irons	qu'ils aillent	nous aurons	que tu eusses
vous irez		vous aurez	qu'il eût
ils iront	*Imperfect*	ils auront	que nous eussions
	que j'allasse		que vous eussiez
	que tu allasses		qu'ils eussent
Present Participle	qu'il allât	*Present Participle*	
allant	que nous allassions	ayant	
	que vous allassiez		
	qu'ils allassent		
Past Participle		*Past Participle*	
allé		eu	

Past Infinitive		*Past Infinitive*	
être allé		avoir eu	

(60) faire

INDICATIVE

Present
je fais
tu fais
il fait
nous faisons
vous faites
ils font

Imperfect
je faisais
tu faisais
il faisait
nous faisions
vous faisiez
ils faisaient

Past Historic
je fis
tu fis
il fit
nous fîmes
vous fîtes
ils firent

Future
je ferai
tu feras
il fera
nous ferons
vous ferez
ils feront

Present Participle
faisant

Past Participle
fait

Past Infinitive
avoir fait

CONDITIONAL

Present
je ferais
tu ferais
il ferait
nous ferions
vous feriez
ils feraient

IMPERATIVE

Present
fais
faisons
faites

Past
aie fait
ayons fait
ayez fait

SUBJUNCTIVE

Present
que je fasse
que tu fasses
qu'il fasse
que nous fassions
que vous fassiez
qu'ils fassent

Imperfect
que je fisse
que tu fisses
qu'il fît
que nous fissions
que vous fissiez
qu'ils fissent

(61) être

INDICATIVE

Present
je suis
tu es
il est
nous sommes
vous êtes
ils sont

Imperfect
j'étais
tu étais
il était
nous étions
vous étiez
ils étaient

Past Historic
je fus
tu fus
il fut
nous fûmes
vous fûtes
ils furent

Future
je serai
tu seras
il sera
nous serons
vous serez
ils seront

Present Participle
étant

Past Participle
été

Past Infinitive
avoir été

CONDITIONAL

Present
je serais
tu serais
il serait
nous serions
vous seriez
il seraient

IMPERATIVE

Present
sois
soyons
soyez

SUBJUNCTIVE

Present
que je sois
que tu sois
qu'il soit
que nous soyons
que vous soyez
qu'ils soient

Imperfect
que je fusse
que tu fusses
qu'il fût
que nous fussions
que vous fussiez
qu'ils fussent

FRENCH ABBREVIATIONS AND ACRONYMS

A2 †	Antenne 2 ; aujourd'hui France 2 (2ᵉ chaîne de télévision française)
ADN	Acide désoxyribonucléique
AF	1. Air France
	2. Anciens francs
	3. Allocations familiales
AFNOR	Association française de normalisation
AFP	Agence France-Presse
AG	Assemblée générale
ANPE	Agence nationale pour l'emploi
AOC	Appellation d'origine contrôlée
AP	Assistance publique
ap. J.-C.	après Jésus-Christ
AR	Altesse royale
arrt	arrondissement
ARN	Acide ribonucléique
AS	1. Association sportive
	2. Assurances sociales
ASSEDIC	Associations pour l'emploi dans l'industrie et le commerce
ASSU	Association du sport scolaire et universitaire
Av.	Avenue
av. J.-C.	avant Jésus-Christ
BA	bonne action
BAFA	Brevet d'aptitude aux fonctions d'animateur
Bat.	Bâtiment
BCBG	bon chic, bon genre
BCG	Bacille Calmette-Guérin
BD	bande dessinée
Bd	boulevard
Benelux	Union douanière de la Belgique, du Luxembourg et des Pays-Bas
BEP	Brevet d'études professionnelles
BEPC	Brevet d'études du premier cycle
BIC	Bénéfices industriels et commerciaux
BIT	Bureau international du travail
BK	Bacille de Koch (tuberculose)
BN	Bibliothèque nationale
BO	Bulletin officiel
BP	boîte postale
BPF	bon pour francs
BT	Brevet de technicien
BTn	Baccalauréat de technicien
BTS	Brevet de technicien supérieur
C.	Celsius, centigrade
CA	1. Chiffre d'affaires
	2. Conseil d'administration
c.-à-d.	c'est-à-dire
CAO	conception assistée par ordinateur
CAP	Certificat d'aptitude professionnelle
CAPES	Certificat d'aptitude au professorat de l'enseignement du second degré
CAPET	Certificat d'aptitude au professorat de l'enseignement technique
CB	1. Carte Bleue
	2. Citizen band
CBI	Carte Bleue Internationale
CC	1. Corps consulaire
	2. Compte courant
cc	centimètre cube

CCP	1. Centre de chèques postaux
	2. Compte chèque postal
	3. Compte courant postal
CD	Corps diplomatique
CDD	Contrat à durée déterminée
CDI	1. Centre des impôts
	2. Centre de documentation et d'information
CE	Cours élémentaire
CEA	Commissariat à l'énergie atomique
CEDEX	Courrier d'entreprise à distribution exceptionnelle
CEE	Communauté économique européenne
CEEA	Communauté européenne de l'énergie atomique
CÉI	Communauté des États indépendants
CERN	Conseil européen pour la recherche nucléaire
CES	Collège d'enseignement secondaire
CET	Collège d'enseignement technique
Cf.	Confer (reportez-vous à)
CFA	Communauté financière africaine
CFDT	Confédération française et démocratique du travail
CFTC	Confédération française des travailleurs chrétiens
cg	centigramme
CGC	Confédération générale des cadres
CGT	Confédération générale du travail
CHU	Centre hospitalier universitaire
Cial	commercial
CIDJ	Centre d'information et de documentation de la jeunesse
Cie	Compagnie
CIO	1. Centre d'information et d'orientation
	2. Comité international olympique
cl	centilitre
CM	Cours moyen
cm	centimètre
CNAM	Conservatoire national des arts et métiers
CNC	1. Comité national de la consommation
	2. Centre national de cinématographie
CNEC	Centre national d'enseignement par correspondance
CNPF	Conseil national du patronat français
CNRS	Centre national de la recherche scientifique
CNTE	Centre national de télé-enseignement
CODEVI	Compte pour le développement industriel
CP	Cours préparatoire
CPA	Classe préparatoire à l'apprentissage
CPPN	Classe pré-professionnelle de niveau
CQFD	ce qu'il fallait démontrer
CREPS	Centres régionaux d'éducation physique et sportive
CROUS	Centre régional des œuvres universitaires et scolaires
CRS	membre des Compagnies républicaines de sécurité
CV	curriculum vitæ
DASS	Direction de l'action sanitaire et sociale
DCA	Défense contre avions
DDT	Dichloro-diphényl-trichloréthane
DEA	Diplôme d'études approfondies
dép.	département
DES	Diplôme d'études supérieures
DESS	Diplôme d'études supérieures spécialisées
DEST	Diplôme d'enseignement supérieur technique
DEUG	Diplôme d'études universitaires générales
DEUST	Diplôme d'études universitaires de sciences et de techniques
dg	décigramme
DG	1. Directeur général
	2. Direction générale
DGRST	Délégation générale à la recherche scientifique et technique
Dir.	Direction
dl	décilitre
dm	décimètre
DOM	Département d'outre-mer
DOM-TOM	Départements et territoires d'outre-mer
Dr	docteur

DST	Direction de la surveillance du territoire
DT	diphtérie, tétanos
DTTAB	vaccin antityphoïdique et antiparatyphoïdique A et B, antidiphtérique et tétanique
DUT	Diplôme universitaire de technologie
EAO	Enseignement assisté par ordinateur
ECU *nm inv*	European currency unit
EDF	Électricité de France
ENA	École nationale d'administration
ENS	École normale supérieure
ENS...	École nationale supérieure...
ESEU	Examen spécial d'entrée à l'université
etc.	et cætera (et le reste)
E.-U.	États-Unis
ex.	1. exemple
	2. exercice
F	1. Franc
	2. Fahrenheit
FAO	Fabrication assistée par ordinateur
FB	Franc belge
FEN	Fédération de l'éducation nationale
FF	1. Franc français
	2. frères
FFI	Forces françaises de l'intérieur
FFL	Forces françaises libres
FLN	Front de libération nationale
FM	Fréquence modulée
FMI	Fonds monétaire international
FNSEA	Fédération nationale des syndicats d'exploitants agricoles
FO	Force ouvrière
FR3 †	France Régions 3 ; aujourd'hui France 3 (3ᵉ chaîne de télévision française)
FS	Franc suisse
g	gramme
GB	Grande-Bretagne
GDF	Gaz de France
GIC	Grand infirme civil
GIG	Grand invalide de guerre
GIGN	Groupe d'intervention de la gendarmerie nationale
Go	gigaoctet
G.O.	Grandes ondes
GPL	Gaz de pétrole liquéfié
GQG	Grand Quartier Général
GR	(Sentier de) grande randonnée
Ha	hectare
HEC	École des hautes études commerciales
HF	Haute fréquence
HLM	Habitation à loyer modéré
HS	1. Hors service
	2. heure supplémentaire
HT	1. Haute tension
	2. hors taxe(s)
Hz	Hertz
i.e.	id est (c'est-à-dire)
IFOP	Institut français d'opinion publique
IGF	Impôt sur les grandes fortunes
IGN	Institut géographique national
IGS	Inspection générale des services
ILM	Immeuble à loyer moyen ou modéré
IMP	Institut médico-pédagogique
IN...	Institut national...
INC	Institut national de la consommation
INSEE	Institut national de la statistique et des études économiques
INSERM	Institut national de la santé et de la recherche médicale
ISF	Impôt de solidarité sur la fortune
IUT	Institut universitaire de technologie
IVG	Interruption volontaire de grossesse
J.-C.	Jésus-Christ

JO	1. Journal officiel
	2. Jeux olympiques
kg	kilogramme
km	kilomètre
kW	kilowatt
kWh	kilowatt(s)-heure
Ko	kilo-octet
l	litre
LEP	1. Lycée d'enseignement
	2. Livret d'épargne populaire
LP	Lycée professionnel
m	mètre
M.	Monsieur
M°	Métro
Mᵉ	Maître
Mˡˡᵉ	Mademoiselle
Mˡˡᵉˢ	Mesdemoiselles
MF	Modulation de fréquence
mg	milligramme
Mgr	Monseigneur
MIDEM	Marché international du disque et des éditions musicales
MJC	Maison des jeunes et de la culture
ml	millilitre
MLF	Mouvement de libération de la femme
mm	millimètre
MM.	Messieurs
Mᵐᵉ	Madame
Mᵐᵉˢ	Mesdames
mn	minute
Mo	mégaoctet
MST	Maladies sexuellement transmissibles
N.B.	nota bene (notez bien)
N.-D.	Notre-Dame
N.D.L.R.	Note de la rédaction
NF	1. Norme française
	2. Nouveau(x) franc(s)
N°	numéro
N.-S. J.-C.	Notre-Seigneur Jésus-Christ
O.A.S.	Organisation de l'armée secrète
O.C.	Ondes courtes
OCDE	Organisation de coopération et de développement économiques
OIT	Organisation internationale du travail
O.L.	Ondes longues
OLP	Organisation de libération de la Palestine
O.M.	Ondes moyennes
OMS	Organisation mondiale de la santé
OMT	Organisation mondiale du tourisme
ONISEP	Office national d'information sur les enseignements et les professions
ONU	Organisation des nations unies
OPA	Offre publique d'achat
OPEP	Organisation des pays exportateurs de pétrole
ORL	oto-rhino-laryngologie
	oto-rhino-laryngologiste
ORSEC	Organisation de secours
ORTF	Office de radiodiffusion-télévision française
OS	Ouvrier spécialisé
OTAN	Organisation du traité de l'Atlantique Nord
OUA	Organisation de l'unité africaine
OVNI	Objet volant non identifié
PAL	Procédé - Phase Alternative Line
PAP	1. Programme d'action prioritaire
	2. Prêt pour l'accession à la propriété
PC	1. Parti communiste
	2. Poste de commandement
	3. autobus desservant la Petite Ceinture parisienne
PCC	Pour copie conforme
PCF	Parti communiste français

PCV	(Per-Ce-Voir) communication téléphonique payable par le destinataire
PDG	Président-directeur général
PEGC	Professeur d'enseignement général des collèges
PEL	Plan d'épargne logement
P et T	Postes et Télécommunications
p. ex.	par exemple
PIB	Produit intérieur brut
PJ	Police judiciaire
PME	Petites et moyennes entreprises
PMI	Petites et moyennes industries
PMU	Pari mutuel urbain
PNB	Produit national brut
P.O.	Petites ondes
PS	Parti socialiste
P.-S.	Post-scriptum
PTT	Postes télégraphes téléphones; Postes, télécommunications et télédiffusion
P.-V.	Procès-verbal
qcm	Questionnaire à choix multiple
QF	Quotient familial
QG	Quartier général
QI	Quotient intellectuel
R.A.S.	Rien à signaler
RATP	Régie autonome des transports parisiens
RDA	République démocratique allemande
rdc	rez-de-chaussée
réf	référence
RER	Réseau express régional
RF	République française
RFA	République fédérale allemande
RIB	Relevé d'identité bancaire
RIP	Relevé d'identité postal
RMI	Revenu minimum d'insertion
RN	Route nationale
RPR	Rassemblement pour la République
RSVP	Répondez s'il vous plaît
r.v.	rendez-vous
SA	Société anonyme
SACEM	Société des auteurs, compositeurs et éditeurs de musique
SAMU	Service d'assistance médicale d'urgence
SARL	Société à responsabilité limitée
SAV	Service après-vente
SC	Service compris
SDN	Société des nations
SECAM	Séquentiel à mémoire
SEITA	Service d'exploitation industrielle des tabacs et allumettes
SERNAM	Service national de messagerie
SFP	Société française de production
SGDG	Sans garantie du gouvernement
SICAV	Société d'investissement à capital variable
SICOB	Salon des industries, du commerce et de l'organisation du bureau
SIDA	Syndrome immuno-déficitaire acquis
SMIC	Salaire minimum interprofessionnel de croissance
SMIG	Salaire minimum interprofessionnel garanti
SNC	Service non compris
SNCF	Société nationale des chemins de fer français
SNECMA	Société nationale d'études et de construction de moteurs d'avions
SOFRES	Société française d'enquêtes pour sondage
SPA	Société protectrice des animaux
SRPJ	Service régional de la police judiciaire
S.S.	Sécurité sociale
Sté	société
SVP	s'il vous plaît
TD	Travaux dirigés
TEE	Trans-Europe Express

tél.	téléphone
TF1	Télévision française un (1ʳᵉ chaîne de télévision française)
TGV	Train à grande vitesse
TIR	Transports internationaux routiers
TNT	Trinitrotoluène
TOM	Territoire d'outre-mer
TP	1. Trésor public
	2. Travaux pratiques
	3. Travaux publics
TSVP	Tournez s'il vous plaît
TT(A)	Transit temporaire (autorisé)
TTC	toutes taxes comprises
TUC	Travaux d'utilité collective
TUP	Titre universel de paiement
TV	télévision
TVA	Taxe sur la valeur ajoutée
UDF	Union pour la démocratie française
UE	Unité d'enseignement
UER	Unité d'enseignement et de recherche
UFR	Unité de formation et de recherches
UHT	Ultra-haute température
ULM	ultra-léger motorisé
UNESCO	United Nations Educational Scientific and Cultural Organization
UNICEF	United Nations Children's Fund
URSS †	Union des républiques socialistes soviétiques
U.S. ...	Union sportive de...
USA	United States of America
UV	1. Unité de valeur
	2. Ultra-violet
VDQS	Vin délimité de qualité supérieure
VF	version française
VO	version originale
VRP	Voyageur représentant placier
VVF	Village-vacances-famille
W.-C.	Water-closet
X	École polytechnique
ZAC	Zone d'aménagement concerté
ZAD	Zone d'aménagement différé
ZEP	1. Zone d'environnement protégé
	2. Zone d'éducation prioritaire
ZI	Zone industrielle
ZUP	Zone à urbaniser en priorité

SIGLES ET ABRÉVIATIONS ANGLAIS

AA	1. Automobile Association
	2. Alcoholics Anonymous
AAA	1. Amateur Athletics Association
	2. American Automobile Association
A.B.C.	American Broadcasting Corporation
ABM	anti-ballistic missile
a/c	account
AC	alternating current
A.C.L.U.	American Civil Liberties Union
A.D.	Anno domini, in the year of our Lord
ADC	aide-de-camp
ADP	automatic data processing
A.D.T.	*(US)* Atlantic Daylight Time
AEA	Atomic Energy Authority
A.E.C.	*(US)* Atomic Energy Commission
AGM	annual general meeting
AI	artificial intelligence
AIDS	acquired-immune deficiency syndrome
a.k.a.	also known as
a.m.	ante meridiem, before noon
AM	amplitude modulation
A.M.A.	American Medical Association
ANSI	American National Standards Institute
AOB	any other business
APEX	advance purchase excursion
APR	annual percentage rate
A.S.A.	American Standards Association
a.s.a.p.	as soon as possible
A.S.P.C.A.	American Society for the Prevention of Cruelty to Animals
AV	Authorized Version
Ave	avenue
A.Y.H.	American Youth Hostels
BA	Bachelor of Arts
BBC	British Broadcasting Corporation
B.C.	before Christ
Benelux	Belgium, Netherlands, Luxembourg
b/f	brought forward
BMA	British Medical Association
BR	British Rail
Bros.	Brothers
BSc	Bachelor of Science
BSI	British Standards Institution
BST	British Summer Time
BT	British Telecom
c.	1. *(US Fin)* cent; *(Fin: France)* centime
	2. century
	3. circa, about
	4. cubic
CAA	1. *(Brit)* Civil Aviation Authority
	2. *(US)* Civil Aeronautics Authority
CAB	Citizens' Advice Bureau
CAD	computer-aided design
CAP	common agricultural policy
CB	Citizens' Band (Radio)
CBI	Confederation of British Industry
cc	cubic centimetres
C.B.S.	Columbia Broadcasting System

CD	1. compact disc
	2. *(Brit)* Civil Defence (Corps)
	3. *(US)* Civil Defense
CDV	compact disc video
CET	Central European Time
cf	confer, compare
cfc	chlorofluorocarbon
C.I.A.	*(US)* Central Intelligence Agency
CID	Criminal Investigation Department
CIS	Commonwealth of Independent States
cm	centimetre(s)
C.N.N.	*(US)* Cable News Network
CNAA	Council for National Academic Awards
CND	Campaign for Nuclear Disarmament
c/o	care of
CO	Commanding officer
COD	cash on delivery
C of E	Church of England
C of S	Church of Scotland
COI	Central Office of Information
CORE	*(US)* Congress of Racial Equality
C.P.I.	*(US)* Consumer Price Index
CPU	central processing unit
CRE	Commission for Racial Equality
C.S.T.	*(US)* Central Standard Time
cwt	hundredweight
D.A.	*(US)* District Attorney
dB	decibel
DC	direct current
dec.	deceased
Dem.	*(US)* Democrat
DIY	do-it-yourself
DNA	deoxyribonucleic acid
do.	ditto
DOA	dead on arrival
d.o.b.	date of birth
DOS	disk operating system
DPP	Director of Public Prosecutions
Dr	doctor
DSS	Department of Social Security
D.S.T.	*(US)* Daylight Saving Time
DTP	desktop publishing
EC	European community
ECG	electrocardiogram
ECU	European Currency Unit
EDP	electronic data processing
E.D.T.	*(US)* Eastern Daylight Time
EEC	European Economic Community
EFL	English as a Foreign Language
e.g.	exempli gratia, for example
ELT	English Language Teaching
EMS	European Monetary System
ENT	Ear, Nose and Throat
E.P.A.	*(US)* Environmental Protection Agency
ESP	extramemory perception
Esq.	Esquire
E.S.T.	*(US)* Eastern Standard Time
ETA	estimated time of arrival
ETD	estimated time of departure
ext.	extension
FA	Football Association
F.A.A.	*(US)* Federal Aviation Administration
F.B.I.	*(US)* Federal Bureau of Investigation
F.D.A.	*(US)* Food and Drug Administration
FM	frequency modulation
FO	Foreign Office
FRG	Federal Republic of Germany
F.R.S.	Fellow of the Royal Society

ft.		foot, feet
g		gram(s)
GB		Great Britain
GCE		General Certificate of Education
GCSE		General Certificate of Secondary Education
GDR		German Democratic Republic
GHQ		General Headquarters
GMT		Greenwich Mean Time
GNP		gross national product
GP		general practitioner
GPO		General Post Office
h. & c.		hot and cold (water)
HF		high frequency
HGV		heavy goods vehicle
HM		His (Her) Majesty
HMG		His (Her) Majesty's Government
HMS		His (Her) Majesty's Ship
HND		Higher National Diploma
H.P., h.p.	1.	*(Comm)* hire purchase
	2.	*(Tech)* horsepower
HQ		headquarters
hr, hrs		hour(s)
H.R.		*(US)* House of Representatives
HRH		His (Her) Royal Highness
Hz		hertz
ib(id).		ibidem, from the same source
i/c		in charge
i.e.		id est, that is, namely
IMF		International Monetary Fund
in., ins.		inch(es)
Inc.		*(US)* Incorporated
I/O		input/output
IOU		I owe you
IQ		intelligence quotient
IRA		Irish Republican Army
I.R.S.		*(US)* Internal Revenue Service
ISBN		International Standard Book Number
IT		information technology
ITV		Independent Television
IUD		intra-uterine device
IVF		in vitro fertilization
J.C.		Jesus Christ
JP		Justice of the Peace
Jr		junior
K	1.	kilobyte
	2.	one thousand
KC		King's Counsel
kg		kilogram(s)
KGB		*Russian Secret Police*
km		kilometre(s)
km/h		kilometres per hour
KO		knockout
kW		kilowatt
l		litre(s)
L		large
L.A.		*(US)* Los Angeles
lb		libra, pound
LCD		liquid crystal display
LEA		local education authority
LLB		Bachelor of Laws
LP		long-playing (record)
L.P.N.		*(US)* Licensed Practical Nurse
l.s.d.		Librae, solidi, denarii; pounds, shillings and pence
LSD		lysergic acid diethylomide
Ltd		Limited
LW		long wave

m	1. metre(s)
	2. mile(s)
	3. million(s)
M	medium
MA	Master of Arts
MBA	Master of Business Administration
MC	1. Master of Ceremonies
	2. *(US)* Member of Congress
	3. *(Mil)* Military Cross
MD	1. Managing Director
	2. Doctor of Medicine
M.D.T.	*(US)* Mountain Daylight Time
MEP	Member of the European Parliament
mg	milligram(s)
Mgr	manager
MHz	megahertz
MI5	Military Intelligence (5)
min.	1. minimum
	2. minute
MLR	minimum lending rate
mm	millimetre(s)
MP	Member of Parliament
mpg	miles per gallon
mph	miles per hour
MS.	1. manuscript
	2. multiple sclerosis
MSc	Master of Science
M.S.T.	*(US)* Mountain Standard Time
MW	medium wave
n/a	not applicable
NASA	*(US)* National Astronautics and Space Administration
NATO	North Atlantic Treaty Organization
N.B.	nota bene, note well
N.B.C.	*(US)* National Broadcasting Company
NCCL	National Council for Civil Liberties
NCO	non-commissioned officer
NEB	New English Bible
N.F.L.	*(US)* National Football
N.G.	*(US)* National Guard
NHS	National Health Service
NI	1. National Insurance
	2. Northern Ireland
NMR	nuclear magnetic resonance
no.	number
N.S.C.	*(US)* National Security Council
NSPCC	National Society for the Prevention of Cruelty to Children
NT	New Testament
N.Y.	New York
NZ	New Zealand
OAP	old age pensioner
O.A.S.	Organization of American States
OAU	Organization of African Unity
OCR	1. optical character reader
	2. optical character recognition
OECD	Organization for European Cooperation and Development
OHMS	On His (Her) Majesty's Service
O & M	organization and method
o.n.o.	or near(est) offer
OPEC	Organization of Petroleum-Exporting Countries
OS	1. Ordinary Seaman
	2. Ordnance Survey
OT	Old Testament
OU	Open University
oz	ounces
p.	1. page
	2. penny, pence
p.a.	per annum, yearly

PA	1. personal assistant
	2. public address system
PAYE	pay as you earn
P.B.S.	*(US)* Public Broadcasting Service
PBX	private branch exchange
pc	per cent
PC	1. personal computer
	2. police constable
	3. Privy Councillor
pd	paid
P.D.T.	*(US)* Pacific Daylight Time
PG	*(Brit Cine)* parental guidance
p & h	*(US)* postage and handling
PhD	Doctor of Philosophy
PLO	Palestine Liberation Organization
p.m.	post meridiem, after noon
PM	Prime Minister
PMT	premenstrual tension
p.o.	postal order
POB	post office box
POW	prisoner of war
p & p	postage and packing
pp	per procurationem, by proxy
PPS	Parliamentary Private Secretary
PR	public relations
PS	postscript
psi	pounds per square inch
P.S.T.	*(US)* Pacific Standard Time
PSV	public service vehicle
pt.	1. pint(s)
	2. point(s)
PTA	Parent-Teacher Association
PTO	please turn over
PVC	polyvinyl chloride
QC	Queen's Counsel
qty	quantity
RAC	Royal Automobile Club
RAF	Royal Air Force
RAM	random access memory
RC	Roman Catholic
Rd	road
R & D	research and development
Rep.	1. *(US)* Representative
	2. *(US)* Republican
RIP	requiescat in pace, rest in peace
RL	Rugby League
RN	1. Royal Navy
	2. *(US)* registered nurse
ROM	read-only memory
RPI	Retail Price Index
rpm	revolutions per minute
RSM	regimental sergeant major
RSPCA	Royal Society for the Prevention of Cruelty to Animals
RSV	Revised Standard Version
RSVP	répondez s'il vous plaît
RU	Rugby Union
RV	Revised Version
S	small
SA	South Africa
s.a.e.	stamped addressed envelope
SAS	*(Brit Mil)* Special Air Service
SDLP	Social Democratic and Labour Party
SDP	Social Democratic Party
Sen.	1. Senator
	2. Senior
SEN	State Enrolled Nurse
S.G.	*(US)* Surgeon General
SHAPE	Supreme Headquarters Allied Powers, Europe

SLD	Social and Liberal Democrats
SNP	Scottish National Party
SOP	standard operating procedure
Sr	Senior
SRN	State Registered Nurse
St	1. saint
	2. street
STD	1. sexually transmitted disease
	2. subscriber trunk dialling
stg	sterling
SW	short wave
TA	Territorial Army
TB	tuberculosis
TM	1. trademark
	2. transcendental meditation
TNT	trinitrotoluene
TT	1. teetotal, teetotaller
	2. *(Agr)* tuberculin-tested
TUC	Trades Union Congress
U	*(Brit Cine)* universal
UEFA	Union of European Football Associations
UFO	unidentified flying object
UHF	ultra-high frequency
UHT	ultra-heat treated
U.K.	United Kingdom
UN	United Nations
UNCTAD	United Nations Conference on Trade and Development
UNESCO	United Nations Educational, Scientific and Cultural Organization
UNICEF	United Nations International Children's Emergency Fund
UNO	United Nations Organization
USA	1. United States of America
	2. United States Army
U.S.A.F.	United States Air Force
USN	United States Navy
USSR †	Union of Soviet Socialist Republics
v	volt
VAT	value-added tax
VCR	video cassette recorder
VD	venereal disease
VDU	visual display unit
VHF	very high frequency
VIP	very important person
VISTA	Volunteers in Service to America
V.O.A.	Voice of America
VP, V. Pres.	Vice-President
VSO	Voluntary Service Overseas
VSOP	Very superior old pale
WASP	White Anglo-Saxon Protestant
WCC	World Council of Churches
WHO	World Health Organization
WI	1. West Indies
	2. Women's Institute
wk	week
WP	1. word processor
	2. weather permitting
WPC	Woman Police Constable
WRVS	Women's Royal Voluntary Service
wt.	weight
WWF	World Wildlife Fund
X	*(Brit Cine)* adults only
XL	extra large
Xmas	Christmas
yd.	yard
YHA	Youth Hostels Association
YMCA	Young Men's Christian Association
yr	year
YTS	Youth Training Scheme
YWCA	Young Women's Christian Association